JOHANN ANDREAS SCHMELLER

BAYERISCHES WÖRTERBUCH

BAND 1/2

JOHANN ANDREAS SCHMELLER

Bayerisches Wörterbuch

Sonderausgabe

Band 1/2

R. OLDENBOURG VERLAG MÜNCHEN 1985

Sonderausgabe der von G. Karl Frommann
bearbeiteten 2. Ausgabe München 1872 - 1877

Mit der wissenschaftlichen Einleitung zur Ausgabe Leipzig 1939
von Otto Maußer

CIP-Kurztitelaufnahme der Deutschen Bibliothek

Schmeller, Johann Andreas:
Bayerisches Wörterbuch : 2 Bd. in 4 Teilen / Johann
Andreas Schmeller. - Sonderausg., [Nachdr.] d. von
Karl Frommann bearb. 2. Ausg. München 1872 - 1877. -
München : Oldenbourg
ISBN 3-486-52601-4

NE: Frommann, Karl [Bearb.]; HST

Bd. 1
2. - (1985).

ISBN 3-486-52601-4

Umschlaggestaltung: Werner Poll, Putzbrunn
Druck: Weihert-Druck GmbH, Darmstadt

G.

1 (Wegen der, Grammat. 414, 503 und 513 bemerkten, Ausſprach-Eigenheiten ſind zu vergleichen die Conſonanten J und K.)

G, der Buchſtabe, wird vom Volk im b. Walde hé, in der Ob.Pfalz chê, anderwärts gewöhnlich jê genannt. Hierauf bezüglich ſagt P. Abraham: „Wohl recht fangt das Wort Gelt und Gold von dem Buchſtaben G an, welcher Buchſtabe ein Verwunderung in ſich hat. G, was richt das Gelt nit? G, was thut das Gelt nicht? G, was vermag das Geld nicht?“ Nach der altbeliebten ſogenannten Buchſtabier-Methode hatte das Kind zuerſt auszuſprechen Je-e-el-de, um ſich daraus zu abſtrahieren, daß dieſe Laute nichts anders heißen ſollen als Geld. Wie muß es erſt den ſerbiſchen oder croatiſchen Kindern gehen, die auch immer erſt den Namen jedes Buchſtaben ausſprechen, da bey ihnen faſt alle Buchſtaben ſehr lange Namen haben! Geld würden ſie buchſtabieren müſſen: glagol-jeſt-liudi-dobro, (oder: glagol-on-ſlowo = goſ, pokoj-on = po, dobro-izſe-naſch = din: goſpodin). Andre's Zeitſchrift Heſperus v. 1818, Nr. 22. Nicht leichter haben es türkiſche Kinder; ſ. Meninski, institutiones (1756), p. 21—31.

Zwanzigſte oder Ga- ꝛc. Abtheilung

d. i.

Wörter, deren Stammſylbe mit G, ohne unmittelbar darauffolgenden andern Conſonanten, anfängt.

---

gâ! ja, ja doch! ſ. **kâ** und vrgl. Zeitſchr. I, 296,4. II, 192,38. V, 369. VI, 406,15. 516,16.

gau! gu! interj., (Inn-Salz) ſieh! ſchau! je *gu!?* ja *gu!?* (Ausdruck der Verwunderung). *gu* **lá!** ja *gu* **lá!** (ey ſieh doch! ey nicht doch!) *gu* **wá nét!** (υ-υ, sc. bitter; ſ. d. W.). (Vrgl. Iſidor 4,18: ſee gi, ecce).

2 Das **Gäu** (Gái, Gá, tonlos: gə), das Land, beſonders im Gegenſatz zur Stadt oder zum Gebirge, (goth. gavi, ahd. geuui, gauui, gouui, mhd. göuwe, göu, geu; Graff IV, 274. BM. I, 560. Zeitſchr. III, 93. 458. Von Grimm, über Diphth. p. 43, ein gadvi zu gavi, und zu jenem *χθών* von *χανδάνω* angenommen). Clm. 4621, f. 63 (gl. i. 1152): „qui in agris habitant in demo geuue.“ „Uber iegelich gou“, Diut. III, 99. „Vil palde ich ab dem berge gie in daz geu an ſiechen ſtat, dâ ich des almuoſens pat“, Ulr. v. Liechtenſtein, Frauendienſt (Cgm. 44, f. 76¼), Lachm. p. 337,27. „Jedoch hân ich des (Honigthaus) vil gezzen auf dem geu, dô ich ein kindel was“, Konr. v. Megenb., Pfeiffer 88,26. a) **Ins Gäu aussi**, ſagt der Wäldler, ſtatt: in das flache Land. **Gäu-Bauern** nennt er die Bauern der Ebene. „Enhalb und herdishalb Donau im Wald und im Geu“, Kr. Lhdl. VII, 12. „Die Hof-Fährten mit dem Holz innerhalb der Gäu vor dem Gebirge“, Kr. Ltgshdl. IX, 229. Nach Höfer ſagen auch die Bewohner der oberenſiſchen Gebirge zu den Leuten, welche in der Ebene wohnen, z. B. „bey uns auf den Bergen iſts nicht ſo, wie bey euch auf dem Gäu.“ In einer wirzb. Verord. v. 1793 werden die **Gau-Gegenden** von den Holzgegenden, der Rhöngegend und den Mayngegenden, unterſchieden. b) **Auf dem Gäu**, auf dem platten Lande, ſelbſt im Gegenſatz von Landſtädtchen und Märkten. Kr. Ltgshdl. XII, 222. 225. „Die Glaſerer ꝛc. wohnen nicht im Markte, ſondern auf dem Gau“, Hbn. Salzb. Land p. 572. Ueber die Kaufleute, „die auf dem Gey ſind“, klagen die Städte und Märkte; Kr. Ltgdhdl. VII, 104. „Es ſullen alle vail Sachen bracht werden in den Margt gen Pfaffenhoven und nichts bey den Hewſern oder auf dem Gey verchauffet werden“, MB. X, 577. „Nieman ſchol ſinev tuch auz der ſtat in daz gawe zu weben geben“; Gem. Reg. Chr. p. 381, ad 1258. „Wir wellen auch daz nieman auf dem Gäw ſchenckhe, an in mergten vnd in ſteten“, Rchtb., Ms. v. 1453, cap. XXII: vmb Etaſern. Heumann, opusc. 126. „Ein Landpfarrer vom Geu herein“, Iſargeſellſchaft v. 1703: V, p. 87. „Ruri, auff dem gey, im gey; rus, auff das gey, in das gey“, Av. Gramm. **In's Gäu, auf's Gäu gehen**, aus Städten und Märkten auf das platte Land gehen, wird vorzugsweiſe von gewiſſen Handwerkern geſagt, die durch ihr Gewerbe auf das Land angewieſen ſind, z. B. von den Metzgern, die ihr Vieh an Bauernhäuſern zuſammenkaufen. Mit einem Beſchälhengſt **auf's Gäu reiten** (oder blos: **gäureiten**), um für Geld Stuten zu belegen. Daher: der **Gäureiter**; vrgl. **Gaul**. „Gartende Soldaten und Stationierer, mit welchen das

ganze Gey angefilt ist". . „daß selbiges nur die Unterthanen auf dem Gey concerniert, wann es aber auch auf die Städt und Märckt gemeint"; Ldtg. v. 1669, f. 250. 254. „Zur Verlegung des Marcktes und Geys zu Ried mit Salz", Lori, Brg.R. f. 144. „Der gemein Mann, so auff dem Gä und Land sitzt", Av. Chr. XII. Der Gäumann, Gäuleute, (Br. Berhtolt, Kling p. 65, Pfeiffer p. 269,3. Gem. Reg. Chron. I, ad 1320) Landmann, Landleute. Die Gäuleute mußten in Regensburg auf dem Markt besonders stehen. Einem Gäumann, der einen Bürger geschlagen, durfte niemand Kost oder etwas zu kaufen geben. Der englische Yeoman ist vorzugsweise ein wohlhabender, freyer Gäumann oder Landmann. (Cf. W. Scott, Ivanhoe, c. XIX: „Peasants
3 and yeomen of Saxon descent.") Die Entstellung aus dem angelſ. ge-mana würde auffallender seyn. `Vrgl. Müller, etym. Wbch. d. engl. Spr. 568 f.´ „Oculus porci oder flos campi, ein plum, heissent sy die geuleut etwo Himelschlüssel", Ortolph. „Um wie vil ist ein adeliches Bluet röther als ein Gey-Bluet?" Selhamer. „Es sol chain fraw visch vail haben nur ain witib und ain gäfraw", Cgm. 22, f. 60. 290, f. 77. 544, f. 47 („gastfraw"). „Daz euch herren ist vil baz denne uns armen gaebaurn si", Renner 1360. Gewknecht betitelt der Tod den klagenden Ackermann in Cgm. 579, f. 50ᵇ. Vrgl. Land. Der Gäudechant, Dekan eines Ruralcapitels, Ried 1151. (gouui priestra, plebejani, gl. i. 429.) Der Gäuherr. „Ein pfarrherr, zwen caplan, ein gewher und ein spitalher" bey der St. Jacobs-Kirche in Amberg; Schwaiger, Chron. Der Gäu-Handwerker, Gäumaister, z. B. Gäubeck, Gäumetzger, Gäuschäffler, Gäuweber (Ldtg. v. 1605: 304. 333), der Gäubader, Gäukrâmer, Gäuwirt, die Gäutâfern, das Gäuwirtshaus ꝛc., sind Handwerker ꝛc., die in keiner Stadt und in keinem Markte (Flecken), sondern blos auf dem platten Lande ihr Gewerbe zu treiben berechtigt sind. Der Gäukäufel. „Chain kewffel der hie burger ist sol von den gäkeuflein nichts kauffen"; Cgm. 290, f. 82. 544, f. 52. Der Gaudieb, `eine Umdeutung des niederd. gau, schnell, listig; s. Zeitschr. II, 318,3. V, 65,60. VI, 287,697. 529,20 und vrgl. holl. gaauwdief, von gaauw, geschwind, behende, schlau; so auch: gaauwerd, behender Mensch; gaauwheid, Behendigkeit. cf. isl. gey, latro; Grimm I³, 479. Gäumarkt, s. Juden. Das Gäuhuen, Zinshuhn; B.M. I, 626. Grimm, RA. 374. „Umb daz verfluochte geuhuon treit bruoder sîme bruoder nît", S. Helbling VIII, 858. Die `Gáwent·n, s. Th. IV: die Wenden. Der Gäubau, ein Gebäude auf dem platten Lande, dem Stadtbau entgegengesetzt; Pegius. c) In engerer Bedeutung wird derjenige Landbezirk, in welchem ein Metzger, Wasenmeister, Bader, Musikant ꝛc. sein Gewerb zu treiben vor Andern berechtigt ist, das Gäu desselben genannt. Də' Bâdə' vo˜ 'Eschlwà' hàd dés gantz *Gäu* ghabt, bis eəm 'Döktə' bey'n Landgricht sán' neidi' worn, (Klage einer alten Bäurinn im Ilmthal). „Kramer die alle Gey auslauffen", Mandat von 1726. „Miesbach ist das Hauptgäu für die Münchner Metzger"; Hazzi, Statistik.

'Trau˜staənə' Métzgə' dé hamt ə˜ gross *Gái;*
hamt überàl Menschə' und Kində' dəbey.

Aə Metzgə' sol 'ən andə'n nét ə˜s *Gäu* gê˜. Daher die R. A. Einem ins Gäu gehen, hchd. einem ins Gehege, d. h. zu dessen Liebchen, gehen. Das is ə˜ rèchts *Gäu* für mi', oder: dà hàb I mei˜ *Gäu*, da kann ich hoffen, etwas zu gewinnen. d) das Gäu: so werden vorzugsweise noch verschiedne (nicht waldige oder nicht gebirgige) Gegenden benannt; z. B. das Gäu am Donaumoos mit 8 Dörfern, worunter z. B. Aernbach im Gäu, Berg im Gäu (Berg i˜'n *Gá);* Hazzi, Statist. II, 394. Hund, Stb. I, 235. „Von Dierschoven aus dem Gew, Syffenhofen in dem Gaw", MB. X, 550. XVII, 141, ad 1381. „Ingolsteter gay?" (Chiliani Leibii annales. Aret. Btr. v. 1806, p. 547). Das Gäu an der Speck im Eichstedtischen. Von ältern Bezirksnamen dieser Art leben noch mehrere im Volke fort; z. B. das Albgäu (Algə, Alpacowe, Meichelb. Hist. Fr. I, II, 186, in der Gegend von Tölz, und das an der Iller), Allgäu („die straß herdißhalb der Yler durch sant Agthenzell über das Gewmoß für Rottach vs dem Algew gen Kempten ze machen und ze pessern", 1527), Attergäu, Bachgäu (Bachgá; Dr. Kittel), Chiemgäu (Kheə˜kə), Duenagäu (Dunkə˜; vrgl. Sp. 516: die Duenâu), Hardgäu (zwischen Dingolfing und Pleinting), Isengäu, Lungäu, Nordgäu (Kr. Lhdl. VII, 49), Pinzgäu, Ruckgá (Dr. Kittel), Sulzgäu, Talgäu ꝛc. (Vrgl. Förstemann II, 564—567). Das Tigew (Thing-gew? vrgl. oben, Sp. 492 f. das Gedigene) Rettenberg. Dieser bischöfl. augsburgische Gerichtsbezirk liegt zwischen Immenstadt und Sonthofen, parallel dem Stift-Kemptischen Pflegamt Thingau (Thing-gau??); Lexikon v. Schwaben, II, 427. 758. Ein Papier-Ms. in 4⁰. im Dillinger Archiv enthält: „Der Herrschafft und Tigews Röttenberg Ordnungen und fürgegangen sachen hierin verzaichnet angefangen anno Dni. 1529" (1521 bis 1536). Ein anderes dergl. Ms. von 1544: „des Tigews R. Urbar." `Aus beiden hat Schmeller folgende umfangreichere Auszüge zum Wbch. nachgetragen.´ Des Tigews Rottenberg Grenzen: „gegen den pfarren Mittelperg und Rüetzlen `den Walsern genannt in Thanperger gericht ist die Marckh der pach hinder dem Dorf Kornau in Oberdorfer pfarr . . . gegen der pfarr und gericht Thanberg ist die schlögelwolz in der Alben Haldenwang und Biberalb die Markh. gegen dem Lechtal die schlagel wölzin der Alben zwischen Obersdorfer pfarr und des Lechtals. gegen dem gericht Thanheim der bach auf dem joch Hindenlanger pfarr. gegen der Vogtey Nesselwang: Bils, Schaitpach, Reichenpach, Werttach, Düettenpach. An das Gotzhaus Ottenpeuren gebiet Gen Memmingen, Lewkirch, Eysnin, Wangen und alsdann bis an die Herrschaft Bregenz gegen dem Allgew werts . . . kein besondere vßgetruckhte Marckh dan des das tigew Rottenberg bis gen Kempten, Eysnyn und dergleichen weitten von dem Allgew genant vnd gehayssen wirdett." „Die Vier gericht des Tigews Rottenberg." „Welche person vß dem tigew Röttenberg in die Vogtey und tigew Oberdorf zewhet", (Ms. v. 1544, f. 64. 65). „Vß dem tigew Oberdorf", (f. 75). „Vogtey Oberdorff gibt jr Anlag das tigew daselbs", (f. 203). „Purkart pruckperger lantaman des Tigews", 1502. „In disem meines gnad. Herrn von Augspurg Gericht", heißt es in des Richters und der Rechtsprecher Aid. „Die ußgeschossenen und all ander Tigewslewth." „M. gn. Hrn. Irer Gn. Stifft und Tigew Röttenperg." „Anno 1530 Tigews ayd. Ain yeder so zu ainem Tigewsman, das allweg zu der herrschaft stan sol vnd hauptman erwölet wirdet, ist schuldig zuvor vnd er in die Räth genommen disen nachfolgenden aid geschweren . . . die stewr nach Tigews geprauch geleichlich anlegen. . ." „1531 möntags nach Trinitatis sein all fewrstett des ganzen Tigews Röttenperg in jeder pfarr sunderlich errechnet (außgenomen die zway ämpter Ottenpewren und Gunzpurg) . . . auch sein desmals an fewrstett erfunden 1480 (wa zway hehewset under ainem tach alain ain fewrstat gerait)." „Ist das Tigew Röttenperg an reichtumb und vermogen befunden 434386 ℔ Hlr. . . stewrpar personen 2070 one die mundtlewth." „Die Herrschafft und das ganz Tigew haben beschlossen." „Die Herrschaft und die vom Tigew haben beschlossen." „Beschlossen im ganzen Tigew Rottenperg auf den aid ze stewren." „Haben die Herrschaft und Tigews Außschuß geordnet daß..." „...in den zwaien Markchten und Ättern Sonnthoven und Obersdorf, auch außerhalb im ganzen Tigew." „All Stiftzlewt des Tigews Röttenberg..." „. . . betraf die pfleg Rottenperg LXXX fusknecht" (zu stellen). Die (bischöfl. Augsb.) „Stiftsleut" entgegen gesetzt den „Gräfischen" (Montfortischen). Die Pfarrorte Under- und Ober-Tingew kommen selber vor im Urbar von 1544, f. 79. 173. Ueber die ehmalige Eintheilung Bayerns, wie vieler anderen Länder Deutschlands, in Gaue, s. v. Lang, v. Pallhausen's

Nachtr. zur Urgesch. v. B., Rudhart's älteste Gesch. v. B., Eccard Fr. or. I, 306. Bekannt sind aus der Geschichte die Gaugrâfen, Gaudinge ꝛc. der Vorzeit. Wie das
4 lat. pagus in alten Urkunden, und davon das franz. pays vom gemeinen Mann, auch auf einzelne Ortschaften (Dörfer) angewendet wird, so ist auch unser Gäu zur Bezeichnung einzelner Ortschaften gebraucht worden. Ammergau, Ober-, Unter-Ammergau, Warngau, (Uuarngauu, schon a⁰. 804; Meichelb. Hist. Fris. I, I, 97), Walgau, Schwaingau (Schwaə˜gə), Trauchgau (Trau'ke), Staingau (Meichelb. Hist. Fris. I, II, f. 320), Schongau, Gärmischgäu (Germariscowa, Meichelb. Hist. Fris. I, II, 95; Germansgä, 1440, Monac. Francisc. 158, f. 237. „Scripsit Wilhelmus Closnær t. t. vicarius parochialis ecclesiae S. Martini in Germansgae", Clm. 11462, 2⁰. XV. sec., 1473. Förstemann II, 557; — heutzutage blos Gármisch. So auch das heutige Dithmarschen aus Thiatmarsgoi, Bewohner, incolae, des Thiadmarsgau; Grimm, Gesch. d. d. Spr. 632. 639.), Peitigau, Peitingau (Kr.Lhdl. V, 354. Meichelb. Hist. Fris. II, II, 296; Peytigen, 1470, Raitenb. 72, f. 134. 211; — heutzutage blos Peiting), Oringew (an der Or; 'Oringowe villa, Förstem. II, 134), jetzt Ohringen; Rudhart, ä. Gesch. p. 571. Vrgl. oben, Sp. 516: „de oppidulo Tuningewe" (Thingau?). (Cfr. gl. a. 100: gauui-mez pagum, villa. Graff II, 896).

gäwisch, gewisch, gewbisch, (ä. Sp.) ländlich, bäurisch; (mhd. göuwisch; Graff IV, 276. BM. I, 560. cf. goulih, plebeius, agrestis; Diut. II, 338. 341). „Swenn der junge sô putschisen tuot und hât geuwischen muot", Haupt's Zeitschr. VIII, 558,256. „Wan die Gründe gewüsch sind, so ist die Dienstbarkeit auch gewüsch, sind aber die Gründe städtisch, so ist die Dienstbarkeit auch städtisch"; Pegii tract. de servitutibus. gewbisch, (Horneck) agrestis. (Vrgl. gäbisch, ungeschickt, verkehrt.)

ge-, die Vorsylbe, s. Gramm. 213. 214. 485. 920. 982. 984. 1026. 1027. 1057; goth. ga, ahd. ka, ki, ga, gi (s. Grimm II, 733 ff. 832 ff. III, 50. 255. Graff IV, 10—65. BM. I, 490. Zeitschr. I, 226). Die Auswerfung des e (Gramm. 213) auch vor Consonanten ist schon alt. Das Windb. Psalter (saec. XII.) hat nicht blos gnade, gnuhsame, sondern auch greht, gualt, guizzen u. drgl. Gl. i. 561. 563 bieten: uzkrunnemo, knuhten; o. 52: gnoz. Gnada hat schon Kero. In diesem Worte und in Glauben, gleich ꝛc. würde das e heutzutage ein wahrer Revenant seyn. Aus dem Dialektworte Gastaig (´ - -), wenn es mit einem alten gasteigi (ascensus) ein Wort wäre, könnte eine frühere Betonung des ga (gegenüber einem unbetonten gi, ge, wie ant neben ent, bî neben be; vrgl. auch gegen u. mhd. ganeiste, Funke, neben isl. neisti. BM. I, 461) vermuthet werden. Hiezu käme, daß sich im Gothischen das ga noch als trennbare Vorsylbe zeigt. Es bezeichnet in der ältern Sprache das Präsens eines Verbum mit vorgesetztem ge manchmal eine Art Vergangenheit. BM. I, 491. „Welich fragner an dem marchtag vor non icht chauft, biz dy burger all gemarchtent", (gekauft haben); Traunsteiner Stdtord. v. 1375. „Geligent deu holtz an der prugk", (sind die Hölzer auf der Brücke liegen geblieben); Rchtb. v. Ms. v. 1332. „Gevellet ein ritter mit einer frauwen", (hat er sich mit ihr vergangen); MB. VII, 238. „So si gestirbet, so sol den hof swester N. niezzen und swenne si beide gesterbent, so ist er des closters"; MB. XVIII, 44. cf. XXIII, 248. „Wer nit do ist, alsbald es XII geschlecht, furst man complete gelutet", (so wie es geschlagen, geläutet hat); MB. XXIV, 232. Augsb. Stdtb. „Als ein fronpot newn menschen den leip genimbt, (das Leben genommen hat), so ist der zehent mensche sein", L.R., Ms. v. 1453. „Wenn er gepaut", (mit Bauen fertig ist), Münch. StR., Auer, Art. 394, p. 152. „Wenn er daz kreuz wider gegibt", (gegeben hat), Alt. Hoh. 11, f. 70. „Wan ich genam", (genommen hatte), Buch d. W. 1485, f. 11ᵃ. „Do Tristan ze Almanie gewas ein halp iar", Trist. 18606. „Wen das kindt ausgeslefft so wirt es gern gutz mutz", Clm. 12296, f. 212. „Du gegebe mir nie ioh so ain kizi daz ich mit minen friunden möhte wirtscaft gehaben", Griesh. Pred. II, 79. 'Über den Wegfall der Partikel ge beym Partic. Prät. s. Grimm I, 1015 f. BM. I, 490, I, 2. Zeitschr. I, 122, b. 226 ff. 274,3. II, 82,1. 95,22. 430,9. 432,5. III, 108. 109. 184,7. IV, 127,5. V, 115,18. 124,7. 132,4. 321 f. 407,10. 517, I, 2. VI, 95. 114,5. 131,12. 405,13. Vilmar, kurhess. Idiot. 120.' Vrgl. mhd. niwewaschen, neugewaschen; Helmbr. 1044, (wie nhd. neubacken, altbacken, hausbacken). 's. BM. II, 387: niuweborn, niuwebrochen, niuwesliffen ꝛc. 'Über den Gebrauch des ge vor Infinitiven s. Grimm II, 847 ff. IV, 172. BM. I, 491, II, 2, c. Zeitschr. I, 123. 143. II, 79,12. 190,9. 430,14. III, 124.' Er kan, mag getuen. Firmenich II, 403 (Tambach in Oberfranken): Ich will *g'sing*, sie dä'ffen *g'sei*, sie müssen *g'sei*, so söll's nöt *g'fahl*, die ka˜ *gekoch*; das. 407 (Königshofen): „O sou (und so) koh di Welt niss (nicht) mäa' lang *fortgagäa*" (fortgehn). Vrgl. Gramm. §. 981. 982.

gê, (vermuthlich der ungenäselte Infinitiv gên; s. Gramm. §. 566. 977) wird da, wo der Redende das Schroffe, das ihm sonst in einem Satz zu liegen scheinen würde, mildern will, als umschreibende Partikel dem regierenden Verbum nachgesetzt. I muəs mə' *gê* ə˜ Gəld herricht'n zo'n Zàln. Du därfst *gê* dengən scho˜ schau˜n, ob's nét bàl' Zeit is. Iətz thäə˜mə' *gê* aə˜s singə˜. Dà wár I *gê* glei' férti'. Dés is də' *gê* ən U˜glück! In einem alten, vierstimmigen Liede „die vier Gehenden" ist der Refrain jeder Strophe: So gemmə' *gê gê!* gêts, gemmə' *gê gê!* Vrgl. gân und gên (Praepos.). Zeitschr. II, 561,40. III, 218,10. 526,28. V, 433. VI, 406,17. 5

gê'n, gâ'n (gé, geə˜, gêə˜, opf. gèi˜, schwäb. gà˜, gáu˜; s. Gramm. 948. 952. 977), gehen; (goth. gaggan, ahd. gangan, gân, mhd. gân, gên; Graff IV, 65. BM. I, 462. Zeitschr. III, 208,68. 453. V, 433. Das hchd. Zeitwort gehen ist in seinen verschiedenen Anwendungen artig behandelt von A. Arnold im Album des Nürnb. literar. Vereins v. 1845, S. 105—114). 'Zu bemerken: a) der alte Imperativ ginch.' „Stant uf vnd ginch hin!" vade! Cgm. 66, f. 39, (sonst ganz bayrisch. Oder deutet „nv hevt lanch", ex hoc jam, Luc. V, 10, auf f. 52 und „iz was ein richen man", f. 54, dennoch auf einen in Bayern lebenden Niederdeutschen?). „La din gab vor dem alter vnd ginch e und gehuldige mit dinem brůder", das. f. 52, (so auch Cgm. 58, f. 85). „Herre, ginch hin auz von mir wan ich pin ein sünder", das. f. 52. „Frevnt, ginch!", das. f. 57. (Ein eignes Verb? 'Schon mhd. ginc, ginch, genc; z. B. Kindh. Jesu 77,15. 56. 98,33. Gregor 1564. 2830. S. Helbling IX, 96. BM. I, 463ᵃ). 'b) ein zusammengezogenes Partic. Prät. der ä. Sp.: gegân; vrgl. BM. I, 463ᵃ.' „Daz der sêle diu schulde wart ufgitan des si von chinthait het bigan" (begangen), Tungdalus, Hahn p. 46,8. 'c) Mundartlich': Gengə˜ S'! gengə˜ S' wék! (gehen Sie weg!), ei, das kann ich nicht glauben. Zeitschr. IV, 244,18. 544, IV. s. gink. 'Substantivisch: aə˜s gêns, eines (Gehens) Ganges, auf der Stelle', sogleich, e vestigio. „Wanst' z'höchst auf dər 'Albm á bist, mi' schreckt kaən Ort: *aə˜s gens* steig I auffi, glei' so mei˜ („gleich so lieb, herzlich gern") bin I dort", Seidl, Flinserln III, 13. 108. 110. „I'kunnt' nit meə' sitz'n, I kunnt' nit meə' ste˜, hà' müəss'n *aə˜s ge˜s* glei' zu dier über'i˜ ge˜", Seidl, 3. Ausg., 237. s. Gang. Außer den auch hochd. Bedeutungen und Anwendungen dieses Verbums und seiner Composita mögen folgende hier anzuführen seyn.

gên, gähren. Der Taig (zum Brôd, zu Nudeln ꝛc.) mueß gên. 's Brod is no˜ nét gnuə' *'gangə˜*. *A'ufgangənė* Nud'ln, Nudeln, in Form kleiner Laibe, aus einem durch Hefen zur Gährung gebrachten Teige gemacht und mit etwas Butter oder Schmalz in Milch gesotten.

abgên, (Baur) von Bienen: schwärmen; vom Mond: abnehmen. De' Má˜ is i˜'n 'A'gê˜. Im Abgêenden (i˜'n 'A'ge-ə˜dn) statt: im abnehmenden Mond.

angên, 1) (Baur) gelingen, gerathen. Grimm, Wbch. I, 342, d. 's Obəs is huiə' nêt à˜'gangə˜. Də' Kéchinn sán' d· Nud·ln nét à˜'gangə˜. 2) ä. Sp., treffen, betreffen; (vrgl. oben, Sp. 105: angen, b·angen und Grimm, Wbch. I, 341. 347). „Ob mich angêt etleich net“, MB. X, 79. „Ob man den zehenden von rechter ansprach icht angê“, ibid. 85. „Geschähe aber, daß das Land eine Not angienge“, Gem. Reg. Chron. p. 438, ad 1296. cfr. die R.A. „Wenn Noth an Mann geht.“ Das Angêend, Angêends, (ObrMr.) der Zulauf, Zuspruch. Der hàt's 'A˜gêə˜ds, oder: um dèn is's 'A˜gêə˜ds, der ist beliebt, wird gesucht. „Wenn wir ebn mit'n Vieh nia án *Angehàts* habn“, (Unglück?), Schoffer 124.

aufgên, a) (vom Teig) sich durch Gährung erheben; fig. zornig werden. „Da bin ich aufgangen, wie er den heil. Ablaß und sein Mensch unter Ein Hütl gebracht hat“, Portiuncula-Büchlein 69. b) da gêt·s hell, warm, kalt ꝛc. auf, da ist, wird es hell, warm, kalt. c) aufgên läßen, flatus ventris edere, und zwar verstohlner Weise.

außgên, a) zu Ende gehen. außgêend, bis zum Ausgange, Ende; ganz. Di *ausgêə˜d* Wochə˜, 's *ausgêə˜d* Monət, Jàr. „ . . Es zant unser Mensch schon die ausgehend Wochen, sie ist mit einem Gutscher auffs Leben versprochen . . .“

„Wenn ich nur den Calendermacher thät kennen,
ich wollt ihm den Bratspieß ins Maul hineinrennen,
daß er die Faßnacht verderbet so gar:
man freut sich ja drauf das ausgehende Jahr“,

Volkslied. Cf. „Dies X exeuntis Aprilis“, am 20. April, (v. Lang) rückwärts zählend, wie „mensis intrans“ vorwärts. b) außgên, (O.Pf.) eine Person oder Sache, ausfindig machen; sie vermissen, irr gên; (nach dem Prompt. v. 1618) vestigare, explorare, recognoscieren. „Ein glegne Zeit außgehn“, insidiari tempori. „Es soll bleiben, als es die Kundschäfft ausgangen (gefunden? oder: ausgemacht, festgesetzt?) hat.“ L.R. v. 1616, f. 313. Vrgl. Grimm, Wbch. I, 872,8. c) Einem vil, wenig, oder nichts aus Etwas gên lassen,
6 es statthaft, beachtungswerth finden, oder nicht. „Man laßt mir nichts darauß gehn, nullius momenti sunt mea dicta.“ „Man hat jhm vil auß seinem Fürbitten gehn laßen, magnum momentum preces attulere.“ „Man laßt nichts mehr auß disem Brauch gehn, hunc morem vita jam communis explosit“, Prompt. v. 1618. d) gên aus dem Recht, aus der Schidung, ä. Sp., nicht vor Gericht erscheinen, einem schiedrichterlichen Spruch sich entziehen.

begên. a) ä. Sp., 'Einen, ihn besorgen, verpflegen; BM. I, 469, b. Grimm IV, 598. Wbch. I, 1285.' Diut. III, 95. 96. „(Der rouber) nimpt aim biderman da mit er solt wib und kind began“, des Teufels Segi, Barack 404,12702. 12710. Besonders: b)' einen Verstorbenen, ihm das Leichenbegängniß halten. Avent. Chr. c) sich begên, ä. Sp., eines Dinges, auch: mit, von einem Ding, (Augsb. Stdtb., Wstr. Btr. VII, 110. Prompt. v. 1618) mit etwas sich abgeben, beschäftigen; sich damit behelfen; von etwas leben; BM. I, 470,2. Grimm IV, 667. Wbch. I, 1287. „Vil kranker nar begêt sich manger leider“, Labr. 244. „Ein weidman můz sich begên ir beider“ (Freud und Leid), sich durchbringen mit beiden. Cf. W. Grimm über Freidank p. 61. „Selig ist der sich begat siner hend“, des Teufels Segi, Barack 363,11446. „Sich von siner hende begân“, Ettmüller's Ortnit p. 111. „Begieng sich mit frucht der erden“, Buch d. W. 1485, f. 153. „Da begêst dû dich, sun, immer abe“, Gregor v. d. St. 1602. Dagegen heißt es im Turnier-Reim bey Hund von den Harßkirchern: „Wo man Pracht erzeigen soll, da begehen sie sich fast wol.“

bergên (də'gê˜) läßen Einem etwas, es ihm hingehn lassen, ihn gewähren lassen. Aus dé Kində' wérd nicks, lásst eə˜ d· Muədər àlls z· vịl *də'gê˜*. Er hiət dés und dés gwəllt, I hà˜ eəms àfə' nét *də'gê˜* lassn.

eingên, a) (von der Zeit) anfangen. Der Sunntag gêt ein. Z· Déggngdarf *gêt* 'Gnad (die Ablaßzeit) um Michəli *ei˜*. cfr. MB. XVIII, 269. b) (von der Sonne) untergehen. Cf. mhd. zuogân; Griesh. Pred. I, 122: „hinz (bis) diu sunne zů gie“; das. II, 23: „von der sunnon ûfgange und von der sunnon zůgange.“ BM. I, 476.

sich ergên, vergên, ä. Sp., vor sich gehen. „Das recht hat sich ergangen, oder vergangen“, die Gerichtssitzung hat stattgehabt; Rchtb., Ms. v. 1453, cap. XXIII. „So sol der porg mit rüe sitzen pis das sich das recht verget“, ibid. „So hat sich alle gewerschaft ergangen“, (ist der Gewährleistung Genüge gethan); MB. IX, 236.

'fürgên, ä. Sp., vorwärts, weiter gehen.' „Daz du pald gêst für dich“, (fort, weg, deine Wege); Cgm. 54, f. 77ª. Vrgl. vorgên.

haim gên Einem, ihm heimfallen, zufallen. „Dem ein Gut auf der Gant haimgangen“, L.R. v. 1616, f. 87. 90.

her gên, zum Vorschein kommen. Bàl' mə˜-r- ə˜n Schuəh tiaf eini grabt, *gêt* lautə' Tégl *her*. hergên, herabgên ('ràgê˜, 'abə'gê˜), heruntergên ('runtə'gê˜), zugehen. „Da *gêts* lusti, trauri', geizi' ꝛc. *her*. Sp. W. Da *gêts* klaə˜ *'rà'*, hàt də' Fuchs gsagt, hat àllé Tàg ə˜ Fliəgng gfangt.

hin gên, wie hchd. Êizə *gêits hî˜!* ei, das wäre!

irrgên etwas, a) es vermissen. *Gêst* du nicks *irr?* b) (nach Baur, neutr.) abgehen, vermißt werden. *Gêt* dir nicks *irr?*

nâch gên, nahe gehen, schwer zu vergessen oder zu verschmerzen seyn. Dieß und jenes gêt mir nâch, meine verstorbene Schwester gêt mir nâch. Wenn mə' si' ə màl schrèpfə˜ oder z· 'Adə' lásst, so *gêts* aə˜n *nàhh*, so fühlt man das Bedürfniß, es zu wiederholen. „Der Trunck ꝛc. geht jm nach, sollicitat eum amor vini“, Prompt. v. 1618. „Philtrum, amatorium poculum gang mir nach“; Nomencl. 1629, p. 218.

nebenaus gên, dem Eheweibe nicht treu bleiben, ehebrechen.

übergên. Der Zorn übergêt mich, hat mich übergangen, ich habe den Zorn nicht unterdrücken können. „Er ließ sich den Trunck übergehen“, Selhamer. „Sich mit Trincken übergehn, transilire munera Liberi“, Prompt. v. 1618. Das Unkraut hat den Waiz ganz übergangen, überwachsen, unterdrückt. 7
Ein übergêends Säulein, (JägerSp.) Wildschwein, das anfängt, statt Frischling Sau genannt zu werden. „Als man bei den Zhaidsheusern zu Geising die Dacher ybergehen müssen, umb kalch, sandt und Dachzeug“ (1614), Cbm. 2225, f. 248.

umgên, nach oder in der Reihe herumgehen. R.A. əs *gêt um* wiə 's Gaəs werffə˜. Lass·s *ummigê˜!* Wenn in einer Tischgesellschaft irgend eine Speise das erste Mal im Jahr zum Vorschein kommt, pflegt man wol seinen Nachbar am Ohre zu zupfen und ihn durch diesen Spruch aufzufordern, daß er dem neben ihm Sitzenden desgleichen thue, wodurch denn alle zu testes more Baiuuariorum per aures tracti der erfreulichen Tischbegebenheit werden. umgên läßen (nämlich die Räder eines Wagens), schnell fahren; eilen überhaupt, (Baur). *Las bràv umgê˜!* Das Umgêend, das Ungêt, (Obrmr., Weiß) das Rothlauf. Der Umgêer, (Laufen) der Schiff-Richter. „Der Umgeher zu Lauffen soll alle Schiffungen mit Fleis besichtigen und abmessen“, (Lori, BergR.). Daher: Das Umgeheramt.

„untergehen, in rem praesentem venire; die strittigen Ort besehen, und ein Undergang thun"; Prompt. v. 1618. s. Gang.

vergên, a) ä. Sp., obire, sterben. „Er vergieng", obiit. Gem. Reg. Chr. III, 261. b) sich vergên mit Einem, sich mit ihm vertragen. Si künnə˜ si' nét vəgê˜ mitənandə'. „Als sich die Brüder under jhnen selbs, nachmals mit jhren Nachpauren nit möchten vergehen", Hund's St.B. I, 119.

vorgên. Es gêt mir etwas Guetes, Böses vor, praesagit animus mihi boni, mali quid. vôrgêend, vorräthig. Wiə guəd is ·s, wenn mər ə˜n *vourgêə˜d·n* Kreuzə' hàt; Baur. Der Vorgêer, Vorsteher. In Regensburg führte der Präsident des äußern Rathes den Titel Vorgeher; Kaiser p. 15. Paritius 105. „Die Superiores oder Vorgehere einer Profession"; ibid. Paritius p. 115. „St. Marr, der Hohenschul zu Alerandria Vorgeher und Rector", Avent. Chr. Markts-Vorgeher in Nürnberg; Wagenseil, de Norimb. civit. p. 382. Der Steuer-Vorgeher, ein aus den Gemeindegliedern eines Steuer-Districtes genommener Vorgesetzter, welcher die Einlieferung der Steuern zu besorgen hat. Schon Ulphila hat für Praefectus ein ähnliches Wort, nämlich fauragaggja. (cf. praetor = prae-itor). Für- oder vorgên Einem, (b. W.) ihn behandeln. „Wêi ə˜n Hund *gengə˜s·mé vaə'*", behandeln sie mich.

'widergên, begegnen; entgegen treten, in den Weg treten; BM. I, 474. Der Widergang, Begegnung; Widerstand, das. I, 476. cf. mhd. widerlouf. „Dort hât ez (das Wild) widergangen", Labr. 80. 81. 89. „Wiltu alle widergenge enden, die uns diu minne machet, so machtu unser iagen lange wenden", das. 80. „Ez (das Wild) kan mit widergengen spæhe litze", das. 87. „So lûg ûf schalkes widergenge schanze", das. 96. „Und solt ez tûsend widergenge machen", das. 101. 305. „Diu vart sich leidet und sûret mit mangem widergange", das. 266. „Swer wunder wolte spæhen von klûgen widergengen", das. 436. „Nieman kan vol hengen der werlte widergenge", das. 485. „Absprüng und Widergäng thun", (vom Hirsch); Fouilloux, Jägerbuch (1590), f. 47.

zegên (z·gê˜), zergehen.

zuegên Einem, ihn befallen. „Es gieng ihr ein Ohnmacht über die ander zue"; Selhamer.

zesâmen gên (z·sámgê˜), gerinnen, sich coagulieren; einschrumpfen, (von alten Personen) an körperlichem Vermögen abnehmen. 'ən André-l sei˜ Vàdə' *gêt* àfər iətz rècht *z·sám*.

Der Gê-wagen in Bauernstuben des b. U.L., eine Vorrichtung für kleine Kinder, welche anfangen sollen, zu gehen. Sie besteht aus einer Stange, die sich am Balken der Stubendecke in einem eisernen Ringe, und am Stubenboden in einer Vertiefung herum bewegt, und
8 etwa anderthalb Schuh von der Erde einen hölzernen Reif hat, in dessen Kreis der Lehrling gestellt wird. (Baur.) Dés is ə˜ rèchtə' *Gêwàgng*, (b. W.) er (sie) hat kein Sitzleder.

Der Gehwegtag, an dem die Dienstboten austreten, (Zir.).

gêuen, gêuwen (gáiwm), gâunen, geunen (gái˜n), 1) das Maul aufsperren, aufreißen nach etwas; gierig, lüstern nach etwas seyn, (ahd. giwôn, gewôn, mhd. giwen; Graff IV, 107. 274. BM. I, 543. Vilmar, kurhess. Idiot. 141: güepen, geipen. Zeitschr. II, 33,9. 31. IV, 168. gl. a. 15. 50. 668. i. 252: geuuon, oscitare). Der Hund gêuwt nâch dem Flêisch. „geuen, hiare"; Voc. v. 1429. „Ich gew, oscito"; Laurentii Alberti Ostrofranci Gramm. v. 1573. „Gauen vel geewen, hyare; Voc. Melber. „Ein grab offenez, (oder) giwentez ist chela ire, sepulchrum patens est guttur eorum", Psalt. Windb. Cgm. 17, f. 13ª, Ps. 5,11. „Noh ne gewe uber mich diu buzze munt ire, neque urgeat super me puteus os suum", ibid., f. 100, Ps. 68,19. „Kaffen und geben, mit haimlichen weben stee ich mit offem munde", Cgm. 714, f. 162. „Uf ginen und gewen", Cgm. 89, f. 118. „Sobald eins gebet oder nieset", Gabr. Tetzel, Cgm. 1279, f. 165. (Vrgl. „den grimmen lewen mit seinen weiten Gewen", Rachen, Iwain; schottisch gab, der Mund). Grimm, hymni, p. 59, Note. Cf. česk. zewel, der Gähnaffe, Maulaffe; zewlugi, gaffen. Der Gêuwer, das Aufsperren des Mundes, Schnappen mit dem Munde. R.A. Den letzten Gæwer tuen, sterben, (Nürnb.). gêuwern, mit dem Maule schnappen. gêuwerisch, schnappend. Wenn st nà˜ nét gàr so *gáiwərisch* tátst, wárst! sagt die Mutter wol zum heißhungerigen Kinde; prahlerisch. gêu-n-ig, gierig, geizig. 2) fig., das Maul aufreißen, prahlen, prahlend loben. Dèr *geiwmt auf!* dèr *geiwmt si'!* Dèr muəs si' səln *gái˜n*, der is gwis nicks nutz. Avent. Chron. hat bald geuben, bald gämen, bald geymen, bald geuden, bald geudnen. gäiden, (Roncegno in den VII Comuni) loben. gewden, (Horneck) gloriari. geidnen, gloss. vet. (s. Pez zum Horneck) gloriari. „Der leicht nie beiait chain er, der gâut allermaist dervon", der Teichner. „Der hat schoner vrawen gruez, daz man von jm gâuden muez untz an den urtägleichen tag. idem. „Ös *geints* mi' bald und schändts mi' bald, I bin und bleib döstwögn — der Alt", Stelzhamer 95. 177. gêuwmerisch (gei'mərisch), adj., prahlerisch. Die Geu-wochen (Gái˜wochə˜), (Hrslm.) die letzte Woche im Jahr, in welche kein Feyertag fällt, und wo die weiblichen Hausgenossen um die Wette spinnen, welche von ihnen am meisten werde gelobt werden. Vrgl. Ge˜nacht u. Th. IV, die Wochen: Werkwochen. (Sollte hier Berührung des isl. gagndagr, von gagn, Gewinn, Sieg des Sommers über den Winter, 25. April, nicht pedantisch seyn? Antiqvariske Annaler von Prof. Magnusen (Kopenh. 1827) IV, 318—21. S. den grönländischen Runenstein (Facsimile). Sieh auch gêuden, welchem, als einem ganz andern Worte, die Bedeutung 2) eigentlich angehören kann. cfr. ginen.

Gaban, Gabein, Gawan, a) Name eines bekannten Ritters von der Tafelrunde (welsch: Gwalchmai, the hawk of May, = romanisch: Gavain, Gauvain, Galganus, Walganus, mnl. Walewein; Grimm, Gesch. d. d. Spr. 301). Aus MB. XXI, 503, Hund's St.B. II, 102. 177. 341. 355 und a. O. ist ersichtlich, daß auch unsre Voraltern ihre Kinder gerne nach den Helden ihrer poetischen Romane taufen ließen. Man vrgl. Iwan (MB. IX, 546. X, 403. XXVII, 58. XXVIII, 477), Wiguleus, Gamuret, Gramaflanz, Herzeloide, Sigaun ꝛc. Grimm, über eine Urk. ꝛc. p. 19. 22—23. b) (Tucher's Reise v. 1482) Regenmantel von Filz, (romanisch? Vielleicht slawisch. cf. mongolisch kebenek, Mantel; s. unten: Gebernedk).

Die Gâb (Gàb, Gà', opf. Gâub), 1) wie hchd. Gabe, 9
(ahd. abweichend: geba, wie goth. giba; mhd. gebe neben gâbe; Graff IV, 120. BM. I, 507. 508. Grimm in Haupt's Zeitschr. V, 234); namentlich die Portion an Brod oder Geld, die man als Almosen gibt, oder empfängt. I˜ də' teuə'n Zeid hàd mə' klaənè *Gàbm* 'gébm. ə˜ *Gàb* Məl, Sauerkraut ꝛc., soviel man auf einmal gibt. 2) im äußeren Bregenzerwald: der Gob, das Göble, Kind, (Bergmann: quasi donum Dei? Tirol. Zeitschr. III. Bnd. v. 1827, p. 308). Etwa slawisch? cf. česk. huba, Maul; ill. guba, Lefze, (wie Fraß, Fratz). 's Wie'nacht-*Göble*, das Christkind. goben, spielen wie ein Kind. Die Ausgâb. verausgâben, vrb., ins Ausgabeverzeichniß aufnehmen, als Gegensatz von vereinnâmen. begâbt, ä. Sp., wie gebrædet. „..daß ihrer etliche seine begabte Diener sind .." Kr. Ltghdl. I, 90. Das Voc. v. 1429 hat das einfache gaben für dotare. BM. I, 509. Zeitschr. IV, 284,105. „Wie mir groslich sei gegabet", Cgm. 129, f. 6. Gottesgâben,

a. Sp., geistliche Beneficien. „Die Cortisan fallen viele Pfarren und Gottesgaben an, dadurch die Gotteslehen gehöhert und wenigen Landleuten ihre Kinder zu Gottesgaben kommen noch berathen werden mögen", Kr. Ltghdl. XIII, 173. vorgottesgablich, (Nordfranken) gratis. Der Gâbkâuff, Gebkâuff, ä. Sp., der Verkauf. „. . Und weil an vil orten die Vischer jre kunden oder Gabkauff ausser Lands haben, welchen sie alles, so sy ain gantz Jar fahen, mitainander verkauffen und auß dem Land zu verfüren geben . . ."; Ldsord. v. 1553, 5. Bch., 15. Art.; v. 1616, f. 648. Der Gebkœuffer, der zu verkaufen gibt, der Verkäufer. Gabschepfen. „Qui sunt magi . . . dy gabschephen gelaubent", Ald. 228, f. 339a. 'Vrgl. BM. II, 2,70: gâchschepfe, Parze, Norne?' 'gabreich, adj., freigebig.' „Ich bringe di milt, gabreiche in versagung", mache die Milde hartherzig; H. Sachs 1612: I, 1081.

Gàbə', Gàbə'l, (Jir.) Gàberhöll, Gaberl, Gabriel; unbesonnener, übereilt handelnder Mensch. ə~ rèchtə' *Gàbə'l*. Zeitschr. IV, 155. VI, 458. gàbə'ln, übereilt handeln.

Die Gabel, wie hchd. (ahd. gabala, mhd. gabel; Graff IV, 127. BM. I, 509. Zeitschr. V, 340). „Treib die natur mit einer gabeln von dir, daz si beginne zabeln, si leuft doch zu dir hinwider", Renner 4615. „So der mist eingefalgt ist, so vertrinken die diern die gabel", Scheirer, Dienstord. v. 1500, Cgm. 698, f. 45. s. Th. III: die Sichel. gabeln, 1) wie hchd. „Wer im Heu nicht gabelt, im Schnitt nicht zabelt, im Leset nicht frue aufstêt, der sicht wol wies im Winter gêt", Probst Valentin († 1659) zu Weiarn, Cgm. 3720, f. 8. 2) (b. W.) schwören, (mit aufgestreckten Fingern). Dés muəst mə' *gàbəln!* das mußt du mir durch einen Eid beweisen. Zeitschr. V, 106,34. aufgabeln, vrb. act., durch Suchen, Nachsuchen finden, bekommen. Grimm, Wbch. I, 649. Zeitschr. V, 340. Sollte hier nicht das figürliche auf die Gabel bekommen, sondern das alte avalon, parare, comparare, mit vorgesetztem g·, zu Grunde liegen? Das Prompt. von 1618 hat: auffgabeln, colligere.

gäbisch (gáwisch), adj. u. adv., verkehrt; (Jir.) gabich wie abich (s. oben, Sp. 13); gabisch, link, ungeschickt; (Dr. Sepp) gibisch-gábisch. Zeitschr. III, 337. V, 340. 465. „Leg das aychen lawb an dem gäbychen auf die plerigen", Progel's Mscr. f. 132a. „Streich jhm das sälblein mit beeden gäbichen henden auf", Cgm. 3721, f. 45. „Wenn fremde Leut in der Kirch seynd, und ihr hint und vorn alleweil gabisch antwortet, muß sich ja unser einer selbst schamen", sagt in Bucher's Christenlehre der Hr. Pfarrer zu den Kleinen. „Es schickt sich halt eben nit, mein Lucili, und ist gebisch, wann ein gelehrter Mann sich auf die Leibesübung begibt." So übersetzt Balde, im Lob der Magern, des Seneca (epist. 15): stulta est enim, mi Lucili, et minime conveniens literato viro occupatio exercendi lacertos. *gibisch*, *gábisch* reden, handeln ꝛc. ə~ *gábische* Réd. „Ein Wort gäbisch nehmen", es unrecht verstehen; Selhamer. Am Lech hörte ich einmal einen Gemeindevorsteher wiederholt und mit Amtsernste fragen: Han I rècht oder *gêbsch?* hab ich recht oder unrecht? Dà hàst d· mə' s *gábisch* Méssə' (d. h. das unrechte, nicht das, welches ich verlangt habe) 'bràcht. Nach Michaeller in Tyrol die gäbische Hand, die linke; gäbisch Kegel schieben, d. h. links. (Man wird hiedurch sogar an das noch unerklärte französische, von Menage gar zu bündig aus dem lateinischen scaevus abgeleitete gauche
10 erinnert. Vrgl. Diez, Wbch. 640.) „geppisch, aversa, inversa (vestis)", Prompt. v. 1618. Sollte das Wort ein figürlich genommenes gäuwisch (bäurisch, ungeschickt, s. Gau), oder gar ein mit der Vorsilbe g· begabtes äbich (w. m. s.) seyn?

Der Gabalier (Gáwəlier, s. Gramm. 414) der Edelmann, Hof-Edelmann, Cavalier. Das Gavalierfüderlein, (München) kleines Füderchen Holz, etwa ein Viertelsklafter, das von einem armen Bäuerlein (Gáwəliərbauə'n) auf einem kleinen Wägelchen (Gáwəliərwágə~l·) mit einem oder ein paar schlechten Pferden (Gáwəliərröss·ln) herumgefahren und ausgerufen wird. (Vrgl. Karbatsch). Ant. Baumgärtner im Münchner Tagblatt v. 18. u. 19. Febr. 1830 spricht von einem ehmaligen gutherzigen alten Knaben von Cavalier, der auf diese Weise durch seinen Bedienten armen Familien im Winter Holz-Portionen zugewendet habe, ohne erkannt seyn zu wollen. (Wiederholt im Landboten 1841, Nr. 71.) Das Gabalierkreuz, Kreuz, wie es, nach dem Prediger Selhamer, ein Edelmann schlägt: „Erstlich so streicht er sein Haarschopf in die Höh, alsdann dreht er sein Knebelbart auf beede Seiten hinaus, drittens, so druckt er das Trutzerl wol hinab." (S. auch Gaul, ebenfalls von caballus).

Der Gabeß (Gàwəss, s. Gramm. 414), der Cappis oder Kopfkohl, brassica capitata. Das *Gàwəss*-bétt, Kohlbeet; der *Gàwəss*-gart·n; der *Gàwəss*-kopf oder *G*-kropf, Kohlkopf; das *Gàwəss*-kraut. „Gabes gibts, ist jeder Kopf größer als der Kirchthurmknopf"; A. Nagel's Stolgebühren. „Brassica, Köl, Gabeskraut"; Avent. Gramm. v. 1517. „Drey Gabisstuck" (Aecker mit G.), MB. XVII, 193, ad 1469. Kabuz, capistea; capuz, capudaris; gl. o. 96. 461. Kabas, caulis capucios, Ind. 344, f. 12. „Mich dunkt der bock lazze den salter gar und neme der kabaz pleter war", Renner 10484. gabyssein chrawt, Cgm. 170, f. 3b. „Mit ruben und gabisem krawt", Scheir. Dienstord. f. 39. Vrgl. BM. I, 453. Diefenb. 108b. Barb. lat. gabusia, franz. capus, engl. cabbage, poln. kapusta, ital. capuzzo.

Gabessahi, wol ga bessahi, purgamenta hujus mundi; Clm. 14179, f. 36.

Gabilon, Valkn. 70, muß heißen Gamaleon, Chamäleon. Vrgl. W. Grimm, über Freidank, S. 71. BM. I, 453. 461. s. Gamaleon.

Gauben, Gaubloch, (Aschaff.) Loch im Dachgiebel, wo man Heu ꝛc. aufzieht, für Taubenschläge ꝛc. Vrgl. Vilmar, kurhess. Idiot. 118. s. Gaupe.

'Der Gebel, Gibel, ä. Sp., wie hchd. Giebel; fig. Schädel, (ahd. gebal, gibil, mhd. gebel, gibel; Graff IV, 127. BM. I, 491).' „Calvaria, gebil", ZZ. 796, f. 168b. Notk. Ps. 41,1: chala kibillun, calvariae. (Got) „zoch uber den gebel (testa capitis) ein uel . . . bedacte iz mit hare. gab dem weichen hirne den gebel ze scirme", Diut. III, 44. „Man begiuzt den herren vomme gebel mit wallendem pade, peche und swebel", d. w. Gast 6675. „Daz diu scheitel ime zerklacte sam ein ei und im der gebel spielt enzwei", Otte m. d. Barte 146, Hahn p. 96. „Da der morgenstern clar scheinet durch einen dicken nebel durch vinster wolken uf minen gebel", (Schedel? oder Giebel), Renner 20815. „Man vellet dâ uf keinen stein, der ie man bræche den gebel", v. d. Hagen, Ges. Abent. LXVIII, Vers 778. „Oder er ließ aim niendert har auff seinem gäbel", d. Teufels Segi (Barack 269,8545).

geben (gébm, Gramm. 908) und dessen Composita wie hchd. (goth. giban, ahd. gebôn, mhd. geben; Graff IV, 108. BM. I, 500. Für mhd. gibst, gibt auch gîst, gît, woraus später: geist, geit; s. auch gib. J. Grimm in „Schenken und Geben" will giban auf *χεω*, gießen, wie do, *διδωμι* auf *δεω*, binden, zurückführen). „Wir haben dir nach gevolget waz geistu vns dar vmb", Cgm. 66, f. 41. „Geist du schier so geist du zwier", Ring 29b,15. Hier zu bemerken sind folgende mehr idiotische Bedeutungen. R.A. was gibst, was hâst (wàs gei'st wàs hàst, wàs gist wàs hàst) z. B. lâuffen, davon rennen, d. h. ohne allen Aufenthalt, über Hals und Kopf. Aehnlich ist das spanische: dale dale oder dale que dale. Vrgl. Firmenich I, 159 (Magdeburg): „Watt haste watt kannste" (laufen). Adverbiale

R. A. Geb wer, geb wie, geb was ꝛc. oder: Gott geb, wer ꝛc. s. Gott u. vrgl. Zeitschr. III, 347 f. Geben etwas um eine Person oder Sache, sich daran kehren. Der *geit* dengən éppəs *drum*, wen mə~'n à'boit't; (O.L.). Dèr *gitt um* d' Schlégh so we~gk ə'swêi *um* guədé Waərd; (b. W.). *Gibst* du nicks *um* mi', so *gib* I á nicks *um* di'. „Obtemperare, umb ainen geben; qui obtemperabat, der gleich umb einen gibt", Avent. Gramm. „Also ich thu nichts vmb mein weib geben, so gibt sie auch vmb mich nit vil", H. Sachs. „Ob si um sein geschæft, noch um sein gepot nicht gebent, und is widerredent"; Rechtb. v. 1332. Wstr. Btr. VII, 169. „N. N. gab gar nichts umb des Baps Bann", Hund, Stb. I, 77. R. A. es ihm geben, ironisch: etwas ausrichten, zu Stande bringen. Dèr werd eəm 's *gébm!* Iətz hàst èəms *'gébm!* (iron.) jetzt hast du es getroffen!

'geben, schw. Verbum, ä. Sp., begaben, beschenken, (ahd. gebôn, mhd. geben; Graff IV, 123. BM. I, 508).' „Er gebete", donavit illi, machte Präsente, Diut. III, 69. 111. 112; mit etwas, das. 106. „Sîn stæte mir mit fröide gebt", Walther v. d. V. 72,12.

gebschnitzig, (Aschaff.) freygebig.

abgeben (à'gébm), zum Vorschein kommen, statt-
11 haben, vorhanden seyn. Dà *gibts* Schlég *à'*. Heuə' *gibts* weni' Obəs *à'*. Bey mir *gibts* nét vȳl Gəld *à'*. „Keine Schiffahrt über Mer giebt es auch nit ab", ad an. 1660 circa. Westenr. Bt. V, 330. abgeben Einem, (Strbr.) ihn ums Leben bringen. „Wenn mir dieser Kerl auf den Leib komt, so gib ich ihm ab", oder: „so wird ihm abgegeben." „Sobald der Wolf auf mich zugekommen ist, hab ich ihm abgegeben." '„abgeben Einem etwas, es ihm darstellen, vorstellen, ihm als etwas dienen"; Grimm, Wbch. I, 44.' Diər *gib* I kaə~n Strousàk *à'*, sagt 's Deənl zum Kunt'n, (b. W.).

angeben, (Kllbk.) antworten; Gehör geben. *Gi' mər à~*, antworte mir. angeben, (Strbr.) beginnen, unternehmen. „Das ist ein loser Mensch, was der für Dinge angibt!" (für Streiche anfängt). anhin (àni) geben Einen, ihn angeben, verklagen.

„J hab ghört, er sey falsch anigeben worn,
schlecht gnue is d' Zeugschaft ja hinten und vorn..."
(Lied: die vier Weilheimer Burgermeister).

aufgeben, (Ammer) Naturalien in die Kirche opfern.

ausgeben, a) vorgeben. Er gibt aus, daß ... Auch im Hchd. sagt man: sich für dieß und jenes ausgeben, vorgeben, daß man es sey. b) ergiebig seyn. ausgibig, adj., ergiebig. c) (vom Jagdhund) Laut geben. „Ich hörte die Hundt ausgeben, das Hörl pifsen, den Waidmann rueffen"; Bogn. Mirakel. d) R. A. Ainen oder kainen Frid ausgeben, sich zur Ruhe geben, andre in Ruhe lassen. s. Frid. Von einem Lehen- oder Pachtgut die Anlait, die Stift ausgeben, das Laudem, den Pacht bezahlen. Urb. Gebr. „Gott um lenger Ausgebung seines (des kranken Fürsten) Lebens bitten"; Ldtg. v. 1514, p. 320.

begeben, 1) vergeben. „Schuldienste begeben", wirzb. Verord. v. 1800. '2) aufgeben, loslassen; hingeben, verlassen; BM. I, 503. Grimm, Wbch. I, 1279.' „Nu begab in der tiuvel nie unz sîn wille an ir ergie", Gregor 181. „Der abbet begab in nie unz daz er an daz schef getrat", das. 1642. „Unz wir die sunde nieht begeben", (bekennen; 'aufgeben, verlassen'), Diut. III, 55. „Elliu werlt liebe da gelit, so daz leben den lip begit", (verläßt); Wernh. Maria p. 23. „Die werlt begeben", sterben, Diut. III, 67. 89. '3) sich begeben, in ein Kloster gehen.' „Begeben frauwen niemant sol des leibes biten, daz stet wol; sie haben sich durch got gegeben, daz si fliehen der werlde leben", Renner 12728.

eingeben. Dem Advocaten *is ei~gebn* drauf, er ist geschickt, (b. W.).

ergeben Einen einer Sache, ä. Sp., ihn derselben entheben, damit verschonen. „Und ob ein Widersacher den andern solches Eides ergeben wollte ..." Kr. Ltghdl. IV, 104. 'sich ergeben einer Sache (genit.) = sich begeben, sie aufgeben, fahren lassen; BM. I, 504. Grimm, Wbch. III, 817, e. sich ergeben einer Sache (dat.), sich ihr hingeben, drein ergeben.' „Ir sculde sich ergeben", die Schuld bekennen; Diut. III, 51. 54.

fürgeben, wie hchd. vorgeben; namentlich: dem Vieh Futter vorlegen. *Gibm* Viəhh *für!* fürgeben ein Paar (Versprochene), (Baur) ihre Hochzeit verkündigen.

hingeben, (auf Märkten) verkaufen. Hàst no~ nét *hi~'gébm?* Wie hàst *hi~'gébm?* Baur. „Das Hingebens, (Nürnb., Hsl.) Verkauf von Hausgeräthe durch eine Käufflinn. Es geschieht meist bey Todes- oder auch Concursfällen, daß ein solches Hingebens gehalten wird." Das Hingebend, der Gebtag, (Franken) das Eheverlöbniß, die Sponsalien, die Heiratsabrede. (Vrgl. schwed. gifta, verheiraten). Cf. ge-limpfen.

nâchgeben (auf einem Fuße), mit diesem leiser auftreten, als mit dem andern; ein wenig hinken. Də' Bräu~l *geit* au'm vö'də'n rècht'n Fuəs ganz stark *nàhh*.

übergeben, vrb. n., Haus und Hof an einen andern überlassen, unter der Bedingung, daß man von dem-
selben lebenslänglich verpflegt werde; (s. Austrag). 12
Sprichwort, das durch König Lear im Großen dargestellt ist: *Übə'gébm*, nimmə' lébm!

Vàdə', wenn *gei'st* ə màl *übə'?* Hàst də' denn no~ nit gnuə' ghaust?
schér di ə~màl hintri i~ dei~ Stübəl, nim dər ə~ pàr Erdäpfəl aus!

Ein übergebener Mann, (HhE.) ein Mann der sein Anwesen an einen seiner Erben oder an einen Andern unter obiger Bedingung übergeben hat; (s. Austrägler). Bey der Nachricht von der Vermählung des Königs Ludwig, damals Kronprinzen von Bayern, that ein ehrlicher Oberpfälzer ganz angelegentlich die Frage: Wêi is's denn êitzə, wenn êitzə də' Gung heiret, *git* affə' dər 'Alt *übə'?* sich übergeben, erbrechen; česk. podáwjm se.

vergebens (in einer Stelle vom J. 1399) wird von Gemeiner in der Regensb. Chr. II, p. 339 durch „von Ungefähr" erklärt. „Ob ainer den andern vergebens (fortuito) tot" ... „falt ein stain vergebens herab", Cgm. 632, f. 30. „Vergebens (von Ohngefähr) sich das also schickt", Cgm. 379, f. 87 u. 270, f. 121. Ahd. fergebeno, mhd. vergebene, unentgeltlich, umsonst; Graff IV, 120. BM. I, 506. Notk. 67,10. „Injusta impunitate, fergepeni", Froumundi Cod. Boëthii (in Maihingen), f. 41. vergebene (Leute), ä. Sp. „Daß sich (in Winkelbierschenken) vergebene Leute enthalten, dabey man nicht sicher ist. Auch daß sich vergebene Landfahrer, Spieler und Ehehalten drein setzen, spielen und karten, dadurch sie ihren Diensten nicht auswarten ..." Kr. Ltghdl. I, 177. vergebenlich, (L.R. von 1616, f. 819) vorgeblich.

Der -geb, des -geben, (nur noch in der Zusammensetzung) der Geber, (ahd. gebo, mhd. gebe; Graff IV, 123. BM. I, 506 f.): Gastgeb, („Disem unsers herren gast geben", Kindh. Jesu, Hahn 92,7); ä. Sp. Leitgeb, Metgeb (Gem. Reg. Chr. I, 420), Wingeb (MB. IX, 480); Ratgeb, (Augsb. Stdtb.) Rathsglied; sonst (z. B. gl. a. 29) ratgebo, mehr allgemein auricularius, Rathgeber. 'Der Brautgeb, Bräutigam, (mhd. briutegebe; BM. I, 507).' „Der brautgeb begabet sein gemahel", Cgm. 630, f. 76. 'Auch als Adj. -gebe, (BM. I, 507: redegebe); gültgebe, gültpflichtig.' „Höf die güllgeb sind dem gotzhaus" (Thierhaupten, 1456), Thierh. 67, f. 51, III.

Der Gebkauf, s. Gäb: Gäbkauf.

Die Gebnacht (Ge˜nàhht; Gramm. 554). Zeitschr. V, 344. „In der Genacht erkhaufft", Jesuiten-Rechn. v. 1630, Cgm. 3942, f. 55ª. „Dem schreiber zu ainer gehnacht" („genaht"), das. f. 35ᵇ (Jan. 1631); vrgl. „dem böckchen zum neuen Jar." „*De gute Ghibe:* asò ist garüfet un genamet der halghe veirtag von ghestern in di ünzer SibenPerghe", schreibt mir Freund Bonomo aus St. Angelo di Sala am 7. Januar 1849. ʽVrgl. Schmeller, cimbr. Wbch. 125 (187).ʼ Die am Dreykönig-Vorabend anfangende Duld oder Messe in München wurde im 18. und 17. Jahrh. Gebnachtdult genannt. (Burgholzer's Wegweiser 318. 506). „In bevorstehender Gebnachtszeit" sagt, von Geld und Wechselsachen redend, eine Hofrathssignatur v. 1693. Am O.Inn werden (nach Waller und dem Sammler für Tyrol, III. B., p. 38) unter den Gebnächten (Ge˜nácht·n) die Weihnachten verstanden. Vo˜ *Ge˜nacht·n* bis Noijàr wachst də' Tàg um ə˜n Hennə˜trid, bis hálingə˜ drei Küni' um ə˜n Hi'sch·nsprung, bis Liəhhtméss·n am ə˜ ganzé Stund. (Cf. „Ümme Nijår hed de dage en hanenschrit wunnen", Firmenich I, 350. At new-years-tide the days are lengthend a cock's stride). Nach Göschl wird in derselben Gegend der Sonntag nach heil. Dreykönig der Gebnächtsunntag (Ge˜náchtsuntə') genannt, womit übereinstimmt, daß auch im Hchd. die Sonntage von heil. 3 König bis an den Sonntag Septuagesima, mit welchem die 9 Sonntage vor Ostern anfangen, Dreykönig-Sonntage heißen. Uebrigens vermuthe ich, daß der Ausdruck Gebnacht (vom ahd. geba, die Gabe, oder geradezu vom Verb. geben) auf die, um die Weihnacht-, Neujahrs- und Dreykönigszeit herkommlichen milden Gaben
13 an herumgehende Leute der ärmern und dienenden Classen Bezug (*Ge˜-Nácht* vom Herumgehen armer Leute), und insoferne mit der Klöpfels-, Kröpfels- oder Anglöckleins-Nacht (w. m. s.) einen und denselben Ursprung habe. Oder wurde, was jetzt das Christkindlein oder der h. Nicolaus beschert, früher schicklicher den Gaben bringenden drey Königen zugetheilt? Drey solenne Gebnächte: Christ-, Neujahr- u. Dreykönig-Nacht; (b. W., Rirner zu Kaindl, (d. deutsche Aussprache in ihren Wurzeln). Nach dem alten (Julianischen, noch russischen) Kalender trifft der Christtag auf den Dreykönigtag des jetzigen, gregorianischen. Erst unser 13. Januar ist dessen 1. Januar. Die alten Namen, Gebräuche und Aberglauben konnten leicht geblieben und nicht zugleich mit Annahme des neuen Calenders versetzt worden seyn. So glauben (Allgem. Ztg. 1842, S. 2) die Bauern in Devonshire, wie hie und da bey uns, daß das Vieh in der Christnacht in den Ställen auf den Knieen liege. Diese Christnacht ist ihnen aber noch die alten Styls, also die jetzige Dreykönigsnacht. Cf. Bercht und Mettenblock. La Befana (von Epiphania; cf. Diez, Wbch. 386) heißt in Rom das Geschenk, das man sich in der Nacht vom 5. auf den 6. Januar gegenseitig zu machen pflegt, wie weiland, und zwar am ersten Januar, die Strenae üblich gewesen. Allgem. Ztg., Beilage, v. 22. Jan. 1841. Die Befana in Florenz, s. Allgem. Ztg., Beilage 1845, S. 162. Die Befana in Rom, Geschenkbringerin für Kinder am Dreykönigsmorgen; Abends vorher der Befana-Markt, s. das. 1848, 18. Jan. Vrgl. Blätter für literar. Unterhaltung v. 1845, S. 77: Neujahrsfeyer in Schottland. Handselmonday, der erste Montag des Jahres, an welchem man sich einander, und besonders den Kindern, beschert. Die religiösen Beziehungen auf Weihnachten, wie im Canton Bern, ausgemerzt. — Der Christabend (24. Decbr.), bis zum XVI. Jahrhundert in Böhmen der letzte des Jahres, hieß štědrý wečer, largum sero (v. štědrý, freygebig). Palacky, Gesch. v. Böhmen II, 344. Das Prompt. v. 1618 hat schon ganz nach der jetzigen Aussprache nicht Gebnacht, sondern Genacht, und zwar blos in der Bedeutung strena. S. auch Gen-nacht. Über den Dreykönigskuchen in Franken s. Joa. Boëmus, de omnium gentium ritibus (1520), f. 58—59.

Gebe, s. Gewe.

geben, geiben, geuben, offen stehen, s. gêuen, gewen und gaffen.

Geberneck, (Zpfr., Ms.) Schubsack. Cf. franz. giberne (Diez, Wbch. 642) und česk. zebrácká mošna, Bettelsack, (žebrák, Bettler, selbst vom Sack benannt?). s. oben: Gaban.

Der Geibitz, (Gauwiz, b. W.), des, dem, den Geibitzen, der Kibitz, gavia vulgaris (Klein), tringa vanellus L. ə˜ Bou' wiə ə˜ *Gauwizl*, (b. W.) aufgeweckt. „Geiwitz, capella, vasellus", Prompt. v. 1618. Geybitz, ficedula, Voc. v. 1419; 1449: Giebiß. „Onogracolus, geibicz", Mallerst. 32, f. 307. Diefenb. 243ᵇ. Formipetus, gawbicz, Hübner's Voc. v. 1445. „Min herze begert nicht tûben, brachvogel, geiwiz, stâren", Labr. 528. R. A. Si muəs ʼ*Geibitzn hüət·n.* Si muəs auf's *Geiwitz·n-Mos*, sie muß als alte Jungfer sterben, bekommt keinen Mann. s. unten: Moos. Olde Oldwis, moust àbi gêi˜ áf d· Oldwis·n und moust *Gauwizl hêit·n*, (b. W.). s. oben, Sp. 72: Altwise. (Im Canton Bern kommen die abgestorbenen alten Jungfern auf Gywitzenmoos. Im Pinzgau muß eine solche „auf s Brugger Moos, Bachscheiter roseln und Ladhölzer fäen." In Frankfurt „missə˜ di altə Jumfərə˜ də˜ P-hartorn bonə˜", den Pfarrthurm putzen, fegen, wie in Wien den Stephansthurm. ʽAbr I glaub allwål, das d·wol übə' wirst bleibn; kånst auf Wean eini gehn und kånst Stephansthurn reib·n"; Kartsch II, 52. Cf. Conscience, de Loteling, p. 105: „In de Ste. Anna schappraei zyn", wordt gezegd van eene oude dochter, die ongehuwd blyft. Vrgl. Zeitschr. IV, 500: áf's Moos.

gib und gäb, adj., ä. Sp., gäng und gäbe, gangbar, cursierend. BM. I, 508. 509: gibe, gæbe. „Zwanzig schilling pfenning di da gib und gäb sind", Rchtb. v. 1332. „Hundert pfunt pfenning, allez gæber und guter Münicher pfenning," MB. V, 487. „Ein halbpfund Pazzauer pfenning, dy dan gib und gäb sint"; ibid. 182. cfr. MB. IV, 356. 472. II, 89. VII, 129, ad 1253: XVIII talenta dapsilis monete, dativorum denariorum", Meichelb. Chr. B. II, 36. gibig, adj. „Dapsilis interdum sis notis et caris amicis: den lieben bekanten freunten dein soltu unterstunden gibig sein"; Dist. Catonis, And. 59, hinten. gäng und gibig, Lori, MzR. III, 398, ad 1761. „Gute und gibige Haller", MB. XXIV, 409, ad 1356. Die Gibigkeit, jede auf Grundstücken unablöslich haftende Leistung, als an Zinsen, Zehenden u. drgl., in so ferne sie eine Ausgabe oder eine Einnahme ist. Adelsgiebigkeiten, Dominical-Besitzungen, von denen die sogenannte Dominical-Steuer gereicht wird; (Sammler für Tyrol). Volkmann, über Steuerperäquation p. 37: „Grund-, vogt- und zehendherrliche Giebigkeiten." „Rückständige Giebigkeiten, Kreisgiebigkeiten", wirzb. Verordd.

Der Gibacht, in ländlichen Hauswesen scherzhaft: der letzte Laib eines Gebäckes, der zum Verzehren herumgegeben wird. Dés is də' *Gibacht*, sparts fei˜, mir künnə˜-r- erst übermorgng bachə˜. „Am Gibacht" heißen in Neukirchen z. h. Bl. die letzten Häuser gegen die Kirche zu. Der Gibacht·l, Mensch, der auf alles acht gibt.

Gibe, harpedone, (Weber); Siber, gemma gemmar. p. 96.

gibisch gábisch, s. oben, Sp. 863: gäbisch.

ʽDer Gibling, ä. Sp., Anhänger des Kaisers; BM. I, 511: gibelîn.ʼ „Wer solt dir denn helfen, so dir nit ist zu raten, anders denne Gibling und Gelfen?" Valkn. 106. Mone's Untersuch. z. Gesch. d. t. Heldensage p. 14.

Der Gob, Dimin. das Göble, Kind; s. oben, Sp. 862: die Gäb.

„Göb, gobius (piscis)", Voc. v. 1618; guua, gobio, gl. i. 1125. Diefenb. 270ᶜ.

Die Gachel, Gackel, (Baur) die graue Wanze, die stinkendste der Gattung; cimex griseus L. Vrgl. Gueg.

Der Gauch, 1) Kukuk, (ahd. gouh, mhd. gouch; Graff IV, 133. BM. I, 558. Grimm, Mythol.[2] 640 ff. Zeitschr. III, 145). „Cuculus haizt ain cukuk oder ain gauch", Konr. v. Megenb. f. 106, Pfeiffer 178.10. „Ich hân gehœret, daz man seit, daz der gouch durch zageheit nimmer ezzen getar zemâl ein ganzez blat gar", d. w. Gast 7320. 2) Thor, Narr; Zeitschr. V, 431.

'Gauchheil, anagallis arvensis. Diefenb. 32^c. Grimm, Gesch. d. d. Spr. 204. Nemnich I, 256.' „Nim Gachal chrawt", Cgm. 4543, f. 171. „Nim ain Gachail (Gauchhail?) und mach den zu pulver", das. f. 179.

14 „Geichet" (?), nach Zpfr. im b. W., Gesträuch.

Gich („Giech"), Familienname des fränkischen (seit 1695) Grafengeschlechts, wol nicht von Gibihho (Neugart), Gibeche (Nibelungen), ags. Gifeca, isl. Givki (Grimm II, 284. III, 676), da schon 1142, 1149 (Reg. B. I, 165. 193) die Burg Giche-burg heißt; (30. May 1837). „Gecheburc und Litenvels", Cod. Teg. Wernh. 1008, f. 1—2. S. Jac. Grimm in Haupt's Zeitschr. VIII, 8.

---

gácht·n, (Passau) zanken; s. oben, Sp. 29: œchten.

Die Gicht, Jicht, ä. Sp., Substantiv vom Verb jehen (sagen, bekennen; s. Gramm. 503. 1038, II.; ahd. jehan, mhd. jehen; Präs. ich gihe, wir jehen; Prät. ich jach, Ptc. gejehen; Graff I, 583. BM. I, 512), ahd. gijiht, gejiht, mhd. giht; Graff I, 586. BM. I, 516: Aussage. Die Begicht, Bejicht, s. Beicht. Die Vergicht, gewöhnlicher Urgicht, das freywillige, oder (wie es früher meistens der Fall war) erzwungene Bekenntniß eines Missethäters vor Gericht; (BM. I, 517). Noch kommt dieses Wort hie und da als Aufschrift der gedruckten sogenannten Urthel vor, die bey Hinrichtungen von Verbrechern als kümmerliche Anerkennung des Satzes, daß nicht blos die Vollziehung eines Richterspruches, sondern dieser selbst und seine Begründung vor die Augen des Publicums gehöre, öffentlich feilgeboten werden. „Urgiht unde schone has du anegeleget", (confessionem et decorem induisti), Psalm. 103, 1; Doc. Misc. „Rühm dich nicht deiner boßheit und sing nicht dein eigen urgicht", Seb. Frank. „. . . so han wir unser Lender ingesigel an disen brief gehenket uns ze einer Vergicht der vorgeschribenen Sache", Unterwaldener Urk. v. 1366; Kopp, Geschichtsfr. I, 85. „. . . uns ze einer Veriicht dirre sache", Urk. v. 1352, ebendas. I, 80. „. . . mir ze einer vergicht dirre vorgeschribener sache", Urk. v. 1347, ebend. I, 78. „. . . uns ze vergicht und gezügnusse dieser dinge", Entlibuch 1395, ebend. I, 90. Cgm. 4925, f. 121—128 enthält eine Reihe Vergicht der „Übeltheter so der purischen entpörung (im Elsaß) anhengig gewesen" und hingerichtet worden, (1525—26). gichtig, adj., ä. Sp. bekennend; bekannt, d. h. gestanden; (Graff I, 586. BM. I, 516). gichtig werden, bekennen. gichtig machen, zum Geständniß bringen. „Wo aber gichtiger Mund und wahre That nicht vorhanden wäre"; Kr. Ltghdl. VII, 402. „Urteil und recht hat uf des Armen gichtigen Mund geben", Tigew Röttenberg (s. oben, Sp. 856). gichtige Schulden, eingestandene Schulden; Kr. Ltghdl. XIV, 67. Ist etwa MB. XXIV, 98 statt „ängättigen Zins" zu lesen angichtigen? (cfr. anhellig). gichtigen, vergichtigen Einen, ihn zum Geständniß anhalten, zwingen; foltern. „. . Sie im Fall glaubhafter Indicien strencklich gichtigen lassen . . ." Wstr. Btr. VIII, 297, ad 1765. „Als er auf disen Artikel gegichtigt ist, hat er bekennt . .", Ldtg. v. 1515, p. 336. 337. „Der Richter soll den Verläumter gichtigen und fragen lassen", Tyrol. L.O. v. 1603.

Das Gicht, Gegicht, Vergicht, die Gicht; Graff IV, 142. BM. I, 517 f. Grimm, Mythol.[2] 1108: giht = goth. gahts, gressus; Gesch. d. d. Spr. 276). Das Gejécht, Gicht oder Gliederkrankheit; (Weihers, Dr. K. Roth). „Das Gicht komt etwan von Kelt, etwan von Zorn, von unkeuschheit ꝛc."; Ortolph. „Das gicht in jren bainen soll jn nimmer vergahn", Reime v. 1562. „Zu merkchen das vierlay gicht sind, das lebentig, das tod, das haiz, das chalt", Cgm. 170, f. 5^b. „Gut für alle slachte gicht chaltes und warmes, lemtiges und todes", Furstenf. 121, f. 175^b. Mittel dagegen Cgm. 2721, f. 104. „Für das chalt gicht", Clm. 5931, f. 202. Mittel wider das gegiht oder daz giht gibt Hug v. Trimberg († 1313 circa) im Renner 9889 ff. „Darmgicht, verminatio, tormina alvi, ileus", Prompt. von 1618. „Reichmann starb am Darmgicht", Av. Chr. „Beruret mit siner heiligen hant ir leme und ir gegihtes bant, si ist genesen . . .", Kindh. Jesu, Hahn 78,34. „Daz gegihte begunde brechen die muoter von leide"; arm. Heinr. 886. „Contra gegiht . . stechede und gegicht", Cgm. 213, f. 110. „Von dem vergicht. Paralysis heißt zu täwtsch ain gicht . . . daz gicht . . . gichtig"; Ind. 344, f. 79. Mittel für das Vergicht, Vergifft in Glidern s. Cgm. 3721, f. 103; Cgm. 4543, f. 91; Ind. 129, f. 124. „Für das vergicht das umbget oder das fliegend vergicht", Clm. 5036 (XV. sec.), f. 169. „N. N. ware wegen des kalten Vergicht krumb und lahm". P. Abraham. Das Darmvergicht, (B. v. Moll, Zillerthal). „Podogra, fuessucht oder vergicht", Hbn. Voc. v. 1445. „Verhalt auch in dir den wint nicht wenn du gewinnst das darmvergicht", ZZ. 2072, p. 266. vergichten, vrb., ä. Sp.; BM. I, 518. „Ich was also vergiht wol acht und zwæinc jar", Urstende, Hahn 109,54. „Ist der harn gevar als die clieben darinne varen und ist sein lüczel, der mensch wirt schir vorgijcht", Ald. 253, f. 102^b. „Paralyticos firgihta vel virgihtegote", Clm. 4606, f. 143. gichtbrüchig, adj.; cf. Th. I, 340 unter brechen: den dy gicht pricht" u. oben: arm. Heinr. 886.

Das und die Vergicht, Verjicht, V·richt, die Convulsion. Gegen das Vergicht der Kinder soll man ihnen Peonienwurz oder einen Smarags um den Hals hängen", Cgm. 601, f. 106. „Sie ward sehr oft von der Frais oder Fricht überfallen und zum Sterben krank", s. Nicolai, Reisen, 7. B., Beylag IV, 10. Das Fricht kriegen, in Convulsionen fallen. Von a^0. 1454 bis 1645 sind durch Berg-Anderer Mirakel „732 Fraiß und Vergicht vergangen"; Himmel auf Erden p. 168. „Ein Knäblein, welches das Vergicht heftig gewirgt", Inchenhofer Mirakel. „Da hat er urplötzlich das Vergicht bekommen", Selhamer. „Sie starb am Vergicht", Hund,
St.B. II, 93. „. . In der Krankheit hat sie das Ver- 15
gicht so lang und hertiglich gearbeit, bis sie ein Kind unwissend geboren. (Auf ihr Gelübde) „hat sie das Vergicht gentzlich verlassen"; Votivtafel zu Alten-Oetting. „Da lag ich 9 Stund im Vergicht"; Matth. Schwarz von Augsburg.

'Die Sunngicht, Sonnenwende, Johannisfest'; (giht = goth. gahts; mhd. sungiht, sunnegiht, solis iter; BM. I, 518. Grimm, Mythol.[2] 584. 667. cf. bettigaht, Graff IV, 1277). „Sant Johans tag ze sungichten" in Lucerner Urkunden, z. B. Geschfr. II, 190, und in dem Kopenhagener Calender aus dem 14. Jahrh. in Haupt's Zeitschr. VI, 358. s. Th. III: die Sunnen.

(S. Gagk, gegk, ꝛc.)

gacken (gáck·n; Kinderwort), cacare; Baader.

Gacker, Gecker, s. Ackeram, Äcker.

'Der Geck, wie hchd.' Einem einen Gecken stechen, s. Jeck.

Geckschoserey, schwäb., (v. franz. quelque chose) Kleinigkeit, Kinderey, unnützes Ding, (Rath Her).

gicken, s. gigken und kicken.

---

gácks, plötzlich; (s. gæh). gácks seyn, närrisch seyn. Dés is ə˜ *Gácks*, ein unbesonnener, närrischer Mensch. Dés is ə˜ rechtə' Hans *Gicks*, (b. W.).

gacksen, s. gagkern.

(Vrgl. Gat, get, ꝛc.)

gàd, nur; s. gerad, grad, (nach Gramm. 633).

Das auch der Gadem, Gaden (Ga'n, Gà'n; vermöge Gramm. 446, 552, 632 manchmal Garn, ja sogar Garden, Garten geschrieben). 1) ursprünglich jedes Haus (in so ferne es nur aus einem Raum, einer Stube, einem Zimmer oder nur einem Stockwerk bestand; (ahd. gadum, gadam, mhd. daȥ gadem, gaden; Graff IV, 175. BM. I, 455 f. Zeitschr. II, 344. IV, 102,10. V, 340. 410,13. VI, 256,61. Gl. a. 76. 111. 186. 464. o. 189. Otfr. IV, 9,12: daȥ cadum, gadem, domus, aedes). Daher in einer Regensburg. Urk. v. 1244: „gademer und schreinär", (Zimmermann?). An diese Bedeutung schließen sich die verschiednen auf Gaden endenden Ortsnamen: Berhthersgadem (Berchte'sgaden, Berchtesgaden, s. Th. I, 272; Pertersgaden, Clm. 15744, XIV. sec., Hinterdeckel), Ernstgaden, Gräfengaden, Schmidgaden, Staingaden, Staingädelein (Lori, Lechrain f. 433). Im J. 1419 löst Ludweig der Scharfzant, Burger zu München, ab mit 5 ℔ guter und genger Müncher Pfenning die 60 Müncher Pfenning ewigs järleichs Gelts, die das Kloster Scheftlarn gehabt hat „aus seinem haws, zu nachst an des hailigen gaist und des spitals haws, und aus den drein Gadmærn darunder", Urk., Vorderdeckel des Clm. 17011. Vor einem Jahrtausend bestunden in unserm Deutschland wol selbst die Burgen oder Höfe der Fürsten noch aus einer Verbindung von lauter einzelnen, einstöckigen, nur einen Raum enthaltenden Gebäuden, wovon jedes für sich nach seiner Form oder Bestimmung Gadem, Kemenate, Sal, Palas, Stube oder Zimmer heißen konnte. Vrgl. Stube, Zimmer, Kemenat ꝛc. 2) ein Gemach, ohne Rücksicht, ob es ein Gebäude, ein Stockwerk für sich bildet, oder neben andern Gemächern nur ein Theil eines Stockwerks ist. In Bauernhäusern am Lech wird unter Gaden vorzugsweise die Schlafkammer des Bauers und der Bäuerin verstanden. Gadem, conclave, gl. i. 821; cubile, gadem, gl. bibl. v. 1418; cubile, gadem, cubiculum, gademlein, Clm. 4350, XIV. sec., f. 2. (cfr. Gatt, nach Grimm II, 736). „Es ward von Gott ein engel gesant der hieß Gabriel in dy stat zu Nasareth zu einer maid dy hieß Maria. da vant sy der engel allain sitzent in einem gadem . . . der engel chom zu ir in das gadem haymleich . .", Osw. Messing (1461), Polling 424, f. 90. „Eȥ ist min hus versperret vnd sint miniu chint in dem gadem ich mag niht vfgesten", Cgm. 66, f. 37. „Darnach die gsellen kament all mit pfeiffern und mit grossem schall in daȥ gaden (Brautgemach) und wünschten in (ihnen, den Vermählten, am Morgen) des glückes vil", d. Ring 43c,13. „Angarn, Nebenstube", Hbn. salzb. Lungau, (Angaden?). 3) Gemach oder Gewölbe, das als Vorrathskammer, Kaufladen oder Werkstätte dient. Ze gadem stân, (Augsb. Stdtb.) einen offenen Laden halten. Der Apfelgaden (Äpfelkammer), Brenngaden (Werkstätte zum Silberbrennen; Lori, BergR. 63. 224), Fleischgaden (carnarium, Voc. v. 1618), Freithofgaden, Geschirrgaden (Aufbewahrungsschuppe für das Schiffsgeschirr; Lori, B.R. 500), Häwgaden (foenile, Voc.
16 von 1429), Leingaden (Leinwandkammer), Schergaden (Barbierstube), Schlafgaden („Der jünglinch ward gefuert in ein slafgadem", Cgm. 54, f. 33b), Schneidergaden (Schneiderwerkstätte), Spinngaden („die Fraw hett in jrn spingaden ir nachbäwrin zum Rocken gladen", H. Sachs), Staingaden (Hbn., Pinzg., Speisegewölbe), Wassergaden („Si liezzen in in eime waȥȥergademe sitzen", Genes. 37,24; Diut. III, 92), Werchgaden (Werkstätte), Zergaden (Zérgà'n, Ziə'gà'n) die Speisekammer, das Speisemagazin. Davon: der Zergadner, Aufseher über das Speisemagazin; (Wstr. Bschrbg. von München p. 87, Weirer Dissert. XIII, Benedict. Museum I. St. p. 190). Av. Gram.: „das Zergaden, penus; Zergadner, procurator peni." Das zergadem, zergaden, der zergadmer (1392), Freyb. Samml. II, 110. 131. 159. Zergamer (Zergadmer), Ms. v. 1476. Das Prompt. v. 1618 hat: ein Gade, taberna; (gl. i. 342: gadimili, receptacula. Clm. 4606, f. 125: receptacula, gatmeli, Ecclesiast. 1,21. Otfr. I, 27,67: in sinu gadum, in granaria sua). 4) Höhe einer Kammer oder Stube, Stockwerk. „Wan si in in den turn zoch wol dreier gadem hoch", v. d. Hagen, Ges. Abent. II, 518 (Virgilius). „Auch warn voll all fenster und läden in den häusern herumb all gäden von den geschlechtern man und frawen diser kurtzweil auch zuzuschauen", H. Sachs 1560: IV, III, 81 (1612: IV, III, 176). „Es soll jedes Gaden ob der Erde zwelf Schuh haben", ältere Amberg. Bauord. „Wer seinem Nachtpern gannze Maurstat gibt, dem sol derselb sein Nachtper pauen zwaj Gaden hoch, unnd ist ain Gaden zwelf werkhhschuech"; Münchner Bauordnung v. 1489. Wstr. Btr. VI, 128. cfr. Regenspurg. Statuten v. 1306. Gem. Chr. I, 465. „Eins oder beede Gaden mauern"; LR. v. 1616, f. 751. Das Haus ist zwey, drey Gaden höch. Ich wohne im Mittelgaden. „Umb ein Garn höcher als der babylonische Thurn . . ." „In der Archen Noe waren drey Garden, der erste und obere für die Vögel, der mittere für die Menschen, der untere für die andere Bestien", P. Abraham. La nostra casa e piu bassa de la nostra do sollari, ewer haws ist niderr denn daȥ unser zwaier garn, dill", Cod. ital. 261, f. 53.

'Der Gädemler, ä. Sp., inquilinus (BM. I, 456)', dem Burger entgegengesetzt; Meraner StadtR. in Haupt's Zeitschr. VI, 414. 423. Hintergädemler, das. 423. „Daȥ gesetzede über die gädemler, die in die stat ziehent und veile wellent haben", das. 425. „Swaȥ er datz einem burger, gastgeben oder gädemler oder antwürken verleit und verbiutet", das. 427.

gädig, gädnig (gádi, gádni' gá'ni', gidi'), adj.; ain-, zway-, drey-gädig oder -gädicht (aə˜-, zwaə-, drey-gádi oder -gidi'), ein, zwey, drey Stockwerke hoch. „Die da zweygädicht bauen, sollen auf vier, die so dreygädichte Häuser aufrichten, auf 6 Jahre umgeldfrey seyn", Privileg. für die neue Stadt St. Georgen am See, v. 1724.

Die Gaudi, Gedi, lustige Unterhaltung, (gaudium?). Zeitschr. IV, 252,69. Buə', mit dèn hábmər ə˜ *Gaudi* ghabt! (den haben wir zum Besten gehabt, verspottet, geneckt). Dés is ə˜ Kreuz*gaudi!*

„Der Geidl, der Gänserich"; Hauser. (cf. Gander).

„geiderleige geiderleige", z. B. faren oder reiten, (Allgäu, Schrank b. R.), adv., sehr schnell, über Hals und Kopf; (cf. Gidi, gigətégágəté, girdégárdé; wàs gei'st wàs hàst). 'Hieher algeider? „Das sie al erlamen die die frawn an iren ern durch neid algeider tund versern", Cgm. 270, f. 96b. 'Vielleicht ist „ald (oder) geiden" zu lesen? (s. d. folg. Wort). Vrgl. auch mhd. algater, insgesammt; BM. I, 489.'

geuden, geudnen, 1) rühmen, prahlen; (mhd. giuden, göuden, geuden, BM. I, 538; geuden, gloriari, fastidire, ahd. gawidôn, gewidôn; urgawida, fastidium; Grimm I3, 185. 186). Voc. v. 1429: güden, gloriari. „. . . die dâ spotent unde giudent unde rüement unde swernt von gewonheit", Br. Berhtolt, Pfeiffer 83,35 (Kling 389). „Davon mit nieman göude!" Labr. 49. „Nû wünschet, daȥ von dem ende frôlich werd ze göuden", das. 3. „So möcht ich wol von süezem jagen gäuden", das. 102. „Verwesenlicheȥ leben nâch wunsche hie, davon wær dort noch wol ze göuden", das. 232. „Von ungelücke göuden mag ich"; das. 364.

„Schallen und geuden ſint mir ſwære"; d. w. Gaſt 297. „Lât daz ein man hôhvertic ſî, zehant gedenket er wie er ſol die andern übergeuden wol. Swenn er dan ſiht daz ſîn hôhvart ân guot mit geuden niht wol vart...", daſ. 11942—44. „Du ſolt dich des mornigen tags nit geuden, dann du waißt nit was dir heut zůfallen mag", Buch d. W. 1485, f. 125. „Ich rum mich, das ich weder gewd noch ſchall, ich kan aber mer tanzen denn ſy all", Roſenplut, Cgm. 714, f. 302. „De actu venereo jactanter gloriando i. e. gäuden", ZZ. 1804, f. 139. „Arrogantia, ganden" (sic!), Clm. 5979 (XV. sec., 1406), f. 48. „Arrogantia, geuden oder guffen", And. 48, f. 142. „Arrogantia gauden vel goffen", Clm. 9537 (XIII. sec.), f. 178. „Arrogantia, gůfftung, geudung", Cgm. 3985, f. 1. „Nieman hab daz für göuden", Labr. 341. „Durch göuden jagen", daſ. 388. „Göuden iſt ein hund ungenge", daſ. 389. „Daz ſiu ſprach: ir chumt zu guten frouden! ir munt ſo ſůze kan durchgöuden", Labr. Pa 29. „Mit rumes geud" ... „Vil geudens wart von diſem hunt getriben", man lobte ihn ſehr; Cgm. 291, f. 61b. 25a. „Durch ain gewden", aus Pralerey, Cgm. 270, f. 145a. Dem Klamſer (Winſler) mues mans nemen, dem Gäuder (Praler) mues mans gebm, Allgäuer Sprichw. (Bildhauer Eberhard). 'geinen, dá'geibnen (vrgl. geudnen und oben, Sp. 861 f: gëuen, 2).' „Und so g'geint und so b'rüahmt zwiə -r-i bi, is go' niəmd", Stelzhamer 147. „Und öbn ä di übringa Brüədä' und Schwöstern (der Königsbraut Maria Antonia) wernd grausam dá'geibnt; mä' löst ja, wàs guətgsinnti G'müətä' — in Zeitingen öffentli' schreibnt", Lindermayr 134. 'göudeclîch giudeclîch, mhd., adj., praleriſch; göudeclîchen, adv., in pralender Weiſe; BM. I, 539.' „Durch göudenlichez jagen", Labr. 609. „Daz er die göudiclichen müg vertrinken", daſ. 547. „Der im müßiggang rhumrettig und gewdniſch umbrang", H. Sachs 1560: II, IV, 36. Das Gád (Gegëude?), opf., die Pralerey. 2) vergeuden, verſchwenden. „Gut kommt nicht von geuten, Glück nicht von Schlaffen." „Reichthum komt nicht von geuten ſondern von kargen Leuten", Seb. Frank, Sprichw. 1601: 214. 221. Der Geuder, der Verſchwender; wirzb. Lgrchtsord. v. 1618, tyr. L.O. v. 1603. geudig, geudiſch, adj. Die Geudigkeit, (beſonders in Franken). arbait-geudig, viel Arbeit in Anſpruch nehmend, (Ober-Inn). „gudig, prodigalis", Voc. v. 1429. Im Großthun kommen beide Bedeutungen überein. S. geu-en, 2; es könnte aber
17 auch nach dem altnordiſchen eydsla, prodigalitas, eydi, solitudo (cf. dän. öde, ödſle, verſchwenden), ein urſprüngliches g'œden (ſ. œden) vermuthet werden.

Gidi, a) Aegidius; b) ein unbeſonnener, ſich übereilender Menſch, Strumpf-Gidi. Beym Höfer iſt der Gidi „die Furcht bey einer öffentlichen Verrichtung, da die Knie wanken und die Sinneskräfte ſich verwirren." Ich habe, oder bekomme den Gidi, es kommt mir der Gidi, ſo oft ich auf dem Theater auftreten muß.

Der Goder, Dim. das Goderlein, (auch: Kodər und Kodə'l), a) die Gurgel (guttur); der Schlund, engl. the cud, rumen. Zeitſchr. V, 340. ə~ Fràs-Godə'n, (b. W.) Vielfraß. „Das ſich dy ſtimm prechen im goder durch den lufft", San-Zenon. 115, f. 232b. „Auch ſtund im Külwaßer ein Flaſchen damit mocht er ſein Goder waſchen ..." „Wo ſie kumpt vber die Weinflaſchen thut ſie den alten Goder waſchen", H. Sachs (1612: I, 1060 „Geder"). „Du piſt mit raiffen gezieret vein und tuſt mir ſanft am Göderlein", Trinklied v. 1495; vrgl. Th. I, 529: Döppelein. (Die im Fluß ſtehenden Waſſervögel) „teten die Goder auf, und ließen die offen ſten, das in nichts chund entgen" (von Fiſchen); Horneck. b) (noch öfter) die äußere Gegend vorn am Halſe unter dem Kinn, die fleiſchige Haut unten am Kinn, palear. Kärnt. podgerliſhzhe volovje, Ochſengoder oder die hangende Haut an des Ochſen Halſe; Jarnik 224. K.A. Einem 's Godə'l kratzen, ihm ſchmeicheln. „Willst was habn vá der Moáhm, nimm s' bein Godərl und kratz", Kaltenbrunner (1845) p. 152. „Wann s' 'n anluəgt fuchswild und á G'sicht auf eáhm macht, nimmt er s' aften bein Goder, bis s' 'n wieder anlacht", daſ. 111. „Dás 'Küə-ə-ln discriə'n (dieſe ſagt dieß, jene das) taə~n, dés is gá' kaə~ Fràg ... də' Jodl mi'n Godə' stêt oné si' z'rüə'n und denkt si': miər müəsst és dó' àllé pariə'n", Seidl, Flinſerln (1839) II, 41. „Goderlein am Hals, epiglottis", Voc. v. 1482. ſ. Kober.

godic'a, (adv.), gleichſam; als ob man ſagte. Zeitſchr. III, 346. ſ. keden und Gott.

Die Godechſe, mhd. gôdehſe; BM. I, 552. „Ez hete der hôchgemuote man eine gôdehſen an. daz iſt ein windiſch wîbes kleit", Frauendienſt 218,30.

Göding, Göttingen (Guddingun, Förſtemann II, 610) als Ortsnamen deuten auf heidniſche Prieſterſtätten, (cf. goth. gudiggs, ahd. cotinc, Prieſter); Grimm, Geſch. d. d. Spr. 818. Vrgl. unten: Gott.

Die Gude, ä. Sp., Fülle? '(zu giuden, geuden?).' „Verkoff des du die gudi (gude) haſt; ob du das unverkaffet laſt ſo verleit es dir und wirt unwert", ſagt die Alte zur Jungen, Cgm. 379, f. 66 (Cgm. 270, f. 104).

Der Gudel? vrgl. BM. I, 585. „Die argen und die kargen, und die ſnudel und die gudel und die ſnuffer und die juffer und die abreißer und unrecht zoller", des Teufels Segi, Ms. v. 1449, (Barack 427,1: güdel). 'Vrgl. BM. I, 539: der giudel, Praler.'

'Die Gaffelſtirne, ä. Sp., ein Scheltwort; BM. II, II, 644. cf. Goffe.' „Quando aliquis gloriatur de pulchritudine corporis et quod dominus dedit tibi ornatum tu convertis in peccatum. vbi modo sunt vnſer gaffelſtirnen ubi modo currentes per vicos et plateas, ut earum pulchritudo a suis amatoribus videatur" .... „ubi modo sunt venatrices diaboli? ...", (Br. Berchtolt?), Monac. August. 79, f. 50. „Ubi sunt modo dij gaffelſtirn?", Monac. Francisc. 303, f. 125.

Der Gafer, Gaffer (Gaffərə'), Kampher, (zunächſt vom perſiſchen kâfur, neugriech. χαφουρα). BM. I, 456. Zeitſchr. II, 345. III, 108. „Si habeas cafarn", Em. C. 40, f. 23. Gaffərə'tinktur, Gaffərə'geiſt, u. drgl. Auch Ortolph hat Gaffer.

gaiffen (gaəffə~), 1) auseinanderſtehen, (engliſch to gape), offen ſtehen, z. B. eine Wunde gaəfft, ein Schuh gaəfft, wenn ſich deſſen Seitenwände nicht gut an den Fuß anſchließen. 2) active: ausſchneiden, rund ausſchneiden. Die Gaiffung (Gaəffung), das Auseinanderſtehen, der Ausſchnitt. gaiffig iſt z. B. der Mühlſtein, wenn ſeine Kanten rund zugehauen. cf. gëuen und Gauff.

Der Gaifer (Gaəfə'), wie hchd. Geifer. „Gaiffer vel ſpaichel, oscedo", Voc. v. 1429. gaifern (gaəfə'n), gaifezen (gaəfəzn), geifern; (b. W.) dummes Zeug ſchwatzen. Der Gaifezer, der Gaiferer (Gaəfərə'), der Geifer; der Geiferer. cf. engl. to give.

Die Gäuffen, öfter die Gäuffel, die Höhlung der Hand; noch öfter: die Höhlung der zuſammengefügten beiden Hände; (ahd. coufan, mhd. goufe; Graff IV, 177. BM. I, 559. Vilmar, kurheſſ. Idiot. 118. Zeitſchr. II, 345. IV, 322. V, 341). Vrgl. unten: die Gauſen. Weinhold 25: ſchleſ. die Gabſche, Handvoll. Firmenich I, 341: Göppsken. Zeitſchr. IV, 479. Vrgl. ſchwed. göpen, dän. gjövn, '(giæve).' dé Geiffel, beide hohle Hände voll, (Weihers, Dr. K. Roth). „Das Bad hat ganze Gauffen und Händ voll Sand, Grieß und 18
Stain vom Kranken getrieben", Adelholz. Badbeſchr. „ir, iris, gauffen, manus concava", Av. Gramm. „Gauff, vola, media pars manus", Voc. v. 1618. Diefenb. 308c. 628a. „Des enthaupteten Ruffini Hand, ſo die Finger krümmet und ein Gauffen macht, mußt in Conſtantinopel von Haus zu Haus betteln", Av. Chr. „Mit ir

goufen truoc si dar des wazzers", Wigalois 5454. „Er fasst der speis ein gauffen vol", (es steht gedruckt: gauffen), Ring 35^d, 18. „Trireg man im ein goufen desselben weizes hin dan, er wænte sîn gar zergân von sîner grôzen gîtikeit", S. Helbling II, 582. „Ein gauffen voll", Clm. 5879, f. 205. „Mit ainer gäffen voller chorns", Rchtb., Ms. v. 1453. Gl. i. 855 ad Judic. 7,6: „fifaldanem fingarum edo coufanom" (bibere). Das Gäuffelein (Gaufál), hohles Werkzeug, Getreide, Mehl, und drgl. in ein, aus einem Gefäß zu bringen. gäuffeln, mit beiden, eine Höhlung bildenden Händen nehmen, geben rc. aufgäuffen, aufhäufen. gauffet, gauffelnd (gauffələt), adj. und adv.; gauffelweis, adv. Ob hiemit das folgende zusammenhange?

gauffern, in Eile, nur obenhin thun; (cf. niederd. gau, gawe, schnell; s. oben, Sp. 855: Gaudieb). Sich oder eine Sache vergauffern, übergauffern, übereilen, überhudeln. Der Gaufferer, gaufferisch. „Besser darauffer, faul Gauffer, den hamer thuet schwingen", sagt der Schmid zu den Gesellen; Werlinus Seonensis (1646), Cgm. 3637, f. 1254. cf. Geifer, Gewfer (rotwelsch), gaustern, und oben unter Gudel: Juffer; 'auch d. folg. Wort.'

gäufen, (Franken) heimlich wegschaffen, entwenden. Der dieses thut: der Gäuf. Gäufersleut, Diebsgesindel. Vrgl. bey Avent. Chr. „Drosser und Gauffer; . . . Droßler, Geuffler, Kaufleute und anders Volck, so dem Heer nachzohe." Vrgl. gansen. „Gaufleute, artifices scenici", aus Herr's Seneca (Straßb. 1536) bey Lessing, hg. v. Maltzahn, XI, 2, 264. „Bis die cristan den soldan bezwungen daz er in dez geisel gab daz si heten guten frid und guten gauf '(= Kauf?)' al durch sein land", pros. Kaiserchronik, Ms. des XIV. sec. im german. Mus., Nr. 2733.

'Der Gief, ä. Sp., Thor, Narr; mhd. gief, BM. I, 511.' „Dô wart aber geeffet der gief", Grimm, Reinh. p. 56, 866 und p. 108. „Wenn er ir (der Frauen) tore ist und ir gief âne zauberwurz und âne brief", Renner 16726.

Der Goff, des Goffen, 1) (Selhamer) ital. il goffo, engl. goff, Dummkopf; Diez, Wbch. 177. Müller, etym. Wbch. d. engl. Spr. 456. 2) ehmalige Art süßen Backwerkes. Im Programm der Studenten-Schlittenfahrt v. 1774 stellt der 42ste Schlitten „Schnee und Gofen", der 44ste „die Biskoten", der 45ste die „Mandelbögen" vor.

'Die Goffe, ä. Sp., Hinterbacke, clunis, (ahd. goffa, mhd. goffe, guffe'; Graff IV, 176. BM. I, 552). „Clunis est posterior pars animalis goffe", Clm. 5008 (XV. sec.), f. 150. „Clunes, goffen", ZZ. 796, f. 169^a. „Clunis, goffe", Voc. optim. p. 12. goffen, vrb. „Also (mit Schlägen) sol man ein übel weib all tag newn stund goffen"... „wan du sye dreystund gofst", Cgm. 811, f. 49. „Wir (der minner, spiler, ludrer) sullen einander goffen . . . si zugen all drei von schaid si schlugen ein ander do", Cgm. 379, f. 142.

Der Gufel (Lust) sticht ihn, (Aurbach).

Die Gufel (Staə-Gufəl), (Ober-Isar) Höhlung in einer Felsenwand, Zeitschr. V, 443. cf. Kofel und allenfalls auch das alte goffa (gl. a. 34. 649; i. 1131: clunis, inflexio dorsi).

gufen, mhd. guofen, 1) rufen, schreien; BM. I, 586. Jac. Grimm, Stauferlieder p. 113. Wilh. Grimm, über Freidank p. 75. 2) rühmen, prahlen: „Arrogantia geuben oder guffen", And. 48, f. 142^b. „Gauden vel goffen", Clm. 9537 (XIII. sec.), f. 178. Vrgl. güften.

Der (?) „Gaffter, acus, eris, quasi afftergetraid", Prasch, v. Dell. s. Affter und vrgl. Kaff, engl. the chaff.

Der Gift, der Zorn, Groll; Zeitschr. III, 188,33. 417,335. Er brinnt âlln vo' lautə' *Gift*. 'Afər ə~n *Gift* hàn I scho~ gleī' 'kriəgt. dás I gmaə~t hà~, I muəs də'springə~. Dà kàn I ə~n rècht'n *Gift* kriəgng, wenn I so wàs hör. Də' *Gift* hàt 'n übə'gangə~, der Zorn hat ihn übernommen. giftig (gifti'), adj., zornig, böse; Zeitschr. V, 65,69. 140,8. 191. springgifti', zum Zerspringen oder zum in die Höhe Springen böse. Mahh mi' nét *gifti'*! Hör auf mit dei~n Grappəln, sunst machst mi' *gifti'*. Sollt aənə nit *giffti'* wer'n?! Der Giftmichel, Giftnikel, Giftschlegel, Mensch, der gleich in Zorn geräth. Das Giftädə'l, Persönchen, das gleich zornig wird. giften, vergiften, erzürnen, ärgern; Zeitschr. V, 126,42. Dés Ding hàt mi' *'gift't*. Kärnt. „jaditi se, stark zürnen, ergrimmen, im gem. Leben gewöhnlich: sich giften"; Jarnik p. 32, unter jad, das Gift. („Ein vergiffte zwitracht"; Av. Chr.)

Die Gift, ä. Sp., die Gabe, die Vergabung; (Graff IV, 124 ff. BM. I, 510). „Bei diser gnad, gifte und freyheit", MB. XII, 199. „. . Sol mein gift kain kraft haben", MB. VI, 613. (cf. a. Sp. gift; anagift, frumigift, primitiae, gl. a. 102; urgift, reditus, gl. a. 108. M. m. 152; zuagift, zurgift, proditio etc. gl. 19
i. 566; noch im Hchd. die Mitgift). Die Hantgift, s. Hand. „Beneficia, vergibnus oder vergiftung", ZZ. 1803, f. 201. begiftigen Einen mit Gütern: F. v. Zesen.

Das Gift, a) wie hchd. 'ä. Sp. die Gift', (ahd. mhd. diu gifte; Graff IV, 125. BM. I, 510). „Daz hertz was vergift und von der gift wegen möcht ez nicht verprinnen"; Cgm. 54, f. 69^a. „Der tiufel versucht den menschen zu giften und ze tœten mit der gift der hochfart", das. 72^a. Vrgl. Labr. 187. 188. „Stehts no an söchs Wochá, so kriegst ä langs Sochä und läft där 's *Vergift* gar in Magn", Lindermayr 173. R. A. Dés Méssə' schneid't á's wiə s *Gift*, ist sehr scharf. b) halbscherzhaftes Scheltwort gegen junge Weibspersonen. Dés *Gift!* wie: dieses Lumpen-Mädchen! R. A. Einem 's *Gift* nemə~, ihm Meister werden, ihm die Kraft zu schaden benehmen. Der hàt 's *Gaəsgift!* Dèn muəs mə~ 's *Gaəsgift* nemə~, (den Muthwillen).

Die Giftweiden, (Baur) tamarix germanica L.

Das Vergift, (nach Hazzi's Statist. Miesbach) eine Krankheit, durch welche die Säfte abstehen, die Nerven sich einziehen und allerley Lähmungen, Niederbeugungen u. drgl. entstehen. „Vergifftige Leut", die die Gicht haben, Ortolph. „Die das gift (Gicht) haben". . . „gut für die gift", Progel's Ms. 127^b. 128^b. Das Darmvergifft, (Rttmr.) die Gedärm-Entzündung, (bey Pferden) der Harnzwang; (HhG.) das Bauchgrimmen. Das Gallvergifft, (Th. Mjr.) die Gicht. Das Kältvergift, (Rttmr.) der Rheumatismus. „Das ungenandt und Kaltvergift", Inchenhofer Mirakel v. 1605. „Knoblauch ist gut für die kalten Vergifft", Ortolph. Die sechsämterische R. A. „aussehen, als wenn man die Pfalz Vergifft hätte", mag wol aus einer ursprünglich hieher gehörigen Form und Bedeutung corrumpiert seyn. Vrgl. Gicht.

Die Vergift steht in einer Augsb. Hdschft. v. 1447 statt Gift (venenum): „ain nater wan die in ain waßer gaut, so leget sy ir vergift von ir." Br. Berchtolt sagt (Kling p. 51, Pfeiffer p. 153,8): „Dô slifen sie alle die vergift und allez daz eiter, daz in dem slangen was." Bei Konr. v. Megenberg f. 87 (Pfeiffer 144,17) heißt es: „Des lewen vaizten ist der vergift widerwartig." Die Vergifte, (Augsb. Stdt.) Vergiftung. „Der man vergifte zihet." „Die vergift, toxicatio", Ortolph. vergiften. „Wenn die menstruosischen weiber in zeit der infection ein menschen durch anschawen vergiften", Dr. Minderer 1620, p. 69. vergiftig, adj., statt giftig; Br. Berhtolt, Kling p. 52, Pfeiffer 153,26. „vergifftigen, intoxicare", Voc. Melber. Dieses Vergift entspricht, näher als Gift, dem Vergeben.

'Die Guft, ä. Sp., lautes Rufen, Schreien; Pralerei, Übermut; laute Freude, Herrlichkeit. BM. I, 586.' Wackern.

Wbch. „Werltlich ere lop und guft ist als ein tau, rif oder tuft", Renner 22628. „Wol uns deiner lieben guft", Cgm. 714, f. 23. güften, sich güften (eines Dinges), sich rühmen, pralen; frohlocken; Muthwillen treiben. „Der (hujus bonae uxoris) güft sich niemen ân ir man", S. Helbling I, 1377. „Mein herz sich des güffte", (frohlockte darüber), Valkn. 117. „Wer güfft und geudt auf der straßen", Cgm. 713, f. 13. übergüften; BM. I, 587. (Sie, illa) der (deren) lob nieman kan übergüften"; Labr. 528. Das Güften; BM. I, 587. „Arrogantia i. e. gœwden oder güffden", Clm. 17188 (XIV. sec.), f. 49. „Nu hat sein (des todten Vornehmen) galm und sein güften ein end", Cgm. 51, f. 12ᵇ. „Der übermût und daz güften", das. f. 74ᵇ. „Des Meien rîchez güften, der kleinen vogellin dœnen", Labr. Pa 73. „Berüemung, jactantia; Güftung und Geudung, arrogantia", Beichtspiegel; Cgm. 866, f. 3ᵇ, (Cgm. 3985, f. 1).

---

gagen, (ä. Sp.) gegen, begagen, engagen (ahd. ingagan), zegagen ꝛc. Gagenbrief, Gagenschreiber, gagenwurtig, begagenen, s. gegen.

ʻgagen, gagern, gagezen, ä. Sp., schreyen (namentlich von Gänsen und Hühnern); BM. I, 457.ʼ „Von dem povel wart der gast vil an gegagert unde gekaft", Heinr. v. Fridberg, v. d. Hagen's Germania II, 96. vergaga, (von kleinen Kindern) vor Schreyen außer Athem (hinter den Athem) kommen; Bergmann, Walser p. 93. Er stellt es zu Gög, Plur. Göga, (unwillig) Kind, Kinder; im vordern Bregenzerwald Göb (s. oben, Sp. 868), in Appenzell Göf. ʻDer Gegler, (Nürnb. Gäcklər) s. unten: Gagker.ʼ Vrgl. gagkern, gatzen.

ʻgagen, gagern, gageln, sich hin und her bewegeu, wanken; vrgl. BM. I, 452.ʼ „Ich miss im einen stich daz er werd gagent unter sich", d. Ring 4c,30. ʻVrgl. mhd. gougeren und gogelen; BM. I, 559. 540.ʼ

ʻGagengang? (zu gagen, gegen?).ʼ „Ich gieng nach lieb gagen gang do ich bekam als man sol stan zu liebes vensters (venster) an ain wandt", Cgm. 379, f. 65. „Ich gieng noch lieb gägen gang", Cgm. 270, f. 103ᵇ. s. oben, Sp. 734: fenstern.

Der Gágəs-Sâm, (b. W., Obrm.) Same vom Weißkraut; vrgl. Kabis.

Die Gag, (opf. R. A.) aus der Gag kmen, außer Acht kommen. gagirr, gagirrig, adj., (opf.) aus der Fassung gebracht, verwirrt. (Gehört nach Gramm. 503 vermuthlich zu jagen; vrgl. d. folg.).

Der Gagelhan, die Gagelhenn, (O.Pf.) Hahn oder Henne, welche der Brautführer beym Abholen der Braut aus ihrem väterlichen Hause lebend in das des
20 Bräutigams mitnimmt, wo sie am dritten Tag entweder mittels des sogenannten Hahnenschlag-Spieles oder sonst feyerlich abgethan und verzehrt wird. („Siben hennen und ein han" werden im Ring 34,24 von der Braut Vater „ze haymsteur" gegeben.) Daher denn auch die Nachhochzeit, welche von den Verwandten der Neuvermählten im Hause dieser letztern mit Zechen und Tanzen gefeyert wird, den Namen der Gagelhenn, (Nptsch., Hsl.) Gegelhenn führt. So im Böhmerwald (Rank p. 58. 59): „Gåklhenn" (å = á). Im b. Walde ist die Gagelhenn das Frühstück, mit welchem so Braut als Bräutigam, jedes seine respectiven Hochzeitgäste in seinem Hause, zu bewirthen pflegt, worauf dann beyde Parteyen mit Musik ins Wirthshaus ziehen und dort unter Tanzen den Ruf der Glocke zum Zug in die Kirche erwarten. (Zps. Ms., Obrm.; Hazzi's Statist. IV, 262). Man weiß, daß die Henne in den Hochzeitgebräuchen mehrerer Länder, vielleicht als Anspielung auf die künftige Hausfrau, figuriert. Der Bestandtheil gagel, gegel würde wol anständiger zum vorigen gag (von jagen) als zum folgenden gegel bezogen.

„gàg·lbámán, adj., steif, vom Leibe wegstehend; á gàg·lbámáná Rock, ein stark geglätteter und gesteifter Rock": Seidl, Flinserln III, 109. „I hàb kaə˜ Fráckə-l vollə' Schnüə', kaə gàg·lbámənè Hós·n, kaə˜ Kéd·n bis auf'Kniə", das. III, 20. (3. Ausg. p. 63. 300). Wol zu gäugken (s. unten): burzelbaumen?

gegel, adj., (Uebersetzung des Puterbey von verbotnen Büchern, München 1581) geil. „Oliba ist von den gemalten Männern also gegel worden, daß..." (Ezechiel c. 23). „Lieder solle sie aintweders geistliche oder gar keins singen: welche aber frech und gegel sein wil, die hör was jener gegel Poet (Ovidius) sagt..." (Daraus wol geil?) „Die kleinen einfelting waldvögel die waren unerfarn und gögel", H. Sachs 1612: IV, III, 221 (1560: IV, III, 103). Die Gegel, in einem östr. Bergreim von 1655 heißt es:

„Sie brauchen den Lauchschlegel,
bei vierzig pfunden schwer;
das vertreibt jn die gegel,
macht auch den Bauch gar leer.

Vrgl. gogel und Gitzkel.

gegen (gégng), wie hchd., (ahd. gagan, gagen, mhd. gegen; Graff IV, 135. BM. I, 492. Grimm III, 143. 144. 145. 266); doch wird diese Präpos. im Dialekt gewöhnlich mit dem Dativ, vor den persönlichen Pronomina aber mit dem Genitiv construiert. Gramm. 877: (b. W.) *gegngə'n* Vadə'n gêi, *gegngə˜* Opfə' gêi, zum Vater, zum Opfer gehen; *gegngə'n* Wédə' laut·n, zum Wetter läuten. Daraus scheint, der zweiten Hälfte nach, das niederd. te-gen, das angelsächs. on-gean, a-gean, das englische a-gain, das schwedische i-gen durch Contraction entstanden, wie auch die Präposition gen, gan, die ebenfalls den Dativ fordert; s. gên. Sollte die erste Hälfte von gegen (gagan) ein betontes ge (ga) seyn? Vrgl. ge und gên.

begagenen, (ä. Sp.) a) angehen, ansprechen. „Mich begagent auch der erbar herr D. umb..." MB. IV, 472. „Der richter sol in vahen und für gericht begagen auf daz recht", Münch. StR., Art. 293. b) gewärtigen, voraussehen. „.. Unverschuldet und unbegagend.." „Alles ohne Schuld und unbegagend aller Sachen.." Kr. Ltghdl. I, 129. 134. 136. „Was unbegagnet, unverkündet und unerhört uns jetzt gegenwärtig ist, mag andern kunftig werden", ibid. XII, 358.

entgegen, (ahd. ingagan, mhd. engagen, engegen; Graff III, 266. BM. I, 493. ingagan der halp, ingain dero halpun, e regione; Clm. 6406, XI. sec., f. 89. 97). 1) wie hchd. entgegen. 2) ä. Sp., zugegen; Kr. Lhdl. XI, 208. „Er sei dann engagen selbs", Cgm. 544, f. 58. „engagen unser zechlewt", (praesentibus?); Cgm. 3941, f. 226. s. recken. Ist enbagen (zugegen) in Wstr. Btr. VII, 66. 90 Druckfehler? herentgegen, dagegen. „Man mueß die Dienst- 21
boten guet halten, herentgegen därf man âuch Fleiß und Treue davon (von ihnen) verlangen." Das Prompt. v. 1618 hat in diesem Sinne blos: hergegen. „Was Oberzähltem zu entgegen gehandelt wird", wirzb. Lgrchtsord. v. 1618.

zegegen (z·gégng), ä. Sp. zegagen, zegagenne (Augsb. Stdtb., wo nach Gramm. 972 genne als substant. Infinitiv erscheint), ze dergagen, ze begagen, 1) zugegen, in Gegenwart; (b. W.) *z·gegng* meiner, me praesente. ä. Sp. ze Eines gegen, gagen, in Eines Gegenwart; „ze unsern gagen", Meichelb. Hist. Fr. II, I, 125. „ze des Richters gagen, begagen", Wstr. Btr. VI, 118. Münchn. Stdtb., Ms. v. 1453, Art. 308. „Vor uns und unser edler læut kagen", MB. III, 178, ad 1291. „Ze der gegen mines swehers, ze gegen des Moroltingers", ibid. 357, ad 1296. „Ze gagen meniger unser burger", Gem. Reg. Chr. ad 1244, „Ist ain leich (eine Leiche) ze gegenwart", Clm. 4620. f. 80 (zweimal). „Ze gegenwart pfaffen und laien", das. 82. 2) entgegen. *Z·gégng* gê˜, kemə˜, schickə˜, entgegen gehen, kommen, schicken. *z·gégng* kemə˜, in

Zank gerathen (b. W.). „Meim furhaben zugegen, contra quam proposueram“, Prompt. v. 1618.

Der Gegner, wie hchd. gegnerisch, adj., (Canzleysprache) den Gegner in Proceßsachen betreffend. „Die gegnerische Klag.“

Die Gegnet (Gégngət), die Gegend, (gl. o. 345: giegenode, territorium).

Von Compositis mit gegen hier nur folgende, minder hochdeutsche: „Gegenfueg, proportio, responsus“, Prompt. v. 1618. „Gegenhart vel widergelt, talio“; Cgm. 668, f. 6. Der Gegenstand, oder auch: der Gegentail (Gégngtaəl), a) (Baur) die Heiratspartie. Er hat ə˜n guətn *Gégngtaəl* 'kriəgt, hat sich gut verheiratet. b) der Ehemann im Gegensatz der Frau, und umgekehrt.

ergegern, furchtsam machen, s. ergigkern.

Die Geigen (Geigng), wie hchd. die Geige. ə˜ lange *Geigng, Heugeigng*, lange Person, (schon Voc. v. 1618). geigen, geignen (geigng, geigngə˜), 1) wie hchd. 2) von Weibspersonen: zur Strafe in der Geige stehen. Vielleicht rührt es von der Sitte lustiger Bursche, sich für ein gutes Trinkgeld aus dem Tanzhause mit Musik nach Hause begleiten zu lassen, her, daß man Leuten, die etwas vornehmen, das weit über ihr Vermögen, Können oder Wissen geht, ironisch den Rath gibt, sich 'haimgeigen zu lâßen. Man sagt auch: Einen haimgeigen, ihn tüchtig abfertigen, abweisen. Diu gîge, Ulr. v. Winterstetten; aus noch älterer Sprache ist mir das Wort nicht erinnerlich; (BM. I, 511; italien. giga, z. B. bey Dante. Diez, Wbch. 173). Ein geigenartiges Instrument, bei Lupfen ausgegraben; vrgl. Grimm, Gesch. d. d. Spr. 499.

Das Gigál, plur. Gigəlár, (B. v. Moll, Zillerthal; Zir., Pinzgau) Schaf. Zeitschr. V, 434.

Gigl, als Familienname, wol früher ein Personenname: Ägidius (= Gidl = Gigl = Gil = Gilg; cf. Hidl = Higl, Gramm. 440).

gigəté gogəté, adv., (Nptsch.) über Hals und Kopf; schnell, flüchtig. „Bey dem gehts immer gigəté gogəti.“ Vrgl. girdi gardi, und „gugen und gagen wie ein wagend ror“ bey Geiler von Kaisersberg, 'auch wol:' „Sus gieng er gigen garren, gelîch einem rehten narren“ in Heinrich's Tristan 5169; vrgl. BM. I, 482.

'Der Giege, ä. Sp., Geck, Thor, Narr; BM. I, 539. Zeitschr. II, 346.' „Er ist zu uberswenkig gar dir giegen“, Valkn. 50. „Kunde wir den giegen in unser petd heim betriegen“, Cgm. 713,124—25, (Keller, Fastnachtsp. III, 1180). „So wænent dan die giegen, daz in daz nicht schade sî, „Grimm, Reinh. p. 367,2050. 378. Marcell. Burdig. 29. v. d. Hagen, Minnes. II, 79a. 246b. v. d. bir 314. Liedersf. I, 509. giegen, vrb., äffen; BM. I, 539b. „Kanst du uns denselben (den Probst) giegen und in under daz pette betriegen, so tetten wir im ain gantz berawffen“, Rosenplut, Domherr u. Maler; Gießner Hs.

Der Gog, besonders viefach: d·Goga, Kinder, (Vorarlberg, Vonbun 85); wahrscheinlich identisch mit den von Bergmann angegebenen Goben. Vielleicht in beiden das o = â. s. oben, Sp. 862.

gogel, (Avent. Gramm.) lascivus, luxuriosus; „gogel sein“, luxuriari. BM. I, 540. Zeitschr. III, 20. V, 437. „Lascivus gavl oder gögel“, Clm. 5877 (XV. sec., 1449), f. 123. „Alle gute gesellen rain, seit gogel vff rustig und auff frewden rogel“, Refrain eines Frühlingsliedes, Cgm. 379, f. 134. „Das der leib der sel nit zw gogel werd als ein gails ros“, Cgm. 632, f. 40. „Spottvögel, welche sind frech, fürwitz und jögel“, H.
22 Sachs 1560: II, IV, 41. Vrgl. gegel, Gugelfuer und Gigkel. Sollten alle diese Ausdrücke: gegel, Gogel, Gigkel zu Gogkel (Hahn) gehören? Auch im Holländischen ist der Ausdruck haanig (geil, wollüstig) vom Hahne entlehnt. Vrgl. Vogel. 'gogeln, vrb., flattern, hin und her gaukeln; BM. I, 540. „Den grosten adel und die hochsten art hon ich vor allen vogeln — es darff sich keiner uff der vart hie uber mich uffgogeln“, Mich. Beham, Samml. f. altd. Lit. 73. gögeln, vrb. „Das Weiberspienzeln, das Kögeln und Gögeln ꝛc.“ Selhamer. 'Vrgl. Stalder I, 462: gögeln, sich wie ein Laffe betragen, läppisch thun.'

Gogelhopf, Gugelhupf, a) auf dem Lande: Backwerk aus sogenanntem Nudelmehl, mit Sauerteig (Hefel) gegohren; b) in Städten und Märkten: Backwerk von weißem, mit Hefen gegohrenem Mehlteig, welcher in einer mit Butter, Schmalz u. drgl. bestrichenen Form von Thon oder Blech gebacken wird; Aschkuchen. „Gogelhopff, Torten von Milch, Mäl, Ayer und Hefen, pemma fermentatum“, Onom. v. 1735. Vielleicht rührt der Name eben von dieser haubenähnlichen Gestalt her; denn noch Selhammer nennt eine Art „hocherbauten“ Kopfputzes der Frauen seiner Zeit (ob in Scherz oder Ernst?) einen Gogelhopf. (cf. Gugel. schott. cockernony, the gathering of a female's hair when it is tied up with a snood or band). „Ein wunderhohen Gogelhopf, mit bändtlein überzogen, trägt sie auff jhrem stolzen Kopf krum hin und wider pogen“; die Teütsch-Französin, Insbruck 1637. Vrgl. mhd. gügerel, ein Kopfschmuck; BM. I, 586. Grimm's Reinh. p. 111,1338. Doch sagt schon P. Abraham: „Da soll die Frau alleweil hinter dem Ofen hocken wie ein bayrischer Gogelhopf.“ Auch die französische Küche hat ihren Gouglouff. Das wetterauische die Kuelhoppe würde entsprechen einem hchd. Kugelhopfe; (Weigand, im oberhess. Intelligenzbl. 1845, S. 34. Vilmar, kurhess. Idiot. 139. Zeitschr. III, 319,10. VI, 114,23). Vrgl. mhd. gugelgopf: „Er ist ein rehter gugelgopf, giuz im bier in den kopf“, S. Helbling I, 544. BM. I, 586. (Vrgl. auch Gigkel).

Die Gugel, Kogel, Kugel, Kappe oder Kapuze (capuchon) an einem Rock oder Mantel, die über den Kopf gezogen werden kann; Mantel mit solch einer Kappe; (ahd. kugula, mhd. gugele, gugel, kugel, kogel; Graff IV, 362. BM. I, 585. Weigand, Wbch. I, 463. Vilmar, kurhess. Idiot. 215. Zeitschr. III, 197,34. Castelli, Wbch. 157: „die Gugl, ein Tuch, welches die Bäuerinnen um den Kopf gebunden haben; davon mag wohl auch die Mehlspeise, der Guglhupf seinen Namen haben, weil er einer Gugl ähnlich sieht.“ Cf. česk. kukla, kuklice, Kappe, Hülle des Kopfes. „Babička w nočnj čepec zakuklená wykauklec“, Mladssj Spelhofen, 1828, p. 82. „Καλπάκια φοροῦσι ἀπὸ πίστλα (von Filz) τὰ ὁποῖα λέγονται γοῦγλα“, führt Hammer-Purgstall an aus der moldauischen Geschichte Alexanders Amir, Wiener Jahrb. 120. Bnd., S. 113). „Kaiser Carl d. G. gebot: es sol keiner kein Gugel tragen, denn er sey ein Münch oder es sey kalt.“ Av. Chr. „Wer eine Wappe führt, dem hängt man sie (bey seinem Leichenbegängniß) um den Sarg, und seine Hauptkläger gehn in Gugl, d. i. in einem langen schwarzen Mantel, und solcher Kapuze über den Kopf“; Wstrdr. Bschrbg. v. Münch. p. 297. Meidinger, Bschrb. v. Landshut p. 227. „. . Hinter diesem komt in der Gugl und Trauermantel der P. T. Herr Amtsverwalter mit 6 Nachklägern, welche alle den Rosenkranz laut bethen . . .“ Karfreytags-Procession p. 97. „Jeder hat zwey prinende Wandliecht in der Handt, und jeder einen langen schwarzen ungegirten (ungegürteten) Rock und ain Kappen am Hals mit ainer herfür gezugenen Gugl“; Georg des R. Leichenbegängniß, Wstr. Btr. II, 225. cf. Horneck cap. 714. „Eine gugel ûz snœdem tuoch“, Heinr. Tristan 5134. 5145. „Er sol haben toren wat, ein rok der eine kugelen hat“, Ulr. Tristan 2482. „Die behaim brachten uns ains in lant: die gugel mit den großen zipffeln lassen zu baiden seiten zuschlitzen (zerschlitzen) des zipfels ist mer dann der gugel“, Cgm. 714, f. 230. „Ain sprichwort hetens under in (die den Kaiser und seine Hofleute in der Burg belagernden Wiener) daz sy gen der pürg ruffen hin: hofman hastu dy gugeln?“,

Mich. Beham, Wiener 99,1. „Durch ain lailach und gugel und ainen polster gieng er hin“ (der geschossene Stein), das. 378,29. „Da was ich fro und zoch mich ab mantel, gugeln und mein geret, stiefel, sporn, swert ich von mir tet“, das. 410,8. „Ain zerissen kappen oder gugeln mit lapen“, das. 386,29. „Eine schœne kogel (Kappe) warf sie ûf den vogel“, v. d. Hagen, Ges. Abent. LXIV, 769. „Dô gieng sie aber al zehant, da sie ein gestiften kogel vant, der(?) kostlich was und reine von perlîn und von gesteine“, das. 1579. „Nû komt ein berlîn kogel, diu vliuget als ein vogel“, das. 1688. Nach Faust's Limburger Chronik führten (ums J. 1389) Richter und Knechte, Bürger und reisige Leute Hundskugeln, so wie die Frauen böhemische Kugeln trugen. Sollte das Haus u. Plätzchen in München: zur Hundskugel genannt, hieher gehören, und das daselbst befindliche moderne steinerne Emblem blos auf einem Misverstand beruhen? Die Gugelhauben, (Nürnberg) Unter-Haube von Leinenzeug für die kleinen Kinder. Sie wird am Nacken fest zusammengezogen. „Der Gugelhuot, capellum“, Voc. v. 1429. „Der Guggelmantel, bardocucullus“, Onom. v. 1735. „Der Gugelzipfel, retropendium“, Voc. v. 1419. „Und (der König) hett sy (die Königinn) in ain langen gugelzipfel gewickelt, das man ir das angesicht nicht gesehen mocht“, 23
Wstr. Btr. III, 142. cugila, cuculla, gl. o. 75; âna cugulun, sine cucullo, a. 436; cugilchozzo, penula, lacerna in modum cucullae, a. 16; munchsgugel, cucula, Voc. v. 1429; ital. cocolla, span. cugulla, cogulla, franz. coule (der Benedictiner u. dergl.). „Non confert ulla regnum coeleste *gugulla*“, Denis II, II, 1274.

Die Gugelfuer. „Sollen die Eltern ihre Kinder zu aller Hoffart abrichten, zu allen Bulen aufpflänzlen, zu aller Guglfuhr völligen Zügel lassen?“ Selhamer. „So in einer grueben ain ort von dem stollen übersich gepawt wirdt daselb ort haist man ain gugl oder hohe fart“, Cgm. 1203, f. 196 (mit Abbildung). (Zu Gogel oder Gugel? 'Vrgl. mhd. gougelvuore, gougelvuore, ausgelassenes, betrügerisches Wesen; Zauberei; BM. III, 264. Zeitschr. II, 259.' Sît hinaht hie, sît morgen dort, waz gougelfuore ist daz“; Walther v. d. V. 31,29. gougelspil, Diut. II, 151). s. gâugken.

Die Gugelhenn, Henne ohne Schweif.

Gugler. „Parchent, Goltschs, Mitler, Zwilich, Gugler, Portten und anderlay Stuckh, daß man nach der ellen verkhauffen will, soll nur von inländischen Kramern ausgeschnitten werden“; Lori, Lechrain, f. 84, ad 1386. (Vrgl. Gugel.)

Der Gueg (Goug), O.Pf., was anderwärts Gachel, Gackel, die Baumwanze, cimex griseus L. 'Cf. span. la cuca', catal. lo cuc, Wurm, gusano. Rimella-Thal am Monte Rosa: Wètter-giogo, fem., Molch; 'Schott, d. deutschen Colonien in Piemont (1842), p. 300.' Cf. Grimm, Mythol.² 167. 656. 905. 1027.

(Vrgl. Gack, geck, rc. und Gramm. 36.)

gágk, gágk! Dieses bekannte Selbstlob der Henne, wenn sie ein Ey zur Welt gebracht, ist der Titel einer Beschreibung, die P. Abraham a Sta. Clara (eigentlich Megerle von Möskirch) von der (im Jahr 1685) berühmten Wallfahrt Maria-Stern in Taxa, Landgericht Dachau, gemacht, „welche seinen urheblichen Anfang genommen von einem Hennen-Ay, auf deme durch Anordnung des Himmels ein strahlender Stern erhoben ware, in dessen Mitte ein schön gecröntes Frauenhaupt.“ Die krainischen Hennen sagen: kokodák! daher: kokodakati, verb.; Kopitar. Das Gagkelein (Gaggələ, Gaggə-l, Kindersp.), das Ey; Zeitschr. II, 468. IV, 317. 553,1. V, 341. VI, 468,15. Cf. russ. koka, Ey; Dobrowsky 107.

Má˜ Vádə' houd gsagt, I soll's Kindələ wêigng,
ə' wịll mə' áff d Nàhht drá *Gaggələ* sêidn;
sêidt ə' mə' drà, so frisst ə' mə' zwaə,
de' Teiksl mà' wêigng um ə˜ bài˜zi's Aə.

„Gáckel“, (Baur, U.) geronnene Milch auf Dampfnudeln, welche in Milch gesotten worden sind; vermuthlich von ihrer Aehnlichkeit mit dem Weißen eines gesottenen Eyes. (Coagulatio lactis heißt im Prompt. v. 1618: Ayrmilch). gáckəlt, gáckələt, adj. Heu˜t sán' àfə' d· Nu'l schö˜ *gáckələt*. s. geckericht.

'Der Gagken.' Das böhm. rokauch '(ropauch, rapauch)' wird bey Tham erklärt durch „Eiszapfen, Eisgaken“; (isl. jökull?). s. Gokelgut und Zeitschr. III, 554,3.

'Der Gagk, Kak, niederd., Pranger; BM. I, 778. Vilmar, kurhess. Idiot. 190. Zeitschr. VI, 15.' „A⁰. 1553 hat man Jac. Bauren und Gertrud Noffen auf den Gack gesetzt und jhn darnach gehenckt und sie gesteupet“, Erfurter Chronik, Cgm. 4908, f. 268ᵇ.

gagkern, gagkezen (gagəzn -◡◡), a) abgestoßne Laute hervorbringen, wie die Henne, wenn sie gelegt hat; (ahd. gakazan, mhd. gagzen; Graff IV, 142. BM. I, 457. Zeitschr. II, 43. 463. V, 341. 465. gakaczen, gracillare; Voc. v. 1419). „Bei hünren lernt man gachczgen“, d. Ring 30ᶜ,17. b) trocken und abgebrochen husten; c) stottern, stammeln; česk. koktam. Voc. v. 1618: „gakezen balbutire.“ d) (im Scherz) sagen, aussprechen. I kà˜s iətz nét ə˜màl aussə' *gagəzen*, ich kanns jetzt nicht gerade sagen, es fällt mir nicht bey (das Wort). „Das seynd mir Hailunken, die wahrhaft nit verstehen was sie gackezen“; Nachbarn am Isarstrom v. 1703: 24
III, p. 129.

gägkeln (gággə-ln, gággàln), (von Kindern) kaken, cacare, engl. to cack. Vilmar, kurhess. Idiot. 114. Zeitschr. V, 341. 344. vo'gáck·ln, besudeln, verderben. Das Gäckelein (Géckə-l·, Kindersp.), die Kake.

Die Gagkel, s. Gachel.

Der Gagkes (Gággəs), der Gagat, gagathes; auch wol Bernstein und bernsteinähnliches Glas. Der Gággəs-Bèttə', Paternoster mit Kügelchen von obigen Materien.

Burzigagkel“, (B. v. Moll) crocus vernus L. Gutzergagkel (Gutzəgágl), (O.Pf., Schllr.) Herbstzeitlose. s. gäugkeln und Gugken.

„Der Gagker, Goldfink, aurivittis“; Onom. v. 1435. Gägkler, (Baur) Berg- oder Buchfink; Gaigler (Regensb.). Zeitschr. IV, 54. „Ende Jäners ließen sich im Weigelsberg bey Decheldorf 14 Tage lang, jedesmal in der Abenddämmerung, Bergfinken oder Gäckler zu Millionen nieder“; Nürnbrg. Corresp. 1819, Nr. 34 (vrgl. 41). „Der lerchenherd hebt sich an wen's feld ist gelert, stiglitz, gegler, emerling im schnee“, H. Sachs 1612: I, 885. „Gägler, friniglla flava“; flieg. Bl. v. 1644.

gaigkelen, vrb., (Allgäu) eine Art Kartenspiel, (Doppel-Mariage).

Gâugke. Bregenzerwald: Gouge, Rücken; Staffler I, 121. s. gogkeln.

gâugken, gâugkeln (gágg·ln), 1) vrb. n., gähe Bewegungen machen, bey welchen das Gleichgewicht verloren ist oder scheint; (ahd. goûgalôn, gougarôn, mhd. gougelen, gougeren; vrgl. gogelen. Graff IV, 134. 142. BM. I, 540. 559. Zeitschr. I, 262. II, 190,5. V, 104,58. 341. 437. „Di si (Dina) da gougerente gi“, Diemer, Ged. 30,12). „Das Pferd stolvert und gaukelt von der Brucken in das Wasser hinab“, Selhamer. Ein Betrunkener gaukt oder gâuggelt bis er umfällt. „So der mensch bei dem gotzdienst ist ungesitt und ungestüm und hin und her gagert und die andern irret mit seinem paraten“, Cgm. 632, f. 26½. Das Gehen manches langbeinigen Menschen heißt im Scherze ein Gâuggeln, er selbst aber gâuggklə˜d, langgâugglə˜d, oder ə˜ Gâuggl, ə˜ Gággl; (b. W.) ə˜ Gaəkng, ə˜ langé G., große, schmächtige Weibsperson. Der Junge gâuggelt, wenn er sich auf den

ausgespreizten Händen und Füßen, wie ein Rad auf seinen Speichen, im Kreise fortwälzt, (Räder schlägt). Er burzigâugkelt, wenn er einen sogenannten Burzelbaum (Burzigâuggel, Burzigággl) macht. Schränke, Tische ꝛc., hoch auf einen Wagen geladen, gâuggeln im Fahren, kemə˜ gauggə˜, machen ein Gâuggelwerk (Gágglwerk). Der Gaugg·lfist, (b. W.) Bovist, Staubschwamm; so zaə'ni' wêi ə˜ *Gaugg·lfist.* begaugkeln Einen, ihn bethören; bayrth. Polic. Ord. BM. I, 540: begougelen, begoukelen. Graff IV, 134. Grimm, Mythol. 990. Wbch. I, 1278 f. pegoukelote, fascinavit; Clm. 4606, f. 156. 2) vrb. act., umfallen machen (schott. to gogle), besonders das Getreide beym Mähen durch eine Sense, an welcher eine Art Reff oder Gitter, der Gâuggel (Hàbə' gák·l), angebracht ist, wodurch die Halme in gleicher Richtung hingeworfen werden. Aehnlich unserm Gauggel ist die amerikanische cradlescythe; (s. Simond, voyage en Angleterre). vergâugkeln durch Uebereilung zu Schaden bringen, verderben. Sich vergaugkeln, sich übereilen, sich vergessen. Dé zwaə hamt si' mitənandə' *və'gágg·lt.* Gl. a. 92; i. 6. Otfr. IV, 16,33: goucularі. Voc. v. 1429: gagler, praestigiator; pigouggolon, gl. i. 694, 1015, incantare; a. 672: couchel, gougelodi, caucalheit, goucaltuom; Voc. v. 1429: gâgelmuoß, praestigium, fascinatio, divinatio. Das Kind ist (durch seine drolligen Unarten) der Eltern gaukel, (bezaubert, charmiert, unterhält sie); Br. Berhtolt, Kling p. 214 (Pfeiffer p. 33,17).
25 Vrgl. ital. giocolare, franz. jongler, lat. joculari; Diez, Wbch. 174. Zeitschr. VI, 280,43. Das Gauckmännle, im Prompt. v. 1618, eine bewegliche Puppe, Marionette. „De quo (Ruperto Imperatore) cantabatur: Hee hee der jökelman ist kumen, er hat ein lere tasschen pracht; das han wir wol vernomen", Herm. Gigas, ZZ. 1020, f. 170. cf. Gögkelmann. Die Gäugkelfuer, s. oben, Sp. 881: Gugelfuer. Aus der Gaugkeltaschen spilen, ä. Sp., Taschenspielerkünste machen. Die Gâckə, Schnepp-Gackə, (Aschaff.) eine Art Netz, in welches ein Stück süßen Käses als Köder gebunden wird.

Der Gegk (Gèck), wie hchd. Geck; Zeitschr. II, 190,5. V, 431,482. Die Gegken (Gèckng), plur. 1) wie hchd. 2) Possen, nugae; s. Adelung: Gauch, 3. Dés sán *Gèckng!* Gê mit deiné *Gèckng!* Er hàd àllə'hand *Gèckng;* is vollə' *Gèckng. Gèckng* machə˜, Possen reißen. Das Voc. von 1419 hat: gekn, vexare. Vrgl. gaugken, Gogken und Gogkeißel.

gegkericht (gèckərət, Nürnb., Hsl.), buntscheckig; Zeitschr. II, 190,5. Vrgl. gl. a. 72. 253: gikkelvech, multicolor, polymitum. Graff III, 426. BM. III, 285. cf. holl. kakelbont. „Sô daz gestreichet, so daz gikelvêch, sô daz witschenbrûn", Br. Berhtolt, Kling p. 293, (Pfeiffer p. 396,29). Vrgl. Th. IV, die Wis: Vêchwis.

Gégkə-ln, Hàllə'gégkə-ln, (b. W.) was anderwärts Haller-rögkln (ObrM.), vier aneinander geschlossene Laibchen von Pollmehl zu 2 ₰.

„gigken, (Ansp., Weihers, Rhön) stechen"; 'namentlich: mit der Spitze des Zeigefingers stechend berühren; auf etwas hinweisen als Zeichen des Spottes; Zeitschr. III, 134. V, 39.56. VI, 132,24; auch gigkeln, gigksen. Vilmar, kurhess. Idiot. 126.' „Ein tauber spottet eines tummen, ein lamer gikelt uf den krummen", Renner 16109. BM. I, 511. „De ciconiis chrenchen vel giekeln", Mss. Doc. C. 73. „Hic quaere (du Beichtvater) de cyconijs . . . chrencheln gickeln", Rebdorf 25, f. 208 (Clm. 15125). „Hic quaere de ciconiis .i. chrencheln vel giekeln", Clm. 9537, f. 178. „Irridentia .i. spotten . . . hic quaere de ciconiis .i. frankchlein vel verkiekeln .i. seorsum manibus vel ore curvo deridere", San-Zenon. 64, f. . . . Vrgl. kicken.

gigkeln, beben, zucken, vor Kitzel, Begierde, Zorn ꝛc. „Es gigelet mir das Herz nach etwas." „Das Hertz gieglet jhm" cor ei subsaltat, Voc. v. 1618. „Einige

gigelen so gewaltig nach dem Heurathen, daß ..." Selhamer. Er *gigglt* àlln dráf, (b. W.).

Der Gigkel, das innere Beben, Zucken vor Kitzel, Begierde, Zorn. Zeitschr. II, 190,5. Das Voc. v. 1482 hat: „gygel, tentigo, pars quae in vulva apparet"; Voc. v. 1429: „fudtgiggel, tentigo"; gl. i. 188: angels. gyccae, prurigo. „Tentigo, gigel in der fud", Monac. Francisc. 248, f. 228. Cf. auch ahd. der gingo und gigingen, aspirare, Diut. II, 304. Graff IV, 218. (Vrgl. gegel und gogel und jucken).

Die Gigkəwiz'n, Giggəwiz'n, vulva. Bə də' *Gigkəwiz'n,* bə də' *Gàgkəwiz'n,* bə də' Hollə'stau˜z'n, Schnitterhüpflein (b. W., ObrM.).

Die Gigkinn, (Kitzbichel, Sammler für Tyrol, III. B., p. 30; b. W. Gikng), After der Henne; ein sehr beleidigendes Schimpfwort gegen Mannspersonen; (Reichenhall) liederliches Weibsbild. Zeitschr. VI, 273,41.

gigken, giggen, (Kitzbühel) sich wie ein Weib betragen.

Der Gigkelmann, (Nptsch.) Vogelscheue, Popanz. 'Vrgl. Gögkelmann.'

Das Gigkeleinspil (Gickə-lspịl), (Hauser) Possen. Vrgl. Gegken und gaugkeln.

Der Gigker (Gigkə'), (Hauser) Sauerteig; (s. Kick, Kickel, und allenfalls auch Gogelhopf).

Der Gigkling, Giggling, (Kitzbühel) Schwamm, Pfifferling, agaricus.

Gigkes, (verächtlich) Branntewein.

Der Gigks, Gigksər, Fehler, namentlich ein Fehlstoß beym Billardspiel; Zeitschr. V, 461. 464. 465. VI, 132,24. „D· Schuəlbuəbm gébm heu˜t besundə's acht, kaənə' hàt no˜ ə˜n *Gicksá* gmacht", (Fehler, Mißton), Seidl, 3. Ausg., 169. Hammer-Purgstall in den Wiener Jahrb., 120. Bnd., S. 113. R. A. Hast'n *Gicks'n* g'sehn auf der gelben Ruben reiten.

gigk oder gágk. R. A. I waəs nit, is ·s *gick* odə' *gáck.* I waəs nét *gick* und nét *gáck,* ich verstehe die Sache nicht, bin lange nicht gehörig davon unterrichtet). „Er weiß weder gicken oder gacken, (Nürnb., Hslt. d. i. gar nichts." Zeitschr. V, 434. VI, 132,24.

gigken, gigkezen, unarticulierte Töne hervorbringen, es sey bey Anwandlungen des Erbrechens, beym Stottern und Stammeln, oder bey verhaltenem Lachen; Graff IV, 142. BM. I, 457. Zeitschr. II, 346. III, 134. V, 341. 464. 465. Voc. v. 1618: gigezen, gigzen; gl. i. 233: irgiecazan, mutire; (vrgl. gackezen). Der Gigkezer, 1) einmaliger Laut dieser Art; 2) der Stotterer, Stammler.

Dá' Stigátzá-r- und dá' *Gigátzá.*

„Du-u-u thuəst ja-a *gi-i-i-gátz'n,*
ha-a scham di-i dert!"
So hat Ainər mit'n Anərn 'knert.
„„Und du du du thuəst stigátz'n stigátz'n,
is á Schand, is á Schand, wo hast's denn g'hert g'hert?""
hat drauf dá' *Gigátzá* 'plärt.
Lachts nöt, wie sö dö zwai ham z'Antwort göb'n,
so machts es ös und i gar oft im Löb'n. Stelzhamer 108.

ergigkern (də'giəgə'n), eine Person oder ein Thier, sie oder es furchtsam, bange machen, in Furcht jagen. Vrgl. vertattert machen. (Eine Auflösung in er-gegern, als Abkömmling vom alten egôn, timorem incutere, Notk. 57,8, und egebar, terribilis, das. 46,3, welches selbst wieder auf das ulphilaische og, timuit, in- 26
agjan, Matth. 9, 30: ἐμβριμάζειν, führen würde, wäre wol zuweit hergeholt).

Die Gogken, Narrengogken (Nárr·ngogng), (O.Pf.) Possen, Narrenpossen. cf. Gecken und Gogkeißel und franz. la gogue.

Der Gögkelmann. Zeitschr. III, 419,593. V, 38,19. „Het gleich an jhm ein göckelman" (einen Narren), H. Sachs 1560: IV, III, 74 (1612: IV, III, 162). „O du verzagter göckelman", sagt ein Mörder zum andern; das. 1560: III, I, 261a. 'Vrgl. oben: Gauckmännle, Gigkelmann und das folgende Gogkel.'

Gogk, (Kitzbühel) Pocken- oder Krätzenpustel. Zeitschr. V, 437: die G'ogk'n, Finne, Beule; II, 347: der Gougge.

„Der Gogkeißel, (Avent. Gramm.) nugivendus, nugivendulus."

Das Gogkeislein (Gogkeisl, Gugkeisl), (Baur) Ziegelstein von halber Breite. „2000 Guggeißl" (und öfter), Münch. Residenzbaurechn. v. 1613, Cgm. 2224, f. 45. 46 ꝛc. „14000 Maurstein, 2000 Guggeisl, 2300 Häggen, 7000 Preiß", das. f. 52. „Item hab ich von Ruepen Eder 600 Gottgeissl und 100 Maurziegel lassen abholen"; Notat des Abts von St. Zeno in seinem Calender von 1668. „. . Ganze und halbe Ziegel, Goggeisel, Preysen, Taschen ꝛc." Mauthord. v. 1765. Hazzi, Stat. III, 422. Nach dem Generalmandat von 1769 muß das Gugeisel 1 Schuh 2½ Zoll lang, 5¾ Zoll breit, ¾ Zoll dick seyn. „Guggeiseln", Kaminsteine; Verordnung v. 12. Jan. 1840. '(Hieher?)': „An sand Andreas des zwelfpotten do was di guggaiß gesotten", (hatte eine Brunst statt), Reimchronik des Appenzeller Kriegs p. 138; aber p. 146 in anderem Sinn: „Nu ist die guggais gesotten." Vrgl. Th. I, 163: das Eissel, Popeneissel und unten: der Kalch, Kaltgossen. Cf. Kilian: gote, Gosse; dackgote, imbrex. Angels. watel, Ziegel, Luc. 5,19. česk. kokeš, kokoš, Hahn, Federbusch an der Pickelhaube: kokoška, Taschenkraut. česk. kůrka (Diminut. v. kůra, Rinde) bedeutet auch Hohlziegel. Wahrscheinlich ist das Gogkeislein benannt nach einem Mann oder einem Ort, von dem oder wo solche Backsteine zuerst verfertigt worden. Es gibt ein Guggays bei Nüziders im Vorarlberg, vom rasenischen (rätischen) cacusa, nach Steub p. 47.

gogkeln, (Ries) auf dem Rücken tragen; (Eichst.) gogkln, schwäb. gaugken; vrgl. Gäugke, gäugkeln.

Der Gogkel, Gogkelhan (Gogklhà~, Gogklhà~hà~), Gögker (Géger. Gékə-l, -◡◡), Güker (Gickə'l), Gückel (Weihers, Dr. K. Roth. Vilmar, kurhess. Idiot. 126, franz. le coq, engl. cock; Diez, Wbch. 599. Müller, etym. Wbch. d. engl. Spr. I, 220. ags. „ær tham cocc cräwe", Matth. 26,34. Weigand, Wbch. I, 462. Zeitschr. II, 190,5. 274. III, 109. 407,92. 501. IV, 54. 316. 358,6. 469. V, 437. 447. 276,10. 125,6,1. 39,57. VI, 133,29. 170,123. 328,147. 469,71), der Hahn, gallus gallinaceus. Də' *Gogkl* krát. R. A. Dəhersteigng wiə də' *Gogkl* in'n Werhb, stolz, aufgeblasen einhergehen. Er is so gscheid, às wenn ə' bey'n *Gogkl* gschlaffə~ hät. Dafür heißt es in Bucher's Kinderlehre p. 16: „die gescheiden Gockeln, die immer meinen, sie liegen bey der weißen Henne." Es steigt Einem der Gockel, Gückel, wie: es schwillt ihm der Kamm an, er wird zornig; (vrgl. auch Gigkel). Den Nonnengöcker, (Aschaff.) im Scherz: Beichtvater der Nonnen.

Das Gogkel-Ay, (Gockl-Aər), das Wind-Ey.

Der Gogkeltanz. „Sie machen den Gogkeltanz", sagt man in der O.Pf. von zwei sich balgenden Weibspersonen; (Rath Her).

gogkeln, (vom Hahne) die Henne treten. Dieser Ausdruck wird auch auf den Menschen übergetragen. Der Gogkeler, (hchd.) Mädchenjäger; s. gegel, gogel, Gigkel.

Gokelgut, weißer gediegener Vitriol in Form von Eiszapfen; cf. isl. iökull, ags. îsgicel, engl. icicle. K. Heinrich, deutsch-schwed. Wbch. (Stralsund). 'Müller, etym. Wbch. d. engl. Spr. 529. s. Sp. 882: der Gaken.'

Der Gogkel, (Hauser), die Knospe, das Auge an Pflanzen.

'gögken, köcken, rülpsen, koppen, speien, sich erbrechen; Zeitschr. III, 133. VI, 71. Grimm, Wbch. I, 865. 895: ausgäken, ausköken, eructare; V, 1567.'

Es *gäckt* mər *uf* (Weihers, Dr. K. Roth). Vilmar, kurhess. Idiot. p. 216. „Er sach schleffrig und faul, keschet und wessert jhm das maul, fieng an zu göcken in'seim rachen und speit das jhm der hals thet krachen"; H. Sachs 1560: V, 390 (1612: V, III, 109). s. garken.

Die Gugken (Gugkng), die Schale, a) zunächst vom Ey, nach Entleerung von ihrem Inhalt; '(franz. coque, ital. cocca; Diez, Wbch. 104. cf. mhd. der kocke, ein kleines Schiff, kleiner als die kiele; Gudrun, 257. 261. 276. 444. 1072. BM. I, 857). ən Aər-*gugkng*, une coque d' oeuf; ən Aər-*gugkng* voll, Maß in der Küche. „Slach ayer auf, thue das inder daraus . . . thue es wider in die gucken", Rot 132, f. 144. b) jede andre ähnliche Hölung. ə~ Papiər-, Pféffe'-, Zuckə'-*gugkng*, Papier-, Pfeffer-, Zuckerdüte. Die Rüər-*Gugk'n*, (Ilm) hölzerner, schalen-ähnlicher Ansatz auf einem Rührkübel. Die Heugugken, die Herbstzeitlose, colchicum autumnale, vermuthlich von der düten-ähnlichen Form. Die Arschgugken, die Küchenschelle, (der erste Theil des hchd. Wortes gehört wol ebenfalls zu Gugke, Kugke), anemone pulsatilla. ausgugken, gugkenförmig aushölen.

Der Gugkelmagen (Guglmàgng), das Gugkenmugkelein (Gugkə~mugkə-l), cucumago alba, le champignon.

Der Gugku (-◡), der Gucker (Guggə'), 1) der Kuckuk; '(mhd. gugger, gouch, kuckuc; BM. I, 558. 559. 892. ital. cucco, cuculo, franz. coucou, v. lat. cucus, cuculus; Diez, Wbch. 118. Grimm, Mythol.² 640—46. s. oben, Sp. 869: Gauch.' „Cum gukuk clamat" etc. (Aberglauben); Monac. Francisc. 142, f. 43b. Poll. 165, f. 100b. Aldenb. 228. Semansh. 18, f. 43. Clm. 11430, f. 114. „Kukuk hiure unde vert, daz sint benamen zwei jär"; S. Helbl. II, 484. 2) (Wrdfls.) kleineres Schulkind, das zu Ostern zwar beichten, aber 27
nicht communicieren darf. 3) (Hoiß) „Ofenzelten", was anderwärts: Gogelhopf. Das Gukublüemlein, orchis Morio L. Das Guku-Brôd, der Guckerkäs, Sauerklee, oxalis acetosella L. Zeitschr. III, 462. Die Gugkerschegken, Sommersprossen. „Dem hàt də' *Guku* rècht in's G'sicht g'sch—'n, sagt man von Einem, der viele Sommersprossen hat.

guckezen (guggəzn), gugku schreyen; mhd. guggen, gucken, gukzen; BM. I, 558. 559. Zeitschr. VI, 182. Der Guckezer, a) der Kuckuk; „kukatzer, coccyx": Av. Gramm. b) im Scherz, bey'm gemeinen Volke der Adler im preußischen Wappen. Sigst'n preusisch'n *Guckəzə'!* hörte man am Octoberfeste von 1823 sagen. Preußische Groschen nannte man ehmals bey uns: Guckezer-Groschen. c) oxalis acetosella L.

gugkəbergen, Versteckens spielen, wobey derjenige, der sich verborgen hat, gugku! ruft, um gesucht zu werden. Von gu! (schau! guck!) oder Gugku? Das Prompt. v. 1618 hat: „guggebergen corrupte pro khüebergen, vaccae latebrae, veteribus: diffugium." Mone's Anzeiger 1837, p. 356 erinnert dabey an den Elberich, der mit Otnit Versteckens spielt, und an den Guckenberg und Göckelsaß, (Kaukasas, Caucasus). „In ea parte (Misnae urbis), qua satellites habitant, dicti sclavonicè Vethenici, Cukesburgienses (custodes arcis?)"; Ursinus ad Dithmar. Merseburg. V, 114. Szafarik, Starož. 905.

Das Guggə~häusl, (b. W.), Gefängniß.

gugken, gugkezen, gukßen, gucken; Zeitschr. II, 189,4. III, 227,5. IV, 117,3. VI, 504. cf. niederd. kiken, Zeitschr. II, 312. 421,50. III, 432,292. (s. gutzen). „Und ist auch ein ander üppichait dar inn die man gevallen sint daz schamig gelit entteckhent vor dem hindern, daz etwenn was ein smæhe unzucht, wo man die niderchlaider sach. Nu gukgent die weib mit begir den mannen zû dem hindern", Cgm. 54, f. 80a. Der Gucker, a) wie hchd. b) in den am Gebirg noch hie und da vorkommenden Rauchkucheln ohne Kamin: ein im Dach befindliches Schließbrett, das man mittels eines Strickes zu- und aufziehen kann, um den Rauch hinaus zu lassen; Rauchklappe. cf. Hur. Im Allgäu ist ə˜ Gugkəhürlé, Gugkürlé ein kleines Dachfenster oder Dachthürmchen zum Genuß einer freyen Aussicht. (Vrgl. Rhein: Gauke, Dachöffnung. Vilmar, kurhess. Idiot. 118: Gaubloch; u. s. oben: Gogkerslein.) Das Gugkerlein (Gugkəl), Fensterchen; Perspectiv; im Scherz: Auge. Zeitschr. I, 285,2,16. II, 189,4. III, 227. V, 443.

Der Gugk-E˜l, die Gugk-'A˜l, der Urgroßvater, die Urgroßmutter, (d. h. die Großeltern der Großeltern). s. oben, Sp. 85: die An. „A°. 1507 ist Barbara des Ulrich Walther hausfrau gestorben und 22 kinder bei im gehabt und was alt im siben und achstigosten jar und was als alt das s' ein gugin was da was kain mensch in Augsburg zue der zeit der nie weder gugen noch gugin gesechen het", Cbm. 1930, f. 22.

Der „Gugk-Hamen" ist fremden Fischern von Ostern bis Michaeli verboten, in der wirzb. Fischerord. v. 1765.

Der Gugkes, der Kux oder Antheil im Bergbau, 128stel einer Zeche oder eines Berglehens; böhm. kukus, (von česk. kus, Stück, Bissen, — eine Art Reduplication wie in kokoš, Hahn, losos, Lachs, lelek, Nachtrabe, Gaffer, lellugi, gaffen, lilek, Nachtschatten, papauš, Papagey, raroh, Blaufuß, řeřab, Kranich, řeřam, schreyen wie ein Kranich, řeřawy, glühend, wewerka, Eichhörnchen; poln. paproc, Farnkraut, rarašek, böser Geist, Teufel. — Umgekehrt! česk. kus verdeutscht zu Kuchs, Kuks, wie Misnia zu Meichsen, und wie sich Sachs verhält zu Sas; aus diesem Kuks wird erst Kukus). „Daß er nicht mehr dann 128 Thail oder Guckhuß außthaille", Lori, BergR. p. 247. „Allen Gewerken, es seyen Innwohner oder Ausländer, so auf unsern Bergwerken wohnen und nahmhafte Theil, als 16 Guckes oder Theil in einer oder mehr Zechen bauen...", das., p. 426, ad 1600. „..Wan Guckastheilung dem Bergwerk nicht fürderlich sind..", das., p. 164. „Der Schichtmeister soll ein vleißig aufsehen haben, das er nicht mer zu einer Gruben, dann zwen und dreissig tail mach, und nit anders schreib, dan ein teil, ein halben teil, ein vierteil und kainen Guckes schreib.."; Erbendorfer Berg-Freyheiten von 1521, Lori, B.R. p. 170. (cf. in *Gunkes* gê˜, in die Brüche gehen?)

Die Gugkumer (υ–υ) die Gurke, cucumis; Graff IV, 362. Vilmar, kurhess. Idiot. 231. Zeitschr. III, 483. Voc. v. 1429: cucumer, cucurbita. Daher mit Weglassung der unbetonten Sylbe: Kümerling.

Die Guegken (Goukng), b. W., verächtlich: die Füße. cf. Kruecken.

---

28 *gæh (gáhh, opf. gèihh), adj. und adv., wie hchd. jähe; eilig, hastig; gierig; (ahd. gâhi, mhd. gâch, gæhe; Graff IV, 129. BM. I, 453. 454). „Gæher man schol esel reiten", Konr. v. Megenberg, Pfeiffer 286,22 (s. oben, Sp. 159: Esel). Gæh seyn auf etwas. „Damit si nymer dess gâcher sein, unzeitige Kelbe ze kawffn", Wstr. Btr. VI, 154. Er is glei' *gáhh*, geräth gleich in Hitze. Er hàt's *gáhh* (ä. Sp. es ist im gach), er ist eilig, franz. pressé, empressé. „Lieber Pawr ich folg dir nach, mit meiner Egen ist mir gach", sagt auf der Bildnerey einer bayrischen, im Jahr 1806 wieder eroberten Kanone von 1554, die dem pflügenden Bauer mit der Egge folgende Bäuerinn. Das gæhe End. „N. fiel am gâhen End zu tod", Hund's St.B. II, 280. Spilt es (das Geschoß) mit ihm das gehe endt", H. Sachs 1612: II, IV, 115. Das gæhe Glück. „Sie behaupten, vom gâhen Glück oder Fato werd alles regiert", Selhamer. Auf's *gáhh Glück*, auf Gerathewohl, à ventura. Des gæhen Tods (d's gàhhə˜ Touds) sterben. gæher weis (gáhhə' weis), gæhes (gáchs, gácks), gæhens (gáhhə˜s), gæhing (gáhhing), gæhling (gá'ling), plötzlich; von ohngefähr, vielleicht, etwa; (mhd. gâhes, gæhes, alles gâhes; BM. I, 453. 454). Wenn ə' *gáling* nét dəhaəm wár, wenn er etwa nicht zu Hause wäre. Vrgl. Nibelungen 2035,4: „des wart den ellenden der vride gâhes widerseit." „alles gahes, subito", Psalter Windberg. Ps. 63,4 „gâhes", repente; Notk. 63,4. Wernh. Maria p. 201. Gl. a. 74. 81: cahun, casu, fortuito; i. 331. 479: cahingun, repente, subito. „Do wir waren in der vinstri der vorhelle do kom reht gehse ain guldeniu sunne und ain kuneclichez lieht", Griesh. Pred. II, 145. gägst, (Zir.) jähe, unversehens. Die Gæhe (Gáhhé), Gæhen (Gáhhng, Gáhhing), Gæhhait (Gáhhət). In aənə' *Gáhh* is ə' dəher gloffə˜. I˜ də' *Gáhhng*, plötzlich. „Luff ain arm man zw einem richter oder zu einem schergen in ainer gäch und chlagt jm . ." Ld.Recht, Ms. v. 1427. Ahd. gâhi, praecipitatio; 'mhd. diu gæhe, auch ahd. gâhida, mhd. gæhede, gæhte; Graff IV, 132. BM. I, 454.' Die Gächt, für die Staig, descensus vel ascensus montis, steile Wegstrecke zwischen Nesselwängle und Weißenbach am Lech in Tirol. begâhen, adv., ä. Sp., in Eile; Gudrun 494,2. BM. I, 454b.

gâhen, gachen, vrb. n., ä. Sp., eilen, (ahd. gâhôn, mhd. gâhen; Graff IV, 132. BM. I, 455). „Hinfür ein teil ich gâhet', Labr. 103. „Aber für ich gâhet", das. 105). „Wo man wil . . Ritterspil anfachen, so thun sie dahin gachen", Turnier-Reim bey Hund. „Das er gach zu dem akcher vnd zu dem Paw", Rechtb. v. 1332. Wstr. VII, 56. „Der König herwieder haim gacht", Ottocar, Reimchron. gæhenten (gácht'n, adv.), plötzlich; von ungefähr; vielleicht. Gl. i. 447: gahunto, festinando. Sich gæhen, gæhten (gáchtn), gäh werden, in Eifer oder Zorn gerathen. ergâhen, ereilen; BM. I, 455. „Do liez ez sich ergâhen", Labr. 121. 343. 364. vergæhen (və'gáhhə˜), vrb. act., übereilen; BM. I, 455. „So bitten wir euch, ihr wollet die Sache nicht vergâhen." „Du wollest mit keinen solchen Sachen dich gegen niemand vergâhen." Kr. Ltghdl. III, 90. 92. Dé zwaə hamt si' mitənandə' *və'gáhht*, (von zwey Liebenden, die in der Vertraulichkeit zu weit gegangen). „Ei guckət doch den alta Narren â, wie er sich vertummla und *vergaicha* kâ', Weitzmann III, 46. Sich im Reden vergæhen, wie man auch sagt: sich verschnappen. Das Prompt. v. 1618 hat: „Sich vergächen, praecipitari; fervida ingenia, die sich gern vergächen."

gæhschüßig, abschüssig, steil; jähzornig. Gahsteig. So findet man, nach subjectiver Etymologie, zuweilen das dunkle Gastaig (s. ge, Gast-er u. Staig) 29
geschrieben. „Die sundersiechen auf dem gasttal", schreibt Gabr. Ridler f. 6. gähhitzen (gêhitz'n, –´υ), jähhitzen, „nach Hitze riechen", (sagt meine Frau, 4. Jan. 1844). gæhtäuffen (gáhhtauffə˜, jachtaufen), nothtaufen. Regensb. Wochenblatt von 1820, p. 342. „Daz chint jachtauffent di Frawen", Rechtb. v. 1332. Gem. Reg. Chr. II, 255. gæhwinden, gæhwittern, vrb., unter starkem Winde schneyen; den gefallenen Schnee hin und her, zusammen wehen. Vrgl. unter hui: huiwehen, und Th. IV: die Wenden. Die Gæhwinden (Gá'windt'n, Gáwent'n, Gáiwent'n), das ungestüme Umherwehen des Schnees; Schnee, der in einer Vertiefung, oder vor einer Erhöhung zusammengeweht ist. „Hat übernachts in einer großen gewwinden bleiben müssen", Inchenhofer Mirakel v. 1605.

?Gehoisto', St. Martinstag. Am „Gehoistö" wird Schön und Stärk getrunken. Rank, aus dem Böhmerwald (1843) S. 136.

Der Geiher (Geihhə'), (U.Baur), der Geyer; jeder größere Raubvogel, er mag zum Falken- oder Habichtgeschlecht gehören. S. Geir.

'Der Galander, ä. Sp., Haubenlerche; BM. I, 457. Diez, Wbch. 80. Weigand, Wbch. I, 384.' „Galandris haizt ain galander. Daz ist ain klainer vogel und ist nâhent der lerchen geleich", Konr. v. Megenberg, Pfeiffer 176,5. Cgm. 714, f. 44.

Der Gàlau˜, Alaun.

Die Galê (ᴗ -), die Galeere; '(mhd. galê, galîe, galîne, galeide, aus mittellat. galeida, ital. galéa, venez. galía, altfranz. galie; BM. I, 458. Weigand, Wbch. I, 384 f. Diez, Wbch. 160). „Manegen kocken unde ouch galeide" („galeye"), Gudrun 490. „Vierzic galeide" („galiden"), das. 1073. „Wan er kumpt auf die gallein (das Schiff) so hat ein end das gut leben sein. Der galiota und der morner einer stoßt in hinder ander her also get er in der galein ellenter von dem poppen untz an den proben", Cgm. 444 (XV. sec., 1422), f. 5ᵇ—6. Dieser Ausdruck, der nur seeanwohnenden Völkern geläufig seyn sollte, ist in seiner schlimmern Bedeutung auch unserm guten Binnenvolke bekannt geworden. Um 1674 schickte man aus B. Wildschützen, um 1715 aus Bayrenth incorrigible Diebe auf die Galee zu den Venetianern. „Wenn ein Stand galeenmäßige Gefangene hat, und 8 bis 10 Galeoten beysammen sind, sollen sie von Nürnberg aus nach Roveredo oder Venedig abgeführt werden", Pocnal-Patent des fränk. Kreises von 1747 wider Diebs-, Zigeuner- und herrenloses Gesind. Seit durch die englischen Verbrecher-Colonien auf Neuholland die große Aufgabe gelöst ist, selbst aus hier unverbesserlichen dort wenigstens leidliche Menschen zu machen, wären wol ähnliche Etablissements auch für unsere Binnenländer erwünschlich. — Im Ausruf: „Ei Mord *Galee!* is dann däs pärmedirt", (erlaubt), Grünstadt (Rheinpfalz), Firmenich II, 13,20. Gàlê-Hund, (b. W.) liederlicher Mensch. galê-isch, adj., malefizisch.

Die Galînê, ä. Sp., Windstille, la calina, calma. „E mir diu galînê von mînen vartgenôzen tæte hie sô wê", Gudrun 1132,1; '(vrgl. Bartsch zu dieser Stelle: „galînê, Windstille, griech. γαλήνη).

Der Galizel, der Galizelstain, Galizenstain, (b. W. Gàlitz'n-Staə), Vitriol, ungarisch galitzkö. Blâwer Galizelstain, Kupfervitriol. „Castilogalce, vitreolum, galiczenstain", Voc. v. 1429; „cascogabe, galiczenstain", Voc. v. 1445. „6 Lot galiczensteins"; Ortolph. Cgm. 4543, f. 61 ꝛc.: calicenstain. Das Galizen-Pfännlein, (Zillerthal; B. v. Moll) ranunculus acris L.; vermuthlich vom Geschmack dieser Pflanze.

„galauschen", vrb. n. „Daß sie (die Münchner Bürger, die bey der Fronleichnamsprocession Spalier bilden) in der Ordnung stehen bleiben, nit zusammenlaufen, schwezen, galauschen und nidersitzen", Wstr. Btr. V, 133. cf. isl. gálaus, negligens.

galopieren, s. kalopieren.

Die Gálotsch'n, Holzschuhe, (franz. galoches, span. galochas; Diez, Wbch. 162).

gallen, vrb. n., schallen; Vilmar, kurhess. Idiot. 115: gallern, laut schreien. Zeitschr. III, 336. 306. IV, 145. 341.

30 Schau wiə das Schlégál duscht,
schau wiə das Schlégál *gàllt*
ám Bèərgngən und à'n Wàld.

Reichenhaller Zugschlägellied. Cf. „Die stimme gap hinwidere mit gelichem geln (Benecke: „galm") der walt, wie dâ sanc sange galt!" Iwein 619. Der Gall, der Schall. Zeitschr. IV, 168. Weigand, Wbch. I, 385. „Mir däucht ich hort einen gal", H. Sachs 1560: III, I, 11ᵇ. „Da ließ der (gemalte) jüngling sam ein gal und stellt sich ganz kleglich zu mal", das. 1560: V, 396 (1612: V, III, 121). Das Gall-loch, (Aschaff.) Luft-, Licht- oder auch Schlupfloch in Kellern, Behaltern, Ställen ꝛc. Vermuthlich zum alten gellan tinnire, gal tiniebat, gullun tiniebant (gl. a. 357. 1162) gehörig; Graff IV, 178. BM. I, 457 und 519. Zeitschr. VI, 181. 271,2. Vrgl. auch gl. a. 312. 468. 665. i. 820. 1158: nahtegala, nocticorax und luscinia, (ahd. nahtigala, mhd. nahtegale; Graff IV, 178. BM. I, 457); gl. i. 843: duruh kalan, per incantationes; 914: calara, incantatores; a. 85. i. 552: galstar, cantamen, incantatio; i. 324: galstron, incantare; a. 37. Otfr. V, 19,25: galm, echo, clangor. S. auch Galm, Gelsen und Galst.

gall, adj. (?). „Umb ahtzeh pfund galer Auspurger pfund", v. Lang, Reg. Bav. IV, 481, (nach ihm: „hellklingend", als Gegensatz von geringeren, schwarzen).

Gall, Gallus. „Sand Gall diner spis pfleg, sand Gerdrut dir gût herberge geb", heißt es im Tobiassegen, Hinterdeckel des Clm. 17051. „Gallus laßt fragen, ob Kraut und Ruben seind eintragen; er wird mit ə˜n großen Schnê zum Land herfarn", (Pinzgau).

Der „Gallomenti", Montag vor Aschermittwoch, (würzb., nach Reinwald).

Die Gall (Gàl), wie hchd. Galle, (ahd. galla, genit. gallun, mhd. diu galle, der gallen, während das Wort im Dialekt nach der ersten (starken) Declination geht; Graff IV, 180. BM. I, 459). „Sunder brüche galle", Labr. 5. übergallig, (vom Vieh) zu viel Galle habend. gallieren, (Hauser) zum Brechen einnehmen. Das Gallvergift, die Gicht; (s. Gift). Das Gallfieber, die Gallsucht ꝛc., hchd. Gallenfieber ꝛc. gallhändig, gallenbitter. Die Neidgalle, ä. Sp.; BM. I, 459. „Mali qui dicuntur felliti neitgallenn", San-Zenon. 64, f. . . . und 109, f. . . . Ind. 392, f. 22. Clm. 9537 (sec. XIII.), f. 179.

Die Gallen, hervorquellende Flüßigkeit an einer Stelle, wo man sie hinderlich und fehlerhaft findet. Die Naßgallen auf einem Felde, Acker. Die Pechgallen, Harz, das aus Balken, Brettern ꝛc. hervortritt. Ein pechgalliges Brett. 'Die Floßgallen, ä. Sp., eine Krankheit des Pferdes am Fuße; BM. I, 459. Weigand, Wbch. I, 386.' „Hat der Vol (Pferd) nicht floßgallen", Cgm. 441, f. 72ᵇ. Die Grießgallen, s. der Grieß. Cf. BM. I, 428: snê-gelle.

Der, die, das Gallret (Galərəd), Gallerich (Galərə, - ᴗ ᴗ), die Gallert. „Gelatina, galrayda", Voc. v. 1419. „Gelanina, galreda, galred", Voc. v. 1445. Diefenbach 255ᶜ. BM. I, 460: galrei, galreide. „Eine galrei von vischen . . . ein gute galrayd", Rot 132, f. 148ᵃ. „Darnach prettscht schweinkopff jn einer golradt", Wstr. Btr. II, 151. Auch die verschiedenen Arten der Tremellen in ihrem gallertartigen Zustande nennt der gemeine Mann Galərə; (Baur).

gail (gál), gailig (gáli', gaəli'), 1) wie hchd. ə˜ *gaəligə* Bók. Der Gálbêr, (U.L.) unverschnittenes männliches Schwein. (Vrgl. auch Gál unter Gaul). Der Gailstier, Zuchtstier. (Vrgl. gegel). 2) fett. Das Fleisch is mə' z' *gáli'*. „Dö Schbais is ma' z' *gahlich*, ekel", Castelli, Wbch. 135; gáli', weich, zart, leicht verwundbar; das. 136. „Ja, ja, i kenn di schan, du bist in G'sicht no' *gail*, du hast dein alten Triell . . .", sagt die Mutter zu dem als General heimkommenden Sohn; Lindermayr 47. hochgálli, (vom Rindvieh) fleischig, fett; Schosser 68. „Gail, pinguis, dulcis sine voluptate"; Voc. v. 1618. 3) ä. Sp., geil, elatus, insolens, arrogans, petulans, (gl. a. 124. 434. 448 ꝛc.; Graff IV, 182. Weigand, Wbch. I, 405. BM. I, 494. Zeitschr. IV, 65,59. V, 340). „Am gailen Montag in der faßnacht", Chron. in Freyberg's Samml. I, 31. „Am gailen Montag das geschach", H. Sachs 1560: II, IV, 61. „Rennen zu Insprukh am gailen montag 1497", Cod. iconogr. 398, f. 14. „Gewer mich, mein allerhöchstes hail mach mich deiner werden trewe tail du bist das hail das mich macht gail gedenck das ich dir werd zu tail ganz und gar ân alle mail", Cgm. 379, f. 139. „Sol ich mit freuden ie mer werden gail", (froh), Valkn. 18. „Daz man ir geilez geilen von ungelücke unfrölich hât gesehen", Labr. 502. gailen sich, a) ä. Sp., lascivire; BM. I, 495. Av. Chr. 376. 423. „Er scherzet unde gailet", Valkn. 146. „Vil kunlein sah ich gaylend hupfen" (im Thiergarten), H. Sachs 1560: II, II, 51. Grimm, Wbch. III, 819. „Ich zaigte mein lûder, ob er (der Falke) sich darzû irgend gailen rûchte", Valkn. 37. „Do er kam zu dem lûder, do gailt er von, und stûnd hin in die baume", das. 121. „Ein fra und ir gespile sich gailten zu dem lûder", das. 125. b) (Jgr. Sp.) vom Wilde: den Samen von sich lassen. Dà stinkt s àbə', dà muəs si' ə~ Fuchs *gaəlt* hàbm. gailen das Feld ꝛc., es düngen. gailsen, ä. Sp., ahd. geilisôn, mhd. geilsen; Graff IV, 183. BM. I, 495. „Insolescimus, wir geilsen, hochvertigen", Cgm. 17, f. 147ᵃ. gailern (gálərn, Aschaff.) mit Einem oder Einer, verliebt thun, schäkern (zwischen Personen beider Geschlechter); kitzeln. Die Gálərey. Vilmar, kurhess. Idiot. 122: gêlern, Muthwillen treiben. „Mit eime geilern, der büezet ir die swere", Müller's Samml. III, XXXI, (s. oben, Sp. 558: verdutzt). Die Gaile, Gailen, 1) Geilheit. „Da mit du die üppigen gail deines lebens prittelst und zämest", Cgm. 54, f. 22ᵃ. 2) Fettigkeit: 3) Dünger. Castelli, Wbch. 136. Vilmar, kurhess. Idiot. 120. Zeitschr. II, 345. Dö Gál, die Geile. Krankheit der Singvögel, (am Rhein: die Dörr), Eiterbläschen am Steiß; Seidl, Flinserln (1839) II, 63. 91. Castelli, Wbch. 136: der Pips. „Des Geils warten"; Gem. Reg. Chr. II, 290: „Freyheite und Strickler, die nicht arbeiten, sondern des Geils wollten warten." Ich weiß nicht, ob diese Ausdrücke hieher oder zu geilen (w. m. s.) gehören. Vrgl. BM. I, 494: daz geil.

Der Gaul (Gál), 1) wie hchd. 2) unverschnittener Hengst, Beschellhengst. „Emissarius, gawl", Semansh. 34, f. 201. Diefenbach 200ᶜ. Caballus equus est vi-
31 lior et operarius potissimum. (Vrgl. das alte gûl, urgûl, aper; Graff IV, 182. Grimm III, 325. BM. I, 586. Zeitschr. II, 286,45. 318,2. IV, 306. Es könnte übrigens gál auch die Aussprache von gail seyn, s. Gailbêr, Gailstier). Im Munde des Volkes gálreid·n, mit dem Beschellhengst im Lande herumreiten; daher der Gálreidə'; in Schriften: gâu-reiten, Gäureiter. Sollte jenes aus diesem corrumpiert seyn? Der Gaul (Gál) der Floßfahrer auf der Isar ist ein kleiner, kurzer Floß, bey dem das hintere und vordere Ruder mit ihren Enden so weit zusammenreichen, daß sie von einem einzigen Mann regiert werden können, der im Scherze wol auch Gálreidə' genannt wird; (Baur). Der Nachtgál, (b. W.) Nachtschwärmer.

„gaulen sich", (Nürnb., Hsl.) sich fügen, zutragen; Vilmar, kurhess. Idiot. 113: sich gabeln. „Es hat sich just so gegault." „Es will sich nicht gaulen." (Vrgl. holländ. gauw, geschickt, ausrichtig; davon etwa gaueln, gaulen?).

gel, s. gelb.

gell! nicht wahr? (s. gelt!) Zeitschr. II, 83,ᵇ. 346. V, 117,35.

gellig, ä. Sp., dicht, hart, (daß es gellt, tönt? cf. BM. I, 519. XIII Com.: gellje; gelljena bant, sasso vivo. Dise bant ist gellje); nackt. „Entsprang ein Brunn aus einem gelligen Fels", Avent. Chr. „Ein Zinkh der haftet allein in dem harten gelligen Stain..." „Unter dem Moß lag ein gelliger Stain"; Theurdank. „Zu eim gehligen lautern Fels", H. Sachs 1612: I, 207. In der Schweiz ist gell, gellig soviel als purus putus, offenbar, handgreiflich; (cf. schwed. gäll, hell). D's *gèll* Bluət, d's *gèllig* Iisch. Vrgl. hell (das helle Wasser, purus putus), hellig.

gellen, 1) wie hchd. '(ahd. gellan, mhd. gellen; ich gille, Prät. ich gal, Ptc. gegollen; Graff IV, 178. BM. I, 519).' ergellen. „Dâ herte wider herte in dem sturme ergal". Gudrun 1444,2. „(Der Hund) Schalk do sunderlich ergal", der Minne Jagd 294; Liedersaal II, 293 ff. (In der Hölle) wo s' jämmern und *gillen* wann sö s' zhämmern und zmillen", Stelzhamer 117. „Wann s' singt, kriegt ma' d' Gill", (das Ohrengellen), das. 58. Castelli, Wbch. 138: „die Gel'n, gemeiner Ausdruck für Either"; '(hieher?).' Bai da' Winsl und bai da' *Gel'n* da dea'f ih nöd fehln. „Der Gäll, Schall, Ruf, Getöse, Echo"; Castelli 136. Zeitschr. III, 532,62. s. gallen. 2) „gannire, wie der Fuchs", Prompt. v. 1618. Gl. i. 776: gilon, ululare.

Die Gelle, ä. Sp., Nebenbuhlerin, Kebsweib, (mhd. gelle, gellin, aus ahd. giella; Graff I, 202. Haupt's Zeitschr. VI, 291. BM. I, 428). „Pellex est mulier cuius vir aliam habet uxorem cuius ipsa pellex vocatur ein Gelle", Clm. 5008 (XV. sec.), f. 170. „Pellex, gell", ZZ. 796, f. 167ᵇ. „So biegen si als die gellen", Cod. Emm. m. 5, f. 143, (echte Lesart; dagegen Cgm. 717, f. 132: pitten als die gallen!). „Nu swîc, du übele galle" (vielleicht gelle?), sagt Gerlinde zu Gudrun (1278,1). „Vergest uns der gellinn nicht", Ald. 228, f. 342. Ransh. 128, f. 139. „Swie sie (Lya und Rachel) geswester waren, so bitterten sie doch als die gellen gein einander", Br. Berht. 111, (Cgm. 176, f. 143). „Zwischen Lya und Rachel was ein stätes urleug daz noch nicht verslichtet ist wan si geswistirgeit waren und lebten auch als die gellen mit ainander", Cgm. 851, f. 288. „Ir gellen", ihre Buhlen; Cgm. 5, 225ᶜ (v. 1362). (Noch das alte g·ella, emula, pellex, von ellen?). 'gellig, adj., (hieher? vrgl. oben: gellig).' „Sagittarius hat die übrigen (zu vielen, unnatürlich entstandenen) gelligen gelid an dem menschen", Ind. 344, f. 60.

gellen, ä. Sp., den Fisch, ihm die Galle ausnehmen; Gregor v. d. St. 3119. BM. I, 459.

geilen (gáln) um, nach etwas, begierig darnach streben, darum bitten, betteln; (BM. I, 495. vrgl. gail: gailen. 'Pfeiffer's Glossar zu Konr. v. Megenberg p. 804'). Die Weiber raufen sich; der eine Mann sagt: „Laß sie nur miteinander geiln (gereimt auf „theiln"), ich und du wöllen gut nachpawren sein", H. Sachs 1560: II, IV, 14. „Die betragen sich allein des betteln und geilens", Matth. v. Kemnat, Cbm. 1642, f. 129ᵃ. 'Der Geil, ä. Sp. (mhd. gîl?), Bettel.' „Das weyb slug ob im aus den geyl", Haupt's Zeitschr. VIII, 524,27; (Geheul, Geul?). abgeilen Einem etwas. „Andern das Ir abgeilen", Av. Chr. Nürnb. Sp. W.: „Der Schulmeister zu Katzwang, der den Kindern das Bröd abgeilt." Der Geiler, Bettelgeiler (Gálə', Bê'lgállə'), frecher Bettler; (b. W. Bédl-Kálá und Bédl-Sàk, also Kalier, w. m. s.). „Manic geiler sich iemerlichen nert des sele doch nicht ze himel vert umb dz leben dz er hat; geilen hat manic missetat", Renner 13610. „Adulator, ein geiler", Poll. 801, f. 2. „Den Sterzern und Geilern wurde die Stadt verboten"; Gem. Reg. Chr. II, 239. Das Voc. v. 1429 hat zwar „giler, petler, truncanus"; indessen, da ungewiß ist, ob gl. a. 436 urgilet (statt urguet), exposcit, gelesen werden dürfe, womit vielleicht Otfrid's urgilo (IV, 24,16) zusammenhängen könnte, bleibe ich zweifelhaft, ob dieses geilen von obigem gailen (w. m. s.) verschieden sey. S. auch gegel.

gillen, s. gellen.

„Gil, hernia"; BM. I, 518.

Die Gille? „Din gebot daz ist min wille, dem lebe ich sunder gille", Altswert 8,27.

Gilö, Gilé, Virgilius, (Jir.).

'Der Giel, ä. Sp., Rachen, Schlund; BM. I, 511.' Castelli, Wbch. 158: die Gül, Schlund. „Die erlosten daz chindel von seinem (des Löwen) giel", Cgm. 54, f. 85ᵇ. „Wol spannenweit zureißet si den giel", Cgm. 291, f. 170ᵇ. „Di hell hat iren giel aufgetan, dilatavit infernus gulam suam", Cgm. 54, f. 5. „Der giel der geitikait ist aufgetan", Buch d. W. 1485, f. 15ᵇ. 16ᵃ.

„Die Giel", (Hauser); „den Waizen oder das Korn auf oder in der Giel schneiden, wo das Körnchen noch etwas taigig ist." (Etwa Gil statt Gilb, Gilbe, Zustand des Gelbseyns?)

„Goleren", (auch Aleren), prunus padus L.

„Golhardi et joculatores", Cbm. 1585, f. 9. „Lurio, — onis, omnis goliardus qui multum et turpiter bibit et comedit", Clm. 5685 (sec. XV., 1412), f. 84.

Cf. engl. to gull, to beguile, betriegen. ʼVrgl. ital. gagliardo, Diez, Wbch. 160, u. oben, Sp. 890: gail.ʼ

Der Golisch, Golsch, Kölisch (Kǫlisch, Kölnisch), gewöhnlich weiß und blau oder weiß und roth gewürfelte Art Leinwand. „Zu dem Gast-Unterbett 8 Ellen Kelnisch", (an einem andern Ort:) „12 Ellen Kölsch", Notata des Fh. v. Bodmann v. 1709. „Ain gemainer
32 golschen soll haben neuntzigk Elen, vnd soll nicht ringer geswaiffen werden ab sechtzehn drey vnd zwaintzigk", Passauer St.R.B. Ms. „. . Item (gibt in Pfaffenhofen) ein yeglich Stuck Parchanz mittler Golisch oder Zwilichs, sechs Pfennyng" (Zoll); MB. X, 576, a⁰. 1497. „Man macht leinbot in sbaben, sy haizzen golchoz", Nomencl. Veneziano-todesco, Ms. v. 1424, f. 102. „Suevi faciunt totum lineum (textum) quod Golsch appellant", Joa. Boemus, de omn. gentium rit., f. LXI; s. oben, Sp. 268: der Barchant. „De qualibet ligatura que Zaum dicitur de Golz seu *gallice* vel *bavaricalis tele* 1 gros", de teloneo in ponte Bragensi dando (1348), Rößler, altprag. Stdtr. 7. Auer, Münch. St.B. p. 146. „Parchent, Goltschs, Mitler, Zwilich, Gugler . . ." Lori, Lechrain 84, ad 1386. In einem Inventar des Schlosses zu Waidhofen v. 1313 kommt vor „III cervicalia de Colonia", (also Kölner-Leinwand); Meichelb. Hist. Fr. II, I, 119. „Golscheins leineins tuech", Cgm. 170, f. 3b. Kölchte, (nach Häslein bey H. Sachs) gestreifte Leinwand; Kölch. Gyolts (ungarisch), zugerichtete Leinwand.

Der Golleuchter, Leuchter zu einem Talg- oder Unschlittlicht. Das Golliecht, Talg- oder Unschlittlicht; (O.Pf., Frank.). Cf. Tegel- oder Scherbenliecht, oben Sp. 595 f. Tegel und Tàl. „i lot von der wurcz buchhalter daß ist do die ror aufstanden do man golliechter in geußt", Clm. 5036 (XV. sec.), f. 139b. „Das volck zünd an golliecht und schleißen den finstern winter weg zu schmeißen", H. Sachs 1612: I, 850. Gutlicht (Aschaff., Dr. Kittel). „Gutlichttrichter" bietet J. Lang aus Dieburg feil; Münch. Tuld, 1837, Januar. ʼ„Reg. Rupertina I, 928: gulalicht: Schmid p. 237: gohlicht, gaulicht"; (Jac. Grimm).ʼ Wenn, nach Reinwald, im Hessischen: Gaillicht gehört wird, so läge die Ableitung von gail (fett) wol näher, als die Beziehung auf ein mögliches Gauliecht, oder auf das anderwärts übliche Gaukelliecht. ʼVrgl. die Berichtigung in Vilmar's kurhess. Idiot. 119, wo ein hessisches Gaulicht, auch Gäulicht, und Gôlicht aufgestellt ist.ʼ Wetterau: Gulicht, was Weigand (oberhess. Intell. Bl. 1845, S. 179) gleich hchd. Golicht setzt. Man höre mitunter auch Goulicht, was hchd. Gulicht wäre. Goll-Licht, Golle-Semmel, von slav. golen, tibia, crus (Dobr. 102), das Licht in einen fußartigen Leuchter gesteckt; die Semmel schenkelartig geformt (?); v. Lang, 2. Jahresber. des hist. Ver. des Rezat-Kreises, 1831, p. 34. Die Vermuthung auf ein G-oli (s. Öl) ist wol nicht statthaft. Cf. isl. gollr, pericardium arvinâ repletum. česk. gjl, Letten, Lehm, Thon; Thonleuchter, Licht in einem Tiegelchen, Liechtstain? kärnt. il, jil, Thon, Lehm; Jarnik p. 32. Vrgl. auch česk. log, loj, Unschlitt, Talg, (versetzt wie Elbe = Labe). Gol = Jol, (wie Gauə = Jahr); s. nord. jol, jul unter Genächt.

gollen, vomere; VII Com.: güllen, vomitare. BM. I, 552: mir gollet, mir ist zuwider, leid. „So beginnet ime gollen", nauseare; Diut. 53. „Zwei wolten goln, zwei spilten der boln", Cod. Palat. 313, f. 202.

„Die Golla", (Nurnb., Hsl.) der Hals, die Kehle. „Einen bey der Golla halten." Wol nicht das ältere giel, Rachen; s. oben. Vrgl. das folgende Wort.

Das Goller (Gollə, s. Gramm. 414), auch wol geschrieben Golder, Golter, Bekleidung des Halses und auch wol des obern Theiles vom Rumpfe. BM. I, 552. Zeitschr. IV, 107,34. Ein Goller von Leder war neben dem Wamms ein Hauptkleidungsstück der ehmaligen Kriegsleute. Vom Jahre 1682 bis 1696 verdienten die Säckler in München „um Leibkupl u. Gölder 12540 fl."; Lodenhandl. in B. p. 51. „Chiapinus Vitellius hat seine ausgeläerte Haut vornenher doppelt überschlagen können, hat also keins ledern Goller zu kauffen bedarft . ." Balde's Lob der Magern. „Er trät von Swaben ein hoches goller bei den oren groß geswollen", (Heselolier?), Cgm. 379, f. 158. „Du solst kein Narren an uns finnen, wir wollten dir dein Golter fegen"; H. Sachs. Einem *áf's Gollə gêi˜, (kemə˜, sitz'n)*, ihm zusetzen, (b. W.). Heutzutage ist Goller, in der obern Pfalz und auch in einigen Gegenden des b. Unterlandes, als Benennung einer Mannsjacke, im b. Oberland aber als die einer weiblichen Hals- und Brustbekleidung üblich, als einer solchen nemlich, die die Blößen um Hals und Brust, welche bey den größern Kleidungsstücken (Hemd, Leibchen und Mieder) übrig bleiben, nachträglich verdeckt, ein Nachtrag übrigens, den das Beyspiel der Stadtmoden schon häufig außer Uebung gebracht hat. Dieses weibliche Kleidungsstück hat an einigen Orten die Form eines Unterleibchens mit Knöpfchen; im Isarwinkel ist es ein viereckiges Stück Leinwand oder Zeug mit einem runden Ausschnitt in der Mitte, nach dem Umfange des Halses und an den vier Enden mit Schlingen versehen, an welche die Gollerbändeln, manchmal metallene oder ganz silberne Gollerkettlein angemacht werden, womit das Goller unter den Armen und um den Leib herum festgebunden wird. Nach dem Entwurf einer Kleiderord. v. 1501 (Kr. Ltghdl. XIII, p. 327) „sollen der Bauernleut Weiber, Töchter und Dirnen Röcke und Kleidung also 33
und nicht anders gemacht und getragen werden, daß die vorne am Busen oder Goller nicht weiter ausgeschnitten seyen, dann wo ihrer eine aufrecht stellt, eines zwerchen Fingers breit unter ihrem Knörrlein am Hals reichend." . . . „Die gellerl von plabem atlas"; Wstr. Btr. V, 171. Das Göllerlein (Nürnb., Hsl.), Geifertuch, das Kindern um den Hals gebunden wird. „Ein gollir, collerium", Voc. v. 1419. Vrgl. Adelung, Artikel Koller.

Goller? „Am mantag frů wen man zu dem goller lewt", Cgm. 544, f. 55b. 290, f. 87.

Das Gollenkraut, (salzb.) die Schafgarbe, achillea millefolium L.

Guill, Güllje, (Fulda, Dr. Roth) Käfer.

Die Güllen (Gɩllə˜), (schwäb.) Lache, Pfütze, in der Schweiz vorzugsweise die Mistlache, Jauche, was in Bayern Adel. Zeitschr. IV, 330,27. 416. V, 443 (Gülf, Flußmündung). VI, 118,11. Weigand, Wbch. 1, 463. „Strophulas (scrofulas?), güll", Cgm. 170, f. 10a. „Ethica, aytergüll", ibid. „Für soleichew vergiftigew dinkch güll und ayters fürbt man den menschen", das. 5a. begüllen, betrügen, (to beguile?); cf. besaichen.

Das Galbai, Galvey, Galbey, ä. Sp., ein Maß für Salz, Getreid u. drgl. „Siben chastmut, der ie der mut tut driu Galbei Müncher maßes", MB. XVIII, 30, ad 1298; 73 u. 685, ad 1314 u. 1363. „Zehen galua habern", Meichelb. Hist. Fr. II, II, 224. „Septem mensuras salis vulgo dictas Galbai", MB. VI, 406, ad 1261; VII, 168. „Von drey Galueyen Salz", Lori, Lechrain, p. 55. „ain t ʼ(halb)ʼ lb. galuai salz oder ain t lb. scheiben", Cgm. 544, f. 55b. „Das übermaß das über ain halbs galuai ist" sollen die Kornmesser nicht kaufen; das. f. 50. „Von dem Hof zwai Galvai Habern, von der Hueb ain galvai Habern, von dem Lehen ain halbs galvai Habern"; MB. VI, 432 u. 456. „Zwelf Galvei Rokken und sechs Galvei Weizzen, sechs Galvei Gersten und sechs Galvei Habern", MB. IX, 597, ad 1296. „Ain santchretz sol haben XII tragen, daz ieglicher trag gefuecht sey und auch hab ain halbz galvay aufgehauft", Auer, Münch. StR. p. 181. F. v. Freyberg's Tegernsee 165: galvoi. Nach der Tyroler Landsord. v. 1603 sollte „das alt Korn Stär, auch das alt groß Fueter Stär, Galfen oder Müetlin" noch wie vor in Gebrauch bleiben. Die Ahornacher Galfel, Mühlwalder Galfel, die

Kapitel-Galfe, Rösche Toblacher Galfe als Getreidmaße in Staffler's Tirol I, 437. 439. 440. Zeitschr. V, 341.

galbschen, s. gelfen.

gelb (gèəl, gəl, opf. gəl), wie hchd. (ahd. gelo, genit. geleuues; mhd. gel, gelwes; Graff IV, 181. BM. I, 497. Weigand, Wbch. I, 408. gelb steht über gypposus im Cod. Attel. 16, sermo 143). „Gel sî gewert, sie sprechen. Waz ist, durch recht, geweren? Swâ sunder êren brechen zwei herzen lieblich eines willen geren"; Labr. 247. grusgəl, grus·lgəl, entschieden, auffallend gelb. „Reuschgeel, Roßgeel, sandaraca vera", Voc. v. 1618. Die Gəlsucht, Gelbsucht, (ahd. gelasuht, mhd. gelsuht; BM. II, II, 359). „Der di gelsuht hab der…", Clm. 4595, f. 39. 'Die Gəlruəbm, gelbe Rübe, Mohrrübe.' R.A. I bi˜ nét auf də *Gəlruəbm* dəher gschwummə˜, bin nicht so wenig achtenswerth. 'Gelbfüeßler, einer der vielen Spottnamen, mit welchen die Schwaben von ihren Nachbarn beehrt werden. Über die Entstehung desselben erzählt man sich folgenden Schwabenstreich.' „Eine schwäbische Stadt, einst im Begriffe eine große Anzahl Eier zum kaiserlichen Hoflager zu senden, berieth hin und her darüber, wie die Menge der Eier unterzubringen und fortzuschaffen sei. Endlich kam man darin überein, die Eier auf dem Wagen einzutreten. Es geschah, und natürlich gab es bei dieser Arbeit gelbe Füße"; Firmenich II, 412,8. gelflicht (gəlflət), gelblicht. gilben, gelb machen oder werden; mhd. gilwen, BM. I, 497. Weigand, Wbch. I, 438. „Lauf hinein gen Landshut und bring mir einen saffran gut darmit zu gilbn den kuchtagbrey", H. Sachs 1560: V, 348 (1612: V, III, 19). „gülbter Prein", Bogn. Mirak. Die Gilben (Gilbm), a) die Gelbe, Gelbheit; „die Gilbe in den Augen", Ortolph. „Für das (auch: dy) gilb der augen", Cgm. 4543, f. 59. (Vrgl. Giel). b) genista tinctoria L. c) „Gilbe, terra lutea", Prompt. v. 1618. 'gilbelet, adj., gelblich;' Zeitschr. V, 254,55. Gilbholz, Holz zum Gelbfärben; Mauthord. v. 1765. Gegen die Gilwerinne mit dem gelwen gebende (die stutzermäßigen Damen seiner Zeit) kann Br. Berhtolt nicht genug eifern; Cgm. 632, f. 89; Kling p. 19. 121; Pfeiffer 367,21. 54,4. Die heilige Elsbet wollte „keiner hande slovr, winpeln oder sloyr gegilwen ioch geverwen"; Diutiska I, 374. „Frawen mit den gelben tuchlachen", Cgm. 632, f. 97. Vrgl. Th. III: der Ruffiân. „Libenter alios impudice respicere vel ad sagittam asp . . . . (?) se locare vel *crocea pepla* ferre vel indecenter aliter se ornare"; Altm. 20, f. 90ᵇ. „Facie colorata, *veste croceata* subtiliter plicata verrente syrmate vestigia gressus instabiles atque petulei ut corda juvenum ipsam intuentium ad opus venereum facilius inclinaret", Rumores Hugonis de Wenna, Rebd. 75, f. 61. „Dives quaedam matrona caput suum cottidie *peplis et velis* gracillimis et *croceatis* ligare solebat", ibid. f. 113. „*Pepla crocea* facientes aut portantes non audeo semper condempnare nisi corrupta sit intentio cum huiusmodi tinctura peplorum quondam fiat ad diuturnitatem et conservationem eorum"; Clm. 6023 (8⁰. XIV. sec.), f. 28. Vrgl. gelpf.

Das Gilbert, (Aschaff.) Holz, circa 3/4 vom Stecken.

Das Geld, s. Gelt.

Die Gild, (Nürnb., Hsl.) ein kleines Mahl, welches bey geschenkten Handwerken den fremden Gesellen auf der Herberge zum Besten gegeben wird. (Vermuthlich,
34 wie das niederdeutsche Gilde, vom Gelten oder Zahlen aller Zunftgenossen zu demselben; vrgl. Ürte, Zeche). Der Gildgesell, derjenige Geselle, der die fremden Gesellen seiner Zunft zu einer solchen Mahlzeit führt.

Das Gold (opf. Guld), wie hchd. (goth. gulth, ahd. gold, mhd. golt; Graff IV, 194. BM. I, 553). In Lori's M.R. I, 257 kommt auch der Plural Golder vor: „hohe Golder", „fremde Golder." „Die sunn gieng zu gold", (unter); Cgm. 714, f. 65ᵇ. „De sunne ging to golde", (niederd), v. d. Hagen, Ges. Abent. II, 319. Über aurilegium, praecipue in Rheno, cum catalogo fluviorum auriferorum s. Treitlinger (Straßb. 1776) in Radiusiana, no. 1. „Ein gespunnez golt", s. spinnen. „Orgolt, inaures; halsgolt, torques", Clm. 13090 (XIII. sec.), f. 116. Diefenbach 290ᶜ f.

Das Goldbüchsel, feminal; s. Sp. 200: die Büchs, und 407: die lind porten; cf. Th. IV: die Wünschelruet.

Die Goldfasten, die Quatember (quatro tempora) -Fasten. Vom Nachtfaren der Frauen (Unholden) in der Goldfasten: Matth. v. Kemnat in Cbm. 1642, f. 135.

Der Goldschmid wie hchd. „Lassts enk nur 'Planöten lösen, herts ös an und schweigts däzuə, denkts dabey *wiə's Goldschmids Buə*"; Lindermayr 148.

Die Goldwochen, die Quatemberwoche. s. gulden.

Goldemar, der Zwergkönig; s. Grimm, Mythol.² 422. 435. 477.

gulden, guldîn (guldə˜, guldi˜), wie hchd. golden, (ä. Sp. guldein, ahd. mhd. guldîn). rötgulden, mhd. rôtguldîn, adj., von rothem Golde; BM. I, 553. cf. česk. ryzy zlato, feinstes Gold, aurum obryzum (?). Diefenbach 338ᶜ f. Figürlich: 'Die güldene Pforte, ä. Sp., s. oben, Sp. 407: Porte.' „Aristologia zeuht die gepurt aus der guldeinen porten", Konr. v. Megenberg, f. 227 (Pfeiffer 383,27). Vrgl. „der magde guldîn tor", s. oben, Sp. 260: -bäre. Der guldene Tag, Tag nach der Hochzeit, (Wstr. Bschrb. v. München 295). Die drey guldenen Samßtage oder Samßtagnächte, 3 Samstage nach Michaelis, von einer an vielen Orten seit 1400 üblichen besondern Kirchenandacht, die sich nach und nach von einem Samstag auf dreye ausdehnte. „Fert zən *guldrən Samstrnácht'n* hàn I rècht épps christligs 'thà: Kiri'fért'n bin I 'gangə˜ (im Markt Laufen, eine Stunde von Ischl, der in den goldenen Samstagsnächten, d. i. durch drei Tage vor dem jährlichen Kirchweihfeste von Wallfahrern besucht wird)"; Joh. Theod. Fischer in Kaltenbrunner's oberösterr. Jahrb., 1844, S. 250. Die dabey gelesenen Messen heißen guldene Messen. „Siben guldin Meß zu lesen", H. Sachs. (Vermuthlich hat einen ähnlichen Bezug die guldin non der ä. Sp. „Daz sie daz hailtum (am Auffahrtstag) zu der guldin non auf den altar sazzen", Ander. Chron. s. Non). Der gulden Sunntag, jeder Sonntag nach den Gold- (Quatember-) Fasten. „Das salcz muß am gulden suntag geweicht sein, ein ander suntag geh nit", (als Superstition), Monac. Francisc. 358, f. 23. Guldene Schnittlein (Schnidln), b. W., breite Semmelschnittchen, in abgeklopften Eyern getränkt und in Schmalz gebacken. Schon das Prompt. v. 1618 hat „Guldin Schnitten, Brotküchle, artolaganus." Wetterau: güldene Schnitte (gealle Schnitt); oberhess. Intell. Bl. 1844, S. 378. Vilmar, kurhess. Idiot. 140. „Gölden waßer das gut vors fieber sei", Simplicis. v. 1669, p. 411. „Se abbot Leofric gyldede thæt mynstre (Burh = Peterborough) swa that man hit cleopede tha Gyldene burh", Saxon. chron. ad 1052, Ingram p. 240. „A⁰. 1066 tha weard gildene burh to wrecce burh", das.

Der Gulden, ä. Sp. Guldin, Guldein, opf. Gülden (Guldə˜, Gul'n, opf. Gil'n, schwäb. Guldi˜), eigentlich: der gulden (goldene) Pfenning, wie solche ehmals gemünzt zu werden pflegten, (aureus denarius, MB. XXII, 29. 34, ad 1150 circa). „Ein guter pr. nr. (Paternoster) ist aines gulden pfenning wert der schol so prait sein als dise welt", Legende v. St. Ulrich, Ald. 284, f. 65. „So sol er des pulvers anderthalb gulden schwer in ainen wein tun . . ." „Man mag das pulver aines gulden schwer ainem kind eingeben", Cod. Aug. civ. 62, hinten. „So sol man im des pulvers eines gulden schwer geben", (1520). Poll. 185, f. 1ᵃ. „Nim ains guldein swer triakers", (1500), Cgm. 4543, f. 187. „Vitellius gurt ein beygurtel umb voller gulden", Av.

Chr. Der gulden rheinisch Pfenning oder schlechthin der Gulden rheinisch oder der Rheiner, Goldstück von 17 — 18 — 19 Karat, oder deren 72 Stück 1 cöllnisch Mark wiegen, ehmals durch die Fürsten und Städte am Rheine geprägt, „florenus auri de Reno", MB. XXV, 34, ad 1434. Lori, Mz.R. I, 45. 87. 94. 96. 108. 267. 268. Der gulden ungarisch Pfenning (Hund's histor. Anmerk. Artikel: Münz), oder: der gulden ungarisch Ducaten (Kr. Lhdl. VII, 28. MB. XIX, 444, ad 1391), oder schlechthin: der Gulden ungarisch, oder: der Ducaten Gulden, oder blos: der Ducaten, Goldstück von 23, 24 Karat, oder deren 67 Stücke 1 Mark cölln. wiegen, vorzüglich in Ungarn geprägt, (ital. l'ongaro, der Ducaten). „Zehen tausend guter guldein ducaten und ungern", Meichelb. Hist. Fr. II, II, 222. Der Gulden Florentin oder Gulden Floren, von 1252 an in Florenz geprägt, (MB. X, 101, ad 1350. Meichelb. Chr. B. 146). Cf. ital. fiorino, franz. florin; Diez, Wbch. 147.' „Los Almugavers (nach der Plünderung) menaven los florins com hom menaria los diners menuts", Muntaner, cap. 65, '(Bibliothek des lit. Ver. in Stuttgart, VIII. Publ., p. 106).' Der Gulden Paßauer; (Kr. Lhdl. VII, 28). In Aventin's Hinterlassenschaft fanden sich „70 gulden ung-
35 risch, türkisch, florentinisch und welsche Ducathen" . . . „Item an Gold zwen Gulden, sind angeschlagen umb 12 fl. Item mer 2 Gulden, sind angeschlagen um $7\frac{1}{2}$ fl."; Verzeichniß v. 1534. Cos 1819, Beylage Nr. 26. Im 14ten Jahrh. ist der ungarische oder der gleichviel geltende böhmische Gulden vorzüglich beliebt. „Umb zwaihundert guldin und umb zehen guldin, all ungarischer und behemischer guter an gold und swär'r an rehtem gewiht", MB. XXIII, 231. 244. „Ainen halben ungrischen oder behemischen Guldin", MB. XXIII, 402. . . . „Guldein ungerisch und pehaimisch, die gut an gold sein und ir recht und wag wol haben." „Hundert gulden halb ungerisch und pehaemisch und halb reynisch"; MB. XVIII, 222. 228. 231. 301. XXIV, 150. „Die Swaben nemmen die gulden nachem gewicht, iiij gulden R. sollen j lot haben. an hundert hat man V gulden R. beuor. XVI lot facit 1 marckh", Tegernseer Notat v. 1505, CbmC. 22, f. III. „Ein alter R. gulden hat XX grad halten. Item die yetzigen (1505) R. gulden halten XVI grad.

Das Silber der im J. 1837 beliebten neuen Gulden ($24\frac{1}{2}$ auf die feine Mark) hat $14\frac{2}{5}$ Loth Korn, dagegen der preußische Thaler (14 auf die feine Mark) blos 12 Loth Korn. Hat jemand 9 Centner Silber (44,100 fl.) zu versenden, so wiegen sie in neuen Gulden 10 Centner, in preußischen Thalern aber 12 Centner. (Hermann in d. Allgem. Ztng. 1838, 9. Juny.)

Dieser aus einer bestimmten Quantität feinen Goldes bestehende vollgewichtige Gulden war ehedem der Maßstab für die silbernen Münzen. cf. Kohlbrenner's Beiträge (1783), p. 34 ff. Man gab a^0. 1330 für den Gulden (ungar.?) 72 den. Reg. (Regenspurger Pfenninge); 1346 für den Gulden (rhein.?) 58 den. R. (Rudolfus miles de Frameynsberg reist im J. 1346 von Landshut nach Palästina und Egypten mit einem Diener. Er nimmt 350 floreni mit und bringt davon noch 4 nach Landshut zurück. Canis. ant. lect.); 1351 f. d. G. rh. $52\frac{1}{2}$ dn. R. (Gem. Reg. Chr. II, 66); 1357 f. d. G. rh. 53 dn. R. (Wstr. Btr. VIII, 93. 96); 1358 f. d. G. rh. 101 dn. (3 ß. 11 dn., drey Schilling 11 Pfenn.) Augsb. Münze, (Wstr. Btr. VIII, 117); 1360 f. d. G. rh. 60 Regenspurger Pf.; 1388 f. d. G. rh. 60 Regensp. oder 100 Amberger Pf. (Gem. Reg. Chr. II, 116. 247. 1388 „galt ain gulden 92 dn."; Cgm. 379, f. 214); 1391 f. d. G. rh. 120 dn. (4 ß.) Münchner, Oettinger ꝛc. (Lori, Mz.R. I, f. 23. Gem. II, 279); 1392 f. d. G. rh. (?) 64 dn. Regensp. (Freyb. Samml. II, 154); 1406 f. d. G. ung. 135 dn. (4 ß. 15 dn.) Landshuter, (Lori, Mz.R. I, f. 30); 1410 f. d. G. ung. 72 dn. (2 ß. 12 dn.) Regensp. (Zirngibl, Hainsp. 143); 1412 f. d. G. ung. 140 dn. (4 ß. 20 dn.) Augsb. (?) (MB. XXIV, 561); 1425 f. d. G. rh. (?) 76 dn. Regensp. (Gem. Reg. Chr. III, 443); 1433 f. d. G. rh. $20\frac{1}{2}$ böhaim. Groß, (MB. XXIV, 611); 1434 f. d. G. ung. 140 dn. (4 ß. 20 dn.) Amberger, (Lori, Mz.R. I, f. 33); 1442 (Augsburg) „der guldin galt 2^0 groß 4 dn. oder III lib. dn. 14 dn. Der gulden hilt 18 karat", (Cgm. 379, f. 217); 1448 f. d. G. ung. 210 dn. (7 ß.) bayrisch, (MB. XIX, 160), f. d. G. rh. 180 dn. (6 ß.) bayr. (Kr. Lhdl. III, 310); 1454 f. d. G. rh. 70 dn. (2 ß. 10 dn.) Regensp. oder 176 (5 ß. 26 dn.) Münchner; f. d. G. ung. 90 dn. (3 ß.) Regensp. (Kr. Lhdl. II, 126. 130. 144. 154); 1457 f. d. G. rh. 170 dn. (5 ß. 20 dn.) bayr. (Lori, Mz.R. I, f. 42); 1458 f. d. G. rh. 175 dn. (5 ß. 25 dn.); f. d. G. ung. 225 dn. (7 ß. 15 dn.) bayr. (Lori, Mz.R. I, 58. 61. 62. 64); 1459—1460 f. d. G. rh. 76 bis 80 bis 90 dn. Regensp. oder 160 dn. (5 ß. 10 dn.) bayr. f. d. G. ung. 210 dn. (7 ß.) bayr. guter Münze; hingegen f. d. G. rh. 240 bis 480 dn. (1 lb. bis 2 lb.); f. d. G. ung. 300 bis 390 dn. (10 ß. bis 13 ß.) bayr. böser, ringer Münz, (Lori, Mz.R. I, f. 71. 74. Gem. Reg. Chr. III, 289. 329); 1462 f. d. G. rh. 84 Pf. Regensp. (in Regsprg.; Gemeiner III, 361); 1464 f. d. G. rh. 87 dn. (2 ß. 27 dn.) Regensp. oder 210 dn. (7 ß.) Wiener; f. d. G. ung. 108 36
dn. (3 ß. 18 dn.) Regensp. oder 240 dn. (1 lb. dn.) Wiener, (Kr. Lhdl. IV, 68. 71. 79.); 1469 f. d. G. rh. 86 Regensp. dn. oder 180, 200 bis 212 dn. Münchner oder 73 Kreuzer. (Kr. Lhdl. V, 351; Lori, Mz.R. I, f. 87. 92. 93. Gem. Reg. Chr. III, 443); 1475 f. d. G. rh. 210 dn. (7 ß.) bayr., f. d. G. ung. 270 dn. (9 ß.) (Kr. Lhdl. V, 351. VII, 468); 1490 f. d. G. rh. 210 dn. (7 ß.) oder 60 Kreuzer, f. d. G. ung. 280 dn. (9 ß. 10 dn.) bayr. (Kr. Lhdl. XII, 327). A^0. 1494 werden siben Guldein für ein marck silbers gegeben, (MB. XXV, 504). „Der reinisch guldin sol für fünf pfundt oder sechczig kreyczer geben und genommen werden" (1490); Cgm. 7203, f. 42. „30 dn. machen ain ß. (schilling), 7 ß. machen ain reinischen guldin, 210 dn. machen auch ain reinischen guldin, 270 dn. machen ain ungrischen guldin, 9 ß. machen ain ungrischen guldin. In gold mintz: 20 ß. in gold machen ain guldin reinisch, 12 haller in gold machen ain ß. in gold, 240 haller machen ain reinischen guldin in gold": Clm. 4394 (XV. sec.), f. 181. 1504 giebt man für den Gulden rh. 210 dn. (7 ß.) oder 60 Etschkreuzer; f. d. G. ung. 287 bis 290 dn. (9 ß. 17—20 dn.), (Kr. Lhdl. IX, 562. Lori, Mz.R. I, f. 115. 124); 1507 f. d. G. rh. 210 dn. (7 ß.) bayr.; für den vollgewichtigen Gulden ungar. $290\frac{1}{2}$ dn. oder 83 Etschkreuzer, (Kr. Lhdl. XVI, 251); 1508 f. d. G. rh. 84 Regenspurger Pf. (Gem. Chr. IV, 137); 1510 f. d. G. rh. 252 dn. (8 ß. 12 dn.) bayr. (Lori, Mz.R. I, 144); 1512 f. d. G. rh. 90—94. Regenspurger Pf. (Gem. a. a. O. IV, 194. 213).

Bey der Krönung Maximilians 1486 „zu Ach wardt gebratten ein ganzer Ochs, alß der war wol siben Gulden wehrt, an einem großen Holzbaum"; Chron. in Freyb. Samml. I, 88.

Um die Zeit, wo der rheinische Gulden auf 7 ß. schwarz Pfenn. bis 8 ß. oder 1 lb. stand („30 ß. Haller = 1 Guld., 210 dn. = 1 Guld., 7 ß. dn. schwarz = 1 Guld., 8 ß. dn. weiß = 1 Guld."; Cgm. 739, f. 12), namentlich im Jahre 1535, fieng man an, Silberstücke (silberne Groschen) zu schlagen, die einem solchen Gulden (Goldstücke) im Werth gleich seyn und 60 Kreuzer gelten sollten. Man nannte diese silbernen Stücke mit einem, nicht von ihrem Stoffe, sondern von ihrem Werthe entlehnten Namen: Guldiner-Groschen, Guldin-er, („tusent guldiner", Genitiv, d. h. goldener sc. Pfenninge; Lucerner Urk. v. 1359, Gesch. Fr. II, 180), Guldner, Reichsguldner, Reichsgulden, wohl zu unterscheiden vom eigentlichen, oder von nun an tautologisch so genannten Goldgulden, dessen Werth sich übrigens durch das momentane silberne Aequivalent nichts weniger als fixieren ließ, und als eine Summe von 60 Kreuzern zur blos eingebildeten Größe geworden ist. (Lori, Mz.R. I. Th., S. 192. 144. 235. 242. 247. 248. 252. II, 68. 162). Noch z. B. ad 1518 findet man MB. XXII, 652 eine Summe von 450 „guldin reinisch an guetten gewogenem gold also bar entrichtet"; aber von 1534 an steht bey Summe-Bestimmungen gewöhnlich die Formel: „so und so vil Gulden rheinisch in Münß"; (MB. XXII, 674. 678. 680. 682. 683. 702 ff.)

Man gab a⁰. 1542—1543 für den rhein. Goldgulden 72 Kreuzer, (Lori I, 224); für den Ducaten (ungarischen Gulden; „sechczig guter newer ungrischer guldein und dukaten". Urb. v. 1425, Clm. 5900, Hinterdeckel) 100 Kreuzer, (Ldtag. v. 1543, p. 192); 1551 für den Goldgulden 72 Kreuzer oder 7 ß. 14 dn., (Lori I, 233. 243. 246); 1559 für den rhein. Gulden 75 Kreuzer, (Lori I, 267), für den Ducaten 104 Kreuzer, (Lori I, 268); 1576 f. d. rh. Goldgulden 80 Kreuzer, (Lori II, 68); 1594 f. d. ung. Ducaten 32 Batzen, (Lori II, 162); 1609 f. d. Goldgulden 1 fl. 40 kr.; f. d. Ducaten 2 fl. 15 kr. (Lori II, 250); 1615 f. d. Goldgulden 1 fl. 48 kr. (Lori II, 279); 1620 f. d. Goldgulden 2 fl. 30 kr. (Lori II, 306); 1621 f. d. Goldgulden 2 fl. 50 kr. bis 3 fl. 40 kr. (Lori II, 323. 327), f. d. Ducaten 4 fl.
37 bis 5 fl. (Lori II, 329); 1623 f. d. Goldgulden 1 fl. 44 kr., f. d. Ducaten 2 fl. 20 kr. (Lori II, 345. 359); 1637—1641 f. d. Goldgulden 2 fl., f. d. Ducaten 3 fl. (Lori II, 425. 433); 1659 f. d. Goldgulden 2 fl. 10 kr. (Lori II, 452); 1674 f. d. Goldgulden 2 fl. 24 kr. (Lori III, 105); 1675 f. d. Goldgulden 2 fl. 30 kr. (Lori III, 111); 1676 f. d. Goldgulden 2 fl. 36 kr. (L. III, 117); 1687 f. d. Goldgulden 2 fl. 40 kr. (Lori III, 179); 1692 f. d. Goldgulden 2 fl. 50 kr. (Lori III, 202); 1694 f. d. Goldgulden 3 fl. 10 kr. (Lori III, 214. 223); 1702 f. d. Goldgulden 3 fl. 20 kr. (Lori III, 242. 244); 1705 f. d. Goldgulden 3 fl. (Lori III, 245); 1715 f. d. Ducaten 3 fl. 15 kr. (Lori III, 255. 256); 1716 f. d. Ducaten 3 fl. (Lori III, 258); 1720 f. d. Ducaten 3 fl. 30 kr. (Lori III, 353); 1726 f. d. Goldgulden 3 fl. 30 kr. (Lori III, 265. 267); 1748 f. d. Ducaten 4 fl. 18 kr. (Lori III, 335); 1750 f. d. Goldgulden 3 fl. 17 kr. (Lori III, 339); 1751 f. d. Goldgulden (als 3/4 Ducaten) 3 fl. 18 kr., f. d. Ducaten 4 fl. 24 kr. (Lori III, 342); 1753 f. d. Goldgulden 3 fl. 4 kr. (Lori III, 353); 1757 f. d. Goldgulden (als halbe Mardor) 3 fl. 34 kr., f. d. Ducaten 4 fl. 48 kr. (Lori III, 376); 1760 f. d. Goldgulden 3 fl. 40 kr. (Lori III, 377. 391); f. d. Mardor als doppelten Goldgulden 7 fl. 20 kr., f. d. Carldor als 3 fachen Goldgulden 11 fl. (Wenn in Kaiser Carl V. peinlicher Gerichtsordnung Art. CLX. auf den ersten großen Diebstahl „fünf Gulden werth oder darüber" der Strang gesetzt ist, so verstehen sich da wol von selbst 5 Gulden von 1521—1532, ungefähr den 20 Gulden des Codex crim. Max. v. 1751, 1. Th., 2. C., § 3. entsprechend.)

Aber auch das silberne Guldenstück blieb gegen die schlechtere kleine Münze nicht bey seinem ursprünglichen Werthe von 60 Kreuzern stehen. Man gab dafür a⁰. 1538 68 bis 70 Kreuzer, (Lori, Mz.R. I, 208, 210); 1551—1559 72 Kreuzer, (Lori I, 233. 252. 264). Es wurde wiederholt verboten, die Guldener höher als 60 Kreuzer zu nehmen und zu geben, nur die in „sand Jochambs Tal" (St. Joachims-Thal in Böhmen) geschlagenen oder „Jochamstaler" Guldner, später blos Thaler genannt, durften nach dem Münztagsabschied von 1539, als etwas besser denn die andern, zu 64 Kreuzern cursieren; (Lori, Mz R. I, 210. 219). Nach der Reichs-Münzordnung von 1559 wurden statt der alten, auf 72 kr. gekommenen Guldener neue, bestimmt 60 kr. geltende Reichsguldner oder Reichsgulden geprägt, deren 9½ Stück auf 14 Loth 16 Gren cöln. fein Silber giengen. (Lori, Mz.R. I, 261. 264. III, 58). Nun fieng man an, die Guldner, und zwar zuerst jene nach der Münzordn. v. 1535 geprägten, und in der Folge aber auch die neuern v. 1559 überhaupt, Thaler zu nennen; (s. Taler). (Lori, Mz.R. I, 210. 219. II, 2. 21. 329).

Auch dieser neue Reichsguldener oder Reichsgulden, bald also, bald Silbergulden, bald Guldengroschen oder Guldenthaler genannt, stieg gegen die geringere Münze im Werth. Es galt a⁰. 1576 der Reichsguldner 64 kr. (Lori II, f. 68); 1594 der Guldenthaler 68 kr. (Lori II, f. 126); 1615 der sil- 38
berin Gulden 78 kr. (Lori II, f. 279); 1620 der Silbergulden oder Guldenthaler 2 fl.; 1621 derselbe 2 fl. 24 kr. bis 2 fl. 52 kr. (Lori II, 304. 323. 327. 329); 1623 der Reichsguldner oder Guldengroschen 1 fl. 20 kr. (Lori II, 345. 350); 1678 der Guldenthaler 1 fl. 34 kr. (Lori III, 130). Von da an fallen diese Guldner immer geringhaltiger aus und in Miskredit; (Lori III, 185): 1694 gilt der gute Guldner 55 kr. bis 1 fl., der geringhaltige Guldner 45 bis 50 kr. (Lori III, 214. 223), der Ortsguldner 15 kr. (Lori III, 221); 1705 der Halbguldner 26 kr. (Lori III, 244); der Ortsguldner 13 kr. (Lori III, 339); 1750 der Halbguldner 28 kr. (Lori III, 306); das Reichs-Guldenstück 1 fl. 4 kr. (Lori III, 339). A⁰. 1753, nach der Convention mit Oesterreich, die feine cöln. Mark Silber zu 20 fl. zu vermünzen, gilt der Guldner 1 fl., der halbe Guldner 30 kr. (Lori III, 362). A⁰. 1757, bey der Vermünzung der feinen cöln. Mark Silbers zu 24 fl., gilt der Guldner 1 fl. 12 kr., der Halbguldner 36 kr. A⁰. 1759 bis 1765 gilt der Conventions-Guldner 1 fl. 15 kr. (Lori III, 377. 391. 396. 456). Noch jetzt kommt zuweilen dieser Betrag unter dem Namen eines guten oder fränkischen Guldens vor. In einer Ausschreibung des k. b. Kreis- und Stadtgerichts Schweinfurt vom 20. Juny 1845 (Paternitätssache) wird von so und so viel fl. fränk. (Gulden fränkisch) gesprochen. A⁰. 1760 gilt das neue 2/3 Reichsthalerstück oder der Guldner 56 kr. bis 1 fl. 4—6 kr., das 1/3 Reichsthalerstück oder der halbe Guldner 28 kr. (Lori III, 395). A⁰. 1623 kommen vor (Lori, Mz.R. II, f. 351) bayr. doppelt Guldiner zu 30 kr., einfache Guldiner zu 15, halbe Guldiner zu 7½. Es sind hier wol Orts- (oder Viertels-) Guldiner gemeint. Der neue Gulden = 17 Silbergroschen $1\frac{5}{7}$ Pfenninge preuß., der halbe Gulden = 8 Silbergroschen $6\frac{6}{7}$ Pfenninge preuß.; Reg.-Blatt 1839, Nr. 3. (Am 2. Dec. 1837 bekomme ich das erste Stück der neuen Silbermünze in die Hand, auf welcher steht: 1 Gulden — sprachliche Lüge.) Vrgl. die Artikel: Pfenning, Pfund, Schilling, Taler, Kreuzer rc.

In den Guldenländern des Zollvereins (Bayern rc.) haben die 3½-, 2-, 1- und ½-Guldenstücke Feingehalt 14 Loth 7,2 Gran; 6 kr.- und 3 kr.-Stücke 5 L. 6 Gr.; in Preußen, Sachsen die neuen 2 Thaler-Stücke 14 L. 7,2 Gr.; die preuß. 1 Thlr.-Stücke 12 L., die preuß. 1/6 Thlr.-St. 8 L. 6 Gr., die pr. 1/12 Thlr.-St. 6 L.; französische 5-, 2-, 1-, ½-, ¼ Frankenstücke 14 L. 7,2 Gr.; österreich. 2- und 1-Guldenstücke 13 L. 6 Gr., Zwanziger 9 L. 6 Gr., halbe Zwanziger 8 L.; (Beilage z. Allgem. Ztg. 1847, S. 332). Vrgl. Allgem. Ztg. vom 27. Nov. 1848, S. 5234, über das seit ein paar Jahrhunderten aus America eingeführte, das früher vorhandene wol um das Vierfache vermehrende und daher entwerthende Gold und Silber, wozu in neuerer Zeit noch die Uralische Ausbeute kommt.

Der Brautgulden, eine (ehmalige) Abgabe von 1 fl., die der Staat jedem neuangehenden Ehepaar abnahm. cf. Destouches Statist. d. O.Pf. p. 92. Das Guldenmahl, (Kaiser's Regensburg p. 82) Hochzeitmahl mit verschiedenen althergebrachten Ceremonien, bey welchem jeder Gast, deren nicht über 54 seyn dürfen, einen Gulden Mahlgeld bezahlt. Der Guldenzoll, ehm. wirzb. Zoll, der vom Wein, zu einem rheinischen Goldgulden vom Fuder, entrichtet werden mußte. Wirzb. Instruction für die Guldenszöllner von 1688. N.A. Dà kimt dà *Guld'n* auf sechzê~ Batz'n, d. h. es übersteigen die Kosten den Gewinn.

gulbig, goldig, güldisch, goldisch, a) goldhältig. „Silber das goldig ist; goldiges Silber", Lori, Mz.R. I, f. 133. 134. „Goldische Münz", Cgm. 1007, f. 2. Wie aus güldischen (goldigen), d. i. goldhaltigen, Silbermünzen mit Schwefelsäure das Gold zu gewinnen (aus 1 Million Gulden in Kronthalern für 12000 fl.) lehrt in der Beylage zur Allgem. Ztg. (worin die abermalige französische Republik) vom 29. Febr. 1848, S. 953, der junge Dr. Pettenkofer; item wie in allen güldischen Silbermünzen Platin enthalten. b) was gulden, golden; s. Gramm. 595.

'Die Übergulde, ä. Sp.; s. oben, Sp. 20,2.' Wîp ist ein ubergulde alles gûtes", Labr. 669. „Ich schrei daz mort mit mordes übergolde", Labr. 338.

Die Galfe, Galfel, s. oben, Sp. 894: Gabai.

'gelf, gelpf, ä. Sp., 1) von heller, glänzender Farbe, strahlend; 2) lebhaft, freudig;' Graff IV, 197. BM. I, 518. Zeitschr. III, 273,12. V, 341: gäll, gelf, schlüpfrig, glatt. altſ. gelp, galpon, agſ. gilp, isl. gialp, Brandung; Graff IV, 196. BM. I, 460: galpen. Zeitschr. IV, 194. 410,98: Gêlpen, Gêlpeden, Wellen. XIII. Com.: gelf, troppo ardito, arrogante. „Mitten in gelpfer wîze ein swarziu lîste ist erhaben", S. Helbling VII, 449. „Mit gelphen ougen", Gregor v. d. St. 3221. „Diu ougen gelph und clâr", das. 3266. „Sam si gewalticlîchen der werlde ze ende wolden; vil gelpher (Praler?) vuor darunder"; Gudrun 673.

gelfen, gilfen, (Franken, Aschaff.), schreyen; singen wie die Hühner; heulen, weinerlich thun; zanken; Vilmar, kurhess. Idiot. 115: galfen, galpen, bellen, (vrgl. gelf); 126: gilfen, gilfern. Zeitschr. II, 464. III, 336. IV, 168. Weigand, Wbch. I, 409. Einen angelfen, anschreyen, anfahren. „Meine Schwachheit klag ich dir mit Seufzen und mit Gelffen", Himmelsglöckl. 1685.
39 „Ich schrey, o Kunst, zu dir ich gilff"; H. Sachs. „Zu Gott allein wollen wir gelfen, kein creatur mög uns gehelfen", das. 1612: II, I, 175. „Nun thut jhr uns allsand angelffen, das wir euch sollen abher helffen", das. I, 1089. 218. 221. „So ein hunt gülffet von schlegen so zürnent die anderen und vallen auf in und beissen in", Konr. v. Megenberg f. 76b, (Pfeiffer 125,28: gelfet; vrgl. das. p. 512 und 615, u. s. unten: gelsen). Du Gilfer, du! 'Der Gilf, ä. Sp., lauter, heller Ton, Schrei.' „Der pfaff tet manchen lauten gilff und ruff, daz man im kem zu hilff", Mich. Beham, Wiener, p. 309,19. 'Der Galf, ä. Sp., Lärm, Geschrei; BM. I, 518.' „Mit lautem galm und großem galff als dy bauren über die walff" (wolf); M. Beham, W. 204,11. 'Der Galf, Golf, ä. Sp., übermüthiger, anmaßender Schreier.' „Wider dy schnöden galffen wolt er auch han gehalffen", das. 184,1. „Hern oswalt den Reiholffen viengen dy schnöden galffen", das. 223,14. „Wy sy heten geholffen wider dy schnoden golffen", das. 257,2. Gilferin, Zänkerin. galbschen, zanken (mit halb verbissenen Worten); Aschaffenburg. Vrgl. gellen, galm, und das alte gelf, jactantia; BM. I, 518. „Zuo der schônheit noch zuo der gelpfe (Pracht), die diu sunne hât"; Br. Berhtolt 144, (Pfeiffer 539,29). Parallel, der Bedeutung nach, sind brächten, Bracht.

„Gelfen und Gibling", s. Sp. 868: Gibling.

'Die Gülf, s. Sp. 894: Güllen.'

Der Galgen (Gàlgng), 1) wie hchd., (ahd. galgo, mhd. galge; Graff IV, 185. BM. I, 458. Weigand, Wbch. I, 385). „Si messent mit der maz die an daz dryholz hort", Altswert 213,17. „Quis hoc furetur tribus lignis associetur", Clm. 12729 (4⁰, XIV. sec, 1400), f. 141. 2) ä. Sp., Vorrichtung, etwas daran aufzuhängen, besonders um Salzwasser daran heraus zu ziehen. „In loco nuncupante Hal (Reichenhall) unum putatorium integrum quod vulgariter dicitur galgo"; Chron. mon. Sti. Petri Salisburg. p. 125, Coll. I, ad an. 798. „Quartam partem aque in Wazimans galgen", Urk. v. 1117. v. Koch Sternfeld, Gesch. v. Berchtesgaden, I, 132 (cf. p. 71). cf. MB. III, 543. 550. 561. „Samt dem Waßergalgen und Anguß auf dem Salzprunnen", Reichenhall. Urk. v. 1400. „In Halle habemus nonam partem in patibulo Galchrahe quod dicitur Penzingare", MB. IX, 550. (cf. gl. i. 126: galcraba, antlia; i. 831: galg rabra, anthlia, vermuthlich galc-raha, galc-hraha. s. Râhen, pertica). 3) (b. W.) Ohr am Knopf.

Der Galgbrunn (Gàlbrunn; Gallbrunna, Ammergau, Rath Her); Gəl'brunnə), allgem. Galtbrunn, Ziehbrunn mit einer Π- oder Γ-förmigen Vorrichtung; Ldger. Dachau: Ziehbrunnen mit einem Hengst. „Galgenbrunnen, putei"; Veget. v. 1529, IV, 10. „Puteus, differ galgbrunn den man ruffer schepfft", Voc. Melber. „galprun, puteus", Voc. v. 1419. Diefenbach 474c. BM. I, 269. „Swenn ein Galprunn zerprist, an welcher gazzen daz sey", Münchner Magistr. Mandat v. 1370. Cf. „Ydria vas aquae galuas (?) et zuber", Monac. Francisc. 173, f. 197b; cf. Mallerst. 32, f. 297—98 circa. 'Vrgl. die Gelten.' Diese jetzt seltenen Galgbrunen kommen noch in Wening's Abbildungen der Topogr. Bavar. in den Straßen vieler Städte und Märkte vor. shnouzgalle˜, in die Höhe schnellen, (wie an einem Schnellgalgen? Ostschwarzwald; Dr. Häring, 13. Jul. 1847).

„Galgstat, alreta"; Fragment eines Onomastici am innern Vorderdeckel von Cgm. 4479. Vrgl. Th. IV, walgen: Walgstat u. Diefenbach 26a.

Gälig, ä. Sp.? „Aculeus, ein angel oder ein gälig", Poll. 801, f. 1.

Gilg, genit. Gilgen (Gịlgng), ä. Sp., für Aegidius. Zeitschr. VI, 452. 458. „Zwischen pfingsten und sand Gilgen tag".. „freytag nach sand Gilgen Tag." Wstr. Btr. VI, 154. 155. Meichelb. Chr. B. II, 183. „Verlobt sich mit einem Gilgenkreuzer in Stock", Inchenhofer Mirakel von 1605. Vrgl. Gigl.

Die Gilgen (Gịlgng), beym gemeinen Volk: die Lilie. BM. I, 519. Zeitschr. IV, 461. V, 434.

gilgezen (gịlgəzn), vrb. n., (Baur) keuchend husten. „gölgezen, ructari", Prompt. v. 1618. golkizen, eructare", San-Nicol. 172 (Clm. 16172), Deckel. Weigand, Wbch. I, 450: Golkrabe. s. golkern. Der Gilgezer, der Huster; das einmalige Husten.

Der Galk, ä. Sp., ? „Der pos dieb und henkmeßig galk und der unverschampt laster palk", Mich. Beham, Wiener, p. 275,4.

'golkern, kollern (z. B. im Bauche). Zeitschr. III, 133.' „Kärnt. kolovertiti, drehen; kollern, golkern", Jarnik p. 163.

Der Galm, (auch ä. Sp.; ahd. mhd. der galm, Graff IV, 179. BM. I, 457. 519. Zeitschr. V, 341), der laute Schall. Der vogel in den lüften nôt leit von des heres galm, unz in nider lie der twalm, daz man in mit der hende vie", S. Helbling XV, 769. „Swie man ze walde rûfet, billîch alsô der galm widerhillet", Labr. 430. „Alsô seh wir oft (von ferne den Wäscherinnen zusehend) den slag mit den pleueln, ê wir den galm hœren", Konr. v. Megenberg, f. 55b (Pfeiffer 92, 1. 9). „Nie hat seinen (des todten Großen, Reichen) galm und sein guefften ein end", Cgm. 54, f. 12b. 'Der Widergalm, Wiederhall, Echo; BM. I, 458.' „Sô ains menschen stimm oder ains andern tiers stimm widergalm gibt nâhent pei den peinen", (Bienen); Konr. v. Megenberg f. 171a (Pfeiffer 292,9). galmen, laut schallen. „Und schlagt die eiserne Thür (in der Felsenwand) zu, daß es galmt hat", Beschr. des Untersbergs. gálmə˜, (opf.) pralen. Vrgl. gelfen, gelsen, gellen und geuden.

'Der Galmey, ein Metall; Weigand, Wbch. I, 386 f. (aus cadmia? Diefenbach 87)', cadmia der Römer, von ihnen für Kupfererz gehalten, aber ein wahres Zinkerz, das sie ihren Legierungen beimischten. (Als regulinisches Metall wird Zink erst im 17. Jahrh. gekannt.) Die griechischen Legierungen des Kupfers enthalten nie Zink. Allgem. Ztng. 1842, Beyl. Nr. 190, (über der Dörpter Professoren Göbel und Kruse chemische Analysen alterthümlicher Gegenstände).

Golmer, ä. Sp., ? „Golmer (golnier?) unde naz hâr", Haupt's Zeitschr. VIII, 571,715. 'Vrgl. d. folg. Wort.'

Golnir, ä. Sp., ? „Dehein pruder enshol nicht golnir (oder: goluir) auf seime gewande tragen ân auf dem sinewœlem mantel", Regel des Spitals zu Jerusalem, Clm. 4620, f. 106.

---

galpen, s. gelfen. Vilmar, kurheß. Idiot. 115. 127.

---

gelsen, gelseln (gəlss'n, gəlss'ln), gellen; heulen, schreyen, lachen, summen, daß es gellt; (mhd. gelsen, gelzen; Graff IV, 178. BM. I, 519. cf. kärnt. glas, Stimme, Ton, Laut; glasiti, tönen, lauten; Jarnik p. 221). Vrgl. Galst, gelf, gallen und Galm. Die Gelsen (Gəls'n), die Schnake, culex L. BM. I, 498. Weigand, Wbch. I, 450. Das Gelsengarn, Mückengarn; Art Leinwand, die sehr undicht ist, und zum Abhalten der Schnaken, auch zu Sieben und zum Abnähen dient.

Der Golse, ä. Sp., Lümmel. „Von ainem golsen der mein snot", (meiner spottete), Mich. Beham, Cgm. 291, f. 156.

Golsch, s. Golisch.

---

40 Der Galst, das Gellen, der Schall. galstern, einen Schall von sich geben; Castelli, Wbch. 136. Zeitschr. V, 145. 341. II, 464: gälschkern. gelstern, heulen, schreyen, das es gellt; (opf.) husten, (s. gilgezen). „Ward überal ein groß klagen, gelstern, schreyen, jammern", Av. Chr. Vilmar, kurheß. Idiot. 122. „Singultus, der gilscht", And. 73, f. 305[a]. Vrgl. ahd. galstar, mhd. galster, ntr., Zauber, (cf. lat. cantare, incantare; Graff IV, 179. BM. I, 458. 519. Grimm, Mythol.[2] 987). „Daz ich nie gepflag dekeiner galsterîe", Konr. v. Wirzburg, Schwanenritter 813. s. gallen, Galm und gelsen.

Gelstern, plur., (B. v. Moll, Zillerthal) Sturmhut, aconitum L.; gelbe Gelstern, aconitum Lycoctonum; blâue Gelstern, aconitum napellus. Mit Gelsternwaßer wäscht der Zillerthaler sein Vieh. Ob etwa in irgend einem Bezug auf das alte galstron (incantare)? s. gallen.

---

galt (gàld, góld), vom Milchvieh: trocken, keine Milch gebend; nicht trächtig, gelte; fig. nutzlos; (Weihers: gëll; Dr. K. Roth. Zeitschr. II, 31. 33. 48. 345. IV, 308. V, 485). „Sterilis non est in eis, vnd nindert ein galts ist vnter in", Clm. 12723 (XV. sec., 1417), f. 78. Cf. Graff I, 197. So und so viel Gölder (Stücke Hammelvieh, das keine Lämmer trägt); Lex. v. Franken VI, 279. Das Galtvieh, alles Milchvieh, das nicht trächtig ist, oder, als zu jung, es überhaupt noch nicht seyn kann, und keine Milch gibt, sogar mitunter Stücke männlichen Geschlechtes von dieser Viehgattung. Zeitschr. IV, 310. Die Galtgaiß, die Galtkue, das Galtrind. Der Gältling, einjähriges Kalb, (Gbrg.). Vrgl. unten Geltel. Die Galtalben, der Galtberg, Alpe, Berg, worauf unmelkbares Vieh übersommert wird. Der Galterer, Hirt zu solchem Vieh. Die Galthütten, Hütte für den Galterer und Stall für sein Vieh. galt gên, nicht trächtig seyn: keine Milch geben. Gl. i. 776: „sterilem (vaccam) gialta." Sollte das alte altinon (differre) zu bedenken seyn? Gl. i. 994: g'altinoti, difficultas. Im Schottischen sagt man sogar: a yeld nurse, eine Amme, die nicht säugt. Dän. gold, unfruchtbar. „Paa den golde klippe", Hansen's den vanwittige flygtning, p. 41. (Böhm. galowy dobytek, trocknes Vieh).

Die Galtnuße, ä. Sp., die Entgeltniß. „An alle galtnuße"; MB. XXIII, 49, ad 1319. „Eines dings kain galtnuse han"; MB. VI, 596. s. gelten.

gelten (gəlt'n; Gramm. 933 ff.), 1) als vrb. neutr. wie hchd., (ahd. gelten, mhd. gelten; Graff IV, 185. BM. I, 519). Oberländ. R.A. Einen gelten lâßen, ihm einen gastfreundlichen Trunk oder Bissen anbieten. Jener besteht gewöhnlich aus Kirschgeist, der hier von vorzüglicher Güte bereitet wird, und wovon selbst jedes Mädchen ein Fläschlein voll in ihrer Truhen aufbewahrt, um allenfalls den Buhlen am nächtlichen Kammerfensterlein gelten zu laßen. Indessen scheint hier gelten ein vrb. act. zu seyn, etwa soviel bedeutend als: ihn den Trunk durch einen heilbringenden Wunsch vergelten, erwidern lassen. Vrgl. „Nû trinken wir die minne und gelten's küneges wîn"; Nibelungen 7919 (Lachm. 1897). Grimm, Mythol.[2] 54. „Trinkt und geltet Etzeln wîn", S. Helbling VI, 160 (die Hs.: „gelt Esels wain"!). „Ir trinket unde geltet den Etzelînes wîn", das. XIV, 86, (Hs. „Ezleins").

2) vrb. act., ersetzen, bezahlen, entgelten, vergelten; (ahd. geltan. Zeitschr. V, 433. VI, 413,76). In Fratris Chunradi de Saxonia Sermones de SS., (30. Sept. 1849 in des jüdischen Händlers Ullmann zu München Besitz), f. XI, de S. Matthaeo, heißt es: „Homo a deo accipit animam ut deo reddat eam" und am Rande steht die deutsche Note: „Er nimpt ein sel die er gelt vnd wider geb, guet vnde er daz er rehte nütze vnde zer, Gotes gnad von der er rehte leb, sorig vnd geshephte des er getrivlichen pleg, di himelishen chrone die immer ob im sbeb." „Das (was ich gelitten) gult (würde vergelten) ein lieplich wort von der vil rainen klaren", Valkn. 173. Gelt eß Gott! (gəlt s Gód! gál s Gód), Gott vergelte es. Der Geltsgott, der mündliche Dank. Das Geltsgott-Häfelein, Topf, in welchem arme Leute das Almosen an flüßigen Speisen nach Hause tragen. Ghelten, pagare; VII Comuni. Vrgl. das niederrheinische gelden (gellen, gällen, gäilen) für kaufen; Firmenich I, 431,15. 451,147. 456,435. 461,132. 494,184. 516,16. Eine Schuld gelten, (abzahlen); Werdenfels HhE. „Wer erben will der soll auch gelten"; Ref. L.Rcht., Tit. 49, Art. 2. „Der nicht erbt, der gilt nicht", 41 L.R., Ms. v. 1453. „Daß wür gellten sollen und schuldig sein worden dem N. 6 Mut rogkens ꝛc."; MB. II, 25. cf. Wstr. Btr. VII, 171. „Einer hande milte ist gote vor aller der milte, die diu werlt ie gewan oder iemer mêr gewinnen mac, daz ist gelten unde widergeben", Br. Berhtolt 133 (Pfeiffer 60,38). „Wer ungern gilt und gern porgt", Cgm. 713, f. 187. „Ich laugen nicht, ich sol jm das gelt gelten, ich han jn aber sein gewert", L.Rcht., Ms. v. 1453, cap. XXIII. „Von gelz not, das ir vater hie ze gelten lie", MB. XVIII, 221, ad 1381. „Swas (Badende) ze bad verliesent, daz suln die gwanthutter in gelten", Wstr. Btr. VI, 110. „Es kumpt noch wol geltender tag: ein beser wirt der seiner irten nit erpeiten mag", Evangelium Johannis, dramatisiert, (Sterzing, 1526), Mscr.

3) ä. Sp., namentlich: als jährlichen Zins zahlen, reichen, dieser bestehe in Geld oder in Naturalien, zinsen. „Die tafern galt 60 dn., de taberna solvebantur 60 dn."; Thumstaufer Salbuch. „So schol das Gotzhaus mir und meiner Junckfrawen A. ain geltentz gut kaufen, und swas das iareleichen gilt, das schuln si uns geben ze unser paider Leib, die weil wir leben . . und nach unser baider Tod schol sich dasselb gut mit aller seiner Gult an das oft genant Gotzhaus vervallen"; MB. II, 161, ad 1331. „Geltendew gut kawffen";

MB. XXIV, 423, ad 1361. „Der Hof zu Inkhofen bey der großen Laber giltet jerlich ein Schaf waizes, fünf Schaf rockken, ain Schaf gersten, fünf Schaf Haben, zwen Mez Oels, ein halbes pfunt pfenning ze wisgelt, dreißig käs, fünf Gens, zechen Hun und hundert Ayr ꝛc." MB. XV, 470, ad 1337.

Der Gelter, Gelder, Gelderer, a) O.L., der Gläubiger. Zeitschr. V, 433. 413,76. Gelter debitor; Prompt. v. 1618. b) ä. Sp., Einer, der Bezahlung zu fordern, oder auch Einer, der Bezahlung zu leisten hat, also Schuldner sowohl, als Gläubiger, doch öfter letzteres. „Der Uebelthäter Gut, so vom Leben zum Tode gerichtet werden, soll ihren Geltern, Weibern, Kindern oder Erben bleiben", Kr. Ltghdl. XVI, 12. cf. VIII, 424. XII, 134. . . . „Würd aber der Gelter (Schuldner) sagen, er wölte von dem land nit faren noch seinem Gelter (Gläubiger) empfiehlen". . . Ref. L.Rcht., Tit. 33, Art. 12,3. cf. Wstr. Btr. VII, 171. Der Selbgelter, Selbstgelter, der Selbstschuldner (in Beziehung auf den Bürgen); L.R. v. 1616. Wagner I, 346. „Die Mitgelter und Selbschollen", Bürgen und Selbstschuldner; MB. XXIII, 337. Gl. a. 687: cinsgelto, tributarius.

abgelten, abgilten Einem etwas, ihm die Kosten dafür ersetzen, es ihm ablösen. Grimm, Wbch. I, 47. „Man soll mir den Baw abgelten", MB. XXIV, 397, ad 1349. „Hat ihm die Mauer abgegiltet", ältere Amberg. Bauord.

entgelten eines Dinges etwas, so und so viel, d. h. dadurch in so und so viel Kosten, Schaden kommen; Grimm, Wbch III, 542. BM. I, 520. L.R. v. 1616, f. 305. „Die Juden mußten jrer Pfaffen entgelten", Av. Chr. Der Entgelt, die Entgeltung, der Nachtheil, Schaden; ôn Eines Entgelt, ohne Kosten, Nachtheil für ihn; L.R. v. 1616, f. 324.

42 vergelten, a) wie hchd. BM. I, 521. „Ego te laudo Domine quia per cogitationes lucraris et per bonam voluntatem mag man dich vergelten", Monac. Augustin. 84, f. 69a. „Item so hat das groß stainein venster vnd das groß glas darein vergolten (bezahlt; öfter so) Gabriel und Jacob die Ridler", Ridler's Chronik, f. 2. R.A. Einem seinen Pfenning vergelten (ein vollkommner Ersatz für seinen Pfenning seyn, geldeswerth seyn). „Satzmeister setzen über Wein, Brod, Fleisch, Bier, damit jedermann um sein Geld redlichen feilen Kauf habe, und ihm sein guter Pfenning vergolten werde"; Kr. Ltghdl. V, 74. „Prot das unredleich und ze clain gepachen wär, und damit den lewtn ir pfenig nicht vergolten wird", Münchner Becken-Satz von 1468. Wstr. Btr. VI, 150. Ldtg. v. 1669: 180. Daher: pfenningvergeltliches Brod, Bier u. drgl. b) ä. Sp., wieder zurückbezahlen. „Die weil die Pfenning stehen unvergolten", so lange das Geld nicht zurückbezahlt ist; Amberg. Act.

Der (das) Gelt, ä. Sp., a) die Schuld. BM. I, 522. „Daz (die verstorbenen Eltern ihre Kinder) in grozzen gelt gelazzen hant", MB. XXIII, 38, ad 1381. „Und als man in der alten ê an dem fiumfzegosten iâre daz gelt varn liez, also wil der hailige gaist hiut och daz gelte der sünde allez sament varen lâzen", Griesh. Pred. I, 37. Der Mann hat vil Gelder, (Schulden); Jir. b) besonders: der schuldige Zins, der Zins, er bestehe in Geld oder Naturalien. „Der ist wol ein bœsewiht, der an den gelt gedenket iht, swenner iht geben sol", d. w. Gast 14326. „1 lb. Geltes aus dem Zoll, 1 lb. geltes aus dem Spital", Ried 537. 871. „Zway fueder weingelts, den sy uns geben haben von alter her zue zins in unsern Keller . . . denselben gelt . ." MB. II, 478. 497. Vrgl. MB. XV, 299. 300. „Zway mez geltes amberger mazze", MB. XXIV, 426. „So und so vil Pfening, (Schilling, Pfunt Pfening), oder Gulden ꝛc. Geltes, d. h. so und so viel jährlichen Zinses. Einen gelt käuffen, einen jährlichen Zins, eine Rente kaufen um das sie begründende Kapital. Im Gregor auf dem Steine des Hartmann von der Ouwe (circa 1200) gewinnt der Abt in 15 Jahren mit 17 Mark 150 Mark, (Vers 543 u. 1594—98). A^0. 1337 wurden 11 1/6 lb. (10 1/2,) geltes um 108 lb. gekauft; Höfer, Auswahl d. ält. Urk. p. 320. A^0. 1313 „wirt ain phunt geltes geben umb funf und zwainzig phunt phenning", (also 4 proc.); a^0. 1338: drizehen schilling pfenning geltes umb funftzehenthalb pfunt; a^0. 1370: 33 schilling pfenning geltes umb 100 pfunt haller, (also etwas über 3 proc.); um 1348—1379 geben nach Hund (St.B. II, 409) 100 Pfund järlich gar 10 Pfund (Geltes). S. auch Ried 871. 873. A^0. 1474 giebt man fünfzig Gulden rh. (Geltes) umb 1250 Gulden rh., (also 4 proc.). „Wann man in Bayrn die Güter schätzt, so macht man darüber einen Anschlag wie hoch der Gulden Gelts soll ästimiert werden. Oft wird der Gulden Gelts angeschlagen pr. 45. 40. 30. 25. 20 fl." Ertel's Praxis aurea 1, 273. Der Gulden Gelts ist hier wol jeder Gulden, den das Gut als Zins oder Abgabe reicht.

Der ewige Gelt, der ewige Zins, d. h. der Zins von einem (in München seit dem Brand v. 1327 besonders auf Häusern) aufliegenden Capital, das entweder für immer unablöslich ist, oder vom Darleiher nie aufgekündet werden kann. Heutzutage sagt man, da der Ausdruck der Gelt (Zins) veraltet ist, dem Renovierungstrieb der Sprache folgend: das ewig Geld. „Der ewig gelt get aus des N. N. Haus . . . wenn man denselben ewigen gelt (Zins) lösst, so sullen wir unsern tail einnemen und dasselb gelt (das eingenommene Geld) zustund widerumb anlegen an einen andern ewigen gelt" (Zins), MB. XVIII, 134. 271. 338. Einen ewigen Gelt chawffen, d. h. einen ewigen Zins um die 43
denselben begründende 25, 20, ꝛc. fache Capitalsumme. MB. XIX, 10. 34. 201. XXI, 151. 297. 298. 310. 303. 305. 319. 329. „Funfzig gulden rh. iarlichs und ewigs zins und geltz", MB. XXIII, 571. XXIV, 282. XVI, 237. Es konnte der ewig Gelt auch aus etwas Anderm, als einem Geldcapitale und in anderm, als Gelde fallen. „Ain mutt rocken ewigs gelts", „ain mutt habern ewigs gelts", Gabr. Ridler's Chronik p. 2—3. „Ain phunt pfenning und ain mætzen Oels aigens und ewigs Geltes us ainem hof", MB. XXIII, 290, ad 1396. „Ewigs gæltes recht" in Augsburg, MB. XXIII, 292. „Die Heußer in Stett und Märkhten sindt offt mit ewigen Gelten schir so hoch als sie werth sein, beladen", Ldtg. v. 1605, p. 75. „Ein Haus umb den verfallnen ewigen Gelt speren, nötten, pfentten auff der hofstatt oder in dem hauß one gericht und gerichtsbotten, in maßen umb solchen ewigen Gelt der Statt München Recht ist"; MB. XIX, 230, ad 1612. „Die ewige Gelt und derselben Capitalsummen bey der Statt München auch bey andern Statten und Märkten sollen allen andern Gläubigern vorgezogen werden ꝛc." Gantproceß. v. 1616. Der Gattergelt, (Hund, St.B. I, 217), s. Gattergült. Anmerk. Ob das gothische gild (φόρον, Luc. 20, 22) masc. oder neutr. sey, ist zweifelhaft; (kaisaragilda, κῆνσον, Marc. 12, 14 ist wol fem.). Doch sprechen duos geldos, z. B. capitulare III. anni 813, für das masc., auch octogild, uuidrigild (Edict. Rothar.). Bey Otfrid V, 24,48 ist gelt (retributio) masc.; hingegen hovagelt (vectigalia, gl. i. 78), zwifaltaz kelt (ampliorem summam, gl. i. 1017) sind neutr.

geltig, adj., reich. „Nöt alle *Gelting* (Reichen) sein so", Reitzenbeck II, 104. „Dö schön Sachen, döst kriegst von so an *geldingá* Kund'n", das. 132.

Das Gelt (Gəld, opf. Gəld), wie hchd. Geld. K. Ludwig's Rechtbuch, Tit. 23. Heumann, opusc. p. 127. Die ursprüngliche Bedeutung des Wortes nemlich: der Gelt (s. gelten) sticht noch vor in Benennungen, wie z. B. das Ewiggeld, Umgeld, Zwigeld, Menetgeld, Herdstättgeld, Rossgeld, Weggeld, Brugkgeld, Scharwerkgeld, Holzgeld ꝛc. Sp.W. Wo ə˜ *Gəld* is, is də' Teufel, wo kaə˜s is, is ə' zwaəmàl. R.A. Eppəs zu'n *Gəld* bringə˜, machen, daß es viel Geld werth sey. *Gəld* auff (supple: den Leuten) hàbm, Passiv-Schulden haben. 'Alləwál ə~ klaə~s *Gəld* brauchə~, (ironisch) ein Verschwender seyn. ə~ Kreuzə' *Gəld* (∪ ≚ ∪ ⏑́), ein Stück Geld. Mə~ muəs machə~, dás mər do' á' ə~n Kreuzə' *Gəld* löst. Das Geltlich, s. Th. II: -lich. „Thut sich umb sein geltlich gremen", H. Sachs 1560: II, IV, 94b. „Schwazt er jn ir geltlich ab", das. 99b.

Der Ungelt, a. Sp., heutzutage: das Ungeld (BM. I, 523. Münch. StR., Auer p. 282. 289: daz ungelt). „Als oft ein fremdes (Stück) Vieh (im Lande) verkauft wird, als oft gibt der Hingeber den Zoll, und der Käufer den Ungeld. Kauft einer das Vieh in meines gn. Herrn Land, so soll aber der Käufer den Ungeld geben und der Hingeber den Zoll"; Kr. Ltghdl. IX, 543. MB. II, 148. Wstr. Btr. VI, 171. 173. verungelden (eine Waare), das Ungeld für selbe bezahlen. „Das sollen sie nicht umbgelten und des ungelt danen vertragen sein"; Lori, L.R., f. 99, ad 1407. Vrgl. Österreich. Ungeltordn. v. 1359 im Clm. 17543, f. 212—14. Kopf, Regensb. Ungeltsordn. v. 1354. Der Ungelder, der das Ungeld einnimmt. Auer, Münch. StR. p. 178. Un-
44 gelter, coactor; Prompt. v. 1618. Der Zuungelder. Kr. Lthdl. XII, 248. (cf. Weirer III, dissertat. I, quaest. 16). „Angaria, ungelt", Clm. 5387, f. III, ad 1450. „Angaria, umbgelt", Windb. 170, f. 429b. Redditus est ingelt", Cgm. 533, f. 4. Ungelt, vectigal pro vino; Prompt. v. 1618. „Ungelt, czoll, tallia"; Voc. v. 1429. „Tailen, ungelten, partior", ibid. „Ungelt, angari"; Voc. v. 1419. „Thelonium, ungelt . . . an zoll und an ungelt"; MB. XVII, 36. 41, ad 1307. „. . Holz, swaig, Gelt und Ungelt", Ried ad 1295. „Mit unrehten zöllen und ungelte'n", Br. Berhtolt. „Hungelt 1 ovem tremissem valentem", Emmeram. Salbuch v. 1030. „Audite vos rectores civitatis . . . ungelt. hoc statuistis super vos et super advenas et minorastis mensuram, ut de superfluo possitis munire civitates vestras", (Br. Berhtolt?), Monac. Augustin. 79, f. 56b. cf. Monac. Augustin. 84, f. 69. Rudolfus C. P. Rh. D. Bav. ut Monacenses civitatem facilius circumdare muro possint eis assignat Ungælt suum ad superiorem et inferiorem portam", Furstenf. 187, f. 126b. „Telonia vestra injusta i. e. ungelt", Predigt im Cod. Ald. 176, f. 97b. „Doch ist ein gelt ungelt genant daz verre und nahen leider ist bekant von sinem unrehte und grozer untat die daz selb gelt an im hat", Renner 9188, (nach 1313 vollendet). Es scheint hier das un einen misbilligenden Nebenbegriff zu geben. Sind doch alle indirecten Abgaben, diese nicht Einkommens-, sondern Ausgebensteuern (Steuern von Ausgaben!) wahre Un-Gelte, Undinge von Abgaben. (Vrgl. Grimm II, 775 und das schweizerische Böspfenning). Cf. Thät angilde, R. Schmid, Gesetze der Angels. 43,6. 44,9. 66,6. 72,6. 77,8. 91,12. „Tha ungyldan næfre ne ablunnon", Sax. chron. ad 1097. „Cyng Willelm æfre thas leode mid here and mid ungylde tɩrwigende wæs", (he was ever tiring this nation with an army and with unjust contributions), ibid. ad 1100; Ingram p. 316. 319. ungelten = entgelten. Herzog Rudolf's von Österreich Mandat von 1359 über den „ze ungelte" zu gebenden zehnten Pfennig „von wein, met, pier" das die geistlichen und adelichen Landsaßen ausschenken lassen, fangt an: „daz wir si überheben wellen unsrer münzz vnd an derselben unsrer münz stat fullen si uns geben vnd gevallen lazzen in allem dem lande ze Osterr. als weit vnd als verr als unser münzz von Wienn ze recht gen sol **ze ungelt (zum Ersatz)** den zehenten pfenning alles des gütes so gevellet von allem dem wein, met oder pyer, so in dem land ze Osterr. verschenkcht wird oder verchauft wird zu dem zapphen." Die Landsaßen dürfen dafür zu diesem Behuf das Maß um ein Zehntel kleiner machen; aber es dem „frömden und gemainen volck" zum bisherigen Preise verkaufen, „durch daz auch daz selbs fromd und gemain volkch ditz auffatz(es) auch ungolten beleiben (schöne Entgeltung!) wellen wir, daß immer richtiges und volles Maß gegeben werde"; Cgm. 1113, f. 80 ff. Schlehd. 13, f. 212b. „So wellen wir an derselben unser münzz stat die weil ez uns firgt hallten und nemen den vorgenanten ungelt", das. f. 82a. Vrgl. Eiselein, Sprichw. p. 609—611, (wol Laßberg?).

Das Wergelt, s. Th. IV: weren, g.

'Der Widergelt, ä. Sp., Rückerstattung, Ersatz; BM. I, 524.' Grimm, RA. 652. Suchenwirt IV, 40. XXXVIII, 506.

Das Zuegelt, (MB. XXV, 171. 172, ad 1401) was einer Ehefrau auf einem Gut verschrieben und vermacht ist; Nadelgeld?

gelt, adj., (ä. Sp.) giltig. „Umbe fiunf und fiunfzig Phunt Muncherphenninge die denne genge unt gelte seint", MB. X, 85.

gelt (gəl), zur 2ten Person sing.; hingegen zur 2ten Person plur. geltet (gəllət), geltß (gəlz), zur 3ten Person sing. gelt er, gelt sie (gələ', gəls'), zur 3ten Person plur. gelten sie (gəlns'), Interjection, welche ungefähr wie: nicht wahr? zur Bejahung, wol auch zur Mitverwunderung auffordert; (gelt statt: es gelte! cf. Th. IV, wetten: wett! Grimm III, 246. Weigand, Wbch. I, 410. Zeitschr. I, 285,2, 7. II, 83,6. 171,46. 346. V, 117,35. VI, 172. 256,41. Firmenich I, 433,22. Vrgl. kärnt. a-li, auch jeli, gelt du? a-lita, geltet ihr (beide)? a-lite, geltet ihr? Jarnik p. 1. Cesk. wid', gelt, nicht wahr? wid' ze ho necheeś? gelt, du magst ihn nicht? (von widěti, sehen?). wyd', wyd'te, gelt, nicht wahr? Dobrowsky, Gramm. §. 270). „Di chind machten häwsel in chintlicher weis. Da sprach das ain chind zu dem andern: nu gelt ainen pater noster mein haus sei sterker denn das dein. Da sprach das ander: gelt ain ave maria darzu"; Cgm. 766, f. 104. 401, f. 75. 466, f. 84. Gelt, ich hab dich lieb!? Zärtlichkeitsergießung, die man Ehhälften, die nach Geld geheiratet haben, ironisch in den Mund legt. *Gəl, əs is* wàr? Dés is də logng, *gəl?* Gvattə', Gvattərinn, *gəllət*, iər kemt scho~ i~'n Kirdə'? *Gəlz*, és Schliffəln, iətz bàb I enk də'wischt! *Gəls'*, Frau Bàs, wer hätt dés vo~ dər Ursch·l 'glábt! Abə' *gəlns'* Si, dás heu~t kaə~ Stèckə-l Holz àm Mark is, und is so kàlt! — *Gáltə*, I gfàllet diə', *gáltə* I taugət diə', *gáltə* I wá' diə recht, — wànn ə' dé' mècht! Rank, aus dem Böhmerwalde p. 288. „Het gilt, ele frye Frieze!" Halbertsma aus Cornel. Kempius de Frisia in Bosworth's Dictionary (1838) LIV. Auch das schottische: yelly! yealtou! bezeichnet eine Ueberraschung und Verwunderung. Wenn das t nicht bloße Flexion ist, möcht ich unser Wort lieber zunächst aus obigem Adjectiv gelte, als aus einer conjunctiven Form des Verb gelten erklären. (cf. Gramm. 723).

Der Geltel (Gəltl), Benennung eines geckenhaften, dummen Menschen; (zu galt?). Is də' *Gəltl* scho~ so àld, und dó' nét gscheidə'!

Die Gelten (Gəltn), wie hchd. Gelte. (ahd. gellida, gellita, galeola, calicula, pandula; gl. pass.; mhd. gelte; Graff IV, 184. Grimm III, 457. BM. I, 498. Vilmar, kurhess. Idiot. 122. Die Zeidelgelten, b. W., Melkgelte. Nach Anton, Gesch. d. d. L. W. II, 282 machten 8 pocula Wein eine Galleta aus. „Una gelta olei", MB. X, 64, ad 1292. „Hydria, wassergelt", Clm. 5685 (v. J. 1412), f. 94. „Lacticapium est vas lactis oder gelten", Clm. 5877 (XV. sec., 1449), f. 122. „Waz paumöls man herbringt in gelten, daz sol niemand chauffen dann der ez in seinem haus zeren wil oder ez bei dem pfunt auzwegen wil", Münch. Stdtbuch, Auer, Art. 425. „Ein putermilch in einem gölten", h. Geistspital v. 1519, f. 24. 26. Im b. O.Land ist das Wort ungangbar und wird durch Sechter, Sechterlein ersetzt.

Der Golter (Goldə'), 1) (am Gebirg) Bettdecke, besonders eine abgenähte; Decke der Holzknechte bei Nacht,

(Zir.); (Aschaff. die Kolter, Mayn: die Kult); ital. la coltre, coltrina (aus lat. culcitra, culctra; mhd. der kulter, gulter; BM. I, 899. Diez, Wbch. 107. Zeitschr. II, 348. III, 109. V, 103,3. 437. VI, 44). „Is mə' də *Goltər* und də' Strosàk və'brunnə~"; Lied. „Aft han i frala *'n Golta' 'zogng*, sust war i bald am ku'schzene O'scht", („gedroht", aufbegehrt), v. Kürsinger's Ober-Pinzgau (1841), S. 174; s. oben, Sp. 541: die Diern, auch Sp. 151,3. „I häd ə~guəds Bett für di', därfst əs scho~ glaubm, und wennst mə' mei~ *Goltə'n* z'rüttst bachədə' Straubm", Lied: die Sendin und der Holzknecht. „Golter unde lilachen", Augsb. Stdtb. „Culcitrum, golter", Clm. 5685 (v. J. 1412), f. 44. „Culcitrum, golcter", (wol goltter). ZZ. 1514, f. 206. „Culcitra, golter, Kotz", Voc. v. 1419. 1429 und 1445. „Gulterdeck, toralium, toral"; Voc. v. 1618. Dé hàt hei~t *Goltə zipf* gnäg'n, hat bey Einer geschlafen, welche ihres-theils einen Liebhaber bey sich hatte; (Kitzbühel). 2) sieh Goller.

45 Die Gült (Gịlt nach Gramm. 1038, wie der Gelt nach 1040 von gelten). BM. I, 524 f. a) die Schuld, Schuldigkeit. Gibt ein Wirth einem Bürgerssohn ꝛc. mehr, als das Gesetz erlaubt, auf Borg, so kann er ihn darum nicht festnehmen. Nimmt er ihn aber dennoch fest, so ist der Schuldner „ledig von der gült"; Münchn. Magistr. Verord. v. 1468. Wstr. Btr. VI, 157. b) namentlich die jährliche Schuldigkeit für geliehenes Gut, es bestehe in Geld oder Grund und Boden. Vrgl. brem.-niedersächs. Wbch. II, 556: Gulde. „Gilt, canon, indictio canonica", Voc. v. 1618. Diese Schuldigkeit kann abgetragen werden durch körperliche Arbeit, Frohn: Gült-Scharwerk, (L.R. v. 1616: 307), durch Geld: Geldgült, ä. Sp. Pfenninggült, oder, was meistens der Fall ist, durch Naturalien, besonders Getreide: Traidgült ꝛc. Im 3ten Buch der Ldsord. v. 1553, Art. 3, wird verboten, Geld auf Getreidgült auszuleihen, weil wegen zeitig-hohem Getreidpreise der Gülthaber dadurch mehr als die gebührenden Interessen beziehe, und der Bauersmann leide. Man soll sich, heißt es, „an Pfenninggült begnügen lassen, und von hundert Gulden Hauptsumme an fünf Gulden järlicher Gülte ersettiget seyn." „Von einer Summe das gebürende interesse und gült raichen", Meichelb. Hist. Fr. II, II, 379. „Sechs tausent Gulden Gelts iärlicher Gült", Ldtg. v. 1514, p. 773. „Die Römer haben den gewunnen Landen und Leuten zur Gült auffgelegt nur Silber, nit Gold"; Av. Chr. „Die größt Gült (Rente) ist, nichts übrigs anwerden", Av. Chr. „Rent und Gült, vectigalia; reich an gelt und gült, dives positis in foenore nummis", Voc. von 1618. Es gab und gibt übrigens der Gülten allerley Arten und Namen: Gattergült, Grasgült, Grundgült, Herrngült (Kr. Lhdl. XVI, 55; Herrengulte, Diutiska I, 346), Stiftgült (Kr. Lhdl. VII, 364), Übergült, Vogtgült (ibid. 353), Wisgült ... ꝛc. ꝛc. „Venduntur fruges et alie res secundum estimationem quod herrengůlt nuncupatur: schefel chern pro lxxxiiii deñ., schefel tritici pro lxxx den., schefel siguli pro lx den., schefel ordei pro xxx den., schefel avene pro xxiv den., schefel fabarum venditur ut triticum, anser pro II deñ., pullus pro uno denario, porcus *valens lxxx den. pro lx den.*", (Clm. 4563, sec. XII—XIII, Benedictbeuern). Dies scheint somit der geringere Preis, um den die Unterthanen dem Grundherrn ihre Erzeugnisse zu verkaufen haben, und Gült hier so viel als „Schätzung." Die bayr. Ritterschaft hatte Gültpferde zu stellen; Ldtg. v. 1669: 184. Der Gültbaur, Gültmann, Gültuntertân; das Gültgût oder Gültstück; wirzb. Verord. v. 1746.

Die Zwigült, der Doppel-Ersatz; (Fürer) bey Bestrafung der Holzfrevel, eine Geldstrafe, die den doppelten Werth des entwendeten Holzes beträgt. „Mit der Zwigult büßen"; Rechtb. v. 1332.

gülten, Gült (Zins) reichen. vergülten Einem ein Gut mit . . ., ihm dieß und jenes, so und so viel davon als Gült (Zins) reichen; Kr. Lhdl. XIV, 76. 77. MB. XVII, 218. Ref. L.R., Tit. 28, Art. 13.

gültbar, zinspflichtig. MB. XXV, 171. Ein Gut, gültbar zum Kastenambt N. „Ain Land gültbar machen", Av. Chr. gülthaftig, zum Bezahlen, zum Ersatz verpflichtet. „Es macht ein chnecht seinem herren wol gülthaftig werden vmb alles daz gut, daz er jm vergamlost", Rchtb. Ms. v. 1332. Wstr. Btr. VII, 171.

gültig (gịlti'), 1) wie hchd. 2) werth, im Preise stehend, theuer. „Carmesingefärbte Tücher, welche an der 46
Farb gültiger, als das Tuech selbsten ist"; Wstr. Btr. IX, p. 293. ə~ Dəənl is *gịlti'*, hat Liebhaber. Is aəné iətz *gịlti*, afft ham s' (die andern) ə~n Neid, dà kémə~ s' mit Stichhággln gschwind in ə~n Streit. Wàs is denn die Schuld, dáſs iətzund dé Menschə' sánd kemə~ von „*Guld*"? Wann aənər iətz heirət't, nimmt ə' s' aussə's Land, als wann dəhiər wirkli' wár kaəné i~n Stand. höchgültig, ringgültig, hoch oder gering im Preis; (Nptsch). s. auch Wstr. Btr. IX, 293. „Die hochgültigen ausländischen Hüet"; „die hochgültigen Perlen"; „hochgiltige Güter, als Sedelhöf, Edelsitze und drgl." Ldtg. v. 1669: 477. Ertel, prax. aur. „Hochgiltigkeit, darinn der Getraide ist"; LR. v. 1616, f. 560. 3) zinsgültig, zinspflichtig, MB. XXV, 171.

Die Gälz, (Franken) junges weibliches Schwein; Graff IV, 198. Grimm III, 326. Gl. a. 534. 681. o. 100: galza, gelza; angelsächs. gilte, suilla, sucula. „Sucula, galze", gl. Augiens., Mone's Anz. VIII, 398. „Sucula, galcze", Aug. S. Ulr. 50, (Clm. 4350, XIV. sec.), f. 3. Diefenb. 564. Kilian: ghelte, von ghelten, castrare suem. Zeitschr. III, 498. IV, 213. VI, 14. Galzen schneiden, (G.-schneider, G.-schnitt), Schweine castrieren. Gelzenleichter, Schweinecastrierer; Weigand, oberhess. Intell.Bl. 1845, S. 34. Vilmar, kurhess. Idiot. p. 123.

'Der Golze, Kolze, ä. Sp., Beinbekleidung, Schuh, Stiefel, (v. lat. calceus, ital. calzo, sp. calza, franz. caleçon; Graff IV, 391. BM. I, 858. Diez, Wbch. 82).' Spargolzen, Spargelzen, plur. „Hosen und spargolzen"; Helmbr. 223. Ges. Abent. III, 287,215 u. 649. „Spargelzen, sandalia", Judith X, 16; cf. span. espargatas.

Das Gam, (s. Ge-am, G'am), Spreu.

Der Gämel (Gáməl), der Muthwille, Spaß, die Ergetzung; (ahd. gaman, mhd. gamen; Graff IV, 206. BM. I, 460. „Mit mihhilemo gamane", magnâ cum delectatione, Otfrid V, 25,21. cf. II, 9,9. IV, 22,20. Si bespotten, gameneten (subsannaverunt) mih mit spotte, gamene", Cgm. 17, f. 54b. Ps. 34,28. „Cham hete sines vater Noe honde zi gamine", Diut. III, 61. s. Gramm. p. 121 ꝛc.) Də' *Gáməl* is eəm 'və'gangə~. Jamel, Spott; Cgm. 627, f. 47b. 'gameln, gämeln, ä. Sp., sich belustigen, spielen; BM. I, 461.' „Ez ist ein groziu unzuht so der herre mit sinem knehte iht ahten wil, ob er im danne den rucke keret unde gämelt mit einem affen", Pfeiffer's Mystiker I, 323,5. gämlich, adj., ä. Sp., lustig, spaßhaft; (ahd. gamanlich, mhd. gämelich, gemelich; Graff IV, 207. BM. I, 461. cf. Weinhold, 'schles. Wbch. 25: wunderlich, seltsam; unbehaglich, unwohl'; gâmel, ungeschickt, plump; 's. Gammel, Gummel'). Der tocken wol mit im ze spilen wære, als ie diu kint erdenkent durch zîtvertrîben gämelicher mære", Labr. 351. „Wir wollen geil und gemelich sin", Altswert 42,29. „Gemelich uppig leute soltent hacken und rewten", des Teufels Segi. „Kan der (der zage Ritter) dir fröde machen, so bist du gemelich gemut", Cgm. 379, f. 75, (270, f. 111). „Peter ist ein gemlich man, stranio homo", (böse). „Es donert und pliczet, das weter ist gar gemlich, el tempo e molto stranio"; Voc. Venez.-todesco von 1460, Cod. ital. 362,

f. 54. 55. „Es saßen in allen Wirthshäusern so viele „gämliche Leut und Gennspeiner“; Gem. Reg. Chr. III, 386, ad 1464. gamanlih, ridiculus; gl. i. 692. 'Gamelhait, ä. Sp., gemelîcheit, Spaß, Scherz; BM. I, 461.' „Stieffest (pfropftest) du affalter auff ainen pirnstock das möcht in ainer gamelhait wol bekumen, es ist aber nit lang werhaft“, Clm. 4373 (v. J. 1437), f. 109. gämellichait, mania; Voc. v. 1429. gämlichait treibn, gannire, manisare; Voc. v. 1419 und 1445. Vrgl. gämpern.

'Der Gamaleon, ä. Sp., Chamäleon; BM. I, 460.' So muß gelesen werden Balkn. 70. 'Vrgl. BM. I, 453. 461.' „Halec unda favet, *gamaleon* aëre vivit, Talpam nutrit humus, flammae pascunt salamandros“; Clm. 16035, f. 110. s. oben, Sp. 864: Gabilon u. vrgl. San-Marte, Wolfram II, 226.

Die Gamillen (Gamılln, Gomılln, Gumılln), (schon bey Ortolph) die Chamille. BM. I, 461: die gamille, Camille.

Gamuret, Gamret, alter, aus den Sagen der Tafelrunde beliebter Mannsname; z. B. Hund, St.B. II, 269. „Von dem Gamrit vnd Heinreich dem Zeller Burger zu Regenspurg“, Freyberg, Samml. II, 93. Bey Ried 519. 568 steht Kahmoret. Vrgl. Gabain.

Die Gammel, Gummel, in Scherz oder Verachtung: starke Weibsperson; (Aschaff.) ausgelassene, dumme, bockige Weibsperson. Sollte hier das alte gomman (vir, mas) selbst schon ein tautologisches Compositum aus gomo (goth. guma, ahd. gomo, mhd. gome, gume; Graff IV, 198. BM. I, 554. Grimm, über Diphth. p. 43. läßt guma aus guzma, gudma — $\chi\upsilon\tau\acute{o}\varsigma$ v. $\chi\acute{\varepsilon}\omega$; fundo, fudi, gießen, schaffen — entstehen. 'cf. Gesch. d. d. Spr. 956.' komelicho, viriliter; Clm. 4621, f. 74. „Der gotes goume lac ruowen in deme troume“, (vir dei), St. Ulrichs Leben 626. cf. Gaumer. s. Bräuti-gam) und man, nach Gramm. p. 121 ff. zur Bezeichnung des allzu Männlichen in ihrem Wesen auf Weibspersonen übertragen seyn? „Virago, commannin“, Diut. II, 340. Vrgl. Grimm II, 47.

„Der „Gaəm“, Schimmel auf geistig oder sauer gegohrenen Flüssigkeiten“; Rttm.; b. W. Kaəm. Ob nur eine Entstellung des hchd. Kahm, oder einem Kaim, oder vielleicht (nach Gramm. 374) Guem entsprechend?

Der Gaim (Gaəm), Gaumen; s. Guem (nach Gramm. 374). „Wasch jm dy gaym damit“, Cgm. 4543, f. 91. gaimen (gaəmə˜), schon Voc. v. 1419; gewöhnlicher: gaimezen (gaəməz·n), gähnen, oscitare. „So ains nur gaimat, so starbs auch gächling und dem wart nicht anders dan das es sich gesegnot und viel dan hin und starb sic adhuc hodie mansit in consuetudine, so man gaymiczt das man sich gesegent“, San-Zenon. 115, f. 269. cf. Th. III: segenen. „Er (der Sterbende) hat schon vergaimizt, dös kheni ihm o“, Cgm. 3805, f. 152. „*Va'gaimäz* i ämal“, sterbe ich einmal; Lindermayr 116. Wia dä' Bock hat glechäzt, zum *Va'gämä* gwechäzt“, das. 175. Der Gaəməze', der da gähnt; einmaliges Gähnen. „Denn ein Gaimezer macht den nächsten auch gaimezen“, P. Abraham. Vrgl. Zeitschr. II, 345: gaimen, gämen, lüstern sein; gämazen, gähnen; Zeitschr. VI, 181. s. gleimezen: glamazen.

47 Der Gâum (Gám), der Gaumen, (s. Guem); ahd. guomo, goumo, giumo, mhd. guome, goume; Graff IV, 206. BM. I, 587. Weigand, Wbch. I, 393. gâumen, gâumezen (gámozn), gähnen. 'angaumen, angaffen.' „Steh da' und thu das narrnwerck angaumen“, H. Sachs 1560: IV, III, 43 (1612: IV, III, 95). Vielleicht (wie auch gaffen zugleich Maul auffsperren und anschauen heißt) zusammenhangend mit folgendem

Die Gâum, 1) ä. Sp., die Aufsicht, Sorge, die Bewahrung, Hütung. „Eines dinges gâum nemen, gâum haben“, Horneck. „Jedoch sullen si (die Wittwen) den Erbtail in ir gaem haben, des si da wartent sint“; Wstr. Btr. VII, 127. Ahd. gouma, cura; mhd. goume; Graff IV, 201. BM. I, 559. Tobler 164. 233. Cf. isl. gâ, cura, wornach Grimm (über Diphth. p. 43) auf einen ausgefallenen Consonanten vor dem m, und zwar auf d räth. „Ich sich oft in dem traume und vind in under stunden nach wunsche in meiner gaume“, Balkn. 180. Gaumun neman und gouma neman, animadvertere; Isidor 5,22. 8,6. gl. a. 62. 74. 123. „Ward je genummen gam“; Cgm. 291, f. 61b. „Do nim ich gawm der eren pawm“, Cgm. 811, f. 55b. „Des (N. N.) wart do genummen gam“, Mich. Beham, Wiener 189,5. „Wann er ist in der still meß ston, so nympt er dez gepetes gam: Aller gutigster vater“, das. 264,7. „An ainer pfinsztag nahte nam der teufel seins spiles gam“, das. 309,13. „Lat none escapin at the dore, take, yonge meine, yeme“; Chaucer, the cooke's tale of Gameyn, 1633. Sogar im Lettischen kommt gaumâ nemt für wahrnehmen vor. Elver, liber memorialis letticus. 2) der Ort, wo Aufsicht gehalten wird; im Chiemgau: Hütte für die Hirten des Viehes auf einer Alpe; Nebenhäuschen bey einem Bauernhofe, das gewöhnlich alten im Austrag lebenden Personen gleichsam als Haushütern eingeräumt wird, Zubaugut. gâumlos, gamlos, adj., ä. Sp., achtlos, unachtsam; Rechtb. Ms. v. 1332. „Daz vich sol man nicht gamlos lazzen gan“, Auer, Münch. StB. p. 277. Cf. „gamblose Äcker“, Generale v. 25. April 1722, die Aureutung der Moser und Auen betreffend. (caumalaosi, negligentia; gl. a. 277). vergâumlosen, vrb. act., ä. Sp., verwahrlosen. „Es mocht ein chnecht seinem herren wol gulthaftig werden vmb alles daz gut, daz er jm vergamlost von Unbesicht“, ibid. cf. Wstr. Btr. VII, 170. 171. „. . . Daz sy daz vergamlasätten mit pösem geschirr . . .“, ibid. Wstr. Btr. VII, 99. „Jh furgoumolosota gibore gotes gibot“, Beichtformel, M. m. 105. BM. I, 559. „urgaem werden (seines lehenherren)“, Wstr. Btr. VII, 130: (unkundig, unwissend, wo oder wer er sey?); denn es heißt gleich darauf: „uncz ob er seinen lehenherren vinden mug.“

gâumen (gámə˜, schwäb. gômə˜; ahd. goumjan, gouman „eines thinges“; mhd. goumen. Graff IV, 205. BM. I, 559), Acht haben, Aufsicht halten, Sorge tragen. „Thes fehes gauman, das Vieh hüten; sih gauman“, sich in Acht nehmen; Otfr. I, 13,14. I, 23,59. „Sol ier gomen vor den wolfen“, Griesh. Pred. I, 121. „Jle hin und goum, daz der vorder schrankboum inder sich entzwicke“, S. Helbling XV, 243. „Daz si dâ goumten war ez kêren welle“, Labr. 73. „Daz er mit fleize gaüme daz die leiterbaume iht von einander weichen“, Renner 20235. (Der Priester) „der selten merket swer sin gaume“, (ihn beobachte), das. 21388. „Da geit man dir auch hilffen zuo, die dein gaument spat und fruo“, d. Ring 50a,2. „Dy aller ergsten schelk vnwerd, die ye sein kummen auf die erd, der dann der teufel selber gaimpt, sie ab allen pösen hat gevaimpt“, Mich. Beham, Wiener 274,14; (cf. geumen, loben). „Wer auff wird vnd er nit gampt, kainer schanden er sich nit schampt“, das. 328,29. „Dar pey ich ob dem gras sach sweben manch neczlein so suptil geweben dar mit der anger was vergittert manch tawes tröpflein darauf zittert dar pey das spinlein laurt und gaumet wo sich der mücklein eins versaumet so öffet es im bald sein stirnlein und sog daraus sein süßes hirnlein zu speisen seines leibes quatten das seinr gespunst do kam zu statten“, H. Volz. Und I thát mi' hald um wie si's Vögerl umthuət, 's Weibl *gámát* und sáſs und I gántát dö Bruət“, Stelzhamer 164. „D' Latern ghert haim zum Küə- und Roſsstall rámá, d' Latern da odá' du, ains muəs má künfti' *gámá*“, (zu Haus bleiben), Lindermayr 59. ergaumen (dərgámá), erspähen; Zeitschr. III, 136: ergemmern. „Daz der bawr in (den Wolf) dergaumpt“, Cgm. 714, f. 34. nachgaumen. „Der hirt staig auf einen paumb und gaumbt dem wolf nach wo er hin chert“, Cgm. 54, f. 40a. 'übergaumen, übersehen, verpassen.' „Daz ich ez han so lange übergoumet“, Labr. 535. vergaumen. „Wer sich aber versäwmet das er die czeit vergäwmet, Cgm. 1113, f. 88a. Heutzutage auf einige bestimmte Anwendungen beschränkt, und so aus einem früher allgemeinen zu einem gewissermaßen technischen Ausdruck geworden. Man gâumt (wacht) bey einem Todten. Wenn alle Personen eines Hauses ausgehen wollen, wird gewöhnlich eine bestimmt, zu gâumen (zu Hause zu bleiben, das Haus zu hüten). Zeitschr. V, 258,15. 341. VI, 120,50.

Der Gâumer (Gámə'), der Aufseher, besonders über die Wirthschaft und die Dienstboten auf einem Landgute. „Ich wil iwer gaumer noch iwer behalter nicht sin"; Augsb. Stdtb. Der Gâumel, Gämel, (ä. Sp.) idem. Der Gäumel, Aufseher einer Holzhauercompagnie am Gebirge. „Mines Friuntz und gaemels", (meines Verwandten und Tutors?). Der Hofgämel, Art Hof- oder Schloßaufseher, z. B. im bayr. Hof zu Regensburg. Lori, Mz.R. I, 12. Kr. Lhdl. II, 233. 234. „Des Hofgämels am bischöfl. Hofe zu Freysing, oder des Hofgemlini officium est (heißt es in Meichelb. Hist. Fr. II, I, 129. II, 158) ut reaedificet seu reparet januas, scampna et gradus etc. Gl. o. 414: puohcoumil, bibliothecarius. Graff IV, 204. BM. I, 560. „Deme husegoume, pellicano"; Cgm. 17, f. 148b; Diefenbach 421b. '(Hieher, oder zu gomo? s. Gammel).' Ulphila: gaumjan,
48 wahrnehmen; z. B. ei gaumjaindau mannam ὅπως ἂν φανῶσι τοῖς ἀνθρώποις); jah gaumjandans fareisaieis (καὶ ἰδόντες οἱ Φαρισαῖοι); Matth. VI, 5. IX, 11. Altnordisch geyma, schwed. göma, bewahren, angelsächs. gyman, schottisch to yeme („to keep, to take care of"); a yemar, was unser Gámə'. Vrgl. Grimm II, 47.

Das Gâumbrôd, wenn, was ich bezweifle, das opf. Gá~broud, bayr. Já~broud (Zwischenmahl) also zu restituieren wäre, würde zum alten gauman, reficere (gl. a. 903: gouma, prandium, convivium, Kero 39,41. Otfr., Notk. rc.) passen. Vrgl. Grimm II, 47.

gaəmig (gaəmé'; Passau), adj., begehrlich, lustend, lüstern. Du *gaəmégé* Dingenn du, dês wá-r-ə~ Gaəmigkait vo~ diə'. Dés *gaəmt* mi' *à~*. (G·uəm? G·aəm?). s. gaimen, gâumen, guemen u. vrgl. oben, Sp. 75: amerig.

'gemmern, wehklagen; vrgl. wimmern, wemmern und semmern (Zeitschr. VI, 469, III, 15).' „Wemmern und gemmern", H. Sachs 1612: II, II, 204. „Er seufzet, echzet unde gemmert", das. II, IV, 152 (1560: II, IV, 74). III, I, 32.

geumen, loben, pralen; Wackernagel's Wbch.: gêmen. s. gêu-en und geuden.

'Die Gimme, ä. Sp., Edelstein, Juwel, gemma; ahd. gimma, mhd. gimme. Graff IV, 198. BM. I, 526.' „Jesu, edeliu gimme", Cgm. 94, f. 30b. „Mîns herzen edliu gimme", Labr. 714. 'durchgimmen, über und über mit Edelsteinen verzieren.' „Diu wunne in (ihnen) ir herze sô durchgimmet", Labr. 22.

Der Guem (Gramm. 374: Gaəm), der Gaumen; „Palatum, guem, rumen, oberguem", Voc. v. 1445, auch Clm. 5387, f. XI. „Faux, — cis est superior pars palati ein guem", Clm. 5008 (XV. sec.), f. 156. „Mein zung mir klebet an dem gummen, ich kan kein tritt mehr weitter kummen", H. Sachs 1560: III, I, 10a. „Ain muscaten plumen die legt si im auf den gumen", (ihn wieder zu sich zu bringen); Cgm. 714, f. 101. Die ahd. Sp. hat guomo (gl. a. 12. 573. i. 734); aber auch goumo (gl. a. 177. 383. 516 rc.) und sogar giumo (gl. a. 15. 50. o. 231), faux, palatum; mhd. guome, goume. Graff IV, 206. BM. I, 587. guemen (gaəmə~), guemezen (gaəməz'n), Voc. v. 1445. gümiczen, das Maul aufsperren, gähnen. „Oscitare, güemen vel güemitzen", Semansh. 34, f. 213. Diefenbach 402b f. „Slinten chayin gamatzen husten choppelen rewspen, glutio mastico hio tussito ructo screoque", Clm. 9806, f. 1. s. gaimen und gâumen.

---

gámpə', adj., (Rottm., Dtgr.) von Kleidungsstücken: nachgibig, bequem; gewöhnlicher in der Verneinung: u~gámpə', steif, unnachgibig, ungelenk, (= gangbar, ungangbar? 's. BM. I, 477: gancbære, ungancbære, auch genge, ungenge'). „Ungamper und herte rindes heute sint ungefüege torper leute", Renner 12516. „Aptum, gefueglich, gamper, Cgm. 688, f. 29. Leder, Leinwand, das neue und noch steif, ist ungampə' und muß erst durch den Gebrauch à'gampə't werden, (b. W.). Das neue Hemd is no~ *u~gampə*, es gibt auf dem Leib noch nicht nach, verursacht noch Unbehaglichkeit. Das Kind: Muədə'! dé Pfaəd kàn I nit lei'n, əs is so rauhh. Die Mutter: lou, lou, pfälts· no~ à~, du wiə'st s· scho~ *à'gámpə'n*, si *gámpə't* si' scho~ *à'*, das s· lind wiə'd; (ObrM.). *u~-gámpər* guət, *u~-gámpər* schwár, (Zillerthal, Salz. Kreisbl. v. 1814) ungemein gut, ungemein schwer. Cf. „Der in der Kirchen thut umbgamper (ungamper), und vor den jungkfrawen red schamper"; eins Freyharts Predigt, gedruckt in Augsburg; Cgm. 713, f. 26. 154. „ungampericht, (Nürnb., Hsl.) ungeschickt, leicht zum Fallen gebracht, wie kleine unruhige Kinder", also wol ebenfalls: steif, ungelenk. Vrgl. Weinhold, schles. Wbch. 26: ungampern, ungamprig, steif, ungeschickt; unbehaglich. Da in der OPf. in demselben Sinne u~glámbər vorkommt, so möchte (vrgl. flank und s. Gramm. 544) das alte gilimphan, praeterit. gilamph, (sich schicken, passen) zu bedenken seyn. (Oder sollte (s. den Artikel un) das alte gambar (gl. a. 111. 533. i. 6. Graff IV, 207), strenuus, berücksichtigt werden dürfen? Vrgl. das folgende:

gampen, gampern, a) vrb. n., scherzen, hürfen, springen; '(mhd. gampen, v. starken Verbum gimpen, Prät. gamp, Ptc. gumpen. BM. I, 526. 662. Zeitschr. V, 342).' Mit ə' lár'n Wampm is nét guəd *gampm*. R.A. 'Kində' müess·n *si' ausgámpə'n*, oft mit dem scherzh. Beysatz: hàd də' Vàdə' gsagt, is eəm 's Kind zə də' Wiəgng 'naus g·fälln. b) vrb. act., herumgámpern Einen, ihn herumspringen, hüpfen machen. gámpernd (gampərəd), muthwillig, hüpflustig. 'Der Gimpelgempel, ä. Sp., das männliche Glied; BM. I, 526.' Haupt's Zeitschr. VI, 113. Vrgl. Gämel, gampər, gumpen und gämßen.

Gamper, Utensil (Gefäß?) des Branntweinbrenners.

'Der Gemper, Herz, Herzpünkel (?); Zeitschr. I, 95. II, 250. (432,60).' „Das manchem im leib kracht der gemper", H. Sachs 1612: I, 1066. „Die gret wurden im bauch ein stechen, daß eim der gemper auff möcht brechen; das. 1612: IV, III, 204 (1560: IV, III, 95).

gámpen, s. gánten.

gumpen, gumpeln, a) vrb. neutr., Sprünge, lustige Sprünge machen, (BM. I, 526. Grimm II, 59. Zeitschr. I, 299,4, 1. II, 348. III, 321. IV, 118,26. 170. 330,28. V, 443); stoßen, wie ein Fuhrwerk beym Fahren über Unebenheiten und Vertiefungen. „Essen, gumpeln unde liegen mit vârât als ein gumpelman", Haupt's Zeitschr. VIII, 579,998. BM. I, 526. II, 39. „Die magd lavf her mit ainem scheyt und begunde den pfaffen damit slahen, das ym das ward versmahen, das er die stieg abhin rumpelt und zu der haustür aushin gumpelt"; Rosenplut, der Edelmann mit dem Hasgeier, Gießener Hs. b) vrb. act., durch stoßende Bewegung herauf, heraus rc. bringen. Das Rindvieh gumpt das verschlungene Futter wieder herauf, um es nochmal zu kauen. Waßer gumpen, hchd. Wasser pumpen. „Die Mägd kommen 49
zusammen bey dem Bronnen ihre Kessel und Krüg anzugumpen", P. Gansler. Der Gumper, der Kolben eines Pumpwerkes; das ganze Pumpwerk, besonders im Pumpbrunnen. Is də' Brunnə~ -r- ə~ Gläffə'l? ná~, əs is ə~ *Gumpə'*. Die Gumpbüchsen.

gumpend (gumpət), gumpig, gümpig, (Hrslm.) springlustig, muthwillig. Zeitschr. II, 348. V, 443. VI, 182. Der *gumpəté* Do˜rschtag, (schwäb.) Donnerstag vor Faßnacht. „Die gumpelliute, gîger und tambûrer, alle die gût für êre nement." „Loter und gumpelliute", Br. Berhtolt p. 55. 313, (Pfeiffer 155,18. 25,5). BM. I, 1038. Der Gumpelknecht. „Er mûß sein ir gumppelknecht", (Narr); Cgm. 379, f. 175. 'Der Gumpelman, ä. Sp., Possenreißer; BM. II, 39.' „Ein mære ist guot ze schrîben an, dâ zwên hovegumpelman an ein ander sendent brief"; S. Helbling XIII, 2. cf. Kumpanîe. Der Gumpelpfaff. „Daz sagt Her Neidhart do der gumpelpfaff", d. Ring 6c, 9. Das Gumpelmære, ä. Sp.; BM. II, 78. „Dîniu gumpelmære („kumpelmer") sint sô ahtbære", (alwære?); S. Helbling VIII, 757. Der Gumpolt, ä. Sp.; BM. I, 526. „Er kunde niht geswîgen; die Gumpoltes gîgen wolte er hæhen stæte an mich", S. Helbling IX, 142. Vrgl. der Gombelt, Stolz, Hochfahrt, (Weihers; Dr. K. Roth).

Die Gumpen (Gumpm), kleiner, aber tiefer Pfuhl, Teich, See; besonders tiefe Stelle in Flüssen und Seen; (Graff IV, 207. Zeitschr. VI, 118,11). „In den gumpten (? gumpiten) helle fiuris, in stagnum gehennae ignis", Notk. 54,24. „Die Grieben und Gimpen", Meichelb. Chr. B. II, 275. cf. Gr. 864. „Gurges, gompe", Clm. 4350 (XV. sec.), f. 8b. Aug. S. Ulr. 50, f. 2b. „Caribdis, ein gumpel", Voc. Melber. „Gump gurges", Voc. v. 1618.

Gumpenbeer, ligustrum vulgare, (Zir.).

Der Gumpost (Gumpəst, Gumpəskraut), Kohlhäupter, welche in zwey oder vier Theile zerschnitten, gekocht und hernach eingemacht und gesäuert worden; (mhd. kompost, kumpost, gumpost; BM. I, 858 f. Graff IV, 406. Vilmar, kurhess. Idiot. 218. Zeitschr. I, 141,7 VI, 217). Kumpost als Bauernspeise; Renner 9772. 9900. Kumpostpotgun, Augsb. Zoll (1282), Cgm. 574, f. 21. MB. XXIII, 158: Chumbust-putigin. „Ad olera decoquenda, um Gumpes oder Kraut einzusieden"; Wstr. Btr. VIII, 129. IX, 226. „Kumpes, gesewert Kraut"; Praschius. „gumpisch, salgama"; Voc. v. 1618. „Kumpost, kumost, frigidarium, compositum", Voc. v. 1429 und 1445. gombost, khumpost, lapastes; gl. a. 665. o. 148. Vrgl. Lori, Lechrain 26: „apud Diezzen unum Chumbustlehen." Das Wort ist nach Gramm. 414 aus dem lateinischen compositum entstanden. Adelung hat in ähnlicher Bedeutung: Komst. Vrgl. v. Lang, bayr. Jahrb. p. 363.

„gampfig", pralerisch? (zu gaumen, geumen?). „Aber Sie, dicker Herr P.... Sie, dös hab'ms schon verpatscht. Lumpenpack! und sitzen alle Tag unter dem Lumpenpack! Dös is ja do' gar z'gampfig!" Schurich's (Münchner) Neueste Nachrichten v. 18. Nov. 1848, Inserat 11201 u. Nr. 225. Cf. schweiz. gimpfen, gempfen, auf die Ecke oder scharfe Seite heben, aufkippen, umkippen; der Gampf; Tobler, Sprachschatz 211. 221.

Der und das Gämß (Gámſſ, Gámpſſ), (Obrg.) die Gämse, antilope rupicapra L. (Graff IV, 208. BM. I, 461. 498. Zeitschr. V, 342. VI, 158). Wiener Glosse: gamz, ibex. Grimm II, 999. Diut. III, 153. gamzachalp, das. 145. „Ibex, gemmeze", gl. Augiens. in Mone's Anz. VIII, 396. Diefenbach 283b. „Mustus thesin gämß", Semansh. 34, f. 201; '(hieher? cf. Diefenbach 373b: muscus).' (Cf. portug. gamo; čeſk. kamzyk, m., Gäms). „Derselben Schreiben sambt dem yberschickten Gambß hab ich empfangen"; Meichelb. Chr. B. II, 237, ad 1570. Vielleicht ist bey das Gámſſ der Ausdruck Thier, und bey der Gámſſ, welches ebenfalls vorkommt, Bock verstanden. Um 1572—92 läßt sich Landgraf Wilhelm zu Hessen vom Herzog Albrecht in Bayern Gämße senden. Landau, Gesch. d. Jagd p. 206. „Gämspeuch", zu Harnischen gehörig, kommen vor in den Harnasch-Inventarien von 1479 und 1562. Der Gämßbart (Gámſſbárt, Gámſſbàscht), Rückenhaare von der Gämse, die, in einen Zirkel geformt, von den jungen Leuten im Gebirg als eine Zierde auf dem Hut getragen werden. Ein solcher Gämßbart kommt wohl auf 2, 3 und mehr Gulden zu stehen. Die Gämßbeer, Alpenmispel, mespilus amelanchier L., (Zir.). Das Gämßbirg, Gebirg, wo sich Gämse aufhalten. Das Gämßblüemlein, (B. v. M.; a) Zillerthal) saxifraga mutata L.; (b, auf den Tyroler Alpen) primula auricula minima L. Gämßbürst, (Lienz) juncus trifidus L. Gämßbürstling, (B. v. Moll, Zillerthal) juncus monanthos Pontederae. Der Gämßgeir, (Obrg.) der Lämmergeyer, aquila alpina maxima. Mit mächtigem Flügelschlag wirft dieser Aar junge und wol auch erwachsene Gämsen über Felsenwände in den Tod, und hält am Leichnam sein Mahl. Man will Beyspiele haben, daß sogar Menschen im Hochgebirge auf solche Weise ihr Ende gefunden. Auch Lämmern und selbst kleinen Kindern soll dieser Vogel gefährlich seyn, indem er sie, ein wahrer Greif, zwischen seinen Krallen packe und die Lüfte führe. Gámsshadach, Gámssennach, der niederliegende Felsenstrauch Azalea procumbens, (Zir.). Die Gämsrœt, das Gämsenblut. s. Rœt. Der Gáms-Urbə-l, (Baur) drollichter Mensch, Pickelhäring. Vielleicht eine Anspielung auf irgend einen Gämsenjäger Namens Urban, oder auf den Tyroler Urbə-l (Urban), der am bayrischen Hofe Narr war? Cf. isl. gems (Spaß) und unten gämsen. Die Gämßwurz, a) primula auricula L.; b) (Lungau, Zir.) doronicum pardalianches. Diefenbach 190c. Die größe Gämßwurz, leontodon hirtum L. (Berchtesgaden, B. v. Moll). gämßen, adj., „Gemßen Fell, nebris", Voc. v. 1618. „Gämsein (sc. Fleisch), carnes capriolorum", Ind. 344, f. 11.

Der Gams, Diminut. das Gámsl·, (Lexicon v. B. I, p. 216. 484—92) eine Art der Donauschiffe, von Regensburg abwärts üblich. Ein Hohenau-Schiff ist lang 130—148 Schuh, ein Kelhamer 115—128, ein Gamsel 96—110, eine große Plätte 50—58. Die Gämszille, (Zir.) sehr großer und langer Nachen, der an beiden Enden hoch aufstehende Spitzen hat.

Die Gämsen (Gámbſn), (Ilz) inwendige Tasche. (Doch wol nicht zu gäumen, aufbewahren, gehörig und vergleichbar dem schwed. gömsla, Schlupfwinkel?) Vrgl. M. Helmbrecht 153: „Gmpn und taschen prait"; '(Haupt, Zeitschr. IV, 326: gnippen unde taschen breit).'

gämsen (gámpſſn), lustige Sprünge machen, scherzen; herumgämsen, sich ausgämsen. Zeitschr. V, 342. gämsend (gámpsəd), springlustig, muthwillig; hurtig. Das Wort kann zu Gämß gehören. Doch ist das gleichbedeutende schwedische Verb. gamsa und das Subst. neutr. gams (Scherz, Muthwille) zu bedenken; s. Gáms-Urbə-l, und vrgl. Gämel, gämpern.

Die, das Gimsel, Art Wasservogel in den Seen und Teichen des Oberlandes zwischen Lech und Inn, die fulica atra L. (Baur). Kohlbrenner's Materialien von 1782, f. 75.

Die Gan (Gà˜), pl. die Ganen (Ga˜n, Gànə˜), (O.Inn, Waller) der Feuerfunken; (cf. „kärnt. glavnja, der Feuerbrand. Vrgl. kärnt. deutsch der Gan, Glan"; Jarnik p. 220, unter glava, das Haupt. BM. I, 545: glander). Zeitschr. II, 345. III, 462. V, 342. „Afft spring I aussi auffn Bodn dafs die *Gann* sand aufgflogn", Lied in der Reis. d. Oberdeutschland I, 298. „Du machst ä *Gähn* zum Foir, ä Krözen zu-n-rä Pleschen", Lindermayr 97. „Hät nét ə *Gà˜l* Esprit", Kaltenbrunner 156. Vrgl. „sunder fröden ganden", Titurel cap. XI., dann ganeistra, ganastra, gaenester, ganayster, scintilla; gl. o. 138. 197. 280; Voc. v. 1530 und Grimm II, 40. 370. 754. Graff IV, 296 f.

BM. I, 461. „Scintilla, ganeister", Aug. S. Ulr. 50, f. 2a. „Wer gesach ie durres stro verbrinnen on ge-naster", Altsw. 156,12. „Ain ainegiu ganaist", s. oben, Sp. 707: Fal-w-isch. Das Sunnəwénd-Gá˜l, Johanniskäferchen, Leuchtkäferchen, (Chiemgau). Der Ganhart, Teufel, s. unten: — hart u. Gánkə-l.

Der Gan-Erb, der Mit-Erbe. s. erben, und vrgl. Grimm. II, 753.

ich gan, du ganst, er gan, wir gunnen ꝛc., (ä. Sp.) ich gönne, du gönnst, er gönnt, wir gönnen ꝛc. (Graff I, 271. BM. I, 32). „Nu gan ich meins guts niemands als wol als dir." „Den (denen) ich meinen hab paz gan denne anders iemant"; MB. X, 116. XXIV, 640. „Da Adam hackt und Eva span
wer war damals ein Edelman?
51 Maximilianus der erste, als jm einer diesen Reimen auff seine Kammer geschriben, hat er dagegen diß underschriben:
Ich bin ein Mann als ein ander Man,
allein daß mir Gott die Ehre gan." Henisch.
„Wer dem andern bös will oder gan"; Christ. Lehre, Ms. v. 1447. „Der nit wol verstan kan ob man jm guts gan"; Aemilii Reime v. 1562. „Dû solt dînem eben-cristen gunnen daz dû dir selber ganst"; Br. Berhtolt 135, (Pfeiffer 62,17). „Wunder ist daz mir der übels gan, dem ich kein leit nie han getan", Renner 14492. „Diu lieb gan mir wol gutes", Labr. 275. „Gott geb uns nur was er uns gan", Seb. Frank. „Man sol die wol kennen, den man gan ze wissen das man still well han", Cgm. 379, f. 57; (270, f. 96). „Gleich dem heßi-gen hund der dem pferd des hews vergan (misgönnt) wie wol er sein nit genießen kan", Cgm. 714, f. 12. s. gunnen.

Die Gan·l (Gá˜l, Gau˜l), a) (Otgr.) indianische Henne. b) hagere, langbeinige Weibsperson. (Vrgl. allen-falls Jánisch, indianischer Hahn). Gonaus, anser mas; Heumann, opusc. 696; s. Gans.

gân, 1) (schwäb. gau˜) gebraucht wie gê, w. m. s. (cf. Kero IV, 11: ganuuison, visitare). 2) b. gà, gà˜), Präposit., gebraucht wie gên, w. m. s.

ganizieren? „Din mund sol man gar ganiziern mit essiech", Cgm. 3724, f. 42b.

„gaunen", (Hauser) den Mund begierig nach etwas öffnen; auf etwas gespannt seyn. (Cf. gl. a. 633. i. 490: geinôn, oscitare; Graff IV, 106; u. vrgl. gêu-en, gêunen, ginen, auch Höfer's gänten). gäunig, (Zpf. Ms.) neidisch.

gên (ge˜, ge'), O.L. gân (gà˜, gà'; vrgl. Gramm. 977), Präpos. mit dem Dat.; lat. ad, franz. à (mhd. gein, gên: BM. I, 492): 1) vor Ortsnamen. *gê* Münkhə˜, *gê* Mieschpə', nach München, nach Miesbach, wie in der ä. Sp. gen Rom, gen Pfaffenhofen ꝛc.; bey Geiler von Kaisersperg: „gon Andorf, gon Mechel, gon Lyon." 2) vor andern Substantiven, und zwar a) bey einigen ohne Artikel (vrgl. Gramm. 753): „gen Loch fahrt der Teufel mit deiner Seel", Pred. v. 1687; gên Schuel, in die Schule, (L.P. v. 1616: 581. Kr. Lhdl. VI, 51); gên Alben (gê Albm, gen Albn, gàn Albm), auf die Alpe; gên Berg, gên Tal (gê Berg, gê Tàl, gà Berg, gà Tàl), aufwärts, abwärts, (altfranz. amont, aval); gên Himel (gà Himəl, gê Himəl); gen Hell (gê Həll); gên Wald (gà Wald); b) mit dem Artikel: O.L. *gà'n* Béckng, *gà'n* Herrn, *gà'n* Vàdə'n, — *gà˜* dé schô˜n Deənl·n (zum Bäcker, Herrn, Vater, — zu den schönen Mädchen). *gé'n* oder *gà'n* Wundə' (zum Wunder, d. h. selten); *gé'n* oder *gà'n* Bést·n, *gà'n* 'Ergəst·n (zum Besten, Ärgsten). 3) vor Infinitiven: *gé'n* oder *gà'n* 'Ess·n, *gà'n* Trinkə˜.
Und wia muəs I denn taə˜?
Bi˜ *gé'n* Heirətn z· klaə˜,
gé'n Lédi'bleibm z· schlècht,
bi˜ nində't nét g'rècht!
4) vor Pronomina: gân oder gên mir, dir, im, uns, enk ꝛc. (gé˜ oder gà˜ mi', gà˜ di', gàn eəm, gàn üns, gàn enk). „Gein mir", MB. II, 29. „Daz er gen im dringet", Augsb. Stdtb. „Gâ mier, (VII Co-muni) mihi. „Das ir also genander schreit als ob jr beid unsinnig seid", H. Sachs 1560: II, IV, 13b. Vrgl. gê (Partikel) und gegen, gagen.

generes Vermögen?? „Ein inneres und generes Vermögen" in schwäbischen modernen Akten; (Aurbacher, 26. April 1838).

Das Genez, Genuz, (a. Sp.) das Frauen-Zimmer, d. h. dasjenige zu einem Hof gehörige Gebäude (s. Zim- 52
mer, Gadem), worin das weibliche Gesinde seinen Arbeiten (Spinnen, Weben, Nähen) oblag, (gl. a. 24. 561. 660); in lat. Urk. genezeum, genicium (γυναικεῖον): MB. IV, 291. 295. 304. Meichelb. Hist. Fr. I, II, 429. „Mulieres vero singulis annis XV mappas mensalia et manutergia operabantur quae genez dicuntur", Schannat, hist. Fuld. 32. Graff IV, 217. Haupt's Zeitschr. VII, 130. Diefenbach 262c. Geneztunc, s. oben, Sp. 526 u. vrgl. Karleman.

Genewein, auch Imwein, ä. Sp., Andeutschung des latein. Namens des heil. Ingenuinus. „Sanctum Ingenuinum *Genuinum* etiam appellat tam diploma Henrici III. Imp. quam modernum martyrologium Romanum; et nos Germani omnes unâ linguâ vernaculâ Sanct Genewein vocamus"; Resch, annales eccl. Sabionens., tom. I, 452, not. 263.

Die Gen-nächt (Ge˜nácht·), s. Geb-nacht. „Zu den heilligen drei Khinigtag so man die Gennächt nennt", Entwurf der renovierten Bauordnung v. Mün-chen 158* (1613), Artikel 28, Mscr. Sollte wirklich die ältere Form nicht Geb-, sondern Gen-Nacht seyn, so möchte man an das neugriechische γέννα (nativitas), τὰ χριστούγεννα (die Weihnachten), χριστουγεννιατικα (Weihnachtsgeschenke) denken. (Vrgl. Pfinztag, Er-tag, Piron. „Nur das Griechische laßt mit Ruh" — schreibt mir Kopitar in seiner April-Grippe 1841 — „was nicht wie Pentecoste ins Latein der Vulgata übergegangen, kam viel weniger durch andere Vehikel zu Euch, daß Ihr Ketzer doch immer, nach Rousseau, die Tartaren liebt, um Euch von der Nächstenliebe zu dispensieren. Die Russen lassen nun alle Slawen bis nach Aquileja hinein zuerst orthodox bekehrt, dann erst malis Papae et Germanorum artibus katholisch verkehrt werden. Das Trium-virat Safařik, Palacky und Kollár, lauter Protestanten, ist aus Herzensdrang in derselben Unkritik befangen." (Vrgl. Käsewoche). Zu vergleichen bleibt immerhin die Gái˜wochə˜, s. geu-en und gêuden u. vrgl. Stalder I, 490. Sollte gen dialektisch aus gön, dieß aus Gö-den entstanden und ein vorchristliches Überbleibsel seyn? s. Kuhn in Haupt's Zeitschr. IV, 385 über eine Frû Göde oder Goë (freilich oberd. Gude), die in den Zwölften umziehen, und wo sie noch Hede auf den Wocken findet, diesen verunreinigen soll. Die Geun-nacht würde auf Lucas II, 14 gestützt werden können. Hin-gegen dieses, jedenfalls entstellte ge˜ mit einem alten giol (angels. geol, nord. jol, neuschwedisch jul, vor-christliches Wintersonnenwende-, christliches Weihnachts-Fest) in Verbindung zu denken, scheint zu gewagt.

„Genoten oder Genit-Katzen-Bälge"; Mauth-ordnung v. 1765. Die Genithkatze, genetta, panthera minor, catus Hispaniae, giebt feines Pelzwerk. BM. I, 498: gênît. Viverra genetta, Zibethkatze? Nemnich 1574 f.

Der Ge˜tátt·n (- ´ ᴗ), Lebkuchen; (Benedictbeuern, Dr. Sepp).

geunen, loben, prahlen. s. gêu-en, geuden.

ginen (ginə˜, was indessen nach Gramm. 447 auch Aussprache v. ginden seyn könnte), das Maul aufsperren, sowohl gähnend als gaffend; (ahd. ginôn, ginên, mhd. ginen; Graff IV, 106. BM. I, 527). „Die gi-nenten munde", hiantia ora"; Cgm. 17, f. 184b. „Do ginent si", sperren die Schnäbel auf: Griesh. Pred. I, 107. „Als er nun gienet her und hin", H. Sachs

1560: II, IV, 61. Von einander ginen, hiare. Prompt. v. 1618. „Also schnarcht er mit ginendem Maul," P. Abraham. Einen anginen; Graff IV, 106. Grimm, Wbch. I, 354. aufginen, das Maul aufsperren; Grimm, Wbch. I, 657. 659. „O teufel, var in mich! ich gine auf und verslinde dich"; Renner 11255. „Gobande, du hast zu spät aufgegynet", Joh. Pauli 15. Am Schluß des Clm. 9724 (Sermones) steht: „Huet dich pawer gin auf!" s. hüeten. 'ausginen, gähnend ausrenken.' „Wen du zu ainem kumbst der dy kew hat ausginet, die soltu im also einrichten", Cgm. 4543, f. 169. 'beginen, den Rachen aufsperren, um etwas zu verschlingen; BM. I, 527. Figürlich:' „Den hete der siechtuom so begint, daz er niht gestên (mohte), ze gênde ouch er niht tohte", St. Ulrich's Leben 1523, (Cgm. 94, f. 74). Einen überginen; BM. I, 527. „Ich wil jn (den Bauerndreck) dem hofgsind heim tragen und welcher jhn denn übergint, der ist gewis ein Ehkindt", sagt der Narr bei H. Sachs 1560: IV, III, 50 (1612: IV, III, 112). „Ez dunchet mich ein tumber sin swer wænt den oven übergin", Clm. 4660, f. 110. 'Freidank 126,20 und Anmerk.' Sich verginen, sich vergaffen; HchE. „Sich in eine Weibsperson verginen"; Selhamer. „Der mensch hât den klainsten munt unter allen tiern nâch seiner grœzen, aber diu andern tier habent weit giner und prait", Konr. v. Megenberg f. 8b, (Pfeiffer 12,32 u. p. 622: daz gin). Der Gin-Aff (Gi~aff), Maulaffe. R. A. *Gi~affm* faəl hàbm, gaffend dastehen. Zeitschr. II, 31. 32,8. Das Gin-Maul (Gi~mál), aufgesperrter Mund; Maulaffe, Gimpel (welches Wort aus Ginmaul entstellt seyn könnte). ginmaulen (gimáln), gaffen. Gl. a. 36. 653. i. 656: ih ginen, hio, dehisco, patesco; a. 628: ginon, hio; a. 678: ginezunga, rictus; daneben gl. i. 964: ginanto, hianter; gl. a. 633: geino, oscito; i. 490: geinota, oscitavit. Die bayr. Form ginen (nicht geinen, wenn sie nicht etwa Aussp. von ginden) würde ihrerseits auf ein älteres Ablautverb gînan, (praet. gein, s. Grimm II, 13. 71) nicht führen. Auffallend ist jedoch das alte geinon, (vrgl. gaimen). „Wizzet daz an ir (der trâkeit) schar ist slâf, rensen, geinen zaller vrist", d. w. Gast 7414. Das gl. a. 8. 651 vorkommende chino und ih chinon, dehisco, ist wol eine andere Wurzel, etwa zu unserm keimen (hervordringen, hervorstehen aus der Fruchthülle?) zu halten. Vrgl. Grimm I, 854. 936. II, 258.

ginnen, ä. Sp., beginnen; Prät. gund, begann; Cgm. 811, f. 59 und oft. „Hêren unde forsten hebben dat begant (begonnen) stede unde plecken werden folgen tôhant", Claws Bûr 895. Cf. zergannen ist ir chraft", Clm. 4660, f. 72b; '(zergangen?).' 'Die ursprüngliche Bedeutung dieses starken Verbs ist: schneiden, spalten,' (Graff IV, 208 ff. Grimm I, 940. Mythol.[2] 525. 1218. Gesch. d. d. Spr. 897. Wbch. I, 1296. Haupt's Zeitschr. VIII, 14 ff. BM. I, 527 f.; vrgl. ginen); davon: ahd. inginnan, mhd. enginnen, entginnen, aufschneiden. „Adam inslif, sin siti wart ingunnen, Eu im ward dannin bigunnin", Diemer, Ged. 97,27. „Sin herze wart ime entgunnen", 'Hoffmann's Fundgr. II, 268.' Grimm, Reinh. p. 281,2451. Andreas p. 133,1523: se stân tôgân. Cooper's Append. p. 96: toginene, zersprungene.

gienen (geə~n), (Ilz, Hrslm.) verächtlich: schreyen. Der Gienlöffel, das Gienmaul (Geə~léffl, Geə~mál), Schreyhals, Schreymaul. Einem 's *Geə~mal* zaəgng, (Passau) ihm die gefletschten Zähne weisen. Zeitschr. VI, 181. (Vermuthlich zum vorigen ginen gehörig; vrgl. gêuen).

gunnen, vergunnen (gunnə~, vó'gunnə~), gönnen, vergönnen; (Graff I, 271. BM. I, 32. gunnen, favere; gunner, fautor, Voc. v. 1618). Eigentlich eine als Präsens genommene Präteritumform wie künnen,
53 (s. Gramm. 928. Grimm I, 963). Doch ist davon der dem kan entsprechende Singular gan (m. s. d. W.) nicht mehr üblich. „Ganst dû dir selben guotes, dû solt auch dîm ebencristen guotes günnen", Br. Berhtolt 5, (Pfeiffer 359,20). „Nœm ich ir gunstlich gunnen . . . ob si mir lieb und lustes mit ir gunde"; Labr. 276. In Gemeiner's Reg. Chron. III, 446, ad 1469 wird über den Pabst geklagt, daß er etwas säumig in seiner Ausrichtung, Vergönnung oder Signatur sey, und noch nichts vergönnt oder gesigniert hab in eigner Person. „Günen, annuere"; Voc. v. 1477. „Dû habet er (Gott) ime (dem Menschen) begunnen der ougen von der sunnen", Vorauer Hs. in Wien, fol. 128b. Grimm, Mythol.[2] p. 532. Diemer, Ged. 320,17. Die *Gunn* eem andhun, (pfälzisch) einem den Gefallen thun; Nadler, S. 282. Vilmar, kurhess. Idiot. 133: die Gonne. 'erbunnen, vergunnen, mhd. Sp., misgönnen; (Graff I, 272. BM. I, 32).' „Daz si ierem nehsten erbunnen sines glückes", Griesh. Pred. II, 49. „Swenne irem nehsten sin dinch wol gât des erbunnen si im", das. 87. „Also lachet manger frœlich an jenen dem er des lebens vergan", (nicht gönnt); Renner 4116. 7956. 'urbunna, ahd. fem., Misgunst, Haß; Graff I, 272.' „Mit urbunne, mit hazze"; Benedictbeurer offene Schuld (sec. XI.), Clm. 4552, f. 150b. Anmerk. gunnen ist zusammengesetzt aus der Vorsylbe ga und dem unnan (ih an, du anst, er an, uuir unnumes ꝛc.; Prät. onda, Notk. 104,25. cf. Diut. III, 71: „Sinem vater er damit enstote." Graff I, 269.) der ahd. Sp., welche auch anst 'und unst' sagte für Gunst, 'anstic, enstic für günstig, („wole enstich, benignus", Cgm. 17, f. 100a). Vrgl. Grimm in Haupt's Zeitschr. VII, 466 und VIII, 18, Anm. Gegentheilige Bedeutung hatten die Composita abanst, abonst, abunst, ununst, s. Gunst.

Die Günlicheit, ä. Sp., gloria. „In der eren, froide und günlich"; Cgm. 826, f. 203, (= guolichi, guotlihhi, gloria?). s. unten guot, güetlich.

Der Gander (Ganə'), (Hoiß) der Gänserich; (im Harzgebirg Ganter, engl. the gander, schott. ganer. Sp. W. sauce for the goose is sauce for the gander. Müller, etym. Wbch. d. engl. Spr. 430. Cf. ahd. ganazzo, mhd. ganze, ganzer; Graff IV, 220. BM. I, 478). Firmenich I, 130,4: Gänt; 305,25: Gant. Zeitschr. V, 61,5. 145. 279,3b. VI, 208.

ginden, (s. das unter ginen Bemerkte): das Maul aufsperren. Grimm zu Reinh. p. 108,837. Bey Höfer (I, 271) gilt gänten für das Aufsperren des Schnabels junger Vögel gegen die ätzende Mutter und für dieses Atzen selbst. Zeitschr. VI, 181. „'s Weibl gámát und sáss und i' *gántát* dö Bruət", Stelzhamer 164. „Und wiə geə'n àls də s' *gántst*", Kaltenbrunner 84, (was ämmeln). gänten oder gampen, (die Vögel) ämmeln; Hrslm. „Handl aft mit Hienr und Ändten, thue mä' selbm Kappaunä *gandten*"; Lindermayr 122.

Gund, (a. Sp.) Streit, Kampf; nur noch in Eigennamen und daraus gebildeten Ortsnamen vorkommend. So: Gund-bert (Gumpert; davon: Gumpertshausen), Gund-olf (davon: Gundelfing), Gund-olt (davon: Gundeltshausen), Gund-hraban, Gund-hram (Guntram, Gunter, davon: Gundramsried, Gundischriəd), Gund-run (Lang, Reg. Bav. I, 141, ad 1136; nicht sicher: isl. Gudrûn, Godrun, Grimm I, 425. Mythol.[2] p. 393 f.) ꝛc. Graff IV, 219. Förstemann I, 555 ff. Vrgl. gund-fano unter Fanen.

Der (?) Gund in einigen Namen von Bergweiden (Alpen): der wilde *Gund*, starkəts *Gund* (bey Immenstadt); = Grund? (s. d. W.) und vrgl. Gramm. p. 141. Cf. Zeitschr. V, 342. VI, 256,11: Gand. Gunten, von Bergmann (Walser S. 62) als tiefes, mit Wasser gefülltes Loch gedeutet. s. Gumpen u. Zeitschr. V, 444: Gunne.

Gunder? „Weyp, frew dich deiner stetigkeit wa die dein hertz an gunder treit werlich so ist dein wirde groz", (ohne cunterfeit? ohne Falsch?); Cgm. 714, f. 84.

Die „Gundreb serpentilla"; Voc. v. 1445; hie und da: Gundelreb, Gundram, Gunderman, glecoma hederacea L. Die gl. a. 3. 29. o. 180 haben gundereba, acer arbor; a. 500: gundreba, acerum. Graff II, 354. BM. II, 586. Grimm, Mythol.² 1163. Diefenbach 8c. Weigand, Wbch. I, 463. Die Pflanze mag medicinischen Gebrauches wegen vom alten gund (pus, virus, tabes, gl. a. 290. i. 125. 135. 260. 4. 97) den Namen haben.

„Gunderfein, electrum"; Voc. v. 1445. Diefenbach 197c.

Der Ganfer, s. das Citat unter Troß 3). Klein hat ganfen als rheinpfälz. für stehlen. („Ist Gaunersprache." Jac. Grimm.) Weigand, oberhess. Intell. Bl. 1846, S. 301: ganfen, gamfen, heimlich entwenden, besonders Kleinigkeiten; die Ganfe, Gamfe, Diebin, der Ganfer, Gamfer, Dieb; (v. hebr. ganav, ganabh, stehlen, gannav, Dieb). Vilmar, kurhess. Idiot. 115.

---

gangen (gangə~), gehen, (ahd. gangan, mhd. gân, gên; Prät. gienc, gie. Graff IV, 65. BM. I, 462); s. Gramm. 952 und vrgl. unten gengen. „Do er (der Gardian) sinen willen mit mir begie und mich wider auff gelie, do gab er mir zu buß an der stet das ichs ie öfter tet"; Cgm. 714, f. 55. Zeitschr. I, 292,3. II, 561,40. III, 215,21. VI, 256,46.

engangen (?), vrb. act. „Ob ich das uberfur, so hat mein gnädiger Herr vollen gewalt und gut recht, mich darvmb fur zu vodern und darumb zu engangen, und dasselbig tun nach geleychen billichen Sachen"; MB. IX, 255.

gäng, gängig, gangbar, sowohl was da geht, als wo gegangen wird; (ahd. gengi, mhd. genge, gengic; Graff IV, 104. BM. I, 476. 477. Zeitschr. IV, 168. V, 258,6. VI, 171). „O wê spotlichez singen wie bistu dâ so genge", Labr. 459. „Eine gänge landstraß"; Simpliciss. v. 1684, f. 84. „Do einer von der Reise müde worden, der soll von dem Hirschschwammen essen,
54 so soll er fortwandern und gäng werden"; Dr. Agricola Ambergens. Schmir di' ei~ dás d' Fláchs'n widə' gängi' werd'n. gängel, „gankl", (salzb. Intelligenzblatt v. 1813) gut zu Fuß. „Daz was ein gengez mære in allem dem lande", Iwein 3374. „gängig, frequens; meabilis"; Voc. v. 1618. ungäng, adj., (Allgäu) wo nicht viel gegangen wird; was nicht gern geht, störrig, träge; BM. I, 477. „Holôr, spitzmûl, ungenge an art und in dem sinne", Labr. 164. „Göuden ist ein hunt ungenge", das. 389.

Der Gänger (Gengə'), a) in den Compositis wie hchd., (in der ä. Sp. auch gengel); BM. I, 477. b) in der Mühle: der bewegliche Mühlstein, der Läufer.

In folgenden Compositis scheint gang als Verb zu betrachten: der Gangfisch. Unter diesem Namen wird in München eine Art kleiner, schlechter Fische geräuchert in Körbchen zu Markte gebracht. Die Gangsau, Schwein, welches noch aus, und auf die Weide getrieben wird, zum Unterschiede von der Mastsau, welche nicht mehr aus dem Stalle kommt. Der Gangsteig (Gangstei'), der Fußsteig, Fußpfad; schwed. gångstig. „Der Gangsteig ist eine Gerechtigkeit, daß ein Mensch darauf wandeln und gehen, aber kein Vieh treiben, noch Wagen führen könne"; Pegii tract. de servitut. Ein viel winselndes Weib nennt man ə~ *Gangsteigtörl*, (vom Knarren; Gastein, Schullehrer Weinberger).

Der Gang und die Composita mit bestimmenden Vorwörtern, wie hchd. Zeitschr. V, 342. z Gangs (= des Ganges?), sofort, in einem Gang; Schoffer 35. Folgende sind mehr dialektisch: Das Abgänglein (A'gängla), (Nptsch.) abortus, vor der Reise geborne Frucht. Der

Angang, (ä. Sp.) Vorbedeutung beym Antritt eines Ganges oder Geschäftes. Grimm, Mythol.² p. 1073—86. Wiener Jahrb. III, 192. Wbch. I, 336. Brem.-niedersächs. Wbch. III, 192: Gemœte. „Qui fidem adhibent cursui hominum vel animalium quod dicitur' anganch vel prurituі membrorum", Ald. 184, f. 75. „De initiis vel rebus initialibus", Ben. 207, f. 43b. „Den salm (Venite exultemus Domino) solt du minnen er ist ein angenge aller guten dinge", Ald. 111 (v. 1250), f. 88. „So geloubent etelîche an bösen aneganc: daz ein wolf guoten aneganc habe .... und daz ein gewîhter priester bösen aneganc habe", (daß einem solchen zu begegnen eine üble Vorbedeutung sey); Br. Berhtolt 58, (Pfeiffer 264, 22 ff.). 'anegengen, mhd. Verb, als Vorzeichen entgegen kommen; BM. I, 475.' „Ein unsæliger lîp ... wizzet, swem der anegenget an dem morgen fruo, deme gêt ungelücke zuo", Walther v. d. V. 118,16. Bey Otfr. ist anagengi Anfang. Graff IV, 101. BM. I, 477: anegenge. „Anegenge oder drum", Diut. II, 133. 277. „Wan er ewechlichen ân anegenge ist und âne drum. In principio erat verbum daz ist ein wort von anegenge", Kindh. Jesu, Hahn p. 79,22. Də' *'A~gang* (Anfang) is ganz schlècht, (b. W.). Der Aufgang, (Nptsch.) die Verbrauchung, Ausgabe. Grimm, Wbch. I, 650,5. I hà' grossé *'Affgeng*, es geht bey mir viel auf. Der Eingang (s. Hinter- und Untergang). „Compromissum, ainhelliger Eingang auff ein schidman"; Prompt. v. 1618. Der Fürgang, (ä. Sp.) Fortgang; progressus. „Fürgang gewinnen, vorwärts gehen (von Geschäften). Der Fürgang, Fürhergang (Fürə'gang) der Weiber nach beendigten Wochen. s. für. Der Hingang. R.A. Den Hingang für'n Hergang haben, sich eine erfolglose Mühe gegeben haben. Der Hintergang, Compromiß. s. Hinter- und Untergang. Das Übergänglein (Übə'gäng·l), bald vorübergehender, nicht andauernder Regen, Zorn, Krankheitszustand u. drgl. Der Umgang, die Procession; cf. MB. XII, 245. Pater Umgang hieß man auf dem Lande den Pater, der die Procession inventierte oder wenigstens dirigierte. Karfreytags-Procession (von 1782), Vorbericht. Der Untergang, die Besichtigung der Feld- und Flurgrenzen durch beeidigte Personen. „Streitigkeiten wegen Feldmarken können geschlichtet werden durch einen ordentlichen Undergang oder undergänglichen Spruch"... Weizer, dissert. IV, P. II. Die Prälaten von Wessenbrunn und Dießen lassen zur Bestimmung der streitigen Marken ihrer Förste im Jahre 1341 durch beiderseits gewählte „aht erbær man einen redlichen undergank an geværd halten", Urk. im Clm. 5510, f. 2; (in MB. beide Klöster fehlend). Dieses Wort ist wol mit: Hintergang, Compromiß, (in diesem Falle auf die beeidigten Feldbeschauer) ein und dasselbe. s. hinter. Der Untergänger, Markungs-Unter- 55
gänger, Person, zur Setzung und Hebung der Marksteine beeidet. Ertel's Prax. aur. I, 61. 65. 'Der Urgang, 1) Ausgang, Spaziergang; BM. I, 476. 2) Durchfall (?).' „Von dem urgange. Welch mensche den urgang hat", Arzneybuch, Cgm. 4206, f. 23 (wider des buches obel)." Der Vorgang, (Av. Chr.) wie Vorstand statt Vorsteher, beym Ulfilas fauragaggja. „Onias was Vorgang in der Geistlichkeit der Juden"... „Versah Gott sein Volck mit einem geschickten Vorgang und Seelsorger, der hieß Samuel"... „Das si (Joel u. Abia) des Volckes Vorgang wären." „Aus den zechen diernen setzen wir aine, dy wirt genant der vorgangk", Scheirer Dienstord. v. 1500, f. 40. „Der schmied bei dem abt durch sein kunst erlangt grossen dank gnad und gunst das er in drey jar setzet frey und ward fürgeng in der abbtey", H. Sachs 1560: II, IV, 81b (1612: II, IV, 166). Der Widergang, s. oben, Sp. 861: widergên. 'In Personen- und Ortsnamen:' Irregang. „Irreganc und Girregar", v. d. Hagen's Grundriß 345. Grimm, Mythol.² 869. BM. I, 475. 'Wolfgang; vrgl. Förstemann I, 469.' Gangl, Wolfgang; (Tir. Gangei). „Gangel Dotsch", H. Sachs 1560: IV,

III, 27. Reisgang. „Predium unum in *riscangen*", (am Rande: Riscbange), Cbm. 52, f. 59ª. „Predium unum in *Rischange*", MB. X, 419. 'XIV, 126.' Sahsonaganc insula; Meichelb. Hist. Fris. I, I, 212. Förstemann II, 551.

gengen, in einigen altb. Conjug. Formen von gangen, s. Gramm. 952. Zeitschr. I, 288,11. 289,12. II, 84,25. III,392,3, 15. V, 120,25. 433. VI, 515,13. Vilmar, kurheß. Idiot. 123: gengen, gehen machen, vertreiben. zegengen (z·gengə˜, ob. Jſ.): a) zergehen; b) zergehen lassen, schmelzen; zerstören, vernichten; Graff IV, 96. BM. I, 478. Də' Schmàlzbudə'n *z·geng·t*, 'Bäurin *z·gengt* 'n Schmàlzbudən. „Zegengest du mina fianda, disperdes inimicos meos; Notk. 142,12. Das Lucerner Erdbibem (1601, 18. Sept.) hat die . . . „Müli und Sagen gar hinweggezogen und zergenget, . . . hat die öfen also zergengt, das im ganzen lande kain ofen meer ganz blyben", Gesch. Fr. 112. 113. cf. zergenzen und ginnen.

Der Gingang, (chinesisch? Ortsname? 'Weigand, Wbch. I, 439. Müller, etymol. Wbch. d. engl. Spr. 445') Art gestreifter Baumwollenzeug; in Oberschwaben auch Rumundum genannt. Courtrai qui exporte en quantité les toiles à carreaux dites *guingans*.

Der Ginglapf, ä. Sp., Spaßvogel. „Swer schimpfet der ist ein ginglapf", Renner 16152.

Der Gánkə-l, (im Scherz) der Teufel. Zeitschr. II, 345. III, 109. IV, 495. V, 342. Vrgl. die Gan, Fánkə-l, Gáwizl, Grauwuzl.

„gankern", (Wunsidel) sterben.

gankeln (Weihers: gonkel; Dr. K. Roth), baumeln, hangend hin und her sich bewegen; cf. schwed. gunga, hchd. gängeln. Vilmar, kurheß. Idiot. 140: gunkeln. Zeitschr. III, 132. V, 342. VI, 131,14. 475.

Der Gainken, Gaunken (Gaə˜kng, plur. Geə˜kng), 1) weißes Bäckerbrod in Gestalt eines Hufeisens. „Ein Seml, Laibl oder Gainkhn, ein Bainl, Weckl oder Zainkn"; Charfreit. Proc. p. 44. „Ein Laibl 2 Pfenn., eine Seml 1 Pf., ein Gaunken 1 Pf." Wstr. Bschrb. von München von 1783. 2) b. W. Goukng, Plur. Gouknə˜, (also wol Guenken, da uen = aə˜, b. W. ou˜), krumme Beine; ObrM. 3) faule, ungeschickte, einfältige Person. Du faulé *Gaə˜kng!* In der Steyermark werden (nach Rohrer) affenartig gebildete Menschen, die im Gehen die Füße hoch werfen und stark einwärts krümmen, Gainken genannt. Nach Lori's BergR. pflegt man in Reichenhall die Knechte der Laiterer oder Fuhrleute, und wie es scheint ohne alle Beschimpfung, Gaingen zu nennen. (Etwa insoferne sie aus dem Chiemgâu, Kheə˜-kə, zu Hause sind?). gàiggət, adj., nicht resch gebacken, schwammig; b. W.

Die Gaunkel (Gau˜kl), (Wrdfls.) große, ungeschickte Weibsperson; (b. W.) Gaəkng, langhácksəte, lange, dünne Weibsperson. Zeitschr. V, 342. (Vrgl. gaukeln, Gan·l und Gainken).

'gink, ä. Sp., Imperativ: gehe! (mhd. genc, ginc, gienc; BM. I, 462 f. vrgl. gengen)'; s. oben, Sp. 858: gên. „Ginch her, grîf an mînen lîp", Kindh. Jesu, Hahn 77,15. „Nu ginch her, sich mûter und chint"; das. 77,56. „Wellestu nu so ginch hin"; das. 98,33. „Ginc, bœsewiht!", d. w. Gast 8026.

Die Gunkel, 1) der Rocken, Spinnrocken, die Kunkel; (ahd. chunchla, mhd. kunkel; Graff IV, 454. BM. I, 912. Zeitschr. V, 443). „Colus, chunecla", Em. G. 121, f. 226. „Gleich darauf bindt man den Haar an ein Gunckel mit Strick und Band, endlich muß er gar aufs Rad", P. Abraham. 2) Die Spinnstube, Zusammenkunft der Mädchen und Weiber an den langen Winterabenden, um gemeinschaftlich zu spinnen und zu plaudern. Diese traulichen Dorf-Kränzchen, aus denen männliche Personen nicht immer ausgeschlossen sind, findet man in ältern Landesordnungen, und zwar, da sie noch üblich sind und in der Natur der Sache liegen, vergebens verboten. Nach dem 4. B., 7. Art. der Ldord. v. 1553 sind „die Gunckel und Rockenraisen (wozu man damals sogar über Feld zusammenkam) nit mer zu gestatten." „Doch (wird beygesetzt) soll den Nachpaurn, die umb Ersparung willen des holtz und liechts, erbarer guter Mainung mit jrer gspunst oder andrer arbait zusamen gen, dasselb unverwert sein." Z· Gunkel gên, seyn. In die Gunkel gên, in der Kunkel seyn. D· Spinnerinnə˜ gengə˜ -r- *auf 'Gunkl*, d· Schneider auf d· Ster, d. h. sie gehen in fremde Häuser, um da zu spinnen und zu arbeiten. Die Gunkelfuer, Lärm wie in einer Gunkelstube. Kunkelfuß, technae, tricae; Prasch. cf. Gugelfuer u. Zeitschr. V, 281,9 a. 418. 521, II, 19. Das Gunkelmâl, nicht Thé, aber Bière dansante, womit an einigen Orten die letzte Kunkel-Zusammenkunft gefeyert wird. Die Gunkelhôchzeit, (Ilm) Festlichkeit am Vorabend des Hochzeit-Tages. 56

Gunkəs, R. A. in Gunkəs gên, (von Geld und Geldes-Werth) verschleudert werden, drauf gehn, zu Grunde gehen. Etwa: in die Gugkus, d. h. in die Brüche gên? s. Gugkus. Filigunkəs, filigunkəs, (im b. W. Fis·lgunkəs) wird d Hou'zət bàl' werdn? fängt ein lustiges Lied an.

Die Gans (Lech: Gá˜s; b. W. Ga˜s), wie hchd. (ahd. gans, plur. gensi; mhd. gans, gen., dat. und plur. gense; Graff IV, 220. BM. I, 478. Vilmar, kurheß. Idiot. 115. Zeitschr. IV, 315. V, 342. 61,5. 145. Voc. v. 1419, 1429: gangs, ganchs). (Im ersten Kreuzzug) „daz her was groz von mannen und von weiben. der man liez den pflug stan uf dem veld, der hirt daz vih. daz weib lief mit der wiegen. der munch uzz dem closter. die nunnen fûren auch darmit. si fûren tumlich und fûrten ain gans und wonten daz der heilig gaist mit der gens wer und wonten daz kung karl uff gestanden wer und mit fiur und si belaitte", Kaiserchron. bis 1314, Hs. des XIV. sec., german. Mus. 2733. Cgm. 55, f. 55ª. Chron. Lüneburg in Eccard, corp. hist. med. aevi I, 1350. „Ein gericht von einer gense . . . nim ein gans . . ."; Kochbuch im Wirzb. Cod., 42. Recept, '(Bibl. d. lit. Ver., IX. Publ.).' Wo es auf den Geschlechtsunterschied ankömmt, nennt der gemeine Mann das Männlein Gander, Ganser, Ganserer (ahd. ganazo, ganizo, mhd. ganze, ganzer; Graff IV, 220. BM. I, 478. Zeitschr. II, 286,38. IV, 315. V, 461. s. Gander), das Weiblein Gansinn; (cf. Ortolph's „ein hennen und ein gansen"). „Die gens airnt oft ân den ganzen", Konr. v. Megenberg, Pfeiffer 168,30. Castelli, Wbch. 137: der Ganausa; s. oben Gan·l: Gonaus. „Də' *Ganausə'* gifft si' wànn 'Gansə-ln wer husst und i' sollt mi' nét gifft'n, wànn ən andrə' di' busst? Seidl I¹, 68, (3. Ausg. 17). „E quercu natus sit an saxo ignoro, ich waiß nit, wer seine genß sind"; Monac. Augustin. 283, f. 46. Vrgl. oben, Sp. 114: Gens· und Ant·n, (Anater, Ahnen). „Die Gans (Gou˜s?), Genitalia des Knaben", (Nürnb., Rath Her). „Die jung Gans, d. i. Fueß und Kragen, acrocolia anseris", Prompt. v. 1618. s. Jung. Die gschorné oder g·schèrté Gans, (Straubing: g·schwollné Gans; Küchen-Spr.) eine oder mehrere eingekerbte ganze Semmeln, Semmel-Hälften oder Viertheile in einer Wassersuppe, mit kleingeschnittenen, in Schmalz gerösteten Zwiebeln übergossen. Die Lesgans, gebratne Gans, eigentlich Mahlzeit, womit ehmals die Bettelmönche ihre Sammler nach deren Zurückkunft vom Terminieren zu regalieren pflegten. Die Liechtgans, gebratene Gans, durch welche bey verschiednen Handwerkern die Jahrszeit, in der beym Licht gearbeitet werden muß, feyerlich angetreten wird. Die Martinigans, Mahlzeit am Martinstag, wobey eine Gans figurieren muß; (s. Adelung). Das Gänsbein zum Wahrsagen, s. unten hupfen: Hupfhainzel.

Der Gansgalli, (Augsb.) dummer Mensch. Der Gänshimmel. Ironisch sagt man zu einer Person, sie werde in den Gänshimmel kommen. Vrgl. Zeitschr. III, 366. 18 (259,9). So sagte man (nach Dr. Wolfg. Hunger v. Freysing) ehmals auch: „es ist ein Gänsglauben." Wol beydes in Bezug auf den Böhmen Johannes Huß, dessen Namen man ins Deutsche (Gans) übertrug. „Schauet disen garten, darein hat Wiggloff Gens gestifft und ach so manig hercz vergifft mit seiner ketzerlichen geschrifft", Cgm. 811, f. 26. Der Gänskragen, unedle, herbe, ziemlich große Landbirne von grell-gelber Farbe, mit einem langen, dünnen, gegen den Stiel zu gekrümmten Hintertheil, die roh nichts taugt, getrocknet und gekocht aber sehr gelobt wird; (Baur). Das Gansreißen, Gansreißet, auch Gänshenken, Gänshenkə⁼d, (U.L.) ein auf Kraft-Anstrengung berechnetes Volksspiel, bey welchem es darauf ankömmt, durch einen tüchtigen und geschickten Sprung eine lebende Gans, die bey den Füßen an einem ausgespannten Seil aufgehangen ist, am Kopf zu fassen. Auch mit dem sogenannten Fischerstechen, einem wahren Wasser-Turnier
57 der Fischer (z. B. in Ingolstadt auf der Donau), ist so ein Gansreißet verbunden. Die Gans hängt dabey an einem Seil, das über den Strom gespannt ist, und muß durch einen kühnen Sprung aus einem unter ihr weg fahrenden Kahn erhascht werden. 'Gänswein, Wasser; Zeitschr. III, 12. 361,1.

Die Gans auf Hochöfen; gaelisch unga, engl. ingot, franz. lingot, (aus goth. giutan, gießen? s. Guß. Cf. Diez, Wbch. 675. Müller, etym. Wbch. d. engl. Spr. I, 531). „'ne *Gous* van Blie", gegossene Stange von Blei; Firmenich I, 355,21 (Attendorn).

gänseln (gäns·ln), 1) (Zpf.) plaudern. 2) der (Würm-) See gäns·lt, wenn er etwas bewegt ist, und sich Wellen erheben. 3) gänseln Einen, ihn in die Enge treiben, quälen, ihm zusetzen. 4) gens·ln, ein gewisses Hazardspiel; s. Th. III: spilen.

Der Ganseling, (Baur, O.) kleines, dürres Fichtenstämmchen von 6—12 Fuß; (Brinkmairin zu Planeck, Pfingstmontag 1849) auch wol von Birken ꝛc. Vrgl. Zeitschr. V, 342. (cf. Hanichel, Harchel).

Der Genserich (Gensərə'), (Abens. Baur) lemna minor L. Onom. v. 1735: inguinaria; auch was hchd. Gänserich. Diefenbach 298ᶜ.

Der und die Gunst, der Vergunst, Vergonst, die Gestattung, Erlaubniß, (mhd. der gunst und diu gunst, gen. dat. der günste; BM. I, 33. 34. „Zu gotes günste", Renner 16037. s. gunnen). Daher der unter Handwerksgenossen so oft vorkommende Rede-Eingang: Mit Gunst (mit Erlaubniß)! . . . „Außer seiner erlichen Hausfrawen sondern Vergonst und Willen". . Ref. L.Rcht., Tit. 44, Art. 7. „Gewalt gelt und gueter gunst prechen prieff sigel und alle kunst", Clm. 4709. „Fronst wird bezahlt für dürres, abgestorbenes Holz", Heumann, opusc. 696. cf. ver-. Der Herrngunst, schriftliche Einwilligung oder Consens eines Gutsherrn zur Übernahme seines Guts von Seite eines Pächters, den er nach Rückgabe der Anlait oder des Laudemiums alle Jahre, wenn es ihm beliebte, wieder abstiften konnte; „veranlaitete Freystift"; Laudem. Misbr. p. 29. 33. 38. 46. L.R. v. 1616, f. 289 ff. Der Herrengünstler, der ein Gut vermöge solcher Herrengunst besitzt; Besitzer eines Laßgutes. cf. Gerechtigkeit und Gnad, Herrengnad. Das Günstlein spielen, (von Richtern, Beamten) nach Gunst handeln; Av. Chr. „Gunst geht für Gspunst, semper judicio favor officit"; Voc. v. 1618.

Die Gant, gerichtlicher Verkauf an den Meistbietenden, hastarium, subhastatio, l'encant, il incanto; (mhd. gant, BM. I, 479. Grimm, RA. 610. Diez, Wbch. 193). Offene Gant, wo das Gut öffentlich verkauft wird; stille Gant, wo dieses nicht der Fall ist. „Auf failer freyer gant", MB. XVIII, 558, ad 1472. „Die Gant oder das Gantrecht besitzen", ä. Sp., gerichtliche Versteigerung vornehmen; s. besitzen. Auf der Gant seyn, wegen Schulden der Gant nicht mehr ausweichen können, bankrutt werden. Ein Gut auf der Gant einthun, es aus einer Gant kaufen, erstehen. Der Gantbrief, Kaufs-Instrument über eine, aus der Gant an sich gebrachte Sache. Der Gantknecht, cf. der Stadt München Gant-Ordnung v. 1571. s. MB. XVIII, 638, ad 1499. XIX, 200, ad 1485. Der Gantladen, L.R. v. 1616, f. 93. gantmäßig, dem Gantrecht gemäß, zur Gant reif, bankrutt. Gantgläubiger, Gantschuldner, Gantkäuffer, Gantproceß, Gantrecht . . . .

ganten, vrb. ntr., a) eine Gant oder Ganten verfügen. „Vertigung tun und gannten", MB. VII, 300, ad 1476. „Item die Edelleute unterstehen sich auch, in 58
den Hofmarchen zu gandten, das dann nicht ihnen von Hofmarch wegen, sondern uns als dem Landesfürsten zugehört"; Kr. Ltgshdl. VII, 340. b) „Umb ein Ding ganten", bey einer Gant darauf bieten; Amb. Stdtb. 74. verganten, vrb. act., auf offner Gant verkaufen, mettre à l'encant, encanter, incantare. „Gevarlich verganten", Clm. 11724 (XV. sec., 1461), f. 37 (unter den Sünden). „Ich wil sein gut verganten unter dem sper", H. Sachs 1560: III, III, 71. (Die Münch) „tuond ir lib und sel verganten mit swätzen, luodran und tanten" (tändeln?); des Teufels Segi, Barack 4694. Die Vergantung. „N. N. Schneider und Gantner" (zu Augsburg, 1649), Cgm. 4906, f. 633. Der Gantierer, der, dessen Güter durch die Gant veräußert werden. Gant ist nach Gramm. 414 wol nur die betonte Sylbe des romanischen incanto, encant, welches vom lat. quanti? (span. en quanto, wie theuer, oder: um wie viel?) hergenommen seyn mag. Cf. „Tradidit gab, verselete, gant", Cgm. 17, f. 158ᵇ, Ps. 105,39. „Daz haus . . . so zu sollicher muz g'ant (gent, gand) werden", (geganted? oder adj.?); Auer, Münch. StB. 189. Graff IV, 218.

ganten, s. ginden.

Der Ganter, Gantner, Unterlage von Balken oder Baumstämmen für Fässer, Bauholz u. drgl. (engl. gauntre, franz. chantier, pol. ketnar, msc., b. lat. canterius). Bier vom Ganter aus verkaufen, verschenken; Ganter-Bier. „Ein Floß oder Baustamm zu 60 Schuh lang und 10—12 Zoll dick kostet auf dem Ganter 3 fl."; Beschr. des Lgrchts. Wolfartshausen. Wstr. Btr. V, 272. „Wo sy aber in des Gotzhaus Pauholzen Holz slahen und das auf die Ganntner, als sy es nennen, oder auf den Lech oder an annder Ennde verfüeren und verkauffen wolten", MB. VII, 315. 318, ad 1503. Die Ganterstatt, Platz, wo Holz aus den Wäldern zur weitern Verführung auf Ganter zusammengelegt wird. aufgantern, (Bauholz, Fässer ꝛc.) auf eine Unterlage deponieren.

Der Ganter, hölzernes Behältnis; Zeitschr. II, 345. V, 343. Das Gänterli (schweiz.). „Ein gänterly in der sacristei darin das heiltum stat", Zuger Kirchenrechn. v. 1500 circa; Gesch. Fr. II, 99.

„gänti, neulich", bey Zpf. als ob. pfälzisch.

Der Günter, (Wetterau; Weihers: Gäunter, Dr. Karl Roth) mit Wurstfüllsel gefüllter Schweinsmagen, vom lüneburgisch-slawischen guntra, (böhm. jatra, fem. plur., kirchenslaw. jatro, poln. watroba, Leber, meint Weigand; (Wbch. I, 464). Vilmar, kurhess. Idiot. 140.

'Das Gunterfey, ä. Sp., das Nachgemachte, Falsche; BM. I, 914: kunterfeit, v. franz. contrefait, lat. contrafactus.' „Wer desslecht gelaubt er sey gelert oder ley und nicht (nichts?) darein tregt von gunderfey", Credo, Cgm. 713, f. 169. s. oben Gunder.

---

ganz, adj. 1) wie hchd. (ahd. mhd. ganz, illaesus, sanus, integer. Graff IV, 221. BM. I, 479. Weigand, Wbch. I, 388 f. Grimm I, 496. Haupt's Zeitschr. VIII, 387: goth. gansjan, παρέχειν. cf. česk. konec, konçowy). „Ain genziu marche alder zwo", Griesh. Pred. I, 71. „Nim einen hasen gantzen in daz hefen", Ind. 344, f. 8. „Die ganz der priester pruderschaft ze Sant Peter", Ridler, Chron. f. 20. 2) wird im b. D. auch vor Material-Substantiven gebraucht, was gewissermaßen der dialektischen Verwendung des Artikels ein vor eben solchen Substantiven analog ist: s. ain). Də' *ganz* Kafê, di *ganz* Mịli', 's *ganz* Gəld, aller Kaffee, alle Milch, alles Geld, d. h. eine bestimmte und bewußte Quantität ganz. Sei˜ *ganz's* Gəld hàt ə' və spịlt. Ich seh ihn ə˜ *ganzé* Zeit nét. Er ist ə˜ *ganzé* Zeit nét (d. h. selten) dahaim. 3) (von männlichen Thieren) unverschnitten. ə˜ *Ganzə'*, ein Hengst; Zeitschr. IV, 160. ä. R. A. „Mit gantzen Trewen." „Freundlich und zu gantzen stätten mit jemand geeinet und vertragen seyn", Kr. Ltghdl. XV, 414. Ganze Minne.

ganz, adv., wie hchd. Wenn dieses Adverb einen stärkern Ton als das damit verbundene Wort erhält, so bedeutet es, was im Hchd. ganz und gar, selbst vor Verneinungen. Ganz guet (⏑́ ⏑; völlig gut), ganz kain, ganz nicht, ganz nichts. Hat hingegen das mit ganz zusammengesellte Wort einen stärkern Ton, so bedeutet jenes nur soviel als ziemlich: ganz guet (⏑ ⏑́; ziemlich gut), ganz gern, ganz vil, ganz wenig ꝛc. Dieser Unterschied hat im Grunde auch beym Adjectiv statt: ein ganzer Haufen, (der noch nicht angegriffen ist), ein ganzer Haufen, (so viel, daß es einen förmlichen Haufen bildet).

39 entgänzen, un-gänzen (u˜genzn) ein Faß, es anstechen, anzapfen, angreifen; Gem. Rgsprg. Chr. I, 508. „Wird aber daz holz engentzet ... swan ez engentzet oder zebrochen wirt", Augsp. Stdb. „Corrosiv d. i. ain scharffes wasser, damit man mag engentzen ain geswulst und leichen und warzen vertreiben", Cgm. 4543, f. 157. BM. I, 479. Grimm, Wbch. III, 525. zergänzen, unvollständig, mank machen, disjungere, Prompt. v. 1618; b. W. z-genzen, zertheilen; (cf. oben, Sp. 923: zergengen). „Painschröt dadurch einem am kopf das pain geschifert oder zergenzt wirdet", salzb. Vogtgericht, Cbm. 1711, f. 131ᵇ. „Die Acten, die Registraturen zergänzen", bayrth. Verordd. v. 1679. 1728. (unganzi, ungenzi, Otfr. III, 4,34; gl. i. 298: infirmitas, macula).

Die Gänz, Genz, (im Bergbau) ganzes, festes Gestein (?). Vrgl. Adelung's Gänsse, Gems, Gans unter Kamm, 2). „In ewige genz geen." „Vierthalb bergklafter ist ain lehen ze ring umb sich, es ist perck, waßer, lufft und auch genz." „Es sol kainer weder kluft noch genug oder genz in der grueben mit Perg nicht versetzen oder verzimmern"; Lori, BergR. 58. 60. 105. 207. 210. 213. „Wo der Silberblick in etliche Stuck gethailt wurde, das man die da ymmer dannoch zusammen und in die Gennz richten mög", ibid. 224. „Daß das Einschütten in die Trogfuder so oft gegen dem Mann als von dem Mann, damit das Salz in beyden Orten zu mehrer Gänz eingeschütt werde, beschehen soll"; ibid. 299. „Wo in einem paw, es sey tieff oder flos am pirg ain stain oder pirg getroffen unnd erpauet wierdet das haist man die genntz es sey hert oder geschnaitig", Cgm. 1203, f. 129. 130 (mit Abbildung). „Durch die genntz ein loch machen"; ibid. 137ᵃ (m. Abb.). Vrgl. ahd. ganzî, mhd. genze, Vollständigkeit; Graff IV, 222. BM. I, 479. „Noch nam im für der könig in gentzen das kind must sterben ohn nachrew"; H. Sachs 1560: II, III, 120.

Die Geinzen (Gei˜z'n), (b. W., Obrm.) einfache Deichsel für ein Pferd; vrgl. Anz.

(Vrgl. Gab, geb, ꝛc.)

Der Gàppə' (s. Gramm. 414), Caspar; Mensch, der sich läppisch benimmt. Du bist ə˜ rèchtə' *Gàppə' !* Mosraənə' *Gàppə'*, Spottname gegen die Bewohner des sogenannten Mosrains; (s. Rain).

Gappach, (Pinzg., Zir.) lustige Gesellschaft, gewöhnlich von jungen Leuten.

Die Gaupe, (Aschaff.) Giebelvorbau mit einem Seilzug, um Früchte auf den Speicher zu ziehen. Gauploch, Dachfenster. s. Gaube.

„geppisch, auersa, inuersa (vestis)"; Prompt von 1618. s. gäbisch.

„Gepeinzer Röckel." „Jetzt tragen die Bauersleute, wie die Bürger in Städten und Märkten, gepeinzer Röckl von gesprengtem Meißner oder gar von lindischem Tuch"; Vorstellg. v. 1626. (Doch wol nicht das türkisch-griechische γιεπαντζές, Mantel. cf. česk. kepeň, kepeněk, poln. kopieniak, aus dem magyar. köpönyeg, Mantel; russ. jepantscha). 'Vrgl. d. folg. Wort.'

Gippe. „In Schwaben als sy sich nampten der stächlin pundt der in der eidgnoßschaft genempt ward der gippen pundt", (1495); Ludw. Feer's Lucerner Chronik, Gesch. Fr. II, 137. Vrgl. mhd. diu gippe, Rock, tunica; BM. I, 529.

„Gippel, orthogonum", Voc. v. 1445; Giebel? Diefenbach 401ᶜ. 189ᵒ. 's. Gipfel und Giebel.'

„Gapff" (?). „Die Maschen an den Gapffen in den Segen (Netzen) sollen eines Daums weid und 3 Ellen lang gestrickt seyn"; Meichelb. Chr. B. II, 215. (Etwa Gupf?)

Der Gipfel, wie hchd. „Ortoganum (ortogonum), gipf", Clm. 5387, f. IIᵇ, (zwischen trabes und doma). s. Gippel. gipfeln, (HhE.) sich auf den Zehen erheben; (vrgl. Gupf). Zeitschr. V, 434. Der Gipfling, der oberste, noch ganze Theil eines gefällten Baumes, der übrig bleibt, wenn der zu Bauholz u. drgl. dienende Stamm weggehauen ist; (Baur).

Der Gupf, (plur. die Güpff), der emporstehende, gewölbte Theil, z. B. eines Hutes, Huetgupf; der obere Theil eines kegelförmigen Salzstockes (Fueders; Lori, BergRcht.); das, was in einem Gefäß, über die Ränderebene emporstehend, aufgehäuft enthalten ist; (Zir.) was von Getreide im Meßgeschirr höher als dem Rande gleich. BM. I, 592. Zeitschr. II, 349. V, 444. VI, 399,2. „Das Getraidmaß wird (in Salzburg) mit einem Streichstab 60 abgestrichen, mit Hintanlassung des Stoßes und Gupfes, es wird also nicht mehr gerüttelte oder gehäufte Mäßerey gegeben"; Lexicon von Bayern III, p. 28. 'Das Güpfel, Gipfel, kleines Semmelbrod; Zeitschr. V, 435. Vrgl. Kipf.' gupfen, aufgupfen, aufhäufen, aufeinander setzen. ən *auf'gupftə'* Huət. Zeitschr. VI, 400,2. Gegupft, 'gupft, aufgehäuft; (Gegentheil von gestrichen, beym Getreidemessen); gupftvoll. „8 gegupfte Landauer-Metzen geben 12 Vilshofener Metzen"; Wstr. Bschrb. v. M. p. 120. gupfət, adj., einen hohen Gupf habend.

Vor Zeitn wár ə˜ *gupfətə'* Huət
und um 'en Háls e˜ Krágng
ə˜ Zaachə˜ von ə˜n máchting Guət;
ietz kà˜ mə' kaə˜n də'frágng.

Volkslied: der Calender.

Die „Gebsa", Milchgeschirr, Bergmann's Walser p. 92. Zeitschr. V, 344. 489. VI, 406,17.

'Der Gips, wie hchd.; Graff IV, 129. BM. I, 529. Weigand, Wbch. I, 439.' Gips zum Gebrauch der Maurer, Ips zum Düngen der Felder, (bey Desaga, Grammat.).

Das „Güpsle", (schwäb.) Schimpfwort für Mädchen; Firmenich II, 465,19 und öfter.

'Die Gepsche, der Raum zwischen den an einander gelegten hohlen Händen; Zeitschr. V, 145. IV, 479. s. oben, Sp. 874: Gause.'

---

gar (gàr), adj. und adv., wie hchd. gar und gahr, (ahd. garo, adv., penitus; garo, adj., in der Flexion garauuer ꝛc., paratus, wovon das Verb garauuan, contrahiert garôn, parare; isländ. görva, göra, schwed. dän. göra, machen; s. gerben. Graff IV, 238. BM. I, 479: gar, flect. garwer; garwe, begarwe, adv.; garwen, gerwen, vrb. s. garw). gar seyn, fertig, vollendet, zu Ende seyn. „Daz er (Gott) z'allen wilen gar (bereit) ist uns c enphahen", Clm. 9611 (8°. XIII—XIV. sec.), f. 1. Aus is's, aus is's, absundə'le áf d' Létzt wenn's *gàr* is, (Pinzg., Wallf. Lied). Zeitschr. IV, 168. Etwas gar haben, gar kriegen, damit fertig, zu Ende seyn. gàr!? als Verwunderungs-Interjection im U.L. üblich. Der Garauß, wie bey Adelung: das Garaus; (Nürnb., Hsl.) das Geläute um Auf- und um Niedergang der Sonne; Wagenseil, de civit. Norimb. p. 137. cf. Ur. „(1541) da flug ein ungeheuer schwarm schnocken zwischen ain gen Nacht und dem Garauß durch die Statt Nürmberg darumb vil leut mainten es wär das korn fliegent worden", Cgm. 3951, f. 52. „Ich bin nun von dem thor nit weit denk mir es sei umb garauß zeit", H. Sachs 1560: III, III, 43ᵃ. „Von eelichen wercken sol man sich enthalten alle sampstag nacht und sunntag uncz zum garauß", Cgm. 229, f. 56ᵇ. „Die Thore mußten a°. 1498 in Regensburg mit dem Garaus gesperrt werden"; Gem. Chr. IV, 28. In der Bedeutung des völligen Ausstürzens des Bechers beym Gesundheittrinken haben daher die Engländer ihr carouse, die Spanier carauz genommen. „A deep carouse to yon fair bride!" The lay of the last minstrel, c. VI. (Müller, etymol. Wbch. d. engl. Spr. I, 175). „Soll leben der unüberwindlichste Kaiser Leopoldus! Garaus!" „Leben soll der großmächtigste Held Maximilianus Emanuel! Garaus! ꝛc." „Also setzt man vom Garaus nicht aus, bis die ganze Vernunft ihren Rest bekommt"; Selhamer. garig (gàri'), adj., (Pinzgau) bereit, gelegen, bequem, ohne Umstände, sans façon. „Weil ma' *garög* („gerade") banander sand", Kürsinger, OberPinzgau (1841), S. 177. (Ist eine bestimmtere Adjectivform von gar, gemacht, bereitet, fertig).

Das Garäuslein, die Karausche (Art Karpfe), cyprinus carassius; (s. Gramm. 414).

Gári, (steierisch) der Cretin. O du *Gäri!* (blöder, verwirrter, dummer Kerl); Lindermayr 29. Zeitschr. IV, 544, VI.

garrezen (garrəz.n), garr'zen, knarren; (BM. I, 482: garren. „Der garret als ein orrehan", Haupt's Zeitschr. VIII, 568,601. Cf. girren, gurren und das ags. Ablautverb strengas gurron (Präterit.) in der Legende v. Andreas, Cod. Vercellens. Vers 752; 'Grimm, Andr. u. El. p. 11,374'). Die Thür, das Wagenrad, der Bretterboden, der neue Schuh ꝛc. garrezt. Der Garrezer, der knarrende Laut. Heiratslustige Jungfräulein sollen das Knarren der Schuhe für eine gute Vorbedeutung halten; wenigstens macht man sich über Mädchen, deren Schuhe knarren, gerne mit der vielleicht von einer wirklichen Begebenheit genommenen Bemerkung lustig:
61 áhá, dé hàt 'n Schuəstər á' zwe˜ Kreuzə' 'gébm, dás
ər iər ə˜n *Garrəzər* ei˜ d' Schuəhh macht. Im Pinzgau ist garrezen verächtlich: sprechen; winseln, flehen.

Gairschlitze, s. Geislitze. „Pulmentum mûs, sorbicium gairschlicze, puls pri", Aug. S. Ulr. 50 (Clm. 4350, XIV. sec.), f. 2ᵃ.

Der Gêr, Werkzeug zum Stechen oder Festhaken, Spieß, Kreuel; (ahd. mhd. gêr; Graff IV, 223 ff. BM. I, 498). In wirzb. Fischerordd. v. 1570 und 1766 wird der Gehr, mit welchem die Barben gestochen werden, verboten. Gl. a. 519: fisker, fuscina; 536: ker, tridentem; o. 155: ger, falarica. Für Gêr, telum, wird bey Grimm I, 90. II, 46. 494 ein gothisches gais, in Übereinstimmung mit dem gaesum, *γαισόν*, das die Alten als ein barbarisches Wort anführen, vermuthet. Zum alten gêr (bohrende Spitze) könnte auch die letzte Hälfte von Ei-ger, Näbiger, angels. navegar, VII Com. lunegar, (Bohrer) gehören. Sollten auf das alte gêr (Spieß, telum), in so ferne es etwa als Zeichen eines selbständigen wehrhaften Mannes galt, (vrgl. das angels. gar-dena, gár-valas, frum-gar, altn. geir) die folgenden Composita Bezug haben?

Der Gerhab, der Vormünder, Tutor; Ref. L.Rcht. 315. 319. 326. MB. II, 127. ibid. XV, 218. 219, ad 14.. Zirngibl, Hainspach 44. 187. Kr. Lthl. I, 57. XII, 126. 346. XIII, 164. Castelli, Wbch. 138: der Geá-håw, Vormund. Zeitschr. III, 460. „Der gerhab el chomissario", Nomencl. veneziano-todesco, Ms. v. 1424 (Cod. ital. 261), f. 38. „Weil also kein Vermögen da ist bey den Kindern, so hat kein Teufel der Gerhab seyn wollen", Eipeldauer Br. „N. u. N. als mein auch meines brueders Gerhamb", (Gerhaben); MB. XVII, 243, ad 1495. „Ir kunigl. Mjtt. Maximilian als römischer Kunig und obrister Gerhab", Akten v. 1504. „Öfters scheinen die Vormunder ihre Benamsung daher zu haben, weil sie denen armen Pupillen das Brod vor dem Mund abschneiden; man heißt sie auch Gerhaber, weil sie der Pupillen Güter gern haben oder hätten"; Ertel, Prax. aur. I, 190. Die Gerhabschaft, Vormundschaft; L.O. v. 1553. Kr. Lhdl. VIII, 297. Weixer II, diss. XXIV. Dukher, s. Chr. 270. begerhaben, vergerhaben, bevormunden. „Wenn unvogtbare Kinder unbegerhabt sind", Kr. Lhdl. XII, 124. „Also mußt Herzog Wilhelm vil jar vergerhabt seyn"; Ldt. v. 1514, p. 314. Anmerk. Ob hier wirklich gêr für Spieß, und das Ganze für einen Speerhalter, (Vertreter oder Schirmer; vrgl. auch die R. A.: Einem die Stange halten) genommen werden dürfe, kann aus Mangel alter Belege nicht entschieden werden. '„Die richtige Form ist wohl Gêrhabe, der das Kind auf dem Gêren, Schoße hält; also wieder die in dem altdeutschen Familienrecht überall erscheinende Idee des Knie- und Schoßsetzens";' Grimm, RA. 466. 158. 's. das folgende der Gêren.' „Gerulus quod vulgariter tragær dicitur", Ried 737. Cf. franz. gérer, gérant, lat. gerere; ags. gærsuma, arrha.

Der Germâg, plur. Germâgen, ä. Sp., der Verwandte, (mit einer durch das Ger ausgedrückten, mir noch unklaren Nebenbestimmung); BM. II, 11. „Wir sprechen wie man weisen sol die Burger vm die sippe. Daz sol man tvn mit zwain der nächsten Germagen, ez sein frawen oder man", (also sind Germagen nicht blos männliche, vielleicht aber Verwandte von männlicher Seite). „Hiet er aver nicht Germagen.... so mag des Knaben nächster Germag, er sey fraw oder mann, für in bereden", L.R. Ms. v. 1332. „Mit chunrades Insigel unsers vettern der unser pfleger und nnser Gemach (Germag?) ist"; MB. X, 90. „Der Frau eines ungerathenen Man-
nes soll der Richter zwen ir nächsten germagen geben 62
zu pfleger", L.R. Ms. v. 1453.

„Die Ger", die Ackerfurche; Nürnb., Hsl. Sollte dieses Wort nicht mit Geren (Acker-Eckstück) eins seyn, oder gehört es zu eren pflügen?

Der Gêren (OPf. Gèiə'n, b. Gèrn), 1) keilförmiges Stück in einem Kleide; Falte; Schoß; (Franken) die zusammen gefaßte Schürze; (BM. I, 499. Grimm, RA. 158. 940. Haupt's Zeitschr. VI, 327. Vilmar, kurhess. Idiot. 124. Zeitschr. II, 217. V, 434. VI, 14). Setz dich auf mán *Gern*, (Schoß; Dettelbach bey Wirzburg). Des Keind sétzt om'm *Gern;* sé hott Eppel im *Gern*,

(Weihers; Dr. K. Roth). „Daz du gewunden hâst die hende dîn sô rehte müezecliche in den dînen gêren", Gudrun 1280. „Als ich den fûz enblecket von dem gêren" (des Wildes), Labr. 350. „Ob er ez (das Wild) heim füer an dem satelgeren", (gereimt auf „neren"); das. 423. „Gern am Klaid, lacinia, sinus"; Prompt. v. 1618. „Er begriff jm sein geren, das der mantel zuriß..." „Aus seinem regenmantel ain geren er auß-trant..." „Die Thamar trug die küchel in die kamer hinein, er greiff sy bey dem geren, bey mir lig, schwester mein . . ." Reime v. 1562. „Birrus, geren", Hbn. Voc. v. 1445. Diut. II, 203. Diefenbach 75ª. „(Chorn) sol chain mensch in schusseln oder in geren tragen, nur in sechen", Münch. Schranne (s. Th. III: die Schrannen), Cgm. 544, f. 50. „Von einem Schurzgehrn, so Ellenbreit, gebührt dem Schwarzfärber 3/4 Kr.", bayreut. Taxordn. v. 1644. „Der Schildt hat einen ganz roten Gern zwischen zweyer halber weißen Gern", Hund, St.B. II, 264. 2) (OPf.) kürzeres Ackerbeet, das wie ein Zwickel oder Keil zwischen längern liegt. Zeitschr. VI, 14. „Ain acker (bestehend aus) aindleff pifang und newn geren..."; „unser acker zu M., des ist XVI piffang und ain gernn", MB. XVII, 190. XVIII, 599. „Vier äcker, und vor den ain gerel..." „ain drummel und gerel feldts"; MB. XVIII, 199, ad 1372. XXIV, 703. „Von ainem halben tagwerch wismats und zway gerlach dapey", Heidenh. Salbuch (1400), Cgm. 1524, f. 4ᵇ. Vielleicht gehören hieher auch die Benennungen gewisser Örtlichkeiten, z. B.: „Der Gern, Im Gern", bey Friedberg, Türkheim, Menching, (Lori, Lechrain 120. 179. 311), Auf der Gern bey Berchtesgaden. (Gl. i. 13: gero, lingua maris). gära, vrb., auseinander klaffen; Bergmann, Walser 92. 'Vrgl. Adelung: Gehrung.'

geren, giren (giərn, hàt 'giərt), gähren, (ahd. jesan, mhd. jesen: Präs. ich gise, Prät. ich jas, wir jâren, Ptc. gejesen; Graff I, 611. BM. I, 535. Vrgl. gesten, Gist, gaisten). 's Ess n *girt* mər áffə' (aus dem Magen; b. W.); 'vrgl. Zeitschr. V, 481: gärbsa und unten: gärben.' „In den kelern, dâ môst innen jeren", Konr. v. Megenberg f. 6ª, (Pfeiffer 8,30: gerent). „Unter sich giren, über sich giren", Kr. Lthdl. I, 162. „giren, efferuescere, vergiren, defervescere", Prompt. v. 1618. Die Ger, Gir (Giər), die Gährung. Bier auf die warme oder obere *Giər* sieden. „Das braune Bier auf die obere Gier oder Mischling zu sieden, ist von Georgi bis Michaeli verboten", Mandat von 10. May 1611. „Erst um 1478 fing man in Nabburg an, auf die kalte oder untere Gier zu brauen, und einen Theil des Biers für den Sommer oder für längere Zeit aufzubewahren", Fink, Gesch. des Vizdomamts Nabburg p. 153. Ldtg. v. 1612, p. 217. 218. 220. Liebig in Menzel's Lit. Bl. 1841, S. 156. Der Girkeller, Kellerabtheilung, wohin das Bier zur Gährung gebracht wird. A. Sp. ich gir, ich gar, han gorn, Infinit. gern; BM. I, 529 f. Vielleicht gehört dahin das alte gor (fimus; BM. I, 530). s. Grimm II, 57. girlen (giə'ln), nach Gährung riechen, (b. W.). Vrgl. auch Germ.

begeren (bége'n) an Einen, wie hchd. begehren von Einem, (ahd. geron, keron, mhd. gern; Graff IV, 299. BM. I, 532). Das Beger (ref. L.R., Tit. VII, Art. 1), die Begerde, das Begehren. Die ahd. u. mhd. Sp. hatte ein einfaches Adj. gir, ger, gero, kero, cupidus, Graff IV, 225 f. BM. I, 530. s. neu=gern,
63 fürwiz=gern); doch wird wol das gêr, kêro in Personnamen nicht hieher, sondern zu gêr (goth. gáis, telum; Graff IV, 224 f. BM. I, 498. Förstemann I, 471 ff.) gehören.

Gêret, Gehret, Gänserich; Nadler, pfälz. Ged. 281.

Gerl, Gerhard. Zeitschr. VI, 458.

Gerling. Der Abt zu Michelfeld spricht aº. 1473 des N. N. „armen Leute zu Weidengeseß an von Gerling und viehs wegen, so die erst vurde tregt, und jm der zehennd davon zusten solt"; (Järling? nach Gramm. 503).

Der Geir (Gáiə'), 1) wie hchd. Geyer (ahd. mhd. gîr; Graff IV, 236. BM. I, 535. Zeitschr. II, 505. III, 252,243. 418,489. s. a. Geiher). Der geyr, des, dem geyren: Konr. v. Megenberg f. 132—133, (Pfeiffer p. 229 f.). „Vultur, giger"; Clm. 19488, f. 121. Die gîri, plur.; Diut. III, 85. „Pfaffen und geyren sind der lewte schaden vro", Cgm. 379, f. 39 (270, f. 75). „Toter cörper umb den alweg vil geren (?) seindt", Buch d. W. 1485, f. 15ᵇ. „Swer einen geir gevahe, der slahe im daz haubt ab mit einem swerte. er sol eine fin und spreche: herre got gib mir gelukе ze dirre erzenie." Nun folgt, wozu gut seien „des geiers herze, zunge, galle, milz, lunge, vedern, fuz, adern in den vetachen, leber, ougen." Clm. 4595, f. 39ᵇ. Von des Geirs Wunderkräften: Cod. Ald. 253, f. 115—117. Altm. 26, f. 188. Clm. 5879, f. 206. 2) OPf., eine Art Wasserschwalbe, Fischmöve, (s. Belchen, Fischervogel und Hainzl), vermuthlich von ihrem Geschrey gái, gái! also genannt. Diese Geyer haben in der obern Pfalz einige, und zwar nur gewisse, Teiche oder Weiher, wo sie jedes Jahr sich einfinden, um in den Binsenstöcken (Schoppen) derselben ihre Jungen auszubrüten. Dahin gehört der Weiher bey Hirschau und der sogenannte Rusweiher bey Thumbach. Ehe die Jungen noch flücke sind, werden sie als eine in der Gegend beliebte Fastenspeise ein Gegenstand der Jagd. Man fahrt auf Kähnen in den Teich, und während die Alten zu Tausenden dicht über den Köpfen der Jagdlustigen ängstlich und mit einem durchdringenden Jammergeschrey umher fliegen, werden die Jungen aus den Nestern getrieben, und im Wasser schwimmend mit Stangen todt geschlagen. Diese Belustigung heißt darum der Geyerschlag. Aº. 1748 „erlustigte sich Ihro Eminenz der Cardinal von Bayern zu Nagering, Schwarzenfeld und Hambach mit Geyerschlagung", Wiltmeister p. 387. Das Geiernmal, Schmaus bey der Fronleichnamsprocession (1427); Eos 1832, p. 376.

geier, adj., (Aschaff.) wählerisch im Essen, verwöhnt; ə˜ *geiərə'* Mensch. Einem etwas vergeiern, es ihm zuwider werden lassen, verleiden.

„Giry, lithargium", (Art Metall); Voc. Archon. f. 39. cf. Diefenbach 333ᵇ.

girren, 1) wie hchd. 2) (Nptsch.) lauten überhaupt. „əs hâut schèi˜ *'girrt.*" s. garrezen und vrgl. Vilmar, kurhess. Idiot. 124: gerren, weinen. Zeitschr. II, 346: gerrazen, knarren; IV, 144,369: gîren.

'Der Girregar(re)?; cf. BM. I, 475. 535.' „Auch het man auffgericht do vor ainen girrengarren enpor ain teufelischen schragen, mit ainem langen kragen, do mit man ful vnd schelmen groß und vil der stinkendigen oß und manchen sweren stain vil scharff in den taber sleudert und warff." . . „Der selben zwen kamen in not mit der hellischen slingen, von der ich e was singen"; Mich. Beham, Wiener 377,21. 379,14.

„girliczen, anhelare"; Teg. 439, fol. primo. „Du hoch êr die ich mit girliczen hunger und durst"... „dein girliczen durch das du hiczíglich begerst"; Cgm. 4596, f. 152.

Der Gor, mhd., Mist; BM. I, 530. s. oben geren.

Das Göreich? „Pfürpfelsac daz göreich wigt"; Renner 4630; (es ist von der Geitikeit Dienerschaft die Rede).

Gorl, Gori, (Jir.) Gregorius; Zeitschr. IV, 155.

gurren, gurrezen, den Laut gur, gur, oder einen ähnlichen hervorbringen; BM. I, 593. Der Tauber gurrt, gurrezt. Der Bauch gurrt, die Gedärme gurrezen. Der Gurrezer, solcher Laut. Vilmar, kurhess. Idiot. 141. Zeitschr. V, 444. 482.

Die Gurr, Gurren, schlechte Stute; liederliche Weibsperson. Die Bißgurren, (in Spott) zänkisches Weib, (Hauser); Gurg'n, Bißsgurg'n (b. W.). Die Gorrə, (Aschaff.) große, ungeschickte Weibsperson. „Etlich alte gurra nescit pr. nr." (pater noster); Amb. 3, f. 181? Firmenich II, 468,78: Gürrle, leichtfertiges Dirnlein. s. Kuh. W. Grimm, über Freidank p. 80. „'s Dähkalb habms· hingöb·n, steht d·*Gurren* ällain", Lindermayr 165. „Nim dä 's Exempel an unserä *Gurren*, hackt mä s· z·oft äfi, so macht mä s· nä wild", das. 148. „goer, gorre, een oud versleten paerd"; belg. Mus. II, 105. Vilmar, kurhess. Idiot. 141. Zeitschr. II, 318,2. III, 189,42. IV, 169. 194. 282,44. 307. V, 437. „Gelîch den lamen gurren", Labr. 89. „Ich stund davon und lies die gurren ligen", Valkn. 120. (s. MB. XIV, 48. Hund's Stammbuch I, p. 120). „Wann gur und Gaul zusamenkumbt", Putherbey. Bey Br. Berht. steht gurre als masc.: „Alter gurre bedarf wol fuoters." Voc. v. 1429: „gurr, runcinus, vilis equus."

Der Spilgurr, (Nürnb., Hsl.) leidenschaftlicher Spieler. „Dann so ich wær ein Trunckenbolz, ein Spilgurr oder Lotter gar", H. Sachs. Spilgurgel bey Selhamer.

---

garb, (eigentlich, nach Gramm. 686, garw), adj. u. adv., ä. Sp., gar, d. h. völlig; (ahd. garauuo, gl. i. 172. Graff IV, 238. 240; mhd. garwe, begarwe, BM. I, 480. Diut. III, 59: pegarewe). „Lest mich am garben Hunger gehn", (am entschiedenen Hunger), H. Sachs 1560: II, IV, 25. gerweseiden, gerwewæchsin, ganz seiden, ganz wächsen; Voc. v. 1482. Bey den ältern Dichtern war das Adverb. garbe, begarbe (dieß wie besunder, b·ainzig) eine beliebte Flickpartikel, beson-
64 ders um einen Reim auf Farbe zu haben. „In hette hindersetzet die klag mit iamer garbe (gar, gar sehr), daz er davon geletzet ward an kraft und an der iugent varbe." „Innerhalb und außen überal begarbe, da gleist auß rotem golde ieglicher edelstain nach seiner varbe", Titurel. „Oben gräb und unden planck chos man pegarb wesent jr varb." „Daz zaigt begarb sein gestalt und sein varb." „Den man vindet pegarb in so maniger varb." Horneck. „Die varb . . . verblichen ist sie so garb", Cgm. 717, f. 122. (s. gar).

Die Garb (Gar'; aə˜, zwu, drey ꝛc. Gar'), die Garbe; (ahd. garba, sing. u. plur., Notk. Ps. 128; mhd. garbe. Graff IV, 247. BM. I, 481). Außsetz-, Deichsel-, Lön-, Men-, Mesner-, Ort-, Schmid-Torwart- ꝛc. Garb, als Reichniß; L.R. v. 1616: 324. Läutgarb (fürs Wetterläuten dem Mesner); Schleifgarb (dem Schmid). „Bravium, longarb", Clm. 11730 (XV. sec.), f. 75. R. A. „Also glaubt der Türck seinen Pfaffen . . . zulieb was die Garb gibt", S. Frank 1601, p. 12.

Die Gärben (Gárbm), wie hchd. Garbe, Name verschiedner Pflanzen; Graff IV, 247. BM. I, 484. Die Schàfgárbm, (gl. a. 46. o. 186: garuua, millefolium). Die Gensgárbm, (Ilm) Lemna minor, Wasserlinse.

Die Gärben (Gárbm). R. A. Einen bey der Gárbm nemen, heben, halten, ihn fest am Leibe packen, halten. „Mein Lackl hebt mirn bey der Garm", sagt der Metzgerhans in Bucher's Fronleichn. Proc. 54. (Doch kaum Entstellung von der Geren. Cf. gärben, ankleiden; Gärbe, Kleidung). Bey Höfer ist die Gárbe ein gewisses Stück Fleisch an geschlachteten Rindern; die Halsgarbe wird vom Hals bis unter die Schulter, die Fußgarbe von den Schenkeln genommen. In der Traunsteiner Stdt.Ord. v. 1373 heißt es: „ez schullen dy flaischhakcher dy gärbschal, die mitterschal und den furslag mit einander hingeben." (s. Schal und vrgl. Gerner).

„Garben, Schubkarrn"; Heumann, opusc. 696.

Der Garbo, die Garben, das Ansehn, das man sich zu geben weiß, die Haltung. Dèr gibt si' ə˜n *Gárbo!* Mit ə˜n *Gárbo* hàt ə' s vaə'trägng, dás àlls gràd əso gschaut hàt. Mit Garbo! ruft wol der Stabsofficier vor der Fronte eines paradierenden Bataillons. „Wer hat Lucretiam gemahlt so trutzig, keusch, so fein gestalt in rechter welschen Garben", Balde, de vanitate M. „Was vor Geruch, Safft, Krafft, Farb, Garb bringt die Erde hervor!" Bogner Mirak. Es ist dieses, wie das eben so gebräuchliche grandeza, ein spanisches und italienisches Wort: garbo; franz. la garbe; (Diez, Wbch. 164). Garber (gestalten) könnte zum folgenden gärben, gärw-en, welches sich mit der allgemeinern Bedeutung machen auch im Nordischen und sogar im Persischen und Sanskrit findet, gehören, wo denn auch gl. a. 72: gigarauui, cultus, 441: gari, decus, zu beachten.

gärben (gárbm, gárbmə˜), a) wie hchd. in specie: 65
Leder bereiten. „Gerb, officina coriaria"; Voc. v. 1618. b) überhaupt: fertig, gar machen, bereiten, machen; (ahd. garauuan, garawjan, Prät. garota; mhd. garwen, gerwen, Prät. garte; Graff IV, 244. 246. BM. I, 481. s. gar, garb und garbo). „Daz wiltpræte ward mit ungeräte (ungesäubert; 'Benecke: mit ungerœte, ohne die gehörige Zuthat') gegerwet bî dem fiure", Iwein 3337. „Ein pat sie ime garten", Wern. Maria 178. „Von schrecken mangerlaye ward mir gegarben auff ein jamers ertze", Valkn. 126; '(hieher? cf. Ettmüller's Frauenlob 3,9: „in aller jâmer erze").' Grals *garben*, (Jir.) Nadelholzzweige schnaiteln und sammeln; die Grals*garb*, Bündel von Grals (Nadelholzzweigen; s. d. W.); (Pseud.-Jir) *Garben* (Lungau), Gralsschnaiten. c) ausrüsten, kleiden.' „Der bisgof garte sih in die hêren wât", (zog sich an); Wern. Maria 79. „Wie unchæuschlichen die (der Frauen Wât) stet mit weitem pûsem daz in ir tütel und ir achsel plekchent daz si pei alten zeiten dekchten und sich schampten und wie si nu eingärbt sint in ir gewant („wie si (in?) ir gewant geracht sein", Cgm. 414, f. 156b), daz man achten sol wie si geleibt sei, daz ir die man begern mügen zu der unchäusch", Cgm. 54, f. 80a, (vrgl. oben, Sp. 886: gugken). „So der priester gerwet sich zů der misse", Clm. 4623 (XII—XIII. sec.), f. 74. Clm. 5651 (XIV. sec.), f. 173. Die (das) Gärbe, ä. Sp., Kleidung, Anzug, (ahd. garawi, mhd. garwe, gerwe; Graff IV, 241 f. BM. I, 481a). „Wan er in der (dem) gerwe gie", v. d. Hagen, Ges. Abent. II, 587,315. 'Das Gärbhaus, Sacristei, wo sich der Priester gärbet (ankleidet); BM. I, 738.' „Vestibulum, gerbhaws", Fürstenzell 44, f. 21b; garbhaus, Clm. 5877, f. 150. Vilmar, kurhess. Idiot. 116: Gärkammer. d) besonders: durch Drücken, Kneten bereiten, allerley Speisen durcheinander mischen. Das Gegärb, Gärbet (Gégárb, Gárbət), ein Gemisch von allerley durcheinander gerührten Dingen. „Swer maurziegl würcht, sol den laim in der grub acht tag paizzn und gärbn", Wstr. Btr. VI, 145. „Die Graphit-Erde gärben", (mit den Füßen abkneten), Nußhard's Passau 77. e) Korn (besonders Dinkel) gärben, es zwischen Mühlsteinen aus den Bälgen drücken. Schon im Augsb. Stdtb.: vesen gärben. Der Gärbgang, wie Malgang. f) hungriges Vieh gärbt (würgt, drückt) das Futter nur so hinein, hinunter. Beym Erbrechen wird etwas heraus, hervor gegärbt (gewürgt). R. A. Ea' *garbt* wia-r-a Ladhund, Castelli, Wbch. 137; '(wol Ledershund? vrgl. er speit sich wie ein Gerbershund).' zegärben, zerwürgen, zerdrücken; I *z·gárb* di'!

Die Garberin, (Pinzg., nach B. v. Moll) Bauerndirne, deren Hauptgeschäft es ist, den ausgeführten Dünger auf dem Ackerfelde auszubreiten, und das gemähte Gras auseinander zu streuen. Nach Hbn. 671 hat sie die Garben zu binden. Nach Jir. die zweite unter den weiblichen Dienstboten; sie hat aufzubetten und die Arbeitsleute mit Wasser zu versorgen. Vrgl. Kürsinger's Ober-Pinzgau (1841), S. 177.

Der Gärbprügel (Gár'prüg·l), (Baur) Prügel, durch dessen Umdrehung eine Kette fester angezogen (geraitelt) wird; spanisch: garrote.

Der Gerben (Gerbm, Germ), (nach Gramm. 686 zu geren? BM. I, 530: gerwe, msc. u. fem., 'gewöhnlich im plur.,' faeces, excrementa. cf. gerben, gähren, VII Com. Zeitschr. V, 433.): 1) die Gahre, Gohre,

d. h. die Ober- oder Spund-Hefen des Bieres. Diese Hefen dienen als Gährungsmittel bey Bereitung von Mehlspeisen und Brod von Weizenmehl. Da es wichtig ist, sie das ganze Jahr hindurch frisch haben zu können, so gibt es eigene Germsieder, die von den Bierbrauern Malz kaufen, um dieses zur Gewinnung des Germs zu verbrauen. Die dabey erzeugte Flüssigkeit wird theils als sogenanntes Germbier um geringeren Preis (1/5 des andern, gewöhnlichen Braunbiers) gelegenheitlich verkauft, theils auch zu Essig verwendet. R. A. Deə' had eəm á 'n Arsch mit *Geərmən* g'wasch'n, (b. W.) sich selbst in Nachtheil versetzt, '(sich in die Hefe gesetzt).' „Daz rich gotes ist gelich den gerben, diu daz nimet und verbirget si in dem melwe", Cgm. 64, f. 59. Zeitschr. II, 319,10. V, 433. 217. 462. „faex, gerben"; Hübner's Voc. v. 1445. „Man sol des pfersichbams wurczen vmbhawn (⏑ –) und misten mit weingärben", Clm. 4373 (v. 1437), f. 111. Germschlánkel, (Wien) eine Art Mehlspeise. '2)-superfluitas, excrementa, Unreinigkeit, Auswurf.' „Daz hirn ist niht ain überflüzzikait in dem menschen, sam die gerben sint, die von dem menschen koment", Konr. v. Megenberg, Pfeiffer 6,20. „Daz schait diu nâtûr von den gerben . . . und sent die gerben ab zuo den nieren", das. 28,12. 15. „Von den gerben des ezzens . . . die gerben gênt irn weg zuo der mistporten", das. 32,15. 17. 34,4. 71,35. 76,6. 283,21 (gärm). 611. 618. „Germträger", Gem. Reg. Chr. II, 104, ad 1358. gerbig, adj., hefenartig; „trüb und gerbig", Ortolph. „Wenn ez (daz seidenwürmel) allez daz auzgewirft, daz mistig in im ist und gärmig", Konr. v. Megenberg 297,13. „Daz unterist ist trüeb und gerbig", das. 354,28. Vrgl. Gir.

Der Girbel, (Baur) Gipfel, Giebel. „Auf seinem haubt hat er (Phönix) ein krönlein mit eim girbel gezierten thrönlein", H. Sachs 1612: I, 155.

„Gardenpruft, Gardenpreſt", (Meidinger 366. 368) zur ältern Waffenrüstung gehöriges Stück; (vermuthlich vom franz. garde). f. Th. IV: Warchus, Warkus.

Gardian, Guardian; Cgm. 714, f. 49. BM. I, 482.

Das Gard-ser Öl, Öl vom Lago di Garda; (gl. i. 716, ad Georgic. II, 160: Kartse. Freyb. Samml. IV, 286: Gart-see). 'Garda, Garten als Eigenname eines Ortes. f. Förstemann II, 559 f.' „Mit heisen kuſzen flehte sie im, biz er ir frunt wart, do nahte ez viel schiere des kuniges hinnefart, do bleip er zu garten biz umbquam daz iar", (oder nach einer neuern Variante: „und da beleib er auff garten biss das umkam das iar"); Fragment des Otnit aus dem ersten Theile des Heldenbuchs, in Docen's Miscell. I, p. 87. Wolfdieterich (aus Cod. Vindob. 2947) in Haupt's Zeitschr. IV, Str. 347. 350. 382 u. w.

girdi gárdi, girdə gárdə, gárdi gárdi,
66 adv., über Hals und Kopf, in aller Eile; *girdə gárdə* is ə' dahergloffə˜. (cf. gigetegogeti, geiderlei geiderlei, schott. to gird, rennen).

Das Gurfei? „Ain ros das das gurfay hat", Cgm. 4543, f. 245.

Die Garge, (im Hessischen, Wetterau) die Hängetasche; der Gargesack, Gärgelsack, Girgelsack, Zwerchsack; von carga, cárica meint Weigand (oberheſſ. Intell. Bl. v. 1845, S. 34. 325). Vilmar, Zeitschr. d. Ver. f. heſſ. Gesch. IV, 66. kurheſſ. Idiot. 115. Cf. span. garniel, Geldkatze; holl. gorreel, gorellus, Kummt, helcium. f. unten: Kalier und Karnier (Garnier). 'Vrgl. koburg. Quárchsack, Quèrchsack = Zwerchsack; Zeitschr. II, 192,18.'

Der Gärgel (Gárgl), Gärgsner (Gárgſne'), der Gänserich; franz. le jar, le jars, (Diez, Wbch. 668).

gargeln (gaərgəln), gurgeln; sich den Schlund ausgargeln, (Obrm.). f. garken.

Görg, Görgel (Giərgl, Gérgl), Georg. „Sein (des Karrenmanns) Pferd muß oft St. Görgen fasten", H. Sachs 1560: II, IV, 3. Sp. W. „Armer Görgel, reicher Jäckel, reicher Jäckel, armer Görgel"; — so wird vom Stande der Saat um Georgi auf die Ärnte um Jacobi geschlossen.

'gorgen, in wellenförmiger Bewegung sein, wallen (?).' „Der hab das (kranke) Aug in ein wasser das gorgent sei", Clm. 5879, f. 204. f. gargen.

Die Gurgel, Gorgel, wie hchd., (ahd. gurgula, mhd. gurgel, neben: der gorge; Graff IV, 248. BM. I, 592. 554), aus ahd. querca (gl. o. 231: gurgulio, querca, chela) wie queman zu kommen. querdar zu kordar, Köder, zuuelif zu zwölf, uuecha zu Woche, uuellen zu wollen, uuamba zu uuomba, chuuat zu Kot, quena zu Kone, uuanen zu wonen, uuiste zu wuste, sciebat, uuitu zu vudu, wela zu wol, sofa zu svefa, garuuida zu garota, quedan zu koden, quelan zu choln, dual zu toll. R. A. Sei˜ *Gurgl* gáb ə˜ guəts Ros. Sei˜ *Gurgl* is weidər àls ə˜ Paulaner Erml, (Rath Her). Vilmar, kurheſſ. Idiot. 133: görgeln.

Die Gurg'n, f. Gurre.

---

garken, gerken, speyen, sich erbrechen; (f. gecken = ge'cken? und gurzen).

Die Gurke wird in den meisten Gegenden durch andre Ausdrücke ersetzt, (f. Kukummer, Umurken, Kümmerling). Wangerog: dan *Augúrk*, die Gurke. Was es in Folgendem bedeute, ist mir nicht klar: „Falls ein Krug mit Kissinger Heilwasser, versigelt und mit Gurken, Blasen und Pech, sofort mit dem Stadtsignet verwahrt würde", wirzb. Verord. v. 1747. (Korkstöpsel, wie ObrM. richtig erklärt; 'f. das folgende Wort').

Die Gorke, Gurke, (Wetterau) Korkstöpsel, (während die Gurke Gegommer heißt; Weigand's Brief v. 28. Jan. 1846); 'koburg. der Gorks; Gorkzieher, Pfropfzieher.'

„Gurkerl, Stadtgurkerl, unansehnlicher Bürgersoldat"; (Hauser).

---

girlen, f. geren.

girlitzen, f. oben, Sp. 932.

Die Gärm, f. Gärben.

Der Germ, f. Gerben.

Germani, von Grimm (Gesch. d. d. Spr. 787) aus keltischem gairm (Ruf, Schrei) gedeutet. Graff IV, 258—63.

„Germar(?), elleborus"; Clm. 4394, f. 177ᵇ. „Elleborus, germer", Voc. optim. p. 50. Diefenb. 199ᵃ.

'Die Garnasch, Garnæsch, ä. Sp., ein langes Oberkleid, ital. garnaccia; BM. I, 482.' „Wil sich ein vrowe mit zuht bewarn, si sol niht âne hülle varn. si sol ir hül ze samen hân, ist si der garnatsch ân"; d. w. Gast 454. Cf. VII Com. gornél, Weiber-Unterrock.

gern (gè'n, gê'n), adv., 1) wie hchd. Kà˜st mi' *gern* *(bráv gern)* hàbm, sonst: im Arsch lecken. „Wann ich aller gernst (gereimt auf „ernst") wil reden, so ich zw ir kum so stee ich vor ir als ain stum"; Cgm. 714, f. 234. 2) leicht, wohl; *gern* ə hàlbé Stund. 3) gewöhnlich, oft. „Wer nicht gesaychen mug, der nem winden und steen gern in den ackern", Cgm. 4543, f. 86. In der a. Sp. war gern auch ein Adj. '(ahd. gerni, mhd.

gerne, gern; Graff IV, 232. BM. I, 534), begierig, strebend'; guotgern, benignus, Cgm. 17, f. 100^{a}; die guotgerne, benignitatem, das. f. 80^{a}. niugern, neugierig, s. neu. s. geren. Der Gernmaister, s. Maister.

Gerner, ossorium", Voc. v. 1429. BM. I, 499. 790. „Ein gesungen responß von den toten zu den totenpain und charner gen und davor lesen", (Innviertel, 1417), Cgm. 3941, f. 72^{b}. „Tam circa *Carnarium* quam in ecclesia"; ibid. f. 132^{b}. „Ain charnare wart da gegraben", W. Grimm, Ruolandes liet p. 260,1 und 341,260. Bey Ried 989 ist carnarium Leichenhof; gl. i. 283: charnare sepulchris (vulgi ignobilis). s. Karner, Kerner, Kernter.

„Got richt nach dem rechten.
hie leit der herr pey den knechten
merkchet alle menschen davey,
welicher herr oder knecht sey.

Hye kan nyemant erlesen
welicher der reichest oder der ermst sej gewesen
o nu merkchet alle davej
was unser leben sej.

Wir toten ligen hie in dem kernter
und niemant ist under euch der
chün erfinden welcher under
uns der gewaltigist ye wær.

Wann das ir da seyt das waren wir
und daz wir da seyn das werd auch ir
merkchet alle dabei
was ewr gůt und ewr grossy gewalt sej."

Cod. Ebersb. 93 (Clm. 5893), fol. ultimo. „Der bekennt das er den (Todten-) kopf sunst in einem kerntner hett genommen", Matth. v. Kemnat, Cbm. 1642, f. 131^{b}. Das jetzt sogenannte Kärntner Thor in Wien hat nicht die Richtung gegen Kärnten (das Land). Mich. Beham schreibt (Wiener 29,10. 40,15) ferner turn für Kärntner Thurm; aber auch die Kärntner selbst heißen bey ihm (165,25. 166,18) kerner. Vrgl. gl. a. 179. i. 204: mittilacarni, mittigarne, caro ferina, caro pinguis, arvina, (Graff IV, 264. 496), und gärben. Rücker.

„Gernol, eruca", (Pflanze), Voc. optim. p. 50. Diefenbach 209^{a}.

„görpsen, ructari, eructare." „Görps, ructus." Onom. v. 1735. Prompt. v. 1618. Diefenb. 209^{b}. 502^{b}.

„Gers, aristologia", (Pflanze); Clm. 13057 (sec. XIV), f. 105.

Der Girsick, (des, dem Girsicken), König Georg (česk. Giřj, Dimin. Giřjk) von Podiebrad im gleichzeitigen Deutsch, z. B. bei Matthias von Kemnat, Clm. 1642, f. 72 u. a. m.

'(Der?) Garst, ä. Sp., ranziger Geschmack oder Geruch; BM. I, 482.' Fundgr. I, 370^{a}. „Ze sölhem garste", Servatius 3482, Haupt's Zeitschr. V, 180,3482. Vilmar, kurhess. Idiot. 116. Cf. holl. geur, m., Wohlgeruch. s. garzen.

Die Gersten (Gêrtn, Gerdn), die Gerste, (ahd. gersta, mhd. gerste; Graff IV, 265. BM. I, 499). Die Gerstnen, Gerstenarten. „Reuen dich deine Gersten", (Plur. statt Sing.); Reime v. 1562. „Daran stößet gersten das sint vesen rocken und haber", Cgm. 289, f. 103^{b}. „Wirf darin gersten, chindelnt die, so...", (plur.); Cgm. 317, f. 12^{a}. Deə' hàd mər á~ d· *Geə'st n* goss·n, den Plan verdorben, (b. W.). Die geribene (gribmé) Gersten, auch blos: Gersten, Girst, geriebene Gerste, Gerstengraupen; dann (wegen der Ähnlichkeit) Teig, auf dem Reib-Eisen zu Körnern gerieben und in der Fleischbrühe abgekocht; auch ein Gericht von Mehl, Eyern und Milch, in der Pfanne gebacken; beym Adelung: der Gersten. Zeitschr. V, 434. Die Ayrgersten, zu Grauven geriebene Semmel mit Butter und Eyern. Neugersten (Noigerdn), Perlgraupen, gerändelte Gerste. Waizene Gersten, O.L., Mischgetraide von Gerste und Weizen. girsten (girstə~, gir'də~, giərdə~, giərstə~), adj., von Gerste, (ä. Sp. girstein, ahd. mhd. girstîn; Graff IV, 265. BM. I, 499. Zeitschr. V, 434). *Girstə~s* 67 Strou, *girstə'né* Kleiwm; (gl. i. 245: chliuua kirstino, grana (?) hordei). girsteln, vrb. n., den Gerstengeschmack an sich haben; 's Muəs *girstlt*.

Das Gea'schdl, der Überrest von etwas; z. B. „Häst ma' schon dö Hälfti å'gwunna, so nim dås *Gea'schdl* á no' mid"; Castelli, Wbch. 138.

Der Gart, Treibstecken, (goth. gazds, ahd. mhd. gart; Graff IV, 255. BM. I, 482). Der „Ochsen-Gört", womit man die Ochsen zum Ziehen antreibt; (Jos. Baader, Mittenwald). „Mîn ohsen alle viere . . . der ich dô wîlen pflegte und mînen gart ob in wegte", Helmbr. 818. „Wider den gart tumplîchen streben"; Jüdel, hg. v. Hahn, 134,26. „Meister, nemet disen gart", v. d. Hagen, Ges. Abent. LXI, 70. „Der lewe fürht den spitzigen gart des schorpen", (Scorpions); Konr. v. Megenberg f. 86^{b}, Pfeiffer 143,13. „Unmâze ist der untugende schar gart, wan si menet dar unde wecket die untugende", d. w. Gast 9918. „Hoffart ist der teufel mengart", Renner 21171. s. unten die Gärt.

Der Garten (Gart·n, Ga'schtn), a) wie hchd. (ahd. garto, mhd. garte; Graff IV, 250. BM. I, 483. s. Gramm. 839); Diminut. Gärtl, (Biəssgärtl, Wurzgärtl etc.). Der Gartner, Gärtner, (ahd. gartinâri neben gartâri, gartenære; Graff IV, 252. BM. I, 484). gártnə~, gárt·ln, Gartenarbeit verrichten, insbesondere den Kohlsamen aussäen, die Weißkohlpflanzen in die Krautbeete versetzen. b) umschloßner Platz. Castelli, Wbch. 145: „die Goa'd, Umkreis, Gegend, Bezirk; daher: die Aingoa'd, einsame Gegend, auch Waingoa'd"; (plur. Wei~gárt; Seidl). Vilmar, kurhess. Idiot. 117. Der Holzgarten, wo Triftholz aufbewahrt wird. So gl. i. 771: scefcartun, navalibus (ubi naves stant, Aeneid. VI, 593). Hieher mehr als zu a) scheint zu beziehen Biengarten, Hopfengarten, Weingarten, letzteres in Franken und Schwaben oft entstellt in Wei~gərt, Wingərt, daher Wei~gərtsmà~, Wingərtsmà~, (Weinbergarbeiter). Diese Bedeutung b) wie die folgende c) scheint die alte Sprache zuweilen durch die Form gart, Genitiv gartes, von der Bedeutung a) (garto, Genitiv gartin) unterschieden zu haben.

Der Haimgart (Haə~gərt, Haə~gəscht), Haimgarten (Hài~-gartn, Haə~gartn, Haə~ga'schtn), trauliche Zusammenkunft mit Nachbarn oder Freunden außerhalb des eignen Hauses in oder außer einem Hause; Gesellschaft, Besuch; (Graff IV, 249. BM. I, 483. Zeitschr. II, 515. III, 530,7. IV, 202. 252,76. 321. 329. V, 343). *Hài~-gartn* gé~, *Hai~-gärtn* sey~ oder i~n *Haə~-gartn* gé~, sey~. Kim fei~ zə-n- üns i~'n *Haə~gartn!* (auf Besuch oder in Gesellschaft gehen oder seyn. Komm doch zu uns auf Besuch!) „Aju, miər welti gà z· *Hengord*", (Alagna am Monte Rosa); Schott, d. Deutschen in Piemont, p. 308. In einer alten Policeyordnung findet man auch „die Rockenraisen, Kunckl- und andere leichtfertige Zusammenkunfften der Manns- und Weibspersonen, als an den Feyr-Nächten und Nacht-Heingarten", verboten. „Sie (die Wollüstlinge) widerhohlten fast täglich ihre Heimbgärten" (bey der schönen und keuschen Christiana); II. Band der Gesellschaft am Isarstrom v. 1702, p. 8. „Wenn die Edlknaben bey ihren Befreundten in Heimbgartten"; Edlknaben-Instruction v. 1717. Das Prompt. v. 1618 hat: „Haingarten, conventiculum amicorum seu vicinorum." „Sie seyn im haingarten, conventum agunt familiarem." In Münchner alten Pre-

digten heißt es: „Si verratent iuch an ir heingarten“,
tradent vos in conciliis suis. „Wilt dû zuo dem tanze
unde zuo dem heimgarten unde wilt dâ vil gerüemen
unde gelachen unde geweterblitzen unde gezwieren mit den
ougen, sô mahtû wol bestrûchen in den stric des tiuve'ls“,
Br. Berhtolt 353, (Pfeiffer 481,27). „Wie sich der mensch
in der kirchen, auf dem marck, im weinhaus und an den
hayn gartten gehalten hab“, Beichtspiegel, Cgm. 866,
f. 2b. „Vier zeit den dienstmagden gfährlich: die schlenckel-
weil, zwischen der liechtzeit, am haimgarten stehn, die
kirchtag, kindlestag“, (1654); Monac. Augustin. 202,
f. . . „In dem haimgarten siczent die frawen und
reden vil den leuten nach“, Cgm. 632, f. 71. „Ich sach
ainen geburen gagzzen an ainem haimgarten“, Cgm.
717, f. 103. „Provideat dns. abbas . . . ne fratres
peracta coena . . . suas stationes et colloquia et ses-
siones habent“, (am Rande: „Haingarten“), Etaler
Kloster-Visitation v. 1442: Teg. 1670, f. 215b. „Prohi-
bendae sunt specialiter ancillae et aliae mulieres ne
aliquo tempore vaccas prope locum secretum mulgeant,
quia saluti fratrum nimis periculosum est“; ibid.
„Forum, heimgart“, Prud. Psychom. 755, Diut. II,
347. Das Voc. v. 1429 gibt dem Worte haingart
noch die Bedeutung compitum. Gl. i. 436. 484 wird in
foro (Matth. 23,7) durch in heimgarte; i. 465 ad
forum durch zi heimgarte übersetzt. Hienach könnte
man an das goth. haims (vicus) und die R.A. „ins
Dorf gehen“ denken. Allein da in der a. Sp. das
einfache gart, Genitiv gartes, für chorus steht (gl. i.
68 778, ad Aeneid. VI, 517. i. 283. 467. 858. M. m. 43.
Kero 46. cf. gl. a. 809, sec. XIV.: cart, lenocinium.
Diefenbach 323), so muß wol diese Bedeutung die hervor-
stechendere seyn. Wirklich hat noch Stocker in seiner
(übrigens unkritischen) diplomatischen Erklärung altdeut-
scher Wörter: „zu Gatten (Garten?) gehen, in Heim-
garten, in eine Gesellschaft gehen.“ haimgarten (haə˜-
gart'n, haə˜gə'schtn, haə˜gartnen, haə˜gártln), als
vrb. neutr., Besuch machen, in Gesellschaft gehn, seyn.

Haə˜gártln, liəbln, spịln
dés wár iər aə˜zi's Zịl. Volkslied.

Am Gebirg wird dieß Verb sogar für: traulich kosen oder
plaudern überhaupt gebraucht. Las ə we˜g mit diər
haə˜gartn, laß ein Bischen mit dir reden. Merkwürdig
ist, daß an der U. Donau und im b. Wald statt Haim-
garten gehört wird Ràì˜gartn, was zunächst auf Rain,
etwa als gewöhnlichen Platz, wo Plaudernde sich zusammen-
setzen, oder auf rainen, grenzen, (von hrînan, tan-
gere, wovon runa, giruni wol gänzlich abliegt) denken
läßt, (s. Rain; vrgl. auch das folgende). vergarten?;
BM. I, 483.

garten, gartieren, vrb. n., bedeutet, vorzüglich
vom 15. Jahrh. an, das Herumgehen herrenloser Kriegs-
knechte oder auch andrer Wandersleute von Haus zu
Haus, um sich da Nahrung, Herberge und wol auch
manches andre zu erbetteln oder zu erzwingen. „Neun
armer landsknecht zogen aus und garteten von haus
zu haus . . . sie wolten auch in den himel garten“;
H. Sachs 1612: I, 995. „Er het 3 pfenning ergart
auf den tag“, H. Sachs 1612: II. IV, 227. „Auch soll
den Lantzknechten, frembden Personen und pettlern nit
gestat werden, on erlaubnis eins erbaren Raths bey den
Burgern also zu garten, zu samlen oder zu pettlen“,
Amberg. St.B. von 1554, Art. 122. So wird dieses
Garten in den ältern Policeyordnungen als eine Haupt-
landplage wiederholt verpönt. In der Ldsord. v. 1553
handeln die 6 Artikel des 2ten Titels des 6ten Buches
ganz allein von dem „täglichen Garten herrenloser fey-
render, umlauffender gartender Landßknecht oder
Gartknechte, Gartenknecht auch Gartbrüder,
und von Abschaffung der Gart.“ Cf. L.R. v. 1616,
f. 674—677; bayreuth. Policeyord. und Verord. v. 1590.
„Der widertaufer glauben, der gartenbrueder glau-
ben“ rc., Cgm. 1299, f. 32. Zeitschr. V, 343. Die Gart,
das Herumgehen von Haus zu Haus. Vrgl. niederd.
Omgarn, Ömgarn, das Umgehen von Haus zu Haus,
um Gaben zu sammeln; Firmenich I, 55 (Holstein). In,
auf der Gart seyn; sich auf die Gart legen. Gart
gên, von Haus zu Haus betteln gehen. Der Gart-
gêer (Gar'gêə', Tölz), Bettler. „Der Minnesinger und
Gartgeher Anton von Schneeberg“; A. Nagel. Anm.
Adelung zieht das, augenscheinlich vom vrb. garten ge-
bildete, Substantiv die Gart, nach ihm Garde, mit
zum französischen Garde (Leibwache). Allein das französisch-
deutsche Garde hat wol erst seit dem 17. Jahrh. das 69
ältere, mehr nach dem italienischen oder eigentlich deutsch-
lateinischen guardia (Diez, Wbch. 187. Romanisches gu
dem deutschen w entsprechend. So im Chronicon Cen-
tulense v. 1088, bey d'Achéry, spicileg. 1723, II, 322:
Guaramundus; ja sogar Hludoguicus. Gardiani
heißen in Codd. sec. XV. der Münchner Franziscaner
ihre Oberen. cf. unten Custos.) gebildete Guardi,
Gwardi verdrängt, und dürfte daher dem Worte Gart,
das sehr populär und landläufig war, nicht leicht zu
Grunde liegen. Es müßten denn ursprünglich die a°.
1517 aus dem französischen Kriegsdienst entlassenen deut-
schen Kriegsknechte die französische Form Garde mitgebracht
haben. Vrgl. Gem. Reg. Chr. IV, 350. Es sind in den
Niderlanden etwas VI oder VII^M. (6000—7000) nider-
lendisch knecht auf der gard umbgezogen vnd dienst
begert, so man jr aber nit bedorfft vnd sy ermant hat
abzuziehen sind sy Frankreich zugeruckt vnd haben der
Namurosen, die sy angegriffen und den durchzug zu weren
understanden bei iiij^c erslagen vnd sind also daruon ge-
zogen“, schreibt an Wilhelm Hern zu Rapottstein ein
Niclas Ziegler, Herr zu Bar, Landvogt in Ober- und
Unter-Swaben, des h. R. R. Vicecanzler, aus Straßburg
am XX tag Juny a°. 1525; Cgm. 4925, f. 119. Cf. die
Wismar'schen und Rostock'schen Gard- oder Vitalien-
(Victualien-) Brüder für Schweden gegen Dänemark
unter Stortebecker (1388—1402). Die 4000—6000
Mann starke große Garde unter dem Junker Jürgen
Slenz von Cöln im 15.—16. Jahrh., jedem Besoldenden
zu Dienst; (Hanssen, Chronik von Dithmarschen). Westen-
rieder (Btr. V, 80) glaubt, die Gartknechte hätten
ihren Namen vom Quartier oder Unterkommen, das
sie sich auf dem Lande suchten und selbst zu verschaffen
wußten. Allein schwerlich konnte aus Quartier (υ–)
je Gart werden. (Cf. Pour les logemens des gens de
guerre et pour les campemens: oster qu. un de dessus
la *carte*, l'exempter du logement des gens de guerre.
Carte de route (routes, router, Laufpaß?; Furetière),
jetzt feuille de route. Vrgl. aber dagegen auch niederd.
die Garde im brem.-niedersächs. Wbch. und bei Frisch; —
also vom Norden nach Süden gekommen.) Vielleicht ist
dieses Garten in seiner ursprünglichen Form und Be-
deutung ganz dasselbe Wort, das auch in Haim-garten
und Rain-garten vorkommt. Es ist doch kaum zu
zweifeln, daß die Kriegsleute auch schon vor ein paar
Jahrhunderten so viel Ehre im Leib hatten, ihrem, wenn
auch häßlichen, Thun wenigstens einen schönen Namen
beyzulegen, so wie auch heutzutage gewisse Leute nicht
betteln, sondern nur sámln, terminieren, fechten,
um ein Viaticum oder einen Zehrpfenning zu-
sprechen u. s. f. (cf. ital. pigliare, franz. piller, urspr.
blos wegnehmen, dann: plündern; Diez, Wbch. 203).
Vrgl. allenfalls auch das schwed. „Gärd“, die Einkehr
(Nachtseld, Ablager), wozu die Könige auf den Reisen
durch ihr Land berechtigt waren, und die nach und nach
in eine Naturalien- oder Geld-Abgabe übergegangen ist;
(Lagerbring's Svea-Rikes Histor. D. 1, C. 9, §. 7). Daran
schließt sich das angelsächs. gard, gothisch gards (Haus),
so daß unser Gartgehen, Gartieren gewissermaßen
auf Hausieren hinauslaufen würde; (cf. Haim-gart).

Die Gärt, auch die Gärten (Gártn, Gáchtn,
Gáschtn; cf. Gischt, Gietsch), die Ruthe, dünner Ast,
Zweig, Gerte, (ahd. gardea, gartja, gerta, mhd.
gerte; Graff IV, 256. BM. I, 483. Zeitschr. V, 341).
Die Ettergärten (leg. Baiuuar., tit. X, c. XVII:
etorcartea), Ruthe zum Flechten eines Zaunes. Fei'də˜

Gáchtn, (Müldorf) Fichten=Ruthen oder Äste. ǝ˜ birkəné *Gártn*, oder *Gártn* überhaupt, das bekannte Erziehungsmittel. In Franken ist die Gert ein Maß für Grund und Boden; Vilmar, kurheff. Idiot. 116 f. Ein, 2 ꝛc. Gert Holz, Acker, Weingarten, Wiesen. Nach der wirzb. Forstord. v. 1668 hält die Gert 14 wirzb. Schuhe, nach der v. 1721 12 Nürnberger Werkschuhe; 180 Gert machen einen Morgen oder Acker. Cgm. 4854, f. 84b.

'Gart, Garten (?).' „Peter heffenstreit dat. II garttñ dn. It. Volkll dat IIII garttn dn" (an Scheftlarn oder vielmehr die Filiale Zell); Clm. 17020 (4⁰. XV. sec., 1462), f. 200.

Die Gerten. „Wie man ain Rotiff (Corrosiv?) sol machen das ist guet zu der Siria d. i. der sichtumb noli me tangere wan ainen ain maus besaicht und zw der manen sichtumb die da haist dy gerten"; Cgm. 4543, f. 158. „Der mannen siechtum die haisset die gärtten", Cgm. 731, f. 132.

Der Gartham (Gàrdham), Gartaun (Gartau˜). Girtler (s. d. W.), Gertl-, Girtl-Kraut, a) (U.L.) das Gertenkraut, die Stabwurz, artemisia abrotanum L. „Gertten, abrotanum", Clm. 4374 (sec XV.), 116. b) (Gebirg) gelber Gartaun, geum reptans; weißer G., dryas octopetala L. *Gathau (Garthau), Gateinl*, dryas octopetala; Jir. Gl. o. 10: garthagen; Voc. v. 1419: garthaim, abrotanus. Graff IV, 798. BM. I, 607: garthago, garthagen; 891: gartkrût, gartenkrût; III, 829: gartwurz, gertwurz. Diefenbach 4c. Vilmar, kurheff. Idiot. 117: der Gartenhân, Gartenhain. Zeitschr. IV, 262,12.

„Gartlersch, saturegia", Voc. v. 1445; '(= Gartkersch; Diefenbach 514a: saturcia).'

Die Gärt, s. das folgende:

Die Egärt, Egert ('Egərt, 'Egəˈt; b. W. Ehhət,
70 Ehhə'n), die Egärtin, Egerten ('Egərt'n, 'Egəˈt'n, 'Egə'n; s. Gramm. 850. 856), ehmals gepflügte, Acker gewesene Feldfläche, die später zu Graswuchs, in der Folge wol gar zu Holz oder ganz öde liegen geblieben ist. (BM. I, 411. Grimm, Gesch. d. d. Spr. 61. v. d. Hagen's Minnes. IV, 689 f. Hermann, Beschreibung der Egarten= (Ehegarten=) Wirtschaft im Salzburgischen; Stuttg., Cotta. 1819. Vilmar, kurheff. Idiot. 83. Zeitschr. IV, 40. 202. V, 218. VI, 31. Cf. česk. uhora, auhor, Brachfeld, „rola lezegi vhorem", Šimek p. 31; quasi uwor v. worati, arare", meint Jungmann. Venet. vegro, terreno incolto, sodo). MB. VII, 191. VIII, 283. IX, 62. 72. X, 210. XXV, 404: Egarten, Egärten, Egerten; Wstr. Btr. VI, 104. MB. XV, 215: Egern; wirzb. Verord. v. 1623: Eggarten. Haupt's Zeitschr. VI, 327,68: egerda. „Sam ein egard rûch", so nimmt Pfeiffer das „sam neyger drauch" bey S. Helbling I, 175. „Die Hayden, egart und pawfelder", H. Sachs 1560: II, II, 114. „Da kam der priester von der wisen an ein egertten, die was noch tawsentmal schöner, darum was allerhand getzirde von rosen . . ."; das Wunder in Sicilien aus dem Spicilegium mundi, Cgm. 843, f. 74b. „Mer hat der geyringer acker j juchart das ein egart gewesen ist", Cgm. 154, f. 18a. „Hinder Reychenpach dy egerten", Heidenheimer Salbuch v. 1400, Cbm. 1524, f. 2; „von ainer egerten", das. f. 8; „die pirkach egert", (Wiese), das. 18b. „Hofreth, wisen, äcker und egerten", Tuckelhausener Gült= und Zinsbuch v. 1400 (Franken), Cgm. 1854, f. 13b. CIX. CLXVII und öfter. „Von eym vorholz und egerten", f. LXXV. LXXXVIb. „Von eyner egerten am wynterberg", f. CX. „Dy egert leyt do bey gen Saldorfer weg", f. CXXIII. „5½ morgen egerten und eczwisen", f. 197. „iiij morgen... ligt in egerten", f. XLb. „Wan der acker ligt in egerten", f. LXXIV. „Wenn er aber nicht gebe das malter korns oder den acker in egerthen liß ligen", f. CXXII. „Si raichten allez selbe wol; der baider tische stunden vol, wan man ir also zvleize phlac, daz ir niht vil in egerden lac", Kindh. Jesu, hg. v. Hahn, p. 95,62.

Vrgl. Th. IV: die Wis. In neuern Schriften ist dieses Wort immer nach der jedesmaligen etymologischen Ansicht der Schreibenden orthographisiert, bald Öd=Garten, bald Eh=Garten oder Ehe=Garten ꝛc., je nachdem sie sich einen ödliegenden Garten, einen Wiesfleck, der ehedem ein Garten war (s. oben, Sp. 4: ê), oder der das Gartenrecht hat (s. oben, Sp. 5: Ê), oder einen (Garten) der Ehehalten als ursprüngliche Bedeutung dieses Ausdrucks denken. Ich kann diesen Vermuthungen nur noch andere beyfügen. Die im Artikel eren (pflügen; s. oben, Sp. 129) angeführte scheint sehr gewagt. Lieber nehme ich gert, gärt als ein selbständiges Wort an, (vrgl. Adelung unter Egert und Gartine und das schwedische trädes=gärde, welches ganz unserm Trat=Feld entspricht); in Hinsicht auf die erste Hälfte denk ich an ê (vorher, früher), oder aber an das alte it, et (wieder). S. d. W. Übrigens wird in derselben Bedeutung von ehmals umgepflügten Feldflächen, die man nun als Wiese oder Weide benutzt, im Appenzellerlande auch das einfache Acker, nach Ihre's Dialect=Lexicon, in der schwed. Provinz Gothland Ackra, nach Jamieson's schottischem Lexicon, auf den orkadischen Inseln gords genommen. Egert und zwar schœne Egert heißt auch eine über 5000 Tagwerk betragende Niederung im Süden des Chiemsees, ehmaliger Grund des immer mehr zurücktretenden Sees, und jetzt von vielen Gemeinden theils als nasse (saure) Viehweide benutzt, theils sonst kultiviert. s. Kohlbr. Materialien v. 1782, p. 78. Sollten auf dieser Egert je andere Furchen als die spurlosen des Fischerkahnes gezogen worden seyn? An die Lage der Schön=Egert erinnert ganz die des Dorfes Egern, (MB. VI, 66. 71. 104. 114. 129. 136: Egerden, Egriden) am Tegernsee. Hier ist das Wort wol nur in nächster Beziehung auf den unangebauten Zustand der eigentlichen Egerten gebraucht. Die Egerten=Wirthschaft, die Bewirthschaftungs=Art des Landes vor dem Gebirg, nach welcher abwechselnd immer nur ein Theil der Feldgründe bebaut, ein andrer aber zu Graswuchs liegen gelassen wird, und dieß entweder des dasigen kurzen Sommers wegen, oder weil man gefunden hat, daß ohne solche Abwechselung der Wuchs sowohl der Früchte, als des Grases von Jahr zu Jahr weniger kräftig ausfällt. Im Lg. Miesbach wird ein Feld nach dreyjähriger Bebauung gewöhnlich 6 Jahre lang zur Egert liegen gelassen. Im ersten Jahr heißt so ein zur Wiese werdendes Feld Neu=Egert, und wird wol auch gedüngt. Die breiten Ackerbeete des Oberlandes sind dem Mähen nicht so hinderlich, wie es die schmalen unterländischen Bifäng seyn würden. Ein schon seit vielen Jahren ungepflügt gebliebener Platz 71
heißt im OL. eine Alt=Egert. Das Egertach ('Egər'ə'), Complex von Egerten, z. B. 's Perchtingər *'Egər'ə'*. „Praedia Egerdahe, Sehsenehaim", Cod. s. germ. 42 (Teg. 1008), f. 133a. „Wismad genant Egerdach auf dem lechfeld", Cgm. 151, f. 35b. Das Egert=Heu (Wrdfls.), erstes Heu. Egertheu, Frühheu; egerten, das Frühheu einbringen; (Baader).

Der Egertling, Egerling, der Heideschwamm, agaricus campestris L., Champignon. Nach Popowitsch p. 303 f.: Haiderling (im Ries), Lehdling (Meißen), Trüschling (Hochberg), Angerling (Steyermark). Alle diese Namen sind von Wörtern gebildet, die dem bayrischen Egert entsprechen (Haide, Lehde, Drüsch, Anger). Vrgl. „Soliche Schwammen hören uff solliche Egerden"; Geiler v. Kaisersberg.

Egertholz oder Elsen, (salzb.) prunus padus.

'Der Gerter, kleines Beil mit einer langen Schneide, um Reiser (Gerten) wegzuschneiden oder zu zerhauen, (ahd. gertâri, mhd. gerter: Graff IV, 256. BM. I, 483).' „Falcastrum, virgarium, gerter, fossorium", Voc. optimus p. 22. „Gertter, falcastrum", Cgm. 649 (Voc., Gablingen), f. 555b. Diefenbach 223b. 621c.

Gertraud (gewöhnlich in Traudl, Trau'l entstellt; verschieden von „Sancte Getruwe", Sancta Fides, s. Treu). „Aliqui dicunt quod quando anima egressa est de corpore tunc prima nocte pernoctabit cum b. *Gerdrude*, 2da nocte cum archangelis, sed 3^{a} nocte vadit sicut diffinitum est de ea. totum est erroneum"; Joh. Herolt (Discipulus) de X praeceptis, Clm. 4700, f. 7. Poll. 583, f. 65. 635, f. 114. Clm. 11430, f. 14. Monac. Francisc. 142, f. 24. Vrgl. Grimm, Mythol.^{2} p. 54. 282. 639. 797 f. BM. I, 500.

„O pia *Gerdrudis*, quae pacis commoda cudis
Bellaque concludis, nos coeli mergito ludis";

San-Nicola 232, f. 83^{b}. „Das ander gebet er dan tat zu der milten sant Gertraut, das sie im schüef herberg gut", Cgm. 714, f. 64. 66. 71. In einem Tobiassegen (Clm. 17051, 2^{0}. XI. sec., Hinterdeckel) heißt es: „Sand Gall diner spis pfleg, Sand Gerdrut dir gůt herberge geb." Des „richen schribæres" täglich Gebet „zu der milten Sand Gertraud, daz siu im schaffe herberg gůt", kommt ihm zu Statten in den Armen einer mildthätigen Herbergerin; Cgm. 714, f. 63—74, (Dichtung; vrgl. Keller, Erzählungen aus altd. Hss. p. 275 ff.) „Dat ander beth he denne bat... der hilgen sunte Gertrud, dat se ome schope herberge gud", de truwe maged, V. 21: v. d. Hagen, Ges. Abent. XLII, p. 316. Cgm. 181 (sec. XVI.), f. 61 enthält das Bild der heil. Gertrude und ein Gebet an dieselbe, worin es heißt: „Bitt Jesum das er uns gebe sein hilf und ein guetig herberg in seinem palast." Im Mittelalter stand vor den Thoren vieler Städte, gewöhnlich in der Nähe eines Hospitals, eine Gertruden-Kapelle. Kosegarten, pomm. Gesch. Denkm. 350. Gertruden Minne, s. Grimm, Mythol.^{2} p. 53 f. Zingerle in den Sitzungsber. der k. k. Akad. d. W., 40. Bnd., p. 177—229. Mone's Anzeiger I, 254. Ruodlieb II, 162 (p. 138).

„Hujus ad edictum nullus plus percutit ictum.
Sed per clamorem poscunt *Gerdrudis amorem*",

(Glosa: hec dicit de vino Gerdrudis); Occultus, Semansh. 19, f. 148.

„Et rogat, ut potent sanctae *Gertrudis amore*,
Ut possent omni prosperitate frui";

Peregrinus (XIII. sec.) bey Lexer 1214 (falsch 2114!). „Laus die jungen die minne pflegen und trinck du Sant Johannes segen und sant Gerdruten minn"; Cgm. 270, f. 68^{b} u. 379, f. 31. „Sant Gerdrûden minne wart in sider harte sûr", v. d. Hagen, Ges. Abent. LI, 624. Gertrudentag, der 17. März; Vilmar, kurhess. Idiot. 125. „Diu best pruot kümt von der hennen vor des lenzes ebennähten, daz ist vor sant Gerdruden tag in der vasten", Konr. v. Megenberg 194,4. 10. Sp. W. Um Gertraud gêt die Wärm von der Erd auf. Am Gertraudtag läufft die Maus am Rocken hinauf und beißt den Faden ab, (fängt auf dem Lande die Arbeit außer dem Hause an).

Der Girtler, das Girtelkraut, das Gertenkraut, die Stabwurz, artemisia abrotanum L. „Abrotanum ist genant in täwtsch gertel", Ind. 344, f. 92. Es wird diese Pflanze fast in jedem ländlichen Wurzgärtlein als Schmecker gezogen. s. Gartham.

Die Gurt, die Gurten, wie hchd. der Gurt; (BM. I, 593). Die Gurt oder Bauchgurt oder die Gürtel ist namentlich ein Gürtel von handbreitem, schwarzem Steifleder, das mit allerley Zieraten durchnäht, und mit gelben Nägelchen reihenweise beschlagen ist. Sie wird über den Brustfleck (die Weste) um den Leib geschnallt, und ist ein Hauptstück des männlichen Kleiderstaats auf dem Lande. Die Geldgurt. Die (der) Ubergurt, Übergürtel; BM. I, 593. „Bliust einer ein übergurt", S. Helbling II, 712. gurten, gurtnen, vrb. act., gürten, (ahd. gurtan, gurtjan; Graff IV, 253. BM. I, 593). aufgegürtet, vom Vieh: rahn und dünnleibig.

Die Gürtel, der Gürtel, (ahd. gurtila, gurtil, mhd. gürtel; Graff IV, 255. BM. I, 593). „Zona, diu gurtile"; Cgm. 17, f. 164^{a}. „Niderhalp der gürtel gar hêt si eines rosses lîp", Wigalois 6937. „Sit man die schulbuch in die hant krümpt und durch die gürtel want, seit wart unmære schulmeister lere, ir lone, ir fürderunge und ir ere"; Renner 16449. „Si jehen daz der mensch underhalb der gurtel mit nichtiw sünden müg getûn. in dem gelauben sint si"; Artikel der unglœubigen lœut genant dye ketzer (in Eichstetter Bisthum), Clm. 4386 (sec. XIV.), f. 74. Die Monica-Gürtel, ein lederner Gürtel, der, an gewisse Heiligthümer angerührt, die Kraft hatte, denjenigen (besonders schwangern Weibern), die ihn gläubig um den bloßen Leib trugen, gegen allerley Beschwerden hilfreich zu seyn. Ein Monopol der ehmaligen Augustiner Mönche. ä. R. A. Als man mit Gürtel umbfangen ist, d. h. ohne mehr als die Kleidung, die man eben auf dem Leibe hat, oder: „wie man geht und steht." Wenn ehmals die Privat-Gerichte des Adels oder der Klöster einen Menschen wegen Hauptverbrechen, über die sie nicht selber richten durften, an der Gränze dem landesherrlichen Gericht ausliefern mußten, so pflegten sie (nach altem Recht!) dem armen Sünder vorher alles, bis auf die unentbehrlichsten Kleidungsstücke, abzunehmen und ihn nur so zu übergeben, „als er mit Gürtel umbfangen." MB. V, 43. II, 99. 434. 509. Kr. Lhdl. IX, 320. Die Formel hat indessen nach den Übersetzungen in lateinischen Urkunden nicht immer denselben Sinn. MB. III. 156 heißt es: Reus cum eo quod cingulo comprehendit judicio seculari puniendus trada- 72
tur; MB. XII, 347. V. 136. Tradetur sicut cingulo tenus vestitus est, (ad 1172. 1175); MB. IV, 150. Reum cingulo quo accinctus fuerit ipsum judici assignabit (ad 1262); Quod reus tamen cum his que cingulum cujuslibet capit, eis deberet assignari. Vrgl. Grimm, RA. 157. 875 f. „Ane daz er under der gurteln habe"; Augsb. Stdtb. „Die Fraw bracht dem Mann gar nichts zu, denn wie sie mit Gürtel war umbfangen"; Av. Chr. „Den armen weiben teten sy vil michle arbeit . . . ainer plaib niht ain mantel an, nur als yeglich an diser stet dy gürtel da begriffen het; mit großem spot und schmahte wurden sy auß gejahte", Mich. Beham, Wiener 271,26. Nach einer Münchner Gemeind-Verord. v. 1468 (Wstr. Btr. VI, 157) darf kein Wirth einem Bürgerssohn, einem Knecht oder Schüler mehr geben oder borgen als „newr als si di gürtel gevangen hat", oder nach dem Rainer Stadtrecht v. 1332: „als vil er ob der gurtl hat"; (s. a. Gemeiner's Reg. Chr. II, 302), oder nach dem Kelheimer v. 1335: „als er an beraitschaft bei jme hat an dem gwandt außerhalb der gürtl." „Nachdem sein Lager erobert war must all sein Kriegsvolk ohne Wehr und Fehnlein, wie sie die Gurtel beschloß abziehen", der von Frundsberg Historie. Die Beygürtel (Bägürt'l), Geltgurt; BM. I, 593. (s. bej).

Die Gürtelmagd, Kammerjungfer; BM. II, 2. Altsw. 218,36. 221,3 20.

Die Gurteltaub, (Aventin, gramm.) Turteltaube; BM. III, 125; česk. hrdlička: h=g). „Turturis, gurteltauben", ZZ. 1803, f. 193. „Deine augen sein schön als der gürteltauben", Clm. 12723 (4^{0}. XV. sec., 1417), f. 76. „Plut von ainer gurtltauben", Cgm. 4543, f. 116. „Zwo gürteltaub", Cgm. 632, f. 65. Cgm. 752, f. 4^{b}. „Daz gürteltaubel", der Teichner.

Gürten (?). „Die durch weibes gürten auf land und auch auf fürten werlich sein"; Cgm. 714, f. 176.

Der Garwendel, Gerwendel s. Karwendel.

gerwen, s. garb.

Das Gärzer Öl, s. Gard-ser Öl.

garzen, garwizen, knarren, knirschen; (s. garrezen).

garzen, (Kramer's Nomenclator, Nürnberg) riechen, verdorben seyn, ranzig seyn (von Fett und Fettwaaren). (Aschaff.) die Butter gerzt, ist gerzig. garzig, garzend, garstig, ranzig, riechend. „garst, rancidus"; Voc. von 1482. BM. I, 482. Diefenbach 484^{a}. s. oben

Garst. (Cf. mhd. garzehâr, Milchhaar; Grimm, Reinh. p. 106,550.)

Gerz, s. Gätzen und Gorz.

Der Gorz, ein Getreidemaß; Grimm III, 460. „Einlif gerze weizes vnde sumzehen gerze habere", Perg.=Falzstreifen im Incunabel s. a. 2⁰. 884ᵉ (aus Polling). 'Vrgl. die Gätzen.'

„gurtzen, eructare"; Voc. Melber. Diefenbach 209ᵇ.

Die Gaß und die Gaßen (Gass, Gass'n), das Gäßlein (Gássl), Gäßelein (Gássə-l), wie hchd. die Gasse. (goth. gatvô, ahd. gazza, Genit. gazzun, mhd. gazze; Graff IV, 105. BM. I, 489 f.). Aus der Prandasgazzen in München (MB. XIX, 57. 67. 455. XX, 13. 16) ist allmählich eine Pranners=, oder Prangersgaßen geworden. Hollagäßchen, (Aschaff.) cul-de-sac, Sackgasse. R. A. Auf die Gaßen, auf's Gäßlein, ins Gäßlein gên, auch blos: Gäßlein gên, (von jungen Burschen), dem geliebten Mädchen vor, und wol auch in ihrem Schlafkämmerlein einen nächtlichen Besuch machen. Zeitschr. III, 470. IV, 77. V, 343.

Wenn I i~'s *Gássl* gê, gên I ənlaə~,
wenn I gà~'n Deənál kim, muəs s mər auftaə~.

Gäßeln (gáss·ln), auf nächtlichen Besuch zum Liebchen gehen; Zeitschr. II, 346. V, 343. angäßeln bey Einer, bey Einer zusprechen. Der Gásslbuə', Nachtschwärmer. „O gässelnascher!" (Predigt v. 1460), Monac. Augustin. 84, f. 67ᵇ. Das Gásslliəd oder Gásslreim, Lieb=, Lob= oder Spott=Lied, das vor dem Kammerfenster eines Mädchens gesungen wird. Zeitschr. V, 103, I. Einen ähnlichen Ursprung dürfte auch der Ausdruck: Gassen=
73 hauer haben. Wirklich ist der Ausdruck: gassieren, gassaten oder gassatim, gassatum gehn (auf den Gassen, sonderlich des Nachts, herumschwärmen) durch alle Provinzen Deutschlands bekannt; (cf. dän. grassat oder grassates, adv.; gaae grassates, des Nachts auf der Gasse herumschwärmen). „Do wurdens gassient her und rumplen unter enander sam wildeu swein von Flandern"; d. Ring 8ᵈ, 24. „Nicht ze gaslen in den sträßsen, wo man mocht her aber lassen von den heusern holcz und stain", das. 56ᵈ,23. In Bayern heißt gassaten gehn vorzugsweise: Nachtmusik machen auf den Gassen, und Gassation eine Serenade. „Den 31. December 1634 hielte der Stelzen Mayor ein mahlzeit, mitten in der Nacht gienge er mit spilleuten gassatum und ließe mit etlichen salven das alte Jahr ausschießen", (im belagerten Augsburg), Cgm. 4905, p. 215. Die Ends=Gassation, Nachtmusik bey Fackelschein, die ehmals z. B. in München von den Studierenden ihren Schulvorständen, Professoren ꝛc. gemacht zu werden pflegte; (Baur). R. A. In der Scheißgaßen seyn, in die Sch. kemen, (Lagerausdruck?) d. h. sehr in Verlegenheit seyn, kommen. Die Leinwand hat Gaßen, d. h. fehlerhaft dünner oder dichter fortlaufende Stellen. Zeug, Leinwand bekommt durch vielen Gebrauch Gassen, wird gassig. Der Gaßen=Handwerker, (Nürnb., Hsl.) ein solcher, dessen Arbeiten auf der Gasse, und nicht in Werkstätten, vor sich gehen, als Steinmetzen, Maurer, Tüncher, Dachdecker, Zimmerleute ꝛc.

gâß, gegessen, (gereimt auf „daz", Cgm. 44, f. 76). „Du hast ein herz gas", Cgm. 714, f. 158. „ungaß und untrunken", Cgm. 719, f. 10. s. eßen.

Die Gaiß (Gaəs), plur. Gaiße (opf. Gàiss, b. Gaəss', Gèəss'), das Gaißlein (b. Gaəssl', opf. Gàissl), (goth. gaitsa, gaitei, ahd. keiz, mhd. geiz; Graff IV, 286. BM. I, 497. Grimm III, 327 f. 338. Gesch. d. d. Spr. 35 f. Cf. neugriech. *χαζής*, Gaiß; davon: *χαζῆς* und *χαζάκος*, Mauromichali als Bergkletterer; allgem. Ztg. 11. Novbr. 1836): 1) die Ziege (welches Wort im Dialekte sehr unüblich ist); das Weibchen vom Reh, von der Gämse, als Gegensatz von Bock. Das Gaißvih, Gaißkräh, Ziegen und Böcke; Zeitschr. V, 340. 486. Das Gaißkitz, weibliche junge Ziege, als Gegensatz von Bockkitz. 2) Im Gegensatz des unter dem Namen Bock bekannten Doppelbieres, eine schwächere und süßere Art desselben. In München stand die von den Jesuiten sub signo IHS gebraute Gaiß in gutem Ruf. Bucher's s. Werke III, 30. 31. Charfreyt. Proc. 46. 3) wie Bock, ein Ding, das aufgestellt werden kann, ein Gestelle; besonders ein dreybeiniger Stuhl; Block mit 3 Beinen; ein dreybeiniger Baumast oder Giebel von einem Bäumchen, der bey einem Kinderspiel, das man das Gaißwerfen nennt, als umzuwerfendes Ziel aufgestellt wird; Flachs, der, aus der Wasser=Röste genommen, in eine Art dreybeiniger Figur zum Trocknen aufgestellt ist. Vilmar, kurhess. Idiot. 120. Die Melkgaiß, (Məlch-Gaəs, ob. Isar) Art Stuhl mit einem Bein, auf das man sich beym Melken einer Kuh zu setzen pflegt. Die Habergaiß, s. Haber. Rehgaəs, (b. W.) eine Art schwer verdaulicher Schwamm. Goasl, (Tir.) kleiner Rennschlitten; s. unten Gaißschlitten. R. A. Ze Gaiß gên (z' Gaəss gé~), zu Grunde gehen. (Bey diesem Ausdruck, wie bey Gaißgift, Gaißmärterer, gehört vielleicht Gaiß zu einem ganz andern Wortstamm). Vrgl. Zeitschr. II, 285,26: vär di *Geis*, umsonst. Du moust hàlt gaər übərálld dəbá sá~, wou mə~ s *Gàissl* henkt, (wo es lustig zugeht); Obrmr. Un'ə' Hèərgəd hàd də' *Gaəs* 'n Schwaəf nit längə' wóchsn laussn, ə's wàs s'n braucht; Lehre für den, welcher mit überspannten Planen umgeht. Drei~schaugng wiə 's *Stoffəls Gaəs*, d. h. erbärmlich. Die Gaiß ist heutzutag allgemein ein Spott=Emblem des Schneiderhandwerks. Schon a⁰. 1469 wurde in Regensburg auf Bitte der Schneider, damit ihre Knechte nicht aufstehen möchten, „das böse Lied von der Gaiß", wie in Salzburg und andern Orten, verboten. Gem. Reg. Chr. III, 447. (Cf. ital. capriccioso, erfinderisch, von der einsam kletternden Ziege; 'capriccio, franz. caprice, wunderlicher Einfall; Diez, Wbch. 87.') Der Gaißbart, 74
(Baur) der Korallenschwamm, clavaria coralloides L., eine Art Pilz; (B. v. Moll) Haberwurz, tragopogon pratense L. Der Gaißbärtel (Gaəsbärt·l), ungeschickter Mensch. (s. Bärtel, Bartholomä). Der „Gaißbock, dentifrangibulum, forceps", Onom. v. 1735. Der Gaißfueß, Werkzeug im Festungsbau; Cgm. 1182, f. 27ᵇ. „Aries ad destruendos muros gaiffueß", Mallerst. 32, f. 297ᵇ. Das Gaißgift. R. A. Es ist mir als wenn ich lauter Gaißgift im Leib hätte, d. h. es ist mir sehr weh. Der Bader sagt zur spröden Kádl: „ə̀ənəré bläwm Augng habm əəm 's *Gaəsgift* 'gébm, (den Rest); Castelli, Ged. (1828) p. 204. Gaəshiə'n, (b. W.) Schimpfname gegen Weibsleute. Der Gaißküechel, (B. v. Moll) Bergweiderich, epilobium montanum L. Der Gaißmärterer, Mensch, der am Verderben, Brechen, Quälen seine Freude hat. Der Gaißschlitten, kleiner Ziehschlitten, als Gegensatz vom Bockschlitten: s. oben Goasl. Der Münchner Gasteig heißt im Stadtbuch, Art. 485 (Auer p. 183) noch Gaistag, also wol Gaißsteig (wie Maisteig = Maissteig, von der Maisach hinan). s. Gastaig u. vrgl. Kunter=Weg. Goasstrauben, (Tir., Abtenau) atragene alpina. Die Gaißtrauben, (Obrg.) lichen islandicus L. Die Gaißtaiding, das Gaißtaidingen, (im tirol. Unter=Innthal). Am Faschingdonnerstag, auf dem Feld oder in einer Scheune, spielt ein Bursche den Richter, der Gaißhirt den Kläger, der in Reimen vorbringt, was das Jahr über in der Gemeinde Unanständiges oder Thörichtes geschehen. (Ad. Pichler in Prutz' deutschem Museum I, 425). Vrgl. Th. III: Faßnacht=Schimmel. Der Gaißer, Gaißerer, Ziegenhirt. Zeitschr. IV, 61. gaißeln (gaəss·ln), von Fleisch, Milch: nach der Ziege schmecken, riechen. Zeitschr. II, 459. 'gaißin, gaißein, ä. Sp., adj. (mhd. geizîn; BM. I, 497), von der Ziege kommend.' „Wem die augen ser sind, der nem einen gaissein chäs", Clm. 5879, f. 207; „gaissein fleisch", das. f. 208. „gaißeine Milch", (Ortolph) st. Gaißmilch.

Die Gaisel (Gaəs·l); Aschaff. Gáschel; Weihers: Geischel; hess. Gêschel, 1) Geißel, 2) Deichsel; Vilmar

p. 20 f. kurheſſ. Idiot. p. 127), wie hchd. Geißel, (ahd. geiſila, mhd. geiſel; Graff IV, 274. BM. I, 495. Cgm. 5, f. 229ᵃ: geiſchel), unterſchieden von der Peitſche. Dieſe iſt künſtlicher und beſteht zum Theil aus Leder, jene, das gewöhnlichere Antreibmittel der Wagenführer, aus einer bloßen Schnur an einem langen Stabe (Gaiſelſtecken). In der höhern Sprache ſind mehrere, unſerm Volk ganz gemeine Wörter, wie Gaiſel, Gewand, Roſs, edler als ihre im Hchd. üblichern Synonyme Peitſche, Kleid, Pferd.

gaiſeln (gaəsln), 1) v. act., geißeln; Zeitſchr. II, 74. IV, 45. 109,43. 105,22. 2) v. n., verächtlich: rennen, laufen. Herumgaiſeln, umher rennen. Wo *gaəslst widər umə'*, wo rennſt du wieder herum? (Vrgl. gâſa, nach Ihre's Swenſkt Dialect-Lexicon: herum raſen, herum ſtürmen. geiſa, isländ., cum vehementia ferri; vrgl. gauſten und jâſt und gaiſt, allenfalls auch Gaiß). `Der Gaiſeler, Geißler, Flagellant; mhd. geiſelære, geiſchelære, BM. I, 496.´ „Heur, in dem jâr dô man zalt von Chriſti gepürt dreuzehenhundert jâr und dar nâch in dem neunundvierzigſten jâr, dô ſtuont ain volk auf, daz hiez man die gaiſlær, die ſluogen ſich mit gaiſeln alſô nakent und vielen in ir venie auf ir pruſt“ ꝛc.; Konr. v. Megenberg, f. 126, Pfeiffer 217,15. „His nullam gratiam (als Confessionarii) facimus . . . . qui vadunt circumcincti ferro et coram ecclesiis se percutiunt flagellis“, (v. 1440); Monac. Francisc. 158, f. 132. Das Gàislət. Im b. W. thun die muthwilligen Buben, ehe ſie heim treiben, noch das Nàcht-Gàislət.

Gaußrab; cf. holl. guit, nequam. „Ulreich der gauſrab ze Wienn“ (1350), Cgm. 1113, f. 32.

Die Gauſen, (Frank., OPf.) die hohle Hand. (Vrgl. „gayſe, gauff, das Hole in der Hand“; Heniſch. „Gawchs oder gauff oder denr, vola“; Voc. v. 1482. „guoſena, pugillus“, gl. a. 672. Vrgl. Dieſenbach 628ᵃ). „So das Mel durch den Mülner geredenn wirt, ſo ſol der Mülner Macht habenn, von einem Vierteyl Melb ein gute Gewßel voll Kleyen zu nemen“, bayreut. Mühlordnung v. 1514. Nach dem Reg. Blatt v. 1811, p. 1183 ſind in Bamberg 25 Simmer und 8 Geiſel $26\,^{2}/_{5}$ Simmern oder $54\,^{3}/_{16}$ Münchner Metzen gleich. Ein Bamberger Simmer hält 4 Vierling oder Metzen, der Vierling 10 Geiſel, die Geiſel $3\,^{1}/_{5}$ Pfund. Anderwärts: Gäuſchel, Gauſtel ꝛc. Vilmar, kurheſſ. Idiot. 113: Gaiſchpel. Vrgl. oben, Sp. 874: Gâuffen, Gâuffel.

„Geſen, alosa, piscis“; Voc. 1618.

vergeßen (vó'géss'n), wie hchd. vergeſſen; (ahd. argezzan, irgezzan, mhd. ergezzen, wo das ar, ir, er privativ iſt, während bigezzan, gezzan, gl. a. 181. 187. 260. 275. 306. 439, wie noch das engliſche get, adipisci, assequi bedeutet; vrgl. ergetzen. Graff IV, 276. BM. I, 543. „Der in iſrninere gerte rihtet liute unde diete unde brichet ſi ceſamene daz ire got ergaz die den unfride machent, alſo einez havenæres vaz“, Clm. 9513, Vers 118—121). Der Vergeß, die Vergeſſenheit; i-'n *Və'géss* kommen. vergeſſig, obliviosus; Clm. 5877 (v. 1449), f. 129. vergeſſenig, vergeſnig, Clm. 5640, f. 86. 87. Das Vergißmeinnicht, Grimm, Mythol.² 923. 1152. „Ein plobs plumlein es iſt genant vergiß mein nicht“, Cgm. 714 (XV. sec.), f. 2. „Camedrios, gamander, vergiſmeinnit“, Clm. 16487, f. 98. abvergeßen (à'vó'géss'n), abvergeßlich, adj., vergeßlich, leicht vergeſſend. Voc. v. 1419 und 1445: abgeſſig, erraticus; abgeſſen, absonus. agesslə', (Iſr.) vergeſſen. Ahd. agez, argezzali, agezzali, mhd. âgez, âgezzele (vrgl. oben, Sp. 1: â —), oblivio; Graff IV, 279. BM. I, 544 f. Notk. 59,9: agez, oblitus und oblivio. „Der agezzele gegeben bin ih“, (oblivioni datus sum). „Wande niht an den ente agezle wiſit des armen“, (oblivio erit pauperis); Psalt. Windb. (Ms. saec. XII.), Cgm. 17, f. 18ᵇ, Pſ. 9,19. „An der erde agezlunge, in terra oblivionis, ibid. f. 129ᵃ, Pſ. 87,16. „Von der agezzel, lethargia“; Cgm. 724, f. 177. — „In machet der geitikeit gezze ſo kꝛene, ſo tratz vnd auch ſo rezze, daz er der künſte gar vergizzet“, Renner 8753, `(NB.! p. 104ᵇ. Hieher? Vrgl. BM. I, 762ᵇ: diu vræze: ræze).´

hergeßem, (Aventin. Gramm.) cis, citra; „gallia citerior hergeßem des pyrgs, gallia ulterior ehems pyrgs.“ (cf. däniſch: hißet, dort; fränk. heſt und geſt, cis et trans). ſ. geſten.

„Der Gaisbam (d. h. Geisbaum), die Eſche, fraxinus excelsior“, Caſtelli, Wbch. 136.

Geiſel, ein Bamberger Maß, ſ. Gauſen.

Der, die Geiſel, (wie hchd.) wer mit ſeiner Perſon Bürgſchaft leiſtet, (ahd. gîſal, mhd. gîſel; Graff IV, 266. BM. I, 536). „Die vil edele gîſel (plur.) man ûz den banden liez“, Gudrun 1600. „Man liez der niht belîben, die man in daz lant ze gîſel brâhte“; daſ. 1610. „So han ich ze einer ſunderlicher gewarſami umbe hundert march ſilbers dem vogte zc burgen und ze gyſel geben“, (folgen die Perſonen). „Wer och daz, daz der gyſelen einer verdurbe an dez ſtat ſol ich einen andern als guten geben . . . oder die andern gyſele ſullen gyſel ligen alle die wile untz ich einen andern gyſel gibe“, Lucerner Urk. v. 1307, Kopp, Geſchichtsfr. I, 43. „Der Geiſel iſt bei den alten Teutſchen gleich ſo vil als ein lebendig pfand geweſen.“ „Schickt jm ſeinen Son zu einem Geiſel“; Av. Chr. „War des N. wegen zu eim Geiſel verordnet“; Hund, St.B. II, 73. Die Geiſelſchaft, Bürgſchaftleiſtung in Perſon, (ſ. laiſten). „Geſchehe des nicht, ſo ſullen wir ze Augſpurch in varen und daruf laiſten in Giſilſchefte“; MB. VI, 568, ad 1300. „Und ſulln jm die (Bürgen) laiſten ze München in rechter geiſelſchaft“, MB. VII, 403, ad 1308. „In offener Gaſtgeben Herberg offentlich einziehen und leiſten rechte, offene, tägliche, ununterläßliche gewöhnliche und unverdingte Geiſelſchaft“; Kr. Lthdl. XVII, 279. Obriſt Franz Royer in der Geiſelſchaft bei der ſchwediſchen Armee. Guſtav Horn als Gegengeiſel in Augsburg (1647); Cgm. 4906, f. 158—159. „Die Münchneriſch Geiſelſchaft“, Collectiv für die von den Schweden aus München abgeführten Perſonen. Augsb. Chron. (ad ann. 1633), Cgm. 4905, p. 29. 60. 75. 87. 88. 92. 193. 201. 274. 310. Einer aus der Geiſelſchaft (P. Blaſius, Franziſcaner, ſeines frühern Namens Joh. Friedr. Röhrbacher von Hohenwart) wird lutheriſch (May 1634); ebenſo der Subprior von Fürſtenfeld (17. Aug.); ibid. p. 117. 162. geiſeln, vergeiſeln. „Einig zu werden und das durch beyder Herren Landſchaft zu geiſeln und zu verborgen.“ „firgisltter, obsedatus“, gl. o. 53. Hieher vermuthlich das ſchweiz. gyſeln, ſchmarozen, in eines Andern Namen Schulden eintreiben; das Gyſelmol eſſen, (bey Geiler von Kayſersberg) darauf los zechen.

Das alte gîſal, kîſal iſt Beſtandtheil verſchiedener Perſon- und davon Orts-Namen; z. B. Meichelb. Hist. Fr. I, 90. 217. 295. 315: Kiſalfrid, Kiſalher (davon Kiſalheringa, jetzt Geiſelhering). Förſtemann I, 518 ff. Mit giſal, kiſal verwandt ſcheint auch das auf ähnliche Weiſe vorkommende gis, kis; (ſ. Ried 19. 20. 25. 51. 56. 107: Aregis, Biubgis, Merigis, Toamgis, Uuiligis; ſchon bey den Gothen: Andagis, Gunthigis, Witigis ꝛc. cf. Freiſing und Grimm II, 456 und 495). Förſtemann I, 515 f.

`Geislitz, ſ. Geiſlitz (Geiſchlitz), unten, Sp. 952.´

Der Gishübel, (ſchwäb.) Kaſten mit einem Loche, in den man ehmals leichtfertige Weibsperſonen zu ſtecken und ſo ins Waſſer zu tauchen pflegte; Kaak. In Regensburg iſt Gißübel der Name eines Gefängnißthurmes; (Gem. Chron. I, 509. II, 26. 135). Gißübel, eine Mühle bey Greifenberg am Ammerſee; Orte im Canton Zürich, (H. Meyer p. 18). Güshübl (Kysibl), Orte in Böhmen, (Dundr p. 33. 35). Als Name einer Frau: „Item Giſſublin duos solid.“; Clm. 4380 (sec. XIV.), f. 54. „Den (zum Sturm Aufſteigenden) warf er (der

Vertheidiger) auf sein gyssübel (Kopf?), das die laiter sampt mit im vielent also zprosten hin", v. Ring 57^b,16.

„Giesung vel schnafczung, singultus"; Clm. 4394, f. 141. 'Diefenbach 536^c: gischen, gichzen, singultire; gissung, gischung, singultus. Cf. oben, Sp. 884: gigken.'

„Gieß", (Baur) erste Milch nach dem Kalben; s. Biest.

gießen (giəssn, opf. gêiss'n), und nach Gramm. 934: geußen (goiss'n, guiss'n), wie hchd., (ahd. giozan, mhd. giezen; Graff IV, 281. BM. I, 540. Zeitschr. V, 434). angießen, zugießen. „Angiezzer, Bacher, Zuevacher", vor Zeiten in Reichenhall, die sowohl die süßen als sauern Wasser in ledernen Eimern (Amperln) schöpften; Flurl p. 9. s. Anguß. angiezzen (Geschirre), vollgießen; Cgm. 1113, f. 81. Der Angießer, eine Art Kieser, Koster (?). Vrgl. Grimm, Wbch. I, 354. „Umb angiezzer. Man hat auch ainen angiezzer gesetzet, der sol wein und greizzing angiezzen und als trinchen. und swer fleust, der geit dem richter XII dn., der stat XII dn., dem angiezzer XII dn."; Münch. StB., Auer p. 131. „Wir haben auch ein angiezzer. Swer unrehte mizzet (nemlich Wein), der sol geben drizzig phenninge, der sullen sehs werden dem angiezzer"; Wirzb. Sätze v. 1343, §. VIII. „Der richter sol einen anweger zu dem vlæsche haben als der angießer uber daz trinchen gesetzt ist", Münch. Flaischhäckel-Sätze (sec. XIV.), Ms. civitat., f. 9, (s. Th. IV: wegen, wägen). „Welcher Burger einem Fremden einen Keller lieh, der mußte der Stadt das Umgeld entrichten, was er mit Angießen verliesete"; Gem. Reg. Chr. ad 1320, (s. Th. II: ließen).

Die Gießen, (Lori, Lechrain 336. 390) kleineres Neben-Rinnsal eines Flusses, das bey hohem Stande desselben Wasser hat. Zeitschr. V, 434. Vrgl. das ahd. Masc. giozo (gl. o. 446: „fretum vel stagnum." Tat. 50,3. 53,1), mhd. der gieze; Graff IV, 285. BM. I, 541. „Fluentum, pars alicuius aquae, vocatur giez"; Clm. 5685 (v. 1412), f. 16. „So clag ich daz du dicke gerunnen hâst in drâten unkunden giezzen", Labr. 292. „Kumt ez in ienen giezzen", das. 352. „Diu leckerîe hât vil mangen giezen", das. 428. 435.

Die Goß, Goßen, das Goß-Tröglein, der Aufschüttkasten in der Mühle, der Mühltrichter, (ahd. mhd. der gôz, Guß, Regenguß; gegossenes Bild; Graff IV, 285. BM. I, 541 f. „Fusile, goz", gl. Argentin., Haupt's altd. Bl. I, 351); Zeitschr. VI, 181. Die, der Angoß, Angoz, Anguß, (Lori, BergR. f. 4. bayr. Duplik gegen Salzb. v. 1761, f. 15. 16. 23—25). „De jure dicto Anguz" (in Hall); Monac. Francisc. 159, Deckelblatt (Perg. Urk.). „N. N. zu Reichenhall verkauft
76 sein Sieden sammt dem Wasser auf dem Salzbrunn und den Galgen . . und den Anguß dazu." Also zu angießen gehörig, wie das alte ficoz, confusio, gozophar, libamentum, neben guz zu giozan). Kalgossen, Kalchgossen, Kaltgossen; s. unter K. Singoß, s. Th. III: Sin-.

„goßern", (Nptsch.) rollen, tönen wie die Gedärme im Leib, wenn sie leer sind.

Der „Goß" (wirzb.) der Gänserich, anser mas. Zeitschr. II, 84,19. Vermuthlich ist hier das n von Gans (oder gar vom alten ganazo?) blos genäselt, und nicht, wie im Nordischen, ganz weggefallen. Zeitschr. II, 391,8. III, 33. 36. 41,18. 259,9. 366,18. 501. IV, 315. V, 61,5. 69,52. 430. 288,23. VI, 208. 430,25. Krainerisch: Gôs, Gans. Vrgl. auch gatzen. (Isl. ist gussa schnattern).

-goß (a. Sp. goz, coz), Bestandtheil verschiedener Person- und davon Orts-Namen, z. B. bey Meichelb. Hist. Fr. I: Adalcoz, Ascoz, Deotcoz, Hazcoz, Hruotcoz, Liutcoz, Mahalcoz, Perhtcoz, Ratcoz, Rihcoz, Rimicoz, Waltcoz, Uuillicoz, Uuolfcoz; Cozhilt, Cozuuin (jetzt Gößwein in Gößweinstain). Graff IV, 174. 280. S. Grimm II, 455. 495, wornach auch das altnordische Gautr hieher und nicht zu Gothus gehört. Im Capitulare III (von 805) heißt Madalgoz dieselbe Person, die im Cap. II. Madalgaudus (Madalgaut?) genannt wird. Zu unterscheiden ahd. gôz, agſ. geat, isl. gautr, goth. gaut-s von ahd. gozo, agſ. gota, isl. goti, goth. guta; Grimm, Gött. gel. Anz. 1828, S. 552. Mythol.^{2} 20. 328. 341. 345. Gesch. d. d. Spr. 438 ff. 540. 739. 776. 800. Förstemann I, 493 ff. Der Name Adlgoß begegnet im Münch. Wochenbl. v. 31. Decbr. 1828. Adlgoß, Pfarrer zu Ottersing, Verfasser von Morgen- u. Abendandachten (1793). Michael Adlgaß, Maurer in München, 49 J. alt gestorben 18. Febr. 1843; Münch. polit. Ztg. p. 271. Friedrich Adelgoß, Locomotivheizer, 1849. Pfarrer Adlgasser zu Benedictbeuern, (wol aus Adalgoz, wie ein Münchner Schenkwirth Frühwein, aus Frowin verdeutlicht). Amelgoz conversus in Dießen, Clm. 5509^c, f. 18. Menges aus Megingoz? Mengôzzus, Clm. 5509^c, f. 3. Kaozesheim = Kaisheim, Kaisersheim. Gosseltshausen, (cf. „*Godefridus* qui et *Gozelo*", Annalista Saxo, Eccard. I, p. 524). „Praedium in Gozzensaz", Dießener Urk., Clm. 5509^c (XIII. sec.), f. 25.

'gozzen, Partic., gegossen, begossen. „Gossen prot und spiler tranck und pfaffen weib ist jeder man frei, potus lusorum, mulieres presbyterorum, panis perfusus communis omnibus usus". Windb. 204, f. 171^b. „Vinum lusorum, mulieres presbyterorum, panis perfusus haec tria sunt omnibus usus", Voc. 36. „Offa begossen brot, vippa brot in wine, ipa brot in wasser", Voc. optim. p. 24. Diefenbach 393^c. Haupt's Zeitschr. IV, 578. VI, 269. W. Grimm, über Freidank, S. 28. „(Schuler,) dem ein wol begozzen wecke des morgens fru vil lieber wær denne ein lecce kunsten swær", Renner 17536.

Gosset (?). „Er (der „schrœter" oder Schneider) schrotet ein gossit in ein vas, und wehaltet darinne schone daz bitze ime ein ermel wurt darzů", Konr. v. Ammenhausen, Cgm. 1111, f. 108^a; '(nach Wackernagel in Kurz' und Weißenbach's Beiträge zur Gesch. u. Literatur I, 211: gossac. Vrgl. ital. casacca? Diez, Wbch. 91).'

Gossen, plur., traubenfeindliche Insekten; Artikel v. der Etsch, Allgem. Ztg. 1847, S. 1991. Zeitschr. IV, 52. V, 437. Cf. span. gusano, Wurm, ital. cosso; Diez, Wbch. 499. 397. VII Com.: kösso, köscho, Wurm, Holzwurm. Graff IV, 539: cozo.

Der Guß, wie hchd., (ahd. mhd. guz; Graff IV, 285. BM. I, 542); 'der Lauf.' *Gus* âf, *Gus* à', oder: aə˜n *Gus* âf, 'n an'ə n à' rennə˜, (ObrM.) hin und wieder laufen, (besonders v. Kindern). Das Güßlein (Giss'l) Schmalz, Stöckchen Schmalzes, wie es durch Ausgießen der zerlaßnen Butter in gewisse Geschirre (Weitlinge) entsteht. Vrgl. Zeitschr. V, 186. Der In-guß, '1) der Einguß, Einfluß; 2) die Form, in welche ein anderer Körper gegossen wird, namentlich in den Münzen und Schmelzhütten: Eisen mit Rinnen, worein die Silberzaine gegossen werden; (Adelung, s. v. Einguß). Frisch I, 384^c: „der Inguß in den Schmelzkammern der Münzen: worein man die Thaler-Zehmen gießet"; das. II, 466^b: „ein Inguß zu Thaler-Zehen. vas in quod funduntur frusta argenti, e quibus unciales cudi possunt in officina monetaria." Cf. franz. lingot, Zain, Barre.' (= l'ingot, ingot, inguz?); ligo metallicus (?). Adelung, gloss. manuale: „*lingotus*, auri vel argenti massa in longum ad modum *linguae* porrecta." 'Ducange, gloss. IV, 121. Diez, Wbch. 675. Müller, etymol. Wbch. d. engl. Sprache I, 531: ingot.' 3) (I˜gəs), O.L., was im U.L. der Fédəritt, nemlich jene mit 3 Schemeln gewebte Art Leinwand, welche zu Feder- oder Bettgefäßen dient. 's. Frisch und Adelung, a. a. O.' Vrgl. Inlaß. Gußmonate, (Pseud.-Jir.) Juny, July, August.

Die Güß (oder Güs?), auch das Güss, Güs (b. W. 's *Wossəgis*), stromartiger Erguß des Wassers von starkem Regen oder geschmolznem Schnee durch eine Niederung, besonders durch die Gassen einer Ortschaft. Zeitschr. II, 349. V, 434. '*Giss* kimt. „Do cham gar ein grosse güss in allen wälhischen landen"; San-Zenon. 115, f. 269. Güss der Pegnitz zu Nürnberg v. 1501 bis 1602; Clm. 940, f. 737—742. „Guß, Güßl, gählinge Anschwellung der Ströme; Gußfeyer, Stillliegen der Schiffleute wegen solcher Anschwellung; Gußgeld, Wartgeld wegen Gußfeyer", Lori, BergR. Das Güßbett, (Rinnsal, Bett für ausgetretene oder Regen-Wasser?); Meichelb. Chr. B. 207. „Wasser das auff ein güspet auff ein mül schnell zulauffen thet... die Saw stieß mit dem rüssel aufs Güßpret jhn (den Wolf)... das schnell waßer stieß jhn dahin durch das mülrad"; H. Sachs 1560: IV, III, 105 (1612: IV, III, 225). Der Güßvogel, der Grünspecht, picus viridis L.; engl. the rain-fowl. Sein Schreyen soll einen baldigen Regen verkünden. Auf Wangerooge: „dan *Gütfügel*, der große Brachvogel oder Sichelschnäbler. Er ruft gœt! gœt! das bedeutet Regen. Daher heißt er auch Regengülp"; Ehrentraut, fries. Archiv I, 345. Grimm, Mythol.², 1221. Das Güßwaßer. „Fand die prucken zerbrochen von dem eis und güßwassers pochen"; H. Sachs 1560: V, 376 (1612: V, III, 80). Anmerk. Wie nahe auch die Ableitung von gießen (ahd. giozan, mhd. giezen; Graff IV, 281. BM. I, 540) liege, so wird sie doch durch das alte cussa, inundatio, gl. a. 87; „abyssus, wach, gusse; abyssi, die wage, gusse; ex abyssis, uz den gussen"; Ps. 35,11. 70,23. 76,15; Cgm. 17, f. 56ª. 103ᵇ. 112ᵇ; isl. gusa, effluvium, und (als neutr.) cussi, gusi, gl. i. 167. a. 410. Tat. 43,1. 2. — (noch Br. Berhtold sagt p. 231. 232, Pfeiffer 44,31. 33. 45,7. 8: daz güsse, plur. diu güsse; ebenso Renner 2561: „Ob daz güsse verflozzen wær." 'Aber auch das Femin. diu güsse begegnet öfter': „Er læt bein und arme ragen, als in diu güsse dar habe getragen", Haupt's Ztschr. VIII, 567,560. Im Sattel sitzen, „als ob in dar die güß hab gefürt", (d. i. schlecht), Cgm. 379, f. 84 u. 270, f. 118. „Über die güß Cedron id est ein wasser das het etwen wasser und etwen nit und darumb hieß es ain güß"; Cgm. 791, f. 198. Graff IV, 285. BM. I, 542. Vrgl. niederd. die Gosse; Firmenich I, 297,24. 287,15: Gausken, Gossen, wahrscheinlich wie 297,9: Wieske, Wiese; ferner brem.-niedersl. Wbch. II, 501: Gete, Getse, eine niedrige Wasserstraße), — wenn anders unser Wort zu diesen Formen gehört, wegen des s und ss statt z, unzulässig. (Aber ahd. wis, kawis, kawisso von goth. vitan, ahd. wizan, und ahd. hwas, acutus, neben hwezian, acuere.) Das güzz für torrentem in einer Gl. v. 1418 kann wol wegen der in dieser Zeit herrschenden Verwechselung des s und z nichts entscheiden. Wenn man zu dem oben aus Lori angeführten Guß das damit gleichbedeutende Blä (s. d. W.) hält, so gewinnt Grimm's (II, 22) Vermuthung auf das isl. giosa, efflare, (wovon geysa, impetu ferri, und der Name des isländ. Springquells geysir) an Wahrscheinlichkeit. S. auch das folgende Wort.

güssen, (b. W.) überschwemmen; übə'giss·n (eine Wiese); ausgiss·n. „Wo es gisset oder das Wasser hoch"; Bogenb. Mirakel 177. 'Vrgl. Stürenburg, ostfries. Wbch. 78: gusen, strömen.'

'güssig, adj., vom Regen angeschwollen, fluthend; BM. I, 543.' „Das plut güsset von im flos", Cgm. 714, f. 144. 's Heu is *giss·t*, (b. W.) schwammig vom Übergüssen.

77 güßeln (isl. gutla; oder: güseln oder giseln? cf. giseln, rieseln; brem.-niederf. Wbch. V, 379) schnell und dicht rinnen oder fließen. Də' Rennbuə' hàt 's Rós gspórt, dás 's Bluət 'runtə' '*gislt* is; əs rengt, dás àlls *gislt*; əs rengt *gisl gisl*. (s. güß, Anmerk. u. güssen.)

Gussele, (schwäb., nach v. Lang) Gänslein; cf. slaw. gus, hus.

gusel, adj. (?). „Das du so frolichen lachst und dich so recht gusel machst, darum das du erwellet bist ze kung so ain kurtze frist", Jörg Zobel (1455), Cgm. 568, f. 254.

Güsel. „Die Kolhüfen und Güsel von dem zerfallnen und verbrunnenen kloster (St. Urban) ab der hofstatt ze rumen", Gesch. Fr. III, 181. s. oben, Sp. 165: Üssel, favilla.

Die Gaischel, Gäuschel, s. Sp. 947: die Gausen.

„gauschet", adj., (Pinzgau) aufgedunsen; (Tir.) gauschet, goschet, fett, aufgedunsen. cf. doschet, dostig.

Die Geischel, Gáschel, s. oben Gaisel.

Die „Geuschen", (Hübner, Werfen) Wohnung eines Klein- oder Leerhäuslers (Geuschlers); (Lungau) jedes Bauernhaus; (Mittersill) Geuschler, Einwohner, d. i. Nichtbürger. ə˜ schlèchté Bauə'ngeusch. Cf. Zeitschr. V, 437: Gosse, Sennhütte. Jarnik 155 f. 240: „kózha, kleines Haus, schlechte Bauernhütte; altslaw. kushzha, Gezelt, Hütte. Vrgl. Haus.

'Geislitze, eine geringe Speise; Zeitschr. I, 433: der Geislitz, Hafermus. BM. I, 496; cf. Graff IV, 267: giselitz, glycerium. Diefenbach 265ª und 444ª: geyslicz, polenta.' „Giseliz, glycerium", Diut. III, 145. „Liquericium geysslicz oder süess", Clm. 5877 (XV. sec., 1449), f. 124. Frisch I, 336ª: Geisslutz, nach Colerus im Hausbuch I, 3. cap., 104: Gallert. Haupt's Zeitschr. V, 471. „Du solt trinken, vater mîn, wazzer, so wil ich trinken wîn, und iz du geyslitze, so wil ich ezzen ditze, daz man dâ heizet huon versoten", Helmbrecht 473. „Die gesalczen hering haben uns gemacht den pewtel ring und dy argen geyßlicz haben uns oft machen swyczen, gewollens vyr und auch sewr' dy sollen wir auch lassen feyern"; Rot 113, f. 324. s. oben, Sp. 930: Gairschlitze.

„Gischgalizen", (Hübner, Tir.; Lungau) berberis vulgaris L., Sauerdorn. Cf. russ. kissliza, Sauerklee, Berberitze; böhm. kyselnice, sauere Birne, von kysele, sauer.

Die Goschen, (verächtlich) der Mund, das Maul; die Maulschelle. Zeitschr. IV, 112,64. 169. V, 437. VI, 527. Hált dei˜ *Góschn!* I gib dər aəné auf '*Góschn!* I gib dər ə˜ *Góschn!* „Ich gib dir schier ein guts inn goschen", H. Sachs 1560: III, III, 24. Cf. brem.-niedersl. Wbch. II, 531: Goske. „Länglichte Goschen eines Thiers", rostrum, promuscis; Onom. v. 1735. Die Pfundgoschen, großes Maul, Hängemaul, verdrießliches Maul; Lästermaul; vielleicht aus Pfnuttgoschen entstanden; s. pfnotten (schmollen). -góschət, adj.; z. B. braət-, schəlh-, weitgóschət. goschen, abgoschen, vrb. act., beohrfeigen, maulschellieren. Sollte das alte geskôn (Graff IV, 107), gesgizan (gl. i. 16. 17), oscitare, mittels eines umlautenden primitivern Verbes damit zusammenhangen? Vrgl. auch Goßen.

„Gäspele", (nach Baron v. Leoprechting) am Lechrain: Windsbraut. Vrgl. BM. I, 500: gesper u. d. f. W.

Der Gispel (Gischpl), achtungslose Benennung eines Menschen, besonders eines unbedachtsamen, gedankenlosen. Há˜, *Gispel*, hä'st bessər acht 'gébm! gispelhaft, adj., unbedachtsam. Bey Höfer kommt Güspel als eine öde, nur mit wildem Gesträuch bewachsene Anhöhe vor.

Der Gast, 1) wie hchd. 2) ä. Sp., der Fremde, (schon bey Ulphilas u. Tatian, Matth. 25,38: hostis beym Ennius. Graff IV, 268. BM. I, 485. Noch bei den Juden in der Wetterau: der Gascht, die Gäscht, ein Heimatloser, Fremder; Weigand, oberhess. Intellbl. 1846, p. 301). „Wir sprechen, daz alles gest sein die in der stat nicht gesezzen sint noch in der stat gericht"; Rchtb. v. 1332. Wstr. Btr. VII, 141. „Welich leitgeb nach der fewrglokken icht schencht, ân ob er gest hab di dez nachts bey im wellen bleiben, und auch recht gest sein", Traunsteiner Stdtord. v. 1375. „Wir sind auch gefreyet, daß die Ämter mit Vicedom und Räthen besetzt werden mit Landleuten und keinem Gast"; Kr. Ltghdl. XI, 78.

„Dazu sind Jägermeister, Forstmeister und dergleichen andre Amt mit Gästen und schlechten Leuten besetzt", ibid. XIII, 21. Alle Gereisige und Fußknechte sollen Landleute sein und keinem Gast zuvoran mit oberster Hauptmanschaft nicht unterworfen werden", Kr. Lhdl. XV, 18, ad 1505. „Tristan was Isote ein gast", (er berührte sie nicht); Ulr. Tristan 318. Der Eren ein Gast ist bey den alten Dichtern Einer, der der Ehre entfremdet oder fremd ist. „In zwang großer frewden last das er der sele ward ain gast", (daß er den Geist aufgab); Cgm. 714, f. 102. 144. „So wird ich selber mir ain gast", das. 162. Gäste heißt der Steyermärker alle Einwohner, die keine eignen Häuser und Grundstücke haben; Rohrer. Cf. kärnt. gọst, der Gast, Inwohner; góstja, die Gästin oder Inwohnerin; Jarnik p. 227. Das Gastrecht, Gastgericht gemainer Stadt München, ehmals ein eigenes, schnell und summarisch verfahrendes Policey-Gericht
78 in Klagen von Fremden (besonders Handelsleuten) gegen Ansäßige. Es existiert hierüber eine kleine Abhandlung vom Stadtunter- u. Gastrichter L. v. Stoirner (1784). „Befehlen Wir, daß ir jne als einen Gast fürderlichen und schleunigen Gastrechtens stat thut", Mandat v. 1577. Der Stadtunterrichter hatte in Gastrechten zu sprechen. Vrgl. die Traunsteiner Stadtord. v. 1375 in Kohlbr. Materialien v. 1782, p. 61. 69. Der Mautgast, der von Etwas die Maut, den Zoll zu entrichten hat; der Mülgast, der auf einer Mühle malen läßt; der Rottengast, (älteres Militär-Reglement) Soldat, der mit einem oder mehrern andern in einer Rotte steht; der Schiltergast, (ibid.) Soldat, der Schildwache steht; der Schrannengast, der Getreide auf die Schranne bringt ꝛc. Das Prompt. v. 1618 hat „Gasthalter" für parochus, convivator; dann die R. R. „das Gasthüetle abziehen." „Man hat jhms gasthüetle abgezogen, desiit hospitaliter tractari, pro hospite haberi; in ordinem, ad aequalitatem redactus est; gastreich, hospitalis." „Ja mutter er macht wol ein schein (sprach die Tochter) als ob er heiß der gutlin, doch bald er abzog das gasthutlin ist er der tuckischte tockmeuser", H. Sachs 1612: I, 894. „Den Gasthut will ich euch abziehen"; Todtentanz v. 1744, p. 81. Das Gastgeld, (Jir.) Graszins von Aufnehmvieh. Holländisch bezeichnet gasthuis noch ausschließlich ein Hospital und Krankenhaus. Zeitschr. III, 432,281. IV, 133,90.

'Die Gästin, weiblicher Gast; mhd. gestinne, gestîn, BM. I, 486. „In dem selben aygen (Dorf) was sein hawsfraw ein armew gestynne und hiet da gewont", Cgm. 54, f. 87ª.

Die Gastung, die Verpflegung und Beherbergung von Fremden. Offene Gastung treiben, eine Gastwirthschaft halten. „Bräuer, Metzger, Lebzelter und Koch, so Gastungen treiben", Landrecht, Tit. I, Art. 11. In ältern Urkunden findet man von Seite der Klöster gar manche Verwahrung gegen „übrige Gastung", d. h. übertriebene, unentgeltliche Verpflegung und Beherbergung, besonders der reisenden Diener und Jäger der Landesfürsten. cf. MB. II, 46. III, 209. Das Prompt. v. 1618 hat: Gastung, epulatio, concoenatio. „Eins tags ich an ein gastung saß"; H. Sachs 1560: IV, III, 88 (1612: IV, III, 191). gästlich, adj. u. adv., (Allgäu) fremdthuend, scheu, zurückhaltend, z. B. beym Essen, wenn man eingeladen. Es sticht hier die alte Bedeutung von Gast noch hervor. s. Fremden.

'gesten, ä. Sp., zum Gast machen; befreunden, versehen, schmücken (mit —); BM. I, 486.' „Basel . . . ist gevestet, gewæhet und gegestet mit meniger burc vil schone", Diut. I, 62. 'engesten, ä. Sp., entkleiden, berauben (einer Sache); BM. I, 487.' „Den swæher si engeste", (kleidete aus); v. d. Hagen, Ges. Abent. XLIX, 897. „Do mich sulch schin engaste (außer mich brachte), nach witzen ich do taste sam nach dem wege tut blinder", („et stupor fortis vinctam meam mentem tenebat", Vers 28); des rîches klage, Vers 135 aus dem Wirzburger Coder.

Gastos secretos, (spanisch) geheime Ausgaben. Noch im achtzehnten Jahrhundert hieß ein Amt des bayrischen Oberst-Kammerer-Stabes das Amt der gastos secretos, (franz. menus plaisirs). Es begriff in sich die Kammer-Musik, die Cabinets-Secretäre, Lectores, Kammerzwerge, Kammernarren ꝛc. dergleichen Tischräthe. cf. Tántəs.

Das Gastaig (Reichenhaller Urk. ad 1285; MB. XVIII, 58, ad 1309; XIX, 506. 598, ad 1316; XX, 76, ad 1394) ist sicher Gaiß-staig; s. oben, Sp. 946: die Gaiß u. vrgl. Kunterweg. „Der sundersiechen recht auf dem Gaistag"; Münch. Stdtbuch, Auer Art. 485. „Biß an das Gasteich" (vor München), Chronik bey Freyberg I, 173. „Wegen des wasserthurns an der Iser und des fahrtweegs so auf das Gasstach hinaus gehet . . .", Herzog Albrecht's Bestätigungsbrief, der Stadt München gegeben 1561, gegen das Ende, Cod. bav. . . ., f. 351. Das Gaßtach (Hund's b. Stammb. II, 278, Urk. v. 1561), das Gasta (Appian's b. Landtafel); in der Volksaussprache: Gasstə, Gastə't, und selbst diminutive: Gásstə-l, Hohlweg, der auf eine Anhöhe, besonders ein hohes Flußufer führt; Anhöhe, Flußufer, worüber so ein Weg geht; Eigenname verschiedner Orte. Vrgl. Hazzi, Stat. III, 519. 636. 679. 747. 826. 840. 890. 903. Hübner, Salzb. Land p. 60 (Gastag). 609. Geisel Gastaig bey München (MB. VIII, 407: Giseln gastaie?). Gastag, Tegerns. Urbar bey F. v. Freyberg p. 247. „Husch an Gasstaig im Jawfntal", Cod. Au 33, Deckel. Erdgastegi (gasteigi?), Ried 28, ad 839. 79
Sollte, was freylich eine kühne Vermuthung ist, dieses Wort von dem gleichbedeutenden das Gestaig (gisteigi, gl. i. 233. 254) nur durch die beyspiellos forterhaltene Betonung der alten Vorsylbe ga- (w. m. s.) und die dadurch eingetretene Enttonung der Nachsylbe, dann durch das rein gebliebene und nicht in sch umgeschlagene s vor t verschieden seyn?

'Gastein, Fluß- und Ortsname; Förstemann II, 562.' Bergmann, d. Walser, S. 17. Kärnt. hvost, hosta, Gesträuch, Gehölz, dichter Wald, (gọst, -a, -o, dicht, dick; česk. husty, -á, -é); gostinja ves, Köstendorf, gostinja, Dickicht, (vrgl. Gastein); gosd (wäre čechisch hozd; ist = hwozd; s. Th. IV: Wald), Hochwaldung; Jarnik p. 219. 227. 228. Die Gastaun, Gastuna, ehmals die Gasteiner Ache; rivulus Gastuna (v. J. 890), daher: „in der Gastein"; Muchar p. 44. 45. „In valle que *Gastuina* dicitur", Urk. unter Erzbischof Hartwich (991—1023): Clm. 15809, erstes Vorsetzblatt. „Erfindung des Bergwerks in der Gastein", Cgm. 1202, f. 104. 119. „Curia in Volren gastei dicta swaikhoff", Clm. 5509 b. (XV. sec.), f. 16 (Dießen).

Gastel (Gast·l; s. Gramm. 414), Castulus. Gastel (Plattenstainer) schon MB. XXI, 308, ad 1470. Über das Treffen am Gastelberg 1. Sept. 1796 zwischen Desaix — und Latour und Nauendorf s. Fichtl, Pfaffenhofen p. 72. S. Castuli hist., Ebersb. 169.

'Das Gastel, ä. Sp., eine Art Brod oder Kuchen; (mhd. gastel, vom roman. gastel, gastiel, franz. gâteau; BM. I, 487. Diez, Wbch. 640).' „Do vant her ein halp brôt, daz man dâ heizet gastel: iz ist alumbe sinwel", Grave Rudolf² 23,16.

Die Gaustel, s. oben, Sp. 947: die Gausen.

Der Gaist, (noch Prompt. v. 1618, jetzt gewöhnlich Geist, selten mehr Gaəst, Gàist; s. Gramm. 142. ahd. mhd. geist, Graff IV, 269. BM. I, 496. Zeitschr. IV, 408,25: Gîst. V, 433). 1) Geist, wie hchd. 2) Stolz. Dèr, dé hàt ə~n *Geist!* „Bueben von Blockau, denen man mit Bastanata-Hölzlein sollte das Geistlein ausklopfen", P. Gansler. Einen hochen geist haben, hochfärtig seyn; Cgm. 632, f. 36. gaistig, (Jir.), stolz, gelehrt. houhhgeisti', adj., stolz. Gaistlich Leben, religio sicut monachorum; Voc. Melber. Gaistliche Leute bey Br. Berhtolt p. 36 ff. (Pfeiffer p. 143,34 ff.) Ordensleute, Religiosen, im Gegensatz der Pfaffen oder des weltlichen Clerus. „Swer durch daz breite platten schirt und geistlich man oder pfaffe wirt, daz er muge werltlich ere erwerben, der wil gern an der sele verderben"; Renner 4296. Auch das Prompt. v. 1618 nimmt gaistlich werden, in einn gaistlichen standt tretten noch in diesem speciellern Sinne. Vom gaistlichen stant der prister, die gaistlichen person, Mich. Beham, Cgm. 291, f. 352; der Gaistliche, als Substantiv für sich, wol neu, doch schon hier (f. 150): „von den gaistlichen ein straf.

gaisten, geisten, geistern, vrb. act., 1) (Jir.) spuken. 2) ängstigen, quälen (durch Bitten u. drgl.) Er *geistə't* àə˜n gnuə' bis mə˜ ja sagt . . Zu ahd. jesan, gesan, wie muot zu muojan und goth. saivala, ahd. sêla, Seele, zu saivs, sêo, See, — alles mit dem Begriff agitari, moveri. Zeitschr. II, 566,38. III, 216,21. Vrgl. das gothische gaisjan, percellere, usgeisnan, percelli; Grimm II, 46; auch oben, Sp. 931: geren und unten gesten, gisten.

gausten, gaustern (gausst'n, gausstə'n), vrb. n., hastig, unordentlich etwas thun; (cf. niederd. gau, schnell; s. oben, Sp. 855: Gaudieb). Tuət hàld àllawál ə'só furt *gausst'n.* Du tuəst àlls *übə'gaustə'n*, (übereilen, zu Grund richten). Du *gaustə'dé* Dingin! (Vrgl. Jäst, jästen und etwa auch gaiseln, ze gaiß gên, und das franz. gaster, gâter. 'Diez, Wbch. 189: ital. guastare.')

'Die Geste, ä. Sp., Erzählung von Abenteuern; BM. I, 500,' (sing. fem., aus lat. plur. gesta, wie biblia).

gesten, gest, adv., (Nordfranken) jenseits. Hest ə' *gest*, diesseits und jenseits; (s. geßem). Zeitschr. II, 136 ff. III, 132.

gesten, gisten (giss'n), (O.Pf.) aufbrausen, schäumen, (schon Voc. v. 1419). Der Gest, Gist, der Schaum, Geifer (wie genist v. genesen). 'BM. I, 535 f.: jesen, starkes Verb, (Präs. ich gise, Prät. ich jas, wir jâren, Partic. gejesen), diu gis und der gist, gest, jest, Schaum; gisten, gesten, jesten, auch gischen, schäumen.' s. jesen. Vilmar, kurhess. Idiot. 125. Zeitschr. II, 319,10. V, 434. „Wie gist (= gistet) in der seifen der kamerwîbe gebende, alsô lât iwer hende in der gis dar strîchen", S. Helbling III, 70; vrgl. Haupt's Zeitschr. IV, 85 f. Vrgl. geren, gaisten.

'gester, gestern, adv., wie hchd.; (goth. gistra, ahd. mhd. gester; vrgl. griech. χθές, lat. heri, hesternus. Graff IV, 273. BM. I, 500. Zeitschr. III, 31. V, 115,17. 434). gestri', adj., gestrig, „unvermögend, sich in den heutigen Tag zu finden", (eher wol: ungeschlafen, 'übernächtig'). „'s Va'liabtseyn is richti' a gànz ágná Luft, macht àlláwail *gestri'*, macht àllwail bedufft", Seidl, Flinserln IV, 33. 140. Zeitschr. V, 434.

Der Gust, der Geschmack, (welches Wort im Dialekt lieber auf den Geruch bezogen wird); Zeitschr. II, 77.4, 21. „Mit unaußsprechlicher Süssigkeit des Gusts"; Ridler: Kloster, 1695. Ich möchte Gust für das, dem lat. gustus zulieb, entstellte alte Kust (s. kosten) halten. Cf. BM. I, 593: gusten.

'Der Gust, ä. Sp., für Just = mhd. tjost, (s. oben, Sp. 629).' „Mir geschach in kurzen zeiten ein starkes widerreiten von Rabein ain pondelich gust" (= ein poinderlich tjost?); Cgm. 714, f. 167.

Gustaf, altschwed. Gotstaff. Bey Goldast (Alem. rer. scr. II, I, 114) als burgundischer Name Chustaffus. s. Grimm, Gesch. d. d. Spr. 707.

Der Guster, Gusterer, der Küster, (costurarius, custos; gl. i. 295. 311: gustra, aeditui; gustro, aeditorum); BM. I, 594. Grimm, Reinh. p. 372,503. „Ein Gusterer mit einer Tatze voll Meßgelder mit dem lateinischen Text: plus licitanti . ."; Charfreitags-Processi. p. 73. „Das wir dem guster geben sullen 36 reg. Pf."; MB. XV, 287, ad 1345. Die Gustrey, Gusterey, Küsteramt, Küsterwohnung. „In dij gustrey des gotzhauz zw Malherstorf"; MB. XV, 326, ad 1410. Gustray, Clm. 17420, f. 25ª.

(Vrgl. Gad, ged, rc.)

Das Eh-Gatt, (ältere Canzl. Sp.) sowohl der Gatte, als die Gattin; 'mhd. der gate, der mir gleich oder ver- 80
wandt ist, Genosse, BM. I, 487.' „Mir ist gesagt von ainem gatten (Bauernknecht von Straubing), wie er in dem tanz kunn watten", (Zierbengel? Lümmel? Etwa wie Gesell?), Heseloher, Cgm. 379, f. 161. (Vrgl. das alte gi-gado, bey Grimm II, 736 auf gadum, Haus, bezogen. cf. Graff IV, 143. „Den kaufman versucht man in seiner Gattung(?); B. d. W. 1485, f. 139). s. das folgende Wort.

'Der Gättling, ä. Sp., Geselle, Bursche; ahd. gataling, mhd. geteline, Graff IV, 143. BM. I, 488. s. Gatt.' „Der gettling in den gesmirbten hosen die kunnent mit schonen frauwen kosen", Heseloher, Cgm. 379, f. 157ᵇ. 158. Nithart I, 4. II, 3. XXIX, 3.

gättlich, (Franken) conveniens, passend, schicklich; (Kilian: gadelijk. Vilmar, kurhess. Idiot. 118: gatlich, gätlich. Zeitschr. I, 299,3. 1. III, 538,46. V, 344. VI, 14). „Als nun der heilig jüngling sant Sebald seine kindliche tag in dem Königklichen Palast bey seinen eltern gotlich vnd wol zupracht", Legende v. St. Sebald, bey Wagenseil, de civitate Norimb. p. 38. ungättlich, unpassend; (schweiz. ən *u˜gattigs* Chind, ein ungezogenes). Beym Prediger Selhamer steht gattiert für: gesittet. „Wie der Herr beschaffen ist, so sein ordinari auch seine Bediente gattiert." „Wol gattierte Schulmeister." „Wie eine Person gesitt und gattiert." Vrgl. das alte getilos, petulans, neben gataling, affinis, dann gegaten, bigatôn, accidere, evenire. „Des der argo furhtet daz pegatot in, quod timet impius, veniet super eum"; Notk. 62,10. Graff IV, 144. BM. I, 488: getelôs, ungebunden, zügellos. „Di getelosen boechelin", Diemer, Ged. 61, 9. „Jacobes tohter Dina tet sam diu getelose henne", Diut. III, 86. Diut. III, 146: „getloser, petulans." „Gettlos, lascivus; gettlosen, lascivire; Henisch 1616. Cf. isl. gethleysi, von geð, mens. „Mîn getelôs (Subst.) mich dar zuo brâht"; S. Helbling IV, 512. Cgm. 94, f. 31ᵇ: „getelosicheit er vermeit als vil er mohte vor seiner kindheit."

Die Vergatterung, Vergaderung, Virgattung, Virgatum, Vakatum, Figattung, Figatter, Figádə', (schon 1713 beym Wachius) die Sammlung, Versammlung, engl. gathering, (vom alten, noch im niedersächsischen und holländischen Dialekt üblichen vrb. gadern, vergaddern, schwed. gadda, engl. to gather, sammeln, versammeln; Müller, etym. Wbch. d. engl. Spr. I, 435. BM. I, 489. „Eine fü die stæle du einem gevateren. Diu sele begunde ergateren und sprach dem engel zu: Daz ist war, ich nam ein chû, ich gab sie aber sidere meinem gevaterem widere"; Tungdalus, Hahn p. 50,28. Zeitschr. III, 136: ergattern, erwischen. Vilmar, kurhess. Idiot. p. 118. Grimm, Wbch. III, 815: „durchs Gatter ersehen, erreichen, erhaschen." Cf. algater, insgesammt; BM. I, 489. W. Grimm, Athis und Proph. p. 68,47). „Alle Vergatterung und gefährliche Rottirung verhindern"; Gem. Reg. Chron. I, p. 515. „Die Versamlung, Vergaderung und lauf (der herrenlosen Kriegsknechte) abzuwenden und zufürkommen", L.Ord. von 1553, fol. XV. Noch kommt bey unserm Militär der Ausdruck vor: die Vergatterung (Figádə', Figáttər) schlagen oder blasen, d. h. das Zeichen geben, auf welches sich die Mannschaft aus ihren Quartieren oder Casernen auf dem hiezu bestimmten Platz zu versammeln und aufzustellen hat, battre l'assemblée. Das Wort Vergattung, Virgattung, Vakatum, Kindervirgatum ist der Eigenname eines Festes geblieben, zu welchem die Schulkinder am Ende ihrer Prüfung oder ehmals am Gregorientag (s. Gregori) jährlich versammelt zu werden pflegten, und das entweder in einem Umzug, wobey sie verkleidet die verschiednen Stände vorstellten, oder in allerley Spielen, wie z. B. dem Hahnenschlag, Tellerlaufen u. drgl., oder auch wol in Tanzen bestand. cf. Kaiser's Beschreibung von Regensburg p. 88 und 89. Indessen, da die Form Virgatum schon 1426 vorkommt, so ist dieß vielleicht ein ganz anderes (latein.?) Wort. G. R. v. Lang bemerkt mir, die Kinder hätten bey diesem Feste weiße Stäbe (virgas) getragen, und noch jetzt heiße es in Dünkelsbühl die Stabe. s. Virgatum.

Der Gatter, öfter der Gattern (Gàdə', Gàdə'n), Diminutiv: das Gätterlein (Gádə'l), und das Gätter (Gádə'), sind darin verschieden, daß jenes ein mehr kunstloses, aus gröbern Holzstäben, ja selbst Stangen, bestehendes Gatter, welches mitunter als Fallthor, Hofthor, Zaunthor dienen kann, das Gätter aber, wie Gitter, ein Gatter künstlicherer und feinerer Art bezeichnet. (Graff IV, 144. BM. I, 489. Zeitschr. VI, 120,81. Vielleicht sind die Formen Gätter, Gitter aus Gegätter entstan-
81 den). R. A. Gêts à˜ 'n Gàdə'n odər à˜ 'n Zau˜, d. h. gehe es wie es wolle, sey es getroffen oder gefehlt; coute qui coute, à l'aventure.

Deanə-l hopsá sá sá!
Und wenn də' *Gàdə'n* nét wá',
und wár də' *Gàdə'n* nét für,
so gáng I eini zó dir!
Tanzn und schwanzn,
schöné Gsángl singə˜,
kaə˜n *Gàdə'n* nét aufthaə˜,
frisch übəri springə˜!

Das Gätter in der Dürnitz, ein erhöhter, durch Gitterwerk abgeschlossener Raum für die höhern Hofdiener; (Föringer), Oberbayr. Archiv IX, 102. „Auf dem Getter, das. 104. 107. „So ein gevater gen irn gevatern beginnet snatern über den gatern"; Renner 18229. „Der den Todschlag getan hat, den sol des Gottshaus Richter durch den Gattern antwurtten, als jn die Gürtel vmbfangen hat", d. h. durch das Thor am Zaun um die Hofmark; MB. II, 526. „Slaggatern, vallum"; Voc. v. 1445. Gl. a. 362. 491. o 410: cataro, gen. catarin, woraus nach Gramm. 834 die Form der Gattern. Der Saggattern (Sàggàdə'n), in der Sägemühle das Viereck von Balken, in welchem das Sägeblatt auf und nieder geht. Der Strœu-Gattern (Strágàdə'n), bewegliches Gitter, um einen mit Nadelstreu geladenen Wagen hinten und vorne zu versichern. Das Fliegengätter, Fenstergätter, Gätter in der Kirche. „Am 20sten May 1632 ist der Khinig (von Schweden) zwischen 1 und 2 in die Unser lieben Frauen Pfarkhirchen zur Auffahrt Christi gerithen und derselben zwischen dem Getter Sancti Benonis Altar beygewohnt"; Wstr. Btr. VII, 314. Das Gätterlein der Hirten und Melker im Gebirg ist ein länglichtes Viereck von hölzernen Leisten, welches sie zur Erleichterung um sich nehmen, wenn sie in beiden Händen Milchgeschirre zu tragen haben. Das Gerichtsgätter, clathri, cancelli, die Canzeley, Meichelb. Hist. Fr. II, II, 374. MB. XIV, 278, ad 1376. „vergättern, circumdare cancellis", Voc. v. 1618. gätterig (gádəri'), adj., gegittert, gitterförmig. Dé Kalráwi (Kohlraben) sán' scho˜ àlln hılzə˜-r- und *gádəri'*.

Die Gattergült, Gatterstift, der Gatterzins, (Feudal-Sprache). „Eine eingelegte oder Gattergült, Gadergült, auch Überstift, Übergült genannt, ist eine Art von Gült oder Zins, welche nicht als Grundgült oder als Laudemium auf einem Gute haftet, sondern in Folge anderweitiger Vereinkomnisse gereicht wird"; Weirer, dissert. XXII, p. II. Laudem. Misbräuche p. 22. BM. I, 525. Grimm, RA. p. 75. 389. Adelung's Art. Gatterzins. Diesen Sinn scheint der Ausdruck indessen nicht zu haben in MB. XIII, p. 436, ad 1442, wo die „11 Schaff chorns, 11 Schaff Habern, 1 Schaff waitzen" rc. die jährlich von einem Hof zu gatergüllt gereicht werden müssen, wol eher als Grundgült anzunehmen sind, als die „3 Schilling und 12 Regensburger Den. der langen", die vor und außer dieser Gattergült ausbedungen werden. „Ewige Gatergült", MB. XVII, 176. 207. (Zu gattern, sammeln, oder 82
Gatter, cancelli, clathri? s. oben Vergatterung.) In einer Urk. v. 1618 (Meichelb. Hist. Fr. II, II, 374) verspricht der Verkäufer dem Käufer eines jährlichen Gefälles, dieser Ablösung und Kaufs halben „rechter Gater, Gewehr, schermb und fürstand" seyn zu wollen.

„Gätter, papilio"; Monac. Francisc. 248, f. 226.

Die „Gättl", (P. Abraham) die Elster.

Gatyen, Gáti-Hosen, Gárti-Hosen, (beym Militär) Unterhosen, (vom ungarischen gatya). cf. slaw. gaschtschi, gatschi; poln. gacie, ehm. böhm. hače; Dobrowsky, institut. 207. Slowokisch: Nebogi se Nemec že mu gäte˜ wezmau, nicht fürchtet sich der Deutsche, daß ihm die langen Hosen sie nehmen. Vrgl. Zeitschr. V, 469. „In Hemd und Gaten so soll man baden."

'getelos, getlos etc., ä. Sp., s. oben, Sp. 956: gättlich.

Der Geit, (O.L.) der Geiz; (ahd. mhd. gît, Gier, Habgier; Graff IV, 145. BM. I, 537. Zeitschr. II, 346. 566,26. III, 106. VI, 359). Geitkragen, Geizhals. geitig (geidi'), geizig, (mhd. gîtec; BM. I, 538. Vrgl. goth. gaidv, Mangel; agſ. gâd, altſ. gêdea. cf. franz. misérable, d. h. geizig). geittig, avarus; Voc. von 1419. Dés is ə˜ *geidigə'* Ding! „Wer zin und chupfer von ein ander bringet, der bringt auch die geitigen leut von dem unrechten gut", Br. Berhtold, Cgm. 1119, f. 45ª. „Owi, wie unrainer stanc uz des gîten giele dranc", Tungdalus, Hahn p. 49,9. „So den selben geiten beträget an einer seiten und er sich umbe cheret, vaste sich do meret der armen sele ungemach", das. 56,81. „Ez baten die mortgeiten (mordgierigen) Pilatum den richtære", Urstende, Hahn p. 106,25 „Domitianus ist gar geitig gewesen"; Av. Chr. „Lividus, geitig; livido, geiten", gl. bibl. v. 1418. „Gitigi, voracitas", gl. a. 563. i. 23. (cf. Grimm II, 45). „Avaritia, geitichait; ambitio, heregeitic"; Clm. 9537, f. 179. „Ambitio, ergeitt"; Clm. 5659 (XV. sec.), f. 220. „ergeitich, ambitiosus"; Ind. 392, f. 22ª. „Der ist ergeitig und erensiech", Cgm. 690, f. 24. „Immoderantia, getichait", San.-Zenon. 64, f.... „gitigheit, concupiscentiam"; Cgm. 17, f. 157ª. „So er ze geitleich ißt", Cgm. 632, f. 37. „Dan für Abstinenz Geitigkait gronet"; D. v. Plieningen.

Die Geit, Ente; Auerbach's Schwarzw. Dorfgesch. S. 176—177.

Gott (Gód), wie hchd. (ahd. got, gotes, gote, gotan; plur. gota, mit einem, dem u des gothischen guth entsprechenden, kurzen o, weswegen später das tt: mhd. got, gotes und gottes rc., plur. gote, gotte, auch götte, götter: in Boner's 18. (21.) Fabel, Cgm. 576, XV. sec., f. 20 noch gotte, aber Emm. D. 58, XV. sec., f. 142: göter, 'bei Benecke p. 69,17. 20 21. 23 und Pfeiffer p. 34: götte.' „Ir sit göter", Cgm. 64, f. 21. Als idolum war das Wort ein Neutrum. Graff IV, 146. BM. I, 555. Grimm, Mythol.² p. 12 ff. 1199: pers. khodâ, aus zend. qva-dâta, a se datus, ind. svadata. Cf. „Esse quod est ex se deus est. per quem datur esse"; Clm. 12513, XIII. sec. 8⁰, f. 33. Clm. 4730, XV. sec. 4⁰, f. 263. Wenn wirklich nach Burnouf das persische khodâ aus zend. kha-data = sanskr. swadata, selbstgegeben, *αὐτογενής* — so müßten die Germanen ihr Wort für diesen doch so wichtigen Begriff schon ganz gezimmert und beschliffen erst von den Persern erborgt haben. Unglaublich. Pott XL; ders. d. Personennamen², p. 150 f. Gaugengigl, göttl. Ursprung der Sprache, 1846, S. 13 führt Gott auf *χοϑ* (*χεύϑω*), verborgen seyn, und giebt an, im chinesischen Dialekt der Burmanen heiße kot der Verborgene, chines. ki-ko, ver-

bergen, ta, thun, setzen). Der alte Plural Gota, Gote kommt noch heutzutage in der Fragformel des Katechismus vor: Wiə vịl sán' *Gód?* Worauf das Kind die metaphysische Antwort articuliert: aə~ *Gód* und drey Perschoˉ. Nach A. v. Bucher (sämmtl. Werke 1, p. 37) soll es Pfarrern von ihrer geistlichen Obrigkeit sogar verboten worden seyn, zu fragen: Wie viel sind Götter? statt des altbewährten: wie viel sind Gott? Der Genitiv von Gód lautet außer der Zusammensetzung immer auf hochdeutsche Art: Gottes, Gottis, in der Zusammensetzung aber ist die Form Góds, (ä. Sp.) Gotts, Gotz gewöhnlich. Də' *Góds* wịlln, durch (um) Gottes Willen; aus Erbarmen; umsonst und um nichts. I bitt di' *də' Góds wịlln.* Si habm s' hält *də' gódswịlln* bhältn, weil s' sonst kaə~n Ort ghabt hiət. Maə~st, I stê gràd *də' Góds willn* dà? Zeitschr. V, 438. VI, 119,36. Einen *hintə God und vaə' God* bitten, d. i. sehr. Der Gottsacker (Gódsackə); der Gottsdienst (Gódsdeə~st); ä. Sp. die Gottsɛ, Gotzee (Gottesdienst, religio; MB. IV, 170. Meichelb. Chr. Ben. II, 117; Horneck); die Gottsgâb (Gódsgàb), fromme Benennung des Brodes und andrer Natur-, besonders mineralischer Producte, z. B. „die Gotzgab des Salzs", Urk. v. 1516; die Gottsgewalt, Naturereigniß, Krankheit u. drgl., als rechtlich entschuldigendes Hinderniß; das Gottshaus, Gotzhaus (Gódshaus), Kirche: Bischof Caspar zu Eichstett hat an den „Gottscheissern (!) vil gebauen", Cgm. 3934, f. 137^b. Pfarr-Gottshaus; der Gottshaus-Mêister, (wirzb.) Verwalter der Kirchencasse; der Gottsleichnam (Gódsleichnəm), corpus Christi, die consecrierte Hostie. „Ein liecht sol prinnen vor Gotzleichnam", MB. V, 531; Gottsleichnamstag (Gódsleiməstàg), der Fronleichnamstag; der, das Gottslôn (Gódslouˉ). „Einen Gottslôn gewinnen, thun, verdienen", rc. d. h. etwas durch Gott zu belohnendes; Gottesmêister (wirzb. Verord. v. 1682),
83 Kirchenpfleger, (s. Heiligenmeister); der Gottspfenning, Gotzpfenning, das Darangeld, arrha, MB. XXIV, 732, Augsb. Stdtb.; „la chaparra der gotzpfenning", Nomencl. venez.-todesco, Ms. v. 1424, f. 19^b. „von Gotts purde", ä. Sp., von Christi Geburt, MB. XXIV, passim; die Gottsrechtigkeit, Sakramente, womit Sterbende versehen (verrichtet) werden: „Alle Gotzrechtigkait empfangen"; „er (Herzog Albrecht) was also gestarben und gelingen verdarben on alle gotzrecht, reu und peiht", M. Beham, Wiener, p. 352,25. der Gottstâuffer, St. Johannes: „an des lieben herrn sand Johanstag des wirdigen gotztawffers zu Sumbenten" (1422), Cgm. 3941, f. 241; der Gottsweg, (ä. Sp.) Wallfahrt: „Pilgrim der auf dem gotzweg ist"; Rchtb. v. 1332. 'Gottvergessen, eine Pflanze, Andorn, marrubium album; Graff IV, 279. Diefenbach 350^a. BM. 1, 557^a.' „Marrubium haisset Mörppel oder gotvergessen oder Adorn", Clm. 5931, f. 218. Zeitschr. IV, 169. „Marrubium, gotez vorgezzen" (?), ZZ. 912, f. 97. Nemenich II, 514: Gotesvergeß, Gottverges, Gutverges.' Das Gottswort, Wstr. Btr. V, 54 ff. In manchen Ausrufformeln ist das Gotts, Góds in Kötz verunstaltet: *Kötz* Kreuz (∪-)! *Kötz* taus·nd! *Kötz*-Hall-Sákrəment! u. drgl. Gottskreuzdividami! (— tibi domine), Gottskreuzkreuzimäusl! Stelzhamer 123. 177. Zeitschr. II, 502,32. 33. VI, 265,38. Selbst im Englischen findet sich die Formel cots-blood! Vrgl. oben, Sp. 416: Potz, Botz (aus bi oder be Gotts?): Botz Lung! Freyb. Samml. III, 464. „Por tod, por blut, por leichnam", Cod. Attel 16, sermo 142. „In der zeit kam gotes blůt in daz chloster ze Awe an dem podemse", Chronik bis 1314, Cgm. 55, f. 44^b. Cf. franz. mortgoy! vertugoy! (von God? wie hôtel-dieu). Grimm, Mythol.^{2} 14. „Fit blasphemia cum Deo attribuitur quod non habet utpote membra corporea ut corpus, pulmo, vulnera et cetera membra humana per quae ribaldi maledicere et blasphemare solent vulgariter gotzwund, gotzleichnam rc. quae auditu horribilia sunt", Casp. Schatzger (1527), Ind. 403, f. 48^b. „Qui jurat per caput dei aut capillos vel alia huiusmodi tamquam deus secundum divinitatem talia habeat", Clm. 4717 (XV. sec.), f. 135^b. Bruder Wernher von Friburg, Augustinerlector, in dem Widerruf seiner Irrthümer, gethan zu Heidelberg 11. Febr. 1455, sagt: „Ich bekenn von dem andern artikel daz got an der gotheit kein liplich forme weder hende noch füsse enhat, sunder nach siner heiliger mentscheit haut er hende und füsse und liplich gelider als ein ander mensch"; Clm. 4721, f. 198^b.

Dieses betheuernde Gotts liegt wol auch folgenden Formen zu Grunde (vrgl. Zeitschr. V, 11): gotts ainzig (góds aə~zi', ∪́∪; b. W. ən Gottəs lài~z), ganz, durchaus allein, (vrgl. gottig, gotzig). Vrgl. mhd. gottes arm, im Wigalois 5315: „Sus liez er sich erbarmen die selben gotes armen." Der Gottsboden. Av. Chr. . . „Haben die jungen Kinder umb die Wand und Gottsboden geschlagen." „Alle Menschen auf Herrgottsboden." „gotes ellende"; Herzog Ernst 3176. Der Gottsjamer (∪́∪); adj. gottsjæmerlich; Zeitschr. 1, 135,4. gottsöberst, adj. (∪́∪), „der aller gottsöbrigist"; Selhamer. gottssamen, alles gotssamen, alle gotssamen, 'alle zusammen, omnes omnino. Grimm, Wbd. 1, 235.' Geiler v. Kaisersperg 'bey Scherz Oberlin I, 563': alle gottssamen. „Auf der Insel Paros sind die Mannen also werd daz sy all gotzsamen wiber da findent die schönsten; Cgm. 692, f. 61. Die Gottsschand (∪́); adj. gottsschändig. Zeitschr. III, 325. V, 438. VI, 191. 200. Die Gottswelt (∪́). Gàr nicks, auf də' *Gódswəld* nicks! s. unten gottig. Cf. Grimm II, 542. 552: gote-leid, maxime invisus; gote-lieb, maxime carus; gote-wuoto, tyrannus etc. BM. I, 556^b. 557^a. „Der gotes tumbe", (erzdumm); Maier Helmbr., Vers 85. Zeitschr. III, 346. Vrgl. česk. boho-pusta, ungeheuer großer, weiter und öder Raum; zbůh darma, ganz umsonst; Dobrowsky, Gramm. §. 246, p. 149. 150. Von drei Spielern (zu Karlstadt) sagt Kollar, Cestopis 35: „Hrali zde celau božj noc", sie hatten da die ganze Gottesnacht hindurch gespielt.

Göttler, ä. Sp.; „divini göttler die sich gotlicher sach annemen", (sündigen gegen das erste Gebot); Poll. 424, f. 35.

'gotechtic, mhd., „gottergeben, gottesfürchtig"; BM. I, 557^b. „St. Margaret was wîse von sinnen und was gotechtic (gottdächtig?) von gemüte", Herm. v. Fritzlar, Pfeiffer's Mystiker I, 155,16.

'Über Personennamen mit Got-, Gott-, s. Förstemann I, 529—543.' Froumund scandiert (Clm. 19412, f. 83. 84. Pez, thesaur. VI, I, col. 180—181): Gótáfrid, Gōtâhârdus. — Gottschalk, ahd. Godascalc; cf. Gaudichaud, Gouchault.

Zu bemerken sind auch folgende, wie es scheint, elliptische Redeformen, (vrgl. Zeitschr. V, 438. 116,2).

gottdenk, (Würzburg) allerdings. Cf. Diut. III, 56: „Do hine uber lanch so sol got sin in danch ube wir zeinem pfaffen chomen"; 's. BM. I, 354^b: „so soll Gott sich damit begnügen, sich noch schön bedanken", wenn . . .'

Gott geb, es sey der Fall, es sey; *go ge* warum, sag mir doch, warum; ich möchte doch wissen, warum; (Rath Her, Ammergau). Zeitschr. III, 347. VI, 90. „Gott geb wer, quis quis; Gott geb wie, ut cunque"; Prompt. v. 1618. „. . uns blos den Inhalt des Mandats, Gott geb, der sey vollkommen oder nicht, überschreiben", Ldtg. v. 1612, p. 319. „Sy vermainen, wann nur die Büchsen laut schnallen, gott geb, sy springen oder verreißen, dy fragen nichts darnach", (sie mögen auch springen). Fwrbch. „Wie sich die Mannsbilder gegen den Weibern, Gott geb, die sein verehelicht oder nit, zutäppisch machen". . . „Die Gesatz, Gott geb die sein gut oder bös". . . „Halt die Obrigkeiten in Eren, Gott geb, wie sie sein". . . „Ein Poet bleibt ein

Poet, Gott geb was man aus jm macht"; Puterbey. „Geb, was man jhn zeich oder thu, laßt ers seyn und schweigt darzu"; geistl. Schaub. v. 1683. So sagt auch der Schweizer (mit Weglassung des Gott) blos geb. *Geb* wiə mə˜ 's mach·, so ischs nét rècht. Zeitschr. III, 347. Dieses bedingweise gebrauchte Gott geb ähnelt dem dänischen als Wunsch üblichen give Gud, abgekürzt
84 gid! (möchte doch!). (Vrgl. „gotgä", im mährischen Kuhländchen nach Meinert soviel als meinethalben). 'Cf. mhd. were got, wer got, gewähre, gebe Gott, geliebt's Gott, quaeso; Grimm III, 243. BM. I, 555^{b}. III, 581 f.' „Were got, nu sprich"; Diut. III, 66. „Wer ist da weri got", das. 74. „Min neue, weri got, du ne scolt nieht ingelten", das. 77. „Nemet daz, weri got", das. 87. „Wie tůt ir so, werigot", das. 101. Werigot, gib uns genůch", das. 106.

gott und gar, ganz und gar; Canzler's Quartalschrift, Bnd. IV, 77.

Gott wol keit (gó'wólkeid, góppəlkeid, gó'diká), Gott wol sprich (goppəlsprich, s. Gramm. 694), als wollte man sagen, gleichsam; verbi gratia, zum Beyspiel. Zeitschr. II, 347. 556,39. III, 349 ff. 504. V, 438. VI, 293 f. Tobler p. 229: gotterchîd. Stalder, Dialektologie p. 263: Gott mer chid. Wiə *gówólkeid* (⏑́ ˊ ⏑) als wenn I sunst nicks z·taə˜ hêd. s. keden u. sprechen. Als got er sprăch, (Dr. Kittel, Aschaff.) als gut, eben so gut; (noch das alte gôd??). Vrgl. im Iwein 1679: „Ouch tæt si, Gott erkennen, mir an mîn selbes lîbe baz daz"; '(s. Benecke's Ausgabe^{2} p. 53 und 282, Anmerk.)' Nach Reinwald heißt im Wirzb.: „aus Gottwolkeit" soviel als: aus gutem Willen, ungezwungen.

gottwillkomm, gottwillkumm, gottwillkemm! (gottikam, godikum, godikem, guədékam, ⏑⏑ˊ; zum gottékam, Stelzhamer; s. unten kemen, kommen), (O.L.) Bewillkommungs-Gruß: sey, seid willkommen! BM. I, 906 f. Zeitschr. III, 345 f. 530,8. VI, 256,26. Grimm. Myth.^{2} 14. „Osy salvifica interpretatur, anna interjectio deprecantis est quasi dicat heilo ä '(aut)' wilichom, hi˜ '(hujusmodi)' barbarus dicat: wolo herro heile gnadigo"; ZZ. 796, f. 167. „Gott wilkum, ut exspectatus advenisti, salvum te advenire gaudeo"; Prompt. v. 1618. In der Schweiz ist diese Formel in: Gottwillchə˜ (⏑́ ˊ ⏑), im mährischen Kuhländchen mit vorgesetztem bis oder sei gar in „skolkuom" zusammengezogen. Vrgl. Gramm. 694. „So mit Gunst, Gesellschaft, bis mir Gott willkommen!" sagt der Altst-Führer zum Schenkgesellen nach dem alten Handwerks-Ceremonial. „Bischof Lupus zu Troß empfieng den König Atzel mit den Worten: Biß mir Gott willkomm, du Zorn und Rute meines Herrn!" Av. Chr. 281. „Der frumm Prophet Samuel hieß jn Gott wilkummen sein . . . ." „Seit Gott wilkumb von Giba ain held außerkoren . . ."; Reime v. 1562. „Du solt im spise hinfur tragen und bit in got willechomen sin." 'Mich hat diu werde vrowe min got willechomen heizen sin"; Cgm. 44, f. 76½. „Diu naht si gote willekomen", (sey gepriesen, gelobt); Iwein 7400, Benecke p. 270 und Anmerk.; auch Grimm, Mythol.^{2} p. 14. Klarer ist die im Parzival 305,25 vorkommende Formel: „Got alrêst, dar nâch mir sît willekomen." „Bethiu, goda endi mi uuillicumo", M. M. 57^{c}. „Got willekomen und mir", Ulr. Trist. 865. 1587. „Gote und mir sit willekomen", Heinr. Trist. 4777. „Seit got willkum und auch mir", Cgm. 713, f. 140. 216. Cf. „Dank dir Gott! Grüeß dich Gott!

„Gott unerzürnt, venia sit dicto, mit Gunst zu reden"; Prompt. v. 1618.

Gott unverwissen, s. Th. IV: weißen, verweißen. „Ja denck sie, was am Mändi mir für a Streich bassirt: I will *Gott unverwisse* in d' Achte-Pretti gehn und . . ."; Straßburger Gespräch zwischen Juliana und Ursula v. 1750—60, gedruckt in Radiusiana I. Vrgl. BM. III, 782 f. und 790.

gottig (götti'), adj., einzig. ə˜ *góttigə'* Baur is ludaəgng, ein einziger Bauer (im Dorfe) besitzt wahres Eigenthum. D· Henn hàd ə˜ *gótti's* Aə glégt. Nét ə˜ *gottigé* Sılbm hàn I və'stan'ə˜, nicht eine einzige Sylbe hab ich verstanden. (b.W.) áf də' *gottingə˜* Wəld ni˜cks; vrgl. oben Gottswelt. „gotticher, ein einziger", Wackius 1713. Sollte dieses adj. gottig, wie gotzig (w. m. s.), elliptisch aus der Formel gotts ainzig entstanden seyn? vrgl. Gramm. 747. cf. Gregor 2963: „aller gnaden eine"; '(Lachm. 2965: „der gnâden eine"; Grimm IV, 731. BM. I, 419,III. Vrgl. alters eine.).'

Die Gott, Genitiv der Gotten (Gód, Gódn), auch: die Gotten, die Gottel (Gódn, Gódl), die Tauf- oder Firm-Pathe; (gl. o. 23: gota, admater; 282: gotele, filiola); engl. god-mother und god-daughter. Der Gött, Genitiv des Götten (Géd, Gédn), auch: der Göttel (Gédl; s. Gramm. 569, Anmerk.), der Tauf- oder Firmpathe, engl. god-father (gleichsam geistlicher, priesterlicher Vater) und god-son; (ahd. goto, gota, mhd. gota, gotte, göte, götte; Graff IV, 154. BM. I, 558. Weigand, Wbch. 450. „Patrinus, godt; patrina, gottinn"; Fürstenzell 44, f. 22. „Filiolus, gottlein; filiola, gotla"; Ald. 233. „Paternus, gott, materna, gottin; filiolus, göttlein; filiola, göttla"; ZZ 803, f. . . . „Filiolus, gotlein; filiola, gōtla; Clm. 15543, f. 279. „Compater, gevater; commater, gvätrin; patrinus, got"; Monac. Francisc. 184, f. 102. „Gotte, patrinus; gotta, patrina"; Voc. Archon., sec. XV., f. XIII. Kilian: goede, goedel, commater, god-moeder. Kölnisch: Godd, Pathin; Firmenich I, 447. 459. Vilmar, kurhess. Idiot. 133. Zeitschr. II, 92,55. 347. V, 437 f. Cf. ags. godsib: Moræl wæs Melcolmes cynges godsib", susceptor, jetzt gossip, Fraubase, '(Müller, etym. Wbch. d. engl. Spr. I, 459)'; Saxon. chron. p. 306. Der Umstand, daß das Mascul. Gött, das Feminin Gott heißt, rührt nach Gramm. 808 wol von Einfluß der ehmaligen Flexion des Genit. und Dativ her, welche 85
für das Masculin (goto) -in, für das Feminin (gota) -un war. Vrgl. An·l und Tott. „Ob ain man ain kind aus der tawff hebt oder zw der firmung helt als er wirt gefatter des kinds vater oder mueter und des kinds göt, also wirt auch sein elichew hausfraw, die vor mit ym leipplich vermischt ist, geuatter des kinds vater vnd mueter und des kinds got vnd ob halt dy fraw tawsent meil von ym wär", Beyh. 42 (Clm. 5192), f. 115. „Do gewann er im ze götten den grafen zu Wulfing", Hugdietrich 172. Haupt's Zeitschr. IV, 420. „Wofern ein Tauf- oder Firmungs-Path seine Gothl zu Fall bringt.."; Cod. crim. von 1751. „Aus Anreizung meiner Oltern, Gschwister, Gott und Freunden"; Veit u. Conr. Schwarz, ad 1557. „Wider seinen göten, den er aus der taeffe geheft hat", Rchtb. v. 1332. „I. . . . än Fuessfall hat ä' than (der zum Gevatter Bittende) und hat von kristlign Werk langmächti äppas gstrodelt. H. Waist nöt däs wölli' Knie dä' Gvatä' z·erst hat bog·n? Beim rechten is's ä *Göth*, beim denken is's ä *Gothn*", Lindermayr 63. „Än *Göthn* sollt i' höb·n", das. 70. Castelli, Wbch. p. 145: „der Göd, Pathe, die Godl, Pathin; manchmal heißt Godl ein Mädchen überhaupt: rassi *Godl*, hantichi *Godl*, ein feines, heftiges Mädchen." (cf. oben, Sp. 708: schwäb. Fé-l, filiola). Das Gottengewändlein (Gódngwándtl), (O.L.) das neue Kleid, welches der oder die Taufpathe dem zur Taufe gehobenen Kinde, wenn dieses etwa ein paar Jahre alt geworden ist, machen zu lassen pflegt. Im U.L. wird nur ein Hemd (Gotten-Hemetlein) gegeben. Der Göttenlöffel, Löffel von Silber, mit dem Namen des Taufpathen, den in München ein solcher, wenn er zu den Wohlhabendern gehört, seinem 2—3jährigen Taufkinde zu schenken pflegt. Das Gottat, Gotteit, ä. Sp., Person, sie sey männlichen oder weiblichen Geschlechts, insoferne sie Tauf- (Firm-) Pathe oder Tauf- (Firm-) Kind einer andern ist. s. die Endung

=eit. Im Münchner Stdtb. (Ms. v. 1429) unter dem Titel „umb gevaterschaft" heißt es: „Weder fraw noch man sullen dhainem götteit (Ms. v. 1453: got=tat) mer geben denn XII dn." Anmerk. Sollte das alte goto, gota zusammengehören mit cotinc, tribunus (gl. a. 224) und gotên (a. 605. Mm. 27), justificare? Vielleicht ist es gar mit goth. gudja, isl. godi, praefectus sacrorum, sacerdos, Priester, verwandt; (s. oben, Sp. 874: Göding). 'Näher liegt gudja, Rechtsalterth. 751." Jac. Grimm.' Dafür spricht der Schleiff=Pfaff und die Schleif=Göttin, Gesellen=Pfaff im Handwerker=Ceremonial (von Frisius) bey den Böttchern. Grimm, Myth.² p. 78. 86.

Göttenbrod. „Acrismus senfft gehoeflett brot oder goettinbrot"; Voc. Archon. f. 44. Vrgl. Diefenbach p. 10ᵇ.

Götling. „Esel, dorff weiser götling", schilt der Tod den Ackermann; Cgm. 579, f. 49. 'Vrgl. oben, Sp. 95: der Gättling.'

Güttgen, cobalus, Kobold, Giber; Gemma gemmarum v. 1508, p. 2.

gutteln, guttern (gudə'n, gudln, gu'ln), ein Geräusch machen, wie Flüssigkeit, die aus einem enghälsigen Gefäße ausgegossen wird. '„Stalder I, 489"; Jac. Grimm.' Der Gutterkrueg, Gutteleinskrueg (Gudərəskruəg, opf. Guttə'lə~skroug), Krug mit engem Hals, Sauerbrunnenkrug. „Die Stumpfen führten ein Wasserkrug oder Gutterkrug im Schildt", Hund, St.B. I, 343. Die Guttern, (Lech, Ammer) gläserne Flasche oder Bouteille. . . „Die großen 4eckhigen Guttern, so stärkher als die andern runde, tuet man in ein Filß, daß sie nit verstossen werden . . ."; Notata des Frh. v. Bodmann, Ms. v. 1709. „Fiala, ein chudrulff"; Clm. 5877 (XV. sec. 1449), f. 115. Grimm II, 331: Guterolf. Mone's Anzeiger VIII, 407: niederd. goddorf. Im Catalanischen heißt jedes Glas un got, in den Vogesen ing gondon, ital. un gotto. Vrgl. auch: „bulla, ein Wasserblattern, ein Gutteren; bubulla, Bläterle, gütterle." Frisius 984. Vrgl. Graff IV, 176. BM. I, 594.

guet (b. guəd, opf. goud), adj. u. adv., wie hchd. gut, (goth. gôd. ahd. guot, guat, côt; Graff IV, 154. BM. I, 587. Zeitschr. V, 443. 183. 191. 196). Zu bemerken sind hier vielleicht folgende mehr dialektische Formen und Bedeutungen. R.A. guet g'nueg ist schlecht g'nueg, oder: der Guetgnueg macht 's schlecht gnueg, d. h. wer sich leicht tröstet, daß etwas gut genug sey, wird nicht leicht zu etwas Tüchtigem gelangen. Der Guetgnueg, ein Lückenbüßer; Theil eines Weiberkleides, der durch die Schürze gedeckt wird und darum von schlechterem Zeuge seyn kann; (Kösching, nach Lehrer Beiner in Wäging). Guet deutsch (⏑–́), guet keck, guet lang, guet spæt, guet richtig u. drgl., so ziemlich deutsch, so ziemlich keck ꝛc. „Was sich der gestrenge Herr einbildet, da meint er guet keck, ich werde ihm nachlaufen", Bucher's s. Werke IV, 242. Dés is *guəd richti*', das ist, sollt ich meinen, einmal richtig. (Kilian: goed rond utseggen, frey heraussagen. Cf. ahd. guotgern, wole enstich, benigna, Cgm. 17, f. 100ᵃ. Ps. 68,20; die guotgerne, benignitatem; Cgm. 17, f. 80ᵃ. Graff IV, 235). Guet vom Gold, vom Silber, von echtem Golde, Silber. Dés Kreutzl· is *guəd vo~'n Silbe*'. ə~ *guədé* Haubm, Haube, mit echtem Silber oder Golde gestickt. guedtüəchə~, (ehmals beym gemeinen Volke) von echtem Scharlachtuch. „Gůt lünbisch rot von tůch er was" (der Rock), Hans Folz, Neu. lit. Anz. III, 407. Vrgl. ahd. goto=uuebbi, gota=webbi, purpura, agſ. godvebb; cf. Vocab. Archon. f. XXIᵇ: auleum heidenisch werck. Diefenbach 61ᵇ. Graff I, 646. IV, 154. (b. W.) Kàn ə' *guəd* ráffə~ so kàn ər á *guəd* zàln. Die guet Kammer, (O.L.) in welcher das Bessere an Kleidern u. sonstigem Hausrath aufbewahrt wird. Der guet Mòntag, ehmals (s. Lori, BergR. 260), wie noch in der Schweiz, der blaue Montag; 'auch blos: der gute Tag,' (s. unten der Mân: Montag. Stalder I, 490. Tobler 248. Grimm, Mythol.² p. 113. 'Scherz I, 582'). „Die prudere mugen ezzen fleisch an deme guten tage auzerhalb coventes", Regel des Spitals zu Jerusalem (1286), Clm. 4620, f. 105. „Suntagbuchstab. all iar betütet ainer den sunnentag vnd denn daz nachgend den gütemtag vnd also furbaz", Cgm. 397, f. 12. „Volbracht ist dis buech an dem nästen guotemtag vor dem mayentag 1382"; Cod. Palat. CCCLXXII; Wilken p. 451. (ä. Sp.) eine Art Ehren=Prädicat vor Namen der Heiligen. (Vielleicht daher: ahd. gôtlich, mhd. guotlich, guollîch, gloriosus; guotliihhi, gloria (dei), guot=liche, gloria; Cgm. 17, f. 11ᵃ. günlichi oft im Cgm. 634, f. 284. 277 ff. cf. b. W. ə~ Biə'*guəd*, Wei~*guəd*, Säufer. Graff IV, 170. 171. BM. I, 592. s. unten: güetlich.) „Der gute wyßage S. Ysayas", Winerl Gloss. „Do weicht der babst san dem guten sant Stephan ein munster ze eren"; Kaiser=Chronik. „Und haben dem guten sant Peter (zu Peyrberg) einen unsern eygen 86
man auf sinen altar geben", MB. VI, 415, ad 1326. „Dem guten Sant Johanns", MB. V, 483, ad 1344. „Dem guten Herrn Sant Benedicten ze Paeuren und dem Gottshaus daselbn", MB. VII, 172, ad 1355. Br. Berhtolt unterscheidet p. 60 (Pfeiffer p. 266,13): „die guoten liute in der alten ê und die heiligen in der niuwen ê." Frau Gutte, (Bregenz); cf. Kemble, Beow. I, 244. 'Grimm, Mythol.² p. 231 f. Förstemann I, 529 f.' Für guet, verguet haben, nemen, vorlieb nehmen. BM. I, 589. „Nim von uns vurgůt hie sine liche und sin blůt", Clm. 4616, f. 54. „So nim sy daz vergut", Inderst. 161, f. 100. „Jesus das kindlen kumpt do har und bring uns allen vil selige jar es hett vergossen sein rein blütt es ist noch jung haben ver gůtt so es nun gewächst zw einem man sein blütt mussen ir alles han", der Franciscaner Erasmus Schaltorffer 1478: In festo circumcisionis; Monac. Francisc. 210, f. 80. „Welt ir mein ding fur gut haben uon mir", Mich. Beham, Wiener 412,23 „Solt ich nit ver gut haben mit dem vermugen, daz ir mir tut, ich wil gern mit euch han vergut", das. 412,27. 29. „So wirstu auch ohn als verdriesen vergut nemen mein alte tag", sagt der alte Jagdhund zum Herrn; H. Sachs 1560: II, IV, 54. „Wo sie freundlichen scherzen thut und nimbt auch scherz wider vergut", das. 81ᵃ. „Und wolst mit mir nemmen vergut", das. III, III, 28. „Mit dir allein hat Lieb verguet"; Gesangbuch von 1660. „Die Spillüt suln verguet haben was man in git"; Augsb. Stdtb. Wàs is denn dés *vógust?* wozu nützt denn das? „Sollend wir billich iez mal an dissem Vergun haben und Gott dem Herrn darumb dank sagen", Abt Witwyler zu Einsideln (1585—1600), Kopp, Gesch. Fr. I, 95. „Mit der vorgut des R.", mit seinem Gutheißen; Augsb. Spitalurk. v. 1313. Nimmvergut, Dörfchen bey Klentsch in Böhmen; Sommer VIII, 121. Ein anderes in der Nähe heißt Gibacht. Zu gueten Eines, Einem zu gute. „Zu Gueten der Minderjährigen", Ldtg. v. 1669, p. 482. Zu guet nemen (?). „In Zusagung der Steuern hat man die Gesandten zu gut genommen"; Kr. Ltghdl. XIII, 127. 's. unten: das Guet.'

gueteinen (⏑́⏑), (Nürnb.) gut seyn, thun, riechen, schmecken ꝛc. s. oben, Sp. 93: =einen. gueteinend (goudeinə~d), adj. Vrgl. Zeitschr. V, 443: guetelen.

gueting (guəting –́⏑), ein Adv., welches immer ein starkes Maß, einen hohen Grad ausdrückt; „zehen Pfund gueting, drey Seidel gueting", d. h. wohlgewogen, wohlgemessen. „Gueting bös, gueting frum", Wackius 1713. Las fei~ d· Suppm *guəting* ausbrégln. „Der schwartz Hund laufft guetding, der weiß laufft auch guetding, aber der rot ist über jn", sagt schon der Elsaßer Johanes Pauli aº. 1519. Doch will ich nicht entscheiden, ob gueting ein einfaches Adverb oder ein Compositum aus guet und Ding sey.

gueteleeht (guətələ'd), so ziemlich gut; (Baur).

Die Guethait, Güte, Milde des Charakters. „Güthait, beneficium“, Dr. Eck (1542). s. Guettât.

güetlich (güətlə), adv., (O.L.) sachte, ohne Anstrengung oder Eile. „Du must hübsch *giətlä* gehn“, (sachte); Lindermayr 120. (In der a. Sp. war guotlîh, guollîh gloriosus; s. oben: günlich und guot). Die Guetleicheit, (MB. IX, 271, ad 1446) die Gütlichkeit, gütliche Abthuung eines Streites. Das Institut der Friedensgerichte hat schon vor Jahrhunderten bey uns bestanden. Vrgl. sich etwas zu guet thun (auf etwas) und mhd. guotlichen, beneplacere? Diut. III, 125: „Ir iuuuich guotlichente iuden lazet iuuueriu manigiu hohchost sin.“

'Die Guettât, Guetat, Guetet, gutes Thun, gute That, gutes Werk; BM. III, 147.' „Sin gůtet miner gůtet schin mit gırte übergırtet“, Diut. II, 248. „Alle gůtet“, beneficia; Cgm. 101, f. 108. guettât, bona, divitiae, Vollkommenheiten, Cgm. 632, f. 35. Si' ə~ *Guətət* à~ oder áftou~. Dés wár ə~ *Guətət!* (verschieden von Guettat; s. Guethait und Güeté, Güətəd). Zeitschr. VI, 468.

Das Guet, wie hchd. Gut. Das Diminutiv Güetlein (Güədl) bezeichnet im U.L. ein solches Bauerngut, das minder als einen Viertel- und mehr als einen Zwey- und Dreißigstel-Hof ausmacht, und dessen Feldwirthschaft gewöhnlich durch ein Paar Ochsen betrieben wird. Der Besitzer eines solchen Gutes heißt Güetler (Güədlə'), Klaingüetler; MB. II, 45, ad 1390 (cf. Wstr. Btr. VII, 61. 62) wird unter Guet insbesondere das Vieh verstanden: „behuttes guet, unbehutz gut.“ So nennt der Berner Landmann sein Vieh Waare, der Salzburger Sach. Trucken Guet, trockene Kaufmannswaaren. Der Güeterwagen (Güədə'wàgng), Frachtwagen. Beschlagnes Guet, (im Salzwesen) das in Kufen, Scheiben, Fässer ꝛc. eingeschlagene Salz. Das hôchwirdig Guet, das Altars-Sacrament, die con-
87 secrierte Hostie. Hierauf wird sich doch wol nicht die Fluchformel: dés və'fluəcht', dés Dundərs-, Gàlgng-, Teufəls- ꝛc. *Guəd!* (der fatale Umstand!) beziehen. Näher läge des Frisius (Voc. Archon. v. tactus, fol. XI): „das Guot, apoplexia, paralysis. cf. sälig. Kain Guet tuen, wie hchd. kein Gut thun; aber auch affirmativ: ain Guet tuen (ə~ Guəd taə~), von Personen und Sachen: sich fügen, schicken, recht thun oder seyn. Tou dər ə~ *Guəd*, laß dir wohl seyn.

Das Guetlein, Guetelein (Guətl, Guətə-l·), (Kinder-Sp.) die Schleckwaare, le bonbon.

Der „Strausgüetl (Prasch) prodigus.“ „Ein Streusgut“, H. Sachs. (Ein Verstreu's Gut?)

Die Güeté, die Güeten (Güəté, Güədn, Güə'n), Güte. I hàb əm 's i~ də' béstn *Güədn* gsagt. Die Güətəd, (b. W.) gute Beschaffenheit. cf. Grieshaber, Pred. I, 2—5: diu erste (ander, dritte ꝛc.) gůtete, gůtete, gůtate.“ s. oben Guettât und Guethait.

güetig (güədi'), wie hchd. ungüetig, böse. Die Formen güetiger und güetigist gelten im O.L. als Comp. u. Superl. von gut. s. Gramm. 894.

güten, (wirzb.) zur Güte, zum Vergleich rathen.

Der Gátsch, Gátschi, (Salzb.) gestockte Milch; gátscheté Milch. Cf. ital. cacio, Käse; caglio. s. unten: ketschig. Zeitschr. IV, 161.

gátsch, gátsch! (b. W.) Lockruf an Enten. Gätschə-l, Ente.

gautschen (Lech), getschen (opf.), schwanken, schaukeln; cf. BM. I, 500. Zeitschr. VI, 181. „Der Schwebwasen im Gesümpf getschet, wenn man darauf tritt“, (gibt nach, schwankt).

Die „Geutschen“, (Hauser) die Lache; vrgl. Gritschen.

gitscheln, vergitscheln, (Zips) verhätscheln. 'Vrgl. Zeitschr. V, 435.'

Gietschenbaum, (Pseud.-Zir.) der Zaunbaum. „Verfriedbaum ist ein Zaun- oder Gietschenbaum.“ Vrgl. Gieschṭ, (Zir., Pinzgau) Zaunpfahl; s. Gärt.

Die Gutschen (Gudschə, Gudschn), ä. Sp. Gutschi, die Kutsche. Wenn nicht Name und Sache aus der Fremde nach Deutschland gekommen sind, span. el coche, franz. le coche, ital. cocchio, engl. the coach, so möchte man glauben, daß durch dieses Wort eigentlich der hutschende, d. h. schwankende, zwischen den Vorder- und Hinter-Rädern aufgehangene Sitz bezeichnet sey. Vrgl. böhm. kočár, kotčár, Kutsche, kočí, Kutscher. Unsere Form wol zunächst aus dem adjectivischen kočj (wůz). Diez, Wbch. 104. Müller, etymol. Wbch. d. engl. Spr. p. 218. Zeitschr. III, 213,2. V, 91. Im Ungarischen Magazin von Windisch (das ich 1839 von Wien mitgebracht) I. Bnd., S. 15—21, II. Bnd., S. 412—465 (1781), III. Bnd., S. 221—253: Beweis, daß die Kutsche eine ungarische Erfindung und Benennung nach dem Orte Kotcze sey. Das in Spanien so übliche calesa, calesero '(ital. calesse, franz. calèche; Diez, Wbch. 81)' — sollte es vom böhm. kolesa herrühren, das in kolo, Rad, ein gutes Etymon hätte. cf. Beckmann, Beitr. z. Gesch. der Erfind. (1782), S. 390. Schier p. 97. Die böhmischen (ungar. u. österr.) Gesandten an Magdalena, König Ladislaw's Braut, brachten nach Tours a°. 1456 auch eine Kutsche („branlant et moult riche“) als Brautgeschenk mit; Horky I, 178. „Carpentum dicitur proprie currus nobilium vulgariter hangender wagen“, Clm. 5685 (XV. sec., 1412), f. 59. Im Cod. iconogr. 342 (v. 1523—29), f. 32, ist ein zweyräderiger, bedeckter Karren abgebildet mit der Unterschrift: „Also der gestallt karen und fuerleut praucht man in Castilien, Kha. Mat. (Kayserl. Majest., d. i. Carl V.) wen er vber lanndt reit zum trost.“ „Der ungarischen herren Gotschen und gueterwägen zu Prag“ (1562), Cbm. 1971, f. 4. „Der Herzogen aus Bayrn Gotschiwagen“, das. f. 7. Freyberg, Samml. IV, 279. 291. 348: Gotschi; „auf ain (statt: in einer) Gotschi faren.“ „Item dem Barthlmä Holzheu wegen gemachter Kaiser Gutschi für ir durchl. coadjutor zu cöln 64 fl.“, alte Hofrechnung v. 1599; Wstr. Btr. III, 117. Gutschiros, Kutschenpferde; Wstr. Btr. V, 177. Der Gutschner, der Kutscher. „Essedarius, Gutschier,“ Clm. 571 (XVI. sec., 1514), f. 13. Ein „Hilprand Kutscher“ erhält 1505 aus Herzog Georg's Erbe Ellenkhoven Schloß und Hofmarch zwischen Schwaben und Wasserburg; Oefele, scriptor. II, 490. „Sich auf Faullentzen und Gutzschenfahren begeben,
wie es Reisigen und rittermäßigen Leuten nicht wohl an- 88
steht“, Spieß, Arch. Nebenarbeiten II, 38. Es war nemlich noch zu Ende des XIV. Jahrh. für Edelleute nicht anständig, anders als zu Pferde über Land zu reisen. (cf. reiten). „Tischgutschen, discubitorius lectus; Gutschenbett, grabatus“, Prompt. v. 1618. In einem Bauernhause am Schliersee hab ich, wie im Allgäu, das, was sonst in B. Lotterbank heißt, die Gutschen nennen hören. Also betiteln auch die Gemüseverkäuferinnen auf dem Münchner Marktplatz ihre kutschen-ähnlichen Sitze. „Gytschlin oder lotterbetlin, reclinatorium“; Voc. Archon. f. 21. Cf. česk. kotec, genit. kotce. Kilian: „koetse, sponda, lectus; lectica; koets-waghen, lectica, vehiculum levius quo nobiliores gestantur.“ Gautsche, Wiege; Zeitschr. III, 109. 213,2. Gäutschlé, (Lechrain, Baron Leoprechting) gepolsterte Ofenbank. Im Salzburgischen heißen scharfe Vorsprünge auf Bergrücken „Goetschen“; Fr. W. Walther, topische Geographie von Bayern, S. 312. (In Calderons Peor está que estaba, Jorn. 3a., bedeutet coche wol gleichfalls nur soviel als silla, Tragsessel).

Das Gaw, Gew, s. Gau.

Der Gáwiz·l, (Hauser) der Teufel. cf. Grauwuz·l.

'gewen, das Maul auffsperren, gähnen; (ahd. giwên, gewôn, mhd. gewen; Graff IV, 107. BM. I, 543. Vilmar, kurheff. Idiot. p. 141. Zeitschr. II, 33).' „Sein (des „leben", Löwen) gil mit weitem gewen", Pütrich's Ehrenbrief 134. „Ich blies in mînes hornes gebe", Labr. 47. Vrgl. oben, Sp. 917. 919: gaunen, gienen.

Der Gätz (Gétz), (OPf.) Art Brey, z. B. Erdapfelgätz. Zeitschr. II, 31. 33. VI, 172. Das Gätz (Gáz), (U.D.) weiche, schmierige Materie; nach Hauser: die Eingeweide mit Koth und Unflat. „Einem das Gáz ausdrucken." gátzen, voll Gätz seyn, starren von Gätz. Cf. česk. kaſſe, fem., Brey. Das cechische pápa, dětinska kaſſe, erklärt Tham p. 440 durch „Kindkaſh, (also hier g = k, wie in Gutsche, Gabes rc.). Vrgl. Az und Bätz.

Die Gatzen (Gatz'n), ital. la cazza, (Diez, Wbch. p. 96) ein Geschirr, gewöhnlich von Kupfer: 1) zum Schöpfen von Flüssigkeiten aus einem größern Gefäß; VII Com. Gerz, Gherz, 'Rührlöffel, Schöpfkelle,' cazza, mestola. 2) zum Messen. Etwa zu mhd. gôz, Guß; Barlaam, hg. v. Pfeiffer 320,40; vrgl. Olgötz. Die Biergatzen, Milchgatzen. Die Maßgatzen; die halbe (Maß-) Gatzen; das Gätzlein (Gätzl), eine Viertels-Maß haltend. „Gozzen", Landbote vom 28. April 1834. Vrgl. Helbling III, 328: „Durch iuwer tugent verstêt. ich mizze ebener danne gerz die nie dehein man übermaz"; (Haupt, Zeitschr. IV, p. 93, vermuthet einen deminuierten weiblichen Personennamen; — Gertrud?). ausgätzeln, z. B. die Milch, sie Gätzleinweise verkaufen. Im Ries: vergätzeln, verschütten, verleppern.

gatzen, gatzgen, schnattern; verächtlich: schwatzen; stottern, mit der Zunge anstoßen; vorlaut seyn. Zeitschr. V, 344. Vilmar, kurheff. Idiot. p. 118. „gaizgen, gracillare sicut gallinae"; Voc. von 1429. VII Com. katzigen, stottern, stammeln. Vrgl. gagkezen.

„Gaytz am pflûg, stiva"; Voc. Archon. p. 35. „Stiva, ἐχέτλη, Pflugstertz, die Geitz"; Nomencl. 1629, p. 133. Diefenbach 554[a]. Graff IV, 287: gaiza.

gautzen, bellen; cf. isl. geya, also gâu-ezen. Zeitschr. I, 285,1 16. II, 464. III, 325. 545,1. V, 464. Vilmar, kurheff. Idiot. p. 119. vrgl. guitzen, kaunzen.

Die Gautz, (Franken) Schaukel. s. Gautsch.

ergetzen Einen eines Dings, Prät. ergatzte, Ptc. ergatzt, ä. Sp., ihm dasselbe vergüten, ersetzen, ihn für dasselbe entschädigen, belohnen. Im Wigalois 6407 ist ergetzen auch: Liebes durch Leid aufwiegen. „Daß wir unsrer Dienste von seinen Gnaden gnädiglich ergötzt werden"; Kr. Ltghdl. I, 80. „Si waren diser zweyer Stukh von dem N. und seinen Erben noch unergözt",
89 MB. XV, 225, ad 1499. „Das wir si furbas gern dergetzen vmb was si schaden von uns genummen haben", MB. XIII, 390, ad 1323. „Und sol mein Son den ergetzen, der den Zehent hat gehabt und mit seinen Pfenningen geworffen", MB. V, 423, ad 1333. „Wer ergatzt mich mines wibes?" „Ir leides er si ergatzt"; Kaiser-Chr., Ms. „Beniomin in (den fater) Josebes irgetzte", Diut. III, 101. „Ich wil dich ditz leidens dergetzen", Cgm. 99, f. 136. 155. „So wil ich dich deiner freund ergetzen", sie dir ersetzen; Cgm. 99, f. 39. „Wir willen si bit dinste virgetzen dat wir si beswert haven", Urk. v. 1272, Höfer S. 20. „Wan er liebes kan mit liebe ergetzen", Haupt's Zeitschr. VIII, 581,1056. „Si wurden ergezzet gar alles des in ie gewar", v. d. Hagen, Ges. Abent. Th. II, S. 613. „Nu suln die frauwen mir vergeben, han ich geschriben iht uneben, des wil ich sie ergetzen hie", Renner 13080. Labr. 109. 160. 230. 262. 319. 343. Balkn. 21. „Bis an die dritten nacht die leczt do warstu alles laits erietzt", Lied auf Maria v. 1512, San.-Zenon. 84. „Er ergetzet mich alles laides des ich ye genietet mich", Cgm. 379, f. 54, (Cgm. 270, f. 94). „Er hat mir verderbet mein netz an das geield und will michs nicht dergetzen, ne no mel vuol for refar", Voc. venez.-todesco v. 1416, Cod. it. 362, f. 55. „An seinen tisch jhn wider setzt, voriger hartsel jhn ergetzt", H. Sachs 1612: II, II, 217. (1560: II, II, 107[b]). „Ich vepüit unsern herrn (d. i. das Abendmahl) allen den die junckfrawen jrs magtumb beraubt und si des nit ergeczt haben", ZZ. 3135, f. 63[b]. Noch 1581: „allen die denen junckfrauwen yer Eer nemen mit triegenlichen worten unnd sy der nit ergetzenn und darumbe genug thun", Cgm. 4359, f. 44. Es wird hier deutlich, daß dieses ergetzen sich zum ahd. argezzan, (mhd. ergezzen, vergeßen, als Gegentheil von gezzan, bigezzan, assequi, engl. to get, goth. bigitan. Graff IV, 276 ff. BM. I, 543. 544. Grimm IV, 634. Wbch. III, 820 ff. 'Vrgl. mhd. „so mir got ergâz!" so wahr mich Gott verderbe!' Grimm IV, 175. „Ergaz got allen den mûteron die daz tuont"; Griesh. Pred. I, 70. „Den ergaz got daz si ie wurden geborn"; das. 73) wie das Factitiv etzen zu eßen verhalte, und demnach eigentlich besage: vergeßen machen Einen eines Leides rc. „Das Leid ergetzen" bey Stalder II, 165: condolieren; Tobler p. 171. Die Ergetzung, Ergetzlichkeit, Widergötzung die Vergütung, der Ersatz. „Ze ergezunge desselben Schaden", MB. XII, 186, ad 1347. „Zu Ergötzung der zugefügten Schäden", Lori, BergR. ad 1600. „Die Calumnianten sollen zu Widergötzung der Ehr angehalten werden"; Malefiz-Proceß-Ord. Tit. II, Art. 4. „Denen, welche gefährliche Leute einbringen, soll eine billiche Ergötzung und Verehrung gethan werden." „Daß den Apotekern solches Abgangs wegen (den sie nemlich durch das Gießen der Medicamente aus einem Gefäß ins andre erleiden) Ergötzlichkeit widerfahre", OPf. L.Ord. v. 1657, p. 491 u. 517. Es scheint die oberdeutsche Schreibweise ergötzen (Gramm. 326) in die Schriftsprache eingeschlichen. Ist das dänische godte, gotte sig, sich gütlich thun, seine Freude an etwas haben, aus god (gut) geflossen?

gêzeln, (Weihers, Dr. Karl Roth) wie die Henne gacksen; schäkern. s. gatzen.

Der Geiz, geizig, wie hchd. Das sprachrichtigere geit, geitig (s. oben, Sp. 958: Geit. cf. agſ. gitsian, concupiscere; gitsere, avarus; „gitsung on golde and on seolfre", Chron. Saxon. ad 1087. mhd. gîtesen; der gitisære, altd. Wälder III, 171. 181. Vrgl. Vilmar, kurheff. Idiot. 128: gitzlich) hat sich mehr in einzelnen Gegenden des platten Landes erhalten. Bey Ortolph (Cgm. 4206, f. 103) ist Geiz soviel als Heißhunger. βουλιμος. „Die Leut (die den Geicz haben), die gelust zu allen Zeiten zu essen, mag sie nimand erfüllen mit keiner Kost." Der Geiz an den Pflanzen, s. Keid.

Die Geizen, (Bauernztg. v. 1819, p. 217) Insekt, das sich vorzüglich an niedrigen, feuchten Orten im Grase und auch in den Schafställen, Schafdünger aufhält, unter den Flügeln der jungen Gänse brütet, und der Nahrung wegen denselben in die noch unbefiederten Ohrenhöhlen kriecht und das Gehirn anfrißt. Als Mittel dagegen wird gerathen, die Thiere Ende Mays unter den Flügeln und um die Ohren mit Fett, Thran oder Theer zu beschmieren.

gitzen, vrb. n., (OPf., b. W.) cacare. Die Gitzen, (Zpfr.) der Durchfall; die Gitzen haben.

gitzgen. „Singulto gitzgen sed algo dicitur rimphen", Clm. 15319 (2⁰. XV. sec.), f. 117. Diefenbach p. 536[c]. 's. oben, Sp. 884: gigken.'

gotzig, adj., einzig, (s. Gott und gottig); Stalder I, 467. Zeitschr. I, 135,4. 16. II, 432,2. IV, 324. á˜ *gozichi* Brådwuəschd.

> I und mei˜ Schàz ə˜ *gótzi's* Màl —
> wiss·ns dé Schwanzleut übəràl!

Castelli, Wbch. 145: godsi. „Ih håb nua-r- an *godsigs* Gnödel g·össn." Auch schweizerisch, und wol kaum aus gotts-ainzig, wie etwa hunds-ig aus hunds-elend, Kinds-inn aus Kinds-Magd?)

gotzsamen, s. oben, Sp. 960: Gotts-.

'Der Götze, Götz, Abgott; (vrgl. mhd. der gôz, gegossenes Bild; BM. I, 542. Weigand I, 451.' Grimm III, 694. Mythol.[2] p. 13 f. Barlaam u. Jos., hg. v. Pfeiffer 320,40. „Ein Tilltapp war Götze genannt, ein Tötsch an Vernunft und Verstand", H. Sachs 1560: II, IV, 99. s. oben, Sp. 61 u. 62: Ölgötze u. vrgl. Firmenich I, 509,82: „Dò stêsde we enen *Övvegötz*, wie ein Abergötze, Abgott."

gutzen, 1) gucken, neugierig schauen. „Gaffen, gutzen", Furstenzell 55, f. 62. „Gutz druf!" Cgm. 312, f. 45. „Mercke und guzz auf! das. f. 129 und öfter. Zeitschr. II, 189,4. 423,50. V, 129,15. VI, 172. Vrgl. Vilmar, kurhess. Idiot. 142. '2) wie der Kukuck schreyen; mhd. gukzen, BM. I, 559.' „Daz waiz der gauch, der im für war hat gegutzet hundert iar", Renner 11341. (b. W.) Wart, I will də' 's *Gutzn* dur'n Zau˜ leə'nə˜, will dich Bescheidenheit, Genügsamkeit lehren; (also ironisch). (s. gugkezen). Das Gutzə-l, Gutzál, Guckfensterchen. Zeitschr. II, 189,4. VI, 172. Der Gutzegauch, Kukuck; H. Sachs IV, II, 241. 'Gutzeberglein, das Versteckenspiel.' „Wolt sie mir heint zu ir cziln, so wolt wir des gutzeyergleins spiln", Cgm. 714, f. 354, '(Keller, Fastnachtspiele II, p. 653,14).'

guitzen, (Weihers; Dr. Karl Roth) bellen; s. gautzen.

Ein und zwanzigste oder Gla- rc. Abtheilung.

(Bey mehrern Dialektwörtern ist das g vor l nur die entstellte Vorsylbe ge; man suche sie daher unter L. Wegen Gramm. S. 105, Note, ist auch die Abtheilung Kla rc. zu vergleichen.)

---

90 'glau, adj., niederd., einsichtsvoll, geistvoll, klug, schlau; (goth. glaggvus, ags. gleav, alts. glau,' ahd. glao, glaw, glou, Graff IV, 294: perspicax, intentus, ingeniosus, diligens, und II, 34 f.: gi-lou, versutus, sollers, astutus. BM. I, 551. 'Weigand, Wbch. I, 441. 442. Zeitschr. II, 41,7. V, 65,60. Wol eines Stammes mit dem folgenden:'

'glau, glauch, adj., hell, glänzend, glühend, (cf. Germania X, 402: mhd. glûch aus gelûch. Zeitschr. V, 145: glu, 435: glauch; vrgl. 166,125. Weigand, Wbch. I, 448: gluh)'; (Kitzbühel) glauch, bleich und aufgedunsen. (Aschaff.) glau tun, wohl thun (sinnlich). „Er ist mir nach geschlichen der mich kan nun machen glaw (?), geluck hat mich betrogen mein haubt das ist mir worden gráw", Muscatblut, Cgm. 811, f. 66. Der gestrenge Herr saß glau und glatt im verschwiegenen Amtskämmerlein, umfangen von eines Lehnsessels weicher Umarmung", Wiener Früchtel, im Morgenblatt vom 19. Merz 1850. „Daz dritte darunter ist des himiles varwe gluche (? glaucus ?), ih wæne in diu erde an ietwederem orte zuo sih luche", (ziehe); Clm. 9513, Vers 143.

glauen, glühen, brennen. „Ins grochen fewr blasen darin noch glauend kohlen wasen", H. Sachs 1560: V, 374 (1612: V, III, 75 hat „klawend kolen"). „Die Schlösser wurden glauen" (brennen?); Wolff, histor. Volkslieder 239.

gleien, mhd. glîen, schreien; BM. I, 548. „Da was rufen und schrien, da was citern und glien", Tungdalus, Hahn 51,47. „Nâch dîner güete spîse ich als ein hungerich kobrer habich glîe", Labr. 175. cf. Spervogel, v. d. Hagen's Minnes. IV, 689,10.

Das Gló-feur, das Rothlauf, (s. Loh-feur, 'u. vrgl. glau').

Gloi, Gloy, Egidius; s. Loy.

glüeen (gliə-ə˜, o.pf. glêiə˜), wie hchd. glühen, (ahd. gluoan, gluojan, mhd. glüejen; Graff IV, 291. BM. I, 551). „Eisen, dés *glüətət*", glühen würde; Wagner, salzb. Ges. 35. Bildlich (b. W.): *glêiə˜* af éppəs, darnach streben. glüeig, glühend; 'niederd. gläunich, Zeitschr. III, 421; vrgl. VI, 182. 429, III, 8. 529,21.' (b. W.) ə˜ *gleîə˜də'* Mà˜, Irrlicht. Cf. „Auf einen geluetten kollen, in einen gehaitzten oder geluetten ofen", Cgm. 633, f. 167¼ und 2^b. s. Gluet, gluehezen, Loh und lôhezen.

---

glâuben, s. gelauben unter lauben.

glibig, mild, beugsam, (Meran); Staffler I, 117.

'Glibet, (zu klieben, spalten?).' „Die feichtenen Glibeder" sollen in der Länge haben 24 Schuh, in der Breite 16, in der Dicke 2 1/2 Zoll; Holztare, CbmKl. 168, p. 150.

Das Glaich, Gelenk, s. Laich.

glauch, s. glau.

gleich, s. geleich unter leich.

„Glochfeur, erysipelas, ignis sacer", Voc. v. 1618. s. oben: Gló-feur und Loh-feur.

---

gluchzen, gluchsen, schluchzen, singultire; Onom. v. 1735.

Die Glocken, s. Glogken.

Das Glück, 1) wie hchd. 's *gáhh Glück*, der Zufall. Auf's *gáchi Glück*, vielleicht, etwa; Seidl, Flinserln III, 60. 2) Beym Scheibenschießen: die letzte Abtheilung der Gewinnstreihen, in welcher so viele Kaufschüsse gethan werden dürfen, als es dem Schützen beliebt. Daher die R. A.: aufs Glück gên; auf dem Glück schießen, seyn; die Glückscheiben; der Glückschuß. Gelückes rad, s. Grimm, Mythol.[3] p. 825 ff. 'Wackernagel in Haupt's Zeitschr. VI, 134—149.' Scherzhaft-ironische R. A. Dà kunnt aə˜n ə˜ *Glück* i˜ d· Haut schiess·n! da könnte man glücklich werden! Dà is də' scho˜ ə˜ rèchts *Glück* in d· Haut gschoss·n! da hast du schon ein rechtes Glück gehabt! 'gelücksam, adj., á. Sp., glücklich.' „Prosperum iter „ein geluckhsamer weg"; ZZ. 1803, f. 192b. 'vergluchen (?hieher?).' „Wê iu, verfluochte juden, wê! wie iwer heil verglucket! ir stinket unde pucket, („verglucket: pucket"; 'vielleicht verglocket, verklocket: bocket; s. BM. I, 831. 847);' S. Helbling II, 1141. Die Glücksmilch, (salzb., Pangau) Milch, die am Tage, wo man auf die Alpe zieht, gemolken und verschenkt wird. Das Wort Glück, an welchem, nach dem isl. fem. lucka, engl. luck zu urtheilen, g die entstellte Vorsylbe, ist mir aus der ahd. Sp. nicht erinnerlich; mhd. gelücke, BM. I, 1049. gelüch, ungelüch, Cgm. 64, f. 61. „Got mueze mir gelüche geben", Cgm. 44, f. 74¾. Cf. Graff IV, 145.

91 „Gleider", plur., eine Art Fischzeug. Cf. clida, crates; gl. i. 205. Legg. 197. 229. „Klauder, salicetum"; Erasm. Alberus, nov. diction. 1540. „Die Gleiderkörb sollen allweg verbotten seyn, aber Gleider oder Schweiber mag man zu St. Bartholomeitag einlegen, und bis auf St. Georgentag liegen lassen, und nit lenger, darnach sol man die an das Gestad, auch ein Fischer zu jeder Zeit über sechs nit legen", Land- und Polic.-Ord. v. 1616: IV. B., IX. Tit., 2ter Art. Vrgl. Kräuterbürd.

Das Glid, wie hchd. Glied; s. Gelid unter Lid.

Die „Gläf oder Lanz, lancea"; Voc. von 1419. „Gläuen oder Spicz, lancea"; Voc. v. 1445. „An daz sper was gescheft ein glevy stark von stale"; Titurel. „50 Gleven stellen," d. h. so viele Lanzenträger; Fink's Nabburg p. 132, ad 1394. „Hastatus, glevling"; Vegetius von 1529: II, cap. 15. In Gem. Reg. Chr., z. B. II, 165. 317, ist statt Glene, plur. Glenen, wol Gleue, Gleuen oder Gleven zu lesen. Höfer, Urk. p. 313 liest glenien. Cf. česk. klanice, Glefe, Ritterlanze, (wol zu klánj, Stechen; klánj weřegné, Gestech, Turnier. Man vrgl. indessen auch Glemmen und Glene. Das jetzige franz. glaive (aus gladius? cf. prov. glavie, ital. glave; Diez, Wbch. 643 f.) wird poetisch und figürlich für Schwert gebraucht. Ohne Zweyfel gehört hieher auch glaye, glayeul, die Schwertlilie; (Diez, Wbch. 170). „Iris, bla gleienbluom; gladiolus, gel gleienbluom"; Voc. optim. p. 52. Diefenbach p. 309a. 264b. BM. I, 550.

verglaffen. „Das ich gleich darob ernarrt, stund gantz verglaffet und erstarrt"; H. Sachs. „Dem narren der jung munnich zugafft und ward gleich an jhm verglafft". . . „daß er sich nicht glaffend vergeß"; ders. 1560: II, IV, 62. 63. cf. BM. I, 549: glaveren. Vrgl. das partic. praet. erlaffen, absorptus (Grimm II, 654), und das folgende Wort.

Das Gläffə-l, der Röhrbrunnen, oder vielmehr der aus demselben fließende Wasserstrang; (von läuffen? oder von einem Verb läffeln, laffen schlürfen, lappend an solch einem Brunnen trinken?). „An der blaiche und an dem glaffer." . . . „Bruck bei dem glaffer", (ad 1424, 1431); Baumgartner, Eos 1832, p. 618. s. auch Klaffer und das vorhergehende Wort. Cf. Th. III: seltkalouf. (Die verdächtige Glosse i. 553: blauaruer glifa, cyaneus latex, ist wol nicht zu beachten.)

„Das Augengleff („Ahgegleaff", wetterau.), Augenlied; Weigand, im oberhess. Intellbl. 1845, S. 66. (Er meint von Lef = Lefze, Lippe.) Grimm, Wbch. I, 806. s. Laffen, Lauf, Hülse, u. vrgl. böhm. leb, Hirnschale, Helm.

gleifen (glêfen), schles., spreizen; zerglêfen. Weinhold, Wbch. 28. Vrgl. ahd. gleif, gagleifit, obliquus; gleifen, obliquare; mhd. glifen, gleifen, vergleifen; Graff IV, 293. BM. I, 548.

Die Glufen, Stecknadel; s. Klufen.

(Vrgl. Glack rc. und Gramm. 36.)

Die Glogken (Glógkng, Dim. Glégkl, Glégkə-l), die Glocke, (ahd. glocka, mhd. glogge; Graff IV, 292. 553. BM. I, 550. gl. i. 679. o. 44: glogga, campana; die glogk, bei der glokgen rc., Cgm. 54, f. 36. 58. 61a. Cf. russ. kolokol, msc.). *Gloccam* unam S. Pirminii Wido in locum qui dicitur Lohwilare deferri praecepit", Vita S. Pirminii, Windb. 44, f. 121a. „Signum ecclesiae quod vulgo *cloccam* vocant", Radulfus Rabani discipulus de vita S. Leobae, Clm. 4608, f. 199. „Die kriechen gent on geläut ze kirchen, sy erschellent nwr ein horen, wan sy haben chain glogen in irem land"; Cgm. 521, f. 149b. ə~ Stimm wiə-r-ə~ *Glégkl*, eine reine, schöne Stimme. glégklhəll, adj., von einem Laut: rein und hell; auch wol: hell fürs Auge. Də' Mà~ schei~t *glogknghəll*, *glégklhəll*. „In eim Stifft hangen drey Glocken. Die erst und kleinest angezogen und geleut, spricht: gen'm Wein, gen'm Wein, gen'm Wein! die ander gröber, so man die Nonnenglocken nennt, spricht: wer zalts, wer zalts, wer zalts? Zuletzst die groß Sturmglocken brummt: Baurn, Baurn, Baurn! Seb. Frank, Spr. W. 1601, S. 55. Glockentaufe zu Ingenbol in der Schweiz, gleichzeitig beschrieben im Gesch. Fr. II, 110—111. Benedictio campanae: And. 117, f. 124—127. Das Loretto-Glöcklein oder Wetterglöcklein, geweihtes Glöcklein, womit in Häusern, in welchen sich noch die gute alte Zeit fortsetzt, bey 92
Wettergefahren geläutet wird. Das Vesperglögklein, a) eigentl. b) schnippisches, vorlautes Mädchen. Die Glogkenkue. „Um das viele Vieh, das auf einer Alpe zusammenkommt, unter Zucht und Regiment zu halten, läßt man beym Aufzug auf die Alpen die Kühe unter einander kämpfen, (man stellt das Glogkenkue-Gefecht an). Diejenige nun, die den Sieg davonträgt, wird mit einer Glocke behangen, und alle übrigen begegnen ihr die Alpenzeit hindurch mit besonderer Deferenz: wo die Glockenkue hingeht, dahin ziehen alle andern wie im Gefolge nach, und auf sie ist die ganze Alpen-Ordnung gegründet. Hazzi, Statistik I, 206. cf. Mayrkue. Im Scherz heißt man im O.L. Glockenkue jenes Mädchen, das bey Hochzeiten und andern Lustbarkeiten voran und die erste ist, und gleichsam den Reigen führt; (Baur.). Eine Glogkenstund, eine volle, geschlagene Stunde.

anglögkeln, (Hbn., salzb.) was anklöpfeln; s. Klöpfelsnacht. Jemehr Anglögkler (vermummte Bursche, welche den Hausbesitzern Segen zum Fenster hineinschreyen und dafür beschenkt werden), desto fruchtbarer das nächste Jahr; ebend.

glögkeln, vrb. act., klöppeln, z. B. Spitzen, Schnüre rc. Der Glögkelpolster, das Klöppelküssen. Das Glögkel, der Klöppel.

---

gluehezen, gluegezen, (U.L.) glühen. s. g'lohezen und glüe-en.

---

glam, adj. „Ein frischer glammer Jucker", s. oben, Sp. 541: die Diern. „unglamber, adj., steif, nicht geschmeidig. Er ist auf den Füßen unglamber"; Schllr. Vrgl. (nach Gramm. 544) ungamper.

Der Glaim, Gleim, Demin. das Glaimel, ä. Sp., cantarides, cicindela. „Cicendula ist der vliegen gesláhtes, die scarabei haizent, und haizt cicendula ze däutsch ain gleimel; also mag auch scarabeus haizen ain gleim"; Konr. v. Megenberg, Pfeiffer p. 297,22. 23. „Daz er (der stain chrysopasion) in der vinster läucht, reht sam ain faulz aicheinz holz und sam ain nahtgleimel"; das. 443,11. „Glimen nahtes sint geneme und sint des tages widerzeme"; Renner 18136. Diefenbach 96a. 117b. Das „Glaimerl, candarides, noctiluca." „Ain gleiml, candaries, vermes de nocte splendens"; Voc. v. 1419. „Cicendula, glaimel", Ben. 160 (sec. XIII.), f. 56. Zeitschr. V, 296. Gleimo, nitedula, cicendula, gl. a.

525. 570. 584; i. 1104; o. 171. ahd. glimo, gleimo, mhd. glîme, gleime; zu glîmen (Prät. gleim, Ptc. glimen), leuchten, glänzen; glimmen (Prät. glam, Ptc. geglumen), wie hchd.; Graff IV, 289; cf. 558. 559. BM. I, 548. Cf. Roth's Fragmente von 1845, p. 54: die Wolke begoß „alle des vuweres vlammen und ouch der kolen glammen." s. glisglamen.

Die Glemmen. Beym Schießen zu Amberg 1596 belustigten sich Einige, „in vollem Lauf mit einer Glemmen zum Schirm zu stechen", den ein auf ein Brett gemalter Narr als Ziel darhielt. Wiltmeister p. 149. „Das er an jhm selb rach sein glemern in drey stück brach kein rittersvil zu treiben mehr", H. Sachs 1612: I, 354. s. unten Glenne. Vrgl. Gläf.

gleim (dleim), adv. u. adj., nahe, genau; knapp, enge, gedrängt, dicht, compact; (s. ge=leim, mhd. gelîme, adv., fest anschließend; BM. I, 998. „Dô si begunde wachen, dô het ers' umbevangen, ir munt unde ir wangen vant si im sô gelîme ligen als dâ der tiuvel wil gesigen", Gregor v. Stein, B. 203). Zeitschr. V, 105,3 254,63. 435. 436. Də' Nàg'l stéckt *gleim*, wál ə gheiff ei~gschlàgng is. 'Knédl sán' staə~*gleim*, (fest, hart). Die Thür schließt gleim. „Die Faßböden gleich oder gleim einrichten"; Lori, BergR. 395, ad 1614. „Leg daz leder gleim auf daz zaichen", (Pestschwäre); Progel's Ms., Arzneybuch f. 4b. *Gleim* hintə' 'n Haus, *gleim Gleim* ə' Duzə~d (mit genauer Noth, gerade dəbey.
93 ein Duzend). Dà gêts *gleim* 'ra', da geht es knapp, knickerisch zu. gläimb, (VII Comuni: Roncegno) nahe bey; kemen gläimb, sich nähern. ə~ *gleims* Tuəch, (HhE.) enggeschlossene, dichte Leinwand. „Der Müller soll gleime Strohrigel zu rings um die Zargen für das Ausstieben des Meels richten", Mühlord. v. 1603. „Gleymkeyt, hypocrisis", Scheftl. 308 (Clm. 17308), f. 41b; — wol fehlerhaft, wie manches in diesem Coder.

gleimezen (gleiməz'n, gláməzn), ängstlich und mit Mühe Athem holen, stöhnen, schluchzen; verächtlich: weinen. Der Gleimezer, der also Athem holt, oder stöhnt, weint; halbtodter Fisch. Dem *Klamser* (Winsler) muəs mans nemen, dem Gäuder (Praler) muəs mans geben, d. h. der Winsler hat, der Praler hat nicht; Allgäuer Spr.W., (Bildhauer Eberhard). (Sollte dieses gleim in geleim herzustellen, und etwa neben den Formen Leim und Laim, wobey vielleicht auch das isländische lîmi, onus, pressura, bedacht werden möchte, auf ein verlornes Umlautverb zu beziehen seyn?). s. Klamm. Vrgl. gl. i. 813: „haerət hians, chlāmezit." („Diese Glosse steht am Rande und kann auch auf „tenet" gehen. Der Strich über dem a könnte auch ein Beziehungszeichen seyn." 'Bemerkung Schmeller's in seiner Glossensammlung, a. a. O.').

niesen heschaczen snawden wullen snarchen
„Oscito singulto sternuto nauseo sterto
slinten chaien glamaczen husten choppeln rewspeln
glutio mastico hio tussito ructo screoque."

Oberalt. 306, Vorderdeckel. 'Vrgl. oben, Sp. 911: gaimezen.' Cf. kärnt. zveliti, gleinen, grunzen, wie Schweine, wenn sie hungrig sind; Jarnik p. XXII. 215. Holl. kleumen, frieren; kleumer, der gleich friert.

'glimmen, wie hchd. (mhd. glimme, glam, geglummen; BM. I, 548. s. oben: der Glaim); fig. nach etwas glimmen, (vrgl. glüeen).' „Werft jhn hinaus und laßt jhn schwimmen, wie thut er nur nach Saufen glimmen", H. Sachs 1612: II, II, 6. Vrgl. Zeitschr. VI, 208.

glimmig, (tir. Lechthal) fertig; Staffler I, 112. Zeitschr. V, 436.

„Die Wurze Glum", (Lipowsky, Urgeschichte v. M. p. 560) caryophyllata lutea; bey den alten Botanikern geum reptans L.

glimpfen, s. gelimpfen unter limpfen.

Die Glumsen, „Glunsen, scintilla, favilla, funcke under der Aschen"; Prompt v. 1618. Vrgl. Zeitschr. III, 259,13: die Glüme, Funke; die Glummer, Kohlenglut; vrgl. IV. 288,396 glumsen, glimmen, im Dunkeln leuchten. „Hat also mit den feurigen Augen geglumbset, daß sie einer natürlichen Nachteul oder Hölenkatz gleichete"; P. Abraham. Vrgl. Glaiml und, neben glim (scintilla, Voc. v. 1429), das auch hchd. glimmen.

Die Glân, Glon (Glo~), Name verschiedener Flüßchen. Eine Glon mündet in die Ammer aus, „eine andre in die Mangfalt, eine dritte (gewöhnlicher „Glanbach" genannt) entspringt aus dem Fürstenbrunnen des Untersbergs, und ergießt sich in die Salzach; im b. Rheinkreise ist eine Glon, die in die Nähe fließt. Der Name Glana schon ad 914 im Cod. diplom. Ratisbon. Förstemann II, 583 f.

'Die Glene, ä. Spr., Lanze; s. oben: die Gläf u. Glemmen.' „Helm, Schild, Schwert und Gläne", Zuger Kirchenrechn. v. 1500 circa, Gesch. Fr. II, 102. „Lancea, gleen", Voc. Melber. „Glene, hasta". Veget. (1529) IV, 18. „Mit swerten, mit kolben, mit knüttlen und mit spiessen, mit glenen, mit vakelen", Cgm. 326, f. 56. „Wolt dich bald legen mit der glennen, wie darfst du dich ein ritter nennen", H. Sachs 1612: II, III, 158. „So sint auf deiner reittglennen lang Zeit gesessen han und hennen", H. Sachs 1612: II, III, 98 (1560: II, III, 48). „Dankstu im seins kempfen und seins streites und sein nackes und ploß glenreites (glenreitens: streitens?), do er scharpf mit Longinus rant", Cgm. 713, f. 133. „Vonn glänen burgerrn. Die Statt Straßburg hat auf dem landt etlich glæne burger deren Eltern in einem Zug der Stadt als Fuhrleuth gedient, seind sie und ihr Erben zu kleinen Burgern angenommen" ꝛc. Straßb. Chron., Cgm. 1220, f. 129a. cf. Spießburger.

gleined, s. leinen.

„Gländ (?), lorica"; Clm. 571 (XVI. sec., 1514), f. 21. Diefenbach 336b: glenter, gelenter.

'Das Glander, Glanz, Schimmer; BM. I, 545. Vrgl. Zeitschr. V, 145: glant, schmuck.' „Wellen (undae), darinn der sunnen glander det brehen und glesten", Altswert p. 130,29. „Da mit der sunnen glander sich kert gen occident", das. 223,8.

Das Glángə-l, (U.L., Weiß) das Fünkchen. Kaə~ *Glángə-l* Fuiə, kaə~ *Glángə-l* Gluəd is i~'n 'Ofə~. s. Glanst und Gan.

Die Glanken, (v. Dell.) unbehülfliche, langsame Weibsperson; der Glánkel, (Tölz, Dr. Sepp) solche Mannsperson. Vrgl. Zeitschr. V, 105,5. 435.

glenk, adj. u. adv., (o.pf.) hurtig, schnell; sogleich. Ich hör die vögellein in dem hag aus glencken kelen singen", Cgm. 713, f. 86b. (Mag zu gelenk gehören, indessen ist auch das ulfila'sche glaggvus, sollers, glaggvuba, diligenter, accurate, zu vergleichen.)

glink, (ä. Sp.) link.

glunkern, s. klunkezen.

'glinsen, glänzen; Zeitschr. IV, 236,3,9. cf. mhd. glinzen (Prät. glanz, Ptc. geglunzen).' „Es glin=

fete sam ein glüender zunder", Valkn. 140. 'f. Glanst, glenstern, glinstern, glanzen.'

Die Glunsen, s. Glumsen.

94 Die Glunsel, (Th. Mjr.) Weibsperson, die immer in weinerlichen Tönen über Andere klagt.

Der Glanst (altes Brevier, Ms.), Glenster, der Glanz; glenstern (ibid.), glänzen; glenstig, adj., glänzend. „Jr habt gut warm stuben so es thut glenstern" (vor Kälte), H. Sachs 1560: II, IV, 1. „Weil du jr alle nacht thust fenstern, wers gleich grim kalt das es thet glenstern", das. III, III, 7ª. „Wenns schneit, thut glenstern und gefrieren", das. V, 349 (1612: V, III, 22). „Mit düßmigem glenster", das. I, 206. „Schien die sun aus der mosen genstig", Öfele, Scr. I, 585. Vrgl. auch „glanester und glenester (gl. bibl. v. 1418), scintilla." Zeitschr. II, 346. V, 435. „Ein kleiner glanster enzündet ein tür von dem daz haus und auch die schür wirt verbrant, dorf und stat", Renner 23934. „Jch nim ein glanesterlin von minem brinnenden herzen", Margareth Ebnerin. „gliaster (VII Comuni) favilla." (S. Glänge-l, Gan, ganeister, Glast, Glanz und das folgende Wort).

'glinstern, ä. Sp., glänzen; mhd. glinsten, glinstern; BM. I, 549. Zeitschr. II, 346. s. glinsen, glenstern. Der Glinster, ä. Sp., Glanz.' „Der Mon (scil. Pabst) der vor mit seinem falschen glinster die ganzen heerd schaaf hat geblent"; H. Sachs 1612: II, I, 167.

Gluntsch, (Zips) Wasserblase.

glanzen, vrb. n., glänzen. Vrgl. ä. Sp. glanz, adj., glänzend, leuchtend; Graff IV, 288; BM. I, 548; heutzutage: glanzend, glanzig, adj., glänzend, Zeitschr. III, 325 (gl. i. 330: glanzara, nitidus). „Wie gar lûter unde glanz diu sunne ist"; Br. Berhtolt p. 144, (Pfeiffer p. 539,26). „Man sicht vil mangen pfaun, der doch nicht ist so glantz" (als dieser Falke), Mich. Beham, Cgm. 291, f. 287. „Ein glanzer pfaffe", Labr. 456; „bi glanzer farbe", Pª 56. „Der werlt lon ist ein glantzer schein", Cgm. 714, f. 250. „Mit seinen glantzen worten", Buch d. W. 1485: 108. „So die mössine Becken geriben und glantz gemacht", Dr. Minderer von 1620, p. 51. „Klanzlieht fone gelanze liehte", lumen de lumine; Notk. Ps. 35,10. Graff II, 147. Der Glanz, a) wie hchd. b) „in einem gewissen Kartenspiele: kein Stich", (Hauser). c) ein kleines Räuschchen, (Rath Her). Er is niə bsoffə˜, hàt abər àllé Tàg sei˜n *Glanz*. 'glenzen, ä. Sp., wie hchd. glänzen und glänzend machen; erglenzen, verglenzen. BM. I, 549.' „Das ist verzaubert und verglenst mit eitel teuflischen gespenst", H. Sachs 1612: I, 349.

Der Glenz, ä. Sp. (z. B. Ortolph) u. Jir., das Frühjahr; s. Längß.

glinzen, s. glinsen.

Glipsché-Glápsché, (b. W.) Tölpel.

Glierach, (Pseud.-Jir.) bey den Holzknechten: schlechter Werkzeug. 'Vrgl. leiren.'

Glorie, Gloriharz, Gloriet, Lärchenharz; s. unten: die Lärch, das Lärchet, Lärget. „Sylvae abundant larice, ex qua cum agaricum inter purgantia pharmaca celebre tum praestantissima resina colligigitur, quâ therebinthinae loco nostrates chirurgi utuntur; hanc Vallesiani Lertschinen vocant, nostri Glorien", Simler, lat. Beschr. v. Wallis, S. 3. „Um Feldkirch wird viel Lärchenglorie oder Gloriharz gewonnen", Bergmann, Walser S. 16. „Nim das gloriet auß tennenholcz und zerlaß das"; ZZ. 2072, p. 366. „Terpentin oder Gloreth", Dr. Minderer p. 151.

Die Glorren, Glurren, plur., (verächtlich) die Augen. Mach '*Glurrn* auf! Castelli, Wbch. 143: die Gluarn, feurige Augen; gluarn, auf etwas aufmerksam sehen, lauern. „Kohlrabenschwarze Roß, denen 's Feuer aus dé *Glurn* aussə'spritzt", Seidl 1844, p. 259. „Reibt si' dö *Glurn* aus", Kartsch II, 36. anglorren Einen, ihn stier ansehen; Vilmar, kurhess. Idiot. 130. anglurren, Seidl, Flinserln (1844) IV, 120. 276. 'Cf. mhd. glaren, engl. to glare und gloar; BM. I, 545. Müller, etym. Wbch. d. engl. Spr. 448 f. 452. Zeitschr. III, 377. IV, 288,396. 483. V, 64,45. VI, 431,107.'

glurizen (gluərizn), (Hrslm.) langsam und oft trinken.

gluren („glurn", b. W., ObrM.), halblaut singen; glurren, (b. W.) wie der Tauber; auch von Menschen.

Das Glas (Glàs, Dim. Glásl, plur. Glésə'), wie hchd. Graff IV, 288. BM. I, 545. R. A. ə˜ *Glásl.* kriəgng, gébm, einen Korb bekommen, geben.

Dà steig I nét auffi, dà klopf I nét à˜,
dà kriəgət I ə˜ *Glásl*, dés wissət I scho˜.

Furt gê˜, àls wenn mə˜-r- ə˜ *Glásl* gfund'n hät, d. h. beschämt fortgehen. Vrgl. Zeitschr. IV, 139,6. Den Teufel im Gläslein haben, einen Spiritus familiaris haben, in Allem glücklich seyn. Einem den Teufel im Gläslein zeigen, ihm die Hölle heiß machen. Die Gläser (Glésə), a) (Jäger-Sp.) die Augen des Hirsches; b) im Scherz: die des Menschen. (Russisch: glas, Auge). 'Das Glasfenster, mhd. daz glas. „Doch ist sie behendic an venstern, an glasen", („glazzen: gazzen"); S. Helbling I, 1293.' „Luogen durch diu glase, rûnen umbe üppekeit, daz was ie der vrowen leit", („glazzen: gazzen"); das. 1355. „Vitrale, glasfenster", Monac. Francisc. 248, f. 227 (v. 1411). „Und was ein priester an den Glaßfenstern bricht, das sol är in sinem Costen wider machen", Ordnung der kilchgnossen uff Soewlisberg (Seelisberg) gegen jrem priester (sec. XIV.—XV.), Gesch. Fr. I, 383. Vitra in ecclesia S. Sebaldi Norimb. (ad 1273), Regesta Bav. III, 417. „Ecclesiae nostrae fenestrae veteribus pannis usque nunc fuerunt clausae, vestris felicibus temporibus auricomus sol primum refulsit basilicae nostrae pavimenta per discoloria picturarum vitra", (983—1001); Gozbertus abb. Teg. ad Arnold. comitem; Teg. 1412, f. 37. Pez, thes. VI, I, 123. „Quod de vitro petistis paratum non habemus sed vitrearios nostros jubemus eidem insistere operi", Peringerus abb. ad Gotscalch. epĩ. fris.; Pez, l. c., 145—146. Über Alter von Glas zu Fenstern s. San-Marte, Artursage, p. 276. Glazwerch, venedisch glaz, waltglaz und dessen Verkauf zu Wien (1354), Cgm. 1113, f. 33ᵇ. 35. glésə˜, mhd. glesîn, gleserîn, adj.; BM. I, 546. „Dîn glesin vingerlîn" (Ring); Walther 50,12. „Durch die gleserin venster hin in schein der tag uf die kunigin", Oswald, V. 787; (fehlt im Cgm. 719, f. 12ᵇ). glasen, Glaserarbeit machen. Zeitschr. V, 145. 435. VI, 142,59. Wenn də' *Glàsərər* bə-n-enk férti' is mit'n *Glàsn*, tuət ə' bə-n-üns *glàsn*. sich einglasen, verglasen, a) (von Schnecken) die Öffnung des Häuschens mit einem Häutchen überziehen; b) (von Personen, im Scherze) sich einrichten, um viel zu Hause zu bleiben; nicht viel unter die Leute kommen. verglasen, gläsern, vrb. n., von den Augen eines Sterbenden: brechen. „Die Augen verglasen, nun wird es bald aus", Wildschützenlied. Sichst'n 's ganz Jàr nét, 95
tuət glatt *və'glàs'n*, (Dr. Sepp). „Da ihm schon die Augen gläseren wollten", Selhamer. Man sagt in diesem Sinne auch: d' Augng wer'n scho˜ *glésəré*, (wie Glas, glasartig). Zeitschr. V, 72,82. Vrgl. „Her eye's last spark and the last glassy glance must (thou) view which freezes o'er its lifeless blue"; Lord Byron's Giaour,

B. 772. Die Glasier, Glasur. glasieren, vrb., mit Glasur überziehen, glasuren. „Tue in in ain oberlosaurten (glasierten?) tegl"; Cgm. 4543, f. 85.

'gleißen, glänzen; nhd. glîzan, glîzinon; Graff IV, 289. BM. I, 549 (Präs. glîze, Prät. gleiz, Ptc. geglizzen); der glîz, diu glîze, auch gliz, glitze, Glanz; ahd. glîzîn, adj., fulgens, albescens, Graff, Inder p. 73ª.' Zeitschr. VI. 421,9. „Unter einen gleisemen hauen", Cgm. 3724, f. 45; '(hieher? = glasiert?).' „Den tegel sol man decken mit einem gleysem tegel"... „legs in ein starken gleyssenn angster; das. f. 48. „Sneweis erglissen", (Partic.); Cgm. 715, f. 103.

glisglamen, glisglammern. „Es glisglamt, wird gesagt, wenn bey großer Kälte und heiterm Himmel alles übereinander glänzt"; Nürnb., Hsl. (Entstellt aus grisgramen, oder mit gleißen und Glaimerl vergleichbar?).

'Die Glose, ä. Sp., Auslegung, hchd. Glosse; mhd. glôse, aus griech.-lat. glossa; BM. I, 551.'

'Das Glose, ä. Sp., d. i. Ge-lose, Losung in der Jägersprache, (s. d. W.).' „Des hirssen glose das ist ze der faisse schlemeg", Clm. 4373 (v. 1437), f. 118.

glosen, glosten, gloschen, vrb. n., glimmen; (mhd. glosen, erglosen, glosten, BM. I, 551. Zeitschr. II, 347. III, 377. V, 145. 436. VI, 15. 209. 400,3). „Da si da prinnent und glosent in der götleichen minne", Cgm. 73, f. 2ᵇ. „Glossen als ein glût", Enenkel, Cgm. 11, f. 35ᵇ. „Daz in der helle glüete min armiu sele niht erglos, helst ruofen: Christe, audi nos! S. Helbling X, 83. Cf. loschen. „Mit ir flammen luschende", Heinr. Tristan 992. „Gebete gelust feur erleschet", Renner 20595. „Jochante (Edelsteine) glosende sam der zunder", Titurel. 'Die Glose, Gluse, ä. Sp., Glut, Glanz; mhd. glose; BM. I, 551.' „Das zerfallne und verbrunnne holzwerck, kolen und glussen", (ad 1513), Gesch. Fr. III, 178. cf. Glast u. Glunsen.

Der Glast, (Obrg.) der Glanz, besonders der blendende des Eises und des Schnees; mhd. der glast und diu gleste; adj. glestec. BM. I, 546. Zeitschr. III, 47,14. 377. V, 435. „Halb vinster also das die kamer nit vberglöstig sey", Cgm. 601, f. 97ª. glasten, vrb., glänzen; mhd. glasten, glesten, erglesten. „Ich sich von rubîn glesten ein mündel in der ferre", Labr. 327.

---

glatt, adj. u. adv., wie hchd. (ahd. mhd. glat, splendidus, limpidus, hilaris; Otfr. II, 1,13. gl. a. 290. Kero V. Graff IV, 287. BM. I, 547. Zeitschr. V, 145). Doch ausgedehnter als im Hochdeutschen ist im Dialekt der figürliche Gebrauch dieses Wortes, in welcher Hinsicht es mit den Ausdrücken: lauter, rain, sauber ganz parallel geht. (cf. niederd. glad, engl. glad, ags. glâd, munter — ohne sorgend gerunzelte Stirne? Firmenich I, 32. 33. 180. Müller, etymol. Wbch. d. engl. Spr. I, 447. Bosworth unterscheidet glæd, bright, purified). Glatt singen (Meistersinger), ohne Fehler; Wagenseil, Norimb. p. 544. Cf. Firmenich I, 407,292: glatt, gänzlich. Zeitschr. II, 346. III, 239,7. IV, 281,12. 415,42. V, 329,222. Du bist ə˜ *glattə'* Narr, ə˜ *glattə'* Grobià˜, d. h. ein wahrer, evidenter. Dés Biər is ə˜ *glattə'* Plempəl. ə˜ *glattə'* Gmaənə', ein bloßer Gemeiner, span. soldado raso. *glatt* dés, *glatt* wiə dés dà, gerade. Dés is *glatt* gàr nicks. əs is *glatt* aus mit diər, du bist rein verloren. Dér Mensch is *glatt* nét gscheid. Dés is iətz ə˜màl *glatt* də'logng. Willstəs iətz *glatt* nét taə˜? willst du es jetzt platterdings nicht thun? *glatt* ə'so vịl, nur so viel. Frage: Hàst nét mitgé˜ därffə˜? Antw. Jó, I hät schon därffə˜, I hà' *glatt* ə'so nét gmögt, ich habe nur sonst nicht gewollt. „3 glatt gestiftete Frühmessen und 1 besonders gestiftete", Baumgärtner, Neustadt a. D. p. 83. Glattwegk, ohne Umstände. R.A. *Glattwégk* wiə də' Tuifəl 'n Bauə'n holt, ohne alle Ceremonien. kàl und *glatt*, ratt und *glatt*, (Nordopf.) ganz und gar. Glatte Frucht, glattes Getraid, (Kern, Waizen, Korn) im Gegensatz der oder des rauhen (Dinkel, Gerste, Haber); fränk. Verordd. Das Glattwaßer, Art Nachbier. „Wo das sogenannte Glattwasser von den Bierbrauern ausgeschenkt wird", k. b. Regierungsbl. Febr. 1817. Nach Gem. Reg. Chr. ad 1456 und 1465 durfte kein Braumeister ohne seines 96
Herrn Wissen Glattwasser sieden und verkaufen.

Glaitsaulen, s. laiten.

Das Glet, die Glete. „Das gut, das gehaissen ist das Glet ... unser gut datz Reichenhart, genant die Glete, gelegen in Aiblinger gericht"; MB. II, 51, ad 1383. Vrgl. Fugger von Glött. Sollte dieser Name, der das Ansehen eines Appellativums hat, eins seyn mit dem Masc. Glet im Wigalois 5484: „Für daz hûs, in sînen glêt, den er dâ gezûnet hêt mit rôre und mit rîse." „Innen des dô kâmen dar die frouwen alle fur den glêt, den er vil vaste besloʒʒen hêt. Diu frouwe sprach: tuo ûf die tür!" das. 5702; vrgl. 5647. 5683. 5692. „Er brach mir ûf mînen glet und nam daz ich da inne het", Helmbrecht 1847. „Gelobt wis, tugenthafter got, daz niht mîn kuche unde glêt („glett") ze vier und zweinzec rihten stêt", S. Helbling II, 473. „Als ein undersatzter glêt, den der wint hât geneiget", Haupt's Zeitschr. VIII, 570,660. „Der lettische Bauer brennt dem deutschen Herrn sein Wohnhaus zwar nicht über dem Kopf zusammen, aber er steckt die Kleete im fernen Wald an, worin die Ernte eines meilenweiten Heuschlages liegt"; Buddeus, Halbrussisches I, 256. BM. I, 547: „der glêt, eine einzeln stehende Hütte, Haus; aus mittellat. cleda?" Wackernagel in Haupt's Zeitschr. VI, 297. Grimm I³, p. 175. III, 433: glêt, cubiculum; slaw. kljet, tugurium; Voltiggi p. 172. Wuk Stephanowitsch, col. 310. cf. Grimm, RA. p. 743: clida. Cleda, crates qua operitur via ad suffodiendum murum; Rer. gallic. script. XIX, p. 837. franz. claie. Diez, Wbch. p. 595. Klét, (Murka), Keller, Kammer; poln. kleč, fem., Lehmhütte, v. kleic, leimen, kleben.

Die Gluet und die Glueten, die Glut; (ahd. mhd. gluot; Graff IV, 292. BM. I, 551). ausglueten den Backofen, dessen mittlern Raum für das Brod von den glühenden Kohlen reinigen. s. glüe-en. glütád, glühend. Der Teufel „mit *glütáden* Aug'n", Kaltenbrunner, oberösterr. Jahrb. 1844, S. 224.

Der Glotsch, (Pinzg.) zärtliche Benennung, die ein Mädchen (Bösdirn) ihrem Galan giebt.

Der Glutsch, (Obrm.) nasses, aus allerley Ingredienzen bereitetes Futter für Kühe, Schweine u. dergl. (Gelutsch, Gelurtsch?) Cf. česk. tluč, msc., Gerstenmehl, 'Mahlschrot.'

Glav, glev, ꝛc. s. Glaf, glef ꝛc.

„Glaczen, papaver rubeum"; Cgm. 170, f. 10. 'Nemnich II, 850: Glatzen, auch Klatschrose, Flitschrose. Cf. koburg. Klitschen.'

Die Glatzen, wie hchd. Glatze. BM. I, 547. Zeitschr. II, 346. glatzət, kahlköpfig. Voc. v. 1419: glaczot. „Wo die glatzenden Männer iren ursprung haben"... „glatzet und kal"; H. Sachs 1560: II, IV, 107. „Die ader auf glatzhart ist gut (zu lassen) für die Waßersucht", Progel's Ms., f. 127.

glitznen, glitzen, glitzeln, glitzern, glänzen, gleißen, (ahd. glizzinon, mhd. glitzenen, glitzen, von glîzan, glîzen; s. gleißen. Graff IV, 290. 291. BM. I, 550). Də' Sohnê *glitzlt*; es *glitzlt* vor Kälte; (b. W.). Zeitschr. II, 346. V, 396,15. Glitzhál, adj., sehr glatt oder schlüpfrig. Dé Ruttn is *glitzálhál*, is so hál, das s' àlln *glitzlt.* Der Glitz, Glanz; BM. I, 550. Grimm III, 391. VII Com.: Glitz, splendore; vrb. glitzegen, leuchten. „Da leuchtet jr geschmeide gleich als der sonnen glitz"; Reime v. 1562. „Mit dem schime des himlischen glitzes" (jubaris), Windb. Psalt. ad ps. 102. (gl. a. 441. i. 538: cliz, lux, decus). „Das Anglitz", st. Antlitz; Bogn. Mirakel.

'glotzen, starr schauen; Zeitschr. I, 141,2. 299,3, 3. II, 423,55. V, 186. VI, 170,121. Vilmar, kurheff. Idiot. 130. Der Glotzer, Neugieriger; Zeitschr. IV, 158. Die Glotzaugen, Glotzen, plur., große, stiere Augen.'

„Ihre Augen waren, um sich darin zu sehen, starr auf die Wellen gerichtet, aber sie sah nichts, sie hatte, was man so sagt, den Glotzer"; Auerbach's Schwarzw. Gesch. S. 343.

Die Glutzen, (bayreuth. 6 Ämter) Beyname von Bauerndirnen.

glutzen: die Henne glutzt, wenn sie legen will. herumglutzen, (b. W.) verdrießlich umhergehen. 'Vrgl. gluchzen. Zeitschr. II, 561,1.54. IV, 263,22. 317. 469. V, 436. 482: glutschen.'

Zwey und zwanzigste oder Gna= ꝛc. Abtheilung.

(Sieh, wegen Gramm. S. 105, auch die Abtheilung Kn und, da das g vor n zuweilen blos die entstellte Vorsylbe ge ist, die Abtheilung N.)

97 Die Gnâd, s. Genâd unter Nâd.

gnafzen, gnafzgen, schlummern; Ring 39,14. BM. II, 296. s. naffezen.

gnagen (gnágng und gnàgng; b. W. gnángə˜) wie hchd. nagen; (ahd. nagan, mhd. nagen, und zwar als Ablautverb: Prät. nuoc, Ptc. genagen; Graff II, 1014. BM. II, 296. gl. a. 32. 70; i. 476. o. 426: gnagan. Leg. Baiuu. angargnago, Weidepferd. cf. agſ. gnagan, engl. to gnaw; Müller, etymol. Wbch. d. engl. Spr. I, 455). *áffi gnángə˜* en aə˜n, b. W., ihn zanken, mit harten Worten behandeln. s. nagen und Knack.

„Ein Gnüll machen", frontem contrahere; Voc. v. 1618. s. knüllen.

Gnân, Gnann, s. genanne (unter nennen) und Knân. Deminut. Gnenlein. Ein Knenlein als Calender=Verleger in Marktbreit (1829). Weigand, Wbch. I, 149. Vilmar, kurheff. Idiot. 132.

gnenken, unausgesetzt, ungestüm bitten. (cf. Geiler von Kaisersberg's nönen). s. knenken.

„gnappen mit den Füßen, vacillare"; Voc. v. 1418. „(Der Bawr) zu dem König an sein tischlein sas das hin und wider gnappen was", H. Sachs 1560: V, 383 (1612: V, III, 94). s. knappen.

'gnaupen, s. knaupen.' „Der des morgenst sitzt und gnaupt so er seinem meister nottigs arbeiten sol", Cgm. 713, f. 182; ibid. f. 19: gnappt.

'Die Gnippe, Messer, das sich zusammenlegen läßt, Schnappmesser; mhd. gnippe, BM. I, 552; (vrgl. Kneip, Kneif).' „Zwei gewant diu muost er haben, gnippen („gnypen, gmpen") unde taschen breit", Helmbrecht 153. „Ein vil guot swert, dar zuo treit er eine gnippe", v. d. Hagen, Minnes. III, 253a. Vrgl. Frisch I, 528b: Kniptasche. „Ain swert oder ain lang messer, ain gnippen, ain stechmesser, ain waidmesser" durften in München nur „die ratgeben, der marschalch, die richter, die ritter und des richters knechte" '(tragen)' bey V lbr. Strafe; Auer, StR. p. 275.

'gnepfen, was gnappen.' „Söleich gnepfen und ein hopphen, hupfen, lupfen und ain zoppen", Ring 38d,15.

gnären, kneren, (Obrm.) Noth leiden. Vor Noth àlln *kneə'n*, (vielleicht kneren?). gniərig, (Kitzbühel) eigennützig, schmutzig. cf. schnermaulen, schwäb. närig (karg), engl. narrow, etwa verwandt mit nah, genau. Zeitschr. II, 542,182. V, 143. VI, 339.

gneißen, wahrnehmen, s. neißen.

'Der und die Gneist, ä. Sp., Feuerfunke, (ahd. gneisto, gneista, auch ganastra, ganistra, ganisto; mhd. ganeiste, ganeist, geneist, gneiste, gneist, gnaneiste, gnaneist; Graff IV, 296 f. BM. I, 461 f. Weigand, Wbch. I, 149.' Grimm III, 353. fyr=gnastas, Andreas 3090). „Gneistlin, scintilla; gneisten, scintillare"; Voc. v. 1618. „gneisto und gneista, igniculus, scintilla"; gl. i. 434. 830. 935. 985. „gnaneisten, scintillare"; i. 816. „Zwene mûlsteine zeraip der grimmige man daz si gnaistoten vil wunderlichen gnoten vnd ouch die fiures bliche dar uz giengen dichke"; Diut. II, 377. „Der gneist uf das schindelbach geworfen", Klosterbrand zu St. Urban (6. April 1513), Gesch. Fr. III, 176. (Sollte auf ein aphärestiertes slaw. ogon, lat. ignis, gedacht werden dürfen? '„Schwerlich; ignis ist goth. auhns, ahd. ovan", Jac. Grimm.' Vrgl. Gan, Glanst ꝛc.

„Gnist purgamenta, quisquiliae", Voc. 1618. „gnist, favilla", Voc. Archon. f. 31. BM. I, 552. (Etwa noch eine Bildung vom alten gnidan, gnitan, fricare, limare? Graff IV, 296: gnîtan, fricare; 574: knistan, conterere. BM. I, 552). Vrgl. Genist.

Der Gnaz, ä. Sp., Knauserei; BM. I, 552. 'Vrgl. Vilmar, kurheff. Idiot. 131: der Gnatz, Krätze, Grind; schmutziger Geiz; gnatzig, adj. Weigand, Wbch. I, 449.'

Drey und zwanzigste oder Gr= ꝛc. Abtheilung.

(Vergleiche, nach Gramm. S. 105, auch Kr und, da in manchen Wörtern des Dialektes das g vor r nur die entstellte Vorsylbe ge ist, auch die Abtheilung R.)

---

grá-n sich, (Gbrg.) sich bekümmern; sich gräben, (graue Haare wachsen machen?! s. Th. III: reuen). s. grêdə'n und gräten. „Wer nichts verstehet, den nichts gräet", Seb. Frank, Sprichw. (1601), f. 350. „Mein, *grábts* enk nét so." „I hett kaə˜n Frid vor Denken und vor *Grábm*, dés dèrfts mə' redlə' glábm"; Zillerthaler Lied. „*Gráb* di' nét so fast"; Tiroler Kirchtag 1819, p. 16. 25. 30.

grauen, (ahd. grû=ên, mhd. grûwen; Graff IV, 300. BM. I, 584), im Dialekt weit weniger üblich, als grausen. Doch hat er das Derivatum gräueln,
98 gräuweln (gráwln). Mir gräuwelt (gráwlt), mich wandelt ein Grauen, oder wol auch ein Zweifel an. Walther 30,12: „mir (mich) griulet"; BM. I, 584. Zeitschr. IV, 410,85. V, 440. Vilmar, kurheff. Idiot. 135. Der Grau, Grauel das Grauen. „Der grau, horripilatio; horror, der grue; horrere, mit eim gruen versmechen", Voc. Melber. Diefenbach 280. „Den Greuel der Verwüstung", abominationem desolationis, Matth. 24,15; P. Procopius. Weigand, Wbch. I, 455. „Ein grewl ab etwan haben", Prompt. v. 1618. əs hàt mi' də' *Graul* à˜kemə˜. gräulich (gráli', grálə'), 1) wie hchd. R.A. gräulich tuen, große Angst, großes Leidwesen an den Tag legen. Mit frémə˜ Leut'n əənəné Kin'ə'n kà˜ s' *grálə'* (affectiert) tou˜, dé un'ə'n schaut s' gaə' nét à˜; (ObrM.). Vrgl. Zeitschr. V, 183. VI, 516,13. Vilmar, kurheff. Idiot. 135. 2) von Thieren und Pflanzen: abgezehrt, dürr, mager; oberhessisch (nach Estor, S. 1418, nach Vilmar, hess. Zeitschr. 1844, 38 f., kurheff. Idiot. 318): raulich, mager, dürr (v. Vieh); ohnmächtig (v. Menschen). Firmenich I, 37,82: rälig, häßlich. Cf. holl. rael, reil, tenuis, exilis.

grausam, 1) wie hchd. 2) ä. Sp., was Grauen macht, abscheulich, entsetzlich; schottisch grousum; (cf. graus=sam). Zeitschr. V, 183. Vilmar, kurheff. Idiot. 135. „Als jetzt von jungen und alten bey Gott und seinen Gliedern und Marter, auch seinen Heiligen und andern grausamen unziemlichen Schwüren geschworen wird"; Kr. Lhdl. XIII, 264. 316, ad 1501. Grausame (ungebührliche) ungeschickte Handlung"; Ldtg. v. 1515, p. 111. Das Prompt. v. 1618 hat Grausam für horror, nausea. s. grausen.

grâu, grâuw (grá, gráw; b. W. gràw, gròw; O.L. grauw) grau, (ahd. grâo, genit. grâuues; mhd. grâ, grâwes; Graff IV, 297. BM. I, 560. Zeitschr. III, 240,3, 15. IV, 105,23. VI, 327,134). Brüeder grawes Ordens, Cistercienses, von der weißgrauen Kutte bis 1475, von da an weiß mit schwarzem Scapulier. „Die Kloster Frawen grobes Ordens", MB. XVIII, 122. kitzgrauw, entschieden, auffallend grau; wetterau. grèətzəgrò, eisgrau; (grützegrau, gr. wie Grütze, meint Weigand, oberheff. Intellbl. 1846, p. 248). grœuwelecht (gráwələt), graulicht. grâuen, grâuwen, (gráwm, gràwm), grauen, grau werden; grœwen, mhd., grau machen; BM. I, 560. „Mich mag wol senen graen in der jugend", Valkn. 95. Der Tag hebt an *z' gràwm*, tuet sich angrauwen (à˜gráwm). dergräuwen (də'gráwm), durch Schimmel verderben. grœuweln (gráw·ln), grau werden, schimmeln; nach Moder, Schimmel riechen. Zeitschr. III, 305. grœuwelend (gráwələd), schimmlicht.

grüejen, mhd., grünen, wachsen; ahd. grôên, grôjan; engl. to grow; mhd. diu gruose, Saft der Pflanzen; daz gruot, das Grünsein, Saftigsein; BM. I, 580. 581. 582.

---

gräben, s. grá-n.

graben (ich grueb, han gegraben) wie hchd.; (Graff IV, 301. BM. I, 560). abgraben (à'gràbm), 1) wie hchd. 2) Nptsch.: abwendig machen, ausreden. begraben, ergraben, ä. Sp., graben, d. h. mit dem Grabstichel stechen, gravieren. „Die stat zu Vilshofen hat kain begraben insigl"; des löbl. Haus und fürst. Bayren Freyhaiten getrukht zu München 1514. eingraben (ei˜gràbm), beym Volk gewöhnlich statt begraben (eine Person). Der Graber (Gràbə'), der da gräbt, Gräber. Der Todtgräbel, (Augsburg 1635); Cgm. 4905, p. 262 (ein paarmal). Vrgl. Zeitschr. V, 438. Der Graben (Gràbm), plur. Gräben (Grábm): 1) wie hchd. (ahd. grabo, mhd. grabe; Graff IV, 307. BM. I, 562); Dim. das Gräblein (Grábl). 2) im Gebirg: Winkel, unter welchem zwey Berghänge sich unmittelbar aufeinander senken, der meistens zugleich das Rinnsal von Gieß- und Wetterbächen bildet; jeder Gebirgsbach mit tiefen Ufern; jede Quelle, die sich ihr Bett selber gräbt. Zeitschr. III, 463. E=graben, s. E. Mangraben, s. Man. Die (?) „Grab", (HchE.) Grabscheit, Schaufel; (gl. i. 239: craba, fossorium; Graff IV, 306 f. BM. I, 562). Der Grebel, das Grebelein (Grébál), Werkzeug, Rüben auszugraben. „Dà is ə˜ *Grébáj*, ge aussi und tuə Barschn ausgràbm"; Dtgr. (gl. i. 229: crepil, paxillum; Graff IV, 308 f. BM. I, 562). „Herte îsen unde grebel, örter ze den slozzen vüert der unverdrozzen in dem einen ermel wol", S. Helbling I, 184. Sprichw. „Wer nit mög Ruben eßen, der muß zuletzt den Gräbel freßen", H. Sachs 1560: IV, III, 24b (1612: IV, III, 54). „Der vor nit wolt die ruben eßen muß endlich den rubgräbel freßen", das. 1560: IV, III, 106 (1612: IV, III, 127) s. Grüebel. Das Grab (Grà'), wie hchd. R.A. Də' Toud is mər übə' s *Gràb* glòffə, es hat mich ein Schauer überfallen. Am Donnerstag, Frey- 99
tag und Samstag der Charwoche wird in den kath. Kirchen durch eigne, besonders auf den Farbensinn wirkende Decorationen das Grab Christi oder das hàli' Gràb dargestellt. An diesen Tagen ist in der Stadt wie auf dem Lande Jung und Alt auf den Beinen, um von Kirche zu Kirche seine Andacht zu verrichten, oder wie man sagt: die Gräber (Grébə') zu besuechen. Von einer bekanntgroben Person, welche dieses thut, sagt der Münchner, mit einem dialektischen Calembourg: dèr oder dé gêt zó

dé *Grébə'n* (Gröberen). „Drew ürn wein gennt auß sechs Graber n paw", (bei Botzen); Urk. v. 1476; Clm. 5509a, f. 118b. Die Begräbde, auch die, seltener das Begräbnuß (Bégrébməs, 'Gré'mməs), die Grà'-schaft (Rimberg), das Begräbniß, sowohl die Beerdigung, als die Grabstätte; der letzte Seelen-Gottesdienst für einen Verstorbenen oder der sogenannte Dreißigste, nach welchem man zur Grabstätte geht, wo gebetet und (an einigen Orten) abgedankt wird; der Leichentrunk nach dem Dreißigsten. „Man sol unsern herren (in der meß) manen der (siner) begrebt . . . daz er die sel well lösen von der begrept ires fegfürs", Clm. 4391 (XIV. sec.), f. 123. Dà sán' rècht vịl Leut ə˜ də' *Grémэss* gwé'n. 's *Grémэss*-Biər. Schon MB. XXI, 513, ad 1452 steht Gremeß statt Begräbnuß; Gem. Reg. Chr. III, 88, ad 1438: Grebde. Cf. oben, Sp. 189: Beigraft. Die Grabschaft (Grà'schàft), Grabstätte für eine Familie. Das Grabtier, die Hyäne; Nemnich I, 824. „Jena, grabtier", Ebersb. 130, f. 162b. „Hiena, grabebart", ZZ. 796, f. 171.

Das Grabfeld (am Main), eine Gegend zwischen Main und Fulda; Förstemann II, 594: Grabfeldon, Grabfeldun, Grabfelda 2c. Vrgl. slaw. grabb, poln. grab, čech. hrab, Hagebuche; also was das gegen Fulda liegende Land Buchen? (28. Juny 1850). Cf. lat. carpinus, VII Com. Carpenè, Carpinetum an der Brenta. Vielleicht wie Buche, fagus, 2c. früher auch den Deutschen gemeinsam.

Der Grabuler, eine Sorte Wein. Ein vom Erzbischof Ernst zu Salzburg an seinen Zahlmeister neben Malvasier verlangter Grabuler kann nicht geliefert werden, weil er sauer geworden. Urk. v. 1553, (Mittheilung v. Geiß, 3. Januar 1851).

Graban (?). „Zu der nacht ain milichsuppen genant graban"; Scheirer, Dienstboten-Ord. v. 1500, f. 43.

Die Gräben, (wirzb.) runder Armkorb ohne Deckel.

„Grebe", kostbares Fell von Wasservögeln dieses Namens, (franz. grèbe, span. greba); Mauth-Ord. v. 1765.

Die Grebe (? — hieher?). „Daz (Tuch?) was in der grewe (gerwe?) blach", S. Helbling I, 315. BM. I, 481.

„Der Grêbel, das mit Brettern verschlagene Futterbehältniß im Stall"; (Weihers, Dr. Karl Roth).

Gribəsgràbəs, scherzhafter Ausdruck, um z. B. verworrene Schriftzüge, Hocuspocusgesticulationen 2c. zu bezeichnen. Zeitschr. V, 441. VI, 303.

Der (?) Grieben, Greuben (Griəbm, Groibm, Gruibm, gewöhnlichst im Plural gebraucht), consistenteres Theilchen, das beym Ausschmelzen oder Ausbraten von Fett, Talg, Pech u. drgl. als Residuum bleibt; („daraus dem Krainer seine tropine", Kopitar; eigentlich das oben Abgeschöpfte). „Griub, gremium", Voc. v. 1429; „cremium, eyn gryebe oder eyn Schwarte", Voc. v. 1477; (griebo, grebo, griupo, criube, gremium, gl. a, 34. 649. i. 326. 823. Graff IV, 310. BM. I, 569. Weigand I, 457. Vilmar, kurhess. Idiot. 137. Zeitschr. V, 146. Diefenbach 156b: cremium). „Chraut mit speck und greuben überlait" . . . „nach den greuben was im gach"; Ring 35c,18. 35d,2. „Ich bin durre worden alse ein grive", Herm. v. Fritzlar, Pfeiffer 53,29 u. 421. Hsl. hat als nürnbergisch „Gräbelein", klein geriebenes oder geschnittenes Brod, in Schmalz geröstet (Grêibələ?). grieben, greuben, vrb., ä. Sp., in der Pfanne schmelzen oder backen, frigere, franz. frire. „frixare, grieben, rosten" . . . „frixus, gesmelzt, gegrewbt"; Voc. v. 1445; cacraupta, frixam, gl. i. 610. f. Th. III: der Rob: roupan, frigere; gl. i. 221. 244. 283. 372. 560. Vrgl. Griegken und Grülm.

grob (gròb, grô', o.pf. gruə'), wie hchd., (ahd. mhd. grop, gerop, aus rop: Graff II, 356. IV, 309. BM. II, 761. Weigand, Wbch. I, 459. Bey Notker gerop, raucus, rudis, cf. Grimm. II, 746; gl. o. 353: grouer, grossus. Die (der) Seite (chorda) „Mese der demo churcisten Nete in zuivaltero geroubi inguit also imo ouh tie andero so vilo gerobor inquedent . . . F. der fiervalt girobero ist . . . daz primo tono dar ne gebreste sinero gerobustun lutun", Notker, Clm. 18927, f. 296). Zeitschr. II, 92,39. bumpf-grob, stain-grob, sehr grob. Zeitschr. V, 191. Sich grob verwundern, (Inn, Salz.) sehr. *gró'* vịl, sehr viel; *grob* guət, sehr gut, (Oberaudorf). grob heilsam, sehr heilsam (von Gebeten). „Wiə *gro'* ain·n dá' Gottsnam störkt"; Stelzhamer 3. 4. „Auff solches musten sy dem brobst geloben und swern auff daz grobst", Mich. Beham, Wiener 239,24. Cf. russ. gruboi, poln. gruby, čech. hruby (aus dem Deutschen, oder umgekehrt?): hruba (missa), Hochamt; hruby oltar, Hochaltar. *Grobé* Glidə', starke Glieder. ə˜ *grob*baənigé Kuə. Hieher zunächst die R. A., wodurch man auf den Vorwurf der Grobheit zu antworten pflegt: Wàs *grob* is, is stark, (oft mit dem Beysatz: hàt də' Tuifəl gsagt, hàt mit ə˜-r-ə' Spérrkédn seinə' Muədə' 's Lóhh zuəg·nát). Grobgrün, (bayreuth. ä. Polic. Ord.) Art Zeuges. Zeitschr. V, 183. Die Gröben (Grébm), die grobe Beschaffenheit, Gröbe; OPf. Stärke von Gliedern. Zeitschr. III, 194,188. eingröbig ist Leinenzeug, in welchem sich durch oberflächliches Waschen 100
der Schmutz nur um so mehr festgesetzt hat, (b. W.; cf. gründig). eingrébiger Mensch, (b. W.) aufdringlich. Der Grobian. „Sono le (femine) Asiane grobiane, non hanno quel brio che hanno le Constantinopolitane", Cod. iconogr. 354, f. 4.

Der Gröbling, (Popowitsch) Gewächs, aus mehrern, mit ihren weißen Stielen zusammen gewachsenen eßbaren Stockschwämmen bestehend und an Nuß- und Weidenbäumen befindlich.

Der Grübs, Gröbs, Kernhaus des Obstes; Adelung: Griebs; Vilmar, kurhess. Idiot. 226. Weigand, Wbch. I, 457. Zeitschr. IV, 170. s. die Grips. „Der grübs vom apfel davon fraw Eva piß"; Cgm. 746, f. 281. s. Grütz.

Die Grueben (Gruəbm, O.L. Gruəb), plur. Grüeben (Griəbm, Griə'mə), die Grube, (ahd. gruoba, cruopa, mhd. gruobe; Graff IV, 307. BM. I, 562).

grueben, eingrueben, (wirzb. Verord.) die Senker oder Fächser eingraben in Weinbergen; vrgl. mhd. gruoben, BM. I, 563. vergrueben, durch Gruben oder Graben abgränzen. „Waldungen vermarchen, versteinen und vergruben", Kr. Lhdl. XVII, 168. grüebeln, ein Kinderspiel, wobey Schusser, Steinchen 2c. in Grübchen geworfen werden.

Der Grübel (Griəb·l), Werkzeug, Rüben 2c. auszugraben. s. Gräbel. „Orgrübler, (digitus) auricularis"; Clm. 4394, f. 176. Die Grübelnuß, s. Nuß. grübeln, wie hchd., (ahd. grubilon, rimari, mhd. grübelen; Graff IV, 308. BM. I, 563).

Der Grüblingsbaum, die Tartüffel-, Kartoffelpflanze. Grübeln, Griebeln habe man in Deutschland die Trüffel, und davon die Kartoffelpflanze Grübelnbaum genannt; Artikel „Landwirthschaft u. Theurung" in der Beilage zur Allgem. Ztng. 1847, S. 931. Vrgl. Nemnich II, 1320.

gruebig, grüebig, rührig, bey Kräften. s. ruerig und riebig. Cf. schwed. kry, wangersch krod, tak; Ehrentraut, fries. Archiv I, 96. 103.

grüebig, ruhig. s. gerüewig unter rue-en.

---

grächig (gráchi'), rachsüchtig; s. Th. III: der Räch.

grechen, adv., gerade; s. ge-rechen.

Die Griechen (Griəhhə˜). Bey Gelegenheit der im Jahre 1826—1827 veranstalteten Sammlungen ist dieser Name, sonst nur dem kleinen Häuflein der Gebildetern bekannt, auch in abgelegenen Bauernhütten mit Theilnahme ausgesprochen, sind die Helden von Missolunghi ꝛc. auf ländlichen Jahrmärkten von Volkshapsoden und Bilderbritschern besungen worden. Und nun gar, da ein Bayer König von Hellas seyn soll; (Septbr. 1832). Bey Dr. Eck (1542), wie auch in der älteren Sprache: agſ. crecas, ahd. kriachî, mhd. krieche; Graff IV, 310. 591. Grimm I, 237. BM. I, 880. „Graecus, ein chriech", ZZ. 1803, f. 192. „Walche unde Chrieche" (plur.); Clm. 9513, f. 1, Vers 29. „Der Kriechen golt", Labr. 341. „Al der Kriechen hort von golde", das. 416. „Die ander zung (der kristenheit) sint kriechen, die sint gar mächtig und darzu reich und gent on geläut ze kirchen. sy erschellent nwr ein horen. wan sy habent chain glogen in irem land. und sind doch chunstreich und haben manigen klugen sin und list", Cgm. 521, f. 149b. Kriechen, Griechenland, (wie Bayern, Sachsen ꝛc. 'Dat. Plur.; s. Grimm III, 420'). „Chunich von Chriechen". . . „die weisen maister zu Chriechen"; Cgm. 54, f. 5b. „Hœnre von Kriechen, Rîs von Kriechen" zu kochen, lehrt das Kochbuch im Wirzburger Codex der Münchner Universitätsbibliothek, '(Bibliothek des lit. Ver. zu Stuttgart, IX, S. 2. 3).' kriechisch, adj., griechisch. „Zu derselben Zeit habent unser Voralten den kriechischen siten geübt"; Dietr. v. Plieningen. kriechisch bech, kriesbech, colophonia; Cgm. 721, f. 29. Diefenbach 133b. „Krichisch feur brinnet in wazzer, in milch, in wein; swer ez leschen wil, der giezze ezzich drein"; Renner 20031. „Kriechisch fewr zu machen", Recept im Cgm. 3741, letzte folierte Reihe Bl. 85. cf. Clm. 197, f. 7; 224, f. 333; 267, f. 88. App. mil. 4⁰ 53h. Technol. 4⁰ 58, IV, p. 321. „Ain salb von calcadis dy haist kriechsen tonaki"; Cgm. 3724, f. 52. 'Kriegshaber, Name eines Dorfes bey Augsburg;' Criaches avarâ, Graeci imago; Grimm, Mythol.² p. 274. Kriechsauer, Cgm. 213, f. 90; 570, f. 36. Cod. lat. 2. Em. F. IX.

---

gruchzen, (wirzb.) schwach, elend herumgehen.

---

grack, greck, s. gragk ꝛc.

Das Groikarl, der gelbe Schmutz in den Augenwinkeln und an den Wimpern; Castelli, Wbch. 153. s. unten: die Griegken. Zeitschr. V, 440.

---

grad, s. Th. III: gerad.

grádig, s. Th. III: gerad.

Der Grad statt Karat (Gold); CbmC. 22, f. IV (v. 1505).

Der Grâd (Gràd, o.pf. Graud), wie hchd., lat. gradus; (Graff IV, 311. BM. I, 566). N.A. der Zeugweber: in den Grâd wirken oder weben, hchd. in das Bild wirken, welches mit 3, 4 und mehr Schemeln geschieht. (Vrgl. bey Adelung: das Grêt). Der Fürgrat, (L.R. v. 1616, f. 517) eine Art Zeuges, (Viergrat? Vrgl. auch Federitt). grädeln (grádln), ins Bild weben. Der Grädel (Grádl), Gewebe dieser Art; im O.L. vorzugsweise die mit mehrern Schemeln gewobene Tischleinwand. Grádlhosen, Beinkleider aus Grädel. Der grædische, grädlische Zeug, oder blos: der Grædisch, Grädlisch (Grádisch, Grádlisch, U.L.), also
101 gewirkter Zeug; (O.L.) zunächst der mit 3 Schemeln gewebte ganz oder halbwollene Zeug zu Weiberröcken. „Ain yeglicher grattlischer zwilich soll haben xxx ellen unt soll ringer nicht geswaiffen werden dan achthalber und dreißig genug ab xx geswaiffen"; Passauer Stdtb. Ms. Der Gradltrager. Nach dem Steuerbuch von 1618 war damals in München unter den übrigen bürgerlichen Gewerbsleuten ein Gradltrager; (von Sutner, München im 30jähr. Kr. p. 67). Castelli, Wbch. 146 f.: „Der Gradldråga', ein Mann, der das Leder den Schustern in kleinen Stücken ausschneidet, auch alle ihre Werkzeuge verkauft." (Zu vergleichen vielleicht das „Gratt, licinicus, spacus" des Voc. v. 1429. Diefenbach p. 328a. 544a: drat?)

Der Graid. „Der aus dem Seifengraid oder Gries erhaltene Schlich besteht aus Eisenglanz mit rothem Quarz und Granatensand gemengt mit sparsam eingestreuten Goldflämmchen. Aus 500 Centner Seifengraid erhält man höchstens ein halb Quentchen Gold." Flurl (Bschrbg. der Gbrg.) über die Goldwaschwerke im Leuchtenbergischen.

Die Grêd, 1) breite gepflasterte oder hölzerne Stufe (span. grada) längs der Vorderseite eines Gebäudes, heutzutage besonders eines Bauernhauses; in Steinkirchen (Würmthal) sogar eine Bank vorn am Hause: die Grê'. Vrgl. Vilmar, kurhess. Idiot. 135: der (die) Grad, Grat, Trottoir. Zeitschr. VI, 182. „A⁰. 1324 ließ der König bey St. Emerams Kloster auf der Gred ein Gerüste machen und zeigte dem Volk die Reichsinsignien und die Heilthümer"; Gem. Reg. Chr. p. 530. „Bey St. Heimeran Pforten auf der Gred", Av. Chron. Die heiligen Stätten, die mit Bischofsweihe umfangen sind, „kirchen unde kirchhove (oder frîthove heizent ez etewâ) unde grēde unde capellen und klöster unde kriuzegenge", Br. Berhtolt 342, (Pfeiffer p. 446,24). „An allen steten da man win schenket: uf dem rennewege, hinder dem münster, im crutzegange, an den greden uberal, an dem markte . . ."; Wirzb. Sätze v. 1343, §. 82. „In creta porte", Rechn. v. 1346, Wstr. Btr. VIII, 142. „Obe irem grabe auff der grede zu St. Ulrich . . ."; MB. XXIII, 341. 527. „Uf der grede vor St. Ulrich sol ein Ubelteter vride haben"; Augsb. Stdtb. „Sus sâzen si dâ bêde durch ruowe ûf einer grêde", Wigalois 7243, '(vrgl. 7135).' „In dem mantel an zwein steten sol nieman hin für treten für den tisch und der kirchen grât" (: hât); Haupt's Zeitschr. VIII, 577,931. „Do sie ze der greden quamen", St. Ulrich, Cgm. 94, f. 74. „Funfzehen staphen und grede", Docen's Misc. II, 71. „Alumb gestaffelt grede", Titurel. „Er stunt uf eine (einer?) grede", Wernh. Maria p. 74. 2) (nach Wstr. Gloss.) hölzerne, in Bauernhäusern um den Ofen gebaute Lagerstätte. Zeitschr. II, 348. Die Bo~grád (Bodengrêd, oder Bäumgrêd?) der Holzknechte in den Salinenwaldungen besteht aus zwey als Kopf- und Fuß-Enden am Boden liegenden Baumstämmen und einer Lage Moos oder Heu zwischen denselben, worauf so ein Waldmann seine ohnehin nur kurze Nacht süßer, als mancher Zärtling die seinige auf Eiderdunen, verschlummert. In den Sennhütten kann die Bo~grád auch in einer Erhöhung an der Wand angebracht seyn. Kärnt. Pograd, Name eines Dorfes. „Im kärntischen Deutsch heißt das hölzerne Bettgestell ob dem Ofen die Pograden"; Jarnik p. 225, unter grad und nach ograd (Schranken, Umfang), ograda, „eingezäunte Wiese, im kärnt. Deutsch die Painte genannt." Cf. poln. pogrodka, Gehege, Gartenbeet, (wol die Einfassung); pogrodki, plur., Unterlage. Bettbogreta, (Pinzg., Zir.) Bettstätte. Vielleicht von wendischen Holzknechten aus Kärnten, die in die salzburgischen Salinen früher als Arbeiter zu kommen pflegten, hier hinterlassen. Cf. Melz. Über Pôgrât st. Podagra s. Grimm, Mythol.² p. 1108. Das Rauris'sche „Krewand" bey Hübner (Salzb. Land p. 484) ist wol aus Gredbank zu erklären. 3) Unterlager für darauf abzustellende Waaren; Waaren-Niederlage, Packhaus, Kaufhaus. „Haben wir den Burgern zu Schongau erlaubt, Gredt in ihr Kaufhaus zu machen, also das man nun fürbas alle Kauffmanschaft darin wol setzen mag und soll"; Lori, Lechrain f. 105, ad 1419. „Wein legen auf ein Gred oder in ain gewelb"; Wstr. Btr. VI, 156. „Salz niedersetzen auf Grede"; MB. XVII, 53. Die Salzgrêd, Weingrêd, MB. XIX, 594. XX, 16; 102
Eisengred (für Eisenwaaren), Hazzi, Statist. II, 437. Gem. Reg. Chr. III, 226. 777. Der Grêdstadel (zum Niedersetzen des Salzes); Lori, BergR. 18 'Das Grêdl, Holzstoß; grêdlen, Holz schichten; Zeitschr. V, 440.' In Stein am Rhein: das Gretthaus, Waarenniederlage; Grettknecht, Ballenträger; Grettmeister,

Aufseher darüber; Stalder II, 421: die Subst. engrêden, ä. Sp., degradieren. „Der pabest sol in (den Geistlichen) engreden“, Schwabensp., Laßb. p. 155. s. auch freden.

Das (?) Grèədə, (O.L.) der Legeplatz für Getreide, Heu ꝛc. oben in der Scheuer; (vrgl. Grêd, 3). Cf. agſ. greada, sinus, gremium. s. auch Th. III: die Riet und oben, Sp. 155: die Aſen.

grêdə'n, (Ilm) sich abmühen, satagere. Muə' mə hàlt ə˜ so furt *grêdə'n* und haus·n. Schwäb. sich abgrodeln; Vilmar, kurheſſ. Idiot. p. 228: sich kroten, kröten, krütten, sich bekümmern; krêten, kreiteln, sich zanken. Zeitschr. II, 348. Vrgl. gräten.

Das Greuder, Art Fischzeug. s. das Kräuter und vrgl. `mhd. gratte (BM. I, 567. Zeitschr. III, 214,8. IV, 501,3) und´ Gruen, Anmerk.

Die Grida, Crida, Dim. das Gridə-l, eigentlich ein österreichischer, vermuthlich aus dem Italienischen (la grida) genommener Ausdruck für Bankrut, Gant. ə˜ *Gridə* machə˜, auf die Gant kommen, fallieren. Der Gridat, der Fallierte, zu Vergantende.

grödeln, s. grêdern.

Der Grâf (Graf, Gràf, o.pf. Grauf), 1) wie hchd. 2) ä. Sp. und in einigen Beziehungen noch heutzutage: der Verwalter, Pfleger, Vorsteher; (ahd. grâvo, grâveo, mhd. grâve; Graff IV, 312. BM. I, 567. Weigand, Wbch. I, 452). Der Burg-grâf, (in einer handschriftl. Übersicht der kurfürstlichen Hofstäbe aus dem Anfang des 18. Jahrh.) der Schloßpfleger. Graff IV, 314. BM. I, 567. „Burggrafen auf den Lustheusern (des Cardinals von Bayern) zu Bonn und Cöln.“ „Der Burggrafe in Augsburg war was in Regensburg der Hansgraf“; Augsb. Stdtb., Ms. von 1276, f. 98. „Der purckgraf sol rihten uber unreht metzen und uber unreht maß und uber allen kauf der leibat haißet“; Rechtb., Ms. v. 1453. „Quoddam jus purchgravium quod in vulgari Dorfrecht vocatur“; MB. VI, 536. Der Freygrâf, (im 14. Jahrh.) Richter des geheimen westphälischen Gerichts. Gem. Reg. Chr. III, 122. Der Hallgrâf, MB. I, p. 219, ad 1147. „Comes Engilbertus qui dicitur Hallgrave“, (Vorsteher und Richter in Sachen des Salzwesens?). Graff IV, 314. 850 (citiert MB... 280). Vrgl. Westenrieder Gloſſ. voce Hallgraf, und fol. XV: Halgrafschaft). „Engilbertus Hallensis comes“; Ried p. 207. Der Hansgrâf, (in Regensburg seit Carl des Großen bis auf die neueste Zeit) Vorsteher des Hansgerichtes, (s. Hans); Richter in Handels-, Kunst-, Markt- und Policey-Sachen. In Österreich später: Handgrafen. Der Mülgraf oder Waßergraf, geschworner Kunstverständiger in Sachen des Mühlwesens, Mühlrichter. Lexikon v. Franken I, 158. Cbm. 3253, f. 1. Ld.R. v. 1616, f. 640. Wagner, Civ. u. Cam. Beam. B. II, p. 98. „Das Hofcastenamt Onolzbach ist das Waſſergrafenamt, allwo die Waſſergrafen nach ihrer Ordnung erwählet, verpflichtet und auf Requisition zu den Ämtern geschickt werden“; Anſp. Verordd. Der
103 Spilgrâf, ehmals beym kurfürstl. Oberst-Stallmeisterstab:
der Vorsteher der Hof- und Feldtrompeter, der Hofmusik überhaupt. „Der Spilgraf sich ergetzet, sieht ob der Chor mit Baß, Tenor und jedem Ton besetzet; dann wann er hört sovil verkehrt unangenembe Stimmen, er maisterloß, ganz furios erzaigt erst seinen Grimmen“, Khuen's Epithalm. Marianum, p. 425. Der Zentgraf, (Franken) der Zentrichter; Lexikon v. Franken I, 169. 177. „Unsre verordnete Zentgrafen, Schöpfen ꝛc.“ „Ein Oberamtmann soll 6, ein verrechnender Beamter 4, ein Zentgraf, Amts-Zent- und Gegenschreiber aber 2 Stücke Vieh zur Gemeindherd stellen dürfen.“ „Bey Centſeſſionen sollen der adeliche und der verrechnende Beamte vor dem Centgrafen, obgleich dieser das Directorium führt, den Vorsitz haben“; wirzb. Verordd. v. 1641. 1747. 1755. Da Rohrer in seinem Versuch über die d. Bewohner der

östr. Monarchie p. 214 von einem neuernannten Grafen der sächsischen Nation (in Siebenbürgen) Freyherrn von Bruckenthal spricht mit dem Beysatz: „die Hermanstädter tanzten um ihren Richter den neuernannten Grafen einen Tanz“, — so scheint es, daß diese Sachsen das Wort noch in seiner Urbedeutung nehmen. Bis auf 1834 war in einigen Kreisen von Heſſen Grêbe, in andern Schultheiß die Benennung des Vorstandes der Dorfgemeinde. Vilmar, heſſ. Wbch. 21 f.; kurheſſ. Idiot. 136. Der heutzutagige Adelstitel Graf ist ein Beyspiel, wie sehr ein Ausdruck, je nachdem sich die Sache ändert, welche er anfangs bezeichnete, seine Bedeutung ändern kann. Die Grafen oder Comites Karls des Großen und seiner nächsten Nachfolger waren Ministerialen, als Verwalter, Pfleger und Richter an einem kaiserlichen Hof (Pfalenz, Pfalz), oder an einer Grenze (March), oder in einem der verschiednen Landbezirke (Gaue) u. s. f. aufgestellt. Das Amt eines Grafen und der Bezirk, über den es reichte, hieß eine Grafschaft (comitatus). Bey dem in der Folge immer mehr zunehmenden Verfall der obersten Reichsgewalt gelang es vielen dieser Beamten sich in Erb-Gerichtsherren umzuschaffen, und mit ihren Bezirken eben so viele von einander fast unabhängige Ländchen zu bilden. Daher z. B. nur in unsrer Gegend die Grafen von Dachau, Andechs, Eschenlohe, Wolfratshausen, Crayburg, Valey, Waſſerburg, Ortenburg, Bogen, Vohburg u. s. f., deren Stämme jedoch, bis auf den der Ortenburger, jetzt alle ausgestorben, und deren Länder, zum Glück des Ganzen, durch Erbschaft oder Kauf ꝛc. nach und nach an die Grafen von Wittelsbach gefallen sind, deren Ahnen schon im 10. Jahrh. die Herzogswürde bekleidet hatten. Bey dieser Umschaffung scheint sich indessen der ursprüngliche Begriff des Ausdrucks Grâfschaft, nemlich der der höhern Gerichtsbarkeit oder eines Bezirkes, über den sie ausgeübt wird, nach der heutigen
Sprache: eines Landgerichtes, neben dem spätern Begriff 104
desselben Wortes, nemlich dem einer Erbgerichtsherrschaft (comecia) noch lange Zeit fort erhalten zu haben; (cf. MB. X, p. 591, ad 1607. Kr. Lhdl. X, 383). Wenigstens läßt sich dieses schließen aus der oft vorkommenden Bestimmung der Urkunden und Gesetzbücher besonders des 13., 14., 15. Jahrh.: „als der Grafschaft Recht ist, da das gut inne leit“, MB. II, 4. 5. 9. 39. XIII, 392. (Nicht in jedem Landgericht galten nemlich dieselben Rechte, so wie daſſelbe Rechtbuch nicht in allen lag, oder angenommen war.) „Vmb erb und aigen sol man rechten in der grafschaft do das gut inne leit“, K. L.Rchtb. „4 Zeugen, die in der Grafschaft geseßen sind oder in ainer ander Grafschaft“; L.Rcht. Ms. v. 1453, cap. 16. „Gmünd an der Donau in Erlinger Grafschaft gelegen“, (ad 1452); Gem. Reg. Chr. III, 212. „Ain Hof zu Newnhausen und in Dachawer grafschaft gelegen“, MB. XXI, 245, ad 1484. „Die Grafschaft, do Scheirn in liegt“, MB. XIII, 393, ad 1341. Analog heißt es z. B. 1464 (MB. XX, 573): „als des gerichts zu Murnaw und des gerichts zu Päl, darinn der obgenant Hof ligt, recht ist.“ „N. N. von Durchschlecht in Scheyrer Graafschaft“, Inchenhofer Mirakel v. 1605. „Illa terra quae est in pago illo, in *grafia* illa, in loco qui vocatur ille“, (grafia als Verwaltungsabtheilung eines Gaues, also ohngefähr was Grafschaft); Bignon, formulae veteres, VII[a] post illas Marculfi. (s. Th. III: Scheiren). Grauio, graueo, grauo, procurator, praeses, praetor, tribunus, comes; gl. a. 17. 74. 116. 339; i. 75. 408. Tat. Matth. X, 18. XXVII, 2. 23. 27. Diese älteste Form grauio (sprich grâfio, genit. grafien, grafen) ist als gravio, grafio, graphio, genit. -onis ins mittlere Latein übergegangen; (umgekehrt? Eichhorn, d. Staats- und Rechtsgesch. 1834, I, 208 f. Wackernagel in Haupt's Zeitschr. VI, 151. Auch Grimm I³, 171 nimmt grâve aus graphio her. Nach Leo, die Malb. Glosse I, VIII, vom gälischen grabh, einschneiden, graben, schreiben: Wundarzt, Schreiber. Richthofen, fries. Gloſſar, voce greva. Cf. Ulphilas, Luc. 2,1: gagrefts, *δόγμα*; in gagreftai visan, *προκεῖσθαι*,

II. Cor. 8,12. Allgem. Ztg. 1843, p. 415: „die Leistungen der verschiedenen Ministerien (γραμματειῶν) in Athen.“ Paul. Diaconus V, 36: „Cum comite Baioariorum quem illi *grarionem* dicunt.“ Lex salica, Tit. 34. 48. 53. 57: gravio. Capitulare Karlomanni v. a⁰. 742: gravio. Lex. Ripuar., Tit. 53. 55. 86: grafio (judex fiscalis, comes). Aus obiger Stelle des Paul. Diaconus scheint zu schließen, daß dieser Name bey den Longobarden, wenigstens vor der fränkischen Herrschaft, nicht üblich war. Der Comes der Legg. Pipini, Tit. XIV, entspricht dem judex der Legg. Rachis, Tit. II. Der gerichtliche Gebrauch des griechischen Wortes grafia für scriptura in den alten Capitularien (capitularium additio tertia; CIX bey Georgisch), wohin das franz. le greffe (Amtsstube, Amtsschreiber; Diez, Wbch. 649) gehört, ist bey Erklärung unsers Wortes wol nicht in Anschlag zu bringen. „Explicit hic liber, sit *craffo* sine crimine liber“, Roggenb. 6, f.... „Caesar Albertum Halluseum in classem praefectorum, quos *graphios*, literatores comites vocant, refert“; Aventin. Annal. lib. VII (f. 574): Albertus Baro de Hals comes creatur. „Die adran der bain und ir siechtum als ist der gräff oder geswlser oder lustgetan (susgetan?) siechtagen“, Clm. 5640 (XIV. sec.), f. 86; '(hieher? Ist vielleicht gra~ff = krampf zu lesen?)' Auf der andern Seite ist die Behauptung, daß unser grâvo mit dem angelsächsischen gerêfa dasselbe Wort sey, theils weil nirgends ein garâvo, girâvo oder gerâvo vorkommt, theils weil das angels. ê nicht einem altdeutschen â, sondern dem uo entspricht, etwas gewagt; man müßte denn annehmen wollen, daß etwa das angels. Wort von rôf (tectum), das deutsche von râvo (tignum), zunächst zur Bezeichnung eines Hausgenossen, comes, gebildet sey. (Vrgl. Grimm II, 737. RA. 753. 956). Cod. Teg. 1008 (Cod. s. germ. 42), f. 13b: contectalis. Übrigens steht dieses angelsächsische gerêfa in der Übersetzung, Matth. 20,8. Luc. 8,3 für procurator, Luc. 16,1. 3 für villicus,
105 dispensator, Marc. 15,43 für decurio. Häufiger ist es in Zusammensetzungen: feh-gerefa (dispensator), palant-gerefa (comes palatinus, Pfalenzgraf), scir-gerefa (sherif), svan-gerefa (subulcus principalis), tun-gerefa (villicus, dispensator), vic-gerefa (oppidi praefectus). Wirklich finden sich im Angelsächs. auch die Formen greue, (feh-)groefa für gerefa. Nach Halbertsma (Proeve van Plat Amsterdamsk, 1845, p. 32—33) ist gerefa Eins mit isl. rîfr, largus, munificus, ags. rîf, engl. rife, niederd. riive, frequens, reichlich; gerijven (Prät. gereef), commodare, officium praestare; also: gerefa, qui officium praestat. Cf. Brem.-niederf. Wbch. II, 499: Geriev, Bedarf; geriven, fournir; gerievelik, nützlich, bequem. Nach Jamieson ist im schottischen Dialekt the greif, grieve ein Aufseher über ein Landgut („monitor, manager of a farm or overseer of any work“), to grieve die Aufsicht führen (to oversee). Cf. Leges Eduardi confessoris in R. Schmid's Gesetze der Angelsachsen, p. 293: „De Greve ... Videtur etiam quibusdam Greve vocabulum esse nomen compositum ex Anglico Grid (pax) et *vae* latine (miseria) quod jure debebat Grid i. e. pacem ex illis facere qui patriae inferunt vae i. e. miseriam. Die gewöhnliche, auf die misverstandene alte Schreibung graue gegründete Ableitung des Wortes Grâf von dem Umstand, daß man ehmals zu Richtern lauter erfahrne, graue Männer genommen, ist wenigstens eben so wohl gemeint, als die des wackern Geiler von Keisersberg, der sich die Grafen als *graves* viros, und die Barone als *βαρεῖς ἄνδρας* erklärt.

greiffen (s. Gramm. 949) und die Composita, wie hchd. greifen, (ahd. grîfan, mhd. grîfen, Prät. greif, Ptc. gegriffen; Graff IV, 314. BM. I, 570). Zu bemerken sind hier etwa: ä. R. A. In die Hände greiffen, einander die Hände, den Handschlag geben. „Schône griffens in die hende“, S. Helbling IV, 382. Zu der E, zu der Konschaft, zur Heirat greiffen, sich verheiraten, L.R., Ms. v. 1453. MB. X, 97, ad 1344. Zu der Bueß greiffen, Hübn. Salzb. Land. 393. In die Züge, oder: in Zügen greiffen, in die letzten Züge, in die Agonie fallen. „Darauff griff Er in Zügen bald, stund auß ein Streit mit großem Gwalt biß jhm das Hertz gebrochen“; auf Max Emanuel's Tod. „Da er schon war in Zugen gegriffen und in der Todsangst schwitzte“, Neuner's Tändelmarkt p. 113. „Da die Leute schon in die Züge hatten gegriffen“; ansp. Kirchenagende. „Als einez zem tôde grîfende wirt“, Br. Berhtolt 229, (Pfeiffer 43,5). „Da sie schon ganz erschwartzet und allbereit anhebet, zu den Zügen greiffen“, Lechfeld. Mirak. v. 1677. sich guet greiffen, (vom Tuch) dem Anfühlen nach, stark, gut seyn. Daher: greiffig, adj.; „Wasser zum Walken muß etwas faul und matt seyn, wo dann die Tücher viel dicker, greiffiger und scheiniger werden“; Geschichte des Lodenhandels p. 21. nähe greiffen, nahe gehen, anzüglich seyn. „Die Ständ sollen sich dergleichen Sr. Churfrtl. Drtl. hochen Respect und landsfürstl. Reputation zu nahe greiffender meisterlosen Reden enthalten“, Ldtg. v. 1669, p. 116. nâchgriffig, adj. „Die vorgangne vnserem hochen Respect gar zu nachgriffige Reden“; ibid. p. 311.

angreiffen einen Bau, in Angriff nehmen eine Eisenbahn ꝛc. Schon in St. Ulrich's Leben (Cgm. 94), Vers 369: „Wand er (St. Ulrich) wîse meister gewan, die daz üzer gezimber griffen an, des innern zimbers (mystisch) er selbe phlac.“ angreifen einen Wald, (Zir.) ihn abzustecken oder abzutreiben anfangen; daher: Angriff, Waldangriff.

begreiffen, a) wie hchd. b) ä. Sp., ergreifen. „Einen auf heller That begreiffen, deprehendere.“ „Mit Krankheit begriffen werden, intercipi morbo“; Voc. v. 1618. c) Güter verkummern und begreifen, durch Versetzen ꝛc. Andern rechtliche Ansprüche darauf einräumen. Meichelbeck, Chron. Ben. II, 111. d) abfassen, verfassen, aufsetzen. „Eine Geschichte mit Worten begreifen.“ „Beschwerden in Geschrifft begreiffen.“ „Eine 109
Schrift, ein Buch begreiffen.“ Anderer Chronik; Kr. Lhdl. VII, 371. XIII, 244. XIV, 114. Die Begreiffung, der Aufsatz; Gem. Reg. Chr. III, 14.

ergreiffen im Sinn, begreifen. Nichts ergriffen haben, comprehensi nihil habere; Voc. v. 1618.

fürgreiffen, ä. Sp. fürgrîfen, vorgreifen. „Swer diser fart wil rechte kumen nâch, der muoz fürgrîfen wîte“, Labr. 60. „Fürgrîfen, balde abstürzen kan Helfe wol der alte“, das. 308. „Fürgrîfet in ein terre!“, das. 405. „Daz wazzer ûf und nider fürgrîfet Stæt und Triuwe“, das. 438. „Fürgrîf ich oder henge“, das. 561. hinfür grîfen, das. 234.

vergreiffen, vrb. act., ä. Sp., fassen, verfassen, abfassen, enthalten. „Daß das, so in seiner clag vergriffen, war sey.“ „Inmassen im siebenden Gesatz vergriffen ist.“ „Haben wir die Gerichtsordnung in diß gegenwirtig Buech durch den Druck vergriffen“, Gerichtsordnung v. 1520. „Advocat d. i. Ratgeb und Vergreiffer der Sach“, L.R. v. 1553, f. 34. unvergreiffenlich, ä. Sp., (z. B. L.R. v. 1616, f. 438. 419) ohne vor- oder einzugreifen einem Andern in seine Befugnisse. s. unvergriffen.

'Der Greif, ein Vogel, (v. griech.-lat. gryps, gryphus; ahd. grîfo, grîf, mhd. grîf, Graff IV, 319. BM. I, 573).' „Grifis haizt ain greife“, Konr. v. Megenberg 190,2 ff. „Alle edel vogel erschreckent, wenne si den adlar sehent, ân den greiffalken, der væht den adlarn“, das. 167,17. „Der habich ist græzer wan der greiffalk“, das. 169,25. „Grifalcus haizt ain greiffalk und haizt auch herodius“, das. 185,26.

„Pennatum Grippes animal pedibusque quaternis
Innitens homines carpit, abhorret equos“;
Petri de Riga Aurora, Clm. 4598 (4⁰. XII.—XIII. sec.), f. 82. Vrgl. Gerfalk, 'mhd. girvalke, gervalke, altfranz. gerfaut, ital. grifagno; BM. III, 216.'

Der Griff (Grif), a) wie hchd.; (ahd. mhd. grif; Graff IV, 318. BM. I, 572). b) (Baur) Hebel, der zum Eingreifen in den Boden unten mit einer eisenen Gabel beschlagen ist. c) (Metzgersp.) das Stück Fett oder Unschlitt, welches inwendig zwischen den Hinterkeulen alles schlachtbaren Viehes zu sitzen pflegt; Rindsnierenfett. In den Münchner „Flaischhakhersätzen“ von 1427 heißt es (Wstr. Btr. VI, 152): „Swer kaufn wil rindrein flaesch bey ain ganczn Rind oder bey ainem halbn oder bey ainem Diech, der sol daz an fronwag tragn und sol man die griff darin lazzen.“ cf. Cgm. 544, f. 45. d) 'Klaue, Kralle; franz. griffe. BM. I, 572.' Des valken griff, Valkn. 45; cf. Labr. 357. angriffig, adj., geübt, eine Sache am rechten Ort anzugreifen; geschickt. Der Begriff, ä. Sp., was jetzt: Inbegriff, summarium, compendium. BM. I, 572. „Fürgriff wirken“ von Handwerkern, als Gegensatz von Tagewerk wirken, bey Br. Berhtolt p. 41. 42, '(Pfeiffer p. 147,16. 19: „Unde sie (die Arbeiter) sulnt alle samt getriuwe unde gewære sîn mit ir amten, sie wirken tagewerk oder fürgrif, wan daz tuont in dem amte vil zimberliute unde steinmetzen. Unde wirkent sie tagewerk, sie sulnt niht deste træger sîn, daz der werke manigez werde. Ist ez fürgrif, sô solt dû niht deste balder dâ von îlen, daz dû sîn schiere abe kumest unde daz ez über ein jâr oder über zwei dernider valle“),' ist wol, was wir nennen: im Accord arbeiten. cf. oben, Sp. 745: für. BM. I, 572. Ein Handwerksknecht, „der alle mitwoch ein gesellen ausbeleit, ee er sein furgriff hot bereit“, Cgm. 713, f. 19 und 182. Bey Stalder: „etwas fürgriffs, vergriffs kaufen“, nach bloßer allgemeiner Schätzung, überhaupt. Der Vergriff, a. Sp., der Umfang. „Dieweil jedwedes Amt seinen Gezirk und Vergriff hat“; Kr. Lhdl. XVI, 36. „unvergriffen einem dritten an seinen Rechten“, oder: „den Rechten eines dritten“, alte Formel (z. B. Kr. Lhdl. VII, 500. XV, 368) statt: ihm unbeschadet, oder: ohne ein- oder vorzugreifen in seine Rechte. s. Grift.

'Der Griffel, wie hchd., mhd. griffel, grüffel; Graff IV, 312. BM. I, 572. 581.' Grimm, Reinh. p. 113,2152.

'Das Griffel, ä. Sp., Diminutiv zu Griff, mhd. griffelîn.' „Hat sich eines Grüfl (Griffleins, einer List) gebraucht“, Huber, Pred. v. 1682, p. 20.

'Der Griffler, ä. Sp., mhd. griffelære; BM. I, 572.' „Spriche ich die warheit nach der swere, so bin ich ein griffelere“, Renner 16149. cf. Schloterer.

Das Grifflingpferdt (?). „Des Herzogs Grifflingpferd“ (1392), Freyb. Samml. II, 119.

grieffen (grêiffm), Prät. Indic. groff, Conj. gruff, Partic. gegroffen, Gramm. 949, (OPf.) greifen. s. krieffen. Hiezu findet sich nach Gramm. 934 in MB. XXIV, 647, ad 1442 sogar der Infinitiv greuffen: „Nach im zu grewffen.“ In der ahd. Sp. finde ich kein griofan, aber ein von grîfan abgeleitetes Verb greifon, palpare, prensare (Graff IV, 318. BM. I, 572) vor, dem ein jetziges graiffen (graəffə˜) entsprechen würde. Cf. ags. grâpan, engl. to grope. Vrgl. groppen und kripfen.

Die Groffel, große und starkgefüllte Garten-Nelke, cheiranthus; ital. garofano, garofalo, florent. grofalo, franz. girofle, καρυόφυλλον; Diez, Wbch. 164. Die Mo-
107 rengroffel, der Mor, dunkelrothe Sorte, welche vorzüglich in den Officinen zu den gebrannten Wassern &c. gebraucht wird.

„Gräfften, Gräfftung“, (östr.) Frucht auf dem Felde, Saat; Heumann, opusc. p. 696. 699. (cf. Raub; engl. the crop, schott. croftland, fruchtbares, schon einmal abgeärntetes Feld. Müller, etymol. Wbch. d. engl. Spr. I, 256. Cf. Notk. Ps. 57,3: unreht kereften iuuere hende, concinnant). „Neubrüch sind jene Gründ, alda zuvor weder Furch, Strang und Gräfften gesehen, auch nie was angebauet worden“, unteröstr. Zehndordnung. „Kainen ledigen knecht fürder kain gröfften noch ander weingartarbeit im bestand oder geding überlassen“; Kärnt. Pol. Ord. 1578, p. 39.

Die Grift, ä. Sp., das Greifen, Zugreifen, Begreifen, mhd. diu grift; Graff IV, 319. BM. I, 572. Die Handgrift, das Handanlegen; 'das sogenannte Handgeld bei Verkäufern: der erste Erlös eines Tages, (s. Adelung). Vrgl. Hand: Handgift.' „So man künftige ding sagt aus handgrift, als so ein munich oder ein priester von erst kauft“, so soll man kein Glück haben, „so pueben“, so soll man Glück haben; Cgm. 632, f. 8b.

Die Gruft, wie hchd., (mhd. gruft, Graff IV, 309. BM. I, 563; aus griech.-lat. crypta? g = c. Vrgl. holl. Kroft, Krocht, Höle).

(Vrgl. auch Gragk &c.)

Der Grageel (ᴗ -), s. Kragell. Zeitschr. V, 116,2. cf. russ. glagol, česk. hlahol?

grägeln (grág·ln), (U.L.) im Gehen die Beine krumm stellen, auseinander sperren; verächtlich: gehen; (OPf.) klettern. Zeitschr. V, 483. (Vrgl. graiteln, grätschen kráchseln und regeln. Die gl. i. 15 in uuidargre-, gilinimo moate, obstinato animo, paßt schwerlich hieher).

„Der Graug“, (Kitzbühel) der Teufel. Vielleicht, da man auch Grawuzl sagt, von grâu (graw, graug). Cf. Geibitz.

Der Gregori (ᴗ - ᴗ), Feyer des Gregoriustages (12. März), wie sie ehmals am Schluß der Winterschule (im Sommer brauchte man die Kinder zur Feldarbeit) von den Schulkindern unter Aufsicht ihres Lehrers mit einem Umzug, wobey sie verkleidet die verschiednen Stände &c. vorstellten, und allerley Spielen im Freyen begangen wurde; später das jährliche Schulfest überhaupt, gleichviel wann und wie es gehalten wurde; figürl. jede Mummerey oder kindische Unterhaltung. Schon in der Münchner Schuelmaister-Ordnung v. 1563 (Wstr. Btr. V, 233) heißt es: „mit dem Gregori oder Umbgeen zu St. Gregorientag soll es hinfüran noch wie vom allter her gehallten werden &c.“ „Freut sich das Diendl wie der Sepperl aufn Gregori, wenn er Gambs-Urberl wird“, (d. h. den Gäms-Urban vorstellt); Vorbericht zur Charfreit.-Proceß. „Das menschliche Leben ist ganz Maschkarad und purer Gregori und Harlekinad“; Marcell. Sturm. Festum scholasticum *Gregorii* zu Görlitz (1584); Hoffmann, scriptor. rer. Lusat. I, II, p. 45. Büsching, wöchentl. Nachr. III, 303. Vrgl. Vergattung und bey Adelung: das Gregoriusfest, Gregorius-Singen.

grogezen, ä. Sp., wehklagen, heulen; BM. I, 578.

grügeln (grigln), vrb. n., heiser reden, (VII Com. krigeln; s. unten krigeln); hohl husten; rasseln wie jemand, der mit einem Satthals behaftet ist. Zeitschr. V, 442. VI, 303. „Dort obm i˜ də' Höhh hàt ə˜ Spilhenn *gruglt*, do schuis I gràd auffi, das s· àbə' kuglt.“ „Es singt s· (reginam) gàr mangé Sangrin à˜, dé übə'n Spilhà˜ *grug·ln* kà˜“; Kobell, Ged. (1852), S. 48. „Wem der pawch grogelt und wer den weissen oder den roten flus des pawchs hiet“, Cgm. 170, f. 1b. Der Grügler, die Heiserkeit. Heu˜t hàb I 'ən *Griglə*.' grüglich (grigli', griglət), adj., heiser. (Dud·ln) „bàld hoch und bàld nidə', bàld schleuni', bàld stát, bàld hell und bàld *krieglát*, bàld gràd, bàld və'drát“, Seidl, Flinserln, 3. Ausg., S. 28. 192; (S. 315 schreibt er: „krüaglát, krügelig, wie aus einem Kruge (!); hohl, dumpf; laut, aber unrein, wie die Stimme eines Trunkenbolds“). s. rügeln u. rogeln.

Der „Grygelhan, grygallus“; Voc. v. 1618. Die Grügel, Auerhenne; Pangkofer 101. 102. XXVIII. Firmenich II, 691.

Die Graggen-Au bei München. In Lucern a^{0} 1385 ein „graggen turn“ mit einer Uhr; Kopp, Geschichtsfr. I, 85. ‘Vrgl. der Krack, Rabe, Krähe; Zeitschr. III, 268,15. 263,82. Vilmar, kurhess. Idiot. 222: Krâke.’

Die Griegken (Griəkng, Groikng, Gruikng), was Grieben, d. h. Fettgrauben, auch der Schleim in den Augenwinkeln, wenn er trocken geworden; VII Com. der Kreka und Kreko, cispa. Castelli, Wbch. 153: Groika'l. Zeitschr. V, 440. „Gregk, lippa“; Voc. v. 1532. Diefenbach 268^{b}. 332^{b}. Gréhhəs, (Chiemgau) saure, geronnene Milch. „Cremium, krömel vel grewken; frixus, gesmelczt, gegrewkt“; Semansh. 34, f. 197. 207^{a}. Diefenb. 156^{b}. 248^{b}. s. Grieben. Die Grieg-
108 kenknödel (Groigkng-Knédl), Lieblingsspeise der Landleute in Gegenden, wo viele Schweine geschlachtet werden. s. Knödel.

Der Gruegken, (besser als Kruecken; s. d. W.), Bein, Fuß. „Er hat eam (sich) am Döach („Schenkel“) und *Gruaggn* load than bán Bamumhackn.“ „Hat ma' afa da' *Gruaggn* z'weh than“; v. Kürsinger's Oberpinzgau (1841), S. 173. 175. Zeitschr. II, 348. III, 109. V, 442.

Der Gral, 1) Gefäß, Schüssel, Becken; prov. grazal, altfranz., altsp. grasal, greal, graal; Diez II, 267. Wbch. 647 f. BM. I, 563 f. „Hestu erfochten den gral und den obendeurstein, es hulf mich alles clein“, Cgm. 713, f. 140 (379, f. 18). „Durch got den höchsten gral“, Altswert 135,13. „400 rittern von wasser noch von feur ward nie speis do berait wan das des grôles (grâles) seligkait dieselben ritterschaft ernert“, Cgm. 714, f. 205 f. „Du hast uns deinen graule (reimt auf „mâle“) entschlossen vaterleichen“; Cgm. 353, f. 202. ‘2) ein Fest, das ehemals in Niederdeutschland im Freien gefeiert wurde; BM. I, 565^{a}.’ „Des makede he (Brun van Sconenbeke, einer der Cunstabelen zu Magdeburg) eynen gral vnd dichte hovesche breve, de sande he to Gosler“ ꝛc. „De wyle was de grale bereyt up dem markede vnd vele telt vnd pawelüne upgeschlagen vnd dar was eyn bom gesat up dem markede dar hungeden der kunstabelen schilde an, de in dem grale weren . . . se toghen vor den gral und beschauweden den“; Magdeburger Schöppenchronik, Ms. (Riedel in v. d. Hagen's Germania 1841, p. 121. Vrgl. unten: Kunstabel). Das brem.-niederſ. Wbch. II, 532 führt aus Reineke de Vos, 2. Buch, 1. Kap. an: „De Konnynck sach van syneme Sael, eme hagede seer woll de grote Grael“, auch aus (derselben?) Magdeburger Chronik: „Turnier-Gral“, und erklärt das Wort als Ausdruck für „ein rauschendes Lärmen, Getümmel“ (?). Mehreres hat Frisch I, 365^{c}, wo auch „panckethiren und kralesiren.“ Vrgl. BM. I, 573: der gral, Schrei, ‘(unter grillen; s. d. W.).’

grellen, grillen, (O.L.) vom Rindvieh: vor Brunst oder Zorn brüllen; vom Menschen: heulend weinen, (mhd. grellen: Präs. ich grille, Prät. ich gral, Ptc. gegrullen; BM. I, 573). „Der stolze grille niht anders gert, denn daz er laufe und springe snelle durch pusch, bromen und lautte grelle und über die lihten heide“, Renner 5628. „Doch weiz ich, daz eins keysers kint sein muter als unsanft gebirt, als do ein hirte geborn wirt. Sie werden beide bloz geborn . . . sie sint beide nach erfrorn vnd grellent als zwu junge katzen“; das. 18956. „Da' Stiglitz setzt sein Gsangl hoch, da' Saufink *grüld* mit drei~“, Seidl, Flinserln (1839) I, 47. grêllen, heftig erschüttern, (v. grêll, heftig, stark); auch vrb. neutr. Es *grêllt* (dröhnt) mer in de Oenne, (in den Ohren); Dr. K. Roth, Weihers. „Intensio vocis, grillung“, Voc. Melber. „Hat die magd aus schrecken ergrilt“, H. Harder (1584), Cod. iconogr. 3, f. 47. vergrellen, erbosen; Firmenich I, 174,27. 180^{b},5. 199,84. Der Grell, der Schrey. „Ich het gethon ain grell, ich hett gar laut geschrien umb hilff zu jedermann“; Reime v. 1562.

„Grellichkait des gemutes“, Herm. v. Fritzlar, Pfeiffer's Mystiker I, 59,11. BM. I, 573 („Grimm, Zorn“). Vrgl. angelſ. grellan, ad litem provocare, auch hchd. grell, adj., schreyend, und vielleicht Grill ‘und Groll. s. der Gral.’

Der Greul, wie hchd. Greuel, (mhd. griuwel, griul, griule; BM. I, 585); s. oben, Sp. 981: grauen.

Der Greul, (nach Popowitsch, Tyrol) „glis myoxus, der Bilch.“ Frisius: „glis, ein greul, rell oder rellmaus.“ Zeitschr. IV, 52. V, 441. Vrgl. „Griell.“

Der Grill, der Grillen, neben die Grillen, wie hchd. die Grille, (ahd. grillo, mhd. der grille; Graff IV, 320. BM. I, 573). Də' *Grill* grillt, (Obr.M.). Issst àllewál und seggst dennəst aus wiə də' *Grill* ám Lé'zelt'n, (idem). „Und horten sie einen Grillen singen von Ritterspil, sie legten darauff Costung vil“, Turnier-Reim bey Hund. Cf. holl. krekel. s. grellen.

„Griell, Federwild“; Mauthord. v. 1765.

Der Gróllǝs, Gróllǝz, 1) (OPf.) Kindstauf- oder Kirchgang-Schmaus. 2) (Franken) jährlicher Besuch des Pfarrgeistlichen in jedem Haus seiner Gemeinde; Collekte, besonders an Flachs, Schinken, Getreide ꝛc., die er bey diesem Anlaß macht. Weil bey diesen Schmausereyen und Visiten oft alte Feindschaften beygelegt werden, erklären praktische Etymologen das Wort als eine Zusammenziehung von: der Groll ist aus. Andre weisen auf das Contractum Gro~lə (Hieronymus, 30. Sept. Cf. niederd. Grulius, ‘aus Chirurgus entstellt, wie anderwärts Grigorius, koburg. Griurges.’ „De Dorpstörer (Bader, Barbier) den men *Grulius* nömet“, Warmund, sassisches Dönekenbök p. 147. 215, auch früher. Vrgl. allenfalls rollen, Gral und das mittellat. caraula, ‘coraula, choraula bei Ducange. Diefenbach p. 150^{b} und Diez, Wbch. 586: altfranz. carole, Reihentanz,’ auch altfranz. charraie, Zauberei, (Diez, Wbch. 591): „faire sorceries et charaies“ am Neujahrstage; Paulin Paris, les manuscrits français, t. II, p. 10—11. Der Kaland und die Kalende bey Adelung sind ähnlicher Bedeutung. Cf. Ind. 390 (XIV. sec.), f. 39^{a}: „de Candelariae origine et nomine: ab antiquorum gentilium consuetudine ut in principio Februarii lustrarent urbem ambiendo eam cum processionibus portantes singuli cereos ardentes vel candelas et vocabatur illud amburbale“; Joa. Beleth (circa 1182). česk. hromnice, Lichtmesse, eigentlich Kerze, zu Lichtmesse geweiht, gegen Donner (Hagel) anzuwenden.

‘Der Groll, wie hchd.; (vrgl. grellen).’ „Rancor, odium inveteratum vulgr. groll“, Clm. 5685 (XV. sec., 1412), f. 43. Diefenbach 484^{a}.

grollen, ‘brüllen, brummen;’ (Tegernsee, Baur) weinen; (s. grellen). „Er grolt als ain ku die kelbern wil oder ain fraw dies zwank hat“, Bauernhofart; Cgm. 714, f. 230. *Grolln* wêi də' Kêi-Buml, (b. W.). „Ich kann das abscheuliche Hjänen und Grollen der Stadtvocalisten so wenig leiden, daß ich mich zweyfelsohne in dem Sarg noch umkehrte, wenn ichs hören müßte“; Pfarrer Tröstengotts Testament, Bucher's s. W. IV, 276. Vrgl. Vilmar, kurhess. Idiot. 138: grölen; Zeitschr. V, 134,4.

Grulm, Pechgrulm, der unreine Niederschlag des gesottenen Peches, (Baader). s. Grieben.

‘grolzen, grölzen, vrb., ructare; Zeitschr. IV, 170.’

Der Grolzer. „Da was manch vaiger grolczer und upiglicher grober knaur“, Mich. Beham, Wiener, p. 242,12.

Der Graman, Grama, schlechter Gaul. „Ein alter Graman“, Seb. Frank, Spr. 1601, p. 42. „Gar oft mir auch ein gramma stickt", sagt der Karrenmann, H. Sachs 1560: II, IV, 3^{b}. „Het gehabt den grama gern." „Nun gefiel eim juden der grama sein"; das. 117. „Wil elend auf den grama sitzen", das. III, III, 20^{a}. „Erst kam der grama in den lauff"; das. IV, III, 97.

Das Grâmeisch (◡-), Haufen unordentlich zusammengeworfener Sachen; Gerümpel; (bresc. granás, russisch gromoſd, cf. böhm. hromasditi, sammeln, hromada, Haufen); Castelli, Wbch. 148: „die Gramaschi, vielerlei, unordentlich unter einander liegend; die Gramuri, Gerümpelwerk, vielerlei schlechtes Geräthe." Zeitschr. VI, 335. Cf. holl. ramas, vrgl. auch raumen und Zeitschr. VI, 408,25: gramen, gramseln, wimmeln; VI, 227. 476: Kramänsel.

Gramantes oder Gramanzen machen, d. h. unnöthige Cerimonien, Umstände. „Es sey beym Wein oder beym Tantz so mach wir gar seltzam Cramantz daß uns mus förchten jederman", H. Sachs. „Gramanzen wie faule Fische"; Seb. Frank, Spr. 1601, p. 21. Vrgl. Vilmar, kurhess. Idiot. p. 134: gramausen, sich mucken; tadeln; schimpfen. Zeitschr. II, 465. III, 184,4. V, 441. VI, 76,97.

109 Gramaflanz, Taufname (bey Hund, St.B. II, 308), nach einem Helden der Romane von der Tafelrunde. BM. I, 565: Gramoflanz. cf. Gabain.

Die Gramel, b. W. Gremel, 1) Fettgraupe. „Das Kreml, Überbleibsel von ausgepreßtem Fett, woraus man Kremlknödl machen kann." „Wån s· ma' kocht an *Gramelsterz*", (gute Speise), Kartsch I, 27. s. gramen. 2) Bocks- oder Widderhode. „Für die geswulst der grömlein oder hoden", Cgm. 4543, f. 105. „Platern und druß der gröml", das. f. 108. „Man sol geben des pokhes gromen und die darme umb VII . . ."; Münchner Fleischersätze, sec. XIV, Ms. civitatis. „Frau Lucretia N. verlobt sich mit zwey wächsenen Grämblein wegen ihres Söhnleins, das ein geschwollenes Grämblein mit ihme auf die Welt gebracht", Benno-Mirakel v. 1697, S. 33. Cf. Granellen.

gramen, grameln, (b. W. gremeln u. groumə˜, also: gruemen), gramezen, 1) die Zähne hörbar übereinander reiben, knirren, knirschen; auf harte Brodrinden, Knochen rc. beißen; kärnt. hrustati, grämmeln, Hartes eßen, beißen; Jarnik p. 230. Castelli, Wbch. 148: „gramm·ln, beißen, daß es kracht, z. B. ea' za'beisst a Ban, dass ·s *gramm·lt*. Die Grammeln, das Harte, was von einem zerschmolzenen Fett übrig bleibt." Das. p. 270: „zâma gramln, zusammenbeißen eine trockene Speise, daß es kracht." Zeitschr. V, 439. ahd. gramizôn, argramizôn, gremizan, fremere, rugire; mhd. gremzen, ergremzen, in Wut und Zorn versetzen; Graff IV, 322 f. BM. I, 575. Zeitschr. III, 184,4 V, 439. s. ergremen. grisgramen, (gl. i. 306: griscramon, griscrimmon, rugire, stridere; grisgramen, grisgrimen, grustgramen; Graff IV, 326. BM. I, 575); b. W. griesgramə˜ vor Zorn; dagegen: es *grizgramt* vor Schnee und Kälte. s. unten: grisgramen. „Bist du ain kind, das man dich hort mangel grammen" (?'hieher? s. grannen'); Balkn. 108. 2) (O.L.) den Har oder Flachs grameln, ihn brechen, ital. gramolare. R. A. Gegramelt und gedroschen werden, tüchtig durch die Hechel gezogen werden. Die Gramel, die Flachsbreche, ital. gramola. „Ein Pfeifer kam (bey einer Hexenfahrt) auf einer Gramel alher. Sie (die Hexen) sind sament und jede innsonnderlich auf einem Harngramell gefarn", Werdenfels. Hexenproceß v. 1586, (Rath Her). Zeitschr. III, 524. V, 439. Diez, Wbch. 180. Diefenbach 155^{a}: cramula, 156^{b}: cremacula, 157^{c}: crinacula. Vrgl. das carmulus der Leges Baiv., einem deutschen Gehechel oder vielmehr Zausen, Rauffen entsprechend. „*Carmulâ* prolongata", „*carmulâ* mitigata", Em. F. 118r f. 44^{b}. Vita S. Ulrici, Surius IV, p. 83. 92. Pertz IV, 399. 417. „DCCCXII Bernhardus a domno Carolo rex factus est, DCCCXVIII Bernhardus rex *carmalum* leuauit, DCCCXIX Pernhardus interiit, Hiltipaldus eps. obiit et Odolfus comis Liuduuit *carmulam* leuauit"; Em. E. 79, f. 83—84. Pertz I, 93. „Sedata autem *carinula*", Clm. 19487 (XV. sec.), f. 78^{b}. Ducange I, 181^{c}: carinula, 186^{b}: carmalus, 187^{a}: carmula, carmulum. „Semen anisii vr. eniß valet ad *carminandum* .i. ad destruendam ventositatem in ventre", Clm. 4394, f. 138. Cf. česk. kramol, — u, masc., und kramola, — y, femin., seditio, στασις; kramoliti, in Aufruhr bringen; kramoliti se; Jungmann.

Der Gramvogel, ä. Sp., Raubvogel; BM. III, 358; 'auch krimvogel; Megenberg: grimme vogel; Pfeiffer 168,1. 193,9. 200,15. Cf. Zeitschr. IV, 170: Grimmer, vultur. s. unten grimmen.' „Alle gram vogel spisent sich mit vleisch und sind unheimlich", Renner 19921. „Alle grame vogel fliegent gern alein", das. 21175. 'Vrgl. BM. I, 574: gram, adj., feindselig.'

ergremen, dergremen, vergremen Einen, ihn unmuthig oder mismuthig oder scheu machen; (ahd. gremian, greman, gremman, efferare, irritare, exasperare; gl. pass., Kero, Prolog. Notker, Ps. V, 11. X, 4. 12 rc. mhd. gremen, ergremen; Graff IV, 320. BM. I, 575. „gremen als ein hunt", Cgm. 714, f. 30. „Di got irgremiten", Diemer, Ged. 50,5. s. gramen: gremzen; cf. altfranz. se gramier, gramoier (Diez, Wbch. 180). Sánd scho˜ ganz *dəgremt*, habtz is ganz *dəgremt* d· Végl mit enkə'n Schiəss·n, si fliəgnt nimmə' her. Mi' hàt ·s (das Geschäft) iətz ganz *də'gremt* mit lautə' Láffə˜. gremig, grémassi', mismuthig, mürrisch, scheu; 'Castelli, Wbch. 151: gremassi, kränklich;' (gl. i. 777, Aeneid. VI, 315: cremizziger, tristis (Charon); gremiz-er, gremiz-iu, gremizaz, gl. i. 337. 349. 440: tristis, perturbatus; gremizlicho, mordaciter, Diut. II, 304; gremizzi, gremizza, ira, Diut. III, 134. 142. Notk. p. 264. Graff IV, 322. BM. I, 575: grämic). Vilmar, kurhess. Idiot. p. 136. Zeitschr. III, 184,4. V, 520,19: gramm, heiser, böse. „Nedočkawy, gremsig, der etwas nicht erwarten kann", Tham, böhm. Wbch. s. unten: gremsen. „Cirogrillus, gremng" (? grening? greming?), Semansh. 34, f. 201; greming, Ind. 418, f. 120. Diefenbach p. 123^{a}: grening, gremick. Der Gremling, mismuthiger, mürrischer Mensch. Anmerk. Das alte gremian als Transitivum deutet auf ein Ablautverb griman, gram, gruman, woher auch Gram, grumen: BM. I, 573. „Jesus gram sich anderstund", infremuit iterum; Evang. Joh. de juvene Nainitico, Cgm. 64, f. 20, (66, f. 20^{b}).

Der Greimberg bey Wirzburg (M. m. 206. 35. Grimmberg), von der Form grîmâ, larva, galea, wornach Grimm I^{3}, 188 Grîmhildr (altd. Krîmhilt) als gehelmte Kriegerin (wie Brünhilt = geharnischte) erklärt. Der Mannsname Grimo erscheint in einer Trierer Urkunde von 636, (Friedemann, Zeitschr. I, 4); ebenso „im Cod. diplom. Fuld. 283, ad 813, und in einer Wirzb. Urk. v. 1140", (Dr. Karl Roth). Förstemann I, 546.

Der Grimm, wie hchd. „Fletus et stridor dentium, uuoft enti zano gagrim", Matth. XIII, 42, Wiener Fragm. s. gramen. „Conatus, arbait, grim", Semansh. 34, f. 196. Graff IV, 325. BM. I, 573. grimmig, adj., wie hchd.; grimm, ä. Sp., adj., grimmig; Graff IV, 323. BM. I, 573. Noch im Vocabular von 1618: „grimme Hitz, aestus atrox." „Grimme, crudelitas"; ahd. Spr. grimmî, mhd. diu grimme; Graff IV, 324. BM. I, 574. Cf. holl. grimlachen, lächeln, gezwungen lachen; Rheinpfalz: grinlachen, '(s. greinen);' Köln: griemeln, Firmenich I, 455,384. 469,425. Die ahd. Sp. hat für saevire auch die Verba grimman (welches im Angelsächsischen ablautet; vrgl. Grimm's Gramm. II, 72 und gremen) und grimmison. Damit ist vielleicht identisch das folgende:

grimmen, vrb. act. u. ntr., kneipen, zwicken (doch nur mehr von gewissen Schmerzen in den Gedärmen üblich); ahd. krimman, mhd. krimmen: Prät. kram, Part. gekrummen, drücken, kneipen, kratzen; Graff IV, 608. BM. I, 881. Weigand I, 640. „Pfetzen oder grymmen“, stimulare; Voc. v. 1482. „Des tieres (bonachus) weib hat so grosse lust zu im, das sy vor gelust grymmet“, ‛(? Pfeiffer 124,23: greint), Konr. v. Megenberg f. 76ᵃ. „Tracken und wurme swummen in swefel, in beche sie grummen einander“, Renner 23501. „Vor zorn sie (die Krähe) in den ast gram“, altd. Wälder III, 206. Parz. 411,8. „Also heten sie in zerysßen und zegrümen und zeslagen“, Passion von Tauler, Cgm. 627, f. 47ᵃ. „Es zwickt und grimmt mich im Bauch. ergrimmen, erkrimmen, zerkneipen, zerkratzen; BM. I, 881. Grimm, Wbch. III, 881. „Da wolt mich haben ergrummen, fraw müter, ich wais nicht was; ich was nach gestorben, nu ist mir worden pas“, (sagt die heimlich Niedergekommene zur Mutter), Hugdietrich 146, Haupt's Zeitschr. IV, 417. sich begrimmen ûf —, ‛vom Raubvogel: sich mit den Krallen auf etwas werfen.′ „Waz sich uf fremde lûder will begrimmen“; Valkn. 64. Das, (O.L.) der Grimmen (Grimmə˜), plur. die Grimmen, das Kneipen und Zwicken in den Gedärmen. I há˜, I kriog 's *Grimmə˜*. Də' *Grimə˜* hàt mi' à˜'packt. „Für den seer hefftigen Grimben“, (meist plur. die Grimben), Cgm. 3721, f. 63. „Meyßor (Mausöhrlein) wasser ist guet den frauen den die mueter aufsteigt und sie krenckht und den grimmen umb den nabel haben“, Cgm. 4570, f. 42. „Von Stund an ergriffen ihn die Grimmen dermassen, daß er wüttend und tobend starb“; Anderer Chronik, de 1715. „N.N. het das Podagra in der Jugent bekommen, darzu die Grimmen“, Hund's St.B. II, 368. „Von den Grimmen ergriffen“, Dr. Minderer p. 129. 130.

sich grumen, grümen, (O.L.) sich bekümmern, grämen. Vrgl. BM. I, 881: mich krimet, und chrimman unter der Kramm. „So sich ein mensch betrübt oder grymt im gemuet“, Cgm. 632, f. 36. „Wann ich lang klag gleich alle tag und grumm mich sehr“, P. Werlinus zu Seon (1646), Cgm. 3647 ‛(3637?)′, f. 734. „Därfst di' nét *grumə˜*. Er hàt si' àbi'*grumt*, (sich abgehärmt). „Abá was hilfts mi' á, *grim i' mi'* nu so viel“, Stelzhamer 82. „Wögn 's Geld derfst *di'* nöt *grimä*“; Lindermayr 123. „Weə' gsund is und lébm kà˜ und neəmsd hàt wàs z' Laəd tà˜, deə' deə'f *si'* nét *grimə*-r- und scheə'n“, Castelli (1828) p. 200. „Ei, *grim di'* nét“, kümmere dich nicht; der Gruma, Kummer; Kaltenbrunner 175. Der Grumen, Grümen (Grumə˜, Grimə˜), Kummer, Gram, Harm. BM. I, 575: der grumme. Də' *Grumə˜* bringt mi' um, (b. W.). „I gáng vo' *Grumma* draf“, ich gienge vor Gram drauf; Stelzhamer 64. „Ey, machts enk da kain'n *Krummä!* Lindermayr 36. (S. gremen und vrgl. Otfrids grun, grunni, grunzan).

110 Grumen bist (?). „Das zaichen (in der Spur des Hirsches) nennent die güten jager grumen bist“, Aug. S. Ulr. 73, fol. penult.

Das Gruemâd, Nachheu; s. Gruen-mâd. Vilmar, kurhess. Idiot. 139. Zeitschr. II, 279,61. V, 254,61. Cf. altf. gruomo, mica; s. Krume.

Die Grämpelsuppen, „(Grámpəlsuppm) Wurst- oder Brudelsuppe“; (Hauser). Vrgl. Gramel.

Grämpen, rothe, (Gebirg) erica carnea L., eine Lieblingspflanze der Bienen. Zweifelhaft ist, ob hieher gehört krampensauer, krämpelsauer, sehr sauer. Dé Kersch sán' so *krampmsauer*, àls wenn s' Weichs'l wárn. Vrgl. Gränken, Gränten.

grämpig (grámpi'), adj., (von Genesenden) wieder zu Kräften gekommen. Vrgl. gräppig.

Der Grampus, Grampəs, (östr.) Popanz, Poltergeist; (der krainerische Krampus; Kopitar). Castelli, Wbch. 148. Vielleicht das corrumpierte Hieronymus. Auch St. Nicolaus und St. Rupert müssen als Niklàs (υ -) und Knecht Rupert nach einem uralten, weitgreifenden System des Terrorismus den Kindern einen heilsamen Schrecken einjagen. Herman Grampas heißt eine Person (Bauer) im H. Sachsischen Faßnachtspiel: der Gesellen Faßnacht (IV, 9). Vrgl. Zeitschr. IV, 410,71. V, 39,48: Grumpes.

„Der Gräumpel, Graupe“, (Weihers; Dr. Karl Roth).

grempeln, (Av. Chr., Prompt. v. 1618) Handel treiben, trödeln, nundinari; BM. I, 569: grempen. Zeitschr. V, 439. Weigand I, 456. (Vrgl. Kram und das ital. corrumpierte crompare, span. comprar). „Krämpeln und schachern“; Simplicissimus v. 1669, p. 413. „Eren grempeln“, mit geistlichen Ehren oder Würden Handel treiben, Simonie treiben. „Der Bischoff von Bamberg wurd des Geitzs und Ehrengremplens verklagt, darumb jn der Kaiser vom Bisthumb entsetzt und von aller Priesterschaft außthet.“ „Sobald Hildebrand das Bapstthumb erlangt, hieß er die Pfaffen, welch Eweiber hetten, Nicolaitas, die Münch, die da Gelt und Schänkung namen, Simoniacos, thets all in den schweren Bann, schalt sie Ehrngrempler und Hurenpfaffen“; Avent. f. 420. 421. (cf. gremsen). Zeitschr. V, 439: die Gràmp, Hökerweib, Trödlerin. Der Grempler, Trödler. Grempelmarkt, Voc. von 1429 und von 1618. „Grämpelwerk, scruta, frivola“; Onom. von 1735. Kilian: Grimpel. Vilmar, kurhess. Idiot. p. 136.

„gräms, grämsig, OPf., geräumig, aufgeräumt“; (vrgl. Raum).

„gremsiges Erz“, (poröses?); salzb. BergOrd. v. 1532. Lori, BergR. f. 209. „Aerzt so notig und grembsig bricht“, Cgm. 942, f. 49.

gremsen, streben, begierig seyn. „Ambitus, das Ehrgrembsen, so einer über die Maß mit unrechter Weiß nach Ehren trachtet, und die kaufft“; Av. Chr. 417. cf. grempeln. „gremsig adj., (v. Delling, Adelung) hartnäckig, zu sehr auf etwas erpicht.“ Vrgl. oben, Sp. 996: gremig.

grumßen, (Av. Chr.) grunzen. s. Gramm. 562. „grumsig, stomachosus, subiratus“; Onom. v. 1735. Prompt. v. 1618. Zeitschr. III, 84,4.

‛Der Gran (des Granen), ä. Sp., 1) Barthaar an der Oberlippe; (ahd. grano, greno, mhd. diu gran;′ Graff IV, 327. BM. I, 565. Haupt's Zeitschr. VI, 325); Zeitschr. IV, 415,48: Augbraue; V, 39,27: Grûn, Schnurrbart. „Granones, gran“, (zwischen barba und auris); ZZ. 796, f. 168ᵇ. „Bei vierundzwainzig jaren was derselb jung man; entsprungen warn im sein gran“; Cgm. 714, f. 215. „Vor zorne stuben sîne gran“, Grimm, Reinh. p. XLII und 308,478. 2) die Gran, weibliche Schamtheile; BM. a. a. O. „Wenn die nuß sich rötet und die gran sich bärtet: cum nux rubescit, cum virgo crine pubescit“; Eiselein, Sprichw. p. 497. „Er druht ir durch die gram“, (reimt auf „nam“), Nithart, das. p. 238. Cf. BM. II, II, 548: gransprunge.

Die Gran, Grân, ä. Sp., ein scharlachrother Färbestoff; BM. I, 565.

Die Granen, plur., Kügelchen (am Paternoster). „Die Kuglen ihn mahnen ans Psalterleins Granen, weil ers gar oft gezehlet ihm die Zahl nit fehlet“; Epithal. 111
Marian. „Wer den St. Brigitta Rosenkranz bettet, gewinnt von jedem Gran oder Ringel 500 Jahr Ablaß“; Flieg. Blatt v. 1692. „(Rosenkranz-) Granen, globuli“; Onom. v. 1735.

grannen, s. grennen, greinen, gronen. Vrgl. Zeitschr. VI: 192: sich grânen, sich grämen, (s. oben: sich grümen).

Die Gränellen, Grünlinge, (JägerSp.) Hoden, Geschröt, Kurzwildpret; italienisch granelli. Davon vielleicht eine Entstellung die Form Grameln (s. d. W.), womit man hie und da die als sogenanntes Voreßen beliebten Hoden der Schaf- und Ziegen-Böcke bezeichnet. Hirschgrallen, (Zir.) Hirschbrunst, lycoperdon cervinum. Nemnich II, 473. s. unten: Korallen.

Die Gräniz (Gràniz, Gránəz, -ᴗ) die Grenze; (böhm. hranice, poln. granica, ruff. graniza, Grenzstein, Grenze. Das Wort ohne Zweifel von den Slawen entlehnt: česk. hrana, äußere scharfe Fläche, Kante, Ecke, Grenze; daher hranice. Das slawische gran, hrana, kraina, kragina wol selbst nächst verwandt mit Rain, welches vielleicht ursprünglich Hrain. Grimm, deutsche Grenz-Alterthümer, Jahrg. 1843 der Berliner Abhandl. S. 112—113. Weigand, Wbch. I, 457. Zeitschr. V, 439. 464). gränizen (-ᴗᴗ), vrb. n., grenzen. Der Gränizer (Gránizə'-ᴗᴗ), der Angrenzer, Grenznachbar; der an einer Grenze wohnt.

greuággət, adj., mit Augen voll Eiter an den Augenliedern. 's. Griegken.'

grennen, murren, brummen, knurren; (angelsächs. granjan, lamentari; Graff IV, 327. 328. BM. I, 576: grinne, gran, gegrunnen). „Si grunnen mit zanen, frenduerunt dentibus"; Cgm. 17, f. 54[b]. Pf. 34,29. s. gronen und greinen.

greinen, (ä. Sp. Prät. grain, Partic. gegrinen ('grinə˜, 'grin·n), gegreinet ('grei˜t), und nach Gramm. 962, beides vereint, gegrin·net ('grinnt); (ahd. grînan, mhd. grînen: Prät. grein, Ptc. gegrinen; Graff IV, 328. BM. I, 576. Weigand I, 456); vorarlb. granna, (cf. grändig). 1) ä. Sp., was jetzt das vielleicht nach Gramm. 956 vom alten Präterit. grain abgeleitete grennen, gronen, murren, knurren. „Sie grînent sam die hunde und scherzent sam die kelber"; Br. Berht. 233, (Pfeiffer p. 46,8). „Infremuit, grain", gl. bibl., Ms. v. 1418. „Ich wil mich mit dem munde nicht gelîchen dem hunde, der dâ wider grînen kan, so in der ander grînet an"; Jwein 877. (Judas) „der da murmerot und grain wider sich selber", Griesh. Pred. I, 47. „Welchem hund ich sein speis genam, der grain mich dan iamerleich an", Cgm. 719, f. 30. „Grînunden hunt der nie gebeiz sult ir harte vürhten niht"; S. Helbling VIII, 544. „Ein hunt der in sich greinet und doch niht peizzet", Renner 19972. „Man hôrte ein ros ergrînen", Gudrun 1395. BM. I, 576. (Cf. Schott, d. deutschen Colonien in Piemont, p. 265. 304). „Quis hic ejulat, wer greynt da?" Colloqu. v. 1530. (gl. i. 13. 267: grinan, gannire, mutire). 2) V., zanken; Zeitschr. V, 441. VI, 114,18. 133,34. 464,50. Sp. W. die Nôt greint, in schlimmer Lage ist man zum Schmälen und Zanken geneigt. „Deswegen jre Mutter starck mit jr gegrinen"; Albertin's Gusman p. 189. „Ez zürnet und grinet daz arme liutech, sô im einiger halm an dem wege lît, und grînet und fluochet und wüetet, sam ez mit dem tiufel behaft sî", Br. Berhtolt 194, (Pfeiffer p. 101,10. 3). „Aristoteles zanckt und hadert sich in allen Büchern mit denen, so vor jm gewesen, darumb nennen jn etliche gelerte den Greiner"; Av. Chr. Də' Vàdə' hàt mit də' Muədə'n 'grei˜t ('gri˜n, 'gri˜nt). ausgreinen Einen, ihn ausschelten. R. A. Einen Ausgrein, einen Greinaus, ein Greinends kriegen, gescholten werden, einen Verweis bekommen, (mhd. grîn, clamor; BM. I, 576). dergreinen Einen, ihn scharf auszanken. 3) (Nptsch., OPf.) weinen; cf. ital. gridare, franz. crier; Diez, Wbch. 182 f. Vilmar, kurheff. Idiot. 136. Zeitschr. III, 188,31. 250,44. Si hâut 'grinə˜, sie hat geweint. Warum grei˜st denn àllәwál? „Sunst kunt mar uns doh a mål zgrein âllé zween", Kartsch I, 43. „Die weil das kind da lag und grein", H. Sachs 1560: II, III, 120. (Hecuba) „lof umb wutet, veil, schrier und grein"; das. 169. „Der bawr aß sechs roch zwifel, die bissen in d·Augen daß er grin, da warf der bawer die zwifel hin", das. V, 387 (1612: V, III, 102). „Welch man vil junger kinde hot und die sunn ee im haus ist dann das prot und itzlich kint nach essen grant und er vor (vorher?) eren und guts hat gewant (gewohnt); Cgm. 713, f. 16. 161. „Bistu ein kind, das man dich hort mangel grannen", Valkn. 108. s. grammen u. vrgl. gronen. Firmenich I, 117,1. 277,25. 279,75. 287,7. 338,18. 385,86. 455,370: grînen, weinen; 132,8. 161,49 .177,76. 201,15: grînen, lachen (heimlich oder höhnisch), lächeln. Vrgl. grinlachen, (Rheinpfalz); s. oben grimm: grimlachen. Der Greiner, die Greinerin, das Grei˜-Máighə-l, weinendes Margretchen, Person, die gleich weint. Der Greiner als nom. propr. von Peregrinus, nach v. Lang. In folgender Stelle läßt sich grînen in den dreyerley Bedeutungen nehmen: „Eteliche wolten alle 112
Got grôz dinc abe ergrînen oder abe erzürnen und sprechent: owê, herre, wie hâst dû mich sô gar unsælic erschaffen, daz dû dem sô vil gibest und mir sô wênic. Nû zürne und zürne, und grîne und grîne, und zabel und zabel!" Br. Berhtolt 68 (Pfeiffer p. 271,3).

Greiner (Grainer?) heißen die kürzeren Querhölzer bei den Uferverwerkungen, (Pseud. Zir.); bei Studelwerken (Uferbauten); Greinerkopf, (Zir.).

„Greinerlin, acredula", (avis); Prompt. v. 1618. H. Junii Nomencl. 1629, p. 30. Diefenb. 10[b].

'Der Grinitz, Grünitz, Krinitz, Krünitz, der Kreuzschnabel, loxia curvirostra; Nemnich II, 452. Weigand I, 462: „wegen der grünen Farbe." Zeitschr. IV, 170. V, 126,32. 465. Diefenbach p. 237[a].' Hieher: der Crinis, Cgm. 714, f. 46?

„Das Grien, calculi, (morbus)"; Voc. v. 1618. Schweiz. der Grien, was bayr. Gries, (Kieselgeschiebe, gröber als Sand). Grimm I[3], 186. III, 380. BM. I, 569. „Auf dem Grien lag ain glloß . . . was Leupelstorf genennet", M. Beham, Wiener 303,30. Recept für den Stain und Grien, Cgm. 3721, f. 93.

gronen (grónə˜, gró˜n), vrb. n., 1) murren, brummen, knurren, grunzen; groun·n, schnarchen, (Gastein, Mesnil). Zeitschr. IV, 548,19. VI, 210. 2) ohne eben in ein Greinen auszubrechen, seinen Unwillen durch andauernd verdrießliche Mienen und Worte zu erkennen geben; (Graff IV, 328; cf. 613). Də Hund gró˜t; d' Sau gro˜t. Kám dás ər au'stet, so fangt ə' s Gro˜n scho˜ à˜. Er hàt 'ən ganz'n Tàg ə'so furt 'gro˜t. „Wàs plauscht denn i˜n Feuə'l, wàs grant i˜ də' Gluət? Mir zimt, 's is mei˜ əəgnə' kreuzlustigə' Muət", Seidl, Flins., 3. Ausg., p. 77. 303. 'Castelli, Wbch. 148.' „Folg mir, laß nur den Alten granen", (im Reim auf „unterthanen"), H. Sachs 1560: II, II, 50. Vrgl. Zeitschr. V, 442: grûnen, grûdl·n, gröndl·n, murren. gronend (grónə'd), gronerisch, adj., mürrisch, übler Laune. Der Gron-Nikel (Grónigl), Murrkopf, Sauertopf. s. greinen; das ahd. crônan, garrire, chronanter, garriens (Clm. 4606, f. 154), cron, adj., garrulus, scheint nicht zu passen. Graff IV, 613.

gronen, gedeihen, wachsen; s. gruenen. Zeitschr. VI, 452.

Gronlein (Gro˜lə), (Nptsch.) Hieronymus. cf. Grolləs.

„Gröhnhack, eine Art Axt"; (Zir.). 'Vrgl. krönen, Kröneleisen u. s. unten: Krinnen.'

'Grün, weiblicher Eigenname.' „Ich Hans aws dem holcz und ich Grün sein hawsfrau" (zu Burghan, 1420); Cgm. 3941, f. 68. 69. 70. Vrgl. Förstemann I, 552.

gruenen (graənə˜, graə˜n, o.pf. grounə˜; s. Gramm. 374). 1) Wurzel fassen, keimen, sproßen; Zeitschr. VI, 182. Castelli, Wbch. 148: grâna, keimen, wachsen, gedeihen. „Denn Kainá waiſs ·s gwiſs, wo sein Glücksgrásl *graint*“, Stelzhamer 36. Ahd. mhd. gruonen; Graff IV, 298. 300. BM. I, 580. Weigand I, 461. J. Grimm in Haupt's Zeitschr. VI, 543 (cf. lat. cre-sco, cre-vi, cre-tum; vir-ere, vir-idis von vires). angruenen, eingruenen, anwurzeln, einwurzeln, sich berasen; (grônisal, germen, gl. i. 94). 2) fig., wachsen, gedeihen, zunehmen. „Was aus der Erden wachst und graint, ist euch zu Proviant vermaint“; Geistl. Schau-B. von 1683. „Wer hätt es doch vermainet, wer ist ders glauben wurt, daß diese Wurzel grainet vor, in, nach der Geburt.“ Epithalm. Marian., München 1638.

„O miər armé Kapəzinə'
dás mə' sogàr nét *graənə*~ künnə~!
sogàr i~ də' Nàcht müəss mər aufste~
und i~'n Chór zu'n Bèttn ge~,
wer werd denn só *graə~n?* Lied.

Si kà~ nét *graə~'n* vo' lautə' Neid. „Damit er nit seine gronende (res florentes) mit des Jugurthä verderbten Güetern vermischelt.“ „Dann für Abstinenz Geitigkait gronet“; D. v. Plieningen. „Daß das liebe Vatterlandt nit mehr recht und vollkomentlich gruenen kann“; Ldtg. v. 1669, p. 59. „Mein edler Leib der soll bey dir grohnen“, sagt das wollüstige Weib zum Jüngling; (altes Lied vom Albertus Magnus). gruneg, adj., angenehm, lustig, anmuthig, (VII Com.).

Das Gruen (Graə~), junger Schößling; Zeitschr. VI, 335. Das Buechgruen (Buəhhgraə~), Buchenschößling. „Und sollen in allen Holzschlagen die jungen geschlachten Grün (Gruen), daraus Reiser, Lichtbäume oder Zimmerbäume werden mögen, ausgeschossen und ver-
113 hütet und keineswegs geschlagen werden. Wer das überführe, der soll von einem jeden solchen geschlachten jungen Holz um 10 dl. r. wandels verfallen seyn“; Kr. Lhdl. XII, 174. Hönheimer Forstord. v. 1508. Das Wintergruen (Wintə'graə~), (O.L.) Epheu. „Vinca, ingruene“; Voc. optim. p. 53. Diefenbach p. 619c. BM. I, 580. (Cf. isl. grein, schwed. gren, Zweig; holl. grenen, adj., tannen, fichten). „Grunach“, Aftwerk, Reisig? Freyberg, Samml. II, 158 (v. J. 1392). 'Gruenz, grüne Eidechse;' Zeitschr. IV, 54. VI, 473. 475.

Das Gruenmâd, Gruemat (Graə~məd), was auf einem Grasboden nach der ersten Mahd wächst, es werde nun durch eine zweyte, oder als Nâchgruenmâd oder 'A~lgraəməd wol auch durch eine dritte Mahd zu Heu gewonnen, oder grün verfüttert, oder blos vom Vieh abgeweidet; beym Adelung: Grummet; schwäbisch: Omat, Ohmt; englisch blos math, woraus sich die letzte Sylbe sowohl unsers als des hochdeutschen und schwäbischen Wortes erklärt; (mhd. gruonmât; BM. II, 21). Weigand I, 461. Vilmar, kurheſſ. Idiot. 139. Zeitschr. II, 279,61. Vrgl. Etgræn, (Greverus, Oldenburg) Nachwuchs des Grases nach der Hauptmahd, (von id = it, rursus). 'Brem.-niedersſ. Wbch. I, 322: Etgroon.' cf. Mâd. gruenmâten, gruemeten (graəmətn), vrb. n., die Nachmahd vornehmen. Mə~ kà~ auf dèn Bodn nít àllé Jàr *graəmətn.* „Daß ein jeder seine Wißfleck oder Egarten zu seinem Nutz und gefallen fenngen und gromaten mag“; Lori, Lechrain f. 329. 348. 'Die Gruennacht, Zeitschr. V, 442.'

grüen (greə~, o.pf. grêi~), wie hchd. grün, (ahd. gruoni, mhd. grüene; Graff IV, 298. BM. I, 580). 'Der grüene Donnerstag, Grüendonnerstag, der Donnerstag vor Ostern, dies viridium; BM. III, 5. Grimm, Wbch. II, 1252 f. Weigand I, 461.' cf. holländ. witte donderdag. „An deme grüenen donerstage“, St. Ulrich's Leben 534, (Cgm. 94, f. 42b; sec. XII—XIII). „Der grune donrstag“, Cgm. 636 (v. 1421), f. 10½. s. unten lâßen: Antlâßtag. Im Böhmischen heißt der Mittwoch in der Charwoche „ſazometna ſtředa“, von ſáze, Ruß, und metu, kehren. — An Jemandes grüener Seiten sitzen, d. h. ihm zur Rechten. Was Grüen, die Farbe, bedeute s. Labr. 243. In der Bedeutung unreif: grüenes Bier, das noch nicht vergohren hat. Sogar: „ein grüenes üblgefastes Fürnemen“; Akten sec. XVI. „Ein Ding zu grüen (zu unvorbereitet, zu derb) angreiffen“; Av. Chr. 78. Grüenes Flaisch, Gegensatz von geräuchertem (Jir.); grüene Fische, Gegensatz von eingesalzenen. Grünfischhändler, (Nürnb.). „Quaccum, griene milch“, Voc. Archon. f. 29. Diefenbach p. 475c: „gerunnen, var. griene, milch.“ Das Grüene, ein Grüenes, auch wol: das Grüens (Gramm. 828), was von grünen Küchengewächsen zur Würze in die Suppe gethan wird, z. B. Schnittlauch, Porree, Sellerie, Petersilie. Die ehmals auf dem Lande die Policey handhabenden Soldaten (Chevau-légers) hießen von ihrer Uniform beym gemeinen Volke vorzugsweise: die Grüenen. Di *Grèə~n* hàbm Aə~n ei~gfangt. „Um die köpffstatt waren die Reitter und die Grüne zu pferd mit entblößten seitengewehr“; gräßliche Hinrichtung des Hofkammersecretär Chilianus Andlinger (wegen eines Recesses von 38925 fl.) zu München 12. April 1772; Ixiana 7c, '(s. d. deutschen Handschriften der k. Hof- u. Staatsbibl. zu München, 1866, p. 576,27).' Də' *Grêi~*, (b. W.) der Teufel (als Jäger); vrgl. Hebel, 'allemannische Ged., der Karfunkel: der Grüenrock, der Grüen.' grüeneln (greə~l·n), ungar, unreif schmecken oder riechen; nach frischem Grün riechen. „Auf einen Wetterregen grüenelt es gar schœn.“ Zeitschr. II, 459: grüenern. grünlachen, wol das niederländ. grimlagchen, lächeln; (s. oben grimm).

Der Grüenling, (Jir.) ein Mensch von blaßgelber Gesichtsfarbe.

Die Grüene (Greən), 1) der Grasplan. „Do macht man einen ring hin auf die grüene“. . . „Ich wart siglos hie funden auf der grüene“; Jwain. „Bluomen siht man ûz der grüen gar wüniclichen blüen“, S. Helbling VII, 23. „Von vogeln wart ob im ain schal, den walt den luf er hin ze tal, er kam auf aine grüene an ain vil eng gebuwen lant, ainen ainsidellen er vant“, Eggenlied, Laßberg XXXVIII. „Hasen, Hühner, Grashirsche im Frühjahr auf der Grüne (auf der Feldsaat) schießen“, Heppe 42. „Wäi' s' (wie ich sie, wann ich sie) gstimmt (bestellt) hà~ in '*Grüə~*“, Stelzhamer p. 76. 2) Belustigung im Grünen; in Landshut das Schulkinderfest im Freyen, das anderwärts Gregori genannt wird. „O wie oft in der Grüne, im Garten muß das Gewissen ins Gras beissen, dahero der Herr sogar denen Apostlen nit zugelassen, daß sie sollten beyn Weibern im Gras sitzen. Wann man unter frommen Weibern und Männern einen Unformb fürchtet in der Grüne, was soll man erst gedenken von frechen Leuten?“ „Spacieren die Menscher statt der Predig in die Grüne, geschicht aber wohl, daß ihnen die grüne Farb eine üble Hofnung bringt, und bleibt ihnen von der Predig nichts anders übrig als der Verkündzettel“, P. Abraham. In die Grüene gên mit Einer, wird meist in verdächtigem Sinne genommen.

Grüen (Grêi~), eine öfters vorkommende Endung von Ortsnamen um das Fichtelgebirg, z. B. Bischoffs- 114
grüen, Eckarts- oder Ecklasgrün, Frankengrün, Sachsengrün, Heinrichsgrün, Münchsgrün, Ortesgrün, Schlattengrün, Leupoldsgrün, Gottmannsgrün, Geroldsgrün, Hadermannsgrün, Rügersgrün, Stemmersgrün, Sinnatengrün, Woltersgrün, (Ried 258: Godefridesgrune); Kolergrun, (wo Waldsassen angelegt; Bruschius, monast. Germ. chronol. p. 244), die Kölergrün, („von böhm. kolař, Wagner, und hora, gora, Berg“, meint Pfarrer Brenner, Gesch. des Klosters und Stiftes Waldsassen, S. 9. Vrgl. das. S. 308—314 mehrere andre Ortsnamen auf -grün); Hilisesgrone, (locus ad radices montis Hils situs?), Falke, cod. trad. Corbej. praefat. 'cf. Förstemann II, 1631: Hilisesgroue.' áf də' Grêi~ heißt eine Strecke des Gebirgskammes zwischen dem b. Wald und Böhmen; (Obrm.). cf. Koch-Sternfeld, Beyträge I, 309. Vrgl. MB. XXIV, 690: „ayn acker

auf der Grün gelegen"; XXV, 384. 448. 546: Peter von der Grüne. „In minori Sterꝫ et in Grüne et in Liubgast . . . in Sechlersgrüne"; Cbm. 91, f. 37. 38. „Lignum campi pratorum in Hangenten grüen"; „desertum Bessengrun . . . Getzengrun . . . Ransengrun"; ibid. 59. Gl. i. 55. 841: gruoni, cruanniu, virecta. Dieses Grüen scheint auf ein ursprünglich waldloses Gelände, wie Reut, Ried auf das Gegentheil, zu deuten. Nach v. Lang ist es das slawische gorje, Berg, gorenje, bergig: Biskopa gorje, Leupoldska gorje. Steub (Rätien p. 71) kennt ein rasenisches caruna, daraus: grün, graun, gern, girn, grein, schran, schrin, hirn. Cf. Gretna-green in Schottland, erstes Dorf von England herein; Kensalgreen, wo Mrs. Flecherty beerdigt.

Die Grüen. „Den Fischen soll hinfüro khain Purdl (Reisigbündel) noch Grüene gelegt werden." „... Wann die jungen Hechtl in die Vorgrüen steen"; Chiemsee Fischord. v. 1507, (zu Gruen, Zweig? s. Greuder u. Kräuter).

Der Grüenspan (Grèə˜spə˜); schwed. spansk gröna. Weigand I, 462. Diefenb. 622[b]. Der Grüenspecht (Grèə˜spə'). Anmerk. In der ahd. Sp. kommt neben dem Adj. gruoni, grôni das Verb gruo-an, gruo-jan, grôan; mhd. gruen, grüejen vor; (gl. a. 228: groentem, ceruleis; 366: croent, virent; i. 148: gruanti, virens; o. 201: groit, virescit; engl. to grow. Vrgl. Grimm II, 989. Haupt's Zeitschr. VI, 543. Graff IV, 298. BM. I, 580). Sollte aus dem ahd. gruoti, viror, (mhd. diu gruot; vrb. grüeten; BM. I, 581) die Greuder-bürd zu deuten seyn? s. Kräuter-bürd.

---

gruenzen (oder grundsen? gro˜zə˜; Spessart), von Wurzelspeisen: nach Kraut oder Erde riechen oder schmecken.

Der Grand, der Grander, Behältniß für Flüssigkeiten, gewöhnlich aus einem Stein oder Baumstamm ausgehauen, zuweilen auch aus Kupfer gemacht: Brunn-Grand, Waßer-Grand, Breu-Grand. Stößgrand, Trog, in welchem Rüben klein gestoßen werden. Maischgranden, (Jir.) Maischbottich. Vrgl. Gränken. česk. korejtko, Tröglein; korejtnice, Grandbier. Zeitschr. II, 347. V, 439. VI, 182. Gl. i. 496. 1013: troch vel grant, collectaculum; 823: grant, alvear; 1033: crant, eneum. (Ettmüller, Beowulf p. 20: von grindan, mahlen? 's. unter Grind').

'Der Grand, Grant, der Unmuth, Unwille, Verdruß, Zorn; Zeitschr. II, 347.' „Wenn á' d' Muədər in 'n *Grándt* mit'n Sunbüəbel greint", Kaltenbrunner 70. „Də' fuchswildeste Grisgram və'gisst sei˜n *Grand*, wann ə' de vı̈ln lachə˜dn G'sichtə' sicht", Reizenbeck I, 148. s. Krantwerr. grändig (gránti'), verdrießlich, mürrisch, übler Laune; dän. krant, mürrisch; vrb. kranter. 'Castelli, Wbch. 148. 149. Zeitschr. II, 347. III, 328. IV, 134,109. V, 209. 393,22. 439. 465.' „D' Leut sàgng, weə' mit'n linkng Fuəs aus'n Bètt steigt, dèn is so: I' bi˜ mit'n rècht'n aussə' g'stigng und I' bi˜ *grandi*' dó'"; Castelli (1828) p. 120. R.A. Ändig und grändig (ánti' und gránti'). So gräntig wie eine tragende Katz, oder wie ein schwangeres Eidächslein." „gräntig, querulus"; Prompt. v. 1618. Vrgl. grätig, auch grennen, grannen, grônen. sich rant'n und grant'n, (Nassau) sich härmen, grämen.

grándi'. R.A. sich grándi' machen, sich groß machen. (Etwa vom ital., span. oder franz. grande?) Grand-Esel, -Sau, -Ochs, (b. W.). Vrgl. auch krautig.

Der Grind, wie hchd. (Graff IV, 330. BM. I, 576. gl. a. 24. 29. 502: grint, glabrio, alopicia); verächtlich: der Schädel, Kopf; (Zeitschr. III, 252,217. 526,11. V, 106,8. 441). (U. Baur) die Cuscuta europaea, eine Schmarozerpflanze am Leine; (Heppe) das kleine Gemöse am Boden und an Bäumen. „Für daz grindeln (?'hieher?') recipe zwo unꝫ patonien", Altm. 26, f. 188[a] (v. J. 1334). grindig, adj., mit Grind behaftet; durch Schmutz leidend; (Thumbach) schlecht im Wachsthum. „Bist grindig an deinem gemecht"; Buch d. W. 1485, f. 73[b]. eingrinden, ergrinden (də'grintn), vrb. n., von thierischen Theilen: räudig werden; von Wäsche, Glas u. drgl.: durch Schmutz leiden, und endlich der Reinigung ganz unfähig werden. „Hâb meiné Dèənln kámpeln müəssn, sunst wárn s' mə' nó˜ *də'grindt*"; Sipelt. D' Wä'sch sicht greə˜ und roud aus, is ganz *dè'grindt*. Vrgl. grindan, molere, terere, (Zeitschr. II, 28. cf. Grund-eis unter Rob-eis) und das folgende Grund, (wie terra von terere).

Der Grindel, wie hchd. Grendel, 'Pflugbaum, Vilmar, kurheff. Idiot. 136;' (ahd. grintil, mhd. grindel, grin- 115
tel; Isidor: grindil, vectis; gl. i. 202: grendil, grave robur; Graff IV, 332. BM. I, 576. Grimm, Mythol.[2] p. 222. Zeitschr. II, 46. 512,16. 540,107. V, 269,5,22. VI, 182. Cf. česk. hřídel, Wellbaum, Cylinder. Bey Ried 173 wird eines „nemoris Tangrinteles" (Tongründel bey Hemmau? Lang, regesta b., ad. 1114) gedacht; vrgl. den Grindelwald im Berner Oberland 'und Vilmar, kurheff. Idiot. 137'). „Die grintele burgetorre diner, seras portarum tuarum", Cgm. 17, f. 203[b], Ps. 147,2.

Der Grund, wie hchd. (Graff IV, 330. BM. I, 581), ein Flußthal mit Wieswachs, namentlich im Rezatkreis der Rezat-, Aisch-, Biber-, Altmül-, Werniß-, Zenn-Grund, (v. Lang); ebenso: der Sinn-, Kahl-, Johs-, Lohr-, Hutzel-Grund, (Dr. Kittel). Vilmar, kurheff. Idiot. 139. Zeitschr. II, 222. V, 442. Vrgl. oben, Sp. 920: der Gund. Nach B. v. Moll werden im Salzburgischen nur die an Hauptthälern liegenden Seitenthäler Gründe genannt, z. B. der Zillergrund, Zemgrund, das Pfitschgründl am Zillerthal. „Er verprant Gossow grunt und grät", Cgm. 558, f. 115. 'Der Abgrund, wie hchd. (mhd. daz abgründe, namentlich der Hölle; Graff IV, 331. BM. I, 581).' „Daz apgründe der helle", Br. Berht. 188. 193 (Pfeiffer 97,18. 100,14). „In daz abgrunde seiner weishait", Cgm. 73, f. 2[b]. gl. a. 201. 261. Isid. 2,7: abgrundi, abyssus. Die Grundbirn, (Franken, Rhein) die Kartoffel; (vrgl. Erdapfel, Patacke). grundsam, (wirzb. Polizeygerichtsord. v. 1745) was guten Grund hat, gegründet. „Grundsupp, nautea, seminarium"; Voc. v. 1618. „durchgründen, nachgründen, perscrutari, perinvestigare;" ibid. „Die brüche sint durchgrunte" (?), Labr. 31. Grund- in der Zusammensetzung mit Fisch-Namen, bezeichnet große Fische ihrer Art, die nicht leicht mehr an die Oberfläche des Wassers kommen, um daselbst zu spielen. Schrank, b. R. 117. (Vrgl. Boden). Grundförh; „grundförinen, carpio Benaci, truta magna"; Prompt. v. 1618. Vrgl. Zeitschr. V, 11.

Die Grundel, der Gründling, 1) die Schmerle, cobitis barbatula L. 2) der Schlammbeißker, cobitis coenosa oder fossilis; er wird als Wetterprophet in Zimmern gehalten. Gl. o. 106: grundila, turonilla; Diefenbach 602[c]. „grundele, coronille", Denis, codd. theol. II, I, 738. Diefenb. 152[a]. 164[a]: cornilla, curonilla.

grundsen, s. oben, Sp. 1003: gruenzen.

Die Gränken (Gránkng) und die Gränten (Grántn), (O.L.) rhododendron ferrugineum und hirsutum; auch: vaccinium vitis idaea, daraus das Grántnwaßer, und die Grántnsulz; Mosgränken, vaccinium oxycoccos; Rauschgränten, arbutus uva ursi L. Castelli, Wbch. 149: „Grankerlböa'", Preißelbeere. Zeitschr. III, 120. V, 439. Vrgl. die Grandenbeere, oben Sp. 364: Brausber. Vrgl. auch Grämpen, erica carnea L.

Der Grenggen, (Kitzbühel) dürres, krummes Holz; hagere Person.

Der Grans, der Gransen, der Grensel, Diminut. das Gránsl (gerne in Kranz, Kránzl entstellt), der Schnabel des Schiffes, Vordertheil desselben, prora; (ahd. mhd. der grans; Graff IV, 333. BM. I, 565: der Schnabel der Vögel, Rüssel oder Rachen anderer Thiere, verächtlich: der Mund des Menschen; Schnabel des Schiffes. Slawisches Wort mit K....? cf. kärnt. ferm, fern, Hintertheil des Schiffes; Jarnik p. 237). „Gernubilum vel grunus grans" am Schwein; Clm. 4350, XIV. sec., f. 3. Diefenbach 261ª. 270ᵇ. „Dîn muoter ... kan guoten brîen kochen: den solt du ezzen in den grans ê dû gebest umb eine gans ein geroubtez pharit", M. Helmbrecht 455. Nach dem Voc. v. 1618 auch „Hindergrans, puppis." Gl. a. 473: prora, sceffes crans; a. 670: prora, anterior pars navis, grans; a. 529: prora, anterior pars navis, granso; i. 387: prora, granso, (übergeschrieben: grans). Diefenbach p. 466ᶜ. 473. „Prora dr. prior pars navis vr. der voder grans"; Clm. 5685 (v. 1412), f. 91. „Auf des kiels grensel, in summitate trieris", Cgm. 572, f. 46. 47. 71. „Prora, prior pars navis, der Grensel"; Avent. Gr. „Man hätte die proram oder Gransen nit so schwär beladen sollen"; P. Gansler. „Das Hohenau- oder Hauptschiff bey einem Salzzug ist vom Kränzl aus durch den Seßthal bis zu der Steuer 24 Klafter lang." Das Kranzl, der Hintertheil der Laufener Salzschiffe, der im Aufwärtsfahren der vordere Theil wird. „Bey H. Carls von Burgund Hofhalten zu Trier (1473) ward dem Kaiser auf seine Tafel gesetzt „ain groß vergult scheff hatt auf jedem gränsl ein klains hewsl mit zinnen", Cgm. 929, f. 17. Im Parzival 113,7 heißt es, vermuthlich in Bezug auf die Form, von einer säugenden Mutter: „Ir tüttels grensel daz schoup sie im (dem Kinde) in sîn vlensel." Zeitschr. V, 146: Gransen, Spitzen der aufgehenden Kornsaat; V, 439: Granser, m., Bergschlitten. Ob und wie hiemit das folgende zusammenhange, ist mir nicht klar. „Weiher mit Gransen oder Unterschläglein, piscina loculamentis distincta"; Onom. v. 1735. „Fischergransen, piscinae loculatae, da vil ungeschlagne tätt-
116 lein sein"; Prompt. von 1618. Bey Stalder ist das Gränsli ein Nachen mit einem Fischbehälter im Vordertheil.

Der Grensing, eine Pflanze; Graff IV, 333. BM. I, 569: der grensinc. Weigand, Wbch. I, 457. Voc. v. 1445 und gl. o. 17: potentilla; gl. i. 16: nymphaea; gl. a. 676: rosmarinum. Haupt's Zeitschr. VI, 330,197. Diefenbach 381ª; 450ᵇ. In Tyrol ist Grense panicum crus galli L.

„Gruensol, mentastrum", Voc. optim. p. 52; „grüensol, mentastrium", Clm. 4394, f. 178. Diefenbach 356ᶜ.

'Grant, s. Grand.'

Grantwerre (BM. I, 566), s. Krantwerre.

---

graunzen, vrb. n., (Baur) knurren, knirschen; verdrüßlich murren; (cf. ahd. granjan, grunzjan, mhd. grannen, grunzen; Graff IV, 328. 329. II, 526 f. BM. I, 576). Rheinpfalz: „grahnze", (Nadler). 'Vilmar, kurheff. Idiot. 134: granzen, weinen, verdrüßlich sein. Höfer I, 315: gransen, granzen, grunzen.' „Grippeln und *Granſsen* und Hausen und Schrein bössert kain'n Menschen", Lindermayr 148. „Sie gribbeln und *granſsen* bis 's agät än Strit", das. 165. 166. Vrgl. Zeitschr. IV, 158: Gruntschar, Zänker; VI, 42: grünzen, zürnen. s. raunzen.

„Grenzlə", (Franken) Schnittlauch.

grunzen, wie hchd.; BM. I, 476. Weigand, Wbch. I, 462. „Warumb grunzet (gähnt?) der mensch", Cgm. 4876, f. 147.

'Grunzwita, Crunzinwiten, Name eines Gaues am Nordufer der Donau in Oberösterreich, von der Ilz bis zur Rottel, Narn und Aist. Förstemann II, 389. 608.' (Carnunt-Wald? s. Th. IV: der Witt, Wit. cf. Grotzen). Zu Crunzinwit(en) einen zinsbaren Slawen; Stiftungsurk. von Kremsmünster, MB. XXVIII, II, p. 196—200. Rudhart 309. 454. 517.

---

gráppi', munter. Zeitschr. IV, 6: kräpfig; VI, 217: krappsch, furchtlos, rasch. Vrgl. Vilmar, kurheff. Idiot. 134: grappig, habsüchtig. s. kraupig.

grappeln, vrb. neutr. und act., greifen, tasten. Zeitschr. II, 420,22. III, 142. V, 146. 439. Vilmar, kurheff. Idiot. 134: grappen, ergrappen. Die Henn grappeln, (ob sie ein Ey legen werde). „An dem Paternoster grappen", Tiroler Kirchtag (1819) p. 73. Vrgl. krabeln, kroppen.

Die Graupen (Gráppm), OPf., a) wie hchd. die Graupe; b) das Hagelkorn-Gräupel. grauppenen (grápmə~), vrb. n., hageln, gräupeln. s. Grieben.

Die Greppen (Gréppm, Baur: Grèppm), a) (U.L.) Graben, vom Wasser ausgespült, der dabey zum Fahrweg dient, Hohlweg. b) das Prompt. von 1618 hat: Greppen, aedicula ruinosa, male materiata, antrum obscurum. s. Grueppen.

Die Grippe, Gripp, wie hchd.; franz. la grippe; (cf. slowen. hripa, eine Brustkrankheit; Murko). „Den Ursprung der Influenza-Epidemie des Jahres 1782 hat man bis Kiachta an der chinesischen Grenze verfolgt. Ihren Namen Grippe leitet man aus dem slawischen chripanj (Heiserkeit; chřipěti, heiser seyn) her, als einem ihrer auffallendsten Symptome"; Morgenbl. 1849, Nr. 195 bis 197: Vom Zug der Seuchen von Osten nach Westen. 'Nach Weigand, Wbch. I, 458 vom franz. gripper (s. d. folg. Wort). Zeitschr. V, 441.' s. Grips.

grippen, gripsen, französisch gripper; (Diez, Wbch. 651). Ich erinnere mich zwar, dieses Wörtchen in meinem Dörfchen Rimberg 'bey der unerfreulichen Anwesenheit der Franzosen im Herbst 1796 zuerst gehört zu haben; indessen scheint es doch ursprünglich die zu greifen gehörige niederdeutsche Form zu seyn; (ahd. grîfan, grîfjan, grîfôn, krîfjan, kripfan, mhd. grîfen, gripfen, kripfen; Graff 317. 589. 598. BM. I, 570. 573. Gl. i. 70. 716. 748 ꝛc.: chriphan, gachriphtêr Begripfet, corripit; Cgm. 17, f. 138ª, Ps. 93,10. Zeitschr. II, 420,22. 134. VI, 429, I, 3. Weigand, Wbch. I, 458). s. groppen.

'grippen, kratzen; fig. ärgern.' „Niemant nichtz mit der ee beiagt, so der mon ist in der magt; dein adern und auch die rippe nicht mit eysen gryppe", (kratze. zur Ader lasse), Calender, Augsb. 1490, 1496, 1522. Es gribbt mich, ärgert mich innerlich und lang; (pfälz.), Nadler 282. Zeitschr. II, 393,51. III, 251,75 424,10. VI, 131,12. 286,667.

Die Griepen, Greupen (Griəppm, Groippm, Gruippm), häutiger Theil, der beym Zerlassen von Fett ꝛc. als Residuum bleibt; (cf. Graff II, 359: raupjan, garaupjan, rösten). s. Grieben.

Der Gropp, der Groppen, gobio (piscis); Voc. von 1618. groppo, gobio, gl. o. 466; groppe, capito, gl. Augiens., Mone's Anz. VIII, 399. „Carebus, gobio, groppe", Voc. optim. p. 46. „Capito gropp alii ein alat", H. Junii Nomencl., Augsb. 1629, f. 38. „Die groppen auch bachfischlein sein", H. Sachs 1560: II, II, 111ᵇ. BM. I, 578. Diefenbach 97ᶜ. 99ᵇ. 270ᶜ. Weigand, Wbch. I, 459. „Aus einem Zwergen ein Risen, aus einem Groppen einen Stockfisch machen." P. Gansler.

groppen, (schwäb., b. W.) greifen, tasten, tappen. „Grop in der schussel hin und her nach dem allervesten stuck", Cgm. 270, f. 176ª. s. kroppen und Vilmar, kurhess. Idiot. 139: ergruppen.

Der Groppen, (Wetterau; niederd. Grapen) gegossener Kochtopf (aus Eisen oder gemischtem Metall). Vilmar, kurhess. Idiot. 138. Weigand, Wbch. I, 459.

Der Gropper, (Lori, BergR.) Arbeiter beym Laden der Salzwägen. (Lex. v. B.) „In Salzburg sind drey bürgerliche Gropper, wovon einer die Nürnberger, einer die Tyroler und einer die Villacher Waarenfrachten mit seinen Knechten zu besorgen hat"; Speditor. Der Gropper in Regensburg erwähnt Gem. Chr. IV, 133, ad 1508. Der Gröppner, (Nürnb., Hsl.) bestellter und verpflichteter Mann zum Aufladen der Kaufmannsgüter. (Etwa zum italienischen groppo, Pack, gehörig? Diez, Wbch. 183). s. kroppen.

gróppət, adj., (Rttm.) sehr grob, roh, plump. „Steifer, groppeter und geradbrechter Styl"; Materialien v. 1773, p. 6.

117 groppezen, rülpsen; Zeitschr. V, 440: gröbsge, 303. 441: gropfez'n. s. grotzen und kroppezen.

grüppeln, (grübeln?). „Jr sult nit ze tieffe grüppeln", Cgm. 632, f. 84ᵇ.

Die Grueppen (Gruəppm), das Grübchen, plur. Grüeppen (Grüəppm, Gruəppmə~), kleine Grube, Vertiefung, die von einer Verletzung der Haut, besonders durch Blattern oder Pocken herrührt; Narbe. Cf. schwed. grop, fem., Grube. gruəppət, grüəppət, o.pf., nürnb. groupət, adj., narbicht, voller Narben, besonders von Blattern; schwed. gropig. Nürnb. Sp. W. Schei~ grouppət is á' nét wêist. grüeppeln, Steine in Grübchen werfen, (Kinderspiel).

---

gripfen, s. grippen, grabschen und kripfen.

Die Grips, a) R.A. Einen bey də' *Grips* nehmen, ihn auf eine derbe Weise anfassen. Zeitschr. V, 464. Am M.Rhein ist die Grips, der Hals, die Kehle. (S. grippen und cf. franz. gripper quelqu'un, ihn festnehmen, ergreifen). b) die Influenza, eine Krankheit. s. Grippe.

---

grabschen, (schles., Weinhold, Wbch. 28) hastig greifen. In die Grabsche werfen, zum Fangen auswerfen. Zeitschr. VI, 13. Vilmar, kurhess. Idiot. 138: gripsen, kripsen, kripschen; gripsch, adj., zugreifend. Zeitschr. II, 420,22: grapsen, gripsen; III, 134. V, 146. 441. 460. 461. 526,565. Weigand, Wbch. I, 453.

Das Gras (Dimin. Grásl', Grásə-l), 1) wie hchd.; (ahd. mhd. gras; Graff IV, 333. BM. I, 566. Grimm, Gesch. d. d. Spr. 670. lat. gramen = gras-men = crasmen, v. cre-sco, ahd. grôwan, Weigand, Wbch. I, 453). „Nim regen gras dieweil es jung sei", Cgm. 4543, f. 177. Das Gräsel, Grashälmchen. Gräsel ziehen, losen; Cgm. 632, f. 8ª. 2) die Weide. „Eine gemesten Gans oder zwue mager Gens ab dem Gras"; MB. XXV, 14; (Obrg.) was ein Stück oder eine gewisse Anzahl Stücke Vieh auf einer Alpe den Sommer über zum Abweiden bedarf. „Rossgräser sind theurer als Kuegräser"; Hbn. MB. II, 408, ad 1341 werden zwo Schwaigen „umb ein Gras auf dem Chogel" eins. 3) das Unkraut im Acker. „Der Sâmen ist voller Gras", die Saat steht voll Unkraut. 4) die Jahrszeit, wo man nur erst grünes Gras zum Füttern hat, das Frühjahr, im Gegensatz des Hêues oder der Zeit, wo man Heuernte hält. „Der Taidinch aines sei bey dem gras und zwey bey dem Heue"; MB. XV, 30, ad 1299. „Zwier in dem iar ainstund zu dem gras und ainstund bei dem hew", Cgm. 544, f. 56ᵇ. Grashirsch heißt der Hirsch in dieser Jahrzeit, — etwa bis Juny. Der Grasmarkt in Holzkirchen, Frühlingsmarkt. So zählt der Spanier das Alter seiner Pferde ꝛc. nach Yerbas (Gräsern, gleichsam Frühlingen). 5) plur. die Grasen, in den deutschen Karten, was man sonst Laub oder Schüppen, oder Spaten, franz. Piques, nennt. '*Gràs*-Sau sticht'n *Gràs*küni'. G'stóchə~ dé Schəll'n! *Gràs'n!* Das Gräslein (Grásl), der Rothhänfling, linaria rubra minor; Klein. Der Grasfrisching, das Grasgelt, der Grasphenning, (MB. VII, 167. XI, 55. Ertel, prax. aur. I, 27), Feudal-Abgaben, vielleicht nach Gras 4) zu erklären. Das Grasmal, (JägerSp.) Mahl, im Walde auf der Erde genossen. 'Vrgl. I, 637: „falter Vatter"; (Jac. Grimm). s. oben, Sp. 850.' „Den 2. August 1678 hab ich dem Convent ein Grasmal gehalten"; Notat des Abtes von St. Zeno. „Bey ainer Hirschfaißt ainen guetten starckhen drunckh oder graßmal hallten." „Alßdann sollen die Jäger jre Mäntel auf das grüne Graß außbreiten und sich darauf legern, essen, trincken, lachen und allerley Freudenspiel anfahen. Und da etwa ein schön Weibsbild . . ." Fouillour, f. 41. Cf. k. Bildergallerie in München, Nr. 249: Le Moine.

grasen, 1) wie hchd.; 2) in specie: das Unkraut sammeln, jäten. Zeitschr. VI, 114,18. 'ən Waəz, 'ən Hàbə'n *ausgràs'n*, die Weizen-, Habersaat von Unkraut reinigen, welches als Viehfutter benutzt wird. Grimm, Wbch. I, 877. In Franken hat man dazu den sogenannten Gras-stumpf. Man trägt das Gesammelte im Gras-tuech heim, wäscht es in der Gras-hül ꝛc. An der Ober-Isar ziehen die Weibspersonen zu dieser Arbeit über ihre Röcke leinene Pantalons (Grashosen) an.

gräseln (grás'ln, grásə-l'n), nach Gras riechen; im Scherz: stinken. Dà *grás'lts!*

sich angrasen, (b. W., vom Vieh) sich auf der Weide gut thun, fett werden; fig. auch vom Menschen.

sich begrasen, (vom Samenkorn) sich bestauden. sich begrasen oder ergrasen (si' də'gràsn), sich gütlich thun, sichs schmecken, wohl seyn lassen, span. darse un verde. Zeitschr. VI, 114,18. „Die Knecht hetten sich wohl begraßt"; Av. Chr. 283. „Dieser (alte Beamte) hette sich nun schyr begraset das er würde ersettigt sein", — ein anderer, neuer würde die Bauern schinden; Kantzow, Pomerania II, 273. Das Prompt. von 1618 weist bey sich grasen auf Nutz. Auffallend ähnlich ist das schwedische: krasa sig, sich etwas zu gute thun, kräslig, lecker, vom isl. krás, Leckerbissen. Grimm, Wbch. I, 1305 f.

Das Graß, Graßach, Fichten- und Tannensprossen oder Zweige, die zu Vieh-Futter oder Streu klein gehackt werden; (Jir.) Graß, Graßach, Graßgelack, Graßgarb (Bündel), Graßholz, Graßstreu, Äste und Zweige vom Nadelholz. Kráss, plur., Nadelholz, Zweige oder Äste; 'Almkrássət; Schoffer 22. Das Dänagraß (Tannə~kráss), Tannenreisig; Castelli, Wbch. 105. 149. Seidl, Flinserln III, 83. 106. IV, 92. 149. Zeitschr. IV, 244,10. V, 440. BM. I, 568: daz graz, grazzach. cf. dän. krat, ntr., Buschwerk, Gebüsch; česk. chrásti. Von dem stinckunden holcz hunczpawm und thue das ober heuttl darab vnd nim das mitter den grasen und nim ain milich daran." „Nim paisselpletterholcz vnd nim den grasen davon..." „Nim den grasen von den dinckenpern"; ZZ. 2072, p. 364—365. 367. „Nim lindenholcz grasen und leg das in ein hafen"; Cgm. 54, f. 46. „Unbedachter rat ist recht sam der ain pachoven haizet mit tanv gressech und schürt under mit eizzephen"; Cgm. 1113, f. 92ᵇ. „Sarmentum, grezenach", Clm. 12658 (sec. XIII.), f. 231ª. Diefenbach 513ª. (s. Grossen und Grotzen). graßen, Zweige klein hacken, (Hübner, Pinzg.). angraßen, den angesetzten Kohlenmeiler mit Laub oder Fichtenästen und Zweigen (Gra'ßach) bedecken, worauf dann erst die schwarze Erde oder Lösche ohngefähr 3/4 Schuh dick und fest angeschlagen wird.

beschlagen, beschießen hat dieselbe Bedeutung. (Vrgl. allenfalls ahd. graz, subtilis, Graff IV, 335; gl. a. 444. 609: grazliihho, subtiliter, und Grätschen).

graß, ä. Sp., sehr; ahd. grazzo; Graff IV, 335. BM. I, 568 (zu grôz?).

'gräßen, ä. Sp., mhd. grâzen, Muth, Muthwillen, Gier, Lust oder Zorn durch Laute und Geberden ausdrücken; BM. I, 568.' „Man hört vil mangen an der strazzen hohe gen armen leuten grazzen, des gesinde man siht ze guten mazzen da heime von voller pfründe quazzen; Renner 5426. „Für aller saiten klingen hort ich das selbe gressen", (schreien, krächzen, ächzen? gereimt auf „ezzen"); Valkn. 127. „Wir lebent früntlich ich vnd er zů himel ane graßen", (Haß?); Diut. II, 251.

„Der Graßer, grassarius, die Graßerey", eine niedere Dienststelle am Freysinger Hofe im 14. Jahrh. „*Grassarius* adaptabit pistori ligna ad pistandum, praesens erit in divisione praebendarum, et quando praelatis servitur"; Meichelb. Hist. Fr. II, I, 29. II, 158. cf. Gresser.

Graſsl, Bluthänfling; (Jir.).

grausen, vrb. n., wie hchd., (ahd. gruisôn, gruwisôn, mhd. grûsen, griusen; Graff IV, 300. BM. I, 585). Die R. A. Grausen tât mich! oder blos: Grausen! wird als Verneinung gebraucht. *Graus'n!* dés tuə I nit, dés sol nit gschegng, (Göschl). Lau' di' nécks *graus'n!* (Obrpflz.) laß dir nicht bange seyn. grausig, adj., Grauen erweckend, nicht geheuer, unheimlich; Grauen empfindend, furchtsam; (Graff IV, 301. „In griusigemo einote", Notk. p. 263). Dà is's *grausi'*; əs wird mə' *grausi'* bey də' Sach. grauslich, gräuslich, adj., Grausen, Ekel erweckend; Grausen, Ekel empfindend, ekel, heikel. BM. I, 585. Der Graus oder der Grausen, das Grauen, Grausen; der Ekel, (altſ. grûri, angelſ. gryre, horror). BM. I, 585. Weigand, Wbch. I, 455. Zeitschr. III, 324. 288,13. V, 144,61. 146.

əs macht óft ə˜ schlèchts Ding 'ən Menschn ə˜ *Graus*, dər ae˜ fircht ə˜ Spinnə˜, der andər ə˜ Maus.

Dés is ə˜ *Graus!* das ist schrecklich, abscheulich. ə˜n *Grausn* kriəg'ng, einen Abscheu, Ekel. Die Grausbirnen, plur.; Castelli, Wbch. I, 150. Dé *Grausbirn* steigng mir auf, mir wird unheimlich, angst; Seidl, Flinserln (1839) II, 78. 96. „'ən Aldn steigng vəlli '*Grausbirn* auf"; IV, 122. Der Grausknecht, (HhE.) Mannsperson, von der sich ein Mädchen, das bey Nacht auswärts zu gehen hat, begleiten läßt. graus-sam (graussam; b. W. grassam), (wie oben grau-sam), was Graus erweckt. „Ain grauzsamer trakh", Cgm. 54, f. 46. „Abominare, mit graussamkeit fürchten", Clm. 16165, f. 90. Vilmar, heſſ. Idiot. 135. Zeitschr. I, 134,2. V, 183. 146. 442. VI, 413,67.

119 Der Grauß, (OPf.) das Kügelchen, die Graupe, das Korn. *Graüss·* hâuts gwor·ffm wêi má˜ Faust, Hagelkörner, wie meine Faust, so groß. Collectiv: grober Ufersand, Steintrümmer. Zeitschr. II, 422,78. V, 305. VI, 210. Weigand I, 455 f. „Die prachtvolle Stadt Salzburg war ein Steingrauß worden"; Gem. Reg. Chr. I, p. 262. „Den künic komen man dô sach mit den sînen recken ûf den grûs mit schalle", Gudrun 1588,3. (B. und OPf.) ein Gräußlein, Gräuſelein (Gräusl·, Gräusə-l, Gräusál, Gräusáj), ein Körnchen, ein Bischen, ein wenig; (ahd. mhd. der und diu grûz, Diminutiv: griuzel; Graff IV, 344. BM. I, 578. Zeitschr. II, 78,7. 348. VI, 413,84. cf. ə˜ Brösl, ital. una mica, franz. un brin etc.). „Und læget ir vor hunger tôt, ich gibe iu nimmer umbe ein grûz", Helmbr. 1757. „Nune ist doch so tiure als ein grauz daz insigel vercheret, noch daz sloz verwerret", Urstende, Hahn p. 115,26. „Ichn want' ez (würde es nicht hindern) niht mit einer gruz", v. d. Hagen, Gef. Abent. L, 164. „Die hieten niht ein griuzel umb tûsent Unger gegeben, sô sî gên in sähen streben", S. Helbling XV, 348. ə˜ *Gräusə-l* Məl, Sand, Brod ꝛc. Bleib ə˜ *Graüsə-l* bey miər. Nét ə˜ *Graüsə-l*, kaə˜ *Graüsə-l*, (angelſ. nan grot), kein Körnchen, kein Bischen, ne — point, nichts, nicht. Kaə˜ *Graüsə-l* kaə˜ Bród, Gəld, Wassə', Zeit ꝛc. I hà' di kaə˜ *Graüsə-l* nit gern.

Z· Summə' gon 'Albm ge˜ is kaə˜ *Graüs·l* kaə˜ Sünd, is ə˜ staənigə' Wég, get ən eiskàldə' Wind.

əs bringt eə˜ kaə˜ *Graüsə-l* kaə˜ Nutzn, (= „ezn frumet in niht umbe ein grûz", Wigalois 114). Cf. Firmenich I, 328,67 (Waldeck): en Kritzken; holl. griezeltje. Der Gräußler, (östr.) der mit Grütze, Graupen, Bohnen, Erbsen, Linsen ꝛc. handelt, Grützehändler, (gl. o. 336: „gruzere, grutarius vel magariarius, quoniam magaria vocatur gruz. Graff IV, 344. Diefenbach 270b). Die Greußler handelten früher blos mit Krebsen (Chrewsen), später mit Fastenspeisen jeder Art; (Kaltenbäck, 12. Aug. 1851). Rauch III, 106: chreussen und alen. Chreuzzen oder elen mag furder allermenschleich ze Wienn freyleich hingeben" (verkaufen), Decret v. 1368, Cgm. 1113, f. 27; (wol ein Getränke? vrgl. unten Greußing). '„Der Gräußler, Greißler, österreich.; Höfer I, 319. Eipeld. 1814, 8,3—12", (Jac. Grimm). Castelli, Wbch. 147: der Graisla', ein Krämer, der mit dem, was man in die Küche bedarf, handelt.' (Vrgl. die Grewzze, plur., Wstr. Btr. VII, 100: die in der Mühle bloß enthülsten, im Gegensatz der zu Mehl gemalenen Getreidkörner, wozu, als zu einer Art Malz, die Benennung Greußing ein Verhältniß haben kann; und daneben gl. o. 146: gruzze, furfures; 403: crûci vel chliuua, furfur. S. Grüsch). Die Metretae „Gruzze", die in Fr. v. Freyberg's Tegernsee p. 246 als Abgabe vorkommen, werden wol ebenfalls in enthülsten Körnern bestanden haben. sich gräußeln, sich zu Körnchen gestalten. Werd bàl' ə˜n Budə'n 'à'gébm, ſagt die butternde Magd, əs *gräus·lt* si' scho˜. gräußlicht, gräußələt, adj., wie Körnchen, Stäubchen aussehend. Vrgl. Greuß und Grieß.

'Greßel, ein Vogel. Vrgl. (nach Haupt) Höfer I, 315: das Gräſl, fringilla linaria; Frisch I, 367b: Gräßlein.' „Er wergel, er grezel, er widehopf"; Haupt's Zeitschr. VIII, 558,259. ſ. Gritscherl.

„Gresserwein, sehr vorzüglicher Wein (von der Harfe am Steinberg), den die Stiftsgeistlichen in Wirzburg für ihre gressus, nemlich das Mitgehen bey Processionen, bekommen"; Reinwald. Ob etwa an die von Joa. Boëmus (de omnium gentium ritibus, 1520, f. LX) 'bezeichneten', ob der Weinverzehndung wachenden und am Schluß des Herbstes mit Strohfackeln einziehenden jungen Leute zu denken? ſ. unter Herbst.

Der Greis, des, dem, den, die Greisen, wie hchd. der Greis, des Greises, die Greise. Jene Declination entspricht der ältern dieses ursprünglichen Adjectivs; (ahd. mhd. grîs, adj.; der grîse, des grîsen, sbst.; Graff IV, 334. BM. I, 577. Ein grîse, ein stumme, ein blinde, alt: — v; ſ. stumm. Zeitschr. III, 279,22). „Der bart was im lanch und gris." „Da chom ein grise man." „Der grise mit dem barte." „Des wunderot den grisen;" Wernh. Maria 78. 85. 135. 181. (Gl. o. 424: grisa, cani). „Wer allez wil ûzrichten, der mag mit fügen nimmer werden grîse", Labr. 43. Die alten wîsen grîsen", daſ. 37. 190. 217. 222. 231. 330. Valkn. 73. „Der part und auch dîn valwes har dew paidew werdent greiß und graw", Cgm. 379, f. 3. „Der witzige grîse", Cgm. 94, f. 50b. „Ûf stuont ein alter grîse, der was der worte wîse", M. Helmbrecht 1507. greisen, grau werden; BM. I, 577. „Der gedanke ist sô grâ, ez möcht ein kindel von im grîsen", Labr. 291. „Bî Liebe manger junger belibe, den Leid mit leide wol kan grîsen", daſ. 13; vrgl. 109. 169. 242. Valkn. 91 (cf. 95: grâen). „Thut 's Haar greissen, fangt an z'weissen, ist der Tod nit mehr weit"; Bogn. Mirakel. „Mancher greiset ehe dann er weiset", Seb. Frank.

Greuß, s. Grauß. Das Prompt. von 1618 hat „Greuß, terra, sicca cinerea."

120 Der Greußing, Greußnig, (ä. Sp.) Waizenbier; (Graff IV, 344. BM. I, 578. Wackernagel in Haupt's Zeitschr. VI, 578^{b}. Diefenbach 110^{c}. gl. o. 149: gruzzinc, celia, ex succo tritici per artem confecta potio). Kilian: „Grauwt, condimentum cerevisiae, condimentum polentarium"; also Bier aus (Waizen- oder Gersten-) Malzwürze mit keinem oder minderem Zusatz des hauptsächlich vor der Essiggährung schützenden Hopfens. Das Wort scheint mit Grewzze, enthülste (Waizen-) Körner (s. oben Grauß) zusammen zu hangen. Haupt's Zeitschr. VI, 329,153. Zu vergleichen auch Heda, de episcopis Ultraject. p. 95, ad 998: „fermentatae cerevisiae quod vulgo Grutt, Gruit vocatur." „Ungelt von Wein, Met, Bier und Gräussing", Mederer's Ingolstadt p. 86, ad 1395. „Ain gutz mall mit dreyn essen und mit pyer oder grawssing", MB. XXI, p. 87, ad 1425. In Darenberger's Münchner Hundert und eins (1840) I, 97 ist zu lesen: „Scheps (anderswo Greissing genannt), schlechtes Halbbier. „Man hat auch ainen angiezzer gesetzt", der sol wein und greissing (gräussing) angiezen", Auer. Münch. StR. p. 131. Nach von Sutner's Geschichte der städtischen Gewerb-Policey in München (N. hist. Abh. d. Ak. v. 1813, II, p. 480. 513) kostete im XIV. Jahrh. der Eimer Greißnich 40 Pfenning, während der Eimer gewöhnlichen Bieres deren nur 30 galt. Der Taglohn für einen Maurer oder Zimmermann bestand in 12 dl., einem Stück Brod des Morgens, Fleisch oder Käse und Greissnich zu Mittag. Die (a^{0} 1420) „newen säcz der prew" (in München; Wstr. Btr. VI, 142) sagen: „Ez mügen auch die prewr wol prewn mett, pir oder grewßnigk, wenn sie wellen, vil oder wenig." Die „Schenckhen säcz" (a. a. O. p. 158) heben alle „Zuschencken" auf. „Swer ainem Zuschencken darober zukaufen geit Wein, Mett, Grewzznig oder pyer", der wird gestraft um 48 Pfenn. von jedem Eimer. A. a. O. p. 118 soll in einem gewissen Hause „weder wein, noch met noch Grewzznick noch dhainlay" mehr geschenkt werden. „Ein gutes Mal mit dreyn essen vnd auch pyer oder grewssing", für die, Armen im Spital gestiftet a^{0}. 1418; MB. XXI, 77. In einem Ms. v. 1476 finden sich folgende „Nam des trangks: raifall, hepfwein, pier, greißing, mett." Druckfehler ist wol in von Seifried's Urkunden zur Geschichte bair. Landschaft und Steuern p. 412 (auch bey v. Lang, Ludwig im Bart, p. 278): „Met, Bier und Präuspieg." Vrgl. Sp. 472. A^{0}. 1385 wird den Münchnern erlaubt „einen Ungelt" zu setzen auf alles trangkh ausgenommen allain Pier und Graissnickh, das den gnädigen herrn in irem Preuambt sonnderlich gedient wird"; Wstr. Btr. VI, 171. Bey Ried kommt p. 629, ad 1288 ein „Perhtoldus Greussingarius" vor, der wol kaum von der Ortschaft Gräussing (ibid. 958) den Namen hat. Vrgl. die Mannsnamen Griuzing, Gruting, Grytingr bey Zeuß p. 407 und Förstemann II, 603 ff. In Canisii lectt. antiq. I, p. 405 ist die Rede von einem grecingario fortiori, den sich persische Gesandte am Hofe Carl des Großen wohl schmecken lassen.

Grœusenier (?). „In truca pro domino gollirium it. IIII grœusenier, item II schozz, it. panzirium dni., it. II chetenhantschůch, it. II schlappen simpl., item cervical cum slappen, it. II fleche . . . it. duo grœusenier"; Freys. Salbuch, f. 20^{a}.

greuseln (groisln, gruisln), mit zarter, schmeichelnder Stimme reden. Die Greusel (Gruis·l), Person, die gerne „greuselt." `Aldé *Gruisl*. Vrgl. reußen.

grisgramen, knirschen (besonders vor Unmuth, Grimm; b. W. griəsgramə˜); (Graff IV, 326. BM. I, 575. Weigand, Wbch. I, 457. s. oben, Sp. 995: gramen. „Stridebit dentibus, suoset, criscrammet mit zanen", Cgm. 17, f. 57^{b}. „Infremio, der da grisgramet vor zorn", Semansh. 33, f. 288. „Grisgramen der zende", Cgm 611, f. 48. „Scharrung oder grisgram der zend", San-Zenon. 115, f. 90. „Sie grisgrameten uf Magdalena, da sie Christi Fuße salbte und murmelten gen ir;" Br. Berhtolt. 110. „Do grustgramet er"; Griesh. Pred. I, 111. Cf. Graff IV, 326 und ags. gristbîtunge, stridor dentium, Caedmon 4620. Grimm II, 584. (Die Katze) „ergrast die Maus und versland sie", Buch d. W. 1485, f. 178; (wol „ergraiff", wie f. 180). R. A. es grisgramt, ist grimmig kalt; vrgl. glisglamen. Der Grisgram, mürrische Person. grisgrämig, adj.

grishari', adj., (Baur) steifhaarig (von Wolle, 121
die sich nicht gut spinnen und bearbeiten, auch nicht schön färben läßt).

Grissel, grieseln, s. Grusel.

Der Grieß (Griəs), im Ganzen wie hchd. Gries, (ahd. grioz, mhd. griez; Graff IV, 345. BM. I, 577. Grimm III, 379. 380. Weigand, Wbch. I, 457. Zeitschr. II, 78,7. 348. 422,78. III, 462. Cf. ital. greto, `franz. grès; Diez, Wbch. 409. 650´). 1) grober Sand; Ufersand; („Glarea est tenuissimus lapillus in torrente, griez," Clm. 5008, XV. sec., f. 159. Cf. ahd. merigreoz, mhd. mergriez, Sand am Meere, Perle, margarita; Grimm, Mythol.^{2} p. 1169. Gesch. d. d. Spr. 233. BM. I, 578); flaches sandiges Ufer, (cf. Th. III: Sand); Platz am Ufer eines Flusses, wo das auf demselben geflötzte Holz gesammelt wird; daher: das Grießamt, der Grießmaister (die an den Salinenorten die Holztrift besorgen), das Grießbeihel, Stange mit einem eisernen Haken zum Auffangen und Abstoßen des Triftholzes; (Griesknecht, Salinenarbeiter im Holzrechen; Griesmeister, Griesbeil, Griesrechen; Jir.); in mancher Stadt Eigenname für eine am Wasser fortlaufende Gasse, z. B. in Landshut, in Burghausen. 2) feinere Grütze, Vilmar, kurhess. Idiot. 137. Habergrieß, Habergrütze. Grießknödel. Grobe Leute sán' wiə Griəsknédl, nà˜ dafs s· net rund sán'. 3) a. Sp., semen. Im Judeneid des Rchtb. Ms. v. 1332 (Wstr. Btr. VII, 159) heißt es: „Und so dein erde nimmer chöm zu andrer erd und dein griezz nimmer chöm zu anderm griezze in den Paren `(„Maurer p. 194: garten"; Jac. Grimm. Vgl. oben, Sp. 278: Barm)´ des herrn Abrahams". (Sonst hat die ä. Sp. in dieser Bedeutung gruose). `Grießlach, Collectiv; BM. I, 578.´ „Swenne alle vogel die liute schadegont daz si daz korn ezzent und ander fruht, diu uf der erde stât, so izzet si (diu tûbe) niuwen griezzelach." Griesh. Pred. I, 32. „Diu tûbe ist der nature, daz si nieman ûf dem velde schaden tuot, wan daz si niuwan griezelach und ander semelach izzet," das. 33. griəſsələt, adj.; 's Koch, Muəs, d' Sélz wird scho *griəſsələt*, fängt an sich zu verdichten; (b. W.).

`Das Grieß, eine Krankheit, der Stein (?)´. „Arzney für das Grieß," Dr. Minderer (1620) p. 230. „Kunst für das Gries vom Probst in Weiarn, ... von dem alten Jac. Putrich"; Cgm. 3721, f. 88$^{a \cdot b}$.

Griesbach, meiner Eltern und Voreltern Heimat. „Ioannes dictus de Cubito (Elbogen) abbas Waldsassensis (1306—1316) ... Pernaw, *Gryspach* et Hohentan, quae pro tempore per violentiam ablata fuerant, recuperavit," Cbm. 91, f. 30^{b}. Öfele, scr. I, p. 68. `Der Grießbaum, ä. Sp.´; ahd. freozpoum, juniperum, Graff III, 121. IV, 345. Die Grießbeer, hippophaë rhamnoides; (Jir.).

Das Grießbrett, (Ilm) Brett am Pflug, neben dem Moltbrett. Die Grießgallen, Stelle einer Wiese, eines Ackers, die fehlerhaft sandig oder steinig ist. Das Grießholz, (Ilm) Holz am Wagengestell, unter dem sogenannten Kipfhaus und queer ob den Hachel-Armen liegend. grießschelig (griəschəli'), (Grainau,

Werdenfels) von Äckern: steinig. Der Grießwart, Grießwärtel, ä. Sp., der Aufseher ex officio oder Herold bey Kampfspielen sowohl, als ernsten Zweikämpfen, (wol von Grieß, arena). „Man findet St. Rhatt in dem ersten Thurnier zu Magdenburg als ein Grußwärtl," (u wol Druckfehler statt ie); Hund Stb. I. 23. „Der ist seiner sel ein ungetreuer griswarter", Cgm. 713, f. 166. Gl. o. 60: griezuuarto, agonitheta; i. 200: grizuuarton, caduceatores, legati pacis. Anm. Die Formen Grauß, Greuß, Grieß, Groß, Grütz weisen auf ein älteres Umlautverb griozan (comminuere, klein stoßen oder hauen. '„Gramm. II, 49"; Jac. Grimm'), wohin wol auch das dem Latein nach unverständliche fergrozziniu, excollocta, der gl. i. 31 gehört. Grimm III, 462. Graff IV, 335. 344.

Grieß, Erengrieß, s. Gretz.

grôß (grous, grâus, graəs), wie hchd., (ahd. mhd. grôz; Graff IV, 335. BM. I, 579. Weigand, Wbch. I, 460). grôß-einig, großmächtig, entgrôß (´‿), ungrôß, sehr groß. grôß gên, schwanger gehen. Zeitschrift VI, 445. grôß hœren, (Gbrg.) nicht gut hören; grôßhœrig, harthörig, (Jir.). grôß stên (U.L.), grôß werden (wirzb.), zu Gevatter stehen, wie im Hennebergischen: stolz seyn. Die Grœßé, Grœß·, Grœßen; die Größe. „größen, grandius facere," Voc. v. 1618; 'ahd. grôzjan, mhd. grœzen, groß machen, neben grôzen, groß werden; Graff IV, 337. BM. I, 580. Zeitschrift III, 331'.

Der Groß, (Hoiß, Klbck.) Mehlgries, Grütze. Das Großmues, Muß oder Brey aus Gersten- und Habergrütze. Vrgl. Grauß und Grieß.

Grossetl, s. Grosch.

Der Großen, der Größling, die Sproße; junges Waldbäumchen; Größing, Größling (Jir.), junges Stämmchen von Nadel- und Laubholz; (cf. dän. grödes, keimen: gröde, Wuchs, jedoch engl. to grow); Castelli, Wbch. 149: Grals, Grassad, Dånagrals, (cf. Tobler 119; s. Graß und Grotzen). Zeitschr. IV, 244,10. "Das Fewer ist ain so allgemaines Zeichen der Liebe, als der Zaiger des Biers, der Tannengrößling des Weins, daz rot Fleckel des Mets," Bogn. Mirakel. „Kainer sol mit geschlachten grüenen stämmen noch Greßlingen zeunen", tirol. Waldord. v. 1551, Cgm. 1203, f. 60a. Das Chrifs oder Chrefs, die grünen abgehackten Aeste von Tannen; chresa, Reisig sammeln; (Vorarlb.), Bergmann's Walser 92. s. kressen. Das Großach (Grassə', Grassət,
122 Grasslət, Grastə'), Collectiv: Nadelholzsproßen u. Zweige. Sie werden in vielen Gegenden, nachdem man sie kleingehackt oder geschnitten, dem Vieh untergestreut, oder auf feuchte Straßen und Wege geworfen, damit sie faulen und zu Dünger tauglich werden. In Hübner's Bschrbg. v. Salzb. p. 363 kommt geschnittnes Tanngrassach als Viehfutter vor. Cf. Dachsschneiden. größen (einen Baum), ihm Zweige abhauen.

Der Grusel, der Schauder. (Aschaff.) əs is ə˜ *Grissəl* au˜ zesêə˜; grissəlig, grausenhaft. BM. I, 585. gruseln, schaudern. Es gruselt mir die Haut, es gruselt mir (vor Ekel, Abscheu, Frost, vom Kriechen und Krabbeln eines Thierchens u. drgl.). Zeitschr. III, 288,13. 425,28. V, 146. 442. „Gruselen, formicar cutis," Voc. v. 1618. „Vor forcht grieselt mir gleich die Haut;" H. Sachs 1560: III, I, 262.

Die Grusel, (schwäb.) das Gänschen. Vgl. Zeitschr. VI, 266,51. „Indem war gleich sein grusel stallen", (alias „Merrhen", Mähre, Stute); H. Sachs 1560: II, IV, 74b.

Die Grusen. „Die grusen uz dem krut duhen", s. oben, Sp. 495: dauhen. Zeitschr. VI, 210.

grusgelb, gruselgelb, schreyend gelb. Dés Wachs, is *gruslgəl'.* Salzb. grus·lklaə˜, sehr klein. 's Deənə-l is *gruslklaə˜.*

grüeßen (griəss·n, o.pf. grêissn), wie hchd. grüßen, (ahd. gruozan, ansprechen, compellare, mhd. grüezen; Graff IV, 337. BM. I, 583. Weigand, Wbch. I, 462. Cf. gl. i. 703. 704: ruozzit, suscitat, movit; gerůzzen, Diut. III, 82. 90. gruzesal (es steht geruzesal), tribulationes; Cgm. 17, f. 40a. cf. BM. I, 584. grůz, Noth (?); Diut. III, 56). „Und sol sein horn nicht plasen in dem vorste noch die hunde nicht gruzzen", Schwabenspiegel, Cgm. 53, f. 83b. „Daz ich in (den Hund) mit iagen solte grüezen", Labr. 385. *Gruəss·* ma' d·U'schn, grüße mir die Ursch; Kürsinger, Oberpinzgau 177. Bregenzerwald, Ostschweiz noch grüəzə˜. Zeitschr. III, 346. 400, II,10. V, 438. R.A. Hat dich ꝛc. der Ungeschickt grüeßen läßen? hast du eine Ungeschicklichkeit begangen? Den Zaun wegen dem Garten grüeßen, jemanden aus geheimen Nebenabsichten schön thun, z. B. der Mutter, um Zutritt zur Tochter zu haben. grußbar. „Gutwillig, holdselig und mitsam, grußpar und freundlich jederman," H. Sachs 1560: III, III, 34a. ungrüeßbar, nicht leutselig. „Schlechte Hofleute machen einen jungen Fürsten ungrüßbar, er spricht niemands zue, das doch ainen Fürsten nit angenem macht", Ldtg. v. 1514 p. 94. Der Grueß, wie hchd., (ahd. mhd. gruoz; Graff IV, 343. BM. I, 582.) „Jagt man in den Hund Harre) lustlich an, so jagt er süze, will aber man in fremden, so slecht er swîgent für nâch einem grůze", Labr. 556. „Sie kobernt vil gar bi sunderm grůze, das. 337. „O wê, Hoffe und Gedingen, sol iuwer jagen süeze mich nicht ze grůze bringen?" das. 466.

Die Grüß, (Jägerspr.) die Grußzeit, Hegezeit von Walpurgis bis Johanni, wo die Vögel in der Brut und das Wildpret im Setzen begriffen, und daher niemand, um zu jagen, in den Wald gehen soll; (vgl. mhd. diu gruose, BM. I, 582. Vilmar, kurhess. Idiot. 130). „In der Grüß und auf den Samen soll man keinen Hasen schießen"; O.Pf. L.Ord. v. 1657, f. 489. „Harts of greece" erklärt Walter Scott im Gedicht Rokeby, 3 Kap., 25 St. durch „deer in season".

Gresch, Margareth; Lindermayr 73.

Der Groschen, ä. Sp. der Groß, vom mittellateinischen Ausdruck (denarius) grossus, deutsch: grosphenning, dick Pfenning. (Das oldenburg. grote, holländ. grootje, engl. groat fugt mehr zum hochdeutschen grôß, grôz, niederd. grôt, als zum lateinischen crassus, von welchem man das barb. lat. grossus ableiten will. Ducange III, 572 ff. Diez, Wbch. 184. Vgl. mhd. gros, grosse, BM. I, 578. „I grossetl ist 8 dn., I grosch = 5 chreuzer, 24 grosch = I ducaten;" Cgm. 740, f. 12). Aft glang i' in Sack, wo-r-i' dert nu a *Gröschperl* a bluətigs kriəgn mag," Stelzhamer 123. „Zwen gros; sechs groß, zwen grosen;" MB. XXI, 515. 516, ad 1452. XXIII, 546. 616. A0. 1390 sollen keine halben grossen weiter geschlagen werden, und diese 3 dn. gelten, (Lori, MzR. I, 21); a0. 1433 gehn 20½ behemisch groß auf den Gulden rhein., (MB. XXIV, 611); a0. 1435 schlägt Herzog Johanns Grossen zu 7 dn., 20 auf einen Gulden rheinisch (4 ß. 20 dn.; ibid. I, 33); a0. 1459 wird der alt behaimisch Groß auf 7 dn. guter und 15 dn. böser Münz festgesetzt, (Lori I, 74); a0. 1465—1499 gilt der behemisch groß 8 dn. Augsburger, (MB. XXIII, 533. 546. 616. 659); a0. 1506 werden gemacht bayrisch weiß Grosch, der ainer drei Etschkreuzer oder ainlsthalb schwarze Pfenning gilt; dann Gröschl, auch Sibner 123
genannt, der einer 7 schwarze Pfen. oder 2 Etschkreuzer gilt, (ibid. I, 121. 124. Gem. Reg. Chr. IV, 137. 177); a0. 1510 — 1513 gelten 2 neue böhmische Groschen 5 Kreuzer oder 17½ Pfenn. und der Schwertgroschen 9 Pf. schwarz. M., (Kr. Lhdl. XVIII, 197. Lori, MzR. I, 153); a0. 1511 kommt vor ein salzburg., 1516 ein Regenspurg. Groschen zu 4 Kreuzern, (Lori I, 148.

Gem. Chr. IV, 303); a⁰. 1535 ein Grosch zu 3 kr. (Lori I, 191); Av. Chr. 65 schlägt den bayrischen Groschen zu achthalben Pfenn. an; a⁰. 1559 wird festgesetzt ein Reichsgroschen, deren 21 Stück 60 Kreuzer, und ein Gröschlein, deren 84 Stück 60 Kreuzer gelten. Unter der Benennung Groschen oder Dickpfenninge werden in den Münzgeboten v. 1506 und 1513 (Lori I, 117. 149. 153) allerley ausländische von 2½ bis 63 Pfenn. geltende Münzstücke aufgeführt. Um 1538 erscheinen „die großen silbern Groschen, halb und ganz Güldener, so auf 30 und 60 Kreuzer gemünzt sind,“ oder die ganzen und halben Ort (oder Viertels) Guldener-Groschen oder Gulden-Groschen, (Lori, Mzr. I, 208. 212. 217. 219. 229. 275). Von den vorzüglich bewährten, im böhm. Joachimsthal gemünzten, oder Joachimsthaler-Groschen, oder schlechthin Joachimsthalern, erhielten in diesem Zeitraum alle silbernen Groschen dieser größern Art den Namen Thaler; Lori I, 210. 218. 224. 235. „Ein Par Eevolk mag in ein Hochzeit einen Thalergroschen oder Goldgulden schenken;“ Amb. Stadtb. v. 1554, 36. Noch a⁰. 1600—1623 kömmt mitunter die Benennung Gulden-Groschen neben Gulden-Thaler vor; Lori II, 198. 205. 345. Das Voc. v. 1429 giebt Grosch durch regalus (span. real, welcher ein real de vellon, d. i. ⅕ Kreuzer, bis zu einem real de a ocho, d. i. ein spanischer Thaler, seyn kann). S. Guldner und Taler.

Der jetzige in B. übliche Groschen ist eine Scheidemünze von Silber, welche 3 Kreuzer, oder den 20sten Theil eines Guldens (24 Gulden auf eine feine Mark Silbers gerechnet), ausmacht. Dieser Groschen ist daher vom sächsischen (24 sächsische Groschen = 1 Thaler sächs.) und andern Groschen wohl zu unterscheiden. Er beträgt nur ⅘ vom sächsischen sogenannten guten Groschen, welcher gleichfalls aus 12 (sächsischen) Pfenningen besteht, die aber 15 bayrische ausmachen. Hingegen ist er gleich sechs Fünfteln vom sogenannten Mariengroschen. — R.A. Bey Groschen seyn, bey Verstand; Firmenich I, 115,8. II, 11,74. groschensiech, geldgierig; (O.Schwab., Aurb.).

Die Grüschen, plur., (Schwab., Tyrol) die Kleyen. Teufels Segi, Barack 9431. 11095. Zeitschr. III, 464. V, 441. VI, 44. „Grüsch, furfures;“ Voc. v. 1618. (Das ital. la crusca läge näher als das gruzze, crûci, furfures, der gl. o. 146. 403. gl. i. 130: crusc, furfur. Vgl. Notk. 77,24: cruzzemelo, manna; Graff II, 713. Diez, Wbch. 398). Vrgl. Grauß.

„Die Gruschel, (Pfalz — Rheinbayern, Rheinhessen —) die Stachelbeere. Auch am Niederrhein, z. B. aachenisch: Kroschel, Kruschel. In Adam Lonicerus Kreuterbuch (1582 laut der Vorrede geschrieben): Kreuselbeer, Grosselbeer, Kraußbeer. Der lateinische Name ist in spätern botanischen Büchern grossula und grossularis, (ital. grosella, franz. groseille; Diez, Wbch. 184). Ob diese aus keltisch grwys, Stachelbeere, (Leo's Ferienschriften, S. 33)?“ (Weigand).

Die Gruisch(?), ä. Sp. „Pforipfuisch! diu frowe beiz umb als ein gruisch;“ S. Helbling I, 1216.

Der Grust, (Hauser) das Gerümpel, s. Rüst.

---

124 graten, (Wllr.) große, weite Schritte machen, lat. gradi; bey Wackius: „gröten, divaricare.“ Cf. ahd. pikritu, inchoo, (Grimm I³ p. 564. 568. BM. I, 577: grite. Kärnt. grem, gresh, gre, gremo, grèste, gredd, eo, is, it, imus, itis, eunt; in allen andern slawischen Dialekten ausgestorben. Jarnik p. 225. s. graiteln.

gratschinket, adj., schiefe, besonders an den Knien zusammenstehende Beine habend.

Die Grät und die Gräten (Grád, Grádn; aus mhd. der grât, plur. die græte, wie die Borste von mhd. der Borst; BM. I, 566 f.): 1) die hervorstehende Spitze an den Gersten-, Roggen- oder Weizen-Ähren; Granne, Spreu überhaupt; (Zir.). Gradn, Spreu. Auch das hchd. Granne scheint aus Gra'n zusammengezogen. „Arista, grad, am,“ Avent. Gramm. 2) wie hchd. Gräte; Fischgräte. „In diser reuß fæchst nit ainen grât,“ sagt sie spröde zu ihm; Cgm. 270, f. 83ᵇ (379, f. 43). Kaə˜ *Grádl* Fisch, nicht das mindeste von Fischen; „Nicht ein Gratl hab ich g'sehn von allen euern Obst,“ Bucher's Kinderlehre. „Du bist ein visch unz ûf den grât,“ sagt Conrad von Wirzburg '(Gottfried von Straßburg)' zur Jungfrau Maria; Haupt's Zeitschr. IV, 537, 65,11. „Er ist nicht visch unz an den grât,“ Haupt's Zeitschr. VI, 492,128. 496,264. (s. oben, Sp. 771: Fisch). grätig (grádi'), adj., voll Gräten. ausgräten (ausgrádn), von Gräten säubern. Grimm, Wbch. I, 877. 'durchgrätet, durch und durch voll Gräten, Stacheln; BM. I, 567.' „Ist dir din herz durchgret, daz du ein stum bist worden,“ Altsw. 180,36. „Sie ist so gar durchgret und alles zornes voll,“ das. 185,11. s. gräten. 3) scharfer Rand. (s. Adelung: der Grat); auf də' *Grád* furt ge˜. Wenn das Messer ꝛc. zu scharf geschliffen ꝛc. ist, daß sich die Schneide umlegt, so hat's ən *Gràd.* (s. Zadel, 2). gräten, eingräten (das Dach) die Ränder und Fugen der Ziegel mit Mörtel belegen. „Die Dächer und Feuerstätte sowohl in der Verkräth- als Verstreichung in gutem Stand halten;“ Ansp. Verord. v. 1752. Vrgl. „Zieldecker der den gerädten Dächern Recht thut,“ in Gemeiner's Reg. Chr. III, 366. '4) fig. das Äußerste (Spitze, Bergrücken)'. R.A. (in der Wetterau) bis uff də˜ Gràd, bis aufs Äußerste; Weigand, oberhess. Intellbl. 1846, p. 248. grund und grât, funditus; s. oben, Sp. 1004: Grund. „Mit grund mit grat, mit wunn mit weid“; „mit grund mit grat, mit steg mit weg“; mit hegen mit zünen, mit wunn mit weid, mit grund mit graut“; in Thurgauer Urkunden bei Zeerleder „Wunn und Weide“ (Constanz, 1845), p. 37. 44. 45. 'Der Rückgrât, ä. Sp., wie hchd. das Rückgrat; BM. I, 567' „Das gratrugklein, den gratrugken“; Cgm. 601, f. 112. Zeitschr. II, 347, IV, 253,11. 330,31.

gräten, (schwäb.) unwillig machen; əs *grät* mi', es ist mir verdrüßlich. Sp.W. əs ischt ə˜ klài˜s was 'Kindər freut und di Altə˜ *grät.* I hà 's scho˜ və'numme˜, dás 's offt aənə' *krät,* daß es ihr oft leid, wehe thut. Vrgl. oben, Sp. 981: sich grá-n u. Th. III: ränten. Zeitschr. II, 348. grätig, grä'ig, unwillig, verdrüßlich. Zeitschr. II, 348. V, 39,40. sich gräten (grádn, grá'n), (Inn, Salzach) sich bekümmern. Zeitschr. II, 348. Und ə' *grá-r-ət* si' um nicks als um dés Broud, das ər áss. Dà trámt dèn zwaə'n eppəs grausigs und si' *grát'n* si' bittə' déswégng. Gschàhh eəm eppəs bös's, I müəsst mi' z' tod *grá'n* um 'ə˜ Buəbm. Göschl, Genesis cap. 39, v. 6; c. 40, v. 6; c. 42, v. 38. Vrgl. grêdern, welches vielleicht als grætern zum alten grâtida, diligentia, grâtag, avidus, inhians (gl. a. 88. 448. 456. i. 585.) gehört. (cfr. gl. i. 19: intentâ (meditatione), in gratigero, wie statt grutigero zu lesen scheint). Graff IV, 311. 312. BM. I, 577. Zeitschr. V, 440. VI, 210. Vrgl. 2) grätschen.

graiteln (graədln), vrb. n., auseinander sperren a) die Finger: e˜' *graədlté* Hand voll, so viel man mit ausgespreizten Fingern einer Hand fassen kann, b) die Beine; daher: schwerfällig oder mit Anstrengung gehen oder steigen, klettern, klimmen. „Schau, wie ə' widə' deher*graədlt!* (Ohne Gesellschaft) (dà *krált* mər umə', ißt und trinkt, schlaft ei˜; Seidl, 3. Ausg., 142. „Dà *král* I stád aussə' aus'n Bètt“; das. 261. „Graitlen, divaricari,“ Prompt. v. 1618. sich ver- oder zegraideln (vo'- oder z'graədln), die Beine so weit auseinander setzen, daß sie nicht wieder können zusammengebracht werden. Dər Ochs, di Kuə hàt si aufm Eis

vo'graədlt. Die Graitel (Graədl), die beyden auseinander gespreizten Beine. ə˜ *Graədl,* ə˜ weidé *Graədl* machə˜. graitlerisch (graədlərisch), adj. u. adv., mit weit auseinander gesperrten Beinen, (z. B. stehen, gehen, sitzen). Castelli, Wbch. 148: gralawadschad, knieweit; graschingad, knieeng; a *graschingadà* Kea'l, ein Kniebohrer. Der Graitelwagen (Graədlwàgng), (Ilm) ländliches, aus Stecken gemachtes Spielwerk der
125 Knaben, das von ihnen als Wagen gebraucht wird. Vermuthlich von den zwey im Halbkreis gebogenen Stecken, die, wie ausgespreitete Beine gegen einander stehend, die Räder vorstellen. S. graten, Gritt und grätschen.

Die Grêtel (Grêdl, Grê'l, Dimin. Grêdə-l, Gredál), a) Margaretha; Zeitschr. II, 79,4. III, 1. ff. 175,274. 371. 373. 552,5. IV, 101,5. 156. 539. 117,II. VI, 450. 452. 458. b) scherzhaftes Appellativ für jede jüngere Weibsperson. Aschen-, Bauern-, Putz-, Lauff-, Tanz-, Tutten- ꝛc. Grêtel. Hänsl und *Grêdl,* ausgestopfte Figuren, welche am Pfingstmontag hie und da von dem jungen Volk herum geführt werden, indem es sie possierlich mit einander tanzen läßt. Auch auf dem sogenannten Maybaum hat der Hans mit der Gredel manchmal auf Windrädchen tanzend zu figurieren; s. oben, Sp. 436: Pfingstling. Im Scherz wird ein verliebtes Paar Hänsl und *Grêdl* genannt. R. A. Hänsl und *Grêdl* spıln. „Hansel, wo hast dein Gräthel gelassen?" Anfang eines Liedes (sec. XVII.), Cgm. 3658, f. 15.

Und də' Hänsl und '*Gredl* hàbm Urlaub gnummə˜,
nachə' sán' ə˜ die Záhhər aus'n Augngə˜ grunnə˜,
und die Záhhər aus'n Augngə˜ und di Tränə˜ auf's Wang,
und də' Hänsl und '*Gredl* kemə˜-r-á' nimmə' zsam.

Die Grêtel in, unter, hinter der Stauden, nigella damascena L., der schwarze wilde Kümmel, auch: der Teufel oder Gretchen im Busch genannt.

Die Gritt, Grittel (Grid, Gridl), die Gabel, welche die beyden Schenkel am Rumpfe bilden. Zwisch'n də' *Gridl,* zwischen den Beinen. „Passus, schriet, griet"; Clm. 5877 (sec. XV., 1449), f. 131. VII. Com.: grit, griit, Schritt; griten, schreiten, rittlings sitzen; die Grittela, Schenkelöffnung; grittelos, rittlings. (goth. grids, Schritt; Graff IV, 304. BM. I, 577. Vilmar, kurhess. Idiot. 133: Gradel, Grall, Gredel, Grell. Zeitschr. V, 441. cf. Gred, gradus). Die Gridlsperr, ein Übel. grittlich, grittisch, grittling (gridisch, gridling, gridlisch), adv., mit auseinander gesperrten Beinen, rittlings. Vilmar, kurhess. Idiot. p. 134. Gridlisch auf etwas sitzen. „Setzten jn gridling auf die Schranken;" H. Sachs. „Brett in wassersnot er oben grittling darauf saß"; das. 1612: II, III, 325. cfr. gl. i. 494: gritmali und critmali, passus, und wol kein Schreibfehler statt scritmali. Graff II, 716. IV, 311.

gruttig, staingruttig, s. kruttig.

Die Gruet, ä. Sp., ahd. gruotî, viror, mhd. gruot, das Grünsein; Graff IV, 298. BM. I, 581.

---

grätschen (grätsch'n), mit auseinander gesperrten Beinen gehen; verächtlich: gehen überhaupt. Weigand, Wbch. I, 454. Vilmar, kurhess. Idiot. 135. Zeitschr. II, 84,20. 348. V, 460. 442. VI, 372. S. graten und graiteln. 2) grätschen (grätsch'n), ausgrätschen, dergrätschen, vrb. act., ausfindig machen, aufspüren, bemerken; (cf. schlesisch: grätschen, unbehilflich schreiten; gratschen, plump zugreifen, ungeschickt betasten, begratschen; die Gratsche, Grötsche, Hand; Weinhold, Wbch. 29). Die Grätschen, (Erlangen, Nürnb., Rath Her) langsame Person, besonders Weibsperson. Vor derə' kà˜ mə nicks vo'stéckə˜, dé *dè'grätscht* àlls, si gi'ts nìt nàch, bis s· ə˜ Sach *dè'grätscht* hàt. abgrätschen. „I bi˜ scho˜ oft beim Fensterl å'krätscht (ertappt?) wurn, drum hàb i auf dö Ald'n so an Zurn", Kartsch II, 13. Einem etwas abgrätschen (å'grädschn), ihm, was er geheim halten will, entlocken. Praschius verbindet dieses grätschen mit gräten, gratschen (schreiten), indem er sagt: „grätschen grassari, ergrätschen', grassando assequi." „Des Weibs Mann hat sie ergretscht, als sie eben schon zu Schiff gehen wollte;" Wurstisen Basl. Chr. ad 1410. Vrgl. unter gräten die Note zu gredern u. Th. III, räten, 3: Rätersch, ratiscon.

Die Grätschen (Grádsch'n), (O.L.) Staude, Strauch.

gritschen, (b. W.) Eə'dépf·l *gritsch'n* nach der Ernte nach den allenfalls vergessenen den Boden durchwühlen. é˜ 'n Haus *ummə' gritsch'n,* kleine häusliche Geschäfte, unnütze Geschäfte treiben.

Der Gritscher, Weibergritscher, Mann, der sich um Weibergeschäfte annimmt. Vrgl. grätschen und gräten, Note. Zeitschr. V, 442.

Die „Gritschen", 1) Rttm.) Kothlache, Lache im 126
Wege; kärnt. grés, Morast; Jarnik p. 226. Cf. Zeitschr. V, 442: grotsch'n, sudeln. 2) Weibsperson.

„Grutsch, damma, melotes", Semansh. 34, f. 201. „Dampna hamster, caper silvestris albis cornibus et latis grützsch"; Clm. 5877 (XV. sec., 1445), f. 109. Diefenbach 165[b]. „Reht als dy grutschen und maurwerff machten sy locher grüb und kerff", M. Beham, Wiener 118,21. 380,10. cf. Krätscher, Gritscherl, Kritscherl oder Erdzeißerl, arctomys citillus; Seidl, Finserln (1839) II, 93. cf. Grezel oben, Sp. 1010, unter Greßel. Castelli, Wbch. 152: der Gridsch, Spottname einer kleinen Person; das Gridscha'l, die Scheermaus.

Grav, grev ꝛc. s. Graf, gref ꝛc.

Graw, grew ꝛc. s. Gra, gre ꝛc.

Grätz, Gratz, Ortsname, alt: ze Grazze, Grâzze, Gretze, aus dem obliquen Casus Gradce von Gradec. s. Krebs.

`Gretz (?),' Kretz, alietus, wannebechel, Voc. Brack, f. 51. Diefenbach p. 22[b]. 637[a]. cf. oben, Sp. 129: Erengrieß.

grizgramen: es grizgramt (von Kälte; b. W.). `s. grisgramen.'

gritzə-grà, gritz-grà, (Aschaff.) ganz und gar grau. Vilmar, kurhess. Idiot. 138. Zeitschr. V, 170,161. cf. fitzgrau.

Der Grotzen, Grozen, der Grözling, Größling, Größing, Dim. das Grötzlein (Grézzl), die Sproße, besonders die Wipfelsproße vom Nadelholz, das Gipfelreis; das Herzchen im Salat, Kohl und dergl.; jeder Zweig von immergrünenden Gewächsen, wie die Dächsen. Zeitschr. IV, 244,10. cf. unten: der Kretzen. „Wer dasselbe holtz bestumelt an dem grozen"; Passauer Stdt. Rechtb. Ms. ə˜ Kəlhh*grétzl,* Kohlherzchen. ə˜ Tannə˜-, ə˜ Feichtn-, ə˜ Rósmari˜-*Grótz'n,* Reis, Zweig. „In ein weißdennen Greßling (Tannenbäumchen) 2 Kreuz gehauen"; Lori, Lechrain 470. 416. „Ain veichten gressing, ain verchiner gressing"; MB. I. 435. `Der Grotzen, die Grötzen (?), Bezeichnung einer Örtlichkeit, einer Waldgegend, Heide (?); vrgl. Zeitschr. VI, 235. 376. V, 442: das Gerütze, die Grütz.' „Wenn 's i˜ də' Früə roud is am *Grótz'n* (die ostwärts liegende Waldgegend), so rengt's dər-áf spàt àbər áf d' Fotz'n, (ObrM.). cf. oben, Sp. 1006: Grunzwit. (Die Rufian) anders nit begerend beginnen denne den lüten abslaiczen, gienge er in ain graiczen (Barack: „gaitzen") und tät mit truwen mit dem pfluog buwen und wär ain biderman so wurd er des galgen erlan", des Teufels Segi, Barack p. 403,12678. grötzen, grözen, gräzen einen (Nadel-) Baum, (salzb. Waldord. 60. 89) ihm

Äste und Zweige (Dächsen) abhauen. „Wie es mit dem Gräſſen oder Schnaidten der Pemb gehalten werden ſoll.“ Vrgl. Groß und Grieß, Anmerk.

grotzen, vrb. n., was groppezen, d. h. rülpſen. „grotzen, rotzen, rützen, ſpirtzen“, Furstenzell 55, f. 51a. „Ingluvies: grotzen, rochzen, blæſen; inmunditia: rüczen, ſpürtzen, ſpeien“, Cgm. 3985, f. 3. BM. I, 889. Zeitſchr. III, 545,2. V, 442. Der Grötzel, Rülps. „Wann auch einer einen Grötzel gehen läßt oder ſonſt ein grobianiſch ſäwiſch Stückel brauchet“, Albertin's Gußman p. 163.

'Der Grütz,' was Grübs; ſ. oben, Sp. 984.' „Wer die öpfel inwendig auzſneid und den grütz dâ von werf“, Konr. v. Megenberg, f. 220. Pfeiffer p. 374,7. Vilmar, kurheſſ. Idiot. 229: der Krotzen.

(Dialektiſche Formen, anfangend mit Gw, ſind gewöhnlich in Ge-w aufzulöſen, und daher unter W zu ſuchen.)

Der Gwalter, das Gwälterlein, (Iſarwinkel) der Behälter, das Behälterlein; (Ιir.) Kammer; (G·w ſtatt B·h). „Auſſer der Stube befindet ſich in den übrigen Kammern oder ſogenannten Gwaltern kein Ofen“; Hübner, ſalzb. L.Grcht. Werfen.

Die Gwardi, ital. la guardia, franz. la garde; Diez, Wbch. 187. ə˜ Salvə-*gwárdi*, ital. salva guardia, franz. sauve-garde, Sicherheitswache. „Weil ich han geruſt mein gwardi und trabanten“, H. Sachs 1612: II, II, 133 (1560: II, II, 66). „Hauptmann über die Gwardi“, Hund, St.B. II, 169. „. . Der ſich keiner gwardi oder hoffprachts achtet . . .; Puterbey, München 1581. „Unſer Zeughäuſer, Munition, Befeſtigung und Guardi“, Ldtg. v. 1568, p. 19. „Auff der Guardi ſein, excubare. Cohors praetoria, die Guardi“, Prompt. v. 1618. „N. ein Soldat in der churfürſtlichen Guardi zu Ingolſtadt“, ad 1635. „Quarti-Soldat“, Ldtg. v. 1669: 37. 499. „Duell zwiſchen 2 leibguardi Hatſchier“, Acta ad 1687. „Und wann er ſchon höret die Gwardy aufſchreyen: wer da?“ Hentſchel's Predigten p. 182. „Lieb iſt die beſt Gwardy“, S. Frank. Caſtelli, Wbch. 158. 159: „die Gwartidam, eine ſtolze, vornehme Frau. Die Gwart, ein Rudel, ein Haufe von gemeinen Menſchen. Då gehd a *Gwart* Schnipfa' mit anånda.“ Vrgl. garten.

H.

Vier und zwanzigſte Abtheilung.

(In Hinſicht auf einige wenige Wörter, deren Anfangs-K vielleicht in G·h aufzulöſen, iſt auch die Abtheilung Ka zu vergleichen.)

---

127 há˜! Interjection des Fragens, nicht ganz dem auch hchd. he! entſprechend. Grimm, Wbch. III, 248. 300. IV, II,5. I, 190. BM. I, 594. Vilmar, kurheſſ. Idiot. 142. Zeitſchr. II, 109. V, 403,63. 444. VI, 517,6. há˜ du, há˜-r-ə', há˜ s', há˜ z! há˜ ns'! he, ſage du, ſage er, ſage ſie! ſaget! ſagen Sie! (ſ. Gramm. 723). há˜ há˜ (◡ –) ah ſo! iſt das ſo! á-há (◡ –), ſo alſo iſts! *á-há*, is 's um dé Zeid! *à-há* (– ◡) du, ə'so tiəmə' nét! à-hà˜ (◡ –), nicht doch! (b. W.). R. A. Hàst niə *há˜* gsegng? was gaffſt du ſo? Einem há˜ zaigen, ihm etwas Unbeliebiges weiſen, — in specie bey Kindern: bey den Ohren faſſen und in die Höhe heben. Anmerk. Ähnlich der dialektiſchen, aus dem alten zi huuiu entſtandenen Fragpartikel z·wə˜, mag auch dieſes há˜, he˜, he mit der alten (dem huuiu, thiu entſprechenden, alſo im Inſtrumentalis ſtehenden) Fragpartikel bi hiu, in hiu, zi hiu eines Stammes ſeyn. Cf. ahd. hveo, hweo, agſ. hû, hiu, engl. how. Wenn aus hvoſtan to whooſt, hoſt, hueſten, aus hvatjan waſſen, wetzen und hetzen, aus hwiſcan wiſchen, huſchen, hoſchen, ſo kann das fragende he? aus hwe, hwiu kommen. (cf. hvyrft, hvilftri? Halfter?). Vrgl. auch hie.

hai (hài)! 1) (b. W.) Interjection, wodurch ein Gerufener kund giebt, daß er den Ruf vernommen. Das Kind ruft: Muədə'! oder Muədər-à! (⏓ ◡ ⏓). Sie antwortet: hài! oder hài-à! (Vergleiche: Hall geben nach Gramm. 523). 2) Ruf an das Zugvieh, wenn es beym Fahren abwärts ſich Zeit laſſen, ſachte gehn ſoll: hài, hài! 3) ſoviel als: he! horch! (Otgr.); vrgl. hœr! (nach Gramm. 347). „Heya heya für fay!“ Ruf beim Tanz; Heſeloher, Cgm. 379, f. 158. BM. I, 647. Grimm III, 299.

Der Hai-Dampf, Hai-Nebel, Hai-Râuch (Haəruck, Hrlm.), das Gehai (Ghàə, Ghài), öſterr. Kai, trockner Dampf oder Nebel in der Atmoſphäre zu heißer Sommerszeit. BM. I, 647: daz gehei, geheie, Brand, Hitze; heien, brennen. Weigand, Wbch. I, 493 f. Vilmar, kurheſſ. Idiot. 157: hei, heie, heige, hege, trocken; Heiung, Dürre. Caſtelli, Wbch. 181: der *Kaw;* schau den *Kaw* ån! Von dem „Kay“ oder den Nebeln („Haruk“) der im J. 1783 den ganzen Sommer hindurch Europa überzogen; Lied von Maurus Lindermayr in deſſen Gedichten, S. 191. „Mà sah sein Läbtä nach'n Mey nit so vil wild und finsters *Key*. . . *Dä' Kay* thuet unsri Bämä sengä. . . Dä' Pfarrä' sagt halt ja . . . *dä' Kay* und d· Nöbeln wärn natürlä' . . . mi' abä' zimt: di noiä Sachä thaint sovil *Kay* und Nöbel machä, weil d· Welt ietzt z·vil will aufklärt sein, drum schaut halt Gott so finstä' drein“; daſ. 192. 193. Vrgl. Firmenich I, 475,174 (Köln): „Et eſs hück esu 'nen *Hei* en der Looch“, es iſt heute ſo ein „naſſer fallender Nebel“ in der Luft. cf. ſchwed. hägring, Luftſpiegelung. Urſachen von Miswachs ſind, nach Siringii Zehendrecht p. 419: „langwürig Regenwetter, item zuvil Key und Dürre.“ gehayig, gehaigig, gehaiwig (ghaəi', ghaəgi', ghaəwi', ghái, gháigi', gháiwi', ſ. Gramm. 686), hai=dämpfig, hai=ruckig, hai=rücket, hai=räuchig, adj., mit Heerrauch überzogen. Es ist kaig; Beschreib. des ob. Pinzg. 1786, p. 95. Castelli: „Kawi', duftig neblig am Abend und Morgen.“ kaig, koarig, mit Dünsten angefüllt: ein kaiger Tag; (Zir.). Hei, uredine, gl. a. 119; hei, uridum, 494; kiheia, caumate, i. 319; gihei, cauma (vom Wetter), i. 114, o. 244; „mit erheietemo uuinte“, vento urente, i. 215. „Calor, hicz; cama, gchebe“; Aug. S. Ulr. 50, f. 2b. „Aestus, hicz; cauma, gehebe“, (wol geheie?); Clm. 4350 (XIV. sec.), f. 2b. „Estus, hitz; cauma, gehaige“; Voc. optim. p. 57. „Sunne uphstiganteru arheigetun, sole autem orto aestuaverunt“, Matth. XIII, 6; Wiener Fragm. „Crescente aestatis caumate“, St. Walburg in Vita Sti. Wilibaldi, Canisii ant. lect. III, 491. Diefenbach 108c. Graff IV, 709. Sollte, etwa nach Gramm. 149—151, auch das hochd. Heer=Rauch, (oft auch Hehr=Rauch, Höhen=Rauch geschrieben) aus Hai=râuch entstanden seyn? Wetterau: Hihrahch, was = Höhrauch. Weigand, oberhess. Intellbl. 1845, S. 172, frägt, ob man irgendwo in jener Gegend höre Hahrahch, was auf unser Hairâuch deuten würde. Drei Briefe über Höhenrauch (vom Moorbrand) s. Allgem. Ztg. v. 1.—3. Juli 1847: S. 1452. 1460 f. 1465 f.; dagegen aus Rom v. 13. Juli, S. 1613. Vrgl. Heuwinkel.

Die Haie (Háiá), Wiege, Kinderbett; Zeitschr. II, 90,8 514. III, 522,19. IV, 258,9. V, 445. VI, 130,2. Cf. VII Com.: 'z *Haje*, das Kind, (hîe, BM. I, 695). cf. haia=popaia, hai stehn.

128 Die Haien, die Hai (Hàiə˜, Hài), der Haier, die Heye, Ramme, (trusorium, Hbn. Voc. v. 1445). Cf. franz. la hie, Ramme; vrb. hier; Diez, Wbch. 663. „Haien, fistuca“; Voc. v. 1735. „Mit Handschlägeln und nicht mit Hoyen“; Lori, Lechrain f. 514. „Der Hoyer, la mazzaranga“; Kremer's Nomenclator. Hojeschlegl, (Lechrain, Baron Leoprechting) Ramme bey Wasserbauten für vier Personen. Hojemánnl, Kobold. haischlagen, rammen, mit der Ramme, Heye arbeiten. Nach der Taglöhner=Ord. v. 1729 gebührt einem gemeinen Arbeiter bey Wasserbauten 13 kr., demjenigen aber, so beym Hayschlagen vorsingt, 14 kr. Taglohn. Vrgl. die Zugschlägel=Reime in den Mundartproben p. 526. Gräter's Bragur, Bnd. III, S. 215.

Das Gehai (Ghaə), Damm, Weg an einem Wasser, durch Einrammen von Pfählen und Pflöcken künstlich erbaut und unterhalten; z. B. das Gehai („Kay“), die Gehaigaß („Kaygasse“) in Salzburg. Vrgl. das holl. Kaaj, franz. quai, ital. cayo; Diez, Wbch. 95. Die Formen Hai, Gehai, Haier scheinen nach Gramm. 1037, VI zum Verb heien (schmeißen, stoßen) zu gehören.

haien, (nach Gramm. 486. 686) haijen, haigen, haigeln, haiweln, bewahren, besorgen, sorgfältig, schonend behandeln, pflegen, hegen, (welches hchd. Wort wol nach Gramm. 149—151 mit haigen eins ist; vrgl. Hei unter Hei=rat, Anmerk. BM. I, 649: heien; Partic. Prät. geheien, Diut. II, 257; wirt kahagin, nutritur, sc. silva, gl. i. 819). Cf. česk. hájim, hájiti, vertheidigen, schützen, verwehren, verbieten; háj, Lustwald, Hain; hájik, Hegewisch. „Vom Wort haien („zügeln“) kommen vil altteutsche Namen“; Avent. Chr. f. 17. „Eine Person haygen und nähren“; Puterbey. „Es soll nicht ein Unterthan für den andern gehayet (zum Nachtheil des andern verschont) werden“, Kr. Lhdl. XVII, 156. „Do Regenspurg grossen handel traib und in den rechten gesetzen plaib do wart in so wol getrawet daz man hohe hewser pawet. Wo man die ayd ring wigt und zelt darzu die Juden hait und helt, gesetz und recht durch gunst verzeucht die stet man sicher pillich fleucht wan wo ir hewser werden fail daz gilt ains nicht daz zehent tail; Cgm. 4930 (XV. sec.), f. 25. Sich haien, sich gütlich thun, sich's wohl seyn lassen. „Deə hâut si' rècht *ghàit*“; OPf. „Recht und Frid hayen“. . . „das Übel, die Missetat hayen“. . . Wstr. Btr. II, 233. Lori, BergR. 230. Ld.R. v. 1616: 661. Einen Esch, eine Fluer, ein Holz, einen Wisplatz, ein Fischwaßer rc. haien, durch Bewachung, Sicherstellung vor Schaden zu gehörigem Ertrag zu bringen suchen. „Zum Fischhayen ist der fürtreglichst Weg und Mittel, daß man auf den Fischzeug gut achtung hab.“ „Das Holz erhayen und verschonen“; L.R. v. 1616: 641. 760. hai=stên, heustên, schön stehen, (von Kindern, die es lernen); Hbn. 967. Die Hayung. „hayum, auffenthaltum, fomentum“; Avent. Gramm. Das Haifeld, Haiholz, das Haireis, der Haischlag, die Haiwis, Feld, Holz, Reis (Baum), Schlag, Wiese, so gehegt wird; L.R. v. 1616, f. 327. 432. MB. XIII, 459. Der Haischaub, der Haiwisch, Strohbüschel, der die Hegung anzeigt, Hegewisch.

Der Hai (Gramm. 835), der Auffeher, Hüter. Der Bruckhai, Eschhai, Fischhai, Fluerhai, Holzhai, Wishai. L.R. v. 1616, f. 309. 310. 645. MB. VII, 319. XVIII, 556. XXIII, 27. 87. 88. Hazzi, Stat. IV, 196. Heumann, opusc. p. 75. 76. „Praturarius, wiseheio“, Diut. II, 237. rc.

Der Hai, das Gehai, die Schonung, Hegung, Vermehrung. Graff IV, 767. BM. I, 649. „Ordnung und Verträg, die dem Bischhay noch fürderlicher und nutzlicher“; L.Ord. v. 1553, fol. CL. Im Hay ligen, oder: in den Hay legen, (v. Hölzern, Wiesen, Wassern rc.) vor Beschädigung, besonders durch Viehtrieb bewahrt seyn oder verwahren. „Dieweil also dieselben Wis- 129
meder und Acker im Hay ligen, sollen die Grundherren noch jr Underseßen darauf nit treyben“; MB. IX, 306. „Dasselbe (Wismadt) sy mit einander, wan es (im?) gihay läge, so tailten, das . . .“ MB. IX, 268, ad 1446. „Im Hay gelegt“; Wstr. Btr. V, 307. In folgenden Stellen weiß ich nicht, ob diese Bedeutung oder die folgende anzunehmen sey. „Custodie graminum que dicuntur Gehai“. . . „Perenwach 1 Gehai und 1 anger, Scrovenhusen unum Gehai de secundo feno, item unum anger“; Lori, LechR. f. 18. 31. 34. „Jus custodiae in pratis quod vulgo dicitur Gehaien“; MB. III, 172, ad 1275. Nach dem Landesbrief müssen die Berchtesgadener „zum Turn und an das Kay“ gehn, d. i. an die Grenzwehr, Verschanzung; (Zir.).

Das Gehai, Gehai, Kai, gehegtes Holz, Hegholz, gehegte Wiese, gehegtes Fischwasser. „Als min Gehay daz Habrechzhausen, besuchtz und unbesuchtz“; MB. IX, 151. „Ains Gehays und Holtzs“; MB. IX, 268. Das new gehay, ein Forst bey Ingolstadt (ad 1357), jetzt: Neuhau, Neuhet; Mederer, Ingolst. 54. „Daz Gehay und Vischwazzer ze hainpuch“; MB. XV, 296, ad 1372. „Wegen dem Gehai“ (Wiesen); Zirngibl, Hainsp. 168. In manchen Fällen mögen die Formen Gehai und Gehäu vermengt worden seyn. Vermuthlich hängt hiemit auch das hochd. Hayn und das bey uns hie und da als Eigenname von Waldparcellen vorkommende Wort: das Gehain (Ghaə˜) zusammen. Vrgl. Leg. Baiuu. XXII, 6: „de luco vel quacumque kaheio.“ Die gl. i. 819: (sylva) nutritur, wirt kehagin, weist mehr auf ein (Ablaut=?) Verb hegen; (s. haien). Cf. „da sume dæge rad se cyning up be thære ea (Ligan, Lea) and gehawade hwær mon mihte tha ea forwircan“, observed where the river might be obstructed; Saxon. chron. ad 896, Ingram p. 120. „Sona swa hi wæron swa gehende thæt ægder here on otherne hawede“, so near that either army looked on the other; ibid. ad 1003, Ingram p. 176.

„Haibuczel cornum“; Voc. v. 1419 und 1445. (Doch nicht Entstellung aus Hagbuzel, Hagebutte? Haəwuzl, b. W., Hagebutte; Haəwuzl-Daə'n, -Stau'n). cf. Voc. Archon. f. 54: hagwurtz, cornum. Diefenbach 152b.

hau! e hau! (Obrg.; auch Passau) sieh! schau! „*Hau*, á Muck hat mi' biss'n dnau (genau) oder á

Floign"; Stelzhamer 27. 178. *Hau*, á sodá! sieh, so! *Hau*, dávantwögn. *Hau*, schmöcks! das. 50. 66. 96. Kaltenbrunner 24. 160. Reizenbeck I, 96. 101. 150. Zeitschr. II, 92,41. 517. III, 186,7.

hâuen (hauə˜, hau·n, hau˜n; Spessart; hawə˜), ich hâuet, seltner: hib; ich hab gehâuen, öfter gehâut, (s. gehiben und Hib), wie hchd., (ahd. Sp. houuan, hiu, gihouuan, u. houuon, gihouuot; mhd. houwen, hiu und hie, gehouwen; Graff IV, 705. BM. I, 720. Griesh. Pred. I, 157: hiu ze stucken des lambelis lider. Zeitschr. IV, 45). R.A. hâuen und bauen (Grund u. Boden), ihn bewirtschaften. Nichts ze hâuen und ze bauen haben, keinen Grund und Boden besitzen. (Im Gebirg wird der Boden, nachdem er zu Graswuchs liegen geblieben war, nur ein für allemal gepflügt, darauf mit Hacken gehauen, und dann besäet). Das ist nicht gehâut und nicht gestochen, es ist nichts weniger als entscheidend, als bedeutend oder wirksam. Man waiß nicht, ists gehâut oder ists gestochen, man weiß nicht, wie man es nehmen soll. „Mein pferd was müde worden, ich mocht nicht bald gereiten nach valkners orden, hett ichs gehawen (gespornt) vast zu baiden seiten", Valkn. 97. Um d·Erd *hau·n*, zu Boden schlagen, gewaltsam abfertigen; Seidl, Flinsern III, 27. 114. „In der Mühle sey auf ein Hawen (Behauen, Billen des Mühlsteines?) vor Alters 2 oder 3 Schaff und nit mehr geschrotten, würden jetzt etwo 8 oder 9 geschrotten"; Gem. Reg. Chr. IV, 92, ad 1504. anhâuen Einen, ihn auf Umwegen oder von ferne auszuholen suchen, auf den Busch klopfen. einhâuen, mit sehr sichtlichem Appetit essen. verhauen, 1) ä. Sp., zerhauen, verwunden; Labr. 121. 122. 363. „Daz wirt an sin verhouwen", das. 269. 2) durchbringen, vergeuden; 's Geld is *və'haut*; Seidl, Flins.^{3} p. 72. 340. sich verhâuen, sich irren, das Ziel verfehlen. si' va'hau·n, Weidmannsausdruck: sich zurückziehen, sich trollen; Seidl, Flins. III, 124. Hauenschild. „Ey schweig, du wüster hawenschilt", sagt der Mann zur Frau; H. Sachs 1612: I,
130 968. Der Hauer, 1) der Hieb. 2) Arbeiter im Weinberg, Rebbauer. „Ihr Weingart-Hauer oder Weinzörl habt für eure Patronen den heil. Victor, den H. Severinum"; P. Abraham. 's Haurást·l, Hauə'rastl, Mittagsschläfchen, wie sichs die Hauer (Winzer) gönnen. Das Vieh hat es so gut, „wann·s wịld is, derf·s z·Haus bleibm, wann·s schö˜ is, gêt·s aus, z·Mittàg dà gêts widər auf ə˜ *Haurástl* z·Haus"; Seidl, Flins., 3. Ausg., p. 53. 309, (1839: II, 42. 98). Der Hâu, der Gehâu (Ghau), Waldplatz, wo das Holz abgetrieben worden ist. „In kainen neuen Gehau nicht treiben", MB. XXIII, 464. „Item ein Bannholz, der Kaw", Lori, Lechrain 119. Vrgl. Gehai. Der Hâu, der Hâuet, Hâuget, 1) das Heu, der Heuwuchs, Heuplatz, (welches Wort wol gleichfalls zu hâuen gehört). Ị hà' kaə˜n *Hauət* bei mei˜n Guət. „Einführung des Traidts und Hawets"; L.R. von 1616, f. 302. „Es hätt denn ain Gut nit aigen Hauet oder Wismad"; L.O. v. 1553, f. 120. „Zu feld, zu holtz und auch zu häwet es alles fruchticlichen lept" (im May); Cgm. 270, f. 168^a. Der Holzhauet, Holzheu, Holzwiese; Heuplatz im Walde; Wstr. Btr. IV, 316. 's *Neuhət*, Neuhauet, Ingolstädter Gemeinwald. 2) Hieb, Schlag. „So oft im einer gab ein haw", H. Sachs 1612: II, IV, 246. Der Hæuel, Hæugel, der da hauet. Der Stainhæugel (Staə˜-háigl), Steinhauer; Arbeiter im Wetzsteinbruch bey Unter-Ammergau. Die Hâuen oder Hâun (Gramm. 861; Hauə˜, Hau˜, Hau˜n), das Hæunlein (Hái˜l), die Haue; das Häuelchen. hæunlen (hái˜ln), mit einer kleinen Haue arbeiten, bearbeiten. Der Verhau. Kr. Ltgshdl. XI, p. 52: „Und wo der Handel (die Affaire) seinen Verhau haben möchte" (?). Cf. ahd. houuisal, albugo in oculo; Graff IV, 709. Diefenbach 20^c.

hâuen, sich schnell bewegen, laufen 2c. *Hau*, Schimmel, *hau!* mach, dás d·'n Bräu˜l no˜ *de'haust*, (ereilst), so hörte ich einmal am Oktoberfest beym Pferde-

Rennen einen Landmann, der auf den Schimmel gewettet hatte, im Eifer ausrufen. „Unversehens fellt er (der Seeräuber) daher, alsbald man sein gewar wirt, so hauwt er wieder davon"; Avent. Chr. f. 285. „Der Fuchs hawt fort, pergit currere", Prompt. v. 1618. (Der Ritter) „kumpt gehawen zu der tyost", A. Rauch, script. rer. Austr. II, 308. „Haut hin, sprecht ir seid hie gewesen", sagt der Wirth verdrüßlich zu den armen Wanderern; H. Sachs 1560: III, I, 238^a. „Haw jmer hin lieber Gesell"; Wolf, histor. Volklieder 118. 128. „Du Heintz Flegel haw auch mit", H. Sachs. „Die Schwaben hauten jhnen bis auff St. Johannes nach." Dukher's salzb. Chr. p. 240. „Auf die Abziehenden (Schweden) haben die Belägerten (Lindauer) nachgehaut", (8. März 1647), Cgm. 4906, f. 150. In Wien heißt aufhauen springen, tanzen. „Nehmts enk ein jeder Eini und hauts auf." „Wo aufghaut wird bin I allemal dabey"; Bäuerle's Fiaker als Markis. Castelli, Wbch. 59: Aufwand machen, um zu blenden, groß thun; der Aufhaua'. Vrgl. hàbaus.

Der Hei-laich, ä. Sp., (ahd. hî-leih, gihîleih, mhd. hîleich, conjugium, connubium, matrimonium; Graff II, 153. IV, 1066. BM. I, 695. 960. Vilmar, kurhess. Idiot. 168: der Hilch, Ilch. Vrgl. Zeitschr. V, 80: hilken, heiraten. Vrgl. hîe, heie, Familienglied, domestique; Grimm, RA. 305. 409. Haltaus 905. 906. cf. VII Com. haje, Kind). „Wan sich under reichen und armen hie heilach beschehent, so sol nieman deheinen Vestwein geben"; Augsb. Stdtb. „Swa unser lut von dem dorf ze Epfach zesament coment mit elichen oder mit ledelichen hilaiche", sollen deren Kinder (als Leibeigene) getheilt werden; MB. VI, 585, ad 1325. „Ob der hileich abe gat . . ."; Augsb. Stdtb. hei-laichen, nubere. „Und ich obgenanteu Engel Christani aus der husgenozsam nit ze heylachen noch ze mannen"; MB. VI, 612. „Daz wir die Junkfrawen Adelhaiden niht verhaeilachen sullen weder zu gaischlichen noch weltlichen leben, dann mit des abts gunst . . . ob si sturb e daz si verheilachet werd"; MB. XXII, 350, ad 1368. s. laichen.

Der Hei-rât (Heirət), ahd. mhd. hîrât, (Graff II, 462. IV, 1066. BM. II, 576. s. râten). 1) wie hchd.
die Heirat; insbesondere der Ehevertrag, verschieden von 131
der Copulation. ə˜n guət·n *Heirət* machə˜. Den Heirat austragen, die Heirat abschließen. „Das ich Niclas zu rechtem redlichen heirat kumen bin und geheirat hab zu den erbern und weisen Jacob Peck burger zu N., der mir dan sein eliche tochter junckfrawen Barbara zu einer ehlichen hausfrawen gegeben und hat zu ir zu rechtem redlichen heirat ausgericht und bezalt XXXII lb. dn. und dazu ain erbarige fertigung"; Cgm. 706, f. 140. „Einem (Ehmann) ein Gut zu redlichen Heirat verheiraten"; MB. XXV, 85, ad 1517. „Nach laut des heirats"; MB. X, 318. „Am Tag des Heirats den man nennt die Stuelfest", Münchner Hochzeitord. v. 1531. „Under dem schein ains solchen heyrats"; L.O. v. 1553, f. 158. „Ir sult ez anders sachen und khainen heirat machen"; Chron. bis 1250. „In elicheme hîrate"; Winnerl Gloss. „Umb êlichen hîrât"; d. arme Heinrich 1453. Zu Landsberg wird a^0. 1361 verboten, ainen haimlichen Heurat zu machen; Lori, Lechrain 65. 2) Person, welche sich erklärter Maßen mit einer andern ehelich verbinden will; in Bezug auf diese: Geliebter, Geliebte. Də' Hans, d· Grêdl is mei˜ *Heirət*. 's Mensch is 'rêgl gsétzn und iərə' *Heirət* dêgl, das Mädchen ist auf dieser Seite, und ihr Liebhaber auf jener gesessen, (Eichstädt). Si hàt ə˜n reichng *Heirət* 'kriəgt. heiratlich, adj.; heiratliche Abrede, heiratliche Sprüche; b. u. wirzb. Verord. Der Heiratsmann, Heiratstifter, Mann, der die Heiratsverträge errichten hilft und bey Gericht als Zeuge und Beyständer erscheint; (Baur). „Ich wolt verheiraten die tochter mein, bitt, wöllest ein heyrtsman sein"; H. Sachs 1612: II, II, 82. Der Heirâtstag, Tag oder Akt des Ehvertrages; Eheverlobniß,

Sponsalien. Der erste und zweite Artikel des VI. Titels des 3ten Buchs der Landts- und Policeyord. v. 1616 (f. 562. 567) will, daß „auff einen Heuratstag, Hafftlwein, Stuelfest oder wie der genennt wird, über zwainzig, und auff einen Hochzeittag über fünffzig Personen nit geladen, auf einem Heuratstag nit mehr dann eine, aber auff einem Hochzeittag auffs maist zwo Mahlzeit gehalten werden sollen.“ cf. L.O. v. 1553, f. 99 ff. heiràten (heirətn), wie hchd. Ze Einem, ze Einer heiràten; MB. XXI, 487. 'Af d· Jàr *heirət·n*, s. unten: das Jàr. Selb heiràten (səl heirətn), d. h. ohne Dazwischenkunft des Priesters und Notars. So wird heiràten euphemistisch überhaupt für coire gebraucht. Um Vicenzi tüənt d· Vég·l *heirətn*. (Vrgl. unten die Anmerk. zu geheien.) Schnöd abweisende ironische R. A. einer Weibsperson gegen eine Mannsperson, oder wol auch umgekehrt: Mägst mi nét *heirət·n?* oder: du kà˜st mi bràv *heirət·n*. Bei brüskem Abbrechen irgend eines Verhältnisses oder Handels mit einer Person des andern oder desselben Geschlechts wird spottend gesagt: Miər sán ja nét mit ənandə' *və'heirət·t*. anheiraten. Den 7. Januar 1847 frägt Ober-Appell.rath Arnold, ob über anheiraten (Einem oder Einer etwas; s. anverheiraten) keine alte nähere Bestimmung vorkomme. Jetzt streite sichs bey Todes- oder Gantfällen öfter darum, ob dadurch bloße Mitnutznießung oder völliges Eigenthum gemeint sey. ausheiraten einen Sohn, eine Tochter, sie verheiraten, ausstatten; Grimm, Wbch. I, 885. Lis·l, du brauchst kaə˜ Heirətguət, di' tuət d· Schö˜ (Schönheit) *aussheirət·n*. beheiratet, verheiratet; L.R. v. 1616, f. 565. 758. verheiraten 1) wie hchd.; 2) Einem, Einer etwas verheiraten, anverheiraten, es ihm, ihr durch den Ehvertrag als Eigenthum zusprechen. „verheilaten, sponsare“, Voc. 1432, Cgm. 685. Vrgl. Zeitschr. II, 511,8. V, 129,13. 133,7. VI, 468: heiərn; 381: die Heuert.

Die Hei-steur, Hî-stiur, a. Sp., die Aussteuer, dos; MB. XVIII, 74. 75, ad 1314. „Umb hîstiur.“ „Uzhîstiuren“, aussteuern; Augsb. Stdb.

Anmerkung. Die ahd. Sp. hatte unzusammengesetzt
182 ein Verb hîuuan (hîhan, hîgan, hian), nubere, davon: gihîuuit, gihîgit, gihît, nuptus, die Nomina hîuuida, hîunga, hîa, connubium, welche Formen vermuthlich zum ersten Worte des gothischen Compositums heiva-frauja (Hausherr, pater familias) gehören, wie denn z. B. auch das spanische casar (heiraten) von casa (Haus, Familie; Diez, Wbch. 91) genommen ist. Graff IV, 705. 1063—68. Grimm, RA. 418 f. BM. I, 694 f.: gehîwen, gehîjen, gehîen, sich vermählen; der hîwe, hîje, hîe, Gatte; hîbære, adj., mannbar. Notk. 105,36: „gehîton ze iro tohteron.“ „Ube du gehîter mit reinemo muote vore gote ken wellest so vilde Enoch“, ZZ. 1538 (Clm. 24538). „Mentis munditia etiam in coniugali copula eligitur? Enoch debet imitari qui et in conjugio positus ambulavit cum deo . . .“; Gregor. in Ezechiel. libr. II, homil. 3, distinct. 21. Tat. 120: „leittun thô thie buochara uuîb in ubarhiuui (adulterium) bifangan.“ Diut. III, 63. 64: „dei zuei hiwen“, hi duo conjuges; „daz ire hiewen (uxores) niene gebiegen“, (zankten). Das. 87. 89: „Vihi unte hîen“, Vieh und Weiber, '(BM., a. a. O.: „Knechte, Sclaven“).' „Esau was ein rîche man in vihe joch in hiwen.“ cf. Grimm, Reinh. F. p. 276,1852. Nubilis, hubarg, ZZ. 796, f. 168. Dahin ist vielleicht auch zu rechnen das Heiwisch (familia, patrimonium), w. m. s. Vrgl. auch die folgende Anmerkung.

geheien (g'heiə˜, keiə˜, wenn anders nicht keien oder keuen schon als echte Form anzunehmen ist). 1) werfen, schmeißen; (cf. lat. cio, cieo, citus. Vrgl. Zeitschr. II, 90,13. 566,2. IV, 171. 112,62. VI, 148. V, 254,51: z·keien, entzweien). „Keuwen und werffen“; Av. Chr. 19. „Er . . . mus in mein segen (Netz) die tůt in in die helle kegen“, (werfen? 'Gehört nicht hieher; s. Grimm, Wbch. V, 393 f.: kegen, ziehen, schleppen'); so öfters (s. Barack, S. 456b) in des Teufels Segi, Ms. v. 1449; als: „Er zucht mit seim garn und segen und tůt sie durch den see kegen.“ „Ich span für sail und segen da seltan keiner tůt durch kegen“, (dieß paßt wol nicht auf heien). „Ziehet mirs her in die hellen und mit meiner segen tůnts alle einher kegen“, sagt der Teufel am Schluß zu seinen sieben Segenziehern. 2) (salzb. Gbrg.) schlagen. Zeitschr. II, 90,13. VI, 332. „Der Prediger keit auf die Kanzel“; Reise durch Ob.Deutschl. „Zu jenen zweyen aber sagte er, warum sie sich nur so von mir geheyen liessen, und mich nicht wieder schlügen“, Simplicis. S. 324; (Weigand, August 1847). 3) kümmern, bekümmern, verdrießen; plagen, 'ärgern, vexieren.' Vilmar, kurhess. Idiot. 157. Tobler 98. 99. 171. 220. Zeitschr. III, 399,49. IV, 171. VI, 332. Firmenich I, 94,28. 49 (Danzig): hijen, necken; 508,73 (Eifel): seg jeheien; (Luxemburg) 539,77. 541,77. 542,5: geheien. Kilian: hijen, vexare, molestare. Hàt mi' krenkt und *gheit*, (b. W.). Es keit (Ries: əs kuit) mich ein Ding. Ich keie mich um ein Ding. „Wer hàt si' də'barmt, um mi' si' no˜ *keit*“ (àls mei˜ Hund), Lieder in der Mundart des salzb. Flachlands, p. 61. „Han völli' má Muədá', das *keut* mi', dá'schröckt“, Stelzh. 139. „Dáss enk öbbá' dö Nacht, wenn dá' Tag kimt, nöt *keut*“; das. p. 145. „Wie weiter, wie g'heiter“, Auerbach, schwarzw. Dorfgesch. I, 363 (343). „Wenn ich es auf gut pfälzisch sagen soll, so geheyt man mich gar zu übel zu Paris“, Charlotte d'Orleans aus St. Cloud, 19. May 1718. „Eigennutz, gunst, verbunst und geltt die vier gehyggen ietzt alle welt“, Seb. Brandt in Strobel's Denkm. p. 39. „Was gheist mich?!“ sagt der Reuter unwillig zum wahr sagenden Zigeuner; H. Sachs IV, 4². „Ich bin selber der herr im haus dennoch die armut mich geheyt“, H. Sachs 1560: II, IV, 2b. „Die armut hat uns lang geheit“, das. V, 339. „Glück zu sagt Hewenstreit nun laßt sehen, wer den andern geheit“, Wolff, histor. Volkslieder p. 127. „Ludovicus barbatus . . . semper dixit: so laws so und poths laws, wil uns dan der hocker, die schwester und der newlich Edl kheyen“, Ladisl. Suntbemius bey Oefele, script. rer. Boic. II, 569. „Sie geheyen sich den teufel drum“; Simplicis. v. 1669, f. 117. In „Deß Weltberuffenen Simplicissimi Pralerei und (Sprach-) Gepräng in seinem Teutschen Michel von Signeur Meßmahl (Nürnb. 1684), cap. X, das betitelt ist „was gehey ich mich drumb“ — erklärt mit „herzlich bekümmern, inniglich betrüben“ — heißt es: „das Wort gehey ist bei uns Teutschen so verhasset, daß sichs ein ehrlicher Mann schämbt außzusprechen . . . dahero es etliche verzwicken wann sie es jemand also nachsagen: was geschneids mich.“ „Wir geheyen uns in der Stadt Geleit“; Gem. Reg. Chr. IV, 106. 'Das Gehei, die Geheierei, Keierei, Mühe, Verlegenheit, Unannehmlichkeit, Verdruß; Zeitschr. II, 90,13. III, 45,7. 115. VI, 148'; (b. W. Keiəreid, Kèərè), Zank, Streit. So het er eine vane Chnächte zu em g'rieft und het en g'frägt, was nu das für es *G'hye* sy? Parabel vom verlornen Sohn, V. 26 (von Wallis, Gombs) in Stalder's Dialektologie p. 340. „Nit umbsonst hat der erste Baur Cain gehaissen, massen es schon ein halbe Prophecevung gewest, daß der Bauersmann werde keyt genug werden.“ „Vor Zeiten bey den Römern hat man pflegen dem Bräutigam zuzuschreyen: sis Cajus! der Braut deßgleichen: sis Caja! jetzt ist zwar der Brauch abkommen, aber Cajus und Caja regieren dennoch noch, dann es ist das ewige Cajen im Hauß, wo ist größere Keyerey als bey einem bösen Weib?“ P. Abraham. ungeheit (u˜keit, ʋ-): a) ungeplagt, ungeschoren. Zeitschr. IV, 101,5. VI, 148. La' mi' *u˜keit!* laß mich ungeschoren! „Laß mich ungheit“, H. Sachs 1560: III, III, 68. „Laß mich unkeit und hab dirs gicht“; das. „Wil ich mit jm ungeheit sein“, nichts mit ihm zu schaffen haben, sagt Heinz Hederlein, das. V, 347. „Will er (Caspar Schwenckfeld) aber nicht aufhören, so laß er mich mit seinen büechlen die der Teufel auß jhm speiet und scheißet, ungehewet", Dr. Luther (1544), Cgm. 4102, f. 18. b) ungemein, ungeheuer; *unkeit* schreyə˜; *unkeit* grous, klaə˜, vil, wéni' ꝛc.; ən *u˜keitə'* Rausch, Zorn, Hunger ꝛc.; „ein ungeheite Bestie, ein ungeheiter Elephant", Selhamer. In dieser letztern Bedeutung muß das un als Verstärkung genommen seyn. An das angelsächs. hivjan (formare) ist wol kein Gedanke. 4) sich g·heien, sich packen, fortmachen. Zeitschr. IV, 112,62. *Kei di'* furt! Bey H. Sachs auch bloßes geheien, keien; (cf. schmeißen, schmitzen): „Thu nur bald aus dem schloß geheyen oder ich stoß mein schwerd durch dich", H. Sachs 1612: II, III, 50. „Khey naus, hack holz, du fauler tropf", das. 1560: III, III, 45. „Key weck in aller teufel namen." „Key weck und laß mich doch mit rhu"; das. III, III, 68. „Ghey aus dem kloster, laß mich unplagt"; das. III, III, 79. 5) də'g·heiə˜, verderben, zu Grunde richten, zerbrechen. ə˜ *də'gheité* Gsundheit. 6) z·g·heiə˜, desgleichen; Einen, ihn aufbringen, unwillig, zornig machen. Sich z·g·heiə˜ mit Einem, mit ihm in Uneinigkeit, Streit gerathen. I mècht *mi'* gràd *z·keiə˜*, vor Unwillen zerspringen, (Obrm.).

umkeien, fausse couche machen, (Zir.).

verheien Einen, ä. Sp., ihn unwillig machen. Zeitschr. VI, 148. „Also zornig und verheit"; H. Rosenplut. verheien etwas, (schwäb.) es verderben, zerbrechen. „Sy ist so bös und so verhit, solt ich sy schlachen mit ainem schit, ich must sy schlachen, das sy sturb", Jorg Zobel (1455); Cgm. 568, f. 245. „Und hiessen in lauffen davon ee der kunig auch wurde verheit", Cgm. 713, f. 42. „Selig sei der nimmer wirt verheit, noch seliger der nit tregt haß noch neid", das. f. 174. „Ach du verheiter boswicht", H. Sachs 1560: III, III, 58b. „Der verheite Tropf", das. 1612: IV, III, 24. „Du verheiter Ehrendieb", das. 50. „Wer mich neit der sei verheit", eine Federprobe hinten im Münchner Ms. von Ulrichs v. Lichtenstein Frauendienst.

Anmerkung. Vrgl. oben: die Haien, trusorium. Kilian: heyen, hijen, fistucâ adigere; hey-gaten, hijgaten, perforare, obsc. verb. An das angels. hîgan (eilen) ist wol nicht zu denken. cf. heidi. Das riesische kuit und Aventin's keuwen geben zu dem Zweifel, ob heien oder keien die wahre Form, noch den, ob für diese ei oder eu anzunehmen sey. — Daß das obige hîuuan, hîan, nubere, auch in einer mehr blos materiellen Bedeutung genommen worden, dürfte sich wol zeigen lassen; demselben aber, mit Hinsicht auf ein gewisses eben so verwendetes franz. Wort, auch die eben angeführten Bedeutungen (futuere?, cadere, pessumdare) zuzumuthen, würde wenigstens sehr gewagt seyn. „Hiwen, coire; hiwelech, coitus, concubitus"; gl. Bern. (niederd.), Diut. II, 206. 207. Diefenbach 130c. Hîtât, opus gignendi; Graff V, 334. BM. I, 695a. „Er sprach: daz ich dein muoter ghey! (es steht gedruckt „cley") Waynst, daz ich ein vogel sey?" Ring 53d,14. „Swenne sich diu müter in den weiben auffswinget gen dem herczen. Der siechtum geschicht aller meist den witwen die der man nicht enpflegent. Do sich der same in in gemeret dez si mit geheien solten än werden, und meiden die heiber sint"; Cgm. 724, f. 205. „Die cisern sint gut den di nicht geheien (coire) mugen", Cgm. 723, f. 201. „Gange zu schwester Seyen die laßt sich gerne nacht und tage keyen", (futuere?); Losbuch, Cgm. 312, f. 84a, (cf. fol. 116b). „Ein junkfraw die man behugen (be-hiigen? darüber steht „nötigen") wolt", Cgm. 630, f. 67½. „Es ist mit euch ein geheyn, ir seit ye zu pald erlegen", sagt sie im Coitus zu ihm; Cgm. 713, f. 149. „Er warff mich nider auf den plan und freyt umb mich ein cleyne zeit, in einer stund er mich dreymal verheit" (futuit), sagt die Maid; Cgm. 713, f. 243b. „Du verhite (al. verhitü; andere Codd. lesen: versorteniu; s. Th. III: serten) huor", Altswert p. 54,24 und Anmerkung. Vrgl. bräuten, westerwäld. breuten, mit niederd. brüden, brüen, vexieren, (s. oben, Sp. 371 f. Diefenbach 254c: futere, brüten), und fuchsen (oben, Sp. 687 und Grimm, Wbch. IV, 343a. 344b). S. auch serten. Wie hîuuan, hîen, geheien, keien wird auch nubere selbst blos vom Coitus gebraucht. „Mulier se abstineat a viro III menses ante partum et post partum XL dies; qui autem nupserit his diebus XX dies peniteat"; ex concil. Curonensi, Clm. 5541, f. 118. „Si quis nupserit cum muliere sua retro aut si in terga nupserit", Poenitentiale Egberti, Cod. Fris. 43, f. 221b. Cod. Fris. 111, f. 110. Cod. Ransh. 73, f. 11b. Clm. 5652, f. 305—7. Clm. 9537, f. 181—182. Clm. 14138, f. 201. „Quinque modis peccat uxor maritus adulter (?) Tempore, mente, loco, conditione, modo"; ZZ. 836, f. . . . Burcardi Worm. libr. XIX, Clm. 5801c, f. 157. „Si mulier cum muliere fornicata fuerit" etc., Aug. eccl. 151, f. 15b. „Pueri sese inter femora sordidantes" u. drgl., ibid. f. 44. 46. „Fecisti fornicationem ullo ingenio", (franz. engin); ibid. f. 41 („per machinam", Clm. 12673, f. 3). „Nupsisti retro?" ibid. f. 41. Species variae turpitudinis: Clm. 12205, f. 42—44. cf. Poenitentiale Theodori Chiem. ep. 87. Asp. 38, f. 181. 2. 5. 6. Em. F. 98, f. 141. Em. h. 6, f. 37. Diess. 152, f. 304—406. Ind. 392, f. 23—24. 418, f. 91—94. Mett. 57, f. 130—145. Monac. Augustin. 48, f. 247. Monac. Carmel. 20, f. penult.; 24, f. 89. Monac. Francisc. 138. Nider, lepra moralis, ad finem. Ransh. 25, f. 31. Teg. 290, f. 2. Teg. 404, f. 128. Thierh. 53, f. 97. Scheftl. 261, Vorderdeckel: peccatum sodomiticum, gomorriticum, segorriticum, geobaticum & mollitieum explicata. Neugriech. γαμῶ blos materiell genommen: γαμῶ τὸν σταυρόν σου, τὴν πίστιν σου, τὴν ψυχήν σου; Ludw. Steub's Bilder aus Griechenland (1841). Cf. Erinnerungen aus Ingolstadt von 1796—99, (slavonisch?): Je pem ti maika! Je pem ti duschi!"

(és) hei-ts (ihr seid), miər, si hán', hen, hánd, hend (wir, sie sind; Gramm. 951) würde auf ein im 133
Präs. Plur. mit sein paralleles Verb hein führen, wenn hier mehr als bloße Aussprach-Entstellung (= és seits, miər sánd, sán) angenommen werden dürfte.

> *Hán* insá drei Brüeder
> án Schatz hat án ieder;
> und i bin der Kliener,
> án Schatz han i diener;

als Tanzlied angezogen von Stelzhamer p. 45.

hei! heits! (o.pf.; hè, hèts, b. W.) nimm! nehmet! franz. tiens! tenez! Vermuthlich der Imperativ von haben; s. Gramm. 954 u. vrgl. die Hei-drus, Hegdrus (s. oben, Sp. 569), bey Lessing (Schriften, hg. v. Maltzahn XI, 2,269) Habdruß, quaedam pestis circa genitalia. Diefenbach 298c. Grimm III, 249. Vilmar, kurhess. Idiot. 157. Vergl. auch hie.

heieln, heielen, (Kinder-Sp.) heia popeia singen; schlafen, (hei-a popei-a machen, hei-hei machen). Zeitschr. VI, 115,31: heiderln. Cf. česk. hagám, hagati, hajati, schlafen. Təəmə' *heidi-heidi* gê˜, (zum Kind). ei˜heiə-ln, einschläfern; Kaltenbrunner 163. Kärnt. hajati, wiegen; Jarnik 144. Das Heiəbèttə-l, das Heiə-l, das Bett. Zeitschr. II, 90,8. 514. III, 522,14. IV, 258,9. V, 445. VI, 130,2. 115,31. Das Kind *Heiəbèttl* légng, ins Bett legen, (ObrM.). Cf. Haim = κοίμη, κώμη, κεῖμαι, κοιμάω; (liegen statt stare; ital.).

Der Heiey, die Heigeigen, blödsinnige Person; lange Person. Haja, (kärnt.) tölpisches Weibsbild; Jarnik 144. Der Heibauch, (Eichstdt.) einjähriges Kind. Ich weiß nicht, welche von den Formen hai, hei, heu hier zu Grunde liegen mag. Cf. XIII Com. haje, Kind. Zeitschr. V, 446.

Das Heu (Hái, O.L. Há, ä. Sp. ha, hä, hew, how; goth. havi, ahd. hauui, heuui, mhd. houwe, höuwe, höu, heu; Graff IV, 708. BM. I, 722), wie hchd. R. A. bey'm, im Hêu, zur Zeit der Heuernte, als Gegensatz der R. A. bey'm Gras, schon MB. XV, 30, ad 1299. (cf. Kilian: hoyboter, butyrum hyemale; hoykase, caseus hyemalis). Der Teufel wirfft Hêu herab, hat Hëu herabgeworffen, d. h. Gelegenheit, Anlaß, Vorschub zu etwas gegeben. Ich fürcht, ich fürcht, da wirfft der Teufel einmal Hêu herab. Die R. A. scheint auf die Geschichte von zwey Liebenden anzuspielen, die in einer Scheune der Versuchung unterlagen. Das Althêu. 1) Heu im Gegensatz des Grumets. 2) (b. W.) Heu von Alt=, d. i. solchen Wisen, welche nie gedüngt und daher nur einmal des Jahres (um Jacobi oder Magdalenä) gemäht werden. I má 's Graə˜met nét vorn `Altheu, sagte ein Vater zu einem Freyer, der statt der angebotenen ältern Tochter die jüngere verlangte. Das Streûhêu (Stráhá), das blos zum Unterstreuen verwendet wird. Der Heudorn, die stechende Hauhechel, ononis spinosa, (Pongau, Zir.). Der Heumarder. „Es trägt etwa einer eine mardere Schauben dafornen und dahinden ist sie mit Heumarder (Heu?) gefuttert", Joh. Pauli bey Lessing (Werke, hg. v. Maltzahn, XI, 2,266). Die Hêurâuff (Háráff), O.L., b. W. Heuräffl (cf. Liechel), eiserne, mit einem Widerhaken versehene Spitze an einem langen, hölzernen Stiele, mittels welcher man aus einem ganz fest gewordenen Heustock nach Bedürfniß Heu herauszieht. Die Heusaicherinnen, Maria und Magdalena, 20. u. 22. July; s. Th. III: saichen. Der Heusamen. „Wer die milben wil vertreiben der nem häwsamen", Clm. 5879, f. 207. Der Hêuschneck (Hái- oder Háschnèck), die Heuschrecke. Der Hêutreter (Hátrèttə'), (Baur, O.L.) Werkzeug mit einer schneidenden Klinge, auf welches tretend man von einem ganz dicht und fest gewordenen Heustock das benöthigte Heu abschneidet. Der Heuwinkel, Himmelsgegend, welche beym Wiedereintritt schönen Wetters am ersten heiter und wolkenfrey zu werden pflegt, und welche im Flachlande bey uns gewöhnlich die westliche ist. Vrgl. indessen auch Haidampf ꝛc.

hêuen, hêugen, hêugenen (háiə˜, háigng, háignə˜; O.L. há'n), Heu machen, es mähen, wenden, einführen ꝛc. Zeitschr. III, 319. Mies heugen, Waldmoos sammeln; salzb. Forstord. f. 105. 125. „nachheuen, sicilire", Prompt. v. 1618. Der Hêuglôn, der Heuger, die Hêugerin; Wstr. Btr. VIII, 134. IX, 320. MB. XXV, 521. Der Hêuet, Hêuget, (mhd. houwot, houwet, BM. I, 723. Grimm, Gesch. d. d. Spr. 85), die Heuernte, das Heu; der Heuplatz. Cf. ags. etwa hid = higid, von hig, Heu; also Heuet, Mâd, terrae portio; Kemble, Diplom. II, 5. s. unten: Heiwisch.

hi! Ruf ans Zugvieh, wenn es links, d. h. nach dem Zuge des Leitseiles, gehen soll. Vrgl. hár und heir.

134 hie (hiə, o.pf. hêi), hier. (Vrgl. Grimm, Gramm. I, 794. III, 177 über ein altes Demonstrativum his, hiu, hiz, wovon noch die Formen: hier, her, hin, heint, heut, heur ꝛc. Spuren zeigen; Graff IV, 693. 696. BM. I, 687. 688). hie derhalb, hiederhalb, hie dißhalb, hiedischhalb, (ä. Sp.) auf dieser Seite, diesseits; Wstr. Btr. VI, 102. 193. hie=ig, (Amb. Stdtb. 16) hiesig. „Das hieig vel gegenwertig leben"; Voc. Melber. hie seyn, (ä. Sp.) herrühren, herkommen. „Der Koppenhof, der von irem Gen und irer Muter säligen hie ist", MB. XVIII, 532, ad 1467. „Wan die gült von vns hie ist vnd von kainen abbt", MB. XXI, 516. „Ward in Schottland Erzbischof Patricius, von dem ist das Patricii loch (Calderon's Purgatario de S. Patricio?) hie, davon man vil sagt, es sei war oder nicht"; Av. Chr. 279. „Es war eine große Partei in Frankreich, die wolten einen französischen König aus Teutschland, davon sie all hie waren, haben"; ibid. 309. 358. „Luitvold, von dem hie seind die bayerischen Fürsten alle"; ibid. 363. „Wol hin, ob du irgent hie bist!" Br. Berhtolt 56 (Pfeiffer p. 155,36). Hie scheint aus hier, ahd. Sp. hiar, apocopiert, `und wird vor den vocalisch anlautenden Adverbien des Ortes selbst wieder in ein bloßes h verkürzt, als: haußen, hinnen, hoben, hüben, hunten für: hie außen ꝛc. BM. I, 689a: hinne. Vilmar, kurhess. Idiot. 170. Zeitschr. II, 75,8. 137. 562,13. III, 417,402. Vrgl. anlautendes n für hin; s. unten: hin.' Vrgl. auch hèi.

hô, hô, (hou! hou!), Ruf an das uneingespannte Rindvieh, wenn man es zum Kommen ermuntern will. Zeitschr. V, 506. VI, 152. Kuə-l *hòu, hòu; hòu* Kuə-l! Cf. isl. hô und hôa, conclamare gregem. česk. hau, Ruf an Kühe; Dobrowsky, Gramm. p. 160. Vrgl. höcks!

Die Hu=Eul, (Nürnb., Hsl.) Nacht=Eule; (gl. i. 30. 529. 545. 644. 674. i. 222: huuuo, huo, bubo; den huuuen, bubonem; die hiuuuelun, noctuam, Notk. 101,6. Graff IV, 835 f. BM. I, 742: der hûwe, diu hûwele, hiuwele). „Von dem hauwen oder aufen. Bubo haizt ain auf oder in anderm däutsch ain haw", Konr. v. Megenberg f. 103b, (Pfeiffer 173,2. 3). „Swer nu wil sin ein frummer man der mûz sin der werlde grauwe (Grauen) und mûz sich reuhen als ein hauwe", Renner 5776. „Greulich als die hauwen", das. 6978. Vrgl. das Hugerl, (Höfer) strix ulula.

hui! interj., geschwind! schnell! „Hui! auffer mit dem Kalch", rufen bey Selhamer ungeduldig die Maurer. Zeitschr. II, 520. Huiaus! und nirgends an! heißt es bey den Hexen, wenn sie auf dem Besen oder Bock zum Schornstein hinausfahren. Hui=Sau! (Jäger=W.). Cf. ahd. hugesangôn, jubilare, hugescrei, exlamatio, Notk. 94,3. 107,1. 30,20. Graff VI, 254. 566. hugu, Gedanke, hugi!? Graff IV, 782 ff. BM. I, 725. 984. `huiling, adv., im Hui, eilig.' „Hanns Minnsinger Kistler . . . er könn so huiling nit bös haissen was er über 20 Jar herbracht", (sc. communionem sub utraque); . . . „könn sich so huiling nit resolviren"; Münchner Verhör der Communion halber (1571), Cgm. 4901, Nr. 55. Nr. 110. (Es ließen sich bereden zur Communion sub unâ 100 Personen, bey der früher bewilligten sub utraque blieben 32.) überhuien etwas, es übereilen, überhudeln; Einen, ihn übertölpeln, betrügen. „huiwehen, fuiwehen; (Nürnb, Hsl.). „Er flucht, spielt, tanzt, lauft, daß es huiweht, (fuiwehet), d. i. rechtschaffen, daß es gut heißt." huwácheln, (b. W.) knallen. Drei˜schlàgng, dás 's àlls *huwáchált*. Cf. „daß es sauset, wettert." Es gooweddelt, Regen und Schnee durcheinander, sehr übel Wetter; Nadler, pfälz. Ged. (1847), S. 282. s. Th. IV: die Wenden.

---

hàbaus (∪–), adv., 1) (Obrg.) hinab, abwärts, (st. ab=auß). Zeitschr. III, 110. 2) (U.L.) fort, auf und davon. Der is *hàbaus!* „Jaid mi' affi ins Feld und aft geht s schan *habaus*", Stelzhamer 48 u. 178: „hab=aus (halt aus!), dahin; so schnell fortlaufen, daß alles aushalten, d. h. aus dem Wege gehen muß." `(s. das folg. Wort).' Vrgl. hauen, 2, (hawaus?).

haben (hàbm; s. Gramm. 954. 959. 962. Zeitschr. II, 112. III, 207,21. IV, 281,6. 325. V, 140,6). 1) wie hchd., (ahd. Sp. habên, mhd. haben; Graff IV, 737. BM. I, 601. haun = haben, schon in einer sonst gut geschriebenen Augsburger Privaturkunde v. 1365; Deckel des Clm. 5635). Grimm, Wbch. IV, II, 45 ff. Zeitschr. III, 419,640. V, 444. VI, 118,1. 121,81. 170,74. 183. 257,68. 267,61. 399,1. Elliptisch: I *hà˜s* scho˜ *aussi, eini, ummi, hitəri* (sc. gethan, gebracht, genommen); ObrM. *Hà˜s* Fleisch eə'st géstən *haəm* und mufft scho˜. 2) halten; in dieser Bedeutung, wo haben mit dem idiotischen heben (w. m. s.) zusammenfällt, wird es zuweilen, wie in der ä. Sp., ohne alle Auswerfung des b conjugiert: ich hab, du habst, er habt; (Aschaff. ich hàb, du hêbst, er hebt, meˀ haltə˜, ir halt, sə haltə˜; Infin. habə˜ und haltə˜. Hab's, halt's fest). „Habe! (halt!), wis an die vînde niht zager", S. Helbling XV, 273. „Getriwer knecht, sô hab ûf mir", `(halte dich an mich, vertraue, glaube mir)', das. II, 185. „Tuost du unreht, daz hab ûf mir", das. VII, 1246. „Wirt daz

der küner volget dir ez vrumt in selp, daz hab ûf mir", S. Helbling VIII, 930. cf. daz hab ûf den triwen mîn", das. IX, 125. „Ein kunst heizet Hab hin dan! (sauve qui peut!) diu selbe tugent ist im (dem Maulhelden) kunt, si læt in selten werden wunt", das. I, 857. „Er (der wahrhaft Tapfere) habt niht ûz der herte und ist ein nôtgeverte sînes herren in dem strît", das. 918. (cf. „Wer ist der in der herte hât gevrâget mîn", Gudrun 1432. „Sî sprungen zuo einander durch strît in daz wal, dâ herte wider herte in dem sturme ergal", das. 1444). „Ez gêt her ûf die herte; heng und hab, lâ dich die mâze lêren"; Lab. 72. „Bitet sie feste haben", das. 471. Vilmar, heff. Idiot. 142. D· Eə'n *habt* nét, si reist, die Erde (an einem Hang) hält nicht, sie rollt
135 ab. *Hàbs* fést! halt es fest! Dà, auf də' Brust *hábts* (hält es, steckt es), klagt der Brustkranke. *Hábts* enk *zsam!* haltet euch zusammen! „Zusamen haben, conjungere; zu haben das Maul, comprimere os"; Prompt. von 1618. „Dər aənaugat Mà˜ (der Tag) siecht si' übərigs gnuə' und dés Aug, wàs ə' hàt, *habt* ər á' no' oft zuə", Kaltenbrunner, oberösterr. Jahrb. 1844, S. 232. „Darumb verhab niemant kein bösen wind, wann sein not sey", Ortolph. Das Amt, die Predigt haben, Hochzeit ꝛc. haben. „Dô sach si bî der mûre zetal einen schœnen rîter haben"; Wigalois 261. „An dem allen thut ihr unser ernstliches Heißen, wollen auch das gehabt (gehalten) haben"; Kr. Lhdl. V, 78. „Er sol sich an den haben, dem er das Gut enpholhen hat", Rechtb., Ms. v. 1332. Wstr. Btr. VII, 171. „So sol der keiser dem babste den stegereiff haben", Br. Berhtolt 13 (Pfeiffer 363,26). 3) erhalten, unterhalten. I kà˜ mi sál *hàbə˜* („hoba"), sagt der erwachsene Sohn zum Vater, dessen Brod er noch ißt; (Rath Her. Ammergau). 4) heben. „Der kunigin (Rudolph's v. Habsburg zweiter Gemahlin) geschach bei ainen zeiten daz si der bischof Fridrich von Speir geborn von Leiningen solt haben von einem wagen, der kust si über iren bank. daz klagt si dem kunig. da von must der bischof tirtschiu land rumen bis nach des künigs tod wan er in verderbt wolt haben"; Kaiserchronik, Ms. des german. Mus. (sec. XIV.), Nr. 2733. 5) sich haben, sich halten, betragen, befinden; BM. I, 598. Vrgl. sich gehaben. „Er *hat sich* wol, *áziwui*", (ja freilich; s. Th. IV: weu); Seidl, Flinserln (1839) II, 86. auffhaben, ä. Sp., 1) aufhalten. „Der fronpot möcht die leut auffhaben unz an die nacht", Wstr. Btr. VII, 176. 2) sich aufheben, sich aufrichten, aufstehen. „Habt euch auf mit hoffnung", sagt der Pfarrer, da er nach gesprochener offner Schuld die Absolution gibt; Clm. 4757, f. 226. 3) im Scherz: betrunken seyn. 4) R. A. Es hât dieß oder jenes auff, diese oder jene Bedingniß ist dabey, dieser oder jener Umstand waltet dabey ob. Es hât nichts auff, hat nichts zu bedeuten, ändert an der Sache nichts; (hchd.: Es hat nichts auf sich). 5) Ellipt. auff haben, abhaben, d. h. den Hut, die Mütze. Grimm, Wbch. I, 659. 53. Der Aufhaber, (Lori, BergR.) Arbeiter, der das Salz mit den Aufgebschaufeln in die Kufen schüttet. außhaben, (Eichstädt) etwas verloren haben. Grimm, Wbch. I, 879. Jemand aushaben, böse auf ihn seyn. enthaben, enthalten, aufnehmen. „Daß jemand den oder die nicht enthabe, hause noch schiebe"; Kr. Ltghdl. III, 73. Sich eines Dings enthaben, enthalten. enthaben, aufrecht halten, zurückhalten; sich enthaben, sich aufhalten. BM. I, 599 f. Grimm, Wbch. III, 548. „Einen einer Sache zufriedenstellen und gegen ihn enthaben" (sich deren gegen ihn entledigen?), Kr. Lthdl. XVII, 260; (soll vielleicht heißen: hanthaben?). „Enthabet euch hie", sustinete hic, Matth. XXVI, 38; Cgm. 66, f. 23. gehaben, haben, halten, behalten; sich gehaben, sich benehmen, befinden. BM. I, 600. „Hat er daz gût in siner hûte gehaben", in custodia habuit; Schwabensp., Laßberg 258. Mallerst. 33, f. 120. „Swelhen ir vergebet ir sünde den werdent si vergeben, und swelhen ir si gehabet den werdent si gehabt", Cgm. 66, f. 34. „Do trost er si und zartot ir daz si sich wol gehiebe", Griesh. Pred. II, 61. „sich übel gehaben, sich übel geberden, klagen; übel auf seyn"; Prompt. v. 1618. BM. I, 602: diu gehabe, ahd. gihaba. „Si penitus aegritudinis tue causas habitumque (gihaba) cognovi", Froumundi Cod. Boethii (Wallerstein-Maihingen), f. 11. Die Gehäbde, (Augsp. Stdtb.) die Verfassung, Lage, etwas zu thun oder zu lassen, σχῆμα. In der Gehäbde seyn. handhaben Einen, ihn festnehmen, festhalten, arretieren. Grimm, Wbch. IV, II, 393 f. „Daß die Beschädiger durch die Obrigkeiten nicht handgehabt oder zur Verwahrung gebracht worden . . ."; L.R. 677. 698. 712. 717. 724. handhab, (s. handhaft). handhab machen, einhändigen; MB. XIII, 466. „Swes man diu kint des êrsten wenet, dem habent sie iemer mêr hant an"; Br. Berhtolt 216 (Pfeiffer 34,28). haushaben, haushalten; mhd. daz hûs haben: „Dâ hœret grôz kumber zuo, swer daz hûs haben sol", Iwein 2839. „Durch sich selbst oder durch Hauspfleger haushaben"; Kr. Lhdl. XVI, 260. „Darumb das wir haus desto pas gehaben möchten"; MB. II, 23. Das Haushaben, (Hausəm, plur. Hausəmə), die Haushaltung; ən iəds *Hausəm;* zwaə, drui etc. *Hausəmə.* „Die in der Hofmark befindlichen Haushaben"; Mand. v. 1728. „Zu seins Haushabens Notturft"; L.O. v. 1553: 87. „Ein ehelichs Haushaben haben", Prompt. v. 1618. sich inne haben, sich im Hause halten. „In dem wintermonot . . . in dem abrellen . . . in dem nachmayen so hab sich in, in dem herbst so hab sich inne", Diess. 140, f. 86ᵇ. 87ᵃ. 87ᵇ.

Die Hab, 1) wie hchd. Habe; (ahd. haba, mhd. habe, Habe, Eigenthum; Aufenthaltsort, Hafen; Graff IV, 737. BM. I, 601. Grimm, Wbch. IV, II, 42. „Habe, substantia"; Cgm. 17, f. 132ᵇ, Ps. 88,51. „Ein rûwe, ein hab, ein stiure", Labr. 92. „In die habe, in portum", Cgm. 17, f. 161ᵃ. Ps. 106,30. „Das schiff der rew kümpt an die sichern hab", d. i. zu den sichern Freuden; Cgm. 632, f. 73½. 2) der Halt. Es hàt kaə˜ *Hàb*, bricht leicht. Kaə˜ *Ei˜hàb* hàbm, sich an nichts halten können. 3) die Vorrichtung zum Halten. Die 136
Arthab, der Stiel an der Art, (wie hchd. Handhabe). Vrgl. -halb.

anhäbig (à˜hábi'), anhaltend, sich gern anhängend und schwer abzubringen. BM. I, 364. Grimm, Wbch. IV, II, 94. anhabig, anhaltend; (Jir.). anhäbig dienen (fleißig dienen), sich anhäbig wern, (tüchtig wehren); Einen anhäbig anweigen, (stark anfechten) ꝛc. gehäbig, anhaltend; aushaltend, stark; an sich haltend, karg. Zeitschr. II, 567,43. haushäbig, wirthschaftlich. unhäbig, ungehäbig, nicht zu halten, böse, ungestüm, (besonders von Kindern). Sei nét əso *u˜hábi'!* „D. Händ von der Butten, sag I. Nun, schau nur her da. Jetz hast mir den Schnürriem zrissen. Kanst mir einen andern kauffen, Hans! (sagt Gred zu Hansen unter Lichtzeiten beym Kammerfenster). — So ist er zrissen! So nutzt kein Schonen nichts mehr. Sei nicht so unhabig. D· Wochen ist Porziunkula. Da gehts Beichten und Schnürriem-kauffen grad in einem hin!" (sagt Hans); Porziunkulabüchlein.

hablich, häblich, adj., (ä. Rechtssp.) Hab und Gut, besonders liegendes, betreffend. BM. I, 603. Grimm, Wbch. IV, II, 95. Habliche Klagen oder Sprüche im Gegensatz der persönlichen; L.R. v. 1616: 13.

Der Habech, ä. Sp., wie hchd. Habicht, (ahd. habuh, hapuh, habich, mhd. habech; Graff IV, 754. BM. I, 605. Grimm, Wbch. IV, II, 91). Zeitschr. II, 513. V, 445. VI, 429,13. „Accipiter, haich, habich"; Clm. 19488 (sec. XI—XII), f. 118. 121. Griesh. Pred. I, 32: der habechs, dez habechez. Valkn. 25: der habich. Labr. 175: „ein hungrig kobrer habich." Renner 22997: „in habichs wîse." „Alter nimpt hebchen und valken irn fluc", Renner 23029. Nach dem Habich spricht der Hebichel unter den guten Rath gebenden Vögeln im Cod. Moll-Oldenbourg (von 1475) mit Udalricus de Campo liliorum. „Biechlin von beissen, auch wie man den habich darzû gewenen soll." „Was sitten der

Häbicher (wie Falkner) seyn soll." Habich= oder Sperberbüchlin, gedruckt von H. Schobsser, 1497; (nie Habicht!). Der Habichir, ä. Sp., Falkenier (?); Freyb. Samml. II, 153. 127 (v. J. 1392). Cf. Interpretatio orneosophici, Clm. 280. B, f. 7. The booke on Hawking after Edwarde kyng of Englande; Wright, reliquiae I, 293—309. Französisches Gedicht über fauconerie, ibid. 310—313.

Der Habnicht, der Habenichts, der kein Besitzthum hat. Grimm, Wbch. IV, II, 77. „Item auf den Hab nicht, soviel deren allenthalben in den Landgerichten unsers gn. Herrn Hofmarchen und Urbargütern wohnhaft sind, ist geschlagen auf die Person 6 r. dl."; Kr. Ltgshdl. XI, 420. Habnichtsteuer, (Augsb.; Nicolai's Reisen 7. B., Beylage IV, 4) Leibsteuer oder Kopfsteuer. (s. nicht).

Die Hebe, ä. Sp., 1) Habe. „Saget im ouch daz er mir chome mit al siner hebe", Diut. III, 111. 2) Befinden. „Nu saget mir rehte minis vater mahte, ub er lebe, oder welich sin sine hebe", das. 110. BM. I, 602.

Die Urhab (Uər'ə'; von ən Uərə', ə Nuərə, auch d· Nuərə', d· Nuərgət, Castelli, Wbch. 261: das Url, auch Uara'l), der Sauerteig. „Urhab wird urhebig von gehefftem taig", Cgm. 601, f. 113ᵃ. „Roken urhab", Cgm. 4543, f. 129. Gl. o. 258: urhab, fermentum. „urhaben, fermentare"; Voc. v. 1445. urhabanaz, fermentatum, gl. a. 80; also von heben. Der Urhab, (Prompt. v. 1618) conditor, auctor, Urheber. Graff IV, 824. BM. I, 646: der und daz urhap, Anfang, Urheber, Sauerteig.

Der Habern (Hàbə'n, nach Gramm. 839. 840 vom ahd. habero, genit. haberin, mhd. habere, genit. haberen, Graff IV, 760. BM. I, 605. Grimm, Wbch. IV, II, 78; schon im Voc. v. 1419 auch im Nominativ Habern), plur. die Häbern (Hábə'n), 1) der Haber. Zeitschr. III, 34. Der Ban=, Forst=, Kreuz=, Nachtseld=, Vogt= ꝛc. Habern, gewisse Abgaben, in Haber oder dessen Werth zu leisten. 'Der Hundshabern, ebenfalls „eine Abgabe in Haber, welche die Unterthanen zur Unterhaltung der herrschaftlichen Jagdhunde geben müssen"; Adelung.' R. A. den Hundshabern ausdreschen: „Daß nicht dein Mann komb in das haus und dresch mir den Hundshabern aus"; sagt der galanisierende Pfarrer zur Bäurin, H. Sachs 1560: II, IV, 18. „Den drischt man mir 'n hundshabern aus", das. IV, III, 94. R. A. Canzleyhabern geben (dem Pferde), es mit der Peitsche antreiben. R. A. durcheinander gên wie der gemæt Habern, (schon Avent. Chr. 276. 306) drüber und drunter gehen. 2) Art Mehlspeise aus Teig, Topfen, Eyern u. drgl., in Schmalz oder Fett geröstet und in Gräupchen zerrieben, vermuthlich von der Ähnlichkeit mit dem eigentlichen Haberkern oder Haber=Redel also genannt; der Aierhaber, Bröselhaber, Melhaber. häbern (hábə'n, hábə'), adj., von Haber. Grimm, Wbch. IV, II, 81. Vilmar, hess. Idiot. 142. „Ein haberes Mueß", (Selhamer); ə~ hábə's Muəs. „hæberîn", Parzival 265,14. Das Haberbad, das nach der eigentlichen Saison noch im September genommene (in Baden=Baden). Das Haberfeld, nach der Dreyfelderwirthschaft: die Sommerzelge. Grimm, Wbch. IV, II, 81. Nach 20. Juny 1811 muß in einer academ. Sitzung vorgetragen worden seyn: über die Teufelsmauer und über das alte Haferfeld auf dem jetzt die Academie der Wissenschaften ihren Palast hat. H. v. Lang sey diesen Abend lieber in „Prinz Schnudi und Princessin Evakathel" gegangen. Memoiren II, p. 153. R. A. Mit seinen Gedanken im Haberfeld seyn, zerstreut seyn. Ins Haberfeld schauen, schielen. Eine ins Haberfeld
137 treiben. In den wohlgemeinten Paragraphen an Bayerns Prediger I. St. p. 15 heißt es: „Menscher, gebts acht, daß ihr nicht mit der Zeit mit dem Strohkränzl vor meinem Pfarrhofe vorbeyspazieren müßt, oder daß euch Bueba ins Haberfeld treiben"; und in einer Note: „Es war an vielen Orten Bayerns die Gewohnheit, daß, wenn ein Mädchen zum Fall kam, sie des Abends von den jungen Burschen des Dorfs unter unzähligen Geiselhieben in ein Haberfeld und von da wieder nach Haus getrieben wurde. Der Verführer mußte selbst mitmachen." In der Zeitschrift „der b. Volksfreund" v. 1826, Nr. 136, ist von Wiederholungen dieser alten Sitte in der neuesten Zeit die Rede. Ebenso im „bayr. Landboten", Jahrg. 1826, p. 618; Jhg. 1827, p. 487; Jhg. 1834, p. 1185 und 1225; in der bayr. Landbötin, Jhg. 1834, p. 1001. 1009; in der bayr. Nationalzeitung, Jhg. 1834, p. 1068; in d. bayr. Regierungsbl. v. 1836, p. 700. Im September 1834 wurden eine halbe Compagnie Soldaten in eine Gemeinde des Landgerichts Miesbach auf Execution gelegt, bis sie die Theilnehmer an einem argen Unfug der Art angäbe. Vrgl. Grimm's Wbch. IV, II, 81: Haberfeldtreiben, und p. 114: Haderfeld. Phillips, über den Ursprung der Katzenmusiken (1849). s. Th. IV: Haberwaid. Die Habergaiß, 1) (HsE.) kleine Nachteule; 2) (Franken, U.L.; Baur) die Krebsspinne, der Weberknecht, Phalangium opilio L. 3) (b. W.) leichtsinniges Mädchen, das gern springt. 4) d'Hàbə'gaəs, Figur von Stroh (einen Reiter auf einer Geiß vorstellend), welche die Bursche in der Nacht dem Bauern, der mit dem Einführen des Getreides, besonders des letzten, des Habers, zuletzt fertig geworden, auf die Dachfirst pflanzen. Rank, aus dem Böhmerwald (1843), S. 110 bis 112. Wèə' nét áfstèit und aərbət und gàgt, dèə' wiə'd, miərk də's, mit də' *Hàbə'gaəs* 'plägt. Vrgl. Grimm, Gesch. d. d. Spr. I, 35. 42. 66. 550: haber = caper. Zeitschr. II, 513. IV, 55. V, 445. Die Haberhälm, die Haberstoppeln; Grimm, Wbch. IV, II, 83. əs gêt də' Wind schô~ və~'n *Hàbə'hálmə~n*, es ist der Winter schon im Anzug. Auf die Haberhälm kommen, ins Verderben, auf die Gant gerathen; (Obrm.). Vrgl. Haberfeld u. Haberwaid. Der Haberkern, enthülseter Haber zu Haberschleim=Suppen; Art Makronen=Nudeln, welche in länglichten, haberähnlichen Gräupchen bestehen. Grimm, Wbch. IV, II, 83. Vrgl. Haber, 2. Habermark, Habermauchel, (schwäb.) tragopogon pratense. Der Habernarr, (Nürnb., Hsl.) der zuviel Geld an Hausrath hängt; (Haben=Narr?). Der Haber=Rechen, rechenähnliches Gestell an dem Stiel der Sense, die zum Habermähen dient; diese Sense selbst. Der Haber=Redel oder Rezel, Habergrütze. Der Haberbrein, s. oben, Sp. 353. „Als ain dicker haberprein", Cgm. 821, f. 238. Der Haberschrecke, ä. Sp., Heuschrecke; BM. II, II, 211. Grimm, Wbch. IV, II, 87. „Stain und pfeil sach man fligen als ob es haberschrecken wärn und der schne von himel wär rern", M. Beham, Wiener 84,17, (im Cod. B. „heyschrekhen"). Die Haberwaid. R. A. Einen auf die Haberweid schlagen, H. Sachs I, V, 508ᵃ, (ihn dem Verderben überlassen). „Balt Eine (meiner Bulen) sawer mich anficht, schlag ich sie auf die Haberweid, jr abschid ist mir auch nicht leid"; H. Sachs 1612: I, 614. Vrgl. Haberfeld, Haberhälm. Der Gesotthabern (Gsódhàbə'n), 1) enthülseter Haber. 2) Waizen, mit Roggen vermischt, dann gedörrt und in der Mühle zu Grütze gemalen; (wol wegen der Ähnlichkeit).

haibeln (haəb·ln), (Obrm.) sorgfältig, zärtlich behandeln. (s. höbeln).

Die Hauben (Haubm), die Haube, (ahd. hûba, mhd. hûbe; Graff IV, 753. BM. I, 723. Cf. franz. coiffe, engl. coif; Diez, Wbch. 119). Weiberhauben, von der Form: z. B. die ainfache, die abgenæte, die auffgezogene Hauben, die Aufsatz=, die Boden=, die Stock=, die Zipfel=, die Zug=Hauben; von der Verzierung oder Verbrämung: z. B. die Fêh=, die Flôr=, die Mudel=, die Otter=, die Pelz=, die Rigel=, die Spitz=Hauben; von der Art, sie zu tragen: die Bäckleinhauben (Bäcklhaubm), die Barthauben, das Hirnhäublein, die Ôrenhauben ꝛc.; von dem Orte, wo sie üblich sind: z. B. die Augsburger=, die Linzer=, die Münchner=, die

Passauer-, die Regensburger-, die Salzburger ꝛc. Hauben. Mannshauben, z. B. die Pudel-, die Schläf-, die Schlägel-Hauben ꝛc. (Adelung bemerkt, daß der Ausdruck Haube im Hochdeutschen nur von einer Bekleidung des Hauptes des andern Geschlechtes üblich sey). Hugdietrich macht (als Mädchen verkleidet) für König Walgunt „ain hauben wæch"; Haupt, Zeitschr. IV, p. 408 u. 110, Str. 66, 78. Auch die Kopfbedeckung
138 der ehmaligen Kriegsleute hieß oft nur: die Hauben, das Häublein. „Hut, Hauptharnasch und Heubel"; Av. Chr. 272. Arten solcher Hauben: die Beckel- (BM. I, 724), die englische Hauben, die Sturmhauben, das Blechhäublein, das Hirnhäublein ꝛc. (Feuerbuch v. 1591. Kr. Lhdl. VII, 237. L.O. v. 1553, f. 177). Die Mergelhauben, mhd. mergelhûbe; BM. I, 724. „Swâ mergelhauben und veckelhauben beginnent gen einander strauben", Renner 11456. Die Schauhauben. Bey einem Turnier „in die Schauwhauben" Geld geben. Die Turneishauben, ä. Sp. Hauben schleifen (polieren); Freyb. Samml. II, 144 (ad 1392). Der Haubensmid; ibid. 121. Den ehmaligen wirzb. (Polizey-) Husaren wurden durch eine Verord. v. 1780 Czako- oder Filz-Hauben vorgeschrieben. Von der Ähnlichkeit mit der Kopfbedeckung: die Drischelhauben, das starke Leder am Ende vom Dreschflegel so wohl als von dessen Stiele, durch welches der Verbindungsriemen gezogen wird; bey Adelung: die Flegelkappe. Die Rupfhauben, (b. W.) Weibsperson, die die Haare nicht in Ordnung hält; auch eine Art Küechel; (s. unten: haubəté Küəchəl). Die Haubenhefftein, Person, die Hauben ꝛc. für Frauenzimmer verfertigt, mit einem vornehmeren Titel: Marchande de modes, (welches im Munde der nicht Französischgelehrten gerne: méchante mode lautet), Putzarbeiterin. 'Der Haubenstock, dummer Mensch; Zeitschr. III, 186, II, 1.' Das Haubentüechlein (Haubmtüəchl), leinen Tuch mit Spitzen, womit an einigen Orten die Bauern-Mädchen die Haare zusammen binden, Vitta; s. a. Haupttüechlein. Der Haubener, Haubner (Hábmer), (Nürnb.) der mit Kinderhauben, fertigen Brustflecken, Hemden, Strümpfen ꝛc. handelt. haubət, adj., hohlerhoben in Gestalt einer Haube; mhd. hûboht, BM. I, 724. *Haubəté* Küəchəl, eine Art Kuchen aus Mehl und Schmalz; *haubəté* Tauben, die wie mit einer Haube versehen sind. „Detur pro penna scriptori hawbote henna", schließt der Schreiber des Wiener Cod. DCLI, Denis I, III, 2547. haubenen (haubmə˜) Einen oder Eine, ihn, sie bey der Haube fassen, auf die Haube schlagen. R. A. Einem auf die Hauben gên, auf der Hauben seyn, sitzen, ihn scharf beobachten, strenge halten. (Etwa noch aus der Kunstsprache der ehmaligen Falkner?) Den Bösen auf die Hauben greifen; Seb. Frank.

heben (hébm, Ob.Js. héfm), ich hueb, hüeb, hebet; gehoben und gehebt (Zeitschr. III, 240,103); gehaben und gehabt und geheben (goth. hafjan, ahd. hefjan, mhd. heben: Prät. huop, Ptc. gehaben; Graff IV, 814. BM. I, 643. s. oben: haben, 3). Es sind sowol die Formen als die Bedeutungen vom alten habên (tenere) und vom alten hefian, heban (tollere) durcheinander gemengt. (Cf. der enthebede, abstinentiae, Cgm. 17, f. 145ª, oratio ad ps. 100; gehebede, substantia, ibid. f. 62ᵇ, Ps. 38,7.12. hebenusside, habitatione, ibid. f. 38ª, oratio ad ps. 22, '(Graff p. 86: habenussidе)'; unterhebnus, vicissitudo, Aug. eccl. 78, v. 1461, Vorderdeckel). 1) wie hchd., d. h. in die Höhe bewegen, tollere. „Schaw, weib, den schatz hab ich erhaben", H. Sachs 1560: V, 343 (1612: V, III, 11). „Erhebte Arbeit, anaglypha." überhaben seyn einer Mühe, st. überhoben; Prompt. v. 1618. 'Ein Ding hebet hôch, unhôch, es dünkt gewichtig, ungewichtig, man macht sich viel, wenig daraus; BM. I, 644ª,2.' „Die hailigkait der heiligen und engel alle hebt wider die heilligkait die an got leit als hoch als hoch der sunnen schein hebet, der durch ein nadelor gen mag, wider allen glast den die sunn hat"; Br. Berhtolt, Cgm. 1119, f. 60. cf. wegen. R. A. heben und legen mit Einem, alle Vortheile und Lasten wit ihm theilen; mit ihm auskommen. Zeitschr. VI, 147. „Swer bei in sitzet und Waid und Waßer mit in sucht, der sol auch mit in heben und legen als das der Stat anget"; Rainer, StdtR. v. 1332. Lori, L.Rain 50. „Soll jr getreuer Mitbürger seyn, mit jn heben und legen"; Fridberger StdtR. Lori 96. „Bist ein Wildfang, kannst mit den Leuten nicht heben und legen"; Bucher's s. W. IV, 250. '2) anheben, anfangen: BM. I, 643ᵇ, b.' „Damit ich ez mûz enden unde heben", Labr. 140. „Doch iagt in (den Hund Irre) an vil manger, der iagen weder hebet oder letzet", (anhebt oder endet?), das. 304. cf. 153. 'Hebenstreit als Personname; Grimm II, 961.' „Peter Heffenstreit" (jetzt, sonst Hebenstreit), Clm. 17020 (4⁰. XV. sec., 1462), f. 206. 3) halten. (s. oben haben, 2). Zeitschr. IV, 114,12. 501,10. V, 396, IV, 12.

Und wennst mə' kaə˜n Wei˜ nét zälst,
ums Biər is mər á' nét vịl,
und wennst mi' nachə' häls'n wịllst,
hébədər á nét stịll.

Guete Arbeit hebt lang, (hält, dauert). Nahrhafte Kost hebt lang her. Wo hebts denn? da hebts, wo 139
hält es, ist das Hinderniß, die Hemmung? da liegt der Knoten. Das Prompt. v. 1618 hat: „der sich nit heben laßt, indomitus, indomabilis." „Er laßt sich wol heben, mediocriter doctus est, haud excellit." „Die Augnhöbel, Augenlieder": Kaltenbrunner p. 201. „Und so lasts ná dé Glasscheibn (Brillen) in'n *Aug·nhöbeln* drà˜"; das. p. 176. „Der (Hund) is 's der eəm d· *Aughébln* lüfti aufbringt", Reizenbeck I, 86. „Vor lauter Schaun sán' má' d· *Aug·nhöbln* nàs", das. II, 172. „Kám wérk I ən Eicht, druckt's mə' d· *Augnghébəl* zuə", s. oben, Sp. 373: bretten. Vrgl. unten Hobel, Decke. Castelli, Wbch. 170: die Höb·l, Schale, Hülse; Nus *aushöbl·n*, die grüne Schale von den Nüssen nehmen. Der Hosenheber, (Obr.L.) Hosenträger.

anheben, 1) anhalten; sich anheben. 2) anfangen, neutr. et act.; „hat angeheben", Altötting. Historie. Grimm, Wbch. I, 370. Der Anheber, Anhalter, Andrücker; Anfänger, Urheber; Anfang, Anlaß, (b. W.). Es mueß alles einen Anheber haben. Grimm, Wbch. I, 371. anheben, adv., (Allgäu) wie man adverbialisch auch sagt anfangen: endlich einmal: 's gaut əm *a˜hebə˜* guət, es fängt an, ihm gut zu gehn. Der Anhebel (?). „Item um Korn und Habern, auch um Streu und Heu wollten wir einen guten Anhebl haben, da bedarf Ew. Gnad nicht um sorgen"; Kr. Ltghdl. IX, 139.

aufheben, 1) wie hchd.; Grimm, Wbch. I, 663 ff. „Aufheben ain dorf, depraedare villam; hueben auf den Marck Dölz, deprædarunt forum Tölz; aufhebten etwo vil dörfer; mit rauben und aufheben"; Cgm. 994, f, 234. 235. 254. Arnpeck 458. 459. 469. 2) aufhalten; offen hinhalten den Sack, die Hände. 3) aufbehalten, aufbewahren, hinterlegen. „Die auffgehabene Nutzungen", (die hinterlegten); L.R. von 1616: 346. Einem etwas raiten und aufheben, (in der Rechnung zu gut schreiben?) Kr. Lhdl. VII, 246. XVIII, 318. Einem etwas aufheben, ironisch: es ihm zu gut, eigentlich es sich hinter die Ohren schreiben; (HhE.) es ihm vorwerfen. Grimm, Wbch. I, 666,11. „Exprobrare, uffheben. Eins gebresten oder schand uffheben; eim sin geschlecht uffheben"; Voc. Melber. Si huben jhm sein Tadel an Seel und Leib auf"; Av. Chr. 191. „Und soll das ein Tail gen dem andern hinfur in arig nimmer auffheben noch geäfern"; Hist. Fris. II, II, 228. „Du solt got des nicht aufheben noch zeihen", Cgm. 54, f. 53ᵇ. „Daz wær mir ein aufhebung ob ich die ê (mein Gebot) nicht selber behielt", (hielte); Cgm. 54, f. 23ª. Eine Er, einen Verschmâch, Verdruß, eine Sau wird man bey Jemand mit einem Ding aufheben, wenn er es als Ehrenbezeugung, als Beleidigung oder als Unartigkeit aufnimmt. Grimm,

Wbch. I, 665,8. *Hà' kaə~ Êr aufg'hebt* də'mit. „auffheben mit Einem, congredi, committi cum aliquo; die Auffheber, ventilatores pilarii"; Prompt. v. 1618. Grimm, Wbch. I, 666,10. Das Auffheben, bey Avent.: 1) Streit, Feldzug (lever de bouclier?). „Das acht auffheben der Teutschen mit Juliano." „Ein Auffheben thuen oder haben." 2) der Ertrag, die Renten. „Das alt römisch Reich hat groß aufheben auß Egypten gehabt, ist ein Brotkast der Römer gewesen Die Obrigkeit im Pinzgaw und Pangaw behielten die Fürsten von Bayern, dz Auffheben reichet man St. Ruprecht gen Salzburg"; Chr. 146. 307. Vrgl. Grimm, Wbch. I, 667,4.

beheben etwas (ich behueb, habe behabt), ä. Sp., es (im Rechtsstreit mit Einem) nicht aufgeben müssen, es behaupten, zugesprochen erhalten, gewinnen. BM. I, 644. Grimm, Wbch. I, 1331. „Welcher tail die kundschaft behebt". . . . „vehüeb dann der clager das guet"; Ref. LR., Tit. 34, T. 37. „Das habent si alles hincz vns behabt vnd wir verloren", Cgm. 3941, f. 1, ad 1409. „Das haben wir verlorn und si behabt"; MB. XIII, 413. „Behabtes Recht", MB. II, 78. (cf. gl. a. 107: pihebitaz, retentum). abbeheben, anbeheben Einem etwas, es ihm abgewinnen vor Gericht. „Wirt im das gût abbehabt mit dem rechten." „Wær aber
140 daz der klager dem antwurter icht anbehüeb mit dem rechten." Die Abbehebung. MB. X, 217. XXIII, 215. Ref. L.R. a. Rchtb. Kr. Lhdl. III, 168.

'erheben, wie hchd.; BM. I, 645. Grimm, Wbch. I, 840 ff. unhôch erheben, s. oben: heben, 1. „Daz ich bî demselben knaben den wîben het unhôhe erhaben", (neben ihm bey den Weibern wenig gegolten hätte?), Helmbr. 210. sich erheben, derheben, a) wie hchd. b) entspringen. D' Isə *də hébt* si' i~'n Tyrol. s. urhab, urheblich.

einheben, 1) wie hchd. 2) einhalten. Sich einheben an einer Sache oder Person; figürl. eine Sache beharrlich verfolgen; bey einer Person sich in Gunst setzen. Beym Dreschen einheben, den Takt halten. Einem Sterbenden das Liecht einheben, es ihm unter Gebet vor's Gesicht halten.

„überheben sich, eferre se insolenter"; Prompt. v. 1618. überheben Einen, ihn durch Übernahme eines Theils der ihn treffenden Arbeit erleichtern. Də' Buə' is no~ z' gring zə dèrər Arbət, mə~ muəs' n no~ guəting *übə'hébm*.

urheblich, ursprünglich. „Obschon das weibliche Geschlecht urheblich von einer Rippen, als von einem Bein herstammet, so ist es doch nicht hart oder verbeint, sondern von Natur weichherzig." „Die Walfart in Tara, welche seinen urheblichen Anfang genommen von einem Hennenay"; P. Abraham. Urhab, a. Sp., origo. s. erheben.

verheben, verhalten, zuhalten, zurück halten. Das Maul, ein Loch ꝛc. verheben. Das Lachen, den Schwaiß verheben. verheben Einem etwas, es ihm „vorhalten", verweisen, ihn deshalb schelten.

zuheben, 1) zuhalten; das Maul zuheben. 2) beystehen, helfen.

Die Hebamm, b. W. Hebangin; (s. Hefang, Hefangin), die Hebamme. Das Hebbâum-Trinken, das Hebmâl, der Hebwein, Trunk, Mahl der Zimmerleute und Maurer nach dem Geschäft des Hebens oder Aufhebens, d. i. der Aufstellung des Dachstuhles auf ein Gebäude. „Die Hebmutter, colica", Hübner's Voc. v. 1445. „Kilian: „hefmoeder, vulvae exanimatio." „LubstECKh hilft colicis den dy da hefmuter haben", Clm. 5931, f. 217. cf. Bervater, Bermuetter. Der Hebstecken, Stab, sich daran zu halten; fig. wie Stütze. Jetz ist mir mein letzter Hebstecken weggestorben. Der Hebtremel, Hebel.

Die Hebe, ä. Sp., Habe; Befinden. s. oben, Sp. 1033.

hebig, beheb, behebig, haltend; fest, stark; karg, tenax. Grimm, Wbch. I, 1331. Vilmar, heff. Idiot. 155. Zeitschr. VI, 147. 292 (keif). „Das Weib war verstockter und behäber denn kain Mann", Dr. Eck. einhebig. „Als der Schwed 1632 gegen München ruckte, hat die Mutter des Ridler Nonnenklosters nit wöllen zusehen, daß ihre keusche Täublein sollen von denen scharpfen einhebigen Klatten deren unkatholischen Raubvöglen ergriffen werden." geheb, gehebig (ghébi, ghibi'), anhaltend, aushaltend; fest, stark, wirksam, kräftig; munter; Graff IV, 739. BM. I, 602. 646. s. oben gehäbig. Gl. i. 534: „seria, gihepi", Prud. hym. ante cibum V, 18. „gehibig, cedere nescius"; Prompt. v. 1618. g'heb, (schwäb., Rath Her) enge, dicht schließend. Vilmar, heff. Idiot. 155. „Und habe wir gar gehebe valten", (Mantelsäcke); Renner 14205. „Das hertz schol man geheb zuclaiben das der stück (des Glaubens) kains daraus mug reisen", Cgm. 714, f. 281. „Ergriff seinen Kolben mit beyden Händen und klopfte rechts und links dermassen plump und küebig drein, bis er endlich auf den todten Körpern sich einen Weg zu seinem Sohn machte"; Ofele II, 729. „D' Mádlá schaun *köwi'* drein", wenn die Zither geschlagen wird, („zuthunlich, übermüthig, lüstern"); Seidl, Flinserln III, 38. 114. Də' Hans hàt àlləwál ganz leid ausgsegng, iətz wird ər àbə' widə' 141
ghébi'. „Gusman wird durch ein sonderbares gehebiges Mittel reich"; Albertin, Gusm. von Alf. (cf. ä. Sp. hebig, gravis, praecipuus. BM. I, 646).

Die Heberet (Heb-eret?), das Pflügen (im Gegensatz zur Ernte). „Zur Zeit der Ernte und der Heberet"; Auerbach's schwarzw. Dorfgesch. I, 179 (176).

Die Heben (Hébm), (West-OPf., Franken) die Hippe, krummes Handbeil, womit Fichtenzweige zu Streu gehackt (g'schneckelt) werden. Rheinpfalz: die Hoob, (Nadler). (Gl. o. 28: habba, heppa, falcastrum. Graff IV, 752. BM. I, 661).

Die Héb, die aphthae, das Mundschwämmchen, der Milchschorf, ein Übel an der Haut der innern Mundtheile saugender Kinder, wodurch diese weiß wird und sich ablöst, hie und da auch Kurfis, Melhund, Melgrat genannt, niedersächs. Voß oder Sprau. Auch an der Brustwarze der Säugenden und an den Gedärmen kommt eine Heb vor. s. unten Hufplat.

Hebel, Höbel, Augenhöbel, s. oben, Sp. 1036.

Der Hib, wie hchd. Hieb. Zeitschr. VI, 150. 404,11: Rausch; Beigeschmack. Merkwürdig, daß wol die schweizerische Mundart ein ie (iə), die bayrische aber nur i vernehmen läßt (Hiw), als hätte sie dieses Wort erst aus dem Hochdeutschen entlehnt. Vrgl. Grimm. I, 1039. II, 13. „Und bricht mä 's Herz no alli *Hieb*, (Reim auf „Dieb"; vrgl. oben, Sp. 677, unter Trost), alle Augenblicke; Lindermayr 133. In Schwaben soll Hui (Hiu?) zu hören seyn. s. hauen. Hib-ei~ (-◡) geben, kriegen, scherzh. Schläge geben, bekommen. gehiben st. gehauen, bayer. Bus- und Frevelord. v. 1586, passim. „Dem ward die recht hand abgehieben", H. Sachs 1560: II, III, 166. „Was hast mir den baum abgehieben", das. 1612: IV, III, 31; und gleich drauf: „Hab ich den baum doch ghawen ab." „Het jm brennholz abgehieben", das. 1560: V, 376. In Franken kommt auch: du hébst, er hébt für hau'st, haut vor. s. hauen.

„Hobat, (Straubing) Wiese, die beym Hause liegt", Hofwiese; (Hofmad?).

„Der Hobit", (Nytsch.) Vortheil, Profit. „Dàu kumt ə' schlèchtə' *Hobit* raus."

Der Hobel, Decke, Deckel; BM. I, 695. s. oben, Sp. 1036, heben: Aug'nhöbel. „Suocht mir decken zeinem kobel, daz man dar über einen hobel mit grüenen hiuten ziehe"; S. Helbling I, 627. „Wirt mir niht scharlach unde zobel, ez wirt mir eins gebüren hobel von eim guoten Pöltingære"; das. XIII, 180. „Ab im zart er den überdon und warf den bârhobel dan", Servatius 3421, Haupt's Zeitschr. V, 178. Der Hobelwagen, Kobelwagen: Frisch I, 457. 530.

Der Hobel, 1) wie hchd. BM. I, 723: hovel, hobel. Zeitschr. IV, 205. V, 148. VI, 152. 279,1: blås mər in *Hôb·l!* „Ob die beschreibunge dunckel und ungehöbelt wurde angesehen"; Vegetius v. 1529: II, 4. hinhobeln, abhobeln, behobeln. 2) (Ammer) eine Art Fischnetz, das wie eine Reuse eingerichtet und gebraucht wird. 3) (Nptsch.) der Teufel. Wêi də' *Hobəl!*

hobeln. „Laß dir machen ein gehobeltz bad in einer potigen" (zum Schwitzen); Ortolph. Vrgl. allenfalls das Folgende.

höbeln. Nach Aventin's Etymologie deutscher Namen ist „Amaley eine, die Kinder ämelt oder höbelt." Vrgl. haibeln und Gl. i. 549: hapaluntemo, lactante (sinu nutrias). Gl. i. 388: minnihafto hepinota, benigne exhibuit; cf. 386. „Er hebenote in ze ware daz den ub er sîn sun ware", Diut. III, 77. „Daz es (das Reich) sein untertanes volk heppe und haie in reichtum des frids"; Ms. v. 1435. Graff IV, 737. 828: hebinôn, hefenôn. Vrgl. brem.-niedersächs. Wbch. V, 388: heuber, heubern, adj. u. adv., subtil, behutsam, sorgfältig, vorsichtig.

'hoben, aus hie oben, s. hie.'

Die Hubən, die Hoboe, (hautbois). Der Hubenist, der Hoboist; der Militär-Musicus überhaupt.

Der Hübel, 1) der Hügel, die Erhöhung; BM. I, 647: hüebel. Vilmar, hess. Idiot. 179. Zeitschr. II, 552,36. III, 47,11. IV, 200. V, 474. „Hewffel, collis"; Voc. v. 1445. 2) die Beule, Frosthübel; s. a. Hüppel. 3) der Kopf, in der R. A. Hê henkt də *Hübəl;* (Weihers, Dr. K. Roth).

'hüben, aus hie üben, s. hie.'

Der Abhub (eigentl. Abhueb), was von der Tafel als Rest wieder (abgehoben) abgetragen wird; bayreuth. Hofordo.

Die Hueb (Huəb), Inbegriff von 15, 20 bis 30 Jucherten Feldes ohne Rücksicht auf Wohn- und Wirthschaftsgebäude; Hufe; (ahd. huoba, mhd. huobe; Graff IV, 753. Weigand, Wbch. I, 519. BM. I, 729. Plur. die Hube. „Sîne (des armen Fischers) huobe lâgen ûf dem sê", Gregor v. d. St. 1031. „Ich trage sie alle samt hie die huobe (Lachmann: die habe; vrgl. Ausgabe v. Bech, S. 192, Anmerk.) die mir mîn vater lie", das. 1524. Zeitschr. V, 270,26. cf. holl. hoef oder hoeve, fem., Hufe, Bauernhof). Es wurden nach dem bisher üblichen sogenannten Hof-Fuß gewöhnlich zwo Hueben auf einen (ganzen) Hof gerechnet; (Zirngibl, Hainspach 151. 244. Ertel, Prax. aur. I, 26). Am Inn ist die Hueb ein Viertelhof, (Regnet). Im Eichstedtischen hat eine grôße Hueb 18, eine klaine 16, ein Hüebelein 8 Jucherte. d· Huəbm, (in Oberaudorf, vielleicht auch anderwärts) das Wirthshaus. Die Ganhuebe, s. Herm. Müller, lex Salica 167 und vrgl. Th. I, 137, Erbe: Ganerbe. behüebt, mit liegenden Gründen
142 versehen. „Starckh behiebte güeter", MB. XXII, 746, ad 1619. Der Hueber, Hüebner, Huebmer, 1) Besitzer eines halben Hofes oder einer Hube, Hüfner, Hübner, Hübler; 2) was „Grundhold, Gutsmayer" überhaupt. „Colonus vulgariter pauman vel huber", Clm. 5685 (XV. sec., 1412), f. 57. Das Hubmer-Recht in Kesching a⁰. 1401 soviel als Dorfrecht, Ehaftrecht. MB. XVIII, 262. 692. Der Geschäftleinhueber (Gschäfftlhuəbə'), Person, die sich in kleinlicher, überflüssiger Geschäftigkeit gefällt. Der G·spafs·lhuəbə', (Lichtenthaler). Der Vorhübner, Nachhübner, (Nürnb.) Vorfahrer, Nachfolger im Gute, oder im Amte, oder im Ehebette ꝛc. Das Huebgelt, census feudalis; MB. XVIII, 131, ad 1331. BM. I, 523. „Das Hübgericht von dem hof zu N.", Abgabe gewisser Art; Cbm. 1524, f. 11ᵇ. BM. II, 624. cf. Gericht, Recht. Das Huebhaus, der Huebschreiber, Huebmaister. „Sein gut, hab vnd allen rat er im hubhaus verstolen hat. Sein hubschreiberampt macht im warm", M. Beham, Wiener 17,15. 16. „Der pankart schalauczer nam mir in dem hubhaus funff schilling schir, dy mir mein herr der kaiser ab dem ungelt allen samstag gab. Disen pöswiht vnd aister sy da saczten hubmaister. Der nam daz ungelt allez, daz in dem hubhauß gevallen was"; das. 77,3—10. „Vnd ainer, hieß der wisent, der... wart ym ungelt hubmaister", das. 222,4. Der Huebkasten, (Franken) amtlicher Getreidboden. Das Huebrecht, Hurecht, Huprecht, jus precarium; MB. XXIII, 60, ad 1326. XXII, 229. 245, ad 1283. (s. Freystift). Huoba, gl. a. 13. 46. 630. o. 380. 141: mansus; a. 28. 616: ariola; lanthuoba, ruricula, a. 531; legerhuoba, absa, a. 499. o. 341; hreiti huaba, colonia, a. 70; huobare, colonus, i. 623; ein hubman, feodalis, Voc. v. 1419. Hueb, als necessaria agri mensura vel portio genommen, könnte zum niederdeutschen und nordischen hof (mensura, portio, id quod necessarium), wovon auch das hchd. Behuf (d. h. Behuef) ist, gehören. cf. gl. i. 1141. 1171: pihuobido, praesumptione; pihuopot sih, promittit se. (Graff IV, 754 frägt, ob wirklich bihuopot statt bihupot im Cod. Teg. 1.) Mone (Anzeiger 1836, p. 44) denkt an uoba, colonia.

Das Hüebelein, so viel an Speise, als mit dem Löffel, der Gabel oder den Fingern auf einmal genommen werden mag, eine Portion, ein Bischen. (Ich bin indessen nicht sicher, ob der Wurzelsylbe wirklich üe oder ü, ie oder i gehöre. S. d. vorige). Huəb, großer, Hüəbl, kleiner Löffel voll; (Kitzbühel).

---

hübsch (o.pf. hü'sch, hisch), wie hchd. (ahd. hofisc, mhd. hövesch, höfsch; Graff IV, 831. Grimm I³, 155. BM. I, 701. Weigand, Wbch. I, 520. Vrgl. höfisch und hisch). Die Voc. v. 1419 u. 1445 haben „hubsch, curialis; Cbm. 5877, f. 119: honestus. Dieses Adj. scheint also von Hof gebildet und dem romanischen cortes, cortese, courtois, wie das alte Hübische, Hübscherin, Hübslerin (Gl. v. 1418. Augsb. Stdtb.), hubskune (pellex, Augsb. Stdtb., Freyb. 7) dem romanischen cortesana, cortigiana, courtisanne (Diez, Wbch. 112) entsprechend. „Mainst, ich sei ein heubscherin", Ring 12ᵇ,10. „Die riffianin lief dahin sam ein andreu heubscherin, das. 17ᵇ,6. „Nun hett sie ein buelschaft, der kam zu derselben seiner hübschen", Chron. bey Freyb. I, 145. „Daz er ze hübesch' wart ir man", (coitu illegiali illam cognoverat); v. d. Hagen, Ges. Abent. LXVIII, 930. Grimm, altd. Wldr. I, 65. Tobler 269. „Kein edeler man selbander sol mit einem leffel sûfen niht: daz zimet hübschen liuten wol", Haupt's Zeitschr. VI, 489,35. 48. „Facetus, urbanus, hübsch; facetia, hübschait; superstitiosus, uberhübsch"; Semansh. 34, f. 208. 207ᵇ. Clm. 5877 (XV. sec., 1449), f. 114. hübsch, wohlgezogen, freundlich, (also noch die ursprüngliche Bedeutung: cortese; Gastein). Der alte Straubinger zu Lend, ə˜ *hübschə'* Mann. „Der habichwind sol ein hübsche (mäßige) grœsse haben, ob er den habich trœte, das er im deste weniger schaden prächt", Büchlein vom Baißen (1497). Im ironischen Sinne sagt man z. B. du bist âuch hübsch kommen, .. das wirst du âuch hübsch kriegen, d. h. nicht; und (an der Ob.Isar) z. B. das ist hübsch, die Hauben stêt ir so hübsch, d. h. wunderlich, sonderbar. Vrgl. hisch. Zeitschr. III, 21. 406,50. V, 183. VI, 107,8. hübschlich, (ä.Sp.) auf feine, listige Weise; sachte, allmählich. Vrgl. zimlich. Zeitschr. V, 258,12. VI, 155. „Cicero ward durch der Triumviren hübschlich anrichten in das Elend verjagt." „J. Cäsar rang hübschlich mit der Zeit nach der einigen Regierung." „Stellet jm heimlich und hüpschlich nach dem Leben." „Die Hauptleut beschiffen jr Knecht hüpschlich mit vil Finanz"; Av. Chr. 110. 242. 272. 'hübschen, ä.Sp., mhd. höveschen, den Hof machen; BM. I, 701 f.' „Hövveschent mîne sinne dar", (courtoiser);

Walther v. d. V. 62,21. „Niclaus der Hubswirth, burger ze Munchen", als Zeuge, 3. April 1359; oberbayer. Archiv, Bnd. V, 192.

(Vrgl. Hah, heh, ꝛc.)

143 Der Hach, Hachəs, Hachəl, Dim. das Háchəsl', gewöhnlich mit dem Beysatz grob, ein verachtendes Appellativ. Grimm, Wbch. IV, II, 96—98. Vilmar, heſſ. Idiot. 142. „Man sol der ſeu ſpuloch und cleu zuſamen machen: noch minner danckh hat mein geſank vor manchen hachen", Cgm. 291, f. 37ᵃ. „Wider dy groben zolker und rauchen hachen er ſich ſprieß", Mich. Beham, Wiener 62,23. Das Prompt. v. 1618 hat: „ein junger Hach", feroculus, audaculus. „Ihr große Hachaln, die ihr euch immer hintereinander verſteckt, merkt auf mich"; der Pfarrer in Bucher's Kinderlehre. Henneberg: Geizhache ſt. Geizhals. (Ein Contractum vom alten Habich, ſ. Hacht; oder nach Gramm. p. 516 der ehmalige Mannsname Hâche? BM. I, 607. Grimm, a. a. O. 97. Cf. čeſk. hoch, Burſche; hoſſek, Bübchen; hochna, Dirne).

Der „Háchelwáchel", (Zpſ. Ms.) ein unachtſamer Menſch.

Die Hächel (Háchəl), wie hchd. Hechel (mhd. hachele, hechele; Graff IV, 763. BM. I, 607. Zeitſchr. V, 445. 11); fig. altes Weib. „Fraw Hächel" heißt die Hexe im Ring 51ᵃ,13. 52ᵈ,31. „Do ſchied er von der mächlen (Kupplerin); do was der alten hächlen ir hand gar wol beraten", (ſie hatte Geld darin); Cgm. 270, f. 86 (379, f. 46). Das Gehächel ('s G'hachlət; ObrM.), Felſen in der Donau ob Paſſau; (v. Hächel? ſ. auch Hägken: Gehäckelt, hacken und das Kachelt). R.A. Das freut mich, wie'n Hund 's *Háchəllèckə~*, d. h. nicht gar ſehr. hächeln, wie hchd. (mhd. hachelen, hechelen); fig. háchəln, ſtrafen? Zeitſchr. III, 190,66. Kartſch II, 96. Caſtelli, Wbch. 160: hách'ln. Ein gehächleter Menſch, „homo comptus delicatus"; Prompt. v. 1618.

Die Hachel, (Wagner-Sp.) zwey Hölzer, die wie Arme am vordern Rädergeſtell des Wagens befeſtigt ſind, und in welche da, wo ſie zuſammen laufen, die Deichſel eingehängt wird, (Deichſelarme, Zwiſel). cf. Graff IV, 797. Mein Daumen iſt aus der Hechel, aus dem Gelenk; (Frau). Die Háchel, Name einer Thalgegend zwiſchen dem Schlier- und Spitzingſee. Vrgl. auch Hähel.

Der Hachel, ä. Sp., Mantel, (ahd. hachul, mhd. hachel; Graff IV, 797. BM. I, 607. Grimm, Mythol.² p. 875. 133. 1205. Vilmar, heſſ. Idiot. 143). Cf. Hocke, niederd. Hoike (Zeitſchr. V, 520,8), agſ. engl. hackle, (Müller, etym. Wbch. d. engl. Spr. I, 181). „Den hoiken ji nâ dem winde kêren", ſagt Claws Bûr (Vers 729; ſ. Anm. p. 101) zum Doctor. „Ic giſe to cnawlece See. Peter min meſſe-hacel and min ſtol and min ræf", I give expreſſly to St. Peter my maſſhackle and my ſtole and my reef; Saxon. Chron., Ingram p. 156, ad 963. Der Meßhachel, ſ. unten: die Meſs u. vrgl. Hähel.

Hachel. „iz (is)-hacheln, stiria"; gl. a. 820. Dieſenbach 553ᶜ.

„hacheln, hach'ln, eſſen"; Caſtelli, Wbch. 160. Wol das jüdiſch-deutſche acheln (hebr. achal); Grimm, Wbch. I, 162. Vilmar, heſſ. Idiot. 3.

hauchen, den Kopf und den Obertheil des Körpers ſinken, vorwärts hängen laſſen; conquiniscere, (Avent. Gramm.); ducken, kauern. „Da ich ſchwermütig auf mir ſelber haucht"; H. Sachs 1612: I, 640. „Und ſchlich nach einer heck hinauf und haucht darnider in den klee und in eim druck..."; daſ. II, IV, 152 (1560: II, IV, 75). „Dieweil jhr euch all nider haucht", (ducket); daſ. IV, III, 88 (1560: IV, III, 40). „Hauch nun nider und druck bald ab..."; daſ. IV, III, 110 (1560: IV, III, 50). *Hauch di'*, Buttlə~! duck dich, Hühnchen! (Erlangen). Pfadehaucher, ä. Sp., Wegelauerer, Straßenräuber; BM. II, 485: phathucke, phadehuche, phadehawche. „Allen dyben, röwbern, phadehawchen, mortprennern", Clm. 12011, f. 68. Vilmar, heſſ. Idiot. 177: huchen. Zeitſchr. IV, 171. Zuſammenhauchen und ſich zuſammenhauchen. Der guete Mann haucht ſich (vor Alter) ſchon recht zuſammen. Der Salat, das Backwerk . . iſt ganz zuſammengehaucht. hin, her, fort ꝛc. hauchen, mit eingeſunkenem Körper gehen. hauchend (hauchə~d), den Kopf, den Obertheil des Körpers vorhängen laſſend. Zeitſchr. II, 517. Kilian: „hucken, desidere; huckend, subsidens, incuruus, pandus. Cf. kauchen (= g'hauchen?); ſich niderkauchen, kauern, (Aſchaff.).

Das Hechenrecht (?), ä. Sp.; „jus de navibus quoddam hechenrecht nominatum"; Lang, Regesta B. II, 128, ad 1222.

hechezen, hichezen, keuchen; ſchluchzen; vom Pferd: wiehern. Vilmar, heſſ. Idiot. 167: hicheln. Zeitſchr. II, 134: hächen; III, 329. 337: hicheln, hichzen, hiechen, hüchten, hechezen; IV, 34. 107. V, 354. VI, 111. VII Com.: hicheln, wiehern; heckezen, ſchluchzen. Das Gehich; „von dem gehich des hirßen", Jagdbuch v. 1437, Clm. 4373, 118. ſ. Kik.

heuchlet, wirklich (? Etwa hoihhlət, höchlich?). „Eə' tuət eəm so schmeichlət beim Exteratanz, maə~t, 's Deə'nl wá' *heuchlət* ə güldené Gans"; Pangkofer 180.

hôch, hœch (houhh, haəhh; hou', haə'; hêihh, hoihh, hèəhh, hèi', hoi, hèə, Gramm. 330. 362. 495. 580. 583. 584) wie hchd. hoch; (goth. hauhs, ahd. hôh, haoh, mhd. hôch, hô; Graff IV, 772. BM. I, 695. Zeitſchr. II, 77,5,20. VI, 152); Compar. hôher: mhd. hôher ſtân, ûf hôher ſtân (gân), ſich weiter weg ſtellen, zurückweichen; BM. I, 697. Vollmer zu Gudrun 525, Anm. p. 189. „Der wachter und der torwertel muſten auf hocher ſtan", Hugdietrich 172, Haupt's Zeitſchr. IV, 420. haəhhətət, adj., etwas hochfährtig. Dé sán scho~ *haəhhətət*", tirol. Kircht. 1819, p. 26.

Der Hôchacker, 1) Acker, der hoch oder auf der Anhöhe liegt. 2) altes, ehmaliges Ackerbeet, wie man ſie hie und da in Wäldern, und nicht ſelten mit tauſendjährigen Eichen überwachſen, findet; beſonders in der Nähe ehmaliger römiſcher Lager und Schanzen vorkommend, alſo von den römiſchen Legionen herrührend. Wenigſtens ſeit dem 10. Jahrh. nicht mehr bebaut, weil auf denen, die von der neuen Nebenſtraße von Perlach nach Biberg durchſchnitten werden, etwa 1 Schuh tief eine große Menge kleiner ungariſcher Hufeiſen gefunden. (Von der Römerſtraße, die alſo früher, nicht durchſchnitten.) Bayr. Annalen 1835, p. 348—350). Vrgl. Hôchſträß. Das Hôchbett, (Baur) Oberbett, Deckbett.

Die Hochenau und das Hôchenâu (zu ſupplieren: Schiff?). Das Hauptſchiff bey einem Schiffzug, d. h. bey mehrern Schiffen, die in Verbindung miteinander mittels Pferden ſtromaufwärts gezogen werden. Es iſt 130—148 Schuh lang. „Aus denen 4 Salzſchiffen heißt das vorderſte das Hohenau, das zweyte der vordere Anhang, das dritte der Schwemmer und das vierte der hintere Anhang, worauf zuſammen bis Regenſpurg 16 bis 18 Pfund (ſ. Pfund) Salzes, von dort bis Donauwörth aber nur 10—12 Pfund geladen und verführt werden können. Insbeſondre hat jeder Salzſchiffzug ein Küchen-Schif und Haaber-Zilen bey ſich"; Lori, BergR. 641. Lexikon von Bayern I, 486—492: Die Hohenau kann 2000 Centner laden; auf ein Pferd werden 100 Centner gerechnet. Die Klobzülen, was Hohenau. Der Nebenbey wird gewöhnlich der Hohenau angehängt, etwas kleiner oder nicht. Der Schwemmer, 112—124 Schuh lang, dient blos zum Gegentrieb (ſtromauf). Der Kelhamer, 115—120 Schuh lang, trägt in der Naufahrt 2000 Centner, im Gegentrieb nur an 300—400 Centner. Kleinere Kelhamer, die in der Naufahrt 600, 700, 900 Centner tragen, heißen Sechſerin, Sibnerin, Neunerin. Gamſela, 90—110 Fuß lang, trägt in der Naufahrt 400—600 Centner.

Plätten, dreierley, die 180, 220 und 280 Centner tragen. Züln. Nach folgenden Stellen scheint Hohenau auch den ganzen Schiffzug zu bedeuten. „Ein Han-
144 delsmann von Passau führte ein grosse Hohenau oder Schiffahrt mit Getraid auffwerts auff dem Ynstrom ....; ist die Hohenau rinnend worden und Roß und Leut hinder sich gezogen ..“; Altötting. Histori v. 1718. „Die Laufener Schiffleut sollen zu den Hochenauen und andern Schiffahrten nicht gelassen werden“; salzb. Schiffsord. v. 1581. Lori, BergR. 324. 495. „Daß von den ersten zweyen nach Regenspurg ankommenden Hohenauern eines zu Regenspurg gelassen, und solches eine aus den zwey Hohenauern eines jeden Jahrs fürüber nach Ingolstadt nicht geführt werden solle“; Salzvertrag von 1615. Lori, BergR. 400. Urfehde Caspar Hertneids, Wasserkünstlers von Augsburg (von 1445), der den Wienern versprochen, „er well in (ihnen) die Tunaw bei dem Tobling pach mit volligem fluß, das ein gevasste Hochenawerinn schiffig stetlich wol ein und aus gen mug, herein pringen und laiten zu der stat in den arm“, — es aber nicht gehalten; Hormayr's Wien, II. Bnd., Urk. Nr. CIV. Das Prompt. von 1618 hat: „Hohenaw, corbita hippagoga, navis oneraria adverso flamine trahenda.“ Im „Azwinischen Bogen“ (Straubing, 1679, pp. 19. 125 ff. 145) steht statt Hohenau immer Hagenau. Gemeiner in den Geöffn. Archiven I, 194 schreibt: „die Hohenau, d. h. die Stromfahrt gegen den Fluß.“ Die auf der Donau stromaufwärts nach Bogen geschwommene Muttergottes von Stein ist dem guten Abt Dominik eine Englische, eine Wunder-Hagenau. In seiner Begeisterung singt er p. 130:

„Hagenauer, schlaget ein alles Gschlecht
der Schiff-Knecht,
schnalzt zusammen, schreit und sprecht:
Ho ho ho, reidt an, reidt an!
Ho ho ho, dauch an, dauch an!
Jodl dauch an, Jodl dauch an!
Ho, dauch an mein Steuer-Mann!
Thut Ehr beweisen der Wunder-Hagenau.
Die Rueder niedersenckt und grüesset dise Fraw!
Dein Gemüeth und Hertze wendt, den schönen Ort anschaw!
Den Schiff-Leuthn ist sie gewogn
unser Liebe Fraw von Pogn.
Jodl dauch an, Jodl dauch an,
nur fein dapffer angezogn!“

höchenauen, vrb., Schiffe mittels vorgespannter Pferde stromaufwärts führen; schon in einer Urk. v. 1332, hist. Abh. d. Akad. IV, 591. „Ein Wasser, darauf man hohenauet und aufwärts mit Schiffen fehrt“, Avent. Chr. f. 40. „Das Hohenauen darf mit Gebäu (am Wasser) nicht verhindert werden“; Peg. de servitt. „Hochenauen heißt das Gegenfahren mit Salz wider Waßer auf der Donau, welches bis Donauwert beschieht. Zu dieser Gegenfahrt unterhält Bayern 5 Schöfzüg, deren jeder bis in die 12 dienstbare Schiffe in Bereitschaft hat. Jeder Schöfzug fahrt auf einmal mit 4 gedauchten Böden (geladnen Salzschiffen) ab, dabey 40 Pferd und 54 Personen Dienst thun“; Lori, BergR. 641. Der Hochenauer, der mit Schiffzügen stromaufwärts fährt. „Item es soll ein jeder Hohenauer mit seinem eignen Zug ein Schiff führen, und kein Lohnros nicht haben, doch in solcher Bescheiden, ob er mehr Schiff hiet in dem Land, so soll er doch nicht ee anziehen, unz daß seine Ros und Knecht aus der Fahrt die er vor gethan hat, wider naw
145 in das Land komt . . . Wär aber Sach, daß er schifften müßt in das In oder in die Iser . . . .“; Schiffmeister-Übereinkunft v. 1455 zu Ips. Gem. Reg. Chr. III, 234. Unter den kurfürstl. bayr. Schiffsoffizieren und Bedienten des Oberst-Stallmeisterstabes wurden ehmals auch Hohenauknechte aufgeführt. Ob höchenauen von Hochenau, oder dieses von jenem gebildet, und im ersten Fall die Hochenau als Höche Nâu (s. Nau), oder als eine etwa ursprünglich zu Höchenâu am Inn (nach MB. III, 563. XVII, 1. Hist. Fris. II, II, 17. 18, ad 1255 verschieden von Alten Hochenau und eine Civitas, also vielleicht Wasserburg) gebaute Art Schiff zu erklären, (vrgl. Kelhamer, Rottal, Wachauer), oder ob im zweiten Falle höchenauen vom Verb œuen, öwen, oder dem Adverb en âu (s. âu) hergenommen sey, oder auch ob nichts von all diesem statthabe, zu entscheiden, hab ich nicht Daten genug. Cf. v. Koch-Sternfeld in Hübschmann's Münch. Calender v. 1827.

Hochbalg, s. oben, Sp. 236: Balg.

Hönhart, aus Hohenhart: „an dem wald genant der hohenhart“, Cgm. 3941, f. 101b; — wie Höhenkirchen, Höhenlinden, Höhenrain, Höhenried, Höhenstatt (Badeort bey Passau); Höhendorf im Decanat Päl (s. Päl); Höchstätt. Warum Höhen- (Hêhhə˜ oder Héhhə˜?) und nicht Höhenhart rc.? (aus „ze'm“ oder „in dem hôhin harte erklärt? Graff IV, 778. cf. Burg Lengenfeld = ze'm lengen velt. „Über das lang velt“, Gemeiner, Chron. II, 158).

Die Höchfart (Hou'fərt), die Hoffart; (mhd. hôchvart, genit. hôchverte; BM. III, 253. „Hofferte bolz!“ Renner 12025. cf. dän. hovmod, Hochmuth, wie hchd. Hof-fart). hôchfertig (hou'ferti'), hoffärtig; (hohvartiger, contumax, gl. i. 544. „Ne uuesent hohfertig“, nolite efferi; Notk. 74,6. Graff III, 586. BM. III, 258). hôch gên, sich hochmüthig betragen. hôchgesehen (haəhhgsèəhhə˜, haəgs'n), O.L. 1) im guten Sinne: hochansehnlich. 2) im schlimmen Sinne: sich vornehm dünkend, hochmüthig. Die Höchsträß, erhobene, chaussierte Straße, Chaussée; Straße, die auf Höhen fortzieht; ehmalige Straße, besonders eine sogenannte Römerstraße. Vrgl. Höchacker. hôchtragen, adj., hochmüthig; schwed. högdragen.

Die Höchstube. „A' sodl had dá' Bau' in dá' *Haohstub'n* om g'schrirn“, Stelzhamer p. 71.

Die hôche Zeit, die hôch Zeit, 1) die festliche Zeit, das Fest, namentlich Ostern, Weihnachten, Pfingsten, Allerheiligen; (mhd. hôchzît, hôchgezît; BM. III, 913. Zeitschr. II, 275,12. IV, 107,32. VI, 120,45. 468). „s schönə' Gwand muəs mə˜ auf *houhhé Zeidn* aufspàrn.“ Z' *houhhng Zeidn* éssmər á'-r-ə˜ Fleisch, an hohen Festtagen essen wir auch Fleisch. „Irrent es hochgezeit, das man den Jartach nit begen mach auf den Tach“, MB. VIII, 228, ad 1316. „All Jar sechs Chas ze den drey Hochzeiten“, d. h. Weihnachten, Ostern und Pfingsten; MB. V, 192. „Daß man an allem unser Frauentag, an (ohne) zu den vier hochzeiten und meinem Jartag jeglichem Herrn (im Kloster) ein Trinckhen Weines geben soll“; MB. V, 408, ad 1304. „Umb der kind trinkchen aus dem chelich ist gesprochen, das der pfarrer den chinden zu hochzeiten aus dem kelich zu trinkchen geben sol, so sullen die zechläwt den wein darzu geben“, Herzog Hainrichs Spruch im Chrieg zwischen dem Pfarrer und den Pfarrleuten zu Bischolsdorf im Innviertel (1411), Cgm. 3491 `(3941)', f. 93. „Als die pfarrlewt sprechent es wel der pfarrer irn kindern aus dem kelich zu den ostern nicht ze trinkchen geben, sprechen wir, das der pfarrer iren kindern ze trinkchen sol geben zu heiligen zeiten so sullen die zechlewt den wein darzu geben“; das. f. 172 (cf. 175a unten). Eines Heiligen (z. B. St. Kilians, sant Mauritius, sant Hainbrantz) Hochzit, festum; MB. (Hohenwart) XVII, 113. In Regensburg durften nur zu den vier hohen Zeiten, als an St. Veits Hochzeit, an St. Görgen Hochzeit (cf. Messe) Krapfen gebacken werden. Gem. Chron. I, 462, ad 1306. „Hochzeit der heil. Zwelfpoten als si getailt wurden in die werlt“, (15. Juli), MB. XXIV, 135. hochzeitlich, a. Sp., festlich, hochfesttäglich. „All unser frauen abent, all zwelfpoten nacht, all hochzeitlich nacht“, MB. XIII, 438, ad 1435. In der von Essischen Bibelübersetzung steht (Matth. XXII, 11 und 12) Festkleid statt des hochzeitlichen Kleides der ältern Übersetzungen. 2) (ä. Feudal-Spr.) Art Abgabe, welche von den Lehenholden gewöhnlich zu gewissen Festzeiten an die 146
Lehensherren entrichtet werden mußte. „Und sollen in

geben albeg zu weinnachten ein hochzeit, di sechs guter Regensb. pfennig wert sey"; MB. XV, 423, ad 1404. cf. XVIII, 393. „Für ein Hochzeit drey Schilling pfenning Münchner"; MB. X, 586, ad 1526. „Das (Gut) giltet ein halb phunt municher pfenning und ein Hochzeit" rc. MB. X, 498, ad 1342. „Zu Weynachten zwo Hochtzeit, der aineu allweg 4 Regensb. den. wol wert sey"; MB. XIII, 436. „Zu weynechten ain hocht=zeit"; ibid. p. 433, 448. „Dem Pader sein Hochzeit oder Hochzeitpfenning raichen" soll jeder; Ehaftbüchl v. Otting bey Ingolstadt (1577), ʽCgm. 3068.ʼ 3) be=sonders ist die Hôchzeit (Hou'zət, Haə'zət, Pegn. Hug-sət) die Verehlichungsfeyer. Die Gunkel= oder Nacht= oder Vorhôchzeit, Festlichkeit am Vorabend der Ver=mählung im Hause des Bräutigams, den die Nachbarn mit kleinen Geschenken von Milch, Eyern, Butter, Sem=meln rc. besuchen. Die Junghôchzeit, s. jung. Die Nâchhôchzeit, s. der guldene Tag, (L.R. v. 1616, f. 563). Der Hôchzeiter (Hochzeidə), die Hôchzei=terin (Hochzeidərin), 1) der Bräutigam, die Braut. 2) Geistlicher, der daran ist, seine erste Messe (Primiz) zu lesen; Frauensperson, die zur Nonne eingeweiht wird. „Der durchlauchtigste Hochzeiter"; Beschreibung der Feyerlichkeiten bey der ersten Messe des Churfürsten von Cöln, a⁰. 1725. 3) (HhC.) ledige Manns= oder Weibs=Person, welche ein Kind, resp. männlichen oder weiblichen Geschlechts, zu Grabe trägt. Der Hôchzeitlader, U.L. Person, der die Ceremonien des Einladens zur Hochzeit und überhaupt des ganzen Festes übertragen sind. Die Hôchzeit=Nestel, das Hôchzeit=Tüechlein, Nestel, Schnupftuch oder Halstuch, das dem Brautführer, der Kränzlein=Jungfer, dem Geistlichen, dem Hochzeitlader rc. hie und da von der Braut verehrt zu werden pflegt. Hôchzeit=Bräuche. Josef Rank „Aus dem Böhmer=wald" (1843), einer Fortsetzung des bayrischen um Wald=münchen, Neukirchen, beschreibt Verlobung, Hochzeit, Braut=steuertransport. Beschreibung des OberPinzgau (1786) p. 111. Das Brautstehlen: von Kürsinger's Ober Pinzgau (1841), S. 169. „Ûf den fuoz er ir trat" (der Bräutigam der Braut), M. Helmbrecht 1534. „. . . dô man si ze manne gap; des morgens gie si âne stap und starp niht von der selben nôt", das. 1418. „Die die praut anlegen in ainem trog, die der praut hent stossen in ain milich, die die praut um das feur füerend, die den vornagel losend umb pfenning, die den pfenning steln ab dem altar, den die praut opfert"; Superstitiones de sponso et sponsa, Schir. 123. f. . . . Vrgl. oben, Sp. 259: beren. „Illa vespera (17. Februar) Lutherus erat in nuptiis filiae Hans Luft ipseque a coena spon-sam thalamo sociavit sponsoque dixit, das ers bey dem gemeinen lauf soldt lassen bleiben und herr im hause sein wenn die frau nicht doheime ist, et in signum cal-ceum ei exuit, legt den auf das himelbett, ut dominium servaret", Clm. 937, f. 150^b. Hôchzeit=Späße. In der Obern=Pfalz nehmen die jungen Leute eines ganzen Dorfes, wo eine Hochzeit statt hat, durch allerley „Fänge und Rauppereyen" an derselben Theil, indem sie in den Häusern die Thüren ausheben, die Kamine verstopfen, ja ganze Wagen auf die Firsten der Häuser bringen, u. drgl. Auf dem Weg zur Kirche, wo die Verbindung vor sich gehen soll, sucht man die Braut wegzuhaschen, wo sie dann der Bräutigam durch ein Lösegeld wieder befreyen muß. Ein Freyherr von Bodmann bemerkt sich in seinen Notaten von 1709 ein paar solche Späßchen, wie sie da=mals unter den höhern Ständen beliebt waren. „Den andern tag nach einer Hochzeit tuet man ex ioco mit einem angezünten Liecht in der Latern die Fle Hochzeit=terin im ganzen haus suechen. item zu nacht vorher den schlüssel zu der brautkammer stehlen, sie gehlingen im bett zu surpreniren. item legt man den andern tag ex ioco ain klagmantel an, die abgestorbene Fle zu klagen. item wan die hochzeitterin mit ein weissen fürtuch am tisch sich zum bräutigam setzet, tuet der negst an ihr sitzendte sein tischserviet oder ein andere lange Zwehlen ihr unvermerkht undter dem tisch an das fürtuch bündten,

und sein disćhserviet wiederum an das tischserviet des negst 147
an ihm sitzeten vd etliche nacheinander fort; darnach ziehen sie gehlingen alle zugleich an, und reissen die Braut dem Hochzeitter von der seiten weckh, oder sie mues ihr fürtuch auflösen und im stich lassen. thuet sie das letztere, so vexiret man, sie habe schon das fürtuch verloren. es seye sauber." Die Bauernhôchzeit wurde bis 1765 alle 4 Jahre in der Faßnacht bey Hof in München vorgestellt.

Die Hœch, Hœche, Hœwé, Hœchen, Hœgen, die Höhe; (ahd. hôhî, mhd. hœhe; Graff IV, 779. BM. I, 697). Das Hœhelein (Hêhə-l) Dim. über=hœch, obenhin, ungenau. i˜ d· Hêhh, empor. In alle Hœch, z. B. aufspringen; in aller Hœch, hoch oben, ganz oben. Die rechte Hœch haben, kriegen, auf dem rechten Punkte seyn, auf den rechten Punkt kom=men, (eigentl. u. iron.). Dèr *hàd á d· Hêih*, *kriəgt á d· Hêih* bàl', (b. W.) es ist aus mit ihm. ʽDie Über=hœhe, Überhœchde, ä. Sp., ein Belagerungswerk;ʼ „Mit katzen oder überhöchten vollwercken", Befestigung v. Wien, Cgm. 1182, f. 2. cf. mhd. ebenhœhe, BM. I, 697. hœchen, hœchern (hêhhə'n), erhöhen im Preise, steigern; (ahd. hôhjan, mhd. hœhen; Graff IV, 780. BM. I, 697). derhœchen, erhöhen; (Fwrb. v. 1591) sublimieren. hœchig, adj., das auf der Höhe, obenauf befindliche oder dahin gehörige; (Baur). Die hœchigen Bretter, Scheiter rc. von einem ganzen Stoß.

huch schreyen. Nach einer Urk. v. 1512 räth ein Mönch einem Todschläger, welcher Freyung genommen hat, er solle vor dem Gericht aussagen, daß er bey der That „huch geschrien" man möchte ihm's sonst für einen Mord anrechnen; Lipowsky, Gesch. d. b. Criminal=Rechts p. 173. (hüet dich? s. hueten). ʽVrgl. BM. I, 698.ʼ

ʽhuechen? (ahd. huohôn, mhd. huohen, höhnen, verspotten; Graff IV, 686 f. BM. I, 729: der huoch, Hohn, Spott).ʼ „Kumst du von dînen hunden, ich fürcht daz dir die wolfe darüber hûchen", Labr. 31, ʽ(im Reim auf „strûchen"; vrgl. oben hauchen, lauern).ʼ

Die Huech, Art Forelle, (im Inn; geht in der Laich=zeit herab bis Marktl, wird da harpuniert; kommt in den nördlichen Zuflüssen der Donau nicht vor). Hueche, trutta, Prompt. v. 1618; truta oder salmo lacustris, Voc. v. 1735. Im L.R. v. 1616, f. 645 ist besonders der „Rothüechl" erwähnt. Höfer sagt: der Huch, salmo hucho L., Heppe: Heuch. D· Ruəchə˜ fangə˜ d· *Huəchə˜*, d. h. auch wenn sie noch klein sind. „Auch ist ein fisch heißt man die huchen, eingmacht ist lieblich zu versuchen", H. Sachs 1560: II, II, 111.

Die Hächsen (Hácks n), 1) der Kniebug mit seinen Sehnen, besonders an den Hinterbeinen der vierfüßigen Thiere; (ahd. hahsa, poples, mhd. hahse, plur. heh=sen; Graff IV, 800. Grimm III, 405. BM. I, 612. Weigand, Wbch. I, 467. Diefenbach 443^b). „Und daz diu ros gelîchen wanc an die hahsen tâten nider", Wi=galois 6656. „Und daz sie in die hächsen wol zerriz=zen"; Labr. 422. „Ortwînes ros daz guote ûf die heh=sen saz", Gudrun 1408,2. Horsa hohsina, equorum poplitum nervi; Lye, angels. Wrtbch. Aschaffenb. die Hese; das Hesenholz, das der Metzger dem geschlach=teten Vieh durch die Hesen steckt, um es aufzuhängen. Zeitschr. II, 49. 496. 517. 2) der ganze Theil des Bei=nes eines Thieres, welcher sich zwischen dem eigentlichen Fuß und dem sogenannten Schlegel (Oberbein) befin=det. Die kälberne Hächsen, (Küchen=Spr.). 3) ver=ächtlich von Menschen: das Bein überhaupt. Héb d· *Hácksn* auf! Réck d· *Hácksn* à˜! Bildliche Darstel=lung: Wiəder Obərschreibə' 'n Landrichtə' *d· Hacks·n* (Taxen) untə'schlàgng tuət, (ObrM.). Zeitschr. III, 240,2,5. V, 464 f. VI, 115,28. hächseln, vrb., an die Beine schlagen, an den Beinen ziehen.

Hà' 's Laətə'l· à˜glaə˜t und bi˜ auffi 'krách s·lt.
də' Schiərgngbuə' is kemə˜, hàt mi' *àbig·hächs·lt.*

hächsenen, hächsnen ein Thier, ihm die Kniebug-Flächsen durchstechen, durchschneiden; gl. a. 20. i. 13. 854. 885: hahsinôn, subnervare. „Mit ainem waidneze (waidmezzer?) groz slaich er vil geværlich dar, der nam daz tier eben war, daz er ez wolt gehächselt han", Minnejagd, Liedersaal II, Nr. CXXVI, Vers 415. „Item wer dem Andern sein Vieh bey Nacht ertödte oder hächsenete", Kr. Lhdl. XII, 347. Heppe, wohlred. Jäger. auffhächsen, 1) vom Metzgerhund: ein Thier, das er treibt, in die Hinterbeine kneipen. 2) erotischer Termi-
148 nus. -hächset (háckset), krumb-, lang-, schelh- rc. hächset, mit krummen, langen, schiefen rc. Beinen.

Die Hechs (Hècks), 1) wie hchd. Hexe, (wol eigentlicher Hegß aus ahd. hagezissa. Notk. Martian. Cap. p. 105: hâzessa; gl. a. 819: hegecisse, strix; 844: hagetisse; i. 1239: hezesusun, furiis; i. 1246: hazisso, ganearum; i. 1257: hazes, furia, hazzuso, Eumenidarum. Diefenbach 257ª. 556ᶜ. Grimm, Mythol.[2] p. 992 f. Graff IV, 1091. BM. I, 607. Weigand, Wbch. I, 504. Zeitschr. II, 276,15. III, 319. V, 13. VI, 150. Mone's Anzeiger: über Hexenwesen, VII, 425. VIII, 119. 264. 444. 445: Beziehung auf Hekate. Gl. o. 262: hagebart, larva. Cf. engl. the hag, Hexe; W. Scott, Ivanhoe, Cap. XXIV. Müller, etym. Wbch. I, 481. span. hecho, hechizo, v. facere, facinus; Grimm, Mythol.[2] p. 984). Das Hechsen-ausblaschen (OPf. -austuschen) im Böhmerwald durch Peitschengeknall aus Häusern und Ställen in der Nacht zum Pfingstsonntag, s. Rank, aus dem Böhmerwald (1843), S. 76—78. Frischen Rasen vor Stall- und Hausthür legend und mit Weihwasser besprengend, sagt man wol:

> Fluigts dəvoˆ, Nachgàid und Hècksnəˆ,
> 'Páschnəˆ (Peitschen) tusch'nt enk âs,
> d'Eng'l thátəˆt enk zmècksnəˆ
> iˆ máˆn guat g'wè'tn (geweihten) Hâs.

Rank, a. a. O., p. 78. s. Th. IV: Zisa. „Des dauchten sich die hären gemait", Ring 47ᵈ,26. 40. Herer, Herinn; Wembinger Herenproceß v. 1630. „Sunt mulieres sceleratae quas diabolus sic casmat .i. decipit et deludit quod credant se equitando bestias multa terrarum spatia transire in tempestate noctis silentio admissa dyane deo gentilium" etc., Rudolf de Lübeck, And. 49, f. 79ª. ᵇ. „Si aestimavit mulieres conversas in cattos vel simeas etc. et de noctu ambulare et sugere sanguinem puerorum et exire et intrare domum clausis ostiis et volare per longa terrarum spatia", Anton. Florent. ZZ. 1826, f. 30ᵇ. S. Matth. v. Kemnat (Cbm. 1642, f. 133—135) über Versammlung, Gesetze und Verrichtungen der Unholden. Vrgl. auch unten: der Unhold. Die Herenglocke zu Wald in der Krimml, s. v. Kürsinger's Ober-Pinzgau (1841), S. 132. 196. Der Hechsen-Proceß, (fig. verworrener Handel). Soldan's Geschichte der Herenprocesse (1843). Der Hechsenrauch, (Kapucinermittel gegen Verherung). Der Hechsenstrang, Waldrebe, (Zir.). Hechsentanz, (Irrlicht) rc. 2) die Haut, welche sich bey gekochter Milch oder Sahne oben ansetzt; ἡ γραῦς. Die Spæn-Hechs (Spáˆhècks), Scherzbenennung einer Weibsperson; die gülbene Ader. hechsen, hechsnen, 1) wie hchd. 2) mit der sogenannten Herenkarte (von 36 Blättern, welche verschiedne Figuren, als Wirthshäuser, Hanswurste und besonders Hexen darstellen) spielen. 3) quälen, plagen, umher, in die Enge treiben. Zeitschr. VI, 150. Dés Ding hat mi' *ghèckst. Hèck*ˢ mi' nàˆ nét gàr só! Diese Bedeutung ist vielleicht die ursprünglichere. hechsisch. „Kan mehlä (melhä, melken) Küəh und Gaifs und *hexisch* (sehr gut?) Budä rührn", Lindermayr 116. Hechs kann sich zum hazisa der ahd. Sp. (dem angels. haegtis, gl. i. 192. 195; gl. a. 819: hegecisse, sp. hechiza, aus hectissa; zessa, Sturm; Graff V, 708) verhalten, wie wächs (wácks, acer, acutus) zum frühern huuas, genit. huuasses (dem isl. hvatr, vom Stamm wetzen). Der Ortsname Herenacker mag vom alten Personnamen Hahgis (Meichelb. Hist. Fr. I, II, 266. 271) zu leiten seyn. Vrgl. Förstemann II, 635. Panzer, Beitr. z. Mythol. p. 123.

hôchs! huchsá! Lock-Ruf an das Vieh: *höcks* Kuələ *höcks!* Kuə-l *höcksch!* Kuə-l *höcksch!* komm Kühlein! *hucksa* lë lë! komm Schäfchen! Vrgl. „Das Vieh kennt jede Almerin durch das Geschrey Alphaichs" (?), v. Hazzi Statist. 203.

Der Hacht, des Hachten, der Habicht; (Grimm, Wbch. IV, II, 98. Gesch. d. d. Spr. 49 f. Firmenich I, 91,19. 97,1. 103,10: Hawk; II, 400,72: Hacht; Fürth). Zusammenhang mit dem habich, hapuh der a. Sp. (s. oben, Sp. 1032. Der habch, plur. die hebch; ihr Wärter: Habcher; Cgm. 558, f. 141. Habichspurg für Habsburg bey Br. Berhtolt), etwa nach Gramm. 413 und 680 erklärbar.

Der Hecht, a) wie hchd. (ahd. hachit, hechit, angels. haceth, mhd. hechet; Graff 796. BM. I, 647; von hecken, beißen). „Man neme gefuge hechede", Kochbuch des Wirzb. Coder. b) figürlich: Mensch, loser Vogel. Dés wár mərˆ əˆ *Hécht!* Dés is mər ə saubərə' *Hécht.* hechtenfrisch, hechtengesund, vollkommen gesund.

(Vrgl. Hagk, hegk, rc.)

hacken, wie hchd. (Graff IV, 762. BM. I, 607). abhacken, im Kartenspiel (Zwicken genannt): zur Bête, labet machen; dieses Kartenspiel spielen. aushacken; Grimm, Wbch. I, 879. Der Metzger hackt Fleisch aus, wenn er es stückweise nach dem Gewichte verkauft; der Zimmermann hackt einen Baum aus, indem er ihn zum Balken behaut. Das Prompt v. 1618 hat die R.A. „sich heraushacken, eniti, explicare se, excutere se." cf. aushecken. „Zerhackt Klaid, vestis segmentata, da das recht herfür fert, prosa sive recta tunica"; ibid. „Lappen derhackt. Quis crederet sine culpa duas ulnas boni panni in ignem eiicere. sic faciunt facientes zotten derhackt, 1460)"; Monac. Augustin. 84, f. 3ª. Cf. getailt und zerschnitten Gewand. Der Häcker, Häckersmann, 149
(Franken) der Winzer, (vom Hacken des Weinberges). Grimm, Wbch. IV, II, 105,101. Der Häckerling, Häcksel (für: zu Futter geschnittenes Stroh) ist in Altb., in einem Theil von Franken und in der OPf. dem gemeinen Mann unverständlich; er braucht dafür in Altb. Gesott (Gsód), in Franken Halm. Grimm, Wbch. IV, II, 106. 108. Zeitschr. VI, 476. Das Gehäck (Ghäck), das hachis, allerley Fleisch unter einander klein gehackt, minutal. əˆ rèchts *Ghickghäck.* Castelli, Wbch. 139: das Ghack, Häckerling. Die Hackenhelb, der Helm oder Stiel einer Art, Haue rc.; (s. unten Helb). „Wilś blewen mit der hackenhelb", H. Sachs 1612: IV, III, 26. Grimm, Wbch. IV, II, 105. Der Hackstock, Block, auf welchem Fleisch rc. gehackt wird, Hackblock, Hackkloz; Kloz von einem Menschen. Grimm, Wbch. IV, II, 108. Du bist əˆ rèchtə' *Hackstöck.* „Er ligt bey mir wie ein hackstock", klagt Sie; H. Sachs 1612: II, II, 69. IV, III, 9. Der Häckel, der Hacker, Hauer, Picker. Der Baumhäckel, 1) Specht, BM. I, 607. Grimm, Wbch. I, 1192. 2) Schrunden in der Haut; (s. Baum). Fleischhäckel, (ehmals) Fleischhacker, Metzger. BM. I, 607. Grimm, Wbch. III, 1759. Die Hacken (Hackəˆ, Hackng), die Art, (welches hochd. Wort im b. U.L. beym gemeinen Mann selten vorkommt). BM. I, 607. Grimm, Wbch. IV, II, 99 f. „Der prüder zucht ein hagken und slûg sich in ein pain . . . daz ich mich verhagkt han . . . die frawe nam die hakchen und slûg die pelzer ab", Cgm. 54, f. 58ᵇ. 59ª. 59ᵇ. „Ainer ain heklin truoge mit deme er zu im sluge und spielt im daz houbet von ain", Mich. Beham, Wiener, p. 350,7. „Die Hackenn ist angesetzt", Cgm. 71, f. 4ᵇ. R. A. Der Hacken einen Stil finden, in einer

Verlegenheit ein Auskunfsmittel finden. Er lebt noch nach der alten Hacken, d. h. nach der alten Sitte. „Weil sie mich alle gern hatten, tranken sie mir eins zu auf die alte Hack"; Peter Prast (1789) p. 163. Grimm, Wbch., a. a. O. In Aschaffenburg ist die Hacke immer eine Haue zum Graben. Die Braithacken des Zimmermanns, die Breitart. Das Häcklein (Háckl), das Ärtlein. Grimm, Wbch. IV, II, 107. 101: das Hackel. Zeitschr. V, 446. Das Waldhäcklein, die Waldart.

Das Gehaklət (in der Donau) bey Sandbach, s. Hächel.

hacken, (Bräuer-Wort) Bier hinauf- oder aufhin (auffi) hacken, es mit Schapfen aus dem Bodenkessel in die Pfanne hinaufschöpfen.

hecken (héckng), (U.L.) stechen, wie die Biene, Mücke, der Scorpion ꝛc.; beißen, wie die Schlange. Graff IV, 762. BM. I, 607. Zeitschr. V, 147. VI, 148. ə˜ Bei˜ hàt mi' *ghéckt;* ən 'Adə'n hàt mi' *ghéckt.* „In dá Boint, da lögn Folln á für d· Schermäus· vo'stöckt, ná da kinnt ains in d· Sohlná schen zwickt wer'n und *g'höckt*", Stelzhamer 69. „Ussknouti, hecken, beißen. Prati ussknuti malych ptáčku"; Ssimek 35. 106. „Und heckt jn stets der Neue Angel", H. Sachs 1612: II, II, 18. „Schlangen, die jn mit jrem schwanz und zungen heckten", das. 1560: II, III, 139. „Daß sie hacket der armut angel", das. V, 359. „Hecket jhn der nachrew angel", das. V, 398. „Für das natter hecken oder spin peissen", Cgm. 4543, f. 65. „Wen ein spinn heckt", Progel's Ms. f. 108ª. „Wann ein gaul geheckt wirt von wisel oder audern", Cgm. 3727, f. 129. „Swer gehecht wirt der nem sehs untz patonien ꝛc. und leg ez auf di wunden", (1334); Altm. 26, f. 188ª. Schlußwort des Mich. Pesnecker, Schreibers des Cod. Semansh. 26: „Hecgk vub hecgk las nit abe es prech dan der spyeß." „Der Scorpion heckt oder hackt, scorpius icit"; Prompt. v. 1618. Ahd. Sp. hechan, praet. hacta, pungere, gihacter, percussus (a serpente). „Du lagest ire uersene, daz tu si mugest geheccchen", Diut. III, 52. „Nim die eigerschal dannan diu iungen hönlv sint gehechet", Diut. II, 272; (also das hchd. hecken wol eigentlich vom Durchpicken des Eyes). aushecken, auspicken die Jungen aus dem Ey. Grimm, Wbch. I, 884. An der Abens brauchen die Kinder hècken auch für spècken, (w. m. s.). Das Heckelein, Heckerlein, (OPf., scherzh. oder kindisch) der Zahn. Grimm, Wbch. IV, II, 105. Der Heckwurm, (Salzb. Gbrg.) die gemeine Natter, coluber natrix. „Vipera, Hecknater"; Frisius. H. Junii nomencl. 43.

heck, adj. u. adv., (Ansp.) erpicht, begierig, gram, aufsäßig.

Die Héck. I' nim di' bə də' *Héck* (auch bə də' Hétz — Schopf?) und wirf di' nidə', (b. W.). Hon ə' dé' bó də' *Héck?* hab' ich dich ergriffen? (ObrM.). „Bald thet ich mich von jhn abstricken, dacht, gut theidung ist aus der heck", H. Sachs 1612: II, II, 63; '(hieher? vrgl. unten die Hegken).'

„Hèkk", der Strauch, plur. „Hèkkè", der Wald; (Prof. K. Roth aus Lütter im LG. Weihers).

Hecke(?). „Von unrechter trawrichait choment sechs sunde, daz ist hekke vnd vbel. chlainmutichait, verzweiuelen" ꝛc.; ZZ. 604, f. 43.

Die Hecken, Heck, s. unten Hegken.

'Der Heckler(? vrgl. Högker).' „Wo sy westen, da man vand hab oder gut pei aine, dy valschen schelk unraine zugen in dann ain (= ân, ohne) ursach her und nenneten sy dy hekler", M. Beham, Wiener 281,20.

Der Hocke, ä. Sp., propola; BM. I, 698. Weigand, Wbch. I, 511. s. Hugker.

hocken, (Gebirg) hucken, wie hchd. 'gebückt sitzen'; (auch setzen: „Do hanse mein Name uff de Zerel (Zettel) misse *hocke.*" „Do hanse e Suffleer inne Bauchbitt misse *hocke*"; Firmenich II, 8,38.47). Weigand, Wbch. I, 511. Zeitschr. II, 83,8. V, 359 f. VI, 152. 328,186. 410,35. 418,11. R.A. hocken und knocken. Das Hockelein, Hockerlein, niederer Sitz ohne Rücklehne, Tabouret. Vilmar, hess. Idiot. 173: das Gehocke.

Der Höcker s. Hugker.

Der Hocken, Hocker, das Höckerlein, (O.L.) der Hause Heues, Getreides auf dem Felde. Weigand, Wbch. I, 511. Zeitschr. VI, 152. Vrgl. Vilmar, hess. Idiot. 176: der Hüchel. „Herzog Jörg hat dem Closner das Hew an den Hockhen verbrennt", Hund, St.B. II, 191, (s. Sp. 44: Eifer). hockenen, hockern, aufhockenen (hóckə˜'n), Heu, Garben in Haufen zusammen bringen, hocken. Heu umhocken, aus Häufchen wieder in andere Häufchen umschlagen.

'Die Hocke, Mantel; Zeitschr. V, 520,8. VI, 285,646.' „Der (Magd) Susanna kaufft ein Höcken per 2 gulden 10 Stuber", (von Albrecht Dürer zu Brüssel, 1520). Haegck = huycke; Haupt's Zeitschr. I, 263. s. oben Hachel.

Der Höcker, (ahd. hofar, mhd. hover, auch hocker, hoger; Graff IV, 838. BM. I, 723), das schriftdeutsche Wort für Buckel (gibbus), vom nichtlesenden gemeinen Mann in Bayern unverstanden.

huckeln, auf den Rücken setzen; vrgl. hocken. Vilmar, hess. Idiot. 178. Zeitschr. II, 44,38: Hucke, Rücken, Bürde; das. V, 148. 359. VI, 54. Weigand, Wbch. I, 520. Ich huckle dich, ich nehme dich auf meinen Rücken. Du huckelst dich auf (bey mir), huckelst mir auf (b.W.), du setzest dich auf (meinen Rücken). Ich lâß dich aufhuckeln. Grimm, Wbch. I, 670. 672: aufhocken, aufhucken, aufhuckeln. Weigand, Wbch. I, 520. Der „Schafhyckel, (Av. Gram.) Keutzel, strix."

Die Huckscherey(?). „Von einem chram mit hucscherey", Maut zu Neundorf, Wiener StdtR., Cgm. 1113, f. 35ᵇ. s. unten Hugklerey.

hückeln, hickeln, (Aschaff.) auf einem Bein hüpfen. Vilmar, hess. Idiot. 167. Der Hückelfuß, Hinkender. Die Hückelschul, vier in den Sand gezeichnete Dreyecke  und das Spiel, bey welchem die Theilnehmer einen Stein (Hückelstein) hückelnd aus dem einen Dreyeck in das andre mit dem Fuß zu stoßen haben; (Aschaffenb.).

(Vrgl. Hat, het, ꝛc.)

Der Hadern (Gramm. 839. 840: Hàdə'n), das Hä- 150
derlein (Hádə-l), plur. die Hädern (Hádə'n), a) der Hader, d. h. ein abgerißnes, zerrissenes Stück (Fetzen), besonders von Leinwand; gl. a. 523: hadere, mastruca; (ahd. hadara, mhd. hader; Graff IV, 805. 812. BM. I, 607. Grimm, Wbch. IV, II, 111. Zeitschr. III, 197,33). „Machest ein guot tuoch ze einem iteln hadern", Br. Bercht. 40, (Pfeiffer 146,24). „Das alles hadern sein... das alles hadrat sei '(s. unten: haderig)'; ders., Cgm. 1119, f. 37ª. Zuweilen, und nicht immer blos im Scherz, auch ein gutes Stück: der Fotzhadern, das Schnupftuch; der Handhadern, das Handtuch; der Pranghadern, die Manschette; der Schneuzhadern, das Schnupftuch, (schweiz. der Nasenlumpen); der Rüesselhadern, die Serviette, (Popowitsch Ms., Wien 9541). Im b. W. wird das nach vorne mit Spitzen verzierte Kopftuch der Weibspersonen schlechthin: der Hadern genannt (gl. i. 547: hadaro, pannus). b) geringfügiges Ding. „Schamst dich nicht, einen solchen Hadern nicht zu wissen?" sagt in Bucher's Kinderlehre der Herr Pfarrer zum Mädchen, das nicht weiß, wie viele Stücke zur Beicht gehören. c) verrufene Person; Grimm, Wbch IV, II, 112,c. Der Haderlatsch, s. unten latschen: Lätschi. Du bist ə˜ *Hàdə'làtsch*, untüchtig; (ObrM.). Die Haderlaus; Grimm, Wbch. IV, II, 115. „Es peinigen

uns die haderleus", sagen die blinden Bettler; H. Sachs 1560: III, III, 72. Der Haderlumpen, wie hchd.; Zeitschr. V, 466. Haderlumper, Haderlumperer, der sie sammelt. Grimm, Wbch. IV, II, 115. 116. hadern, derhadern, zu Lumpen, Fetzen werden, machen. Grimm, Wbch. IV, II, 117. Das Hemed ist ganz derlumpt und derhadert. Das Fleisch ist klain versotten und derhadert. Gl. o. 69: zerhadiliter, laciniosus. haderig (hàdəri'), lumpig, lumpicht; Grimm, Wbch. IV, II, 114. „Hadrät gewant", Cgm. 632, f. 97. Das Häderleingeld (Hádə'lgeld), Geld, das die ländliche Hausmutter aus dem Hauswesen für sich allein zurücklegt, und (in Häderlein gewickelt) heimlich aufbewahrt; Mutterpfenninge. So lang d· Muədə' no˜ ə˜ *Hádə'lgeld* hint hàt, dèrf də' Bûə' àls Sàldad kaə˜ Noud leidn. s. hodern.

Der Hadern, das Häderlein (Hódə'n, Hédə'l), Haufe oder Häufchen, in welche das Heu auf der Wiese aus den Schläglein (Schwaden) zusammengerecht wird; für welche Arbeit man das Verb hadern, aufhadern hat. Grimm, Wbch. IV, II, 118,2.

hädern, still halten? Jetz wär's grad das Gscheidä', wenn do' was bröchä muess, brächs iehn glei' da! Aft miedens· *hädern* (müßten sie still halten?), 'Braut kunnt nit weidä' und dä'weil gaffet· i' s· umädum an"; Lindermayr 130.

„Hadersei", Buchschwamm, (Bodenmais; Grueber und Müller, bayr. Wald, p. 201); 'wol plur. von Hadersau; s. unten: die Hodensau.'

Die Haid (Haəd), 1) wie hchd. Heide, d. h. eine flache, trockene Gegend, besonders wenn sie weder angebaut, noch mit Wald bestanden ist; (goth. haithi, ahd. heida, mhd. heide; Graff IV, 809. BM. I, 647 f. Weigand, Wbch. I, 490 f. Zeitschr. III, 47,1. V, 147). „Wie wol er (der Adler) auf der erde haide het gelücket" (?), Walkn. 115. „In awen und auf haide", das. 168. 2) Eigenname verschiedner flachen Gegenden, die nicht immer unangebaut und waldlos sind. Die Kampfhaid (im b. Wald); die lutherische Haid (so soll ehmals die Gegend von Weil am Cochelsee geheißen haben, weil man da eine Zeit lang lutherisch gewesen sey), die Perlacher, die Pockinger rc. Haid. „Do sich Walbaran zu felt leit ich sag euch an widerstreit er hiet die kleinfheit an wer oberritten mit seinem her", Laurin, Münchner Bruchst. in K. Roth's Dichtungen d. d. Mittelalters (1845), S. 115. Cf. Chambach, Kambach in Maßmann's Kaiserchronik 7062. Chodowé, Jungmann I, 808; (wäre sie sehr unsicher durch Räuber gewesen?). In Gemeiner's Regensp. Chr. heißt es ad 1320: „Was die Regenspurger Fragner von den Landleuten an der Haid kaufen." Merkwürdig wird das Dorf Haidhausen bey München (Meichelb. Hist. Fr. II, 455 schon vor a⁰. 957 erwähnt) in der Gegend auch Waidhausen genannt. Förstemann II, 656. Heithusen, Cbm. 52, f. 41b.

Die Haid, auch die und der Haiden, Dim. das Haidlein, Collect. das Haidach (Haədərə'), 1) die Heide, d. h. die Heidepflanze, Heideblume, das Heidekraut, **erica vulgaris et carnea.** Voc. v. 1429: haid, iga;
151 gl. o. 16: heitun, myricae; gl. i. 282. 488: heidahi, miricae. Mirica, ein hayd, ZZ. 1803, f. 195. Mirrica, hayde, Ind. 418, f. 157. Genesta, hayde, ZZ. 912, f. 97. „Eruca zu Teutsch Hayden genannt", Dr. Minderer 1620, p. 223. Graff IV, 809. BM. I, 648. Diefenbach 285a. 358. Báld də' *Haə'n* schö˜ blüət, geit· s ə˜ guəté Kornbau-Zeit; Bauernregel. Gamß-haidach, der niederliegende Felsenstrauch **azalea procumbens L.** (Zir.). 2) das Pfriemenkraut, **spartium scoparium L.** Die Haidber (Haə'pə', Hài'bə', Haə˜pə'), Heidelbeere, **vaccinium myrtillus**; gl. a. 537. i. 742: „heidperi, vaccinia", Voc. v. 1445: haidper. Graff III, 204. BM. I, 104. Weigand, Wbch. I, 491. Aus Haə'pə'-Kraut werden dauerhafte Besen gebunden, (b. W., ObrM.). Hoadla, Heidelbeeren, (Lindau); Firmenich II, 421,69. Gewöhnlicher ist der Name: Augleinber ('Aiglbér). Das Haidenblüemlein, (um München) daphne cneorum L. Haidenblue, genista germanica; (Zir.). Die Haidelstauden (Haədlstaudn, Haə'lstau'n), die Heidelbeerstaude, (gl. o. 471: heidestuda, mirica). Haidwasser, miriaca; Clm. 16487, f. 102.

Der Haid-Rauch, s. Hai-Rauch.

Die Haid (Haəd), Unrath, Abfall, Auskehricht, Unreinigkeit; (Obrm., Rttm., Dtg.). Vielleicht (nach Gramm. 149) mit dem niedersächsischen Hêde (Abfall beym Flachshecheln; gl. Fuldens.: stuppa, herdun, 'lies heidun?' Weigand, Wbch. I, 488. Vilmar, hess. Idiot. 156. Zeitschr. III, 428,204. IV, 130,42. V, 168,147. 355. VI, 286,681) ein und dasselbe Wort.

Der Haid, der Heide, (mhd. der heiden, ahd. heithiner, adj., ethnicus. Graff IV. 810. BM. I, 648. Weigand, Wbch. I, 490. Grimm, Mythol.² p. 1198. Cf. goth. haithnô, ἑλληνίς, Marc. 7,26; — aus ἔθν . . .? Vrgl. Raumer in Haupt's Zeitschr. VI, 407. s. auch: die Hait. Zeitschr. IV, 372). „Sente Afren kirchen diu virbrant was von den heiden der Ungere umbescheiden", St. Ulrichs Leben, Cgm. 94, f. 57b, (p. 42, V. 991). „Ein frowe diu was ain haidenin", Griesh. Pred. II, 91. „Ze heidescun, ad paganismum", Notk. 43,12. Mach mər aus 'n *Haəd'n* ə˜n Christ·n, sagt der Bauer wol zum Pfarrer, wenn er ihm ein Kind zum Taufen (sàlz·n und schmà'lz·n) bringt. R. A. Ein Haidengeld, sehr viel Geld. Zeitschr. I, 141,9. II, 276,15. V, 12. Schelten (fluchen) wie ein Haid (sehr). Haidenfleisch. „Mastix oleo pat.um (?)' mumia das ist hayden fleisch . . . 1 lot mumia .i. hayden fleisch"; Clm. 5036, f. 139b. Der Haidenweg, alter Römerweg über den Naßfelder oder Korn-Tauern; Muchar, röm. Noricum I, 292. heidenisch, heidensch, adj., wie hchd. „Heidenische kuchen", „heidenische erweiz" zu kochen, lehrt das Kochbuch im Wirzburger Codex, '(IX. Public. des Stuttg. lit. Ver.).' „Haidnisch pfeil in quadam faretra XXXIII" (in Waidhofen, a⁰. 1316), Freys. Salbuch f. 29b. „Heydenisch werck, auleum", Voc. Archon. f. 21. Diefenbach 61b.

Der Haiden (Haədn), Haidel (Haədl), das Heidekorn, der Buchweizen, polygonum fagopyrum. Weigand, Wbch. I, 491. Zeitschr. VI, 15. (Im September) „Kunegundis so schneid den haiden", H. Sachs 1558, f. 224. „Rusticus arua colit, facit vruum (übergeschrieben „furch"; Diefenbach 630a: vrbus), seminat eruum", (übergeschr. „hayd oder baedin"); Ben. 255, Vorderdeckel. Der Haidenbrein (Haə'n-Brei˜), Brey oder Grütze von Heidekorn. Adelung glaubt, dieses Haiden beziehe sich auf die in den Kreuzzügen sogenannten Heiden oder Saracenen, bey denen man diese Getreidart kennen gelernt habe, um so mehr als dieselbe auch im böhmischen Pohanka (von Pohan, paganus) und im franz. blé Sarrazin genannt werde. Dagegen wird in Millins magazin encyclopédique (1816), Tom. I, p. 72 ff. bemerkt, daß dieses blé Sarrazin nicht von den Arabern den Namen haben könne, da es in Arabien nicht bekannt sey. Man baue es stark in der Bretagne, und es heiße daselbst hadrazin, welches auf celtisch: rothes Getreid (blé rouge) bedeute. Aber es müssen unter den Haiden hier nicht gerade Araber gemeint seyn: man vergleiche den Ausdruck Tater- oder Tatelkorn (von Tater, d. h. Tatar, Tartar) für dieselbe Getreidart. Es hat sich demnach die alte Form heiden, ethnicus, in dieser Bedeutung vollständiger erhalten.

Der Haiden (Haədn, Haə'n), Art der Zimmerleute, die schmäler und länger als die gewöhnliche, und ohne Einbiegung ist. Zeitschr. V, 445. Der Baum wird mit dem *Haə'n* grissn oder à' 'tribm (aus dem Groben gearbeitet), hierauf mit der Braədhackə˜ (dem Breitbeil) fein behauen ('beilt, 'pálirt, 'putzt). „Ainem zimmermann mit dem haiden der absleht", Scheirer Dorford. v. 1500, f. 46. „Ein yeder Zeugwart soll Ime Wägen beraiten, die mit Zügen, Pükheln, Peicheln, Hayden, Arten, Hauen ꝛc. wol versehen sein", Fwrb. v. 1591. Man unterscheidet die Haiden nach ihrer Form in schwäbische, halbschwäbische und deutsche.

Die Haidechs (Haədácks, Heidácks, Hádácks), die
152 Eidechse. Schon frühe kommt Heidechse neben dem ursprüngl. Eidehse, Egedehse (w. m. s.) vor. Grimm I, 437.

haudern, (Franken) Reisende für Lohn mit Pferd und Wagen fahren; (aus hüren, heuren, vermiethen? Weigand, Wbch. I, 484). (Vrgl. hödeln, hotteln, etwa vom Zuruf an die Zugpferde?) Der Hauderer, 1) Lohnkutscher. 2) (Aschaff.) welscher Hahn. Zeitschr. II, 85. III, 266,2,1.

Das Hédál, s. Hettelein.

Der Hederich, lolium; BM. I, 647. Weigand, Wbch. I, 488.

heidi! Interjectionspartikel, welche fort, weg, vorwärts zu gehen besiehlt. Vilmar, hess. Idiot. 157. Zeitschr. IV, 118,10. '„Nd. heidi, Lyra 124"; Jac. Grimm.' Man hört auch heidipridsch! Sollte dieß noch eine den englischen Soldaten Marlboroughs abgelernte Reliquie seyn? Englisch (vom angels. higan, eilen; Müller, etym. Wbch. d. engl. Spr. I, 508) hie thee! hiethee prithee! beeile dich, spute dich. Ohne Zweifel das česk. gdi pryč! geh weg! fort! „Haydy do Laboradoryum!" sagt der Apotheker zum Gehülfen in Kramerius' Zlaty knofljk (1831) p. 4. „A ted' haydy!" p. 26. Haydy! haydum! interjectio impellentis, (Jungmann). Krainerisch: haide prič! geh fort! Haide haben auch die Türcken; die Serben declinieren es gar: hajdèmo, gehn wir; (Kopitar). Ajdi, ajdimo, ajdite, hájdi, hájdimo, hájdite, gehen wir, franz. allons! (Murko Besédnik; Krain, Steierm., Kärnten). Haidia! (◡◡–), Refrain eines Frühlingslieds bey Stelzhamer p. 18. s. auch hei-en und Tutswitt.

Der Hidel (Hi-l, Higl), unterirdischer Wasserquell oder Fluß, der sich besonders in Kellern und Vertiefungen periodisch einstellt und wieder verliert, und unter die örtlichen Plagen mancher Gegend, vorzüglich der Sand- und Moor-Ebenen um München gehört. Vrgl. Ausland 1836, p. 1262: „sogenannte Högbrunnen, wasserhaltige Schlünde, die oben nur bey 2 □ Schuhe geöffnet und öfters unergründlich sind", am Neusidlersee in Ungarn. Də' *Hi'l* steigt, d· *Hi'l* steigngt. Də' *Hi-l* tuət sibm Jàr steigng und sibm Jàr fälln. In A. v. Riedl's Preis-Abhandlung über die Mittel wider das Austreten der Flüsse heißt es (N. phil. Abh. d. b. Acad. VI, p. 178): „Noch ein Umstand ist mit den sogenannten Hidlwässern, welche zu gewissen Jahren kommen, und alsdann die nassen Jahre genannt werden. Diese steigen sehr vielfältig auf Feldern und Wiesen neben der Isar hin in verschiednen Distanzen hoch an, und befördern also auch die Überschwemmungen. In der Gegend um München bey Häching, Trudering, Riem, Aschheim, Aerding und weiter abwärts an kleinern Flüssen steigen diese Hidl sehr oft; und dann verlieren sich einige Flüsse zur Zeit da andre entstehen, und es kommen große Quellen an der Isarleith hervor. Diese Hidl machen also an einigen Orten große Schäden und Überschwemmungen, und Niemand weiß ihnen abzuhelfen. Ein Versuch des Hofkammerraths Kastulus Riedl bey Trudering bestätigt, daß auch diesem abzuhelfen ist. Er nivellierte von dem Hidlstand so weit auf den zunächst und niedriger liegenden Fluß hin, bis er hinlängliches Gefäll hatte; dann ließ er kleine Gräben ohne große Kosten eröffnen, und verschaffte dadurch dem Hidlwasser seinen Ablauf. Es wurden auch in kurzer Zeit ganze Gegenden von dem übermäßigen Hidlwasser befreyet." Mit den Erscheinungen der Hidlwaßer hängt vielleicht zusammen die des Baches bey Haching, der, ein Ausfluß des Gleißenthaler Weihers, nach dem Laufe einer kurzen Strecke sich in die Erde verliert, in der Entfernung von etwa drey Viertelstunden wieder zum Vorschein kommt, und nach einem Laufe von 2 Stunden nochmal versinkt, und bey Bogenhausen unterirdisch in die Isar fällt.

„Də Háchingə' Bàhh
treibt séchs Mɪln und ə˜ Sàhh,
und ə˜ Stund dəvor und də'nàhh 153
waəs kaə˜ Mensch nicks vo˜'n Háchingə' Bàhh.

Anmerk. Sollte Hidl, Hi-l nur Aussprache von Hül (w. m. s.) seyn? Vrgl. auch Keck- u. Kettwaßer.

Der Hoden, die Hode, testiculus; (ahd. hodo, mhd. hode, msc.; Graff IV, 805. BM. I, 698). „Astley Cowper's Seciersaal war von seiner Schlafkammer nur durch eine maskierte Thür getrennt. In der Regel nahm er seine anatomischen Untersuchungen (damals über die Structur des Hodens und der Weiberbrust) um Mitternacht vor"; Dr. Ph. Fr. v. Walther, akad. Rede zum Andenken an Ignaz Döllinger, 25. Aug. 1841, S. 76. Gl. a. 329: haodun, pube; 517: hodepalc, fiscus; 545: hodeloser, buggeus, spado. Diefenbach 236c. 544b. „Herniosus, hodoloser", Clm. 6406 (XI. sec.), f. 102. „Slach dy hoden für den ars." hödig, adj. unverschnitten, der Hoden nicht beraubt, span. cojudo. Der hödige Stier; das hödige Roſs, Hod-Roſs: ein hödiger Jærling ꝛc. 'Die Pfaffenhoden, plur., 1) evonymus, europaeus; Nemnich I, 1550 f.: Pfaffenhütchen, Pf.hödchen, Pf.hiedel, Pf.pfötchen, Pf.käppchen, Pf.mütze, Pf.öhrle, Jesuiterhütlein, Hanehütlein ꝛc., (cf. holl. paapenmuts, portug. barrete de clerigo, span. bonete de clerigo). s. oben, Sp. 421: Pfaffenkäppchen.' „Nim dy chorn aus den pfaffenhoden", Cgm. 170, f. 2a. „Pfaffenhodel, alkagengi"; ibid. f. 10. „Nim in dem herbst die pfaffenhoden, daraus nim dy gelben kern", Cgm. 4543, f. 147. „Spindelbaum oder Pfaffenhedl wasser ist guet zu den aissen in den plattern . . . es treibt die geswulst durch den prunnen auß in einem volpad"; Cgm. 4570, f. 42. '2) ranunculus ficaria, Pfaffenhödlein, Biberhödlein, Nannenhödlein ꝛc.; Nemnich I, 1129.' „Testiculus sacerdotalis vel prespiteri est herba habens folia quasi circularia . . . et circa radicem habet multos testiculos"; Ind. 355, f. 192b. Der Hodenschneider. „Bey unser zeit Mathiaß könig zu Ungarn hatt ein Hodenschnider Ritter geschlagen. Des solten sich die Ritter schemen das ein Hodenschnider im gleich solt sein", Matth. v. Kemnat, Cbm. 1642, f. 133.

Die „Hodensau", (Jirasek) boletus igniarius, Zunderschwamm. „Hadersey," (Flurl's Beschr. d. Gbrg. p. 279) Buchschwämme; s. oben, Sp. 1051: (Hader oder Hoden?). Vrgl. Dés Mensch is ə˜ rèchte *Hàdəsau*, flackisch; (b. W., Obrm).

Hodel (?). „In Franken manches edle blut wehütwe hodels frommes volk; Priamel in Eschenburg's Denkm. p. 417.

hödeln, (Wstr. Gl.) Kleinhandel treiben. In der Schweiz: hodeln, mit Getreid handeln. Der Hödel. „Wo auch die Pawrsleut im Landt, die man nent die Hödl, an den heusern traid aufffauffen, und das verrer zu des Fürsten Salzärzt gen Reichenhall ꝛc., do sy saltz ze laden vorhaben, verfüren, das soll denselben Hödlpaurn, wie vor alters unverwert seyn"; b. L.Ord. v. 1553, f. LVIII. Lori, Lechrain. 94. s. auch Krenner's Ltghdl. II, 226. 235 und V, 8. Hodel, Händler; Surseer Urk. v. 1363, Gesch. Fr. III, 84. s. oben, Sp. 347: Prugkhedl. Das Prompt. v. 1618 hat: „Hudler, ders Korn hinder sich halt, dardanarius, annonae flagellator."

Der Hodel- oder Hudelwagen, (Baur) Wagen, dessen Kipfe oben mit Ketten zusammengeraitelt werden, (wie ihn die Hödel brauchten?); verschieden vom Laiterwagen. Vrgl. oben, Sp. 1039: Hobelwagen. Hudelstangen, Huderstangen.

Der „Hudel, Huder, Lumpen, Haderlump“, Prompt. v. 1618. Weihers (Dr. K. Roth): der Huill. Vilmar, hess. Idiot. 177. Vrgl. Grimm, Wbch. IV, II, 109: Hadel. Cf. kärnt. hud, böse, zerrissen, stark; Jarnik p. 144. Zeitschr. II, 520. III, 197,33. 376. V, 104,48. 461. VI, 155. hudeln, achtlos, übereilt verfahren. Zeitschr. VI, 172. „Hat der Herr (Geistliche im Messelesen) ein wenig ghudelt“, Bucher's Kinderlehre. Einen hudeln, ihn achtlos und zugleich hart behandeln, quälen. Einen (oder: sich selbst) hudeln und pudeln. Der Hudler; hudlerisch. Das Hudellaufen, vermummtes Laufen zur Faßnachtzeit (in Tyrol); Büsching, wöch. Nachr. IV, 69. Das Hudelmannsgesind, Lumpengesindel, Puterbey; „perditissima atque infima faex populi“, Prompt. v. 1618. (Gl. i. 75: hutulont, contrectant). 'Huderlutten, ä. Sp., Lumpen, Fetzen.' „Sæh ich in huderlutten '(Haupt: haderlutten; vrgl. der Loden, Ludel)' alle rîche fürstinne gân“, S. Helbling III, 286. BM. I, 608. 'Die Huderwât, ä. Sp., zerlumpte Kleidung; BM. III, 777.' „Er slouf in bœse huderwât“, Ulr. Tristan 2231.

hudeln, sitzen, sich setzen; (vrgl. hucken, hocken). „I' sag draf: I—a! und *hudl* nieder áf's Loh“, (Loch); Stelzhamer 120. 178. „Sein *Hudeln* (Sitzen — im Wirthshaus?) kan mi' öring“, (ärgern); Lindermayr 19. „Trnul jsem a zaujale sebau na stolici hodil“, (von hodim); Zap, Zrcadlo I, 104.

hudern, in Eile und obenhin verrichten; Etwas überhudern, verhudern. Weihers (Dr. K. Roth): vərhuill; vrgl. huilljer, wälzen, rollen, z. B. ein Faß. Zeitschr. II, 287,101: huillern, hullern. huderig, adj., (Schllr.) hastig, übereilt. hidri-hadri, adv., (ObrM.) unordentlich; (b. W.) hüdri-hádri. Vrgl. hudə! fort! Zuruf an Gänse; (ObrM.). R.A. hudri-hudri! über Hals und Kopf, über Stock und Stein. (Cf. böhm. hodit, werfen, schlagen).

hudern, (Ntptsch.) jäten, das Gras mit der Wurzel aus dem Acker ziehen, und die daranhangende Erde abschütteln. aushudern, Felder vom Unkraut reinigen.

hudern (huidər, Weihers, Dr. K. Roth), wiehern; der Guill *huidərt*. Vilmar, hess. Idiot. 177. Zeitschr. IV, 307.

Der Hafen (Hàfə˜, Hàfm, Hàfən), plur. die Häfen (Háfə˜, Háfm, Háfən, Héfə˜, Héfm, Héfən), das Häfelein (Háfə-l), 1) der Topf, (welches Wort wol dem Volk der O.Pfalz, aber nicht dem von Altbayern geläufig ist), ahd. havan, mhd. haven; Graff IV, 837. BM. I, 641. Grimm, Wbch. IV, II, 120. Vrgl. Hefen und oben, Sp. 44: der Ofen. R.A. „Mein fraw bricht häfen, so brich ich krüg“. . . „so bricht er häfen, so brich ich krüg.“; H. Sachs 1560: II, IV, 23. 24. Grimm,
154 Wbch. IV, II, 122. 2) (Gbrg.: große Kuhschelle, Kühglocke. Zeitschr. IV, 336. V, 444. 445. Der Hafen, oder Duschhafen wird gewöhnlich der Haupt- oder Mayrkue angehängt. Der Hellhafen (Hɐlhàfə˜), Art Kessel von Thon, oder von Eisen, gewöhnlicher von Kupfer, am Stubenofen eingemauert. s. Hell. Der Hafenbinder, Hausierer, der zersprungene Töpfe ꝛc. mit Draht bindet. Grimm, Wbch. IV, II, 124. Der Hafen- oder Häfeleingucker (Háfə-lguckə'), Mannsperson, die, nach dem Begriff der Köchinnen, in der Küche zuviel nachsieht, nachspürt. Grimm, Wbch. IV, II, 125. Zeitschr. III, 353. Die Häfeleinsuppen (Háfə-lsuppm), Suppenbrühe, sammt dem Brode im Topf gekocht, zum Unterschied von der gewöhnlichen Waßersuppen, zu welcher die Brühe aus dem Topf auf das aufgeschnittene Brod gegossen wird. Der Hafner, Haftner, (Franken) Häfner, der Töpfer, (ahd. havanari, mhd. havenære; Graff IV, 838. BM. I, 641. Grimm, Wbch. IV, II, 127). Die Hafnerey, Haftnerey. R.A. Lachen wie ein Hafner, der umwirfft, d. h. da man lieber weinen möchte. Der verstêt den Laim, (derber: den

Dr..), dèr mueß ein Hafner werden, ironisch von Einem, der sich in eine Sache mischt, von der er nicht genugsame Kenntniß zu besitzen scheint.

Der Hafen, portus; s. Habe. Grimm, Wbch. IV, II, 123.

Der Haufen (Hauffə˜, o.pf. Háffm, 'nürnb. Háft'n, Zeitschr. II, 432,79'), 1) wie hchd. (ahd. hûfo, mhd. hûfe und houf; Graff IV, 833. BM. I, 724. Weigand, Wbch. I, 484). 2) eine gewisse Quantität von Dingen, die einen Haufen bilden, z. B. um Erding machen vier Klafter Scheitholz einen Haufen; in mehrern Gegenden des O.L. besteht der Haufen, nach welchem die Dachschindel verkauft werden, aus 60 Lagen oder Schichten. In Nürnberg ist der Diethaufen (s. oben, Sp. 553) ein Getreidmaß, welches 2 Diethäuflein enthält und einem Viertelmetzen oder einem Zweyunddreißigstel-Malter gleich ist. 3) der dickste Theil der Nabe am Wagenrad; die Nabe selbst. Auf den Haufen (aufm Hauffə˜, àm Hauffə˜), höchstens, tout au plus. „Zwanzig sinds auf den Haufen.“ Mit Haufen, haufenweise; Frwrbch. Ze Hauf, (ä. Sp.) zusammen; zu hauf binden, zusammenbinden, z. B. Reisig in Büschel; Frwrbch. zu hauf gên, pangere, Voc. v. 1445. Der Ofen gêt zu Haufen, fällt ein, (1391); Freyb. Samml. II, 133. zu hauf kommen, zusammenkommen, sich sammeln, (von Kriegsleuten); Av. Chr. Zu Haufen schlagen. „Doch soll jeder Metzger schwören, daß er kein Vieh an den Ställen kaufe, das er wieder verkaufen, unterstossen oder zu Haufen schlagen wollte“, (zur Herde schlagen, thun?); Kr. Ltghdl. I, 161. „Hauflingen, haufenweis“; Prompt. v. 1618. 'häuftig, haufenweis.' (Hab eine Fuhr Getreide auf den Markt geführt, um Geld zu lösen), „hab g'maint i' will *heufti* dä tappen, i' habs kam in'n Hosensack g'spürt“, Lindermayr 168. (Das Obst) „fallt schan *heufti'* a', das. 192. haufen, haufnen, in Haufen zusammenbringen, häufen, (ahd. hûfon, houfon, mhd. hûfen, houfen; Graff IV, 834 f. BM. I, 725. Zeitschr. VI, 147). gehauft, 1) gehäuft; 2) was auffgehaufft, von auffhaufen, aufgehaufen ein Geschirr, es so anfüllen, daß ein Haufe noch über den Rand emporragt. Ein Hafen ꝛc. gehauft oder aufgehauft voll Mel ꝛc. (Mensura) conferta, gehuft; Ind. 376, f. 233b. Das Häufeln, ein Spiel mit Häufchen von Mehl, Kleyen ꝛc., in welche Geld versteckt wird; ein Kartenspiel, sonst Bankieren genannt, le petit paquet. Das sogenannte Häufeln oder Schulzenspiel wird durch ein wirzb. Ver- 155
bot der Hazardspiele von 1782 streng untersagt. „Nichts verspilt und nichts gewunnen, sechs Gulden verhäufelt“, ein scherzhafter Spruch der Spieler. „Meine Pferdt können drey Gspiel: Trumpfen, Häufeln und Damen ziehen“, ist eine der Sentenzen, die sich der Freyherr von Bodmann in seinen Notaten von 1709 als sehr witzig vormerkt.

'Das Häuflin, ä. Sp., die Wange, gena; ahd. diu hiufila, mhd. daz hiufel; Graff IV, 832. Grimm III, 401. BM. I, 692.' „Swer wolte bedenken, waz er wære, ê dann sîn muoter in gebære, und wie enge er læge gevangen, dô im diu knie wîlent an die wangen rurten, als noch gesippe sîn knie und heuflin in latîn“, Renner 19021. „Genae, hawfl“, ZZ. 796, f. 168b.

'Der Häufler(?), Verräther.' „In loco sacro non sepeliendi: publici traditores vulgariter dy heyffler, verräter“; San-Zenon. 85, f. . . ., hinten.

Der Haufenmacher. „Omnes kupler et kuplerin, hauffenmcher, hauffenmacherin“, Clm. 4428, f. 124.

Hauffnitz, (Kr. Ltgshdl. XI, 15, ad 1492) Haubitze; česk. haufnice, haufenice, fem., hölzerne Schleuder, mit welcher die Steine häufig (haufně, glomeratim) geworfen werden. „Steinbüchsen, genannt Hawffnitz“, Adelung ad 1448. Hofniczi, in Ungarn, ad 1460. „Auch heten sy unten im turn ain hauffnitz gleget auff den sturm", Mich. Beham, Wiener 81,2. „Man auch in den turn, als man sait, ain hauffenicz hingegen lait; der selben puchsen maister, lienhart fuchs, also haister. Gegen der selben puchsen (einer der Feinde) groß er mit diser hauffnitzen schoß", das. 81,14. 18. „Sust zerbrachen vor dem gesicz zwo haubt puchsen und drei hauffniez", das. 379,19.

Der Hefen, (OPf.); das Hefen (Héfə˜, b.W.), der Topf; gl. o. 378: hefan, olla; (cf. Hafen). Der Hafen hingegen ist daselbst zunächst der Hellhafen, (s. Hell). „Von eines smaltzhefens wegen, daz war verlorn", MB. XV, 312, ad 1377; (item eine Tegkendorffer Urk. von 14 . .); also daz Hefen. „In ain neues hefen", Asp. 12, Vorderdeckel. Cgm. 4543, f. 54. 156: das hefen; f. 56: der hafen. Das hefen, aber: der hafen, Cgm. 821, f. 32. „Palm . . . legent sy under daz chrawthefen"; Grimm, Mythol. XLVII.

hefen (héfn), vrb. n., (Ob.Isar) heben, (ahd. hefan, hefjan, mhd. heven; Graff IV, 814. BM. I, 643); namentlich mit Stangen und Pfählen ꝛc. arbeiten, um einen Floß, der auf den Sand aufgefahren ist, wieder flott zu machen. Zeitschr. VI, 148.

Die Hésamm, Hésang, Hésangin, die Hebamme. Heveamme, Wern. Maria p. 174; hefammen, obstetrices, gl. o. 250. „Pharao gebôt den heveammon"; Griesh. Pred. II, 111. Zeitschr. VI, 148. Hefmutter, s. heben. Die Form Hefang kommt in Gemeiner's Regensb. Chronik III, 207 schon ad 1452 vor. Sette Comm.: Höyfing, Höbing. Damit hängt vielleicht zusammen das gleichbedeutende hefanna und hefhanna der gl. a. 95. i. 1007. Graff IV, 957. Grimm, RA. 455. hefammen, vrb., das Geschäft der Hebamme treiben.

Der Hefel, Hefling (Héfl, o.pf. Hifl, Hiəfl), der Sauerteig; gl. i. 1005: hefilo, fermentum; Graff IV, 828. BM. I, 646. Weigand, Wbch. I, 489. Diut. II, 215: „heuesel, fermentum; gehauen, fermentatus." Augsb. Bibel v. 1507: „der hösel", I. Cor. 5. Um Gießen: der Hefling. Zeitschr. III, 319,10. VI, 43. (Vrgl. Hepfen und Hopf und Urhab). Hefelnudel, Nudel aus Mehl, mit Sauerteig gesäuert. hefelsauer, adj., von Sauerteig übersäuert. hefeln, anhefeln, einhefeln, säuern, mit Sauerteig anmachen. „Das himlisch prot das in dem himel angeheuelt ist"; ZZ. 1809, f. 44b. s. unter Keller.

geheiff, g·heiff, keiff, adv., stark, fest, dicht, mit Kraft. Zeitschr. VI, 147. keiff zueschlagen, zesamen binden ꝛc. staə˜*gheif*, sehr fest. ə˜ *gheiffə* Vorsàz. VII Comm.: käif, viel. Dieweil sich das Meel am Führn in Säcken etwas keyffer übereinander setzt", tyr. L.O. v. 1603. cf. geheb.

geheufel? „Die bauern wurden geheuffel", (hochfährtig?), Wolff, histor. Volksl. p. 237.

Der Hifel, Hifler, Stange, welche, auf dem Felde in den Boden gesteckt, dazu dient, Getreide-Garben, Klee, Flachs u. drgl. daran aufzustellen, und so in lockern Haufen der Luft auszusetzen. Diese Hifel haben entweder Löcher, durch welche kurze Stecken, als quirlartige Arme, gesteckt werden, oder sie bestehen aus jungen Baumstämmchen, an welchen die Queräste, ohngefähr einen Schuh lang, stehen gelassen sind. Im Salzburgischen werden 15 Getreidgarben an Einem Hifler aufgerichtet, so daß 4 Hifler einen Schober machen. hifeln, Getreide, Klee, Flachs u. drgl. an Hifeln in lockere Haufen stellen. „N. N. zu Reichenhall hat sich gewaigert, den zechent, so in 8 hifl khorn bestanden, zu geben", Not.
156 des Abts v. St. Zeno, a°. 1670. „Kreuzschöberlein oder Hüffln", kärnt. Zehendord. v. 1577. hifelmäßig, adj., von jungen Baumstämmchen: die Hifel-Größe habend.

Die Hiefen, Hiefeln (Hêifln), Hieften, plur., (Nürnb., OPf.) die Hagebutten; hess. Hiefe, Hâ'hiefe (= Haghiefe), Hanüffel, Frucht des wilden Rosenstrauchs, Hanbutte; Vilmar 27; kurhess. Idiot. 167. Zeitschr. IV, 239,7,4. 553,23. (cf. mhd. hiefe, ahd. hiufo, bacca cynosbati, tribulus; hiufalter, tribulus, der Strauch; Graff IV, 836. Grimm III, 401. BM. I, 674 f. Weigand, Wbch. I, 505. „Umbe dise welt gebest nit ein hieffen", Cgm. 252, f. 134b. „Die reichen wöllen, daz man si flehe. Zû einer hieffen sprach ein flehe: Frauwe in dem roten röcklein, lazet uns armen bei euch sein"; Renner 2017. „Dâ ê stûnt hiuffolter unde dorn"; Diut. III, 57. „Scorpius, hiufolter", Clm. 6028 (XII. sec.), f. 46b. Graff IV, 836. BM. III, 31. „Sie liebt mir mer denn äß ich hieffenkern", Rosenplut, Cgm. 714, f. 338b. „Bicke backe *Hiftendurn*", Hagebuttendorn, (Tambach) Firmenich II, 404. Drey Hiefen zum neuen Jâr! Neujahrsspruch der Kinder.

Der Hof, im Allgemeinen wie hchd. (s. Adelung. Graff IV, 828. BM. I, 698. Vilmar, hess. Idiot. 172. Grimm, Gesch. d. d. Spr. 1022. Weigand, Wbch. I, 511. cf. griech. κῆπος). Hier einige mehr technisch-provincielle oder veraltete Anwendungen des Ausdruckes: a) ein gewisser Inbegriff von Grundstücken sammt den dazu nothwendigen Wohn- und Wirthschafts-Gebäuden auf dem Lande. Gerichtliche Formel: „Ein Hof zu Dorf, zu Feld, zu Holz, zu Wasser, zu Waid", d. h. was an Gebäuden, Feldern ꝛc. dazu gehört. Der Hof oder ganze Hof (obschon selbst nicht in allen Gegenden von gleicher Größe) galt nach dem ehmaligen System der Güter-Gebundenheit gewöhnlich als Einheit in Bemessung der Grund-Besitzungen. Für das Eintragen eines Gutes in die Abgabe- u. drgl. Listen nach diesem sogenannten, im ehmaligen Herzogthum Bayern geltenden Hoffuß war der Ausdruck: einhöfen üblich. Es pflegten die Güter nach diesem Fuß als 1/2, 1/3, 1/4, 1/6, 1/8, 1/12, 1/16, 1/24, 1/32, 1/64 Höfe eingeschrieben und besteuert zu werden. Man nahm als ganzen Hof gewöhnlich eine Besitzung von wenigstens 50—60 Jucharten Ackerlandes an, zu deren Anbauung gegen 12 Münchner Schäffel Samgetreid erfordert werden. Die Wies- und Holz-Gründe waren dabey nicht gerechnet. Es konnten zwey Güter, die in verschiednen Gegenden, ja die in einem und demselben Bezirk lagen, und beyde als ganze, oder halbe, oder Viertel-, oder Achtel- ꝛc. Höfe eingeschrieben (eingehöfet) waren, und dem gemäß zu gleich großen Abgaben angehalten wurden, dennoch an Werth und Umfang recht sehr verschieden seyn. (Volkmann, Steuer-Peräquation). „Ain hoff, ain hueb, ain Soldt ist dem andern in dißem Landt ganz ungleich", hieß es schon auf dem Ldtg. v. 1605. Der halbe Hof wurde genannt eine Hueb (s. d. W.), der Achtelhof eine guete oder Bau-Selden, der Sechzehntelhof eine lære oder schlechte Sölden; (s. Selden). (Weirer's Dissert. 39, P. II.). Wstr. Btr. II, 417. Nach einer Steueranlage im Lg. Rosenheim von 1445 (Kr. Ltghdl. IV, 125) traf auf den Hof 9 Schill. dl., auf die Hube 5 Schill.; auf das Lehen 4 Schill., auf das Viertel (oder halbe Lehen) 40 dl.; auf's halbe Viertel 20 dl., auf das Juchert Acker 20 dl., auf die Sölde 12 dl. Nach der a. Land- und Policey-Ord. B. 3, Tit. 14, Art. 4 sollte ein Bauer, der einen ganzen Hof hat, nicht mehr als 24, ein Hueb oder halber Hof nicht über 12, dann ein Lehner, Söldner oder Vierter nicht über 8 Schafe halten dürfen. b) fürstliches Wohnhaus, wofür heutzutage lieber der undeutsche Ausdruck Residenz gebraucht wird. Der alte Hof in 157
München, im Gegensatz der jetzigen Residenz (als des neuen Hofes; s. oben, Sp. 776: die Feste, Neuvest). So ist z. B. noch ein Ausschreiben von 1741 „geben in unser der Haupt und Hofstadt München." Rechnung v. 1571: Breuhaus beim Altenhof und Zergaden. Rathstuben zu Altenhof und Kammercanzley. 1580: an dem Gang des Altenhofs wurde in des Herzogs Ludwigs Haus gebrochen. 1587: das fürstlich Falckhenhaus zu Altenhof. 1589: zu Altenhof ein Saal, ein Harnaschkammer, ein Stallung, eine Liberey, eine Kellerey. 1592: Danzhaus zu Altenhof; Türnitz; Essigstuben; Kirch; Creuzgang; der Pfarrer beim alten

Hof; Custorhaus; Heyfenkammer"; Lippert's Auszüge, Cbm. 2095. Auch in der Stadt Regenspurg besaßen die alten bayr. Herzoge einen Hof . .; Kr. Lhdl. II, 6. 16. 230. 233. 234. Ob die Benennung am Hofe, die der bayrischen Vorstadt von Regensburg beygelegt wurde, von dem in der Stadt selbst oder einem andern über der Donau liegenden Hofe genommen sey, weiß ich nicht. „Die Juden am Hofe zu Regensburg", Ldtg. v. 1543, p. 51. Auch in Ortenburg noch ein Hof, weiland Residenz der Grafen. Hofgesind, Hofgewand zu Nidernaltach (1437); s. Gewand. c) (ä. Sp.) Zusammenkunft, assemblée, cercle, Kränzchen. Der Gesellenhof, was Turnierhof; Freyb. Samml. II, 109. 110. 111 (v. 1392). Der Jungfrauhof. „Wolauf, ich wil dir zeygen den allerschönsten Jungfrawhof, da wollen wir den schönen Docken die Agen abschütten von den Rocken"; H. Sachs. „So auch jemand einiche Gaßtung oder Junckfrawhöf hette, und dabey ein Stuben-Tennzle halten wollt", Nürnb. Polic. Verord. v. 1580. „Wir kamen (in der Faßnacht 1561 vermummt) zu etlichen Junkfrawhöfen, da hätt man uns nit ungern, wir tannzten und sprungen wie die kölber, dann es wasen belle figlie da, die unns nit ubl gefuelen", sagt V. Conrad Schwarz von Augsburg in seinem Trachtbuch ad fig. 40. Der Beschreiber dieses Buchs, C. C. Reichard nimmt diese Jungfrauhöfe für Nonnenklöster, und davon Anlaß zu höchst ungerechten Bemerkungen über die neurömischen Vestalinnen überhaupt. Das augspurgische „s Jahr ein Mal" von 1764 bemerkt bey den December-belustigungen: „Hieher könnt man mit Fug wohl ziehen die Jungfern-Höf und Compagnien, die man sonst lange Täg genennt." Aº. 1369 wird in Regensburg einer angesehnen Bürgerin die Strafe auferlegt, in der Zeit eines Jahres kein Höfel zu haben, und darnach noch zwey ganze Jahr auf keine Hochzeit und zu keinem Höfel zu gehen; Gemeiner, Chr. II, 156. Der Kindbetthof, (Amberg. St.R. 27), Besuch bey der Wöchnerin nach der Taufe. H. Sachs 1612: II, III, 16. „Sie hat sich auf Kindpetthöfen oft voll gesoffen", Wemdinger Hexenproceß v. 1633. Der Schützenhof, (Wstr. Btr. V, 80). Der Stechhof, (Gemeiner, Reg. Chr. II, 411). Der Turnierhof, (Ofele, Scr. r. b. I, 305). s. Hofrecht. Der Winhof in den Wirzb. Sätzen v. 1343, §. 42. 43, wol Weinschenke. d) (Isar, Winkel) Viehstall auf den Alpen; der Theil einer Alpenhütte, in welchem sich das Vieh aufhält. e) (salzb.) Maß für Getreide. „1200 Mann Landvolks, denen der Erzbischof täglich 3 Hof Roggen, 3 Kändl Wein, 3 Pfund Fleisch und einen Gulden Geld verordnet"; Dukher's salzb. Chron. 279. Vrgl. Diethausen.

Der Klaushof, Umfang einer sogenannten Wasser-Klause. s. Klausen. Der Sedelhof, freyer Landsitz, freyes Gut oder Haus. s. Sedel. Der Wasengäuhof, Abdecker- oder Schinder-Etablissement, welchem ein bestimmter Landbezirk (Gäu) angewiesen ist. Hazzi, Statistik p. 294. s. Wasen.

158 Die Hofarbeit, (Miesbach, nach Hazzi) Arbeit mit dem Vieh und in der Wirthschaft, im Gegensatz des Nähens, Strickens und andrer Stubenarbeiten. Der Hofbau, Inbegriff der Gründe, Äcker und Wiesen, welche zu einem Schloß, befreyten Sitz oder Sedelhof gehören; (Weirer 345). „Die Hofbau oder Sedlhöf sollen nicht gesteuert werden"; Ltghdl. XVI, 247. „An Barbierer für hailung der Personen, welche am frl. Hofpaw (Residenzbau) geschedigt worden (1613) 49 fl. 49 kr."; Clm. 2224, f. 265. Der Hofherr. „Es sol ze weinachten niemen dem andern senten nur seinem pfarrer und seinem richter, und ain inman seinem hofherren"; Auer, Münch. StB. p. 289. „Inman oder hoffraw", (die bey jemand zur Miethe wohnt); Münch. StR., Art. 81. Das Hofmâd (?). „Die vier Hofmäder Ober- und Unterammergau, Kolgrueb und Soyen sollen ein yedes Hofmad für sich selbs, als weit aines jeden Gezirck reicht, die Landstraßen von neuen erhöben"; Lori, Lechr. 346, ad 1558. 'Der Hofmann, mhd. hoveman (BM. II, 40. Vilmar, hess. Idiot. 172): 1) (zu Hof, a) der ein Gehöft bewohnende Bauer, colonus.' „Di klôster vrowen haten einen hofeman ûf dem lande", Herm. v. Fritzlar 76,26. „Man liset von eime herren der hat gevangen einen hofeman, der sprach zu sînen knechten; das. 237,9. Also ganz das Widerspiel des folgenden Hofmann im Rathschlage, der dem jungen Helmbrecht vom Vater ertheilt wird: '2) (zu Hof, b) der als Ingesinde an einem Hofe lebt.' „Wilt du dich genôzen und gelîchen dem wol gebornen hoveman"; Helmbr. 339. „Und næme ein rehter hoveman dem gebûren swaz er ie gewan"; das. 345. „Noch gerner bin ich ein gebûr danne ein armer hoveman, der nie huobegelt gewan"; das. 1107. 3) „Tentigo, der hofman in der fud", Cgm. 662, f. 115. cf. Diefenbach 578a. '4) s. unten Hofierer.' Hofmetzgerei, d. i. parcellenweiser Verkauf eines zumal erstandenen Gütercomplexes, der in den dreißiger Jahren in Süddeutschland, bes. Würtemberg, eine traurige Berühmtheit erlangt habe. Allgem. Ztng. 1852, Beilage S. 1388, Hauptbl. S. 1697. Die Hofmark, Inbegriff von Grundstücken sowohl, als von Häusern und Gebäuden, die als eigenthümliche Zugehör zu irgend einem Landhof (adelichen Sitz) angesehen werden, deren Bebauung und Nutznießung aber gegen gewisse Abgaben und Zinse als ein in den meisten Fällen vererbliches und nicht zurücknehmbares Recht an Andere als den Besitzer des ursprünglichen Landhofes oder der Hofmark übergegangen ist. s. Mark. Die Hofrait (Hofraət, Nürnb. Hufərət), der Hofraum, der zu dem Hause und dessen Stallungen gehörige freye Spielraum. BM. II, 673. Vilmar, hess. Idiot. 173. Weigand, Wbch. I, 513. Das Hofrecht, 1) (zu Hof, a) was Huebrecht; BM. II, 624. s. Ehaft. 2) (zu Hof, c) Musik, welche irgend einer Person zu Ehren gemacht wird, z. B. einem Tänzer bey seinem Nachhausegehen vom Tanzplatz; besonders aber ein Nachtständchen oder eine Serenade. „Nach jeder Viertelstunde klappert der Vorgeiger mit dem Bogenholz an der Geige, daß man bald wieder zahlen soll, und beym Nachhausegehn locken einem die Spielleute mit dem sogenannten Hofrecht den letzten Zwölfer aus dem Sack"; B. Volkskalender v. 1800, p. 58. „Die h. Jungfraw Cäcilia schlägt dem himmlischen Bräutigam das Hofrecht"; Epithalam. Marianum von 1659. Die Hofschenk, (Ldtg. v. 1612, p. 365) Schenke in Städten und Märkten, zum Vortheil der fürstlichen Pfleger und Beamten ausgeübt. Die Hofstatt, a) die Stätte, wo ehmals ein Bauernhof gestanden. BM. II,II, 601. „Hofstat, area, fundus nudus ubi non est aedificium"; Voc. v. 1429. „Area, ein tenne, apud modernos tamen saepe ponitur pro curte quae non habet agros, ein hofstat", Clm. 5008 (sec. XV.), f. 147. „Legitime aree domuum quas hovestete vulgo vocamus"; Pax a Friderico duce et a multis comitibus jurata episcopo Augustano et Eistetensi episcopo, (sec. XII.); Cod. Aug. eccl. 39, f. 69. „In Ebenhausen giebt es noch 5 öde liegende Hofstätte"; Welsch, Reichertshofen p. 14. b) die Stätte, wo ein Bauernhof wirklich steht, oder erbaut werden soll. (s. Hofraite, curtile). Cf. Anton, Gesch. d. deutschen Landwirthschaft I, 273. „Daz wem daz (Holz) funden wirt ze haus oder ze hostat", Passauer Stdtrchtb. Ms. In der Schweiz ist die Hostet auch der Baumgarten an einem Haus. 'Der Hoftauscher, ä. Sp.; vrgl. BM. III, 156: mhd. tûschære, tiuschære.' „Ein volk ist hoftuscher genant, daz dem pabste ist wol bekant . . . hoftuscher sind übel leute . . . wann swer ze hofe tauschen kan, der effet mangen einveltigen man"; Renner 17212 ff. 'Der Hofwart, ä. Sp., Hofhund, Bauernhund, (mhd. hovewart; BM. III, 527).' „Ein hofwart wol genozen geheimez wild kan morden und verzeren", Labr. 163. „Swâ sich hofwart keines wildes flîzen", das. 422. „Ein gerûwter hofewart", das. 542.

'hofen, ä. Sp., Hof halten; BM. I, 700.' „Pfalzgrav Ott Widlspach von erst erpaut hat alda gehofet, das also raut." „Herzog Ott hofet zu Landshut." „Ludwig hoffet zu Schwebischen Werd"; Cod. bav. 2799, f. 31. 42. 43.

'höfeln, ä. Sp., Höfe (s. Hof, c) halten oder besuchen; s. hofeteln.' „Wo vil höfeln ist, da ist auch vil essen und trinken", Cgm. 638, f. 82. „Conviva (übergeschrieben: du höfel) raro!" Clm. 4350, f. 9, ad 1338. „Raro conviva: wilt du folgen dem rat mein so solt du selten höffeln sein", Facetus, Cgm. 72, f. 29. „Wir lesen chainn dy als emsichlich und als vil gehöfelt haben als Job und siben sün", Clm. 5893 (XV. sec.), f. 320. „Non sarcies vestes nec ad convivia vadas, mach dir auch nicht kchlaidt noch hoffel", Clm. 25072, f. 271. „Non facies vestes nec ad convivia vadas, mach dir auch nicht chlait noch hoffel, sunder meid sew paid"; ZZ. 2072, p. 271. „Den erbtail vertrincken, verhöfeln und verspiln", Cgm. 632, f. 47. „Sampson sturzt das haus in dem dy haiden hoflaten", Cgm. 632, f. 32. „Die philisteer waren bei einander an einem höfell . . . sy höflaten"; das. f. 38. „Den vorgang haben, es sei in höfel, in reden . . ."; Cgm. 632, f. 10ª.

hofeteln, ä. Sp., Höfe (Kränzchen, Assemblées, Soirées ꝛc.) halten oder besuchen; „spacieren und hofetlen . ." „Kostper hochzeit und hofätel pringen dir vil schaden", Cod. ch 16, 174. Diefenbach 149ᵇ: hoffatel, convivium, contubernium. (s. Hof c). „Vilen hat es mißlungen, die solche hofetlerinn und saitenspilerin zur ehe genommen . . gute hofetlerin, böse Ehefraw"; Puterbey. „So ein fraw abtregt jrem man umb eytel unnütz claider oder sunst verhoffätlet", Cgm. 866, f. 31ª; („verhoffetlet", Furstenzell. 55, f. 60).

hofieren, 1) (ä. Sp.) einen Hof e, d. h. ein Kränz-
159 chen, Gastmahl ꝛc. geben oder besuchen. Noch hört man: Einen mit Brandwein, Bier ꝛc. hofieren, st. tractieren. In einigen Märkten des Ob.Landes ist es bey Hochzeiten Sitte, daß sich ein Theil der Gäste während des Hochzeit-Schmauses und Tanzes in ein anders Wirthshaus begiebt, da eine Zeitlang zecht, und dann wieder zurückkommt, um auf ein neues zu schmausen und zu zechen. Dieß nennen sie hofieren gên. 'Vrgl. BM. I, 700 f.: hofieren, 1) sich in festlicher Geselligkeit erfreuen; 2) prangen; 3) den Hof machen (namentlich mit Musik und Gesang); 4) aufwarten, dienen. Weigand, Wbch. I, 512. Mittellat. hofisare, hofizare. (Vrgl. mhd. höveschen, hübschen; BM. I, 701 f.).' „Hofieren, tanzen, singen", Labr. 455. „Wenn ich meinem puln sol hofiern und singen, so wil es nimer als wol als vor clingen, das macht das öl hat mir verderbt die stim", Rosenplut, Cgm. 714, f. 337. „Cur Alathia canis rebus stultissima mutis, O du torotheste Alathia, daz du hofierest stummen dingen mit solchem fleiß", Theoduli ecloga, Clm. 5594 (v. 1495), f. 299. „Quolibet in festo semper tibi proximus esto Cetus stans presto iuvenum non carmine mesto Voce galandrizans iubilo quoque mentis *hovizans*"; carmen ad b. Mariam virg., Cgm. 716, f. 1 6. „Scolasticus Undersdorfensis in monasterio jaceat et de nocte non exeat causa malitiae, nec *hofisatum* transeat, nec choreas, nec tabernas, nec ludos visitet, nec ipse ludat, nec scortum in monasterium ducat, nec secum jaceat noctu vel die", (1425); Cod. San.-Zenon. 112, f. . . . „Scolasticus (praeceptor domicellorum) in monasterio Undensi (Inderstorff) de nocte non exeat, nec *hofisatum* transeat, nec choreas, nec tabernas, nec ludos visitet", (1425); Clm. 16512, f. 167. „Der wolt gern hoffirn und kan sein nicht. Ante XLam *hophizatum* est mundo sic nunc *hophizare* debemus coelesti sponso"; Sprichwortpredigten, Clm. 12296, f. 218. „Sic frequenter aliqui solent *hofisare* (auffspielen, singen) et praecipue viri eorum mulieribus." „Ludendo jocando et *hofizando.*" „Officium joculatorum aut ludentium aut *hofisatorum*", Joh. Gews Poll. 451, f. 36. 41ᵇ (Clm. 4751). „Scandalum videant *hofisatores*", Joh. Gews, Poll. 437, hinten. Clm. 16164, f. 139. „*Hofisantes* frequenter in coreis", San-Zenon. 34, f. . . .

„Plures enim sunt *hofizatores* qui per annum et ultra suam continentiam ad finem perducere non valent", San-Nicola 229, f. 76ª. 2) von Spielleuten: den Höfen, d. h. lustigen, festlichen Vereinigungen, nachgehen, um aufzuspielen; musicieren. „Wo ein Spilmann über beschehene warnung und abweichung eindringen und hofieren wollt, dem soll ohne verziehen sein Instrument, damit er zu hofieren gemaint, genommen und darzu auß dem haus gestoßen werden", L.R. v. 1616, f. 681. Die Hofierer, (ä. Sp.) Spielleute oder Musikanten, welche an den Höfen der Fürsten, Prälaten und Edelleute, dann auch auf Jahrmärkten, Kirchtagen und Hochzeiten in den Wirthshäusern ihre Kunst hören ließen. „XXXIIII gld. rh. an fremder Herren Hoffierer und Spielleut ausgegeben", Wstr. Btr. V, 213, ad 1467. L.Ord. v. 1553, f. 173. „Der Chünig macht ein groz wirtschaft . . . So chomen auch dahin hoflæut von manigen landen mit allerlai saittenspil und pfiffen und erzaigten ir chunst da vor den gesten"; Cgm. 54, f. 50ª. Zeitschr. IV, 321. 3) wie hchd. ein Euphemismus für cacare. A⁰. 1361 an sand Gertrauten tag ward kaiser Carl ein Sohn geboren (Wenzeslaw) und zu Sant Sebalt getauft worden der soll in der tauff gehoffiret haben"; Nürnb. Chronik, Cgm. 3938, f. 25.

'hofbar, ä. Sp.; vrgl. BM. I, 702: „hovebære, dem Hofe angemessen"; höflich.' „Milte sanfte, getreuwe, gewere, freunthölt, dienfthaft u. hofbere"; Renner 13289.

'höfisch, höffsch, hüffsch, ä. Sp., wie mhd. hövesch, dem Hofe gemäß, fein gebildet und gesittet, courtois; BM. I, 701. Vrgl. oben, Sp. 1040: hübsch.' „Daz was niht hüffscher liute reht", das. 3402. „Hövesch und tugenthaft", das. 3549. „Der ist hüffsch zaller vrist, swer in der werlde edel ist", das. 3917. 'Die Höffscheit, Hüffscheit, ä. Sp., mhd. hövescheit, höfisches Wesen; BM. I, 701.' „Die tugende sint hüffscheit", w. Gast 2892. „Reht tuon daz ist hüffscheit", das. 3920.

höflich (héfli'), 1) wie hchd., (vom äußern Benehmen und Betragen). 2) ä. Sp., von der Kleidung. „Bischof Gebhard war ein höflicher her, trug gar schöne Kleider an." „Graf Babo ließ seine 32 Söhn anthun so höflich und hübsch es immer seyn kunt." Av. Chr. „Hoflich, hubsch, curialis"; Voc. v. 1429. hovelich, aulicus; gl. a. 28. Zeitschr. IV, 103,11. „VII curialitates"; Clm. 4703 (sec. XV.), f. 107.

-hofen (ahd. Sp. -hovun, Dat. plur.) ist, mit Personnamen verbunden, der Endbestandtheil vieler Ortsnamen. Vrgl. Graff IV, 829—832. Förstemann II, 753—756. Daß es in einigen jetzt -kofen gehört und geschrieben wird, scheint von einem frühern, jetzt nicht mehr deutlichen Patronymicum auf -ing, -inc herzurühren. (Chundalinc-hovun, Asinc-hova, Meichelb. Hist. Fris. II, 422. 433). Vrgl. kaim st. haim, kart st. hart.

hoffen, 1) wie hchd., (mir aus der ahd. Sp. nicht erinnerlich; aus dem Niederdeutschen entlehnt: 'agf. hopjan, engl. to hope, holl. hopen, schwed. häppas).' In Arnolfi, comitis de Cham et Vohburg (um 1030), de S. Emmerammo lib. II. (Canis lect. antiqu. II, 138) liest man: „. . . curtem qui vulgo dicitur Enterhof (wol Eitterhof; cf. Ried p. 106. 137) id est veneni atrium vel curtis", oder auch, meint er, „spes aetheris juxta hoc quod Saxonicum idioma teutonizare solet; Saxones enim spem ut speratíonem hujus vocabuli nomine finitimo vocitare suescunt." Ihm ist also hopjan noch fremd. Ahd. steht dafür: wânjan, sich firsehan ze —, gadingjan. BM. I, 701: hoffen; bey Konr. von Megenberg gewöhnlich hoffnen, f. 274ᵇ; ich hoffne, hoffen, f. 276. „Er hat gehoffnet in den herren" Cgm. 80, f. 107ᵇ. Um Füssen: hopfen, (Aurb.). Cf. cesk. ufati, do-ufati = daufati; russ. upováti, poln. ufats. 2) besorgen, fürchten. (Cf. Clm. 4621, f. 71: „Inpropria .i. diu unsculdigun (ungehörigen Ausdrücke), quas grammatici achirologias graece dicunt, ut sperare pro timere"). „Sie (die Braut) schaut mich ganz schuldig und traurig an, ich hoff, sie meint, ich hab ihrer ganz vergessen"; Hochzeit-Spruch. Hazzi, Statist. IV, 267. „Ich hoff, daß mir der Jn mein Häuslein auch noch mitnimmt", schloß ein Anwohner des Jnns seine Klage über das Reißen dieses Stromes; (wie ἐλπίζω). aufhoffen, verhoffen über ein Ding, davon überrascht, darüber stutzig werden, auffahren. Dieses Aufhoffen entspricht dem Ausdruck erschrecken in seiner urspr. materiellen Bedeutung aufspringen, und dem span. sobresalto, franz. sursaut, und ist vielleicht nicht eben aus der Jägersprache entlehnt. (Cf. schwed. häpen, erstaunt, betroffen; häpna, erstaunen). 'Der (?) Hoff, die Hoffnung; Fundgr. I, 376b. BM. I, 702.' „Kein pesser höff mogt ir mir geben ee das ich mir gar neme mein leben", Rosenplut: Edelmann und Hasgeyer, Gießener Hs. — „Überhoff, aequivoca", ein Fehler im Meistergesang; Wagenseil, civit. Norimb. p. 529. 'hoffig, gehoffig, ä. Sp., hoffend.' „Wir sollen alls guts von Gott gewärtig sein und gehoffig"; Monac. Francisc. 358, f. 24b. 'hofflich, ä. Sp., hoffend; BM. I, 702.' Wie gehts? Hofflich, erwiedert der Bergmann, wenn er gute, unhofflich, wenn er schlechte Hoffnung oder Bezahlung hat. Die Hoffnung. R.A. Jn die Hoffnung kommen, in der H. seyn, wie hchd. guter Hoffnung werden, seyn.

160 Der Hoffer, (Geschichte und Wunder des h. Benno) der Höcker, (ahd. hofar, mhd. hover; Graff IV, 838. BM. I, 723. gl. a. 40. 83: hovar, gibbus). „Mir was ein hover michel datz den schultern ouzgebogen", Urstende, Hahn p. 110,5. Herzog Ludwig „gibbosus hat einen großen Haffern", v. Lang, Ludwig im Bart, S. 181. „Auf seinem ruckh trueg er ein großen Hofer", Chron. bey Freyb. I, 141. „So steet hie herzog Ludwig zart von Bayern der genennet wart der Buckhlet, weil er auf die welt, ein hoffart bracht, ich euch vermelt", Cgm. 1602, f. 59. 'hofrecht, hofret, adj., ä. Sp., ausgewachsen, bucklig; BM. I, 723: hoveroht, hovereht.' „Do chom ein hofrochter (pugklochter)", Cgm. 54, f. 70a. Daß die Gräfin von Wertheim „nicht hufhalz noch hoffrat sey", v. Lang, Ludw. im Bart, S. 185.

huf! huəf! huif! (OPf.), hüf, auch hü (Weihers; Dr. K. Roth), Zuruf an das Zugvieh, wenn es rückwärts gehen, oder das Fuhrwerk zurückhalten soll. Weigand, Wbch. I, 520. Vilmar, kurhess. Idiot. 177: hûf! Zeitschr. V, 450. 451. VI, 233. 371. huefen, vrb. act., (Obrm.), hüf (Weihers), zurückgehen machen. Tou 'n Schèckng *einə'huəfə˜, zruckhuəfə˜*.

behufen Einen in etwas, ihm darin behülflich seyn; wirzb. Verord. über Kirchenfreyheit v. 1744. Grimm, Wbch. I, 1343: agſ. behôfjan, holl. behoeven, engl. to behoove, indigere. BM. I, 645: der behuof. Lexer, mhd. Wbch. I, 157. Vilmar, heff. Idiot. 176. Zeitschr. IV, 270,43. behufig, dienlich; erforderlich; (agſ. behefe, necessarius, Luc. 14,28). Grimm, Wbch. I, 1343. Göthe's s. Werke 12⁰, 29. Bnd., S. 260. „Die znm Bau behufigen Hölzer", ansp. Verord. v. 1724. „Dô si ir nôt überwant von sîner gehufigen '(Benecke: von gehülfiger)' hant", (durch seine hilfreiche Hand); Jwein 3804.

Die Hüff, (Sterzing) Hüfte, (goth. hups, ahd. huf, genit. huffi, mhd. huf, hüffe; Graff IV, 832. BM. I, 724. Weigand, Wbch. I, 521. Zeitschr. II, 520. VI, 108, III, 8. 155). „Mit Händen auff d' Hüff gesetzt herein gehn, ansatum ambulare"; Prompt. v. 1618. „Femen, frawnhüff; femur, manshüff"; Clm. 5877 (XV. sec., 1449), f. 115. Diefenbach 229. Der küng Hainrich sprang ains tags von der mur daz im diu huf zerbrast, davon hiezz er immer mer der hufhalcz küng Hainrich", prof. Kaiserchron., Ms. des german. Mus. Nr. 2733. 'hufhalz, hüffehalz, mhd. adj., hüftenlahm; BM. I, 624. Graff IV, 832. 930.' „Temporibus Heinrici Imperatoris qui cognomento dicebatur Huffehalz quod in venatione a fera quadam in femore lesus sit"; Dronke, Cod. dipl. Fuldens. p. 345. „Armut manic schone meit verdrucket, daz sie wirs beheit denn ein reiche meit da bi, aleine si blint und hüfaltz si", Renner 23080. (Was das Wort sagen will, weiß ich nun leider an mir selber. 1848, May.) „Sidlen sweiz und kiselinges smaltz daz ist den meiden gut die sind hüffehaltz", Kochbuch im Wirzb. Coder. „So du machest wirtschaft so lade di armen, di blinden, haltzen und chrumben", Luc. XIV, 13, Cgm. 66, f. 59. „Krump und hufholtz und vergichte lewt", Cgm. 4880, f. 296. s. auch unter der Hoffer: hofrecht.

'Das Hufblatt, eine Krankheit, (?' vrgl. oben Sp. 1038: die Héb). „Der daz hufplat hab, der nem bertram pheffer salz orgament ruten, pulver ez zesamne und blase ez durch ein ror in daz hufplat", Clm. 4595, f. 39. Vrgl. BM. I, 202.

„Hüfidorn, acanthus"; Thierh. 45, fol. penult. Diefenbach 6a. 's. oben Hiefe.'

Der Hüfel, (Pegniz) schadhafte Stelle am menschlichen oder sonst einem organischen Körper. Dem Sänger Conrad von Würzburg ist die Jungfrau Maria „ein slehter wünneclicher zein, an dem kein hufel wirt ersehen", gold. Schmiede 799, '(bei W. Grimm: „bühel"; vrgl. p. 94 die Lesart „huvel"). Vrgl. die Hüff und Zeitschr. VI, 108, II,8 mit 108, III, 8.'

hüfeln, sich zusammenhüfeln, (b. W.) sich klein machen, zusammen krümmen, um nicht gesehen zu werden.

Die Haft, (Subst. zu haben, d. i. halten; ahd. hafta, mhd. haft, gen. hefte; Graff IV, 743. BM. I, 603. Grimm, Wbch. IV, II, 131): 1) der Halt, das Festhalten, hchd. der Haft. „Den maister aller zirkel haft, der himel und erd mit seiner chraft hat in der hend als einn bal", Suchenwirt XLI, 703. Koberstein, Quaestiones II, 1. 'Vrgl. unten: behefte und Zeitschr. VI, 15: es thut ihm Haft, hält ihm schwer. 2) die Gefangenhaltung: fängliche Haft. Jn Haften seyn, sitzen; zu Haften bringen, kommen ꝛc.; wirzb. Verordd. von 1764. Der Haft, 1) wie hchd. 2) die Hemmung, das Hinderniß, der Anstand; 'Fessel, Band, auch figürlich'; (ahd. mhd. haft; Graff IV, 742. BM. I, 603. Grimm, Wbch. IV, II, 128). „Hätten je die Sachen Hafft an dem Bestand", (einen Anstand wegen der Caution); Kr. Lhdl. III, 146. „Si tribend ietz koufmanschaft, damit si tuond ir selan haft"; des Teufels Segi, Barack 9020. „Ein hafft, arra"; Voc. Archon. XIV. Diefenbach 50b. Grimm, a. a. O. 130,2,c. 'Fig. der Knoten des Räthsels; Grimm, Meistergesang, S. 80. 97. Wbch. IV, II, 130,b.' Selp-haft zu Wunden; Cgm. 731, f. 42. Grimm, a. a. O., 129,1,b. Der Haften, plur. die Häften (Häft'n), gewöhnlicher im Diminutiv: das Häftlein (Häftl), 1) (Nürnb.) die Stecknadel. 2) der Haken, das Häklein (fibula, crochet, agraffe), besonders an Kleidern. BM. I, 603. 604: daz haftel, heftel, heftelîn. Zeitschr. II, 514. V, 445. Grimm, a. a. O., 130,3. 132 f. 136. Das Häftlein-Männlein (Häftl-Männl) ist bey einem Häklein-Paare dasjenige Stück, welches in das andere, in das Häftlein-Müetterlein (Häftlmiədə'l) eingreift. Zeitschr. II, 514. „Und 's *Häft·l* und d· *Häftlin* habm si' mer z·kriəgt, weil si' àllmàl də' Zuəckng bə'n Ei˜häftln biəgt. 's *Häftl* waə˜t, dəweil·s maə˜t, əs muəs gàr à'brèchə˜; d· *Häftlin* lacht àbər und sagt: is nét Schàd um Sèchə˜!" Kindergsangl von Stelzhamer in Kaltenbrunner's Jahrbuch v. 1844, S. 264. Beym P. Abraham malt ein Maler einem „hochfährtigen" Schneider, der ein Wapen bey ihm bestellt, das Zeichen ♌ in dasselbe und beweiset ihm, als dieser es zornig für ein „Häftl" erklärt, aus dem Calender, daß es ein Löwe sey. Eine minder bescheidne Figur machten wol die goldenen und mit edeln Steinen besetzten Häftlein die im 14. und 15. Jahrh. häufig

als kostbare Kleinodien, Brautgeschenke selbst fürstlicher Personen, Turnierpreise, (Singerpreise? Grimm, Meisterges. S. 80. 97. 'f. oben: Knoten des Räthsels') rc. vorkommen. Wstr. Btr. II, 200. 201. III, 132. Gem. Reg. Chr. II, 381. III, 270. R. A. Wenn die Häftlein drein kommen, d. h. am Schluß, bey der Beendigung, Vollendung. Es wird schön recht werden, bald die Häftlein drein
161 kommen, (es wird am Ende doch nicht gefehlt seyn). Der Häfftleinbieger, (von Sutner, ad 1618), der Häftleinmacher, Handwerker, der Häklein verfertigt. R. A. Aufmerken wie ein Häftleinmacher, (recht sehr). Grimm, Wbch. IV, II, 136. Zeitschr. II, 514.

Die Beyhaft, s. oben, Sp. 225.

'haft, adj., haftend; gefangen, gefesselt. BM. I, 604. Grimm, Wbch. IV, II, 132.' „Haben den N. zu rechten burgen gesetzt und hafftgemacht, setzen vnd hafftmachen '(machen haftbar)' mit disem brief"; schwäb. Urk. im Cod. Aug. civ. 53.

Anhaftung, Haft der Schiffe am Ufer; (Jir.).

haften, wie hchd. (Graff IV, 744. BM. I, 604. Grimm, Wbch. IV, II, 133. s. heften). Dà *haft's*, (b. W.) da steckt der Knoten. behaft; '(s. beheften).' „Umb Schulden behaft seyn", für sie zu haften haben; Amberg. Stdt.R. verhafft, illaqueatus, vinctus, adstrictus. Mit schweren Sachen verhafft, difficultatibus affectus. „Sie seyn etwas einander verhafft, junctione aliqua tenentur", Prompt. v. 1618.

häfteln (zu: die Haft), festhalten, in folgenden Zusammensetzungen: verhäfteln sich, Einen, sich, ihn durch ein Versprechen, einen Vertrag, besonders durch ein Haftgeld, Angeld binden, oder verbindlich machen. Einen Ehalten verhäfteln (dingen), L.O. v. 1553, f. 157. Schon bey Ulfilas Luc. 15, Vers 15 heißt es: „jah gagands gahaftida sik sumamma baurgjane jainis gaujis." Vrgl. häftig, solidus, ratus; Voc. v. 1445. Das Häftelgeld, das Haftgeld, Angeld, arrha; was zur Befestigung eines geschlossenen Vertrages darauf gegeben wird. Grimm, Wbch. IV, II, 135. „Und darüber soll kein Vorsprecher von keiner Partey Hafftlgeld, Schankung noch Ehrung begehren noch nehmen"; Kr. Ltghdl. XVI, 361. Vorzüglich wird dieser Ausdruck von dem Darangeld gebraucht, welches man den Dienstboten bey ihrer Dingung zu geben pflegt. „Daß weder der Ehhalt noch die Herrschaft der Hindingerin mehr nit als jedes den dritten Theil von dem Hafftlgeld geben solle"; Ehaltenord. v. 1654. Nach eben dieser Ordnung ist das Hafftlgeld festgesetzt, welches jeder Klasse von Ehalten zu geben ist, als z. B. einem Baumeister, der 24 fl. Lohn hat, 1 fl. Haftlgeld, einem Mitterknecht, der 10 fl. Lohn hat, 30 kr., einem Drittelknecht der 7 fl. Lohn hat, 20 kr. u. s. f. „Das angenommene Hafftlgeld kann ein Ehehalt, uneracht er noch in seinem vorigen Dienst verbleiben wollt, nicht wieder zurückgeben, sondern ist schuldig, bedingter Maßen in den neuen Dienst einzustehen"; Ehalten-Mandat v. 1666. Nach Rath Her ist in Oberammergau das Hafftlgeld von der Herrschaft am Ziele dem Dienstboten zu geben, wenn dieser nicht austritt. Der Häftelwein, festliches Mahl nach dem gerichtlichen Ehverlöbniß, (der Stuelfest). Den Häfftlwein haben oder halten. Margng acht Tàg is Hou'zət, hei˜t hàbms scho˜ 'ən *Háfftlwei˜*. Gegen den Aufwand bey diesem Anlaß wurden in älterer Zeit Gesetze über Gesetze gegeben. Nach einer Verord. v. 1553 durfte man laden zum Hafftlwein 20, zur Hochzeit 50, zur Nachhochzeit oder zum goldnen Tag 20 Personen, zum Hafftlwein war nur ein Mahl erlaubt. Dabey durften sich Bauersleute weder „Fisch, Kreps noch siessen Wein" gelüsten lassen, und es sollte für das Mahl nicht mehr als 12 kr. zu bezahlen seyn; (Wstr. Btr. IX, 286). 2) aus-, einhäfteln, Häftlein aus- oder in einander hängen. Grimm, Wbch. III, 197. auf-, zuehäfteln, etwas, woran
162 Häftlein befindlich sind, mittels dieser auf- oder zumachen. Grimm, Wbch. I, 668.

häftig (háfti'), 1) (Hübn. Voc. 1445) fest, festgesetzt. (Vrgl. Haft, häfteln, gehebig). „Der Bischof ward in einen heftigen Thurn gefangen gelegt"; Av. Chr. 428. 2) O.L, wie hchd., heftig, (ungestüm, zornmüthig). BM. I, 604. Grimm, Wbch. IV, II, 135: beharrlich, anhaltend, eifrig. Zeitschr. V, 445. „Severus, haftig"; Voc. teut. bey Lessing, Schriften, hg. v. Maltzahn, XI, II, 265. „Daz ein igleich burger sentmezzig sey daz si sich vrowen sentmezzigen rehtes und sentmässiger gestalt ze pringen bezeugnuzze, chlage ze tvn, lehen ze nemen vnd ze haben vnd lehen ze leichen vnd an andern isleichen hefftigen '(dringend? oder zu 1: festgesetzt?)' geschefften ze tun", Wiener StdtR., Cgm. 1113, f. 15^b. 3) OPf. (Schuller), gehäßig; feindselig. „Einem feind und heftig werden"; Avent. Chr. 5. 79. 4) b. W., adv., höchstens, tout au plus.

haift (haəft), (Inn, Salzach) schnell, heftig; (Jir., Pinzgau) geschwind. Otfr. III, 13,6: heiftigo; Grimm II, 298. Graff IV, 103. (Wäre in der lex Alaman. tit. 10 statt haistêrâ hantî, alahaistêrâ hantî, cum impetu, manu violenta, zu lesen: haiftêrâ hantî? Grimm I^3, 103. 359. Cf. goth. haifsts, ags. hæst, ardens). „Operuit eos in aquis vehementibus, unde bedahte sie daz mere (in waz-)zeren den heifften", Canticum Mariae, Cgm. 17, f. 209^a. „Vehementer, heifticliche, gahlichen", das. f. $14^{a.b}$. Ps. 6,10. „So siu (Wasser und Feuer) ubermazzich sind unde si darzuo tribent daz weter unde der heifter wint", daz himilrîche (Clm. 9513), Vers 164 (166). Im Psalter. Windberg. saec. XII. (Cgm. 17, f. 99^a, Ps. 68,3) kommt auch das Substantiv: diu heifte (besoufte mih) für tempestas vor. Vrgl. oben, Sp. 1056: heufti', bei Haufen, auch: stos ghäufter, schlag ghäufter, stärker, (Ammergau, Rath Her).

'Der Hauft'n, Háft'n, s. Haufen.'

heften (héft'n), (geheft und ä. Sp. gehaft), 1) wie hchd. (ahd. heftjan, mhd. heften; Graff IV, 747. BM. I, 604. s. oben: haften). 2) ein Schiff, einen Flöß heften, anheften, am Ufer festbinden. Der Heftstecken, der Pflock am Ufer, an welchem ein Fahrzeug festgebunden wird. Eine Waare „zu Waßer bis an den Heftstecken", d. h. bis an den Platz, wo sie soll ausgeladen werden, lifern; sie „vom Heftstecken aus auf der Achs verfüeren"; MB. IX, 523. Land- und Policeyord. Buch 3, Tit. 1, Art. 20. 'Die Heft, ä. Sp., das, woran etwas befestigt ist; wol aus flectiertem mhd. diu haft, genit. der hefte? Vrgl. mhd. diu hafte. BM. I, 603).' „Recht als ein fol gebunden an die hefte", '(im Druck: an der hefte, dat. von diu haft)'; Labr. 456. 'behefte, adv., aus mhd. bî hefte, (von diu haft; vrgl. in hefte, BM. I, 603).' „Daz ist bî mir behefte", (fistiert); Labr. 334. „Ob in der minne kraft ie hab behefte", das. 404. Die Anheft, der Landeplatz. 'Das Heft, wie hchd., (ahd. hefti, mhd. hefte; Graff IV, 744. BM. I, 603).' „Du must im heft und chlingen (alles) widergeben", Cgm. 632, f. 94. 'beheften, ä. Sp., festhalten, (BM. I, 604. Grimm, Wbch. I, 1316. Partic. beheftet und behaft).' „Ein beheft man, daemoniacus", besessen; Cgm. 94, f. 20. 68. 'behefte, s. die Heft.' einheften, 1) wie hchd. Grimm, Wbch. III, 197. 2) fig., einverleiben. „Die Einöde Wiesing, welche dem Landgericht Kirchberg und der Pfarrey Martinsbuch eingeheftet ist"; Zirngibl, Probst. Hainspach p. 278. verheften, auf- oder zurückhalten, besonders unter Sequester oder Arrest legen. „An (ohne) meniglichs Verheften und Verpieten"; Lori, Lechr. 274. „Wo ein Gut gestohlen wird, daß das andere darum, daneben und dabey gelegen, nicht fraidig noch verhefft seyn soll";" Kr. Ltgdhdl. VII, 312. 338. 435. „Daß man derselben Leib und Guet von alter Schuld wegen, in unser Stat München nicht verheften noch verbieten soll", Lori, Mz.R. I, 34, ad 1435.

Der Heftling. „Faschinen und sogenannte Heftlinge zum Wasserbau"; b. Landtagszeitung 1819, Nr. 38.

Die Hieft'n, Hift'n, s. Hifen. Zeitschr. IV, 553,23. Weigand, Wbch. I, 505.

Der Huft (?). „Wann die gemein hye ein gantz holtz auffthu:, so soll des Gotshaus zollner demselben Gotzhaus von demselben Holtz vor und zu dem allerersten hindan nemen einen Hufft an dem allerbesten wo er will, da dann dem Gotzhaus 52 Fuder Holtz von werden", Heidenheimer Ehaft, im Salbuch von 1400, f. 8.

'Die Huft, Hüfte, s. die Hüff. Zeitschr. VI, 155.'

Der Hag, (schwäb.) der Zuchtstier; BM. I, 608: der hage. Zeitschr. II, 31. 33. III, 134. IV, 170: Hacksch. Grimm, Wbch. IV, II, 107. (s. a. Heigel und vrgl. unter der Maier: Hagmair). Der Hagenschwanz, Ochsenziemer.

Der Hag, das Gehag (Ghag, Ghàg), plur. Gehäger (Ghágə'), Dim. das Gehäglein (Ghágl); ahd. mhd. der hac, hagen; Graff IV, 761. BM. I, 605 f. Grimm, Wbch. IV, II, 137 und vrgl. 172 f.: der Hain. Zeitschr. III, 285,138. V, 383. 445. 277,17. VI, 210. 1) die Einfriedigung; besonders eine kunstlose, leichtere von Stangen, und als solche dem dichtern, festern Zaun, wie der Hecke entgegengesetzt; (Pseud.-Jir.) Stainhag, von Steinen; Schrögghag, von Holz, aber blos über Sommer. „Kaine Zäun, kaine *Hágá*", Stelzhamer 160. „Zein und Häger machen", Cgm. 3720, f. 2. 3. „Mit Zäunen und Gehägern versorgen"; MB. VIII, 278, ad 1441. X, 173. 174. „Gehäger und Zaunstätt"; Forstord. v. 1616. Hasen „in Schnüren, Gehägeln (?), Träten oder Fallen zu fahen", ist durch das L.R. v. 1616, f. 184 verboten. Gl. a. 369 steht hac sogar noch, dem engl.
163 town entsprechend, für urbs, civitas. 2) Hain, Waldpark; (cf. česk. hág, nemus; hágiti, schützen); das Hàg, (b. W.) Stauden, die auf Rainen zwischen Äckern wachsen. Der Hag auf dem Schloßberge zu Landshut; (Meidinger). „Und behüt die Gaiß den gantzen Tag, daß sie sich nicht verirr im Hag", H. Sachs. „Die Bauern strafen um Schwenden aus ihrer Herren Hag und ihren eigenen Hag und Heimholzern", Kr. Lhd. XIII, 183. 212. „Sus wart zu dem wilden Hage daz kint gefüret"; Lachm. Auswahl 261. „Die scharpffen hagen . . . die rosenhagen stůnden"; Cgm. 270, f. 152^{b}. BM. I, 606. Ludwigus pincerna de Rotenhagen, RB. IV, 754, ad 1255; Wolframus de Rotenhain; ibid. 343, ad 1288; endlich: Rotenhan. „II morgen akers uff dem Dawsenthaug gelegen", Cgm. 4854, f. 87^{b}; „am dawsenhege", f. 88^{a}; cf. in tausenhewer (?) flur. 'Über Ortsnamen auf -hagen, -hain s. Vilmar, kurhess. Idiot. 144. Förstemann II, 626 ff.' „Das Gejaid an dem Gehag", Kr. Lhdl. IV, 109. „Nach dem Landesbrief müssen die Berchtesgadner zum Turn und an das Kag (Gewehre) gehen"; Koch-Sternf., S. u. B. II, 350. R. A. Am Hag abziehen, oder: den Hag abziehen, sich zurückziehen. „So sey denn grüßt du edle Gaab, du dürrer Schatz auf Erden, der dich nit hat, zieht den Haag ab, Bauch wird sein Meister werden"; Balde's Lob der Magern. „Ain pflegsverwalter wurde in Notfählen baldt am Haag abziehen und die burgerlich obrigkeit schwimmen und wadten lassen"; Ltg. v. 1612, p. 410. Vrgl. H. Sachs (1612) II, IV, 88: „Der von seim guten gesellen thut fliehen und vor dem garn thut abziehen." Im Cant. Appenzell heißt: abhaagen, den Umgang mit jemand abbrechen. verhägen, verhagen, (Jir.) umzäunen. BM. I, 605. „verhagen, obsepire", Prompt. v. 1618. Gl. a. 458. i. 819: hekan (d. i. hegan), sepire. s. haien und hegen. Der „Hägeling", (Hauser) Fichtenstämmchen, das zu einem Zaunstift dienen kann. s. Hanichel und Härcheling. 'Der Hagedorn, Hagdorn, Hagendorn, wie hchd. s. BM. I, 384. Grimm, Wbch. IV, II, 141, auch 175: Haindorn. Zeitschr. V, 445. VI, 150.' „Bedegar haizet ain hagdorn oder weithagen", Konr. v. Megenberg f. 185, (Pfeiffer 316,3). Diefenbach 70^{c}. Ist der Ortsname Hadern bey München (Planek) aus Hagdorn entstanden? (vrgl. ags. Hägededorn; Kemble, dipl. Anglosax. I, 233. 235. Leo, rectitud. p. 14). 'Der Hagestolz, wie hchd. (ahd. hagastalt, hagustalt, mhd. hagestalt; Graff IV, 762. VI, 667. BM. I, 606. Grimm, Gesch. d. d. Spr. 694. Wbch. IV, II, 154 f.' Cf. Sax. chron. ad 1065, Ingram p. 256: „That eall Eadwarde æthelum cynge hyrdon holdlice hagestealde men", high-seated men; also ha-gestalde, Hochgestellte, das Wort dann crude herübergenommen. cf. hái-stên, zu Kindern: aufrecht stehen). Hagestelz, (Rheinpfalz) Kinderloser (verheiratet oder unverheiratet), dessen Erbe in gewissen Fällen dem Landesherren zustand; Hagestelzer; Hagestelzerey; Hagestelzfall; CMh. 408, no. 9. s. Th. III: Stelz. „Hagebart, larva"; Gl. o. 262.

hägen (higng), adj., (OPf.) von Hagedorn- oder auch Hagebuchenholz; (b. W.) hegngə˜. (Die gl. a. 49. 51. 340. i. 815. o. 89 haben das Subst. masc. hagan, hagen, paliurus, rhamnus, wozu M. m. 35. 38 das adj. haganîn, Diut. III, 85: heginin. Graff IV, 798. „Ubi Ramasacha influit Luibsacham. Inde sursum per medium campum Hagana ad Haldewanch", Grenzen; Clm. 11726, f. 214). Die Hagenbuechen (b. W. Haə˜-B. und Haə'n-B.), wie hchd., die Hagebuche, (gl. a. 508: haginpuocha, carpenus). hagebuechen, adj. 1) von Hagebuchenholz. 2) fig., handfest, bengelhaft, grob; Vilmar, kurhess. Idiot. 143.

Haewuzl, (b. W., ObrM.) Hagebutte; cf. Firmenich II, 13,168 (Grünstadt): Hawohde.

Die Hag, Häggele, Hacche, Hagsch, die Hexe, (s. oben, Sp. 1047); Grimm, Mythol.^{2} 992. Zeitschr. III, 319. VI, 147: Haugga.

Der Hagel, (ahd. hagol, mhd. hagel; Graff IV, 797. BM. I, 609. Grimm, Wbch. IV, II, 141) weit minder volksüblich, als Schaur, Risel, (w. m. s.). verhageln, (schwäb.) zerbrechen, verderben. cf. ver-heien.

Der Hagel. „Unweit Weilheim ist in einem Holz ein gar großer Stein, ein Pyramis oder Meta, d. i. ein großer Hagel und Thurn gewesen"; Av. Chr. 151. Der Hagel (Ha'əl), nach Dr. K. Roth: ein (bewaldeter) Abhang bei Lütter. Er (Dr. Roth) habe auch ein altes Masc. hahil in ähnlichem Sinn gefunden; Hailsbrunn erscheine früher als Hahilsbrunn; (24. Octbr. 1848). Vrgl. Hagel, Bach-Hagel, Burg-Hagel, als Orts-Eigennamen; Kr. Lhdl. III, 323.

behagen, wie hchd., (BM. I, 608. Grimm, Wbch. I, 1318). „Toren erbeit mir beheit als der mir ofte ein altez mære seit", Renner 18074.

Die Hagenau, s. Hochenau.

häger, hägerig (hágə', hágəri'), adj., hager. Grimm, Wbch. IV, II, 153. Die Hägere (Hágəré), die Hagerkeit.

'Der (das) Haug, Haugk, ä. Sp., Hügel; (BM. I, 720: daz houc).' Zeitschr. V, 360. Grimm, RA. 801. MM. 36. 38. „Daz steinina houg", Hammelburger Urk., Grimm IV, 259. „Einen houc si sâhen vor in in dem mer", Gudrun, hg. v. Vollmer, 1141,2, (im Original steht „ainen pauch" — bouc?). Als Ortsname: Motzhauk, Steinhauk, Rêmersch*gehauk*, Römershag bey Brückenau; (Weihers; Dr. K. Roth). Vilmar, kurhess. Idiot. 177 f. „In bivio montis Houge" (Wirzb.), Reg. Boica II, 193. 241. „Ecclesia in *Haugis*", ibid. III, 141. 143 (ad 1259). Als Personname, Dimin. Heugel (Heigel); Reg. Boica III, 129, ad 1308. Förstemann I, 751. II, 704.

Der Hæugel, s. Hæuel unter hâuen.

'Die Heg, was Hag und hchd. Hecke, (ahd. hegi, hegga, mhd. hege, hegge, hecke, engl. hedge; Graff IV, 761 f. BM. I, 606. Zeitschr. II, 432,100. III, 285,138. 421,6);' die Hegken. Die Landheeg, Lexikon von Franken I, 16. 372. s. unten: Hegke.

Der Hegelein, (Nürnb.) bey Hochzeittänzen (Vortänzer?), der halb so viel Lohn erhält als der Pfeifer und Pusauner; Nürnb. Hochzeitord. v. 1567, Ms., f. 15. 26. 32; (f. 23: Hengelein). '„1470, Sabb. p. Laurent. Der Frawendinst ist auffgenomen zu einem hegelein." „1505, quinta p. Kunegund. Jorg Gennßeling den man nennt Gennßkleperer ist zu einem vortannzer oder hegenlin ertailt." „1506, Sabbato p. Phil. et Jacobi. Jorgen Gennßling dem vorhegenlin soll man ein kleid geben wie der stadtpfeifer einem." „1529, Mittwoch 25. Aug. Dem Hegenlein soll man die schambaren Lieder verbieten, auch dem Schwendtler und andern Hochzeitladern ansagen, dergleichen schambaren Gesang von keinem Hofierer zu gedulden." Nürnberger Rathsbücher; (Rektor Dr. Lochner). „Wir haben den Vorengelein der tanczet uns voran"; Anzeiger f. Kunde d. d. Vorzeit, Jhg. 1855, Sp. 167. S. auch Städtechroniken, Bnd. I, 217, Z. 12 ff. Will, altdorfische Bibliothek der schönen Wissensch. II, 188. 303—6. Siebenkees, Materialien II, 458. 700 ff. Baader, Nürnb. Polizeiordn. p. 76. Vrgl. auch Hängelein.'

'Die Hegelinge des Gudrunliedes'; cf. Hahilingâ der lex Baiuu.; Grimm, Gesch. d. d. Spr. 510. Vrgl. Th. IV, der Werd: Hegelwerd, Höglwörth und Steinhögl (? Ger. Passau II).

hegen, s. verhagen unter Hag; (ahd. hagjan, mhd. hegen; Graff IV, 761. BM. I, 606). „Das Gericht hegen und besitzen", d. h. Gericht halten. „Recht und Gerechtigkeit hegen und handhaben", wirzb. Instruction für die Dorffschuldheißen von 1746. Könnte hegen (statt heigen) zu hiwan, behausen, gehören? Der Hegreiter, Flur- und Weg-Aufseher. Der Hegstreuner, Wildbretfrevler; bayrr. Verordd. v. 1740.

164 hegeln, zum Besten haben, aufziehen, necken; Castelli, Wbch. 170: högln, aufziehen, foppen. Cf. isl. hegna, coercere, castigare; und: „Auf Anhegen (Anstiften) eines Dritten", Franz v. Paula Schrank. „Möchts mi eppa gar ein weni högeln?" v. Dell. hegen, (Ob.Schwaben, nach Schmid) plagen. s. heien und högerln.

Der „Heigel", (schwäb.) Zuchtstier; s. auch Hag.

'Der Heiger, ä. Sp., Reiher, ardea;' ahd. heigir, mhd. heiger; Graff IV, 799. BM. I, 650. Diefenbach 21^{a}. 46^{c}. 88^{a}. 433^{c}.

hêugen, s. hêuen.

Der Higel, unterirdischer Quell, der periodisch erscheint und verschwindet; s. Hidel und Högbrunnen (am Neusidler See in Ungarn), oben Sp. 1053.

högerln, viel fragen; Stelzhamer p. 178. „'Abá', herzigschens Schatzerl, wie wurd i's denn inn. wannst má' 's *Högerln* vo'boitst, wie dein Herz is und Sinn?" das. 78. „Der Högerl, sonst auch Schnákerl, das durch Erkältung des Magens entstehende Schluchzen"; Kaltenbrunner p. 207. „Es stesst mi' der *Högerl*", das. 139.

Der Hugel, (Alz) der Hügel, die Anhöhe.

hugen, (ä. Sp.) denken, gedenken; ahd. hugjan, mhd. hügen, gehügen (Graff IV, 782—95. BM. I, 725). „Swenne si gehugten an Jerlm.", (Jerusalem); Winnerl, Gl. 'verhügen, ä. Sp., vergessen.' „Daz si (Cunegundam) der kaiser (Heinrich) zeh von ains herzogen rat daz si in verhügt het", prosaische Kaiserchron., Ms. des german. Mus., Nr. 2733 (XIV. sec.).—Behug, Gehuge, die Hugnuß, Gehugenuß, Gehugdnuß, das Andenken, Gedächtniß, Freude, (mhd. diu hüge, gehüge, gehügede, gehugnisse; BM. I, 726 f.); MB. XI, 476. XV, 451. XIX, 495. 506. „Des was ich so gail in fröde alle fart als ye chain man in hugde wart", Cgm. 379, f. 63; (270, f. 102). „Swenne ein man wunt wirt hinden in daz haubit so vliuzet er di gehugde", Cgm. 724, f. 177. „Von dem flegma daz leit in der zell da daz gehügent inne leit", Clm. 5879, f. 192. „Die gehügdnuzz ihu χρι marter", Cgm. 54, f. 73^{b}. 'hüglich, adj., erfreulich, froh; BM I, 726.' Ich han geflissen mich wo man wolt wesen huglich das ich darzu geholfen han durch gut gesellschaft sunder wan", Cgm. 379, f. 56; (270, f. 96). „Sîn (des Hundes Hoffe) huglich jagen mir verzagen stærte", Labr. 498. „Eines herren hunde hôrt ich huglich her dœnen", das. 322. hugelîchen, adv. „Dô ich hugelîchen hôrte die hunde also wehen"; das. 119.

hugədə gugədə, hugədé gugədé; (Nürnb.) über Hals und Kopf, obenhin, wie rapite capite! (eigentlich Imperative: nehmt!). s. oben, Sp. 879: gigəté gogəté.

Der Hægkel (Hágkl, Hágl), der Haken, uncus; (ahd. hako, hago, hacco, mhd. hâke, hâken; Graff IV, 763. BM. I, 612 f. Grimm, Wbch. IV, II, 181. 176. Zeitschr. II, 514). Der Reiß-Hægkel oder blos Hægkel, Haken, an einem Stecken oder Stänglein befestigt, um von Bäumen Zweige, Früchte rc. herabzureißen. Der Schürhægkel, Schürhaken; fig. Person, die gerne Misverständnisse, Feindschaften anschürt.

Der Hägken (Hakng, Hàgng, o.pf. Hâugng), plur. die Hægken (Hágkng), Dim. das Hægklein (Hágkl), der Haken, das Häkchen; fig. der Anstand, die Schwierigkeit. Zeitschr. II, 514. V, 445. 179,215. Higkng-hágkng einer schlecht schreibenden Hand. „In dem hacken" (zu München); MB. XVIII, 682, ad 1358. Häckhen, 5 auf die Person, kommen in der Speiseord. des Spitals zu Vilsbiburg von 1755 als (Mehl?-) Speise vor. An der o.pf.-böhmischen Gränze wird ein Pflug, dessen zweyschneidige Schar nebst den beidseitigen Moltbrettern die Gestalt eines Pfeil-Widerhakens hat, ein Hägken (Hâugng) genannt. Dieser Pflug verrichtet beym „Ausfangen oder Ausrainen" durch bloßes Hin- oder Herfahren das, wozu der gewöhnliche einseitige hin- und herfahren muß. „Kisling unde wacken den pflugen und den hacken tuet ez leid", altd. Mus. I, 305. Firmenich I, 87^{b}.: håken, Pflug. Zeitschr. II, 224. Der Aberhagken (Abə'hagkng, Cochelsee), der Hals einer Fischreuse, welcher so gebaut ist, daß die Fische wol hinein, aber nicht wieder herauskommen können. Gl. i. 320 (ad Job 40,26): auarhacco vel auarah id quod in rusun pisces tenet. „Gurgustium, auarhaco", (Job), Cod. Fris. 25, f. 37^{b}. Diefenbach 271^{c}. „Aculeo, auerhacken", Cgm. 17, f. 50^{a}, Ps. 31, oratio. Der Dachhägken, Art Dachziegel mit einer hakenförmigen Erhöhung. „Dem Zieglmaister umb 3000 häggen dann 40 an die groß Seuhhäggen welche ze luckh über den fürst besagts neuen Zieglofens gebraucht" (1613), Cbm. 2224, f. 48^{b}. Vrgl. Seih. „Hacken vnd preis on XII^{c} maurstein", Cgm. 697, f. 79. Vrgl. Der Gesäßhägken, großes Häkchen von der Art, wie sie ehmals die Bauern an den Hosen trugen. Der Misthàkə˜, (Aschaff.) Mistkreuel. Der Schnüerhagken, Haken von Silber oder schlechterm Metall am Schnürmieder bürgerlicher Weibspersonen. Der Reißhägken, was Reißhægkel. Der Schnatterhägken (Schnàdə'hàgng), an der Salzach, was anderwärts: Schnatterhüpflein. Im mährischen Kuhländchen nennt das Volk, nach Meinert, die weltlichen Lieder: Haken und Schnaken, (Stichelreyen und Schwänke). Der Schueh-Hägken, Art großer Nägel für Bauernschuhe. Die Hägkenbüchsen, das Hägkengeschoß, (Hàgngbücksn, Hàgngschos), ältere, schwerere Art Schießgewehr mit einem auf einem Gestell oder Bock zu befestigenden Haken am Schaft. Grimm, Wbch. IV, II, 181. „Die Hagkhen, Doppelhakchen und handtror wellen halb khugel schwer mit 165
Pulver geladen seyn", Fwrb. v. 1591. „Topplhackhen; Halbhackhen oder ainfacher ror mit fewr und schwambschlossen", (Wien); Cgm. 1182, f. 44. Der Hägkengulden; Grimm, Wbch. IV, II, 181. „Umb den haackengulden schießen", Fronsperger (1555), f. LIII^{a}. Der Hägkenschütz (Hàgngschütz), in den Schulen:

der letzte im Fortgange. (Vermuthlich stunden ehmals die mit Haken bewaffneten Schützen in der Schlachtordnung rückwärts). Grimm, Wbch. IV, II, 182. Der Hägkenpfeil (Hackə˜pfál), (bey der Isar-Floßfahrt) Pfahl mit eisernem Schuh, dienlich, durch schräges Einsenken desselben in den Boden das um ihn geschlungene Seil und den an letzterm hängenden Floß, welcher landen will, am Ufer festzuhalten. Grimm, Wbch. IV, II, 182.

Das Gehäckelt ('s Ghäckelt) in der Donau, s. Hächel und Kachelt. Vrgl. Weber, ital. Wbch.: der Häger, renajo in mezzo d'un fiume; (hier freilich Sandbank).

hägkeln, (hágkln, hágln), mit einem Hækel oder Häken oder Hæklein zu thun haben, fassen ꝛc. Mit dem Hækel oder Haken etwas vom Bäum herab ꝛc. hægkeln. Mit den Kläuen hækeln wie die Kätze. Mit dem Finger hækeln. Es ist ein Wettspiel junger Bursche, sich wechselseitig an einem krummgebogenen Finger zu fassen und so vom Platz zu ziehen. Zeitschr. II, 514. V, 445. Daher figürl. mit Einem häkeln, streiten, zanken. 'stichhægkeln, sticheln (mit Worten).' Dà kémə˜ ə· mit *Stichhággln* g'schwind in ə˜n Streit. Zeitschr. V, 346. 445. Eine Brezen hægkeln, von zwey oder mehrern Personen: mit einem Finger an einer Brezel ziehen, wem das größere Stück zu Theil werde. Mit den Füeßen hækeln, im Gehen mit den Fußspitzen (wie mit einem Hækel) scharren. Das Getraid hækeln, (vom Hagel) die Halme nicht ganz zu Boden schlagen, sondern nur oben knicken, daß sie gleichsam zu Häken werden. Arweiß ('Arwəs), Linsen hægkeln, reife Erbsen, Linsen mit der Sichel abschneiden. aus-, einhägkeln, Häklein aus- oder in einander hängen. auf-, zuehägkeln etwas, woran Häklein befindlich sind, mittels dieser auf oder zu machen.

'hagket, hakenförmig, gebogen.' „Der het ein großes weites maul, darauf ein lang hackete nasen", H. Sachs 1560: II, IV, 128.

haigkel, haikel (haəkl, haəgl), haigkelich, haiklich (haəkli), von schwer zu befriedigendem Geschmack, wählerisch; mit Sorgfalt, Zärtlichkeit, oder überhaupt schwer zu behandeln, bedenklich. Weigand, Wbch. I, 471. 491. Zeitschr. I, 293,36. II, 514. IV, 170. V, 352,7. Ein haikler, haiklicher Mensch, ein ekler, d. h. der leicht Ekel empfindet, nicht aber, der Ekel verursacht. Eine haikle, haikliche Sache, Farbe ꝛc. „Etliche Eltern seynd haicklicher mit ihren Kindern als die Venetianer mit ihrem Arsenal"; P. Abraham. „So stád und *hágli* als ə· nur kån Iegts· eam a bluahweiſs Hemad ån", Kartsch I, 154. „Nim 's (Zeissə.l) *häckli* ausər aus 'n Huət", Seidl, 3. Ausg., p. 146. „Wer *kopfhodgl* is, den schreckt die Tief·n", Schosser 89. Der Haikel, Ekel, Bedenklichkeit. Kainen Haikel haben.

'Die Hegke, 1) wie hchd. Hecke; s. oben: Heg und Weigand, Wbch. I, 487. 2) Umzäunung zum Jagen des Wildes,' (im 17. Jahrh. durch die Jagdzeuge verdrängt). Hegkenjagd, Jagd mittels Wildhecken; Schwein-, Reh-Hegken. Landau, Beiträge p. 80—83. 85. 127. 181. Der Heckjäger; Liedersaal II, Vers 143. 163. BM. I, 767. „Soll jagen âne hecken und âne garn zu zocken" (? d. h. alles noch ohne zu birsen, d. h. ohne mit Armbrust oder Büchse zu schießen, blos auf Fangen abgesehen) . . . „wer darüber jaget zu der hecken und begriffen wirt der hat ein hant verloren"; Grimm, Weisthümer I, 498. „Der selben hunde geschelle daz wilt gên hecke tribet", Labr. 215. „Werz aber wil erslichen, an hecken vahen, des sol man nieman prîsen", das. 216. „Nu slahent sie die hecke so verborgen, nieman weiz wô und wenne ein edel wilt sich drinne mag erworgen", das. 321. Der Hegkenwirt. „Da wont ein heggwirt bös und ring", Cgm. 270, f. 339ᵃ. „Da wont ein heckwirt pos und ring der nam gern vil pfenning und het lutzel darumb vail", Cgm. 1119, f. 98ᵇ.

'Die Hugke, Kram, den man auf dem Rücken zum Verkauf trägt; s. oben Hucke.' „Ich kauff vast aus der Hucke", Lied v. 1525; Görres, Volksl. 146. „Kerzen, Schmalz und ander was zur Huck gehört", Wertinger Ord. v. 1568; Cgm. 2356, f. 59. 'Davon wol das folg. Wort.'

hugken, hugkeln, hugknen, höken, hökern, im Kleinen verkaufen. Hugker, Hugkler, Hugkner, Höke, Höker, d. i. Kleinkrämer auf dem Lande; holl. hucker. s. hauchen und Hocke. „Es soll kein Hucker das Hucken treiben ohne Erlaubniß", Wertinger Ord. v. 1568; Cgm. 3256, f. 59. Die Hugklerey. Cf. hucagium, proclamatio vini venalis? (ad 1269); Ducange III, 724. Die Hugkgerechtigkeit, Recht, im Kleinen zu verkaufen. Welsch, Reichertshofen p. 76. 97.

---

hähen, (du hechst, er hecht), ä. Sp., hängen; (goth. hahan, Prät. haihah, ahd. hähan, mhd. hâhen, Prät. hie und hienc; Graff IV, 764. BM. I, 609. Grimm, Wbch. IV, II, 157. cf. hangen und henken). „Jodl: Thiets ä sodl Vögl fahä, stöllts ä sodl Werbing an? Hanns: Näl und thäts mi' a grads *hahä*, duri geh i, bald i kan"; Lindermayr 71. „Haha, suspendere in patibulo. Sie mochten mi haha"; Popowitsch, Ms. (Wien 9541). „Ein Pfefferkörnlein daran hecht"; H. Sachs. „Daß die Müller bey hohem Wasser und in Eisgängen ihre Mühlen mit Seilen an die Stadtmauer 166
hahen und fest machen"; Gem. Reg. Chr. II, 172. Das Häh-ambt, das Henkeramt. Der Häher, der Henker; BM. I, 610, Grimm, Wbch. IV, II, 158. Die Verrichtungen des Scharfrichters wurden 1334 in Regensburg den Fronboten abgenommen und dem Haher übertragen. Gem. Reg. Chr. II, 3. 100. cf. Mederer's Ingolstadt p. 50, ad 1331. „Publicus *tortor* necesse est ut longo tempore vivat, quia debet peregrinari VII annos et omni anno esse in novo loco sive hospitio et infra mensem confiteri et non est communicandus sed mittendus ad superiorem et cottidie orare debet centum pater noster et tot ave Maria et non debet repatriare et omnibus diebus dominicis et festivis nudus debet stare ante ecclesiam et debet se flagellare, et omnibus his finitis, si tunc adhuc supervivit, debet ire in VII karrenas et debet jejunare omnes sextas ferias usque ad finem vitae suae. et sic tunc pro suis peccatis satisfaciet"; Poenitentiae injungendae (1440), Monac. Francisc. 158, f. 131. Raitenbuch 192, f. 178. Teg. 1605, f. . . . Scheftl. 294, f. 191. Schir. 123, f. 118. Thierh. 104, f. 150. Windb. 109, f. 154. San-Zenon. 84, 3. vorletzt. Bl.; 85, hinten; 106, . . . ZZ. 836, f. . . .; 1832, f. 47; 1922ᵃ, f. 10; 3135, f. 45. Attel. 36, f. 51. Ebersb. 142, f. 254. Clm. 4369, f. 2; 12392, f. 177. „Et omnibus diebus dominicis ad calcandum super eum et funem in collo portare et nudus debet esse usque ad pudibunda. his omnibus restitutis debet ante ecclesiam flagellabilis . . .", Clm. 5667 (4⁰ XV. sec., 1419), f. 240. „Inter illos quibus denegatur sepultura in sacro loco: lictores, vulgariter peyniger, haher, qui in tali officio decedunt", San-Zenon. 85, hinten. Cf. Matth. v. Kemnat (Cbm. 1642, f. 131ᵇ): Vorgebliche ehmalige, nun als Büßer vor den Kirchen bettelnde Henker. s. Th. IV: Züchtiger. — Das Häherschwert, Henkerschwert. „Ich wais ain grossen fürsten, wer dem pringt ain altes haher swert, der hat in hoch geert", Dr. Hartlieb; Grimm, Mythol. LXIV.

Die Hähel, (ä. Sp.) Kette und Haken, dienlich, einen Kessel daran übers Feuer zu hängen, (ahd. hähala, mhd. hâhel; Graff IV, 772. BM. I, 610. Diefenbach 156ᵇ. Grimm. Wbch. IV, II, 158. Vilmar, kurhess. Idiot. 143. Zeitschr. III, 556,66. V, 446. 489); franz. cremaillère; noch am Rhein: die Häl; VII Com. Hela; nach Bergmann (Wiener Jahrb. 1845, Bnd. 109, Anzbl. S. 16) noch im Bregenzerwalde: die Hähl, '(s. cimbr. Wbch.

S. 129).´ „II haheln et caldare magne“, Inv. v. 1315. Meichelb. Hist. Fris. II, II, 149. hahala, hahla, hala, cramacula, gl. a. 34. o. 5. 192. „Cramacula, hely“, Voc. Archon. f. 31. „Climacter, ein hengel, häl, daran man die kessel uber das feur henckt“, Jun. Nomencl. 1629, p. 123. „Ain haher zu den kesseln“, Thierhaupt. Kücheninventar von 1456, Thierh. 67, f. 56. „Häl und kessel viel dahin“, Ring 10^{d},20 (p. 40). „Zinnine halen, zinnine kluften, zinnine brantreiten“ ꝛc.; Grimm, Schenken und Geben S. 13. s. a. Hachel. (Das alte missa-hachul, casula, ags. mässahacol, schwed. mässhake, gehört wol eher zu Hagken. ´s. oben, Sp. 1041: der Hachel´ und vrgl. Grimm, Mythol.[2] p. 873 ff.: Hackelberend).

hôh, s. hôch.

`huehen, höhnen, verspotten; ahd. huohôn, mhd. huohen; ahd. der huoh, mhd. huoch, Hohn, Spott´; Graff IV, 686 f. BM. I, 729. „Alle huhenten mih, deriserunt me“; Cgm. 17, f. 35^{a}, Ps. 21,7. „Got behuhet sie, subsannabit“; ibid. f. 10, Ps. 2,4.

---

haijen, s. hai-en. heijen, s. hei-en.

Hokuspokus; Weigand, Wbch. I, 514. Vrgl. česk. hakmak, Kauderwelsch, Wirrwarr. Hakybaky schrieb Kollar's Stock spielend auf den Sand des Grabfeldes bey Fiume. Čestopis p. 36.

Die Hæl, Hál, s. Hähel.

hæl (hál, schwäb. hel), adj., glatt, schlüpfrig; (ahd. hâli, mhd. hæle; isländ. hâll, schwed. hal, holländ. hel. Graff IV, 854. BM. I, 613. Grimm, Wbch. IV, II, 158. Zeitschr. II, 515. III, 89. IV, 323. V, 446. 511,11). Vrgl. Vilmar, kurhess. Idiot. 145: hâl, hêld, 163: hêllig, trocken, mager, dürr; (Aschaff.) ausgetrocknet: der Boden, das Brod ist hal; aushalen, austrocknen; (cf. franz. hale). s. unten hellig. Aufm Eis is's *hál*. Hæle Wort, glatte, schmeichlerische Worte. glitzelhæl, spiegelglatt. scherleinhæl (schèəˈlhál), glatt wie das Fell eines Maulwurfs; (s. Scher).

Bi˜ houhh auffigstigng ən ə˜ *sprizhálé* Wand,
hàb ə˜'n Hendn kaən Ei˜hàb und bə'n Füess'n kaə˜n Stand.

„Wer für sein tür geust und das gefreust daz es häl ist“, Münch. StR., Auer p. 121. „Ist ein man auf häylem eys, der ge vil gmach, so ist er weis“, Ring 46^{d},37. „Sa was ez also glat und hel, daz sy musten strauchen vil schnel“, M. Beham, Wiener, 176,1. „Umb den alter trit er leis als sam er gee auf einem hälen eis; (Heseloher?), Cgm. 379, f. 158. „Doch wolt ich geren dar umb leiden das es sich mir als dir wolt riden, sust dunkts mich häl ze wagen“; Cgm. 379, f. 60 und 290, f. 99. „Dazu ganz häl schlüpfrig und glat“; H. Sachs 1612: I, 249. „Ich han gehört meng rede glatt, noch hæler ist die rede dein“, sagt sie zum Bewerber; Cgm. 270, f. 83 und 379, f. 43. Die Hæle, Schlüpfrigkeit. hælizen (háləzn, hálizn), vrb. ntr., ausglitschen, schwed. halka. „Labi, häliczen“, Voc. v. 1445 und 1449. Labere, häliczen“, Clm. 5387, f. XIX. Semansh. 34, f. 211. „Häliczen oder schlewffen auf dem eis“; Clm. 5877 (sec. XV., 1449), f. 122. Der Hælizer, `ä. Sp. der Hal´, das einmalige Ausglitschen. „So tritt er fäl und that ein hal in unglück schaden und trübsal“; H. Sachs 1612: I, 250. hálmaulət, adj., bartlos; ein settes, rundes Kinn habend; schmeichlerisch. Dahin gehört: der Hælschleicher (Nürnb., Hsl.), Leisetreter. „Hälschleicher und schmaichlender Fuchs“, Puterbey. „Ohrenblaser und Haelstreicher“, Albertin's Guevara. „hälstreichen, schmaicheln“, Prompt. v. 1618. Anmerk. Der urspr. Begriff vom alten hâli scheint der der Abhängigkeit gewesen zu seyn, und wirklich findet neben hali, lubricus (gl. i. 283), sich auch hali, crepido (gl. a. 6. 646), hala, clivus (a. 5), anahal, acclinis (a. 500. Graff IV, 854: accliuis). s. Hallen und Halden. Helwanger, s. Holwanger.

Der Hall, der Schall, (s. hellen, schallen); der Widerhall. Hall geben, (Zps. Ms.) auf einen Ruf durch Gegenruf Antwort geben; *Hal* göb'n, Stelzhamer 178. Zeitschr. VI, 183. *Gib Hàll*, wenn mə˜ də' schreit! (Vrgl. hài). Sp. W. Wiə də *Hàll* i˜'n Wàld gêt, só gêt ə' widə' zrugk. hallen, hallezen, erschallen, schallen. hàllezn, alpenjodeln; Schosser. hallezen (à oder á?), anrufen; Hammer-Purgstall, Wiener Jahrb., 120. Bnd., S. 113. hallewacheln (a=á), verwirrt, schlecht reden; das.

Die Hale, ä. Sp., (?). „Siliquis, cheva vel hala“ (?), Clm. 6404 (XI. sec.), f. 107. Graff IV, 854. 859. Diefenbach 534^{a}.

Hal no˜ du! halz, I kim enk scho! (b. W.) warte! wartet! (drohend). `Vrgl. oben, Sp. 1019: hài.´

`Hal (?).´ „Pfeffer, saffran, muscat, inver, negel, zimment rinnen und mer, mandel, veigen und reise, veigen und vasten speise, pomwollen, leinwat und gewant, und was man nur darinnen vant von kaffmanschafft, hal oder nar, daz must er furher allez gar“; M. Beham, Wiener, 283,5.

Die Halle, 1) Raum, den ein auf Pfosten oder Säulen ruhendes Dach schützt, Schupfe; (ahd. halla; Graff IV, 859. Grimm III, 427. cf. isl. halls, m., Stein, silex; hella, f., Stein; höll, f., aula, Halle; heal, petra; also wie Kemnat: Steinbau. cf. lat. cella. Leo, rectitudines p. 44. Grimm, Wbch. IV, II, 229 f.). Holzhalle, Wagenhalle, Zeughalle; Samml. wirzb. Verord. II, 884. III, 787. 794. 2) Ge- 167
bäude, das wenigstens von einer Seite ohne Wand ist und auf Säulen, Pfeilern ꝛc. steht; ja jedes öffentliche Gebäude das zur Ausstellung oder Niederlage von Handelswaaren dient. So gab es ehmals in München für den Tuchhandel drey Hallen, deren jeder ein Hallmaister vorstand. (Man vrgl. im Franz. die *halle* au bled, au vin ꝛc.). Heutzutage wird unter Halle gewöhnlich eine Maut-Halle, d. h. eine Douane, verstanden. Der Hallbeamte, Halldiener ꝛc., Beamter, Diener bey einer Douane.

Das (?) Hall, 1) ä. Sp., Salz (?). „Aller der Strazzen, dy sin Hall (?) gen solt“; Urk. v. 1444. Lori, BergR. f. XXXIX. Cf. gl. i. 244: halhus, salina; Clm. 4606 (XI. sec.), f. 111. 2) Salzwerk. Graff IV, 850. BM. I, 613. Vrgl. Th. III: 1) die Statt. „Wir Ludwig ꝛc. bechennen . . ., das wir unser Hall ze Halle in dem Intal hingelazzen haben nach alter Gewonhait unserm Perchmaister daselbs.“ Urk. v. 1354. Lori, BergR. f. 14. „Infra salinam bauuariensem quam vulgo comprovinciales hal solent nuncupare“; Cod. dipl. Ratisb. bey Pez I, III, 93. 98. „Das der herzog ain news salzsieden macht in dem khuetal . . . das selb new hall . . .“, Cgm. 1134, f. 206. Die Saltzpurger besampten sich und slugen den newn hall den der von Österreich dem von Salzpurg ze schaden het beraittet“, (ad 1398); das. f. 211. „Wie der von Salzpurg daz new salzsieden hiet verwuest“; das. „Daselb new hall“, Gregor Hagen's Chron., Cgm. 375, f. 179. „Un slugen den Nawn hall' nyder den von Osterreich dem von Salzburg hett beraittet“, das. f. 184^{b}. Cf. Pez, scr. rer. Austr. I. Daher Eigenname von Ortschaften mit Salzwerken. Grimm, Mythol.[2] p. 1000 f. Förstemann II, 656 ff. „Ait Ambrosius stulti sunt viri et mulieres qui opinantur mulieres aliquas lac furari de alienis pectoribus et affirmant quod corda hominum rapiant et linum pro corde imponant et affirmant quod capisteria inungant et alia instrumenta inungant et per totum mundum pergant et aliquos homines Hallis pro sale equitent“, Monac. Francisc. 260, f. 96 u. 319, f. 269. Schir. 100, f. 244. Clm, 5660, f. 131. „Peter Lew . . . welcher in seinen jungen tagen zu (schwäbisch) Hall im Hal hat Block tragen", v. d. Hagen, Grundriß p. 361. 364. Ze'm reichen Halle (nach Gramm. 878 Reichenhall), ursprünglich blos ze'm Halle (noch jetzt in der Umgegend blos: Hall); ze'm klainen Hälle, ze'm Hällein (-ᴗ, Hälle). MB. III, 527. 530. 567. 570. L.O. v. 1553, f. 58. Lori, BergR. f. 11. „Zum armen Hällin", Urkunde, gegeben Geislingen 2. Juny 1459; (mir gezeigt von Dr. Roth 24. Merz 1851: Reichsarchiv, Zoll ꝛc. -Gegenstände, 3. Fasc. (15, a, 6.) Payer-halle, diplom. Admont. v. 1235 in Hormayr's Gesch. v. Wien II, 192.

Der Hall-Asch, eine Art Salzschiff auf der Salzach; s. Asch. Die Hallfart, eine Fahrt oder ein Transport Salz auf der Salzach. Es kommen (nach Lori, BergR. f. 300. 301. 394) auf eine solche Fahrt 211 Fueder in 186 Kuefen, nebst der unentgeltlichen Dareingabe von 33 sogenannten Setzfuedern zur Einfülle, also im Ganzen 244 Fueder. Nach dem Lex. v. B. besteht die Hallfart oder das Pfund Salz aus 240 Centnern. Mülbacher Hallfart, so hießen bis zu Lori's Zeit die Halleinischen Salzfahrten von dem Namen Mühlbach, welchen das Salzwerk geführt, eh es den neuen Namen Hällein, (das Hällchen oder kleine Hall) erhielt. Bayern bezahlte dem Bischof von Salzburg für die Hallfahrt Salz, von a⁰. 1594 an: 86 fl., von 1599 an: 119 fl. und von 1601 an: 133 fl. In den Urkunden findet sich statt und neben der Form Hallfart nicht selten auch Halbfart. Die Hütten-Hallfahrt, Nachfuhr des Salzes, das wegen Wassergefahr unterwegs ausgeladen und in dazu gebauten Hütten hatte zurückgelassen werden müssen. Der Hallforst, Forst, der zu einer Saline gehört. Der Hallgrâf, comes hallensis, ä. Sp., Ober-Aufseher oder Beamter über die Salzwerke (?); Hist. Fris. II, II, 15. Ried 207. s. oben, Sp. 987: Grâf. Das Hallholz, Holz, das zu einer Saline gehört; Holzblock von bestimmter Größe zum Salzsieden. Der Hällinger, (Lori, BergR. f. LIV.) der oberste Salzbeamte zu Schellenberg; ibid. f. 26, ad 1423: Salzwerkpächter im Hällein. Hällinger
168 Salz, hällingisch Salz, Halleiner Salz. Hofkammerordnung v. 1640. Lori, BergR. f. 39. In des Abtes von St. Zeno Notaten von 1672 geschieht öfters eines Hällinghauses zu Reichenhall, das damals unbenutzt war, Erwähnung. Anmerk. Es hieß das Salz bey den Griechen ἅλς, ἁλός, wie es auch in den noch übrigen Dialekten des Celtischen: holenn, halein, halen heißt. Auch in denjenigen Sprachen, welche, wie die latein., slaw. und germanische, in diesem Worte, statt zu hauchen, lieber säuselten, scheint die Form hal von der Form sal nie ganz verdrängt gewesen zu seyn. So hatten die Lateiner ihr halec, zu welchem sich unser Häring wie Sool zu Sur verhalten mag, und dem auch das nordgermanische sild analog scheint. Cf. goth. hallus, petra, und halli (dürre Reiser), leg. Sal. 44,2,5, falls die Grabkrung so alt. Das Wort Hall als Eigenname für Salzwerk-Orte kommt übrigens im Norden von Deutschland so gut wie in Bayern und Schwaben vor. Es ist sehr unnöthig, hier gerade celtische Überreste anzunehmen. Daß dieses Hall, selbst wenn es (trotz des Hallum von 889, Meichelb. Hist. Fr. I, II, f. 402) ein Femininum seyn sollte, zu obigem Halle 1) gehöre, und wie Hütte für Bergwerk, so für Salzwerk und tropisch für Salz überhaupt genommen sey, ist sehr unwahrscheinlich. Grimm, Gesch. d. d. Spr. 300. Der Hallore in MB. VIII, 440 wird wol zu lesen seyn Hallære oder Haller. Ptolemäus nennt unter den Bewohnern des Noricums die Hallonen. Kurz, Österr. unter Friedr. d. Sch. p. 439. Magni Klein Noticia Austriae ant. et med., tom. I, p. 202. 294 f. Grimm, Wbch. IV, II, 236 f.

Der Haller (Hàllə'), hchd. Häller oder Heller (BM. I, 613. Grimm, Wbch. IV, II, 234. cf. Graff IV, 880: halling); elliptisch statt (schwäbisch) Haller Pfenning (die ersten 1228), wie man auch Münchner, Wiener, Regenspurger, statt Münchner ꝛc. Pfenning sagte. So im Lateinischen ad 1300 (MB. XXII, 240. XXIV, 336) blos Hallensis statt Denarius Hallensis. Noch ad 1359 (MB. XXII, 335) heißt es: „LIX phunt guter und gæber phenning, (und zwar) haller phenning." Im 14. u. 15. Jahrh. findet man häufig selbst die größten Summen in Hallern, Schillingen (kurzen zu 12, oder langen zu 30 Stücken) und Pfunden (zu 240 Stücken) Haller angesetzt. „Sex solidos *halenses* dativorum"; MB. XXV, 559. „Drizig schilling haller"; MB. XX, 71. „Nonaginta librae *Hallensium*", (MB. XXIV, 336, ad 1300); 606 Pfd. Haller (Mederer, Ingolst. 50, ad 1332); 1000 Pfd. Haller (MB. XVI, 40, ad 1365); 6000 Pfd. Haller (Gem. Reg. Chr. II, 148, ad 1367). „Wer zu ainem haller ist erborn, wirbt er nach zwain, er ist verlorn", Cgm. 270, f. 102. „Bis des morgens da ainer ain pfenning von ainem haller erkennen mag; Nachtroßwachtschaft zu Rorbach, Ms. Um 1313 sagt Hug von Trimberg im Renner (Vers 18420 ff.): „Man vant die treuwe bi den alten hallern daz burger kaufleute und wallern niemande dorfte missetrauwen; nu ist so vil valsches bei den neuwen daz ein man sie gar wol kiesen muz und wil er niht verliesen"; und Vers 18486 ff.: „Nu ist beide freutz und hant verkert an den hallern, swa man vert; wanne breite haller waren hie vor die heten ein freuz daz stunt enbor und ein hant gar gelich geslagen. Die stent nu sam sie sin benagen daz man sie kaum gekiesen mac." Der Werth der Haller war nach Verschiedenheit der Zeiten und der Münzstätten, aus denen sie hervorgiengen, verschieden; doch traf es sich gewöhnlich, daß auf den Pfenning jedes Ortes zween Haller giengen; (MB. XVIII, 154. XXII, 351. 471. XXIII, 123. 666. XXIV, 114. Wstr. Btr. VIII, 114. Lori, Mz.R. I, 33. 101. 102. Kr. Lhdl. IX, 427). Daher denn auch der Haller nicht selten mit dem Hälbling (s. unten Helbling) verwechselt wurde. A⁰. 1328 findet sich ein Haller zu 1/3 Regensburger Pf. (Wstr. Btr. VIII, 114); 1351 ein Haller zu 1/5 Regensp. (MB. XXII, 318); 1363 ein Haller zu 9/40 Regensp. (Gem. Reg. Chr. II). A⁰. 1436, 1475, 1500 werden die fremden weißen, bösen Haller verboten und nur die schwarzen, guten bayrischen und österreichischen Haller erlaubt. Lori, Mz.R. A⁰. 1535 kommen Fünfhaller-Stücke, 169
a⁰. 1680 Dreyhaller-Stücke vor; ibid. 30 β Haller = 1 Gulden; Cgm. 739, f. 12. Italiger Haller, s. eitelig. Der Judenhaller, Rufenhaller, (in Selhamer's Predigten v. 1696) eine Art schlechter, verrufener Heller. Sp. W. Wer den Heller nich êrt, ist den Taler nicht wert. Ein ungerechter Haller frißt den Taler. Der Hallerwert, Halbert, Helbert, Ding, das einen Häller werth ist; BM. III, 603, (vrgl. Pfennwert). „Der Gast, der in der Stadt brod verkauft, sol als mitter tak fürkumt, ez wider heimfüeren oder sol driu helbert umbe einen phenninf geben"; Augsb. Stdtb. Helwert und pfenwert, Cgm. 335, f. 212. So ist auch das Brüssel'sche Hellewert (1375) zu nehmen: „Van biere es d menste gemet dat men heeft een helleweert = 3 half waelpoyt; vort heeft men een gemet dat men heet een pennincweert = 3 waelpoit"; Willems, belg. Museum IV, 260 f. Die gl. i. 663 geben obolos durch hallingas. Graff IV, 880.

Die Hallen, Haln, (Lori, BergR. 247. 251. 444) die Halde, (und wol hieraus entstellt; vrgl. indessen auch hæl, Anmerk.).

Die Hallertau (Hàllədau ᴗ ᴗ –), Gegend zwischen der Ammer, Ilm nnd Abens; (Hall-wert-Au, Halbert-Au? Cf. Hallartsberg, Hallesberg; Pallhausen, Nachtr. z. Urgesch. p. 280. „Wernhart de Halarteshusen", circa 1065; MB. XIV, f. 189). Wólzə' (Wolnzach aus Wolmuotesaha: „Vuolamuot monachus Fuldensis", † 886; Aug. Jes. 12), Anglstàd (Nandelstat, Nandoltstat) und Au sán' di drei gröst'n Stédt i˜ də' *Hàlədau*. „Ein Meil Wegs von Moßburg in der

Hallerthaw bey dem Dorf Gammelsdorf"; Avent. Chr. 480. „In der Hallerthau und Pfaffenhofen"; Ldtg. v. 1612, p. 364. „Da sindt die veindt (von Pfaffenhofen weg) durch die hallerthaw wider heymwertz auf Mosspurg zuegezogen", (Juny 1504), Cod. bav. 1933, f. 99. Die Schweden haben 1632 sonderlich in der Hallerthau gewüthet; Schreiben Max's, CMh. 409, f. 351. Gießer von Degernbach in der Hallerthau; Freyb. Samml. III (Hund III), p. 341. In den Berichten des b. Landboten über den Münchner Hopfenmarkt (z. B. 1852, S. 84) ist der „Holedauer" ein stehender Artikel. Appian und Fink schreiben auf ihren Karten Halberthau; in Krenner's Ldhdl. XVIII, 221, ad 1511 heißt sie die Harrartau, während MB. XX, 395, ad 1450 in München ein Halertauer vorkommt. „Ulricus *Harlatawer* procurator consistorii Salzburgensis" (1409), Cgm. 3941, f. 189ª. (Etwa Harlant, Personenname, Herrant. Vrgl. Förstemann I, 626. 630). hallertauerisch gên, in der Tracht der Weibspersonen dieser Gegend. Als Seitenstück zu einem gewissen Pinzgauerischen Wallfartsliede gibt es ein Hallertauerisches, in welchem es heißt:

„Heiliger St. Castulus und unser liebe Frau!
du wirst uns kennen, sind aus der Hallertau.
Sollten unser neune seyn, und sind nur unser drey,
sechse sind beym Schimmelstehlen; Maria steh uns bey!"

'„Der Hálodri, ein feiner, durchtriebener Mensch"; Castelli, Wbch. 163.' Sie sagt: „Du schlèchtə *Hálodri*, dás d·treu bleibst, dés fodr· I!" Er: „Das I də treu bi˜ 'blibm, stêt mər i˜n Augngə˜ gschribm"; Seidl I, 35; 3. Ausg. S. 10 und 307, erklärt: „*dá Hállodri* (⏑-⏑), Flattergeist; leichtfertiger, zerstreuter Mensch, der immer Ungehöriges (*ἀλλοῤῥία*) treibt."

'Der Halunke, Holunke, nichtswürdiger Mensch; Grimm, Wbch. IV, II, 305.' Cf. česk. holomek, Häscher. „Wšsickni strážni gsaa holomkowé!" ruft der über die Wächter erzürnte König Ludwig aus in den b. „Vier Haimonskindern"; mihi p. 91. „Die koch und die kochenknechte und ander holuncken reinigten die kaldunen"; poln. Chronik v. Lorenz Kyndlerm zu Hagnaw (1562), Cgm. 1225, f. 47.

hallich, s. halt, 3.

hail (haəl), 1) adj., wie hchd. heil; (ahd. mhd. heil; Graff IV, 861. BM. I, 650. Weigand, Wbch. I, 491. 'Cf. engl. hail, hale.' „a hale old man" von einer cruda viridis senecta). „Arnwi abbot of Burh abbot rice forlet be his halre life", in full health; Sax. chron., Ingram p. 239. s. oben Sp. 961: gottwillkomm. '2) adv., gänzlich; niederd. alheil, ganz und gar. „Kykt sik gans *alheil* nig um", Firmenich I, 179,44. „*Alheil* neinen", ganz und gar keinen; das. 180,23. 'Vrgl. Vilmar, kurhess. Idiot. 146. 159: hâlang, heillang. Zeitschr. I, 298,6. II, 267,22. III, 273,4. IV, 133,98. 421,11. V, 183. 415,32. 522,19. VI, 515,8 519,31.' hailen (haəln), heilen. Der Hailer, junges Pferd oder Rind, das verschnitten worden und noch nicht, oder noch nicht seit langem, wieder ganz geheilt ist. Der Hailbock, verschnittner Bock. Der Hailmann, (Nürnberg) das Hailpferd, Hailros, verschnittnes junges Pferd. hälə˜, (Appenzell) castrieren; Zeitschr. V, 486. VII Com.: *hoalen, hoaln, hooln*, castrare, sanare. Grimm, Mythol. 344. „Vihe haylen (verschneiden) und zuchten"; Mone, Anzeiger VIII, 407. Də˜ Tüfel *hälə˜*, den Teufel entmannen, (ein schweiz. Kinderspiel); Haupt's Zeitschr. VII, 87. Grimm, Mythol.[2] 573.

Das Hail (Hál, Gramm. 142), wie hchd. Heil, (gewöhnlich in religiöser Anwendung; ahd. mhd. daz heil, auch diu heile, ahd. heilî, Labr. 391; diu unheile, das. 367; Graff IV, 864. BM. I, 650. 651. Zeitschr. III, 273,3,1). „Per contrarium intelliguntur sententiae, ut consuetudine latinorum interrogantibus: quaesivit nos aliquis? respondetur: bona fortuna .i. hêl unde sâlda, et intelligitur: nemo, quod durum esset .i unminnesam ze sprechinne. Similiter teutonice postulantibus obsonia promittimus sic: alles liebes cnuege, et intelligitur per contrarium propter gravitatem vocis", Clm. 4621, f. 70. s. Th. II: genueg. Hail geben, (Ilz) grüßen, besonders mit dem Spruch: Gelobt sey J. Ch., (engl. to hail, oberrhein. hêilsen, schwed. helsa). „Do unser herr uf erd gieng do gieng er ainsmals für ainen pawrn der sæet arbais. Do gab im unser herr hail und sprach Got geb dir hail lieber mair. Do dancket er im; Inderst. 116, f. 69. 'Der heilawâc, heilwâc, daz heilwæge, mhd., heilbringendes Wasser; Grimm, Mythol.[2] 551 f. BM. III, 645. 646.' „Nu verdaht daz wip sich um den schoum von dem bade, des si hete in ir lade swenne ir arges iht war, und si des hailwæges iht dar gestraich, diu not ir zehant entwaich", Kindh. Jesu, Hahn p. 92,63.

hailig (háli'), adj. u. adv., 1) wie hchd. heilig, (ahd. heilac, mhd. heilec; Graff IV, 873. BM. I, 652. Zeitschr. IV, 283,91. In dem sonst ganz bairisch gehaltenen Evangelienbuch sec. XIV., Cgm. 66, immer hilig. Das heilig Werch, s. Th. IV: das Warh, Wärh. „Sawrampffer vertreibt daz heilig werch." . . . „daz helig werch"; Clm. 5931 (sec. XV.), f. 208. 212ᵇ. „Rasen (rosa) vertreibt daz heilig werch ob man sey gestossen darauf legt"; das. f. 222. 2) höchst wahrscheinlich, gewiß. Vilmar, kurhess. Idiot. 163 f.: hellig. Dés gschihht *háli'*, das wird gewiß geschehen. Dés is *háli* də logng, das ist gewiß erlogen. *Háli'* und gwis, so *háli'* als bèt·t, so *háli* als Amen, ganz gewiß, unfehlbar; (s. indessen hellig und hell). Der Hailig (des, 170
dem, den, die Hailigen und daher, nach Gramm. 832. 580) der Hail·gen, der Hailing (schon aº. 1513, s. oben, Sp. 721: fein, durchfeinet; Háling, Hálin'), die Hailige, die Hailigin, die Hailingin, der, die Heilige; das Heiligenbild. Zeitschr. II, 546,11. V, 446. „Ein heilige", Br. Berhtolt 163. 189, un santo; „manige höhe heiligen", das. 194. (Pfeiffer 158,16. 98,1. 102,23). „Man sagt von Bruder Niclaus (v. der Flüe) in Schwitz der in vil Jarn nit gessen, ist es also so muß ein lebendig Heilig seyn oder ein Deuffel", Matth. v. Kemnat 1642, f. 132ᵇ. „I find ja aus Luther's Zufft nit einmal ein ainzigen Hälling oder sonst ein Mann ein Sälling, aber in der Höllen Grufft ihre Vätter glorreich leben . . ."; Spottlied auf die auswandernden Salzburger (1. Jan. 1732; im Bande Hist. ref. 2º 10). Holgə˜, Heiligenbild; Auerbach's schwarzw. Dorfgesch. S. 166. R. A. Seinen Hailigen kriegen, ausgescholten werden, einen Verweis bekommen. cf. Bildlein. Der Hailige figürlich statt der Kirche, deren Patron er ist. „Wenn die Baukosten weder der Heilige noch die Gemein zu tragen vermag"; wirzb. Verord. von 1687. Vrgl. Zeitschr. II, 83,4. Der Hailigenpfleger, s. oben, Sp. 441. Roggenburger Gerichtsord. v. 1573, f. 21. Vilmar, kurhess. Idiot. 158: Heiligenmeister, Heiligenrechnung. Das Hailigenstuck, (Ilr.) Gebäck oder Brod von besonderer Form, am Allerheiligenfest üblich. Die Hailigentruhe; „Receß so in der Heilig-Truchen zu Etting (bey Ingolstadt) zu finden"; Öttinger Ehaftbüechel. 'gehailigen, ä. Sp., heilig werden; BM. I, 653.' „Thu in auf ein stifft so geheiligt er villeicht auf erden"; Cgm. 439, f. 45ᵇ. 'Die Hailigkeit, 1) wie hchd. (BM. I, 652: heilecheit); 2) ä. Sp., Heiligtum; 3) heilige Handlung, Sacrament; besonders: die letzte Ölung, (Dr. Sepp). haillôs (haəlous, haəlaəs, Comp. häəlouser, haəlöuser, haəlösiger), 1) wie hchd. heillos, d. i. nichtswürdig, nichtsnutzig, im moralischen Sinn. ain haillôser Strick, ein nichtswürdiger Schlingel. 2) (U.L.) untüchtig, unbrauchbar, schlecht im physischen Verstande. Mein Vater ist ganz haillôs, d. i. ziemlich kränklich, entkräftet; ain haillôser Strick ꝛc., Strick, der nicht hält, nicht zu brauchen ist. Das Hailtum (Háitəm), das Heiligthum, besonders die Heiligen-Reliquie; BM. I, 651. 652. „Die Götter samt jren Bildern, Tafeln, Monstranzen und drgl. und, wie wirs jetzo nennen, Hailtum"; Avent. Chr. 145. „Das liebe Hailtumb St. Anastasiä", Meichelb. Chr. Ben. II, 245.

Die Hailthümber auf dem h. Berg Ander"; Wstr. Btr. III, 117. Die Hailtumbzaigung, jährliche feverliche Vorzeigung der Reliquien, wie sie z. B. zu Nürnberg, zu Regensburg 2c. unter großem Zulauf der Ablaß suchenden Gläubigen statt hatte, und wol hie und da noch jezt vorkommt. (Ja wohl noch gar 1844 ein heiliger Rock zu Trier, 1846 eine Heilthumfahrt nach Achen.) MB. XXV, 396. „Der Heilthumbzaiger, Hierophanta"; Prompt. von 1618. Aufs N. N.er Hailtum gên, nach N. N. zur Reliquien-Ausstellung gehen. „Heilthum-Kasten, lipsanotheca; Heilthum, das man am Hals tragt, amuletum, bulla"; Voc. v. 1735. „Ubele heilscouwunge in, abominationem sibi", Ps. 87,11; Cgm. 17, f. 128b. cf. ahd. heilisôn, mhd. heilsen, augurari; Graff IV, 866. 871 f. BM. I, 653. hailvertigen, ä. Sp. „Christus ist komen zu hailvertigen das volk, ad salvandas gentes"; Cgm. 690, f. 30. 'Vrgl. d. folg. W.' hailwert, hailwertig, heilsam, heilbringend; BM. III, 600. „Hailwertige Reliquia." „Das hailwert Kreuz gegen die Turken beschirmen"; Gem. Reg. Chr., ad 1455. Die Hailwertigkeit, das Heil, die Seligkeit. „Hailbertikait irer Sele." „Vmb haillwürtigkait unser voruordern und nachkommen"; MB. XVII, 234. 236, ad 1489. XXI, 208, ad 1473.

helen: ich hil, du hilst, er hilt; ich hal; ich habe geholen, ä. Sp., verhehlen, verborgen halten; (Graff IV, 839—44. BM. I, 675). „Nu vindt man an den schrannen valsch gezewgen laider vil: hil du mir als ich dir hil", Cgm. 1113, f. 97a. „Ez hilt sich in der leise", Labr. 188. „Diu lieb gan mir wol gûtes und hilt (celat) ez durch versûchen"; das. 275. „Gelich dem helnden diebe", das. 478. „Dâne helt mich niht an", davon verhehlt mir nichts; Gregor v. d. St. 2428. Die Helhait, diebische Verheimlichung, Verfälschung; BM. I, 676. Wenn ein Diener seiner Herrschaft das Geld, das er für sie einkassirt hat, nicht bringt, und deswegen von dieser festgenommen wird, so frägt sich im Rechtb. v. 1332: „soll ihn sein Herr vm di helhait ansprechen oder newr nach dem gelt? (Wstr. Btr. VII, p. 172). Wenn Wein- oder Bierschenken zu kleines Maßes angeklagt und überwiesen werden, sollen „si es pezzern nach der helhait, daz sint sechtzig und drey pfunt, darumb daz si di mazze haimleich inne habent gehabt"; das. p. 100; cf. p. 97. 126. helbære, adj.; BM. I, 676. „Offenbar und nit hilber"; Cgm. 291, f. 71b. hellich, helleich, adj. und adv., ä. Sp., heimlich, mit Verheimlichung, (BM. I, 676 f.: helec, hælinc, adj., hælingen, adv., Zeitschr. II, 432,97); schwäb. helingen, Weizmann III, 19; helings: „'s Babele ischt bald dernoch *hehlings* niderkomma"; Firmenich II, 437,19. Haimlich und helich", Chron. Ben. II, 169. „Mit hee-
171 ligen und falschen Anschlägen und unwahrhaften Schreiben . ."; Kr. Ltghdl. I, 130. „Daz er jn seins viehs helleich entwert habe", Wstr. Btr. VII, 74; „hellich und on sein wißen", 500. 669. „Häliger Weise", bayrr. Verord. unhellich, unheimlich, ohne Verheimlichung. „Ein ding offenlich kawffen und unhelich behalten", Rechtb., Ms. v. 1453. Der Häling, ä. Sp., was verhehlt werden soll, Geheimnis; BM. I, 676. Der Jungfrau Maria Dienerinnen wußten nicht „vmbe ditze dinch unz der gotes hælinch (in Mutterleibe) selben wart offenbære", Kindh. Jesu, Hahn p. 70,33. Helküechel, s. unten: der Kuechen, Küechel. 'verheln, verbergen, verheimlichen; BM. I, 675. verholn, partic. Adjectiv. „Gegeben zu Colmar an dem Dunerstage vor unser vrouwen tage der verholene" (1291), conceptionis Mariae; Urk. K. Rudolf's (im Rappoltsteinischen Archiv), Radiusiana II. verholne, partic. Adv., heimlich; BM. I, 676. Chron. bey Freyb. I, 126. Vrgl. unten: holsune, holwanken, (häls., hälw.).

Die Hell (Hәll), 1) die Hölle, (ä. Sp. Helle, goth. halja, ahd. hella, helia, mhd. helle; Graff IV, 860. BM. I, 677. Grimm, Mythol.[2] 225. 288 ff. 945. 948 ff. Das ö des hchd. Wortes ist wie das in zwölf, Gewölbe erst in späterer Zeit aus dem e entstanden; noch das Prompt. v. 1618 hat Helle); Unterwelt, also auch Purgatorium. „Obe er (Tristan) noch ist ze helle, daz in got bannen zelle und in neme in sîn rîche", Ulr. Tristan 3708. Hell-Angst, Hell-Hund, Hell-Kind, Hell-Sacrament, Hell-Teufel 2c. nach Gramm. 807 statt, wie im hchd., Höllen-Angst, Hund 2c. Vrgl. Zeitschr. II, 276,15. III, 188,32. V, 12. 183. O.L. gâ oder gên Hell, in die Hölle (Cgm. 71, f. 3); ze Hell, in der Hölle, (zi helliu, ad infernum; M. m. 9). Der Heller, Teufel. Dәr *Höllәr* soll mi' holә~! (Bregenzer Wald; Bergmann). 'hellisch, adj., höllisch; BM. I, 678. Zeitschr. II, 276,15.42. V, 183.' Das hellische Feuer. „Coriander vertreibt das hellisch feuer und allerhende geswulst"; Clm. 5931 (XV. sec.), f. 215. „Rosen gestossen vertribet dz helsche füre", (am Rand: de morsu vipere); ibid. f. 245. 2) der enge Raum, den an einem Winkel der Stube der Ofen mit der Wand bildet; wie česk. peklo oder pekelec sowohl Hölle (infernus), als auch den engen Raum zwischen dem Ofen und der Wand bezeichnet, (s. oben, Sp. 381: Peckelhafen). Wahrscheinlich übrigt dieses Hell (von einem nordischen hall, Stein, wie česk. kamna?) von einer frühern, jezt noch südländischen Einrichtung, wo die Küche zugleich Stube war, ohne Ofen. Kilian: haele, furnus, Ofen. „Als ich (Hans Newnburger burger zu Passaw) in meiner undern stuben ein gewelbel gemacht vnd damit die hell in der bemelten meiner stuben bei dem ofen erweitt", Passauer Urk. v. 1488; (Dr. K. Roth, 3. Febr. 1852). Sich in die Hell setzen, legen, d. h. auf eine in diesem Raum angebrachte Bank 2c. „Lag ich müd schlaffend in der Hel"; H. Sachs. „Auff der Hell, ad fornacem"; Prompt. v. 1618. „Darnach den haffen in ain hell in ainen kessel mit wasser gehenckt das er in dem kessel schweb . . . et fac bonum ignem sub olla et kessel"; Clm. 5036, f. 132. „O Sommer, o Sommer, du arger Laur, du machst den Weibern die Milch so saur; — o Winter, o Winter, du arger Gsell, du jagst die Weiber wol hinter die Höll", Lied v. Sommer und Winter in Nagel's v. Hohenreicher gesammelten, nun (1845) Dompropst Deutingerischen Papieren. „Merz — mufs der Bauer den Pflug sterz; April — jegt ernә widder *hinner die Hell*", (Tambach); Firmenich II, 404. „Sunntaks schlufen se bim Ahben (Ofen) *uffter Helle*, (Bank hinter dem Ofen)", Firmenich II, 197,65 (Heiligenstadt). „Bring uns was für d' Gurgl aus der *Ofahöl'n* füra, — Ofenhöhle, die Vertiefung um den Ofen"; Seidl, Flinserln (1839) I, S. 72. 91. „Die Küche mit zwei großen Feuerplatten zu beiden Seiten der Heli (der Raum unter der Decke einer Küche, die keinen Rauchfang hat)"; Bauernspiegel oder Lebensgeschichte des Jeremias Gotthelf, (Burgdorf, 1839), S. 112. Das Hәll einiger Localitätsnamen kann aus Hüll, Pfütze, seyn. Vrgl. Vilmar, kurhess. Idiot. 163. Der Hellhafen, Hellhefen, länglichter Kessel, zum Wärmen und Sieden des im Hauswesen benöthigten Wassers, gegen diesen Raum zu, im Ofen eingememauert. „Caldarium, hellhafen"; Prompt. v. 1618. „Im Höllhafen", Dr. Minderer (1620) p. 196. „Da die (ungetrewen) Spinnerin die schlaichen über die Hälhafen oder in Siber legen und wasser darunter setzen", Beschauordn. v. 1592, Clm. 1536, f. 12. Hellküechlein, s. unten: Küechel. (Das Heimchen heißt im Angelsächsischen hel-heima.) Anmerk. Hell in beiden Bedeutungen scheint ursprünglich den Begriff des Verborgenen zu haben, und auf das alte helan beziehbar.

hellen (hәlln): ich hill, du hillst, er hillt; Prät. ich hellet, ä. Sp. hal; Ptc. gehellet, ä. Sp. geholen, erschallen, ertönen; widerhallen, (ahd. hellan: hal, gihullan, mhd. hellen: hal, gehollen; isl. hvella. Graff IV, 855. BM. I, 683. Grimm, Wbch. III, 848. IV, II, 232. Zeitschr. II, 518. VI, 148: heldern (s. auch Gehilder und VI, 214: kältern), III, 76. IV, 251,16: erhellen, erhillen). „Des valken schellen . . . mich dunkt ich hor sie hellen", Valkn.

179. „Ewr pot wil ich nicht heln“, (zugestehen, erfüllen); Cgm. 54, f. 2. Dà *hȩllt* s; dà hàts *g·həllt.* „Ze hant als die sturmen glocken erhilt“; Wstr. Btr. VI, 102. behellen, gehellen, in etwas, ä. Sp., einstimmen, zustimmen, zugestehen; BM. I, 684. „Die kloan Bumerln *kehln* nettá, kriegns· an Brocka sans· stát, oda' segns· an Stecká fahrns· ab“; Reitzenbeck II, 150. „Swâ farwe, herze, mût und ouch die zungen zweier lieb gehellent“, Labr. 250. „Spruch, dorein er nye gehyllt“; „hett auch in die sage nicht gehollen“; MB. XXV, 415. 464. „Ob er het zweier hulde die im gehullen an der wal“, Cgm. 94, f. 68b. „Sy bewillig und behele in sölche eröffnung nit anderst dann mit vorbehaltner gerechtigkait . .“; Gerichtsord. von 1520, 7ter Tit., 5ter Absatz. „Daß sie darein nicht geheelten, sondern das widersprochen haben wollten“; Kr. Ltghdl. XIV, 201. „Daß wir in solche Copien stillschweigend gehelen“; ibid. XI, 118. „Weiter wollen wir euch darein nicht gehelen“; ibid. XI, 149. 201. „In des Gegentheil Protestation gehehlen“; ibid. 330. Wirzb. Lg.Ord. v. 1618. Gem. Reg. Chr. III, 269. „gehelen, das . .“, aussagen, daß . . . „Datz doch wider die Vernunft wäre zu gehelen“; Kr. Lthl. X, 154. X, 198. „mißheln, dissentire“, Avent. Gramm.; ahd. missihellan, mhd. missehellen; BM. I, 684. „Dere missehellenten, dissidentium“; Cgm. 17, f. 196a. „Das sy die da mishellent zu ebenhellung bringen“, Cgm. 4880, f. 284. „mitheln, assentire“; Avent. Gramm. „Dem schullen wir mithellen wol“, Ring 47b,17. „mitheler, adstipulator“, Prompt. von 1618. „verheln“, aussagen, gestehen. „Da cham ein erberger
172 man genannt der chlausær und verhol vor erbarigen leuten, das . . .“; MB. V, 267, ad 1378. „Des verhal der ander maister“, consentierte; Cgm. 54, f. 52a. widerhellen, widerhallen; BM. I, 684. „widerhellen, resultare, widerclingen; Voc. Melber. „Swie man ze walde rûfet, billîch alsô der galm widerhillet“, Labr. 430. widerhellig, ä. Sp., widerspenstig; BM. I, 685. „Macheton daz volk widerhellich und widerspêrre“, Griesh. Pred. I, 75. „zueheln, adsentire“; Avent. Gramm.

hell, a) schallend, laut; (ahd. helli, mhd. helle, hel; Graff IV, 858. BM. I, 684. Weigand, Wbch. I, 496. Zeitschr. II, 38. V, 191. 196). „Ich bin an hellem jagen worden heiser“, Labr. 334 (cf. 318). hell singen, d. h. in hohen Tönen. hell auf lachen, wainen. Hellauf leben, lustig, flott, mit Klang und Sang. „*Hell auff* ischt boierisch!“ merry old England! (Memmingen), Firmenich II, 418. Zeitschr. I, 298,6. VI, 149. b) nach späterer Übertragung vom Hörbaren auf das Sichtbare, wie hchd. c) augenscheinlich, unbestritten, zugestanden. Die hellen Zähern, das helle Bluet, das helle Waßer, Eis ꝛc. Das Brôd ist noch ein heller Taig, der Kaffee ein heller Satz. Der helle Neid redet aus Dir. Du bist ein heller Spitzbueb ꝛc. Das ist ein helles Wunder. s. hellig.

hellig, anhellig, geständig, zugestanden, eingestanden; (BM. I, 685. Grimm, Wbch. I, 374). „Das ist ein helligs Wunder.“ „Das hellig Bluet rinnt hervor.“ „Eines Dings anhellig sein“, Lori, L.R. 217. Der Schuldeu anhellig seyn, sie eingestehen, Kr. Ltghdl. VII, 341. 352. Schulden, so anhellig sind, anhellige Schulden, eingestandene; Kr. Ltghdl. XIII, 15. 17. 23. 169. 286. „Item um anhellige und ohnhellige Schulden.“ „Item um hellige und unhellige Leibschäden.“ Kr. Ltghdl. XV, 352. ainhell, ainhellig (aə˜həlli'), einhellig, zusammenstimmend; Grimm, Wbch. III, 199 f. „Mit ainhellem muet“, MB. XXII, 334. 338, ad 1359. „Gleichhellig und ains seyn“, Ldtg. v. 1514, f. 79. Der Freyhell, (Gem. Reg. Chr., I, 448, ad 1297) der Quittbrief. Das Gehell (Ghəll), das Ertönen, Erschallen, besonders vom Widerhall. Die Gehell, Gegend im Walde, in Vertiefungen ꝛc., wo der Schall verstärkt gehört wird. Ei˜ də' *Ghəll*; (Baur).

Vrgl. Vilmar, kurhess. Idiot. 163. gehellig, a) (ghəlli'), schallend, den Schall auffassend, zurückwerfend. b) ä. Sp., zustimmend, geständig; MB. XXV, 413. (gl. i. 315: gihel, consonans). Mißhell, subst., Mißhelligkeit; BM. I, 684. „Darauß erwachß mißhell, unainigkhait und krieg“; Ldtg. v. 1514: 65. Die Sünde der Mithellunge begehn, nach Br. Berhtolt p. 421 `(Pfeiffer p. 214,6), „die dâ mitheller sind unde jâherren“,' die Schmeichler, die zu allem was Einer thut, sagen: „Jâ, herre, ez ist wol getân.“ hell-liecht, adj. und adv., 1) hell, licht; 2) wie hell; c) augenscheinlich, offenbar, förmlich ꝛc. Er ist der hellliechte Vater, d. h. sieht dem Vater ganz und gar ähnlich. Bey der hellliechten Nacht, bey völliger Nacht. Ein hellliechter Schurk.

hellig (həlli'), müde, abgemattet, abgezehrt, `mit leerem, blödem Magen, hungrig und durstig; (BM. I, 660: hellec, adj., angegriffen, müde. Zu helen? oder mit behelligen zu Hell? cf. franz. gêner v. gehenner, foltern? Diez, Wbch. 641. Vrgl. hal, (Aschaff.) trocken, „spör“; aushalen, austrocknen, wie der Ostwind das Feld, die Sonne das Brod. Vilmar 23 f.: hâl, mager, dürr; cf. franz. hâle, Sommerhitze; hâler, schwärzen, trocknen. Vilmar, kurhess. Idiot. 145. 163. Zeitschr. IV, 194. V, 358. 447. Kilian: hael, exsuccus, aridus; aber helligh, lassus. Brem.-niedersächs. Wbch. II, 631: hilde, hille. He let sik *hilde* weren. s. oben, Sp. 1080: hæl). 's Viəhh kimt oft *schindelhəlli'* vo˜ də' Waəd haəm. „Das Elend hat sie gemachet hager, ungstallt, hellich, dürr und mager“; H. Sachs. „Der Held ganz müd und hellig was“; Theurdank. „Daz hercz sey nicht ze hellig noch daz haubet gar ze schellig“, Ring 23b,28. „Tôthellig wilt mag vuch wol ûf dich loufen“, Labr. 52. „Ez (das Wild) gæb umb alle hunde nicht ein fesen, ez wirt in tûsent jâren nimmer hellig“, das. 186. „Er sagt daz hellig und daz wunde“, das. 287. 411. „Die pferd worn hellich“; Suchenwirt IV, 471. He dott (thut) *hèhlich*, jämmerlich, (Weihers; Dr. K. Roth. `Hieher?).' *spelt·n-həlli'*, zaundürr u. mager; ObrM. Das Prompt. v. 1618 hat: hellhungerig. helligen Einen, ihn bemühen, ihm Mühe, Unruhe verursachen, (Tyrol. L.Ord. von 1603); heutzutag nur noch: behelligen; (ä. Sp. hellen, helligen; BM. I, 660). „Daz er in (den Patienten) wil hellen und daz in (dem Arzt und Apotheker) wol druß mag gan . . . also tuond si in hellen, biß si in (erst recht) in siechtagen tuond vellen“, des Teufels Segi, Barack 10023. 10030. „St. Sebald hat sich mit vil fasten gehelligt“, Wagenseil, Norimb. p. 39. abhelligen, durch Anstrengung und Mangel an Nah-
rung zu Grund richten. „Wo Ire Roß abgehelligt 173
etwo an ainem Zaun stehen beleiben“; Gravamina der 3 Stände, 1579. `Grimm, Wbch. I, 886: „aushelligen, corroborare, recreare, reficere“; (wol richtiger: aushungern). behellen, behelligen; Grimm, Wbch. I, 1335.' „Boves arabant et asinae pascebantur juxta eos, die Esel fraßen jhnen die Haut voll an, ließen die guten ochsen gleichwol sich behelligen“, P. Procopius, catech. 23. „Aus Arbait und hitz erhelligt“, labore et aestu languidi. „Durch turst erhölligt werden, siti confici“; D. v. Plieningen. „Zurn wenig, wann gall und miltz sich leicht erhelgent daz davon chvmt daz giht“, (1334); Altm. 26, f. 186b.

Das Gehil, s. Gehilb.

`hillen, ä. Sp., hüllen, bedecken; mhd. hilwen, trüb machen; hüllen, behüllen, bedecken; BM. I, 679. 688. Hieher durchhillen?' „Der kaiser hat in ir wapen und schilt gevessert, gezirt und durchhilt in ainem roten velde“, M. Beham, Wiener 205,24. Im Wappen „einen galgen durchhillet mit diebischer gilw“, das. 206,18. „Drei raben durchhillet mit hellischer swercz“, das. 207,18. Vrgl. das Gehilb.

holen und die Compos. wie hchd.; (ahd. holon und halon, mhd. holn; Graff IV, 850. BM. I, 702. Weigand, Wbch. I, 514. Zeitschr. III, 260,30. 272,14. IV, 138. 273,156. Vrgl. griech. καλεῖν, lat. calare). (OPf.)

sich in die Hœh holen, sich erholen, erheben, aufkommen. hol=â! hollâ! Ziemann, Wbch. 160; 's. oben, Sp. 1: — â. Vrgl. Grimm III, 291,e. Zeitschr. VI, 153.' 'aufholen, an sich ziehen, erwerben; Grimm, Wbch. I, 670.' aufholen ein gut, revindicare; Ziemann, Wbch. 160. Roth, Obermoschler Urk. IX, p. 25. ausholen, aus dem Floß, Schiff holen; hol aus! rette! (im Schiffbruch). erholen, als nicht personales verb. act., braucht Avent., indem er Chr. f. 501 sagt: „Lande, mit welchen Kaiser Ludwig das Haus Bayern erholet (vergrößert) hat." BM. I, 703. Grimm, Wbch. III, 853,3.

hol (hóll, o.pf. hull), wie hchd. hohl; (Graff IV, 846. BM. I, 679. Weigand, Wbch. I, 513). „Ir füß sind tapffer und sind hol und in der mitten vil klain", Cgm. 714, f. 186, (270, f. 127ᵃ). Vrgl. Rist. holecht, adj., herniosus; ahd. hola, hernia; holohter, ponderosus, cui humor viscerum in virilia labitur; (13. Mai 1852). Graff IV, 848. BM. I, 680. Das Hol, die Holen, die Hölen (Holn, Hǝln), die Höhle, Höhlung, (ahd. daz hol, antrum). Das Holtag?, die Höhlung? „In das holtag der plasen", Konr. v. Megenberg, f. 21ᵃ, (Pfeiffer 34,22: „in daz hol tail der plâsen"). Die Holber (Hólbér, Hólbiǝr), 1) die Himbeere, la framboise, rubus idaeus. 2) (Franken) unter der diminutiven Aussprachform Hölpǝrlǝ, die Preißelbeere, vaccinium vitis idaea. Vilmar, kurheff. Idiot. 174. Anmerk. Sollte das schwed. hallon (Himbeere) und das uuintarhallun la(m)bruscas der gl. i. 932 zu erwägen, und auch unser Wort eigentlich Hall=ber zu schreiben seyn? Holhippe; Holhipper, Holhupper, s. unten: die Hippen. Die Holkrâ, Holkrân, auch wol Holzkrân, der Schwarzspecht, Holzspecht. Zeitschr. IV, 172: Holkrahe; 55: Holderkrå; VI, 185: Hulkrån. „Holôr, spitzmûl", Arten von Hunden; Labr. 164. Die Holsune, heimliche Aussöhnung; vrgl. Th. III: suenen. „Ob auch etwer chlæg uber den andern und der der chlag darnach wolt gleischsen und wolt ain haimleiche werichtung machen die da däuchez haist holsvnne", alte Übersetzung des Enser Stadtbuchs v. 1212, (im lat. Original: „Postea velit dissimulare occultam faciens compositonem quae in vulgari dicitur halsune"). holwanken, holwangen mit Einem, (Lilienfelder Chron.) mit ihm unter dem Hütlein spielen, connivere. „Sagen also die Paurn, er obrister holwank mit Jme Hofrichter", (den sie bestraft wissen wollten). „Darauf fengt der Obrist an, er holwank mit jme gar nichts." „Das Wort, „jedoch" ist ein rechtes hollwanckerisches Wort, es lässet sich links und rechts gebrauchen . . ."; Abele, seltſ. Grchtsh. II, 305. Helwanger, H. Sachs 1558, f. 481. S. Th. IV: hol=wangen. Der Höl, Landwehr auf der Rhön. „An dem vordern Abhange der Rhön ist auch der sogenannte Höhl oder die Landwehre zu bemerken, welche in einem Aufwurfe besteht, der mit Gesträuchen bewachsen ist, und ehemals zur Beschützung diente"; Lex. v. Franken II, 146. Revierjäger oder Höhlknechte", das. 147. Die Hôl, Höhle; (Weihers; Dr. K. Roth). Zeitschr. II, 287,11: Hohlgasse. hölen, holern, hölern, hülern, hölschen, gehölschen (hǝln, hóllǝ'n, hǝllǝ'n), höhlen; (Aschaff.) hulgen, aushulgen. „außholern, excavare"; Avent. Gramm. Ruobm *hǝllǝ'n*, Rüben ausscharren, daß sie hohl werden. „Ist gleich wie unser rockenstuben, da eßwir Hutzel und höldern Ruben"; H. Sachs. Der Ôrenhöl, Orenhöler (Ou'nhǝllǝ'), die Forficula auricularis, Ohrwurm. Voc. v. 1618: ohrnhell, v. 1429: Orhol. Bei Beerdigung der reichen Bau= oder Zimmermeistersfrau Deiglmaier in München, am 2. Jan. 1842, wurde, als durch ärztliche Leichenöffnung erwiesen, gesagt, es habe sich in ihrem Gehirn eine Brut Orenhöler gefunden, die ihr Monate lang unsäglichen Schmerz verursacht. Zeitschr. VI, 148. Cf. Oren=nützel, Oren=mitzel.

„Hohlen, (Wien) Mühlstein."

Der Holler (Hóllǝ'), der Hohlunder, sambucus nigra L.; (ahd. mhd. holuntar, holunter, holter, holre; Graff IV, 880. BM. III, 31. Grimm, Mythol.³ 617 f. Weigand, Wbch. I, 514. 515. Zeitschr. II, 48. 233. 520. III, 90). Holer, Voc. v. 1445; holera, gl. o. 411: sambucus, holder, gl. a. 54. 676: riscus; aber gl. a. 18. 677. i. 830: holantar, holantir, woraus (s. ter) Hol=der und Holler zusammengezogen seyn mag. cf. Gol=liecht. „Schöge wol holer (hieher?)', daz du man wer (als du Mensch warst?) du slöge dinen vater du gienge hinz gedinge mit blötenden dinen handen da gesigstoz du als mözze ich hiut gesigen an allen den die mich ansprechen"; Segen im Clm. 4595, f. 39. Vrgl. Th. III: Schueb. Der Holerblaser. „Darnach ein holrblaser sluoc einen sumber meisterlich genuoc", Frauendienst f. 37ᵇ. 'Vrgl. Wigalois 10878: „Vil süezes schalles man dâ pflac mit hollerblâsen ûf der wer." BM. III, 31.' Die Hollerbüchsen, Hohlunderröhre, in welcher ein Propf von Flachs ꝛc. durch einen andern mittels des Luftdrucks mit einem Knall fortgetrieben wird. Ähnlich ist die Hollerspritzen. Die Holderkrå, s. oben: Holkrâ. Der Hollerküechel, Blütendolde des Hohlunders, mit dünnem Teige überzogen und in Schmalz gebacken. Ein beliebtes Gericht der Landleute, besonders an Johann d. T. Tag. Das Holǝrmänlǝ, kleiner, schmächtiger Mann; (Nürnb., Rath Her). Die „Holerpfeiff camena"; Hbn. Voc. v. 1445. Der Holler=Rezel, Brey aus gekochten Hohlunderbeeren. Die Holler=Salzen, Rob oder dickeingesottner Saft von Hohlunderbeeren. 'Der Hollerstock, Holderstock, ä. Sp., die Geliebte; Zeitschr. IV, 100,2.' „Meinen lieben hollerstock", (den Ehemann); H. Sachs 1560: III, III, 82. Holdertrütschel, Holderdrüssel, s. oben, Sp. 681: Trutschelein. Der Holler=Trauppen, Blumen= oder Fruchtdolde des Hohlunders. Der Hirschholler, sambucus racemosa L. Der Wasserholler, rothe Blutbeere, (Jir.). holerein, ä. Sp., adj. „Besich vil felberpaumb so vindestu holereins Ror darauf, harmb durch das ror", — gut gegen Nestelknupf; Cgm. 3723, f. 150.

Holländerbäume, Holländerholz, zum Schiffs= und Wasserbau u. drgl. brauchbar und von Holländer Holzhändlern gesucht (am Mayn). Vrgl. Zeitschr. V, 527.580.

Die Holle=Frau, Frau Holl, (Nordfranken) eine 174
Person der Ammen=Mythologie. 'Grimm, Mythol.² p. 244 ff. 887. 899. 920. 1042. 1211 f. Vilmar, kurhess. Idiot. 173. Zeitschr. II, 48. III, 273,3.' R. A. Die Hollefrau schüttelt ihr Bett aus, es schneit. „O si Sappho loquax vel nos inviseret *Holda*, Ludere jam pedibus, vel ferre futura valeres", Walafr. Strabo (in einem Lobgedicht an die Kaiserin Judith: Du würdest ihr im Versmachen und Prognosticieren nicht weichen); Canis. ant. lect. VI, 621 (oder II, 232). Ohne Zweifel ist hier die Prophetin Holda aus dem IV. Buch der Könige, Cap. 20, Vers 14 '(II. Kön. 22,14: Hulda)' gemeint. 'Der Holle=Peter, der Knecht Ruprecht, Klaubauf. Grimm, Mythol.² p. 473. 482. 1212.

Die Hül (Hil), (nach Gramm. 486. 686 auch) Hülgen, Hülwen (Hilng, Hilbm), die Höhlung im Boden, mit Wasser angefüllt, Lache; ('ahd. huliwa, hulwa, mhd. hülwe, hulwe, Höhlung, Loch; Pfütze Pfuhl; Graff IV, 881. BM. I, 680.' Grimm zu Frîdanc 70,9. Zeitschr. IV, 330,27. VI, 150. cf. isl. hylr, gurges. Nach v. Lang das böhm. holy, holeny, kahl (Feld, Hügel). Gl. a. 22. 57. 689: huluua, huliuua, uligo; i. 99. 900: hulia, cloaca, volutabrum). „In stainhulwen oder löchern der bergen", (1429); Cgm. 4902, f. 8. Die Grashül, (OPf.) Lache, worin die Weiber das durch Jäten gewonnene Unkraut zum Verfüttern waschen und reinigen. Die Misthül, Mistlache. Roßhül, Pferdeschwemme. Lex. v. Franken I, 25: Cistern= oder Hüllenwasser. cf. Hell. In den alten Regenspurger Statuten von 1306 heißt es: „Meine Herren verbieten alle Ruffian, und wer des überredet wird, daß er ein Ruffian sey, den soll man ab der Schupfen werfen in die Patzenhüll"; Gem. Reg. Chron. I, p. 375. 463. II, 358. (Zu Frankfurt) „ein erbar rat gebot, welcher Beck zu klein büch sein brot, der wurd gestraffet solcher maß: Ein schnellgalgn aufgerichtet was in einer stinckenden graßen hül, doch tief von kot in dem gewül. Daran an einer langen stangen thet man ein grossen korbe hangen, den ließ man rab mit klugen witzen; darein mußt diser Beck denn sitzen, den man darnach im korb aufzoch über die hül vier klaffter hoch, jedoch man jhm ein messer gab, darmit er sich möcht schneiden ab, da ward denn ein großes zulauffen, allerley volcks mit großem hauffen stunden umb die hül spotten sein. Da prangt der Beck und sach gar klein und urbring, in eim augenblick so schnitt er ab am korb den strick, den thet er herab einen pflumpf int hülen in des kottes sumpf mit korb und all, da thet er zabeln in der hülen zu lande krabeln und kroch schleumig und kottig rauß"; H. Sachs 1560: IV, III, 96 (1612: IV, III, 206). 'Vrgl. Grimm, R. A. 631. 726.' „Da stund ein kleine Waßerhül"; H. Sachs. „Das Flachs- und Hanfrösen soll nicht in Weyern und andern gemeinen und bännigen Wassern, sondern in Pfül nnd Hülen geschehen"; OPf. L.Ord. v. 1657. „Tiefe Hülen oder Roßschwemm." „Nero tranck aus einer Hilligen mit der Hand Waßer"; Av. Chr. 23. 184. „Paludes hül; palustribus hüln"; gloss. bibl. v. 1418. „Lacus, tewfhulgen", Voc. v. 1445. VII Comuni: Hulwa, 'Hülba', die Lache. Daher mehrere Ortsnamen, wie z. B. in der O.Pfalz: Breitenhül, Irlhül, Kefenhül, Schafshül (Nagel, Notit. p. 24; Emmeramer Salbuch von 1031: Scafeshuli); in O.Bayern: Hilgen, Haimhilgen, Misthilgen (Hazzi, Statist. III, 6. 489. 517. 520. 574. 674. 676). Aus der wirzb. Grenzbeschreibung (M. m. 38): „ze dero haganinun huli." Aus MB. XXV, 107. 108: Wolmutehule, Zeiznhule ꝛc. Anmerk. Die Form: der Hidel könnte (nach Gramm. 273. 372. 446) die bloße örtliche Aussprache seyn von: die Hül. Das verschiedne Genus erklärte sich, wenn man sich zu jenem immer den elliptisch weggelassenen Beysatz Fluß (s. d. W.) dächte. Das Hülkraut. „Riedacker, Hullgchraut crescit in paludibus", Clm. 5905, f. 94 (abgebildet). „fahulexn, verderben, zu Grunde richten", Castelli, Wbch. 122; '(hieher? vǝ'hû˜-lex·n? vrgl. unten: verhöneckeln und verhunzen).'

Die Hüll oder Hüllen (Hıll, Hılln), (ahd. hulja, hulla, mhd. hülle, hül; Graff IV, 849. BM. I, 680) 1) Hülle, Kleidung. „Sô bin ich armüete frî, sô hân ich z'ezzen und ze hül; sich waz mir gewerren sül!" Helmbr. 1405. Zeitschr. II, 31: Hille, Kopftuch; III, 29. V, 432,530: Mütze, Haube. Vrgl. Gehilb. 2) (O.B.) das Deckbett, Oberbett. Bei'n Fenstǝr ǝ˜n Schnácklǝ', aft rüǝ'scht si scho˜ d· *Hıll*. Hintǝ' dǝ *Hıll*, unterm Deckbett. „Hät ja 's Kindl gà' kaǝ˜ *Hill* ... des Fǝllaj nimm zǝr *Ubǝ'hill*", Salzb. Weihnachtslied. Zeitschr. V, 254,66. „Auf ein solche Nasen gehört kein andre Brillen, auf ein solches Beth gehört kein andre Hüllen." „In der moluchischen Insel Gilon haben die Menschen sehr große Ohren. Wann sie liegen, so dient ihnen ein Ohrwäschl anstatt des Unterbetts und das anderte statt der Hüll oder Oberbett"; P. Abraham. 3) (Zps. Ms.) der Deckel vom Krug. s. helen. behüllen, ä. Sp., bedecken; Graff IV, 843. BM. I, 680. „Du hast dich behület mit fremder wete"; Cgm. 632, f. 86.

Die Hüller (Hıllǝ', Chiemgau), der oberste Raum unter dem Haus- oder Scheuer-Dach, der Dachboden; Hüll, Dachboden; (Gastein, Mesnil). Vielleicht nach Gramm. 447 besser Hülder zu schreiben. Cf. norweg. hild, Dachboden; dän. hjald; Rafn, antiqu. Americ. p. 110: hjallr; holl. hild, Raum überm Kuhstall, Stroh aufzubewahren; fries. Hiljang (⏑́ ⏑), der oberste Theil oder Boden in einer Scheune oder Wohnung, (Clement in Herrig's Archiv, Bnd. X, 274); dän. hylle, hylde, schwed. hylla, isl. hilla, Bücherbrett, Querbrett im Regal, im Gestell der Speisekammer. Brem.-niedersä. Wbch. II, 631: Hille, in den Bauerhäusern der Ort über den Viehställen, wo gemeiniglich das Gesinde und die Kinder schlafen, und wo Heu, Stroh ꝛc. aufbewahrt wird. Frisch I, 452c: „Hilde, im alten Vocabulario von 1582, ober den Krippen, clathrum. „De brok lach uppe der hilden", Uhland's Volkslieder I, 957. „Wat dat doch all' for Herrens sind, de up der môjen haugen *Hîl'* sau'n Lârm'n mâkt vor langer Wîl", (so nennt der Bauer die Vorkirche); Firmenich I, 248,38 (Osnabrück). Vrgl. Zeitschr. II, 540,130. V, 147. 358. VI, 150. 213: Hilde, Hille.

Der und die Halb, auch; der und die Helb, Helben (Hǝlb, Hǝlbm), (O.L.) der Helm oder Stiel einer 175
Art, Haue oder Picke: Arthalb, Hackenhelb, Pickelhelb ꝛc., (ahd. Sp. daz halp, des halbes, mhd. der halp; Graff IV, 891. BM. I, 614. Grimm, Wbch. IV, II, 226: Halfter, 240: Halm, s. auch Helb und Helm. Zeitschr. II, 518. IV, 194. VI, 211. Gl. a. 93. 607: halap, angelsächs. helf, engl. helve, niedersächs. Helft). „Da het er ein Arthalb erwischt"; Criminal-Urk. v. 1513. „Wilst blewen mit der hackenhelb"; H. Sachs 1612: IV, III, 26. „Nimb ein art vnd zeuch den halb daraus", Cgm. 3723, f. 151. Hackenhälb, (Tir.) Arthelm, Stiel. „Zwey Helplar lang", zwey Artstiele (Diminut.) lang, nach Höfer, im Salzburgischen.

Die Halbe, ä. Sp., die Seite, (ahd. halba, halb, mhd. halbe; Graff IV, 882. 885. BM. I, 614. Grimm, Wbch. IV, II, 196. Gl. a. 63. 96. 125. 139. 530 ꝛc. halba, regio, plaga; nordhalba, sundhalba, uuesthalba, aquilo, auster, occidens; bi halbu, in parte, extra, in uuelihha halba, quorsum, in eina halp, citra). „Man sol sîn hûs zaller vrist der halbe vesten, dâ ez krenker ist: man stürmet gern der halbe zuo"; d. w. Gast 12006—8. Niederd. de *Halwe*; Firmenich I, 158,55.57. 160,85 (Magdeburg); avhalben, beiseite; das. 177,68 (Braunschweig). Hievon:

halb (hàl'), halben (hàlbm), adv. u. praep., soviel als: „auf der Seite" (BM. I, 614 ff. Grimm III, 138. 217. Wbch. IV, II, 193. 197) in einigen Compositis, die zugleich hchd. sind: außer-, inner-, ober-, unterhalb ..; in andern, die mehr dem Dialekte angehören: enhalb (e˜hǝl, égl) und enterhalb, auf der andern Seite, jenseits. herenhalb, herenterhalb, auf dieser Seite. '„erderhalb, jenseits; herderhalb (herenderhalb), diesseits; Aretin, Sage von Carl 39." Jac. Grimm.' herhalb, herwärts; heraußer-, herinner-, herober-, herunter-, hervörder-, herhinter- ꝛc. halb; hinhalb, hinwärts; hinterhalb; nebenhalb; niderhalb; seiderhalb, siderhalb, seither; vörderhalb; zerugkhalb; baiderhalb, baidenthalben (mhd. beidenthalben, bêdenthalben; Walther 20,34: „Ez regent bêdenthalben mîn"); rechterhalb; winsterhalb (wi'stǝ'hàl, Fuhrmannssprache) links; schatthalb, schatthalben, auf der Schattenseite; seithalb, seithalben, seitwärts. „Ist das Satelroß handhalb, und das Handroß sattelhalb creuzweis übereinander gefallen"; Lechfeld. Mirakel. Mehr der ä. Sp. eigen: ainthalben (einerseits), anderthalben (anderseits, anderwärts, jenseits). Wstr. Btr. VI, 97. 166. VII, 21. Chron. Bened. II, 209. „Einhalp an dem libe und anderhalp an der sele", Br. Berhtolt. „Ein chrieg zwischen uns N. N. einhalbe und N. N. anderthalbe"; Ried 494, ad 1267. „Das ewig liecht hieng etwan anderhalben", anderswo; Gabr. Ridler, f. 3. derhalb, deshalb, hiederhalb, hiedishalb (diesseits), MB. II, 410. VIII, 113. IX, 119. XII, 177. XVII, 51. XXII, 409. Kr. Lhdl. XI, 499. Wstr. Btr. VI, 102. Ofele, scr. II, 17. herissalbey (herdishalbbey), diesseits, nebenbey; herenchlbey, herenchl, jenseits, (Tir.). iedwederhalb (auf jeder Seite). MB. VIII, 63. Ofele, scr. II, 117. Cgm. 4906, f. 66. 69. bayrhalb, schwäbhalb, (auf der bayrischen, der schwäbischen Seite); Lori, Lechrain 128. 136. 166. 381. ostenhalben, MB.

VII, 166. Tölzhalb (auf der Seite gegen Tölz), Chron. Ben. II, 81. Waldshalb (auf der Seite gegen den Böhmerwald), Kr. Lhdl. XI, 501. 528. 402. Mit der Form halben sind diese Composita gewöhnlich als Adverbia, mit halb als Präpositionen, denen in der ä. Sp. ein Genitiv, im jetzigen Dialekt aber ein Dativ folgt, verwendet. ˋainhalben, von der einen Seite; aenhàlbm-Geschwister, Stiefgeschwister, (Kitzbühel). Oanhalm-Geschwister, (Isr.) d. i. einbändige (nicht bêdbendig), Stiefgeschwister. Aventin (Chron. f. 387. 512) sagt: „der Mutter halben ein Erb seyn", wo halben noch deutlich den Sinn: „von Seite" hat, während es in andern ähnlichen Phrasen in den von „wegen (propter)" übergegangen ist. Des Freundes-,
176 der Liebe-, Scheins-, Eren- ꝛc. halben. meint- und meinet-, deint- ꝛc. halben, (mînhalb, Labr. 284); davonthalben, des- und desthalben, auch dessenthalben (deswegen); desthalbe, Cgm. 17, f. 152^b, Randbemerkung. wes- und west- und wenst-halben, weswegen. derhalben (´⏑⏑) deswegen; (⏑´⏑, opf.) dennoch, nichts destoweniger. R.A. Bittens halben, Heirâtens ꝛc. halben seyn, (HhE. Gbrg.) den Vorsatz haben, zu bitten, zu heiraten ꝛc. „Wegen des Tanzes wären wir zwar wohl Bittens halber", Lungauer Hochzeit-Abdankung b. Hübner p. 544. Die neben der Form halben als gleichbedeutend vorkommende Form halber möcht ich, falls sie nicht schon sehr alt wäre, aus einer Vermengung der Aussprach-Gewohnheiten §. 582 ff. mit 634 ff. der Gramm. erklären. Häufig hört man den Pleonasmus wegen dem halber st. deswegen, deshalb, wegen dem Geld halber ꝛc. Woher mag das t rühren in ainthalb, anderthalb, allenthalb, meinthalb ꝛc., von dem sich in den alten, vollständigern Formen: in eina halba, in andarhalb, in ala halba, ala halbon, mina halbun ꝛc. keine Spur zeigt. Vrgl. Gramm. S. 395. Sollte hiebey die Analogie der Ordinalzahlen wirksam gewesen seyn?

halb, adj. u. adv., dimidius, wie hchd. (Graff IV, 889. BM. I, 614. Grimm, Wbch. IV, II, 184). Der ist halber tod. „Die kandl ist halbe vol", Cgm. 690, f. 25. Vrgl. Gramm. 205 f. ˋund oben, Sp. 838: voll, auch Grimm, Wbch. IV, II, 184.ˊ Halbs, zur Hälfte. Dé Berg sán' àbe' so kurios aus Grüe~ und Gràw no~ gmischt, àls wenn s· ə~ Màlə' hi~ gmàln hät und widə' *hàlbs* və'wischt"; Seidl, Flins. (1844) p. 123. Um halbs, um die Hälfte, zur Hälfte, (Baur); halb-um (⏑-) zur Hälfte, (Obrm.). Um halb thun etwas, stückweise, mangelhaft, (ObrM.). halb-um (hàlum ⏑-), halb auf deine, halb auf meine Seite, (Vortheil); toumə' *hàlum!* hàbmə's *hàlum!* Halben weg so vil (halb so viel); MB. XXIV, 648, ad 1442. Vrgl. Zeitschr. III, 251. In der Stundenrechnung hört man: um, vor, nâch ꝛc. halbé ains, zwai, dreu, vieré ꝛc. und halber ains, zwai ꝛc. (s. Gramm. 760). Zeitschr. III, 239,1,1. So wird, vielleicht analog mit letzterm, auch gesagt: um, vor, nâch halber Âbend, d. h. um, vor, nach 3 Uhr Nachmittag; Halber-Âbend machen, halten, ze Halber-Âbend eßen, das um diese Zeit übliche Nachmittagbrod einnehmen. Zeitschr. III, 188,33. V, 505. 511,8. Nach der Analogie von dritthalb, vierthalb u. s. f. und, ohne die Composita ain und zwanzig u. s. f. als Simplicia zu nehmen, sagt die ä. Sp. z. B. êinen halben und zwanzig statt ain und zwanzigsthalben; (MB. XXIV, 611). „Achthalber und zwanzigk pfening", Lori, Mz.R. I, f. 38. „Dritthalb und vierzig", (Kr. Lhdl. XVII, 250, ad 1509). „Hundert und sechsthalbs und vierzig pfunt", MB. XXII, 278. 389. So MB. XXIV, 560: „centum et quinquaginta libras et quintam dimidiam libram." Auch an der Pegnitz hört man (Nopitsch): neunthalb und zwanzig st. neun und zwanzigsthalb. MB. XXII, 518 lautet die Jahrzahl 1451: tusend fünft halb hundert und ain iar. Nicht weiß ich, falls sie richtig abgedruckt sind, folgende Stellen (in Wstr. Btr. III, p. 128 und 140 ad ann. 1476) zu erklären. „Nach dem Van sein ganngen junng und altt yr zwen und zwen in einer Pressen (Procession) über hunderthalb hundert." „Und es sein nicht mer dann drytthalbs und zwainzigk (250 + 20 = 270?) weyb mitgangen." Im Altnordischen ist z. B. half-fertig (halb-vierzig) soviel 177
als 35 oder vierthalb zig (tig, dizaine). Wettri mindr än halffertoger (ein Jahr minder als vierthalb zig, d. i. 34), Are Frode, c. 10, p. 68. Die Halbe, elliptisch statt: die halbe Maß (Getränkes). Zeitschr. V, 447. Das Halbe-Glas, das Halbe-Krüeglein, das eine halbe Maß hält. halbet (hàlbət), adj. u. adv., halb. Zeitschr. V, 447. halbet mir und halbet dir; ein halbeter Apfel; ein halbeter Narr; das halbet Geld, die Hälfte vom Geld. s. Gramm. 1032. halbig, halmi, (Pegniz) zur Hälfte; (etwa contrahiert aus halbweg, halbenweg? Brem.-niedersächs. Wbch. II, 571: halwig, halvig, halwege. Grimm, Wbch. IV, II, 205 f. Vrgl. Halbmitt unter Mitt). „Die schmidknecht hetten kaum halmig gesesen wol"... „darvor kaum halbig mochten essen"; H. Sachs 1560: II, IV, 82$^{a.b.}$ (1612: II, IV, 166. 167). Zeitschr. IV, 170: halbicht; V, 447. 464. 474. 517, II, 6. VI, 266,41. Die Halbig, Halmi, die Hälfte. Die Halb-Ammer, der Halb-Lech. Jene ist ein Haupt-Seitenzufluß, der bey Soyen in die noch junge Ammer, dieser ein solcher, der bey Lechbruck in den Lech fällt, von Halbe (Seite), oder wie in Halbfeldschlange (kleinere Art Feldschlange), Halbvogel (kleinere Arten der Drossel), Halbholz (s. Holz)? Halbenten, die beiden Stücke eines großen, in zwei Theile gespaltenen (geklobenen) runden Brennholzklotzes oder Drehlings; (Isr.). Der Halbherr. „Ulrich Vorsthuber Halbherr im Schergenamt", (Eigenthümer der Güter zum halben Ertrag verliehen?), als Zeuge im Dipl. Weiariense v. 1477, (handschriftlich, v. Lang). Der Halbhund. Im Münchner Anzeiger vom 4. April 1849 wird unter Nr. 7831 ein entlaufener Halbhund ausgeschrieben. „Ein brauner Halbhund verlaufen"; das. 1852, S. 458. Vrgl. Th. IV: Halbwolf. Grimm, Wbch. IV, II, 220. Der Halbwintertag (Hàl'wintə'tà', Ilm), der 25. Januar. cf. „Pauli Bêkerum, halb hinum, halb herum"; Calender-Sprüchlein. ˋhalbieren, in zwei Hälften theilen; BM. I, 617. Grimm, Wbch. IV, II, 205.ˊ „Der ein gehalbiertz hertz trait und zwaien herren dient gern der mag sie paid nit wol gewern", Cgm. 811, f. 41.

Der Helbling, älteres Münzstück, im halben Werthe des jeweiligen Pfennings; BM. I, 617. Gl. a. 668. o. 80. 344: helbelinc, hellinc, obolus. „Zyter helbling"(?), Cgm. 714, f. 39. Größere Summen wurden zu Schillingen und Pfunden Helblinge berechnet. Kr. Lothdl. II, ad 1453. XI, 107. Gem. Reg. Chr. ad 1422. Wstr. Btr. VI, 146. „Die zehen Helbelinge", Br. Berhtolt 57, (Pfeiffer 264,3. 6. ꝛc.). „Regenspurger, Müncher, Landshuter, Ottinger, Paßaur und Wiener (Pfenninge), und auch die Helbling derselben Münß und auch allt Haller", Münzgebot, datiert Landshut 1455. A°. 1462 betrug in Regensburg 1 Hälbling 2 Haller. Im dasigen Merkzettel von 1460, Bl. 88 steht nach Gemeiner (Chr. III, 360): „Es ist vergönnt, ein Kopf Biers um 3 Hlr. (Haller) zu geben. Doch so der Hlr. nicht da ist, alweg zu raiten 3 Hlb. (Hälbling) für 2 Kopf, und ein Hlb. für zwei Hlr. zu raiten, damit die Leut umb die Hlr. nicht gepfrengt werden"; (cf. Voc. v. 1429: helblinc, dipondius). Es war demnach der Helbling allerdings verschieden vom Haller; (s. Haller). „Ditz halber brot", (Halwert? s. oben, Sp. 1076); Gregor 2770, ˋ(Lachmann u. Bech: haberbrôt; cf. 2720).ˊ A°. 1406 curfierte in Regenspurg der böhmische Grosch zu 7, der Kreuzer zu 4 Hälblingen (halben Regenspurger Pfenningen). Gem. Chr. A°. 1485 werden neun Schilling Helbling Landswerung ierlichs und ewigs Zinß erkauft um 28 rh. Gulden. A°. 1535 gelten LXXXIV Regenspurger Helbling Pfenning 1 Gulden und 1 solcher Pfenning 5 Haller schwarz. Lori, Mz.R. I, f. 196.

Das Gehilb, besser Gehilw, auch wol die Gehilwen (Ghịl, Ghịlb, Ghịlbm), was den Himmel bedeckt, einhüllt (s. helen), sowohl der feine Dunst oder Nebel, der an schönen Sommertagen die Atmosphäre umzieht, der
178 sogenannte Herrauch (s. Hai), als auch förmliches Gewölk. Doch scheint jene Bedeutung mehr im U.L., diese mehr im Oberlande zu gelten. BM. I, 679: diu hilwe, daz gehilwe, (cf. diu helewe, helwe, ahd. helawa, Hülse, Spreu; Graff IV, 845. Grimm III, 783,388. Vilmar, kurhess. Idiot. 162: Hêld. Clm. 4350, f. 2^b: „palea, halwe)." Im Wappen „einen galgen durchhillet mit diebischer gilw mit aim strik von heinissischer hilw" (?), M. Beham, Wiener, p. 206,19. „Von gehilwe unde heitere wirt der regenboge von des sunnen wirmen iouh dere wolchene füchte"; Clm. 9513, Vers 140. gehilt, gehilw, gehil, gehilwig (ghịlt, ghịl, ghịlwi', ghịlmi'), vom Himmel: bedeckt, es sey mit Dunst oder mit Gewölke. əs ist *ghilb*, umwölkt; Sterzing. Külb, Kulbi', Kuibig, Kuibət. „Liechtmesstag külb magst füetern wiest wilt", wenn es am Lichtmesstage neblicht ist, so ist baldiger guter Frühling zu erwarten; (Zir.), „Miazl, schau mich nicht so *külbi'* an!" Schosser 6. Zeitschr. III, 108. VI, 38,9. 294. Wenn d· Sunn so *g·huibət* (umwölkt) əi˜gêt, — bei Miesbach von einer Frau, die vermuthlich aus einer andern als dieser i-l-Gegend gebürtig, gesagt meinen Leutchen Franz und Emma; (Anfangs Juli 1847). Vrgl. bey Stalder: die Hilben, Herrauch, in Grimm's Gramm. I, 404: das gehilwe, congeries nubium.

Die Hülbe, s. oben Hül.

Die Halden, (schwäb.) der Abhang, Berhang; (ahd. halda, genit. haldun, clivus; mhd. halde; Graff IV, 894. BM. I, 619. Grimm, Wbch. IV, II, 221. 'Vrgl. niederd. hild, schnell; Zeitschr. I, 274,9 II, 43. 194. V, 147. 358. VI, 212. 529,18. Cf. česk. halda, Haufen. Dazu stimmt näher die Halde, Haufen Erz). „Ich getrouwe in vor der halde gedienen als ich sol", (wol „halte"? es reimt auf „alde" statt alte), Gudrun 1345,2. „Terminos qui Rieshalde dicuntur", (Bergabhang, südlich gegen die Donau, nördlich gegen das Rieß); v. Lang, Reg. B. III, 123, ad 1258. „heldig, declivis; widerheldig, proclivis; Voc. v. 1419. Eine noch einfachere Adjectivform war hald: framhald, ufhald, uohald, zuohald, declivis, pronus, imminens. Graff IV, 909. BM. I, 618. hälden steht noch im Prompt. v. 1618 für „naigen." haldên, anahaldên, vergo, immineo, inclino, gl. a. 276. 614. 657. Graff IV, 895. BM. I, 619. Grimm, Wbch. IV, II, 222.

Das Gehilder, ä. Sp., Gelächter, Gespötte (?). „Manic junger ist verzaget; swaz man im guoter lêre saget, des hât er niwan sîn gehilder"; Haupt's Zeitschr. VIII, 578. 's. oben, Sp. 1080: hellen, heldern.'

Der Hildebrand, (Ob.Salzach) das schwarze Wollkraut, verbascum nigrum L. s. Hilti.

hold, wie hchd., d. h. a) von Höhern oder doch Unabhängigen gegen Niedrere oder Gleiche: geneigt, günstig; b) von Niedern gegen Höhere: anhängig, treu. (Graff IV, 913. BM. I, 703 f. Weigand, Wbch. I, 514). Dem Lehens-Herrn, dem Fürsten „getreu, hold und gewärtig" zu seyn, war und ist zum Theil noch ein Hauptsatz in Verpflichtungs- und Huldigungsformeln von Untergebenen. hold, devotus, fidelis; gl. passim. „Uuio filu hold thu mir sîs", sagt der Herr zu Petrus; Otfrid V, 15,22. In Oberösterreich wird hold nach Höfer auch für gern, hölder für lieber gebraucht. Einen hold (lieb) haben Zeitschr. VI, 153. „Das Glück und die Weiber haben die Narren hold"; S. Frank. „Herzog Wolfgang hett auch die schönen baurndirn gern holt", Chron. in v. Freyberg's Samml. I, 198. „Der Metzen hat dich keine hold", H. Sachs 1612: I, 615. „Wie wol du sie hetst heimlich holdt", das. 1560: II, IV, 15.
„Rom, darin man hat teutsch Becken holt", das. 1612: IV, III, 162. 'Einen holden, hölderlen, s. Zeitschr. VI, 153.' „In holtnusside, in beneplacito"; Cgm. 17, f. 130^b. Graff IV, 915. s. Huld und halt.

Der Hold, des, dem, den, die Holden, der einem andern an- oder von ihm abhängig ist, besonders im Lehenwesen, vassus, vassal. BM. I, 704. Man ist eines Andern Grundhold, Gerichtshold, Zehendhold, wenn man einen Grund von ihm zu Lehen trägt, seiner Gerichtsbarkeit unterworfen, ihm den Zehend schuldig ist. Gotes holdo; Otfr. III, 20,73. Thie sine holdun alle; ders. V, 12,47. „Ain ytleicher lantman, der Hölden oder hindersessen auf dem lant hat", östr. Vertheid. Ordnung gegen die Hussiten (1423); Schlehd. 13, f. 226. „Als ander mein holden und hindersässe", sagt der Pfarrer von Abgabepflichtigen (1464); Cgm. 3941, f. 222^b. „Henslein des Awerpeckhen hold . . . Nicla des richters hold", (Innviertel, 1414), Cgm. 3941, f. 60. „Er (der Bauer Helmbrecht, der Vater) sprach zu sînen holden (Knechten), ob si im helfen wolden", M. Helmbrecht 1833. Grimm, RA. 309. An der Salzach ist man eines andern Haushold, wenn man bey ihm zur Miethe wohnt. So heißt es in alten Predigten Ms. Monac: „Swer der siner heimholden und siner nahesten ruoche nit hat", siquis suorum et maxime domesticorum curam non habet. s. Huld. Die Holden, (Inn, Salzach) die Wohnung, die man an einen andern vermiethet. Bey Einem in der Holden seyn, zur Miethe wohnen. „Holden oder Herbergerhütten"; Hübner, Ldgr. Straßwalchen. Der Holdner, Miethwohner, Herberger; MB. IV, 164. Wenn es bey Hold erlaubt wäre, auf das mittellateinische Aldio, Alto (Meichelb. Hist. Fr. I, II, 43. 55) zu denken, so dürfte man mit Holden vielleicht auch das spanische Aldea (Landhaus, Weiler) vergleichen; cf. auch das althjinôinê im gothischen Calender.

Der Unhold, wie hchd.; '(mhd. der, diu unholde, Teufel, Teufelin, Hexe; BM. I, 704. Grimm, Mythol.^{2} 245. 942; cf. 455. 1027 und oben, Sp. 1084: Holle-Frau).' „Unholden qui terras peragrant", Ald. 184, f. 75. „Cum demonum turba in similitudinem mulierum transformata quam vulgaris stultitia hominum unholda vocat certis noctibus equitare debere super quasdam bestias", Clm. 17736 (XI. sec.), f. 141; (cf. oben, Sp. 1047: die Hechs). „Cum daemonum turba in similitudinem mulierum transformata, quam vulgaris stultitia holdam vocant (sic!), certis noctibus equitare . . ."; Clm. 5801^c, f. 154, (Clm. 14138, f. 202: unholdin alias weiczenfarerin; s. Th. IV: die Weiz). „Quod hospes in domo haberet quae unholden dicuntur", (der Teufel in Gestalt der Tochter des Hauses), Sermo de S. Udalrico in Cod. Sanzenon. 75. Diess. 184, f. 104. „Margaretha N. ist bezüchtigt gewesen, daß sie sollt ein Unhold seyn: derowegen sie gefäncklich an- 179
genommen, an Kötten geschmidt, mit Ruthen geschlagen, auch gebrennt worden"; Inchenhofer Mirakelbuch v. 1605. Im J. 1591 schreibt ein Ingolstadter Lateinschüler seinem Freund: „es sein vor drei tagen drei Unholn oder Zauberin verbrent worden, nachdem sie von dem henckher erdroslet worden", Clm. 4795, f. 21, (in der latein. Version: tres sagae). „Von der sect der gazariorum, d. i. der unholden", ihren Versammlungen, Gesetzen und bösen Handlungen viel bey Matth. v. Kemnat, Cbm. 1642, f. 133—135. (Das Wort Hexe braucht er nicht.) Der Unholdære", BM. I, 705. Grimm, Mythol.^{2} 1001. „Diu der nihne erhoret die stimme der anesprechenten (Trierer Cod.: der zouberden; St. Galler Nptk.: germenonton) unde des unholdares anesingentes wihsliche, quae non exaudiet vocem incantantium et venefici incantantis sapienter"; Cgm. 17, f. 86^a, Ps. 57,5. „Wo ist die alt Unhuld", H. Sachs 1612: II, IV, 22. Gl. a. 231: unholda, und bey Ulphilas: unhultho als Feminina für diabolus. Vrgl. Trud. Noch P. Abraham sagt: „du alte Unhuld, du alte Wettermacherinn." In Ruprecht's v. Fr. Rechtb. Ms. steht: „Die den andern

ruogent umb ketzerey oder umb mort oder umb unhulden" (Wstr. Btr. VII, 182: „oder um unhulden tun"). Hier ist ungewiß, ob Hexerey oder Hexe ꝛc. zu verstehen sey. Bey Otfrid: unhuldi, infidelitas. Die Unholdenkerze, ä. Sp. „Thapsus, himelprant, unhuldenkertz"; Clm. 16487, f. 100. Marchardus de Schyren correptus infirmitate gravi tradidit nobis mansum unum Unholdental dictum"; MB. X, 413 (circa 1190), Cod. Schir., Cbm. 52 (Clm. 17420), f. 55. Cf. ibid. f. 39. 67: Wergintal, Wergental. „Arcolatio, unhuldung, pilbiß"; Cgm. 3985, f. 4. „Arcolatio, unhuldung, bilbiß"; Poll. 668, f. 166.

Der Holder, Holderstock, s. oben, Sp. 1083: Holler.

'holdern, hohl tönen, Zeitschr. VI, 153; vrgl. oben hellen, heldern; auch Zeitschr. III, 133. VI, 421,9: hullern, rollen; II, 228: hulter de pulter; (s. unten holter). Vilmar, kurheſſ. Idiot. 178: hullern, huillern, hüllern;' (Weihers; Dr. K. Roth) huilljer, wälzen, rollen, (z. B. ein Faß).

Die Huld, 1) wie hchd. das Subst. von hold a): ahd. huldî, mhd. hulde, gratia. 2) das Subst. von hold b): ahd. huldî, mhd. hulde, devotio, obsequium; (Graff IV, 915. BM. I, 705). „Thaz ir mir leistit huldi", Otfrid IV, 12,9. Zu 1): Eines hulde gewinnen; Augsb. Stdtb. Freyb. 12. 13. 'Kin'ə' souchə˜d hàld àlləmàl bə də' Moudə'n *Huld*, (Schutz; b. W.). Die Landshuld, Landshuldung, Landshuldigung, Begnadigung eines durch Recht und Urtheil aus dem Lande Verwiesenen; L.R. v. 1616, f. 702. 720. Landshuld geben, ertheilen, nehmen, erobern, erlangen; Meichelb. Chr. B. II, 186. Kr. Lhdl. VII, 283. 349. 377. Ertel, Pr. aur. 382. Cbmkl. 344, p. 76. 77. Die Tax für eine Landshuldung war a⁰. 1756 in Wirzb. 2 fl. 2 Pfd. 24 dl. „Belandshuldigen darf der Hofrath niemand in causis gratiae, sondern nur in causis justitiae"; Hofrathordnung v. 1624. „Die Soldaten sollen die Gesichert und Gehuldigte bey Versicher- und Huldigung verbleiben lassen"; Artikelsbrief der Reichsvölker v. 1734, Art. 76, wo von Gefangenen, die auf Caution oder Parole entlassen sind, die Rede ist. 'huldig, gehuldig, ä. Sp., adj., hold, geneigt; Graff IV, 916: huldig, placabilis.' „Das ist mein lieber sun der mir wol gevallet nnd an dem ich gehuldig bin"; Clm. 12392, f. 31. Zu 2): „homagium, huld, manschaft"; Hübner, Voc. v. 1445. hulden, Huldung, huldigen, Huldigung; Kr. Lthdl. XVII, 186. Erbhuldung thun. „Mit prennen, rauben, huldung und prantschetzen er nöten begund den ganczen kraiss umb jne", Mich. Beham, Wiener 391,12. sich huldigen, sich unterwerfen, subjicere se; Chron. bey Freyb. I, 119. behuldigen, verhuldigen, verpflichten. „Daz ich behuldigt bin mit meinem gnädigen Herrn Abbt Heinrich ze Rot"; MB. II, 36. „Und nachdem ihr Uns ohne alles Mittel und Unterschied aus erblicher Gerechtigkeit soviel verpflichtet und verhuldiget seyet, als unserm Bruder Herzog N."; Kr. Ltghdl. VI, 141. „Omagiare, verhulden und trew geben", Voc. v. 1445; (sich Einen) huldan, devincere sibi aliquem; Otfr. II, 7,3. Die Unhuld, s. Unhold.

Die Hülder, s. Hüller (Dachboden).

---

helffen (hǝlffǝ˜, hǝlffm; ich hilff, du hilffst, er hilfft; ich hulff oder helffet oder hälff; ich hab geholffen) und die Composs. wie hchd. (goth. hilpan, ahd. helfan, mhd. helfen: ich hilfe, ich half, wir hulfen, geholfen; Graff IV, 918. BM. I, 680. Grimm IV, 237. 614. 664. Weigand, Wbch. I, 496. Zeitschr. III, 172,16. VI, 96. 148). Mehr der Volks- oder ä. Sprache eigen sind jedoch folgende Formen und Bedeutungen: Helff Gott! (Hǝlffgód!) Gott helfe! Glückwunsch gegen Niesende; Abweisungs-Formel gegen einen Bettler, dem man nichts geben kann oder will; fromme Interjection bey Erwähnung eines uns nahegewesenen Verstorbenen, (mein verstorbener Mann, helff Gott! oder: helff îm Gott! dèr...); Interjection bey einer Drohung (helff Gott! wenn ich dich derwisch'!). Wenn ein Redender nieset, 180
sagt er: *Helff God*, das's waǝr is! (b. W.). s. auch niesen. Zeitschr. III, 348. V, 106,8. VI, 148. Einem helffen, ihm Helffgott! zurufen; ihn zurecht richten, ihm den Meister zeigen. Einem Kind helffen, ä. Sp., es ausstatten, versorgen. Chint, den geholfen ist; Augsb. Stdtb. (s. Hülff, 2). geholffen seyn Einem, ä. Sp., ihm behilflich seyn; MB. XI, 289. Gem. Reg. Chr. I, 536. Ried 845. I *bi˜* dǝr á ni˜cks *gholffǝ˜*, (b. W.). Die Helff, (ahd. helfa, hilfa, hulfa, mhd. helfe, hilfe; Graff IV, 922. BM. I, 682), Hülfe; doch nur in Helffiô! (⏑ ⏑ –) Hülfe! zu Hülfe! Der Helffer, der Gehilfe. Der Beckenhelffer, Bäckergehilfe, ein eignes Gewerbe in München. Ehmals, noch im Voc. v. 1735, wurden auch die geistlichen Diaconi, Cooperatoren und Adjutoren, wie noch in der Schweiz, Helffer genannt. „Herr Hans, Helffer in der obern Pfarr"; Mederer's Ingolstadt 163, ad 1504. „Des Helffers im Domb sein Schwager"; F. v. Bodmann, ad 1709. Des Teufels Segi hat ein eigen Capitel „von den helffern" nach den „kirchherren und lütpriestern" und vor den „evangeliern" und „letznern"; (Barack, 136 ff., 4270—455). Helffershelffer. Dieser Ausdruck wird in den alten Absagebriefen, z. B. des Herzogs Ludwig gegen Albrecht von Brandenburg v. 1460, des Elsenbecken und des von Sattelbogen gegen den Herzog Albrecht v. J. 1491, noch ohne allen verächtlichen Nebenbegriff gebraucht. „Darumb, so wellen Wir mit samt allen unsern Landen und Leuten, Helfern und Helfershelfern Ewer und all der Ewern veint seyn." „Darauf sagen wir beyde einhellig Ew. Durchleuchtigkeit, auch Ew. Durchleuchtigkeit Landen und Leuten ab, mit samt allen unseren Helfershelfern, und wollen Verwahrung unsrer Ehren, auch unserer Helfershelfer hiemit gethan haben, und ob wir oder unsere Helfershelfer mehrere oder weitere Verwahrung unsrer Ehren (s. Fehde) thun sollten, wollen wir hiemit gethan haben"; Kr. Ltgshdl. X, 466. Gem. Reg. Chr. III, 315. 316. abhelfen Einem, ihn umbringen; (Zpf., Ms.). anhelffen, (Prompt. von 1618) „instigare, incitare quem cupiditate quid faciendi." Da war jhm erst angeholffen, tum primum fax ei subjecta est. Dem leicht angeholffen ist zu reden ꝛc., ad dicendum, ad arma etc. promptus. Dem zur schmaichlerey bald ist angeholffen, promtum in adulationem ingenium." Gl. i. 974: giholphaner, fretus. behelffen (b. W. pfelfǝ˜) sich einer Person, eines Dings, a) es als Hilfsmittel, es zu seiner Entschuldigung gebrauchen, vorbringen. „Wir sollen uns keiner andern Herrschaft gegen gedachter Herrschaft behelffen"; MB. XXV, 470. „Daß Herr Bernhardin sich der Acht nicht behelfe"; Kr. Lhdl. XI, 284. b) es dabey bewenden lassen, sich damit begnügen: Ldtg. v. 1612, p. 363. Der Behelff, Rechtshilfe, die man bey Jemand sucht, (MB. XXV, 341. 374); Ausrede; in den Rechten: was für eine Partey spricht, militiert. „Wann ein Partey einem Advocaten sein (ihre) Haimlichait und Behelff eröffnet"; L.R. v. 1616: 467. „Alle gnaden und behelff, so die weibspersonen haben"; Gerichtsord. v. 1520. Behelfs, alter Canzley-Ausdruck statt: mittels. Behelfflich, beholfflich, adj. u. adv. (Dem englischen behalf 181
nach könnte dieses behelfen, behelf, statt zu helfen, zu Halb, Hälfte, halben gezogen werden.) enthelffen Einem, ihm schaden; (Akten v. 1547). gehelffen, helfen. Gottgehelff (Godghǝlf)! Mit diesem Rufe pflegen an der O.Isar an den Armenseelen-Tagen die Armen vor den Thüren der Reichern eine Gabe zu fodern. Man nennt die Bettler dieser Tage Gottgehelffer; (Baur). Unter etwas helffen (Prompt. v. 1618) statt: zu etwas. „Sie haben jhm under d' Freyheit geholffen, eorum operâ liber est." „Der Rath hat jhnen drunder geholffen, per senatum consecuti sunt." verhelffen, a. Sp.; Einem Rechts verhelffen; MB. XXV, 460. „Den Parteyen des

Rechts gegeneinander verhelffen, und zwischen ihnen ergehen lassen was Recht ist"; Kr. Ltghdl. XVI, 270. (Obrm.) Einem den Willen oder seinen Willen verhelfen, ihm willfahren, ihm seinen Willen thun. Einem verholffen seyn zu Etwas, (Baur) ihm dienlich, von wirklichem Nutzen seyn. Die Person oder Sache ist mir zu nichts verholffen, ihre Hilfe, sie nützt mir nichts.

helffen, hilffen (hɪlfə), adv., (b. W.) so daß es hilft, ergiebt; sehr. Zeitschr. III, 215,17. 392,3,13. *hɪlfə˜* zueschlagen; *hɪlfə˜* darauf los arbeiten. Ich kann dich nicht *hɪlfə˜* gäimə˜, (nicht sehr loben; Obrmr.). Auch um Hall in Schwaben giebt es ein Adverb helfen; man sagt: Ich will helfen mit dir gehn. Kom helfen mit!

Die Hilff, Hülff (Hɪlff), 1) wie hchd. Hülfe; ahd. hilfa, mhd. hilfe; s. oben: die Helff. 2) (Gem. Reg. Chr. III, 370) die Versorgung, Ausstattung eines Kindes. „Einem die Hilfshand reichen", hilfreiche Hand; wirzb. Verord. hilffig, hilfflich, (Kr. Ldhl. XIV, 642) was: behelfflich, d. i. zu einer Ausrede, Ausflucht dienlich, gehörig; BM. I, 682 f.: helfec, helfeclich, helfelich, helflich, adj., helfend, hülfreich. ə *hilfigé* Waəd, ergibige, (Ober-Inn, Aschau). „Hilf, helflich tröst", Labr. 468. „Unhilfflicher mensch, homo ignavissimus a se ipso desperatus et relictus"; Prompt. v. 1618. Der Behilff (b. W. Pfɪlf), was Behelff.

Das Helfenbain, Elfenbein, ä. Sp. helfenbein, helphantbein (Graff III, 129. BM. I, 101) von helfant elephas; gl. a. 9. i. 293. BM. I, 660. Zeitschr. V, 466. Das Helfant, elephas; Buch d. W. 1485, f. 101.

Die Halfter, Halftern (Hàlftə', Hàlftə'n), 1) wie hchd., (ahd. halftra, capistrum, mhd. halfter; Graff IV, 925. BM. I, 613. Grimm, Wbch. IV, II, 226. Zeitschr. V, 447. gl. a. 6. 33. o. 79). Avent. (Chronik, S. 356) sagt: „die Winden underſtunden sich, sich auß der Halfter der bayrischen Königen zu ziehen." 'sich aushalftern, fig., sich aus etwas helfen, lösen; Grimm, Wbch. I, 879; vrgl. IV, II, 227.' „Jemehr St. Benno sich wehrte (Bischof zu werden) und sich auszuhalftern suchte, jemehr verstrickte er sich"; Benno's Leben v. 1697. 2) U.L., der Hosenträger; gl. o. 79: halftra, succinctorium, brachiale. „Oné Strümpf, oné Schuə, á' kaə˜ *Hàlftə'n* nét um und kaə˜n Hós'nknópf zuə", Luber: „der Napsezer", in Kaltenbrunner's oberöstr. Jahrb. 1844, S. 153. s. Halster und Halsen. einhalftern die Hosen, sie an den Hosenträger knöpfen.

'Der Holfter, Hulfter, Pistolenholfter; Grimm, Wbch. IV, II, 226 f.' cf. schwed. hylster, theca. Graff IV, 880. BM. I, 680: diu hulst, hulft.

---

helgen, erhelgen, s. oben, Sp. 1081: hellig.

Die Hulge, s. oben, Sp. 1083: hol.

Der Halm, das Hälmlein (Hálml, Hálwl, Háiwl), wie hchd.; (Graff IV, 926. BM. I, 613. Grimm, Wbch. IV, II, 237). Hälmlein ziehen, mit Hälmchen oder auch Hölzchen oder Papierchen von verschiedner Länge das Loos ziehen. Grimm, RA. 126. Wbch. IV, II, 239,6. 241,2. „De quaestionibus lascivis de nocte in hieme, sic etiam fit mit helm zihen, mit vinfragen"; Ben. 525, f. 108ᵇ. „Hic quaere de antecantationibus in choreis, de quaestionibus lascivis ·i· helmerczyehen vmbfragen ..."; Weihensteph. 202, f. ... „De quaestionibus lasciviae ·i· hälmell ziehen"; Sanzen. 64, f. ... 'Das Hälmlein Einem vorziehen, ihn täuschen, foppen; BM. I, 613. Grimm, a. a. O. 241,3.' „Gedenck wie du im das helmlein ziehst vor bis ich wird kloppfen an das tor", Rosenblut: Domherr und Maler. R. A. Einem das Hälmlein durch's Maul 182
streichen oder ziehen, ihn durch Schmeicheleyen fangen oder berücken. Grimm, a. a. O., 241,4. Es ist dieses „Hälmlein durchs Maul ziehen" wirklich auch eine Art traditionellen Kinderspasses, und besteht darin, daß der A dem B, der auf die Frage: willst fliegen lernen? gutmüthig mit ja geantwortet, Schmielen, an denen noch der Bart hängt, in den Mund giebt, ihn denselben fest verschließen heißt und dann die Schmielen durchzieht, so daß dem Geäfften der Bart im Munde bleibt. „Und dankte ihnen ... und strich ihnen das Hälmlein durchs Maul", (schmeichelte ihnen); Joh. Pauli bey Lässing (Werke, hg. v. Maltzahn, Bnd. XI, 2,265). ä. RA. ein Gut (das man verkauft, dem Käufer) „aufsenden, aufgehen mit Hand und mit Halm, sich dessen verzeihen mit Hand und mit Halm, nach des Landes Recht und Gewonhait"; MB. (Michelfeld) XXV, 144. 151. 163. 213. Grimm, RA. 121 ff. Kilian: halmgoedinge.

Die Hälm, (Hálm, Helm), plur. 1) (OPf., Franken) das Stroh, (schwed. halm, masc. sing. Culmina, helmer; Voc. Melber). Auf der Hälmbank mit dem Hälmmeßer Hälm schneiden, Stroh zu Häcksel, Häckerling oder Gesott schneiden. „Das Helmschneiden bey Licht und Schleißen", nach ansp. u. bayreuth. Feuerord. verboten. Sollte hier vielmehr das alte helauua, helwe, palea, als halm, festuca, zu Grunde liegen? 2) (B.) die Stoppeln auf einem abgeärnteten Getreideacker. (cf. Weisch). Sie werden mit dem unter denselben wachsenden Gras hie und da vom Vieh abgeweidet, oder zu Futter oder auch zu Streu für dasselbe abgemäht. „Ir Viech in den Helbemen für den hüeter schlagen"; Rorbacher Hut-Ehaft. Das Halmach, Stoppeln; Hbn. 667. Kärnt. sternishzhe, Stoppelfeld, (gem. Halmach); Jarnik 209. Das Hälmkraut, die Hälmrueben oder Hälmbätzeln, Stoppelrüben, Rüben, welche nach der Aernte auf einem Acker, in welchem eben erst die Hálm oder Stoppeln untergepflügt worden sind, gebaut werden. Das Hälmzeug, (Nürnb., Hsl.) was in das Stoppelfeld gebaut wird, als Rüben, Haber u. drgl. R. A. Der Wind gêt schon aus den Hälmen, die Hauptärnte ist vorbey, es wird schon kühler, bis endlich auch die spätere Haberärnte vorüber ist, wo es dann heißt: der Wind gêt schôn von den Haberhälmen, es wird Herbst. Auf die Haberhälm hinaus komen, ins Elend, in schlimme Umstände gerathen; (Obrm.). B. Stocker führt an die R. A. die vier Hälm, die vier Getreidarten (Weizen, Roggen, Gerste, Haber). einhalmen, das Stoppelfeld umpflügen. 'hälmeln, in den Speisen herumklauben; Grimm, Wbch. IV, II, 240.' s. unten: kläubeln.

Der Helm wie hchd. (goth. hilms, ahd. mhd. helm; Graff IV, 845. BM. I, 678. Weigand, Wbch. I, 497. Helm = culmen. Cf. hjalmr: korn-, hey-hjalmr, bedeckter Korn-, Heuhaufen, frimr, nubilarium; Rafn, antiquit. Americ. 41). „Mit englischen Hauben, Helmlinlein und andern Visiern zum Sturm"; Feuerbuch. „Truhen, darin man die Tailhelm furt", (1392); Freyberg, Samml. II, 134.

Die „Helmparten, cassidolabrum, (Hübner's Voc. v. 1445), Hellebarde, span. alabarda; (vrgl. Diez, Wbch. 9. 44. BM. I, 91: helmbarte. Weigand, Wbch. I, 496). Im J. 1468 wurden zu einem Kriegszug gegen das Schloß Degenberg von der Stadt Landau 100 Mann begehrt, wovon ein Viertheil gute Armbst. das andere Handbüchsen, das dritte gute lange Spiesse und das vierte wohlgerichtete Helmparten haben mußte. Kr. Ltghdl. VII, 237. Wenn die Hellebarden (s. Adelung) erst im 15. Jahrh. erfunden worden sind, so wird wohl der lat. Name, den man der Sache in demselben Jahrh. beylegte, als Übersetzung des Deutschen, so ziemlich seine wahre Etymologie (cassi-dolabrum) an die Hand geben. s. Barte. Gl. o. 326 kommt analog eine helm-ackes, francisca vel bipennis, vor. „Jesum, helbart. Non amat is Jesum qui fert ad proelia iesum" (= gæsum; Diefenb. 261c f.); Voc. optim. p. 32.

'Der Helm, ä. Sp., Handhabe, Stiel (einer Art rc.); Zeitschr. II, 518. s. oben, Sp. 1088: der (die) Halb und vrgl. mhd. halm (BM. I, 613.3)'; ahd. johhalmo, lorum (Graff IV, 926. Diefenb. 336), engl. helm, Steuerruder, (agſ. healma, healm; Müller, etymol. Wbch. d. engl. Spr. 504).

183 Hilpersgriffe, (Nürnb., Hsl.) schlechte Ränke, Advokatenstreiche. Zeitschr. II, 20. V, 474.

Der Holpel, (OPf., b. Ämter) grober, ungeschickter Mensch. holpeln, herumholpeln Einen, (Nürnb., Hsl.) ihn herumstoßen, hudeln.

Der Hals, wie hchd. (Graff IV, 927. BM. I, 617. Grimm, Wbch. IV, II, 242 f.). „Von hals (?) und mit dem horne jag ich ze mangen stunden", Labr. 446. „Das wil ich dich wisen mit meinem hals auf deinen hals", Kempfbrief (défi): Cgm. 655, f. 449. Der Schabhals, Geizhals; Simplicissimus. Die Halsader wie hchd.; Grimm, Wbch. IV, II, 256. „Cervix dura, halsadere diu herte", Cgm. 17, f. 146a. „Halsader, cervix; halseederig, halsstarck, pertinax"; Voc. Melber. Hàlsbaə~ln, (Passau, ObrM.) grobe Weizenkleien, womit man die jungen Hühner füttert. Das Halsklaid, (das, was eine Frauenperson als Schmuck am Halse trägt? cf. gl. i. 839: halsviriga, monilia. „Spolia colli i. e. murenas, nuscas, monilia, inaures, vestes, armillas"; Legg. Angl. tit. VI, §. 6. „Halskleed, amiculum et mammillare", Kilian). „Hat sich sein Eheweib in jhrem besten Halsklaid haimlich hinwegbegeben"; Guggenberg, Criminal-Proceſſ. 160. „In Schwaben, wenn der Mann stirbt, so das Gut besitzt, so gehört dem Herrn das beste Pferd, dem Richter aber seine Kleider; stirbt das Weib, so gehört dem Herrn die beste Kuh, dem Richter aber jhre Halsklaider"; Ertel. „Stirbt Er vor Ihr, so soll sie seinen Verwandten 1500 fl. samt dem besten Pferd dann derley vorhandenen dreyen Halsstück Kleidern von selben ausantworten", Ehecontract in Wagner's Civ.- u. C.-Beamten I, 337. „Item die Innleute, Mann u. Frauen, die nichts haben dann ihre Halsklaider, und sich allain mit ihrer täglichen Arbait nähren"; Kr. Lhdl. XVI, 261. Vrgl. den a. Ausdruck: der Halsperch, für Panzerhemd, welches vom untern Ende des Helmes bis auf die Knie reichte; (mhd. der halsberc, diu halsberge; Graff III, 174. BM. I, 159. Grimm, Wbch. IV, II, 257 f.). Wären vielleicht die Halsklaider der Kopf- und Fußbekleidung entgegengesetzt? Gl. a. 254 steht: „anu hals, sine cucullo." Das Prompt. v. 1618 hat: „Halsgoller, focare; Halskapp, cucullus." Halsschar, s. Schar. 'helsig, adj., was einen Hals hat.' „Nim ain helsig glas das oben eng sei", Clm. 5036, f. 158. halsschlagen (L.R. Ms. v. 1453; a. Sp. halsslagon, halsslegilon), beohrfeigen; (HchC.) „zur Unzucht anreizen." „Di andern halsslegten in an daz or", Cgm. 64. „Der jn geslagen hat an hals", Monac. Francisc. 134, f. 132. „Einem den Hals abgewinnen mit den Rechten", machen, daß er zum Tode verurtheilt wird; Amberg. Akten v. 1385. „Hals und Hand antreffen", wird in alten Bayreut. Privileg. gesagt von Vergehen, die crimineller Art sind. In der Bayreuther Buß- und Frevelord. v. 1586 heißt es bey allen den Vergehen, die vor die höhere Obrigkeit gehören, sie seyen „dem Worte Hals und Hand anhängig." Gl. a. 236: arhelsan, decollare. Freyhelse, s. oben, Sp. 815, wo noch die Bedeutung: privilegium, Recht, und der o.pfälzische Ortsname Freyhels anzumerken ist. Cf. isl. háls, vir fortis. Vrgl. Grimm II, 264. 630. R.A. 147. 300.

halsen, halsnen (hàlsn, hàlsnə~), vrb. act., 1) injicere brachia collo, umhalsen, umarmen, (romanisch: accolare, accoler). „Er hiels in, amplectabatur eum"; alte Predigt. „Er hiels si und kust als vil als in gelust", Cgm. 717, f. 100. „Er hiels sey mit den armen sein", Ring 42d,3. „Als er daz kindelin Jesum Christum zů im hielz"; Griesh. Pred. II, 5. „Als er von dem halsen gienc Rachel, Liam er umbevienc", de Rachel amplexibus, St. Ulrich's Leben, V. 350. „Da viel sy (die Königin von Ungarn) nyder auf bayde knye und der kunig eyltt vast zue ir, unnd hueb sy auff und bot ir dy Hanndtt und halset sy ein wenig"... „Da gieng des kunigs muetter zue dem kunig und gab ym gelügk und halset yn, desgeleichen er sy auch"; Wstr. Btr. III, 123. 131, ad 1476. Einen auf und auf halsen, ihn recht gern haben; (Zir.).

Mei~ Déənál is klaə~ wiə-r ə~ Muskət-Nüssáj,
und so óft 'ás I's hàls und so lacht 's ə~ Bissáj.
Und wenn st mə' kaə~n Wei~ nét zàlst, um 's Biər is
mər á' nit vịl,
wenn st mi' nachə' hàlsn wịllst, hébədər á' nét stịll.
Də' Kropf is grosmächti und 's Gsicht is zau~-dürr,
und bál' I 's Mensch *hàlsn* wịll, stêt də' Krǿpf für.

'2) coire; Grimm, Wbch. IV, II, 261,3.' „Auch sint vil junkfrawen die vast helsen und doch sprech(en) sie sin jungfrawen", Cgm. 4214, f. 49b. „So flußt der som nit uß der matrix zu der zyt so die fraw gehelset wirt"; das. f. 50. „Dorumb sint etlich frawen vnd manne die allein ums lusts willen helsen... darumb das die fut der frawen vil sußigkeit hat"; das. f. 56. Helsen steht in diesem Sinne immer in den Problemata Aristotelis, Cgm. 4876, f. 153 ff. „Item welcher man nit helssen mag... neme loröle vnd salbe die lenden damit so wird der zagel wider vffstan", Cgm. 591, f. 261. „Gelb veyel wasser ist guet denen die zu sehr gehalset haben", Cgm. 4570, f. 37. wankhalsen, wanthalsen. „Quaere de oculorum vel colli sup~ma retorsione augen winden vel want (wanc?) halsen"; Ind. 392, f. 22a. s. Th. IV: wanken, u. BM. I, 618. 'Ahd. halsjan, halsôn, 184 halsên, helsan, Prät. halsta; mhd. helsen, (Prät. helsete, halste) neben dem starken Verb halsen, (Prät. hiels, Ptc. gehalsen); Graff IV, 928. BM. I, 617. 618. Vilmar, kurhess. Idiot. 146. Zeitschr. III, 191,77. V, 254,64.' „Arma ioh henti inan helsenti"; Otfrid I, 11,46.

Die Halsen (Hàlsn), das über die Schultern liegende Tragband für die Beinkleider der Manns-, im O.L. für die Röcke (Kittel) der Weibspersonen, (Kittelhalsen). Vrgl. Halster und Halfter. „Halsiron, habenis", gl. i. 137, vielleicht halftron zu lesen. 'BM. I, 618: diu halse, der breite Riemen, der dem leithund, wenn man ihn führen will, um den Hals gelegt wird. Grimm, Wbch. IV, II, 259.' Im Titurel heißt es: „die halse (das Halsband des Bracken) was von arabi ein borte." „Ain roß oder full das nit zeucht oder die halsen berürt hat", Rorbacher Roßwacht Ehaft, Ms. „Diu halse dich ûfhalte für vergâhen", Labr. 1. Frisius hat: Hälßling, restis. Zeitschr. V, 489. 469. helsen, vrb. act. „Dhainen hecht noch andern visch der gehalst ist"; Cgm. 290, f. 78 (22, f. 61). einhalsen, einhalsnen die Hosen, sie an den Hosenträger knöpfen.

Die „Halse, Püwel, Bühel", (Hügel); Vocab. domest. der VII Comuni nach dem Gr. v. Sternberg. Cimbr. Wbch. p. 128: die Helse, demin. Helsle, Hügel, colle, collina. Nach Obrmr. wird im b. Wald eine wilde, felsige Gegend eine Həls·n, Staə~həls·n genannt. BM. I, 617,2. Grimm, Wbch. IV, II, 256,3: der Hals. Isländ. (der) hals, monticulus oblongus; hella, lapis planus. Helluland nannte Leif a0. 1000 ein Stück des entdeckten Landes von Amerika, das andere Markland (Holzland); Antiquitates Americanae 419.

Die Hils·n (b. W.) statt Hül; s. oben, Sp. 1084.

'Der Huls, ä. Sp., Stechpalme, taxus'; ahd. hulis, Graff IV, 881. BM. I, 727.

'Die Hulsche, ä. Sp., Hülse'; ahd. hulsa, mhd. hulsche, Graff IV, 849. BM. I, 680.

Die Halster, Halstern (Hàlstə', Hàlstə'n), der Hosenträger; (ahd. hulst, huluft, hulft; mhd. hulst, hulft; Graff IV, 880. 929. BM. I, 680. Niedersächs. Dönekenbok 199: Holdster für Holster, Hulfter, Reisesack). Krain: Aſhdershelj, Halsterseil, Halstersil; Kopitar. s. Halsen, Halfter.

'holstern, ä. Sp., rollen, fallen? vrgl. oben, Sp. 1091: holdern, hullern.' „Struchen unde holstern begundens über die bette"; Heinr. Trist. 2910.

---

halt, adv. 1) ä. Sp., eher, vielmehr, potius, sondern, (wie franz. mais, span. mas vom lat. magis. Diez, Wbch. 212. Graff IV, 909. BM. I, 618. Grimm III, 241, Note. 591. 594. 619. Wbch. IV, II, 272 f. Kilian: houd, statim, cito). „Wan wir die obengeschriebene genad nicht minnern, halt ze allen zeiten meren wellen"; MB. V, 44, ad 1318. „Wir wellen nicht gestatten, daz in . . . deheinerlai chrieg widervar, wir wellen halt, daz si in unserm schirme sin"; MB. XVII, 26, ad 1290. „Halt (sogar) die engel im himelreich, der sind etleich got lieber den die andern"; Br. Berhtolt, Cgm. 1119, f. 58b. „Da sprach Gedeon zu unserm Herrn: ir ist noch gar zu lützel. Da sprach unser Herre: nein, ir ist halt gar und gar ze vil"; Br. Berhtolt. „Unde daz iht unsih inuirleites du in die bechorunge, halt du erlose unsih von dem ubilen", (sondern erlöse uns vom Übel); altes Vater unser. Halt, sed; Cgm. 17, f. 9a, Ps. 1,2; '(Graff, Windb. Psalmen, p. 2, Anm. 3).' „Nicht uns, herro, niht uns, halt namen dinem gib die ere", non nobis, domine, non nobis, sed nomini tuo da gloriam; das. f. 167, Ps. 113,9; '(Graff p. 537).' „Nicht gemacheter noch gescaffener, halt (sondern) geborener"; Windb. Psalt. Otfrid: thiu halt, eo magis. Dieses halt scheint (wie ê und mê aus êr und mèr, baz aus baziro, alts. leng für länger; vrgl. min, sîd) abgekürzt zu seyn aus dem vollständigern Comparativ haltir, halter. „Daz wir iuch haltir schulen vernemen denn got", (ut vos potius audiamus quam deum); alte Predigt. „Davon sullen sy sich dester halter hueten", Schwabenspiegel, Cgm. 553, f. 83. Hiezu lebt an der Ilz und in Oberösterreich noch die Comparativform hälter, hälder (héldə', hállə'), eher, lieber, und der Superlativ: hältest, häldest (hálləst), ehestens, nächstens, alsbald, sogleich. I gê hálləst zə diər . . . Er kimt hálləst. Wiə 's hálləst scho~ bàld Nàcht is wor'n. . . . 'S wird béssə' sey~, hàt d' Mari gsaət, miə' gengə' hálləst furt . . . (Harslem). Dem hälter und hältest entspricht das isländische helldur, hellst, das dänische heller, helst (eher, lieber; am ehesten, liebsten), wozu sich im Althochdeutschen der Positiv hald, (sieh halde), angelsächs. heald, altnord. halldr (pronus, vergens, proclivis, imminens) findet, von welchem unser hold (w. m. s.) wol
185 nicht wesentlich verschieden ist. „Thaz uns dinero mildo genad intbinde haldo", mox. Davon halt der verkürzte Comparativ. Höfer's hold für gern scheint in der That das alte hald zu seyn. Im Cgm. 632, f. 39. 46. 49. 50. 51 ꝛc. steht meist holt für halt.

2) (besonders im conditionalen Satze oder auf Relativ-Pronomina) auch, schon. „Was man dir halt sagt, du kêrst dich nicht dran." „Ob er halt etwas mit ihnen schuffe (wenn er ihnen auch etwas befähle), das sollte und möchte doch keine Macht nicht haben"; Kr. Lhdl. III, 168. „Aber S. Genaden Mainumb was, daz kainr mocht gancz gerecht sein, der schanckumb näm wan er wär albeg genaigt gen dem, der jm die schanckumb gäb, ob er halt unrecht hiett"; Wstr. Btr. IV, 208. „Und ob halt der leichnamb entgegen stuend", (obschon); MB. XV, 463. „So halt hye aim ain laid anligt und so er solichs gesanckh hort, ipse obliviscetur halt des hungers und frost"; Sanzenon. 115, f. 232b. „Ob ain man ain kind aus der tawff hebt oder zw der firmung helt, als er wirt gefatter des kinds vater und mueter und des kinds göt, also wirt auch sein elichew hausfraw, die vor mit ym leipplich vermischt ist, gevatter des kinds vater vnd mueter vnd des kinds got und ob halt dy fraw tawsent meil von ym wär"; Beyh. 42, f. 115. „Wer er halt ist", wer er auch seyn möge; „er si halt herre oder wingartner", Wirzb. Sätze v. 1343, §. L. LX. „Doch ich will die Warheit sagen, und würd ich halt darumb erslagen"; der Teichner. „Swiez halt mir darnâch ergê"; Wigalois 4236. Nibel. 4366. 5898 (Lachm. 1028,2. 1411) Br. Berhtolt p. 10. 46. 163. 255; (Pfeiffer 362,9. 149,32. 158,18. 233,18). Halt wechselt in der Handschrift des Labrers mit ot: „Næm ez halt deheine warte", Labr. 19. „Ob ez im halt ein teil kan für gewinnen", das. 118. „Hab ez halt understunden nicht gelimphen", das. 280. „Ob sie halt einez übergeben", das. 283. „Ob ez halt ûf dem Schalkes walde wære", das. 313. „Und wæren halt die besten die hunde mîn", das. 552. „West ich halt bî im Triuwen", das. 566. „Het ez halt widerloufen, daz wær ein suon", das. 586. „Si woltens gar nit lassen, wers Gott halt selber laid . . ." „Er sey halt wer der sey, der erschlaget den risen, den wil ich machen frey . . ." Ingolst. Reime. „Noch halt unsereu chind", (MB. VI, 437) auch nicht, (entsprechend dem isländ. nê helldr, dän. ikke heller, franz. non plus, gl. i. 44. nechaltist (noch-haltist?) nequaquam). In einigen Fällen scheint das ob halt, wenn halt unser ob etwa, wenn einmal, wenn je, wenn anders auszudrücken. „Ir Herren, jr tragt ein Korb voll Unglück feil, wenn jr jn halt auß werd schütten"; Avent. Chron. f. 529. „Und ob halt seiner Vas an unser Maut koment, da ist er uns nichts von schuldig"; MB. XV, 5. „Der iuwer helme schîn (sagt Volker in den Nibel. V. 9190) der muoz vil trüebe werden von der mînen hant, swie halt ich gerîte in der Burgonden lant." Notk. Ps. 18,10: uuiêo halto; Ps. 122,2. 70,7. Grimm III, 240 f.

3) Heutzutage wird halt (niemals halter, welches Adelung den Bayern irrig in den Mund legt) vorzugsweise für gewisse Nebenbeziehungen des Satzes gebraucht, welche im Hchd. nach Verschiedenheit der Fälle durch verschiedne Ausdrücke angedeutet werden müssen, und die ich nur durch Beyspiele erklären kann. (Vrgl. Zeitschr. I, 274,9. 292,36. II, 338. 515. III, 224,8. IV, 285,152). „So nimm es halt (denn), wenn du es durchaus haben mußt." „Ich hab dich halt (nun einmal) gar so lieb." „Ich tue's halt doch nicht." „Das wäre mir halt (nun eben) lieber." „München ist halt (nun einmal) eine lustige Stadt." „Ich mainte halt" (je nun, ich meinte, dächte eben). „Ich gib halt her, so lang ich was hab." „Hast halt wider zuvil getrunken? gelt!" „Sie hat îr Kind halt so derkußt und derdruckt, ja halt, als wenn sie es gleich freßen wollt." Kaltenbrunner (oberösterr. Lieder p. 156 bis 159) hat ein eignes Gedicht über dieses halt: „ə~ Schlichtel („großer, plumper Mensch") is kemə~. . . . ünsə' hàlt, dás klaə~ Wártl, wàs 's bédeut't, hàt ə' g'fragt, und zə wé mə~ dés sétzt, und zwégng wàs àls mə~ 's sagt", ꝛc. jâ halt! (- ᴗ) nun ja; ja freylich, das will ich meinen. „Utique, ia holt"; Avent. Gramm. Je halt. „Der Kunig kennet David wol an 186
der stimme sein. Er sprach: ist das dein stimme, David lieber sun mein? Da antwort jm Herr David: es ist je halt mein stimm." Ingolst. Reime, ad 1562. halt jâ, halt nain, halt nicht (ᴗ -)? etwa gar, etwa nicht? halt âuch! halt gern! halt nämlich! (ᴗ -), unwilliges Darum auf ein Warum, über das man nicht gerne näher eintritt. Es ist halt guet, halt groß, halt schœn (´ᴗ), es ist freylich gut ꝛc., niemand zweifelt daran. „Ist nicht daz einprechen pös? Der ritter antwurt: der einpruch ist halt oft nütz und gût"; Cgm. 54, f. 76a. Schon dem Br. Berhtolt hilft sein halt bey allerley Wendungen aus. (Des Menschen Seele), „daz

ist gote ein gar lieber schatz, und ist im halt sô liep, daz . ."; p. 2 (Pfeiffer 357,12). „Swer got liebt ꝛc. . . der gan im selber aller sælikeit. Ich wil ein grôz wort sprechen: er hât halt (sogar) allez daz got selber hât"; p. 4 (Pf. 358,39). „Klein ist aller heiligen und aller engel . . . . und halt (sogar) unser frauwen heilikeit wider der heilkeit, die got selbe hât"; 175 (Pf. 165,3). „Got hat den heiligen Moysen gespîset, daz er halt (sogar) noch hiute in dem paradîse lebet mit lîbe und mit sele"; 196 (Pf. 103,33). „Und halt (sogar) in den klôstern hât diu geitikeit sô gar grôzen übernthant gewunnen, daz . ."; 290 (Pf. 394,19). „Juwer köche künnent rehte nihts nit, daz halt ihtes iht sî gein sô maniger lei spîse diu dâ zu himele ist"; 236 (Pf. 220,9). „Nu vererzenîget etelicher hie manic pfunt und mac doch niht tiuwerr werden noch gesunt, und kan halt vil lîhte weder genesen noch gesterben; 245 (Pf. 226,12). „Und der halt etelichem eine hûbe gæbe, er wære halt herzeclichen frô; gæbe man im aber eine marke oder herzogetuom, er wære aber frôwer"; 256 (Pf. 233,18). „Der niemer dehein sünde getuot, und tuot er halt niemer dehein guot, des sele wirt niemer rât"; 167 (Pf. 160,33). Vrgl. S. 56. 60. 65. 144. 148 (Pfeiffer 155,39. 266,17. 269,3. 539,28. 542,22). „Der mensch waiz halt nicht für war ob er einen tag oder ein weil (Stunde) lebt, dannoch læt er nicht, er stell nacht und tag nach werltlichem gut . . ."; Cgm. 54, f. 52ᵃ. „Daz mich des zimt daz er halt ymmer gesæl (im Schießen fehle) oder er treff daz pildel"; das. f. 81ᵇ. „So gar vil und âne zil hân ich in gefrâget, daz mich sîn halt beträget", Heinr. Trist. 2294. „Unz daz ez halt gar âbent was", das. 2411. „Si turren holt nit wainen wan es prächt in schaden"; Cgm. 632, f. 40½. „Über zehen über zwainzig oder holt über drissigk jar", das. 39. „Ich han halt so schons nie gesehen, ich gesach halt nie schoner weib", Cgm. 719, f. 4. „Ich wil halt sagn dem großen Mann sein nas geh mich gar nichts mehr an", H. Sachs 1560: V, 365. „Ich wolt, es hett sie (die Frau) der hundschlager wo ich halt ein hund überkem!", das. 382. „Ein jeder wirt, wer er halt ist, der ist ein herr in seinem haus"; das. 383. „So gib halt in gottes namen was du hast", Dr. Minderer (1620) p. 149. Das Prompt. v. 1618 sagt: „halt adverbium concedentis. Enimuero dij nos quasi pilas homines habent, sie haben uns halt für ballen; tantum, tantummodo." Das Voc. v. 1735 gibt halt durch scilicet: „Du wilst halt allzeit unschuldig seyn, scilicet insons videri semper amas." „Er ist halt ein fürtrefflicher Poet, scilicet insignis est poeta." Sollte halt in den letztern Bedeutungen, deren Zusammenhang mit der ersten freylich nicht sehr klar ist, ein anderes Wort, und nach der Analogie des ahd. und mhd. wâniu, wæn, wân, des thüring. mêch (meine ich), des sächs. glêch (glaube ich), des o.pf. glau' (glaub ich), des schweizerischen denkh (denke ich), aus halt ich entstanden seyn? (cf. česk. trwám; dän. saa mæn? „Si ille, puta, Consul factus fuerit; Seneca, Q. N. 2²). „Es wirt michs, halt ich, noch je keiner überreden, daß Stolzieren, Schwanzen ꝛc. christlich sey", sagt Avent. (Chr. f. 18). „Ich halt, du habst das erdicht"; Theurdank. Das Prompt. v. 1618 hat: „halten für meinen, recte putas, du haltst recht davon." „Existimo, ich halt"; Voc. Melber. „hallig, ein unübersetzbares Wort: wie man sagt. Der Boneboa't éſs *hallich* gestorbe"; (Weihers; Dr. Karl Roth).

halten (hàltn), ich hielt oder haltet; gehalten, 1) wie hchd. (ahd. haltan, mhd. halten; Graff IV, 896. BM. I, 619. Grimm, Wbch. IV, II, 275). Nach dem Prompt. v. 1618 antwortete man auf das: Es gilt! eines Zutrinkenden mit: Ich halts! holou! Schifferruf an die stromaufwärts Ziehenden, wenn sie halten sollen; hour! wenn sie wieder gehen sollen; (Aschaff.). Der Halt, 1) wie hchd. 2) ä. Sp., der Gehalt. Grimm, Wbch. IV, II, 272,6. „Der alte Halt
187 des Reichsthalers . ." „Daß die Münzen dem gemeinen Reichshalt an Schrot und Korn nicht gemäß." A⁰. 1695 werden Reichsthaler dem alten Reichsschrot und Korn nach, im äußerlichen Halt (Nennwerth) aber zu 2 fl. rh. gemünzt. Lori, Mz.R. III, 29. 35. 50. 231. Der Haltbrief, (ä. Sp.) schriftliches Instrument über Verbindlichkeiten, die man erfüllen will (?). „Wann doch unser Herr der König von unserm alten Herrn vollen Haltbrief habe"; Kr. Ltghdl. III, 143. Der E-halt, des E-halten, s. E und die daselbst angeführte ältere Bedeutung von E-haltiger, wornach man glauben könnte, daß früher nur die Genossen und Dienstpersonen religiöser Corporationen diesen Namen geführt. Übrigens scheint E hier wol eher die allgemeine Bedeutung lex als die specielle conjugium zu haben, obgleich schon Br. Berhtolt (205. 352; Pfeiffer 108,36. 479,15) sagt: „Dû heizest êhalt, daß dû den liuten, die in der ê sind, ir êre und guot getriuwelîche behüeten und bewarn sollt." An eine bloße Wiedergebung des lateinischen servus durch Halt (insofern haltan dem servare entsprach) ist wol nicht zu denken. „Es sei wirt oder hausfraw oder ehalt"; Augsb. StR., Cgm. 277, f. 90ᵇ. Die Ehalten, H. Sachs 1560: II, II, 107 (1612: II, II, 216). Vrgl. auch Hilti und Hold. Das mittellat. áldio möchte eher dem gothischen aljan alere, partic. praet. alids vergleichbar seyn. (cf. gebrödter Diener). 'Die Halte, Fessel; besonders: die Eisenhalte, mhd. îsenhalte, Beinschelle; BM. I, 623. Grimm, Wbch. III, 370.' „Alliu sloz und îsenhalt . . . „hundert îsenhalt grôz, daz ie daz sloz danne schôz"; M. Helmbrecht 1205. 1207. Gregor a. d. St. 2817. 2837. 2872. 2911. 2917. Grimm, Mythol.¹ 629. „Quem daemon vincit inferni compede vincit, mit der eisenhalt der tewfel pint in der hell den er vberwint"; Facetus, Cgm. 72, f. 29. s. Eisen. 2) (Obrg., O. Lech) hüten; Grimm, Wbch. IV, II, 276. Zeitschr. III, 16. V, 447. VI, 183. Die Ros ꝛc. halten, Pferde ꝛc. hüten; (Lori, Lechr. 348). Ulphila: haldan sveina, Schweine hüten. „So hirti ther thar heltit, joh sînes fehes weltit"; Otfr. V, 20,32. „Wa vil hirten sind da wirt übel gehalten"; Clm. 4408, f. 152. „Etelîches rede ich vernim, sam si diu lember mit im haben dâ heime gehalten", S. Helbling VIII, 525. (Vrgl. I hà niə d·Sau g·hüət·t mit diər). Die Halt, (nach Zschokke) Weideplatz in der Nähe eines Gutes. Halten, plur., Weideplätze in der Nähe des Gutes, Haimhalten; Vihhalten, Vih-etzen, eingezäunte Weideplätze, (Tir.). BM. I, 623. Grimm, Wbch. IV, II, 274. Vilmar, kurhess. Idiot. p. 146 f. Zeitschr. II, 515. V, 447. Der Halter, (salzb. Ostr.) Hirt oder Hüter. Grimm, Wbch. IV, II, 300,1. Zeitschr. VI, 183. „Vichhalter und Gaißhirten"; salzb. Waldord. „Sie raufen wie d·Halterbuben"; Eipeldauer Br. Der Haltersegen, Hirtensegen. „Dein Spru' auf d·Thamäs-Nacht is nur ä Spaib dägög·n (gegen des Gevatterbitters langen Spruch), I han schan wärlä gmaint, ä bet än *Haltäsög·n*", Lindermayr 63. (Cfr. „chuehilt" unter Hilti-diu). 3) ä. Sp., wachen, lauern, im Hinterhalt liegen. Grimm, Wbch. IV, II, 277,c. „Das Kriegsvolck mußt ob den Baumleuten halten", (wachen); Av. Chr. 490. „Und als etliche unsre Diener auf dem Weg gewesen sind, wieder anheim zu reiten, haben unser Bruder und die seinen auf sie gehalten, sie unbewahrt und unentsagt angegriffen"; Kr. Ltgshdl. VIII, 450. „Rauberey, auch Haltens und Mortprennens wegen." „Ir sullet auch in ewrer pflege und ambten niemant hallten, noch auf der strassen straiffen lassen"; Gebot des Herzogs Ludwig, Ms. Vrgl. verhalten. Der Halt, der Hinterhalt, die Lauer, der Lauer-Platz, die Lauernden. Grimm, Wbch. IV, II, 271,4. 274,3. „Da kam ich in der Räuber handt, hielten oft tag und nacht im Halt"; H. Sachs. „Daß wohl vier oder fünf heimlicher Hüt und Halt auf sie gemacht und gestossen"; Kr. Ltghdl. IV, 74. „Alle Wochen zweyr streifen, die Halten an den Bergen und in den Gehölzen besichtigen und vergreiffen"; ibid. XIII, 67. „Die Teutschen stießen sich in jre Halden und namen jren Vorteil ein in den großen Welden"; Avent. Chr. Vrgl. Gudrun 1345,2; (s. oben, Sp. 1089: die Halde). „Den Halt brechen", aus dem Hinterhalt hervorbrechen. „Der Halt (die im 188

Hinterhalt liegende Mannschaft) brach auf"; Av. Chr. 355. 361. sich halten; Grimm, Wbch. IV, II, 281 f. „*Halt di'* hübst *meinä* und bleib mä' fein treu", sagt die Braut zu dem als Soldat abziehenden Hänsel; Lindermayr 36.

Die Composita von halten in der Regel wie hchd. Mehr dem Dialekt oder der ä. Sp. eigene Formen und Bedeutungen mögen folgende seyn: aberhalten Einem etwas (vor Gericht), es ihm abgewinnen; (s. abbeheben). L.R. v. 1616, f. 266. Vrgl. Grimm, Wbch. I, 33. aufhalten, vrb. act., erhalten, ernähren, nähren. „Im Kloster Ethal sollten 14 Münch und 13 Ritter mit jren Hausfrauen auffgehalten werden"; Av. Chr. 501. D' Hirsch *hàltn* si vo˜n Brunnkress *auf.* Mit diən Broud künmə' *si'* scho˜ ə˜ Wál *aufhàltn*, mit diesem Brod können wir uns schon eine Weile nähren. „Alo alui altum auffhalten," Avent. Gramm. Vrgl. enthalten. In Niedersachsen wird nach dem brem.-niedersächs. Wrtbch. ein Kind auf die Holung oder Holje (Kost) gethan. außhalten Einen, ä. Sp., ihn beköstigen, ernähren. Grimm, Wbch. I, 880,7. „Wer nicht arbeiten kondte, hielt man vom Zehenden und den Kirchengütern auß."... „Soll ein jegliche Statt und Gegend jre arme Leut außhalten"... „Maria Magdalena hat Christum von jrem Gut außhalten und die Notturft und Narung reichen müssen"... „Wer ledig war, mußt bey den Römern sonderlich järlich Gelt zur Strafe geben, damit er ein Eheweib und Kinder wol hett mögen außhalten"; Av. Chr. Noch sagt man in Bezug auf einzelne Anlässe zum Essen und Trinken u. drgl., daß man Einen aushalte, d. h. für ihn zahle, ihn frey halte. Gebräuchlicher ist: Einem etwas aushalten, es für ihn und ohne seine Kosten besorgen. „Parrochus bey Horatio, der Gastbett Einem (umbsunst) ausshelt"; Av. Chr. 181. 182. 211. Einem Brautpaare die Höchzeit aushalten. „Der Pfarrer zu Hainspach nimmt im J. 1587 eine Verwandte des Pfarrers von Dingolfing zur Frau", welcher beyden im Pfarrhof zu Dinglfing einen Beyschlaf und im Pfarrhof zu Ottering eine Heimführung ausgehalten", Zirngibl, Hainspach p. 437. behalten (bhàltn, pfàltn), wie hchd. Die (obere) Pfalz hat nach einer scherzhaften Volks-Etymologie ihren Namen von dem Ausruf: pfàlts·! (behalte sie), mit welchem der Teufel gegen ihrn Besitz protestierte, als Gott der Herr bey Vertheilung der Länder der Erde diesen unfruchtbaren Erdstrich ihm zuweisen wollte. s. Gramm. S. 488. Der Behalter (Bhàltə', Pfàltə'), das Behälterlein (Bhàltə'l, Pfàltə'l, Bhájtə'l), der Behälter, Schrank; Grimm, Wbch. I, 1324. Gl. a. 285: pihaltari, custos. Das Prompt. v. 1618 hat die R.A. „meins Behaltens, quantum memini, si rite recordor." Vrgl. Grimm, Wbch. I, 1322,8. Vilmar, kurhess. Idiot. 146: der Behalt, meines Behalts; behaltlich. beyhalten, unerlaubtes Beylager halten. „Frühzeitige Beyhalt- und Schwängerungen", wirzb. Verord. v. 1693. derhalten, wie hchd. erhalten; b. W. enthalten. In der Bedeutung obtinere ist kriegen weit volksmäßiger. enthalten, aufenthalten sich, 1) sich erhalten, fortbringen, ernähren; Obrmr. 2) ä. Sp., sich aufhalten, befinden. Gimm, Wbch. I, 637. III, 551 f. enthalten Einen,
189 ihm Aufenthalt geben. Die Enthaltung, Aufenthaltung, die Enthaltnuß, ä. Sp., der Aufenthalt; die Erhaltung, Ernährung. einhalten, den Takt (im Dreschen, beym Musicieren), den Termin (im Bezahlen) halten; sich einhalten, sich festhalten an etwas. Einem Sterbenden das Liecht einhalten, mit angezündeten, geweihten Kerzen an seinem Bette stehen. gehalten (ghàltn), vrb. act., behalten, aufbehalten, aufbewahren. *Ghàlt* mə' 's də' Wál, behalte mir's indessen auf. Vom Mittagessen etwas auf d' Nacht aufgehalten, zurücklegen und aufbewahren. „Es geit ein Diup diuphaftiges gut ze chalten einem manne", Rup. v. Fr. Rchtb. Wstr. Btr. VII, 71. Der Gehalter (Ghàltə, Kàltə'), der Behälter, Aufbewahrungsort, namentlich ein Wand-Kasten. Dər Milch*gehàltə'*, (in Zirngibl's Hainspach p. 219 kommt ad 1558 ein Milchkalter vor, der sich mitten in einer Wiese befand); G'wand*g'hàltə'*, Kuchl*g'hàltə'*, Fisch*g'hàltə'*. „In der Frawen Gewandkalter..." „Die Kelter unbeslozzen waren.."; H. Sachs. „Der faul Fritz im Kalter"; das. 1560: IV, III, 67 (1612: IV, III, 147). Vrgl. Zeitschr. IV, 172. Das Gehaltnuß, das Behältniß, (Baur). „Das Rebengehelt, Gerüst da man die Reben aufricht", Prompt. v. 1618. aufgehalten, aufbewahren. eingehalten etwas, es aufbewahren, indem man es irgendwo hineinthut, verbirgt; (Baur). Der Inhälter, Inhelder, (MB. XXV, 241) Inhaber. „Inhelder ditzs briefs." überhalten (◡◡–◡), vrb. act., (Obrmr.) ersparen. Kunt mə' si' kaə˜n Kreuzə' nét *übə'haltn*, tát mə˜ wêi də' wɪl; ObrM. unterhalten (◡◡–◡), vrb. act., zum Soldaten anwerben. Sich unterhalten laßen. unterhaltlich, unterhaltend, kurzweilig. 'verhalten, zurückhalten; BM. I, 622.' „Verhaltet alle hunde"; Labr. 101. „Swer Wägen (Name des Hundes) wol kan hetzen und kan ouch in verhalten"; das. 288. „Ich müz in ouch verhalten understunden"; das. 324. verhalten sich, 1) sich aufhalten, verweilen, zurückbleiben. 2) verhehlen, verheimlichen, verbergen; b. W. vo'hàlt'n. „Welcher Finder den Fund eines Schatzes verheelt, und dem Landesfürsten nicht zu wissen macht, der soll nichts daran haben, und dazu um das Verhaltene gestraft werden"; Kr. Ltghdl. XVI, 17. „Brief nit verhalten, sondern eröffnen und verlesen"; MB. VII, 317. „Ob sich ein Beclagter, mit gevärde oder betrug verpürge oder verhielt"; Gerichtsord. v. 1520, Tit. 2, 4. Gesatz. vergehalten, (Gbrg.) verbergen, verstecken; (Baur). Vergehaltens seyn oder spilen, Versteckens spielen. 'zuhalten mit Einem, mit ihm zusammenhalten, (unerlaubten) Umgang pflegen.' „Schleckmetz. Ich bin als fromb als deiner zwu; hast auch, nicht lang, gehalten zu. Martsch. Mit wem? Schleckmetz. Mit dem. Mit unsern schonen jungen Capelan"; H. Sachs 1560: II, IV, 14.

Die Hilti-diu, der Hilti-scalh, (a. Sp.) leibeigene Dirne (s. Diu), leibeigener Knecht (s. Schalk) von besonderer, durch das jetzt dunkle hilt bezeichneter und, wie es scheint, von der der Bar-diu und des Bar-scalhes verschiedener Condition. Graff IV, 912. VI, 482. BM. I, 368. Cod. Emeram. in Pezii thes. an. I, III, 77; Meichelb. Hist. Fr. I, II, 431, cf. 521; liber tradition. Scti Petri monasteriensis (in Nagel's Notitiae) Nr. III u. VI. Seyfrid, Gesch. der ständischen Gerichtsbarkeit II, 326 ff. „Daz du gebest hilt (Hilf?) und rat" (zum Bösen); Cgm. 717, f. 108b. Ich weiß nicht, ob das „chuehilt oder hert, armentarius" eines Vocabulars, Ms. v. 1455 aus Tegernsee, hier Berücksichtigung verdient, welches freylich einen ganz andern Sinn geben würde, als das alte hild (fem.), welches in der alts. Ev.-Harmonie, Cap 47, als mit handcraft und megin synonym, im Hildebrandslied, wie überhaupt im Angels. 190
und Isländischen, für pugna, Bellona gebraucht ist. Gl. o. 84 steht: isanhilta, vinculum vel compedes; (s. oben, Sp. 1100: die Halte, Eisenhalte). Wahrscheinlich gehören auch die alten Mannsnamen Hiltibrand ꝛc. (Hültl Scriptor, Clm. 9724) und die Weibsnamen: Hilte („aream dominae Hilte vocatam"; Reg. bav. II, 49), Chrimhilt, Mahthilt, Cozhilt, Kerhilt (wovon bey Meichelb. Hist. Fr II, 297. 432 die Ortsnamen Cozhilti-husun, Kerhilti-husun), Zeizhilt ꝛc. mit hieher. Hiltvlacke, s. oben, Sp. 324: blickenblacken. Thusnelda aus Thursinhilda (?), s. oben, Sp. 625. Vrgl. Grimm, Mythol.^{2} 189. 217. 393. Förstemann I, 662—83. II, 734 ff.

holterpolter, holl. hol over bol, bunt über Eck. 's. oben Sp. 1091: holdern.

Die Helwe, Hilwe, s. oben, Sp. 1089: das Gehilb.

Die Hülwe, s. oben, Sp. 1081: die Hül.

---

halz, ä. Sp., lahm; (goth. halts, ahd. mhd. halz; Graff IV, 929. BM. I, 624). s. oben, Sp. 1063, die Hüff: hufhalz. verhelzen, verlahmen, lähmen; BM. I, 624. Diemer 8,8. 324,22. „Die hie nehein not suariu noh gæhiu verhelcet von guotes willen rehtere werche", Clm. 9513, Vers 206; '(hieher?).'

(Das) „Gehilz, capulus", (Voc. v. 1445) Griff, Heft am Schwert; (ahd. helza, mhd. helze, hilze, fem., gehelze, gehilze, ntr.; Graff IV, 930. BM. I, 660 f. Vrgl. česk. gilec, jilec, jilce, capulus). „An jren seitten fuertten sy lange silbrein schwert mit gehiltz, knöpff und schaiden", Wstr. Btr. III, ad 1476. Gehülz, Chron. in Freyb. Samml. I, 29. Kärnt. helze, Messerheft; Jarnik 143. „Zwei swert wurden da hinfure braht der einez decheine helzen hat" . . . „daz du ane die helzen sihest" . . . „mit der helzen daz swert"; Cgm. 94, f. 47$^{a.b}$. „Capulum, helza", Diut. II, 339. Gl. a. 5. 519. 523: helza, capulus, manubrium, engl. hilt, ital. elza, böhm. gjlce.

Das Holz, 1) wie hchd. (a. Sp. zunächst in der Bedeutung nemus, silva. Graff IV, 930. BM. I, 706). „Holz, lignum; Diut. II, 339. Faul Holz als liecht zu benutzen; Cgm. 4543, f. 85. 2) (in der Sprache der Holzarbeiter des Gebirgs) speciell: ein Block von bestimmter Dimension, Werung, gewöhnlich von 16 bayr. Zoll Dicke und 6 Fuß Länge, Werholz; was viel minder dick ist: Halbholz. 3) (Lori, Lechrain 138. 141) eine bestimmte Quantität Holzes: „Item so sönd die Mayr ieglicher ain Holz hauen, yr vier und zwanzig Reiser für ain Holz." In der oberländischen Forstsprache lautet der Plural nach Gramm. 784 gerne: die Holz. „Die Holz aufzainen; die aufgezainten Holz"; Salzb. Forstord. 7. 8. „Tausend Holz (Holzstämme obigen Maßes) machen im Durchschnitt 50 Klafter"; Hazzi Statist. II, 6. 4. „Die aufleger sullen nit mer ze lon nemen dann von ainem holcz das mit XXIIII ist vnd XVIII pöm VI dn. vnd was hinder XVIII pömen hat VIII dn.; Cgm 544, f. 48. 49. Gébts *Hölz!* beym Erheben eines Dachstuhles; *Hölz!* nó~ màl *Hölz!* R. A. Holz bey der Wand oder bey der Herberg haben, von Personen des schönen Geschlechts: mit reichlichem Busen ausgestattet seyn, (Anspielung auf die Holzvorräthe, die man oft um die Wände der ländlichen Wohnstuben aufgeschichtet sieht). Zeitschr. VI, 154. Das Hölzlein. Das Hölzlein (Hǝlzl) werffen, das Gespräch auf einen Gegenstand lenken, der sonst wol nicht aufs Tapet gekommen wäre. Ein Hölzlein im Maul haben, undeutlich sprechen. „Wie grobe Hölzlin (Bauernlümmel) pflegen zu thun"; Hieron. Harder von Uberkingen, Cod. iconogr. 3, f. 169, ad 1577. Hulzilo, ä. Sp., Hölzel, als Name; Meichelb. Hist. Fris. I, II, 37. Förstemann I, 757. Das Unholz, geringes Abfallholz (Jir., Pseud. Jir.); s. oben, Sp. 138: die Vorachen. Knittel und dergleichen Unholz. Unholzhaufen werden die an dem Haupttriftbach, wie an der Salzach, geheißen. Sie müssen untersucht werden, ob nicht etwa entwendetes Salinenholz darunter; (Pseud. Jir.). Urholz. '4) (ä. Sp.) das Franzosen- oder Pockenholz.' Anfrage. (Eingesandt im bayerischen Landboten 1843, No. 49). Zur berichtlichen Erläuterung über den Ursprung, Zweck und Umfang der einzelnen Stiftungen wünscht man über nachstehende dunkel erscheinende Stelle in einer vorliegenden Stiftungs-Urkunde gefälligen Anschluß durch den Landboten zu erhalten: „Ungar'sche Testaments-Stiftung vom Jahre 1546 zu Sch. W., Titl. III. Aus den Renten dieser Stiftung sollen auch fremde, krumme, arme Reisende, unfähig ihre Wanderschaft fortzusetzen, 1 bis 2 Tage in der Stadt aufbehalten und verpflegt, nicht minder solche Kranke und Dürftige, die sich am Stein schneiden, oder wohl gar in Holz legen lassen müssen, nach Möglichkeit unterstützt werden." — Was mag unter diesem letzteren Ausdruck „ins Holz legen" verstanden werden? L. K. '(Nachdem in Nr. 50 und 51 des Landboten zwei, mit „Salvo meliori!" unterzeichnete, von Schmeller seinem Handexemplare des Wörterbuchs ebenfalls im Ausschnitt angefügte, Antworten auf diese Anfrage erschienen waren, von welchen die erste meint: „darunter seyen solche Individuen gemeint, welche an ihren Händen oder Füßen durch Brechen beschädiget werden, Beinbrüche erleiden, krüppelhaft geworden und der Heilung zu unterziehen sind. Solche Gliedmaßen werden nämlich (und wurden es gewiß auch vor Jahrhunderten) in hölzerne Schienen gelegt, gespännelt, gespännt; und insoferne stellt sich der Ausdruck: „in Holz legen" beinahe vollkommen identisch dar"; — die andere, unter Beziehung auf die Artikel „Helza, Gehilz" und „Halsen" bei Schmeller, die unerklärliche Stelle durch „in Helz, in Tragbänder (wegen Paralysis oder Apoplexia, d. h. wegen vollkommener Lähmung) legen lassen müssen" unbedenklich erklären zu dürfen glaubt, gibt Schmeller in Nr. 55 den richtigen Aufschluß durch folgenden Artikel:)' „Auf die in Nr. 49 des Landboten von L. K. gestellte Anfrage. Holz war im 16. bis ins 17. Jahrhundert unter Leuten vom Fache der kürzere und feinere Ausdruck für Franzosen- oder Pockenholz, spanisch palo santo oder guayaco. Mit diesem aus den Antillen stammenden Mittel pflegte man die Syphilis zu heilen. Es gab zu diesem Zwecke eigene Spitäler, die Blatter- oder Holzhäuser genannt wurden. So ein Holzhaus wurde z. B. von einem Fugger 1519 in Augsburg gestiftet, wo auch ein, zur Operation von Brüchen, Stein und Gries bestimmtes, sogenanntes Schneidhaus bis in die jüngste Zeit seinen Namen bewahrt hat. „Im Holz liegen" hieß damals nicht mehr und nicht minder als: die syphilitische Cur gebrauchen, und unsere Voreltern waren human genug, Dürftigere, die mit dieser damals noch neuen Art Krankheit behaftet waren, auf gemeiner Stadt oder frommer Stifter Kosten in's Holz legen zu lassen. J. A. Sch(meller). Von den Fuggern 1519 zu Augsburg für die Gallicanos ein Spital oder Holzhaus gestiftet; Cgm. 3733, f. 22. Schmid, schwäb. Wbch. p. 286 f. Vrgl. Nürnb. lit. Bl. v. 1803, p. 74. Mit Holzwasser schwitzen, Franzosen in Blatter- und Holzhäusern curieren; Dr. Minderer 1620, p. 174. 175. Cur mit Franzosenholz, Aug. civ. 95, f. 201. „A^{0}. 1551 exivi e cura *ligni Quaiaci* salutifera", schreibt ein Fürstenfelder Mönch, wahrscheinlich Abt Leonhard Baumann selbst. Clm. 7068, Vorsetzbl. Vrgl. oben, Sp. 824 f.: Franzosen. Der Holzafalter, s. oben, Sp. 41 f. „Holzaffalter pletter" . . . „von wilden affaltern"; Cgm. 821, f. 232. 234. Der „Holzbock, ricinus canibus infestus, Hundslaus; unfreundlicher, wilder Mensch"; Prompt. von 1618. Zeitschr. IV, 100,2. Holzland, ein Beyname, den verschiedene, vorzüglich bewaldete Gegenden im Munde der minder mit Holz gesegneten Nachbarn erhalten. So wird er am Donaumoos dem Landstrich zwischen Pfaffenhofen und Geisenfeld, um München der Gegend am rechten Isar-Ufer nach dem Gebirge zu, um Landshut der Gegend an der obern Vils und Rot beygelegt. Dem Dorfe Feld-Moching steht ein andres entgegen, das in Meichelbeck Hist. Fr. I, f. 264 Holzmoching (jetzt Amber-Moching? cf. oben, Sp. 107: Mohingara) heißt; so dem Feldkirchen ein Holzkirchen, dem Feldolling ein Holzolling, (etwa Holz-Zallingen; Clm. 17420, f. 48^{b}. MB. X, 411; aber f. 49 auch ein Allingen. cf. Förstemann II, 50. 798). Hazzi Statist, I, 230. 'Der Holzweg; Zeitschr. III, 355. Ein Holzhausen aus Haholteshusun zeigt Brückner's Probe eines henneberg. Idioticons in Knochenhauer's Meining. Progr. v. 1843, p. 18. Die Holzsuppen aus gekochten Pilzen. Das Holzweiblein, (b. W.) Name eines gewissen Waldgespenstes, wol das holz-wîb, die holz-muoia, holz-rûna, lamia, der Gl a. 13. 43. 273. 663. o. 70. Graff I, 653. BM. III, 719. Grimm, Mythol.^{2} 403. 451. „Lamiae, holzwip"; Ind. 385, f. 8^{a}. „Agrestes feminae quas sylvaticas

vocant"; Clm. 14138, f. 203ᵇ. Ebenso: der Holzmann. „Alsô siht man diu kindleu schreien vor den wälden, wan die wænent, ain holtzman antwürt in auz dem wald"; Konr. v. Megenberg 16,20. Sind in dem Klaglied der „wilden Holzleut" über das Verderbniß der Welt in Monac. Augustin. 202, f. . . (v. 1654) solche gemeint? hölzen, hülzen (hölzə˜, hülzə˜), adj.,
191 hölzern; mhd. hülzîn, BM. I, 707. hölzig, hülzig (hölzi, hülzi'), holzicht, hölzern. Von Holzblöcken: werhülzig, die rechte Länge und Dicke; halbhülzig, geringere Dicke habend. Gl. a. 134: holzohti, nemorosus. hölzen, hülzen, holzen, Holz schlagen. abhülzen einen Platz, ihn abholzen, das Holz darauf abhauen. Grimm, Wch. I, 57. sich behülzen, sich beholzen, mit Holz versehen. Vrgl. Grimm, Wbch. I, 1342. Die Behültzung, Holz-Genuß oder Bedarf und Herbeyschaffung desselben. verholzen. „Der Bildhauer N. hat seines Töchterleins abgeschnittene Haare in des Gekreuzigten Haupt hineinverhülzet, als ob sie aus dem Crucifix heraus wachsten"; Ridlerkloster 1695. Eine verholzen. vorholzen. „In dieser Sache habe ich beim kais. Hof schon vorgeholzt"; bayr. Vicecanzler Barth. Richel. Der Holzer, Holzknecht, (in den Salinenwaldungen) Holzarbeiter, Holzhauer. Der Hölzler, (Lori, BergR.) Salzfuhrmann, der sich die Gebühren an den Zollstätten durch Anschnitt an ein Holz vormerken läßt. s. Beste-Hölzer.

'Der Hamm, niederd., umzäuntes Stück Feld; brem.-niedersf. Wbch. II, 473. Grimm, Wbch. IV, II, 308.' Stoppelhamm, Stoppelfeld; Firmenich I, 30. (Unterschied zwischen Ham und Haim?).

„hämen ein Schiff, messen, wie weit es ins Wasser gehe", (Höfer). Dahin gehört wol als Ahme, Eiche, Eichmaß, die „Häm" der Traunsteiner Stdtord. v. 1375 (s. Kohlbr. Materialen v. 1783, p. 62. 92, und v. Wstrdrs. Gloss. f. XXXII): „Schullen die aufleger ir rechte hâm haben zu der stat, von dem wälschen vaz (Weins) ze der Hâm zu bringen sollen sie nehmen zwelef pfenning." „Daz wem unreht maz funden wirt, daz die hâm haizzt"; Haimburg. Stat. (sec. XIII.), Senckenb. vision. div. p. 280. „Er muß in die heme (Gericht) fur got"; Cgm. 291, f. 178ᵇ. Cf. lat. hama, Art Gefäß.

'hämisch (hámisch), adj. u. adv., wie hchd. (BM. I, 661: hemisch. Grimm, Wbch. IV, II, 308. Zeitschr. V, 447).' Du *háméschə* Ding! *hámésch* kold; (b. W.). „Is (sie) wár glei' so *hámisch* und mochát den Gspaiss", Stelzhamer 59. „Versipellis, dolosus, hämisch"; Semansh. 34, f. 209. „Gleich wie ein schlang in einem höl (hol?) auf das hemischt und tückischt wöll (wol?) lest sehen sich mit werck und worten"; H. Sachs 1580: II, IV, 40. „Wann es was ain minister, dem warn dise Wiener gram und hem"; M. Beham, Wiener, p. 202,14. Cf. česk. hamižny, schändlich, meuchelmörderisch.

'Der Hamen, Fanggarn, wie hchd.; (ahd. hamo, mhd. hame, ham, Fangnetz, Fangstrick; Graff IV, 946. BM. I, 625. Vrgl. mhd. hamnen, hemmen; s. unten: der Hammen und Zeitschr. VI, 414,86).' „Die Tewfel sprungen uff der Frawen Schwantz durch einander als Fisch in einem Hamen"; Cgm. 523, f. 207. Die Maynschiffer hüten sich in ein Ham (Tümpfel, Sack) zu kommen oder gerissen zu werden; (Aschaff.).

'Das Hamel, ä. Sp., Diminut. von ham, hamulus. Diefenbach 273ᵃ. Grimm, Wbch. IV, II, 307).' „Wenn man die plâtern (an der Haut) durchsticht mit ainer guldeinen nadel oder mit aim hamel, sô gêt all diu poes fäuhten her für"; Konr. von Megenberg, f. 176ᵃ, Pfeiffer p. 300,8. 630.

Der Hammen (Hammə˜), der Hinterschenkel eines geschlachteten Schweines, der gewöhnlich geräuchert (geselht) wird, le jambon, perna; (ahd. hamma, mhd. hamme; Graff IV, 945. BM. I, 625. Grimm, Wbch. IV, II, 309. Zeitschr. V, 447. VI, 414,86). Hieher gehören vielleicht auch die als Abgabe aus Kloster Altaich vorkommenden Erbhamm und Probsthamm der MB. XI, 278. Das Prompt. von 1618 hat: „Hamm ein schweinener schenckl, perna; vorderst Hamme, petaso; die hinderst, petasunculus"; das Voc. von 1735: „Hamme oder Schlögel, perna; Hamme sambt den Rippen, petaso." „Perna, schulter, forder schweine hame sampt dem füß; petaso, schinke, der hinder hame"; H. Junii Nomencl. 1629, p. 48. Gl. a. 475. 595: hamma, poplites; 684: hamma, suffrago; o. 192: campa (gamba?). „Wem die hammen geswollen sint", Clm. 5879, f. 200. „Vom hammen und von pachen kan man gut schleckerbißlein machen", H. Sachs 1560: II, IV, 190. Am 30. Nov. 1494 bewirthet den Dr. Hieronymus Monetarius aus Nürnberg mit seinen jungen Gefährten Antonius Herwart von Augsburg, Caspar Fischer und Nicolaus Wolkenstain zu Lissabon ein Bernardus Fechter aus Danzig auf seinem Schiff indem er „unam pernam, quas westfelisch hamen vocant et optimam cerevisiam ex Anglia et Dantzig" vorsetzt. Clm. 431, f. 166. Hieher wol auch das schweizerische Verb hammen, einem Thiere den Fuß aufbinden. Auch im b. W. ə˜ Ros, ə˜ Gàəs auf der Weide *hemmə˜*. Zeitschr. VI, 414,86. Das im Dialekt ungebräuchliche hemmen würde also denselben Grundbegriff haben, wie das lat. impedire und das franz. empêcher (inpedicare von pedica. Diez, Wbch. 247).

Der Hämmel (Hámml), 1) wie hchd. Hammel; 2) U. D., männliches Schaf, das keine Hörner hat, es sey verschnitten, oder nicht; unterschieden vom gehörnten, uncastrierten Widder, welcher Schâfbock genannt wird. Vrgl. Hummelbock. 3) Schimpfwort gegen eine unreinliche Person, besonders ein Kind. Zeitschr. V, 447. „Du bist ein rechter Hämmel, Dreckhämmel, Sauhámmel!" Aber auch im zärtlich liebkosenden Tone heißt es oft: „du lieber Hämmel!" 4) beschmutzter Saum um ein Kleid; (auch brem.-niedersf. Wbch II, 575. Vrgl. ags. hemm, hem, fem., engl. hem, Saum; Müller, etymol. Wbch. d. engl. Spr. 505. Ehrentraut, fries. Arch. I, 71: hémmel, ûthemmel, reinigen). Ahd. hamal, multo, neben ham, genit. hammes; hamal, adj., mutilus; 192
pihamaloter, mutilatus; (cf. Saxon. chron. ad 1036, Ingram p. 208: „Sume man blende, sume hamelode", some were hamstrong, waren enthächsent. Müller, etymol. Wbch. d. engl. Spr. 486). Graff IV, 945. BM. I, 625. Grimm, Wbch. IV, II, 310. Zeitschr. IV, 310. VI, 82. „Hämling, muto"; Cgm. 649, f. 583. Diefenbach 374ᵇ. Grimm, Wbch. IV, II, 321. 'Die Hammelstatt, ä. Sp., zerrissenes, abschüssiges Terrain; BM. III, 601.' „Ein hamelstat (Abgrund, praecipitium) was im nâhen bî"; Grimm, altd. Wälder III, 218. Horneck: hamelstetig, steil. Cf. Tat. 202,2: „Golgotha, hamalstat, calvaria." Graff VI, 641. Der Hammeltanz, ähnlich dem Huettanz (s. unter Huet), beschrieben in Auerbach's Schwarzwälder Dorfgesch. (1843), S. 393. Grimm, Wbch. IV, II, 313.

behammeln, ä. Sp., beschummeln, betriegen? „Wuochrær, der die armen kaufleut behămlet zuo dem wechsel oder zuo anderm geding", Konr. v. Megenberg f. 136ᵇ, (bei Pfeiffer 233.18: „der die a. kaufläut haime lädt zuo d. w." Vrgl. das. S. 526).

Der Hammer, wie hchd.; (ahd. hamar, mhd. hamer; Graff IV, 954. BM. I, 625. Grimm, Wbch. IV, II, 313). In Mandaten von 1653 und 1668 wird dagegen geeifert, daß „die Bauersleute, wann sie über Land gehen, gemeiniglich gar große Stecken, lange Messer und Schinnhamber bey sich tragen, daraus offtermalen Raufhändel und Todtschläg erfolgen"; s. Weirer, Dissertat. XII, P. IV. Im L.R. v. 1616, f. 692 heißen diese gefährlichen Hämmer „Scherhamer." „Der Dengelhammer, s. oben, Sp. 517. Grimm, Wbch. II, 925. Drei˜ schau˜ wei ə˜ *Deng'lhammə'*, (b. W.) gedankenlos. „So weit er (der Mäher) mit dem Tengelhammer werfen kann", Niderdienger Ehehaft, Cbm. Kl. 177, p. 186. Vrgl. unten: Hammerwurf. Der Reit-hammer. „Cestra, reithamer, faustkolben"; Nomencl. 1629, p. 139. Der Hammerstraich, (Münchner Stadtrecht) anderthalb Schuh breiter Raum, innerhalb dessen ich auf meinem eignen Grund eine Mauer ꝛc. gegen den Nachbarn aufzuführen habe, indem ich jenen Raum, der mir eigen bleibt, jenseits lasse; '(in der ersten Ausgabe: „anderthalb Schuh breiter Raum, den ich längs eines meinem Nachbarn gehörigen Gemäuers, Tülls, Zaunes ꝛc. von meinem Grund und Boden ihm, damit er diese Einfriedungen aufführen und unterhalten könne, zur Disposition lassen muß).' Der Hammerwurf, der als Messung für Grund und Boden schon in den leg. Baiuu. tit. XII, c. 10 und XVII, 1. 2 vorkommt, findet sich auch noch in der Lds.O. v. 1553: B. V, Art. 14. Grimm, RA. 55. 64. 162. Mythol.² 165. Wbch. IV, II, 321. Cf. „taper-ear" werfen; Cod. diplom. L. Das Hämmerlein (Hámmə'l·), 1) Dimin. v. Hammer. 2) lolium temulentum L., αἶρα. Der Maister Hämmerlein, der Hanswurst im Marionettenspiel, il pulcinello; Marionettenspieler, der seine Personen in einem Tragkasten mittels der zehn Finger producirt, (s. A. v. Bucher's Mönchsbriefe, Nr. II); der Schinder, Scharfrichter; der Tod; der Teufel. Grimm, Wbch. IV. II, 317 f. hämmerlen (hámmə'ln), mit einem kleinen Hämmerchen klopfen; hämmern überhaupt. Einen hämmerlen, ihn auf den Boden legen und bey ausgestreckten Händen und Füßen mit dem Kinn wiederholt auf die Brust stoßen: eine an der untern Donau landübliche Art von Selbstrache, die sich unter jungen Mannspersonen der Stärkere gegen den Schwächern manchmal erlaubt. Grimm, Wbch. IV, II, 319 f.

'Das Hammert, ä. Sp., aus mhd. hâmît, Umzäunung, Verhau; BM. I, 625.' „Und sollen auch die Bruck und das Tor und das Hammert und das Perfrid ob dem Hammert mit einander pezzern", Theil. Urk. v. Egloffstein 1314.

Die Hamerwurz, s. unten: die Hemern.

Der und das Haim (Haəm), (O.L.) das elterliche Haus, die Heimat; (goth. haims, ahd. mhd. daz heim; Graff IV, 946. BM. I, 653. Grimm II, 145. Gesch. d. d. Spr. 857. Weigand I, 492. Vilmar, kurheff. Idiot. 159). „Weil das Haus verkaufft ist, haben die Kinder kainen Haim mehr." („Da die Troyaner kain Anhaym hettent"; Dietr. v. Plieningen). In Ortsnamen lautet dieses Wort statt haəm gewöhnlich ham: Buxham, Eitensham, Kelham, Rosenham, Stammham, Weilham, u. drgl. Wie kait aus hait, kofen aus hofen, so ist in einigen Fällen aus ham ein kam entstanden. In Haim-Garten (m. s. Garten) scheint Haim noch wie das Ulphilaische Femin. haims für κώμη, vicus, zu stehen; doch läge das isländ. heimr, auch für coetus gebraucht, noch näher. „Compitum est locus ubi rustici diebus festivis conveniunt ad jocandum vulgariter heingarte"; Gl. Augiens., Mone's Anzeiger VIII, Sp. 395. Diefenbach 137ᵇ. BM. I, 483. Zeitschr. IV, 202. V, 343. Der Haimbesuech, (O.L.) Holzgrund in einer Hochwaldung, der zu einem Bauerngut eigenthümlich gehört; Lori, BergR. Die Haimdiern, (O.L.) Dirne oder Magd, die zu Hause bleibt, im Gegensatz derjenigen, die mit dem Vieh auf die Bergweide (Alpe) gesendet wird, der Albendiern, Sendin.

193 ə˜ lébfrischə' Buə' gêt'n 'Albmdeənál zuə,
ə˜ langwáligə' Knê'd is fü's *Haəmdeənál* grêd.

Der Haimgrund, (O.L.) Grund, der in der Dorfsflur liegt, im Gegensatz der Alpgründe. Das Haimholz, (O.L.) Waldparcelle eines Particularen, im Gegensatz der Staatswaldungen. Hazzi, Statist. Kr. Lhdl. XIII, 183. Das Haimvih, (O.L.) Vieh, welches nicht auf die Alpenweide kommt. Zeitschr. V, 484. Die Haimwaid, Gegensatz der Albenwaid. Der Hämerich, Heimburger; (Schweinheim bey Aschaffenburg). Vom Subst. heim brauchte die a. Sp. einen Dativ heime in der Bedeutung domi (gl. i. 552: fonn iro heimi ließe ein Femin. vermuthen) und den Accusativ heim für: ins Haus, nach Hause, domum. Auf den alten Dativ heime beziehbar die Formen: haimbey (haə˜bey, ᴗ–) O.L., zu Hause; dahaim, dahaimen, dahaimt (dəhaəm, dəhaəmə˜, dəhaəmt, dəhaə˜t, o.pf. əhài˜), daheim, zu Hause. „Beniamin bestûnt heime", Diut. III, 101. „Einer ist heime", das. 102. darheimo sizzen, Notk. 77,57. „Ich priester an gotz stat wenn got nit dahaym ist"; Deckel des Cod. Windb. 211. hie haiman beliben, Augsb. 1282, Cgm. 574, f. 21. hie haime, her haim, Augsb. Stdtb., Freyb. 15. von dahaim, von zu Hause. dahaim seyn irgendwo, da zu Hause, ansäßig, gebürtig seyn. In einer Sache dahaim seyn, sie wohl verstehen. Auf den alten Accusativ heim beziehbar: haim (haəm, haə˜, o.pf. hàim, hài˜), adv., wie hchd. heim; haimher (hàim'ə) und haimhin (hàimi˜) o.pf., her, hin nach Hause. heimenan, Notk. 136,3. BM. I, 656. „Daz (es, das Vieh) hincz naht kum gesuntz und frisch herheym"; Wolfsegen, Cod. Aug. eccl. 21, f. 1ᵇ. 2ᵇ. haim und haim, auf dem ganzen Nachhauseweg. haimzue, heimwärts. haimbachen, s. oben, Sp. 195. haim geigen, s. oben, Sp. 879. Zeitschr. V, 345. 446. VI, 328,172. Vrgl. haim leuchten (zünden), Zeitschr. VI, 120,61. IV, 112,66. haim gên, (fig.) sich zurückziehen; sterben. haim gên oder rinnen (salzb., Hbn.; von der Milch) bey der Käsebereitung zerrinnen; (Jir.). haim kemen; R.A. əs *kimt* də' gwis widə' *haəm*, es wird dir wieder vergolten, bezahlt. haim schlagen dem Verfertiger eine Arbeit, sie ihm wieder zustellen, weil sie nicht nach Verlangen gemacht. haim sprechen Einem etwas, es ihm zusprechen, als sein erklären; Av. Chr. 210. haimsuechen, vrb. act., (vrgl. Th. III: suechen): a) (ä. Sp.) jemanden in dessen eignem Hause aufsuchen, um ihn zu mishandeln, (z. B. Wstr. Btr. VI, p. 299. Leg. Baiuu. tit. VI, c. 24. Ld.Rcht. Tit. 47, Art. 7); haussuchen, Haussuchung anstellen. „Alle Tafernen und andre Spielhäuser und verdächtige Wohnungen visitiren und heimsuchen"; Kr. Ltghdl. XIII, 67. b) besuchen. haim tuen (haəm taə˜) Einen, fig., ihn übertreffen, zwingen; umbringen, besonders wenn es heimlich geschieht. haimtreiben, a) eigentlich; b) meistern. Der Haimtreiber, Prügel; membrum virile. Vilmar, kurheff. Idiot. 159. Zeitschr. VI, 212. haimgezogen. „Haimgezogen kint ist außen als ain rint"; Cgm. 714, f. 93.

'Der Haim, ä. Sp., wie hchd. das Heimchen, die Grille; (ahd. heimo, mhd. heime; Graff IV, 953. BM. I, 655. Weigand, Wbch. I, 492. Zeitschr. VI, 228).' „Die ameize und der heim"; Renner 5616.

Das Haimât (Haəmət), plur. die Haimâter, wie hchd. die Heimat, d. h. der Ort, die Gegend, wo man geboren ist; (ahd. daz hêimôdi; Notk. 136,1: daz heimote, des heimuodis. Graff IV, 951. BM. I, 655. Weigand, Wbch. I, 492. Vilmar, kurheff. Idiot. 159. cf. Grimm II, 250. 257. 998). Heimuot (im Reim auf „guot"), Gregor a. d. St. 593. „So die sele gen heimode solte varn", Renner 23280. „I˜ mein˜ *Haəmət* macht mans nicht so." „Dəhaəmt is dəhaəmt. und wer bleibm kà der blei', d· *Haəmət* is, glaubt mə' ·s gwis, də' zwaət· Muədə'lei'"; Stelzhamer in Kaltenbrunner's Jahrb. 1844, S. 263. 2) das elterliche Haus und Besitzthum. Zeitschr. V, 254,61. 446. VI, 184. Dər jüngst· Su˜ kriegt 's *Haəmət*. 3) Haus und Hof, Besitzthum überhaupt. ə˜ guəts *Haəmət*, ə˜ spers, spissigs *Haəmət*. Ein Haimât eintuen, ein Anwesen durch Kauf an sich bringen. R.A. Dés is ə˜ Schmáz, der kaə˜ *Haəmət* hàt, ein zweckloses, ungegründetes Geschwätz.

haimen, ä. Sp., heim nehmen, bringen; zu sich, an 194
sich bringen; festnehmen. BM. I, 655. Vilmar, kurheff. Idiot. 159. „Als nun Got den fursten wolt haimen"; Wstr. Btr. V, 51. „Die Herren von Bernried suln mich haimen nach dem tod inner zehen meilen von Pernried", (sie sollen meine Leiche holen, wenn ich nicht weiter als 10 Meilen v. B. sterbe); MB. VIII, 330. VII, 172. IX, 203.

Heu, Getraid u. drgl. „einhaimen." „Den Zehend hainen (haimen) und vanten", Chron. Ben. II, 167. Vrgl. haimßen. „Ein Guet haimen", es durch Kauf an sich bringen: MB. XXII, 112. „Sich eines gestolnen oder entwendeten guetes underwinden und (ez) haimen"; L.R. v. 1346. „Darumb mich mein gnädiger Herr zu Staingaden gehaimet und gevangen hät mich und meineu Kind"; MB. VI, 612. cf. Gem. Reg. Chr. II, 400.

verhaimen, ä. Sp., einfrieden mit einem Zaun. „Eine vichweid verzeinen und verheimen"; MB. XVI, 499, ad 1468.

'Die Haimerin, was die Haimdiern, (s. oben).'

„ə˜ baə˜frischə' Buə gêt 'n 'Albmdeə'nál zuə
und ə˜bokstárrə' Knet is für d· *Haəmrinə˜* gred";

Aurora v. 1828, No. 43.

haimisch, von Thieren: zahm, domesticus, im Gegensatz der wilden. BM. I, 654. Haimische Anten, Tauben ꝛc. Im übersetzten Putherbey scheint es für hämisch zu stehen. „Mit haimischen kupplerischen Griffen einem ein Buech dedicieren." „Simulatio, haimischait, duckischait", Poll. 668, f. 168. anhaimisch, einhaimisch, ä. Sp., zu Hause befindlich. sich anhaimisch halten, zu Hause bleiben, nicht verreisen; Ldtg. v. 1514, p. 483. „Kaiser Carl hat allmal einhaimisch (wenn er daheim war) mit seinen Kindern geßen"; Av. Chr. 335.

haimlich (haəmli', haəmlə', haə˜lə), 1) wie hchd. heimlich. BM. I, 653 f. Zeitschr. VI, 181. 527,16. 2) zahm. Haimliche Anten ꝛc. „Zu Nürnberg", sagt Fr. von Bodmann a⁰. 1709, „seint klaine sehr haimbliche Däublen, ganz weiß mit schwarzen oder rothen Köpffen und Schwaiffen." „Daß dieselben Menschen (in den Walden, die selten komment zu Gotsdienst und zu dem Gotswort) haimlich würden an andacht und an allen guten dingen"; MB. XII, 212, ad 1346. 3) (Salzach) still, friedfertig; ein haimlicher Mensch. Sey haimlich! 4) traulich, vertraut, vertraulich, familiaris. Haimlich werden gegen jemand. Brave Mädchen sollen sich keine Mannsperson z· *haəmli'* wer'n lassn. „Der kneht mac dir heimlich sîn, dem dû pepelst dâ mit, dû vil bœse dehselrit!", sagt die Frau zur Dirne; S. Helbling I, 1194. „Wil ir der wirt heimlich sîn, als ein gůt lembelîn swîget sie, swie er ir tuot"; das. 1248. „Hausfrawen nindert den wirten haimlicher sind daun an den betten", Rechtb. v. 1332. Wstr. Btr. VII, 33. „Der chnabe dehainem lerer was so hainlich"; Barlaam und Josaphat. Ein Ort ist haimlich, es ist Einem an einem Ort haimlich, wenn er die Empfindung des Vertrauten, des Traulichen erweckt. Die Haimliche, die Vertrautheit, Traulichkeit. BM. I, 654. „Derselbe Gunther dem wir liebe und haimleiche haben gehabt (qui amicabiliter usus est nostra familiaritate); MB. IX, 146 und 150. „Nû sî gewarnet dar an ein iegelîch man, daz er swestern noch nifteln sî niht ze heimlîche bî", Gregor a. d. St. 247. „Dû hâst ir anderen vlîz an dîner heimelîche", das. 2761. Wirnt von Gräfenberg (Wigalois 7572) sagt von den Frauen: „Mîn lop wære in baz bereit, wære mir ir heimlîche bekant." In anderm Sinne spricht Ortolph von „der Frauen Heimlicheyt, die menstrua heißt." Ein Mittel „zur unfertigen Haimblichkayt" (Mangel der Menstruation) steht im Cgm. 4426,c, f. 3. Der
195 Haimliche, (ä. Sp.) der Vertraute, geheime Rath, familiaris, secretarius. „... Und da bei sind ze zeugen gewesen unser lieb heimlicher und Rat Graf Leupolt von Hals"; MB. XII, 457, ad 1365. „Friderich der Burggraf von Nürnberg des Kaisers lieber Heimlicher"; Gem. Reg. Chron. ad 1330. „Kaiser Ludwig nennt den Grafen B. v. Graispach sein Haimlichen und Hauptmann in Obern-Bayrn"; Hund's St.B. I, 106. Im J. 1349 verschreibt Herzog Stephan zu Ingolstadt den edeln Mannen Hadmær und Ulrich von Laber seinen lieben Haimlichern 600 ℔ haller auf die Vest und Grafschaft Graispach. Urkunde, vom Clm. 9023 abgelöst.

„Secretaria, heimelicherinne"; Clm. 16029 (sec. XIV.), f. 76b.

anhaimeln (à˜haəməln), vrb. Es haimelt mich an, es mahnt mich an die Heimat, oder an etwas Bekanntes, woran ich mich gern erinnere.

gehaim (ghaəm, o.pf. ghàim), 1) wie hchd. geheim. 2) traulich, vertraulich, familiaris; von Thieren: sehr zahm.

Hà' ə˜ klaə˜s Hennə-l, is gschèckət und *ghaəm*,
lóck I pi! pi! dà láffts glei' widə' haəm.

„gehaimb, familiaris, intimus"; Prompt. v. 1618. Cf. schwed. hemsk, schauerlich düster, grauenvoll. Die Gehaime, Gehaim, 1) das Geheimniß, die Heimlichkeit. In der Gehaim (i· də' Ghaəm), insgeheim. „Das Landts Defension Werkh in höchster Geheimb halten", Ldtg. v. 1605, p. 66. „Einem die (zur Sache gehörigen) Gehaim entdecken"; L.R. von 1616, f. 691. „Das (?) Rathsgehaim halten", Gem. Reg. Chr. IV, 250. 2) (ä. Sp.) familiaritas, span. privanza. „Durch Lieb und Gehaym, die wir zu dem Gotzhaus Ranshofen haben"; MB. III, 368, ad 1339. „.. Von der Lieb und von der Geheime die ich zu dem Gotzhaus ze Pollingen ie gehabt han und noch han"; MB. X, 115, ad 1355. „Dhain swester des (Ridler) sêlhauses sol chainerlay arckweniger gehaim haben zu chainer mänlicher person"; MB. XIX, 386, ad 1483. „Do der fridel zu der frawn chom und mit ir hiet sein gehaim"; Cgm. 54, f. 44a. „Des (Wildes) zemlich geheime mich dicke nerte", Labr. 490. „Doch kan geheime mêren vil dinges, daz von fremden wær an ende. Verlegenlich geheime dicke erobert daz ritterlichez varen von fremden leider nimmer wol erkobert"; das. 196. sich geheimen Einem. „Müz man sich ir (der Minne) geheimen, fremden?", das. 195.

Der Haimerl (Haəmə l), 1) Haimeran, Emeramus, (nach B. Stocker). „Haimerll vnd Andre Rad"; Clm. 9807, f. 49. 2) ein heimtückischer und dabey dummer Mensch. 'Vrgl. (hieher?)' der Höömes, einfältiger Tropf; höömesachtig, einfältig, (Köln); Firmenich I, 449,85. 476,236.

Die Hemern, (salzb.; B. v. Moll) die Nieswurz, veratrum nigrum L. Gl. a. 37. 654. o. 14: hemera, elleborum, gentiniana. Aconita hemer, elleborum, hemere; Clm. 4583, f. 47. Graff IV, 954. BM. I, 661. Diefenbach 199a. 260b. 10a. Nemnich II, 1550. Zeitschr. V, 447. VII Com. die Hemara. „Eboro '(elleboro)' bianco Hämmere, erba velenosa '(venenosa)' alle galline"; D. Giuseppe Bonomo. „Genciana vnte diu hemere gesoteniu mit eziche ist gůt den tobentegen"; Clm. 536 (XII. sec.), f. 86. „De juse herbae radicis quae vvlgo heimwurz dicitur", Em. C. 40, f. 23. Die Hämer oder hamerwurz, Cgm. 720, f. 146.

Das Hemed (Heməd, o.pf. Hemm), das Hemedlein (Hemədl, Hemə-l, o.pf. Hemml), plur. die Hemeder (Hemədə'), 1) wie hchd. Hemd, (ahd. hemidi, mhd. hemede, hemde; Graff IV, 938. BM. I, 624. Zeitschr. II, 520. IV, 108,40. VI, 60. 418,30. 143,84). Der Vater sagte von der Tochter: „wâ næme siu gewant?" (da ich alles verloren); der Freyer sprach, „daz er ir wan in einem hemede bæte"; Gudrun 1654. So sagte auch Freund Zschokke dem Vater seiner Braut, dem Pfarrer zu Biberstein. 2) Mannsrock, Jacke, an den Alpen gewöhnlich von grobem, braunem, bey den nürnbergischen Gebirgsbauern von rothem Wollentuche. Hemet, die wollene Jacke, (Passeier); Staffler I, 117. Die Bauern in blawen Hemdern, (Jacken); tirol. Kirchtag 1819, p. 35. 70. Notker XXI, 19: hémide, tunica. hemədj', adv., (Nürnb., Hsl.) im bloßen Hemde. Das Niderhemed, ä. Sp.; gl. a. 826: „niderhemmede, feminalia." In Hemed-Ermeln, so angekleidet, daß man diese sieht, also ohne Rock oder Jacke. Der Hemedlenzel, Hemedstingel, (Frank. Hemdläuter, schwäb. Hemd-hätteler, Hemdschütz), a) Person, die im bloßen Hemde ist; b) mentula. Anmerk. In soferne hem-idi als eine Ableitung von einem verlornen, tegere

bedeutenden Verb (s. Grimm II, 55) zu betrachten ist, kann das erste Wort des in den legg. Baiuu. Tit. 8, cap. 5 vorkommenden himil-zorun (Codd. Paris. 4412.
196 4614) dem lat. indumentum überhaupt (s. d. f. Himmel, tegumentum; und vrgl. Grimm, Mythol.² 829), das zweite dem goth. gataura (ruptura, von tairan, ahd. zerian, rumpere) entsprechen. Graff V, 692.

'hemmen, vrb. act., wie hchd.; (mhd. hammen, hemmen; BM. I, 625. Weigand, Wbch. I, 497. Vilmar, kurhess. Idiot. 147. Vrgl. oben, Sp. 1105: der Hamen).' Pferde, Gaißen, Rinder auf der Weide hemmen, (b. W.) ihnen die Vorderfüße so fesseln, daß sie damit nur hüpfen können.

Der Himmel, wie hchd., (goth. himins-s, ahd. himil, mhd. himel; Graff IV, 938. BM. I, 685. Grimm, Mythol.² 661. Weigand, Wbch. I, 506. Zeitschr. VI, 150). Gatz *Himməl* áf də' Béttstäd! Ausruf. Der Roßhimmel, in manchen Gegenden eine Benennung von sehr guten Weideplätzen für Pferde. Vrgl. Gänshimmel unter Gans. Die Himmelfart Christi wurde noch im 19. Jahrh. in den Kirchen Bayerns durch Emporziehung eines hölzernen, als triumphierender Heiland angekleideten Bildes dargestellt. Nach dem Landgebot von 1611 wider Aberglauben ꝛc., XXXIV. hat man ehmals das Spektakel noch weiter getrieben; es wurde nemlich in den Kirchen auf dem Land eine „geklaidte und angezündte Bildtnus deß bösen Geists" von der Höhe herabgeworfen, um welche, heißt es in diesem Gebot, „das gemaine Volk sich fast reissen thut und die stuck oder fleck, welche sie darvon bekummen, im Feldt aufstecken, der Zuversicht, dz der Schaur daselbs nit schlagen soll." Ein Mehreres über beide Gebräuche und die Schwänke, die Liendl Lautenschlaher an diesem Tage anstellt, sieh bey H. Sachs 1560: IV, III, 40 (1612: IV, III, 132) und vrgl. auch unter: die Rön. Die Himmelblüe, der Regenbogen. Der Himmelbrand (s. Hildebrand), auch die Himmelkerzen, die Königskerze, das Wollkraut, verbascum thapsus L. Zeitschr. III, 518. VI, 151. Sie ist eine Hauptzierde der Büschel, die am Mariahimmelfahrtstag von Kindern gesammelt und in die Kirche zur Kräuterweihe gebracht werden. „Himelprandtbluemenwasser ist guet fur alle geschwulst"; Cgm. 4570, f. 41. Die Himmelhenn, Betschwester; Cgm. 757, f. 7. s. Th. III: Resolmer. Das Himmelkraut, der Klee. Kinderliedchen:

> Rengə˜, rengə˜ Trópfə˜,
> schö˜ blüət də' Hópfə˜,
> schö˜ blüət's *Himəlkraut.*
> Liəbé Frau, mach's Türl auf,
> las 'n Reng 'nei˜,
> las 'raus 'n Sunnə˜schei˜!

Vrgl. Herrgottsbrôd. himmellang, sehr lang, (eigentlich: hoch). Ein himmellanger Mensch, (wie himmelhôch und himmelweit). Zeitschr. V, 12. 68,15. himmelläuten. Es hat am Beerdigungstage eines Verstorbenen, nach dem gewöhnlichen Ave-Läuten um 12 Uhr, in 3 Absätzen statt. Für einen verstorbenen Landesfürsten ist in allen Kirchen des Landes auch das Himmelläuten von 11 bis 12 Uhr üblich. „Bis an den osterabent so man der fasten zu himel leut"; Cgm. 823, f. 5. Der Himmelmann. In der Faßnacht 1458 ließ man in Regensburg außer den gewöhnlichen Tanzbelustigungen „einen Himmelmann mit seinen Frauen" sein Wesen treiben. Gem. Chron. III, 280. (Etwa Personen, die mittels einer über sich gehaltenen Maskenfigur himmellange Menschen vorstellten?). Der Himmelring, der Regenbogen. Das Himmelringschüßelein, Bracteat oder Münze von Goldblech, wie sie aus der alten Zeit hie und da noch gefunden werden. Nach einem frommen Volks- oder vielmehr Kinderglauben braucht man nur den Punkt zu merken, wo ein Regenbogen auf die Erde stößt, um ohne Fehl einen solchen Schatz zu finden. Das Himmelschlüßelein, die Schlüsselblume, primula veris. „Primula veris, himelschlüssel, herba S. Petri, bethonia alba"; Ind. 355, f. 185ᵇ. „Fumus terrae, himelslussel", Cgm. 170, f. 10. „Corona regia, himelschlüssel" (Kraut); Clm. 4394, f. 177ᵇ. „Oculus porci, veltpluem vel flos campi, rustici vocant himelslussel"; Ebersb. 130, f. 164. Konr. v. Megenberg, Pfeiffer 412,17. Diefenbach 459ᶜ. 275ᵃ. BM. II, II, 413. Himm·l-seitt·n! Fluchausruf. Der Himmeltâu, die Bluthirse, panicum san- 197
guinale. „Von dem Getrayd und geringen Früchten in die Kuchl gehörig, als Rüben, Kraut, Magen, Merl, Linsen, Himmeltau und dergleichen"; Kärntische Zehendord. v. 1567. „Hirse, Himmelsthau, Sirk"; Rohrer, über die Deutschen der östr. M. I, p. 159. himmelsam, adj. Das Voc. v. 1425 (Clm. 11730, f. 74) gibt celebs durch himelsam. himmelizen, himlizen, himelzen (-⏑⏑), himmelachen (Pinzgau), vrb. n., a) wetterleuchten, blitzen ohne folgenden Donner. Zeitschr. II, 518. VI, 151. b) (HhE.) das Aussehen einer Person haben, die bald sterben (himmeln) wird. Zeitschr. VI, 150. 260, III. Das Kind himlizt. Verhimlizt seyn, gestorben seyn. Zeitschr. IV, 415,49. Der Himlizer, ä. Sp. der Himelitz, die einzelne Erscheinung des Wetterleuchtens oder Blitzens. Hymelycz, fulgur, corruscatio; Voc. v. 1445. „Do schlueg in ain himellicz ze tod", Cgm. 619, f. 366ᵃ. „Sprecht wol wolken vnd himiliczen dem herrn", Cgm. 8⁰ 22, f. 17ᵃ. „Alsô sehen wir den himellachen oder den pliczen on doner", Konr. v. Megenberg, f. 55ᵇ, (Pfeiffer 92,10: den himelitzen; vrgl. p. 508). Himmlətzer nennt H. Reizenbeck seine Xenien in Kaltenbrunner's oberösterr. Jahrb. 1844, S. 149. s. lizen 'und vrgl. mhd. himelblic (BM. I, 207; vrgl. oben, Sp. 324), himelblitz (Konr. von Megenberg, Pfeiffer 255,23).' „Ao. dni. 1464 . . . vidi corruscationes seu himlplitz versus Bohemiam"; Deckel des Clm. 9688.

'Das Himelz, Himeliz, ä. Sp., Decke eines Zimmers, Betthimmel, Baldachin; (ahd. himilizi, mhd. himelze; Graff IV, 943. BM I, 686).' „Himelz, laqueare"; Voc. v. 1429. Gl. a. 43. 664. i. 756: himilezi, himelezze, himelze. „Capella (d. h. Baldachin), ein hymelcz"; Voc. Melber. Diefenbach 318ᶜ. vrgl. Zeitschr. VI, 150. „Uber ir was ein himeliz' ho", (Betthimmel); v. d. Hagen, Ges. Abent. LV, 832. „Ein sal hoch und weit des hymelicz het sunder neit von gold manig spangen", Cgm. 714, f. 79. „Das täfel und die hünelzen, (himelzen); Kirchenrechn. von circa 1500 zu Zug, Gesch. Fr. II, 99. „Under einer himelzen daz was ein guldin tüch", Ulr. v. Reichental. „gehimmeltzt want, laquearius murus"; Voc. Melber. Diefenbach 319ᵃ.

'Der Hummel, ä. Sp., wie hchd. die Hummel; (ahd. humbal, mhd. humbel, msc.; Graff IV, 955. BM. I, 727. Weigand, Wbch. I, 522).' „Musik, der Hummel", welche Bezeichnung den Einwohnern von Mistelgau (bey Baireut) durch ein Volksmärchen beygelegt worden ist, zu dessen ewiger Erinnerung die Männer an der untern Hutscheibe noch eine Quaste tragen, die gleichfalls Hummel heißt. B. Landbote vom 8. October 1842, p. 1159.

Der Hummel, (Schwab., Eichstdt.) der Zuchtstier. 'Vrgl. hommen, hummen, brummen, brüllen. Vilmar, kurhess. Idiot. 174. Zeitschr. VI, 81. 368; vrgl. 233. 330,385.'

Der Hummelbock, die Hummelgaiß, Bock, Widder, Ziege ohne Hörner. Zeitschr. VI, 82. humlet, ungehörnt, (bey Adelung: hummelich). ə˜ *g'humləté* Gaəs, (Oberaudorf). Cf. česk., komoly, stumpf, abgestutzt; kärnt. komolyi, keine Hörner habend; Jarnik p. 148. Zeitschr. VI, 369. Vrgl. Hämmel.

Der Hummel, das Hummelsalz (in Hallein). „Dan als man nach ausgang gemainer sudt durch das gantz Jar den Huml im Hellein allweg gesotten hat..."; Lori, BergR. p. 34. Salzhummel, Salzmauth, welche der Burgerschaft zu Radstadt nach ihren Freyheitsbriefen

v. 1512 und 1527 zustand, 2 fl. vom Salzstock. Die Hummelbeschau, (im Hallein) jährliche General-Salzberg-Besichtigung; (Lori, BergR.), salzb. Forstord. p. 81.

Der „Hamballe", (Franken, Schwaben) guter Narr, Tropf. s. Haimpel.

„hembern", (Strbr.) meckern, wie die Ziege.

Hemd, s. Hemed.

Der (?) „Hämpel", 1) (O.Pf., Schuller) das Pferd. 2) (Nptsch.) der Teufel. Vrgl. d. folg. Wort.

Der Haimpel, Hài~pl, OPf., Hèə~pl B., Einfaltspinsel. `„Höfer II, 46, s. v. Henparl"; Jac. Grimm.´ „So wiər' I den àld'n *Heə~bál* („Heamba'l", dummer Mensch) do' heirət'n müəs'n, Castelli (1828) p. 208. s. unten hüenen. Grimm, Wbch. IV, II, 321: der Hampel, Hampelmann. heə~pln, 1) sich einfältig benehmen; weinerlich thun; schlechte oder Pfuscharbeit machen. 2) Einen, ihn zum Besten haben, mit ihm umgehen wie mit einem einfältigen Menschen. Verhümpeln, (H. Sachs) verpfuschen. Vrgl. Hämpel, Hamballe und Hamßen. Zeitschr. V, 347.

himpezen, himpelzen, himpfezen, himpfelzen (-υυ), von Kindern: vor und nach dem Weinen schluchzen; hü~fəlzn, (wäldl.) abgebrochen weinen; vrgl. hüenen. Zeitschr. II, 519. III, 133. VI, 151. Der Himpezer, Himpfelzer, der einzelne Stoß beym Schluchzen. Glei' is de Buə' stát gwé'n, hàt kaə~n *Himpfəlzə'* mê 'tà~.

humpen, 1) hinken; hchd. humpeln. Weigand, Wbch. I, 522. Zeitschr. V, 347. Cf. goth. hanfs, hamfs, altſ. haf, verstümmelt; Kilian: hompe, extrema pars abscissa. Hümpler, (Eltmann) Schiffleute, die in kleinen Fahrzeugen, Hümpelschelchen, Holz und andre Waaren auf dem Mayn verführen; Lexikon v. Franken II, 8. Himbelschelch, bedeckter Kahn. `2) langsam und schlecht arbeiten; s. oben: verhümpeln. Zeitschr. II, 285.´ „Der ain andern haist ain himpler, der selbig ist ain rechter stümpler", Haupt's Zeitschr. VIII, 539,91.

Die Hampfel, (Weihers: Hambel; Dr. K. Roth) Handvoll. Grimm, Wbch. IV, II, 322. Vilmar, kurhess. Idiot. 147. Zeitschr. II, 192. 515. V, 103,100. VI, 260, III, 40.

hamßen, hampsen, ein Ding, es handhaben, dessen Meister seyn. Buə', dèr kà~ 's *hamps'n!* Einen
198 hampsen, ihm sehr zu schaffen geben. Dés Ding hàt mi' *ghampst*, bis I's 'künnt hà'; (U.Donau). Cf. česk. hampeysugi (hampeschen?), aushunzen. Vrgl. hansen.

haimßen, einhaimßen, heimführen, heimbringen (die Feldfrüchte, Ernte); isl. heimta, schwed. hämta, holen, recuperare. „Es mag der Mahlgast, was an Schrot oder Kleyen davon wird, ihme selbsten heimbschen"; OPf. L.Ord. v. 1657. s. haimen.

Hamster, s. unten: die March, Beimarch.

hn-hn, faules Ja. Vrgl. Zeitschr. IV, 245,93. VI, 517,6.

Der, dem, den Han (Hà~), oder auch: dem, den Hanen (Hanə~); plur. die Hanen. Dim. das Hänlein (Hä~l), wie hchd. Hahn; (ahd. hano, genit. hanin; mhd. hane, han, genit. hanen; Graff IV, 958.

BM. I, 626. Grimm, Wbch. IV, II, 159. Vrgl. Henn und Huen, und Grimm II, 42). „Von dem hanen", Konr. v. Megenberg 192,11. „Ein henn scharrt allemal mer dannen als zuhin tragen siben hannen"; H. Sachs 1612: I, 1055—56. 1560: II, IV, 11 ff. „Item der Normüller soll ain haggn haben der aineuggig ist", Ehaftbüchl. des Dorfes Otting bey Ingolstadt v. 1577. Um den Han (als Preis) tanzen, Cgm. 714, f. 301. „Welichs alt weib mag gehaben den tauf (das Taufwasser) die maint si hab den Haan ertanzt", Dr. Hartlieb, Grimm, Mythol. LXI; Wbch. IV, II, 162, e. Zeitschr. IV, 109,46. Die Ableitung von einem vermuthlichen Verb hanan, praet. huon, (canere, s. hüenen), ist sehr lockend. So gehört wol auch das schweizerische gul zum isl. gala, gôl (canere). Tautologisch sagt man: der Gockelhan, Gockelhanhan (Gógkl-hà~hà~-υυ). gogk·lhà~hà~ schreyen, krähen. Das Gockelhanhan-Blüemlein, (O.Isar) der knollige Erdrauch, fumaria bulbosa L. „Der rothe Hahn, eine Feuersbrunst", v. Dell. Grimm, Mythol.² 568. 635; Wbch. IV, II, 161, e. „Eh das ich dir und deinem mann auf dein stadel setz ein roten han", H. Sachs 1560: II, IV, 13. Den Namen Rotenhan s. oben, Sp. 1067, unter der Hag. `Der Rebhan, wie Rebhuen.´ „Riettoch da nern sich di rephannen von"; Cgm. 4543, f. 49. `Der Sâthan, Schnitthan, ländliche Schmäuse zur Zeit der Saat, der Schnitternte´, s. Th. III: die Sât. Ebenso der Hopfə~hanə~, (Memmingen) bey Firmenich II, 419. Der Schildhan oder Spilhan, tetrao tetrix L. Die gekrümmten Schwanzfedern desselben werden von den Bravos am Gebirge als herausfordernde Zierde auf dem Hut getragen. „Sunst treibt ja də' *Hanə~* sei~ Gspil af aə~n Ast und macht seine Männln, wàs gist und wàs hàst", Pangkofer (1846) p. 110. Der Zwi-han (Zwihà~), Zwitter. Der Hanbâum (Hà~bám, b. W.), Aufsitzstange für das Hühnervolk in der Steige, Hennenbaum. Der Hanəpampəl, (Rhein) veretrum. Grimm, Wbch. IV, II, 170. Cf. česk. zhanobit pannu: „aby ho (gazyku) druzz nestaudně a drze zhanobobali", (verunehren, schänden); Kampeljk, Cechoslowan p. 33. Vrgl. Weinhold p. 33: „schles. Hannepampel, Wartekind; kindischer, einfältiger Mensch; hannen, Kinder warten", nach dema hd. hevihanna, obstetrix (Graff IV, 957), wol nicht von Han. Vilmar, kurhess. Idiot. 148. Der Hânenschritt, s. oben, Sp. 865: die Gebnacht. `„Das Hanensteigen, das Steigen auf eine Kletterstange, wobei es gilt, einen auf derselben angebundenen Hahn zu erlangen"; Grimm, Wbch. IV, II, 169.´ „Auf der kirchweih mach ich mich breit mit hannensteigen bin ich gemeit"; H. Sachs 1612: II, II, 12. 2) der Hân am Faße, wie hchd.; Grimm, Wbch. IV, II, 164,8. Das Hänlein Bier, ungefähr ein Achtel Maß, so viel nämlich während des Umdrehens des Hahnes aus dem Fasse laufen mag; (Zpf. Ms.).

honaktsch, (Jir.) galant. `Vrgl. franz. coquet von coq; Diez, Wbch. 599.

Der, das Hanackel, (U.Don.) ausländisches und unansehnliches Pferd.

Der Hanichel (Hanəchəl ´υυ), verdorrtes Fichtenstämmchen von höchstens 9—15 Schuh Länge, wie man es gewöhnlich zu einer gewissen Art Zaunes (dem Hanichelzaun), oder zum Aufbinden von Bohnen und Erbsenpflanzen u. drgl. gebraucht. (Hag-rahen? Hag-rähl? Vrgl. oben, Sp. 1057, die Hiefen: Hâ~hiefe, Hanüfel. Firmenich I, 91: Hoakel-wark, Strauchzaun. cf. česk. plotni-kůl, Zaunpfahl). Die älteste Spur, die ich von diesem Worte habe finden können, ist eine Stelle im Mattighofer Gerichtsbuch von 1553, wo es heißt: „Hans H. zu St. hat ohn willen am Mertlinsberg hänichel gemaissen vnd heymgeführt." „1000 Stück Hanicheln respective Heuraufensproßenstängeln"; Militär-Localverpflegscommission, München 18. Febr. 1839. „Heyael zu Wagen vnd Schlittenraif, widen zu allerlay ringen ꝛc."; des Probstes Valentin zu Weiarn Hauscalender, Cgm.

3720, f. 1. „Huikelen (? Hni kolen) und wagenholz“ war frey vom Holzzoll, (Nürnb. 1455); Cgm. 1317, f. 448. Vrgl. Härchelein und Nickel.

Der Hanrey. Dieses, übrigens bey uns nicht volksmäßige Wort ist vielleicht aus dem franz. Personnamen Henry entstanden. Wenigstens braucht P. Abraham den Titel Henricus in derselben Bedeutung: und eine verwandte haben auch die aus Hainrich corrumpierten Formen Hainel, Hainz (w. m. s.), sowie im Altfranz. der Name Iehan. Grimm, Wbch. IV, II, 170 f. „Hânreih (Hanräh) 1) das Treten des Weibchens; 2) unzüchtiger Mensch; daher: hanreih (fertig, matt) und hanreihn“; Brückner, henneberg. Idiot. in Knochenhauer's Programm v. 1842. cf. Th. III: ræh, ræhen. Vrgl. Lücke über Hahnrey in v. d. Hagen's Germania I, 144 — 157. Kilian: hanne, gallina; adulterae maritus, parum vir. Den Römern sind San Giuseppe und San Martino Patrone der Hanreye.

hain! „Halt ich wil dir dein maul verstecken hain, hain, hain, hain, wer dich du schalck“, sagt die Magd zum Knecht, den sie schlägt; H. Sachs 1560: III, III, 8b.

Der Hain, von Hagen, s. oben, Sp. 1067, Grimm, Wbch. IV, II, 172 f.

Freund Hain, der Tod; s. Grimm, Mythol.² 811. (Vrgl. isl. hein, ags. hân, engl. hoan, hone, schwed. hen, sanskr. s'âna, griech. ἀκόνη, der Wetzstein; hanan, lapidare, Luc. 20,6): Freund Hain mit der Sense?! Grimm, Myth.² 856. Gesch. d. d. Spr. 1021. Zeitschr. V, 359.

Die Hainbuzel (Haə˜-buzl, Haə˜-wuzl·), (b. W.) die Hagebutte, Hambutte.

Hainrich (Haə˜rə'), 'Taufname, (ahd. Heimrîh, mhd. Heimrîch, Heinrîch; Graff IV, 951. BM. I, 956. Förstemann I, 591 f.); Diminutiv: Hainz, Heinz, Heiz, Henz, Heinzel ꝛc. (Grimm III, 691. Mythol.² 471 f. 1016. Zeitschr. VI, 450. 458. s. unten: Hainz).' „Hainrich caiser der dritt, man nent jn den Hetzl“, Cbm. 2799 (v. 1546), f. 29. „Als lihe Heinrich Cunradten ein fuder weins“, fulano a fulano, (Diez, Wbch. 493); Cgm. 513, f. 186¾. „Der rot heinrich“, Art Corrosivpulver; Cgm. 731, f. 47. Zeitschr. V, 147: wilder Sauerampfer. Gut Heinrich, chenopodium; stolz Heinrich, atriplex; Grimm, Mythol.² 1163 f. Nemnich II, 1014.

199 Der Hainel, Haindel (Haə˜l, o.pf. Hài˜l), Hêinrich, (der Taufname); Appellativ für einen einfältigen Menschen, besonders für einen Ehmann, der sein liebes Weib gewähren läßt, (s. Hanrey); hessisch: Hênkel, Heinrich, zugleich Appellativ für den Kater; Vilmar, p. 27; kurhess. Idiot. 164. R. A. Hainel, da râuch her! im b. W., was anderwärts: Peterl, da peck her! Beym Würfelspiel hört man die R. A.: Gewinnt der Bainel, so lacht der Hainel, die ich nicht zu erklären weiß. ə˜n *Haə˜l* hàbm, einen Verdruß; (Unterbayern).

Heiner, (Aurbacher bey Aibling) kleiner Gebirgsbach.

Die Henn oder Hennen (Hen, Henə˜), Dim. das Hennlein (Hennl, Hendl, zwar verschieden von Hèə˜l, welches die Aussprache von Hüenlein ist, aber gewöhnlich damit verwechselt), wie hchd. Henne, (ahd. henna, mhd. henne; Graff IV, 958. BM. I, 626. Grimm III, 328. Zeitschr. VI, 149. gl. o. 189: hanin; a. 447, i. 922, Tatian, Matth. 23, 37: henin, als Femin. von hano, so auch gallina von gallus und ἡ ἀλεκτρυών, oder wie Aristophanes (Nubes 666) scherzt: ἡ ἀλεκτρύαινα, neben ὁ ἀλεκτρυών). Kilian: hanne, gallina. Auch die Form Hennen- wird in der Zusammensetzung häufig statt Hüener- (Héənə'-) gehört. Das Hennen-Äug (Hennə˜-r-Aug), Hühnerauge. s. Huen. Der Hennendarm, 1) alsine media L., Hühnerdarm. 2) b. W., miswachsener Frucht-Ansatz auf Zwetschgenbäumen oder Schlehenbüschen. Das Hennə˜dréckə-l, Vergißmeinnicht. 'Der Hennenkobel, Hühnersteige, Hühnerstall. 'n *Hennə˜kóbəl* áfzoigng, die Hühnersteige aufziehen. „Lég I 's Traəd à˜ áfm Tenn und wịll I hi˜drésch·n dráf, so zoig I hàlt àllmàl 'ən *Hennə˜kóbl* áf, der Flegel kommt verkehrt um den Drischelstecken zu spielen; Luber's Napfezer in Kaltenbrunner's oberösterr. Jahrb. 1844, S. 157. Der Hennenmann, Hühnermann, (Augsb. Stdtbch. hüenrär), Geflügelhändler. Das Hennenrecht. „Die hennen haben ain solche freyhait: die päurin soll grittlich auf den first des stadeldachs steen, und ain ay in ainen schlayr legen, denselben hinder sich durch die bain hinauswerffen; so weit sich das wirft, also weit haben die hennen zu geen recht“; Wildshuter Ehaft v. 1614 im Cbm. 3238, f. 14; (Grimm, Weisthümer III, 683). Die Hennensteigen, Heənə˜steigng, Runzeln, Stirnfalten; Seidl, Flinserln (1844) p. 274. 310. Vrgl. Zeitschr. V, 410,13. Der Hennentritt, das Hennentrittlein, fig. Falte, wie sie sich, bey einem Menschen früher, beym andern später, als die ersten Zeichen des Verblühens um die äußern Augenwinkel bilden. Der Hennenvogel, der Hühnergeyer. Die rôte, die weiße Hennen, (B. v. Moll; Zillerthal) der zwieblichte Erdrauch (fumaria bulbosa) mit röthlichen und weißen Blüten; cf. Gogkelhanhan-Bl. Die schwarze Hennen. „Ein schwarze Hennen gab man um die Erlaubniß zu verbotner Zeit Hochzeit zu halten“; Seb. Frank, Weltbuch p. 136a. Scherzhafte R. A.: Wart, I vəlòb scho˜ ə˜ *schwarzé Henn*, oder: əs tát Nót, I vəlóbət ə˜ *schwarzé Henn*, wenn man mit Ungeduld etwas erwartet. In Bayern opfern die Layen beym Offertorium bey Todtenämtern öfters eine schwarze Henne. Phillip's Recens. v. Grimm's Mythol. in den Münch. gel. Anz. 1837, p. 639. Grimm's Mythol.² 962. „Äs wird kain *schwarzä Hahn* mer umä Hännsel krähn“; Lindermayr 38. Vrgl. oben, Sp. 877: die Gagelhenn. Die Bruthenn, s. Käperl, Kopper. Die Holzhenn, (O.L.) der schwarze Specht. s. Huen. Die Hennerin, (Zir.) Dienstmagd, die die Hühner füttert u. dgl.

Der Henning; so habe, meint Jerrer (Meynier) in seiner Weltgesch. f. Kinder p. 292, der hornförmige Aufsatz des mittelalterischen Damenkopfputzes (s. Cmgall. 15,4. 18. 22. 28) geheißen.

hin, adv., wie hchd.; (ahd. hina, mhd. hine, hin; Graff IV, 697. BM. I, 689. Könnte das schwed. hinna, hinkommen, hinreichen, dennoch aus dem jener Sprache zwar fremden hin, illuc, gebildet sein? oder aus hinda, engl. to hit?). Es wird theils mit Präpositionen und andern Adverbien, theils mit Verben zusammengesetzt. Mit Präpositionen verbunden steht hin, wenn diese mit einem Vocal anfangen, entweder, wie im Hchd., voran, und wird als tonloses Suffixum gewöhnlich nur wie n gehört: 'nab, 'nan, 'nauff, 'nauſs, 'nein, 'nüber, 'num, 'nunter, (Aschaffenburg: nàbbər, hinab; nufər, hinauf. — „*'naus* die schwarzen Beer; *'nei˜* 's Kloster, *'nei˜* die Sool, in die Saale, *'nei˜* die Kirch·n, *'nei˜* 'n Mee, in den Mayn; *'nüber* 's Amt; Firmenich II, 403,41.30. 406,21. 408,14.26. 402,43: Tambach, Königshofen, Schweinfurt, Bamberg. Vrgl. Zeitschr. III, 172,32. 288,8. 407,106. VI, 131,7. 137,13. 170,94. 265,48. 328,202. Vilmar, kurhess. Idiot. 169. Vrgl. anlautendes h für hie und r für her; s. d. W.), oder es besteht, ohne Rücksicht, ob die Präposition mit oder ohne Vocal anfange, als tonloses Suffixum, welches in den östlichen Gegenden nach einem Vocal oder nach genäseltem n und nach r wie hi, sonst meistens nur wie i vernommen wird, hinter dieser: abhin, anhin, auffhin („Sahe vf hin ze himel vnd seüftet“, Cgm. 64, f. 55), außhin, danhin, durchhin, einhin, fürhin, nâchhin, umhin, vonhin, zuehin (s. Gramm. 547. 699); auch: hinterhin (hintəri, o.pf. hinti), überhin (übəri, o.pf übi), unterhin (untəri, o.pf. unti). Zeitschr. I, 290,12. II, 90,14. 91,25. 141. III, 193,133. IV, 244,25. V, 104,11. VI, 151. Ähnlich ist das o.pf. haimhin (hàimi-υ), bey H. Sachs hinhaim. „Sint uztem ellende hin heim komen“;

Amb. 2, f. 46b. „Hine heim", Diut. III, 112. Avent.
200 hat (Chr. 529) hinhinder statt des jetzigen hinterhin („Probi et providi homines di müssen nu hinhinder vnd die posen die czeucht man hinfür"; Monac. Francisc. 148, f. 38), der Theurdank hin=dan statt des jetzigen danhin. hi˜dà˜ (-◡, Dachau), weg, weit weg. Stê ə˜ weni' *hi˜dà˜*, (Passau). Zeitschr. II, 186,15. Wenn das hin als Gegensatz von her hervorgehoben wird, und also den Ton hat, steht es gewöhnlich voran. Hinab (-◡), hinzue (-◡) hinwärts, nicht abhin (◡-), zuehin (◡-) u. drgl.

Unter den verschiednen Zusammensetzungen von Präpositionen und Adverbien mit hin sind als mehr dialektisch noch folgende zu erwähnen: dahin, welches mit der Betonung ◡ - so viel heißt als: fort; allmählich, nachgerade. Ich leb halt so dahin. Man wird dahin alt. Es kommen dahin schon die Schwalben. „also hin, mediocriter, modice"; Prompt. v. 1618. Manchmal steht das hin blos zur Verstärkung, 1) vor Substantiven: das Hin=End (Hi˜-end, -◡), das letzte Ende, der Tod. 2) vor Adverbien: hi˜bey (◡-), dort dabey, hin=fürsich (-́◡̲◡), hi˜z'rugk, hi˜hint'n, hi˜vont, dort davon weg: hi˜haəm (-◡ heimwärts) laffə˜ d' Rôs àllwál liəbər àls hi˜voni (von Hause weg); sogar tautologisch: hinfürhin (hi˜füri -◡◡), hinhinterhin (hi˜hintəri -́◡̲◡◡), außhinhin (aussihi˜). Vrgl. Gramm. 1011 ff. 3) (a. Sp.) vor der Präposition ze: hin ze, hinz', mit dem Dativ: zu, gegen, bey, an, auf, in Rücksicht, in Betreff. BM. I, 689b. „Got der zurnde hin ze in zwein"; St. Ulrichs Leben, Cgm. 94, f. 70. Hin ze dem selben urspringe sint sie alle komen mit rainen vazzen"; Amb. 2, f. 45b. „Hintz himmel varen", Schwabenspiegel. „Kumt niht hinz himel"; Griesh. Pred. I, 80. „So mügen die chlager hintz irem Scholman und hintz seinem gut, und hintz seinen erben chlagen", (gegen, wider); Rchtb. Ms. „Hinz dem", (zu dem); Griesh. Pred. I, 48. „Reciprocatio von mir hincz dir vnd herwider von dir hincz mir"; Monac. Francisc 134, f. 143. „Vnd wan wir auch dhein recht hintz jn noch hintz ir gut noch leuten haben"; MB. XVII, 19. „Swaz ez jn gestet hintz dem Arzt", (was ihn der Arzt kostet); Wstr. Btr. VII, 23. „Ez get jm (dem Verbrecher) hintz haut und hintz har"; ibid. 74. „Gesworen hintz Got und seinen Heiling"; MB. V, 342. „Sol hintz meinen genedigen Herrn, hintz seinem Gotzhaws und hintz allen den seinen dhainerlay Vodrung noch Anspruch haben"; MB. IV, 486, ad 1392. „So soll man auch nach ihnen greiffen, und hintz ihnen als den Raubern richten"; Kr. Ltgshdl. II, 95 Auch als Conjunction: hinz, bis; „hinz er ez findet", Griesh. Pred. I, 49; hinz ich dir sage, das. II, 2. Hin vor der Präposition ein, in, s. oben und Sp. 93: ein und vrgl. Zeitschr. VI, 328,202.

hin, mit Verben componiert, verhält sich in der Bedeutung: 1) wie hchd.; 2) hat es die Kraft der Ausdrücke: weg, fort, zu Ende, zu Grunde; Zeitschr. III, 173,171. 3) bezeichnet es ein Hinter=sich=lassen, ein Übertreffen; 4) entspricht es dem ver=. Zur Bedeutung 2. hinbeten einen Sterbenden, ihm, bis er den Geist aufgibt, vorbeten. hinbringen sich, sich fortbringen, ernähren. hinfælen. Hàd scho˜ *hi˜gfält*, ist verunglückt; (b. W.). hinfallen, wegfallen. hinfüeren, wegführen, entführen, stehlen. „Umb Hinfüerung gewunnens Holzs oder Heus"; altes Ld.R. hingeben, 1) weggeben, besonders eine Waare, die man feilgeboten hielt, verkaufen. Vilmar, kurhess. Idiot. 170: die Hingabede, Verlobung. Zeitschr. III, 476. 2) fig. von Kindern: entschlummern. hinhäuen, weghauen. hinhelfen Einem, ihm fort=, weghelfen. hinhobeln, weghobeln, abhobeln. hin=
201 kommen, ent=, fort=, weg=, davonkommen. „Swer auer den totslach tut, ist daz der hinchumt"; Wstr. Btr. VII, 5. hinkünnen, weg=, fortkommen können. „Er kan nit hin, non vacat, detinetur"; hinläuffen, ent=, fort=, davonlaufen; Prompt. v. 1618. „Hinlauffende Ehalten", Kr. Lhdl. V, 350. IX, 427. hinlegen, weg=, beylegen (einen Streithandel); Kr. Lhdl. I, 75. hinschieben einen Übeltæter, ihm forthelfen, ihn der Obrigkeit oder der Strafe entziehen; Traunstein. Stdtord. v. 1375. hinschlingen ein Kind, es abtreiben. Die Hinschlingerin, Kinderabtreiberin. hinsein, weg=, fort=, dahinseyn. *Sánd* s' scho˜ *hi˜*? (sind sie schon fortgegangen?). Zeitschr. II, 24. hintragen, wegtragen, entwenden, stehlen; Wstr. Btr. VII, 173. hinwerden, von leblosen Dingen: wegkommen, zu Verlust, zu Grunde gehen; von Thieren und verächtlich vom Menschen: sterben. 'All mei˜ Gəld is *hi˜wór'n*; dés is zó'n *Hi˜wer'n!* hinwerfen, von Thieren: abortieren; b. W. hi˜sétz'n. hinwetzen, weg=, abwetzen. Zur Bedeutung 3, (die sich aus der vorigen ergibt; denn: Einem, der uns aufhalten oder mit uns gleichen Schritt halten will, hinkommen, heißt ihm vorkommen). Unter zweyen oder mehrern hinarbeiten, hinlauffen ꝛc., der Vorzüglichste, Erste im Arbeiten, Laufen ꝛc. seyn. Einen hin=arbeiten, hin=läuffen, hin=rennen, hin=schießen, hin=scheiben, hin=schläffen, hin=trinken ꝛc., ihn im Arbeiten, Laufen, Rennen, Schießen, Kegelschieben ꝛc. übertreffen, zurücklassen. „Der Handgaul zieht den Sattelgaul hin." Das Erstel hat das Zwaitel um zwên Roskopf, um ein halbet's Ros ... hingeritten, (derjenige, der beym Pferdrennen den ersten Preis erhalten, ist dem mit dem zweiten Preis um die bemerkten, in diesem Bezug technischen, Maße vorgekommen). „Wer den andern hinsaufft der legt ehr ein"; ZZ. 1706, p. 95 (v. 1601). hin=ziehen (auf der Wage), überwiegen, den Ausschlag geben, den Vorzug haben, erhalten. „Es sol der (Richter Zahl) ort (ungrad) sein und nicht eben, daz ist darumb gesetzt, ob si geleich hullen, daz der ortman hinzuicht"; Wstr. Btr. VII, 140. „Wir sprechen, daz der ain pfenning di funf hinziucht nach dem rechten"; ibid. p. 185. Zur Bedeutung 4. hin=dingen, verdingen; besonders nennt man also das Geschäft eigner, hiezu bevollmächtigter Personen, welche herrenlosen Dienstboten Herrschaften, und den Herrschaften, welche Dienstboten brauchen, Mägde und Knechte verschaffen, und unter dem Titel Hindinger, Hindingerinnen bekannt sind. Der 2te Art., Tit. 12, Bch. 4 der alten Policeyord. sagt: „die Ehhalten sollen von den Hindingerinnen bey Vermeidung ernstlicher Straff nit beherbergt, noch ohne Vorwissen der Herrschaft hingedingt werden." hinschneiden Gewand, (ä. Sp.) Tuch ausschneiden, nach der Elle verkaufen; Freis. Stdtb.

hin und hin, auf dem ganzen Wege dahin. Zeitschr. VI. 151. Der Hin und her, Person, die bald da, bald dort ist, bald dieß, bald jenes will und treibt. Das Hin und her. All mein Hin und her, meine ganze 202
Habe. hin und wider, Zeitschr. V, 129,1. VI, 161. 528,12.

hinum, umhin. Nit hinumb künen, nicht umhin können; Prompt. v. 1618.

Anmerk. Sollte das alte hina der gothische Accusativ masc. sing. vom vermuthlichen Demonstrativ hi=s, und in der ahd. Spr., wie ina in inan(a), in das hchd., noch als hinnen, von hinnen vorkommende hinan, hinana (Graff IV, 700. BM. I, 690) verlängert seyn? Vrgl. oben, Sp. 512: dan= und Gramm. 720. Grimm I, 794. III, 177. Gesch. d. d. Spr. 932. Graff IV, 693. BM. I, 687. Im alten hinont, citra (Graff IV, 701), neben enont, ultra, ist hin bestimmt dem en entgegengesetzt; s. en und heint. „Hinnen und ennen", hin und her; Diut. III, 91.

Die Hinnenbritten, plur., die Verzückten; s. oben, Sp. 372: bretten. Aberglauben an dy hynnepritten", (zwischen „nachtvarn, pilweisen und truten"); Cgm. 478, f. 2.

„hinnern, hinnire"; Voc. v. 1445. „Hünnen wie die Pferdt"; P. Abraham. s. heinßen u. vrgl. hüenen.

Hyenfels (?). „Apostem ... hyenfels" (??); Cgm. 601, f. 105ᵃ. 'Vrgl. oben, Sp. 1064: Hüfel?'

hônecķeln, verhônecķeln, vrb. n., (Franken) 1) aushöhnen. 2) verhunzen, verunstalten. Der ersten Hälfte nach ist es das alte hônian, hônan, höhnen; Graff IV, 691. BM. I, 708. „Confudistis, gescantte ir, gehontte ir", Cgm. 17, f. 23ᵇ, Ps. 13,10; (also = tet in = tte, wie diser in dirre; cf. Graff's Anm. p. 4 u. 42 des Windberger Psalters). 'hœn, adj., ä. Sp., hochfahrend, übermüthig, zornig, ahd. hôni, mhd. hœne; Graff IV, 689. BM. I, 707.' „Hön thûn Einem, (Nürnb., Hsl.) ihm Verdruß machen, ihn verdrießen. „hön seyn, zornig seyn", (auch schweizerisch); Prompt. v. 1618. Der Panther ist „senftmütic, niht höne"; Diutiska II, 145. „Ewr zorn und ewr übermut der zimpt nicht ewr schön. Wer solt sunst werden als hön er west denn warumb er sol", Cgm. 379, f. 42 (270, f. 82). Es scheint hier mehr die Wirkung des hônian (Schändens), das Aufgebrachtseyn aufgefaßt. Das ahd. hôni galt für: 'geschändet. 'Ahd. hônida, mhd. hœnde, hœne, fem., hochfahrendes Wesen, Übermut; Schmach, Schande; Graff IV, 690. BM. I, 708. Grimm, RA. 622.' „Cham hete sines vater Noe honde zi gamine", Diut. III, 61. Vilmar, kurheſſ. Idiot 174: die Honnet, Schabernack.

hœnen, s. hüenen.

Der und das Hönig (Hè˜g, Hèə˜g, Hèrg), das Honig, (ahd. honinc, honac, mhd. daz honec; Graff IV, 961. BM. I, 709). Zeitschr. II, 520. 402,4. V, 126,28. 166,128. 466. VI, 48. 154. „Als bei der spinnen sich das honig vergiftet"; Valkn. 135. „Mella quae in arbores et in herbas defundunt", (Honigthau); Ind. 406, f. 53.

„hünisch, heißhungerig", (b. W., Zyf. Ms.). Der Buob isch *hünsch*, wenn er zu gierig in die Schüssel langt; Bergmann's Walser p. 94. Etwa noch eine Beziehung auf die Hünen, das hünische Land (z. B. im Pitrolf)? Vrgl. heunisch, mhd. hiunisch, hunnisch, ungarisch; BM. I, 692. heunischer Wein, s. Haupt's Zeitschr. VI, 267. Zeitschr. I, 257. II, 250. „Vinum *hunonicum*", S. Hildegard, Reuß (1835) p. 45. „Heynische Blatter oder bubon"; Dr. Minderer p. 96. 163. „Sichst nit wie sicht dein man so heunisch, tückisch, hemisch und wetterleunisch", H. Sachs 1560: III, III, 44ᵃ. 'Der Heune, ä. Sp., mhd. Hiune, Hunne; Riese, Graff IV, 960. BM. I, 692'; (zu Hunnus, wie Riuze, Reußze zu Russus). Zeitschr. V, 359. „Hunus, huni", Diut. II, 353. Huni, Claudian. 20. 21. 110. 338. Huni, Hunni, χοῦνοι, οὖνοι, θοῦννοι; Schneider, lat. Gramm. I, 203. Grimm, Mythol.² 489. 491. 496. (Ursprünglich habe man, wenigstens im Norden, unter Huni die Franken verstanden, sagt mir Guido Görres, 3. Aug. 1836.) „Als fraw Kreimhilt auf ir hochzeit in heünen lud ir pruder drei", Mich. Beham, Wiener p. 33,29. Huno als Personenname: Huno monachus Fuldensis, † 782; Huno, monachus Fuldensis, † 873; Aug. Jes. 12, (auch mehr als ein Franco, Sahso, † 863. 864). Huno, rotulus redit. (sec. XII – XIII.); Cod. s. g. 49. Cod. Ald. 87, f. 18ᵃ. „Puer de vico haud longe seposito Reimensrut nuncupamine Huno"; Ben. 118 (CbmC. 84, f. 2. 110). Vrgl. Förstemann I, 757 ff. Grimm, RA. 756. 766. In Ortsnamen: Hünchofen, Huninchofen, (Förstemann II, 801); Rüediger von Hunchofen („Hundthofen"), Dichter der Heideninne; '(vrgl. v. d. Hagen's Grundriß p. 202. 331. Gödeke's Grundr. 63). Vilmar, kurheſſ. Idiot. 178 u. 179: die Hüensche, eine Euterkrankheit der Kühe.'

Das Huen, plur. Hüener (Hèənə', Hèə˜r; schon Voc. v. 1419: hüer. Weihers: Hôn, pl. Hünner; Dr. K. Roth). Zeitschr. III, 41,25. IV, 316 f. Üblicher ist das Diminutiv: das Hüenlein (Hèə˜l, Gramm. 386: Heə˜dl, Hèə˜dál; Zeitschr. V, 512,18. s. die Bemerkung bey Henn), wie hchd. Huhn, Hühnchen, (ahd. huon, Diminut. huoniclin, mhd. huon, huoniclîn, hünkel, hinkel; Graff IV, 958. BM. I, 626. s. Hünkel). Ain gebrätenes Hüenlein (ə˜ brâdns Hèə˜l). Junge Hüenlein (Hèə˜ln). Königshüener. „Küniges hünre" (eigene Art der Zubereitung von Hühnern) zu machen, Koch = Recept im Wirzb. Coder, '(Bibliothek des Stuttg. lit. Ver. IX. Band).' „N. N. gibt ij Michelhüner von einem weingarten und egerten"; Cgm. 4834, f. 110. „Mertеßhüner", das. f. 167. Vrgl. oben, Sp. 855: Geuhuon. Das Kreßhüenlein, Rebhüenlein, Waßerhüenlein 2c., Schneehuhn, Rebhuhn, Wasserhuhn. (cf. Hünkel). Im O.L. heißen auch die Knäuel vorgebrochenen Flachses Hüenlein oder Hennlein. Um Mülldorf wurden nach Hübner p. 39 gewisse, zur Abgabe von Eyern verpflichtete salzb. Unterthanen Hüenler genannt. „Hühnler, Hündler, Grundholden, welche nebst ihren übrigen Diensten 157 Eier so oft reichen mußten, als sich ein Erzbischof von Salzburg in Mülldorf befand"; (Jr.). Vilmar, kurheſſ. Idiot. 119: hunern, hünern, mit einer Abgabe von Hünern belegen oder belegt seyn. Hennə-r-augng am Fuß, wie hchd.; auch catalon. ulls de poll, während castil. callos de los pies, franz. cors aux pieds. s. oben: Henne u. vrgl. Han u. d. f. Wort.

hüenen (hèə˜n, o.pf. hèi˜n), 1) heulen (vom Hund); Hbn. Voc. v. 1445. 2) verächtlich, vom Menschen: weinen; Ammergau: kiana (= g'hüənen?), weinen; (Rath Her). 3) weinerlich, in hohen Tönen reden. Zeitschr. IV, 108,37. VI, 341. „Hünen kund er sam er weinte"; Titurel, Druck v. 1474. Der Prediger Selhamer sagt 1694: „Heulen und hienen"... „er hinnete wie ein Leithund." „..so bei nacht umbstreunen, gleich als die wölf singen und heunen"; H. Sachs 1612: I, 1037. VII Com. hünen, heulen, schreien. In Schwaben hört man háinə˜, — (besser aus hœnen erklärbar; das Voc. v. 1429 hat hönen, winseln; gl. i. 1011: honenter, ululans. „Sie dät *haina* die ganz Wocha", Memmingen; Firmenich II, 417,68. „So er die hundt hort hönen vor den heusern"; Cgm. 866, f. 20ᵇ. Furstenzell 55, f. 55ᵇ. „Ein finger ungedœnet, ein hofwart der vil hœnet"; S. Helbling II, 1442. s. oben, Sp. 516: der Dôn. „Vil dicke hunde geswîgent von wolfe hœnen", Labr. 116. „Von wolfe hœnen must ez swîgen stille"; das. 123. „Hic lupis nuper additus flere dum parat ululat, hœnt"; Boëth. XIII, Clm. 15825, f. 46ᵃ. „Ululare (sicut lupi), hônen"; Semansh. 34, f. 210. Clm. 5877, f. 150). — Dazu giebt es daselbst sogar (nach Gramm. 950?) ein Particip. Prät. g'hinə˜. hüeneln (hèə˜ln, hèə˜dáln), in winselndem Tone sprechen, schmeicheln, locken; (Baur). Vilmar, kurheſſ. Idiot. 170: „hînern, lang gezogene Schmerzenslaute ausstoßen, (v. Menschen und Thieren). Brem. = niederſ. Wbch. 634: hiensken (hînsken). Cf. goth. qvainôn, weinen; schwed. hvina, heulen (vom Wind). Etwa wol gar von Huon, welches selber von ahd. hanan, canere. s. Han u. Sp. 1113: Heə˜ba'l.

Die Hand oder (nach Gramm. 808) Hend (Hent), 203
das Händlein, Händelein (Hántl, Hántə-l), auch Handlein (Hantl), wie hchd., (goth. handus; ahd. mhd. hant. Graff IV, 965. BM. I, 627. Grimm, Wbch. IV, II, 324. Zeitschr. III, 288,2. V, 129,7. 517, III. VI, 328,150. Vrgl. Anmerk. hinter Hund). „Die Hand Gottes, der Schlag"; Prompt. v. 1618. Zeitschr. V, 447. „Gleich der plumen an der went, die man molt mit der hent"; Cgm. 714, f. 9. „So sol sein hannt selb dritt sein", u. drgl.; passim im Rechtbuch bey Heumann, z. B. p. 111.

Ohne Umlaut und ohne Artikel kommt das Wort in der Canzleysprache und im gemeinen Leben nach mehrern Präpositionen vor, mit welchen es auch meistens zu einem wahren Adverbium verschmolzen ist, aus welchem seinerseits neue Adjectiva und Verba gebildet worden sind. Diese ausdrucksvollen und bequemen Formen haben troß des Vorwurfs der Oberdeutschheit selbst zum Theil im Hochd. das Bürgerrecht erhalten. ab Handen oder abhanden, adv.; Grimm, Wbch. I, 54. abhanden kommen, wegkommen, verloren gehn (von Sachen, die man zur Hand oder gegenwärtig hatte). abhändig, adj. u. adv., weggekommen, verloren gegangen; Grimm, Wbch. I, 54. abhändigen, vrb. act., entfernen, wegbringen; Grimm, Wbch. I, 54. an Handen oder anhanden, adv., an die Hand; Grimm, Wbch. I, 366. Einem etwas anhanden geben. Einem anhanden gên. aus Handen, aus der Hand. Einem in etwas aus Handen gên, es ihm abschlagen. aushändigen, aus der Hand geben. bey Handen oder beyhanden (bəhantn), adv., bey der Hand, vorhanden; Grimm, Wbch. I, 1373 (vrgl. mhd. behende, BM. I, 631. „Er vie sie behende", bei der Hand; Diut. III, 70). *bəhantn* sei˜, *bəhantn* hàbm etwas. beyhändig, adj. u. adv.; Grimm, Wbch. I, 1373. „Briefe, so ich beyhändig habe"; Kr. Lthdl. IX, 133. „Ein jeder Kaiser hett beyhendig ein Register"; Av. Chr. 134. „O hett ich noch beyhendig die jugent noch ein zehen jahr"; H. Sachs 1612: II, II, 109. „Wer schon hat der eins beihendig", das. 146. behändigen, vrb. a., in die Hand geben oder liefern; Grimm, Wbch. I, 1326. s. unten behend. in Handen oder inhanden, adv., in der Hand, im Besitz. Geld inhanden bekommen oder haben. Das in Handen habende Geld. innhändig, adj. u. adv. „Städte und Schloss innhändig haben, innhändig machen; innhändige Städt und Schloss"; Kr. Lthdl. XVII, 272. 273. einhändigen, vrb. act.; Grimm, Wbch. I, 196. ob Handen oder obhanden (O.Pf. o'hantn), was: vorhanden, adv. u. adj.; die obhandene Gefahr. von Handen oder vonhanden, adv., von der Hand. „Es geht mir nichts vonhanden." Der Brief ist mir vonhanden kommen. vorhanden (və'hantn), adv., vor der Hand, vorhanden. Einen Ritt vor handen haben, (vorhaben); Ldtg. v. 1514: 460; adj., die vorhandene Summe. ze Handen, zehanden (zhantn), adv., zur Hand. Was mir z·hantn kommt. Wenn mir was Böses zu Handen geht, (widerfährt). Gib die Bittschrift dem Minister zu Handen des Königs, (d. h. damit dieser sie dem König übergebe). Cf. „Nam eal thæm cynge to handa", nahm alles für den König; Saxon. Chron. ad 1043 (zweimal). Zu Gerichtshanden nehmen, bringen. zuehändigen, vrb. act.

Von den mannichfaltigen R.A. mit Hand sind vielleicht folgende weniger hchd.: Hand haben bey Einem, etwas über ihn vermögen. Hand haben zu etwas, Geschick dazu, Fertigkeit darin haben. Sich in die
204 Hand schicken, ein Geschäft geschickt angreifen; Bucher's s. W. IV, 229. Unter die Hand, unter Hand stên, gelegen kommen. Für die Hand nemen etwas, vornehmen. Für: die Hand geben auf ein Versprechen, (es durch den Handschlag, das Handgelöbniß bekräftigen), sagte die ä. Sp.: „Mit hantgebenden Treuen (manu complosâ, MB. XXIV, 398) geloben und versprechen"; MB. IX, 276. 283. II, 88. „Ir glübnis mit hantgegebnen trewen aufnemen", MB. II, 101; oder: Einem in seine hant greiffen. „So hat mein Sün Stichger mir sein Treu des geben und dem Abt von Aldersbach deß in sein hant griffen, das er laist alles, das an disem Brief stet"; MB. V, 422, ad 1333. „Und han dem in sein hant gegriffen an meines herren von sevelt stat", MB. X, 137. Die Hand raichen oder recken Einem, (MB. X, 134 und XII, 166) ihm ein Gut verstiften, verpachten, zu Lehen geben. Von der Hand vertreiben, ä. Sp., im Kleinen verkaufen, Handverkauf treiben. Nach einer Münchner Gemeinde-Verord. v. 1370 (Wstr. Btr. VI, p. 113) müssen fremde Kaufleute ihre Waaren an Bürger verkaufen, und erst diese sollen „selbe vertreiben von der Hant, oder verfüren und nicht anders verkauffen in der Stat; Fremde dürfen kein Tuch ellenweise verkaufen, und kein Trinken bey dem Maß verschenken." An diese R.A. scheint sich das Verb. handieren (s. unten) und handeln zunächst anzuschließen. In Wien hieß die Anstalt zur Erhebung der Consumtions-Accise das Handgräfenamt. Die Hilfshand Einem bieten, hilfreiche Hand; wirzb. Verord. v. 1746. Zu treuen Handen, zu Treues-Handen, Treuens Handen, in die Hände oder Verwahrung einer beglaubigten Person; L.R. v. 1616: 266. 282. Der Treuhand-ler, Person, der eine Sache auf Treu und Glauben anvertraut ist. Der Getrewenhender, (1400; Franken) Cgm. 4854, f. 19. 20. s. treu.

(Zeitverhältniß) abhanden und anhanden; Grimm, Wbch. IV, II, 361; b. W., bisweilen. behend (p·hent, pfent), adv. und adj., wie hchd. behende, d. h. hurtig, schnell; (s. oben: bey Handen). Zeitschr. V, 447. „Wer in sein unkrefften nit geslafen mag, der nem ... so wirstu slaffen gar behennde"; Cgm. 4543, f. 124. „Sterke snelle und pendekeit"; d. welsche Gast 9722. „Wis niht an pentekeit müelich"; das. 8173. „Mit sô getâner pentekeit, (daz du sîst allen liuten bereit) sol sich begên der arme man"; das. 8180. „Ich rât dir nicht von êren, der rât wær unbehende"; Labr. 196. Die Behendigkeit, 1) wie hchd. 2) ä. Sp., Kunstgriff, verbotner schlauer Ausweg; Grimm, Wbch. I, 1338. „Solchen und andern Behenndigkaiten, die wider gemainen Nutz sein, fürzukommen"; Ord. des Salzausgangs zum Hallein v. 1515. Lori, BergR. 149. widerhend, adv., ä. Sp., sogleich, alsbald; MB. V, 260. 261. XIX, 595. XXI, 35. 50. 281. Wstr. Btr. VI, 146. „Zestund vnd wider hend ze hant"; MB. XXII, 364, ad 1382. ze hand, ze hant, sa ze hant, ä. Sp., alsogleich, auf der Stelle, (wie das ital. presto aus praesto; gl. a. 99: presto sum, az henti pim). BM. I, 631. MB. VI, 439. Hist. Fris. II, I, 82 ꝛc. Vrgl. vor der Hand und nâch der Hand. Nach langer Hand, lange nachher, wirzb. Verord. v. 1746. „Mit langer Hand, pro commoditate"; Promrt. von 1618. Kurzer Hand, brevi manu, ohne Förmlichkeit.

(Gattung, Zustand). BM. I, 630. Grimm III, 77—79; Wbch. IV, II, 362,2. ä. Sp., ainerhand, dhainerhand (MB. XVIII, 89, ad 1316). „Melissa, das ist 205
einer hande klee", (eine Art); Ortolph. „Sarcocolla daz ein ainer hand (eine Art) chleuer"; Cgm. 592, f. 28. „Eisenhart daz ist zwayr hand", das. f. 30. Zwaier-, dreyer-, viererhand, (Docen, Misc. II, 212. Berhtolt 40, Pfeiffer 146,27); hunderthand, („si triben hundert hand schimpf", Altsw. 90,28); mengerhand, (Gem. Reg. Chr. II, 81); vilerhand, (Ertel, prax. aur. 101. 508); mancherlêy hand (Avent. Chr. f. 187), einer-, keiner-, zweyer ꝛc., mancher-, vielerley, wie heutzutage nur mehr allerhand (von allen Arten; Grimm, Wbch. I, 224. „allerhende geswulst", Clm. 5931, f. 215). Mich. Beham, Wiener 55,1. 204,1: mancher handlai swern; 126,3: aller handlai speis; 173,14. 224,28: in kainer handlai pflihten, in kainerhandlai döht; 394,16: aller slacht hand leüt. BM. I, 631. Zeitschr. III, 325. Nomenclator veneziano-todesco, Ms. v. 1424, f. 17. 21. 25. 101: „Sa chosmar d'ogni man roba, chan aller lay ding chochen; eve voio dar de do man vino, ich wil euch zwaierlai wein geben; e so sonar dogno man instrumento, ich chan auff aller lay saitenspil slahen." Die Beßerhand, Zustand des Besserwerdens. Auf der Beßerhand seyn, engl. to be on the mending hand. Vrgl. Grimm, Wbch. IV, II, 359,3. Diu ringer hant (Rechtb. v. 1332, Wstr. Btr. VII, 185), geringerer Stand. Der Baiderhander, (Salzach) Achselträger. Grimm, Wbch. I, 1365: Beidenhänder. baidhänderisch, adj. Die Hand verbrechen, (wrzb. Ldgord. v. 1618) zur zweyten, dritten ꝛc. Ehe schreiten.

Die Überhand, mhd. oberhant; BM. I, 631. „Do mite gewan her die obern hant, der vrouwen her sich underwant"; Eneit 1838. „Eh die Ketzer größern Überhand nehmen"; Gem. Reg. Chr. III, 3, ad 1430.

„Wenn die melancoley ein überhand nimt", Konr. v. Megenberg f. 19a, (Pfeiffer: ain oberhant). „Einem obernthant ane gewinnen. „Daz der lîp obernthant hât gewunnen." „Der nam obernthant", (siegte). „Und halt in den klœstern hât diu gîtikeit sô gar grôzen übernthant gewunnen"; Br. Berhtolt 12. 269. 275. 290 (Pfeiffer 363,18. 241,33. 246,2. 394,20). Sollte das dunkle Obernater (s. d. W.) aus Obernhander entstellt seyn? In der Culmbacher Halsger. Ord. heißt eine Verurtheilungsform: „N. N. soll bis auf kündliche Erlaubung der Oberhand (Obrigkeit?) aus dem Lande verwiesen werden." „One sondern bevelhe der oberhandt", Freyb. Samml. IV, 373.

handt·l-ébm, (Oberaudorf) eben wie die flache Hand. Die Handfeste, BM. III, 275. Grimm, Wbch. IV, II, 387 f. „Hantfeste, testamentum"; Cgm. 17, f. 39b, Bf. 24,13. Vrgl. „daz handgemahele, testamentum"; das. f. 40a, Bf. 24,17. BM. II, 25. s. oben, Sp. 775: fest. handfesten, vrb., festnehmen (einen Übelthäter); wirzb. Verord. Grimm, Wbch. IV, II, 388. `Die Handgift, ä. Sp., Gabe, Geichenk, Verleihung; (mhd. hantgift; BM. I, 510. Grimm, Wbch. IV, II, 391. Zeitschr. II, 267,43).´ „Strena, hantgift", Clm. 5877 (XV. sec., 1445), f. 145. „Strena vulgariter hantgifft quod primo datur alicui in primo die anni"; Furstenf. 244, f. 10. Ind. 414, f. 106b. „Aliqui superstitiosi mercatores pecuniam primo emptam vel receptam de rebus venditis quam vocant vulgariter hantgifft projiciunt ad terram antequam reponant"; Ben. 207, f. 43b. „Non credas auguria, divinationes incantationes gude hantgift dein gôchâ `(dem gouche?)´ warsegerin", Amb. 3, f. 180b. 181a. „Noli credere an unhult, pilwis, hantgift", Monac. Augustin. 84, f. 66b. Handgift, (abergläubisch), Ald. 228, f. 229b. 338b. handgiften, vrb., ä. Sp. „So hantgiftet ein friunt dem andern in dem namen daz im gelücke und gût davon volgete"; Meinauer Naturl. 17. Der Handgraf, (in Östr., sec. XVII—XVIII), wol für Hansgraf. Die Handgrift, s. oben, Sp. 992: die Grift. handhab machen etwas, (ä. Sp.) es in Besitz nehmen, zu sich nehmen; Einem etwas, es ihm einhändigen. „Ein Dieb, der mit einer entfrembden Sach flüchtig geht, kann persequiret und das Abgenommene eignen Gewalts handhab gemacht werden"; Ertel, prax. aur. I, 641. „Das gut wollen wir dem N. hanthab und richtig machen"; MB. XIII, 466, XIII. Die handhafte Tât oder blos die Handhaft, (ä. Rechtssp.) die frische That, flagrans delictum. „Einen Dieb oder Todschläger auf handhafter That betreten"; Ertel, prax. aur. 386. „Einen Dieb an der Handhaft begreiffen"; Wstr. Btr. VII, 77. s. Handtât. Die Handhaft hieß auch der entwendete Gegenstand, das corpus delicti. „. . Hiet (der Kläger) sogetan Hantchaft, damit er den diup wol uberwinten mächt." „Swas man diup oder schedleich laevt pringt mit der hanthaft für daz gericht, dev hanthaft sol man schatzen auf des dritten pfennings nächer dann si wert ist", Rechtb. v. 1332, Wstr. Btr. VII, 181. 182. Das Prompt. v. 1618 hat: „hanthafft, firmus accusator." Die Handkêr. Kain *Handkér*, gar nichts; (Prechtl, Werdenfels, 1851). Vrgl. Grimm, Wbch. IV, II, 399: handkehrum und unten: Händleinwendlein. Die Handlbeer, hippophaë rhamnoides; (Jir.). Das Händleinkraut (Häntlkraut), 1) (Baur) orchis maculata und latifolia. 2) (B. v. Moll, im salzb. Gebirg) satyrium nigrum. Ihre Wurzel sieht zwey gefalteten Händen nicht unähnlich. Des aromatischen Geruchs wegen trägt sie der Alpler gern auf dem Hute. Das Handlang, (MB. XXIV, 704. 739, ad 1476) das
206 Laudemium von Lehengütern; s. das Handlôn. verhandlangen ein Lehen, das Laudemium davon reichen. Grimm, RA. 196 f. BM. I, 35. Vrgl. oben, Sp. 99: andelagen; (cf. Antwerk st. Handwerk). handlingen, einhändigen. „Solt yme auch der selbige brieff zusteen und gehantlingett werden"; MB. XXIV, 203, ad 1440. Der Händling (Hán'lin'), wie Fäustling, (O.L.) eine Art Handschuh; (Jir.). Grimm, Wbch. IV, II, 403. Zeitschr. IV, 110,47. V, 448. „Für Venedier hantschuoch trüeg er (der gebure) hendelinge baz"; S. Helbling II, 69. Der Händling, verschieden vom Fäustling; (Pinzgau) Hbn. 670. „handtlich, tapffer"; Prompt. v. 1618. Grimm, Wbch. IV, II, 402 f. Das Handlôn, (Franken) das Laudemium; (gl. i. 1187: bravio, hantlon). Grimm, Wbch. IV, II, 403. s. Anlait, Lehenraich. Das Handlohn wird im Anspachischen eingetheilt in Kauf-, Tausch-, Besteh-, Erb-, Reu-, Handroß- und Todfall-Handlohn; diese Fälle wieder in das große, welches den 30sten bis 5ten Gulden von der Werthssumme betragen kann, und in das kleine, da in Veränderungsfällen zur Recognition der Lehenbarkeit etwa blos ein Viertel Wein oder 30 kr. unter dem Namen Auf- und Abfahrtgeld, oder aber von jedem Gulden ein Kreuzer zu reichen. „Es ist umb ein handlon zu than wils bald abweinen meinem man", sagt die buhlerische Frau bey H. Sachs 1612: IV, III, 34. Handlonbare Güter. verhandlonen ein Gut, das Laudemium davon reichen. verhandrosshandlonen, s. Handross. Die Handmünß, kleine Scheidemünze, als Halbbatzen, Kreuzer, Pfenninge, Heller; Lori, Mz.R. II, 352. 358. „Handraich unnd hilff thun", ferre opem; Prompt. v. 1618. BM. I, 654: diu hantreiche. Grimm, Wbch. IV, II, 411: der Handreich und die Handreiche, Handreichung; vrb., handreichen. Das Handross, 1) das Handpferd. Grimm, Wbch. IV, II, 413. BM. II, 764. Zeitschr. V, 447. 450. VI, 229. Die wol von der ehmaligen Verpflichtung der Lehenmannen zu Kriegsdiensten (Raisen) mit dem Lehenherrn hergenommene R. A. Einem ein Gut zu Handross, zum Handross leihen, ein Gut zum Handross haben, besitzen rc. heißt im ehmaligen Anspachischen, Eichstädtischen: dasselbe als bloßes Nebengut, Zubaugut benutzen, ohne es zugleich zu bewohnen. Daher 2) Zubaugut, Beygut. Das Handross-Handlôn, Laudemium, zu gewissen Fristen wiederkehrend, womit solche bloße Beygüter vor andern selbstbewohnten beschwert sind. verhandrosshandlonen ein Gut. Der Handrösser, der ein Beygut zum Lehen hat. handsam, adj. u. adv., dienlich, bequem, was sich wohl zur Hand fügt; nicht zu groß und nicht zu klein; allmählich, nicht zu langsam und nicht zu schnell, ziemlich. Grimm, Wbch. IV, II, 413. „Daß zur Straßen-Herstellung die Sommerszeit wegen Trokne und haltbarer Arbeit nützlicher, dahingegen Frühjahr und Herbst wegen nicht so starker Feldarbeit, (den Unterthanen) handsamer sey"; Gen. Mand. v. 1766. „Eintheilung der Bettelleute, Policeyverwandten bey Verfertigung einer neuen Bettelordnung sehr handsam"; Bucher's Fabian. Hirschav. Ein handsamer Mensch, mit dem gut zu fahren ist, der sich in alles wohl zu fügen weiß. Prompt. v. 1618: „handsam, tractabilis; unhandsam, intractabilis, immansuetus." Der Handschlag, 1) wie hchd. 2) (Nptsch.) was anderwärts die Handfest, Stuelfest, d. h. die feyerliche Verlobung eines Paares, welche in Gegenwart der Ältern, Vormünder oder Verwandten zu geschehen pflegt. BM. II, II, 383. Grimm, Wbch. IV, II, 414. R. A. Wenn dər *Handschlàg* gschèə~-r-is, dèrf ma~ bey də' Braut 207
schlâufn. Der Händschueh (Häntschə', OL. Häntschtə; Rheinpf. Händsching), 1) Handschuh, wie hchd. Graff VI, 418. BM. II, II, 224. Grimm, Wbch. IV, II, 416. Zeitschr. III, 18. 110. 131. 250,7. IV, 110,47. VI, 137,13. 288,739. 468,22). 2) Fäßchen zu weißem Bier, ohngefähr 30 Maß oder „eine halbe Achtel" haltend. „Die andern mit ihren Waschern am Ermel, wo man auf einer Seite einen ganzen kälbernen Schlegl auf 11 bis 15 Pfd. und auf der andern ein Handschuh weiß Bier verbergen könnte"; Karfreit. Proceß. p. 154. Häntschəbiər, weißes Bier in solchen Fäßchen. R. A. Es ligt ə~ *Hentschə'* hentərm Ofə~, er mècht vərbrennə~, (Allgäu) es ist jemand da, der das, was wir sagen, nicht hören darf. (Vrgl. auskeren und Schindel). Närrischə' *Hántschə'!* Närrchen! (wenn man jemand recht vertraulich zu-

recht weiset). „Es gilt was auf ein Paar Händschueh!“ (Bestechungsformel), ich werde mich schon erkenntlich beweisen. Der Händschueh-Mann, das H.-Weib, verächtliche Benennung einer Person, die ihr Wort oder Versprechen nicht hält. Handschuchsheim, Ortsname; cf. Andscôheshâm, Kemble, Diplom. asx. I, 102. Förstemann II, 669. Der Handstain. „Was Handstain (einer österreich. Urkunde) sey? frägt (den 28. Aug. 1846) der kais.-königl. Historiograph Hofrath Hurter, weiland Antistes zu Schafhausen. Ich sagte: was Stufe in der Bergmannssprache. Vrgl. Grimm, Wbch. IV, II, 419. Die Handtât, Handgetât, (ä. Rechtssp.) die frische That. BM. III, 147: hantgetât. Grimm, Wbch. IV, II, 420. „Einen an der hanttat, an der warmen hantgetat begreiffen“; Rchtb. v. 1332. Wstr. Btr. VII, 65. Lori, Lechrain f. 51. In Wernh. Maria p. 47. 75 sind Gottes hantgetat dessen Geschöpfe. Die Handvoll (Hampfəl), Dim. Hámpfə l. s. oben, Sp. 1113: Grimm, Wbch. IV, II, 422. handvöllig, adj., im Prompt. v. 1618. Handvöllige stain, saxa manualia. „Handföllig iß“ (= ist sie, die Nase); H. Sachs 1560: III, III, 15. (Grimm II, 58 weiset auf das isl. hampa, in manibus volvere, und himpi, ingens massa in manibus; besinnt sich aber R.A. S. 100). Die Handweile, mhd. hantwîle, neben hantlangiu wîle, einer hende wîle, eine Spanne Zeit, Augenblick; BM. III, 670. Kilian: „handwyle, momentum temporis.“ Das Irdische „zergat einir hant wile“; Diut. II, 279. Hagenes Hofleute (Gudrun 384,3.4.) sind von Horants Singen ganz entzückt und „sie heten's niht enphunden einer hende wîle, ob er solte singen, daz einer möhte rîten tûsent mîle.“ Vrgl. Pfeiffer's Germania XI, 175 f. Das Handwerk, wie hchd.; (Graff I, 966. BM. I, 589. Grimm, Wbch. IV, II, 423 ff. Zeitschr. V, 39,28. 365). „Alle gemain hantwerk die nit aigner kerzen haben, die man nennet das groß hantwerck“; eichstett. Fronleichn.-Ord., Cod. Fris. 287, f. 7. Vrgl. Th. IV, Werch: Antwerch. Das Händleinwendlein (Hentlwentl); vrgl. oben: die Handkehr u. Handweile. (Unt. Don.) kaə~ *Hendtlwendtl*, keinen Moment, kein Bischen.

Der Handel, 1) wie hchd. (BM. I, 632. Grimm, Wbch. IV, II, 368 ff.). Mit diər is kaə~ *Hand·l*, (b. W.) nicht umzugehen, auszukommen. 2) Nürnberg: die Innung der Bierbräuer. In Lori's BergR. 271 ff. wird eine gemeinschaftliche Bergwerks-Unternehmung ein Handel, eine Handlung genannt. „In den Handel zahlen, aus dem Handel treten, den Handel in Trauen und Glauben erhalten“ rc. Der k. k. Eisenhandel zu Kessen, Pillersee, Jenbach rc. in Tyrol. In, auf rc. dem Handel, auf dem Hüttenwerk Bergen. Früher wurden die Bergleute meist mit Naturalien: Getreid, Schmalz, Unschlitt rc. gelohnt. 3) Streitsache; Grimm, a. a. O. 370,4. Tägs-hànd·l, (b. W.) Proceß. Händel haben, 1) wie hchd. 2) zu thun haben, Mühe haben. „Damit hab ich lang *Händl*, bis ich fertig bin.“ „Es wird *Händl* hàbm, ob du mich zwingst.“ Sei~ tuəts wól ə~ stinkfauls Mánnl, hàt àllwál mit n Naffəz·n *Händl*, kann sich nie des Einschlummerns erwehren. Die schœnsten, die besten *Händl* haben, die schönsten Tage, das beste Leben, besonders, nicht viel zu arbeiten haben. R. A. Auf den Handel gên, (U.D.) zu Grunde gehn. Händel kriegen oder in die Händel kommen mit Einem, mit ihm in Streit gerathen. „Es seynd einmal Drey gewesen, ein Jud, ein Türk und ein katholischer Christ. Und diese Drey seynd
208 in d· Handl kommen, wer den rechten Glauben hat. Und da hat der Jud gsagt: Ich habn. Und der Türk hat auch gsagt: Ich habn. Und der Katholisch hat einem jeden ein Ohrfeigen gfangt und hat gsagt: Auf ein Lug gehört ein Maultaschen. Ihr könnt ihn nicht haben, weil ich ihn hab“; Bucher's Kinderlehre.

handeln, vrb. n. u. act., 1) wie hchd.; (ahd. hantalôn; Graff IV, 974. BM. I, 632. Grimm, Wbch. IV, II, 373 ff. Zeitschr. V, 448). 2) Prompt. v. 1618: „attractare, pertrectare, offt anrüeren.“ (cf. hantalod, manuum immissio; Decret. Thassil.). 3) ä. Sp., verhandeln, gerichtlich verhandeln, procedieren; (cf. ze hende gên und ze râte werden. consilium capere, bey Br. Berhtolt 262. Pfeiffer 237,29 liest: „dô giengen si ze sende“, und 31: „sie giengen ze sende unde wurden ze râte“). „In gemeinen schlechten Handlungen soll allein mündlich gehandlet werden; in wichtigen Sachen aber soll schriftlich gehandlet werden“; a. summarische Procesord. Tit. IV, Art. 1 und 4. „Der Parteyen Gerechtigkait und Notturfft handeln“ (soll der Vorsprecher); Ref. Gerichtsord. „Der Richter mag der Erbtheilung halber zwischen den Kindern eines Verstorbenen handeln“; L.R. v. 1616, f. 300. 4) ä. Sp., zuweilen was wandeln (strafen). „Hat er ihn darum gehandelt um 4 fl.“; Kr. Ltgshdl. X, 346. Wenn ich euch gleich handelt und schult und legt euch in die keichen schlecht, meint jhr es gschech euch sehr unrecht“, sagt der Abt zu den Bauern; H. Sachs 1560: III, III, 61ᵃ. So kommt auch Gerichtshandel in der Bedeutung von Gerichtswandel vor. Die Handlung, ä. Sp., die Verhandlung. Landtagshandlung. „aushandeln Einen, arguere, reprehendere, increpare“; Prompt. v. 1618. „Wie der Künig David in der Proceß vor der Arch Gottes her tantzet, vnd wie jn sein Michal aushandlet“; Paul. Aemil. lib. Reg. II, c. 6. Einen Marktenden aushandeln, ihn überbieten; (b. W.). misshandeln wie hchd. (BM. I, 633). Der Misshandel, ä. Sp., üble Handlung, Vergehen. „Strafe der Mishändel“; culmb. peinl. Halsg. Ord. „So sich begibt, das yemands im gericht einen mißhandel begeet und einen frevel verwirkte“; MB. XXIII, 668, ad 1499. Die Mißhandlung, 1) wie hchd. 2) die üble Handlung. „Unrw und frevelich Misshandlung vermeiden“; ibid. verhandeln, ä. Sp., fälschen, verfälschen. „So sind ir tugentleichen werch an chainem end verhandelt“, Konr. v. Megenberg, Docen im Mus. f. altd. Lit. I, I, 148.

händeln (hándln), 1) Händel, d. h. Streitigkeiten haben. Grimm, Wbch. IV, II, 379. 2) kleinere Geschäfte mit Tauschen und Verkaufen treiben. 3) hie und da, z. B. an der Abens, allerley kleine Handbeschäftigungen vornehmen. 4) hántln, unter Mehreren von Hand zu Hand reichen, wie Handlanger dem Dachdecker die Latten, Schindeln, Ziegel; — wie beym Umzug in die neue Bibliothek (May 1843) unsre Arbeiter die Bücher in die obern Gallerien. Die Bauleute hánt·ln einander die Backsteine, Ziegel rc., reichen sie von Hand zu Hand; (b. W.). anhändeln (a~hánln), zu einem Liebes- oder Streithandel reizen. Kaltenbrunner 112. Castelli, Wbch. 52: Ursache zum Zank geben, auch: den Streit beginnen. einhändeln, vrb. act., Einem etwas, es ihm in die Hände spielen.

handieren (hantiə'n, o.pf. hantêiə'n), 1) ä. Sp., handeln, Handel treiben. Grimm, Wbch. IV, II, 466. Diez, Wbch. 658. Zeitschr. III, 10. „Mit Einem um ein Ding handieren“, (handeln, markten); L.R. v. 1616, f. 206. 618. LO. v. 1553, f. 132. „Die augspurgischen ins Gebirg handierenden Kaufleut“; Lori, Lechrain f. 309. „Wäre billig, daß ein solcher, der handthieren wollt, in eine Stadt geschafft würde“; Kr. Lhdl. XIII, 178. „Handelsleut so dis Orths durchhandtirn“; Linzer Akt v. 1598. 2) ein Geschäft, besonders ein Handgeschäft treiben. Bey derə' Zeit lasst si' ni~ks *hentiə'n* und tentiə'n, (b. W.). 3) handhaben. 4) poltern, lärmen. Der Handierer, (O.L.) der Handwerksmann, Professionist. Die Handierung (Hantiərung, Hantiərəm), 1) das Handwerk, Métiər, Gewerbe. Die Becken-, Schreiner- rc. Handierung. „Was hast, 209
kannst, treibst du für eine Handierung? Auf der Handierung arbeiten, die erlernte Profession treiben. 2) ä. Sp., der Handel, d. i. Kauf und Verkauf. „Dem Baursmann soll die Handtierung mit dem Osterwein nicht gestattet werden“; L.R. v. 1616.

händig (hánti'), bitter; fig. feindselig, widerlich. *Hánti'* wiə Enziā˜; gàll-*hánti'*; „häntig wie Gall", fellitus; Prompt. v. 1618. Kärnt. „grének, ka, ko, adj., bitter, (hantig)"; Jarnik 224. *Hánti'* und gránti', bitter und grämlich, unmuthig; Seidl, Flins. III, 112. Ironische R. A. Wá' nét *hánti'*, das wäre schon recht, ließe sich hören. „Das handig Imbenkraut (wällisch: Quendel genannt)"; Puterbey. „Das handig und bitter kraut und Wurtzel Enzian"; Av. Chr. 86. „Die Erdgall (centaurea) ist klein handig auf der Zungen"; Ortolph. „Enzian ist handich, wider daz eiter chreftig ob man in neuzzet e man enpaizzet", Fürstenf. 121, f. 159^b. „Des handigen ezziches"; Diut. II, 270. 271. „Cum homo habet febres so peleibt ym ain häntigs dinkch auf der zung . . . und was er ißt ode trinkt das macht es ym alles häntig und pitter"; San-Zenon. 115, f. 233. „Waz ist ein zorniger mensch anders dann nur ein hantiger rugkh", (Rauch); Cgm. 54, f. 65^b. A^0. 1401 werden in Regensburg auf 1 Eimer süßes 6 Eimer hantigs Bier gesotten"; Gem. Reg. Chr. II. Das Prompt. v. 1618 hat: häntige, läre Bossen, frigidi, insulsi joci. Der Hant, (Kitzbühel) die Bitterkeit. händeln (hántln), einen etwas bittern Geschmack haben. In der ahd. Sp. heißt hantac, handeg nicht blos amarus, sondern auch acidus, acer, acerbus, (Graff IV, 972. BM. I, 627. Grimm, Wbch. IV, II, 398,4. Zeitschr. II, 516. III, 191,76. V, 393,22. 465). gl. i. 558: hantaga chloualouh, mordax allium; 737: hantago, graves (helleboros); 810: hantago, saevus (in armis Aeneas). So kommt handig, (hannigh) am Rhein noch jetzt für scharf von Geschmack überhaupt, in Schwaben für heftig, in Franken für ausrichtsam, efficax, emsig (Zeitschr. IV, 6. 113,7. 128,14. 227. VI, 211) vor, und scheint daher mit dem isländ. höndugr, (dexter, behende) identisch und ebenfalls eine Ableitung von Hand zu seyn. Vrgl. bitter.

hend, behend, widerhend, zehend ꝛc., s. Hand.

Die Hind, genit. der Hinden, ä. Sp., die Hirschkuh, wie hchd. Hinde; (ahd. hinta, hinda, mhd. hinde; Graff IV, 975. BM. I, 686 f.). Clm. 4373 (v. 1437), f. 116—119. Labr. 86. 426. 491. „Die edel hinde", (auch wol die hinden, nom. sing.); Cgm. 714, f. 225. 439, f. 36. „Cicorea, hintlauf", Ind. 418, f. 153; „intuba, hintlauf", das. f. 156; (von Hinde?). Diefenbach 118^a. 306^a. Weigand, Wbch. I, 506. Vilmar, kurhess. Idiot. 170. Vrgl. Zeitschr. VI, 184.

hinder, (ä. Sp.) hinter, s. hinter.

Der Hund, plur. Hund (Hunt), hie und da Hünd (Hint), das Hündlein (Hintl), wie hchd.; (Graff IV, 976. BM. I, 728. Weigand, Wbch. I, 522. Zeitschr. IV, 314). Die Hünt, fem. sing., für der Hund, (im äußeren Bregenzerwald; Bergmann). „Ein brauner Halbhund, der sich verlaufen"; Münch. Anzeiger 1852, S. 458. Der Vogel Hund oder Hund Fraeolos: Cgm. 299, f. 20^b. 312, f. 117^b. Der Bluthund. „Faliscus venter, ventriculus fartus, Bluthund, Fegglin"; H. Junii Nomencl. 1629, p. 48. Der Maushund, Katze; Buch d. W. s. Maus. Der Melhund, s. das Mel. Das Gehünde, ä. Sp., Collectiv, Menge von Hunden; BM. I, 728. „Vi mangerlei gehünde"; Labr. 203. „Daz verfluochte gehünde"; S. Helbling IV, 438. Außer den mancherley bey Adelung vorkommenden Bedeutungen mögen folgende mehr provinciell seyn: a) beym Uferbau: eine Art in den Strom getriebener Wehre zur Auffangung des Geschiebes. „Deren von Füeßen Hundt sollen, dieweil dieselben wider die Wassergebäurecht gesetzt, hinweg gethan werden"; Lori, Lechr. f. 320. (Das Prompt. v. 1618 verweist bey Hund auf Stempffl, fistuca). b) bey den Floßleuten auf der Isar: die verbundenen Bretter oder Bäume, welche sie unter einem gegen den Strom mehr oder minder offnen Winkel an einen auf dem Sand festsitzen gebliebenen Floß bringen und mittels Seilen fest halten, um durch diesen Auffang den Andrang des Wassers wirksamer und sich wieder flott zu machen. Der Wasserhund, (Isr.) Bühne zur Überwerfung des Stromanfalls. c) verschiedene ähnliche Vorrichtungen, als: der Feuerhund zum Auflegen des Brennholzes; (b. W.). d) verborgener Schatz. Kilian: hont. Grimm's Mythol.[2] 922. 929. Graff IV, 965: hunt, praeda. BM. I, 727. Beow. II: huth, praeda. „An roube und an gehunde", (praeda?); Kaiserchronik, Maßmann 15689. „In dem Haus steckt noch ein alter Hund", d. h. es ist noch Geld von den Vor-Eltern vorhanden. *Hunt* hint hàbm, (Baur) einen heimlichen Schatz besitzen. Die Bedeutung eines verborgenen Geldvorrathes hat Hund wol auch in der bekannten R. A.: da ligt der Hund begraben. So sagt man auch: den Hund schmecken, (wissen, wo Vermögen und etwas zu erhaschen ist); den Hund finden, 210
(die Ursache, den Anstand finden). e) Collectivum für die zerrissenen, gewöhnlich zu unterst befindlichen Blütenhäuptchen des Hopfens. f) bey einem gewissen Kartenspiel (dem Hundeln, Hündeln) ein Blatt, das man nicht los werden kann. Nackete Hündlein, (O.Js.) eine Art Mehlspeise, welche sonst geröstete Spitzlein genannt werden. R. A. (vrgl. Zeitschr. VI, 97. 156. 468,37) den Hund hüeten oder failhaben, (von Mädchen) auf dem Tanzplatz zugegen seyn und nicht zum Tanz aufgezogen werden. Den Hund haimfüeren, vom Tanzplatz nach Hause gehen, ohne auch nur ein einziges Mal zum Tanz aufgezogen worden zu seyn. Den Hund ân-werden oder verkâuffen, zum Tanz aufgezogen werden. Einer den Hund ablâßen, sie zum Tanz auffordern, mit ihr tanzen. Vrgl. Zeitschr. V, 372. Kain Hund und kain Sêl, gar niemand. Zu einem sagen Hund oder Narr, ihn anreden, ihm ein gutes Wort geben, ihn um etwas ersuchen. Zeitschr. III, 392,2. Ja wohl, daß er zu mir gesagt hätte Hund oder Narr! Cf. ital. non mi disse meno, cane que fai tu costi? d. h. er würdigte mich keiner Anrede. R. A. Der Hund gêt mir vor dem Liecht um, ich werde verblendet, irre geleitet, sehe nicht klar in der Sache, habe nur Vermuthungen. H. Sachs 1560: II, IV, 18. Da ist mir der Hund recht vorm Liecht umg'gangen, daß oder wie ich dieß gethan habe. Dem kann kainer die Hund' weisen, (es kommt ihm keiner gleich; s. weisen, führen). Von einer Mahlzeit, Festlichkeit u. drgl. geringschätzig sprechend braucht man die ironische R. A. Dâ gêts zue, da tragen die Hund' ganze Köpf' davon, (nemlich ihre eignen). Dem hât der Hund das Mâß genommen, er hat unrichtig gemessen. s. auch unten: Leder. Canis est miseriae typus, sagt Praschius, indem er dialektische Superlative wie hundselend, hundsjung, hundskalt, hundskarg, hundsmüed, hundssauer, hundsschlecht, hundsübel ꝛc. anführt. Zeitschr. III, 360,7. V, 13. VI, 120,50. Aus diesem Genitiv hunds- ist wol auch das Adjectiv hunds-ig (karg, ärmlich, dürftig) entstanden. (Vrgl. Kinds-in und gotzig). So hört man: Mit Hundsschanden, daß er mich gegrüeßt, mir das Gelait gegeben hat, d. h. er würdigte sich kaum, mich zu grüßen ꝛc. Noch derber sind R. A. wie: Jetz sch—ß der Hund drein, (wenn man ein Vorhaben als nicht weiter statthaft, oder als mislungen erkennt). Mainst du, mich hat der Hund gesch—ßen?! (zu Einem, von dem man sich über alle Gebühr zurückgesetzt glaubt). Das Hundâß, Kleien? s. oben, Sp. 157. MB. II, 512. Grimm, RA. 352. Die Hundsätten (s. Ätten), zwey miteinander verbundene Eggen. Hundsfleisch. Den 1. Decbr. 1634 wurde in Augsburg das Pfund Hundtsfleisch per 18 kr. verkaufft; Cgm. 4905, p. 203. 255. Der Hundsfut, s. oben, Sp. 694 u. vrgl. Zeitschr. V, 338. 408,53. VI, 38,46. 415,96. Sollte unser Hundsfut, Hundsfott etwa nur eine unglückliche Verdeutschung des in der traurigen Maurice de Haber'schen Affäre (s. Allgem. Ztg. v. 14. Septbr. 1843, Beilage) so oft wiederholten Jeanf . . . (quasi Chienfoutre? vrgl. oben, Sp. 1115: Hänrey aus Henry) seyn? Sind

uns doch nicht blos die Hof- und Militär-termini, sondern auch so viele jener andern Art von unsern ewigen Vorbildern, den Franzosen, zugekommen. Der Hundshaber: den Hundshabern ausdreschen, s. oben, Sp. 1033. Die Hundshâr, plur., 1) eigentlich. 2) der Schimmel, namentlich mucor glaucus, und überhaupt alle mucores stipitati. Es wachsen die Hundshâr drauf. R.A. Hundshâr auflegen, die Folgen einer Betrunkenheit durch eine neue vertreiben, (wie man den Biß eines Hundes am schnellsten glaubt heilen zu können, wenn man von dessen Haaren darauflegt). „O wie war ich nechten so vol, darumb thut mir heut der kopf nit wol; wil gleich des hars heint überlegen vom hundt welcher mich nechten beiß, kein besser erzney ich weiß den ein ful mit der andern verdreyben"; H. Sachs 1560: III, I, 240^b. Vrgl. Zeitschr. III, 418,525. Die Hunds-
211 kappen, (Fewrb. Ms. v. 1591) Art Visier oder Sturmhaube. Der Hundskopf, 1) wie hchd. Kärnt. psájnar, pesljájnar: Geschöpf, halb Mensch, halb Hund, mit einem Hundskopf und drei Beinen, das den Menschen verfolgt; (Jarnik p. 59). 2) (Aschaff., Schiffahrt) Rolle; franz. poulie. Der Hundschneck, (O.Js.) die gemeine Schnecke. Der Hundssuff, kleiner Trunk; kleiner Rausch. „Er war ein weng hundstrunken voll." „Laß jhn ausschlaffen den hundswein"; H. Sachs I, 912. hundeln, hündeln, vrb. n., 1) junge Hunde werfen. 2) riechen wie Hunde. 3) eine Art Kartenspiel. Anmerk. Nicht unwahrscheinlich ist der Zusammenhang der Wörter Hand und Hund auch in den Bedeutungen a, b, c mit dem goth. Ablautverb hinthan, capere; (sa mithfrahunthana mis, ὁ συναιχμάλωτός μου, Paulus ad Philem. 23; frahunthanaim, αἰχμαλώτοις, Luc. 4, 19). Grimm, Gesch. d. d. Spr. 38. „Diu verhundeta" wird bey Willeram 6,12 das hebräische Sunamitis übersetzt. Gl. a. 87. 101: herihunda, praeda, (woraus vielleicht das goth. nord. hunsl, hûsl, Opfer, wie anabusns aus anabiudan). s. auch d. folg. hundert.

hundert (o.pf. hunnə't), wie hchd.; (Graff IV, 975. BM. I, 727. Weigand, Wbch. I, 522). hunderten (hunnə'tn, hunnə'n), OPf., mit Karten hundert und eins spielen. hundern, eine Art von Brändeln; (Thalgau; Jir.). Anmerk. Die ahd., sowie die goth. und angelsächs. Sprache, hatte nur das neutrische Subst. hund, welches, wol mit zu hindan, capere (s. Anm. unter Hund) gehörig, ursprünglich einen Inbegriff, Complex (von Zahlen) überhaupt bezeichnet haben mag. Sie sagte zuuei-hunt, driu-hunt 2c. (goth. tva hunda, thrija hunda 2c.) für 200, 300 2c. Für das einfache hundert findet sich nur bey Notker die Form einhunt. („So cheden wir corruptè einhunt, zueihunt, triuhunt"; Notk. 89,5). Man sagte dafür lieber zehan-zug, (goth. taihun-têhund), gleichsam zehen-zig. Herm. Müller, lex salica 113. 117. Im Gothischen und Angelsächsischen fängt das Complexwort hund schon mit 70 an; goth. sibun-têhund bis taihun-têhund (100), ja vielleicht bis tvalif-têhund (120), in soferne sich nemlich aus dem angelsächsischen hund-seofon-tig (70) bis hund-teon-tig (100), hund-enlufon-tig (110), hund-tvelf-tig (120) dieß und die Wahrscheinlichkeit ergibt, daß das gothische têhund aus taih(un)-hund verkürzt sey. (cf. Heliand: ant-sibunta, septuaginta; ant-ahtoda, octoginta.) Das Anfangen des hund nach 60 und sein Fortgehen bis zu 120 hat ohne Zweifel, wie das den Formen dreyzehen, vier-zehen unparallele eilf (ainlif), zwölf (tvalif) auf die alte Duodecimal-Rechnung Bezug, nach welcher im Norden das Compositum hund-rad (unser hundert) früher für 120 galt, so daß z. B. das Jahr dreyhundert und vier Tage zählte. (Lagerbring I, 14). Vrgl. Grimm, Gesch. d. d. Spr. 252 f. über hundert = hund-rêd, hunta-rât, hunte-rôt. Das Groß (z. B. Schreibfedern), nemlich 12 × 12 = 144, ist wol Ellipse statt: das groß Hundert.

Der Hanf (Hampf, Hampft, Hànəf, O.L. Hàrf, b. W. Henif), wie hchd. (ahd. hanaf; Graff IV, 961. BM. I, 627. Grimm, Wbch. IV, II, 431 f. Zeitschr. V, 463. VI, 183. Zeitschr. II, 520. III, 34). V, 463. VI, 183. 156). hanfen (hampfə~), adj., hänfen, von Hanf, (ahd. hanafîn). Das Hänfelein (Hénəfə-l), der Hänfling. Hánifl, (Jir.) Hänfling, fringilla cannabina. Grimm, Wbch. IV, II, 435.

Hiə~ft für Tölpel u. drgl., (in Wasserburg gehört vom Maler Bernhardt; 8. Septbr. 1849).

---

hangen, wie hchd. hängen; (in der ahd. Sp. sind hâhan und hangan, hieng 2c., suspendere, hangên, hangêta, pendere, hengan, hangta, concedere, genauer unterschieden; s. die in der gemeinen Sprache üblichern hengen und henken. Graff IV, 766—770. BM. I, 609. 610. Grimm, Wbch. IV, II, 440). Der Hang wie hchd. R.A. Kainen Hang und kain Ge- 212
fang haben, wie z. B. eine schlechte Predigt. Der Hängelein, Grimm, Wbch. IV, II, 439. Zeitschr. II, 246. s. oben, Sp. 1069: Hegelein. Das Hängelein (Hángə-l), 1) Geiferläppchen, das den Kindern umgehangen wird; Zeitschr. V, 448. 2) (im b. W. nach Kllbk.) ein Ämtchen; „ən 'Amtl oder *Hángə-l*." Der Abhang, 1) wie hchd. 2) Schnee, der auf den Ästen eines Baumes liegt und sie herabdrückt. anhangen, a) anhalten, dauern. „Es war ein anhangende Pestilenz"; Gem. Reg. Chr. IV, 404, ad 1520. BM. I, 610. b) ä. Sp., (von Frauenspersonen) mit einem Manne leben, ohne mit ihm verehlicht zu seyn. „Dann jedermann wol wußte, daß sie an dem alten Herrn Commenthür hing"; Albertini Gußman de Alfarache. „Er (Catilina) het langzeit an im hangen Fulviam ein verleymbte Frawen"; D. v. Plieningen. Der Anhang, 1) wie hchd. 2) angehängtes Schiff. s. Höhenau. 3) Person, welche mit einem Manne lebt, ohne mit demselben verehlicht zu seyn. Grimm, Wbch. I, 366. „Carl der Große hat auch außerhalb der Ehe vil Kinder gehabt, nemlich bey Fraw Gartwind, seinem Anhang, einer Sächsinn..." „König Karl nahm Richild, seinen Anhang zu der Ehe"; Av. Chr. 335. 354. 3) Schnee, oder faserichter Reif, der an den Ästen eines Baumes hängt. BM. I, 611 f. „Bruma id quod in hieme pendet in arboribus, anhang"; Clm. 5685 (XV. sec., 1412), f. 46. „Rîfe und anehanc hât die heide betwungen"; Gotfr. v. Neifen, Haupt 37,1. s. Abhang und Bihang. behangen, vrb. n., hangen, hangen bleiben. Grimm, Wbch. I, 1327. „Marentius behieng also tod an der Brück"; Av. Chr. 246. „Die Feuer-Materie behangt mit den Angeln am Panzergewand"; Fwrbch. „Man behangt, haeret haec res." „In der Predigt war er nie behangen, oratio ejus nunquam adhaerescebat"; Prompt. von 1618. „Der Sünder behangt (im Netz) und bleibt stecken"; Puterbey. Behängen sich mit Jemand, z. B. mit verdächtigen Weibspersonen; alte bayreut. Hoford. Der Bihang (– ᴗ, Ober-Lech; Schrank, b. Reise p. 140), Schnee, der an den Ästen der Bäume hängen geblieben. Grimm, Wbch. I, 1326. „Der Einhang, (ansp. Verordd.) Streitigkeit, Differenz. rechthängig, bey Gericht anhängig, unentschieden. wirzb Verord.

hengen, 1) hängen; (s. henken). 2) lassen, a) Jägersp., einen Hund nach einem Wild hengen. Grimm, Wbch. IV, II, 451,8. 452,5. 6. BM. I, 610: „hängen lassen, insbesondere den Zügel dem Rosse, das Band dem Hunde"; gehen laßen, nachjagen. „Ein jäger mûz beschouwen vil dicke ein vart, die wîl er henget", Labr. 7. „Swaz finster hecken sliufet ... nach dem nicht henge", das. 41, vrgl. 40. „Man sûche, man lâzze, man henge, man beize, man jage, man schieze", das. 43. „Heng und hab! lâ dich die mâze lêren", das. 72. „Doch wil ich nâch im hengen", das. 73. „Ob ich mich an

der morgenfluchte versoume, mîn hengen ist verzogen in die hitze", das. 87. „Nieman kan vol hengen der werlte widergenge"; das. 485, vrgl. 486. „Ob jäger hengen, ich sô nicht erschricke"; Labr. 546. „Slach ich dar oder danne, fürgrîf ich oder henge"; das. 561. Cf. Heppe 220. s. verhengen. b) ablassen, aufhören. 's Diə'nl hàt gsag', bàl' I 's Biərtrink·n *heng*, aft káft s· mər ə˜n heubgspitzət·n Huət ə˜n schö˜n. Hengts, Hengts! ruft bey Höfer (II, 45) mitleidsvoll eine Frau, auf deren Klage ein russischer Soldat Prügel bekommt. Was, sagt der Officier, soll ich den Kerl gar noch hängen lassen? „*Heng!* Ahnl, i' bitt di', *heng áf!*" Stelzhamer 116. 118. „Dem Vögerl had·s g·schmöckt, schier nöt *hengá* had·s g·mögt"; das. 119. s. auffhengen. „Heng, heng, (vox jubentis, aliquid suspensum remitti) mitte, laxa, remitte"; Prompt. v. 1618. „Jedoh must er hengen, er ne mahtez niht gelengen"; Wernh. Maria p. 100. c) ä. Sp., sich anlassen, stellen. „Hengen als er sein nicht wizz (dissimulare)"; Avent. Gramm. d) zulassen, nachgeben; (ahd. gihengan, gihancta). „Mithalten, hengen, consentire"; Avent. Gramm. „Einem hengen, den Zaum nachlassen";
213 Prompt. v. 1618. „Den Weiben nit zu trauen, noch zu hengen"; H. Sachs. s. verhengen. „Ich hab ernstleich in dem mut werben nach der gotes huld, des henget mir, herre, mit geduld", so bittet Gerweich den Bischof; Waldsass. Chronik, Cbm. 91, f. 14. Die Heng, schiefe, abhängige Fläche des Bodens, Abhang, Berghang. Grimm, Wbch. IV, II, 438,3. „Die vier Hengen" im Fechten; Cgm. 582, f. 198. Die Hengnuss, ä. Sp., die Zulassung, Verhängung. BM. I, 611. „Gottes Straf mit Hengnus Krieg und anderer Unfäll"; Ldtg. v. 1605. s. Verhengnuss. '(Der, die, das) Hengel, was Hengnuß; vrgl. BM. I, 612.' „Geb (gæb?) ich den (den Zungen) hengel", Labr. 175. Der Hengel, Art Vogelgericht, (Hangebohne?); Gejaidsord. v. 1616, cap. 22. Grimm, Wbch. IV, II, 439. Die Hengelbirn, Birne von den langstieligen Sorten. auffhengen, 1) aufhängen; 2) O.L., ablassen, aufhören. Heng auff mit deinem Klaffen, Kriegen ꝛc., (höre auf Zoten zu reißen, zu zanken). fürheng (adv.) gên, mit vorhangendem Oberleib gehen; Allgäu. Das Geheng, 1) das Gehänge wie hchd; (cf. Gehenk). 2) die Nachgibigkeit, Nachsicht. Er hat das Geheng von der Muetter, (er wird von Seite der Mutter zu nachgibig behandelt). Der Gehengen (Ghengə˜), die Nachgibigkeit, Nachsicht, (ahd. gihangida, gihengida. „Mit gehengede, cum consensu"; Cgm. 17, f. 82b). Du gibst dem Kind zevil Gehengen. Es hat den Gehengen vom Vater, (der Vater hält ihm die Stange). „Daz si an in (ihnen) der gehenge niht enfunde, daz mans ir iht gunde;" d. arme Heinr. 537. BM. I, 611. 612. nâchhengen, 1) wie hchd. nachhängen. „Der Vatter hat mit seim Nachhengen (indulgentiâ) den sohn verderbt"; Prompt. v. 1618. 2) Einem, ihm nacheilen, ihn verfolgen. Av. Chr. f. 82. 302. 394. verhengen Einem eines Dinges, (ä. Sp.) es ihm zulassen, zugeben, gestatten, L.R. v. 1616, f. 206. 228. 781. BM. I, 611. „Dem Roſſ verhengen" (des Zügels), equo laxare habenas; Prompt. v. 1618. „Daz iht du verhengest, ne permittas"; Cgm. 17, f. 188a. „Wan auch unser lieber Herr und Vater Kaiser Ludwig selig des nicht wollt verhengen"; MB. XI, 298. III, 211. „Pabst Hildebrand scheidet die Eheleut von einander, verhenget allerley Unlauterkeit, und Hurerey hielt er für mehr, denn den ehelichen Stand"; Av. Chr. 424. „Daß doch Ew. f. G. soviel davon zu setzen verhängen . . ."; Kr. Ltgshdl. XIII, 234. III, 241. „Wo sein Weib das guetlich nit verhengen, noch bewilligen wolt." „Ob ainer, on bevelh der andern, mißhandlet und die andern, sölches mit versaumbnuß irer Pflicht, verhengten und zuesähen . . ."; Reform. Ld.Rcht., Tit. XLIV, Art. 7 und LI, Art. 9. „Der convent sol sich (am Grabe) ordnen als dann gefugligkeit der stat und stunde verhenget", (erlaubt, gestattet); Alt. Hoh. 11, f. 95. 80. „Mitverhenger der Gotteslästerung"; Kärnt. Poliz. Ord. 1578, p. 4. Die Verhengnuss, Verhängniss, ä. Sp., die Zulassung, Gunst, Gnade, Einstimmung, consensus. „Darein Uns als römischen Kaiser, aus dessen Verhängniß derselbe Vertrag anfänglich erwachsen ist, zu sehen gebührt"; Kr. Ltghdl. XI, 394. „Ohne Befehl oder Verhängniß des Verschaffers"; wirzb. Ldgr. Ord. „Gib ich dem Abt mein Verhengniß und gueten willen"; MB. XXII, 495. „Wir Wernher von Gots Verhengnuße Abt des Gotshaus ze Wezzelsprunne. . ." „Wir Jörig von Gotes Verhenckhnus Abte des wirdigen Gotzhaus unser lieben Frauen zu Scheyrn"; MB. X, 59. 561; (lat. permissione divina, MB. XXV, 321). Daher die hochd. Form das 214
Verhängniß mit ihrer heutigen Bedeutung, die gewöhnlich nur auf das Üble und Unglückliche bezogen wird, eine Einschränkung, welche sich auch das lat. Adjectiv fatalis in den neuern Sprachen hat müssen gefallen lassen. „Um nicht andre Verhängnußen verfügen zu müßen", d. h. Maßregeln (gegen säumige Contribuenten) nehmen zu müssen; wirzb. Verord. v. 1730.

'Der Hengert, Hangert, Heimgarten, s. oben: Haim und Garten. (Zeitschr. II, 515. III, 530,7. IV, 252,76. 321. 329).'

'Der Hengler, vrgl. Hängelein und Grimm, Wbch. IV, II, 439.' „Weinziher, weinruffer, hengler, holhuper, koltrager"; Mich. Beham, Wiener 311,29.

Der Hunger, (nicht recht erklärbar ist mir die o.pf. Aussprachform Haə˜, davon haə˜ri', hungerig), wie hchd.; goth. huhru-s, ahd. hungar, mhd. hunger; Graff IV, 962. BM. I, 727. Grimm, Mythol.[2] 842. Zeitschr. VI, 156). Der Hungerbrunnen, s. Grimm's Mythol.[2] p. 557. Der Hungertanz, (b. W.) Tanz, der bey einer Hochzeit nach der kirchlichen Trauung und vor dem Mahle statthat. Das Hungertuech, blaues Tuch, womit in katholischen Kirchen zur Advent- und Fastenzeit die Altarbilder verdeckt werden. BM. III, 132. „Hungertuoch, velum templi"; Voc. Archon. f. 40. „Dominica prima in quadragesima nach complet sol das hungertuech fürgezogen werden und die crucifix und andre pild wedeckt werden . . . an der mitboch nach dominica palmarum sol das hungertuech ganntz hingetan werden"; Nonnen-Rituale (sec. XV.), Cgm. 62, f. 92. R.A. am Hungertuch nœen", s. nœen. „Das er das ganz jahr mit gebruch nehen mus am hungertuch", H. Sachs 1612: I, 1076. „Der Gsell am hungertuch must nehen"; das. V, III, 132. 'sich hungern, Hunger leiden.' „Die fruo âzen und trunken und in der füll lebten, den geschach nihts; welhe aber sich hungerten, sam die Walhen pflegent, die sturben"; Konr. v. Megenberg f. 68b, Pfeiffer 112,13. 'hungrig, hunger(?), adj., ahd. hungarag, mhd. hungerc, wie hchd.' „Hungere diete"; Diut. III, 126. 127. „Guotes kesatota er hungerge"; das. 138. hüngern Einen, (O.L.) ihn Hunger leiden lassen.

Der Hengst, 1) wie hchd., d. h. ein unverschnittenes Pferd. 2) (Gebirg), ein castriertes Pferd, ein Wallach; (ahd. hengist, mhd. hengest, hengst; Graff IV, 964. Grimm II, 367. BM. I, 661. Zeitschr. III, 33. 492. 494). „Hengist, cantarios equos castratos", gl. a. 507. 547; „heningest, castalarius vel spado; heingest, eunuchus, spado", gl. i. 35. o. 6. 259. Gl. malb.: „chengisto, caballus spathus." Vrgl. Zeitschr. IV, 494. (Im Gebirg an der östr. Traun ein verschnittener Ziegenbock). Vrgl. Hankelein. Der Barthengst, Laienbruder; s. oben, Sp. 283. Hengistfuotri, plur., ahd., s. Meichelbeck I, 151. Grimm, RA. 315. 3) Vorrichtung, etwas daran aufzuhängen. Zeitschr. V, 446. Der Wagebalken eines Ziehbrunnens; vrgl. das griech. κήλων und κηλώνειον, schwed. hink. Nach B. v. Moll im Zillerthal: das drehbare Tragholz, an welchem der Milchkessel über das Feuer gehängt wird; nach Hazzi's Statist. I, 398: ein gewisser Balken an einer Wasserklause. Werkhengst heißt so viel als Vorwerk (im Wasserbau; Jir.). 4) (ä. Sp.) ein Theil der damaligen Bewaffnung. „Dem Schützen die Henngst und die Armbst nemen“; Öfele, Script. r. b. II, 120. „An Hengst und Harnisch Schaden nehmen“; Lori, Lech.R. 277. Kr. Ltghdl. II, 60. A°. 1539 wird bezahlt „dem Hengstknecht 16 fl., dem Harnischmeistersknecht 12 fl.“; Wstr. Btr. VI, 209. „Zewg zun Hengsten, phaleras“; Dict. v. Plieningen. Zeitschr. IV, 276,8. „Die Englischen schatzten die Leute umb gulden, heingste und tuech“; Ettmüller, Züricherchron. 89. „Umb gulden vnd francken vnd vmb hengeste vnd vmb siden vnd gulden tücher“; Jac. v. Königshofen 332. 5) (schwäb.) eine Art rother Pflaumen. „Pruna asinina, asinaria, Roßpflaumen, hengst“; H. Junii nomencl. 1629, p. 57. Vrgl. Zeitschr. IV, 306: Hengst, Nachbier.

Das Hankelein, (Franken) das Pferd-Füllen; junges Pferd. Zeitschr. IV, 35. 307. Sollte dieß Wort (als Diminutiv, wie Hünkel, alt han-inclîn) mit einer, dem slawischen konj (Pferd) entsprechenden, in Hengst auszuscheidenden Stammsylbe zu vergleichen seyn? Cf. Hänsel, Heinß und Grimm II, 367.

henken (henggə˜, henkng): ich henket, hab gehenkt, bin gehenkt oder (O.L.) gehenken (Aschaff.: ich henk, du hengst, er hengt, wir, sie henken, ich bin, han gehonken, suspensus sum, han gehenkt, suspendi) mit den Compositis, in der gemeinen Sprache statt hängen (suspendere und pendere) üblich; (Graff IV, 768. BM. I, 610). R.A. Es henkt, es stockt, geht nicht vorwärts. Er henkt bey mir, ist mir schuldig. Einen anhenken, fig. ihn nicht weiter kommen lassen. Dà hàts·n *à˜ghenkt*, da kann er (der Fuhrmann,
215 der Trunkenbold) nicht mehr weiter. sich einhenken an Einen, d. h. sich an dessen Arm, Kleid ꝛc. hängen; fig. sich an unsern Herrgott, an einen mächtigen Patron einhenken. Ein Geschäft, ein Handel henkt sich ein, wird schwierig, verwickelt, oder langwierig. behenken, wie behangen. verhenken, ä. Sp., zuweilen auch für verhengen (concedere). „Clemens von ir wankchte dhainer minne er ir verhankchte“; Reimchronik. Die Henké oder das Henket, die Drischel- oder Flegel-, die Sichelhenke, ländliches Fest beym Ende der Dresch-, der Erntezeit; Lori, LechR. f. 474. Das „Gehenk, die Eingeweide, exta“; Prompt. v. 1618. Vilmar, kurhess. Idiot. 148.

hinken, Ptc. gehunken und gehinkt, wie hchd. (ahd. Sp. als Ablautverb.: hincan, hanc, huncan; mhd. hinke, hanc, hunken, gehunken; Graff IV, 962. BM. I, 687). „Ez (das Pferd) hank“; Labr. 178. „Dhain weltleichs mensch ward nie so rain, ez hunch an einem uberpain“; d. Ring 23c,11. „Er hanck auch also mit einem bein“; H. Sachs 1560: II, IV, 20. Aschaff. hickelen. Vilmar, kurhess. Idiot. 167: hickeln, etwas hinken.

Das Hünkel, (Rheinkreis; Weihers, Dr. K. Roth) das Huhn; Zeitschr. VI, 43. (huoniclin, Tat., Matth. 23, 37. gl. o. 109; honincli, a. 674. BM. I, 626); Aschaff. Hinkel, wie Birkel (Beere). s. oben, Sp. 264. Vilmar, kurhess. Idiot. 170. s. oben, Sp. 1119: das Huen.

Hans, wie im hchd. 1) die verkürzte Form des Namens Johannes (ä. Sp. Johanns, Gen. Dat. Acc. Johannsen); Zeitschr. V, 76. 448. 471. VI, 451. 458. 459. 2) verächtliches oder scherzhaftes Appellativ für Mannsperson überhaupt, besonders in gewissen, meist auch hochdeutschen Redensarten. Grimm, Wbch. IV, II, 455 ff. Willems, belgisch Museum IV, 156—169, wo auch von Hansken in den Kelder die Rede. Zeitschr. V, 76. 448. „Die großen Hannsen, optimates, primates, proceres“, Avent. Gramm. F. J. Lipowsky in seiner Argula von Grumbach p. 9 bemerkt, nach Hund, St.B. II, 307: „Johann von Stauf wurde im J. 1465 nebst dem Johann von Degenberg und dem Johann von Aichberg vom Kaiser Sigmund in den Freyherrnstand erhoben. Als diese drey an des Kaisers Tafel speiseten, machte der Schalksnarr folgende Verse auf sie:

Allergnädigster Kaiser,
dieses sein drey groß Hannsen aus Bayern zwar,
aber über hundert Jahr
wird ihr seyn weder Haut noch Haar.

„Es regiert der Pöfel seines Gefallens, und namen Inen für, daß sie von der Unwahrheit wegen, die man Inen fürhielt, alle großen Hansen wölten zu tod schlagen und die Statt Rom von neuem plündern“; Hist. der von Freundsberg. „Zum andern sollen sie ainen aid zů gott tůn groß und klein Hansen“, (Kriegsleute, wie: Arm u. Reich); Fronsperger 1555, f. 76a. „Schwere klag uber den Hansen, (armen Sünder); das. f. 76b. Cf. cesk. honosny, prahlerisch; honosym se, sich prahlen. ə˜ sakrischə' *Hannəs*, (Weibsperson, b. W.). Zeitschr. III, 256. VI, 451. Das Hanädemchə˜ (Hans Adam), Aschaff., eine Art Brodes. Die Hanshalterin, scherzh. statt Haushalterin.

Der Hänsel (Hánsl·), das Hänselein (Hánsə-l, Hánsál), 1) der Taufname Johann im familiären Ton. Grimm, Wbch. IV, II, 462. Zeitschr. III, 1. 316. 372. IV, 155. 113,68. Scherzh. Mêt-Hänsl, Johann Baptista, weil an diesem Tage die Bursche ihre Mädchen zum Meth führen; Wei˜Hänsl, Johann Evangelista, weil an diesem der Johanneswein (Minne) getrunken wird. 2) sehr gewöhnliche Benennung eines männlichen Pferdes. Vrgl. Heinß, Heiß. 3) Vorrichtung zum Halten, Tragen ꝛc., z. B. Stifelhänsel, Stiefelzieher. Die Hänselbank, Schnitzbank. (Vrgl. Hainz, Hainzel, Knecht). Der Hupfhänsel, s. Hupfhainzel. 4) auf dem Lande: weiblicher Unterrock; (in Köln, Büren: der Jossep, Jussep; Firmenich I, 465. 479). Vrgl. auch Zeitschr. V, 168,151: Hansop. Ir Kerl haißt Hän- 216
sel, sagt man ironisch von einem Mädchen, das keinen Liebhaber findet. Der Tanzhänsel, der blos zum Tanze angezogen wird, muß besonders bunt und farbig seyn. Im Pinzgau wird ein feineres, nur den Rumpf bedeckendes Vor- oder Oberhemdchen der Weibsleute also genannt. R.A. Hans haißen, vorzüglich seyn in seiner Art. Dés is ə˜ Biərl, dés *haəsst Hans*. Cf. česk. piwo samec, (samec, das Männchen von Thieren). Dé Predi', dé də' Hèr hei˜t tà˜ hàt, *hàt Hans ghaəssn*. Zu: Hans in allen Gassen hat das Prompt. v. 1618 auch: „Hans Unfleiß, Vcalegon.“

Die Hanse, Hansa, (ä. Sp.) eine Handelsinnung oder ein Handelsgericht; Grimm, Wbch. IV, II, 462 f. „Concedimus mercatoribus de Hamborch, quod ipsi habeant *Hansam* suam“; Urk. v. 1266. In *Hansam* recipere aliquem, in die Innung aufnehmen. Noch bis zur neuesten Zeit bestand in Regensburg (auch in Wien) die im J. 799 von Karl d. Gr. hier, wie in einigen andern Handelsplätzen, errichtete Hans, deren Vorstand Hansgrâf (auch in Wien: Hansgraf, später Handgraf. Vilmar, kurhess. Idiot. 149) genannt wurde, und welche in Händeln mit und zwischen Künstlern und Handwerkern oder in Marktstreitigkeiten zu erkennen hatte. (s. Plato's Urspr. des regensb. Hansgrafenamtes). „Domino Gerhardo *Hansgravio* civi Ratisponensi“; MB. XI, 357, ad 1240. Ried 383. Kr. Ltghdl. X, 529. „Und swen man den hansgraven nimt, so sol er des sin triw geben, daz er der hanse pfleg mit guten triwen“; Urk. v. 1281. Der Hansgraf und die Hans sollten nichts handeln und berathschlagen als Handlungsangelegenheiten, (ad 1333); Gem. Reg. Chr. I, 415. 500. II, 172. III, 211. Tatian (Matth. 27,27): „Thie kemphon . . . gesamanotun alla thia hansa“, (universam cohortem). Graff IV, 978. Bey Ulphila ist τὴν σπεῖραν (Marc. 15,16 und Joh. 18,3) durch hansa gegeben. Cf. angels. hôsa, hôse (Beow.). Willems im belg. Museum IV, 156—169.

hansen, hansnen, hänseln, vrb. act., Einen mit gewissen Ceremonien, worunter vorzüglich die gehört, daß auf seine Kosten brav getrunken wird, in eine Gesellschaft oder Anstalt aufnehmen; bey so einer Aufnahme den neuen Genossen etwas zum Besten geben; verspotten, aufziehen; (cf. hamsen). Grimm, Wbch. IV, II, 464 f. Vilmar, kurheß. Idiot. 149. Zeitschr. II, 403,41. 516. III, 366,19. V, 448. VI, 328,157. Kilian: hansen, verhansen, hanse winnen. Man leitet das Wort gewöhnlich vom alten Hans, Hanse, Gesellschaft, ab. Es mag aber auch das englische hansel, der erste Handkauf, (les etrennes, strena), the hanselling, das Geben oder Lösen des ersten Geldes (vermuthlich von hand und to sell), in Betracht kommen. Der Hanseler, (Frankfurt a. M.) Kärrner. Das Wort: gevannst, welches in der Reichenhaller Sudord. v. 1509 (Lori, BergR. p. 140) vorkommt, ist wol nur ein Druckfehler statt gehannst. „Das sogenannte Hänseln auf Reisen unter Kauf- und Handelsherren wie auch andern Mitreisenden ist ein löblicher uralter Gebrauch . . .“; neu aufgerichte Röbenbachische Hänselordnung (s. l., 1697 in folio). Kiefhaberiana 33, c. Noch eine bayreuth. Verord. von 1738 verbietet, diejenigen, die das erste Mal zu Gevattern stehen, zu hänseln. Cf. in Kadiusiana II über die academische Deposition von F. V. Pfenning.

Die Hansen, die Geburtstheile der Kuh; auch Ansen.

Der Heinß (Hei˜ss), das Heinßelein, das Pferdefüllen. Vrgl. Zeitschr. IV, 35. 314 f. heinßen (hei˜ss·n),
217 wiehern. s. Heiß, Hänsel, Hainzel und Hankerlein.

'Die Hüensche, eine Euterkrankheit der Kühe; s. Vilmar, kurheß. Idiot. 179. Zeitschr. IV, 261,7.'

hinstə, hinztə, desto; s. instə.

---

heint (hei˜d), heute. In einigen Gegenden, wie z. B. im b. W., wo neben heint auch heut (huit) vorkommt, (Fulda: hütt, hodie, hint, hac nocte, die vorige oder künftige Nacht; Dr. K. Roth), deutet jenes mehr auf den Abend und die Nacht, dieses mehr auf den Morgen und den Tag; — ein Grund für die Ableitung des Contractums heint (mhd. hinte, hînt; BM. I, 300 f. Graff II, 1020. Vilmar, kurheß. Idiot. 160. Zeitschr. I, 256. 290,4. II, 138. 189,1. 556,17. 518. III, 176,21. 189,41. 329. IV, 104,18. 252,72. VI, 148. 172) aus hînacht, hianaht (schweiz. noch jetzt hinecht, wie in der Dauphiné: anuit). Heint, diesen (vergangenen oder künftigen) Abend; (Aschaff., Dr. Kittel). „In nocte, in der naht, hinet“: Cgm. 17, f. 174b, Ps. 118,55. „Heint laget dir der tievel“, Ps.-Übersetz. (sec. XIV.), Docen's Miscell. I, 45. „Hat dein hausfraw heint (hac nocte) ein chint gewunnen?“ Cgm. 54, f. 32a. „Süch mir heint ein schonez weip daz die heint pei mir slaf“; das. f. 62b. „Solt Adam noch hewt leben vnnd heint sterben, was hulfen im die langen tag“, Cgm. 71, f. 5a. „Do ich heint bei euch sliess“, Cgm. 414, f. 97b. „Ich wil heint (diese Nacht) in der capelln sein“, Cgm. 714, f. 131. 219. „Ain ros das hin fuer geruret hat. So sneyd im die werzen auf dem kegel und heb den fues auf und peys im an dy andern derestung und sprich iij p̄r n̄r vnd aue maria“ (??'Hieher?'); Cgm. 4543, f. 248; (Windberg, 1505. Es kommt im Buch sonst fast nichts Abergläubisches vor; doch zuletzt). Heinacht, Buch d. W. 1485, f. 37. „än guetən *Heunt*“ wünscht Hans dem Jodl; Lindermayr 58. zem heint (zə'n hei˜d, eben am heutigen Tage), z. B. ists 3 Wochen, daß . . . heintig, heutig. R. A. ə˜ hei˜tigé Zeit sey˜, von Zeitpunkten: vor der Thür, gleich da seyn. Jacobi is ə˜ *hei˜tige* Zeit. Miə' sán' àlle *hei˜tigé*, hinfällig; (b. W.). Vrgl. hie und hin und nächt.

hint und hinten, adv., wie hchd. hinten, (ahd. hintana, mhd. hinten; Graff IV, 701. BM. I, 690). Etwas hinten haben, d. h. Geld auf Zinsen oder auch im Schranke. Vrgl. hinterlegen. hintabher, hintanher, hintauffher, hintaußher, hintfürher, hintnachher, hintumher (hintàbə, hintànə' ꝛc. — — ᴗ); hintabhin, hintanhin (hintàbi ꝛc. ⏓ — ᴗ), oder hintherab (hintrà' ꝛc.), hinthinab, hinthinan (hintnà', hintnà˜ ꝛc.), hinten herab, hinab ꝛc. R. A. Du kà˜st mi' *hintummi* hébm! ein sehr verächtliches: Ich will nicht, mag nicht. Ja *hintaussi, hintummi* (⏓ᴗ ᴗ) oder: *hint'naus, hint'num!* (— ᴗ), umgekehrt; glaub es nicht! Zeitschr. VI, 97. 151. Der Ob.Pfälzer setzt zu seiner Betheurung Strâl, Blitz noch das Nebenwort hintanher. Strâlbliz *hintanə!* Der Zillerthaler sagt: mein Sêle hinten! (in Wahrheit!). Hint und vorn, 1) eigentl. 2) R. A., durchaus. Zeitschr. VI, 151. Der is *hint und vorn* nicks nutz. Dem is *hint und vorn* nicks rècht. hintbleiben, zurückbleiben. hintlâßen, zurücklassen, hinter sich lassen, hinterlassen. Liəbə' tát I 's Hemed və'sétzn, àls dás I ə˜ Komödi *hint lâssət*. hint sein, zurück seyn; von Weibspersonen: in den Wochen seyn. dahint, dahinten, hinten.

hinter, praep. u. adv., 1) wie hchd. (ahd. hintar, mhd. hinder; Graff IV, 702. BM. I, 690. Zeitschr. VI, 151. 252). R. A. Hinter mir, dir ꝛc. oder: hinter meiner, deiner ꝛc.; hinter irem Mann, hinter seiner Frau ꝛc., ohne mein, dein, ohne ihres Mannes, seiner Frau ꝛc. Wissen. „Was Wir als regierender Fürst beschlossen haben, das verändert er hinter uns nach seinem Gefallen“; Kr. Lhdl. V, 157. Hinder der kays. Majestät; Ltdg. v. 1514, p. 195. „Hinder mein Wißen und Willen“; MB. IX, 289. „Hinder jederman, da niembt nichts drumb waiß“; Prompt. von 1618. Ebendaselbst findet sich auch die R. A. „hinder Gott und vor Gott bitten, coelum terramque contestari.“ s. hinterrucks, hinterwärtig und hinterweg. Hinter den Âtem kemen, außer Athem kommen, besonders von Kindern, wenn sie zu sehr schreyen. R. A. Hinter die Schuel gên, statt in die Schule anderwärts hin- 218
gehen, faire l'école buissonière; bey Studenten: die Collegia schwänzen. Hinter ein Geld kemen, zu Gelde kommen. Einem dahinter helffen, ihm dazu verhilflich seyn. „Was ist dir denn zu mut wenn du hinder dich gedenkst“; Cgm. 714, f. 237. hinter Einen gên, kommen ꝛc., (ä. Rechtssp.) auf Einen compromittieren. „Also chom es von dem Rechten hinder vier erber man . . .“ „Als wir von dem Recht waren gangen hinder vier erber man, die sich der Schidung an hetten genommen durch ir treu“; MB. IX, 213, ad 1377. s. Hintergang. 2) kam und kommt häufig statt unter vor. *Hintə'* d· Leut gê˜, unter die Leute gehn. „Du bist gewenədeiət *hintə'* den Weibə'n“, du bist gebenedeyt unter den Weibern; (Ave Maria, U.L.). *Hintə'* də' Kirchə˜, unter der Kirche, d. h. während des Gottesdienstes. Wàs *hintər* ə˜n Guj'n is, was unter einem Gulden ist. „Ist daz gestolne gut vber zwelf pfening, man sol In (den Dieb) hahen, ist sein herhintter (ist es darunter), ez get im hintz haut und hintz har“; Rechtb. v. 1320. Wstr. Btr. VII, 74. „Er selb dritte, und herhinter nicht“; ibid. 19. „Miər stennə *hintə'* Passə“, wir stehen unter dem Bischof von Passau. „. . Daz ich geheurat han hinter das Gotzhaus ze Rot“; MB. II, 38, ad 1381. „Und hätte Einer dergestalt mehr Vortrags (Vortheil) hinter einem Edelmann, dann in einer Stadt oder Markt“; Kr. Lthdl. XIII, 116. s. Hinterlaß. hinterbleiben, unterbleiben. hinterstên, subire (opus); Windb. 107, f. 3b; (vrgl. sich unterstehen). hinterfür, hinter für sich, hinterherfür, adv., 1) verkehrt, praepostere; irr im Kopf. Zeitschr. V, 407,42. VI, 151. s. hintersinnen. hinterfüeren Einen, ihn hintergehen, hinter's Licht führen; wirzb. Verord. Der Hintergang, das Compromiß. „Den hinterganckh thuen“; Katzmair, Cgm. 929, f. 35, oberbayr. Archiv VIII, 23. „Darum der Irrung wegen haben Wir einen Hintergang gethan auf die hochgebornen Fürsten N. N.“; Kr. Ltgshdl. I, 46. hinterhalb, herhinterhalb,

hinter (dem Sprechenden näher), hinhinterhalb (dem Sprechenden ferner). „Es sind alle zwai Häuser hinterhalb 's Wirths; herhinterhalb ist 's Schuesters, und hinhinterhalb ist 's Mayrs.“ 'hinhinter, adv., zurück, rückwärts; BM. I, 690.' „Des (vom Fasten) gurt ich dreier loche an der gurtel mein hinhinder“, sagt Maier Helmbrecht, V. 1128. hinterher (hintərə'), nach hinten her (zum Sprechenden); hinterhin (hintəri, hintri, o.pf. hinti), nach hinten hin (vom Sprechenden weg), hinunter. *hintə˜* d· Tür hintri. hinterhin gên, kemen, von Schwangern auf dem Lande: sich in die hintere Stube oder Kammer zurückziehen, niederkommen. „Rachel was swanger, si tröch sun den ander, ire wart vil we do si sin ze chemenaten gie“; Diut. III, 88. Eine Wohlhabendere, die hinterhin gekommen ist, bleibt sechs Wochen hinten, bis sie wider fürhin gêt. (Wol nach dem hchd. niederkommen mit ... entspricht das holländ. „bevallen van ...“: Zy is van eenen zoon bevallen, mit einem Sohn niedergekommen. Bevallen ist übrigens unser gefallen, placere.) Gêst *hintəri!*? Befehl an den Hund, sich unter Ofen, Tisch oder Bank zu legen, oder hinter den Sprechenden zu gehen. Einen Verstorbenen hinterhin richten, (O.Js.) ihm die Gottesdienste richtig halten lassen. Die Hinterköse, ä. Sp., Nachrede, (BM. I, 864); s. kösen. 'hinter legen, wie hchd. hinterlegen; vrgl. oben: hinten haben. Vrgl. BM. I, 993.' „Sie legten das Gelt hinter ein arme Witwen sie solt jhn (ihnen) das behalten.“ „Das Gelt wart hinder das Gericht gelegt“; Joh. Pauli 37. 41. hinterleitig, hinterleitisch, adj., auf einem Berghang (einer Leiten) liegend, welcher sich gegen Norden senkt, und daher wenig Sonne
219 hat: ə˜ *hintə'leiti's* Fəld; b. W. hintersünnig. Auch dem Schweizer heißt hinten gewöhnlich die Nordseite, wie vorn die Südseite. Stalder, Dialektologie p. 234. Cf. Heliand 73,23. und Glossar. saxon. p. 38. Grimm, Mythol.² p. 30 f. Der Hintersaß, Hintersesß, der „hinter“ (unter; vrgl. oben) einem Herren als Grundhold u. drgl. sitzt, d. h. ansäßig ist; s. Kr. Landtghdl. XII, 314—322. Cbmkl. 345, p. 70. „2 Stockauische Hintersaßen, (d. i. zur Hofmark Stockau gehörige Bauern) in Ebenhausen“; Welsch, Reicherzhofen 14. 18. Um Nürnberg ist heutzutage ein Hintersäß, wer bey einem Bauern zur Miethe wohnt. Auch in Gem. Reg. Chr. II, 19, ad 1339 sind Hintersaßen Miethleute. Vrgl. Vilmar, kurhess. Idiot. 170: Hintersiedler. hintersich (hintə'schi), rückwärts, dem fürsich (fürschi) entgegengesetzt. Zeitschr. VI. 151. 527,3. „Retrorsum, hintersich“, gl. i. 996. Psalt. Windb. saec. XI. Ich gê, du gêst, er gêt hintersich. Mit meinem Hauswesen gêts hintersich. sich hintersinnen, wahnsinnig werden. Der Hinterstand, die Hinterstell, das Zurückbleiben, die Einstellung, der Rückstand, der Abgang, das Mangeln. In die Hinterstell kommen, eingestellt werden, ins Stocken gerathen, zurückbleiben. hinterständig, hinterstellig, adj., rückständig, zurückgeblieben, von früher her abgängig. Vilmar, kurhess. Idiot. 170. „Nun ist noch hinderstellig (übrig), zu beschreiben, wie....“; Isargesellsch. v. 1703: IV, 99. „Beambte, welche in ihrem Ambt hinderstellig worden“; Weirer. „Hinterstellige, gichtige und bekanntliche Schuld und Gilt“; Kr. Lhdl. XVII, 263. IX, 370. hinterwärtig, adj., hinterwärtling, adv., (b.W.) im Rücken, hinterrücks, nach hinten zu, hinterher. 'BM. III, 598. Vrgl. Th. IV: -wärtling.' „Wann es dir hinterwertling geschicht“; Cgm. 714, f. 10. Zeitschr. II, 519. III, 139. hinterweg eines Andern, ohne sein Wissen; Ldtg. v. 1514, p. 195. hindern, vrb. act., wie hchd., (ahd. hintarjan, mhd. hindern; Graff IV, 704. BM. I, 691). sich verhindern, hinten oder zurück bleiben; Freyb. Samml. IV, 279.

hinter, adj., wie hchd. (ahd. hintara, hintroro; Graff IV, 703. BM. I, 690); der herhintere, der hinten und dem Sprechenden näher, der hinhintere, der hinten und vom Sprechenden weiter weg ist. Der Hintern (Hintə'n, s. Gramm. 832), der Hintere, der Steiß. Das Hintere, ahd. daz hinderora; Diut. III, 140. Das Hinter kriegen, der Hinterste, Letzte werden. „Einen auf das Hinderst (äußerste) schmähen“; Av. Chr. Das Hintertraid (Hində'traəd), oder blos: das Hintere ('s Hintə'), ein Hinteres, (Baur, Th. Mjr.) das After-Getreide, das bey der Windmühle hinten abfällt. „Die Schliffeln von Zehendbauern bringen nichts mehr, als das Hintere, anstatt gutem schrannenmäßigen Getraid“; Bucher's s. W. IV, 275. Der hintere Wind, (Baur) Westwind.

'hunten, aus hie-unten, s. hie.'

---

hintscheln. In Gemeiner's Regensp. Chr. IV, 23, ad 1498 heißt es: „Der Metzger, der in dem Jahre, in welchem an ihm die Reihe war, Schweinefleisch hintschelte und arbeitete, durfte dieses Jahr hindurch kein andres Fleisch feil haben“. Bey Scherz ist hanscheln handieren.

Der Hainz (Haə˜z, o.pf. Hài˜z), 1) alte Corrup- 220
tion des Taufnamens Hainrich, (s. Hainel). Zeitschr. VI, 450. 458. „Vom springenden Hainzen im Neuen Spittal“ (zu Nürnberg); Cgm. 3587, f. 23. Dieses Quellwasser „springt auß einem Männlein, der Hainz genannt, in etlichen starken Röhren herauß“; (also nicht aus einer, wie beym Brüsseler „Manneken Piß“). Diminutiv: Hainzl. „Mit urlaub lieber Haincźl, salvo tuo honore et cum licentia, care Heinrice“; Windb. 204, f. 165b. 2) verächtliches oder scherzhaftes Appellativ für Mannspersonen. Zeitschr. VI, 183 f. („Eutropius, ein Verschnittener war mechtig an des Kaisers Arcadius Hof. Diser Hainz was auch ein Geltnarr“; Avent. Chr. 273); besonders für einen dummen, läppischen Menschen; (vrgl. Hienz). 3) (OPf.; Weihers, Dr. K. Roth) der Kater, Vilmar, kurhess. Idiot. 160. Zeitschr. IV, 315. 4) Vorrichtung zum Halten, Tragen u. drgl. Zeitschr. V, 446. Der Stifel-Hainz, Stiefelzieher; Heu-Hainz, (Allgäu) Pflock mit Querhölzern, dienlich, Heu zu trocknen. 'Cf. schwed. hässja, sbst. fem. u. vb. act.'; das Heu wird auf hässjor auf gehängt und gehässjat, (in Dalarne), Arndt, Reisen durch Schweden II, 273. Der Hainz-Kopf, Kopf an der Schnitzbank. s. Hainzel. Der Hainz-Krueg, (Ilz) Krug, der über der Öffnung eine Handhabe hat. Kilian: heynse, ansa; heyns-korf, corbis ansata. hainzen, (Allgäu) Heu auf Pflöcken trocknen. „Der Hainzebockerlein, (Nürnb., Hsl.) der Teufel, wenn man ihn glimpflich benennen will.“ 'Vrgl. Grimm, Mythol.² 471. 947. 955.' Die Heinzelmännchen, s. A. Kopisch, Gedichte: „Allerlei Geister“, (Berl. 1848), S. 88. Vilmar, kurhess. Idiot. 160.

Der Hainzel (Haə˜zl, o.pf. Hài˜zl), (wie Hainz aus Hainrich contrahiert?) 1) (Nürnb., Hsl.) junges männliches Pferd. (s. Hänsel, Heinß und Hienz). 2) (Würmsee) die Fischmöve, sterna hirundo L. s. Fischervogel und Geyr. 3) ein Kraut: „Proserpinata, wegtrit, heintzlin bey dem weg“; Clm. 16487, f. 100. 4) Vorrichtung zum Halten, Tragen rc. vrgl. Hainz. Der Stifelhainzel (Stiefelzieher). Die Hainzelbank, der Hainzelbock, die Schnitzbank, Drehbank. Der Hupfhainzel, der sattelförmige Brustknochen eines Stückes Geflügel, insoferne die Kinder ein von selbst aufspringendes Spielwerk daraus machen; auch Hupfhänsel. 5) Covent- oder Nachbier, durch Aufgießung kalten Wassers über schon einmal abgesottene Trebern bereitet. Vrgl. unten: Kaspar. Das Bier durch Nachbier (Heinzlein) und Wasser verdünnen; bayreuth. Verordn. von 1834, bayr. Nationalzeitung 1834, p. 1066. Gegen Bier, durch Heinzlein verdünnt. Bamb. Magistratsverord. v. 21. May 1844. 6) verächtlich: Comödie; Nachspiel. Vrgl. unten: Kaspar. „Es sind sogar einige, welche glauben, das ganze Schulwesen der Jesuiten wäre weiter nichts als eine Comödie, oft gar nur ein Jesuitenhainzel, d. i. eine gar schlechte Comödie gewesen“; Bucher's s. W. II, 9.

„Den 1. März 1677 und 21. Februar 1678 haben die Patres und Schuelknaben auf dem obern Saal einen Hainzl gehalten“; Not. des Abts von St. Zeno. Den Hainzel spilen mit Einem, oder: Einen hainzeln, sein Spiel mit ihm treiben. „Atheisten, die mit Gott und Menschen nur den Hainzel spilen wöllen.“ „Ihr spilt mit der göttlichen Geduld nur den Hainzel.“ „Gajanus spilte mit Maria ein lästerlichen Hainzel.“ Selhamer. Des Jesuiten Schönsleder Prompt. v. 1618 erklärt Hainzl durch „Gauckelmännlein (Marionette); Hainzl spilen, ludere larvam masculam, Atellanas dare.“ Vrgl. oben: Hainzelmännchen.

hinz, hunz, hinzt, hunzt, 1) vrgl. hinze (unter hin). 2) bis. Zeitschr. III, 328. IV, 104,16. 479. VI, 151. *Hinz* Oustə'n, *hunz* Michêli, *hinzt* à˜'n Hàls. „Hinzt an die zeit, das . .“; MB. IX, 77, ad 1493. „Huntz das es gehailt.“ „Als lang huntz sich das recht verget.“ „Huntz das er im sein gut vertig“; Heumann, opusc. 76. 108. 120. Vrgl. unz; (VII Com. funz).

'hinzá, hinzig, adv., jetzt: Zeitschr. II, 140; vrgl. IV, 244,16. 537,1. V, 252,2. 256,112. 393,22. 505. 511: *hiətz*, *hiətzund*, *hîətzig*.'

Der Hienz (Heə˜z), 1) dumme Person; (vrgl. Hainz, 2). 2) ungarisches (?) Pferd. hienzen (həe˜z'n) Einen, ihn zum Besten, zum Narren haben. „Und aso *henzst* á fort“; Reitzenbeck II, 90. „Wannst mi' nit *hearnzst*“ (= heə˜zst); Seidl, Flinf.³ p. 42 und 310: *hearnz'n*, *hianz'n*, aushöhnen, hänseln, bespötteln; Iterat. von höhnen. Vilmar, kurhess. Idiot. 170: *hînzeln*, spotten, höhnen.

221 hunzen, aus-, ver-, wie hchd. Grimm, Wbch. I, 889. Zeitschr. III, 137. 252,208. V, 215. 465. „Amàl hàb i' frei 'glaubt, i' wir' á weng *g'hunzt;* àba' Schàd um den Stràch der danebn get umsunst“; Kartsch II, 88. (Vrgl. agſ. huntian, engl. to hunt?). hunzig, schlecht, erbärmlich. (Aus der Genitivform hunds gebildet? s. Hund). Cf. česk. huntowati, schlachten, metzgen; huntowati, humtowati, verhunzen.

(Vrgl. Hab, heb, 2c.)

happen, happeln. Grimm, Wbch. IV, II, 472. Vilmar, kurhess. Idiot. 150. Zeitschr. II, 227. V, 147. VI, 212: hippeln, hippelig. Ein solches Verb setzen voraus die Formen: happelig, übereilt, hudlerisch; der Happeler, der Happerdidel (Hàppə'di'l), übereilter, närrischer Mensch; happerdätschig (happədatshi'), übereilt, närrisch; das Gehappel. s. hoppen. Vrgl. fa'happl'n, verzärteln; Castelli, Wbch. 122.

Die Heppen, (Franken) Gartenmesser, Hackmesser, Hippe; (ahd. happa, mhd. heppe; Graf IV, 752. BM. I, 661. Grimm, Wbch. IV, II, 471. 472. Zeitschr. V, 347. Vilmar, kurhess. Idiot. 164). s. Heben.

Die Heppen (Hèppm), das Heppelein (Hèppə-l), 1) Ziege, besonders eine junge, und wenn man sie lockt: *Hèppə-l* sè! Vilmar, kurhess. Idiot. 164. Zeitschr. II, 414,103. 516. III, 262,63 IV, 52. 160. 311. 312. V, 448. VI, 131,14. 2) (b. W.) Mädchen, das sich dem mannbaren Alter nähert. „Du ricksə˜ds *Hèppə-l*, moust á scho˜ überàl sá˜, wou mə˜ 's Gàissl henkt!“

> *Hèppə-l* gmè gmè,
> und ə˜ Schüssə-l voll Hè
> und ə˜ Schüssə-l voll Wanz'n,
> mècht 's Hèppə-l gə'n tanz'n.

Die Heppengaiß, O.Pf., die Moosschnepfe, Becassine. Vielleicht von ihrer meckernden Stimme.

Die Hippen (Hippm), oblatförmiger Kuchen; wird er nach dem Backen zusammengerollt: Holhippen (Hólippm). Weigand, Wbch. I, 508. Zeitschr. VI, 238. „Crustula mellita, Lezelten, Leckereien, Holippen“; H. Junii Nomencl. 1629, p. 54. „Lezeltlen, Holippen, Pomeranzen“, Wstr. Btr. V, 92. holhippen, holhippeln, ausholhippeln Einen, ihn schmähen, lästern. Zeitschr. VI, 374. „Sie holhüpt mich mit worten aus“; H. Sachs 1612: I, 1049. „Er (der Prediger) hüppelt sie (die Zuhörer) aus rein und sauber als ob sie weren dieb und rauber“; H. Sachs 1560: IV, III, 39 (1612: IV, III, 87). Vilmar, kurhess. Idiot. 171. Der Hippenbueb (ä. Sp.) Spitzbube, Schlingel. Vilmar, kurhess. Idiot. 171. Zeitschr. VI, 238. „Nebulo hollehipper quaerit nebulas hollehipp .i. panes dominorum“; ZZ. 1553, f. 15. „Weinziher, weiruffer, hengler, holhuper, koltrager“, (Cod. B. „holhippen khorbtrager“); Mich. Beham, Wiener 311,30. Ein Hüppelman oder Hüppeler spricht bey H. Sachs (1560: IV, III, 62. 1612: IV, III, 137): „Wo ich hineingeh int Wirtsheuser so wirt mir offt ans Ohr ein Fewser so ich bei mir falsch würffel hab“. . . „So ich verleus das hüppelvaß so geust man mich triefwassernaß.“ hippenhüebisch, adj.; Zeitschr. VI, 238.

Hippədippə, (hüp in Tüppə˜ herein?), eine Art Gesämes, aus welchem man Öl preßt, — nicht Leindotter.

hoppen, hoppeln, hoppern, sich auf und nieder bewegen, wie ein schlechter Reiter auf einem trottenden Pferde. BM. I, 710: hoppen, huppen, hüppen, hüpfen, springen. Kilian: hoppen, saltare, motare. Zeitschr. III, 252,191. V, 448. VI, 154. Cf. hoppsen. Was vil umb herren hoppet, das mocht wol gehangen, hor ich sagen“; Valkn. 131. s. happeln.

Der Hoppaldei, Hoppalrei, ä. Sp., eine Art des Reien. BM. I, 22. II, 655. Liliencron in Haupt's Zeitschr. VI, 81: „den hoppaldei springen.“ „Sus machent umbe den gigen ie zwei und zwei ein hopelrei“, Görres, Volksl. XV. „Ein de kan nicht up den voten stan und wil lijke wol den hüppelreyen treden“; Büsching, wöchentl. Nachr. I, 222. Iduna und Herm. Nr. 6. Vrgl. brem.-niederſ. Wbch. II, 655: „Hophei, eine lustige Zusammenkunft gemeiner Leute, wo getanzet und gesprungen wird: Lärm, Getümmel. Zeitschr. V, 148.

Der Hopphê, Hoppehê, Hoppetihê (Hoppətihêi), das Hopphêlein, (Franken, Diminutiv, wie henneberg. Hoppəhêche bey Brückner) im Scherz oder verächtlich: das Hab und Gut, das Vermögen, die Habseligkeit. Zeitschr. VI, 212. Sei˜ ganz *Hopphêlə*. Beide Elemente des Wortes sind mir dunkel. Sollte die letzte Hälfte vielleicht aus hel (hêil, ganz) corrumpiert seyn. „Er kam mit Weib und Kindern und allem Hel“, cum omni toto. s. Reinwald, Henneberg. Idiot. Vrgl. hupp-áf! huppələ-r-áf! (Zeitschr. VI, 156) heb' dich in die Höhe, (zu Kindern die man vom Boden auf den Arm nimmt, (schutzt), und oben, Sp. 43: Dés is all mein *'Af əd Nidə'*, mein ganzes Vermögen.

Die Hoppen (Hóppm), die Pocke, Blatter auf der Haut; die Finne im Gesicht. „Lentigo, rot hoppen unter dem angsicht, Laubflecken; Nomencl. v. 1629, p. 208. 'Vrgl. der Hoppər, eine kleine Erhöhung, Unebenheit.' Castelli, Wbch. 171: „der Hopa'n, ein gefrorenes oder erhärtetes Stück Erde, welches auf dem Wege hervorragt; hopari' sain.“ hóppət, adj., voll Finnen; (vrgl. Hüppel).

„hopataschi', adj., stolz, hochmüthig, unzugänglich“; Castelli, Wbch. 171.

Die Höppin (Héppin), (am Gebirg) 1) die Kröte, rana bombina. „Da thain d' *Höppingá* (d. h. Höppinnen) reiten und spürzen áf d' Leut“; Stelzhamer 70. „*Heppin*, plur. *Heppiná* (-◡◡), Erdkröte, rana bufo; von hoppen, sich auf und nieder bewegen, hüpfen“; Seidl, Flinserln 1839: II, 98, (1844: p. 310). Vrgl. VII Com.: haffa, affa, Kröte. Zeitschr. II, 518. 2) verächtliche Benennung einer Weibsperson. „Dé *Héppin* hàt gschriə˜ und glebrizt àls wiə bséss'n.“ „De punzət *Höppin*“, tir. Kirchtag 1819, p. 46. Zeitschr. VI, 154. Die Höppin stinkt vor Hoffart; P. Abraham. Dürfte hiezu ein Mascul. der Hopp (Hüpfer?) vorausgesetzt werden? Vilmar, kurhess. Idiot. 175. Zeitschr. IV, 53. V, 66,85. VI, 212. 362: der Höpper, Frosch. Vrgl. Zeitschr. III, 561. Frisius hat: „rana, ein Frösch oder Hoppzger“).

„Hupp, ungula“; Clm. 4394, f. 176. Vrgl. Diefenbach 627ª.

hupp! Jägerruf. huppen, durch diesen Ruf sich kund geben. Zeitschr. III, 277.

Die Huppe, Springen-Rinde, im Frühjahr von Knaben zu einem Instrument zugerichtet, das einen trompetenähnlichen Ton gibt, (Dr. Kittel); Hirtenpfeife aus Rinde: dé *Hupp; hupp*, vrb., damit pfeifen; (Weihers; Dr. K. Roth). Zeitschr. V, 169.

Der „Hüppel, (Nürnb., Nptsch., Hsl.) Hügel.“ Vilmar, kurhess. Idiot. 179. Zeitschr. II, 552,36. VI, 156. Vrgl. Hoppen und Hübel.

hüppeln, aushüppeln, s. oben: die Hippen.

---

222 Die Hepfen (Hèpfə˜, Hèpfm), die Hefen, ursprünglich, wie das hchd., ein Plural, jetzt gewöhnlich als Singular genommen; (ahd. der heso, mhd. der hefe; Graff IV, 823. BM. I, 646). „Faecis des lien, der heven“; Cgm. 17, f. 63ª. „Hütet evch vor der hephen der phariseorum“; Cgm. 64, f. 52. „Wein sol man amen auf die hepfen“; Münch. StR., Auer p. 69. „Und ob die haepfen böz wärn“; Wstr. Btr. VI, 151. Die Hepfen ist guet, schlecht. . . Dazu gehært ə˜ Hepfen. Die Olhepfen. Beym weißen Bier hat man eine obere oder Spundhepfen und eine untere oder Bodenhepfen. Cf. Liebig in Menzel's Lit. Bl. 1841, S. 156. „Azimare d. i. an vrhab oder hephen oder aufgen; fermentare urhaben oder hephlichen; infermentate, unerhefflich“; Furstenf. 138, f. 227. Diefenbach 64ᶜ. 230ᶜ. hepfelen (hèpfəln), nach Hefen schmecken. Das Bier hepfelet, wenn es dahin auff die Naig gêt. (Bey Isidor ist hepfan levare; s. auch Hopf und hupfen). Vrgl. Zeitschr. VI, 15.

Der Hopf, (Inn, Salzach) die feste Substanz der gesäuerten Milch nach Abseihung der Molken; s. Topfen. (Dieses Hopf scheint mit Hepfen nicht unverwandt; denn auch der Topfen ist eine Art Residuum, ein Sediment.

Der Gogelhopf, Art Gebäcke aus Mehlteig, der entweder mit Sauerteig oder mit Hefen gegoren. s. Gogel.

Der Hopfen, wie hchd.; (ahd. hopfo, mhd. hopfe; Graff IV, 832. BM. I, 710. Weigand, Wbch. I, 516. Zeitschr. II, 518. gl. o. 14: horfo. Cf. mittellat. humulus, finnisch humala, slaw. chmel, franz. houblon; aber span. lupulo, ital. lupolo von lupulus. Diez, Wbch. 664. Grimm, Gesch. d. d. Spr. 432). höpfen, hüpfen das Bier“; Cgm. 3720, f. 77. überhopfen das Bier, ihm zuviel Hopfen beysetzen. Der Hopfengarten. „Ez sî an spinnen oder an wîngarten arbeiten oder an dînem hopfgarten“; Br. Berht., Kling p. 204, Pfeiffer 108,17. Hopfenkuppel, congestus fulcrorum lupuli; (Prof. Schwarz zu Altdorf). Der Hopfenvogel, auch Hupfenvogel, 1) altes Singstücklein, welches anfängt:

Bist denn du də' *Hópfə˜vogl, Hópfə˜vogl?*
bist denn du də' Steig auf d' Leut, Steig auf d' Leut?
Steig auf mi', hàst á' net weit.

2) (U.L.) ländlicher Tanz nach der Weise dieses Schnaterhüpfleins. s. hupfen.

hupfen, 1) wie hchd. hüpfen. (Ist huphen auch alt?? Graff IV, 833. BM. I, 710. Cf. goth. iup, adv., auf). Zeitschr. VI, 156. „Allerlei narret spil (springen) und hupfen verbringen“; (s. Th. III: schutzen). **Dà mèchst ja glei' *hupfə˜d* wer'n, wie:** aus der Haut fahren. Das Hupfend (Hupfəd), ein Hüpfen in die Wette. Das *Sàkhupfəd*, s. Sackläuffend. Der Hupfende (d. i. Tanz), Tanzweise, bey der gehüpft wird. R. A. Es ist gehupft wie gesprungen, das eine ist nicht mehr und nicht weniger gut, schlecht ꝛc. als das andere. 2) (Nürnb., Hsl.) versteigern, auctionare. gehupft, derhupft, verhupft, überhupft ist im O.L. das Brod, dessen Rinde sich durch die Hitze von der Krume getrennt und in die Höhe gehoben hat. Der Hupf, Dim. das Hüpflein, der Sprung. ə˜ *Hupf* tuə˜, tanzen; Bern, Hpt. Greuner. Das Schnatter-, Schnitter-Hüpflein (Schnàdə'-, Schnidə'-Hüpfl), Sprüchlein, aus vier, gewöhnlicher zwey, gereimten Versen bestehend, das als Tanzweise gesungen oder aufgespielt werden kann. s. Gramm. p. 435. „Hàbm eəm (dem Pfingstkünig) oan (einen) *Schnada'hüpf'l* nach 'm andá'n in d' Orn einidudelt“: Seidl, Flins. 1844, p. 272. s. oben: Hoppelreien. Der Hupfer, der da hüpft; der Sprung; Art Fußfessel; (Avent. Chr. 246). Das Hupfjâr, Schaltjahr. „Die Feyertag des Schaltjars, als der gemain Mann spricht, überhupfen einen Tag“, Avent. Chr. 122. übə'hüpfeln, (b. W.) im Lesen überspringen. „auffhupfen Einem, voluntati alterius servire. Mainst ich muß dir allzeit auffhupffen, tuine me arbitrii me esse postulas“; Prompt. v. 1618. Das Auffhupferlein, (Franken) kleine Dienstleistung in häuslichen Angelegenheiten. Der Hupfhainzel, Hupferhänsel, der Hüpfauf, sattelförmiger Brustknochen von einem Stück Geflügel, woraus die Kinder ein von selbst aufhüpfendes Spielwerk machen. Grimm, Mythol. 645. LXVI, (2. Aufl. p. 1067 f.). „Es war eben die 223
Zeit, wo man bey Tisch gern mit Gänsen und Hupffheinzlen aufzicht“; Selhamer.

---

hopps, 1) Interjection der Überraschung; hopps sásá! hoppssásá! der Lustigkeit; wendisch (untersteyr.): haisá hopsá! Zeitschr. VI, 154. Im Cod. Furstenf. 231, letztes Blatt „ein schön Studentengesang“ von 1577 fängt an:

„*Hoppas* musas	bey schön Junckfrewelein.
Hoppas nymphas	darzu bey külem wein
Studens agit tertias	da ist gut frölich sein.

2) adv.; hopps seyn, berauscht, närrisch; schwanger seyn. Subst. der Hopps, die Betrunkenheit. Vilmar, kurhess. Idiot. 174. Zeitschr. III, 14. VI, 212: Hoppas, Huppas. VI, 130,6. hoppsen, 1) hopps, hopps-sa-sa rufen; 2) eine Art Kartenspiel; 3) hüpfen; Weigand, Wbch. I, 517. Zeitschr. III, 28. 134. V, 465. VI, 108,8: hopsen, hupsen, hapsen'. „Pater noster gutter, mein vater hapst auf mein muetter“: frevelhaftes Vaterunser des XV. Jhrh., Cgm. 632, f. 15ᵇ. 4) hüpfend tanzen, im 2theiligen Takte walzen. Cf. hoppen. F. v. Zesen: „hüppeln und springen“.

Das Hâupt (Háppt, Hápp), plur. die Hâupt und die Hæupter, das Hæuptlein (Háppl), wie hchd. (goth. haubith, ahd. houbit, houpit, mhd. houbet: Graff IV, 755. BM. I, 718 f. Zeitschr. II, 516. 278,57. VI, 183): 1) der Kopf, (doch in wenigen Fällen, und besonders wenn von heiligen Personen die Rede ist). Haupt entblößen, s. Grimm's Mythol.² p. 28. „Über Haupt vechten, hauen“, s. BM. I, 719. W. Grimm. über Freidank p. 77. und unten, Th. IV: welben. „Herzog Gêrolt gewan Rome uber houbet mit der Swabe helfe“; Schwabsp., W. 31. „Do die juden unsern Herren über haupt wolten verworfen haben“, (praecipitare); Cgm. 845, f. 47ᵇ. Vrgl. unten und Grimm III, 156. „Ein kalbshaup“, Kochrecept (sec. XV.), Rot 132, f. 145. Das Hauptloch, mhd. houbetloch, Öffnung des Kleides, durch die der Kopf gesteckt wird; BM. I, 1024. „Das haubtloch nimmt man etwan für das oberst an dem rock, man nimbt es etwan auch für das endt an dem rock“, (also den Theil durch welchen man einschliest); Cgm. 844, f. 115. „An ir houbetloche vor was der herre Amor ergraben meisterlîche“, Wigalois 830. „Hilden haubtloch was ze weit darumb ir an der selben zeit (im Tanzen) daz tüttel aus dem puosen sprang“, d. Ring 39ᵇ,38. Vrgl. oben, Sp. 289: bausen. „Ubi sunt

fatuae nutrices diaboli quae faciunt amplos sinus i. hovlocher ubi apparet magna pars corporis"; Monac. Augustin. 79, f. 51b. Claudite sinus, machet enge die hauplöcher, tegite colla, nolite vos ipsas decipere"; ibid. „Wie unchäuschlichen der frawen wat stet mit weitem pûsem, das in ir tüttel und ir achsel vleckent, daz sie pei alten ziten deckten und sich schampten"; Cgm. 54, f. 80. „Es ist auch nu laider dar zů komen das die frawen ir gewaudt machend hauplöcher geschandt das man in oben und nider siet vil nach waz sie got ye beriet", Cgm. 379, f. 7. „Do die junkfrawen und die weib mit irem stolzen leib zer vesper und zer predig gond und so weite houptlocher hond und in die brust also hie außligend dem unrainen bosen gedigen, siche so hebt sich denne ein streit vnder seiner kutten weit"; des Teufels Segi, von Bettelmönchen, (Barack 5243). „Das hat das wip getan, si solt nit als ain weit hauptloch han, so tett dem munch nit gen ir stan"; das. 5263. Daz nasse gras tet ich mit fliz in baiden (ohnmächtigen Frauen) ze dem hoptloch in und lait ins uff ir brüstlin und schob ins och enzwischen nider do komen si ain wenig wider"; Liedersaal, Nr. CXXV, 494. Vrgl. unten: das Klaid. „Nimb der underhemet von der du mainst es (Impotenz) dir gethon und harmb durch das haubtloch"; Aberglaube, Cgm. 3723, f. 151. Das Hauptgeschein, s. Th. III: scheinen. Segen für den pulczen und „das Hauptgeschein;" Cgm. 713, f. 39. 167. Das Hâuptentuech, Hâuptentüechlein (Háppmtuəch), leinenes Tuch, das die Weibsleute als Kopfbedeckung umbinden. Ze Hâupten (z' Háppm), am Kopf-Ende eines Bettes, Sarges ꝛc. Zeitschr. III, 392,2. Auch wol gar die Hâupten (Háppm), pleonastisch: Kopfhâupten, das, was unter das Haupt gelegt wird. Bey, unter der Hâupten. Das Hâuptenpolster. Elliptische, mit diesem ze Hâupten analoge Formen scheinen nach Gramm. 878 auch manche Ortsbenennungen, wie z. B. Lohrhaupten (Rhön); Mosheupten (Hazzi, Statist. III, 574); Schamhâupten, (am Ursprung der Schamb-ach); Schweinshaupten (bei Rügheim in Franken); Sêshâupten, (am obern Ende des Würmsees; cfr. Rînaha-houbit, Trad. Fuld. 570, und das ital. Capolago am See von Lugano); vielleicht auch Bachhâupten (MB. X, 402. Reg. B. IV, 88: Pachaupt, vulgo Bachhappen, Bahappen) am Ursprung des Affalterbachs, der unter Pfaffenhofen in die Ilm fällt. Sein Wismat zwischen Egenried und Pachhopten verkauft Ulrich v. Apfeldorf in einer Pollinger Urkunde v. 1341. (Wol ein anderes Pachaupt in Lang's Reg. B. III, 458, ad 1275. Cf. N. de capite fontium; Polem. 8⁰. 466a). Salhaupt (Sallehoupt, Ried 384) bey Abach, wenn anders das dortige Bächlein Sal heißt; Waalhaupten (bei Waal? Augsb. Diöcese). Berhâupten (bei Traunstein), Roshâupten (vgl. Roßhaupt in Böhmen an der opf. Grenze), Thierhâupten (Tierhoubeton, Aug. eccl. 39, f. 86b) sind minder erklärbar. Grimm, Mythol. 41. 42. 68. 624 f. Vrgl. Fürhâupt. 2) ein Stück Vieh. ain, zwai ꝛc. Hâupt oder Hæuptlein Menend, 1, 2 ꝛc. Stücke Zugvieh; (cf. engl. cattle aus capitale; Müller etymol. Wbch. d. engl. Spr. 180). Der Hâuptendienst (Háppmdeə˜st), Frondienst mit Zugvieh. Ain Gaißviehhæuptlein, ein Stück Geißvieh; fig. schwächliche Person. Vrgl. hapl, (Pinzgau) gebrechlich, verkrüppelt (von Vieh und Menschen; wol nur Hauptl?). Das Best-hâupt, das beste Stück Vieh, eine ehmalige Feudalabgabe bey Todesfällen Leibeigener. Grimm, RA. 364. Wbch. I, 1660,9. „Wer hat daz grozze unbilde erlaubt daz ein arm wip daz peste haubt uz irem vihe denn muz geben swenn ende nimt irs wirtes leben des haubt gesinde und vihe nert"; Renner 9227, (vollendet nach 1313). Das alte manahoubit (mancipium, gl. a. 297. 298. i. 973. Grimm, RA. 342) gehört, wenn es nicht eine buchstäbliche Verdeutschung des Latein seyn soll, gleichfalls hieher. 3) (Bergspr.) Grad an einer Scala, das Modelhâupt, Waßerhâupt. So wird im mittlern Latein das Subst. caput sehr abstract für Quantum oder Stück gebraucht. „Si quis liber aliquid furaverit, qualecumque re, niungildo componat, hoc est nove capita restituat;" Leg Baiuuar. Tit. IX, c. 1. „In aeramentis capita (Stücke) viginti, in ferramentis capita triginta;" Gregor. Magn. l. 7. indict. Ep. 6. Das Adverb. überhâupt, im Dialekt gewöhnlicher überhâupts (s. Gramm. 877: übə'hápps. Zeitschr. II, 516. 278,57), d. h. ohne die Stücke zu zählen, mag gleichfalls hieher gehören; s. oben. (Vrgl. über Dank, über Willen ꝛc.) 4) der 221
kopfähnliche Theil lebloser Dinge. Das Kol-, Kraut-, Lein-, Zwifel- ꝛc. Hâupt oder Hæuptlein. Vilmar, kurheſſ. Idiot. 154. Zeitschr. II, 278,57. III, 176,10. Das „hauptlein an den prustlein", (tutin-houbet); Cgm. 588, f. 23b. Das Rechenhâupt, der Rechen im Gegentheil seines Stieles, anderwärts Rechen-Joch. In einem ganz gegentheiligen Sinne geben die gl. a. 529 das lat. buris durch phluogeshoubit. BM. I, 719. Diefenbach 85a. Vrgl. Vilmar, kurheſſ. Idiot. 154: das Haubscheid. Zeitschr. IV, 63. V, 448. 5) (b. W.) die Hauptsache, der Hauptpunct. Zeitschr. V, 13. 's Hápp is no˜ dés, das . . . Bey Scheibenschießen ist das Hâupt (supple Gewinnend) der Hauptpreis; der Platz, wo um denselben geschossen wird. Aufm Hâupt schießen. 's Hâupt gewinnen ꝛc. Das Anhaupt, das Widerlager bey einer Brücke; auch das untere Ende einer Holzrutsche, weil man beym Bau derselben da anfängt; (Jir.). Das Risenanhaupt, (Pseud. Jir.) die ersten drei oder vier Fächer bey einer Hauptrise; Risensatel, die auf die sogenannten Wöhrer zur Verhütung des Holzausschlagens gebaut werden. Das Fürhâupt oder Vorhâupt, 1) (Lori, BrgR.) der Stollort einer Schaftricht; cfr. F. v. Freyberg's Tegernsee p. 169. 170. 2) vor einem Acker (à la tête desselben) liegendes Stück Boden. Zeitschr. VI, 183. „Auf andrer Bauern Rainen, Vorhâuptern und Doblen zu grasen"; Revisions-Signatur vom 1. Jul. 1771. „Das Fürhäptveld;" MB. XXI, 92. Vrgl. Vor-acker, Vor-land. Das Hauptgeld ('s Háppgəld), Capital. b. W. hâupthaft, ä. Sp., capitalis. „Heubthafte sünde," (Br. Berhtolt 141; Pfeiffer 538,9: „houbethafte sünde"), peccata capitalia. BM. I, 720. trámháppət, s. oben, Sp. 662: der Trâum. 'haupten, vb. ntr., ä. Sp., an Einen, ihm wie einem Haupte anhangen; BM. I, 720.' „St. Valentin was von gůter lere alsô daz di kristenlûte alle an in houbeten;" Herm. v. Fritzlar 89,34. Dazu bringt Pfeiffer (S. 428) aus Königshofen 310,13: „dar umbe sô houpte men gelîch an siu." (hieng ihnen an, hielt sich an sie) und meint, davon sei unser behaupten. hâupten (háppm), vb. act. 1) ä. Sp., eine Person, sie enthaupten. „Daz man in sol haupten;" Wstr. Btr. VII, 91. 2) eine Rübe, den obern Theil derselben samt dem Kräuterich abschneiden; Wstr. Btr. VIII, 129. In dieser 2ten Bedeutung hört man jedoch öfter: hæupteln (häppln); Ld. R. v. 1616, f. 304. sich häupteln, (vom Kopfsalat) sich in Köpfchen schließen. Die Hâuptstatt, Prompt. v. 1618, die Richtstätte. „. . Anger, gelegen bei der Haubtstatt zu München, vor Neunhauser Tor . . ."; MB. XIX, 69 u. 135, ad 1399, 1439.

hár, əhár! háriheə'! (vrgl. hi, heir!), Zuruf an die Ochsen, wenn sie links, d. i. nach dem Zuge des Leitseils, gehen sollen. Grimm, Wbch. IV, II, 473. Vilmar, kurheſſ. Idiot. 150. Zeitschr. II, 553,93. V, 450. VI, 184. 233.

Der Har (Hàr; ahd. haro, haru, genit. harauues, gl. i. 843. 845. o. 401.; mhd. der har, des harwes; Graff IV, 987. BM. I, 633. Grimm, Wbch. IV, II, 6 f. Zeitschr. II, 516. III, 89. 458. IV, 500,2. VI, 445. 504. isl. dän. hör; Brem. niederſ. Wbch. II, 599: Harl, Flachsfaser; s. unten: die Her), der Flachs, linum usitatissimum L., Plur. die Häre (Hár), die Flachssorten, die mit Flachs bebauten Felder. „Haar und Flax" (tautologisch); Ldtg. v. 1612, p. 254. „Rueben, Brein, Haarb;" Urbarsgebrauch p. 79. Linum, flaschs oder har," Voc.

v. 1445. Hor, MB. IV, 193. V, 451. Harib, MB. II, 516. Ain schot horbs (MB. XXI, 453), harbes (Hist. Fris. II, II, 224). „Die pfaffen santen auch dar wol gezinnelohten hare;“ Wernh. Maria p. 102. 108. „Sumeliche musten spinnen und pursten ir den har;“ Gudrun 4023. Der Früehe-Har oder lange Har; der Spât-Har oder kurze Har, der Afer-Har, Stempen-Har ꝛc. Beym Harsæen muß der Hausvater etwas Gutes essen, damit die Saat gedeihe; (Ilm).
225 Grimm, Mythol.^{2} 1189. Anderswo müssen zu diesem Zweck die Männer ihre Weiber am Fasnacht-Ertag zum Tanz führen. In Leinsamen das Fieber anbauen und wenden, s. Höfer III, 131. Den Har fangen, ziehen, rauffen, rupfen, ärnten. Den Har riffen, riffeln, den Flachs von den Samenkapseln (Harbollen) trennen. Die Bollen des Fruehhars geben, der Sonne ausgesetzt, den Leinsamen selbst von sich, die des Spâthars (Dreschhars) müssen zu diesem Ende gedroschen werden. Den Har rötten, rözen, rößen, rösten, die Flachsstengel zur Fäulung bringen, indem man sie entweder in stehendes Wasser legt (Waßer-Har, weißer Har), oder auf Wiesen und Stoppelfeldern dem Einfluß der Witterung aussetzt (Land-Har, rôter Har). L.R. v. 1616: 646. „Das Horraetzn in der Vischwaid;“ MB. V, 451. Den Har rollen, bracken, brechen, ihn unter die grobe oder feinere Brechel nehmen. Das Harbad, (Isr.) geheizte Flachsdörre als Schwitzbad. Die Harbleuet, s. oben, Sp. 321. „Die zu den täntzen geent und an die harpleuât, daz si daselbs gesehen diern und frawen ob si eine mochten zu wegen bringen;“ Cgm. 632, f. 52½. Der Harluf, ä. Sp., licium, Haarlauf; Graff IV, 1032. 982. BM. I, 1050. Diefenbach 328^b. Grimm, Wbch. IV, II, 32. „Licium, herlûf vel warfband“; Voc. optim. p. 25. VII Com. der luf, fila, serie. Zeitschr. V, 463. Der Harzehent; MB. I, 41. Das Härt, (Zips) Flachsstengel.

hār-w-in, hār-wen (hárwi~, hárwə~, s. oben den alten Genitiv haruues, d. h. harwes), adj., flächsen; eigentlich: aus feinerem, durch die Hechel von allem Werg befreyten Flachse verfertigt, im Gegensatz des Rupfenen, was aus Werg gemacht ist. BM. I, 633: herwîn. Grimm, Wbch. IV, II, 473. W. Grimm, gold. Schmiede p. 151. Härwenes Garn, härwene Leinwat, härwenes Tuech, ain härwenes Hemd. „Ein herbein Zwilich;“ Passauer Stadtbuch, Ms. „Wurdst dé randégsté Bäurin, ə~ *hárbəné* Pfaəd küntst i~n Werəktàg trängg“; Wagner, salzburg. Ges. 128. Zeitschr. VI, 183.

Rupfə~s Gà'n, *hárwə~s* Gà'n,
d· Wébə' sán' nárrisch wò'n . . . Anfang eines Liedchens. „Visch die da gent in den seen und in den herbigen wassern die stinkent und trüb sind und nit vast rinnent“; Cgm. 4543, f. 197^b. '(Hieher? Vrgl. unten: das Hor, horwig).' S. die Her.

Das Hār (Hàr, Hàur, Haər, o.pf. Háuə'), das Hærlein (Hárl, Hèərl, o.pf. Hèiə'l), plur. die Hār, wie hchd. das Haar, (ahd. mhd. hâr. Graff IV, 981. BM. I, 633. Grimm, Wbch. IV, II, 7. Zeitschr. V, 11. 449. VI, 184). R.A. In etwas (einem Geschäft, Antrag, Handel ꝛc.) ain Hār finden, einen Widerwillen oder doch eine Bedenklichkeit dagegen gewinnen, wie gegen eine Speise, in welcher man ein Haar gefunden. Grimm, a. a. O. 19,16. Alle Hærlein stên mir gen Berg. Grimm, a. a. O. 13,4. „Er hat an schanden nicht als ain har tail“; Cgm. 714, f. 93. (Nicht) „also türe also umb ein einiges brohor“, nicht im mindesten, nihilum; Cgm. 818, f. 120. Das Hēthoar, die Mähne, (Hauptbaar; Weihers, Dr. K. Roth). „Pubes, underhar“; Semansh. 34, f. 203. Die Hārhaube. „Tiara est mitra nobilium vulgariter harhub“; Clm. 5685 (sec. XV., 1412), f. 95. Cf. ahd. diu harra, hara, cilicium; Graff IV, 982 f. „Anegeuættet ward ih (induebar) der hærren (cilicio)“; Cgm. 17, f. 54^a, Ps. 34,19. „Ih sazte gewant min eine harrene“, (Cod. Trevir. „ein heren“), „posui vestimentum meum cilicium“; ibid. 99^b, Ps. 68, 14. Notker: „Ih pot in mina harina wat“. Das Gehær (Ghár), Collectiv für Haare, capillamentum, doch öfters im schlimmen, als guten Sinne üblich. hæren (hárn) sich, die Haare fahren lassen, verlieren, hchd. haaren; Einen, ihn enthaaren, ihm die Haare ausraufen; mit Einem, mit ihm raufen. Zeitschr. VI, 118,1. 145. Der Hund hat schon verhært, hat sich schon verhært.

hārig (hàri'), adj. u. adv., 1) haarig; R.A. „Maə~st glei' du möchtst weə n *haari'*“, (gereimt auf „Larivari“); Pangkofer 282. 2) gewöhnlich in Verbindung mit nißig, lausig: schlecht, erbärmlich; (ein etwas undeutlicher Tropus, falls nicht ein ganz anderes Stammwort anzunehmen ist; vrgl. das alte harac, lugubris. s. dagegen Grimm, Wbch. IV, II, 30). Es gêt mir hārig, lausig. Ein häriger, nißiger Kerl. häret: roudhàrət, gəlhàrət, roth-, gelb- ꝛc. haarig. stichelhärig.

Die (?) „Har“. Die R.A. Deiner, seiner ꝛc. Har, diser Har, gleicher Har.. für: deines, seines, dieses, gleiches Gelichters findet sich öfters in Schriften des 17ten Jhrh. (Dukher, salzb. Chr. 92. 94. Ertel, prax. aur. I, 475). „So war das Unbildt das euch N. N. zugefügt, nicht diser Haar oder Complexion“; Albertins 226
Guevara. „Oho, bist du der Haare!?“, Simplicisf. 1669, p. 273; (cf. Grimm IV, 654). Sollte diese R.A. wirklich, gegen Gramm. 809, ein Genitiv plur. von Hār seyn, indem man aus den Haaren die Gemüthsart erkennen will (vrgl.: Er hat kein Haar von seinem Vater), oder ist hier ein ganz verschiedenes Feminin Har anzunehmen? „Der Wolf ändert wol der Haar, aber nit der Art“; Dukher 96. Vrgl. ital. il pelo. „Col pretesto che il *pelo* de' vitelli non sembrava dei Sette-Communi“, (also die Farbe, der Schlag am Rindvieh); Deduzioni de' VII Com. sopra li loro privilegi p. 78. Auch Shakspeare sagt: the quality and hair. Vrgl. oben das dunkle harig, auch schindhärig, schinderhärig (schindermäßig, erbärmlich), zwihári (də' Traəd wird *zwihári*, ein Theil desselben Saatfeldes wird später reif als der andere; Würm), „anherig, comis“, und das adv. überhirn. Grimm, Wbch. IV, II, 18,14. Zeitschr. VI, 336.

Die „Har, der Har“ (-pfenning?), (Klbck., OL. Obrg.) die Arrha, das Angeld oder Drangeld bey Dingung von Dienstboten. Zeitschr. III, 110. „Ein Pinzgauer Bauknecht hatte a°. 1785 22 fl. Lohn und 2 fl. 24 kr. Haar.“ „Im Zillerthal ist der Haar allzeit im Lohne begriffen“; Hübner. „Dengger Thraindål war ein vertrautes Mensch und ihre Wirthsleute hatten sie gern: diese heurathete ich dann vom Fleck weg und gab ihr einen kaiserlichen Thaler sammt einem Ring zur Harre“; Peter Prosch (1789) p. 222. „Bald sagn s' (die Dienstknechte), wannst ea' 's Hauskraffln („im Hause“) und 's Gasslgehn nöt da labst, so derfst ea' koa *Ha'* gebn“; v. Kürsinger, Ober-Pinzgau (1841), S. 174. „Gib ea' na d· *Ha'* fü' mi'“; das. 177. haren, verharen, Darangeld geben, dingen, verdingen. Auch der Bräutigam gibt der Verlobten ein Verhargeld; auch die Geistlichen beziehen ein Verhargeld von der Kirche, meist 45 kr. oder 1 fl.; (Isr.). Die Harung, Verharung, die Verdingung; das Darangeld. Das Verdingen der Dienstboten heißt Verharung, wobei Branntwein durchgehends das Hauptingrediens; (Isr.). s. Arr und Kumpari.

hàràcksdàcks (-∪-), lustiger Ausruf beym Tanze.

I hàb ə~ schö~s Végáj, frisst Semmajbrêsáj:
I hàb ə~ klaə~s Deənáj, haəsst Mari-Rêsáj.
Hàràcksdàcks! nim 's bə də' Hácks!
Nim 's bə'n Fueß, schau wàs 's tuət! (b. W.)

„Hareisel“, ein Gericht von Gartenfrüchten, welches das erste Mal im Jahr auf den Tisch gebracht wird; (Zps., Ms.). Doch wol nicht blos entstellt aus dem schweizerischen Hürəbeis. Cf. „[h]ornatirium faustum, hewrigs saligs"; Windb. 170, f. 135b. Diefenbach 280b. s. unten heur.

Die „Haarellen", plur., auch Rauchbeeren, grosseilles, ribes grossularia, (Obrg.). Hareil, Waldrebe; (Jir.).

Der Harbâum, Querbalken, der, vor einem Mühlgerinne auf den Boden des Wassers gelegt, dieß zur gehörigen Höhe stemmt, Fachbaum; (ansp. Verord.).

Der Harfrost, zottichte Reiffasern, die sich an Bäume und Pflanzen hängen. (Von Hâr, oder vergleichbar dem engl. hoar, weißgrau, the hoar-frost, la gelée blanche?)

Der Haarlauf, Harläufel (der Weber), s. oben der Har: Harluf u. vrgl. laufen.

Harschall, s. unten Harmschar.

haarschlächtig, (von Pferden) herzschlächtig; wirzb. Verord. v. 1709. Zeitschr. V, 431,483. (Etwa ganz crud aus dem niederd. hartslegtig?)

Der, die, das Härwachs, s. Th. IV: wachsen. „Daz hirn ist ain ursprunkch der zehen ganczen weißen adern die man da haißt harwächs von den alle bewegung chumpt"; Clm. 5879, f. 194.

'haren, hären, ä. Sp., rufen, (ahd. harên, mhd. haren; Graff IV, 978. BM. I, 633.' hèərə˜, zurufen Einem; (Allgäu; Bildhauer Eberhard). Zeitschr. VI, 145. Də' Schmälgə˜ *härə˜*, (Nachts, dem Mädchen rufen; (Bregenzer Wald, Bergmann). „Er (der Beghart) leidet mengen druck und stoß vom tufel und von der welt, die so dick uber in trabt und zelt (zeltet), yetz mit anharen (Barack: anherren), denne mit schelten, yetz mit nachred, denne mit spot"; des Teufels Segi, Barack 197,6213. „Wan si lidend durch got smachait und großen spott von der bœsen welte anharen (Barack: anherren) und och schelten"; das. 193,6094.

Der Häring (Háring), 1) wie hchd., (ahd. haring, mhd. hering; Graff III, 1016. BM. I, 670. Weigand, Wbch. I, 499. Diez, Wbch. 25). „Als sich der hering nert in wazzers flûte", Balkn. 70. 2) magere Person. Die Häring-Sêl, 1) der lange, silberglänzende, dünne Darm im Häring. Zeitschr. IV, 471,38. 2) dünne, magere Person.

harren, wie hchd., (BM. I, 636); härren, behärren, Clm. 4402 (sec. XV.), f. 157. 158. „Swer harret, dem wird dicke ûf sînen louf gehetzet"; Labr. 565. harren, verharren und härren (hárn) etwas, es verschieben. Ich hätt mir schon lang sollen Âder lâßen, habs alleweil gehärrt; (b. W.) „Und nun die Sachen nicht wol harren erleiden mögen." „Soll aber dieß in die Länge anstehen und verharret werden"; Kr. Lhdl. II, 49. XII, 234. „harren sich auf etwas"; ibid. IV, 68. „Salcz verharren, verharrstattigen", Cgm. 544, f. 55b. 57a; cf. verarren, arrhare, und haren. sich verharren, verpassen, versäumen. „O wê dem, der sich also het verharret"; Labr. 267. Die Harr, Härr (Hár), die Verschiebung, Verzögerung, der Verzug; (mhd. diu harre; BM. I, 636). Kr. Lhdl. XIV, 97. XV, 317. Avent. Chr. 246. „Wer sich Harr nit verdrießen lat und verharret uf ain zil, der erharret was er will"; Liederbuch der Hätzlerin, Haltaus p. 159,15,4; (Wackernagel's Leseb. 1835, I, 745). Des Labrer's verläßigster Hund heißt Harre. Das leidet kain' Härr mêr, (b. W.). Auff, in die Harr, in die Länge. „Alles uff die Harr spilen", morae causas facere. Dietr. von Plieningen. Das Geharre, ä. Sp., das Harren. „Liez er sîn geharre", (harrte er nicht länger);
227 Nîthart 12,11 (Haupt). harrig, andauernd, (Gem. Reg. Chr. IV, 160); anhärrig, anhaltend, andringend, unablässig; anhärrige Jagdhunde; aushári', stockhärrig, halsstärrig; verhärrig, pertinax; Voc. v. 1445.

Der Haierlôs, s. unter hœren.

hauren, ä. Sp., niederhocken, kauern; BM. I, 734: hûren, hiuren. 'behauren Einen, (dabei sitzend) ihn hüten, beaufsichtigen, bewachen. 1493 quinta post Martini wird vom Rath zu Nürnberg verlaßen, dem Stefan Ulmer zu sagen, daß er hinfür vermeide, sein Weib in der Kirchen mit Schützen, Knechten und andern Personen zu behawren. 1503 quarta vigilia Corp. Chr. Wolle Haller sich des Eids sperren, sollen ihn die Herren in seinem Haus lassen behawren. 1506: Hannsen Lincken, der den Propst von Neunkirchen bedrohet, wo der mag betreten werden, soll man behawren und handfesten. Als Georg Haller, der wegen Straßenraubs gefangen saß, am 25. Jan. 1517 entwischt und ins Kloster St. Ägidien geflüchtet war, wurde sogleich ein Stadtknecht samt zweien Schützen in das Kloster verordnet, gemeldten Haller zu behawren u. verwahren, damit er nicht von dannen komme. „Der wegen zu Schulden gebrachter Untreue inmittelst behauerte Andreas Leonhard Schweyherische Buchhalter, Jobst Wilhelm Grampel, ist in die Eisenverhafft zu bringen und . . . wegen dessen ebenfalls behauerten Handels Jungen, Friedrich August Gruners . . . die Acta beizubringen", (30. Oct. 1760); Nürnb. Rathsbücher, (Rektor Dr. Lochner). „Ich bit dein kunglich gnat, daz du dem kaiser hilff vnd rat erzaigest in der großen zwang, wann er ist swer betrauret, vnd angestlich behauret"; Mich. Beham, Wiener 147,22. „behauret vnd umbesessen"; das. 137,22. Lexer, mhd. Wbch. I, 157.'

her, adv., wie hchd. (ahd. hera, mhd. here, her; etwa ein urspr. Dativ Feminin., und sich zu hina, wie dara zu dana verhaltend; vrgl. d. Wrtr. Graff IV, 694. BM. I, 684). „Kom ez sô here, alsô kom (ez) ouch hinne"; Labr. 295. Es wird theils mit Präpositionen und andern Adverbien, theils mit Verben zusammengesetzt. Mit Präpositionen verbunden, hat es entweder den Ton, oder es hat ihn nicht. Hat es den Ton, so kann es allen Präpositionen vorstehen. herab, herauff, herauß, herdurch, herfür rc. (-◡), als Gegensatz von hinab, hinauff rc.; bald hinein (-◡), bald herauß (-◡); bald hinum (-◡), bald herum (-◡). Ein betontes her nach einer Präposition, wie im Hchd., ist der Mundart etwas Widerstrebendes. Ist her ein tonloses Affixum, so kann es im Dialekt, wo es in diesem Falle blos wie r ausgesprochen wird, fast nur solchen Präpositionen, die mit einem Vocal anfangen, vorstehen: 'rà˜, rauff, 'raus rc. '(Vrgl. oben, Sp. 1029 f: anlautendes h für hie, und Sp. 1116: anlautendes n für hin.)' Nachstehen aber kann es allen, und wird dann in den östlichen Gegenden nach einem Vocal, und auch nach genäseltem n oder nach r wie hə', sonst und anderwärts nur wie ə ('ə') gehört. (Vrgl. oben, Sp. 1116: i für hin.) abher, anher, auffher, außher, durchher, einher, fürher, nachher, umher, zueher, hinterher, (hintərə', o.pf. hintə'), überher (übərə', o.pf. übə'); vrgl. Gramm. 699. Hiezu stimmt auch das o.pf. haimher (hàime'), unzher (unzə'). Gê dà *hèr'ə'!* = herher. In Verbindung mit Adverbien steht her bald, wie im Hchd. und ohne Beziehung auf die redende Person, hinten nach: außenher, innenher, obenher rc., bald, was im Hchd. ungewöhnlich ist, und mit Beziehung auf die redende Person, vorne an. Es kann dabey den Ton haben, oder nicht. herauß, heraußen, heraußerhalb oder 'rauss, 'rauss'n, 'raussə'hàl', hier außen, außen und herwärts; herent, herenten, herenterhalb oder 'rent, 'rent'n, 'rentə'hàl', dießseits, herdishalb (ä. Sp.), dießseits; herinn, herinnen, herinnerhalb, 'rinn, 'rinnə˜, 'rinnə˜hàl, hier innen; Zeitschr. IV, 538,27. heroben, heroberhalb, 'róbm, 'róbə'hàl', hier oben, oben und hieherwärts; Zeitschr. III, 240,3,24. herunt, herunten, herunterhalb, hier unten, unten und hieherwärts; Zeitschr. III, 45,2,16. 172,13. hervorn, hervörderhalb, vorne und hieherwärts, O.L. herbey, hervont(◡-), nahe dabey, ferne davon (d. i. bey oder von einem Terminus, der sich auf der Seite des Sprechenden befindet). herdan, hertan, (Wien) hervor, hinweg; vrgl. BM. I, 303a 688a und oben hindan. Zeitschr. IV, 245,32. herentgegen, dagegen, im Gegentheil; Zeitschr. V, 126,50. herhinter, (ä. Sp.), darunter, minder. „Selb dritt und herhinter

nicht"; Wstr. Btr. VII, 19. 74. Die obigen mit her verbundnen Ortsadverbien werden im Dialekt sogar als Adjectiva augewendet. Der, die, das heraußeré oder heraußrigé, herinneré, herinnrigé, heroberé, herunteré, herenteré. Auf də *herentə'n* Seitn, am *heróbə'n* Hauss, à~ də' *heraussə'n* Thür vò~ də' *her-*
228 *untə'n* Stubm. Pleonastisch findet sich das her einer Präposition doppelt, und sowohl hinten als vorne angefügt: außherher (o.pf. ássərə'), herumher (rummə'), „herumbher"; Frbch., Ms. Vrgl. H. Sachs 1560: II, III, 190ᵇ: „Das jn der dunst heraus den helmen drang."

her, mit Verben zusammengesetzt, wie hchd. Mehr der Volkssprache eigen scheint folgende Bedeutung, die her in diesem Falle zuweilen annimmt: Einen recht herfreßen, hersauffen, auf seine Kosten recht fressen, saufen; Einen herarbeiten, herprügeln, herschelten rc., ihm mit Arbeiten, Prügeln, Schimpfen rc. zu Leibe gehen, ihn dadurch her- oder zurecht richten; ein Ros herreiten, ein Meßer herwetzen rc., gewöhnlich mit folgendem: daß (es eine Art hat u. drgl.); cf. die Vorsetz-Partikel der. Das Prompt v. 1618 sagt von herab in „eins herabliegen (lügen), eins herabdisputieren, eins herabsagen rc. significat haec vox continuationem quandam et frequentationem ad plurimas voces usurpanda: quod diceres verbis instituere, aggredi." Heutzutage gewöhnlicher: aə~s *də'her* liəgng, *dəhèr* disputiə'n rc. her sehen, her schauen, st. aussehen. Vrgl. Zeitschr. VI, 149. 184. Das Wetter *sicht* nét guət *her.* Der Kranke *schaut* blass *her.*

's Deənál hàt bérschwarzé Äugáln,
und wie ə~ Täubál *schaugt* 's *her;* Lied.

Die Her (Hiər), das Herlein (Hérl, Hiərl, Hiə'l), die Faser vom gerösteten Flachsstengel; aus der Pluralform von der Har; s. oben u. vrgl. Sp. 489: der Duck. Vilmar, kurhess. Idiot. 164 f. Zeitschr. IV, 172. VI, 149. 211. Ain Herlein Har. Kain Herlein Har, oder auch Holz, Brôd rc., nicht ein Fäserchen, franz. pas un brin. Vrgl. Hærlein (Hárl). herig (héri', hiri', hiəri'), vom Flachs: faserig. feinherig, grobherig, langherig. Vrgl. hærig (hári') u. Zeitschr. IV, 54: Hirngrilla.

Das Her (Hér, „Hör"), wie hchd. Heer, (ahd. hari, heri, goth., angelsächs., isl. als Masc. harjis, hari-s, here, her, altsächs. als Femin. heri, multitudo; mhd. her. Graff IV, 983. Grimm, RA. 292. 293. BM. I, 661. „Tærscher denne beiersch her", Volk; Parzival 121,9. „An that hoha hus thar the heri dranc", Heliand 61,2. 12. Zeitschr. V, 484. Cf. unten Herstraße, auch Herschaft mit Recension St. Oswalds). Die Herberg (Hérbə', Hiərbə'), a) wie hchd. Herberge, (ahd. heriberga, mhd. herberge, Aufnahmsort für Viele, Lager, Gasthaus; das spanische albergue, und davon franz. auberge, ist wol nur eine arabisierte Entstellung des deutschen Wortes. Graff III, 175. BM. I, 161. Weigand, Wbch. I, 499. Diez, Wbch. 9 f. Zeitschr. VI, 76. 149. 184. 252. „heriberga, stationes"; Diut. II, 347. „Weil du also nach herbrig schreist"; H. Sachs 1560: III, III, 25ᵇ. b) (auf dem platten Lande) die Miethwohnung. ə~ *Hiərwə'* stiftn, eine Wohnung miethen. I~ də' *Hérbə'* sey~, zur Miethe wohnen. D' *Hiərbə'* aufsägng, die Wohnung aufkünden. In einigen Orten, besonders Städtchen und Märkten, gehören die verschiedenen Stockwerke mancher Häuser nicht einem, sondern verschiedenen Besitzern eigenthümlich an, und werden in soferne Herbergen (Hérwə'n) genannt. R. A. 'ən Teufel d' *Hérwər* aufsàgng, (beichten). Es schmeckt nach der Herberg, „illuviem olet, sapit sterquilinium"; Prompt. v. 1618. Die Herbergleute, der Herbergmann, das Herbergweib; der Herberger, die Herbergerin, Leute, die zur Miethe wohnen, was auf dem Lande gewöhnlich sehr arme sind, die nicht
229 einmal eine eigne Hütte besitzen. Der Gebrauch des Wortes Herberg in der Bedeutung eines Hauses, wo Reisende aus Pflicht oder für Geld oder aus gutem Willen aufgenommen und verflegt werden, fängt an, aus der Mode zu kommen. Selbst die bisher kurzweg sobenannte Schneiderherberg wird auf einer Aufschrift in München „Kleidermacher-Gesellen-Wohnung" betitelt, während noch im 15. u. 16. Jahrh. die Absteigquartiere der bayrischen Fürsten in den Städten, wo sie nicht für beständig wohnten, ohne weiteres ihre Herbergen genannt wurden; (cf. Kr. Ltghdl. V, 293). Es pflegten die meisten Abteyen des Herzogthums in München eigne Häuser oder Herbergen (für ihre dahin versendeten Conventglieder) zu besitzen; (s. MB. II, 91). Die kalte Herberg (kàld Hérwə'), ein Wirthshaus bey München. (Zer?) Chaltinherberga, Ortschaft unter den unterwaldenschen Kloster Engelbergischen Besitzungen (aº. 1236); Engelberg im XII. u. XIII. Jahrh., S. 70. In England an die hundert Orte „Cold Harbour (urkundlich: colde herberghe); Literary Gazette v. 10. März 1849, Blätter f. literar. Unterhaltung 1849, p. 283. herbergen, herbrigen, herbern (hérwə'n), vrb. n., 1) beherbergen; ei~hiərwə'n, (b. W.). Vrgl. Zeitschr. II, 459. 2) Herberge nehmen. „Wir wellen daz ewr dhainer nicht herwerg noch nachtseld auf der abtissin gut ze Landzhut . . . „daz ir da icht herbergt noch nachtseldet"; MB. XV, 483. 484. 489. Von der Herwerga, Herbergatio (unentgeltlichen und pflichtmäßigen Beherbergung der reisenden Fürsten und noch mehr ihres oft zahlreichen Gefolges, welche die Klöster als eine Hauptlast betrachteten) ist in alten Urkunden oft die Rede. Sie scheint von der Nachtseld unterschieden zu werden: MB. V, 434. XV, 483. cf. MB. V, 473. XI, 367. 536. „herbern, peherbert werden, hospitari"; Avent. Gramm. Die Herhütt, ä. Sp., das Zelt. Sie wurden aus Leinwand, aber auch aus Ochsen- und Kuhhäuten gemacht; Gem. Reg. Chr. III, 546, ad 1475. Die Herpauken (Hiə'paukng, b. W.; auch die auf dem Chor der Kirche. cf. hören), Pauke. Die Herstraße; gl. i. 227: heristraza, via publica. Der Herwagen (Hérwàgng), 1) Rüstwagen, wie sie ehmals bey Feldzügen von den Unterthanen gestellt werden mußten; (Kr. Lhdl. IV, 32). „Mit ir herwagen und herkarren"; Ettmüller, zwei Züricher Chron. 69. „Dar nach so hebt sich denne der streit yetz einer unter der ander obnan leit und daz zierost vechten von ritter und von knechten. So sitzent denne die fursten die da sint die tursten auf ainem herwagen der ist mit stahel wol beslagen und tůnd in durch daz her iagen und land den herfanen fliegen da tůt sich denne menclich under smiegen vnd daz baner weren daz man nit tüe nider zerren wann wenne daz baner vnder gat dem selben taile ez herte stat darumb so bedarf man des herwagen daz derselb sei wol beslagen daz er die fursten und baner tüe tragen daz sint verdackte roß vor die tretend die veinde ins hor so man durch den haufen tůt iagen so hebt sich ein iamer und ein clagen wie vil der veinden wart erslagen und ertretten mit dem wagen", u. s. f. — ein lebhaftes Gemälde einer Schlacht und des Krieges jener Zeit; des Teufel's Segi, Ms. v. 1445, (vrgl. Barack 228,7237 ff.) 2) der Wagen, das Sternbild am Himmel. Zeitschr. VI, 172. Der Herzog (Hérzog, plur. Herzög, öfter: des, dem, den, die Herzogen), wie hchd., (ahd. herizoho, mhd. herzoge; Graff V, 619. BM. I, 935). -her (ahd. -hari) an Personennamen: Berht-her, Günt-her, (Gindhör, Familienname, Passau), Walt-her, (Waldhör), Wernher, (Wirrnhiər), Wint-her, (Windher); s. Th. IV: Windher. „Herdegen von Rechberg"; Ettmüller, zwei Züricher Chron. 79. Vrgl. Förstemann I, 613—636.

heren (Franken), übel wirthschaften, übel, schonungslos verfahren (ahd. harjôn, herjôn, herrôn, vastare, verheeren, mhd. hern, verhern; Graff IV, 986. BM. I, 662. Zeitschr. VI, 149). „Und wer auf den rechten flös nicht vert, der hat leib und guet verhert"; Cgm. 1113, f. 76ᵃ. „Captivitatem die biuengide — die verheride — volches sines"; Cgm. 17, f. 24ᵃ, Ps. 13,11.

„Captivitate vanchnussîde"; ibid., oratio ad eund. psalmum. 'behern eines Dinges, ä. Sp., einer Sache mit Gewalt berauben; BM. I, 662. sich behern eines Dinges, sich ihm entziehen, von ihm sich lossagen.' „Ich beherte mich meiner armen friunde (schämte mich ihrer?), ich versmahete arme liute"; Beichtformel (sec. XIII.), Cbm. 213, f. 187. s. hergen.

Herlon. „Herlon ist garnît lon, und macht daz der pfluchaber und der mener", (Rupr. v. Freys. Rchtb., Wstr. Btr. VII, 274) scheint für Er-lon von eren (pflügen) zu stehen.

Der Herodes, (scherzw.) podex; die fließenden Hämorrhoiden; der Nachtstuhl.

Der Herold, wie hchd.; (Weigand, Wbch. I, 500). „Herolt, histrio"; Voc. Melber. „Histriones et sunt vagi heroldi et consimiles truphatores", (1420); Monac. Francisc. 250, f. 9. „El buffon fa la so arte, der hirolt treibt sein hantberck", Nomencl. veneziano-todesco, Ms. v. 1424, f. 26ᵃ.

Der Herr (Hèr, Hèər, Hèə'), wie hchd. Es ist dieses Substantiv ein Contractum aus dem alten Comparativ Masc. hêroro des noch im hchd. hehr lebenden Adjectivs hêr, hær, illustris, reverendus, (Graff IV, 988. BM. I, 663. 664. Weigand, Wbch. I, 500. Vilmar, kurhess. Idiot. 157. „Wariu hêriu gotheit", Clm. 4616, f. 54. „Diu hêre", von der Angebeteten; Labr. 629. 659. 687. „Ich glaube daz der gotes sun der der ie was ebenhere unte eben euuihc sinem vater"; Clm. 4636, XII. sec. 8⁰, f. 107. Zips: hehr, schön, sauber), auf dessen ursprüngliche finnliche Bedeutung das gothische mith haizam (Joh. 18,3: *μετὰ λαμπάδων*) schließen läßt; vrgl. Grimm I, 121. 124. Gl. a. 247: haeroro und herro, herus, haerora und herra, hera. Otfr. IV, 11,22:
230 „Ih bin eigan scalf thîn, thu bist hêrero mîn"; V, 20,43: „hêrero inti thegan", (Herr und Knecht). (Harold) „se the in ealle tid hyrde holdelice herran sinum wordum and dædum", Saxon. Chron. ad 1065, Ingram p. 257. Die Form herro ist noch im Windb. Psalt. saec. XII. vorherrschend. Auf langes ê weist noch der Hairle (Herrlein, Pfarrer, Geistlicher) des Schwarzwaldes (Nordstetten); s. Auerbach's Schwarzw. Dorfgesch. 1843, S. 154 ff.' Die ä. Sp. hatte zum Adj. hêr ein Verb hêren, illustrare. sanctificare. „Disen tak den hat got selbe gehêret und gewîhet"; Predigt, Ms. Monac. Die ursprüngliche objective Bedeutung scheint noch durchzuschimmern: a) in dem Ausdruck der Hêr Mân, welcher auf dem Lande zwischen Inn uud Salzach ganz einfach sagen will: der Mond. Də' *hèə' Mâ˜* schei˜t, gêt auf ꝛc. Vrgl. Grimm, Mythol.² 666, auch Zeitschr. IV, 113,9 und III, 273,5. V, 348. b) in dem Epitheton, welches in der ä. Sp. gerne vor die Namen von Propheten und Heiligen gesetzt wird; (hêra dulttaga, hohe oder heilige Festtage; alte Beichtformel, Mm. 113; haer, sanctus, gl. a. 177. Vrgl. solemnis herlich iarzitlich tag"; Voc. Melber). „Bei dem Got, der die heiligen E gab hern Moysi"; Münchner Stdtb., Ms. v. 1423. „Der lieb Herre sand Peter, sand Veit, sand Andres, sand Dionisi." „Der heilig Herr Martrer und ritter sand Jorg"; MB. V, 271. VI, 445. 446. VIII, 550. IX, 517. Chr. Ben. 153. Vrgl. „Monseigneur sainct Fiacre hermite", „Madame saincte Genevievfe vierge"; Cod. gall. 3, f. 281. 299 et passim: Legende de nos seigneurs les saincts du Paradis, (sec. XV.). Der Hauptherr, Hauptpatron (patronus primarius) einer Kirche. BM. I, 667. „Ich han ir (Pfarrer) mere denne drie gesehen di werlich mir niht konden verjehen welch heilige in iren kirchen were haubtherre"; Renner 2699. „All altär new gemacht und new hawbthern darauf geweiht." „Auf unsers Haubthern Sand Quirein Altar"; Wstr. Btr. I, 390. „Auch zu lob und Er sand Peters als Haubthern des Closters und Gotzhaus Oberaltaich"; MB. XII, 272. Av. Chr. 214. Noch jetzt heißen die Heiligen Johann und Paul auf dem Lande vorzugsweise die Wetterherren (Wédə'hèrn), und der 26. Juni der Wetterherrentag; (cf. MB. I, 428. Münchn. Intell. Bl. v. 1778, Nr. 23). „Her Nero", „Her Cato" (in der Hölle); Br. Berhtold, Cgm. 632. „Herre sünder", Grieshaber, Pred. I, 28. „Eya herre sünder . . . ir"; das. 40. 41. „Herr der wirt"; „Herr der münch", „genediger Herr der Perchtolt"; Cgm. 714, f. 290 ff. „Her der landvogt", s. oben, Sp. 531: der. „Her der ber! (Monsieur l'ours); Cgm. 714, f. 33. „Her Pfenning!" BM. I, 666ᵇ; cf. don Dinero, chanson de Dan Denier, de domino Denario; Wright's W. Mapes p. 357. Jubinal, jongleurs et trouvères p. 94. Er, aus Herr gekürzt, dem romanischen Don entsprechend, wie Ver (s. oben, Sp. 843) der Donna: Her N., er N., parallel ver N.; s. oben, Sp. 122. (Der Mailandischen Herren zur Zeit Ludwigs des Bayern) „hies einen er Luckyn den andern Marcus und den dritten er Steffan"; Chronik, Cgm. 327, f. 155ᵃ·ᵇ. Vrgl. Grimm, Mythol.² p. 20. Der Altherr, BM. I, 666. Grimm, Wbch. I, 272. „Gesegen mich die vier und zwainzich altheren"; Cgm. 73, f. 41ᵃ. Der Landherr, s. Land. „Lantherren, freyn, grauen", (mehr als milites). Das Herrngeld nennt ein Dienstmädchen die aparten Zuschüsse, die sie, wenn sie dem Hausherrn gefällt, außer dem Lohne von diesem bezieht.

Auf dem Lande wird die Benennung Herr insonderheit den Geistlichen beygelegt. Vilmar, kurhess. Idiot. 165. Zeitschr. II, 432,93. III, 216,21. 329. 537. IV, 110,50. 501,7. Ein Herr werden, geistlich (im Scherz auch: Soldat) werden. An Orten, wo nur ein Geistlicher ist, heißt er ausschließlich der Herr. Sonst stehn dem Kirchherrn, Pfarrherrn oder Pfarrer die Gesellherren oder schlechthin die Herren (die Hilfsgeistlichen) gegenüber. Eine große Pfarr braucht mêrer· Herren als eine kleine. Der Herr Joseph, der Herr Hansmichel ꝛc., der Geistliche (Caplan, Cooperator u. drgl.) mit diesem Vornamen. Eine Urk. v. 1482 (MB. XXV, 28) fängt an: „Ich herr Symon, an der Zeit Fruemesser zu Hagenhausen." Unter den Klostergeistlichen ließen sich die Canonici regulares vorzugsweise Herren nennen. Doch wurden, mit Ausnahme der Bettelmönche, auch die Patres andrer Orden manchmal so betitelt. Die von Benedictbeuern legen sich dieses Prädikat (Chron. Bened. II, 61, ad 1331) selbst bey. Vrgl. MB. IV, 284. „Hie leit Her Dictram", alter Grabstein in Dietramszell. Vrgl. das altfranz. Dom- oder Dam-Martin, Dam-Pierre ꝛc., span. Don Martin, Don Pedro ꝛc. vom mittellateinischen Domnus. Dam-Rémont, französischer General, in Algier 1837 gefallen vor dem Sturm auf Constantine. In Italien führen die Geistlichen das Don vor ihren Taufnamen: D. Giuseppe Bonomo, D. Antonio Rigoni; '(cimbr. Wbch. p. 14).' Aus ähnlicher Demuth nennen sich Klostergeistliche, die sich weiland Brüder (fratres) nannten, seit längerer Zeit schon Pater (patres). „Domnus est titulus viri praeclari, sicut hodie vocantur cives qui sunt de magistratu: Her Jan, Her Peeter unâ litera detracta, non Heer Peeter, Heer Jan"; Burii notitia pontificum (1769) p. 447. In England führt der Knight (blos lebenslang adelich) und der Baronet vor seinem Taufnamen das Sir. Herren Chiemsê oder Herren Werd; Herren-Fasnacht (Avent. Chr. 335; s. oben, Sp. 764. 231
Bald Herrenvasnacht, bald Pfaffenvasnacht; alte Einblattdrucke, Calender) u. drgl.

Das einfache Herr bezeichnet in der ä. diplom. Sprache einen reichsunmittelbaren, reichsfreyen Adelichen, der nach Fürsten und Grafen folgt, (z. B. Hund's Stmb., Vorrede S. 7). Doch kommt das bestimmtere Vriher (Freyherr) nach von Lang's Jahrbüchern 308 schon in einer Urkunde von 1292 vor. herren, vrb. act., (ä. Sp.) zum Herrn, d. h. Freyherrn ernennen, reichsunmittelbar machen. BM. I, 667. „Erstlich nennt er sich einen Freyherrn, mag seyn, die kaiserliche Mayestät habe seinen Vatter geherrt. Wir lassen ihn geherrt seyn, doch ohne unsern Schaden." (Er soll nemlich bayrischer

Landsaß bleiben); Kr. Ltghdl. X, 372. 393. „Als sich Herr Wolf und Herr Jacob auf Fraunhoven herren ließen"; Hund, Stmb. II, 94; cf. 376. hersen, ä. Sp., wie hchd. herrschen; (ahd. hêrisôn, mhd. hêrsen, hersen; Graff IV, 999. BM. I, 670. Weigand, Wbch. I, 501). „Dominari, hersen"; Cgm. 17, f. 19ª u. öfter.

Mein Herr (mei˜ Hèr, ⌐‿), eine Ausrufformel des gemeinen Volkes statt: mein Gott! *Mei˜ Herr*, so sihh I dó' á' ə˜ màl 's Teatə'! sagte eine Taglöhnersfrau, die am Morgen des 15. Januars 1823 an dem ausbrennenden großen Münchner Theater vorbeygieng. Unser Herr, Christus. Unser Herr in der Gaislung, am Kreuz, in der Rast, in der Wis ꝛc. Unser Herr Gott, der Herrgott (⌐‿, Hergód, Hergəd, opf. Hárgəd), dem, den Herrgott; plur. von Bildern: die Herrgotten; Diminut. das Herrgottlein (Hergódl, o.pf. Hárgələ, Hárgə-l). Vrgl. altfranz. Domnedeus, Damnesdeus, wallach. Domneseu, Dumneseu; VII Com. Gotterere, Gottarerre; (cimbr. Wbch. 125). „Unsers herrengots plage"; „alle die erde die unsern lieben herren got an kein sin gelidern mochte bewern"; Wirzb. Sätze v. 1343, §. 82. 83. Das Herrgotts-Äckerlein, (Pegniz) Stein mit eingedrückten Ammonshörnern; das Herrgottsbrôd, (im Ries) Kleeblütenhaupt; der Herrgottlein-Macher, Bild-Schnitzer; Herrgottlein-Trager, Hausierer mit Christus- ꝛc. Bildern. R. A. Unserm Herrgott die Füeß abbeißen wollen, sich über die Maßen fromm und andächtig gebärden. Zeitschr. IV, 462. V, 178,141. VI, 228. 118,6. 114,10.

Herr seyn, (fig. auch von Dingen) den Vorzug haben; die übrigen übertreffen. „Z' Tölz is hàlt 's Kólbərə'-Bier *Hèr*." „Dès wár hàlt *Hèr*, wenn mə˜-r-àllé Jàr ə˜n Tyrolə' Lei˜ káffət und bauət." Herr werden, einem Menschen oder einer Sache, des oder derselben Meister werden. Er is èəm *Hèr* wórn. s. überherren und vrgl. Zeitschr. IV, 172. VI, 149.

Die Herrschaft, mhd. hêrschaft, Hoheit, Herrenwürde, Herrlichkeit; versammelte Herren, BM. I, 668 f.; (ungefähr wie: vestra dominatio, vostra Signoria). „Ei herschaft frei von Laber, ich mues dich imer clagen"; Jac. Püterich's Ehrenbrief, Str. 48. „Wolt ir, herschaft, stil gedagen"; St. Oswaldes Leben (Anfang), Cgm. 719, f. 1. Went ir herschaft hie betagen"; Heidelb. Hs. des Sigenot. Bruder Berhtolt redet die Zuhörer (etwa den Herzog und dessen Hof) an: „Nu sehent, ir herschaft"; Cgm. 632, f. 93. Vrgl. Kling p. 3. 7 (Pfeiffer 358,9. 360,21): „Ir hêrschaft, ir lônet dem knehtelîn, daz den acker bûwet." „Ir hêrschaft, ir umbeziunet iuwer ecker niwan mit einem swachen zûne." cf. Grimm in den Wiener Jahrb., Bnd. XXXII, 255. Im Ausruf (verblümtes „Herr Gott!" u. drgl.): *Herschaft-Sakəment!* (= Herr Gott, Sacrament!)

herrisch, adj., nach Art der Herrenleute, (als Gegensatz der Bauersleute). herrisch reden, hochdeutsch sprechen. Halb herrisch, halb bäurisch, halb leinen, halb schweinen, Spr. Wort, durch welches man das affectierte und ungeschickte Vornehmthun mancher Leute zu bezeichnen pflegt. ausherrisch, (wirzb. Verord.) einem fremden Landesherrn unterthan. „Sein Vermögen ins Ausherrische transferieren", ansp. Verord. von 1732. „Auswärtige ohnverherrte (dem hiesigen Landesherrn nicht unterworfene?) Italiäner"; ansp. Verord. v. 1739.

Das Herrlein (Hárlə, auch der Hárl, Há'l, Hádl), (Franken, O.Pf.) der Ahnherr, Großvater. Vilmar, kurhess. Idiot. 165. Zeitschr. II, 77,5,1. III, 537. VI, 132,20. „Daß solcher Anfall von ihrem rechten Herrlein oder
232 Fräulein herkommen wäre"; wirzb. LgrchtsOrd. v. 1618. 2) Herrlein, vornehmes, besonders fürstliches Kind männlichen Geschlechts, Knäblein; (cf. Kerl). „Frau Catharina Sophia Pfalzgravin bey Rhein erzeugte ein Fräulein, und zwey Herrlein, so Zwilling gewesen: und — liegt hie neben ihren Herrn Gemahl samt den zween Herrlein begraben"; Sarg-Aufschrift v. 1608 in der Gruft zu Lauingen. 3) kleines Christusbild.

selbher (seəlheər), als adj., (ob. Schwb.) eigensinnig. BM. I, 664. ə˜ *seəlheərər* Buəb. (Vielleicht ist Dietrich's von Plieningen Selperlichait, insolentia, lascivia, S. 40. 41 nur verdruckt.)

überherren, (ä. Sp.) übermannen. BM. I, 668. „Da die Behmen sahen, daß sie überherret wolten werden"; Av. Chr. 349. (Sy) „waren sy erst uberhern und gar schätzen bis auf den kern"; Mich. Beham, Wiener 263,14. „Sy wurden überherret und umblauffen mit großem grauß und gancz nakent gezogen aus"; das. 267,29. „Da wurden dy veind überhert"; das. 301,6. Vrgl. oben, Sp. 1150 f., das Her: behern, verhern.

verherren, ä. Sp., vrgl. mhd. herren, BM. I, 668. „Der mulner solt sich nirgend verherren noch burger werden alle dy weil er hinter uns seß"; Cgm. 4854, f. 157. „Der von got so miltiglich verhert wirdt"; Buch d. W. 1485, f. 112.

„anherig und Anherigkeit, (Prompt. v. 1618) affabilis, comis und comitas, affabilitas", soll wol heißen anhörig. In Augsb. spricht man anhörig, wenn man gerne gehört wird. Vrgl. indessen oben, Sp. 1146 auch: die Har (Art).

Der Herling, ä. Sp., Graff IV, 1032. BM. I, 670. Grimm, Wbch. IV, II, 480. Weigand, Wbch. I, 499. „Labrusca, herling", Windb. 170, f. 434ª.

heir! heir-ei˜ (-‿), Zuruf an die Zugochsen, wenn sie links gehen sollen; s. hi und hár.

Die Heirat, s. oben, Sp. 1024: Hei-rât.

heur (huir, hoir, huiə', hoiə', háie'), heuer, hoc anno. (ahd. hiuru, mhd. hiure, aus hiu-jârû contrahiert; Graff IV, 694. BM. I, 770. Zeitschr. III, 219,28. VI, 184. cf. hie, hin, heint, heut). heurig, adj., mhd. hiurec, BM. I, 671. „Primitias, dei hiurigen", Cgm. 17, f. 116ᵇ. Ps. 77,56; (ibid. f. 155, Ps. 104,34, ist primitias unübersetzt geblieben). „Heyrigs saligs eya ermeticum velt (?) Conspice novalia cum felicitate vel feliciter"; Windb. 204, f. 165ᵇ. ə˜ *Heurigə'* (sc. Wein), Wein von diesem Jahre, nemlich nach dem Martinstag (11. Novbr.), bis wohin er Most geheißen. Nach einem Jahr heißt er Ferigə', Fertigə'. Seidl, Flins. III, 111 und passim. Der Heurling, junges Thier, besonders ein Füllen, ein Lamm, ein Fisch vom heurigen Jahr, (Wstr. Btr. II, 153. 154); (Prompt. v. 1618) „in diesem Jahr gewachsne Schos, hornotina virga." Vrgl. Hürlein, Hürtauben.

geheur, (ä. Sp. und noch Theurdank) gefügig, mild, lieblich; Gegensatz von wild. (ahd. hiuri, mhd. hiure, gehiure; Graff IV, 1014. BM I, 693. Cf. isl. hyrr, laetus, blandus. Grimm I, 208: hiuri, placidus, davon gehiuren, beare). „Ich suoche den gehûren (Gott) an allen creaturen, an aller seiten klange, an aller bluomen varwe, an aller würze krefte", geistlich Lied, bey Br. Berhtolt 162 (Pfeiffer 157,14) citiert. (Aus dem letzten Capitel von Wolframs Titurel, aus dem späteren Titurel des Albrecht von Scharfenberg, Druck v. 1477, col. 13 von hinten zu schließen. Vrgl. Albrecht's Titurel, hg. v. Hahn, p. 608, Str. 6182. Auffeß'scher Anzeiger 1833, Sp. 62. Mone's Anz. VIII, Sp. 278 f. v. d. Hagen's Germania II, 333. Vorrede zum Schwabenspiegel. „Ir hubsches mundlein clar bran gleich ainem feur sein lachen was geheur", Cgm. 714, f. 97. „Diu liebe gehiure",. Labr. 92. 110. 136. 154. „Sant Thomas der gehiure"; das. 256. ungeheur (u˜ghuir), adj., 1) wie hchd. ungeheuer; (ahd. unhiuri, ungahiuri, dirus, portentosus). 2) ä. Sp., ungefügig, rauh, wild. „Da was ich in meinem sinn so re·t ungehewr, (sehr erzürnt); Cgm. 714, f. 218. „An den vngehewren Kleidern, die ich trage, habt jr leichtlich abzunemmen, daß ich ein grober Bawr bin." „Die ungehewren Var-

"bern"; Albertin's Guevara. Das Ungeheur, 1) wie hchd. Ungeheuer. 2) der Spuk, das Gespenst. „Beständner mag von dem Contract weichen, wenn ein Ungeheuer in den Gebäuden herumwanderte und die Ruhe störte"; Formular eines Pacht-Contractes in Wagner's Civ. und Cam. Beamten I, p. 311. 3) ä. Sp., die Widerwärtigkeit, der Unfall.

Der (die?) Hir, der Schmerz, dolor; (cf. goth. hauri, isl. hyr, ignis, Grimm I3, 446, und goth. hairus, isl. hiörr, altſ. heru, Schwert; Grimm, Gesch. d. d. Spr. 612). „Für die schüß und hirr zu den schäden dy hiczig sein"; Cgm. 731, f. 56. „Pflaster, das groß hir und wetagen legt an allen schaden"; das. 215. 128. „So vergat die hyr"; das. „Emplastrum das Hir stillt." „Das stillt die hir und macht len die geswollen stat." „Gut zu den hir der oren"; Cgm. 3724, f. 33b. 34b. „Ein epithima für die schlaffendt hir an dem schlaffe"; das. f. 37b. „Chamillenöl stillt die hir", das. f. 41. 43. „ân hir", ohne Schmerz; das. 51b (wie f. 51a: ân peißen). „Zu ayssen, so dy hir (plur.?) ietz gelegt und die platerl brochen sint"; das. 51b. „Ain salb dy isset das zugethan flaisch und thut die apostem auf ân groz hir"; das. f. 53. „Zu des zagels apostem und zu den schlahenden Hir"; das. f. 57b. „Fur groß Hier und wetagen der glider"; Cgm. 3723, f. 166. „Loröl leget hyr und schmerczen, die lang zeit gewert hant"; Clm. 4395, f. 199. „Für den hawpt hyr", (undeutlich); Clm. 17261, f. 174b. „Für den kopfwee das die haubthiren haißt"; Augsb. Kochbuch v. 1538, Cgm. 4126, f. 72. „Xpc wart wunt, daz wart in himel getan kunt, da köme nie hier zö also mossez dir tön. dic ter tria pr nr et tria ave Maria"; Clm. 4595, f. 39, (sec. XIV.) 'hirn, starkes Verb, schmerzen (?).' (Du wund) „du gehar noch geswar nie"; Wundsegen in Haupt's Zeitschr. VI, 487. Vrgl. ahd. hirlîch, adj., vehemens, bei Notker; hirlîcho, adj.; hirlichi, subst.; Graff IV, 999.

Die „Hir", (Nürnb., Hsl.) das Ablassen, Aufhören; (s. hœren 2). „Es ist kein Hir." In der ä. Sp. kommt ein Verb gehirmen für ablassen, nachlassen, vor.

„hören", (das ö der dialektischen Orthographie wol als é zu nehmen; cf. ahd. herjan, mhd. verheren?), räumen, forträumen. abhören, abräumen; die Schläge von allem gefällten Holz und Überbleibseln, Holzrisen, Hütten ꝛc. reinigen zur Wiederbesamung; (Jir.). „Wann
233 nun das Holz alles aus dem Rechen kommen ist, soll unser Zimmermaister das Werck und Rechen hören und raumen. Was sie dann in solchen Hören noch für guet Holz befinden, das soll uns bleiben." „Sollen die Fürdinger solch gehackt und gezehlte Holz auß dem Afstach fleissig und sauber herhören." „Mit dem Aushacken, Säubern und Herhören des Holtz." Kaiserliche Holz- und Waldordnung im Ober- u. Untern-Ihn- auch Wippthal de 1719, p. 12. 14. 53. „Wann die Holzmaister die Söllen und Holzknechtstuben zum Abfaren nicht hören und mitbringen"; salzb. Waldordnungen p. 95. 115. 139. Sollte dieses hören überall falsch statt kören (s. auskêren) geschrieben oder gedruckt seyn? Cf. „abkehren, abraumen, den Holzschlag von dem gefällten Holze reinigen; s. auch abhören"; (Jir.).

hœren (hèrn, Ilm: hê'n, hêi'n, O.L. hèə'n, hoi'n, o.pf. hèiə'n), 1) wie hchd. (goth. hausjan, ahd. hôrjan, hôran, mhd. hœren; Graff IV, 1001. BM. I, 711. Zeitschr. III, 228,20). „Ich antwurt dir aus meinem sinn so vil ich des bin worden inn mit denken und von hör ich sagen"; Cgm. 379, f. 59 und 270, f. 98. Vrgl. Zeitschr. V, 463: hèring, vielleicht. Hör-fa-ho! (wetterauisch; Radlof's Mustersaal II, 355) Interjection, he da! Vrgl. schweiz. ho-schaho! und hol-a! hole her, bring her! 2) (O.L. aufhören, ablassen; (ufheier, Weihers, Dr. K. Roth). Zeitschr. II, 569,70. V, 258,17. hoi'! hèə'! laß ab! (schweizerisch: hör!). (cf. Ober-Inn: der Hörer, läßiger, träger Mensch; Zeitschr. III, 426,7. VI, 154. VII Comuni: „hörer, hoirer, faul, träge", und vrgl. die Hir). „Ich wil doch schiere horen (cessare; reimt auf horen, audire) daz ich fain getichte mache und wil leben mit gemache"; Ulr. v. Turhaim, Cgm. 231, f. 206. „Laß mich der red gehören! wen wenstu hin zetœren?" laß mich mit Ruhe, hör auf! Cgm. 270, f. 81 u. 379, f. 41. „Ich gib umb dein öde kall ein wicken nicht sicherlich, davon so laß gehören mich das rat ich dir, und gang hinweck! das. f. 83 u. f. 43. (Sollte hören, cessare, von hören, audire, nicht radical verschieden seyn? cf. gihiuri. Grimm, Wbch. I, 670 ff.). hörig, adj., ahd. hôric, mhd. hœrec; Graff IV, 1008. BM. I, 714. cf. Grimm, RA. p. 308. 310: Höriger und lâzo. hörlich (Kr. Lhdl. X, 106), anhörig, (Augsb.) angenehm zu hören; s. auch anherig. „unhörleich, absurdus"; Clm. 5877 (XV. sec.), f. 97. BM. I, 714. Diefenbach 6a. 'ungehœrt, ungehört, adj., unerhört; BM. I, 713.' „Waz ungehörter dinge"; Labr. 114. enthœren, (Gem. Reg. Chr. II, 21) nicht hören, nicht erhören. „St. Erhard Fürbitte durfte man nicht enthören." Die Erhör, Erhörung. „Unförmliche Bittschriften bleiben ohne Erhör"; wirzb. Verord. v. 1786. gehören, 1) hören. BM. I, 713. *Ghèrst nét?* hörst du nicht? „cahaorandi, audiens, gl. a. 214. 2) Eine Sache, (früher wol blos) eine Person gehört mein, dein ꝛc., gehört mir, (ahd. gahôrit mîn, mei audit, ist mir gehorsam; Isidor: chihoric, obediens). '3) aufhören machen, stillen.' „Chamillenöl sterckt die spannader und gehört auch irn smertzen"; Cgm. 3724, f. 43. Das Gehœr, wie hchd.; (ahd. gahôrida, mhd. gehœrde; Graff IV, 1008. BM. I, 714). Ze Eines Gehœr, oder gewöhnlicher: Einem ze Gehœr, so daß er es hört. „Ze der leut gehör"; Rchtb. v. 1332, Wstr. Btr. VII, 55. „Das tet er Grisardis zu gehorung"; Cgm. 535, f. 199½. Einem etwas ze Gehœr reden, Bemerkungen, Vorwürfe, die eigentlich ihn treffen, so daß er sie hören kann, an Andre richten. gehœrig, 1) wie hchd. 2) leicht, gut hörend. „Der Kranke wird schon ganz gehœrig, er wird bald sterben." 3) leicht, gut zu hören; den Schall gut fortpflanzend. unhœrend, (wirzb. Lgrchtsord. v. 1618) gehörlos. Der Gehôrsam, 1) wie hchd. 2) das Gebot, der Befehl. „Dem Gehôrsam nachkommen." Der Feuergehorsam, (Nürnb., Hsl.) die Verpflichtung derjenigen Handwerker, die bey auskommendem Brande müssen löschen helfen. Dieser Verpflichtungsakt wird jährlich an den zwey nächsten Sonntagen nach Ostern vorgenommen. Mildernde R. A.: In den Gehorsam kommen, in Arrest, ins Gefängniß kommen. „Verbüßung in dem Gehorsam"; wirzb. Verord. v. 1700. Die Gehorsame, Ungehorsame, (L.R. v. 1616, f. 12. Prompt. v. 1618) der Gehorsam, Ungehorsam; (ahd. diu gehôrsami, mhd. diu gehôrsame, gehôrsam; Graff IV, 1009. BM. I, 714 f. Kero: hôrsamî). „Diu heilige gehorsam; Amb. 2, f. 45b. übergehöricht (übəghèərət), (b. W.) taub. verhören, a) wie hchd., d. i. aussagen hören. BM. I, 714. b) (ä. Sp.) ablesen hören. „Habend uns verhören lassen zween Brief"; MB. V, 499. „Die Gerichtsschreiber sollen die Gerichtsbriefe nicht ausgehen 234
lassen, sie seyen dann vorhin durch den Landrichter und beyder Theile Vorsprechern mit sammt den Überhörern, die von der Schrannen dazu verschafft sind, verhört; Kr. Ltgshdl. VII, 427. MB. XXV, 412. 413. „Nach Verhore des briefs"; MB. XXV, 464. (Gem. Reg. Chr. II, 26). c) erhören. Die Verhœr, das Verhör. Auf die Verhör femen, auf der Verhör seyn.

Der Haierlôs (= Hœr, lôs! Liedanfang? BM. I, 961 unter der leis), Name eines gewissen Tanzes. „Mein chind du bist der lute spot (sagt die Alte zur Jungen) daß du aim (einem) losest (am Kammerfenster) der nichtz haut. Er singt dir wol den Haierlos, — mein chind was wiltu des?" Cgm. 270, f. 103b. „Was hat er noch gegeben dir? Er singt dir wol den Hayerlôs, — mein kind was wilt du des?" sagt die Alte; Cgm. 379, f. 65b und 270, f. 104. „Der Tanz ist des Teufels Heyrloß und sein rechts Rockenliecht"; Druck von 1586.

hören, riechen, einen Geruch haben, geben; Höfer II, 64. VII Com. horen, 'udire, sentire (in allen Bedeutungen dieses ital. Wortes); cimbr. Wbch. 131.' Cf. Haupt's Zeitschr. VII, 455: mittelniederländ. gor, Geruch. Firmenich I.

Die Hor, (ä. Sp.) Hora, Stunde, Uhr; s. Ur. „Umb acht Hore nach mittem tag“; Freyb. Samml. I, 336. In einem Ms. v. 1450—1500 (Passauer Stdtb.) heißt es noch: „2 Beschawmaister, 2 Barchanter und 2 Leinwatter, dieselben sechs sullen all wochen an dem Montag, an dem Pfintztag umb die zwelften hor in der beschaw sein.“ A^{0}. 1358 wurden in Regenspurg die Horen auf dem Thurm gebessert. „Das Anzaigen oder schlahen der Horen hie zu Regenspurgkh“; Gem. Reg. Chr. II, 107. III, 107.

Das Hor, Horw, Horb, ä. Sp., der Koth, lutum, (ahd. horo, genit. horawes, horewes, mhd. hor, genit. horwes; Graff IV, 1000. BM. I, 710). „Lutum, daz hor“, Cgm. 17, f. 30^{b}; „vone horwe, de luto“, das. f. 63^{a}. „Swer mit horwe hor wischet, daz dunket mich ein goukelspil“; d. w. Gast 12108. „Rot scharlatin gewand (thun sie, die Cardinäle) im horb nach in ziehen“; des Teufels Segi, (vrgl. Barack 3197, Anm.). „Vnd an dem letzten findest du (Mensch) dich in dem horib“, Gesta Romanor., Cgm. 54, f. 71^{a}, (Keller p. 139). „In Hemersheim † ($=\frac{1}{2}$) Morgen czu dem horbe, III firteil czu dem horbe über den brunnenpfat“, Feldbeschreibung, Cgm. 4854, f. 104^{a}. (Am 2. Juiy 1840 besucht mich oben im Pap.-Hss.-Saal Baron v. Hormayr, b. Minister-Resident in Bremen und den Hansestädten. Er wünscht Auskunft über seinen Namen. Ich zeige ihm diese Stelle dieses ihm nur dem Namen nach bekannten Buches. Seine Familie stamme aus der Gegend von Rosenheim und Aibling, und noch fänden sich da Bauern dieses Namens, die schon im XIV., XV. (?) Jahrhundert kaiserliche Freybriefe als Freybauern erhalten hätten und sie verweisen könnten. Also gleichsam Koth-Mayer.) „Und saz in dem horwe“; Hiob 2. Cap., 8. Vers in einer alten Übersetzung. s. Th. IV: zweren. „Nim frischen rinder horwe . . . das rinder harwe“; Clm. 4373, f. 107. 109. „Tauben-Harb“; Ortolph. „Fulica, horgans“; Voc. optim. p 42. Diefenbach 250^{c}. BM. I, 478. „Onocrotalus, hortugel“, Ald. 176, f. 138^{b}. Diefenb. 396^{b}. BM. III, 125. „Hartawb“ räth Böses, während die „Velttawb“ Gutes; Cod. Moll-Oldenb., cf. Asp. 49, f. 128. Das Gehürwe, ä. Sp., Menge von Koth; Graff IV, 1001. BM. I, 710. „Colluvio, gehurwe“, gl. Argentin., Haupt's altd. Bl. 351. horwig, kothig: (ahd. horawig, mhd. horwec; Graff IV, 1001. BM. I, 710 f.). „Wirt horwig euwer gewant“; v. d. Hagen, Ges. Abent. II, 628. „So chumpt ewr hunt her mit horwigen füezzen“, Gesta Romanor, Cgm. 54, f. 60^{a}, (Keller p. 116). „Diu swein habent die art, daz si daz ertreich umbwüelent und daz si mit den mäulern in horwigem unlustigem, ertreich rüedent“; Konr. v. Megenberg f. 74^{b}, Pfeiffer 121,31. „In dem horgen tale diser werlte“; Amb. II, f. 46. „Mit einem horwigen stain“; alte Bibelübersetz. „Der horwige irdenisch sag“, (Sack des Menschen); Br. Berht. hurwin, adj., von Koth.

Die Hur, in ältern Bauernhäusern des Oberlandes: ein weiter, über dem Feuerherd eine Wölbung bildender Rauchfang, dessen Ausmündung im Dache (das Hurlóch), durch eine hölzerne, mittels eines Strickes von unten regierbare Klappe (das Hurluck) geöffnet und verschlossen werden kann. Vrgl. niederd. héær, Zeitschr. V, 349.' (Diese Hur heißt in den norwegischen Rauchstuben Liöre. Material. zur Statist. d. dän. Staaten 1784, I. Band, p. 195.) Eine bloße Entstellung von Hurd (w. m. s.) ist unser Wort kaum. Sollte das alte hura, huruwa gl. a. 15. o. 231. 442: palatum (cf. des Ennius „coeli palatum“) Rücksicht verdienen? Cf. goth. haur, isl. hyr, ignis; goth. haurja, plur., *ἀνθρακιάν*, Joh. 18,18; auch holl. hor, fem., dünnes Brettchen, Jalousie. Vrgl. auch Gugkəhürlé unter gugken, und das folgende:

Die Huraus, (OPf., Schllr.) maskierte Person in der Faßnachtzeit. (Nach dem vorangehenden Hur etwa als Hexe zu deuten, die durch den Rauchfang ausfährt? „Wie du ain huren erkennen solt: wa ain hur auf einem weg gat, so get sy albeg hinuber uber den weg und gat rechten schrent als der hirs“; Jägerkunst, Cgm. 289, f. 107^{b}).

Das Hürlein, (Nürnb., Hsl.) junge, kleine Gans; (heur-ig?). Die Hürtauben, junge Taube. (Vrgl. heur und Zeitschr. IV, 53).

'„hurren, sich schnell bewegen; BM. I, 724. Vilmar, kurhess. Idiot. 179.' „Wer sol durch künste nu buch behalten, seit man die iungen vor den alten springen, rennen und auch hurren siht als über velt raubers gurren“; Renner 16534.

Die Huer (Huər), wie hchd. Hure; Weigand, Wbch. I, 524. Zeitschr. VI, 156. Für diese, wie es scheint figürliche, personificierte Bedeutung (prostibulum, scortum) finde ich das alte huor nur gl. i. 224. Auch Otfrid's huarra, genit. huarrun (adultera) sieht einer Ableitung ähnlich. Ursprünglicher scheint daz huor der ahd. und mhd. Sp. für unerlaubten Coitus überhaupt, stuprum, besonders aber adulterium; (Graff IV, 1010. Grimm III, 333. BM. I, 729. Noch schwed. hor, neutr., Ehebruch; hora, fem., Hure). „Er ist von huere geborn. Maria was sein chone nicht des man im ze vater gicht“; Urstende, Hahn 107,78. „Minze ist gŏt vur die gelust des hures“, Clm. 536 (XII. sec.), f. 86^{b}. „Fornicatio huer, adulterium uberhuer, incestus sipphuer, stuprum magdehuer . . . an prece, vel pretio, vel vi, an in membro debito vel alia utpote digito quod maxime solent facere impotentes“; San-Zenon. 64, f. . . . Ind. 392, f. 24. In einer alten Beichtformel (M. m. 99) heißt es: „Daz ich mich versuntet han mit huore, mit uberhuore, mit sippeme huore (incestu), mit unzitlichemo huore, mit huores gefrumidi, mit aller slahte huore.“ Im Rechtb. (Ms. v. 1453) liest man: „Daz die magt (virgo) daz huor hat be- 235
gangen.“ Ein Jude, der sich mit einer Christin (oder vice versâ) vergangen, ist des Uberhuors schuldig. Ebendaselbst wird der adulter der uberhuor, die adultera die uberhuorin genannt. Eine Hure ist guter Angang; Grimm, Mythol.^{2} 1077. hueren, vrb., (ahd. huorôn, mhd. huoren; Graff IV, 1013. BM. I, 730). „Wie wol er mich huret, sacket, rauft und schlug“, (mich Hure, Sack schalt); H. Sachs 1612: IV. III. 22. „Sume cytharam, circuit civitatem meretrix oblivionis: vertanez wip nim din harphen. ginch vmbe din stat offeniv hůrarinne der ich vergezen han“; Ind. 375, f. 189^{b}. 191^{a}. „Lenoni (huerhait) datur. cum lenone (huerhait) suo, cum procuratore (huermechær) suo, Abdiae Andreas Em. d. 6, f. 37. 38. behueren, ä. Sp., ahd. bihuoron, violare.

---

härb (hárb), 1) wie hchd. herbe, vom Geschmack. 2) scharf; zornig, böse: ahd. mhd. harewe, harwe, herwe; Graff IV, 1043. BM. I, 635. Weigand, Wbch. I, 498. Zeitschr. III, 185,21. 187,12. 239,44. IV, 548,11. VI, 145. 183. 252). „A verbo aspero, uone worte deme harewen“, Cgm. 17, f. 134^{a}, Ps. 90,3. „Diser hunger harewer“; Diut. III, 110. „Die gescihten herwen, casus asperos“, das. 171. „In der härwen veinten schar“; Ring 55^{c},23. Härwe und scharffe Läug“; Fwrbch. Ms. v. 1791. „A^{0}. 746 zu Constantinopel ist der Luft gifthärb gewesen, daß vil hunderttausend Menschen gestorben“; P. Abraham. A^{0}. 1705 is 's *hárb* her'gangə' bey Sendling, Ausdruck eines alten Lengriesers, der mir erzählte, was er von seinem Vater gehört hatte. „Herr so viel als bitter; Brand, fol. 84. Davon Herling oder Herrling“; Lessing, Schriften, hg. v. Maltzahn, XI, 2,266. härb seyn auff Einen, böse auf ihn seyn, und es ihn durch Mienen, Worte oder Handlungen fühlen lassen. härb werden. „Wann i' nah *hári wir'* und türmisch áf sie schau"; Stelzhamer 89. Einen härb machen, erzürnen. blitzhärb, jähzornig. härben Einen (oder sich), erzürnen. „Dáfs má' *sö' hárbt*", daß man zornig wird; Stelzhamer 125. Zeitschr. III, 185,21. „Dieder harewent oder unsemftent, qui exasperant"; Psalter. Windb. Cgm. 17, f. 94ᵇ. 96ᵇ. „harwentiu, exasperans"; das. 113ᵇ. Dieser alten Form harewen zufolge und nach Gramm. 686, kann unser härb, härw zum niedersächsischen haren (die Sense schärfen; Vilmar, kurhess. Idiot. 151. Zeitschr. IV, 277,30. VI, 15), zu dem isl. hiör, sächs. heru, goth. hairus (Schwert; acies) gehören. Vrgl. härg.

Das Harb, Horb, s. Hor.

Die Horbel, (Nordfranken) Schlag, Stoß an den Kopf.

Der Herbst (Hérbəscht, Hérgst, Hérischt, Hiərischt, Hiərscht, Hiə scht), wie hchd., (ahd. herbist, herpist, mhd. herbest; Graff IV, 1018. BM. I, 670. Grimm II, 367 f. Weigand, Wbch. I, 499. Zeitschr. III, 31. VI, 184). „Hiems et ver et aestus intellectum ac vocabula habent: autumni perinde nomen ac bona ignorantur", Tacitus, Germ. 26,4. Dieses Wort kommt aber auch noch in seiner, wie es scheint, ältesten Bedeutung der Ärnte, besonders der Wein-Ärnte, vor. „Auf den Herbst gehen. Herbst-Ordnung, Herbst-Verwalter, Herbst-Rechnung, Herbst-Ertrag, Herbst-Arrest, Herbst-Trunk"; wirzb. Verord. Finita vindemia pueri hi (die in Wirzburg als Aufseher über die richtige Verzehndung jedem Vindemianti beigegeben) omnes in campo convenientes singuli se de stramine quod ad hoc adductum est una aut duabus facibus armant quibus sub noctem incensis cantantes civitatem ingrediuntur. Hoc more auctumnum se expurgare atque exurere dicunt"; Joa. Boëmus, de omn. gentium ritibus (1520), f. 4; (vrgl. oben, Sp. 1010: Gresserwein). In den VII Com. ist „Hörböist" der Monat October. In den handschriftlichen Bemerkungen des Schulmeisters Hueber von Eggenfelden ad 1477 folgen sich die Namen der Monate also: „Jenner, Hornung, Mertz, Abrill, May, der ander May, der Augst, der ander Augst, der Herbst, der ander Herbst, der Wintter, der ander Wintter." Cf. Monat. Nach dem Augsb. Calender v. 1477 ist „der erst Herbstmon" unser Oktober, „der ander" unser November. „Der sumer denn hinwichet, der herbst selb dritt gesellen gat denn freftiglich herein"; Cgm. 379, f. 2. herbsten (hiərschtn), vrb. n. u. a., (HhE.) ärnten; wirzb. Weinlese halten. herbsteln, 1) vom Wetter: sich so einstellen, wie diese Jahrszeit es gewöhnlich mit sich bringt. Zeitschr. III, 304. 2) das Herbstelspil spielen, nemlich eine Art Würfelspiel mit 6 Würfeln, von welchen jeder nur auf einer Seite eine Zahl hat, in der höchsten Zahl aber nur 21 geworfen werden können.

Das Härchelein (Hárchə-l, Há'chál), dürres Fichten-
236 stämmchen von etwa 6 bis 15 Fuß Höhe, wie sie zu Zäunen oder als Bohnenstecken u. drgl. verwendet werden. Cf. česk. hráze (zu hraditi, umzäunen, verschanzen), Pfahl, Holz zu Dämmen, Zäunen; hrázka, Waldlatte, Sommerlatte, Gerte. Vrgl. Zeitschr. V, 447. (s. Hänichel, welches Wort, wie dieses, nur eine verschiedne Aussprache von einer ältern genuinen, noch nicht ausgemittelten Form zu seyn scheint.) Vrgl. Rähen.

hörcheln, hürcheln, (schwäb.) röcheln. Zeitschr. III, 132.

Der Herd, 1) wie hchd.; (gl. i. 191: herth, fornaculum; o. 256: hert, arula; i. 569: herda, essa, strictura fervens. Graff IV, 1027. BM. I, 671). 2) Lori's BergR., der untere Theil eines Salzfuders, d. h. eines kegelförmigen Salzstockes, welcher 3 Werkschuhe hoch, im Durchschnitt des „Gupfes" 9 Zoll und in dem des Herdes $1^1/_2$ Schuh dick ist. Die Herdstatt (Hèrdstàd), der Herd; die Stelle des Herdes, worauf das Feuer zu brennen pflegt; fig., Familie, die eigenen Rauch hat, d. h. für sich selbst kocht, (hchd. Feuerstätte). In einem Bezirke, einer Stadt rc. sind so und so vil Herdstätt. Von jeder Herdstatt des Landes mußten zu einer gewissen Epoche unter dem Namen der Herdstätt-Anlage jährlich 25 kr. entrichtet werden. s. das folgende Wort.

Der (?) Herd für Erde, solum, muß wol vorausgesetzt werden, wenn das oberpfälzische Herdapfel (Hèə'd-épfl) nicht als eine bloße Entstellung von Erdapfel genommen werden soll. Graff IV, 1026. BM. I, 671. Grimm III, 221. Wirklich kommt das Masc. herd für solum, terra, wie noch in der Schweiz, vor bey Otfr. V, 20,28; gl. a. 535: hert, solum; i. 352: herde, solo; daneben gl. a. 111. o. 449: herda, fem., solum, terra. (Bedenklich ist gl. i. 781 ad Aeneid. VII, 111: hero, solum, accus., also neutr.; vrgl. ero im Wessobrunner Gebet). „In hærda hreuue", in corde terrae, Matth. (Wiener Fragm.) XII, 40; herda, haerda trusin, das. XIII, 5; aber auch: „oba aerdu", XVIII, 19. „Wann der hirs in lettigem herd gat so schiubt er sich wann der herd naß ist"; Aug. S. Ulr. 73, fol. penult. und früher, immer der herd. „Ein hirß tritt fester in den hert denn ain hind"; Clm. 4373 (v. 1437), f. 117. 118. „Wan der hirß den herd ruret"; Cgm. 289, f. 105ᵇ. 106 rc. „In den hert treten . . . in letigen hert"; Cgm. 558, f. 137. „Also muost man den herd vor den toren rumen daz man sie zuogetuon kunde"; Ettmüller, zwei Züricher Chroniken p. 62. „Brächen die burg nider uf den herd"; das. 78. Die dem Tacitus (Germ. 40) von Beatus Rhenanus zuerst andemonstrierte Hertha will vor der neuern Kritik nicht Stich halten, da die Codd. und die alten Editionen Nerthum gewähren, wornach z. B. auch die Gülchische Chronik von 1611, p. 56 ihre Fraw Nerth hat. Grimm's Mythol.² 197 ff. 230 f. 234. Vrgl. das vorige Wort u. Hart.

Die Herd (Hèrt), wie hchd. Herde, (goth. und angels. hairda, heord, Notk. herta, mhd. hert; sonst finde ich dafür in unsrer a. Sp. andere Wörter: cortar, cutti, ćuuit. Graff IV, 1028. BM. I, 670). „Il paist la herde nostre signor"; St. Bernard dans le sermon pour la fête de St. Benoit. „Paist la herde", pasce oves meas. Ce mot vient du latin haerere: un troupeau n'est autre chose qu'une réunion de plusieurs animaux. Barbazan, l'ordene de chevalerie (1808) p. 40—44. Vrgl. Diez, Wbch. 662. Die Herdgaß, Weg, auch welchem das Vieh zur Weide getrieben wird. Der Herder (Hèrtə') 1) Hüter der Gemeinherde, Hirt; (herter, MB. XVIII, 454). „Ich pin herter, ich fieer meine schäffel"; Cgm. 54, f. 57ᵇ. „Herter, vetler unde sterczer"; Mich. Beham, Wiener 50,10. „Sterczer, herter und fabreier"; das. 312,7. „Daz sy grinen reht alz dy swein, so sy hinder dem herter sein"; das. 307,4. „Das Vih für den gemainen Herter slahen"; „das Herterhaus"; (Auer, Münch. StB. 277. Wstr. Btr. VI, 105. VII, 81. Kr. Lhdl. XIII, 497). 2) b. W., der Herdstier, Herdochs. Zeitschr. IV, 308. s. auch Hirt.

Die Hurd (Hurt und Hur'), plur. die Hürd (Hürt, Hür', s. Gramm. 808), die Hürde, d. h. bewegliche Wand, Thüre u. drgl. aus Flechtwerk; (goth. haurds, ahd. mhd. hurt; Graff IV, 1030. BM. I, 734. Weigand, Wbch. 517. 524. Zeitschr. II, 520). „Die hurt an der einfart der peunt"; MB. XX, 195. Vellhurd (Fällthüre?); MB. XXIII, 422. „All hürd (zum Fischen) sullen nit mer haben dann dritthalben Schuech"; MB. IV, 82. „Mit Hürt und Taugken die Hasen aufzevahen ist verboten; 23
L.R. v. 1616, f. 784. „Weder tagken, hürt noch pretter sol der Müller ob der staig haben"; Ref. L.R. „Ein armer man der gieng in einen wald nach widt. nu chom er von geschicht in ein dickh hüerd des waldes und vil da mit in ein teuffe weite grůb"; Cgm. 54, f. 66ᵃ. Die Wagenhurd, Wagen-Flechte. Hurdwägelein; Hürd-

ler, Zeitschr. IV, 172. Wenn es im Augsp. Stdtb. heißt: „Uber einen chetzer (Sodomiten) sol man rihten mit der hurt“ . . . und im Iwein 5155: „diu hurt was bereit, und daz fiur darunder geleit“, so ist wol eine Hürde von Eisen, ein Rost gemeint. S. Grimm, RA. 699. BM. I, 734. Vrgl. Hur. In einer alten Nomenclatura rer. domest. de columbaria heißt es: „loculamentum daubenhurt, nidulus idem.“ „Nagelfluhlager bey Laufen, hier Hurten genannt“, an beiden Ufern der Salzach; bayr. Annalen, Vaterlandskunde, 1835, p. 63.

hurdieren, wol statt buhurdieren (BM. I, 736); S. Helbling I, 865.

'Die Harfe, 1) wie hchd.; (ahd. harapha, harpha, harfa; mhd. harpfe, herpfe; Graff IV, 1031. BM. I, 636. Grmm, Wbch. IV, II, 474); 2) eine harfenähnliche Vorrichtung, namentlich auch als Schirmdach für die Getreidegarben auf freiem Felde; Zeitschr. III, 16. 118. VI, 145. Grimm, Wbch. IV, II, 476c.' Kärnt. stog, die Getreidharfe; Jarnik 208.

---

härg (hárg, s. Gramm. 686. 486), (Ilm) was härb, (w. m. s.).

hergen, verhergen (hérgng, vo'hérgng, hiargng), verheeren, (ahd. harjôn, herjôn, mhd. herjen, hern, mit Heer, Krieg überziehen, berauben, plündern; Graff IV, 986. BM. I, 662.' Cf. goth. hairus, das Schwert, und Diut III, 134: „Jungen man unde iunc uuib, sugenten sament demo alten herita daz fuert“); s. auch heren. „Der Vitzthumb zu Amberg in der pfalz landt zu Beiern zog mit einer wagenburg uber Marckgraff Albrechten und herschen dem drey tag in seinem land“, (1462), Matth. v. Kemnat, Cbm. 1642, f. 91. „Die wolten jme umb Heidelberg herschen“; das. f. 89. Der Herger, Verheerer; O.L., Raubbiene, Drohne; schon im Rchtb. v. 1332, Wstr. Btr. VII, 84: hörger, wo aber vielleicht das folgende Hörg zu bedenken kommt. Cgm. 17, f. 24. Ps. 13,11: „uerheride, captivitatem.“

Das Hörg (Hérg), (Ilm) das Honig. Das Hörktâu, der Honigthau. Vrgl. das vorige Wort.

hurgeln, hargeln, s. hurlen.

„Hörlein“, (wirzb.) Hornung; (vrgl. Grimm II, 360).

„Horliz, crabro“; Prompt. v. 1618. Diefenbach 154c. „Crabro heißt ain harlys oder ein harnys“, (im Context meist „harlys“); Konr. v. Megenberg, f. 176, (Pfeiffer: harliz, harniz; 300,13. 15. 17. 23. 25. 292,35). s. Hurnauß.

hurlen, horlen, horgeln, hurgeln, rollen, wälzen, kugeln. Zeitschr. VI, 469,4. einhurlen, (OPf.) mit Schnellkügelchen spielen. Die Hurl, Hurgel, was sich rollen, wälzen läßt. Das Hur'chə˜, (Diminutiv; Aschaff.) Steinchen beym Einkäutchə˜s spilen; s. unten: die Kaute.

'Der Hurlabûs, â. Sp., Tumult, Saus u. Braus; vrgl. BM. I, 734, hurren: hurlachei, hurlebuß.' „Do lebtents' in dem hurlabus (gereimt auf „hûs“) bis das die hochzit ende was; Jorg Zobel (1455), Cgm. 568, f. 257.

Die Hurlnuß (Huə'lnuss), (Baur) eine große, im Geisenfelder Forst vorkommende Spielart der corylus avellana.

'Hürling, ein gewisser Fisch; Grimm, Wbch. IV, II, 480: Härling.' „Hürling den herren nicht wol taugen“; H. Sachs 1560: II, II, 111b.

Der Harm. Dieses hchd. Wort (ahd. harm, haram, hermida, calumnia, injuria, aerumna; Graff IV, 1032. BM. I, 636. Grimm, Wbch. IV, II, 480. Cf. altslaw. sram; Grimm, Gesch. d. d. Spr. 172) und seine Derivata sind unvolksüblich. Das harmlos der Aufschrift einer Statue, die die Eintretenden in den Münchner Englischen Garten bewillkommt, wird daher auf mancherley Weise gedeutet.

'Die Harmschar, Harnschar, â. Sp., Strafe, Plage, Noth; harmscharn, peinigen, martern; Graff VI, 529. BM. II, II, 153. 154.' Wackernagel's Wbch.: haranskara. „A calumniis, uone harmscharen“; Cgm. 17, f. 179a. „Nihne harmscaren mih die ubermuoten, non calumnientur me superbi“; ibid. f. 178b. „Calumniantibus, den harmscarenten; ibid. f. 178b. „Calumniatorem, den harmscharare“; ibid. f. 104b. „Ein tougenlichiu harmschar was im ze lâge dâ geleit“; Otte mit d. Barte 556, Hahn p. 106. „Ab der fra geschraye, die umb und umb mauset mit spehe, und harmschar („harschall“) lait so mangerlaye“; Valkn. 133. „Ich wil den lîp mînen vor deheiner buoze sparn, ich wil in also harnscharn, daz got an der riuwe wol schouwe mîne triuwe“; Grimm, Reinh. p. 322,844 und p. 374. Cf. engl. harumscarum: Der Prinz Joinville „a harumscarum youth (ein quecksilberiger junger Mann)“; Allgem. Ztng. 1844, 26. May, S. 1170. Harumscarum conduct, Geschäftigkeit.

Der Harm, der Harn; (ahd. mhd. harn; Graff IV, 1035. BM. I, 636); daz harn, Cgm. 92, f. 1. 2. Die Entstellung des n in m ist jedoch schon alt. „Lotium, harm“; Avent. Gram. „Harem oder saichet“; Voc. v. 1482. (Der Luchs) „sein harm der wird zu einem stein“; H. Sachs 1612: II, II, 221. „Der ein fieng seinen Harm und zu dem Artzet gieng“; H. Sachs. „Du wirffst dich umb im Bett allein, als ob dich reiß der Harmenstein“; H. Sachs. Die Harmwinden, die Harnwinde, Harnstrenge. „Das Neumarkter Wildbad treibet den Harm, stillet die Harmwind“; Parnass. boic. V, 133. „Harmglas, matella“; Prompt. v. 1618. harmen, härmen, harnen. „Die vil weynen die harmen wenig“; Cgm. 4876, f. 241. „Wer milich harmt“; Cgm. 4543, f. 137, (auch sonst immer Harm und harmen). „Ein kue welche starck bluet gehärmbt“; Votivtafel in Alten-Erding. „harmen, prunzen“; Voc. v. 1482. Menschenharn 100 Theile = frische Pferdeexcremente 1300 = Kuhexcremente 600. Jedes Pfund Menschenharn kann 1 Pfund Weizen gewinnen; (Liebig), Menzel, Lit. Blatt 1841, S. 156. s. oben, Sp. 337: Brâch.

Das Härmlein (Hárml), (ob. Inn, Wllr.) das ge-
meine Wiesel, folglich auch das fremde, Hermelin ge- 238
nannt, und das Fell davon; (ahd. harmo, mhd. harme, harm; Graff IV, 1033. BM. I, 635. Weigand, Wbch. I, 500. Zeitschr. II, 516. IV, 54). Der Harm (Wigalois V. 755), das Hermelin. „Harmo, migale“, gl. a. 46. 524. o. 417; „härmlin, härml, härmel, migale“, Voc. v. 1419, 1429, 1445; harmil, migale, Ben. 160, f. 56. harmin, migalinus, gl. o. 417. Diefenbach 360c. „Ich sich ûz harme dort von rubîn glesten ein mündel“; Labr. 327. „Der Kürsner N. macht dem Herzog Albrecht IV. ainen samatten rock mit Härmel underzogen um XXII gulden Rh.“; Wstr. Btr. V, 211. harmwîz, adj., weiß wie Hermelin; BM. III, 781. S. Helbling I, 1106. Aichharm, sciurus; Augsb. Chron. ad 1540, Cgm. 3025a, f. 58. Diefenbach 54c f.

Der Harmes, Hormes, (Aschaff.) verdrießliche Stimmung; er hat 'n *Härmes*. harmesig, adj.

„herm, heftig, grell“; Weihers, Dr. K. Roth.

„Herman, 1) vervex sectarius“; H Junii nomencl. (Augsb. 1629) p. 28. Nach Fischart im Gargantua (1549) sagt man zum Bock: Herman, stoß nicht! 2) penis. „Ich muß dir clagen das mir mein herman nimmer wil ragen“; Cgm. 379, f. 153. 'Vrgl. d. folg. Wort.'

Der Hirmə˜, Ziegenbock. Vilmar, kurheſſ. Idiot. 165. Zeitſchr. III, 261,49. 372. IV, 311. V, 351 ff. *Hirmə˜* dutz! ſagt man zu demſelben mit vorgehaltener flacher Hand. Steifer *Hirme˜*, ſteife Mannsperſon. Hermen = Herman meint Weigand, oberheſſ. Intellbl. 1846, p. 248. ſ. deſſen Wbch. I, 499.

hirmen, ä. Sp., ablaſſen, ruhen; Graff IV, 1034. BM. I, 691. „In (= ichne) gehirme niemer, unz ich den verdiene“; Walther v. d. V. 84,12. ungehirme, adj., unabläſſig, raſtlos, (ahd. ungahirmi); „ungehirme minne“; Cgm. 89, f. 117. 119. ſchleſ. ungehirm, ungeheuer groß; Weinhold, Wbch. 36.

„Hürmſen oder Hurnaus, crabro“, Prompt. v. 1618. Diefenbach 154c. Vilmar, kurheſſ. Idiot. 171. ſ. oben Horliz.

Das Harnaſch, ä. Sp., der Harniſch, (franz. harnois, ital. arnese, ſpan. arnes; Diez, Wbch. 26 f. BM. I, 636. Weigand, Wbch. I, 480 f.), die ſchützende Rüſtung im Gegenſatz der angreifenden, d. h. der Waffen. VII Com.: harnoſt, ntr. Vrgl. Th. IV: zemharnek. Häuptharnaſch (Avent. Chr. f. 33. 272), Bruſtharnaſch, Bainharnaſch. Trabharniſch, ſ. oben, Sp. 639: traben. Das Harnaſchhaus, die Harnaſch-Schau, (Muſterung der Rüſtung). Kr. Lhdl. V, 196. VII, 241. 343. Der auch hchd. R. A. Einen in den Harniſch bringen entſpricht der Ausdruck: im Harnaſch handeln (bewaffnet auftreten), welchen auf dem Landtag von 1514 (p. 312; cf. 333) die Landſchaft von ſich braucht. (Sollte das auf hart weiſende isl. hardneskja primitiver als die oben geſetzten romaniſchen Wörter, oder nur Entſtellung daraus ſeyn?)

Das Hirn (Hiə'n), 1) das Gehirn, (ahd. hirni, mhd. hirne; Graff IV, 1035. BM. I, 691. Weigand, Wbch. I, 508. Cf. goth. hvairnei, lat. cranium). 2) die Stirne (welches hchd. Wort vom Volk weniger oft gebraucht wird). Der chaiſer erplikcht an dem chnaben daz zaichen an dem hirn“; Cgm. 54, f. 32b. 3) fig., der Verſtand. Ochſenhirn, Ochſengehirn. Hirnpaveſen, Art Backwerck mit Gehirn gefüllt. Aufs Hirn fallen, auf die Stirne fallen. R. A. Nicht aufs Hirn gefallen ſeyn, nicht dumm ſeyn. Das Hirnbätzlein, der Fips, Schneller mit dem Finger auf die Stirn. Das Hirnhäublein, 1) ehmalige Art bürgerlicher Weiberhauben mit einer Öffnung am Hintertheil, durch welche das geflechtne Haar geſteckt, und dann um eine metallene Spange gedreht wurde. 2) ehmalige Kopfbedeckung der Kriegsleute; Lt.O. v. 1553, f. 177. Die Hirnplatten, (O.Pf.) flaches Holz oder Metall, das den Ochſen, die ziehen ſollen, um die Stirne angelegt wird. Die Hirnbilligkeit, Billigkeit, „die nicht auf guten Gründen, ſondern blos uneingeſchränkten Gutbedunken beruht“; Kreitmayr, Anm. z. Cod. Crim. p. 8. hirngeil, mhd. „Spricht einer der iſt hirngeil“; S. Helbling II, 725. hirnrißig, 1) kopfzerbrechend; Ztſchr. VI, 151. 2) leicht aufzubringen, zu beleidigen. hirnſchellig, hirntäppig, vom Schafe: mit der Drehkrankheit behaftet; vom Menſchen im Scherz: unſinnig, toll. hirnwüetig, hirnleinwüetig, mit der Hirnwuth behaftet; toll. BM. III, 536. Zeitſchr. V, 186. „einhirnig, astrosus“; Voc. Archon. f. 59. Diefenbach 56c.

hirnen, vrb. n., (O.Pf, Schllr.) nachdenken, ſich beſinnen. Vrgl. arnen und Zeitſchr. VI, 151.

überhirn, überhürn, adv., (Tiſchler-, Zimmermanns- ꝛc. Ausdruck) an einem der Längen-Enden eines Balkens, Brettes ꝛc. und in der Richtung der Holzfaſern. Zeitſchr. VI, 151. Einen Nagel überhirn einſchlagen. überhirn abſägen, Gegenſatz von: nach den Jahren; (Dr. Sepp). „Hirnholz auf Hirnholz“; Münchner
239 Baubericht. Die Hirnleiſten, Hernleiſte, Leiſte, am Längen-Ende einer hölzernen Fläche angebracht; Stirnleiſte. Vrgl. Zeitſchr. II, 542,170: Hörnband; IV, 128,15. 360,30. VI, 288,739. „Hernleiſten, subscus“; Prompt. v. 1618. Es iſt überhaupt unklar, was dieſe hürn, hirn, hern eigentlich beſagen wollen, und ob ſie zu Hirn oder Horn gehören. Adelung (s. v. quêr) ſchreibt: über höre, überhöre, in die Quere, überquer, überzwerch; das Holz überhöre arbeiten, in die Quere, nicht nach den Faden des Holzes. Cf. isl. hyrna, cornu securis. „En hyrnan ſu in fremri tok andlitit“; Njalsſaga c. 125. Vrgl. auch: „*Ghournatö* Bám, dö blätzt san, san böſser (béſsə') als *gmaitö*, als die man im Saft abzieht“; (Dr. Sepp): Bäume mit unglatter Rinde, welche Rinde man ſtückweiſe weghaut, haben gediegeneres Holz, als die im May gefällt werden?

„Die Hörnuß,“ (Eichſtdt.) cornus mascula, die Kornelkirſche; Hörlitz, (ſ. Adelung: Herlitz).

Das Horn (Hourn, Haərn, Ho'n, o.pf. Hâuə'n), plur. die Horn und die Hörner, Dim. das Hörnlein (Hèrnl, Hèrndl, Hèə'nl, Hèə'l), 1) wie hchd. (a. Sp. ebenſo; Graff IV, 1035. BM. I, 715. Weigand, Wbch. I, 517 f.). „Jagen mit dem horne“; Labr. 128. 449. „Ich blies daz ich dô kunde in mînes hornes gewe“; daſ. 47. Das Taghorn, das Nachthorn. „Bis man das Horn gegen Tag bläst“ . . . „unz auf das Nachthorn“; Münchner Scharwachter Ord. v. 1532. Vrgl. oben, Sp. 602: das Telkhorn. Das Grüſelhorn in Straßburg. Den Grüſel hürnen; Schilter, Chronik des Königshofen 159. 1113. 1114. 'hörnen, hürnen, ins Horn blaſen; Vilmar, kurheſſ. Idiot. 175.' Die Inſchrift des einen bei Tondern weiland gefundenen und vor ſeinem Verkommen abgezeichneten, beiderſeits offenen goldnen Horns wird 1850 mit Übertragung der Runen geleſen: EK HLEVA GASTIM HOLTIGGAM HORNA TAVIDO, nach Einigen: Ego Hleva hospitibus silvicolis cornua feci, (oder: intimis contubernalibus Holsatis cornua dedi), nach Maßmann: der Eichwohnung (des Eichhügels) Gäſten. Münch. Gel. Anz., April 1850. ('Vrgl. Pfeiffer's Germania, Jhrg. X, 293 ff.'). „Die tincken in ain kupferein horn oder in ain rain muſcheln thůn“ . . . „Als oft du dy federn in das horn ſtoßt“; Cgm. 821, f. 24. 25. 29 . . . Cf. engl. inkhorn. 2) (Gebirg) Felſenſpitze, Bergſpitze. 3) (Bodenſee) Landſpitze; (horn, promontorium gl. i. 765. Graff IV, 1035. BM. I, 715). Burchorn, suburbana. „Iro uuin iſt chomen fone demo uuingarten fodremoium unde fone den burchornon gomorrae. Uuaz ſint burchorn uuane dia ſtete di ce burc dienont“; Diut. III, 134. Notk. p. 264. 4) Scheltbenennung für eine junge (unerfahrne) Perſon des andern Geſchlechts. Du bist ə˜ rèchts *Haə'n*, tardi ingenii, oder: eigenſinnig. haə'nhért, adj., (b. W.) von Sachen und Menſchen. 5) „In dem prahmenad maht du ze ader lazzen oder mit horn“, (Schröpfköpfen?). „In dem hartmonad la niht ze ader noch mit horn“; Altm. 26 (v. 1334), f. 186—187. „In dem prachmonat ſol man nicht nemen noch laſſen dan in dem pad mit horen“; Ind. 344, f. 24. Hörnlein, Zweifelhörnlein wurden von den alten Bienenvätern die an den Enden der Waben hervorſtehenden bauchigen Zellen genannt, bey deren Daſeyn die Fortdauer eines Schwarmes immer als ſehr zweifelhaft angeſehen wurde. Vrgl. Mili-heə˜ln unter Milch. Der Hörnler, Hörndler, Bienenſchwarm mit ſolchen Hörnern; L.O. v. 1553, f. 122; v. 1616, f. 598. Der Hörndler, Hirſchkäfer, lucanus cervus; Seidl, Flinſerln (1839) II, 99. ſ. unten: Gehürner, Kürntelkäfer. Der Horner (Hou'nə'), hie und da im Munde des gemeinen Oberländers: der Hirſch, im Gegenſatz der ungehörnten Hirſchkuh. ainhornet, ainhörnlet, mit nur einem Horn verſehen. Hornaff, Harnaff, (ä. Sp.) Art Waizenbrodes. „Artocopus, hornaf“; Poll. 801, f. 5. Diefenbach 51c. Vilmar, kurheſſ. Idiot. 175. Zeitſchr. VI, 176. „Losprot, pretzen, harnaffen“; Ortolph. ſ. oben, Sp. 41: Aff. 'Die Hornbläſe, Diminut. Hornbläſel, ä. Sp., Hornbläſerin, Hexe; BM. I, 201': „Ich gepeut dien fertl allen unholden und hornpleßlen allen wetterſiern und fiererin, zauberer und zauberin" . . . „daz schawr und hagl und alle hornpläsl, alle unholden alle wederfierer und fiererin, alle böse geister. . .; Wettersegen v. 1591, ZZ. 3286, f. 26. 27. Der Hornfall(?); BM. III, 222. „Dâ sullent si daz selbe brôt uf hefen (confiscieren) gar und gänzlich und sullent die zwei teil geben in daz spitâl und daz ander dritteil an den hornval, den ûzsetzigen"; Meraner Stadtrecht, Haupt's Zeitschr. VI, 416. Vergl. ahd. horngibruodar (bey Otfried), mhd. hornbruoder, leprosus; Graff III, 301. BM. I, 271.

Das Gehürn (Ghürn), Dim. Gehürnlein (Ghürndl), Collectiv von Horn. Der Ochs, die Kue hât ein schœns Gehürn. „Də' Gánkə'l — leibhafti' — stêt dà, kolschwarzə' mit *Kirntl* und Schwaəf, hintnachi~ en foiringə~ Straəf, voll Zodən i~n Leib und ə~ Gstəll — so schlecht hàt mə' ·s nár i~ de Həll"; Kaltenbrunner, oberösterr. Jahrbuch 1844, S. 220. 225. Də' Ghirntláté, der Teufel. Das Hirschgehürn, (Pegniz) Hirschgeweihe; MB. IX, 60. „Hirschkhirn zu versilbern"; Cgm. 2224, f. 167. Der Kirngang in der Residenz (neuen Vest) zu München (1613); das. f. 144. 155—56 und Cgm. 2225, f. 198. Das Aingehürn, der Ainkürn, das Einhorn. „Mensch, lauff gschwind in die Apotheken bey dem weißen Einkürn und bring ein gebrändtes Hirschhorn", sagt Putiphars Frau bey P. Abraham. „Ein Pontificalstab von Einkirn;" Vog. Mirakel. Der Gehürner (Kirner; passau.), Kürntelkäfer (Ghürndl-Käfer), Hirschkäfer; Seidl, Flinserln (1839) II, 99. s. oben: der Hörndler. gehürnt, adj., gehörnt. „Gehürnt Vieh;" Lori, Lechrain 372. „N. führt im Schildt ein kürnten Hirschkopff"; Hund, Stmb. I, 180. hürnîn, hürnein, hürnen, adj., von Horn. Der hürnen Sigfrid, hürnein Seyfrid, hürlein Seyfrid, der in den Sagen der deutschen Vorzeit und namentlich in einem bis auf unsre Tage herabgekommenen Volksromane vielgerühmte Recke Sigfrid, (Sivrid, Sigurd), der sich badete in dem Blute des „lintrachen", den er „an dem berche sluog, davon in sît in sturmen nie dehein wâffen versneit." Nibelungen 3610. (Nürnb., Hsl.) R.A. Er ist ein rechter Hörlein Seyfrid, d. h. „ein Kerl, der überall angehet, der sich aus nichts etwas macht." Brusch (Monast. Germ. chron. p. 294) spricht noch von der Lanze des H. S., die man in der Hauptkirche zu Worms zeige, und von seinem Grabhügel daselbst, den Kaiser Maximilian im J. 1495 habe öffnen lassen. überhürn, s. Hirn: überhirn.

'Der Hornung, der Monat Februar; (Graff IV, 1038. BM. I, 716. Grimm, Gesch. der d. Spr. 84 f. Weigand, Wbch. I, 327 f. Zeitschr. III, 460).' „Nu enfürhte ich nicht den hornunc an die zêhen"; Walther v. d. V. 28,32. „Und wære ez hornunges weter, er lât niht an ir lîbe einen vaden vor ir scham"; M. Helmbrecht 1198. „Hornung haiß ich, erkenn mich, gest du nackent, es gerewt dich"; Cgm. 17296, f. 78. Cf. hurnigeln (v. Hornung? Hir?).

Der Hurnauß, vespa crabro L., die Horniß (ahd. mhd. hornuz; Graff IV, 1039. BM. I, 716. Weigand,
240 Wbch. I, 518. hornuz, crabro, gl. a. 510; hornozza, scrabrones, a. 111). Zeitschr. II, 552,57: Hornix, Hornes·l; III, 131: Hörnsəl. Vrgl. III, 485: hornisseln, hageln; IV, 10. Vrgl. Horliz.

hurnigeln, vrb. n., von den Extremitäten des Leibes, als Fingern, Ohrläppchen, Zehen: vor Kälte jucken und brennen. Zeitschr. V, 337. Vrgl. urigeln und igeln, auch nickeln, nigeln.

Die Harpfe, s. oben: Harfe.

härpfen (hárpfə~), (HhE.) klettern, (Baur) rutschen; Zeitschr. VI, 145. s. Adelung: harfen, rutschen.

'harsieren, hersieren, Harsier reiten, im gestreckten Trab, Galopp reiten'; s. unten: Hausier und vrgl. cesk. harc, das Tummeln der Pferde; harcati, die Pferde tummeln; harcyr, Trabant, (Hartschier); harcyste, Rennbahn. „Mit herczirn, eilen, sleichen"; Mich. Beham, Wiener 297,9. „Mit den sah man sie dann herczirn, schiessen, stechen, slahen, iustirn, und es gieng selten ain tag hin, es wurden wund leut vnder in und auch tod etlich zeite"; das. 376, 32.

'Das Hersenier, Härsenier, â. Sp., Kopfbedeckung unter dem Helme; BM. I, 637.' „Das hersenier im für daz lieht (vor die Augen) ninder was gerücket"; S. Helbling I, 871. cf. Eisenhuet. „Pantzirium I, duo herschnier"; Waidhofen (1316), Freys. Salbuch f. 29^{b}.

Der Hirs (Hirsch, Gramm. 651, O.Pf.) die Hirse, (ahd. hirsi, mhd. hirse, masc.); Graff IV, 1039. BM. I, 691. Weigand, Wbch. I, 508. Zeitschr. V, 147. 465.

Der Hirß. Daraus ist nach Gramm. 651 die hochd. Form Hirsch corrumpiert, so wie Hirß aus Hirz, w. m. s. „Zaichen des hirßes (auch hirßen) und der hinden"; Clm. 4373 (v. 1437), f. 116. 119. Der hirsse (hirse), des, dem, den hirssen (hirsen); hirsen geiaid; Cgm. 54, f. 42^{b}. 84^{a}. Cf. „æt Heorotforda", at Hertford; Saxon. chron. ad 913. Zeitschr. V, 168,150. „Zween groß lebendig Hirßen;" Wstr. Btr. III, 139, ad 1476.

Der Harsch, s. unten: der Harst.

Der Harsch, (Allgäu; Schrank b. N.), Schnee, der so fest gefroren ist, daß er trägt. Zeitschr. II, 33,16. 517. „s-ré-n, der Harsch, Harscht, (v. hart), d. i. gefrorner Schnee, der vom Gerinnen s-ré-ti den Namen erhielt"; Jarnik p. 15. VII Com.: arust. harschelig, (Franken) etwas gefroren und unter dem Fuß knarrend. harscheln, vb.; Zeitschr. II, 31. 404,13. Da man in diesem Sinne auch sagt: resch und die Resché, so könnte Harsch mit dem alten Adjectiv horsk (rasch; Zeitschr. III, 560. Weigand, Wbch. I, 481) zusammen gehalten werden. (Vrgl. a. Hart und husch).

herschen, s. oben, Sp. 1161: hergen.

Der Hirsch (Hiərsch, O.L. Hi'sch), des, dem, den, die Hirschen, 1) wie hchd. (ahd. hiruz, mhd. hirz; Graff IV, 1017. Grimm III, 326. BM. I, 691. Weigand, Wbch. I, 508. s. Hirß und Hirz). 2) Rind mit gerad aufwärts stehenden Hörnern, (Hirschál). R.A. Eine Person oder Sache dem Hirschen auf die Horn binden, sie der gewissesten Gefahr des Verderbens aussetzen. Dem Hirschen seine Hörner messen, indem man sich streckt, die Arme emporspreizen. Man sagt dabey wol: So grôß seind dem Hirschen seine Hörner! Der Grashirsch, s. oben Sp. 1008: Gras. Der Hirschling, was Herbstling (und wol daraus entstellt), Art eßbaren Schwammes, agaricus deliciosus. L. Wilder Hirschling, agaricus pseudonymus L.

Der Horsch, (wirzb. Stadtbauord. v. 1767) die auf einer Mauer liegende Bedeckung von Ziegeln oder Platten.

'Der Harst, â. Sp., Rost, craticula; (ahd. harsta, harst; Graff IV, 1042. BM. I, 637)'. „Eiere unde chæse uf deme harste rosten"; Clm. 9513, Vers 275; (vrgl. oben, Sp. 575).

Der, die Harst, â. Sp., der Heerhaufe, Kriegshaufe; Vilmar, kurheff. Idiot. 152. Weigand, Wbch. I, 481. „Mit zwey Harsten auf einem Tag angreifen;" Gem. Reg. Chr. II, 466, ad 1428 (Das altfranz. ost liegt wol zu weit ab; engl. hoß. Diez, Wbch. 246. Müller, etym. Wbch. d. engl. Spr. 520). „So spricht man auch nach harscher (Kriegsmänner) ler"; d. Ring 45,31. „Man hieß rechter harscher sechzig spieß reiten auf den placz"; das. 48^{d},23. „Daz wir gewinnen er und guot daz ein freyer harsch wol tuot", das. 51[c],47. „Mit seinem harsch"; das. 55[d],34. „Ze seinem harsche sprach er do"; das. 55,11.

Die Hurst, (ä. Sp.) die Hecke; (ahd. hurst, horst, Busch, Gesträuch; Graff IV, 1042. BM. I, 734. Weigand, Wbch. I, 518). „Dicker Poet wie ein Bantz brech sein schönen Lorbercrantz von der Hurst, grober Hanff gibt grobe Gspunst Kuchelreimer bindt sein Kunst mit der Wurst;" Balde's Lob der Magern'. (hurst, rubus; gl. o 250).

---

241 -hart, die bekannte Endsylbe eigener Personnamen. Graff IV, 1022. Förstemann I, 604 ff. Die Form Härtel (Hártl) gilt insonderheit als Abkürzung von Eberhard, auch Bernhard und (Hunds Stmb. I, 158) Hartprecht. Man hat mit dieser Endsylbe auch verschiedne Appellativa von meist schlimmer Bedeutung gebildet. Reichart, Klinkhart, Gebhart, Naghart, Lugenhart, Trugenhart, Smaichart,˙ Swerolt, Gleihsenhart, Slinthart; Renner 9024—34. „Maulvas pastorum *Slimphart*, *Slamphart*, praedicatorum"; Rot 113, f. 323. Beghart, Lolhart; Motth. v. Kemnat, Cbm. 1642, f. 131 f. „Er ist nun gar 's Liebhartli gsin", (mein liebster Sohn); Acolastus, deutsch, Zürich 1535. Ahselhart, s. oben, Sp. 25. Papelhardus, s. oben, Sp. 399. Der Dinghart, Dinghärtel, ungefälliger Mensch, (der gerne dingt, streitet, zankt?), zugleich eine Anspielung auf den Eigennamen Degenhart (Dégnghart). Der Freyhart, (ä. Sp.) Vagabund, homme sans aveu. Der Neidhart, neidischer Mensch. Der Nôthart, (b. W.) Mensch, von bittrer Noth gedrückt. Rotwälsch (bey Gesner, Mithridat, 1555, p. 73 f.): Boßhart, Fleisch, Fluckart, Vogel, Huhn, Funkart, Feuer, Glathart, Tisch, Ganhart, Teufel, Grünhart, Feld, Juffart, der da roth ist oder Fryhet, `(„Juffart, die Freiheit"; Anton, Wbch. der Gauner- und Diebssprache p. 41. v. Grolman, Wbch. der Spitzbuben-Sprachen p. 31.)', Ruschart, Strosack, Stupart, Meel, Boppart, Narr.

hart, hie und da, besonders in der Formel hart oder eben (par, impar), statt ort (impar) gebraucht. S. Gramm. 502.

hart und hert (hért, hiərt), comp. herter, sup. hertest, adj. u. adv., 1) wie hchd. hart; (goth. hardus, ahd. harti, mhd. herte, hart; Graff 1019. BM. I, 637. Zeitschr. VI, 145. Weigand, Wbch. I, 481). Hart oder hert Getraid (Roggen, Waizen, Gerste), im Gegensatz des waichen (Haber). „Hertz Saltz;" MB. XII, 462. Einen harten Kopf haben, einen ungelehrigen. „Es kumt so hart, des ich da wart, des ich da wart, des kumt mir hart, des ich nit wil, des kymt mir vil ꝛc." Chiem. ep. 164, Deckelblatt. Sá˜ *hérte* Nòud (arbeiten, essen ꝛc.), aus allen Kräften; (b. W., ObrM.) Einem harte ligen, schwer fallen; Labr. 11. 19. sich hart erinnern, hart expliciren, hart lernen, d. i. mit Mühe, Schwierigkeit. sich hart tuen, mit Schwierigkeiten zu kämpfen haben. hart hausen, sich hart hausen, sich mit Mühe in der Wirthschaft fortbringen. hart ankommen, schwer zu bekommen seyn; schwer fallen, ankommen. „hârtiglich" ankommen, (schwer); ObrM. Zeitschr. I, 257. VI, 145. hart reden Einen, ihm indirekt allerley Bitterkeiten und Spöttereyen zu hören geben. `hartschlächtig, s. herzschlächtig und vrgl. oben, Sp. 1147 haarschlächtig; BM. II, II, 388. 391: diu harteslaht, adj. harteslehtec, asthmaticus (von Pferden).' „Herttschlechtig roß", Cgm. 289, f. 132[a]. 133[b]. Zeitschr. V, 81. 431,483. 2) dicht, nahe; hart am Holz; *hért* nébm meinə'. `hertan, hörtan, adv., beständig, immer; cimbr. Wbch. 131. Zeitschr. IV, 241,7. VI, 145.' 3) (ä. Sp.) sehr, stark; Zeitschr. II, 518. IV, 269,23. 285, 149. V, 183. „Hart erschrecken, sich hart bekümmern," Av. Chr. Die a. Sp. unterschied das Adverb. harto (duriter, valde) vom Adjectiv herti (durus) wie fasto von festi, scôno (schône, schon) von sconi (schœne, schön). „Harto bistu herti;" Otfrid I, 18,25. Die Herten, Herte (Hért'n, Hiərt'n, Hiərté), auch Hertigkait, Hirtikait, 1) die Härte; (ahd. hartî, mhd. herte, hertecheit; Graff IV, 1023. BM. I, 638. Zeitschr. VI, 145); MB. VIII, 83. Av. Chr. 23; mhd. auch: harter, ernster Kampf, (s. oben, Sp. 1031: haben, 2.). `2) das Härten, Hartmachen des Eisens. Zeitschr. V, 351.' „Wiltu ain gut hört machen zu klainen waffen" . . . „Die heringsulz dient wol zu allen hörten" . . . (Das Wasser von destillierten Häusleinschnecken) „das nutz zu hörten, ist ain haidnisch hort"; Clm. 4394, f. 180. Das Härtlein, (Franken) beginnende Säure eines geistigen Getränkes. „Gegenhart vel widergelt, talio"; Cgm. 668, f. 6. Diefenbach 572[a]: hart gegn hart. `Die Hartsel, ä. Sp., Mühsal, Noth; adj. hartselig; Zeitschr. VI, 94.' „In hartsel stecken wir allsand und essen das hartselig brod"; H. Sachs 1612: I, 37. 621. 640. II, II, 117. „Die reichen (bring ich) in armut, hartsel"; das. I, 1081. „Das ich kom meiner hartsel ab"; das. II, III, 138. „Das ich mit hartsel mich ernehr", (mit harter Noth); das, IV, 10. „Thet sich seiner hartsel nit erbarmen"; das. V, III, 75. „Bindt in ein bachtrog den hartsieg (hartselig?) besessen thummen"; das. 1560: III, III, 77 (1612: III, III, 151). Das Hartheu, hypericum; BM. I, 723. Diefenbach 278[a]. Grimm, Mythol.[2] 1164. Weigand, Wbch. I, 481. `Der Hartriegel, 1) ligustrum vulgare L. 2) cornus sanguinea L. Nemnich I, 1228. II, 409. Weigand, Wbch. I, 481.' Vrgl. Graff V, 501. BM. III, 121: hartrügel. herten, hertnen (hért'n, hiərt'n, hiərtnə˜), 1) härten. 2) v. pf. herten, herteln, (mit Eyern) sie mit der Spitze gegeneinander stoßen, ein österliches Kinderspiel, wobey gewöhnlich dem Besitzer des härtern das eingestoßne weichere als Gewinnst zufällt. Cf. ahd. hertlicho, invicem; Diut. II, 337. Graff IV, 1028. (Man vrgl. auch Ort, Spitze, und hurten, stoßen). `beherten, ä. Sp., bezwingen, besiegen; BM. I, 639.' „Swer sînen zorn beherten wil"; d. w. Gast 12162. 12174. `überherten, ä. Sp., überdauern, übertreffen, überwinden; BM., a. a. O.' „Der ungelert den gelerten mag so wenig überherten sam der bloß mag einen man der ganzen härnesch füret an"; Ring 50,24. `verherten; vrgl. BM. a. a. O.' „Ich mûs dar nach darben das gen mir in ungenaden wil verherten", (verharren?); Valkn. 8.

Der Hart, 1) O.L. (Ha'schd), hart gefrorner Schnee, Schneekruste; über den Hart gên; adj. härtig (há'schdi); vrgl. Harsch und Gramm. 631. `Der Hartmon, ä. Sp., der Monat Januar, (auch November und December); Graff II, 797: hertimânôt; BM. II, 57: hartmânôt;' Grimm, Gesch. d. d. Spr. I, 85. 87 f. 89. cf. slav. gruden, v. grouda, gruda, Schneekruste; das. 98. 105. 108. 798. Weinhold, d. deutschen Monatnamen (1869), S. 40. „Januarius: Hartmon bin ichs genant grozz trünck sein mir bechant"; Clm. 17296 (4° XIV—XV. sec.), f. 78; aber f. 81 ist Hartmon der November. Hartmonat, (Zips) Januar. Vilmar, kurhess. Idiot. 152. 2) Boden, aus Sand und Kies bestehend und nur mit weniger trocknen und an sich unfruchtbaren Damm-Erde überzogen, Wstr. Btr. IV, 367); Eigenname von Gegenden mit solchem Boden. So geht man z. B. von München aus über den Hart nach Schleißheim. Die Hartwis, dürre, trockne Wiese. Vrgl. unter 3). `Vrgl. BM. I, 638: diu herte, steinichter Boden.' In Wernher's Maria p. 43 heißt es: „Sie fuoren ân al verte diu mos ioh die herte;" es scheint demnach der Hart zunächst dem Moore entgegen gesetzt. 242
„Er (der Hund) kôbert ûf der herte, darzů so kan er alle wazzer rinnen"; Labr. 118. „Ez (das Wild) gêt her ûf die herte"; das. 72. „Wie dicke ich ûf die herte dô greif mit mîner hande, wie ez die erde berte"; das. 77. „Swie ungelückes herte (Härte?) und heizer sunnen brennen die spur mir sendem werte"; das. 90. „Si (die Hunde) kobernt hin, ez si naz oder herte"; das. 110. 155.

Vrgl. das. 131: „Mût kobert âne Helfe allein ûf hertem brande“; das. 164: „So (die Hunde) Harre, Stæte und Triuwe ûf herten wegen kobern und hin dreschen“; das. 203: „Doch sach ich ez umb jagen ûf disen wegen herte“. „Hirßhorn aines hirsch der zwissen den zwain unser frawen tagen gefangen ist uff ein hertin i. e. non in aqua ist gut fur vergifft“, Mett. 58, f. 124; (hieher?)'. Hieher mag auch gehören „die Herden“ von Avent. Chron., wo es f. 137 heißt: „Die groß Barbarey hat Gebirg, tieffe Herden von Sande, den der Wind hin und her wehet.“ Vrgl. der Herd (solum). 3) Eigenname verschiedner, ehmals oder jetzt noch mit großen Waldungen bedeckter Gegenden; (ahd. mhd. der hart, Wald; Graff IV, 1026. V, 753. BM. I, 640. Förstemann II, 670 ff. Frisch 419. Höfer II, 29. Vilmar, kurhess. Idiot. 151. Weigand, Wbch. I, 479 f. Zeitschr. II, 552, 35. VI, 145 f. Cf. česk. hwozd?, olim: mons sylvâ consitus; kärnt. gojsd, gosd, sylva, '(die Hochwaldung; Jarnik 219)'; russ. gwosd, clavus, Nagel, Joh. 20,25; gwaschdaju, configere; serb. gwosd.., ferreus; gwoschde, ferrum; Dobrowsky, institut. 294; dugost, langer, weiter Wald). „Sylvam quam Hart vulgariter nuncupant;“ MB. IX, 497, ad 1021. Am Hart, Gegend von Hartkirchen bis gegen Vilshofen, (cfr. MB. XII, 467); die Gegend im Winkel zwischen dem Inn und der Mattich. Der Hard, (nach Mederer p. 23. 67) eine ehmalige Waldung bey Ingolstadt. Daher der Weiler: am Hard und noch das Harder- (Ha'də-) Thor. „Die hardwis gelegen bei dem hard in pischoffdorfer pfarr und im Weilhart gericht“; Cgm. 3941, f. 82b, (ad 1420). „An dem wald genant der hohenhart“, das. f. 101b. „Thomas vorm Hard“, das. f. 210. „Siboto de Haerdiu“, MB. XXII, f. 46 (cf. „in villa Waeldiu“, ibid. f. 41), wird im Register Haerdriu, Härdern, genannt, wo viele Nummern angegeben sind, wo es vorkommt. Die 3 elenden Heiligen zu Ötting, (ehmals im Hartwald). Der Bazhart, vermuthlich am Inn (von Lang's b. Jhrb. ad 1208); der Hönhart, im Innviertel; der Laubhard, Lauberhard (MB. XIII, p. 14 u. 102); der Longhart (bey Landshut); der Spehteshart (jetzt Spessart), vom Speinshart, der Grenze des alten Nordgaues, zu unterscheiden, („Inde rex Henricus in silvam Speicheshart, quae Bavariam a Francia dividit veniens. delectationem exercuit venationis“; Adalboldi vita Henr. bey Pertz, Monum. VI, 690. cf. Thietmari chron, ibid. V, 802: Spehteshart); der Stainchart (stainig Hart? MB. XII, 442; cfr. XXI, 393); der Weilhart („in foresto adjacenti, videlicet in Wilhart;“ MB. III, 310, ad 899). Der Manhartsberg in Österreich als Maninhartes-(berg), lunae sylva, gedeutet von A. Buchner in der akad. Rede v. 27. Merz 1839. Vrgl. auch die Ortsnamen Hart (Hard, Har'), Dürnhart, Faißtenhart u. s. f. und den Volksnamen Harudes, silvicolae; (Grimm, über Diphthonge n. a. Cons. p. 44. Gesch. d. d. Spr. 633 u. 418. 822: isl. haddr, flos campi, coma, peplum mulieris, wonach die Hazdingôs, „Asdingi“, Haddingjar, comati). Anderwärts sagt man die Hard (Neustadt an der Hard, im Rheinkreis) und das Hard. Lutra (Fluß) ad *Hardam*, (obwohl jetzt der Wald ¾ Stunden entfernt anfängt), Lütter an der Hard, (Ldger. Weihers, Rhön). Zu diu hart, gen. dat. der herde, rechnet Dr. K. Roth auch heride in der Wirzburger Grenzbeschreibung, (2. Januar 1850; 's. Roth, Beiträge zur d. Sprach-, Geschichts- und Ortsforschung, XI. Heft, 1854, S. 41 u. 46,20'). „Das Türkheimer, Landsperger, Gemacher Hard“, (Lori, Lechrain 144. 180. 262. 339. 395); ob indessen zu Hart 2) oder 3) gehörig, weiß ich nicht. (Vrgl. auch die Haar, der Haarstrang, ein Höhenzug zwischen Lippe und Ruhr; Firmenich I, 340,10.) Sollte der niederdeutsche örtliche Eigenname Hart (verhochdeutscht Harz) hier unverhochdeutscht geblieben seyn? Vrgl. Gramm. 38. Weigand, Wbch. I, 481 f. Die Hercynia sylva der Alten gehört schwerlich mit hieher. (Grimm, Gesch. d. d. Spr. 349 denkt an goth. fairguni; cf. das. 118.) Vrgl. Forst.

Hartaus, (oder eher:) Harraus, atrocium, arrocium, unter den Zeuchen in Clm. 5387, f. VII, scheint Arras, Rasch; s. oben, Sp. 121. Diefenbach 50b: arracium, harras. Zeitschr. VI, 145.

„Hartthálé, Bachstelze“; Baader.

hert, s. hart.

Die Herte, ä. Spr., Schulterblatt, scapula; ahd. hartî, mhd. herte; Graff IV, 1026. BM. I, 671. Zeitschr. VI, 149. Grimm, Gesch. d. d. Spr. 758: isl. herdar, finn. hardio, lapp. hardo). „Wer das fieber hat der laß im vil egeln zwischen der herte setzen“; Clm. 5879, f. 207. „Schlug in ein tüfel zwischent die herten“; Cgm. 5, f. 221c.

Der Hirt, wie hchd., goth. hairdeis, ahd. hirti; mhd. hirte, stks. msc.; Graff IV, 1029. BM. I, 670). „In ere des oberisten hirtes“, Clm. 4616, f. 52. Rechtb. bey Heumann opusc. p. 77: der hert. Die Hirtschaft, die Viehhut, der Viehtrieb; MB. XVII, 143, ad 1383. XXIII, 228. XXIV, 229. „Cum jure instituendi pastorem quod a vulgo Hirtschaft dicitur“; Lang, Reg.B. II, 62. Vrgl. Herd und Hort.

Der Hort (Hourt, Héurt), was da zurückgelegt, aufbewahrt wird, der Schatz, (Isidor 3, 8 hort und goth. huzd als Neutra; mhd. der hort; Graff IV, 1030. BM. I, 717. Grimm, Mythol.[2] 922). „Er mag wol hordes werden reich“; Cgm. 714, f. 205. „Al der kriechen hort von golde“, Labr. 416. „Sinnes hort“; Valkn. „Churz red wâr ist ain hort“; Cgm. 270, f. 76 und 379, f. 39. Der Überhort, höchster Hort; BM. I, 717. „Aller speis ein überhort“, die kostbarste, beste; Cgm. 714, f. 158. „Ez sol niemant dhein Silber da chauffen denn daz er ze hort legen welle,“ (ad 1285) Lori, Mz.R. I, 12. hortreich, sehr reich. Das Prompt. v. 1618 hat: „Hord, lectissima femina; mein Hord, animae meae pars,“ also wie: Schatz, Schätzlein. Hort, „Hirsch“ (!), Heumann, opusc. 432; '(ze glicher weis, als der bey hochen steden oder in grossen welden oder bey hochem gebirg schreit der hort ainen gleichen widerhal seiner stimme“, er hört ɪc.)'. Br. Berhtolt spricht p. 132 (Pfeiffer 60,1) den Gitigen an: Psi, hördeler! 'horden, hürden, ä. Sp., aufhäufen, sammeln; (ahd. hurtjan, mhd. horden; Graff IV, 1030. BM. I, 717 f.). „Siu swendent und hordent“, (sie verschwenden und legen zurück); Diutiska II, 148. 150. (Joseph), „so uil (Getreide) ni gihurte, so ers bidorfte“; Diut. III, 100. „Man mac gebende (Partic.) mêr hürden dâ danne samnende anderswâ“, d. w. Gast 11769. „Mit mîner sicherheit sie wolten horden“; Labr. 403. „An ungemut begund ich aber horden“, (wieder reich zu werden); Valkn. 118. „Mit dem mînen ich hürten wil“, (meines wil ich sparen), sagt der Hund mit dem Fleisch im Maul, der anders im Wasser gespiegelt sieht; altd. Wälder III, 171. „De thesaurisatione, schatzen oder hürten“; Clm. 17188, f. 53. Anm. Der Begriff des Bewahrens liegt in Herd (fem.), Hurd, Hirt und Hort, und ein urspr. Ablautverb hiezu ist nach Grimm II, 62 sehr annehmbar. Vielleicht ist auch das oberländische Kouscht, Koischt (Getreidlade mit Fächern) als Gehort zu erklären. S. Kouscht.

Hurten, plur., emporragende Breccia-Schichten neben oder aus dem Strombette.

hurten, ä. Sp., rennen, s. hurzen.

Der Hartschier (Hátschiər, ◡ ́, München), Leib- 243
trabant (ehmals zu Pferd), span. archero, ital. arciero, franz. archer, (von der ehmaligen Waffe, dem Bogen, arco. Weigand, Wbch. I, 483; vrgl. oben, Sp. 1166: harsieren). „Die Hartschiere mit ihren Chusen“; Parn. boic. III, p. 7. „Duell zwischen 2 leibquardi

Hartschier," Actum ad 1687. „Hetschier", (1562); Cbm. 1971, f. 7. R.A. Trinken können wie ə˜ *Hätschiər*, d. h. ein redlich Maß.

Das Horw, s. oben, Sp. 1157: Hor.

Das Herz (b. Hèrtz, o.pf. Hártz, Há'tz), 1) wie hchd. (goth. hairtô, ahd. herza, mhd. herze; Graff IV, 1043. BM. I, 671. Zeitschr. III, 525,12). 2) die weibliche Brust, die Brüste, der Busen, (ohngefähr wie Hirn statt Stirn). „Sälig sind die frawn die nit gepernt vnd die hertz dye nit saugent"; Nunberger Brevier sec. XV., Cgm. 8^0. 34^b, f. 81^b. Ein großes, ein klaines, ein weißes Herz, ein falsches (d. h. nachgemachtes) Herz. Einen Brief ins Herz stecken, (in den Busen). offenherzig.

Də' Hirsch hàt zwaə Gweihh, und de' Jágə' zwe˜ Hundt,
und mei˜ Schàz hàt zwaə *Hertzáln*, wiə ə˜ Kugl só rund!
Dé Mádln və bèrgng ènə' *Hèrtzə-l* nét mer,
wenn s· glei' nét vɪl hàbm, so zaəgng sie s·her.

In H. v. Lang's „R. in Ch. P. Marelli S. J. amores", p. 28 ermahnt ein jesuitischer Beichtvater die ihm beichtenden Schönen: „ut cor aperirent, quod istae obedientes de pectore denudando intellexere." (Diese „Amours du R. P. Jacques Marell" sogar französisch bey Brockhaus und Avenarius 1837.) Zu den verschiedenen auch hochdeutschen R.A. mit Herz: Da denkt mein Herz nicht daran, (ich bin weit entfernt, das zu denken, zu wünschen, zu hoffen). Ums Herz hôch, ums Herz hol, oder blos: herzhôch, herzhol (von Mühlsteinen), convex, concav. „Dem Hochzeitlader, der Herzin (?) oder einer andern an ihrer Statt"; Nürnb. Hochzeitord. v. 1567, Ms., f. 17^a. geherz, adj., ä.Sp., beherzt; BM. I, 674. „Gehercz sin zu thun, praesumere; zu vill geherczer, temerarius." „Daz ieder Hund auf seinem mist für ander drei geherczer ist"; d. Ring 40^d,22. „Der ist ein gehercz er mann, der einen wolf nicht forchtet vmb Maria liechtmeß und einen bawren in der faßnacht und einen pfaffen in der fasten so man beichten sol"; Joh. Pauli 20. herzig, adj., liebenswürdig und geliebt; ə˜ *hèrzi's* Kind. Zeitschr. V, 98, III, 7. 403,48. VI, 149. 528,11. Die Herzikait, Liebenswürdigkeit; Zärtlichkeit. 'Die Barmherze, ä. Sp., Barmherzigkeit; (ahd. barmherzî, mhd. barmherze; Graff IV, 1046. BM. I, 674. Grimm, Wbch. I, 1135)'. Misericordiae tuae, barmherce diner"; Cgm. 17, f. 12^b. 'Der Herzbendel, Brustbein; Vilmar, kurhess. Idiot. 165. Zeitschr. I, 95.' 'Das Herzblatt, wie hchd., (s. Adelung)'. „Herzblat, diaphragma;" Dr. Minderer (1620) p. 190. Das Herzgespan, ein Kraut, cardiaca; Clm. 16487, f. 97. Diefenbach 100^b. Nemnich II, 368. „Herzgewige, spica celtica"; Clm. 14597. Sanftl, Cat. III, 1612. '(Wol Hirzgewige, Hirschgeweih, zu lesen; vrgl. Diefenbach 546^b: hirschgewige.)'. Zu Herzelaid steht in Wernher's Maria p. 220 auch ein Gegentheil Herzelieb: „Swem ie herzelieb gescach, der weiz herzeleides ungemach, waz herzeliep chumbers hât, daz mit herzeleide gestât." Vrgl. Zeitschr. V, 235. 267,5. VI, 149. 528,11. herzschlächtig, adj. asthmaticus; vrgl. oben, Sp. 1167: hartschlächtig. Weigand, Wbch. I, 502. Zeitschr. V, 431. 483. VI, 149. Nemnich III, 246. „. . . ist gut den astmaticis .i. den herczschlachtigen"; Cgm. 170, f. 11^a. „Fühsein fleisch geprant ze pulver und daz gegeben herzschlächtigen läuten in wein ist gar guot", Konr. v. Megenberg f. 97, Pfeiffer 163,29. Die Herzschmecke, (Nürnb., Rath Her) Blumenstrauß, der auf der Brust getragen wird. Der Herzwurm, s. Th. IV: Wurm. „Für den Herzwurm. Das ist ein Wurm, der den leuten das herz abveist und niemand waiß was es ist und sterben gähling daran. Er hat hörner vorn an dem haubt wie ein hirsch"; Cgm. 3725, f. 100 (v. 1601).

Der Hirz, des, dem, den Hirzen, (b. W.) der Hirsch. (ahd. hiruz, gen. -zes, mhd. hirz; Graff IV, 1017. BM. I, 691. Vilmar, kurhess. Idiot. 171. Zeitschr. IV, 409,55. 474. V, 366. VI, 108, II, 7. 516,3,1. Vrgl. oben Hirß und Hirsch). „Mit spur ein hirz, ein leo gên unprîse"; Labr. 88. „Hirze, wolfe, Fuchse, Reher", Augsb. Stdtb. „Zween hirtzen"; Buch d. W. 1485, f. 28. „Grave von Hirzberch;" MB. XV, 31, ad 1299. XXIV, 335, ad 1300. Hiruzbach (jetzt Hirschbach), Meichelbeck Hist. Fris. I. 112. 250. 273. 555; Hiruz als Mannsname (wol das jüdische Herz? Vrgl. Förstemann I, 688.); ibid. 131. 137. Der Hirzfaist noch in den Bogenberg. Mirakeln v. 1679, p. 102; s. oben, Sp. 773: der Faist.

'hurzen, hürzen, anprallen, anrennen, stoßen; jagen, rennen; BM. I, 737. Zeitschr. II, 520.' Vrgl. mhd. hurten, holl. horten, engl. to hurt, franz. heurter, ital. urtare, (BM. I, 735. 736. Diez, Wbch. 364. Müller, etym. Wbch. d. engl. Spr. 527); s. unten: hutzen (hu'tzen). Diut. II, 200. 207: niedersf. „horten, allidere; hurten, collidere." „Wan er mit ellenthafter hant von dem orse uf den sant vil manigen gehurten kunde;" v. d. Vir 22—24, Myller's Samml. III, XXXIX, '(von d. Hagens, Ges. Abent. I, p. 213,63).' (Der Herzog zu Brunschwig) „hat sich von seinem weißen Röslein selber gehörtzt", (Reim: gestürtzt); Wolff, histor. Volkslieder 131.

Der Has (Hàs), das Häslein (Häsl), 1) wie hchd. der Hase. (ahd. haso, mhd. hase; Graff IV, 1049. BM. I, 640. Weigand, Wbch. I, 482. Vilmar, kurhess. Idiot. 152. Zeitschr. V, 146); 2) Vorrichtung zum Tragen, Ziehen, namentlich der kleine Schlitten, welchen die Fuhr- 244
leute an ihre große Schlaipf hinten anhängen, (HhE.); der Stifelhas, (am Lech) Stiefelzieher.

Der „Häslberg, Gebirgsart, in welchem das Erz nur einzeln und knollenweise vorkommt." Cf. Schafhäutl, Münch. gel. Anz. 1844, S. 826. Vrgl. (Aich-) has 2). Der Aichhas, 1) (Eichstedt) das Eichhörnchen; 2) Regensburg nach Popowitsch: Art sehr großen Schwammes, der an den Wurzeln oder Stämmen der Eichen wächst, auch Waldhas, Wildhas genannt. Vrgl. Haselaich, (München) Art harter Eiche. Im b. W. sagt man von fehlerhaft schwammichten Rettigen, Rüben ɪc., sie seyen haslich (hàsli). Der Dach- oder Zaunhas, (im Salzb. Lungau) ein ungelernter oder unzünftiger Zimmermann; vrgl. das niedersächs. und holländ. Bönhase für Pfuscher. Der Sê-has, Sand-has, Anwohner des Bodensees, Bewohner der Gegend am Sand, (Nürnberg); Eiselein p. 564. Vilmar, kurhess. Idiot. 337. Der Künighas, das Kaninchen. Der Ôsterhas, nach dem Kinderglauben mancher Gegend ein Hase, der am Ostertag den Kleinen, die nicht ermangeln, ihm am Vorabend ein Nest zurecht zu machen, rothe Eyer legt. Das Hasenbrôd, einige Arten des juncus, besonders j. campestris L. Zeitschr. IV, 167. V, 146. Das Hasen-Künlein (Nürnb.), das Kaninchen. Vilmar, kurhess. Idiot. 152. Zeitschr. IV, 314. Das Hasenœrlein, fig., 1) Art spitzer, dünner Kuchen; Zeitschr. VI, 146. 2) verschiedne Pflanzen; s. Adelung. „Der Hasenstößel, aquila leporaria;" Voc. v. 1735. Der Hasentanz, Hasenläuf, das Hüpfen oder Laufen, indem die Beine kreuzweis übereinander geschlagen werden. 'Die Hasenwer, ä. Sp., der Reißaus, die Flucht.' „Des trosten seu sich hasenwer und lieffent snell"; d. Ring 40^d,13. Das Fürhäs, (Nürnb., Küchensp.) das Vordergehäse, d. i. die Vordertheile des Hasen. „Ain furheß zu machen. misch den vaist mit wein, stupps und pfeffers und secz zue und seucz. bonum est;" San-Zenon. 88, Hinterdeckel. Recept „ein gut fürheß" zu machen, (Lungl und Leber von einem Hasen); Cod. Rot. 132, f. 145^b. „Nimb ein fürheß von einem lamplein". „Item ein karpffen im furheß von ein fasan prüe. So der karpffen lebendig ist, fach das furheß"; Kochbuch; Cgm. 349, f. 118 u. 384, f. 106. „Da trug er einen pfeffer dar mitten einn gepeist furheß mit würzen abgemachet reß"; H. Sachs

1560: II, IV, 62. derhasen (də'hàsn), vrb. n., furchtsam werden, den Muth sinken lassen; engl. to hare, to haze, span. alebrarse. BM. I, 640: erhaset.

'Der Hasehart, Hashart, ä. Sp. 1) der geringere Wurf beim Würfelspiel; 2) ein gewisses Würfelspiel; 3) Unglück. BM I, 640. Weigand, Wbch. I, 482. (Ital. azzardo, franz. hasard, engl. hazard Diez, Wbch. 33. Müller, etymol. Wbch. d. engl. Spr. 498. Vilmar, kurhess. Idiot. 153.' Cf. ital. zara, Pasch, a zara, span. azar, Zufall; franz. hazeter, würfeln; Grimm in Haupt's Zeitschr. I, 575 ff. Ducange I, 518c: azardum.) „De bono et experto lusore ad talos qui vocatur hashart et alio idiota et inexperto"; Monac. Francisc. 322, f. 200. „Cum ad jactanciam (?) *hashardum* tassares collegisset"; Monac. Francisc. 324, Hinterdeckelbl. „Ludentes in alea . . . auf dem bret in *hasshardo*"; Clm. 4428, f. 123. Ein Plebanus (zu Straubing? 1459) schreibt seinen Sociis (Caplänen) vor: „Cechas communes ac etiam privatas non frequentent, nec in talibus ad *hassardum* vel taxillos nec in alea nec pro una cecha vel in curtis ludant"; Aug. eccl. 137, Hinterdeckel. „Quam grandis est infamiae saepe viros ecclesiae cum ribaldis conversari ad griacham et ad *asardum* cor sedulum nunquam habere et operari" (?); Clerifletus sec. XIV. bey Flacius Poëmata (P. O. lat. 8⁰. 546m), p. 79. „Nil hic expavescimus praeter *Hashardi* minas"; Carmina Burana, Nr. 194,9. „Ich kan gewinnen und verliesen ein hashart ûf einem bret;" Liedersaal, Nr. CXXVII, Vers 47. v. d. Hagen's Ges. Abent. LVI, 46. „Daz dich Hasehart verzer!" das. LV, 1328; (v. d. Hagen's Grundriß p. 345). „Da von der arme schiehe lip und sele zeypfande muoz setzin dort mit schande vf hasehartes schanze"; Langenstein's Martina, Wackernagel's Leseb. I, 590, (2. Ausg. 757,23.). Ohne Zweifel meint Hug v. Trimberg im Renner (vollendet 1313), V. 11425 ff. unter Hase beym Würfelspiel nichts anders als Hasehart: „Swer diesem hasen iaget nach dem ist gen himelrich niht gach . . . von dises hasen tücke hat manger plozzen rücke, von dises hasen liebe wirt manger ze einem diebe, des selben hasen unstetikeit machet schande, mort und hertzleit . . . wenn er uz drien würfeln wil iagen einen hasen . . . des kostet mangen derselbe has, daz vater, muter und sin pas für in rinder und swein gern geben, möhte ez gesein." In Engelberger Urkunden (Regesta 111—112) von 1277 kommen eine Berchta et Adelheidis Hasartinae zu Zürich vor.

Das Has, Stein oder andrer Gegenstand, beym Eisschießen als Ziel gelegt. s. Tauben.

Der Häsel (Hásl), das Rothauge, ein geringer See- und Teichfisch, um Ingolstadt, cyprinus leucisus, Schrank, b. R. 89; bey Höfer cyprinus dobula; (gl. o. 467: hasila, debio; hasil, lebra, gl. Augiens., Mone's Anzgr. VIII, 399; hasel, coruus, Voc. optim. p. 46. Diefenbach 188c. 154a. Graff IV, 1061. BM. I, 640. „Hasseln und auch sampt den aschen raumen den streußgutlein die taschen"; H. Sachs 1560: II, II, 111b. s. Adelung Haseling. Zeitschr. IV, 170.

Der Hás'n, (Pinzgau) das Füllen, Fóln-*hásn* (männliches), Stuət-*hásn* (weibliches). Zeitschr. III, 463. VI, 146. Vrgl. Heiss und Heuschel.

„hase," (Zps. Ms., um Passau) schlank. häsig (*hási*, Inn-Salz.), weich, glatt. *hásen*, geschlacht, eben, glatt; (Gastein, Mesnil). Zeitschr. VI, 146. Dahin gehört wol auch das ost-oberländische *g'hási*, *kási*, nett, artig, geschäftig (von Menschen und Thieren). *kásig*, zart, anmuthig (v. Weibspersonen; Gastein, Mesnil). ə~ *ghási's* Büəbál, Kátzl 2c., wenn es nicht mit dem pinzg. Hás, junges Füllen, zusammenhangt. Anderwärts ist *kási* für blaß, bleich üblicher. Berücksichtigung scheinen zu verdienen das alte Verb hasanon, hasnon (bilden, streichen wie der Hafner, glätten, gl. a. 80. 87. 354. 528. i. 161. 528), das Adj. hasan, hasnisto (venustus, politissimus, gl. i. 559, 1063). Differentia s̄ aliena .i. ungehastiu quae secundum Martianum sine ulla ratione dicuntur, ut si hominem neque corpore durum neque ingenio stolidum lapidem dicamus; Clm. 4621, f. 71. Graff IV, 1047 f.

Die Hasel-nuß (Häslnuss), wie hchd. (ahd. hasalnuz). Die Haselstauden, in der ahd. Sp. unzusammengesetzt: hasal, msc., hasala, fem., corylus. Graff IV, 1060. BM. I, 640. Weigand, Wbch. I, 482. Zeitschr. III, 190,63. 214,22. 521,30. VI, 146. Die Raifschneider unterscheiden Weißhaseln und Schwarzhaseln; (Ilr.). heslen (hésle~), adj., von Haselholz, (ahd. hesilîn, colurnus, mhd. heselîn). „Zween Korporale mit häselen Stecken"; Peter Prosch (1789), f. 197. Das Haslach, (ahd. hasalahi), coryletum, Haselnußstrauch (Ilr.), (fast nur mehr als Ortsname vorkommend). Das Hesel-lôh (Héslóhh, eben- 245 falls als Ortsname, und besonders den lebenslustigen Münchnern, bekannt) läßt ein altes Hesilîn-lôh (s. Lôh) voraussetzen; (MB. VII, 373, im Cod. fol. 66a). Förstemann II, 690. Vrgl. unten: der Heselloher. Ein Hesenloch (Urk. v. 1495) in der Gegend von Neuburg a. D. Vrgl. Zeuß, traditiones Wizenburg. nr. III, p. 11, ad 739: „Excepta silva porcionem meam Helinlohu; ibidem hinten (sec. XIII.?) ein mancipium Heilo. Der Haselstaude und ihren Zweigen legt der Volksglaube allerley geheime Kräfte bey. Sehr natürlich; vrgl. serbisch: „Leskowa je mast cudotworna", Hasel(stock) ist Salbe wunderthätige. Nach v. d. Hagen (Einleitung zum h. Georg des Reinbot v. Dorn in der Samml. der Gedichte des Mittelalters, p. XXII) macht Einer die Schlange, in welche eine Waldfrau verzaubert ist, durch eine Haselstaude erstarren. Sie giebt auch einen wesentlichen Bestandtheil zum Kräuterbüschel, der am Tag der Himmelfahrt Mariä in der Kirche geweiht wird, liefert die Wünschelruthe, ist wirksam gegen den Bliz 2c. Vrgl. Legg. Ripuar LXIX, §. 4: . . „in hasla hoc est in ramo cum verborum contemplatione conjurare studeat." Die Haselaiche, vrgl. oben, unter Has. „Kleub ain hasl aichen an ainem sonntag zu morgents gen der sunnen, scheub das (mit einem Bruch behaftete) kind dardurch und wenn die aichen verwechst, so wirt es gesund"; Cgm. 3721, f. 102. „Haslmiedt", „Haselnußstaudenmies", Requisite gegen Zauber; Cgm. 3731, f. 29. 51. Cf. česk. heslo, Parole, Losung. Im Isländ. heißt hasla einen Kampfplatz (mit Haselstäben) abstecken. Grimm, RA. 810.

Der Haß (Hass), wie hchd., (ahd. mhd. haz; Graff IV, 1069. BM. I, 641. Weigand, Wbch. I, 483). haß, gehaß, abgehaß, adj., unhold, ungünstig, auffäßig, feind; (mhd. haz, gehaz; BM. I, 641). „Er hielts mit Kunig David, und ward Absalon haß;" Reime v. 1562. Er ist mir gehaß, abgehaß (à'g'hass). häßig, abhäßig; gehäßig, abgehäßig, desgl.; (mhd. hazzec, hezzec; Graff IV, 1071. BM. I, 642. Zeitschr. VI, 410,39). „In Rechten mehr hässig, dann günstig." . . „Gedinge, die der künftigen Erbschaft häßig sind;" Kr. Lhdl. IX, 507. XIV, 308. 309. „Jederman war jm hessig und feindt;" Av. Chr. „Der Königin abgehässig, den Göttern aber hold;" Isargesellsch. v. 1702: III, 6. 30. häßlich, 1) wie hchd., (doch meistens durch schiech, schiedlich, wüest, wild, abscheulich ersetzt. heßlich = egislîch, eislîch, wie heischen = eischen?). „Ungeschaffen oder heßlich machen, deturpare"; Voc. Melber. 2) Schwaben: feind, ungünstig, auffäßig. haßen, wie hchd. hassen, (ahd. hazôn, mhd. hazzen). Zeitschr. VI, 146. haßen auf Einen, ihm auffäßig seyn. 'Allé Végl *hass'n* auf 'n Auf. „Auff heiden nie vernomen ward sollich haßen," Titurel. Ein Ding haßt mich, es ist mir zuwider, schwer. 's Gsánglsingə~ hàt mi' niə *ghasst*. Hei~t *hasst's* mi', geht es mir schwer, unglücklich; (b. W.). „Erhaßung und Erbitterung;" Ldtg. v. 1515, p. 112. verhaßen. „Wir fiengen an, einander zu verhassen, und die Schuld unsers Verderbens eins dem andern fürzurupfen;" Albertin's Gusman. häßierlich, (bei W.) gehäßig, auffäßig, feind. Er ist mir *hássiə'li'*. Der Haßard, die Haßardigkeit, (Franken) Haß, Feindseligkeit; engl. the hatred. haßardisch, feindselig. Vilmar, kurheſſ. Idiot. 153.

Das Hæß (Hés, Hèəs, Hess), das Gehæß (Ghèəs), das Hæßlein (Héslé), (schwäb., Schwangau) die Kleidung; (mhd. der hâz, daz hæze, hæz; BM. I, 642 f. Grimm III, 451. Zeitschr. IV, 329,19. VI, 119,31. 257. Cf. isl. háttr, mos costume; hatte, capitium muliebre; Kilian. Diefenbach 97b). Sunntag-, Werktag-*Hés*. „Mei˜ Vierfest*hääs*", Weitzmann III, 108. 112. *Bétthés*, Bettüberzug. Tod- und Heßfälle kommen im Ldgr. Schongau als Gerichtseinnahmen vor; Hazzi, Statist. II, 121. „Das Best-Häß;" Mimschweiler Weisthum. „Wenn jemand stirbt, soll dessen beste Hees der Grundherrschaft anheim fallen"; Björnstähl's Briefe über seine Reisen v. 1774, deutsche Uebersetz. v. 1782, Bnd. V, S. 197. Die Nonne (sich einbreisend) wurt enmitten so clain und stet ir das häß so rain und als ir gewand man umbvieng sie mit der hand . . . hette sie ir einbreisen gelaßen mit ir engen häßen, sie wär noch kewsch und rein"; des Teufels Segi, vrgl. Barack 162,5097 ff. Anm. u. 5111. „So si (die Geistlichen) gand als die laien und tanzend raien in weltlichem häß und ludran und gefräß"; das., Barack 157,4932 (liest „has"). „Jegliche wil ze fordrost stan, es sig ze kilchen oder zuo straß, in irem schamberlichen haß"; das., Barack 384,12095. „Lauß nit vnderwegen, du kerest das hinder herfur an dem häß, das rat ich dir"; Cgm. 270, f. 174a. „Nim hin guet heß an deinen leib"; Cgm. 294, f. 144b. „Das wib das sprach zu irem man mir ist so we das sag ich dir stand uf bald und hilfe mir und teck mir über als min häs ob ich möcht komen ze ainem schwais; Jörg Zobel (1455), Cgm. 568, f. 258. „Der Gäste Häß und Rat", Scheirer Dienstord. v. 1500, f. 13. „Er (der Pfarrer zu Leutkirch) hab ein Töchterlin genöth und mißhandelt daß sich das tochterlin von ihme wunde uß dem häß und im Unterhemtlin entluffe"; Schelhorniana 21, f. 15. „Aberümen der alten sunden heze," Diutiska II, 135, (im Reim auf freze, reze, ungemeze). Vrgl. angelsächs.: Mid his hätron, cum vestitu suo. Se hund totaer his haeteru, canis dilaceravit vestitum ejus. anhæßen, aushæßen (a˜-, àushèəsə˜), an-, auskleiden. Horneck cap. 700 hat enkesen für: sich entkleiden. „Biz er sich engeste", Diut. I, 351; (gehört zu „Gast"; s. BM. I, 487). Ebenda II, 245 heißt es von Johannes in der Wüste: „Er macht im selber einen haz (Reim auf az und strâz) von kembeltieren hüten."
246 Hier wäre das Wort ein Mascul. Vrgl. auch „Leinhösler." Wäre das spanische hato etwa ein gothischer Rest? (s. dagegen Diez, Wbch. I, 500).

Die Hàssbirn wird erst im Spätherbst reif; (b. W.). Vrgl. Nemnich III, 230: Haselbirn.

Die Háss'n, Hèss'n, poples, Kniebug; s. oben, Sp. 1046: die Hächse. Mit de Hèsse klapper, tanzen; (Weiher's, Dr. K. Roth). Vilmar, kurheſſ. Id. 153. Zeitschr. II, 49. 496. 517.

haiser, haiserig (haəsə', haəsri'), wie hchd. heiser; (ahd. heis, heisi, mhd. heis, heise, heiser; Graff IV, 1059. BM. I, 656. Weigand, Wbch. I, 494. Zeitschr. V, 357). Die Haisere (Haəsəré), Heiserkeit, (gl. o. 166: heiseri; a. 54. 676: heisi und heisunga, letzteres vom Verb heisen, raucio, rausi, rausum, gl. i. 1108). „Für die haiser„; Cgm. 3721, f. 38. Cgm. 4543, f. 47. Cgm. 5931, f. 204. Cod. Progel, f. 119b.

haiß (haəs, o.pf. hàis), Comp. häißer (hèəssə'; s. Gramm. 148), Superl. häißest (hèəssəst), hchd. heiß, (ahd. mhd. heiz; Graff IV, 1074. BM. I, 657. Weigand, Wbch. I, 494. Zeitschr. VI, 146). nagelhaiß, sehr heiß. Die Haißen (Hèəss'n), die Hitze; (gl. a. 187: haizi, aestus). Mehr hieher, als zu haizen (w. m. s.), scheint das alte Verb neutr. heizan, ar- oder erheizan, heiß werden (gl. a. 186. 389. i. 20. 283. 561. 875) zu gehören; Graff IV, 1077. BM. I, 657. „Das es wol erhaissen und doch nit sieden"; Cgm. 4543, f. 146.

haißen (haəssn, o.pf. hàissn), wie hchd. heißen; (ahd. heizan, mhd. heizen; Graff IV, 1077. BM. I, 658. Weigand, Wbch. I, 495). Der Dialekt sagt auch: Einen her- oder hin-, auf-, aus-, ein-, unter- rc. haißen für: rufen, kommen lassen. Im Cgm. 327 (Chronik, sec. XIV.) steht manchmal (z. B. f. 151. 155.) — nicht immer — „den hieß" statt: der hieß. (Drey Bruder,) „der hies einen er Luckyn, den andern Marcus und den dritten er Steffan". „Ein furste was in der Marke zu Brandenburg den hies der marcgrafe Woldemar"; das. f. 158. R.A. ze haißen (z'haəss'n), so zu sagen, fast. *zaəssing* sagt Herr v. . . . . . . mit W. Kohler, 11. May 1839. haißt das (haəsst dés, ∪ -), so zu sagen; nemlich; wohlgemerkt. Vilmar, kurheſſ. Idiot. 161. Der Haißbrief, (a. Sp.) schriftlicher, beglaubigter Befehl; Kr. Lhdl. IX, 406.

Der Anthaiß, anthaiz, ä. Spr., das Versprechen, Gelübde; (ahd. mhd. der antheiz; Graff IV, 1086 f. BM. I, 659 f. Psalt. Windb.). Gl. a. 272. 367: anthaiz (msc.); gl. a. 210. i. 338. 889: anthaiza (fem.), votum, devotatio, hostia, ceremonia. anthaiß, anthaißig, adj., votivus, devotus, versprochener Maßen schuldig. Einem eines Dinges anthaißig werden, sich dazu verbindlich machen; MB. XXV, 464, ad 1487. Das hchd. anheischig ist (wie man an der Vlies hêschə˜, d. h. hêischen, für haißen sagt) dasselbe Wort; (ahd. antheizi, mhd. antheizec; Graff IV, 1087. BM. I, 660. Grimm, Wbch. I, 373). antheizan, intheizan, inheizan, (gl. a. 140. 160, i. 199. Otfr.) vovere, spondere.

gehaißen (ghaəssn) Einem etwas, es ihm zusagen, versprechen; (goth. gahaitan, ahd. giheizan und biheizan, mhd. geheizen; Graff IV, 1081. BM. I, 659). Daz geheizen land bey Br. Berhtolt: das gelobte, d. h. versprochene, Land. Dər *Ghaəssə'* Fränzl, ein bezeichnender Calembourg der Tyroler durch die Jahre 1815—1831. hergehaißen etwas, es versprechen, sich darein ergeben. Der Gehaiß (Ghaəs), das Versprechen, die Zusage, (ahd. gahaiz, giheiz und biheiz, mhd. geheiz; Graff IV, 1084. BM. I, 660).

Géstə'n bin I Gássl gangə˜
zu mei˜n Dèənál auf ə˜n Gspaəs;
wart't auf mi' mit vỵl Vo'langə˜,
hàt vo˜ miər scho˜ lang ə˜n *Ghàəs*.

Hist. Fris. II, 1, 82 steht diu haizze für der Gehaiz; (cf. oben antheiza). In einer alten Beichtformel (Docen, Misc.) liest man: „ich geizze demo alamachtigen gote min garuuez herza", wo geizze wol für geheizze steht, weil es wol nicht, wie zu heischen ein eischen, so zu heizen ein eizen gegeben hat. Der Schuld-Haiß (ahd. schuldheizo, mhd. schultheize; Graff IV, 1090. BM. I, 660. gl. o. 198: sculthaizeo, tribunus; i. 75. 216: sculdheizo, procurator, provisor, exactor, gleichbedeutend wol auch das goth. dulga-haitja, der da Schulden einzufordern hat, *δανειστής*, im Gegensatz des dulgisskula, *χρεωφειλέτης*, 247
Luc. VII, 41); s. Schuld. verhaißen, wie hchd. verheißen, doch minder üblich als gehaißen. „Sich mit einem Opfer rc. zu einem Heiligen verhaißen"; Inchenhofer Mirakelbuch v. 1605. M. m. 17 heißt der Taufpathe furheizo (sponsor fidei). verhießen, promissus, (wie geschieden statt geschaiden); Wirth, Tribüne, 1. Juli 1831, (auch Spalte 84).

Das Haus, Dim. Häuslein, Häuselein (Háisl, Háisə-l), wie hchd. in den verschiednen Bedeutungen, z. B. auch der hohe Theil einer Axt, Haue rc., welcher den Stiel aufnimmt; (ahd. mhd. hûs; Graff IV, 1050. BM. I, 737. Weigand, Wbch. 485 f. Dim. husili, husilin, gl. a. 355. 513. 553. Plur. hûs und hûsir; vrgl. die alten Ortsnamen Haholteshusun, Holzhausen?, Puanteshusun, Baunzhausen?, Coz-

hiltihusun ꝛc. Dat. plur., neben Ribcozeshusir, Sindbaldeshusir, Germunteshusir, Adoltes-husir ꝛc. Nom. Acc. plur. bey Meichelbeck ꝛc.). S. Orts-namen auf -hûsun, -hûsen, -hausen bey Graff IV, 1058. Förstemann II, 810—18. Im Haus· (i~n Hauss), im Raum, welchen blos die Haus- und keine weitere Thüre einschließt; in der Hausflur. CMh. 409, f. 20. Fürstliche Diener von Haus aus, (Kr. Lhdl. XIII, 349, ad 1502) die in ihren Schlößern ꝛc., und nicht am Hofe leben. Im 15. und 16. Jahrh. werden die Schlößer der Adelichen gewöhnlich Häuser genannt. Vrgl cas-trum von casa, (wie claus-trum von claudere). „Das Haus Weichs“; Gem. Reg. Chr. IV, 347. (s. offen). Ze Haus (z' Haus), a) nach Hause (wie in der ä. Sp., z. B. Gudrun 103,2. 210,4: ze hûse); b) wie hchd. zu Hause. Aus dem Häuslein seyn, kommen, ge-bracht werden, d. h. aus der ruhigen Faſſung; zornig seyn, zornig gemacht werden. „Über ein Haus aus-bläſen, despicere, nimis stultum dicere aliquid“; Prompt. v. 1618. Etwas auf dem Haus· haben, d. h. ein Herkommen, eine Verbindlichkeit, Last, Servitut. „Sich nichts aufs Haus bringen läßen“, in ähn-lichem Sinne. Auf dem Haus bin ich dahaim, in diesem Haus bin ich geboren. 'Das Häuslein (Häuslə, Häusl), Abort, Abtritt; Zeitschr. IV, 111,59. VI, 147.' Auf's *Häusl* gên. Vrgl. mhd. ſprachhûs, löubelîn. Über Hausehre, mhd. hûsêre, s. Haupt's Zeitschr. VI, 387—92. Auer, StdtR., S. 7. Zeitschr. VI, 504. BM. I, 444. Die Hausgenossen, (ausp. Brord.) Leute, die ohne eigenen Hausbesitz bey andern zur Miethe wohnen, Inleute, Herbergsleute; Schutzverwandte; so werden MB. XXIII, 262 ff., ad 1387, die auf den Gütern des Gotteshauses von St. Ulrich und Afra im Allgäu sitzenden Lehenleute genannt. (Auch Bamberg; vide Alex. Schmötzer, de rebus Bambergens.) Von Hausge-noßen des Klosters Benedictbeuern ist die Rede in Meichelb. Chr. Ben. II, 60, ad 1331, des Klosters Te-gernsee in Freyberg's Tegernsee p. 168. In Regensburg hingegen wurden nach Gem. Chr. II, 112. 114 unter dieser Benennung diejenigen Beysitzer der Gerichte ver-standen, welche Bürger seyn mußten. Hausgenoz-schaft, consortium civium monetariorum ratisb.; Ried 686, ad 1295. Es münzen 16 Hûsgenôzen zu Er-furt: Höfer 44, ad 1289. Haus haben, Haus halten; (s. haben). Das Haushaben (Hausəm, plur. Hau-səmə), die Haushaltung. Der Haushaber wird erklärt durch contubernalis, domesticus familiaris, quotidia-nus, collega, conviva, convictor“; Cod. ZZ. 1552, f. 51. haushäbig, adj., (Obrg.) wirthschaftlich. haushäb-lich, adv., mit Haus und Hof. hauslich, 1) von Er-wachsenen: häuslich. 2) O.L. (von Kindern) brav, fromm, still; bis *hauslə !* sey brav, (d. h. nicht schreyerisch, wei-
248 nerlich, bös). „Thue nar schön hausla seyn!“ U. Kärn-ten; J. S. Vater. Die Hausnudel, s. unten: die Nudel. Die Hausstätt, ä. Sp., Wohnung, Obdach; s. Th. III: die Statt. „Bei dem hustet (hûstet) het ain strenger nachgebauer“; Valkn. 17. Die Hausung, die Behausung. ...„und zählt zwey und zwanzig niedrig gemauerte Hausungen“; Baumgartner, Neustadt a. D. p. 27; (wol nur das falsch verhochdeutsche Hausəm statt Haushaben, s. d. W.). Die Hausurschel, 1) fleißige Hausfrau. 2) Spottbenennung von Männern, die sich um Küchen- und andre kleine Geschäfte der Weiber zu sehr bekümmern. Das Hausurschelspil, ein gar geist-reiches Gesellschaftsspiel, dessen Beschreibung ich aus den schon A°. 1709 gemachten Notaten eines Freyherrn von Bodmann entlehne. „Es nimbet ein ieder ein lecherlichen besondtern Namben alſo Jakhel, Bibar, Humbelino und dergleichen an, und hernach fanget die Hausurschel an: ich haiß Hausursele ohne Strich, Humbelino wie haißt du? Der Humbelin mueſ alsdan gleich redten und widter sagen: ich haiß Humbelin ohne Strich, Jockherl wie haiseſt du? Und wan ainer nit geschwindt antwort, so machet man jme ainen schwarzen Strich in das Gesicht, und auf solche Manier, daß der Strich lecherlich herauskommt, alsdan mueſ er sagen: ich haiß Jackerl mit ein Strich u. s. f. Es bekommet bisweilen ainer vill Strich in das Gesicht, daß er einer Larve gleich siehet, und alsdan mueſ er im Reden allzeit die zahl seiner strich nennen, oder es wird ihme wieder ein neuer darzue gemacht.“ Der Haus-wolf, s. Wolf. Der Haus-Zeugmaister wird im Prompt. v. 1618 (unter den officiis tormentorum) als armicustos dem Feld-Zeugmaister entgegen gesetzt; so stand wol auch dem Feld-Marschalk der Haus- oder Hof-Marschalk gegenüber.

Das Gehäus· (Ghäiss), wie hchd. Gehäuse: ən *Ur-ghäiss* (Uhrgehäuse); (tirol.) Hauswesen, Wirthschaft; tirol. Kirchtag 1819, p. 28. 98.

Der Gehause, Ingehause (G·hauss, I~g·hauss, L.G. Starnberg; Inghäus, Kitzbühel) Taglöhner, der, als solcher dem Besitzer eines Bauernguted vertragmäßig verpflichtet, ein diesem gehöriges Nebenhäuschen (G·hauss n-haus) bewohnt. Seine Frau heißt die G·haussin. „Des Wirts Knecht oder sein Ingehawse, daz man sint“; L.R., Ms. v. 1453; Heumann opusc. 100. „Per-sonen, die allein Ingeheuß sein.“ „Die Ingeheuser haben zum mehrern Theil nichts als Khinder und schul-den“; L.R. v. 1616, p. 646. Ldtg. v. 1605, p. 75. „Die Ingehäusen oder Cämmerler“, tyrol. Pol. Ord. v. 1603, f. XXV. (Cf. ahd. gahûso, masc., gahûsa, fem., domesticus, franz. domestique; Graff IV, 1059. 'ge-haus, ä. Sp., wohnhaft.' „Jauten di in unserm haus ze Munichen gehaus ist“; Scheir. Urk. 1329, Cbm. 52, f. 31ᵇ. Clm. 17420).

„Gemainhaus, diversorium“; Semansh. 34, f. 193. BM. I, 738. „Daz glockhaus, el champaniele“; Nomencl. venez.-todesco, Ms. v. 1424, f. 11. BM. I, 738. Das Langhaus in einer Kirche, wie hchd., (gl. a. 528: lanchus, vermuthlich als Gegensatz von alterhus, gl. o. 332, sacrarium). Das Lærhäuslein oder schlecht-hin das Häuslein, Haus auf dem Lande, dessen Eigen-thümer (Lærhäusler oder blos Häusler) außer etwa einem Garten keine oder nur wenige Grundstücke besitzt; 32 solcher Häuslein giengen nach ehmaliger Rechnung auf einen Hof. Das Ofenhäuslein, gewölbte Höh-lung unter dem Ofen. „Daz rawchhaus, el chamino; Nomencl. venez.-todesco, Ms. v. 1424, f. 18. BM. I, 739. Das Redhaus, fig. ein guetes Redhaus haben, 249
wohl beredt seyn. Ein altes Redhaus, ein alter Schwätzer.

hausen, 1) haushalten, wirthschaften; BM. I, 740. Zeitschr. I, 296,8. II, 517. 562,17. V, 407,42. 451. VI, 147. 328,166. ab-, auf-, umhausen, schlecht wirth-schaften, dabey zu Grunde gehen. Sp. W. „Kommt der Tag, so bringt der Tag, ist der Aufhauser Sag.“ aushausen, mit der Wirthschaft enden; überhaupt: enden. ein-, er-, der-hausen etwas, erwirthschaften, ersparen. verhausen etwas, es durch schlechte Wirth-schaft verlieren. Fig. Alles, z. B. alle Arbeit, alle Arzney, alles Schreyen ist verhaust, (vergeblich). „Es ist verhaust, actum est de eo“; Prompt. v. 1616. von-hin (voni-v)-hausen, weghausen, wenn Mann oder Weib mit einer dritten Person ein (Liebes-) Verständniß unterhält und ihr von dem im Hauswesen Errungenen zusteckt. Das Wolhausen („das löbliche und gespar-same“) des Herzogs wird auf dem Landtag 1605 gepriesen. Der Hauser, Wirthschafter; die Hauserin, Wirth-schafterin, besonders die Haushälterin in einem Convente, Pfarrhofe u. drgl. Zeitschr. VI, 147. Der Hawsner, Pater Oeconomus des Klosters Thierhaupten (1456); Thierh. 67, f. 57. 55. Das Hauserlein, Blechlein, auf welchem Reste von Kerzen vollends ausgebrannt werden, (Profiterlein, Steckerlein). 2) lärmen, schreyen, zanken; Weigand, Wbch. I, 486. Cf. dänisch: holde huus med een, Einen ausschelten. „Moder var saa vred . . . hun hold et huus med Hofjunkern“; To tidsaldre 255. 3) hausen Einen, (ä. Sp.) ihn ins Haus aufnehmen, beherbergen. „Loses Gesindel nicht hausen noch beherbergen, nicht hausen noch hofen“, u. drgl.

Der Hauser, (Nürnb., Hsl.) der Zinsmann. 's *Hauserlə*, (Nürnb., Rath Her) Miethsmann aus der niedern und armen Volksclasse; Zeitschr. I, 296,8. häuseln, vrb. act., a) (ob.schwäb.) von Kindern: spielen, tändeln. b) Hopfenstöcke (Hopfenwurzeln) einhäuseln (in die Erde graben). c) Taufeln (Faßdauben) aufhäuseln, sie in hohle Haufen schlichten. sich einhäuseln, (von Schnecken) sich durch die vorgezogene Haut in die Häuschen einschließen; fig. von Menschen. Vrgl. verglasen.

Der Hausier, Hásier (◡ –), gestreckter Trab, Galopp. Hausier- oder im Hausier reiten; s. oben, Sp. 1116: harsieren. Iwain V. 179: „und hausierte hine", ritt weg, en hausse. Vrgl. auch hossen.

Der Hausel, Hauser, Verkürzung des Namens Balthasar, (der auch in Balt-hauser umgedeutscht wird).

Der Hausen, ein Fisch; (ahd. hûso, mhd. hûse, hûsen; Graff IV, 1059. BM. I, 741. Weigand, Wbch. I, 486. Diefenbach 194^{b}: echinus; 210^{c}: esox; 282^{c}: huso; 308^{b}: ipocus). „Vix potuimus scire quid essent pisces quos *Husones* nominant, nisi elemosinâ vestri"; Gozbertus abb. Teg. ad Meginhelm. com. (983—1001), Poz, thes. VI, I, 125. Cod. Teg. 1412, f. . . .

'haußen, aus hie-außen, s. hie u. Weigand, Wbch. I, 486. Zeitschr. II, 75,8. III, 541,4.'

Der Heseloher. „Tantzen het ich mich vermessen da (wo) man den Heselloher sprang", sagt Andre Heselloher selbst (?); Cgm. 379, f. 159. 's. die deutschen Handschriften der k. Hof- und Staatsbibliothek zu München nach J. A. Schmeller's kürzerem Verzeichniß (1866), S. 58 u. 567,59.'

„Heß" wird in Lang und Blondeau's histor. bayrischen Nachrichten Tom. I, p. 208 als eine der Waffen angeführt, die zur Zeit der Schlacht bey Mühldorf noch gebraucht worden seyen. „Parazonium, Stoßdegen, Waidner, ein Heß"; Nomencl. 1629, p. 138. Kilian: „hesse, stootdegen, parazonium." Brem.-niedersächs. Wbch. V, 387: Hessen. Grimm, Gesch. d. d. Spr. 781.

hess! hess! (schwäb.) Treibewort gegen Schweine; d· *Hessen*, die Schweine, (nach Landrichter Lamberger). Vilmar, kurhess. Idiot. 165. Zeitschr. V, 451. 486. VI, 150. 184. 'Vrgl. hessen und unten huss!'

„hessen, ein Vorhölzlein mit Garn fürrichten"; alte Jägerkunst. „Er hat auch bekennt von des Hessens wegen, daß die von Schongau ye und ye gehesset haben in des Herzogs von B. Gerichten." „Hessen und hetzen"; Lori, LechR. 158. 170. Brem.-niedersächs. Wbch. II, 635: hissen, hetzen. Firmenich I, 359,23. Zeitschr. V, 147. Vrgl. Heiß, huss und Hitze. (Cf. gl. o. 820^{b}: hessehunt, seusium, und legg. Alemann. Tit. LXXXIII, §. 1. Baiuu. Tit. XX, cap. 1. Pertz, Monum. Germ., Legum vol. III, p. 162,38. „Melampus, hess hunt", Haupt's Zeitschr. VI, 415,79. „Mollossus, hessehunt. molones, hessezohe"; Diut. I, 342. III, 153. Graff IV, 977. BM. I, 728. Diefenbach 354^{a}. 366^{a}).

'héss·n, diesseits; Zeitschr. II, 136. III, 132. 142.' s. unten hesten.

Heis, (Kitzbühel) Matthias; Hois, Matthäus. Zeitschr. III, 315. Vrgl. Hiesel.

Der Heiss, das Heisslein, Heisselein (Heissə-l), junges Pferdchen, Füllen, hinnulus; Zeitschr. III, 494. IV, 35. 358,6. (Vrgl. Hänsel, Heinß, Hás·n und Heuschel; ags. hyss, juvenis. Vrgl. auch isl. jó-r, Pferd statt hior, wenn jörsi, lutum, zu horo, horuu oder: hros = hors = hoss?). Das Heisárlá, Füllen; (Oberammergau, Rath Her). Histel, schlechtes Pferd, Mähre; VII Com. hîs! hîs! Zuruf, Pferde zu locken. Zeitschr. V, 357: Hisse. heissen, wiehern, hinnire.

'heissa! heissasa! hopsasa! Ausruf, der Freude, Aufforderung zur Lustigkeit. Vrgl. česk. heysek, Schwelger, Schlemmer, junger Lecker; heysugi, -ati, schwelgen, in Saus und Braus leben. Vrgl. Weigand, Wbch. I, 490. 494.

'heußen, (mhd. hiuzen, von hiuze, munter, frech; BM. I, 693 f.), s. unten: heuzen u. vrgl. der Heiß, heissen.'

Der Hiesel (Hiəs·l), 1) verkürzt aus Matthias. Ztschr.
III, 315. IV, 155. Weit und breit bekannt war im ver- 250
flossenen Jahrh. der bayrische Hiesel (Matthias Kloster-
mayr, ein kühner, durch äußere Veranlassung zum Raub-
mörder gewordener Wildschütz). 2) dummer Mensch. Zeitschr.
III, 315. hieseln Einen, ihn als dummen Menschen
behandeln, zum Besten haben; (vrgl. Hainz und Hän-
sel). Häsleins nürnb. Idiot. erklärt anhieseln durch:
anlocken. Vrgl. „Es soll der Müller seinen Mahlgast
nicht überhisseln"; ältere Amberg. Mühlord.

hiesig (hiəsi'), adj., wie hchd. Seids á' widə' *hiəsi'*, seid ihr auch wieder hier zurück? hiesig seyn, hier (im Orte), d. h. nicht verreiset seyn. (Wären die Formen dasig und hiesig etwa, nach Gramm. 630, aus dar-ig und hier-ig zu erklären?)

„Hiesses-Tag", Dienstag; Lex. v. Franken I, 101.

Die Hosen, die Hülse, Schote, der Balg von Früchten. „Wenns dem Waizen in die Hosen regnet, wird er brandig"; (Höfer). Die Hosbôn, (ob. Isar) die Saubohne, vicia faba L.; s. oben, Sp. 242: Ban.

Die Hosen, sing., Dimin. das Höslein (Hésl), 1) wie hchd. die Hosen (plur.); ahd. diu hosa, mhd. diu hose; Graff IV, 1049. BM. I, 718. Weigand, Wbch. I, 518. Auch der Neugrieche sagt *ἕνα βρακί*, wie der Bayer ə˜ *Hós·n*. Die Hosen umkêren (scil. ad exonerandam alvum). 2) (O.L., Pegniz) auch die hohle Bekleidung blos für den untern Theil des Beines vom Knie abwärts bis zum Knöchel, welche man als Bainhosen (sing. u. plur.) von der oder den Gesäßhosen unterscheidet. Kniehosen, s. Knie. Auch das engl. hose, niederdeutsche Hase, franz. house, houseau, ital. huosa, uosa, bedeuten eine Art Unterbein-Bekleidung, Kamasche. (In diesem Sinne wol noch hchd. Wasserhose, Windhose, trombe. Hosen im jetzigen Sinne wol ein Hypokorismus für Bruch, das dadurch verdrängt wurde, wie dermalen Hosen dem Beinkleide weicht.) Zeitschr. III, 30. 263,90. 561. VI, 154. „Cumque cuncti *hossas suas* vellent extrahere", heißt es in Canisii lect. ant. I, 404 de gestis Caroli M. statt ocreas illius. Gl. a. 508: lederhosa, cenarga; 621: hosun, caligae. „Ain hoz", „ledrein hoz oder stifel", caliga; Voc. v. 1419 und 1455. Gl. i. 264: uuipohosun, periscelidas. „Er het zwo rindrin hosen an"; Mich. Beham. „Arcetum (artetum?) ein lederhöz oder stiphal"; Clm. 16180, Vorderdeckel. Die Leiche der Nonne wird angethan „mit hosen in den landen do den weiben hosen tragen gewönlich ist"; Alt. Hob. 11, f. 79. Fig. „zwey, drey ꝛc. hosen eines tuchs", gleiches Gelichters; H. Sachs 1612: I, 168. „Die man legent solliche claider an das in die klugen frawen miessend unden uff schawen wie sie den ars zw ainem kloben hand oben in die hossen geschoben"; Clm. 379, f. 7^{b}. Über den Hosenluxus des XVI. Jahrh. siehe Musculus, Hosenteufel. In der Bamberger Bader-Ordnung v. 1481 (6. Bericht des Bamb. histor. Ver. p. 106) heißt es: „Item Meister und knecht sullen am suntag und an allen gepanten feiertagen gehost und nicht mit bloßen peynen und on schwe (schue) gehen." Dieses Verbot, on hosen oder parschenkel zu gehen, wird später (p. 110) dahin gelindert: „daß sie Vormittag gehoset gehen sullen, nach der Predigt aber die Hosen ausziehen und einen langen Rock anlegen mogen und ye nicht mit pleckenden peynen uber die gassen gehen." Der im Deutschen sogenannte Hosenband-Orden hat seinen Ursprung bekanntlich einem Damen-Strumpfband zu verdanken. Hosenstricker, Strumpfstricker; L.R. v. 1616, f. 519. An der obern Isar, besonders auf den Alpen und in den einsamern Wohnungen, pflegt auch das schönere Geschlecht bey der Arbeit Hosen im gewöhnlichen Verstande zu tragen, die entweder förmliche Pantalons sind, oder als Gesäßhosen nur bis

ans Knie hinabreichen. Unter dem Knie, das in letzterem Falle unbedeckt bleibt, fangen die Höslein (Baə˜hésln) an, die bis an die Knöchel gehen. Der Fuß steht in Knospen (Holzschuhen). Gehen die Mädchen und Weiber der abgelegenen Wohnungen zur Winterszeit in die Kirche nach Lengries, so haben sie auf dem Hin- und Herweg, der für manche 6 Stunden ausmacht, obigen Anzug. Die Kleider aber, mit welchen sie in der Kirche und im Wirthshause erscheinen wollen, tragen sie mit sich, und ziehen sie in bestimmten Häusern an und aus. (cf. Grashosen). Das Hosenläuffend (Hósnläffə˜d), eine Art des Wettlaufens, bey welcher je zwey Laufer, jeder mit einem Bein, in einem Paar Hosen stecken. Das Hosenlupfen, Hosenrecken, (Allgäu, Salzb., Tyr.) eine
251 Art des Ringens unter jungen Burschen, wobey sie sich an dem Hosenbunde fassen, und mit oft erschöpfender Kraftanstrengung vom Boden aufzuheben, und so zum Umwerfen aus dem Gleichgewicht zu bringen suchen. Zeitsch. IV, 443. VI, 154. Vrgl. näckeln. „Um des Fürsten Hosen, oder: um meiner Herren Hosen schießen, (ä. Sp.) auf die Scheibe schießen, um die ledernen Hosen zu gewinnen, welche vom 16. Jahrh. an bis a⁰. 1779 von den Fürsten den Städten und Märkten zur Übung der Bürger im Ziel-Schießen als Gewinnst jährlich ausgesetzt wurden. s. Abensberger Schützenbrief v. 1548 in Baumgartner's Beschreib. v. Neustadt p. 142. 179. „Di crichen hant an gewonhait so di schenen dage sint das si danne losent ze ainem zil und dar ûf legent si schwen (zwen) hæntschuch alder (oder) beine hosen alder swas es gielt und wer der erst zû dem zil kumet der nimet es"; Grieshaber, Pred. I, 168. „Ich gieng und schawt den kugelplatz da hieng ein rotes hostuch bey"; H. Sachs 1612: I, 1066. „Ich gedacht si gebe mir licht straich noch mer denn blawer hosen (also sehr viele) ich stieß mein phyffen in mein phosen (puesen, Busen) und kert von dannen truriklich"; Cgm. 379, f. 41ᵇ und 270, f. 81.

Der Leinhösler. Die Zunft der Schneider und Leinhösler kommt noch in Burgholzer's Beschreibung von München (p. 107) vor, wie in der Fronleichnams-Processions-Ordnung v. 1597 (Finauer, Bibl. I, p. 220). Ob dieses Hösler zu Häß (Kleid) oder zu Hosen (Beinkleid oder Strumpf) gehöre, weiß ich nicht. (Vrgl. Brüechler).

Die Höswurz, (B. v. Moll, Zillerthal) Knabenkraut, Orchis L., wird von jungen Leuten beyderley Geschlechts als Aphrodisiacum aufgesucht. Zeitschr. VI, 155.

Die Hoß, der Platz unter dem Dach der Alpenhütte, (Jir.); Lagerstätte der Sennerin, (Koch-Sternf. Btr. I, 312). „Ich zog zu meiner in einem kleinen Hüttchen nächst der Sennhütte bereiteten Lagerstätte, sie heißen es auf der Hoß, hin"; Beschreib. des Ob. Pinzg. 1786, p. 94.

I'n Kamerl bin I á nie gleng,
hà' gfurcht, əs kimt də' Hüetər zwegng,
und auf der *Hoſs* dà wars mə's scho˜,
rennst mit'n Kopf brav à˜. Alpenlied.

hosen, hoseln, hosnen, gehen (mit eilfertigem Schritt); cf. česk. choditi, gehen. Dèr dèrf 's *Hósnə* à˜fangə˜, dà'-r- ə' no˜ rècht kimt.

Bàl' I bei'n Fenstər ə˜n Schnácklə' tuə,
hós·lt s· (die Geliebte) ə˜'n Hemət dəheə'.

s. husig u. vrgl. das folgende Wort. *hés·ln*, hi˜-, heə'-, umə'*hésln* von das Gehen anfangenden Kindern; (b. W.).

hóss·n gé˜, láffə˜, rennə˜ ꝛc., aus dem Hause gehen, ausgehen; außer dem Hause herum gehen ꝛc.; (Prasch) hausieren; (Castelli, Wbch. 171) spazieren gehen; mhd. hossen, schnell laufen, rutschen; kugeln, rollen; WM. I, 718; vrgl. 693: hiuzen, s. heuzen, hutzen. Zeitschr. II, 520. VI, 155. „Des lacht man mein das man thut hossen"; H. Sachs 1612: I, 1088. „Man lacht mein oft, das man möcht hossen"; das. II, II, 89. '(Vrgl. fränkisch: sich burzelich lachen, sich wälzen vor Lachen ꝛc.).' „Meinr bulerey mus ich mich verwegen dem bulen nicht weiter nach hossen"; das. IV, III, 119 (1560: IV, III, 53).

Wál s· sóssl *hóss·n gangə˜* sán',
is·s spàt wórn à˜ də' Zeid . . . .
Dráf sánd də' glei' 'ən Tausə˜d nà'
(Engel) vo˜'n Himməl à'hə gflógng,
und hánt bàld dórtn und bàl' dà
i˜'n Lüfft·n *hóss·n zógng*. (Weihnachtslied, Hrslm.)

„es is hàlt nicks, wàs èəm so gfàllt àls 's *Hossen* und 's Büchsəln i˜'n Wàld"; Kaltenbrunner, oberöstr. Jahrb. 1844, S. 219. „ə˜ Jágər is traiər àls ən andə'nə' Buə' — sei˜ Umgang sán d· Bám und sei˜ Gsəllschaft is d· Ruə; und möcht ə' ge'n *hóss·n*, — dà *hósst sə'* nét vɪl, dà muəs ə' treu bleibm, á' wann ə' nét wɪll"; Seidl, Flinserln 1839: II, 21. 99, („außer Haus gehen, umherstreifen, ausreißen"). „I kan nit *hossen gehn*, nit bis auf zöhni schlaffen, I kan mi' nit zwo Stund umsünst in Spiegel gaffen", sagt die Trinschel; Lindermayr 49. „Er gäng spazirn und *hossen*"; das. 194. Die Kugel rennt hóss·n, sagt der Kegelspieler, wenn sie von der Bahn abspringt. In Schwaben bedeutet hossen nach Schmid: aufs Feld gehen. 'erhossen, ä. Sp., erjagen, ereilen.' „Valken warten, süchen, ze fuez ist daz verdrozzen. Sein mus gelucke ruchen, sprach er, der(s) zu rosse soll erhossen"; Valkn. 53. Vrgl. Vilmar, kurhess. Idiot. 180: huscheln; die Huschel, Hossel; hosselig. Nacht-hosser, Nachthirt, (nach der Ulmer Landpol. von 1721). Die Hößlerin, (Augsb.) Weibsperson, welche, um der Magd auszuhelfen, eingestellt wird. s. d. f.

Der Hóssaus (Hussaus -◡), beynahe veraltet. In einer Münchner Gemeinde-Verordnung vom Freytag vor Galli 1427 ist geboten, „daz kayn peck wedr sawrpeckh noch süzzpeckh vor pfarmetten nicht underköntn vn fewr ze ofen machen sol, und desgeleichen nach dem Hossaus auch, damit nymal mer pei der nacht gepachen wirt, und daz tut man von schadn des fewrs wegen"; Wstr. Btr. VI, 147. Nach der L.Ord. v. 1553 (6. B., Art. 6) sollen die Obrigkeiten in den Städten und Märkten darob seyn, daß in den Wirthshäusern „nach der Zeit, so man 252
den Hossaus, oder wie es an etlichen Orten genennt wirdet, die Fewrglogken geleut hat" nicht mehr gespielt werde; — und nach 4. B., Art. 8 soll man „in den offen Wirtzheusern über Hossauszeit nit Trinker setzen oder behalten." Vrgl. L.R. v. 1616, f. 553. 698. Abraham Kern von Wasserburg bemerkt in seinem Tagebuch zum April 1625: „den 18ten diß hat man angehebt alhie das erstemal die gewönlich Hoßaus Gloggen vor dem Ave Maria für ain Spörglogkhen zu leuthen, und befolchen, daß alsdan alle Meßner miteinander zugleich das Gebeth leuthen sollen"; Wstr. Btr. I, 168. „Als Ursula nach Bethläuten und ein klein wenig vor dem Hußausläuten vor ihrer Hausthür saß"; Stephanspredigt p. 12. Burgholzer (in seiner Beschreib. von München p. 119) sagt: „Übrigens ist gegenwärtig in allen öffentlichen Häusern die Policeystunde 10 Uhr Abends, wozu noch im J. 1727 mit Ende May das sogenannte Hausausläuten das ganze Jahr hindurch in München geboten wurde, wie es in einigen baierischen Landstädten noch üblich ist, und nach altdeutscher Mundart Hußausläuten heißt." Eine andre Erklärung dieses Ausdrucks gibt Zschokke (b. Gesch. 2. B., p. 322), indem er nach Erzählung der Niederlagen, welche die Bayern durch die Rächer des Johannes Huß in den Jahren 1420 bis 1425 erlitten, bemerkt: „So groß ward die Furcht, daß die Regensburger das Außenende ihrer Donaubrücke mit Graben und Mauer verschanzten, alles Volk täglich zu einem Hußgebet mit dem Läuten der Abendglocke versammelten und den Gotteshäusern Stiftungen dafür machten." In der Note fügt er bey, daß nach des Abtes Cölestin Mausol. Emmer. I, 553 noch im achtzehnten Jahrh. in der regensburgischen Domkirche, Winterszeit um 7 Uhr Hußaus geläutet worden sey. Es hat aber, wie mir scheint, gerade erst diese später angenommene Erklärung den frühern, vermuthlich zu obigem hossen gehörigen Ausdruck Hossaus in Hussaus umgewandelt.

Die Hussereÿ, Chron. in Freyb. Samml. I, 90. 175. Schwerlich hätte man schon zur Zeit, da die „Hussen" (Hussiten) noch in frischem Andenken waren, nicht Hussaus, sondern Hossaus gesprochen und geschrieben. Übrigens kommt die policeyliche Bestimmung, daß alles Ausschenken „nach der Bierglocken" verboten sey, daß „nach der Glocken" niemand ohne offenes Licht auf der Gasse gehen solle, u. drgl. schon in den Regensp. Statuten v. 1320. (Gem. Chr. I, 512. 513. II, 287) und in den Instituta civilia des Vizthumamtes Nabburg von 1405 vor.

Hoiss, Hoisl, (Zir.) Matthäus; dagegen Hiəsl, Matthias, (Gastein).

husig, adj. u. adv., (Ob.Isar, Inn) hurtig, schnell, frisch, munter; Zeitschr. VI, 146. (hwus...? cf. wuselig und čech. hwat, Hast; 'mhd. hiuze, munter, frech; BM. I, 693; vrgl. heuzen, hutzen).' ə˜ husigé Kundin, Menschin, G·sellin, eine wackere Dirn husi' drà˜! frisch drauf los!
I span mei˜ Büchs, und schiəs fei˜ husi' drei˜:
zwaə Gáms sánd husig gfálln, dés Ding dés tát mi' gfreu˜.
Wart, Jágər, ietz muəst mə' ge˜ dé Gámsböck trágng,
und wirst du mə' s nét husig taə˜, só will ə di də'schlágng.
Wildschützenlied. s. hosen und vrgl. allenfalls usə.

'hûsen(?), hussen; cf. mhd. hiuzen, BM. I, 693. s. d. vorige Wort.' „Habt jr nun mit frawen hoch gesprungen des miest jr an dissen rayen hussen; wol her lat euch ab den toten nit grussen", '(grausen, grauen);' Cgm. 270, f. 194ª.

Der hûsegoume, hûsegume, mhd. Spr., Pelikan; auch: sisegume, hisegume. Graff IV, 201. 1060. VI, 281. BM. I, 741. II, II, 320. Diefenbach 421ᵇ. „Deme husegoume, pellicano"; Cgm. 17, f. 148ᵇ. Vrgl. Sp. 913.

Husen, Name eines ehemaligen Gaues in der Nähe des Würmsees, zwischen Ammer und Isar. Förstemann II, 765. Bavaria I, 2,615. „Alia vice episcopus Frisingensis Heinricus ad cellam Slehtorfensium venit et cum eo inlustrissimi principes Berhtoldus comes de Anedehs advocatus noster (Benedictoburensium), Otto comes de Wolfrathusin preterea fere omnes legitimi arbitres (sic) huius provincie Huosin dns. videlicet Bern. de Wilheim, Berhtoldus de Uffilindorf, Gotfridus de Antorf, Otto de Irinsburc, Eberhardus de Herrinhusin, Ortolfus de Matholfingen, Gebolfus de Askering˜ et alii quam plures inferioris gradus"; Docum. de divisione Ouvae in Loubinsbac circa lacum Walihinse sitae (1121), Meichelbeck, chron. Benedictobur. p. 81—83. Clm. 4614, f. 143.

253 Huserlein, (Ansp., Kinderw.) junge Gans. Zeitschr. I, 285,1,18. Vrgl. kärnt. gôs = čech. hus, Gans; Jarnik 142.

huss, huss! Ausruf, womit man einen Hund an ein Thier oder einen Menschen zu hetzen pflegt, der aber auch gebraucht wird, wenn man, ohne Hund, Schweine, Geflügel u. drgl. verjagen will. Zeitschr. II, 521. IV, 35. VI, 156. *Huss* Donau! Wássə-l! *huss* da da! *huss* dech, dech! „Wenn de Jäger syn Speet (Spieß) in de Hand heft und röpt: *Huss* Sue, *Huss* Sue, Bahr Su! so löpt dat dumme Schwien liek (gleich) up dat Speet"; Jobst Sackmann, Pastor zu Limmer bey Hannover, Firmenich I, 201,25. „Maledictum opus per quod divinum manet neglectum officium Huß an yn an yern und laß ym schern"; Schlußschrift des Schreibers des Cod. Ebersb. 60, f. 195. Vorher setzt er: „Wann ich wen ich hab gold in dem schrein so scheint mir dy sunn darein." hußen, vrb. act., hetzen, reizen, incitare. Einen anhussen, aufhussen, aushussen; (Modena: uzzare). an-, aufhussen, reizen, spornen; Kaltenbrunner. Zeitschr. VI, 156. Vrgl. oben hessen.

Die Hussen, plur., (ä. Sp.) die Hussiten. „Hussones, sequentes sectam Hussonis"; Voc. von 1429. Hussistas nennt sie Andreas Ratisb. (Clm. autogr. 903, passim). „Allen chetzern, hussen und ungelaubigen"; Asp. 31, f. 35. „Von den Hussen", (Wiclef, Joh. Huß, Hieronymus, Petrus v. Dresen, Jacobellus, Rokenzan); Matth. v. Kemnat, Cbm. 1642, f. 133; (f. 135ª u. ᵇ spricht er von den Menschen, die zu Nacht faren und gehen, als den Unholden und Nachthussen. 'Vrgl. hôss·n'). „Du macht ein hussin sin, ich wil dich vor concilium laden"; Dirnenkrieg, Codd. Pal. 313 u. 355; Mone's bad. Archiv I, 73. „Dy kristen kriegen wider die hussen"; Cgm. 632, f. 45. „Zu der Zeit da die Hussen und Böhmen mit Heeres Crafft zu Bayreuth gewest"; Bayreuth. Privileg. „Hussengelder, Hussensteuer"; Kr. Lhdl. 1. 23. Vrgl. Hossaus.

Die Hussen, das Husset, Überzug über Sessel, Canapees u. drgl.; wol aus dem franz. la housse. Vrgl. Hosen.

Die Hussern (plur.). „Ein hauffen mit etlich hundert hussern, sechshundert behemer und etlich hundert tütsch gegen die steirischen Bauern (1525); Cgm. 4925, f. 232ᵇ. Hussern (Carl's V.) bei Meissen 24. April 1547 fangen den Churfürsten von Sachsen; Cgm. 3390ᶜ, f. 4. „Als seine (des Türken) hussern umbschweifften"; H. Sachs 1558, f. 207, (1612, f. 415: „husseern").

„Husecken, Schaub, palla, promissa mulierum vestis"; Prompt. 1618. „Pallium, Mantel, Hussäck"; H. Junii Nomencl. 1629, p. 89. Vrgl. Kasaken.

---

haischen, hchd. heischen, (im altb. Dialekt unüblich; s. aischen). „So er von ainem andern hiesch oder wegert ainen swur"; Furstenzell 55, f. 57. Zeitschr. VI, 108, II, 3. 146. An der Blies wird *hèschə˜* sogar statt haißen gebraucht; (s. anthaißig). Firmenich I, 492,39 (Aachen), 514,29: heschen, heißen. Zeitschr. V, 520,9. Am Rhein und in Franken: hèischen gên, betteln gehn. Der Haisch, (ä. Sp.) die Nachfrage, Nachforschung; Gem. Reg. Chr. III, 299, ad 1459. s. Aisch. Der Hâscher, das Hâschə'l, (salzb. u. OL.), hilfsbedürftiger Mensch; du arms *Hâschə'l*. „'s *Hâscherl*, Ausdruck der Zärtlichkeit oder des Mitleids für ein kleines, schwächliches Kind"; Seidl, Ged. (1844), S. 307. Zeitschr. IV, 158. VI, 146. Cf. čech. hoch, Junge; Dimin. hošek, hošiček, Bübchen; auch isl. goti, schwed. gåsse, Knabe, Knecht im Kartenspiel. Vrgl. unten Heuschel.

heschen, heschezen, hetschen, hischen, schluchzen, franz. hoqueter; Graff IV, 1061 f. BM. I, 692. Zeitschr. II, 518. IV, 172. V, 482. VI, 149. heschen, heschiczen, singultire; gl. bibl. v. 1418. Voc. v. 1415; heskazan, gl. i. 881; hischen, singulto; Clm. 13126, f. 1155. Ossitare (oscitare), heschen"; Rot 110, f. 179. Ingemiscit, sewfft oder erhescht; ZZ. 1803, f. 200. „Oscito, singulto, sternuto, nauseo, sterto: niesen, heschatzen, snawden, bullen, snarchen"; Clm. 9806, f. 1. cf. gamatzen. Das Hisch'en; der Hesch, des Heschen, der Hescher, Heschizer, Hetscher, das Schluchzen. „Tötlicher züge hischen", (gereimt auf „mischen"); Labr. 484. „Sêr ich erschrack von schrickenlîchem heschen", (: erleschen); das. 130. „Heizt daz fiuwer leschen, daz sie (die Kinder) ir lesten heschen niht in dem rucke (Rauch) enphâhen"; S. Helbling I, 751. Heschicz, singultus; Voc. v. 1445. Heskez, gl. a. 533. „Singultus haißt der heschicz", Cgm. 170, f. 6ª. Recept für den heschitz, Cgm. 3723, f. 65. Für den hesch, Cgm. 4543, f. 132. „Von dem heschazn nach dem tranck"; Ind. 344, f. 67. 'Vrgl. der Hetsch.'

Der Heuschel (Huisch·l, das Huischələ, O.Schw.) das Füllen. Vrgl. Heiss, (vielleicht besser Heuß; cf. hiuze, adj., bey Grimm II, 635) und Hâscher.

„hisch", (Salzb. b. Intell. Bl. 1812, S. 630) fast; (ist wol die Ausspr. von hübsch). hisch (hübsch?), wunderlich; (Abtenau) fast; (Zir.). Zeitschr. III, 406,50. IV, 409,44. V, 38,11. 363. VI, 107,8. 155. 248,8.

hoschen, ä. Sp., spotten; Graff IV, 689. BM. I, 718. „Triegen hat etswenne einen mantel unter dem ez hübschlichen loschet swenne ez schimpfet oder hoschet"; Renner 15037. Das Gehösche. „Es ist wol ain gehösche! also sprachen dy frösche", ihren neuen König (Storch) mit dem alten verachteten (Klotz) jammernd vergleichend; Mich. Beham, Wiener 284,26. (Auf den schwachen Friedrich IV. hatten sie den gierigstarken Albrecht bekommen.) '(Hieher? vrgl. d. folg. Wort u. hüschen.)'

hoschen, vrb. n., (Nürnb.) ausglitschen, straucheln; auf dem Eise schleifen, glitschen; (hviscan? wischen). s. hätscheln. Die Hoschel, die Glitschbahn, (Hätschel). „So will ich den span heimlich lassen (aus dem ermel) herfür hoschen auf mein hendt"; H. Sachs 1560: II, IV, 22. „Der Kopf (Hasenkopf) im aber hoscht herab und fiel im untern tisch hinab"; das. 62ª. „Herr abt, laßt euern zorn hoschen", (fahren); das. III, III, 61ª.

'hoscha! Zuruf, um Aufmerksamkeit zu erregen;' vrgl. oben, Sp. 1155, hören: hörsa! „Schrey: hoscha, hoscha, las dir sagen!" H. Sachs 1560: II, IV, 107ª. „Hoscha, hoscha, fremder man!" (ihn weckend); das. III, III, 29ᵇ. (Klopfend:) „hoscha, hoscha! sitzt Hans Wirth hinnen?" das. 74.

Höschenpotschen(?). „Korner von höschenposchczen"; Cgm. 731, f. 123. 's. unten: Hetschepetsch.'

husch, husch! (O. L.) Ausruf beym Hetzen eines Hundes; huschen, hetzen. (Zu huss oder, nach Gramm. 634, gar ein entstelltes horsch, ahd. horsco, alacriter, und hurschen, ahd. hurscan, excitare, incitare?)

Die Huschen, (Schllr.) die Ohrfeige, Maulschelle; (Baur) Schlag mit der flachen Hand. Der Husch, (Aschaff.), Schlag an den Kopf. Einen huschen, behuschen, mit der Hand an den Kopf schlagen. Huisch, Ohrfeige; huisch, beohrfeigen; (Weihers; Dr. Roth). Vilmar, kurhess. Idiot. 179 f. Zeitschr. VI, 132,19. Weigand, Wbch. I, 525. Vrgl. d. vorige Wort.

husch! Ausruf bey der Empfindung der Kälte. Zeitschr. VI, 114,4. 132,19. 156. husch! huschə-l! hutsch! huschə-ln, huischəzn, frösteln, sich vor Frost schütteln. Zeitschr. VI, 132,119. 156.

hüschen ein Glid, (Obrm.), es durch Kälte beschädigen oder, wie man sagt, verbrennen. Höfer hat hischen für: morsch werden, zu faulen anfangen. Vrgl. husch 2)
254 und etwa gl. i. 213. 529: hosc, sugillatio, wenn vielleicht die Bedeutung „Spott" erst eine figürliche wäre.

Der Haspel, (s. a. Hastel), 1) wie hchd.; (Graff IV, 1061. BM. I, 640. Diefenbach 379ᵇ. Weigand, Wbch. I, 483). gl. o. 76: haspil, netula. MB. VII, 434, ad 1180 kommen vor: „IV *haspe* lini." 2) alberner Mensch. 3) verwickelter Handel. Der Teufel „machet" zwischen zwey bis dahin einigen Eheleuten „einen Haspel"; Cgm. 837, f. 119. „Ein seltsamer Haspl, perturbatum negotium"; Prompt. von 1618. haspeln, 1) wie hchd. 2) im Scherz: walzen, tanzen; 3) um Sterzing: luxuriari, coitum exercere. 4) übereilt handeln, reden. „Man haspht (hasplt?) nicht in den Undernachten, so wirt das viech nicht haspen"; Grimm, Mythol. XLIX, 42.

Das Hesperlein, (Nürnb., Hsl.) die Mispel, mespilus germanica L. Vrgl. Espel. Das Voc. von 1735 hat Hiespen, bacca cynosbati.

Der Hispel, (O.Pf.) alberner Mensch; (s. Haspel, Gispel).

Der Hastel, (hie und da) der Haspel. ab-hasten, hastnen (haschtn, haschtnə~, haschn), abhaspeln.

Der Hauste, ä. Sp., Hauste; BM. I, 725: houste, hûste für houste, hüste. Weigand, Wbch. I, 486. Vilmar, kurhess. Idiot. 154 f. Zeitschr. VI, 15.

hesten, adv., (Nordfranken) diesseits. *hest ə gest*, (hieseit — genseit), diesseits und jenseits. Zeitschr. II, 136 ff. III, 132. 142. IV, 460.

'Der Heister, ä. Sp., junger Buchenstamm; BM. I, 656. Weigand, Wbch. I, 494. Vilmar, kurhess. Idiot. 161. Zeitschr. II, 124. V, 147. 356. VI, 211.' Grimm, Reinh. p. 338,1284 und 375. Zeitschr. V, 147: Hêster, junger Eichbaum. „Wärst du des zimerampts ein meister so mochst wol erkennen schedlichen heyster"; Cod. pal. 313. „Man seh die heimut grob heystern tragen von erst masart strub unbehawen"; Mone, bad. Arch. I, 84. Cf. franz. hestre, hêtre, Buche; Diez, Wbch. 662.

Die Historie (Histori, ∪ - ∪), 1) wie hchd. BM. I, 692. 2) seltsamer, sonderbarer Vorfall. 3) verächtlich: mehrere zusammen gehörige oder genommene Sachen. In diesem Sinn vielleicht dem alten diu storie (Wigalois 4550. Wilh. v. Or. BM. II, II, 661), engl. the store, altfranz. estoire, estore vergleichbar; (Müller, etymol. Wbch. d. engl. Spr. 408. Diez, Wbch. 623).

Das Höster, ä. Sp., Schöpfrad, haustrum; Grimm, Reinh. p. 109,938. BM. I, 718.

Die Hosten(?), a. Sp., plur.; (Holzmann). „Noh in den hosten des mannes wollichent wisit ime, neque in tibiis viri beneplacitum erit ei"; Hymnus: Laudate dominum quoniam bonus, Cgm. 17, f. 203.

Die Hostie, wie hchd.; ä. Sp. Ostei. „Wer got anpett in der heiligen ostey das er im ein seligs end hie verleih"; Cgm. 713, f. 165. „Das lebendiger got und mensch nit sey gancz in der gesegenten ostey"; das. f. 168.

Die Huesten (Huəst·n), wie hchd. der Husten, (ahd. thiu huosta und ther huosto; Graff IV, 1062. BM. I, 730. Weigand, Wbch. I, 525); schweiz. Wuəstə~, (cf. agſ. hvôstan, tussire, engl. to whoost; Zeitschr. V, 354). „Vor huostes laid." ... „der huost der ist dohin"; Ring 20ᶜ,22 f. 'husten Einem etwas; Zeitschr. V, 37,110. 40,110.'

Die Hattel, Hadel (Hädl, Hä'l), die Rispe, panicula, wie sie am Haber und an der Hirse vorkommt. „Kärnt. lat, die Ähre, Hatel; latizh, Diminutiv. Proso saslishi mlatizhe, ino skozhi v' latizhe, wenn man die ersten Drescher hört, pflegt der Hirs Hateln zu machen"; Jarnik 84. Der Hàd·lbrei~, (Hirse, welche Rispen treibt) unterschieden vom Kólbmbrei~. hatteln, hadeln, vrb. n., Rispen gewinnen. Də' Hàbə'n *hàdlt* scho~.

Də' Hàbə'n tuət *hàdlə'*, 's Kou'n tuət bluə~,
·s gêt nicks nà' də' Schô~, ·s gêt àlls nà' də' Liə'.

verhatteln, verhadeln, das Hadeln vollenden. Də' Hàbə'n hàt scho~ àllə' *vo'hàdlt.*

Der Hattert, (Zips) das Gebiet, slaw. hotar; 'die Feldmark, Flur, das Weichbild eines Ortes; Zeitschr. IV, 406,2 (siebenbürg.).' „Die Früchte auf dem Hattert der Nachbardörfer vom abgebrannten Dorf Háromszek (oder Polyan?) in Siebenbürgen"; Zeitungsnachr. v. 13. Aug. 1844. Hatteri, Namen von pagi am Rhein, Hessen; Zeuß 337.

Die Hait (Hàid, Haəd), (b. W., Obrm.) das Seyn, die Art zu seyn, der Zustand. Von blôßer Hait, freyer Hait, aus freyen Stücken; von junger Hait auff, von Jugend auf; lediger Hait, im unverheirateten Stande. „Er ist junger hait gestorben"; Hund's Stammb. III. Th., Cod. Ecker. f. 274, Freyberg p. 442. „Ich spottet oft der alten Leith, nun geh ich in der alten Haid", (Heut, Haut, s. unten); der 115jährige Hans Trenbeck, Hund's Stammb., III. Th., Ms. „Ettleiche sprachen in schimpfes hait, warum ich wær also verzait"; der Teichner. „In solcher hait", idem, zu „gleicher hait", Ms. in meinem Exemplar des altd. Mus. I, 65. 66. „Nu' *lödigáhait* häi dá' z·eftás schan gsait, nach dán Briemeln und Grein·n wird án Daunderlaun gfrait"; Stelzhamer 86. „Kimst *gsundähait* dävan, so hast ä Kumpani, ä heai Stöll zum Lahn"; Lindermayr 31. „Gsötzt *jungähait* ä Narr, kimt's Gölträt, denkt mä' weidä"; das. 83.

„I hab *junghait* 's Geig'n ä angriffä und hab mi' vä-
255 laid auf d· Schalmei"; daſ. 164. Dieſes Hait möchte in Haut moderniſiert ſeyn in der nordfränk. u. henneberg. R.A. von heiler Haut, von freyen Stücken, ohne Veranlaſſung. Die ohne Zweifel mit dieſem Subſt. identiſche Endſylbe -hait (Weigand, Wbch. I, 495) lautet in den meiſten Gegenden nach hochd. Weiſe wie háit, oder ganz tonlos: hət, 'ət. Nur hie und da hört man noch haəd oder hàid. Aus dem Zuſammenſtoß eines Schluß -c oder -ch oder -g oder -k mit hait iſt bekanntlich die Form kait entſtanden. Vrgl. Gramm. 803. Grimm I, 431. II, 497. 642. Graff IV, 807. BM. I, 656: ahd. thiu heit, persona; M. m. 12: allo thrio heiti, omnes tres personae; zi niheineru heiti, nullo modo; Otfr. I, 22,56; cf. IV, 7,76. V, 7,52. „Ni scouuos thu heit manno", Tat. 126. Sonſt findet ſich bey Iſidor, Kero ꝛc. und in den Gloſſen: ther heit, persona, sexus, ordo (sacerdotalis); (goth. haidus, msc., mos, τρόπος; isl. háttr? Cf. isl. heidr, honor; heidra, honorare). „Der Obertütſchheit eidgnoßſchafft", superioris Germaniae confoederatio, (wie Menſchheit, Chriſtenheit); Albert v. Bonſtetten (1485), Clm. 4006. „Enphahe wiſe vaterheit dines chriſtes ſunhait bi ſiner menniſchait, Clm. 4616, f. 54. Der ebenheit, ä. Sp., sodalis, Genoſſe; BM. I, 656. Diemer's Kaiſerchron. 423,7. Heidfolc; Müllenhoff, 16. Bericht, S. 46. 48. Sollte Hait (Hêd) einmal auch gens (*gentis*) bedeutet haben und mit heiden, *gentilis*, ἔθνος zuſammenhangen?

haiter (haətə', o.pf. hàitə'), 1) wie hchd. heiter; (ahd. haitar, heitar, mhd. heiter; Graff IV, 812. BM. I, 657. Weigand, Wbch. I, 495.). „Siedent die stuck mit eime haitern füre", Recept in der Hſ. 2733 des german. Muſ. (ſ. Macht). 2) deutlich, klar. „Wie ſolches der haiter Augenſchein zu erlehrnen gibt"; ſalzb. Proceßſchr. v. 1609. („Heitariu liohtfaz, claras lampadas; heitarer tagaſtern, clarus lucifer"; M. m. 80. 81). ſpiegelhaiter. Cf. „des vileherteren, praeclari", vileheiteren; Cgm. 17, f. 222ᵃ. Graff IV, 814. Der Gehaiterer, ſo heißt (nach B. v. Moll) dem Zillerthaler der Weſtwind, weil er ihm die Luft aufzuheitern und den Sommer zu bringen pflegt. Der öſterreicher Wind, Haiter- oder Schönwetterwind, Oſtwind; (Zir.). 3) Kärnt. kar, was, karbodi, im kärnt. Deutſch: heiter was; kir, wo, kirbodi, heiter wo; kdor, wer, kdorbodi, heiter wer; kakor, wie, kakorbodi, heiter wie; kadar, wann, kadarbodi, heiter wann, je zuweilen; Jarnik p. 26. 27. (Hieher? heiter = halter, halt?).

Die Heiterneſſel, ä. Sp., Brennneſſel, urtica; Graff II, 1116. BM. II, 332. Diefenbach 6ᵇ. 630ᵇ. „Heitternezel, acalypha, urtica gratuita"; ZZ. 912, f. 97ᵃ. Haidternöſteln, Cgm. 4132, f. 275. Wol ſtatt Aiterneſſel, ſ. oben, Sp. 172.

Die Haut und (nach Gramm. 808) o.pf. die Häut (sing.), wie hchd.; (ahd. mhd. hût, genit. der hiute; Graff IV, 806. BM. I, 741). „Eh wolten wir alle verlieſen die Heut, wir wöllen heut thun als Chriſtenleut"; Hans Roſenplut. „Merck die Keuſchheit der Ordensleut ſie ſtecken vol Schalckheit in der Heut"; Joh. Pauli 232ᵇ. „Zur verderbung vil armer leut ſo zalt ers endlich mit der heut", H. Sachs 1612: II, II, 205. „Chament etlich leut von Niſſingen in alter heut"; d. Ring 51ᵇ,28; (vrgl. Hait). „Die varnden leut waren ſicher an der heut"; daſ. 52,34. „Zuchtenſ an ſich bei der heut"; daſ. 54ᶜ,5. Hàts mit də' *Heut* zàln mêiſs'n, (b. W.). As də' *Heut* ſpringə˜, (b. W.). Vrgl. Vilmar, kurheſſ. Idiot. 155. R. A. eine arme, êrliche, guete Haut, (mitleidig verächtlich) Perſon; vrgl. Hait. Zeitſchr. II, 517. III, 524,7. IV, 544, III, 7. VI, 147. Die gemainen freulein, wan ſy habent frawen namen verloren, wir haiſſen ſi die poſen heût auf dem graben"; Br. Bercht., Cgm. 1119, f. 45; (vrgl. oben, Sp. 661: die Trüllerin). „Der iſt ein friſche haut; der ſtôkht in kein guetter haut; der ziecht ein ganz neue haut an; der iſt ein ſchölm in der haut; ZZ. 1716. *I˜ d· Haut 'nei˜*, durchaus. *I˜ d· Haut 'nei˜* muəs ə' si' ſchamə˜. *I d· Haut 'nei˜* gschicht eəm rècht. Einem etwas *in d· Haut 'nei˜* və'gunnə˜; (Dr. Sepp). „In der Haut nichts wert", Prompt. v. 1618. Neun Häut haben, fig. von Perſonen: ein zähes Leben haben. Einem êine Haut abziehen, ſeinem körperlichen, oder ökonomiſchen Wohlſeyn einen bleibenden Stoß geben. R. A. Einen auf die Haut legen, ihn umbringen; Prompt. v. 1618. „Da man einem in rechtmäßiger Nothwehr begriffenen beyſtehet und den Aggreſſorem auf die Haut legt"; Cod. crim. v. 1751; I. Th., 3. C., §. 5. Selhamer passim. „Derſelben ungetrewen leut ſy gar vil wurffen auff dy heut", Mich. Beham, Wiener 75,25. „Den ſcheident ſie mortlichen von der hiute", Labr. 388, (im Druck: von der hûte: lûte). Da könnt Einem ein Glück in die Haut ſchießen (ironiſch). Haut und Hâr Einem abſchlahen, vertailen, (ä. Sp.) ihm von Gerichts wegen Streiche verſetzen, ihn zu Streichen verurtheilen. „Man ſol vber chain weip richten, die lebentiges chint trait, höher dann ze haut oder har." Es gêt Einem hinz haut und hinz har, (die Haare weggeſchoren, die Haut abgeſchlagen; ſie gieng wol unter dem Peitſchen, Billen, wirklich ab. „Decalvet eum et caedet"; Leg. Liutpr. LVII, 3. Grimm, RA. 7. 702 ff.); Rchtb. Ms. v. 1332. Wſtr. Btr. VII, 55. 70. 75. 126. 188. 237. Ad 1172 heißt es MB. XII, 346: „Reus vadiabit LX nummos pro pelle et capillis suis", d. h. kauft ſich mit 60 dn. von dieſer Strafe los. „Wê ir hiute und ir hâren, die niht kunnen frô gebâren ſunder wîbe herzeleit"; Walther v. d. V. 24,13. Vrgl. unten, Th. III: Schraiat. Als Perſonname: „Hainreich Dunnshäwtel (Dünſhûtel), purger zu Uttendorf", (Innviertel, 1396); Cgm. 3941, f. 101. 126. Vrgl. Schafhäutl; doch ſ. unten, Th. III: Schafeytlin. hautletz, ſehr böſe; ſ. oben, Sp. 125 u. Th. II: letz.

Der Häuter (Háitə'), verächtliche Benennung, 1) eines Pferdes, (das gleichſam ſchon dem Schinder um die Haut 256
zugefallen iſt). Das Heuter-Rennen, Rennen mit Karrengäulen; b. Landbot v. 1832, Nr. 46. 2) einer Perſon, (in welchem Falle das Wort jedoch vielmehr eine Abkürzung des auch hochd. Bärenhäuter ſcheint). Zeitſchr. II, 517. III, 524,7. IV, 158. VI, 147. Vrgl. auch Hait.

Der Hettel, (Bregenzer Wald) weiblicher Anzug mit ſeinen tauſend Falten.

Die Hett, die Hettel, das Hettelein (Hèdl, Hèttə-l), (Kinder- und Schmeichelwort) die Ziege; im Scherz: Weibsperſon. Vrgl. Vilmar, kurheſſ. Idiot. 171. Zeitſchr. II, 518. IV, 160. 311. V, 62,8. 164,172. 166,120. 486. VI, 146; (mhd. hatele; BM. I, 641. Grimm, Geſch. d. d. Spr. 36). „Man ſetzte in (ihnen) uf eines eſels ſatel oder ein gehürne, daz ein hatel wilunt uf irm haubt truch"; Renner 2477.

Gámsjágə'n tuə-r-I nét, fált mər i˜'n Stand,
i schöis mər ə˜ weisfuessəts *Hèdál* bei'n Tanz.

hetteln (hèdln), meckern; meckernd lachen, kichern. Dé åld Hèdl då *hèdlt* in aə˜n Trumm furt. Hêdlə', Hêdlə' taə˜, (b. W.) hellauf und muthwillig lachen. Dés kost mi' schêd ə˜n *Hedlə'*, (b. W.) es iſt mir ein Kinderſpiel.

heut, heuten (huid, hoid, hoidn; b. W., U.Don.), dieſen Morgen, heute früh, (ahd. hiutû, wol nach Grimm I, 794 aus hiû-tagû, hoc die, verkürzt; mhd. hiute; Graff IV, 693. BM. III, 4. Weigand, Wbch. I, 503 f.). Clm. 4636 (sec. XII.), f. 108: hutto (zweimal, wol zu leſen huito), huite (einmal). „Hiute bis tages"; Heinr. Triſtan 416. Im Speſſart hêut verſchieden von heint. hointn, (Gaſtein, Mesnil) heute Morgens; nacht'n, geſtern Abends. ſ. oben, Sp. 1135: heint. Zeitſchr. VI, 148.

hott, hott! 1) Partikel, wodurch man die Bewegung eines trabenden Pferdes, oder ſeines Reiters, beſonders wenn dieſer nicht feſt im Sattel ſitzt, zu bezeichnen pflegt. Daher das Verb hotteln und das Subſt.

Hottelein als scherzhafte Benennung theils für ein Pferd, theils für ein Fuhrwerk, (nach Häslein) insonderheit für eine Kutsche, vor welcher der Kutscher nicht auf dem Bocke, sondern nach alter Manier auf dem Pferde sitzt. Cf. česk. choditi = kärnt. hóditi, gehen; Jarnik 143. „Der auf einer merrhen dahin drottet und über ein wiesen hin hottet“; H. Sachs 1560: II, IV, 71ᵇ. Es will net *hott'n*; cf. česk. hodj se, es taugt. hott-rei˜! oder hottdrei˜! Ruf der Knaben, wenn sie in die Wette auf etwas los zu rennen anfangen. Vrgl. rottrein! Hod ti divojka! hod ti deklitch! komm, meine Jungfrau! komm, mein Mädchen! Dolenzer Lied an die Braut; Hacquet, Abbild. der Wenden rc. 94. „Zwar so wär ich nit geflogen auf der höner (hünr) sedel hot“, (Reim auf „not“); Cgm. 270, f. 63ᵃ u. 379, f. 25; '(hieher? Vrgl. Keller, Erzählungen aus altd. Handschr. p. 357,26: uff der h. s. hoch).'

hott! (Fuhrmannssp.) Ruf an die Pferde, wenn sie rechts gehn sollen. An der Ilm sagt man in diesem Falle zu den Ochsen: *houd*, an der Aar *hatt*, (also hâtt). Vilmar, kurhess. Idiot. 176. Zeitschr. II, 37. 223. 520. V. 450. 451. 286,5. VI, 118,11. 229. 429, II, 2. „Man hört im Dorp nien *Har!* nog *Hot!*“ (Haar—Haut!!); Firmenich I, 33,14 (Bremen); das. 123: *hotte* jü! 131: *hott* jü! 418: *hodder!* 420: *hott!* 481: *hot!* habr! (rechts! links!). 485: *hott!* haar!

Das Hott'l, (Jr.) statt hôtel (Diez, Wbch. 246), Palast, großes Wohnhaus, großer Gasthof.

Die Huttel (Hudl, O.L.) verächtlich: Ziege; Weibsperson. Zeitschr. VI, 155. s. Hettel und Hutten. Die, der Hutten, 1) (b. W.) der Lumpen, Lappen, Hader. Zeitschr. II, 520. III, 197,33. VI, 157. 435. „Ze Hutten und Hadern werden.“ Der Zillerthaler nennt auch ein gutes Hals-, Schnupf- rc. Tuch ə˜ *Hutt.* „Huten, Hütl, jedes Kleidungsstück“; Stelzh. 178. 2) (Nürnb.) verunstaltende Kleiderfalte. 3) (b. W.) verächtliche Benennung einer Weibsperson. Die Laushutten, das Laushuttenkraut, (s. Laus). Vilmar, kurhess. Idiot. 180: Huttich, Hottich, Hutch. Zeitschr. III, 520: der Hottel, die Hottla; IV, 158. VI, 157. Vrgl. hudeln.

Die Hütten (Hitt'n), 1) wie hchd. Hütte; (ahd. hutta, mhd. hütte; Graff IV, 806. BM. I, 742. Weigand, Wbch. I, 525. Zeitschr. VI, 156). 2) ä. Sp., Gezelt. Herhütten, Leibhütten, Pferdhütten; Kr. Lhdl. VII, 241. Gem. Reg. Chr. III, 546. Cod. iconogr. Monac. 221, f. 1. 18ᵇ. „Ein hütte von vil rîchen siden“; Gudrun 1652,2. „Si hiezen niderspannen hütten zuo der fluot“; das. 467,1. Die Hütten-
257 hallfart, bey der Halleiner Salzverschiffung: ein nachträglicher Transport von solchem Salz, das früher wegen Wassergefahr ausgeladen und in dazu erbauten Hütten hatte zurückgelassen werden müssen. Die Leute bey solch einem Transport wurden Hüttenknechte, Hüttler, mit ihrem Hüttenschreiber und Hüttenmaister, genannt.

Hüttrauch, Hüttrach, Hüdrich, künstlich verfertigter Arsenik, Hüttenrauch. „Gelbe und weiße Hüttrauch“, Lexicon v. B. II, 286. „Auripigmentum, Hüttrâch“; Voc. v. 1445. „Sie habe in das Häferl, worinn ein sogenannter Hitrich gelegen, vier Eyr hineingeschlagen und ein Eyrnschmalz gemacht, so sie ihm zu essen geben“; Guggenberger's Processe 230. In Wernher's Maria p. 177 kommt hutten für wohnen vor: „Daz hete da gehuttet in einem engen luoge.“ BM. I, 742: hütten, eine Hütte bereiten, mit einer Hütte versehen, eine Hütte bewohnen. Der ehmaligen Reichsstadt Kaufbeuern eigens bestallte Zimmerleute wurden insgemein Hütteler genannt; (Aurb.). Das Erz verhütten in Koakshochöfen, (Westfalen); Allg. Ztng. 1852, S. 1363.

'Das Gehutter, ä. Sp.' „Conturnix, das gehutere, rebe huon“; Cgm. 17, 156ᵃ, Ps. 104,39.

Der Huet (Huəd, o.pf. Houd), das Hüetlein (Hiədl, Hiə'l), wie hchd. der Hut; (ahd. mhd. huot; Graff IV, 803. BM. I, 732. Weigand, Wbch. I, 525). Aventin (Chron. 412) redet sogar vom Turban als einem „leinen gewunden Huet, wie die Türken tragen“; im Nomenclat. rer. domest. de balneo kommt pileolum, padhuet, vor. Einen „rauchen Huet mit sampt gefiedert“ (gefüttert), pileum vilosum holoserico subductum, schickt der Vater einem Schüler zu Ingolstadt (1591); Clm. 4795, f. 8. „Zu fleiß gieng ich offt fur dy schelk, dy oden wicht und lasterpelk, under augen ich in da sach, sy dauchten mich so schnöd und schwach, das ich kain hut nit zuket, noch gegen in abruket“; Mich. Beham, Wiener, 340,32. R. A. Er weiß den bordierten Hut schon hereinzubringen, d. h. er versteht es, in eine Rechnung einen Posten, den man ihm als solchen nicht würde passieren lassen, zu vertheilen, ohne daß man's merkt, — wie es ein Rentbeamter zu Burghausen im zweiten Jahre gethan, dem man im ersten Jahre den bordierten Hut, den er sich als Amtsperson hatte anschaffen müssen, in seiner Rechnung gestrichen. Das Hüetlein; figürlich: „Wenn man eim armen das recht verquent und im ein hutlein fur die augen went“; Cgm. 713, f. 27. 176. „Ein richter der das recht verkürzt und ein hütlein darüber stürzt“; das. f. 29. „Man sicht sie lauffen, hütlins ginen“, ein Spiel der Mädchen; Cgm. 270, f. 206ᵃ. Der Eisenhuet, (ä. Sp.) die eiserne Blechhaube der Kriegsleute. „Die Reiter maßen und theilten das (bey der Plünderung in Neustadt gefundene) Geld nur mit Eisenhüten“; Av. Chr. 509. Der Kalhuet, s. unter kal. Der Hueter, Hueterer, Huetler (Huədə', Huədərə'), der Hutmacher. Der Huetschmücker. „N. N. Hutschmucker“ in Augsburg 1649; Cgm. 4906, f. 633 und früher. Das Huetsingen, ein Spiel, beschrieben in Buchner's und Zierl's neuen Beitr. I, 253. Der Huettanz, Tanz, bey welchem die Paare unter einem ausgespannten Seile, auf welchem ein neuer mit Bändern gezierter Hut hängt, im Kreise herumtanzen; während des Tanzes wird in einiger Entfernung ein Schuß gethan, und derjenige Tänzer, welcher sich in diesem Augenblick unter dem Seile befindet, erhält den Hut als Geschenk. Vrgl. Huettanz im folg. Artikel und oben: Hammeltanz.

Die Huet (Huəd, o.pf. Houd), wie hchd. die Hut (Aufsicht, Bewachung; ahd. huota, mhd. huote; Graff IV, 803. BM. I, 730. Weigand, Wbch. I, 525); z. B. die Burghuet (Kr. Lhdl. V, 234. Wstr. Btr. V, 112), die Feurhuet (die bey großem Winde ausgerufen zu werden pflegte), die Fluerhuet, Eschhuet rc., insonderheit aber das Hüten des Viehes; die Hirtenstelle: ə˜ guedé, ə˜ schlèchté *Hued*, gute, schlechte Hirtenstelle. Die Huet stiften, oder sie verstiften, verdingen; die Huet auffsagen, den Hüterdienst, fig. jeden Dienst überhaupt, aufkünden. „Sol daz sîn dîn huote, daz dîn ouge mich sô selten siht?“ Walther v. d. V. 50,27. „Huote ist verlorn an wîbe, dar umbe daz dehein man der übelen niht gehüeten kan; der guoten darf man hüeten niht, sie hüetet selbe, alsô man giht“; Tristan 17876. Vrgl. Madre la mi madre guardas me poneis que se yo no me guardo mal me guardareis. „Die vier Hüet“ im Fechten; Cgm. 582, f. 18. 19. Die Huetgarb (als Lohn für den Flurhüter), MB. XXII, 475. Der Huethaber, Huetpfenning, Lori, Lechr. f. 23. Das Huethaus, Wohn-Häuschen, das eine Gemeinde ihrem Hirten überläßt. Der Huetmann (Lori, BergR. 90. 91), 1) der Steiger oder Aufseher einer Bergwerksgrube. Tag-Hüetman, Nacht-Huetman, Knecht-Huetman, Pueben-Huetman, abgebildet in Cgm. 1203, f. 119. 120. 121. 2) MB. XXIV, 229: der Viehhirt. Der Huetstock. „Der Amtsdiener oder Hutstock, wie sie ihn (in Ampfing) nannten“; Oswald Casperl's Abenteuer. Der 258
Huettanz, Tanz an dem Tage, an welchem mit einem Hirten für den kommenden Sommer ein Vertrag im Wirthshaus geschlossen wird. Vrgl. den vorigen Artikel.

hüeten (hiatn, hiadn, o.pf. hêi'n), wie hchd. hüten (ahd. huoten, huotjan, mhd. hüeten, mit dem Genitiv; Graff IV, 800. BM. I, 731. Grimm IV, 658). „Kaiser Galerius Maximinianus hett etwan in der Jugend des Vihes gehüt"; Av. Chr. 236. Den Spieß hüten; H. Sachs III, 546. Hüet alweg dîn, geselle! Labr. 1. Das Brôd hüeten, in einer Stadt als Aufseherin und Verkäuferin bey der allen Bäckern gemeinschaftlichen Brodbank sitzen; fig. von Mädchen: beym Tanze sitzen bleiben, nicht aufgezogen werden. Hüet dich! exclamatio minantis. „Und sprach noch: hüet dich! frevlichen", Katzmair, Cgm. 929, f. 42. Oberbayr. Archiv VIII, 32. Huet dich pawer gin auf! Oberalt. 224, fol. ult. „Hut dich nacher reßleich! to te via prestamente! Dir stinken die zeen, hut dich nacher! el te puzza i denti, to te via! Nomencl. veneziano-todesco, Msc. v. 1424, f. 3. 6. *Hüet es enk!* s. oben, Sp. 160. Aus hüet dich contrahiert scheinen die alten Formen „hütt! huch!" „Wil einer werffen, er sol auf sehen, ob er ieman do seh, dem der wurf geschaden mug; sieht er ieman, so sol er sprechen: hütt! ich wil werfen"; Rechtb. v. 1332. Wstr. Btr. VII, 51. „...huch schreyen, man möcht jms sonst für ain mort anrechnen.."; Crimminalacten von 1512. Lipowsky, Geschichte des bayr. Crim. Rechts p. 173. Küe hüeten, Spaß verstehen; (Goldeck, Zir.). Der Hütes, eigentlich: der Herr behütes, der Herr Gott behütes, (behüte uns vor solchem Essen), im nördlichen Franken und im Hennebergischen (Rhön: Hütəs, Hüts; Brückner in Knochenhauer's Progr. v. 1843, S. 19: Hütes, Hüts, Hiets, Hietes, Hiepes, Höppes), was in Altbayern: der Knödel. Der Name, in seiner längsten Form schon in einem Wasunger Rathsprotocoll aus dem 17. Jahrh. vorkommend, soll von dem Ausruf herstammen, den ein Wirth ausstieß, als er einen sehr hungrigen Fuhrmann, seinen Gast, an einem all zu festen Klos fast ersticken sah. Journ. v. u. f. D. von 1787. Reinwald, henneb. Idiot. Diminut. das Hüteslein. Auch die Hode heißt Hütes, Hüts, und diese vielleicht ursprünglich, die Klöße blos von der Ähnlichkeit; Brückner, a. a. O. Der Hüeter, der da hütet (ahd. huotari), besonders der Gemeindehirt. R. A. Maust àllemàl də' Létzə' sá˜wêi 's *Hêitə's* sá˜ Kou; (b. W.). Um Hüeteraustreiben, (auf dem Lande) um die Zeit des frühen Morgens, da der Hirt austreibt. Der Feldhüeter, wie hchd. der Flurschütz; von den aufgestellten 9 Kegeln der äußerste links und der äußerste rechts. Der Jahrhüter, (wirzb. Verord. v. 1746) der Feldhüter, Flurschütz. Der Hüet-Bueb, das Hüet-Haus, das Hüet-Lôn, der Hüet-Tanz, alles in Bezug auf den Viehhirten. behüeten (bhiatn, pfiat·n), behüten. R. A. Mit behüetem (behüetendem oder behüetetem?) Stab, unter dem Stab, unter Aufsicht des Hirten; Lori, LechR. 366. Behüet Gott, behüet dich Gott! (Bhiə'gód, Pfiəgód, Pfiətigód). Wird auch als Subst. gebraucht: der B·hiə'gód. B·hiə'gód nehmen von Einem oder sagen zu Einem rc. Lobenden Phrasen, z. B. ə˜ schö˜'s Kind, ə˜ schö˜s Stückl Vihh rc. wird, damit sie nicht Schaden bringen, gerne ein „Gott behüet·s!" beygefügt. verhüeten, 1) wie hchd. verhüten, (d. h. im Hüten verlieren; durch Hüten abwenden). 2) (ä. Sp.) was das einfache hüeten. „Schweine, die an die Waid lauffen und nit verhüt werden", L.Ord. v. 1553, f. 123. „Etlich Reuter die mußten den gefangenen Kaiser Ludwig verhüten"; Av. Chr. 342. „Der Büchsenmaister sol sich vor Trunkenheit verhüeten"; Fwrbch. Ms. v. 1591.

---

259 hátsch aus! (◡–), schnell auf und davon, fort. Vrgl. kátzaus, kátschaus.

Die Hätsche, 'ä. Sp., Beil.; lat. ascia, ital. accia, franz. hache (Diez, Wbch. 4); BM. I, 640.

hätschen (hádschn), einen schleppenden, schleifenden Gang haben. Vilmar, kurhess. Idiot. 154. Zeitschr. III, 10,4. 's Mensch hàt ə˜n *hidschə˜dn, hádschə˜dn* Gang, und so kemə˜t zwaa *hidschə˜dé hádschə˜dé* zsam.

Hitschədé hotschədé
stéckst á dá˜ Hèərz dawé?
druckst á dá˜ Agə-l zsam?
thoust əs vaə' Scham? Rank, Böhmerwald 67.

„ə˜ *hátschədə'* Spilmà˜ deə' làsst də' kaə˜ Ruə? Seidl I, 81. „Narren sind nicht gern um weise leut, sondern es hetschet immerzu gleich mit gleich dahin"; S. Frank. „Wer mit hetscht der mus mit hangen"; H. Sachs 1612: I, 648; (vrgl. das. p. 792 hetschen für hetzen; s. unten). „Kann ich dir doch nicht hetschen nach, wenn du bist starck, so bin ich schwach", sagt der irdene zum êrenen Hafen; das. 1560: II, IV, 47. D·Schuəhh *à'hätsch·n.* Vrgl. hätscheln und hutschen.

hätscheln, (Pegniz) nach einem Anlauf auf dem Eise fortglitschen; (vrgl. hoschen). Zeitschr. V, 377. Die Hätschel, die Glitschbahn.

hätscheln, zärtlich, sorgfältig behandeln; česk. hejčkam, schaukeln; hätscheln. s. hetschen. Zeitschr. II, 515. IV, 258,9. VI, 146. Die Hätscheley, Hätschlerey; Wstr. Btr. VIII, 348. verhätscheln, verzärteln.

'Der Hetsch, s. oben, Sp. 1184: der Hesch.' „Das jhn nicht im bad anstoß der hetsch oder das kellergschoß"; H. Sachs 1560: IV, III, 77 (1612: IV, III, 165).

Die Hetschen, ansp. Hitsch, die große Gartenkröte, rana bufo L. Zeitschr. IV, 53. 217. V, 474. VI, 15. 150. 155.

hetschen, schwanken; schaukeln, (s. hätscheln); schluchzen, (s. heschen). Zeitschr. IV, 258,9.

Déənál dés Végál durt
hétschət dur' d Lüftle furt,
hèə' nà˜ sá˜ Gsangl à˜,
krêigst scho˜ ə˜n Mà˜; Rank, Böhmerwald p. 67.

Der Sumpfboden, der Steg rc. hetschet. sich hetschen, schaukeln. Die Hetschen, die Schaukel; der Hetscher, schwankender Sumpfboden.

'hetschen, hetzen; s. oben, Sp. 1179: hessen.' „Bawrn ir hund an mich hetschen bald mus ich aus eim dorf mich fetschen"; H. Sachs 1612: II, IV, 10. Vrgl. hätschen und huschen.

Der Hetschepeter, (Nürnb.) unbehilflicher, einfältiger Mensch. Dastên wie ein Hetschepeter.

Der Hetschepetsch, Hagebutten, zu Brey verkocht und mit Zucker eingemacht; rohe Hagebutte; (engl. hedgepitch, meint College Föringer; 19. Mai 1852). Kärnt. „shipek, Hagebutte; shipezhje, Hagebuttenstrauch; daher in Kärnten Otschepötsch genannt"; Jarnik 132. Cf. česk. šipek, Hagebutte, Hagebuttenstrauch, (šip oder šipka, Dorn, Pfeil; šipim, mit Pfeilen schießen); oštěp, Spieß, oštipček, oštipec, Spießchen; oštěpiště, Schaft des Spießes; auštipek, Stichelwort. Auštěpačne slušeti řěči; Dewadesáte let trpêl p. 17. s. oben: Höschepotsche. Nach Popowitsch in Wien: Hetschelein. Castelli, Wbch. 170: Hödschabödsch, Hödschaln, Hagebutten. Zeitschr. IV, 66. VI, 150. „*Dö Hötscherln* dö blüahn weiss und roth neb·nanánd"; Kartsch I, 5. Hötschenbeer, rosa canina, s. oben, Sp. 835. „Hötschi Bötschen Zeltel zu machen", (1667); Cgm. 4132, f. 220.

Das Hötsch, das Kalb (dem rufenden Hirten; Weihers, Dr. K. Roth). Vilmar, kurhess. Idiot. 176.

Hotschpotsch, (Danzig) Fleisch in kleinen Stücken, holl. hutspot; Firmenich I, 100,38. Zeitschr. IV, 131,63. 432,2.

hutschen, 1) hetzen, incitare. Zeitschr. V, 487: hutsch! an-, aufhutschen Einen; s. huschen, hussen, hutzen und hetschen. 2) schwanken, schaukeln; die Hutschen. 3) auf dem Hintern fortrutschen, wie kleine Kinder; (Voc. v. 1445) kriechen. „Repere, kriechen, hutschen"; Semansh. 34, f. 211.

Der Hutschehe (Hutschəhê), (Rhön) Teufel; Sternschnuppe.

Das Heiwisch, Heibisch, Häbisch 2c., in älterer Form Hîwisch, Eigenname von Oertlichkeiten und Besitzungen, z. B. in folgenden Stellen: „Donatio de Hiwische." „Trutwinus de Hiwisch." „Villam Möring cum toto Heibische." „Das Amt in dem Heiwisch." „Des von Nidern=Altaich und des von Metten Leute in dem Heiwisch." „Mehr aus dem Häbisch und achtzehn Huben als Steuer 45 Pfd." „Häbisch zu Posching." MB. XIV, 406. 408, ad 1118. Lori, Lechr. 12. 13, ad 1269. Kr. Lhdl. II, 129. IX, 502. v. Lang's b. Jahrb. 300. Heybisch in Schwaben; Koch=Sternfeld, Beitr. I, 298. cf. Avena que per predia Frisingensis Ecclesie in dem Heubs Waidhoven et Hollenstain (in Oesterreich) dari debebat"; Hist. Fris. II, II, 87, ad 1276. Heubsch, Hund's St.B. I, 143. Heubschhub, bayr. Annalen (Vaterlandskunde) 1835, S. 39. Heubsch bey Thurnau. Zweifelsohne ist dieser Eigenname ein und dasselbe Wort mit dem ahd. Appellativum hîuuiski (domus, familia, gl. i. 299. o. 23. Kero, Tatian; „hiwisk Israhel, domus Israel"; „alle diu hiwisk dere diete, universae familiae gentium", Windberg. Psalter; „alle die gehorent unde treffent ze einem hiwiske"; Cgm. 17, f. 168. daz hiwisch noch in Wernher's Maria 16. 20. 24 2c.; bey Notker 97, 3: hîiske; Graff IV, 1068. BM. I, 695: daz hîwische) und eine zu den Ausdrücken Hei=laich, Hei=rât, Hei=steur, w. m. s., gehörende Ableitung vom ersten Bestandtheil des gothischen heiva=frauja, οἰκο-δεσπότης, Marc. XIV, 14.
260 Unser anscheinendes Nom. propr. mag also entweder zunächst und collective die eigenen Leute, Lehenholden (familia, famulitium; vrgl. Gedigen unter Degen und Hausgenossenschaft), die ein Familiengut ihres Lehensherrn bebauen, und erst metonymisch die Besitzung, oder aber, da in Sommer's angelsächsischem Wörterbuch wirklich hivisc landes geradezu durch terrae portio erklärt wird, gleich eine solche Familien=Besitzung selbst andeuten. Leo, Rectitudines 111 (105): agſ. hîde = hîwisc, geringstes Maß Land, nöthig zur Begründung eines selbständigen, freyen Hauswesens. Müller, etymol. Wbch. d. engl. Spr. 508. „A hide of lond", schwerlich nach Aeneid. I, 372. „âne hide landes", (sec. XII., Bosworth?). „Tu higida lond, nigen higida lond"; „æt Domeccesige thridhalf heywesche"; Kemble, Diplom. II, 5. 53. Grimm, RA. 538. „Kastner zu Dingolfing mit dem Habisch den man von dem von Babenberg kaufft hat", (1392); Freyb. Samml. II, 92. 88. Nach v. Lang: „die Lage an einem Fluß, die dazu dient, ein natürliches Wiesen= oder Weideland zu bilden"; besonders nach MB. XXIV, 110, ad 1196: „novale ad prata facienda juxta flumen Pegniz quod Eysch dicitur." Vrgl. hisaz (hî=saz?), mansus; Diutiska II, 237. Do hiez man sie (die Colonisten um Illschwang) daz heubsleut als si den namen habent heut"; Kastler Reimchron., Freyb. Samml. II, 463. 486.

Huwart. „Redemtio decimarum quarto quolibet anno quae vulgo Huwart dicitur"; Dipl. Brixin. 1186, v. Lang.

Har, her, 2c. sieh: hachs, hechs 2c. und hacks, hecks 2c.

---

hatzen, (Jir.) Heu ziehen.

Die „Hätz, Hätzel, Elster, pica"; Prompt. v. 1618. Diefenbach 432c. Zeitschr. II, 217. VI, 172. 's. oben, Sp. 180: Ätzel, Atzel.' „Am fenster het er ein hetzen hangen . . . da ward die hetz sagen"; H. Sachs 1560: II, IV, 96a. „Geschwetzig gleich einer hetzen"; das. III, III, 52. „Er dalet wie ein alte hetz"; das. V, 364.

Die Hätz (Hátz), 1) die Hetze. Zeitschr. V, 133,24. VI, 146. Das Gehätz (Ghátz; vrgl. Kátz-fangen). 2) der Eichelhäher, corvus glandularia L.

Der Häzzi=Baur, Name, der von den Tadlern der Gemeingründe=Vertheilung einem ehmaligen Lœrhäusler gegeben wird, der durch diese, insgemein dem Antrieb des verdienten ökonomischen Schriftstellers Staatsrath Hazzi zugeschriebene Maßregel einige Grundstücke erhalten hat, und zu ihrer Bebauung vor der Hand seine Kuh oder Kühe als Zugvieh verwendet. Házzi wol aus Achatius, dem Taufnamen.

haitzen (haətz'n), heizen; (mhd. heizen; BM. I, 657. Weigand, Wbch. I, 495. vrgl. haiß). Cf. „ana=hetzari, incentor"; Clm. 4606, f. 133. Graff IV, 1074. 1091. s. hetzen. 'Die Hoátz, Heizung, Hitze.' „D· Liəbfrau is kolràbmschwaə'z; ja d· Hȩll — wàs wár ən Eə'd·nbrand — dé hàt ən andré *Hoátz*"; Pangkofer 204.

Die Hauzen (plur.). „Gebrauch dich auch keines Wundsegens für schießen, hauen und stechen, du würdest sonsten in das wasser gesprengt vnd erseuffet wie die Hautzen oder Bawren im Bawrenkrieg"; Dr. Minderer, medicina militaris (Augsb. 1620), p. 14. Hautzinger. „Genus militum auffitzer und hautzinger", Urk. v. 1450, Nürnb. litt. Bl. v. 1803, II, 405.

„häuzeln", vrb. act., Rüben, welche zu sogenanntem kleinen Kraut eingehauen werden sollen, oben und unten beschneiden; Scharwerk in B. p. 176. Cf. häupteln.

hetzen, wie hchd.; (ahd. hazjan, mhd. hetzen; Graff IV, 1073. Weigand, Wbch. I, 502. cf. hvatian. s. oben Hätz und hessen). „Darzû so hetz ich Fröuden und Wunnen, die swîgent leider stille"; Labr. 140. Die Hitze, wie hchd. Hetze; (s. oben: die Hätz). „Ez (das Wild) in ein hitze bringen, daz ez müste mîn erbîten" Labr. 151. Vrgl. die Hitz.

Die Hétz: bə de' *Hétz* nehmen, s. oben, Sp. 1049: Héck.

Das Heuzen. „Dés Kràchsln und Fàlln und dés *Heuzen* und Jàgng, und wer zəlləts, wiə vịl mə˜ 's Ün Dübeln hàm g·schlàgng"; Kaltenbrunner, oberösterr. Jahrb. 1844, S. 244. '(So citiert Schmeller an dieser Stelle die bereits oben, Sp. 529, unter Düpel angezogenen Verse; allein in Kaltenbrunner's oberösterr. Liedern (1845), S. 33 lauten sie abweichend: „wie viəl már üns Dübeln ham gschlagn", und auf S. 207 wird Dübel mit „Beule" übersetzt, wonach die oben, Sp. 529, gegebene Erklärung, welche auf einem Druckfehler des oberösterr. Jahrbuchs beruht, zu berichtigen ist.) Heuzen bezeichnet nach den oberösterr. Liedern, S. 207: „das Umlaufen und lärmende Umkollern spielender Kinder", wozu mit Schmeller das mhd. Adj. hiuze, munter, frech und das Verb hiuzen, lärmen, schreien, mit: daz gehiuze, Lärm, Geschrei, (BM. I, 693 f.) zu vergleichen ist.' Diu ebenhiuze, mhd., Nacheiferung, aemulatio, rivalitas; BM. I, 694. „Diemût leinet sich gên niemen ûf mit deheiner ebenhiuze"; Pfeiffer's Mystiker I, 331,17. sich ebenhiuzen, aemulari.

Die Hitz, auch Hitzen, wie hchd. Hitze, (ahd. hizza, mhd. hitze; Graff IV, 1073. BM. I, 657. Weigand, Wbch. I, 509). hitzen, einhitzen, (Nürnberg) statt haitzen, einhaitzen. Das Brod im Backofen überhitzen. gêhitzen (´–∪; 'so hier'), s. oben, Sp. 888.

Der Hitzel, (Hützel? Gastein), das Genick, der Nacken. Cf. isl. hiarsi, (hiarnsi), hiassi, sinciput, schwed. hjesse, dän. isse, Scheitel, holl. hersen, occiput, Gehirn, hersenpan, hersenbekken, Hirnschädel. Grimm, Gesch. d. d. Spr. 757. Vrgl. auch hahil=ancha, hail=ancha, occipium, (Graff IV, 797. 880) u. rheinpfälz. hotzle Einen, ihn auf dem Rücken tragen; (Nadler).

Der Hotzelbotzel, ä. Sp., oulus. „Nu ruora du den hozelbozel vaste, daz der gimpelgempel (penis) niht geraste"; Nîthart, Eiselein p. 238.

Der Hotzelbaum (?). „Cornus, hotzschelpawm oder hyeff"; Clm. 5877 (XV. sec., 1449), f. 108. 'Vrgl. Hetschepetsch.'

hotzen. „Ich (sagt die Meid) lag pei dem selben hinrich untz das er wol hohczet mich"; Cgm. 713, f. 243. 'Vrgl. hutzen, stoßen, und hotzeln, hutzern.

'hotzeln, rütteln, schütteln; vrgl. hotteln, Zeitschr. II, 520. V, 64,65. VI, 155.' „Der keiser fieng an zu lachen, daß er hotzlet"; Joh. Pauli 4. Vrgl. hotzen; auch hützern, hutzern, ä. Sp. „Mäczli was auch nicht ze träg, wie sey an dem ruggen läg, sey hüczret vast und zappelt ser"; d. Ring 42,23.

hutzen, (Franken, O.Pf.) rennen; (ohne Zweifel entstellt aus hurzen; s. oben, Sp. 1172). hin-, her-, ab-, auf- rc. hutzen; an einen Baum, an die Wand rc. hutzen. Zeitschr. V, 517, I, 6: hutzen, Hutzbock. Die Böck· hutzen aneinander. sich derhutzen, das Hirn einhutzen, sich an etwas todtstoßen, das Gehirn einrennen. Das Hutzəbockelein, stößiger Bock; Person, die überall anrennt. 2) hutzen Einen, ihn anrennen machen, hetzen. „Ein Hutzer und Anzünder des gemeinen Pöbels"; Gem. Regensb. Chr. IV, 237. (Vrgl hussen, huschen, hutschen). 3) hutzə gên, seyn, kommen rc., (o.pf.) auf Besuch gehen; im Erzgebirge: *hutsen* gên, Firmenich II, 253,45. Zeitschr. V, 129,15. VI, 172. Dèə' geit 'n ganzn Tà' *hutzə˜*. Kum *hutzə˜* zə-r- üss! komm zu uns auf Besuch. (Vrgl. hossen).

261 Die Hutzel, (Weihers: Huitzel, Dr. K. Roth), gedörrte Birne, besonders Holzbirne; gedörrtes Kernobst überhaupt, (BM. I, 742; Weigand, Wbch. I, 525; Zeitschr. V, 230. VI, 172. 328,197); figürl. runzlichtes altes Weib. I bi˜ iətz ə˜ *Huzl*, hätts mi' sêgng solln, wiə I no˜ ə˜ Biə'n gwé'n bin! „Ich gib ewch hutzeln dürr und grün", Rosenplut, Cgm. 714, f. 326. Der Hutzelsonntag im Merz, wol der erste in der Fasten; (vrgl. oben, Sp. 732: Funkensonntag). Am Hutzelsonntag liefen an der Hard im ehemals Fuldaischen, eh die Gegend bayrisch wurde, die Jungen des Nachts mit brennenden Strohwischen (Blês) herum, um den Hutzelmann zu verbrennen. An diesem Tage sangen sie vor den Thüren:

> Zom Sílljes kall Erwes
> mit *Huitzelbrö* geschmelzt.
> On bann der ons kein *Huitzel* wolt ga,
> se soll der Baum kein Bienn men droa,

worauf sie Hutzeln empfiengen. (Dr. K. Roth aus Lütter.) Vrgl. Grimm, Mythol.² CLIII, 989 und 2. Ausg. p. 583 ff. 594. Die Huzlwàr, (b. W.) schlechte Waare. Das Hutzelwaßer, Brühe von gekochten Hutzeln; schlechter Kaffee oder Meth. hutzeln, vrb. n., (o.pf.) zusammenschrumpfen; verhutzeln. (Minne.) „dein frawen mein hercz küczelt, das sich mein herz verhützelt und valtig runzelt wirdet"; Cgm. 714, f. 162. Vilmar, kurhess. Idiot. 176.

Das Gehutze, Gehütze, ä. Sp.; vrgl. unten: Kotzen, Kützen. „Der rihter sol ouh han an dem libe ein vehe veder an oder ein gehütze also denne si der sitte"; Konr. v. Ammenhusen's Schachzabel, Cgm. 1111, f. 71ᵇ (vom Roche); Petersb. Hs. (deutscher Mercur v. 1804, 3. Bnd., S. 54): gehutze. Vrgl. Graff IV, 539: umbi-huzi, amictus.

I

(Vocal),

sieh die erste oder Vocal-Abtheilung, (oben, Sp. 1—182).

J

(Consonant).

Fünf und zwanzigste Abtheilung.

(Zu vergleichen auch die erste oder Vocal-Abtheilung und die Abtheilung Ga ꝛc.)

---

262 jâ (b. ja, schwäb. jà), wie hchd. ja, (goth. ja, jai, ahd. mhd. jâ; Graff I, 567. BM. I, 763. Weigand, Wbch. I, 542). „Swer frâgt in rechtem meinen, dâ gegen nein iâ hœret; wil aber iâ sich neinen, so wirt iâ und nein ir kraft zestœret. Find ich da iâ, aldâ nein ist behûset, und nein, dâ iâ sol wesen, ab der gesellschaft mir immer grûset"; Labr. 384. In der mhd. Sprache steht neben dem affirmativen jâ meist ein persönliches Pronomen, zu welchem der Hauptbegriff aus der Frage zu ergänzen ist: jâ ich. „Da sprach Trajanus: dreges du den Christum in dinen herczen? Ja ich sprach Ignatius; Cgm. 691, f. 54. (Vrgl. unten: nain ich, und altfranz. o il, jâ er, das auch für jâ ich galt, wie si fait (sic facit) für si fais. Grimm, RA. 606). „Wildu? trewn, io ich, messe si io. Hastu chain wag? trewn, io ich, messe si io. Villeicht io ich, forssi che sy. Vocab. venez.-todesco, Ms. v. 1424, f. 23ᵃ. 95ᵃ. 100. í-a!, ja freylich, ja wohl. Es kann übrigens dieses Wörtchen schon für sich allein, je nachdem es mit bejahendem, verneinendem, bezweifelndem, fragendem ꝛc. Ton und Gestus ausgesprochen wird, eine Menge feiner logischer Bestimmungen ausdrücken. ey jâ (-◡), ja freylich, ey freylich. jâ wol nicht (jawólnét, jawolét, ◡-◡), auch blos: jâ wol, beyleibe nicht. Ja wol, daß er mir geholfen hätte.., (kein Gedanke, daß). ey jâ wol nain (eyəwól ná˜, ◡◡⊥◡) oder blos: ey jâ wol (eyəwól, ◡◡-), nicht doch, mit nichten; nein. o jâ (ojâu, b. W.), doch, franz. si, sifait; (vrgl. jo). Das dem hochd. doch, nur entsprechende ja lautet in Rank's böhmerwäldischen Stellen immer ŏ; so S. 160: Wiə'ds o sched désmàl nét waə' sán, wirds ja nur. . . Wenn 's Luigng scho˜ sünt is, so mou à 's Stəln no˜ sünte' sá˜, (ObrM.). 'jâría, (jâ-r-í-â), mhd. Ausruf des Schmerzes, der Klage: o weh! BMI, 764.' „Jariach ir sit betrogen! Kindh. Jesu, Hahn 72,75. verjâzen, ä. Sp., bejahen; (ahd. jâzan, gajâzan, assentire, consentire; isl. jâtan; Graff I, 570. BM. I, 764). „Die maus veriatzt das"; Buch d. W. 1485, f. 86.

jâ (jè, já), Partikel, durch welche eine Einwendung gegen das was ein Andrer eben gesagt hat, oder doch eine Einschränkung desselben auf eine bescheidene Weise angekündigt wird. Jâ, aber . . . „əs is móring á' *já* no˜ ə˜ Tàg"; Seidl, 3. Ausg., 199. Zeitschr. VI, 406,15.

jê, jè! wie hchd., Ausruf sowohl der wirklichen als der spöttischen Verwunderung; aus den Formen *jêgəs! jêgə-l! jèrəs! ó jèrəs! ójèrum! jêfə-l! jêfuəss! Her Jê! Her Jêminê!* ꝛc. zu schließen, ein verkapptes: Jesus! Zeitschr. I, 298,5. II, 185,1. 502. VI, 159.

je in je-der, je-mâl, je-mand, je-zt ꝛc. s. ie, oben, Sp. 9.

'jî! und jü! Zurufe an das Zugvieh, jener zum Stillhalten, dieser zum Fortgehen. Vilmar, kurhess. Idiot. 183. Zeitschr. V, 149. 450. 451. VI, 229.'

jo (jó), b. W. o jou (◡-), doch, ja doch, (franz. si, sifait, ital. anzi; Diez, Wbch. 21. 317. Kopitar: krain. pazh; pazh, pazh = anzi). Zeitschr. VI, 265,46. 418,10. 423,31. Auf eine verneinende Frage gibt die Antwort ja immer eine kleine Zweydeutigkeit, weil sie einigermaßen unentschieden läßt, ob die Verneinung als Verneinung, oder ob der eigentliche Gegenstand der Frage bejaht werde; das bayr. jó hat aber immer den letztern Sinn allein, während positive Fragen mit ja beantwortet werden. Frage: In München bist du wol noch nie gewesen? Antwort: Jó, d. h. doch, ich bin da gewesen. Ist aber die Frage so: Bist du in München gewesen? so wird nicht mit jó, sondern mit ja geantwortet. Der Herr sagt: „Ez ist mirelich sage ich dir vor dem rîch ze reden vil." Der Knecht: „Jo mier, herre, ob got wil der künec ist so tugenthaft daz er. . . vil gerne hœret mich"; S. Helbling VIII, 676. Vrgl. waiou (◡-), warum nicht gar; (OPf.). Zeitschr. IV, 129,28. V, 267,2,3. VI, 250,5. Jo dient auch zur Bestätigung eines ironischen Ausspruches. „Dich wird man erst lang bitten, jó! Dèr sollt' mir noch mâl so kommen, jó! Die wär' mir die rechte, jó!" jó jó (◡-), ei jó (◡-), ei jódə (◡-◡). „Gelt, 263
du bist heint nicht in der Kirchen gewesen? Antwort: jó jó! (doch, ey freylich bin ich darin gewesen). Ei jó, bitt dich gar schœn, ei jódə! (ey, ja doch, thue es doch!) ó jódə, (Jlz) nicht doch, mit nichten. A. sagt: gê, schenk mir 's! B. antwortet: ójódə, mei˜ du! A. Bist verliebt? B. ójódə! Sollte in diesem jo noch das alte ju, giu (bey Otfrid, Tatian ꝛc.; Graff I, 577) leben? Vergleiche auch den Gebrauch des schon und des wol. A. Kommst du nicht? B. Ich komm schon. Uebrigens wird im Isländischen auf gleiche Weise zwischen ja und ju, im Schwedischen und Dänischen zwischen ja und jo unterschieden.

jo-eln, jo-len (jó-l'n, jódln, jóln), o, jo, ju schreyen (vrgl. oben, Sp. 10: ô, io in Hans-o! Feur-io! Mord-io! ꝛc.; Vilmar, kurhess. Idiot. 185 f.); überhaupt: schreyen, lärmen, (holl. juilen. Firmenich I, 179. 189. 292. 352: *jaulen, johlen, jöhlen, jeulen*, heulen, schreien; das. 322. 329: *jöhren*, schreien. Vilmar, kurhess. Idiot. 186. Zeitschr. III, 114. 268,25. V, 148. VI, 160. 409,34. 214. Vrgl. unten: jatzen, knarren); singen, oder vielmehr solfeggieren, wie die Alpenhirten und Sendinnen. Es bewegt sich dieses Solfeggio gewöhnlich durch die accordierenden Töne auf und abwärts, und endet in der Regel mit einem Sprung vom Grundton in seine Octave. Die Abyssinier finden ein Vergnügen darin, sich von Bergspitze zu Bergspitze laut schreiend zu unterhalten.

Vrgl. die Telelalia der alten Griechen, die Paishley unter Kretas Hirten wiedergefunden. Blätter f. literar. Unterh. 1839, f. 1063. Der Jo-el (Jó-l, Jódl), der da schreyt, lärmt; insonderheit ein Pferdknecht bey einem Salz-Schiffzug stromaufwärts, Salz-Jodl (*Jódl* dauhh à~! s. dauhen und Hochenau); ein grober Bengel. s. Jodel.

ju! ju-hê! ju-hu! juhh! Ausruf überströmender Lustigkeit. Weigand, Wbch. I, 548. 549. ju-schreyen; der Ju-schray. Bey Hochzeit-Abdankungen heißt es:

Dem vilg·erten Brautpàr z· Èrn,
Lassts ə~n frisch·n *Ju-schraə* hèrn!

ju schoch! ju schoho! ju schaho! Balfn. 79. 96. 120. juchen, Labr. 562. ju-ezen, juhezen (juchəzn·, o.pf. gu-əz·n, guhhəzn, guəchzn), jauchzen, jubeln. Graff I, 578. Grimm in Haupt's Zeitschr. VIII, 8. BM. I, 774. Zeitschr. II, 553,137. III, 114. 45, II, 14. 272,34. 273,6. IV, 113,70. V, 252,8. 116,7. 149. 464. 520,18. VI, 160. Kilian: juyten; holl. juichen. „Jubilum et jubilatio, daz chiut in diutiſſen iu unde iuwezunge; daz iſt ſo der menniſke ſo fro wirdit daz er vore froude ne weiz waz er in al gahen ſprechen oder ſingen mege unde hevet ime ein ſange ane wort." „In dem iuwe (in jubilo), iuwet gote (jubilate deo), die iuwezunge", Psalt. Windsb., Cgm. 17, f. 73ª. 130ᵇ. 139. Pſ. 46,2 6. 88,16 (20). 94,2. (Graff p. 208. 209. 416. 444). Nicht blos Liebe und Wein, oder vielmehr Bier, auch Haß und Zorn kann die Jungherren des Landes zum Jauchzen bringen, wenn ſie, vom Liebchen oder vom Wirthshaus heimgehend, einander zum Troz Berg und Thal wiederhallen machen (truzjuhhəz·n). Vrgl. Zeitſchr. III, 273,8: juxtern; IV, 113,70: juzen.

Jebem (jeyem v –) ti maika! jebem ti duschi! habe ich in den Jahren 1797–99 zu Ingolſtadt oft gehört von der öſterreichiſchen, aus Slawoniern beſtehenden Garniſon. (Murko hat jebati, jebam, jebljem = franz. foutre, je fous. Bey Jungmann gebu und gebam: 1) ſchneiden; 2) ſchlagen, karniſſeln; 3) obſcön; cf. ſanſkr. yabhatum, coire. Darnach ſind jene Flüche wahrhaft kannibaliſch.) Vrgl. oben, Sp. 1025: geheien.

Job. „Es giengen drei brueder gen Sant Jop gen Mettigon auf den bergk nach frewtern"; in einem Segenſpruch, Cgm. 870, f. 73. 74. Zeitſchr. VI, 459.

Jâcob. Zeitſchr. III, 371. 372. VI, 158. 459. Jacobsbrueder, (ä. Sp.), Wallfahrter (beſonders nach San-Jago di Compoſtela in Gallicien). Zeitſchr. VI, 158. Jacobifedern, (im Scherz) Stroh, (weil um Jacobi geſchnitten wird). Auf *Jacóbiféde'n* is á guet ligng, wenn mə~ müəd is. Im Gras liegen „dés is so küəl, so guət, dé waəchst·n Pflámə~ bleibm *Jacobiféd-ə'n* gégng dés Bétt"; Seidl, 3. Ausg., p. 143. S. Jägkes. „Jacobsſtab, haimliche Wöhr, dolo"; Prompt. v. 1618. „Dolo ξυφίδιον ληστρικόν, Jacobsſtecken"; Nomencl. 1629, p. 138. „St. Jacobs Straſſ, galaxia"; Voc. v. 1429. Dieſenbach 255ᶜ. Jacobswirth, ſchlechter, ſchurfiſcher Wirth; H. Sachs 1560: III, III, 74. IV, 163. Jacobſen, ſ. unten: die Milch.

'jâch, ſ. jâh. Weigand, Wbch. I, 542.'

Die Jauche, wie hchd. (Weigand, Wbch. I, 544), iſt in Altb. unüblich; (ſ. oben, Sp. 34: Adel). Firmenich I, 236: Kohl-*Jüch*, Kohlbrühe; daſ. 256,42: Jöche, Brühe. Vrgl. čeſk. jicha, Brühe, Jauche.

Der Jauchwind, (Salzb.) der Süd- oder Südweſtwind; kärnt.-deutſch: der Jaug, Jarnik 35. Cf. ruſſ., illyr. jug, čeſk. gih, jih, Süd, Südwind. Zeitſchr. IV. 161. Kärnt. juſhje (mit čeſk. Buchſtaben: južje), Thau- oder ſogenanntes Jaugwetter; juſh'n, ſüdlich, juſh'n ſneg, aufthauender Schnee, juſhna ſtran, die Südſeite; juſhina, das Mittagseſſen, juſhinati, zu Mittag eſſen; mala juſhina, auch mavſhina, die Jauſe (ſ. d. W.), das Veſperbrot; Jarnik, a. a. O.

Die und das Jauchert, Juchert, hchd. das Jauchert, Fläche von 40,000 Quadratſchuhen; (gl. a. 661, o. 141: iuchart, jugerum, jurnalis. Graff I, 592. Zeitſchr. VI, 159. Weigand I, 545). Der Beſtandtheil art ſcheint von eren (arare; ſ. d. W.) zu ſtammen. MB. VII, 373 ſteht der Dativ plur. iuhhirun (über jugeri- 264
bus geſchrieben und dazu gehörend), vom Neutr. sing. (und plur.) iuh (gl. o. 380), aus welchem (wie die Ber aus daz beri, ſ. oben, Sp. 263) das folgende zweite Jeuch entſtanden ſeyn mag. Jauch, 1000 □ Klafter; tirol. Kirchtag 1819, p. 17. Jauch, ein Morgen Landes; Koch-Sternfeld, S. u. B. II, 366. „Veteres diviserunt totum mundum in tres partes . . . partes in regiones, regiones in provincias, provincias in villas, villas in territoria, territoria in agros ·i· in campos, campos in centurias, centurias in (200) jugera, jugera in climata, climata in actus, actus in perticas etc.; Cod. Vindobon. 413 (H. eccl. 29), f. 197.

jechen, ertönen; Staffler I, 109. Zeitſchr. III, 337. VI, 159. ſ. jehen.

jechen, (ſchleſ.) ſchnell laufen oder reiten; Weinhold, ſchleſ. Wbch. 38. Cf. poln. jechać, fahren, reiten, und Zeitſchr. IV, 358,18: jachtern, juchtern; V, 148. ſ. auch jaugken.

Das Jeuch (Joihh, Ob.Jſ.), das Joch; (giuh, juga; gl. a. 606).

Die Jeuch, (ä. Sp.) das Jauchert. „Zwo Jeuch ackers"; MB. XVIII, 258, ad 1400. XX, 422. „Unſer Jeuch ackers, die ſtößet auf die Strazz"; ibid. XVIII, 360. „Unſers Herrn Jewch, die ain anger iſt"; ibid. XX, 491. „Aus einer Jeuch acker"; ibid. XXI, 108.

Das Joch (o.pf. Góch), a) wie hchd.; (goth. juk, ahd. mhd. joch; Graff I, 591. BM. I, 773. Weigand, Wbch. I, 547. Zeitſchr. VI, 17): Ochſenjoch, Bruggenjoch, Joch Ackers. b) Gebirgsrücken zwiſchen zwo höhern Bergſpitzen, über welchen gewöhnlich ein Weg führt. Zeitſchr. III, 463. Über's Joch gên. Der Jochgeir, ſ. Gämßgeir. R.A. Schreyen wie ein Jochgeir, (unbändig). jochen, ab-, an-, ein- ꝛc. jochen, vrb. „Und so bin I vollə' Bangə~ mit mei~n Bètə' weidə' gangə~, hà~ wol woltə~ *gjocht* und gwecht; Joſ. Theod. Fiſcher's „Də' Kiriféṙtər i~ 'n Laufen" in Kaltenbrunner's oberöſterr. Jahrbuch 1844, S. 251. ſ. Jeuch.

'joch, ä. Sp., und, auch, (goth. jah, ahd. joh, mhd. joch; Graff I, 588. BM. I, 772); ob joch, ob auch; Buch d. W. 1485, f. 93.

Jochliſper, eine Art Bergfink; (Zir.). 'Vrgl. Jeck.'

Jochowe, Ortsname: Jachenau (? zu Joch?). „Eberhardus de *Jochowa*"; Urk. von 1121 im Clm. 4614, f. 143. Meichelbeck, chron. Bened. f. 82. Graff I, 504.

Jochum, Jóchəm, (Zir. Jochei), Joachim; (Hund, St.B. I, 330). Zeitſchr. IV, 155. VI, 159. 453. Der Jochimsthaler; H. Sachs 1560: V, 410.

jochen, ſ. unten: jaugken.

juch! ſ. ju.

Jacke, cf. Schecken.

'jaucken, jagen, an- und austreiben: *jauk* 'n Hund aussi; Caſtelli, Wbch. 174. ſ. unten: jaugken.' „Steig in' Kobel anhi und *jauck* däweil von' Nöst än grofsen Taubrä danhi"; Lindermayr 121. „*Juckt* mi' aui von Bött, *jeickt* mi' aui von Haus, jaid mi' áffi ins Feld und aft gehts schau habaus"; Stelzhamer p. 48 u. 178: „jeicken, jagen."

Der Jeck, Geck; s. oben, Sp. 883: Gegk. „Der Narr sticht jhm ein Jecken hinden nach"; H. Sachs 1612: I, 59. „Die Reinlender nennt man die Jecken"; das. 1560: IV, III, 92 (1612: IV, III, 198). „Sie maint, ich wer ein Jöckelman"; Cgm. 713, f. 146 (hieher?).

Der Jeck, (Allgäu; Schrank, b. R.) der Buchfink. Vrgl. Jochlisper.

1) jucken (o.pf. guckng), wie hchd., (ahd. iuchan, iuckan, mhd. jucken; Graff I, 592. BM. I, 774). „Strichez vast an di stat da du dich ivchest"; Ald. 188, f. 1. „Jucken, stacheln"; Stelzhamer p. 178, s. unter jaucken. Dje Juck, schwache Art der Krätze. „Vertreibt den (deu?) iucken"; Cgm. 592, f. 26. BM. I, 774.

2) jucken, (schwäb.) springen, hüpfen. „Einem gleich aufjucken, alicui ad nutum praesto esse"; Sutor. Zeitschr. I, 262. 285,2.5: jaugken; V, 460.

Der Jucks, lustiger Auftritt, Gelage. Sein Geld verjucksen, durch lustiges Leben durchbringen. (Aus jocus? cf. ags. geoc, salus). Weigand, Wbch. I, 548. Vilmar, kurhess. Idiot. 187. Zeitschr. II, 192. V, 520,18.

Der Jaid (o.pf. Gàid), Ilz Gaəd); das Jaid, Gejaid (Jaəd, Gjaəd, o.pf. Gàid), plur. die Jaider, Gejaider, die Jagd, das Jagen; Bezirk. Recht zu jagen; lärmendes Hin- und Wiederlaufen; (s. Gramm. 470 und jagen. BM. I, 767 f.: daz jaget, jeit; jagede, jegede, jeide; gejagede, gejegede, gejeide. Ztschr. V, 107,67: Joad). Daz iagide, venatio, venaison; Diut. III, 74. „(Esau!) brinch mir her dinez geiegedez", de venatione tua; Griesh. Pred. I, 158. „Ob mîn geiait den wiltpan bæser machet"; Labr. 44. „1347 an dem vierden tag vor sant Gallen tag starb kayser Ludwig von Baiern an einem gaid behend er jagt peren und viel und starb bey Weilhaim"; Cgm. 379, f. 204. „Von deinem gayd, de tua venatione"; ZZ. 1803, f. 195. „Den klainen iaid"; MB. II, 107. Einen Jaid (Gaəd) machen, einen Lärm anfangen; (Hrslm.). R.A. Wen mə' 'n Hund á' ss *Gàid* trägng mou, wiə'd ə' wenk Hos'n fangə˜, (b. W.). Das Fuchsjaid, Gnadengejaid, Lust-, Raisgejaid ꝛc. Gejaidtsordnung v. 1616. Das Nachtgejaid (Nàch'gjaəd, Nà'dglaəd; s. Gramm. 506), die wilde Jagd, das wilde Heer. Grimm, Mythol.[2] 871. Panzer, Beitr. z. d. Mythol. 9. 16. 17. 63. 67. 84. 98. 106. 155. Du *Nachtgàid!* Schimpfwort gegen eine raufsüchtige Person männlichen Geschlechts; Rank, Böhmerwald p. 46. Das Prompt. v. 1618 hat die R.A. Einem „das Gejaid abblasen, praepedimentum objicere, intercludere conatis", welche noch in der O.Pf. gehört wird. Dagegen „bläst Einem der Schmeichler in das Horn das Gejaid an, wie mans haben will"; P. Abraham.

Der Jodel (Jó-l), hie und da die gemeine Form für den Namen Jodocus, anderwärts für Georg (also Jo''l; Jir. Jo'l), und an einigen Orten sogar für Jacob; Appellativum für einen lärmenden, groben Menschen. Räuffjodel. Salzjodel, s. oben, Sp. 1043: Hôchenau. jodelmæßig schreyen, sich betragen. Der Jodel, (salzb. hüttenst.) der Stier. Castelli, Wbch. 175: „der Jodl, der Gemeindestier: auch ein grober Mensch und ein Bäckergeselle. „Dás 'Küə-ə-ln discriə'n taə˜n, dés is gà' kaə˜ Fràg . . . də' *Jodl* mi 'n Godə stêt oné si' z'rüə n und denkt si': Miər muəst és dó' àllé pariə n"; Seidl, Flinserln (1839) II, 41. s. jo-eln.

265 Joder, (Vorarlberg) Theodulus; Bergmann, Walser p. 32. 35. 64. Zeitschr. VI, 459.

Der Jud, wie hchd. Jude, (ahd. iudeo, iudo, mhd. jude, jüde; Graff I, 595. BM. I, 774. Weigand, Wbch. I, 549. Zeitschr. VI, 160). Unter den „Feilschaften" der Mauthordnung v. 1765 kommt S. 88, nach Juchten, auch der Artikel: „Juden, und zwar der Mann (maßen das Weib von denen hierinnen ausgesetzten Gebühren nur die Hälfte, und ein Kind den vierten Theil entrichtet) vom Leib per transito 42 kr., per consumo et Essito 50 kr., und, mit Bescheinigung seines Aufenthalts im Lande, jeden Tag 20 kr." Zoll im Kempter Wald (1515): „von ainem haupt Vichs j pfenning, von ainer Jüden VI pfenning, von ainem Juden XII pfenning u. III würffel"; Tigew Röttenberg, (s. oben, Sp. 856, unter: der Gäu). „Chain Jud sol chainen visch auf dem vischmargt noch anderhalb nicht anrüren, er hab in dann gechauft"; Münch. StB., Art. 455, Auer p. 174. „Das sacrament ist verbotten allen den dy bei den Juden dyenen oder ir kind ziehen oder sunst gemainschaft mit in haben"; pfarrliche Verkündigung im Bisthum Eichstätt (1470 circa), Clm. 5439, f. 39. Beichtfrage: „Si Judaeis vel Saracenis in domo servivit vel alias plus familiaris fuit quam debuit"; Clm. 9569 (sec. XIII.—XIV.), f. 6. „Der Juden ist gar ze vil hie in disem lande . . . zwiu sulnt in geumerkten juden, ân daz s ir ketzerlichez studen (Gesetz, Satzung?) dem einvaltigen sagent vor?" S. Helbling II, 1084. 1093. „Der berge hôch die roten juden bindet, das sie nit alle reiche sein durchfarende; Titurel, altd. Mus. I, 265. „Dieselbe gift (zu Vergiftung der Brunnen) des ersten von den rotten juden kam und was vermêret als man sait mit unken"; Ettmüller, zwei Zürcher Chron. p. 31, ad 1349. Auch das Saxon chronicle will zum J. 1137 von einer Marterung eines Christenkindes durch die Juden wissen (Ingram p. 368): „The Judeus of Norwic bohton an cristen cild beforen estren and pineden him alle the ilce pining the ure Drihten was pined and on langfridæi him on rode hengon for ure Drihtnes luue and sythen byrieden him". . . (wieder ausgegraben, wunderwirkend) „hætte he St. Willelm." Alte orthodoxe R. A. Hi˜ sey˜, wiə 'en *Ju'n* sei˜ Səl, verloren seyn. Hàst ə˜n *Ju'n* gsêgng!? du suchst vergebens, mich auszuholen. Im Prompt. v. 1618 ist ein Jud soviel als „ein Gedicht", nemlich commentum, figmentum, fabula. Einem „einen Juden anhengen", fucum facere, wie man jetzt sagt: einen Bären anhängen. Die Judenamme (?). „Du bist getrew, das waiß ich wol, sprach sy, recht als ain Juden am"; Cgm. 379, f. 43, (270, f. 83). Der Judeneid, lat. Judeneid im Cod. Fris. (Cim. IV, 6, f.), fol. 79; auch in Incunabel s. a. 8⁰. 165 eingeschrieben. Culmbacher Judeneid im Cgm. 3903, f. 251. „Judaei credunt in illum deum qui fecit gramina et frondes"; Amb. 3, f. 180b. Der Judenhaller, Judenkreuzer, schlechter Heller oder Kreuzer. „Judenhaller, deren sie (die Juden) vil Seck vol geschlagen haben"; Dr. Eck, 1532. „Niemand speist, der nach der Beicht nicht sein Judenkreuzerl reicht"; A. Nagel's Lied: die Stolgebühren. 'A mei˜ gê wégk! du bist kaə˜n *Jud'nhàllə* wèrt. Der Judenhammer im Bergwesen, abgebildet Cgm. 1203, f. 146. Der Judenhut, abgebildet Cgm. 4413, f. 166. Clm. 4565, f. 1. 4569, f. 1. 5118 (XII. sec.), f. 77. Das Judenmel, eine Art Nachmehl, auf welches die Kleyen folgen. Rauhmehl. In Gem. Reg. Chr. IV, 91 (ad 1504) ist die Rede von Judensemeln. Das Judenspiegelglas, Spiegelglas von besonderer Dicke und Dimension. Judentockel (?). „Nim Judentockel (Judentocken) ·i· alkakenge j lot", in einem Recept, „contra passionem arenae"; Ind. 418, f. 168. 166. Nemnich II, 956: Physalis alkekengi, Judenkirsche, Judendöcklein, Judendeckel. juden, judnen, jüdeln, 1) nach Judenmanier handeln; Zeitschr. VI, 160. 2) einen Geruch an sich haben, wie manche Spürnasen ihn an gemeinen Juden wittern wollen. Zeitschr. III, 305. II, 460: jüdern. Die Jüdischhait, ä. Sp., a) die jüdische Religion. „Daß er sag auf seine Jüdischheit, ob es seyen die fünf Bücher Moses, darauf er schweren soll"; Amberg. Akten. b) die Judenschaft, die sämmtlichen jüdischen Einwohner. „Die Jüdischhait zu Regenspurg" behauptete, schon vor Christi Geburt daselbst eingebürgert gewesen zu seyn. BM. I, 775. Die Judisten (plur.), eigennützige Leute, Wucherer; verglichen mit den Juristen: Renner

8601 ff. 8586 ff. „Besunder trewe ich doch lützel vinde an Juden, an vogte, an hofgesinde, an bosen ertzten, an bosen cristen, die da geheizzen sint Judisten“; das. 8451.

Judas. Die 4te Strophe des Kirchenliedes feria quarta septimanae sacrae lautet:

„O du armer Judas was hastu gethon
daß du unsern Herrn also verrahten hast.
Darumb so muestu leiden hellische pein
Lucifers geselle muestu ewig sein. Kyrie el.

Cgm. 4611, f. 6. Das Judas- oder Jaudes-Feur am Osterabend: CbmKl. 168, p. 157, Mandat v. 1749.

Der Jaufen, Joifen, Name verschiedener Berggruppen; in Tirol drei dieses Namens (Schottky, Bilder 268. Zeitschr. VI, 159). Der Jaufen zwischen dem Etsch- und dem Eisakthal, (zwischen Meran und Sterzing), (mir seit dem 28. September 1847 unvergeßlich); der Joifen an der Ober-Isar. Bergmann, Walser p. 16. Romanisch: giuf, jugum; VII Com: Jauvo, montagna vacua senza bosco. Der Mont Giovi in Piemont, durch den ein Tunnel der Eisenbahn von Turin nach Genua geht. Vrgl. Graff II, 811: munt Jofes und Grimm, Mythol.[2] 154.

Der Jaufer. Nach der wirzb. Fischerordn. v. 1570 ist das Wurfangeln, so von Bürgern, Bauern, Handwerksgesellen, Häckern, Jaufern und andern Müßiggängern in Gebrauch ist, verboten. „Jaufersbub, perditus, dissolutus“; Prompt. v. 1618. „Histrio, ein iuf kindt; iuff that, histrionatus“; Voc. Melber. Diefenbach 279[a]. s. oben, Sp. 1167: -hart, und 875: gäufen, stehlen.

Jauffert. „Gehe in des wagenmaisters Quartier und laß dir ein Jauffert Bernhäuter oder Wagenbäch diejenige Wagenschmier bringen so bei den naben heraus get“; Dr. Minderer 1620, p. 27.

---

jagen (jàgng, o.pf. gàgng), wie hchd. (ahd. iagôn, jagên, mhd. jagen; Graff I, 579. BM. I, 764): du jaist, er jait (jaast, jaat), gejait (gjaat, Gramm. 470). „Ich iait in daz ellende“; Labr. 180. „Dîn herze iait ir beider eine“, (ohne Wunn und Fröude); das. 202. „Der den andern gagat der ruet selber selden“, Clm. 12296, f. 229. „Wie man daz wilt jagen sol“; schwäb. LR., Laßberg §. 236. „Zaichen des hirßes und der hinden: der grirn, das vadelin, das näslin, das blenden und ere(i)lin“; Clm. 4373 (v. 1437), f. 116—119. jagbar, adj. „Daz ich dâ iage, ist ez iagebære?“ Labr. 184. jag-irrig (gàgh-irri', o.pf.) irre, verlegen, wie ein aufgejagtes Wild. „Ain alts satelgeschirr das lieff auch jagyrr“; Cgm. 714, f. 5. „Des mueß wir alle jagirr sein“; das. 39[a]. Vrgl. das Geschirr. Das Jagend (Gàghə˜d, o.pf.) das Jagen, die Jagd; Zeitschr. V, 107,67. VI, 158. „Jagent oder jaid venatio;“ Voc. v. 1419. Das Gejäg, Prompt. v. 1618: venatio. „Gejægede mit hunden und vogel die verbiete wir“; Regel des Spitals zu Jerusalem, Clm. 4620, f. 99. (Vrgl. oben, Sp. 1201: Jaid). Das Jaghorn; Cgm. 54, f. 42—43. Der Jag-hund, Jagdhund; (iagahunt, gl. i. 813). abjagen, â. Sp. „Wâ Triuwe abiage, den sol dîn iagen lieplich grüezen“; Labr. 52. „Swâ der (Triuwe) abeit, dâ ist allez mîn wesen“; das. 108. bejagen, (â. Sp.) erlangen, erwerben. Der Bejag, der Erwerb. jägeln (jágln, jágk·ln), lärmend hin- und wiederlaufen, schreien, wie Kinder bey ihren Spielen; jat·n, gjatn: die Gjat, heftiges Getreibe oder Herumjagen; Hammer-Purgstall, Wiener Jahrb., 120. Bnd., p. 114. Castelli, Wbch. 174: jägln, lärmen, schreien. „In dá Kaofs mochán d· Frösch ihná jágeláds Gsang“; Stelzhamer 112. jägern, Jägerey treiben; gámsjägə·n. Der Jäger
266 (Jágə'), wie hchd. Vrgl. Zeitschr. IV, 118, IV, 1. VI, 158. Die Jägermesse, das Jäger-Messlein, eine kurze,

flüchtige Messe. „Kurze Meß und lange Jagd einen guten Jäger macht.“

Der Jaug, s. oben: Jauchwind.

jögel, s. gögel.

Die Jugend (Jugə˜d, Jughə˜d), wie hchd., (ahd. iugund, iungunt, mhd. jugent; Graff I, 607. BM. I, 777. Weigand, Wbch. I, 549); (Forst-Spr.) junges Holz. Dà stêt ə˜ schöné *Jugəd.* (b. W.) d· *Jugə˜d,* junge Leute; d· *Jügə˜d,* das junge Alter. Zeitschr. III, 376. R. A. Die Jugend verschönen, sich hüten, vor Kindern unzüchtige Reden zu führen. s. jung.

---

jágk, jágk! das Gequack des Frosches. jágkeln, quacken. Der Jágkel, der Frosch.

Jâgkəs-, Jacobs-, (s. oben: Jacob); z. B. der *Jagkəs-Tàg, Jagkes-Biə'n* (Birnen, die um Jacobi reif sind). Jakobsen, s. unten: die Milch.

Der Jägkel, Jægkel (Jagkl, Jágkl, o.pf. Gâugl), Jacob. Zeitschr. III, 315. IV, 155. VI, 158. Wird im Scherz oft als Appellativum gebraucht: Huerenjägkel, Schmierjägkel, Taubenjägkel (Liebhaber von Tauben). So heißt man eine zum Spaß ausgestopfte Menschenfigur einen Jägkel. „Die in Lüften fliegenden Leute sind lauter ausgeschopte Jackeln, die in Stricken hangen“; Charfr. Proc. 192. Ehmals hatten die Schlosser- und Schmid-Jungen die Gewohnheit, zur Faßnacht (oder an Johannes des Täufers Tag) vor den Häusern ihrer Kunden einen solchen Jackel, der wie ein Schmid gekleidet war, mittels eines Leintuchs wechselweise in die Höhe zu werfen und wieder aufzufangen. Dabey sangen sie jedesmal einen Reim vom Kaliber der nachstehenden:

Miər schutz'n 'ən *Jágkl* in allé Höhh,
dás eəm 's Weiss· i˜'n Augng vo'gêt,
Aə˜s, zwaə, drei.

Də' *Jágkl,* der hát ə˜ grouss Pàr Augng,
der taugt uns wól zu'n Gəld aufklaubm,
Aə˜s, zwaə, drei.

Də' *Jágkl,* der hàt ə˜ groussé Nàs·n,
dé taugt uns guət zu'n Fuir à˜blàs·n,
Aə˜s, zwaə, drei.

Də *Jágkl* is gàr houhh gébórn,
Hàt weni' Hirn und langé 'Orn,
Aə˜s, zwaə, drei.

Də' *Jágkl* machts wiə dé groussn Herrn
Er hàt dé schönə˜ Menschə' gern,
Aə˜s, zwaə, drei ꝛc.

Sie nannten diese auf eine Collecte abgesehene Operation das Jagkelschutzen; (Dr. Miller; s. Blatt, hinten im Cod. Althohenau 8 angeklebt, und vrgl. Lienschutzen, Wstr. Btr. III, p. 108). Capitulare von 742: de simulacris de pannis factis. S. Franck, Weltbuch p. 50[b]. Grimm's Mythol.[2] p. 726 ff. Auch in Spanien ist das Prellen (mantear) von Hunden eine Faßnachtsbelustigung. Jagkel nennen übrigens die Schlosser und Schmide auch 267
den großen Schmidhammer, (schles. Pürdel, bey Adelung: Poß-ekel) und den durchs Wasser gehobenen Hammer. „Ein Kind, gebohren im Zwilling, wird einen Zutritt bey großen Herren haben, durch eine reiche Heyrath zu großen Mitteln gelangen, aber wegen Untreu seines Weibs wird er ein so hartes Stirn bekommen, wie der große Hammer in der Schmidte, der heißt Jakel“; P. Abraham. Endlich wird auch ein großer, bauchiger Krug ein Jagkel genannt. (Vrgl. engl. the jack; Müller, etymol. Wbch. der engl. Spr. I, 536). „Aber wenn der Handwerksmann die halbe Nacht durch in der Werkstatt feucht, oder vor Sorgen, wo er Holz oder Zins oder Kleider hernimmt, nicht schlaffen kann, so hast du (als Mönch) noch einen Jakl gut Bier, oder wenn Gäst da sind, Wein in deinem Zimmer, und stranzest dich hinauf“; Wstr. Briefe bayerischer Denkart und Sitten v. 1778, p. 42. jägkeln, ausgelassen lärmen; s. jägeln.

jaugken. „Die Pferde jauken (stark antreiben; mit den Pferden fortjauken, schnell fahren)“; v. Delling Stalder hat in ähnlicher Bedeutung jäucken; s. oben, Sp. 1200: jaucken, jeicken. Nach dem Voc. v. 1429 und 1487 ist jächen, jechen fugare. Vrgl. Haupt's Zeitschr. VIII, 7 auch mhd. jochen für jagen. „Er iôchet si durch der haiden chorn“; Griesh. Pred. I, 125. „Ze jochen ward den andern gach“, Ring 40d,17. 'BM. I, 773: jochen, (jöchen; s. oben: jechen) und Pfeiffer's Germania X, 403.'

Jaugst, Cyriacus; (Zir.).

Der Jucker, loser Mensch; (Pinzgau; Zir.).

---

jâh, jâch, s. gæh. Zeitschr. III, 286,8. Der Jarritt (= jâh Ritt?, das gah End; s. oben, Sp. 100); H. Sachs. Zeitschr. VI, 1. jachtâufen, nothtaufen. „Ein noch nicht ganz gebornes Kind soll nicht jachtaufft werden, weil die Taufe eine Wiedergeburt ist“; Ansp. Kirchen-Agende.

jehen, Ablautverb der ä. Sp., (ahd. jehan, mhd. jehen; Präs. ich gich, du gichst, er gicht, wir jehen, ir jehet, si jehent; Prät. ich jach, Ptc. han gejehen, Graff I, 583. BM. I, 512), sagen, aussagen, behaupten, zugestehen, fari, fateri, confiteri. „jeder, jedschi, jeds“ (= mhd. giht er, sie, ez), sagt er, sie, es: „Gottwilcha, *jeds* (sagt es, das Weib), mi lieba Ma!“ Walser's Heimkehr, Bergmann 91. 94. 107. Zeitschr. III, 298. IV, 329,12. „Der Bûr *jied* endli“, das. 101. Auch noch niedersächs. gen, gein (jehen, sagen), jag (sagte); Dönekenbok p. 196. 213. 384. Cf. altfranz. jehir, sagen, bekennen, in Amis et Amile, Vers 549. 774. 2011. 2127. 2870. 2886; provenz. gequir; Diez II, 321. Wbch. 167 f. Labr. 184. 259. 480. Einem eines Dings jehen, es ihm zusprechen, zugestehen. „Dem bâbeste er des segens iach“, er sagte, dem Pabste stehe das Segnen zu; St. Ulrich 1098. Cf. Sînem nâchkomen er des (decklachens) gedâhte“, vermeinte es seinem Nachfolger; das. 1317. „Meines veindes munt redet mir gůts ze chainer stund und ob er mir gůts gicht daz ist im doch am hertzen nicht“; Clm. 17236 (2⁰. XV. sec., 1401), f. 96. „Er (Gabriel) sprach: dv scholt durch din or enphahen des di engel ie ze herren iahen“; Ald. 111, f. 151b. „Umb welherlay ainer angesprochen wirt, der sol umb dieselben ansprach lâugen oder jehen (litem negative aut affirmative contestare), geschæch hinnach was recht sey“; Altes R.B., cf. MB. VIII, 288. „Der jach bey seinem starcken ayd, ez wær also“; MB. IX, 409. „Die jahten“; MB. X, 110. „Jach der pawman kains rechten an das guet“, (spräche der Bebauer des Gutes, er habe ein Recht darauf); L.R. Ms. v. 1453. „Leg die stang auf ain stůl daz sy der büchß (aus der sie geschossen werden soll) glich jechet“, (entspricht? gleich hoch liegt); Clm. 4902 (v. 1429), f. 26. s. oben, Sp. 1200: jechen. Der Jeher, mhd. jehære; Graff I, 584. BM. I, 517. „Mit allen unrechten urtailern, unrechten urteilvolgern vnd mit allen jähern in praetorio“; Monac. Francisc. 274, f. 11. bejehen, (ahd. bijehan, mhd. bejehen; Graff I, 585. BM. I, 515). „In der helle aue wer begihit, (in inferno autem quis confitetur); Psalter. Windb. s. Beicht, aus ahd. mhd. bîgiht, (Aussage, Geständniß); s. oben, Sp. 200. „Undar eineru biiihti“, sub una confessione; Isidor IV, 33. Graff IV, 587. „Concessio, geiicht“; Clm. 4621, f. 58b. „Beiht ist nicht mer gesprochen denne ein vergehen“; Cgm. 89, f. 39. verjehen, sagen, behaupten, aussagen. BM. I, 515. Labr. 256. „Der Wirth, sein Bue und Klaus, die habens alle gsöchen und werden, wenn du fraist (fragest), ach anders nicht verjöchen“, (auch anders nichts aussagen); tirol. Kirchtag 1819, p. 85. „Ain frawen ich da knien sach die ich ir schuld verjechen (beichten) hort“; Cgm. 379, f. 87 (270, f. 121). „Ich N. N. vergich und tun chunt“; MB. IX, 120 und passim. „Umb Laugnen oder Verjehen der Clag, so befestigung des kriegs genannt wird“; Ref. L.R., Tit. 7, Art. 5. zueverjehen, zusprechen. „Und vergicht den gesten zue, ezzt und trinckt und schafft ew rue“; der Teichner. „Tailes verjehen an den chinden“ (leibeigener Eheleute), sich urkundlich zu einer Theilung solcher Kinder verstehen; MB. X, 80. „Muß ich mich dein verjehen“, dir entsagen; Lied v. 1539, (P. O. germ. 639i, p. 42). „Der Stift verjechen“, s. Th. III: Stift. Die Verjechnusse (MB. IX, 121), die Vergicht, Vrijcht, Urgicht, die Aussage, besonders die gerichtlich erzwungene; BM. I, 517: 268
diu urgiht, vergiht. „Urgihte unserre gnadich ore tuo uf, confessioni nostrae piam aurem aperi“; oratio ad ps. 9, Cgm. 17, f. 20. Das Prompt. v. 1618 hat „jähen“ in der sonst nicht eben gewöhnlichen allgemeinern Bedeutung sonare, sonum reddere; insonus, das nit jicht.“ Cf. VII Com: jegan, seufzen. s. oben jechen.

Johans, des, dem, den, die Johansen, (ä. Sp.) Johannes; OPf. Ghannes (d. i. J·hannes). Graff I, 594. BM. I, 773 f. Zeitschr. V, 38,2. VI, 159. „Der h. Johann der Täufer, den man nennt den rauhen sant Johannsen“; Mederer, Ingolst. p. 117. „Der rûch Sant Johans Baptista“, Voc. Melber. s. Hannes und Hans. Das Johannisfeuer wird im Wirzb. durch eine Verord. v. 1780 abgeschafft. 'Vrgl. Grimm's Mythol.² p. 583–591.' s. Sunnenwend-feur. Das Kannəskühlə˜ '(d. i. G·hannəskühlə˜ = Johanneskühlein),' Johanniswürmchen, '(richtiger: Johanniskäferchen, coccinella; jenes dagegen ist lampyris). Zeitschr. VI, 114,10. 159.' Firmenich II, 401 (Tambach). St. Johannes-Küechel, was Holler-Küechel. St. Johannis-Segen, Wein, gesegnet in St. Johannis Namen, der das Gift ohne Schaden getrunken. Man pflegt solchen Johannissegen an St. Johann des Evangelisten Tag, auch bey Hochzeitfeyerlichkeiten, auch wol beym Urlaubnehmen vor weitern Reisen zu trinken. s. Minne. „Die toudige ingift der meisterschaft an ime ouch gar verkerte; sie wart an ime niht sigehaft, wan sie in nie verserte“, sagt das schöne Gedicht von den beiden Johansen, Diutiska II, 249. Cf. And. 52, f. 55. „Benedictio vini in die Scti. Johannis ev. vel quando necesse: Deus meus . . . nos te ad auxilium provocamus, cujus audito nomine serpens conquiescit, draco fugit, silet vipera, et rubeta illa quae dicitur rana inquieta torpescit. scorpius extinguitur, regulus vincitur et squalangus nihil noxium operatur . . .; Cod. Aug. eccl. 211, f. 18. „Benedictio amoris Johannis“, Ind. 437, f. 54b. Clm. 5875 (XV. sec.), f. 8. Vinum quod dicitur S. Johannis „Baptistae“; . . . ignis S. Johannis“; Antonius archiepisc. Florentinus, ZZ. 1826, f. 30a. 31a. „Trinkt hin sant Johansen segen“; Ring 22d,37. „Sin wammes was geschnüret man bracht Sant Joannis wyn: hab urloub liebe welte“; Lied vom Pienzenauer (1505), Aretin's Beitr. IX, 1290. Thomasius, de poculo Johannis; Leipz. 1675. Du Meril p. 301. 'Grimm's Mythol.² p. 53 ff. Zingerle in den Sitzungsberichten der k. k. Akad. d. W., 40. Bnd., S. 177 bis 229.' St. Johannis Tag. „Sant Johans tag ze Sommer“ (24. Juni), Lucerner Urk. v. 1414; „Sant Johans tag ze Sungichten (24. Juni)“; Luc. Urk. v. 1397 und öfter; „Sant Johans tag in den wiennechten“ (1331), 27. Decbr.; Gesch. Fr. II, 190. 192. III, 76. „1318 (d. h. 1317) an St. Johans tag ze Wihennacht“; böhm. Urk. bey Kurz, Österreich unter Frid. d. Sch. p. 469. „An sant Johannes tag als er in das öl gesetzt wart“ (6. Mai), Ridler's Chronik, (s. Th. III: der Ridel).

'jaulen, jôlen, s. oben jo-eln.'

Der Jæmer (Jámə'), wie hchd. Jammer, (a. Sp. daz iâmar, âmar, mhd. der und daz jâmer, âmer; Graff I, 596 f. BM. I, 768. Weigand, Wbch. I, 544. mines ameres, in amere, ze amere, Notk. p. 258.

73,5. 103,26; der amer inen duanch, Diut. III, 103; daz jamer, Cgm. 714, f. 153; uil harte in amerot, Diut. III, 53; uil harte amerende, das. 55; mit amarigem mûte, das. 110). jämmerlich, a) wie hchd.; b) gerne jammernd. I sàg, és tàts kaa͂n *Gámmərər* um mi', wenn I sturb; (b. W.). Vrgl. oben, Sp. 913: gemmern. Vilmar, kurheſſ. Idiot. 183: jimmern.

Das Jæn=Brôd (Já͂broud, o.pf. Gá͂brâud), Brod ꝛc., was die Schnitter, Mäher, Holzhauer und andre Feldarbeiter zwiſchen dem Frühſtück und Mittagmahle, und zwiſchen dieſem und dem Abendeſſen als Erfriſchung zu ſich zu nehmen pflegen. Etwa zum ältern Verb jänen, franz. gagner (BM. I, 769 f. Diez, Wbch. 185) gehörig, womit das auch hchd. Subſt. der Jahn, eine Reihe gewonnenen, d. h. gemähten, geſchnittenen Graſes, Getreides, zuſammen hangen kann. Weigand, Wbch. I, 543. Vilmar, kurheſſ. Idiot. 181: die Jäne. Zeitſchr. III, 331. 337. VI, 159. Caſtelli, Wbch. 174: janln, Korn oder Weizen jochweiſe ſchneiden. ſ. auch Gäumbrôd.

Der Jánisch, der indianiſche Hahn, franz. le coq d'Inde, le dinde, portug. a perú dindon, a perúa dinde. Diez, Wbch. 608. „Der Zittränisch" nach Popowitſch um Regensburg.

Jähnerin (?); tyrol. Pol. Ord. v. 1603, f. XXIV.

Januar, Jänner. „Jennare vel Wintermanoth, Januarius"; Clm. 4112, f. 130, ad 1154.

jener, (e, es), obſchon bey Otfr. als gener, bey Ulphila als jains vorkommend, iſt im gemeinen Dialekt unüblich. (Graff I, 598. BM. I, 771. Weigand, Wbch. I, 546). Doch hört man: der, die, das jenige, welches erſt aus der Bücherſprache eingedrungen ſcheint. (ſ. ener, e, es, oben, Sp. 92, und die Partikel sen in der=s=n, die=s=n, das=s=n).

jung (OPf. gung), 1) wie hchd.; (goth. juggs, ahd. jung, mhd. junc; Graff I, 601. BM. I, 775. Weigand, Wbch. I, 550). Zu der R. A. jung werden (geboren werden; Zeitſchr. IV, 269,16. 286,391. V, 474) ſtimmt der Ausdruck (MB. XVII, 113. 130): „unſer Frawentag der jungen", (der Tag Mariä Geburt). Die jungen Täg kriegen, jugendlich, d. i. entweder fröhlich, oder leichtſinnig, oder kräftig werden. hundsjung, (verächtlich) ſehr jung; „hundsjung und kälbleinnärriſch" (káibəlnárrisch). 2) klein. junges Vih, Jung=Vih, Kälber, Schafe, Ziegen, Schweine, im Gegenſatz des Alt=Vihs, w. m. ſ. Jung=Fleiſch, Fleiſch vom Jung=Vih. „Damit yederzeit, es ſey Ochſen=,
269 Rind=, Kuw=, Schaff=, Kalb= oder ander jung oder alt Fleiſch durch die geordnten Fleiſchbſchawer geſchätzt werde"; L.O. v. 1553, f. 136. „Das jung Fleiſch, nämblich Kälber, Schaaf und Lämber"; Inſtruct. für die Bueßverordneten in München von 1692. Bey A. v. Bucher (ſ. W. IV, 311) ſagt der Teufel zum bekannten Hofbeichtvater P. Frank: „du warſt Hofmetzger auf dem jungen Fleiſch zugleich, und haſt manche Unſchuld ſchlachten helfen." Der Jung=Metzger, der nur Jung=Vih ſchlachten und feil bieten darf. Das Junge, (in der Küchenſprache) von Gänſen, Enten u. drgl. die kleinen Theile, welche ohne den eigentlichen Körper (Rumpf) verkauft und auf den Tiſch gebracht werden können, als Kopf, Flügel, Leber, Magen, Füße, was man in Sachſen Kleinode, Gänſeklein ꝛc. nennt. Jung hat hier, wie in verjügen, die Bedeutung: klein. Ein Junges von einer Gans, oder auch ein Gans=Junges, ſogar eine junge Gans. „Die jung Gans, das iſt Fueß und Kragen, acrocolia anseris"; Prompt. v. 1618. Im b. W. wie in Wien wird auch der Ausdruck: ein junger Has in dieſem Sinn verſtanden. Daz Jungid. In Meichelb. Chron. Ben. II, 64. MB. VII, p. 168 giltet ein Gut jährlich „für sechs Schultern achtzechn Tzwainziger, für zway Jungid sechs Tzwainziger, für zehn Huoner zehn Tzwainziger"; ferner giltet ein Hof „sechs Schultern, sechs Jungit, neun Huoner"; wieder ein andrer „zwo Schultern, zwey Jungit, ein Schizzel Smalz." Nach gl. i. 334 und 461, wo iungidi als foetus, pullus (ahd. jungidi, mhd. jungede; Graff I, 606. BM. I, 776) erklärt iſt, wäre hier etwa auf neugeborne Lämmer oder Ferkel zu rathen, wenn anders nicht die voranſtehende Bedeutung von das Junge Erwägung verdient. „Iſchleich (jeglich) jungeid daz ain vaucht mueter hat"; Cgm. 724, f. 165. Cf. wenigheit, Cgm. 17, f. 27. Graff I, 891. Vrgl. Vilmar, kurheſſ. Idiot. 187: das Gejüng, der Blutzehnte, und Zeitſchr. IV, 359,21: Jungôt, junges Hornvieh. junggeſchafen. „Auf das junggſchaffen blib der Man"; H. Sachs 1560: II, IV, 108ª.

Der Jungherr (Jungkhèr), ledige Mannsperſon, die noch nicht Vater geworden iſt. Auf oberländiſchen Hochzeiten wird vom Crvater die Ordnung beſtimmt, in welcher die ledigen männlichen ſowohl als weiblichen Gäſte in der Kirche zum Opfer zu gehen haben. Dadurch iſt zugleich der erſten Opfergängerin der erſte, der zweyten der zweyte, der dritten der dritte u. ſ. f. Opfergänger als ihr ſogenannter Jungherr (Junkhèr) zugetheilt, mit dem ſie zu tanzen und beym Schmauſe auf einem Teller zu eſſen hat. Fügt es ſich, daß einer Jungfrau auf dieſe Weiſe ein Jungherr zu Theil wird, mit dem ſie ſchon vorher auf vertraulichem Fuße geſtanden, ſo geht ſie wol noch obendrein des Nachts mit ihm nach Hauſe.

Die Jungfrau, verſchieden von Magd; ſ. d. W. und vrgl. Vilmar, kurheſſ. Idiot. 187 f. Zeitſchr. III, 272,2. V, 276,9.

Die Jung=Hôchzeit (Junghouzəd, O.Iſar), Mittagmahl, welches ein neuvermähltes Ehepaar am Sonntag nach dem Hochzeittage im Hauſe der Eltern des Mannes oder des Weibes einzunehmen pflegt. Der Jünger, wie hchd.; (ahd. iungoro, iungiro, mhd. junger; Graff I, 603. BM. I, 776). Jünger Chriſti, (im Scherz) mutloſer, unausrichtſamer Menſch; (vrgl. Ölberg).

Der Jänker (Jánkə', b. W. Schánkə'), o.pf. Jänkes (Gánkəs), kurzes Oberkleid, Jacke. Vilmar, kurheſſ. 270
Idiot. 181. Zeitſchr. III, 394,25. Wo zwey Oberkleidchen getragen werden, welches meiſtens beym weiblichen Geſchlechte der Fall iſt, heißt das innere Jänker, das äußere Joppen oder Schalk. Das Prompt. v. 1618 verweiſt bey Jancker auf Schaub. Stalder hat: „der Janken, Prediger= oder Kanzel=Rock."

Die (der) Joppen (Jóppm, o.pf. Góppm), Jacke, Überkleid mit Ermeln, das den Rumpf bedeckt, bey beyden Geſchlechtern, (fr. jupe, ital. giubba, ſpan. aljuba, alſo wol vom arabiſchen jubba. Vrgl. türkiſch Dſchubbe, das Oberkleid der Kurden; Hammer=Purgſtall, Wiener Jahrb. 89. Bnd., 1840, p. 15. Alſo giubba, jupon — alles aus dem Orient! Diez, Wbch. I, 175. Graff I, 579. BM. I, 774. Vilmar, kurheſſ. Idiot. 186. Zeitſchr. II, 422,47. III, 239,7). „Juppen, abolla, tunica linea"; Prompt. v. 1618. „Jopp, bombasium," Voc. v. 1419. „Joppel, suppara," Diut. III, 150. Dieſenb. 566ᵇ. (Der Koch) „ſin ſmalzig juppen"; Ms. v. 1449. „Das yeder man hab ſein harnaſch oder bygl yoppen"; öſtr. Vertheid. Ordn. v. 1432, Schlehd. 13, f. 226. „Die pruedere ſchulen haben . . . ain jopel . . ."; Regel des Spitals zu Jeruſalem, Cgm. 4620, f. 90, ſ. oben, Sp. 343. „Der Bawrn hofart. Si wölln all herren ſein wo ſi auf kirchtag gan ſo tragen ſie dick joppen an von pawmwol und von parchant das iſt nu worden ain gemains gewant das trugen etwan der herren kint"; Cgm. 714, f. 228. „Ich wolt es kem wider an das alt recht das wir ſæhen ain pawrnknecht nu in ainer prayten gürtel gan und trüg ainen langen rock an dem der puſen weyt wær und trueg ain pruch die rincken het und des leydners auch geriet ſo ſtunds als vor dreißig jarn do die lewt frolich waren“; H. Sachs 1560: IV, III, 231. „David hat die Bären erschlagen, die Haut davontragen, ein Joppen draus gemacht, hat die Kälten ausgelacht;“ P. Abrah. „Die Weiber in der Pfarrey Berchtesgaden erinnern durch Stoff und Schnitt ihres Anzuges auffallend an ihre einstmalige Heimat. Gegen die Gewohnheit aller Nachbarinnen tragen sie, wie die Weiber an der Loysach und Ammer, weißwollene Joppen (Corsette) und grüne, braune und blaue Röcke;“ v. Koch-Sternfeld's Berchtesgaden III, 127. „Zwu dick joppen“; Cgm. 714, f. 81. „Ein swarzen joppen und einen barchetjoppen“; Cgm. 746, f. 235, ad 1452. „1 lb. dn. von ain ganczen seydein Joppen“ durften, nach einer Münchner Magistrats-Verordnung im J. 1441, die Schneider zu Lohn nehmen. Wstr. Btr. VI, 163. „Se harren (hatten) all bunte Jopen (Jacken); Firmenich I, 87,2; „des warte Joop“; das. 88,7 (Insel Rügen); 128,5 (Uckermark). R.A. Ainem *auf dә Göppm ná·n*, ihm am Zeug flicken, ihn böswillig verfolgen, (ObrM.); ihm Übles nachsagen, (b. W.). Die Stutzjoppen der Weiber ohne Schöß. Die Joppenhose. „Von joppenhosen, joppenpfait den knaben“ zu machen dem Schneider XX dn.; Scheirer Dienstord. v. 1500, f. 50. Die Joppenpfait. (Votivtafel v. 1500 in Altenötting:) „Hans N. hat an ainem augen ainen prehen entfangen, hat sich anhero mit ainer Joppenpfait versprochen.“ (Im Votivgemäld liegt diese Joppenpfait auf einem Altar, ist weiß und hat einen Schnitt wie der rothe Rock, den Hans am Leibe trägt). s. Pfait. Die Gewappneten der 8 Wachten in Regensburg betrugen a°. 1408 an der Zahl 1615 Panzer und 185 Joppen (185 solche, die im bloßen Wamms Dienste thaten?); Gem. Reg. Chr. II, 380. Fußvolk und Joppenleut in München (1431); Eos v. 1832, p. 378. Eine Nomenclatura v. 1530 hat: „penula, Joppenig.“

Das Jâr (Jàr, Jàur, o.Pf. Gâuә), wie hchd. Jahr, (goth. jer, ahd. mhd. jâr; Graff I, 608. BM. I, 770. Weigand, Wbch. I, 543. Zeitschr. VI, 331. 517,7. Cf. griech. ἔαρ, lat. ver, poln. iar, iaro, česk. gar, garo, der Frühling, mit welchem (25. Merz) ja früher das Jahr anfieng. Grimm, Mythol.² 715). „Darnah in sinen iaren zweien“, als er zweyjährig war; Kindh. Jesu, Hahn 81,34 und S. 136. `Ze jâre, ä. Sp., über's Jahr; BM. I, 770. Zem jâre, bis zum neuen Jahre.´ „Ob ein rîter wil zem jâr des jâres gelt zern gar, des enist niht ze vil; ob ez aver ein vürste tuon wil, daz gevellt mir niht ze wol, wan ein iegliсh herre sol etwaz zem jâre legen in sîn kamer“; d. w. Gast 14209—16. R.A. Auf die Jâr kemen, auf den Jâren seyn, bejahrt werden, seyn. „Zu seinn jaren kummen, in suam tutelam venire;“ Prompt. v. 1618. Vrgl. „ze seinen Tagen kommen“ unter Tag. Einen oder eine (so schon Kinder hat, als Witwer oder Witwe) *auf d·Jâr heiraten*, wo man nur so lange hausen darf, als so ein Kind das Anwesen nicht übernimmt; (b. W.). „Ey da schlag zu ein gutes Jar!“ Betheurung, H. Sachs 1560: IV, III, 19b (1612: IV, III, 42). „Pan Babukič dobry' jako léto,“ (in Agram wie's gute Jahr? wie die gute Zeit); Kollar, Cestopis 30. Das Neu-Jâr, oder vielmehr blos die Zahl des nächstfolgenden Jahres, wurde bis ins 14te und 15te Jahrh. oft schon vom Weihnachtstage des laufenden Jahres angefangen. (s. oben, Sp. 1206, unter Johans). „An dem heil. Weihnachttag, als man anhub zu zelen von Christi geburt („a nativitate Domini,“ 25. December; „ab incarnatione Domini,“ 25. Merz. Vrgl. Th. IV, unter weih) achthundert und ein jar;“ Av. Chr. 329. „Datum München am sankt Johannstag zu Weihnachten anno 1431,“ d. h. 27. December 1430. „Geben am Pfinztag nach dem heil. Weih-
271 nachtstag 1446,“ d. h. 30. December 1445. „Datum am Pfinztag vor dem neuen Jahrstag anno 68,“ d. h. 31. December 1467. „An sankt Thomastag von Kantlberg anno 59,“ d. h. 29. December 1458. Kr. Lhdl. I, 52. III, 160. VI, 151. VII, 30. X, 160. Zirngibl's Hainspach p. 137. 140. Gem. Reg. Chron. I, ad ann. 1500.

Indessen findet sich wol eben so oft das richtigere Gegentheil, z. B. Kr. Lhdl. 1, 102. 261. V, 249. X, 156. Grôß Neu-Jâr (Nordfranken, Henneberg), h. drey Könige oder 6. Januar. Einem das Neujâr abgewinnen, ihm mit dem Glückwunsch zum neuen Jahr zuvorkommen, (Zeitschr. VI, 159); ihm gleich von vorne herein unsre Ueberlegenheit fühlen lassen. „Qui kalendas Januarii hoc est novum annum ritu paganorum solet colere vel aliquid amplius novi facere propter novum annum duobus annis poeniteat;“ Rot 112, f. 13b. Anderes in ZZ. 1826, f. 30b (Antonius Florentinus archiepisc.). Der Jahrhüter, (Samml. wirzb. Verord. II, p. 456) der Flurschütze. Die Jahrkuchen, (ebend. II, p. 68. 558. 559. 681) statt Garküche, beruht wol nur auf provincieller Aussprache. Der Jâr-ritt (?), s. oben, Sp. 1205: jâh. Der Jârtag, bey Adelung: Jahrstag. Die Jârzeit, die Jahrszeit; dieselbe Zeit (Tag, Woche rc.) im wiederkehrenden Jahr, anniversarium. Morgen wirds Jârzeit, daß es geschehen ist. Der Jærling (Járlin', o.pf. b. W. Gárling), a) einjähriges Thier, wie im hchd. Jährling; Zeitschr. IV, 308. 310. V, 485. VI, 159. b) einjähriges Kind. Der Zwijærling, zweyjähriges Thier, Kind. `jærig, ä. Sp., jährig, großjährig; BM. I, 771: jærec.´ „Mit uniærigen welfen“; Labr. 199. sich jæren, den Zeitraum eines Jahres voll machen; ä. Sp. bejæren; Grimm, Wbch. I, 1412; sich bejähren. Er, sie jært sich an Jacobi, er, sie ist zu Jacobi geboren. Heut jært es sich, daß es geschehen ist. Vilmar, kurhess. Idiot. 181. „12 ßl mer oder minder darnach und es pejärt“; Cgm. 3941, f. 18b. „Die vorgenanten zehent geltent all jar jarleichen bei XII schaf allerlay traides prawnauer maß mer oder minner darnach und es beiäret“; das. f. 29b, ad 1385, und f. 215, ad 1404.

Jersik, die böhmische Form für Georg, auch von Deutschen gebraucht. „Zu kung Jersiken in Behem“, Mich. Beham, Wiener, 146,7. „Jersik, zu Peham küng und auch marggraff zu Merhern und darnauch herczog in Lucenburger land und in der Slesi allersand und marggraff zu Lusicze“; das. 152,21. „Jersik Frank“; das. 240,16.

Jerz! (Jètz; Aschaff.), Appell an Ochsen: Jertzo! hotto Jertz! wistaher Jertz! Der Jerz, 1) Ochsenname; 2) flegelhafter, dummer Mensch; (Weiher's; Dr. K. Roth). Vilmar, kurhess. Idiot. 183.

`jeren, jären, s. jesen.´

Die Jausen, Genuß eines Zwischenmahles. Die Vor- oder Früe-Jausen; die Âbend-Jausen. Der Jausenschlâf, Jausentrunk, Nachmittags-Schläfchen, Trunk. „Also gieng es in dem saus in dem smaczgen und dem jaus bis die schüßlen wurden wan“; d. Ring 36a,23. jausen, jäuseln, vrb. „Da mit so wurden jausen“; das. 7a,20. Man vergleiche allenfalls das alte „jussel, jus, juris; aqua coctae carnis;“ Voc. v. 1429. „iussal, jussellum,“ gl. a. 520. 585. „Gib im iussal von gesigen chleien“; Cgm. 724, f. 185. Cf. česk. gissel, jissel, Brühe, (i aus u); gyssel (gussel), sorbitium, Bohemarius v. 1309. Dobrowsky, Gesch. d. böhm. Spr. p. 127. Der Krainer hat kosilo, Frühstück, erste máliza (Klein-Essen) um 10 Uhr, ju'shine, Mittagsmahl, zweite máliza gegen 5 Uhr, vezhérja, Abendmal; (Kopitar). Vrgl. oben, Sp. 1199, unter: der Jauchwind. Im Ungarischen ist osanna Vesperbrod. Vocabularium Venedicum (Eccard, hist. studii etymolog.) p. 302: „diner, *jeuseúna*,“ (französisch auszusprechen). S. auch Klausen.

Jesen. „Aloca (piscis) Jesen, alosen“; H. Junii Nomencl., Augsb. 1629, f. 37. `Vrgl. Grimm, Wbch. I, 260: die Alse, (Ilse) und Zeitschr. IV, 173: Jise.´

`jesen, ä. Sp., Ablautverb, gähren, schäumen; (ahd. jesan, mhd. jesen: Präs. ich gise, wir jesen, Prät.

ich jas, wir jâren, Ptc. gejesen; Graff I, 611. BM. I, 535).´ „So tuot daz jesen widerker,“ S. Helbling III, 76 in Haupt's Zeitschr. IV, 86. „Der wîn gejas“, (gohr); das. p. 261. `Zeitschr. II, 319,10. V, 217. 462. 149. VI, 159.: jäsen, jären, gähren; der Jäscht, Gäscht, Schaum; der Järm, Gärm (mhd. gerwe), Hefe. Der Jest, Schaum, Gischt; BM. I, 536. Vilmar, kurheſſ. Idiot. 181: der Jäsch. Zeitschr. V, 149.´ „Unz ez schoumen began. der jest oben uz dem schaffe ran“; Kindh. Jesu, Hahn 88,34. s. oben Sp. 931 und 955: geren und Gist.

Der Jesuwiter, Jesuit. Das Jesuwiter-Räuschlein, kleiner Rausch, der Einen noch wohl bey Verstande läßt; also sehr verschieden vom Kapuciner-Rausch (w. m. s.), aber doch etwas mehr als ein Spitzlein.

Jos, Jodocus; Bergmann, Walser 65; s. Jost.

Joseph (Jós·l, Sèph, Sèpp, Sèpp·l, Sèppə-l). Das Josephskraut, Josepherlein, Garten-Saturey, satureja hortensis. Das Josephstäberl, wilder Jasmin, philadelphus coronarius; (Jir.).

jöselen (?). „Schachzabel in kleyben vel jöselen,“ (wol geringe Dinge, wie Kleyen); de cartiludio, (s. Th. III, unter spilen).

Der Jast, (rheinpfälz.) Eile, Hast, Aufgeregtheit; (vrgl. jesen). Zeitschr. III, 531,32.´

`Der Jest, Schaum, s. jesen.´

Jost, Jos, Jodocus; Zeitschr. III, 4. 359,5. IV, 139,8. VI, 80. 459. „Uf der verte ze Sant Joste“, (St. Josse-sur-mer, cella seu monasteriolum Sancti Jodoci, Montreuil im Département Pas-de-Calais); Gesch. Fr. II, 76.

`Der Just, ä. Sp., ritterlicher Zweikampf mit dem Speer; s. oben, Sp. 629: die Tjost.´ Hastam in adversam digestorum militiam viriliter provocabat“; Waldsassener Geschichte, Clm. 1091, f. 1, (s. oben, a. a. O.). „Mit puchsen und armpruste do stundens in dem iuste“; Mich. Beham, Wiener 98,28. justen, justieren, vb., mhd. tjostieren; BM. III, 44. Tanzen springen und iustieren laufen ringen und turniern“; Renner 6637. „Herczirn, schießen, stechen, slahen, iustirn“ (im Ernste); Mich. Beham, Wiener 377,1. „Mit puchsen und armprusten warn sy schießen und iusten“; das. 380,19.

---

jäten (jádn, jádnə˜, já'nə˜, já˜n) und jeten (jédn), (diese Form dem alten jeten, das wie treten conjugierte, jene dessen Präterito jat, nach Gramm. 957 b, III, vergleichbar), wie hchd. jäten, gäten; (ahd. jetan, mhd. jeten: Präs. ich gite, wir jeten, Prät. ich jat, wir jâten, Ptc. gejeten; Graff I, 594 f. BM. I, 538). „Das vrerbrüet und anders mehr fleißig abgraſt und gjethen werd“; Rasch, Weinbüchlein (1582). „Der (fûz) hat sich selben in mîn herz getreten; mit wal ob allen füezen hân ich in sicherlîch herdan geieten“(?); Labr. 90. „Colligimus (zizania) uzargeden,“ Diut. II, 284. „außgejäten und vertilgt werden“, Predigten, Salzb. 1678. „Durchyetten und durchchreutert sein herze was vor missetat,“ (d. h. es war rein); Suchenwirt III, 64, Primisser p. 6. „erjätten, säubern, consarrire“; Prompt. v. 1618. Das Jät (Jád), Jet (Jétt), 1) ä. Sp., das Jäten. „Im Jath sol man der frücht verschon“; Rasch, Weinbüchlein (1582). Kärnt. doplévanje, das Beenden der Jät“; Jarnik p. 54. 2) das Unkraut. Die Jäterinnen (Jáderinə˜) im O.L. ziehen zu ihrer Arbeit gewöhnlich ein weites, leinenes Beinkleid 272 (Játhós·n) über das Unterröckchen an. Vrgl. freden.

Der Jettenberg, s. Grimm, Mythol.[2] p. 486 f.

`Jutte, Jaute, Jeute, weiblicher Eigenname.´ „Nu pait piß auf Sant Jüten (Jautten) tag piß das wil ich bedencken mich“, sagt sie dem Liebeserklärer, nicht ganz verneinend; Cgm. 270, f. 85 (379, f 45). Zeitschr. III, 373. „Jewten der pfnurrinn“ (1404; Judith?); Cgm. 3941, f. 210. Vrgl. Förstemann I, 812.

Der, die Juten, (Gbrg.) Molken von süßer Milch, sie mögen nun den sogenannten Schotten (Ziger) noch in sich enthalten, oder davon abgesondert seyn. (Jir.) Juten, Jutten, Abguß beym Käsen, Molken; Juttsack, ein junges Schwein, das auf die Alpe gegeben und zur Mastung vorzüglich mit Jutten gefüttert wird. Zeitschr. III, 115. VI, 160. Der Jutenstözel, (B. v. Moll) hölzerne Bütte, in welcher alte, saure Molken aufbewahrt werden. Gl. o. 147 steht bey muos und broth (Brühe) das lateinische iutta, wozu Professor Spreng von Basel bemerkt hat: „iutta est potio spissior ex lacte confecta“. Das schottische jute, joot bedeutet eine saure, abgestandene Flüssigkeit.

---

jatzen, von Rädern, die nicht geschmiert sind, slowen. zherkati; Jarnik p. 217.

`jauzen, s. oben ju-ezen und vrgl. Zeitschr. III, 114. VI, 160.´

K.

Sechs und zwanzigste oder Ka= ꝛc. Abtheilung.

Wörter, deren Stammsylbe mit K., ohne unmittelbar darauffolgenden Consonanten, anfängt.

(Zu vergleichen ist wegen Gramm. 414 die Abtheilung Ga, und da die Vorsylbe ge, mit folgendem h verschmolzen, in der Dialekt=Aussprache wie k gehört wird, auch die Abth. H; endlich auch die Abth. Qu).

---

273 kâ! (Nürnb., o.Pf.) ey freylich, ja doch (-◡). Vilmar, kurheff. Idiot. 113. Zeitschr. VI, 328,200. „Er maint, er muß überall sein Ka dazu geben;" (Hsl.) S. auch Sp. 853: gâ.

Das Kai, die Schwüle, Hitze in der Atmosphäre; der Heerrauch (Hê=râuch); sieh Hai=Dampf, Gehai u. vrgl. Grimm, Wbch. V, 35. 429. Zeitschr. II, 515.

Die Kauen (Kauə˜, Kauən), „Kauern, Kay," Hütte der Berg= oder Waldleute, die statt der Fenster blos kleine Löcher hat, Kaue; (Jir.) Kaune, Gebäude über dem Schacht im Bergbau. Cf. česk. kawna, Hütte der Bergleute. Grimm, Wbch. V, 310. Zeitschr. III, 555,31. V, 431,500. 521, II, 9. „In den Wasserkauern oder Werckhütten." „Jedoch in der Kauern, auch allen Hütten unzihmliche und unnöttige Feuer sonderlich bei Nacht nicht anschüren;" Bergordnung für den Arztberg bey Amberg v. 1594. Lori, Brg.R. p. 355. 357. „Kain Stuben, Khawn noch Schmitten an dem Perg verbrennen;" Lori, Brg.R. 217.

keien, werfen; bekümmern, plagen ꝛc. Cf. česk. kydam, kyzi, werfen; russ. kidajch, werfen. Grimm, Wbch. V, 440 f. S. heien, geheien, ketten. Das Kei treiben mit einer Person, sein Gespötte mit ihr treiben. Vrgl. auch Keid.

Keidl, Keil, Cajetan; (Jir.).

keuen (koiə˜, kuiə˜, koi·n, kui·n), kauen, (ahd. chiuuuan, als Ablautverb: Prät. chou, Part. chuan, mhd. kiuwen: kou, gekuwen; wovon noch die Iterativ=Formen keweln, keuweln; Graff IV, 535. BM. I, 831. Grimm, Wbch. V, 311. Vrgl. Vilmar, kurheff. Idiot. 188: kabbeln, kebbeln. Zeitschr. VI, 214. Cf. agſ. becowen, zernagt von Würmern; Coover, Append. p. 96,218). „Koyen, manducare;" Av. Gramm. Die Keu (Koi, Kui), der Kiefer; das Unterkinn; (ahd. chiwa, mhd. kiuwe, kiwe, kewe; Graff IV, 534. BM. I, 831. Grimm, Wbch. V, 305. 646. 1600.). „Brancia, visch=chiwe"; Voc. optim. p. 46. Diefenb. 80c. „Ist ainem die chew aus so setz in under dich nider auf einen stůl und truckh im die chew hinwider in und salb außen ums wang populeon;" Cgm. 170, f. 3b. „Wem die zen oder das gesücht der chew we tut;" das. f. 1b. „Hinder den oren oder der kew" (laßen); Raitenb. 192, f. 147. 148. „Für dy rot ruer nim hechten kew und pulver das"; Cgm. 4543, f. 139. „Das gulden wasser ist guet zu der chew wan sy eingericht wirt"; das. f. 155. „Wen du zw ainem kumbst der dy kew hat ausginet, die soltu im also einrichten . . . so wischt dy kew wider ein;" das. f. 169. „Koy, mandibula cui dentes infixi;" Av., Gramm. ə˜ gspizté *Koi*, spitzes Kinn. Unter der Keu unterm Kinne.

> Mei˜ Schazáj haəſst Nánáj
> hàd schnêweiſsé Zánáj
> und ə˜ Grüəbáj i˜ də *Koi*,
> drum gfàllts mə' so woj.

Zeitschr. III, 118. 319. VI, 295. 335. Das Keukettlein am Pferdegeschirr. Der Keubart (Koibàrd, Koi- 274
ba'scht, Kuibàscht), der Bart am Kinn, das Kinn. áffs *Kui*, ironische Redensart, etwas zu verneinen, oder jemanden etwas abzuschlagen, vielleicht Anspielung auf die auch bey Italienern und Spaniern vorkommende verneinende Bewegung der verkehrt vor das Kinn gelegten Hand. A. frägt: Zàlst mər ə˜ Mass? B. antwortet: áffs *Kui!*

1) Die Kue (Kuə, o.pf. Kou), plur. Küe (Kiə, o.pf. Kêi), Dimin. das Küelein, (Küə-l, Küə-ál, Kuədáj, Küədáj, Küəlál, Küələ), wie hchd. Kuh, (ahd. chuo, chô, plur. chuowi, chuauui, chôi. Graff IV, 354. BM. I, 914. Grimm III, 327. Mythol.2 630 f. Zeitschr. VI, 304. 335). Als Lockwort: Ku-l, Ku-l! Kus, Kus! Kúsál! (vrgl. schwed. kuse, vitulus). „Der mair sol haben ain gantzen styer und ain valbeků und wenn er die für den hof geschlecht ongevarlich so gyen die fur baß in allem veld und flur on all aynung vnd das auch nyemant weren sol"; Haidenheimer Salbuch v. 1400. Clm. 1524, f. 17. R.A. Das Kuefenster treffen, sich irren; (vielleicht Gegensatz von Kammerfenster, w. m. s.). „Haillosen Buchschreibern soll man das Kuhfenster zaigen", (sie fortjagen); Putherbey. So finster wie in êiner Kue, kuefinster, (sehr finster); Kue=Nacht. Vrgl. unten: Kue 2), und allenfalls auch das schott. koy, adj., secluded from view. „Man muß dir dein ku wider geben", du bist nicht schuldig, wes ich dich geziehen, — sagt die Frau zum Manne, nachdem er das heiße Eisen getragen; H. Sachs 1560: II, IV, 22. Küe hüeten, s. oben, Sp. 1191: hüeten. Wo stärkere Viehzucht getrieben wird, erhält jedes Kalb, wenn es abgenommen wird, seinen eigenen Namen, der bald vom Aussehen, bald vom Tage, an welchem es gefallen, hergenommen ist. Z. B. Rœtl (Rê'l), rothe Kuh, Strâmel, die einen weißen Streif über den Rücken, Schèckl, die weiße Flecken am Leib, Bláschl, Blássl, die einen großen weißen Fleck, Stèrl, Stèrnl, die ein kleines Flecklein an der Stirne hat, Hirschál, die schlank und munter ist wie ein Hirsch, Weithör'l, deren Hörner weit von einander abstehen, Krumphör'l, deren Hörner verbogen sind; Má˜dáj, Pfinztáj, Sanstáj, die am Montag, Donnerstag oder Samstag geboren ist. (Man vergleiche in

Wyß's Reise ins Berner Oberland p. 563 ein langes Verzeichniß dortiger Kuhnamen. Zeitschr. III, 462. IV, 160. — In Krain durchweg Eigennamen für die Hausthiere; Kopitar). 'Die Immerkue, s. Grimm, R.A. 593. BM. I, 914 f.' „Klas de Scheftlarn habet ein ymerkue, dat XVI dn."; Clm. 17020 (XV. sec., 1462), f. 200. Vrgl. oben, Sp. 179: ewige Kue. Der Kuebilstling, Küeling, sonst Schaf-Auterlein, eine Art Pilz, boletus bovinus. „Cassiana kubobli" (?) unter den Kräutern; Clm. 4394, f. 178. küboßen,' s. oben, Sp. 295. Der Küe-briester, o.pf. Küepeter, Kuchen aus der ersten oder Biestmilch einer Kuh. Küe-strumpf, s. Th. III: der Strumpf. Das Küetreiben; Hübner 398. Der Kueserten-Sun, (erzeugt durch Bestialismus mit einer Kuh), ein ausgesuchtes, in den Gesetzen des 13ten und 14ten Jahrh. mit Recht höchst verpöntes Schimpfwort; sieh serten, merdiensun und Christenhait. Der Kuestrick; Grimm, Mythol. 1025. R.A. abgedræt, wie ein Kuestrick, listig, durchtrieben. In der L.O. v. 1553 f. 122 heißt es: „Es soll füran auf kainen Strick, wie bisher bschehen ist, jchts mer, anstatt ainer Kuw, geliehen werden."

2) Die Kue, Kuh, bischöfliches Gefängniß für delinquierende Geistliche. (Cf. Molière, l'école des femmes, acte V., sc. IV. à la fin: „Mais un *cul* de couvent me vengera de tout." Die Vache auf dem Wagen wol auch nur als Enthaltendes). „Einen in die Kue sperren." Pasquill an der Wand der Kue in Regensburg:

„Ich bin das Kalb, lieg in der Kuh,
und Kleierl (der Consistorialrath) ist der Stier dazu."

S. auch v. Bucher's sämmtl. Werke III, 53. Frag. „Wo ist selber (der Kaplan) vom Pfarrer weg, hingekommen?
275 Antw. Nach Regensburg in die Kuh;" merkwürdiger Proceß eines Hrn. Pfarrers mit seinem Herrn Kaplan p. 53. „Selb in der Kue singen, die man andern hat zugerichtet," (Brand), wozu Eiselein, Sprichw. 400 bemerkt: „in dem Bischoffsprengel Konstanz hieß der Kerker für Geistliche so." Ludweich Pütrich zu München gibt dem nachherigen Kloster seines Namens a⁰. 1365, unter anderm, seinen halben Garten, „der gelegen ist in der Stat ze Munchen hinder der Chu;" MB. XIX, 256. Ob diese Kue, wovon vermuthlich noch das Kuhgäßchen (Kuegássl) den Namen hat, gleichfalls ein Gefängniß gewesen seyn mag? Vom Abte zu Formbach, Leonard Straßer († 1501) sagt Angelus Rumpler in B. Pezii thes. anecd. nov. T. I, p. III, col. 450: „habuit et tormenti genus, quod vaccam nominabant, quo ita illigabatur reus, ut nec stare nec sedere posset: una manu porrecta, altera corpori jungebatur, non poterat unam alteri conjungere. Vielleicht stammt der Name des jetzt einfachen geistlichen Gefängnisses noch von dem jenes einst geschärftern. Vrgl. bey Adelung: der Koben, die Kobe. Kühmaul, genus navis; Prasch.

---

kábisch, (Obrmr.) wählerisch, heikel.

Die Kabertschen, Cowertschen, Cowerzen, Gowertschen, (im Mittelalter) ausländische, besonders italienische Kaufleute, Wechsler u. drgl. (cf. span. gabacho, gabacha, Frances natural del Gevaudan, depart. la Lozere; jeder Franzos; R. Cabrera, diccionario II, 238. 'Gabacho, der schmutzige, unsaubere Mensch. Die Spanier legen diese Benennung den Bewohnern der Pyrenäen bei und dehnen sie als Schimpf- oder Spitznamen auf alle Franzosen aus"; Franceson, diccionaria 488.' Vrgl. altschottisch, d. i. irisch, gaelisch: comharsan (cowarsan), Nachbar; cf. Schotte als Hausierer. s. Grimm, Wbch. V, 373: Kawetscher. Du Cange, ed. Henschel, II, 117: caturcini, caursini, cawarsini, corsini. „Ire getaufften kauwerzene"; Haupt's Zeitschr. II, 157. „Ad usuras magnas Judeorum vel *Cauwercinorum* urgentes"; niederrhein. Urk. v. J. 1123, ebendas. „An Chaberzein oder an Juden"; MB. VII, 403. Meichelb. Hist. Fris. II. II, 139. Gawerschin, Caorzinus; Grimm, eine Urk. p. 23. „Kauwertsuene, mensa sive taberna usurarii"; (Kilian). „Weißt du, wo der Khawadsche* Arnaud ist, fragte ich Mohammed. *Dabei die Anmerkung, diese Benennung werde in Bezug auf Christen gebraucht, das Wort Sid (Herr) nur, wenn es sich von Moslems handelt." Ausland, 1850, S. 995: aus Bayssiere's Reiseschilderung in Hedschas und Abyssinien in der Revue des deux mondes vom 1. October. Der Spanier schilt den Franzosen einen cabacho.

Der Kebe (?). „Unz daz sich entsloz der himel und in (Jesum) dar in enphie, sine chebe n (apostolos, discipulos) er daz sehen lie"; Urstende, Hahn 116,36. Sollte ahd. chebisa, Kebes, daraus moviert sein.

kebeln, keubeln, s. keuen.

Der Keibe, Keib, 1) Aas; auch als Schimpfwort; Zeitschr. IV, 101,4. V, 18. VI, 75. 2) eine Seuche, Pest. BM. I, 794. Grimm, Wbch. V, 431 f. Mone's Anzeiger 1837, Sp. 467 f. keibig, adj. Grimm, Wbch. V, 433. „Welches vihe wil schelmig werden oder kebig;" Mone's Anz. VIII, 407.

Die Keibe, â. Sp., Mastkorb im Schiffe; BM. I, 794. „Horant oben in die keibe (kaibe) gie", Gudrun 1140. cf. Gaupe, specula?

keiben (kîbə˜), (Allgäu) zanken, grollen; Zeitschr. II, 567,43. III,28. 188,38. 271,11. 301. IV, 251,6. 330,12. V, 135,13. 140,2,19. 150. 430,474. VI, 61. 294. 429,1,4. 430,70. Castelli, Wbch. 182: *kebln*, zanken, streiten, keifen. Kaltenbrunner 34. 208. Grimm, Wbch. V, 432: keiben; 656: kibbeln; 783 f.: kippeln (s. unten). Vilmar, kurhess. Idiot. 197. (Vermuthlich auch zum hchd. keifen gehörig. Wenn die Urbedeutung des Heftigwerdens, Heftigseyns annehmbar wäre, dürften vielleicht auch die Formen kibig und keif in Betracht kommen. 'BM. I, 803. Vrgl. mhd. der kîp (BM. I, 803. Grimm, Wbch. V, 429. Zeitschr. II, 567,43. III, 301. VI, 61. 294.), leidenschaftlicher Eifer, feindseliges Wesen;' isl. kîf, lis. „Der lust und ouch der frövden kîb", (Drang); „durch der warheit kîb" (aus Drang, Eifer der Wahrheit), Diutiska I, 312. II, 245. „Sag an waz sol dir der keib (kîp) das du mir droest an den leib (lîp)", sagt der Wolf zum Schaf; Cgm. 576, f. 8. Emm. D. 58, 131; (Boner V, 19, Pfeiffer p. 9: „Sag an, was sol dirr widerkîp, daz du mir dröuwest an den lîp"). Der do hett ain sollich wib, die '(war)' so bös und widerkib", Jörg Zobel 1455, Cgm. 568, f. 246.

kibig, stark, heftig, (s. gehebig und keiff, u. vrgl. keiben); Grimm, Wbch. V, 657. Zeitschr. II, 567,43. III, 400,III 9.

kibizen, (O.Pf.) raunen (ins Ohr), lispeln.

kibbeln, s. keiben.

Der Kobel, 1) eine Art Behältniß oder Behälter. Der Aichhorn-Kobel, Hölung zum Nest eines Eichhorns. „Hennekobl, gallinarium;" Prompt. von 1618. Taubenkobel, Taubenschlag. Tauben in den Kobel jagen, ein beliebtes Haschespiel der Kinder auf dem Lande. 2) geringes Wohngebäude; („angustum domicilium," Prompt. v. 1618). Zeitschr. V, 152. In, eigentlich um Nürnberg sind vier Siechköbel, worinn alte Männer und Weiber unentgeltliche Kost und Wohnung haben; (Hsln.). MB. XXV, 64, ad 1450. (Cf. isl. kofi; das hieher passende chubisi, tugurium und tugurio, der gl. a. 118. 489. 596. i. 117 ist wol ein Diminutiv. Graff IV, 359.). „Hennsel dem Pfeiffer in den Siechkobel", (Straubing, 1392); Freyb. Smml. II, 111. 118. „. . . süllen wir (die Zechpröpste der Bruderschaft zu Froschhaim) den armen lütten jn dem kobel geben ain kändel wein vnd ain zwailing semel"; Urk. v. J. 1462, (Dr. K. Roth). Grimm, Wbch. V, 1539. Vrgl. S. Helbling I, 626: „Suocht mir decken z'einem kobel, daz man dar über einen hobel mit grüenen hiuten ziehe"; (nach BM. I, 855: Überzug; dagegen nach

Grimm, a. a. O., 5: „Kasten zum Kobelwagen", (bedeckter Wagen, Kammerwagen).' s. auch Kubel. Der Köbler, (OPf., Franken) Landmann, der nur ein Wohnhaus und keine oder nur wenig, höchstens ¼ Gut, Feld-
276 wirthschaft besitzt; altb. Häusler, niedersächs. kossat. „Hart- und armutselig leut werden als bawren, köbler, schafer und schinder"; H. Sachs 1612: I, 34. „Der größern Gutsbesitzer im Mediatgericht Pappenheim Recurs gegen die Köbler wegen Waldstreu"; B. Regier. Blatt v. 1816, Decemb. 11. „Auf ein Viertl oder Köblersgut 10 Schafe"; o.pf. Kohlord. v. 1694. Lori, Lb.R. p. 565. „N. N. Halbbauer und zween Köbler zu Grub . . ."; Kr. Ltghdl. XII, 44. „Vor dem 30jährigen Krieg bestand die Gebauerschaft aus Bauern und Köblern, welche letztere keinen Anspann hatten und blos mit der Hand arbeiteten. Auf die Verwüstungen dieses Krieges hin kam es, daß auch manche Köbler sich Anspann anschafften"; Ansp. Decrete von 1676, 1696, die Frohndienste der mit Anspann versehenen Köbler betreffend.

„Der Kobel." „Gefallen von ainem Fels oder kobel"; Altenött. Votivtafel. Grimm, Wbch. V, 1540. s. Kofel und Kogel.

Der Kobel, (Viehseuche?). „Es sollen die Metzger an den Orten, da der Kobel unter dem Vieh, und dasselbe krank ist, kein Vieh kaufen"; OPf. L.O. v. 1657, f. 545. Grimm, Wbch. V, 1540. Vrgl. kofeln.

Die Kobel. BM. I, 855. Grimm, Wbch. V, 1540: Stute, schlechtes Pferd, Mähre. Zeitschr. VI, 75. Lessing's Schriften, hg. v. Maltzahn, Bnd. XI, 2, p. 267. „Noch sprichst du, blinde Kobel, fort, alls was er schreib, sey Gottes Wort." Des Magisters Joh. v. Landshut Spottreime gegen Argula von Grumbach. Cf. česk. kobyla, russ. poln. kubila, Stute; westpreußisch: Kobbel, '(ostpreußisch, Hennig 128).'

Das Köberl, (Pinzgau; Zir.) junges Mutterschaf; (Kilbə-l. s. unten: die Kilben).

Der Kobold; BM. I, 856. Grimm, Wbch. V, 1548—51. Mone's Anzeiger 1837, Sp. 359. „Der trahte nach treuwen und kunst niht vil und lern ein ander gaukelspil under des mantel er kobolte mache, der manic man taugen mit im lache"; Renner 5065. „Wer mich malen wil an eine want, daz ich weder munt noch hant wol vor im geregen tar, der male einen andern kobolt dar, der ungezzen bi im sitze"; das. 5576. „Und einer siht den andern an als kobolt hern taterman"; das. 10277.

erkobern sich, (O.Schwab.) sich erholen, recuperare; schwed. kofra sig. Firmenich I, 501,66: „We hä *seg* effer wier *ekofert* hat"; (Eifel). (Cf. ahd. choborôn, Otfr. irkoboron, erlangen; mhd. koberen, erkoberen; Graff IV, 357. BM. I, 855. Grimm, Wbch. V, 1544—47. Vilmar, kurhess. Idiot. 214. Zeitschr. IV, 175); ä. Sp. (vom Jagdhund): suchen, spüren; Grimm, Wbch. V, 1546,3,b. „Si kobernt hin, ez si naz oder herte"; Labr. 110. 155. „Er kobert ûf der herte"; das. 118. „Nâch dem sô kobert Harre und Wille"; das. 140. Vrgl. das. 51. 114. 131. 164. 166. 182. 230. 305. 337. 371. 406. 454. 466. 467. 506. 605. erkobern (ein Wild); das. 196. „Dâ můz můt in unmůt sich bekobern"; das. 233. „Kobert ain man od trinckt süst datz aim wein", (spielt, würfelt? 's. unten: koffern u. vrgl. Grimm, Wbch. V, 1545,2,c'); Wiener St.B., Cgm. 335, f. 13^b. (cf. zeihen unter Zicht, Liedersaal I, Nr. LX, 68). 'Auch ein Adjectiv kober, eifrig, begierig:' „Nâch dîner güete (guoten) spîse ich als ein hungerig chobrer habich glîe"; das. 175. s. kofern.

Die Kubel. „Beysammen stehende Häuser in Dörfern bezeichnet man hie und da (an der untern Donau) mit dem Ausdruck: „In der Kubel." Vrgl. Prasch's „Kobel, chors", und Grimm III, 429). s. auch Kobel und -kofen.

Der Kübel, wie hchd. (Graff IV, 355. BM. I, 892. Zeitschr. III, 520,18. VI, 303). In Griesbach giengen in Weizen, Korn und Gerste 32, in Haber 48 Kübel auf das Schaff. „Kübl stechen, doliaribus ludis committi, cum equites totis corporibus tomento fractis et capitibus in doliolum insertis cum hastis puris et in summo latis committuntur"; Prompt. v. 1618. Cgm. 929, f. 60. Das Kübelgestech. A^0. 1571 wurde vom Hof aus, „den Schaflergesellen von wegen daß sie ein Küblgestäch triben" 4 fl. geschenkt; Wstr. hist. Calender von 1788, p. 193. Die Kübelsuppen, (b. Wald; Hazzi, Stat. IV, 24) saure Suppe aus Milch, welche die erste Gährung erlitten hat, mit Mehl angezwirnt.

Der Kübel. So nannte man (nach Zps. Ms.) noch vor 20—30 Jahren in den Schulen die monatlichen, nicht öffentlich in einem Saal, sondern blos in einem Zimmer gehaltenen Disputationen aus der Philosophie und Theologie. (Etwa im Bezug auf das Kübelstechen, ein eben so nutzloses Spiel?) „Dieser und jener ist beym neulichen Kübel öfters geschoben worden"; Wstr. Gl. s. schieben.

Die Kebs, (ä. Sp.) das Kebsweib, (a. Sp. chebis und chebisa, mhd. kebes, kebese, kebse; Graff IV, 358. BM. I, 793. Grimm, Wbch. V, 373 f. s. oben: der Kebe und vrgl. česk. kuběna, concubina). Vermuthlich mit dem gleichbedeutenden spanischen manceba (fem. 277
von mancebo, mancipium) von parallelem Ursprung. Und so hießen Kinder eines Freyen, mit einer Leibeigenen erzeugt, Kebskinder; v. Lang, b. Jahrb. p. 332. „Der Kebser, Adjunct, den eine Frau ihrem Manne zur Erleichterung der Ehstandspflichten zuordnet"; Häslein. 'kebesen, ä. Sp., wie ein Kebsweib behandeln, zum Kebsweib machen; BM. und Grimm, a. a. O.' „Sî ist iu ze edel und ze rîch, daz ir sî kebesen soldet"; Iwein 3171. „Er kebischte sie", (schalt sie eine Kebse); Cgm. 1012, f. 143. cf. hueren, sacken. kebeslîche, ä. Sp., Adv. „Man seit daz dehein kint siner muoter kint kebslîchen si . . . ist siu kebse"; Schwabensp., W. 401. Ein Haus in Riet heißt (in der? von der?) chupysen; es gibt iiij pullos censuales; Benedictbeurer Verzeichniß (sec. XIII.), Clm. 4563, f. 1.

'Die Kebse, ä. Sp., capsa, pixis; auch Kapse, Kefse, hchd. Kapsel. Graff IV, 379. BM. I, 793. Grimm, Wbch. V, 26. 374. 383. 201. Diefenbach 98^b. 439^a.' „Vermailet lebsen salb auz gnaden chebsen heiliger Johannes"; Ut queant laxis deutsch (sec. XIV.), Clm. 15133, f. 132. s. unten: Kafse und Kepse.

Kach (?). „Daß die groben Münzen in gehörige Breithe, Circul und Circumferenz ausgehen, keine Kachhen, Schnid oder Eck nicht haben"; Lori, Mz.R. III, f. 30, ad 1667.

Das „Kachet", (Zps.) der Zaun; cf. ahd. cahot, munimentum; Graff IV, 361. Zeitschr. VI, 332. Übrigens auch: Kag und Gehag.

Die (b. W. der) Kachel, das Kächelein (Káchə-l), wie hchd., (ahd. chachala, mhd. kachele; Graff IV, 361 f. BM. I, 778. Grimm, Wbch. V, 11 f.), (im Scherz oder Spott) jedes Geschirr. Cf. portug. caco, Scherbe, (Diez, Wbch. 473). Zeitschr. VI, 160. ə˜ *Káchl* voll Suppm; ə˜ *Káchə-l* Kâfê; ə˜ *Káchə-l* Biər. Die Kammerkachel, (HhE.) Nachttopf, pot de chambre. Das Schmalzkächelein, (O.Isar) eisernes Kesselchen mit einer Handhabe zum Aufbewahren des Brandschmalzes.

Kächli, Krähe, (Stalder II, 80); Grimm, Wbch. V, 12: Kachel und 304: Kau. Vilmar, kurhess. Idiot. 190: Käje. Cf. böhm. kawka, agſ. ceo, engl. chough, mittelniederl. ka, kauw. Müller, etym. Wbch. d. engl. Spr.

I, 201. Grimm, eine Urk. ꝛc. p. 18. Kanstein, Krähenstein; Tolenstein, Dohlenstein.

Das Kachelt, (Leric. v. B.) größere Felsen (s. Hächel), die in der Donau emporragen. (Am a. O. wird dieses Wort als G·háckəlt erklärt, als weil sich die Schiffe an deren Spitzen anhäkeln können). Vielleicht zum vorangehenden Kachel gehörig. Das Dampfschiff Kr. Pr. Maximilian ist am 18. July 1840 am Ghachlet aufgefahren und leck geworden. Vrgl. auch Kugel u. Köchel.

'kachen, kachezen, ä. Sp., laut lachen; BM. I, 778. Grimm, Wbch. V, 13 f. Zeitschr. VI, 160.' „Lachen, kachen"; Cgm. 632, f. 91. „Daz ez sich lahters niht erwern kan unde kachens unde anderr ungebærde"; Pfeiffer's Mystiker I, 336,12 und 537. „Lachen, chachizen", Br. Berhtolt, Cgm. 1119, f. 11ª. s. kächezen und vrgl. hchd. kichern. Der Kach, lautes Lachen; BM. I, 778. „Cachinus, khach"; Semansh. 34, f. 203. „Kachen schlagen, kecherlich lachen"; Voc. Melber. „Gemein leut die wenig wissent slahent manger langen warheit einen snellen chahtz (kachcz)"; Konr. v. Megenberg f. 64ᵇ, Cgm. 38, f. 49 und 589, f. 37; Pfeiffer 106,16: kahtz. „Si tet einen kach", (cachinnus); Müller III, XXIV.

kächezen, keuchen. s. kachezen. (Gl. a. 213. 406. i. 102 ist chachazen, cachinnari; Graff IV, 363). s. kachen.

kauchen, hauchen, besonders absichtlich; mhd. kûchen, BM. I, 892. Grimm, Wbch. V, 305 f. In die Hände, ans Glas kauchen. „Darein schnaufen oder kauchen"; Dr. Minderer (1620) p. 183. „Daß die weinendte Augen baldt truckhen, mueß man in das Schnupftuch kauchen, und solches über die Augen halten"; Freyh. v. Bodmann. „Wenn man pflegt zu kauchen, so sagt man nichts als den Buchstaben H. H." „Ein Kind im Scorpion geboren, wird seyn wie ein Spiegel, wan man disen nur ein wenig ankaucht, so macht er ein finsters Gesicht"; P. Abraham. Der Kaucher, der Hauch; Person, die haucht. (Als g·hauchen zu erklären?)

Die Keichen (Keichə˜), der Kerker; schlechtes, finsteres Gemach; (mhd. kîche; BM. I, 804. Grimm, Wbch. V, 434: Keiche, Keuche. Zeitschr. III, 116. 322. 522,25. VI, 293. cf. kauchen = g·hauchen, sich bücken; Grimm, Wbch. V, 306. Weihers, Dr. K. Roth: kuch. Vilmar, kurheß. Idiot. 195). „Welcher Mensch an Trunkenheit auf der Gassen betreten würde, der soll durch die Schergen in die Keichen gelegt werden, bis er nüchtern wird"; Kr. Ltghdl. XIII, 265; cf. L.O. v. 1553, f. 180. „In der cheichen", Hist. Fr. II, 1, 128, ad 1318. „. . Daz mich mein genædiger Herr Abbt Chunrat in unser Frawen Stal gevangen het und mich in die Keichen leget . ."; MB. VII, 272, ad 1406. „Der soll in ainem Thurn, Keychen oder sonsten ernstlich gestraft werden"; L.O. v. 1553, f. 158. Lori, Lechrain p. 221. „Der von Frownberg hat zehen getöt in der cheichen"; Freys. Salbuch f. 24ª.

278 Die Keuchen, der Keuchhusten; (BM. I, 804: der kîche; Grimm, Wbch. V, 433. 434: der Keich, Keuch, die Keiche, Keuche). „N. N. hat ein halbs jar die Keuchen gehabt"; Inchenhofer Mirakel von 1605. s. keuken.

Die Kichel, die Kicher-Erbse, cicer; (ahd. chichira, chichura, mhd. kicher; Graff IV, 362 f. BM. I, 804. Grimm, Wbch. V, 859. Zeitschr. IV, 504). „Hanif und kichern und wichken"; Cgm. 64, f. 54. „Der kicher ist haiz und trucken". . . „Wer die kichern fäuht macht und die izt, dem pringt si ain guot varb". . . „die kichern machent die stimm klar". . . „die swarzen kichern"; Konr. v. Megenberg, f. 230, Pfeiffer 389,14.16.20.25. „Staphisagria haizt perchkicher"; das. f. 247, Pfeiffer 420.15. '*Kichln* sán' braəd, d· Aə'bəssn sán' gscheibt; (Chiemgau).

„Das Kicha'l, ein Theil des Ochsenfleisches, von der Brust genommen"; Castelli, Wbch. 182.

Die Köcheln (Kéch·ln, plur.; O.L.) 1) isolierte Erhöhungen in einem Moor (Mos, Filz), die entweder aus großen Felsstücken oder aus festem Erdreich bestehen, und mit Gras oder auch mit Bäumen bewachsen sind. '(cf. Grimm, Wbch. V, 1565: der Koke (2) 2,a und 1553: der Köche).' Solcher Köcheln gibt es z. B. im Moor bey Unter-Ammergau, in dem zwischen Murnau und Eschelohe, in dem Sumpfgrund am Kochelsee gegen Benedictbeuren ꝛc. Vrgl. Wstr. Btr. IV, 160. 163. Flurl, Beschreib. der b. Gbrg. p. 68. 2) Hütten zur Aufbewahrung des Moosheus; (Rath Her, der Pallhausen, topogr. rom. celt. p. 233 citiert).

Der Köcher, wie hchd.; (ahd. chochar, mhd. kocære, kocher; Graff IV, 363. BM. I, 856. Grimm, Wbch. V, 1559). „Dem schuster von einem kucher (Köcher?) zu überziehen mit leder und durchslagen mit negle", (1392); Freyb. Samml. II, 111. Vrgl. „Das man die Khugeln von Stain, oder Eysen durch ain gerechten Coecher und Lhäre (Lehre) umbtreibe, ob sie an allen Ortten gleich rundt im Zürkhel seindt"; Fewr- (oder Arillerie-) Buch, Ms. v. 1591.

kochen, wie hchd.; (ahd. chochan, chochon, chochen, mhd. kochen; Graff IV, 360. BM. I, 856. Grimm, Wbch. V, 1553 ff.). Einem recht aufkochen, ihm mit Speisen recht aufwarten. „Wàs dá' schmöckt, wàs di' lust·t wird dár *áfkocht*"; Stelzhamer 115. Es einem kochen, es ihn fühlen lassen, ihn hart behandeln. köcheln, verstolner Weise bessere Speisechen für sich kochen, als die andern Hausgenossen erhalten; verächtlich: kochen. Grimm, Wbch. V, 1553. Der Koch, 1) wie hchd.; 2) der Garkoch. Zeitschr. III, 142. Mannheimer Koch, in altb. Städten. Verkauf einer „realen Metzger-, Koch- und Mannheimerkochs Gerechtsame" zu Wasserburg, im Landboten v. 1846, 15. November ausgeschrieben. Die Köchin, wie hchd.; die Kochin, die Frau eines Garkochs. Grimm, Wbch. V, 1562. '*Kéchin* vo˜n Mauthaus hàt d· Suppm və'sàlzn. Das Koch, der Brey, im Gebirgland dem Mues (zerstoßnen Pfannkuchen) entgegengesetzt; (BM. I, 856. Grimm, Wbch. V, 1552. Zeitschr. IV, 537,IV,28. VI, 299). „Ir fint müezen ezzen uz dem wazzer daz koch"; Helmbr. 1241. „D' Senderin macht von Ram ə˜ Koch"; Alpenlied. „Was mag die Ursache seyn, daß ein Koch von einem weitzenen Mehl, da es umb dieselbe Zeit, wann der Weitzen auf dem Feld in der Blühe steht, nit zusammengestockt, sondern je länger es beym Feuer, je dinner werde." „Daniel in der Löwengruben hat durch den Propheten Habakuk ein Koch bekommen, ich kann mirs leicht einbilden, daß es kein Ayrkoch seye gewest, kein Milchkoch, kein Weinkoch, kein Mandlkoch, wohl aber ein gemeines Koch, etwann ein harter sperer Haberbrey"; P. Abraham. „In der Früh Suppe und Koch"; Hazzi, Statist., Gericht Aurburg. „Das aindlifftt (Gericht auf des Königs Matthias von Ungarn Hochzeit war) ain Coch"; Wstr. Btr. III, 140, ad 1476. Kindskoch. Läuterkoch, (Inn, Salzach) was sich beym Läutern der Butter, beym Schmalzauslassen zu Boden setzt. „Die, das Kochət, Köchət, was auf einmal an irgend einem Materiale zum Kochen verwendet wird; das Kochəns, Aschaffenb.; Grimm, Wbch. V, 1561. Vilmar, kurheß. Idiot 214. Zeitschr. III, 135. 474. V, 174,151. 178,113. VI, 162. ə˜ *Kóchət* Erdäpfel, ə˜ *Kóchət* Mel. „Melber so das Mehl und anders Köchet verkaufen"; Wiltm. 584. Das Köchsel; Grimm, Wbch. V, 1563. Vilmar, kurheß. Idiot. 214. „Kochgersten, Habermehl, gestampfter Hirsen und dergleichen Köchsel"; OPf. L.O. v. 1657, p. 536. In dem Kochbuch im Wirzburger Codex der Münchner Universitäts-Bibliothek: „Diz buch sagt von guter spise und machet die unverrichtigen köche wise", (mir absichtlich mitgetheilt den 31. Jan. 1844 von Maurer v. Constant aus Schaffhausen; — 'nachmals, im J. 1844, abgedruckt in der Bibliothek des literar. Ver. in Stuttgart, IX. Publication') kommen schon seltsame Namen von Speisen vor: „Ein konkavelite," (eine Fülle); „konkavelit macht man von kirsen. von den suren kirsen", (1. u. 83. Recept); „hüenere von kriechen", (4. u. 51. Rec.); „küneges hüenre", (28. Rec.); „ris von kriechen", (5. Rec.); „heidenische kuchen", (5ª. Rec.); heidenische haubt", (Kalbsköpfe. 95. Rec.); „heidenische (alias behemmische) erweiz, (63. Rec.); „haselhüener von friesental", (7. Rec.); „gebraten milich", (25. Rec.); „laris", (40. Rec.); „swallenberges salse", (49. Rec.); „hüenre von rinkanwe", (rinkauwe, 50. Rec.); „snit aht snitten armeritler", (51. Rec.); „mus von ierusalem", (62. Rec.).

Die Kuchel, schwäb. Kuchi, die Küche, (ahd. chuchina, mhd. küchen, küche, küchel; Graff V, 360. BM. I, 856. Diut. III, 152: „culina, chvchil." Gl. v. 1418: kuchein, und noch bey Aventin Kuchi, Gramm. 569 Anm.). Zeitschr. V, 461. VI, 301. R. A. „Den Kuchenschlüßel angehängt haben, fuligine notatum
279 esse"; Prompt. v. 1618. Das Kuchelleben haben, von Speisen: noch etwas Wärme an sich haben. „Er sicht sam sei er unbesinnt, hangflüglet einem karpfen eben gleich der nur hab ein kuchelleben"; H. Sachs 1560: IV, III, 30 (1612: IV, III, 65). Der Kuchelmichel, im Ries Kuchimichel, 1) leichtes aufgelaufenes Gebäcke aus Mehl und Eyern; 2) Mensch, der sich aus Naschhaftigkeit gerne in der Küche umsieht; 3) wilder Jasmin, philadelphus coronarius; (Jir.). Der Kuchelschmutz, der Kuchelwäschel, verächtlich: Person, die in der Küche arbeitet. Der Kuchelwagen, (O.L.) der Hochzeit- oder Kammerwagen der Braut. Die „Jahrkuchen, die Jahrkucheley", (wirzb. Verord. v. 1756) Garküche. Die Kuchlin, (Pinzgau) die Bauerndirne, welche kocht. kucheln, vrb. n., (Pinzg.) die Mädchen in der Küche besuchen.

Der Kuechen (Kuəchə~), wie hchd. Kuchen, (ahd. chuocho, chuocha, mhd. kuoche; Graff IV, 360. BM. I, 856); doch nicht besonders volksüblich. s. Fleck, Pletz, Zelten und das folgende. „Delczser kuchen", s. Sp. 62 unten und Sp. 603.

Der Küechel (Kiəchl·), von Kuechen (Kuəchə~) darin verschieden, daß dieses Wort mehr einen flachen, dichten Kuchen, der im Ofen gebacken wird, jenes aber eine in Schmalz gebackene, erhobene und lockere Masse von feinerem Teig bedeutet. (Gl. o. 146. 319: kuocheliu, cuchelen, frixillae, crispellae). „Mach chuechel davon, von den selben chuechlein iz ainz"; Altm. 26, f. 188ª (v. 1334). Vrgl. unten: Küchel. Die Küechel haben von den verschiednen Formen, Ingredienzien und Gelegenheiten, mit und in denen sie gebacken werden, verschiedne Namen. Fenster-Küechel, haubete oder Hauben-Küechel, Leffel-Küechel ꝛc.; Apfel-Küechel, Holler-Küechel (oder: „St. Johannes Küchl"; Voc. v. 1735), Semmel-Küechel ꝛc. Umbau-Küechel (müssen gleichsam von Rechtswegen aufgetischt werden nach der Getreidsaat), Abschnitt-Küechel (wann die Ärnte beendigt, oder abgeschnitten), Abdresch-Küechel (wann abgedroschen), Einhêug-Küechel (wann das Heu eingebracht), Abfart-Küchel (wann das Vieh von der Alpe gefahren, heimgekehrt ist). Es versteht sich, daß diese Küechel immer eine förmliche Mahlzeit in ihrem Gefolge haben, welche von ihnen als a potiori den Namen erhält. Vrgl. Nudel und Hazzi, Statist. II, p. 187. 188. Mârgng bacht d' A~l *Küəchl!* verweigernde R. A. statt der kürzern: Morgen! ja morgen! Vrgl. Zeitschr. I, 296,5. IV, 67. V, 415,35. VI, 95. „Brauchts går nét, dás mə~ de' Katz *Küəchəl* bacht, si frisst 'n Taəg ə'so." Das Hellküechlein, Hellküechel, auch Helküechlein und Höllenküechlein, „ein Geschenk, wodurch ein Richter, Advocat und drgl. zu Gunsten der im Unrecht befindlichen Partie bestochen wird"; Köhler, vier Dialoge v. H. Sachs (1858), S. 105: 50,29. „Schaw das du niemand dise wochen mit eim hellküchlein habst gestochen"; H. Sachs 1612: II, II, 74. „Das mir durch list und renck gar vil helküchel gab und schenck in mein beutel hat tragen"; das. 1560: III, III, 78. Der Küechelbacher, Küechler, der Kuchenbäcker. „Kuchlpacher, cupedinarius"; Avent. Gramm. „Die Küechlhütten soll man all Fasttäg visitieren"; Instruction für die Buesverordneten in M. v. 1692. Der Küechelspitz, Eisen, an dessen Spitze die gebackenen Küechel aus dem siedenden Schmalz geholt werden. küecheln, Küechel backen. R. A. Mə~ tuət nét allé Tàg *küəcheln.* Es einem *küəchəln,* etwas nach dessen Laune einrichten. „Ein Muß setzt Gott auf, aber mit Kiechel tractirt er niemand, denn er kiechelts keinem Menschen auf Erden"; P. Abraham. Wart, I werd də's *küəchəln!* (iron.) warte, ich werde dir besonders aufwarten. „Du mainst mein 280
liebes Kinde, man werd dir Küchel bachn", sagt Goliath zu David in den Reimen von 1562. Dèn hàb I's *küəchelt,* den hab ich in die Enge getrieben, gequält. Dèr kunnt əəms *küəchəln,* der kann's Einem sauer machen.

Die Kuechen (Kuəchə~), (U.Isar, b.W.; Baur) das vorne aufwärts gekrümmte Schlittengestell; Zeitschr. V, 442; (gl. i. 1120: slito-chohho, rostros, vielleicht auch zu vergleichen mit dem ahd. cocho, mhd. kocke, Art kurzen Schiffes, celox.; Graff IV, 361. BM. I, 857. Grimm, Wbch. V, 1565). Vrgl. Kueffen.

Kouchə'n, (b.W., im Spott) Füße; cf. Kruecken.

---

kackezen, abgestoßen und schwach husten, oder einen dem ähnlichen Laut hervorbringen. Grimm, Wbch. V, 16. „käketzen, sic faciunt qui pilum devorarunt"; Prasch. Vrgl. kächezen, gagkezen und hegetzen.

kacken, cacare; (s. gacken, gagkeln). Grimm, Wbch. V, 14. Das Kackhäuslein, (Nürnb., Hsl.) der Abtritt. Der Nestkack, jüngstes Vögelchen einer Brut, jüngstes Kind in einer Familie; (Nest-Scheißerlein). Grimm, Wbch. V, 14: kack. s. Quack.

keck (kék), wie hchd., (aus dem quech, quec, vivus, der a. Sp.; Graff IV, 632. BM. I, 892. Grimm, Wbch. V, 375. Zeitschr. IV, 5. 101,4). „Des hirßen glose ist groß und keck und hat zäpflen"; Clm. 4373, v. 1437, f. 118. guədkék (ᴗ-, adv., ironisch), frech, impertinent. „Da brach ich keck (wol) drey Stund dazue." „Varb die chekchot oder veh ist", (schekchot?); Cgm. 54, f. 8ª. Vrgl. oben, Sp. 883: gegkericht.

Das Keck, Kick, Kéckət, das Brun-Kick, das Keck-, Kick-Waßer, der Keck-, Kick-Brunnen, lebendiger Quell, aufsteigende Quelle, Quell-Wasser, Quell-Brunnen; (Graff IV, 311. BM. I, 269. Grimm, Wbch. V, 379; cf. griech. κηκίς). „So süchet er einen uil chokchin brunnen"; Diut. III, 35. „Wegen der harten Keckwasser läßt sich das Bier so beständig nit sieden, daß es nit ersaure"; Ldtg. v. 1612: 217. „..ob es sich begeeb, das ainer ain Prunnen in ain Statt soll fhüeren oder ain khöekhen . . . so soll er an die Revierung gheenn da das Khöekhwasser entspringt.."; Fewrbuch v. 1591, Ms. p. 513. Die Köcken, Ottinger Ehaft von 1577. Cf. oben, Sp. 363, unter Brort. „Brunnkecken suechen"; Lori's Lechrain 351. „Den 27. Decemb. 1788 sind sogar die Keckwasser der Mosach gefroren"; Hazzi, Statist. p. 112. „Die Würm nimmt Keckwasser auf"; Obernberg. b. Reise I, 7. „Kleine Sammlungen von Keckwasser"; Wstr., Beschreibung des Würmsees p. 122. Grimm, Wbch. V, 380. „Thu batis der unden fines kecprunnen", tu rogares aquas sui vivi fontis; M. m. 33. Notker: chehprunno. chöchprun, chöpprun; Predigt am Auffertag, Clm. 5978 (XV. sec.), f. 211. 212. Grimm, Wbch. V, 1553: Kochbrunnen. kecken, kicken, a) quellen, (κηκίειν), b) (Hauser) fließendes Wasser leiten. Das Kecksilber, Chöchsilber, ä. Sp., z. B. Voc. v. 1445, argentum vivum, Queck-Silber; BM. II, II, 287. Grimm, Wbch. V, 380. (Wegen des ö vrgl. erkucken).

Das Kéck, Kick, Kikel (Kikej), (Baur) der Sauerteig, das Dámpfel, (weil er gehen, gähren macht?). Grimm, Wbch. V, 376, II, 1, b.

sich kécken, kicken, (U.L.) sich erholen, beleben; Grimm, Wbch. V, 376, II, 1. 379. Graff IV, 634. BM. I, 893. chicchan, chicchen bey Notk. 142,11 et passim. „Bey derə' schléchtn Wart kà˜ si 's Kind nét *kickə˜*. 281 's Foiə' *kickt* si', das Feuer lodert wieder auf. erkécken, derkicken, beleben; Grimm, Wbch. III, 865. „Daz ich mein herze aus iamers anfechten erkicke"; Valkn. 176. „Etlich gegundten dy erschrocknen wider zu erkecken"; Dietr. von Pleiningen. „. . . Ist das kind widerumb erkhückht und gesund worden . ."; Votivtafel in Altenötting. „Mayn; ist ganz erkeckt und freudig worden"; Kr. Lhdl. XIV, 644. s. erkucken und Queck.

keuken. „Orthomea die keukinde sucht"; And. 73, f. 105ª. '(Wol asthma, keuchende sucht? s. oben: die Keuchen und Grimm, Wbch. V, 439: Keichsucht).'

kick! pflegt man einem Kinde zuzurufen, das man, wie stechend, mit dem ausgestreckten Finger berührt.

kicken, (stechen, beißen?) „. . Habe jhn die Schlang mit einem sehr vergifften Biß gekücket, also daß er vor lauter Wehethumb zurück müssen niderfallen, jmmittels der Fuß wie ein Wasserschaff aufgeschwollen"; Altenötting. Histor. v. 1698: II, p. 225; (oder hat der Schreiber die Aussprachform ghéckt, geheckt, von hecken, stechen, falsch ins Hochdeutsche übergetragen?). s. auch oben, Sp. 883: gigken, gicken (stechen), wo Froschgicker (Werkzeug, Frösche zu stechen) nachzutragen ist.

'kickeln, kikeln, spottend mit dem Finger auf etwas hinweisen; s. oben, Sp. 883: gigken.' „Quaere de citoniis (cachinnis?) .i. kikeln"; Ind. 392, f. 21ª. „De ciconiis .i. chrenchen vel kiekeln"; Oberalt. 37, f. 176.

kickezen, abgestoßene Laute hervorbringen im Lachen (kichern), Husten, Sprechen (stammeln). „Kaiser Karl der ander, so man den Kickazer nennt"; Av. Chron. s. kackezen und gagkezen. kickern, kichern, lachen. Zeitschr. IV, 269,10. 503.

Kik. „Von der hinden kik. der báll sind klain und ist zwischen den ballen eng"; Jagdb. v. 1437, Clm. 4373, f. 118. Vrgl. oben, Sp. 1042, hechezen: Gehich und Grimm, Wbch. I, 1091: der Ball, Laut, Anschlag.

'Der Kocke, ä. Sp., eine Art Schiff; ahd. chocho, kocho, mhd. kocke, koche; Graff IV, 361. BM. I, 857. Grimm, Wbch. V, 1565.' „Kiel und kogken"; Altsw. 139,11. 145,28. 212,30.

'kokanisch, adj., nach Art und Weise des Schlaraffenlandes, (ital. cuccagna, franz. cocagne, engl. cockney; Diez, Wbch. 117. BM. I, 857. Grimm, Wbch. V, 1600).' „Umb daz kokanisch gewant, des man in disem lande pfligt"; S. Helbling VIII, 738. s. schnurkeln. Cf. Carm. Bur.: „Ego sum abbas *Cucaniensis*."

'kocken, sich unruhig bewegen; Grimm, Wbch. V, 1566 f.' „Mag mich nicht legen so bey zeit und im beth hin und wider kocken, ich bin nur gangen zu dem rocken"; H. Sachs 1560: II, IV, 24ᵇ.

Der Kockəlefang, Kockəlefau˜, ital. il coccolo di levante, menispermum cocculus, die Fischkörner; (Baur).

köcken, s. oben, Sp. 886: gäcken. Zeitschr. VI, 71.

erkucken, (ä. Sp.) beleben, wiederbeleben, erwecken, (eine Nebenform von erkecken, und zwar, insofern u dem ue, ui des frühern q-uech, irq-uichan entspricht, die bessere). Graff IV, 634. BM. I, 893. Grimm, Wbch. III, 882. „Suscitans, chuchunter", Cgm. 17, f. 208ª; suscitavit, er erchucte", das. 113ª, Ps. 77,6; resuscita, erchuche; das. f. 65ᵇ, Ps. 40,11. „Mein herz wart erkücket", Valkn. 115. „Damit der anderer gemueter erkuckt werden"; Diet. v. Plien. „Refocillare, erkücken", Voc. v. 1445. „erkucken, ausbruten", Voc. v. 1482. (Vrgl. das hchd. Küchlein). „Anima vegetativa, erkuchlich sel"; Voc. v. 1445. „Daz ir nicht erkuckend noch haisend wachen die lieben als lang und si wil"; alte Übersetzung des hohen Liedes.

Die Kucken, kleine Wasserkröte, bufo abdomine fulvo.

„Kückhel, paximates" (?), S. Ulr. 132, f. 55. 78; '(wol = kuochel, küechel, Diminut. v. kuoche, s. oben, Sp. 1221 und vrgl. Diefenbach, novum glossarium p. 283: „paximas, brot oder leip").'

Kukerbit (? 'cucurbita?'). „Tu es (das Gemisch von Schwefel und Eidotter ɾc.) denne in ain kukerbit vnd prenne es uß, (1429); Cgm. 4902, f. 29.

Kukawn. (?) „. . . Der uns geben hat zu der gemain ein Kukawn(?)"; Schliersee-Chronik v. 1378. Öfele, Scr. r. b. I, 384. Vrgl. allenfalls chuhmo, cacabus, gl. i. 237. 347. 443; kuchma, cucuma, gl. a. 650, wenn anders nicht etwas Köstlicheres zu verstehen ist. v. Lang weiset auf Du Fresne's cucho, kleine Ladung Heu: „Clausum prati continens plateam unius cuchonis"; vrgl. Grimm, Wbch. V, 1565: Kocke (2).

(Vrgl. Kat, ket, ɾc.)

Chabaloh, altdeutscher Personname (Förstemann I, 306), wol noch in dem „N. Chalhoch in Atergew" (Attergau) des Cgm. 3941, f. 213 (v. J. 1404).

'Das (?) Kabel, ein gewisses Maß; vrgl. Grimm, Wbch. II, 602 und V, 16: Kab.' „Ain silbrer pecher, darein ain kabl weins gett"; Westenr. Beytr. III, 122. 'Vrgl. unten: Quart und Zeitschr. II, 402,9.'

Die Kaberei, irgend eine Vorstadt oder verrufene Partie der Stadt Wien? vrgl. Grimm, Wbch. V, 1570: Kober, und 1573: Koberei, auch 1568 unten. „Jorg Krempel, ain pöswiht auß der kaberei '(Wiener Hs. „khobrey")"; Mich. Beham, Wiener 7,17. „Der Laurenz Schönberger da pei, der pöswiht, auff der kaberei (Wiener Hs. „khobrey") zu ainem rihter wart gesaczt. vil manchen er unrehtlich laczt, er mordet und beschampte in disem gwalt und ampte"; das. 222,6. „Sterczer, herter und kabreier. (Wiener Hs. „kobrier"), totengraber hundslaher, schergen, schinder und haher"; das. 312,7.

kaudern, Zwischenhandel treiben, mäkeln; ab-, auf-, ein-, zusammen-, ver- ɾc. kaudern Etwas. Grimm, Wbch. V, 307. BM. I, 920: küten, kiuten, verkiuten, tauschen. Vilmar, kurhess. Idiot. 196: kauten. Zeitschr. I, 286,16. VI, 292. „Daß man dem Bauern, der schon auf dem Markt steht, seine Frücht abkaudere, und dann diese Frucht auf eben demselben Markte wieder verkaudere"; Wstr. Btr. IX, 300. Seine Pfründe verkau- 282
den, (vertauschen); Michelstadter Urk. v. 1499. Der Kauderer; Grimm, a. a. O. Zeitschr. VI, 292. „Aschenkauderer, welche den Aschen außer Landes führen"; Lori, BergR. 599. Die Geldkauderer (unberufene und gewinnsüchtige Aufwechseler der Münzsorten) waren von jeher eine Plage der fürstlichen Münz-Anstalten; Lori, Mz.R. III, 171. Es liegt etwas Gehässiges in diesen Ausdrücken, weil der große Haufe in Städten diese Art der Industrie mit als einen Grund der Theurung, und als unzertrennlich von Betrügerey anzusehen gewohnt ist. Vrgl. kauten.

„Kauder" wird im Allgäu von dem unangenehmen Vorgefühl eines Wechsels im körperlichen Befinden, kauderig von einer leicht wechselnden, zweydeutigen Gesundheit gebraucht. Grimm, Wbch. V, 307. Zeitschr. II, 38. 221. V, 374. Vrgl. kauten.

kaudern, schreyen, wie der welsche Hahn; Castelli, Wbch. 181: kaudern, schwätzen. Vrgl. d. folg. Wort und kudern. Der Kauder, (schwäb.) Truthahn, (Calecuter?); Grimm, Wbch. V, 307.

keben, (aus dem ahd. Ablautverb queban, sagen, wie keck aus dem quech, kemen aus dem queman der ahd. Sp.; goth. qvithan, mhd. queden; Graff IV, 636. BM. I, 895. Grimm, Wbch. V, 380 ff. Müller, etymol. Wbch. d. engl. Spr. II, 227: quoth. Wangerog: quider, sagen: Präs. quider, quoſt, quâ, plur.

quidert; Prät. queid, queitst, queid, pl. queiden; Ptc. quithšn; Ehrentraut, fries. Arch. I, 45. 184. Diut. III, 63 ff.: choden, dicere. „Seit ain mal das ich köden schol", sagt der erste Schöpf in Rosenplut's Bauern-Rug, Cgm. 714, f. 323; „sait ain mal das ich aich sol kallen", sagt der andre Schöpf, f. 324b. „Vil und wol reden wil nit wol keden"; Seb. Frank, Sprichw. 1601, S. 109. „Daz kît: mir ist umbe dich rehte als dir ist umbe mich", Walther 49,20. „Er kiut", St. Ulrich's Leben 334) — ist nach B. v. Hormayr noch nicht ausgestorben in den VII und XIII deutschen Gemeinden Ober-Italiens, wo man noch höre: „biä köist du, biä kist du," wie sagst du; '(Schmeller, cimbr. Wbch. 137. Zeitschr. IV, 241,2. VI, 292.)'. Ich vermuthe eine 3te Person sing. keit, (ä. Sp. kît, zusammengezogen aus dem quidit der ahd. Sp.) im letzten Bestandtheil der in Absicht auf ihre ursprüngliche Zusammensetzung sehr entstellten R.A. gottwılkeit, gottwólkeit, gottməskeit, gopplkeit, goppəkeit, gott·lkeit, gottikeit; guədékeit; godwılká, godiká, goliká, godikál; goká; són gottikeit, godiká, goká, sam gottlməská; sam, so sam góká; àls godiká, zum Beyspiel, das heißt, das will sagen, als wollte man, ich, er ꝛc. sagen. '„Schönwerth 24, mit unpassender Heranziehung der Gothen"; Jac. Grimm; (vrgl. Schönwerth, aus d. Oberpfalz I, 24: *sam Gôdiga, sam Gôdala, sam Goggala* etc.)'. Castelli, Wbch. 146: gottikaid, gottika, gleichsam, gesetzt, will sagen; (vrgl. Th. III, so: sonika). Prasch: zamgodikä, quasi vero; Heumann, opusc. 690. Vrgl. česk. takořka (´◡◡??) = tako-řka, sic dicens, quasi dicens, so zu sagen, (Trnka II, p. 86); neřka, adv., geschweige; rjci = řekkjan. (d aus ř, früher r, wie lausitzisch: čedlica = čerlica, Flachsbreche; šwadlica = šwarlca, Näherin.). Kilian: kacke-mick, als-kacks, quasi, quasi vero. Wenn dés ə˜ andə'nə, zə'n *gódikeit*, unsər aənə tát. Der Hungrige sah mich so sehnlich an, *gódiká*, I soll eəm éppəs gébm, gleichsam, als wollte er sagen, ich solle ihm etwas geben. Du lóbst mə's brau˜ Bier ə'-só, *gódiká* I söll dər aə˜s zàln. „Ös Buama sagts: ‚Ah, Giges Gages! Hàt's d·Alti g·sagt!' — *als Gottákeid*, 's is á dàlkats G·schwáb·l"; Seidl, Flinserln 1839: II, 77. 95, (1844: S. 257. 303); „Dá Pal hat in d'Höh g'schaud, *Gottákait*, dá Himm·l möcht'n á·laicht·n"; das. III, 85. „Dä Hea hat üns ja deut und mit'n Augnän g·wunkä, *als heri Gottikait*, ös wär nur glei' fexirt", (als wollte er sagen); Lindermayr 95. *Zum hörikait*, als wollte er sagen; salzb. Thalgau, Hübner 251. 984. Zeitschr. III, 349—352. Diese Vermuthung gewinnt einige Wahrscheinlichkeit dadurch, daß in einigen Gegenden in derselben R.A. statt der Sylbe keit wirklich die Sylbe sprich vorkommt. Gottsprich, zum gottsprich (salzb., Augsb.), gottwolsprich (Hohenlohe), gottmersprich, gottversprich (schwäb.), als gottensprich (Unt.Pfalz). Noch mehr verdunkelt sind aber die vorhergehenden Sylben dieser Formel, so daß eine Vermuthung über dieselben nicht wohl begründet werden mag. Vrgl. oben, Sp. 961: Gott. Grimm III, 74. Dem guten Wackius (in seinem Beweis, daß das Bayrische vom Syrischen herstamme) kommt eben auch der Ausdruck „Godikä" vom Syrischen her. Dr. Bischoff, Professor und Regierungsrath aus Wien, vergleicht das latein. quod dicat, (13. Aug. 1837); 'ebenso Castelli, a. a. O.' Andere suchen nicht über, sondern blos an dem Meere, und beruhigen sich mit dem venetianisch-italienischen co dica, (come se dicesse, span. como quien dice). Geb Gott ich kæde, als guet ich (er, man) kæde. Cfr. gl. a. 159. 166: soso qhuidu, verbi gratia, verbotenus; i. 107: sama so iz kachuetan si, verbi gratia, ut subauditur; i. 900: so so ih chede, ut ita dixerim.

Die Keid, (Ansp.) der Kohlpflänzling; der Keidsâmen, Kohlsame. Bey Stalder die Kîd, der Kîdel,
283 (cfr. Kindlein; ahd. chîdi, kîdi, genimen, Keim, ags. cíd; Graff IV, 365. Grimm II, 237. 258. 260. Wbch. V, 439 f.). „*Käu*" (Keid; Pergine), planta; Hormayr, Gesch. v. Tirol 172. „Germen keyd vel proß"; Clm. 9728 (sec. XV., 1470), f. 76b. MB XXX, II, p. 77, ad 1317, verzeiht sich St. der Mayer zu Stochstal (wegen Schulden) seines Hofes „mit cheyd (?) und mit allen sachen versucht und unversucht". „Die erdflöch, die stechen mir ab, sie fressen mir ab mein keid und mein kraut und was ich anbaut"; P. Werlinus Seonensis (1646), Cgm. 3637, f. 1196. Im U.L. pflegt man von Kindern, welche spielend geistliche Verrichtungen u. drgl. nachahmen, scheltend zu sagen, daß sie „den Keider austreiben." Sollte diese sonst dunkle R.A. als derbe Metapher zu Höfers: „das Keut (den männlichen Samen) austreiben, onanizare," gehören? (Ob etwa gar das wol neuere französische Wort calembourg aus einem gewissen, zunächst niederdeutschen, gemeinen Ausdruck in ähnlicher Figur entnommen ist? Vrgl. Grimm, Wbch. I, 1175 f. und unten: Kalembourg.). Cf. česk. kejda, dichte Jauche. Vrgl. auch Kei.

Der Koder, das Fleisch, die Hängehaut unter dem Kinne, palear; cf. isl. kiœt, schwed. köt, dän. kjœd, Fleisch. s. Goder.

Der Koder- oder Kaderbeutel, (Baur, U.) die Haberrübe. s. Goder.

'Der Ködel, ä. Sp., wie hchd. Köder; (ahd. querdar, mhd. querder, kerder, korder; Graff IV, 680. BM. I, 894. Grimm, Wbch. V, 1571).' „Der krebs gar oft geht aus zu nacht zum ködel das ihm ist gemacht"; H. Sachs 1560: II, IV, 57. s. auch Körder.

ködeln, kuəd·ln, (Traunst.) nach Weise der Älpler singen, (álbə-ln, bóhétz·n, jó-ln).

ködern (kédə'n), küdern, in wiederholtes, halbverhaltenes Lachen ausbrechen; schäkern; Grimm, Wbch. V, 1568: ködern, plaudern, schnattern. Vrgl. kudern, kittern, kuttern. Zeitschr. III, 299: kiden. Dés Mensch tuət nicks àls *kédə'n.*

kudern, 1) ein Geräusch machen, wie Flüssigkeiten, die aus einem enghälsigen Gefäße gegossen werden. Der Kuderleinskrueg, Krug mit engem Halse; Sauerbrunnenkrug; (cfr. Guttern und ä. Sp. Kutraf, Kutrolf, Art Flasche; BM. I, 920). 2) vom Hahn, cucurire; Voc. v. 1735. Der Kuder, (Stuttg.) welscher Hahn; Firmenich II, 443,74. s. oben: kaudern. 3) lachen mit halb unterdrücktem Laut; „tremulo risu cachinnare," Prompt. v. 1618. „. . Und da lachen und kudern die Frauenzimmer, daß s'einen Kropf kriegen möchten . ." „. . Und da haben die andern gnädigen Frauen, die mit ihr im Bade waren, z·kudern und z·kichern angfangen;" Spildauer Br. Der Kuderer, nicht länger zu verhaltender Ausbruch des Lachens. „Da hebt der Teufel den sterbenden Fleischbengeln allen alten Wollust für das Gesicht, bis er von ihnen einen einzigen Kuterer herauspresse;" Selhamer. Die Kuder-Wochen (Kudə'wochə˜), die Flitter-Woche, die ersten Tage nach der Hochzeit, wo es noch lustig herzugehen pflegt. kuderisch, zum lauten, herzlichen Lachen geneigt. 'O du *kudərisché* Dingin! Miər is nét *kudərisch.* s. ködern, kittern, kuttern.

'kudern, bauschen, Falten werfen; s. auch kutten'. Neue Leinwand, Leder kudert, bis sie durch Gebrauch à'gámpə't sind; (b. W.).

Der Kuder, (Ries) der Bodensatz. „Salb aus wildem Kuderschmalz"; Dr. Minderer (1620), p. 176. verkudern, (das.) den Bodensatz aufrühren, trüben.

Der Kuder, das Werg vom Flachs. Im Prompt. v. 1618: „Kauder, Abwerck", es sey von Hanff oder Flachs. Vrgl. schles. Kudeln, verworrene Haare; (Weinhold); poln. kudly, Zoten. Grimm, Wbch. V, 306: Kauder, Kuder. Zeitschr. III, 115. IV, 109,44. VI, 292.

Kuderwan, der Chuderwan, Churwan, Churban (ä. Sp.), b. W. Kattáwo˜, span. el cordoban, ital. il cordovano, franz. le cordouan, Leder von Cordova, Korduan; BM. I, 862. 915: kurdiwân, Grimm, Wbch. V, 1808. Diez, Wbch. 111. „Man soll allen churban flewn von dem lo;" v. Sutner. Der Chuderwaner, (Gem. Chr. 349, ad 1244), Handwerker, der (zunächst aus Corduan-Leder) Schuhe macht, franz. cordonnier, mhd. kurdiwæner. „Fraternitas que vulgariter Chuderwanær-Bruderschaft dicitur;" Ried 567. „Corium quod dicitur corduan;" Reg. Bav. II, 21, ad 1206. 'Cf. curduanelli, calceoli ex pelle de Corduba confecti.' „Contribulis rubeos, soccos sub curduanellis gestans operosis," Membrane aus Docens Nachlaß, 'Ruodlieb XIII, 96, p. 186 u. 231.' s. Schuehsuter.

---

284 Der Kafendler, (Baur) Lavendel-(Kraut).

kauffen (káffə˜, kàffə˜, o.pf. káffm, Weihers: keiff; Dr. K. Roth), Condit. ich käuffet oder kieff (kieff; Behlen's Spessart I, 235. Memmingen: „Ma' kiaf an bei miar ei˜", emeret; Firmenich II, 416), und die Composita, wie hchd. kaufen (goth. kaupôn, ahd. choufôn, choufan, mhd. koufen; Graff IV, 372. BM. I, 867. Grimm, RA. 606. Wbch. V, 323. Zeitschr. VI, 160. 516,3. Cf. ags. ceáp, pecus; Grimm I³, 368. „Kauffen oft so viel als heurathen;" Lessing, Schriften, hg. v. Maltzahn, XI, II, 267. Grimm, RA. 421. Zeitschr. IV, 110,51). 'Der Käuff wie hchd.; gut Kauff, billig, preiswürdig; Grimm, Wbch. V, 320,5,a. „Das prot (gerichtlich) schawen ob es gut kauff sey"; Cgm. 544, f. 44b. Mehr dialektische Bedeutungen mögen folgende seyn. Käuffen, verkäuffen, ohne weitere Bestimmung, heißt auf dem Lande: Haus und Hof, ein Anwesen kaufen oder verkaufen. Er hat zu A. verkäufft und zu B. gekäufft. Er hat her gekäufft. Dés *káf* I nét teuer, ich schlage es nicht hoch an. abkäuffen, überdrüßig werden zu kaufen; schlechten Kauf machen; sich im Kauf irren; an gueten Sachen käufft man nie ab. Das ist ein braves Ros, bey dem hast du dich nicht abgekäufft. Sich abkäuffen von einer Verbindlichkeit, loskaufen. fürkäuffen, vor-, vorauskaufen, besonders, um wieder zu verkaufen; (Rchtb. Ms. v. 1332, Wstr. Btr. VII, 163) Einem andern, der um etwas schon im Handel begriffen ist, es durch ein Mehrgebot vor der Nase wegkaufen. BM. I, 867. Der Gebkæuffer, der verkaufende Theil. unterkäuffen, bey einem Kaufe Mittelsperson seyn; kaufen, um wieder zu verkaufen, Zwischenhandel treiben. Wstr. Btr. VI, 115. Nach einer Regensburger Haus-Verordnung von 1420 sollte niemand ohne Zuziehung der Unterkäufel einen Kauf machen, und diesen in jedem Falle den gebührenden Unterkauf entrichten; (Gem. Chr.). Der Urkäuff, Capital zum Vorankauf dessen, was zur Betreibung einer Wirthschaft, oder eines Gewerbes nothwendig ist; auch die Materialien, die ein Handwerker zur Verarbeitung vorräthig hat; (Zir.) vorräthiges Betriebscapital in einer angekauften Realität; das in die Wirthschaft eingebrachte Geld, fundus instructus. Der Schreiner braucht Urkäuff, der Schneider keinen. „Kein Handwerker konnte sich wegen dem Mangel der Arbeit, des Urkaufs und Verschleißes beklagen;" Nagel's Augustin Geiler. verkäuffen (vó'káffə˜). sich verkäuffen, sich im Kaufe oder Verkaufe irren, zu Schaden bringen. Schlàg ei˜! du *vo'käffst di'* gwis nét! R.A. Es verkäuffen künnen, sich auszusprechen wissen. Vó'stê˜ táts ə's guət, àbə' vo'káffə˜ kàn ə's nét. Schon verkäufft haben, besonders von Kindern im Scherz: schon eingeschlafen seyn. Sich zuekaufen, (Prompt. v. 1618) sich zumachen, einschmeicheln. Der Käuffman (Káfmà˜), Käufer. Die Käuffmannschaft, ä. Sp., Handelschaft, mercatura; verkäufliche Waare, merx. „Komanschaft trîben;" Clm. 5640 (XIV sec., 1370), f. 86. Vrgl. oben, Sp. 641: treiben. „La marchadantia, die chauffmanschaft"; Voc. v. 1424, f. 28.

Kauffang. „Den Diener 5 tag lang im Kauffang und bey dem Profosen gleichfalls funf tag lang mit Wasser und Brod zu arrestiren", (Wien, circa 1591), Suttinger, consuett. Austriae (1718) p. 353.

Der Kæuffel (nach Gramm. S. 122 vom ahd. chouffo, mango, Graff IV, 377), die Kæufflin, in (nach Gramm. 1031) renovierter Form: Kæuffler, Kæufflerin, der, die da Kaufhandel treibt. Grimm, Wbch. V, 323. 335. Der Fürkæuffel, Fürkæuffler, Vorkäufer, besonders Getreidhändler. Wstr. Btr. VI, 115. 118. 185. MB. XX, 560. Ldtg. v. 1612: 361. L.R. v. 1616: 230. 510. 513. 647. Iətz sán' lautə' *Fürkäffler* auf də' Schranne˜ kaən aə˜zigə' Bauə'. Me˜ söllt dé Spitzbuəbm àllé aufhenkə˜! so klagte und wünschte in seiner Weisheit der große Haufe, als es zu Ende Mai 1817 gleichsam wieder Winter werden wollte 285
und das Getreid auf das Sechsfache der gewöhnlichen Preise gestiegen war. So auch am 20. April 1847, als der Scheffel Weizen auf 40 fl. gekommen war, tiefer Schnee lag und die Dächer voll Eiszapfen hiengen. Der Unterkæuffel, Zwischenkäufer; vrgl. oben. „Vom Unterkäuffl ich bericht bin jhr bedürft ein reisigen Knecht", sagt Clas zum Junker; H. Sachs 1612: V, III, 40 (1560: V, 357). Der Kæskæuffler, Kornkæuffler, ehmals: Fisch-, Gewand-, Roß-, Schmalz-, Woll- ꝛc. Kæuffel, der mit Käse ꝛc. handelt. Der geschworne Kæuffel, vereideter Schätzer; (s. Täntler). In Augsburg, Nürnberg sind die Kæuffler, Kæufflerinnen, (Kæufflinnen), was in München die Täntler (Trödler). Die Kæuffelei. „Sie (die Geizige) leuffet nach keufleye uz und in"; Renner 4732. Die Kæufflerey, die Auff-, Fürkæufflerey; Wagner, C. u. E. B. II, 33.

Kaufinger (nicht Káffinger!) Gasse (in München). „Eberhardus dictus torer dedit nobis" (Dießen) curiam in Kufring"; Clm. 5509c, f. 6b. Mehthildis laica de Köphringen"; ibid. f. 51.

Der Kefer (Kêfə', Kéfə') wie hchd. Käfer, (ahd. chevaro, chevar, chevor, mhd. kevere, kever; Graff IV, 378. BM. I, 803. Grimm, Wbch. V, 18 f. (Der chever, des chevern; Fabel in den Altd. W. III, 223. „Die cheuern vliegen unverdaht des vallet maniger in ein paht", Clm. 4660, f. 110; (also zu chevero oder chevera; aber gleich darauf:) „Der chever sich selb betriuget swenn er ze hohe fliuget"; Cgm. 4660, f. 110. Kefern, wibeln und premen siht man des tobes ofte remen, wenn sie fligen unbedaht, des vellet ir mangeu in ein paht"; Renner 16286. „Dés is mər ə˜ grüənə' *Kefə'*", ich kenn's, versteh's nicht; Reizenbeck I, 161. Kefer-Peunt, Ortsname; s. oben Sp. 396 u. vrgl. Haupt's Zeitschr. IV, 252. VII, 559 ff. Grimm, Mythol.² p. 1222. Kefer-Löh, Name eines Waldbezirkes unweit München, welcher jetzt zunächst ein paar um das Kirchlein eines Viehpatrons darin liegende Häuser bezeichnet, wo schon seit 1325 (MB. VIII, 543) am Egidiustag der große Viehmarkt gehalten wird, der gemeinhin elliptisch nur der Keferlöher heißt. Schon durch ein Mandat vom 19. Novemb. 1770 wurden, was später durch die Octoberfeste noch weitgreifender geschah, Prämien für die besten, auf diesem und einigen andern Märkten erscheinenden Viehstücke ausgesetzt. Vrgl. Lienhard. Brobst Johannes zu Scheftlarn leiht Cunraten Maisler zw Keuerloch des klosters halben hof daselbst auf weitere 5 Jahre (1425); deutsche Urk., Vorderdeckel des Clm. 17041. Desgleichen v. 1426 auf 8 Jahre, Vorderdeckel des Clm. 17043. Über den Keferloher Markt s. Mandate v. 25. Aug. 1616 u. 25. Aug. 1671. *Kéfə'louhərisch!* d. h. toll u. voll. Vrgl. das Epsom-Rennen am Derby-Tag, (26. May); Allgem. Ztg. 1852, Beil. S. 2476 f.

Die Kéfi, hchd. der Käfich, (ahd. chevia, kebia, mhd. kefje; Graff IV, 378. BM. I, 803. Grimm, Wbch. V, 25). Dietr. von Pleiningen hat: „In ein kefet", in caveam. „Keffet, cavea, Vogelhaus;" Voc. v. 1429. „Vogel keffet, cavea"; Voc. Archon. f. 44. Ain kefit, (kefi); des Teufels Segi, Barack 6460. Die kebich, Buch d. W. 1485, f. 52. Kefent, H. Junii Nomencl., Augsb. 1629, p. 29.

keifeln, wie hchd. keifen, Ärgerlichkeit zeigen, zanken. Grimm, Wbch. V, 442. „cheyffeln, cavillari; rixa, briga, cheyffelung;“ Voc. v. 1445. S. kifeln.

keiff, adj. u. adv., hefftig, nachdrücklich, stark. Grimm, Wbch. V, 441 f. Cf. agſ. cáf, Grimm, Andr. u. El. p. 141 f. Zeitſchr. VI, 147. 293. Das Prompt. v. 1618 hat: keiff, stipatus, densus, densatus; keiffer Menſch, homo acer, durus, fortis, constans.“ Vrgl. geheb, gehibig, kibig, keib und küftig.

kifen, kifeln, vrb. n., 1) nagen; (mhd. kifen; BM. I, 804 f. Grimm, Wbch. V, 666. 668. Zeitſchr. IV, 173. VI, 288,163). „Der wurm baiz und baiz und kifte und genuoch den bōm hinz daz er erdorret“; Griesh. Pred. II, 103, 104. Chifelſt du das haubt“, (nagſt du am Kopf); Ring 36ᶜ,18. „Die zung uns dick das dur kift“, (durchkift? das Dürre kift?); Konr. v. Megenberg, Diemer in den Sitzungsber. VII, 86. „Nim petram und kif das unter den Zänen;“ Ortolph. ə˜ Baə˜ *à'kifeln,* einen Knochen abnagen. Am Hungertuech kifeln. „Wer es vermag der kaufe Maiſter= oder Alant= oder Zittwer=Wurz oder Lorbeer und küeffe ein Stücklein derſelben und behalts im Mund;“ Mandat (wegen der Peſt) von 5. Sept. 1613. „Es küffelt ein Schneider ein Gaisfuß ab;“ Anfang eines Volksliedes bey P. Abrah. „Beſſer, es frißt mich ein Wolf als ein Schaf, thut mir das Kiffen nit ſo wê;“ (Aurbacher). 2) keifen, zanken. „Rixa, krieg, kifeln“; Cgm. 3985, f. 2. Der Kif, (Nürnb.) Hader, Zorn, Streit; (ſchweiz. Kîb). „Kyfferigkeit vel kifferlichkeit, certamen“; Voc. Melber. Grimm, Wbch. V, 672. R.A. Kif=Erbeß eßen, (equivok dem Kif=Erbeß im nächſten Artikel). „Hat er gemacht vil böſer Eh, daß mancher Pawr kiferbes as, wiewol es umb Weinachten was;“ H. Sachs. Grimm, Wbch. V, 671,2. Vrgl. keifeln.

Die Kif=Erbeß, Erbſe, die noch grün, in der Hülſe, Schote, (ahd. cheva, ſchweiz. Kefen; Grimm, Wbch. V, 17. 666: der Kiefel, die Schote; kiefeln, enthülſen) feſtſitzt. Grimm, Wbch. V, 671,1 „Scrofularia .i. morela, kifferbus“ (?); Clm. 5873 (XV. sec.), f. 238. „Die nimer mit einander kiferbeis eſſen;“ Cgm. 713, f. 28. Einem Impotenten, der ein begehrlich Weib hat, „dem ſind die kiferbes über jar zeitig“; Cgm. 713, f. 7 (oder vorher). „Er darf nit kifen kauffen, ſein weib gibt im zu weihnachten genug;“ S. Frank. „Suntag ze mitter vaſten ſo man arbaiz chivelt“; Evang., Cgm. 66 (64), f. 60ᵇ. Das Bonə˜kefət, (Allgäu) Gericht von Bohnen ſammt den Hülſen.

286 Der Kifer, Nürnb. das Kiferich, (Ilm) Kies, Sand. Grimm, Wbch. V, 670. „Von Irrla bis Märching iſt die Straße mit Kiefer beſchüttet;“ Baumgartner's Beſchreib. v. Neuſtadt p. 84. „Küfferig Geſtain; Calender v. 1668. (Gufer nennt man im Berner Oberland den Sand und die Geſteintrümmer, welche ſich linienweiſe auf den Gletſchern zeigen).

Der Kofel, nom. propr. für gewiſſe ſich einzeln erhebende Bergſpitzen. BM. I, 857. Grimm, Wbch. V, 1574. Zeitſchr. VI, 299. Nach Steub (Rätien, S. 107) raſeniſch: chavil, als Ableitung von caf, cap, Kopf. „Und ſprang uber ein choffel in das mer“; Montevilla, Cgm. 694, f. 10, („und ſpr. über einen felſen in d. m.“; Cgm. 695, f. 11). Der Kofel bey Ober=Ammergau (auf welchen Einige das lat. ad Coveliacas der Peutingeriſchen Tafel beziehen wollen). Dort nennt man die Hebamme das Kofelweib, und ſagt zu Kindern: *'s Koflwei'* hàt dər Muəttər ə˜ Kind 'bràcht. Der Kofel bey Mittenwald; die Kofeln bey Hohenſchwangau. Der Patſcherkofel, Rauchkofel, Scherbenkofel, Kampenkofel ꝛc. in Tyrol. Vrgl. Kobel, Gufel und Kogel. VII Com.: kovel, kuvel, Hölung, Rinne im Fels. HhE. erklärt Kofel durch Sandſtein.

kofeln verrecktes Vieh, es ſchinden, aushäuten. Der Kofler, der Schinder, Abdecker. Vrgl. Kobel (Viehfall); oder ſollte Kofler ein Contractum ſeyn vom rothwelſchen Cavaller, Adelung's Kafiller? (Grimm, Wbch. II, 610 u. V, 26). ſ. killen.

'Der Kofen, was Koben, Kobel (ſ. oben, Sp. 1216); Grimm, Wbch. V, 1574.' „Den heizen oven, den gluenden coven“; Fragm. sec. XIII., Dr. K. Roth.

=kofen, als letzter Theil von Ortsnamen, mag in einigen Fällen ein eigenes Stammwort ſeyn, (vrgl. Kobel); in mehrern iſt es nichts anders, als das gewöhnlichere =hofen, deſſen h mit einem, den erſten Theil des Namens ſchließenden ch oder g oder k zum k zuſammengeſchmolzen iſt, (vrgl. =kait aus hait); z. B. Zeizinc=hoven, Gundlinc=hoven, Aregiſinc=hova, Benninc=hova, Pittenc=hova (Ried 56. 287), wo Patronymica auf =ing zu Grunde zu liegen ſcheinen. Hinkofen = Hüninc=hoven, woraus der Dichter der Heideninne: Rudiger von „Hunthofen“ entſtellt; (ſ. oben, Sp. 1119: hüniſch, der Heune). „Rudg' hurnchovær“, Zeuge in einer Regensb. Urk. v. 1290—93, der Schreiber derſelben. Rætelchoven, Memchoven, Pfafchoven (Ried 526. 529. 598) ſtatt Rätling=hoven, Meminc=hoven, Pfafing=hoven? (Doch eher ahd. chova, Grimm III, 429. ſ. Kofen). Indec=hoven, (Inkhofen); MB. IX, 393. Graff IV, 829 bis 831. Vrgl. oben, Sp. 109. Förſtemann II, 753 ff.

'Der Kofent, ä. Sp., aus latein. conventus; Grimm, Wbch. V, 1574 f.' „Covent (Convent) in ein kloſter“; Cgm. 713, f. 170.

ſich koſern, (Obrmr.) ſich erholen, an Kräften zunehmen. ſ. oben, Sp. 1217: kobern, erkobern und Grimm, Wbch. V, 1544,1, b.

„Coffe, vitiselle“; Cgm. 721, f. 38 (138). 'Cf. Diefenbach 623ᶜ; viticella, vitiscella, hopſo, copfe.'

koffern, choffern; ſ. oben: kobern, ſpielen, würfeln, u. Grimm, Wbch. V, 1545,2,c. „Alles choffern mit dem Würffel oder mit der Chugl und allez Wetten, daz verbieten meine Herren“ . . . „Alle Spil und Chofern mit Würfeln, mit Chugeln mit Charten, mit Pimperlen;“ Gem. Reg. Chr. II, 189. 301, ad 1378.

Die Kueffen (Kuəffə˜), wie hchd. die Kufe, am Schlitten ſowol (vrgl. Kuechen), wie als Gefäß, (ahd. chuofa, mhd. kuofe; Graff IV, 377. BM. I, 915. Zeitſchr. V, 442. VI, 304); namentlich ein Gefäß, worin das Salz von den Salinen aus verführt wird, (cuppa, Meichelbeck, Chr. B. II, 42). „Cupa est vas in quo reponitur sal apud salinas, ein chuffe“; Clm. 5008 (XV. sec.), f. 153. Die Kueffen (weites Bandes, ä. Sp.) wiegt mit dem Salze bis an die 148 Pfd. und iſt verſchieden vom Küefflein, Küeffl (klaines Bandes, ä. Sp.), deren ohngefähr 8 auf die Kueffen gehen. Mauthtarif v. 1765. Lori, Brg.R. 23. 125. MB. IV, 365. Kr. Lhdl. II, 215. Der Kueffer, Küeffer, der Böttcher. Kurz, Öſterreich unter Friedrich d. Sch. p. 453: der Kueffner. kueffern, das Böttcher=Handwerk treiben.

'Die Kaſſe, Keſſe, ä. Sp,, Kapſel; ſ. oben, Sp. 1218: die Kebſe.' „Die kafſtze meines herzen in der bruſt ſtünd lære;“ Walkn. 140.

---

küfftig. „Ob die Getreidfelder dick oder dünn, krautig oder unkrautig, groß oder kleinküfftig ſtehen.. 287
Item ob der Boden gut, warm, kalt, leberküfftig, wäſſerig oder trucken;“ Springii Zehendrecht, p. 430. Bey Stalder iſt küftig, käuftig genau. Vrgl. keiff.

Das Kag, Hag, Zaun; Meichelb. Chr. B. II, 211. 212. Lori, Lech.R. 314. MB. X, 173. 174. ſ. Hag, Gehag. verkagen, einfriedigen; MB. X, 174.

Der Kag, (im Ries) der Strunk oder Stengel vom Kohl, von der Erd-Kohl-Rübe u. drgl. Grimm, Wbch. V, 26 f. „Kag oder dorsf, Krautskag, Kolstock, maguderis;“ Voc. v. 1482.

Kagers, Ortsname (bey Straubing), bey Freyberg II, 116. 121. 126 immer Kabers.

Der Kegel, 1) wie hchd. (Graff IV, 362. BM. I, 793. Grimm, Wbch. V, 383 ff. cf. franz. quille, ital. chiglia; Diez, Wbch. 99); 2) die Angel oder Häspe einer Thüre, eines Fensterladens u. drgl. (ahd. chegil, paxillus). 3) der Gelenkknochen. auskegeln den Fuß, den Arm, ihn verrenken, luxieren, aus der Kugel fallen; (s. Adelung: Kugel). Scherzhafte R.A. den Arsch auskegeln, sterben. kég'lwétz'n, sich durch gehäßige, spitzige Reden an einander reiben. 'Vrgl. der Kegel, grober, roher Mensch; Grimm, Wbch. V, 387,11.' „Da hab ich einen bawren gekannt einen groben kegel“; Joh. Pauli 17.

'Der Kegel, unehelicher Sohn, filius spurius; BM. I, 793. Grimm, Wbch. V, 389 ff. Zeitschr. III, 145.' „Hab wir doch weder kegel noch kinder“; H. Sachs 1560: III, III, 74. Vrgl. die R.A. Kind und Kegel. 's *Nestkegelé*, (schwäb., Her), letztes Kind einer Ehe.

'Der Kegler, Betrüger (?); Grimm, Wbch. V, 394.' „Kegelär“ (vor: Riemenstecher und Viertäter); Augsb. Stdtbch., Freyb. 5. *Traədkégler*, (Rottthal, Beneficiat Eras in Vilshofen) Händler mit Getreide.

kegen, ziehen, schleppen; s. oben, Sp. 1026: geheien. Grimm, Wbch. V, 393 f.

Der Kog, des, dem, den, die Kogen, (schwäb.) 1) das Aas, verrecktes Vieh. 2) sehr beliebte Schimpfbenennung gegen Manns-Personen, wie Lueder gegen Weibsleute. '3) ansteckende Krankheit; vrgl. Schelm. Grimm, Wbch. V, 1577.' Kuga, (Murko) Viehseuche, Pest, auch die personificierte Seuche, d. i. ein scheckiges Kalb, welches nach dem Glauben der Landleute durch sein Geschrei das Vieh tödtet. Südslawisch und wol auch obotritisch: kuga, pestis. Esthn. katk, pestis, serb. kuga, polab. koghe; Schafarik, Star. I, 641. Kilian: „koghe, contagium vaccarum, porcorum, ovium.“ „Grot koghe“; Detmar's Chronik. Vrgl. Grimm's Mythol.[2] p. 1133.

Der Kogel, Eigenname verschiedner kegelförmiger Bergspitzen, z. B. der Ankogel, Keskogel, Lerchkogel, Riskogel rc.: früher wol ein Appellativum. Grimm, Wbch. V, 1578. „Colles by chogel oder pühel“; Joh. Hayzer zu Hallstadt (1462), ZZ. 1803, f. 201. „Oben auf des Berges Kogel;“ Theurdank. Krain: v'rh, der Gipfel, die Zinne, (cesk. wrch); verhovnik, Kogler, Kogelbauer; Jarnik 165. Der Schütz stêt z'höchst obmət auf də' Schneid hintər e~n klae~n Fels'n*kogl*“; Seidl (1844) p. 274. Vrgl. Gugel, Köchel, Kobel, Kofel rc.

Die Kugel, cucullus; sieh Gugel.

Die Kugel, wie hchd.; (in der ä. u. a. Spr. fehlend? 'BM. I, 895. Weigand, Wbch. I, 647.' Vilmar, hess. Wbch. 30, meint, erst aus Kull (vielleicht slawisch) sei in den letzten Jahrhunderten Kugel entstanden, wofür vorher chliua, kloz üblich. Vrgl. kurhess. Idiot. 231. Weihers: *Kuill*, Kugel; *Kuillkob*, Schimpfwort; Dr. K. Roth). R.A. Die Grenze geht auf dem Grat der Anhöhe fort „wie Kugel walzt und Waßer läufft,“ d. h. auf der Scheidelinie, von welcher aus eine Kugel oder das Wasser nach der einen oder andern Seite abwärts laufen muß. Besonders in bergigen Waldgründen wird so die Grenze oft nach dem Kugellauf bestimmt; (Regnet; Lori, LechR. 556). Im 17. Jahrhundert glaubte man an zauberische Kugeln, die, von den beutesuchenden Soldaten fortgerollt, so artig waren, da, wo Geld vergraben lag, stille zu halten. Abele, seltſ. G. H. I, 159. s. Th. IV: Wolfkugel. 2) die Kugel, das Kügelein, rundes Samenkorn. Kugeln, plur., vorzugsweise der Same der Vogelwicke, vicia cracca. Brodkugeln, Koriander-Same. 3) mehr oder weniger hervorragendes Felsenstück im Rinnsal eines Stromes. „Item Leonhard Aendorfer der Mautner zu Wasserburg die Erhöhung der grossen Stain und Kuglen aus dem Innstrom im Heuwinckhl daselbst“; Rechnung von 1601 in Wstr. Btr. IV, 201. „Ofters wird die Schifffahrt (auf dem Inn) wegen der vorragenden Steine, Kugeln genannt, gefährlich, daher auch diese gesprengt oder versetzt werden müssen;“ 288
Neue philosoph. Abhandl. d. A. d. Wissenschaften VI. B., p. 183. Die Schiffer auf der Donau unterscheiden solche Kugeln durch eigene Namen: z. B. die Markkugel, Wolfskugel rc. (von Delling). Vrgl. Kachelt. auskugeln. Ausräumung einer Fahrbahn auf dem schwarzen Regenflusse von Zwiesel bis Pulling bei Kötzting mittels Sprengens (Schießens) und Auskugelns des hinderlichen Gesteines, an die Wenigstfordernden in Accord zu geben; Ausschreiben des Forstamts Zwiesel v. 19. Mai 1846.

kugeln, a) wie hchd. b) Kegel schieben. „Umb spil und kugeln,“ Rchtb. Ms. 1453. „Wer kugeln wil, derselbig auch auffsetzen muß“; H. Sachs 1560: V, 392 (1612: V, III, 114. 131). einkugeln, den Kegelaufsetzer und Kugelzurücksender machen. Das Kuglət, Kegelspiel, wobey Preise ausgesetzt sind. Das Menscherkuglət, wobey sich die Mädchen producieren und den Mannspersonen die oft nicht geringe Freude des Zusehens lassen. Das Stierkuglət, Spiel, wo ein Stier zum Preise gesetzt ist; Spiel mit 3 Kegeln. Das Wandkegelspil, s. Th. IV: Wand.

Die Kugelmahd, (Isr.) steile Bergwiese, die man nur mit Fußeisen betreten und mähen kann.

Der Kuglmàgng, (München) cucumago alba, Champignon, wendisch kuk-mak, österr. Kucke-mucken.

'Der Kujon, Schimpfname, das franz. coïon, coyon, vom ital. coglia, coglione, mundartl. cojon, span. cojon, frnz. couillon, testiculus, scrotum, (aus lat. coleus); dann: Feigling, Schuft; (Diez, Wbch. 106. Grimm, Wbch. II, 640. Weigand, Wbch. I, 226.).' VII Com.: cojüne; Foza: boolare. „Ceci sont des temps où le roi de Prusse même est obligé de tirer le chapeau devant chaque *couillon*“, sagt der preußische Consul in Genua; Artikel aus Genua v. 11. Sept. 1848, Allgem. Ztng. Nr. 261. kujonieren, 'als einen Kujon behandeln, empfindlich plagen, hudeln.'

---

kal, hchd. kahl, (ahd. chalo, genit. chalawes, mhd. kal, gen. kalwes; Graff IV, 382. BM. I, 780. Grimm, Wbch. V, 27), im gemeinen Dialekt wenig üblich. Recaluester (recaluaster), urcaler, (uochalauuer!); Aug. S. Ulr. 88, f. 143ª. Acalvus, vorkal; Poll. 301, f. 1. Calvities, kalwi; Clm. 4394, f. 177. kalwen, vb., ä. Sp., kahl werden; vrgl. unten: kolben. „Von frost muoz die heide kalwen“; Altsw. 70,14.

'Der Kalhut, Hut von geschorenem Filz (? Grimm, Wbch. V, 30 f.);' s. unter Librey u. vrgl. Kulhut.

Der Kalmäuser, 1) Geizhals, Knauser, Knicker, während im Hochd. die Bedeutung: Kopfhänger, Grillenfänger üblicher. 2) Tadler. Grimm, Wbch. V, 70—73. Zeitschr. V, 166,125. kalmäusen, karg seyn. kalmeissen Einen, (bey Selhamer) ihn tadeln: „Solst du ein Priester sehen, der ein Aergernus gibt, so must nicht eben darum das ganz Priesterthum kahlmeissen.“ Das Prompt. v. 1618 hat: „Calmeiser, trivialis magister, grammatista, abecedarius; calmeisen, agere trivialem magistrum. Einen außcalmeisen, acrius increpare.“ Zeitschr. III, 133.

Kalmünz, Ortsname, s. unter Münz.

'Das Kahl, (jüd-deutsch) Gemeinde, Versammlung; Anton p. 42. v. Trein p. 170. Thiele, die jüdischen Gauner, p. 269: die Kohol (sprich Kohl).' „Die weltliche Regierung der Juden gehört dem jüdischen Rathscollegio, das sie Kahl nennen"; Lexicon v. Franken II, 244. 243 (unter Fürth).

Die Kalatschen, a) Art Backwerk; (b. W. Goládsch·n, česk. koláč, runder Kuchen, krain. kolázh, Radbrod. Grimm, Wbch. II, 629: das Coletchen, die Collatschen. b) (Nürnb., Hsl.) Sache von geringer Bedeutung.

Kalaus. Im Kochbuch des Wirzburger Codex '(Bibliothek des iit. Ver. in Stuttgart, IX. Publ.)' wird unter Nr. 25 '(Nr. 24, p. 10)' eine Art Speise beschrieben, und dann gesagt: „daz heizzet calaus", '(im Druck: caleus).'

Calembourg, meint Wackernagel, beziehe sich auf den Schwänkemacher, den Pfaffen von Kalenberg. 'Vrgl. oben, Sp. 1225: die Keid.'

'Der Kalender, wie hchd.; (BM. I, 780: kalendenære; Grimm, Wbch. II, 602. V, 62).' „Colere calendas: der manode kalendas bigân alse ginûge tuont", Stuttg. Hs., Mone's Anz. VIII, 102. „An der achten kalend" nicht Ader lassen; Clm. 13076, Deckel. In Nürnberg konnte trotz aller Aufmerksamkeit der Policey das sogen. Kalender-Verbrennen in der Sylvesternacht nicht abgestellt werden, (Augsb. Abendztg. 7. Jan. 1843); 'es besteht auch noch heutzutage, doch nur vereinzelt, fort.'

Die Kalesche, s. oben, Sp. 966: die Gutschen u. vrgl. Grimm, Wbch. II, 602. V, 63.

Der Kalier (Kaliər, ⏑ –, auch Kalə, – ⏑, Kállə-wátsch), (Nptsch.) Anhängtasche, worin entferntere Schulkinder ihre Bücher und Schriften, Landmetzger ihren Werkzeug zu tragen pflegen; (Obrm., Fürst) Tasche oben in der inwendigen Seite des Rockes oder Jankers. Grimm, Wbch. V, 70. „ə˜ Rösə-l vo˜ ən Zau˜ hàn I 'brockt Suntə' Früə, hà˜ mə' 's Leibəl klaə' zrissn und zfetzt 'n *Kaliə'*", Wagner, salzb. Ges. 40, (hinten als „Rock" erklärt). Zeitschr. VI, 332. Firmenich I, 128,16 (Uckermark): „Is de *Kallied* met Schinken vullsackt", (als „Korb" erklärt). Der Bettel-Kállə, Bettelsack; fig. Bettler. Näher liegt eine Entstellung aus Karnier, als das chiulla (pera, sitarcia) der ahd. Sp. (Tat. 44,6. Graff IV, 387), welchem jetzt eine Aussprachform die Káll·n gemäß wäre. s. unten: Karnier und Grimm, Wbch. II, 607. V, 219. Vrgl. auch: kállaren, Bettel, pettegola, (VII Com.).

'Die Kaluppe, altes, schlechtes Haus, Grimm, Wbch. V, 95; poln., böhm. chalupa, kleines Haus; (Zips) Kalibe, Kalupen, Hütte im Wald.

kallen (kàlln), bellen, verächtlich: sprechen; (ahd. challôn, mhd. kallen; Graff IV, 383. BM. I, 69. Grimm, Wbch. V, 69. Zeitschr. III, 20. 48,26. 115. 89. 557,92. VI, 289). Mei˜ Schàz is ə˜ Jágə', I kennən aus àlln, kenn 's Büchsál i˜n Klingə˜ und 's Hundál i˜n *Kálln*. „Er kallet daz, des in doch nieman fraget"; Labr. 563. „Daß die Hunde gekhallet und gehennet"; Leben des salzb. Erzbisch. Wolf Dietrich. „Der still hebt auch an zu kallen"; H. Sachs. „Sie runnent und kallent", (sprechen leise und laut); Diutiska II, 149. Niederd. kallen; Firmenich I, 401,57. 402,93. 414,10. 417,45. 429,1. 477,212. verkallen, ä. Sp., gegen etwas sprechen; Graff IV, 384. BM. I, 781. „Multiloquam dolositatem, manichredigen, die uerchallen unchustiheit", Cgm. 17, f. 13ᵃ, Ps. 12, oratio. „Cum procacitate, mit der uerchellene", ibid. f. 36ᵇ, Ps. 35, oratio. Vrgl. Graff, Windb. Psalmen, p. 35, Anm. „Hetet irz niht verkallet, noch so vil uf uns geschallet, so . . ."; Helmbr. 1277. kalzen (st. kallezen? cf. holl. kouten = kalzen? Graff IV, 384. BM. I, 781: laut sprechen, übermüthig schwatzen, prahlen, schelten). „Vernembt ferner mein Kalzen", (Reden); Turnier-Reim bey Hund. 'Die Kalle, ä. Sp., lautes Gerede, Geschwätz; BM. I, 781. Zeitschr. II, 553,94. „Ich gib umb deinen öden chall ain wicken nicht"; Cgm. 270, f. 83, (Cgm. 379, f. 43: „umb dein öde kall"; so f. 41: du must enbern diner klaff; f. 55: „sin falschw kall"). 'Der Kallhart, ä. Sp., Schwätzer; Grimm, Wbch. V, 70.' „Unter den kelhartten (zu Wirzburg) gund sie jrs chausses warten"; Cgm. 270, f. 86ᵃ, (Cgm. 379, f. 46: „unter den kalharten").

Kallo, (Pseud.-Jir.) der Triftholzschwand, il calo.

kallopieren (khallopiərn), mhd. galopieren, kalopieren, im Sprunge reiten; BM. I, 460. Cf. ital. galoppare, franz. galoper (cavalloper?) aus goth. gahlaupan, ahd. gahloufan, laufen; auch franz. walop, waloper, ital. gualoppare, (Diez, Wbch. 161), mhd. walap, walopieren. „Nû kom her Iwein balde ze velde gewalopieret"; Iwein 2551.

Der Kaularsch, s. unten: Keilarsch.

Der Kaulberg, „mons globorum"; Reg. Bav. III, 163. 'Vrgl. Grimm, Wbch. V, 349: die Kaule, der Kaul, Kugel. Zeitschr. II, 31. IV, 317.'

'Die Kel, 1) wie hchd. Kehle, (ahd. chela, mhd. kel; Graff IV, 384. BM. I, 794. Grimm, Wbch. V, 395. 509).' „Ein chrentzlin uf ein weise chel"; Cgm. 270, f. 207ᵃ. '2) das Kehlstück am Pelze, die rothe Farbe in der Heraldik, (franz. gueules, engl. goules); Suchenwirt, hg. v. Primisser, p. 235. BM. I, 794. Grimm, Wbch. V, 398,4' „Fuchskehl, Fuchs Rücken, Fuchs Wamme"; oberöstr. Kleiderordn. v. 1674. „. . . wiz hermin und was von keln drin geleit ein halber adeler"; Maßmann, Denkm. I, 142. „von hermin und von keln"; das. „Den schilt man sach von chelen rot erscheinen"; Suchenwirt XI, 295. „Ir belliz was hermin wiz unde vil gût die keln rot alsô ein blût"; Eneit 1700. „Von keln und von armen gar von zobel und von smarakten var"; Liedersaal Nr. CXXV, Vers 227. „Quod pius Ludewicus filius Karoli hoc privilegium clericis canonicam regulam servantibus dederit ut felina lappa hoc est rubeo pelliciorum ornatu utantur"; Traditiones Fuldenses, ed. Dronke, cap. 2. Vrgl. unten: die Kul. „Glis, ἔλεοι, χαμψιουρος Feh kelmauß"; H. Junii Nomencl., Augsb. 1629, p. 26.

Der Kelhaimer, Kelhamer, Donau-Schiff der größten Art (gegen 128 Schuh lang), wie sie in Kelheim entweder ganz ausgebaut, oder als Gerippe zum 289
weitern Auszimmern nach Regensburg 2c. geliefert werden. Die Kelhaimer-Bäsel, Hexe; (Dtgr.). Das Kelhaimer-Stücklein, viereckige, gewöhnlich zum Pflastern bestimmte Marmarplatte, bey Kelheim gebrochen und geschliffen. „Kelheimer Platten", (1613); Cbm. 2224, f. 57. „Alsô vindet man auch oft, daz sich daz wazzer verbt in der erden und gar rôt her für vleuzt; sô wænent die ainvältigen läut, daz ain hailtum da sei. Alsô pauten Kelhaimer ain hülzen cappeln über ainen rôten wazzerfluz an der Tuonaw oberhalb Regenspurch"; Konr. v. Megenberg, Pfeiffer 82,14. Vrgl. Förstemann II, 870.

Kelmarder, (bey Matth. Schwarz von 1518) eine Art Pelzwerk, Pelzfutter. Grimm, Wbch. V, 398,4. Vrgl. die gl. a. 235. 304: chelatoh, sagum, kheolotuh, monilia, und den Artikel Kul.

kellen, killen, vrb. (Zips) vom Schmerzen der Finger, Zähne nach starker Verkältung: es *kellt* mich. erkollen, halb erfroren. 'Grimm, Wbch. V, 511 f. Zeitschr. IV, 141,325. V, 521, II, 3.' s. kollen und unter auskielen: üntə'kelli'.

Die Kellen (Kǫlln), 1) wie hchd. Kelle, Maurerkelle. 2) (O.L.) Löffel mit langem Stiele, besonders Kochlöffel; (ahd. chella, trulla, mhd. kelle; Graff IV, 385. BM. I, 795. Grimm, Wbch. V, 510). Die Schottkellen, Waßerkellen der Käser.

Der Keller, (O.L.) was die Kellen, Art Löffel. Im Feurb. von 1591 braucht man zur Bedienung einer Kanone „Setzkholben, Wüscher, Zieher, Khüeller."

Das Kellernetz (?). „Der Fischmaister soll das Kellernetz in das Paneis am Gocheliee setzen“, MB. IX, 55. Vrgl. Kelch (struma) und: „chelnezzi, retia strumalia“ (Tegernsee-Inventarium v. 1023. Graff IV, 384), wovon das chelor, chelera, paleare, der gl. a. 526. 573. i. 726 nicht gar weit abliegt.

Der Keller, wie hchd. (ahd. chellari, mhd. kelære, keller, kelre; Graff IV, 390. BM. I, 795. Grimm, Wbch. V, 512 ff.). Der Setzkeller, wo man bey Bier oder Wein zusammen kommt; Reitzenbeck I, 161. 'Das Kellergeschoß, (scherzh.) Übel aus dem Keller, vom Rausch, (wie Kellerfieber); Grimm, Wbch. V, 517. Vrgl. unten, Th. III, schießen: das Geschoß, eine Art heftigen Kopfwehs.' Er soll nicht zu viel essen vor dem Bade, „das jn nit im bad anstoß der hetsch oder das kellergschoß“; H. Sachs 1560: IV, III, 77 (1612: IV, III, 165). Der Kellerer, Kellner, die Kellnerin, 1) der, die den Keller, d. h. das Getränk, in einem Gast- oder Wirthshause zu besorgen hat (mhd. kelnære, kelnerîn; Graff IV, 390. BM. I, 795. Grimm, Wbch. V, 515. 516. 518. 521. 522). „Des kelner oder des kelnerinne müzzen wolfe sin und wülfinne“; Renner 5417. „Karkeit ist ir kelnerinne“; das. 4622. Der Keller ist in diesem Sinne bey uns ungewöhnlich, wol aber die Kellerin. Ehmals in gewissen Klöstern: der Pater Kellerer, der Kellermeister. 2) der Kelner, (wirzb.) Keller, Amtskeller, Beamter, der die herrschaftlichen Gefälle an Wein und Früchten &c. erhebt und verrechnet. Der Pater Hofkellner in gewissen Klöstern, der Wirthschafts-Director. „Mit eins Kelners oder eins richters urlaub“; Kloster Ensdorfer Gerichtsord. v. 1450 circa. MB. XXIV, 232. 233. (Kellnari, cellenarius, gl. o. 5.) „Er (der newe priester) ist auch gewaltig als ein himlischer chelner vber das lebentig prot das in dem himel angeheuelt ist“; ZZ. 1809, f. 44^b. Die Kellerey, Amtskellerey, Landkellerey, (wirzb. Verordd.) Amt, bey welchem die herrschaftlichen Gefälle an Wein und Früchten niedergelegt und verrechnet werden. 'Die Kellerin, Kellnerin, Wirtschafterin, Haushälterin, Beschließerin; Grimm, Wbch. V, 519,3.' „War sein (des Pfaffen) kellerin hin mit eim und het gereumet jhm das haus“; H. Sachs 1612: IV, III, 209 (1560: IV, III, 97). „Liesind sie (die helfer) sich begnügen an der kellerin, so tætind si nach minem sin; so tuond die pfarrer understan und wends allsamen selb han“; des Teufels Segi, Barack p. 137,4293. Die Kindbett-Kellerin, (Nürnb., Hsl.) Wartfrau bey einer Wöchnerin. „Ich bin schon ein großbauchet weib wo soll ich nemmen ein kellnerin?“ H. Sachs 1612: II, IV, 15. „Ich bin der hartseligest man wo soll ich denn ein kellnerin nemen?“ sagt der schwanger Bauer 1612: V, III, 37 (1560: V, 356). Bey Geiler von Keisersberg nennt sich Maria eine Kellerin des Herrn.

Der Keil (Kál, Nürnb., Nord. OPf.) Kegel und Keil, welches letztere Wort selbst aus Kegel zusammen gezogen scheint; (nein! kîl und kîl. Vrgl. Kil und Grimm, Wbch. V, 446 und 448,8. Graff IV, 362. BM. I, 805. Diez, Wbch. 99. Zeitschr. V, 415,30. VI, 116,10. 172. 293. holl. keg, kegge und kiel, Keil). Der Kugelkeil, Kegel im Kegelspiele. (Auch conus und cuneus sind verwandt). Kind und Keil statt: Kind und Kegel; (Fallmerayer). „Keil, Keyl, nom. propr. von Hercidanus“; v. Lang. Vrgl. dän. en keile, (auf der See) kleiner Hafen, kleine Bucht, wo kleine Schiffe sicher liegen können, und Kiel, die Stadt, mit ihrer Bucht, die freilich nicht klein. keilen (káln, də káln, durchkáln), prügeln. Grimm, Wbch. V, 450,4, b. c. Zeitschr. III, 366,26. 485.

Der „Keilarsch“ (ei? — Nptsch.), Huhn ohne Schwanz, Stumpfhahn, Stumpfhenne. Vilmar, hess. 30 u. kurhess. Idiot. 231: Kullarsch, Kullmutz, (v. die Kull = Kugel). Grimm, Wbch. V, 347. 351: Kaularsch, Kaulhuhn. Zeitschr. IV, 317. V, 466.

Der, das Kil, 1) wie hchd. der Kiel; (mhd. kil; Graff IV, 386. BM. I, 805. Grimm, Wbch. V, 674. 676. cf. engl. quill; Müller, etym. Wbch. d. engl. Spr. 225). Voc. v. 1419: kil, penna. 2) der Zacken oder die Zinke an einer Gabel; (Oggbrgrs Proc. 203).

kille, adj., (VII Com.) tenero, dolce, sanft, zart, zärtlich, weich, traulich; cf. dän. kjælen, (schoonisch) kælen, zärtlich, zart, weich, traut; kjæle, zärtlich seyn, thun; isl. at kialaz vid einn, sorgen für, besorgt seyn um Einen. Grimm, Wbch. V, 704. Zeitschr. III, 108: kill, killern; IV, 242,12.

killen, s. kellen und vrgl. Zeitschr. II, 123: Kille, Kälte.

„Kieleck.“ „Den Roßkäfern, den Kielecken oder Schrötern mit zwey Hörnern“; Selhamer. (Gl. a. 532: chuleich, scarabeus. Windb. 1, f. 149: cuoleich. Grimm, II, 503. Wbch. V, 679. „Clock: in the North-Anglian district a generic term for all coleopterous insects: black-, brown-, lady-, bracken-, willow- &c. clock; (Quarterly Review 1836, Febr., p. 378).

„auskielen“, von Eicheln, (Zwiebeln u. drgl.), keimend die Schale, die Haut durchbrechen; L.R. v. 1616, 290
f. 733. Vrgl. Adelungs: Kiel, 1. Grimm, Wbch. V, 675,3, a u. 679,3. „unterkielig“ wird ein bebrütetes Ey, wenn das Vögelchen, eh es die Schale durchbricht, darin stirbt; (durch Verkälten, wenn die Henne nicht fleißig sitzt; Obrm.). So sagt man zu gern sitzenden Weibsleuten, die sich im Hauswesen umthun sollten: bleibts àllәwál a'm Loch knockәt, dás enk d·'Aiә' nét üntә'kelli' weәnt. 'Vrgl. auch kellen, killen.'

Der Kielkopf, (Anspach) Vogel, der im Wachsthum zurück geblieben ist; Mensch solcher Art, Wechselbalg. Vrgl. Kelch und Adelung's Kielkropf. Grimm, Wbch. V, 680 f.

'Der Kiel (am Schiff) wie hchd. das Schiff; (ahd. chiol, cheol, chiel, mhd. kiel; Graff IV, 387. BM. I, 804. Grimm, Wbch. V, 677). „Waz sol dirre danne in dem kiel, dem der tot kirret durch den giel?“ sagt einer der träumenden Boier; Renner 10226. s. Züllen.

Der Kiel, (Chiél, „Thiel“; VII Com.) babaccio, sciocco, balordo, Tölpel, Dummkopf; laufen „bia an billar *chiel.*“ „Er (der Bär) kam als ein groxer kiel wit uf so tet er sinen giel“; Altswert 15,26. Vrgl. Graff IV, 387: chiel, branchia; 'auch Kielkropf u. Keil bei Grimm, Wbch. V, 680. 448,6.7.'

Der Köl (Kәl), der Kohl, (ahd. chôl, chôli, vrgl. Gramm. 799, caulis, plur. chola, caules; mhd. kôl. Graff IV, 386. BM. I, 858. Grimm III, 372. Wbch. V, 1578 ff. Diez, Wbch. 95). „Brassica, kel“; Clm. 16487, f. 97. kôl, caules; Ind. 344, f. 12. Diefenbach 81^a. 108^b. Die Kölröse, s. Th. III: die Rösen und Grimm, Wbch. V, 1596. „Jen Kolrôsen“, Name eines Ravenspurgers; Inderst. 198, Vorderdeckel. Kölworzel, (Aschaff.) Runkelrübe. Zeitschr. V, 152. s. Kelch.

'Der Kölbrunn, Kolbrunn, d. i. Quellbrunn; Grimm, Wbch. V, 1611.' „Puteus, chöllprunn“, Semansh. 34, f. 192. Diefenbach 474^c. 624^c.

Das Koley, Coley, Coleyum, (ä. Sp.) Collegium; (Gem. Reg. Chr. II, 805).

Die Kolen (Köln, o.pf. Kuln), das Köllein, Kölelein (Kәllә˜, Kәlә-l), O.L. das Kol (nicht immer blos als Collectivum; also nicht aus Gekol, Collectiv, wie česk. uhlj, neutr. sing.), plur. Köler, wie hchd. die Kohle; (ahd. cholo, msc., und chol, ntr., mhd. der und daz kol; Graff IV, 386. BM. I, 857. Grimm III, 381. Wbch. V, 1582). Der kole, Voc. Melber; das Kol, Feuerbuch v. 1529. Diefenbach 99^c. „Auf einem geluetten kollen“; Cgm. 633, f. 167. Cgm. 600, f. 3. „Das allerbest kol das iemand gehaben mag zu zündpulver“; Cgm. 4902, f. 9 (v. 1429). „Ez suln alle geladen wägen dem chole weichen, swo man ez fürt“; Rchtb. Ms. v. 1332. „Alsam ein kol, daz gar erloschen ist“; Wigalois 7632, (de 1212). „Das yem die gluenden chöller wärn geleich als ein chuels taw“; San-Zenon. 115, f. 193.

Köler tregt man in die stuben das si rösch werden", Tegernſ. Cerem., Cgm. 1148, f. 15.b „Daz er glüende kœler trûg in ſeinem pûſen"; Cgm. 54, f. 47b. „Do man daz rauchfas mit glüenden chœlrn umbtrûg do für ein angezünter chol auf ſeinen arm"; Cgm. 54, f. 15a. „Auf einem glunten köler"; Cgm. 632, f. 63. „In aliquibus terris ponitur hedera aut laurus in feretrum ad significandum quod qui in $\chi\rho o$ moriuntur semper vivunt cum eo. Idem significatur per carbones qui ponuntur sub terra ad sepulchrum"! San-Zenon. 69, de sepultura, f. 5. Meierlkol, (Zir.) Kohlen von ſtehenden (nicht liegenden) Meilern; cf. Meiler. „Kheller-gemilb", Kohlenſtaub; Cgm. 3720, f. 2. Der Kilə' (b. W.); kilə'ſchwarz. Der Kölerglauben, ſ. Grimm, Wbch. V, 1591. „Was glaubſt du? fragt der Biſchof den Koler im einſamen Wald. Der Koler: was die chriſtliche Kirch glaubt. Der Biſchof: was glaubt die chriſtl. Kirch? Der Koler: was ich glaub. Der Biſchof: was glaubſt denn du? Koler: was die chr. K. glaubt"; Seb. Frank, Sprichw. 1601, Sp. 126.

'kolen, verkolen, ä. Sp., vrb. ntr., in Noth und Bedrängniß ſein, unausgeſetzt peinlichen Schmerz leiden, (v. ahd. Ablautverb quelan, mhd. queln: ich quil, ich qual, gequoln, nhd. quälen, vrb. act.; Graff IV, 651. BM. I, 896. 897. Vilmar, kurheſſ. Idiot. 217. Grimm, Wbch. V, 512,4. ſ. kellen und vrgl. oben, Sp. 936: die Gurgel).' „Daz ſiu der vroſt ne mahte cholen"; Diut. III, 54. „Iſt ferchólen" (anima, oculus), defecit; Notk. 108,81.82. ſ. unten: der Qualm.

Der Kollectner. „Die Cuſterin ſol der Priorin den kollectner zutragen", (wenn zur ſterbenden Nonne geeilt wird); Alt. Hoh. 11, f. 75b. 'Cf. Ducange, ed. Henschel, I, 432: „collectaneum, collectarium, liber ecclesiasticus in quo collectae ad quaevis officia dicendae continentur."'

Der Kollel, Hundsname. „Tuət de' *Kollál* allwál bəlln", ſagt der Hirt im Weihnachtsliede, welches anfängt: „Holla, Lippel, was iſt das?" Auch in Schottland iſt collie (gleichſam Collchen) ein Schäferhund.

Die „Köllen", (Nürnberg) Art eßbarer Fiſch, der in der Pegnitz gefangen wird.

kollatzen, kallatzen (◡-◡), vrb. n. und act., ein kleines, frugales Abendmahl einnehmen, beſonders ein ſolches, das ganz aus kalter Küche beſteht. Auch im Poln. iſt kollacya die Abendmalzeit. „Z·Mittág nét gnuə' z·éssn, auf d· Nächt *kalatzn*"; Kapucinerlied. „Da man die Collation oder den Nachtiſch aufgetragen"; altes Büchlein. „In den Klöſtern wurde vor Zeiten Abends bey den Zuſammenkünften das Buch des heil. Abts Caſſianus, welches man Collationes der Väter zu teutſch benamste, vorgeleſen: hierauf wurde den Mönchen in dem Speiſeſaal eine kleine Erfriſchung von Obſt und andern Früchten gereicht: und dieſes hießen ſie Collation"; Grundmayr's kathol. Kirchengebräuche p. 13. Reg. Bened. c. XLII. Grimm, Wbch. II, 629. 630.

'Die Kolera, alter Name einer Krankheit, (Graff IV, 390. Grimm, Wbch. V, 1616);' — wol eine andere als die, welcher wir eben, ſagt man, los geworden, (21. Januar 1837). „Für die Colera: nembt diaſimicon zwaier gulden ſwer das is doch daſtu bei 5 ſtunden auf die ſpeis gevaſt habſt vnd beſchau die ſtuel, ſein die rotz- oder gelbfarb mit pluet gemiſcht, ſo iſt das die recht colera, der wirſtu los"; Cgm. 3723, f. 67—68; cf. Cgm. 317, f. 10. ſ. das folg. Wort.

kollern, wie hchd., den Koller haben; (OPf.) fig. wild, wunderlich, närriſch ſeyn oder werden; ſogar vom Wetter; auch: zanken, ſchelten; Simpliciſſ. 1669, p. 290. Grimm, Wbch. V, 1617 f. Zeitſchr. IV, 130,53. Lâu't schauə˜, wàs ·s niət éppə *kollə't*, ob es (das gute Wetter) nicht etwa umſchlägt. Der Koller, wie hchd.; Grimm, Wbch. V, 1616. „Ir redt als uz eime holre mich dunket wol ir habt den kolre"; v. d. Hagen, Geſ. Abent. LVIII, 78. Der Kollerer, der Koller; Pferd, das den Koller hat. Grimm, Wbch. V, 1617.

'kollern, kullern, rollen, kugeln; auch von dem Geräuſche eines rollenden Gegenſtandes gebraucht; Grimm, Wbch. V, 1619—20. Zeitſchr. III, 287,101. III, 133.' D· Wint· *kollə'nt* mər e˜n Bauch; (b. W.).

Die Kul (?). „Eine rauhe Bockkul", von Lang, b. Jhrb. S. 361. Kulrücken, Kulwammen kommen in Gemein. Reg. Chr. III, 662, ad 1485, neben Feh-Rücken und Feh-Wammen vor. „Für ein küll rücken kürſchen 23 Stüber" gibt Albrecht Dürer 1521 zu Brüſſel. Cf. Ruodlieb XIV, 90 (p. 189): „pellicium bene valde gulatum." „Der rihter ſol han ein vech vel und einen kulhut und ſin hut ſont ſin mit vehem gefuttert"; Petersb. Hſ. v. Conr. v. Ammenhauſen Schachzabel, D. Mercur 1804, III. Bnd., S. 54. ſ. Kelmarder.

Die Kullen, plur., les couillons? (Diez, Wbch. 106). „Ainem roß die cullen auswerfen"; Cgm. 289, f. 133a.

küel (kiəl, o.pf. kəl), 1) wie hchd. kühl, (ahd. chuoli, mhd. küele); 2) fig. lau, ſchal, abgeſchmackt, grundlos; ſpan. frio. „Nicht küel ſondern eiffrig und andächtig beten"; Albertin's Guevara. ə˜ *küəlé* Ausréd, ſchale 291
Ausrede. „Mußte Judas ſolches Geld wegen des abgeſchmachten und kühlen meum et tuum der Gemain übergeben"; P. Abraham. Räthſel: „Warum beten die Kloſterfrauen lateiniſch? Weil es den armen Sêlen wol tuet. Lateiniſch beten und nichts davon verſtên iſt küel, und was küel iſt, tuet den armen Sêlen wol." Die Küelhait, die Küelität, Abgeſchmacktheit, ſpan. frialdad. „Mit was Kielität aber ihre Sache alldar aufgeführt worden"; die Nachbarn am Iſarſtrom III, 155. Iətz gê mit deiné *Küəlheit·n!* Küelheiten ſpilen, eine Art Geſellſchaftsſpiel. verkuelen (ſchwäb.), kalt werden, ſich abkühlen, (ahd. irchuolan, frigescere, mhd. erkuolen).

Das Kalb (Kàlb. Kàl'), das Kälblein (Kálbl, Káibl), Kälbelein (Kálbə-l, Káibə-l), wie hchd. (ahd. chalp, mhd. kalp; Graff IV, 391. BM. I, 781. Zeitſchr. V, 485. VI, 289. Grimm, Wbch. V, 50). Labr. 188. 212: kalb, kälbel. Die Kalben (Kàlbm, Kàjbm), wie hochd. die Kalbe, (goth. kalbô, ahd. chalba, bucula; Graff IV, 392. BM. I, 782. Grimm, Wbch. V, 53. Zeitſchr. II, 286,44. IV, 160. 309. V, 381). „Vitulam, Kalbn"; gl. bibl. v. 1418. „Juvenca est juvenis vacca, ein chalbe"; Clm. 5008 (XV. sec.), f. 160. „Er tœtet ein chalben"; Cgm. 54, f. 20a. Die Kalbitze, das Kalbitzl, (ſlaviſiert? Lungau, Hbn., Zir.) das Kuhkalb. Grimm, Wbch. V, 58 f. cf. Schlegel, d. Muſeum II, 343. Das Waſſerkalb, die Waſſerſucht; Graff IV, 391. BM. I, 781. „Wem der pauch zeplat iſt dem das Waſſerkalb wachſt"; Cgm. 4543, f. 102. „Wem der pauch vaſt geplät iſt oder wem das waſſerchalb wachſen wil"; daſ. f. 137. Ind. 344, f. 105. „Fur das waſſerchalp"; Clm. 5879, f. 207. kälblein-närriſch (kálbəl-närrisch), adj., gar närriſch, närriſch und muthwillig wie ein junges Kalb. Grimm, Wbch. V, 57: kälbernärriſch. Die Kälbleinweil (Kálbəl-Wál), die dienſtfreye Zeit der Dienſtboten von Lichtmeß bis Faßnacht, (weil da die Kühe meiſt kälbern?). Vrgl. Grimm, Wbch. V, 1609: die Kölbelmeid und kolbeln. Der Kälberlaib, Brod, das ſie bey dieſer Gelegenheit bekommen. Die Kälbertruhen eines Dienſtmädchens. kalbern und kelbern, vrb., 1) wie hchd. kalben und kälbern. Zeitſchr. III, 463. IV, 308. 2) ſcherzen, ſchäkern; Grimm, Wbch. V, 56 f. Brem.-niederſ. Wbch. II, 721: kalvern. Vilmar, kurheſſ. Idiot. 191. Zeitſchr. II, 42. IV, 358.9. V, 149. „Zu Liechtmeß kälbeln die Hausmayd da fragt eins von dem andern bſcheid wie es den winter hab verbracht"; H. Sachs 1612: I, 852. Vrgl. Grimm, Wbch. V, 1609: kolbeln, (umziehen, wandern, vom Dienſtwechſel des Geſindes), Kölbelmeid u. daſ.: die Kolbe, 10). Die Kalber-kue, Kuh mit einem Kalb. Der Kälberwürger. „Fleiſchhacker und kelberwurger zu Passau; Cgm. 308, f. 66ª. kälbern (kǝlbǝ'n, kǝlbǝ'), adj., vom Kalb. Ein kälbernes Brætlein, Kalbsbraten; kälberne Füeß, Kalbsfüße; kälberne Vögelen, (Augsb.) gespicktes Kalbfleisch in Sauce.

Der Kalbskopf (Kàl'skopf), 1) wie hchd. Grimm, Wbch. V, 60. 2) auf dem Lande: eine im Ofenrohr gebackene Art Mehlspeise, sonst auch Rör-Nudel, in Städten Gogelhopf genannt. Sollte Kalbskopf eigentlich eine ironische Benennung dieses als Fastenspeise einen wahren Kalbskopf ersetzenden Hausgebäckes seyn, so wie man z. B. auch die Kartoffeln Feldhüenlein, Rebhüenlein nennt? Am Lätare- oder letzten Sonntag in der Fasten, an welchem es noch erlaubt war, Fleischspeisen zu essen, mußte in wohlhabenden Familien des alten Schlages von Rechts wegen ein (wahrer animalischer, nicht dieser vegetabilische) Kalbskopf oder der Lätare-Kalbskopf auf die Tafel kommen. Vrgl. H. Sachsen Schwank (IV, 46—47): der tolle Bauer von Schrobenhausen mit den Kalbsköpfen.

kilb, külb, s. oben, Sp. 1089: das Gehülb.

Die Kilben (Kịlbm), das Kilbelein (Kịlbǝ-l), (U.Baur.) weibliches Schaf, das noch nie gelammet hat; (ahd. chilburra, chilbirra, mhd. kilbere, fem.; Graff IV, 392. BM. I, 782. Grimm, III, 327. Wbch. V, 703: die Kilber. Vilmar, kurhess. Idiot. 197 f.: die Kelber. Zeitschr. III, 331. IV, 53. 310. VI, 294. gl. a. 62. 501. i. 128. o. 99. 382. 416: chilpura, chilburra, chilbirra, kilbra, agna; Diut. III, 153: chilbere, agna). Vrgl. Stalder's Kilber und oben. Sp. 1217: das Köberl. kilbern (kịlbǝ'n), (vom Schaf) Junge werfen.

Der Kölbel (Kǝlw·l), Coloman, (ein Taufname).

Kölbel, (Gebrg.) satyrium nigrum L. Wisenkölbel, sanguisorba officinalis. Grimm, Wbch. V, 1611: Kölbleinkraut, und 1605,4.

292 Der Kolben (Kólbm), 1) wie hchd.; (ahd. cholbo, mhd. kolbe; Graff IV, 393. BM. I, 857. Grimm, Wbch. V, 1602). 2) (Klbck.) der Kochlöffel. s. Kellen. 3) eine Krankheit; Grimm, Wbch. V, 1606,6,i. „Wenn du den kolben hast"; Cgm. 734, f. 155. 165.

'Das Kölbel, Diminutiv von der Kolben.' „Auf Kölbl schießen", im Scheibenschießen; z. B. Programm zum Octoberfest 1833: „Es wird nach dem laufenden Nummer (Kölbel) geschossen." „Es wird nach fortlaufenden Nummern (Kölbln) geschossen"; Programm zum Jacobidultschießen 1845.

„kolben", statt kalwen (ahd. chalauuan, von chalauua, calvities, chalauuer, calvus. Graff IV, 383. BM. I, 780), kahl scheeren. „Franz I. König in Frankreich, damit er von einer Wunden im Kopf desto besser möcht curiert werden, hat sich kolben lassen, deme darauf alle Hofleut gefolgt"; Reiner's Tandelmarkt. Vrgl. Grimm, Wbch. V, 1608,b. Zeitschr. IV, 194. Daraus würde sich sehr natürlich erklären das Sp.W.: „Narren muß man mit Kolben lausen", wenn man nicht auch im Englischen sagte: fools must be loused with clubs. Grimm, Wbch. V, 1603. 1607,9,a. kolbǝt, 'adj., kolbig, kolbicht, 1) kolbenartig, bulbosus.' „Grossus nasus, kolbette naße; Voc. Melber. 2) glatt geschoren. Grimm, Wbch. V, 1611, Vilmar, kurhess. Idiot. 190. „Am kopf seid ihr kolbet beschorn gleich wie vor jarn warn die thorn", sagt die Magd zum freyenden Stutzer; H. Sachs 1612: I, 1036.

'Kolbman, (scherzhaft) als Personname, mit Beziehung auf die Kolbe als Knüppel, Prügel, zum Dreinschlagen, (Grimm, Wbch. V, 1602 ff.).' cf. Coloman. „Mein lieber eiden, so soltu umb hülf anruffen Sant Kolbman" (gegen das böse Weib); . . „das nicht Sant Kolbman kumb"; H. Sachs 1560: II, IV, 17. 23.

Der Kalch, wie hchd. Kalk, (ahd. chalch, mhd. kalc; Graff IV, 393. BM. I, 780. Grimm, Wbch. V, 64). kalchig, kalkig, kalkicht. Der Kalchofen. Der Kalchofner, Besitzer eines solchen. Die Kalchgossen, Kaltgossen, ä. Sp., ein Corrosiv, eine Lauge; '(hieher? vrgl. Grimm, Wbch. V, 61: Kalchus und 90: der Kaltguß; auch oben, Sp. 885: Goßkeislein u. Sp. 949: die Goß).' „Seich (seihe) die in kalchgoss der da gemacht sei von kalch sicut scitis . . . und nempt der kaltzgozz j viertail . . . gist (gießt) dann aber einer kaltgozz und ein alawn"; Ebersb. 179, fol. ultimo, (Felle zu färben). (Corrosiv zu machen:) „nim ain chalt gossen von puchein aschen die vier wochen alt sey und nim derselbigen chalgossen X köpf vol"; Cgm. 4543, f. 157. „Mach eyn laug oder calcuß daraus"; Ind. 418, f. 106. Rur es umb mit ainem stecken als ain kaltgoß"; Cgm. 4902 (von 1429), f. 1. „Kalguzz", ZZ. 2072, p. 180.

Der Kelch (Kǝlhh), 1) wie hchd.; (ahd. chelih, chelech, chelch, mhd. kelich, kelch; Graff IV, 388. BM. I, 795. Grimm, Wbch. V, 504). „Umb der kind trinkchen aus dem chelich ist gesprochen das der pfarrer den chinden zu hochzeiten aus dem kelich zutrinkchen geben sol, so sullen die zechläwt den wein darzu geben"; Herzog Hainrichs Spruch im „Chrieg zw dem Pfarrer und den Pfarrleuten zu Vischolfdorf im Inviertel" (1411), Cgm. 3491, f. 93. „Als die pfarrlewt sprechent, es wel der pfarrer irn kindern aus dem kelich zu den ostern nicht ze trinkchen geben, sprechen wir, das der pfarrer iren kindern ze trinkchen sol geben zu heiligen zeiten so sullen die zechlewt den wein darzu geben"; das. f. 172, (cf. 175ª unten). 2) krankhafter Auswuchs an den Wurzeln der Kohlpflanze. Wen mǝ˜ hàlt ǝ˜ Pflànz·n ausziegt, sán' ganzé Knoll·n *Kǝlch* drà˜. kelchig (kǝlchi, kálchi'), mit solchem Auswuchs behaftet; 's Kraut wird mǝ' huir àlls *kǝlchi'*, I glàb nét, dás I aǝ˜ Kröpfl· kriǝg; Baur. (Gl. a. 523: kelch; gl. i. 133. o 414: chelich, struma; o. 418: chelchohter, strumosus). 3) was Köl, d. h. Kohl, besonders der Winterkohl (brassica alba et viridis), welcher eigentlich, da er sich nie in einen Kopf schließt, der Narr oder Schalk der Brassica capitata ist.

Der Kelch, (Zips) das fette Unterkinn, 'die herabhangende Fetthaut zwischen Kinn und Hals, der Kropf; (ahd. chelich, cheluch, chelch, mhd. kelch; Graff IV, 385. BM. I, 795. Grimm, Wbch. V, 504).' „Alberus: ingluvies, tori, die haut under dem kinn, das kelcklin. Wetterau: der Kelch, Doppelkinn"; (Weigand, oberhess. Intel. 1846, p. 247). Vilmar, kurhess. Idiot. 198: der (auch die) Kelch, Kelk, Kölk. 's. das vorhergehende Wort, 2.'

'Das Kelchlein, eine Gattung Fisch; vrgl. Grimm, Wbch. V, 509: Kelchlin.' Rübling, kelchlein und die lauben"; H. Sachs 1560: II, II, 111ᵇ (von Fischen).

'Kölch, gestreifte Leinwand (?); s. oben, Sp. 893: Golisch und unten: Kölsch. Grimm, Wbch. V, 1612.' „Kölchte harband"; H. Sachs 1612: I, 1064.

Der Kalfakter, 1) ursprünglich vermuthlich calefactor (Ofenwärmer, famulus) eines lateinischen Herrn, einer Schule ꝛc. „Einem Calefactorn in der Schul 10 fr."; nürnb. Leich-Ord. v. 1652. 2) jetzt: heimlicher Wohldiener, Zuträger; Müßiggänger, Schlingel. Grimm, Wbch. II, 602. V, 64. Vilmar, kurhess. Idiot. 191. Zeitschr. VI, 289. „Ja, lachts ná', *Kalfaken!*" Kaltenbrunner 167. 207. Cf. Diut. II, 320: „furiscurigi, furcifer", (v. furca, Ofengabel?); Graff VI, 542. Diefenbach 253ª. Einem einen Kalfakter machen, sich zu den niedrigsten Diensten von ihm brauchen lassen; ihm den Spion machen. kalfaktern, herumkalfaktern. Die Kalfakterey, Nichtsnützigkeit, Lumpenhandel.

Der Kalfoni (⏑ – ⏑), das Colophonium; im Scherz, was Kalfakter.

kilkezen (kɪlkəz'n), keuchend, abgestoßen husten. Die Schâf kilkezen. Cf. „kolkitzen, eructare"; Clm. 16165, f. 115. Grimm, Wbch. V, 1613: kolken, kolkern, kölkern. Firmenich I, 6, (Insel Sylt): „En jir es wat, dejr *kölked*, (und hier ist etwas, welches sprudelt); holl. kolken, strudeln", Kolk, Schlund, Abgrund. Vilmar, kurhess. Idiot. 198: kölken, sich erbrechen. Zeitschr. V, 154. 'Vrgl. auch kilstern und kelzen.'

---

kalmen, (Hsr.) halb und halb schlummern, wie Kranke; (cf. roman. calma, calme; Diez, Wbch. 81). 'Grimm, Wbch. V, 73. 70. Vrgl. unten: der Qualm.'

Der Kalmünzer, (Dr. Apel's Beschreib. des Rauhen Kulms p. 97. 108. 673; auch Anspach, v. Lang), der Basalt. „Am Halse ist der Rauhe Kulm mit Basalten oder Kalmünzern umkränzt." Vrgl. Kulmizer und Münz.

293 Der Kulm, Name mehrerer einzelner Berg-Kuppen, besonders in den Fortsetzungen des Fichtelgebirgs; Weigand, Wbch. I, 647. (cf. kärnt. hlm, holm, hum, Bergkogel; humez, kleiner Kogel; Jarnik 228). So der große oder rauhe (bewaldete) Kulm, der kleine oder schlechte (unbewaldete) Kulm; (montem dictum Kulmen"; RB. IV, 173, ad 1282. „in Newenstat prope Chulm"; MB. XXV, 305, ad 1469. Graff IV, 395). „Das Schloß Rauhenkhulm auf dem Gepirg"; Hund, St.B. II, 5. Maria Kulm. Der rauhe Kulm (bey Hazzi, Statist. IV, 153: Kolben) im b. Walde. Auch in der Schweiz ist die umsichtreiche Spitze des Rigiberges unter dem Namen der Kulm bekannt. Der Kulmizer, (Goldfuß, Bschrbg. d. Fichtelg. 321) körniger Grünstein und andre Trapparten, welche Kulmen bilden. Vrgl. Kalmünzer.

keln, s. queln.

Die Kilper, (Tirol) Halsband des Hundes; (Jir.) die Hailskelpern, Halsbinde, (Lungau). Zeitschr. III, 116: Kelber.

kolpern, kolpezen, rülpsen, ructare. Grimm, Wbch. V, 1622. Der Kolperer, Kolpezer, der Magenwind, Rülps.

Der Kolpel, Kolpen (Kólpm), 1) grober, unbehauener Steinklumpen, so wie er aus dem Steinbruch kommt. 2) grober, ungeschlachter Gesell. Grimm, Wbch. V, 1622: Kolpe, 5 und 6.

kolpet, kolplet, adj. 1) grob, ungeschlacht, holpericht. 2) von Ziegen u. drgl.: kolbig, hörnerlos. 3) von Personen: glatt geschoren; isländ. kollóttr. Grimm, Wbch. V, 1622: Kolpe, 2—4. Vrgl. kolben und kolbet.

'kölsch, adj., kölnisch; der Kölsch, Leinenzeug (zu Betten ꝛc.); s. oben Sp. 1240: der Kölch u. Sp. 893: der Golisch. Grimm, Wbch. V, 1622.'

---

kilstern (kɪlstə'n, kɪjstə'n), vrb. n., wiederholt und schwach husten, hüsteln; Grimm, Wbch. V, 704. 1623. Zeitschr. V, 475. „külstern, tussire": Prasch. Cimbr. Wbch. 140: külsen; die Külsa, der Husten. Firmenich I, 456,438: Kölsch, Husten 'Vrgl. kilkezen u. kelzen.'

---

kalt (kàld), wie hchd.; (goth. kalds, ahd. chalt, mhd. kalt; Graff IV, 381. BM. I, 779. Grimm, Wbch. V, 74). kalt legen, kalt machen Einen, ihn tödten; wirzb. Jagdverord. v. 1770. „Ein kalter ungeschmacker Gesell, homo frigidus; frigidi joci, kalte Bossen"; Prompt. v. 1618. s. küel. „Der Kalthans, delator, quadruplator, sicophanta, Verrather", ibid. Der kalt Siechtum, das Kalt-Wê, auch blos das Kalt, ä. Sp., (Avent. Gram. Voc. Ms. Tegerns. v. 1455) das Fieber. Grimm, Wbch. V, 86. Vilmar, kurhess. Idiot. 191. Zeitschr. VI, 1. 288,743. „Das vich wirt vast sterben und das Kalt wirt vmbgen", Schulmeister Hueber, Ms. v. 1477. „Da hat jn (Carl den großen) das Kalt oder Fieber oft angestoßen"; Av. Chr. „Kranckheit des kalten, febris"; Voc. Melber. Das Prompt. v. 1618 verweist bey der Kalt Saich auf Harnwind, dysuria. Das Kaltvergifft oder Kaltvergicht, der Rheumatismus. 'Der Kaltschmid, Schmid, der ohne Feuer arbeitet, Kesselschmid, Messingschmid, Kupferschmid; Graff VI, 827. BM. II, II, 427. Grimm, Wbch. V, 92. Vilmar, kurhess. Idiot. 200.' „Dannen chomen ismahelite, die varent in dere werlt wite, daz wir heizzen chaltsmide", (eine Art Zigeuner); Diut. III, 427.

'Der Kalter (= Ge-halter), Behälter, Schrank; s. oben, Sp. 1101, halten: der Gehalter u. vrgl. Grimm, Wbch. V, 89. Zeitschr. III, 115. VI, 289.'

Die Kalter, (Franken) die Kelter; wirzb. Verord. v. 1636, 1726, 1746. Grimm, Wbch. V, 524. kaltern, auskaltern, keltern. Die Kaltur; MB. XXV, 148. 153, ad 1361. „Gruob calcaturun", Tat. 124. calcture, torcular; calcturhus, calcatorium; gl. o. 136. 321. Graff IV, 394. „Nu vert sy die trawben zu der gen d' (?) calcatur"; Br. Berchtolt, Cgm. 1119, f. 47b.

Die Kaltgossen, s. oben Kalch: Kalchgossen.

Der Kilt, schweiz., die Abendzeit, Nachtzeit; s. Th. III, röt: der Rötelgeyer und Grimm, Wbch. V, 704. Zeitschr. IV, 12. V, 117,37.

„Die Kolte (Kolde, Rheinpfalz, Rheinhessen), die äußere, grüne Schale der welschen Nuß und der Mandel; kolten, vrb., aus der äußern, grünen Schale lösen: Nüsse kolten"; (Weigand). Grimm, Wbch. V, 1622: Kolpe, 8 und 9.

koltern, koldern, kolle'n, zanken, lärmen; ungestüm seyn, thun; „koltern und poltern." Grimm, Wbch. V, 1610. Zeitschr. V, 407,30. „Koldern, jurgare uterque." „Sie haben mit einander koldert; man hebt an zu koldern, clamor et jurgium oritur"; Prompt. v. 1618. Vrgl. kollern.

---

kelzen, 1) keuchend und oft husten; '2) mit widrigem Tone bellen, zanken; Grimm, Wbch. V, 527. Der Kelzer, der einzelne, bellende Laut.' Də' Hund hàt no~ ə~ pàr *Kəlzə'* 'tà~. Cf. chelzuntun, orantis; Diut. II, 342. Graff IV, 384. BM. I, 781: kelzen, kalzen. „Si hat das krawt versalzen dazu den guten prein darumb wöllwir nit kalzen es was halt ungeimalzen der schaden waren drey"; Cgm. 379, f. 111. 'Der Kelz, ä. Sp., lautes Sprechen, Übermuth, Prahlerei; BM. I, 781. Zeitschr. VI, 289. 293: kelz, groß, ansehnlich, (vrgl. stolz).' Vrgl. kallen.

'Die Kolzen, plur., Schuhe; s. oben, Sp. 910: Golzen, Spargolzen.'

-kam als Ortsnamen-Endung scheint sich zu -ham 294
wie -kofen zu -hofen zu verhalten, (vrgl. -kofen). Rammine-heima, Liuvinc-heima; Meichelbeck 442. 459. Förstemann II, 638 ff. In einigen Landesbezirken findet man Ortsnamen auf -ham und -kam, (Hazzi, Statist. III, 178. 179: Attenham verschieden von Attenkam), in andern blos auf -ham (Hazzi III, 558. 559. 826: Piesenham, Särenham), und in wieder andern vorzugsweise auf kam (Hazzi I, 311. 314. III, 154. 178: Apfelkam, Geisenkam, Heigenkam, Loigenkam, Osterkam, Palenkam, Pirkelkam, Piesenkam, Reichenkam, Särenkam, Wolfenkam, Wolferkam ꝛc.); vrgl. Gramm. 698. Da zuo Chambach, (datz chamb) want er sinen van;" Kaiserchron., Maßm. 7062. Die Cham, Chamb (Fluß).

Förstemann II, 350. Die Kampfhaid, s. oben, Sp. 1051: die Haid.

'Kambritel, ä. Sp., camus, chamus; BM. I, 259. 782. Diefenbach 93c. „An dem chambrittele, in camo;" Cgm. 17, f. 49b, Ps. 31,9. s. unten: Komet.

'Der Kämel, Kämbel, Kämmel, ä. Sp., das Kameel; BM. I, 795. Grimm, Wbch. V, 95.' „Sie seyhen aws die mugken und slinden das kämeltier;" Cgm. 4597, f. 78.

Der Kämel, 'ein Zeug, (wahrscheinlich von Kameelhaaren); Grimm, Wbch. V, 96.' (Gem. Reg. Chr. IV, 96. 155. 171, ad 1505 ff.) „Die Söldner (Kriegsknechte) bekamen einen guten Kämel zu einem (Sommer)-Rock". Man kaufte Münchner oder Nördlinger Kämmel," (Camelott? 'frnz. camelot, span. camelote; chamelote, ital. cambellotto, ciambellotto; Diez, Wbch. 82. Grimm, Wbch. V, 96').

Der Kamin (Kamī˜, ∪-), der Schornstein; Grimm, Wbch. I, 603. V, 99. 100. Der Kaminkerer, Schornsteinfeger. Der wälsche Kamin, der Kamin im Zimmer, ein für unsern gemeinen Mann eben so seltsames Ding, als es ein Stubenofen für den Südländer ist. s. Kemich.

Der Kamm, s. Kamp.

Die Kammer (Kammə'), das Kämmerlein (Kámmə'l'), wie hchd. (ahd. chamara, camara, mhd. kamere, kamer; Graff IV, 400. BM. I, 782. Grimm, Wbch. V, 109.). Die guet Kammer (O.L.), in welcher das Bessere an Hausrath und Kleidern bewahrt wird. Das Kammerfenster. An's, unter's Kammerfenster gên zu Einer, einem Mädchen des Nachts am Fenster ihrer Schlafkammer, und wol auch in dieser, einen Besuch machen. s. Fenster und Gäßlein. Der Kämmerling, (ahd. chamarlinc, mhd. kemerlinc; Graff IV, 402. BM. I, 783. Grimm, Wbch. V, 125 f.). „Unsere chamerlinga;" Notk., Ps. 40, 14. Der Abt von St. Zeno schickt, nach seinem Calendernotat von 1668, auf die Hochzeit eines niedern Closterbeamten seinen Kämerling, (Kammerdiener). Der Kammerwagen, Kammetwagen, der Wagen, auf welchem die Ausfertigung der Braut, besonders zur Möblierung der ehelichen Schlafkammer gehörig, und unter anderm namentlich in einem Bette sammt Bettstatt und in einem grell-bemalten Kasten oder Schrank bestehend, unter den richtenden Augen der weiblichen Nachbarschaft feyerlich in das Haus des Bräutigams geschafft wird. Vrgl. BM. III, 644. Grimm, Wbch. V, 131. Vilmar, kurhess. Idiot. 191. Zeitschr. V, 129,6. Jos. Rank, aus dem Böhmerwald (Leipz. 1843), S. 70—73. „Vil wol geladener kamerwagen begunden dar nâch schône gân;" Heinr. Tristan 4366. Margng is d Hou'zəd, scho˜ heu˜t kimt də' *Kamədwàgng.*

ə˜ Ding, dás mi' rècht kindisch freut,
is iərə' *Kammə'wàgng,*
vo˜ dèn wern jung und àltè Leut
lang-mächti' Wundə' sàgng; Volkslied.

Die Form Kammet mahnt in etwas an Kemenat, Kemat. In Dükher's salzb. Chron. 225 steht „Cammetgut" statt Kammergut.

„kamlet," (s. humlet), ungehörnt; ə˜ *kamləté* Gaəs.

Der Kaəm, b. W., s. Sp. 911: der Gaəm, (Gaim).

kaum (kám, U.D. kaəm), O.Mayn kaumends
295 (kámədś), adv., wie hchd., d. h. eigentlich: mit Mühe, (ahd. chûmo, aegre, mhd. kûme; Graff IV, 397. BM. I, 908. Grimm, Wbch. V, 352. Zeitschr. IV, 537, I, 16: kamt; vrgl. Grimm, Wbch. V, 359: kaumet.). „Ih chûmo geatemon, deficit spiritus meus;" Notk. 142,7. Noch das Prompt. v. 1618 gibt morosa vitis durch „Reb die kaum wächst;" „lente nasci" durch „kaum geboren werden." „Sô gibest dû dînen dienst sô kûme unde sô träge." „Dû wirdest als kûme rîch mit der unê, als mit der ê, oder kûmer;" Br. Berhtolt 49. 80. (Pfeiffer 151,27. 279,1). „Daz er den erslagen hat zu weschirmen chawm sein leben," daß er ihn aus Nothwehr erschlagen; Ensser StR. v. 1312. „Der ritter gewan gar chaum (mit Noth) sein (des chünigs) huld;" Cgm. 54, f. 20a. „Wie kûm („kaum, koum") er einen wolf von im gewerte;" Labr. 362. Bî einem sporn koume ich an dem satel hange," (reimt auf „zoume"); das. 402. „Mit deinem sinnen wurt dir geholfen kume;" Valkn. 104. „Sich mag ain waidman kaum allain betragen;" das. 169. (Dazu hatte die ahd. Sp. ein Adj. chûmig, aeger, gebrechlich, chumig uuerden, deficere, Notk. 141,3. Tat. 135, und ein Verb chûman, gemere; Graff IV, 396 ff. BM. I, 909. Zeitschr. VI, 20: kûmen, 217: kuime, kûme).

Die Keminât, Cheminâta, Kemenât, Kemnât, Kemnâten, Kempnât, 1) a. Sp., Stube, Zimmer (in der jetzigen Bedeutung dieser Wörter), namentlich Wohnzimmer eines Vornehmen. 2) ä. Sp., weil einst die zu einer größern oder kleinern Hofhaltung gehörigen Personen noch nicht so künstlich wie jetzt unter einem Dache übereinander, sondern weit einfacher unter mehrern neben einander zu wohnen pflegten, dasjenige von zweyen oder mehrern ein größeres Ganze (z. B. eine Burg, ein Schloß) bildenden Wohngebäuden, welches die Wohnzimmer des Großen enthielt. 3) (ä. Sp.) jedes derley Wohngebäude, also was Stube, Zimmer (nach der frühern Bedeutung dieser Wörter, w. m. s.). Graff IV, 400: cheminâta; BM. I, 795; kemenâte. Grimm, Wbch. V, 527 ff. Vilmar, kurhess. Idiot. 198. 4) heutzutage blos als Eigenname einiger Ortschaften übrig, z. B. Kemenâten (Kemənà'n), Lg. Pfaffenhofen; Kemnaten bey München, seit 1665 Nymphenburg genannt. „Fridericus de Keminata;" MB. IX, 581. „De beneficio in cheminate," (Scheiern); Cbm. 52, f. 52. Förstemann II, 349. Kempten im Allgäu (ä. Sp. Kemptun), wenn vom galischen Campodunum, gehört wol nicht hieher. Förstemann II, 361; (s. unten: Kempten). Die Bedeutungen 3 und 2 ergeben sich aus folgenden Stellen: „Mit sambt der Kempnetten, pawhaus, Stadel, Stellen" (Ställen) ꝛc. MB. XXV, 81, ad 1488. Die steinerne Kemnate zu Aufseß; Aufseß, Gesch. des Hauses Aufseß I, 6. 26. 40. A°. 1367 wird die Wag in Amberg dem N. N. überlassen und darzu „die hintere Stuben und der Hof und die Kemnat und der Keller darunter". „Zu Aurolzmünster hat es im Schloß ein sonderen Stock oder Kemnat; heist man auf dem Wasen." (Zu Wildenholzen) „het es zwo Kematen oder Häuser, das ober und das under." „N. bricht das eine Kemnat zu Schernek bis auf die Gewelb ab und bauets wider auf. Er kauft dann auch den andern Theil zu Schernek." Hund, St. B. II, 69. 229. 309. Nach den, an den Kirchen zu Fridberg und Schrobenhausen befindlichen Lapidar-Inschriften v. 1409 u. 1414 hat Herzog Ludwig, Graf zu Mortani, an den Festen dieser Orte „die Mauer und Zwinger fuetern und all Kempnat von grund und newen machen lassen." Von sich selbst sagt Wiguleus v. Hund (Finauer's Bibl. I, 210): „Sulzenmoß hab ich sambt dem Thorheusel, Brücken, Pfleg und Stedlhaus, Stadlen, Ställen, item dem Bad und Wirthshaus alles von Grund auferbauen, an dem rechten Stockh oder Khemat mehr nit als die 4 Haupt- und jnnen die zwo Schidmauer bevor gehabt." „In einem alten ausgeprenten schlos und kemmat mit guten Mauren verstarreßen sich (1525) die von Churfürst Ludwig v. der Pfalz verfolgten Bauern bey Engelstat in Franken; Cgm. 4925, f. 222. Zu Bedeutung 1): „Da diu gotes werde saz in einer Kemināten" (und spann), Wernh. Maria. „Daz ein prälat (ze Vulde) mit sinen dienstleuten sæze in einer kemnaten und æze ... und da sie sazen in engem rate do sprach der abte: dise kemenate ist nicht volkomen, vreunde mein, dort sölte ein katzen vensterlein unden sein an iener tür;" Renner 4219. „Fraw wollust nam mich bei der hand und führet mich aus der kemmat". „Darnach weist man zu beth die gest in vil kemmat," H. Sachs 1612: I, 509. 553. „Mein andre kleider, schmuck und zier werd in der kemmat finden ihr," sagt die Fürstin; das. I, 257. Die Kemmeten, Raum

der Sennhütte, in welchem die Milch aufbewahrt wird; Gastein; (nach Mesnil) Rumpelkammer. Castelli, Wbch. 182: die Kemad, Kammer, Wohn- und Schlafgemach. Brem.-niederſ. Wbch. II, 757: Kemenade. Dönekenbok 240. (kheminata), kheminatun (thalamus), thalami; gl. a. 353. „Kempnat, conclave;“ Voc. von
296 1419 u. 1429. Kilian: kemeneye, caminus, focus, coenaculum. Aus der frühern Zeit kommt häufiger vor die lateinische Form caminata. „Cum rex (Carl d. Gr.) ad palatium vel caminatam dormitoriam calefaciendi et ornandi se gratia rediret;“ Canis. lectt. antiq. I, 365. 390. „Astantibus episcopis, principibus et amicis in caminata;“ MB. VII, 490. „Ad Chemenatam Dni abbatis carradam aridi ligni;“ MB. XXII, 127. 137. „Benedictio in caminata vel pisali;“ Cod. Fris. O. N. 2, f. 136b. Diese lateinische Form ist augenscheinlich eine Ableitung von caminus, und bedeutete zunächst wol nur einen geschloßnen Raum um eine Feuerstätte. Vrgl. Stube, stufa, Ofen; Pisel, frnz. poêle, (Diez, Wbch. 336. 707 f.); Durnitz. Auch das russische kómnata (Stube) scheint mir hieher zu gehören; obgleich in weiterer Ferne ein Zusammenhang denkbar ist zwischen dem lat. caminus (Feuerstätte) selbst und dem slawischen kámen' Stein; (cesk. kamen, msc., Stein, kamna, ntr. pl., Ofen; litauisch: akmens, Stein). Zu erwägen wären übrigens noch die gl. i. 58. 545: cheminatun, concavum, (conclave concavum, Prudent. peri steph. Vers 316); i. 290: chemenati, camino; o. 351: kemenade, tempa; gl. i. 1202 (Prud.): betikminada, cubile. Diefenbach 93a. 139a. 576b.

Der Kemich, Kömich, Kümich (Kemi', Kimi' - ʋ), der Schornstein. VII Com.: der Kemech, Kemeng. Grimm, Wbch. V, 100. Zeitschr. III, 526,9. IV, 113,68. 329,II,6. V, 396,5. VI, 293. Die Kömichkammer, (O. L.) Kammer über der Küche, an den Schornstein gebaut, der durch eine Öffnung, zur Räucherung des in derselben aufgehangenen Fleisches, den Rauch läßt. Der Kümichkerer (Kimi'kiərə'), Schornsteinfeger. „Kümich oder Rauchfeng,“ „die Kömich khören;“ L.R. v. 1553, f. 111. Wstr. Btr. V, 180. Prompt. v. 1618. „chümich caminus, fumarium;“ Voc. v. 1429. „Die kümach abkeren,“ Scheirer Dienstord. v. 1500, f. 26. 27. „All Chiemach, Rauchfenncth und Fewrstet besichtigen;“ Salzb. Stdtord. v. 1524. „Richtung aines kömichs im gsanten haus zu des P. Candido losament“ (1613); Cbm. 2224, f. 197. „Annelein der chemich brinnt;“ Lied, Cgm. 3658, f. 14. „Der kemich,“ Rauchloch; Labr. 513. Vrgl. Kamin und Kemenat.

kemen (kemə˜), statt kommen, wird vom gemeinen Land-Volk in B. ganz nach sehen, geben ꝛc. conjugiert: ich kim, du kimst, er kimt, mir kemen, éß kemtz, si kement; ich käm (kám) ꝛc.; ich bin kemen. S. Gramm. 926. Zeitschr. II, 338. III, 116. 185,29. Diese Conjugation stimmt indessen nicht völlig mit der des ahd. queman überein, welches nach brechen, stechen ꝛc. gieng, und im Particip. Präterit. quoman hatte. Es ist deswegen vielleicht consequenter, hier, da nach Gramm. 325, 372 die Dialekt-Aussprache darüber nicht entscheidet, statt kim und kem ein dem schon alten, aus quim und quem entstandenen chum und chom entsprechendes küm und köm anzunehmen, und das Paradigma also zu fassen: ich küm, du kümst, er kümt, mir kömen, eß kömtz, si köment; wozu freylich ein ich bin kömen nicht recht lassen will. Kem! 'als Begrüßung', (wol statt Godikam, Gottwilkem, Gottwillkomm; s. oben, Sp. 961): „Kem, Hanns! u. dgl., Lindermayr 113. „Stix: Kem, Treinsch! Treinsch: Kem, Amtmann Stix! das. 125. S. komen.

Der Keim, 1) wie hchd., (ahd. chîmo, chîm, mhd. kîme; Graff IV, 450. BM. I, 805. Grimm, Wbch. V, 451 f.); vrgl. Keit. ackerkömig, ackerkemmig, adj., von verdorbenem Getreide; Breubüchlein, Cgm. 3720, f. 72. '(Wol für „ackerkeimig“ von dem bereits geschnittenen, aber noch auf dem Felde liegenden Getreide, wenn es durch anhaltendes Regenwetter zum Keimen kommt, „auswächst“. Vrgl. Grimm, Wbch. V, 457: keimichte Frucht.)' 2) (Baur) der Kahm, Schimmel auf Flüssigkeiten. keimig, adj., kahmig, kahnig. „Dem Vergifteten (toxicato) keimet etwan die Zung auff, und wird onmächtig;“ Ortolph.

'Der Keim, Kaim, (Gaunersprache) der Jude, der jüdische Dieb unter den christlichen; Thiele, d. jüdischen Gauner, p. 264 v. Grolman, Wbch. der Spitzbuben-Sprachen, p. 32. 34.' keimisch, adj. jüdisch. „Sie nennen jre sprache rottwelsch oder keimisch;“ Matth. v. Kemnat, Clm. 1642, f. 192.

Die Kimme (Kémme), Einschnitt; (Weihers; Dr. K. Roth). Grimm, Wbch. V, 705. Vilmar, kurhess. Idiot. 201.

Der Chiemsee; Förstemann II, 875. „Ja mochte man den Kymen se geleiten oben uff den Setten (Zetten), ê Dacian sin Machemetten und Geori sin Jesus durch den andern liß alsus;“ Reinbot v. Doren, d. heil. Georg, V. 1717; 'vgl. S. V, der Einleitung v. d. Hagen's.'

Der und das Komet (Kamət und Kumət), hchd. das Kummet; vermuthlich aus dem Slawischen (russ. chomút, böhm. chomaut, poln. chomato; adj. homuthne; Dobrowsky, Gesch. 80. 1057). BM. I, 858. Weigand, Wbch. I, 648. „Chomat, lantinum;“ Diut. III, 149. (cf. „iantino, cheimata vel losces huti,“ Exod. 35, 23; „pelles iacinctinas, gruone huta vel cheimata;“ Clm. 4604, XI. sec., f. 100. 138. Graff IV, 399. Diefenbach 282a: iacinthinus). „Komat, epirhedium;“ Voc. v. 1429. Im Prompt. v. 1618 steht: „Kühe-kammet, numella, ligneum impedimentum quo canum aut pecorum colla includuntur.“ Diefenbach 93. 205. 317. Obscön: „Da stieß er ir das kömet in die taschen;“ Cgm. 379, f. 146. „Dein roß . . . reich ist sein cometewer darauf ligt ein solch geraite es wurd eim kunig laide scholt ers nach wunne gelten;“ Cgm. 714, f. 118. Vrgl. Zeitschr. V, 489: Kämma; VI, 289: Kammet; VI, 300. „Ein komachter (komater) ist sein (des Sattlers) gesell;“ des Teufels Segi. (Barack 355,11209). (Vrgl. gl. i. 377: „chamo, camus, retinaculum jumentorum. Graff IV, 399. BM. I, 782). s. Kambritel und Kamp.

Der Kometer, ä. Sp., der Comenthur, Commandeur eines Rittersordens, z. B. Hund, St.B. I, 195. II, 5. 404; (daselbst von „comeatu ordini teutonicorum militum parando“ abgeleitet). BM. I, 858. Grimm, Wbch. V, 1688. „Chumt der ruef vür den chumtiure;“ Regel des Spitals zu Jerusalem, Clm 4620, f. 75. „Commendator, chumetewr, et est in ordine militarium;“ Semansh. 34, f. 194. Clm. 16099, Vorderdeckel. „Chümentewr est officium,“ Clm. 5877 (XV. sec., 1449), f. 107. „Lantchumentemer (sic) zu Franchen,“ Urk. v. 1323; Kurz, Östr. unter Friedr. d. Sch. p. 481. 493.

„Commiß, diarium;“ Commißmaister sitarchus, praefectus annonae;“ Prompt. v. 1618. Grimm, Wbch. II, 630. V, 1681. Der Commissári, noch nicht ganz durch den französisch zugestutzten Commissär (nach pedantischer Orthographie Commissair oder gar Commissaire) verdrängt.

komen, kömen (kemə˜, beym altb. Landvolk; „chö- 297
men“, Voc. v. 1419; s. kemen), kumen (OPf. und unter den nicht ganz ländlich sprechenden Bewohnern der Städte und Märkte in Altb.), wie hchd. kommen; (goth. qviman, ahd. queman, später choman, mhd. kumen, Prät. noch quam neben kam; Graff IV, 655. BM. I, 900. Grimm, Wbch. V, 1625. Zeitschr. III, 206,2. 223,2. 260,31. 456. IV, 325 f. 408,29. vrgl. oben, Sp. 936: die Gurgel). Der Ober-Pfälzer conjugiert: I kum, du künst, er künt. O.L. ze fallen, ze lachen, ze läuffen, ze schläffen ꝛc. kömen, (kemen), in den Act des Fallens, Lachens ꝛc. gerathen; s. Gramm. 987. Er kimt schon bald nimmer recht ze gên, er kann (vor Dicke) schon bald nicht mehr recht gehen. (Vrgl.

alt, gesund ꝛc. kemen, statt: werden; (Südtyrol). „Zu toret kumen, infatuari“, Voc. Melber. Vom Kind komen, oder blos: davon komen, abortieren. zu verdienen komen, (ä. Sp.) zu erwidern, zu vergelten seyn oder stehen. „Komt uns zu sonderen Gefallen freundlich zu verdienen“, eine Höflichkeitsformel, die in fürstlichen Schreiben des 15. und 16. Jahrh. häufig vorkommt, und ohngefähr sagen will: Wir halten es für unsre Pflicht und sind bereit, diese Dienstleistung unsrerseits zu vergelten. Kr. Ltghdl. IX, 425. abkomen eines Dings, sich dessen entledigen; Grimm, Wbch. I, 63. „Also kamen die Römer der mächtigsten Feind und Nachbarn ab“; Avent. Chr. „Der Krankheit, des Neids ꝛc. abkumen“; Prompt. v. 1618. abkomen mit oder bey Einem um etwas, sich mit ihm darüber abfinden. ankomen Einen, ihn anreden, angehen; (vrgl. Gramm. 1017). Er hàd mi'~ *à~kəmə~*, éppəs z'leihhə~, er hat mich angegangen, daß ich ihm etwas leihen soll. Einen um etwas ankemen, bitten; (b. W.). Einen scharf ankomen, ihn scharf ansprechen, auszanken. „Arguo, ankumen vmb ein ding, verweisen“; Avent. Gramm. „ankummen mit Worten, anfahren“, Prompt. v. 1618. Etwas ankomen, es bekommen, erhalten. „Wo er des Gotshaus aigen Läut erbet und ankumt“; MB. X, 283, ad 1417. „Hänts, ist denn kain Doktär *anz'kemä*, der ain'n ä Rezept kunt vä'schreibn?“ Lindermayr 172. cf. česk. přijiti. ankomen hart, leicht, schwer, leicht zu erhalten, theuer, wohlfeil zu kaufen seyn. 's Holz *kimt* iətz hàrt *à~*, (engl. wood is now hard to be come at). aufkomen, aufkemen, vrb. n., a) (Passau nach Zpf. Ms.) erwachen, wach werden, aufstehen. b) (allg.) offenbar werden. Zeitschr. VI, 293. əs wird *aufkemə~*, wer Rècht hàt, I àbə' du. Deiné Schelmstuck san' àllé *aufkemə~*, (ruchbar geworden). c) vom männlichen Thier: ein weibliches bespringen. auskomen, auskemen, sich ereignen, vorfallen, entstehen; Grimm, Wbch. I, 895. Zeitschr. VI, 293. Wàs is *auskemə~*? was hat sich ereignet. əs is ə~ Hungər, ə~ Durst *auskemə~*, man ist hungrig, durstig geworden. bekomen, bikemen, vrb. n., werden, fortkommen, gedeihen, wachsen. Grimm, Wbch. I, 1425,1. Die Pflanzen, die Setzlinge bekemen. Die Jungen bekomen. „enchemen, pullulare“; Voc. v. 1445. Im Schottischen ist to come keimen. bekomen, vrb. n., (ä. Sp.) sich begeben, ereignen. „Umb welcherlay Sach das wär, das von dem obgenanten Gericht herging oder bechom..“; MB. IX, 255, ad 1424. „Und ob wir von Vergessens
298 wegen, oder in andre Wege, wie das bekäme, wider diese Verschreibung handelten“; Kr. Ltghdl. V, 230. Einem bekomen, békemen, bikemen, ihm begegnen, obviam fieri; BM. I, 904. Grimm, Wbch. I, 1426,4. „War unde gnade bechamen ein anderen, misericordia et veritas occurrerunt sibi; Notk. 84,11. Er is mə' *békəme~*. Mier sán' ənandə' *békemə~*. „ananderbäkemen, begegnen“; VII Comm. „Nu fuogt ez sich sô von geschicht, das in liute bekœmen“, Boner's Fabeln 52,9. „Do bekom im ein arm“; St. Ulrich's Leben, Cgm. 94, f. 64. Katzmair (Clm. 927, f. 6) sagt blos „komen Einem“ st. begegnen, (2 mal). bekomen, vrb. act., (erhalten, erlangen; Graff IV, 668. BM. I, 904) ist im b. Dialekt nicht sehr üblich, und wird lieber durch kriegen (kriəgng) ersetzt. Gerade wie es nach Adelung auch in Niedersachsen der Fall ist. MB. XXV, 197, ad 1427, darf ein Hammerwerksbesitzer die wider seinen Willen entlaufenen Arbeiter, „mit recht wol bekömen (festnehmen, vor Gericht bringen) und seinen schaden nachvolgen alls recht ist.“ Eines Kindes bekomen; BM. I, 904,2. Grimm, Wbch. I, 1426,5. „Ein hausfraw die eines chindes bechom von einem andern man“; Cgm. 54, f. 40ᵇ. beykomen, vrb. n., mit einer Sache, besonders im Handel und Wandel guet oder übel beykomen, d. h. Vortheil oder Nachtheil dabey haben. durchkomen. „Wer kan ez gar durchkumen?“ Labr. 240. Vrgl. Grimm, Wbch. II, 1634. einkomen, gerichtlich eingeschrieben oder vorgemerkt werden. „Der A. hat dem B. Geld gelihen, es ist aber nichts „ei~kemə~“ davon, jetzt kriegt der A. kainen Kreuzer mêr.“ Der Einkomling, der mit einer Sache bey Gericht einkommt, besonders als Interveniens bey einem Proceß zwischen dritten Personen. Wirzb. Ld.Ord. v. 1618. derkommen (də'kemə~), vrb. n., erschrecken bey unvermutheten Vorfällen, sich entsetzen, (ahd. arqueman, irqueman, mhd. erkumen; Graff IV, 663. BM. I, 905. Grimm, Wbch. V, 879. Zeitschr. VI, 293). I bi~ drà~ *də'kemə~*, dás I kaə~n Trópfə~ Bluəd 'gébm hiət. „Des erkom sich himel und erd“; Winnerls Gloss. „Obstupescimus, wir erchomen“, Cgm. 17, f. 146ᵇ. Ps. 100, oratio III. „Pavor, diu erchôme“; das. 209ᵇ. „Do hub mich der Schreck und das Erkomen“; Gloss. bibl. v. 1418. Vrgl. verkomen. fürkomen, vrb. ntr. vorübergehen. „Bis die not fürkomt“; Gem. Regsp. Chr. I, 438, ad 1294. Wider fürher kemen (fürə' kemə~), wieder zum Vorschein kommen (von verlornen Dingen). fürkomen, verkomen, vrb. act., eine Sache, ihr zuvorkommen, sie verhindern; BM. I, 906. „Das zu fürkommen, zu wehren und zu strafen“; Kr. Lhdl. V, 374. herkomen. „Herkommen Leut“, fremde, herrenlose; Dipl. Ludov. 1316. Das Herkomen, Herkemen, Herkemə~ds, wie hchd. R. A. Dés (z. B. 's Sterbm) is ən àlts *Herkemə~* und ən êwi's Dàbleibm. verherkomlicht, (HGC.) was Herkommens ist, herkömmlich. cf. Hazzi, St. IV, I, 256. hinkomen, entschlüpfen, entwischen. R. A. əs is mə' nét *hi~kemə~*, ich hab es absichtlich herausgesagt. „Kümet er des hin“, (entgeht er diesem); Br. Berhtolt 22, (Pfeiffer 369,3). hinkomen mit etwas, (Baur) damit ausreichen. „Einen hinkomen laßen, mit sich hinkomen laßen, sinere aequari sibi, sinere sibi parem esse“; Prompt. v. 1618. hinterhin (hintri) kemen, in die Wochen kommen; s. hinter. „Deceptio, hinderkömen“; Cgm. 3985, f. 1. BM. I, 905. überkomen, über etwas hinwegkommen, zu etwas gelangen; BM. I, 905.' cf. engl. to overcome, frey werden (v. etw.) u. s. über. Einen überkomen, ihm vorkommen. „Der valke uberkam den arn“; Walkn. 115. überkomen Einen eines Dings, (ä. Sp.) ihn dessen überweisen. „Mag man jne der schulde überkomen mit dem schub oder mit dem gezewg...“; L.R. Ms. v. 1453. überkomen Einem an einem Ding, (Wstr. Gloss.) ihm darin überlegen seyn. „Es hat mich der Zorn überkomen“, (übernommen). um und um komen, ganz zu Ende kommen. R. A. Wenns um und um kimt, im Grunde, 299
am Ende. „Er macht gàr vil aus eəm, und wenns *um əd um kimt*, is dó' nicks də'hintə'.“ unterkomen, 1) als vrb. n., unterlassen werden, unterbleiben. „..Daß euer Herr (dieß und jenes thut und nicht thut), das ihm doch billig unterkäme“; Kr. Lthdl. IV, 51. 2) als vrb. act. verhüten, verhindern, abstellen; BM. I, 906. „Wie solche Rauberey, Mordbrand und andre Unfuge zu unterkommen wären“; ibid. p. 46. „..Solches zu unterkommen“; Lhd. II, 75. Av. Chr. 45. Gem. Reg. Chr. II, 291. verkomen, weg kommen, abhanden kommen, verloren gehn, verschwinden. Mei~ Méssə', mei~ Buəch is mə' *rə'kemə~*. Də' Kometstern is bàl widə' *və'kemə~*. Dèr Mensch wird dó' àllé Tàg màgərə', auf d Letzt *vo'kimt* ə' nó~ gantz. Dés is mə' widə' gantz *və'kemə~*, ich hab es ganz aus dem Gedächtniß verloren. „Der geprant wein ist auch gut wan ainem menschen das antlicz erkümbt als etwan geschicht wan man ainem dy zenndt aus pricht“, Cgm. 4543, f. 64; (hieher?).' verkomen, (ä. Sp.) vorbauen, vorkommen, verhüten, verhindern. Gem. Reg. Chr. 462. 'vollkomen; BM. I, 906.' „Jr volkomenz volkomen; Labr. 302. davonkomen. „Chom da fon, despaza te, spute dich!“ Nomencl. venez.-todesco, Ms. v. 1424, f. 101ᵃ. 'willkommen; BM. I, 906 f.' s. oben, Sp. 961: Gottwillkomm. zekomen (z'kemə~), auseinander komen, den Verstand verlieren, wahnsinnig werden. zuəkemə~, zuəri kemə~, (von der Kuh) zum Stier kommen. Si is áf də' Waəd *zuəri'kemə~*, sagt man von einer Ledigen, die ohne bekannten Vater schwanger

geworden. kumenlich, kumlich, kumentlich, (ä. Sp.) conveniens. BM. I, 907. Grimm, Wbch. V, 1681. Zeitschr. IV, 263,19. „Kumlich, tauglich“; Prompt. v. 1618. „Redliche bete, die uns muglich und kumenlich ze tun sein“; Meichelb. Chr. B. II, 112. „Sobald es kommentlich geschehen kann“, Canzl.Sp. „Chomelinch, advena“; Cgm. 17, f. 62b. BM. I, 907. Grimm, Wbch. V, 1683. ankömli', (Zir.) ansteckend. „bechömheit, convenientia“; Voc. v. 1445. bekumlich, (Prompt. v. 1618), leicht zu bekommen. BM. I, 907. „Conventicula, zesamenechunftile“, Cgm. 17, f. 25a.

Der Küm, Kümi, Kümich, der Kümmel, cuminum; (ahd. chumi, chumich, chumin, chumil, mhd. kümel; Graff IV, 399. BM. I, 910 f. Weigand, Wbch. I, 648). „Cuminum, kum“. Clm. 5008 (XV. sec.), f. 150. „Carve sive cuminum rümischen kimich.

Dum carve carui non sine peste fui
depellit carni reuma, ventus lapidesque“;

Clm. 4143, f. 109. Diefenbach 103c f. 119b. Ein Kimlaibel (Kümmelbrod), Wiltm. 569.

Der „Kumm“, Trog oder Barn, in welchem dem Vieh das Futter (besonders das nasse) vorgegeben wird. Wstr. Btr. III, 264. IV, 225. Zeitschr. VI, 304: Kumb·l. Vrgl. Kumpf. Chumistuodal, s. Th. III: der Stadel.

Der Kummer, 1) wie hchd. (mhd. chumber, kumber; BM. I, 909. Weigand, Wbch. I, 648. Cf. lat. cumulus, franz. comble, encombre, décombres, span. escombro, cumbre, ital. ingombrar, encombrar, altfr. encombrier; Diez, Wbch. 106 f. Vilmar, kurhess. Idiot. 231 f. Zeitschr. V, 271,7.11). kümmerlich, a) wie hchd. b) besonders in verächtlichem Sinn: sich kümmernd, bekümmert. Du kümmerlicher Narr, was thuest denn gar so kümmerlich?! c) (Allgäu, adv.) kaum. 2) (ä. Sp.) Haufen, besonders Schutt; (daher fig. Belästigung des Gemüthes, Mühe, Noth). „Daz den muli-wuor und den kilchweg nieman sol bekumberen mit dekeinre slahte ding daz kumber mag geheizen sin“; Surseer Urk. v. 1314. Geschfr. III, 239. 3) (ä. Sp.) Festnehmung, Festhaltung, Haft, Beschlag; (Ertel, prax. aur. 150. 234). Zeitschr. VI, 304. „Vom Arrest und Kummer“, bayreut. Hofgerichtsord. „Ân pfenning und ân phant nieman zu dem wein sol gan, der sich kumers well erlan“; Cgm. 379, f. 39 u. 270, f. 75. kümmern, sich kümmern. Von schimmelndem Brod sagt man: 's Broud *kummə't* si' scho˜ əs mècht nét gèss'n wèə'n; (ObrM.). bekümern, festnehmen, verhaften, arrestieren; „occupare, bekummern“; Voc. Melber. „Der eltist prûder begond den paum bechümern als er sein wær, der ander sprach: mit welchem rechten unterwindest du dich des baumes“; Cgm. 54, f. 26b. „Placidus eilt allez nach wie er in (den hirsen) bechümern möcht und auch vahen damit was aller sein sinn bechümert“, (zu „kommen“?); das. f. 84a. „Pechumer wir sein antlitz mit peicht, praeoccupemus faciem ejus in confessione“; Cgm. 136, f. 67. verkummern, in die Gewalt, Haft eines Andern geben, es sey durch Verkaufen, oder Versetzen, oder Vertauschen. Ref. L.Rcht., Tit. 44, Art. 3. MB. II, 524. III, 202. V, 56. Kr. Lhdl. III, 319. „Freyes unverkumerts
300 lediges Aygen“; MB. V, 84. „Verkumbert und begriffen sein“; Meichelb. Chr. B. II, 111. „unverkumert“, (frey für seine Person), MB. XII, 167. (Cf. ä. niederd. „praepedire, comberen“, Diutiska II, 228). Die Verkummernuß, der Zustand eines Gutes, insoferne es durch Verkauf oder Versatz in die Gewalt eines Andern gegeben ist; der Akt, wodurch dieß geschieht. MB. II, 428. „Von Verkümernuß der Lehen“; Ref. Ld.R., Tit. 26, Art. 3. Statt der veralteten Form verkümmern hört man im gemeinen Leben noch zuweilen den Ausdruck: verkümmeln, sein Vermögen verkümmeln, es durch ungeschickten Verkehr in fremde Hände bringen, nach und nach verlieren.

Der Kümmerer, Hirsch, der eines alten Leidens wegen die Geweihe nicht mehr abwirft und gewöhnlich allein herumirrt; Schosser 66. 143.

Der Kümmerling, Kümerl, Kümerle, Herz-Kümmerl, Liebling, Herzkäferlein (Baur); (Nicolai, östr. Idiotic.) „der Lieblings-Knabe eines Jesuiten Magisters.“ „Wir beede waren bey dem Pater und allen andern zwey Erzkimerl, wie man in Schulen zu reden pflegt“; Selhamer. „Die kleinen Engl, Kümmerln von der seligsten Jungfrau thun ihm wunderschön“; Lob- und Trauer-Rede auf Max von Panzel. „Er ist ein Kümerl von der hochgnädigen Herrschaft“; Charfr. Proc. 59. Man sehe aber auch Haimerl.

Die heil. Kummernus. Acta Sanctor. Antwerp. ad diem XX. Julii. Mone's Anzeiger 1838, S. 583. „Wißt ihr das Exempel von der heil. Kummernuß, die einem armen Musikanten einen goldenen Pantoffel vom Altare herabgeworfen, weil er ihr ein geistliches Stückl vorgefidelt hat.“ A. Bucher's s. Werke IV, 70. ə˜ rèchtə heil. *Kumernuss*, scherzh., eine allzu bekümmerte Person.

Der Kümerling, (Nürnb., O.Pf.) die Gurke. Weigand, Wbch. I, 648. Das chumberlein, Cgm. 724, f. 162. (s. Gukumer.)

Das Kummet, s. oben Komet.

Der Kamp, Dim. das Kämplein (Kámpl·), gewöhnlicher der Kämpel (Kámp·l), wie hchd. Kamm, (ahd. champ, champo, chamb, mhd. kamp, kam, kambe; Graff IV, 403. BM. I, 783. Grimm, Wbch. V, 102. Zeitschr. III, 197,14. VI, 37,76. 289) mit der Eigenheit, daß die Form der Kämpel beym großen Haufen vorzugsweise in der Bedeutung eines Haarkammes (pecten), die Form Kamp aber in den übrigen Bedeutungen des hchd. Kamm üblich ist. Also z. B. der Kamp, crista, la crête; figürl. der Kamp, das Kämplein steigt im, läufft im an, (er wird zornig). Grimm, Wbch. V, 104,4.b. Hanenkamp. Grimm, Wbch. V, 104,4.a. „Der widhopf . . . ist ain schœner vogel und hât ainen vedreinen kamp auf dem haupt“; Konr. v. Megenberg f. 132, (Pfeiffer 228,3). Der Kamp, Obertheil des Halses eines Pferdes, Rindes. Grimm, Wbch. V, 105, f. Das Kämplgratstuck (Metzger-Sp.); b. Intell.Bl. 1804, p. 618. Der Kamp, der Kampen, Bergrücken, wie z. B. der Höch-Kampen am Chiemsee. Grimm, Wbch. V, 105,5.a. „Hanns der Pylacher die zeit veltrichter ynnerhalp des champfs“ (in Tirol), Urk. v. 1419 des allgem. Reichsarchivs (4 Fasc., 137,3), wol gefertigt zu Neustift in Tirol, betreffend einen ans Kloster Rot („in Payrn gelegen auf dem In“) verkauften Weingarten, genannt der „Nusserlin-tobel.“ (Hieher? vrgl. Grimm, Wbch. V, 135.) Der Kamp, mons Veneris, pubes. „Sô man si (die pirn, Birnen) legt niden auf den kamp, dâ die rauhen püsche wachsent, sô vertreibt si des leibes hinlauf“; Konr. v. Megenberg. Pfeiffer 340,26. „Pint ez auf die niern und auf den kamp, dâ daz püschel stêt“; das. 343,24. „Item sein semliche weib daz in der kamph swirt, als dy man bey in sein gewest, daz ist ain groß prech“; Cod. Alt. 8o. 23, f. 123. cf. Cgm. 92, f. 3. Ebersb. 79, f. 204. Clm. 5879, f. 204. Der Kamp, das Kammrad in der Mühle. Grimm, Wbch. V, 103,3.a. Der Kamp, „das Gestiele der Weintrauben, daran die Beeren hangen“, Grimm, Wbch. V, 105,h. „Daz nieman kein win machen sol mit keinem gemechede denne allein mit kemmen und mit bern. Wer aber sinen win mit kemmen also macht den er verkauft der sol ez dem vor sagen der den win kaufen wil“; Wirzb. Sätze v. 1343, §. 84. Daher: der Kempwein; Grimm, Wbch. V, 157: Kampwein, Kämpwein. Beerwein, Kempwein und Spanwein“; Wagenseil, de civit. Norimb. p. 121. Die Kämpelwal (Kámplwàl), Wahl, bey welcher jedem Wähler ein langes Blatt mit den Namen aller Wählbaren eingehändigt wird, das insoferne einem Kamme gleicht, als es nach jedem Namen einen tiefen Einschnitt hat, damit der Wähler den Namen seines Candidaten leicht wegreißen und abgeben könne. Die

Kämp (Kámp), Hölzer, die den Schweinen um den Hals gelegt werden, damit sie nicht durch die Zäune kriechen, (vrgl. Komet und Grimm, Wbch. V, 157: Kammwid. Zeitschr. VI. 289); der eiserne Ring, der den obern Theil
301 eines einzurammenden Pfahles umfaßt und aus der Bahn des Zugschlägel-Gerüstes (aus der Rais) nicht weichen läßt.

Er (der Pflock) stêt ja ei˜ de' *Kámp*,
diə weist'n sovəl gwándt,
dé weist'n nà' də' Raəs,
wál ə' den Wég nét waəs. Zugschlägel-Gesang.

„Die Kampen soll 3 Schuh lang seyn"; Cbm. 3238, f. 15. (cf. ahd. champ, corona). „In den champen, boien, in compedibus; f. 154^{b}. 205^{a}. Ps. 104,18. „Dero gechampeten, gefuoz druhe(n)ten, compeditorum; das. f. 119^{a}, Ps. 78^{a}. Graff IV, 404. Kámpmstümpf, (Chiemgau) Art leinener Überstrümpfe.

kampen (kámpm), kämpeln (kámp'ln), letzteres zunächst vom Gebrauch des Haarkamms, (gl. i. 269: chempente, pectentes; Graff IV, 402. BM. I, 784. Grimm, Wbch. V, 137. Zeitschr. VI, 289); ersteres in den übrigen Bedeutungen des hchd. kämmen üblich. Woll kämpen, Wolle krämpeln. Das Kämp-Eisen, die Krämpel; büchisch: die Kamme. kämpen, (Zimmermanns-Sp.) kämmen, befestigen. Schweine kämpen, ihnen Querhölzer um den Hals anlegen, damit sie nicht durch Hecken und Zäune schlüpfen können. Beym Gäßleingên ein Mädchen foppen und zur Strafe ihrer Neugierde mittels eines Reifes ans Fenster kampen; (Lieder aus den norischen Alpen, Nr. 4). Hübner 693. kämpen, (Ob.L.) Flachs hecheln. Die Akampen ('A'kampm) sind indeß nicht die Abfälle vom Hecheln, welche Werch heißen, sondern die noch schlechtern vom Schwingen, welches dem Hecheln vorhergeht; gl. i. 14: achambi, stupa; Graff IV, 402. BM. I, 784. vrgl. oben, Sp. 1: â—. „Wolle, werc und âkamp" (ochamp); S. Helbling I, 659. Dû hâst vor dîner starken wamp gesoten hanifâkamp, daz dir niht gewerren kan"; das. XV, 276. „Vnd kain rinderhar noch Achamppt sol man nicht worchen"; Loderer-Brief in einem Passauer Stadt-Recht-Buch, Ms. „Die leinwaht zu den gemahlten spalieren nach niderlendischer Arth müeßen von Abkampen des harſ gewürckhet seiu"; Not. F. v. Bodman, Ms. v. 1709. à'kampə˜, adj., von grobem Werg; fig. grob, ungebildet, roh; ən *àkampənə'* Mensch. Gröbər als '*Akampm*, sehr grob. (Vrgl. angels. be cembum vearpe, de stuppe stamineo; cembe, cemed, stupeus). kämpeln (kámpln), fig. ausschelten, auszanken, auch wol prügeln. Grimm, Wbch. V, 137,3. 138,4. Vilmar, kurhess. Idiot. 191. Zeitschr. VI, 289. 'Der Kämpel, die Kämpelei, Streit, Zwist; Grimm, Wbch. V, 137.' „Der ander hieß Jorg Krempel, von dem auch aller kempel, zwitracht und haderung erschain"; Mich. Beham, Wiener 246,18; vrgl. 7,15. „Ein andere, die höbt aus dem Ehstands-Glückshafen Nr. 16, bekombt ain helfenbainenen Kampel, ertappt einen solchen, der sie alle Tag grob abkämplet"; P. Abraham.

Der Kämpel (Kámpl), der Geselle, Kumpan, (Compagnon, Kämpe; Grimm, Wbch. V, 137. Zeitschr. V, 461. VI, 119,21. 289. z. B. ə˜ rèchtə' *Kámpel*, ein durchtriebner Geselle. ə˜ lustigə', gróbə' rc. *Kámpel*, lustiger, grober rc. Kumpan. „David und seine Kämple hetten nit vil zeſſen"; Reime v. 1562. Vrgl. Kempfe.

'Der Kompan, Kumpan, Geselle, Genosse; (ital. compagno, franz. compagnon; Diez, Wbch. 108 f. BM. I, 911: kumpân. Grimm, Wbch. II, 631. V, 1684. 1686. Vilmar, kurhess. Idiot. 218. Zeitschr. VI, 119,21).' „Noch han ich einen compan daz nie knappe gewan einen namen also hovelich"; M. Helmbrecht 1215. Die Kumpanie, Gesellschaft. „Wil du ir (der rede) vor dem künege pflegen der kumpanîe vär ze legen? S. Helbling VIII, 812.

componieren mit einem zum Bierbrauen Berechtigten, d. i. sich mit ihm über den, innerhalb eines gewissen Zeitraums zu entrichtenden Malz-Aufschlag im Ganzen abfinden. Die Composition, diese Abfindung.

Kompost, s. Gumpes.

'Der Kumpari, das Darangeld, Draufgeld (v. ital. caparra; Zeitschr. III, 115. VI, 290); s. oben, Sp. 121: die Arr, und Sp. 1146: die Har.' „Da ham s' (die Dienstboten) ma' glei' 'n *Kumpari* z'ruckgschmiss'n", (zurückgegeben); Kürsinger, Ober-Pinzgau 1841, S. 177.

Der Kampf, wie hchd. (ahd. champh, mhd. kampf; Graff IV, 406. BM. I, 784. Grimm, Wbch. V, 138). In Gem. Reg. Chr. 454, ad 1302, heißt es: „sie luden unsre Burger hintz hof auf den kampf" (vor Gericht). 302
Der Kampf einer Violata mit dem Violator; Heumann, opusc. 233. '2) der Kampf mit dem Tode, Stickanfall; vrgl. Grimm, Wbch. V, 143,4.' „Er ist des lauffens ungewont, er geht bald den wolf, kampf und blasen"; H. Sachs 1612: I, 1069. kempfen, vrb. „Seit dem han i' 's Dempfen und 's Keuchen und 's *Kempfen*; Lindermayr 174. Grimm, Wbch. V, 530: kempfen, hüsteln. kämpfen, kempfen, a) wie hchd. b) In der wirzb. Fischerord. v. 1570 und 1766 ist denen, die keine Altwasser haben, das Stöhren und Kämpfen verboten (? vrgl. kämpen). „Palestra, ein champhschaid"; Clm. 5877 (XV. sec., 1449), f. 131. Der Kempfe, ä. Sp., ahd. champho, champheo, chemphio, chempho, mhd. kempfe; Graff IV, 407. BM. I, 785. Grimm, Wbch. V, 144), athleta, gladiator, campio. „Turnai den christus unser chempf getan hat gegen dem satan"... „Christ unser chempf, den bösen teufel du dempf!" Cgm. 54, f. 3^{b}. 10^{a}. 11^{b}. Zu den rechtlosen Leuten werden in Ruprecht's von Freysing Rechtbuch gerechnet „die chempffen u. Ir kint." Der Kempfel. „Durchgraben ist miner fröuden kempfel"; Labr. 539. Cf. „Nu chinphen (spielen) mit dem balle"; Cod. Ben. 160, f. 58^{b}. cf. der Kämpel. (Ob die campestria, Hüllen um die Geschlechtstheile der nackt Kämpfenden, die man daher campestratos geheißen (Augustinus, de civitate Dei), mit unserm Kampf und mit campus zugleich zu thun haben? Ducange, ed. Henschel, II, 63 f. Diefenbach 93^{b}.)

kumpf, kumpfet, adj. (Nptsch.) stumpf. „kumpfet Nasen, nasus resimus"; Prompt. v. 1613. „Sein Har gestrobelt, sein zän gar stumpff, sein augen blaw, die nasen kumpff"; H. Sachs. Die Kumpf-Nasen. '„Kumpfe schaftsnase; Garg. 247^{b}." Jac. Grimm.' Zeitschr. VI, 174. „Jetz kan man die Schuhschnebel nit kumpff genug machen", sagt Joh. Pauli a^{0}. 1519. Lessing (Schriften, hg. v. Maltzahn, XI, II, 260) erklärte sichs durch „klein, eng, schmal." „Khumpfet oder gebogen", Fewrbuch von 1591, Ms. p. 310. Prompt. von 1618: „kumpff, hebes; kumpff werden, machen." „Obtundi, kumpff werden; ein stumpff kumpff vernunft"; Voc. Melber. kumpfen, vrb. „Wa sie findent ainveltig federspil, das rickends oder sie kumpfends an die bain"; Balkn. 62. s. ricken. „Do was ir naß so gar zukumpffen und daz maul zu hauffen gerumpffen"; H. Folz, Haupt's Zeitschr. VIII, 539,65. „Praepucium, kumpf oder beschnidung; Voc. v. 1425, Clm. 11730, f. 79.

Der Kumpf, O.L. der Kümpfel, tiefes hölzernes Gefäß, das der Mäher anhängt, um den Wetzstein darin zu netzen und zu verwahren; aufgeschwollene Nase, (Kaltenbrunner, Lieder, 1845, S. 208). Vrgl. holl. kom, Schale, Becken; catalan. lo *com* oubi per donar menjar als tocinos, Sautrog. Firmenich I, 8,51: Kummen, pl., steinerne Tassen, Schalen; 532,19 u. 533,11: Kump, Kimbche, Schüssel, Schüsselchen; 334,29: Kümpe, Wasserbehälter; 518: Kömpel, Teich. Graff IV, 407. BM. I, 911. Weigand, Wbch. I, 649. Zeitschr. III, 121. 458. VI, 304. 335. cf. Adelung: Kumpf. Die Kumpfmüle; BM. II, 28. „Vnd begunde plodern als daz wazer vf den flodern uf allen chumpfmüln tuot"; altd. Wälder III, 22. Vrgl. oben: der Kumm.

`„Der Kumpe in Steinau, Rathhausplatz." Jac. Grimm.´

Kempten, Campodunum. Ein Campodunum in Beda's hist. II, 14 auch im alten England. Alfred übersetzt es mit Donafield; Andere halten es für Almondbury, für Tanfield, für Doncaster.

---

ich kann, s. künnen.

Der Kân (Kà˜, Kâu˜), 1) wie hchd. der Kahm, auf gegornen Flüssigkeiten, (BM. I, 785. Grimm, Wbch. V, 31 ff. s. Keim). „Acor .i. corruptio vini chann; acidus, chanig"; Windb. 170, f. 429ª. 2) neblichter Rand des Dunstkreises. kânig, 1) kahmig. „Tartharosum vinum, eyn cheyniger wein"; Mallerst. 32, f. 100. 2) vom Gesichtskreis: nebelig. Hei˜t sán' 'Berg widə' só *kàni'*. verkânen, abstehen, kahmig werden. „Das naße Hêu verbittert und və'kâu˜t"; OPf. Das Prompt. v. 1618 hat: Kon, mucor in vino; konig, mucidus. „Von wunden wird man kön(??) gar"; Liedersaal, Nr. CXXVII, Vers 9. Zeitschr. VI, 304.

Kanier(?). „Umb federkhiel, sträpulver, wachß canir zu diser Rechnung, federmesserl", (1613—14); Cod. bav. 2224 (2225) am Ende. `Vrgl. Diefenbach 521ª: „scriptorium, canter"; Mone's Anz. VII, 593. BM. I, 786.´

Der Kanuff (◡⏊), (wetterau. Juden) Heimtückischer, Hinterlistiger, (v. hebr. chanaf, schmeicheln, heucheln, chanêf, Heuchler; chanafa, Heuchelei); Weigand, oberhess. Intellbl. 1846, p. 300. `v. Train 171: Kanof, Kanuf, Kundschafter; Anton 42: Kanof, Kanuf; v. Grolman 13: Chanifer, Schmeichler; 33: Kanohv, Spitzbub, Kundschafter.´

Die Kannel (Kà˜l, Kanl), die Kannen (Kannə˜), die Kandel, die Kanden (Kantn); Dim. das Kännlein (Ká˜l, Kánnə-l), Kândlein (Kandl, Kántə-l), die Kanne, (ahd. channa; channala; gl. i. 566; canneta, gl. a. 6. o. 283. Graff IV, 449. BM. I, 785. Grimm, Wbch. V, 158. 164. 172. 176. Zeitschr. VI, 290). „Sechs Jungkfrauen mit vergolten Khanten"; Wstr. Btr. V, 155, ad 1580. „Es soll auch dem Gast die Kanten unter Augen gesetzt, und ohne Begehrn nicht eingeschenckt, viel weniger, ehe der Wein ausgetruncken, hinweg genommen werden"; Land- und Polic.Ord., B. 3., Tit. 3., Art. 1. „Zur Lösung der goldenen Kandel zu Nürnberg 555 Gulden rh."; Kr. Lhdl. VII, 161. „Haben sie (die b. Abgeordneten) die von Augsburg mit ihrer Kandel und Abt von sankt Ulrich mit 10 Kandeln Welschwein geehrt"; ibid. XIV, 166. „Item 1 Pfe. 1 ß. 10 dl. zahlt für 10 Kandl Wein auf 14 dl., geschenkt denen von Landshut"; ibid. XV, 303. Die Opferkandl beym Messelesen. „Bey Kandl und Andl (bey Wein und Mädchen) ist selten ein ehrbarer Wandel"; P. Abraham. Das Kandelbrett, die Kandelrem,
303 (Strbr.) Gestelle, Kannen, Schüsseln, Teller und anderes Küchengeräth darein zu stellen, oder daran aufzuhängen. „Der Kandelwurf oder das Kandelwerfen, das Braun- und Blauschlagen" u. drgl. gehörte unter die Frevel, deren Bestrafung nach den alten Privileg. von Culmbach, Creußen rc. den Magistraten überlassen war. Der Kandelwisch, das Kannenkraut, equisetum. Der Kandelwein, Wein oder das Geld dafür, so bey Leichen-Gottesdiensten von weiblichen Anverwandten des Verstorbenen in einer Kandel zum Altar getragen und geopfert wird. Wstr. Gl. Die Forder-Kandel-Wein, Wein, den sich die Amtleute von den vor Gericht geforderten Personen oder Parteyen, als von Rechts wegen, im Wirthshaus bezahlen ließen. s. Th. IV, der Wein. Diesen Misbrauch „des Vertrinkens der armen Leute" findet man in ältern Verordnungen mehr als einmal ernstlich gerügt. cf. Kr. Lthdl. IX, 431. MB. XV, 366. Der Kanden- oder Kandelgießer, Kannengießer. „Aº. 1420 do man (in München) daz Känndll klayn machet und den Aymer"; Wstr. Btr. VI, 159. In Aventin's Hinterlassenschaft fanden sich: „drei Seidl-Kandl, zwei Kopf-Kandl, in der Kandlrem, item ein zweykopfige Kandl"; Verzeichniß v. 1534. s. Ztschrft. Eos 1819, Beylage Nr. 26.

Der Kännel (Kennl, Kendl, Kengl), b. O.L. Kanen, schwäb. Käner, Rinne, gewöhnlich aus 3 zusammen genagelten Brettern bestehend; (ahd. chanali, channali, mhd. kanel, kenel, kener; Graff IV, 453. BM. I, 785. Grimm, Wbch. V, 160. Vilmar, kurhess. Idiot. 191. Zeitschr. VI, 290). „Ein hölzerner Kengel bildet den Kuhgraben"; Simon Strüf, p. 437. „Kändl oder Bretter-Rinne, in welcher das Lab von der Salzpfanne auf die Labstube abrinnt"; Lori, BergR. Kendl- oder Erd-Risen sind im Gebirg Rinnen oder Aushöhlungen und Gräben, die von der Höhe der Berge bis in die Tiefe herabgehen und zum Holzrisen (s. Ris) benutzt werden. „Bis an die Ochsen Kendl"; „in der Smidchendel"; Urkk. v. 1344 u. 1541, Koch-Sternfeld, Salzb. u. B. II, p. 72. 113. (Gl. o. 45: kanel, 376: chanali, canales; vrgl. engl. kennel, channel).

kain (kaə˜, o.pf. kài˜), 1) wie hchd. kein; (Graff I, 320. BM. I, 421. Grimm, Wbch. V, 457 ff.) kainsen, nullius; s. ain. kainnutz, kainz, kainzig, knitz, nichtsnützig; s. nutz. Grimm, Wbch. V, 497 f. 2) ä. Sp., ein, irgendein, (wie ital. alcuno, franz. aucun, nul, span. alguno und ninguno, z. B. "S'elle sçait sur soy nul vice, couvrir le doit". . „Moult est fol, qui pour jurer croit nul amant"; Roman de la rose. „Es tan poca la herida que parece melindre el haber hecho caso ninguno della", sagt Don Manuel in Calderon's Dama Duende. Dante, Inferno III, 42. XII, 9. Vrgl. česk. jetzt längst „žádny", kein, aus und statt nižádny). „Aller nehtecleich lasen vunf pfaffen irn salter vür alle die die uns ie kain gut getaten oder tunt"; Regel des Spitals zu Jerusalem, Clm. 4620, f. 85. „Mir verprann daz pöşist weib so ir ie kains geporn ward und nimmer geporn wird"; Inderst. 116, f. 70. „Geschäch auch, das kain des Gotzhaus man begriffen wurd vmb mord, dieb, notnunft oder was zu dem tod geet, das sollen unser Richter richten"; MB. V, 416, ad 1319. „Ob ich oder chain mein erbe daz prechen", Meichelb. Chr. B. II, 45. 58. „Daz er nicht en wizze, daz er chain gut inne hab"; Wstr. Btr. VII, 107. „Næm ez halt kain (dehein, eine? keine?) warte"; Labr. 19. „Se me fara luogo *alguna* cosa, ob mir chainz dings not geschicht"; Nomencl. veneziano-todesco, Ms. von 1424, f. 23ª. „Swelich pawr auf ainem guet sitzt, daz er ainem herrn verdiennen muß, jach der kains rechten an das guet", (behauptet er, eine Gerechtigkeit auf das Gut zu haben); L.R. Ms. v. 1453, cap. 13. „Ja vil mer ist ir (der göttlichen Liebe) von herzen laid, so yemant in kain sund 304
valt"; Christenlehre, Ms. v. 1447. „Ob jn khainerlai irrung oder einred beschehen"; Lori, Lechrain 106. „Welich pekch in chainer nacht (d. h. in ainer nacht, des Nachts) icht pächt an (ohne, d. h. ausgenommen) vor weinachtn xiiij tag und vor ostern", (der wird um so und so viel bestraft); Traunsteiner Stadtord. v. 1375 in Kohlbr. Materialien v. 1782, p. 58, und in v. Wstrs. Gloss. f. XXIV. Vrgl. die Münchner Rathsverord. von 1420 ist Wstrs. hist. Btr. VI, p. 146. „Zihet aber iemen den munzmêister oder kainen husgenozzen kainer valschen dinge"; Augsb. Stdtb. Ich bitte (sagt der Mönch Otloh, M. m. 72) für alle die, „die der io cheina gnada mir gitatin, odo cheina arbeita umbi mih io habitin." Die verneinende Kraft, die man jetzt im deutschen kein (kain), wie im franz. aucun, zu finden gewohnt ist, lag also ursprünglich nicht in diesen Determinativen, wenn sie nicht in einem und demselben Satz durch eine ausdrückliche Verneinungs-Partikel (s. ne und en) begleitet waren; (vrgl. müeßen). Auf den Umstand, daß das jetzt

verneinde kain mit einer weitern Negation im Satze bald auf griechische Weise als Bejahung, bald auf lateinische als Verneinung genommen wird, gründet sich der scheinbar gottlose Volksscherz: *Kaə˜* Bètt·n hilft nicks, *kaə˜* Schəlt·n is nét Sünd·: i˜n Himm·l will I (,) weidə' nét. kain ist wol aus dem dekein der mhd. Sp. (z. B. Br. Berht. 13, Pfeiffer 363,34), dem dihhein, dechein, dohhein, nihhein, nohhein der ahd. Sp. verkürzt; (noch jetzt hört man in der Schweiz 'əchêi˜): was aber der dem ein vorgesetzte Bestandtheil jener Wörter eigentlich meine, ist minder klar. „Si was ir gûtes milter dann ain kaini wär"; Liedersaal CXXV, 541. Zu ainest, einmal, vrgl. incheinest, non aliquando; Abt Walther's II. v. Engelberg Übersetzung der Benedictiner-Regel. „Ob sich theinost fügte daß er theinost sumig wære, (einmal); Geschfr. II, 109, ad 1500. Grimm, Wbch. V, 493. Cgm. 692, f. 94b: akain.

Der Kaunitz, (Wirzb.) Commode mit einem Schreibtische, der herausgezogen und wieder eingeschoben und verschlossen werden kann.

kennen und die Composita, wie hchd., (ahd. chann-jan, chennan, mhd. kennen; Graff IV, 428. BM. I, 807. Grimm, Wbch. V, 532). Statt gekannt ist im Dialekt gekennt ('kent) üblich; s. Gramm. 959. (O.L.) kennend werden Einen, ihn kennen lernen. Bist oder hàst du·n *kennə˜d wo'n?* 'Kennigott! Kinnigott! Ausruf der schmerzlichen Überraschung; Zeitschr. V, 438. VI, 293 f.' ankennen Einem etwas, es an seinen Mienen ꝛc. bemerken, ihm anmerken. sich auskennen in einer Gegend, oder Sache, sie nach allen Gesichtspunkten kennen, orientiert seyn. bekennen, (ä. Sp.) statt kennen; BM. I, 807. „Die meister bekennent an eime glase des menschen siechtûm"; Br. Berht. 52, Pfeiffer 153,19. „Glîchsener, dich bekennet Got vil wol"; das. 135, Pfeiffer 62,4. (s. bekannt, bekenntlich, st. gekannt, notus). einbekennen, (Gerichts-Ausdruck) eingestehen, bekennen; Grimm, Wbch. III, 148. erkennen, 1) wie hchd. 2) ä. Sp. (Gem. Reg. Chr. III, 114), bekennen. BM. I, 808. Grimm, Wbch. III, 866. 3) *sich də'kennə˜*, wie sich auskennen. I *də'kenn mi'* nét in derə' Gégnd. I hà *mi'* schiər nimmə' *də'kennt.* „Ich erkenn mich nit hie, ich pin fremd"; Mich. Beham, Wiener 411,24. sich erkennen. „Sich an den Räthen zu erkennen und zu erfahren", (sich bey den Räthen zu erkundigen); Kr. Lhdl. V, 43. „Das steht uns gen euch und gemeiner unsrer Stadt Deckendorf gnädiglich zu erkennen, (dafür wollen wir euch erkenntlich seyn); Kr. Lhdl. VI, 135. 4) anerkennen. Was man dir auch Gutes erweise, bey dir is nicks *də'kent.* Mitkennerin, (Mitwisserin). „. . Wie wol ir lieber Hauswirt sälig sy als ain Mitkennerin in den Brief schreiben laßen"; MB. IX, 309. Das Kennen, das Unterschei-
305 dungszeichen, Merkmal. I hà˜ nicks mer machə˜ künnə˜, hà˜ kaə˜ *Kennə˜* mer ghabt"; (Baur). Um 's *Kennə˜* (besser, größer ꝛc.), wenig, doch so, daß man einen Unterschied bemerken kann, einigermaßen; dän. en kiende, ein wenig.

'keinen, keimen; (goth. keinan, ahd. chînan, mhd. kînen, Prät. kein, Ptc. gekinen; Graff IV, 450. BM. I, 805. Grimm, Wbch. V, 454,1, c—f).' aufkeinen. Grimm, Wbch. I, 673. „Etwenne so keinet im die zung auf und werdent vnmechtik . . . vnd di zvng wirt in dürre"; Ms. mihi. auskeinen, (Ilm). Grimm, Wbch. I, 891. Der Sunnen-Lein wird auf Blachen an die Sonne gelegt, damit er auskei˜-t, d. h. damit die Bollen aufspringen und der Same heraus falle. (Wol nicht das alte chînan, germinare.) erkeinen; BM. I, 805. „Daz iz (daz chorn) von der fühte nerchîne"; Diut. III, 33. „Der nem lein und sied den vast uncz er wol ercheid und pind den uber die wunden", (worin ein Schifer); Ebersb. 79, f. 210a. zerkeinen; BM. I, 805. „Wo er (mit der Springwurzel) das glas bestreich do zerkein es und es zersleich"; altd. Wälder II, 92.

Das Kinn (Ki˜), wie hchd., (ahd. chinni, mhd. kinne; Graff IV, 450. BM. I, 816 f. Grimm. Wbch. V, 774 f.). Der Kinnbart, im gemeinen Leben oft statt Kinn, Unterkinn. „Hielt jhm ein Messer mit der Spitz under den Kinnbart, daß er nicht under sich sehen kunt"; Avent. Chron. langkinnet, ein langes Kinn habend. Die Formen Kizbart, Kizbacken sind vielleicht nur Aussprache von Kinns-bart ꝛc.

kinneinzeln (kinei˜zln, kinázlə˜) mit Einem, ihm zärtlich thun, ihn hätscheln. D· Muədə' *kinei˜z·lt* mid'n Kind. (Vrgl. kindeln, kindeinzen und kienzeln).

Der Kien (Keə˜, o.pf. Kêi˜), wie hchd., (ahd. chien, mhd. kien; Graff IV, 451. BM. I, 804. Grimm, Wbch. V, 682. Zeitschr. VI, 294). „Keil oder zwickel von ken oder velber"; Clm. 4373 (v. 1437), f. 111. Die Kienblüe(?). „Nimb der besten khüensblüe von den Päumen, haak diese gar klain, und truckhs zusamen wie ein khugel"; Fewrbch., Ms. v. 1591. Die Kienfören, Kienföhre, Kiefer; VII Com.: Kinost, Föhre; BM. I, 66: kienast. Auch Familienname. „Fichten, Tannen und Kinfirn"; wirzb. Verord. v. 1771. 'Die Kienleite, ein mit Kienholz bewachsener Bergabhang; BM. I, 1013 (?)'; vrgl. Kone. „Ich trite mit dir den smalen stîc an die kienlîten"; ich gelige bî sîner sîten", sagt Helmbrecht's Schwester Gotelint, die den Lemmerslind zum Mann haben will; Helmbr. 1427. Die Kienleuchten, Wand-Herd oder Kamin in Bauernstuben, worauf zur Beleuchtung Kienspältchen gebrannt werden. Zeitschr. VI, 333. Vrgl. Kenden.

Die Kienschröten (Kêi˜schroudn), OPf. spartium scoparium L., Pfriemenkraut, in B. Haidach, eine Staude, welche eine Menge dünner Stengel wie Ruthen treibt. In der Blütezeit bildet sie mit ihrem lebhaften Gelb einen malerischen Saum an Wald-Enden, Rainen, Wegen ꝛc. Grimm, Wbch. V, 685. (Gehört wol nicht zu Kien; etwa Ginstrueten? oder Küens-, d. i. Konrads-, Rueten? Heppe schreibt Kühnschrot, Adelung Kühschoten).

'Kon, ein Geschirr.' „Obba, ein kohn, ketschen", zwischen lagena und diota; Nomencl. 1629, p. 120.

Die Kon, Kone, Chone, Choene, (ä. Sp.) die Gattin, das Eheweib, (goth. qvinô, ahd. chuenâ, quenâ, mulier, uxor; mhd. kone, kon: Graff IV, 677. BM. I, 859. Grimm, Wbch. V, 1689 f.; vrgl. komen aus queman, s. oben, Sp. 936: Gurgel). Castelli, Wbch. 183: „der und die Kon, Gatte, Gattin; die Konlaid, Eheleute." „Uxor, chone"; Cgm. 17, f. 163a, Ps. 108,9. „Mit gantzer gunst meiner Choenen Frawen Elspeten"; MB. II, 218, ad 1314. „Mit guten Willen meiner Chonn Alhaiten"; ibid. 220, ad 1317. „Ist daz sich ein man zu einem weip ledichleichen læt . . und er nimt si hernach zu einer Echonen"; Rupr. v. Freys. Rchtb. „Geyt ein man seinem weip, die sein Kon ist, gut, varndez oder ligentz"; ibid. „Fraw Sophia sein Eon", Hund, St.B. I, 69. „Sinr Ekon vroun Hiltigarti"; Cod. Falkenstein. bey Hund I, 46. „Auch wær jm sunde getan, wolt er mich ze chebse han, ze chonen wær ich im ze smæch"; Alte Reimchronik bis 1250. „Do David ingie zuo Urie chonen"; Psalter. Windb. „Wolte sich scheiden von siner wunneklichen chonen"; Wernh. Maria 22. „Swer niene wil unkiusche tragen, der sol dar umbe niht versagen sîner konen sînen lîp"; d. w. Gast 10039. „Ob ich nû mir ein konen næme mîn alten tagen daz niht enzæme"; v. d. Hagen, Ges. Abent. XLIX, 69. „Wild den buol derwerben dir ze deiner chan nâch rechter gir"; d. Ring 11d,30. „Nym ein frawen zuo der chan(d), macht du nicht sein weibes an"; das. 16c,27. „Der nem ein hausfrawen zu einer chan"; das. 22b. „Er tuot sich auch seinr muter an und haltet sich zuo seiner chan"; das. 42d,32. „Sie . . . geruoch ze bleiben ân ein chan, müg sey mannes wesen an", (also Ehemann); das. 32b,40. „Daz ich ewch nœm zu einer chonen und fuert ewch haim mit hochzeit-

licher eren"; Cgm. 54, 67b. „Der het zwen sun, einen sun von der chonen den andern von der dyrn"; das. f. 68b. „Darnach sie der kunig nam ze einer konen êleich; v. d. Hagen, Ges. Abent. II, 247. Die folgenden Anwendungen dieses Chon beurkunden schon eine eingetretene Verdunkelung seiner eigentlichen Bedeutung und
306 wol gar theils eine Vermischung derselben mit der des alten chunni (genus, prosapia; s. Kunn), theils mit dem Worte kund. „Hubskune, pellex"; Augsb. Stdtb., Freyb. 7. Der Con-Mann, Ehemann. BM. II, 43. Grimm, Wbch. V, 1719. „Ich het ir die E versprochen, ich muest sein ir khon-man"; Teichner. „Daz du chainen mer dan mich zu ainem chomann nemest"; Cgm. 54, f. 43. „Do antwurt si also: furbaz han ich niemant holt denn meinen rechten choman"; das. f. 60b. „So næm ich dich zu der ê und du wurdest mein choman"; das. 81a. Die Con-Leute, Con-Personen, (Hund's St.B. I, 169) Eheleute. Grimm, Wbch. V, 1718. „Maria, du wunn der chanläwt der (der) orden du an sünd getragen hast"; Clm. 4755 (XIV. sec.), f. 151. „So zwai chonlewt die erst nacht pyligent welchs ee entslefft, das stirbt ee"; Grimm, Mythol. XLIX, 40. „Von den kunleuten ... di habent ain wesunder a b c"; Reime über die Kunst, aus den Namen zu wahrsagen, Ald. 190, f. 107. Das Con-Volk, (salzb. nach dem Journal v. u. f. D.) das Ehepaar. Die Confrau, (Grabschr. in der Pfarrkirche zu Traunstein) die Ehefrau. „Wieland N. N. Pflegeren zu Dachau gewesne Confrau"; Altötting. Histor. ad 1675. „Den Koneweiben tet man kunt, sy solten ligen bei ir man"; Pitrolf 1866. conlich, adj., ehelich; BM. I, 859. Grimm, Wbch. V, 1718. conliche Beywonung, (salzb. nach dem Journ. v. u. f. D.). „Die aber weder choneliche noch witewelichen noch magetlichen ire kusce behalten"; (Winnerl's Glossen). „Ich'n wil konlicher ê gepflegen nimer mê"; Wigalois 11384. „Spileten zesamene mit chonlicheme gamine"; Diut. III, 72. „Mit chonelicher wunne"; das. 77. Rachel sagt: „ich han eine diu, die lege ich uber nimiu chinu die solt du chonelichen bechennen; das. 78. „Mit sogetanen sunden davon mochten chomen chint âne chonlichiu dinc"; Anegenge, hg. v. Hahn, 31,8. „Nu sehen wir an dem hemd unser war lieb und rechtew chonleich minn zwischen unser paider"; Cgm. 54, f. 45b. „Von dem chändlichen werich, de actu conjugali"; Clm. 13555 (XV. sec., 1474), f. 243. „Deswegen wird ein Mann Vatter und Mutter verlassen und seinem weib khüenlich beiwohnen und werden sein zwey ein fleisch"; Cgm. 4611 (XVII. sec.), f. 30. Die Konschaft, Conschaft, Kundschaft, der Ehestand. BM. I, 859. Grimm, Wbch. V, 1742. „Ze konschaft er (der reich gewordene Bauer) niht gert sîner hûsgnôzinne, in leitent sîne sinne daz er eins rîters tohter bit"; S. Helbling VIII, 220. „Nœtigem rîter des gezimt daz er ze konschefte nimt ein gebûrinne („gebörinn") umbe guot"; das. 370. „Das sechste sacrament: die heilig kannschaft"; Cgm. 8°. 34b, f. 324. M. Beham „vom sacrament der konschaft"; Cgm. 291, f. 341. 342. 343. „Man verchundt euch das zwo person gegenwurtig hie sein die wellen tretten in den stand der heiligen chanschaft ..."; Ald. 245, f. ... Sieh die Trauungsformel in Ald. 357, fol. ult. „Ich han gesunt an der heiligen känschäfft ... das ich chön(d)leicher recht gephlegen han zu heiligen zeiten und etwan unordenleichen und ungewöndleichen"; Ebersb. 167, f. 348, (Clm. 5967, XV. sec.), Clm. 14145, Vorsetzbl. Chonschaft und chauschhait immer einander entgegengesetzt im Cgm. 485. „Wir Erasm und Mahtild sein elich Hausfrau veriehen, das wir geheurat und in das eelich Leben und Conschafft zue einander gefuegt haben"; MB. II, 87, ad 1433. „Aber welichs unnder In ain witiber oder witib, die weill es ledig ân chanschaft ist ..."; Passauer Stdtbch. Ms. f. 74. „Die heilig St. Elspet war 4 Jahr Wittib und 6 Jahr in der Kunndtschaft der Ehe und starb Ires Alters im 24 Jhar"; Wstr. Btr. II, 96, ad 1586. „Zur Chonschaft greiffen", sich verehlichen; L.R. Ms. v. 1453. Gemeiner in seiner Regensb. Chr. II, 325 nennt den Abt Hans einen Mann von edlem Geschlecht und ehrsamer ehelicher Conschaft. Chonschaft bey Ried 651 steht vermuthlich für Chundschaft. Der Konstand; Cgm. .... Vrgl. auch oben Kienlîten.

Konkavelit, Kavelit. „Ein konkavelite zu einer schüzzeln zu machen. Ain kavelit macht man von kernen von den suren kirsen daz sint wiseln"; Kochbuch des Wirzb. (Münchner) Codex, 'Bibliothek des litterar. Ver. zu Stuttgart, Bnd. IX, p. 1.' Wird in der Beilage Nr. 74 zur Allgem. Ztng. von 15. März 1846 'und in der Note des Drucks' als Fülle gedeutet.

Das Könl-, (Ke˜l-), Ká˜l-), Kunl- (Ku˜l-), Künl- (Ki˜l-) Kraut, der Quendel, thymus vulgaris. „Serpillus, künlen"; Clm. 4395, f. 202. Das wilde Könlkraut, thymus serpillum, (wol vom lat. cunila, wie Quendel vom mittellat. quenula; ahd. quenula, mhd. quenel; Graff IV, 678. BM. I, 894. Diefenbach 530b. gl. o. 95 steht: „quenela, colna, serpillum; veltcolna, crassinela").

Das Kunn, ä. Sp., das Geschlecht, prosapia; (goth. kuni, ahd. chunni, mhd. künne; Graff IV, 438. V, 642. BM. I, 912). „An allem menschlichen künne"; Br. Berht. 179, Pfeiffer 167,16. „Daz unser herre gevangen wart umb mich und umb dich und umb alls menschlichs kunn"; Clm. 4391 (XIV. sec.), f. 123. „Ain fürst aus Bairnlande, ist er aus kunicklicher art geporn, sunst (so) sint auch alle Kunn von disem stammen, den Got sunder geedelt hat; Lancelot vom See, ad 1351. „Dô sprach daz Hagenen künne", (Sohn); Gudrun 1270. 1281. 1486; „daz Waten künne"; das. 1416. „Wîplîches künnes krône"; Labr. 596. „Als ob er (Abt Equicius) kain köne an seinem leib hette", (castriert wäre); Cgm. 754, f. 13. Vrgl. BM. I, 914: künne. Das Afterkünne, die Nachkommenschaft; BM. I, 912. „Daz er und all sein afterchünn reich wart"; Cgm. 54, f. 64a. „Von chunnescefte in die chunnescaft" (a generatione in generationem); Psalter. Windberg., Cgm. 17, f. 19a. s. Kon-schaft. (Vrgl. zunächst das alte Verb archennan, gachennan, gignere, generare, gl. a. 268. 359. 445).

Der Künig (Kini'), der König, (ahd. chuning, chunig, kunig, mhd. künic, künec; Graff IV, 444. BM. I, 912 f. Grimm, Wbch. V, 1691. Zeitschr. III, 174,204. Vielleicht als generosus, γενναῖος κατ' ἐξοχήν, zusammenhängend mit dem goth. kuni, genus, γένος: 307
der vom Geschlecht κατ' ἐξοχήν, d. h. wol von irgend einer erblich herrschend gewordenen Familie. Vrgl. die Geschlechter. General = genus). „Von des Kunges wegen", im Namen des deutschen Reichsoberhauptes; MB. XXII, 245, ad 1320. Des Künigs spilen, s. Spil. R.A. der Künig Anstich, der Urheber, Anfänger; (Baur). künigisch, (ä. Sp.) dem König anhängig; vrgl. kaiserisch. 'Das Künigel, 1) das Königlein, regulus, (mhd. künegelîn, küneclîn; BM. I, 913. Grimm, Wbch. V, 1705).' „Ein chünigel", regulus, centurio, (in der Bibel), Cgm. 64, f. 59. 2) der Zaunkönig; (ahd. kunichli, mhd. kuniclîn, kuningil, küngelîn ɔc.; Graff IV, 447. BM. I, 913. Grimm, Wbch. V, 1705,2). „Das chüniglein, (küngel)" erbittet sich als König den Rath der Vögel: 23 geben ihm guten, 23 andre bösen Rath. Zuletzt spricht der Eisvogel. Asp. 49, f. 128. Cgm. 714, f. 25—28. 38—49; auch Cod. Moll-Oldenbourg, (s. unter nicken). Das Königreich als Spiel, vrgl. Grimm, Wbch. V, 1698,9,d. und II, 226: Bohnenkönig. „Ich wil morgen gen Molzheim laufen und uns ein guten kuchen kaufen auf obersten ein köngreich halten"; H. Sachs 1560: II, III, 191. Mord zu Oberhasel im Breuschthal, 1557; (vrgl. unten: Kindbetthof).

Der Nachtkünig, Abtrittreiniger, Nachtkübelaustrager; (wol von cuniculus, cuniculum, Kanal, wie das folgende Wort. Diefenbach 162c. Vrgl. dagegen Grimm,

Wbch. V. 1697,8,c. Zeitschr. VI, 304). „Der Nachtkönig sol zur gewöhnlichen Zeit und an den gewöhnlichen Ohrten den Unflath ausschütten"; Instruction für die Buesverordneten in M. von 1692. „Man sol den künigern (alias küniglern, künglaren) die des nachtes die zuber tragen aus den prifeten in den pach kain laid tun"; Münch. Zunftgesetze, Cgm. 544, f. 103. Münch. Stdtbch., Art. 239, Auer p. 92.

Der Künighas (Kini'hàs), das Kaninchen; „Künigel, cuniculus"; Voc. v. 1445. Grimm, Wbch. V, 1705 f. Zeitschr. IV, 467. VI, 304. 333. Vrgl. russ. krolik, wol dem Deutschen nachgeahmt. „Cuniculus vulgariter külen"; Clm. 5685 (XV. sec., 1412), f. 98. „Vil künlein sah ich gaylend hupfen" im Thiergarten zu Wels; H. Sachs 1560: II, II, 51. „Cuniculus, cünolt"; Voc. optim. p. 44. BM. I, 914. Das Hasenkünlein, (Nürnb., Hsl.) dasselbe.

Die Kunel (Kunl, Kundl), Kunigunde. „Kunl Elwangerin"; MB. XXV, 11. „Ich halt du seist die schwarz Kün"; H. Sachs 1612: II, II, 48. Zeitschr. III, 176,26. VI, 304. 452.

künnen, (in b. Schriften des 15., 16. und 17. Jahrh.) künden, khünden, könden, khönden, wie hchd. können, (ahd. chunnan in der Bedeutung novisse, mhd. kunnen, Graff IV, 408. 411. BM. I, 805. Grimm, Wbch. V, 1719). Das Präterit. condit. lautet I kunt und I kánt, (Kartsch II, 50. 70: I kuntat); Partic. präterit. I kà~ künt und künə~; s. Gramm. 928. Zeitschr. II, 112. III, 209,72. 455. VI, 250,6. Einem an-, bey-, zue-künnen, ihm etwas anhaben, ihm beykommen können. darankünnen, Vermögen, Kraft zu etwas haben, in specie: nicht impotent seyn. Es künnen mit Einem, Einer, mit ihm, ihr umzugehen wissen; viel gelten bey ihm, ihr. Er *kà~* abər á' rècht zon (son) èəm, weiß ihn an der schwachen Seite zu fassen; (ObrM.). Dé *kà~s* ganz fei~lə mit eəm. Iətz *kàn* I gàr nimmə, spottender Ausdruck der Verwunderung. N. A. kann seyn (kà~ sei~; o.pf. kaə~ sá~, o-), statt: es kann seyn, wird gerne adverbialiter wie vielleicht gebraucht. I gê, *kà~ sey~*, hei't i~ d·Ståd . . . *kà~ sey~*, gê-n-I, *kà~ sey~*, nét á', vielleicht geh ich, vielleicht auch nicht. Ähnlich ist das schwed. kan hända, kanske, dän. maaskee, franz. peut-être. Hie und da bricht noch die ältere Bedeutung: wissen, novisse, durch. Etwas fürs Fieber, für die Frais ꝛc. künnen, d. h. ein Mittel dagegen wissen. Grimm, Wbch. V, 1726. 1727. „In der ganzen Bürgerschaft sage man der N. N. könne mehr als Brod essen", (sei ein Unhold); Wemdinger Hexenproceß, 1630. Französisch, lateinisch künnen. „Lateinchünner, grammaticus"; Voc. v. 1445. (chunst, scientia; Notk. 72,11. „Kunst der latein, grammatica; cunst von dem lauf des himels, des himelslauf cünstiger, astronomus"; Voc. v. 1445. „Chunstiger, artificiosus"; Clm. 16180, Vorderdeckel. „Künstliche Walen", Alchimisten aus Welschland; Avent. Chr.). Einen Buechstaben, ein Buech nicht künnen, den Buchstaben nicht kennen, das Buch nicht lesen können, nicht verstehen. Dèn Buəstam *kàn* I nét. Dés Méssbüəchəl *kàn* I nét, dés is lateinisch. Wolfram von Eschenbach sagt im Parzival: „Ine kan decheinen buochstap, disiu âventiure vert âne der buoch stiure." „Der kan die rechten büchstaben, der kan den text und auch die gloß", sagt die Eine im Dirnenkrieg v. 1416, Codd. Pal. 313 u. 355; Mone, bad. Archiv I, 74. „chan puoh", assecutus est litteras; gl. i. 424. „Swie ich der bûche niht enchunde"; Griesh. Pred. I, 94. „Omnia memoriâ tenere, alle ding aussen finden"; Clm. 571 (XVI. sec., 1514), f 26. *Kà~st* 's Vatərunsə ? Vrgl. engl. to con, auswendig lernen, wissen. „Die niht enkünnen, die werden wise"; Br. Berhtolt 169, (Pfeiffer 161,34). „Daß die alten Teutschen nit also grob unbekannt, übelkönnende Leut, als etliche sie machen wöllen, gewesen"; Av. Chr. „verkünnen, nur immer, sehr können"; Schmid, schwäb. Wbch. 323.' „Lauf jeder was er *verka~*"; Weitzmann III, 116. 117. 'erkunnen, ä. Sp., kennen lernen, erforschen, erkunden; Graff IV, 411. BM. I, 810.' „Die hunde ich so erkunne, (kenne); Labr. 17. „Doch mocht ich senen harte wol erkunnen"; Walkn. 20.

küen, adj., dem hchd. kühn (ahd. chuoni, mhd. 308
küene; Graff IV, 447. BM. I, 894. Vrgl. dän. kiön, 1) kühn; 2) schön) entsprechend, ist unvolksüblich.

Der Kuenel (Kou~l, OPf.), Conrad, (a. Sp. Chuonrât). Zeitschr. VI, 450. 457. 459.

Die Kandel, Kanden, s. Kannel.

kenden (kent·n), heizen, durch Feuer im Ofen erwärmen. Zeitschr. III, 458. ə~ Stubm, ə~ Zimmə' *kent·n*. Dé Stubm is nét zə'n *Də'kent·n*, diese Stube ist nicht warm zu bringen. „Küntn oder zuntn, incendere"; Voc. v. 1419. ankenden ein Liecht, eine Kerzen, ein Haus, anzünden. „Dann khenndten sich die Khugel an." „Der khalch khenndet die Paumbwoll an"; Fewrbuch, Ms. von 1591. anchänten, anchunten, accendere; Cgm. 641, f. 2¼. Clm. 5877 (XV. sec.), f. 97. „ankünt, accensus"; Voc. v. 1419. Gl. a. 698: „angesteckt oder ankünt, accensus." aufkenden ein Feur, ein Feuer anmachen, aufmachen. „Hypopyrgia roffel da man das fewr mit aufkküntt"; Cgm. 660, f. 62⅔. „Incendium, aufchöntung"; Cgm. 5387 (von 1450), f. 1. „auzkuntn mit Fewr", (Gebüsche ausbrennen); Voc. von 1419. einkenden, einheizen; fig. Einem, ihn in die Enge treiben. unterkenden, Feuer unter etwas anmachen. „Daz kain peck vor pfarmetten nicht underköntn und fewr ze ofen machen sol"; Wstr. Btr. VI, ad 1427. „Den hat man das erste mal bei dem Kalckofen underkhendt"; Abt v. St. Zeno 1668. „Geh, Weib, stich oppas a', *kent intä*, haitz 'n Herd", (um ein Abschiedsmahl zu bereiten); Lindermayr 36. Der Kendofen, Kintofen, Küntofen, (Gem. Reg. Chr. II, 143. 302, ad 1366. III, 243. 528). „Chündofen und recht öfen"; Calender v. 1368, Cgm. 32, f. 16^{4}. „Rueß aus dem kindofen"; Cgm. 4229, Blatt vor dem Register. „Es soll jederman seines Feuers fleißiglich hüten, wann zu wem Feuer im Küntofen aufgeht, alsbald man klenkt, so muß er 1 Pfd. Wandels geben." A^{0}. 1473 „gieng Montag vor Magdalene (also im Sommer) Morgens um 2 Ur (d. h. nach unsrer Rechnung um 6½ Uhr) in N's Haus das Feuer im Kintofen auf." (Es ist also wol kein Stubenofen gemeint). Der Kendspân (Kentspà~, b. W.), Kienspan als Fackel. Nim dər ə~ *Kent* mit, dás d· sègst, (b. W.) Büschel brennender Späne. 'z *Kentl*, (Lavarone) Spanfackel. Zeitschr. III, 105. 458. VI, 294. Der Kender, Kendner (Kentə, Kentnə), der Schornstein. „'Nà' ins Dorf, dés aus'n Schnê schéd dé *Kündel* (Rauchfänge) reckt in d·Hö'"; Pangkofer 158. Der Kenderkerer (Kentə'kèrə'), Schornsteinfeger. Das Kendlein (Kentl), kleiner Wandherd oder Kamin in Bauernstuben, worauf zur Beleuchtung klein gespaltenes Kienholz (Kendleinholz) gebrannt wird. „Aus Kienholz Küntellen" machen, um dieselben des Nachts in den Feuerpfannen auszuhangen"; Gem. Reg. Chr. III, 479. Ich finde in der a. Sp. außer dem vielleicht statt zuntisal stehenden cuntisal, incendium, gl. a. 663 keine Belege zu diesem Wort. (Cf. gl. a. 291: „kherziun vel cicuntenne, candelae." Graff IV, 1279. Graff IV, 460. BM. I, 914. Grimm, Wbch. V, 554. Diefenbach 291^{b}. „Dir sich biegent alle knie ze himel unde ûf der erde hie unz dur der helle künde(?). Vor dir daz abgründe bibent und in vorhten swebet"; Barlaam I, 27.) Ob es nicht etwa besser, nach den ä. Stellen künden, könden zu schreiben, weiß ich nicht; (vielleicht goth. qindan, qvindan). VII Com.: künten. Es scheint einerseits zünden, andererseits (ac- in-) cendere nahe zu liegen. (Vrgl. goth. tindan, tandjan, tundnjan zu accendere, wie tinsi zu census.) Noch näher ist zweifelsohne das isl. kinda, kynda, succendere; kyndir, ignis; kyndill, lux;

kyndil-messa, engl. candle-mass, candelaria; engl. kindle (ignem alere), wozu das alte chennan, angels. cennan (ein Lebenslicht anzünden, gignere; cf. Diemer, Ged. 26,4: chindan, generare. Was ist das Leben eines Menschen und Thieres anders als ein Verbrennungsproceß? s. Liebig's chem. Briefe, Allgem. Ztng. Beil. v. 25. Decbr. 1841 und vorher) Grundform seyn kann. Vielleicht ist auch das alte kentil, ags. candel nicht eben das lat. candela.

Das Kind, plur. die Kinder, (OPf. Kinnə'), O.L. die Kind, (Gramm. 784), wie hchd., (ahd. chind, mhd. kint; Graff IV, 455. BM. I, 817. Grimm, Wbch. V, 707. „Den chint adamis", filius, genus? Diut. III, 132). „Mitm Kind gên, ferre partum, uterum"; Prompt. v. 1618. Zu'm Kind gên, der Entbindung nahe, in Kindsnöthen seyn. Vilmar, kurhess. Idiot. 201. „Und die weil gieng die vorsterinn zů dem chind und gebar gar ein schönez chint, ein chnechtel"; Cgm. 54, f. 32^{a}.
309 „Die N. N. ist (3, 4, 8, 14 ꝛc. Täge und Nächt) hartiglich zu einem Kind gangen, daß man vermaint, Kind und Muetter werden beysamen bleiben", d. h. die Gebärende werde in Kindsnöthen sterben; Aufkircher Mirakel. Unschuldiges Kind, ohne Taufe verstorbenes, wird auf dem Gottesacker in einen besondern Winkel verwiesen. Das Kindig, Collectiv von Kind. „Es ist warlich das ander kindig laussig, zottet, kretzig und grindig", sagt Eva bey H. Sachs 1560: III, I, 243^{b} (1612: III, I, 489). Das Kindlein, die Pupille im Auge, span. la niña. In der ä. Sp. entspricht daz chint dem latein. puer (Knabe, Knappe, Jüngling). N. daz salig chint, ein in den MBB. öfters, z. B. VII, 487. IV, 477. 540, vorkommender Geschlechtsname heißt in lat. Urk. N. felix puer. Vrgl. „Suzkint Judaeus", (Wirzb.) Reg. B. II, 153, ad 1225. „Die Grafen von Julbach hat man vor vil Jaren genennt die Kinder von Julbach", Hund, St.B. I, 96. In den alten Dichtungen ist der Beyname Kind oft Männern beygelegt, wenn sie neben andern stehen, die ihre Väter sind oder seyn könnten. Giselher daz Kint (Nibelung.); Hettel daz Kind, Herwig daz Kind, Gudrun 2037. 5760. König Ludwig das Kind. Der Herzog von Cleve, gewöhnlich das Kind von Gent genannt; Horky Lew v. Rosmital I, 103. Cf. Infant von Spanien ꝛc. König Walter, der kindische Mann"; Pitrolf 675. „Chindesce man und magede, juvenes et virgines"; Notk. 148,10. In Zusammensetzungen ist die Genitivform Kinds (Kinnss) die üblichste: Kindsblättern, Kindsfräu, Kindsfueß (dicker Fuß mit stark angeschwollenen Adern, den Schwangere manchmal bekommen und nicht selten lebenslang behalten), die Kindshabung, Akt des Gebärens, die Kindshaberin, wirzb. Hebammenord. von 1739, Kindskind, Kindskoch, Kindskopf (auch scherzhafte Benennung eines kindischen Menschen), Kindsmagd, Kindsmâl, Kindsmord, Kindsmueß, Kindsmuetter, Kindsnôt, Kindsschenk, Kindstail, Kindstäuff ꝛc., hochd. lieber: Kinderblattern, Kindermagd, Kindermord, Kindtauf. In andern sind die Formen Kind und Kindel üblich. Kindbeiß, Laus. Die Kindbett oder Kindelbett, das Wochenbett, (Wernher's Maria p. 179); Kindlpett, puerperium, Voc. v. 1419; Diut. I, 375: Kindebett. BM. I, 111. Grimm, Wbch. V, 727. 729. „In der kindpet" liegen die Männer; Marco Polo, Cgm. 696, f. 225. „Herzog Albrecht schickt einer frawen in den kindelpeten 60 dn." (1392); Freyb. Samml. II, 133; cf. 127. Superstitiones in puerperio: Poll. 583, f. 65. 66. Poll. 535, f. 121. cf. schwarz. Der Kindbetthof, Kindhof, Kindbettsschmaus; Grimm, Wbch. V, 728. Zeitschr. VI, 329,223: Kindleskirm. H. Sachs 1612: II, III, 16. V, III, 39. „Auf Obersten ein Kindhof halten; das. 1612: II, III, 380; (in der Ausg. v. 1560: II, III, 191 heißt es: „ein köngreich halten." s. oben, Sp. 1258: Künig). Kindbettkellerin; Grimm, Wbch. V, 728. s. oben, Sp. 1235: Keller. Die Kindelbererin, Kindesgebärerin; altes Brevier. Das Kindelmâl, wie die Kindsschenk, ein kleines Mahl, das an einigen Orten gleich nach der Taufe des Kindes, an andern in der zweyten Woche des Kindbettes im Hause der Wöchnerin den Pathen zum Besten gegeben zu werden pflegt. Ein landschaftlicher Beschluß von 1500 will: „die Kindlmal sollen ganz ab und verboten seyn bey 10 Pfd. Münchener Pfenning, als oft das überfahren wird"; Kr. Lthdl. IX, 429. cf. Land- u. Polic.-Ord., 3. B., Tit. 6. Dieses Verbot hatte natürlich das Schicksal aller übrigen, welche bis über die Grenze des persönlichen Freyheitsgebrauches eindringen. Der Kindelmaister. „Daß sich die Schul- und Kindelmaister bei euch in jrer Underweisung der Jugent den Predicanten vast gleichmessig halten", sagt den Memmingern verweisend H. Obernburger im Postscript eines Original-Erlasses Carl's V an dieselben vom 17. Aug. 1551; Schelhorniana II. Die Kindeltauff; Mich. Beham, Wiener 50,27. Samml. f. altd. Lit. 71. Die Einkindschaft, Einkindschaftung, Vereinkindschaftung unio prolium, Vertrag zwischen Eheleuten, wodurch sich beyde Theile verbindlich machen, die aus einer frühern Ehe oder außerehlich erzeugten Kinder des andern mit den beyderseitig rechten Kindern, in Bezug auf Erbschaft ꝛc., ganz gleich zu halten. Grimm, Wbch. III, 214. Eine Einkindschaft aufrichten, verkünden (bis 1822 von der Kanzel). Ein Kind einkindschaften, vereinkindschaften; wirzb. Lg.Ord. von 1618; Verord. v. 1782, 1791; bayreuth. Verordd. Das Vorkind, Kind aus einer frühern Ehe; Kemptensche 310
Tragneyord. v. 1799.

Das Kindlein, (Kindel, Kinnl; Gramm. 884): 1) das Kind. 2) der Keim, der Fruchtansatz in einer Pflanzenblüte; die Sprosse, die Wurzelsprosse; das Versetzpflänzchen, (bey Stalder Kîdel). Grimm, Wbch. V, 768,3. Hopfenkindl. Spargelkindl. „Die Gartner pflegen die kleine Blumenzwiffel, so an und umb den großen Zwifel stehen, Kindl zu nennen, aus welchen nachmals auch schöne Blumen erwachsen"; P. Abraham. (Vrgl. Keid). kindeln, keimen. „Chindelnt die (in des mannes harn geworfenen gersten)" am 5ten Tag, so ist die Schuld der Unfruchtbarkeit des Weibes nicht an ihm; Cgm. 317, f. 12^{a}. 3) a. Sp., gewisses Gefäß und Maß (für Salz). Grimm, Wbch. V, 768. Zeitschr. II, 46. „In Regensburg hielt (saec. XIII.) die Cuppa salis zwölf Chindel"; Lang b. Jahrb. 360. Nach Gem. Chr. II, 361 hatte daselbst a^{0}. 1404 „ein geschworner (Salzscheiben-) Macher von 30 Kindlein Salz" 3 dn. Nach dem Amberg. StdtR. v. 1554 zahlte man für ein Kindlein Salz, außer dem Salzhaus gekauft, zur Strafe 3 ß., während man für eine Scheibe 1 lb. dn. und für den Metzen 60 dn. zu bezahlen hatte. Im Canton St. Gallen (Toggenburg) kommt das Chindli noch in der Bedeutung eines Viertels-Zentners vor. Kilian: kindeken, octava pars cadi; angl. kylderkin.

Die Kindlege, matrix; s. unter legen.

kindeln (kinnäln), 1) (O.L.) sich mit Kindern zärtlich abgeben, sie hätscheln. Grimm, Wbch. V, 731,2. Vrgl. kineinzen und Kindse und kienzeln. 2) kindeln, aufkindeln. Am Tag der unschuldigen Kindlein gehen die Kinder bey den Erwachsenen ihres Hauses oder Dorfes herum, und schlagen sie mit einer Ruthe um die Beine, wofür sie sich denn eine Gabe, die ärmern ein Almosen ausbitten. Dieses heißt man Kindeln oder Aufkindeln. Auch die noch Schlafenden pflegen auf ähnliche Weise von den früher Erwachten aufgekindelt zu werden. Grimm, Wbch. V, 731,3. „Und an dem lieben Kindlenstag geht heftig an der Jungfern Plag, dann um Lebzelten sie zu hauen viel junge Pursch sich lassen schauen"; Augspurgisches „'s Jahr ein Mal" von 1764. s. pfeffern, fitzeln, streichen und der Zelten; vrgl. auch das ehmals an diesem Tag übliche Schülerspiel oder Episcopatus puerorum; MB. XIII, 214. Av. Chr. f. 504.

'kinden, kindeln, ä. Sp., gebären, zeugen, parere, gignere; (ahd. chindôn, mhd. kinden; Graff IV, 459.

BM. I, 820. Grimm, Wbch. V, 731. 732. Zeitschr. III, 116. VI, 295).' „Daz da wir mit kinden", (Kinder machen); Diut. III, 46. „Do Jsmael do gehîte vil harte er chindote"; das. 66. „Lia mere niene chindote"; das. 79. einkindeln, (Au, 1832) ein Kinderspiel mit einem Schusser und Steinchen in Grübchen. Zuekindlet, adj., (Zir.) von Nadelholzbäumen, wenn aus dem Hauptstamm noch mehrere Stämme herauswachsen; ə *zuəkindlete* Feicht.

kindeinen, kindeinzen, kindeinzeln (**kinei˜zn, kinázlə˜**), (OPf.) kindisch thun, kindisch sprechen, besonders mit Kindern und aus Zärtlichkeit. Vrgl. auch kinneinzen.

Die Kindsin (Kindsé, Nptsch.; Sterzing) die Kinderwärterin. (Kind-zohe, -zoge? vrgl. unten, Th. IV: Herzog. BM. III, 935). Grimm, Wbch. V, 772. Ztschr. IV, 537,**36**. VI, 295. „Láft, Köchi, *Kindsi!*" Firmenich II, 399 (Fürth). Kinds-in geradezu von der Form Kinds-(dirn, frau, magd ꝛc.) genommen, wie hunds-ig von hunds- (elend, karg, schlecht)? Cf. Kilian: bonds, kinds. Vrgl. auch kinneinzen, kienzeln.

künden, a) in b. Schriften des 16. und 17. Jahrh. für können, (s. künnen). „Lateinisch künden, scire latine"; „man hats künden verstehn, cognosci licuit" ꝛc.; Prompt. v. 1618. b) s. kenden.

kund, wie hchd., (ahd. chund, mhd. kunt, auch künde, kunde; Graff IV, 414. BM. I, 811. 812). Der Kunde (Kunt), die Kundin (Kuntin), a) der, die da mit Jemand Bekanntschaft, Umgang, Verkehr hat, besonders in Bezug auf das Geschlechtsverhältniß: der Geliebte, Liebhaber, die Geliebte. Zeitschr. IV, 548. VI, 305.

Kám dás 's Deənl zwəlf Jàr is àlt,
hàt ·s scho˜ ə˜n *Kunt·n*; Buə'! dés is z· bàld.

D· Annəmiə'l is 'n Görgel sei˜ *Kuntin*. „Die kunden oder geste"; Labr. 187. „Waldenser chetzer die sich nennen die kunden" (im Bisth. Passau); Windb. 173, f. 221a. Clm. 5338, f. 247—248. „Bistu icht ein kunder?" „Ich swere . . . das ich furbas me nimer kumen wil zu den leuten dy sich nennent dy kunden waldisser"; Clm. 5641 (sec. XV.), f. 215. 224. 'Das Kundl, Dimin. von der Kunde.' „An olts, an olt *Kundl*"... „Dös *Kundl* dös alt", heißt es bey Stelzhamer 128, 130 von einem alten, aus Liederlichkeit dazu gewordenen Bettler. b) junge, unverheiratete Person überhaupt; Zeitschr. V, 31. Der Chuntmeister, (MB. XI, 48, zum 13. Jahrh.) eine Art Curator und Richter über die Leib-Eigenen des Klosters Niederaltaich. Ulphilas (Matth. X, 25) setzt die innakunthans (*οἰκιακούς*) dem gardawaldands (*οἰκοδεσπότης*) entgegen.

Die Kundschaft, 1) Kenntniß, Nachricht. *Kundschàft* kriəgng, Nachricht erhalten. „Do erchant er in aller erst und gewan sein chuntschaft", (erkannte ihn wieder); Cgm. 54, f. 30b. „Der vorster hiet nicht chuntschaft des herrn", (kannte ihn nicht); das. f. 31b. 2) die Erkundigung, Auskundschaftung. „Daß ihr gegen den Feinden fleißig acht und Kundschaft habet"; Kr. Lhdl. IX, 557. 3) auf die Beaugenscheinung eines streitigen Gegenstandes gegründete Aussage sachkundiger von beyden Parteyen gewählter und deswegen beeideter Biedermänner, auf welche man in Irrungen, besonders über Grund und Boden, wegen Überackern, Überzäunen, Übermähen ꝛc. zu compromittieren pflegte. Kundschaft geben, sagen. „Einer Kundschaft begehren, eine Kundschaft vollführen, begehren, erfolgen, urlauben, auf den Grund setzen, führen, beheben ꝛc."; L.R. v. 1616, f. 34. 310 ff. Kundschaftleute, Kundschaftsager, solche Geschworne, „die eltesten und pesten"; MB. VII, 177. XXV, 297 ff. Kundschaftsrecht, eine solche Rechtshandlung. s. K. Ludwig's Rechtbuch und Ref. des b. Ld.Rchts. von Kundschafts-Recht. Wstr. Btr. VII, 107. MB. X, Nr. 112. IX, 269. Baukundschaft; Wstr. Btr. VI, 141. 4) Zeugniß, Zeugschaft. Zeitschr. VI, 304. „Da seyen sölch gespypt Freund nit schuldig ainer wider den andern Kundtschafft ze geben"; Ref. L.R., Tit. 9, Art. 10. „**Vos testimonium perhibetis de me**, ir wert urchunt von mir geben"; Clm. 5987 (XV. sec.), f. 215. Castelli, Wbch. 184 f.: „die **Kundschàfd**, die Arbeitszeugnisse einer Innung. Zu einem liederlichen Menschen sagt man: „**Du bist ma-r-a sauwari *Kundschàft*.**" 5) Bekanntschaft, Liebschaft, Geschlechts-Vertraulichkeit. Das Prompt. v. 1618 verweist bey Kund und Kundschaft auf Freund und Freundschaft. 6) 'die heimliche Kundschaft, Geschlechtstheile.' „Je lenger sie es (das Medicament) darin hat, ie smeler wirt dy fraw an jr haimleichen chuntschaft . . . habent sy es lang darin, sy wirt gefug als sy zu dem ersten was, da sy man derchant"; auch: die heimliche Urkund. „Mit dem sol die fraw jr weipleich urchundt wol waschen"; Arzneybuch, Ms. Progel's, f. 97. 98b.

'Die Künde, ä. Sp., Kenntniß, Kunde; (ahd. chundî, mhd. künde; Graff IV, 419. BM. I, 813).' „Einen purger er da fant, mit dem redt er zu künde und fragt in wo er fünde die allerschonsten frawen"; Cgm. 714, f. 138.

'kündig, adj., 1) kund, bekannt; 2) klug, schlau, (wie listig vom alten list, Kunst); Graff IV, 420. BM. I, 813. „Cordatus, bedächter; gnarus, cautus, gescheider; astutus, kündiger"; Clm. 5685 (XV. sec., 1412), f. 112. „Manic kint ist an den augen ein luhs und in dem herzen ein kündich fuhs; Renner 14905. „Ein kundig fohe"; Labr. 432. „Einen kündigen man, der kündiclich gewinnen kan des landes guot . . . kündikeit ist âne êr, kündikeit diu liuget, kündikeit diu triuget den fürsten, daz er wænt, im sî niemen sô getriuwer bî und in den næten sô bereit"... „Jâ gêt diu kündikeit fürn sin"... „Kündikeit, verfluochter nam! sprach diu Zuht und diu Scham"; S. Helbling II, 523 ff. 546. 551. „Ich klag iu über den Tûtersær; ein kündiger glîchsenær! Er neiset liute unde lant, er kündic vuhs, in sîn hant"; das. V, 42. Vrgl. Taufers. „Du vil kündiger man, waz hast du wider got getan"; v. d. Hagen, Ges. Abent. II, 354. überkündigen, ä. Sp., überlisten; BM. I, 814. „Dô was noch überkündigôt Reinhart"; Grimm, Reinh. Fuchs p. 65,**1128** u. p. 110.

'Die Kündung, ä. Sp., Verkündigung.' „1413 an unser lieben frawntag czu der chündung in der vasten"; Cgm. 3941, f. 74b.

abkündigen von der Kanzel ein Edict, ein Eheverlobniß ꝛc. (anspach. Verordd.); Grimm, Wbch. I, 65. auskünden eine Person, (die aus der Pfarre hinausheiratet), ihre Verlobung verkünden. Grimm, Wbch. I, 898; vrgl. Graff IV, 420. 425. BM. I, 815. Der Auskündschein, Zeugniß über die also geschehene Verkündung. „Auskünder", praeco; außkündig werden, kund werden"; Prompt. v. 1618. verkünden, verkündigen (vəkündingə˜), vrb. act., öffentlich bekannt machen, ansagen. Eine Hôchzeit, einen Gottsdienst ꝛc. və'kündt·n. Einen (der heiraten will, oder gestorben ist, in der Kirche) və'kündt·n. Der Pfarrer verkündet am Sonntag die Feste und Solemnitäten der nächsten Woche. s. Calender v. 1842. Im Cod. Rot 113, f. 325: scherzhafte Verkündung der Tage in der Faßnachtwoche. „Praedico, öffenlich verkunnen"; Avent. Gramm.

Der Urkunde, ä. Sp., der da etwas weiß und bezeugen kann, der Zeuge; (ahd. urchundo, urchundjo, mhd. urkünde, urkunde; Graff IV, 426. 427. BM. I, 815). „Daz sie mir des urchunde (Zeuge) sin"; Clm. 4636 (XII. sec.), f. 108. Die Urkund, und ä. Sp. das Urkund, das Zeugniß, besonders ein brieflich ausgestelltes; (ahd. urchundi, mhd. urkünde, urkunde, ntr.; Graff IV, 427. BM. I, 814). „Den salme (Confitemini domino) sprich in adventu domini daz er din vrchunde si in iudicio domini"; Ald. 111 (v. 1250), f. 99. „Der salm (Laudate dominum de coelis) ist dem gotis gewalt ze vrchunde (Ordalie?) behalten wart"; das. f. 134. Labr. 208. „Und dessen ein Politten oder Urkundszettel nehmen"; OPf. Ld.Ord. von 1657. „Politten oder Urkund nehmen"; ibid. „Man solt sein

Urchund verhoren . . . und dazselb urchund ward uff offner lantschrann verhort, daz sagt." „Zu ainem waren urkund . . ."; MB. XXIV, 123. 665, ad 1366. Vrgl. unter Kundschaft. 'urkünden, zeugen, bezeugen; (Graff IV, 425. BM. I, 815).' „Er (Petrus) begunde urchunden und swern daz er dez mensch'n iht erchant", negavit cum juramento; Matth. 26,27, Cgm. 66, f. 27.

Kundel, s. oben, Sp. 1258: Könl-Kraut. „Chundel, serpillum"; Cgm. 170, f. 10.

Das Kunder, Kunter, das Ungeheuer, monstrum; (BM. I, 911. Zeitschr. III, 19. IV, 55. VI, 305). „Man kennts auch gleich, ob der Biß (in das Euter einer Kuh) vom Kundter oder von Geistern ist", sagt ein ländlicher Viehdoctor zu Frhrn. v. Moll; sieh dessen naturhist. Briefe (über das Zillerthal). Der Teichner nimmt das Wort, ohne verächtlichen Nebenbegriff, für Thier: „. . . Der Mensch anders niht dann endriu kunter." „Ein ieglich kunter wird entzogen der natur, wirt verkert; daz ain vogel reden lert daz ist der gewonhait rat." „Ketzer, weil er deheinem kunter sô wol glîchet sam der katzen"; Br. Berht. 303, (Pfeiffer 403,7). „Und einen belz von sô getânem kunder daz ûf dem velde izzet gras; niht sô wîzes in dem lande was"; M. Helmbrecht 144. „Waz kunders daz müge wesen", was für ein Thier; d. welsche Gast 13293. „Der krebz izzet gern die kunterlin, die in den wazzern muscheln sin . . . da sie sich pecheln gen der sunnen und uftun ir muschellin"; Renner 19969.

„Wenn d' Sunnə˜ gèət untár,
dà lässn miərs sei˜,
und taən unsár *Kuntár*
in d' Stállələn ei˜", heißt es noch in einem tirol. Alpenliedchen.

Ums Gámsal ám Beərg is 's ə˜lusti's *Kuntə'*,
und kaə˜ traurigə' Buə' macht kaə˜ Mádl muntə.'

Namentlich das kleine Hausvieh, als Schafe, Ziegen, Schweine, auch Gänse und Hühner. Tirol. Kirchtag (1819) p. 13. 69: „Ursch, thuo die Gais ein, des *Kunter* geit kain Frid"... „'s ander klaine *Kunter*." „Die Kunder, auch das Kundervieh, die Geisen"; (Rath Her, Ammergau). „Kuntervieh, Ziegen und Schafe"; (Baader). „Kundter, Ungeziefer"; (Jir.). „Chuntere dinem, gregi tuo"; Cgm. 17, f. 99ᵃ. In v. d. Hagen's Ges. Abent. Nr. LXV, 71 heißt der Bär „daz eislîche kunder" und das Schretel (106. 250) „kunder", nicht gerade im schlimmen Sinn, sondern fast wie krêatiure, Kreatur (das. 69. 97; s. auch dieses Wort und vergleiche Kind, kinden, chindôn). „Wolf, du bist ein groz kunder"; Cgm. 714, f. 33. „Ein kunter mit seinem sporn", nennen die jungen Mäuse den Hahn, den sie fürchten, bey Boner, Em. D. 58, f. 163. „Der wâren minne kunder"; Labr. 71. 468. „Ach der scheuzlichen schnöden kunder", (der zwei alten Weiber); H. Sachs 1560: III, III, 14. Bey Avent. (Chron. f. 221) wird Kaiser Maximinian von Gordian ein grausames Kunther. (f. 493) der Pabst Johannes von Ludwig dem Bayern ein wilds Konther genannt. „Din gnade (ist) uzgebreitet für allerslahte chundir . ." „Div umeslichiu merwunder unde allez daz chunder des diu werlte pflæge . ." Wernh. Maria p. 27. 162. „Er gesach bî sînen zîten nie sô herlichiu kunder", Gudrun 112,4. Vrgl. Wackernagel's Wbch. kunder, nhd. kunterbunt, '(mhd. kunterv-êch, BM. III, 285. Weigand, Wbch. I, 650).' Der Kunterweg, Weg für Vieh: 1) im b. Wald; 2) zwischen Trostburg und Botzen; wird vulgo einem Heinr. Kunter, der ihn im J. 1314 gebaut haben soll, zugeschrieben; 3) in Berchtesgaden ein Steig, der hinter Ramsau nach dem Lattenbach im Thal vom Taubensee führt. Schottky, Bilder 261. Koch-Sternfeld, Beytr. I, 292.

Der Kengel, 'Rinne, Röhre, röhrenartiger Stengel, Stab ꝛc.; Grimm, Wbch. V, 530.' s. oben, Sp. 1254: der Kännel. a) „Der Lilienstengel ist worden zum Holz der Kayserkron-Kengel ist nimmermehr stolz"; Vog. Mirak. 109. 'Vrgl. BM. I, 796: liljen kengel.' Der reben kengel", Titurel, Boisserée 80. b) Rotz-Kengel. „Turpis stiria (pendebat naso) rotzkengl"; Prompt. von 1618. c) Federkengel, Federkiel. „Drü heßlin stäblin, die sullent als groß sein als ein federkengel"; Cgm. 4902 (v. 1429), f. 19. d) als Mädchenputz. „Wir sullen unser zöpflach clencken und das die chengel seien gel"; Cgm. 270, f. 207ᵃ.

Der Küngler, s. oben, Sp. 1258: Nachtkünig.

Der Kinkel, (VII Com.) Heidekorn, Buchweizen.

„Kunckel, Charibdis"; Voc. Melber. Diefenb. 101ᵇ, (cf. cuniculus). s. oben, Sp. 1258: Nachtkünig und Künigel.

Die „Kinsen, Kinsten", Schrunden, wie sie die harte Arbeit über die Hände und Füße des Landmannes zieht, ehrenvolle Zeichen, die der weichhändige Städter nie anders, als mit brüderlichem Dankgefühl betrachten sollte; wirzb. „Känzli." Grimm, Wbch. V, 779: Kinst. Vrgl. VII Com.: kenzen, kratzen.

Der Konsistorialvogel, (Jir.) Truthahn, welscher Hahn. Zeitschr. III, 266,2,1.

Die Kunst, 1) wie hchd. R.R. Von der Kunst, vorzüglich, trefflich, z. B. von der Kunst blâsen, reiten ꝛc. Dés is ə˜ Mádl *vo˜ də' Kunst.* (Vrgl. künnen). 2) eine Maschine, Maschinerie, Vorrichtung, ars. Die Wasserkunst, (Ansb.) Feuerspritze; Grimm, Wbch. II, 1596: Feuerkunst. Vrgl. d. folg. Wort.

Der Kunstâbel, Kunstâbler, (noch hie und da 313
bey gemeinen Leuten) der Artillerist, früher eigentlich eine Art Charge, wie die des Büchsenmaisters, spanisch condestable, (der in der Marine das Geschütz eines Schiffes unter sich hat. Im Jahre 1845 wird in Cadir eine Escuela de Condestables errichtet). „Und weiln die Kunstäbl gar guet geschossen"; Wstr. Btr. IV, 148. Der Ausdruck (wie man glaubt, aus dem frühern comes stabuli) ist außerdem je nach den verschiednen Ländern eine Benennung verschiedner geringerer und höherer Ämter gewesen. Grimm, Wbch. II, 634 f. V, 1742 f. BM. I, 914. Voc. Ms. Tegerns. v. 1477: „ambasiator, eyn constabel." Im Roman de la rose, V. 17655 scheint connestable so viel als Gefährte, Genosse, (schwed. Stallbroder), V. 3970 connestablie so viel als compagnie, bewaffnetes Gefolge, zu bedeuten. „In dussen tijden (1266) weren hir noch kunstabelen dat weren der rikesten borger kinder, de plegen dat spel vor to stande in den pinghesten"; Magdeb. Schöppenchronik Ms. p. 66, v. Riedel in Hagen's Germania v. 1841, p. 121. Zunft der Constafel (Constafler) in Zürich (constabularii), ursprünglich solche, die unter dem Comes stabuli im Feld zu Pferde dienten. Dazu gehörten die Einwohner der Stadt, welche vermöge ihrer Geburt Waffen zu tragen fähig waren, die freien Ritterbürtigen, milites ꝛc. M. Usteri's Dichtungen I, 107.

Bekannt, wie hchd.; s. kennen. Der Bekanntpfenning, (wirzb. Verord. v. 1586) das jährliche Reichniß von einem Lehengute zur Anerkennung des Ober-Eigenthums. bekänntlich, kenntlich, a) (ä. Sp.) geständig, eingeständig. Grimm, Wbch. I, 1414,1. V, 550. „Wenn ein Theil dem andern seine Artikel bekänntlich und geständig ist"; wirzb. Lg.Ord. v. 1618. „Daran (an welchen) er sich des zoch, der im des auch bekanntlich was"; MB. XVIII, 470, ad 1453. „Dem sie des kenntlichen sein"; MB. XXIV, 675. b) (Nptsch.) bekannt. Grimm, Wbch. I, 1414,2. V, 550. Er, sie ꝛc. is mə' nét *bekenntli'*.

„kentern“, (Hſr.) ſich umwenden. Grimm, Wbch. V, 555.

Der Kontuſch, Kantuſch (υ-), veraltete Art einer ſtädtiſchen weiblichen, etwas über die Hüften herabreichenden Oberkleidung. Etwa aus dem ungariſchen Köntös (ſprich Köntöſch), Kleid, Rock, falls dieſes die Quelle auch des franz. contouche; (cf. perſ. kontuſch, griech. κάνδυς).

Das Kunter, Misgeſchöpf; ſ. Kunder.

kunterbunt, durcheinander; ſ. Kunder.

kunterfecht, cunterfet, adj., a. Sp. nachgemacht, franz. contrefait, ital. contrafatto. Grimm, Wbch. II, 635. 636. BM. I, 914. „Wer wiſſenlich für Gold und Silber annder chunterfecht Metall verkauft oder hingibt“; Erklärung der Landsfreyhait v. 1514. „Ander kuntterfehde metall“; L.O. v. 1516, Art. 10. „Conterfey oder Wyßmuth, electrum, metallum melius stanno, deterius argento“; Prompt. v. 1618. „Gunterfech, electra, auri argentique mixtura quaedam“; Nomencl. v. 1629, p. 194. „Electrum haizt gunderfai. daz iſt zwairlai: nâtûrleich und künſtleich. daz künſtleich wirt von golt und von ſilber, wenn man daz zeſamen miſcht. . . daz nâtûrleich . . . vint man gar ſelten“; Konr. v. Megenberg f. 280, (Pfeiffer 478,6). „Die welt unrain iſt zin und pley und funterfey“, (nicht echtes Silbergeld); Cgm. 811, f. 47. Dieſenbach 197c. „Diu heilige ê iſt der ſiben heilikeit einiu, und davon ſol dekein kunterfeit (falſchheit) darbî ſîn“; Br. Berhtolt 81, (Pfeiffer 279,22). „Er want, ſy heten war geſait dar hinder wär kain kuntervait“; Mich. Beham, Wiener, 349,14. „Das Conterfech, effigies; conterfehen, malen“; Prompt. v. 1618. Kuntrəfê und abkuntrəfêə˜ noch ſehr volksüblich für Porträt und porträtieren.

kuntə'fiə'n, kuntrəfiə'n, cultivieren.

„Känzli“, (wirzb.) Sprünge in der Haut von harter Arbeit. Grimm, Wbch. V, 779. Doch kaum auf das nordiſche kantr (margo, ora) beziehbar; ſieh Kinſen.

Der Kanzelſchreiber, ä. Sp., was heutzutage Kanzelliſt. Grimm, Wbch. V, 178. „. . In der Kanzley . . . in Beyweſen unſers Kanzlers, und ob er
314 andrer unſrer Geſchäfte halb zu Zeiten nicht dabey ſeyn möchte, eines oder zweyer Kanzelſchreiber . .“ Kr. Lthdl. XII, 275. „Swaz Minne ſchrîbet und diu Liebe ſigelt in Triuwen kanzelîe“; Labr. 527.

kainz, kainzig (kài˜z, kài˜zi'), nichtsnütze, nichtsnützig; ſ. nutz.

kinzeln. 's Bier *kinzlt* und neuə-lt; (b. W.).

Künzen, Künzenbach: „„Quintanis cum fluvio (fluvilo) Quintana“, unweit der Donau, zwiſchen Oſterhofen und Vilshofen; Fr. X. Mayer, Tiburnia 85.

Kuenz (Kaə˜z, O.Pf. Kou˜z), Conrad; ſchwäb. Rades. Zeitſchr. VI, 450. 459. 468; vrgl. 235. 369. R. A. Blind drein platzen, tappen, râthen u. drgl., wie Kuenz (Koburg: Günther)' in die Nuß; (O.Pf., Selhamer). „Das ſolche geſellen in einer unbekhanten ſach drein gehen wie der Kainz in die Nuß“; Dr. Tobias Geiger (1656), Cgm. 3733, f. 38. ſ. Th. III: râten, 3. „On dam ylcan geare gefor Cona ſe caſere“, ſtarb Kaiſer Conrad, Cuno; Saxon. chron. ad an. 1056, Ingram p. 247. cf. Kauz. Das Kainzenbad (Kuanzen-, Konrads-Bad) zu Partenkirchen. Der Familienname Kaindl wol nur Kaə˜l, Kuenrad.

Der Kuenz, Schlâfffuenz (Kou˜z, Schlàufkou˜z, O.Pf.), Schlafapfel, Auswuchs an den Zweigen des Hundsroſenſtrauches, der von Gallweſpen verurſacht wird. Unter das Kopfküſſen gelegt, ſoll er den Schlaf befördern. Grimm, Mythol.² 1155. Eiſelein p. 550. Vilmar, kurheſſ. Idiot. 233.

Der Küenzen, Küenzel (Keə˜zn, Keə˜z'l), Fettanſatz unter dem Kinn. In der Anordnung zur Fronleichnams-Proceſſion von 1580 (Wſtr. Btr. V, 120) heißt es: „S. Auguſtinus ſoll ein langer zimblich faiſter molſcheter Mann ſeyn, der gar khein part oder nur ein wenig khnebl-pärtle und zway khlaine Zipfelen am khin und einen zimblichen Kienzen und faſt ein geſtallt hat wie der Ainhoffer gaſtgeb.“ Den Küenzel ſtreichen Einem, ihm ſchmeicheln. küenzeln (keə˜z'ln) Einem oder mit Einem, ihm zärtlich thun. BM. I, 914: künzen. „Ir einer mir nicht wolte helfen mit zweien untzen und ſolte ich immer funtzen irs gutes geben ſie mir niht; Renner 17177. „Wil ich den haben ſühn und fried muß ich ſchweigent ſolch brocken ſchlicken muß künzeln, mich wieder zu flicken“, ſagt der Ehemann; H. Sachs 1612: II, IV, 160 (1560: II, IV, 78b). „kienzeln und ſpienzeln“; Selhamer. „Nachdem nimt ihn ſein Mütterlein, und fängt ihm an zu künzeln ſein“; alte Überſetzung der Wolken des Ariſtophanes. „Die Naigung viler Menſchen gegen ihrem Fleiſch, dem ſie künzeln und abwarten“; Balde's Lob der Magern. verküenzeln, verzärteln, durch Zärtlichkeit verwöhnen. Vrgl. kindeln, kineinzen.

Das Kapitel, 1) wie hchd. Grimm, Wbch. II, 606. Im Clm. 11401 (sec. XV.) heißt hinten das Regiſter der Anfänge registrum capitulorum, gleichſam der Köpfchen, d. h. Anfänge. Das ſcheint der Begriff von caput zu ſein. 2) ſcharfer Verweis von Seite eines Obern. Einen kapiteln, ihm einen ſolchen Verweis geben. Grimm, Wbch. V, 187. Graff IV, 356. BM. I, 787. „Capiteln, kipeln und ſtreben“; Renner 4161. „Sie (die Nonnen) wend ſich nit gern capitlon lon“; des Teufels Segi, Barack 164,5164. „Hievor do man ſi cappittlan tett, do was got genam ir bett“; daſ. 5174. Dieſer Ausdruck iſt vermuthlich aus den Klöſtern ins gemeine Leben übergegangen. Man findet ſo ein klöſterliches Capitel (capitulum culparum) anziehend oder vielmehr abſchreckend genug beſchrieben in den „Briefen aus dem Noviziat“, p. 114 ff., auch in der Schrift: „Was ſind die Prälaten?“, p. 79. „Utilis exhortatio (metrica) ad suscipiendam humiliter increpationem in capitulo:“ Tu qui juste vel injuste hic fueris proclamatus tam benigne velut igne caritatis inflammatus respondeas et gaudeas tuis emendatus“ ꝛc. P. Abraham ſagt in einer Predigt: „Bey dem Evangeliſten Matthaeo findt man 28 Capitl, bey dem Evangeliſten Marco 16 Capitl, bey dem Evangeliſten Luca 24 Capitl, bey dem Evangeliſten Joanne 21 Capitl; es iſt aber ungewiß, ob man nit bey manchen Religioſen mehrer Capitl findet, die Filtz will ich gar nit zehlen.“ Schon auf dem Ldtg. v. 1514, p. 181 u. 187 kommt ein Capitlzedel über einige Hofbedienten vor, die, „wol gecapitlt worden ires unweſens und unfleis halber.“

kapore, kapores, todt, zu nichte; (jüd.-rabbiniſch: kapparah, kapporeth, Verſöhnung, Verſöhnungsopfer, Sühnopfer; v. hebr. kipper, verſöhnen, entſündigen; Weigand, oberheſſ. Intellbl. 1847, Nr. 70; Wbch. I, 204. Grimm, Wbch. V, 190. Vrgl. kaput, Grimm, Wbch. II, 606 f.

Die Kappen (Kappm), a) wie hchd. Kappe; (ahd. chappa, mhd. kappe, aus lat. capa, cappa; Graff IV, 355. BM. I, 787. Grimm, Wbch. V, 188). Sp. W. iəd'n Lappm gfällt sei˜ *Kappm*. ə˜n sé'then Lappm 315
ghèə't ə˜ sé'chené *Kappm*, (b. W.). R. A. Kappen tauſchen, im Tauſch nichts beſſers bekommen. Schwed. det gâr kapp up, (es geht gegen einander auf). Einander alte Kappen geben, ſich wechſelſeitige Vorwürfe machen; H. Sachs. In der Nebelkappen herumgên, d. h. in Ungewißheit oder Verwirrung. (Vrgl. die Tarnkappe oder den unſichtbar machenden Mantel des Nibelungenliedes). Olde *Éblkappm*, Weibsperſon, (b. W.); ſ. unten: Kappel. b) in Stellen aus dem 15. und 16. Jahrh. ſcheint es zuweilen, wie nach Reinwald noch jetzt im Hennebergiſchen, als Mannsmantel,

besonders als spanische capa, (davon capilla und capote), schwed. kappa, dän. kaabe, Mantel, verstanden werden zu müssen. „Es gelten die teutschen Claider nichts, nur spanische Kappen, welsche Röck, französische Mäntel"; Av. Chron. „Schueler und Priester truegen Kappen an", Chron. in Freyb. Samml. I, 84. „*Cappa*, inquit, totum me capiens vitam meam totam significat"; Exemplum de duobus studentibus in Clm. 9528 (sec. XIII.), f. 309. „An der priester cappen stat sullen die laybrueder inwendig des closters tragen ainen offen mantel mit ainem gugelzupffel"; Benedict.-Statut (circa 1450), Clm. 4428, f. 42. Buech d. weishait, VI. Bl. (Vrgl. die Cappen in der Gebrüder Schwarz von Augsburg Trachtbuch v. 1541 bis 1561, Fig. 23. 33. 36). „Die Doctores all in ihren Kappen"; Ldtg. v. 1516, p. 293. „Im 15. Jahrh. ist der Schneiderlohn von einer zottaten Kappen XVI dn., von einer slechtn Kappen X dn."; Wstr. Btr. VI, 163. Nach einer a°. 1500 entworfenen Kleiderordnung sollte kein Bauer anders Tuch zu Hosen, Rock, Kappen und Mantel tragen als Landtuch. Kr. Lhdl. IX, 428. „Velamen mulieris, sturtz vel schleier vel mantel vel kapp"; Voc. Melber. Diefenbach 97c. Die Chorkappa, (ä. Sp.) pluviale; MB. XXIII, 268. XXIV, 36. Meichelbeck, Chr. B. 38. „Es brummen die Münch in den großen Cappen"; Avent. Chr. R. A. Gleiche Brüeder (d. h. Klosterbrüder, Mönche) gleiche Kappen.

Das Käperl, Kaperl, (Zir.) kleine, nur für 2 bis 3 Holzknechte genügende Seide. Kopper, (Pseud.-Zir.) Holzknechthütte, deren einseitiges Dach sich an den Berg lehnt; was Bruthenn. 'Vrgl. Grimm, Wbch. V, 1768,c.'

Die Kappel (-υ), auch wol: das Käppl (wie von Käpplein), (O.Isar, Allgäu) eine mehr auf deutsche Art betonte Form des sonst üblichern Capelle (υ-υ), vom romanischen capilla, capella (Diminutiv von capa, Mantel), „quo nomine Reges Francorum propter cappam sancti Martini, quam secum ob sui tuitionem et hostium oppressionem jugiter ad bella portabant, sancta sua appellare solebant"; Anonymus de gestis Caroli M. in Canis. lect. ant. I, 362. Graff IV, 356. BM. I, 786. Grimm, Wbch. I, 605. V, 183. Zeitschr. VI, 468. „Dû (Maria) bist ein lebende cappel" (:bappel); Konr. v. Wirzb. gold. Schmiede 1242. „Was die am St. Nicolai Berg auf das Käpplein häufig sitzenden Bettler betrifft"; wirzb. Verord. v. 1723. „Capella, eyn hymelcz", Traghimmel; Voc. Melber. Auch im Nibelungenlied 1515,1 kommt die Chappel als die Ladung (Sâum) eines Pferdes vor; '(vrgl. Parzival 669,5. BM. II, II, 474). Obscön:'

Buə', wennst, opfə'n wılst bey də' *Kapelln*,
wennst mə' sechs Kreuzə gibst, I las di' rebelln.

Olde *Kapelln*, altes Weib, (b. W.); s. oben: Eblkappm. Vrgl. „diu Chappel; in der Chappeln ꝛc."; MB. XVI, 165. XIX, 435. 509. 519. XXI, 24. Chorherren zu Altenchappel im Regensb.; Ried 936. Im Unterlande hört man: die Kapellen (Kapəlln υ-). Der Kapellan, Kaplan; BM. I, 786. Grimm, Wbch. II, 605. „Do ne getorste niemen komen daran niewan er und sin kapelan"; St. Ulrich's Leben, Cgm. 94, f. 61b. „Do sprach ein phaffe sin kapelan wên uns armen wie habe wir getan"; das. 62b. Herzog Hainrich nimmt den Kirchherrn zu Bischoffdorf im Innviertel „Fridreichen Peterlehner zu seinem Chaplan, . . . also das er sich aller der genaden freyhait und rechten haben und niessen sol der sich ander (des Herzogs) behawst chapplan habent und niessen", (1412); Cgm. 3941, f. 94.

Das Käpplein (Käppl·), a) Diminut. v. Kappen. b) das Käppl, welches (nach Hazzi, Statist. III, 1135) die Rotthalerische Jungfrau bey Hochzeiten und Fronleichnams-Processionen trägt (Grimm, Wbch. V, 196: Käppel, und 200 f.), entspricht dem anderwärts üblichen Krænlein (Krä-l·) und dem am Rhein üblichen Schävel, das schon im Nibelungenlied vorkommt, und dem französischen chappel, chapelet (Kranz von Blumen auf das Haupt). „D' orfraiz eut ung chappel mignot. ." „Ung chappel de roses tout frais." „Puis luy baille fleurs nouvellettes, dont ces jolies pucelettes font en printemps leurs chappelletz"; Roman de la rose 316
V. 564. 568. 21923. s. Th. III: Schappel.

'kappen, abkappen, die Spitze wegschneiden, abhauen; Grimm, Wbch. V, 196.' Felsen kappen, (vorstehende Felsen) ausreuten. Die Leine, den Mast kappen, couper, abhauen. 'Vrgl. käppeln, a.'

kappen, abkappen, käppeln Einen, ihn derb ausschelten, auch wol schlagen, beohrfeigen. Grimm, Wbch. I, 59. V, 197,4. Vilmar, kurhess. Idiot. 192. Zeitschr. III, 419,565. IV, 439,75. Die Kappen, Schlag, Streich. „Ein Kappen geben, colaphum dare"; „er hat ein Kappen darvon getragen, vulneratus abiit"; Prompt. v. 1618. Die Tütsch-Kappen, (Wunsiedel) Schlag auf den Kopf; (b. W.) Detsch-Kappen.

käppeln (käppln). a) die Rüben, ein Scheibchen mit dem Kraute von denselben abschneiden; s. kappen. b) den Strumpf, einen neuen, die Zehen deckenden Vordertheil daran setzen, oder auch ein kappenähnliches Stück an der Ferse darauf nähen. Schuhe käppeln.

Kappler, Kapler, s. Krinn.

Kappis, s. Gabis.

Der Kappeswedel (?). Eine wirzb. Verordn. von 1787 verbietet, junge Tannen, Fichten, Buchen oder Birken abzuhauen, oder sogenannte Kappeswedel zu schneiden.

'kaput, caput (υ-), zu Grunde gerichtet, fertig; Grimm, Wbch. II, 606 f.; Zeitschr. II, 201. VI, 290.' brescianisch: capòt, was marcio (matsch) im Spiel; ital. dar cappotto, matsch machen. Zeitschr. II, 201. „Es hat Herr Obrist Spork zwei des Feinds Regiment capot gemacht", (1643, Novbr.); Cgm. 4905, f. 693. „Pik, repik und capot wem die gefallen nicht dem schmeiß ich noch darzu die Karten ins Gesicht"; sagt Frankreich in der Satire „das New Picketspiel" (1683), Cgm. 1310, f. 143. (Wir) „wern auff ein galein verkauft worden oder cappalogotz gemacht", (caput??); Cgm. 1279, f. 172b. Cf. Hedemanden et Billede fra Jyllands Vestkyst af Carit Etlar, S. 234: „den maatte vare krabat", heißt das: der müßte kaput (todt) seyn?

Der Kapuziner, wie hchd. Grimm, Wbch. V, 202. R. A. Einen Kapuziner geschlückt haben, heiser seyn. Ein Kapuziner-Räuschlein, ein tüchtiger Rausch, wobey Einen, wie man sagt, „zwey an der rechten, zwey an der linken Seite führen, und ein fünfter hinten nachschieben muß." Vrgl. Jesuwiter-Rausch. Das Capuzinerlein, tropaeum majus und minus, von der capuzenförmigen Blume.

kippeln, (Franken) zanken; (Lindermayr 97) keppeln, (Kartsch) kebeln, kepeln, keifen; Grimm, Wbch. V, 656: kibbeln, 783: kippeln. Zeitschr. VI, 294. s. oben, Sp. 1216: keiben. „'s Brumeln und 's *Keppeln* und 's Flienschen und 's Zanä, 's Grübeln und 's Nendln muss weit seyn vä danä"; Lindermayr 115. „Mein Weiberl is gsund, bsunders 's Brüstl is gued; I gspürs alle Tag wånn 's mi *ånkepeln* tued"; Kartsch I, 172. „Und wann man ihr a 's Mal va'naht, I moan das s' do' no' *kepeln* tat; das. II, 214. „Capiteln, kipeln und streben"; Renner 4161. „Sie fiengen an mit uns zu kippeln", anzüglich reden; Simplicis. 1668, p. 359. „Procuratoren sollen sich vor Gericht alles Schmähens, Zankens oder Kippelns enthalten"; wirzb. Lg.Ord. v. 1618. Der Kippler. 'Vrgl. kippen, die Spitze abschneiden, abhauen; Grimm, Wbch. V, 785. Zeitschr. II, 76,4,10. III, 557,93. Vrgl. kappen u. keppen.' Kibble, (pfälz., Nadler) am Rande eines harten Gegenstandes so klopfen, daß kleine Stücke abspringen, (vrgl. Kipper); minnanner *kibble*, sich necken und beleidigen. (Vrgl. kifeln).

kippern, wucherlichen Kleinhandel, oder auch Schleichhandel treiben, besonders mit Lebensmitteln. Grimm, Wbch. V, 788,3,c. Der Kipperer, Traidkipperer;

die Kipperey. Grimm, a. a. O. BM. I, 820. In frühern Jahrhunderten wird viel über das Münz-Kippern oder das wucherische Wechsel- und Handeltreiben mit Münzen, besonders das Auslesen und Auswägen der bessern unter den Stücken einer Münzsorte, die beym Prägen damals selten ganz vollkommen gleich auszufallen pflegten, geklagt. Vrgl. Keller's Abhandlung im Archiv des histor. Vereins von Wirzburg, VI. Band, 3. Heft. Münch. gel. Anz. 1844, S. 110. Grimm, Wbch. V, 786 ff. Cf. Grimm, Reinh. p. 112,1707: kippe. „kippi, fallax mortalium curiositas"; Clm. 4559 (sec. X.), f. 50b.

Der Kipper, (Ansp.) Thon-Mergelschiefer; v. Lang. kipperig, adj., lettig; Lex. v. Franken I, 636. Vrgl. Keuper, Grimm, Wbch. V, 651.

Die Kopey, (ä. Sp.) Copie, Abschrift; Grimm, Wbch. I, 636. kopeylich (ein bequemes Adjectiv), abschriftlich; fränk. Verordd. des 17. und 18. Jahrh. copeyen, abcopeyen, (Prompt. v. 1618) transcribere, exscribere.

Die Kopey, die Charpie; s. Karpey u. Maißel.

Die Kopi. (In der Anordnung zur Fronleichnams-Procession v. 1580, Wstr. Btr. V, 156:) „Mer 12 Glider (Reiter) mit Copi, almal 3 und 3 ꝛc." (Cf. česk. kopi, ntr., Spieß, Lanze; polnisch kopiia, die Lanze, von kopac, stoßen, weil sie mit dem Fuß nachgestoßen wird.)

Der Koppe, ä. Sp., Rabe; Grimm, Wbch. V, 1784. „Kopp, weidgeselle! Labr. 529. koppen, vrb. „Etlich mainent sicherlich, wenn der Rapp kopp das tütt ain lich"; H. Vintler. Grimm, Wbch. V, 1791,6.

Der Kópp, das Köpplein, junges Huhn männlichen Geschlechts, Hahn, besonders ein verschnittener,
317 Capaun; (chappo, gallus gallinaceus; gl. i. 271. caphan, gallinacius; Clm. 4350, XIV. sec., f. 3; Capaun? wie Fas-han = Fasan? BM. I, 787 f. Grimm, Wbch. V, 1783. 182. 186. Zeitschr. IV, 55. Koppen schoppen, Capaunen zum Verkaufe mästen. Im Scherz sagt man in Nürnberg von einem Manne, der in kinderloser Ehe lebt, man werde ihn ins Koppenbuch schreiben. koppen, köppeln, vom Hahne: die Henne treten; (Nürnberg). koppen einen Hahn, ihn verschneiden, kapaunen. Grimm, Wbch. V, 1789; vrgl. 182,188 und II, 604. Zeitschr. VI, 300. „Allectorius der stain wechst in ains hanen magen, wenn man in kappaunt nâch drein jâren und læt in dar nâch sehs jâr leben"; Konr. v. Megenberg f. 80, Pfeiffer 435,2. „Des kälbleins flaisch ist pezzer wan des hirzes, und wirt ez gekappaunt, sô ist ez noch pezzer": das. f. 256, Pf. 131,16.

Der Kópp, Mülkopp, a) Art kleinen Fisches mit großem Kopf, Kaulhaupt, Kaulbars, cobio, cottus gobio, Quappe, (gl. o. 387: chape, capito). BM. I, 786. Grimm, Wbch. V, 1782. b) O.Pf., Ochs mit kurzem Hals und dickem Kopf. Vrgl. unten: koppet.

koppen a) einen Baum, ihn kappen, köpfen, ihn des Wipfels berauben; Grimm, Wbch. V, 2789,1; vrgl. der Koppen. b) das Korn, es das erste Mal mit soweit auseinanderstehenden Steinen malen, daß nur die Spitzen der Körner abgerieben und diese etwas aufgeritzt werden. Vrgl. Zeitschr. III, 119. Das Koppmel, der dem Müller verbleibende durch dieses Koppen erhaltene Abfall. c) schnappen, schnappend fallen oder steigen. Das Brett koppt auf, bey Adelung: es kippt auf. In die Art koppen, in seine angeborne Art zurückfallen; Grimm, Wbch. V, 1790,3. BM. I, 861. „Ain ritter ân mût, ain alt jud ân gût, ain alt schewr ân mauß, ain alt peltz ân leus, ain sporer on (ri)nggen, ain schreiber on timpten, ain pock on part, die koppund all in ain art"; Cgm. 379, f. 211 f. „Da der habich ir (der Tauben) vogt wart er koppet bald in seine art"; Boner, Em. D. 56, f. 146, Pfeiffer XXVI, 20. „Dô koppets wider in ir art"; Grimm, Reinh. p. 366,2041 und p. 378. „Ich will ir (der Krähe) nit mer schelten, in ir art sie koppet"; Valkn. 131. „Und wann sie kommen in die Eh, so koppens in die vorig Art; was man gewont, das läßt man hart"; H. Sachs. „Es koppt Einem das Eßen herauf, stoßt ihm auf, steigt ihm aus dem Magen empor. Grimm, Wbch. V, 1790,4. Fig. R.A. das wird mir noch oft herauf koppen, d. h. ich werde noch oft mit Ärger daran denken. Das Pferd koppt, schnappt heftig nach Luft. Auch transitiv: das Rindvieh koppt das verschlungene Futter herauf, um es wiederzukauen. Der Mensch koppt das Eßen herauf. Der Kopp, Kopper, das einmalige Aufstoßen aus dem Magen; Pferd das die üble Gewohnheit hat, heftig nach Luft zu schnappen. Grimm, Wbch. V, 1991. koppeln, köppeln, auch koppezen, köppizen, was das vorige koppen, c). Grimm, Wbch. V, 1791. „Daz ainleft (Zeichen der Schwangerschaft) ist, daz etleich frawen köppelnt"; daz köppeln ezzicht in der keln; Konr. v. Megenberg, Pfeiffer 39,7.8. „Daz rophazan oder daz koppeln mit dem mund"; das. Cgm. 589, f. 135, Pf. 436,27. „Er benimt auch köpeln mit der keln"; das. 465,20. „Wofern ein alter Mann alle Tag wil vil essen und nicht wenig trinken, alsdann wird er vil köppizen und wenig schlaffen"; Albertins Guevara. Der Koppezer, das Aufstoßen aus dem Magen, der Magenwind, Rülps.

Der Koppen (Kóppm), die Krone, der buschige, dem Stamm entgegengesetzte Theil eines Nadelbaumes, (span. la copa); ein solcher Baum selbst, in sofern er noch keinen Stamm gebildet hat, wie beym etwas erwachsenen Anfluge; namentlich eine ganz buschig und zwergartig gewachsene Fichte oder Föhre, wie deren auf unsern Lôhen, Mösern oder Filzen vorzukommen pflegen. Vrgl. unten: die Koppe, Kuppe und Zeitschr. IV, 408,30: der Kûpen. Wiə! reis dèn *Kóppm* aus. Səl' stêt ə˜ Rêhh i˜'n *Kóppmən* d inn. Is ə˜ lautə's Mós, stengə˜t gràd *Kóppm* drauf. Ansp. Verordd. v. 1691 und 1715, an Bächen und Gräben Weidenkoppen zu pflanzen. (Im Schlawerafenland) „auf weidenkoppen semmel stehn"; H. Sachs 1612: I, 1092. Der Finger-Koppen, (Nptsch.) der vorderste Theil, die Spitze des Fingers, die Fingerkuppe. Köppelholz, (Eichstdt.) Kopfholz, Bauschenholz. koppicht, koppet, adj., mit einer Koppe (Federbüschel auf dem Kopf; Grimm, Wbch. V, 1784,4) versehen, buschicht; stumpf; kurz u. dick; Grimm, Wbch. V, 1791. (Tauben) „mausfarbi', *köpati*', benlät in Schlign, weissi und dunkelbraun schieglät in Flügn"; Lindermayr 166. „Ein koppeter Felber; ein koppets Birnpämlein"; Lori, LechR. f. 405. s. Kopf d). Zeitschr. II, 286.34,36. (b. W.) koppət, stumpf, z. B. Nagel. ə˜ *köppəts* Kindl, (b. W.). köppisch, adj., eigensinnig, trotzkopfig; Grimm, Wbch. V, 1792. „So koppisch (keppisch) ich in schetze mein vetter Heimeran . . . er laßt mit im nit schertzen . . . er laßt sich niemant tratzen"; Heselloher, Uhland's Volkslieder, p. 655. Vrgl. Zeitschr. VI, 300: kopfen.

Die Kuppen, wie hchd. die Koppe, Kuppe; vrgl. Kopf. BM. I, 915. Grimm, Wbch. V, 1784. Die Kupp, (Weihers; Dr. K. Roth) Erhabenheit; Hügel, Berg. Die Abtsröder Kuppə˜, die Feschkuppə˜, Wässerkuppə˜, Berge an der Nordgrenze des LG. Weihers. Der Küppel, (das.) Erhabenheit, (z. B. Beule); Hügel. Emetze-, Muillwurfs-*Küppel.* Vilmar, kurhess. Idiot. 233. Vrgl. Grimm, Wbch. V, 360: die Kaupe. Zeitschr. IV, 408,30. sich überkuppeln, (das.) sich überstürzen, häuptlings dahinrollen, wie Katzen, Hasen. Vilmar, a. a. O. Die Kuppel, (das.) närrisches oder närrisch thuendes Weibsbild.

Die Kuppel. Hopfenkuppel, zusammengestellte Hopfenstangen.

kuppelig, bequem; (tir. Lechthal), Staffler I, 112.

kuppeln. „Copulari, gechupelet werden"; Cgm. 17, f. 122b, Pf. 81, oratio. BM. I, 915.

Die Kuppen. „Der Underkheuffl sol den Span (von 318
einem zu vergantenden Hause) in einer Khuppen öffenlichen fail tragen"; Landsberg. Gantord. v. 1428. „O got wär ich geleret der selben kunst auch wol mein fursten vil geheret wolt ich auch machen ein großen

cuppen vol", (d. h. Gedichte); Ulr. Füetrer, Cgm. 247, f. 16b. Cf. VII. Com.: kuppa, Napf, Schüssel, Becher, und hchd. Farben-Küpe. Zeitschr. V, 276,14. Vrgl. Kopf 2) und die Kipf.

---

kapfen, (ä. Sp.) schauen, ansehen, zusehen, gaffen; (ahd. chaphen, mhd. kapfen; Graff IV, 369. BM. I, 786. Grimm, Wbch. V, 185). „Suspicientes, ufchapfente"; Cgm. 17, f. 206b. „Resupinatio, wider ufchephunge"; das. 178a. „Hinden kepfet im enbor ein svænel küme vingers breit"; S. Helbling I, 276. Vrgl. Firmenich I, 78: kapen, gaffen. „Sicht si uber sich, si ist ein kapferin"; Cgm. 249, f. 124b. Der Hütt-Kapfer, (Lori, BergR. 67. 70. 467) ehmals auf den o.pf. Eisenhämmern der Ober-Schmidgeselle, welcher bey Tag und bey Nacht, so oft ein Zäch ausgeschmidet wurde, zuzusehen verpflichtet war. MB. XXIV, p. 249 liest man Helkipfer, p. 279 Huetkopffer, XXV, 406 Huttkapffer. `Der Käpfer, Kragstein, Balkenkopf; Grimm, Wbch. V, 186.´ „Proceres, kepfer, krapfstain" (am Gebäude); Nomencl. 1629, p. 111. BM. I, 796. Kapferbärme, (Jir.) Kohlenschuppe, die nur eine einseitige schiefe Dachung hat; Firstbärme, die eine zweyseitige hat. Die Kapf, (salzb.) vorspringendes Dachfenster. Vrgl. Grimm V, 185: Kapfenster. Das Kapfhaus, ä. Sp., gleichsam Belvedere; hypokoristisch `(für Kackhaus? s. oben, Sp. 1222)´, wie Sprachhaus (BM. I, 739), für Abtritt. „Hartmann Trülliger, Burger zu Surse, verspricht, das auf städtischem Grund und Boden neben seinem Wohnhause errichtete Chuphus (?) wegzuschaffen" rc. (1390); Geschfr. III, 88. Das Kapfenspil, Schauspiel; BM. II, II, 501. „Swelch dienstman hât verlihens vil, der hât ein guot kapfenspil"; S. Helbling IV, 830.

Der Kipf, (Obrm.) die Runge oder Stemmleiste am Wagen; (Graff IV, 370. BM. I, 820. Grimm, Wbch. V, 780. Zeitschr. VI, 333). Es sind deren je zwey unter einem stumpfen Winkel unten im Kipfhaus, Kipfstock (Rungenstock) eingezapft und sie dienen, die Mistbretter, Leitern, Schwebstangen rc. zu halten. „Drotheca, chiph"; Voc. v. 1445. Humeruli, chiphun, gl. i. 249; chippha, a. 24. 628. o. 142, (also ein Mascul.?). Der Kipfstell, (b. W.) Kipfstock. Grimm, Wbch. V, 781. Kipfen, (Jir.) Schiffsknie. Gipfen, (Jir.) Spangen oder Rippen des Schiffes, wodurch es von innen zusammengehalten wird. Gipfstall, Raum zwischen diesen Spangen, zum Ausschöpfen eingedrungenen Wassers benutzt.

Der Kipf, das Kipflein (Kipfl·), (an der Donau) weißes Bäckerbrod in Form eines kleinen zweyspitzigen Weckens, wie da' Mânschein im ersten Viertel. Grimm, Wbch. V, 781. Zeitschr. V, 435. VI, 295. „Vil lange, kurze, krumpe und gerade Kipfel", P. Abraham.

Die Kipf (?). Grimm, Wbch. V, 780. „Item von Obst, das auf Scheffen hinein wider das Wasser geführt wird, soll man zu Zoll geben von einer jeden Kipf 1 regensb. Pfenning, und von einem jeden Wagen 1 Pfen. reg."; Kr. Ltghdl. II, 231. (Vrgl. gl. o. 190: chupf, cuppa, und oben: die Kuppen).

Der Kopf (o.pf. Kuəpf), das Köpflein (Képfl·), a) wie hchd. (Vrgl. Kopf, 2. Anm.). Grimm, Wbch. V, 1748, II. R.A. Er ist ein Kopf, er hat einen Kopf, er hat einen Kopf, der sein gehært, er ist starr- oder eigensinnig. Den Kopf aufsetzen, auf seinem Entschluß halsstärrig beharren. Über Kopf austrinken, so daß sich dabey der Boden des Geschirrs über den zurückgebeugten Kopf des Trinkers erhoben findet; also ganz und gar. b) Bergkuppe, Koppe. Grimm, Wbch. V, 1767,2. Daher mehrere Bergnamen: Adlerkopf, Hennenkopf, Roßkopf, Geyerkopf, Schartenkopf, Karkopf, die Kragenköpfe, der Glunkertkopf, Hachelkopf, Hirschkopf, Gjaidkopf, Metzenleitenkopf, Thorerkopf (in Brchtsgdn.). Kufstain ist im

Munde des Volkes gewöhnlich Kopfstain. c) Kopf, Feldkopf, kleines Waldort, Gebüsch oder Gehölz, welches einzeln und ganz frey in den Feldern steht. Grimm, Wbch. V, 1767, 1, c. cf. poln. kepa. An einigen Orten nennt man auch kleine Inseln im Wasser Köpflein; (cf. Köcheln). d) der Filzkopf, Moskopf, Nadelstrauch auf Moorgrunde; (s. Koppen). e) Hausenkopf, Eingeweide des Hausen (eines Fisches). kopfhaigkel, s. oben, Sp. 1071: haigkel. kopfrecht, kopfgrecht, adj., (Obrg.) dem Schwindel nicht unterworfen. kopfscheuh, kopfschiech, adj., schwindlicht. Grimm, Wbch. V, 1779. Zeitschr. III, 118. VI, 300. Auch in der schweizerischen Gebirgsprache scheint die Sache auf ähnliche Art bezeichnet zu werden. „Sein Kopf ist 319
gut, rief der Gemsjäger David, er schwankt nicht"; Kasthofer an den Felswänden des Altels; Alpenrose von 1812, p. 181. Die Kopfet, das Kopf-Ende des Bettes. z· Kópfət und z· Kópfə~ und z· Kópfət·n, am Kopf-Ende. Die Kopfhäupten (Kópfhäppm), das Kopf-Ende; das Kopfküssen. Das Kopfstuck, Maulschelle; Zeitschr. IV, 50,5. s. Th. III: Stuck. `entköpfen, enthaupten; Grimm, Wbch. III, 561.´ „Do hies in der cheiser enchöpfen". . . „Zeuch dein swert auz und enchöpf mich"; Cgm. 54, f. 18a. 58b. `Keller, Gesta Romanoc. p. 36. 113.

Der Kopf 2), a. Sp., kugel- oder halbkugelförmiges, auf einem Fuß stehendes Geschirr für Flüssigkeiten; „carchesium, culullus," Prompt. v. 1618. Grimm, Wbch. V, 1744. Vilmar, kurhess. Idiot 218. Zeitschr. II, 44,32. III, 271,7. 280,49. 427,63. IV, 33. (Es wird z. B. Wstr. Btr. II, p. 200. MB. III, 214 vom Becher, von der Scheuren und von der Schale unterschieden. Cf. frnz. chopine, Schoppə~. Firmenich I, 21: Köpke, Schälchen.) „Ciathus, choph," Hbn. Voc. v. 1445; „calicem, kopf," gl. bibl. v. 1418; copf, cratera gl. a. 6. 619; glasecopf, phiala, a. 37. o. 151; chupfa, crateras, a. 413. „Schlugen jhm das Haupt ab, zogen die Haut drab, teten das Gehirn heraus, machten einen Kelch oder Kopf daraus;" Avent. Chr. „Nim ain kopf volln weinessig;" Cgm. 4543, f. 154. „Herr kopf, nu laßt eu wincken!" Trinklied, Cgm. 379, f. 111. „Nun schweng dich, kopff, du must herein!" Trinklied v. 1495; Ben. 525, f. 37. (s. oben, Sp. 529: „Nu schmeug dich, kopf"). „Uns trenchent da dri chopphe be vollen;" Diemer, Ged. 82,27. „Der choph ist nu bedechet"; das. 83,15. „Duhte in er hette des kuniges choph in der hant"; Griesh. Pred. I, 98. „Umbilicus tuus crater tornatilis, dein navel ist recht als ein gedräter choph;" Clm. 12723 (XV. sec., 1417), f. 82. Nach einer Münchner Policeyordnung von 1405 „soll chain Prawtgam chainer Prawt chainen Kopf geben, der mer hab dan drey mark Silbers;" (Wstr. Btr. VI, 122). MB. III, 214, ad 1415 kommen vor: „ain silbrein Chopf unvergolten (nicht vergoldet), ain Chopf mit ainem Straußen Ay, beschlagen mit Silber innen und außen und auch vergolt innen und außen, und ain Fladrein Chopf beschlagen mit zwain Coron, und drey silberein Schal, Pecher rc." Bey Gelegenheit der Hochzeit Georg des Reichen von Landshut werden einige Herren vom „polonischen Gefolge der Braut mit zwifachen Köpffen (von Silber und vergoldet) beschenkt; (a. a. O.). „Moslun von Freysing, davon wir haben ein großen koppff pey sechs maßen, den wir prauchen an dem antlastag zu der mandat"; Schlierseer Chron. von 1378. Oefele I, p. 381. In Regensburg wird durch die Umgeldord. von 1354 der Einer statt in sechzig Chopf in vierundsechzig Chopf getheilt. cf. Stauff. „77 Köpf Donaustauf- oder Bayerwein gleich 60 bayr. Maß"; Kohlbrenner, Beitr. 1783, p. 67. So kommt auch in der b. L.Ord. v. 1553 (4. Bch., 2. Tit., 1. Art.) der Kopf als bestimmtes Getränk-Maß vor; es soll nemlich von Michaelis bis auf Georgi die Maß Bier umb zwen Pfenning, der kopff umb drey Haller, von Georgi bis auf Michaelis die Maß über fünff haller und der Kopf über zween Pfenning" nicht verkauft noch ausgeschenkt werden. Cfr.

Meichelb. Chr. B. II, 216. „Ließ jhme ein Köpfel Bier einschenken“; Bogenb. Mirakel 1679, p. 199. „Sind über die vier Köpff Blut von ihm geflossen“; das. p. 327. So findet sich der Preis des Kopfes gewöhnlich um einen Heller, d. h. bald um 1/4, bald um 1/5, geringer angesetzt, als der der Maß. L.R. v. 1616, f. 569. Im Jahr 1609 kostete in der St. Emeranischen Probstey Hainspach der Kopf Wein 9 Kr., im Jahr 1611 10 1/2 Kr. Bey einem 24stündigen Besuch des Bischofs von Regensburg daselbst „wurden 95 Köpfe Wein und 50 Köpfe weißes Bier ausgestürzt;“ Zirngibl, p. 112. 113. In Aventin's Hinterlassenschaft finden sich zwei Kopffandl und ein zweyköpfige Kandl; Verzeichniß von 1534, s. Ztschrft. Eos 1819, Beylage Nr. 26. Das Köpflein (Képfl; gl. a. 111: chupfili, scyphus) ist als Maß
320 für Getränke und selbst für trockne Früchte, Mehl, Salz rc. an einigen Orten noch jetzt üblich. Vilmar, kurheſſ. Idiot. 218. Das Köpfl im b. W. = 3/4 Maß bayerisch; (ObrM.). In Regensburg enthält das Köpflein 2 Seidel. A⁰. 1368 durfte daselbst das Köpfel welschen Weines nicht theurer als 3 1/2, a⁰. 1388 als 4 dn. geschenkt werden. Gem. Reg. Chr. II, 152. 247. Im ehmals Freysingischen Gebiet machten 2 Köpflein eine Schenk (fast 1 1/2 bayr. Maßen gleich) aus. „Müssen die von Furth im pfälzischen Dorf Kräbiz jr weiß pier schier Köpfelsweis holen“, wird auf dem Ldtg. v. 1605 (p. 332) geklagt. Im b. Wald machen 48 Köpflein (an trocknen Früchten) ein Maß. Hazzi, Statist. IV, 247. „Der silberein Küpfel“ einer Amberg. Akte v. 1379 gehört wol ebenfalls hieher. 'Der Kopfdræer, Drechsler, der Becher rc. dreht; Grimm. Wbch. V, 1772'. „Schusselmacher und kopfdræyer“; des Teufels Segi, Barack 354,11173; (s. schraien). Der Kopf, das Köpflein, Schröpfkopf; Cgm. 4543, f. 107 f. „Von laßen mit den chöpflein“; Clm. 5879, f. 201 f. „Angistrum, stuben chopf“; Poll. 801, f. 4. „köpfeln, ventosare;“ Semansh. 34, f. 212. Grimm, Wbch. V, 1772. BM. I, 861. Anm. Dieses Kopf 2) scheint sich in die Bedeutung des ältern Houbit (Haupt) auf ähnliche Weise eingedrängt zu haben, wie das ital. testa, franz. tête in die von caput, (Diez, Wbch. 345. Für caput VII und XIII Com.: Scherbel, paduan. crepa, krepra, cranium). „De ea, quae testam hominis combussit igni et vero suo dedit pro infirmitate vitanda“; Cunonis poenitent., Cod. Aug. eccl. 151 (sec. IX.), f. 16. „Hie liez ein ritter ime selbe sinen kopf abeslahen“ (1336) . . . „wolte ime sinen kampf laßen abe slahen“; Keller, Romwart 669. „Helm ab den köpfen wurgen begonde manic creftic hant“; Conr. v. Wirzburg, Turney v. Nantheyz 180. Zu Kopf in diesem Sinne stellt sich Bottich (s. oben, Sp. 309), engl. body, auch ein Gefäß. (Ist Bottich, bodeh, engl. body, von Bottich, Faß, verschieden?). Müller, etymol. Wbch. I. 99. Dänisch kop bedeutet nur Schale, Schröpfkopf.

Das Kupfer, der Koffer, le coffre. (Diez, Wbch. 105). Castelli, Wbch. 185: „der Kupfa', eine mit Eisen beschlagene Reisetruhe.“

Das Kupfer, wie hchd. Graff IV, 378. BM. I, 915. R.A. Mit Kupfer handeln, ein rothes, finniges Gesicht haben. Von Einem, der in diesem Fall ist, sagt man wol im Scherz: „Der wird gewiß heilig, er geht bey Lebzeiten schon in Kupfer 'raus.“ „Kupfferin, aereus;“ (Prompt. v. 1618), kupfern. Küpferling, 1) nummus aereus; Prompt. v. 1618. 2) Gefäß von Kupfer, besonders der Hellhafen; Nomenclat. von 1530: hydria, Kupferling. Vrgl. česk. mĕděnec, kupferner Ofentopf, Hellhafen; mĕděnice, Becken; v. mĕd, Kupfer. 3) Name gewisser Mineral-Wasser. Das „Kupferstuch“ für Kupferstich; Cgm. 4906 (v. 1649), f. 585. 591. küpferln (küpfə'ln), Grünspan ziehen, nach Kupfer riechen und schmecken.

Die Kuepfen, eine Art Schiffsbauholz, gewöhnlich eine junge Fichte, sammt derjenigen Wurzel ausgegraben, welche mit dem Stamm einen gewissen Winkel (Knie) bildet. An den Wurzeltheil wird der Boden, an den Stammtheil die Seitenwand des Schiffes befestigt. Umgekehrt bey den Schoppern in der Ilzstadt, (Obrm.). Vrgl. Kueffen.

'Die Kapsel, 1) wie hchd.; Grimm, Wbch. V, 201. s. Kepse.' 2) „Də' Sê, də' Sê, deə' tuət so wild, wiə'ft *Kapseln* und wiə'ft Wall'n“; Pangkofer 145; '(3. Aufl., 1854, p. 147: „wiə'ft *Kapseln* übə' d'Wall'n)'.

Die Kepse, ä. Sp., was Kapsel; s. oben Sp. 1218: die Kebse, u. Sp. 1230: die Kasse. „Die Keps mit dem h. Sacrament“; eb. 17, 206.

Kar, oder (noch nach alter Orthographie) Char, in Charfreitag, Charsamstag, Charwoche, erklärt sich mit Hinsicht auf die Art der an diesen Tagen üblichen kirchlichen Gesänge und Gebräuche wol natürlich genug aus dem ahd. chara, lamentatio, feralia, charôn, plangere, lugere, charâg und charalih, lugubris; z. B. gl. a. 89. 443. 456. i. 230. 295. 460. 512. (droa, car, passio). 581. 820; (doch wol nicht aus Gar-Freitag, von ahd. garawjan, praeparare: Karfreitag, parasceve, dies praeparationis). „Qui peregi quondam carmina florente studio heu flebilis cogor inire moestos modos, Ih ter ēr téta frôlichiu sang. ih máchôn nû nôte chára sáng;“ Notker's Boethius, I. B. „De officio lamentationum quod fit per tres noctes ante pascha“; Cgm. 660, f. 122. „Hebdomas penosa; Cod. Aug. civ. 43, f. . . . Kartag, (VII Com.) Tag, an welchem ein Verstorbener unter Klaggeschrei beerdigt und dann das Leichenmahl gehalten wird. Vrgl. Graff IV, 464. BM. I, 788. Grimm, Wbch. I, 612. V, 212. Zeitschr. III, 299: Kar-tafel.

Das Kar (Kàr, Kà', Kaə'), Dim. Kärlein (Kàl', Kárlə), das Gefäß, Geschirr, (bey Ulfila kas, ahd. char, mhd. kar; Graff IV, 463. BM. I, 788. Grimm, Wbch. V, 202 ff. Vilmar, kurheſſ. Idiot. 193. Zeitschr. VI, 290. s. Gramm. 630); Weihers: das Koar, eine tiefe Schüssel mit Ohr und Zotte; (Dr. K. Roth). „Hiez ez (daz Haupt Johannis d. T.) brengen in eineme kare“; Griesh., Denkm. 24. Das Beikar (Bágə', Impm-Bágə'), 321
O.L., der Bienenkorb; daz Peichar, Rdtb. Ms. v. 1332. Wstr. Btr. VII, 83. (gl. a. 502: pîchar; o. 191: pîcherir, alvearia; Graff IV, 463. BM. I, 788.). Das Brunnkar, (Hrslm.) der Brunnenbehälter, Brunnkasten; (vrgl.: „in den zwey Brunnkörben als Cisternen geht oft das Wasser aus;“ Hazzi, Statist. II, 94; vrgl. Korb). Das Fischkar, (O.Pf.) der Fischbehälter. Das Kæskar (Káschkə', Kás-káschgə'), hölzernes, cylindrisches, etwa drey Spannen hohes Gefäß, unten und seitwärts durchlöchert, damit die noch übrige Molke vom Käse abtropfen könne, (B. v. Moll). BM. I, 788. Grimm, Wbch. V, 253. „Formale, chäschar;“ Hbn. Voc. v. 1445. Das Laugkar, hölzerner Kasten, die Vitriollauge darin zu läutern (Flurl, Beschr. d. G. 273.). „Der Mehlkäar, eine Truhe, welche zu Mehl, Gries rc. verschiedene Abtheilungen enthält“; Castelli, Wbch. 200. Das Milchkar, Milchkärlein, (O.L.) hölzerne oder irdene Milchschüssel. Das Nudelkärlein, (O.Isar) hölzerne Koch- oder Teigschüssel. Das Traidkar (b. W.), die Getreidekiste, großes Behältniß aus langen Brettern auf dem Dachboden. So hatte die ahd. Sp. ein hantkar, aquamanile; lîhkar, loculus; liohtkar, lampas; rauhkar, thuribulum rc. „Ein schenkar (schenk-kar?) daz warde im (dem Prälaten) gesant mit (60) pirn); Renner 10890.

Das Kar, (O.Pf.) ehmals ein Maß für Getreide, (Korn und Weizen), das in 4 Viertel oder in 32 Napf eingetheilt wurde und 125/48 Münchner Schäffeln gleich kam. Das Egerische Kar kommt beynahe 8 b. Metzen gleich. Grimm, Wbch. V, 204 f. „Vier Kar Korns, drew Kar haberns“; MB XXV, 50, ad 1447. „Ein halbs char habern“; MB. XXVII, 96, ad 1320. „. . . solvit siliginis XVIII char et tritici II char et avene XX char“, u. drgl.; Waldsassener Urbar, Cbm. 91, f. 42. . . . „Istud char est modius nostri granarii, in duro frumento dum mensuratur tergendus et in avena acervandus“; ibidem. „Centum choros tritici, hundert char vel schaff waitz“; Luc. XVI, 7, Clm. 9728 (v. 1468), f. 189. Vrgl. česk. korec und korčák, Scheffel. In Roding hielt das „Chaar“ an Korn und Waizen 24, an Gerste 28, an Haber 36 dortige Metzen. Das Schwabacher Char glatter Frucht betrug 1 Mez, 4 Ms., rauher Frucht 2 Mez. 4 Achtel ansp. Maßes.

Das Kar, Kärlein, thalähnliche, zur Weide benutzbare Vertiefung auf höherem Felsgebirge; (Zir.) Kaar, Mulde im Gebirg. 's Kàr, großer Kessel im Hochgebirg mit einem Zugang; Schosser 33. Cf. Walther, topische Geographie v. Bayern, S. 312 f. Zeitschr. VI, 290. Ich halte Kar in dieser Bedeutung nur für eine figürliche Ausdehnung jener erstern, so wie char gl. i. 259 auch für concha steht; („conchas X, cherir“, Paralip. II, 4,6; Clm. 4606, f. 116). Die Schilderungen aus den Hochregionen der Alpen (Ausland 1848, p. 656, v. Kobell?) erklären das Kahr als eine jener muldenförmigen, oft amphitheatralischen Thalweitungen, wie sie nur den höhern Regionen der Urgebirge eigen seyen. Der Ausdruck gehöre offenbar der Weidmannssprache an, und bedeute so viel als einen Ort, wo die Gemsen verkehren, was man bei uns einen Wechsel nenne. Steub (Rätien, S. 64—69) nimmt es für rasenisch und Berg bedeutend. Ein Verbale von kêren (w. m. s.) ist nicht wahrscheinlich. Das schottische corrje entspricht zwar ganz unserm Kärlein, ist mir aber doch etwas zu weit her; und von diesem Umstand abgesehen, würde mir auch das ähnlichbedeutende gaelische corehead, das angels. carr (petra) ꝛc. eingefallen seyn. Der Kaarer, (Zir.) was Ochsener, auf Ochsenalpen der die Ochsen und das Galtvieh besorgt. Die Ochsen sind gern in den Kaaren.

Karakanten (?). „160 Frauen und Junkfrauen gar kostlich gekhlaidt und fast alle mit Karakanten beziert“; Bericht v. 1571, Zeitschr. f. Bayern, 1816: IV, 54.

kären (kárn, ker'n), quälen, plagen, beunruhigen, besonders aus Neckerey; ärgern, verdrießen. Grimm, Wbch. V, 211. Einen kären, ihn necken. Das kärt mich, ärgert mich; (Nürnberg).

Die Karen, Karin, v—, barb. lat. carana, carena, quadragena, it. quaresma, franz. carême, (ä. Sp.) Buße durch vierzigtägiges Fasten (oder 40 Geiselhiebe?). Grimm, Wbch. II, 607. BM. I, 801. Diez, Wbch. 277. „Sciendum, quod quadragena est poenitentia quam theutunici karenam vocant, talis enim per XL dies non intret ecclesiam“ etc. etc.; Monac. Aug 132, f. 206. „Item wo genent wirt ain quadragen oder zw tewsch ain karen intelligitur disciplina äqu˜ et castigung corporis 40 tag“; San-Zeno 85, drittletztes Blatt. „Quid sit carena? Carrena dicitur eo quod conversatione humana caret, est enim poenitentia XL dierum in pane et aqua“ etc.; Diess. 113, f. 173. Teg. 270, f. 1. Teg. 414, f. 98. Carrena erat poena temporalis includens poenitentiam quadragesimae i. e. quadragenae et septenae“, (dieses weiter erklärt); Nicol. Dinkelsb. de indulgentiis, Kelh. 17, f. 154^{b}. Doctor Hainricus distinguit inter quadragenam, septenam et karenam . . .“; Monac. Augustin. 84, f. 199^{a}. Scheftl. 274, fol. ult. Das Nähere Cgm. 1280, f. 162 ff., verschieden von quadragena und aus carentia hominum gedeutet. Clm. 16189 (XV. sec.), f. 374 (Passau). Cod. Teg. 1605, hinten. CbmC. 24, f. 87^{b}. Prül 15, f. 37. Cod. Weihensteph. G. 23, Spec. clericor., rubr. 217. 218. Ind. 392, f. 22: „De karinatione.“ Clm. 14167, Vorderdeckel: „Quid sit karena?“ De carena, Cod. Teg. 368 fol. ult. „Karrena est poenitentia XL dierum in pane et aqua et VII annis sequentibus non in pane et aqua . . . Imponebatur illi qui duxit illam quae alteri erat per verba de praesente copulata etc. et est vulgari Italicorum a carencia hominum vel ciborum. Per quadragenam autem non plus intelligo quam indulgentiam episcopalem XL dierum“; sec. D. Nicolaum Weigel, Ransh. 130, f. 221. 222. Clm. 11934, f. 189. „Quod vulgus karrenam vocat“; Clm. 16061 (XIV. sec.), f. 142. „Karrinae“; Aug. eccl. 209 (sec. XII.), f. 24^{b}, ex Capitulari Caroli Magni, cap. 29. „Carentia visionis dei“; ZZ. 1405, f. 70^{b}. „Karrena est nomen gallicum, quasi carencia“; cf. das lose Blatt im Clm. 9669. „Quadragena est poena sive poenitentia XL dierum“ etc. Dabei: 3^{0} est notandum carena est nomen gallicum quasi carentia quia tempore poenitentiae debent vitare consortia hominum. Nota tamen differentiam inter quadragenam et carenam ita quod poenitentia carenae expletis XL diebus alii septem anni erant in arbitrio sacerdotis confessoris mitigandi . . .“; Monac. Francisc. 331, f. I. „Waz ain karren sey. Ain karren ist siben jar zw vasten mit wasser und prot all freitag, und siben jar nicht leinäs antragen, und siben jar parfuez gen, und siben jar nicht slafen an der stat da er vor geslaffen hat, und in siben jaren nicht chömen vnder ain dach, es sey denn daz er meß hör, so sol er sten auswendig der tür, und in siben jaren nicht essen aus ainer schüssel noch aus ainem assäch trinkhen, und wer das alles tuet, der hat nur ain karren verdient“; Teg. 1823, f. 54. Clm. 5871 (XIV. sec.), f. 124: de karrena. „Karina vel quadragena talis est: XL dies non intret ecclesiam et lanea veste sit indutus et ab escis et potibus qui interdicti sunt et a choro gladio et equitatu illos dies abstineat, in III^{a} autem et V^{a} feria et sabbato aliquo genere leguminum vel holeribus, pomis et piris pisciculis cum mediocri ceruisia utantur temporate“; Clm. 6023 (sec. XIV.), f. 36. cf. Clm. 12713 (XV. sec., 1418), f. 168. „Quando peccator vult accipere karenam pro peccatis suis, veniat mane ad ecclesiam nudis pedibus et veniente sacerdote ad officium ecclesiae poenitens baculum ponat et pallium ad pedes suos et sacerdos dicat: Pro scelere commisso, ecce hodie ejiceris a facie sanctae matris ecclesiae sicut Adam projectus est de paradiso et vagus et profugus esse debes. nullus tibi communicare debet. nudus incedere debes. Victus panis cinere mixtus. Ex cibo tuo nullus homo gustet et reliquiae cibi tui canibus projiciantur. Fossam in terram facies et ex ea cibum tuum sumes nec de mensa vel aliquo et ali. in via nullo vehiculo veharis vel aliquo sustentaculo Per vias et semitas non vadas nec loquaris in via. In plumis non dormias et nullam ecclesiam intres nec aqua benedicta aspergaris. In hospitio absque licentia presbyteri non maneas quamdiu tempus karenae duraverit“ etc. etc. Ind. 427 (XIV. sec.), f. 88. „Ordo expulsionis sive ejectionis poenitentium quibus injungitur carena per sacerdotes sic observatur. Primum poenitentes veniant ante fores ecclesiae nudis pedibus et capitibus induti saccis seu aliis duris et grossis indumentis flexisque genibus deponant palia et baculos et sacerdos dicat: Adjutorium nostrum in nomine domini etc. Tunc det eis baculos et peras ita dicendo: In n. dni. . . . . Postea proscindat viris crines et inhibeat omnibus ne loquantur per viam donec veniant ad sacerdotem a quo licentiam loquendi petat (sic!) et tantum necessaria et debent jejunare tribus diebus in pane et aqua et petere eleemosynam his tribus diebus et comedere de terra panem et aquam et non diutius manere in uno loco nisi quod comedant et de nocte non debent se exuere nec lavare pedes nec sub tecto dormire nisi cum licentia sacerdotis. Nota quod hujusmodi ejectio seu expulsio poenitentium juxta sacros canones concilii Agathensis fieri deberet feria quarta cinerum et introductio eorundem in die coenae (also 40 Tage), hodie tamen hoc observari non potest propter humanae naturae infirmitatem quae hujusmodi poenitentiam tolerare aut

sufferre non posset. Ideo juxta consuetudinem hactenus observatam et introductam expelluntur poenitentes ab ecclesia modo suprascripto feria tertia post diem palmarum et introducuntur ipso die coenae domini"; Obsequiale Eistetense sec. XIV., Aug. eccl. 218, f. 54—56. „Ordo illorum qui volunt recipere karrenas. Finita missa sint prolati ante fores ecclesiae et sacerdos accedat cum scopa et forpice et percutiens quisquis sit prostratus et dicat: Deus misereatur . . . Postea sacerdos transeat ad quemlibet cum scopa vel palmis percutiendo et praecidendo cuilibet crines et deinde procedendo cum thure et aspersorio. Et postea surgant prostrate et secundum consuetudinem accipiant cum licentia quibus utuntur. Postea vero narrat eis aliqua pertinent (sic!) ad expulsionem karrenorum, deinde inhibitiones primo injungant eis: Abstinentia in cibo et potu et ne vana loquantur sed instanter orent, ne in via nullum salutent nisi inclinato capite, non directam viam ambulant (sic) sine licentia nisi distortam et petrosam, mendicando vadant et non nisi pane et aqua cum licentia comedant, pileo et pallio et aliis parvis indumentis non utantur sine licentia et vadant nudipedes et jacent (sic!) ante ecclesias et non intrant (sic) nisi introducti ab episcopo, a risu abstineant XL diebus ante vel post jejunent nisi per confessionem et per aliqua bona opera aliqua demantur vel adficiantur; Cod. Aug. eccl. 211 (sec. XIV.), f. 19. „Agentes karrenas et publice poenitentes feria 2da post diem palmarum veniant ante valvas ecclesiae . . . Sacerdos injungat eis: 1^{0}. ut vestibus lineis non utantur. 2^{0}. nullam intrent ecclesiam. 3^{0}. discalceate vadant. 4^{0}. debita via non transeant ubi hoc sine damno poterunt declinare. 5^{0}. baculo utantur in signum peregrinationis. 6^{0}. non propriis sumptibus sed eleemosina vivant. 7^{0}. non alio quam pane vel aqua de terra vescantur. 8^{0}. in pane et aqua jejunent. 9^{0}. non sibi mutuo sed soli deo per devotas orationes loquantur. 10^{0}. ut illatas injurias benigne patiantur. 11^{0}. ut ante omnes ecclesias quas pertranseunt quinque genuflexiones faciant et in qualibet quinque orationes dominicas dicant. 12^{0}. ut sua enormia peccata episcopo vel suae auctoritati confiteantur"; San-Nicola 189, f. 374^{b} (ad 1470, dioec. Passav.). „Carrena vel carina secundum iuristas est remissio tantae penae in purgatorio solvendae quantam redemisset unus de eadem si per XL dies in pane et aqua penitentiam peregisset"; S. Ulr. 132 (Clm. 4432, sec. XV.), f. 62. „Karena est VII annos nudis pedibus ambulare vulgariter wullein und parfuß, omni nocte in alio hospitio esse et omnibus sextis feriis in pane et aqua jejunare per totum annum. Et sic meretur homo carenam"; Monac. Augustin. 241, f. . . . „Qualiter expediendi sunt qui volunt perficere karrenam"; Raitenbuch 192, f. 142 f. (Clm. 12392, v. 1478, 4^{0}.). Clm. 17028, f. 23 f. „Homicidia et adulteria pro quibus instituta est carrina"; Ind 400 (sec. XIV.), f. 42. „Ordo accipiendi karrenam"; And. 97, f. 326—328. „Dâ sul wir die ferrîne nemen"; Grimm, Reinh. p. 322,854 u. p. 374. „Riddere laet staen u. carine ende laetter mi omme hebben pine"; Ferguut, ed. Visscher (1833), Vers 2167. „Ad solemnem publicam penitentiam peragendam quam vulgus carenam appellat;" Meichelb. H. F. II, II, 295. „Comes Siboto notificat, quod pro homicidio carranam persolverit: quinque vero iarvasten sibi sunt remisse; MB. VII, 503. „Ire unam karrenam" . . . „tranire unam karrenam" . . „vadat unam karrenam"; ZZ. 1832, f. 45—46. „Mulier quae peccat cum sacerdote etc. soluta debet de iure ire unam karrenam" . . . „Debet ire 7 karrenas; Monac. Francisc. 158, f. 129—131. Ire unam, duas etc. karenas . . ."; San-Zeno 84, hinten; cf. 85. Monac. Francisc. 267, f. 117 u. 296, f. 57. „Qui vadit ad karrenam . . ."; Ranshofen 113, f. . . . „Peregrini baculum et capsellam ab ipsorum plebano recipientes vel in karrinis laborantes", (cf. engl. to travel); Cod. Mallersd. 33, f. 93. „Bilgerin, die stab und teschen von ir liutpriester genomen hant oder in der karrin gent"; Schwäb. LRecht, Laßberg §. 42. Clm. 17274, f. 359. (Man begeht den rechten Straßenraub) „an pillgräm dy stäb und taschen von irnn pfarrern genommenn habenn oder dy in der karrät (Ms. v. 1436: jn der chärren) gennt; Rupr. v. Freising, cap. 34, Maurer p. 47. „Kirchferten, fasten und kerre gan"; Cgm. 811, f. 29. „Disen salm (Dominus regit me) sprich den liuten so si in der karrem (oder: karrein?) gan und sich schuldich geben"; Ald. 111 (v. 1250), f. 22. „Juxta constitutionem ecclesiae primitus sic fuit, quod publicanos oportuit ire in karrenam et in die cinerum expellebantur et revenerunt in die coenae et per XL dies oportuit eos poenitere vnd was ein solcher mensch damit abpüßt so er ein kerrat get als vil wirt im dort pen nachgelassen und so man gibt ain kerrat so wirt im als vil nachgelassen als so er ain kerrat gegangen hiet und als vil er damit hiet abpüsset als vil erlangt er ablas der pen durch den antlas"; Monac. Francisc. 148, f. 57. „Kerrner und Büßer;" Horneck cap. 299. „De karrenariis qui deficiunt antequam per episcopum reconcilientur"; Clm. 5661 (XIV. sec.), f. 205. „Forma poenitentium sive „karrenariorum"; Clm. 4377 (XIV. sec.), f. 233—235. Sieh Cod. Aug. eccl. 151 (sec. IX.), f. 71—72 und Cod. Aug. 153, f. 315—317 die dem Heistulf dictierte Buße. In Bezug auf geistliche Ablaßspenden findet sich z. B. in einer alten Anderer Chronik der Ausdruck: „dreu iar, zwu karen und achtzig tag;" dann: „zwey jar, zwuo Quadragen, 322
cc und achtzig tag . . ." MB. XXIII, 590: „CCLXXX tag tötlicher sünd und siben jar läßlicher und XIV karren." „Funfzig stunt tusent jar antlaß und hundert jar tötlicher sünd und zwayhundert jar karin"; Clm. 4321, Vorderdeckel. „V quadragesimas sine subditis annis peniteat"; Clm. 5541 (sec. X), f. 135. „Unam karinam criminalium et annum venialium" . . . . „quadraginta dies criminalium et annum venialium relaxamus", heißt es bald nach einander in einem Constanzer bischöflichen Ablaßbrief v. 1300; Geschfr. II, 170. Quadragena virczigk straich der pueßwärtikait mit gerten als dann dye heylig kirchen in gewonhait hat"; Cod. Moll-Oldenbourg (in Fol., Pap.) v. 1475 mit Udalric. de Campo lilior. concord. charitatis. „Quadragenae sindt 40 täg die man bei den Alten ainem so waß schwereß begangen zur bueß in wasser und brott zu fasten aufferlegt hatt"; Joh. Schelz, Clm. 5037 (sec. XVI., 1504), f. 297; — also 1504 schon unüblich. Das Voc. von 1419 hat: kärein, quadragena, das v. 1429: karr, quadragena vel XL plagae. Quadragena, karret"; Semansh. 34, f. 193. „Carrena, cherzett"; Furstenzell 44, f. 21^{b}. Firmenich I, 174,44 (Braunschweig): „Hei fastede Karenen un elken Dag sik meer avbrook, sik't Ätend av to wänen." Cf. česk. kára, karáni, Strafe, Züchtigung, kárati, strafen. s. unten: der Längeß u. vrgl. das jüdisch-deutsche Cherem, Kerem, der Bannfluch des jüdischen Priesters. Karînfrîtag, Cgm. 441, f. 213^{a}. Grün-Donnerstag aus Karîn entstellt? Er heißt aber flandrisch witten Donderdach wegen weißer Kirchenbekleidung; Burii notitia pontificum (1769), f. 558. s. oben, Sp. 1001: grüen.

Die Carenz, statt Cohaerenz. Meichelb. Chr. B. II, 199. 200. Karenzjahr nannte die ehmal. b. Landschaft ein solches, in welchem sie die laufenden Jahreszinsen von ihren aufgenommenen Capitalien in Rückstand ließ. Hazzi, Statist. II, S. 84.

karessieren (kárəsiə'n), franz. caresser (wol zunächst oberital. carezzar), hat das deutsche lieben (zum Liebchen haben) bey unserm Volk fast ganz verdrängt. Grimm, Wbch. II, 607. Vilmar, kurhess. Idiot. 193. Də Hans *kárəsiərt* 'Gredl, und 'Gredl 'ən Hansn. In der R. A. Karessieren wie ein rôter Hund ist das Wort im gröbsten Verstande genommen.

Der Kariner (?). „Von ainem kariner (karnier?) zu machen dem Schneider 1 ℔“, (nach Joppen); Scheirer, Dienstord. v. 1500, f. 49. 'Vrgl. unten: der Karnier.'

Der Karren (Ka'n, plur. Kä'n), (ahd. carro, garro, mhd. karre; Graff IV, 465. BM. I, 322. Grimm, Wbch. V, 224), wie hchd. „Carri, garren; carrucis, garrun“; Clm. 4606, f. 126. 136. „Swer sînen wandel schrîben gar wolt, die notel trüege nicht ein karre“; Labr. 557. Der rheinischen Form Karrich, Karch entspricht das ahd. carruh, carruca; (Graff IV, 466. BM. I, 790: karrech. Grimm, Wbch. V, 207). Im Artilleriebuch Ms. v. 1591 werden die Kononen Karrenbüchsen genannt. kärreln, kärneln (kä'ln, kärndln), mit Karren fahren; im Scherze: überhaupt fahren; (engl. to carry, und auch schwed. kjöra, franz. charier). Grimm, Wbch. V, 227: karren. schubkärrlen (schu'kä'ln), mit dem Schubkarren herumfahren, Schanzarbeit thun. Der Ochsen-Kärrler, der mit Ochsen fährt. Der Karrer, Kärner, der Waaren auf Karren verführt, besonders der Geflügel, Eyer, Schmalz u. drgl. zusammenkauft und in eine volkreiche Stadt zu Markte führt. Grimm, Wbch. V, 229. 230. Salzkarrer. Vrgl. Kart.

Die Karreten, Korretten, a) ä. Sp., Kutsche, (ital. carreta, russisch kareta). Grimm, Wbch. V, 230. Zeitschr. V, 75. „Welcher vor der curfrtl. Gutschen oder Coretten alß hof unnd landtmarschallkh gangen . .“; Wstr. Btr. IV, 174, ad 1641. b) (heutzutage) schlechte Kalesche, besonders eine solche, deren Kasten unten wie ein Korb mit Schienen geflochten ist; schlechter Wagen überhaupt; fig. Hure. Vrgl. Kart.

'karren, ä. Sp., knarren; vrgl. kerren, kirren. Grimm, Wbch. V, 227.' „Owê er karrendiu tür!“ Haupt's Zeitschr. VIII, 577,917.

keren (kérn, ké'n, kiə'n) wie hchd. kehren (mit dem Besen, der Bürste ꝛc. — ahd. cherian, cherran, verrere, mhd. kern; Graff IV, 466. BM. I, 796. Grimm, Wbch. V, 406). „Regis ad exemplum totus componitur orbis, die Stiegen köhrt man oben herab“; . . ., f. 5b. Das Kerach, (chiräch, Gem. Reg. Chr. II, 303), Kericht (Kérət), Kerkôt, Kehricht. Grimm, Wbch. V, 426. R. A. Die Stuben ist nicht ausgekert, (Franken) es ist noch ein dritter da, der uns hören könnte und es nicht soll. Vrgl. Handschueh und Schindel. Der Kerger, (v. Dell.) der Kehrwisch; die Kerdächsen, s. Dächsen. einkeren, (Küchenspr.) die Glut unter die Asche in einen Haufen zusammen kehren. s. eintrechen und eintrechten. erkeren, ä. Sp., reinigen. „Ob daz wip niht vol erkeret werde nach der geburthe . . .“; Clm. 4595, f. 40. Vrgl. daselbst: „Ob des wibes unkraft so groz si so si des kindes geniset vnd si sich niht erlutern mach.“ s. Th. III: säubern. 'Der Kehrab, Grimm, Wbch. V, 403 f.' „Khönr. Mjt. (Max) Haubtleuth haben in Herzog Georgens verlassen Fürstenthumb die ungehuldigten kleinen Stett und Markhtflecken und Gericht prantschatzen lassen, so man den Kerab genemt hat“, (1504); Cod. bav. 1933, f. 217. Der Kerauß, 1) der Schluß, das Finale einer Tanzlustbarkeit. Vrgl. Garauß. kerauß, als Adverb., fort, auf und davon, aus dem Staub. Dâ gets kerauß. 2) keraußschlagen, was „tribeln, pfunzern“, w. m. s.

kêren (kêrn, kèrn, kèə'n, o.pf. kêiə'n, Gramm. 198. 200), wie hchd. kehren, (wenden; ahd. chêran, cheiran; mhd. kêren; Graff IV, 466. BM. I, 796. Grimm, Wbch. V, 408. Vilmar, kurhess. Idiot. 199). Ein Gut
323 an sich kêren, es an sich bringen. „Kein Landrichter soll das wenigst Gut in dem Landgericht, darinn er ambtiert, quocumque titulo an sich kehren“; Mandat von 1600. Ein Schiff kêren, dirigieren; naukêren, im Fahren stromabwärts dirigieren. Das Kêr-Rueder, das Steuer-Ruder. Der Kêrer, Naukêrer, der Steurer; Lori, BergR. Wiltmaister 130. Waßer kêren, leiten. ab-, an-, aus-, weg-, zue-, zesamen- ꝛc. kêren. „In universa terra, in eingecheret in aller der erde“; Cgm. 17, f. 16b. Die Kêr, die Ableitung eines Mühlbachs. Die Ankêr, Leitung von süßem Wasser auf ein Sinkwerk in Berchtesgaden; Lori, BergR. ankêren, umkehren, anders zu leben anfangen. „*Ankehrn* muest, und aft is alls wider recht“; Lindermayr 151. Die Auskêr oder Bachauskêr, die (gewöhnlich 14 Tag anhaltende) Ableitung der Münchner Stadtbäche, während die Rinnsale gereinigt werden. Die Jârkêr, anniversarium; (Appenzell; T. Tobler, 14. Septbr. 1845). Schaden kêren, bekêren, widerkêren, (ä. Sp.) ihn wenden, ersetzen, vergüten; Kr. Ltghdl. II, 97. 98. „Das Im solicher Schaden von In kekert würde“; MB. XV, 135, ad 1480. „Das Im der von Fürstenveld solich sein genomen Gut, Brief, Gelt, Meßer und anders widergeben und kern sol“; MB. IX, 287. Die Kerung, Bekerung, Widerkêr, Widerkêrung, die Ersetzung, Vergütung, Wiedergabe. „Daß dem Beschädigten um seinen Schaden Kehrung geschehe“; Kr. Ltgshdl. II, 99. „Mit Bekehrung Kosten, Schaden und Interesse“; ibid. XI, 112. X, 372. „Das si dem N. darumb Abtrags, Kerung noch Wandels nicht schuldig seyen“; MB. IX, 290. „Bis zu völliger Werung, Abthuung und Widerkhörung aussteender unbezalter Pension“, ibid. 323. Fleiß an Etwas kêren, Fleiß ankeren, fürkeren, anwenden; L.R. v. 1553, f. 19. Kr. Lhdl. V, 42. Alle seine Sinn ankêren, seine Geisteskräfte auwenden; Av. Chr. Grimm, Wbch. I, 378 f. darkêren, dazuthun, Vorbereitung, Vorkehrung treffen. „Dar kern mit der Sutte“, (mit dem Salzsieden); Lori, B.R. LXXIV. Vieh auf die Waid, auf die Alben, auf einen Maiß, in einen Wald ꝛc. kêren, es ankêren, aufkêren, es dahin treiben, thun; (Jir.). Lori, BergR. 423. „Daz vihe cherten sie überall“; Wernh. Maria p. 43. Die Vihankêr, Viehaustrieb; (Jir.). auskêren, austreiben. Er hat keine Auskêr für sein Vieh, keinen Weideplatz; (Jir.). „Einen Waideplatz mit Vieh überkêren und überetzen“, zu viel Vieh darauf treiben; salzb. Forstord. Aufkêrmärkte, (Salzb., Hbn.) solche, wo gegen untaugliches Vieh neues zur Alpen-Wirthschaft taugliches angeschafft wird. „Mit elichem Hierat ze einander cheren“; MB. IX, 143, ad 1319. „Das wir mit Heuratt und Frundtschafft gekherdt haben zu dem edlen und vesten Hannsen N., dem wir unser eliche Tochter Apolonia zu einer elichen Hausfrauen und Gemahel gegeben haben“; MB. X, 212, ad 1509. „Ein Witib verchert ir ding mit einem andern wirt“, (sie heiratet wieder); Ried 711. abkêren, absetzen; vrgl. verkêren. „Symphorianus Vervaux wird von seinem Bibliothecariat mit auffhebung der besoldung abgekehrt“; Überschrift eines Actes v. 1654. ankêren, a) (b.W., Obrm.) antreffen; b) anstellen einen Arbeiter ꝛc. Die Ankêr; „Bestattgeld, so alle Weihnachten bey Aufdingung des Griesgesindels (im Hällein) bezahlt wird“; Lori, BergR. auskêren, ausscheiden, aussuchen. „Die Stöck, so sie vor auskhert oder geschaiden haben, sollen sie füran 324
nicht mehr auskheren, sondern alles nacheinander führen“; Lori, BergR. 140. Vrgl. hören. bekêren, a) wie hchd. bekehren. Ironische R. A. sich bekêren wie 's Hində'maers Kuə. Die Bekêr. „A°. 1382 Freytag nach Paulus Bekêr“; Amberg. Akten. „Pauli Bekehr, halb Winter hin, halb Winter her“; Bucher's Kinderlehre 16. b) (ä. Sp.) vom Gesundheits- oder Krankheits-Zustande: sich verändern, umschlagen. „Bekerung des siechtagen crisis“; Voc. v. 1429. „Crisis, bekerde“; Clm. 4394, f. 177. „Ist der Mensch nit wol bekert mit Schwitzen also daß grösser Krankheit in jm entsteet, so soll man jm linde speis geben ꝛc.“ „Hat der mensche ein sucht, und jm das haubt wee tut, so will der mensch bekern mit plut aus der nasen.“ „Das die nas plutet, das kommet etwan in eyner sucht und in einer bekerung.“ „Die gelsucht kommt etwa von hicz, etwa von

kelt, etwa von der rur, etwa von dem undeuen, etwa von gift oder von überflüssigkait der gallen, oder etwan von einer bekerung"; Ortolph. c) bekêren, ä. Sp., temptare; Cgm. 619, f. 364. Vrgl. unten verkêren st. verfüren. Vrgl. erkeren (unter keren). einkêren. 1) wie hchd. 2) umkehren mit dem Pflug, mit dem Wagen. umkêren einen Begegnenden, machen, daß er mit dahin zurückkehre, wo er hergekommen ist; (HhC.). Die Um-kêr. „Zwey Bifang in der Umkehr"; Zirngibl, Hsp. 283. 410. „Wer fremdes Vieh auf seinem Grund (Schaden thuend) betritt, der soll damit gefahren mit der Umkehr oder Pfandung wie es an jedem Ort gebreuchig"; L.R. v. 1616, f. 321. R.A. Auf der Bettel-Umkêr oder Bettelmanns-Umkêr seyn, in schlechten Vermögens-Umständen. Grimm, Wbch. V, 428. Einen *áf d' Umkeə'* schlagen, schrecklich; (b. W.). verkêren, reprobare, verwerfen, abthun, cassieren; BM. I, 798, (vrgl. auch küren und oben: bekêren, c). Einen Kræmer, einen Wirt, einen Handwerksmann rc. (dessen Kunde man bisher gewesen) verkêren, ihn aufgeben, einen andern wählen. Bauleute, Amtleute, den Rât rc. verkêren, Pächter, Beamte, die Rathsglieder rc. verabschieden, absetzen, um andre zu wählen; L.R. von 1616. Passauer Stdtb. Gem. Reg. Chr. II, 88. Vrgl. oben: abkêren. „Ob einem sein Schmidvolck nit fuget, das mag er wol verkhern zu Sunbenten", Lori, BergR. 69. „Darnach ze hant sol die pruck verkert (cassiert) und abgetragen werden"; MB. VIII, 273. verkêren ein Schiff, es als beschädigtes, unbrauchbares ausstoßen; Verkêrung der Schiffe, Ausstoßung der unbrauchbaren, verfallenen; (Zir.). Hbn. Voc. von 1445: „willencher, arbiter; willencherung, arbitrium."

Die Kêr, die Wendung, (ahd. chêra, 'mhd. kêre, neben masc. chêr, kêr; Graff IV, 479. BM. I, 799. Grimm, Wbch. V, 400; vrgl. auch das. 35: die Kahr. Zeitschr. II, 79,10. IV, 270,30. VI, 294. 406,17. 408,29)' überhaupt, so wie besonders beym Tanzen, Spielen und andern Handlungen, die nach Absätzen vorgenommen werden, le tour, die Partie; der Einsatz bey jeder einzelnen Partie im Spiele. „Sô ez uns kumt an die rêr", (wol kêr zu lesen); v. d. Hagen, Ges. Abent. XLIX, 493. „An manger hande kêre sîn meister im dâ vorlas"; das. LXXXVIII, 30. In die Kêr spilen, nach einzelnen Partien. Die Kêr (den Einsatz) einziehen. „Ye ein Cher zu XVI Aus sol nur um 1 dn. und nicht höher gespilt werden"; Reg. Chr. II, 189, ad 1373. Sieh oben Ankêr, Auskêr, Bekêr, Umkêr rc.; auch Sp. 1123: Handkêr. Die Kêrschnur. „Registrum, kersnuor ald ein rechenbuoch"; Voc. opt. p. 28. BM. II, II, 454. Diefenbach 490b.

„Die Kehre, ein grauer Vogel, so groß wie eine Taube"; (Weihers; Dr. K. Roth). 'Grimm, Wbch. V, 400: Kehr, Häher.'

kerren, kirren, stridere, durchdringend schreyen, tönen; ahd. cherran, mhd. kerren; Graff IV, 461 f., cf. 679. BM. I, 821, cf. 898. Grimm, Wbch. V, 613. 841. VII Com.: kerren, schreien, weinen. Zeitschr. III, 404,7. V, 104,37. 106,37). „So die swein beginnent kerren, darzu treibt sie des hungers not"; Cgm. 270, f. 76 und 379, f. 39. „Dort einez, hie daz ander hort ich kerren"; Labr. 361. „Der leo fürcht der reder kerren an dem wagen"; Konr. v. Megenberg f. 86b, Cgm. 38, f. 64; Pfeiffer 143,15; vrgl. 153,8. Haupt's Zeitschr. VI, 486. „O du kerrender wagen, postquam te abbas unxit foetido sebo, tunc potes facere, prius non poteras"; Monac. Augustin. 84, f. 67. Vrgl. karren. „Mit den Zähnen kirren"; P. Abraham. (Das cherran der ahd. und mhd. Sp. ist ein Ablautverb: ih chirru, Prät. ih char oder quar, Partic. chorran). „Owê er karrendiu tür! er kirret wider unde für; Haupt's Zeitschr. VIII, 577,918. Noch schrir und kars (das Weib) laut überaus"; H. Sachs 1560: IV, III, 70 (1612: IV, III, 153). D' Hirgstmil' (Herbstmilch, als Vorrath für den milcharmen Frühling) *kirrt* àlln *vàə'* Säuə'; *kirrsauə'*, *keə'sauə'*, (b. W.). Grimm, Wbch. V, 843. Zeitschr. V, 170,161. 186. VI, 468.

Kirei˜, Kirei˜l, Krei˜l, (O.L.) Quirinus, der 325
Hauptheilige des ehm. Klosters Tegernsee, dessen Thaten vor und nach dem Tode der dasige Mönch Metellus um 1060 in nicht schlechten lateinischen Versen besungen hat; (s. Metelli Quirinalia in Canis. lectt. antt. I.). Vilmar, kurhess. Idiot. 219. „Laß die kirchweih sanct Kürin han", laß sie fahren; H. Sachs 1612: V, III, 19 (1560: V, 347). „Ey, ey, potz Kürein!"; das. 1612: I, 956. „Potz Küren marter! wo sol ich hin?" sagt der ertappte Pfarrherr bey H. Sachs 1560: II, IV, 19. „Mütter, es wird bei Gotts kür,e! einen larmen geben"; Joh. Pauli 201. Grimm, Wbch. V, 1810 u. 835.

Das Kor, (Nürnberg) Erker an einem Haus. Zeitschr. VI, 300. Das Korfenster, Dachfenster; (Popowitsch, Ms. Wien 9541). Vrgl. Vilmar, kurhess. Idiot. 218. 'Der Korer, ä. Sp., Aufseher des Chors; BM. I, 861.' „Der ritter gieng zu der kirchen und hort ein meß und hiez er mit im haim gen den chorer der kirchen und der chond wol lazzen" (zur Ader); Cgm. 54, f. 60b; Keller, Gesta Romanor. p. 117.

Die Korallen (Kóráll'n, K'râll'n), die Koralle; die ganze Korallenschnur; Grimm, Wbch. V, 1795. Das Korällelein (K'rálló-l'), die einzelne Koralle; jedes Paternoster-Kügelchen. An der Korallen gêt ein *K'rállə-l'* ab. (Vrgl. „Undermark an eim rosencranz oder Coron, signum, bulla, aes consecratum"; Prompt. v. 1618). Krellerchen, (Zips) kleine, unechte Granaten. Vrgl. oben, Sp. 999, Gränellen: Hirschgrallen. korallen (korallə˜), adj., von Korallen; ə˜ *korallə˜s* Kreuzl', ə˜ *korallənə'* Rós'nkranz. „Ein kralis bäti", s. oben, Sp. 302.

Körl, (Wien) die Gurgel von einem Thier sammt dem Geschlinge daran.

„Kormordio" schreyen, (Nürnb., Hsl.) aus allen Kräften schreyen. Vrgl. Sp. 995: carmula und unten: Kartummel. Grimm, Wbch. V, 217. 218. Zeitschr. VI, 291.

'koren, kören, ä. Sp., kosten, schmecken; prüfen, versuchen; (ahd. chorôn, mhd. korn; Graff IV, 519. BM. I, 831. Grimm, Wbch. V, 1808. Vilmar, kurhess. Idiot. 219).' Firmenich I, 438,20. 469,441: koren, kosten. (VII Com. kören, stinken). „Lazz üns nicht verlaitt werden in chain übel chorung, ne nos inducas in tentationem"; Clm. 4779 (sec. XV.), f. 1. „Chærrung des teufels der uns irren wil"; Cgm. 54, f. 15b. „Temptatoris, des bechorares, besuochares"; Cgm. 17, f. 20b.

Die Kür, nach älterer Aussprache und Orthographie Chur, die Wahl, Auswahl; (ahd. churi, mhd. kür; Graff IV, 519. BM. I, 828. Grimm, Wbch. V, 1794. 1341. Weigand, Wbch. I, 652. Vilmar, kurhess. Idiot. 219. gl. i. 33. 45: churi, deliberatio; gl. a. 643: selbcure, arbitrium; vrgl. Willkür). „Sechs sind der haubt den ist erlaubt die kur mit großen eren"; Muscatblüt, Klaglied v. deutschen Reich; Cgm. 811, f. 72. „Des menschen freye chür; Cgm. 632, f. 84. „Die Kühr des neuen Schuldheißen"; wirzb. Verord. v. 1797. „Mit gemainer Chur" einen Schiedsrichter nehmen; Ried 742. Die Ämter der O.Pfalz, welche von 1378 an immer dem ältesten Prinzen als Churfürsten zustanden, hießen Churämter, als Amberg, Nabburg, Waldeck, Murach, Rüden; Cmh. 409, f. 14. 20. Obere Chur-Pfalz; das. f. 30. MB. XXV, 535, (ad 1495) sagt von zwey sich mit Worten Schmähenden der eine zum andern, „er were einer khure fromer dann er, wann sein vater hette kainen ermordt als er getan hette." „Arbitratio, willkürn, tägen oder teydingen"; Cgm. 3985, f. 4. 'Die Selbkür, ä. Sp., freie Wahl aus eigenem Entschlusse; BM. I, 829: selpkür.' Haupt's Zeitschr. VII, 137. Die Schweinkür, „die Zeit zwischen heil. 3 König und Lichtmeß, in welcher die Grundherren ihre Grundhöfe besuchten, um die Grundholden ein- oder abzusetzen.

Vrgl. Th. IV: Weisat. Man pflegte sie bey diesem Anlaß mit gutem Schweinefleisch zu bewirthen." Zirngibl, Pr. Hainspach, p. 199. Cf. Kur-mede bey Grimm, R.A. p. 318, und cosuin in der Frekkenhorster Heberolle; (doch eher Kosel, s. unten). Ist hier das Küren (Ein- oder Absetzen) der Grundholden, oder das Kosten, Versuchen (ahd. chorôn; s. koren) ihrer Braten gemeint? küren, auswählen; schwäb. kuren (kurá), Firmenich II, 464,17. Weigand, Wbch. I, 653. „Personen zu Hebammen kühren"; wirzb. Verord. von 1785. Nach der wirzb. Verord. v. 1792 die Kührung der Gewerbsleute zu Schultheißen betreffend, ist bey jeder sich ereignenden Schultheißen-Kührung der führenden Gemeinde bekannt zu machen, daß kein Wirth, Bäcker und drgl. Gewerb treibender Mann zum Schultheißenamt gekührt werden dürfe ꝛc." N. und N. „erhielten die meisten Kuren" (Wahlstimmen). „N. wurde fast einstimmig (zum Schultheiß) gekurt"; Auerbach's Schwarzw. Dorfgesch. (1843), S. 389. 394. *Kura* (Stimmen) sammla, kriega; Firmenich II, 457,54. 458. 480,7. abküren einen Pfarrer, ihn aus der Pfründe setzen; (Deutinger, 21. Merz 1832). Unklar ist mir folgende Stelle: „Wo den egenanten .. (Käufern) das (erkaufte) Gut ansprechlich wird mit dem Rechten, das sulen wir (die Verkäufer) zeküren und zelösen"; MB. X, 496, ad 1340. (Bey Horneck ist verchüren, reprobare; s. kiesen: verkiesen, u. vrgl. verkêren). fürbäumen; Zeitschr. IV, 144,342. „Wer fürbäumen will, der saulbäumet gern"; S. Frank (1601), S. 105. 'kürlich, adj. und adv., ausgezeichnet; BM. I, 829 f.' „Er vuort ein swert kurlîch"; v. d. Hagen, Ges. Abent. XX, 655. „Das hat er kürlich bas getichtet"; Walfn. 170. 'küräßig, Zeitschr. VI, 433.' Das Verb küren (in der ahd. Sp. mag die Formel ni curi, ni curet, noli, nolite, dazu gehören; Graff IV, 510) ist wol zunächst vom Verbale churi, und dieß vom Ablautverb chiosan, kiesen, w. m. s. (Vrgl. auch kosten).

'kürre, adj., ä. Sp., wie hchd. kirre, zahm; BM. I, 916. Grimm, Wbch. V, 837 f.' Cf. lat. cicur. „Die ameizzen mügen wir wol bedeuten gen heimsedeln kürren leuten, die grillen gen den, die müzzich gent"; Renner 5684. „Junge meid sol kürre und wilde sin, gen freunden kürre, gen fremden wilde"; das. 12056. Castelli, Wbch. 182: „kia'li, zahm, lieblich"; (geh—? 'mhd. gehiure, s. oben, Sp. 1154'). Vrgl. niederd. quêr; Brem.-niederſ. Wbch. III, 404. „Nu is he *kweer* enoog"; Firmenich I, 179,40.

Der Kürê (ᴗ-), in Städten und Märkten: Art Mantel mit Ärmeln, die gewöhnlich nicht gebraucht wer-
326 den. Er ist der Capote der Spanier, wie er auch in Frankreich von den Weltgeistlichen, besonders den Curés, getragen wird, wenn sie anders ihre alte Mode beybehalten haben. Bey uns hat der Curé den Palandran, den Curé der Pauvre-diable, diesen der Schanzenläufer, diesen der Garrick, letztern (um 1840, 1848) der Überwurf, Paletot ꝛc. verdrängt.

kuranzen (kàránz n), zum Gehorsam treiben. Grimm, Wbch. II, 640. V, 1797. Weigand, Wbch. I, 652. Zeitschr. III, 135. IV, 45. V, 459. 463.

Der Küriß (Kirəss), Küraß; mhd. küriz; BM. I, 915. Weigand, Wbch. I, 652. „Ganzer, halber Kireß"; Wstr. Btr. V, 159. Der Kürisser, -ᴗᴗ, (ä. Sp.) der Geharnischte. „Kürisser, cataphractus, loricatus"; Prompt. v. 1618. „Bey Herzog Georgs Zeiten hat man (von der Schlacht bey Gammelsdorf her) ein ganzen Kürisser auf einer großen Buchen gefunden, sein jm die blossen bein noch da gewesen"; Avent. Chr. „Man hat in unsern Zeiten in einem Holz daselbst gefunden auf einer großen feuchten in den ostern ainen man im ganzen harnisch verwesen biß an die bain"; Chronik in Freyb. Samml. I, 64. Aus dem J. 1590 erzählt Ähnliches die Regensburger Chronik Cgm. 4860, f. 286 von einem in einer hohlen Eiche gefundenen Courisier, vermuthlich von der Schlacht zwischen Benzenbach und Beretzwald bei Regensburg (1504) her. Es gab auch halbe Kürisser. Die heutzutage sogenannten Küraßiere heißen beym Volke Kiərəsiərə', oder Kiərəsiər-, Karəsiər-Reider. Küraß vom lat. barb. coratium, ital. corazza, franz. cuirasse (von corium, Leder, woraus man in frühesten Zeiten die Küraße gemacht haben soll) ist mit Kurse, Kürsch zu vergleichen. Diez, Wbch. 111. Vilmar, kurhess. Idiot. 233.

Der Karbatsch und die Karbatschen (Kárwádsch'n), wie hchd. die Karbatsche, ein Wort, das fast in allen europäischen Sprachen das Ehrenbürgerrecht erhalten hat; es dürfte aus irgend einem Sclavenlande stammen. Span. corbacho, frz. cravache, dän. krabask, ungarisch korbats, böhm. karabác, russ. korbatsch. Grimm, Wbch. V, 206. Diez, Wbch. 111. Vilmar, kurhess. Idiot. 193. Zeitschr. II, 276,22. III, 366,24. IV, 45. „Karbatsch wird wol tatarisch seyn oder madyarisch. Wir Krainer nennen ihn korobázh. Am 1. May lassen sich die Dorfhirten um die Wette damit vernehmen, her und hin schülzend; ego ipse feci puer." Kopitar, Brief vom April 1841. Der Kurbag, eine rundgehämmerte Peitsche aus Hippopotamushaut, in Egypten üblich; Ausland, 1837, S. 151. „Neben dem türkischen Steuereinnehmer (zu Abusik in Ägypten) standen die gefürchteten Waffen seiner Autorität: Stock und Kurbatsch (Peitsche aus der Haut des Nilpferdes)"; Nachrichten v. der ägypt. Expedition des Prof. Lepsius in d. Allgem. Ztng. vom 6. May 1843, Beil., p. 966. „Bassa Genizarum, qui nervo bubulo (quem caravazzam appellant) villicum vapulare jusserat, poena talionis afficiendum pronuntiavit"; Joan. Cotovicus in itinerario Hierosolymitano et Syriaco, Antverp. 1619, p. 420. „Ich bitt mir im Bildl den Carbatsch aus"; Kinderlehr a. d. L. Das Karbatschen oder die Karbatsch-Straiche hatte noch der Kreitmayrsche Codex crim. von 1751 in dem Rang einer gesetzlichen Körperstrafe bestätigt. Von Karbatschung eines Vaganten gebührte, nach einem Landgebot v. 1726, den Amtleuten (Gerichtsdienern) für 30 Streiche 1 ß. dn., für 50 Streiche 2 Schill. 2) Soldatenhure, ungarisch kurwatska, poln. kurwa. Der Kárbátschbaur, (b. W., Obrm.) Bauer, der sich mit einem schlechten, armseligen Fuhrwerk behilft. Das Kárbátschwägelein, schlechter Wagen.

Die Kerben (Kerbm, Kárbm), die Kerbe; podex, niederſ. Eerskarn. Grimm, Wbch. V, 558,2,e. Vilmar, kurhess. Idiot. 198. '*Kárbm* mou' mər əəm bráv də'tusch'n! (b. W.). „Ein kärm oder ein raytholtz, dica" (Voc. v. 1419) scheint schon die Aussprachform Kárbm. „Der wirth kumbt mit der kerben", (Kerbholz, Rechnung); H. Sachs 1560: III, III, 74. BM. I, 706. 796. Grimm, Wbch. V, 558,3. Vilmar, kurhess. Idiot. 198.

Der Kirber. „Tisis haizt dy derr oder die swintsucht oder ein prustkirber", (jedoch undeutlich); Ind. 344, f. 83b. 'Vrgl. Grimm, Wbch. V, 790: der Kirbel, das Röcheln, jedes schwerfällige Athmen, und unten: käustern (keistern, ä. Sp. kîstern); Grimm, Wbch. V, 499. Diefenbach 585: tisis.'

Der Korb (Karb, Kar'), das Körblein, Körbelein (Kèrwl', Kèrwə-l'), wie hchd., (ahd. chorp, chorb, mhd. korp; Graff IV, 486. BM. I, 863. Grimm, Wbch. V, 1797. Vilmar, kurhess. Idiot. 218 f.); besonders ein Handkorb im Gegensatz der Kürben. 's *Körbl* is fertig! Die Erzählung: „Gottlob, das Körbl ist fertig!" von Zschokke in seinen Feldblumen p. 87—93 nett erzählt: „Gottlob, der Schuh ist fertig!" Vrgl. bey H. Sachs (1560: IV, III, 42; 1612: IV, III, 93): der Krämerskorb, wo die Frau den Korb nicht tragen will. Der Korb (Kar) ist auch eine viereckige Einfassung aus Latten am Ablaß eines Teiches, welche beym Aufziehen der Docke keinen Fisch durchschlüpfen läßt; (Baur). Vrgl. das Kar. Korbstall (Lori, LechR. 345) scheint ein Platz, wo Körbe (Reusen) zum Fischen eingelegt werden.

Im Eichstädtischen sind nach Jirasek die „Körbe kleine Wohnungen, welche die Bauern neben ihren übrigen Gutsgebäuden im Besitze haben, und worin sie gewöhn-
327 lich ihre Tagwerker beherbergen.“ (Gl. o. 135: korbe, magalia, aedificia pauperum). Sollte hiemit, nach Gramm. 624, das folgende Kölbker zusammenhangen, da es schwerlich aus Köbler entstellt ist? „Von einem Söldner, Kölbker oder Leerhäusler die beste Kuh als Todfall-Gebühr“; Welsch, Reichertshofen 76. Bey den Rothgießern zu Nürnberg wird ein Geselle, der, weil er sich verehlicht hat, nicht mehr Meister werden kann, ein Korb genannt; (Hsl.). Vrgl. Th. III: Schrenzen. Einen körben, (HhE.) ihm den Korb geben, ihn abweisen. Grimm, Wbch. V, 1805.

Die Körben (Kèrbm, Kèrm), die Kürben (Kirbm, Kirm), das Kürbelein (Kirbə-l), korbförmiges Geflecht aus Spänen, das gewöhnlich an Armbändern auf dem Rücken getragen wird. Cf. česk. korba, fem., isl. körf, fem. „Fiscella, kürbelein“; Monac. Francisc. 173, f. 197[b]. Diefenbach 236[b]. Zeitschr. VI, 74. Die Graskürben, Heukürben (diese wol 5, 6 mal so viel fassend als jene); die Spitzkürben (in ihrem Durchschnitt einem Dreyeck ähnlich); die Kürben im Bergbau, auch als bestimmtes Maß geltend. „Allemal zehn Kürm für ein Bergfueder“; Lori, BergG. 358. „Wenn man wirckt, soll man den Heiligen geben alle Tag 2 Kürben“ (mit Erz); ibid. „Die Münz Kürmweis verkaufen“; Lori, Münz-R. 166. Kürben aus Eichenholz zu machen wird verboten; Mandat v. 1762. Kürmen von Eichen sollen bei Confiscation und 2 Thaler Strafe nicht mehr verfertigt werden. Die Förster sollen zu derlei Körben keine jungen Eichenreiße, Buchen, Ahorn und Espen abfolgen laßen; (2. Nov. 1762. 12. Juli 1768), v. Kreitmaiers Genr. Samml. v. J. 1771, S. 463, §. a; v. J. 1784, S. 847, Nr. 73. „Eyer in der Kürben“; Gem. Reg. Chr. II, 216, ad 1384. Das adeliche Geschlecht Kürmreut heißt früher Churbinriut; Freyb. Samml. II, 280. Der Kürbenzäuner, der aus Holz- u. Wurzel-Schienen Kürben flicht, zäunt. (Unter allen Gewerben ist dieses unscheinbare dem Verfasser des b. Wörterbuchs das ehrwürdigste, denn es ist das eines bald achtzigjährigen Ehrenmannes, dem er sein Daseyn und seine erste Erziehung verdankt). Im Voc. v. 1429 ist „pinkürb aperium; pinkürben machen, alveare“; gl. i. 380 ist „churpa sporta.“

Der „Churban“, ä. Sp., Corduanleder; s. Chuderwan.

Kurbi, Kurbel, Kurwə-l, Corbinian.

Der Karch, (Rhein) der zweyräderige Wagen, Karren; (mhd. karrech, karrich; BM. I, 791. Grimm, Wbch. V, 207). „Vehiculum, karch“; Voc. Melber. Der Kärcher, Kärner, Fuhrmann. Zeitschr. IV, 173. s. Karren.

Die Kärchen, Gefängniß, Kerker; (Putherbey von 1581, f. 31). Auch das goth. karkara und ahd. charchella ist ein Feminin. Indessen mag hier ein Druckfehler für Keichen (w. m. s.) statt haben. Grimm, Wbch. V, 566.

'karcheln, kärcheln, kercheln, röcheln; Grimm, Wbch. V, 208: karchen, u. 211: karen, kären.' „Für die huesten, haiser, kerchen und soll des menschen“; Cgm. 3721, f. 38.

Die Kirchen (Kirchə˜, Kir'ə˜, Kirchng, Kɪrgng, Schliers: Kilchə˜), wie hchd. Kirche, (ahd. chirihha; sonst gewöhnlich samanunga, also Versammlung, ἐκκλησία. Das chiriihha, dreymal bey Isidor, ließe sich, wenn nicht die andern Quellen und Dialekte dagegen wären, nach blos isidorischen Analogien als ein Composit. chi-riihha, d. h. gi-rihha, auffassen. Graff IV, 481. BM. I, 820. Grimm III, 156: chirc, circus; unban chirih, per gyrum, gl. i. 884. Mythol.[2] p. 1177. Wbch. V, 790 ff. Haupt's Zeitschr. VI, 409. v. Lang vergleicht goth. kelikn, πύργος (vom Thurm?); auch Grimm, Gesch. d. d. Spr. 318. 509. Vrgl. griech. κῆρυξ, κηρύσσω, κήρυγμα. Pers. kirach, pulpitum in quo coranus legendus proponitur; Hammer-Purgstall). „Kyrios gr. i. dominus, inde kyricha, dominicalis“; Glossae in bibliam, Clm. 4606 (XI. sec.), f. 160[b]. Notker balbulus ad Salomonem episcopum de interpretatoribus S. Scripturae, cap. V, (Pez, thes. anecd. I, 7. Clm. 2550, f. 130[b]. Clm. 15819, f. 121[a]): „ut praeco Dei populis futuras stationes praenuntiare possis in keriki. Cod. Fris. O. M. I, f. 103, (unter Bischof Egilbertus, 1007—1033): „Sanctam ecclesiam catholicam. Sancta dicitur segregata, semota. Ecclesia graece, latine dicitur congregatio. Quod nomen est melius synagoga an ecclesia? Ecclesia est melius et majus nomen, quia bruta animalia congregari possunt, convocari non possunt nisi homines qui sunt rationabiles. Idcirco placuit sanctis apostolis eorumque successoribus ut solus populus christianus ecclesiam vocaret (sic!).' Sollte auch Kirche ähnliche Rücksicht voraussetzen? Haidnische Kirchen heißen meistens große Höhlen in dem Gebirge; (Jir.). 'Redensarten s. Zeitschr. IV, 263,16. V, 482. VI, 295. 333. Ortsnamen auf-kirchen s. Förstemann II, 878 ff.;' als: Baum-, Holz-, Stain-Kirchen ꝛc. „Ecclesia nostra Holzchiricha undique furcis fulcita est“; Teg. . . . ., f. 93. CbmC. 84, f. 98[b]. In ältern Verbindungen mit einem nachstehenden Worte ist statt Kirchen-, die Form Kirch- üblich, welche oft wie Kir', Kiər, Ki', Kiə' gehört wird; (schon gl. a. 37. 655: chiruuahta, encenia; i. 1141: chiruuarta, ecclesiarum provisores; a. 407: chirliher, catholicus, universalis). Der Kirchberg (Ki'berg), Berg auf welchem eine Kirche steht. Kirchdorf (Ki'dorf), Ortsname. Die Kirchfart (Kirfàrt, Kiə'fàrt, Ki'fàrt), die Wallfahrt; BM. III, 253. Grimm, Wbch. 328
V, 815. Zeitschr. III, 17. V, 255,76. 410,1. kirchferten (kirférten, ki'fért'n, kiə'fért'n), wallfahrten; Grimm, Wbch. V, 816. Zeitschr. V, 295. „Da ich wold chirchfart faren gein Sand Josd“; MB. V, 52, ad 1324. „Der Wirth war kirchfahrten aus“; Kr. Lthdl. V, 371. „Das bayrisch Volck läufft gern kirchförten“; Avent. Chr. XII. Zum Kirchfahrtengehen wird in einer wirzb. Verord. v. 1653 das Gewehrtragen erlaubt. Der Kirchferter (Kiə'fértə'), Wallfahrter. In der Kirche zu Dießen wird beym Gottesdienst öffentlich gebetet „umb all kirchferter und kirchferterin die ausgeschaiden sint mit ir pfarrers willen und wissen, sy send auff dem weg gen Rom oder gen Ach“; Clm. 5681 (XV. sec.), f. 43. Der Kirchherr, Kircher, 1) ä. Sp., „der Pfarrherr, antistes ecclesiae“; Prompt. v. 1618. „Herr Hans N. Vicarii zu N. mit Gewalt von seines Kirchherrn N. N. und seinen wegen“; MB. III, 579, ad 1464. „N. N. Kirchherr und Pfarrer zu N. N.; MB. XX, 15. 146. „N. N. die Zeit rechter Chircher und Pfarrer zu N.“; MB. XXI, 17. 648. „Her Ulrich Kirchherr und Tegan zu Scheyring“; MB. XXII, 303. Vrgl. MB. XXIV, 104—106. 170. Chron. Bened. II, 78. 127. 167. Gl. o. 337: chirchherro, parrochianus, (in Bed. 1 oder 2?). 2) der das Patronats- oder Präsentationsrecht auf einen Kirchendienst hat. Der Pfarrer zu Tölz ist Kirchherr zu Königsdorf, der zu Wolfratshausen Kirchherr zu Thanning; die Äbtissin zu Chiemsee Kirchfrau zu Rosenheim, (CbmKl. 347, p. 2 und 354, p. 55, ad 1605). Der Abgeordnete Lechner ist Kirchherr zu Burghausen, (1831). Jeder Kirche stand, meist als Stifter oder besonderer Wohlthäter, vom König bis herab zum freien Grundeigenthümer, ein weltlicher Schirmer (patronus ecclesiae) vor; diesem kam als Lehensherrn der Pfarrsatz (jus patronatus) zu. Derjenige, welcher von ihm das Kirchenlehen erhielt, hieß Kirchherr (rector ecclesiae); sein Einkommen bestand vornehmlich in dem Zehenten. Um die Bedürfnisse der Kirche selbst zu bestreiten, war ein bestimmtes Grundstück (dos ecclesiae, Widem der Kirche) ausgesetzt, an welches zugleich

das Recht des Pfarrsatzes geknüpft war. Dieses Grundstück konnte keineswegs der Kirche entzogen, wohl aber mochte es mit dem Pfarrsatze von einer Hand an die andere übertragen werden. Nicht immer versah der Kirchherr die ihm geliehene Kirche selbst; sondern gar oft, mochte er wirklich geistlich seyn, oder als Weltlicher das Kirchenlehen gleich anderm Erbgute erlangt haben, setzte er zum Singen und Lesen einen ihm gefälligen Priester hin. Dieser nun, der vom Bischof die Seelsorge (curam animarum) empfieng, wurde in dieser Eigenschaft Seelsorger (curatus, incuratus) genannt, und gegenüber dem Kirchherrn und dem Volke Verweser (vicarius) oder Leutpriester (plebanus). Er selbst hatte zuweilen wieder einen Stellvertreter (viceplebanus). Kopp, Vorrede zum Geschichtsfreund 1843, I, XIII. Noch jetzt steht in der englischen Hochkirche dem Rector gegenüber der kärglich bedachte Vicar. Die Kirchmeſs (Kirməs, Kerməs), (nur an einigen Orten) die Kirchweihe; der Jahrmarkt; die Messe. BM. II, 160. Grimm, Wbch. V, 822. 835. Vilmar, kurhess. Idiot. 202 f. Zeitschr. II, 31. 415,114. III, 226,3,1. 369,22. VI, 175. 468. Der Kermesierer, Landstreicher, Bettler, der sich auf Kirchweihen und Jahrmärkten umtreibt; L.O. v. 1553, f. 174. 175. s. auch Kirm. Die Kirchnacht (Kirnàht, Kirnàd), der Vorabend des Kirchtages oder des Kirchweihfestes. Die Kirchsache, ä. Sp., s. Th. III: der Satz. Der Kirchsatz, s. Th. III: der Satz und Grimm, Wbch. V, 809. Der Kirchtag (Kirtə', Kirdə'), 1) der Kirchweihtag, das Kirchweihfest; österr. Kirita' (Seidl, Flinserln, 3. Ausg., 47). BM. III, 5. Grimm, Wbch. V, 827. Zeitschr. II, 415,114. III, 18. IV, 50,12. 244,11. V, 254,44. 255,93. VI, 39,57. 115,25. 295. 333. Der Nâchkirchtag, der Montag, hie und da auch der Dienstag und Mittwoch nach dem Kirchweihfest ('ən *Nàchkirtə'* sei˜ *Nàchkirtə'*).

ə˜ guədə' *Kir'tə'*
dauə't bis zə'n Irtə',
əs kà˜ si' schickə˜
á' bis zə'n Mickə˜ (Miktə'); b. W. (nach Harslem).

Der grôße Kirchtag, das eigentliche Kirchweihfest im Gegensatz des klainen Kirchtags oder sogenannten Patrociniums. Kirchtagbrôd; Kirchtagleut (Kirchweihgäste); Kirchtagnudeln (Nudeln von Weizenmehl, mit Rosinen durchmengt und in Schmalz getränkt). 2) O.Pf., der Jahrmarkt, er habe nun, wie ursprünglich wol immer, am Kirchweihfeste selbst oder zu einer ganz andern Zeit statt. So treffen auch im salzb. Thalgau die Kirchtage (Märkte) nicht immer auf die Kirchweihen. Ober-Österreich, Reitzenbeck II, 119. (Vrgl. Duld, Messe). Auf dem Landtag v. 1605 ist es das 9te Gravamen der Städte und Märkte, daß man schier aus jedem Kirchtag einen Jahrmarkt mache. „Ein gemainer Jarmarckt und Kirchtag"; Avent. Chr. „Das Dorf zu Reisch mit Halsgerichten, Kirchtag-Rechten und allen Wildbannen"; Kr. Lhdl. X, 365. XI, 109. „An den 4 Jahrmärkten der Stadt Creussen soll der Kirchtagsfrid 8 Tag zuvor und 8 Tag darnach mit der großen Glock ein und ausgeleutet werden"; Creußner Privileg. v. 1563. 3) Jahrmarktsgeschenk; Grimm, a. a. O. Veitl, káf mə' fein ə˜n *Kirtə'*, (b. W.). „Da thetn die Bawernknecht mit Hauffen den Bauernmaidn des Kirchtags kauffen"; H. Sachs I, 529. „Lieber puell kauff mir des kirchtags oder des jarmarchs, amasia dilecta munus de dedicatione vel nundinarum mihi emere cura"; Windb. 204, f. 165b. „Interrogationes de virginibus in confessione. Emistine dedicationem aut novum annum ea intentione ut ad potum provocares?" Clm. 12392 (XV. sec., 1478), f. 1. Vrgl. Duld 3, b. R. A. Einen in den
329 „Kirtə" laden, ihn mit einer gewissen äußerst schnöden Formel abweisen. Du kim fei˜ i˜'n *Kirtə'!* lex mihi Mars! Wàs habts denn dà für ə˜n *Kirtə'-r-* ausz·machə˜? ruft man Zankenden zu; (b. W.). Dés is ən andərə' *Kirtə'*, eine andere Sache; ə˜ schlèchtə' *Kirtə'*, übler Umstand. Mit dir is kaə˜ *Kirtə'* z· hàbm, nicht auszukommen; (b. W.). Weibspersonen sagen, sie haben den *Kirtə'*, oder: d· Iungfə' Kát·l is *i'n Kirtə'* kemə˜, wenn ihre Regel eingetreten ist. Die Kirchtracht, plur. Kirchträcht, Brode u. drgl., die am Kirchweihfest und bey andern Anläſſen von den Pfarrkindern als Opfer in die Kirche gebracht zu werden pflegen. s. oben, Sp. 645. Grimm, Wbch. V, 828. „Super ferendis ad ecclesiam que vulgo Kirchträchte dicuntur"; MB XIII, 361, ad 1220; cf. p. 420 u. 439. „Super oblacionibus que Kirchräht vulgariter appellantur"; ibid. p. 378. Der Kirchtracht-laib. 2) „Auf der Schwaig genannt der Vorder Vaterperg in Rieder (Agatharieder) Kirchträcht", (verschieden v. Pfarrsprengel, da Agatharied immer nur eine Filiale gewesen); Schlierseer Urk. v. 1486, (Rath Her). Die Kirchweih (Kirwə'; Aschaff. Kerp. Vilmar, kurhess. Idiot. 202: Kirb), (Kllbck.) 1) das Kirchweihfest; (gl. a. 133: chirihuuihi, neomenia; o. 45: kiluuiha, dedicatio). „Den salm (Quam dilecta tabernacula) sprich ze chirwie"; Ald. 111 (v. 1250), f. 78. „Von der kilwi", (Zürich, sec. XIV.), Cgm. 168, f. 66. Zeitschr. V, 116,4.9. 2) der Jahrmarkt. Vrgl. oben Kirchtag. BM. III, 613. Grimm, Wbch. V, 828 ff. Zeitschr. II, 415,114. V, 129,10. „Ze Cheverloch an sant Egidien Abent und an seinem Tag so ze Kirchweich ist"; MB. VIII, 545, ad 1331. Vrgl. „Auf dem Hofe ze cheverlor an sand Gilgentag als Tult da ist"; ibid. 543. Kalte Kirchweih, (Amberg) der Michaelis-Jahrmarkt. „Zu den 2 Jahrmärkten zu Pfingsten und zu der kalten Kirchweih in Amberg"; Lori, BergR. f. 47. 74. 78. 3) Kürbe, Spectakel, Tumult; Simpliciss. v. 1684, f. 58. Vrgl. oben Kirchtag: Kirtə'. `kirchisch, adj., zur Kirche gehörig; Grimm, Wbch. V, 820.´ Kirchische Begräbniß; kirchische Freyheit; Bennoleben v. 1697. Der Kirchner, (Franken) der Küster, in Altb. der Mesner, (s. d. W.). BM. I, 821. Grimm, Wbch. V, 822 f. Schulmeister, Kirchner und Glöckner oft in Einer Person; wirzb. Kirchenord. v. 1693.

Die Kardel, Kartel, die Karde, Kardendistel, dipsaeus fullonum L.; (ahd. karta, carto, cardo, mhd. karte; Graff IV, 490. BM. I, 791. Grimm, Wbch. V, 209). „Ein ref mit karten und mit hopfen"; Augsb. Zoll (v. 1282), Cgm. 574, f. 21. `karten, kartätschen, vrb.; Zeitschr. VI, 290. 332. Grimm, Wbch. V, 210: karden, kardetschen.´ „Da aber der Kartter mit seinem Kartten (jetzt Decatieren? vrgl. Diez, Wbch. 89 f. und Weigand, Wbch. I, 235) ain tuech verderben wurd"; Münchn. Barchet-Geschau-Ordn. v. 1592, Cbm. 1536, f. 5—6. Sie werden um Pleinting als Handelsartikel für die Tuchmacher gepflanzt. Erst nach 2 Jahren sind sie reif. Hazzi, Statist. III, 1226.

Der Kardiß (υ -), (U.L.) Zeug aus Schafwolle zu Weiberröcken. Grimm, Wbch. V, 211. kardissen, adj.

kerdigen (?). „Also kerdigent die kern und die nuß und werdent zu bamen"; Clm. 4373 (von 1437), f. 108b. `Etwa für verdîhen? s. BM. I, 330.´

Der Kord, Degen; s. unten: Misencord.

Die Kordel, Kurtl, 1) Cordula; 2) dumme Weibsperson.

`Der Körder, ä. Sp., wie hchd. Köder; (ahd. querdar, mhd. querder, kerder, korder, msc. u. ntr.; Graff IV, 680. BM. I, 894. Grimm, Wbch. V, 1570 f.).´ „Sein chörder dich betriuget, daz du den angel slichest", (schlickest); Urstende, hg. v. Hahn, p. 124,25.

Das Karfinl· (υ -), bauchiges und enghalsiges, gewöhnlich mit Deckel und Handhabe versehenes Glas, ital. caraffina; (Diez, Wbch. 89. Grimm, Wbch. V, 205).

`Der Karfiol, brassica cauliflora, Blumenkohl; Grimm, Wbch. V, 211. Zeitschr. IV, 173.´ Cf. ital. cavolo fiore, franz. chou-fleur, engl. cauliflower, coliflower, brassica oleracea botrytis.

Das Kurfis, Gurfəs, (Lech) der Milch-Schorf bey kleinen Kindern. Grimm, Wbch. II, 640; vrgl. BM. I, 862. „Curfes, kurfes gsicht, aphthae"; Henisch. „Aphtae, ulcera in ore pueris nascentia, das Curfes"; Nomencl. 1629, p. 208. s. Heb.

karg, wie hchd. (ahd. charg, mhd. karc, listig, schlau; Graff IV, 488. BM. I, 788. Grimm, Wbch. V, 213. Cf. ahd. charag, lugubris, von chara, luctus; Graff IV, 465). „Sapienter, charchliche, wihsliche"; Cgm. 17, f. 86a. „Ir habt wol vernomen, daz der vuhs vil karc ist"; w. Gast 10923. kerclîchen, adv.; Grimm, Reinh. p. 328,1025 u. 374. verchargen, verchergen, Einen, betriegen, überlisten; Diut. III, 53. 55 (zweimal). kärgeln (kärgln), knausern. „Der Prälat fing an zu kärglen, den Brüdern ihren Tisch, Wein und Brod schmälern und abbrechen"; Albertin's Gusmann p. 663. Der Kärgling, parcus; S. Frank. Grimm, Wbch. V, 217.

'kerkern, einsperren; BM. I, 790. Grimm, Wbch. V, 568 f.' „Krebs iß nit kerckert, sonder frisch"; H. Sachs 1558: I, f. 423 (1612: I, 853).

Karl, Karl der Große; BM. I, 790. Grimm, Wbch. V, 218. „Ich wilz ir gelten mit dem karles lôte", (wohl, genau); Ulrich's Tristan 2273; vrgl. Gottfried's v. Str. Tristan 275 u. Heinrich's Tristan 1677. Karleman ist nach Wackernagel's Wbch. Tautologie wie irmindeot, Volcher. Vrgl. Haupt's Zeitschr. VII, 130: champfwîc, zabel-bret, zimmel-schelle, genez-tunc. Über Charlemagne aus Carloman, s. Grimm II, 463. III, 319 f. RA. 282 und Francisque Michel in dessen Charlemagne an anglo-norman poem p. 54.

Die Karlin (υ-), im gemeinen Leben statt der Carolin, welcher in alten Münzordd. der Caroliner heißt. Grimm, Wbch. V, 221 f.

Der Kerl (Kèl, Kèəl; zuweilen und mehr scherzhaft Kárl, Kál), a) wie hchd. (ahd. charl, mhd. karl, wie das isl. karl, mas, vir; Graff IV, 492. BM. I, 790. Grimm, RA. 282. Gesch. d. d. Spr. 328; Wbch. V, 218. Zeitschr. IV, 133,92. V, 171,175. 269,4,4. VI, 410,44. Cf. engl. churl, Bengel, Bauer, neben carle, wol vom angels. ceorl, — aber wie gesunken! Müller, etymol. Wbch. d. engl. Spr. 174. 203. Vrgl. poln. karzel, gen. karla, der Zwerg, karlica, Zwergin. Das catalanische carail, castil. carajo als signum masculi mit Karl zusammenzuhalten, wäre doch gar zu hebammenmäßig. Woher aber diese spanischen Ausdrücke?) Im trocknen Ernste hört sich indessen niemand gerne mit eignen Ohren einen Kerl nennen; man pflegt sich dagegen mit der räthselhaften Phrase: „ə˜ *Kerl* is ə˜ Saudreck" zu verwahren. Zeitschr. VI, 294. (Von einem Halb-Lateiner
330 erinnere ich mich die Aussprache Carŏlus statt Carōlus deswegen verwerfen gehört zu haben, weil carŏlus Sautrog heiße. cf. Kär-l, Karlein? s. oben Kar und Grimm, Wbch. V, 218). Auch auf Weibspersonen hört man im Scherz das Wort Kerl zuweilen anwenden: ə˜ ganzə' *Kerl*, ə˜ feinə' *Kerl*. Es ist wol dabey so wenig an das engl. girl als bey der obigen Verwahrungsformel an ein Diminutiv vom alten gor, fimus, zu denken. b) auf dem platten Lande, dem Mensch (Mädchen) gegenüber, ihr Liebhaber. Is dés dei˜ *Kèl?* Hàst du iətz kaə˜n *Kèl?* Diese Bedeutung hat auch das alte charl in den gl. i. 98. 102: chárlon, amatores, chárlom, amatoris, wo indessen die Casus der lat. Wörter dem vermuthlichen der deutschen nicht entsprechen. Sonst ist charl in der a. Sp., ja noch in Wernher's Maria 30,44, gewöhnlich für maritus gesetzt, während unser Kerl vorzugsweise ein noch Unverheirateter ist. „Ana charilis miteslaf (feborn), sine maritali conjugio"; Notk. 98,9.

„So sol chena iro charal furhten unde minnon"; das. 108,163. „Er ist charl, dâ ist si chone"; Karajan, Denkm. 12,12. W. Grimm über Freidank p. 70: „Mich ze ainem karl dir nemen"; Cgm. 717, f. 21a. Im b. W. heißt Kaə'l Carl, Ká'l Liebhaber, verächtlich: Bursche; Ke'l großer, schön gewachsener junger Mann; im Spessart: der Karle, Geliebter, Liebhaber. Wie die Bewohner jenes Theiles des fränkischen Reiches, der bey der Theilung von 843 dem Lothar zugewiesen worden, Lotharinge, Lutringa, so wurden die desjenigen, welcher dem Carl war zu Theil geworden, Karlinge, Kerlinge genannt: „Franci, tiê wir nû heizên Chárlinga"; Notk. Boeth. Prol. „Dicunt praeterea aliud ibidem esse vulgari propheticum quod de Karlingen uel Karolinis .i. de stirpe regis Caroli suscitabitur Karolus nomine qui erit princeps et monarcha totius Europae"; de Ducibus Bav. 1460, Altm. 6, f. 49. Clm. 2936, f. 8. Clm. 17541, f. 60. Kerlinga, Franci feroces. (d. h. die romanisch sprechenden), gl. i. 119. „Franci Frances vel Galli Senones Francon. Morovingi vel Morcomani Kherlingær. Item Allobroges vel Sycambri Franci nobiles. Item Germani orientales Franci Osterfranchen"; Cod. Vindob. 413, f. 196 f.; Pertz, Archiv VII, 480. „Si (die Kriechen) heten die Kerlinge vür tôren"; w. Gast 10601. Davon, nach Gramm. S. 289, die Ländernamen Lothringen, Kerlingen, noch in Thomasin's welschem Gast 2468 („Ze Kerlingen ist si niht bliben") und bey Br. Berht. 43, Pfeiffer 148,18: „Sô füerent uns die von Ungern, die von Kerlingen, die ûf schiffen, die ûf wegenen." „Carolus Martellus jussit illam provinciam Gaudinam Francigenam appellari; in lingua teutonica jussit eandem provinciam vocari nomine suo Carlingam et eos homines Carlingos quod vocabulum omnes teutonici usque hodie servaverunt"; Godofr. Viterb. Pantheon XVII, 435. Vrgl. auch Augsb. Stdtbch. bey Freyberg p. 11; '(Birlinger, schwäb.-augsb. Wbch. 269b).'

„korlen", (Nürnb., Hsl.) laufen machen etwas rundes, (kollern). s. horlen, hurlen.

'karmen, kärmen, kermen, ä. Sp., trauern, wehklagen, jammern; BM. I, 788. Grimm, Wbch. V, 218. Vilmar, kurhess. Idiot. 193.' Vrgl. oben, Sp. 995, unter gramen: carmulus, carmula, Graff IV, 493; auch Rummel und räuffen. (In der Hölle ist) „ewich schrient, suchtend, kerment und knarsinge der tenen"; Wiggert's Scherflein p. 44. „Veler Heren bekarminge"; Neocorus 500. „Wiewol das gemein Volk des wegen sehr kärmete indem es in große Furcht und Traurigkeit gerahten." „Die Mütter sahen ihre elende kürmende Kinder verschmachten"; F. v. Zesen. Schles. kirmeln, kürmeln, kermeln, (von Kindern) lärmen und schreien; früher (bey Opitz): „kürmeln und lachen", also schmeichelnd lallen, sprechen. Weinhold, schles. Wbch. 43.

Das Kármənádl, franz. la carbonade, Rippenstückchen (côtelette), auf dem Rost über Kohlen gebraten.

Die Kirm, (Nordfranken) die Kirchweihe, Kirmse; das Wort wird auch für einige andre Feyerlichkeiten gebraucht: Kindleinskirm, Kindtaufschmaus. (Sollte das Wort wirklich nur eine Entstellung aus Kirchmeß oder Kirchweih seyn?) Grimm, Wbch. V, 635: Kirmes, Kirmse, Kirms. Zeitschr. VI, 169,67. Der Carmesirer, fahrender Schüler; Joh. Pauli 72. s. oben, Sp. 1289: Kermesierer.

Der Karnatzger: „Dö Tirola Maura, dö *Karnatzgö* (Kánázgé) solln 's Baun a erst lerna...; — ein Wort das den guten und schlechten Sinn des allbekannten Kerl bedeutet und seit kurzem hier eingebürgert ist"; von Kürsinger, Ober-Pinzgau (1841), S. 176. Cf. česk. karna, karnice, Zuchthaus.

Der Karner, Knochenbehältniß am Kirchhof; Amberg. Akte von 1380. Graff IV, 496. BM. I, 790. Grimm,

Wbch. II, 607. V, 605 f. Vilmar, kurheſſ. Idiot. 199. „An fricz totengrebels tag frů an dem kernter"; Einblattdruck ija. ſ. oben, Sp. 937: der Gerner.

Das Karnickel, Kaninchen; (Baden, Ständeverſ. 1831). Eiſelein, Sprichw. 106. Grimm, Wbch. V, 162. 219.

Der Karnier (Kánıər), ital. il carniere, franz. carnier, carnassière, Waidtaſche, Jagdtaſche, (Juif errant, chap. 1, gegen Ende), ſpan. garniel, lederne, verſchließbare Taſche für Acten und Schriften, (engl. budget). Grimm, Wbch. II, 607. V, 219. Zeitſchr. VI, 332: Kalier und vrgl. oben, Sp. 1233: Kalier. „Carnier, pera, sacculus ex alluto e collo ad lumbos dependens"; Heniſch, Prompt. v. 1618. „Pera, ein karnier"; Voc. Melber. „Marckkorb, tragkorb, fiſchſack, kerniern"; H. Sachs 1558, f. 240. Cf. čeſk. karnyř, Moſche, Zecker, Taſche; kärnt. kernir, Botentaſche, Felleiſen, kerniti, wegſchieben, kerniza, Waſſerwirbel; Jarnik 238. Vrgl. oben, Sp. 935: Garge.

Der Karneffel, Karnüfel, der Karneffelbruch, ä. Sp., 1) ramex, Hodenbruch; Avent. Gramm.; Prompt. v. 1618. Grimm, Wbch. V, 219 f. Vilmar, kurheſſ. Idiot. 194. Dieſenbach 483^b. cf. isl. karn, ramex. „Daß auch des Neſtors Karnefel darvor (nemlich von der „Hitz der Bul-Bücher") erwarmen möchten"; Putherbey v. 1581, p. 34. „Doch das eß nit ſey ain Untterpruch oder der karnoffel nit darpey ſey"; Clm. 5036, f. 132. '2) ein beliebtes Kartenſpiel; Grimm, a. a. O.' Carnöffel iſt ein wildes ſpile"; Losbuch, Cgm. 312, f. 146^a. karniffeln, vrb. act., Karnöffel ſpielen; abprügeln, ſtoßen, hart behandeln; (cf. engl. to cornúb, mit den Knöcheln ſtoßen). Grimm, Wbch. V, 222. Vilmar, kurheſſ. Idiot. 194. Zeitſchr. III, 121. 190,66. 366,23. 552,32. IV, 45. VI, 173.

Der Kern (Kèrn, Kèn, Keən, Kên), das Kernlein (Kèrnl, Kèndl, Keəndl, Keəndl, Kêndl), 1) wie hchd., (ahd. cherno, mhd. kerne, kern; Graff IV, 493. BM. I, 800. Grimm, Wbch. V, 593); 2) Collectivum für
331 ausgedroſchenes und gereinigtes Getreide („die Gült im Kernlein eindienen", d. h. das Gültgetreide in natura, nicht in Gelde abtragen; Kerngült, Getreidegült), beſonders für enthülstes (Haberkern), und namentlich wieder für enthülsten Dinkel, welcher im unenthülsten Zuſtande Feſen heißt. Grimm, Wbch. V, 594,c. d. Gl. o. 98: cherno, ador. „Modium, kern; MB. VIII, 189, ad 1258. „Ich ſag ev wunderleicher dinc, der mutte cherns galt einen phenninc"; Reimchron. bis 1250. Amelkern, weißer Dinkel; (ſ. Amel). Trackern (?), Lori, LechR. 20. Der Vaterkern, auch Kornvater, das Mutterkorn, d. h. jener Auswuchs an den Korn-Ähren, der in langen, ſchwarzen Körnern oder Kernen beſteht, und meiſt eine Folge zu naſſer Witterung iſt. Diejenigen Botaniker, die dieſen Auswuchs unter die Pilze rechnen, nennen ihn clavaria clavus. 3) (Berchtesgaden, Hallein, nach Lori, BergR.), Salz-Erz; Kernstaə˜, Kernsàlz, Steinſalz; Schoſſer 49. Kernbirg, „Gebirg das durch den Eiſenwürker gewonnen wird." Kernwerk, Bergwerk, wo Salz-Erz gewonnen wird. 4) (O.Pf., Nürnb.) Milchrahm, beſonders ſüßer, welcher zu Butter gerührt werden kann; isländ. fiarni, dän. kjärne, (ebenfalls neben der Bedeutung nucleus, medulla). Grimm, Wbch. V, 506,6. Vrgl. Kirn. 5) Kern kommt zuweilen in einem Zuſammenhang vor, als ſtünde es ſtatt Kerl oder Perſon; (engl. a kern). „Is gàr ən armə' Trópf, is gàr ən armə' *Kern*." ə˜ faulə' *Kern*, ə˜ verbaə˜ter *Kern* iſt z. B. dieſer Menſch, dieſes Weib. „An dem hove was ein grober chern, ein vilz und raucher ſchrove"; Mich. Beham, Cgm. 291, f. 146^a. „So ſprach der kühne Kerne", Rieſe Sigenot, v. d. Hagen, Str. 123. Das Kerngejaid (?); vrgl. Grimm, Wbch. V, 603: Kern. „Hirſchgejaydt, Schweingejaydt, Kerngejaydt, Röchgejaydt, Föderſpill . . ."; MB. IX, 60, ad 1483. kernlət, „kerlət", adj., körnicht, gut von Kern. „Es verlaſt ſich auch manicher auf das Pulfer, das ſchönn Plab und kherlet iſt . ."; Fewrbuech, Ms. v. 1591. kernen, a) wie hchd. b) (O.Pf.) zu Butter rühren; Zeitſchr. V, 276,10: ndrd. karnen; isl. at kirna, ſchwed. kärna, angelſ. cernan, ſchott. to kirn, engl. to churn. Grimm, Wbch. V, 605,3. Kern-Milch, Buttermilch, Rührmilch; ſchott. kirn-milk. 'Zeitſchr. II, 541,148. III, 42,28. 424,4. V, 276,10. Karmelk. Die Kerne, Butterkerne, (heſſ.) das Butterfaß; Vilmar, kurheſſ. Idiot. 199. Zeitſchr. II, 541,148: die Karn.' Cf. Wangerog: Sjen = Sjern = Qwern, Butterfaß; vrgl. Senn. Vrgl. Kern und Kirn. ſich kerneln (keəln, kèəln, kendln), ſich kernen oder körnen.

kirnig, adj., kernig, körnig, kernhaft, derb, kräftig; Grimm, Wbch. V, 608 f. ə˜ *kiərni's* Fleisch. ə˜ *kiərnigər* Altə'. kirnîn, kirnein, ä. Sp., aus Kern beſtehend. „Kirneyn Melb von Waiczn", Kern-Mehl von Weizen; Wſtr. Btr. VI, 146, ad 1420.

'auskirnen, ä. Sp., auskernen; mhd. ûzkirnen, erkirnen, vollſtändig darlegen, ergründen; BM. I, 801. Grimm, Wbch. II, 892. III, 871. 874. V, 604.' „Swer gern ſwenden wölle ſin hirn, daz er tiefe wort uzkirn und durchpreche tiefen ſin"; Renner 23459.

ſich verkirnen (vəkirnə˜, dəkirnə˜), durch etwas, (vielleicht zunächſt durch einen Kern), ſo Einem ſtatt in die Speiſe-Röhre in die Luft-Röhre gekommen iſt, zum Huſten gereizt werden. „ſich erkirnen, tussim irritare cibo vel potu gutturi immisso"; Prompt. v. 1618. „Indem hat das Kind (welches einen Nagel im Hals ſtecken hatte) angefangen ſich zu erkirnen und zu übergeben"; Benno-Mirakel 169.

Die Kirn, Kürn, als Ortsbenennung öfters vorkommend. Die Kirn bey Regenſtauf, bey Julbach. „In der Kirn, von der Kirn, zu der Kirn"; Kr. Lhdl. X, 332
76. 77. Hund's St.B. I, 254. II, 209. „Castrum dictum Kürn", (1299); Hund, metrop. (1620) II, p. 381. Khürner von Khürnberg oder von der Kürn (bey Regensburg) im Turnierbuch ad 1197, 1284; (der Dichter von Kürenberg?). Die Kirnach bey Kempten; Kirnberg bey Schongau, bey Waldmünchen; das Kirntal bey Julbach; (hieher vielleicht auch das Keə˜t·l bey Andechs); der Kirnſtain bey Auerburg. Wenn auch nicht durchaus, ſo könnte doch zu einigen dieſer Namen das alte quirn, chuirn, kurn (gl. i. 245. 277. 1055. o. 143. 376. 415: mola. 'Goth. quairnus, ahd. quirn, mhd. kürn, kürne, Mühle; Graff IV, 680. BM. I, 915.' Wangeroog: Quên, Kwern, Handmühle) Veranlaſſung geweſen ſeyn; (Graff IV, 680. VI, 688. Förſtemann II, 1138). Wenigſtens ſpricht das Quirnaha und das Quirnberg der alten wirzb. Grenzbeſchreibung (M. m. 38), falls dieſe Namen jetzt ebenfalls Kirnach u. Kirnberg lauten ſollten, für die Vermuthung.

Das Kayr˜nſpil (?), ein gewiſſes Hazardſpiel; ſ. Th. III: ſpilen.

Das Korn (Kou'n, Kaə'n), 1) wie hchd. (ahd. chorn, mhd. korn; Graff IV, 494. BM. I, 862. Grimm III, 375; Wbch. V, 1813 ff. Zeitſchr. IV, 478). 2) der Roggen, als die in A.B. am meiſten übliche Getreidart. ə˜ *kaə'nə˜s* Broud, Roggen-Brod; (b. W.). Aus ähnlichem Grund bedeutet das Collectiv-Wort Korn in Schweden Gerſte, in Weſtphalen Haber, in Franken, Anſpach, wie A.B. und Schwaben Spelt. Zeitſchr. III, 34. 281,64. Will man ein Getreid-Korn oder ausgedroſchne Getreid-Körner collectiv andeuten, ſo bedient man ſich der Form das Körnl (Kèrnl, Kèrndl, Keəndl), welches vielleicht weniger ein Diminutiv, als das alte Collectiv churni (frumentum; auch altſ. curni neben corn) iſt. „Den Zehend ums Körnl oder ums Geld verſtift"; Zirngibl, Hainſpach 75. Vrgl. Kernlein, womit Körnlein im Dialekt zuſammenfällt. Doch hat Korn oft die allgemeinere Bedeutung Getreide, z. B. in den Zuſammenſetzungen: Korn-Markt, Korn-Käufler, Korn-Kipperer. Sp.W. Andrê-Schnê tuət 'n *Kou'n* wê. Körner heißen im Meiſtergeſang Verſe verſchiedener

Strophen, die unter sich reimen; Wagenseil p. 533. Das Brödkörnlein, Coriander-Kügelchen. verkürnen. Das Korn hat in Mitte Juny verkürnt, ist bereits in Kern geschossen. 'Vrgl. Grimm, Wbch. V, 1822 f. und oben, unter Kern: verkirnen.'

Der Kärnter, carnarium; s. oben, Sp. 937: der Gerner, u. Sp. 1292: der Karner.

Die Karpey (Ka'pey, Kopey), la charpie, Schabsel, (Maißel, der in Wunden gelegt zu werden bestimmt ist), von carpere, zupfen. Diez, Wbch. 592. Grimm, Wbch. V, 223: Karpie.

Der Corporal, wie hchd.; wol nach Gr. '635' nur verderbt aus Caporal, auch span. caporal, wie mayoral, von cabo (chef) de escuadra; 'franz. caporal, ital. caporale; Diez, Wbch. 86. „Corporalis (Caporal), Kahlkopf; miles corporalis, Böſebauer"; P. Paulinus, Olomucensis (1650), ZZ. 727, f. 280. 283.

'Das Corporal, Meßtuch; BM. I, 863. Grimm, Wbch. II, 637. Ducange, hg. v. Henschel, II, 614 f.' „Ain sterck zu den corperaln oder andern subtilen tuchern"... „zu IIII corporal"; Cgm. 821, f. 24.

corporieren (?). „Wildu plabe tincken machen ze corperiren"; Cgm. 821, f. 22. „Schreib damit, so wirt sy entleich gut gecorperirt"; das. f. 23b.

Der Körper, wie hchd.; (mhd. körper, körpel, ntr.; BM. I, 863. Grimm, Wbch. V, 1833. Gesch. d. d. Spr. 1022: corpus = hraiw). „Die wolfe ê solten iuwern körpel nagen"; Labr. 345, (verächtlich).

Der Karpf (Kárpf), des, dem, den, die Karpfen, wie hchd. der Karpfen, (ahd. carpho, charofo, mhd. karpfe; Graff IV, 491. BM. I, 790. Grimm, Wbch. V, 222). R.A. Er dicht·t wiə də' *Kárpf* in'n Vog·lhäusl·, franz.: il est logé chez Guillot le songeur.

Das Korsetlein (Karsedl, Karsê'l, ᴗ-ᴗ), das Corset, ein Theil der Tracht bürgerlicher Weibspersonen. Diez, Wbch. 600. 'Vrgl. mhd. kursît; BM. I, 916. Zeitschr. VI, 300.' „Wappenrock und gursijt"; Cgm. 579, f. 173.

Der Corsò. Der erste Corso in der Ludwigsstraße zu München 23. März 1843. Der italienische Neuling nahm sich etwas unbehülflich aus unter den Staubwolken kaltes nordischen Windes.

'Der Curs, eine Art Wein; Grimm, Wbch. II, 640.' „Schaw das wir auch versehen sein mit Curs, Vernetsch und sussen wein"; H. Sachs 1560: III, III, 70b.

Die Kursen, Kürsen, Kürschen, (ä. Sp.) Kleid von Rauh- oder Pelzwerk, (ahd. chursina, chrusina, mhd. kürsen, kursen; Graff IV, 497. 616. BM. I, 916. Grimm, RA. 428. Gl. a. 523. 568. i. 206. o. 75: chrusina und chursina, mastruga; Voc. von 1429: kürsen, mastruga, vestis mulierum). „Swan ein frowe in ein rochlin sliuffet oder in ein vehe kursen"; Augsb. Stdtb. „Ein vehe kürschen"; Amb. Akt. v. 1382. „Röck, mentel, kirsen und belz"; Öfele, r. b. sc. I, 254. „So kan ich korssen neen"; Cgm. 713, f. 128. „Ainer Schwester (die wieder aus dem Pütrich Selhaus get) sol nichtz volgen, dan ain Mantel, ain Kursen, ain Pelz, zwen Röckh rc." MB. XIX, 248, ad 1387. „Ain aichhorneine Kürschen"; MB. XVIII, 547. „Ettlich Mädrein Kursen"; Wstr. Btr. III, 139. „Enhalb der pruck sol man wurchen gut lembrein tuch gewant an allt wolle, und zu dem lembrein tuch mag man nemen 338 einen vierdung kursen wolle und nicht mer"; Alter Loderer-Brief in einem Passauer Stadt-Rechtbuch, Ms. „Marggraf Heinrich († 1146) der bracht das land ob der Enns und die stet Krembs und Stain mit der ochsenkürsen zuwegen das er die vor dem kaiser trueg die man im von Wienn het bracht die solt öczen (?) sein gewesen das her der bot nit recht vernomen und bracht ain kürsen von ochsenhewt"; Chronik v. Österreich, Cgm. 425, f. 2b. Der Kursener, Kürsener, heutzutage Kürschner; BM. I, 916. Weigand, Wbch. 653; (kärnt. kersnár, der Kirschner; kersen, kersno, Kirschleder; Jarnik p. 238). „Ein korsner"; Cgm. 713, f. 156. Z·samkomen bei'n *Kurschnər* auf də' Stang (H. Sachs 1560, II, IV, 38 sagt der Fuchs: „beim Kürsner in der Beiß"), an unbeliebigem Orte, wie: bei'n sauə'n Biər. 'Vrgl. Weikert, ausgew. Ged. p. 94.'

Kürß. „Da wir die Kürß (el rumbo) verluren, nit westen wu wir furen" (auf dem Meer); Mich. Beham, Samml. f. altd. Lit. p. 69.

Die Kersch und Kerschen, plur. die Kersch und Kerschen, die Kirsche, (ahd. kirsa, mhd. kirse, doch schon Voc. v. 1419 kers. Graff IV, 497. BM. I, 801. Grimm, Wbch. V, 844. Zeitschr. III, 17); (O.Schw.) die Kersch-ber (Kèschpər). Vilmar, kurheff. Idiot. 200. Zeitschr. VI, 214. Die Teufelskersch, Atropa belladonna. Winterkersch, Weißdorn-Beere.

Der Karst, (Hohenloh. Franken u. hchd.) Hacke mit zwey Zähnen, (Graff IV, 497. BM. I, 791. Grimm, Wbch. V, 231. Vilmar, kurheff. Idiot. 194. gl. o. 315: karst, bidens); in Altb. unverstanden. Es ist dafür Haue, Häulein gebräuchlich.

Das Kártl, Ká'schtl, Diminut., (Obrg.) die Herde. ə~ *Kártl* Gámss, eine Herde Gemsen; Hbn., Salzb. Land, S. 396. ə~ *ká'scht* Stá'l, Schaar Staare; Hübner 867. Dieses Wort scheint (wie Wártl mit Wort) zusammenzuhangen mit dem ahd. Neutrum quartar, chortar, chortere, chorter, grex; mhd. quarter, korter; Graff IV, 490. BM. I, 892. Krainisch kardélo, Herde, (Kopitar); kärnt. kardelo, Herde, Horde, Volk, (Jarnik p. 238); česk. krdel, Herde, Trupp. Gl. a. 660. i. 922. Kero II, 19. 93. 94. Wernh. Maria 9. 17. 22. „Gregi tuo, churtere dinem"; Cgm. 17, f. 99a, Ps. 67, oratio; (Holzmann las chuntere). „Ich gibe dir mit chorter daz vehe"; Diemer, Ged. 26,1. „Mit micheleme quortere", Diut. III, 77. 80; „demo quartire"; das. 121.

Die Kart. „Nach den alten Berg-Rechten kann man 3 Bau, so zusammengehören und durchgeschlagen sind, in einer Kart inhaben und andere nicht"; Lori, BergR. f. 6. Grimm, Wbch. V, 233. Zeitschr. VI, 290 f. „Ich verstehe dieses Kart eben so wenig, als das „chart, insula", der gl. a. 430.

Der Kárt, (Ob.Pfalz, Pegniz) der Karren; də~ *Póstkárt*. Grimm, Wbch. V, 232 f. Vrgl. Karreten.

Die Karte, wie hchd.; Grimm, Wbch. V, 234 f. Zeitschr. VI, 290 f. „Kein bild in keiner karten (Spielkarte?) gebart nye so meisterlich" (als der Bote Zwerg); Altswert 147,1. Spilkarten (1472), Cgm. 311, f. 46; s. Th. III, spilen u. vrgl. schanzen. „Lusores, spilâren, chartnärn"; Ald. 228 (sec. XV.), f. 342. 'karteln, vrb., Karten spielen; Grimm, Wbch. V, 239. Zeitschr. IV, 173.

Die Kartaunen, wie hchd. Kartaune; Grimm, Wbch. II, 609. V, 233. Im Artilleriebuch Ms. v. 1591 kommen vor: „Doppelkharthaunen bey 70 Pfund Eisen khugel schweer; halbdoppel kharthaunen, die man sonst auch Nachtigalen nennet, bey 60 Pfd. die Kugel schwer; Kharthaunen bey 50 Pfd. die Kugel schwer; Halbkharthaunen, bey 40 Pfund khugelschweer; Quartier-kharthaunen, bey 30 oder 35 Pfd. Kugelschweer." Vielleicht in Bezug auf die Art zu laden, mit

Kartätschen sowol als dem folgenden Kartäunlein verwandt und zum romanischen carta, Papier, gehörig.

Das Kartäunlein (Kartei˜l, Ka'teinə-l), Schachtel oder Futteral von Pappendeckel (carton).

Die Kartätschen (Kartátschn), wie hchd.; Grimm, Wbch. V, 233. Vermuthlich vom ital. cartaccia, wie das franz. cartouche, Patrone, von cartuccia. Das Kartätschen-Nägelein, Art ganz kleiner Nägel mit platten, runden Köpfchen.

Die Kartausen. R.A. Einen bə də' *Kartaus'n* (b. W. *Kartau˜z'n)* nemə˜, ihn fest anpacken, beym Kopf nehmen. „Er ergriff den beichtvatter bey der Kartuß und hey dem Hals"; Joh. Pauli. Grimm, Wbch. II, 608. V, 243.

Die Kartoffel, wie hchd.; Grimm, Wbch. V, 244 f. Vrgl. Firmenich I, 58. 60: Kantüffel, (Hamburg); 76,8: Ketüffel, (Meklenb.-Schwerin); 82,14: Tüfte (Meklenb.-Strelitz); 128,28: Nudeln, (Uckermark); 139,22; 375,5; 517,36: Tüffeln, Tuffeln, (Altmark; Bocholt; Buchholz); 118,1: Tüffke, (Zempelburg); 531,29: Krumbeer, (Simmern); 505,172: Iruanbir, (Prüm); 390,3; 410,13: Erdappel, (Rheinberg; Krefeld); 430,12: A'däppel, (Elberfeld); 276,184: lartappel, (Bielefeld); — dies liegt am nächsten dem Kartoffel.

‛Der Kartumel, Tumult; Grimm, Wbch. V, 217 unten und Zeitschr. VI, 291.' „Ain von dem karthumel in Bairlanndt", (nemlich dem bayr. Krieg v. 1503 ff.); Cgm. 808, f. 17. Vrgl. oben, Sp. 1292, karmen: carmula, auch Sp. 1284: Kormordio und Th. III: der Rummel.

‛Das Kärtlen, Kärtel für Quärtlein, der vierte Theil eines gewissen Maßes. s. unten Quart. Grimm, Wbch. V, 244. Zeitschr. II, 402,9.'

‛Der Kortisan, Kurtisan, Höfling; ital. cortigiano, franz. courtisan, Grimm, Wbch. II, 640. Diez, Wbch. 112.' Cf. česk. kortizaun, Hanswurst, Possenreißer. Die Kortisanen und Päbstler. „Illi ecclesiasticorum munerum venatores quos nomine famoso Corticzanos vocant, qui (als begünstigte römische Höflinge ins Land eindringend) et sacerdotia et parochias occupant sine diplomatibus patronorum." Cf. Sanzenon. 121, f. 61b: „Praerogativa cortesianorum seu privilegia curialium." „Ich bin ein römisch curtisan; zu Rom ich erstlich esel trieb, nach dem ich römisch bannbrief schrieb, die pfaffen ich gen Rom auch lad, ich bring in Teutschland römisch gnad, gib eim an teufel ein baßparten, auf das bapstmonat thu ich warten, darin zeuch ich die pfründ gen Rom, vil pfarr und bropstig ich einnom, die pallium und anaten must ich gen Rom den bapst verrahten, damit wir heten zu bursieren"; H. Sachs 1612: II, II, 17. „Der Cortisan mit dem Beckenknecht. Ein cortisan der zog gen Rom zu dienen in dem ablaskrom"; das. IV, III, 162 (1560: IV, III, 74). Über
334 diese Cortisanen wird zu Anfang des 15. Jahrh. häufig Beschwerde geführt: Kr. Ltghdl. XIII, 25. 36. 49. 173. 288. XVII, 134. s. Päbstler.

Der Karwendel (statt Gerwendel), Name eines ansehnlichen Gebirgstockes an der obern Isar. „Der Garwendl"; Isargesellsch. 1704, V, p. 95. Kerwentil ist der Name eines bey Meichelb. Hist. Fris. I, II, 61 (saec. IX.) aufgeführt'n Zeugen. Kerwenteleshusa, ibid. 477; „bis an die Gerwendelsach", Werdenf. Ehaft v. 1431, Cbm. 1533. Es haben wol auch andere Berge, z. B. der Watzmann, ohne weitere Modification den Namen von Personen erhalten. Vrgl. übrigens Kar u. Wand.

karwizen, karwizeln, einen durchdringenden Laut von sich geben, wie Glas oder Metall, wenn es gekratzt wird, wie die Zähne, wenn sie übereinander gerieben werden, wie die Räder an einem ungeschmierten Wagen. Zeitschr. VI, 335. s. kerren und das folg. Wort.

---

karzen, (Hsr.) was das vorhergehende karwizen. Grimm, Wbch. V, 246: karzen.

Die Kerzen (Kérz'n, Kiərzn), wie hchd. Kerze, mit dem Unterschied jedoch, daß im Dialekt auch ein Talg- oder Unschlittlicht diesen Namen erhält; (ahd. charza, cherzia, cherza, candela, mhd. kerze; Graff IV, 497. BM. I, 801. Grimm, Wbch. V, 614. cf. carz, lychnus, linteolum, lucerna; charzili, ceracula, gl. a. 291. 508. i. 537. 574. o. 46). Der Kerzler, der Lichtzieher. Die Kerzlerin, Weib, welches an oder in der Kirche Wachskerzen verkauft. „. . Kauft ein noch heut, was taugen euch mag zu der Leich, und bestellt die Kerzernunnen"; Balde, Lob der Magern. Die Leichkerzen (4—5 Stück), die am Seelgottesdienst für einen Verstorbenen, in der Kirche auf die Bahre (den Katafalk), sodann vor der Kirche in den frischen Grabhügel gesteckt, zu brennen haben, und von welchen dann, insoferne sie dabey größtentheils unverbrannt bleiben, die größte, in welche 3, 7, 9 oder mehr Geldstücke gesteckt werden, dem Ortsgeistlichen wird, die übrigen aber entweder so, wie sie geblieben, oder in kleinere Stücke zerschnitten, an die dem Gottesdienst anwohnenden Verwandten vertheilt werden, damit jeder sie, wann und wo er für den Verstorbenen betet, könne brennen lassen. (Rimberg und Rohr in Altbayern, bey Pfaffenhofen, 2. u. 3. Januar 1847, Siebent und Dreißigst für meinen den 27. verschiedenen 65 jährigen Bruder Joseph). s. Österkerzen, Wandelkerzen. Der Kerzendreier (Kerzádreier; Nürnb.), eine gewisse Silbermünze, welche bey einer Kindtaufe von dem Taufpathen den Hausgenossen sonst geschenkt wurde; jetzt jedes Geld- oder anderes Geschenk bey dieser Gelegenheit; (Rath Her). Die Kerzweih, Lichtmesse; Grimm, Wbch. V, 618. BM. III, 613: liehtwîhe.

kurz, wie hchd. (ahd. churz und sogar noch churt, s. Gramm. §. 7 und 38; mhd. kurz. Graff IV, 498. BM. I, 917. Weigand, Wbch. I, 653 f. Zeitschr. VI, 433). Kurze Schillinge, s. Schilling u. vrgl. lang. R.A. Dazue ist mir, dir ꝛc. die Natur ze kurz, es geht über mein, dein... Vermögen. Kurzer Hand, brevi manu, ohne Förmlichkeit; kurzer Hand Recht sprechen, d. h. ohne den Beklagten zu vernehmen. Wagner, C. u. CB. I, 37. „Ze churz tuon Einem", ihn zu kurz kommen machen, benachtheiligen? Amberg. StadtR. (saec. XIV.) kurzum, adv.; Zeitschr. IV, 105,26: kurtzam. R.A. *Kurzum* is ə˜ Hàrbeudl und langaus ə˜ Zopf. ‛kurzumkeit, s. Zeitschr. III, 350. VI, 433.' Der Kurzebold (?). *Curceboldum* quem ad texendum erexerat"; Legenda S. Waltburgis, ZZ. 816, circa finem. cf. unten der Kotzen: Kutzplahe und BM. I, 221.

Der Käs (Kás), wie hchd. Käse, sowol der bloße Quark, als der in Formen, Laibe gebrachte, roman. formaggio, formage, fromage (gl. i. 877: pilidi chases, formellas casei; i. 240: chasa, formellas casei. Diez 152. Ahd. châsi, mhd. kæse; Graff IV, 500. BM. I, 791. Grimm in Haupt's Zeitschr. VII, 468; Wbch. V, 248. Zeitschr. VI, 291). Schnöd abweisende R.A. ə˜n *Kás!* oder: màgst kaə˜n *Kás* und Schuənég'l drei˜!? Das Kæslein (Kásl), kleiner Käse, besonders ein Laiblein von getrocknetem, mit Salz, Pfeffer und Kümmel gewürztem Quark. Der „Schutzinger Kæs, Pirgkæs" (Gebirgkäse), oft im Raitenhaslacher Urbarbuch v. 1438, Cbm. 1517, f. 237 ff. Kæs und Brôd oder Gugker-Kæs, Sauerklee, oxalis acetosella. Zeitschr. V, 443. Der Klän-Kæs, Streichkäse, s. klänen. Der Kreuz-Käs, s. Kreuz u. vrgl. Grimm's Mythol. p. 642 (2. Ausg. p. 1063) und LX: gesegenter Käs. „Ad faciendum caseos qui vocantur krewczer" (1465); Ind. 355, f. 250. Das Ständlein-Kæs (Stántlkás, O.Pf.),

335 Quark, in einer Art hölzerner Gefäße (Ständlein) zu fester Form erhärtet. Die Käsbor, Käsekorb; Grimm, Wbch. V, 250. Graff III, 158. IV, 500: châsi-bora, fiscina, fiscella. „Ein wagen mit kesborn“. Augsb. Bruckenzoll (1282), Cgm. 574, f. 22. „Zwen alt stumpf sporn und ain alte kesporn darein legt ewr heyratgut“; Rosenplut, Cgm. 714, f. 294ᵃ. „Cas'ua, kaspor“, (zwischen cista und crucha, Krug); Clm. 4350 (XIV. sec.), f. 2. Kæsdrucken heißt der derbe, nicht selten sogar in Kirchenstühlen unter jungen Burschen vorkommende Spaß, wenn sie in ganzen Reihen einander vom Platz zu drücken suchen. Das Kæs-Kar (Káschkə, Káskáschkə, ä. Sp. châsi-char, fiscella), s. Kar. Der Kæskæuffler, Kæsstecher, Käsekrämer. Käsmatte, (Aschaff.) Topfen; Grimm, Wbch. V, 254. Das Kæs-Waßer (O.L. Ká'wóssə, ahd. châsi-uuazzer, serum, tenucla), die Molken. Graff I, 1129. BM. III, 539. Grimm, Wbch. V, 257. kæsweiß, von der Gesichtsfarbe: bleich, todtenbleich. Grimm, Wbch. V, 257. Die Käswochen, „die erste Zeit für neue Eheleute oder neue Dienstboten, wo noch Nachsicht und gelindere Behandlung gewöhnlich ist“; v. Delling. An die angels. cys-vuca, erste Fasten-Woche (the cleansing week), in welcher sogar die Verehlichten sich eines des andern enthalten sollten, und die mit dem Begriff einer Flitterwoche schlecht übereinstimmt, ist wol kaum zu denken. Dagegen spricht das ähnlichbedeutende neugriechische ἡ τυρινή (die letzte Woche vor der Fasten) für die ganz einfache Ableitung von Kæs. „Schon wieder die Griechen mit der Käsewoche! Die gr. Käsewoche ist die, in die der Aschermittwoch fällt. Also wäre der Honigmond nach dem Fasching. Und das lacticinium dauert nur eine Woche. Soll es aber von Käsewoche seyn, nach der die strengere Fasten angeht, so brauchen wir eure Griechen nicht dazu; die Lateiner hatten ja früher dieselbe Ordnung.“ (Kopitar, April 1841). Cf. oben, Sp. 918: Gennacht. Grimm, Wbch. V, 258. Zeitschr. II, 34. 232. VI, 291: Kässonntag. Vrgl. Brem. niedersf. Wbch. V, 405: Kees-dag. kæsen (kás·n), 1) gerinnen; gerinnen machen; Käse bereiten. Süeß, saur, ganz guet, halb guet ꝛc. kæsen ... Grimm, Wbch. V, 255. 2) „Das prut käset (vrgl. vaset) und gewinnet wurczen als die ungerischen affaltern tund“; Belzbuch, Clm. 4373 (v. 1437), f. 111. „Das pruete kaset vnd gewinnet würtzen“; Cgm. 289, f. 124ᵇ. Der Kæser (Kásə), 1) der Knecht, der auf einer Alpe das Geschäft des Käsebereitens, Käsens, zu versehen hat, sonst Melker, Send, Stoz, Alber genannt. Hazzi, Statistik I, 207. Grimm, Wbch. V, 256,1. Zeitschr. IV, 61. Der Halbkäser, Gehilfe des Käsers. 2) Alphütte, in welcher Käse bereitet wird, barb. lat. fromadia, franz. chaslet, châlet; Alphütte überhaupt, es mag darin Käse bereitet werden oder nicht, Sennhütte, im vorarlbergischen Walserthal: die Götze; Steub, allgem. Ztg. 1843, Beil. S. 2856. Grimm, Wbch. V, 256,2. „Chäser auf den alben“, Urk. v. 1422, Koch-Sternfeld, Salzb. u. Berchtesg. II, 88. „Tayen, kæser und alben“; tirol. Waldord. v. 1551, Cgm. 1203, f. 60. „Obgenannte zwen Prändt vnd holtzschlög zu ainer Alben, es sey mit außraumung der holzstöckh, aufrichtung ainer khäser, Stallung, Mäder oder sonst zuerichten“; Erzherzog Ferdinand verschreibt seiner Schwester Magdalena zu Hall zwen Prändt im Wattenthal (1587), Cgm. 171, f. 40. „In meiner Käser da gfallts ihm waiß wie“; Tirol. Kirchtag 1819, p. 15. VII Com.: die Kesara. „Käser und Heustädl“, (ad 1641) Lori, BergR. 419. Diese zweyte Bedeutung, in welcher übrigens auf unsern Bergen das Wort viel öfter, als in der ersten vorkommt, vielleicht weil heutzutage meistens Mädchen jenes Geschäft versehen, scheint eine ziemlich natürliche Figur von jener ersten zu seyn. Schon gl. i. 256. 265 wird (Regum lib. IV, 10. 12) ad cameram pastorum durch zi den chasarun gegeben. Graff IV, 525. Das ə' in Kásə' könnte auch dem Schluß a des fremden casa entsprochen haben. (Pseud.-Zir.) das Vorgebäude bey einem Kásə': die Vorhütten, das übrige ist der Kásə'stock und das Trett. kæsig (kási'), 1) wie Käse geartet, weich, zart. Eine unreife Nuß ist noch käsig . . eine schwächliche Person ist käsig. 2) wie Käse aussehend, bleich, blaß. (Zir.) kasig, (Pinzgau) angenehm; (im Land) blaß. Zeitschr. III, 108. „keisigt, libidinosus“; Heumann, opusc. 697. Grimm, Wbch. V, 258. Vrgl. auch hásig.

Die Kasaken, das Kasäklein, (Ries) kurzes Oberkleid gemeiner Frauen; span. casaca, ital. casacca, Mannsrock; (Diez, Wbch. 91. Grimm, Wbch. V, 247. BM. I, 791: kasagân). Noch ein Stück der Uniform der Hartschiere, die man (April 1844) überhaupt wieder auf die unter Albrecht IV. u. V. übliche Mode zurückbringen will, — wie so manches andere. „Casack, gallica palla“; Prompt. von 1618. Vor 50—60 Jahren kam eine Art städtischer Hausröcke, den jetzigen Schlafröcken nicht unähnlich, unter dem Namen casaquin vor. Tobler, Appenz. Sprachschatz p. 213 f.: Gassageng(er).

Die Kasel des Meßpriesters; Ducange, hg. v. Henschel, II, 229: casula. Grimm, Wbch. II, 608. V, 254. Cgm. 1119, f. 17ᵃ: die Casaul. „Diu kasaul ist lanch vnd michel. vnd ist alum ganz und ist geschafen als ein glogge. so si der priester auf die arm leit so ist er geschaffen vornan und hinden als ein schilt und bezaichent die grozzen und die ganzen minne die unser herre zu dem menscen het“; Clm. 4623 (XII.—XIII. sec.), f. 74.

Die Kásárm, Kusárm (◡ -), bey großen Haufen die Caserne, russisch Kasarmi. Grimm, Wbch. V, 257.

Der Kaiser, (auf dem platten Lande Kaəsə'), wie hchd.; (goth. kaisar, ahd. cheisur, cheisar, keisor, mhd. keiser; Graff IV, 525. BM. I, 794. Grimm, Wbch. V, 36). Des Kaisers Buech, (ä. Sp.) die unter Kaiser Ludwig dem Bayern gemachte Gesetzsammlung; Chron. Bened. II, 81 und MB. passim. R.A. „Immerzue in den alten Kaiser hineinsündigen“, an keine Besserung denken; Selhamer. Jetzt hört man: Auf den alten 336
Kaiser hinauf sündigen, zechen ꝛc., d. h. ohne an die Bezahlung zu denken, wie die Leute von des Kaisers Gefolge, bey dessen Anwesenheit in Nürnberg, Augsburg, Speyer, Straßburg, in den Wirthshäusern einquartiert, wo dann die Stadtcassen, Juden und Welschen sie auszulösen hatten; (v. Lang). In Nürnberg wird eine geringe Art Lebkuchen Kaiserlein genannt; vielleicht trugen sie früher das Bild eines Kaisers. Kaiser Friedrich hat Ao. 1487 beym Reichstag in Nürnberg „etlich tausend Lebküchlein bachen lassen, die man jetzunder noch Kayser nennt, jedem Kind eines zu geben“; Wagenseil, de civit. Norimb. p. 147. In der Küchensprache hat man eine Kaiser-Suppen, einen Kaiser-Auflauf, Kaiser-Schnitzl. In der Metzgersprache nennt man Kaiser-Flêisch das kurze Fleisch an den Rippen; Wien: Kasa'-flaisch, junges Schweinfleisch, besonders an den Rippen. Castelli, Wbch. 180. Kaozesheim (sec. VIII.) = Kaisheim = Kaisersheim, wie Undeowesdorf = Undenstorf = Indersdorf metamorphosiert. kaiserisch (kaəsərisch, O.L.), dem Kaiser angehörig oder anhängig. Dé *Kaəsərisch'n*, U.L. Kaiserlichen, d. h. die österreichischen Truppen, weiland selbst den gemeinen Franzosen les *kaisérlics*.

kaussen, kauschen, von kleinen Hunden: bellen; zanken. Cf. česk. kausám, beißen, sich zanken. s. kauzen.

Der Kaußhuet (?). „Die weichen Kaußhuet, die sie (die Pfaffen, d. h. Weltgeistliche) im Winter umbs Maul schlagen“; Joh. Pauli 255.

Das Kes (Kês), selten oder nie ganz zerschmelzendes Eis-Lager im höhern Gebirge, Glacier oder Gletscher. Grimm, Wbch. V, 619. Vrgl. Isidorus, origin. XIV, VII: „Unde et eum (Caucasum) Scithae Craucasim vocaverunt, casim enim apud eos candor sive nix dicitur“; Cod. Fris. 50, f. 216ᵃ. Das Keswaßer, Wasser von einem Gletscher, Eiswasser. verkesen, vrb. n. und recipr., sich mit Gletscher-Eis anfüllen, vergletschern. Vilmar, kurhess. Idiot. 197. Anmerk. Die Ausspr. und das Genus unterscheidet dieses Kes von Kæs, auch findet sich gl. i. 313: ches, gelu. Graff IV, 500. BM. I, 802. Indessen geben nach Saussure auch die Bauern des Chamouni-Thales dem Gletscher-Eis den Namen Serat, welcher eigentlich eine Art weißen und compacten, aus den Molken gezogenen Käses bedeutet. Das griechische κρύω und κρύσταλλος wird sowohl vom Gerinnen (Käsen) der Milch als des Wassers, vom Käse als vom Eise gebraucht. Vrgl. allenfalls auch Kisel und das isländ. kös, congeries.

'Die Kesse, Spalte; Grimm, Wbch. V, 619.' Abfälle oder Kösen sind unterirdische Löcher und Gruben in den Haupt- und Seiten-Triftbächen, welche die schnelle Trift verhindern; (Pseud.-Isr.).

Der Keßel (Késsl, Késtl), wie hchd., (ahd. chezil, chezzil, mhd. kezzel; Graff IV, 537. BM. I, 803. Grimm, Wbch. V, 619. Zeitschr. IV, 329,9. V, 517, III, 16). „Item Schalk dem Fuhrmann 2 fl. 24 kr., alweil er den ersten Köstl zur Prunst ins Zeughaus geführt"; Wstr. Btr. III, 117, ad 1599. Der Keßler, (Franken) Kesselschmid, Kupferschmid. Das Késtlgsind, (b. W.) herumziehendes Gesindel. Grimm, Wbch. V, 625: Kesselgesinde, 624: Kesselflicker, und 627. 628: Keßler, Keßlergesinde. Vilmar, kurhess. Idiot. 200. 'Der Keßlermuet, vrgl. Grimm, Wbch. V, 628.' „Dies sybariticus, ein guetter kösslermueth"; Monac. Augustin. 283, f. 43. Das Keßelgeld, was sich Dienstmägde beym Einkaufen in der Fleischbank, auf dem Fischmarkt ꝛc. zu Nutze machen; wirzb. Dienstbotenord. v. 1749.

„daher kesseln, inerti, tardo passu incedere"; Prompt. v. 1618; dagegen ist kesseln im Allgäu: eilfertig seyn, laufen; (v. Whrnz.). Grimm, Wbch. V, 626,1.

Der Kis, wie hchd. Kies; (ahd. chis, mhd. kis; Graff IV, 500. BM. I, 821. Grimm III, 380: kiez; Wbch. V, 687. Zeitschr. II, 412,15). Ein Hufeisen, das „itel kis", d. h. höchst schlecht ist; Br. Berht. 42, Pfeiffer 147,27. Grimm, Wbch. V, 688,3,c: Eisenerz.

Der Kisel, Kisling, Kislingstain, 1) wie hchd. der Kiesel, Kieselstein, (ahd. chisil, chisiling, mhd. kisel, kiselinc; Graff IV, 500. 501. BM. I, 821. Grimm III, 379; Wbch. V, 688. 690. Firmenich I, 349,111: Kieserlink; Soest. Zeitschr. V, 150). In der Relatio curiosa bavarica XIII. wird auch der 340 Pfund schwere Stein, der noch heutzutage im k. Schlosse zu München zu sehen ist, weil ihn der Herzog Christoph „ohne einige Leibesbemühung etliche Schritte in die Höhe geworfen" haben soll, ein Kisselstein genannt. „Silex haizt ain kisling, der ist hert und kalt und sleht man doch feur dar auz"; Konr. v. Megenberg, Pfeiffer 443,30. „Man siht ir (der amaizen) steig und ir weg auf den herten kislingen"; das. f. 177, Pf. 301,32. „Daz ein michel olebach uz einem kisilinge floz"; Wernh. Maria p. 190. 'Das Kislet, Collectiv: Gekiesel; vrgl. kiselicht, adj., kieselartig. Grimm, Wbch. V, 690.' „Wo Bächə-l iⁿ Schatt'n voⁿ Fəlsnən und Wáld übə' 's *Kisłət* heə'rislət und blinkezt und quält"; Pangkofer, Ged. (1846) p. V. 2) (O.Pf.) das Hagelkorn, die Schloße. „Ob Schauer oder Kisel über ein Feld ergienge"; Amberger Akten von 1381. kiseln, Schloßen werfen, schloßen. Der Kiselschlag, wirzb. Verord. v. 1791. (Vrgl. das Kes und kiz).

kisblò, kisgrá, (b. W.), s. kitz, u. vrgl. Grimm, Wbch. V, 698.

337 kiesen, auskiesen, erkiesen, (ich han erkorn u. erkiest), 1) (veraltend) auserſehen, auswählen, (ahd. chiosan: ih chiusu; Prät. ih chôs, uuir churumes; Partic. choran; mhd. kiesen: ich kiuse; ich kôs, wir kurn; gekorn. Graff IV, 507. BM. I, 823. Grimm, Wbch. V, 692. I, 892. III, 872); s. Kür, Chur und Kust. „Sollen Einen aus dem Rathe kiesen und erwehlen"; alte bayreuth. Proceßord. „Der erkiest Ausschuß"; Ldtgh. v. 1612, p. 17; v. 1669, p. 125. Cgm. 715, f. 72 (u. öfter): auserkesen, (reimt auf „wesen"). 2) nachsehen, untersuchen, überlegen, kosten, erproben; (cf. chius, delibera; kheoset, perpendite; gl. a. 324. i. 246. 1094). „Ob ein Verstorbener Jemanden etwas mit Recht vermacht habe, das sol man da mit chiesen; in welchen trewen Im der man gewesen sei, oder wie nachen er Im gesippet sei"; Wstr. Btr. VII, 119, ad 1320. „Wer kos gelt nit chan chiesen den verdrüßet siner zit"; Cgm. 270, f. 74. Cgm. 379, f. 37. Daher z. B. in Amberg, Nürnberg: der verpflichtete Bier-, Branntwein- ꝛc. Kieser (Untersucher). Stadt-Bierkieser, (Neustadt a. d. Donau), b. Landbote 1837, p. 474. „Daz kein kieser keinen bösen heller wechseln sol oder kaufen." „Under iedem tor sol ein kieser sein, uf den greden zwene, einer uf dem eiermarkt ꝛc. die den winmezzern ir gelt besehen und kiesen ob des not ist." „Wer auch des geltes daz die kiesere oder ir einer heizzet nemen, niht ennimt der sol geben die buzze"; Wirzb. Sätze v. 1343, §. 52—59. Eine Ableitung hievon ist das alte chorôn versuchen, erproben, tentare; (goth. kausjan; Grimm, IV, 612. 650. Wbch. V, 692, c. s. oben, Sp. 1284: koren, kôren. Kilian: keuren, bekeuren). s. auch kosten und die Kust. 3) ä. Sp. wahrnehmen, sehen überhaupt. Noch Opitz läßt seine Judith sagen: „Abra geh, es ist vonnöthen, daß man heimlich sich erkiest (sich umsieht), ob die königliche Wache vor der Thür vorhanden ist." Gl. i. 218: gichius, provide. „Je sâ kurn si den tac", (alsbald sahen sie den Tag, es ward Tag); Gregor v. d. St. 803. „Wem umb dy prüst we sey das sol man pey disen zaichen chiesen"; Clm. 5879, f. 208. „Er kiuse hie den nuwen Josue"; Cgm. 94, f. 55ᵇ. „Man hab die rosen an der süeßen mund, wie pald ain man derkür (würde sehen) der munt prüne ferr hin für"; Cgm. 714, f. 60. Die allgemeine Bedeutung „sehen" hat auch das aus dem Deutschen stammende französische choisir, z. B. noch im Roman de la rose, Vers 1625, wo vom Zauberspiegel die Rede ist: „Au miroir entre mil choses choisy rosiers chargiés de roses . . ." „Que chascun les peut choisir ens." „Ma sola lei qu'amors m'a faig causir"; Gauselm Faidit. Diez, Gramm. I, 286; Wbch. 594 f. 'verkiesen, ä. Sp., über etwas wegsehen, es nicht beachten, darauf verzichten, es aufgeben; Graff IV, 512. BM. I, 825.' „Solt ich dich erst verkiesen, dich, aller wîbe krône"; Labr. 761. „Alte Freund soll man nit bald verkiesen"; Seb. Frank. s. oben, Sp. 1283: verkêren. „Lieb und werd was ich ein zeit nun hat sy mich verkoren"; Cgm. 810, f. 154. „Utrum (confitens) cibos fastiderit .i. verchauſt", (wol Substantiv) Clm. 9537, f. 181. 'Vrgl. Graff IV, 518.'

Die Kosel, (schwäb.) das Mutterschwein; Grimm, Wbch. V, 1842. Zeitschr. IV, 226. 358,6. V, 63,36. 375. cf. co-suin, Frekkenh. Heberolle p. 3. 10. 16. (s. Küeß und Kuschel).

„kosig, sordidus"; Prompt. v. 1618; (schwäb.) koslicht. Grimm, Wbch. V, 1842: koselig. „Grindig und lausig zottet und kussig zerhadert, geschmutzig und russig"; H. Sachs 1560: II, IV, 83ᵇ (1612: II, IV, 169). „Hogrecht schuchtet (schütel) zotet und kusig"; das. III, I, 245ᵃ (III, I, 492). „Sie ist beschmutzet und ganz kusig im angesicht sam ein schmid gar russig"; das. V, 382 (V, III, 93). Zeitschr. V, 63,36: kuəsəlich; II, 372. III, 294: kosle, vrb. Vrgl. das vorige Wort.

kôsen (kous'n), (O.Pf.) reden a) ohne weitern Nebenbegriff, (ahd. chôsôn, mhd. kôsen; Graff IV, 501. BM. I, 863. Grimm, Wbch. V, 1842 ff. Vilmar, kurhess. Idiot. 220. Zeitschr. II, 458. 462. VI, 173. 423,30. 528,15); b) plaudern, schwätzen. Zips: kosen, sprechen, schwatzen. „Die (heilige) Kosung", in MB. XIV, 271 scheint eine Uebersetzung von doctrina zu seyn. chôsa, chôsi, gichôsi gilt in der ahd. Sp. für sermocinatio, tractatus, eloquium; 'mhd. der kôs (?), diu kôse, daz kôse, kœse, gekôse, gekœse, Gespräch, Rede; Geschwätz; Graff IV, 505. BM. I, 864. „Der kos des obristen gotes"; Cgm. 839, f. 29, (hieher?).' „Swelch man ist selber bôs, der fürchtet hinderkôs"; Cgm. 717, f. 107. Vrgl. BM. a. a. O. „Gregorius in der layschen red oder zwikôs", '(dialogus)'; Cgm. 746, f. 100.

'Die Coss, Cos, Algebra; (v. ital. cosa für Größe oder Wurzel: regola oder arte della cosa).' „Die Algebra oder Coss"; „algebraische oder cossische Rechnung", (Titel; Regensburg, 1646); Cgm. 3788 u. 3789. Die Cossisten.

Cossolder (?). „Alumen, cossolder"; Cgm. 4583, f. 47. Vrgl. Diefenbach 27ª und 104ᵇ: „cassaltrum, beizstein."

Die Kuse, Art Partisane; span. portug. chuzo, chuza, Pfeil, Wurfspieß, Lanze, Partisane. Diez, Wbch. 479. Vrgl. franz. cuisse (Diez, Wbch. 113), holl. kuis, niederd. kiuse, Keule. „Dat me ne slätt met der *kiuse* däoud"; Firmenich I, 353,52. Zeitschr. V, 418. „Die Hartschier mit ihren Chusen"; Parnass. boic., 3. B., p. 7, ad 1725. „Gewaltige Hussenmesser mit eingeätztem Wapen von Bayern" (führten Max Emanuels Leibhäscher); Zschokke, b. Gesch., 3. B., S. 403.

'Der Kusel, eine Krankheit der Pferde.' „Welches ros den kusel hat"; Cgm. 824, f. 8.

kussen, küssen, (ahd. chussan, chusjan, mhd. küssen; Graff IV, 523. BM. I, 918. Weigand, Wbch. I, 655). „Kus gen kusse bieten"; Labr. 329. R. A. „Das dich ain igel kuß!" Rot 133, Hinterdeckel. Antiquar Herdegen aus Nürnberg zeigt mir (10. Juny 1844) einen Holzschnitt, vorstellend einen Igel, darüber zu lesen: „Hanns Igler das dich ein Igel kuß!" Der Kussenpfenning, Geizhals, Filz. Der Kuss (Kus); volksüblicher ist das Bussl·, Bussə-l, w. m. s.

Das Kuslein (Kusl, Kusə-l, Kusál), das Kalb im zärtlichen oder lockenden Ton. Blos lockend sagt man: kus, kus! (Vrgl. isl. kusi das männliche, kusa das weibliche Kalb; schwed. kuse, lapp. kusa. Haupt's Zeitschr. VII, 179. Grimm, Wbch. V, 1842, b. c. Zeitschr. VI, 218. 433). s. Kue, Kuschel und das folgende Wort.

'Das Küß, wie hchd. Kissen, (richtiger Küssen: ahd. chussîn, chussi, pulvinar, mhd. küssen, küssîn, küsse; Graff IV. 324. BM. I, 920. Grimm, Wbch. V, 852. Zeitschr. VI, 433).'

Die Küessé, das Küəssə-l, das Küəs-kàlb, das weibliche Kalb, Färsenkalb. Grimm, Wbch. V, 1842,b Zeitschr. IV, 226. V, 63,36. 375. VI, 218. 433. Die Form scheint eine sonst seltene Art Diminutivs oder Ge-
338 nitiv (von Kue) zu seyn. Vrgl. schweizerisch das Küetsche und Stalder's Dialektol., S. 255. s. auch das vorhergehende Wort.

---

kauschen (kausch·n, kau˜schn), beym Kauen der Speisen schmatzen; essen. Cf. česk. kausati, beißen. Grimm, Wbch. V, 362. Er *kauscht* bə'n Éssn ə's wiə-r-Fá'ckl. Gibts nicks *zkauschen*, (zu essen). „Gleich wie ein Saw kauschet und schmatzet"; H. Sachs 1560: V, 395. Castelli, Wbch. 181: „Kausch·n, viel reden." „Kauschen und plauschen, schwatzen, plaudern"; Seidl, Flinserln III, 83. 113. 'Vrgl. oben kaussen.'

kausch, kauscher, rein, echt, wie es seyn soll. Grimm, Wbch. V, 362. Dà is ·s nét *kausch*, nicht geheuer. Dieses Wort gehört wol eher zum jüdischen koscher, als zum folgenden keusch, obschon die gl. a. 311. 907: „nist chûski, non est fas", gut fugen würde. Koscher ist das Fleisch des geschlachteten Thieres, wenn demselben die Schlundröhre nur zur Hälfte durchschnitten ist; wenn aber dieselbe ganz durchschnitten, ist es trefa. Hammer-Purgstall, Wiener Jahrb. 120. Bnd., 117.

keusch (kàisch), 1) wie hchd., ahd. chûsci, mhd. kiusche; Graff IV, 527. BM. I, 822. Grimm II, 986; Wbch. V, 651. In einer Art Catechismus, Ms. v. 1447, steht regelmäßig künsch, was vielleicht blos aus Gramm. 55 zu erklären ist: „Man vindet vil lüt die künsch sint; kunschhait wider unkunschhait." „Kewnsche iungkfraw"; Cgm. 1125, Vorderdeckel. „Kunsch, pudicus; Voc. Melber, (neben wunst st. wuest). Der und die Unkeusch, die Unkeuschheit; 'der coitus, ob rechtmäßig oder unrechtmäßig.' „Unkeusch treiben; das Laster des Unkeusch"; Ref. L.R. „Angrîffen oder küßen oder vmbvachen und bygligen und ander geverd und unwis wie man den unkünsch triben und volbringen mag"; obiges Ms. v. 1447. „Fulviam desselben gesellin der onkeusch"; Dietr. v. Plieningen. „Diu unküsch"; Br. Berht. 81 (Pfeiffer 279,30); diu chûske, die Keuschheit; M. m. 116. „Hast des viechs uncheusche icht angesehen durch posen glust"; ZZ. 604, f. 43. „Der swarzen kichern einguz sterkt der unkäusch gelider, wenn man si nüehtarn säuft und trinkt, und dâ mit behüett man manig ê, der ez weſt"; Konr. v. Megenberg, f. 251; Pfeiffer 389,33. „Ungehewsch, luxuria"; Voc. 15, f. 212. 'unkeuschen, coire; BM. I, 823.' „Wenne seiner prünften zeit ist, daz ez unkäuschen wil . . . ez unkäuschet hinderwarts"; Konr. v. Megenberg, f. 76; Pfeiffer 124,20.22. 748. verunkeuschen sich mit einer Person. Die Verunkeuschung; wirzb. Handwerksord. v. 1732; bayreut. Verordd. v. 1728 ff. „Contaminare, piunchusken"; gl. a. 351. 2) (Inn, Salzach) dünn, zart, fein, schwach, delicatus, span. delgado. Castelli, Wbch. 178: „kaisch, dünn, zart, schwach." Die Deichsel am Wagen, das Grindel am Pflug ist z· *káisch*, zu schwach. „Wenn der Nagel nicht recht káisch (dünn) gemacht wird, so wird er den Rahmen von einander spalten." Vrgl. allenfalls käsig u. hásig. Vrgl. oben, Sp. 1256, die Kon: chauschhait.

Die Kuschel, (Nordfranken) feminal. Vrgl. Kosel und Kües.

Kuschker, (im kärnt. Deutsch) die grüne Eidere; kärnt. gushzher, kushar, kushzhar; Jarnik 227. 240.

„Kouscht, Kaəscht, Kàischt", Fach in einer großen Getreide-„Truhe"; die ganze „Truhe"; (O.L., Baur). Dieses hier blos nach der Aussprache angegebene Wort, das wol nicht zu Kasten gehört, — (die Rotthaler freylich sagen Koust'n für Kasten) — scheint nach Gramm. 631 eigentlich Kôrt geschrieben werden zu müssen; oder ist es als G·hôrt gar zu Hôrt zu ziehen? s. Hôrt, Hurt. Cf. gl. i. 812: „corst, penetralia secreta domorum." Diefenbach 422ᶜ. česk. kašna, obilna, Kornkasten.

Kaspar (Kaspə', Gaspə', Gàppə', nordfränk. Kapp, Käpp, Käss), Caspar. Der Käsperl, das Käsperlein (Káspə'l). 1) Caspar (Diminut.) 2) im Scherz: der Teufel; Grimm, Wbch. V, 258. Zeitschr. III, 372. „Ich sehe euch schon im Henneloch beym Kasperl von Kreilhofen"; Buchner's Kinderlehre. 3) Silberstück mit dem Gepräg und Viertelswerth eines Brabanter-Thalers; (weil der Eintritt ins Kasperl-Theater zu Wien auf einen Viertelskronthaler gesetzt war. Deutsche Vierteljahrsschrift 1840, p. 6; — weil der Eintritt ins Kasperl-Theater-Parterre 34 Kr. kostete; Castelli. Vrgl. oben, Sp. 598: Champagner-Thaler). Die Käsperl liegen (April 1837) in der Agonie: zuerst (12. April) in Baden, dann (18.) in Frankfurt, (20., 25.) Hessen, Nassau abgewürdigt oder ganz verboten, sind sie gestern (26. April) auch in Bayern auf 39 Kreuzer herabgesetzt. 4) im Scherz: ein 40jähriger Mensch. 5) (Zips) zweiter Aufguß oder drittes Bier; Hainzel. Zeitschr. VI, 214. kaspern, verstolne Liebeshändel treiben; Kasperey. Grimm, Wbch. V, 258. käspern, käsperln (káschpə'ln) Einen, ihn necken, plagen. „Da woll er trutzen mit dem Casper, der ihn so oft casperlt"; P. Abraham. Zeitschr. VI, 294: kesp·n, käspern, schelten, zanken. R. A. Kasparschmalz anstreichen Einem, ihm schmeicheln, ihn loben; Grimm, a. a. O. Bey Hund II, 294 kommt ein Cabame von Seiboltstorf vor, dessen Name aus den ersten 339
Sylben der heil. 3 Könige zusammengesetzt sey.

Kaspulen (?). „Er (sant Alexius) ließ sich mit kaspuolen beschütten", (Var. karspuolen); des Teufels Segi, Barack 1397. Grimm, Wbch. V, 231: die Karſpüle, Aufwaſch, Spülich. Ztſchr. VI, 332: Kàsplər.

---

339 Der Kaſten, Dim. Kástl, a) wie hchd.; (ahd. chaſto, mhd. kaſte; Graff IV, 530. BM. I, 791. Grimm, Wbch. V, 263); b) in einer Alpenhütte das Gemach, welches zum Behältniß für Mehl, Käſe, Butter, Schotten und Milch dient; (v. Moll); c) auch wol eine abgeſondert ſtehende Hütte mit dieſer Beſtimmung; d) der Raum unterm Dach des Hauſes, ſonſt auch der Boden genannt; e) bey manchem größern Bauernhof ein abgeſondertes Nebengebäude, deſſen oberer Raum zur Aufbewahrung des gereinigten Getreides, der untere aber zur Verwahrung der Ackergeräthe beſtimmt iſt, Speicher; (gl. a. 535. 580. o. 197: chaſto, tipsanarium, area, granarius, franz. grenier). „Lignea domuncula, vulgariter kaſten"; Arnpeck V, 17, col. 259. Hieher in specie f) der Kaſten, ehmals Herzog-Kaſten, Gebäude zur Aufbewahrung des Gült- und Zehent-Getreides, das von den unmittelbaren Grund- und Zehent-Holden des Landesfürſten (des Staats) in Natur entrichtet wird. Grimm, Wbch. V, 266,4,b. Zeitſchr. VI, 291. Das Kaſtenamt, die Verwaltung eines landesfürſtlichen Speichers und der darein gehörenden Gefälle. Glieder ſolch eines Amtes: der Kaſtner, Kaſten-Probſt (Kr. Ltghdl. XI, 457), Kaſten-Schreiber, Kaſten-Gegenſchreiber, Kaſten-Amtmann (Kaſten-Amtsdiener), Kaſten-Bereiter, Kaſtenamts-Einſpänniger, Kaſten-Knecht ꝛc. Grimm, Wbch. V, 272. In dem erſten Stadt-Münchner Freiheitbrief v. 1265 heißt es: „nullum de eidem civibus exceptis nostris officialibus videlicet judice et *castrinio*"; — dies wird im Cbm. 2087, f. 1ᵇ deutſch gegeben: „außgenommen unſere Ambtleuth das iſt den Richter und Caſſtner." In Klöſtern hatte der Pater Kaſtner die Aufſicht über die ganze Ökonomie. Kaſtengüeter, ſolche, von welchen der Landesfürſt oder der Staat Grundherr iſt, und deren Zahl ſich ſeit der Säculariſation ſehr vermehrt hat. Kaſtenbauern, Kaſtenamts-Unterthanen, kaſtenämtiſche Unterthanen, Kaſten-Mayer, Kaſten-Leute, ſolche, welche auf Kaſtengütern (und zwar auf den ältern ſeit dem 3. May 1779 meiſtens mit Erb-Recht) ſitzen, im Gegenſatz der landſaßiſchen, gerichtsherrlichen, gerichtiſchen Unterthanen, nemlich der des Adels und der Klöſter. Kaſtengült, Kaſtenzehent. Kaſtenmäßiges Gut, Getreide von ſolcher Beſchaffenheit, daß es auf dem Kaſten angenommen werden kann. Kaſtenmaß ſcheint ehmals ein anders als das gewöhnliche geweſen zu ſeyn. MB. IX, 601, ad 1304 findet man: modios chastenales. „Ein chaſtenmutt habern gen Landſperch auff den chaſten"; Meichelb. Chr. B. II, 75. ſ. Metzen und Mutt. Der, die Kaſtenſchwand, (Wagner's Civ. und Cam. Beamte I, p. 189. 190) der Abgang an dem Maße, welchen das Getreide auf dem Kornboden durch Eintrocknen leidet, hchd. der Bodenſchrumpf.

Der Kaſten, 1) (im alten Amberg. Stadtb.) ein Maß für Brennholz. „Nit über 25 Meß oder Cäſten." „Das Caſtenholz, Caſtenſcheit ſoll fünfthalben, das Klafterholz oder Scheit vierthalben Statſchuh haben.". 2) Unterlage bei Eis- oder Hauptriſen; Kaſtenholz, dazu dienliches; (Jir.) Grimm, Wbch. V, 268,8,b. VII Com.: Kaſtel, „Kaſtelholz, Holzſtoß, pira, rogo; aufkaſteln, aufhäufen, ſchlichten"; (Schmeller, cimbr. Wbch. 134ᵇ. Zeitſchr. VI, 291). Zu brennende Backſteine aufkäſteln; ſ. käſteln. Cf. isl. köſtr, strues, rogus.

Das Ka . . . (am Rande beſchnitten; wahrſcheinlich Kästl oder Käſtholz), abwechſelnd quer über einander gelegte Scheiter an den beiden Enden eines Holzſtoßes. — Schindeln werden nach Buſchen, nach Käſt ꝛc. verkauft: zwei Buſchen machen ein Käſt; (Jir.) 64 Lagen (Leg) von Scharſchindeln zu 4—5 Stück und 84 Lagen von Rohrſchindeln zu 3—4 Stück machen ein Käſt; (Jir.)

Käſten, (nach de Luca) ſchroffe Felſen, die ſich an 340
die höchſten Bergſpitzen am Priel (einem Gebirg in Ober-Öſterreich) anſchmiegen. Grimm, Wbch. V,268,8,c. So ſind drey felſichte Abſätze am Fuße des Stöckelberges zwiſchen Ober- und Unter-Ammergau unter dem Namen der Käſteln bekannt; (isl. kaſt, Vorſprung an einer Felſenwand). Cf. der höhe Kaſten, Name einer Bergſpitze im Canton St. Gallen. Hohenkaſten bei Antdorf, (Dr. Sepp). Vrgl. käſteln.

kaſteln; verkaſteln. „Mein herze wirt in jâmer dâ verkaſtelt"; Labr. 483. BM. I, 792: verkaſten. Vrgl. unter Käſtelbier.

käſteln (kástln), Brod, Semmeln ꝛc., ſie ſo mit parallelen Einſchnitten verſehen, daß man ein Stück nach dem andern davon wegbrechen könne.

Das Käſtelbier, Käſtelbrôd, beſonders gutes Bier, Brod, vermuthlich in ſoferne ein ſolches für gewiſſe privilegierte Mitglieder einer Wirthſchaft abſonderlich verwahrt wird. Im Wand-Kästl wurde das weißere Brod aufbewahrt; (Obrm.). „Welchs arm menſch die teglich pfrundt nit nieſſen mag dem gibt ain maiſterin oder kellerin von dem käſtl zu eſſen und zu trincken"; Pfründenmanual des h. Geiſtſpitals zu München v. 1519 (Cgm. 2086, cf. 3051), f. 82. Das alte Verb chaſtôn (in Gold oder Silber faſſen (Graff IV, 530. BM. I, 792) galt wol auch für einſchließen überhaupt.

Das Kaſtel (-⏑), befeſtigter Ort, lat. castellum, ital. castello; Graff IV, 532. BM. I, 792. „Daz caſtel in daz unſer herre da gie"; Griesh. Pred. I, 100. „Kaſtelrutt (-⏑-) bey Botzen. Caſſel, Heſſen-Caſſel, ſ. Grimm in Haupt's Zeitſchr. VII, 476. „Actum Chassella" (v. J. 913); Seibertz, Urkundenbuch p. 7.

Der Caſtrôn, Caſtraun (Gstrau~), a) (Gbrg.) caſtrierter Widder, ital. castrone; Grimm, Wbch. V, 609. „12 Caſtron"; MB. XXIII, 686, ad 1624. „Mutuo, caſtrawnn"; Voc. v. 1445. „Jener türckiſche Commendant Scanderbegg, welcher alle Tag ein ganzen gebratenen Hammel oder Caſtraun verzehrt"; P. Abraham. b) (ä. Sp.) Hammelfleiſch. „1 Pfd. Chaſtraun" koſtete aᵒ. 1394 in Regensburg 1 dn., aᵒ. 1475 3 Hälbling; Gem. Chr. kaſtranen, kaſtreinen, adj. „Vervecinae carnes, caſtranin fläſch"; Clm. 5685 (XV. sec., 1412), f. 19ᵇ. „Caſtreinen fläſch und lembrein zungen" (dem Aderläßer); Aug. eccl. 76, f. 117. „December 1634 wurde das Hundsfleiſch für Caſtranfleiſch in Augsburg per 18—20 Kr. verkhaufft"; Cgm. 4905, p. 208.

käuſtern, vrb. n.; Grimm, Wbch. V, 499. 655. „Räuſperts recht rauf, damits nicht alleweil unter der Predigt zu rülpſen und zu käuſtern habt"; Stephans Predigt. p. 6. Cf. ſchweiz.: kiſtern, heiſer ſeyn und dabey ſchwer athmen.

Die Keſten (Kést·n), die Caſtanie, ahd. cheſtinna, mhd. keſtene; Graff IV, 533. BM. I, 802. Grimm, Wbch. V, 268. Diefenb. 105ᵃ. Zeitſchr. II, 116. IV, 68. „Castanea, cheſtenpawm"; Voc. v. 1445. „Castanea, ein cheſten"; Clm. 5008 (XV. sec.), f. 150. „Castaneum, keſtenze oder keſtenz paum"; Clm. 4350 (XIV. sec.), f. 2. „Castanea, sardiana glans, keſtnitz; echinus, ein ſtechende ſchalen wie die keſtnitz haben"; H. Junii Nomencl. 1629, p. 58. „Ihr ſeit ſo beſtändig, wie ein Schneeballen in einer Köſtenpfannen", P. Abraham. Der Késtenig·l, Kaſtanienſchale; Zeitſchr. VI, 157. Grimm, Wbch. V, 270.

keſtigen, ä. Sp., wie hchd. kaſteien, (ahd. chaſtigôn, mhd. keſtigen, keſtegen; Graff IV, 531. BM. I, 802. Grimm, Wbch. V, 262. 268). „Alſo der arzt keſtiget ſie mit baden und dem hunger"; H. Sachs 1612: I, 1078. Buch d. W. (1485) 114. 121: keſtigen, affligere. „Keſtigung des Leibs"; Legende v. St. Sebald, Wagenſeil, de civit. Norimb. p. 39. (Liederliche Perſonen) „will ain erſamer Rat mit offenlicher Straff des Prangers und ainer leibs keſtigung es ſei durch ein leibsgemerk oder in ander weg bessern"; Münch. Ord. wider die Laster, XV. sec.

Késtl, Késtlg'sind, s. Kessel.

Der Kosten, (O.Pf.) Gipfel eines Baumes; 'ä. Sp., Büschel.' (Vielleicht mit Rücksicht auf das Buschichte zu vergleichen mit dem hchd. Quast, ahd. questa, mhd. der und diu queste, der quast, daneben der und diu koste; dann mit dem schwed. qvast, dän. kost, holl. quast, Ruthe, Ast, Besen, poln. chwost, Haar-Büschel, Schwanz. Graff IV, 680. BM. I, 894. Grimm, Wbch. V, 1861). „Die plümlein und dye köstel darynnen dye plümlein wachsend"; Ind. 418, f. 103. „Calamentum, wisse koste; origanum, rot koste"; Gl. Augiens., Mone's Anz. VIII, 401. 402. Diefenb. 88^{b}. 400^{c}. „Perizoma est colligatio frondium vulgariter ain chosten"; Mallerst. 32, f. 296. „Eyn bad kost, perisoma"; Voc. Archon. f. 45. „Perizoma, coste"; Clm. 4350 (XIV, sec.), f. 1^{b}. „Perizoma, kost"; Clm. 5685 (XV. sec., 1412), f. 48. „Quidam balneator dixit: Qualis persona tale datur huic perizoma, darnach und der man ist, gibt man im ain kost"; Clm. 4408, f. 151. „Wer badet ane chosten der schamt sich nicht vil"; Cgm. 270, f. 74^{b} (379, f. 37). (Der münch ins bad) „ane kosten gieng, ein langer gesell (penis) da bei im hieng"; Cgm. 379, f. 108 (1020, f. 52). (Du Bader) „henck den kösten für das rauchloch als ob es sey ein biberschwantz"; H. Sachs 1560: IV, III, 77 (1612: IV, III, 167). „Den kosten und den hader, damit man dy altar hat planiert und trucknet, wirft man in das feur"; Tegerns. Cerem., Cgm. 1148, f. 15^{a}. kostet, adj., ä. Sp. „Der costet wedel", Kr. Ldtghdl. X, 175.

„Köstel, Küstel", (landwirthsch. Wochenblatt, I. Jahrg., Nr. 9) Fruchtzapfen des Nadelholzes. Zeitschr. VI, 433: die Kûs.

Der Köst, Fach in der Getreidlade; s. Kouscht.

kosten, a) (salzb., Lungau) versuchen, probieren, untersuchen; ahd. chostôn, probare, tentare, mhd. kosten; Graff IV, 518. BM. I, 828. Grimm, Wbch. V, 1862 f. „Eine neue Hächel kosten." Der Bergmann kostet einen Stein, auf dem er noch nicht gearbeitet. Einen Baum kosten, ankosten, ihn anhauen, um zu sehen, ob er tauglich; (Jr.) „die Gutkliebigkeit der (Nadel-) Bäume versuchen, indem man vom untern Ende des Schaftes Späne aushackt, um aus der Richtung der Fasern die Gutrissigkeit zu ersehen." „Durch Ankosten schwenden die Kleizler manchen Baum; es ist ihnen daher durch die Waldordn. v. 1755, §. 3, untersagt"; (Jr.). „Es soll khain Vnndterthon für sich selbs khainen Paum zu Dach-, Zaun- und Spanholz in den Wälden nit costen, sonnder sich des auszaigens der Vorster betragen"; salzb. Forstord. p. 33. 47. 86. 114. 138. b) untersuchen, tarieren. „Swas die viere verchostent (schätzen), daz sol
341 der burggrafe gelten", (bezahlen); Augsb. Stdtb. Die Satzmeister und Koster sollen jedes Faß Bier (vor dem Ausgeben desselben) kosten, daß es dem Maaß, das an demselben Ende ist, und dem Gelde wie vorsteht, wohl gleich sey; Kr. Ltghdl. XII, 378. Bierkoster; Paritii Regensb. 116. Weinkoster in Augsburg; MB. XXIII, 452, ad 1442. Die jetzige Bedeutung des Verb kosten als blos gustare scheint aus jener allgemeinern, und nicht ohne Einfluß des vielleicht an sich grundverwandten lat. Verbs, zusammengeschrumpft zu seyn. „Das ich gesunt han mit meinem chosten", (gustus); Ebersb. 124, f. 175. Die Kost, Chost, ä. Sp., die Untersuchung, Schau, Probe, die Schätzung, Tare. Die Frônchost, publica taxatio. „Pecus valens LXII denarios ratisb. computando ze fronchost", (nach dem laufenden Marktpreise, oder nach einem policeylich gesetzten Preise?); MB. XIV, 216; cf. V, 133. IX, 597. XI, 50. XII, 344 und Kr. Ltghdl. XVI, 55. '(Hieher?)': „fastiditur cibos .i. vrchost . . ."(?); Rebd. 25, f. 209, (verkieset? s. oben, Sp. 1302, unter kiesen). cf. And. 48, f. 143 circa. „Depravatio, verchöstenn"; San-Zenon. 64, f. . . .

„virchusten est bona alterius avertere et mala adducere"; Clm. 9537 (sec. XIII.), f. 179; (firquistjan? Graff IV, 681). s. Kust, kiesen und Kür, und vrgl. das folgende kosten und Kost.

kosten, wie hchd., d. h. constare, span., ital. costare, costar, franz. coûter, und wol ebenfalls romanischen Herkommens, obschon auch in der Bedeutung einige Ähnlichkeit mit dem obigen deutschen kostôn statt hat; (mhd. kosten; BM. I, 865. Grimm, Wbch. V, 1865. Diez, Wbch. 601). Der Kosten, plur. die Kösten, wie hchd. (blos im Plural) die Kosten. „Es trägt den Kosten nicht aus; den Kosten hergeben, dare sumptum; auf mein Kosten, meo sumptu"; Prompt. von 1618. Die Kostung, Kostum, (als Verbale, ä. Sp.) sumptus. „Auf sein aigne Kostung"; L.R. v. 1616, f. 296. kostlich, (Prompt. v. 1618) der sich viele Kosten macht, viel verthut.

Die Kost, wie hchd. In der ä. Sp. scheint das Wort eine ausgedehntere Bedeutung gehabt zu haben. „Ir weine, getreyde, vihe und andere koste und habe ires closters", (Victualien?); MB. XXV, 248. „Drey Maß Wein von jedem Aimer in des Fürsten Cost und Keller", (Speisekammer?); Wstr. Btr. VI, 176, ad 1403. Vrgl. Kostvischer, MB. XII, 259. 260, und vielleicht auch das obige Frônkost. „Der werde furste rîche was ze koste swinde", (zum Aufwand für die Tafel?); Diutiska I, 348. 351. „Mer chöst herbringen", (Speisen); Cgm. 632, f. 37. „Hie spilt in einer choste daz fundelchind der dirn mit dem waren erbsun dem Isaac"; Cgm. 89, f. 51. „Ich (der Koch) kund doch das köstlin nit finden, damit ich den tod möcht überwinden"; Cgm. 270, f. 196^{b}. „Heidenische erweiz . . . die koste git man kalt oder warm . . . ein gut köstelin"; Kochbuch im Wirzb. Cod, (Bibliothek des literar. Ver. zu Stuttg. IX). „Ich hân alhie gebrâten ein kost, diu weideliuten sol behagen"; Labr. 271. „Ob ich dem Herzen pflichte durch nar ze kost gewinne"; das. 165. 'Niederd. bezeichnet die Kost, Köste, Köst auch eine Gasterei, einen Schmaus und vorzugsweise den Hochzeitschmaus, die Hochzeit. Grimm, Wbch. V, 1848, f.' Firmenich I, 10,18. 12,74, (Helgoland); 56,12 (Holstein); 97,5 (Danzig); 173,12 (Braunschweig); 195,10 (Hannover); 217,8. 220,2. 222,27 (Oldenburg). Zeitschr. III, 29. 'Der Kostbeutel, eigentlich: der Speisesack;' im Scherz: der österreichische Soldat. Grimm, Wbch. V, 1861. Zeitschr. III, 482. kostfrey, liberalis, freygebig; wie es scheint, mehr als unser gastfrey. Grimm, Wbch. V, 1872. „Daheim karg und klug, gegen andern milt treuw und kostfrey"; Av. Chr. „Ein kostfreyer Mann, der sein Speiß und Guet herrlich und frey milt austheilt, ist zu loben"; Albertin's Guevara. „Und das mit welchem er (der Weiberjäger vor seiner Verehlichung) so kostfrey pflag zu seyn, das bringt man widerumb bey seiner Frawen ein"; Opitz.

Kostnitz. Ist Constanz für und durch die Böhmen zu Kostnitz (česk. kostnice, Beinhaus) geworden?

Die Kust, (ahd. und mhd. Sp.) a) electio, Wahl, Wille, Begierde, (Otfr. I, 18,51; IV, 37,9. gl. i. 586. Graff IV, 514. BM. I, 826: diu kust, genit. der küste, die Art und Weise wie etwas erscheint, Befund); gewöhnlicher ist der Gegensatz die unchust, archust, âchust pravus appetitus, vitium, dolus; (Graff IV, 514. 515. BM. I, 827. 828. Vrgl. oben, Sp. 1: â —). „Mich frewt nit was sich erfrewt âkust"; Valkn. 85. unkust, Unkeuschheit; Cgm. 714, f. 47. „Den unchustigen, dolosum"; „unchustliche, dolose"; Cgm. 17, f. 12^{b}. 13^{a}. „Aut ingenium (custheidi) mirabor artificis (thero vur[h]tun)"; Froumundi Cod. Boethii (in Wallerstein-Maihingen), f. 16. „chustolose sune, infideles filii"; Notk. p. 263. b) aestimatio, existimatio, (gl. a. 77. i. 75. 408. 586. 889). „Gotelint vlôs ir briutegewant; bî einem zûne man si vant in vil swacher küste (Hs. koste). Si het ir beide brüste mit handen verdecket"; Helmbr. 1633. In beyden Bedeutungen wol von kiosan, (s. oben, Sp. 1301: kiesen). Zu letzterer gehört

342 wahrscheinlich das „Kustprot“ des Augsb. Stdtb., als Schätzbrod, Probebrod, welches am St. Jacobstag aus neuem Getreide zu backen war, und die „porci ze vrone-chuste“ im Cod. c. pict. 7^c, f. 11. Gl. i. 313 steht als Verb: „gechustet uuart, adpretiatus est.“ s. kosten und Kost, Frônchost. Cf. keurbaer goed, merx legitima, bey Kilian; keuren de spijsen. kusteren, (rheinpfälz.) kosten, gustare.

'Der Kustos, Aufseher, Hüter, insbesondere der Kirche, Kirchendiener; (ahd. custor, gustir, mhd. kuster, guster; Graff IV, 534. BM. I, 594. 920. Weigand I, 654).' Der Custos hat mehrere Gardiani unter sich. Officia *Custodis* et Gwardiani: Monac. Francisc. 126, f. 191; 244, f. 159; 285, Deckelbl. (von 1387); 371, f. 22. 28. s. oben, Sp. 955: der Guster. Custos Bawarie, Custodia Bawarie; cf. Adelung, gloss. man. Ducange II, 726^c: custos Angliae, gubernator rege absente.

(Vrgl. Kad, ked, ꝛc.)

Das Kât, der Koth; (mhd. der und daz kât, quât, kôt; BM. I, 792. Grimm, Wbch. V, 1890. Aus chwatchever, Kothkäfer?, in Diut. III, 153 ist auf ein althochd. chuuat zu schließen s. oben, Sp. 936: die Gurgel und vrgl. niederl. quad). „Werfen mit quôte und mit steinen“; Herm. v. Fritzlar, Pfeiffer 13,15. „Das Kath und Möß“; L.R. von 1616: 738. „Kaitt, lutum“; Voc. v. 1429. Vrgl. „Koat, pl. Keater, scheußliches Thier“; (Meran), Staffler I, 117. Zeitschr. IV, 55. VI, 300. s. Kôt.

Das Kataster, (ital., span. catastro, franz. cadastre = capdastre, quasi capitastrum; Furetière. Diez 94: „Kopfsteuerliste“), Steuer-, Flur-, Lagerbuch, (Weigand I, 208); Hauptregister über Abgaben; (Frisch). Davon auch ital. catasto, Abgabe, tailli, impôt.

Katharina (Katrinə˜, Katri˜, - ᴗ, Katrei˜, Kàdrei˜, Kàdrei˜l, ᴗ -, Káttl, Gá'l, Kàdl, Gà'l, Kátti, das Káttə'l·, schwäb. die Ketter, das Ketterle), der Taufname; scherzhaftes Appellativ für eine plauderhafte Person beyder Geschlechter; (Grimm, Wbch. V, 276. Zeitschr. III, 316. V, 471. 512,17. Cf. česk. „kačena, Änte, Käthe“; Thamm). ə˜ Mári-*Káttə-l*, (˗́ ᴗ - ᴗ ᴗ), dummes Gänschen. „1 katherin = 4 putschelin; 3 kathrin = tβl marcka“; Cgm. 740, f. 12. Die schnelle Kathrina, 's láffə˜d· *Káttə l*, der Durchfall; (Grimm, Wbch. II, 609). Die Jungfer *Káttl*, die Menstruation, *καθαρισμός*. Der *Katrei*-Tanz, der letzte Tanztag im Jahre vor dem Advent, ehe die überflüssigen Feyertage aufgehoben wurden, der 25. November, jetzt der nächstliegende Sonntag. *Katrei˜* stəllt 'n Tanz ei˜. In München muß jeder gutbürgerliche Liebhaber an diesem Tag sein Mädchen wenigstens zum Meth führen, sonst appelliert sie auf den Spruch:

Hei˜t is *Katrei˜*,
hàt ən iədə' dé sei˜,
wer s· nét hàt —
dèr màg s· nét. s. Keter.

Der Katter (Kàdə'), wie hchd. Kater; (ahd. chataro, mhd. katere; Graff IV, 364. BM. I, 793. Grimm, Wbch. V, 274). „Chatter muriceps“; Voc. von 1419. Der Schnêkatter, O.L., die Schnarrdrossel; auch was das folgende. Das Schnêkatterlein (Schnêkàdəl), das Schneeglöckchen, sowohl leucojum vernum als galanthus nivalis; Baur. „Herbstbluemen, Wintergrüen u. Schneechätterlein“; Bog. Mirak.

katholisch, in Altbayern beym gemeinen Mann, der auf gutrömische Weise von den „Verirrten“ gar keine Notiz nimmt, soviel als christlich; fig. recht, richtig, geheuer. Da gêts nicht katholisch zue, d. h. nicht mit rechten Dingen; — ein schroffer Gegensatz zu der anderwärts vorkommenden unwilligen Ausrufs-Formel; das ist zum Katholischwerden! Grimm, Wbch. V, 277. Du machst mi' á nét *katolisch*, wirst meinen Sinn nicht

ändern; (ObrM.). Wárt, I wəll di' *katolisch* machng! so hörte Freund Cleasby bey Amberg einen Landmann seinem vor dem Pflug störrischen Ochsen drohen; — bezeichnend für den Oberpfälzer. Statt der Katholik, die Katholiken sagt der gemeine Mann lieber der Katholische, die Katholischen. Katholik (ᴗ ᴗ ˗́) ist wie das hchd. Musik (ᴗ ˗́) zunächst aus französischer Hand oder Zunge, (wie Franzois).

-kait, die Endsylbe, s. oben, Sp. 1187: -hait.

'Die Kaute, (Kuite, Weihers; Dr. K. Roth), ein Bund gehechelten Flachses, Flachs in einer gewissen Form und Menge; BM. I, 920. Grimm, Wbch. V, 362. Vilmar, kurhess. Idiot. 196,2.' Roth, Obermoschler Urk. VII, pag. 38. 39. 41.

Die Kaute, Vertiefung, Grube: Mistkaute; (Aschaff.); die Scheng*kuitt*, Schindgrube, (im Scherz) Fleischkammer; (Weihers; Dr. K. Roth). Grimm, Wbch. V, 364. Vilmar, kurhess. Idiot. 195,1. Ei˜ *Käutchə˜s* spielen: Es wird dabey in eines jeden vom Ball Getroffenen Grube ein Steinchen (Hur'chə˜) gelegt.

kauten, (nordfränk.) tauschen; schwed. kyta. BM. I, 920: kûten, kiuten, verkûten, verkiuten. Grimm, I^3, 180. 190; Wbch. V, 365. Vilmar, kurhess. Idiot. 196. „Isot, ich was an triuwen tôt, Isôt, dô ich dich verkûte unde ein ander Isôt trûte“; Ulr. Tristan 259. Vrgl. unten: verkitschen (= verkütschen, verkeutschen??). Der Kaut, Tausch. Grimm, Wbch. V, 362. Zeitschr. I, 286,16. V, 154. Davon vielleicht als Iterativ kaudern, w. m. s.

Die Ketten (Kédn, Ké'n), schwäb. Kettin (Kétti), Dim. Kettlein (Kédl, Ké'l), wie hchd. die Kette; ahd. chetina, chetinna, Dim. chetinlîn, mhd. ketene; Graff IV, 366. BM. I, 802. Grimm, Wbch. V, 630). Kettem, Weizmann III, 27. 28. „Mariam N. hatt ein 343
Köttin an einem Brunn in ein Aug geschlagen“; Inchenhofer Mirakel von 1605. Auf dem Lande sagt man im Scherz von Kindern, die schon in der Stadt gewesen sind, daß sie schon die Ketten abgebißen haben; denn damit, daß sie dieses thun müßten, pflegt man auf ihrem ersten Gange zur Stadt der freudigen Erwartung eine Würze von Bangigkeit beyzumischen. Vrgl. Grimm, Wbch. V, 632,k. Der Kettenhandschueh; BM. II, II, 225. „Der ketenhantschuoch an hât, mîns duzen hât er guoten rât“; ihn dutze ich nicht. S. Helbling VIII, 445. Das Kettenwams, s. Th. IV: Wambs. ketteln, Ausdruck der Näherinnen: durch Kettenstiche verbinden. Ein Loch zueketteln, verketteln.

Das Kéttwaßer, der, das (?) Kétt, (Rttm., Regnet) Quellwasser, das in einem Grundstück aufsteigt. Grimm, Wbch. V, 630. 1882. „In brachmonat hiet dich vor mött neuw bier zu trincken oder köt“; Gesundheitsregeln in den Brevieren von 1518 und 1538. Dieses Kétt verhält sich zu Keck und Kick gewissermaßen wie das oberländische Hidel zu Higel. Bey Stalder wird das Kett als eine einfache Wasserleitung erklärt.

unterkettig, unterkittig, (Nürnb., Hsl.) von Wunden oder Schäden: von innen heraus eiternd, schwärend; bey Adelung: unterköthig, in Riemer's griechischem Wörterbuch: unterködig, *ὑπόνομος*. Grimm, Wbch. V, 630,3. 1886,2. Zeitschr. II, 228. Vrgl. Kett (Quell) und unterkielig. Das alte quedilla, chuadilla, pustula, liegt wol zu weit ab.

„derkettern“ Einen, ihn verzagt machen, erschrecken; (O.Pf., Strbr.). Vrgl. dergigkern.

Keter. „Die Bayern heißen den ihr Keter, den sie lieben und werth halten“; Wackius 1713. 'Vrgl. Köter?'

Die Kittel (Kidl, Ki'l), (U.L.) Manns-Rock von Leinwand oder anderm leichten Stoffe; Fuerkittel, Fuhrmannsrock; (O.L.) Weiber-Rock, der, am Mieder befestigt, bis an die Knöchel, in einigen Gegenden wohl nur bis an die Knie reicht, und gewöhnlich von schwarzer oder dunkelbrauner Farbe ist. BM. I, 821. Grimm, Wbch. V, 861 f. Zeitschr. VI, 421,11. „Die selben meide trûgen surkot unde kidele an"; Diut. I, 365.

Deənl, wennst heirətst, so heirət ə˜n Schneidə' werd də' də' *Ki'l* z·eng, macht ə' də'n weidə'.

Der Halskittel (Hàjski'l), Oberhemdchen von Schleyer oder weißer, gewöhnlich blaugestärkter Leinwand mit Spitzen, das in mehrern Gegenden des platten Landes die Mädchen um Hals und Brust anziehen; ist vom Goller unter andern darin verschieden, daß dieses keine Ärmel hat. Die Kitteltauben (Ki'ltaubm), (im Scherz) die Mädchen, die Weiber. Auf '*Ki'ltaubm* ausgé˜. Der Naßkittel, Person, welche dem Trunk ergeben ist. Der Kittelbund („Khitlpundt") der Bauern im Isengäu um Dorfen und Erding im Krieg v. 1504; Cod. bav. 1933, f. 16. kitteln, i˜n Kitt·l gên, (Gastein) sich auf Weiberart, nicht als Mann von Wort benehmen. Wiə mə' scho˜ richti' sán' gwe'n, hàt ə' (der Händler) mə' widər 'n Leitkauf '*kittelt*, („kitilt", wol gekittelt); von Kürsinger's Ober-Pinzgau, 1841, p. 175. s. oben, Sp. 168: aufterig. Der Kitteler, (Obrg.) Mann, auf dessen Wort man nicht bauen kann. Zeitschr. VI, 295.

Das Kittelkraut, s. Kön·lkraut, thymus.

kittengrau (kitt·ngráw), wie kitzgrau.

kittern, (Franken) in schlecht verhaltenen Soprantönen lachen, kichern. Grimm, Wbch. V, 865 f. Vilmar, kurheff. Idiot. 204. Zeitschr. III, 121. 133. 299. IV, 469. „Wolnd ir nit lachen kittern"; Altsw. 249,8. Vrgl. ködern, kudern, kuttern.

Das Kôt (Koud, Kaəd), wie hchd. der Koth, besonders Erde, erdige Substanz, (Flurl, Beschreib. d. G. p. 212) Thon, Mergel; (Graff IV, 365. Grimm, Wbch. V, 1890). Grimm, Gesch. d. d. Spr. 507, nimmt kôt (chât), ags. cwæd, als euphemistischen, mit dem niederd. Adj. quâd (schlimm, bös; häufig bei Firmenich I. Zeitschr. II, 392,22. V, 375. 527,574. BM. I, 792: kât) identischen Ausdruck. ABeCe 'Katz láft á˜'m Schnê, wenn ·s kaə˜n hâut, láft s· á˜'m *Kout;* (mein erstes Gedicht).
344 s. auch Kât. Aschenkôt, Residuum von ausgelaugter Asche. Von Unheilbaren sagt man in traurigem Scherz: ihnen helfe kein anders Mittel mehr, als Freithofkôt überlegen. Der Kôtbuckel, eine schlechte Art Cyprinus, die sich in Pfützen aufhält. Die Kôtscheiben, (Baur) Hof um den Mond, halo. „Wan der Mondt umb sich rundt herum ein circul hat, haisset man die kottscheiben und bedeutet unfehlbar regen"; Notata d. Fr. v. Bodmann. kôtig, (koudi, kaədi'), 1) wie hchd. kothig, schmutzig. 2) betrügerisch, bestechlich. kœten (kêdə˜), adj., von Erde, von Lehm oder Thon (Grimm, Wbch. V, 1895 f.): ə˜ *kêdəné* Tennə˜, Dreschtenne von Lehm; ə˜ *kêdənə'* Weiglin', irdener Milchnapf. Castelli, Wbch. 183: a *ködə'na* Schdua'z. kœten (kêdn), vrb., a) kothig machen; mit Koth, Schlamm überschwemmen; unter Wasser setzen. „Demaculare, polluere, kotten"; Clm. 16165, f. 109. "Geh sicherlich, daß er die Füeß nicht köthe"; Epithal. Mar. Morgenrœten tuet den Tag kœten, mane rubente polo sol dicit: surgere nolo. b) figürl., sich kœten mit etwas Unangenehmem, sich damit befassen, abgeben, sich plagen. Ich mag mich damit nicht köten. Sich scheren und kœten. „Ich hab das Nöthen und Ketten nicht mehr ausstehen können"; Bucher's s. W. IV, 201. Vrgl. klänen.

'Die Kote, Hütte, schlechtes Haus; BM. I, 866. Grimm, Wbch. V, 1882 ff. Vilmar, kurheff. Idiot. 214 f. 221: Kode, Köder, Köter.' Kutte, Hütte zum Erzscheiden, (kutten); Zir. 'Vrgl. unten: der Kotter.'

Die Kotemmer, s. unten Quattemper, quatuor tempora. Kotemper, Chotemper; Auer, Münch. StB. p. 95. Grimm, Wbch. V, 1886.

'Der Köter, Hund, meist verächtlich gebraucht; Grimm, Wbch. V, 1887. Vilmar, kurheff. Idiot. 221. Zeitschr. V, 153.' Ein grauer „Köter" beim Jagerhaus am Hirschgarten stelle täglich 6mal den Versuch eines Wettlaufs mit dem Dampfwagen an; Landbote v. 15. Mai 1846.

Der Kotter, das Kötterlein, a) Behälter für Wahnsinnige; (Grimm, Wbch. V, 1899). Narrenkötterlein. Die Kötterlein-Muetter, Aufseherin über die in solch einem Käfig Festgehaltenen. Meidinger Landsh. 220. 'b) Käfig, Gefängniß; Grimm, Wbch. V, 1899, a. Zeitschr. VI, 300.' „Mit dem Halseisen öffentlich in eim Ketterl strafen"; kärnt. Poliz. Ord. 1578, p. 3. Keterhäuschen auf Rädern, Mägde wegen geringerer Vergehen darein zu sperren; (Zips). „Fort mit dir, Kerl, in'n Kotter hinein!" P. Abraham. „Än *Kothä* lacht er aus und mit 'n Ochsenzehn was is 's ä? Ötla Straich sänd leicht zun übə'stehn" (für den unverbesserlichen Säufer); Lindermayr 72. „Muels vil seyn, wennst nöt stracks in *Köttä* g·schmissen wirst"; das. 143. „Hat s· zun Richta' gführt, in'n *Kotta'* hat a' s· g·spirrt"; Kartsch II, 73. c) (nach Hübner im salzb. Lungau) Stube; (Zir.). 'Vrgl. oben: die Kote und Graff IV, 365.'

Das, die Kütt, von jagdbaren Vögeln, besonders Rebhühnern: die Brut, d. h. die Jungen sammt den Alten, hchd. das Volk. Ld.R. v. 1616, f. 789; wirzb. Verord. v. 1734. Graff IV, 365 f. BM. I, 920 f. Weigand, Wbch. I, 580: Kitte, Kette. Zeitschr. III, 121. VI, 295. 433. „Zwei es e Paar en drei send e *Kött*"; Firmenich I, 494. (Vrgl. bey Stalder: Kütt u. kötten, bey Frisius: ghütt, grex; Pictorius 182. 347: ghut; VII Com.: Kutt, Kutta, Herde, Menge, Kutte va Bei, Bienenschwarm; bey Tatian, Matth. 8, 30: „thaz cutti thero suino"; gl. a. 130: caule, chuti; Diutiska II, 201: armentum, cudde, niederd.; Kilian: kudde, grex pecuaria, porcus; koe-kudde, armenta; kudden, congregare se; kudhoeder, kudser, Hirt, Hüter).

Die Kutten, 1) wie hchd. Kutte, 'Mönchsgewand; Weigand I, 655. BM. I, 920. 2) überhaupt: ein langes und weites Gewand, Weiberrock, Kittel.' Bauernkinder lernen in Kutten, Kutteln das Gehen, bis sie in die Hosen wachsen, (b. W.); daher: Kuttenbrunzer. 'kutten, vrb., von Kleidungsstücken, die nicht gut sitzen, sondern zu weit sind und daher Falten werfen und bauschen.' kuttet, Ptc. als Adj. „Herzog Heinrich trueg kuttet Erbel", weite Ärmel; Chronik bey Freyberg I, 146. Vrgl. oben, Sp. 1226: kudern. 3) der rauchfangende Mantel über dem Küchenherde. Das Kuttenholz. Hundskutten, Art Zeuges. „Mit dem Trippsamet, Fürgrat, Burat, Hundtskhutten u. drgl. ist alhier zu München ein guetter Anfang gemacht worden"; Ldtg. v. 1612, p. 415. Die Kutte, (westpreuß.) feminal, poln. chudzina; '(hieher? s. Dähnert p. 263. Danneil p. 121. Schütze I, 369. Vrgl. mhd. künne, kunte, kunt, (BM. I, 914); Brem.-niederf. Wbch. II, 898: kunte; Schambach p. 116: kunne, altfries. kunte).'

Die Kütten, die Quitte, (ahd. chuttina, mhd. küten, quiten; Graff IV, 367. BM. I, 899. Weigand, Wbch. II, 447. Zeitschr. IV, 68), pyrus cydonia L.; span. melocoton.

Die Kutteln (Ku'ln), die Gedärme sammt Wanst und Magen, die Kaldaunen. Kutteln ausschreyen, (zum Verkaufe ausrufen). Wenn es im Markte Partenkirchen ruchbar wird, daß ein Mann seine Frau geschlagen, so machen sich die jungen Leute nach uraltem Herkommen den Spaß, die folgende Nacht in der Nachbarschaft des Paares mit großem Gelärme Kutteln auszuschreyen, welche, je nach dem die Geschlagene jung oder alt ist, als frisch und zart, oder, wenn schon zäh und riderisch, als doch wohlfeil gerühmt werden; (HhE.). Der Kut- 345
telfleck, einzelnes Stück des zertheilten Rindsmagens, titillicus, nach dem Voc. v. 1429. Zeitschr. V, 232. VI, 75. Die Kuttelwampen (Kudlwampm), der noch unzertheilte Rindermagen. Der Kuttler, (Nürnberg, Augsburg), der Kuttelwascher, Kuttelwamper, (München) Metzger, der die Kutteln reinigt und verkauft. 'Vrgl.

niederd. Küt, Eingeweide, Gedärme; Küter, Metzger. Brem.-niederſ. Wbch. II, 901 f. Schütze I, 368.' „Jacob jud der ſchlechter oder küter zu Berlin"; Dr. Eck, 1542. Grimm, Wbch. V, 1899. 1900. Zeitſchr. VI, 286,669.

kuttern, was kudern; ſ. oben, Sp. 1226 u. BM. I, 920. Zeitſchr. III, 121. IV, 469. „Lachen, kuttern"; Cgm. 686, f. 87. „Do hört ich kuttern und auch quackeln aus vogels kelen mannig ſueßen prunnen"; Cgm. 713, f. 226. (Der Sittige) „lacht nit als die weiber kuttern"; Cgm. 425, f. 45b. Kärnt. „grohotati, grob lachen, (kuttern)"; Jarnik p. 226. Der Kutter, (ſchwäb.) der Täuber (von ſeinem Laut). „Kutter, columbus"; Voc. Archon f. 52. „Columbus, tub, kuto"; Voc. opt. p. 42. BM. I, 920: kute. Grimm, Wbch. V, 365: Kauter, Käuter. Zeitſchr. III, 121. IV, 469. Diefenbach 134a. Der Kutraf, Kutrolf, ſ. unter kudern und BM. I, 920. Grimm, Wbch. V, 1899. Zeitſchr. VI, 16.

---

kátsch aus (∪-), (O.L.) geſchwind fort! auf und fort! ſ. kátz àbaus. „De Klocke gunk *kätziut*, (eigentlich: Katz' hinaus, ſehr gebräuchlich für: fort. weg, verloren); Firmenich I, 303,22. Grimm, Wbch. V, 278 f.

ketſchig, (Aſchaff.) vom Backwerk: nicht derb, conſiſtent genug; auch: ketſchige Waden, Backen. Grimm, Wbch. V, 277. Vrgl. Sp. 965: Gätsch, 967: Gätz.

Die Ketſche. „Obba ein kohn oder ketſchen", (Geſchirr); Nomencl. 1629, p. 120.

(kitſchen) verkitſchen etwas, es für Geld anbringen, los werden, z. B. ein Gemälde verkitſchen, es zu Geld machen, (Mar); eine Summe Geldes in Unnöthigem aufbrauchen. Vrgl. mhd. verkiuten (ſ. oben, Sp. 1310) und goth. fraqviſtjan (?).

'Der Kütſchdrill, Andeutſchung des fremden crocodillus, mittellat. cocodrillus, mhd. kokodrille; BM. I, 857. Weigand, Wbch. I, 226. Diefenbach 129c.' „Cocodrillus heißt ein (der) kütſchdrill . . . dem kütſchdrillen . . ."; Konr. v. Megenberg f. 136. 140b. 145a.

Die Kutſchen, ſ. oben, Sp. 966: die Gutſchen.

Die Katz, das Kätzlein (Kátzl); als Gegenſatz von Katter: die Ketzin, Kitzin, 1) wie hchd. Katze (ahd. chazza: mhd. katze; doch ſelten. Noch im Buch d. W. 1485 ſcheint Maushund für Katze zu gelten; ſ. Maus. Graff IV, 536. BM. I, 792. Grimm, Wbch. V, 280 ff. Wackernagel im Wbch.: zu Kater, lat. catus, wie Lunze zu Löwe) in den verſchiednen Bedeutungen. „Derhalb bin eingerunnen ich das die katz iſt das beſte viech und ſteck in armut, groſſer ſchuld", (der Wirth); H. Sachs 1612: III, I, 476. ə˜ ghäsl's *Kätzl*, (Reut im Winkel). Zeitſchr. II, 285,36. IV, 245,64. 314. V, 329,275. 404,148. VI, 318. 418,10. 329,217. 464,41. 2) im Spott: ein kleines Pferd. Grimm, Wbch. V, 287,4. 3) feminal (?).

'Bäurin hàd '*Kàtz* və'lou'n, waəſs ét wou ə· is;
'*Katz* is ə˜ 'Kámmə'l drin, pàst auf ə˜ Maus.

4) gerollter Flachs, in einen großen Knaul zuſammengedreht. Grimm, Wbch. V, 291,16. cf. Kauze. 5) (ſchwäb.) Rammblock. Grimm, Wbch. V, 290,7. Zeitſchr. II, 541,170, 6) (ä. Sp.) Art Boll- oder Schirmwerk, auch eine Art Wurfgeſchütz; Feuerbuch, Ms. v. 1591. „Machten katzen vnd hantwerch do mit ſie die maur niderlegten"; Teg. 294, f. . . . „Testudo, katze; pluteus, katzenbrit; crates, katzenhurt; Voc. optim. p. 32. Diefenbach 155b. 443a. 581c. „Umb ein chaczen, die ſeu treiben ſcholten an die maur hinan"; Ring 57,24. Eine Baſtion (oder Thurm) in der Veſte Oberhaus ob Paſſau heißt noch die Katz; ſie hat die weiteſte Ausſicht. Der Katzenwicker (= Katzen-wic-hus?) in Würzburg. ſ. Th. IV: der Weig. ſ. auch Kotz. Grimm, Wbch. V, 290,6, a — c. 7) Regen verkündende Nebelmaſſe, die auf dem Gebirge ſitzt. Vrgl. oben, Sp. 686, Fuchs: die Füchſe'kochen.

8) 'Kätzchen, Kätzlein, Blütenkolben verſchiedener Bäume und Sträucher, als Weide, Haſel, Pappel, Birke, Erle, Nußbaum; Grimm, Wbch. V, 280. 304. Zeitſchr. IV, 117,1. VI, 292.' Palm-Kátzl, čeſk. kočička. Das Aichkätzlein (Aəchkátzl·), das Eichörnchen. Die Ofenkatz, (Hoiß) was Gogelhopf. Blinde Kätzlein fangen, blinde Kuh ſpielen. R. A. Das gehært der Katz, verdient verworfen, ausgeſchoſſen zu werden. Kaə˜n andə'n Vógl kennə˜-r-àls ə˜ *Katz*, ſehr unwiſſend ſeyn. Raus mit der Katz aus'm Sack! her damit! laß, laßt ſehen! Da iſt der Katz gleich geſtræut, da iſt gleich abgeholfen. Die Katz lauft mir den Buckel auf, mich ſchaudert; Grimm, Wbch. V, 285, h. „Dero wegen ſoll ein Medicus beherzt ſeyn und ob jhme ſchon die Katz bisweilen in dem Rugken hinaufkreiſet, ſoll er doch . . ."; Dr. Minderer (1620) p. 45. „Dir hat diu katze niht genorn", (Ptc. von nieſen); S. Helbling I, 1393. Grimm, Mythol.2 1070. Wbch. V, 287,4, c. Die Strebkatzen ziehen mit Einem, (Henneberg.) Strangkatzen ziehen, in Hader, Zwietracht mit ihm leben. Grimm, Wbch. V, 288, 5, b. „Der mit ſeim Weib zeucht die ſtrebkatzen"; H. Sachs. Vermuthlich von einem Spiele hergenommen, oder etwa vom Ziehen am Rammſchlägel. 'Der Katzbalg, lärmender Zank, Streit; Grimm, Wbch. V, 279. „Wenn Mann und Frau ſtets im Katzbalg ligen"; S. Frank. „Etliche Katzbelger oder Degen, die N. N. umb (von) N. N. erkaufft hat"; Speyrer Urk. v. 1508. Einen Katzenbugkel machen, ſich demüthig oder ſchmeichleriſch verbeugen. Grimm, Wbch. V, 292. Eine Portion Speiſe wie ein Katzenfueß, d. h. eine ſehr kleine; (vrgl. Roßzehen). Der Katzenbâum, ein gewiſſer Balken in einem oberländiſchen Bauernhauſe. S. Majer's Forſtztſchrft., IV. Jahrg., 3. Heft, im Plan Nr. 7. Die Katzendilen, Art Altänchen, zunächſt am Giebel eines oberländiſchen Bauernhauſes. Grimm, Wbch. V, 293. katzengrob, (b. W.). Das Katzfechten, Streiten, Zanken; vrgl. Katzbalg. „Drum laß dein Wärteln (Wörteln) und Katzfechten ſeyn"; Lindermayr 147. Der Katzenglaube; Grimm, Wbch. V, 295. „Iſt ain gute fantaſy vnd katzenglaub"; Cgm. 312, f. 66b. Der Katzenherd, (O.Pf.) Hals oder Theil des Ofens, der an die Mauer reicht, durch welche das Ofenloch geht. 'Der Katzenknebel. Den Katzenknebel ziehen, ein gewiſſes Spiel; vrgl. Katzenſtrebel. „Sy zugen den kaczenkhnebel ſam thun zu hof die pueben vil dick das ſpil, das ainer fellt auf den gebel"; Pütrichs Ehrenbrief 134. Der Katzenkopf: a) Böller zum Schießen, vermuthlich von dem ältern, Katze genannten Wurfgeſchütz. b) Name einer ältern Münze. „Iſt einem Mußquetierer der rechte Hoſenſackh mit 50 oder 60 Reichsthallern, wie ſie der Herzog in Bayrn ſelbiges Mal ſchlagen laſſen, ſo man die Katzenkhöpf genennt hat, mit einem Stuckh hinweckh geſchoſſen worden"; des Oberſten Fritſch Tagebuch über den 30jährigen Krieg, Wſtr. Btr. 346
IV, 110. Grimm, Wbch. V, 297. Der Kätzelmacher, wälſche Kätzelmacher, ſcherzhafter Übername den man herumwandernden italieniſchen Krämern ꝛc. und wol allen Italienern zu geben pflegt. Etwa auf den italieniſchen Lieblingsausruf und gewöhnlichen Fluch cazzo! (penis) bezüglich? Die Katzenmuſik; Grimm, Wbch. V, 298. Phillips über den Urſprung der Katzenmuſik (1849). Das Katzenpech, Harz aus Kirſchbäumen. Der Katzenritter; Grimm, Wbch. V, 299. Der Vater kann den Sohn enterben, „ſo der Sun ein Katzen-Ritter wäre, oder deßgleichen ſich underſtanden hätte, mit andern Thiern zu peiſſen und zu fechten"; Reform. L.R. v. 1518; Ausg. v. 1588, f. 156. „A0. 1449 gab ein Katzenritter in Regensburg das Schauſpiel eines wilden Thiergefechts. Dafür iſt im Stadtb. verrechnet 12 dn."; Gem. Reg. Chr. III, 177. (Friedrich Ebner) „kaczenritter was er genant ſein ritterſchaft was weit vermert an drein kaczen er daz pewert mit den was er ſich reiſſen vnd by zu tod erpeiſſen"; Mich. Beham, Wiener p. 5.14.22. Das Katzengeſchäfft, (Th. Mjr.) unnützes Geſchäft, das man ſich

selbst macht, besonders wenn man sich dabey in fremde Angelegenheiten mischt. Das Katzengeschray, (Küchensprache) in kleine Würfel geschnittene Braten- und andere Ueberbleibsel, in einer gelben Sauce aufgekocht. Grimm, Wbch. V, 291,3. 'Der Katzenstrebel, ein Spiel; Grimm, Wbch. V, 302. Vrgl. oben Strebkatze.' Das Katzentischlein, Tischchen, das, vom gewöhnlichen entfernt, in einem Winkel steht. Der Katzen-Veit, am Fichtelberg ein Waldgeist, mit dem man die Kinder zu schrecken pflegt. Grimm, Mythol.² 448. 471. „Der Kaczenzagel, millefolium", Voc. von 1445; das equisetum arvense, Schaftheu oder Katzenschwanz. Grimm, Wbch. V, 303. 'katz! kätz! katzaus! kätzaus! Grimm, Wbch. V, 278.' kátz àbaus (◡◡–), flugs auf und davon. Zeitschr. VI, 292. s. oben kátsch aus! Haasst nét àllǝwál mu'l miau˜, ǝs haasst ǝmàl *katzaus* á, nicht immer gelind, wol auch ernster behandeln; (b. W.). kätzeln (kátzln), a) von der Katze: Junge werfen. b) hin und wieder schleppen, wie die Katze ihre Jungen. ǝ˜ Kind *'rumkátzln*. Das Voc. v. 1429 hat: „ketzlen, catillare, in alienos domus more catellorum girare." verkätzeln etwas, es vertragen, verlegen; in Unordnung bringen, zerzausen; 's Bétt *vǝ'kátzln*. Grimm, Wbch. V, 291. 'katzern, nach Katzenweise thun;' der Katzerer, (b. W.). Bist ǝ˜ rechtǝ' *Katzǝrǝ'*, ǝ˜ Spàz'nfangǝ', bist mǝ' heint Nàcht zǝ mei˜n Deǝ'nl gangǝ˜. Vrgl. Kötze.

kätzfangen, vrb. n., zu fangen bemüht seyn. Vrgl. ital. cacciare, franz. chasser, engl. to catch, kaum v. latein. captare. Diez, Wbch. 79. Müller, etym. Wbch. d. engl. Spr. I, 179. Kilian: katsbal. Grimm, Wbch. V, 279 f. Da werden wir eine Weile z' *kátzfangǝ˜* haben, bis wir die Gans kriegen. Vrgl. oben kátz àbàus. „Edlmà, Bedlmà, ǝ˜ Burgǝr, ǝ˜ Baur, ǝ˜ Wirtin, ǝ˜ Gráfin, ǝ˜ herrische Sau" wird von den Kindern, wenn sie sich zum „Umlaufen" in den Kreis gestellt, gesprochen. Dasjenige, auf welches im Umzählen das letzte Wort getroffen, muß die Katze seyn, d. i. die anderen fangen; (Baader).

Der Kauz, Kaunz, die Kaunzin (Kau˜z, Kau˜zin), wie hchd. der Kauz, z. B. ein reicher, ein seltsamer Kauz. Grimm, Wbch. V, 366. Weihers: Kuiz, Kauz, Kerl; Ster'kuiz (Sterbkauz), Eule, Käuzchen; (Dr. K. Roth). Zeitschr. II, 286,42.

Die Kauzen, (Ansp.) die Reiste Flachs; cf. Katz und Kauten.

kauzen, kaunzen (kau˜z'n), a) (vom Hund) bellen. Dǝ' Hund hàt ausgébm und *'kau˜zt*. Grimm, Wbch. V, 371,2. Zeitschr. III, 325. s. kaussen. b) knausern. c) sich schmiegen; (Hsr.). Grimm, Wbch. V, 370,1.

Der Ketzer (Kétzǝ'), 1) wie hchd., (BM. I, 803. Grimm, in d. Wiener Jahrb., Bnd. 32, p. 216; Wbch. V, 639); schon bey Br. Berht. 232, (Pfeiffer 44,9. 11. 12. 15). Er leitet die Ketzer von Katze (als einem falschen Thiere) ab: „Dâvon sô heizet der ketzer ein ketzer, daz er deheinem kunder sô wol glîchet mit sîner wîse sam der katzen"; 303, (Pfeiffer 403,6). „Unde bene chetzer dicitur (haereticus), quod sicut cattus multos inficit postquam buffonem in occulto lingit", lat. Pred. sec. XIV., Ald. 176, f. 61ᵇ. Grimm, Mythol.² p. 1019. Soldan, Gesch. d. Hexenprocesse p. 144. 'Vrgl. Br. Berhtolt (Pfeiffer 402,27—34): „Sô hüete sich alliu diu werlt vor den katzen. Sô gêt sie hin unde lecket eine kroten swâ sie die vindet under einem zûne oder swâ sie sie vindet, unz daz diu krote bluotet: sô wirt diu katze von dem eiter indurstic, unde swâ sie danne zuo dem wazzer kumt daz die liute ezzen oder trinken suln, daz trinket sie unde unreinet die liute alsô, daz etelîchem menschen dâ von widervert, daz ez ein halbez jâr siechet oder ein ganzez oder unze an sînen tôt oder den tôt dâ von gâhens nimt."' „De novatianis, qui se superbo nomine katharos i. e. mundos appellari volunt"; Clm. 5541 (XI. sec.), f. 117. „Catharos et omnes haereticos"; RB. II, 209. Kollar im Cestopis p. 157 glaubt, daß die Catareni von der dalmatischen Stadt Cataro (slawisch Kotar) den Namen haben. „Daz ketzer wîse waere daz dinch"; St. Ulrich's Leben, Cgm. 94, f. 65, '(Ausgabe v. Schmeller p. 54,1238).' 2) ä. Sp., der widernatürliche Unzucht treibt, il bugiarone, le bougre; (Diez, Wbch. 576. „Les bougrins les lutheriens françois" bey Rabelais I, II. Sollten, wie die Franzosen ihr bougre von den Bulgaren, die Deutschen ihr Ketzer von den Chazaren genommen haben? Wenig glaublich). „Katherinus uncauscer crist"; Fürstenzell 44, f. 24. „Vichunrainer oder Ketzer"; L.R. Ms. v. 1453. „Welt ir nu ein kezzer (Männler) sîn?" v. d. Hagen, Ges. Abent. I, p. 475. 476: der Gürtel, Vers 777. 791. „Einen vor der Cristenheit schelten, d. i. in einen zohensun, oder merhensun, mußensun, ketzer, meineide oder einen diup oder einen viertäter heizen"; Augsb. Stdtb. „Daz wir der alten ketzern (Ketzerin) tant mügin pringen ze einer schand"; d. Ring 45ᵈ,14. „Hereticus est pie recipiendus et debet quaeri quomodo perpetravit scilicet an cum animali vel alias. Si cum animali tunc cautè debet occidi animal, ne homines utantur. Si est equa, vacca vel agnus vel consimile, jube occidi ne homines (es steht ho') utantur. expergiscatur et mitte eum ad episcopum"; Regeln für Beichtväter (um 1440), Monac. Francisc. 158, f. 129. Hier ist also auch das latein. Wort so genommen. „Quodsi inexplebiliter his inhaesere criminibus ad agendam poenitentiam prolixius tempus insumant"; Aug. eccl. 151, f. 33ᵃ und 153, f. 7ᵇ. Es ist die Rede de his qui inrationabiliter in pecudes vel in masculos versati sunt. 3) (Zillerthal) Erdscholle im Acker-Feld, die zerschlagen werden muß. Die Ketzerey, 1) wie hchd. 2) widernatürliche Unzucht, besonders Bestialität. Grimm, Wbch. V, 641. Birlinger, schwäb.-augsb. Wbch. 276. „Sodomiterey, Ketzerey"; LR. v. 1616, f. 801. 808. „Ihr Mann habe sich leider schwerlich vergessen und mit einem Schaf oder Gstraun in Khetzerey eingelassen, darob sie jhn selbs ergriffen"; Akt. v. 1590. 'ketzern, zu Ketzerei verleiten; Grimm, Wbch. V, 644 ff.' „Und so er aus gepredigt so nimpt er dye aller schönsten dye unter in allen ist und hat mit der seinen willen, und mit dem so leschen si ein liecht so vellet ie ains auf daz ander, ain man auf den andern und ain wip auf ain wip wie ez sich dan gefirgt. ain iclicher müz ansehen mit seinen augen daz im sein wip oder sein tochter ain ander ketzert, waun si jehen daz der mensch underhalb der gurtel mit nichtiw sünden müg getün. in dem gelauben sint si"; Artikel der ungeläubigen läut genant dye ketzer (in Eichstetter Bisthum, sec. XIV), Clm. 4386, f. 74. „ketzern, schmalzen"; Prompt. v. 1618. abketzern, 347
(Zps.) in Schmalz rösten, namentlich Krebse lebendig mit Butter zum Feuer setzen, worüber die von Natur stummen Thiere in entsetzlicher Qual einen pfeifenden Laut von sich geben; Nürnb. Korrespond. 1838, p. 368. „ketzern sich, macerare se"; Prompt. v. 1618. ketzern Einen, ihn quälen, plagen. „Das (den Verdammten) die hellischen tyer darein (in die heimliche Statt) kruchen und rissen sie, das sy als mürd und gekeßert wurden"; Cgm. 845, f. 86. Notker's chazzon, torquere (ungulis), Ps. 118,161 ist wol chrazzon zu lesen.

„Keatzen (?), Hauen, (Werkzeug)"; (Gastein, Mesnil).

Das Kitz, Kitzlein, das Junge von der Ziege, vom Reh, von der Gemse; wenn männlichen Geschlechtes: Bockkitz, wenn weiblichen: Gaißkitz; (ahd. kiz, kizzi, chizzi, mhd. kiz, kitze; Graff IV, 537. BM. I, 822. Grimm III, 328; Wbch. V, 868. 870. Zeitschr. IV, 108,39. 314. VI, 214. Gl. a. 563. i. 7. o. 203. 257: kiz, hoedus, kizzin, hoedum, cizi, chizze, hoedi, hircelli. Diut. III, 73: zunei chizi. Das nordische kid steht wol statt kit). kitzen, kitzeln, 1) (von obigen Thieren) Junge werfen; (nord. kidla). Grimm, Wbch. V, 875. 883. Zeitschr. III, 463; vrgl. VI, 292. 2) *ummǝ' kitzl'n*, herumspringen; *kitzlǝ˜d wer'n*, wie hupfǝ˜d wer'n, (b. W.). Grimm, Wbch. V, 875,2. Ein Kitzelchens spilen,

(Aschaff.) eine Art Gaißwerfen, wobey vorkommt der Einkitzel, die Gás ꝛc.

kitzblâu, kitzgrâu (pfälz. kitzəgrà), blau vor Frost, eisgrau; kizbraun, ə⁻ kitzbrau⁻s G'sicht. D' Nuss sånd scho⁻ kitzabrau⁻. „Kitzgraw sind all jhr saifenwesch“; H. Sachs 1612: I, 1028. Grimm, Wbch. V, 870. 883. Zeitschr. I, 231b. 232b. II, 31. 33. V, 188. 189. VI, 468. 476. Vrgl. oben, Sp. 1018: gritzgrà, Sp. 1311: kitt'ngráw und unten: kutz.

Der Kitz-backen oder -Bart, (Jlm) der Kinnbacken, das Kinn. Vermuthlich Kinnsbacken (Ki⁻s-, Kiz-B.). s. Kinn.

Der Kotzen, Kutzen, sehr grobes Tuch, zottige Decke von Wolle; grobes Kleid; (Graff IV, 538. BM. I, 866. Grimm, Wbch. V, 1901. Vilmar, kurhess. Idiot. 221. Zeitschr. III, 192,83. Cf. pers. türk. ketsche). „Gausape, vestis villosa als ain Kotzen“; Avent. Gramm. „Lodex, culcitra, chocz“; Voc. v. 1429 u. 1445. „Chozzo, lacerna, birrus“; gl. a. 44. i. 401. o. 75. „Lodix vestis villosa ein chocz“; Clm. 5008 (XV. sec.), f. 162. „Der alt man und der kotzen“; Cgm. 444, f. 69. „Nehein wert hat der chozce da (im Himmel) also vile so diu zusse“; Clm. 9513, Vers 280. „Er nam ainen rauhen kotzen, er legt in an den leib“; Wolfdietrich, Haupt's Zeitschr. IV, 447,396. „St. Sebald ist auf seinem Kotzen, den er über ein harin hemd pflag zu tragen, über die Thunaw geschwummen“; Wagenseil, de civit. Norimb. p. 42. „Das ehrsame Kotzenmacherhandwerk gerathet gänzlich in Abschlag, weilen alle Gais- und Pferdhaare zur Ausstaffierung deren Parocken aufgekaufft werden“; Reiner's Tandelmarkt. Die Kutzblach, Kutzblahe, ä. Sp., s. oben, Sp. 326. „Cum quodam tempore pauperes monasterii (Waldsassen) spoliarentur et clamor ad monasterium perveniret, quidam intus tunc erant hospites qui cum famulis monasterii spoliatores sunt viriliter insecuti, et amictum qui kutzplach dicitur cujusdam mulieris cuspidi aligaverunt“; Cod. Ms. Waldsass., Clm. 1091 (Cbm. 91), f. 28. Cf. Bern. Pez, biblioth. ascet. VIII, 488, (wo „kutzplahen“ nach dem Basler Codex). Otto Prior Waldsass. (Oefele, scriptores I, 63) deutet Rutzplaen (!) als „pannum gestatorium“ oder „pannum veterem quo grana portari solent.“ (Rotzplahen, Schnupftuch?). Vrgl. oben, Sp. 1298: Kurzebold. Der Kutzhuot, ä. Sp., almucium; Voc. Archon. f. 20. „Caliendrum, kutzhuot“ (zwischen mitra, hub, und flammeum, bruthüll); Voc. optim. p. 27. Diefenbach 25a. 90. BM. I, 733. Grimm, Wbch. V, 372. 1908. Das Kutzmäntelein, ä. Sp.; BM. II, 62. „Do die wort niht heublin, kappen und kützmentelin uf in trugen und siben sinne niht verborgen lagen drinne“; Renner 21784. Grimm, Wbch. V, 1907. Die Kotzen, Kötzen, Kutzen, Kützen, a) (Nürnb., Hsl.) grobes Oberkleid. Zeitschr. IV, 194: Kätzel. „Hab vor daheim ein gute Joppen darein wil ich mein kötzen schoppen darinn ich an dem tantz herprang“, sagt der Bauer bey H. Sachs 1560: V, 350 (1612: V, III, 26). R. A. „Der Teufel hat ihn bey der Kützen.“ b) ä. Sp., die Metze, Hure. Grimm, Wbch. V, 1901. BM. I, 866. „Si haißen ir diener und dienerin buben und buebin oder kotzen, so ist doch frum sind“; Cgm. 632, f. 35a. „Er hett sich an ein Kotzen gehengt“; Av. Chron. „Schlag her, bist du keck, aller kötzen!“ sagt der Knecht zur Magd; H. Sachs 1560: III, III, 8b. „Tregt den bachen zu den kötzen“, (Metzen, Huren); das. 58b. „Meretricula, hurlin vel kötzlin“; Cgm. 653, f. 168. Der Kotzensun, ein in den ä. Gesetzen sehr verpöntes Schimpfwort. Dazu hatte die ahd. Sp. (Windb. Psalter) ein Verb pichuzzan, umbechuzzan, amicire: „amictus ejus, umbechucze sin“, Cgm. 17, f. 152a, Ps. 103,2; „amictus (lumine), umbegechuczter“, das. 151b (cf. hadarun pachuztêr, pannis obsitus, gl. i. 547, und oben, Sp. 1196: das Gehütze), womit als Figur zusammenhangen mag das folgende:

sich bekötzen, bekützen mit einer Person oder Sache, (O.Pf.) sich mit ihr befassen, abgeben, um sie bekümmern. Birlinger, schwäb.-augsb. Wbch. 297. Grimm, Wbch. V, 363. 883.

Die Kotz, Chotze, (Gem. Reg. Chron. II, 36. 49, ad 1343) eine Art ältern Kriegs-Zeuges: „Zwey Pöler und eine Kotze.“ „Die Straß mit Chotzen und Antwerch besetzen.“ s. Katz.

Die Kotz, (Schwab.) Eiterbläschen, kleines Geschwür im Gesicht oder sonst auf der Haut. Er ist voll Kotzen.

'Kotz, verhüllend für Gottes, Gotts in Ausrufen, Flüchen ꝛc.; Grimm, Wbch. V, 1900. Zeitschr. I, 298, II, 5. II, 32. 502 ff. s. oben, Sp. 960: Gotts u. vrgl. Potz.'

Die Kötz oder Kötzen, Kützen, (Franken; Weihers: Kätz, „Kürben“, Spitzkürben; Dr. K. Roth), der Korb, Rückenkorb mit Armbändern. Graskötz, Hüenerkötz, Mistkötz, Tragkötz. BM. I, 921. Grimm, Wbch. V, 1903 und 700. Ketzə⁻man, (Aschaff.) Rückenkorbträger. „Wetterauisch sagt man die Kîz, d. i. in hchd. Schreibung Köze. Sagt die Magd in lächerey solches jrem Herren, wie er (der Bettler) jhr den Mantel geschenckt hett, nam jhn doch in ein fränckische Kötzen, vnnd truge jn für daß Statthor; Kirchhofs Wendunmuth (Franckf. 1602), 1. Th., Nr. 360.“ Weigand. Vilmar, kurhess. Idiot. 221. Zeitschr. II, 413,50. VI, 329,238.

'kotzen, wie hchd., sich erbrechen, Grimm, Wbch. V, 1905;' cf. česk. kuckati; (Aschaff.) husten und Auswurf heraufholen; der Kotzer, starker Husten. „Heumonet: Bist du geladen, du wirst geschandt, du solt keyn ercznev niessen und sol dich koczen gar seer verdriessen“; Augsb. Calender v. 1490, (Inc. c. a⁰. 8⁰. 759). „We wie sey (die übermäßig getrunken hat) do küczet“; d. Ring 35d,29. Vilmar, kurhess. Idiot. 221. Zeitschr. III, 304: kötzeln; VI, 292. 300. 'kotzern, vrb. impers., zum Erbrechen reizen, ekeln; Grimm, Wbch. V, 1908.' „Daß mich darob kotzerte“, (mir brecherisch wurde); Simplicis. 1669, p. 215.

kuz, kuz! oder kutzaus! so ruft man, ihm auf die Schultern klopfend, einem Kinde zu, das öfter auf eine Art husten muß, als ob es mit Erbrechen oder Ersticken enden wollte. kutzen, also husten. Zeitschr. II, 32. 33. sich verkutzen, (Zips) etwas in die Luftröhre bekommen und es durch Husten herauszubringen suchen. Vrgl. kotzen und kitz- (kütz?) blâu.

Die Kutz, der härtere Ausdruck für die Katze; (Aurbacher). Sprichw. Darf nit Kutze sagen, wenns voller Katzen läuft. Man sagt nicht immer Mulle, sondern auch Kutz.

Die Kutz, ä. Sp., Brust (?). „Dirre slüzzel wirt dir nuz, den mach an dîn kuz (?) innerthalb und lâz in sehen niemen“; v. d. Hagen, Ges. Abent. XLIX, 526. 'Wahrscheinlich (vrgl. Vers 567) ist die Kützen (s. oben: Kotzen) zu verstehen; BM. I, 866.'

„Kütz“, ein Theil des Ingräusches oder der Einge- 348
weide, die vom Metzger verkauft werden. Destouches, O.Pf. III, 91. (cf. niedersl. Küt, das Gedärm kleiner Thiere). s. oben, Sp. 1312: Kutteln.

Die Wetzkützen (??), (Wien) Wetzstein der Schnitter. 'Es ist wol der Behälter des Wetzsteins (s. oben, Sp. 1252: Kumpf) gemeint, s. Grimm, Wbch. V, 700: die Kieze, 4.'

Sieben und zwanzigste oder Kla= ꝛc. Abtheilung.

(Zu vergleichen die Abtheilung Gla.)

Der Klê (Klê, Klèə, o.pf. Klèi), wie hchd. Klee, (ahd. chlê, chlêo, mhd. klê, gen. klêwes; Graff IV, 540. BM. I, 837. Grimm III, 372; Wbch. V, 1059). Vierblätteriges Kleeblatt; ſ. Grimm, Mythol.¹ p. 633; Wbch. V, 1063. Zeitſchr. V, 151. Klê beißen oder beißeln, (vom Vieh) ohne rechten Hunger blos das beſſere Gras, beſonders Klee herausſuchen und anbeißen; figürl. auch von Perſonen. Der Klêbeiß, das Lecker-maul. Grimm, Wbch. V, 1061.

Die Klei=en, gewöhnlicher Kleiwen (Kleiwm), sing. u. plur., die Kleye, (ahd. chlîuua, chlîha, chlîa, sing. u. plur., neben chlîuuun plur., mhd. klîe, klîwe; Graff IV, 541. BM. I, 842. Grimm, Wbch. V, 1084. Zeitſchr. III, 116). ə˜ girstəné, rugkəné, waətzəné *Kleiwm*. „Undermalung der Kleiben"; L.R. v. 1616, f. 637. „Ein Kleib, furfur"; Voc. v. 1419. In Gem. Reg. Chr. IV, 133, ad 1507 kommen 2 Kleibetrager(?) vor. VII Com.: Klaiba, ein Bißchen, pezzetto; an *Klaiba*, *Klaible* Kese. Vrgl. klauben, kläubeln u. Kleulein. Die Sag=kleiwen (Sà'kleiwm), Säge-mehl, Sägeſpäne. kleiwen, adj., von Kleyen. klei-wig, kleyig.

Das Kleu=lein, öfter Kleuw=lein (Kloiwl·, Kluiwl·), der Knäuel; (ahd. chliuwa, chliwa, chliuwi, chliuwili, mhd. klüwen, kliuwel, kliuwelîn; Graff IV, 566. BM. I, 850. Grimm, Wbch. V, 1030 f. Vilmar, kurheſſ. Idiot. 205. Zeitſchr. II, 223. IV, 174. V, 151). „Kluil Faden, glomus"; Prompt. v. 1618. „Clewl, glomus"; Voc. v. 1445. „Klew, glomus"; Clm. 5685 (XV. sec., 1412), f. 35. Gl. i. 819: cliuuueli, glomos; o. 76: cluwelin, globellum, vom unverkleiner-ten chliuuua, chliuua (gl. a. 267. 327. 443. 520 ꝛc.), globus, glomus. Gl. a. 24 ſteht auch die Diminutivform clucli, globulus, (vrgl. Klucker), und gl. a. 74 die Verbalform „zaſamane cacliute", conglobati.

Die Klô (Klòu), Klôw, sing. u. plur., („ungulae, die Klowe"; Prompt. v. 1618), aber auch Klôwen im sing. und plur.; Dimin. das Klœlein, Klœwlein (Klêwl·), a) die Klaue, beſonders der geſpaltene Huf des Hornviehes und andrer Säugethiere; (ahd. chlôa, chlâuua, mhd. klâ; Graff IV, 541. BM. I, 1026. Grimm, Wbch. V. 1026. Zeitſchr. II, 121,2. 320,19. 391,3. VI, 295). a˜n *Klouən* saugng, (b. W.) nichts zu beißen und zu eßen haben. „Das ober clo des hirßen, der hinden"; Clm. 4373 (v. 1473), f. 117—118. Die Klé-wəln (Glew·ln), pl., kleine Klauen, verächtlich: Finger-nägel; der blaibt mit sain·n *Glewl·n* iwarål henga; Caſtelli, Wbch. 142. Zeitſchr. VI, 333. Das Klôvih, Ochſen, Kühe, Schafe, Schweine. Die Klôſteur, Steuer von dieſem Vieh. Das Klôſchmalz, Fett, welches ab-geſchöpft wird, wenn Füße und Mägen der Rinder geſot-ten werden. b) verächtlich: Finger. əs fruist mi' i˜ '*Klouwə˜*. cf. Klaber.

kläbern (kláwə'n, b. W. klewə'n), vrb. n., klappern, einen klimpernden Ton geben; (Baur) Də' Hàfə˜ *kláwə't*, ə' muəs ə˜n Sprung hàbm. ən óltə' *Klebərə'*, (b. W.). 349

ich, er klaib, (ahd. mhd. chleip, kleip), nach Gramm. S. 331 das ältere Präteritum vom Ablautverb kleiben, (ahd. chlîban, haerere), w. m. ſ. Davon nach Gramm. §. 956 ein abgeleitetes Verb:

klaiben (klaəbm, o.pf. klàibm), wie hchd. kleiben, (ahd. chleipan, kleiban, mhd. kleiben; Graff IV, 543. 546. BM. I, 841 f. Grimm, Wbch. V, 1066), alſo: a) haften machen, zuſammenhalten machen, beſonders mit-tels eines ſchmierigen Körpers, ſchmieren. ə˜n Éstərə, ə˜n Ofə˜, ə˜n Hàfə˜ *klaəbm* oder *və'klaəbm*, ein Äſte-rich, einen Ofen, einen Topf mit Thon verſtreichen. ə˜ Klub, ə˜ Klumsn, ə˜n Sprung, ə˜ Loch *vó'klaəbm*. ə˜n Déckl auf ə˜n Hafə˜ *klaəbm*. auf=, an=, aus=, zue=klaiben. „Lino, claiben, verclaiben"; Avent. Gr. b) (metonym.) in ſchmierigen Körpern herumgreifen; si' *də'klaəbm, à'klaəbm,* ſich beſchmieren. (O.Pf.) Wände aus Lehm verfertigen. „Ez ſchol auch der ſtadel geklaibt ſeyn und mit zygel gedakt"; MB. XVII, 155, ad 1393 (Hohenwart). „Klaib ſtuben Calixti, haicz wol natalitia Christi, is lempraten Blaſii vnd häring Oculi mei" ꝛc.; Monac. Franc. 184, Vorderdeckel. Clm. 14111 (XV. sec.), f. 276. Der Klaiber (Klaəbə'), der in ſchmierigen Sachen arbeitet, Einer, der Zimmerwände aus Lehm, Klaibwerk, verfertigt. Der Kôtklaiber, (U.L.) die Kothlerche (?). Der Klaib, (gl. bibl. v. 1418) litura; gl. a. 520. 562: chleib, chleip, gluten; gl. i. 565. Grimm, Wbch. V, 1065,2. In den Voc. von 1419 und 1455 kommt das abgeleitete claiben auch ſtatt des ein-fachen kleiben, bekleiben, d. h. für adolere, vor. Eben ſo gilt das chlepên der ahd. Sp. nicht blos für chlîpan (haerere), ſondern zuweilen (z. B. gl. i. 7) auch für chleipan (illinere), und im jetzigen hchd. kleben ſind gleichfalls beyde Bedeutungen vermengt. Də' Laəm *klaəbt* nét, hält nicht; (b. W.). Analog findet ſich zum alten Subſt. chleip (gl. a. 665. i. 139. 745) die Form chlebe, cleb, litura, gluten. (cf. Laim neben Lem).

klauben (klaubm), vrb. act., kleinere Dinge, be-ſonders freyliegende, mit den Fingern einzeln auf=, weg= ꝛc. nehmen, niederſ. kluven; im Hochdeutſchen ſagt man lieber: nehmen, leſen; (BM. I, 845. Grimm, Wbch. V, 1019). „Gîſt du in, ſo clûbent ſi, dante te illis, col-ligent"; Pſalm 103,28, (Ms. von 1390). „Als weizen tůn die tvben ze imem buſchel clvben"; Cgm. 100 (XIV. sec.), f. 10. „Plümlein klauben und würzel graben"; Cgm. 4597, f. 97. Aichel klauben, Holz klauben,

---

'Die Klaber, Klauber, auch Klaper, Kloper, Klopper, die Klaue, verächtlich: Finger, Hand; Feſſel; Grimm, Wbch. V, 888. 953. 1024. 1222. Zeitſchr. I, 299,7. ſ. unten: Klauber und Klâupə'n. „Sy zugen gen der prukken hin und maintenſ in dem taber zu halten in der klaber; Mich. Beham, Wiener 143,23. „Als man dan mit den kreuczen ging da verſucht er es aber wie er kam aus der klaber. Frawenklaider tet er da an . . .", (um unerkannt zu entwiſchen); daſ. 260,27. Vrgl. mhd. diu klouber, Feſſel; BM. I, 846. Grimm I³, 193: vinculum arctius; Schwanritter 803.

abgefallene Eicheln, kleine Holzabfälle (Klaubholz) zusammenlesen. Grimm, Wbch. V, 1020,1,b. Zeitschr. VI, 296. 510,1. Ayer klauben, das 'Aərklaubə~d, Volksspiel, wobey es darauf ankömmt, welcher von den zwey, vor vielen Zuschauern dabey thätigen Wettstreitern mit seiner Aufgabe zuerst fertig werde. Der Eine hat sich nemlich unter gehöriger Controle an einen entfernten Ort zu begeben, und von da wieder zurückzukommen, während der Andre von einer gewissen Anzahl Eyer, die in bestimmten Entfernungen von einander in einer Linie auf dem Boden liegen, ein jedes besonders holen und in einen Korb legen muß. Der Sieger erhält die Eyer. cf. Büsching's wöchentl. Nachrichten I, 243. Eher klau-
350 ben, (schon abgeschnittene) Ähren lesen. „Ein halmclauber, spicarius"; Voc. v. 1419. „Bechare, chlawben (mit dem Schnabel); bechasuso, chlawbauff"; Voc. veneziano-todesco, Ms. von 1424, f. 34. „Die under dem boum sazzen die chloubten und azzen"; Kindh. Jesu, Hahn 84,28. „Palpo, federcluber"; Cgm. 528, f. 205. Am b. Ober-Inn hört man klauben auch in der Bedeutung des Abbrechens, Pflückens: Bläəmáln *klaubm*, Hopfm *klaubm*; Sterzing: Apfel, Birn, Blumen ꝛc. klauben, (pflücken). „Hie chlavt die taube von dem chippertraubel Isaias; Cgm. 89, f.... So bey Balde: „Edle Trawben, zum Börlein aberklauben." „Diu rebe began do rîfen, da wir den wîntruben scholten abe chlûben"; Wernh. Maria 162. Im Scherz heißt die Hebamme: Klauberin. klauben st. ausklauben: Ärbaiß, Traid, Waiz klauben, die Unkraut- oder schlechten Körner herauslesen. „Vier tuben möhten den weize klûben"; S. Helbling II, 352. klauben im Scherz: stehlen, (wol unverwandt mit Ulphila's hlifan, dem griechischen κλέπτειν). abklauben (à'klaubm), a) sieh oben: Ber abklauben. b) fig. Einen abklauben, ihn abprügeln; (cf. abberen, welches sowol Beeren ablesen, als hauen, schlagen heißt). Eine abklauben, subigere; ən *A'klaubté*. aufklauben, aufheben, aufnehmen. „Sus kliubet man s' uf als diu ber"; Haupt's Zeitschr. VIII, 563,424. *Klaub* dèn Stèckə~, dèn Tàlə', dés Staə~l . . . *au'!* Dé hàt ə~n Rok à~, I *klaubət'n* nét auf də' Gassn *auf*, einen schlechten. Ironisch: wo hàst denn dés *auf'klaubt?* (d. h. entwendet). Läuse, Flœhe, oder eine Krankheit u. drgl. aufklauben, damit angesteckt werden. Avent. Chron. sagt: „König Rodmer wolt fliehen, ward erkant und aufgeklaubt", (fest genommen). Der Klaubauf (Klauwau ◡ ⏑́), so heißt, a) wo Bischof Nicolaus noch den jährlichen pädagogischen Besuch macht, sein furchtbarer Knecht, der die bösen Kinder in den Sack zu stecken droht. Zeitschr. III, 525. VI, 296. b) im Scherze: Einer der gerne klaubt (stiehlt). ausklauben, ausscheiden, auslesen. „Legion ist als vil als ein außgeklaubte Rott sechstausend"; Av. Chr. ən *ausklaubtə'* Student, eximius. Fig. aus dem, was Jemand sagt, nichts rechtes 'rausklauben können, d. h. keinen Verstand darin finden. Das Aus'klaubət, das Ausgelesene, Auserlesene. erklauben, durchsuchen, Stück für Stück in die Hand nehmen, auslesen. I' mag nicks mer, is schon àlls *də'klaubt*, das Bessere fort; (v. W.). Die Münz erklauben, d. h. die fehlerhaft oder zu geringhaltig ausgefallenen Stücke heraussuchen; Lori, Mz.R. I, 34. 59. 133. „Hab ich alle Brief und Schriften erklaubt und ersehen"; Ldtg. v. 1516, p. 589. zueklauben Einem etwas, es für ihn zusammenlesen; ihm zustecken. „Dem gêt nichts ab, klaubt iem sein Muetter alleweil zue." zusamenklauben. a) „Veit Arnbeck, der bey Herzog Georgen Zeiten fünf Bücher von dem herkommen der Bayern zusammengeklaubt hat"; Avent. Chr. b) sich von einem Unfall, einer Krankheit erholen; sich zusammennehmen, anstrengen. „Der geschlagen König Otto klaubet sich wieder zusammen"; Avent. Chron. „Derfst dich zesamenklauben, wen du dieß oder jenes zwingen (prästieren) willst." kläubeln, kleubeln (kloibəln, kluibəln), vrb. n., a) herumklauben, besonders in den Speisen, wenn die Eßlust fehlt; anderwärts hälmeln. Grimm, Wbch. V, 1018 f. Zeitschr. VI, 296. „Er kläubelt, carptim, minutatim edit"; 351
Prompt. v. 1618. b) Kleinigkeiten, besonders an Eßwaaren entwenden. Der Kläubler; kläublerisch. 'Der Kläubelstain, das Kläubelbain, ä. Sp., der Würfel, Knöchel; kläubeln, würfeln, knöcheln; Grimm, Wbch. V, 1019,5.' Puellae inter se possunt ludere ad ludum lapillorum vulgariter kleubelstain"; San-Zenon. 69, f. 14. s. Th. III: spilen.

'Die Klauber, ä. Sp., Klaue, Hand; BM. I, 846: klouber, Fessel. s. oben Klaber.' „Ich lâze iu niht mîns guotes dar umbe ûz mîner klouber"; Schwanritter 803. Vinculum arctius, meint Grimm I³, 193.

Die Klàubə'n (Wllr. Th. Mfr.), Klaupern (von Strbr., O.Pf.), gedörrte Birne, Klözen. Klàuwə'-broud, was Klözenbröd. Das Wort Klàubə'n scheint eine Zusammensetzung aus Birn und der betonten Sylbe des Namens Niklâ (Niklà, Niklou, ◡ –), genit. Niklâwen (wie Andrêwen, Andrêwes, s. oben, Sp. 99), zu seyn. Der Bischof Nicolaus oder doch sein Knecht besucht nemlich auf dem Lande in der Nacht zum 6. December die guten und bösen Kinder, und eine der Hauptbescherungen, die er zurückläßt, sind gedörrte Birnen. s. unter Nickelâs und Grimm, Wbch. V, 1035.

kleben, s. kleiben, klaiben und kleppig. Vrgl. Graff IV, 545. BM. I, 841. Grimm, Wbch. V, 1043. „Adhaeret, anklebiczt"; Teg. 439, fol. primo. 'Die Ankleben, quod adhaeret, Anklebsel.' „Wie wenig mag der seinem diener geben, der selbs ableckt die ankleben"; Cgm. 579, f. 4ª.

kleber (klêwə'), und kleberig, adj., nicht fest, nicht stark, also schwach, zart, schmächtig, gering, besonders vom Körperbau; knapp, kümmerlich. Zeitschr. III, 117. ə~ *klêbə's* Kind; ə~ *klêbə'nə'* Mensch. „Ein Vaß so kleber machen, daß es, wann man es herabwirft, von Stund an zerfällt"; Feurb. v. 1591. „Kleber Maß", (knappes); Lori, BergR. 220. ə' *klêbə'né* Stund, eine geringe, knappe Wegstunde. *Klêbə'*-mèchti', sehr knapp. kleber, adv., genau, knapp, mit genauer Noth, kaum; *klêbə'* so vil, *klêber* ə~ Stund. Grimm, Wbch. V, 1050. Sollte hier wirklich das alte Adj. clepar (gl. i. 745), kleberig, in blos figürlichem Sinne fortleben? Was nur geklebt, kleberieht, gepappt, pappət, ist freylich nicht fest, und auf der andern Seite führt das Zähe (tenax) auf das Spärliche, Knappe, Langsame. Das engl. clever (fein, astutus, ausrichtsam) muß ein ganz anderes Wort seyn. Vrgl. Müller, etym. Wbch. d. engl. Spr. I, 210.

kleiben, Prät. klaib, Part. Prät. gekliben, vrb. n., (ä. Sp.) haerere, haften, Zusammenhang, Leib gewinnen; (ahd. chlîpan, klîban, mhd. klîben: kleip, geklîben; Graff IV, 542. BM. I, 841. Grimm, Wbch. V, 1065. Otfr. passim). „Daz ime div minne niht enclieb", (so steht wol statt encleip, im Reim auf „treib"); Cgm. 94, f. 79ᵇ. bekleiben, 1) (v. Pflanzen) Wurzel fassen, Wachsthum gewinnen; (von Menschen und Thieren) concipi in utero. Mariä Empfängniß hieß ehmals: unser Frawen Bekleibung, und dieser Tag der Kleibeltag. Gl. i. 968: „pichleip, coalevit, concrevit", gl. i. 470: „pichleib, convaluit (vox in cordis aure)"; gl. i. 725: „pichlipun, haeserunt." „Siben untugent e sint bekliben (in den kinden) dann ein unzuht vertriben"; Renner 14797. „Wer wil nu so lange beleiben in schuln biz an im becleiben der ersten künste wurtzelin"; das. 16503. '2) stecken bleiben, verkommen, verhungern; BM. I, 841. Grimm, Wbch. V, 1050,2,c.' „Er ware vil nach bechliben", (vor Hunger todt?); Diut. III, 72. „Daz si (die Knechte und Mägde) iz (das Vieh) sanfte triben, daz dei parigen ieht bechliben", (zu Grunde giengen vor Schwäche ꝛc.); das. III, 81. „Die bechlibent (schmachten?), werdent da milticlîche gelabet"; Clm. 9513, Vers 237. s. klaiben.

kleiben, (schwäb.) zwicken, kneipen; Grimm, Wbch. V, 1066,4,b. 1162,4,a. Zeitschr. IV, 88,13. 103,13. Vrgl. unten Kleisper, Kleibser.

Die Kleiben, s. Klei=en.

Das Kleublein, s. Kleu=lein.

klieben (kliəbm), kleuben (kloibm, kluibm), Cond. I kliəbət, (I klób, klub), Part. Prät. gekloben ('klóbm), spalten, (ahd. chlioban, mhd. klieben: Präs. ich kliube, wir klieben, Prät. ich kloup, wir kluben, Part. Prät. gekloben; Graff IV, 546. BM. I, 845. Grimm, Wbch. V, 1160. Zeitschr. V, 511,7. VI, 297). „Staimbort chlubun" liest Dr. K. Roth im Hildebrandslied, was in der That alle Schwierigkeit hebt; (6. März 1849). '1) vrb. ntr., sich zertheilen, zerspringen, wie mhd.' Des Holz *kluibt* nét, (b. W.). '2) vrb. act., zertheilen, zersprengen. Holz klieben. Scherzh. R.A. das braun Bier recht klieben (viel trinken) künnen. Dés kàn I nét *kliəbm*, dieser Sache bin ich nicht gewachsen. 's Herz mächt si' aə⁻n *kliəbm*, das Herz möchte Einem zerspringen. zerklieben. D' Glógkng, də' Häfə⁻, d' Schüss'l u. drgl. is *z'klóbm*, ist zersprungen, hat einen Spalt, Sprung. Dés Leud get scho⁻ ganz *z'klóbm* də'heə' (besonders mit weiter Graədl), nicht mehr frisch; (b. W.). ə⁻ *z'klóbmə'* Buə', ein Mädchen. Der geklobene Zaun, Zaun aus Spalten, in die man ausgewachsene Baumstämme zerkloben hat, wird zur Schonung des jungen Nachwuchses an Stämmchen in den Forstordnungen sehr empfohlen.
352 chlewbung, fissura; Voc. v. 1445. kliebig, leicht zu spalten. Grimm, Wbch. V, 1163. Klobzillen, (Jir.) große, mit geklobenen Kipfen versehene Schiffe, wodurch Bayern ehedem durch Laufener Schiffer von Passau bis Laufen Getreide bringen und dafür Salz einnehmen ließ. s. auch Klub u. vrgl. oben, Sp. 970: Glibet.

Der Kloben, a) wie hchd.; (ahd. chlobo, mhd. klobe; Graff IV, 547. BM. I, 846. Grimm, Wbch. V, 1215). „Klobe, ein großes Scheit Holz", sagt Lessing (Schriften, hg. v. Maltzahn, Bnd. XI, II, 267) bey klieben, spalten. Vilmar, kurhess. Idiot. 205. Zeitschr. II, 44,34. III, 118. VI, 297. b) „Der Kloben oder das Aufstrickseil bey einem Salzschiffzug ist gegen 30 Klafter lang und 8 Schilling dick"; Beschreibung eines bayr. Salzzuges in Baumgartner's Polizeyübersicht. Grimm, Wbch. V, 1217,4,c. c) die Tabackspfeife, (rheinpfälz. Klowe); (o.bayr., Rath Her) Tabackspfeife mit kurzem Rohr. Grimm, Wbch. V, 1218,6.

Der Klub (Klu'), plur. Klüb (Klü'), 1) (Obrm.) der Spalt, Sprung. Grimm, Wbch. V, 1257. Dər Estərə' hàt *Klü'* 'kriegt, muəs widə' 'klàibt wer'n. (schwäb.) R. A. der Kachelofen hat ainen Klub, fig. wie: „es sind Schindeln auf'm Dach", es sind Leute zugegen, die das, was geredet wird, nicht hören, oder doch nicht verstehen sollen. 2) langes gespaltenes Holz (Klubholz) zu Klubzäunen (Jir.). 3) das Klieben; nach dem Klub; (Jir.). Der Klubplatz, wo gekloben wird; (Jir.). Der Klubzaun, Zaun, aus Klubholz (Spaltenholz) gemacht; (Jir.). vierklüftig, adj., in vier Scheiter spaltbar, (z. B. ein Stamm); Jir. s. klieben, Kluppen.

Der Kläche1 (Kláchəl), a) Schwengel in einer Glocke, Klöppel; (BM. I, 832. Grimm, in Haupt's Zeitschr. V, 237. Wbch. V, 888. Zeitschr. II, 33. III, 116. V, 461. VI, 173. 295. cf. klocken). Clechel, (Hagen beym Pez); „klächl, tintinabulum, clains glocklein", Voc. von 1419. „Bapsillus, der chlächel in der glockchen", Clm. 5877 (sec. XV, 1449), f. 103. „Der ain in die glokken sach und sach daz ain nater lank sich umb den klechel swank; v. d. Hagen, Ges. Abent. II, 639,74. „Der herzog fragt den Puchamer wer das pest getan het zu Stockeraw an dem plan, so sprach der Puechamer wir habn da ain glokken gossen, da war nichtz gebrestens nuer ein klächel der darein mues. so sprach der furst . . . laß mich den kláchel darin wesen"; österr. Chron. ad 1297, Cgm. 1134, f. 203—4. b) was niederhangend hin und her schwankt; das Scrotum gewisser Thiere; der einzelne Testikel; das Membrum. Widerkläche1n, Widderhoden; (Rttm.). Der Mülkläche1. „Taratantrum, mülchlächel"; Clm. 5877 (sec. XV., 1449), f. 146. Diefenbach 573b. Der Rótzkláchəl. „I schnupf kain'n Tabak, I trag kain Schnupftuch in'n Sak, I schneuz mi' glei' in d' Hand und wirf den Kláchel an d' Wand, Cäremonien und Compliment nutzen ja kain'n Flickrement"; Faunus in einer Comödie der ehemaligen P.P. Augustiner, Lex. v. B. II, p. 417. c) plumpe, vierschrötige Mannsperson; Zeitschr. II, 31. klächeln (kláchln), sich schwebend und mit einer gewissen Schwere hin und her bewegen. Mit den Füßen klacheln, (schlenkern, Hund' ausläuten); Hammer=Purgstall. dəhèrkláchəln, plump einhergehen.

---

klecken, klicken, a) mit der Peitsche knallen; Grimm, Wbch. V, 1055,2. b) (Franken, Rhein) bersten, brechen, springen machen. Nüß aufklicken, aufknacken, (ahd. chlecchan, zicleчhan, disrumpere, quassare, Otfr. IV, 33,37; gl. a. 106; mhd. klecken; Graff IV, 553. BM. I, 831. Grimm, in Haupt's Zeitschr. V, 235 ff.; Wbch. V, 1054. Zeitschr. IV, 174). „Daz diu scheitel im zerklacte (zerklicte) sam ein ei"; Otte im Barte 145, Hahn p. 96. Vrgl. klocken, klucken. Der Kleck, (Franken) der Riß, Sprung im Glas, Holz, Gestein. Grimm, Wbch. V, 1053. „Wegen des kalten luffts so allenthalben durch die klek des tachs yngetrungen"; St. Urban, 1513, Gesch. Fr. III, 184.

klecken, (ält. Sp. Prät. klackte; MB. XXIII, 228) wie hchd., und im Dialekt viel üblicher; (Graff IV, 553. BM. I, 831. Grimm, in Haupt's Zeitschr. V, 236; Wbch. V, 1056 f. Zeitschr. VI, 173. 271,7. 329,228. 389): zureichen, genügen. es *kléckt* nét dreiss'g, es sind über dreißig. „Drige (drei) tage dez ensol dir niht klechen"; Griesh. Pred. II, 13. „Zwayger hundert phenninge wert brötez klechent in niht"; das. 107. (V panes et II pisces) „was klecket aber das unter so vil lewt"; Cgm. 633, f. 13. „Was klecht das under so vil volks"; Clm. 9728, f. 203. „Wo der layen gut und habe nit klecket", (1451); Clm. 4366, f. 125b. „Da der layen gut und hab nit klekt"; Cgm. 258, f. 165a. „Also das unser güt chawm ir allain mocht gechlekchen"; Cgm. 765, f. 240. Daz alz kleken begunde als ain fleugin aim hunde"; Mich. Beham, Wiener 283,9. erklecken, Grimm, Wbch. III, 876. „Wenn aəné d' Hausthür scho⁻ nimmə' *də'kléckt* (erreicht), is 's gwis dás s' 'n Kopf dört bə⁻n Gugkə'l ausreckt"; Wagner, Salzb. Ges. 48. Sollte dieses Verb (Otfrid's klekan V, 7,52?) mit dem vorigen identisch, und seine Bedeutung nur eine figürliche seyn? Cf. Th. III: schnellen.

'klecken, wie hchd., Klecke, Flecken, machen, sudeln; cf. hchd. der Klecks, klecksen. Grimm, Wbch. V, 1055. verklecken, fig., verläumden.' „Wer vol hinderlist den andern verklecken ist"; H. Sachs 1560: II, III, 123. „Ist der fromb verklecket worn so hats jm thun der heuchler schnöd; das. II, IV, 43.

'klicken, s. oben klecken u. Grimm, Wbch. V, 1159. Der Klicker, (Aschaff.) was Klucker; s. d. W. u. vrgl. Grimm, Wbch. V, 1160. Weigand, Wbch. I, 448. *Glickərchə⁻s tou⁻*. „Im Lentzen gaen klinke' slaen (?), im Sommer Visſche fahn, im heruefte Vogel stellen verderuet manigen guden gesellen"; Husemann, Clm. 10751, f. 92. Zeitschr. IV, 8. Cf. „citrulli, chlicher", (herba, Kichern); Clm. 5877 (sec. XV, 1449), f. 106.

'klocken, klöcken, klöckeln, klopfen, (ahd. chlochôn, chlocchôn, anklopfen, Notk. 147,2; mhd. klocken; Graff IV, 553. BM. I, 847. Grimm, Wbch. V, 1220. Zeitschr. II, 420,22. 516. 561,54. III, 110. 118. 329. 399,4. VI, 297)'; (salzb.) klocken, klopfen, pochen; (Dr. K. Roth's Frau; Gastein, Mesnil, Jir.). „Kam für die tür und chlochet an"; d. Ring, 45b,20. „Ich stee am tor und klokch an ob mir yemant auff tät"; San-Zenon. 115, f. 209. „Vox dilecti mei pulsantis, dye stim meins liebs des chlokchunden"; Clm. 12723 (XV. sec., 1417), f. 80. „Complodere, mit henden zesam klocken"; Clm. 5877 (XV. sec., 1449), f. 107. „Das chlokchen und tumeln in den oren"; Clm. 5931 (XV. sec.), f. 208. „Ee und er (der Rabe) den fuchs mit dem snabel klöket"; Cgm. 254, f. 4. klöcken, (Zir.) klöckeln, (Gastein) knallen. Der Klöcker, eine gegen 10 Ellen lange Hüterpeitsche; (Zir.). Vrgl. oben, Sp. 972: anglögkeln.

'klucken, was klocken, (vrgl. klacken, klecken, klicken): anstoßen, anprallen, hacken; tönen, schallen; (BM. I, 848).' „Zwei spilten der fulen brucken, zwei wolten mit eigern klucken"; Altsw. 90,20. Mone's Anz. II, 194. cf. oben, Sp. 971: verglucken. „Zwei wolten mit Eyern klückern"; Cod. Palat. 313, f. 202b. „Ein fro kluckt der andern ungern die augen aus; Clm. 12296 (XV. sec., 1446), f. 193. Weigand, Wbch. I, 448.

kluckezen (-◡◡), a) tönen, wie eine Flüssigkeit beym Rinnen aus einem enghalsigen Geschirr. b) vom Kopfweh, von einem Geschwür: das Gefühl eines wiederholten und sachten Klopfens verursachen. Də' Fingər is schwiəri' und tuət àlln *kluckəzn.* Grimm, Wbch. V, 1261. (Etwa, wenigstens in der 2ten Bedeutung, das alte chlochon, pulsare, palpare?) Vrgl. Glogken.

Der Klucker, (Berchtesgaden) das Schnellkügelchen, der Schusser. Grimm, Wbch. V, 1160: Klicker; 1259: Klucker. Vilmar, kurhess. Idiot. 207. gluckern, kluckern,
353 globulis ludere. s. Th. III unter schmáráckeln. Schon im Voc. v. 1429: „klucker, globus; gluckern, globisare." „Das Wetter hat Stain geschlagen als wie groſze Kluckher", (Augsburg, 1460); Cgm. 4905, f. 559. Vrgl. Kleu-lein.

Das Klaid (Klaəd), wie hchd. Kleid, (mhd. kleit; BM. I, 838. Wackernagel in Haupt's Zeitschr. VI, 297. Grimm, Gesch. d. d. Spr. 1034; Wbch. V, 1069), jedoch im Dialekte weit weniger üblich, als Gewand, und oft blos von einem langen Frauenzimmerkleid (im Gegensatz des kurzen, bürgerlichen) genommen: Dé trägt gàr *Klaədə';* „Die man legent sölliche claider an das in die kluegen frawen miessend unden uff schawen wie sie den ars zw ainem kloben hand oben in die hossen geschoben. Also land si ir bretzlen sechen von inn (?) wa in anfach die arskrin"; Cgm. 379, f. 7b. „Und ist auch ain ander uppichait dar inn die man gefallen sint, daz si daz schämig gelit enttechent vor dem hindern. daz etwenn was ain smæhe unzucht. wo man die nider claider sach. Nu gugkent die weib mit begir den mannen zu dem hindern"; Cgm. 54 (XIV. sec.), f. 80; Haupt's Zeitschr. I, 415. Vrgl. oben, Sp. 1142 f: Hauptloch. In Halsklaid, monile, ist Klaid in weiterer Bedeutung genommen. R. A. „Das ist über alle Klaiderordnung", d. h. ungewöhnlich, außerordentlich. Grimm, Wbch. V, 1081. klaiden, klaidnen (klaədnə˜), kleiden. In Gemein. Reg. Chr. heißt es ad 1320: „ein Bräutigam soll nicht mehrere bitten, sich zu ihm zu klaiden, als bey seiner Hochzeit seyn können", (seine Farbe zu tragen?) — und Band IV, p. 38, ad 1499: „Die von Regenspurg schickten 200 Mann geklaidet in ain Klaid." Die Uniformierung ist schon in ältern Zeiten gebräuchlich gewesen. Der Bilderklaider, (in München) der die Bilder ausschneidet und farbige Streifchen oder Goldblättchen unterlegt. beklaiden ein Amt, revêtir d'une dignité, d'un emploi?!

Die Klaudern, (Hrslm.) altes oder schlechtes Geräthe. Grimm, Wbch. V, 1026. So sagt man z. B. von einem schlechten Spinnrad, es sey ə˜ rèchté *Klaudə'n.* Vrgl. Stalder's klütern, allerley kleine mechanische Arbeiten zu verfertigen wissen, ohne sie eigentlich gelernt zu haben; s. unten: Klitterwerk). Sollte es nicht dazu auch ein schweizerisches Substantiv Klûteren geben? „An iteler vreude, kliuterworten (klutterworten, chluhterworten), an spotte"; Pfeiffer's Mystiker I, 318,3 u. 509 f. Cf. Klitterwerk.

Die Klauder (Wetterau), Knauder (im Ried bey Darmstadt), aufgelaufene, harte Stelle der Haut, von Wanzen-, Mücken- ꝛc. Stich; (Weigand).

Die Klaudern (Glauda'n), eine dünne Brühe, welche nicht fett genug ist; Castelli, Wbch. 141. „Ein gût frawen chlôde. Wildu ain liechtes chlôd machen, so nim weiz mel vnd öle vnd es in ezzich vnd bestreich daz antlücz damit, so wirt ez vil schone; Fürstenf. 121, f. 168b. Vrgl. kledeln und Grimm, Wbch. V, 1221: der Kloder, Fleck, Kleck.

kledeln, beschmieren; Grimm, Wbch. V, 1153: kletteln. „Die thür und auch die wende musten all kledelt sein"; Reime von 1562. „Mulieres se fucantes chledernt"; Ald. 228, f. 342. (cf. schweiz. klüttern, klecksen, niederd. Kladde, Klecks; s. unten: klittern).

---

klaffen, vrb. n., a) verächtlich: sprechen, 'schwätzen, nachreden, verläumden.' „Claffen in der Kirchen"; Ms. v. 1447. „Die da vil geclaffent und unnützlichen redent"; Br. Berht. 164, (Pfeiffer p. 158,39. 159,29. 32). „Hüete dich vor claffen", Labr. 70; unnutzez claffen, das. 158; „dîn süezez klaffen ist ein truglich mære", das. 451; „niuwez klaffen", das. 454; „mir ist für lachen, klaffen swîgen süeze", das. 516. „Waz get mich an ze claffend dirre waidemære"; Valkn. 87. „Den Fug (occasionem) verklaffen und vermaulaffen"; Seb. Frank. „Swer minner heizet tôren, sêr ich daz widerclaffe"; Labr. 330. b) (O.L.) besonders: unehrbare Reden führen. Grimm, Wbch. V, 896. Zeitschr. VI, 295. Heng auf mit dei˜n *Klaffm!* so läßt ein Oberländer den keuschen Joseph zu Potiphar's Weibe sagen. Die Klaffe, ä. Sp., Gespräch, Geschwätz, Nachrede; BM. I, 835. Grimm, Wbch. V, 893. Zeitschr. III, 272,25. „Ach, was schimpfes meiden mûs vederspil durch klaffe der valschen"; Valkn. 134. Klaffe, einer der Hunde des Labrer's: 288. 389. Klaff-Reden, (HhE.) Zoten, unzüchtige Reden. „Ein Klaffer, garrulus"; Voc. v. 1419. „Sô swîgen alle claffer billîch stille"; Labr. 129. „Die klaffer mit ir zungen zûslahent"; das. 402. „Die klaffer kunnent frewde weren"; Valkn. 133. Der Hinterkläffer, (Abele, s. Gerichtsh., cas. 47) Verläumder. kläffig, garrulus; gl. bibl. v. 1418. In weiterer Bedeutung ist claffon (gl. i. 14) complodere, chlaffod (i. 599. 814) stridor, crepitus. Graff IV, 555: chlaphôn, clafôn, claffôn, mhd. klapfen, klaffen; BM. I, 835. Grimm, Wbch. V, 894. 955.

Der Klaff, Klapf, Klafft, Klaffer, Klafter, das Klapperkraut; rhinanthus crystagalli et alectorolophos, auch antirrhinum, eine Art Unkraut, die nach dem Sprichwort den Bauern im neunten Jahr vom Felde treibt, wenn er nicht früh dazu thut, es auszujäten, das Feld „auszukaffen." Grimm, Wbch. V, 899. Zeitschr. IV, 174.

Der „Klaffer, Röhrkasten"; Prompt. v. 1618, (Rohrbrunnen). „Alle Cloffer und Werl"; Münchner Feuerordnung v. 1751. Jetzt hört man gewöhnlich das Diminutiv Kläffə'l: sich am *Kläffə'l* waschen. Der *Kläffə'l-*Brunnə˜, das *Kläffə'l-*Wassə', (im Parnass. Boic. V, p. 270) Gleiffel-Waßer. „Altifera, cläferl"; Poll. 801, f. 2. Kläppe-l, (b. W., Obrm.) ein Brunnen, aus dem das Wasser nur ganz dünn läuft. Manches Haus hat ə˜ *Kläppə-l* von der größern Wasserleitung, die in die Stadtbrunnen geht, also was Steften, Wechsel, — Klappe? Vrgl. Grimm, Wbch. V, 892. 899. Vielleicht vom Getöne: „Eintönig rollt vom Brunnenrohr der Wasserstrang, der sich verschlürft"; (Salis). s. Gläffə-l. 354

„Clafficimel, clavicimbalum"; Cgm. 713, f. 22. Diefenbach 126b. Grimm, Wbch. V, 899. s. Th. IV: Zimbel.

Die Klufen (Klufən, Klufə˜), das Klüfelein (Klifə-l), die Stecknadel, Kopfnadel. Grimm, Wbch. V,

1261. „Glufen, gufen, acicula", Onom. von 1735; „glufen, acicula, spina", Prompt. v. 1618; „gluff, acus crinalis, spinther", Prompt. v. 1532; angels. clufe, spica; česk. hlawa, glowa, golowa, Kopf; schweiz. Glófa, Glufe, Gufə˜; Tobler p. 225. Stéck- oder Hàrglufə˜. Die Schlag-Klufen ist eine kürzere, dickere Stecknadel, die man wie einen Nagel in Holz einschlägt. Die Klufen ist verschieden von der zweybeinigen Hârnâdel, vielleicht aber hat nach der obigen Stelle von 1532 gerade diese ursprünglich von ihrer klobenartigen Gestalt Klufen geheißen. Die gl. i. 815. o. 81. 434 haben neben chluft auch chluf, kluf für forcipula. Graff IV, 547. klüfeln, vrb., durch Stecknadeln befestigen.

Die (das, der) Klafter, wie hchd.; (mhd. klâfter; Graff IV, 557: klafdra. BM. I, 832. Grimm I³, 169; Wbch. V, 902 f. Zeitschr. VI, 296); opf. Klauftə' (?). Cgm. 696, f. 240ᵇ: clauſter. „Wenn im Ganzen beim Europäer der Klafter (das Maß zwischen den ausgespannten Armen) die Körperhöhe um 2 bis 3 englische Zoll übertrifft, so fand sich dagegen ein Neger, dessen Klafter 10 Zoll mehr zeigt als dessen Höhe"; (Schulz, Conservator des anatom. Museums in Petersburg, Ausland 1845, S. 969).

'Die Kluft, wie hchd., Spalte, Riß, Ritze; Zange; losgetrenntes, gespalteres Stück Holz u. drgl.; (Graff IV, 547. BM. I, 846. Grimm, Wbch. V, 1261. 1266. Zeitsch. II, 43,29. V, 103).' (Aschaff.) die Kluft, Feuerzange; Simpliciss. v. 1669, p. 409: Zange. Vrgl. oben, Sp. 1073 unter: die Häbel. Nach Jahn's Turnbuch v. 1816, Vorrede: die Kluft vom Spalt hinten. „Debet quaelibet *chlufta* denarios VIIII valere. in qualibet carrada X et VIII *chlufte*. In qualibet carata XVIII ligna de maximis *chluftis*"; Ald. 44, f. 100ᵃ. „Manducare cottidie eine cluft des closelouches"; Innsbr. Cod. 652, Mone's Anzeiger 1838, Sp. 609.

Das Klüfftl, Klifftə-l, (im verachtenden Scherze) Kleid, das mehr Wind macht, als deckt oder wärmt; Frack. „Und übern Tritkoth (tricot) habn d' Damen ein weiß Glüfftl von Spinnen angezogen." „Und in dem Staub habn d' Herrn in ihren schwarzen Modiglüfftln ausgeschaut wie d' Mülnerbuebn"; Eipeldauer Briefe. Zum alten Chluft, Zange, Kluppe? oder als eine neuere Bildung zu lüften, Gelüftet, G-lüft-t? Grimm, Wbch. V, 1267 f. Vilmar, kurhess. Idiot. 208. Rothwelsch: claffot, Kleid; Geßner's Mithrid. (1555) 73. Castelli, Wbch. 143: die Gluft, verachtender Ausdruck für Kleid; aber p. 280 als jenischer Ausdruck gegeben; der Gluftpflânza', der Schneider. Wien und die Wiener (1843) p. 316 als Lerchenfelder Ausdruck für Kleidung. 'Die gefährlichen Klassen Wiens (1851) p. 153: „die Kluft, der Rock, das Kleid jeder Gattung; Kluftpflanzer, der Schneider; kluften, kleiden." Anton, Wbch. der Gauner- u. Diebsspr. p. 45: Klifft, Klüftling, Gewand, Kleid. Vrgl. v. Train p. 176; Rochlitz p. 158; v. Grolman p. 37.'

---

klagen (klàgng), wie hchd., (ahd. chlagôn, mhd. klagen; Graff IV, 549. BM. I, 832. Grimm, Wbch. V, 914. Zeitschr. III, 533,103). Dem Dialekt eigen ist dieses Verb: 1) als Transitivum in der Form: Einen klagen, d. h. ihn vor der rechtsprechenden Obrigkeit verklagen; Grimm, Wbch. V, 923, b, β. 2) als Neutr. in der Bedeutung: (um einen Verstorbenen äußerlich) trauern, Trauerkleider tragen. Ursprünglich wol (wie noch in den VII Com.) von üblichen cadenzierten Wehklagen (besonders von Weibern) um den Todten vor und bey der Beerdigung. (Vrgl. die Todtenklage in Portugal 1467, Cgm. 1278, f. 167; die Endechas der Spanier, Mone's Anzeiger 1835, p. 228; die Klageweiber, nevichas, auf Malta, Magazin f. d. Lit. des Auslands, 1837, p. 335; die Todtenklage auf Majorca, das. p. 808; the creening in Irland, allgem. Ztng. 1836, p. 1916). Grimm, Wbch. V, 908,2. 917,2. Die Klag (Klàg, Klà'), die Trauer um einen Verstorbenen, le deuil; das Leichenbegängniß; die Trauerkleider. „Wie dj prelaten den fursten laid-klagung zueschreiben", (Condolenzbrief); Raitenb. 166, f. 119. Die Proceß-Klag, Leichen-Procession; Hazzi, Statist. III, 343. Einem mit der, an der Klag gên, seinem Leichenbegängniß beywohnen; L.R. v. 1616, f. 580. *In də' Klàg sey˜*, Trauerkleider tragen. Diese sind in der Regel schwarz. Doch ist weiß z. B. das Klàgtüəchəl, welches bey solcher Gelegenheit von dem weiblichen Geschlecht im Chiemgau über die übrige, schwarze Kleidung und unter dem breitrandigen, schwarzen Hute getragen wird. Die Klag anlegen, die Klag ausziehen; die ganze, halbe Klag. In der ältern ansp. Policeyord., Art. von Begräbnissen, wird gerügt, daß diejenigen, welche das Leid betroffen, lange Klag-binden von Taffet oder 355
Flor bald bis auf die Erde schleiffend tragen. Das Prompt. v. 1618 hat: „in der Klag heuraten, mulier in familiae luctum, in privignorum funus nupsit." „Die Klag, eine gespenstische Erscheinung in Gestalt einer feurigen Kugel, welche knarrend und schleifend vor dessen Thüre hinkollert, der zum Tode reif ist"; Seidl, Flinserln (1839) II, 76. 99; (1844) 314. Der Kläger, Person, die bey einem Leichenbegängniß und eine gewisse Zeit lang darnach Trauerkleider trägt. Grimm, Wbch. V, 925. Der Hauptkläger trägt entweder nach alter Sitte die Gugel oder einen umflorten Hut, den er auch in der Kirche während der ersten Seelenmesse aufbehält. Bey dèrə' Leicht sán' vịl, weni' *Klégə'*. In München gehen Weibspersonen nie mit der Leiche, sondern erscheinen nur bey'm Gottesdienst; eine lobenswerthe Sitte. Der Klagbaum (?), ä. Sp.; BM. I, 228. „Daz urvar bî Üzensê ist ir rehter klagboum"; S. Helbling I, 798. Haupt's Zeitschr. IV, p. 255. Die Klag-Muetter, das Klag-Weiblein, die Stimme des Käuzleins, welche von Abergläubischen als Verkünderin eines Todfalls gefürchtet wird. Grimm, Wbch. V, 914. „Wanns in zerfallnen Schlössern spukt, der Wandrer furchtsam eilt, wenn d' Drud die Menschen quält und druckt, das Klageweiberl heult"; Marc. Sturm p. 48. Vrgl. Rank, aus d. Böhmerwald p. 273 f. „Schretlein, clagmuter"; Cgm. 579, f. 49ᵇ. Der Klagvogel. „Ulula haizt ain klagvogel, dar umb wan sô er rüeft oder schreit, sô tuot er sam er wain oder klag, und bedäutt sein stimm ungelük"; Konr. von Megenberg f. 132, Pfeiffer 227,21. 'klagbar, adj., worüber zu klagen ist; BM. I, 834. Grimm, Wbch. V, 905.' „O wê, der klagebæren riuwe!" Labr. 522.' sich Einem eines Dings erklagen, ä. Sp., sich vor ihm darüber beklagen. „Sol sich des erclagen der herschaft und irn ambtleuten"; Freyheitsbrief. Grimm, Wbch. V, 874. verklagen, ä. Sp., ab- oder unterlassen zu klagen; BM. I, 834. „Die guoten sol man verklagen schier", bald aufhören, um sie zu klagen; d. w. Gast 5583. „Das solten guot gesellen wol verklagen"; Walfn. 131. „Daz laid ich nimermer verchlag die weil ich leb nur einen tag"; d. Ring 41ᵃ,42.

Das „Klagfeuer", der Rothlauf; s. Loh-feur.

klueg (kluəg, b. W. klou'), 1) wie hchd. klug, (ahd. chluoc, mhd. kluoc, prudens. BM. I, 848. Grimm, Wbch. V, 1269). 2) (O.L.) genau, knapp. So *kluəg* als I aufg'stan'ə˜ bi˜, so bald, als ich aufstund, so wie ich aufgestanden war; (cf. so klain als). 3) (O.L., b. W.) genau, karg, sparsam. Grimm, Wbch. V, 1279,9. Si is gàr z' *kluəg*. „Kann gen dö ganz Wochá schen sperr löbn und *kluəg*, á schwarz Bau'nbraod in Sack, dös licht Wosser in Krueg"; Stelzhamer 126. Kaltenbrunner 107. 208: sparsam. „Im Hause und dahaim war jederman karg und klug, gegen andern mild"; Av. Chr. „Den Kaiser Vespasian habe zu seiner Klugheit die Not und Armut der kaiserlichen Kammer gezwungen"; ibid. „klug vide karg"; Prompt. v. 1618. „cluog essen oder trinkn, abstinentia"; Voc. v. 1419. 4) (O.L.) fein, 'zart, schmuck, nett'; Grimm, Wbch. V, 1269 f.

Zeitschr. VI, 297. Gegensatz von grob und groß. „Curiosus .i. furwitz dicitur (heutzutage) subtilis, klûg"; Monac. Augustin. 84, f. 69b. „Hat klûg zen und klain hend und lider"; Diess. 140, f. 87. „Daz gewant was klug und fin"; Altsw. 43,15. ə˜ kluəgs Tuəhh, feines Tuch; ə˜ kluəgə' Flachs, ə˜ kluəgs Korn. (cf. „rosen cluog, tischlachen cluog"; Rosengarten 2341. 2399). ə˜ kluəgə' Druck, kleiner Druck eines Buches. kluəg singə˜, in hohen Tönen. „Was machen nicht für dünne und kluge drechslerische Arbeit die Inwohner zu Berchtoldsgaden?" Abele, seltſ. Grchtsh. 42. Caſ., Edit. von 1684. In des Teufels Segi folgt nach den „Spillüten und iren lüten" ein Artikel „von kluogem gesinde", worin der Teufel den Ainsidel fragt (Barack p. 381 f., Vers 12001 ff. 12026. 12050): „Macht icht kluges gesindlachs (grisettes?) han?" und der Feind antwortet: „Ja ich han cluog gesind, den ist die hut wiß und lind, die den lüten tuond spinnen und sich och gern land minnen. Zwikerin und kittel machen gehœren ouch zuo disen sachen .... besterin (Wallerſt. Hſ. „reyserin") und die tücher waschen ... die wib mit den liren ... hendschuoch glismen."

Wiə klüəgə' di 'Albm, iə klüəgə' də' Wind,
Und wiə klüəgə' das Deənál, iə grössə' di Sünd.

kluegen, klüegen, vrb., ä. Sp.; Grimm, Wbch. V, 1283. '„klügt (: schlägt), Keisersb. Bilg. 13a." Jac. Grimm.' bekluegen Einen, ä. Sp.; Lexer, mhd. Wbch. I, 167. „Ich hett auch wol erliten das solt ich han weib ald man beklûgt das mir sein rok wol het gefügt"; Cgm. 379, f. 58b (270, f. 98b). überkluogen Einen, ä. Sp., ihn an Klugheit übertreffen; Buch d. W. 1485. BM. I, 849. klüegeln (kliəgln, o.pf., b. W. klêigln), a) wie hchd. klügeln. Grimm, Wbch. V, 1282. verklüegeln. „Verklügelten under dem Namen der Geistlichkeit jr büberey", (bemäntelten?); Avent. Chron. b) b. W. (nach klueg, 3), sparen, knausern. I hà mər allé máne Kreuzə' zsamə˜ klei'ält. Anmerk. Wie hier die Bedeutung subtilis neben der Bedeutung prudens, so galt in der a. Sp. auch für chleine neben der
356 Bedeutung subtilis die Bedeutung sagax, astutus. s. klain und fein.

Die Klamm, O. Isar: das Klám (Geklämm?), Bergspalte, Bergschlucht, die meist zugleich das Rinnsal eines beständigen oder eines bloßen Wetter-Baches ist; (BM. I, 842. Grimm, Wbch. V, 935,4,c. 937. Zeitschr. III, 116). „Der kanel der was aller sin von klam unz hin ze kluse"; Eggenlied, Laßberg CCVII. Das Klám der Durach unweit des Falls an der Ober-Isar. Die Klamm zwischen Lend und dem Gasteinerthale; die Klamm, durch welche die Saale von ihrem Ursprung bis gegen Saalfelden fließt; die Scheibenklamm, die Schinderklamm &c. (im Salzburgischen). „Angustiae (rupium) quas clamma dicimus"; Angel. Rumpler in Pezii thes. I, III, 474. „In irs herzen klamm"; Suchenwirt. (Cf. gl. i. 813: chlamezit, vom Jagdhund: haeret hians (Graff IV, 1122), und dazu oben, Sp. 973, das Verb gleimezen und das Adj. gleim, die vielleicht besser mit k geschrieben wären). 'klamm, adj., arctus, angustus; (BM. I, 834. Grimm, Wbch. V, 935. Vilmar, kurheſſ. Idiot. 204. Zeitschr. II, 120. 275,1. VI, 214. 413,76); s. klemm. Die Klamenei, ä. Sp., der heitre Himmel; BM., a. a. O.' „Eim in astronomia ist bekant ein ieder stern in seiner clammeney waß darin gepuchstabent sey das kumpt von dem gestirn zu"; Clm. 15613 (4. XV. sec., 1469), f. 321b.

Die Klammer, (b. W.) Klemme, Verlegenheit. Grimm, Wbch. V, 940.

'Klamirre, eine gewisse Speise, etwa eine Sulz aus Ochsenklauen (klâ-mirre), meint Franz Pfeiffer in' Haupt's Zeitschr. V, 471. „Datz Österrîche clamirre („chlamirre"), ist ez jener, ist ez dirre, der tumbe und der wîse hânt ez dâ für herren spîse"; (slawisch? Zu Österreich Clamirre... hielten Wasser für gute Speise?) M. Helmbrecht 445. BM. II, 187.

Die „Klämmer", (Iller, Lech) Ameise; bey Stalder Klammere. Klämmer-Hausen. Grimm, Wbch. V, 940. 1119,4.

klemmen, wie hchd. (ahd. chlamjan, mhd. klemmen; Graff IV, 557. BM. I, 842. Grimm, Wbch. V, 1139. Zeitschr. VI, 296. 413,76). 'klemm, adj., was klamm; Grimm, Wbch. V, 1136. Zeitschr. IV, 174. „Herzog Ruprecht von dem Rein und herczog klemm", (König Ruprecht); Clm. 2035, f. 81. Mone's Anzeiger VI, 124, ad 1384; p. 263, ad 1388; p. 375, ad 1410. „Ein Chamb zu Hertzogen Chlemen, (1392); Freyb. Samml. II, 96. 102. 107. „Dux Rupertus junior chlein nominatus", (also nicht „klem"); Windb. 180, f. 5. biklemm, (-◡, Ilz) klemm, selten, schwer zu bekommen. Grimm, Wbch. I, 1422. V, 1136,3. „Dö Traiheid is biglem, ma' zə̊hlds um koa˜n Geld und ma' kriagts nur in Tausch und a då is' oft gfehld"; Seidl, Flinserln IV, 29. „Söltáni (solche) Herzen sán biklem — auf Ehr'; in Östreich sán s' häufti"; das. 3. Ausg. p. 228 u. 290. klomm, beklomm, beklemm, (Zips) was selten zu haben. Grimm, Wbch. V, 1289: klumm. Zeitschr. VI, 297. klemmauget, (Gastein) mit halb offenen Augen. Zeitschr. III, 117.

'kleimen, ä. Sp., formen, bilden; Graff IV, 557. Grimm, Wbch. V, 1086 f.' „Hente dine taten mih unde chleimten — bilideten — mih, (plasmaverunt me)"; Windb. Pſ., Cgm. 17, f. 175b, Pſ. 118,73. „Du gebildetes — bechleimtes — sie, (plasmasti ea)"; das. f. 109a. Pſ. 73,18.

'klimmen, wie hchd. (Prät. klomm, Ptc. geklommen; ahd. chlimban, mhd. klimmen: klam, geklummen; Graff IV, 558. BM. I, 842. Grimm, Wbch. V, 1163. Zeitschr. IV, 102,9), klettern, steigen' „Der valk hoch klimpt"; Valkn. 84. „Ein ber an wirdenclimmen", (nach Ehre emporstreben); Labr. 88. „Man mag vil balder fallen vil tûsent mil dann eine hin ûf climmen"; das. 227. „Swâ mût die hœhe climmet"; das. 233. „Mit siuften wider climmet mîn herze ûf in der brüste"; Labr. „So du dich ranſest und den chrammen hast ... und die leffen ameizen und die zende erchlummen"; Cgm. 731 (?), f. 212.

'Der (die?) Klampe, ä. Sp., großes Stück, Klumpen; Grimm, Wbch. V, 942.' „Schiub in deinen trüssel (beym Essen) groß clampen als ain saw"; Cgm. 270, f. 176a. „Klampen wie die ziserärbiß"; Dr. Minderer p. 115. Vrgl. Klamper, 2.

Die Klamper oder Klampern, das Klämperlein (Klámpə'l), a) die Klammer; Zeitschr. III, 116. VI, 296. b) Klumpen von den Überbleibseln (Träbern) des Obstes, aus welchen man in Bottichen zum Essigmachen den Saft gepreßt. Grimm, Wbch. V, 943. R. A. Einem ein Klämperlein anhenken, etwas übles von ihm reden, oder auch: ihn zu Schaden bringen. Grimm, a. a. O. und V, 1143. Wo dèr aə˜n kà˜ ə˜ Klámpə'l à˜-henkə˜, dà tuət ə's gwis ... Daher das Verb beklamperln. „Alles was hereingeht, angaffen, beklamperln und registriren"; Fastenerexemp. II, 30. „So sint die valschen sô gemuot, daz si (eine Frau) sô stæte niht mac gesîn, si ne slahen ir ein klämplin mit worten und mit vâre"; Wigalois 2376, (Pfeiffer 64,32: ein kläpfelin). Der Klamperer, Klampferer, (salzb.) Blechschmid, Klempner. Pfannenklamperer, Pfannenschmid.

klampern, (b. W.) tönen, klappern, „kleppern." Grimm, Wbch. V, 943. Zeitschr. III, 117. 186,53. VI, 297. 333.

Klumpern, a) Kothklümpchen an der Wolle eines Schafes; Grimm, Wbch. V, 1293 f. b) (Nürnb., Hsl.) Schimpfwort für junge, naseweise Mädchen.

'„Das Klämpfel (Klámpfl), bissige Rede, Haken (s. Klamper: Klámpə'l); auch was am Haken hängt, nämlich: Bündel, daher: Ränzel, Gepäck."' „Jetzt packt ar sein *Klámpfl* zsam"; Seidl, Flins. IV, 123. 140.

Die Klampfen, (Popow.) die Klammer der Zimmerleute. Grimm, Wbch. V, 943. „Wenn ein Schiff zerbrochen und zum Machen ausgezogen wird, so seyn die Schiffknecht schuldig, den Schoppern ihr Geschirr zum Aufleinen, auch die Notdurft Klämpfen um den gewöhnlichen Lohn hinzutragen"; Schifford., Lori, BergR. 194. „Und damit bey den gehenden Schiffen kein Mangel
357 an Klämpfen erscheine"; ibid. (Oder sollten hier Schiffbalken, engl. clamps, gemeint seyn? Grimm, Wbch. V, 944). klampfen, klammern; Grimm, Wbch. V, 944.

'klimpfen, ä. Sp., (Prät. klampf, Ptc. geklumpfen; BM. I, 843. Grimm, Wbch. V, 1167, III, 1, b), fest zusammenziehen, zusammendrücken, krümmen.' „Wenn uns die wangen sint gerumpfen, rücke und arm und bein geklumpfen"; Renner 24189.

---

klamsen, Klamser, s. oben, Sp. 973: gleimezen.

Die Klumsen, Klumpsen, Ritze, Spalte; Grimm, Wbch. V, 1294. 1295. 1170. s. Klunsen.

---

klänen (klánə~, klá~n, klenə~, kle~n), schmieren, streichen. Kæs auf 's Brod klänen. Klän-kæs (Klá~-kás), Schmierkäse; nichtswerthes Ding. (Schoffer). ab-, an-, auf-, be-, der-, ver-, zue- ꝛc. klänen. „Der (Dreck) beklent sie gar all zu mal; H. Sachs 1560: II, IV, 80ᵇ. Grimm, Wbch. I, 1423. „Darmit im diu ougen sint verklænet"; Labr. 293. vo'klá~n, verschwärzen, verleumden; (b. W.). Fig. sich mit einer Person oder Sache klänen, sich damit abgeben, drein mischen; vrgl. kæten. Der Kläner (Klánə'), der da schmiert, streicht. Der Bâumkläner, der Baumläufer, und sitta europaea L., Spechtmeise, (Jir.); Grimm, Wbch. V, 944. 1145. Das Klänend (Klánəd), die Kläneren, Geschmier, Schmiererey. 'Der (?) Klenster, (ä. Sp.) Kleister, Schmiere; BM. I, 843.' „Daz er gifuge wol verworchtiu venster si bestriche mit chlenster"; Anegenge, Hahn 23,26. klänig (kláni'), schmierig, schlüpferig. Die a. Sp. hat einen Ablautverb klenan, ih klan; Partic. Prät. (gl. i. 689) biklenan neben (i. 563) pichlent, oblitus; Graff IV, 558. BM. I, 853. Grimm, Wbch. V, 1144. Vilmar, kurhess. Idiot. 206. Zeitschr. VI, 296.

klain (klaə~, o.pf. klài~, Compar. klèənə', Superlat. klèə~st), adj., wie hchd. klein, (ahd. chleini, gracilis, subtilis; mhd. kleine; Graff IV, 559. BM. I, 837. Grimm, Wbch. V, 1087. Zeitschr. II, 38. III, 239,7. VI, 422,32). Mehr der Volkssprache eigen sind folgende Bedeutungen, in welchen dieses Wort den Formen kleber, klueg, fein parallel geht, und dem angels. clæne, engl. clean entspricht. (Man vrgl. jene Wörter und die Artikel klâr, rain; holl. kleynsen, purgare, colare). 1) adj. u. adv., fein, 'dünn, zart'; minutus. klaə~ reden, schreyen, singen, d. h. in feinen, hohen Tönen, im Sopran. „Einer (Vogel) sang clain der ander groß, daß es in dem berg erdoß"; Cgm. 713, f. 226. „Hans: Kanst öppern ä schen singä? Treinsch: Recht ga' *klain* kan ichs nöt. Margareth: äs hat halt grad sein Gschäll (Gschál); Lindermayr 117. „Fäe den Sallitter durch ain seer vast Enng härinnes Süblein, das es klaines Pulver gebe . . . reib den schwebel auf das allerklienneſt"; Fwrbch. Ms. von 1591. ə' *klaəs* Kraut, Kraut aus weißen, ganz klein gehackten Rüben. „Die Scharwerks-Undertonen soll man zum Spinnen des klainen Garns nit nöten, sondern bey einem Mittelgarn bleiben lassen"; L.R. v. 1616, f. 304. Im Wigalois 766. 868. 2191: „ein kleinez hemde, kleinez hâr"; im Iwein: „weiße leimbat claine"; (Iwein, Lachm. 3455. 6484). „Dein prüstel sinwel und deines leibes claine vel"; Dorothea, Windb. 109, f. 243. Das Kolenklain, Kohllösche, Kohlengestüppe; Flurl, Beschr. d. Gbrg. 354. Die Gradklain, Gruebenklain, Nâchklain, Schaidklain, die kleinern, durch ein Waschwerk abgesonderten Erzstücke; Lori, BergR. 219. 645. Grimm, Wbch. V, 1103. 2) adv., genau, knapp; Grimm, Wbch. V, 1089, e. Zeitschr. III, 239,7. I und mei~ Schàz hàbm uns *klaə~* zsamə~ glégt. Só *klaə~* àls, so bald als nur. Só *klaə~* àls ə' mi' də'blickt hàt, is ər auf ən andəré Seitn 'gangə~. Só *klaə~* wàs's ábə' wird, gêt i~ 'n Bergngən d' Hólzarbət à~. Dà gêt's *klaə~* 'rà', da ist nichts weniger als Überfluß, geht es genau, knapp, sparsam zu. 'Vrgl. oben, Sp. 973: gleim.' 3) adv., ganz und gar, völlig, (angels. clæne, engl. clean, prorsus, penitus: I knocked him clean down; he is clean mad), wie man auch sagt rain. Grimm, Wbch. V, 1090, f. *klaə~* də'bröcklt, *klaə'* də'batzt, *klaə'* də'frà'n, völlig erfroren; ObrM. Zeitschr. III, 239,7. Einen *klaə~* für ə~n Nárn hàbm, ihn völlig zum Besten halten; (HhE.) Hà' mi' *klaə~* drei~ və'liəbt, ich habe mich ganz und gar in sie verliebt. Dé Menschə', dé sen' *klaə~* və'wégng, sind recht verwegen; Volkslied. 358
Iətz machts mi auf aə~màl *klaə~* siəri', si hébt ja frey *klaə~* 's Schəltn à~. Si sand *kloa~* z'keit, haben sich ganz zertragen.

Də' Wildschütz is zou'ni, und is *klaə~* vo'hitzt,
und schluəg zuə áf d' Jágə', dás 's Bluət davo~ spritzt.

Wégng aə~n Deə'nál trauə'n, des kunnt I net thaə~,
I və'kürzət mə' 's Lébm und və'sündət mi' *klaə~*.

I bi~ *klaə~* zlèchsnt vor Durst; s. lechsnen. „Daz weiz si klein", genau, oder aber wenig? Labr. 646; cf. 446: „Ez hilfet leider kleine." Cgm. 692, f. 74: a klain, paululum; schweiz. ə~ chlei~. klaə~-leizi', klaə~-winzi, klaə~budə'winzi', adj., sehr klein, überaus klein; (Nptsch.) klá~urwinzi'. „claintatig, exilis"; Voc. von 1445. Die Klaine (Kläəné), die Klainen (Kläə~n), die Kleinheit, (ahd. chleinî, mhd. kleine; Graff IV, 562. BM. I, 838. Grimm, Wbch. V, 1106). „Von Claini der Jucharten halben"; Meichelb. Chr. B. II, 209. Die Klainstigkait, (O.L. Klaə~stikeit, Klèə~stikeit), ein Subst. vom Superlat. klainst.

Das Klainot, Klainat, Klainet, (ä. Sp.) was jetzt hchd. Kleinod; (mhd. kleinôt, kleinœte, kleinœde, BM. I, 838. Grimm, Wbch. V, 1121). Manubias, clainat; ceremonias, klainet"; gl. bibl. von 1418. „Silberney tranchvas oder swelcherlay chlainat es ist, das valsch ist"; Rchtb. v. 1332, Wstr. Btr. VII, 96. Den Münchner Bürgern wird aᵒ. 1370 verboten, „der stat ambrost, pfeil, spanbanchk oder welcherlay chlainet (also wol Geräthe) daz sind, die deu stat angehörent, hin ze leichen einem auzmannen"; Wstr. Btr. VI, 104. Münch. StR., Auer p. 185. Was soll aber des Mannes Chlaneit in folgender Stelle seyn? „Sie (sc. femina, quae aliquem violati pudoris accusat) hab des mannes chlaneit ingenommen oder nicht"; Rchtb. von 1332. Wstr. Btr. VII, 91. s. Grimm, Wbch. V, 1127, b. Cf. česk. klénot, m., Kleinod, Hode, Gemächt; klénoty mužské, virilia, peculium; (Jungman, der ein griech. *κλενώδιον* als Quelle nimmt). „Desponsare, verdruten als durch ein cleinheit"; Voc. Melber. „Ehe wolten S. frtl. Dhl. weder Cleinotten noch Claider behalten"; Ltg. v. 1605. „Ein babst sant den antlas ainer kungin zu ainer clainhait vnd zu ainer gab"; Cgm. 80, f. 91. Im Cod. iconogr. 429 (Cim. v. a. 12), von König Ludwig 1. März 1843 der Bibliothek geschenkt, sind der Gemahlin Herzog Albrechts V, Anna von Österreich, Klainat in 108 Miniaturen abgebildet, 1552—1555. „Kleinot, plur. Kleinoter"; L.R. v. 1616: 202. 485.

Die auf ein Kegelschieben gesetzten Preise (Halstücher, Hut, Widde) heißen noch jetzt in Dur (Lannersbach) Kleinode; Steub, drei Sommer in Tirol, S. 522. Grimm, Wbch. V, 1127,5,a. Das Kleinod, ein Spiel mit Würfeln zu Marktzeiten, das den Namen vom Preis hat, der gewöhnlich in einem grünen Hut oder seidenen Halstuch besteht. Tiroler Kirchtag 1819, p. 82. Kleinodfrucht; vrgl. Grimm, Wbch. 1123, II, 1,b. „Hier ist die Ernte bis auf etwa ein Weniges an Kleinodfrüchten vollständig und gut eingekommen"; Ernteberich aus Unterfranken, Nürnb. Correspond. v. 29. Oct. 1845. klaineln, mit einer ganz kleinen Art Karten (Thalgauer Karten) spielen; (Zir.). verklainern (vo̍kläənə'n), a) verkleinern. b) fig. verläumden, herabsetzen. „Verkleinere deinen Nächsten nicht, verkleinerischer Mensch"; P. Abraham. Hàd mi' *vo'klā̃t*, (b. W.) vermuthlich zu klänen, (s. d. W.). Zeitschr. VI, 296.

Der Klang, 1) wie hchd. 2) der Ruf, das Gerede. BM. I, 844. Grimm, Wbch. V, 945. 948,d. „Wenn je ein Gebirg auf teutschem Boden den Klang eines ausgebreiteten Rufes erhalten hat, so gehöret das Fichtelgebirg gewiß dazu"; v. Flurl, Beschreib. d. Gebirge p. 440. „Er hat ein bösen klang, male audit"; Prompt. von 1618. Der Nachklang (Nàhhklang, Nà'klang), die Nachrede, besonders eine schlimme. Wenn I mei~n Kində'n dés Rècht və'gáb, kriəgət' I ə~n übəln *Nàklang*. I mècht nét dèn *Nàhhklang* hàbm, als wenn I mei~ Wei' übəl tráktiərt hêt. cf. Cod. crim. v. 1751, 2. Th., 2. Cap., 21 §. Der Vor- und Nachklang der Meistersinger, s. Wagenseil, de civit. Norimb. p. 531. „Nachdem sich in Folge dießgerichtlicher Edictalladung . . . Johann Fischer von Indesheim in dem vorgesetzten Termin nicht gemeldet hat, so wird derselbe im Nachklange zu dem angedrohten Präjudize für verschollen erklärt. Illertissen, 22. Mai 1840. Hummel, Landrichter." Verschollenheitserklärung im b. Landboten v. 1840, Nr. 153. Das Klanghaus, der untere Theil des Kirchthurms, wo geläutet wird; v. Delling.

klengen, klenken, klengeln, klengezen, vrb. n., an eine Glocke schlagen, anschlagen, d. i. so läuten, daß der Klöpfel immer nur auf der einen Seite der Glocke anschlägt, welches bey einer Brunst, oder sonst geschieht, wenn die Leute sollen zu Hilfe gerufen werden; an einer Glocke einzelne, abgerissene Züge thun; verächtlich: läuten überhaupt; (Graff IV, 565. BM. I, 844. Grimm, Wbch. V, 1145. Zeitschr. IV, 174. V, 411,18. VI, 280,36. 297.
359 gl. i. 485: chlengôn, chlengilôn, tinnire). In Notker's (Balbulus) Abhandlung „Quid singulae literae in superscriptione significant cantilenae" wird unter K gesagt: „licet apud latinos nihil valeat, apud nos tamen Alemannos pro *X* graeca positum chlenche id est clange clamitat"; Clm. 17056 (XII. sec. 2°), f. 161. „Do chlenkt die nater zu dem andern mal (an der Glocke) . . . daz die nater den chlankh merot"; Cgm. 54, f. 36b, (Gesta Romanor. hg. v. Keller, p. 68).' klenken (Prät. klancte, Ptc. geklenkt), schellen; v. d. Hagen, Ges. Abent. II, 637. 638. „Das glocklein sol sie klengen . . . das glocklein sol nit geklenget werden"; Cgm. 78, f. 1. 3a. „Eine trag ein latern mit prinender kerzen vnd ein glocken daz sol sie klengen . . . daz daz refent' glöcklein nicht geklenget werde"; Alt. Hoh. 11, f. 64. 84. „Daz glöcklein so nicht geklenget werden"; Alt. Hoh. 14, f. 3b. „Alle Viertelstunden mußte die Schildwache auf Hohen-Salzburg klenken", (an einer Glocke ziehen); Lex. v. B. p. 849. „Statt daß in andern Städten frisch gearbeitet, wird da vom frühen Morgen den ganzen geschlagenen Tag und alle Stunden der Nacht durch geklenget und geläutet"; Wstr. vom Verfall des Loden- und Tuchhandels in B. p. 66. „Nach der Regensburger Feuerordnung von 1455 sollen die Thurner nicht läuten, wann sie Feuer sehen, sondern nur klenken, es schaff es denn einer der Herren des Raths, oder der Thurner sehe so üble Ding, daß er billig läutet"; Gem. Reg. Chr. III, 243. Du hàst *klenkə~* heə n und nét läuten, du hast nicht recht aufgefaßt. Von etwas klenkeln, redend darauf anspielen, (b. W.). Grimm, Wbch. V, 1145. Der Klengler, Klenkler, (Klenkə', Klenkəzə'), einzelner Zug an der Glocke, Schlag an die Glocke; Einer, der nicht gut läuten kann. „Für die Kammerjungfer wird zwaəmàl glitt'n, fürs Stubmmádl· ə~ màl, für d· Köchin wird gràd (nur) ə~ *Klenklə'* gmacht"; Dienstboten-Etikette.

Der Klengel, Klöpfel, Schwengel in der Glocke; BM. I, 844. Grimm, Wbch. V, 1145.' „Ir leut mir gar ein tödliche klocken, der klengel slecht mir an mein hertz"; Rosenblut, d. Knecht im Garten, Gießner Hs. f. 13b; (Weigand).

klengen, Samen klengen, den Samen aus den Zapfen der Nadelhölzer, namentlich der Fichten, Kiefern oder „Föhrentannen" und Lärchenbäume, gewinnen, so daß derselbe zur Aussaat verwendet werden kann. Reclamation eines Louis von Gerichten, Samenhändlers und Besitzers einer Klenganstalt, zu Offenbach gegen ein Anderen ertheiltes bayer. Privilegium v. 3. Decbr. 1842. Allgem. Ztng. 1843, Beil. S. 167. Dé Knötte *kleng*, die Flachsbollen an der Sonne aufspringen machen; (Weihers; Dr. K. Roth). Grimm, Wbch. V, 1145,2. 1146,3: klengeln, klenkeln, klengen, klenken. Vilmar, kurhess. Idiot. 206.

Klengblàdə'n, Klemmblatter; Obrm.

klingen, wie hchd. (Graff IV, 563. BM. I, 843. Grimm, Wbch. V, 1179). „Wer hat dy do klingen der vint auch dy do singen"; Clm. 12296 (XV. sec., 1446), f. 204. „Lug wie der clare wein frisch von dem zapfen klingt"; Cgm. 270, f. 68. „Der edel prunne clang da über herten stins"; das. f. 69. 92. „Wie brunnen clingen, wie vögel singen"; Renner 11064. „Die Klingsel, Schelle; Grimm, Wbch. V, 1194. „klingseln, tintinnabulum agitare"; Voc. v. 1735. (cf. chlingison, gl. a. 213, clangor, wol auch Infinitiv clangere). Graff IV, 565. BM I, 844. s. klinseln. Klingələrəm, (Aschaff.) eine Art Kinderspiel mit einem Säuchə~ (einer Schweinsklaue), wobei gerufen wird: „es klingelt!" s. unten, Th. III: die Sau.

Die Kling, Klingen (Klingə~, Berchtesgaden) enge Schlucht, schmaler, tiefer Graben; (ahd. chlinga, fem., neben chlingo, msc.; mhd. diu klinge; Graff IV, 563 f. BM. I, 844. Grimm III, 386; Wbch. V, 1173 f. Zeitschr. VI, 42). „Mit dero chlingun, torrente", Notk. 35,9; „an demo chlingen", in torrente; das. 82,10. „After dero clingun" (?), fines Wirceb.; „in druhi clingon (?); Mm. 36. 38. 205. 206. „Springen uber tiefe graben und uber klingen"; Cgm 713, f. 24. 157. Die Bergklingen, Waßerklingen; (gl. a. 306. 466. 594: uuazarchlinga, nympha, sonst chlinga u. chlingo, torrens). In der Parodie einer Heiraths-Abrede bringt die Braut dem Bräutigam unter anderm zu: „einen blauen Esel, und 1 Stück Wiesen, so in der Waßerklingen liegt." „Gebirg, Klingen und wüste Wälder"; H. Sachs. „Bis wir den jungfrawschender bringen bei dem birg in die tieffen klingen"; H. Sachs 1560: II, III, 100. „So für ich euch mit wenig tritten hieneben in des waldes clingen zu einem prunn"; Hans Volz. „Clingen, Rinnen oder Waßergäng"; Lori, LechR. 514. „Thäler oder Klingen"; Ertel, prax. aur. 60. Am Hohenstaufen (Wirtenberg) heißt eine Schlucht, in der ein kleines Waßer fließt, die Hundskling. Panzer, Mythol. 196. In Gießen und an der Lahn: der Klang, eine nicht zugefrorne Stelle auf dem eisbedeckten Fluß; (Weigand). cf. Adelung: Klinge. (Vrgl. das vorige Wort und insbesondere: „dô der wîn uz dem zapfen klinget"; Diut. I, 316).

'Der Klung, à. Sp., Klang.' hochklunge, adj., sonorus; W. Grimm, gold. Schmiede p. 154. BM. I, 844.

Das Klunglein, 'Klünglein, Klungel, Klüngel, Knäuel; (ahd. chlunga, fem., clungelîn, mhd. klunge, klungelîn; Graff IV, 565. BM. I, 848. Grimm, Wbch. V, 1295).' „Klungle Faden, glomus"; „Klungle winden, lanam glomerare in orbes"; Prompt. v 1618. Gl. a. 627: „glungelin, globulus; o. 328: clungen, glomus. Vrgl. Klenkel unter klanken.

---

klanken, klenken, a) schlingen, in einander schlingen, d. h. mit einer Schleife, einer Masche versehen; (ahd. kachlankjan, kichlenkan; Graff IV, 563. Grimm, Wbch. V, 951. Vrgl. BM. I, 840. Zeitschr. V, 151. 152. 281,9, a. cf. gl. i. 34. 915: gichlenchan, conserere (manus), a. 206: gachlanchit, tortus, bey Otfr. I, 27,60: in(t)klenkan, auflösen (die Schuhriemen). „Wir sullen unser zöpfflach clencken"; Cgm. 270, f. 206b. „Sein (des Falken) griff so adeliche, kain nachtegall füz ward nie so gar geklenket"; Valkn. 45. „Do vieng er si und chlancht ir ain sail an iren hals"; Cgm. 54, f. 105b. Der Klank, das Klänkelein (Klánkə-l, Klángə-l), 1) die Schleife, in welche ein Band, ein Strick u. drgl. geschlungen wird, Schlinge, Masche; Grimm, Wbch. V, 950. Zeitschr. VI, 214. 297. 477. „Pint jms (dem Beinbrüchigen die Schienen) umb mit dem chlankchen gar werichpärlichen; Cgm. 4543, f. 166. ə˜n *Klank*, ə˜ *Klánkə-l* à˜ 'n Strick machə˜. '2) fig. (gern im Plur.), Ränke; Grimm, Wbch. V, 950,2.' „Da viengens al dy boshait an, dy nur ain mensch erdihten kan, betrachten und erdenken mit allen bosen klenken"; M. Beham, Wiener, 221,11. „Aufzüg, auszüg furwirf ein klenck" (im Recht); H. Sachs 1560: II, IV, 106a (1612: II, IV, 211: „aufzug, auszug, furwitz und klenck"). „Durch so vil auszüg und einklenck, durch vil lügen, arglist und renck"; das. 1612: I, 1094. „Auszüg umbschweif und einklenck"; das. 1089 (II, II, 91). Vrgl. Grimm, Wbch. III, 215: einklenken. b) klanken, klenken, klenkeln, klenkern, vrb. act. u. n., (Baur) schlingen, hin und her schlingen, schwingen, schwanken. Grimm, Wbch. V, 951. R. A. klinkəli-klánkəli machen, sich hängen, gehängt werden. Fig. herumklan-
360 ken, herumschlingeln. Zeitschr. IV, 174. V, 105,5. 435. Der Klank, fem. die Klanken, Person, die gerne herumschlenzt. Der Klenkel, Klengel, Rotzklengel, Klumpen Nasenschleim, den man hängen hat, oder hinwirft. Grimm, Wbch. V, 952, c. 's Klánkelwer', Hängwerk an der Uhr; Kaltenbrunner. Vrgl. Klunglein.

klenken, läuten, rasseln, klirren; Grimm, Wbch. V, 1145 f. s. klengen.

„klinken, tinnire; ghekland, tinnitus"; Kilian. Der Klinker, was Klicker, s. oben, Sp. 1324; Grimm, Wbch. V, 1197,2 und vrgl. klenken mit klecken.'

'klunken, klunkern, baumeln, bummeln, hin und her schwanken;' klunkezen, (Obrm.) das Gefühl eines schmerzhaften Zuckens oder Klopfens (z. B. beym Zahnweh) verursachen; vor Begierde zittern, heftige Begierde nach etwas haben; (Prasch). Grimm, Wbch. V, 1296,3. 1298. 1299. Vilmar, kurheff. Idiot. 208. 209. Zeitschr. V, 138,20. 152. „Der Inficierte laßt das haupt hin und wider glunken und fallen"; Dr. Minderer (1620) p. 80. „Vor alter werden lang dutten das sie gluncкern uber den pauch"; Cgm. 713, f. 17. „Er trug an im ain langen stecken daran sach man zwo schlewdern (penis cum testibus) hangen die glunkerten an seiner stangen"; Rosenplut, farend Schüler, Gießner Hs.; (Weigand). „Bis im die Schultern wurden glunkern", (in Folge der Ruthenstreiche); eins Freyhart's Predig.

---

klinseln, vrb. n., klingen wie kleine Glöckchen, klirren; (Grimm, Wbch. V, 1199). Die Klinsel, das Glöcklein; Schelle aus mehrern Glöckchen, beym kathol. Gottesdienst gebräuchlich. „Hernach das hübsche Schinschin aus einem Halbduzend messingen Glinseln, als wenn die Klerisey mitten im Sommer auf den Schlitten daher fahrete"; Porziunk.-Büchlein 78. Cf. Diut. II, 343: „glinsondiu zivla, crepitantia lora." Graff IV, 565. „Artusens klenysere", Lohengrin, Görres p. 7, '(Rückert p. 8, Str. 26, Vers 257: „Artûses klingesære").' s. klingseln.

'klünseln, klünzeln, 1) schmeicheln, schön thun; 2) weinerlich klagen. Grimm, Wbch. V, 1300 f. Zeitschr. VI, 297: klinstern, klenstern. „Klünseln, fovere infantes"; Herr's Seneca, Straßb. 1536; Lessing's Schriften XI, II, 267. „So weiz ich wol daz ir vil mere kluntzert (wehklagt?) denn ich tun", sagt die Frau zum Manne; Renner 12258, (vrgl. BM. I, 848). 'zuklünzeln, schmeichlerisch zuflüstern; Grimm, Wbch. V, 1301,3. Vilmar, kurheff. Idiot. 209. Der Zuklünzler, Ohrenbläser.' „Jacob gagraer münczer, ain radler und zu-klünczer"; M. Beham, Wiener p. 12,8. s. oben, Sp. 975: die Glunsel.

Die Klunsen, Klunzen, Klünsen, der Spalt, Riß, Sprung; im Scherz: Weibsperson. (BM. I, 848. Grimm, Wbch. V, 1299 f. 1301. 1302. Zeitschr. III, 118. IV, 174. VI, 279,21). „Rima, clunse"; Aug. S. Ulr. 50, f. 1b. Clm. 4350 (XIV. sec.), f. 1b. „clunssen, rima"; Voc. v. 1419 und 1445. „An den peinen und an den weffen sint über al klainen spältel und klünsel, wan si âtement niht und habent niht lungen"; Konr. v. Megenberg f. 170b. 171; Pfeiffer 291,18. 23. Diefenbach 498b. Vrgl. Klumsen u. Kinsen. 'klünsen, klünzen, vrb.; Grimm, Wbch. V, 1301.' „Mein hamer der muz clünzen; Samml. f. altd. Lit. p. 46.

Klenze, s. oben, Sp. 544, unter Dürnitz.

---

klappern, wie hchd. (Grimm, Wbch. V, 970 ff.).

Der Klapperrock, (Aschaff.) Frack.

Die Klâupə'n, plur. Dimin. Klâupə'lə, a) (Nptsch.) Katzenkrallen; Grimm, Wbch. V, 1024. Vrgl. oben, Sp. 1319: Klô und Klaber. b) s. Klaubern.

kleppern, klappern, klimpern; (Grimm, Wbch. V, 975,1,e: kläppern; vrgl. 965: kläppen, kleppen; 1207: klippern; 1234: klöppern). Das Prompt. v. 1618 hat: „cornicari, wie die Kräen kleppen." „Den todten bein fusen numb und in hin aus dem grabe schleppet der kopf jm hinden nachhin kleppet"; H. Sachs 1560: II, IV, 100b. Grimm, Wbch. V, 1147.

Die Kleppen (Kleppm), a) (O.Pf., v. Strbr.) Stange, an deren oberes, ästiges Ende die Leimruthen zum Vogelfang befestigt werden. b) die Klette, arctium lappa oder xanthium strumarium L.; (ahd. chlipa, cliba, lappa, rivola; gl. a. 530. 576. i. 57. o. 179. Graff IV, 546. Diefenbach 499b. „Huefplecken wurzen da dy grossen klepen an henckent"; Cgm. 4543, f. 66. Castelli, Wbch. 141: „die Glepp'n, die Klette; z. B. si hengt si' ån wia-r-a *Gleppn*." Grimm, Wbch. V, 1042. 1151. Zeitschr. VI, 297. kleppig, adj., kleberig, zäh. „Die Unzucht ist so leimig, so klepig, daß man sich bluthartер Müh davon wieder los machen kann"; Selhamer. „Wan die salben chlepig ist"; Cgm. 4543, f. 151. s. kleiben und klaiben.

kleppen, vrb. n., klettern. „Der Hopff, wann er sich nicht kann um ein Baum oder Stangen winden, oder an einer Hecken hinauf kleppen, so ist er kein Hopff, sondern vielmehr ein armer Tropff"; P. Abraham, Gagaga. Cf. schweiz. klebern.

kleppern, (Franken, Küchensp.) mit einem Quirl oder Löffel rühren. Grimm, Wbch. V, 975,1. c.

'Die Klopper, Hand; s. oben, Sp. 1319 f: Klâber und vrgl. Zeitschr. I, 299,7.'

Die Kluppen, a) wie hchd. Kluppe, (Zwangholz); b) die länglichte, enge Hölung, durch welche man beym

Ayerwalgen den Ring laufen läßt; c) die Stain-Kluppen, Felsenspalt; d) die Kluppen Vögel, (s. Bändlein); fig. die Kluppen (Verein) loser Vogel, liederlicher Gesellen. Graff IV, 547. BM. I, 846. Grimm, Wbch. V, 1304. 1307. Vilmar, kurhess. Idiot. 209. Zeitschr. IV, 225. Kärnt. kliupa, Feuerzange; in U. Steyer die Thürschnalle; Jarnik 232. Die Kluppert, (Ansp.) das
361 Gebinde, z. B. von Schlüsseln. Grimm, Wbch. V, 1308. kluppen, kluppenen (kluppmə˜), zwischen einen Spalt einzwängen; Grimm, Wbch. V, 1307. Einen Hund am Schwanz, einen Widder an den Hoden kluppen. cf. lubben, spadonare, castrare, Diut. II, 204. 229; gelubbet, spado, ibid.; gl. a. 818: luppen, spadomare. Diefenbach 544ᵇ.

Der Klapf, der Klopf, a) (Pangau, Hbn; salzb. Intell. Blatt v. 1812, p. 630) der Fels; Grimm, Wbch. V, 955. Klapf, (Werfen) Fels; klapfig; klapferig, (v. Bächen) mit großen Steinen angefüllt; (Jir.). Klapfach, Steinpalfen; (Pseud.-Jir.). Zeitschr. VI, 296. VII Com. „klufftä", Felsen. cf. Kluppen. b) der Klapf, fragor, crepitus, Knall; Graff IV, 556. BM. I, 834. Grimm, Wbch. V, 953. Zeitschr. III, 117. 366,27–29. 494. VI, 296. 287,695. 410,41. Gaißklapf; Prompt. v. 1618 u. 1735. (gl. i. 378: anachlaph, impetus).

Das Kläpflein, Klöpflein (Klápfl, Klépfl), die Klapper, d. h. ein Brettchen mit einem darunter eingezapften Stiele zum Halten. Oben in der Mitte ist ein beweglicher hölzerner Hammer, der beym Hin- und Herbewegen auf dem Brettchen an beyden Enden anschlägt; schweiz. „Kleffele." BM. I, 834. 847. Grimm, Wbch. V, 955. 1231. cf. Klüpfel. „Instrumentum quod deferunt leprosi cum petunt panem, chläffel"; Mallerst. 32, f. 316. Solche Kläpflein braucht man während der Charwoche in der Kirche statt der sogenannten Klinseln, um damit die üblichen Zeichen zu geben. Auch bey einem Treib- oder Klopfjagen (einem Klopfət) muß jeder Aufgebotene ein Kläpflein zur Hand haben. kläpfeln, vrb., das Kläpflein ertönen lassen, klappern.

Die Klöpfleinsnacht (Klépflsnàhht), der Abend des letzten Donnerstags vor Weihnachten, ja dieser ganze Tag, und in weiterer Bedeutung jeder der letzten drey Donnerstage in der Adventzeit, an welchen arme Leute und Kinder, die sonst eben nicht betteln, vor den Häusern auf dem Lande herumgehen, und indem sie mit hölzernen Hämmerchen oder sonst an die Thüren klopfen, und einen gewissen Reimspruch hersagen, sich eine Gabe ausbitten, die gewöhnlich aus Eßwaaren, Brod, Küecheln, Klötzen u. drgl. besteht. Der hiebey gewöhnlichste Reimspruch heißt:

Hóllə hóllə! klopf à˜!
D· Frau hàt ə˜n schö˜n Mà˜.
Geit mə' d· Frau ə˜n Küəchəl z· Lo˜,
das I 'ən Herrn g'lóbt hà˜,
ə˜n Küəchəl und ə'n Zəltn;
də' Pêdə' wêrds və'gəltn,
də' Pêdər is ə˜ háligə' Mà˜,
der àllé Ding və'gəltn kà˜.

Oder:

Hei˜t is '*Klépflsnàhht,*
wer hàt s· au' 'bràhht?
Unsə's Herrn Thamə'
rumpəlt ei˜ də' Kammə',
láfft s Stiəgl· auf und à',
bricht eəm ə˜ Füəssl· à'.
Wèr muəs ·s büəssn?
D· Frau mit'n Küəch·lspitz,
362 d· Magd mit'n Stückl Bród.
'S Feuə' hört mə˜ krachə˜,
'Küəch·l wèrd mə˜ bachə˜,
d· Schlüssl hört mə˜ klingə˜,
Küəch·l wérd mə˜ bringə˜.
Küəch·l raus, Küəch·l 'raus!
odər I schlàg ə˜ Lóhh i˜'s Haus.

Nach Spieß (archiv. Nebenarbeiten II, 88) haben die Gebräuche des Anklopferleinstags oder der Klöpflisnacht auch an protestantischen Orten statt. In Franken pflegen die Kinder bey ihrem Anklöpfeln zu sagen:

Klopfə˜, klopfə˜ Hämmerlə!
's Brod ligt in'n Kämmerlə,
's Messer ligt dernébm:
solltmər eppəs gébm,
Gutthál, Gutthál, und mei˜n Gselln á' ə˜n Thál.

Oder:

Apfel raus, Birn raus!
Gemer in ən andersch Haus.

Oder:

Draus in'n Tennə˜
láffm d· fást·n Hennə˜,
drobm in'n First
hangə˜ di Würst;
gé'tmər di langə˜,
lasst di kurzn hangə˜!

Oder:

Klopf à˜, klopf à˜!
Di Bäurin hàt ə'n schö˜n Mà˜,
di Bäurin is ə˜ schöné Frá,
wàs si hàt, dés gibts mər á'.

Knopfnàcht,
'Gaəs hàt ə˜n Bock 'bràcht,
dər Bock hàt si' blát,
hàt eəm də' Schneidər 's Loch zuəg·nát;

Kindersprüchlein am Thomastag vor Weihnachten; (Baader). In München ist es üblich, daß in der Kläpfels- oder, wie man hier sagt, Kröpfelsnacht die Mägde bey den Krämern, Metzgern ꝛc., wo sie das Jahr hindurch einkauften, und die Handwerkslehrjungen bey den Kunden ihrer Meister eine kleine Gabe in Geld oder sonst erhalten, welche Gabe sie dann ebenfalls ihre Kröpfelsnacht nennen. Dieses Anklöpfeln heißt im Salzburgischen: Anglöckeln. Sollte es vielleicht gar von dem ehmaligen Gebrauch herstammen, nach welchem die Sundersiechen zu gewissen Zeiten, besonders an den Quatembern, (wovon die letzte in die Woche vor Weihnachten fällt) mit einer Klapper oder einem Glöcklein in den Ortschaften herumgehen und Almosen einsammeln durften. Es mag dieser Gebrauch auch eine Beziehung haben auf das in alten Weihnachtsliedern oft besungene vergebliche Herumwandern und Anklopfen Joseph's und Maria's an den Häusern der hartherzigen Juden in Betlehem, um 363
eine Herberge zu finden; wenn er sich nicht etwa gar noch aus der vorchristlichen Zeit herschreibt. Er ist auch in Schweden zu Hause. Julklapp (von klappa, klopfen, und Jul, isl. jôl, angels. geol, Weihnachten) heißt daselbst ein Weihnachtsgeschenk. Vrgl. Zeitschr. II, 254. Grimm, Wbch. V, 1222: Klopfan, 1231 und oben, Sp. 867: Gebnacht. Joannes Boëmus, de omnium gentium ritibus (1520), fol. LVIII sagt von den Franken: „In trium quintarum feriarum noctibus, quae proxime domini nostri natalem praecedunt, utriusque sexus pueri domesticatim eunt januas pulsitantes cantantesque futurum salvatoris exortum annunciant et salubrem annum, unde ab his qui in aedibus sunt pyra poma nuces et nummos etiam percipiunt." „Septimo peccant qui his noctibus vadunt ad stubarum fenestras aut alias aperturas pulsantes attendentes ad hominum verba et credunt qualia loqui audiant aut respondentur eis ex hoc isto anno debeant evenire"; Thesaurus pauperum, Cod. Teg. 434, sec. XV., voce superstitio, (tertium genus). „Zu den weinachten aus dem schuech werffen, oder auch aus dem klopffen war sagen"; Cgm. 632, f. 8ᵃ. An den dreyen donrstag nächte die da sind nächst vor weihen nächten bedarft du nicht vmb den prunnen gen vnd den habern un lein säen"; Losbuch, Cgm. 312, f. 39ᵃ. cf. lößeln. „Wie du gaistlich in den klöpflesnächten soltest anklopfen"; Nonnenbetrachtung, Cgm. 4485ᵃ, f. 42.

'klopfen, wie hchd.; (ahd. chlophôn, mhd. klopfen; Graff IV, 556. BM. I, 847. Grimm, Wbch. V, 1223).' „Klopfen und auch ricken"; Balkn. 102. 'Vrgl. Grimm, Wbch. II, 558 und 561: auf den Busch klopfen, Buschklepper, und 1226.'

---

klâr (klàr, o.pf. klâuə'), adj. u. adv., 1) wie hchd.; BM. I, 836. Grimm, Wbch. V, 981. Zeitschr. III, 281,67. V, 143,6. 2) wie klain, d. h. fein; klâres Tuech. „Grob und klar leinenes Haustuch"; Wiltmaister 567. Klâres Garn ꝛc.; klâre Koln, klârer Mörtel ꝛc. Die Strâßenstain klâr schlagen. ə~ *klâure* Sprâuhh, feine Stimme. 3) U.L., genau. klâr schauen, nachfrâgen. Städtische R.R. klâr seyn, etwas illuminiert (betrunken) seyn. Daher der Zuruf: Aufgeklært, auf'klärt! lustig! Die Klæren, Subst. von klâr: weiße Stärke. Grimm, Wbch. V, 998,4. klæren, (ä. Sp.) erklären, erläutern, ins Reine bringen. Grimm, Wbch. V, 998 f. Die „Klärung oder Erklärung und Mäßigung der Landsfreyheit, Läuterung der Freyheit" war eine auf verschiednen Landtagen der Jahre 1494 bis 1516 statt habende Revision der „unlautern, dunkeln, unmäßlichen Freyheiten" (Privilegien vor den übrigen, damals bey solchen Dingen kaum in Anschlag kommenden Unterthanen), welche die adelichen Landsaßen und Prälaten bis dahin von den Fürsten vermöge verschiedner Freybriefe erhalten hatten, oder sonst prätendierten. Die also erklärte Landsfreyheit macht einen Haupttheil des bayr. Landrechts aus. Kr. Lhdl. IX, 316 ff. 327. XVI, 13. 277. 278. 45. 154.

Der Klerich, 'Klerch, ä. Sp., clericus; (vrgl. franz. clerc);' diaconus. „Mit den Clerichen zum Priesterthum eilen"; Bennoleben v. 1697.

Der Klier, (Windisch-Eschenbach) unvollkommen entmannter Hahn, Halbkastrat. Grimm, Wbch. V, 1163.

Klâs (Klàs, der Klâsel, das Klàsál, O.B.), Nicolaus, der Name. Grimm, Wbch. V, 1034. Vilmar, kurheſſ. Idiot. 205. Zeitschr. I, 298,2. 1. IV, 107,32. V, 76. Der Heilige selbst heißt: Niklà, Nikəlà, Likəlà mit dem Ton auf là. Vrgl. Klaubern.

Die Klausen, 1) die Klause, Eremitage; (ahd. chlûsa, mhd. klûse, klûs, v. mittellat. clusa; Graff IV, 565. BM. I, 849. Grimm, Wbch. V, 1035); vrgl. unten: Klôse. 2) (HhE.) enger Paß im Gebirg; (cf. die Berner Clausen bey Verona, die Mühlbacher Clausen in Tyrol). Grimm, Wbch. V, 1037,3. 3) Holzklausen, Waßerklausen, eine Art Schleuse (barblat. clusa, ital. chiusa, franz. écluse), welche zur Aufstauung und Anschwellung eines sonst nicht hinlänglich starken Gebirgwassers in einer dazu tauglichen Felsenschlucht aus Baumstämmen aufgeführt wird, und bey deren Öffnung der durch die Verschließung nach oben zu angeschwellte
364 Bach in solcher Stärke hervorstürzt, als er braucht, um das von den Risen herabgeschossene und in seinem Rinnsal liegende Triftholz forttragen zu können. Grimm, Wbch. V, 1037,4. Die merkwürdigste Klausen in unserm Gebirge ist die sogenannte Kaiserklausen, welche man in v. Flurl's Beschreib. d. Gebirge p. 96, in Hazzi's statist. Aufschlüßen I, 398 näher beschrieben findet. A⁰. 1498 „erlaubt Herzog Albrecht seiner Stadt München, gewisse Berge in Tölzer Landgericht abzuholzen und Clausen, Rechen und Lenndt zu bauen"; Wstr. Btr. VI, 198. ə~ *Klausn* schlägng, eine solche Schleuse bauen. Di *Klausn* ziəhhə~, die Schütz- oder Stößthore einer Klause öffnen. (HhE.) klausen, klausnen, vrb., mittels Wasserklausen fortschaffen. Grimm, Wbch. V, 1038. Hazzi, Statist. I, 400. Lori, B.R. f. 109. L.R. v. 1616, f. 762. Vrgl. gl. i. 520: „Der bî den chlûsun gisezzit ist, qui est in canali."

Die Âbendklausen, (Briefe bayr. Denkart und Sitten p. 40) statt: Abend-Jausen, Abend-Essen. Vrgl. Gramm. 506.

Das Kleißel. Das Zinnkleißel, (b.W.) kegelförmiges Pferdeglöcklein, verschieden von der keilförmigen Schelle und der runden Rolle.

'kleuseln, kläuseln, klüseln, streicheln, schmeicheln, hätscheln; (Grimm, Wbch. V, 1038. 1039).' „(Der wurm spoliator) wâ er ain slangen vint ligen in aim schaten, dâ steigt er ir des êrsten auf den zagel und kläuselt si sänfticleich und zelețt durchnegt er ir daz hirn und tœtt si"; Konr. v. Megenberg f. 180[b], Pfeiffer 308,13.

Die Klissen, Klumse (?). „Dáſs kain Kue duri d· *Klissen* schloift, wann s· schan haoch trait"; Stelzhammer 68. 'Vrgl. Klinse, Klipse; Grimm, Wbch. V, 1198. 1210.'

'Die Klôse, ä. Sp., was Klause, 1); (BM. I, 847 f. Grimm, Wbch. V, 1035 f.).' „Diz buh (Cgm. 94) horet in die closen zu sende Ulrichche." „Seit man die religiosen beschwert wol in der mynne yn clôster vnd auch in closen"; Titurel, Cap. VII, Str. 15. „Dy mynne schleust in ir clause dz schmal und auch dz braite"; das. Str. 16. 'Der Klosner, ä. Sp., Klausner, Einsiedler; (mhd. klôsenære; BM. I, 848. Grimm, Wbch. V, 1039).' „Inclusus, chlosner; heremita, ainsidel"; Clm. 5387, f. III. „Inclusus, closenär"; Semansh. 34, f. 194. „Der chlosnære regel" . . . zweierlei Ainsidel die einen in dem ainod oder in den walden die andern bei den Münstern und chlosnær"; Cgm. 4884 (XIV. sec.). In „des Teufels Segi" ein lobendes Capitel „von den Closnerin" und „von den Vorclosnerin"; (Barack p. 204,6433 ff. und p. 208,6594 ff.).

Der Klôß, 'wie hchd., 1) Klumpen, Masse, besonders runde: Kugel, Ball; 2) als Speise: rund geballte Masse von Mehl und Kartoffeln ꝛc. (BM. I, 847. Grimm, Wbch. V, 1244 ff.; vrgl. kleuzen und Kloz);' in Altb. unverstanden; (s. Knödel). (Aschaff.) *Klous*, plur. *Klêis*. klößig (klêisig), adj., vom Brod: fehlerhaft, '(klümpig? Grimm, Wbch. V, 1248).' Zeitschr. III, 250,13. IV, 357,4. V, 169,155. 527,613. VI, 137,9. 276,2.

klößen, spalten; s. unten: kleuzen.

---

kleschen, vrb. n., klingen, klatschen; engl. to clash. Grimm, Wbch. V, 1150. Castelli, Wbch. 141: „*gleschn*, klatschen; die *Glesch·n*, Schimpfname für eine Hure." Zeitschr. III, 117. „Der Grillen Hall und Schall kombt nicht von dem subtilen Schnäberl, sondern von dem Zusammenkleschen der Flügerl, carmen evibrat ab alis." „Die Wirth wissen wohl, wann man in die Kirchen mit allen Glocken leuttet, daß bey ihnen auch die Kandlen werden steiff kleschen;" P. Abraham.

Der Kleisper, Klisper, a) (Nördlingen) Holzsplitter, Spreißel. „Das si (die rutschenden Kinder) kein kleibsen einreissen"; Cgm. 601, f. 98[a]. b) die Kleispern, Schweinsborsten (bey den Schuhmachern). Grimm, Wbch. V, 1133. Vrgl. Zeitschr. III, 523,33: Kleist·n; VI, 296: Kleisp·n.

klispern, (Nordfranken) von Glas und drgl., vor Kälte springen.

Herzkleistern. „Lungensucht, Herzkleistern, Völle und Döbigkeit von vergifften Dünsten herrührend", (Engbrüstigkeit?); Parnass. boic. 52.

'Das Klister, ä. Sp., wie hchd. Klystier, clysterium; Grimm, Wbch. V, 1309.' „Gewz sein (des Gesöttes) ein pfund in den leib mit einem kliester"; Ind. 344, f. 85.

Das Klôster (Kloustə', Klaəstə'), a) wie hchd. b) (b.W.) das Klæster (Kamətklêstə'), (Rttm., Strb.)

das Kummetholz oder Kummeteisen; Schloß; kärnt. klesh-tre, plur., Klammern am Kommet; (Jarnik 235). (Vermuthlich zum lat. claustrum gehörig). Grimm, Wbch. V, 1040: das Klauster, und 1238: Klösterholz.

Die Klöster, plur., (Erding) Riester am Pflug, stivae.

Die Klatten, die Kralle. Grimm, Wbch. V, 1007: Klate. Zeitschr. III, 458. VI, 296. „klatte, ungues"; Prompt. von 1618. Ging ging! — Wer is daus? — Der Tuifel mit dər *Péchklatt'n*. — Wàs wil ər? — ə Farb. — Wàs fər aəne? — ə blàwé. — Mər hàbm kaəné. Kinderspiel; (Baader).

klattern (klàdə'n), (Obrm.) plaudern, ausplaudern, klatschen; (b. W.) cum sonitu cacare. Grimm, Wbch. V, V, 1016. Zeitschr. VI, 215. Die Klatter (Kladə'n), der Durchfall; (Zps., Ms.).

˙Die Klette, wie hchd.; (ahd. chletta und chletto, mhd. klette, Graff IV, 554. BM. I, 840. Grimm, Wbch. V, 1151.˙ „Lapitium, chlettich, herba"; Clm. 5877 (sec. XV., 1449), f. 123.

„klittern, erzählen"; Wstr. Glossar. ˙klittern, klüttern, eilig und schlecht schreiben, flüchtig hinsudeln, klecksen. Grimm, Wbch. V, 1213. 1214.˙ „Naupengeheuerliche Geschichtsklitterung", so fängt der komisch
365 hochtrabende Titel einer ältern Übersetzung des Quixote ˙(vielmehr Fischart's Übersetzung von Rabelais Gargantua)˙ an. „Geschichtklitterung des Pantagruel", übersetzter Rabelais von 1631. Adelung hat Klitter, Stalder Klütter als Klecks. Grimm, Wbch. V, 1212: der Klitter. Klitterbuch, Klecksbuch, worein man nachläßig klext, aufschreibt. Grimm, Wbch. V, 1212.

Das Klitterwerk, (Prompt. v. 1618) „futile opus." Grimm, Wbch. V, 1214. Er ist ein Klitterling „homo infirmae, dubiae valetudinis." Grimm, Wbch. V, 1213. Zu vrgl. Stalder's klittern, was bäscheln (s. oben, Sp. 297 u. 1325: Klaudern). Grimm, Wbch. V, 1213, unten.

Das „Klotfeuer", Rothlauf; s. oben, Sp. 969: *Glò-feur* und unten: Lohfeur.

Klitschen (?), Mädchen; vrgl. česk. klisna, Stute. ˙Vrgl. kleschen.˙

---

kleuzen (kloizn), kleuzeln, (Salinen-Gegend) spalten, besonders Holz zu den Dauben der Salzkufen. Tauf'ln *kloizn*; (Zir.) kleizeln, zu Daufeln spalten und zurichten. Zeitschr. VI, 297. 490,30. Nach der gl. a. 420: „kluzun, divellebant", (Eckhart, Francia or. II, 959a: „kluzun, devallabant." Graff in der Diut. III, 193 und im Sprachschatz VI, 812 liest „sluzun, devallabant." Statt k müßte in der That ch stehen. Vrgl. auch gl. a. 231: „devellebant, iruualzton, aruualztun", und im Hildebrandslied: chludun für chluzun. Grimm, Mythol.[1] p. 227.) muß es in der ahd. Sp. ein Ablautverb chliozan gegeben haben, wovon unsere nicht ablautenden Formen kleuzen und klœzen Reste sind. Graff IV, 557. BM. I, 847. Grimm, Wbch. V, 1244, I, b. Hieher scheint auch die gl. i. 845: chlozza, incastraturae (Graff IV, 567), zu gehören. „Wann man oben und nyden das insigel auf clôzzet und man ein ander seyden darein tût und das enmitten nicht enist", (vom Fälschen die Handfesten); Schwabensp., Wackern. 419, aus Cgm. 553, f. 84b. „Man mußt ir die hend von einander clôssen, disjungere"; Heumann, opusc. 415. „Die glider (des Gekreuzigten) wurden zerrütt und begunden sich zerren und klôssen von lebenskraft"; Cgm. 630, f. 123a. Das Kleutzholz, Kleuzelholz, (Zir.) Kleizelholz, Holz zu Kufdauben. Der Kleutzer, Kleutzler, (Zir.) Kleizler. „Item welcher Klaitzer nit Wald hiett, das Kuefholz zu kaufen und sein Werkstatt zu verlegen . ." „Und sollen die Kleitzer das Wit (Brennholz) umb das Kleitzholz aufarbeiten." Urk. in Lori's BergR. p. 41. 124. 395. „Die Kueffer und Kleuzler hatten alle 7 Jahr in Salzburg den Raiftanz", (vrgl. Schäfflertanz); Hbn. s. das folgende Wort.

klœtzen (klêzn), (Chiemgau) was kleuzen, Holz (besonders zu Dauben, Schindeln ꝛc.) spalten; (Zir.) kletzen; VII Com.: klözen. Hieher wol auch: klotzen, abklotzen in Lori's LechR., f. 524: „Zu Frohn 2 Tag mähen, 1 Tag schneiden, 1 Tag Ackerfahren, 1 Tag abklotzen und 1 Tag Zimmerfahrt." Der Klotzen, Viertels oder Achtels-Spalt eines kurzen Holzblockes (Musels). Die Klotzen, (nach Kollbeck, O.L.) Hauspäne, Schaiten. Die Klotzhack, Klêtzhack, (Zir.) Art breiter Axt, die zum Spalten in Schindeln ꝛc. dient.

klœtzleinweis (klêzlweis), in einzelnen Spältchen, Spänchen, Schnittchen. klœtzeln (klêzln) an Etwas: einzelne Spänchen, Bröcklein, Fäserchen, Beerchen ꝛc. hinzu, hinweg ꝛc. thun. Ein Träuplein abklœtzeln. Mit den Fingern in der Nase herum klötzeln. Den Schorf von der Haut abklötzeln. klezzeln (Wien) aufbrechen (von Wunden); aufgeklezte (aufgebrochene) Wunde. Kleazen, (Gotschee) Schrot. Vrgl. auch unten: Klotz, massa.

Der Klözen (O.L.), (U.L.) die und der Klœzen (Klêzn), östr. Kleuzen, (Wien) Klautsen, Gletschen, Castelli, Wbch. 141: Gleds'n, gedörrte Birne; gedörrtes Obst überhaupt, in soferne gedörrte Birnen mit dabey gedacht werden; geringfügiges Ding. Grimm, Wbch. V, 1254: Klötze. Zeitschr. III, 118. V, 230. VI, 297. Da die Birnen, wenigstens die größern, zum Dörren gewöhnlich gespalten werden, und man also-gedörrte Äpfel wirklich Spältlein nennt: so scheint unser Wort
zu kleuzen (spalten) und Klozen (Spälte, „Schai- 366
ten") zu gehören. (Vrgl. indessen auch unten: Klotz, massa, u. Sp. 1322: Klâubern). „Dö über an *Glez'n* glei' schrei'n, dö Mensch'n dö kan i' nit leidn"; Seidl, Flins. IV, 61. Klözbirnen. „Kloczpyrn und rûben damit haben sich gefult die pûben"; Clm. 15613 (4. XV. sec., 1469), f. 324a. „Dy dünn klûcz pyrn dy welln wir auch zw diser zeyt vorschwern wan sy haben uns den pawch aufgeplet"; das. 325. Das Klözenbrôd, Brod, welches aus Teig, der mit gedörrten Birnen vermengt ist, besonders zur Weihnachtzeit gebacken wird. Die Mädchen (im Pangau) beschenken in der Rumpelnacht (Christnacht) ihre Liebhaber mit dem Klotzenscherzen (einem Stück Klözenbrod). Hbn., Beschr. von Salzburg. „O am Allerheiligen Tag wimmelts wie im Taubenschlag; eine Gans, kein Gänselein will der Erzbischof Martein; dann verehrt des Försters Thres Schnepfen für die Jagermeß, Nicolaus das Klezenbrod, St. Johann den Gseng dirs Got"; Nagel's Stolgebühr. Der Klözendrucker, (P. Abraham) Knicker. Zeitschr. III, 118. Der Klötzenfuchs, s. oben, Sp. 687: der Fuchs. Die Klœzensuppen, das Klözenwaßer, Brühe von gekochten, gedörrten Birnen.

Der Klotzen, (Schongau) Fensterladen, (vielleicht in so ferne er aus einem Brett als Holzspalte besteht).

Der Klotz, Klotzen, (Feuerbuch Ms. v. 1591) hölzerner Zapfen, der nach der ehmaligen Artillerey, beym Laden einer Büchse (Klotzbüchsen, Kanone) unmittelbar an das Pulver aufgesetzt wurde. Erst auf den Klotzen wurde sofort die zu schießende Kugel, oder der Stein geladen. Grimm, Wbch. V, 1251,5,a.b. 1252,8,c. „Ain puchsen laden mit pulver, clotz und stain"; Cgm. 4902 (v. J. 1429), f. 17. 18. Von einer eisenen Kugel ist da noch nicht die Rede; selbst der Stein muß erst nach der Form der Büchse behauen werden, auch wol kreuzweis mit eisenen Reifen gebunden, (f. 19). Cf. Adelung: Klotz 2, wohin auch das chloz, turbo, pila, sphaera, der gl. i. 134. 822. o. 147 gehört.

Der Klotz, a) wie hchd., truncus. b) Klumpen weicher Materie; „massa, massula", Prompt. v. 1618. gl. o. 249. Grimm, Wbch. V, 1248 ff. „Ein Klotzen machen, cogere quid in massam"; obiges Prompt. Der Klotzkopf, (Aschaff.) Dickkopf. Grimm, Wbch. V, 1256. klotzenkoti', sehr kothig; (Hammer-Purgstall). Vrgl. Zeitschr. VI, 297: klotzenvoll. klotzet, adj., weich, zäh, schlapp. „Stark, kürnig und frey, nit wie ein Schmerbauch klotzet"; Balde, Lob der Magern. klotzig, klotzicht, adj.; Grimm, Wbch. V, 1255. „Das Hirn ist ain klotzige materi"; Cgm. 4535, f. 73. Vrgl. kletzig, klebrig; Grimm, Wbch. V, 1157. klotzen, klötzen, v. act. u. n., (Höfer) zusammenkleben. Grimm, Wbch. V, 1157. 1254. Geyler von Kaisersberg: „Die Pharisäi und Saducäi klotztend sich zusamen, als milch, in die do essig, lupp oder renn geschütt würt. Sie leufft zusammen und klotzt sich." Bey ihm ist „der Klotz der Schwitzer, der Klotz der stetten" der Schweizer-, der Städtebund.

Der „Klotzmichel" (Nördlingen) der Letzte; derjenige, der zuletzt in die Schule kommt. Vrgl. Grimm, Wbch. V, 1256: Klotzmann.

Acht und zwanzigste oder Kna- ꝛc. Abtheilung.

(Zu vergleichen die Abtheilung Gna.)

367 Der Kneuel (Knái-l, Knoi-l, Knui-l), Dim. das Kneuwelein (Knoiwál, Knuiwál), (s. Gramm 530. 686) das Knäuel; Grimm, Wbch. V, 1362. Vrgl. Kleu-el.

Das Knie (Kniə, o.pf. Knêi), wie hchd., goth. kniu, gen. knivis, ahd. chniu, gen. chniwes, auch chnio, chneo, mhd. knie, kniewes; Graff IV, 575. BM. I, 853. Grimm, Wbch. V, 1421. Zeitschr. IV, 253,90. Das Knie-bäslein (Kniə-básl), Geliebte; (Tir.). (Die Sippe nach den Gliedern gezählt.) kniebiegeln (kniəbiəgln), im Gehen die Knie einsinken lassen. Der Kniebeißer, (Baur) jede zu besteigende etwas beträchtlichere Anhöhe; (vom so steilen Steigen, daß Knie und Mund sich nahe kommen? Zeitschr. VI, 298. cf. oben, Sp. 315: Pitz. „Erst beim Zrucksteign, då håt ma' si' wohl bei manichn Riegel (Bergrücken) in d' Knie beiſs'n mög'n"; Seidl, Flins. IV, 115. 146). Der Knie-böß (Kniə-boas, Kniəbəs, Kniəbis), Eigenname verschiedener steiler Wege oder Anhöhen. Der Kniəbous zwischen Berchtesgaden und der Ramsau. „Ad medium Chniebôz"; Cod. Ben. 14, f. 201ª (sec. XII.). „Ad medium chniepoz hodie kniepaſs, locum montis Weilberg", Meichelbeck, Chr. B. I, 4; cf. MB. VII, 3. „Bey der schefart ze kniepäſs"; Meichelb. Chr. B. II, 171. Der Kniebis von Hohen-Schwangau übers Gebirg nach Reuti; Hazzi, Stat. II, 103. 118. „Wiese hinterm Kniebis" bey Percha am Starnberger See; Gerichtliche Ausschreibung. „Der Paß am Kniebas" (zwischen Lofer und Unken); Duckher, salzb. Chr. V, 285. '„Cniebaz, Rauch I, 445." Jac. Grimm.' Der Kniebiß (steiler Weg) am Großglockner; Schultes' Reise. (So nah hier das obige Kniebeißer zu liegen scheint, kann doch eine bloße Entstellung des alten Knie-bôz statt haben; vrgl. bößen und Grimm, Wbch. V, 1426). Der Kniebug bey Aschaffenburg. Am Fichtelberg führt eine Anhöhe den Namen Kniesteig. 'Der Kniebug, die Kniebüge, Kniebiege, Kniebeuge, wie hchd., Kniekehle, auch Kniescheibe; Grimm, Wbch. V, 1427. 1426.' Hintə' də' *Knêibi*˜, in der Kniehöle; (b. W.). Die Kniehosen; Grimm, Wbch. V, 1428. „Der bettler mantel und rock abziehen was dergleichen Kniehosen und Hemm"; H. Sachs 1560: IV, III, 86 (1612: IV, III, 173). Der Knielotterer (Kniəlodərer), das Schlottern der Knie; Einer, der schlotternde Knie hat; im Scherz: impotenter Ehmann. Zeitschr. VI, 298. Der Knieschueh, s. Th. III: Schueh. Der Kniestrumpf, Strumpf, der vom Knöchel bis zum Knie reicht; fig. Geizhals, (Dr. Sepp). kniewetzen, im Gehen die Knie aneinander wetzen. knie-g-en, knie-g-eln, (Gramm. 486) 1) knien, (ahd. chniuwan, chneuuan, mhd. kniuwen, kniewen, knûwen, knieen, knien; Graff. IV, 576. BM. I, 850. Grimm, Wbch. V, 1429. Zeitschr. VI, 298: kniel'n). Tuə di' nidə' *kniəgln!* „Und ich was hie und knieget für sein Gnad nider"; Ofele, r. b. sc. I, f. 246. 2) kniegeln, kniekeln, (Obmr.) im Gehen die Knie einsinken lassen; schwed. kneka. Vrgl. unten: knoukeln. knieglings, adv., kniend.

Der Knab, wie hchd. Knabe, (mhd. knabe; Graff IV, 576. BM. I, 850. Grimm, Wbch. V, 1311. gl. o. 36: knabo, pusio, nondum loquens puer); Labr. 359. 414. Dieses Wort wird indessen vom gemeinen Mann sehr selten gebraucht, indem er für die meisten 368
Fälle sein Buə' vorzieht. Es hat übrigens fast dieselbe Geschichte wie das Wort Knecht, w. m. sehe. (Schott. ist knaw ein Kind männlichen Geschlechts; s. die Anmerkung zum folgenden Artikel). So nennt man die Gesellen bey gewissen Handwerken, z. B. den Webern, Tuchmachern, Loderern: Knappen, (welches nur eine schärfere Aussprache des Wortes ist). Die Arbeiter in den Bergwerken sind vorzugsweise unter dem Namen der Knappen, Ärzknappen, Bergknappen bekannt. Auch statt Knecht in der Bedeutung eines jungen Kriegsgesellen, der den Ritterdienst lernte, oder überhaupt eines Soldaten sagte man: Knabe oder Knappe. Graff IV, 576. BM. I, 850. Grimm, Wbch. V, 1341. Gröz wîsôt er niht verbirt, unz er des guotes âne wirt; sô ist er danne ein knappe"; S. Helbling VIII, 867. „Tausend Ritter und tausend Knaben"; Ulrich von Reichenthal f. 94. „Hundert Knecht oder reißknaben"; Geiler von Keysersperg. „Zur Abfertigung Jorgens Gloachers unsers gnädigen Herrn Knaben"; Kr. Lhdl. VII, 207, ad 1464. Hievon sind vielleicht noch unsre Edelknaben (cf. Edelknechte) ein Überbleibsel. „Dem chnappen, adulescentulo"; Wind. Ps., Docen, Misc. I, 27. „Ein ǫd heimbachen knappe"; Labr. 507. „Uf dem wege sie ergie (holte sie ein) ein knappe schône ân bart", (ein Engel); Wernh. Maria 167. 'knäppisch, kneppisch, ä. Sp., adj.; Grimm, Wbch. V, 1349. kneppischen, adv., in der Weise von Edelknechten; BM. I, 581.' „Mîner hûsgenôz sô vil . . ., swie sie sich kneppischen hân, den einen sach ich zacker gân und den andern rüeben graben"; S. Helbling I, 644. „Waz wil dû der gebûren rîch? Ob sich die kneppischen (als, wie Edelknappen) hân,

da, soltû ungemeldet lân, ir fliegunt hüete, ir klingunt sporn"; das. III, 103. Der Knabatz; Grimm, Wbch. V, 1310. Juntéme con otros torzuelos de mi taman˜o gibt der Uebersetzer des Guzman de Alfarache p. 54 mit: „ich schlug mich zu etlichen andern jungen Knabatzen meines gleichen." „Innmassen die junge Knabatzen in den Schulen thun"; ibid. p. 643. „Mein lieber luterischer knabatz"; Dr. Eck (1542). (Nachahmung des ital. -accio? cf. VII Com. mannatz, uomo grande; pubatz, garzonastro).

Knebel, (Prompt. v. 1618) talea, clabula, (Pfropfzweig, Setzling); „Knebl pflanzen, taleas inhumare." Grimm, Wbch. V, 1375,3, b. (Sollte dieses mit dem vorigen Worte auf ein altes Ablautverb chnahan, chnauuan, generare, bezüglich seyn, wovon auch das alte Subst. fem. chnuot, genus? Vrgl. Knecht).

Das 'A-knibələ, (HhE.) a) schwächliches Kind. b) Holz-Spänchen, das beym Schindelschneiden gebraucht wird.

Der Knöbel, Knübel, (Baur, U.L., O.Pf., b.W.) der vorstehende Theil vom mittlern Finger-Gelenk, der Knöchel; verhärteter Auswuchs, Knorren. Graff IV, 576. BM. I, 854: knübel. Grimm III, 404 (untreu); chunebele, Diut. III, 44. Grimm, Wbch. V, 1374 ff. 1426. 1448. 1513. Weinhold: „der Kniebel, Knübel, Gelenk, in dem sich der Finger an die Hand setzt"; vrgl. schles. Wbch. 45. Zeitschr. II, 320,18. IV, 414,15 V, 68,18. „Internodium, knübel"; Semansh. 33, f. 290.

Der Knich, (ä. Sp.) aus Canonicus entstellt. Domknich, Domherr; Zirngibl, Probst. Hainsp. 150. 373. 433. 528. Die Übergangsform Knünich (K·nönich) findet sich in Krämer's ital. Namenclator v. 1679, p. 82. Niederd. Knönk, Knünk; Firmenich I, 377 (Kleve): „de Pastöörs en *Knönken*"; 451 (Köln): „Et Levve (Leben) vun em *Knünch* wör nicks dertäge" (dagegen).

Der Knochen, 1) wie hchd., (fehlt auch im Althochd. Grimm, Diphthonge nach weggefallenen Consonanten, p. 28. BM. I, 853. Grimm, Wbch. V, 1454. Vrgl. Knacken). West-o.pf. R.A. Zu den Knochen gên, Einen zu den Knochen einladen, d. h. zur sogenannten Wurst- oder Metzelsuppe, einer Mahlzeit, wo
369 man, wenn im Hause ein Schwein geschlachtet worden, hauptsächlich mit den Knöchlein, d. h. den Vorder- und Hinterfüßen, dann Würsten bedient wird. 2) (b.W.) knotiges Scheit Holz; Grimm, Wbch. V, 1455,3,a. Der Méttenknochə˜, was Mettenblock, s. unten: die Metten.

knöcheln (schwäb., pfälz. knöchlə˜), würfeln. Grimm, Wbch. V, 1453. Zeitschr. IV, 9.

knöchen, (Franken) quälen; Weihers: knäch, stark anstrengen und dadurch verletzen, (Dr. K. Roth). Grimm, Wbch. V, 1457. s. knecksen. Das Knöch-Eisen, Kind, das Einen immer mit Klagen und Weinen behelligt. Das Knöchfell, böses altes Weib.

'Der Knochs, ä. Sp., grober, derber Mensch, Klotz; vrgl. unten: der Knock und Grimm, Wbch. V, 1462,4: der Knocke.' „Do sprach der grobe knülcz und knochs: liebe, wart du deines arslochs"; Mich. Beham, Wiener p. 388,15.

Der Knecht (Knêhhd, Knê'd, o.pf. Knèə'd, plur. *Knècht·*), 1) wie hchd.; (ahd. chneht, mhd. kneht; Graff IV, 576. BM. I, 851. Grimm, Wbch. V, 1380). 2) Kind männlichen Geschlechtes, puer, Knabe; cf. kärnt. otrôk, Kind, (mit vielen Ableitungen in diesem Sinn allein; Jarnik 92; česk. otrok, Sclave, Knecht, Leibeigener). Diese älteste Bedeutung kommt noch im Landgericht Werdenfels, jedoch nur mehr im Diminutiv vor, gerade wie die ursprüngliche Bedeutung von Diern und Magd nur noch in den Dimin. Diernlein und Mädlein lebt. cf. Kind. ə˜ tolls *Knèchtlə*, ein lebhafter, frischer Knabe; „Knechtlein, infantulus"; Voc. v. 1419. „Ir sult sie von einander legen diu knechtelîn unde diu diernlîn, wan sie sind gar gezîte schalkeit vol"; Br. Berht. 218, (Pfeiffer 36,2). „Allen seinen Chinden, si sein Chnechte oder Dyrn"; MB. 158. Gl. a. 324. 325: „Cum puer nascitur, mit diu knehd kiporan ist." „Quae primum masculum parit, thiu eriston kneht pirit." Tat. 174. „Ob sie sei swanger mit einem chnechtelein oder einer maid"; Cgm. 592, f. 36. „Ist der sam des mannes sterckher, daraus so wirt ein chnechtl, ist aber des weibes sam sterckher, so wirt es ain magt"; Cgm. 317, f. 16. Erhebt sye (die aufstehende Schwangere) allererst den rechten fuß so ist es (was sie trägt) ein knecht, erhebt sy aber den lincken so ist es ein mayt"; Cgm. 4667, f. 7. 8. Eine Jungfrau wird mit 12, ein Knecht mit 14 Jahren mannbar; L.R. Ms. v. 1453. 3) auf dem Lande scheint das Wort Knecht noch hin und wieder unter dem allgemeinen Begriff eines jungen, unverheirateten Menschen vorzukommen. Vilmar, kurhess. Idiot. 211. Zeitschr. V, 392,3.

Und ə˜ lébfrischə' Buə'
gêt'n 'Albmdiənál zuə,
ə˜ langwáligə' *Knê'd*
is fürs Haəmdeənál grê'd.

In Eisengreins deutschübersetztem Beichtbuch p. 654 (cf. 622) ist nach den Enthaltungsgelübden der Verheirateten, von denen der Knechte die Rede. Im Augsb. Stdtb. steht dem Wirte (dem Verheirateten) der Knecht (der unverheiratete, le garçon) gegenüber. „Im namen unser chind all, knecht und jungfrauen"; Raitenhasl. Urk. v. 1298; (v. Lang). „Lerner (Hofmeister) des Knechts (d. i. jungen Herrn) von Risenburg"; v. Lang, b. Jhrb. 337, ad 1284. „Ich bin noch ein iunger kneht, und die mich gerne nœme, der enwil ich niht, und die ich gerne nœme, die wil mîn niht", läßt Br. Berhtolt (Kling p. 80. Pfeiffer p. 278,28) einen Ehescheuen sich entschuldigen. Noch im ref. L.Recht von 1588, f. 137. 135 werden die Jungen, welche ein Handwerk lernen, Knechte, Lernknechte, und alle Gesellen in den Handwerken ohne Unterschied Handwerksknechte genannt („N. N. Herzog Ludwigs Schneider und zwei Schneiderknecht"; Ldtd. v. 1514, p. 180. Gem. Reg. Chr. IV, 291, ad 1516. „Von faulen handwercksknechten"; Cgm. 713, f. 19a), eine Benennung, welche nur die Gesellen der Bäcker, Brauer, Metzger, Müller, Schmide, Schuhmacher beybehalten haben. Albrecht Dürer erzählt, wie er dem Michael Wohlgemuth für drei Jahre aufgedungen worden sey, wo er von seinen Mitknechten (Malerknechten, Malersknechten) weidlich geplagt worden. Allgem. Zeitung 1852, Beil. S. 697. Im ehemaligen Ritterwesen, wovon, wie von allem Vergangenen, sich noch einige Formen auf unsre Zeit spielend erhalten haben, nannte man Knechte die jungen Leute, welche noch nicht Ritter, sondern nur erst Lehrlinge und Gesellen waren im nobeln Handwerk der Fehden und Kriege. So z. B.
waren am Concil von Constanz mit Herzog Heinrich von 370
Bayern zugegen: „Affum Seiboltsdorffer, Knecht, Pauls Cloßner, Knecht rc."; Ulrich von Reychental, f. 94. Im Löwlerbund hatte ein Graf oder Herr 5 Gulden, ein Ritter 3 G., ein Knecht 2 G. jährlichen Beytrag zu leisten; Kr. Lhdl. X, 184. Der Minnesinger „Her Fridrich der knecht. Fridericus puer"; Ried Nr. 305. (Cf. portug. criado: a) Zögling, dem ayo gegenüber; b) Diener; Sá de Miranda: os Etrangeiros.) Knecht in dieser Beziehung bedeutete schon für sich immer Einen von Adel (a knight), bis gegen das 16. Jahrh. der Beysatz edel nothwendig und gewöhnlich wurde. Kr. Lhdl. VII, 93. 154. 117. IX, 470. X, 452. 431. XIII, 322. „Cliens, edelchnet"; Clm. 5387, f. III (v. 1450). Wenn Knecht im 15., 16. und 17. Jahrhundert vorzugsweise in der Bedeutung eines Soldaten genommen wurde, so lag derselben ohne Zweifel weniger die abgeleitete eines dienenden Menschen, als die allgemeinere eines unverheirateten

Bursches zu Grunde. „Chneht uuesennis, militandi“; „chnehta, milites“; Notk. Ps. 62,4. 63,9. Deutsche Knechte (Bursche) haben von jeher ihre Haut in aller Herren Länder zu Markte getragen. In den schrecklichen italienischen Kriegen von 1517 bis 1527 haben auch Knechte (Bursche, Leute) aus Bayern das Ihrige gethan. So führte ein Rudolf Häl von Maynburg ihrer Viele dem Pabste wider den Kaiser zu, während Diebold Häl mit Andern Rom bestürmen und plündern half, und Wilhelm von Sandizell vor den Augen des gefangenen Pabstes, diesem zum Spott, eine dreifache Krone aufsetzte und mit seinen Cameraden, die wie Cardinäle gekleidet waren, den Doctor Luther zum Pabst ausrief. Historia der von Freundsperg. (Ein „Jörg Hel“ in Beham's Wienern p. 61,19. 97,30. 240,5.) Der Faulknecht, der Raitknecht, Tabelle von Zahlen-Progressionen, Buch zum Nachschlagen von Multiplicationen, comptes faites. Ausdrücke wie Brätknecht, Schüßelknecht, Stifelknecht, Tischlerknecht, lauter Vorrichtungen bedeutend, die etwas zu halten dienen, sind wol gleichfalls bloße Figuren. Der Schreiberknecht, (HhC.) der Schreiber bey einem Amte. Vielleicht insoferne er als ein schreibender Diener des Beamten angesehen wird. In einer Berchtesgadner Urk. v. 1295 kommt als Zeuge vor: Her Sar pfarrer zu N. und Rüger sein Knecht. v. Koch-Sternfeld (Gesch. v. Berchtesg. I, 129) hält diesen Rüger für den Hilfspriester des Herrn Pfarrers. Sind doch bey Otfrid auch die Jünger des Herrn seine knechta. Der Spitzknecht, miles gloriosus, qui Martem in linguâ gerit; Prompt. von 1618. Anmerk. Knecht (auch bey den Alten zuweilen Knet statt Kneht) scheint zu einem Ablautverb knâhan, gignere, (s. Knab, Knebel) zu gehören.

Der Knüchtel, (an der Alz) Knüttel, Prügel. Vrgl. Knock, Knickel und Knochen; Grimm, Wbch. V, 514.

Der Knacken, (o.pf.) der Knochen; niederſ. Knake, Kilian: Knake. Grimm, Wbch. V, 1454. Firmenich I, 231,55 (Oldenburg). Zeitschr. IV, 133,97. V, 65,79. VI, 431,86. Der Knäcker (Knäckə', o.pf., B.) schlechtes Pferd, an dem man nichts als Haut und Knochen wahrnimmt. (s. Knuecken und Nacken).

Die (der) Knacken, (Nürnb., Hsl.) der Streich, Schlag. Grimm, Wbch. V, 1328. 1331: die Knacke und der Knack. „Er hat ihm eine Knacken gelangt.“ Litt. Blätter, Nürnb. 1803, I, p. 62. II, p. 381.

'Der Knack, Knacken, Knacker, ä. Sp., eine kleine Münze. Grimm, Wbch. V, 1328. 1331.' (Nürnb., Hsl.) 1556: (Spende von) 25 dn., später halb. Ortsgulden oder 7½ kr. In Meinungen: ein Gnacke 6 dn., ein Gnackenschilling 4½ dn. oder ½ Schilling. Weihers: der Knacke, eine eingebildete Münze, 2 Kreuzer geltend; man sagt dafür auch Wilspfenning; (Dr. K. Roth). s. unten: Knocker.

'knackern, wiederholt knacken; Grimm, Wbch. V, 1331. Zeitschr. II, 712,70.' Die Taschenuhr knackert, (Aschaff.) sie schlägt, d. h. geht. Vrgl. Grimm, Wbch. V, 1332: knacksen.

knaucken (knau~kə~), (Otgr.) nicken. Grimm, Wbch. V, 1369. s. nackeln und knappen.

371 kneckeln, (Nürnb., Hsl.) knicken, am Preise abbrechen, karg thun. Grimm, Wbch. V, 1401; vrgl. unten: knècksen.

Der Knikl, (b. W.) was Knittel.

kniеckeln, s. oben, Sp. 1344: Knie.

Der Knock, (Westr., O.Pf.) a) Hügel; (s. Nock). b) Stück Holz, truncus. Grimm, Wbch. V, 1461 f. Vrgl. Knüchtel. „Behüt uns Gott vor solcher Barbierstuben, wo man die Haar mit solchen Kolben und Knocken kräuselt“; Abele, seltſ. Gerichtshandel I, 36.

knocken, verächtlich: knien, kniend sitzen, sitzen überhaupt; Grimm, Wbch. V, 1462. Wer i~ də' Schuəl schwátzt, muəs au'm Bodn *knóckə~*. *Knócksi* dà, wiə Sankt Nèff i~'n Krautgartn. Muəst àlləwál ə' só haəm *knockə~*, kà~st ét ausgê~? Bleib *knóckə~! Knóckt* aənər auf'm a də'n óbm. aufknocken, vom Knien aufstehen. zesamenknocken, in die Knie sinken, in sich zusammenfallen. Das Knockerlein, niedriges Stühlchen ohne Lehne. Vrgl. oben, Sp. 1344: Knie, knieckeln.

'Der Knocken, meist im Plural: die Knocken, was Knöchlein, Knöchel (s. oben: der Knochen). Grimm, Wbch. V, 1461,1.' „Wir müssen auch auffressen die knocken“ (vom geschlachteten Schwein); H. Sachs 1560: II, IV, 19. „Itz erstlich wil ich mich betragen und der schweinen knocken abnagen“. . . „an knocken nagen“; das. III, III, 56[b]. 59[a].

Der Knocker, (Gem. Reg. Chr. IV, 59, ad 1502) eine Art Münze. „Falsche Etscher, Knocker und Zwölfer.“ Grimm, Wbch. V, 1463. s. oben: Knack, Knacker.

knoukeln, schlecht gehen; vrgl. kniegeln. ə~ oltə' *Knouklə'*, (ObrM.).

„'Knucke, Knücke, ein Stück vom Schlachtvieh, vermuthlich ein knorpelichtes, (knochiges)“; Grimm, Wbch. V, 1514.' „Nim fleisch daz do ge von dem lumbel oder von dem wenste und ein knücken“; Kochbuch im Wirzb. Cod. (Bibliothek des lit. Ver. in Stuttgart IX, 26). „Ein fladen von wensten und von knucken“; das.

knucken (knuck), stoßen und dadurch verletzen; (Weihers, Dr. K. Roth).

knückeln, (Obrm.) was nackeln, nuckeln, d. h. wackeln.

Der Knuecken (Knougng), (U.Donau) der Knochen; verächtlich: der Fuß; (b. W.) *Goukng*, spottweise: Füße. Häst '*Knougng* scho~ gwasch·n? Vrgl. Knacken und Kruecken.

---

knècksen, necken, quälen. Vrgl. Grimm, Wbch. V, 1401: kneckeln. *knagətzn* („knagatz·n“) und flennə~; Rank, Böhmerwald 145. s. knöchen und necken.

(Vrgl. Knat, knet, ꝛc.)

Der Knoden (Knó'dn, Knó'n, K-hnu'n), 1) der Knoten, (ahd. chnodo, chnoto, mhd. knode, knote; Graff IV, 581. BM. I, 853. Grimm, Wbch. V, 1499). Das Weib zeigt ihm die Feige und spricht: „Zeuch mir den herdurch, allers tropfen, und knüpf mir einen knoden dran“; H. Sachs 1560: II, IV, 27. 'Figürlich: Schwierigkeit, Hinderniß; Grimm, Wbch. V, 1503,12, b. 1506, e.' „Ich thu dir fur die würst ein knotten“, sagt die Bäurin; ebendas. II, IV, 20. Vrgl. Knopf. 2) der Knöchel. „Er spiczt der finger chnoden“; Ring 40,3. Zeitschr. III, 90. VI, 298. 3) der Knollen, besonders (U.L., Nffdrf.) der Mehl-Kloß; (s. Knödel). Di *Knó'n* schréchə~, wenn die Klöße im Sud sind, kaltes Wasser zugießen. *Knó'n* éssn. „Das Fleisch das ist kaum halb gesotten, wie Kiesel-Steine seind hart die Knotten“; Reiner's Tändelmarkt. „I und insä Muədä' habn zum täglig·n Fuədä' schlögelfösti *Knod·n*“; Lindermayr 62.

Der Knödel (Knédl, Kné'l, o.pf. Kniadl), der Mehl-Kloß, d. h. Mehlteig, mit verschiednen Ingredienzen, als z. B. Brod- oder Semmel-Schnittchen, Bröckchen von Fleisch, Speck, Leber ꝛc., oder mit Grütze, Kartoffeln ꝛc. in einen runden Klumpen zusammengeknetet, und gekocht. Grimm, Wbch. V, 1463. Cf. česk. knedljk. Zeitschr. II, 317. IV, 337, IV, 31. V, 40,59. 103,1. VI, 114,6. Des quenelles heißen die Knödel im Menu der Herzogin v. Leuchtenberg vom 16. Merz 1835. Nach den verschiedenen Ingredienzen erhalten die Knödel verschiedene Namen. Die gemeinsten sind wol die Melknödel schlechthin, von denen es heißt:

Náchtn hammə' *Məlknédl* ghabt, henkə~mə' no~ i~'n Gaəm,
bàl'mə' widə' *Məlknéd-l* hàbm, ge-n- I nimmə' haəm,

und die Brödknödel; zu den vornehmern gehören die *Speck-* und die *Lébə'-Knédl.* Neben den Nudeln machen die Knödel Jahr aus Jahr ein das Hauptgericht
372 des bäuerlichen Tisches aus, und zwar so, daß an gewissen Tagen der Woche Nudeln, an andern Knödel Rechtens sind. Der gelahrte Jurist Baron Schmid (ad Bav. tit. 21, art. 16, Nr. 13) meinte sogar, bayrische Landskinder seyen besonders deswegen mit der Relegation oder Landesverweisung zu verschonen, weil sie ihnen „Nudl und Knödlhalber“ unverschmerzlich falle. In der O.Pf. ist das Knödel (Kniədl) auch eine Art Mehl-Speise (Semmel-Schnittchen, in Teig geknetet), die mit Milch und Butter in der Ofen-Röhre gebacken wird. Im Rotthal ist ə˜ *Khnédl* was anderwärts ə˜ Küəchəl. Der Nomenclator von 1530 hat: „pastilli, knodle.“ Vrgl. allenfalls auch kneten. Knödel, plur., (Fichtelgebirg) ungeheure, am Ochsenkopf hin und wieder da liegende, abgerundete Blöcke von kahlem Granit. cf. Flurl, Beschreibung der Gebirge 443 und VII Comuni: Knot, Knötle, Stein, Steinchen. s. unten: der Knoten und vrgl. Grimm, Wbch. V, 1508,16. Der Knödel, Stoß mit dem Knie in den Hintern. Das Knödelblüemlein, (Hoiß) die Zeitlose. Der Knödelhenker, a) fetter Wanst; b) Taschenmesser. Die Knödelsuppen, Suppe mit sehr kleinen, eingeträuften Mehlklümpchen. Der Knödelzeler, geiziger Hauswirth, (der die Knödel zahlt). Rosknödel, was Rosbollen, Excremente des Pferdes.

knödeln: es knödelt mir, es kommt mir so vor: Hammer-Purgstall, Wiener Jahrb., 120. Bnd., S. 117. Castelli, Wbch. 144: „*gnödln*, ahnen; *'s gnödld ma'*, das i' Schlöch griagn wia'.“

„Der Knauf, Knopf am Rocke, auch Knob; daneben: der Knöppe, Knopf, Knoten, Knospe“; (Weihers, Dr. K. Roth). Vrgl. Grimm, Wbch. V, 1470. Vilmar, kurhess. Idiot. 211.

knaufen (knauff), bellen (von kleinen Hunden); zanken; (Weihers; Dr. K. Roth). Vrgl. Grimm, Wbch. V, 1333: knäffen; Zeitschr. II, 464.

Der Knæufel, Knêufel (Knáffəl), (Obrg.) der Knopf; fig. grober Mensch. Grimm, Wbch. V, 1368. Zeitschr. V, 330,300. Der Knáffel-Rók, Rock mit Knöpfen (statt mit Häftlein). „Ungeschliffener Knäffel, plumper Herbstlimmel“; P. Abraham. Die Knäufel, welche nach Hübner im Pinzgau von den Senderinnen beym Heimziehen von der Alpe an die Zuschauer ausgetheilt werden, sind vermuthlich eine Art Käschen. *Kneifl*, (Zir.) würfelförmiger Teig aus Mehl und Eyern, in Butter und Schmalz gebacken. Die Pongauer nennen diese Alpenspeise den Schnurraus. „Knäfl, globuli, claui; einknäflen, aufknäfeln ein-, aufknöpfen; Prompt. v. 1618. „aufschnewfeln, enodare“; Clm. 5877, f. 112. Chnewfel, nodulus; chnewffelloch, lacinia; Voc. v. 1445. „âne knoufeln“, Diutiska I, 374. „Ain par frauenschuoch knäuffelt“; Cgm. 550, f. 65. Auer, Münch. Stbuch p. 170; (etwa Gegensatz von „ain par geschnærter frauenschuoch“). Vrgl. Grimm, Wbch. V, 1368: knäufeln.

Der Kneif (Knei', Knei˜f), das Kneifelein (Kneifə-l', Knei˜fə-l'), schlechtes, kleines Messer. Grimm, Wbch. V, 1401. Vilmar, kurhess. Idiot. 211. Zeitschr. III, 30. VI, 216. Vrgl. oben, Sp. 979: die Gnippe. Der *Schuəstə'-Kneif* oder *Kneip*, Messer, wie es beym Schuhmachen gebraucht wird. Mit dèn *Knei˜fál* kà˜ mə' nicks schneid'n, muəs mər àlls à'fickəln. Firmenich I, 126: *Heckselknief*, Häckselmesser, Gesottmesser. Englisch, schwed. knife, knif, isl. hnifr (Messer), hier im verächtlichen Sinne genommen; cf. Nusch. Im Languedoc. ist la cannive ein großes Messer, im Nordfranz. le canif ein Federmesserchen. Das schottische knyff bezeichnet ein Stilet, einen Hirschfänger. Diez, Wbch. 585. Müller, etymol. Wbch. d. engl. Spr. I, 556.

kneiffen, (Obrmr.) mit Zureden und Scheltworten antreiben; bellen (von kleinen Hunden). Grimm, Wbch. V, 1403. Zeitschr. III, 118. Vrgl. holl. nijpen, Prät. neep. Er lasst 'n ganz'n Tàg à˜ si' àni *kneiffə˜*, und tuət dó' nicks. Die Kneiff, Dim. das Kneiffelein (Knei˜ffə-l), zanksüchtige Weibs-Person. s. knaunsen.

kniffen, kniffeln, (Zps., Baur) reiben, kauen; 373
kratzen; zerren, zupfen. Grimm, Wbch. V, 1435. Wien: kniften, auf dem Kopf kratzen. Grimm, a. a. O. Vrgl. knuffen und niffen, niften.

Die Knivela, (VII Com.) die Kiefer.

Der Knoflâuch (Knóflə', Knófl'), Knoblauch, (ahd. chlobolouh, chlofolouch, chlobalouh, chlofalouh, mhd. klobelouch; Graff II, 142. IV, 148. BM. I, 1044. Grimm, Wbch. V, 1449 f. Zeitschr. V, 212. VI, 267.); fig. ein Verweis.

knuffen, vrb. act., mit den Knöcheln der Faust stoßen, schlagen. Grimm, Wbch. V, 1515. Vilmar, kurhess. Idiot. 812. Zeitschr. V, 178,113. VI, 216. 298. Vrgl. Knöbel.

Der Knüfel, (knotenförmiger Auswuchs?). „Die N. N. hat einen Kniffel an der Hand bekommen, daß sie dieselbe nicht brauchen konnte;“ Lechfeld. Mirakel. „Contra vertiginem. Recipe salivam (saluiam) vnd misch jn und pind in auf das chnupfel in introitu lecti;“ And. 73, f. 300^{b}. S. Knöbel 'und vrgl. Knüpfel (Grimm, Wbch. V, 1517 f.).'

knüfig, adj., (Obrm.) von Körpergestalt klein, unbedeutend. „So knifig als er ist, so will er doch was aus sich machen.“

---

knagen, s. oben, Sp. 979: gnagen, und unten: nagen. Grimm, Wbch. V, 1333. Zeitschr. V, 171,170. 367. und vrgl. VI, 83. 209. 519.

knagətz'n, s. knècksen.

kniegen, kniegeln, s. Knie.

'knallen, wie hchd. (vrgl. knellen); obscön: begatten;' Castelli, Wbch. 145; gnàll'n; Gnàllhütt'n, Hurenhaus. Grimm, Wbch. V, 1335 f. Vilmar, kurhess. Idiot. 210. Zeitschr. VI, 334. „Einem fluchen und das knallundug vbel wunschen“; Cgm. 632, f. $31\frac{3}{4}$.

Der Knalli, grober Bengel. „Nun kommt ihr, Knalli, mit einem einfältigen: Herr Pfarrer! nichts: Ihr Hochwürden! ins Zimmer“; Buchner's Kinderlehre.

knellen, crepare, crepitare, concrepare, (Prompt. v. 1618, also verb. neutr., zu welchem als früherem Ablautverb das Subst. Knall gehört: mhd. ich knille, Prät. ich knal, wir knullen, Ptc. geknollen; BM. I, 853. Grimm, Wbch. V, 1410. Zeitschr. IV, 109,43); figürl. fluchen. „Pey den paynen namend (sie) in und poßten seinen hintern hin an eim paum, daz es derknal“; Ring 36^{b},6. „Wann die blas vol ist, so zerknillt sie“; Seb. Frank. knellen, als vrb. act., a) platzen machen, far crepare. ə˜ Laus, ə˜n Flôh *knəll'n.* b) prügeln. Cf. isl. hnalla. Zeitschr. III, 336,30. Aə˜n rècht *knəlln.*

Losts auf meini Mensche', wàs I enk wįll sàgng,
— tüəts mi' nét *knılln* und tüəts mi' nét schlàgng.

„Wenn man das Eisen auf dem Ambos nicht wacker knilt, so wird nichts rechtschaffenes draus;“ P. Abrah. „Wann dein Mann dich mit Fäusten wacker knüllet;“ Albertin's Gusman 612.

Der Knoll, Knollen, Dim. das Knöllelein (Knəllə-l), 1) wie hchd. Knollen; 2) das Knäuel. Grimm, Wbch. V, 1464. 1468. BM. I, 854. Zeitschr. III, 192,91. V, 152. 'knollet, adj., knorrig, klumpig, massig; adv., in Massen; Grimm, Wbch. V, 1469: knollicht. Vrgl. das. 1516 u. Zeitschr. III, 283,107:

knüll.' „Als sie kamen ins welschland ein trunkens knollet den welschen wein"; H. Sachs 1560: II, IV, 90ᵇ. cf. ungeschwungen.

knöllen, einen Knöll (Stoß) geben, (Zips) stoßen. Grimm, Wbch. V, 1516: knüllen, knullen, schlagen, puffen.

Knüll, saures Gesicht. S. Genüll.

'Der Knülle, ä. Sp., ein Unkraut im Getreide; BM. I, 854. Grimm, Wbch. V, 1516.' „Do kom sin vigent und säte ratten alder knüllen alder treffen alder swie man ez denne heizet" . . . „der knülle und der ratte gieng uf;" Griesh. Pred. II, 37. 38. 41.

---

knelfen, (Nürnb.) zanken, ungestüm betteln.

„Knölster, buprestes, ein Kefer;" Prompt. v. 1618. Diefenbach 84ᶜ.

'Der Knülz, derber, grober Mensch, Klotz; vrgl. oben: Knüll, Knoll und Grimm, Wbch. V, 1464 f. 1466,9.' „Do sprach der grobe knülcz und knochs: liebe, wart du deines arslochs, und laß dein sorgen umb mich varn!" M. Beham, Wiener 388,15.

(Vrgl. Gramm. 554.)

Der Knan, Knän, Vater; s. unten nennen.

Der Knünich, s. Knich, canonicus.

knaunchzen (knau˜chz·n, Eschstdt.), durch die Nase reden; vrgl. knaunzen. Grimm, Wbch. V, 1370.

knaunfen (knau˜fə˜), zanken; s. kneifen.

knangen (kna˜gə˜, Obrm.), nagen; s. knagen.

knenken, knenkezen (knə˜kə˜, kne˜-kəzn),
374 a) knarren. b) verächtlich: reden, besonders durch die Nase; keifen, zanken, ungestüm bitten. Grimm, Wbch. V, 1411 f. 1370: knaunzen. Vilmar, kurhess. Idiot. 211. Zeitschr. II, 465. Der Knenkezer. I schlàg di' nide' dás d· ə˜n *Kne˜kəzə'* toust; (b. W.).

knaunschen, beym Essen mit der Zunge schnalzen; Kaltenbrunner 120.

knaunzen (knau˜-z·n), in langsamem und widerlichem Tone immer zu befehlen, zu tadeln, zu klagen haben. Grimm, Wbch. V, 1370. Castelli, Wbch. 144: die *Gnaunsch·n*, kecke, zuwidere Person. Zeitschr. II, 464. Die Knaunz, Person die immer winselt, weint. Bist ə rèchté *Knau˜z*. beknaunzen, (Nürnb. Hsl.) beschnufeln, besehen, was Einen nicht angeht. Vrgl. genau.

Der Knapp, s. Knab.

knapp, knapps, adv., kaum; (Aschaff.) knapps, mit genauer Noth. Grimm, Wbch. V, 1339. „Knapp, daß ihr mit dem Knopf knaupt," Buchner, Kinderlehre 19.

knappen, 1) eine plötzliche kurze Bewegung, besonders auf- oder niederwärts machen. Grimm, Wbch. V, 1344,3 ff. Mit dem Kopf knappen; knappen, wie Einer, der hinkt. Ein Brett knappt auf. Vrgl. knaupen. '2) knapp zureichen; vrgl. Grimm, Wbch. V, 1347,8,d und 9.' Das Tuch knappt (ist gerade noch genug zu einem Rock; (Aschaff.). 3) fig., aufknappen. „Ein covent in eim closter und ein apt do zwischen es nymmer auff genapt," (Zwietracht gibt); Cgm. 713, f. 179.

Das Knappholz, (wirzb. Verord. v. 1784) Eichenholz zu Faßdauben gespalten, Klappholz.

knaupen (knaupm, knau˜pm), a) wie knappen, nicken, hinken, schnappen. Grimm, Wbch. V, 1371; vrgl. naupen. „Knauppen, nuere, nutare alicui;" Voc. v. 1735. „Schauts, wenn ich den Kopf schüttle, ist allemal Nein, und wenn ich knaup, ists Ja," sagt der Herr Pfarrer in Bucher's Kinderlehre 57. Vrgl. unter knapp. „Der der morgenst sitzt u. gnappt (gnaupt)"; Cgm. 713, f. 19. 182. b) knaupeln, (Hsr.) was kläubeln. Grimm, Wbch. V, 1371.

Der Knauperling, (b. W., Obrm.), Kind, das im Wachsthum zurückgeblieben, Knirps.

Der Kneip, a) sieh Kneif; Grimm, Wbch. V, 1403. b) grober Mensch.

Der Knippes, (Aschaff.) kleiner Mensch. Grimm, Wbch. V, 1438: Knips.

Das Knoppenholz, auch Pottschatholz, verkrüppelte Nadelholzbüsche, Kollerbüsche; (Jir.). 'Vrgl. oben: Knauperling und Grimm, Wbch. V, 1370: der Knaup, Knaupe, und 1477,13,a: Knoppes.'

knuppeln, (von Kindern) mechanisch die Lippen bewegen, als ob sie sögen.

knuppet, adj., von Leibesgestalt kurz und dick; vrgl. knopfet.

„Knüpp, bulbus," (Zwiebel); Clm. 4394, f. 177ᵇ.

---

knipfen, hinken; s. nepfen und vrgl. Grimm, Wbch. V, 1437: knippen.

knipfen. „Ein geknipffet Muß heißt man da Gersten, Linsen, Bonen und allerlei zusamen gesotten ist;" Joh. Pauli 254ᵇ.

Der Knopf (o. pf. Knupf, Knuəpf), 1) wie hchd.; (Graff IV, 483. BM. I, 854. Grimm, Wbch. V, 1470.) 2) die Knospe; Rösenknopf. Grimm, Wbch. V, 1472,5. „Malleoli, knepfel"; Clm. 571. (XVI. sec., 1514), f. 23. 3) Art Mehlspeise; *Héfmknópf* (Nürnberg). Die Mehl-Klöße (s. Knödel) werden in Schwaben Knépflé genannt. Grimm, Wbch. V, 1473,7. 1481: Knöpflein, 3. 4) Knoten an einem Faden, Band, Strick; fig. Hinderniß. Grimm, Wbch. V, 1475,10 u. 12. R. A. (Einem) e˜n *Knópf* für (etwas) machen, es ihm unmöglich oder doch schwer machen, ihn daran hindern; vrgl. oben, Sp. 1348: Knoden. „Aber ein Knopf wäre dafür gelegt gewesen; Kr. Lhdl. XIV, 409. Einem einen Knopf auflösen, ein Hinderniß beseitigen. '5) scherzhaft: für einen Bauchwind; vrgl. die Ellipse: einen (zweideutig ob Knopf oder Wind) fahren lassen.' „Ez were rehte umbe eine ertrunchene sele sam da ein wib in eime ba . . . sezze, der ein knop entfüre, als der uzer dem patm . . . plutert, also plutert des mensen sele uzzer dem wazzer;" Cgm. 19, f. 75ᵃ. (Vrgl. die Seele „als ein blâs", Blase, bey Br. Wernher und: „Vrou Sêle, tretet ûf ein rippe, welt ir niht ertrinken;" S. Helbling I, 354 f. Grimm, Mythol.² p. 1225.). „Ich darff nit eins wibs, einer solchen bippernel, als ir zu Liebenzell eins mals ein knopff entran, darumb bin ich ir gram;" Altsw. 201,24. b) Knöpfe (Knépff), plur., im Scherze: Geld, und zwar mitunter nicht blos figürlich, da in einigen Gegenden, z. B. an der Ilm, die Knöpfe an den Feiertags-Westen und Jankern der Mannspersonen gerne aus angeöhrten Kopfstücken, besonders ältern zu 5, 10, 15 (resp. 6, 12, 17) Kreuzern bestehen, die im Fall der Noth wieder ihrem eigentlichen Beruf zurückgegeben werden; (Nothknopf). Grimm, Wbch. V, 1478,14,c. Zeitschr. VI, 118,6—10.

Die Knöpfleinsnacht, s. Klöpfleins- und Kröpfleins-Nacht. Im augspurgischen „'s Jahr ein Mal" v. 1764 wird unterm Monat December aufgeführt: „Der schöne Brauch der Knöpfflens-Nacht, da man an dreyen Donnerstägen einander bsucht und setzet dar 375
Obst, Krapffen und noch mehr Naschwaar." „Und die drey Knöpfelsnacht do huni hoamlach Liechtlen anzunden." Die ersten 3 Mittwochen im Advent zündeten die Mädchen geweihte Lichter an und beteten; da sollte

der ihnen bestimmte Bräutigam zum Vorschein kommen. Tirol. National-Calender von 1822, S. 97.

knopfet, adj., von Personen: dick und untersetzt; grob. Vrgl. knuppet und Grimm, Wbch. V, 1480 f.

Der Knüpfel, (O.Pf.) 1) Abschnitt von einem Baumstamm, Block, Klotz, Schrot; fig. grober Mensch. Grimm, Wbch. V, 1517 f. ə~ Sägknüpfel, Block, aus welchem Bretter gesägt werden sollen; ə~ Schindelknüpfel, woraus Schindel geschnitten werden. „Ein knüpfl holcz, fustum;" Voc. v. 1419. `2) Knoten, Knorren, Auswuchs, Geschwulst, Beule; Grimm, Wbch. V, 1518,5 und vrgl. das. 1471,1.a. „Erwaichet verhärtete knüpffel;" „Knüpfelpflaster;" Dr. Minderer 1620, p. 175. 228. 3) Bündel, Büschel, Bäuschchen; vrgl. Grimm, Wbch. V, 1518,6. „So gat das selb knupfelin (ein in den anus gestoßenes Bäuschchen von Eigelb und Salz) mit dem stůl herauß;" Clm. 4394, f. 136b.

knüpfen, wie hchd., (ahd. chnupham, mhd. knüpfen; Graff IV, 582. BM. I, 854. Grimm, Wbch. V, 1518). Das Knüpfen, das Geknüpft seyn, 1) krankhafter Zustand kleiner Kinder, während dessen sich an den Hals-, Hand- und Fuß-Gelenken derselben hervorstehende Knoten (Knöpfe) bilden, la noüeure, les noeuds, rhachitis, „englische Krankheit," doppelte Glieder. Is ə~ Wasse' kind, is 'knüpft, lernt hart läffə~. Grimm, Wbch. V, 1518,1,c. 2) bey Ehmännern, was Nestelknüpfen.

---

knepsen, (Hsr.) hinken; s. knappen.

knopsen, (Nürnb.) mit den Knöbeln, mit der Faust stoßen, mit der Faust auf den Rücken schlagen. Vilmar, kurhess. Idiot. 213.

---

knarrezen, knarzen, knarchezen, vrb. n., a) knarren. Zeitschr. II, 172,21. b) „knarzen lavandi lintea modus est;" Prasch. Grimm, Wbch. V, 1355 f. 1493: knorzen, 2).

knärren (knärrn, knerrn), schreyen, klagend oder bittend winseln, wie Kinder. An Einem knerren, ihn durch Klagen oder Bitten belästigen. Grimm, Wbch. V, 1355. Vilmar, kurhess. Idiot. 210. Zeitschr. II, 227. Es ist so kalt, dass 's älln *knizkneərt;* (b. W.).

`Der Knauer, Knaur, hartes, festes, kugelichtes Stück, Knote, Knorre, Knorz; Geschwulst, Beule; BM. I, 854: knûr und knorre, knurre, Grimm, Wbch. V, 1365 f. 1487. 1492.' „Gebrochen bein, knor („knaur, knuwer"), biul und schrimpfen wirt dicke gewegen ringe;" Labr. 161. „Zuo der keten knûre;" w. Gast 6749.

knauren (knau~r'n), genau, karg, filzig thun, besonders beym Kaufen und Verkaufen. BM. I, 855: knûren; Grimm, Wbch. V, 1366. Vilmar, kurhess. Idiot. 213: *knüərən.* „Manegem ritter wonent mit vil kint unde nœtikeit der sin tohter nit verseit demselben gebûren. Sô er müeze erknûren!" („erchnauren"); S. Helbling VIII, 227. S. genau.

knirren, 1) wie hchd. 2) kneipen. Grimm, Wbch. V, 1441,4. „Indeme Pietas ihne ungefähr mit ihrem Rosenmund bey dem Daumen erwischte und solcher Gestalt darein knirrte, daß er gezwungen war, sich von ihrem keuschen Leib zu entfernen;" Parnass. boicus. II, p. 48. Vrgl. kniersen. R.A. Einen knirren lâßen, (Zpf., O.Pf.) ihn schreyen machen, indem man ihm die Finger hinter den Ohren eindrückt; ihm „Paris zaigen."

---

knirbeln, (Franken) knirschen mit den Zähnen. Grimm, Wbch. V, 1439.

Der Knorbel, wie hchd. Knorpel. Grimm, Wbch. V, 1484.

`Der Knorf, ä. Sp., grober Mensch, Knorz; vrgl. Grimm, Wbch. V, 1484: Knorfel, und 1524: Knurfel.' „Do dis gsellen zu Leupelstorff horten, das so manch grober knorff iren gesellen jagten nauch;" Mich. Beham, Wiener 306,12.

---

knirgeln, (Ries) fest zusammen knüpfen. 376

---

knorken, knörkeln, karg, filzig thun. Der Knörkel, Filz. Grimm, Wbch. V, 1484. S. kneckeln.

---

knorpsen, (Franken) an etwas hartem hörbar kauen.

---

kniersen, knütschen, tundere, contundere, quassare;" Prompt. v. 1618. Grimm, Wbch. V, 1441: knirschen. Graff IV, 573. Vrgl. knirren.

Der Knorz, (Nordfranken) krummes, knotiges Stück Holz, Knorre, Knüttel; Lümmel. Grimm, Wbch. V, 1492. Zeitschr. III, 192,91. 135. VI, 216. 299. „Manachnorzziges, multinodi;" gl. i. 539. Das Knörzlein, (Nürnb., Hsl.) das äußerste Ende von spulenförmigem Brod, das meist aus harter Rinde besteht und beym Zerbrechen kracht. Der und das *Gneá'zl*, ein kleiner, dicker Kerl, Knirps; Castelli, Wbch. 144.

---

knaus, adj., klein, aber schmuck. Der Bauer Marculf „was kurtz, knawß und dick;" Salomon und Marculf, Cgm. 579, f. 1b. Vrgl. hnysa, ornare; dän. kneise, sich brüsten, stolz dastehen, aufrecht, hoffärtig gehen.

Der Knaus, das Knäuslein, (schwäb.) knopfichter Ansatz am Brodlaib, da wo er angeschnitten wird. Grimm, Wbch. V, 1371 f. Zeitschr. VI, 79. 216.

`Der Knaus, Schlag, Stoß; Grimm, Wbch. V, 1372.' „Man gab im (dem Thurm mit Canonen) manchen harten knauß;" Wolf, histor. Volkslieder 658.

erknausen, s. neußen.

Der Kneußel, Beyname des Herzogs Stephan von Bayern-Ingolstadt, (Öfele II, 568. Mederer's Ingolst. 80; v. Lang, Ludwig d. Bärtige, S. 7: „klein, aber nett gestaltet"); kommt übrigens noch jetzt, wie z. B. schon MB. XXI, 520 als Familien-Name vor. „Er was alzeit in seinem wesen köstlich und wol gebutzt in seinen kleidern, umb das nennt Ihn yeder man herzog kneissel," Chronik bey Freyberg I, 129. Cnuz unter den Zeugen der Wirzburger Grenzbeschreibung, MM. 37. Conrad Knuß ze Bibrach; Cgm. 831, f. . . (a0. 1429). Die Ritter Kneusel, Besitzer von Hohenberg und Wunsidel; v. Lang. In einer Walsassener Urkunde v. 1273 ein „*Chnuzelinus* de Lonberch civis Egrensis" als Zeuge; (cf. Türschenreut). Chnaws, chneuzz wird im Glossar zu Horneck's Reimchronik, Cap. 70, durch pugnax; (mhd. knûz, strenuus; Liedersf. I, 475. Grimm I3, 180; Wbch. V, 1372,2,c. BM. I, 855. Cf. agſ. cneatung, disputatio. Vrgl. auch poln. kniaz, knes, česk. knez, mittellat. knes, canis, cagnanus, griech. κάνης, κνέζης, princeps; Ducange II, 18. Knös, Knabe, Junge, Bursche; cf. Tös, kleines Mädchen. Grimm, Wbch. V, 1493: Knösel) erklärt. In der daselbst citierten Stelle könnte es jedoch auch knauserig bedeuten. (Haupt's Zeitschr. VIII, 552,81. 557,243). Eine verdeutschte Form des nordischen Mannsnamens Knútr ist hier doch wol nicht zu vermuthen. Knusert (= Knûzhard), schweizerischer Familienname. Vrgl. auch neussen 'und knaus.'

`Der Knoß, Name eines gewissen Weins; vrgl. Grimm, Wbch. V, 1527: „Knussel, eine Traubenart".' „Ich glaub das sey ein welschwein gut welchen man den knoß nennen thut"; H. Sachs 1560: V, 364 (1612: V, III, 55).

'knusen, kauen, nagen; verknusen, zermalmen, verzehren; Grimm, Wbch. V, 1526, (cf. ahd. chnusjan, mhd. knüsen, verknüsen, knüsten, zerknüsten; Graff IV, 573 f. BM. I, 855. Zeitschr. III, 427,61. IV, 127,13.).' „Contere, zemule, verchnuse," Cgm. 17, f. 20a; cnusit, allidet, Tat. 92. „Seu knusten flaisch und pain enzway"; Ring 56,26. Vrgl. knischen, knuspern, knusten.

'knusig, knuselig, adj., unsauber, schmutzig; Grimm, Wbch. V, 1526. Zeitschr. III, 373.' „(Kalbsköpf) die warn schwarz rauchig und rhusig, geschmutzt, eins teils stinkent und knusig"; H. Sachs 1560: II, IV, 61 (1612: II, IV, 125). Firmenich I, 465,303 (Köln): knüsselig, schmierig, schmutzig; das. 410,79 (Krefeld): die Knosel, Schlampe, schmutziges Weib.

'knischen, knüschen, wie hchd. knirschen; Grimm, Wbch. V, 1444. 1526. zerknischen, zerquetschen, zermalmen.' „So sich einer klemt oder ein glid zerknischt hat"; Cgm. 4570, f. 46. „Zerknischen und zertreten"; H. Sachs 1612: I, 17. „Mein freud zerknüscht mit herzenleid vermischt"; das. II, III, 17. s. knötschen.

knischen, niesen; (Weihers, Dr. K. Roth). Vilmar, kurhess. Idiot. 212.

Der Knospen, (Gebirg) hölzerner Schuh, dessen Obertheil aus Schienen von der Legföhre geflochten ist, Klotzschuh, ital. cospo, und vielleicht daraus entstellt. Grimm, Wbch. V, 1496. Zeitschr. III, 458. IV, 56. 78. VI, 299.

Der Knospəs, Knüspel, Klotz, grober Mensch. Grimm, Wbch. V, 1495,4,c. „Grober Knüspel, unverständiger Knospinianus"; P. Abraham.

'knospig, knospicht, knospet, adj., knorrig, knotig; fig. derb, grob; Grimm, Wbch. V, 1497. Zeitschr. VI, 299.' „Der mörtrack hat ein knospeten schwanz;" Konr. v. Megenberg f. 137, (Pfeiffer 235,2: ainen knodohten swanz; vrgl. p. 526). Das Thier Gladius hat „ein knospeten zagel"; das. f. 138, (Pfeiffer 237,28: ainen knodoten z.; vrgl. p. 526).

knuspern, wie knuppern, nagen, an Hartem kauen; Grimm, Wbch. V, 1527.

---

knostern, (b. W.) müßig und faul herumgehen. Du *knosterst* widə' 'n ganzn Tàg umə'. Vrgl. Grimm, Wbch. V, 1497: knostern, kleine Handarbeit im Hause machen. Vilmar, kurhess. Idiot. 214.

'knusten, knüsten, knustern, knüstern, zerdrücken, quetschen, (ahd. knistjan, knistan, mhd. knisten, knüsten; Graff IV, 574. BM. I, 855. Grimm, Wbch. V, 1444. 1528).' „Er wirt gechnistet, collidetur," Notk. 36,24; chenisten, ferchenisten, das. 136,9; chniston, das. 146,3; die ferchnisten geheilen, das. 146,5; chnisteda, fem., contritio, das. 59,4; chnistig, adj., das. 146,3. „Zerknisten, quatio"; Voc. Melb. Also werd das reich der christen schnell zerknist"; Dr. Eck. 1542. Vrgl. knusen und knötschen; Zeitschr. VI, 209: gnastern.

Die Dreck-Knatel, (HhE.) unreinliche Weibsperson. Grimm, Wbch. V, 1514: knudeln. S. d. folg. Wort.

kneten (knédn, kné'n), wie hchd., (ahd. chnetan, Präterit. chnat, Partic. gichnetan; mhd. kneten, Prät. knat, Partic. gekneten. Graff IV, 580. BM. I, 853. Grimm, Wbch. V, 1412. Cf. farcnîtan, farcneit, agf. forgnîdan, conterere; Hymn. I, 3. 4. Kärnt. gnetem, gnesti, kneten; Jarn. 219). I hà~scho~ *knédn* (b. W.). Noch Paul. Aemil. Ingolstad. in seinen Reimen von 1562 hat das Präterit: knat: „Si knat und machet Küchlach", und das Feuerbuch v. 1529: knit (Imperat.) und gekneten. „Impastare, chneten; impasta, chnit; impastado, gechneten"; Voc. v. 1424, f. 20. Vrgl. Knödel und knötschen.

Der „Kneitel, fester Stock zum Gehen"; (Schllr.). Grimm, Wbch. V, 1374: Knautel, Knäutel, Kneutel. (Knüttel?).

Der Knoten, Knotten, s. oben: Knoden, und vrgl. Zeitschr. II, 279,64. 404,9. 542,161. VI, 216; auch: III, 332 und VI, 299: Knotten, Knott, Felswand; Grimm, Wbch. V, 1508,16. s. oben: Knödel.

Der Knüttel, wie hchd. (ahd. chnutil, contulus, mhd. knütel, knüttel; Graff IV, 582. BM. I, 855. Grimm, Wbch. V, 1531); knotiges Scheit Holz (b. W.). Der Sens-Knüttel, (U. L.) Stiel an der Sense. beknütteln einen Hund, ihm einen Knüttel (1½ Ellen lang) anhängen; Wirzb. Verord. 1678 gegen Wilddieberey. Grimm, Wbch. I, 1425. Zeitschr. VI, 299: knütteln, prügeln. Vrgl. prügeln. Der Knüttelbund. Nach 377
der Instruction für die bürgerlichen Obrigkeiten der Städte und Märkte von 1748 soll nicht geduldet werden, daß Theils Rathsfreund in ein Horn blasen, allerhand Knüttelbünd unter sich machen. Cfr engl. the club.

knüten, knüteln, (Nptsch.) durch einen Knoten befestigen, knüpfen. Grimm, Wbch. V, 1531. Zeitschr. II, 542,161. V, 152.

---

knötschen, knotschen, knutschen, quetschen, zusammendrücken; (Grimm, Wbch. V, 1374: knautschen, 1415: knetschen, 1512: knötschen, 1529: knutschen, knütschen. Vilmar, kurhess. Idiot. 210. Zeitschr. II, 553,117. III, 133. 134. 418. IV, 2. 127,13. V, 188. VI, 95. 289. 298); Weihers: *knétsch*, (Dr. K. Roth). „Zerknütschen, contundere, conquassare;" Prompt. v. 1618. Zerknitschung, contusio; Voc. v. 1735. Zerknischen, Voc. Melber. Kilian: knodsen, tundere. „Das mir nie so wee geschach an drücken und knotzschen und gedreng"; Cgm. 713, f. 108. „Wie zerknitscht ist worden Aman also werd das reich der christen schnell zerknist; Dr. Eck, 1542. Wo bist umə' *knoutscht*, dast so vol Dreck bist? (b. W.). Der Knatsch, Knötsch; Grimm, Wbch. V, 1360. Zeitschr. III, 134. Dés Fréssn is e~ lautərə' *Knédsch*, (b. W.). Vergleiche das zerknusten, zerquetschen, der mhd., und chnusian, chnussan, illidere, der ahd. Sprache, s. knusen, knusten, knötschen und knauzen.

---

knauzen, 1) s. knaunzen. 2) verknauzen, verknotzen (Kleider, Tücher rc.), sie durch Zusammendrücken aus ihrer glatten Form bringen; (vrgl. knusen, knusten, knötschen). Grimm, Wbch. V, 1374.

knitzknerren, s. oben: knärren.

knötzen, vrb. n., was knocken: knien, kniend sitzen; verächtlich: sitzen; *àllawál dehaom knótzn*. „Muas z'Haus *knotzen*"; Kartsch II, 57. Zips: sich mühselig forthelfen. Grimm, Wbch. V, 1512 f. Vilmar, kurhess. Idiot. 214. Zeitschr. V, 464. Der Knotzer, Ofenhocker; Geizhals, der sichs wohl seyn läßt, ohne jemand etwas mitzutheilen. Knotzen, „idem ac Knie;" Prasch.

Neun und zwanzigste oder Kra- ꝛc. Abtheilung.

(Vergleiche die Abtheilung Gra.)

Die Krâ und Krâen (Krà, Krà˜, o.pf. Krâu, Krâuə˜), die Krähe, ahd. chrâ, chrauua, chraia, mhd. krâ; Graff IV, 587. BM. I, 869. Grimm. Wbch. V, 1965 ff. Vilmar, kurheſſ. Idiot. 222. Zeitſchr. III, 263,82. IV, 52. 55. 175. V, 419, II, 3. VI, 429,13. Caſtelli, Wbch. 148: der Grån); vrgl. Gramm. 808. Walkn. 83. 125: „Ein krâ und ir geſpile ſich gailten zu dem lůder"; daſ. 133: „Mir ſenden immer grauſet ab der krâ geſchraye." „Cornix heißt ein kröw", Konr. v. Megenberg f. 105, (Pfeiffer 177,30: ain kraw). Das Kran-æugelein (Krànáigl·), das Krähenauge, der Fruchtkern eines oſtindiſchen Baumes, (strychnos nux vomica L.). der als Gift für Hunde und Katzen gebraucht wird; Prompt. v. 1618: Kraineugl. „Alkeruha .i. cornasolem dicit Avicenna et Almansor .i. nux fomica vulgariter chronawgell"; Clm. 5873 (XV. sec.), f. 236. Grimm. Wbch. V, 1973. Vrgl. Zeitſchr. V, 153: Krainȍgen, Heidelbeeren. 'Krähenfüße, plur., verkritzelte, unleſerliche Schrift; Grimm, Wbch. V, 1973.' „Maniger meiner geſchrift lacht und doch ſelber kranfueß macht"; Raitenhasl. 13. Vrgl. Zeitſchr. I, 131,1: *Krêklfuſs*. Das Krân-Veihelein, gentiana verna L.

kræen (krá·n, krá˜n, kránə˜), kræezen, kræhezen (kráz·n, kráhhzn), 1) wie hchd. krähen, (ahd. crâan, crâhan, chrâwan, chrâjan, mhd. kræjen; Graff IV, 584. BM. I, 869. Grimm, Wbch. V, 1970). Kaltenbrunner 110: *krágəzn*. Zeitſchr. VI, 144,12. 301. 334. 2) heiſer reden oder ſingen. So fett, dás·s *krá˜t*. Einen ankræen, im Scherz: ihn anſchreyen, anreden, ihm zurufen. 'Der Krât, ä. Sp., der Schrei des Hahns; Grimm, Wbch. V, 1975.' „Um den erſten hanenkrât;" H. Sachs 1612: I, 37. cf. Kradem.

378 kræueln (král·n, krájn), ahd. chrâuuôn, chrôwôn, mhd. krouwen, krâuen, krâwen; Graff IV, 585. BM. I, 884 f. Grimm, Wbch. V, 2084. 2085. Zeitſchr. III, 251,75), kratzen. Mit den Klauen oder Nägeln auf-, aus-, der- ꝛc. kræueln. cf. krellen. 'Katz *králl* di', gib acht! 'ən Dung vó˜'n Wàgng *àbə'králn*, den Dunger vom Wagen herabkratzen. „Die Hunde krölten die Weiber und Kinder von In;" Av. Chr. Der Kræuler (Krále'), die Kratzwunde. Der Kræuel (Král), Werkzeug zum Krauen, Kratzen; Kralle, Klaue, Haken, Gabel mit gekrümmten Haken; (ahd. chrowil, chrawil, chrewil, mhd. kröuwel, krewel; Graff IV, 585. BM. I, 885. Grimm, Wbch. V, 2083). Der Miſtkræuel, zweyzackiger Haken zum Abladen des Miſtes. Der Dächſenkræuel, (O.L.) was im U.L. Schnaiter, gebogene Hippe. Der Daə'nkrál, (b.W.) was Reiſshägkel. Grimm, Wbch. II, 1294. Die Löwen, Katzen ꝛc. ziehen die Waffen an ſich, damit ſie die kräel im gehen nit abwetzen;" Putherbey. „Des Teufels Hand iſt kalt wie ein Creel geweſen"; Werdenfelſ. Hexenproceß v. 1589. „E das er der kröl emphant, die ſeu wurfen mit der hand in die leut und zuchtens an ſich vey der heut, da mit ſeu tâten ſchadens vil; Ring 54c,2. Der Králəwádsch, der Krummbeinige, (eine Form wie Denkəwádsch). Kräel, Voc. v. 1419; creul, gl. a. 11; crauuil, chrouuil, a. 29. 511: fuscina, harpago, creagra.

Die Kreatur, wie hchd.; Grimm, Wbch. II, 638. Cf. ſchwed. kreatur, Stück Vieh; ſpan. creatura, kleines Kind. Vrgl. Kunder.

'Die Krei, ä. Sp., Schlachtruf, Feldgeſchrei, Loſung; Geſchrei überhaupt; mhd. krîe. BM. I, 879. Grimm, Wbch. V, 2136.' „Von mir wirt ûf gebrieren: lâzâ rumbelieren! daz iſt ein ſwæbiſch krîe"; S. Helbling XIII, 131. „Ez iſt der hochſt cri uf erden an der welt nieman ſol minnen nach gelt"; Altſw. 93,13. „Du biſt min höchſte cri"; daſ. 112,24. „Tessera, krey"; Voc. Archon. (sec. XV.), f. XVII. Diefenbach 581a. „Praefectus vigilum, tesserarius, der das Los oder die Krey gibt"; Nomencl. 1629, p. 224. „Oft wirt liederlich ain krey von dingen die nie ſint beſchechen"; Cgm. 270, f. 96 (379, f. 57). ſ. Kreiden. 'kreien, ä. Sp., das Feldgeſchrei erheben, ſchreien; mhd. krîen (Prät. ich krei, wir krirn).' „Rîcherstorf! ſie kriren, zehant di Unger ſchriren: fugat fush mingrel!" S. Helbling XV, 353. Vrgl. unten: Kreide.

---

krabeln, krebeln, kribeln an Etwas, es mit wiederholter taſtender Bewegung der Finger oder (wie ein Inſekt) der Füße berühren, kriechen, klimmen, klettern, wimmeln; (Aſchaff.) *kriwwelen*, kitzeln, grabbeln, nachgrübeln; Grimm, Wbch. V, 1911. 2067. Zeitſchr. II, 393,51. 420,22. 556,33. III, 251,75. 424,10. IV, 288,451. IV, 175. V, 146. 526,565. VI, 131,12. 260. III, 28. 286,667. (Cfr. Diutiska II, 238: scateo, crewelon, vielleicht mit kræueln zuſammenhangend). Der „Gràbler", langſamer, langweiliger Menſch; (Kaltenbrunner). ſ. oben, Sp. 1006: grappeln.

Der Krabat (Kràwàd ∪-, gemein), der Kroat; jeder Soldat in ungariſcher Kleidung; (böhm. chorwátka = cravatte, Halstuch; Zap, zreadlo I, 107. Diez, Wbch. 116. Müller, etym. Wbch. d. engl. Spr. I, 250); ſcherzh. Scheltwort gegen wilde Kinder, (Grimm, Wbch. V, 1908 f. Vilmar, kurheſſ. Idiot. 222. Vrgl. niederd. Krabbe, Kind. Vilmar, a. a. O. Zeitſchr. V, 153); auch däniſch: Burſche, Kerl. Vrgl. oben, Sp. 248: Bandur und Th. III: Schraz (Schrawaz?).

Das Kreb, der Schlund; ſ. Th. III: das Gereb und Grimm, Wbch. V, 2126. 2127.

Der Kreben, (Anſp.) Korb, von Weiden geflochten. BM. I, 877. Grimm, Wbch. V, 2126: der Krebe. Zeitſchr. III, 332. IV, 452. VI, 302. „Den krebn mit ayern in der handt"; H. Sachs 1560: II, IV, 118b. „Er ſchawt mir offt in den ſchmaltzkübel, in die häfen, ſchüßel und kreben;" H. Sachs. „In meinem kreben, in canistro"; Cgm. 502, f. $10\frac{1}{4}$. „El zesto der chreb, ly zesti die chreben; Voc. v. 1424, f. 12. „Wer eyer legt in einen löcherten kreben"; Cgm. 713, f. 31. 180. „Ir lieb hat mein hertz umbgeben als iunge hüner einen brotkreben"; daſ. f. 48. „Einen alten ſchüſſelkreben den wil ich ewch auch darzu geben", Rosenplut, Cgm. 714, f. 294b. „Durch den schüzzelkreben"; altd. Wälder III, 267. Maßmann's Denkm. I, 112. „Der pfaff het getragen ein die kandel groß mit wein die stieße sy in die franckreben", (Schrank-kreben? `Keller, Fastnachtsp. III, 1173: „in die schranken reben'), Rosenplut, farender Schüler, Gießner Hs. „Gee hinaus zu dem kreben darinnen findestu ein gepraten hun"; das. `(Keller, a. a. O. 1174; vrgl. 1107 und I, 370)'.

Der Krebeß (Kréwəs, Kress), Krebß (Krèps), des, dem, den, die Krebßen, 1) wie hchd. Krebs, (ahd. chrebaz, chrepazo, mhd. krebez, krebeze; Graff IV, 588. BM. I, 877 f. Grimm, Wbch. V, 2127 f. Zeitschr. III, 91. VI, 284,119. V, 166,125. gl. a. 547. i. 828. o. 198. Vrgl. holl. kreft, kreeft; Firmenich I, 302,3. Paderborn: *Kriewede*buorg, Krebsburg); steyrisch: *Kroiſs*, (Kaltenbrunner 157); Kroisbach bey Graz (Grazze, Gräzze, vom obliquen slaw. Gradce aus Gradec, wie Saaz von zatce aus zatec; s. oben, Sp. 1018). Kommt franz. écrevisse aus dem Deutschen? (vrgl. Diez, Wbch. 613). „Den krebzen hât uns got gesant"; Grimm, Reinh. p. 323,877; vrgl. 879. 890. 918. „Weder visch noch krewssen ... kainen krewssen"; Münchn. Fischerord. v. 1446. „Nim ain lebentigen chrewssen... nim pockpluet zu dem chreussen"; Cgm. 4543; f. 140. „Stoz ainen chreuzzen mit hasen smerb"; Pferdarzney, Vorsetzbl. in Cod. Em. h. 3. Wenn man gestossen chreussen prod (? Brühe von gestoßnen Krebsen?) darzue tut"; Clm. 5931, f. 215. Krewsen schal und krevssn augen, Cgm. 4427b, f. 1. Vrgl. unten: der Kréſs. 2) ä. Sp., Brust-Küraß. Grimm, Wbch. V, 2130,5. „Da soll man hennkhen harnisch, und die Ringkhkhrägen sollen hennkhen zwischen Rukh und khrebs;" Zeughausordnung v. 1591. Nach der Rüstungs-Instruction von 1507 sollte von den ausgeschoßnen Bauern ein jeder „einen Krebs, ein Schulterl, Armschin, Goller und Hirnhäubel" haben; Kr. Lhdl. XVIII, 433. Vrgl. Kreusner: Th. IV unter: das Wambs. 3) eine Krankheit; Grimm, Wbch. V, 2129,4. „Wer den chrewssen an seiner manleichen gerten hat oder ein frawn dy den chrewssen an irr scham hat": Cgm. 170, f. 2b. „... gut für den chreussen"; Cgm. 4543, f. 156. krebßen, 1) Krebse fangen. 2) im Scherz: das Geschäft der Hebamme verrichten. Grimm, Wbch. V, 2131. krebseln, (Ries) klettern; (vrgl. krabeln und krächseln). Grimm, Wbch. V, 2131.

Die Kreiben (Kreibm), die Kreide; Grimm, Wbch. V, 2137. ə˜ gweichté *Kreibm*, Kreide, zum 3 Königstag geweiht. Gots *Kreibm* weis! (b. W.) Ausruf des Unwillens. „Wan man zum Ausmachen der Fettfleck kein Hafner-Erdten hat, nimbt man ein Kreiben"; Ms. des von Bodmann de 1709. kreibenen (kreibmə˜), mit Kreide bestreichen. (Daß d in der Aussprache manchmal in b übergehe, ist Gramm. vor §. 436 anzumerken vergessen. So: Bróbm statt Brôdem, z'fribm statt zefriden).

kriebig, kriewig(?), s. oben, Sp. 984: gruebig, grüebig u. vrgl. schwed. fry.

379 krachen, 1) wie hchd.; (ahd. chrachôn, mhd. krachen; Graff IV, 589. BM. I, 870. Grimm, Wbch. V, 1916. gl. i. 545. 762). RA. arbeiten ꝛc. daß es kracht, d. h. tüchtig. „Studire das khracht und das mans bis gen München hören kunde", schreibt Albrecht V. an seinen 12jährigen Sohn nach Ingolstadt 1596; Wstr. Btr. I, 143. „Die hunde hört ich worgen sô iæmerlichen, daz mîn herze krachet"; Labr. 361. „Daz ez (mîn herze) mit krachen brastelt": das. 483. Zeitschr. VI, 301. 2) krachen, krachezen, gebrechlich, bresthaft, krankhaft seyn, wie alte Leute; (vrgl. krächseln). Zeitschr. VI, 301. „Ein alter Mann ist dermaßen zart und krachend, daß Jme ein schlechter Wind, welcher durchs Fenster kombt, viel schädlicher ist als eine ganze lange Nacht in seiner Jugend"; Albertin's Guevara. „Daz marck verschwinet, di sterki erkrenket, di prust krachet;" Ms. v. 1447. Krachender, decrepitus; gl. o. 355. Der Kracher, Krachezer, a) fragor. b) alter, kränklichter Mensch. Grimm, Wbch. V, 1923. Zeitschr. II, 468. VI, 301. „Ein alte Kracherin welche das Grab schon 12 Jahr angehustet"; Procopius. S. Krächsler. Der Krach (Kràhh), a) fragor, crepitus, (gl. i. 1048: chrac). b) ä. Sp., Gebrechen. „Sein Lob gewann nie wandels chrakch"; Suchenwirt. Grimm, Wbch. V, 1915. Vilmar, kurhess. Idiot. 222. Zeitschr. VI, 516,3,1. `krächeln, krecheln, lallend reden, abgebrochen weinen; Grimm, Wbch. V, 1916.' „Wie das kindlein im kriplein krechelt und weint"; Cgm. 4485, f. 82. Vrgl. krächsen, krächzen bei Grimm. Die Kracherbse, etwa zu kärnt. „grah, Erbse, grahóiza, Wicke, im Allgem. nach dem Slavischen die Gracholitzen genannt"; Jarnik p. 226. `Der Krachwadel, Krachwedel, altersschwacher, gebrechlicher Mann; Grimm, Wbch. V, 1925.' „Du alter krachwadel"; Simpliciss. v. 1684, f. 76.

`Krichlein (?); vrgl. BM. I, 879: Würfel?' „Der lernet trütscheln vmb win mit pretspil vnd mit krichlein verzert des jâres die kost sein"; Renner 16734.

Der Kriech, Graecus, s. oben, Sp. 985.

kriechen (kriəchə˜, o.pf. krêichng), und kreuchen (kroichə˜, kruichə˜), wie hchd. (ahd. chriohhan: „hantum chriuchit manibus nititur", gl. i. 919. Notk. 103,25. 27. Graff IV, 591. BM. I, 884. Vrgl. krieffen). Der Schütze sagt vom Tupfer am Schießgewehr, daß er krieche, wenn er nicht gleich bey der leisesten Berührung losgeht, sondern erst etwas zurückgedrückt werden muß. „Wildu das dir dein drait (Getreide) nit chriechen `(keimen)' wirt, so nim salz und sä es ain tail under das chorn und slach es zu zeiten umb"; Cgm. 4543, f. 234. zekriechen, (o.pf.) zergehen, schmelzen. Butter, Schmalz „*z'krêichng* lâuə˜", zergehen lassen. sich zesamen kriechen (o.pf., b. W.), sich erholen, zu Kräften kommen. Eine Pflanze, ein Thier, eine Person *krêicht, kruicht* si' widə' *zsam*, hâut si' widə' *zsam 'kröchng*. (Auch um Coblenz: sich ergriechen, sich erholen).

Die Kriechen (Kriəhhə˜), wie hchd. die Krieche, `(eine Art Pflaume; BM. I, 880. Weigand, Wbch. I, 639. Nemnich II, 1072: prunus insititia. Vilmar, kurhess. Idiot. 226. Cf. fläm. kriecke, Kirsche); die kriechende Vogelkirche; (gl. a. 5. 620. o. 435: chriechboum, cinus; Diefenbach 121a). „Ein kluge spise von pflumen: Man sol memen kriechen ..."; Kochbuch im Wirzb. Cod., `(Bibl. des lit. Ver. zu Stuttg. IX, p. 4,9).' „Die plaichen chriech sind gesunter denn die swartzen und die großen chriech sind die aller pesten"; Cgm. 4543, f. 208. „Daß weichsel oder chrichen wachsen ân chern"; das. f. 215. `„Ez spricht ain ander puoch, daz die kriechen die pesten sein, die ain grüen varb habent, diu sich etswaz naigt zuo ainer gelben, und die weizen sein die pœsten und die grôzen sint pezzer dann die klainen, aber' die grüenvar sint und spât zeitigent, die sint die lustigisten und haizent weinkriechel"; Konr. v. Megenb. f. 201, (Pfeiffer 342,1—6). „Prunus haizt ain kriechpaum"; das. (Pf. 341,25). kriechen- oder kriechelblau, adj., sehr blau, besonders von der Farbe der menschlichen Haut, wenn sie durch Frost oder einen krankhaften Zustand, z. B. beym Ersticken, alteriert ist.

„Chrûchenchöffer", (Dreckkäfer?); Cgm. 270, f. 210b.

Die Krächsen (Kräcks'n), das Krächslein (Kräcksl·), a) Gestell zum Tragen auf dem Rücken, das gewöhnlich aus zwey Brett- oder Gitterflächen besteht, welche in ihrem Durchschnitt ein L bilden; Reff; Tragreff; (b. W.) Gebärstuhl. Grimm, Wbch. V, 1923: die Krachse, Krächse, Krare, Kräre. Zeitschr. III, 120. 329. 523,71. VI, 302. VII Com. *Krackasa*, Tragkorb, corbello. „Gerula, krächsen"; Voc. 1417, Raitenb. 70 u. 71; Teg. 435;

Schlehd. 12 (v. 1418); Voc. 1450, Teg. Alben-, Buckel-, Kopf- rc. Krächsen. „In chrechsen auf ir rukchen“; Enenkel's Fürstenbuch. „Kräxe, qua fertur lignum“; Prasch. Kärnt. kroshnja, Krächse; kroshnjar, Krächsenträger; Jarnik 239. „Etlich kramer und kreczentrager“, (in der Wiener Hs. „khrachen tragen“); Mich. Beham, Wiener 12,16. Auf der Krächsen trägt der Handlanger dem Maurer die Backsteine zu, trägt die Holzträgerin das kleingehackte Holz in die Häuser, trägt der Zimmermann, Sägefeiler, Pfannenflicker rc. seinen Handwerkszeug, und mancher Krämer seine Waare von Ort zu Ort. Auf ältere „Decreta wider die Hausierer, Kräxen-
380 und Puttenträger“ beruft sich schon der Landtag v. 1669, p. 494. b) (Chiemgau) Vorrichtung, Holz aufzunehmen, die auf einen Schlitten angebracht wird: ə˜ Laət-*Kräcksn*, oder ə˜ Ziəhh-*Kräksn*, je nachdem der Schlitten von Zugvieh oder von Menschen gezogen wird. Der Krächsenwagen. „Von einem chragsenwagen mit glaz XXIIII dn.“; Wiener StdtR., Cgm. 1113, f. 35ᵃ. 'Vrgl. unten: der Kretzen.' c) (O.L.) Die Hós'n-*Kräcks'n*, der Hosenträger. (Er stellt beym Landvolk, wo er mit zum Staat gehört, auf der Brust ein H oder X vor.) d) die Ofenkrächsen, Rohr oder Schlauch, so den Rauch von einem Ofen in den Schornstein leitet. Nach den Münchner Policey-Anzeigen vom 19. April 1820 müssen sämmtliche gemauerte Ofenkrachsen, welche von einem Kaminfeger nicht geschloffen werden können, ohne weiters entfernt werden. (Von der winkelichten Form?) e) (b.W.) Skelett einer Gans, Ente. f) ə˜ *Kräcks'n*, (Rimberg) ein schlechtes Anwesen, Haus mit nur wenigen Gründen. g) (West. O.Pf.) kleine Person, (isl. kracki, pusio; cf. Gekräck und Krücklein). R.A. Einem das Krächslein herabtuen ('s *Kräcksl* àbə'taə˜), ihm Meister werden, ihm die Kraft benehmen, ihn zu Boden bringen. Im Prompt. von 1618 und bey Popowitsch (Unters. vom Meere) sind Kräxen aerumnulae, (vermuthlich blos figürlich, wie jenes horazische post equitem sedet atra cura. Aerumnule sind selbst „furcillae quibus religatas sarcinas viatores gerunt“; Festus). krächseln, krächsenen, vrb., auf dem Rücken tragen. Grimm, Wbch. V, 1924,1. Zeitschr. VI, 302. Anmerk. Sollte dieses Krächsen in Bezug auf die hakenartige Figur zum alten chracco gehören, welches gl. a. 625 neben chrowil für fuscina vorkommt, isl. kraki, harpago, wo denn auch das folgende krächseln (klettern) einigen Halt gewänne. Cf. franz. croc, crochet, Haken und Reff; (Diez, Wbch. 604). Das lat. crux, isl. engl. kross, cross liegen zu ferne.

krächseln (kräcks'ln), 1) sieh das vorhergehende. 2) klettern; krechzeln, krachzeln, klettern, Heumann, opusc. 698. „Dà *kräckselt* àn e˜n Stámmə-l Gràs ə˜ Kefə'l flink i˜ d' Höhh“; Seidl, Flins., 3. Ausg., p. 143. Zeitschr. V, 461. 3) von Kindern und alten Leuten, die zu den beyden Beinen wol auch noch die Hände oder doch einen Stab brauchen: gehen; (Grimm, Wbch. V, 1924,2. Zeitschr. V, 439: grágk'n, grägeln. Vrgl. allenfalls Kruecken und isl. kreika, lente progredi. Kärnt. korazhiti, schreiten, kraxeln; korazhiti se, kraxeln, stolziren; perkorazhiti se, mit weiten Schritten kommen, herkraxeln, (Jarnik p. 150); wol česk. kročiti, schreiten; krok, Schritt, = kärnt. korak, koraz. Der Krächsler, a) in der Bedeutung 2). b) kränklicher, alter, schwacher Mensch, (Zeitschr. V, 483: Gragglá'), wo auch das gleichbedeutende schwed. kraslare nebst dem Verb krasla, das obige Kracher (dem lat. decrepitus einiger Maßen analog) und vielleicht auch krank zu bedenken kommt.

Die Krächsen, zäher Speichel. Grimm, Wbch. V, 1925: krächsen, 4. (Gehört wahrscheinlich zu rächsen; w. m. s.). Vrgl. auch krägezen.

„Krechzen“ bey Heumann, opusc. 698, was Krezen, Korb. (Etwa Krächsen zu Krätzen, wie wáchs zu ahd. huazzi?).

„kriəchzəgràd“, adj., (Nptsch.) kerzengerade. (Eine sonderbare Entstellung, wenn es ja eine ist. Vrgl. schnuə'zə˜gràd).

'Der Krack, Nebenform zu Krach: 1) wie hchd. 2) Riß, Sprung, Höhle; Grimm, Wbch. V, 1926.' „Wo im gepirg etwo ain hol oder offen gepirg erpawt und getroffen wirdet, das nennt man ainen krakh“; Cgm. 1203, f. 135ᵇ (mit Abbild.).

Der Krack, (wirzb.) die Kracke, (Weihers; Dr. K. Roth) Krähe, Rabe. Grimm, Wbch. V, 1927. Vilmar, kurhess. Idiot. 222. Zeitschr. III, 268,15. „Reiger, Kracken, Geyer u. drgl. den Seen und dem kleinen Waidwerk schädlichen Vögel sollen ausgerottet werden. Für Raben, Graukracken und Alster soll nur vom Julio bis Bartholome, da selbe den Fasanen Schaden zufügen können, Schußgeld gegeben werden“; wirzb. Verordd. v. 1728, 1742. (Cf. isl. krâkr, corvus; krâka, cornix). „Lewtels Zawers haws in der grackenaw“ (in München); Gabr. Ridler's Chronik p. 5. s. oben, Sp. 993.

Die Kracke, Kricke, (schles.) verächtlich: schlechtes Pferd, Kuh, Person; Weinhold, schles. Wbch. 46. Grimm, Wbch. V, 1927 ff. Vilmar, kurhess. Idiot. 222. Zeitschr. III, 493. IV, 307. V, 153. Vrgl. franz. criquet, kleines Pferd; (Diez, Wbch. 604); schwed. kräk, ntr., kriechendes Thierchen, kleines Geschöpf; flygkräk.

Das Gekräck ('Kräck), (Obrg.) das Gaißgekräck (Gaəsskräck), verächtliches Collectiv für Ziegen-Vieh. Grimm, Wbch. V, 1928,2, a. grägget, (Kitzbühel) hausenweise versammelt. Vrgl. Krächsen, krächseln (klettern) und allenfalls das schwed. kräk, reptile, schlechte 381
Creatur, isl. kracki, tenellus puer.

krackeln, (Eichst.) zanken, streiten, (schwed. kräkla; cf. VII Com. krücken, weinen, schreien). Grimm, Wbch. V, 1930. Zeitschr. III, 268,15. Der Krackler, streit- und zanksüchtiger Mensch. Vrgl. hchd. krickeln, krickelig und unten krangeln, kragellen.

'kräcken, krecken, krachen, krachen machen; verrenken (ein Glied an Hand oder Fuß). Grimm, Wbch. V, 1931. Zeitschr. VI, 302.' „Ist in ain rauche wagen, lais getretten und hat den rechten füß so übel verkreckt-das er nider gefallen und nicht mer hat konnen gon“; H. Harder v. Überkingen (1584), Cod. iconogr. 3, f. 68.

kräckəz'n, was rächsen, (ObrM.).

Das (der) Krakeel, Tumult, s. oben, Sp. 992: Grageel, und unten: Kragell.

Der Krick, ä. Sp., (?). „Swenn er swinde gedanken hilt und manic rede kan verzucken und mangen übeln krick verdrucken“; Renner 6716.

Das Krokodil, s. oben Sp. 1313: Kütschdrill.

Die Kruck, Krucken (Kruckə˜, Kruckng), 1) wie hchd. Krücke; was gekrümmt ist, einen Winkel bildet, die Gestalt eines Γ, T, oder Y hat; (ahd. chrucka, mhd. krucke, krücke; Graff IV, 591, cf. 589. BM. I, 889. Weigand, Wbch. I, 643. Das altſ. crûci, crux, neben ecid, palencea). So nennt man im Ilmthal die Handhaben an der Sense Krucken. Die Ofenkruck bey den Bäckern; die Käskruck, womit die Sennen die geronnene Milch umrühren. Sie besteht aus einem Brettchen, in welches, unterm rechten Winkel mit dessen Fläche, ein Stiel eingefügt ist. Bey den Kohlenbrennern sind Krucken die Hölzer, welche um die Meiler gestellt werden, damit die obere Beschütt halte. Krucken, eiserne Hauen zum Miesscharren; (Ilr.). „Tractula, cruc“: Clm. 13090 (XIII. sec.), f. 116. Diefenbach 591ᵃ. „Conglobus instrumentum ad removendum lutositates viarum vulgariter kruck“; Clm. 5685 (XV. sec., 1412), f. 36. b) verächtlich (von Menschen oder Vieh): ə˜ zau˜dürre *Kruckə˜*; (b.W.). Das Krücklein, a) Dim. in den gesagten Bedeutungen, b) aufrechtstehende und nur gegen das Ende krummgebogene Hörner des Gemsbocks. c) unansehnliches, fehlerhaft kleines, verkrümmtes, verunstaltetes Ding, Thier, Mensch; (schott. crok, Zwerg; auf dem Harz: kröckeln, verkröckeln, was bey uns krüppeln, verkrüppeln. Zeitschr. V, 153). d) zum Weinen verzogenes Gesicht; s. Pfännlein. „*Grikál* mach'n, die Gesichtszüge zum Weinen verziehen, (meist von Kindern gebräuchlich). Sie wia'd glai' zàna, sie màcht schon á~ *Grikál*"; Castelli, Wbch. 152. „Gê, gib ə~n Frid und mach kaə~ *Krickerl* nit", sagt die Mutter zum Kinde in der Wiege; Seidl, Flinserln (1839) II, 68. 100. Cf. VII Com.: krücken, weinen, schreien. s. Krächsen und Kräck.

Die Kruecken (Kruəckən, auch Kraəckən), plur., (Gebirg) Krummbeine; Beine überhaupt, und zwar nicht immer im verächtlichen Sinn. Vrgl. oben, Sp. 993: der Gruegken und Sp. 887: die *Gruəgkən*. Zeitschr. II, 348. III, 109. *kraəckət* daher gên, übel zu Fuß seyn. Vrgl. allenfalls krächseln und das isl. krôkr (Haken); Vilmar, kurhess. Idiot. 222: krackelich, krockelich, krumm, verbogen. Zeitschr. V, 153.

krucken, (b. W.) mühsam gehen. 'sich krucken, sich beugen, krümmen.' Chi non se puo distender si se convien retrar, wer sich nicht strecken mag, der muez sich chrucken"; Onomast. veneziano-todesco, Ms. v. 1424, f. 66ᵃ.

'Kruck(?).' „Tunc accipe lapidem (den Schlangenstein) et liga in fustico (übergeschrieben: .i. chrûche) ydropici et circumda eum"; Clm. 536 (sec. XII.), f. 87ᵇ. '(Wohin? vrgl. Kruecken).'

Der Kradem, ä. Sp., das Schreyen, der Lärm vom Sprechen, Schreyen; ahd. chradam, chradum, mhd. kradem; Graff IV, 596. BM. I, 870. Grimm, Wbch. V, 1931. Castelli, Wbch. 146: der *Grâdem*, Lärm, Getöse. Vrgl. unten: der Krât. Vor Gericht ist „all unnütz chradem verpoten"; Wstr. Btr. VI, 110. 'krademen, vrb., laut tönen, lärmen, schreyen; Graff IV, 596. BM. I, 870.' „Quid genus et pro avos strepitis" (?! übergeschrieben: chradimit); Froumundi Cod. Boethii (in Wallerstein-Maihingen), f. 25. „Die Syren ist die geitichait die iren lusnærn chradempt vil süezzer weis"; Cgm. 54, f. 74ᵇ.

'Crede mich! glaube mir! (crede mihi!), Betheuerungsformel, besonders im Munde der Geistlichen; BM. I, 878.' „Daz wil ich wizzen, crêde mich! sagt der Abt zu den Fischern," Gregor v. d. St. 853. „Daz mich sêre umbe dich wundern muoz, crêde mich!" das. 1456. „Des krede ich mich vil wol"; Mone's Anzeiger 1835, Sp. 317,41. (Grimm, Gött. gel. Anz. 1838, p. 137 weist auf grêde'n; s. oben, S. 987). Cf. Ovid. amor. I, eleg. 9,2 und III, eleg. 4,11: „Attice, crede mihi"... „Desine, crede mihi, vitia irritare vitando."

Die Kredenz, (mittellat. credentia) die Bevollmächtigung, Beglaubigung, der Credenzbrief, das Creditiv. Grimm, Wbch. V, 2135. Einem eine Credenz an Jemand geben; Kr. Lhdl. V, 258. 'credenzen, vorkosten; Grimm, a. a. O.' „Daz wasser das man trinken schol schol man vor credenczen wol und auch die frömden speis dabei, wil man wesen giftes frei" (im Krieg); Ring 50ᵇ,22.

Die Kreiden (Krei'n, Kreibm; s. oben: Sp. 1359: Kreiben), wie hchd. Kreide; (ahd. krîda, mhd. krîde; Graff IV, 594. BM. I, 879. Grimm, Wbch. V, 2139. gl. i. 696. o. 140: criba, creta). „In ain holew chreid gießen"; Cgm. 821, f. 27.

Die Kreiden, (italienisch la grida, franz. le cry, cri, isl. kredda, holl. kreet; Diez, Wbch. 182 f. BM. I, 879. Grimm, Wbch. V, 2137. Zeitschr. VI, 302), ä. Sp., das Kriegsgeschrey; Ruf, der als gegenseitiges Erkennungszeichen gilt; jedes Erkennungszeichen, Signal. s. oben, Sp. 1358: die Krei. „Tessera militaris, gschray, kreyden"; Av. Gramm. „Die Kriegßkreiden erfragen". . „Sie haben denen in der Statt mit dreyen Schüssen aus großen Stücken die Kreyden und das Wortzeichen geben, daß sie jetzt wöllen angreiffen"; Historie der von Freundsperg, ad 1525. „Leid und meid, das ist die kreid", *ὑπέχου καὶ ἀπέχου;* Seb. Frank, Sprichw. „Der Beamten Kreiden und Reim ist: Nur vil in mich, wenig in meinen Gesellen." „Der Bundschuch ist die Kreiden und Geschrey im Krieg gewesen"; Avent. Chron. „Des ward gewar ein ander edelman der warf auch sein kreiden an und pulet umb sy frue und spat und das sy auch seinen willen that"; Rosenplut, Edelmann und Hasgeier, Gießner Hs. Das Kreidenfeuer, 382
Signalfeuer; der Kreidenschuß, „Kreuzschuß", Signalschuß. Grimm, Wbch. V, 2142. „Es sollen aus unsern Schlössern (bey Räuber- und Mördergefahren) etliche Kreiden- oder Büchsenschuß gethan werden"; O.Pf. L.Ord. v. 1657. „. . Sollen auf den thürnen kreütz-schüss gethan werden"; Gemain Landpot wider die Mörder rc. v. 1512. Cf. Kr. Lhdl. XVIII, 398. 412. 440. 444. 448. L.R. v. 1616, f. 714. s. das folgende Wort.

Die Krida, gerichtliche Bankrott-Erklärung, Gant-Ausschreibung; (ital. la grida, öffentlicher Ausruf). Der Cridar, Eridat, dessen Hab und Gut zu gerichtlicher Vergantung ausgeschrieben wird. s. das vorhergehende Wort und vrgl. unter das Kräuterich: die Krüde.

krodeln, krödeln, kröttеln, (wirzb.) Wurstfleisch oder Würste sieden. Krödelfleisch, Krödfleisch, leicht abgesottenes Fleisch. Krödelsupp, Wurstsuppe. Vilmar, kurhess. Idiot. 226: Krezelfleisch, Kredelfleisch. Cf. Brem.-niders. Wbch. II, 877: „kroien, brühen; Kroiwark, Fleisch und Eingeweide eines geschlachteten Viehes, welches auf diese Weise zu den Würsten gekochet wird." Vielleicht hat ein Zusammenhang dieses Ausdrucks mit dem alten crodal (gl. i. 135: „fuscinula", Fleischgabel; Graff IV, 585. 595. BM. I, 885. Diefenbach 254ᵃ. Grimm, Wbch. V, 2083) statt; vrgl. auch Kronfleisch und unten das Kräuterich, die Krude.

---

krieffen (krêiffm), ich kroff, hab gekroffen, (O.Pf.) vielleicht also besser als grieffen, w. m. s., und etwa zum angels. creopan, engl. creep (kriechen) gehörig, wenn anders ein Übergang der Bedeutung kriechen in die Bedeutung greifen zulässig ist; (cf. um sich greifen 'und Zeitschr. II, 442ᵇ. 541,131. III, 279,25. IV, 438,18. VI, 280,37. 302).' VII Com.: dorgriffen, mit den Klauen fassen. s. auch krippen und kroppen.

Die Kraft, plur. die Kreften, wie hchd., (ahd. chraft, mhd. kraft; vrgl. Grimm II, 51. Graff IV, 599. BM. I, 870. Grimm, Wbch. V, 1931). Die Abkraft, Zustand der Entkräftung. „Abkräft u. Amächt". (Plur.); Cgm. 3721. abkräftig, adj. Die Unkraft. „Das Testament ist nichtig und von Unkräften"; L.Rcht. v. 1616, f. 347. Das Kraftbain, Schlüsselbein.

Der Kragen (Kràgng), plur. Krägen (Kràgng), Dim. Kräglein (Krägl·), wie hchd.; wird besonders gerne statt Hals gebraucht; (ahd. chrago, mhd. krage; Graff IV, 584. BM. I, 872. Grimm, Wbch. V, 1956 ff.). „Ein seil warf ich im dô an sînen kragen"; Labr. 345. Der Neidkragen, Geizkragen, neidischer Mensch, Geizhals. Eine Person beym Kragen nemen oder krägeln (krägln), sie umhalsen. Zeitschr. III, 119. VI, 301. Ein solches Umhalsen, wobey der Gegenstand der Zärtlichkeit oft lieber schreyen möchte, ist besonders bey Gratulationen zum Namenstag, Geburtstag rc. eine übliche Ceremonie. Einen abkrägeln, ihm den Hals abdrehen, abreißen, abschneiden; ihn umbringen.

'Krägelein (Krägálá, Nürnb.), Plur., Geäste, Reisholz, kurze, dünne Stückchen zum Anschüren eines Feuers; Weikert's ausgew. Ged. in Nürnb. Mundart (1857), p. 335. Vrgl. Grimm, Wbch. V, 1978: Krakel, Krackel, Krokel, Krockel, dürrer Zweig.' „Von ein fueder kregleger oder Este 1 ℔ Zoll", (Nürnberg 1455); Cgm. 1317, f. 448.

krägezen (krágəz·n), (b. W., Ilz) sich mit einem gurgelnden Tone wiederholt räuspern; rülpsen; Graff IV, 584, cf. 593. Grimm, Wbch. V, 1925: krächzen; 1955: krägeln. „D· Alstern und d· Krahn höbn ietzt 's *Kragátzen* an"; Stelzhamer 19. *à krágəz·n*, ankrähen, Einem aufdringlich werden; (Kaltenbrunner). (Scheint minder zu Kragen als zu rächsen zu gehören. Graff II, 385. BM. II, 547: rahsenen, rehsenen). Vrgl. oben, Sp. 992: grügeln. Zeitschr. III, 332.

Das Kragell, Kregell (◡-), Lärm, Zank, Streit; (Grimm, Wbch. V, 1976 ff.: der Krakeel, Krakehl, Krackel. Zeitschr. III, 368,15. V, 438: *Gràgoll*). „Von wegen der österreichischen Bauern Gregell"; Wstr. Btr.
383 III, 113, ad 1595. kragellen, kregellen (◡-◡), Verb., (niederſ. gregoulen. Grimm, a. a. O. Zeitschr. II, 465. III, 268,15. V, 438. Firmenich I, 281: *krájölen)*. Die Betonung, wie auch das holländ. krakkeel, krakkeelen, würden zwar eher auf ein nicht deutsches Wort schließen lassen, (česk. hláhol, Hall, Schall; ruſſ. glagól. cf. franz. crialler); indessen sind zu berücksichtigen die gl. a. 219. i. 560: chragilon, garrulorum (verborum), und chregenti, crepitans. ſ. auch krackeln und vrgl. oben, Sp. 994: Grölles und das hier folg. Wort Krieg.

krigeln, husten wie ein Lungensüchtiger; ſ. oben, Sp. 992: grügeln. Is ə-n- àlts *kriglǝts* Leut. kriglig werden, heiser werden; vrgl. unten: der Rigler (Hahn). Cf. kärnt. sa=molk=lina, Heiserkeit, in Unterkärnten: Krigliza; sa=molk=el, heiser, U.K. kriglast; Jarnik p. 183. 242.

Der Krieg (Kriəg, Kriə'), 1) wie hchd. 2) ä. Sp., der Streit, Zank; (mhd. kriec; BM. I, 879. Weigand, Wbch. I, 640. Cf. ahd. kreg, kregen; Graff IV, 589 f.). „Mein krieg ge alwege für"; ſ. oben, Sp. 620: das Übertür. „Sumelich under in die viengen dez küneges knehte und legeten die grôzen kriech an und handeloten si übel", contumeliis affecerunt, Matth. 22,6; Grieshaber, Pred. I, 130. „Hoffart und armut kriglein (?) lant selten wol gehorsam sein dirnen den frauwen, den herrn ir knehte"; Renner 3804. „Bringest du für den alter min din oppfer, und gedenckest denn, daz din bruder hat ein kriglein gen dir"; daſ. 4356. Vrgl. das Capitel von Juristen und Judisten, daſ. 8444 ff. 8550. 8731. 8723². 8731². 8734². „Altercatio, krieg"; Voc. v. 1455. chrieg taylen, sequestrare (einen Streit entscheiden); Voc. v. 1445. Ze Krieg werden um eine Sache mit Einem, in Streit gerathen. „Wenn mullner mit ainander ze krieg werdent vmb wazzer", da soll durch 5 unparteyische Müller entschieden werden, die nicht wohnen an dem Waſſer, „darvmb si kriegent. Und ob die funf ze krieg wurden, wo dan der merer tail hin gevellt, damit sol ez gericht sein"; B. L.Recht, Ms. Den Krieg Rechtens, der Rechtsstreit, Proceß. Den Krieg Rechtens befestigen, litem contestare. Die Bevestigung des Kriegs, litis contestatio, noch in den Anmerkungen zum Cod. crimin. v. 1751, p. 167. Kriegsverwandte, litis consortes; L.R. von 1616, f. 445. Der Krieger, der in einem Rechtsstreit begriffen iſt; L.R. v. 1588, f. 52. Der Krieg als Fechter=Terminus; Cgm. 582, f. 9b. 10a. 44b. Der Feld=Krieg, Lands=Krieg, offene Lands=Krieg, bellum. „.. So soll Ew. Gnad keinen offenen Landskrieg anfangen ohne der Landschaft Rath .."; Kr. Lhdl. VII, 101, ad 1461. Diese letztere Bedeutung des Wortes Krieg iſt bekanntlich heutzutage die allein herrschende, seit die Ausdrücke Weig und Urleug veraltet sind. Kriegshaber, Ortsname: Criaches avarâ (Graeci imago); Grimm's Mythol.² p. 274. kriegen (kriəgng), a) (Gebirg) streiten, zanken; (ä. Sp. mit starkem Prät. und Particip: „Hertzog Lupolt kreyg vaste wider konig Ludwigen"... „Konig Ludwig und konig Friderich krigen beide mit ein ander um daz rich"; Cgm. 327, f. 152. Vrgl. BM. I, 880a und mhd. krîgen, obtinere: ich krîge, ich kreic, wir krigen, gekrigen; BM. I, 880b). Wia seiné Brüədə' gsêgng hàbmt, dás ə' s Herzkümə'l vo˜'n Vàdə'n is, hàbms àlləwál dəmit *'kriəgt;* Göschl, Genesis I. Buch, 37. Cap., V. 4. Heng auf mit dei˜n *Kriəgng*, höre auf zu streiten, zu zanken. „Tota die argutatur, clappern, kriegen nit nachlaßen"; Avent. Gramm. von 1517. „Wo zwey Dörffer mit einander kriegen umb ein Gemain, umb solch krieg und irrung soll es gehalten werden, wie (Art. 4) beschrieben iſt"; L.Rcht. v. 1616, Tit. 25, Art. 5. „Dev chint werdent chriegent vm den erbtail"; Rchtb. v. 1332, Wstr. Btr. VII, 112. „kriegn, rixari"; Voc. von 1419. „Ich han durch zorn vil gecrieget mit worten und dicke da ich unreht hete"; Beichtformel (sec. XIII.) Clm. 213, f. 188. „Iſt das nit ain falsch man der ain lert alſo kriegen das er im das ſin mug abtriegen"; des Teufels Segi, (von Procuratoren und Advocaten; Barack 124,3863). auskriegen, auszanken. „I han s' (die Dienstboten) bloas a Greisai *auskriəgt*"; von Kürsinger, Pinzgau (1841), S. 177. erkriegen, durch Streit, Krieg erhalten; Avent. Chr. sich zekriegen (zkriəgng) mit Einem, mit ihm in Streit, in erklärte Feindschaft gerathen. əs hàbm si' schó˜ gàr óft dé béstn Freu˜d· mitənandə' *zkriəgt.* „Der Apotheker soll sich um den Lohn nicht zerkriegen, sondern die Entscheidung an den Stadtarzt weisen"; Gem. Reg. Chr. III, 217. Es iſt zweifelhaft, ob dieses z'kriegen eine Ellipse iſt aus ze Krieg werden, oder zu kriegen, obtinere, gehört. Vrgl. dän. tagas om en sak. krieg, adj., ä. Sp., widerstrebend, kriegerisch; (mhd. kriec; BM. I, 880). „Sît nicht sô chrieges mûtes"; Labr. 634. „Ich bin ouch krieges herzen"; daſ. 635. „Wie mag ſi dann gesin an irem muote ſo krieg und alles herte"; daſ. 650. kriegig, kriegisch, a) streitig, in Proceß verwickelt; MB. VI, 615. „Kriegische Haabe", Carolin. poen. CCVIII. b) „kriegisch, bellicosus"; Prompt. von 1618. 2) kriegen (kriəhhə˜), (O.L., Jägersp.) bellen, besonders ein Halt machendes Thier *à˜kriəhhə˜*, (bey Adelung ankriegen). 384
„Ez fêre war ez fêre, dar wil ich immer kriegen", (bellen, schreien? vrgl. das folg. Wort); Labr. 312. Anmerk. Aus der a. Sp. iſt mir eben blos gl. i. 557. 619: kreg, pertinacia, einchrigilicho, obstinatè, erinnerlich, wo das einfache e und i gegen das jetzige ie (iə) auffällt. Gl. i. 15: „in uuidargregilinimo moate", obstinato animo, läßt sogar die Vergleichung mit Kragell zu. Vrgl. auch das folg. Wort.

kriegen (kriəgng, v.pf. krêigng), durchaus statt „bekommen, erhalten, erlangen" üblich. Weigand, Wbch. I, 640. Zeitschr. II, 543,184. III, 39. 42,41. 120. 262,69. 280,34. IV, 144,307. VI, 303. Eine Speise hinunter kriegen, in den Magen bringen. R.A. Etwas nicht hinunterkriegen künnen, es nicht erdulden, verzeihen, verschmerzen können. erkriegen, ä. Sp., erreichen, erwerben. „Sin mût sin ellenthaftiu hant die heten im den pris erkrigen", (Reim: geswigen); Heinr. Tristan 2055. „Scolaris si vis provehi culmen ad honoris, Wiltu schûler von lere erkriegen güt und ere"; Clm. 4409 (sec. XIV.—XV.), f. 20. Lütter: ich *kreg*, *kreicht*, honn *kreicht;* Fulda: ich *krenn*, *krett*, houn *krett;* (Dr. K. Roth. Aus Herm. v. Fritzlar 37,38.40. 48,40. 55,15. 145,37. 213,26 ꝛc. schließt er, beide kriegen seyen aus erkriegen entwickelt). Vilmar, kurheſſ. Idiot. 226. Nach der niederſächſ. Form krîgen (ich krichte, habe gekricht), der holländ. krygen (ik kreeg, ik heb gekreegen), der mhd. krîgen (ich kreic, — wovon nach Gramm. 250 und 959,c. das rheinische: ich kregte, — ich han krigen; BM. I, 880b) wäre statt der jetzigen oberd. Form kriegen eigentlich kreigen Rechtens. Cf. greiffen statt greiffen, (Notkers diehen statt dîhen), schieben und scheiben, verschließen und verschleißen ꝛc. (auch agſ. sîhan und seon, thîhan und theon, tîhan und teon, vrîhan und vreon; Grimm I, 897. 899. cf isl. reim, der Rieme, corrigia, ligula und unten, Th. III: der Steuß). Eine Ableitung davon scheint das schwed. kräckta, (an sich reißen).

'kroglet, krumm, verbogen; Grimm, Wbch. V, 1930: krackelich. Vilmar, kurhess. Idiot. 222.' Der Bock, auf dem man Doppelhaken abschießt, ist schwer zu verdauen, „wann (denn) er ist kroglet und gar streng"; H. Sachs 1560: IV, III, 95 (1612: IV, III, 203).

Die Krugel, (Ilm), der Krug, großer Wasserkrug. „I chrugel ferrea"; Meichelb. Hist. Fr. II, II, 148, ad 1315. Die Luderkrugel, bauchiger Krug mit engem Halse. Der Krugelwirth, (cf. Cod. Max. civ. Anmerkung p. 8; c. 8, §. 22, Nr. 2, litt. d.) was Bierzapfler, dem Tafernwirth entgegengesetzt. Die Krugelsuppen, (HhE.) Wassersuppe. Der Krugelmann, der mit Krügen und andern Töpferwaaren von Dorf zu Dorf zieht. Dieses Krugel (nicht Kruəgel) schon gl. o. 151: „crugula, krogola, curuca", vom folgenden verschieden; (Graff IV, 590).

Der Krueg (Kruəg, o.pf. Kroug), das Krüeglein (Kriəgl), wie hchd. Krug, (ahd. chruog, mhd. kruoc; Graff IV, 590. BM. I, 890. Weigand, Wbch. I, 643. Zeitschr. II, 423,29. VI, 142,58. gl. a. 44. 90. i. 609: chruac, cruoc, lagena. „Crucha, chruc", Clm. 4350, f. 2, XV. sec.); büchisch: der *Krunk* (plur. *Krünk*), wie *genunk* statt genueg; (Dr. K. Roth). Seidelkrüeglein, Halbe-Krüeglein, Krug oder Glas, worin eine halbe Maß Bier aufgestellt wird. Der Krüeger, Schenkwirt; BM. I, 890. Scripsit Ratisbonae Petrus Krüger, i. e. tabernatoris, de Slesia; Clm. 14045 (XV. sec., 1406,2^{0}).

Der Kralles, Krolles, ein Fest, Schmaus; Grimm, Wbch. V, 1980. s. oben, Sp. 994: Grólles.

Die Krallen, das Krállə-l, s. Korallen und vrgl. Vilmar, kurhess. Idiot. 225. Zeitschr. IV, 358,5. V, 439.

Kralawat: „Gralawat māch·n, gralawat·n, stehlen, aus dem böhm. gradlowat"; Castelli, Wbch. 148. Vom čechischen krasti, (kradu, kradl, kradlowati, stehlen)?

'Die Krälle, Krelle, wie hchd. Kralle, die Klaue, neben der Krell, ein Riß mit der Klaue; BM. I, 873. Grimm, Wbch. V, 1981. Zeitschr. VI, 301.' „Sicut ungulae avium als dy chrel"; San-Zenon. 115, f. 258ᵃ. 'krällen, krellen, kratzen; (ahd. chrellan, mhd. krellen; BM. I, 873. Grimm, Wbch. V, 1984. Zeitschr. II. 413,25. III, 119. V, 461. 475. VI, 301).' „Explicit expliciunt sprach dy chatz zu dem hundt dy wiß wurst seint dir nicht gesunt dan peystu mich so krell ich dich damit iß wettt"; am Ende des Cod. Semansh. 26. sich krellen, (nordfränk.) sich stoßen an einem harten, aber doch empfindlichen Theile. Grimm, Wbch. V, 1984,4,b. Vilmar, kurhess. Idiot. 225.

kreilen, s. kræu-eln.

krollen, 'krullen, krüllen, kräuseln, locken (das Haar); BM. I, 889. Weigand, Wbch. I, 642. Vilmar, kurhess. Idiot. 227. Zeitschr. II, 507. 511,7. III, 384. IV, 440,5. V, 72,93.' „Die Haar krollen und krausen sie mit glüenden Eisen"; Albertin's Gusman, p. 379. auskrollen, (östr.) ausglitschen.

Der Krolles, s. Kralles.

'Der Krulz, á. Sp., Verwirrung, Handgemenge, Balgerei;' s. krülzen. „Si riten paide sande von disem frant werren und krulcz; der ain hieß graff Rudalff von Sulcz"; Mich. Beham, Wiener 331,13. „Graff Rudalff von Sulcze was auch in disem grulcze"; das. 339,22.

---

385 Die, auch der Krâm, Krom, a) die Bude, Krambude, der Kramladen; (ahd. chrâm, mhd. der krâm und diu krâme; Graff IV, 608. BM. I, 873. Grimm, Wbch. V, 1985 f. Zeitschr. IV, 360,28. VI, 301. Kärnt. krama, der Kram; Jarnik 237). „Daz wir frolich komen gezoget zů dem werden himel voget in siner frovden kramen"; Diut. II, 166. „Maria, du vysemreicher chram"; Semansh. 20, Deckel. „Und die Kram an dem eckhaus get ab." „Es sullen alle burger in iren Crämen und Laden inwenndig fail haben." „Alle Cram auf und auf." „Welche läden oder chräm anders gepauen"; Wstr. Btr. VI, 97. 129. 130, ad 1310 und 1489. „Vier Kromen"; Mederer's Ingolstadt 70, ad 1380. „Aigne Cramen aufschlagen"; Landtag von 1612, p. 360. „Zu offnem Cram und Marckt sitzen", Ref. L.Rcht. v. 1588, f. 142; v. 1616 ff., 206. b) wie hchd. die Waare; das gekaufte einzelne Stück. Der Krämer, der Krämer. krämen, kræmeln, (HhE.) kaufen; besonders Einem etwas zum Geschenk kaufen. Grimm, Wbch. V, 1995. Wàs *kramts* mə'? Das Kràmət, (Augsb.) das Neujahrgeschenk. „So oft markt oder kirchweihung ist so oft begeren die kinder ein kramat." „So bald die docken, der riter S. Georg oder ain anders kramat ist verbaselt, werfens die kinder in den winckel"; Cgm. 4576 (von 1591), f. 7. 8. „Crebra munuscula, kremßel"; Voc. Melber. Zeitschr. IV, 101,5. 271,59. 359,24. VI, 288,775. 335. Das Kramgewand, s. oben, Sp. 598, unter Talierer.' Der Kramschatz, Waare; H. Sachs 1612: I, 1069. „Die im Ausland handelnden Werdenfelser verkramen das, was sie zu ihrem und ihrer Familien Bedarf von den Societätsgeldern verwenden"; HhE. „Der Markt lernt kromen, suae quisque fortunae faber est"; Prompt. v. 1618. c) die Kram, der Holzhaufen, der auf dem Hauptschmatz liegt, wo alles Holz vom ganzen Schlag zusammen kommt; (Jir. — Geräum?). Holzkram, das im Rechen-Canal bey Hallein eingeflossene Salinen-Brennholz, wie dasselbe noch im Ganzen beysammen ist; (Jir.). Zeitschr. VI, 227. „Alle Hutten und was man für dachwerch bey einem Paw hat das haist man die cram"; tirol. Bergwerk, Cgm. 1203, f. 128ᵇ. Da die Wälschen (Savoier, Lamparter, Friauler ꝛc.) schon vor Jahrhunderten, wie noch jetzt, besonders als Kleinhändler Deutschland durchzogen, so scheint unser Wort crämen, Cräm wohl aus ihrem crompare (statt comprare, comparare) entstanden seyn zu können. Diesem crompare noch ähnlicher ist das hie und da übliche grempeln, der Grempler (Trödler; s. oben, Sp. 998 und Grimm, Wbch. V, 2007 f. 2015). Vrgl. auch die zu Bed. b) gehörige gl. a. 23: kramp, xenia, dona, und Diut. II, 138: „Mit gabe und och mit kremil."

'Kramanzen, übermäßig höfliches Gebaren, Complimente, Umstände; s. oben, Sp. 995 und Grimm, Wbch. V, 1991 ff.'

Der Kramm, plur. die Krämm, (O.L.) der Krampf; (mhd. kram; Graff IV, 608. BM. I, 881. 882. Grimm, Wbch. V, 2003. Zeitschr. III, 120. VI, 303. Franz. les crampes, Diez, Wbch. 181). „əs ziəhht mə' d· Fláchsn zsam und I kriəg 'ng *Kramm*. „Dö mittä Zehä dö hat ä weng än *Gramm*"; Lindermayr 57. „Hat ihne ein schwerer Kramm angriffen"; Duther's salzb. Chron. p. 182. „Wem der chram we tůt"; Cgm. 170, f. 1. 2. „Pirkenholz wer daz bei im tregt, daz ist für den kramm guot"; Konr. v. Megenberg f. 194, (vrgl. Pfeiffer 331,30: krampf). „So du den chrammen hast"; Cgm. 731 (?), f. 212. krämmig (kremmi'), adj., 1) krampfig, zusammengezogen, steif von langem Knien, Sitzen, Liegen in gekrümmter oder gezwungener Stellung. 2) zusammengeschrumpft, mager, kränklich, schwächlich: ə˜ *kremi's* Männl. ə ganzzə *krémés* Männl, auch: 's Männl vo˜ *Kremss;* sègt aus wiə 's Männl vo˜ *Kremss;* (b.W.). Der Kremling, (b.W.). kremássi', adj., a) was krémi'. b) mismuthig, scheu. „*Gremassi'* wår a' (der Ehnl) nöt", mürrisch; Kartsch I, 121. „Macht aə˜n də' Pfaərə' ə˜ *gremassigs* Gsicht"; Castelli (1828) p. 74. Ich weiß nicht, ob diese letztere Form mehr hieher oder mehr zu gremen (s. Sp. 996) gehört; (vrgl. auch unten: der Kren). Kramm selbst scheint vom alten Ablautverb chrimman (gl. i. 545: angere; vrgl. Otfrid's krimman I, 25,28, auch gl. i. 809: chrimit über eviscerat und haesit von Aeneid. XI, 723 und 752) zu stammen. Indessen steht gl. o. 166 die dem hchd. Krampf entsprechende Form chrampho, spasma. Cf. gl. a. 534: ramme, spasmos; (= chramme? Doch niederf. ist Ramm Krampf; cf. agf. hramma. Diefenbach 544c). Vrgl. krimpen und Krampen, auch: der Krên.

Krammet, Krammel, s. Kran-wid.

'Das Kremel, Überbleibsel von ausgepreßtem Fett; s. oben, Sp. 995: die Gramel, Gremel, und vrgl. 997: Grämpelsuppen.' „Cremium, krömel vel grewken"; Semansh. 34, f. 197. Diefenbach 156b. Kremmelkirschen, prunus Mahaleb; Steinweichsel, oft erst im October reif; Jir. '(Hieher?)' Grimm, Wbch. V, 1995: Krämelkirsche. Nemnich III, 428. Cf. kärnt. kremen, Feuerstein; Jarnik 237. Grammelstörz (Kr...?), eine Speise; s. Th. III: Sterz, Störz. „Koches einen *Gramelsterz*"; Kartsch I, 27.

krimmeln, vrb. n., wimmeln, kriebeln. Vilmar, kurheff. Idiot. 227. Vrgl. Zeitschr. V, 408,25. „Stinckend Fleisch, das voll Maden krimmelt"; H. Sachs. Vielleicht besser krümeln und zu Krume (gl. o. 343: crumene, frusta, minutiae cujusque rei; s. unten: kruemen) gehörig. krimmen, ä. Sp., kriechen. „Blüget und vert swi im von gote ist beschert, kruchet und krimmet, loufet und swimmet, swi in got geschaffen hat"; Gothaer Hs. Membr. I, nr. 88, f. 9. Jacobs u. Ukert, Beitr. II, 239. „Der andern nacht so gie er aus und chriemelt in irs vattern haus und macht sich in den chuostal also leis"; den Ring 10b,25.

'krimmen, ä. Sp., starkes Verb., drücken, kneipen, kratzen; (mhd. krimmen, Prät. ich kram, wir krummen, Ptc. gekrummen; Graff IV, 608. BM. I, 881. Weigand, Wbch. I, 640).' „Ez (daz schretel) beiz, ez krazte in (den Bären) unde kram daz er vor zorne lûte erbram"; v. d. Hagen, Ges. Abent. LXV, 241. „Sie krazten unde krummen"; das. 260. „Nu bîzâ bîz! nû krazzâ kraz! nû krimmâ krim! das. 253.

Krimmer. „Die Lammfelle von Mischlingen (aus der Paarung weißer und schwarzer Zakel, haarwolliger Schafe) kommen unter dem Namen von Krimmern (aus der Krimm) oder Baranken (ungarisch Lamm) in den Handel"; Elsner, über Ungarns Schäferey, Ausland 1841, p. 781.

Der Krom (Chrom; Allgäu, Prof. Eberhard), Ruß; der chromig Dienstag, anderswo der rußige; (s. Th. III: rueßig). Etwa von Prof. Aurbacher mishört für Pfrom? (s. oben, Sp. 453: pfromig. 'Wol beide Wörter zu mhd. der râm, Ruß, Schmutz, râmec, adj., rußig, gehörend: = berâmec, gerâmec; BM. II, 548').

'krummen, was krimmen.' Zeitschr. II, 319,17. „Daz er (der Ar) in (den Falken) erslinge und in unsanfte krumme", (krumbe? Reim: umbe); Valkn. 111.

kruemen (kroumə˜), z. B. ein Rindlein Brod mit den Zähnen, es *z·kroumə˜*; (ObrM.). Weigand, Wbch. I, 644. Zeitschr. IV, 478. VI, 217.

---

386 Krembs. „N. N. ligt zu München bey den Parfotten im Krembs"; Hund, St.B. II, 75. „Im Crembs oder Gäter"; das. I, 354. III, 626. Vrgl. Th. III: Gerems.

Der Krampen, der, das Krämpel, 1) gekrümmter Zacken. Grimm, Wbch. V, 2006. 2008; vrgl. 2003: Kramme. Ztschr. II, 319,17. III, 121. V, 439. Fuscinula, chrempel"; Voc. v. 1445. BM. I, 882. 2) Spitzhaue, Pickel, dens ferreus fossorum. Kärnt. kramp, der Karst; kärnt. deutsch: der Krampen; krampel, krempel, die Klaue; Jarnik 237. „Statt des Zapfens den Krampen in die Hand nehmen"; P. Abraham. 3) Kralle, Vogelkralle; wirzb. Verord. von 1758. Zeitschr. VI, 334. Vrgl. unten: die Kroppen. „Geschrieben als wenn d· Spatzen mit ihren Krampeln ins Dintenfassl gsprungen und hernach auf 'm Papier rumghupft wären"; Cipldr. „Es wird (beym Hochzeitmahl) kaum etwas zerschnitten, so legen die Weiber schon ganze Thurn hoch Bescheid-Essen zusammen, daß öffters in der Schüssel nicht ein einzigs Hüner-Krämpel übrig bleibt"; Neiner's Tändelmarkt. Der Tôtenkrämpel, fig. der Todtengräber, der Tod. Bi˜ sché˜ ən àldə' Heitə', waəs nét, wen mə' də' *Todnkrámpəl* d· Schaufəl ummi schlégt; (Göschl).

krampen-sauer, s. oben, Sp. 997: Grämpen.

krimpen, Ptc. gekrumpen, (Nürnb. Corresp. von 1824, Nr. 12) (Tuch) netzen und pressen, dekatieren. Zeitschr. VI, 303. Vrgl. Kramm, Anmerk. und mhd. krimpfen, Prät. krampf, Ptc. gekrumpfen, (premere); BM. I, 882. Graff IV, 611. Vilmar, kurheff. Idiot. 227. Zeitschr. II, 319,17. III, 121. IV, 29. 461. „Die adare sich zesamine chrumphen"; Diut. III, 85. „Wan der hunt wil schiffen gan so sicht man ene gekrompen stan"; Morolf 61.

krump, adj., 1) wie hchd. krumm, (ahd. chrump, mhd. krump; Graff IV, 609. BM. I, 889. Weigand, Wbch. I, 644. Zeitschr. VI, 303. 334). krizkrump; vrgl. Zeitschr. V, 192. 2) hinkend. ə˜ *Krumpə'*, ə˜ *Krumpé*, ein Hinkender, eine Hinkende. Sp.W. Wie *krümpə'*, wie dümpə; (von Dr. Sepp erklärt: Schaust ihn nicht dafür an. 'Fränkisch: wie krümmer, wie schlimmer'). R.A. ə˜ *krumps* Mál machə˜, das Maul hängen, schmollen. Die Krümpen (Krümpm), die Krümmung, der krumme Zustand; (ahd. chrumbî, mhd. krümbe, krumbe; Graff IV, 610. BM. I, 889 f. Zeitschr. II, 402,18. 412,8. III, 121). „Tortuositas, chrümpe"; Monac. Francisc. 134, f. 139. derkrumpen, krumm werden. krümpen, krümpfen, krümmen.

krümpeln, vrb. act., faltig machen, zerknittern, chiffonner. (Aschaff.) verkrumpeln, corrugare. Weigand, Wbch. I, 644. Vilmar, kurheff. Idiot. 229: die Krumpel, Falte; krumpeln, vrb.; krumpelicht, adj. Zeitschr. III, 121. Vrgl. engl. to rumple, und the rumple, die Falte.

Der Krumpen, das Krumpelein, (Nürnb., Hsl.) hartgewordenes Stückchen Brod; Brodkrume; item Überbleibsel von andern Speisen und Sachen. (Vrgl. Adelungs Krume 2 u. oben: kruemen. Zeitschr. II, 78,8. 30). (Nordfranken) die Krümpelein-Supp, Suppe von gerindelten Mehlbröckchen. s. auch krimmeln u. Grempelsuppen; (Vilmar, kurheff. Idiot. 224).

Der Krumper, der letzte Steuermann eines Schiffzuges, auch „der verlorne Mann" genannt. (Im preußischen Kriegswesen heißen Krümper die überzähligen Leute, welche in Reih und Glied treten müssen, wenn die volle Anzahl durch Verlust vor dem Feinde, durch Krankheit 2c. vermindert wird). Vrgl. verliesen: verloren.

Krämpfel, Krempfel, s. oben: Krampen, Krämpel. „Creagra, fascinula, krempfel, kräl"; Semansh. 34, f. 197. Diefenbach 155c. 254a.

„Kremser", (Baur, Ob.L.) schlechtestes Aftergetreide; (das Geremsach?).

Die Kran-ber (Krà˜bér, Krà˜wə'), die Wacholder-Beere; auch zuweilen die Wacholder-Staude. Dà gábs *Krà˜wə'n* gnuə', sán' àbə' weni' *Krà˜wə'n* drà˜. Zur Pestzeit soll man „all morgen drei oder funf kranper essen die voran in essich sein gepaisset"; Clm. 5637 (XV. sec.), f. 64. „Juniperi grana sunt omni tempore sana" 2c.; ZZ. 2072, p. 277. (Auf dem Harz trägt diesen Namen die Preiselbeere, vaccinium vitis idaea L., die in andern Gegenden Kreubeere, Grante, Granke 2c. heißt. Vrgl. Grimm, Wbch. V, 2022: Kranichbeere. Ztschr. V, 50). Kranber-Branntwein, -Öl 2c. Die Kranber- 387

Salzen, eingekochter Saft oder Rob aus Wacholderbeeren. Die Kran-Dächsen (Krà˜dácks·n), Wacholderzweig. Der Kran-Vogel, der Krammetsvogel; Mauthordnung v. 1765. Zeitschr. V, 153. Gl. i. 251: „chranapoum, juniperum." Die (der?) Kranewit, Kranewitten (Kranəwétt, Kranəwittn), der Wacholderstrauch; die Wacholderbeere; (Graff I, 746. IV, 612. BM. III, 773. Grimm, Wbch. V, 2042. Vrgl. unten, Th. IV: der Witt). Voc. v. 1429: Granwiden, genesta. Gl. a. 605: khranauuitu, juniperum; i. 523: chranauuito, aitioides. Diut. III, 145: chranewite, juniperus. Diefenbach 312a. „Als man Öl macht aus Kronwiten"; Ortolph. Vrgl. unten: Kranzach. Der Kranewitter (Kranəwéttə'), der Krammetsvogel. 'Der Kranewitbaum, Wacholderstrauch; Grimm, Wbch. V, 2043.' „Der wissag elyas do er in der wustunge unter dem chramwitpaum entslif"; Cgm. 89, f. 23. „Juniperus heißt ein krametbaum. . . Der krametbaum heißt in meiner müterlichen tewtsch ein wechalter", sagt a°. 1349 Konr. v. Megenberg (Pfeiffer 325,17. 23: kranwitpaum), der sich also der um ihn her in Regensburg üblichen Sprache gefügt. Auch die Frucht nennt er Kramet, (Pfeiffer 326,21. 23: der kranwit; vrgl. kranwitholz, kranwitper, das. 326,1. 32). „Chramitpaum, juniperus"; Cgm. 721, f. 67. Die Kranwit-, Kranewit- (Krammət-, Krammǝts-, Krammǝl-, Krammǝ'-) ber, die Wacholderbeere; (Grimm, Wbch. V, 2043). „Der kranwitper tugent"; Cgm. 720, f. 143. „Juniperus, bechalter vel krabiper"; Mallerst. 32, f. 318b. „Kronbitber"; Ortolph. „Chranbetpir, juniperum"; Voc. v. 1419. Der Kranewit-Schwammen, (salzb.) Wacholder-Gallert, tremella juniperina L., Mittel gegen den Brand beym Rindvieh. Die Kranwit-, Kranewit- (Kranəwitt-, Krànəwétt-, Krammət-, Krammǝl-) Stauden. Chranbitstaud, chrambidstaud, chramabstaudn juniperus"; Voc. v. 1419, 1445, 1455. Die chrabidstauden ist gar wechs"; Br. Berchtold, Cgm. 1119, f. 14a. „N. N. Krenbidstewdel genant"; MB. XXIV, 438, ad 1366. Der Kranewit-Vogel, Kranewitschnerrer, der Krammetsvogel, eine Art turdus. Grimm, Wbch. V, 2043. Die alten Formen chrana-poum, chranauuitu (s. Wid) neben dem dialektischen Kran-ber weisen auf ein altes chran, (chrân?), das wol nicht auf chranuh (Kranich) und noch weniger auf chrâ (Krähe) beziehbar ist. (Wie Kern zu gran-um? „Grana Wedi heißen in einigen Officinen die Wachholder-Beere." Heumann, opusc. 470. Cf. illyr. granabenje, Wacholderstrauch.) Vielleicht gehört dahin auch MB. XXIV, 41, ad 1195: „silva nostra in chranach" (der Krening? Der Krenning, Berg und Ort, wo viel Topfwaaren gemacht werden; cf. česk. hrnek, Topf), von Lang's Regest. I, 121. 165 der fränkische Ortsname Chrana, Kronach. „Ein lehen dacz dem Schrekchen am Chranperig" in Gericht Weilhart; Cgm. 3941 (v. 1420), f. 85.

„kranäßig, dem der Magen weh thut"; Popowitsch, Ms. (Wien 9541).

Der Kranich, wie hchd. (ahd. chranuh, mhd. kranech; Graff IV, 613. BM. I, 876. Grimm, Wbch. V, 2020). Die Kranichbeere, s. oben Kran-ber. Das bey Ried 644 vorkommende Chranchsperch ist wol das heutige Krantsberg an der Ammer.

Der Krên (Kre˜, o.pf. Krêi˜), Meer-Rettig, cochlearia armoracia L. (Graff IV, 612. BM. I, 878: kren. Zeitschr. III, 93. IV, 175. V, 39,31. Russ. chren, böhm. kren, poln. chrzan, slawon. ren, rin, kärnt. hrén; Jarnik p. 230. Dobrowsky, Slovanka II, 64). „Raphanus, chren"; Voc. von 1429, 1445. „Rabigudium, chrene"; Diut. III, 155. Diefenbach 482c: radigudium. „Ich Megenberger wæn, daz diu wurz, diu etswâ merrettich haizt und anderswâ kren, radix haiz ze latein, und daz der reht rätich raphanus haiz"; Konr. v. Megenberg f. 246b, (Pfeiffer 418,26). „Ein kaf was ime sure sam ein chren des můz er lange kale sten"; Fabel in d. altd. Wäldern III, 233. R. A. Einem ə˜n Kre˜ untə' d·Näs·n reibm, ihn so betrügen, daß ihm die Thränen kommen; Seidl, Flins. III, 84. 114. Das Krênbier, Absud von Meerrettigwurzeln, als Hausmittel gegen Brust-Beschwerden. krênsaur, (grêi˜-sauer, um Aschaffenb., im Spessart. NB. Das Wort Kren, Meerrettig, ist in dieser Gegend ganz unbekannt; grêi˜ heißt daselbst „grün." Doch in Neustadt a. d. Aisch: Kre˜), sehr sauer. Fig. R. A. ə˜n Kre˜ machə˜, oder: si' ə˜n Kre˜ gébm, sich ein Ansehen geben, sich in die Brust werfen. Heu˜t taə˜n s' aə˜n in's Gsicht ə˜so schö˜, murgng gébm sə si' widər ə˜n Kre˜; Seidl, Flins.3 p. 202. „I han Zeit·n, wo i' mi' selm nöt kénn vo' lauter Übä'muəth und Krenn (? cf. Th. III: rántig); Stelzhamer 94. Dés is ə˜ Männl mit Kern", ein ganzer Mann; Castelli (1828) p. 206; vrgl. Wbch. 151. Grad recht seyn zum Krenreiben, von kleiner Statur seyn; vrgl. Castelli, Wbch. 151. krenmäßig, s. oben, Sp. 996: grémassi' und Sp. 1368: der Kramm. „Dà schauts enk den Heldn den krenmässig·n à˜, àfə' hörts á' sei˜n Sábl, wia ə' schêbə'n damit kà˜"; Reizenbeck's Himlətzə' in Kaltenbrunner's oberösterr. Jahrb. 1844, S. 149.

Kreinel (Krei˜l), Quirinus; s. Kirein.

„Die Krinnen, crena, incisura sagittae, calami &c."; Prompt. v. 1618. Graff IV, 612. BM. I, 882. „Tesserula, chrinna"; Clm. 15965 (Persius), f. 28b. „Crenae, speltlin, krinnelin zu eusserst an den Blettern"; H. Junii Nomencl. 1629, p. 65. Diefenbach 156c. 581a. Das Krinnlein, (Feurbuch v. 1519) Kerbe, Einschnitt. (Gl. 388
a. 535. i. 221: „chrinna, tessera", wol eigentlich eine Marke am Kerbholz). „So man anschneidt das Herrn korn, macht I krindel 100 prot oder II metzen rucorn, ain creitz man '(lies „macht")' 1000 prot; Ms. Tegerns. ch 5 v. 1500. „So man anschneidt das herrnkorn mach j krindel 100 prot oder ij metzen rucorn, iii krindel macht 300 prot oder ein schaffel rucorn. Item ein kreiz macht 1000 prot oder iij schaffel ii metzen rucorn. Siliginis facit j krindel XII β (12 X 30) prot"; Tegerns. Notat v. 1500—1510, Cbmc. 22, f. IIIb. „Es sas ein alte auff einem ploch und sbuer pey irem arsloch und pey irer wewtten krinnen si hiett siben und sibentzig kapler (? darüber „butzl", Wuzel) darinnen"; Diess. 121, Deckel; cf. Cgm. 811, f. 24a. „Also land si ir burßlen sechen von inn wa in anfach die arskrin"; Cgm. 379, f. 7b; s. oben: das Klaid. krinnen, ankrinnen, ans Kerbholz schneiden; notieren. „Er spitzt, er krinnt, er machet scharten in den tisch"; Haupt's Zeitschr. VIII, 566. Vrgl. Kringlein und Krinsel. Der Ankrinner, (am Arzberg bey Amberg im 15. Jahrh.; Lori, BergR. f. 71. 350. 353. 357. Flurl, Beschreib. d. G. p. 542) Oberhauer oder Steiger am Tag. Auf die Oberfactoren, die Unterfactoren und die Meister (Grubensteiger) folgten die Ankrinner. Sie mußten außer der Grube darauf aufmerksam seyn, ob das Erz die gehörige Reinigkeit und die Fässer das volle Maß hatten, auch mußten sie bey Ein- und Ausfahren der Bergleute gegenwärtig seyn, und den Factoren die Anzahl derselben anzeigen.

Die Krôn (Kro˜, Kra˜, o.pf. Krou˜), Dimin. das Krœnlein (Krá˜l·), die Krone; (Graff IV, 484. BM. I, 886. Weigand, Wbch. I, 642. Zeitschr. V, 72,92). Krönen heißen unter anderm die aus farbigem Papier, Federn und Silberflittern über ein Gestelle von Draht von den sogenannten Kränzlbinderinnen verfertigten hohen Ornamente, welche bey Leichenbegängnissen, oft in ganzen Reihen, auf die Särge von Kindern, unverehlichten Mannspersonen und Jungfrauen gestellt und von den nächsten Verwandten besorgt zu werden pflegen. Freundlicher ist das jungfräuliche, wenn schon nur von falschem Gesteine und Gold glänzende Krá˜l, welches auf dem Lande U.Bayerns bey Kirchenfeyerlichkeiten, besonders bey der Fronleichnams-Procession, und auf Hochzeiten von unbescholtenen Mädchen auf dem Haupte getragen wird. Sollte das alte „Krone tragen von Einem", mit ihm verheiratet werden, auch von andern als Fürstinnen zu verstehen und mit dem Krone auffetzen und abnehmen bey der Trauung nach dem griechischen Ritus in Zusammenhang seyn? „Weiber-Kopf-Krönlein“, in der Mauthord. von 1765. Das Krœnlein (Krá˜l), (Rttm.) zwey gewisse Zähne im Unterkiefer des Hirsches. Sie werden von den Jägern an Weibsleute verschenkt oder verkauft, die sie statt Steinen in Fingerringe fassen lassen, und ihnen Wunderkräfte zutrauen. Das Ättern-krœnlein ('Adənkrá˜l), das Krönlein, das nach einer gewiß uralten Volssage eine gewisse Otter oder Natter als Königin aller Nattern auf dem Kopfe trägt. Wer so glücklich ist, sich so ein Krönlein zu verschaffen, kann sich damit, wie Sigfrid mit Alberichs Tarnkappe, unsichtbar machen. Das Krongebet; cf. Monac. Augustin. 294, f. 61—66. Der Krôntaler, Krônentaler, Brabanter, 4 Kronen im Gepräge führender, Thaler, nach dem 24 fl.-Fuß 2 fl. 42 kr. geltend. Seit 1806 circa gibt es auch bayerische, würtembergische und badische Münzen gleiches Namens und Werthes. Im Prompt. von 1618 ist „ein Krone gelt aureus nummus gallicus cum corona impressa.“ „Sonnekrone dictus non à sole ut vulgo sed a solido, est solidus aureus, valet cruciferos centum vel amplius.“ Die Goltkrone, scutatus aureus“ wird ebendaselbst zu 100 kr., die „Silberkron, scutatus, Philipsthaler, Dölplthaler“ zu 80 Kreuzern angegeben. Das Krönlstechen, Cgm. 929, f. 61. krœnigen (kreningə˜), vrb. act., frönen; (ahd. chrônôn, mhd. krœnen; Graff IV, 484. BM. I, 887). „Der mit Dörnern gekröniget worden ist.“

389 Die Kron (Kró˜), oder das Kronflaisch (Kró˜fláisch), (Münchn. Metzgersp.) das Zwerchfell beym Rindvieh; (nach von Delling) Fleisch, das im Salze aufbewahrt wird; (Castelli, Wbch. 153: Gronflaisch) ein Theil des Ochsenfleisches aus dem Innern der Brust; '(Höfer II, 163: Kranfleisch).' Die dünne Krone, dicke Krone im bayr. Intell.Bl. 1804, p. 618 (mit Zeichnung). „*Grönfleisch* mit Meirihdig“, (als Rindfleisch erklärt); Firmenich I, 451,157, (Köln). Ich weiß das Wort nicht zu erklären. Zum vorigen Krôn scheint es nicht zu passen. (Nach v. Lang = Grüenfleisch als Gegensatz von geräuchertem.) Gl. o. 33 kommt kra für lien, Milz, vor. „Auch sol man weder kra noch mitiger in die smer oder smerlaib winden“; Wiener Metzger-Verord. v. 1364, Cgm. 1113, f. 38^b. An einigen Orten ist es Sitte, daß der Metzger, wenn er in einem fremden Hause für Lohn schlachtet, neben der Bezahlung dieses Fleisch in Anspruch nimmt und wol gleich zubereiten läßt. (Vrgl. auch Krödfleisch unter krodeln).

'krangeln, in Noth und Bedrängniß sein; Grimm, Wbch. V, 2019 f. 2) u. vrgl. BM. I, 876: der krangel.' „Die tugend die prach alweg für die boshait chrangelt vor der tür“; Ring 44,31. Zeitschr. II, 469. V, 107,57.

Der Kringel, (nordfränk.) der Kreis; (cf. isl., altf., agf., ahd. hrinc, altfränk. chrinc? wie chramnus. Graff IV, 1165. Weigand I, 640). „Er hat dich verworffen ze einem kringe“ (?); Cgm. 632, f. 79$\frac{1}{4}$. krings, rings; schwed. krings. Vilmar, kurhess. Idiot. 227. Zeitschr. II, 276,48. 77,5,14. III, 127. V, 144,63. VI, 286,689. 404,13. s. Ring.

Das Kringlein, der Einschnitt, die Kerbe, Rinne; Zeitschr. VI, 404,13. s. Krinnen.

---

krank, (O.Pf. kraə˜k), adj., 1) wie hchd. 2) ä. Sp., schwach, klein, schlecht, von organischen sowohl, als von unorganischen Wesen, und figürlich; (ahd. chranh, mhd. kranc; Graff IV, 614. BM. I, 873. Mone's Anzgr. VIII, 541 f. Grimm, Mythol.^{2} 1105; Wbch. V, 2023 ff. Cf. čeſk. křeh-ky, nicht fest, nicht dicht, schwach, gebrechlich, mürbe). Noch sagt man vor und in dem Gebirg vom Mond, wenn er im Abnehmen ist, er sey krank. „Es is scho spat und da' Mo˜ *krank* gwesn“; v. Kürsinger, Oberpinzgau (1841), S. 175. 's Mànət is *krank*, (HhC., Hbn. Pinzg.). Der Schnê ist krank, wenn er unmerklich zu schmelzen anfängt; Th. Mjr. Heu˜t achəzt də' Schnê scho˜ rècht, iətz werd ə' scho˜ rècht *krank*. „Ob schonn der Sallitter ettwas feuchtigkhaitt gewinne, so mag doch die kholn darvon nit krannkh werden, noch abnemmen“; Fwrbch. Ms. v. 1591. „Wær aber das gellt an dem korn und an der marck vmb ain untz oder vmb mer ze krank“; alter Münzbrief, Ms. „Ich hab der Welt umb krankes gelt gedienet lang mit meim Gesang“, Muscatblut, Cgm. 811, f. 66. MB. II, 514 wird „ein nutzer Pawman einem kranken“ (schlechten) entgegengesetzt. „Der gaist ist zwar berait aber die menschait ist kranck“; altes Brevier. „Sind die landleut zu krank darum zu richten, so sollen die eidgenossen richten“; Kopp, Samml. eidgen. Absch. I, 14, ad 1385. „Daz sy gedenkent an daz wort: swer sich laut finden on wer, den uberwindet ain krannckes her“; Cgm. 4902 (v. 1429), f. 21. „Wa man und fraw übel mit einander lebent, die habent manig swär zeit. Daz sterker sol dem kränckern vertragen, so sol daz kräncker dem sterkern entweichen“; Konr. v. Megenberg f. 77^a, (Pfeiffer 126,12. 13). „Ich bin der arbait ze krank, huic labori imparem me sentio“; Cgm. 690, f. 33^b. „Ist das gummiwasser ze krank“, (schwach); Cgm. 821, f. 126. „Man sol sin hûs zaller vrist der halbe vesten dâ ez krenker ist“; d. w. Gast 12005. „Nement aber sy krengker vnd ringer punt von uns . . für gut“; der Erst Freybrief von 1311. „Est mihi pretium kranckh nihil datur nisi habdanckh“; Chiemsee episc. 104. Semansh. 26. Clm. 5924 (XV. sec.), f. 116. „Hospes illum amat qui vil trinkt und modice clamat. Et merces ibi krank ubi datur nil nisi habdank“; Mone's Anzgr. II, 191. „Dâvon ist mir vil bezzer geswigen, danne krenclichen gelobet“; Br. Berht. 341, (Pfeiffer 443,34). „Vil kranker nar begêt sich manger leider“; Labr. 244. „Ain chranckes sail hærein, daz vil ringe was“; Barlaam und Josaphat, Ms. „Vmb aine chrancke schulde“; ibid. „Die not douchte jn allen chranck“, geringe, unbedeutend; Horneck. „Fragile, kranck“; gl. bibl. von 1418. „Invalidus, chranck“; Clm. 5877 (XV. sec., 1449), f. 121. „Luxuria: den starcken mach ich ein kranken man den wisen tun ich ân wisheit stan der striter von mir muß undergan gut sitten ich verkeren kan“; Mon. Francisc. 255, f. 97—98. „Also ward die ewig rue mued, die ewig sterck chranck“; Passion., Ransh. 130, f. 271. „Ob ain sucht ainen wil bestan vnd daz er ser krank wirt“; Ind. 344, f. 68. Es ist also die heutzutag übliche Bedeutung des Wortes krank nur ein vereinzelter Rest seiner ehmaligen allgemeinern. Cf. lat. infirmus, span. enfermo; ferner Cbm. 1971, f. 2: „Zu Furt seind sein f. gn. (Herzog Albrecht, 1562) zugestandner Schwachhait halber still gelegen . . . hernach als sich die schwachhait zu besserung geschickht, wider verruckht“; und Clm. 903, f. 228^a: „Bona dies, o quam debilis vos estis, quare non jacetis in lecto“, (in des Andreas presb. eigenhändiger Erzählung von dem durch Grüße krank und gesund Gemachten). „Debilitor, werden gechrenkcht“; ZZ. 1803 (v. 1461), f. 192. „Aegrotavit, ist kranckch gewesen“; das. f. 193. In den VII u. XIII Com. ist krank sterbend, moribondo, und daneben: schwach, armselig, debole; der krank, die Krankheit. Der Krank, (Nptsch.) die Krankheit, (wie in B. der Gesund statt Gesundheit): Wàs hâut ə' für ə˜n *Krà˜k?* Eə' hâut sei˜n àltn *Krà˜k;* (ä. Sp.) die Abnahme, der Abbruch, Schaden. BM. I, 874. Grimm, Wbch. V, 2028. „Das jn solcher gwalt gar kainen kranck noch schaden bringen solt“; Meichelb. Chr. Ben. II, 143, ad 1455. (kramb in MB. XV, 56 ist wol ein Druckfehler statt kranck). „Das uns ein großer Krank und Hinderniß ist in unsrer Nahrung“; Kr. Lhdl. I, 209. „Ob ihnen einiger Krank oder Abbruch an ihrer Freyheit widerführe . . . ob ihnen einiger Krank, Eintrag oder Beschwerde aufgelegt wäre“; ibid. 390
XI, 226. 304. „Wer der wer, der vns daran engen, irren, dareingreiffen, oder kainen krancken darinn thun

wolt"; 19ter Freybrief, MB. V, 204. „Umb den krangen (Noth, Bedrängniß, Kränkung) hetens den rat gevangen, wann sy dem kaiser vnd der stat so gar schwerlich heten geschat"; Mich. Beham, Wiener 33,13, (blos der Reimnoth zu verdanken. 'Besser zu obigem krangeln, der Krangel; s. Grimm, Wbch. V, 2019: der Krange'). „Er (der Kaiser) must in disem krangen zu fussen sein gegangen"; das. 189,31. „Es wer dann vor all gfangen ledig an alles krangen"; das. 196,21. Im Schwedischen ist krank der böse Geist. Die Krankhait (Krankət, Krenkət), 1) wie hchd. Krankheit; (BM. I, 875. Grimm, Wbch. V, 2038). Noch im 15. Jahrhundert mußte die allgemeinere Bedeutung des Wortes durch den Beysatz „des Leibes" auf die heutige Bedeutung desselben förmlich beschränkt werden. „Bernhardin von Stauf, der könnte Krankheit halber seines Leibes nicht erscheinen"; Kr. Lhdl. XI, 202. 2) (Franken) die Kränket, Kränkt, Kränk, 'a) ä. Sp., Schwachheit, Krankheit; besonders b)' die fallende Sucht; die Pest; (BM. I, 875. Grimm, Wbch. V, 2040. 2028. Vilmar, kurhess. Idiot. 222. Zeitschr. III, 111. 120. 240,3,5. 252,289. IV, 1. V, 368. VI, 11. 301). „Daz bringet mir die krenke"; Labr. 234. „Daz bringet mich in krenke"; das. 239. Das *Krankəts* Loudər (Schimpfwort). 'Krankmüetig, schwach im Gemüth, kleinmüthig, verstimmt, schwachsinnig; BM. II, 262. Grimm, Wbch. V, 2040.' „Pusillanimus, krankmuetig"; And. 48, f. 149.

krenken Einen, vrb. act., 1) wie hchd. kränken; 2) (ä. Sp.), ihm Abbruch thun, ihn schwächen, ihm schaden; (BM. I, 875. Grimm, Wbch. V, 2030 f. Cf. ags. crincan, cranc, cruncun; Byrhtnod). „Krenken, debilitare"; Voc. von 1429. „Debilitor, werden gechrenkcht"; ZZ. 1803, f. 192 (v. 1461). „Gerechtikait und götliche mächtikeit chrenk all die die wider vns sein ir leiplich krafft und saig ir mändlich hercz"; Gebet, Cgm. 425, f. 27. „Freysamwasser ist guet den jungen khinden so sy die unnatürlich hitz überlauft und sy bekhrenckht", '(krank macht)'; Cgm. 4570, f. 41. „Meysor (Mausöhrlein) wasser ist guet den frauen den die mueter aufsteigt und sie krenckt und den grimmen umb den nabel haben"; das. f. 42. Der unter den Feind geschossene Dampf „khrennkhet die Mennschen so seer, das sie khraftlooß werden unnd mit Schannden abziehen müessen"; Fwrbch. v. 1591.

'krenkeln, wie hchd. kränken; vrgl. Grimm, Wbch. V, 2031,3 und oben, Sp. 883: gigken, und 1362: krackeln.'

Der Krunk, s. Krueg.

Die Kransber (Krà~sbə'), (Nptsch.) Brombeere. (Vrgl. Kränber und Kratzber).

Die und das Krinsel, Krunsel, feiner Einschnitt, Kerbe; Runzel. „Man sol so lang im Bad bleiben, bis Händ und Füß Krunsel bekommen"; Hailbrunn. Bad. Vrgl. Krinne und Vilmar, kurhess. Idiot. 230: die Krünkel. krunseln, krünseln, vrb.; das Papier verkrunseln, voller Krunseln machen; die Haut krunselt sich; (b. W.).

'Der Krant, Krantwerre, Wirre, Verwirrung, Zwietracht, Krieg; Grimm, Wbch. V, 2042. (Vrgl. oben, Sp. 1003: der Grand, Grant, Unwille, Zorn; grändig).' „Waz auch unserm hern kaiser holt und auch mit ym gestanden in den hadern und kranden"; Mich. Beham, Wiener 338,6. „Den faulen zuspruch und krant wern, den sy heten zu unserm hern, dem kaiser"; das. 21,8. „Solchen kruden und krant wern"; das. 24,4; (vrgl. unter Kräuterich). „Gnedigester herr, es sol kain kruden und krantwerr, noch irrsal unserthalben sein!" das. 226,12. „Der römisch kaiser, unser herr, bot („pat") in so vil in dem krant werr"; das. 238,7. „In der zwitreht und auch disem krantwerren dise zween waren herren"; das. 243,4. „Gegen dem kaiser, unserm hern, auff disen krüden und krant wern"; das. 269,9. „Der kaiser und ir rehter herr, solt leiden solch mü und krant werr;" das. 319,18. „Das sy den irrsal und krant wern zwuschen dem kaiser, unserm hern, und disem herczogen Albreht welten rihten und machen sleht"; das. 324,22. „Von der red wurden sy scham rot, daz in solcher schantlicher spot, auch krant werren und kruden beschach von ainem iüden"; das. 326,6. „Her Jorg von Valkenstorff, ain herr, der was der drit in dem krant werr"; das. 334,24. „Wann so man hoffet oder maint, dis ding wer yeczunden veraint, so was es noch krant werre, der frid was noch vil verre"; das. 341,12. „An disem hader und krant wern so slugen sich etlich lant hern zu unserm herrn, dem kaiser"; das. 345,27. „Sy vielen auff ire knie und klagten jm iren krant werr"; das. 414,15.

Der Kranz (O.Pf. Krà~z, Kraə~z), Dim. das Kränzlein (Kränzl), wie hchd.; (ahd. chranz, mhd. kranz; Graff IV, 614. BM. I, 876. Grimm, Wbch. V, 2043. 2060). In unserm Winterlande muß der natürliche Blumenkranz nur gar zu oft durch den künstlichen ersetzt werden, und hat so in vielen Fällen gegen diesen förmlich seine Rechte eingebüßt. So sind die Kränze, welche den Leichen von Kindern, Jungfrauen und unverheiratheten Mannspersonen um Kopf und Arm gelegt werden, von Rechts wegen ein Werk der Kränzleinbinderin, welche das Verfertigen von künstlichen Blumen, Maybüscheln, Kränzen und Kronen als ein bürgerliches Gewerbe treibt. Burgholzer's Wegweiser p. 109 zählt 1796 in München 3 Kränzelbinderinnen, und schon im Steuerbuch von 1633 kommt 1 Kranzlbinder vor. Das Kränzlein in der bekannten Bedeutung einer geschlossenen Unterhaltungs-Gesellschaft, bey deren Mitgliedern eine gewisse Obliegenheit der Reihe nach herumgeht, welche Bedeutung füglich als eine bloß figürliche betrachtet werden könnte, wird von Häslein historisch aus einem wirklichen Kränzlein erklärt, welches, wie er behauptet, noch zu seiner Väter Zeiten, mit den Anfangsbuchstaben von den Namen der Mitglieder bezeichnet, bey diesen, so wie jeden die verabredete Obliegenheit traf, der Reihe nach herumgegangen sey. In einer geschloßnen Gesellschaft von Schützen heißt der erste Gewinnst, der von jedem Mitgliede der Reihe nach zum Besten gegeben wird, ebenfalls das Kränzlein. Zeitschr. II, 82,4. Der A. hat heute 391
sein Kränzlein gegeben, und der B. hat es gewonnen. Ein Kränzleinschießend (Kränzl·schiəssəd). Vrgl. unten Kränz-Singen. Das Kränzlein, die Krone oder der Ring von längern Haaren, welchen gewisse Mönche um den übrigens scharf geschorenen Kopf stehen ließen. „Der h. Nicetius ist auf die Welt gekommen mit einem Kranzl von Haaren auf dem Kopf wie ein Religios"; P. Abraham. (Cf. gl. i. 566: cranz, cirros, crines). Das Kranzl, (Metzger-Spr.) der oberste Theil am Halse des geschlachteten Ochsen; Münch. Intell. Bl. 1804, p. 618, mit Abbild. Das Kränzlein, (im Kegelspiel) die 8 Kegel, die um den mittlern herumstehen. 's *Kranzl* scheib·m, diese 8 Kegel treffen. Das Kränzlein, (Baur, O.) Art Mehlspeise, die auf ländlichen Hochzeittafeln, vielleicht als Anspielung auf das Geschick des Jungfernkranzes, zum Besten gegeben wird. Die Kränzleinjungfrau (Kränzl·jungfer), Jungfrau, die auf Hochzeiten in Kirche, bey Tisch und Tanz mit einem Kranz auf dem Kopf und am Arme als nächste Umgebung der Braut figuriert; hie und da ist eine, an einigen Orten sind zwo und mehrere Kränzleinjungfrauen üblich. Auch die Geistlichen, wenn sie ihre erste Messe lesen, haben ihre Kränzleinjungfern. Man sucht hiezu, da jede etwas Namhaftes zu Opfer trägt, Kinder reicher Eltern aus, je mehr je lieber. Das Kränzleinkraut (Kränzlkraut), sedum acre oder sexangulare L., auch Feldquendel, thymus serpyllum L., vom Gebrauche zu Kränzen am Fronleichnamstag; (b. W. Kro~lkraut). Die Kränzleinpredigt, Predigt bey der ersten Messe eines

angehenden Geistlichen, wobey der Prediger einen Kranz um den linken Arm trägt. In A. v. Bucher's Mönchsbriefen läßt ein Augustiner-Prior bey einem Cooperator auf dem Lande anfragen, ob er ihn nicht auf eine Kränzelpredigt in der Stadt einladen dürfe. Das Kränz-Singen oder Singen „umb die Krenz an den Abendreyn" wird verboten durch das alte Amberg. Stdtb. „Kain Jungfrau oder Maid soll den Handwerksgesellen und Knechten an einem Abendreyen einen Kranz zu ersingen geben." „Die het im geben einen kranz das er mit jhr solt thun ein tanz"; H. Sachs 1612: I, 1067. Cf. Wagenseil, de civit. Norimb. p. 545. Der Kränzleintag, der Fronleichnamstag. Der Kränzleintanz, in einigen Gegenden des Gebirges ein Hochzeittanz, wobey den Jungfern von den jungen Leuten mit List der Kranz abgerungen wird. Das Antläßkränzlein (Antləskränzl), Kränzchen von Blumen und Kräutern, besonders von Feldquendel, das am Fronleichnamstag bey der Procession um die Kerzen gelegt, und dann als geweihtes Mittel gegen allerley Übel aufbewahrt wird. Der Tragkranz oder blos Kranz, die ringförmige Wulst, die beym Tragen einer Last auf den Kopf gelegt wird, sonst Tragring, Ridel, (schwäb. der Baust). S. auch Grans.

Der Kranzach, Kronzach, Wacholder, juniperus minor montana; (Jir.). s. Kranwit.

Der und die Kreinzen, Fuerkreinzen (Krei˜z'n), (Inn, Th. Mjr.) die Wagenflechte, der Wagenkorb. Grimm, Wbch. V, 2144. „Zwo Chreinzen auf den Straßwagen"; Freyb. Samml. II, 111. Kolkreinzen, geflochtner Wagenkorb zum Verführen von Kohlen. Nach Hazzi's
392 Statist. III, 769 werden auf den Einöden im Winkel zwischen der Salzach und dem Inn allenthalben sogenannte Kreinzen, Schirme oder hohe Dämme gegen den Westwind, gefunden. S. Kretzen.

„Krappen, kroppen, paxillum;" gl. bibl. v. 1418. BM. I, 877. Grimm, Wbch. V, 2062. 2066. Vilmar, kurhess. Idiot. 223. Zeitschr. VI, 16. (Der Kaiser) „liez der schonen junkfrawen (Dorothea) ir beiden seiten mit crapen ser zureißen"; Cgm. 478, f. 54. 61. „Hat der Jud das Kindlein im siedigen Hafen mit ainem eisen krepel untertauchen wollen"; Dr. Eck (1542). Krappарmbrust, Kröpparmbrust, s. oben, Sp. 145 und Th. IV, unter die Wäg. „ij kropenstähel" in der Harnaschkammer der Nußberger zu Premberg (1568); Cgm. 889, f. 465. 'Kroppenmacher, (hieher?).' „Zwen die kropenmacher warn", (Wiener Hs. khrampen m.); M. Beham, Wiener 18,1. Vrgl. Krapfstein.

Der Krappe, der verführerische, treulose Amant; Renner 12767. Vrgl. Grimm, Wbch. V, 1909 f.

krappen, beym Brechen tönen, wie ein derb gebackener Küechel, Fisch ꝛc.; (Hauser). Vrgl. auch kroppen.

krappeln, kreppeln, krepseln, vrb. n., kriechen, klimmen, klettern. Vilmar, kurhess. Idiot. 223. s. krabeln und grappeln.

sich kraupen (kräppm), (Obrm.) sich ausbreiten, auseinandersperren, spreizen, kraus machen; Grimm, Wbch. V, 2088. (cf. Stalder's rub, kraus). Də' Biphà˜ *kräppt si áf*, der calecutsche Hahn spreizt seine Federn auf. ('s Zeiserl) „hàt d'Federn *aufg'raupt* und si' gstreckt"; Seidl, Flins. (1839) II, 64. kraupə˜d, kräppət, adj., auseinander gespreizt; kraus, verstört (von Kleidern, Haaren). Zeitschr. V, 464. Si' *kraupət* machə˜; sich spreizen, prahlen, breit machen. e˜ *kräppətə'* Bám, der breite, buschichte Äste treibt. (cf. krautig). kraupig, kräppi', kräppisch, adj., sich spreizend; sich gehen lassend, munter. Grimm, Wbch. V, 2088. Zeitschr. IV, 6. VI, 217. Wie du, du machst di námə˜ gàr *kräppi'!* Ein Kräupelein (Kräppə-l) oder ə˜ *kräppi's* Kind, ein lebhaftes Kind. s. oben, Sp. 1006: gräppi'. „Kräppisch und halsstarrig"; F. v. Zesen. „Uberchreppige creaturen"; Cgm. 851, f. 67 (89, f. 83). überkräppig, adj. In Waidhofen (a⁰ 1316) „VI balistae vberchrœpich"; Freysinger Salbuch f. 29ᵇ. „Unam wagarmbrost magnam, alia balista magna vberchrœpich, item tria stegarmbrost fracta . . . duo manipuli vbrchrœpiger pfeil"; das. f. 20ᵇ. (Vrgl. allenfalls gl. a. 458: ungacraupit, infronitus).

krepieren, (im Scherz: krepau˜ln, krepau˜zln, krepekəz'n, krepapln), ital. crepare, franz. crever. Zeitschr. V, 464. VI, 302.

krippen (kripfen), vielleicht besser als grippen, (s. oben, Sp. 1006), und dem ahd. abgeleiteten Verb chripphan, chriphan, chrifan (gl. i. 70. 716. 748. 871. 876. 940. 970, rapere, diripere) und dem hörchrift der Legg. Baiuu. (Mederer S. 137) entsprechend. Graff IV, 598. BM. I, 573. Vrgl. Krapfen.

Die Krippen, Dim. Krippə-l, 1) wie hchd. Krippe, (ahd. chrippa, kripfa, praesepe; vermuthlich im Sinn von vellere, evellere zum vorigen krippen gehörig; Graff IV, 588. BM. I, 882. Weigand, Wbch. I, 641). Das Krippə-l-Mánnl, Figürchen einer Weihnachtskrippe, (1208 zuerst durch Franz v. Assisi inventiert); Mannsperson ohne Kraft. Der Krippenreiter, (Nürnb., Hsl.) armer Landjunker. 2) das lange, gewölbte Brustbein des Geflügels; (Baur). Vrgl. Rippen u. d. f. W. 3) der Körper. Zeitschr. VI, 303. „Geh, Wirthin, schon dein Krippä"; (Zillerthal), Tiroler Kirchtag 1819, p. 39. „'Nau pafs draf, wos du für Floss'n áf dei˜ dürra *Kripp'n* kröigst"; Rietsch, Ged. in Nürnb. Mundart (1811), p. 5.'

kroppen, kroppezen, krueppen, a) greifen, tasten, tappen; s. oben, Sp. 1007: groppen u. vrgl. kruppen, (VII Com., Pergine) kriechen, it. strisciare; isl. kriupa, agf. creopan, engl. to creep. Müller, etymol. Wbch. d. engl. Spr. 252. Zeitschr. II, 540,131. III, 251,75. 279,25. IV, 438,18. V, 65,71. 153. 276,9. VI, 283,705. 432,1. „Hà˜ lang ummə 'kroppt, bis I 's funnə˜ hà˜. b) Art zu fischen, (Krebse fangen?). „In der Zeit, darinnen die Farchen laichen, bis solcher Laich lebendig wierdt, soll das Groppen gar verbotten seyn, dieweil durch das vilfaltig lang Stüren, darvor kein Stain unverkert bleibt, der Laich zerstert wird"; Lori, Lechrain 384. Dazu gehört, (wenn nicht zu Krapfen, s. Anm. bey diesem Wort) vermuthlich a) das Subst. (die) Kroppen (Klaue, Kralle?). „Mit seinen Diebspfotschen, mit seinen ausgeselchten 393
Schelmskroppen"; Abele, s. G. H. b) „kroppen, auf-, aus-kröppen, kreppen das Salz von den Pfiseln mit der Pfiselhaue." s. oben, Sp. 1007: der Gropper u. vrgl. Vilmar, kurhess. Idiot. 225 f. Das Kröppsalz, das schwarze Salz, welches die Weiber von den Pfiseln auskroppen und hacken. Lori, Brg.R. 391. 393. Das Krebsalz oder Fußsalz, das nebenfallige Salz in den Trockenkammern, welches aufgehauen (gekrebt) und wie das Rieselsalz, der Schrecken oder Pfannenstein in den Sulzenstuben wieder aufgelöst und versotten wird; (Jir).

kroppezen, kropfezen, vrb. n., rülpsen, Magenwinde steigen lassen; s. unten kropfezen und Sp. 1007: groppezen. Der Kroppezer, Kropfezer, Rülps, Magenwind. Von Hainz von Rechberg, „der schöne Brief zu tichten verstand", sagt Pütrich v. Reichertshausen (Ehrenbrief 84), „daß er verhaben machte (verhalten mochte) kain khröppel nie", (Rülps?).

Der Kroppen, Kröppel (Kråuppm, Kråuppl), (Nptsch.) Knorpel. Der *Nàs'nkråupl*, Nasenknorpel. In einer alten Bayreuther Buß- und Frevelord. heißt es Art. 30: „Item, ob Einer in den Rücken durch die Kroppen Schulterblatt entzwey gehieben, geschlagen ꝛc."

Der Kroppen, (Aschaff.) dreybeiniger Kochkessel von Gußeisen; Theerkroppen. 's. oben, Sp. 1007: der Groppen u. vrgl. niederd. Grape.'

'Der Kroppen, Haken; s. oben Krappen. Kropparmbrust.'

Der Krüppel, wie hchd.; (ahd. chrupel, mhd. krüpel; Graff IV, 588. BM. I, 890. Weigand, Wbch. I, 644. Cf. engl. to cripple, lahm machen; a cripple, eine lahme Person. Müller, etymol. Wbch. d. engl. Spr. 255. Vilmar, kurheff. Idiot. 227). „Krüpel, contractus": Semansh. 34, f. 209. „Chrupel, contractus"; Clm. 5387, f. XVII. „Laſt ir euch nicht helffen bei der zeit ein krüppel wirt aus euerm leib"; Cgm. 713, f. 147. verkruppen, (Aſchaff.) krüppelhaft werden. Die Pflanze iſt verkruppt. Zeitſchr. IV, 407,11. VI, 210: Grüppſel. kruppig, adj., (Aſchaff.) fehlerhaft klein. Du kruppige Krott! Zeitſchr. VI, 15: gropig. Vrgl. unten: kropfen, krüpfen.

---

krapf, adj., (Nptſch.) ſchlecht, elend, unanſehnlich; (vrgl. das isl. krappr, arctus, curvus). Der Krapf, (Nürnb., Hsl.) kleine, übelgewachſene Perſon oder Sache; Waldbaum, der nicht in die Höhe wächst. Grimm, Wbch. V, 2062. ſ. Kropf und krüpfen.

„Krapfſtein, Krachſtein oder Köpff, die inn gebäwen für die maur ausgehen, antepagmenta, proceres, mutuli;" Prompt. v. 1618; hchd. Kragſtein. Grimm, Wbch. V, 1963. Vrgl. krappen.

Der Krapfen, plur. Kräpfen, Dim. Krápfl, wie hchd., eine Art Kuchen; an der untern Vils und Donau überhaupt das, was anderwärts Küechel; (ahd. chrapho, mhd. krapfe; Graff IV, 597. BM. I, 877. Grimm, Wbch. V, 2063. 2066 f. Vilmar, kurheff. Idiot. 223. Zeitſchr. IV, 283,74. 473. 407,11. VI, 301): Büchſenkrapfen, Spritzkrapfen, Butterkrapfen, Germkrapfen, Straubenkrapfen; (Neiner's Tandelmarkt 69). Fasnachtkrapfen, ſ. oben, Sp. 764. „Artocrea, crapf;" Voc. v. 1429, 1445. „Artocopus, kraphel oder hoffprot; artocrea, flæſchkraph; artocaseus, kæskrapff"; Clm. 5685 (XV. sec., 1412), f. 97. „Laganum est genus sartaginis, ein chrapfen"; Clm. 5008 (XV. sec.), f. 162. Diefenbach 51c. 52a. 316a. (Ein rîcher man) „der az zû den kraphen brôt: rich ich daz nicht, sô bin ich tôt"; M. Helmbrecht 1143; cf. 1183. Stockſchläge nennt der ſoldatiſche Mutterwitz Arſchkrapfen. Die Krepfleinsnacht, ſ. unten: Kröpfleinsnacht. Anm. Der Krapfen (ahd. crapho, crapfo, mhd. krapfe; Graff IV, 596. BM. I, 877. Grimm, Wbch. V, 2063. Vrgl. Krappen, uncinus, bey Adelung als oberdeutſch angeführt, iſt mir im b. Dialekt nicht vorgekommen, außer: der Krapfen, (Aſchaff.) das Häklein zum Zuknöpfen. Agraffe. Doch vrgl. man kroppen und ſehe krüpfen.

'kripfen, gripfen, raſch zugreifen, ſtehlen; Graff IV, 317. 598. BM. I, 573 (unter grîfen). Weigand, Wbch. I, 458. ſ. oben, Sp. 1006: grippen u. 1378: krippen.' „Erſt do was das zeit do chomen, daz man da chrepfen ſcholt ze fromen"; der Ring 37b, 18 (hieher?)'. „Swer den andern roufet, ald vrevenlich kriphet ald angrifet", (im Latein.: „expilaverit aut temere apprehenderit"); Lucerner Urk. v. 1252, Geſch. Fr. I, 182. „Kripft in bei der hand"; Cgm. 362, f. 68. „Kripftent in", erfaßten ihn; Cgm. 819, f. 86. Krepfet in bei der hand"; daſ. 107. „Kripfzand, dens caninus"; Cgm. 649, f. 530; 653, f. 325; 655, f. 336. Clm. 4394, f. 175b.

Der Kropf, 1) wie hchd. (ahd. chroph, mhd. kropf; Graff IV, 598. BM. I, 888). R.A. „Sie ließ jn alſo drei Tag auf dem Kropf liegen", (in suspenso, in Erwartung); Joh. Pauli 259b. 2) die ſich bildende Getreid-Ähre, noch im Halme verſchloſſen. Der Waiz ſchießt in den Kropf, ſtêt im Kropf ꝛc. 3) dichte, runde Maſſe, in die ſich die Blätter des Kohles, Salats ꝛc. am Strunk zuſammenlegen; Kölkropf, Krautkropf, Salatkropf. 4) fehlerhaft kleines oder verkrüppeltes organiſches Weſen; ſ. krapf und krüpfen. Im Zillerthal wird die Tussilago (alba et hybrida L.) weißer Gaißkropf genannt.

ſich kropfen, kröpfeln, kropfezen, 1) von Ähren, Salat, Kohl: einen Kropf bilden. 2) ſich verwachſen, verkrüppeln, verkümmern; ſ. a. krüpfen. kropfət, a) mit einem Kropf behaftet, kropfícht. sich *kropfət, zkropfət* lachəˇ, aus vollem Halſe lachen, rire à gorge rendue. b) (von Kohl, Salat) in einen Kropf geſchoſſen. Schœn kropfeter Salat. c) fehlerhaft gewachſen, verkrüppelt; figürl. unförmlich, auffallend: əˇ *kropfəté* Lug, derbe Lüge; əˇ *kropfəté* Plumpheit; Iſargeſellſchaft v. 1703. Die Kröpfleinsnacht (Krépfls-, 394
Krépflisnächt), was Klöpfleins- und Knöpffleinsnacht; (zu: der Krapfen?). Das Rötkröpflein, das Rothkehlchen.

kropfezen, (Kitzbühel) Magenwinde von ſich geben; ſ. oben: kroppezen. Zeitſchr. V, 441. VI, 303. „No' ä Kändl kan dä Magn ohni *Kröpfezen* dä'tragn"; Lindermayr 58. „Vor den eltern ſoll das kind nit kropfitzen weder unten noch oben"; Cgm. 632, f. 27. „So er als vil iſt, daz er chumpt zue wuelen vnd zue kropfizen"; daſ. 37. Vrgl. Zeitſchr. V, 440. 441: gröbſgen.

krüpfen ſich, (O.Pf.) ſich krümmen, beſonders (von Perſonen): den Kopf, den Oberleib nicht gehörig gerade tragen. Zeitſchr. IV, 407,11. (Zu Kropf? oder etwa beſſer kripfen (ſ. oben) als ehmaliges Ablautverb, und mit krapf, adj., Krapf und Krapfen, subst., zuſammenhangend?)

Der Krupfei (?). „Als ein voller kruphei (Varianten: „krupfei", „pfay"; Pfau?), der gât ûf einem tenne und als ein vol gekruftiu (Var. „vol gekrupfet", „vol kropfe") henne, diu niht mêr gluggen mac"; v. d. Hagen, Geſ. Abent. XLIX, 255.

Der Krapfen, (O.L.) was Krapfen (Kuchen).

kripſen, ſ. Sp. 1006: grippen und Sp. 1007: grabſchen, auch Zeitſchr. IV, 128,17. V, 464. VI, 303. 'kröpſgen, ſ. kropfezen.'

Der Kraiß (Kraəs), der Kreis, (ahd. chreiz, mhd. kreiz; Graff IV. 623. BM. I, 878. Grimm, Wbch. V, 2144.) Das Kraəsstéchəˇ iſt ein Spiel der Knaben, wobey ſie einen Kreis auf die Erde zeichnen, und mit zugeſpitzten, kurzen Stäben nach dem Mittelpunkte desſelben werfen ꝛc. 'kraißlicht, ä. Sp., kreisförmig, circularis; ſ. unten: krieſelet.' kraißlingen, ä. Sp., adv., im Kreiſe, circulatim; ... „daz diu ſlang kraizlingen lauft und hin und her zeuht"; Konr. v. Megenberg 263,10. kraißen (kraəs'n), 1) mit Kreiſen verſehen. BM. I, 878. Die Schwarzen auf der Zielſcheiben kraißen. 2) ſich bewegen (im Kreiſe); Grimm, Wbch. V, 2158,3. 4. „Dur mangen walt ſie kreizent"; Diut. II, 149.

Die Krauſen, Kruſen, Kruſel, Dim. das Kräuslein, (Th. Mjr.) Art Krug. BM. I, 890. Grimm, Wbch. V, 2093. 2103. Vilmar, kurheff. Idiot. 280. Zeitſchr. II, 542,178. III, 42,33. IV, 144,339. V, 153. „Irdin kräußlin," trulla; Prompt. v. 1618. „Es iſt kein Kreußlin, es findt ſein Decklin"; Seb. Frank. „Laſterlichs zůſauffen, krauſen und gläſer freſſen"; Schwarzenberg gegen Ludw. v. Hutten, (Jus p. g. 2°. 438). „Ein umbgeſchütte krauſen", als Zeichen für die Zahl 81, abgebildet in Cgm. 4413, f. 167. „Kaiſer Conſtantinus achtet ſich keines prangens nicht, durft wol aus Krauſen trinken;" Av. Chr. „Gern bey der Kruſſel ſitzen;" Selhamer. „Orca, kraus"; Clm. 5685 (v. 1112), f. 94. „Kraws, chrauſen, crusibulus; krauſel, catinum; Voc. von 1419, 1429, 1445; crûſul, crucibulum, gl. o. 331. Nieder. kroos, holl. kroes, ſchwed. krus. Firmenich I, 232,14: Kroos, Krug mit Schlagdeckel, (Oldenburg); daſ. 60,57 (Hamburg) und 40,6 (Fehmarn). Die Stadt Creuſſen führt einen Krug im Wappen. kruſeln, vrb., gerne trinken. „Die

Tochter, welche das Nepffen und Krußlen schon gewohnen wollt;" Selhamer.

kraus, wie hchd., mhd. krûs; BM. I, 890. Grimm, Wbch. V, 2088. Zeitschr. II, 539,94. „Krewser denn ain sprengel was ir har gleich dem gold"; Cgm. 714, f. 97. krausen, kräusen, kräuseln. Grimm, Wbch. V, 2098. 2101. gekraust ('krausst), kraus. ə~ *krausəts* oder ə~ *'kraussts* Hàr. *kräusəlat*, Dimin., adj.; Grimm, Wbch. V, 2098. „Ein lutzel raid und chreuseleht" war sein Haar. Im nördlichen Franken, Hennebergischen ꝛc. kommt kraus in der Bedeutung von fein, zart, klein, dünn vor. Vilmar, kurheſſ. Idiot. 224. Zeitschr. VI, 429, I,3.

Die Kräuselber oder Krausenizber, (Fichtelberg, Neustadt am Kulm) vaccinium vitis idaea L., sonst auch Reisselbeer, Preisselbeer, Spreisselbeer, Kreubeer, Granbeer, Granten, Kransbeer ꝛc. genannt. Grimm, Wbch. V, 2097. s. Krestling.

kraußeln, (Kitzbühel) röcheln.

„Kresbals," Dreyfuß von Drat, worauf man beym Essen die Schüssel mit Brühe oder Gemüse stellt, um trockene Speisen einzutunken"; (Hummel, Bogenberg). „Trepedica olla enea tribus constans pedibus unde et nomen sortitur, ad hoc facta, ut semper apta sit ad calefaciendas potiones et cetera antidota quotiens res exigit"; Clm. 15809 (sec. XII), f. 33ᵃ. cf. Ducange s. v. tripedica. Denis, codd. theol. II, I, 747.

kréss·n. Um München gehen arme Leute auf abgeärntete Getreidfelder ins Éhə'n (Ährenlesen), auf abgeärntete Kartoffel- und Rüben-Äcker in's Kréssn. Vielleicht ist das Herumkriechen auf dem Acker gemeint, wobey, was noch stecken geblieben, ausgegraben wird. Dann wäre dieser Ausdruck noch ein Rest des ahd. Ablautverbs
895 chresan, (Prät. chras, Partic. gichresan, Graff IV, 615.), repere, serpere. „Dei chresenten, reptilia"; Cgm. 17, f. 153ᵃ, Pf. 103,25. „Krichentez unte chresendez"; Diemer, Ged. 12,15. „Uffm Feald ummar *kreatza*"; (kriechen; Lindau); Firmenich II, 420. Vrgl. d. folg. Kréſs (Krebs), kreisen und oben, Sp. 1013, unter: der Großen.

Der Kréss, (Hauser) der Krebs; Zeitschr. VI, 335. s. Krebeß).

Der Kressen, der Kresling, der Gründling, cyprinus gobio L.; (Graff IV, 615. BM. I, 879. Diefenbach 267ᶜ). Cresso, gracius, gl. o. 106. Cressen, merula, pisciculus; Prompt. v. 1618. „Kresling, chresling, gracius; Voc. von 1429, 1445. „Koppen 16 kr., Größlinge 14 kr. die Maß;" Wstr. Beschr. v. München 128. Vrgl. „Khreuzl."

Der Kress, Brunnkress ꝛc., wie hchd. die Kresse, (ahd. chresso, chressa, mhd. kresse; Graff IV, 615. BM. I, 879. Diefenbach 100ᵇ. 375ᶜ. cresso, creisso, gl. i. 824). Cf. Krisnadeln, Tannennadeln (Canton Bern), u. s. oben, Sp. 1008: das Graß, Graßach.

Das „Kreßhennlein," (salzb.) das Schneehuhn, tetrao lagop. L.

kreisen, (sieh, nach Gramm. 680, kreisten), 1) wie hchd. kreißen; und in noch allgemeinerer Bedeutung: vor Anstrengung überhaupt stöhnen. 2) kreisen (Prät. gekrisen, schwäb.) kriechen. „Repere, kreisen"; Clm. 5685 (sec. XV., 1412), f. 110. „So kind anvachend vmb ze kreisen auf der erde; Cgm. 601, f. 98. „Er (der Verwundete) ist am zaun herabkrißen" H. Harder (1584), Cod. icon. 3, f. 68. Derowegen soll ein Medicus beherzt seyn und ob jhme schon die Katz bisweilen in dem Rugken hinaufkreiset, soll er doch..."; Dr. Minderer (1620), p. 45. Vrgl. oben, Sp. 1314: die Katz. Sollten diese, zum Theil nach weisen conjugierenden Formen dem alten nach lesen gehenden chresan (s. oben kréss·n und vrgl. Grimm, Gesch. d. d. Spr. 852) entsprechen, welches für repere, gl. i. 239 ad Reg. 14,4 auch für niti vorkommt? Vrgl. jedoch mhd. krîsen, (Prät. kreis, Ptc. gekrisen; BM. I, 882. Grimm, Wbch. V, 2157), kriechen, und mhd. krîzen, (Prät. kreiz, Ptc. gekrizzen; BM. I, 886. Grimm, Wbch. V, 2164: kreißen), rufen, schreien; cf. kreischen. Zeitschr. VI, 173.

'kriseln, ä. Sp., kratzen, jücken, kitzeln, (zu kreisen, 2); BM. I, 882.' „Ich wolte auch plintzeln als ein heher den man kriselt auf sein haubt daz man mir dester paz gelaubt"; Renner 13216.

Der Krisam, Chrisam, Krisam, hchd. das Chrisam, chrisma, geweihtes Salbe-Öl; (Graff IV, 616. BM I, 878. Zeitschr. IV, 104,18. chresamo, chrisame, gl. a. 219. 410). „Des balsems reinikeit, unsers kresmes heilikeit ziert in aller cristenheit"; Renner 20128. Die Chrisamtâuff (Kris·ntáff), erste Taufhandlung nach der am Ostersamstag vorgenommenen Tâufweihe (Weihe des Salbe-Öls). Das Chrisam- (Kresem-, Kresen-, Krisen-, Christen-) Hemed, 1) Art Hemd, das bey der Taufhandlung dem mit Chrisam gesalbten Kinde über den Kopf gezogen wird; s. Wester. Kärnt. krishemnik, Taufwickel-Hemdl, zu krishma, Chrisam, krishmati, firmen; Jarnik 238. 2) hie und da jenes Hemdchen, das der Täufling als Geschenk erhält. Das Krisen-, Kresen-, Kristengeld, Eingebinde des Taufpathen. Schön: das Krösengeld bey Firmenich II, 731. 'krisemen, ä. Sp., mit Chrisam salben;' engl. to christen. „So gibt im (dem Kind) der priester namen, wann er es crisemt"; Br. Berhtold, Clm. 5858, f. 113.

'krieselet, adj., s. oben, Sp. 1012: der Grieß und griəsəlat.' „Des holders plut sein krislot als ein korn"; Konr. v. Megenberg f. 204ᵇ, (Pfeiffer 348,14: kreizelot). Cf. das. f. 94: „Das Pantertier ist gar schœn als ob es gemalet sey mit kleinen kriselen", (Pfeiffer 156,27: „mit kl. kraizlein"; cf. p. 652).

Die Kriesber, (Ob. Allgäu) die Kirsche, (schweiz. das Kriesi; Zeitschr. VI, 303. cfr. gl. o. 178: chriesiboum, cerasus. BM. I, 801. Diefenbach 113ᶜ. 114ᵃ).

Das Krœs (Krês), das Gekröse; die Krause. Zeitschr. III, 522,5. V, 461. VI, 157. 302. „Kres, intestina ovium; venter cum intestinis, in vitulis et hoedis." „Kres am hemmet, patigium, kres mit spitzen ꝛc.; Prompt. v. 1618. Die Krösader. „Hat alli *Krösadern* va'lögt"; Lindermayr 173.

krösen, vb. „Du hast mich ye wol plagt und kröst nundaling fast auf dreissig jar," sagt der Mann zur Frau; H. Sachs 1560: II, IV, 29.

Der Krossen, Krotzen, s. Großen, Grotzen.

Die Krusel, der Krug, (Graff IV, 616); s. Krausen.

---

kreischen, (Partic. gekrischen), (Mittel-Rhein) schreyen; Grimm, Wbch. V, 2158. Vilmar, kurheſſ. Idiot. 225. Zeitschr. II, 287,71. IV, 175. V, 281,9,a. Der Krisch, Schrey. Der Krischer, Schreyer. Zeitschr. V, 136,b. Den „Krischern" der Rheinpfalz wird nach dem ruhmlosen Ausgang der pfälzischen Erhebung im J. 1849 diese selbst in die Schuhe geschoben in einem Artikel der Allgem. Ztg., Beil. zu Nr. 194.

kröschen, (Hsr.) prasseln, wie Schmalz, das auf Glut gestellt ist. „Frixus, gechrisch oder geröst; frixura, chrischung des fleyß oder röstung"; Clm. 5877 (XV. sec., 1449), f. 116. Vrgl. Vilmar, kurheſſ. Idiot. 225.

„kraspeln, crepare, crepitare dentibus;" Prompt. v. 1613. Grimm, Wbch. V, 2068 f. „Wenne der wolf über einen zaun get oder dâ pei und er den schâfen haimleich lâg (Hs. lug) setzt, ist dann daz im ain fuoz rauscht oder kraspelt an dem zaun, sô peizt er sich selber in den fuoz, sam ob der fuoz dar an schuldig sei"; Konr. v. Megenberg, f. 89ᵇ, (Pfeiffer 148,11).

'kriſpel, ä. Sp., adj., kraus, crispus; (mhd. kriſp, kriſpel; Graff IV, 617. BM. I, 883).' „Ir har was criſpel und kraus"; Cgm. 714, f. 183.

kriſpen, kriſpelen, kraus machen, kräuſeln; BM. I, 883. „kriſpeln, reiben"; Hſr. krüſpeln, mit dem Krüſpelholz, das Oberleder mild machen; (Dr. Sepp). Das Grischpa'l, ein mageres, ſchwaches Mädchen; Caſtelli, Wbch. 153.

Die Kruſpel, der Knorpel; 'Konr. v. Megenberg, Pfeiffer 17,24. 18,25. 21,16 ff. 137,4. 252,22. Vilmar, kurheſſ. Idiot. 230. Zeitſchr. III, 121. VI, 409,33.' Cartilago, croſpel, gl. a. 613; chruſpel, Voc. v. 1429, 1455. Dagegen hat das Voc. v. 1419: cruſpel, pulpa (am Obſt). Sonſt in den Gloſſen: cruſtila, chruſtula, croſtala; Graff IV, 620. BM. I, 890. Diefenbach 103c. Haupt's Zeitſchr. VI, 325,5. „Cartilago, chruſtele"; Clm. 6028 (XII. sec.), f. 47a. Der Hauſen ein großer fiſch hat vil crüſpel und wenig pein findt man in der Donaw allein"; H. Sachs 1560: II, II, 111. 'kruſpellich, kruſpelet, adj., knorpelig. Vrgl. BM. I, 890: kruſp.' „Des leo hals iſt kruſplein reht als ob er ſey von einer adern"; Konr. v. Megenberg f. 87b, (Pfeiffer 144,26: „Des halſes flaiſch iſt kruſpelot"). kruſpeln, vrb. n. u. act., ertönen wie ein Knorpel
396 unter dem Zerbeißen; etwas Knorpeliges zerbeißen. ſich verkruſpeln, durch Bildung eines Knorpels zuſammenwachſen.

'kraſteln, praſſeln; vrgl. kraſpeln. Grimm, Wbch. V, 2069.' „Hört wir von weiten etwas kraſtlen im holz durch das geſtreus her praſtlen"; H. Sachs 1612: I, 207.

Der „Kreſtling," (ſalzb.) die Preißelbeere, vaccinium vitis idaea L. ſ. oben, Sp. 1381: Kräuſelber und Sp. 1004: Gränken.

kreiſten (nach Gramm. 680 wol ſtatt kreiſen, w. m. ſ.), vor Anſtrengung ſtöhnen, (vrgl. das, wie ein von dieſem Neutr. abgeleitetes Activ. ausſehende isl. kreiſta, ſchwed. krÿſta, premere, torquere, ſchwed. krÿſta ſig, ſich ängſtigen; mhd. krîſten, rufen, ſchreien, ſtöhnen, BM. I, 886; Zeitſchr. III, 120. IV, 175. VI, 173. hchd. kreißen. Vrgl. Haupt's Zeitſchr. VII, 144: Eine frowe die ſchrey zuo eime kinde"). „Sie ſtreckend ſich nider uf den leip zu der erden . . . ſie kriſten und kreiſtent"; Renner 11381. „Da für er (der unraine gaiſt) auz von im al ruffende vnd kreiſtende"; Evang., Cgm. 532 (sec. XIII.) f. 42. „Ich hör was kreiſten in der nech"; H. Sachs II, III, 133. „Mit kreiſten und mit ſchnaufen der loff das er ſchnaudet und kreiſt"; daſ. II, IV, 155. „Sewhainz kreiſt ſam wær er ſchmerzens vol die Amb griff nunter und gehling ergriff Sewhainzen bei ſeim ding vermeint, es wær des kindes hend"; daſ. 1560: IV, III, 59 (1612: IV, III, 131). „Haſt ſchier kriſten die ganzen nacht"; daſ. V, 353 (1612: V, III, 32). Das koſtet Kreiſten. Da mueß man ſich was abkreiſten, derkreiſten ꝛc. Alte Leute kreiſten gleich. „Ich kreuſt, ich hueſt ich würf faſt aus, daß niemand Ruh hat in dem Haus," ſagt der 115jährige Hans Trenbeck; Wſtr. hiſt. Cal. v. 1787, p. 281. Kärnt. frezhati, kreiſten; frèzhej, Kreiſter, abgelebter Menſch; Jarnik 239. Cf. Firmenich I, 445: kroſen, kroſten, eifrig arbeiten. „(P)tiſis, bruſtkriſtin"; Voc. optim. p. 41, ſo beſſert Wackernagel das kiſtrin der Handſchrift (Diefenbach p. 585), welches wol beſſer, denn kiſterig (ſchweiz.), rauh im Halſe; (Stalder II, 103. Tobler 105. Grimm, Wbch. V, 499: keiſtern). Der Kreiſter, a) Perſon, die vor Anſtrengung ſtöhnt; b) das einmalige Stöhnen. „Der Beichtvater las die Meſſen und hörte unter jeder 2, 3, 4 Kreiſter zum Zeichen wie viel Seelen erlöſt worden waren;" Buchner's Kinderlehr. „Thuə beim Össen (Eſſen) starke Kreister"; Lindermayr 177. Das Kreiſtbett, (Matheſius); vercrîſten, (Lampr. Alex. 4673); Haupt's Zeitſchr. VII, 145. (Ob hieher oder wohin der Kreiſter gehöre, worunter auf den Alpen zwiſchen Inn und Iſar das Heu-Bette der Sennerin in einer Alpenhütte verſtanden wird, kann ich nicht entſcheiden. Ich denke nur an die ähnlichbedeutende Daſtern oder Gaſtern einer Sennhütte des Berner-Oberlandes.

's *Kreistə'l* is 's Bétt, ei~ də' Mitt ə~ Grüebál,
und di feinigist'n Buəbm sán' di Holze'büəbál.
Lusti' is's g'wèn i~n fertingə Sumə',
bey'n Deə'nal i~n *Kreistə'* is d'Nacht bald umə').

c) zäher, ſchleimiger Auswurf; (vrgl. Räch ſen, Gräch ſen).

'Kriſt, Chriſtus; Graff IV, 617. BM. I, 883. Grimm, Wbch. V, 619.' Wizze Kriſt! ſ. Th. IV: wißen und vrgl. St. Ulrich's Leben 196: „So ſaget dir Kriſt."

Der Kriſten, Chriſten, fem. diu Chriſtenin, ä. Sp., christianus, christiana, (nach der heutigen und Schriftſprache corrupt: Chriſt, Chriſtin; Graff IV, 618. BM. I, 883. Grimm, Wbch. II, 620). „Kriſten, christianus;" Voc. v. 1429. Voc. Archon. „Leit ein jude bi einer chriſtenin"; Augsb. Stdtb. Chriſtani, christianus, gl. i. 72; chriſtanan (christianum), chriſtanem (christianis), M. m. 17. „Swelch kriſten kriſtes nicht bekennet, unbillich er ſich kriſten nennet"; Renner 20826. „Er ſei Chriſten worden"; Dr. Eck, 1542. Noch ſagt man der Chriſten-Menſch, Voc. v. 1419: criſtnmenſch; gl. i. 380: plur. chriſtana man, christiani; isl. kriſtinn, ſchwed., dän. kriſten, christianus). Das ruſſiſche kreſt'anin, Bauer, neben kriſtanin, christianus, ſteht in ſeltſamem Gegenſatz zu paganus. Borowſky im časopis česk. mus. XX, 68 über kreſt'an, kreſt'anin (wol zu kreſt, Kreuz) = ſedlák, Bauer, von den Tataren den eingebornen Bauern gegebener Name. Cf. Cretin, Gredin. In der Val Surguèze in den Pyrenäen heißt ein Blödſinniger, Ausſätziger, Kropfiger Cagot, auch wol Maure und ſogar (ironiſch?) Chrétien; (etwa daher auch Crétin?). Vrgl. Ausland, 1838, S. 1255—56. Die Cagots, Agots des ſüdlichen Frankreichs, Ayotes im ſpan. Navarra, wurden auch Chrestiaas genannt; ſ. Fr. Michel, histoire des races maudites de la France et de l'Espagne, (Paris et Londres, 1848). Lehmann, Magazin f. d. Literatur des Auslands, 1848, p. 405—410. Die Kriſtenheit (ahd. chriſtanheit, chriſtenheid, mhd. chriſtenheit; Graff IV, 619. BM. I, 884). RA. Das iſt aus der Chriſtenheit, d. h. gegen alle Ordnung und Sitte, entſetzlich, abſcheulich. Einen aus oder von oder vor der Chriſtenhait ſchelten oder ſagen hieß nach den ältern L.RR. ihm vorwerfen, daß er „Ding getan hat, die unkriſtenlich ſint," beſonders Meineid, Ketzerey, d. i. Sodomie, Beſtialität u. drgl., Verbrechen, welche „Gote und der Chriſtenheit gerichtet" werden mußten. Die Benennungen Hundsſun, Kotzenſun, Merhenſun, Mußenſun, Zohenſun, wodurch man Einen gleichſam als durch Beſtialität erzeugt erklärte, waren als Scheltworte aus der Chriſtenheit ſehr verpönt. Wſtr. Btr. VII, 89. Augsb. Stdtb. Heumann, opusc. 897
p. 235 ff. Cgm. 556, f. 59a. Kriſtenliche Scheltwort dagegen waren, ſo man Einen hieß „ainen hurnſun oder ligen" (wol zu leſen liegen, ihn Lügner ſchalt?) u. drgl.; Freiſinger Stadtrecht, Ms. v. circa 1359. chriſtenlich, adj., chriſtlich; (Graff IV, 619. BM. I, 884). „Chriſtenliche Legende von St. Sebald" bey Wagenſeil, civit. Norimb. Betracht 'no~ schéd ə~ *kristigə'* Mènsch! (d. W.). chriſtenmüglich, adj., nur immer (vernünftiger Weiſe) möglich, menſchenmöglich. Zeitſchr. V, 419, II, 5. Der, die Kriſtel, Christianus, Christina, als Taufname. Zeitſchr. VI, 303. 457. Vrgl. Gramm. S. 122.

Die Kriſtier, das Klyſtier, (vom griechiſchen κλυστήρ, lavement). „Chriſtiry, clistere;" Hbn., Voc. v. 1445. „Per glisteriam .i. mit der chriſtier; chriſtier ror; chriſtierſakch, passarium"; Cgm. 170, f. 7b. 8. Diefenbach 127c. BM. I, 884. Grimm, Wbch. V, 1309,4.

Einen kriſtieren, vrb. act., (ſchon bey Ortolph) klyſtieren; fig. ihn ängſtigen, plagen. Der Kriſtierer, Katzen-kriſtierer, im Scherz: Quälnarr, Quälgeiſt; |(b. W.) Katzenliebhaber.

Die Kruſtel, Knorpel, wie oben, Sp. 1383: Kruſpel. BM. I, 888: kros, kroſtel, u. 890: kruſtel. „Pirula est cartilago inter nares vel extremitas nasi, chruſtl"; Gutolfus, Clm. 5008 (XV. sec.), f. 171. „Sîn hûbe dahte im sîner ôren tür, dâ gie niender kruſtel (Ohr-läppchen) für alſo doch vil manigem tuot"; S. Helbling I, 507.

kruſtig, (tir. Lechthal) befehlend; Staffler I, p. 112.

'Der (die) Krât, das Krähen, Schreien des Hahnes; (ahd. chrât, mhd. krât, fem.; Graff IV, 584. BM. I, 869. Grimm, Wbch. V, 1975)'. „Umb den erſten hanen krat"; H. Sachs 1612: I, 73. „Ich zecht nechten mit unſerm pfaffen gieng heim ſchier umb den hannenkrat"; daſ. III, III, 109 (1560: III, III, 55a).

Der Kratten, a) (Obrg.) Karren mit zwey Rädern, (caretta); VII Com.: gratto. Zeitſchr. II, 348. III, 108. IV, 501. V, 440. Krattenzieher, Krattler, Tyroler, die gewöhnlich in Geſellſchaft ihrer ganzen Familie kleine Karren voll Obſt, Kreide ꝛc. zum Verhandeln nach Bayern ziehen, und für den Rückweg Hafnergeſchirr zu laden pflegen. b) Wagenkorb. Der Form Kretzen eher, als dieſem Kratten, entſpräche das angelſächſ. cárt, crät, engl. cart (Karren, ſ. d. W. und Karet. Grimm I, 245. Müller, etym. Wbch. d. engl. Spr. 171); vielleicht aber iſt die Bedeutung Korb die eigentliche; (gl. a. 7. o. 153: cratto, cretto, cartallum, canistrum, calathus; a. 17: chrettili, panariolum). Graff IV, 593. BM. I, 567. Grimm, Wbch. V, 2070. Zeitſchr. II, 348. 468. III, 120. 214,8. IV, 110,47. „Sinen (ſinem?) gratten er ſi gît"; Cgm. 39, f. 133a. Haupt's Zeitſchr. I, 270,19. Der „Kreda" (Krettə?), „Korb mit zwei Handhaben"; (Ammergau; Rath Her). Zeitſchr. III, 214,8. ſ. Kretzen und Krotel.

Das Kraut (Kraud, O.Pf. Krátt), das Kräut-lein (Kráí'l), wie hchd., (ahd. chrût, krût; Graff IV, 594. BM. I, 890. Grimm, Wbch. V, 2105); nament-lich: a) die Blätter von nicht perennierenden Gewächſen im Gegenſatz der Wurzel, in welchem Verſtande man auch die beſtimmendere Form Ankraut hört. Das Rueben-Kraut, in der O.Pf. mit einer beſondern Collectiv-Endung das Roubmkräutərich, die Blätter der Rübe. Daher das Verb (Rueben) kräuteln, ab-kräuteln, von den eingeärnteten Rüben die Blätter ſchneiden, ein Geſchäft, wozu gewöhnlich die Nachbarinnen in traulichen Abendſtündchen zuſammen kommen. b) beſon-ders wieder die eßbaren Blätter der verſchiednen Kohl-arten: Kölkraut, Weißkraut, Bläukraut, Röt-kraut, Gabəskraut, deren unnützer Abfall in Fran-ken das Abkraut heißt; ſaurs Kraut, Zettelkraut oder langes Kraut, Flackenkraut (ſ. Th. IV: zet-teln), Sauerkraut. Auch kleingehackte (geſchrötene) weiße Rüben, die wie Sauerkraut bereitet und genoſſen werden, nennt man Kraut, und zwar: ə˜ rüəbi˜s, ə˜ kurz's, oder ə˜ klaə˜s *Kraut*. „Aines mols do was daz kraut (Speiſe der Nonnen) gar iemerlichen, daz ſie ſein niht moht"; Cgm. 99, f. 60. „Bayerland hat die freyheit, iſt kraut mit Löffeln alle zeit, all tag zwey kraut, mach ein jahr fleißig ſiben hundert kraut, darzu dreißig"; H. Sachs 1560: IV, III, 92 (1612: IV, III, 197). R.A. Vor'n Veitstag (geſetzt, giebt es) ə˜ *Kraut* (Kopfkohl), nach'n Veitstag ə˜ *Kräutl.* Es iſt nicht wahrſcheinlich, daß das Wort in dieſer Bedeutung zum veralteten Kraut, Büchſenkraut, Schießpulver, Kraut und Lôt, Pulver und Bley (Fwrbch. v. 1591. Ldtg. v. 1605, p. 270. Wſtr. IV, 120), Krautpulver, pulvis nitratus (Prompt. v. 1618), gehöre, obſchon man dieſe nicht jedem Gaumen angenehme Speiſe wirklich auch bayriſches Pulver nennt; denn Kraut iſt auch ein Collectivum für die ganzen Rüben. Cf. noch ſchwed. krut, Pulver. Grimm, 398
Wbch. V, 2110,6,a—e. Der Krautacker, das Kraut-land; die Krautgerſten, die auf einem Acker, wo vor-her Rüben geſtanden hatten, gebaut iſt. 'Die Kraut-punze, das Krautfaß, Krautſtücht; ſ. oben, Sp. 398 f.: Panze und Punze.' „Geloſt aus zwei alten krawt-puntzen XLII dn.". Altenhohenauer Rechn. v. 1502; Cgm. 697. Kraut, (Chiemgau) das Mittag-Eſſen, (a potiori benannt). Zeitſchr. VI, 301. Die Kraut-glocken, Eßglocke. Vo˜n *Kraud* bis zó˜n Untə'n, vó˜n Untə'n zó˜n Kóhh, (vom Mittageſſen bis zum Nachmittagsbrod, und von dieſem bis zum Nachteſſen). Die Krautſchüſſel. „Kinder paden aus krautſchuſ-ſel", (Aberglaube); Cgm. 632, f. 7a. R.A. den Tür-ken auf dem Kraut freßen, den Bramarbas ſpielen. Sp.W. Bèssər ə˜ Laus ám *Kraud*, àls gàr kaə˜ Fláisch, beſſer etwas als gar nichts. 's bést'n (béste) *Kraut* (Pulver?) də'zuə taə˜, helfə˜, nach Kräften, alles dazu beytragen; aə˜n 's bést'n *Kraut* reden, alles Gute von ihm reden; (b. W.) Vrgl. Grimm, Wbch. V, 2112,8,c. In einigen Fällen iſt vorzugsweiſe das Diminutiv Kräut-lein üblich. Zeitſchr. VI, 301. „Pfui daz kreutel!" Clm. 4408. (XV. sec.), f. 149b; (ſ. oben, Sp. 417: pfî. Ich meine früher irgendwo Aehnliches geleſen zu haben). Grimm, Wbch. V, 2112,8,b u. 2122,3,b. Das *Kräudl*-Werk, allerley Küchenkräuter, beſonders die als Würze dienenden. Der *Kräudl*-Markt; das *Kräudl*-Weib, (München) Markt für Küchen-Gartengewächſe, Kräutermarkt; Gärtnerin. Die *Kräudl*-Suppen, Kräu-terſuppe. Die Kräudl-Weih, die Weihe von Kräutern, welche am Mariä-Himmelfahrtstag in den ländlichen Pfarrkirchen ſtatt hat, und woran jede Haushaltung durch einen anſehnlichen Strauß theilnimmt, der dann das Jahr hindurch im Hauſe aufbewahrt wird; vrgl. Palm. Im Jahr 1443 war am Hofe zu Landshut unter andern auch ein Krautmeiſter angeſtellt; Kr. Lhdl. VI, 109. Kraut-maiſter am Hof zu München; oberbayr. Archiv IX, 105. 107. „In der Arden, im Häwat, im Krawtat"... „im Krauttat"; Scheirer Dienſtord. v. 1500, Cgm. 698, f. 39. 40. ə˜ *krautlétzə* Buə', ein böſer Bube; (Oberaudorf). Vrgl. Zeitſchr. VI, 302: Kraut = Kreuz. Krauter (Paritius 122) ein Gewerbe in Regensburg, (? Gerber mit Kraut, d. i. Schmack). Der Krauterer, Krauter, ſ. Grimm, Wbch. V, 2114. Caſtelli, Wbch. 150: „*Graudara*", Spottname für einen Menſchen, der ſein Geſchäft nicht gut zu betreiben weiß." krauten ein Feld, von Unkraut ſäubern; v. Lang. Grimm, Wbch. V, 2113. kräuteln, nach Kraut riechen, ſchmecken. Das Kräutig, Kräuterich, (Franken, O.Pf.) Collectiv von Kraut; (Weihers; Dr. K. Roth): Krüteg.

Das Abkraut, Ankraut, ſ. oben. Das Unkraut, 1) wie hchd.; 2) ungerathene Perſon. Kaə˜ *U˜kraut* vo'dirbt nét, əs weə'nt endə' zwaə draus; (ObrM.). 3) (v. Strbr., O.Pf.) die Fallſucht, Epilepſie; (Franken) die ſtillen Gichter der kleinen Kinder; (b.W.) Wurm im Finger; heftige Kopfſchmerzen. „Für das Fraißlein oder Unkraut" ſey das Hirſchhorn gut, meint Dr. Agricola von Amberg de cervi in Med. usu, 1617. In folgen-den Scheltphraſen hat wol das einfache Kraut denſelben Sinn. Kótz *Kraut!* pótz *Kraut!* kótz *Kraut* schwèrè Nót! Zeitſchr. VI, 302.

krautig (kraudi'), adj., eigentlich wol entweder ſo viel als in gutem, lebhaftem Wachsthum ſtehend, oder als krauppət, d. h. ſich in Blätter, in Kraut ausbreitend. Grimm, Wbch. V, 2120. „Ob die Getreidfelder dick oder dünn, krautig oder unkrautig ſtehen;" alte Würtem-berg. Zehend-Inſtruct. Daher die in B. übliche R.A. ſich krautig machen, ſich breit machen, ſich ein An-ſehen geben. „Jactare se, facere se ferocem;" Prompt. v. 1618, wo übrigens krautig durch herbaceus, oleraceus erklärt iſt. Grimm, a. a. O. Cf. Firmenich I, 455,365. 462,206. 468,403. 478,13: krauen, eilen; wanger'ſch: krod, keck, muthig. krautig, herbidus;

Voc. von 1429. Vrgl. auch grändig. unkrautig, 1) Gegensatz von krautig; 2) voll Unkraut; 3) fig. nichtsnützig, verdorben: ən u˜kraudi's Kind. Vrgl. Th. III, räten: Angerœt, angerœtig.

Das Kräuter (=Zeug?). Die Kräuterbürd, Vorrichtung aus Weidenbüscheln, mit Tannzweigen überdeckt, um Pfrillen, Quappen und andre kleine Fische zu fangen. Grimm, Wbch. V, 2115. Vrgl. oben, Sp. 971: Gleider. „Artikel, die Archen, Legscheffl, die engen Garn und Greuter antreffend“; Kr. Lhdl. VII, 398. 438, ad 1474.
399 „Item es soll kein Fischer kein Gerewderpurd nicht mehr legen und kein Wat haben, da man die Purd mit hebt, denn das Brut damit fast verdorben wird“; ibid. VIII, 398, ad 1484. Im L.Rcht. v. 1553, f. 148 lieset man an dieser Stelle Kreüterpürd, in dem von 1616, f. 642: Kraüterbürd; Cod. Max. civ. von 1752: Kräuter-Bürd. Da auch die Krautflacken, Krautsägen (MB. VIII, 354. IX, 39. Grimm, Wbch. V, 2119) besonders enge Netze sind, die zum Fange von ganz kleinen Fischen gebraucht werden, so dürfte dieses Kraut (ähnlich dem sächsischen Grühe) ein Collectivname für kleine Fischchen seyn. Grimm, Wbch. V, 2112,9. Cf. das angels. cread, crudh, engl. crowd, multitudo, turba confertissima. Müller, etymol. Wbch. d. engl. Spr. 1, 259. Grimm, Andr. u. El. p. 129: crôda, gecrôde. „Auch was ain schalk in diser krud, hieß Gutentag, ain taufter jud“; M. Beham, Wiener 13,30. „Etlich lant hern, dy solchen kruden vnd krant wern vnd also grossen grawen hy haben angeprawen“; das. 24,4. „Uz Praun und Andre Jüde dy paid warn in der krüde“; das. 103,26. „Und ainer hiess der Rüde was auch in diser krüde“; das. 169,17. „Der virt, der och waz in der krüd“; das. 203,18. „Es sol kain kruden und krantwerr, noch irrsal unserthalben sein“; das. 226,12. „Der Alexander und der Rüd dy waren auch in diser krüd“; das. 240,25. „Auff disen krüden und krant wern; das. 269,9. „Sy waren all verhaffet ser, mit mancher handlai krüden versmehter wan dy jüden; das. 325,7. „Daz in solcher schantlicher spot, auch krant werren und kruden peschach von ainem iüden“; das. 326,6. Cf. oben, Sp. 1364: die Krida. Bey Höfer heißt der cyprinus nasus im ersten Jahr Kreuterling. Grimm, Wbch. V, 2116. In der Chiemsee-Fischord. v. 1507 heißt es: „es sollen auch die Schisling-Renken mit sambt den Khreuzln verboten seyn, man sol auch kainen Zeug mer ziehen, darin junge Renkhen als Schisling und Khreuzl gefangen werden“; Materialien v. 1782, p. 81. Vrgl. das vorige Kraut, Grüen (Anmerk.) und Kreßling.

Die Krot (Krótt), 1) die Kröte; (ahd. chrota, chreta, mhd. krote, krotte; Graff IV, 593. BM. I, 889. Weigand, Wbch. I, 643. Zeitschr. IV, 471,36. V, 474. Krot, Voc. von 1429; gl. a. 531. 545. 676. i. 676 rc.: chrota, chreta, rubeta, bufo). „Ein hupsch exempel von der kroten und von der nachtigal“; Cgm. 4438, f. 6. „Haeretici credunt in Luciferum qui libentius possent adorare buffonem“; Amb. 3, f. 180. Cf. Th. IV, unter Bil-wiß. „Quod autem (Pauperes de Lugduno) osculentur ibi cartos (cattos) vel ranas vel videant Dianam“...; Rogg. 12, f. 212b. Kroten- und Fáckeln-Machen der Hexen. Vrgl. Grimm, Mythol.2 p. 187. Chretticha, Gredig bey Salzburg; s. oben, Sp. 52: Egedechs. Krotenwampen, melissa pyrenaica; (Zir.). 2) ein unter seinesgleichen besonders klein gebliebenes Geschöpf, Thier oder Mensch. Es ist dieses Wort besonders eine zärtliche Benennung eines Mädchens von kleiner Statur. ə˜ hertzigé, pfánzigé, dántschigé *Krótt*. Zeitschr. V, 397. In der Grafschaft Hohenstein heißt verkrottet so viel als verbuttet, im Wachsthum zurück geblieben. Minder paßt das schottische croot kleines, schwächliches Kind. 3) Rhein: verborgener Schatz.

Das „Krotel“, (Lori, Brg.-Recht 28. 120. 126) altes Salzmaß (vielleicht eine Art Korb), das 4 Scheiben hielt. Vrgl. Kratten. „Das die Siedherren und die Seutter den Scheibstoß gleich mit einander haben sollen, dann den Chrotelstoß sollen die Siedherren dazu allein haben, als zu einem Vorteil daß sy den Sieden desterpaß vorgehen mügen“; ibid. f. 37. „(Salz) es sein putzen chrötel oder scheiben“; Münch. St.B., Auer p. 81.

'kruttig, adj., zu die Krutt, Grutt, Grutz, steiniges Feld, Schutt; Zeitschr. V, 442; vrgl. II, 422,78 und VI, 210: Grott.' „Stainkruttige Waldlage, eine sehr grubichte und felsige“; (Pseud.-Zir.).

'krätschen, grell schreien; Grimm, Wbch. V, 2069. åkrätsch·n, schreiend und scheltend abweisen.' „I bin schon oft bein Fensterl *å'krätscht* wur'n“, (gescholten?); Kartsch II, 13. Vrgl. Castelli, Wbch. 149. Der Nuß-Krätscher, (Baur) Nuß-Häher, Nuß-Krähe. Zeitschr. IV, 53. V, 440.

'Der Kretschmar, Kretschmer, Wirth; Weigand, Wbch. I, 636. Zeitschr. V, 475. VI, 43.' Kärnt. kerzhmar, Wirth; kerzhma, Wirthshaus; Jarnik p. 239. „Wie ist der rock mit bier betraufft er ist etwann eins kretschmanns gewesen“, läßt H. Sachs 1560: IV, III, 27 (1612: IV, III, 59) einen Finsinger Bauer sagen. Aber dieses Wort für Schenkwirth kommt nur gegen Thüringen vor.

krotschen, grotschen, (Bayreuth, verächtlich) gehen, 'namentlich mit gespreizten Beinen'; s. oben, Sp. 1017: grätschen, und Grimm, Wbch. V, 2069. O du altə Krotsch·n! zu einer langsamen Weibsperson. Cf. česk. kročim, kračim, schreiten.

Krázl, Pancratius.

kratzen, wie hchd.; (ahd. chrazzôn, mhd. kratzen, kretzen; Graff IV, 586. BM. I, 877. Grimm, Wbch. V, 2075). „Daz si krezze mit ieren klawen“; Griesh. Pred. I, 31. R. A. Läß dich nichts kratzen, sey unbekümmert. (Vrgl. oben, Sp. 1016: gräten). Die Kratzber, Kratzelber, (Zir.) Kratzbeerstauden, die Brombeere, rubus fruticosus L. Die bläue Kratzelber, rubus caesius L. Grimm, Wbch. V, 2071. Vilmar, kurhess. Idiot. 223. Vrgl. Krausber. Die Kratzmotter, (Weihers; Dr. K. Roth) a) große schwarze Raupe; b) Bauchweh. Vilmar, kurhess. Idiot. 224. Grimm, Wbch. V, 2082.

'Die Krätze, Hautausschlag; Grimm, Wbch. V, 2072, Zeitschr. VI, 303.' (Weihers; Dr. K. Roth) der Krötz; vrgl. Grimm, Wbch. V, 2071,2. „Du machst ä Gähn zun Foir, ä *Krözen* zun-rá Pleschen“, du machst alles größer, übler; Lindermayr 97. Vrgl. oben, Sp. 462: die Pleschen.

Der „Kretz, alietus“, Voc. Archon. f. 51; „kretzo, alietus“; Voc. optim. p. 42. „Dorn-Kretzer, lanius cinereus (avis), Dorndräher“; Prompt. v. 1618. BM. I, 879. Diefenbach 22b. Vrgl. oben, Sp. 129: Erengrieß.

Der Kretzen (Krètzn), Dim. das Kretzlein, Geflecht, das nach den verschiednen Gegenden die Gestalt bald eines Korbes, bald einer Wanne u. drgl. hat; (ahd. chrezzo, mhd. kretze; Graff IV, 593. BM. I, 879. Grimm III, 460; Wbch. V, 2073. Birlinger, schwäb.-augsb. Wbch. 290. Vilmar, kurhess. Idiot. 223. Zeitschr. VI, 329,238. Kilian: kretse. gl. o. 153: crezzo, calathus, cartallum). Augsb. Stdtbch. „Ez sol nieman kain obz vailes uf daz velt füeren, er treit ez darüf wol in ainer krätzun“; Schwabenspiegel, Wackernagel 392, Schilter 188. „Er truog ein krezzen auf dem ruk“; v. d. Hagen, Ges. Abent., Bnd. II, 569. „Herzog Ludwig der puckhlet ward in Frankreich geporn und in einer Krezen gen Bairn getragen“; Chron. bey Freyb. I, 141. „Krechzen, krezen, korb“; Heumann, opusc. 698. Der, die Fuer- oder Wagen-Kretzen, die Wagenflechte. „Auf dem Rüstwagen zwo gut hoch und lang 400
gezäunte Krätzen“; Kr. Lhdl. VII, 70, ad 1460. „Cli-

tella, eselcrezze"; Aug. S. Ulr. 50, f. 3a. Vrgl. Diefenbach 127c. „All chalichchretzen sullen ainen ganzen mut haben"; Münch. StB., Auer p. 180. „Ain santchretz sol haben XII tragen"; das. p. 181. „Das Kretzentragen, Weisatsenden, als Koppen, Hühner, Eyer, Zucker, Pomeranzen und andre Geschenke" von Seite der Gevattersleute bey Kindstaufen ist durch ansp. Verordd. verboten. Vrgl. Grotzen, Kratten, Kreinzen u. Kritzen.

Das Kretzl: ums *Kretzl* ummi gé˜, um die Straßenecke, nicht etwa blos um eine bestimmte; (Passau, ObrM.).

Das „Khreuzl", Art kleineren Fisches; (s. Kreßling und Kräuterbürd).

Das Kreuz, das Kreuzlein, wie hchd. (ahd. crûci, chrûzi, chriuzi, mhd. kriuze; Graff IV, 621. BM. I, 885. Weigand, Wbch. I, 638. „Unser (krainisches) krisħ kommt nicht von cruzi, sondern ist ursprünglich slawisch und ihm nur ähnlich. Ich habe krisħ für kr'st in den ältesten bulgarischen MSS. gefunden, ein Wort der katholischen, nicht aber der griechischen Slawen." Kopitar, April 1841. Vrgl. Th. IV: zart). Zeitschr. VI, 303. „Tûtz kriuze für diu ôren, wô man die bœsen nennet"; Labr. 624. R. A. Das Kreuz Bier, X Maß. „Um ein Kreuz Bier wetten"; Alten-Ötting. Historie von 1675. Mit dem Kreuz gên, einen Bittgang halten mit vorangetragenem Kreuze. „Als man dann mit den kreuczen ging"; Mich. Beham, Wiener 260,25. „Frawen klaider tet er da an, als welt er mit den kreuczen gan"; das. 260,29. 'Der Kreuzgang, Bittprocession; BM. I, 476. Zeitschr. VI, 303.' Das Kreuz gêt aus, gêt ein, d. h. die Bittprocession mit dem Kreuze und allerley Kirchenfahnen zieht aus der Kirche, der Ortschaft, oder in sie zurück. (Vrgl. gl. i. 111: pantheras, daz uuir chundfanun chuéden, den man ze chruce thrégit). R. A. Mit dә Kirchә˜-r- ums *Kreuz* gên, es verkehrt anfangen; (b. W.). Dés is dennәstә-r-ә˜ *Kreuz* und kaә˜ Herrgott dra! (b. W.). Das Ehebrecherkreuz. „Da beut ich dir auf den sontag das Ehbrechercreutz umb kirchen trag das iederman mit werd beweist das du auch ein Ebrecher seist", sagt der Pfarrer bey H. Sachs 1560: IV, III, 41 (1612: IV, III, 89). „Mus mit dem Ehbrecherkreuz laufen umb die kirchen auf den sontag"; das. (1612: IV, III, 90). Vrgl. oben, Sp. 339, unter brechen. Das Kreuzblüemlein, (O.L.) primula farinosa L. Der Kreuzhabern, Haber oder dessen Werth als Abgabe an Kirchen. Die Kreuzhauen, Picke mit doppeltem Arm, einem spitzen und einem breiten. Der Kreuzkæs, (ä. Sp.) Käse aus den Schwaigen des Klosters zum h. Kreuz in Donauwerd, mit einem Kreuze bezeichnet und in besonderm Rufe stehend; MB. XVI, 53 ff., ad 1444. Gem. Reg. Chr. III, 23. Birlinger, schwäb.-augsb. Wbch. 292 f. Der Kreuzkopf, gelehriger Kopf, im Gegensatz eines harten. 'kreuzmöglich, adj., verstärkend; Zeitschr. V, 19. 255,74. Wàs *kreuzmügli'* is (arbeiten)', sehr, angestrengt; (doch meist in schlimmem Sinne). Der Kreuzschuß, s. oben, Sp. 1364: Kreidenschuß. Der Kreuzsprung, Freudensprung, Bocksprung. In Kreuzstall, ä. Sp., kreuzweise; (mhd. in kriuzestal, enkriuzestal; BM. II, II, 558). „Nu viel der einsidler werd crewzstal nider auf die erd"... „Nu viel iegleicher nider krautzstal auf die erden"; St. Oswald, Cgm. 719, f. 19b. 27, wo Ettmüller nach der Schaffhauser Hs. überall „krüczwis" hat: Vers 1202. 1705). „Sacerdos stat in modum crucifixi extensis manibus"; Aug. eccl. 86, f. 5. s. Stall. Die Kreuztracht, 'ä. Sp., das Herumtragen des Kreuzes; BM. III, 78 f.'; (Chiemgau, Salzach), das Kirchspiel. Zeitschr. VI, 303. „Spatzenreut Siechsdorfer Kreuztrācht"; Ex voto-Tafel auf Maria Eck. „In Praytenpacher pfarr un in seler Kranztrecht" (Kräuztrecht?); Meichelb. Hist. Fr. II, II, 219. „In Trawnwalher Kreutzstat, Urk. v. 1460, Cod. Baumb. 5, f. 23. Der Kreuzweg, 1) wie hchd. 2) Weg, an welchem die Hauptvorfälle aus der Leidensgeschichte Christi, oder die sogenannten „14 Stationen" durch eben so viele Gemälde oder Gruppen von Bildhauer-Arbeit in einzelnen, von Entfernung zu Entfernung errichteten Kapellchen oder Figuren vorgestellt sind, und der sich gewöhnlich von einer Ortschaft aus nach einer benachbarten, weithin sichtbaren Anhöhe zieht, auf welcher als einem Golgatha oder Calvarienberge der zwischen den Schächern am Kreuz Erhöhte der frommen Andacht ausgestellt ist. Eine der vorzüglichsten dieser religiösromantischen, vermuthlich zur Zeit der Kreuzzüge emporgekommenen Anstalten ist sicherlich die bey Tölz, wo eine großartige Aussicht in die Gebirge auch im gemeinsten Manne zur Steigerung der Gefühle beytragen muß. Zeitschr. VI, 303. 'kreuzweise, adv., wie hchd.; (mhd. in kriuzes wîs, en kriuzes wîs, en kriuzewîs; BM. III, 755).' „En cruces wise"; Griesh. Pred. I, 122. Bey der königlichen Krönungsceremonie wird der Candidat kreuzweise vor den Altar gelegt; ZZ. 1598, f. 12b. *Kreuzweis* i˜n 'A.... lèckә˜. 'Der Kreuzer, 1) Kreuzfahrer; BM. I, 886.' „Ain volk er zamen prachte, den ließ er an machen daz creucz wan der pabst hets für das gesprecuz der Türken die zeit geben auß. Darümb zugen sy gen dem hauß, als ob sie weren creuczer"; Mich. Beham, Wiener 362,16. 363,2. 6. 12. 2) was Kreuz-Käs, s. oben, Sp. 1298: Käs. 'kreuzling, adv., in Kreuzes Weise, kreuzweise.' Chrawzling, Cgm. 638, f. 43½. „Du scholt mit aufgepraitten armen chrewczling sten"; Cgm. 4883, f. 104. „Dem (roß) sol man den aiß chrewzling durchel prinnen"... „die haut chreuzling aufschneiden". Progel's Roßarzneybuch, Ms., f. 104. 105.

Der Kreuzer (b. Kreuzә', o.pf. Kreutzә'; Weigand, Wbch. I, 638 f.), die kleinste heutzutage in Silber geprägte Scheidemünze, welche den 60sten Theil eines Guldens beträgt, und nach welcher im gemeinen Leben alles, was unter einem Gulden ist, berechnet wird. „Crux est 401
denarii potens in saeculo", Anfang eines Liedes „de cruce denarii"; Wright's W. Mapes, p. 223. Dieser Kreuzer oder in der vollständigern Form Kreuzer-Pfenning (denarius cruciatus, crucigerus) stammt wol, da er in bayr. Urkunden bis 1535 gewöhnlich Meraner oder Etschkreuzer heißt, ursprünglich aus den Münzstätten von Verona (vrgl. Berner) und Meran, wo nicht blos mit dem Kreuz bezeichnete denarii parvuli, sondern auch also bezeichnete denarii grossi (Kreuzer-Groschen) geprägt wurden. Sammler für Tyrol IV. B., p. 63. National-Calender für Tyrol ꝛc. von 1824, S. 77. Lori, Mz.R. I, f. 56. 74. 88. 93. Kr. Lhdl. VII, 305. VIII, 511. MB. II, 497, ad 1364 gibt jemand acht und neuntzig Markh Chreuzer Maraner Münz gegen ein Leibgeding von jährlichen vierzehen Markh glaetter Chreuzer derselben Münz. Cf. Ried 850, ad 1342. Der Etsch-Kreuzer galt a⁰. 1397: 3 dn. bayrischer schwarzer Münze, (Hund, hist. Anmerk., Art. Münz); a⁰. 1459: 4 dn. guter, neuer, 8 dn. böser Landshuter Münz, (Lori, Mz.R. I, f. 74); a⁰. 1469—1487: 3 dn. schwarz, (Lori, Mz.R. I, 88. Kr. Lhdl. VII, 305. VIII, 511); a⁰. 1490—1559: 3½ dn. schwarz, (Kr. Lhdl. XII, 327. Lori, Mz.R. I, 101. 153. 164. 197. 256. 263). 1 chreuzer = 4½ dn. schwarz, = 4 dn. weiß; 12 chreuzer = 1 ℔ perner; 5 chreuzer = 1 grosch; 81 chreuzer = 1 ducat; Cgm. 740 (XV. sec.), f. 12. „4⅕ dn. ist ain kreutzer"; Cgm. 119 (sec. XVI.), f. 8b. „Die ell ist wol funftzehen kreutzer wert"; Helmbrecht 1334, (Haupt: „diu eln ist fünfzehn kriuzer wert." Diese Hauptische Fassung wol anachronistisch). Es kamen oft falsche, ringere Kreuzer, „die nicht gerechte Etschkreuzer waren", zum Vorschein; Kr. Lhdl. XIII, 57. Lori, Münz.R. I, 156. A⁰. 1535 wurden in Bayern Kreuzer im Werth der alten Etschkreuzer gemünzt, (je vom Nürnberger Loth fein Silber 35⁵/₇ Stücke); Lori f. 191. 197. Man gab a⁰. 1490 und im Anfang des 16. Jahrh. 60 Kreuzer (7 ß. dn. schwarz) für den Gulden rheinisch; (s. Gulden). Dieser momentane Werth des Guldens wurde die Norm für die a⁰. 1535 und 1559 aus Silber geprägten Guldner oder Sechzig-Kreuzerer, halbe

Guldner oder Dreißig-Kreuzerer, Zwölf-Kreuzerer oder Zwölfer, Zehn-Kreuzerer, Sechs-Kreuzerer oder Sechser, Fünf-Kreuzerer, Dreyer oder Groschen, Dritthalb-Kreuzerer, Zween-Kreuzerer und endlich für die einfachen Kreuzer, welche nun anfiengen die Rechnung nach Pfenningen zu verdrängen. Mit dem 17. Jahrh. kamen statt der bisherigen schwarzen Pfenninge, deren $3\frac{1}{2}$ auf den Kreuzer giengen, die neuern zu 4 auf den Kreuzer in Ubung. In einer gedruckten Resolviertabelle von circa 1700 sind 30 oder ein ℔ Pfenning = $10\frac{5}{7}$ fränkischen, = $13\frac{11}{28}$ rheinischen Kreuzern; oder: 1 dn. = $\frac{5}{14}$ fränk., = $\frac{25}{56}$ rhein. Kreuzern; 5 ℔ 18 dn. = 60 Kreuzer oder 1 fl. fränk. = 75 Kreuzer rhein. Das Kreuzerflêisch, (Zpf., Ms.) der Ochsenziemer, die Ochsensehne. Sp. W. Der Kreuzer gilt nichts, wo er geschlagen wird, nemo prepheta acceptus est in patria sua.

kreuzigen (kráizingə˜), wie hchd., ahd. chriuzegon, mhd. kriuzegen; Graff IV, 622. Notk. 63,8. BM. I, 886). „Er kann sich nit gnug vercreuzigen, tam vehementer admiratus est, ut etiam manus saepe tolleret“; Prompt. v. 1618. Jetzt ist statt sich kreuzigen üblicher: das Kreuz machen. Figürlich: Einen kreuzigen, ihn quälen, plagen. 'Der Kreuziger, mhd. kriuzigære; BM. I, 886.' „Ditz puech nen ich den chreutziger auch ich des pueches tichter gewesen pin ain chreutziger ain prueder der Sand Johanser“; Johan v. Franchenstain in Polen, von der Marter Jesu Christi, Denis, Codd. theol. II, I, 387.

Kritzelmauer. „Pastinaca, christzlmaur“; Semansh. 34, f. 204. Diefenbach 416^a.

kritzen, kritzeln, wie hchd. „Wie weiz daz silber an im selber ist, krizt man ain ander dinch dâ mit, ez swerzt ez“; Konr. v. Megenberg f. 279 (Pfeiffer 476,29). Der Kritzer: vollə' *Kritzə'*. *Kritzlə'*, *Krátzlə'*.

kritzkrumm, adj. Die Gliederkrankheit hat ihn *kritzkrump* gemacht; (ObrM.),

'kritzeln, mit feiner Stimme schreien; BM. I, 886.' Nâch einer vensterhenne, diu krizelt von ir man nach einem andern han“; S. Helbling I, 1339. *krüätz*, ächzen, jammern, krächzen; (Weihers; Dr. K. Roth). Zeitschr. III, 545,2.

Die Kritzen, Hennə˜kritz'n, (Ilm) die Hühnersteige, Gitterstall für die Hühner; (vrgl. Kretzen).

verkrotzen, (Aschaff.) im Zuschneiden verunstalten; ein Stück Tuch, den Braten, das Brod verkrotzen.

Q.

Dreißigste oder Qua- ꝛc. Abtheilung.

(Vergleiche die Abtheilungen Ka, Wa, Zwa.)

'Das Que, Einwurf, Einwendung (?).' „Er wird allerley Fünd, Ränk und List erdenken ein Que darein zu machen“; Simpliciss. v. 1668, p. 340.

Der Queies (?). „Eim sundern stüblein fragt er noch dar in er seinen Qweies het und seiner rechnung warten det“; H. Folz (Inc. c. a. 4^0. 158, p. 208).

402 quabeln, (Hsr.) schwappeln vor Fett; Weigand, Wbch. II, 438. Zeitschr. II, 210. III, 538,39. V, 64,45. 160. VI, 365.

quáckezen, vrb. n., quacken (wie der Frosch). Weigand, Wbch. II, 439. Zeitschr. IV, 499. VI, 341.

Der Quack, in Nestquack, jüngstes Küchlein oder Vögelchen einer Brut, scheint Bezug zu haben auf das ahd. queh, quech, quek, vivus, (mhd. quec, kec, goth. qius, gen. qivis; cf. lat. vi(vo), vic-si, vic-tum und vigeo. Graff IV, 632. BM. I, 892. Weigand, Wbch. I, 443). „Er was sô küene und ouch sô quec“... „Ein ieglich ritter sol wesen sîns gemüetes quek“; Otte m. d. Barte, Hahn 514. 739. s. das folgende Wort und vrgl. Weigand, Wbch. II, 439. Zeitschr. V, 416,20. VI, 17. 364.

quauckeln, (b. W.) schwerfällig gehen.

aufqueckeln ein schwächliches Kind, eine kranke Person: sie durch sorgfältige Behandlung aufbringen, fortbringen. Grimm, Wbch. I, 703: (schles.) aufquòcheln. (Vrgl. Quack).

derquicken, a) wie hchd. erquicken, (ahd. archuichan, arquikjan, mhd. erquicken, erkücken; Graff IV, 635. BM. I, 893. Weigand, Wbch. I, 305). b) Si tuət si' widə' *də'quickə˜*, (O.L.) es erholt sich wieder, wird wieder besser, (nicht blos, wenn von kranken Menschen und Thieren, sondern auch, wenn von andern Lebensverhältnissen die Rede ist. So hörte ich diesen Ausdruck von einem Fischer in Beziehung auf den Fischfang und die gehoffte größere Ergiebigkeit desselben). Cf. gl. a. 72: fleisc quecchaz, caro viva; o. 451: sâmi-quec, semivivus; M.m. 4: qhuekke inti tote, vivos et mortuos. „Von dem tode erquicken“; Buch d. W. (1485), f. 7. „Du, diu kranken mût bequicket“; Labr. 138. Vrgl. Quack und keck.

quick: Burmannsquick, Ortsname: Wurmansweick, 1505; Öfele, scriptt. II, 491. Dr. K. Roth findet (20. Dec. 1848) in einer Urk. v. 1300: Purmansgwigge, welches er auf ein früheres Burcmannes giwiggi zurückführen will. (Abermals in der Landbötin von 1851, Nr. 279, p. 608.) Dietrich v. Pleningen schreibt a^0. 1512 (Cgm. 3949, f. 146): Wormaßquick.

quickezen, zwitschern, einen hellen, zwitschernden Laut von sich geben. Die Räder an einem ungeschmierten neuen Wagen, neue Thüren u. drgl. quickezen. Weigand, Wbch. II, 445: quieksen. Zeitschr. III, 134. 329: zwiggetz'n. IV, 499. V, 444. VI, 341. 433. Manche Vögel quickezen, (vrgl. zwickezen). „əs *quickəz'n*

'Grilln"; Stelzhamer 8. Weigand, Wbch. II, 445. Der Quicker, (Obrg.) der Buchfink. Zeitschr. IV, 181.

Der Quadrant. „Durus arator, ein grober quadrant", (1500); Kaisersb. 142, f. 342[b].

---

anquaffen (à~kwaff'n), arripere; (tirol., nach Hrn. v. Passauer in Kissingen, 1845). Cf. ahd. quepan, Grimm in Haupt's Zeitschr. V, 240; BM. I, 892: erqueben, ersticken; dän. kue, zähmen. Vrgl. auch česk. kwapim, eilen, na kwap, in der Eile.

Die Quehel (Quéhhəl, Qué'l), das Quihelein (Quihhál), (O.L.) das Tischtuch, (ahd. duahila, mhd. twehele; Graff V, 268. BM. III, 157. Weigand, Wbch. II, 443); s. Zwehel und zwagen.

---

quellen, wie hchd. (ahd. quellan, mhd. quellen: ich quille, qual, gequollen; Graff IV, 655. BM. I, 898. Weigand, Wbch. II, 444. Zeitschr. VI, 341. aberquellan, ubarcholliki, congeries; gl. i. 1204. Diut. II, 313); Weihers: quiln, quellen; der Quil, die Quelle; quilljern, von Flüssigkeiten: herausdringen; quelln, aufschwellen machen, z. B. Getreide in heißem Wasser; (Dr. K. Roth). Vrgl. Vilmar, kurhess. Idiot. 309. 310. Weigand, Wbch. II, 444. Zeitschr. IV, 181. V, 271,13. „Wenn 's Báchə-l blinkəzt und *quált*", Pangkofer, Ged. (1846), p. V; s. oben, Sp. 1301: kislát. „Ein Brunnlein das in eim gelben sand aufqwrel ganz silberfarb, klar, frisch und kel; H. Sachs 1560: II, IV, 40. Quellmaißel, Fontanell; Dr. Minderer (1620) p. 162. 163. „In proquellis leben", '(? hieher?)'; Burkard Waldis, neue lit. Anz. II, 139. 'Burk. Waldis Parabel vom verlornen Sohn, hg. v. Höfer (1851), p. 42,521 und p. 181.'

queilen. „Huesten und queilen", (von Alten); Ingolst. Calender v. 1829.

Der Qualm, 1) betäubender Dampf. Ganzé *Quálm* hobəln ei~ d' Höhh. Zeitschr. VI, 418,19. 2) Betäubung, Ohnmacht, Bewußtlosigkeit; Winterschlaf der Thiere; (Zir.) von Dachsen, Füchsen, wenn sie im Bau liegen; (ahd. tualm, mhd. twalm; Graff V, 552. BM. III, 160). ə~ ganzə' *Quálm* hàt mi' übə'fálln. „Sichtlich sah ich in Qualmes Traum fünff Weibsbilder under einem Baum"; H. Sachs. In Qualm oder in Qualn ligen, in Todesangst, Ohnmachten, Betäubung liegen. „In tualme minem, in excessu meo"; Cgm. 17, f. 169[a], Ps. 115,4. (Cf. ahd. dawalôn, todkrank liegen, Otfr., neben douwan, mori; dän. daane, ohnmächtig werden. Grimm I^3, p. 105). „In slâfes twalme"; Labr. 517. „Wiltu guten tbalm machen, swelchs mensch sein newfft in wein das mues slaffen hinzt man es entslafft . . . Nym tbalmwurcz (lolium) . . .; Cgm. 170, f. 4[a]. 10[b]. Recept „gueten thwalm ze machen . . . ein annder thwalm dranckch"; Cgm. 3723, f. 22. „Auch sagt man von twalbm tranck davon die leut ân iren danck muffen slaffen mit eine"; Cgm. 291, f. 141[a]. „Brionia, mandragora, tualm"; Clm. 4583, f. 47. Diefenbach 81[c]: briorva. 346[b]. „Mandragora, twalmwurz"; Ind. 418, f. 157. „Den Catholischen einen Qwalmtrunk beybringen"; der Nachbarn am Isarstrom Th. III, 78. qwälmig, quelmig, qualmisch, adj., betäubt, bewußtlos. Dà is 's so warm, dás mə' mècht *quál-*
403 *misch* wer'n. „Gewelmisch werden im Kopf"; Inchenhofer Mirakel. „Mit sunder dazu beraiten kugeln und stucken die visch in dem waßer gewälmig machen"; b. L.Ord. von 1553, f. 151. Vrgl. Qelm und das alte quhalm (Isid. 5. gl. i. 75: excidium, pernicies), wol von quelian (gl. passim: necare, perimere), womit unsre Ausdrücke Qualm, Qual und quälen, obschon in der Bedeutung gemildert, zusammenhangen mögen. 'Die alte Sprache kennt neben dem schwachen vrb. act. quälen (ahd. queljan, mhd. queln, quellen, auch keln, kellen, cruciare, occidere, martern.' „Der fore durste erchelet o Tantalus", Notk. Boeth. 180. „Den sculdigen wil ich cholen", lies: „chuellen", gereimt auf „wellen"; Diut. III, 104. 108. „Daz tu in hin niene chuelest"; das. 110. „Swen disiu not tuot quelen", reimt auf „gesellen"; das. Labr. 381. „Die kel wir in die vlüete, wir geben in die wazzerküelen selde"; Gudrun 448; Bartsch: „mit der flüete") 'auch ein starkes vb. ntr. ahd. quelan, mhd. queln, (Präs. ich quil, Prät. ich qual, Partic. gequoln), auch chellen, cheln, keln (Ptc. choln, koln, wovon ein weiteres vb. act. u. ntr. cholen, kollen, koln.' „Du choletest den lip", Diut. III, 88; auch quâlen: „Diu vart mîn Herze quâlet"; Labr. 79), 'cruciari, sich martern, peinliche Noth, Schmerz leiden, (Graff IV, 651. 652. BM. I, 896. 897. Weigand, Wbch. II, 439. 440.' „Das sihe muz uore hungere chuellen", Diut. III, 99; „hungeres chuelen", das. 101; „so můz ich iemer cholen", das. 104; „so hart er an in ist vercholen", das. 109. „Min sela ist ferchölen, defecit"; Notk. 108,81. 82. „Solt ich lenger also queln"; altd. Wldr. III, 165. Die ellenden durftigen selen die in dem fegfeur müssen quelen"; Cgm. 713, f. 131. „Mein senen und mein quillen das ist so mengerlei"; Cgm. 379, f. 22 und 713, f. 145. „Ir hercz in großem iamer qual"; Cgm. 714, f. 146. „Ich bin so gar nach euch verquollen (reimt auf „doln") mit herzen und mit leibe"; das. f. 152. „Der visch der an den angel kumen ist wie der quelt . . ., also qual die fraw hêr"; Cgm. 714, f. 68. „Do die hund erhorten daz quelen des chindes in dem paum . . . graf Lupolt rait mit den seinen zu dem paum und lusent zu dem queln des chindes"; Cgm. 54, f. 32[b]), 'welches dem starken vb. ntr. ahd. twelan, mhd. tweln, erstarren, sterben, (ich twil, twal, getwoln, wovon obiges Subst. twalm und das Adj. tol; Graff V, 548. BM. III, 159 f. Cf. oben, Sp. 936 unter Gurgel) in Form und Bedeutung begegnet.' „Nun sitzt er und dut queln als ob er sy entschlaffen"; Altsw. 158,17. „zwolln", (O.Pf.) betäubt, irre. Die Qual, ahd. quâla und queli, mhd. quâle, kâle, kôle und quel, Beklemmung, Marter. Zeitschr. IV, 180. 499. „Gott Israel, der du hulffst aus jammers quel"... „es ist ein seel die leidet pein und quel"; H. Sachs 1612: I, 37. 73. 166. Quol reimt auf „mol" (also: quâl); Cgm. 714, f. 70. Cgm. 717, f. 119: quâl (: mâl). „In solches traumes qual ward ich geführt in einen saal"; das. I, 204. „In dem daucht mich in traumes qual"; das. II, II, 204. Cf. ahd. sueizcholi (suezcholi, sweizchuoli) der Leges Baiuu. XIII, 11, '(Pertz, monum. German., legg. III, 317. 318. Graff IV, 379. VI, 907).'

---

bequêm, a) wie hchd. b) ä. Sp., fähig, geeignet, aptus. „Ewer Seel, die so bequem ist, das ewige Liecht zu erlangen." „Der Mann seye nur allein bequem, die Kinder zu machen, aber das Weib gebäre sie mit Gefahr"; Albertin's Guevara. c) zukommend, conveniens, competens. „So Einer Gott zumißt, das Gott nicht bequem ist . . ."; Carolina poen. von Gotteslästerung. „Wenn ein urtail nit von der Partey oder der sachen bequemen und ordentlichen Richter ausgangen ist"; Gerichtsord. von 1520. d) schicklich, passend. „Ain bequemes Gebett"; Altött. Histor. „Etwas das sie vermaint, beeden Fürsten allain zu hören am bequemlichsten zu seyn"; Ldtg. v. 1516, p. 395. „Unbequeme Zeit zu jagen", (unschickliche); L.R. v. 1616, f. 783. bequêm (ahd. piquâmi, mhd. bequæme; Graff IV, 672. BM. I, 905. Grimm, Wbch. I, 1481) ist ein Rest von der ältern (im Niederd. zum Theil noch jetzt üblichen) Form queman statt kommen. „Inde vir sapiens moleste unbequamo ferre non debet"; Froumundi cod.

Boethii de consol. philos. (Wallerst.-Maihingen), f. 47. „Thurh ysfelra manna rædas the him (Willelm II.) æfre gecweme wæran", through the counsels of evil men that to him were always agreeable; Saxon. chron. ad 1100, Ingram p. 319.

Quoma, (Burschen-Comment?).
„Et ergo dico vobis prophetiam
quod hoc anno habebimus bonam Quomam,
in bonis vinis et omni bibili
nec non in omni comestibili";
Carmen strenale per Magistrum Bibobacherium ad bonos socios (1570) in Brixinia et alibi, Cbm. 880, f. 63. s. femen.

quenern, quenken, quenkeln (queə˜rn, queə˜kng), winseln, ächzen; cf. cvânjan, Grimm II, 13. Weigand II, 444. Zeitschr. V, 444. VI, 433. s. Th. IV: weinen.

Quandelbeer, mespillus amelanchier L.; („hie und da" im Salzburgischen? Zir.). Nemnich II, 565: Quendel-, Quantelbeere.

'quinkeln, schmeicheln; der Quinkler.' „Ain speier und zuquinkler, ain verreter, poswicht und diep"; Mich. Beham, Wiener 10,24. „Dy zutätler (zutütler) und quinkler"; das. 44,15. Vrgl. hess. (Vilmar 38; kurhess. Idiot. 310): quinseln.

quinkelieren, niederd., trillern. „De Swinegel *quinkeleer'de* en lütjet Leedken"; Firmenich I, 210,8 (Stade). „Ik selber sung un *quinkeleerte*"; das. I, 329,21 (Waldeck). Vrgl. quintieren.

quenten, verquanten, verquenten, vertauschen, verbergen; BM. I, 891. „So tuot er ims vertanten und mit lugenen verquanten"; des Teufels Segi, Barack 272,8642. „So man eim armen das recht verquent und im ein hutlein fur die augen went"; Cgm. 713, f. 27. 176. „Seine sprach und stimm verquanten"; Simpliciss. v. 1669, p. 157. „Damit der Buckel verquäntet werde das Leibstuck auszuschoppen"; P. Gansler 33. Vrgl. Weigand, Wbch. II, 441: „quantsweise, nur zum Scheine."

Das Quintlein (Quintl), das Quentchen (quintellum), nicht der fünfte, wie man dem Worte nach glauben sollte, sondern der vierte Theil eines Loths. BM. I, 898. Weigand, Wbch. II, 444. Das Quintet, Quintat; Lori, Mz.R. I, 38. 41. 90. 110. Ind. 344 hat immer „quinteyn." (Nach einem ähnlichen Quid pro quo heißt quinteln an einigen Orten der Schweiz: die Viertelstunden schlagen). Dich soll der Teufel *quintlweis* z'reiss'n! (ein Kernfluch). Zeitschr. IV, 499. Quinten, Fechterstreiche, Finten; (Zir.) Tücke; quintig, verschmitzt; leicht beweglich. Castelli, Wbch. 159: „Gwint'n, lächerliche Geberden, widernatürliche Verdrehungen des Körpers. Mächst scho˜ wida' *Gwint'n* und Akt'n?" Quinti və'dráti machə˜, (b.W.) Schwänke, Verdrehungen. Zeitschr. IV, 499. VI, 433. s. Th. IV: winden.

Quinter, ä. Sp., vermuthlich eine Leyer, von der beständig accompagnierenden Quinte so benannt. BM. I, 898. „La zitara, die Quintern"; Nomencl. veneziano-todesco v. 1424, f. 26. „Kinterne, cithara"; Kilian. „Geigl, peufhl, lautten, Quintern und Zittern oder Pusaunen"; Fronleichnams-Reglement von 1580. Wstr. Btr. V, p. 137.

quintieren, in Quinten singen; BM. I, 898. „Ja was sie mit quintiren yetz unden und dan oben; Diut. II, 92. Cgm. 409, f. 351^{b} ist auch Sünde: „weltlich lieder singen, in götlichem gesang quintieren."

Quinze. „De beguta quae palpaverat puero ad membrum et confitebatur confessori dicens: ego palpavi puero nostro ad quinzen"; Aug. eccl. 84, f. 362^{b}. Vrgl. Vilmar, kurhess. Idiot. 316: Quintipse, vulva.

Quar'n, plur. „Abständige Storren und Quarn ... abständig und unmaßbar befindliches Schlagholz oder Quarn"; wirzb. Verord. v. 1730 über Holzanweisungen.

quer, wie hchd.; (ahd. mhd. twer; Graff IV, 279. BM. III, 166. Weigand, Wbch. II, 444. Zeitschr. V, 268,3,11. VI, 422,33). quiren, (Hfr.) nach der Quer pflügen. Weigand, Wbch. II, 445 f.

'querren = gewerren, hindern? BM. I, 747; vrgl. III, 165 und s. Th. IV: werren und zweren.' „Ein vogel den andern zerret, ein tier daz ander querret, ein kraut dem andern wirret, ein baum den andern irret"; Renner 8043.

Quirin. „Ey das er hab sant Quirins buß den wuchrer und den geizing jüden, den nehrwolf und den geltrüden!" H. Sachs 1560: III, III, 70. „Ich wolt, samer Sanct Quirin! nit bleiben", sagt einer der Knechte, das. V, 341.

quargeln, quergeln, schreyen. Vrgl. Vilmar, kurhess. Idiot. 308: quarren, quärren, halbschreiend weinen. Weigand, Wbch. II, 441. Zeitschr. VI, 433. Das Gequargel, das Geschrey. (Vrgl. querca, gl. o. 231, schwed. qvarka, die Gurgel; Graff IV, 680.)

'Der Quark, weicher Käse von frisch geronnener Milch; mhd. quarc und twarc, BM. I, 891. III, 158. Weigand, Wbch. II, 441. Zeitschr. III, 417,360. VI, 137,6. 276,17. „Quarotum quasi coactum, chese"; Diut. III, 146. „Formarius tuerolt vel tuark"; Clm. 5877 (XV. sec., 1449), f. 116. Diefenbach 243^{a}: formadius. Cf. slaw. tvarog, česk. twaroh, v. tvořim, formare, (wie ital. formaggio, franz. fromage; Diez, Wbch. 152); Haupt's Zeitschr. VII, 469. Vrgl. Ziger.

'querschen, ä. Sp., wie hchd. quetschen (? mhd. quetzen, quetschen, quaschieren, quatschieren; BM. I, 895. Weigand, Wbch. II, 445).' „Vnd valt mit tiost den von Clefen das man in verquerschet aus dem rosse musse heben"; Lohengrin, Butsch's Ms., (1. December 1849). Vrgl. quetschen.

Das Quart, Quärtlein (Quártl·), der vierte Theil einer (Flüssigkeits-) Maß. ə˜ *Quártl·* Wei˜. Weigand, Wbch. II, 442.

Die Quart. „Spilen mit der Quarten" ist verboten; Gem. Reg. Chr. II, 188, ad 1378. Vrgl. Viertat.

Das Quartal, ä. Sp., Viertel auf der Uhr; flämisch: quarteer. Groß, klain Quartal; „It (= 1½) quartal nach II, quartale cum dimidio post secundam"; Tegernseer Ceremoniel, Cgm. 1148, passim.

Quarter, s. oben, Sp. 1296: Korter.

Das Quartier (Qua'tiər, o.pf. Qua'têiə), wie hchd. Der Schuhmacher-Ausdruck (Hinter-, Über-) Quartier lautet gewöhnlich Qua'tə (- ∪), was auch das sonst 404
in der Sprache dieses Handwerks vorkommende Köder (vom alten Korder, Querder, Voc. v. 1429 u. 1448 pittacius, liripipium; Diefenbach 324^{c}: leripipium, 433^{b}: pictacium) und das niedersl. Quadder und das schwed. Qvard berücksichtigen läßt. Weigand, Wbch. II, 442. Zeitschr. V, 160: Queder. Quartier-Schlange, s. Büchsen und Kartaunen. quartiern, einquartieren, wie hchd. bequartieren Einen, ihm zur Strafe Soldaten ins Quartier legen, — als etwas deutscherer

Terminus für: mit Executionsmannschaft belegen, — zwar österreichisch-kurhessische (Graf Leiningen-Hassenpflugische) Erfindung, aber leider zuerst in Bezug auf baierische Soldaten (am Schluß des ersten Jahrfünfzig) angewendet, wird leider auch in einem baierischen Wörterbuch eben so wie Strafbaier anzuführen seyn. „Da die Baiern ausschließlich zu der Bequartierung verwendet wurden", (die Österreicher hielten sich für solchen Schergendienst zu edel) „ist durch ihren (der B.) Abgang vielen hiesigen Bewohnern eine große Last abgenommen"; (Kassel, 4. Jan. 1851), Allgem. Ztg. S. 114. Die Baiern also als wahre Eten (edones, Fresser, Eotnas, Jötnar; s. Grimm, Mythol.² 485 f.) den guten Hessen auf den Hals geschickt.

'quâßen, ä. Sp., schlemmen, schwelgen, prassen, mhd. quâzen; BM. I, 892.' Cf. česk. kwas. Grimm I³, 169. Zeitschr. IV, 181. V, 160. 476. „Von voller pfründe quazzen"; Renner 5426, (s. oben, Sp. 1009: gräßen. „Von schulgesellen zimlich quazzen (reimt auf „strazzen") bi pfaffen und münchen geistlich kosen"; das. 17359. Der Quaßer. „Du quaßer, ich warne dich, tayle mit armen luten"; Cgm. 254, f. 156ᵃ.

---

questern, (Hsr.) hin und her laufen.

---

quat, kat, ä. Sp., böse; BM. I, 792. Zeitschr. II, 392,22. V, 375. 527,574. s. oben, Sp. 1309: kat. „Daz ir dem riter kwât den kranz habent geben"; v. d. Hagen, Ges. Abent. LXIV, 1004.

Der Quât, ä. Sp., Koth; s. oben, Sp. 1309: Kât und vrgl. Vilmar, kurheff. Idiot. 308.

Der Quatsack, wie Horsac, Kothsack, Bezeichnung des verweslichen menschlichen Leibes; BM. II, II, 3. „Waz ob der niht ein quatsac wær"; Renner 6974.

'Das Quater, ä. Sp., die Vierzahl; das Viereck, Quadrat; BM. I, 892.' „Das drei das quater rierte in dem schilt mit vier örten"; Cgm. 714, f. 196.

Quatte (?). „So öffet es (das Spinnlein) im (dem Mücklein) bald sein stirnlein und sog daraus sein süsses hirnlein zu speisen seines leibes quatten"; H. Volz, (Inc. c. a. 4⁰. 158, f. 29. s. oben, Sp. 912: gâumen).

Die Quattember, Quatember, Quotemmer, Kotemmer, 1) die quatuor tempora oder die 4 Wochen, in welchen nach alten päbstlichen Anordnungen die Weihe der Priester vorgenommen zu werden pflegt, und für die Gläubigen nebst dem Freytag und Samstag auch der Mittwoch ein strenggebotener Fasttag ist; 2) jede einzelne dieser 4 Epochen, die, obschon mit dem Osterfeste beweglich, das Jahr in 4 ungefähr gleiche Theile theilen und so zu mancherley Fristbestimmungen dienen. Weigand, Wbch. 442. Zeitschr. VI, 433. Nach Adelung ist Quatember, in diesem Sinne als Singular gebraucht, im Hochd. ein Masculinum. „Ob die Schuldner zu einer oder mere Quattemper nit zalten . . zwischen hie und der Quottemer zu Weihnachten nechstkommende . . ."; MB. XXV, 382. 393.

quit, queit, ledig, los; (mhd. quît; BM. I, 888. Weigand, Wbch. II, 446 f. Zeitschr. VI, 433. quitt, bezahlt? cf. holl. kweten, Ptc. geqweten). „Des biſtu worden queit", (reimt auf „Zeit"); Cgm. 714, f. 248. 267. „quitt los von meinem dienst"; H. Sachs 1612: II, II, 61.

'quitteln, vom Ruf der Gans und des Hahnes.' „Der vogel (die Gans) bezaichent die zeit der nacht mit seinem quiteln reht sam der han mit seinem kræen. die gens meldent auch die dieb mit irm quiteln"; Konr. v. Megenberg, f. 101, Pfeiffer 168,26. „Er (der Hahn) ruoft seinen weiben mit seinem sänften quiteln zuo dem ezzen, sô er daz korn vindet"; das. f. 113ᵇ, Pf. 192,29. „Die ze latein augures haizent, daz sint die sich annement künftigeu dinch ze sagen von der vogel quiteln und von irem gesang"; das. 227,26.

---

quatschen, quetschen (quoutsch'n), O.Pf. watscheln, wackeln; sich ungeschickt benehmen; (Weihers; Dr. K. Roth) oft hin und her laufen. Vrgl. Zeitschr. III, 538,39. VI, 173. 433. Die Quoutsch, Person, die im Gehen wie eine Ente watschelt.

quátschen, vom Hunde: pedere; Pangkofer 237. Vrgl. Vilmar, kurheff. Idiot. 308.

qwitschen, qwitschern, zwitschern; (Hsr.). Weigand, Wbch. II, 446.

'quetzen, ä. Sp., wie hchd. quetschen; (BM. I, 895. Weigand, Wbch. II, 445.' Cf. ahd. duesban, irduesban, Graff IV, 280; isl. qveita, subigere; agf. tocwyst, zerquetscht; Luc. XX, 18; lat. cudere). „Swenn der helle münzer quetzet sein gebrech daz uzzen schein silber und innen was unrein"; Renner 4134; cf. gebrech (: blech), das. 18496. 18517. „Kunstenriche pfaffen . . . smeltzent, veltzent, smident, quetzent, sleiffent, spitzent, schrotent, wetzent"; das. 17548. verkitschen, z. B. ein Gemälde, es zu Geld machen; (Mar. 'Hieher?' cf. goth. fraqvistjan, ahd. quistjan, farquistjan, delere; Graff IV, 680 f.). s. oben, Sp. 1313. Der Quetzer. „Wil man wizzen wer zu munzze horet. daz sint golsmide unde ir gesinde unde darzu quetzär unde ir gesinde"; Augsb. Stdtr., Freyb. p. 10; Quäzer, Walch p. 36. Quartzer, Cgm. 559, f. 5. Der Quaz, eine Münze; Graff IV, 682. gl. a. 95: qhuaz, nummum; i. 370: quaza, didragma; i. 463: (valuit viduae duobus) minutis quazun; i. 874: teil des chuazzes, pars stateris.

L.

Ein und dreißigste oder La= 2c. Abtheilung.

---

405 Der Buchstabe l wird in altb. Landschulen, wo noch die ältere Lehrart herrscht, ál, wie das r ár, genannt. Über das merkwürdige Verhalten des l in der dialektischen Aussprache s. Gramm. 521—545, S. 121 Anmerkung. Woraus das suffigierte l in den Formen der-l, dé l, dés-l (jener, e, es), dà-l (dort), wo-l enden (wo?) entstellt sey, ist nicht klar. Vrgl. das kärnt. =le bey Jarnik p. 20:

„te, ta, to, dieser, diese, dieses;
te=le, ta=le, to=le, dieser, diese, dieses da.
toti, tota, toto, dieser, diese, dieses,
toti=le, tota=le, toto=le, dieser da 2c.
tisti, tista, tiste (tisto), jener, jene, jenes,
tisti=le, tista=le, tiste=le, jener dort 2c.
tu, tukaj, tukej, hier,
tu=le, tukaj=le, tukej=le, hier da.
tam, dort; tam=le, da dort“;

česk. (Dobrowsky, Gramm. §. 245) =hle, =le: tu=hle, zde=hle, tum=hle, hyn=le, hned=le. Cf. schwed. den här 2c., dieser. Ist unser -le etwa zu -lá, schau-lá, ecce (s. unten), zu ziehen? (cf. *-sen, s'n* zu sehen). s. Gramm. 749 u. vrgl. das Suffix -s'n.

lâ, laß; ich lâ, ich laße 2c., s. lâßen.

lá, Partikel. schau-*lá!* hau-*lá!* (Ob.Inn) ja so! sowohl! ja gu-*lá!* (Zillerthal; Salzb. Kr. Bl. v. 1814) ja. was wäre das! ey, ey! *gulá, gulá*, nicht doch! (In ähnlichem Gebrauche kommt das angels. la vor). Vrgl. Grimm III, 289. 290.

Die Lâ, s. die Lôh und das Lôh.

Der Lai, s. Laij.

Die Lai, s. Laij.

lâu, lâw, læw (láw, làw), adj. u. adv., 1) lau, (ahd. lâo, gen. lâuues, mhd. lâ, gen. lâwes; isl. hlæ=r, hly=r. Graff II, 294. BM. I, 921. Weigand, Wbch. II, 16): əˉ *láwə'* Luft, əˉ *láwé* Mịlə', əˉ *láws* Wassə', (lauuaz uuazar, gl. i. 27). „Die zeit des iars ist manicvalt: trucken, naz, warm, lewe, kalt“; Renner 3941. „Tepidus, lab“; Voc. v. 1445. læwlet (láwlət, làwlət), adj., laulicht. læwelet (láwələt, o.pf. leiwəlet), ein wenig laulicht. lâweln (láwəln, làwəln) vrb. act., lau machen; schott. to lew. D' Wésch *eiˉláwəln*, das Leinenzeug in warmes Wasser thun. *àˉláwəln* zum Brodbacken.

læuen, læunen (láiˉn, láˉn), gelæunen (gláiˉn), (von gefrornen Dingen) durch lâue Temperatur erweicht werden, aufthauen; VII Com.: lönen,. (ahd. lâwan, mhd. lâwen; niedersf. lüen, isl. hlâ, hlâna, hlyna; dän. luun, flectiert lune, lau, mild; lune, lau, mild seyn, werden. Graff II, 294. BM. I, 921). Der Schnê, das Eis, das gefrorne Fenster læunt auf; əs *gláiˉt au'*, es tritt Thauwetter ein. Aventin in seiner Grammatik hat (2 mal) „smeltzen, auffleimen.“ Salpeter in Essig über dem Feuer, „so es anfacht lawen (lauwarm werden) so faim den faim obnan her ab“; Cgm. 4902 (v. 1429), f. 5. Fig. sagt man auch von einem Menschen, der anfängt, nicht mehr wie vorher fremde oder schüchtern zu thun: ə' *gláiˉt auf.* „. . . freunt, wan rew dein herz 406
auffenleunt so scholtu dich ains priesters remen und ganz und gar vor im verschemen“; Cgm. 714, f. 258. Die Læuen, Læu'n (Láiˉn, Lán), a) das Thauwetter, die Aufthauung. „Gleich in dem fiel ein Lein an, gieng der Stoß“; Avent. Chr. 238. (Vrgl. auch len). b) die Læuen, Læun, Læunen, Læn, Lænen (Láˉ, Lánəˉ), α) (Gebirg) Masse von erweichtem Schnee, dann auch von Erde, Steingerölle, so an einem Berghange herabrutſcht, (schwz. Lâuin, -v) Lawine: Schnêlæn, Grundlæn, Stainlæn. Zeitschr. III, 306. 462. VI, 438. Cf. Baader's Reisen I, 182; län, (VII Communi) Bergfall. „Schnee ligt auf einem berg von dem schrockling schnee lenen lauffen“; H. Sachs 1612: I, 849. β) lichter, gewöhnlich baumloser Streifen, der an einem Berge von oben nach unten herabzieht, und in der Regel der Weg der herabrutschenden Schnee= 2c. Massen ist. Raitenbucher Feld= und Weingüter „ze obern Lönen“, (Oberlán bey Meran); Clm. 12244, Hinterdeckel (1453). „*Lánə*, Dorf bey Meran: N. N. zu Niderlönen (inferius Launanum), Urk. v. 1406. N. N. in der Lenaner pfarr, Urk. v. 1446. *Læna, Laüna*, (Name des Dorfes) im Lat. öfter durch Alluvio gegeben; Urk. v. 1406.“ Dr. K. Roth. Ist dieser Streif mit Gras bewachsen, so heißt es əˉ *Gràsláněˉ*. Das *Lánəˉ*-Hêu, als besonders zart, ist ein beliebtes Lager der Gebirgsleute. Öfter zeigen sich diese Länen als Gräben, in welchen nach starkem Regen Wasser herabrinnt; cf. Lain. „Von Wasser, von Fewr, von Lawnen . . . Schneeläen.“ (Jir.) Lahngang, Lahnstraifen; Wind=, Staub=Lahn. (Pseud.=Jir.) Lahnholz, durch Lawinen gebrachtes; Lahnstreifen, durch welche die Lawinen herfahren. „Länenheigen“, (Länenhêuen); Lori, BergR. f. 15. 209. 423. „Die Länstraff (Læuenstrauff?), darinn das Holz Jerlich durch die Län niedergestoſſen wirdet, vnnd auch nichts als Löckach und Stäuden darinnen wächst, zu schwentten . .“; salzb. Waldord. p. 37. Lavini oder Slavini di S. Marco, Bergstürze zwischen Pieve und S. Marco; (Lewald, Giovanelli). (Cf. gl. a. 115: leuuina, 157: louuin, torrens; i. 35: zi leuuinun, ad torrentem; 910: fona leuuinum, de torrentibus. Graff II, 297. „Factae sunt lavinae“; Paul. Diac. de g. L. III, 23). s. Lain.

lâu, lâw, 2) fig. schlapp, ohne Anstrengung, abgeschmackt, fade, (isl. hlâ=r): əˉ *láwə'* Bue', Gegensatz des frischen, əˉ *lábs* Rédn, əˉ *láws* Gsang. „Soll I das Diə'nl liəbm, eyá, dàs wár mə' *z'láb*, hàt kaəˉn Vaəràbi und Füəſs wiə-r-ə Pfàb“; Wagner, salzb. Ges. 104. „Lawer gsell, homo frigidus“; Prompt. von 1618.

lâu=en, lâu=eln, læu=eln, lâu=ern (lauˉn, lauˉln, láiˉln, lauˉə'n), schlapp, träge, schläfrig seyn und thun; schlummern. əˉ Ding *və'lauˉn, vəlauˉln*, vernachlässigen, versäumen, verschlafen. Dés is əˉ rèchtə'

Lau˜lə'! Nét schlaffə˜, nà˜ gràd ə˜ bissl *lau˜l·n*, ə˜n *Lau˜lə' tae˜*, schlummern.

Wo kaə˜ Geigng tuət rau˜l·n,
fangt mər à˜ zó'n *Lau˜l·n;* Kirchweihlied.

ei˜lau˜ln, einschlummern. „Lawe, tepescat (ardor)"; Diut. III, 171. s. auch launen und launschen.

lauen, (Augsb.) stammeln.

Die Lauen, ein Fisch; s. Laugen.

Der Lauer, Rothgerber; s. Loh.

lé, lə, l, -l, die Diminutiv-Endung, s. lein und Gramm. 596—607. 883—892.

lê, lê! Ruf, womit den Schafen gelockt wird; (cf. česk. hle, hlehle, hlele, sieh! seht!). Daher in der Kindersprache: das Lêlê (υ-), das Schaf; Lêlê-Lámpəl, Lämmchen. s. Dámi.

lê, lêw (lèi), adj., (Nord-O.Pf.) übel, krank, leidend, schlecht. Vilmar, kurhess. Idiot. 245: leilich, schwächlich, kränklich. ə˜ *lèiwər* Ochs, ə˜ *lèiwə* Kou, ə˜ *lèi's* Pfá'. Heu˜t bin I wirklə' rèə't *lèi*. Wiər' mə' na˜
407 niət *lèi'!* werde mir nur nicht krank. 's *lèi'* Hárgə'l, der leidende Christus. ə˜ *lèi's* Broud, schlechtes Brod. 's *lèi'* Wédə', das Ungewitter. Anmerk. Ich trage Bedenken, hier ein blos euphemistisches lieb anzunehmen, um so mehr, als im Niedersächsischen ebenfalls ein Adj. leiw, leeg, leig, schlecht, kränklich, böse, (Firmenich I, 44,2. 75,25. 188,7. 209,11. 220,4. 222,33. 240,7. 249,37. 267,6. 288,4. 304,6. 298,7: „Dat Platdütske is jä auk so *leige* nig; mi düch, et lütt noch vull beter äs dat Hauchdütske", sagt der Münster'sche Burenjunge. Cf. altſ. lêf, lêbes) und in der ahd. Sp. ein Subst. lê, lêo, genit. lêuues, malum, (mhd. lê, lêwes; Graff II, 295. BM. I, 954. Grimm, Gesch. d. Spr. 992 f.) vorkommt; (nach Reinwald heißt mit Lah um Nordheim: mit Mühe). Das bey Otfr. meist genitivisch vorkommende leuues — (könnte sein und Notker's les ein Contractum davon sein? „Fater, belaz iz in, sie ne uuizzin les uuaz sie tuont"; Notk. 68,14. Graff II, 248 f. ah les! Diut. III, 38) — scheint ein Interjection zu seyn wie leider und wie das lat. malum (Scheller, h; Grimm III, 128); Notker's (X, 12) ziû lêuues (im Münchner Folium: zîu léuues) mahnt an Christopoulos's τί τοῦ κάκου κοπιάζεις. Ob das Adj. lewe in Pfeiffer's Mystikern 263,5. 278,19. 22 wirklich lau heiße, frägt Raumer, Münch. Gel. Anz. 1846, I, 616. s. auch lêg und un-lâg.

lei, (Nördlingen) sogleich, gleich; (Unter-Vintschgau, Meran) nur (wahrscheinlich von al-ain); wird auch wie halt überflüssig eingeschaltet. Staffler I, 116 f. Zeitschr. III, 309. 328. V, 104,8. 256,110. VI, 436. 527,8. s. g·leich.

vəlei (υ-), (Hrslm.) beynahe, fast.

Kám àfə' hàt dé Ur ausgschlàgng,
so hàt d· Maria glei'
à˜gfangə˜ z· jammə'n und zə'n Klàgng,
dás ·s aus gwé'n is *vəlei*.

„Dés waəs I *falai*", freilich, schon, auch; Castelli (1828) p. 89. 242; Wbch. 123: „Ear håd ma' 's *falai* g·sågd." „Dös miarkn d· Glöckerln a' *falei*, vielleicht, wol." „Nach zehə˜ Jahrn *falei* is·s mit de' Ruə va'bei"; Seidl, Flinserln (1839) II, 4. 93. 67. 's. unten: leich. „Ich hab verleih zu thun gehabt", statt: ich konnte kaum, führt Klein (Prov. Wrbch.) als österreichisch an. „Du sprichst gen mir allzû dicke verleiche"; Titurel, Cap. 6, Str. 633. Vo leib essen, s. der Leib. (lei' statt leich? s. g·leich).

Leiendecker werden in einem ältern Verzeichniß der (Münchner) Hofhandwerker aufgeführt. Das Wort Leye (Aschaff. der Leyə˜, Schiefer, Dachschiefer; Weigand, Wbch. II, 30) ist sonst dem Dialekt nicht eben geläufig.

Der Lîe, ahd. Sp. „Uone horwe des lien, der heuen, de luto faecis"; Cgm. 17, f. 63, Pſ. 39,3; (Notker hat: „des leimes, limi"; s. Graff p. 173). Ist das franz. lie germanisch? s. unten: das Leger.

Lîe, mhd. Sp. (?). „Die seylen macht er silbrein dye lyen (reclinatorium; linen?) guldein"; Cant. cantic., ZZ. 1842 (v. 1477), f. 49. 'BM. I, 983: diu lie, liewe, Laube; s. Laube.'

Der, das Lô, Gebüsch, Wald; die Lô, Sumpf; Lô, Flamme; das Lô, Gerberlohe; s. Lôh.

Lo, plur. Löer, Lörer, s. Lôß.

Lo-statt, s. lâßen, u.

'lüen, ä. Sp., brüllen; (ahd. hluojan, mhd. lüejen, Prät. luote; Graff IV, 1096. BM. I, 1050)'; lüja, laut schreien, mugire; Bergmann, Walser 95. „Luotten wazzer ire, sonuerunt aquae eorum"; Cgm. 17, f. 72, Pſ. 45,3. „Mein pauch stât nach dem essen lüet wann mich das vasften sere mütt"; Cod. Moll-Oldenbourg; cf. Asp. 48, f. 127. „Onager haizt ain waltesel . . . der lüeget zwelf stunt in der naht an dem fünfzehenden des merzen und lüet als oft an dem tag"; Konr. v. Megenberg, Pfeiffer 153,24. „Ein zugochs suocht den andern, mit dem er den pfluog hât gezogen, und lüeget stætes nâch im, ist daz er in verleuſt"; daſ. f. 95, Pf. 159,27. Daz ertreich (vor dem ertpidem) . . . püllt und lüet sam gräuleich ochsen"; daſ. f. 66, Pf. 108,24. „Esau lüet bis auff dise Stund, dz jhm Jacob den sêgen fergriffen hat"; Dr. Eck, 1542.

„luen, mugire"; Hbn. Voc. v. 1445; (lôit, mugit; luonta, mugientes; gl. a. 569. i. 238). „Mugitus, das lwen der kü"; Nomencl. v. 1629, p. 167. cf. Löw, Luet und oben, Sp. 969: gleien, glien.

Die Lue (Lou), s. Lueh.

„lab", s. lâu.

Das Lab, a) wie hchd. (BM. I, 938. Weigand, Wbch. II, 1); b) nach Lori (BergR. f. 642): Salzwasser in der siedenden Pfanne; Labsalz, Salz, so am Samstag, beym Auslöschen zuletzt aus der Pfanne gehoben wird; die Labstuben, ein Behältniß unter der Erde, worin das Lab verwahret wird. „Ein Fueder mit Labsalz zuefüllen"; ibid. 391. 298. „Die Salzsieder sollen am Sonntag nach der Wandlung anfangen zu sieden, und den nächsten Samstag ein Lab machen"; Urk. v. 1354. „Alles Lansalz (Labsalz oder Lônsalz?) aus allen Sieden soll den Hertern zusteen"; ibid. f. 15. 37. Vrgl. Reinwald, henneb. Idiot. und unten: Lebsalz.

Labach, morastiges Terrän; Koch-Sternf., Beitr. I, 314. „Bis auf ain Läbl Tornetswiß genandt"; Egmatinger Jagd-Grenzbeschreib. v. 1659, (Ms. des Hrn. Gerichtshalters Brunnschmid). cf. VII Com.: de Laba, Hülwe, Lache, Pfütze, Viehtränke; s. unten Lewer.

Die Labassen, Labeschen. (Obrg.) polypodium 408
cristatum L. Weißlabeschen, tussilago farfara L. Cf. schwed. laf, m., Moosflechten.

labet (laəwət), (Ries, Nptsch.) einfältig, läppisch: ə˜ *laəwəter* Mensch. Zeitschr. IV, 130,51. VI, 353. Es is mə' hei˜t so *lâb*, (Passau, Obr.M.) ich bin so abgeschlagen, matt. (Gastein, Mesnil): „lâb, zuwider, unlieb." s. lâu u. d. folg. Wort.

labêt (lawêd, υ-), adj., 1) wie hchd., ein Ausdruck im Kartenspiel. labet werden, Bête werden, franz. faire la bête, ital. far la bestia, imbastare l' asino. Weigand, Wbch. II, 2. Zeitschr. VI, 414,84. 2) entkräftet, matt, krank. labêten, labêteln, vrb., Art, die Karte zu spielen. Kilian: lauweyten, ludere. Vrgl. Zeitschr. III, 305.

Die Laber (Labə'), Name eines Flüßchens, das von Norden her, Neumarkt nahe, in die Altmühl, eines größern, das eben daher ob Regensburg in die Donau, und zweyer andern, die von Süden her ob Straubing ebenfalls in die Donau gehen; also gewissermaßen ein Appellativum. „Quinque in Bavaria amnes numeramus Labaras nuncupatos: tres in Nortgovia, praeter istos Labara major et minor"; Nagel, notitiae p. 133. Die Böhmen nennen die Elbe, ebenfalls ein ursprüngliches Appellativ, vermuthlich durch Apocope des ersten Vocals, Labe. Vrgl. **Lofer**.

labigen (labingə˜), (Nffdrf., Unt. Donau) laben; (ahd. labôn, mhd. laben; Graff II, 36 f. BM. I, 939. Weigand, Wbch. II, 2). „Des aren chint labent sich ir muter plût, pulli ejus lambent sanguinem", Job 39,30; Ind. 420, f. 133b. Cf. Otfr. III, 10,37: „Gilechont thoh thie welfa theist laba in ioh ouch helfa." Die Labigung, die Labung, das Labsal.

„Labrer", sagt Moscherosch im Philander von Sittewald p. 562, seyen in Bayern Spottlieder. Cf. allenfalls lebrizen und Hadamar von Laber.

Der Laib (o.pf., schwäb. Làib, altb. Laəb, Laə', fränk. Láb, Lêb), der Laib, (goth. hlaifs, ahd. hlaib, hleib, mhd. leip; Graff IV, 1111. BM. I, 961. Weigand, Wbch. II, 6). „Ih bin leib lîbes, ther lebento leib", Joh. VI, 49 ff.; Tatian 82. Die obere Seite eines Laibes heißt im b. W. d· Mannə˜seitn, die untere d· Weiberseit·n. Kälberlaib, Knetlaib rc. (s. d. W.) Das Laiblein (Laəbl·), a) kleiner Laib; b) kleine Art Bäckerbrodes, der Semmel ähnlich, aber von Roggenmehl. Ztschr. II, 189,1. Das Ofenlaiblein oder die Laiblein-Nudel (Laəbl-Nu'l), kleine Leibchen von der Gestalt und den Bestandtheilen der sogenannten Dampfnudeln (w. m. s.), auf dem Lande neben den gewöhnlichen Brod-Laiben vorne an der Mündung des Backofens mit gebacken. „Es sol nieman kein leybim brot uf den kauf backen. Wer leybim brot ezzen oder haben wil, der sol daz in sinem huse lazen bereite"; Wirzb. Sätze v. 1343, §. 80. R.A. Dà bin I schö˜ zuəhi˜ kemə˜ um's *Laəbl·*, da bin ich zu Schaden, zu Verlust gekommen. Die ahd. Sp. sagte gahleibo, galeipo (gl. i. 234. Graff IV, 1111) im Sinn des romanischen companius, compain, compagnon; (Diez, Wbch. 108).

laiben (làibm, laəbm), a) (O.Pf., b.W.) bleiben lassen, gedulden; (s. beleiben und Gramm. 956). Dés Wei' *laəbt* kaə˜n Êhàltn i˜'n Hauss·, es kann kein Dienstbote bey ihr bleiben. Dei Kou *làibt* kaən an'ərə nébə˜-r- iər, diese Kuh leidet keine andere neben sich. Deə' Bou' *làibt* nécks áfm Kuəpf, dieser Junge duldet nichts auf dem Kopfe. b) (O.L., Schwab.) übrig lassen, besonders vom Essen; (ahd. leiban, leipan, mhd. leiben, niedersächs. leven; Graff II, 48 f. BM. I, 970. Grimm, Wbch. II, 90. Zeitschr. III, 307. 458. V, 104,68. VI, 39,68. 437. Vilmar, kurhess. Idiot. 242). „Do nam er thaz er leibta"; Otfr. V, 11,43. „Unde liêzen iro chinden daz siê leibton"; Notk. 16,14. „Ich zertrit sy alle, ich leib ir einen nieht"; Rosengarten 1638. ə˜ *geleits* Essə˜ schmeckt nèt got; (Weihers; Dr. K. Roth) Laib niht, (laß nichts über), Spottname; Renner 1718. (Leibnitz slawisch?). ə˜ *G·làibts*, ə˜*G·laəbəts*, übrig Gelassenes; (firleiptaz, residuum, reliquum, gl. a. 109. 530. „Residui, die verleibten", Cantic. Moisis, Deuteron. 32,36; Cgm. 17, f. 215a). „Do er nun vor Inen gessen hat, do nam er die Oleibeten, und gab sy den jüngeren", Luc. 24; Keysersbergs Postille III, p. 7. „Die alêibe dere unguoten, reliquiae impiorum. Habent lazzen alêibe ire wenigliben ire, dimiserunt reliquias suas paruulis suis"; Psalt. Windb., Ps. 16,16. Gl. a.
409 109. 595: aleiba, residua; a. 94. 106. 109. i. 37. 718: zi leibu, übrig, adv. „Was sin (des Manna) wart ze leibe"; Diemer, Ged. 79,11. „Wan würd sein die zal der kinder Israel wie das sand des meers, so würd die laibe (reliquiae) selig werden", Isaias X, 22; Dr. Eck, 1542. „Er (der lewe) versmæht daz gestrig ezzen und die urlaib seines vodern ezzens"; Konr. v. Megenberg f. 87a, Pfeiffer 143,32. Von diesem alten Fem. leiba (Graff II, 48. BM. I, 969. Cf. ags. laf: Cnut het feccan him Aedelredes lafe (Wittwe) him to cwene." „Aelfgifu Imma Aedelredes laf cynges"; Sax. chron. 1017. 1052): die Tôtlaib, ä. Sp., die Hinterlassenschaft eines Verstorbenen (im Edictum Rotharis lidhi-laib von lidh, obitus; s. leiten), besonders aber ein einzelnes Stück daraus, von jemand persönlicher Verhältnisse wegen als Andenken oder als Vorrecht in Anspruch genommen. Grimm, RA. 365. BM. I, 970. Ein altes Rechtb. sagt unter dem Capitel „von totlaib": „swo zwen geporen sint — ze ainer totlaib da sol der elter daz swert nemen vor hin dan, daz ander tailent si geleich." „Swa die sün zu ir iaren nicht chommen sint, da sol der elter bruder daz swert nemen, daz seines vaters was, ze totlaib." „Wir haben auch da unser totlayb, das dan das best Stuckh ist nach dem Besten, das sol unser sein"; MB. V, 221. II, 33. 29. „Quod dicitur todlait (totlaib?) videlicet quando moriebatur aliquis colonus, vidua dabat ecclesiae secundum pecus post optimum"; MB. XI, 55, ad 1257. Auch MB. IV, 378, ad 1428 lieset man: Todlaidt. Sollte wirklich für beyde Male ein Schreib- oder Druckfehler angenommen werden dürfen? Vrgl. leiten (discedere) und laiten. Dieses letztere, feudalische Recht ist sonst auch unter dem Namen des Besthaupts, Todfalls, des Gelaßes, der Baulebung (leben nach Gramm. 150 statt laiben) bekannt. Vrgl. Edict. Rothar. Tit. 42, §. 2: lidhilaib; (Graff II, 49. III, 855. Pertz, Monum. Germ. legg. t. IV, p. 40,73). Grimm II, 70 erklärt im Sinne des alten aftar-hlaibo, postumius (gl. a. 324) auch Eigennamen wie Dietlaib u. drgl., deren laib sich schon früh in lieb umgedeutet. Adolofes leiba, Alsleben; Lex. v. Franken I, 48. Förstemann II, 123. derlaiben (də'-làibm) Einem etwas, (O.Pf.) machen, daß er es bleiben läßt, es ihm erleiden, verleiden.

Das Laub (Láb), wie hchd., doch öfter auch in der Bedeutung des einzelnen Blattes, (ahd. loub, mhd. loup; Graff II, 65. BM. I, 1048. Weigand, Wbch. II, 16. Zeitschr. VI, 335. 434); sehr gangbar ist der Plur. die Lauber (Lábə', ahd. loubir, mhd. löuber. gl. i. 837. o. 85). „Unter den Laubern"; L.R. v. 1616, f. 738. „Als die espinen Leyber"; Br. Berht. I˜ d· *Lábə' gé˜*, aufs Laubsammeln ausgehen. Man hört sogar ə˜ *Lábə'* (im Singular): ə˜ *Lábər* à'reiss·n; auf ə˜n *Lábə'* pfeiffə˜. „Nét ande's sán' d· Leut á's wiə 's *Laubə*-r- i˜'n Sturm"; Kaltenbrunner, oberöstr. Jahrb. 1844, S. 246. „Dà hört mə˜ 's *Lábət* rausch·n"; Pangkofer 193. Dieses Lábə ist vermuthlich ein urspr. Collectiv Laubach. „Wein vom vergangenen Laub", (Gewächs); Gem. Reg. Chr. II, 133, ad 1364. „Das Pfählziehen und Grasen im Weinberg, so lang die Laub in einem Lager nicht vollendet, ist verboten"; wirzb. Weinb. Arb. Taxe von 1746; (schweiz. zwey-, dreylæubriger Wein, d. h. so viel Jahre alter). Die Laubblöcke, Zwergbirke, betula ovata; (Zir.). Der Laubbrust, alter Name des Monats October; vrgl. oben, Sp. 367: der Brust, Bruch, und unten: Laubreis; 'Weinhold, d. deutschen Monatnamen, p. 48.' Der lauproſt, Clm. 17296, f. 80. Cgm. 690, f. 270 ff. „Lawpraſt, scenophagia", Voc. von 1432, Cgm. 685. Diefenbach 518a. Weigand, Wbch. II, 16: Laubrüst. Die Lábesch, Laubesche, was Eschling, (Zir.); s. oben, Sp. 167. Der Laubfall. Laubfall und Streu, Genuß und Gebühr davon; (Zir.). „Das sy in der laufel in dy Synagog gekomen"; Cgm. 753, f. 121. s. Laubrast u. Diefenbach 518a. Die Laubergüssen, plur., im Herbste, wenn das Laub fällt, durch Regen angeschwollene Gewässer; (Zir.). 'Die Laubreis, der Laubfall im Herbst; alter Name der Monate October und November; (mhd. loupriſe; BM. II, 726. Weinhold, d. deutschen Monatnamen p. 48).' s. Th. III: reisen, sinken, fallen und vrgl. altslaw. listopad, October, jetzt česk. November. „lauben, frondere", Voc. von 1445; gl. a. 363. i. 713: loupen; laabend, gl. bibl. von 1418; gilouper, iu, az, gl. i. 255. 715. 770: frondens. Vrgl. Zeitschr. VI, 434. laubeln (láw·ln). sich *ausláw·ln*, von Tanzenden: Deə' *láw·lt* si' hei˜t rècht aus; (Obrm.). Das Laublach, Laubrecht, Recht, auf fremden Waldgründen Streu zu sammeln; (Zir.). laubern (láwə'n). sich anlaubern, von Vieh und Menschen: sich recht satt fressen. einlaubern, einsammeln quidquid sit. læuberln (láwə'ln), a) im, mit dem Laube spielen. Schau, wiə də' Wind so schö *láwə'lt.* b) Laub fressen. ablæuberln, von Laub entblößen, entlauben.

„Laubfleck am Leib, an Händen oder im Gesicht, maculae subrufae ad modum lentis"; Prompt. v. 1618, auch bey Stalder. Cf. Graff II, 78: lepato, lebeto. BM. III, 338: louppvleckel. Diefenbach 379ᵇ. Zeitschr. II, 27. IV, 362. Vrgl. Leberfleck, (Stölzl); Weigand,
410 Wbch. II, 23. 'Vrgl. unten: Leber.' Denkbar, daß unter diesem Laub das alte lih-lâ (gl. i. 1135), varix, lih-lauui, lih-laoa (gl. a. 223), lih-loi (413), cicatrix, versteckt liege. Graff II, 101. 162. Cf. fries. lick-laven, cicatrix. Zeitschr. II, 27. s. auch Lôh (Flamme). „Das Knäblein hat von Mutterleib ein Gewächs auf die Welt gebracht bey dem rechten Aug in Größe eines Pflaster oder Schießers, welches man ein Loch nennet"; Benno-Mirakel v. 1697, S. 292.

Die Lâuben (Lábm), a) (O.L.) äußerer Gang, Altane, Gallerie um ein oberes Stockwerk eines (Bauern-) Hauses, auch Fürlábm, Vourlábm genannt; (ahd. louba, mhd. loube; Graff II, 66. BM. I, 1048. Weigand, Wbch. II, 16. Vilmar, kurhess. Idiot. 238. Zeitschr. III, 240,3. VI, 336. 434). Lange waren solche Lauben selbst in der Stadt München häufig; wenigstens scheinen die znm Wegbrechen verurtheilten „Laubn" der Bauord. v. 1370 von den „Altänen" jener vom Jahre 1489 (Wstr. Btr. VI, p. 98—100. 139) nicht verschieden. In der Bedeutung, in welcher Lâuben z. B. in Bern, in Straßburg üblich ist, braucht man es in München nicht; man sagt da: Bögen, unter den liechten oder den finstern Bögen und den Schrannenplatz. Die kunstreichen Lauben um den Hofgarten werden Arcaden betitelt. „Ich sol meim herren holen wein wo mag nur heut das weisen sein; ich will bey der brodlauben fragen das mirs die alten weiber sagen", sagt der Hausknecht; H. Sachs 1560: IV, III, 42 (1612: IV, III, 93). „Ûf einer louben" trinken die Wiener und halten ihre Meerfahrt; v. d. Hagen, Ges. Abent. LI. „Sie giengen in die chamer und die siben maister beliben hie vor in der vorlauben"; Cgm. 54, f. 64ᵃ. „Oben was er (der Teufel) auf ainer pün . . . er ließ sich hoher treiben in dy andern laben darnach ließ er sich treiben gar zu obrist in dy dritten"; Mich. Beham, Wiener 310,19. R. A. Auf d' *Lábm* steigng, au' də' *Lábm* sey˜, (O.L.) ein Mädchen Nachts am Fenster ihrer Schlafkammer besuchen, welche sich hier gewöhnlich nicht, wie in den aus einem bloßen Erdgeschoß bestehenden Häusern des Unterlandes, zu ebener Erde, sondern im obern Stockwerk (Aufüber) befindet. b) (Allgäu) die Hausflur. c) die Vorlâuben (Bòrlábm, A.B.) die Emporkirche. Vilmar, kurhess. Idiot. 238. Avent. sagt (Chron. f. 355) „König Ludwig hett ein Rippe ausgefallen, war ein Lauben oder Kammer under jm eingangen." Was hier gemeint sey, ist undeutlich. d) *Lábm,* Abtritt; (Jir.). „Daz Läublin fürben"; Augsb. Stdtbch. BM. I, 1048. s. unten: Lôbel. Das Voc. von 1429 hat „lauben vel soler, coenaculum", das von 1419: lawbn, solium. Gl. a. 22. 57. 526. 678. i. 51. 309: louba, umbraculum, scena, orchèstra; (cf. o. 413: liuua, im- (com-?) pluvium; goth. hlijans, acc. plur., Marc. 9,5, alts. hlea, Heliand; holl. luif, Schutzdach. Grimm, Mythol.² p. 60. BM. II, 983). Prompt. v. 1618: „laube, porticus, compluvium." „Stipadium vel lubium, laub" nach „solarium, soler"; Clm. 4350 (XIV. sec.), f. 2. „Amphitheatrum, lawbenplacz"; Semansh. 34, f. 193. Diefenbach 334ᶜ: lobium. „In sacro palatio . . . in laubiam majorum in judicio resedit", (wol loggia, loge; s. Diez, Wbch. 207): Muratori, antiqq. II, 933, (citiert Maßmann zum goth. láubjô; Münch. Gel. Anz. 1848, II, 574).

Die Lauben, ein Fisch, s. (nach Gramm. 486. 504. 608) Laugen. Lauben neben Loben: „metelloben, köngsloben und gemein loben"; H. Sachs 1560: II, II, 111 (von Fischen).

Die Lâube, Lâub (Láb), (Werdenfels) die Erlaubniß: mit *Láb.* „Mit laube des h. vaters". . . „Einen umb laube bitten"; MB. XXV, 24. 40. „On laub; âne unser laube"; Lori, BergR. 163. 164. BM. I, 1017. Das Laubgeld, (Hsl., Nürnb.) Geld für die Erlaubniß, im Reichswald zu holzen; (cf. Adelung, Art. Laub 4, wo Laub als Antheil an dem Waldgenuß erklärt wird). In einer wirzb. Verord. v. 1729 wegen Holzabgabe heißt es, man soll nachsehen, wie groß jedes Orts die Laub Heckenholz pflegen gemacht zu werden. Im Bayreutischen heißen einzelne Waldtheile noch jetzt Lauben; (Barth's Urgesch. II, p. 378). Einige hohe Bergrücken des Thüringer Waldes, nur mit niedrigem Gehölz bewachsen, werden Läuben, Läben genannt; (Reinwald). Hier scheint indessen Lâub (folium) gemeint. Vrgl. a. Lôh.

erlâuben, derlâuben, verlâuben, lassen, gestatten, erlauben, (ahd. arlouban, irlouban, mhd. louben, erlouben; Graff II, 76. BM. I, 1017. Grimm, Wbch. III, 891). „Uns wieder anhaimb zu erlauben", (zu entlassen); Ldhdl. v. 1543, p. 135. Ein Gut erlauben, (Kr. Ldhdl. VII, 338) es weglassen, wegnehmen lassen. Der Verlâub (Vǒláb), die Verlâubnuss, Verlâubdnuss, die Erlaubniß.

Der Urlâub, (ä. Sp.) die Erlaubniß; (ahd. ntr., mhd. ntr. u. msc.; Graff II, 75. BM. I, 1017). „Do er daz urloup gewan"; Diut. III, 76. Urlaub nemen, sich Erlaubniß geben lassen. „Wir lesen, daß die Römischen Kaiser im Regiment und Rat zu Rom, so sie ein griechisch Wort von Not wegen musten brauchen, Urlaub genommen haben"; Av. Chr. 136. „Urlaub nemen, als wann man sagt: 411
mit Urlaub, mit Züchten, vor eweren ehren zu reden"; Henisch. „Honor auribus habitus sit, mit Urlaub"; Av. Gramm. „Tapisagria heißt Leuskraut mit Urlaub"; Ortolph. „Wer, mit Urlaub, Huren und Buben in seinem Geschlecht nit hat, der mag den Rheymb zu Nürnberg abwischen"; Hund, StB., Vorrede. „Mit Urlaub z'melden", mit Ehren zu melden; Prompt. v. 1618. „Mit urloube mir ze sprechen, in mînem sinne er möchte lieber hangen"; Labr. 149. „Hüet iuch, ir edeln, mit urloube sie liegent"; Labr. 214. Mit urloup ich dich frâge"; das. 235. Urlâubgeld, Urlâubholz, Geld für die Erlaubniß, in einer Staatswaldung Holz zu schlagen; solches Holz. Nürnb., Hsl. Hazzi. Stat. III, 6. 785. Urlâub hat sich besonders in der speciellen Bedeutung einer Erlaubniß, wegzugehen, erhalten. Urlâub nemen, geben. Der Soldat gêt, ist auf Urlâub. Der Urlâuber, der beurlaubte Soldat. „Was auch die herschaft den ehalten Urlaubs (Abschied) geit in zorn, das hat chain kraft ez geschäch dann des smargens mit verdachtem mut"; Freys. StadtR. v. circa 1359. urlâuben, (ä. Sp.) erlauben; BM. I, 1018. Darumb so haben wir . . . dem Probst vergünnet und geurlaubt, vergunnen und urlauben auch, das si . . . MB. II, 418. XIII, 401. Meichelb. Hist. Fr. II, II, 215. urlâuben ein Gut, es weglassen, wegnehmen lassen; Kr. Lhdl. VII, 434. urlâuben eine Person, sie weggehen lassen, a) auf eine Zeit lang; b) auf immer, sie verabschieden. Av. Chr. 262. 392: urlauben, exauctorare. „Geurlaubte Soldaten, caussarii milites"; Prompt. v. 1618.

gelâuben, g'lâuben (glábm, schwäb. glòbə˜) ein Ding, wie hchd. es glauben; (ahd. galaubjan, galouban, mhd. gelouben, glouben; Graff IV, 66. BM. I, 1018. Weigand, Wbch. I, 441f. Zeitschr. IV, 144,310. 273,140. V, 138,17. Otfr. V, 4,56: giloubet uuortes mines; III, 20,173: giloubistu in then gotes sun). Der Glâub in Gott (Glaubmgód) oder der Glâuben, das christl. Glaubensbekenntniß, welches anfängt: Ich glâub in Gott . . .; das Zeichen dafür am Rosenkranz. Də' *Glábm* am Bèttə', die 5 einreihig gefaßten Ringelchen des Rosenkranzes, womit derselbe endet; (Baader). „Ich gelaub an einen ponschaub und an einen arbaiswisch"; parodiertes Credo, Cgm. 632, f. 15. R.A. Iatz *gláb I, dás de' Frósch Hár hát.* glau' (vermuthlich elliptisch statt glaub ich) wird vom erzählenden Oberpfälzer als Partikel eingeschoben, die ungefähr sagen will: relata refero, oder: wie man hört, wie es heißt. Der N. N. is, *glau'*, gstárbm. „(Er) geht oft nach eim Eher glaub verzett darob ein ganzen schaub"; H. Sachs 1560: IV, III, 87 (1612: IV, III, 188). Vrgl. halt. Der Glâuben (Glábm), der Glaube; (ahd. der giloubo, und diu gilauba, mhd., der und diu geloube; Graff II, 71. 72. BM. I, 1019). „Div heilige glovbe"; Amb. 2, f. 45. 46. Seltsame Initial, worin ein Mönch mit der Ruthe einen Affen das Credo lehrt im Cod. Aug. eccl. 200 (XII.—XIII. sec.), f. 105. R.A. Dazu gehören 5 Vaterunser und *ə~ starke' Glaubm!* R.A. Der Glâuben kommt Einem in die Hände, man wird handgreiflich überzeugt. So sagt der Däne: faae Troen i Hænderne. „Die Erfahrung wird dir den glauben in die Händt geben"; Dr. Minderer p. 146. Bey Glauben, in Wahrheit. „Es ist bey Glauben also, wie du sagst"; Puterbey. „mit laymen klayben. Wär er burger auf glayben drinnen zu Munchen in der statt er wär längst kommen in den rhat", sagt ein Einfinger Bauer von Steffel; H. Sachs 1560: IV, III, 23 (1612: IV, III, 56). Der Unglauben, ä. Sp., Aberglauben; Cgm. 291, f. 141a. Cod. Attel 16, sermo 142. Der Aberglâuber oder Aberglaubische, Nichtkatholik, als Gegensatz des „Christen", d. h. Katholiken. Der Altglâuber, der griechische Katholik (scheint durch beygesetztes er aus dem alten giloubo, ungilaubo, der Gläubige, Ungläubige, Isidor 3,4. 4,1. 5,7 renoviert). Kärnt. staroverz, Altglauber; Jarnik p. 40. „Credulitatis, der globheite"; Cgm. 17, f. 72a, oratio ad ps. 44. glâubig, gläubig. glâubig, glâublich, fidedignus. Einem etwas mit „gleubigen Worten oder gelewblich zusagen"; MB. XXV, 348. 370. „glaublich versprechen . . und mit handtgebenden Trewen geloben"; MB. IX, 276, ad 1452. glâubisch (glábisch), alt-, recht ꝛc. glâubisch.

geláuben sich eines Dings, (ä. Sp.) es weglassen, ihm entsagen; (ahd. sih galaubjan, mhd. sich gelouben eines Dinges; Graff II, 70. BM. I, 1019, II). „Vrâgens du geloube dich", höre auf zu fragen; S. Helbling I, 927. „Unser herre der manet uns daz wir uns gelouben unsers unrehtes"; Clm. 9611 (sec. XIV. 8o.), f. 1. „Geloubet er sich des sûchens, cessat quae-
412 rere"; Schwabensp., Laßb. §. 236. 237. „Do glaubt er sich der chron"; Reimchron. bis 1250. gl. i. 806: giloubi dih, abi; 365: giloupta sih es, deficiebat. Anm. Es ist nicht leicht, diese letzte Bedeutung mit der des vorhergehenden gläuben und der von erlâuben unter einerlei Begriff zu vereinen. Grimm's (II, 49) Zusammenstellung mit lieben und loben kann natürlich nur Vermuthung bleiben. `„Rechtsalt. 605." Jac. Grimm.´ Adelung's Rücksicht auf das gothische Masc. lôfa, vola manus, ist so übel nicht. Auf jeden Fall scheint bey glâuben die Bedeutung des sich darein Ergebens, des Vertrauens früher, als die des Fürwahrhaltens. Cf. das latein. crē-do, -didi (das reduplicierende do, ich gebe) und das griech. *χρέος δῶ*, ich gebe zu Pfand, vertraue an.

leba, viel; (Pinzgau; Zir.); `s. unten: das Leben.´

leben (lébm), wie hchd., goth. liban, ahd. lebên, lepên, mhd. leben; Graff II, 40. BM. I, 954. Weigand, Wbch. II, 22). „leben" nach etwas, darnach verlangen; (Franken, nach Reinwald). S. unten geleben. erlebt, alterlebt, bejahrt, betagt. „Etliche erlebte, alte verständige Männer." „Ein alterlebter Mann, alterlebte Leute"; L.R. v. 1616, f. 731. Wagner, Civ. u. Cam. Beamt. p. 274. 329. „Erlebter mensch, exacta aetate homo"; Prompt. v. 1618. geleben einem Gebote, Maße, es beobachten. „Dem (Vertrag) bin ich meinethalben (meinerseits) zu geleben auch bietig"; Kr. Ldthdl. XI, 39. „Das die Landtsässen obgeschribner Tax und Gebotten geleben sollen." „Nachsehen, ob dem gesetzten Fischmaß gelebt worden sei." L.Ord. v. 1553, f. 32. 149. Eines Dings geleben, davon leben. „Menschen die des allmusens geleben müssen"; ibid. f. 174. lebendig (léwenti', ∪-∪) wie hchd., mhd. lebendec, (BM. I, 956. Weigand, Wbch. II, 22. Zeitschr. IV, 274,163. VI, 443.); brem.-niedersf. lēwēntig. Über diese, auch durch ihre Betonung auffallende Form sehe man Grimm I, 23, II, 304 u. vrgl. lachendic, Hartm. v. Glauben 2520; brinnendigiu lieht, Parzival 232,21; mügentig, s. unten: mögen; also tobendick, St. Ulrichs Leben, Cgm. 94, f. 53. „Mit quellendigem wasser"; Mich. Beham, Wiener 403,14. „Vil der stinkendigen âz; das. „Genciana ist gût den tobentegen"; Clm. 536 (XII. sec.), f. 86. Brem.-niederf. Wbch. V, 347: davendig, tobend. Eben so oft kommen die regelrechtern Zusammenziehungen lebntig (Voc. v. 1419), lemptig, lempig (lempi', schon MB. II, p. 39, ad 1381. VI, 479. 481), lendig (lenti', schon in Benecke's Wigalois) vor. „Der geprant wein den man daz lemptig wasser haist"; Clm. 5931, f. 224. „Widerlemtig, redivivus"; Hbn. Voc. v. 1445. „Revivisco, wider lembdig werden"; Avent. Gramm. „Lebtlich, animatus"; Voc. Archon. f. 59. Merkwürdig ist folgende ältere, in den MMBB., z. B. V, 262, XV, 34, ad 1304, und im Rechtbuch von 1332, z. B. Wstr. Btr. VII, p. 113. 119. 162, vorkommende Formel: bei mir, dir, im lebentigem, bei in (ihnen) lebentigen, d. h. bey meinen ꝛc. Lebzeiten; bey mir lemtigen, pei ir vater lebentigem; bei dem gesellen lebentigem oder nach seinem Tot." „Bi sinemu fatere lebentemu"; Isidor IX. Herzog Albrecht stiftet ao. 1447 „ein ewig stäte Meß zu dem altar, den di erwerge und ersame Frawe Agnes die Pernawerin salig, die vorhin, bey irem lebentigem, willen hett, ir grebnuß da ze haben, von newen dingen in dem closter zn Straubingen unser lieben Frawen Brüder von dem berg Carmeli in dem Crewtzgangk gepawt hat"; MB. XIV, 338. *Bə má~n lebentengə~* wüllns· scho~ èrbm; (b. W.). lebig, lebendig. Zeitschr. V, 258,7. Də' Fisch is no~ *lébi'*. (Das alte adj. leb, z. B. gl. i. 780: uparlepaz, postumus, durch beygesetztes ig aufgefrischt?) lebfrisch, frisch, munter, lebenslustig.

ə~ *lébfrischə'* Buə'
braucht oft ə~ Pàr Schuə'
ə~ traurigə' Narr 413
braucht sèlt'n ə~ Par.

Die Lebsucht, Nahrung, Nahrungsquelle. „Dieses Gewerb ist meine Lebsucht." Vrgl. Zucht und Adelung's Leibzucht, wo das ducere (vitam) durch ziehen, wie ehmals auch durch leitan (wovon lîpleita, victus) gegeben scheint. BM. III, 940. Weigand, Wbch. II, 24. 30. Vilmar, kurhess. Idiot. 243. (Der?) Lebtag, `1) die Lebenszeit, das Leben:´ „vita, lebtag"; Clm. 4394, f. 175. `2) der Lebensunterhalt, (BM. III, 5. Weigand, Wbch. II, 23)`; nur noch´ (O.Pf. Lè'ttə', B. Lé'ttə', westlech. Lebtig) in der Formel: mein, dein ꝛc. Lebtag, oder auch: meiner, deiner, seiner, irer Lebtag. „Wir sullen unser dreuer lebtag daz Haus nießen"; MB. IX, p. 206, ad 1370. „Auf mein aines leib und lebtag"; MB. XVIII, 385, ad 1431. „Etlicher leib lebtag." MB. XIX, 110. „Zu unser siben leib lebtag"; ibid. 406. Es ist also das dem Accusativ Lebtag vorangehende Pronomen mein, dein, sein, unser ꝛc. oder: meiner, deiner ꝛc. als im Genitiv stehend zu betrachten. s. Gramm. 720. 731. *Má~ Lèttə'!*, (O.Pf.) ist die etwas unwillige Antwort auf eine unnöthig-zweifelnde Frage. Zeitschr. II, 285,8. III, 239,1. 240,3. 2. 250,72. 418,501. IV, 245,57. V, 258,43. VI, 443. „Die (Brust einer Hindin) souc der knabe, und hete sîne genist dar abe, und den lebetagen sîn"; Konrad v. Wirzburg, daz Buoch v. Troije 541. Vrgl. I. Th., S. 436 die Composita mit tag. Das Lebvieh, (Gebirg) Vieh, das zur Zucht und Arbeit bestimmt ist, im Gegensatz des Schlachtviehes.

Das Leben (Lébm), wie hchd.; die (ahd. Sp. setzt dafür ther lîb). R.A. Zuschlagen und drgl. „was man im Leben hat", d. h. aus allen Kräften. Ein ganzes Leben, eine große Menge. Drei˜ und də'nébm gêt ə˜ ganz's *Lébm*, Sprüchlein, wenn beym Eingießen oder Einschütten etwas darneben kommt. (Sollte damit zusammenhangen das pinzg. „leba", viel; Hübn. 690. 671).

„Jetz seit I a schöne Sendin thue habn,
thuen ma um a löbs weniger Arbeit habn."

Das Kuchelleben haben, (von Speisen) noch in etwas warmem Zustande seyn. Frage: Is d' Suppm warm gnuə'? Antwort: Gràd dás s' hàlt no˜ 's *Kuchllébm* hàt. Die Lebung, Lebensunterhalt. Der Bauer muß sich viel plagen um seine Lebung.

Der Leblaib, (HhE.) Brod, das zu Weihnachten mit eingemengten Klœzen (s. d. W.), Zwetschgen und Nüssen gebacken wird. Jedes Mädchen ladet ihren Liebhaber, der Wein und Branntwein mitbringt, zum Anschneiden dieses Brodes ein. Mislingt das Gebäck (der Leblaib) so muß die Bäckerin das nachfolgende Jahr sterben. (Die Volks-Etymologie leitet nemlich das Wort von leben ab). Der Lebzelten (Lézəltn), Lebkuchen, libanum; „lebzelt, labetum, libetum"; Voc. v. 1429. „Libum, libenzelten vel lebkuoch"; Voc. optim. p. 23. Diefenbach 322: lebetum; 326ᵃ: liba. BM. I, 856: lebkuoche; III, 870: lepzelte. Weigand, Wbch. II, 23. 24: der Lebkuchen, Lebzelt, auch 25: der Leckkuchen. (Wort und Sache ist vielleicht aus klösterlichen latein. Küchen hervorgegangen). s. Th. IV: der Zelten u. vrgl. Adelung's Lebhonig u. Lebkuchen.

414 Das Lebsalz, nach Lori's Erklärung (L.R. f. 642): in Hallein zurückgelassenes Salz, welches die Lauffener Schiffleute auf den halleinischen Schiffen nicht ausführen können, sondern nachgeführt werden muß. In der salzb. Schifford. v. 1581 (Lori, a. a. O. f. 320) heißt es: „diese Lend, an welcher ein von Hallein kommendes Schiff, das über die Angeriß komt und doch Laufen nicht gar erreichen mag, stehen bleibt, wird das Löbsalz genannt." „An dem vierten Tag darnach und sich ein Ausferg zu Lauffen geheißt hat an das Lebsalz"; salzb. Replic-Schrift im Proceß mit B. v. 1761, Beylagen f. 37. In der salzb. Schiffsord. von 1616 (Lori, f. 493) heißt es: „Wenn ein Erbnauferg Alters rc. halber der Salzarbeit nicht mehr vorstehen kann, so stehe er alsdann zu dem Lebsalz, d. i. daß er (als sogenannter Lebsalzer) auf alle gehende Schiff von Lauffen aus bis gen Obernberg alles Geschirr und Notdurft herleihen soll, davon er seinen Lohn und Nahrung hat." In der Schiffsordnung von 1581 (Lori 312) kommt „Kurz Lebsalz 12 dl." neben der Schiffmieth und Pfundmaut als eine Art Abgabe vor; vielleicht (nach f. 331) eine besondere Taxe für den Erbausfergen, der eine Hallfahrt vom Lebsalz (als Lendplatz) aus um den Lauffen (Wasserfall) schifft; 'vrgl. oben).' Das. 327 heißt es indessen: „dem Schiffer vom Löbsalz zu führen . . . 5 ß. 20 dn." „Die Schiffer zum Hällein, welche das ausgelassen Salz an ihrer eignen Schiffung führen, sollen das Auslassen von Meister-, Scheib- und Hüttenhallfahrten bis auf das halb Pfund um den gewöhnlichen Lohn, als nemlich von jedem Lebsalz 44 kr., bis gegen Salzburg zu der Hütten führen"; das. f. 318. s. auch Lönsalz. Sollte dieses leb- (nach Gramm. 150) zu laiben (übrig lassen) gehören? Vergleiche auch oben, Sp. 1402: Lab u. labelig, ungesalzen; (tir. Lechthal; Staffler I, 112).

lebeln, lebern, (U.Don.) was lappen, leppern, d. h. schlürfen.

Leber. „De molendino und von einem vorlant, ân (ohne) den clein Zehent unde ân Leber unde ân Har (Flachs) dantur hec omnia"; MB. VII, 448. Cf. gl. i. 1169: leber, scirpus, herba rotunda. Diefenbach 518ᶜ: scirpea, und 519ᵃ: scirpus.

Der Leber, Hügel; s. Lewer und vrgl. Weigand, Wbch. II, 23.

Die Leber, Lebern (Lébə'n), wie hchd., (ahd. lebara, lebera, mhd. lebere; Graff II, 80. Grimm, Gesch. d. d. Spr. 348. BM. I, 956. Weigand, Wbch. II, 23. Zeitschr. III, 352). „Nim sin (des Geiers) lebern"; Clm. 4595, f. 39. „Das Herz ist gesund, allain die Lebern als sey sie ersotten und voller boser Blattern gewesen"; (Zayner, Mederer Ingolst. p. 155). „Der Wein entzündt die Lebern"; Fwrb. Ms. v. 1591. R.A. Einem auf die Leber (auf's Gewissen) reden; (b. W.). Das romanische fégato, hígado, fígado, fetge, foie führt Diez (Wbch. 140) auf mittellat. ficatum (sc. jecur), mit Feigen gemästete Gänseleber, zurück. Haupt's Zeitschr. VII, 398. Die Stainleber als Mittel „für den roten fiechtumb. Die stainleber haben die maurer gern wan sy schlagentz aus den stainen und sicht als das pulver"; Cgm. 4543, f. 73. Cf. Weigand, Wbch. II, 23; oben, Sp. 1405: Laubfleck, Leberfleck. 'Das Lebermeer, ä. Sp., ein fabelhaftes Meer in den Sagen des Mittelalters; s. BM. II, 138.' „Mare mortuum, lebermer"; ZZ. 796, f. 178. „Erat quaedam insula spatium ducentarum leucarum quae simul cum hominibus submersa est quod nunc lebermer dicitur"; Ind. 406 (sec. XIV.), f. 70ᵇ. Altd. Mus. I, 293—97. Die Leberschul. „Si weren geren gesessen (im Wirthshaus) da waren die penck gemessen mit vil puben und leberschul von unger, peham und von puln"; Cgm. 1119, f. 98ᵇ. Vrgl. unten: libern. Es ist mir etwas über's Leberl' gekrochen oder geloffen, es hat mich etwas aus der guten Laune gebracht. Zeitschr. III, 185. Besser das schwäbische: Es ist mir das Leberle überloffen. Vrgl. lebrizen.

lebrizen, (Chiemgau) im leidenschaftlichen Zorne ungestüm poltern, besonders von Weibern. Zeitschr. III, 305. Die Héppin (Kröte) hàt aə˜s gschriən und *glébrizt*, àls wenn s' bséss'n wár. Um Meiningen ist labern 415 Unsinn plaudern. Zeitschr. III, 305. Cf. Leber und Labrer.

beleiben, Prät. belaib (ä. Sp., z. B. noch Fwrb. v. 1590, Wstr. Btr. II, 138), wie heutzutage bleiben; ahd. bilîban, mhd. belîben, blîben, Prät. beleip, bleip; Graff II, 47. BM. I, 968. Grimm, Wbch. II, 87. 90. Da is kaə˜ *Bleibms*, (b. W.). „Daz dy fraw eins beliben chinds genist das haist abortivus"; Clm. 5879, f. 204. bleiben auf dem Kampfplatz, wol euphem. für todt bleiben; Cgm. 41, f. 24ᵇ. 'verleiben, ä. Sp., unser verbleiben, (mhd. verlîben; BM. I, 969).' „Daby affrechts verliben", (verbleiben); Ober-Moschler Urk. III, Roth p. 12. darbleiben, beinahe; darbleiben fertig; (St. Johann im Pongau; Zir.) Vrgl. unten, Sp. 1412: voleib. „Gràd wie 's vo˜ de' Schuəl wîll *voleib* 'n Haəmwég nemə˜", (erklärt als: „soeben, bereits"); Lieder in salzb. Flachland-Mundart p. 51. Noch gl. a. 73 steht das einfache, dem goth. leiban entsprechende lîbit, versatur. Andere lîban bey Kero, Otfr., Notk. scheinen zum goth. hleiban, juvare, isl. hlîfa, parcere, tueri, hlîf, fem., clypeus, zu gehören; (Graff II, 39. IV, 1109. Grimm IV, 687. BM. I, 968). „Uuieo suln sie andern liben, so sie imo (Christo) ne libton"; Notk. 'entleiben, ä. Sp., verschonen; (ahd. intlîban, mhd. entlîben, m. Dat.; Graff II, 1110. BM. I, 968).' Diemer, Ged. 12,17. 17,14. 54,17. 55,2. „Entlib (parce) scalche dineme"; Cgm. 17, f. 32, Ps. 18,16. „Parcas, daz du entlibes"... „quae parcet, diu der entlibit"; das. f. 146. „entleip, pepercit"; Lied an die Seele, vor St. Ulrich's Leben. „Swer dem pösen entlibet den sinen er hazzet vnd nidet zuht vnd vorht ist gut swer aber des nicht entût daz er in zart wil haben der ziuhet aller dichist den zagen swen er chumt ze den tagen daz er ere solt beiagen", sagt K. Justinianus, als er die Kinder zur Erziehung in die Fremde schickt; Kaiserchron., Cgm. 37, f. 11ᵃ. „Triefnas ward aldo vertriben, Mäczleins maul damit entliben", (er hatte sie darauf geschlagen); d. Ring 10ᶜ,12.

„Daz er im selb entleiben (gütlich thun) schol unterweilen mit singen und mit saytenspil"; das. 24d,24. „Hungers was in doch entliben", (er war ihnen gebüßt); das. 36a,26. Der am Fuß Verletzte „hat sich alle tritt am zaun mueßen hencken und erheben damit er dem füß entleibe, dan es hat in unleidlich gestochen wann er auf den füß hat getretten"; Hieron. Harder von Uberlingen (1584), Cod. iconogr. 3, f. 68. „Also gab mir die beung (am „Maßgang" oder After) ain Leiberung (Linderung), aber kain völlige hilff... Als ich nun die leiberung auch gebraucht ain tag 2, kam mir ain newer schmerz am maßgang"; idem, f. 171. Vrgl. laiben.

Der Leib (Lei'), 1) wie hchd., d. h. corpus. Diese Bedeutung, der a. Sp. noch ungeläufig (s. Leich), scheint sich erst aus der folgenden 2ten und 3ten entwickelt zu haben. Der Leib (Lei'), trop. Weste; Stelzhamer 179. (Cf. česk. žiwot, žiwůtek, Corset, Kamisol, neben žiwot, Leben, Leib). s. Müeder. Der Leibbrustfleck, das Leibstücklein, Art Leibchen, Weste, Gilet. Vilmar, kurhess. Idiot. 243. Zeitschr. II, 285,11. VI, 445. leibhaft. „Der heil. Kayser Hainrich ist begraben leibhafft zu Babenberg"; Andechser Chronik. leipphafter, corpulentiores; gloss. bibl. v. 1418. Vrgl. Zeitschr. III, 252,243. VI, 445. leibig, wohlbeleibt, dick (besonders v. Vieh). Zeitschr. VI, 445. „Katarthicum ist gut den leibigen menschen und dy da hart attmiczent"; Cgm. 170, f. 1b. Das Leibzeichen, (bayreuth. reform. peinl. Halsgerichtsord. Art. 233. 234) Zeichen gewaltsamer Ermordung, an einem Leichnam gerichtlich erkannt und beglaubigt. 2) die Persönlichkeit, die Person; (vrgl. unten 3). „Swelchen schaden er nimt mit choft zu sein ains leib", (für seine Person); Wstr. Btr. VII, 143, ad 1332. „Jeglicher mit sein selbs leib"; „mit mein selbs leib." „Wan wir oder unser sun mit uns(er?) selbs leib darkomen." „Weil der vorgenanten leib aller einer lebt"; MB. VII. 177. 194, ad 1373. VIII, 562, ad 1393. XX, 24. XXII, 278. „So verleiben wir dem Bader das Badhaus sein ainigs leibs lebenlang und nicht lenger"; MB. IX, 324, ad 1553. „Den Hof besaß N. N. jure personali, auf seine einzige Person oder auf seinen Leib." „Das Badhaus ist vom Abte N. der ganzen Gemeinde N. gegen Stellung eines Leibes verleibt worden"; Zirngibl, Hainsp. 153. 466. Ein Gut auf ainen, zwên, drey rc. Leib oder Leiber verlaßen. „Den Zehend verleibte er auf vier Leiber (Personen) nemlich auf Hans N., Margret seine Ehfrau, Chr. u. B. seine Söhne"; ibid. p. 107. „Das Leibgeding-Gut fällt dem Eigenthumherrn wieder heim, wenn der Leib abstirbt, dem die Verleihung geschehen. Die Leibrechtsgüter soll man höchstens auff zween Leiber miteinander oder einen allein verlassen, dann die Verlassung auf vil Leib komt gemeiniglich der Herrschaft zu schaden"; Urbarsgebrauch p. 87. 91. „Manchmal nehmen zwey Eheleute ein Gut nur auf Einen Leib, indem sie zusammen nur ein Leibrecht bezahlen"; Kreitmayr §. 29, Nr. 2. Die Leibgedings-Gerechtsame selbst: Leib geben, Leib nemen, Leib haben. Bàl' Er stirbt, fällt 's Guət haəm, Sie *hàt nit Leib.* Eines Andern seyn von dem Leibe. „Wann (da) si unser (des Landesfürsten) seint von dem leibe"; MB. IX, 154, ad 1325. Daher entstand vielleicht in neuerer Zeit das Compositum leibaigen (Grimm, RA. p. 312), welches zwar in der Landsordnung v. 1553 (IV. Buch, Titel 17) und im Landrecht
416 von 1616 (Cap. III.) noch mit dem frühern, einfachen Ausdruck aigen abwechselt, aber gewissermaßen als eine mildere Bestimmung desselben erscheint, nemlich: eigen blos in Bezug auf gewisse persönliche Dienste (Leibdienste) und Gaben (Leib-Pfenninge, oder dem Leibherrn zu reichendes Leibgeld, Todfall; sieh obiges Landrecht, f. 219), welche noch bis zum Eintritt der Verfassung von 1818 hie und da verlangt und entrichtet worden sind. Nach Welsch's Reicherzhofen p. 65. 75. 187 hatte jeder Hausgesessene dieses Landgerichts als Leibeigener des Landesherrn diese Aigenschaft durch Erlegung jährlicher 5 kr. 1 hlr. zum dasigen Kastenamte anzuerkennen. Cf. Codex civ. Maximil. I. Th., 8. Cap., §. 13, e. Hazzi, Statist. II, p. 291. 3) das Leben, (ahd. lîb, lîp, vita, mhd. lîp; Graff II, 45. BM. I, 1002. Weigand, Wbch. II, 30. Zeitschr. VI, 411,45. Cf. schwed. lif, ntr., sowohl Leben als Leib, wie ital. la vita u. česk. žiwot: „Datž wyssel nahn z žiwota matky"; Eccl. 5,15. „Kterak rostau kosti w žiwotě mateře"; das. 11,5. „Peklo, žiwot neplodny, země wyprahlá a oheň neřyka: dosti gest!" Proverb. 30,16. „Synu žiwota mého"; das. 31,2). gl. i. 863: liip, habitus; himellîp, vita contemplativa, gl. i. 87. „Ih gloube nach disem lîbe den ewigen lîp"; alte Glaubensformel in Doc. Misc. „Uuanda sie lîb after tode ne habent"; Notk. Ps. 36,38. Den lîp leitan, das Leben fortbringen, gl. i. 792 (Diut. III, 54); daher lîpleita, victus. „Noch gerner bin ich ein gebûr danne ein armer hoveman der nie huobegelt gewan und niuwan z'allen zîten ûf den lîp muoz rîten", (um seinen Unterhalt auf Raub ausreiten); Helmbr. 1110. Daß indessen diese urspr. Bedeutung veraltet sey, zeigt schon die R. A. Leib und Leben, wo man wie in frank und frey, Schiff und Geschirr, schlecht und recht rc. die veraltete Bedeutung des ersten Wortes durch ein zugesetztes zweytes aufzuhellen sich genöthigt sah. Auch die R. A. bey Leibe! entspricht dem spanischen por (mi, tu, su) vida! Cf. gl. i. 245: flemmir dîn lîp! per salutem tuam. Vrgl. Zeitschr. III, 543,24. V, 310. VI, 445. vo~ Leib essen, im besten Essen begriffen seyn, (Zir.); wie bey Leib (Leben). „Də Tàg get scho~ schlàfə~, druckt 's Aug *voleib* zuə", (bereits?); Wagner, salzb. Ges. 15. „Wenn I nét scho~ packət *və'leib* mit Vaə'sàz den steiffm dá' I dà nimmə bleib"; das. 80. Vrgl. oben, Sp. 1401: vəlei und Sp. 1410: darbleiben. „Unzt an meines leibes ende"; MB V, 179, ad 1319. „Nimt ein sun weip bei seines vaters leibe"; Rechtb. v. 1332, Wstr. Btr. VII, 109. „Den leib verlieren"; ez gêt im an den leib"; Schriften aus dem 15. und früheren Jahrh. Güter ze Leibe haben, gewinnen, auff Leib geben, verlâßen, nemen; Zirngibl, Hainsp. p 169. Wstr. Btr. IX, 243. VII, 135. Ein Gut auf Leib kauffen, es leibkauffen. Güter verleiben, auf Lebenszeit verleihen. „Unklug wurde dieser Bau verleibt, vielmehr sollte man ihn nur freystiftsweise hingegeben haben"; Zirngibl, Hainsp. 56. 146. 162. Das Leibgeding, Leibding, Leibthum, Leitum rc., pactum vitale, vitalitium, viage; (BM. I, 341). „Ad sustentationem vite, quod vulgo Lipgedinge vocatur"; MB. II, 333, ad 1160. VIII, 165, ad 1180; (s. dingen). „Vitae pactum i. e. lipgedinge"; MB. VIII, 394. „Precariarum que Leipting vulgariter nuncupantur"; Ried ad 1273. „Angaria ungelt, tibi sit precaria leibding"; Ben. 293, f. 65. „Utrum liceat emere pro pecunia vicariam vulgariter leibgeding"; Ben. 290, f. 133. Etwas verleibdingen, in Leibgeding geben; MB. II, 81. Der leiptinger, (Meichelbeck, Chron. B. II, 168) der ein Gut auf Leibgeding besitzt. „Seine und seiner Chind leipgedingt recht"; ibid. Das Leibgedings-Recht, Leib-Recht, (s. Gerechtigkeit), 1) das Recht, das Gut eines Andern unter gewissen Bedingungen auf Lebenszeit zu benutzen, zu besitzen. 2) die Gebühr, die für die Ertheilung dieses Rechtes erlegt wird. Urbarsgebrauch p. 77 ff. Bemerk. über Laudem. Rechte in B. p. 6—8. 60. 89. Der Leibrechter, lebenslänglich berechtigter Benutzer eines Gutes. Leibbauer; Leibuntertân. Joh. Georg, der angehende Wagner zu Rorbach (einer dem Herrn v. Koch gehörigen Hofmark), schreibt im April 1841 mir als seinem Vetter (Vaters Bruder), wie er bey der Übernahme seines Anwesens, weil es ein Leibgut sey, dem Gutsherrn 90 fl. habe müssen dafür entrichten. (Es ist etwa 900 fl. werth.) Er habe im Ganzen an die Herrschaft 172 fl. bezahlen müssen. „Die Verleibung geschah mit allen Vorsichts- 417
regeln, damit ja die Leibrechter sich kein vortheilhafteres Recht, als das Leibrecht gab, verschaffen könnten"; Zirngibl, Hainsp. p. 162. Der Leibbrief, Document, wodurch Leibrecht ertheilt wird. Leibträger, 1) der

ein Gut mit Leibrecht bebaut; 2) Person, die in Bezug auf das Leibrecht eine andere repräsentiert. s. Träger. „Den Hof besaß jure personali oder auf seinen Leib Dietrich Auer, der aber nur Leibträger Georg Auers, Sohns des Fr. Auers war"; Zirngibl, Hainsp. p. 153. 466. 468. „Die Einleibschaft da einer sich gegen einem gewisen Geld auf ein Gut solchermaßen hineinkaufft, daß man ihn sein Leib lebenlang darbey abnähren muß"; Urbarsgebrauch p. 32. leiblôs, leblos, todt; (wirzb. Fridgebot von 1554): „Einen verwunden oder gar leiblos machen." „Für Ain ze bitten den man leiblos machen (hinrichten) will"; Formular, Raitenbuch 166, f. 123. „Leiblöss, ventuositas"; Clm. 5877 (XV. sec., 1449), f. 149. Diefenbach 611ª.

leiben, vrb. n., (vom Substantiv Leib). „Wie sie nu eingærbt sint in ir gewant daz man achten sol wie si geleibt sei"; Cgm. 54, f. 80ª. cf. gärben. R.A. Wie er leibt und lebt. Sich leiben, (vom Vieh) wohlbeleibt werden. ableiben, vom Leib abscheiden, ableben, sterben. Zeitschr. VI, 445. „Daß man vermaint sie werde unter Weg ableiben"; Benno-Mirakel, 1697. Nach seinem Ableiben. Die abgeleibten christglaubigen Seelen. Die-Selbst-Ableibung, (wirzb. Zentord. v. 1670) Selbstmord. Sich selbst ableibig machen; bayreut. Criminaltaxe v. 1666. einleiben, incorporare. „Die Glaubigen so J. Christo durch das Sacrament des Tauffs eingeleibt werden"; Beichtbuch v. 1579. verleiben, 1) incorporare. 2) auf Lebenszeit verleihen; s. Leib, 2 und 3. ein-ver-leiben, wie hchd.

Libə, Libə, Libə! so lockt man im b. W. den Hühnern. Gêits, máné *Libələ*, gêits! (ObrM.).

'Libanz'n, česk. lewanec, liwanec, gegossener Talke; lihanec, Honigkuchen; cf. mittellat. liba, libanum; Diefenbach 326.' Liwanzen, Kuchen, Semmelschnitten; ä *Hriwänzö* (Hrifánzé) ä dabä, wéi gschmolzn dea widər is"; Rank, aus dem Böhmerwald (1843), p. 125.

Das Libell, 1) wie hchd. oder eigentlich wie das juristische libellus (Schrift, Schreiben). 2) Buch, Abdruck, Exemplar. „Daß dieser Landpot und Ordnung bey ainem jeden Gericht ain Libell seyn und behalten werden soll"; L.Ord. v. 1553, f. 196. „In haubide dhes libelles, in capite libri"; Isidor IV. „Livol puohhes, volumen libri"; gl. i. 284. 961. Graff II, 79. Weigand, Wbch. II, 44.

„Die Liberey, bibliotheca, librereria"; Prompt. v. 1618. Hbn. Voc. v. 1445. MB. XIV, 168, ad 1422. Av. Chr. 403 und passim. BM. I, 970: liberîe. Diefenbach 327. „So mir solch Büchel aus E. F. G. hochberhümbten Liberey zu kommen ist"; Puterbey ad 1581. „Also wollen wir auch das unser nun aufgerichte Liberey, item die Kunstkammer mit allem dem was darinnen ist und wir noch darein verordnen möchten, allerdings ungetheilt und iederzeit unverwendt beisammen bleibe"; Herzog Albrecht's V, († 1579) Testament, letztes Ms.blatt Clm. 5141, f. 138, auch Beurb. 131. In München unter anderm zu schauen „die liberey"; einzelnes Blatt v. XVI.—XVII. Jahrh. MB. XXI, 135, ad 1447 gibt Maister Rudolf Volkart, Techant zu Sand Peter in München, seine Bücher zu einer librey bey dieser Pfarrkirche her. Der Libereyer im Kloster Osterhofen, Clm. 9902, f. 20. Diefenbach 327ᵇ: librarius.

Die Librey, Livrey, ä. Sp. Abzeichen an der Kleidung; (Diez, Wbch. 207. Weigand, Wbch. II, 56). „Herzog Jörg (der reiche zu Landshut) hett (auf die zeit seins Empfahens der kunigin) einen kostlichen, zerhauten, engen, kurzen Rogckh der bemelten seiner Varib an, darauff sein Liebrey von perlin und edelin gestain gestickt was"; Wstr. Btr. II, 134. „Herzog Otto mit den lantgraven, graven, Herren und Rittern, geziert mit iren gestickten Klaidern meins gnädigen Herrn Herzog Jorgen des prawttigan varib und liebrey; ibid. p. 122.

Liberia imperatoris Friderici III:
Aquila Electa Justa Omnia Vincit. Nunc habet omnia tempus habet.
Liberia regis Ladislai:
Ama Deum, Clerum, Justitiam, Pacem
En Amor Electis, Injustis Ordinor Ultor.
Sic Fridericus ego Rex mea regna rego.

Aug. S. Cruc. 43, f 42. „Liuerey, insignium principalium, ducalium, regiorum etc. color in vestitu"; Prompt. v. 1618. „Die Regensburger Huter sollen in 418
Amberg nicht zogen Hüte, noch Kalhüte getailt, vorab mit Libereyen oder Kränzlein fail haben"; Gem. Reg. Chr. IV, 176, ad 1510. Nach dem jetzigen Sprachgebrauch ist Livree nur mehr von den Abzeichen an der Kleidung der Bedienten, und von dieser selbst üblich. „Dank für diese Liebereien gut, sie werden uns hübsch stehen aufm Hut", heißt es in einem Bauspruch, der in Auerbach's Schwarzw. Dorfgeschichten (1843), S. 326 gehalten wird. „Bey dem Hochzeitmahl vertheilt die neu Vermählte ihren Gästen Bänder, welche diese an ihre Hüte und Kleider heften, was man hier zu Lande (um Stura zwischen Nizza und Turin) Livreentragen nennt"; A. v. Bornstedt, Briefe (1835). Vrgl. lifern u. Th. IV: (Hof-) Gewand.

'libern, ä. Sp., gerinnen; BM. II, 970.' „So geswillt si umb den nabel und vallet ir daz gelibert plut unter die rippen als die ayr und beginnent die adern geswellen"; Ebersb. 79, f. 204ª. Clm. 5879, f. 204. Cgm. 4543, f. 112. „. . . also walget ir daz geliberte blût under den rippen also die eiger"; Cgm. 92, f. 3. s. Leber.

glibig, mild, beugsam; (Meran), Staffler I, 117. Zu leiben, schonen?

lieben (liəbm, o.pf. lêibm), 1) wie hchd., jedoch in der gemeinen Sprache weniger üblich und meistens durch andre Ausdrücke, wie gern haben, lieb haben, und besonders in Bezug auf die Geschlechtsliebe, durch das bloße haben oder das fremde caressieren ersetzt. Überhaupt ist mir auch aus der mhd. u. ahd. Sp. kein lieben oder liuban in dieser heutigen transitiven Bedeutung erinnerlich. Der Grammatiker sec. XV. (Clm. 4162, f. 243. 250) sagt: „amo ich lieb han, amor ich wird lieb gehebt"; das einfache lieben konnte er noch nicht brauchen. Vrgl. minnen; („geerne zien beduidt in Vlaenderen en Braband beminnen. Dit laetste woord, hoort men zeer zelden in de dagelyksche spraek"; Conscience, de Loteling, 1850, p. 17). 2) lieben, gelieben: a) Einem, ihm lieb seyn, belieben, (ahd. liuban, giliuban, mhd. lieben; Graff II, 58. BM. I, 1016 f. Weigand, Wbch. II, 48. Niederd. us lewet, beliebt, gefällt. Firmenich I, 254,20). Wenns Gott g'liebt. „Es geliebt den Weibern was new ist." Puterbey, von verbotenen Büchern. „Solcher Gottesdienst (die Messe) hat den Pfaffen und München nur darum geliebt, daß er viel Gelds getragen"; bayreuth. Kirchen-Agende. „Die Frawn werden genöt zu leiden das den Überwundner geliebt"; Dietr. v. Plieningen. „So viel ihm geliebt"; Lbhl. XVII, 164. „Es liebet dem Kaiser Mariminus ander Leut Gut gar sehr"; Av. Chr. f. 219. „Nun, ich bevilchs Gott und thu allzeit was der (dem?) liebt"; Herzog Wilhelm am Ende eines Briefs v. 1597, Zeitschr. f. B. 1806,10.40. „Was mir liebet das leidet mir niemant"; Clm. 12296, f. 209. „Erber gespilen liebent mir"; Clm. 5833 (sec. XV. 2º), f. 70. „Siu (die Fahrt) liebet im (dem Herzen) ie lenger"; Labr. 76. „Ein lôs gebærde liebet under ougen"; das. 197. „Diu liebe liebet mir in mînem herzen"; das. 475. „K(atharina) Siu liebt mir für sie all"; der Schreiber des Cgm. 520, f. 249. b) Einem etwas, ihm es lieb machen. „Daz er (diabolus) uns ie die sunde liubet"; Diut. III, 53. „Swer in daz spil leiden wil, der liebet in daz spil"; Trist. 17831. „Ze niwen vröden stat min mût hohe sprach ein schœne wip ein ritter minen willen tût der hat geliebet mir den lip", hat mir das Leben lieb gemacht;

Cod. Ben. 160, f. 59a. „Eins andern red und sein getat die dich nit vil an gat die laz dir wol gevallen, so liebst du dich allen“; Ald. 158 (v. 1330 circa), f. 132. „Herre pflig tugentlicher sit so liebstu dich den lewten damit“; Cod. Moll-Oldenbourg mit Udalricus de Campo liliorum. „Do macht er ir bald widerzäm all ander man und liebet sich allain“; Cgm. 270, f. 148. „Diu kan sich lieben, süezen“; Labr. 82. „Wie mag man sich ir lieben unde leiden“; das. 195. „Den geist, der uns sine lere suoze vnd liebe“; gl. Winnerl. „Dâ liebet si sich den liuten mite“; Wigalois 2689. „Der Abt liebt sich widerum zu mit den Großen und gieng einer taydung ein“; Ensdorfer Chronik, Ofele I, 585. „Giliuban, commendare“; gl. i. 28. 448. 464. 819. liebeln. „Dem Feinde durch Friedenshofnungen liebeln“; F. v. Zesen. Vilmar, kurheff. Idiot. 249.

lieb (liəb, o.pf. lêib), adj. u. adv., 1) wie hchd.; (goth. liubs, ahd. liub, liob, gratus, mhd. liep; Graff II, 54. BM. I, 1013. Weigand, Wbch. II, 47 f.). (Mater) „Ebba genuit filiam quam vocavit Thrutgeba cognomento Leoba eo quod esset dilecta hoc enim latinae (sic!) cognominis huius interpretatio sonat“; Rodulfus, Rhabani discip. de vita S. Liobae, Clm. 4608, f. 199. 2) liebend, verliebt. Zway Liebe, ein liebendes Pärchen.

Sitz·nt zwaə *Liəbé* untə'n Bám,
wenn no˜ gràd heu˜t kaə˜ Wédə' kám.

Dé Stund hàbm zwaə *Liəbé* g·macht, d. h. dieses ist eine lange Wegstunde. 'gelieb, ä. Sp., gegenseitig lieb; BM. I, 1015.' „Sider ich geliebev warnen sol“; Diutiska II, 256. „Do wurden vile gelieb die zuene bruoder“, das. III, 89. „Diu zwei gelieben“; Ulr. Tristan. Das Liebelein, Liebchen.

Mei˜ *Liəbə-l* hàts Fiəbə'l,
hàts àllé drey Tàg:
i schau mər um ə˜ *Liəbə-l*,
dés 's Fiəbə'l nét hàt.

Ironisch abweisende Formel: Wá' mə' nicks *liəbə'!* 3) „Smalsat und choren wirt lieb dez selben jars“, (viel? wenig?); Aug. eccl. 76 (v. 1399), f. . . . (Cf. pinzg. löb?). Vrgl. Grimm III, 665; Mythol.[2] 1069. 4) (euphemistisch; O.Pf.) das lieb Wetter, das Ungewitter, Hagelwetter. Zeitschr. VI, 448. Sieh indessen lê, lêw. „lieber, amabo, sodes, quaeso“; Prompt. von 1618. Diese ältere Interjection, der das schwedische kåre entspricht, könnte der Gegensatz von laider seyn. BM. I, 1014. Weigand, Wbch. II, 48. Cf. Th. IV: wæger.

Die Lieb, wie hchd. Liebe; (ahd. liubî, liuba, mhd. liebe; Graff II, 56. BM. I, 1015. Weigand, Wbch. II, 48. gl. i. 779: liupa, 1090: liupi, gratia). Das Prompt. von 1618 hat die R.A. „Es gschieht jm
419 kein Lieb darzue, repugnante natura id facit.“ Die Abliebe, Gegensatz von Vorliebe. „Ohne Vor- oder Abliebe“; Lori, LechR. III, 439. R.A. D' *Liəb* is süəss, bis iər wachs·n Händ und Füəss·. Euer Lieb und Andacht, spricht der Prediger seine Zuhörer an. Ewer Lieb, sagten ehmals die Fürsten zu einander, wie heutzutage: Ewr Liebden. Der Kaiser Fridrich redet den Herzog Albrecht v. B. mit „Dein Lieb“ an; Ldhdl. III, 176. Weigand, Wbch. II, 48. Zeitschr. 144,4. „Unde inprimis orta sit ecclesiae dedicatio debet scire vestra dilectio“, fängt eine Predigt des XIII. Jahrh. an, Amb. 2, f. 103. „Quod in evangelica lectione audivit dilectio vestra“; Homilien des X. Jahrh., Aug. eccl. 133, passim. Lieb, Geliebte; Labr. 171. 172. Liubis, ein Mannsname; Pistorius I, 142; (Dr. K. Roth). Gotlieb, Ort-lieb u. a. m. aus ahd. -leif, -leib; Graff II, 50. Förstemann I, 847 ff. 536 f. 972. Liebæuglein machen, liebäugeln. Vrgl. Zeitschr. IV, 176. „Liebhazz, zelus i. e. invidia vel suspicio mulierum“; Mett. 37, fol. penult. Die Liebnifs. Seine Amtspflicht um keiner Sach willen weder Gab, Geschenk oder Liebniß nicht unterlassen“; wirzb. Verord. v. 1636. „Die liebnusside, delectationes“; Cgm. 17, f. 25b, Ps. 15,16. Die Liebung. „Fraw nembt zu liebung disen ring“; H. Sachs 1560: III, III, 41b. liebsälig (liə'sáli', lêisáli'), liebselig, ein gewöhnliches Epithetum zu Brod: s *lêi'sáli'* Broud. „Das liebselige Brod“; Ldtg. v. 1612, 221. 236. 249. „Das liebeselige getraidt“; Ldtg. v. 1669: 375. „Das Schaff des liebseeligen Roggengetraidts höher nit als 6½ fl. verkaufen“; Cgm. 4906 (Augsb. 1648), f. 215. „Da saufät i' mir aus lautä' Vä'drufs än *liebsälign* Rausch an“; Lindermayr 152. (Vrgl. das liebe Brod; nichts als das liebe Waßer trinken). Grimm III, 656; Mythol.[2] 1069. Vilmar, kurheff. Idiot. 248. Zeitschr. VI, 448.

'Der Liebart, Leopard, (Andeutschung dieses Fremdwortes, wie Liebstöckel aus lubisticum; BM. I, 1049. Zeitschr. VI, 448. Weigand, Wbch. II, 48 f. Diefenbach 327a: libisticum); BM. II, 465.' „Leopardus, ein liebart“; Clm. 5008 (XV. sec.), f. 162. Diefenbach 224b. Weigand, Wbch. II, 39.

Die Liubisaha, Liubasa, (ahd. Sp.; MB. VII, 18. 138. Ried ad 1003) die Loisach, besser Leusach, w. m. s. Förstemann II, 931. Liubuša (∪-∪) heißt Libussa im Libušin Saud (Gericht).

Löbel (?). „Fridrich Graf Rapoten Sun 1184 zu Erdfordt in eim Löbel verdorben“; Hund, St.B. I, 2. „Des andern jars wolt der kaiser verainen den bischof von Mäncz und den lantgrafen ze Ertfurt ze ainem hof. vor im ward grozz gedreng. do brast diu lab und viel mit den lüten ab ain ganc. da ertrank grauf Fridrich von Abenberg vnt der graf von pogen und der graf von Swarczpurg und darzu manig edel man die all ertrunken“; Kaiserchronik bis 1314, Ms. des german. Mus. Nr. 2733 (sec. XIV. In dieser Hs. ist au = a, also lab = Laube). „Do prast diu laube und viel mit den läuten in ainen ganch aines wazzers, do ertranch graf Fr. v. Ab. u. der graf v. Pogen“; Cgm. 55, f. 62b. „Do brac du love unde viel mit den luden in enen ganc“; Lüneburger Chronik bey Eccard, corpus hist. med. aevi I, 1395. „Trabibus magnae domus decidentibus miserabili ruina involuti foetidissima sentina suffocati“, Annales Bosovienses ad 1184 bey Eccard, a. a. O. I, 1023. „Aput Erphurt quinque comites et duo nobiles miserabili casu in secessu submersi sunt“; Cod. ZZ. 1571, f. 35. Das Lobelin einer Straßburger Urkunde erklärt Strobel (elsäß. Gesch. I, 228) für Speisekammer, nicht wie Grandidier für Abtritt. Indessen ist sicher das Letztere das Richtige. Cf. oben, Sp. 1405: die Laube, das Läublein.

Der Löber, Lohgerber; Zeitschr. VI, 16. s. Löh.

loben (lóbm, o.pf. luəbm), wie hchd. (ahd. lobôn, lobên, mhd. loben: '1) nhd. loben, preisen; 2) nhd. geloben, versprechen; Graff II, 62. BM. I, 1021. Weigand, Wbch. II, 56). Der Lob, ä. Sp., wie hchd. das Lob; Graff II, 60. BM. I, 1020.' Einen lob gewingen, Cgm. 632, f. 36½. verloben, 1) wie hchd. 2) sich zu einem Hailigen rc., auf (nach) Alten-Ötting rc. mit einem Gebet, einer Messe, einer Wallfart rc. verloben, sich durch ein Gelübbe dazu verbindlich machen; BM. I, 1022. „Ego fr. N. promitto vobis obedientiam, ich brueder N. verlob euch gehorsam“; CbmC. 22, f. 260 (v. 1525). „Der pfenning hat ein trifft in haifft die werlt hantgift. Ist er nun ein gift in der hant so haben in die hailigen vil wol bekant daz sie verlobten aigenschaft (gelobten, kein Eigenthum zu haben) und mit im nit wurden behafft“; Cgm. 811, f. 39. 3) zu viel loben; BM. I, 1022. „Niemant sy verloben mag“; Cgm. 628, f. 250b. Die Verlobnufs, Verlobtnufs, das Gelübbe, Versprechen; das Eheverlöbniß; das Denkmal des Gelübdes, das Votivtäfelchen oder Bild. Wàs àbər ei˜ dèrə' Kirchə˜ für ə˜ Gwált *Vo'lobnuss·n* ummə' henkə˜! Im Sinn von verloben scheinen zu nehmen das Lobamt, gesungene Messe, die einerseits von der gesungenen pfarrlichen, andrerseits von der gesungenen Seelenmesse unterschieden wird. Von den kirchlichen Tagzeiten heißen die Laudes in alten deutschen Brevieren z. B. Cod. m. 8⁰ 41, f. 29. 74. 156. 232: Lobmetten. (Vom gloria in excelsis? cf. Cgm. 638, f. 45½). „Cantilenas et laudes dictare ist gut im Aries“; San-Zeno 24, Vorderdeckel. Das gelobte Land, terra promissa; (oder zu laudes?). misloben, s. unter missen. Der Lobetanz. „Hochzeiten, Kindtaufen, Kirchmessen, Lobetänze u. drgl. Convivien“; bayreut. Mand. von 1712. „Gelobtänze die da geschehen auf der gassen“; Cgm. 632, f. 21. Cf. Brem.-niederſ. Wbch. III, 28: „Lawei, ein Aufstand der Deicharbeiter.“ löblich, adj. u. adv. „Als oft man umb gemainen nutz singt ain löblichs ambt“; Tegernſ. Cerem. v. 1505—8, Cgm. 1148, f. 44. „Als oft der abt oder prior dy vesper oder ambt löblich singt“; das. „Vnder den löblichen achten, da sind ausgeschlossen ij achten der kirchweich u. S. Chrysogon, wan es sein nit löblich achten“; das. 47ᵃ.

Das Gelüb, Gelübd (Glüp'), Handglüb, das Gelübde; (ahd. galubida, mhd. gelübede; Graff II, 65. BM. I, 1022). „Nû bistu meineidic dîner gelübede“; Br. Berht. 81, (Pfeiffer 279,27). Abergläubische Gelübde s. Cgm. 632, f. 6. gelüben, gelübden, angelübden, verglüben, vrb. n., versprechen, geloben; Kr. Lhdl. III, 16. „Gelübte Closterleut“, (die das Gelübde gethan, gelübdete); L.R. v. 1616, f. 364. verglüben, verglübden, verhandglübden Einen, ihn durch Abnahme seines Handgelübdes vereiden.

Die „Lub“, (Nptsch., Ries) große Lippe; verzogner Mund. „Mach kain solche Lub.“

Die „Luibing“, (O.Pf.) Labung.

'-lach, s. unten: -lich.'

420 Das Lachen, (ahd. lahhan, mhd. lachen, niederd. Laken; Graff II, 156. BM. I, 923. Weigand, Wbch. II, 7. Zeitschr. IV, 130,48), im Dialekt nur mehr in der Zusammensetzung, und in lach, lich, lǝch, lǝ' verkürzt, üblich. Das Leilach (Leilǝ', Lálǝ', Lájǝl, Lájál; plur. Lei'lachǝ~), das Leintuch, Betttuch. Ich finde in den Voc. von 1445, 1429, 1419: leylach, lâwlach, linteamen; gl. a. 44. 526. 664. o. 76. 401. 403: ebenfalls lîlachen; i. 128. o. 329: linlachen; o. 384. 413: lihlahhan, welche letztere Form die richtigere scheint, und dem lîhhemidi, subucula (gl. a. 113), so wie dem bey einigen Neuern vorkommenden Leiblachen entspricht; denn es bezeichnen ja auch andere der vielen alten mit lahan componierten Benennungen leinene Gewebe; (Graff II, 157. BM. I, 924. Weigand, Wbch. II, 34. Zeitschr. III, 18. 110. 310. IV, 111,60. VI, 445); vrgl. Leinlachen. „Ich gelîche in disen sachen, als der ein lîlachen über dorne spreite“; Gregor 3290. „Undurft ist in (den Himmelsbewohnern) lihlachen iouh dere badelachen“; Clm. 9513, Vers 281. „Die liede plegen al t etene sonder scoetlaken (Schooßlachen beim Essen) si enhebben bedde noch lilaken“; Jac. v. Maerlant, Alexander 100ᵈ. Leilach, H. Sachs 1560: III, III, 18. Sollte das Spimlálál, Spimláiái des Oberländers (für Spinnengewebe) als Spinnenleilach zu erklären seyn? Das Tischlach (Tischlǝ'), das Tischtuch, (gl. a. 519: tiscalahan, gausaca; 523: disclahen, mensale. Graff II, 159. BM. I, 925). Hieher gehört wol auch Häslein's nürnbergisches „Dinglich“, (Weißzeug, als Hemden, Tischtücher, Bettüberzüge ꝛc.), mit dem, unter den alten Compositis, tunihlachen (sarcile, gl. a. 18) eine entfernte Ähnlichkeit hat.

lachen, wie hchd., (ahd. hlahan, praet. hluoh, mhd. lachen; Graff IV, 1112. BM. I, 922. Weigand, Wbch. II, 3. Zeitschr. II, 460: lachern, lächern; III, 133). lachendic, s. oben, Sp. 1408, unter lebendig und vrgl. Zeitschr. II, 278,10. III, 315. sich auflachen, zerspringen vor Lachen. Es ist mir lächelich (láchǝli') oder lacherisch, ich empfinde Reiz zum Lachen. Der Lacher, 1) wie hchd., 2) das Auflachen, cachinnus; Zeitschr. III, 133. Dés kost·t mi' ǝ n *Lachǝ'*, spöttisch: das ist zum Lachen. 'Das Lachter, ä. Sp., das Lachen, Gelächter; ahd. hlahtar, mhd. lahter. Graff IV, 1112. BM. I, 923.' „Vil lachters und lautes nit lieb haben“; Reg. Bened. c. IV, 49, Cgm. 746, f. 107. himmellachen, s. oben, Sp. 1112 und vrgl. unten: der Laich.

Die Lachen, Lache, 'Pfütze, Sumpf, wie hchd., (ahd. lacha, mhd. lache; Graff II, 100. BM. I, 921. Weigand, Wbch. II, 3. Zeitschr. II, 510,1. III, 306. IV, 109,43); cf. lat. lacus.' „Sît Dâniel nien war der lâcus“, da dem Daniel die Höhle nicht schadete; d. w. Gast 5272. s. Lacken.

lachen, durch einen Einschnitt bezeichnen (einen Waldbaum). Weigand, Wbch. II, 2 f. Vilmar, kurhess. Idiot. 251 f. s. lacken.

'lâchenen, lâchen, ä. Sp., besprechen, heilen; ahd. lâhhinôn; vrgl. goth. lêkeis, leikeis, Arzt. Graff II, 101. BM. I, 925.' s. unten: der (die) Lecken. „Lachenære, medicator“; Cgm. 17, f. 61ᵇ, oratio ad ps. 37; „lachentuom, arcenie, medicinam“; das. f. 66ᵃ, oratio ad ps. 40. „Zoberer und lâchenere und maintaitere“; Griesh. Pred. I, 150.

laichen (laǝchǝ~) 1) Einen, ihm einen Possen spielen, ihn hintergehen (ludificare, λαικάζειν, goth. laikan, springen; bilaikan, verspotten; engl. to bilk, betrügen; mhd. leiche, Prät. liech, Ptc. geleichen. Graff II, 153. Grimm I, 934. II, 17. BM. I, 958 f. Lachmann, über den Eingang des Parzivals p. 11. Zeitschr. VI, 436); (b. W.) abprügeln. Buǝ' dèn háb I nét schlècht *glaǝcht*. „Also ward der man geleicht“ (von seiner ungetreuen Frau); Hans Rosenplut. „Alexander ist gar fleissig seiner Sachen gewesen, hat jn niemand leichen und ansetzen mügen“; Avent. Chr. f. 216. „Daz di lewt von jm (dem Handwerker) icht gelaicht oder angesetzt werden“; Wstr. Btr. VI, 163, ad 1400 circa. „Also leicht er en·n und disen“, sagt der Teichner von einem Singer, der für einen Herrn und für einen gemeinen Menschen dasselbe Loblied singt und beyde zum Besten hat. „Wer alle werlde laichen will der wirt vil leicht der affen spil. Illusor nimius sapiente dogmate nudus stultorum crebro fiet quasi simia ludus“; Fridancus, Cod. lat. 237, f. 224. „Defraudatores die die leut triegen oder laichen“; Clm. 11724 (XV. sec., 1461), f. 37. „Wen wenstu laichen hie mit chose?“ Cgm. 270, f. 82. „Es ward nur ümb solches getan, daz man dy valschen Wiener van solchem gelt laichet oder präht“; Mich. Beham, Wiener 303,5. „Er hies das weib on alle peit in den selben püttrich saichen, da mit wollt er den pfaffen laichen“; Cgm. 270, f. 335ᵇ. „Also im land ich herum raiß die bawren ich laich und bescheiß“, sagt der Schottenpfaff bey H. Sachs 1560: V, 350 (1612: V, III, 26). „Ein laicher und ein bescheißer, ein ochs und ein rint das sint alle geswisterkint“; Cgm. 713, f. 15. „Laichnuß ist mengerlai“; Cgm. 270, f. 74 und 379, f. 38. „Die Laicher der Erzney“, Verfälscher; Gem. Reg. Chr. II, 336, ad 1397. III, 230. Vermuthlich gehören hieher auch die Leichnerinnen (ibid. III, 408), denen die Ohren abgeschnitten werden. „Gecken, geglen, teuschen, leychen, vexare, trufare“; Voc. v. 1482. „Sophisticare, laichen; sophista, ain betrieger; sophistria, laycherey“; Voc. v. 1445 und 1419. „Truffa, glaich; truffare, glaichen“; Clm. 5877 (sec. XV., 1449), f. 148. Niedriger Reimspruch:

es lasst si' nét *laǝchǝ~*, 421
wer vȳl trinkt mues vȳl saǝchǝ~.

„Mit Einem laichen colludere, conspirare“, (malo sensu); Prompt. v. 1618. „Etliche die chan wol slaichen und zu menigem gesellen laichen, ob er si dan hin wider laicht“; Cgm. 270, f. 206. Schwäb. laichen, mit List weg- ꝛc. schaffen; '(hieher?).' (Magd,) „*laich* du d·Henna unter's Getter“; Weizmann III, 65. „Muetter Gottes, *laich* doch d·Franzosa vom Städtle ewek“; das. 111. „So *laich* en i' naus“, schaff ich ihn hinaus (den Knecht); das. 163. (Weizmanns ai = ê oder ô). Hieher gehört wol auch das allgäu. „leichen" (laichen?) mit Einem, mit ihm übereinstimmen, besonders in schlechten Gesinnungen und Handlungen, (v. Whrnz). 2) de lusu venereo piscium, wie hchd. leichen. Weigand, Wbch. II, 6 f. Zeitschr. VI, 436. Der Laicher, der Leich- oder Streich-Karpfen, sowohl Milchner als Rogner. „Auff einen mittern Bruet-Weier gehören sechs Laicher, zwên Milchner und vier Rogner."

Der Laich (Laəhh), 1) der Possen, den man Einem spielt. Zeitschr. VI, 436. Buə', dèn hàn I ə˜n rècht·n *Laəhh* g·spilt! 2) lusus venereus, zunächst von Fischen und Amphibien, (bey Adelung: die Leiche), verächtlich von Menschen. „Wie oft trifft den Hurer der so fatale Stroach oft mitten in Begierden und oft mitten unterm Loach"; M. Sturm p. 79. a) der Same, die befruchteten Eyer von Fischen, Fröschen, Schlangen ꝛc. (bey Adelung das Leich; Weigand, Wbch. II, 6 f. Vilmar, kurhess. Idiot. 234); fig. der Huerenlaich, Hurengezücht. b) jede unreine, ekelhafte flüssige oder klebrige Sache. „Was müßten Bräu und Wirthsleut thain wen s Bier niemt saufen thät? Sie suffen halt den Laich allain"; M. Sturm. Der Schelmen-Laich, („Luech"; Regensburg nach Popowitsch), die Gichtmorchel, Hirschbrunst, phallus impudicus L. 3) das Spiel (auf musicalischen Instrumenten; s. Grimm, Meistergesang S. 64. 65. 66. 191: ein Quodlibet), die Arie; (ahd. leih, mhd. leich; Graff II, 153. Grimm II, 503. BM. I, 959. Weigand, Wbch. II, 30). Der Laich (Cantate) besteht aus mehrförmigen Gliedern, das Lied aus gleichförmigen Strophen; Docen in Schelling's Zeitschr. p. 450. „Sîn leiche lûtent übele", sagt im Nibelungenliede (1939,1) König Etzel von den Stücklein, die Volker der spileman, statt mit der Fidel, mit dem Schwerte aufspielt. laichen, vrb. „Darumb ir hemelischen saitelspil laichent, machent uff ein newen reyen"; Suso's Leben, Cgm. 819, f. 217[b]. In Franken sagt man im Neutrum noch: das Kugel-Laich, das lange, das kurze Laich, (Kegel-) Spiel. Vilmar, kurhess. Idiot. 243. Das Laich geben, setzen u. drgl. (gl. i. 556: leichin, modis; Diut. II, 302. 314: leichi, modos; leichon, modulis; „daz sangleich dero gezelto", cant. cantic. 6,13. „Mestos modos, laiche"; Froumundi Cod. Boethii, Wallerst.-Maihingen, f. 4). 4) in der Zusammensetzung deutet Laich ohne specielle Nebenbegriffe auf einen Akt, eine Erscheinung; (vrgl. Spil). Der Hei-laich, Hî-lèih (ahd. hîleih, mhd. hîleich; Graff II, 153. BM. I, 960), conjugium (vielleicht ursprünglich consummatio matrimonii; cf. gl. i. 726: leichod, hymeneos, concubitus). s. Hei. Der iâmerleich bey Br. Berht. 242 ‚(Pfeiffer 224,17), das Klagelied,' der Jammer: „Juwer îtel freude ist nihtes niht, wan dâ gêt der iâmerleich nâch"; (cf. agſ. ag-lâc, miseria). Der Himmel-Laich, Wetter-Laich, das Wetterleuchten. himmellaichen, wetterlaichen, vrb.; (Bregenzer Wald, Bergmann) wetterloichə˜, wetterleuchten; hitzloichə˜, hitzleuchten. Vrgl. Zeitschr. II, 541,142. VI, 16. „Wetterleich, corruscatio, fulgur"; Prompt. v. 1618. Voc. Melber: „Fulgetrum, fulgur, corruscatio, ἀστραπή, Blitz, Wetterlaich"; Nomencl. von 1629, p. 171. Diefenbach 153[c]. 250[c]. (Cf. isl. vedr-leifr, schwed. väder-lêk, das Wetter). Clm. 9548 (2⁰ XIII. sec.), f. 107 steht über lanago „qui cito diffunditur weterlaich." „Horlech", folgore, splendore, (Costa; aber nicht sicher zu lesen). Mainlaich: „facto toxico maleficio .i. Zauber vel Meinleich"; Clm. 9537 (2⁰. XIII. sec.), f. 177. Vrgl. Berht. 58 (Pfeiffer 264,29): „Sô gênt etelîche mit bœsem zouberlehe umbe"; BM. III, 948.

Das Gelaich (G·laəch), das Gelenk, (wie in der Mechanik auch spielen für: sich bewegen, drehen, gebraucht wird): „Von Glaich zu Glaich, articulatim"; Prompt. v. 1618. geleih, artus; gl. a. 126. o. 30. Anmerk. Nach Grimm I, 934 ist lîchen (ludere) im Mittelhochdeutschen ein Ablautverb, wozu das Particip
422 präterit. gelîchen wirklich vorkommt und das Präterit. liech (agſ. leolc; Grimm, Andreas 112,614) analog dem gothischen lailaif von laifan, salire angenommen werden darf; ‚(BM. I, 958 f. cf. 960: leichen, geleichen, schw. Verb., aufspringen, in die Höhe steigen; biegen; täuschen, betrügen; s. oben: laichen.' „Daz spil machet die ros so frœlich, siu trettent und leichent sich"; Diut. I, 300. W. Grimm, gold. Schm. p. 148. „Daz si (die Beine) sich leichen, suenne si scriten; das. III, 46. Graff II, 154). Im Agſ., Isl. u. Schwed. ist lâcan, leika, lêka, ludere; ‚im Niederd. leken, lecken, springen, hüpfen, ausschlagen; Weigand, Wbch. II, 25. BM. I, 957. Zeitschr. IV, 175.' „Wider den Stachel lecken"; Luther. Sollte laichen (nach Gramm. 949, VI. IX. und 956, VI) zu leichen, gleichen gehören? Vrgl. Grimm. II, 16.

laichen. „Wann es jr (der Müller) Notturft erfordert, das wasser abzeschlagen, oder wie sy es nennen, ze laichen, sollen sy dasselb denen, welchen das wasser und vischerey darauff zusteet, zeitlich verkünden und ansagen"; L.Ord. v. 1553, f. 152.

lauchen, schließen, decken; (goth. lukan, ahd. lûhhan, mhd. liechen: Präs. ich liuche, Prät. louch, Ptc. gelochen, und louchen, schw. Verb.; s. unten: liechen. Graff II, 139. BM. I, 1023. Haupt's Zeitschr. VII, 28: Loki, zu isl. luka, claudere, lok, finis. Zeitschr. II, 28. 249. III, 313. 562. Weigand, Wbch. II, 57: das Loch).' (Die Kiste) „oben wol belochen", (mit Deckel verschlossen); v. d. Hagen, Ges. Abent. XLIX, 506. Grimm, Reinh. 280,2271: beloken, clausus. „Frumer kneht, lûch dich wider! dû hâst ez niht errâten sider"; S. Helbling I, 245. „Grôzer sorgen hân ich zwô: diu eine, sô mîn ougenbrô beluchent, wie mich vinde do der tôt"; das. XII, 37. „Alsbald sy (das Ehepaar) an das preupett komen und sy die deckh belaucht (p. 42: beteucht) hat"; Cgm. 955, f. 47. auflauchen, aufheben. „Nec volebat oculos ad celum levare, vnd wolt nicht auflauchen seine augen gegen dem himel"; Clm. 9728, f. 89[b]. „Ir sullt daz aftermûder z·war hinden auflauchen gar", (Weiberkleides Hintertheil); Reimchronik, Cgm. 5, f. 253. „Den sam si auff mit zuchten lucht"; Cgm. 270, f. 113[a]. Zeitschr. II, 249. entlauchen; Grimm, Wbch. III, 567. „Ich wunsch das die erlosen (Weiber) ir valsches umefahen weip und man verschmahen nach meiner ger entlawchen ich wünsch in spotlich strawchen"; Cgm. 714, f. 90.

schattlauchend (schódlauchə˜d) heißt im b. W. ein Tag, an welchem die Sonne, ohne daß es regne, nicht oder nur abwechselnd durch die Wolken bricht. Solche Tage sind im heißen Sommer dem Arbeiter oder Wanderer besonders willkommen. schattlauchen, wechseln zwischen Licht und Schatten in der Witterung eines Tages; (Rixner zu Kaindl).

Lauch, (Kitzbühel) Fallthüre. Lauchen, (Pseud. Zir.) Öffnung a) im Heustadel, wo die Fuhr (das Heu) hineingeworfen wird; b) bei der Klause, wo das geschlage Ueberwasser abgeleitet wird. Vrgl. unten: Luck.

lauch, geschwollen; (Zir.).

Der Lâuch, (ahd. louh, mhd. louch; Graff II, 142. BM. I, 1044. Grimm, Mythol.² 1165. Weigand, Wbch. II, 16. Zeitschr. III, 34. V, 154). „Der lapis lazuri ist gruen als ein lauch"; Cgm. 585, f. 42. ‚Der Aschlâuch, allium ascalonium; Graff II, 143. BM. I, 1044. Grimm, Wbch. I, 585 f. Diefenbach 21[b]. Prasinus, porraceus, lauchfarb, abschlag grün; Nomencl. 1629, p. 98. Diefenbach 451[a]. Knoblâuch, Knoflâuch (Knóblə', Knóflə'. ahd. klowolouh, kloblouh, mhd. klobelouch; Graff II, 142. IV, 548. BM. I, 1044. Grimm, Wbch. V, 1449. s. oben klieben); Schnittlâuch (Schnidlə', Schni'lə'. ahd. snitilouh, mhd. sniteleouch; Graff II, 143. BM. I, 1044). Gehört hieher auch der Ausdruck láckəgreə˜ (von Obst: noch ganz grün, unreif) als lâuchs-grüen?

Ein Lech (Lèəch) ist beym gemeinen Volke Augsburgs nicht blos jeder der verschiedenen Canäle, die aus dem Lech durch die Stadt geleitet sind, sondern es nennt selbst jeden andern Fluß in der Nähe, z. B. auch die Wertach, einen Lech. Schon das Augsp. Stadtbuch v. 1276 zählt verschiedene Leche auf. „Der liupoldes lech, der ander der flessinger lech, der dritte des geumulners lech, der vierte des rotigers lech . . . wie wît die leche sîn sullen . . . . swen die mvlnär ir leche abelant“ Birlinger, schwäb.-augsb. Wbch. 308 f. Wasserbaumeister, Lech- und Wuhr-Meister“ ꝛc.; Vorrede zu Voch's Lexicon über Hydrotechnik (1774). „Das Lech in Bayr lant“; Bitrolf 5654. „Die Hirnen sach man müten, wie sy übers Lech solten komen“; das. 5745. Ein Tropp Schweden gegen Augsburg „bis nacher Bairlech geritten“; Cgm. 4906 (v. 1647), f. 146. s. oben, Sp. 221. Das Lechfeld; Parzival 565,4. Birlinger p. 309. Der Lechrain. Sollte der alte Licus (cf. lat. Licca, die Vienne) mit dem isl. laekr, Bach (vom Ablautverb leka, rinnen), zusammengehalten werden dürfen? Graff II, 102. s. d. folg. Wort.

lechen, lechnen (schwäb.), lechezen (lèchəzn, altb.), a) wie hchd. lechzen; (mhd. lechen, erlechen, zerlechen; BM. I, 956. Wackernagel, Wbch.: leken. Weigand, Wbch. II, 24. Vilmar, kurheff. Idiot. 240. Zeitschr. III, 137. 309. 343. VI, 443). „Als der hirsch lechet zu dem prunnen der wasser“; Cgm. 4593, f. 166. b) derlechezen, derlechßen, derlechßnen, entlechßnen, verlechzgen, von hölzernen Gefäßen: so eintrocknen, daß die Fugen den festen Schluß verlieren und Flüssiges durchlassen. Dieses Durchlassen scheint der ursprüngliche Begriff zu seyn, und das Wort zum isl. Ablautverb leka, stillare (Grimm, III, 606), zu gehören, wovon das alte lecchjan, rigare (gl. a. 481. Tat., Cap. 138), ein Factitiv seyn mag. (Cf. česk. lekám und leknu, erschricken und erschrecken, — falls im Zsechischen der Grundbegriff ebenfalls „springen“ wäre). Graff II, 100. 102. Cf. altlat. lix, Wasser, ital. lessare, sieden; (Diez, Wbch. 413). s. unten: läck. „Der hals waz ym derlechen“; Ring 9d,1. „Seu warend gar derlechen“; das. 20b,34. „Morn tuotz zerlechen (das Badegeschirr) und zerschrinden“; des Teufels Segi, Barack 11111. „Vaz daz zelechen ist“; Graff II, 102. „herlecht, rimosum“; Voc. Melber. läckseln, (hieher? oder zu läck; s. unten): „Wenn uns thut der Beutel läckseln, wollen wir brav Taler wechseln“; Zigeunerlied, (Baron Leoprechting). Die Leche, ä. Sp., das Benetzen. „Rîben und begiezen füeget nâch der leche wol“ (im Bade); S. Helbling III, 63. Vrgl. Grimm, Reinh. p. 212,808.

-leich, (ä. Sp.) die Endsylbe -lich, w. m. s. Herrig's Archiv X, 361—380. Vrgl. oben, Sp. 1401: lei, falei und Zeitschr. III, 309. „*Leich* denn i' hinter Allen dö Närrischá bi“; Stelzhamer 53. „Na, *leich's* mi' denn heut gen schan wieder ansaicht“; das. 122. Graff II, 105. BM. I, 971. Weigand, Wbch. II, 45. Zeitschr. II; 541,134.

-leiche (leiché), -liche, adv., gleich dem Gegenstande, mit dessen Ausdrucke dieses Adverb verbunden ist. spie-
423 gelleiche-hell, schnêleiche-weiß, grundleiche-falsch, grasleiche-grüen, stockleiche-finster, stainleiche-tôd; (b. W.) *spinnleiché* fei˜d, *zau˜leiché* (oder: *zau˜leicheté*) dürr. „Von allen beliebt, schneeliche weiß ist dieser endlich gefallen“; Balde, Lob der Magern. „Man hab den Türken „staileichä daod“ geschlagen“; Bauernlied über die Entsetzung von Wien. Dieses leiche trägt noch den Ton und ist schon insoferne von der Nachsylbe -lich verschieden. Cf. seines Leichs (oberländ.) für: seines Gleichen, und das ahd. Sp. (Otfr. IV, 29,45): in ala lîchi, falls nicht noch das Primitiv von g-leich hier anzunehmen ist. „samleichtig, hujusmodi“; Voc. v. 1474, f. 191.

-leichende (leichə˜dé), adv., (Nptsch., Obrm.) gleichend dem Gegenstand, mit dessen Ausdrucke dieses Wort verbunden ist: schnêleichende-weiß, spiegelleichende-hell, grasleichende-grüen, grundleichende falsch, waschleichende naß, schnuerleichende grad ꝛc. *eisleichəté* kólt, *grusleichəté* gelb, *bleileichəté* schwár, *zèckleichəté* faəst, *dudəlleichəté* faəst, *hundsleichəté* matt; (ObrM.). Vrgl. Zeitschr. VI, 431,96.

„bey Leichem“, adv., Interjection der Betheurung, (Nußdorfer, U.Don.) wohl. s. Leichnam.

geleich, ä. Sp., jetzt: g'leich, adj. u. adv., 1) wie hchd. gleich; (goth. galeiks, ahd. galîh, mhd. gelîche, gelîch; Graff II, 110. BM. I, 973. Weigand, Wbch. I, 442. Zeitschr. II, 541,134. III, 41. 261). éppəs (sc. Rechtem, Ansehnlichem) *gleich* ségng; nicks.*gleich* ségng. 2, a) aequus, angemessen, geziemend, passend, gebührend. „Dazu was si der Welt gelîch,“ zur Welt passend; Boner's Edelstein. „Auf ain zeyt, die payden taylen geleich ist“; Cgm. 549, f. 56. „Die Rauberey möcht nirgends baß noch gleicher als dem Diebstahl zugestellt werden“; Ldtg. v. 1516, p. 368. „Daz si zu bayder seit aneinander tun daz friuntlich, geleich und pillich ist“; MB. VIII, 276. „Nach pilleichen und gleichlichen sachen“; ibid. 567. cfr. IX, 255. „Gleiche und freundliche Rechtbote“; Kr. Lhdl. I, 59. 74. 75. 170. 202. „Darinn wollten Wir uns unsers Theils gleichlich und ehrbarlich finden lassen“; Kr. Lhdl. III, 284. Gleich machen, recht, richtig machen; gleich werden, einig werden; (Baur). ə' ligt áf də' Freithofmauə', *glei'*, ə' fällt eini àdər aufsi, entweder — oder; (ObrM.). Vrgl. unten; gleich, adv. b) mäßig, billig, gewöhnlich. „Einen gleichen Lôn nemen“; Wstr. Btr. VI, 119. Kr. Lhdl. I, 166. XIII, 219. „Daß die Zehrung geringer und gleicher würde, . . . daß die Lebensmittel verkauft würden um einen gleichen Pfenning“; Kr. Lhdl. VII, 105. 393. Ldtg. v. 1543, p. 265. „Umb einen gleichen Pfenning“; Chronik bey Freyb. I, 159. „Damit das Getraid besser in gleichem Kauf blibe“; Kr. Lhdl. I, 159. „Die Speis nach dem allergleichigsten und redlichsten bestellen und kaufen“; Wstr. Btr. VI, 189. „Es führt Einer auf einem gleichen Wagen wol 20—24 Scheiben, und der kleinste bey 16 Scheiben.“ Bə-n- ə˜n *gleiche˜* Fuir siəd'n, bey mäßigem Feuer. R.A. Bey ainem gleichem (beynə˜n gleichə˜, bənə˜n gleichə˜), 1) bey dem gehörigen Maße, in den gehörigen Schranken. əs soll hält iədə' Mensch *bənə˜n gleichə˜* bleibm. „Damit ichs beim gleichen bleiben lasse“; Avent. Chr. 5. 2) nach einem mäßigen, mittlern Anschlag; ohngefähr. Sàgs nà˜ *bey-n- ə˜n gleichə˜*. Gleiche Leut, Leute vom Mittelstande, (also bey uns ganz was anders, als in den griechischen Aristokratien die ὅμοιοι). Di *gleichə˜* Leut müəss'n hàlt ám 424
maəst'n leid'n. Dèr tuət so vórnêm, dás ə' gàr kaə˜n *gleichə* Mensch'n mèr à˜schaut. „Was gemaine Juden, populus, Knecht, Hüerten, Schächer, Henkher und gleichen Leut sein“; Anord. zur Fronleich. Proceß. v. 1580. Wstr. Btr. V, 114. ungleich, adj., unangemessen, unpassend, ungebührlich, ungeziemend. Einem etwas ungleich's tüen, sagen. Kaə˜ *u˜gleichs* Wärtl hàt ə mə' gébm, wál mə' bənandə' sán', (nicht ein unfreundliches Wörtchen). „Man muß dich warlich fürchten, wirst du zu ainem man, ja niemandt wirt dich dürffen nit ungleich sehen an“, sagt Saul zu David in den Reimen v. 1562. I hà˜ niə nicks *u˜gleichs* zwischen eənə˜ gségng, ich habe nie gesehen, daß etwas ungeziemendes zwischen ihnen vorgegangen. „Ob er denn von seinem lieben Weib etwas ungleiches wisse?“ „O ungleicher Vorrupf, daß ein Weib ihrer vorigen Frucht und Geburt bey dem andern Mann vergessen sollte!“ Abele, seltſ. G. H. „Obgleich sich etwas so ungleichs und ungebührliches zugetragen“; Hund, St.B. Vorrede. „. . Damit hier auf ein oder anderweg nichts ungleichs vorhberlauft; Akten. „Ist jm nit fast ungleich“, (d. h. es mag wohl an dem seyn); Avent. Chron. „Sieht mich nit für ungleich an“, (scheint mir nicht unpassend); Druck v. 1581. „Ein Buch voller Schand und Laster, ungleicher fremder Mainung“;

ibid. „Einen eines Dings kaines ungleichen verdenken“, (es ihm nicht übel auslegen); Lbtg. v. 1669: 108. 214. Das Geleich, Gleich, (gewöhnlich in Verbindung mit Recht gebraucht). „Wan wir sy all bey Recht und Geleich halten und beleiben laßen wollen“, 19ter Freyh. Brief. „Daz allermaniclich geleich und Recht beschehen soll“; Wstr. Btr. VI, 119, ad 1415. „Daß Wir von unsern Widertheilen besser Gleich und Recht behalten“; Kr. Lhdl. I, 80. „Einem auf seine Klage Gleich und Recht thun“; Kr. Lhdl. X, 181. „Damit jeder von dem andern Rechtens und Gleiches bekommen möge“; Kr. Lhdl. III, 77. „Wider Gleich und Recht“: Lori, Brg. R. f. 88. „Gleich wert lange“; Clm. 12296 (XV. sec., 1446), f. 199b. „*Lik* un Recht“, Firmenich I, 31,2. Brem.-niederf. Wbch. III, 71: beliken, belikenen, von Rechts wegen zukommen, zustehen, competere. Holl. gij hebt gelijk, ihr habt Recht; ongelijk, Unrecht; ik heb' ongelijk. veronghelycken, facere injuriam. Das Ung·leich. „Und welichem under uns kainer lai ungeleich und unrecht bescheh“; 17ter Freybrief.

Dergleichen, desgleichen, meines rc. gleichen, wie hchd.; (Graff II, 111 f. Grimm III, 81. BM. I, 972). Darneben hört man (ost. O.L.) meines leichs, meines gleichen. „Obs, hew, stro, oder was des geleiches ist“; Wstr. Btr. VI, 175, ad 1394. „Lauffen, swär heben und des geleichs“; Ind. 355, f. 229b. „Sacerdos praeterivit, similiter et levita vnd des gleichs ein ewangelist“; Clm. 9728, f. 190. „So man das tier schlecht so tût es nit des geleichen sam es zornig sei“; Konr. v. Megenberg f. 76a. „Der sî von fleisch und bein als ein ander min gelîch“; Rosengarten 1821. (cfr. Otfr. mîn, dîn gilîhho. „Ze allero diete lichemo“, omni nationi; Notk. 147,9. f. unten: männiglich). „Seinen geleich man nicht envand“; Cbm. 91, f. 13b. „O sunderiw und on allen geleichen junkfraw Maria, (cf. span. sin par . . . Dulcinea); Inderst. 122, f. 26. „Sone bin ich niender dem gelîch, daz ich ir möhte gezemen“; Iwein 6624. „Ir tuot dem gelîche“, (ihr thut dergleichen, stellt euch an); Gudrun 1244,3. „Daz scheffelin tet dem gelichen wie ez wölte undergan“; Griesh. Pred. II, 31. (Isidor IV: dhiu chiliihho so, quasi). Hiezu verhalten sich wol als Ellipsen die ältern Formeln: gleich
425 als oder gleich sam, gleichsam als, als ob, wie. „Du sagst gleich als einer der von Gott predigt.“ „Gleich als der Haufen noch da lege.“ „Thet gleich ob er schlaffen wollt gehen.“ Er torkelt gleich sam er vom Gaul fallen wollt. „Gleich sam hettens sonst was nötigs auszurichten.“ „Thet gleich sam als lebt er noch.“ Avent. Chr.

gleich (glei'), adv., a) wie hchd. b) In folgenden dialektischen und ältern Formeln verwendet die hchd. Spr. lieber die Adverbia eben, gerade. Vrgl. Zeitschr. IV, 546. II, 11. 272. 277,19. V, 523,557. VI, 284,754. 354. (U.L.) Er is *glei'* (so eben) furt *gangə˜*. „War gleich (gerade) Mittfasten.“ Kam gleich (gerade) am Ende des Brachmonats gen Augspurg.“ „Daß es gleich (eben) in ein gemein Sprichwort kommen ist.“ „Ließ sie gleich (eben) nach Ihrem gefallen machen.“ „Theten dazu gleich (gerade) was sie wollten.“ „Die Nonnen hetten gleich ein streflich Leben fürgenommen.“ Avent. Chr. „Da kam ich gleich recht in die leck“; H. Sachs 1612: II, II, 63. „Da bin ich gewest auf dem schiessen und geh gleich (eben) widerumb zu Haus; das. V, III, 47 (1560: V, 360). Vrgl. auch: *z'gleichə˜* oder mit *z'gleichə˜* Füəss'n oder Händen, mit beiden Füßen oder Händen zugleich; (ObrM.). Gleich so wol, gleich so mär, gleich so leicht, gleich so guet, gleich so vil, gleich so fast; Puterbey 48. 62. 71. 110. Lhdl. X, 147. 154. *Glei' so wol* (eben so wohl) thuə I 's sәlbә'. „Verachtstu mich . . . so wisse, daß ich gleich so wol ein andern hab erkohren“; Epithalam. Marian. gleich wol (glei' wol, glei' wәl; Seidl: gleihwölst, gleiwælst; Castelli 1828 p. 107: gláwlst), dennoch. *leisemer*, auch noch; Staffler I, 110. Zeitschr. III, 311: *leisimar, gleisomár*. V, 255,80. Das Onom. v. 1735 zählt als Particulas correlativas nach entweder — oder auch gleich — oder auf. „Es seye gleich schwarz oder weiß, sive nigrum est sive album.“ *Glei'* nimmə də' dés odə' dés, entweder dies oder jenes nehme ich dir; àllәmàl is 's dә'logng, du sagst *glei'* dés odə' dés; (ObrM.). gleich gern (glei' gèn, dlei gèn ∪-, dei gern ∪-), adv., weil es mir eben beliebt. Vrgl. Zeitschr. V, 435. Frage. Warum thust du das? Antw. *lei' gèn, glei' gèn* hàld! A. Ob st iətz glei' haəm gêst odə' nét!? (Befehl). B. Ia, *glei' gèrn!* d. h. ja, wenn es mir beliebt, (trotzige Erwiderung).

gleich sehen, a) wie hchd. b) fig. das Ansehen haben. Es siht dem Regnen gleich, es scheint, daß es bald regnen werde. „Schon lange regnets, und noch siht s dem Aufhören nicht gleich, oder: əs *siht* eəm no˜ nét *gleich*, dás 's aufhör'n wịl. „Sie sagten, er streb nach dem Reich, diß aber sicht keiner Warheit gleich“; geistl. Schaub. v. 1683. c) gefallen; engl. to like. Bi˜ 'n ganz'n Wochəmark' à'gangə˜ und hàt mə' ni˜cks *gleich g'segng*; (ObrM.).

gleichen, ä. Spr. geleichen, (mhd. lîchen, gelîchen; BM. I, 974). 1) gleich sein, ähnlich sein. „Ein altherre güter weiz als ein snê, ob er die frowen iht beste, des enwaiz ich ab noch an, er leiht ir vater oder leiht ir man“, sagt das Weib, da sie Joseph mit Maria daher kommen sieht; Kindh. Jesu, Hahn 87,77. Wiə's *gleicht*, wie es scheint; (Sterzing). 2) gleich machen, gleich stellen, vergleichen. „Ze einem marteloere ich in geliche“; Labr. 233. Zo dèn derft di' nét zuəi *gleichə˜*. Kà mə˜ 's kám ausənandə' *gleichə˜*. Aə˜n və˜'n andə'n weg *gleichə˜*; (b. W.) Gleichen um den Preis, bey den Meistersingern, was rittern; Wagenseil, de civit. Norimb. p. 544. 542.

angleichen, vrb. act., (Baur) gleich, eben machen. Vrgl. mhd. anlîchen, ähnlich seyn, gleichen; Diut. I, 385.

vergleichen, a) wie hchd. b) ä. Sp. als abgeleitetes Verbum, zufriedenstellen. „Soll vergleicht werden“; Kr. Lhdl. XVI, 227. „Dagegen ich in anderweg vergnuegt und vergleicht bin“; MB. XXIII, 648, ad 1512. Gem. Reg. Chr. IV, 229. s. gleich, adj., 2).

Die Gleichnuss (Gleichnәss, Gleichmәss), 1) das Gleichniß; 2) die Gleichheit; (ahd. gilîhnussa, mhd. gelîchnisse; Graff II, 115. BM. I, 973). Bey dèrə' Heiret is gàr kaə˜ *Gleichnəss*, dés aə˜ is jung, dés andər is àld.

gleichsen, gleichsnen, dergleichen thun, sich stellen; Prompt. v. 1618. (ahd. lîhhisôn, gilîhhisôn, dissimulare, fingere; mhd. lîchesen, gelîchesen, gelîchesenen, Graff II, 118. BM. I, 975). „Mit geleichsnen haimleich“; Ring 12,14. Der Gleichsner, hypocrita; Voc. v. 1445; (ahd. lîhhisari, gilîhhisari, lîhhizari, mhd. gelîchesære, gelîchesenære), jetzt Gleißner. 426

Die Leich (Leicht), 1) wie hchd. die Leiche; wetterauisch: die Leicht, das Leichenbegängniß; das Leicht, der Sarg; früher das Leichkar, jetzt auch wol das Leichter; (Weigand, oberhess. Intell.-Bl. 1846, p. 248; Wbch. II, 31. Zeitschr. VI, 336. 445). „Den heiligen apostel bevalch er sich und bevalch ouch gote des alten lich“; St. Ulrich's Leben 305, Cgm. 94, f. 35b. „Den salm (Domine, non est exaltatum cor meum) sprich da ein lich werde . . . Memento . . . sprich da ein lich werde bestatte“; Ald. 111 (v. 1250), f. 123. Die Leichkerzen, s. oben, Sp. 1298: die Kerzen. Die Leichlege, die Beerdigung; Gem. Reg. Chr. II, 394. Die Leichwacht, (HK.) nächtliche Zusammenkunft der Verwandten bey der Leiche eines Verstorbenen. Der Leichtrunk, das Leichbier, was bey Gelegenheit einer Leiche im Sterbehause vorgesetzt zu werden pflegt. Cf. Münchner Tagblatt v. 1803, 29. Juli: Küechel aus Teig, der auf einem weißen, über die Leiche gedeckten Tuch zur Gährung gekommen. 2) ahd. und mhd. Sp. diu lîh, lîch, goth. leik, der lebende Leib, das Fleisch; Graff II, 103, BM. I, 970. Weigand, Wbch. II, 31. Piltz in Herrig's Archiv f. d. St. d. n. Spr., Bnd. X, 361—386. Zeitschr. II, 27. Zi lîhhi, gl. i. 253, Reg. IV, 6,30: ad carnem, am bloßen Leibe; „mekin lihhi, vis corporis," gl. a. 366. In die lih, in carnem; Windb. Psalt. „Dô maria wahsen begunde, dô wart si an dem hâre und an der lîch uber alliu wip sô wætlîch"; Wernh. Maria p. 67. „Sin gutheit diu ist mit im din unser ist diu liche sin . . . daz er des unsern nam an sich im ze lîbe und ouch ze lich . . . vlaisch, lich und gebain . . . von diu nim von uns vurgůt hie sine liche und sin blůt", (also caro, corpus); Clm. 4616, f. 54. Diese ursprüngliche Bedeutung hat noch der verdunkelte erste Theil von Lei'lachen, (Leylach, H. Sachs 1560: III, III, 84). s. Lachen. 3) was Leichdorn, (Weigand, Wbch. II, 30). (Mit Corrosiv) „leichen und warzen vertriben"; Cgm. 4543, f. 157. „Nim ain holcz und mach dy leichen damit swirig, darnach nim ain corosiff und bestreich dy leichen gar wol damit und wart darnach ain ur, wo es erswartz darnach schneid das schwarz alles ab und tue das als lang unz das sy gar hinget. Auch magstu leichen auslassen mit ainem messer kreuzling"; das. f. 168. Leichen zu vertreiben: bestreich die leich . . . wo er schwarz werd"; Cgm. 731, f. 123.

Der Leichnam, ä. Sp., der Leib, lebend sowohl, als todt. „Dein leichnam ist deines Manns, also herwiderumb ist auch der leichnam des Manns der Frawen"; Geiler v. Keiserspergʼs Postill III, 47. „Die leichnamen sant Peters und sant Pauls"; Cgm. 54, f. 62b. 63a. Gotts Leichnam, Unsers Herrn Leichnam, der Frôn Leichnam, der Leib Christi, die consecrierte Hostie nach katholischem Lehrbegriffe. Gottsleiməstàg, Frônleichnamstag. „Zur Aufhebung des heil. Fronleichnams Christi", (d. h. zur Elevation der Hostie in der Messe); katholisches Gesangbuch v. 1660. „Ain tuech do man unsers Herrn leichnam inne trage"; MB. X, 267, ad 1338. Unsers herrn Leichnams pŭchs, ciborium; Voc. v. 1429. Ez sullen ouch Ritter und Frawn (zu Ettal) alle Jar fünf stund (fünfmal) unsers Herrn Leichnamen enpfachen"; MB. VII, 237. 240, ad 1332. cfr. Hist. Fris. II, I, 207. „Daz ih den heiligen gotes lichenamen nie so dicche genam so ih solte"; Benedictbeurer offene Schuld, Clm. 4552 (sec. XI.), f. 150b. „Die Stift und Capellen unsers Herren Leichnamb, gelegen in dem pruggwerd zwischen unser statt zu Inglstatt nachent bey der Sunderprugg der großen Tunaw doselbs", (Mederer's Ingolstadt p. 65. 90), heutzutage: zu Unserm Herrn. Auf unsers Herrn Leichnam schwören; Gem. Reg. Chr. 547. Daher: Gotts=, Botz=Leichnam! eine ehmals übliche Betheurung, (ital. corpo di Dio! corpo di Baco! „Io ti giuro in sull corpo di Christo"; Decam. VI, 4) und vermuthlich auch die ehmalige adverbiale Verwendung dieses Wortes, z. B. bey H. Sachs: leichnam übel, leichnam hart, leichnam strang, leichnam thewer, d. h. sehr übel, hart ꝛc. s. oben, Sp. 1422: bey Leichem. Die ahd. Sp. zeigt zwar ebenfalls die Form lîh=nâmo, lîchnâme (z. V. M. m. 68. 121. 123. lîchename, lîchinamo, lichiname; Diut. III, 76. 133. 136. „Zuilîchinamer, bicorpor; gl. a. 544), aber ungleich öfter lîh=hamo, lîchamo; (mhd. lîchname, lîcham; Graff IV, 933. BM. I, 971. Weigand, Wbch. II, 31. Zeitschr. II, 27. VI, 445. Cf. agſ. liceman, Urk. bey Kemble, Diplom. I, p. 114). „Nemet inti ezzet, thiz ist mîn lihhamo"; Matth. 26,26. Tat. Die Entstellung Gótt's Lei'mə~s-Tàg (Fronleichnamstag) stimmt fast eher zu Leicham als zu Leichnam. So auch die Betheurungs=Formel bey Leichəm (bey Gottes Leichnam? cfr. Sacrament). Auch die ältern Formen leichenhäftig („ob wir leichenhäftig da ligen wür=
427 den"; MB. XXV, 54) und gelichenhaftigen („die der durh unsih in dem magetlichen bůche gelichenhaftiget geruohtes werden", qui propter nos in virgineo utero incarnari dignatus es"; Windb. Psalt., Cgm. 17, f. 37a, oratio ad ps. 31), scheinen, da sie schwerlich zu lîh, Genit., Dat. lîhhi, gehören, das alte lîhhamhaftig (gl. i. 432) vorauszusetzen. Vrgl. Grimm II, 496. Lîcham ist noch jetzt im Niedersächsischen für Leib überhaupt (ostfries. *Lichgaam*, holl. ligchaam, Körper; Firmenich I, 20,64) und im Isl. likamr in seiner ursprünglichen, unfigürlichen Bedeutung cutis üblich.

='lich, =lach, fränk.=henneb. verkleinernde Endsylbe an Substantiven, wie hchd. =lein und =chen. Grimm III, 674. Birlinger, schwäb.=augsb. Wbch. 302. Zeitschr. I, 164. 285,1,9. 2,9. 16. II, 76,2,1. III, 141. „Zway gerlach (Ackers), 6 pettlach (Gartens)"; Cgm. 1524 (Heidenheim, 1400), f. 4b. „Auf dem guetlach". „Zwai lehenlach zu Gachenpach", (etwa gar Gámpà); Thierh. Urk. v. 1456 im Cod. Thierh. 67, f. 51, III. IV. „Dy zwey ekkerlech", (Franken) Cgm. 4854, f. 135. „Tu auch dorzu huner lebern und megelech"; Kochbuch im Wirzb. Coder (IX. Public. des literar. Ver. in Stuttgart). Das Dinglich; H. Sachs 1612: I, 1025. 1035; (vrgl. oben, Sp. 521). Das Geltlich, das. I, 1043. II, IV, 4. 11. III, III, 45. „Mein gütlich gangen ist an galgen"; das. II, II, 14. „Ich nam mein grethlich zog davon"; das. II, IV, 242. „Das er mirs dinglich (Geld und Kleider) wider abjag"; das. III, III, 38. 39. „Der (Schuster) knecht sucht zusam sein gretlich", (Geräthlein); das. IV, III, 82. „Dein geschirrlich (pudenda) in ein padhut henck"; das. 167. „Als ich nun kein geldlich mer hett ich mein gewändlich auffsetzen thett"; das. V, III, 42. „Wil solchem gesindlich nit mehr trawen"; das. 47 (1560: V, 360).

=lich (li', lə', ləch), =lichen, Endsylbe an Adjectiven und Adverbien, wie hchd. (Vrgl. Zeitschr. III, 329. 331. 450: -lá, -le = =lich). Diese Sylbe kommt in Urkunden des 14. u. 15. Jahrh. auch als =leich, =leichen vor; (s. Gramm. 262): soleich (solich, solch), MB. IX, 262. 269. 272; rechtleich, guotleich, genzleichen, lauterleichen, durnæchtichleichen"; ibid. u. III, 186; pilleich, churzweilleich = =ig), Cgm. 1113, f. 74b. zîtelich, in omni tempore; Notk. 33,2. alle wochen wochenlich, (wochentlich); Ridler's Chronik, f. 28. Zeitschr. II, 266,15. aller järichleichen; MB. XXIV, 105. 126. aller teilelîh, jeder Theil für sich und alle zusammen; Wackernagel, Leseb. I, 143,30. veldiglichen, in jedem der Felder; Cgm. 154, f. 41. in Veldegelich, Münch. gel. Anz. 1836, Sp. 87. Vrgl. unten männiglich. „Messe er tägeliches horte"; St. Ulrich's Leben, Cgm. 94. f. 67. s. Grimm II, 369. 569 f. III, 53. 95. 96. 97. 774. Graff II, 105. BM. I, 971.

lichen, (schwäb.) colare, seihen; Grimm I^3, 144. BM. I, 970. Altd. Bl. I, 232. Die Wasch *liche~*, (Kempten) fläen. Zeitschr. VI, 448.

liechen (liəchə~), (Aurb., schwäb.) rupfen (z. B. den Flachs aus dem Boden); bey Stalder lüchen; (Graff II, 137 ff. BM. I, 1023. Grimm, Gesch. d. d. Spr. 664 f. Richthofen 913. Tobler 308. Zeitschr. II, 28. IV, 133,92). Den Flachs liechen; Röttenberger Urbar v. 1544, f. 220. Gl. a. 428: urliuhhan, evellere; i. 279: uzarliuches, evellas, und dazu i. 559 das auf ein Ablautverb weisende zilohhan uuerdint, revelluntur (pedes). Cfr. gelochin, in Diut. II, 119. Kaiser Fridrich II. sagt, als er im heiligen Lande vernimmt, wie ihn Pabst Innocenz „ze bann getan: Ist daz uns got mit helf helfet wider über mer, und des lands niur als brait wirt als daz wir unsriu rozz gewenden mügen und unsriu swert gelichen mügen, so truwen wir gots gnaden wol, wir bezwingen mer land dan wir vormals gehabt haben"; Kaiserchronik bis 1314, Ms. des german. Mus. 2733 (sec. XIV.). In den Cgm. 55, f. 67 und Cgm. 327, f. 145 heißt es: „vnserev swert geziehen", was der schwäbische Abschreiber in gelichen verändert hat. (Cf. lichten, holl. ligten, aufheben, aufziehen (den Anker); niederſ. lechten, Firmenich I, 403,134; wangersch läft, schwed. lyfta. Zeitschr. II, 541,142). Der Heu=Liechel, (b. W. Heuráffl, Heuräufel), Haken, mit welchem man Heu aus dem Heustocke zieht. Tobler 267. „Wer kann, der kann, hat der Teufel gesagt, hat sein Weib mit dem Heuliechl geschunden"; Sutor von Kaufbeuren. (Bey Suchenwirt p. 92 greift Frau Stätigkeit an der Frau Minne „gemengte Kleider, Mantel und Rokch, der paider saum si auf mit zuchten laucht." Es ist Imperfekt und reimt auf bedaucht. Im Cgm. 270, f. 113 u. 379, f. 78 steht „lucht." s. oben lauchen). Cfr. niedersächs. luken, ziehen, zupfen; Firmenich I. 249,76 u. 250,111: uutluaken, ausgerupft; wangersch: hi lukt (zupft, zieht) mi an de Klœder.

Die Liechen, (kärnt.) Leuchte, léva, lina; Jarnik 80. 81. 83.

Das Loch (Lóhh), wie hchd., (ahd. loh, mhd. loch; Graff II, 140. BM. I, 1023. Weigand, Wbch. II, 57. Zeitschr. II, 29. VI, 115,31). R.A. St! əs is ə˜Lóhh i˜ də' Tür, es sind Leute, besonders Kinder, da, die uns hören und die die Sache austragen könnten. Saufə˜ wiə ə˜ *Lóhh*. Zeitschr. III, 452. Ein Gedicht vom Loch (Criminalgefängniß) zu Nürnberg und die Lochordnung s. im Cgm. 3587, f. 41—43. „Der Lochhüeter, qui carceratorum nomina in commentarios refert"; Prompt. von 1618. lochen, lochnen, (Zimmermanns-Sprache) Löcher bohren, mit Löchern versehen. zuelochen, die Löcher verschließen, verstopfen. ver-, einlochen, in ein Loch vergraben. gelochet, mit einem oder mehreren Löchern versehen; großgelochet (grousglóchət). löcheln, Löchelchen machen, damit versehen. gelöchelt, mit kleinen Löchern versehen; klaingelöchelt. d·Lochum, podex; (b. W.). Locherl, unentschlossener Mensch. „'Locha'l, Spottname für einen dummen Menschen"; Castelli, Wbch. 193.' „Du *Locherl*, so schnofelt dər aə˜, de'kim nét, I will də' nix taə˜"; Kaltenbrunner, oberösterr. Jahrb. 1844, S. 220. uməlochə'ln, faul, unentschlossen herumgehen. (Vrgl. Lucken).

Loch, s. oben, Sp. 1405: Laubfleck u. vrgl. Lôh (Flamme).

Das Gelôch, ä. Sp., das Gelage (und vielleicht daraus entstellt; s. Adelung, h. v.). Ein geloh oder malzeit halten;" Wstr. Btr. V, 128, ad 1580. Das Geloh bezalen, wie: das Bad austrinken. Weə' mou' 's *Gloh* zàln wàs (als) I? (b. W.). Vilmar, kurhess. Idiot. 235. „Ich hab ein gfangen, der muß das gloch zalen thun"; altes Lied. „Es müßt mir der das geloch allein bezalen, der allein souil sündigt, als die andern alle"; Puterbey v. v. B. p. 75. Joh. Pauli 110a. „Mit
428 offen Gelöchen", conviviis. Dietr. v. Plien. (Selbstgefangene Fische) „zu Gesellschaften und ins Geloch geben"; Amberg. Stdtb. v. 1554.

---

gelächsen (g·läcks·n), (Nssdrfr., Schrobenhausen) gelegen, bequem. Dər Ackə' leit rècht *gläcksn* dà. əs is mə' nét *gläcks·n*, es ist mir nicht gelegen; (Hauser). Sollten hiemit zusammen hangen die Lächsinen, die (nach Hrn. R.R. v. Schach) in Memminger Urkunden vorkommen und, dem Anschein nach, Grenzmarken bedeuten, — ja selbst das Ea-lasneo, commarcanus, der leges Baiuu. Tit. 22, §. 11? Pertz, Monum. Germ., legg. t. III, p. 334. Cf. Lesne, Fröndienst im Wald; Anton III, 151. čech. lesina, Waldung, les, Wald, (entsprechend einem lahs, lachs, wie sas, = sahs, sachs rc.). Laxin herboso, monti Lessini. zwischen dem Veroneser und Trienter Gebiet. S. auch Grimm II, 735. RA. 498. Graff II, 243. Vrgl. auch lacken und Lar. ungelachsen, ungeschlacht, ungefüg; BM. I, 929. „Es (das Narrennest) ist so groß und ungelachsen, und ist im Leib dir angewachsen." „Du bist der Ruten schon entwachsen; helt dich der Alt so ungelachsen, so thu jm fluchen"; H. Sachs 1612: I, 464. „Die Sachsen nennt man Butter Sachsen essen rohen speck ungelachsen", das. IV, III, 198 (1560: IV, III, 92). „Man hat mir ain jungs eeweib geben die ist erst recht in irem wachsen so forcht ich ich wer zu ungelachsen und tet schaden an dem jungen weib"; Rosenplut, Cgm. 714, f. 410. „Ir verdornew oren (sollen?) erganczen und verwachsen und wern (werden?) zu ungelachsen"; Cgm. 714, f. 88. „Unter andern tiern was ein trakh ungeheurer und ungelachsner"; Cgm. 54, f. 53a. „Doren ungelachsen dy dorin sein gewachsen"; Mich. Beham, Cgm. 291, f. 154. Also wird können wachsen und grünen bald herfür der Stammen ungelaren, der also rauch, so dürr; Epithal. Marian. p. 171. „Follus, narr; stolidus, thörig oder ungeloren"; Semansh. 34, f. 209. Larel, rudis homo; Heumann, opusc. 698. Vilmar, kurhess. Idiot. 235. Vrgl. gelegensam; (Kilian: ghelaegsaem, commode situs).

Die Leuchsen (Loicks·n, Luicks·n, Leuss·n, Leust·n), schwäb. Leuchsel, (am Rüst- oder Leiterwagen), die Leiste, Stämmleiste, Lahnstange, Stütze der Wagen-Runge oder des sogenannten Kipfes. Zeitschr. VI, 336. „Trabale, liuchsen, lewchsen"; Voc. v. 1419, 1429, 1445. Diefenbach 590b. „Zwo Leiren"; Kr. Lhdl. I, 217. Der Leuchsen-Ring, eiserner Ring am untern Ende der Leuchsen, mit welchem sie außerhalb der Radnabe die Wagenachse umfaßt, von welcher abzugleiten sie durch den vorgesteckten Lon-Nagel verhindert ist. „Leichsel-Ring", bayreuth. Feilschaften Tax v. 1641.

beluchsen (beluks·n), hintergehen, übervortheilen; schwed. lura. abluchsen Einem etwas, es ihm absehen, abspähen; də'luchs·n etwas, es ersehen, erspähen. Cfr. derlicken. Man nennt einen Menschen, der mehr, als Andern oft lieb ist, sieht und hört, einen Luchs (Luchsen). Dà hàn ə' mi' rècht *b·luckst*, mich selbst in Schaden gebracht; b. W. (Etwa gar zu Luck, Glück. s. besäligen.)

Durchlaucht sey falsch; Dr. K. Roth, Obermoschler Urk. X, S. 28—29. s. unten leuchten.

„ablächtig", kraftlos, schwach, fade, matt; Zps. Ms. „Ganz müad und *ålachti*" (à'lácbti); Seidl, Flinserln IV, 126. Mir ist zuwider „des Lébm dà herünt in den *àblächtigng* (abgeschmackt) Tàl", sagt der Bergler; Wagner, salzb. Ges. 79. „I' han Zeit n wo i' mi' selm nöt kenn vo' lauter Übä'muəth und Krenn, und iəblmol is wider á Zeit voll Trüəbsal und *Ablechti'keit*"; Stelzhamer 94. Ableg, ablegig, müd, kraftlos, fatigatus; ableg werden, marcescere; ablegigkeit, inercia; Voc. Melber. Cf. Diut. II, 341: abalaga, inbelles (animos). Vrgl. aberschlechtig. Bey Stalder kommt ein anlächtig für „kleinlich, unförmlich" vor. Vrgl. d. folg. Wort.

-lecht (let, lət), -lechtig, Endsylbe, die zuweilen auch im Schriftgebrauch als -licht erscheint: länglecht, rœthlecht, grœwlecht. „Langalecht, grabalecht, feuchtlett, putzelecht"; Münchner Fwrb. v. 1591. „Ist es schattlechtig"; Bogn. Mirakel. „salblächtig unctuosus"; Voc. v. 1419. Dieses -lecht, -licht scheint indessen selbst erst in neuerer Zeit aus zwey Elementen: 1) dem Diminutiv- el oder ·l von rœtel·n, grœwel·n, 429
feuchtel·n rc. u. 2) der Endsylbe -icht, -echt (a. Sp. -oht) entstanden, wie sich denn bey Grimm auch die Endsylben -ling, -niss, -sal in ·l-ing, ·n-iss, ·s-al auflösen.

Die Leicht, das Leichenbegängniß; s. Leich. Mit der Leicht gên, zu der Leicht einsagen rc. Auf der Leicht ligen, zur Beerdigung gerichtet, daliegen.

leicht, adj u. adv., wie hchd., (ahd. lîhti, lîhto, mhd. lîhte, lîht; Graff II, 160. Grimm III, 242. BM. I, 997. Weigand, Wbch. II, 31); gering, niedrig, schlecht. Zeitschr. V, 39,33. 165,106. 366. „Daz ich iu versmähe durch mîn lîhtez künne"; Gudrun 65,3. „Ez sprichet ofte ein lîhter man, der lützel oder niht enkan", w. Gast 3155. 3159. 3776. „O ir leichtz weib und ir poss. Nu pin ich doch inn worden daz ir ewr hüerrischait treibt und an mir geprochen (gefehlt) habt; Cgm. 54, f. 58a. In der Zips und VII Com.: leicht, schlecht. leichter, wohlfeiler. Das kauft man da und da (um so und so viel) leichter. um ə˜ *leichts* Geld, wohlfeil.

leicht, adv., so scheint es; etwa; vielleicht. Zeitschr. IV, 548,9. VI, 434. Ironische R.A. waasst *leicht*, wie du wohl ohnehin weißt, (Dtg.) Waas I's *leicht* scho~! oder: waas I's *vəlleicht* scho~! ich weiß es ohnehin schon. Du maa~st *leicht*, I hà' glogng?! So Wigalois 2527: „Ir wænet des lîhte, ich habe gelogen.“ „Käme er und wurde leicht bekhümmert oder beschwert“; Amberg. Recht v. 1310. „Ez ist mir lîcht beschaffen“; Labr. 260. „Ob er leicht wucher bringet, si quidem fecerit fructum“, Luc. XIII, 9; Cgm. 66, f. 57. *Leicht* (lei'd) I denn 's Trumm nimmə find! *Leicht's* denn scho~ vəlli' Nàcht wiə'd! ObrM. Hui, Kellnä, wie vil is's? nu! *Leicht* denn alls schan läd? *Leicht's* denn schan Mittä'nacht? *Leicht* denn dä Hahn schan krät?“ Lindermayr 57. „*Leicht* das kain Toifllerey?“ ist etwa das keine T.? das. 72. „Há~ts? *Leicht* denn I nimmə' gnuə' napfez'n màg? Luber's Napfezer in Kaltenbrunner's oberösterr. Jahrb. 1844, S. 158. *Leicht* gfreut di' e~ Pêdə'l, *leicht* gfreut di' ə~ Stéffəl, e~ Sèpp'l, ə~ Paul? Zachariesel-Lied. *Leicht nél* (◡ -)? etwa nicht? ey freylich! leicht dreiß'g, vierz'g . . . wol, beynahe dreißig, vierzig. „Es hat jn lecht verschmacht. Es steckt lecht was dernebn. Es ist lecht nit groß sünde, das ich den zauber frag durch willen all Israel. Leicht wirt sich gott erbarmen . .;“ Reime v. 1562. Vrgl. oben, Sp. 1401: lei u. Sp. 1421: leich u. Zeitschr. III, 309: *lech*, *lecht*.

Die Leicht, Leichte, Leichten, die Leichtheit, Leichtigkeit. Zeitschr. III, 310. Von Leicht wegen der Sprach,“ wegen leichterer Aussprache; Avent. Chr. 58. leichten, vb., leicht machen. „Peichten und die sel von den sünden leichten“; Cgm. 714, f. 128. 211 und öfter. „Was sie (die Fürsten) uns sollen geben das wirt geleicht, was sie einnemen das wirt gereicht“; Cgm. 713, f. 228. beleichten. „Khain muller sol dem andern seine malleut abwerben noch seinen malleuten weder essen noch trinkhen geben noch sy beleichten“; Cgm. 3253, f. 4. leichtfertig, 1) wie hchd. BM. I, 258. „In fide dubii, vacillantes 'i' leichtfertig“; Clm. 4369 (XV. sec.), f. 73b. „Ein leichtfertig glas, wan das bresthaft ist, wird es leichtfertig wider gemacht als es vor war“; Buch d. W. 1485, f. 84. e~ *leichtfértig* Dingəs, Wágə~l 2c., fein, schwächlich; (b. W.). 2) in der ältern Gerichtssprache, besonders auf Vergehungen mit dem andern Geschlecht bezogen: leichtfertige (d. h. Fornications-) Händel. Leichtfertigkeit treiben. „Leichtfertigkeit der ledigen Weibspersonen mit Ehemännern ...“; L.Rcht. v. 1616, f. 706. 710. Das Laster der Leichtfertigkeit“; Mand. v. 1635. Cod. crim. v. 1751. Leichtfertigkeits-Strafen, Fornications-Strafen. Leichtlosung. „Item 12 Schilling ewigs Gelts, nennt man die Leichtlosung“; Hund St.B. I, 306.

Die Leichten, (Ob.Pf.) beym Rindvieh, was bey Pferden die Feifel oder Leisten. „Die nierstal und die griff des leichten“; Cgm. 544, f. 45 u. 290, f. 75.

„leichten“ einen Stier, einen Widder, ihn durch künstliche Lähmung der Samengefäße entmannen; Nußhard's Passau 86. Wagner, Just. u. Cam.B. 308. (Bey Adelung leuchten).

leichten, ich licht, hab gelichten, dialektisches
430 Ablautverb, das — wie scheiben aus schieben, leiten aus einem alten hleodan, sonare — von einem frühern Ablautverb leohtan, oder etwa leohan (cfr. das Ulphilaische liugith st. liuhith) gebildet scheint. s. d. f. Wort u. Gramm. 950.

leuchten (láicht'n, loicht'n, luicht'n; Prät. ich leuchtet' und licht'; Partic. geleuchtet und gelichten), wie hchd., (ahd. liohtan, liuhtan, mhd. liehten; Graff II, 148. BM. I, 1030. Weigand, Wbch. II, 43. Zeitschr. III, 288,7.). Beleuchtung (Illumination): älteste Beyspiele s. Grimm's Mythol.² p. 596. durchleuchten; BM. I, 1030. Grimm, Wbch. II, 1645. „Rein, luter, clar durchliuchtet kanst du min herze derren“; Labr. 176. durchleuchtig, durchlauchtig, (mhd. durchliuhtec; BM. I, 1030. Grimm, Wbch. II, 1635). „Dy wort des heiligen durchleuchtigen evangelio“; Clm. 4757 (XV. sec.), f. 184. Den Titel Durchlauchtig hat die Frau Herzoginne (Dorethea Sibylla v. Liegnitz u. Brieg, Princessin v. Brandenburg; † 1625) nicht gerne in der Anrede leiden mögen und öfters zu Vertraueten gesagt, sie seye nicht durchsichtig, möchte es umb manches regierende Haubt gar jammerlich stehen so man es durchschauen sollte“; Denkw. der H. Dorothea Sibilla, aus V. Gierth's Tagebuch herausgeg. v. Koch, p. 55. Die Leuchten, Kien-Leuchten, die Leuchte, Art Wand-Herdes oder Kamines in Bauernstuben, auf welchem von Scheitchen aus Kien- oder Ahornholze ein Feuer mehr zum Erleuchten als Erwärmen unterhalten wird; (gl. a. 521 o. 400: liuhta, ignitabulum). Zeitschr. III, 312. 383. VI, 354. Das Leuchten, 1) wie hchd. 2) (wirzb. Verord. v. 1695) das Stehen mit brennender Kerze vor der Kirchenthüre, (als Strafe des Ehebruchs). 3) eine verbotene Art, bey Nacht zu fischen; wirzb. und bayreuth. Verordd. Der Leuchter, wie hchd. Der Leuchtermatz, s. Matz.

Das Liecht (Liəhht, Liə'd, o.pf. Lêihht, b. W. Lêi't, Lêid) wie hchd. Licht, (ahd. lioht, mhd. lieht; Graff II, 146. BM. I, 1028. Weigand, Wbch II, 45 f. Zeitschr. VI, 336. 448.); (b. W.) oft für Feuer, wie span. lumbre: 's *Lìəd* i~'n Ofə~. Gêts ącht, dás kaə~ *Liəd* auskimt.

> Heərgə-l bschütz uns vaə' Teufl und *Lêi't*,
> dâs uns kaə~ Hrâbər i~'s Hâs enə' gêit;
> bschütz uns vaə' Sünd'n und Wètznən wol
> d's Nacht und ám Tà' und im Hâs überàl;

Rank, aus dem Böhmerwald (1843), S. 147. Das Liecht einhalten, einheben einem Sterbenden, ihm betend ein angezündetes geweihtes Wachslicht vorhalten, oder auch wol in die Hand geben. Das einfallende Liecht, Fenster-Öffnung, die schief durch die Mauer herabgeht, ist in der alten Bauordnung v. 1489 (Wstr. Btr. VI, 138. Auer, M. StB. p. 211. 217) dem freyen Liecht entgegen gesetzt. „Es kann Einer ain freyes Liecht, so er gegen seinen Nachbarn hat, aus guetem Willen zu ainem einfallenden machen.“ S. Liechten. Liecht in der Bedeutung Kerze ist in Altb. nicht volksmäßig, man braucht lieber das letztere Wort, selbst für Unschlittlichter. Doch hört man Haller-, Pfenning-, Zwayring-Liechtlein, kleine Wachslichtchen, die von Andächtigen in der Kirche privatim aufgesteckt und gebrannt werden. R.A. Sich im Liecht umgên, den eignen Vortheil nicht einsehen, sich selbst schaden. In das Liecht geben (beym Spiel etwas vom Gewinn); Cgm. 270, f. 286a. Unter, hinter, zwischen Liechten, unter der, hinter der Liechten oder Liechtzeit, in der (Abend-) Dämmerung; (zwischen dem Tages- und dem künstlichen Licht?). „Sô iz under zuisken liehten (d. h. inter binas luces) ist, sô der tagostérno in scônero fareuuo skinet“; Notker, Marc. Capella. „Do si den brief gelesen heten zwischen liechten, do sahen si an daz gestirn, ob daz fürgleich wær und gelükhsælig“; Cgm. 54, f. 54b. „Crepusculum, zwischan liecht“; Voc. optim. p. 58. „Wann's gräweln tuet, so z'Abe~dzeit und frua, *zwialiachd'n* haəlsens d'Leut“; Castelli (1828) p. 77. Zeitschr. VI, 120,61. 448. „Under liechtzeiten, da mans liecht anzündt, prima face“; Prompt. v. 1618. (gl. a. 422. i. 934: piliohte, diluculo). ən Iə'lêidl, Irrlichtchen; Rank, aus dem Böhmerwald, S. 259. Der Liechtbâum, 1) die Kienföhre, 2) die Buche, in so ferne diese Bäume vorzugsweise zu Lichtspänen verarbeitet werden. Die Liechtgans, s. oben, Sp. 924: Gans u. vrgl. Wagenseil, de civit. Norimb. p. 161. 162. Der Liecht-Klotzen, (Ob. Ammer) das Gestell für die Öl-Lampe, s. Matz und Liechtstain. Die Liecht-Mantel, Kienföhre; s. Mantel. Der Liechtpfenning. „Omnes qui non dederunt liechtpfenning“ (dem Gotteshaus) sollen nicht zum Abend-

mahl gelassen werden; Asp. 31, f. 27^b. 37^a. Liechtstain oder Liechtämpele. „Sie sey mit einem Lichtämpeln oder sobetiteltem Lichtstein in die Stallung gegangen um seine Geis zu fütiern wo ihr sodann vermuthlich das Licht in die Streu gefallen"; Protocoll des augsb. Pflegamts Rettenberg, d. d. 30. März 1781. „Crucibolum, grassetum, liechtstain vel tegel est vas unctuosae materiae luminis contentivum"; Onomasticum impressum sec. XV. s. a. (Inc. s. a. 1238 in fol. p. 62^b). „Crucibulum, grassetum, tegel vel liechtstain; Cgm. 655, f. 383 u. 687, f. 62. „Planetarium, liechtstain"; Cgm. 653, f. 215 u. 655, f. 219. „Lampas, liechstain"; Aug. S. Ulr. 50 (Clm. 3450, sec. XV.) f. 2^a. „Planetorium (planctorium), liechstein; emunctorium vulgariter liechtschneytzer, schärel"; Ben. 252, Hinterdeckel. Diefenbach 155^b. 159^b. 440^a. liechtstainen, adj. „Man sol under den chramen chain fuir haben ân liechtsteineine eine"; Auer, Münch. St.B. p. 289. Der Liechtstand, steinerner Behälter für brennendes Wachslicht; oberbayr. Archiv V, 133. Vrgl. Zeitschr. VI, 43: Liechtstar. Der Liechtstock, 1) Föhrenblock zu Lichtspänen. 2) der Wachsstock. Die Lichtstuben, (Nordfranken, Grabfeld) Zusammenkunft der ländlichen Weibspersonen zum Spinnen und Plaudern in den Winterabenden. Zeitschr. II, 277, IV, 5. IV, 176. liechteln, sich mit Lichtern zu schaffen machen; Lichter aus Andacht anzünden, wie besonders am Liechtmesstag (Liechtltäg), wo hie und da die Kinder bey der Abendandacht zu Hause auf Spänen eine Menge Wachslichterchen zu brennen
431 pflegen. Die Liechtlerey. Das Nachtliechtlein, 1) das Nachtlicht. 2) im Scherz: Person, die gerne in die tiefe Nacht hinein trinkt, spielt ꝛc. nachtliechteln, vrb. von 2). ainliechtig, zwailiechtig ꝛc., adj. „Ain ainliechtiger Fensterstockh"; „ain zwailiechtigs Fensterstöckhl"; „ain sechsliechtiger Fensterstock"; zwelfliechtige Fensterstöckh aus aichen Rigln", Residenzbau v. 1613 u. 1614, Cgm. 2224, f. 3^b. 4 u. 2225, f. 5. 189.

liecht (liacht, o.pf. lêicht), adj. u. adv., licht, hell, (ahd. lioht, leoht, mhd. lieht; Graff II, 147. BM. I, 1029. Weigand, Wbch. II, 46). Lichtes Gebirg, kahles; (Zir.). Liecht lant, Urbarbuch v. Raitenhaslach von 1438; Cbm. 1517, f. 269. Fig. Ein hellliechter Spitzbueb, ein ausgemachter, offenbarer. Die Liechté, Liechten, a) die Helle. Zeitschr. III, 312. V, 377. VI, 448. Bə dèrə' Klumss'n fällt ə~ *Liacht'n* einə'. Wàs steigt denn durt für ə~ *Liacht'n* au', brinnts éppə gàr? b) Tag. „Zwo liechten . . . drey liechten"; s. oben, Sp. 734: die Finster. c) lichte, von Bäumen entblößte Stelle im Walde. R. A. ən ei~fàllə~dé *Liacht'n*, kluger Einfall eines sonst beschränkten Kopfes. ə~ ei~fàllə~dé *Liacht'n* kriəgng über eine Sache, anfangen, sie zu begreifen, einzusehen. s. oben Liecht. Der Liechtzaun, dünner, undurchflochtner Zaun, Gegensatz des Dunkelzauns. „Schlugen jr Feldgeläger, machten herumb einen Liechtzaun"; Avent. Chr. 299. „Ich kam für ein runden liechtzaun der umbsteng des kaisers thiergarten" (zu Wels); H. Sachs 1560: II, II, 51. In wirzb. Fischerordn. werden den dicken, d. i. dichten, engen Netzen, die lichten entgegengesetzt. Anmerkung. Im (urspr. dativischen) Namen Leuchtenberg entspricht leuchten nach Gramm. 294 ff. wol dem alten leohten, d. h. liechten. Zeitschr. V, 172,113. In Urkunden früher Luffenberch, in den ältesten (nach Dr. K. Roth, 9. Juli 1841) Liufinberc von einem Liufo. Lantgravius de Leufenberg"; Clm. 1091 (sec. XIV.), f. 41^b. „Comitibus de Leukenberch"; Cbm. 91, f. 33^b. „Der lob von Liechtenberch ie bran in eren als ein karvunkel"; Diut. III, 321. In einer, die Grenzen des neugestifteten Bisthums Chiemsee betreffenden, salzburg. Urkunde des Erzbischofs Eberhard II. von 1218 circa kommt vor eine „vallis quae dicitur liuchental."

lüechter, (schwäb.) nüchtern; ə~ *liachtərər* Magə~.

Der Luəcht, s. Lueh.

Die Lacken, Lachen, kleines stehendes Wasser, Lache, (ahd. lacha, mhd. lache; Graff II, 100 f. BM. I, 921. Weigand, Wbch. II, 3. Zeitschr. VI, 437. s. oben: die Lache). „Item dem sogenanten Egl=See oder lackhen"; Meichelb. Chr. B. II, 281. Die Salzach bildet im Pinzgau Schilf=Moore, daselbst Strêulacken genannt. Der Lackenpatscher (Lachə~patschə'), Gassenjunge. Stiglhupfer und Lackenpatscher pflegen sich Hilfsgeistliche auf dem Lande scherzweise zu nennen. Auch Soldaten zu Fuß müssen sich von Reitern oft den Titel Lackenpatscher gefallen lassen.

lacken einen Baum, ihn bezeichnen durch ein Merkmal, das man einschlägt; hchd. lachen. auslacken, verlacken einen Wald, ihn ab= oder durchgrenzen, indem entweder gewisse Zeichen in Bäume gehauen, oder diese selbst auf den Grenzlinien gefällt werden. auslacken, verlacken, auslüsten, ausmarken, ausrüsten, auszaigen einen landesfürstlichen Wald, den Bauern bestimmen, was jeder daran für sich verwenden dürfe; (Zir.). Das Geläck, eingehauenes Zeichen an einem Baum; Grenze, Mark im Walde; abgegrenztes Stück Waldes; (ahd. der lâh, lâch, diu lâhâ; Graff II, 100. Grimm, RA. 542. 544. Grimm, d. Grenz=Alterth. im 43. Band der Berliner Abhandl. S. 118. 119. Weigand, Wbch. II, 2 f. gl. i. 685: lach, butinae; legg. Rip. LXII, 5, mihi p. 191. „Inde per quaedam laha in fluvium Zenuva"; des Banzer Forstes Marken, Dr. K. Roth, kl. Beitr. p. 130. 131. „Usque ad magnum rubum qui vulgo dicitur bar bî deru lâchin zô deru michilun eichi"; Meichelbeck, Hist. Fris., Urk. Nr. 111; Grimm in Haupt's Zeitschr. I, 5). „Das erste Gläckh mit X in eine zwislige Feichten geschlagen"; Traunst. Gläckh=Beschreib. v. 1666. „Die Gläkch, welche des Churfürsten und des Closters Waldungen entschaiden, und 1659 angeschlagen worden"; Abt v. St. Zeno, 1677. Vorgabs Glacke (Zeichen, Marken) sind: der Fleck □, der Ganser △, der Grinn —— und der Schöb |; (Pseud. Zir.). Baumgelack, Staingelack, in Bäume oder in Steine gehauene Scheidemarken; (Zir.). Der Geläckbaum, Markbaum. („Sicut more silvarum quod vulgo gelachet dicitur demonstratum est", v. Lang, Reg. I, 252, ad 1165). Vrgl. auch gelachsen.

Der Läckel, beliebter Name für größe, besonders Metzger=Hunde, vielleicht statt Meläckel (vom franz. 432
General Melac, der unter Ludwig dem Großen den deutschen Rheinbewohnern hundisch genug mitgespielt; s. Melac); junger Mensch nicht der feinsten Art, Zierbengel. „Bin koa *Lagl* mit an Fragl", (Zillerthal) erklärt Firmenich II, 672 mit „bin kein Schüler mit einem Katechismus." Der Làckəs, (Aschaff.) ungeschickter, großer junger Mensch. Vilmar, kurhess. Wbch. 235: *Lacks*, fauler Mensch. Zeitschr. III, 306: Laggel; V, 461. Vrgl. läck. läckeln, daherläckeln, plump, schwerfällig einhergehen. läckelhaft, adj., plump.

Der Lackai, wie hchd.; (Weigand, Wbch. II, 7). „Emissarius, laggey, ein knecht der auf den herren wartet wenn er jn außschickt"; Nomencl. v. 1629, p. 245.

läck (làck), adj., (von Flüssigkeiten, die frisch, kräftig seyn sollten,) lau, matt; fig. auch von Personen. 's Biər is *làck*. (Niedersächs. laak, angelsächs. vlác, tepidus; isl. lakr, schwed. elak, malus, vilis; Grimm III, 606. Zeitschr. III, 424,5: lâg; VI, 353. Cf. česk. wlàhy, lau, laulicht; feucht). laggəl, (Pinzg.) nachlässig, friedfertig; Koch=Sternf., S. u. B. II, 368. s. unten làmlàkàd.

Der Läck (Làck, Làg, b. W.) erwärmter Dunst. Ofenläck, warmer Luftzug vom Ofen her, Ofenhitze. Də' *Làck* hàt mi' gsengt; (b. W.). „Läck, fumus; fumus insedit cibo, der Läck hat drein geschlagen";

Prompt. von 1618. VII Com. lôck, vapore; lôcken, svaporare.

Die Läcken, pinus montana; s. Lägken.

lecken (lèckə˜), a) wie hchd. (goth. laigôn, ahd. lecchôn, mhd. lecken; Graff II, 103. BM. I, 956 f. Weigand, Wbch. II, 24. Grimm, Gesch. d. d. Spr. 320. 339. 353: slaw. jazyk aus ljazik, lecken; litth. liězuwis, lat. lingua). `Lex mihi Mars (= *leckst* mi' im Ars). Vrgl. oben, Sp. 1289: Kirtə'.'

„In toto mundo lex, ars, Mars cuncta gubernant,
Certa mihi lex, ars, sic quoque lex mihi Mars.
In bello mihi Mars lex est, in pace .S. ars lex,
Lex huic, lex illi, lex mihi lexque tibi.
Quid rides, Germane? Tibi si displicet ars haec,
Est mihi Mars, lex, ars mihi lex, mihi Mars";

Teg. 1782, XIV. sec., p. 276. Zeitschr. VI, 446. b) (b. W.) lecken, anlecken etwas, es sengen; (wenn anders hier eine bloße Figur und nicht ein verschiedener Stamm anzunehmen ist. Der Schweizer sagt, es habe ihm abgeleckt, wenn ihm blos das Pulver auf der Zündpfanne abgebrannt ist). Der Leckspieß, `ä. Sp., Leckermaul, (mhd. leckespiz; BM. II, II, 514); Br. Berht., Pfeiffer 85,25. 479,14.' Der Lecker, a) wie hchd. b) verächtlich die Zunge. Vilmar, kurhess. Idiot. 246: das Leckebret. „Murilegus lecator est pinguia libenter comedit, carnes lingit"; Clm. 9528 (sec. XIII.), p. 353. „Lecator! tu comederes pira"; ibid. p. 351. Lecatrix, Verführerin; ibid. p. 307. Diez, Wbch. 202. Vilmar, kurhess. Idiot. 246 f. Zeitschr. VI, 446. Das Leckerlein (Lèckə'l), der Lebkuchen, Pfefferkuchen; Zeitschr. V, 403,115. Leckach, (Jir.) Salz, wie es dem Vieh gegeben wird. Zeitschr. III, 311. VI, 446. Die Leckerei, mhd. leckerîe, Weise eines Leckers; BM. I, 957. Labr. 11. 427—429. 434—435. 438—447. Cf. engl. lechery, debauche; dans la Basse-Normandie: lecherie, friandise, lecheur, friand; angoisse de lécheors, état misérable d'un debauché; Chapelet, dictons populaires, p. 34. Diez, Wbch. 202. Müller, etymol. Wbch. d. engl. Spr. II, 20 f. „Wer unstet sin wil mit der minn er bedarf der künste leckerei wil er vor melden wesen frei"; Cgm. 379, f. 60 (270, f. 99). Die Leckerhait. „De scurrilitate, lekerhait"; Clm. 16172, f. 312. Grimm, Reinh. p. 109,882: leckerheit, lascivia. leckerlîchen, adv. „Leckerlîchen und schon geparen" gegen Eine; Cgm. 270, f. 148b. Labr. 433. leckern, vrb. (?). Deine Frau kann dir nichts recht thun, Eiferer: „sicht sy über sich, sy ist ein gafferin, under sich, ein munderin, schweiget sy, so ist sy ein stumm, redt sy, so ist sy ein klafferin; du leckerst sy mit worten und wercken ee du die warheit vindest"; Konr. v. Megenberg f. 166b, (Pfeiffer 286,20: dû lesterst si mit w.). zueleckern, (bey Diet. v. Plien.) illicere. „Den die Hofnung des Raubs zugeleckert."

`lecken, netzen; Graff II, 100. BM. I, 956. Weigand, Wbch. II, 25. Vilmar, kurhess. Idiot. 246. Die Lecke, Benetzung, besonders mit warmem Badewasser. Vrgl. die Lecken.' Der Lek, Leg, (b. W. Lêgk; ObrM.), Wasser, in welches die Spinnerin den Finger taucht, den Faden zu netzen. Die Leckbank. „Das er (der im Bade, nicht etwa) gar auf die leckbank thu, so ers loch nicht recht beisse zu"; H. Sachs 1560: IV, III, 76 (1612: IV, III, 166). Vrgl. oben: der Läck.

`lecken, ä. Sp., aufspringen, hinausschlagen; s. oben: laichen. Zeitschr. I, 126. IV, 175. VI, 446.'

Der auch die Lecken (Lèckə˜, Lèckng), a) (O.L.) was Lucken, w. m. s. b) Schaden am oder im Leibe, besonders insoferne man daran zu curieren (z' lèckə˜) hat; Sprung, Riß in einem Geschirr; Schaden, Gebrechen überhaupt, eig. u. fig. Zeitschr. III, 311. IV, 363. Aə˜n ə˜n *Lèckng* à˜hengkə˜. ə˜ *Lèckə˜* dəvo˜ tràgng. Dà drà˜ hàd ə' sei˜ Lé'tə' ə˜ *Lèckng*. ə *Lèckə˜*, dé ə' sei˜ Lèttə nimər à'wischt; (b. W.). „Da kam ich gleich recht in die leck vom artzt läßt mich dein knecht ohn ru"; H. Sachs 1612: II, II, 63. „Der alten dy hant ser rundig was, daz sy besorgt, sy künd nit baß der kretz halb komen zu ainer leck", (Heilung); Haupt's Zeitschr. VIII, 540,105. „Ein lecken setzen, malo, infortunio multare"; Prompt. v. 1618. Ist hier a) blos lecken, lambere, oder b) das niederd. Leck, Riß, Sprung, figürlich genommen, oder aber c) darf an das alte lâchi, medicus, welches in allen german. und in slaw. Idiomen vorkommt (goth. lêkeis, ahd. lâhhî, Arzt; mhd. daz lâchen, Heilmittel, lâchenen, besprechen, lâchenære, Besprecher; Graff II, 101. Grimm, Mythol.[2] p. 989. 1103. BM. I, 925. Cf. schwed. läkare, dän. læge, Arzt; česk. lék, ljk, Arzney, lékăr, Arzt, ljkárna, ljkowna, Apotheke, lekařjm, arzneyen, lékowánj, Zauberformel, lekugi, die Zauberformel hersagen; wallach. leak, Arzney. s. oben lâchen) und vielleicht noch dem schweiz. Lachsner, Quacksalber, zu Grunde liegt, (vrgl. indessen lößeln, Anmerk.), oder endlich d) gar an das niederd., holl. lak (Gebrechen, vitium, vituperium; cf. gl. i. 68. 400: lahit, vituperat) gedacht werden?

lecker, nieder (??); Jir.

derlicken, derlicksen etwas, wornach man schon lange lüstern gewesen, es endlich wahrnehmen, (vermuthlich zunächst eigentlich mit der Zunge; vrgl. lecken und Zeitschr. IV, 288,451).

Der Lock, ä. Sp., wie hchd. die Locke; (ahd. der loc, locch, plur. locchâ und locchi, mhd. der loc; Graff II, 127. BM. I, 1040 f. Weigand, Wbch. II, 57 f. Vrgl. Vilmar, kurhess. Idiot. 252). „Mînem reidem locke und mînem wol ständen rocke"; Helmbr. 273. „Einem ziuhe ich den loc mit der zange ûz dem barte"; das. 1246. „Wann du ainen lok weis noch swartz mocht gemachen"; Cgm. 746, f. 40. „Floccus vel flocculus, ain lok woll"; Polling 182. „Di löchk eures hares sint gezalt alle"; Cgm. 66, f. 46. „Si het ümb ir oren geringt zwen löck raid; Cgm. 714, f. 183. „Umb ir löcklich"; das. 180. „Wenn ainer den andern an hals schlecht vnd beschleußet die hand mit dem dawmen und jm den lockh nicht trifft, der hat XII dn. verlorn, schlecht er aber ainen mit offner hand vnd trifft jm den lockh so ist er dem gericht verfalln vmb LXXII dn"; Werdenfelser Ehaftbüchl. v. 1431, Ms.; Münch. Gel. Anz. 1843, II, Sp. 78.

`locken, wie hchd.; (ahd. lochôn, mhd. locken; Graff II, 144. BM. I, 1041. Weigand, Wbch. II, 58); ä. Sp., Einem locken.' „Ez kunden alle frouwen gelocken von dir nicht mînem herzen"; Labr. 694. Vrgl. lücken. Der Ablock, ä. Sp. „Man vindet ablockes hie vil mangen schalken"; Valkn. 64 (?`Hieher?').

Der Lockat, Schulmeister; s. unten Lokat.

locken, ein Kind auf dem Arm tragen; die Lock, Kindsmagd; (Gastein); die Kindslock, Kindslocken, Kindsmagd, (Pinzg.; Jir.). Kärnt. péstijem, locken, ein Kind am (auf dem) Arme halten; pestovanje, das Kinderlocken; pestovna, die Lockerin, Kindswärterin; Jarnik 181. „Er lockt sich als ein kindelîn"; Haupt's Zeitschr. VIII, 566,535.

Die Luckə, (im Munde von Halbgebildeten) loca (secreta), der Abtritt.

Das Luck, plur. Luck und Lücker, Dim. Lücklein (Lückl, Lückə-l), 1) U.L., der Deckel, der, an ein Geschirr befestigt, auf- und zugeht. Zeitschr. II, 29. III, 313. 562. Das zinnene Luck am Bierkrug. Das Luck, Lückelein an der Tabakspfeife. „Ohne Lückl auf der Tabakspfeife"; Bucher's Kinderlehre 27. 2) O.L., jeder Deckel, z. B. der hölzerne über die Pfanne, den Milchkessel, das Rührfaß u. drgl. Das Augenlückelein, das Augenlied; (Baur). Das Fensterluck, plur. die Fensterlücker, (Ob.Isar) die Fensterläden. „Luckle, operculum"; Prompt. v. 1618. „Eingehen durchs enge Himmelsluck"; Stephanspredigt. R.A. Es gêt Einem 433
etwas über's Luck aus (aussi), es wird ihm sein Anschlag, sein Plan vereitelt, zu Wasser. „Fenchelwasser ist guet zu den Augen und wenn die natur von luckh oder

nest geet, so laufft sy zu dem mültz", (? hieher?); Cgm. 4570, f. 43. lucken, mit einem Deckel versehen. Einen Krueg, einen Hafen lucken. zuelucken, mit einem Deckel verschließen.

Die Lucken, wie hchd. Lücke. (Weigand, Wbch. II, 73. Vilmar, kurhess. Idiot. 254. Zeitschr. III, 562. V, 506. VI, 337.) Besonders heißt eine Öffnung im Zaun, die man durch Querstangen beliebig schließen und öffnen kann, ə~ *Luckə~*, (Ober-Inn) ə~ *Lèckng*, (Brchtgdn) ə~ *Laukhə~*. Vrgl. oben, Sp. 1420: Lauch. Die Gelucken, s. oben, Sp. 5. Lucken auf, Lucken zue sagt man, wenn eine neue Schuld gemacht wird, um eine alte zu bezahlen. R.A. Für Einen in die, vor die, für die Lucken stên, Einen in die, vor die Lucken stellen. Der Luckenbüeßer, wie hchd. Lückenbüßer; unter dieser Qualification werden (Kr. Lthdl. VIII, p. 474, ad 1485) die vorläufigen Ersatzmänner für diejenigen der 32 von Herzog Albrecht gewählten Schiedmänner, die der Herzog Christoph allenfalls verwerfen würde, aufgeführt. luckət, adj.; 's Trád is *luckət*, (Nptsch.) es fehlen viele Körner in den Ähren. zanluckət, der, die da Zahnlücken hat. Anmerk. Das Luck hat insonderheit den Begriff des Schließenden, die Lucken den des zu Schließenden. Beiden liegt das alte Ablautverb lûhhan (pilûhhan, claudere; intlûhhan, aperire), wovon meistens das Partic. Prät. pilohhan, clausus, intlohhan, apertus, seltener das Prät. pilouh, intlauh (gl. i. 88, 1038) vorkommt, zu Grunde. „Also het Maria belochen in irem lîb ir chindelin"; Br. Philipp. „Operuit super congregationem abiron, dahte zesamene louh sih uber die samenunge abiron"; Cgm. 17. f 157^b, Ps. 105,18. „Du entluche, revelasti"; ibid. f. 143^a, oratio ad ps. 97. „Diu (Himmels) porte ist den suntarn vorgesperret, und ist den guotin entlochin"; Münchner Sermonen. Zur Bedeutung des Schließenden gehört das isl. lok, operculum, vom Verb lûka; zu der des Geschlossenen das alte Neutr. piloh, clausura, claustrum, conclave (gl. i. 679 auch das einfache luhhir, cellas; a. 286: untar lohhum, inter septa); zu der des zu Schließenden die von Loch (a. Sp. loh, gl. a. 271, Diminut. luhhili, hiatus, foramen) und von luka, lucha, lucha, genit. luchun (gl. i. 261. 306. Otfr. II, 4,14) apertura. Cf. „unter luchelingen, diluculo", Cgm. 17, f. 72^b, Ps. 45,5; „in dem unterluchelinge, diluculo"; ibid. f. 85, Ps. 56,11. Vrgl. Graff II, 140. 142. Grimm I^3, 62. BM. I, 1023. 1024. Zeitschr. II, 29. s. oben: das Loch.

luck, locker; BM. I, 1024. Weigand, Wbch. II, 70. Vilmar, kurhess. Idiot. 246: leck. s. lugk.

lucken, ä. Sp. „Nieman widerkraft und widerstand an lucken" (? wider kraft — wider stand kan lucken?); Walkn. 149. Vrgl. wider den Stachel lecken.

Das Gelücke, ä. Sp., wie hchd. Glück; mhd. gelücke; Graff II, 145. BM. I, 1049. Weigand, Wbch. I, 447. s. Sp. 970); Labr. 11. 12. 40. 168, 186. 209. 290. 334. 391. 442. „Lâ sîn gelücke walten!" das. 20. „Gelücke můz sîn walten"; das. 240. „Gelückes rades wallen vil manger nicht erkennet"; das. 307. „Ze gelückes warte bringen"; das. 319. „Ob ich werd überladen mit ungelückes îlelicher île"; das. 15.

'lücken, ä. Sp., locken; BM. I, 1041.' „Wie wol er (der Ar) auf der erde haide het gelücket"; Walkn. 115.

---

láck s-greə~, (vom Obst) noch ganz grün, unreif. (Doch nicht aus lâuch-sgrüen? Auch gl. i. 555: giluchemu, viridante, paßt nicht). Dés Héfə~ rinnt wêi ə~ **Laukscheərbm** (Làkscheərbm, Blumentopf, Schnittlauchtopf?); b.W. s. d. folg. Wort.

Laucks, Lucas. (Sollte die von Gemeiner im ersten Heft der Zeitschrift „die geöffn. Archive", Jahrg. 1823, aus einer alten Urkunde angeführte Lautzsbirn eine Birne seyn, die erst um den Lucastag (18. Oktober) reif zu seyn pflegt?) s. d. vorige Wort.

lècks. Ironische R.A. Du håst *lècks*, du hast Recht.

Der Lecter, s. Letter.

(Vrgl. Lat, let, ꝛc.)

laden, ladenen (là'n, là'nə~), lued und ladete, 434
geladen (glà'n), wie hchd. laden, 1) in der Bedeutung struere, onerare, (ahd. hladan, hlatan, praet. hluod, hluot; mhd. laden, luot. Graff IV, 1113. BM. I, 925. Weigand, Wbch. II, 5). „Geladene Armbrust"; Gem. Rgsb. Chr. II, 339. MB. II, 432. R.A. I bi~ scho~ *g'là'n*, bin schon fertig. Er hat aufgeladen, ist betrunken. Zeitschr. V, 73,95 104.106. VI, 435. 'Das (?) Lade, ä. Sp., die Ladung; BM. I, 926.' „Do daz schif was lades vol do swebete ez obe dem wazzer"; St. Ulrich's Leben, Cgm. 94, f. 62. Vers 1156. Der Lader, dessen Geschäft in Auf- und Abladen besteht. Salzlader, MB. XXI. 351. Truckenlader (von trocknen Kaufmannsgütern). Die Ladstatt, s. lâßen, u). Ladstätt, (Wien) Platz für die Laden oder Bretter; s. d. folg. Wort. 2) in der Bedeutung invitare, (ahd. ladôn, praet. ladôta, mhd. laden, ladete; Graff II, 164. BM. I, 927. Weigand, Wbch. II, 5. Zeitschr. VI, 435). Die Ladschaft, Fest, Mahl, Tanz, Spiel, wozu Gäste geladen werden. „In einer ersamen Ladschaft tanzen." Puterbey 41. L.Rcht. v. 1616, p. 572—574. Das Ladschreiben, Einladungsschreiben.

Der Laden (Là'n), 1) Brett der dicksten Art, Bohle; BM. I, 925. Weigand, Wbch. II, 4 f. Zeitschr. III, 306. VI, 434. ən~ aəchənə', feichtənə' *Là'n*. Die Läden sollen nach dem General-Mandat v. 1768 auf $2^1/_2$, 3, $3^1/_2$, 4 und noch mehr Zolle dick, und wenigstens 14 bis 15 Zoll breit geschnitten werden, da ein gemeines Brett nur die Dicke von 1 Zoll, ein Truhenbrett von $^5/_4$, ein Falzbrett von $^7/_4$ Zoll erhält. Wenn der Laden 4 Zoll und darüber ist, heißt er Schloß- oder G'schloß-Laden. Am Dürnberg: Reichladen (16' lang, $1^1/_2$'' dick, 12'' breit), Schiffladen, Pfaffenladen, Tennladen, Wehrladen, Schallladen, Plur. -läden; Ladholz, Ladstamm, woraus Läden gesägt werden; (Tir.). „Reichladen, panckhladen, gmainladen"; Cgm. 1182, f. 30. „Einen laden nam er dô"; Wigalois 6900. 2) wie hchd. Kauf-Laden ꝛc. „Tria ergasteria vulgariter læden"; Ried ad 1430. Der Ladner, die Ladnerin, Ladendiener, -in. Vrgl. Zeitschr. VI, 434: Ládler. R.A. Sich an den Laden legen, sich nicht Unrecht geschehen lassen; mit Entschlossenheit an die Ausführung eines Werkes gehen. 3) wie hchd. die Lade. Der Beyladen (Báládn), das Beylädlein (Bálá'l) in einem Kasten, einer Truhen.

Die Lad, (schwäb.) wie hchd. die Lade; BM. I, 926. Weigand, Wbch. II, 4. Vilmar, kurhess. Idiot. 234. Die Tabakslad, (Dose). Altb. nur in einigen Bedeutungen statt des üblichern der Laden gebräuchlich. Die Handwerkslad.

Die Lädin, 1) (Lori, LechR. 133) Transportgefäß (?) für Salz, Salzfaß. Vrgl. Zeitschr. VI, 173. 2) Schiff der größten Art auf dem Bodensee, etwa 110 Schuh lang und mit einem 82 Schuh hohen Segelbaum versehen. Die Halblädin ist kleiner. Eine gute Argerläde (Lade von Langen Argen?) voll Holz schätzte man 1414 zu einem Pfund Pfenning; Feyerabend, Ottobeurer Jahrbücher II, 605. Etwa zusammenhängend mit Aventin's Ladschiff? „Caligula ließ bey Puteoli eine Bruck von lauter Ladschiffen machen"; Avent. Chr. f. 172. Cf. kärnt. ladja, Schiff, (Jarnik 83); illyr. λαδια, unt.steyr. sta ladja, Schiff, böhm. lod; engl. lode-ship, alte Art Fischerchifflein; lodesman, Lotse, nauclerus.

Das Lab (Làd), (O.Pf.) die Bretterwand, wodurch die Legstätte in der Scheune von der Dreschtenne geschieden ist; b.W. Baə'n*land* (cf. Barnschalten). Zeitschr. VI, 444. Isl. ist hlada, schwed. lada die ganze Scheune.

Das Låda, das Seifenwasser; Castelli, Wbch. 186.

Die „Ládockə~", (Rttm.) die Zeitlose. s. Docken.

Das Laid (Laəd, o.pf. Làid), a) Seelenschmerz, Betrübniß, Trauer über etwas Vergangenes, (es tuet mir Laid, macht mir Schmerz; sêr und leid, Otfr.); namentlich über einen Todesfall: im Laid sein, Laid tragen. Graff II, 171. BM. I, 981. Weigand, Wbch. II, 32. Vilmar, kurheß. Idiot. 244. Zeitschr. VI, 436.
435 „Laidklaid, Laidgeschrai, Laidgesang, Laidfrau, praefica"; Prompt. v. 1618. „Epomis, ein laidkapp"; H. Junii Nomencl. 1629, p. 89. Diefenbach 205[b]. In A.B. ist jetzt in diesem Sinne die Klag üblicher. b) Besorgniß, Bangigkeit, Angst, Furcht wegen bevorstehender Dinge. 'ən Hans is *Laəd* aufs Beicht·n.

Diə'nl gê hèə' só miə', əllaə~ is mə' *laəd* (allein fürchte ich mich),
wannst 's Kidə-l nét findst, gêst her i~ də' Pfaəd.
Də' Dudlsàk is scho~ zsamgschlàgng meinaəd —
'ən Stéff·l, dem wird um sei~ Geigə-l· *Laəd.*

Mir ist gar nicht Laid, dieß und jenes zu vollbringen. „Mir ist unmâzen leit nâch den vrouwen"; Gudrun 828. I hà~ rècht *Làid* dráf; b.W. Mir wird Laid, stain-laid, mir wird übel. Wiə I 's Bluət gsegng hà', is mər auf aə~màl *staə~laəd* wor'n. Laid, auch ze Laid machen Einem, ihm Angst, Furcht einjagen. Du machst mə' nét *Laəd!* Dés macht mə' *z· Laəd.* Einen *z· Laid* machen, erschrecken; (statt: des Laids?). Reu und Laid (Rui und Laə') machen, nemlich sich (sibi) selbst über seine Sünden. (In diesen R.A. ist Laid wol eben so gut ein Substantiv als Angst, Nôt, Ernst, And rc. in: es ist, wird mir Angst, Nôt, Ernst, oder: es thuet mir Nôt, Zorn, And). Miər hàbm gsêgng sei~ *Laəd* (seine Angst) und wiə ər uns 'bét·n hàt, (nemlich Joseph seine Brüder, als sie ihn in die Cisterne warfen); Göschl. Einem *Làid·n* ei~gogng (einjagen), ihm Besorgnisse machen, ihn à'làidingə~; b.W. c) was Schmerz, Kummer verursacht; das Übel. „Vor Laid schwinden, ohnmächtig werden"; P. Stocker. (Vrgl. b.W. ə~ Lèdschwent, calamitas, u. s. unten: das Leut). „Die zwey fallende Laid, der ains Apoplexia haißt, und das ander Epilepsia"; Ortolph. Vilmar, kurheß. Idiot. 244. Laid tuen Einem, (O.Inn) ihn körperlich verletzen, verwunden; (cf. gl. i. 801: leid, vulnera). Sich ə~ *Laəd* a~taə~, wie hchd. sich ein Leides thun, d. h. Hand an sich selbst legen. Zeitschr. VI, 436. d) der Abscheu, Ekel; (cf. gl i. 260: mit leide, cum execratione); doch fast nur mehr metonymisch für den Gegenstand, besonders den Menschen selbst, der Abscheu erregt. Dés is ə~ schiə'li's *Laəd.* 'O du *Laəd* du! laəd-schiə'li', adj., abscheulich. ə~ *Laəd*-Mensch, ə~ *Laəd*-Kerl, ə~ *Laəd*-Sau. Im Oberammergauer Taufbuch ist 16. Oct. 1618 eingetragen: „Hans N. Uhrmacher hat sein uxor ain Laidt gethragen welches wunderbarlich gestalt war"; (Rath Her). Cf. span. laidamente, deslaidar, verunstalten, deslaydamiento; Fuero Juzgo, Cod. hisp. Monac. 6, f. 26. 47. Diez, Wbch. 198. laid (laəd), adj., in der Bedeutung d): abscheulich, häßlich; (ahd. leid, mhd. leit, odiosus, abominabilis; Graff II, 170. BM. I, 979 f. Weigand, Wbch. II, 32. Zeitschr. VI, 436), ə~ *laədə'* Mensch, ə~ *laədé* Réd, ə~ *laədə'* Hand·l. (Die R.A. Es ist, wird, tuet mir laid, s. oben). Hieher gehört wol das, wie es scheint, comparativische Interjections-Adverb laider, laider Gott; (Otfr. leidor; M. m. 108. 110: leidir mir; Iwein 6333: leider uns; vrgl. Th. IV: wæger, adv.). Ich weiß nicht, ob das im b. W. vorkommende lèd, übel, als einem in leid verhochdeutschten laid, c) entsprechend betrachtet werden darf, oder ob es ein anderes, etwa mit lê (s. oben, Sp. 1401) vergleichbares Wort ist. *lèd* aussehen; ə~ bódn*lèdə'* Hand·l, ein schlimmer; ə~ bódn*lèds* Wetter; die *lèd*langé Nacht; der *lèd*lange Tag. Mit dem oben eingeschalteten *Lèdschwent* (wol nur Leutschwend? Vrgl. unten: das Leut) wäre etwa zu vergleichen Cgm. 17, f. 82, Ps. 54,3: leitwentich, molesti, gl. i. 30: leiduuentigi, calamitates, agſ. ladhvend, odiosus. Otfr. I, 20,18. II, 7,34 hat gar eine leidlust 436
für Schmerz; (cf. wunnewê). 'Die Leide, ä. Sp., schmerzliches Gefühl, (entg. Liebe; Graff II, 172. BM. I, 982)'; Labr. 13. 14. 200. 390. 391. 501. laidig (laədi'), adj. u. adv., (ahd. leidag, mhd. leidec; Graff II, 175. BM. I, 982. Weigand, Wbch. II, 33), nach Bedeutung a): I bi~ *laədi'*, bin traurig, betrübt. „Von den trovmen wurden si baide laidech"; Griesh. Pred. I, 98. Zeitschr. VI, 337. „laidig sein, in luctu esse"; Prompt. v. 1618. „Der laidig man", (der um seine Frau trauernde), H. Sachs; nach b): Si is *laədi'*, sie hat Angst, fürchtet sich; nach c) oder d): aussehen wie də' *laədi'* Toud, də' *laədi'* Satan, dé *laədé'* Fast·n. Zeitschr. III, 306. 308. VI, 436. *lädig*, (Aschaff.) häßlich, abominabilis. Der *Lèdig* nitsch guts, diabolus; (Rhön). à'làidig, (b. W.) betrübt, auch erbärmlich: 's *à'làidégé* Mensch, ə-n- *à'làidə's* Vêih; dês Biə-r- is àbə' heu~t so *à'làidə'*, ə-n- *à'làidés* Gsüf, Fréss·n, kraftlos. maßlaidig, wie hchd. maßleidig, eigentlich Überdruß oder Ekel an Speise empfindend. BM. II, 90. s. unten: das Maß, die Speise. əs is *laədi'* (verdrüßlich, schlimm), dás mə' si' auf neəmt·n vó'lass·n derf. *laədi'*-langwáli' (abscheulich, sehr langweilig). Bin I denn gàr ə'só *laədi'?* (gar so häßlich). laidmüetig, nach Bedeutung a): bekümmert, traurig. In der a. Sp. kommen auch die Composita leidlih, leidsam nach Bedeutung d) vor. Graff II, 173. BM. 982. Weigand, Wbch. II, 33. „Swen liebe nœtet leidlich leid bedenken"; Labr. 147. „Ich wânt, ich solte rîchen an fröuden, die hât leitlîchz leit benomen alsô gar"; Labr. 201. „Leitsam, indignissima (malorum potestas)"; Froumundi cod. Boethii (Wallerstein-Maihingen), f. 41. Vrgl. niederd. (Xanten): *lellek*, häßlich; Firmenich I, 387,50. 392,75. (Meurs): lelk, das. 407,299; altf. ledlic; ital. laido, franz. laid, (Diez, Wbch. 198). derlaiden, verlaiden a) Einem, nach Bedeutung d): ihm zuwider werden, hchd. erleiden. Dés werd də' bàl' *də'laə'n.* „O Seel auf grüener Haiden, laß dir die Welt erlaiden"; Epith. Mar. b) Einem etwas, es ihm zuwider machen, hchd. verleiden. Dés wil ə də' glei' *vó'laəd·t* hàbm. In der a. Sp. galt ohne Vorsylbe leidôn, leidezan, leidlichên für a) aversari, und b) accusare, welchem letztern noch das schweizerische verleiden (angeben, anklagen) entspricht. Graff II, 172. 175. 176. Grimm IV, 613. BM. I, 983. Weigand, Wbch. II, 32. „Das ir bulschafft layden thut", (verdammlich erklärt); Cgm. 713, f. 69. „Den louf kan nieman lieben noch geleiden" (verleiden); Labr. 33. „Ei leid, soltu mir lieb und fröude leiden"; das. 147. „Wem sein lieb wirt laiden des liebung ist gar entzwai"; Cgm. 270, f. 74 (379, f. 38). „Was dem man liebt das lait im hart, non cito vilescit quod sub amore quiescit"; Windb. 204, f. 171[b]. „Mach di' zsam und gê mit auf'n Kirtə', əs wird di nét *loadtn*"; Reizenbeck I, 92. laidigen (laədingə~) Einen, (O.Inn) nach Bedeutung b): ihn in Angst, in Furcht setzen. Zeitschr. VI, 436. „laidigen, (nach Bedeutung a oder c) molestare"; Hübn. Voc. v. 1445. „Nicht laidigen noch beschweren"; Lori, LechR. 84. belaidigen, wie hchd. beleidigen. Vrgl. leiden und laid.

Laudi. „Iətz gibts erst ə~ *Laudi*", einen Spaß, (wol „laute", scil. Freude?); Seidl, Flins. IV, 123. 143.

ledig (lédi', o.pf. lidi'), ungehemmt in der freyen Bewegung, entbunden, solutus; (mhd. ledec; Graff II, 180. BM. I, 957. Weigand, Wbch. II, 26. Niederd. *ledig*, *le'g*, leer; Firmenich I, oft); adv. blos, nur; Zeitschr. IV, 242,12. Ein Stück Vieh, ein Hund, ein

Schiff ꝛc. ist ledig, d. h. vom Gespann, vom Strick, von der Kette los. („Diu werlt swebt ledecliche recht als ein vogel, siu stêt ûf nihte“; Br. Berhtold). Scherzhafte R. A. Da bleib ich ledig, (in diesen Handel will ich mich nicht einlassen). „Er ist ein lidig man“, (tutus et salvus); Schwabensp., Laßb. §. 79, I. Mallerst. 33, f. 98ᵇ. ledig, lidig, solutus, und wie absolutus fig. in „ledig, lidig man“, homo lidgius, ligius, legius, (franz. lige, engl. liege, sowohl absolut unterworfen, als absolut Herr. Cf. Haltaus voce ledig, Ducange v. ligius; Grimm, RA. 307. Höfer, Ausw. v. Urk. p. 6. 7 und meine Recension. Diez, Wbch. 674. Müller, etym. Wbch. d. engl. Spr. II, 28 f. Das mittellat. ligius kommt zunächst vom niederd. *lege*, *leeg*, zusammengezogen aus *leddig;* brem.-niederſ. Wbch. III, 36. Zeitschr. III, 383. IV, 277,17. cf. *berve* aus bederve. In den Urkunden der Schweiz steht fast immer lidig, lideclich; Kopp, Gesch. Fr. 1843). „Quando solutus peccat cum soluta daz heizset lidige vnkuscheit“; Clm. 13126 (8⁰ XIV. sec.), f. 119ᵇ. Eine ledige Person, frey vom Ehband. Ein lediges Kind, außer dem Ehbande geboren. „Ledige Häuser, die nicht aneinander stoßen“; Prompt. von 1618. Einen Lehrjungen ledig zelen, („frey sagen“); L.R. v. 1616, p. 605. Einen einer Schuld ledig zelen oder sprechen, ihn davon frey sprechen. Cf. agſ. lâdian, entledigen einer Schuld; Grimm, RA. 907. „Aller geschäfft ledig“; „ledig ampts halber, privatus“; Prompt. v. 1618. ledig frey aigen, oder: frey ledig aigen, (von Gütern) so viel als ludaigen; (ſ. d. W. u. vrgl. Grimm, RA. 494 und Sendschreiben an Lachmann 54). „Ich han geben ze lidigem eigen die burg ze Eschilsmatte“; Urf. v. 24. Heumonat 1313 im Staatsarchiv zu Lucern, (Kopp, Geschichtsfr. I, 71 und so öftest in andern deutschen Urkunden der 5 Orte: lidig). „Ein gut ze eim ewigen lidigen kouffe, frilich und lidklich hingeben“; Urf. v. 1359, Gesch. Fr. II, 178. lidecliche (zweimal so), lidetlich; daſ. III, 133. 186. „Absolute, erledichliche“; Cgm. 17, f. 9ᵃ, Pſ. 1,1. Noch jetzt adv. lediglich = blos, allein. In einem alten, aus dem Latein übersetzten Salbuch von Donaustauf (Vertheid. d. ch. b. Landeshoh. II, p. 14. 34) wird das lat. absolutus durch ledig gegeben. „Zu Pach seint ledigs 27 Weingärtten. Von dem Hof zu Sulzbach sind ledigs drey Fuder Piers. Der Werd zu Schwebelweis ist ledig. Versetzt dem N. die Vogtey zu E. um 20 Pfd., die seind ihm
437 ledig pro 20 libr. quae sunt absolutae. Es seind ledig aus dem Hof zu Sulzbach III Fuder Piers, absolute sunt de curia in S. III carate cerevisie.“ entleden. „Hör nu min red wan ich mich sicherlich entled des ich mir lang han gedacht“; Cgm. 270, f. 103ᵇ. ledigen (lédingə˜), los machen, frey machen. Die Pferde vom Wagen ledigen, damit sie nicht mit demselben durchgehen; (Lechner). Fig. Der kann sich vom Trinken, Spilen ꝛc. nicht ledigen, los machen. Einem Haut und Hâr ledigen, (ä. Rechtsſp.) st. abslahen; ſ. Haut. Schulden abledigen, abzahlen, tilgen. Das Schuldenabledigungswerk, (Landtage d. 17. Jahrh.). Die Huestn *à'ledingə˜*, (b. W.) locker machen. derledigen Einen, z. B. aus dem Gefängniß, ihn los machen, befreyen. Unser Erlediger st. Erlöser; Av. Chr. 185. Die Ledigung, (Lori, BergR. 220. 319. 498. 642) Versäumniß, Aufenthalt der Salzschiffer aus Abgang der Ladung; Entschädigung, die ihnen dafür zu reichen: „die lange, die mittlere, die kurze Ledigung.“ Die Lediger, (bey der Salzach-Schifffahrt) Arbeiter, die zur Aushilfe der Schiffleute bis gen Obernberg gemiethet werden, wo sie dann wieder ledig sind; Lori, BergR. 322. 642. „Hies in lidig faren“; Cgm. 5, f. 223ᵇ. 227ᵃ. Cgm. 569, f. 191ᵇ. „Ociosus, ledeg“; Diut. II, 225. Anmerk. Die dem Worte ledig im altb. Sprachgebrauch seltener zukommenden Bedeutungen leer, unbeladen scheinen nur figürliche Folgen von der Bedeutung: frey in der Bewegung, expeditus, (ledicleiche, d. h. ohne etwas zu tragen, Gudrun 1273,4. Zeitschr. V, 140,2,17. VI, 430,46); und wenn man gl. o. 278 lidigen (expediant), gelideget (expediti) neben dem isl. lidugr (leicht, behende, leer) erwägt, so kann die Zusammenhaltung desselben mit dem alten Ablautverb lîdan (ferri; wie ἐλεύθερος von ἐλεύθω. ſ. Wackernagel, Wbch. s. v. ledic. „So sun sie von im lideg sin“; Kopp, Urk. p. 26, ad 1282) nicht ganz grundlos scheinen. „Dines ganges mangels du . . . bisschof Ulrich . . . machet wol ledic dich“, (kann hier heißen „gehend“); Cgm. 94, f. 63ᵇ. „Daz alter in niht lidic lat“; Barlaam 32,35. „Ledeghe wive, ligte vrouwen“; Brüsseler Stadsordonnantie (Stadtordnung) von 1360, Willems' belg. Museum VII, 307. Vrgl. fertig, ringfertig, leiden und liederlich.

„zerledert und zerschedert“, (Tölz; Dr. Sepp); cf. lotter.

Das Leder (Lédə', o.pf. Lidə'), wie hchd. (ahd. ledar, mhd. leder; Graff II, 203. BM. I, 958. Weigand, Wbch. II, 26. Cf. goth. hleithra, σκηνή). „Da zugen sy von leder zu der wer graiff ietweder“; Mich. Beham, Wiener 363,14. „Swer treuwen und dienstes wil vergezzen der sprichet sin hunt hab leder gezzen“; Renner 18365. „Schönßleder, aluta vel corduan“; Cgm. 649, f. 569. „Trucken den salpeter in ainem beckin uff ainem ofen oder vff ainem lederlachen“; Cgm. 4902 (v. 1429), f. 1ᵇ. „Leg in zu ainem ofen vff ain lederlachen“; daſ. f. 5. ledern, lidern, liderin (lédə'n, lidə'n, lidəri˜, lédə', lidə'), a) ledern, von Leder, (ahd. lidirîn, mhd. liderîn; Graff II, 203. BM. I, 958. Weigand, Wbch. II, 26). „Ein weis lideries par Hanndtschuech“; Wstr. Btr. V, 117. „Die liderne leilach seindt gesundt, sonderlich sommer küel, zu raisen commod, müeſſen von dünnen Wildheuten sein“; Not. des Freyh. v. Bodman. b) ledern, lederartig; (von Dingen, die stark und fest seyn sollten) schwach, schlecht. Fig. e˜ *lèdə'nə'* Soldat. ledern, lidern, vrb. act., zu Leder machen, gerben; fig. abprügeln. Zeitschr. III, 191,66. VI, 444. „Ain geliderte Küehaut beym Lederer gestolen“; Crim. Akt v. 1512. „Gelidert hut“; Ausgb. StdtR. „Die Haut ist zu libern doch verdorben“, tangt nicht zum Gerben; H. Sachs 1560: III, III, 83. „Ein Bocksfell zu liedern 20—24 kr“, bayreut. Feilschaften Tax v. 1644. Das blödern in der Freyſ. Feuerord. v. 1719 („nachsehen, ob die Feuerspritzen blödern nöthig, oder etwann verletzt seyen“) wird wol heißen sollen beledern. Der Lederer (Lédərə'), a) der Gerber überhaupt; (gl. i. 380: lederari, coriarius; Voc. v. 1419. 1429: lebrår, cerdo). „Lederer 3, wovon einer ein Rothgerber“; Träger's Kelheim p. 48. Vo˜ *Ledəraə'n* is ər á nét, (b. W.) es fehlt ihm nicht an Muth. „Groß brocken schlicken wie ein lederers hund“; H. Sachs 1560: V, 342 (1612: V, III, 8). b) der Rothgerber. „3 Weißgerber, 5 Lederer oder Rothgerber“; Wiltmaister's Amberg 584. „Lederer und Weiß-Ircher“, (Roth- und Weißgerber); L.R. v. 1616, f. 632. In von Sutner's „München während des 30jährigen Kriegs“ kommen p. 68 nach den 13 Lederern 438
auch 2 Lederschneider (Taschner?) vor. Lederschneider (Lederzuschneider), noch in München und Passau; sie beschneiden die Häute und (?) geben ihnen die letzte Appretur. Lederschneider, (B.) Beutler; er behandelt weiches Leder. Der Lederling (Ledə'len'), ein Pilz mit weichem Hut; *Kêi-Ledəlen'*, *Kêi-Ledsch-n*, Kuhpilz; auch Excrement der Kuh (Fladen), und wol sogar des Menschen. *ledə'n*, cacare.

leiden (lei'n, Prät. I litt', leidət; Partic. glidn, gli'n), wie hchd.; (ahd. lîdan, mhd. lîden, Prät. ich leit, wir liten, Ptc. geliten; Graff II, 169. BM. I, 978. Weigand, Wbch. II, 32. ſ. unten die Anmerk.). R. A. Es leidet mich nicht, ich kann nicht bleiben, ich habe keine Ruhe. Iətz hat ·s mi' nimmə' *gli'n*, I hà' gmacht, dás I bi˜ furt kemə˜. Das Leiden, wie hchd. R. A. Dés hàt kaə˜ *Lei'n*, déswégng hàt s kaə˜ *Lei'n*, d. h. keinen Anstand, keine Schwierigkeit. „Botz leiden!“

H. Sachs 1612: I, 995; cf. Marter). Daher wol: leiden=arm, sehr arm, wie leichnam saur ꝛc., (s. oben, Sp. 1425). „Fiel den junkherren in seinen bart rauffet jhn gar leiden hart"; H. Sachs 1512: II, IV, 193 (1560: II, IV, 96b). „Sag an du leiden loser man was wiltu mit den steinen than", (loser, böser); das. 1560: III, III, 69. „Ey wart ein weil bis ich dir trag den korb, du leidenloser man du wirst mit spieln das unser an"; das. IV, III, 42 (1612: IV, III, 94). „Der leidenlos weber"; das. IV, III, 74 (1612: IV, III, 160). Es (das ausgetrunkene Glas) hat mir (ihm) „leiden wol gethan". (v. Hoffmann erklärt durch „sehr"); Lied v. 1594, (Gesellschaftslieder p. 161. 169). Dés is ə˜ Leidschwent (Lèdschwent), Unglück, verdrießlicher Handel; (ObrM.). Vrgl. unten: das Leut, die Leutschwend. leidlich, adj. „Leitlich aller arbeit, patiens laborum"; Dietr. von Pleiningen. „Starke vermögende Person, auch leidlich, arbeitsam und zur Wehre geschickt"; Ldhl. XVIII, 431. leidig, leidlich, adj., erträglich; Zeitschr. III, 306. leidsam, unleidsam, 1) verträglich, geduldig; unverträglich. 2) leicht zu leiden, zu ertragen; nicht leicht zu leiden. Das Mitleiden, wie hchd. Mit einem ein Mitleiden haben, eine Last, Steuer ꝛc. mit ihm tragen; Gem. Reg. Chr. II, 472. wê=leidig, wê=leidisch, auch bey unbedeutendem Schmerze laut klagend, winselnd. O du *Wêleid* du! „lidich, leidig, wird nur vom Wetter gebraucht; z. B. Haind is ·s *lidicha'* àls gesta'n, heute ist es nicht so kalt wie gestern"; Castelli, Wbch. 192. littig? Anmerk. lîdan in der Bedeutung pati ist mir aus der ahd. Sp. nur in ein paar Stellen (z. B. M.m. 68. Otfr. IV, 15,10. „Mih ne tuôst dû lîden iruuerteda, me non dabis videre corruptionem"; Notk. 15,10. 16,4. 21,2. 28,1. 11. et passim; noch 67,28 auch „hinageliteni des muotes", in excessu mentis. Graff II, 169. 178. 180) erinnerlich. Es steht dafür gewöhnlich tholên und (bey Tatian) thruven. Im Isl. ist lîda sowol ferri, praeterire, als pati. Sollte auch beym ahd. lîdan (ferri, transire, praeterire) die Bedeutung pati nur eine Figur seyn, wie z. B. in den romanischen Sprachen das Verb passare, pasar, passer auch für ausstehen, leiden, erdulden gebraucht wird? Vrgl. griech. πατέω, gehen, und lat. patior; (Partic. passus = pansus v. pando; Vilmar zu Heliand 22. Altſ. fithan, fâth — finden, pateo — pando. Graff II, 168. BM. I, 975. Weigand, a. a. O. cf. das abgeleitete laiten). Holl. lijden, währen, dauern; schwed. lida 1) leiden, 2) verlaufen, vergehen: tiden lider. „Als die vierzehen tag waren verliten", (vergangen); v. d. Hagen, Ges. Abent. LXIV, 283. „Verlittenes Jahr", vergangenes, noch 1727 im Parnassus Boicus IV, S. 320. Niederd. *verliden*, neulich; Firmenich I, 94.30. 175,8. 297,97. 386,34. 408,3. 428,45. Vrgl. laiten und ledig.

leid, s. laid. Das Leid, Getränk, s. Leit.

Der Leidner, Art Hosen (?). „Das er (der Bauer) des leidners auch geriet und trûg ein pruch die rinken het"; Cgm. 714, f. 231. s. oben, Sp. 1208, unter Joppe. ʻEs ist wol „Lendner", (Hosengürtel) zu lesen; s. d. W.ʼ

Das Lid, Gelid, ä. Sp.; heutzutage Glid, 1) wie hchd. Glied, (goth. lithus, ahd. lid, sing. u. plur., articulus, neben dem plur. lidi, membra, mhd. lit, plur. lit und lider; Graff II, 188. BM. I, 977. Weigand, Wbch. I, 445. Vilmar, kurhess. Idiot. 248. Zeitschr. III, 288,11. IV, 359,25). „Lid wider lid"; Augsb. Stdtbch. „Diu hovewîse ist herte den, die ir von kindes lit (von Kindesbeinen) habent nicht gevolget mit"; M. Helmbrecht 245. „Nu han ich lide und lende so lange her gemüete"; Labr. 218. „Wir sprechen nu von wunden und abgeslagen lidern. slecht ein man dem andern einen vinger ab oder ein lid, man sol jm hinwider einen vinger oder ein lid abslahen. An swelher seiten er in lidlos macht, an derselben seiten sol man im daz hinwider tun"; Rechtb. v. 1332, Wstr. Btr. VII, 23. „Das er des laistens musse sterben oder an eim lid verderben"; Ring 51b,24. Der Patient soll „nimmer brotes ezzen wan als lang eines hundes lid si"; Furstenf. 121, f. 176a. „Si aurem maculaverit, ut exinde turpis appareat, quod lidiscarti vocant"; Legg. Baiuu. 4,14. „lidascarta, murcos"; gl. i. 415. „Also sint sie mich uf orten, die da sint nit lidschart"; Altsw. 126,11. BM. II, II, 157. glidbrüchige Wunden; Lori, LechR. 299. glidguet, (Nptsch.) vollkommen gut. (cf. lidig und ganz, integrum; Meinungen. Vilmar, kurhess. Idiot. 248. Zeitsch. VI, 515,8. Im Isl. ist lidgôdr manu promptus et fortis). ʻGlidmâßen, plur., wie hchd.; (mhd. daz lidemæze, gelidemæze; BM. II, 208. 209).ʼ „Irrete sie an ire lide meizen", (Gliedmaßen?); Grieshaber, Denkm. 36. „Eine fraw ganz engelisch gelidmasiert"; H. Sachs 1612: II, III, 29. glidweis, adv. Den soll də' Teufel *glidweis* z'reißn; (b. W.). lidweich, glidwaich, adj., (Bregenzerwald) gelenkig; lidwaəch, (Sterzing) abgegliedet, flexibilis; von Kindern: lebhaft. Graff I, 711. BM. III, 617. s. Th. IV: waich. 2) das Lid, Lidlein (Li'l·), Überlid, Deckel, der sich an einem Gelenke (Charnière) bewegt, an einer Kanne, Büchse u. drgl; (agſ. hlid, ahd. hlit, mhd. lit; Graff IV, 1115. BM. I, 1012. Vilmar, kurhess. Idiot. 240. Zeitschr. II, 540,105. V, 143,12). „Zwey Köpf mit Liden", Gem. Reg. Chr. III, 61. „Arca camerata, kisten mit einem gewelbten lid"; Nomencl. 1629, p. 126. Nach einer Urkunde des Stifts St. Andrä in Freysing schenkt ein Math. Ottenberger aº. 1434 unter andern Prätiosen ꝛc. auch ein „kleines silbernes Lidel"; (Mittheilung des Hrn. Caplan Geiß; 30. April 1842). „Operculum, yberlydl"; Av. Gram. „Überlid des Kessels"; (Tucher's Reise). „Ez was ouch vollez gluote und het ein îsnein überlit"; Tungdalus, hg. v. Hahn, p. 47,49. „Ein überlid zu einem salzvas"; Ring 34b,41. „Das Loch (der Luftröhre) hat ein Überlid"; Ortolph. Ind. 344, f. 65b. „Hör ich meinen Liebsten nicht? Hat er sich doch schon alhier hinter unsre Wand begeben sieht durchs 439
Fensterlied herfür"; Opitz, hoh. Lied Salom. 3. Die selbständige Form Lid von Augenlied findet sich noch im Prompt. v. 1618: „cilium, augbrawen, härle ann liden: supercilium ob den liden"; (lith, uparlith, operculum, coopertorium vasis; gl. a. 102. 633. i. 219. 227. o. 151). „Augenglidt, cilium; Voc. Melber. Grimm III, 431. ʻDer Lid, Lied, (schweiz.) „Viertheil eines geschlachteten Rindviehs, Kalbes u. s. w."; Stalder II, 171.ʼ „Einen Lied bringt dann die Mutter und den Kalbskopf den bring ich"; M. Usteri, Dichtungen II, 38. Die Bedeutungen 1 und 2 treffen im Begeiff des Gelenkes zusammen, und mögen zum alten lîdan (ferri, sich bewegen) gehören. (Sind wol zwei verschiedene Wurzeln: das eine goth lith, das andre hlith; Grimm III, 431.) Uebrigens hat die ahd. Sp. noch außerdem das Compositum lidigilaz für junctura. s. Geläß. abgliden (à'gli'n, à'glidt·n), gliedweise auseinander nehmen; in Glieder abtheilen, mit Gliedern versehen. Dés Deənlwend·t si' und drát si' àls wenn s· glatt à'*glid·t* wár. (In der ahd. Sp. gilt das einfache lidôn für articulatim dividere, concidere, secare, und lidari sogar für carnifex, lictor. Graff II, 190. BM. I, 978). zerliden, zergliedern, zerlegen; BM., a. a. O. „Ein gebraten hun zelide cleyne", (zerstückle, transchiere es); Kochbuch im Wirzb. Cod. ʻ(s. Publ. des Stuttg. litterar. Ver.).ʼ „Und als die gans gebraten ist so zulide sie... entlide sie zu morseln"; das.

Das und der Lidlôn, (Nürnb., Hsl.) Glidlôn, wie hchd. der Liedlohn; (Graff II, 192. 220. Grimm, RA. 358. Gesch. d. d. Spr. 484. BM. I, 1042. Weigand, Wbch. II, 49). „Und erst muffen porgen iren hertten lidlon"; Cgm. 713, f. 19. „Ainen seinen lidlon vorheben"; Raitenb. 192 (v. 1478), f. 180b. „Ainem yeden lidlener der bey dem Gewercken über sein ersuechen seines lidlons nit bezalt werden mag"; tirol. Bergordn., Cgm. 1203, f. 67b. „Etlich haben auch abbrechen thon taglöner und Ehaltn lidlon"; H. Sachs 1560: III, I, 256a (1612: III, I, 515). Der Lidlæner,

Lohnarbeiter; Hazzi, Stat. III, 984. Im L.R. v. 1616, p. 66 heißt gearnter Lidlon, was in ältern Rechtbüchern blos g'arnter oder g'arnt'z Lon genannt wird. „Gearnter Lon, das Lidlon ist"; Kr. Lhdl. XII, 117. Da ältere Belege gebrechen, so bleibt die Erklärung des Wortes schwierig. Das nürnb. Glidlon scheint selbst erst aus einer etym. Deutung auf G·lid hervorgegangen. Eine Entstellung aus dem alten idlôn, itlôn, retributio, ist unwahrscheinlich. Zu entfernt liegt die litis, leudis und der litus der alten Gesetze. Ich möchte noch lieber an das isl. lid (auxilium und auxilia, d. h. helfende Personen; lidar, socii, comites, wie Gesind. „Unze dine gloubigen fol chomen ce dera rauua, die der tiufal unde sine lide ilent irren"; Diut. III, 129. Schilter, Notk. 260. Cf. lithan, fortgehen aus dem Dienst. s. ledig) denken.

Der Lidem, Liden, (wirzb.) s. Letten.

Das Lied (Liəd, Liə'), Liedlein (Liədl', Liə'l'), wie hchd.; (ahd. liod, mhd. liet; Graff II, 199; cf. IV, 1108. BM. I, 984. Weigand, Wbch. II, 49). „Von diesen Dingen und Sachen allen", sagt Avent. in seiner Chron. f. 302, „seind noch vil alte teutsche Reimen und Maistergesang vorhanden in unsern Stiften und Klöstern, denn solche Lieder allein seind die alte teutsche Chronica, wie denn bey uns noch der Landsknecht Brauch ist, die allweg von jren Schlachten ein Lied machen." Daraus erklärt sich vielleicht die R.A.: ein Liedlein von etwas singen können. Eim sein Lied singen, ihm zu lieb reden; Prompt. v. 1618. Das Tagelied, BM. I, 985. „Wem solte daz niht wol gevallen dz ein abte von Sant Gallen tagliet machte so rehte schœne"; Renner 4247. „Ich wil meinr bulschaft heint hofieren und wil jr 's Bawren meidlein drein singen", sagt Eberlein Diltapp, H. Sachs 1560: II, IV, 30[b]. Der Liedsprecher, BM. II, II, 534. „Spiler und liedsprecher"; Furstenf. 138, f 95[b]. „Liedsprecher und gaukler"; das. f. 120.

liederlich (liədə'li'), adj. 1) wie hchd. 2) (ä. Sp.) leicht, gering, geringfügig, lumpicht. (Weigand, Wbch. II, 49. Zeitschr. VI, 120,71). „Eine liederliche Geldstrafe"; Kr. Lhdl. XVIII, 387. „Auf liederliches Ersuchen", (nur so obenhin geschehenes); XI, 192. „Liederlicher Aufruhr", (ohne Grund entstandener); XVIII, 397. „Aus liederlicher Ursach . . . wie dürre Blätter, so von ainem liederlichen Wind abfallen." „Wer wolt so liederlich (leichtglaubig) seyn, der Besserung hoffet"; Puterbey f. 143. „Pauca voluptati debemus, plura saluti: Lust solstu büßen liderlich, dein gesundthait laß mer khosten dich"; Clm. 5218 (v. 1581), f. 171. „Liederlich und froa, giocondo e lieto"; BB. 60. Z'guət is á' *liədə'li'*; (b.W.) „Liederlichait, miltikait, liberalitas"; Voc. von 1429. „Liederlichkaydt vnd milttigkaydt gottes"; Cgm. 263, f, 111[a]. 3) schlecht
440 (besonders von Gesundheitsumständen), kraftlos, kränkelnd, übelauf; (Altb., Frank.). Zeitschr. III, 312. I bi˜ heu˜t rècht *liədə'li'*; wèr' mi' ins Bétt légng. Unsə' Herr Pfarrə' kà˜ nimmə' prédingə˜, is àlləwál ganz *liədə'li'*. Dər Isaak wur' àlt und *liədə'lə'*; Göschl, Genesis c. 27, v. 1. liederlich, adv. 1) (West-O.L.) leichtlich, leicht. Er ischt *liədə'lə'* z'fridn. „Es möcht sich liederlich begeben, daß . ."; Gerichtsord. v. 1520: IX, 6. „Das Feuerrad bleibt liederlich an Ainem hangen"; Fwrbch. „Herzog Bernhard von Weimar ließ dem Commandanten zu Aichstedt Ant. v. Roisp, weil er den Ort zu liederlich übergeben, den Kopf abschlagen"; Meusel, hist. lit. Mag. IV, 133. „Obgleich in einer freyen Statt den leuten die meuler nit liederlich gesperrt werden mögen"; Puterbey. „Dan werdt jhr konig ohn alle not, die sach wird liederlich verricht"; H. Sachs 1612: II, III, 16. „Daz wir on forcht unser veinde im dienten löderlichen in hailikait"; Cgm. 4[0] . . ., f. 198[a]. „Befremdet uns allermeist die liederlichkait zu gelauben (Leichtgläubigkeit) unsers aller heiligisten in Gott vatters und herren des Bapsts" (Paul II.); Schreiben K. Georgs Podiebrad (1466), Cbm. 2517, f. 150[a]. 2) schnell, bald, sogleich, (im salzb. Thalgau). D·Fast·n ist *liədə'le'* dà. *liederla,* (Zir.) sogleich, bald. verliederlichen etwas, es sorglos behandeln, es dadurch verlieren, zu Grunde gehen lassen. Anmerk. Falls in diesem Worte das ie nicht organisch seyn sollte, (cf. Gramm. 281 und das schweiz. liəcht statt lîcht; im Voc. Melber öfter liderlich), wäre vielleicht das engl. lither und das den Wörtern ledig, Lid (w. m. s.) zu Grund liegende alte lîdan, ferri, zu bedenken. Cf. ags. hlide, tener, mollis, und lydr, malus, pravus, nequam; Caedmon 4349. Vrgl. auch ludra unter: der Ludel, lotter und M˜eder.

loder, adj., s. lotter.

Der Loden (Ló'n), grober Wollenzeug, grobes Tuch; ein gewisses Ganze oder Stück Gewebes; (ahd. lodo, ludo, mhd. lode; Graff II, 200. BM. I, 1041. Weigand, Wbch. II, 58. Thorpe 95,29: ags. loda. Zeitschr. II, 32. 33,22. 347. III, 309. 313. V, 254,67. 475. VI, 276,55. gl. a. 522. 566. o. 399: lodo, lodix, sarcilis). „I Loden panni grisei 10 sol. minus 10 dn." (ad 1345), ein Ballen graues Tuch; Zirngibl in Wstr. Btr. VIII, 137; (cf. MB. X, 576. Wstr. Btr. VI, 172. VII, 74. Abhandl. der Akad. v. 1813, p. 494. 516. 529). „Ain loden grabs schartuechs"; MB. XX, 427, ad 1453. (cf. lämbrin). „Sechtzehenhalben guldin reinisch geltz vmb ein loden und sibenntzigkh ein leinbath"; MB. XXI, 233. 235. „Einen loden von drîzic stürzen (alſo ſaget uns daz mære, daz der lode wære aller loden lengest), den gap er an den hengest"; Helmbrecht 390. „Gilts Barchet oder Loden, daß man so zierlich rennt?" Epithal. Marian. Der Beckhart oder Lolhart bat sie (die einfältige Bäurin) „umb einen loden leines tuches"; Matth. von Kemnat, Cbm. 1642, f. 132. Wenn H. Sachs sagt: „und ein bleichten loden", so möchte man darunter kein wollenes, sondern ein leinenes Gewebe zu verstehen haben. „Hausloden oder Hausleinwand"; Beylage zur Augsb. Ord. Zeitg. v. 1817, Nr. 108. „Dô man dem lant sîn reht maz, man erloubt im (dem Bauer) hûsloden grâ und des vîretages blâ"; S. Helbling II, 71. s. unten Ludel. löden, adj. „In dá' *lonern* (lodenen) Joppen"; Lindermayr 90. Der Loder, Loderer, Lodener, Lodner, Lo'ner, Lodler, Lodwürcher, Lodweber, Wollenzeug-Weber. Statt der ehmals üblichern groben Tücher — (im Jahr 1626 wurden in München allein von 114 Meistern 8000 Stücke Loden verfertigt, das Städtchen Erding hatte 60 Meister) — beschränken sich diese Weber heutzutage meistens auf die Verfertigung des Flanelles. Baumgartner's Neustadt p. 34. 121. Die Loderer oder Lodler machten in München bis 1428 auch Hüte und Filze, und die Hueterer Loden. Abh. d. Ak. v. 1813, p. 516. 529. MB. XXI, 139. Die Loderei. Zu verkaufen (Juny 1846) „eine reale Tuchmacher-Gerechtsame, wobei auch die Loderei ausgeübt wird"; b. Landbote, Jhg. 1846, S. 730. 'Die Lodergasse (Lûdərgafs) in Nürnberg; Zeitschr. II, 18.' Der Lodknapp, (Nördlingen) Flanell- 441
webersgeselle; Wstr. Btr. II, 429. 437. Der „Lodersfèr", (Nördlingen) derjenige, der beym öffentlichen Umzug der Lodweber den Narren agiert. s. der Ludel.

„Der Lödinger, aries", (Stoßwerk im Krieg); Voc. optim. p. 32.

Der Ludel, a) (ä. Sp.) was Loden, (gl. a. 325. i. 498: ludilo, lodix, quilius. Graff II, 201). In dem St. Emeramer Salbuch bey Pez p. 76 findet man unter den auf einigen Gütern von den Weibern zu liefernden Abgaben auch Lod oder ludilonem. Cf. Lutt. b) die Ludelkappen, (Hoiß) Pelzhaube. Es scheint hier das alte Lud, isl. lod (Zote, villositas) zu Grunde zu liegen; und aus einer Regensp. Rathsverordnung von 1259, die „darumben, daz man guteu tuch web", den Gebrauch von Haaren: „Rinderhar, Streichhar, Walchhar, Scherhar", strenge verbietet (Gem. Chr. I, p. 381), ist zu schließen, daß statt der Wolle auch Haare zu Tüchern verwendet wurden. Übrigens kommt in der ahd. Sp.

ludara, ludra, lodra für Windel, pannus, Lumpen vor, (z. B. gl. a. 296. i. 340. 677). „Uberzuch sy mit zwilichin ludern"; Cgm. 4902 (v. 1429), f. 19. „Den stain (in der Büchse) mit guten ludern wol verschoppen"; das. f. 21. „Bewind den pfaul (Pfahl) mit ludern"; das. f. 28. „So nimm ludern oder hadern"; Anhang zum Augsb. Vegetius von 1529. Vrgl. oben Loden als Leinenzeug, und das berner-oberl. Luder, Schnupftuch.

Die Ludel, (Baur) tiefer Ort im Wasser; (Zpf.) unreines Wasser. Beym Höfer ist das Löder unreines Wasser vom Waschen oder Baden. s. Lutter u. vrgl. BM. I, 1060: daz luter, Koth, Unrath. „Wenn ihm nicht der ganze Kram in die Ludel fiele"; Gesellsch. am Isarstrom V, p. 43.

ludeln, (verächtlich) saugen; Tabak rauchen; (Nordfranken) trällern, eine Melodie ohne den Text singen. Nach Hammer-Purgstall (Wiener Jahrbuch 120. Bnd., S. 118) hat ludeln auch die Bedeutung jodeln; Ludler, Alpensänger. Zeitschr. III, 313. IV, 157. 194. 441: lullen. Die Ludel (Lu'l), 1) Sauggefäß für kleine Kinder; Wien: „Lädel" (Lé'l), Schnuller; „lödeln", saugen; Castelli, Wbch. 191: *Ledl*, das Zuckerbeutelchen der Kinder; *ledln*, saugen. 2) (verächtlich) Tabakpfeife; Castelli, a. a. O.: Dawag*ledl*. Muəst 'n ganz'n Tàg d' *Lu'l* i~'n Mál hàbm? `3) (verächtlich) die weibliche Brust.´ „Wie bist zerrissen und zerflambt in dein alten zerrissen hudeln das man schier sicht die milchludeln", sagt die Frau zur Magd; H. Sachs 1612: I, 1030. 4) (b. W.) d' *Lu'l*, mentula; *Lu'ldrucker*, was Nudeldrucker, (Ludl statt Nudl; s. d. W.). Weigand, Wbch. II, 70. 73. Vielleicht ist als frühere eigentliche Bedeutung eine mit dem alten ludihorn gl. i. 691 lutius (lituus?), sistrum, isl. lûdr (ludr?), buccina, zusammenhangende vorauszusetzen.

lud-aigen, adj. (von Grundbesitzungen) ganz eigen, allodialis. Zeitschr. III, 240,2,2. Mei~ Guət, Hóf, Fəld, Wis'n, Hólz ꝛc. is *ludaəgng*. Leider können dieses noch viel zu wenig einfache Landleute sagen, da bey weitem die meisten ihrer Besitzungen bloße Lehen des Staates (ehmals der Klöster) und adelicher Grundherren sind; (s. Gerechtigkeit). Die Form lud hat (wie lain aus allain, so 'ludaigen aus allod-aigen, allud-aigen) das Ansehn einer bloßen Entstellung aus dem latinisierten al-od-is (Grimm, RA. 492 f. 950: alaudes, msc., goth. alauds; Baluz II, 1515. 1522) oder all-od-ium (einem vermuthlichen Compositum aus al, ala, παντο-, oder all, ὁλο-, und entweder einem dem goth. aud-ags, ahd. ôtag, ags. eadig, dives, beatus, zu Grund liegenden und dem isl. audr, ags. ead, possesio, entsprechenden ôt, oder einem zum ahd. uodil, isl. schwed. ôdhal, ags. êdhel, patrimonium, anzunehmenden Primitiv uod, isl. ôdh, goth. ôth), um so mehr, als mir das Wort in keiner ältern Stelle als dem Ldtg. v. 1669, p. 304: „Wann die Hofmarch ludaigen wäre", vorgekommen ist. Vrgl. jedoch Lang's Reg. B. IV, 359: „ein ludeigener Hof" schon ad 1282; (ob auch im Original?) und Grimm, RA. 494 und 502: „auch ist die mark lotheigen" im Babenhauser Weisthum v. XV. Jahrh. „Monticulus (inter Turones et Aurelianum) plene habitatus tot oppidis, villis, allodiis quod mirum est", sagt Dr. Hieron. Monetarius 1495; Clm. 431, f. 229. „Circa N. qui dicit se alloderium"; Rumohr, Urspr. der Besitzlosigkeit der toscanischen Colonen, p. 31. 33. Sonst finde ich in diesem Sinne theils blos das einfache aigen, theils frey aigen, frey ledig aigen,
442 frey lauter ledig aigen, recht aigen; (MB. II, 50. 51. X, 364. XII, 165. XXV, 18). „Eine Oeconomiebesitzung wohl arrondirt, **reluirt** eigen, 277 Tagwerk Äcker, Wiesen und Wald enthaltend, 6 Stunden von München", wird in der Beilage zur Allgem. Ztg. von 1843, S. 1220 zum Verkauf ausgeschrieben vom Anfrage- und Adreßbüreau daselbst. Obschon neben der Form hluz (isl. hluti und hlutr; s. Luß, sors, portio) noch in den St. Galler gl. a. 211 hlut vorkommt, so ist eine Fortdauer dieses t (resp. d) statt z (resp. ß), also ein ludaigen aus luteigen, hlut-eigan gar nicht wahrscheinlich. Cf. andlit, andlüt neben antlütz im Buch d. W. v. 1485. Phillips in den Gelehrten Anzeigen, 1844, 2. Bnd., Sp. 167. Wie kann ein Vater gegen seine *ludaəgngé* (statt eigenen) Kinder so verschlossen seyn! (Schwester Lisel, 30. Decemb. 1842. Vielleicht doch noch ein Nachklang von hluttar). Bey Hübn. Salzb. 39 kommt ludaigen nicht blos in Bezug auf die Besitzung, sondern auch auf die Besitzer vor: „ludaigene Leute", d. h. solche die ihre Güter als Allodien inne haben.

`Der Ludem, ä. Sp., Geschrei, Lärm; Grimm III, 511. BM. I, 1050.´ „Daz der ludem (tumultus) ie grözzer wart", Matth. XXVII, 24; Cgm. 66, f. 24. „Grozzer wolf ein michel schar mit grozzem ludem chomen dar"; Waldsass. Reimchron., Cbm. 91, f. 18. „Viel hinab und macht einen grozzen ludem mit dem vall auf die erd und prach ein pain"; Cgm. 54, f. 20ᵃ. „Die wile iz (daz ore) des werltlichen geludemes doz betoret"; Clm. 9513, Vers 310. „Tumultus, geludem; tumultuare, ludmen"; Voc. v. 1432, Cgm. 685.

Ludwig, ahd. Hludouuîc, mhd. Ludewîc, später Ludweig, Ludweich, („Wir chunig Ludweig von Rom"; passim. Weigl von Ludweig?), wornach das u nicht û, d. h. kein späteres au, und der erste Bestandtheil zunächst nicht das alte, sächs.-fränk. hlûd, ahd. hlût, unser laut seyn kann. „Anno igitur decimo Hlûdôuuici Caesaris atque . . ."; Hexameter bey Walafrid Strabo, Canis. ant. lect. VI, 579. Grimm II, 239. Graff IV, 1104. Indessen mag es eine Form von einem unter dem Artikel laut vermutheten Ablautverb hliodan seyn, und der ganze Name, dem Sinn und zum Theil dem Stoff nach, etwa einem griechischen *Κλυτόμαχος* entsprechen. Weigand, Wbch. II, 71. Dieser Taufname ist unter gemeinen Katholiken, wo man romanische, griechische und hebräische Patrone germanischen vorzieht, weit seltner als unter Protestanten; an der Rezat lautet er verkürzt Luwi, was der französischen Entstellung Louis, Chlovis sehr nahe kommt. Ludovicus barbatus unterschrieb sich Loys; (v. Lang).

Das Lueder (Luədə'), 1) wie hchd. Luder, d. h. Aas für Hunde ꝛc., Lockspeise, (mhd. luoder; BM. I, 1052 f. Weigand, Wbch. II, 70. Cf. engl. lure, franz. le leurre, Müller, etymol. Wbch. d. engl. Spr. II, 53. Diez, Wbch. 207; česk. luditi, lauditi, locken); in der ä. Sp. Köder ohne allen verächtlichen Nebenbegriff: „Ir begirde âne luge suohte der demut luoder"; Diut. II, 155. „Da schos ich im (dem Falken) das luder pis er sein edels muder lies ab auf das gevild"; das, den Falken zu locken, mitgeführte Thier; Mich. Beham, Cgm. 291, f. 287. 288. „Da schos ich im (dem Falken) das luder . . . bis ich den sin erdachte, in auf mein luder brachte"; das. „Ich schrai, ich zaigte (dem Falken) mein lůder"; Valkn. 37. „Ich trawet in zů dem lůder noch wenen"; das. 59. „Was in die hoche fleuget, das ficht vil manig lůder"; das. 61. „Was sich uf fremde lůder wil begrimmen"; das. 64. 66. 79. „Ich schrai und lies mein lůder laufen umbe"; das. 111. „Das lůder zaigen und auch tůn under, ie als es denne gange; das. 161. 163. „Ich zaigt das lůder und bargs under stunden"; das. 168. „Ach, wie was er (der Falke) gemudert und adelich geschicket, und doch nit wol gelůdert!" das. 17. 2) und zwar mit dem Plur. die Luədə', Luədə'n, Luədə'nə~, und dem Diminut. das Luədə'l', ein Titel, welcher in Bezug auf weibliche Personen, dann auf Thiere und Sachen weiblichen Geschlechts vom gemeinen Manne weit öfter im gleichgültigen, ja selbst im zärtlichen, als im beleidigenden Tone gebraucht wird, in der (seltnen) Anwendung auf Mannspersonen aber, dann auf Thiere und Sachen **generis masculini** (wo die Mehrzahl blos Lueder heißen kann) eine mehr gehässige Bedeutung hat. Mei~ Wei', mei~ Tochtə', mei~ Mensch, mei~ Kuə', mei~ Katz, mei~ Nàs'n, dés *Luədə'*. O du hèrzi's *Luədə'l'!*

Meiné Schwéstə'n, *dé Luədə'n.* „Ja, so seind die Lue⸗derinnen, die Hexen"; Buch. Charfr. Proc. 165. 3) (ä. Sp.) Spiel, Possen, ausgelassene Lustigkeit, Schlemmerey. „Von dem tropflin zû dem fuder, von dem trunclin zû dem lûder"; Diut. III, 5. „Etewenne wirt einer luo⸗ders unde spiles sat", Br. Berht. 69; Pfeiffer 271,33. „Allen den dy statikleichen in dem lueder ligent"; San-Zenon. 109, f.... Clm. 16509, f. 162. „Ein luderer het einen site, daz er die naht biz an den tach ze dem luder ofte lach"; Renner 11246. Cf. Wstr. Glossar, S. 334. Im Elsaß ist das Wort in diesem Sinne ein Masculin. Vermuthlich mehr zur Bedeutung 1) als zu 3) gehören die Ausdrücke: wiə 's *Luədə*, oder *luədərisch, luədə'mässi'*, adv., z. B. tanzen, trinken, spilen, d. h. ausgelassen, über die Maßen lustig; in hohem Grade. Zeitschr. IV, 502,24. V, 114,12. Hàt mi' *luədərisch* gfreut. Tuət mə' *luədərisch* wê. Auch als adj.: ə˜ *luədərisch·s* Bürschl·. Schindlueder spilen mit Einem, ihn zum niedrigsten Muthwillen misbrauchen. luedern, 1) wie hchd., d. h. ködern; franz. leurrer, engl. to lure. 2) ein lustiges Leben, ein Luederleben führen. „Si luoberte gerne bî dem wîne"; Diut. I, 294. „Er luobert gern im wînhûs und in der tabern";
443 des Teufels Segi, Barack p. 421,13213. Luodrer, commessor, Voc. v. 1429; ludrâr, histrio, Voc. v. 1419. „Der minner hat das sein verminnt, der spiler hat das sein verspilt, der ludrer hat das sein versoffen". . . „Da kam ein luderer"; Cgm. 379, f. 142.

Lûder, ä. Sp., Lunte, eine Büchse loszuschießen, (Zündpulver?); Cgm. 600, f. 6. Cgm. 909, f. 102. 136. luedern, vrb.

Die Lafaletten, (Feurb. Ms. v. 1591) die Lafette, l'affût; (Diez, Wbch. 157. Weigand, Wbch. II, 5 f.): „Das die Stuckh fein gleich in den Gefäßen, Lafaletten oder Laden steen." Früher: Leger, Geleger; Cgm. 599.

„Die Laffen, palmula, tonsa, Rueberblatt"; Prompt. v. 1618. (cf. gl. i. 142: laffa, palmula remi, und Leffel). „Remi manubrium, der griff am ruder, der schwibel; palmula, die laffen oder unter braite tail"; Nomencl. 1629, p. 116. BM. I, 928. „Palmula, ruo⸗derlaff"; Voc. optim. p. 31. Die *Làff·n, Làfftn*, (Franken) der hohle Theil einer Pfanne, eines Löffels. Zeitschr. III, 458. VI, 435. „In Nürnberg ist der Laf⸗fenhandel ein Handlungszweig. Wer ihn führt, hat die Verbindlichkeit, die Pfannenschmiede damit nach Noth⸗durft zu versehen"; (Hsl.). Cf. VII Com. laffa, Höh⸗lung im Fels mit Wasser. Vrgl. Lafften und Läuf und oben, Sp. 971: das Augengleff.

lâuffen (*làffə˜*, schwäb. *lóffə˜*, Mayn *lèff*), Prät. ich lieff, luff (Wstr. Btr. VII, 15), lâuffet; Partic. gelâuffen (O.Js. *gláffə˜*), gelöffen, gelüffen (U.L. *gliffə˜*), wie hchd. laufen; (goth. hlaupan, ahd. hlou⸗fan, Prät. hliaf, liuf, liof; mhd. loufen, Prät. liuf, lief; Graff IV, 1116. BM. I, 1044 f. Weigand, Wbch. II, 17. Notk. 58,5. 61,5: liuf, cucurri). „. . . Slüzzel vnd besluz den wolfen den drüzel daz kain bain brechen noch kain blut laffen slach mir daz vich in den walt uber stock und uber stain daz hincz naht kem ge⸗sunt vnd frisch herheym"; Wolfsegen, Cod. Aug. eccl. 21, f. 1b. 2b; vrgl. unten: laffen unter Leffel. „Wer lieber lam wer an allen vieren dann das er geleich luff wilden tieren"; Cgm. 713, f. 174. „Jr sult hin in den zuber gân, wan er ist erlaffen(?); sô wil ich gân slâfen". . . „der schuoler was erlaffen, er wist niht, waz er schaffen solte"; v. d. Hag˜. Gef. Abent. LXII, 241. 369; (elsäßisch?). „Ist durch die rauber un ge⸗liffen warden"; Clm. 16450 (2⁰. XV. sec., 1484), f. 227. „Unter den scharsachen lief ez vollez natern und würm"; Cgm. 54, f. 46a. Bey einem lâuffenden (*bə n ə˜n làffədn*, b. W.), beyläufig. Gràd *zuəlàffə˜ds* hàn I den Winter ə˜ Stückl Lei˜wət gspunnə˜, wenn ich, von andern Arbeiten frei, zum Spinnrad laufen konnte; (ObrM.). Fasnacht lâuffen (Werdenfels), Berch⸗ten lâuffen (Salzburg), Schömbart lâuffen (Nürn⸗berg), vermummt herumgehen. Zeitschr. VI, 435. „Ludi florealia, so die gemain frawen lauffen"; Avent. Gramm. Raislâuffen, (ä. Sp.) von einzelnen Bur⸗schen: als Kriegsknecht einen Feldzug mitmachen; sich hiezu dingen oder anwerben lassen. Davon das Subst. Lâuff. „Die Versammlung, Vergaderung und lauff (der herrenlosen Knechte) abwenden und fürkommen"; LO. v. 1553, f. XV. „Es geben J. fürstl. Durchl. auf den Lauff der Knecht den dreyen Hauptleuten sechsthalb⸗hundert Gulden Laufgeld"; Ldt. von 1543: 83. 87. „Lauffgelt, auctoramentum; lauffgelt geben, auctorare militem, stipendio obligare." Prompt. v. 1618. „Was gibt man lauff gelt, quanto stipendio obligantur? Nomencl. 1629, p. 144. (Vrgl. unten Lauff, Frist). Aber Kilian: lofte, promissio, loftgeld, von geloben. Auch das veraltete Bräutlauff (Otfr. brût⸗louft, mhd. brûtlouft, brûtlouf; Graff IV, 1120. BM. I. 1047. Grimm, RA. 434) scheint zu Lauff in dieser Bedeutung zu gehören. Der Lâuf, wie hchd.; Graff IV, 1119. BM. I, 1046. „Er muoz ouch wol erkennen die löufe", (Fährten des Wildes); Labr. 31. „Ich lûget nach der ferte . . . diu was alsô durchberte mit mangen löufen"; das. 104. „So jag ich den louf hinnâch"; das. 110. „Den louf wolt ich ze fûzen jagen"; das. 179. „Hetz in nâch dem '(Druck: den)' loufe des schal sich blûtfar ferwet"; das. 268. 'Der Widerlâuf, mhd. widerlouf, das Begegnen, namentlich vorbeuten⸗des, Glück oder Unglück anzeigendes Begegnen; Grimm, Mythol.[2] 1072. BM. I, 1046.' Labr. 117. 156. 202. 223. 314. 336. 491 (?). 535. widerlâufen, vrb.; das. 47. 54. Cf. Widergang, widergên, oben Sp. 861. Das Lâuffen, Lâuffend (*Làffə˜d, Làffə˜ds*), das Wett⸗laufen. Man hat verschiedene Arten solcher Laufspiele, bey welchen es nicht blos auf das erschöpfende und der Gesundheit nachtheilige Schnelllaufen ankommt. Beym Blindlâuffend sind den Läufern die Augen verbun⸗den. Nachdem sich jeder auf ein Zeichen dreymal um⸗gedreht, geht es denn auf das Ziel los, welches natürlich nicht von wenigen verfehlt wird. Beym Sacklâuffen stecken sie bis an den Kopf in Getreidsäcken; beym Ho⸗senlâuffen stecken immer zwey, jeder mit einem Bein in einem Paar Hosen; beym Eyer⸗, Kochleffel⸗ oder Tällerlâuffen haben die Läufer auf einem Teller, Kochlöffel und drgl. ein Ey, oder etwas ähnliches ans Ziel zu bringen; beym Tabaklâuffen, müssen sie mit 444
brennender Pfeife anlangen; beym Waßerlâuffen (unter Mädchen gewöhnlich) kommt es darauf an, mit einem Kübel voll Wasser auf dem Kopfe ans Ziel zu kommen ꝛc. Ehmals waren es gewöhnlich Tücher, um die man als Preise lief, wie sie jetzt noch als solche bey Pferderennen üblich sind. „Um den Barchent lâuf⸗fen", (s. Barchent). „Um den Scharlach lâuffen." „Bey Drusi Grabe haben alle Jar auf einen bestimpten Tag die römischen Fußknecht umb den Scharlach lauf⸗fen, die Stätt aus Gallierland jr opfer und Gebet voll⸗bringen müssen"; Av. Chr. 125. „Parve di costoro che corrono a Verona 'l drappo verde per la campagna", sagt Dante (inferno XV, 121). „1443 nel carnevale fu *corso* in Roma un *palio d'oro*"; Cod. ital. 212, f. 34. 44—47. 53. Cod. ital. 330, f. 99. P. Zagata, cronica di Verona (ed. 1745) p. 21. 22. Von dem oben, Sp. 401 vorkommenden Parlâuffen giebt Aventin, S. 39, die sehr antiquarische Erklärung: „Die alten Teutschen haben (vor der Schlacht) ihren Kriegs⸗gott Alman angeruft, etliche lieder von jm gesungen, und ein besonder Monier in seinen Ehren gehabt mit dem Lerman⸗umbslahen und Sturm, haben sie den Barrit geheißen, davon man noch der Barlaufen ein Spil heißt und nennt." Er scheint nicht ein gewöhnliches Wettlaufen, sondern etwa ein dem Truden (oben, Sp. 650) ähnliches Spiel im Auge gehabt zu haben. „Bar⸗louffung et wettlouffung"; Voc. Melber, v. specta-

culum. Kilian: baere, s. oben, Sp. 401: das Par. Der Lâuffbrunnen, (Burgholzer's München p. 350) Röhr-Brunn mit beständig laufendem Wasser; s. Glæuf-ferlein (Gláffə'l). Cf. ahd. selt-kalouf, rarus, Th. III, unter selten. abgelâuffen (à'gláffə˜) heißen Fichten, Tannen und Lärchen, die ohne gleichförmige Dicke schon vom Stamme aus spitzig zulaufen und daher zu Bauholz meist untauglich sind; (Jir.). anlauffen, auflauf-fen, anschwellen, aufschwellen; (Küchenspr.) von einer muß- oder breyförmig abgerührten Masse: sich ausdehnen, erheben; ən *auffgloffə˜s* (Reis-, Gries- ꝛc.) Muəs; ən *aufglóffə˜s* Amulet (Omelette). Daher: der Auff-lâuff, eine breyförmig abgerührte, gebackene Speise; ge-backenes Muß. So ist z. B. der Reis-Auflauf, Reis in Milch gekocht, dann in Butter, mit Eyern und Sem-melbrosamen gebacken. Kindsmueß-Auflauf, Apfel-, Gries-, Erdäpfel-, Brôd-, Fleisch-, Semmel- ꝛc. Auflauf. Von einer neuen Speise, dem Bier-Auf-lauf sprechen Münchner Spaßvögel doppelsinnig von dem Tumult der ersten Maitage 1844. auflaufen; Grimm, Wbch. I, 682. „Congredi contra alium vr. stürmen vel auflaffen"; Clm. 5685 (XV. sec., 1412), f. 47. anlâuffen Einen, sich (in einer Rechtssache um Hülfe) an ihn wenden; MB. XXV, 433. 461. Einen um die Siglung anlauffen; wirzb. Verord. v. 1648. „Die Geistlichen und Studiosi sollen sich bey ereignenden Va-cantzen des Anlaufs (des Supplicierens in Person) enthalten"; bayreuth. Verord. von 1738. belaufen, â. Sp. blaufen. „An lacht sie mich vnd sprach: so vlauff!" Haupt's Zeitschr. VII, 511,41. „Sie sprach: vlaufft herr vor allen dingen!" das. 525,53. Die Læuff (Láff), Weibsperson, die nicht gerne zu Hause bleibt, vorzüglich eine solche, die gerne den Mannsleuten nachläuft. Zeitschr. VI, 435: der, die Loff. Die Láf, das *Láffət*, der Durchfall; das. Der Læuffel, Läufer; BM. I, 1047. Zeitschr. II, 534. „Der iunge Thobias . . . vant ainen iungelinch der hât sin gewant ûf ge-schürzet reht als er were ain löufel"; Grieshaber, Pred. II, 17. ə˜ rèchter *Lèffel*, (Ries) Herumläufer. Land-läuffel, Landstreicher; L.Rcht. v. 1616, f. 810. Unter-läuffel, Unterhändler, Mittelsperson, Kuppler; Ld.Rcht. v. 1616, f. 660. 707. „Internuncius, unterleyffel"; Teg. 439, fol. primo. „D' Handlanger und d' Unter-läuffel verzeihen nicht so leicht, wie die höhern Vorge-setzten;" Eipeldauer Briefe. Der Harlauf, Harlæuf-fel, Harluf (des Webers), s. oben, Sp. 1145. Cf. der Wedlef, (Aschaff.) von Garn gestrickte Fischreuße; s. Th. IV: Wadlef. Der Læuffer, Læufferer (Láffə', Láffərə'), 1) Läufer, (ahd. hlouffâri und hlouffo, mhd. loufære, loufer und loufe; Graff IV, 1121. BM. I, 1047). Cf. Saxon. Chron. ad a. 889: „On thissum geare næs nan færeld to Rome buton twegen hleaperes (messengers) Elfred cyning sende mit gewri-tum". 2) der obere Mühlstein; der Reibstein der Maler. Birlinger, schwäb.-augsb. Wbch. 307. 3) hölzerner Mark-
445 pfahl (Marksteften) zwischen zwey etwas zu weit aus-einander treffenden Marksteinen; Zwischen-Markstein zwi-schen den Ort- oder Ecksteinen; Cgm. 4523, f. 23. 58. Der Läufling, (Ansp.) junges, nicht mehr mit der Mut-ter laufendes Schwein, es sey verschnitten oder nicht. Vil-mar, kurhess. Idiot. 239. Zeitschr. IV, 313. Die Läuff; Läufft, plur., Zeiten, Vorgänge, Ereignisse; ahd. der hlouft, louft, mhd. der u. diu louft; Graff IV, 1119. BM. I, 1046. Weigand, Wbch. II, 17. Der louft, cursus; Notk. 58,6). „Sterbende leiff", (Ldtg. v. 1605, p. 135) Pestzeiten. „Der tewrung und ander leuff halben"; Meichelb. Chr. B. II, 186. Berlauf, â. Sp., „Bravium berlauf", (unter den Stadtgebäuden nach munimen vel fulcimen); Cgm. 690, f. 104. Radlauf (Râtlâuff?), (â. Sp.) Frist, sich zu berathen, zu beden-ken. „N. sollte hiezwischen und liechtmesse schirst Rad-lauff haben, ob er sich mit N. N. vertragen mochte"; MB. XXV, 400. Das Rôtlâuf, wie hchd. der Roth-lauf; s. auch Gloh-feur unter Loh. 'Der Läufft, â. Sp., Schößling, Zweig; BM. I, 1047. Zeitschr. VI, 435: der Láfər.' „Er begreif der linden einen ast, er sleiz ein louft (einen louft, louf) drabe als ein ror", (um die Wunde auszusaugen); Parzival 506,13. Der Gelâuft, â. Sp. „Den leidigen satanat mit sinen ge-louften", (Gefährten? Thaten?); Clm. 9513, Vers 355. 'Der Luf, Lauf, freie Bewegung; vrgl. lüftig.' Wenn 's Gflüglət kaə˜n *Luf* hàd, so woudlt's nét; (b. W.). læufig, läuftig, lauflich, üblich, vorkommend. Vrgl. Zeitschr. IV, 160. landlæuffig. bergläuftiger Weise; Lori, BergR. „Als in der Stat lauflich und gebrauchlich ist"; Lori, Mz.R. I, 34. weitläuft, adj.; weltlæuffig, weltlæufftig, adj., vermöge seiner Körper- und Geistesbeschaffenheit wohl im Stande, in der Welt fortzukommen. unläuffig, unläuftig, un-weltläuffig, (von Personen) nicht im Stande, in der Welt fortzukommen; blödsinnig; irre im Kopf. Die Welt-læuffigkeit; die Unweltlæuffigkeit. laut-læuff-tig, (Nptsch.) öffentlich bekannt. 'läuftig, überaus ge-schwind, schnell; mhd. löuftic; Weigand, Wbch. II, 17.' cf. lüftig, *lüfti*'. „Und guck! á *láfti*' *láfti*' umádum kroicht 's Keferl um": Stelzhamer 24. (Sie) „láft über d'Zwerigst drein *láfti*' láf, *lafti*' láf"; das. 89.

Der Lâuffen, veraltetes Appellativ für Wasserfall, (schottisch nach Jamieson loup; cfr. engl. to leap, ags. hleapan, salire). „Unter Schafhausen ist der Rheinfall. Da læuft der Rhein und fällt einen hohen Berg nieder"; Hans v. . . . aus Waldheims Reise (1474) in Ebert's Ueberlief. I, I, 42. Unter diesem Namen kommt in der Schweiz ein Fall der Birs, mehrere des Rheines, in Bayern einer der Salzach, ein anderer der Pegnitz (zur slavischen Zeit Lubno; v. Lang), an dem Neckar, an der Ischl, an der Iller vor. „Zu Schafhawsen ligt manich flueh (Fluhe) versencket in den lauffen"; Cgm. 714, f. 76. „Ze Schaufhusen lit mang flœch versenket in den tiefen laufe"; Cgm. 717, f. 104b; '(vrgl. die Ab-weichungen oben Sp. 791: die Fluh).' Auch die an einem Lauffen liegenden Ortschaften erhielten gewöhn-lich von ihm den Namen. „Ein Schiff umb den Lauffen füeren; durch den Lauffen schiffen", (an der Salzach). Lori, BrgR. 324—327. 331. „I gê i˜'n (in den) *Lau-fen*, d'Muədə' Gottəs hilft mə' scho˜", (Markt, eine Stunde von Ischl, mit Wasserfall der Traun); Kalten-brunner, oberöstr. Jahrbch. 1844, S. 250. „Villam voca-tam ad Louf"; Canis. ant. lect. VI, 1159. 1162. Hlauppa (noch niederd. Form, wie Wirteburg, Strato-burg), Laufen auf beiden Seiten des Neckars, der hier ein Wehr hat; Rudhart, ält. Gesch. p. 572. Förstemann II, 743 f.

Lâuf, (Franken) die Schale, Hülse; Nußlâuf, Erbsenlâuf. läufeln, vrb., enthülsen. Die Läufel (Láfel), äußere, grüne Schale der Welschnuß, Kastanie ꝛc., ahd. louft; läufeln (láfeln), vb., enthülsen; (Wetterau); Weigand, oberhess. Intellbl. 1846, p. 248; dessen Wbch. II, 17. Zeitschr. IV, 176. cf. česk. lupina, Hülse; laupati, schälen, deglubere. Vrgl. Laffen, Lofel und oben, Sp. 971: das Augengleff, Augenlid.

Der Leffel (Léffl), wie hchd. Löffel, (ahd. lefil, mhd. leffel; Graff II, 205. BM. I, 928. Weigand, Wbch. II, 58 f. Zeitschr. V, 279,4.); Cgm. 270 (v. 1464), f. 81: laffel; Cgm. 379 (v. 1454), f. 41: löffel. Der Lef-felküechel, (O.L.), was anderwärts der haubete Küe-chel, w. m. s. Scherzh. R.A. Hàt scho˜ widər aə˜s 'n *Léffəl* weggworffə˜, sagt der gemeine Münchner, wenn er die Sterbeglocke hört. Ein artiger Schwank vom gestol-nen Löffel bey H. Sachs 1560: IV, III, 84 (1612: IV, III, 180). Leffel scheint, wie das isl. lepill zu lepia, zum â. Ablautverb laffen, more canino lambere, zu gehören; (ahd. lafan, Prät. ich luof, Ptc. kilafan. Graff, BM. u. Weigand, a. a. O.). „Ein weber der ob der arbeit ein wasser laffat", (Reim auf „daffat"); Cgm. 713, f. 11. 185. (vrgl. auch gl. a. 270: kaliphit, epotata), wo denn das folgende in der Bedeutung des Leckens sich anschlöße. (Nach H. Leo ags. v. läfel, Becher, lafjan, aqua spargere. Neue Mittheil. der thüring.-sächs. Vereins, Bnd. IV, H. 2, p. 100). ə~ Lefern, (b. W.) Hängemaul; d· Lefə'n, Lefzen; (ObrM.).

Der „Leffel, ineptus, insulsus"; Prompt. v. 1618. „lefflen, amare, amatorem esse"; ibid. Laffe; läffeln. Weigand, Wbch. II, 5. 59. Zeitschr. III, 312. Du bist ə~ rèchtə' Ko'léffəl, dumm; (b. W.). Niederd. Sleif, Sleef, Kochlöffel und Tölpel; Zeitschr. III, 42,29. IV, 129,34. VI, 277,14. 293. (Vrgl. d. vorige Wort u. gl. a. 291: leffenti, lepidum).

lefern, mehr als saufen, (s. d. W.). „Sauffen, lefern, lurzen, — Synonyme von steigender Kraft; Cgm. 159. Vrgl. laffen unter Leffel.

lifern Einem, ihm reichen, besonders Lebensmittel, mittellat. liberare, franz. livrer; (Diez, Wbch. 206 f. Weigand, Wbch. II, 49 f. Cf. goth. levjan, prodere, tradere; Grimm I³,56. 91: gilâta, firlâta = goth. lêvida, tradidi, prodidi; Otfr. IV,8,19. 24). verlifern Einen, (ä. Sp.) ihn mit Lebensmitteln versehen, ihn verköstigen. „Den Stadtknecht verlifern." „Wie lange und mit wie viel Personen, Rossen und Hunden ein Jäger oder Falkner in einem Kloster ziemlich
446 verlifert werden soll"; Kr. Lhdl. XVI, 20. 344. „Er soll sich selbs und ein Pferd damit verzern, verkosten und verlifern"; Lori, BrgR. 187. Die Liferung, Verliferung, Verköstigung. „Stationes für das röm. Kriegsvolck, mit aller Liferung, Wein, Brod, Traid ꝛc. versehen"; Av. Chr. 244. „Liferung auf zwey Pferde geben"; Kr. Lhdl. XVI, 344. „Den Kaisern zu Ross und zu Fuß eine Liferung geben"; ibid. XI, 550. Auf Eines Liferung, auf dessen Kosten. „Daß etlich Landleut auf Ihrer Gnaden Hof und auf derselben Ihrer Gdn. Liferung reiten." „Ihm im Schloß Burghausen ein Gemächel einzugeben und ihme darin sein Wesen auf sein selbs Kosten und Verliferung haben zu lassen"; Ldtg. v. 1515 und 1516, p. 409. 591. Lifergeld. „Item ist bey den Dicasterialpersonen das speisen zu hof heuer eingestellt und dafür Lifergeld geben worden, desgleich soll den officiren und dienern statt den kleidern und Waaren Lifergeld geraicht werden"; Hofrechnung von 1601, Wstr. Btr. IV, 201. Heutzutage ist bey folgenden Compositis mehr auf das ab-, überliefern gesehen: der Lifer-Habern, das Lifer-Heu, die Lifer-Schueh ꝛc. Die Lifer-Fuer, Fuhr für abzuliefernde Sachen.

'liefern, ä. Sp., gerinnen; s. oben, Sp. 1414: libern u. vrgl. Müller, etym. Wbch. d. engl. Spr. II, 39.' „Gestocktes oder gelieffert geblüt"; Dr. Minderer (1620) p. 55.

„Lofel", (Tegernsee; Hazzi, Statist. I, 298) weiter Strumpf ohne Socken; (vrgl. Lauf, Hülse). Cf. luvas, luas, altspan., Handschuhe. Diez, Wbch. 508.

Die Lofer, Name verschiedener Bäche im östlichen Gebirg, (also wol ein urspr. Appellativum).

Die Lafften, Dim. das Láfftl·, (Baur, U.L.) die Schachtel. Pechrogl, das aus Fichtenrinden (Lèften) gemachte Behältniß, worin der Pechler das aus Bäumen abgekraẓte Pech aufbewahrt; (Baader). Vrgl. Laffen.

Die Lafter, (Nord. O.Pf.) die Klafter. Zeitschr. IV, 408,26. V, 367. 392,5. „Vieri dusint lafterin hoch" war nach dem Anno-Lied v. 171 (168) der babylon. Thurm. Vrgl. hchd. Lachter. Weigand, Wbch. II, 4.

Lâuft, lâuftig, schon in der a. Sp. für Lâuf; s. d. W.

Das Gelifter (Gliftə'), das Gelichter. „Solches Gliffters schlimme Bursch." „Sie haben ihres Glifters noch mehrere"; P. Abrah. Sollte Gelifter (Gramm. 372. 1028) ein Collectiv von Luft (liederliche Person) und nicht aus Gelichter, sondern dieß aus jenem entstanden seyn?

Der Luft, der Wind, die Luft, (ahd. u. mhd. der luft. Graff II, 208. BM. I, 1050. Weigand, Wbch. II, 71. Grimm, Mythol.² p. 597: von liuban. Zeitschr. III, 462. 486. VI, 260, III, 8.). „Der luft mich solte mîden, diu erde nimmer tragen"; Labr. 365. Die Luftred, Lüge. Prompt. v. 1618. lüfteln, ein Lüftchen von sich geben. lüftern, auslüftern, von frischer Luft durchstreichen lassen, lüften. „Die Medici versprechen dem Todkranken noch guldene Berge und lifftern ihm den Beutel"; Selhamer. verlüftern, der Luft aussetzen; (Füssen, Aurb.).

Der Luft, Lüftling; Dim. das Lüf·tl, Glüftl·, lockrer, leichtsinniger, windiger Mensch. Dés is e~ rèchtə' Luft, 'swiə hált ən anderə' Lüftling! Das Glüftlein, Glüftelein, verächtlich Kleid, das mehr Wind macht, als wärmt. Vrgl. oben: Sp. 1327: das Klüfftl.

lüftig (lifti'), schnell, flink. Zeitschr. III, 329,20. Gê, láff! lifti', dás d· lifti' widə' dà bist! Mach fei~ 447
lifti'! „Ich fur allwögen also lifftig"; Schwarz, Trachtbuch ad 1518. Gehört wie láfti' (oben, Sp. 1450) wol zu laufen. Cf. Kilian: locht, lochtig. Zeitschr. V, 165,107. 415,13. (Vielleicht verdient indessen nach Gramm. 680 das isl. gleichbedeutende lipr Beachtung).

Die Lefzen (Lèfz·n, Lèfzgng), wie hchd. Lefze, (ahd. der lefs und diu leffa, mhd. der lefs und diu leffe, auch niederd. leps, lesp und lepse und lespe; Graff II, 206 f. BM. I, 928. Weigand, Wbch. II, 26 f. Zeitschr. V, 465. VI, 173). Das aus dem Niederdeutschen eingedrungene Lippe ist weit minder volksüblich. Zeitschr. II, 510,5. IV, 109,41. VI, 43. 173. „I liəb á' zwe~ Lefz·n wiə Grállnə~ so schö~, derf s· àbə' nét buss·n, — I künt frei və'ge~"; Wagner, salzb. Ges. 21.

---

lâg, gelâg (glág, dlág); gelâgelich (glégəli'), (O.L.) von geneigtem Terrän: nicht steil. Cf. Grimm III, 158 f. BM. I, 995: læge, flach. anläg, angläg (à~glág, à~légət), sanft anwärts, aufwärts; (Tir. anglag, angleg). Zeitschr. VI, 444. əs gêt à~lág, der Weg geht sanft aufwärts. „Dahin ist ein pöser Weg stickel und gar wenig anleg"; Thewrdank.

abläg (à'lág), sanft abwärts geneigt. Zeitschr. VI, 444. Es scheint diesem lâg ein æ zu gebühren, wenn es anders mit dem niederf. leeg (Zeitschr. III, 383. 424,5. IV, 135,141. 277,17. VI, 353), holl. laag, engl. low, isl. lâgr (niedrig), oder aber mit lægr (bequem) zusammengehalten werden darf. Cf. Diut. III, 103: „Er was chlage ablager", der Klage enthoben? s. unten: ablegen. S. d. folg. Wort.

un-lâg (u~lauh), adv., (O.Pf.) in der R.A. Einen u~lauh halten, ihn hart halten, übel behandeln. Zum vorigen; oder etwa, was lêg, lê mit hier verstärkendem un? Vrgl. auch lugk.

Die Lag und Composita, wie hchd. Lage; (s. legen, ligen). Graff II, 94. BM. I, 994. Weigand, Wbch. II, 6. Die Auflag, 1) wie hchd. Grimm, Wbch. I, 680. 2) Canzleistyl: Auftrag, Befehl. 3) das kleine Viereck von Leinwand, das (in katholischen Kirchen) über die Mitte des Altartuches gelegt wird. Die Belag, das Gemärk oder das Geheimniß der verpflichteten „Schieder" beym Marksteinsetzen; wirzb. Verord. v. 1753. Das Gelag, s. oben, Sp. 1427: Gelöch. Die Niderlag, Niederlage. Der Niderläger, der eine Niederlage hat, oder hält. „Salzniederläger"; Wstr. Btr. V, 285. In Österreich werden nach A. v. Klein die Großhändler Niderläger genannt. Die Oblag, Obliegenheit; wie Auflag. S. obligen.

Lâgeln, Höfe; (Zillerthal; Hbn. 712). Lagel, (Zillerth.; Tir.) eine Viertelrotte. „Im Zillerthal sind die Güter nach Lageln abgetheilt."

Das Lager, wie hchd. (Graff II, 95. BM. I, 989. Weigand, Wbch. II, 6. Zeitschr. VI, 435.). Das Ablager, der vorübergehende Aufenthalt, besonders eines fürstlichen Hofes an einem Orte, (vrgl. Nachtselde); anspach. Ablagers-Reglement von 1760. Grimm, Wbch. I, 66. „In Schlössern und Städten, da wir Ablager halten und benachten werden"; bayreut. Hoford. v. 1698.

Die Lâge, (ä. Sp.) heimliche Nachstellung, Hinterhalt, insidiae: (ahd. lâga, mhd. lâge; Graff II, 94. BM. I, 994). „Drie lâge, die uns die tüfel hant geleget"; Br. Berht. 208, (Pfeiffer 30,2 und öfter). „Es habent uns die tiefel vaig zwu laug gelegt"; Cgm. 271, f. 369b. „In den lagen, in insidiis"; Cgm. 17, f. 19b, Pf. 9,30. „Geselleclîcher lâge ûf allen schanzen warten næm ich fur alle mâge"; Labr. 397. „Wenne der wolf den schâfen haimleich lâg setzt"; Konr. v. Megenberg f. 99b, (Pfeiffer 148,10). „Der vogel (Storch) ist den slangen gar gehaz und setzet in vil læg"; das. f. 104, (Pf. 175,24: vil lâg). Der âmaizleb lauzt in den haimlichen steten pei der âmaizen strâzen und setzet in læg, reht als ain rauber"; das. f. 177, (Pf. 302,23; u. öfter: 136,24. 180,17. 210,16). lâgen, vrb., ä. Sp., (ahd. lâgôn, insidiari). „So ich die wolfe lâgen sach"; Labr. 287. „So lâgt („legt„) ir (der Tauben; „jn") der spärwær allermaist . . . alsô lâget („legt") unser („uns") der pœs gaist"; Konr. v. Megenb. f. 108, (Pf. 182,2. 4; vrgl. 163,8. 27. 180,21. 182,24. 204,14. 30 205,19. 266,10. 284,10). „Ze mersten begonde er vragen den pristern sere lagen ob sie mit rehter lerê" ꝛc.; Cgm. 94, f. 48b. „Do begonde in der werlte betragen deme himelriche sere lagen"; das. 64b. Urlag, ä. Sp. „Etleich sein chnecht . . . werden im urlag legen mit falschen laus"; Mich. Beham, Nativitätsstellung für Herzog Albrecht IV. v. Bayern, Cgm. 291, f. 22a. „Dy zwen warn afft da zwuschen gan zu dem kaiser und dem herczag, wann sy den hader und urlag (also o: urlog) vnd der brüder zwitrechte gern heten gsehen slehte"; Mich. Beham, Wiener 336,20. 'S. unten Urleug.' S. lagsen.

Die Lâgen (Lâugng, o.pf.), das Læglein, Lägel (Lágl, Altb.), das Fäßchen, le baril; (ahd. lagella, mhd. lägel; Graff II, 156. BM. I, 929. Weigand, Wbch. II, 6. Vilmar, kurhess. Idiot. 240. Zeitschr. II, 186,9. IV, 194. 469. VI, 137,10. 435. gl. a. 44. 664. o. 151: lagela, lagella, lagena): Waßer-, Milch-, Wagenschmier-, Fisch-, Salz-Lägel; (Kr. Lhdl. I, 258). Elsäßisch: *Lâgel;* der Logelkrieg zwischen den Colmarern und Würtembergern Ao. 1669; der Logelbach bei Colmar; elsäß. Neujahrb. f. 1846, Allgem. Ztng. Beil. S. 143. Du ê-dermiger *Schmirlägel!* (pfälz.) Schimpfwort. „Und ə˜ *Logel* voll Wi"; Hebel 133.
448 Eiserne Nägel werden beym Verkauf nach Lägeln gemessen, wovon bald eins, bald zweye, bald viere auf einen Saum gehen. Generale v. 1768 u. 1769 über eisernes Nagelwerk. Wagner's Cameralbeamt. II, 183. „Ein mensche ein legeln wazzers tragend"; Cgm. 532 (v. 1369), f. 67. „Es wurden zu den stunden ebraiisch brieff gefunden, dar an vand man beschriben, wy daz unser kaiser het dy olvas und auch lägeln vergifft . . . dis legeln mit dem ole wurden so schmeh und auch unwert daz ir niemen ahtet noch gert"; (es war noch dazu in der Fastenzeit); Mich. Beham, Wiener 222,25. 28. „Berberi, weinlegelein"; Clm. 16487, f. 103.

Die Laugen, Lauwen, Lauen, (Gramm. 486. 504. 686), Name mehrerer Arten Cyprinus: C. bipunctatus Bloch, Stain-L.; C. alburnus Bloch, Schuß-L.; C. leuciscus Bloch, Sê-L.; C. grislagene L., Grund-L.; Schrank b. R. 89. cfr. Ld.R. v. 1616, f. 643. (gl. o. 310: lûgena, lodalgia; Diefenbach 335b. Graff II, 159).

Die Lâugen (Lâugng), die Lauge, (ahd. louga, mhd. louge; Graff II, 152. BM. I, 1048. Weigand, Wbch. II, 18. Cf. česk. lauh); fig. scharfer Verweis. R.A. Ainem ə˜ Lâugen angießen, ihm Verdruß bereiten. cf. oben, Sp. 783: flæ-en. Die Änel mit der Lâugen, dunkle, mit einem Regenschauer drohende Wolke. Dà stêt scho˜ d· *'A˜l mit də' Lâugng.* Die Urlaug (Ulaug, Ob.Isar), Wasser in welchem die gelaugte und gesaifte Wäsche gewaschen worden, das also mit Lauge und Saife vermischt ist. lâugnen, (O.Pf.) laugen, Wäsche in Lauge legen. anlâugnen, einlâugnen. Zeitschr. V, 172,113.

lâugnen, wie hchd. läugnen, ä. Sp. auch lâugen, (goth. laugnjan, ahd. lougnan, loukanjan, louganjan, mhd. lougen st. lougenen; Graff II, 132. BM I, 1027. Weigand, Wbch. II, 18. Labr. 445. 521); jetzt: ein Ding, ehmals: eines Dings lâugnen. „Laugnet er der Vorgschaft"; L.R. v. 1616, f. 265. „Daß die Beichtväter die Armen bekannter Wahrheit zu läugnen nicht weisen sollen"; Carol. poen. CIII. „Spricht er jn darumb an, und lougent des iener"; MB. X, 110. „Umb swelcherley sache ainer angesprochen wirt, der sol umb die selben ansprach laugen oder jehen, und gesch ech hinnach daz recht sey." L.R. Ms. „Einem eines Dings lougen haben, ihm des in lâugen, mit lâugen, in laugnen, mit laugnen stên, seyn", es ihm läugnen; Einem eines Dings ân lâugen, ôn lâugen, unlâugen, on laugnen, unlaugnen stên, seyn, es ihm nicht läugnen; ältere Rechtssprache. cfr. Wstr. Vtr. VII. „Das er nicht laug hätt"; MB. V, 267. Cf. ahd. der lougen, negatio, mendacium; Graff II, 131 f. „Do er (Petrus) den lougin beuueinota"; Notk. 43,22. Im Amberg. Stdt. R. v. 1310 bey Schenkl steht: „Will jemand aus der Stadt, den soll man das nicht läugnen", verwehren; (cfr. louganeta, repulit; Doc. Misc. I, 223). lâugnen, (im Kartenspiel) renoncer, verneinen, daß man eine verlangte Farbe habe, indem man eine andre abgibt. zuelâugnen, die verlangte Farbe zugeben, Farbe halten. Hier scheint das zue den verneinenden Sinn des Läugnen aufheben zu sollen. „lâughaft seyn" eines Dinges, (MB. XXV, 407) es läugnen.

„legeln," (Baur) wenig, aber oft trinken. 'Vrgl. oben: die Lâgen, Lägel.'

legen (légng), du legst, er legt, und: du laist, er lait (laəst, laəd), gelegt, gelait (glaəd, glád) und die Composita wie hchd., (ahd. legjan, leggan, mhd. legen: Präs. legst, legt, leist, leit; Prät. legte, leite; Ptc. gelegt, geleit; Graff II, 88. BM. I, 990. Weigand, Wbch. II, 27). Vrgl. ligen. Als mehr dem Dialekt oder der ältern Sprache angehörig, folgende Bedeutungen und Formen: Die Leg (Lég, o.pf. Liəg, Lig), die Lage, Schicht, das Stratum; jedes der Häufchen, in 449
welche das Getreide beym Schneiden auf das Feld hingelegt wird, hchd. das Gelege. Vrgl. Zeitschr. IV, 313: Löige V, 527,599. VI, 441. legweis, stratum super stratum. legen, (Klb., HhE., O.L.) d. h. ins Grab. Wann *légt* mə˜ 'n Urbə˜? „Er (Tobias) hat dez (den) sit, swar er erslagen liute vant daz er di legent", (legete, begrub); Griesh. Pred. I, 128. „Do er (Moyses) do gestarp, do leget er (Gott) in selbselbe mit siner handen, und darzu waiz nieman wa er lît"; das. II, 86. BM. I, 990a, I,1. Das Legbret, Brett, das nach der Beerdigung an den Grabhügel gelehnt wird, und worauf gewöhnlich ein Kreuz, die Jahrzahl und die Anfangsbuchstaben vom Namen des Beerdigten gemalt sind. Die Legmeß, Messe, die am Tage der Beerdigung vor dem ersten Gottesdienst gelesen wird. 'legen, bei Seite legen, beseitigen, beendigen; BM. I, 990b.' „Lorœl leget hyr und schmerczen", (macht daß der Schmerz sich legt; cf. legern); Clm. 4395, f. 199. legen, ablegen Einem etwas, es ihm vergüten. Grimm, Wbch. I, 71. „Ein Richter dem man nach altem Herkommen seine Zehrung zu legen schuldig ist." „Einem Richter selbander soll man für eine Mahlzeit 30 dl. legen"; Kr. Lhdl. VII, 251. „Swas er versaumt daz sol er im auch ablegen." „Ez sol auch der den schaden getan hat, ein deu stat nicht chomen, ez (en)werd dem chlager abgelæt, den herren und der stat." „Domit wær im abgelæt"; Wstr. VII,

7. 23. 29. 190. ablegen Einem, ihm nicht Recht geben. Si *légət* iərən Buəbm nét à', wenn ər e˜ Haus à˜zündət. S. zuelegen. „Er wolt eim fresser legen ab", (machen, daß er nicht mehr fräße, ihn im Fressen übervortheilen); d. Ring 36ᵈ.3. Vrgl. oben, Sp. 1452: ablager unter ablæg. ablegig. „Durch Krankheit und Alter ablegig worden"; Dietr. v. Pleiningen. anlegen, auflegen eine Steuer, eine Geldlast, eine Abgabe, d. h. sie an oder auf eine Person, Handlung, Sache ꝛc. legen, schlagen; metonymisch: anlegen eine Person, Sache, sie mit einer Geldlast, Abgabe belegen. „Ein Dorf anlegen und steuern"; Kr. Lhdl. II, 153. „Die Anleger oder Steurer", (die die Steuer erhoben); das. IX, 494. Die Anleg; Zeitschr. VI, 444. „Auf jeden Unterthanen eine Anlege thun"; Kr. Lhdl. XVIII, 433. cfr. IX, 484. 495. Diese Anlegen oder Anlagen kommen besonders in der neuern Zeit unter mannichfaltigen Namen vor. Es gab z. B. Hof-Anlagen, Reiter-, Vorspann-, Menat-, Tanz-, Herdstatt- ꝛc. Anlagen. Kr. Lhdl. VIII, 409 wird auch eine Anlege eines Harnasch geordnet, d. h. die wehrhaften Leute hatten sich mit Harnisch und Wehr zu versehen und zur Musterung zu erscheinen. cfr. IX, 233. Die Anleg (A˜lég), (an einer Thüre) Klammer; s. Arb. Die Anleg, a) größeres Flüssigkeits-Maß. Grimm, Wbch. I, 395. „Nam des Maß alles getrangks: Fueder, halbs treyling, anleg, Vaßl, Emer"; Schuelmaister Hueber von Eggenfelden, Ms. v. 1482. „Item hab ich ein Fuehr nach Lauffen abgeordnet, alldorten den wörmuet sambt einer anleg Wein abzuholen"; Abt v. St. Zeno, aᵒ. 1677. „27 November sein die Wein zu Lauffen ankhommen, so aber nit mer als 3 anlegl gewesen"; ibid. aᵒ. 1678. b) (L.R. v. 1616, f. 540) was den Schifsknechten ꝛc. erlaubt war in einem aus Österreich nach Bayern gehenden Weinschiffe auf ihre Rechnung anzulegen, nemlich 1 Eimer je von 30 Eimern Ladung. 'anlegen, anwenden, gebrauchen; Grimm, Wbch. I, 398,2.' Gwàlt *a˜legng*, Gewalt, alle Kräfte brauchen; (b. W.). „anlegen all sein macht, vires omnes advocare"; „anlegen mit eim, coitionem facere", Prompt. v. 1618. 'sich anlegen (sc. ein Kleid), sich bekleiden; BM. I, 990. Grimm, Wbch. I, 395 f.' „Er hiez sich anlegen siniu kleit" . . . „Er legete sich an mit kleidern"; St. Ulrichs Leben, Cgm. 94. f. 70. 72 (Vers 1412. 1465). „Der gepietter legt sich an, imperator induit se"; Cgm. 54, f. 30ᵇ. Semansh. 37, cap. XXXIX. anziehen scheint mehr auf enge, hole Kleidungsstücke zu weisen, die von unten auf an die Beine gebracht werden, während anlegen auf solche paßt, die von den Schultern getragen werden. 'auflegen, á. Sp., erdenken, erfinnen; anordnen, anstiften; BM. I, 991 f.' „Ich han dicke ufgeleit wie mir eines andern gůt wurde . . . ich han gesundet mit vil sorgen daz ich ufleite wie ich minen unchuschen wille vollebrechte . . . . ich han daruf miner sorgen me geleit danne wie ich gote gedienete"; Beichtformel v. 1289, Clm. 213, f. 187.
450 aufgelegt, unbezweifelt, ausgemacht (wie aufgelegte Kartenblätter), meistens nur für schlimme Behauptungen üblich: ən *aufglégtə* Lug; ən *aufglégtə* Spitzbuə'. Iətz sá˜mər ən *aufglégtə* Pàr É-leut. Der Aufleger, Arbeiter, bey einer Kaufhalle zum Auf- und Abladen der Waaren, besonders der nassen, d. h. der in Fässern befindlichen, angestellt. Sie wurden ehedem gewöhnlich auch als Nachtwächter, Wagenhüter ꝛc. gebraucht. (Traunsteiner Stadt-Recht in Kohlbrenner's Materialien I, 59. 62. 72. Vrgl. die Wîntrager im Augsp. Stadtbch.) Cgm. 544, f. 49ᵇ: „Aufleger", Auflader von Flößholz. Zeitschr. VI, 444. S. auch Truckenlader. Das Beleg (Blég, Bléhh), Beleget (Blégət), (bey Schneidern, Näherinnen) Unterlage zu den Enden eines Kleidungsstückes. Grimm, Wbch. I, 1441. Zeitschr. VI, 444. Das Darlegen, s. Grimm, Wbch. II, 779,2; cfr. verlegen. „Auf sein eigen Kost und Darlegen den Krieg führen"; Avent. Chr. f. 361. „Auf ihrer selbst Kosten und Darlegen"; Kr. Lhdl. XVI, 260. derlegen (də'légng), erlegen Einen, ihn erliegen machen; BM. I, 993. Grimm, Wbch. III, 897,2. Ein starker Fußgänger hat einen Schwächling, der ihm gleichen Schritt halten will, bald *də'légt*. Ein Raufer *də'légt* den andern. Buə', dé *də'légt* di'! du wirst, ihr zur Seite, bald ein ovidischer „deprensus inermis" seyn. ə˜ Rós *də'légng*, es durch Anstrengung unbrauchbar machen, zu Grunde richten. „Die Hungern waren so gar erlegt und an der Macht Keiser Ottens erschrocken, daß sie sich weiter nicht rüren durften"; Avent. Chr. „Die Christen waren im Leiden nur krefftiger, erlegten die Sterck der Hencker, das sie vor Müde nicht mehr mochten"; ibid. s. derligen. derlegen, zerlegen. einlegen, a) Einem etwas, es ihm als Geschenk, als Bescherung irgendwo hin legen, daß er es, überrascht, finde. Grimm, Wbch. III, 223,2. Der heil. Nicolaus, das Christkindlein pflegt Kindern etwas einzulegen. b) Geld in den Opferstock legen. Grimm, a. a. O., 224,8. einlegen, in den Rosenkranz die schmerzhaften, die freudenreichen und die glorreichen Geheimnisse, d. h. nach jedem Ave Erinnerungsworte an die Hauptmomente aus der Lebens- und Leidens-Geschichte Christi einfügen. „Der freudenreiche Rosenkranz formirt sich wunderschön, meistens werden mit Herzensaffekt die Geheimniß des süßen Cupido eingleget"; M. Sturm's Faßnacht. einlegen eine Ehre bey Jemand, wie aufheben. Grimm, a. a. O., 224,10. einlegen vor Gericht, mündlich, oder schriftlich, eine Clag, einen Zuspruch, seinen Schaden ꝛc. d. h. vorbringen. Reform. Ld.Rcht., Tit. 2, Art. 2. Tit. 13, Art. 1. fürlegen, (bey Gericht) vorbringen. Der Fürleger, Wortführer, Fürsprech; Wstr. Btr. VII, 139, ad 1332. MB. IX, 46. 286. Die Fürlegerin, Mägdeverdingerin; (Franken; v. Lang). Die Fürlég, Baum oder Block, quer neben einen Weg gelegt, der an urbaren Gründen vorbeyführt, um das Fahren außerhalb desselben zu hindern. gelégen (glégng, und in soferne verschieden vom Supinum glégng), adj., 1) wie hchd.; 2) (vom Wege) nah, kurz. Graff II, 81. BM. I, 988. Einen gelégnern, den gelégensten Weg einschlagen; 451 (Notk. Ps. 34,14: gilegan, proximus; gl. i. 246: kileganoro, propior). R.A. Zu gelégner Hand, wohl zur Hand gelegen, in der Nähe. 3) adv., nah, genau zum Ziele; gelégen schießen, werffen ꝛc. Du bist der schrecklich Hammer, der du der Schlangen zischen thust glegen den Kopf zerknirschen"; Himmelsglöcklein v. 1685. (cfr. gelenk). Die Gelégene (Glégngé), die Kürze des Weges. Də' *Glégngé* nàchgén, den kürzern Weg einschlagen. Die Gelégenhait (Glégng'ət), 1) wie hchd. Gelegenheit; 2) die Kürze des Weges; die Art und Weise, wie ein Ding liegt oder gelegen ist, eigentlich und figürlich. BM. I, 989. Zeitschr. VI, 444. „Da frägt der Künig nach der Gelegenhait (Localität), die man nennt den Ampferang"; Ettaler Chronik. „Sich aller Gelegenheit des Lands und Volcks erkundigen"; Av. Chr. 375. Nach Gelegenhait der Person, der Sachen, (nach Beschaffenheit); Kr. Lhdl. VII, 317. „Nach Gelegenheit des Lons", (pro rata des Lohnes); Kr. Lhdl. IX, 249. „Nach Gelegenhait der Not"; L.Ord. v. 1553, f. 45. „Nach Gelegenhait der Khugl", ob sie nemlich groß oder klein. „Wann du geleegen schießen wilst, so wil vonnöten sein, daß du acht habest auf Gelegenhait der püchsen"; Feurb. von 1591. RA. Bey der Gelegenheit (Glegngət) seyn, gelegen, bey der Hand seyn. Etwas bey der Gelegenheit haben. gelegensam, (Höfer) bequem; gelagsam, (Henisch) commode situs. Zeitschr. VI, 444. Vrgl. oben geláchsen, das indessen kaum hieraus entstellt ist. hinlegen, beylegen. „Die Sachen gütlichen verrichten und hinlegen"; Kr. Lhdl. I, 75. Die Kindlege, á. Sp. „In der chindelege die da heizet matrix"; Cgm. 92, f. 2ᵇ. „In der kintlege, in matrice"; Cgm. 722, f. 27. „In der chinde lage die da haist matrix und in der wamma"; Cgm. 4543, f. 112. „Siech in der chinde lege die heizet matrix und in der wampe daz ist diu vulva"; Fürstenf. 121, f. 178ᵇ. Vrgl. unten: das Leger. niderlegen, 1) unter Beschlag legen. „Wer burger hie ze Munchen ist, der mag und sol mit fronpoten gesten in der stat ir gut vmb

gelt verpietten und niderlegen; M. Stdt.Rchtb., Ms. v. 1453, f. 1. „Es mag niemant dem andern sein gelt niderlegen daß seinen geltern auf dem lande mit dem pfen!tter, veder man sol den andern pfenten als der stat recht ist“; ibid.; Amb. Stdtb. 2) ä. Sp., clade afficere, prostrare proelio. „Die Niderlegung ze Munichen“, Besiegung. Unser „Niederlage“ wird minder gut auf die That angewendet, da es eigentlicher den Erfolg besagt. erniderlegen Einem das Handwerk, es ihm einstellen, verbieten; Amb. Stdtb. umlegen Abgaben, Anlagen, sie, insoferne sie an oder auf mehrere Contribuenten gelegt sind, unter diese repartieren. Die Umlag. Das Dach (d. h. die Schindeln eines Daches) umlegen, was im O.L. alle 3 bis 5 Jahre geschehen muß. Legdach, Legschindel, verschieden von Schardach, Scharschindel. Die Unterleg, was untergelegt wird; ein Zwischenmahl; (b. W.). verlegen Einen, ihn anhalten, in Haft nehmen. BM. I, 993. „Item anzubringen von des Verbieten wegen an den Mautstätten im Niederland zu Österreich, um daß, wo einer zu dem andern zu sprechen hätte um Sprüche, so verlegt er ihn, oder einen andern Mitbürger für ihn“; Kr. Ldhl. I, 216. Eine Behauptung verlegen, refutare; Dr. Eck, 1542. verlegen Einem die Sprâch, sie ihm lähmen; (s. ver-
452 ligen). „All meine Bás'ln (tröst's á' der liebe Gott) aus Brandwein-Gläsl'n schlürften s' den bittern Tod. Ach, der hat s' ue'deckt! Z'erst d' Sprach ganz və'legt, dann 's Ingräusch və'brennt. O durstigs End!“ Marcell. Sturm p. 131. „Darum so muß ich schauen, daß ihm die Sprach verleg, dann sonst bleibt es gewiß verschwiegen nicht“; Wolff, histor. Volkslieder p. 162,8. Vielleicht hatte das allgemein übliche Adjectiv verlegen überhaupt zunächst nur auf die Sprache Bezug. Vrgl. das franz. interdit. verlegen, vorlegen eine Sache oder Person, die nöthigen Geldauslagen für dieselbe machen, die Kosten für sie tragen. „Sô liugt der rîche wol zallen zîten, wan im tar nieman wider strîten, wan er die lüge ze verlegen hat“; Haupt's Zeitschr. VIII, 574,803. A^{0}. 1457 wird dem Herzog gerathen, „die Münß selbst zu verlegen“, d. h. auf eigne Rechnung Geld zu münzen, und nicht, wie es üblich war, das Münzrecht zu verpachten. Lori, Mz.R. I, 45. „Der armen Leut Kinder, so geschickt waren, verlegt er (Kaiser Carl der Große auf der hohen Schule) selbst, wie bey meinen Zeiten König Ludwig zu Pariß der armen Schweizer Kinder verlegt“; Avent. Chron. „Mein herr lud vil schoner frawn und het einen tanz auf dem rathaus zu Coln. Das verleget mein Herr“; Gabr. Tetzel, Cgm. 1279 (v. J. 1468), f. 130. „Daß die Fürsten ihre Gejaide, Jäger und Hunde selbst verlegt“; Kr. Ldhl. V, 328. „Es soll obgemeldte Begängniß und Jahrtag von gemeinem Gut der Gesellschaft verlegt werden“; Kr. Lhdl. X, 177. „Item sol ein jeglicher Graf einen Raisigen zu Roß gerüstet halten und verlegen“; Kr. Lhdl. IX, 469. „Historia von D. Johann Fausten . . . Gedruckt zu Franckfurt am Mayn, durch Wendel Homm, in Verlegung Johann Spiessen. M.D.LXXXVIII.“ Die Zeugen verlegen, sie verköstigen; ref. peinl. Halsg.Ord. Einen mit etwas verlegen, d. h. versehen. „Die Gäuwirthe, die Pfarrer mit Wein verlegen“; Kr. Lhdl. XIII, 177. „Die Handelsleute verlegen sich mit Waaren“; Tuch- und Lodenhandel in B. p. 28. „Eine Tafern, eine Schenke mit Wein, Bier ꝛc., einen Laden mit Waaren verlegen“; L.Rcht. v. 1616, f. 516. 536. 539. „Handwerksleute und Arbeiter mit rohen Materialien oder sonst verlegen.“ „Eines tahers verlegen“, faire une dizaine, betragen; Augsb. Stdtbch., Freyberg p. 31. 'Vrgl. Birlinger, augsb.-schwäb. Wbch. p. 106: Tächer. Grimm, Wbch. II, 880: Decher.' „Vor- oder Verleger“ bey Bergbauten; Lori, BergR. 455. Beym Scheibenschießen verlegt man sich“, wenn man die Schüsse, zu denen man berechtigt ist, durch einen Andern thun läßt. sich verlegen, eine Misheirat thun. „Damit hat sich diu fraw verlaet“; Rechtb. v. 1332, Wstr. Btr. VII, 185. „Damit ainem piderman sein kind (dadurch daß es einen Handwerker heiratet, an dem sich hinterdrein findet, daß er sein Gewerbe nicht versteht) nit verlegt werde“; Urk. v. 1370 in von Sutner's Gewerbe von München p. 503. Ohne das misbilligende far (in farligan, illicite coire) hatte die ahd. Sp. das Adj. gelegen, gilegan für verschwägert, das Subst. gileginida, noch bey Stalder Verlegenschaft für Verschwägerung. widerlegen (eine Spitze von Eisen u. drgl.), sie umlegen, krümmen; Fwrkb. v. 1591. widerlegen Einem etwas, es ihm ersetzen, retribuere; Wstr. Btr. VII, 190. Reform. L.R., Tit. 13, Art. 1. Meichelb. 453
Chr. B. II, f. 52. „Widerleg uns allen mit deinem fronreich, ewiger vater“; Schliersee, Chron. von 1378. Oefele I, 379. Im Ehevertrage widerlegt der Mann seiner Frau ihr mitgebrachtes Heiratgut, indem er ihr für gewisse Fälle ein Aquivalent von seinem Vermögen, die gesetzliche Widerleg, Widerlage, Widerlegung, das Gegengeld (wirzb. Lg.Ord. von 1618) zusichert. L.Rcht. v. 1616, f. 201 ff. MB. XVIII, 74, ad 1314. Oefele II, 125. „Wie ein man der andern frawen widerlegen mag auf der vodern kind aigen“; M. Stdt. Rchtb., Ms. von 1453, f. IV. zerlegen, (ansp.) ausschelten. zulegen Einem, Partey für ihn nehmen. Wstr. Btr. VII, 149. MB. V, 505. IX, 280. Kr. Ldhl. II, 33. Gem. Reg. Chr. III, 3. „Ez sol der wirt dem gast zulegen... der König sol der Pfafhait zulegen.“ „Allen seinen zulegern und helfern . . Einem Zulegung und Schub thun.“ s. ablegen. zuelegen Schelt- oder Schmächworte Einem, gegen ihn ausstoßen; MB. XXV, 534. zuelegen, proficere, nützen. „Speis die wohl zulegt, robustus cibus. Unredlich Gut legt nicht zu, male parta male dilabuntur“; Prompt. von 1618. Die Bretterlegen (sing.) des Kunstgärtners. „Legkerlyn“ (Leg-kärlin?), als Abgabe am St. Ulrichstift; Cgm. 154, f. 1. 6. 7. Birlinger, schwäb.-augsb. Wbch. 309.

Die Legen, Legföhre; s. Legken.

Der Leger, das Geleger, (auf den Alpen) Weideplatz, gewöhnlich mit einem oder mehrern Ställen und Hütten versehen. Cf. Graff II, 95. BM. I, 989. Weigand, Wbch. II, 6. Zeitschr. IV, 61. VI, 401,4. Manche Alpen haben nur einen Leger, auf welchem sich das Vieh daher durch alle offenen Jahrszeiten behelfen muß. Viele aber haben zwey, drey verschiedene Leger, welche mit dem Fortschreiten der Jahrszeit abwechselnd bezogen werden. Die Nideleger, die sich auf den niedern Gebirgshängen befinden, werden gewöhnlich im Juni beweidet. Im Juli wird das Vieh von denselben auf die Höchleger, die in den höhern Regionen liegen, getrieben, und kehrt davon im September wieder zurück auf die mittleren oder auf die Nidergeleger. „Item von wegen der Alben und der dreyer Geliger des Pluembesuechs“; Lori, LechR. 268. „Unsern alten waren wissu wort vil lieber danne leger hort“; Renner 17687. „Böse gedanke, werk und wort besliezzent allen legerhort“; das. 20300. Hieher gehört wol aus MB. II, 83, ad 1443: „Bonos et duros caseos, vulgariter Leger-käs.“ BM. I, 791. In so ferne hier Leger blos eine Weide ist, mag vielleicht auch das dunkle „legerhuoba, absa“ (gl. a. 499. o. 541), in Betracht kommen. BM. I, 729. Die hoba absa als Gegensatz der h. vestita könnte ein Compler von Grundstücken gewesen seyn, auf welchen kein Baumann (Pächter) gesetzt war, und der unbebaut, allenfalls blos zur Weide benutzbar, liegen blieb. Bey Stalder ist die Läger-Matte eine solche Wiese, die nie umgeackert wird. s. Hueb und Ried ad 896. 898. Vrgl. auch unbezimmert unter Zimmer.

Der Leger, (O.L.) abgestorbener, von selbst umgefallener Baum; Lori, BergR. 482.

Der Legerer, (in der Mühle) der Unterstein, der 454
unter dem Laufer oder Oberstein liegt. Wagner, Civ. u. Cam. B. 98.

Das Leger, Zustand, Akt, Ort des Liegens. Das Leger, auch Selbleger, (Zir.) Liegestätte der Älpler in ihren Hütten. „Beladen mit ewiger kranckhait oder leger"; Ref. L.R., Tit. 51, Art. 8; (ahd. legar"; concubitus, cubile, lustra, mhd. leger; Graff II, 95. BM. I, 989. Zeitschr. III, 463). s. Liger. „Das Beyläger; L.R. v. 1616, f. 212. Das Leger, die Lafette der Schießbüchsen; Legerbüchsen, Kanonen; Cgm. 599. Das Geleger, Geliger, das, worauf etwas zu liegen kommt, z. B. das Gerüst im Keller für die Fässer. „Die gliger er erfaulet sach"; H. Sachs. Das Geleger, Leger, 1) Lager, Heerlager. „A°. 1632 den 17. Mai hat der Feind (Gustav Adolph) daß Gleger vor dem Iserthor geschlagen." „Daß gleger haben sie zweymal umgeschlagen von den schwebinger Enger auf die vor dem Neuhauserthor ligende"; Wstr. Btr. VII, 212. 215. In einem Geläger liegen; Kr. Lhdl. XI, 551. Wintergeleger, Summergeleger; Avent. Gramm. Leger verrucken, castra movere. Winterleger, Summerleger; Prompt. v. 1618. 2) (Jägersp.) Fuchshöhle; Stelle im Moos oder Gras, wo das Hoch- und Rehwild den Tag über geruht. Auch Geliger; BM. I, 990. „Leger der thier"; Prompt. v. 1618. (gl. i. 724: legar, lustra). belegern, belagern; Prompt. v. 1618.

Das Geleger, (ä. Sp.) Stück des Pferdeschmuckes. „Und es hett ain yedes Roß auf jm ain perleins Geleger . . . des Kunigs (Matthias von Ungarn) Roß hett ain Geleger von perlein, Gold und Edlstain"; Wstr. Btr. III, 127.

Das Leger, Geleger, Geliger, der Bodensatz, das Lager, die Mutter, die Hefen. „Aus Bier-Leger Branntwein brennen"; L.R. v. 1616, f. 560. „Kein Weinfaß ohne Gläger." „Ein Wein voller Gleger, ein Fleisch voller Würm"; P. Abraham. (Das Windberger Psalter hat: „vone horwe des lien, de luto faecis", Cgm. 17, f. 63^a, was an das franz. la lie mahnt. Diez, Wbch. 204).

sich legern, (vom Schmerz) sich legen, setzen, allmählich nachlassen; (Baur.). 'Toirum *lêgə't si*', die Theurung läßt nach; (bey Miesbach, 2. Juli 1847). Vrgl. oben, Sp. 1454: legen, beseitigen.

legerieren, (Zir.) temperieren, z. B. eine Uhr; (regulieren?).

lêg, (Nab, Pegniz) schlecht, übel, (Zeitschr. II, 135. III, 311. 383. IV, 277,17. V, 154. s. lê, nach Gramm. 486. 686), besonders in der R.A. lêg halten Einen, ihn hart halten, übel behandeln. Sein Weib, seine alten Eltern, seine Bedienten, seine Dienstboten u. drgl. lêg halten. „Sie helt mich leg in allen Sachen"; H. Sachs 1612: I, 956. „Und helt mich also lech und schnöd." „Drum dörfft jr mich nit so leg halten, ich bin auch einer aus den alten"; ders. „*leag*, unwohl"; (tir. Lechthal, Staffler I, 112). „ableg, ablegig, fatigatus, krafftlos"; Voc. Melber. s. oben, Sp. 1428: ablechtig. s. auch un-lâg.

Das Urleug, (ä. Sp.) die Fehde, der Krieg. „Urleigh"; Gem. R. Chr. ad 1451. „Von Unfrid oder von Urleug des Landes"; Amberg. Akten von 1387. „Offens urlug"; MB. IX, 166, ad 1331. „In dem Urleug daz zwischen dem Bischof von Reg. und Hainrich von Valchenstain war"; Ried ad 1302. „Ich sol auch dhein urleug ansetzen, des daz gotzhaus ainen schaden näm"; ibid., ad 1269. „Kein urleuge neher gat wann daz der man daheime hat" (mit dem Weib); Renner 12824. „Ein hirtes urlaug ward vil schier erhaben"; Boner, Em. D. 58, f. 164. Daz urliug noch (öfter) in der Kaiserchronik, Ms. des german. Mus. Nr. 2733 (14. Jahrh.). „Das Wort urlig in alten Richtungen ist so vil als offener krieg"; Ägid. Tschudi's Brief an Zacharias Bletz (1569), Gesch. Fr. II, 157. Es steht in Lucerner Schriften sec. XV. meist urlig statt
455 urleug. urleugen, Krieg führen. „Die kunig werdent urleugen"; Schuelmaister Hueber, Ms. v. 1477. „Mars der urliuger und der strîter". . . „Ich meine aber niht, daz ir herren mit einander urliugen sult"; Br. Berht. 137, (Pfeiffer 63,29. 30). „Si urliugent"; Augsb. Stdt.B. v. 1276. „Als ain kemphe und als ain urliuger"; Griesh. Pred. I, 160. Aus der ahd. Sp. ist mir nur urliugi tempestas, d. h. bellum, ad Aen. VII, 223, gl. i. 782; „dei urliuge, wich, bella", Cgm. 17, f. 72^b, Ps. 45,8; urliuge, carmula, tyrannis, gl. a. 508. i. 579; urloge, bellum, gl. o. 156, erinnerlich. Im Isl. ist örlög, neutr. plur., sowohl für bellum als auch für fatum üblich. Als Compositum von ör (goth. us, ex) und lög (neutr. plur. von lag, lex) würde es sinnig genug die Erhebung über das Gesetz, den Bruch des Landfriedens bezeichnen. Im Angels. scheint orlege, bellum, von orlâg, fatum, getrennt gehalten, und für letzteres kommt in unsrer ahd. Sp. (gl. a. 527. i. 827. 967. 1069) urlaga, fatum, Parcae (gl i. 158), urlac, fatum, vor, welches, nach gl. i. 750. ad Aeneid. I, 26: „arleccan, volvere (Parcas)", auf eine frühere Bedeutung des Verbs erlegen, etwa statuere, zu verweisen scheint; (cf. isl. laginn, positus, statutus, praedestinatus, womit denn auch lag, lex, zusammenhängt). Vrgl. Grimm I, 353, Anmerk. (urlag als echte, älteste Form). II, 790.

ligen (ligng), du ligst und leist (lást), er ligt und leit (lád); ich läge (lág) und liget, bin gelegen (glégng), und die Composita, wie hchd. liegen, (ahd. ligan, liggan, mhd. ligen; Graff II, 81. BM. I, 986. Weigand, Wbch. II, 50). Vrgl. auch legen und dessen Composita. Hier einige mehr der ä. Sp. oder dem Dialekt eigene Formen und Bedeutungen. gelegene Güter = liegende Güter. Vrgl. Zeitschr. VI, 336: *Lîgat.* tôt ligen, ä. Sp., sterben. „Item am heil. Abent ist ain köstlicher Busawner todgelegen"; Wstr. Btr. III, 134, ad 1476. s. oben, Sp. 633: tôt. „Ligen under eim hauptman, facere stipendia sub aliquo", jetzt: stehen. Prompt. von 1618. aufligen auf oder an etwas, daran Mangel haben, deshalb in Verlegenheit seyn. „Sollte man glauben, daß Maria an Kammerjungfrauen aufliege, da mit der heil. Ursula allein 11000 sich in den Himmel eingeschifft haben"; A. v. Bucher's sämmtliche Werke I, 113. *Auf* ə˜ Pàr Güldə-ln *lig* I no˜ nét *auf. Auf* dés *lig* I no˜ net *auf*, dás . . . derligen, erligen, verligen, mangeln, abgehen, deficere, (ahd. irliggan; Grimm, Wbch. III, 905). Es in etwas derligen läßen, es mangeln, fehlen lassen in etwas, besonders in Nachdruck, in Kraft-Anstrengung. I wár gèn ə˜ Buə' wó'n, sagte eine lose Dirne, I ká˜s mei˜n Vàdə'n no' nét və'zeigng, dás ə' s hàt in éppəs *də'ligng* lass'n. „Das pferd erleit"; Cgm. 317, f. 25^a. Die Sprâch, die Stimm derligt, verligt mir, versagt mir, wird mir gelähmt. „Salvawasser ist guet denen (die) dy röd ligt vnd den es die zungen getroffen hat"; Cgm. 4570, f. 45. Vrgl. oben, Sp. 170: Österſprâche. „A°. 879 traf der Schlag König Carlmann, daß jm die Sprach erlag"; Avent. Chr. 358. „Drey zierliche Redner, denen die Stimme verlegen"; Kr. Lhdl. XIV, p. 176. (irlekiner, reses, gl. a. 576. 587; „verlegen, desidiosus, Verlegenheit, desidia"; Suchenwirt. s. derlegen und verlegen). derligen etwas, es durch Daraufliegen zu Grunde richten, z. B. die Mutter den
Säugling in ihrem Bett. geligen, liegen bleiben; 456
(Ries) in die Wochen kommen. BM. I, 988. „Geligent deu holtz an der prugk", sind die Hölzer auf der Brücke liegen geblieben; Rechtb. v. 1332, Wstr. Btr. VII, 103. „Si gelag underwegen und gebar ein Tochter"; Av. Chr. 398. „Er eines schönen kalbs gelag (kam in die Wochen mit einem Kalbe), gar wol man sein in sechs wochen pflog"; der Backofen, Cgm. 714, f. 14. Das Hofligen, Hoflager; Kr. Lhdl. III, 172. obligen, ligen ob einem Ding, sich damit beschäftigen, ihm obliegen. „Daß vil müssiggehend Knaben Tag und Nacht ob dem Bettel ligen"; L.R. von 1616, f. 584. Die Oblag, was ob (auf) Einem liegt, ihm obliegt, die Obliegenheit. „Nach eines jeden Burgers zu dem gemeinen Wesen

habenden Oblag"; Mandat v. 1748. „Mittel zur Bestreitung der Landts-Oblagen"; Ltg. v. 1669, p. 162. 236. ob oder oben ligen, (bey Aventin passim) die Oberhand behalten; under oder unden ligen, unterliegen. „Er lag ob oder oben, er lag under oder unden." überligen Eine; BM. I, 989. „Dů du mine chebis uberlage an mineme bette gesuase"; Cod. Vindob. 2721. liglingen, adv. „Man must jm den kopf liglingen (indem der Verurtheilte auf dem Boden lag) abschlahen"; (Augsb. 1514), Cgm. 342, f. 83a.

Das Liger, Geliger, s. Leger, Geleger und BM. I, 990. Das Dachsgliger. „Liger, ligerstatt, stratum, lectus", Prompt. v. 1618; jetzt blos das Comp. Ligə'städ. (cf. gl. a. 347: unchûski ligiri, fornicatio). „Er sehe wol daz er sterben muste des ligers"; Clm. 327, f. 156. „Armatura ex chalybe facta quam Germani das stechlin geliger vocant", (Abbildung), P. Hector Mair's Fechtbuch, Cod. iconogr. 393, II, f. 99. „Armatura quam Germani das creutzgeliger vocant"; ibid. f. 100. ligerhaft, ligerhäftig (ligə'häfti'), bettlägerig. 'Der Ligerling, ä. Sp., der Bettlägerige; BM. I, 990.' „Die betterisen und die ligerlinge"; Griesh. Prcd. I, 116. beligern, belagern; Cgm. 4902, f. 21.

liegen (liəgng: I lieg, du leugst, er leugt; I lug und liəgət; gelogen, gəlogng), nach Gramm. 296 auch leugen (loigng, luigng), wie hchd. lügen, (ahd. liogan, liokan, mhd. liegen: ich liuge wir liegen; ich louc, wir lugen; gelogen; Graff II, 129 f. BM. I, 1024 f. Weigand, Wbch. II, 72. Zeitschr. IV, 272,104. V, 165,111. VI, 436). „Eine Person liegen haißen", sie der Lüge zeihen; MB. XXIII, 666, (vrgl. unter Lug). „Abrah. Walther Burger und Huckher allhier (in Augsb.) hat sich wider seinen Vorgeher mit schimpflichen Worten sträflich vergriffen und demselben wie einen 2do schelmen liegen heißen", (20. Jan. 1646); Cgm. 4906, f. 1. Der Lieger, Leuger (Liəgə', Loigə', Luigə'), Lügner, (gl. i. 933: liugari, fictor). verliegen Einen bey Einem, ihn verläumden, falsch und heimlich anklagen. „Hett Antipater zuvor seine Brüder gegen dem Vatter verlogen, so hub er erst recht an und bracht durch sein liegen so viel zu wegen, daß . ."; Avent. Chr. derlogen, schwäb. verlogen, erlogen. Das auch hchd. verlogen, mendax, kommt schon gl. i. 471 als „firloganer, levis verbis", vor. s. Lug und läugnen.

Die Lôgen, Sumpf; s. die Lôh.

Logis, s. Loschî.

'Die Loyca, Loyke, ä. Sp., logica, Logik; Klugheit, Schlauheit; „Gedicht mit erschwerter Auffassung des richtigen Sinnes",' (Wackernagel, Wbch.). „Ich sprach: du redest loyca"; Dirnenkrieg, Cod. Pal. 313. 355. Mone, bad. Archiv I, 74. Die loyke '(im Druck: „die fohen")' man mit loyke '(„fohen")' wider stillet"; Labr. 430. „Diu (die Hinde) schalkes bünde kunde wol verbinden und ouch der widerloyke meister wære"; Labr. 491. „Wann der '(den?)' richter die loyca angel wil stechen mit gwalt"; Cgm. 713, f. 27. „Wenn in der loyca angel wil stechen"; das. f. 176.

Die Lug, ä. Sp. Lugen, plur. die Lugen und Lugnen (Lugngə~), wie hchd. Lüge; (ahd. diu lugî u. lugina, mhd. lüge und lügene; Graff II, 134. 135. BM. I, 1028. Weigand, Wbch. II, 71 f. lugin, gl. o. 203; lugina, Otfr., Isid.; lugi, gl. i. 959. 966). Auch unser Plural Lugen und Lugnen scheint noch aus dem frühern Sing. Lugen zu stammen. „In Gott mag kein Lugen nit platz haben, die weil die Lugen ein Mangel, eine Sünde ist"; Predigt, gedruckt Ingolst. 1606. „Daz ist ein lugen"; Br. Berht. 44, (Pfeiffer 149,3). „lugin mendacium"; Voc. von 1429. ə~ batzəté *Lug*, derbe Lüge. Lug und Trug. ə~ Lug anden, sie Einem vermerken, rügen. Eine Person Lugen oder Lug sträffen, sie Lügen strafen. „Wer eine Person frevelich und ernstlich lug strafft, oder liegen haißt, gibt 5 ß haller"; MB. XXIII, 666. Ze Lugen stên, als Lügner, -in dastehen. I hàn iər gsagt, dàs d' kimst: wenn st ét kámst, müə't I *z' Lugng stê~*. Die ahd. Sp. hatte auch ein Adj. luggi für lügenhaft, falsch; 457
mhd. lüge, lücke. Graff II, 134. BM. I, 1028. „Luckich daz hros, fallax equus"; Cgm. 17, f. 51a, Ps. 32,25.

Lugmilch, s. unten: lugk.

luegen (schwäb. luəgə~, altb. u. o.pf. seltener vorkommend: luəgng, lougng), a) schauen, (ahd. luogên, mhd. luogen; Graff II, 128. BM. I, 1052. Weigand, Wbch. II, 72. Zeitschr. III, 184,17. 417,335. VI, 118,11. 256,61. 260, II. 503,1. Cf. kärnt. lukati, durchblicken; Jarnik p. 90. gl. a. 141. 431. 443. 515. 556. i. 869. 873. 935: sichtbar seyn, zum Vorschein kommen, prominere; bey Otfr. schauen. Das ags. locian, engl. look, scheint mehr der Bedeutung, als der Form nach identisch). '*Luə'*, o.pf. *lou'!* sieh! gib Acht! *louts!* ey seht mir doch!' „Der Fürst (Herzog Albrecht III.) lugat stätig zu aynem Venster aus, do sprach der arm Mann: gnädiger Her, ewr ausluegen ist mein groß Verderbn, wan jr solt mercken mein clag"; Gem. Reg. Chr. III, 563. Wstr. Btr. IV, 209. „Visere, schawen; tueri, luegen"; Voc. v. 1445. „Ich lûget nâch der verte"; Labr. 104. luegen ze einem Ding, darauf sehen, deshalb Sorge tragen. „Zu den glocken oft luegen", Scheirer, Dienstordnung v. 1500, f. 14. „Man luegte zu der Statt werlichkait"; Wstr. Btr. V, 194. „Trewlich dazu luegen, das chain schad geschech"; Meichelbeck, Chr. B. II, 123. b) (Hoiß) lauern, aufpassen. „Darumb laureten und lugten sie eben auf sie"; Av. Chr. Auf den Thürmen und Thoren luegen, speculari. Gem. Reg. Chr. II, 60. 93. 167. Der Lueg-ins-Land, Name ehmaliger Wartthürme, z. B. in Nürnberg, Augsburg, München, (wo noch ein Gäßchen nach einem solchen benannt ist). Birlinger, schwäb.-augsb. Wbch. 320. „Der Bogenberg verdrittet einen Lug ins Land"; Bogenb. Mirakel 1679, p. 31. „Kaiser Probus entwich in einen gar hohen weiten Thurn, den hätt er vor ein Wart oder Luge in das Land bawen lassen"; Av. Chr. (Klein hat als bayrisch: „auf der Luegen, auf zwo Anhöhen, zwischen denen ein Thal ist"). Luginsland, eine der vier „Hueten oder Leger" im Fechten; Cgm. 582, f. 18. 19. 25. Der oder das Lueg, 1) der Lauerplatz, die Höhle; (ahd. luog, ntr., mhd. luoc, msc. u. ntr.; Graff II, 129. BM. I, 1052. Weigand, Wbch. II, 72. Firmenich I, 341,16: loggen, lauschen. Cf. lat. specus u. spe-lunca = speculunca?): ə~ *Fuchsluəg*. Auch als Nom. propr. für Localitäten üblich; z. B. der Paß Lueg im Salzburgischen. Sammler für Tirol IV, 58. Duckher, salzb. Chr. 155. „Es kamen auch mit guetem Fueg die Ramelstainer von dem Lueg", (alias: zum Loch, an der o.pf. Laber. cf. Grimm, RA. 955: ags. lôh, sedes, altfries. lôg, Gerichtsplatz; fries. Lôg, Loog, Lôch, locus, Dorf; Firmenich I, 23,6. 26,59. 27,60. Ehrentraut, fries. Archiv I, 193. Zeitschr. II, 391,2. III, 40,5); Hund, St.B. I, 310. Vielleicht ist auch Lue (Lou) bey Pfreimt so zu deuten. Luag scahharo, Räuberhöhle, Otfr. II, 11,23; luog, plur. luogir, gl. i. 934. o. 202. „Latibula, lustra, latebra, defensacula, luege"; Em. d. 6, f. 57b. „Nares („naras"), nasslug"; Clm. 5877 (XV. sec., 1449), f. 127. „Der leu in luoge sineme" leo in spelunca sua. „Hol oder luoch, antrum." „In daz luoch, in speluncam"; Windb. Psalt. „Diu gesah in einem steine ein vil wenigez luoch"... (Das Kind Jesus) „hete da gehuttet in einem engen luoge"... „Der luoch, do in sin muter intruoch"; Wernh. Maria p. 173. 177. 188. „Er luoget ûz dem luoge"; Haupt's Zeitschr. VI, 181. „Vor einem berge hoh genuc si sahen da ein creftic luc vinster und griulich dar ovz draken vræislich spiln gegen dem chinde Josep und sin gesinde waren der tagalt ungewon"; Kindh. Jesu, Hahn 83,2. „Daz zu Rom ein luog (Loch, Abgrund, „gruft, gewerf") wart ye lenger ye weiter"; Cgm. 54,

f. 17a. „Gab dem roſſ pulfer in ſein naſenluoger"; daſ. f. 47b. BM. I, 1052: Nasloch. „In einem slâf-luoge diu hûsvrouwe unde ir kint mit vil grôzen sorgen sint. Daz luoc was veste unde guot"; S. Helbling I, 683. BM. I, 1052: Verſchlag zum Schlafen. „Juwer wîp unde kint diu dort in dem luoge sint"; daſ. 709. „Die zît er do brinnen sach ein fiur in dem tuofær vor dem luoc"; daſ. 719. „Ein gebûre sîn slâfluoc wert vrumeclîcher vaster"; daſ. XV, 500. 2) im Spott oder Scherz: das Bett. Wiə! aussər ə˜ màl aus'n *Luəg!* Die Lueg, Weibsperſon, die gerne lauert, gafft. Der Lueger, die Luegerin, Perſon, die auf der Lauer iſt; die gerne lauert, gafft. „Kundſchafter und Lueger"; Gem. Reg. Chr. III, 65. Der luegerturn Wartthurm, MB. XVIII, 199. XX, 509. XXI, 30. Der Aufflueger, Auffeher; BM. I, 1052. Grimm, Wbch. I, 689. Zur Aufrechthaltung der Fiſcherey-Ordnung am Starn-
458 berger-See ſind zwey Auffllueger, der obere und der untere, aufgeſtellt. „Die Fronboten, die ſind Auflueger, das niemand pawen ſol an die Tüll oder Maur"; Münchner Magiſtr. Verord. v. 1370. Wſtr. Btr. VI, 94. Gem. Reg. Chr. II, 426. Der Zuelueger bey den Salzwerken; Lori, BergR. 303. 390. Der Lueger, (Aurbacher) das krampfartige Fixiertſein des Auges; den *Luəgər* hân. c) verluegen, überluegen, (O.Pf.) durch einen neidiſchen Blick (λοξὸν ὄμμα) bezaubern und an fernerm Gedeihen hindern; neugr. ματιάζειν. *Vəlou't, übə'lou't*, alſo bezaubert. Dés is z. B. ə˜ schéi˜s Stückl Veihh, mit dem Beyſatz: schöllt 's kaə˜ üb'ls Augh aə˜schauə˜, hört man oft. 'Cf. ital. mal d'ochio, Bezauberung.' In gl. i. 554: mit luagalinemo ougin, lubrico lumine (spectare sacram formam), iſt wol ein lüſternes zu verſtehen.

Die Legken (Léggng), Lägken (Lággə˜), (öſtliches Gebirg) die Legföhre, pinus montana; Schrank. „Du stellst di' i˜ d' *Löckern*", pinus erepens oder pumilio; Schoffer 33. Die Laublöcke, betula ovata; (Gaſtein; Zir.). Die Legkenſtauden, das Legkholz; collective: das Legkach. Vrgl. Lätſchen.

lugk (O.Pf. luəg), lugker (luəgə'), adj. u. adv., loſe, locker, nicht feſt, nicht ſtraff; (BM. I, 1024: lücke; Weigand, Wbch. II, 58. Zeitſchr. III, 532,66. IV, 3). „Der ſelbig lotter leicht und luck was gegenſchreiber auf der pruck"; Mich. Beham, Wiener 17,8. „Ein lugker Mann", unzuverläſſiger; (Ob. Schwab.; Aurb.). „Luck und loder"; Selhamer. „Luck ſeyn, flaccere; luck machen, laxare"; Prompt. v. 1618. VII Com.: „lucke, locker, weich; lucke machen, lücken, ammolare." lugker lâßen (luəgə' lâu'ə˜), nachlaßen, ablaſſen; locker laſſen. „Der mueß mich bezalen, ich lâß nicht lugker"; „den Proceß mueß ich gewinnen, ich lâß nicht lugker." „Lâß dein Halstuech ein wenig lugker." Nét *lugk* lau˜, zuſammen halten; (Ob.Schwab.; Aurb.). „Einem das Lufft und Luck laßen"; Bogn. Mirakel. 'Lugkmilch, Luggmilch, Loggmilch, (ſchweiz.) dicker Rahm; Tobler, appenz. Sprachſch. p. 303b.' „Her Hainrich Maiger ritter von Lochnow het gen (gegeben) ain halben Müt Kern den (Kloſter-) frowen (zu Thännikon) umb ain lug milch", '(hieher? oder bezeichnet „lug" an dieſer Stelle ein gewiſſes Maß?)'; Geſch. Fr. II, 119. 120. ſ. Lung.

„lagſen", (Hſr.) lauern. Etwa lâgſen, einem alten lâgisôn neben lâgôn, insidiari, lâga, insidiae, (cf. gl. i. 685, viae: „lacina, uuege-uuahta", Legg. Rip. 82; uuegalaugen, Legg. Alamann., Addit. 27) entſprechend?

Das Lêhen (Lêhhə˜, o.pf. Lèihhə˜, Lèiə˜), wie hchd., (ahd. lêhan, mhd. lêhen; Graff II, 123. BM. I, 996. Weigand, Wbch. II, 27. Cf. ahd. lâhan, tradere, Graff II, 97. ſ. unten lâßen: Loſtatt). Nach der Feudal-Terminologie kommt Lêhen mit allerley Beſtimmungen vor: Hench-Lêhen, Sêl-Lêhen (MB. XXIV, 338), Schmid-Lêhen, Schüßel-Lêhen, (Lori, LechR. 37. 38) ꝛc. Birlinger, ſchwäb.-augsb. Wbch. 309 f. Vilmar, kurheſſ. Idiot. 240 ff. In Ludwig's Rechtbuch, Cap. XVI, 218—220 (Freyb. IV, 461 f.) iſt gar die Rede von Perſonen, „die aigen oder die Lêhen" ſind. Namentlich iſt das Lêhen in der Landwirthſchaft ein Gut, welches vom Eigenthümer deſſelben einem Andern, gegen die von dieſem Theile gereichten, auch beym Todesfall und gewiſſen Rechtshandlungen ſo wohl des einen als des andern Theiles unter dem Namen des Lêhenraichs (Laudemiums) wiederholt zu entrichtenden, feſtgeſetzten Procente des ganzen Werthes, zuweilen auch außerdem gegen eine jährliche, beſtimmte Recognition, zur Benutzung 459
überlaſſen (geliehen) iſt; (vrgl. Gerechtigkeit). Nach dem ehmaligen Hoffuß wurde unter Lêhen ein Bauerngut von gewiſſer Größe verſtanden. Für die Landſteuer von 1445 (Kr. Lbhl. IV, 125) war der Hof auf 9 ß. dl., die Hueb auf 5 ß. dl., das Lêhen auf 4 ß. dl., das Viertel oder halbe Lêhen auf 40 dl., ein halbes Viertel auf 20 dl., ein Juchart Acker auch auf 20 dl., eine Selde auf 12 dl. angelegt. Der Lêhener (Lehhnə'), Lechner, Beſitzer eines ſolchen Lehengutes. Zum Behuf der Kriegs-Rüſtung von 1512 wird (Kr. Lhdl. XVIII, 434) auf einen ganzen Hof 24 dl., auf einen halben Hof oder Huben 24 dl., auf einen Lechner oder Viertheil 10 dl., auf eine Sölden oder Köbler 6 dl. gelegt. Nach dem L.Rcht. v. 1616, f. 576 ſoll ein Pfarrer auf dem Lande von einem Hofbauern 12 ß. dl., von einem Hueber oder Lehner 6 ß. dl., von einem Söldner 3 ß. dl. für die Seelgerät nehmen. Nach demſelben L.R. f. 597 mag ein Hof 24, ein Hueb 12, und ein Lehner oder Söldner, der zu bawen hat, 8 Schafe, aber ein Söldner, der nicht zu bawen hat, nur 4 Schafe halten. „Siben perckclafftern iſt ain lehen, und ain lehen hat ſiben ſiben clafftern"; tirol. Bergw. 1203, f. 139, mit Abbild. lêhenen, lêchnen, dergelêhnen (də'g'lêhhnə˜), entlêhnen (untlêhhnə˜), wie hchd. lehnen, entlehnen; (analêhanôn, erlêhnon, intlehanôn, accommodare, foenerare; gl. i. 693. 917. 921). Das Gelêhnet, Gelêhet, (Ilm) das Geliehene, das, was man zu leihen genommen. „Ich ſchrei der Here nach: Komm um ein Gelehet, d. i. um was z'leihen"; Bucher's Charfr. Proceſſ. p. 139. Wenn Einen die Trud druckt, muß er rufen: Kim um eppəs z'leihə˜! worauf ſie ſich des Morgens einfinden muß; (Obrm.). Das Lêhen-Roſs (Lêhhə˜rós), gelehntes Pferd, Lehnpferd. Der Lêhen-Röſsler, (Nürnb.) Pferdeverleiher; (München) auch zugleich was Lêhen-Kutſcher, Verleiher von Roß und Wagen. lêhenweis faren, ſich lêhenweis füeren lâßen, d. h. mit entlehntem Fuhrwerk. Die Lêhenſchaft (eines Altars, einer Kirchen), die geiſtliche Lêhenſchaft, ä. Sp., jus patronatus, Präſentationsrecht; MB. XIX, 75. 95, ad 1402. Der Lêhenherr eines Altars, einer Kirche, Patronatsherr, der eine Pfründe verleihet; ibid. p. 141.

leihen (leihhə˜); ich lih (lihh) oder leihet; gelihen (g'lihhə˜), wie hchd.; goth. leihvan, ahd. lîhan, ich lêh, uuir liuuumes; giliuuan; mhd. lîhen: ich lêch, wir lihen; gelihen; Graff II, 122. BM. I, 995. Weigand, Wbch. II, 33. „Cf. linquo, liqui, lictum"; Dr. K. Roth); VII Com.: laiben, laigen. Die nach Grimm I, 146 aus dem alten Partic. Prät. uerliuuan entſprungene Form ferliuwen (verliehen) erſcheint in Zweybrücker Urkunden (Bachmann, über Archive p. 174. 188), auch im Hortus deliciarum (Mainz, 1520) gar als verluwen; in Mainzer Urkunden regelmäßig geluwen, (Dr. Roth); (gl. i. 644: luwe du, praestitisti). Das geluhen Geiler's von Keiſersberg (Poſtille II, 17) iſt wol nach derſelben Analogie entſtanden. „Ju hât unser herre gar grôz êre verlühen." „Dîn selbes lîp, den got dir verlühen hât." „Daz ir milte sult sîn mit dem, daz iu got verlühen hât"; Br. Berht. 38. 67. 128, (Pfeiffer 145,4. 270,15. 58,7: verlihen). „So er

kirchen lihen solte"; Cgm. 94, f. 50b. R.A. Einen zu leihen nemen, ihn derb abprügeln. ableihen Einem etwas, es von ihm zu leihen nehmen; (HyE.).
460 für- oder vorleihen Einem etwas, vorstrecken. Lori, BergR. 576. Das Für- oder Vorlêhen; ibid. 463.

'Der Leihkauf, Leikauf, s. unten: das Leit. Zeitschr. III, 306. VI, 160. 445. 468,27.'

Das, der Lôh (Louhh, Laəhh), Dim. Lœhlein (Lêhhl), a) (Ob. Ammer) der Busch, das Gebüsch. Hasel-lôh, plur. Hasellœher; (cf. gl. a. 482. i. 867. 930: dornlaoh, dornloh, rubus, tribulus). Verbreiteter ist das Wort als Orts-Eigenname, besonders mit der adjectivischen Flexion des ersten Bestandtheils. „In loco nuncupante Hesilinloh"; Münchn. Cod. aus Wessobrunn (saec. VIII.), f. 66 b.; „ad Hesinloch"; MB. VIII, 365. „. . . et per sylvam Heseloch" (bei Wiesbaden, wo auch Brunehildestein liegt); Urk. v. J. 1221 bei Gudenus, cod. diplom. I, 479; (Dr. K. Roth). s. Hasel. Das isl. lô, corylus, hängt damit wol keineswegs zusammen. b) der Hain, Wald; (gl. a. 567. 665. i. 271. 568. o. 85. 242: loh, loch, lucus). Graff II, 127. BM. I, 1041: der und daz lôch, lô; Grimm, Mythol.[2] p. 1202 f. Weigand, Wbch. II, 57. 60. Vilmar, hess. 31; kurhess. Idiot. 252. Zeitschr. II, 391,2. III, 463. Cf. kärnt. log, logaz, Aue, Lustwald, prelog, ausgebrannter Heckenwald; Jarnik p. 87; slaw. lug, s. unten: die Lôh „(Sumer,) dû ziereſt anger unde lô"; Walther v. d. V. 76,11. „Do ich des melben durres lô gebert het wol uf mitten tag", (geritten war im Wald); Cgm. 717, f. 112b. „Dû soltest fliegen hôhe über welde und über lôhe"; M. Helmbrecht 606. „Gên lôhen („lohern") von dem walde rât ich dir dar durch suochen"; Labr. 34; cf. 432. „Dô si den âbent spâte gie suochen kelber in dem lôhe; Helmbr. 1391. „Aquilo der warf si verre in einen lôch". . . „er warf si verre in den walt"; Cod. c. pict. 73, f. 72a; (Docen, Misc. II, 205). „Ein loh genant das fiechtech". 1427 (bey Altdorf); neu. lit. Anz. II, 510. „Sylva heißt das was man (an der Ob.Ammer) einen Laich, im Hochd. einen Hain nennt"; Wstr. Btr. IV, 69. „Hinter'm Laich, im Laich, hinter dem, in dem Gebüsch; (Lechrain; Baron Leoprechting). Bannlaich, Privatholz oder Wald, entgegen: Gemainlaich; (Jir.). s. unten Berlaich. „Löher und Vorhölzer"; Meurer's Jägerkunst f. 247. „. . vier löher . . und standent drei loch mit Zimmerholz"; MB. XXII, 485. Als Appellativum veraltend, ist das Wort Lôh (vrgl. Hart, Ach rc.) heutzutage mehr als Eigenname von Wäldern und Waldparzellen oder Orten, wo ehmals solche gestanden, gebräuchlich; (s. Förstemann II, 947 ff. Birlinger, schwäb.-augsb. Wbch. 317). Zeitschr. IV, 176. 268,7. So: das Lôh (Loch) bey Sulzbach, bey Kelheim, bey Aubing rc. cf. MB. XIII, 417. XXV, 11; das Lœhlein (Lêchl·) bey Rimberg, bey Harlaching, bey München, (Burgholzer's Wegweiser p. 392); und mit vorangehender näherer Bestimmung: z. B. das Hubloch, Kr. Ldhl. VIII, 495; der Katzer-Lôh, (MB. II, 324: Chaterloch); der Ochsenloch, Lori, L.R. 156; der kotige Laich, Meichelb. Chr. B. II, 178; der Praytenloch, MB. X, 274; der Lutenloch, MB. X. 400; der Achloch, Mitterloch, Strafloch, MB. XVIII, 74. 168. 255. 549. 561; der Widenloch, Seyloch, MB. XXIII, 430; der Wolvinlohe, MB. XXIV, 42; der Haylach, MB. XXV, 45. „Sylva Perinloh", Ried ad 900; „Sufrinloh, Ottarloh", gl. i. 814; in mittan Rotenlôh", (Rottenloh, meint K. Roth, von Rotto = Rotger), M.m. 35. Hieher gehören eine Menge Ortsnamen auf -lôh, -lôhe, -lach, z. B. Buelach, Buechlôhe, Eschelohe, Eschenlohe, Keferlohe, Perlach, Strâßlach rc. Bernlaich, Berlach in Augsburg, „ab ursis publica cavea ibi altis"; Henisch 293. Grimm, Mythol.[2] p. 270 f. 274. Cgm. 574, hinten: Bernlaich. „Cumque venirent ad collem qui dicitur Pereleich"; Velseri opp. p. 566, vita S Ulrici. Em. F. 118, f. 41 (Pereleihc). Clm. 5895 (XV. sec., 1476), f. 439. Kaisersh. 144, fol. ult. „Weilen er an diesem R. R. ob der Perlach als an ainem gefreyten Orth gefrevelt", (1640, Augsb.); Cgm. 4905, f. 561. „Der inre prottisch gen dem Berlaiche"; Augsb. Urk. v. 1286 in Leipzig, in dem Bericht der deutschen Gesellsch. in Leipzig, 1841, S. 65. „Rex Tyrus Mogonciensis natione de quodam oppido videlicet appellatione peregrina Berleich nuncupato"; Mone's Anz. 1838, Sp. 526, von Pilatus und Judas. Cod. Ulm. 59. Cod. ZZ. 390, f. 44, 12°. Clm. 237. Vrgl. oben, Sp. 263: Berlaich und 404: Perlach. Förstemann II, 203. Cf. česk. brloch, brloh, Wildlager, lustrum, (Jandit 39); kärnt. berlog, Tiefe, Höhle, Wildhöhle, Lager für das Wild, (Bärenloch?); Jarnik p. 89. Ein „Marsso de *Brloch*" in Böhmen (1402); Prüfl. 34, fol. ult. „Berenleich (Person) tradidit S. Bonifacio proprietates suas in Teggenbach"; Tradd. Fuldens., ed. Dronke, p. 35. Cf. Hyge-lác im Beowulf; Otloh monachus, u. s. Grimm II, 503: Adal-leih, Amal-leih, Heri-leih, Hilti-leih, Ort-leih, Ôt-leih, Rât-leih, Sigi-leih, Wini-leih rc. Förstemann I, 824. Dieses Element an Ortsnamen geht durch ganz Deutschland, die Niederlande und, wie es scheint, bis nach Frankreich. Hohenlohe, Waterloo, Boulay, St. Germain-en-Laye etc. Kemble, Diplom. I, 32: sylva Stelcanleag; 52: Stretleac, Aearamundes leac; 63: in loco silvatici ruris Hellerlege, in loco Ambreslege; 128: Uuisleag; 258: od litlan leah. Frumesing leah. Beardinga leah. Sponleage. bituihu langun leag; 315: æt Crogleage; II, 54: on Bading leage. on Fearnlege. on tha westrun fearnleage; 73: fram langun leage. to Senan leage. Ob Lich, der Ortsname, im J. 812: Leohe, Leoche, Liohe, Leochen, Liochen (Förstemann II, 929), bei Erasm. Alberus: Liech, zu Loh, lucus, gehöre, wie Weigand (Oberhess. Intellbl. 1846, p. 252) meint, zweifle ich. Vrgl. das folg. Wort.

Die Lôh oder Lôhen, Lôgen (Lou', Lougng), nasse, sumpfige Stelle im Boden; Sumpfwiese; (Weigand, Wbch. II, 60. Cf. slaw. lug: „pratum apud Russos duntaxat, lug enim apud veteres est lucus"; Dobrowsky, institutt. ling. slav. dial. veteris 31). Auf dem Fichtelberg gibt es mehrere sehr ausgebreitete Lôhen. Die ganze Gegend um den ehmaligen, jetzt ebenfalls zum Torfmoor gewordenen Fichtelsee besteht aus solchen Lôhen, den nie versiegenden Quellen der Flüsse, die von diesem Punkt aus nach allen Weltgegenden hinabströmen. Goldfuß und Bischof, B. d. F. I, 62. Flurl, B. d. G. 455. Ob der „Lâ" (Lâ? Lain) MB. I, 435 ein Sumpf ist oder ein Bach (vrgl. Lain), weiß ich nicht. (Vrgl. isl. 461
lâ, Wasser; jarnlâ, Sumpfwasser, worin Eisenerz aufgelöst). In verschiednen Stellen ist ungewiß, ob Lôh in dieser oder in der Bedeutung des vorhergehenden der, das Lôh zu nehmen sey. „In allweg solle den Bawrsleuten jhre Lehen und Gehültz mit jhren Hunden abzujagen verboten seyn." „In den Lohen, Awen und Wörn soll man das nutzbare Arch- und Wörholz, es sey Veichten, Erlach oder Weidenstauden, so vil müglich verschonen"; Forstord. von 1616, Cap. 17 und 59. „Ein Hof, der statt guter Wiesen nur Holzwiesen oder Lohflecke zwischen Feldern hat"; Volkmann, Versuch über Steuerperäquation p. 18. „Prata ultra Iseram que vulgariter Widerlon (?) dicuntur"; MB. IX, 499, ad 1143. Meichelb. Hist. Fris. I, II, 547. (cf. Lôn). „Bei der lou"; MB. XVIII, 473, ad 1453. Eine Ortschaft bey München zwischen der Au und Giesing heißt die Loh (Lou): ei˜ də' *Lou*. So gibt es auch ein Lôh (Lou) bey Dietramszell, ein anderes mit römischen Mosaikböden bey Taherting an der Alz. Förstemann II, 885 ff. Wie verschiedenen Ursprungs übrigens das vorige und dieses Lôh (welchem eher ein g als ein h zu gebühren scheint; vrgl. auch lœg) seyn mögen, so können sie immerhin nach der Hand etwa unter dem Begriff eines unbebaut liegenden Grundes (cf. schott. lea, agſ. leg, Lehde. Voc. Archon. f. 36: verlegner acker, tesca; Diefenbach 580c) mit einander vermengt worden seyn.

Wirklich werden nach Baur im b. Unterlande auch solche Grasplätze, die an Abhängen und also ganz trocken liegen, und aus andern Gründen nur als einmädige Feldwiesen benutzt werden können, Lougnə~ genannt. Im Russischen ist lug, böhm. luka, eine Wiese; russ. luscha, böhm. lauže, eine Pfütze. Die Löh-ber, (Nürnb., Hsl.) Wacholderbeere. Der Löh-Täubling, (Baur) **agaricus campestris, le champignon.**

„Loh", a) im Sinn des hchd. die Lohe (Flamme) unvolksüblich. b) der Brand im Weizen oder Hopfen; (Wstr. gl.). Aus dem „law, flamma" des Voc. von 1445 schließe ich auf ein langes o (ô). In diesem Fall würde auch der louch, flamma, der ahd. Sp. (Windb. Psalt. „der louch des fiures"; flamman, den louch, Cgm. 17, f. 45a. gl. i. 858: flintanter louch, vorax flamma; gl. a. 261. i. 171: lauc; Gudrun 647,2: der louc; Clm. 5877, v. 1449, f. 116: lauch des fewers, flamma. Graff II, 151. BM. I, 1031. Weigand, Wbch. II, 60. Vilmar, kurhess. Idiot. 252) zu vergleichen seyn. „So fleht der lohe des feures uf"; Renner 13963. „Minne entzundet herzen zunder on fewr und on loh sie macht manchen senenden froh"; Cgm. 714, f. 107. loheinen, (Nürnb.) nach Feuer riechen. Ob das eichstädtische glouhhəz·n, erglühen, hieher oder zu glüehen (s. d. W.) gehöre, kann ich nicht bestimmen. „Auf einen geluetten kollen". . . in einen gehaitzten oder geluetten ofen"; Cgm. 633, f. 167½ u. 2b. „Uf einen geluegenden koln"; Griesh. Pred. II, 19. (Gl. i. 552 ist uzlougazan vomere ignem, a. 52 lohian, a. 261. i. 32. 706 lohazan rutilare, corruscare; Cgm. 17, f. 112b, Ps. 76,19: lohozunge corruscationes; dagegen i. 555 lugizunga crematio. Grimm, Mythol.[2] 162). s. auch Lein-huet. „De fure, de hloth et de here. Fures nominamus usque ad VII homines, a VIII hloth usque ad XXXV homines, deinceps est here"; Leges Alvredi regis, Reinh. Schmid, Gesetze der Angelsachsen I, p. 58. „Pro raptu et incendio facto de nocte quod loth dicitur"; Rotenburger a. T. Landgerichtsbuch ad 1274. „Pro spolio quod dicitur Lûth et incendio nocturno"; ibid. ad 1274. „Pro crimine quod heimsûche et Lûth dicitur"; ibid. ad 1276; (Mittheilung Zenker's; s. unten Lueth). Vrgl. unter Nacht: nachtlüden. Das G·loh- (Glóhh-, Glóck-, Glót-, Gló-, Klàg-) Feur, der Rothlauf; (vrgl. gl. i. 553: lohafiur, impetigo). „Für das Glochfeur"; Cgm. 3721, f. 114. Grimm, Wbch. V, 1025: Klauhen; vrgl. oben Sp. 969. 970. Vielleicht steht selbst die zweite Hälfte des hchd. Wortes Rothlauf (bey uns das Rötläuf), wie Stalder's gleichbedeutendes Laub, nach Gramm. 486.
462 504. 686 zunächst mit der oben angeführten ältern Form law in Zusammenhang. s. oben, Sp. 1405: Laubfleck und vrgl. das folg. Wort.

Das Lôh (Lou), die (Gerber-) Lohe; (ahd. mhd. lô; Graff II, 33. BM. I, 1040. Weigand, Wbch. II, 60). Voc. v. 1445: „aluta, cerdonium, la, laa." Diefenbach 27b. „Man sol allen churban flewn von dem lo"; von Sutner. Der Lohbèrn, s. oben, Sp. 261: der Bèr. „Lo-stamphe in Monaco"; MB. IX, 580, ad 1241. Wirzb. Verordd. v. 1770 haben Loher, von 1720 Loherer, von 1615 u. 1572 Löber, Lober (d. h. Löwer, und eine alte Form Löw, Law nach Gramm. 486. 504. 686 neben Lôh voraussetzend) für Lohgerber. Zeitschr. VI, 16. „Cerdo, ein lauwer"; Voc. v. 1477. Diefenbach 114a. „Die weißgerwer sollent ir vel innewendig, die louwer ußwendig der muren wirken"; Speirer Policeiordnung sec. XIV. Noch die Lauergasse daselbst. Zeuß, Speier p. 24. s. unten Lösch. (Vrgl. gl. a. 598: gilooht, infectum, und die Anmerk. zum vorigen Artikel).

lühen (schwäb. lihhə~, nordfränk. lü-ə~) gewaschene Wäsche, sie durch reines, kaltes Wasser ziehen, um sie vollends von der Seife zu reinigen; schwenken. (Gl. a. 292. 294: luhhen, luere; irluhit, luit; luhit, lotus, lavatus; isl. loa, alluere. Graff II, 145 f.).

Der Lueh (Luəhh, Luəhht, Luə't), 1) Fäserchen, welche beym Ausbürsten eines Kleides wegfliegen; Wolle, welche der Tuchscherer wegschneidet; Flaumfäserchen als Unreinigkeit in den Haaren eines Menschen oder auf Kleidern und Möbeln; span. tamo. (Isl. lô, titivillitium, tomentum, pappus; schwed. logg; dän. luv, luven, lu, laad, lod, Wolle, Flaum; luslidt, fadenscheinig, abgetragen. Cf. ags. vlôh, villus, fimbria: „ne wloch of hrægle"; Andreas 2946, Grimm p. 43,1471 u. 132). „Man sol nemen ein lüet von einer alten clain leinbatt und sol dies in dy wunden tun"; Cgm. 245, f. 51. Mit enkə'n Auskérn machts àlls vollə' *Luə'*. Dei· Kidl is vollə' *Luə'*, håst gwis Fédə'n ins Bétt ei~gfasst. „Hanns (in den Hosensack greifend): I greif nix als än *Luecht*, I find nix . . ."; Lindermayr 68. Castelli, Wbch. 194: der *Luach*, Staub. 2) (Dtgr.) Ansatz von Wasserdämpfen an Geschirren ꝛc. (vermuthlich blos ein uneigentlicher Gebrauch der ersten Bedeutung). luəhhi', luəhhti, luə'di', adj., voll von Fäserchen ꝛc.

Die Lueh (Lou), in der o.pf. R. A. i~ d· *Lou* gêi~, verloren gehen, abhanden kommen, entwendet werden, entspricht dem isl. Neutr. lôg und Fem. lôgan, abalienatio, neben dem Verb lôga, alienare, consumere, wovon die ganze parallele R. A. „thad fémst ecki î lôg" üblich ist. Durch den Forstgehilfen „gêit manchəs Fêidə-l Hulz und Stra i~ d· *Lou*." s. Gramm. S. 486. Vrgl. indessen auch Löß, Merzenlöß und verliesen, (engl. a loss).

Der Laij (Lay), Laig, der Laye, (laïcus, *λαϊκός*), jedoch nicht volksüblich; (ahd. leigo, mhd. leie, leige; Graff II, 152. BM. I, 960. Weigand, Wbch. II, 7. laih-man, laicus, gl. a. 296; leichhiu (panes) laicos, i. 241. 255; leichmannes roc, froccus, o. 332; leigun, laicos, M. m. 71). Die Lay-lèr, Lay-red, homilia, (Lehre, Rede ans Volk); Hüb. Voc. von 1445. Der Lay-zehent, Zehent, der von nicht geistlichen Personen (Gutsbesitzern, Bauern ꝛc.) bezogen wird; MB. XXIII, 327. „Pium est et debitum", sagt ao. 1333 (MB. XXV, 131) der Bischof von Bamberg, „decimas de laicorum manibus eruere et ad jus ecclesiasticum revocare." laijisch, laysch, a) nicht geistlich. „Laysch Person", weltliche Personen; Urk. v. 1488. „Euch als Laischen"; Ried ad 1539. b) nicht eingeweiht in irgend 463
eine Wissenschaft oder Kunst. Die laysche Anzaigung, gedruckt zu München 1531, enthält Verhaltungs-Regeln für Layen in der Rechtswissenschaft, die als Adeliche oder sonst mit dem Gerichtswesen zu thun haben.

Die Laij (-laə, o.pf. -lài; nur mehr in der Zusammensetzung üblich), die Art; (mhd. leige, leie, lei; Grimm III, 79; Reinh. p. 282; Wbch. I, 224. BM. I, 961. Weigand, Wbch. II, 29). Aənə *laə*, zwaarə'*laə* ꝛc.; o.pf. dèrə'*lài*, derley; gschwistə *laə* Kində'. „Also was ainer laye volch die hiezen amalachite"; Griesh. Pred. I, 16. „Wie manger layge wîse er gesendet wart"; das. 30. 31. „Der layge tiufel", hoc genus diabolorum; das. II, 95. „Wir vinden daz er in fiumf leyge bilde gesendet wart; das. 31. „Daz haubt wirt mangerlaie (genit.) wunt"; Ms. Moll-Schindler. „Plinius der spricht, daz dreierlai zend sein . . . der anderlai zend . . . der dritter lai zend"; Konr. v. Megenberg, f. 9, (Pfeiffer 13,33. 14,3. 5). „Suln pachen sehs leie brot"; Augsb. Stdtb. „Zwelf schilling wiener pfenning . . . und darzu zehen schilling derselben lai pfenning"; MB. XI, 262, ad 1290. „Suelher lay pavm er im abgehavn hat, derselben lay sol er hin wider setzen"; Rchtb. v. 1332, Wstr. Btr. VII, 79. „Meinerlay, deinerlay, seinerlay, meates, tuates, suates"; Voc. v. 1445. „Was er ley, was für ley, cujuscunque generis"; Voc. von 1735. „Eine Gerichtsbarkeit von solcher Ley . . . in jeder Ley der Spile . . . auf vielfache Ley"; v. Arx, St. Gallen II, 381. 397. III, 483. In der Schweiz sagt man, wenn ich mich recht erinnere, beym Kartenspiel Leij halten für: Farbe halten. Vrgl.

das altfranz. 'ley, loi, Art und Weise, Gesetz': „a ley d' home cuy yoi non plats, à guise de celle à qui je ne plais pas“, (Sordel); auch span., portug. laya, Art, (Diez, Wbch. 505).

Loy, Gloy, Eligius. „Loy Lemburger“; Gem. Reg. Chr. IV, 257, ad 1514. St. Eligius (Saint Eloi), nach der Legende weiland Goldschmid am Hofe des fränk. Königs Klothar II. ist Patron der Schmide. Legende von St. Loy oder Eloy dem Schmid; Cgm. 3899, f. 100—103. In den seit 1611 oft wiederholten Mandaten gegen Aberglauben, Zauberey ꝛc. wird auch gerügt das Herumtragen von Heiligen auf der Gasse mit „truml und pfeiffen“, besonders das des h. Urban durch die Schaffler und das des St. Loy durch die Schmide, und der Umstand, daß man diesem guten Heiligen, wenn es schlecht Wetter sey, förmlich den Proceß mache, und so verurtheile, ins Wasser geworfen zu werden, weswegen Einige frevelhaft genug seyen, für den Verurtheilten, damit ihm die Strafe geschenkt werde, baldiges besseres Wetter zu verbürgen. In Neapel muß sich, wie bekannt, der heil. Januar (San Gennaro) noch heutzutage eine ähnliche Behandlung gefallen lassen. Grimm, Mythol.² 727.

Die Lojika, s. oben, Sp. 1461: Loyka.

„Locat, Cantor, ludi magister, Schulmaister“; Voc. v. 1618. Joh. Pauli 242.

---

láli', in Verbindung mit klain, ein an der Ilm beliebtes Adjectiv: klaə~-láli', sehr klein, niedlich klein, mignon. ə~ *klaə~-láli's* Kində-l. Vrgl. leizig.

lallen (làll'n), 1) mit schwerer Zunge, unarticuliert reden. BM. I, 929. Weigand, Wbch. II, 7. Zeitschr. V, 396, V, 6. 2) (verächtlich) reden überhaupt. 3) saugen; schnullen am Sauglappen. Das Geläll, (Wrdfls.) Lalzen, Kinderey, Scherz; verliebtes Tändeln und Küssen. lallezen in den Bedeutungen von 1 u. 2). Der Laller, 1te und 2te Bedeutung. 3) Sauglappen. lálәz·n, träg dahergehn, arbeiten; ə~ Láləzə' oder Lálá (◡ –); b. W. Zeitschr. VI, 437. 446. Vrgl. d. folg. Wort.

Der Lalli (Làli), Fem. die Lallen (Làl·n, Làjn), Laffe, Maulaffe; unausrichtsame Person. VII Com: lello, faul, träge. Vilmar, kurhess. Idiot. 252: Lolles. Zeitschr. III, 306. V, 155. VI, 437. 446. Vrgl. Graff II, 209: Lallo, Lollo, msc., Lala, fem.; ferner Stalder's Löli, das böhm. laula, plumper Mensch, Tropf, und selbst das neugriechische λωλος. „Καὶ αἱ πέντε ἀπὸ
464 τέταις ἦταν φρόνιμαις καὶ αἱ πέντε λωλαις“; Matth. 25,3. Isl. ist lalla aegre ambulare, lolla segniter agere, lollari ignavus homo; engl. a lollard; (Müller, etym. Wbch. d. engl. Spr. II, 43). Über die Beghaarten (Beckhart) und Lolharten und ihr Treiben siehe Matth. v. Kemnat, Cbm. 1642, f. 131 ff. Vrgl. oben, Sp. 215. lallicht, lallət, adj.

Der Lel-Lapp, Lel-Lapps, Lelaps, Laffe. „Deə'nl, wer kà~ dəfür, dás d' mə' so gfällst? der müəst ə~ *Lélaps* sei~, der di' nét hàlst“; Seidl, Flinſ. III, 26. lellen, (verächtlich) reden; mhd. lellen, BM. I, 929. „Bei dem sitzet einer stille und sprichet: neina lille und ville“, (er lallt als Trunkener); Renner 10511.

Der Leller (Lәllә'), verächtlich: die Zunge. Die Leller-Pappen (Lәllәpappm), Maul mit vorgestreckter Zunge.

Die Liljen, Lilgen, Ilgen, Gilgen (Lịlgng, ịlgng, Gịlgng), die Lilie. Graff II, 209. BM. I, 998. Weigand, Wbch. II, 51. Zeitschr. VI, 449. Gegen Zahnweh: „nim gelb lilgenwurz gegraben um Sant Johans gotztaufers tag“; Clm. 17500, Vorsetzblatt.

Die Liel, s. unten Lien.

lullen, lambere, sugere linguam, digitum etc.; Prompt. v. 1618.

Die Lulle (Lull·n), Tabakpfeife; westpreuß. poln. Lulke; vrgl. Ludel. Weigand, Wbch. II, 73. Zeitschr. III, 313. IV, 157. 158. 441. „Schau, Nachba', die *Lull·n* da, die brauch I jetzt nimma'“, sagt Christoph zu Adelwaltnern, indem er die Tabakpfeife wegwirft, — in Sohnland Schubaur's Vermächtniß, 1834, S. 286.

„Lulecken ezzen“ (?); Haupt's Zeitschr. VIII, 557,238.

Der Lüller (?). „Den lüller hieß man trüllen auf“; Ring 8d,11.

Die Lam, Name einer Erzgrube und Ortschaft im bayerischen Walde. Flurl, Beschrb. d. G. p. 283. Lori, BergR. f. 64, ad 1463. Im Slawischen (zunächst Böhmischen) ist lom von lámati (brechen) ein Bruch, lom kamene ein Steinbruch, wozu auch das isl. lami, fractura, von lama, debilitare, frangere. Cf. Stalder's Lamm, schwed. lämm, Wasserschlucht. Botzen: der Lamer, Geröllhaufen. G·lämmer, Steingeschiebe; Tirol. Kirchtag 1819, p. 15. „Bey der Lamer“, Hübner, Salzb. 321. Zeitschr. V, 435. VI, 437. Auch ein Ort bey Lichtenfels kommt in von Lang's Regesten ad 1180 unter der Benennung „in Lame“ vor. Die Lam im Bambergischen bey Rattelsdorf. Vorstlam, Kirchlam, Veitlam, Lamitz im Bayreutischen; (v. Lang). „Alla Lamera“, Name einer contrada in Asiago; Dalpozzo p. 52. Cimbr. Wbch. 141a.

lam, wie hchd. lahm; (ahd. mhd. lam, debilis; Graff II, 210. BM. I, 929. Weigand, Wbch. II, 6). Lamarsch, 'langsamer, unbehilflicher Mensch'. s. Lem.

Der Lamech, (Nürnb., Hsl.) unbehilflicher, einfältiger Mensch. Der Lamerlein, (Nürnb., Hsl.) dummer Mensch. s. Lampel. Die Lamedei, (Augsb.) langsame Weibsperson; unbedeutende Sache; cf. isl. lami, res fracta inutilis, (s. die Lam); (b. W.) Amәley, dumme Person.

'Die (das) Lammel, Lämmel, Lommel, Klinge eines Messers ꝛc. BM. I, 929 f.: daz lâmel. Vilmar, kurhess. Idiot. 252. Zeitschr. II, 32. 83. VI, 351. 437. Cf. lat. lamina, lamella; ital. lama, franz. lame, (Diez, Wbch. 198. Diefenbach 316b. c).' „Dem die lamel und auch daz hefte weichen wenn er sneiden sol“; Renner 3980.

Der Lamentabel, das Gejammer, Lärm.

Das Lámәsdámәs, corrumpierte Aussprache des gemeinen Volkes für Te Deum laudamus.

Das Lamm, wie hchd.; (goth. lamb, ahd. lamb, lamp, mhd. lamp; Graff II, 213. BM. I, 930. Weigand, Wbch. II, 8. Zeitschr. IV, 117, I). In den Ableitungen läßt auch der Dialekt das p noch als wesentlich vortreten; s. Lampen, Lämplein. „Was man vil sagt dem wolf, so spricht er: lamp lamp;“ Clm. 12296 (XV. sec.), f. 213. „Ez ist verlorn swaz man dem wolf gesagen mac pâternoster durch den tac, wan er spricht doch anders niht niwan lamp“; d. w. Gast 14716. Haupt's Zeitschr. VI, 286 f. „Lampel Gotz erbarm dich über uns! Litaney, Cgm. 481, f. 3. lämmern, lemmern, adj., vom Lamm, (ä. Sp. lembrîn, lembrein). ə~ *lәmmәrә~s* Viertl, Brádl ꝛc., ein Lamms-Viertel, Lamms-Braten. „Enhalb der prukch sol man wurchen gut lembrein gewant an allt wolle, und zu dem lembrein tuch mag man nemen ainen vierdung kursen wolle“; Loderer-Brief im Passauer Stadt-Rechtbuch, Ms. „Man sol auch werffen zwaintzigk zol zu dem lembrein tuch und nicht mynner vnd an dem alten loden nicht wan ainer zol mynner“; das. 'lämmern, lämbern, vrb., Junge werfen (vom Lamm); Zeitschr. III, 463. VI, 437.'

Der Laim (Laәm) und der Laimen, der Thon, der Lehm; (cf. Gramm. 149; ahd. leim und leimo, argilla, limus, creta, mhd. leim und leime; Graff II, 212. BM. I, 998. Weigand, Wbch. II, 34. Zeitschr. VI, 436 f.). „Du pist ain mensch von luem und kot“; Cgm. 4597 (v. 1454), f. 93. Fig. I sitz iətz sәl' i~n *Laәm*, bin

jetzt selber in Verlegenheit; Pangkofer, Ged. 204. XXXI. Maisterlaim, (Fwrb. Ms. v. 1591) Töpferthon? „Bestreich das glas mit Letten oder Maister-Laimb" . . . „vermach den hafen wol mit Maister laimb." R. A. Um den Laim faren mit Einem, ihn betrügen. laimig (laəmi'), a) thonicht, argillosus; b) die Bedeutung zäh, träg, langsam scheint nicht als eine figürliche hieher
465 zu gehören, sondern einen eigenen Stamm zu haben. „lámlåkád, ohne Leben, träge, lendenlahm"; Seidl, Flins. (1839) II, 61. 100: „Nà˜, endli' kriechen ə' lau˜lə˜d aus wie d' Erdzeisl'n au'm Feld und schau'n *lámlåkád* umadum und gámáz'n in d'Welt." „Bin ə˜ Mà˜ bə də' Schneid, bi˜ niə *laəmlåkət* gwe'n"; Kaltenbrunner 107. Castelli, Wbch. 186: „lahmlåkad, träge, zurückhaltend, zu allem gleichgültig, zu nichts zu brauchen, z. B. Du bist a *lahmlåkada* Kea'l." Zeitschr. III, 306. IV, 3. Vrgl. oben, Sp. 1432: läck und unten: luem. s. luemig.

Die Lem, Lähmung, Paralysis; (O.Pf.) jeder unheilbare Schaden am Körper. Nach dem ältesten Strafrechte wurde eine lem durch eine andre lem bestraft; Münchner Charta magna von 1294. „Beinschröt, Läm oder abgeschlagene Glider"; L.R. v. 1616, f. 403. „Barbara N. ist an den Franzosen anderthalb Jar mit großen Schaden und der lemb hertiglich gelegen a⁰. 1519"; Altöttinger Votivtafel. „N. hat ein ganzes Jahr die Lem häfftiglich gehabt"; Aufkirch. Mirakel. Eine Schamläm, eine den Körper entstellende Lähmung; Bayreut. Bus- und Frevel-Ord. v. 1586. Läm-beule. „Lämeisen, murex"; Prompt. v. 1618. „Swer die warheit alle zeit wil reden, der wirt ein lemscheit allen den, die valschaft sint"; Renner 13485. ə˜ Lempə', (b. W.) der mit einem unheilbaren Schaden behaftet ist; ə *Lempə'*-(lempə'?)Háchen. lemig, adj. und adv. „Einen lemig schlagen"; MB. XXIII, 667. lamen, lahm sein, lahm werden; lemen, wie hchd., lähmen, lahm machen, (ahd. lemian, debilitare, mhd. lemen; Graff II, 210. BM. I, 929). „Kristen gelaube lemt (lamt) doch sere, seit irdisch gut und werltlich ere jungen und alten sind so wert"; Renner 19841.

„Lemmen." In Kr. Lhdl. XIII heißt es S. 27: „Nachdem sich zu zeiten aus Lemmen und Muthwilligkeit begibt, daß die Frauen von ihren Männern ziehen und Ew. Gn. um Schutz und Schirm anrufen", — wofür die in Scheid's bibliotheca histor. Gottingensis eingerückte freye latein. Übersetzung sagt: „ex levitate et pertinacia." Das Wort scheint zusammenzuhangen mit dem Limmen in: „limmentes, hinnientis (equi)", gl. i. 1103. „Er (Wate) begunde limmen sam ein swîn", (rugire, im Gefechte wüten); Gudrun 882,2. Graff II, 211. BM. I, 999. s. unten: limmen. verlemmern, verspielen. Der Spieler „grisgrammet und wemert weil er sein pargelt hat verlemert"; H. Sachs 1560: II, IV, 70. „Und ein schanz nach der andern schanz verlor biß er verlemmert ganz"; das. 111ᵇ.

Der Lemmerbråten, s. Lendbråten.

Der Leim, 1) wie hchd.; (ahd. mhd. lîm; Graff II, 211. BM. I, 998. Weigand, Wbch. II, 34). Aus dem Leim gên wird im Scherz gern figürlich genommen. R. A. Ietzt *get* mə' 's Gsicht *aus'n Leim*, ey das ist zu arg, das hätt ich nicht erwartet. „Als sey nun der Credit bey ihnen aus dem Leimb gangen"; P. Abraham. 'leimen, wie hchd.; (mhd. lîmen, starkes und schw. Vb., sich fest anschließen; BM. I, 998.' Diut. I, 450. Grimm I², p. 560). „Er lîmte vaste sîn sper vorn ûf sîne brust her"; Iwein 5327 u. Anmerk. (1843, p. 325 f.). „Dîn schenkel sint sleht, dîn füeze hol, dîne zehen glîmet unde lanc, dîne nagel lûter unde blanc", sagt der Fischer zum Herzog Gregor, der er nicht für einen Büßer, sondern für einen wohlgepflegten Betrüger hält; Gregor v. d. Stein 2743. „In allen wîs wol getân, als er ze tanze solde gân, mit sô gelîmter beinwât"; das. 3229. gleim, ä. Sp. gelîme, adj., fest anschließend; BM. I, 998. s. oben, Sp. 973. „Deck das hefen oben geleim mit ainer hafendeck zu"; Cgm. 4543, f. 156. gelêm, adj., (Aschaff.) nicht steif, nicht starr, nachgibig; *gelemes* Leder, *geleme* Stiffl, Schu. Der Leimsieder, Mensch, der nichts mitmacht, immer zu Hause sitzt; (Rath Her). Zeitschr. III, 484. 2) (Baur) das Faserichte, Tomentose, was sich gerne an Kleider, besonders an Tücher hängt, (cf. Lueh). leimig, adj., voll von solchen Fasern. leimen, vrb., solche Fasern von sich lassen. Manche Servietten leimen sehr stark. Das sich Anhängen, Insinuieren sticht auch vor in „limendo, adsentator", gl. a. 193; „der limit, qui favet vel consentit"; a. 255. Vrgl. Laim und vielleicht Stalder's Lim, (Art Mehles).

Der Leimer (von Karpfen), ein solches Stück, von dem man das Geschlecht nicht erkennen kann, indem es unter dem Druck weder Milch noch Rogen von sich gibt; (Baur). „Die Leimmer seind nit so groß als die Rogner"; Cgm. 3720, f. 69.

aufleimen, aufthauen, schmelzen; (s. lœu-nen lâu).

Der Leim-Ahorn, (nach von Schrank, Berchtesgaden) acer platanoides L., die Lenne. Weigand, Wbch. II, 28. Zeitschr. IV, 175. In den gl. kommt für ornus bald lim-, bald lin-poum vor (Diefenbach 401ᵇ), welches nach dem hochd., dem isl. hlinr, schwed. lönn, acer platanoides, das richtigere scheint.

'Die Leimet, Leimt, Leinwand; s. unten: Leinwât. Zeitschr. II, 234. 285,10. III, 311. V, 91. 213. VI, 445. 468.'

Der Leumund, Leumut, Leumat, Leumde, Leumden, Leunten, fama, Ruf, öffentliche Meinung, (ahd. hliumunt, fama, opinio, existimatio, favor, 466
mhd. liumunt, liumet; Graff IV, 1100. BM. I, 1031. Weigand, Wbch. II, 43. Zeitschr. VI, 42). „An den Enden und Orten, da der Leumuth ausgangen"; wirzb. L.G.Ord. v. 1618. „Ein offenbarer Leymut wäre gewesen, daß Regenspurg dem Reich verwandt"; Kr. Lhdl. XI, 363. „Er (Azo) was von sippe ir baider vreunt, het allenthalben gûten leunt"; Prolog in fundationes Zwetlenses. „Du můst vil sammen daz du deinen leunten mügest geweitten und daz du wirdig werdest umb und umb"; Cgm. 54, f. 74ᵇ. „Davon erhal sein leunt uber al, daz er so ein gût arzt was worden"; Cgm. 54, f. 2. „Der ander prueder shol in nicht in ainen pœsen liunen pringen"; Clm. 4620, f. 78. Etwas auf Einen sagen, „daz im an seinen leunten get"; Rchtb. von 1332, Wstr. Btr. VII, 189. Der Unleumund, Unleumat ꝛc., übler Ruf, (ahd. unhliumunt, zurhliumunt, ignominia, infamia). „Ein Diebstahl, der peinlich gestraft werden mag, oder Unleumuth auf ihm trägt." „Schergen, die vor nit unerbar handlung getriben und unleumat auf jn haben"; Erclärte Landsfreyheit. unliumunda, (mala) testimonia; gl. i. 607. leumdig, leumtig, adj., (ä. Sp.) von gutem Rufe. „Mit ehrbaren, leumdigen Leuten"; Kr. Lhdl. II, 178. „Quamvis tempore prosperitatis homines sint famosi, leuntlich"; San-Zenon. 115, f. 260. „Infamia, d. i. von den Ehren gefallen und unleumbig zu seyn"; Lhdl. X, 335. „Ein Diebstahl, der peinlich oder unleumtiglich (mit Infamie) gestraft werden mag"; Lhdl. XVI, 7. „wollewntig, famosus; unlewntig, infamis"; Voc. v. 1445. (gl. i. 555: liumuntmara aha, memorabilis amnis; i. 58. 544: unliumunthaftiger, zurliumuntiger, infamis). verleumden, in bösen Ruf bringen, nach der heutigen Annahme des Wortes ohne, nach der ältern auch mit Grund; wirzb. L.G.Ord. v. 1618, 2. Thl., Tit. II. (gl. a. 409: kaunhliumunteon, infamare, was ein hliumunteon im guten Sinne voraussetzen läßt). Eher für Entstellungen aus leumunden, leumden, als für Primitiva sind wol folgende Formen zu nehmen, obgleich sie dem goth. hliuma, auris, und dem isl. hlioma, resonare, lauten, näher lägen. beleumen, verleumen, unleumen,

in (übeln) Ruf bringen, verleumden. „Bey Hof gibts lauter Tischler, sagt P. Abraham, aber nur solche, die einen pflegen zu verleimen.“ „Wenn du dem Tischler ins Handwerk greifst und deinen Nechsten da und dort verleimst“; (idem). „A⁰. 1302 bracht Herzog Rudolf von Pairn sein Mutter in ain gros laymung (Leumung, Gerücht) mit ainem Ritter, hieß der Ettlinger“; Conr. Peutinger's Chron., Ofele I, 615. „Daz er den verleunt hat“... „ob ainer den andern geunleunt hiet“; Wstr. Btr. VII, 157. 181. „verlaimigen, infamare“; Voc. v. 1429. geleumt, wolgeleumt, wohlberufen, von gutem Rufe. „Mit einem erbern, frummen gelewmten Münch“... „eim wolgeleymten erbern priester“... „einem gut geleimten Priester“; MB. X, 166. XIII, 426. Zirng. Hip. p. 406. MB. XVII, 65. 67 steht (durch Schreibfehler?) „mit ainem ordentlichen geambten frummen Pfaffn“... „ainem geambten Pfaffen.“ beleumt, verleumt, in übeln Ruf gebracht, infam. „Verleumte Person“... „mit dreien unverleumten Mannen“; L.Rcht. v. 1616, f. 36. 276. „Daß zwischen Erbarn und redlichen unnd den verleimbten Leuthen khain underschidt mer sein wurdte“; Ldtg. v. 1612,
467 p. 223. „Eine unverleumte Jungfrau entführen.“ „Nur unbeleumte, unverleumte Zeugen“ sind zulässig; Carol. poenal. „Wer ainen Mainaid schwört u. drgl., der soll verleumt und aller Ehren entsetzt seyn“; ibid. „In lästerlichen Sachen verleumbt seyn“; Ref. L.R., Tit. 5, Art. 2.

'limmen, ä. Sp., starkes Vb., (Prät. ich lam, Ptc. gelummen; Graff II, 211. BM. I, 999), brummen, knurren. s. oben, Sp. 1471: Lemmen.' „Der per nach der speise limet alsam tut fraßhait wes sey („wem sy“, Cod. Moll-Oldenb.) czimet“; Asp. 49, f. 127. „Einen limenden hunt, canem rabidum“; Schwabensp., Laßb. §. 244, Mallerst. 33, f. 118. „Er begunde limmen“; Gudrun 882,2. „Da was dehain smielen, da was limmen und zannen“; Tungdalus, Hahn 54,4. „Dô daz grâf Ybân vernam, als ein eberswîn er lam“; S. Helbling XV, 842.

'lummen, lommen, was limmen.' „Swem die orn lometen“; Cgm. 592, f. 36.

Der „Luminist, qui caelatas imagines pigmentis illuminat“, Voc. 1618; Illuminist.

lummer, lummerig, lummərəd, adj., (besonders von fleischigen Theilen) schlapp, Gegensatz von fest, derb; (Weigand, Wbch. II, 73. Vilmar, kurhess. Idiot. 254). *lummərigé* Wâdl, schlappe Waden. „Brüste wie lummerichte Kühblasen“; Simplicis. 1669, p. 159. lummern, schlapp, nicht derb genug seyn; schlottern. „Alles Freudengelach verlummerte wie ein Sackpfeiffenzipfel dem der Blast entgangen“; Simplicis. 1669, p. 151. „Laxis habenis, lumbenden“; Kaisersh. 142, f. 310ᵇ. s. das folg. Wort und lampen.

luemig, luemicht, (Gramm. 374: laəmi', laəmət; Zillerthal: à'laəmi'), adj. und adv., kraftlos, schlapp; (schwed. lomig): ə˜ *laəmigə* Mensch; ə˜ *Laəm*-Lippəl, ə˜ *Laəmià˜* (Luemian wie Grobian; vrgl. indessen auch lainen); Zeitschr. V, 469. *laəmi', laəmət* də'hèrgê˜. ən *àlaəmigé* Réd, allzu stiller, sanfter Vortrag. Bergmann, Walser 95: luom, kraftlos, schlapp, weich; holl. loom, piger. Zeitschr. IV, 3. VI, 436 f. Vrgl. oben, Sp. 1471: lámlåkád (laəmlakət). Bey Stalder kommt noch das einfachere luem für „fehlerhaft gelinde, allzu milde“ vor; und diese Bedeutung „milde“ im guten Sinn, besonders in dem ältern: „nicht kärglich gebend, nicht kärglich vorhanden“, ist auch die des alten luomi in allerley Zusammensetzungen. (Cf. ags. rif, engl. rife, niederl. rive, frequens, reichlich; rîfr, largus, munificus. Müller, etym. Wbch. 261.) „Pestilentiae, dere suhtluome“; Cgm. 17, f. 9ᵃ. (O Maria) „doet mi so leven in desen lovme dat mi v lieve kint niet dovme“; Cgm. 135, f. 45. Wackernagel's Wbch.: loumen, lômen, schlaff seyn. Graff II, 212. Vrgl. Zeitschr. III, 462. VI, 436 f.: *Luam*, Lehm. s. laimig u. d. vorige Wort.

'Lumbel, gewisse Theile der Eingeweide“; BM. I, 1051. Weigand, Wbch. II, 74: die Lumpe, Lende. Vilmar, kurhess. Idiot. 254. s. Lenden.' „Ein fladen von fleische und von lumbel gemacht“... „ein fladen von gutem lumbel“... „nim fleisch daz do ge von dem lumbel oder von dem wenste“; Kochbuch, Wirzb. Codex, (Biblioth. des litt. Ver. IX, 26,86. 27,88. 89. 28,92. 94). 'Vrgl. Graff II, 214: lumbal, lumbus; Diefenbach p. 339ᵃ. Vrgl. unten: die Lumpel.'

Die Lampen (Lampən), (Unt. Don.) das Mutterschaf, (salzb. Gebirg: Lämpizen; Lungau, Zir. Zeitschr. VI, 437): ən àldé *Lampm.* Das Lämplein (Lámpl, Lámpə-l), a) das junge vom Schaf, das Lamm. „Agnellus, Lampel“; Voc. v. 1445 b) (im Scherz) Stück vom Hemd, das aus zerrissenem oder nicht gehörig zugemachtem Beinkleid niederhängt, (span. los pañales); s. auch unten lampen. g'lámp·lt, g·lámpələt ist der Himmel, wenn er sehr kleine, locker aneinander hangende, weißbegrenzte Wölkchen zeigt, welche für Vorboten eines anziehenden Windes gelten. lämpeln (lámp·ln), a) lammen, Junge gebären, (vom Schaf); b) der (Starnberger-) See lámplt, wenn er hoch geht, und von Wellen und Schaum kraus ist; (vermuthlich figürlich wie das vorige *g'lámpələt*. Vrgl. franz. moutons, schäumende Wellen auf dem Genfersee.)

Die Lampen, die Zitzen an der Weiberbrust, auch wol am Euter eines Schweins. Deck di' zuə, las d' *Làmpmə˜* nét əso aussə' henkə˜. D' *Làmpmə˜*-r-áffi schnüə'n; (b. W.). lampen (lampm), (Zpf.) an der Mutterbrust trinken.

„lampen, dependere mobiliter; lampecht, flaccidus; lampende Ohren, flaccidae aures; lampechtig seyn, flaccere“; Prompt. v. 1618. „Er sach den dilen (auf dem die Nackte zu ihm kroch) gampen und die (langen) tutten lampen einen hin den andern har“; Cgm. 379, f. 176. Vrgl. Vilmar kurhess. Wbch. 235: lampen, nachlassen, nachläßig sein. s. oben Lämplein, Lampl b), lumpen und lummer.

'Der Lämp, Lemp, ä. Sp., herabhangender Lappen, Fetzen; s. oben Lampen, Lämplein, b).' „Das jme eine lemp haut und flaisch ist herab gehanget ich hab jme den lempen hinauf gethon ongehefft“ und ist vom Ueberschlag geheilt „on hefften“; H. Harder 1584, Cod. iconogr 3, f. 68.

Der Lampel, (wirzb.) einfältiger Tropf, (s. Lamerlein); (Nürnb.) schlechtes, dünnes Bier; s. Plempel.

lämpern, (Hbn., salzb., Lungau) plaudern; (Zir.) lämpern, blaibern, auf der Gasse plaudern. lamper, adj., (schles., Weinhold) behaglich, wolig. Zeitschr. II, 239 f.

Der Lamparter, Lumparter, 1) ä. Sp., der Lombarde, (Italiener überhaupt). Lampertisch pürg, Alpes; Voc. v. 1429. „Der lampartisch pruder, der zu latein haist mola d. i. ein fleischleich stuck das wirt in der permuter“; Cgm. 170, f. 6ᵇ. 2) der Lamperter, (bey den gemeinen Gärtnern) einige Arten von Cheiranthus, die in der Schriftsprache Levkojen heißen, als: der Summer-L., Ch. annuus; der Winter-L., Ch. incanus; der Fenster-L., Ch. fenestralis; der Zwergl-L., 468
Ch. nanus; (wahrscheinlich, weil man sie hier zu Land zunächst aus der Lombardey bezogen haben mag). s. Langbart.

lempig, s. oben, Sp. 1408: lebendig. Zeitschr. VI, 443.

Der Lumpen (Lumpm), wie hchd.; (Weigand, Wbch. II, 74). Haderlumpen (Hàdə'lumpm). Der Haderlumperer (⏑⏑⏑́⏑⏑), Lumpensammler. lumpət, adj., zerrissen, zerbrochen; locker, baufällig, schlecht. derlumpen, durch Vernachlässigung zu Grunde gehen. Er lasst àlls *də'lumpm.* s. das folg. Wort.

lumpen, ein nachlässiges, liederliches Leben führen, nichts thun und dabey schwelgen, zuweilen mit dem Nebenbegriffe des Schuldenmachens und Betrügens. Zeitschr. III,

304. V, 422,55. verlumpen (sein Vermögen). 'Alls *vo'lumpm* vor sei~n End macht ə~ richti's Testament. Der Lump, des Lumpen, der ein liederliches Leben führt, Taugenichts. Vrgl. Th. IV: Zapfenstraich. Bey Adelung ist der Lump, (des Lumpes, die Lumpe) ein armer, armseliger, schmutziger, karger, filziger Mensch. Unser Lump kann auch reich seyn und ist gewöhnlich nichts weniger als karg und filzig. Cf. im d. Simplicissimus die Erzählung vom General Lumpus zu Ingolstadt; (v. Lang). Die Lump, die Lumpen, die Lumpel, liederliche Weibsperson. Das „gemaine Lumpenhaus“, das öffentliche Hurenhaus; Selhamer. s. Lungel.

Die Lumpəl (wol aus Lungel entstellt), die Lunge. Zeitschr. V, 211. 'Berg håbm kaə~ *Lumpəl* net, 'Berg håbm kaə~ Herz, glei'wélst də'widə'n s· aə~n d· Freud und 'n Schmerz“; Seidl, Flins., 3. Ausg. S. 30. 's *lumpəté* Gréb, s. Th. III: Ge-reb. Lümmel, minutal, Gehacktes; Siber, gemma gemmar. 36. Diefenbach 362b. Vrgl. oben: Lumbel.

---

gelimpffen, a) vrb. neutr., ä. Sp., sich fügen, sich schicken; zustehen, competere, anstehen, passen, (ahd. limphan, Prät. lamph, Partic. galumphan, mhd. limpfen: lampf, gelumpfen. Graff II, 214. BM. I, 999. Weigand, Wbch. I, 446). Labr. 116. 161. 207. 459. 523. „Wir mainten, daß sich das nicht gelimpfen wurd, daß Wir unerfordert also zu Im reiten“; Schreiben Herzog Wilhelms v. 1425. „Eim nit glimpffen wöllen, alicujus auctoritatem defugere“; Prompt. v. 1618. Der G·limpff, der Glimpffen, Fug, Befugniß, Competenz, Consequenz; 'Angemessenheit, Anstand.' „Nichts fordern, dann wessen wir Glimpff und Recht (Fug und Recht) haben“; Kr. Lhdl. I, 50. „Um mehrers Glimpfens und Richtigkeit willen“; III, 54. „Des haben sie gen uns recht (und) Gelympff behabt und gewunnen“; MB. X, 557. „Daß Ihr Euch in keinem Rechtbieten keinen Glimpfen aberlangen lasset“; Kr. Lhdl. IV, 71. „Ihnen einen Glimpf zu schöpfen und auf die Andern einen Unglimpf zu laden“; Kr. Lhdl. XVII, 342. (Der Pfaff) „stund wie ein sackpfeiffer der het ein tanz verderbt, und schöpft ein glimpff, sprach: es ist gewest alls guter schimpf, in keim ernst solt jrs nemen an“; H. Sachs 1560: II, IV, 92. „Die haben fürgebracht unsers Vetters Glimpffen, dawider haben Wir unsern Glimpfen fürgebracht“; Kr. Lhdl. IV, 16. „Darauf wir denselben der Landschaft Sendboten euern und unsern Glimpf erzählt“; Lhdl. VI, 103. „Haben wir euch unsern wahren Glimpf, Herkommen und Gestalt ergangener Handlung unentdeckt nicht lassen wollen“; Lhdl. X, 436. „Nachdem die Dinge hoch unsern (des Landesfürsten) Glimpfen berühren“; Lhdl. VII, 453. „Ob sie ihnen damit ihres Fürnehmens einen Glimpf schöpfen, der doch im Grunde nichts auf sich trüge“;
469 Lhdl. XI, 258. „Einen Unglimpfens vertragen. Einem einen Unglimpfen machen“; Lhdl. I, 65. III, 51. „Wo jemand den andern seiner Ehren und Glimpfes beschuldigt“; Kr. Lhdl. XII, 346. „Wer dem andern mit Scheltworten an sein Eer und Glimpf redt“; Ref. L.R., Tit. 16, Art. 1. „Mit guter gebabe ich reit, âne des lîbes arbeit; ich gab im so senften gelimpf als ez wære mîn schimpf“; Gregor v. d. St. 1439. 'glimpfig, adj., angemessen, anständig.' (Die Kaiserin Eleonore) „was gotvörcht, weis und klug, suptil, gelimpfig, gutig, erntreich, milt und gutig“; Mich. Beham, Wiener 192,9. glimpflich, adj. und adv., (Allgäu auch: glimpf, glimpfer), competent, zuständig, gebührlich, anständig, congruus, (ahd. galimflich und galumflih, mhd. gelimpflich; Graff II, 216. BM. I, 999); „glimpfleich, idoneus“, Voc. v. 1445. „glimpfflich machen sc. rem pravam, justificare quod injustum est; qui hoc faciunt dicuntur glimpffioner“; Voc. Melber, v. delinire. Die heutzutage gewöhnliche Bedeutung, nemlich: schonend, manierlich (in unangenehmen Erörterungen mit Andern), ist also ein sehr specieller Rest der frühern allgemeinen. (Vrgl. allenfalls auch gámpər). glimpfen, verglimpfen, b) als verb. trans. (wozu jetzt blos mehr das Gegentheil verunglimpfen üblich ist). „Wem man ain ding glimpffen wil, dem glimpffet man es, wem man aber übel will, der hat sich verprennt und hat hingeben“. . . „die den Mächtigen ir groß Sünd glimpfen und die armen umb jr klain Sünd hert strafen“; Cgm. 4597, f. 73. „Kuchenknecht und dy pfaffen, dy kunnen des nachtz wol schimpfen doch schol man es gelimpfen das es nit schad den frawen“; Cgm. 714, f. 36. „Daz ich daz unrecht gelimpft und gelobt han“; Ebersb. 124, f. 175b. „Doch hoff ich ob ich enwenig mit euch schimpft das ir mirs nit zu arg gelimpft“, sagt der Buhler zur Frau bey H. Folz. „Rhetorica: Mein red ist mit beglimpften worten gezyrt wol an allen orten: Est mea docendi ratio cum flore loquendi Rhetorico stilo verba polire scio“; Clm. 3941, f. 14. „Procuratores nehmen oft, von Geiz und Gelds wegen, böse Sachen an, die sie den Parteyen als gut und gerecht vermänteln und verglimpfen“; wirzb. Lg.Ord. v. 1618. Sich glimpfen, Andere unglimpfen, sich als befugt, als im Recht befindlich, Andere als im Unrecht befindlich darstellen; Kr. Lhdl. I, 65. MB. XX, 470. Das isl. lempa, schwed. lämpa, moderari, accomodare, ist ein förmliches (sich wie schwemmen zu schwimmen verhaltendes) Transitivum vom ablautenden Neutrum limpa, das in diesen Idiomen nicht, wohl aber im Ags. für evenire, accidere vorkommt.

„G·limpf an der gurtel, pendix“; Voc. v. 1419. Diefenbach 422b. (Vielleicht ein damaliger Mode-Terminus für ein Ding, etwa dem ähnlich, das wir jetzt einen Nécessaire, einen Ridicule, — 'd. i. Réticule; s. Diefenbach 496a: reticulum' — nennen. Etwa was im Cod. iconogr. 429, fol. 14a. b. abgemalt ist). Cf. ags. limp, Zubehör. „Mäßig gat vor, hübsch hin nach; darum so laß Mäßigkeit den Rinken sin am Gürtel und Kiuschheit laß den Glimpf sin, der gat vom Rinken in den Gürtel“; Geiler. „Die Weiber werfen den „Glimpf über die Achseln uß an den Rucken; Pauli, Bl. 73. Lessing (Schriften XI, II, 265), der beysetzt: „eine weibliche Mode.“ Eiselein, Sprichw. p. 241: die Nadel an der Miedernestel. p. 671: „fibula, v. klimpfen, stringere.“ Vrgl. Schmid, schwäb. Wbch. 466: der Schlemp und die Schlemp, auch Frisch II, 196c: „Schlem, das End vom Gürtel, das man durch den Ring steckt, wann man ihn vornen einschnallt oder fest macht.“ „Zympf vulgo collipendium, focale nominare possumus a faucibus“; Apherdian. tyrocin. 45. Diefenbach p. 241a.

'Lumpf (?). „Item so ein gräserin betretten oder erfharen wurdt die jm holtz oder jungen schlegen die lumpf abschnitte“; (1540, Humprechtsau bey Windsheim). „Da auch eine graßerin in solchem schlag mit der sichel erdapt und drey lumpf im graß erfunden würdten, die solle . . . straff verwürket haben“; (1657, Weiboldshausen bey Weißenburg). Briefl. Mittheil. des Bez.-Ger.-Raths Bocke in Donauwörth (Febr. 1870), welcher unter diesem Worte den Strich, die Furche versteht, die der Sichelschlag im Grase macht.'

Die Læne, Lâne, s. oben, Sp. 1400: lâu; Zeitschr. III, 306. 462.

'Die Lanne, ä. Sp., Kette; BM. I, 935. Weigand, Wbch. II, 11.' „Als ein wolf an einer lannen der vil gern kæme von dannen ligt ein münch an sinem gebete“; Renner 3661. Vrgl. W. Grimm, über Freidank, p. 72.

-lain, -lainz (ə laə~, ən laə~, ə~ muədə's-laə~ oder -laə~z, Nürnb. ən altə's lá~z), allein, ganz allein; (auch engl. lone, nach Jamieson schottisch lane, für alone). Zeitschr. IV, 103,10. 106,28. „Wie vart ir denn ain laine“, (engl. alone); Cgm. 714, f. 112. lainzig, einzig. Dés *laə~zi'*, dieses einzige. Zeitschr. III, 307. s. ain, all und Alter.

Die „Lain", Name vieler Gebirgsbäche, die in die Ammer, Loisach und Ober-Isar fallen: die Alplain, Geyerslain, Offenlain, (die Ofen-, nicht Offen-, lain; Werdenf. Ehaftbüchl. v. 1431, Ms.), Kommerlain, („Der Kramer get von Aschacherlayn an chomnalayn"; das.), Kogerlain, Dürrlain, Ackerlain, Mittelgernerlain, Mauslain ꝛc.; „Brückleslain, Haslain", Meichelb. Chr. B. II, 212. 277; die Lain bey Ober-Ammergau, die Lain in der Jachenau ꝛc. „Die andern Bach und Layn, mit Namen die Esselau, Muckenpach, Halbammer und die Lain zu Kolgrueb"; MB. VII, 316. Wstr. Btr. IV, 61. 63. Laing'ben, jetzt Laimgrueb; Benedictbeurer Zinsrodel, Clm. 4563, f. 1; (aber f. 3b: in leimgrebin); „a vicino torrente Lain, Laingrueb"; Meichelb. Chr. Ben. I, 40. „Neustria cui quondam ponebat Launia fines"; Poeta saec. XII., Biblioth. de l'Ecole des chartes I, II, p. 170. (Launia statt Materna = Marne). Ob die Leni, der Leno von Terragnuolo und der von Valarsa, Bergbäche, die vor Roveredo sich vereinen und in die Etsch gehen, hieher gehören, müßte die ältere Form entscheiden. Die Aussprache nicht Laə˜, sondern Laən und Laənə macht mir ein Contractum aus dem leuuina (torrens), genit. leuuinun, der ahd. Sp. (Graff II, 297) wahrscheinlich; s. dieses Wort hinter dem Art. læuen.

lainen (laə˜n, laənə˜, v.pf. lài'n), verb. act. und neutr., wie hchd. lehnen, ahd. hleinan, leinan, praet. leinta (gl. i. 794. 808. 817, Willer. 8,5), als verb.
470 act. neben dem neutr. linên, hlinên, mhd. leinen; (Graff IV, 1094 f. BM. I, 963 f. Weigand, Wbch. II, 28 f. Zeitschr. VI, 437). *Laə˜* 'n Traədsàk à˜ d· Wendt. „An die mûre leint er daȥ sper"; Wigalois 413. „Dar an mîn fröude ist geleinet"; Labr. 513. Si' à˜ oder auf éppəs *laə˜n*.

I˜n Tempəl Góttəs mècht mə˜ ja
iətz bluəté Záhə' waə˜n, —
há˜! sten'ə˜ s· nét wiə d· Hüətə' dà,
dé si' áf d· Stèckə˜ *laə˜n!*

Də' Stèckə˜ *laə˜t* à˜ də' Wendt. Z· 'Albm is·s guəd ligng und guəd *laə˜n*, is kaə˜ Baur und kaə˜ Bäurin dəhaəm. Der Luemian (s. luemig) wird insgemein als ein Laə˜ mi' à˜ (Lain-mich-an), d. h. als ein träger Mensch, der sogar zum Freystehen zu faul ist, erklärt. 'Die Loawànd, Planke; Zeitschr. VI, 337.' ablainen, ablehnen, eigentlich und figürlich. unablainlich, adv., stricte, nothwendig. anlainen, (à˜laənə˜) anlehnen. „Dés Fóppm, dés Heə˜z·n, dés Taə˜n hàb I gnuə', und *à˜laənə˜* lafst si' kaə˜ eə'lichə' Buə'. Wannst mi' willst, so will mi', und willst nit, so sàgs"; Seidl, Flins., 3. Ausg. 100; („Einem eine untergeordnete Stelle anweisen, ihn zum Statisten machen, betrügen"). auflainen sich gegen Einen, wie hchd. sich auflehnen. weglainen Einen (im fig. Scherz), sich seiner nicht weiter bedienen, ihn hintansetzen. Die Lain (Laə˜) oder Lainen (Laə˜n), die Lehne; „ain laine, fulcrum", Prompt. v. 1618. s. auch Lander und lenden. 'Der Lainer (Làinə', Làənə'), herumlehnender, träger Mensch.' Há˜ *Làinə'*, wou *lài˜st* denn dé ganz· Zeit ummə' !? 'Die Lainbank, 1) Bank mit Lehne.' „Umb 3 runde lainpenckh 1 fl. 48 Kr. . . . 10 gerade dischpenckh mit lainen a 24 Kr." (1613); Clm. 2224, f. 228. 2) Brustwehr (?). „Vors Eberstorfers haus hetens lainpenk gemachte und scherm da aufgeraht und püchsen dar vnder gelaht"; Mich. Beham, Wiener 90,9. „Lanbenk vnd korb brachten sy zu dem hauß und taber, also nauch den schrek zeunen vnd graben auch vil hart pis an dy pforte"; das. 380,21. Der Lainstuel (Lài˜stəl), Lehnstuhl; (b. W.). „Für 8 lainstüel in die hofrathscanzlei jeden 20 Kr." (1613); Cbm. 2224, f. 226.

Der Laun (Lau˜), die Laune, Gemüthsstimmung, besonders eine wunderliche; übler Humor. Er hat widə' sei˜n *Lau˜*. „Verschmach, Laun; Laun lassen, zugeben, Verschmach haben"; (Jir.). (Er ist stæteclichen milde), „er enwil dekeiner lûne varen"; Walther v. d. V. 35,12. „Ein furst . . . Pairn Herczog Praun der cham in ungenad gen chaiser Otten das er auf in gewan ein argen laun"; Mich. Beham, Cgm. 291, f. 20b. „Der prior hat ein bösen schelling laun und legt mich oft in die prisaun", sagt der Bettelmünch bey H. Sachs 1560: II, IV, 4b. Da schnurt sie trotzig hin von mir ich merckt sie hett ein laun auf mich"; das. 10. „Der arzt erschrack het einen laun und kratzt vor engsten sich im kopf"; das. 73. „Der paur sich nicht mercken ließ und het doch auf den knecht ein laun"; das. 85. „Der prior gwan darob ein laun legt den munnich in die prisaun"; das. 94b. „Durch seinen bösen laun und trutz"; das. IV, III, 87. „Auf einen guten laun bringen"; Simplicuss. v. 1669, p. 385. „Den götten was do auf mich zorn sie fuegt mir auch dew lune"; Reinbot's von Dorn heil. Georg, Fragm.; („den goden was uf mich tzorn si fugeten mir die lũn", bey v. d. Hagen, Vers 2118). 'Das geliune, die Beschaffenheit; BM. I, 1051.' Grimm's Mythol.² p. 489. In der a. Sp. gilt lûne, fem., für Erscheinung, φάσις, Ereigniß, Veränderung. (Graff II, 222. BM. I, 1051. Weigand, Wbch. II, 18. Zeitschr. II, 510,4. IV, 253,105). „Wan der mâne (Mond) so gar unstæte ist in sô maniger lûne", Br. Berht. 302, Pfeiffer 402,4. (gl. i. 325 kommt niuuilune als deutsch für neomenia, Neumond, vor. Gehört vielleicht auch das, in seinem ersten Theil wol entstellte, Vinceluna, lunae defectio, Uuanluna? des Capitulare v. 743 hieher?) Das Adj. wetterläunisch setzt wol ein Subst. Wetterlaun (Wetter-Veränderung) voraus. Das liuni, fere, gl. a. 441 scheint ebenfalls ein Subst. im Instrumentalis. Das isl. weiter gebildete lun-d heißt indoles, modus. Im Windberger Psalter, Cgm. 17, z. B. fol. 2: Februar hat nicht volle Zahl „neweder dere tage noch dere lune" ist wol als lunae zu nehmen, wie fol. 3 diu luna (Mond) in den deutschen Context gemengt ist. Cf. Kralodw. rukopis p. 86: nocie pod lunu; p. 225: die alten Slawen nannten wie noch jetzt die Russen den Mond am Himmel luna. Maso na lunu wystaweno rado se smrádne, Fleisch, dem Mond ausgesetzt, leicht sich stinkend macht. Haupt's Zeitschr. VI, 142 f. Grimm, Gesch. d. d. Spr. 1026: luna = lucina. Zeitschr. III, 308. V, 254,46. launig, adj., verdrüßlich, nicht heiter. Vrgl. unter der Mâne: mænig, mænisch. „Dés Mockə˜, dés Hätschln dés hàt mi' lang gheit, nét də'grätschln, nét də'frätschln kàn I' *Zwilaunikeit*"; Pangkofer VII. launen mit Einem, (O.L.; Jir.), verdrüßlich seyn auf ihn, schmollen. Zeitschr. III, 92. 308. 424,5. „Knecht Heinz aber darob thet leunen"; H. Sachs 1560: II, IV, 85.

launen, launeln, launschen (lau˜n, lau˜l·n, lau˜sch·n), schläfrig seyn; schlummern. Zeitschr. III, 424,5. VI, 435. „Launen, semisopitum esse"; Prompt. v. 1618. Der Launla', der sich immer selbst wieder überredet, im Bett liegen zu bleiben, — nett dargestellt von Seidl, Flinserln IV, 47—49. Bey Stalder ist leuen, lüwen ruhen, z. B. vor Müdigkeit, im Isl. lya müde machen, lyaz müde werden, lû oder lûi Müdigkeit. Hiernach wird unser launen nach Gramm. 1068 auf lau·en, w. m. s., zurückzuführen seyn. Cf. česk. laudam se, langsam seyn und thun; laudak, laudal, zögern. s. auch len, leinen, adj., und Lienel.

læunen, aufthauen; s. lâu, lenen und leinen.

len (le˜), adj., 1) von weicher Consistenz: *le˜* gsodné Aər, weich gesottene Eyer; ə˜ *lens* Aər, (Hrslm.); gáz-*lin'*, dudə'-*lin'*, muzə-l-*lin'*, (b. W.). Zeitschr. III, 308; vrgl. das. 190,66: g·lena, streichen, schmieren.

Und das mə' s Fruəstuck hébət und daurət·,
müə't mə˜ mə' s kochə˜ nét z· záh und nét z· *le˜*.

„Schusfsweis wird má' 's Herz so *len*, da muəfs i bethen und kirágehn"; Stelzhamer 94. Cf. schles. lœne, langsam, z. B. gehen. Die Len-Scheiß, der Durchfall. Der Len-Scheiß, kränklicher, schwächlicher Mensch. 471
Le˜feigng, (Kitzbühel) was Lettfeigen. 2) (Lech) nicht

scharf, nicht salzig. Ob hieher auch gehört folgende Stelle: „Als die Geschoß (das Schießen) vergiengen, daß sie nachließen und am gläniſten waren"; Gem. Reg. Chr. III, 358. (Vrgl. isl. lin-r, lenis, debilis, lina, lenire, debilitare, wenn nicht lin-r für linn-r, d. h. dem angels. lidhe, unserm lind entsprechend, steht. „Ob es zw sawr wird, so lintz mit einem honig"; Kochbuch, Cgm. 349, f. 118. s. auch lind, leinen, Lienel und Lönsalz). Eine wol dem Sinn nach passende Zusammenstellung dieser Formen mit dem alten Ablautverb bilinnan (nachlassen, ablassen) ist kaum zuläßig. „auflenen, aufthauen, regelari"; Prompt. v. 1618; wie es scheint, nur der Bedeutung nach mit lœunen, s. lâu, verwandt; isl. lin, regelatio; schwed. det lenar, es thaut auf. Vrgl. Zeitschr. VI, 446: *lènten*, *å'lent'n*.

lenen, wie hchd. lehnen, und neben obigem lainen vorkommend; ahd. hlinên, mhd. lenen; Graff IV, 1094. BM. I, 963 f. Weigand, Wbch. II, 28. „Reclinatorium, line"; Clm. 12658 (sec. XIII.), f. 230b. Vrgl. unten: Linberge. Len, Waldrebe, (Jir.); s. unten: die Lien. „auflenen, insimulare criminis"; Prompt. v. 1618. s. auch lenden, 2).

-lein, (mhd. -lîn, ahd. -ilî, gen. -ilînes; Graff II, 26. Grimm I, 365. II, 113. III, 670—676. Weigand, Wbch. II, 35), die Diminutiv-Endung; s. Gramm. 596 ff. 883 ff. An feminierte (movierte) Substantive läßt sich kein -lein oder -chen binden; dagegen im böhm. herečka, Spielerinlein. Vrgl. sweinel, tuechel, mündel, wängel, prüstel, tüttel x. Cgm. 54. Daz piʒle, plur. die piʒler; Sterzinger Osterspiel von 1526, Ms. „Zu irn haubten sazzen ir ammen, die mit flizze tierlich (Thierlein) süchten der sie lützel hin nach geruochten"; Renner 1354. Daz ortweckelin, plur. ortweckelech, kuchelech; Wirzb. Sätze v. 1343, §. 77. 78. In verschiednen genitivischen Ortsnamen der O.Pfalz auf -leins ist nach der dasigen Aussprache die Orthographie „las" (ləs) üblich geworden, (nach v. Lang vom slaw. las, Wald): zum Dörflas, Gänlas, Görglas, Grienlas, Gunzlas, Hammerlas, Höflas, Kienlas, Köglas, Lienlas, Manzlas, Reislas, Reutlas, Roßlas, Schertlas (alt: Gneuleins, MB. XXV, 219. 220; zum Grienleins, Lori, BergR. 73, ad 1387; zum Höfleins, MB. XXV, 139, ad 1344. 141. 156; Houelines, Lang, Reg. B. IV, 141. „Decima in Pergleins et in Grunleins"; Waldsass. Urk., Cbm. 91, f. 60. Vrgl. Berglashof, Harleshof, Hölzlashof, Metzlasrieth, Riglasreut, Witzlasreut x. s. auch oben, Sp. 108 und Gramm. 752. 878.

Der Lein (Lei~), wie hchd., (ahd. mhd. lîn; Graff II, 218. BM. I, 1000. Weigand, Wbch. II, 34). Lein-Bollen, Lein-Häupten (Lei~háppm), Samenkapseln des Leines. Lein-Hösler, a⁰. 1597 eine Art Schneider in München; s. Hosen, Häß u. Bruech. Das Leinlachen, (s. Lachen und Leichlachen; das isl. linlak spricht für Leinlachen). Zeitschr. VI, 445. Die Leinwât (Lei~wət, Leimət), Leinwand. Vilmar, kurhess. Idiot. 245. Zeitschr. V, 213,91. VI, 445. 468. s. oben, Sp. 1472. Das Leimətlé, (schwäb.) Einfassung am Hemdärmel. s. Wât. Das Leinwerch, feineres Werch; leinwerchen, adj., von feinerm Werch. „Im Pinzgau war der Weberlohn für die Elle här-wen Tuech 6 kr., für leinwergenes 4 kr., für rupfenes 3 kr."; Hübner. „Zwen Dichat, drei Pölster, aft *Lárichá*"; Stelzhamer 43. Lein-Zelten, Leinkuchen. Der Aferlein, (Unter-Land; Baur) Art Leinsamen, der früher gebaut und nach der Ärnte gedroschen werden muß. s. Afer-Har und auch Lin. „Es sol dhain gast wullein tûch schneyden oder leynach"; Cgm. 544, f. 53b. leinen, adj., von Leingewebe, (ahd. mhd. lînîn). Sollte davon blos eine Figur seyn das folgende Wort?

leinen (leinə~), adj. und adv., gelinde; mhd. lîn, lau; BM. I, 1000. Zeitschr. III, 45, II, 13. VI, 319,255. *nét leinə~*, nicht wenig stark. Eər is àbə' *nét leinə~* gwést, hàd eəm glei' ə Fötz'n eini 'gébm, hàd n *nét leinə~* durchi gwáchlt; b. W.). „Der Bauer und der Bürgerstand wird jetzt nit leina gschnürt." „Du wirst nöt leina prellt"; M. Sturm p. 25. 80. gleinəd, 472
still, geschmeidig. „I~'n Wàld bin I gangə~, hà' 's Ge~ və'géssn und dà is ə~ schö~s Deənə-l i~'n Bám oben gséssn, aft ruck I' mei~ Hüətl, gê schö~ *gleined* für"; v. Spaun, Volksweisen p. 75. „Leinenes Holz", (salzb., Thalgau; Hbn.; Jir.) weiches Holz. „Er ist niht sô lînîn, daz ir iuch sîn mugt erwern"; S. Helbling IV, 310. BM. I, 1000: schwächlich. R.A. Halb leinen und halb schweinen, nur halb, nicht echt in irgend einer Eigenschaft, talis qualis, taliter qualiter. („Mägdelob 1688, p. 28"; Jac. Grimm.) „Halb leinen und halb schweinen", halb herrisch und halb bäurisch, in Anwendung auf Personen, die sich aus einem Stande in den andern hinüberpfuschen, besonders auf Landleute, welche der Städter, gemeine Bürgersleute, welche der Vornehmen Kleidung und Manier nachäffen. „Aufgmetzget ist Horatius, halb leine und halb schweine", pinguisque Flaccus Cerbero ut porcus immolatus; Balde, de vanitate mundi. „Der Scheinheilige ist nichts anders als Fisch und Fleisch, halb Mensch halb Vieh, halb leiner, halb schweiner, bald kalt, bald warm"; Selhamer. Vrgl. das vorige Wort und len und launen.

aufleinen, aufthauen; mhd. lînen, entlînen; BM. I, 1000. Zeitschr. III, 45, II, 13. Vrgl. schwed. det lenar, es thaut auf.

„Aufs Gássl bin I gangə~, wár 's Fenstə' və frorn,
wíə də' rècht Buə' is kemə~, is 's *au'əntlei~t* worn";

(Hbn. 391). s. das vorige leinen, auch len und lâu.

Die Leinen (Lei~n, wirzb. Le~n), das Leinlein (Lei~l·), was hchd. die Leine; (ahd. lîna, mhd. lîne; Graff II, 219. BM. I, 1001. Weigand, Wbch. II, 35). Leindl, Schiffseil; Leonhard; (Jir.). s. Lienel. gl. o. 165: lîna, remulcum; schwedisch, polnisch: lina, Seil. Das Botenschiff (die Flostaə~n) wird àn ə~n *Lei~l* Donau aufwärts gezogen. Der Leinpfad, (auch hchd.) gebahnter Weg am Ufer der Flüsse für diejenigen Personen, welche die Fahrzeuge auf denselben mittels Leinen fortziehen. „Straffen, Leinpfäd, Weg und Steg"; ob.pf. L.O. v. 1657, p. 447. Der Leinreiter, (wirzb.) der die Schiffszugpferde regiert.

Das „Leinl", (Zpf.) die kleine Haselmaus; (Gbrg.). (Etwa eine aus Leir-lein entstellte, zu lirun, glires, gl. o. 457, gehörige Form?).

Der Lein-Ahorn, acer platanoides; s. Leim-Ahorn.

Der Lêin-Huet oder -Schlôt (Lêi~houd, Lêi~schloud, o.pf.), der Rauchfang über der Kienleuchten in Bauernstuben. Dieses *Lêi* kann einem Lœn, Lên, Lœn, Lien, Lüen entsprechen. Vielleicht gehört es nach Gramm. 554 gar zu Lôh, flamma. Zu vergleichen ist allenfalls Reinwald's hennebergisches der Luner (Luener?), kleines Ofenfeuer von Reisholz u. drgl.; ablunern, zu lodern aufhören. Ich vermuthe nach Gramm. 554 Zusammenhang mit dem isl. hlôð, n. pl., caminus, focus (Grimm, Mythol.² p. 235: Hludana), wo denn außer der Composition ein Luet (Loud, Lou') zu erwarten wäre. s. Adelung: die Lotte, Lutte. Cf. kärnt. lîna, lėva, das Dachfenster; die Leuchten, die Liechen, (Jarnik 80. 81. 83); česk. lutna, fem., Bretterkamin, (prkenny komjn).

Die Linberge, â. Sp., ahd. liniberga, lineberga, fulcrum, pinnaculum, reclinatorium, cancelli; Graff III, 174. IV, 1096. s. lenen. Cf. kärnt. lina, Dachfenster, Erker; Jarnik 83.

Linel, Linl, „Lindl" (Li~l, Li'l), Wendelin.

linieren (leniə'n), Linien ziehen auf dem Papier. Die Linier (Leniər, Lániər, Glaniər), das Lineal; die gezogene Linie auf dem Papier. Vrgl. Zeitschr. VI, 446.

Die Lin-sât (Linsǝt, mit nicht in ei aufgelöstem î,
473 und daher so verdunkelt, daß gewöhnlich noch Har, linum, vorgesetzt wird: Hàr-linsǝt), Leinsame. Zeitschr. II, 516. IV, 500,2. VI, 445. „Semen lini heißt linsat"; Ortolph. Selbst mit Lins, w. m. s., wird das Wort vermengt.

Die Lien, Lienen (Leǝ˜n, Dimin. 's Leǝ˜l·), (Salzb., Gebirg) die Ranke, Rebe, besonders Waldrebe, clematis vitalba; (ahd. liola, mhd. liele; Graff II, 210. BM. I, 983 f.). Lienen, clematis; Popowitsch, Ms. (Wien 9541). Lieln, Waldrebe, clematis vitalba; Jir. Liela, vitis alba, Hoffmann, gloss. 22,39. „Liela, vicitella, (viticella?); Clm. 4394, f. 178. „Vimen, liel; vincella, liele"; Voc. optim. p. 49. 53. Diefenbach 619c. 623c. 624a. Cf. „Liola, cinis prionei, (herba); Diut. II, 276. Diefenb. 120b. Kilian: lijnen, vitis nigra. Hópfǝ˜*leǝ˜n*, Hopfen-Ranke.

Lienhard (Leǝ˜hǝrd), a) Leonhard, ein im Oberlande vorzüglich beliebter Viehpatron, (vermuthlich componiert mit leon, genit. von leo, leo, wie Bernhart von bëro, ursus, Ebur-hart von ebur, aper). b) das jährliche Dedicationsfest einer dem h. Leonhard geweihten Kirche oder Kapelle, sowohl in dieser als im Wirthshaus begangen. Bring 'ǝn *Leǝ˜hǝrd* guǝt ei˜! Dǝ grouss·, dǝ klaǝ˜, dǝ weid *Leǝ˜hǝrd*. Dǝ Harmǝtingǝ', dǝ Diǝtrǝmszellǝ' ꝛc. *Leǝ˜hǝrd*. Lienhard faren, auf einem Leonhardsfest dreymal um die Kirche oder Kapelle fahren. Es geschieht dieses gewöhnlich in vollem Rennen und nicht ohne Kunst des Wagenlenkers. In der buntbemalten, sogenannten Lienhards-Truhen (s. Truhen), welche zu diesem Zwecke auf dem Wagen befestigt ist, producieren sich in ihrem schönsten Schmucke die jüngern weiblichen Angehörigen oder Gäste des Wagenbesitzers. Auf mancher Lienhardsfart kommen aus der Umgegend 30, 40 und mehr stattliche Wagen zusammen. Die Leonhardsfahrt zu Siegersbrunn (10. July 1803), beschrieben im Münchner Tagblatt, 1803, 27. July. Die Lienhards-Täg, die Sonntage des Julius, als an welchen die Dedicationen der verschiedenen Leonhardskirchen zwischen der Ober-Isar und dem Inn gefeyert werden. Diese Feste liegen dem Volke dieser Gegenden so tief im Sinn, daß es dieselben in seine Zeitberechnung aufnimmt. Da wird man selten hören, z. B. im Juli, sondern i'n *Leǝ˜hǝrts*-Tágngǝ˜. „Zu Aigen am Inn, wo St. Leonhard rastet, liegen in den 3 goldnen Samstagsnächten oder Dulden oft Tausende von Wallfahrtern oder Wallfahrterinnen, besonders aus dem Innviertel, in den Wirthshäusern, Schupfen und Ställen durcheinander";" n. landwirthschaftliches Wochenblatt von 1823, S. 166.

Der Lienel (Leǝ˜l, O.Pf. Lêi˜l), a) Leonhard, („der Hammerleute Patron"; Lori, BergR. 531). „Mi frater Leonarde mein lieber liendl quando vultis monachari?" Clm. 17500 (sec. XV, 1458. 4°), f. 267. s. oben die Leinen: Leindl. b) hölzerne Statue St. Leonhards, besonders der schwere Klotz, der hie und da unter dessen Namen durch die Wallfahrter um die Wette vom Boden in die Höhe gehoben, oder gar in Procession von einem Dorf ins andere getragen und dabey wol auch mitunter in den Bach, in die Hecke geworfen zu werden pflegte. Man sehe das Leonardiheben der Rotthaler in Hazzi's Statist. III, 1131. „Er ist seins Weins so mild als S. Leonhart seins Eisens, der gibts keinem, man stele jms dann"; Seb. Frank, Sprichw. 1601, p. 106. c) im Scherz: männliche profane Statue überhaupt. Dǝ' *Leǝ˜·l* â'm Brunnǝ˜, Brunnenstatue, z. B. in Mühldorf, Otting, Traunstein ꝛc. d) figürlich: Mensch, der wie eine Statue, wie ein Klotz, unbehilflich, schwerfällig, träge ist. Dés is ǝ˜ *Leǝ˜·l*, ǝ˜ rèchtǝ' *Leǝ˜·l*, ǝ˜ Bàhh-*Leǝ˜·l*. Vrgl. Zeitschr. III, 133: *Lêner*; VI, 333: *Léan·l*. „Wie St. Näff hebts d· Haren auf! Nachts einmal, Mäunler, Bachliendl!" Bucher's Charfr. Proc. 130.

Bin I ǝ˜ *Lêi˜l*, bist du ǝ˜ *Lêi˜l*, sán unsǝrǝ Lêilnǝ zwêi˜
hàn I kaǝ˜ Gǝld, hàst du kaǝ˜ Gǝld, o *Lêi˜l*, wiǝ
wiǝ'ds uns gêi˜?

„Zu Munnichen vor manchem jar ans fursten hof mit dienste war Liendl Lautenschlaher ein hoffierer ein kurzweiliger phantasierer", der mit dem hölzernen Herrgott einer Kirche vor dessen Auffahrt die Letz trinkt und andere Schwänke treibt; H. Sachs 1562: IV, III, 40 (1612: IV, III, 132). „Die Wachter, Hofhaizer, Liendl Narr und annder"; Hof-Speiseord. v. 1552, oberbayr. Arch. IX, p. 106. lienlen (leǝ˜·l·n), vrb., sich wie ein Klotz benehmen. s. unten: lendeln. lienlend (leǝ˜-lǝ˜d), lienelhaft, einem Klotze ähnlich. Hier ist freilich von einem Löwenhart (s. oben bey Leonhard) wenig übrig geblieben. Vielleicht haben sich die Formen und Begriffe launen, launeln (m. s. d. W.) dunkel beygemischt.

Liendel, plur., (von lehnen — Lehne) Fensterbalken, die dann zugemacht die Fensterlade bilden: „so finster is worn, zwann má d· *Liendǝl* zuǝdád"; Stelzhamer 67. 179. Cf. Linberge.

Der Lon- oder Lun-Nagel, der Loner, der Achsnagel am Wagen, die Lehne, Lünse; (ahd. mhd. diu lun; Graff II, 221. BM. I, 1051. Weigand, Wbch. II, 75. Birlinger, schwäb.-augsb. Wbch. 320. Vilmar, kurhess. Idiot. 255. Zeitschr. III, 313. VI, 16. 336. 354. 431,104). Hàst ǝ˜n *Lónǝ'* vǝ'loun. Castelli, Wbch. 186: der *Lähn*, ein Nagel überhaupt; *Kodlähn*, der Nagel, welcher in das Rad gesteckt wird, damit es nicht herabfällt." VII Com.: der Lun-nagel; vrb. lünen, den Lunnagel einstecken; Lune-gar, der Bohrer, (cf. Nabe-ger). Zeitschr. III, 313. „Lan, clavus in axe", Voc. v. 1482; lanár, gumphus, Voc. v. 1419; lann, cumphus, Asp. 49, f. 127; eyn luner, luno, Voc. Archon. f. 32; lun, obex, paxillus, gl. i. 1119. o. 316; luna, obex, o. 142; lun, luni, humeruli, i. 666. 1165. o. 412; luninc, paxalerius, i. 1119; luninge, humeruli, o. 316. Eine weitere Bildung davon ist das hchd. Lünse, altniederd. „lunisa, axenodis", (gl. i. 207), angels. lynis. s. Weigand II, 75. Cf. česk. lun, launek, kärnt. lunek, der Achsnagel, Lohner; Jarnik 83.

Das Lönsalz. „Zu dem Lönsalz Holz, Leim, Kohl ꝛc. liefern"; Lori, BergR., f. 140. „Loensaltz, quod monasterium San-Zenon. Duci Bavariae pro jure tributario ex coctione salis cedere debebat"; MB. 564, ad 1272. Vrgl. das von den Reichenhaller Siedern demselben Kloster St. Zeno zu entrichtende „Lössalz"; Urk. v. 1252, Lori, BergR. f. LXXIV. Fehlt näherer Aufschluß, wohin das Wort gehöre, ob es nur verschrieben sey statt Lebsalz, Labsalz (s. d. W.), oder ob Lôn, oder Lehn, oder das Adj. len (als Gegensatz von Steinsalz; v. Lang), oder gar das isl. lon (intermissio, das Aufhören) bedacht werden dürfe. Cf. Clm. 4604 (XI. sec.), f. 105: „illuvie secundinarum, unsupri vel loune lehtaro." Lönbrot; s. Kurz, östr. Handelsgesch. 184? Hermes 1826, p. 328. s. Longarb.

Der und das Lôn (Ló˜, o.pf. Lau˜, schwäb. Laǝ˜), der Lohn, (goth. laun, n.; ahd. lôn, loon, laon, m. u. n.; mhd. der und daz lôn. Graff II, 219. BM. I, 1042. Weigand, Wbch. II, 61). „Daz lôn, g·arntez lôn, g·arntz lôn"; Wstr. Btr. VII, 121. 167. 173. 174; s. arnen. Das Handlôn, das Laudemium; s. unter Hand und Anlait. „Hantlan", MB. XXV, 227; „hantlôn, bravio", gl. i. 1187. handlœnig (handlêini'), adj., was anlaitbar. Der Handlœner, der Laudemium gibt. verhandlônen, gegen Laudemium verleihen. Fuerlôn. Der Fuerlœner, der für Lohn fährt. Gottslôn. ǝ˜ *Godslau˜* an Einem verdienen oder tuen, ihm eine gottgefällige Wohlthat erweisen. Idlôn, itlôn, (ahd. Sp.) retributio; s. it. Lidlôn, der Lidlôner; s. Lid. Das Taglôn (Tàglǝ˜). (Das unter: die Löhe angeführte Widerlon kann das uuidarlon, recompensio, gl. a. 109 seyn). lônen (ló˜n, lónǝ˜, launǝ˜, lau˜n, laǝnǝ˜) Arbeiten oder Arbeiter, sie bezahlen, (ahd. lônôn, mhd. lônen). „Das Holzfahren lohnen"; Ltg. v. 1516, p. 172. Wstr. Btr. VII, 121. Ehalten lônen. auslônen eine Arbeit, z. B.

Gespunst, sie nicht im Hause, sondern außer demselben für Lohn verrichten lassen. belônen, a) wie hchd. belohnen, b) wie lônen. Belônte Arbeit, wofür bezahlt wird; L.R. v. 1616, f. 164. Arbeiter, Ehalten belô-
475 nen, d. h. bezahlen, ihnen Lohn geben. Belonung der Arbeiter, Ehalten, Lohn; L.R. v. 1616, f. 657. 659. 664. 665. Ltg. v. 1543, p. 180. verlônen Einem eine Arbeit, ihn dafür bezahlen; L.O. v. 1553, f. 129. 141. Eine Arbeit verlônen, sie nicht durch seine eignen Leute, sondern um Lohn von Fremden verrichten lassen. Ich weiß nicht, ob hieher zu rechnen seyn wird das folgende

Lon-garb. MB. XVI, 506 klagt das Kloster Schönfeld als Zehentherr, daß die Gemeinde Tulgen von jedem Juchert Ackers „zwelf Longarb, vor ê und der Zehent gegeben und genumen wurde“, nehme. In österr. Urk. kommt auch ein Lonbrod vor. s. d. vorige Wort und Lônsalz.

G-lune: e˜ *Glunə* Holz, (Vorarlberg) zusammengelehnte Scheiter; Bergmann, Walser 18.

Das Land, 1) wie hchd. (ahd. mhd. lant und schon goth. land; Graff II, 232. BM. I, 935. Weigand, Wbch. II, 8 f. Zeitschr. III, 306 f. VI, 119,36. 266,51. 438. Bey'n *Land*, (Gebirg) auf ebenem Land, als Gegensatz von: auf der Höhe, auf dem Berge. Zeitschr. V, 223. Man geht von den Bergen ins Land, vom Land in die Berge. „Daz du daz wetter wendest und kherest das es uns zue land und zue gepürg khain schaden ninderst thue“; Wettersegen v. 1591. ZZ. 3286, f. 25. 26. „Über lant jagen“: Balkn. 89. 169. Das weite Land, (Jagd-Mandate von 1692 und 1702) das freye Feld (?). „Das klaine Waidwerch in dem weitten Land über der Iser.“ „Einem (der die Jagdgesetze nicht hält) das weite Land völlig abschaffen.“ „Sicilia Sicilen land, Tuscia Tussen land, Aegyptus Egipten land, Armenia Armenen land“; (von 1450), Clm. 5387, f. II. Und so ist bey der sonst unbegreiflichen neuern Form auf —en, welche die latein. Ländernamen angenommen haben, wol überall Land hinzuverstanden. Im Neutrum sagt man sogar auch: das gebildete Europa, das heiße Africa, das freie Amerika. Aber: das rührige Paris, das heilige Rom rc.? Grimm meint, das —ien sey aus dem latein. Accusativ —iam (in Siciliam, Indiam etc.) erwachsen. „Daz ain kunech was ze Assirige“; Griesh. Pred. II, 85. Das Ländlein (Ländl), eine Art Eigen-Name, der bey uns besonders dem, seit einigen Jahrzehenten österreichischen, Innviertel, in Österreich dem Lande ob der Ens gegeben wird. Der Ländler, Bewohner eines solchen Bezirkes, Zeitschr. III, 307; Art Tanz. ländlerisch, adj.; Zeitschr. III, 240,3,13. 307. VI, 438. Das Oberland, der Oberländer, eine sehr relative Benennung. Für München z. B. liegen Tölz, Lengries rc. im Oberland. Der Tölzer, Lengrieser selbst aber versteht unter Oberland die ehmals freysingische Grafschaft Werdenfels. Das ehmalige Herzogthum „Bayrn“ wurde in Oberlands- und Unter- oder Niderlands-Bayrn unterschieden; jenes begriff die sogenannten Rentämter München und Burghausen, dieses die Rentämter Landshut und Straubing. Das Geländ, tractus regionis, Landstrich, (Voc. v. 1735); auch in der Schweiz üblich und der Aufnahme in die Schriftsprache würdig, um in mehrern Fällen das fremde Terrain zu ersetzen. Gl. a. 677: gelente, rus; „bei gelente, arva“, Habac. 3,17; Cgm. 17, f. 211ᵇ. „Als vil gelänntz da man auf ain veld ain chuepel korns hinsæt . . . dasselb gelännt“, (Innviertel, 1407); Cgm. 3941, f. 67ᵃ. Land als erstes Wort in Zusammensetzungen drückt das Allgemeinere, auf ein ganzes Land Bezügliche im Gegensatz dessen aus, was blos Einzelne angeht. Als Anhängsel vor Schimpfnamen ist es daher eine Art von Verstärkung: Land-Her, Land-Lueder, Land-Lug, Land-Peitschen, Land-Sau, Land-Schwanz rc. Der Landfanen, ehmals, was jetzt Landwehr; einzelnes Bataillon Landwehr. Noch in einem Mandat von 1742

gegen die Insolenz der in den Landfanen geschriebenen Bauernbursch (Landfändler, Ausgewälten) die Drohung: „sie sollen unter unser regulierte Miliz und Regimenter auf Lebenszeit gestoßen werden.“ „Hauptmann des Landfahnens von Schönbrunn“; Destouches, O.Pf. II, p. 71. Der Landfänler, Landwehrmann; „die 476
Österreicher in B. a⁰. 1742“, p. 16. 66. Zu unstäten Weibspersonen: Du *Landfanə˜*, wou fâ˜lst denn alləwál ummə'; (b. W.). Vrgl. Zeitschr. VI, 440. 'Der Landfriden, wie hchd.; BM. III, 405. Vrgl. unten: die Landfrîten.' Das Landgericht, a) (Land in der Bedeutung einer ganzen Provinz genommen), z. B. weiland des Bischofs zu Würzburg kaiserliches Landgericht Herzogthums zu Franken; kaiserl. Landgericht Burggrafthums zu Nürnberg, zu Onolzbach rc. b) (Land im Gegensatz zur Stadt genommen), eine der königlichen Justiz und Policeybehörden, unter welche gegenwärtig das platte Land der dießrheinischen Kreise mit seinen kleinern Städten vertheilt ist, verschieden von dem ihm gleich gestellten Herrschafts- und dem untergeordneten Hofmarks- oder Patrimonial-Gericht, welche unter der Privatgerichtsbarkeit von adelichen Unterthanen stehen. „1609, 31. Merz ist das kai. Landgericht Hirsperg alhie (zu Kelheim) gehalten worden“; Cbm. 3245, f. 47ᵃ, (s. unterrichten: Landgericht). Der Landrichter, Vorstand eines solchen Gerichts; (lantrichter, lantrechtere, rachinburgius; gl. a. 678. Voc. v. 1429). 'Die Landgewissen, ä. Sp., s. Th. IV: die Gewissen. Der Landherr, (ä. Sp.) vornehmster Vasall in einem Lande; BM. I, 667.' „Sunt alii nobiliores (mercatoribus et militibus) lantherren, freyn, grauen, simpel grauen, semper frey“, (1460); Monac. Augustin. 84, f. 67ᵇ. Der Landsherr (də' Landsher), sehr üblich statt König. Die Landshuld, (ä. Sp.) landesherrliche Begnadigung eines Verbannten; Schutz, Geleite. „Ich dörft wol zu den bawren hin und bitten landshuld zu erlangen wir tragn wol wasser an einer stangen“, sagt der Roßdieb bey H. Sachs 1560: IV, III, 28 (1612: IV, III, 61). s. Huld. Der Landsknecht, (ä. Sp.) a) Bewaffneter zu Fuß, im Dienst eines Landesfürsten; Wstr. Btr. V, 174. „Inter regem et suos stipendiarios qui se provinciae servos vulgariter Lanzknecht nuncupant“; Arnpeck col. 425, deutsch Cgm. 994, f. 199ᵃ. (Lanzen führten nur die Ritter, nie die Knechte. Diese trugen Spieße, und Haken und Hakenbüchsen). b) (wirzb. Centord. v. 1670) der Gerichtsdiener. Vilmar, kurhess. Idiot. p. 236. s. Knecht. Der Landskrieg, „offener Landskrieg“ (Kr. Lhdl. VII, 101, ad 1461), was wir jetzt Krieg überhaupt nennen. (Ehmals galt Krieg auch für Rechtsstreit zwischen Einzelnen). Der Landmann, (plur. die Landleute), a) der Landeseingeborne; der im Land ansäßige, besonders der adeliche Landsaß. „Patriota, lanndman“; Hbn., Voc. v. 1445. „Ein geborner Landmann, geborne Landleute“; Av. Chr. f. 294. 505. „Ob ainer, er sey Gast oder Landmann, Yemand mit Recht will fürnemen“; Ref. L.R., Tit. 2, Art. 1. „Wir sollen füran unsere Ambt mit dapfern, edeln und geschickten Landleüten, so Bayrn, oder die mit Schlossen oder Sitzen im lannd ze Bayrn beerbt sind, und nit mit außlendern fürsehen und besetzen“; Erclärte Landsfreyh., 1. Art. „Wir sind gefreyet, daß die Ämter mit Landleuten besetzt werden und keinem Gast“; Kr. Lhdl. XI, 78. „Die Gereisigen und Fußknecht sollen Landleute seyn, und keinem Gast zuvoran mit oberster Hauptmannschaft nicht unterworfen werden“; Kr. Lhdl. XV, 17. „Nachdem der Vizdom nicht ein Landmann ist“; ibid. X, 432. „Kofheriz Jägermaister soll in Jarsfrist ain lanndtman werden, oder das Ambt soll mit ainem andern Landtman besetzt werden“; Ldtg. v. 1514, p. 188. b) Abgeordneter zum Landtag, Landstand. „Ausschuß von 32 Landleuten“, (8 Prälaten, 16 vom Adel, 8 von den Städten); Landtag v. 1543, p. 241. „Nach Rath unsrer Räthe, Landleute und Anderer“; Kr. Lhdl. 72, ad 1442. „Noch ist ein tyroler Landmann in diesem Sinne

zu nehmen." Die Landmünz (La˜minz), a) wie hchd. b) Münze von 10 Pfenningen im Werth, die a⁰. 1669
477 statt der damals auf diesen Werth gesetzten Halbbatzen ausgeprägt wurde, jetzt aber selten mehr wirklich, sondern blos in der Rechnung des gemeinen Mannes vorkommt; (s. Batzen). „Unsre für 10 dl. ausgeprägte Landmünzen"; Mandat v. 1702. „Churbayr. salzb. augsp. regensp. und nürnberg. alte Landmünzen sind anzunehmen zu 2 Kreuzer 3 dl."; Mandat von 1757. „Alte Landmünzen oder Zehnpfenninger, als eine meistens abgewetzte und ausgewogene Scheidmünz, auch wegen besseren Bequemlichkeit im zehlen, sollen fernerhin gelten 2 Kr. 2 dl."; Mandat von 1760. Das Landpferd, a) eigentlich. b) (ä. Sp.) figürl. Landwehrmann zu Pferde. „A⁰. 1633 starb N. N., Rittmeister über eine Compagnie Landpferde Unterlands"; Baumg. Nstdt. 50. Das Landrecht, wie hchd. „Lantrecht" im Gegensatz von „gotes reht"; Labr. 207. Landschaft, status provinciales. Die Landschrannen, s. Schrannen. Die Landschuld, eine Art Reichniß von Seite des Übernehmers eines Lehengutes an den Lehenherrn. cf. Cgm. 697. „Wer fürterhin sein Guet, welches frey und ledig ist, ainem Mayr ohne Brief und Sigl verstifften will, der mag es anders nit thun, dann blossen bestandts und freystiffts weiß . . . und davon soll er keinen Anfall oder Landschuld, Verehrung, Willengelt, noch sonsten ainig Gelt nit nemmen"; L.R. von 1616, f. 291. „Schol er auch deu lontschuld und allen dienst chlainen und grozzen innemen"; MB. XII, 166, ad 1325. verlandschulden. „Würde der Mayr fürgeben, er het das guet von seinem Herren verlandschuldet oder zu ödrecht oder sonst bestanden"; Ref. L.R., Tit. 34, Art. 3. Die Landsprâch, lingua vernacula, Pr. von 1618. Der Landstain, (um Eversberg) Felsgrund, auf welchen man in dieser Gegend, deren Boden sonst aus Sand und Nagelfluh besteht, beym Brunnengraben zuweilen stoßt. Die Landtâfel, s. Tâfel. „Halt 's Vaterunserloch (Maul) oder ich gib dir eins auf d· *Landtafel* (Gesicht), dafs dir d· Provinzen wackelt (daß der Leib schüttelt)",— als Sprache der Kothlacke zu Innsbruck; Allgem. Ztng. vom 26. April 1840.

2) (O.L.) einzelnes urbares Grundstück, Acker, Feld. Zeitschr. III, 383. VI, 438. Ein Bauer besitzt so und so viel Länder (Lántə'). 's Erdépfəl-, 's Càbis-, 's Kraut-, 's Hàr- ꝛc. Land, Acker, welcher mit Kartoffeln, Kohl, Rüben, Flachs ꝛc. bestellt ist, oder werden soll. Wen mə˜ d· *Lántə* z· Gràs ligng lasst, bis s· widər ausg·rast·t hàbm, sán' s· Egə't·n. „Länter und wismat"; Cgm. 3941, f. 104ᵇ. Das Haißland, Naßland, heißer, nasser Ackergrund. „Sandige Gründe, welche bey anhaltender Hitze gar gern in Heißländer ausarten"; Zirngibl, Hainsp. p. 289. haißländig, naßländig (haəslánti', nàslánti'), adj., (vom Boden) heiß, naß. 'Das Inland, Vaterland, (ahd. inlenti, mhd. inlende; Graff II, 238. BM. I, 938).' „Daz er ime . . . inlentis (genit.) gunde"; Diut. III, 83. Das Umland, Acker, der nie Früchte getragen hat, sondern erst hiezu urbar gemacht worden ist; Über den Naturalzehend p. 32. s. Vorland. Das „Überländ", (Höfer) lediges, zu einem andern Gut gekommenes Grundstück. Heumann, opusc. p. 703. „Cum agris illis qui dicuntur Vberlent"; MB. XI, 41, ad 1252. „Von urbar- und yberlendt äkchern"; Cgm. 1176, f. 61. (cf. Lenden.) Das Vorland, a) Acker, welcher vor andern liegt, (gewöhnlich erst später zum Acker ausgereutet oder urbar gemacht worden ist; s. Umland). „Es sollen die Vorlender demjenigen verzehent werden, der auß
478 den anstoßenden Äckern den Zehent ze fengen hat"; L.R. v. 1616, f. 326. b) Acker, auf welchen (als auf ein Neu-Gereut?) der Bebauer eines Lehengutes besondere Rechte hatte. „De agris ad speciale jus villici pertinentibus qui dicuntur Vorlant"; MB. IX, 538, ad 1135. „Sol yn (den Klosterherren) von dem hof geben das drittail von alle dem, das der pflueg vawt, also das ich chain vorlant haben sol"; MB. XVIII, 440, ad 1447. „De molendino und von einem vorlant"; MB. VII, 448. c) Acker, auf welchem dem Pfarrer das Zehentrecht allein und nicht Mehrern, wie auf andern Äckern, zusteht; (Baur). Vrgl. auch Acker, Bi-fang, Stuck. 's Baə'nland, (b. W.) s. oben, Sp. 278: Barnladen, und 1437: Laden. 'Die Landfrîten, ä. Sp., Anbildung des lat. lampreta, Lamprete;' ahd. lantfrîdâ, lantfrît, lamphrît, neben lamprêtâ, lamprêdâ, mhd. lampride; Graff II, 241. BM. I, 930. Weigand, Wbch. II, 8. Diefenbach 372ᵃ. verlanden, (Wasserbau) in festes Land verwandeln durch Gerölle und Aufschwemmung. Vrgl. b. Landbote 1842, Nr. 249—252. 'Cf. d. folg. Wort.'

Die Landen, (plur., Beschreibung der Kaiserklause in Hazzi's Statist. I, p. 399) Stecken, die den Druck des Wassers ableiten. s. die Lander und lenden.

Der Lander, (im Rotthal) ein Getreidemaß: 8 *Landə'* geben ein Schäffel; (ObrM.).

Die Lander oder Landern (Lantə', Lantə'n), a) (O.Pf., Frank.) Zaunstange, Stangenzaun; ('„lander, Ben. 401"; Jac. Grimm; = Nithart XXXVI, 3; Haupt p. 37,8.' Bey Hübner, Salzb. 970, ist „Lanta" ein Thor in einem Feldzaun; im Bregenzer Wald die Lander ein langes Brett). BM. I, 934. Hievon das auch hochdeutsche Collectiv Geländer. „Swer gen dem chorn gelanter tulle oder zaun hat der sol daz chorn damit befriden"; Münchn. Verord. sec. XIV., Cod. civitatis. Der „Lenderstuhl" in einer bayreuth. Taxe von 1644 ist wol ein Stuhl mit einer Rückenlehne. Lanten, die Sicherstecken, womit eine Haupt-, Eis- oder Näßrise gestützt ist; (Pseud. Jir.). ein-, umländern, mit Stangen, oder einem Stangenzaun einfrieden, umfrieden. b) (schwäb.) Latte. Landerdach, „plattes Dach, mit Steinen belegt." Birlinger, schwäb.-augsb. Wbch. 304. c) „Jeder (Salzpfannen-) Fuhrmann (in Reichenhall) soll auf sein Sieden, jm zuegeordnet, auf das münst ain Pfund Rachen (Holz) unverlich zu ainem Vorrath auf seinen Lanntern haben"; Lori, BergR., f. 140. (Etwa Druckfehler statt Gantern, w. m. s.) Vrgl. auch lenden, 2).

derländern (de'lándə'n, von Zäunen, Gattern und überhaupt von solchen Dingen, die aus einer künstlichen Verbindung von Theilen bestehen), aus den Verbindungen, den Fugen bringen; neutr., aus den Fugen kommen.

lenden (lentn), 1) (von Schiffern, Flößern) landen; (ahd. lantjan, mhd. lenden; Graff II, 239. BM. I, 938. Weigand, Wbch. II, 9). anlenden, 'das Schiff zu dem Lande bringen, anlanden; Grimm, Wbch. I, 390.' auslenden, das, was auf dem Floß, Schiff gebracht worden ist, ans Land bringen. Grimm, Wbch. I, 900. Zeitschr. III, 193,140. 240,119. zuelenden, was anlenden.

Dà fàr I nét übə', dà *lent* I nét *zuə*,
du bist nét mei˜ Deənl und I bi˜ nét dei˜ Buə'.

Fig. R. A.: zuelenden, zur rechten Zeit eintreffen, fertig werden, (ObrM.); nicht zuelenden (d. h. mit der Bezahlung nicht zuhalten) können. Die Lend (Lent), der Landungsplatz. Zeitschr. VI, 446. Die Schiff*lent*, Holz*lent* ꝛc.; die Kol*lent*, im Walde, wo die Kohlen zum Wegführen aufgehäuft werden; (OL.). Schaffler Lend, Wein lendt; Münchner Lendordnung v. 1727, CbmKl. 167. Die Obere und die Untere Lend zu München, Ablageplätze der dort gelandeten Holzvorräthe. Lendhüeter, Wächter, darüber aufgestellt. Das Lendsail (Lensêl, Aschaff.). lendfaren, landen; Lori, BergR. f. 322. 2) act. u. neutr., lenken, wenden, neigen. an-, um-, zue-, weg- ꝛc. lenden. „Wann ein Graben auffgeworffen, wodurch das Wildwasser von denen Äckern gelendet wird"; Ertel, prax. aur. II, 640. „Treue Freundschaft sich nicht lendet, bis der Tod das Leben endet"; Abele, s. Grchts. I, 326. „Denn die stain sich 479
theten wennden und auf den ain·n pauren lennden"; Theurd. „Das nothleydende Weib hatte nichts, mit deme

sie den Richter auf ihre Seiten möchte lenden"; P. Abraham, Gagaga. lenden auf etwas, sich darauf beziehen, darauf hinweisen, fallen. „So lendet die Erbschaft auf seine Erben"; Kr. Lhdl. IX, 117. „Der Artikel lent dahin"; Ldtg. v. 1514, p. 387. 'lenden nach etwas, darnach streben, darauf los steuern.' „Darum ich will sein still, bis sich erfüll, darnach mein Herz thut lenden"; Lied v. 1589, Hoffmann v. F., Gesellschaftslieder, p. 269. 'sich lenden, sich begeben; Zeitschr. IV, 176.' Sich auf etwas lenden, belenden, darauf beziehen, stützen, berufen, z. B. auf ein Zeugniß, einen Gebrauch, ein Gesetz, eine Person; (Kr. Lhdl. XI, 282. 427. XVIII, 308) rc. „Wie derselbe Graf Wolfgang das zu lenden, (zu begründen, zu entschuldigen), und aus was Ursachen aus ihm selbst in seinen Kriegen fürgenommen, hat man dennoch Wissen"; Kr. Lhdl. XIII, 210. auslenden, sich irgend wohin wenden, begeben. „Wir sind berichtet wie der schwäbische Bund auf das Lechfeld kommen soll, in Meinung, das löbliche Haus Bayern zu überziehen und zu beschädigen. Dieweil wir aber noch nicht haben ersehen können, wo der auslenden wird", (so soll sich alles in der Gegend flüchten). „Sollen die wehrlichen (Landleute), dahin ihnen gezeigt wird, wo die Thäter (Straßenräuber, Landzwinger rc.) ausgelendet sind, mit ihrer Wehre nacheilen"; Kr. Lhdl. IX, 125. XVII, 142. 'erlenden, ä. Sp., landen; BM. I, 938.' „Noe einen raben ûzsante, an eineme âsa er erlante"; Diut. III, 60. verlenden. Bə deərə' Zeid kà˜ mə˜ si' áf ni˜cks *vəlent'n*, nichts unternehmen; (b. W.). „Wann König Carl in deutsche Lande zuländen werde"; Gem. Reg. Chr. IV, 380. (Ich möchte in diesem Sinne fast eine zu lenen, ahd. hlinên, gehörige, inclinare bedeutende Form annehmen. Cf. Voc. Archon. f. 32: „appodium, eyn lentrilen; appodiare, anlehnen"; Diefenbach 42c. 43a.

el-lend, s. oben, Sp. 59: el.

Die Lenden (Lent'n), (Schmutzer) schmales Ackerbeet, Bifang. s. Land, 2) und vrgl. gl. a. 690: gilenti, culta; i. 280. 671: niuuilenti, novalia; (Graff II, 236. 238. BM. I, 936. 938).

Die Lenden (Lentn), wie hchd. Lende; (ahd. lentî, lendî, mhd. lende; Graff II, 239. BM. I, 963. Weigand, Wbch. II, 38. „leindin, lumbus", Voc. v. 1419; lendin, lumbi, gl. o. 234; lentifano, lumbare, gl. i. 941; lendner, femorale", Voc. v. 1429; weit öfter steht indessen lenti, lendin, lendil, lentiprâtun für renes, renunculi; auch neben Isidor's lumblo, lumborum, hat gl. a. 664: lumbala, renunculi. Ob damit, durch das angels. lund-laga, renes, zusammenhangt gl. i. 1076: lunda, ags. lynd, arvina, gl. i. 439. 1182: luntussa, pectusculum? Wetterau: die Lombe, Lende; Weigand, oberhess. Intellbl. 1846, p. 247. s. oben Lumbel). Der Lendbräten (Lembràdn), gedünstete und gesäuerte Nierenschnittchen, Lendenbraten, Mehrbraten. Die Aussprachform Lemmer- oder Lammer-Bräten scheint aus Lend und diesem dunkeln Mehrbraten zusammengesetzt. 'Der Lendner, ä. Sp., mhd. lendenier, Hosengürtel; BM. I, 963. Diefenbach 229c. s. oben, Sp. 1441: Leidner.' „Der lendner, la ventriera"; Voc. venez.-tod. v. 1424, f. 9. Lendrile, s. oben: lenden.

'lendeln, lendern, langsam gehen, schlendern (s. d. W.); BM. I, 963.' „Let man mir den willen min (sagt der Esel), so slahe ich nider min œrlin, lenderte (lendere?) hin mit gemache"; (Gegensatz von zelten, schneller gehen); Renner 6017. „Ich halt das er (der Knecht, der lange nicht heimkommt) etwan umblendel, sicht die hannen einander beißen", sagt die Frau bey H. Sachs 1560: IV, III, 43 (1612: IV, III, 96). Vrgl. oben, Sp. 1481: Lienel, lienlen.

lind (lin'), adj. u. adv., weich, nicht hart, nicht rauh; (ahd. lindi, lenis, mhd. linde; Graff II, 239. BM. I, 1000. Weigand, Wbch. II, 51. Zeitschr. V, 396, I, 25). *Lind* gsódné Aər, weich gesottne Eyer; 's Fleisch wįll (im Kochen) nét *lin'* wer'n; ə˜ *linds* Bétt; ə˜ *lindé* Haut; ə˜ *lində'* Sammət. mudel-lind, so weich wie der Balg einer Katze (Mudel). Figürlich pflegt der Dialekt in der Regel weder dieses lind, noch das hoch- 480
deutsche gelinde zu gebrauchen. s. auch len. 'linden, vrb., lind, weich machen; BM. I, 1001.' Gries oder Mehl linden, umrühren im Röstlen. „'Kathl *lindt* ə˜n Griəs zə-n-ə˜n Koch auf də' Gluat"; Schoffer 120. Kärnt. vaditi, 1) gewöhnen; 2) Sterz linden; vadenje, das Sterzlinden; Jarnik p. 40. „Gib ir geluntet vone oder geluntet cisern; Cgm. 724, (vrgl. oben, Sp. 325: Bladem. 'Hieher? = weich gekocht?).'

lindschärig (lindschári'), (b. W., von Kleidern) abgetragen, löcherig.

Die Linden (Linnə˜, Lint'n), Linde; (ahd. linda, mhd. linde; Graff II, 240. BM. I, 1001. Weigand, Wbch. II, 52. Vrgl. Grimm, Mythol.[2] p. 1145. Weigand, Wbch. II, 51. Zeitschr. II, 553,89. III, 556,56. IV, 262, II, 17. V, 172,175: das Lind, Lend, Bast, Band). Das Lindach (Lintə'), Platz, wo mehrere Linden stehen. „Ain Holtz genannt das Lintach"; MB. IX, 305. linden (lintə˜), adj., aus Lindenholz; 's *lintə˜* oder 's *lintə˜-r-ə˜* Hólz hàbm 'Dràchslə' gern.

'Der Lindwurm, Linddrache, 1) schlangenartiges Ungeheuer, (v. ahd. lint, Schlange; Graff II, 240. BM. I, 1002. III, 67. 826. Grimm, Myth.[2] p. 652. Weigand, Wbch. II, 52).' 2) „linthworm, jaculus"; Voc. Melber. Diefenbach 282c f.

Lunden, ä. Sp., London, (angelsächs. Lunden). „Lunden, Lundanea civitas in Anglia"; Voc. v. 1419. „Nachdem aber durch die niederländischen Kriege das Tuchmachen von Antorf (Antwerpen) nach Lunden in Engelland gezogen"; Über den Tuch- und Lodenhandel in Bayern p. 16. lündisch, lindisch Tuech oder Schepstuech, feines Tuch, das von London in Schiffen nach Hamburg und andern Seestädten, und von da nach Bayern kam; das. p. 16. 23. 34. „ij rotte ganze lindische tuech zu xxvii ellen, ains umb xxxiij gld. rh.; kumbt ain elln umb i lb. xii dl." Münch. Hofrechn. v. 1468, Wstr. Btr. V, 211. „Item der Muckenthalerin einen schwarzen landischen (lündischen?) Rock"; Kr. Lhdl. VIII, 419. „Von schamlot und wüllem gewand Lündisch, Libisch. Mechlisch, Stammet"; H. Sachs 1560: V, 380. „Gût lündisch rot von tüch er (der Rock) was"; H. Folz, vrgl. oben, Sp. 963: guet. Nach M. Schrettinger bedeutet lündisch in der O.Pf. Scharlach. Ältere R.A. Nicht von lündischer Tuch wegen mit Einem handeln, etwas ungewöhnliches, verdächtiges mit ihm abmachen; Gem. Reg. Chr. IV, 146, ad 1509.

lünden, ä. Sp., brennen? (vrgl. Lunte). „So beginnet der after lünden"; v. d. Hagen, Ges. Abent. II, 523,400.

---

lang, (nürnb. lo˜g, o.pf. laə˜g, b. W. là˜g), wie hchd. (goth. laggs, ahd. lang, lanc, mhd. lanc; Graff II, 225. BM. I, 930. Weigand, Wbch. II, 9. Zeitschr. V, 439). alanc, ahd. Sp., s. oben, Sp. 55. „alzoges, alanch, omnino"; Cgm. 17, f. 221b. Clm. 9513, Vers 63. 97. 193. 258: alanc. Zeitschr. II, 38. Der summerlange Tag, die winterlange Nacht, die leidslange Nacht. BM. I, 931. mildelang(?); vrgl. BM. II, 173. „Den siechen sîn gâbe was bereit, und die da wâren gevangen, allen liuten milte langen", (cupidis?); St. Ulrichs Leben, V. 387, Cgm. 94, f. 38a. s. unten: langen und milde. R.A. Hei˜t is's schô˜ *lang*, d. h. spät. lang z' vil, lang z' früe, lang z' kurz rc., viel zu viel, zu früh, zu kurz. Wenn I *lang* sàgət, I gi' də' hundət Guld'n, I hets à net; əs hilft nicks, wenn I *lang* hi˜gê; (ObrM.). über lang. '1) ä. Sp, nach einiger Zeit, bald darauf; BM. I, 930.' „Der bawr kam heim überlank"; H. Sachs 1560: II, IV, 67b. 2) (Gebirg) selten. vorlang, ä. Sp. „Dar

„was nach vorlanc daz der kunic herodes eine wirtschaft machete"; Griesh. Denkm. 23. lang auß, nach der Länge, in gerader Linie fort. Wenn der Mosschnepf aufstêt, fliegt er hin und her, bis er einmal langaus streicht. Scherzh. R.A. Hei˜t gêts *langaus*, heute dauert es lange. Der Langauß (scil. =Tanz), ehmals üblichere Art zu tanzen, die durch das erst in den Städten, und endlich auch auf dem Lande allgemein in Schwung gekommene Walzen so ziemlich in Abgang gerathen ist. Die Langauß (verstehe Kegelstatt). Bey diesem Kegelspiele wird die Kugel auf die vom Stande weiter entfernten Bretter geworfen und die Kegel stehen weit auseinander, da hingegen bey der Budel die Kugel auf einem Brette gegen die viel enger stehenden Kegel gerollt wird. Das lange Geld. „O ich bin", sagt bey P. Abraham eine 60jährige Abspüelerin, „auch einmal schön gewest und hätt ich, wie das lange Geld im Schwung gegangen, einer jeden den Trutz gebotten." Hier ist wol kein Bezug auf die früher übliche Unterscheidung der Schillinge in lange (d. i. zu 30 Pfenningen) und in kurze (zu 12 Pfen-
481 ningen). „Über eine Deuf (Diebstal) unter sechs Schilling der langen konnten die Hofmarksherren richten"; 1ster Freyhaitbrief. „16 Schilling der langen R. dn."; Ried ad 1357 u. 1404. „Zehen schillinge der langen, müncher pfenninge"; MB. XVIII, 36, ad 1300. XIX, 67, ad 1381. „Drey schilling der langen, pfenning der gewöndleichen Statmünzz zu Münichen"; MB. XXI, 277, ad 1376. „Neun Schilling Haller der langen", Lori, BergR. 352, ad 1465. s. Schilling. Das Lenglein (Lengl·), (U.L.) halbausgewachsener Baumstamm von ohngefähr 30—40 Schuhen; s. Räfen. Die Leng, wie hchd. die Länge: (ahd. lengî, mhd. lenge; Graff II, 227. BM. I. 932. Weigand, Wbch. II, 10). Die Ebenlänge, ä. Sp., gleiche Länge; vrgl. oben, Sp. 14 f. „Das crucifix was ein ebenlenge der maße als Christus was"; Suso's Leben, Cgm. 819, f. 69a. Die Lengin, die Lengen, (Lengé˜, Lengkng, welche Aussprachform vielleicht aus Lengden — Zeitschr. III, 127,10. V, 365. VI, 439. Vilmar, kurhess. Idiot. 247 — zu erklären ist), die Länge. ə˜ *Leng*, ə˜ Holz ə˜n *Lengen* hàbm, 30—40 Schuh langer Stamm, eh er zu Scheitern zerschnitten wird; (b.W.). `Afə' dés gət ə˜ *Lengkng* her, aber das braucht eine lange Zeit! ə˜ ganzé *Lengkng*, eine ziemlich lange Zeit. Nâch Lengs, nâch Lengst, nach der Länge, ausführlich. Zeitschr. V, 439. „Nâch Längs erzählen, nâch Längs Rechnung thun"; Kr.Lhdl. XVIII, 331. Nâch Lengst legen, nâch aller Lengst niderfallen; *nàch g·streckts Leng, g·streckts Lengs* oder *Lengst* hinfallen, daliegen (ObrM.). Vrgl. Zeitschr. IV, 330,20: *de Léngáwág*. Der Langbart, Lancpart, (a.Sp.) der Longobarde; der Italiener überhaupt. BM. I, 930. Weigand, Wbch. p. 10. Lancpart als Eigenname eines Zeugen kommt z. B. Meichelb. Hist. Fr. I, II, p. 250 (saec. IX.) neben den ähnlich verwendeten Nationalnamen Durinc, Huno, Purgund, Sahso, p. 166 Francho, p. 245 Peiri, p. 145 Freaso, p. 116 Hisso (Hesso?), p. 308 Alaman rc. vor. (Lancparta, Lancpartolant, Lancbarten, Italia, gl. a. 272. o. 389. 122; Lanchparten, Italiae, Clm. 9672, sec. XII. 4⁰, f. 88; Lancpartun, Longobardi, o. 119; lancpartisker, Rutilus, Latius, a. 531. i. 551; ags. langbearda, longbearda; sieh auch das entstellte Lamperter, Lumperter). Dieser Name findet sich schon bey Ptolemäus, Vellejus und Tacitus, und wenn gegen die Etymologie bey Paul. Diac. I, 9 nichts einzuwenden wäre, so gehörten die Wörter lang und Bart zu den ältestbeurkundeten der deutschen Sprache. („Lang ist aus Ulfilas' laggs beurkundet genug." Jac. Grimm. Vrgl. Grimm, Mythol.² p. 123. 124). Indessen kommt bey letzterm III, 19 auch das einfache Bardus vor, womit die Heatho=beardas im Beovulf S. 152. 153. 155 vergleichbar wären. Im Isl. ist bardi, m., clypeus und gigas, bard, n., navis. Eine andere Beziehung gäbe das alte barta, securis; s. Barten. Der schwedische Historiker Lagerbring, der mehrere longob. Eigennamen aus dem Finnischen erklärbar, und darin selbst parti (barba) findet, macht diese, mit den Bayern vermuthlich nahe veewandte deutsche Nation gar zu Finnen. Das Langhaus (einer Kirche), der unter das Hauptdach fallende Theil des Gebäudes; „Lanngcklhaws", Wstr. Btr. III, 137; lanchus, propolas, gl. a. 528. s. Haus und vrgl. oben, Sp. 1333: Klanghaus. langsam (lanksam, Nürnb. ló˜ksəm), O.L. langsamig, adj., a) wie hchd. b) (Klein, Ansp.) spät, (in der a. Sp. hat lancsam die Bedeutung diuturnus, prolixus; Graff II, 229. BM. II, II, 243. Weigand, Wbch. II, 10). Die Langweil (Lankwál, Nürnb. Lo˜kwál), a) die Langeweile, b) (O.Isar) anhaltender oder großer Jammer. langweilen oder sich langweilen nach einem Ding, Sehnsucht darnach empfinden. Die Langwid (Langwi'), 482
die Langwiede, (lancuuid, vinculum plaustri, lattula, temo, gl. i. 266. 1120. o. 407; lancuuit, medullam, i. 820. Graff I, 745. II, 228. BM. III, 618. Weigand, Wbch. II, 11. Vilmar, kurhess. Idiot. 237. Zeitschr. II, 392,28. III, 299. VI, 336; vrgl. II, 92. VI, 16). Rechtsspruch: Langwid schaid·t, d. h. die Mitte des Fahrweges ist die Grenzlinie; (Regnet). Vrgl. Wid.

langen, wie hchd. `(Graff II, 223. BM. I, 933. Weigand, Wbch. II, 10); lang werden; Zeitschr. II, 226. ä. Sp., sich ausstrecken, um etwas zu erreichen oder darzureichen: greifen, holen; geben.' ən Büä'n (Born) *lang*, Trinkwasser holen; (Weihers; Dr. K. Roth). Vilmar, kurhess. Idiot. 287. Zeitschr. VI, 351 f. 439. „Gratis accepistis, gratis date, ir habet ez umbe sus entphangen, umbe sus sult ir ez langen"; St. Ulrich's Leben, V. 766. Vrgl. das. V. 712: „Sante Uolrîch sîn zeswen er (Gott) lande" (langte? `im Druck: er sande') und oben, Sp. 1488: milte=lang. Das Anlangen, (Canzleyspr.) die Bittschrift. Ein Anlangen machen, überreichen an diese oder jene Person oder Behörde. (Vermuthlich von der R.A. an jemand eine Bitte langen, gelangen laßen). anlangen, einlangen, vrb. n., ein Anlangen an die Behörde einreichen. Hä˜ scho˜ druimàl *ei˜glangt*, und no˜ kaən Antwourt. belangen, gelangen, (b·langə˜), a) durch lange Dauer belästigen. BM. I, 933. Də' Wintə' *b·langt* mi' dəhin, kommt mir nach gerade gar zu lang vor. „Fröwt sich, also der morgenstern brehende den wachter tuot, den kalte nacht belenget"; Tyturel. „Senen tût belangen"; Stoßseufzer des Schreibers des Cod. And. 61. (cf. bevilen.) b) mit Sehnsucht, Verlangen erfüllen; es belangt mich, ich habe Verlangen, Lust; es verlangt mich. əs *b·langt* mi' nàch 'Owəs; əs hàt mi' *b·langt*, mei˜ Schwéstə' z· sêgng. Wiəs mi' oder so langs mi' lust·t und *langt*; (b.W.). „Wenns den Kaiser lust·t und belangt, komm er nur her!" Av. Chr. 106. „Meiden und belangen ist erger dann erhangen"; Cgm. 439, f. 52b. „Des mûz mich immer nâch ir belangen"; Labr. 667. „Gelanget dich mines obezzes"; Diut. III, 79. Der Belangen (B·langə˜) und der Gelangen (G·langə˜; ä. Sp. der gelange, genit. des gelangen, BM. I. 933. 934), das Verlangen, die Lust, das Gelüste nach etwas. ə˜ schwangə's Wei' hàt bàl' dèn, bàl' dèn *B·langə˜, G·langə˜*. „Ir blangen und ir herzeleit"; Diut. III, 15. belängig, gelängig, gelängerig (b·lángi', bláni; glángi', glángəri', gláni), 1) ein Gelüste habend, lüstern; naschhaft; Zeitschr. VI, 439. `2) ä. Sp., lang dünkend, langweilig, langwierig.' „Wan ir die vrsach sît mins blängenlichen sichtage"; Diut. III, 15. erlangen, derlangen: 1) wie hchd. erlangen, jedoch minder üblich, als dergelangen. aberlangen, abgewinnen. Kr. Lhdl. IV, 71: „daß Ihr Euch in keinem Rechtbieten keinen Glimpfen aberlangen laßt." `2) lang, langweilig dünken; verlangen, sich sehnen.' „Daz si der daneverte deste min mahte erlangen", sich darnach sehnen; Diut. III, 69. gelangen (g·langə˜), neutr. u. act., a) langen, reichen. Zeitschr. III, 186,51. 187,21. VI, 439. Auf éppəs *hi˜g·langə˜*, nach etwas hinlangen. *G·lang* mə' 's Buəhh her, reich es her. Də' Handlangə' *g·langt*

'ən Dàchdéckə' 'Ziəg·l auffi. Wien: *klengen*, langen, erlangen, holen; Castelli, Wbch. 141: *glenga*. „Də' Summər is kemə˜, hàt brennt und hàt gsengt, àber eini ins Herz hàt ə' glei'wəl net *g·lengt*"; Kaltenbrunner 88. 139. „I und insä Muədä habn zum täglign Fuədä schlögelfösti Knod·n, und du magst nöt hengä bis d·äs nöt kanst *klengä*", sagt klagend der Sohn dem schlemmenden Vater; Lindermayr 62. „Dö Sachen, wo koan Geld nöt *klengd*, dö kafft ma' nöd"; Kartsch II, 158. „A Ketten, dö bis 'nauf zun Himm·l *klengd;* das. 163. dergelangen, erlangen, erreichen; (Otfr. gilangon). Kà˜st əs nét *də'g·langə˜*, is ·s də' zweid wég? „Er (der Böse) het gern a Seel wo *da'klengt˜;* Kartsch II, 35. Zeitschr. III, 186,51. (Im Angels. kann man auch Personen gelangian, herbeyholen, rufen). b) hinlangen, hinreichen, klecken. Zeitschr. V, 255,92. VI, 439. əs *g·langt* scho˜. Dèn *glangt* nét leicht éppəs, dèr braucht àlls z·vil. c) hinlänglich, genug haben. I *g·lang* scho˜ dəmit. Dèr *g·langt* mit wéni'. ausg·langə˜ mit Etwas. ausgelangen etwas, es ausklaftern, dessen Umfang oder Enden mit ausgespannten Armen erreichen. Der Gelangen, sieh oben unter der Belangen. BM. I, 934. „Der gespenstige gelange der tet in alrerst we"; Trist. 17842. Das Hantlang, (a. Sp.) der Handlohn, das Laudemium; umgedeutet aus andelange, (Grimm, RA. 196 ff. Wbch. I, 304. BM. I, 35. 933). s. oben, Sp. 99. verhantlangen ein Lehen, den Handlohn davon reichen; MB. XXIV, 704. 739. 742. Vrgl. Raich. längen, lengen, in die Länge ziehen, entfernen, verschieben; (ahd. lengjan, lengan, mhd. lengen; Graff II, 230. BM. I, 932). „Schande uns von selden lenget"; Renner 15239. sich lengen, sich entfernen. „Swer liegen in ein gewonheit bringet, von allen tugenden er sich lenget"; das. 15251. längern, lengern, hinausschieben, fristen; BM. I, 933. Weigand, Wbch. II, 10. Helfə˜ kà˜ eəm də' Doktə' nimə', sched *lengə'n;* OorM. verlängen, verlengen, (ä. Sp.) verschieben, differre; ahd. irlengan, mhd. erlengen, verlengen; Graff II, 225. 230. BM. I, 932. I hà˜ *mi' vo'lengt*, verspätet, aufhalten lassen; ObrM. unverlengt, ohne Aufschub. „Etwas der Obrigkeit unverlengt anzaigen"; L.R. v.
483 1616, f. 790. „Das man unverlengt das klaine gesteider und reiserer außmaisse;" Abt v. St. Zeno 1676.

Der Längeß, Längß, Längßen, Längßing (Lángəss, Lánks, Lánkst, Lánks·n, Lánksing, Lánzing, Lá˜ssing, O.L.), das Frühjahr, der Lenz, (ahd. lenzo, mhd. lenze; Graff II, 242. BM. I, 965. Weigand, Wbch. II, 38 f. Zeitschr. III, 185,7. 566,9. III, 304. 306. 326. 460. VI, 439. 527,8. 528,7. Lengizinmanoth, Martius, gl. o. 236; langiz, vere, a. 537). „Den sumer unde langezzen", ver, Cgm. 17, f. 109ᵃ. Ps. 73,18. „Do der langez chom"; Diut. III, 88. 147; (das. 93: „n langez zit" wol „unlangez zît"). „Ein nazär langst"; Cgm. 632, f. 121. „An herbst, an lenczen, an sumer, an winter"; Renner 23616. „Auf künftigen Lanngs; zu Lanngszeiten"; Lori, LR. 329. 365. „Den 27 April hat man den Langßpau (die Frühlings-Feldbestellung) gar verricht"; Abt v. St. Zeno in s. Calend. v. 1668. „Langhez, langez, primavera"; VII Communi. längßeln (lánkschtln), von der Witterung: milder zu werden anfangen. Nach dem angelsächs. lengten, lencten, Genitiv lenctenes, engl. lent (quadragesima, ver) scheint unser Längßen, Längßing, ahd. lengizin, die rechte unverkürzte Nominativform, und etwa in Bezug auf das Längerwerden der Tage aus einem alten Verb lengizan, agf. lengetan, zu deuten. „Fæste he III lencgten an toforan sumera and oder to herfestes emnithe and thriddan toforan middan vintra"; Poenitentiale Egberti, lib. IV, Mone's Quellen p. 504. III. XL. daga; p. 505. Cf. oben, Sp. 1277 ff: Karên, quadragena. s. Länz.

-ling (lin'), als Endsylbe, wird häufig zur Substantivierung von Nebenbestimmungen gebraucht, besonders in der Benennung von Thieren und Pflanzen. Weigand, Wbch. II, 52. Verschiedene junge Thiere werden als Frischlinge, Früelinge, Schüßlinge bezeichnet. So heißt z. B. der Börs (perca, ein Fisch) im ersten Jahr Heurling, im zweyten Stichling, im dritten Egling, im vierten Rehling. Viele Schwämme (fungi) enden auf -ling: Küeling, Tälbling, Brætling, Weißling, Pfifferling, ja selbst das Genus Schwämmerling. Arten von Äpfeln: der Braitling, Riemling, Sträifling, Streimling, Weinling, Weißling ꝛc.; Grimm III, 376. Arten von Bäumen: der Förling, Tännling, (hie und da) die Föhre, Tanne; der Eschling, (Pinzgau) die Esche. Vrgl. auch: der Däumling (oben, Sp. 508), Fäustling (Sp. 774), Fingerling (Sp. 731); der Dreyling (Sp. 561); der Nætling, so viel man auf einmal Faden einfädelt; der Sichelling, so viel man auf einmal mit der Sichel abschneidet. Vrgl. Renner 8096 f.: „Du wære der werlde ein scheuhelink und bist nach tode eine greuwelink." BM. I, 584. II, II, 109. Manchmal wird dieses -ling zu -linger renoviert. Der Säurlinger, Süeßlinger, saure, süße Art Äpfel; der Dreinlinger, Cgm. 3721, f. 48. (Schon im Capitulare „de villis" 70 kommen Äpfelnamen auf -ing vor). Der Zwischlinger, (HhE.) Acker, der so zwischen andern liegt, daß die Furchen derselben im rechten Winkel auf die seinigen fallen. -ling, -lings, Adverbial-Endung, z. B. ärschling (rückwärts), fürschling (vorwärts), kreuzling (kreuzweis; Grimm, Wbch. V, 2196. s. oben, Sp. 1390), näsling (mit der Nase am Boden), nüchterling (im nüchternen Zustand; Cgm. 170, f. 2ᵇ. 638, f. 43. Clm. 5905, f. 52). blindlings, finsterlings, grittlings, rügklings, schrittlings ꝛc. Im Schottischen: -lingis, -lings, z. B. stridelingis, engl. astride; vrgl. Grimm II, 358 und 364, (auch III, 234—238), wo gezeigt wird, daß sich diese Endsylbe -ling erst nach und nach aus dem, an Wörter, die auf al, il, ul ausgiengen, gesetzten ing entwickelt hat.

Der Ling, ä. Sp., guter Erfolg; (mhd. linge; ahd. lingiso, prosperitas, Notk. 89,11. Graff II, 223. BM. I, 1001. Weigand, Wbch. I, 410). gelingen, wie hchd., (ahd. lingan, mhd. lingen; lingan, cessisse feliciter, gl. i. 569). Es ist und es hat mir gelungen. (Zusammenhang mit lang ꝛc. vermuthet Grimm II, 37). s. auch der Lung.

„Die ling, el chosali"; Nomencl. venez.-todesco v. 1460 unter den Harnaschstücken, Cod. ital. 362, f. 21; (cossa = coscia, franz. cuisse; Diez, Wbch. 113).

„Lenggär (??) aries ad frangendos muros"; Monac. Francisc. 173, f. 197; cf. Mallerst. 32, f. 297—98 circa. „Aries, lönggger"; Cgm. 649, f. 543ᵇ. s. oben, Sp. 1482: der Loner, Lunegar.

Der Lung (Lu˜k), b.W., Trieb oder Freyheit sich zu bewegen (?); z. B. kainen Lung haben zum Wachsen; seinen Kindern allen, oder zevil Lung lâßen. Bey 484
Henisch ist lung als adj. nachgiebig, weich. „Aichenholz ist gedigen und hart, Tennenholz lung und weich." Vrgl. lugk und allenfalls Kero Prolog.: „sint kelongit, relaxantur", ferners das mhd. lunger, celer, das ahd. lungar, expeditus (und strenuus), gl. a 56. 350. Graff II, 232. BM. I, 1052. lungern, 1) voll Trieb, eifrig, begierig wonach sein, Weigand, Wbch. II, 75; sich merken lassen, daß man etwas gern hätte; brem.-niedersf. Wbch. III, 99. „Viel liberaler sey man in solchen Dingen in Frankreich und Deutschland, wo der Fremde, während er Statuen und Gemälde bewundert, nicht immer durch lungernde Dienstleute gestört und gezehntet werde wie in England", — s. Mr. Wyse im Unterhaus, 16. April 1844; Allgem. Ztng. 1844, p. 922. 2) lungern? faulenzen?? fragt Mar, 26. October 1843. Richey, hamburgisches Idiot. p. 157: „lungern, 1) faullentzen; 2) lauren auf etwas, das man gern haben will." Zeitschr. III, 133. V, 155. s. auch der Ling und das folgende Wort.

Die Lungel, (Werdenfels. Akten des 15. Jahrh.) liederliche Weibsperson, die einem Manne folgt; Anhang. Vrgl. das vorige Wort.

„Lunge", (Flurl, Beschreib. d. G. p. 55) schwärzlich-grauer Schieferthon (bey Raitenhaslach).

Die Lungel (Lungl, entstellt Lumpl), die Lunge, (ahd. lunga, mhd. lunge, lungel; Graff II, 231. BM. I, 1052. Weigand, Wbch. II, 74. Zeitschr. III, 313. lunga, gl. a. 672; lungun, a. 442. o. 233; lungunna, a. 103. o. 188. 201. 453; lungina, o. 233. 398. 406: pulmo, „pulmon"; auch angelſ. im Singular lungen; vrgl. Gramm. S. 123). „Lungel, pulmo"; Diut. III, 146. „Zwischen der lungeln und dem magen"; Cgm. 54, f. 81b. Das Gelüng, Collectiv für Lunge und die sämmtlichen edlern Eingeweide. „Der Federleinschneider mit dem Kelber Glüng"; Schwank bey H. Sachs 1560: II, IV, 79 (1612: II, IV, 161). R. A. Einem bis auf die Lungel hinein schauen, sehen, ihn ganz durschauen. Der Lungenbraten, Lunkenbraten, Lunglbraten, (Wien, Salzb.) Rindfleisch, das neben den Hüften aus der Mitte bis zum Rückgrat gehauen wird. Vrgl. die Lanken.'

Die Lanken, (Regensb. Metzgersprache) Lendenstück, Lendenbraten; (Graff II, 222. BM. I, 934. Grimm, Gesch. d. d. Spr. 349. Weigand, Wbch. II, 11. I, 409). „Iwere lanchen sin z' aller cit ufgegurtet", sint lumbi vestri omni tempore praecincti; Gl. Winnerl. „Minera lancha, meo lumbo", gl. i. 1117; lancha, ilia, gl. i. 138. 667. o. 233. „Renes, die lanchen"; Cgm. 17, f. 15b, Ps. 7,10. „lumbi, lanchen"; ibid. 60b. Ps. 37,10. „Ir brîset iuwer hemde wîz mit sîden wol zen lanken"; Nîthart XV, 3. „Stainsar genozzen mit vrote ist den göt den . . lanche we töint"; Clm. 536 (XII. sec.), f. 86. Ist daz harn ruzzich . . . so leit der stain in der lanken"; Clm. 17188, f. 101. „Dem in den lanchen we sî"; Clm. 4595, f. 39. „Hat der harm lange streiml als ain har, so ist der mensch in den lanken zebrochen"; Ald. 253, f. 102.

lenken, wie hchd.; (aus der ahd. Sp. ist mir nur gl. i. 824: „ich irlencho, luxo", und gl. Argentin. in Haupt's altd. Bl. 351, wenn es anders nicht zum vorigen lancha gehört, erinnerlich; mhd. lenken. BM. I, 934. Weigand, Wbch. II, 38), biegen, sich biegen. „Wer sich lenket als ein stoc"; Haupt's Zeitschr. VIII, 554,120. Die vogel lanckten jre kel die sungen alle uber al"; Cgm. 270, f. 69a. „Volsprechen noch vol singen mit aller zunge (allen zungen; 'Druck: aller zungen') lenken kan nimmer munt volbringen"; Labr. 558. Castelli, Wbch. 188: „lankn, nicken, beugen; z. B. dås Pferd *länkd* mid'n Kobf." Cf. niederd. sich länke, sich biegen; Firmenich I, 480,85—86; em âme*lank*, im Augenblick; das. 482,150. 'erlenken, verlenken, ä. Sp., verbiegen, verrenken; Graff II, 225. BM. I, 934.' „Pes meus luxatus est erlenchet"; Clm. 17142 (XII. sec.), f. 119a. „Si (im Himmel) ne erlenchent sih nienner an den anewanten wege unde brucke sint alle sleht und sicher gemachet"; Clm. 9513, Vers 300. „Der verlenchet wirt der scol nemen . . . und scol iz legan über daz irlenchita"; Cod. Oenopont., Mone's Anz. 1838, Sp. 609. „Sin huf was ime virlenket darnach mûse er hinken"; Diemer, Ged. 28,20. „Ob du die lider verlenchent, so nim . . ."; Clm. 5879, f. 207. „Wer sich an den augen verlenkt oder sust wirt geslagen, das sy rot werden"; das. 209. „So du ain gelid vorlenchest"; „wer sich verlenchet an chainem gelid"; Cgm. 824, f. 30b. 38b. Das Gelenk, wie hchd.; üblicher ist Gelaich; '(mhd. daz gelenke, Gelenk, Taille; Biegung, Falte. BM. I, 934).' „Siu, der form und der gelenke so zartlich stat"; Labr. 503. gelenk (g'lenk), adj. u. adv., (O.Pf.) geschwind, schnell, flink; (mhd. lenke, gelenke; BM. I, 934. Weigand, Wbch. II, 409). Kum *glenk* widə! komm gleich, schnell wieder; ə~ *g'lenks* Màidl', flinkes Mädchen. (s. auch glenk; im Schott. ist to clink stink seyn.) Vrgl. das folg. Wort.

link, eigentlich lingk, adj., link; (mhd. linc, lenc, glingg, gleng; gl. a. 292: lenka, laeva; Graff II, 231. BM. I, 1000. Weigand, Wbch. II, 53. Sonst ist bey uns denk, in der ahd. Sp. uuinistar, isl. vinstri, schwed. vänster, üblicher. Grimm, Gesch. d. d. Spr. 990). „An der glynngken seiten"; Wstr. Btr. II, 135. 138, ad 1475. „Uf der glenken hand"; MB. VI, 301, ad 1442. „Das glenkg or", (sonst immer tengk); Cgm. 54, f. 37a. gelinck, Konr. v. Megenberg, f. 136. link, links seyn, fig., unrecht verstehen, auffassen. links gên, fig., unrecht, schief gehen, ausfallen. links anschauen Einen, ihn scheel ansehen. Cf. holl. lonken (o = u), limis oculis intueri; Grimm 1³, 312. R. A. Die Katz hat links gemaust, die Sache ist gegen die Erwartung ausgefallen. linkələt, adv., ein wenig linker Hand. link-lappisch, adj., linkisch. Der, die Linkə-wätsch, der (die) die linke Hand besser als die rechte braucht. Weigand, Wbch. I, 53: Linktatz. Zeitschr. III, 141. V, 469. Das Wort link in Bezug zu bringen mit dem Lenken blos des linken von zwey nebeneinander gehenden Pferden, wie Einige auch das franz. gauche aus dem alten guenchir (wenden) erklären wollen, (entgegen dem recht, rectus, directus), scheint mir minder statthaft, als der Gedanke an ein Derivatum vom isl. lina, debilitare, wie auch wol das alte uuinistar zum agſ. vanian, isl. vana, debilitare, van, defectus, gehören könnte. Vrgl. lurz. Grimm, Gesch. d. d. Spr. 485
989. 995. Lingk zu λαιός, laevus, umgekehrt wie triuwi, treu, zu triggvus. Vrgl. Gaugengigl (französische Grammatik, letzte Seite), der gauche auf galk, galik?? zurückführt. In dem Cante-fable (Prosa mit Liedern gemischt) „Aucasin et Nicolete (Méon, fabliaux I, 393): „Nicolete avoit les mameletes dures qui lui souslevoient sa vesteure ausi com ce fuissent deus nois gauges" hält Dr. Conr. Hofmann (8. Merz 1850) noi gauge für welsche Nuß, gauge = walh (wie gaucher = walken, gaut = Wald); dieses gauge (später gauche) habe mit droit die frühern destre und senestre verdrängt. Das Wälsche wäre als das Schlechtere (das Linke) dem Rechten (freilich nicht main franche!) entgegengesetzt. Vrgl. oben, Sp. 863: gauche = gäbisch u. Diez, Wbch. 640.

Linchorn, ä. Sp., (?). „Vier türme an dem haus sein die sint von smaragt vein gemengt mit linchorn... Nimer chumpt chain gast hinein er sicht man in in des horn schein"; Land des Priesters Johan, Cgm. 1113, f. 89b.

-lunk in Halunk zu hähen (s. oben, Sp. 1072), hängen, wie Spar-luncus, Spil-luncus, (P. Gansler). s. oben, Sp. 1077.

Der und die Lins und die Linsen, die Linse, (ahd. linsi, mhd. linse; Graff II, 242. BM. I, 1002. Weigand, Wbch. II, 54. linsi, gl. i. 4. 497. 654. o. 318, und linsin a. 44. 665, o. 99, lens, vielleicht masc, wie hirsi, milium. „Mit linsinin, lenticula"; Notk. 46,5). Vrgl. Zeitschr. I, 275,11: ə~ *linzəlá*. Der Rötlins (Hrôudlins) im Rotthal: Wicken u. Linsen. „Unter die Gerste kommt (beym Aussäen) Rothling", (soll heißen Rothlins); Hazzi, Statist. III, 1156. Linstraid, (Höfer) Linsen, Wicken und Gerste vermischt. Die Harlins für Leinsamen gehört doch wol zu Linsât; s. Lin.

'lins, (schwäb.) leise; s. leis. Zeitschr. VI, 193.' linsen, lauschen, horchen; Castelli, Wbch. 193. *dá-linsch'n*, heimlich hinter eine Sache kommen; das. 104. „So seids ös a par feine gschmierdi Vögeln, dö mi' bardusln, mi' *auslinsn* (fein ausforschen, ausholen) wolln". sagt der Amtmann zu klagenden Bauern; Seidl, Flins. III, 60. 101.

'Die Lünse, s. oben, Sp. 1482: der Lon-nagel; Weigand, Wbch. II, 75. Vilmar, kurheff. Idiot. 255. Zeitschr. VI, 354. 431,104.'

'Lint, Lintwurm, vrgl. oben, Sp. 1488.'

Der Lunten, 'ä. Sp., was hchd. die Lunte; Weigand, Wbch. II, 75. Zeitschr. III, 282,100.'

Der Länz, Länzing (Lánz, Lánzing, O.L., neben dem ältern Langeß, w. m. s.; fränk. gen. des Lenzen), der Frühling, der Lenz, des Lenzes. „Aestatem et ver, sumer unde lenzen"; Notk. 73,17. „In dem lenssigen sol man lassen auf den adern der rechten seiten, in dem winter auf den adern der denken seiten"; Cgm. 4543, f. 106. „Also beginnet die lentijn"; Jac. v. Maerlant, Alex. 101c. Das Lánzkórn, Sommerkorn. Die Lenzenflur, (wirzb.) Flur mit den Sommerfrüchten. „In dem Lentzen"; Ortolph. Das Prompt. von 1618 hat Glenz. „Pediculus . . . ein lenczwürmel oder ein kindbeiß"; Konr. von Megenberg, f. 179. „Die veigen machent dem menschen vil lenczwürm"; das. f. 189b; (Pfeiffer 305,16 u. 322,25: leutswürm). 'Cf. lat. lens, lendis, Nisse.' Schon in der ahd. Sp. kommt gl. a. 689. o. 116 lenzo, o. 202 das dem beſſern lengizin entsprechende lenzin vor. Graff II, 242. BM. I, 965. Weigand, Wbch. II, 38 f. Vilmar, kurheff. Idiot. 247.

Der Lenz, Lenzel, 1) Lorenz; Vilmar, kurheff. Idiot. 247. Zeitschr. III, 315. IV, 100. 155. VI, 452. 459. 2) appellativé: ə~ fálə' *Lenz*, (b. W.) der Hemedlenz, der im bloßen Hemde geht; im obscönen Scherz: penis. 3) der mittlere Kegel eines Spiels, der auf manchem Kegelplatze, wenn man ihn allein trifft und umwirft, 3 gilt. „Iətz hàd də' Teuf·l sei~·n *Lenz·ln* fälln lassn!" Vrgl. folgende Stelle: „Das sie (des Baders Gesinde) etwann der lentze stech oder wasser im bad gebrech"; H. Sachs 1560: IV, III, 77 (1612: IV, III, 167) und Zeitschr. IV, 176.

Der Lenzen, (Allgäu) weibliche Sommer-Kopfbedeckung.

„linzzhewper, adula", Hbn. Voc. v. 1445; „linzhewpär, adula; Cgm. 644, f. 258½ (etwa Linzerzeug, halb leinener und halb wollener Zeug? sonst Meselan genannt; 'Höfer II, 214. s. vielmehr Diefenbach 14c: linshewffel, leynhaupt, adula, Flachsknote).' Vrgl. gl. o. 79: linz, theristra, und das agſ. linet, linum. Graff II, 243. Mone's Quellen I, 90. Cf. holl. lint, Band.

'Der Linze, ä. Sp., linsius. „Linsius ist ain tier vierfüezik, daz wirt von ainer wülpen oder von ainer wolfsmuoter und von ainem hund"; Konr. v. Megenberg, Pfeiffer 148,23. 27. Vrgl. ahd. linch, der Luchs, lynx, (Graff II, 231) und Diefenbach 332: lynx, lynxa, linsa.' Hettest du eins linczen auge"; Cgm. 579, f. 49.

Die Lunze, ä. Sp., die Löwin; Grimm I3, 160. BM. I, 1052. Wackernagel's Wbch. Cf. oben, Sp. 1238: Kalbitze.

„lunzen, lunzeln, lünzeln, leicht schlummern; Weigand, Wbch. II, 75. Vilmar, kurheff. Idiot. 255. Zeitschr. III, 135. 313. VI, 16. „lunczen, dormitare; luncz, somnolentia"; Voc. vet. bey Pez. „Im winter lunczt man gern lang in dem pet." „Das luntzent tuet im wol"; Cgm. 632, f. 24. „Ez ist nicht wol her lunzen in der schöze"; Labr. 253. „Sie wollen nun (nur) pulen haben die hinden nach jn traben und die jn allezeit in der schoß luntzen"; Cgm. 439, f. 59a. Cf. fries. lontin, aus Trägheit sich schonen; luclontin, faullenzen; Clement in Herrig's Archiv, Bnd. X, S. 284. lunzət, adj., schläfrig, schlapp, träg. lunzig, lunzet, (O.Pf., Nürnb.) lünzen (linzə), weich, lind, als Gegensatz des Steifen, Körnichten. *lunzəts* Tuech, *lunzəté* Leinwand. „Linzige fetzen", zarte; Dr. Minderer (1620) p. 179. 189. Gestärkte Spitzen, die steif seyn sollen, werden in der feuchten Luft lunzet. Vrgl. das folg. Wort.

Die Lunzen. Zeitschr. III, 313 f. „Da thet der Künig David die Lunzen (concubinas) aus dem hauß"; Reime v. 1562 ad lib. Reg. II, c. 20, v. 3. Vrgl. das vorige Wort und oben, Sp. 459: die Plunzen.

Die Lunzen, die Unze. Hà~ mə' fimf *Lunzə'n* Bluət lassn. s. Gramm. 645.

Der Lapp, Láppəl, Lapps, Lápps·l, Lapədi'l, Fem. die Láppin, (Inn-Salz.). 1) blödsinnige, taubstumme Person; (BM. I, 939. Weigand, Wbch. II, 11. schles. lâpe, schwach, untüchtig; Lapp, Narr, Laffe; Weinhold 50. Zeitschr. III, 252,249. 303. 394,32. 424,5. IV, 175. V, 64,48. 66,81. 114,5 254,49. VI, 38,39. 353. 440. 469,47). „Nullus te feminae capiat seu teneat amor Si scius feceris stultus eris: Wan lieb macht lappen, des tregt meniger ein narren kappen"; Andr. Suevulus San-Zenonensis, Clm. 16522 (sec. XVI., 1537), f. 90. „Lieben macht Lappen von disem tuech tragt manicher ein kappen"; Cgm. 4505, f. 8b. Vrgl. Feckin und Feck. Unter den gemeinen Leuten, sagt 486
Rohrer, wird so ein Blödsinniger bestens gepflegt, weil er, als keiner Sünde fähig, von Mund auf gen Himmel fahre und für sie bitten könne. Das Lappen-Spital in Reichenhall. s. Hazzi, Statist. III, 968. 980. „Wer nit lepischen kan, der nimpt sich narren weis an"; Lied v. d. Vaßnacht, Cgm. 811, f. 40. Vrgl. Zeitschr. VI, 352. 440. lappenmäßig (lappmmässi'), blödsinnig. 2) scherzhaftes Anredewort; vrgl. Narr.

lappen, vrb. a) Das Prompt. von 1618 hat das Sprichwort: „Thaler klappen, Wort lappen, dicta non sonant"; (vrgl. loppern). b) (Hsr.) schaukeln.

lappen, leppelen, leppern, trinken mit der Zunge, wie der Hund; schlürfen; in kleinen Zügen trinken. Weigand, Wbch. II, 11. Vilmar, kurheff. Idiot. 247. Zeitschr. II, 562,1. III, 133. 303. 308. VI, 173. 447. Dèr *lèppə-lt* 'n ganz·n Tàg àn ə~' Mass Biər. Ironisch wird *lèppə'n* für viel saufen gebraucht. (cf. isl. lap, lepra, sorbillum). verleppern, mit Leppern oder sonst einzelweise und nach und nach durchbringen. Das Seinige verleppern. Lepperschulden, (Franken) kleine Schuldposten. s. lebeln. Die Lepə'n, (b. W.) verächtlich: der Mund. (Für lappen hat die ahd. Sp. ein Ablautverb laffan, ih luaff, gl. a. 90. i. 170. 612. 855; vrgl. Leffel).

Der Lepros (ᴗ–), ursprünglich: ein mit der Lepra Behafteter, (s. Siech, Sundersiech), für welche es bey den meisten Städten und Märkten abgesonderte Häuser (Leprosenhäuser) gab. Dieser Name dauert noch jetzt fort, bedeutet aber mit wenigen Ausnahmen, z. B. der Leprosen auf dem Gasteig bey München, gewöhnlich arme, bresthafte Personen überhaupt, die in einem ehmaligen Leprosenhaus von milden Stiftungen beysammen leben. Baumgartner's Neustadt p. 112. In Amis et Amiles 2735: je sui uns lieprous; sonst, z. B. 2714: mezel. Vrgl. unten: miselsüchtig.

Lipp, Lippel, Philipp, (Zeitschr. IV, 156); der Lippel, als Appellativ, ungeschickter, dummer Mensch. Zeitschr. V, 506. VI, 451. 459. „Schmeller's Lippel ist wol mhd. lüppel, (bei Mich. Beham in Mone's Anzeiger 1835, p. 450b) lüpel, niederſ. lubbe, lübbe: Lubbensteine auf dem Corneliusberge bei Helmstedt, Riesensteine, Hünensteine, Björn gibt das anrd. lubbi, hirsutus, servus ignavus, und erinnert an engl. lubber"; — sagt Jac. Grimm in Haupt's altd. Blättern I (1836), p. 370. Vrgl. Vilmar, kurheff. Idiot. 255. Der Batz·n-Lipp·l, s. oben, Sp. 416: patzen. Der Hölə-Lippel kann die Aussprache von Haller-Lippel seyn; doch scheint dieser Ausdruck von einem alten bäurischen, ehmals sehr beliebten Weihnachts-Hirtenlied herzurühren, welches anfängt:

„Hola Lippel! was ist das?
Hör, mein Aid, schier allweil was.
Mein, was sol das Ding bedeuten?
Hab ich doch nie Tag hör'n läuten,
und es ist ja so schön liecht,
daß man jeden Pfenning sieht."

lippeln Einen, ihn zum Narren haben.

Lippe, das hchd. Wort, ist im Landgericht Weihers unbekannt; man sagt dafür Obermuill, Öngermuill, Obermaul, Untermaul; (Dr. K. Roth).

loppern, (schwäb.) lose, unbefestigt seyn. Zeitschr. III, 302.

Die Löpp, (Nordfranken) hölzerne Kanne mit Handhabe und Deckel; in Altb. Bütschen. *Lépp*, Stütze, Bitsche (zum Trinken); *Schleifflépp*, große Bitsche der Wirthe, welche die Handhabe auf dem Deckel hat; (Weihers; Dr. Karl Roth). Vilmar, kurhess. Idiot. 252 f.

Die, das Lupp, Lüpp, a) Ingrediens, das die Milch gerinnen macht, Lab; (ahd. luppa, fem., mhd. luppe; Graff II, 77. BM. I, 1054). „Lipp, coagulum"; Prompt. v. 1618. „Menta under dy chäs luppen getan behuet daz si nicht faulen"; Clm. 5931, f. 218. b) (ä. Spr.) Salbe, besonders eine giftige; Zaubermittel; Bezauberung; (ahd. luppi, mhd. lüppe; cf. goth. lubi, agſ. lyb, lyfesne, isl. lyf, Arznei, lyfia, heilen. Graff III, 77. BM. I, 1054. Grimm I³, p. 343. 446; Mythol.² p. 989. 1103. Weigand, Wbch. II, 1. Leo in den Neuen Mittheil. des thuring.-sächs. Vereins, Bnd. IV, H. II, p. 101. Zeitschr. VI, 61). „Daz daz mensche ein chetzer sey, mit unrechten luppen, oder daz er vergift mache"; Rchtb. v.
437 1332, Wstr. Btr. VII, 89. „Die da Luppe und Zouber tribent"; Br. Berht. „Ain junck weib on lieb vnd ain alt weib on lupphe"; Cgm. 270, f. 191ª. „Sein (Gydo's) hausfraw sprach zu im; lieber nu versüch ez noch ze dem dritten mol, wann aller lüpp (Mittel überhaupt? Versuche) schüllen drei sein"; Cgm. 54, f. 17ª. „Noch vindet man mancher hant gestup das ist alles nicht wan gelup"; Cgm. 291, f. 141. „Swer recht volget der heiligen schrift, dem ist iuden und heiden gift und boser kristen valsch gelüppe swacher denn daz sunnen stuppe"; Renner 16988. „Der mac wol vischen ane geluppe als der ufvehet der sunnen gestuppe"; das. 22442. „Gelupp an allen schozen"; Labr. 461. „Lupnei, sortilegium", Voc. v. 1429; augluppi, collyrio, gl. i. 438. 1182; „luppi, maleficium (veneficium)", gl. a. 326. 437. luppen, ä. Spr., (ahd. luppôn, mhd. lüppen), salben, besonders mit Gift vergiften, verzaubern. „Die Wunde ist geluppet mit dem Gifte des ewigen Todes"; Br. Berht. „Hyska. Ich chan sein nicht alles wol sagen daz man damit geluppen mag"; Clm. 5931, f. 215. „Hast ich '(icht?)' gezawbert oder geluppte"; ZZ. 604, f. 43. „geluppte (geluptiu) strâl"; Labr. 46. 530. „Got diu vor ir geluptem schoz behüete"; das. 424. luppôn, ungere (veneno), gl. i. 800. „Remedia fl'a quod dr. luppen"; Ald. 184, f. 75. Birlinger, schwäb.-augsb. Wbch. 320. Noch kommt verluppt in der Bedeutung: schußfest, durch Zaubermittel gegen Schußwunden gesichert, vor. 'Die Lüpperin, mhd. lüppærinne, Zauberin; BM. I, 1054.' „Item allen den lupplär und lupplerin oder zauberin"; San-Zenon. 109, f. . . . Clm. 16509, f. 161. 'Die Lüpperei, mhd. lüpperîe.' „Lupplerey, sortilegia"; San-Nicol. 173, f. 1. „Coniecto, as, futura inquiro. inde venit coniectura vlgr. luplei; Clm. 5685 (XV. sec., 1412), f. 67. Ob du hast lipperey gehalten oder warsagerin und ansprecherin gesucht"; Joh. Schlitbacher (1471), Cgm. 4360, f. 96ᵇ. Anmerkung. Die Lappen weisen diesen Namen, den sie von den Schweden erhalten (russisch lopar), als Beleidigung zurück, weil er so viel als Zauberer, Giftmischer bedeute"; Tietz, (Ausland 1838, p. 1302).

luppen, spadonare; s. oben, Sp. 1336: kluppen. 'Diefenbach 544ᵇ: „lubben, luppen, lyppen, libben, spadonare, die geyle vßscheyden, mynchen." Brem.-niederſ. Wbch. III, 92: lubben; Stürenburg 141: lübben; cf. holl. lubben, engl. lop, Müller, etym. Wbch. II, 46. Vilmar, kurhess. Idiot. 247: verleppern, verschneiden; der Lepper, verschnittenes Pferd, Wallach. Hieher fig.: Einem luppen?' Da assen sie ein waßersuppen und theten der bierstützen luppen", (sie tranken); H. Sachs 1560: IV, III, 73 (1612: IV, III, 159). „Bey der feisten klostersuppen darauf du möchtst dem fläschlein luppen"; das. V, 340 (1612: V, III, 3).

---

lupfen, vom Boden empor bringen; (BM. I, 1053. Zeitschr. II, 541,142. 562,6. IV, 296. 314. V, 117,56. VI, 260, III, 45). Wiə willst denn du 's hébm, kå⁻st əs ja nét e⁻ mål *lupfə⁻*. *Lupf* di' ə⁻ bissl! erhebe dich! Hosenlupfen, ringen, indem man einander am Hosenbund vom Boden zu heben und aus dem Gleichgewicht zu bringen sucht. Das Artilleriebuch (Ms. v. 1591) sagt: „Item dein lupfer, das man die Khugel darmit herauslupfet sol geformiert sein, wie ain Anzügel zue ainem Schuech." (Otfrid's gilepphan II, 14, 28 paßt des Stammvocales wegen nicht recht hieher; das isl. lypta, hchd. lüften aber scheinen weitere Ableitungen; s. auch Leffel). Der Lupf, (schwäb.) Augenblick der Erholung.

Lâr, Lêr, (nach Gramm. 878): Laren, Leren, Larn, Lern, in Ortsnamen als einziger oder als Mitbestandtheil vorkommend, z. B. Lohr, Lahr. Fritzlar, (ahd. Frideslar), Wetzlar; Atzlarn, Enklarn, Eßlarn, Höflarn, Köstlarn, Pechlarn, (Bechelâren im Nibelungenlied), Scheftlarn, (Sceftilari, MB. VIII, 363; ad Sceftilarun, Meich. Hist. Fr. 174), Winklarn, Zeitlarn. Graff II, 243. IV, 1258. Weigand I, 407. Dagegen Förstemann II, 903 f. cf. Kilian: „laer, locus incultus, pascuum publicum, gallice laris." Diez, Wbch. 673. VII Com. lêr, lêar, leer; de learn waldfreie Weideplätze. Eben so häufig ist die Form Ler'n, selbst außer der Zusammensetzung: Lern an der Vils oder Vils-Lern; „in loco qui dicitur Hlera"; Urk. v. circa a⁰. 800, Meichelb. H. Fr. I, II, f. 142. 344. Bey Erding findet sich ein Berg-Lern, ein Glas-Lern, ein Nider-Lern, ein Pes-Lern ꝛc. Dieses Wort scheint ehmals ein Appellativum gewesen und mit Otfrid's gilâri, habitatio, eines Stammes zu seyn, wo denn in ältester Sprache etwa ein Lâr, Lâs, Lês oder, wenn obiges Hlera echt ist und hieher gehört, Hlâr ꝛc. zu vermuthen wäre. Vergl. das isl. læsa, claudere, (læsing, claustrum, lâs, sera); vielleicht auch calasneo unter gelachsen, oder gar das folg. lær, wobey Einem der gelahrte Einfall begegnen könnte, die famosen „deserta Boiorum" — nach v. Lang zerstreute, einzelne Höfe bayrischer Colonisten in Österreich und Ungarn — als eine falsche Übersetzung zu deuten.

Die Larwend (?). 'nach Höfer II, 220: „Lorwend (bey dem Pöbel Leorwend, zweysylbig, mit dem Ton auf dem ersten Vocal —'? wol Loərwend?'), Lagerwand, jede Wand an einer Scheuer, an welcher inwendig Getreide oder Heu gelagert und aufgetaffet wird. Lor ist abgekürzet von Lager. In unserem Gebirge ist das Glar ein Platz oder Gelieger." Vrgl. Loritza p. 84 und Zeitschr. VI, 337: Loawänd.' „Komst abä zu dä Himmelsthür herbei von Luthersland, so spreizt dä Toifel d' *Larwend* für und macht di' konträwand." Lindermayr p. 188. 'Vrgl. oben, Sp. 1437: Lad.'

lær (lár, o.pf. lèiə'), wie hchd. leer, (ahd. lâri, mhd. lære; Graff II, 243. BM. I, 939. Weigand, Wbch. II, 26). Læres Bier, ohne hinlänglichen Malzgehalt. Læres, schindellæres Vieh, das nicht beleibt, 438 das mager ist. Zeitschr. V, 485. R.A. Was lær stêt, waint nicht, es hat nichts zu sagen, wenn das Gefäß auch größer ist, als man es eben braucht; (s. Th. IV: wan, nicht ganz voll; wanen, verderben, u. vrgl. oben, Sp. 305: „was leer stet peyttelet nit"). Das Prompt. v. 1618 hat die R.A. „es schlecht nicht lær, non abest, quin . . ., abesse non potest, quin . . ." leer gehen, im Gegensatz von gebunden; Sigl's Gesch. der Münch. schwed. Geiseln 1632—35, p. 71. Das Lærhäuslein, s. oben, Sp. 1178. læren (lárn, lá'n, o.pf. lèiə'n), leeren. Metonymisch sagt man: irgend etwas aus einem Gefäß in das andere læren, wenn nemlich dadurch dasjenige, das früher voll war, leer wird. 's Wassər aus də' Krug·l i˜'n Hàfə˜ *lárn*. So: einlæren (implere, Prompt. v. 1618), umlæren ꝛc. R.A. Das Maul auslæren, heraussagen was man (gegen Jemand, über ein Ding Schlimmes) wußte, oder zu sagen zu haben glaubte. Vrgl. d. vorige Wort. Vergleichung verdient das angelſ. láse, lásve (wenn nicht lesve, und etwa zu lesan gehörig), pascuum.

Lárəs, Hilarius; s. Larg.

lauren (lauə'n), wie hchd. lauern; s. luren.

Der Laur, Lauer, des, dem, den Lauern, ä. Sp., schlauer, hinterlistiger Mensch; (mhd. lûre; BM. I, 1054. Weigand, Wbch. II, 16. Zeitschr. VI, 353. cf. holl. leur, Täuschung; die Loreley am Rhein). „Laur, veterator versipellis": Prompt. von 1618. Man findet dieses Epithetum, vielleicht blos des Reims wegen, meistens auf die Bauern angewendet. Der Baur ein Laur, ein Waidspruch wie: Rustica gens est optima flens et pessima ridens Ungentem pungit, pungentem rusticus ungit. „Der junckherr flucht dem Bawern und saget zu dem Lawern" . . . Noah hett drey Sön, der ein ein Lawer hieß Ham, derselbig war ein Bawer"; H. Sachs. „De latinske Bûr is doch een armen *Lûr*", (Oldenburg), Firmenich I, 222,13 als Lauerer erklärt, wornach das Wort aus Nieder- nach Oberdeutschland gekommen wäre. Im Schottischen ist lowrie (Laurchen) zunächst ein Epithetum des Fuchses, und sofort das eines schlauen Menschen.

Der „Laur, vinum secundum"; Prompt. v. 1618, (lura, vinacium, mostacia, gl. a. 689. i. 664. o 397. glura, vinacia, Clm. 4606, f. 140.), hchd. Lauer, lat. lora; (ahd. lûra, mhd. lûre, glûre, Graff II, 244. BM. I, 1054. Weigand, Wbch. II, 16. Zeitschr. III, 13. VI, 442. Diefenbach 619c. 621a). Als der in einer verwepften leuren weder wein noch wazzer smecket so ein unsuzze die andern decket"; Renner 6442. „Leyern" (die Läuren?), Nachwein zum Haustrunk; wirzb. Verord. v. 1751. Heinzleier, s. oben, Sp. 1138: Hainzel.

lêren (o.pf. lêiə'n), wie hchd. lehren. (goth. laisjan, ahd. lêran, mhd. lêren, Graff II, 255. BM. I, 965. Weigand, Wbch. II, 29. Vrgl. Zeitschr. III, 42. 383); doch der gemeinen altb. Sprache, wo lernen auch für docere gebraucht wird, wenig geläufig, während hie und da lêren, wie isl. læra, schwed. lära, schott. to lare, auch für discere gilt. Zeitschr. III, 383. V, 363. 416,62. 430. An der Pegniz z. B. heißt der Lehrling Lêrer (Lèiərə'). „Daz er im den schatz mêrte und in ouch diu buoch lêrte"; Gregor 574. Grimm IV, 621. A.Spr. ein gelêrter (d. h. nach einer vorgesagten Formel gesprochener) Aid. „Mit sogtanen geleerten worten, als sich frauwen vnd man in dem land ze bairen erbrechts verzeihen mugen"; MB. XXII, 333, ad 1357. „Unde der sale was lere Isanger vone uuinterbach . . ." heißt es in einer deutschen Traditionsurk. v. circa 1077; Mm. 152.

Die Lêr, die Form, das Muster, hchd. Lehre. „Sein lêre er im her für zoch weder ze nider noch ze hoch ze weit noch ze enge", (das Spanbett zu machen); Kindh. Jesu, Hahn 97,36. S. lernen.

leiren (leiə'n), 1) leyern; geringfügige Dinge thun. Zeitschr. III, 311. VI, 445. Sp.W. Besser geleiert als gefeiert. 2) fig. drehen; Weigand, Wbch. II, 33.
489 (U.Don.) die Kugel (auf der Kegelbahn) eini˜-, aussi˜ *leiə'n*. Wasser leiern aus dem Leierbrunn, Pumpbrunnen; (Waging, Beiner). Gê *leiə'* mər ə˜ Wassə'. Die Leir, Leiren (Leiə', Leiən), Leyer, eig. u. fig. lyra. (cfr. „leyr, armprostwinde, scroba"; Voc. v. 1482). Weigand, Wbch. II, 33. Glierach, schlechter Werkzeug (der Holzknechte; Zir.); 'hieher?'

Leiern, Leiren; s. Laur.

Leir-lein, s. Lein-l.

„lirum larum; vrgl. bey Plautus: lirae lirae. Cf. lárifári, Zeitschr. VI, 440. Weigand, Wbch. II, 12. Tobler 293.

verlieren, Verlur, s. verliesen.

Der Lôr-bâum, (ä.Spr.) der Lorbeerbaum, laurus; Graff II, 244. BM. I, 228. Weigand, Wbch. II, 63. Mit „eines lorpaumes zweij" oder einem „lorzweij" reitet Dietlaib unangefochten durch „der Bayr lant", wo man dieses als ein „gelaite, gegeben von dem reiche", respectiert; Bitrolf und Dietl. 3090—3195. Die Lôr-ber (o.pf. Louə'-biə', b. Lórbér, Lou'bə', Lou'bə'n, 's Lorl, Lourl), tautologisch Lôrberber schon Voc. v. 1445 (Loubə'bér, Louwəbér), die Lorbeere, (lorperi, bacca lauri, gl. o. 419). BM. I, 104, Larwer, Ind. 377, Vorsetzbl. (sec. XIV.—XV.). wilder Lorber, (Zir.) Zwergkreuzdorn, rhamnus pumilus. Das Lôr-ber-Blatt, (o.pf. Louə'biə'blàd, b. Lou'bə'blàd). Das Lôr-Ol, Lorbeer-Ol; BM. II, 436. „Lorol leget hyr und schmerczen"; Cbm. 4395, f. 199. „Nach blawen enten sich versteigen, nach drappen oder nach lorol"; Schwank vom Lügenberg, H. Sachs 1612: I, 1086. 1089. „Auf dem fels daraus doch rinnt so lorôls darmit ich kan den falcken streichen voraus bei milden und bei reichen"; das. 1088. Es ist alles Lor-Ol, R.A. bey Avent. Chr. f. 92: es ist nichts zu erwarten als Schaden. „Eitel Lorôl ist all dein ding"; H. Sachs 1612: III, III, 135. „Es ist Lorôl, es sind faul Fisch"; Seb. Frank (1601) 21. „Ad nihilum, weniger als ein Lorôl"; Erhard, Gesch. der Wiedertäufer v. 1588, S. 52. 'Vrgl. das folg. Wort.'

„'lörlen, lærlen, locken, mit falscher Hoffnung hinhalten, (franz. leurrer, engl. to lure); die Lörre, (franz. leurre, engl. lure, holl. loeren, ital. logaro, Lockaas), Dirne, die selbst lockt, und sich andern hingibt als einen Köder"; Stalder II, 180. Vrgl. oben, Sp. 1446: das Lueder.' Das Lörleinsbad, Lörlesbad: „Aus dem Lörleins (Lörles) bad entkommen"; H. Sachs 1560: IV, III, 88 (1612: IV, III, 190). „Man laufft her so nackt und blos, ich mein, wölst im Lörlesbad baden"; das. V, 359. Die Lörleshochzeit. „Mir gehts übel", setzt bey H. Sachs (1560: IV, III, 63; 1612: IV, III, 139) der Kaufmann auseinander, und schließt: „daß ich doch endtlich wird bereit gen Straßburg auft Lörles hochzeit", (zu Grund gehe). Der Lörleswirt. „Auch ist mein Mann ein lörleswirt der tag und nacht gern mit burschirt", sagt die Wirthin; das. 1560: V, 366. Vrgl. des Teufels Segi, Ms. v. 1449: „O der lorlisman (der böse, betrügerische Schwertfeger) mus sein gevärb lan wil er in gotes reich gan"; (Barack 356,11237: „O der selb lorlis man muos och in mein segi gan!").

Der Lörer, (wirzb.) Lohgerber; Vrgl. Zeitschr. VI, 16. s. das Lôh.

luren, horchen, besonders staunend aufhorchen. Zeitschr. III, 284,121. 427,43. VI, 173. Buə', dà hàb I *glurt!* s. losen und lusen.

Der Lárber (salzburg.), Lärbsch (schweiz.; Stalder II, 157), Faulenzer.

lorbsen, (Aschaff.) mit der Zunge anstoßen.

Die Lärch, Lärk, die Lärche, larix; (Weigand, Wbch. II, 39. Zeitschr. III, 461. IV, 68). „Therebintus, lerpôm"; Clm. 19488 (X.—XII. sec.), f. 118. 121.

BM. I, 228. Diefenbach 579[a]. Das Lärket (Lérgət), Lärchenharz. Zeitschr. III, 311. „Resina ex gallia subalpina quam incolae nomine vernaculo laricem appellant“; — λάριxα, Dioscorides I, cap. 92. VII Com.: loriot, lörgiot. „Nim förhein löriat“; Clm. 17284, f. 12. „Nim loriath von lerchpawmen“; ZZ. 2072, p. 359. „Nim gloriet von lerbawmen“; das. p. 366. „Zoll vom Lergedt und vom Zirbitz‘“; Cgm. 4032 (sec. XVI. ineunt.), f. 5. 29. 30. Lerget, (Zir.) Lärchenharz oder Terpentin; Lergetboren; Lergetordnung. Das Pechbrocken und „Lörgetporen“ ist in den salzb. Waldordnungen p. 16. 92. 98 sehr verpönt. Vrgl. oben, Sp. 975 f.: Glorie. Lärchenfell, (Lungau, Zir.) xylostroma giganteum (Tode), am Lärchenbaum zwischen den Jahresringen, als Zunder benutzt.

Die Lêrch, O.L. Lêrk, besonders gerne diminutive: das Lerchəl, Lerkəl, Lerkál, wie hchd. Lerche; ahd. lërihha, lërahha, wovon die erste Sylbe wahrscheinlich contrahiert ist aus den beiden ersten der Formen lewer-ga (VII Communi), lewer-ke (niedersächs.), laver-ock (schott.), lâver-ce und lâfer-c (ags.), und sogar im Dialekt der portugiesischen Provinz Beira laberca, und womit auch Stalders Lürle, f., alauda arborea, ja vielleicht das isl., wol aus lafa entstandene, lö zusammenhangen mag. Graff II, 245. BM. I, 965. Weigand, Wbch. II, 39. Grimm II, 281; Reinh. Fuchs p. 370,3. Zeitschr. IV, 31. V, 268,9. „Ein klein lecker köstelin von stickelinges magen und mücken füzze und lovirken zungen, meysen bein vnd frösche an der keln“; Kochbuch im Wirzburger Coder (Biblioth. des Stuttg. litterar. Ver. IX, p. 18,53, wo „lovinken“ gedruckt steht mit der Erklärung: „vielleicht Laubfinken? Dompfaffen, Gimpel“)'. „Caradrium, lewerch“; Diut. III, 154. „Due laverce valeant unum denarium“; portug. Tarordn. v. 1253, Ribeiro, dissert. IV, p. 70. Die Birglerk, (O.L.) die Berg-Drossel, turdus saxatilis L.

---

lerfen, schlürfen. „Dy (chue) lerft dy chroten in sich“; Grimm, Mythol. p. XLVIII, 22. „Durch disen loffel lerffen“; Cgm. 291, f. 156[b]. Vilmar, kurhess. Idiot. 256: lurchen; vrgl. lurken.

St. Larg, (ä. Spr.) St. Hilarius. Zeitschr. IV, 109,46. „Zu Neuwburg an der Donau war Bischof St. Hilarius, den man St. Largen nennt“; Av. Chr. f. 311. s. Lárəs.

Das Lörget, s. Lärch.

lurgen, s. lurken; Zeitschr. III, 300.

Lark, Lerk, s. Larch, Lerch.

lurken, eigentlich lurgken, im Reden mit der Zunge anstoßen; das R nicht aussprechen können; „labare sermone“, Prompt. v. 1618; (verächtlich:) reden überhaupt. Birlinger, schwäb.-augsb. Wbch. 318. BM. I, 1005: lirken, lerken, stottern. „Darnach er (Moses) lerken began“; Diemar, Ged. 34,12. Do hûb er an ze lurggen do“; Ring 5[a],28. verlirken, verlurken. „Wizz, daz der eren brunst ist offentlich darin verwirkt, umb daz man die recht verlirket“; Altsw. 102,15. Vrgl. lerfen. s. Anm. hinter lurz, 2).

Lürleich(?). „So kann ich auch ein sper lenten das für ich in der lürleich; so kan ich dan mit einem guten zeug gut visch wol vahen“; Cgm. 713, f. 128[a]. Vrgl. Vilmar. kurhess. Idiot. 249: Lierloch.

Der Lärmen, Lärm (Lárm) und das Verb lärmen (lárməˆ), wie hchd. (Weigand, Wbch. II, 12. Zeitschr. VI, 43. 440.). Aus der althd. Spr. ist mir nur lar- 490
mida, calamitas, gl. a. 592 (Graff II, 245) erinnerlich, das einige Ähnlichkeit mit diesen Formen hat. Vrgl. d. folg. Wort. verlärmt, (Pseud. Zir.) durch ein Elementar-Ereigniß devastiert.

„Lerman, classica; lerman slahen, classica pulsare“; Av. Gramm. „Lerman und Herdrommen schlagen, dem Feind Lerman machen“ ihn allarmieren; Hist. der von Frundsperg. „Das Weib macht lerman nach krieges furm“; H. Sachs 1560: II, II, 101. Dieses Lerman scheint aus dem romanischen allarme fr., allarme it., d. h. all' arme! (Diez, Wbch. 11) nach Analogie des ä. Sackmann, ital. saccomanno von sacco, fr. sac, sp. saqueo (Plünderung; Diez, Wbch. 300) gebildet, und ist vielleicht dennoch die Unterlage des vorigen Lärmen.

lurmen, brummen; (Gastein, Mesnil). Das Gelürme, ä. Spr., vermes; Grimm I[3], 160. BM. I, 1054 f.

Larn, Lern, Ortsname, s. Lar.

lernen (leə'nəˆ, lê'nəˆ), wie hchd. 1) lernen, (ahd. lirnên, mhd. lernen; Graff II, 260. 262. BM. I, 966. Weigand, Wbch. II, 39 f.). R.A. 's Blâu vom Himmel runter lernen, d. h. sehr eifrig; Nptsch. außen lernen, (Putherbey v. 1581, f 54) auswendig lernen. 2) lehren. Zeitschr. III, 42,46 394,18. Einem, (selten: Einen) etwas lernen. „Der mir aber nichts lernte“; B. v. Seckendorff's Lebensregeln p. 72. I hàˆ də' 's Tanz·n *lernəˆ*. Wart, I wịll di' schoˆ tanz·n *lernəˆ*! Dèə' kunt·s Aəˆn, 'ən Ross·n, 'ən Gəltl, 'ən Gwántl *leə'nəˆ*, er geht grob (schlecht) mit Einem, mit den Rossen 2c. um. anlernen Einen zu etwas (gewöhnlich im schlimmen Sinne), ihm Anleitung geben, ihn anstiften; (vrgl. Grimm, Wbch. I, 401). Er hàt *mi' àˆglènt* dəzuə, oder: dás I 's taəˆ sol. ablernen Einem etwas, a) wie hchd. b) es ihm abgewöhnen, es ihn unterlassen lehren. gelernt, guet gelernt seyn, wohl unterwiesen, gelehrt seyn. Cf. gelarn, ä. Sp. „Do si im do verjahen daz si von dem chinde heten gilarn (erfahren?) vnd do die herren wolden varn“; Anegenge, hg. v. Hahn, p. 32,87. Der Lerner, die Lernerin, a) der Lehrjunge, das Lehrmädchen; Birlinger, schwäb.-augsb. Wbch. 314. b) der Lehrer. Die Lernung, ä. Spr., das Lehren, das Lernen; Graff II, 261. BM. I, 966. „Die lirnunge, disciplinam“; Cgm. 17, f. 10[b], Ps. 2,12. gelirnig (glirni', mit hervorbrechendem ursprünglichem i), gerne oder leicht lernend, gelehrig. „Ein gesundez haubt daz gelirnig sei“; Ring 24[c],32. „Puer eram ingeniosus, gelirnig“: Diess. 184, f. 102. Cf. Tat. 82: „alle lirige, docibiles“, Joh. VI, 45. s. lesnen neben lesen u. vrgl. lêren.

„lurschen, mingere, de feminis.“ Prasch. Die Lursch, verächtlich: Weibsperson. s. Leusch, Lusch.

Lartschen. „Das grobe oder sogenannte Lartschenholz auf dem Fichtelberge.“ Lori, Brg.R. 514, ad 1685. Vrgl. Lätschen und die Anm. hinter lurz, 2).

lurtschen, a) (schwäb.) schleppend gehen. Zeitschr. V, 475. „Lurtscher, atta, qui propter vitium pedum terram attingit potius quam calcat“; Prompt. v. 1618. Zeitschr. V, 475. Vrgl. „Largar“, (Ammergau, Rath Her) ein Mensch, der schiefe oder krumme Beine hat; (etwa larch? Her's g meist = ch). b) s. lurz, 2).

---

lurz, (Wirzb.) a) link; (mhd. lerz, BM. I, 967; vrgl. lirc, lerc; BM. I, 1005. Grimm, Gesch. d. d. Spr. 991. Zeitschr. VI, 30). Die lurz Hend. „Zer zeswen und zer lerzen, gerecht ze beiden handen“; Wilhelm v. Oranse. „Die recht hant noch die lerzen (es steht „lerschen“, jedoch im Reim auf „herzen“) kund sie nit erwegen noch enborn“; Altsw. 133,15. „Uff ir zartes brüstelin, das nechst ab irem hertz, das man nent linck und lertz“; das. 217 10. „Zu der rechten und zu der lirken“; altd. Wälder II, 217. „Zer zeswen vnd zer lürken (gereimt auf „würken“) hende bin ich ungewert bluomen“; goldne Schmiede, V. 82, p. 3 u. 147.' b) verkehrt, unrichtig, ungeschickt.' „Dein anschlag ist lurtz“; H. Sachs 1612: I, 638. „Und hett ein fähler da geschossen . . . sein sach war je auf dismal lurz“, (seine Angelegenheit war schlecht gegangen); das. 1038. Birlinger, schwäb.-augsb. Wbch. 320: lurtsch. „Mit sô getâner lurzheit bringt man; in die goukelheit“; w. Gast 14243. 'lurzen, lürzen, verkehrt, unrecht handeln; betrügen. BM. I, 1055. „Einen um etwas lurtschen; Werth. Ded.“; Jac. Grimm.' „Lürzen, decipere“; Fragm. 31c. Grimm I³, 160. „Sit wart er diffe und genuok betœret und gelürzet“; v. d. Hagen, Ges. Abent. LV, 1397. „Daz er mit listen liste lürze“; das. XLVII, 86. Vrgl. d. folg. Wort u. letz.

2) lurz. Spielt (ludite) in dem brett der lurtz (genit.) . . . wer (im Brettspiel) lurtz wird, zahlt das Spiel zwyfach“; H. Sachs 1612: I, 953. lurzen, lurt-
491 schen, im Brett spielen. „Tick tack, tric trac, lurtschen, scruporum et tesserarum ludus mixtus“; Nomencl. v. 1735. '„Lurtscher; Albertinus, Narrenhatz p. 261.“ Jac. Grimm.' Anm. Lurz ist wahrscheinlich ein, den bey andern Spielen üblichen matt, labet, Bête rc. entsprechender Ausdruck, und vielleicht mit dem vorigen lurz, oder wol gar mit lartschen, lurtschen, lurken auf das isl. lerka und lâra, frangere, debilitare, beziehbar. Das irlerchen gl. a. 197 (neben irlascen), extinguere, scheint irleschen gelesen werden zu müssen. — „Im Brettspiel lurz werden, d. h. nicht double, oder Schneider werden; im Damenspiel: keine Dame kriegen; im Puff: wenn ich meine Steine alle herausbekomme, eh der andre nur einen; im Trictrac: wenn ich nicht 12 markiert“; (v. Lang).

lurzen, saufen; s. oben, Sp. 1451: lefern.

(Bey den Formen laß, leß rc. ist auch die Reihe latz, letz rc. zu vergleichen.)

„-las“, heutige, nach der Aussprache angenommene Orthographie der genitivischen Endsylbe -leins in o.pf. Ortsnamen. An das slawische las, les (sylva) ist dabey schwerlich zu denken. s. lein.

„calasneo“: „commarcanus quem calasneo dicimus“; Legg. Baiuu. 22, 11. Pertz, Monum. Germ., legg. t. III, p. 334. Graff II, 294. Grimm (II, 735) fällt auf das angels. lǽsve, altengl. leasow (pascuum), und liest ca-lasueo (compascens). Vrgl. Rorbacher Roßwacht-Ehaft, Ms.: „Ein roß das auf der waid vom wachter verlast und über sehen ward.“ '(Hieher? s. unter laß.)' Vrgl. gelächsen, lacken und Lâr und das im vorigen Artikel erwähnte slaw. las (sylva).

lasieren, (Wien) mit Firniß anstreichen. Zeitschr. VI, 441. „Der mit subtilist und zartesten Wasserfarben lassirte Regenbogen“; Bog. Mirakel. Vrgl. Lasset.

Der Lasiter, (B. v. Moll, Zillerthal) Salpeter; Höfer II, 195. Der Lasiterer, Salpetersieder.

Lasset, Lassat, Lassitz, (ä. Sp.) Art feinen Pelzwerkes. Keine Frau darf der guten Schauben mehr haben als drey von Fehrücken, von Lasset oder von Fehwammen.“ „Eine fehruckene, eine lassatne und eine fehwammene Kürsen“; Gem. Reg. Chr. III, 682. „Fürsten haben, so sy lehen empfahen wöllen, rot hüet auf mit lassat underfuettert“; Layische Anzaigung v. 1531. „75 Zobel, das Zimer als 40 für 75 fl., mehr 789 Pelz Lassitz, dz 100 für 5 fl., 389 Harmpelz das 100 für 8 fl.“; Adam Risen Rechenbüchlin v. 1565, f. 39. Das Thierchen, nach welchem dieses Grauwerk den Namen hat, ist ohne Zweifel das Wiesel (lasica, lasyce, lásotschka) der Polen, Böhmen und Russen. Vrgl. Härmlein und Feh. (Bedenklich ist gl. i. 10. 20: glis, lezo).

laß, läßig (lássi', lásti, lésti), a) nicht angestrengt, unfleißig, träge, (goth. lats, ahd. mhd. laz, segnis, tardus; Graff II, 297. BM. I, 942. Weigand, Wbch. II, 14). „Der ist doch nit ein lasser“, (nicht feig); Mich. Beham, Samml. f. altd. Lit. 63. „Du bis nicht lenger lasser (säume nicht) und fall bald in ein kalt wasser damit macht du erleschen dich“; Cgm. 379, f. 42 (270, f. 82). „Wer als faul wär und als läß“, (reimt auf „säß“, säße); Cgm. 713, f. 17. Zeitschr. V, 135,29. læsig. 'gelaß, beläßig; BM. I, 942: gelaz, lässig; Zeitschr. VI, 441: *gelás.*' Ja, wár's á weng *gläßsi'* (nicht mit Arbeit überhäuft) g'wön wiə-r-in Advent, fünf Stund und nu weida' wár i' g'läff'n und g'rennt“; Stelzhamer 31. 177. b) nicht dicht, nicht gedrängt. „Laz, rarus; laz werden, rarefieri“; Hbn. Voc. von 1445. I˜ də' Kirch is 's gang *lássi˜* gwé'n. *lássi'* nachlaßend, aus dem Leim gehend. Im O.L. heißen sogenannte pelzige, schwammige Rüben oder Rettige lésti'. „verlaßten“, (Nürnb., Hsl.) vernachläßigen, „verlieberlichen.“ Vrgl. oben, unter calasneo. Die ahd. Spr. unterscheidet dieses laz, tardus, (ags. lat, isl. latr), lazo, tardè, wozu das Verb. act. lazan, lezan, retardare, retentare, 492
(gl. i. 550. 772. 1055) u. das Verb. ntr. lazên, lazôn, tardare (i. 1091. Graff II, 298. „Daz her lazzeta in templo“, Tat. 2,10. Ulfilas: latidedi ina, säumte ihn; Luc. I, 21. „Mîn lazzen mag ir snelle nicht ergâhen“; Labr. 141), so wie unser superlativisches lezt (s. d. W. und leßt) gehört, vom folgenden Verb lâzan, isl. lâta, und dessen Ableitungen. Cf. portug. leixar, deixar (Diez, Wbch. 200), česk. necham, nechati (aus ne chám, non volo? Jungm.). „Ausus est ea(m) lacsare pro alia uxore“; Ribeiro I, I, 211, ad 1046. „Quando ha el om˜e, (omne, hombre) deste sieglo à pasar valia dun dinero no le lexa levar quanto gana el om˜e todo lo ha de dexar“; Juan Lorenzo Segura de Astorga (1176 circa), poema de Alexandro M., copla 1646, (auch copla 4. 64. 1414); Sanchez, collecion de poesias castellanas, t. III. Vrgl. laz, letz u. letzen.

Die Geläß, das Geläßlein (Glássl), Schlinge (zum Vogelfangen). Vermuthlich ein Wort mit dem unter letzen, retentare, impedire, vorkommenden Letz, w. m. s. (Vrgl. gl. i. 677. 799. Diut. II, 343: laz, lazo, amentum).

lâßen (lass'n), O.Pf schwäb. u. ä. Spr. lân (lauə˜, lau˜: I lâs, oder la, du lasst, er last, O.L. I las oder la, du lásst, er lásst; las oder la! I liess oder liə neben I lassət und liessət, O.Pf. lauət; I hà˜ lass'n, schwäb. lau˜, O.Pf. glauə˜; s. Gramm. 920. 926. IX, 944. 947. 955. Zeitschr. II, 113. III, 208,43. VI, 441), wie hchd. lassen, (goth. lêtan, ahd. Spr. lâzan, und auch in dieser schon zuweilen mit abgelegtem Schlußconsonanten der Stammsylbe, z. B. gl. i. 771, Willeram 8, 13: lâ statt laz, gl. i. 961: gilie statt giliez; mhd. lâzen und lân, Prät. ich liez u. ich lie, Ptc. lâzen u. lân. Graff II, 299. BM. I, 944. Weigand, Wbch. II, 12 f.). „Lauz daz dich laut und heb dich an daz daz nümer mer zergaut wan wilt du die welt haun so müßt du Jesum laun es stand kurtz oder lang . . . des laydes anevang“; Aug. S. Ulr. 70 (v. 1371), Hinterdeckel. „Eh *luess* I ma' d' Nögl von Fingá'n wögschab'n“; Stelzhamer 98. „*Luest* denn oa˜s her?“, ließest du denn eines weg; Kaltenbrunner 84. „Zwegng dem *luess* di' á kaanə' ste˜“; das. 148. cf. goth. Prät. lailôt. Hier folgen einige weniger allgemein übliche Formen und Bedeutungen. 'a) ä. Spr., elliptisch, (BM. I, 948b f. Grimm IV, 133. 641. 948):' „*La* birz leit“ (sc. wesen); Docen's Misc. I, 115, Str. 26. cf. Heliand p. 68. „Ob ich nâch einer ferte lâze“ (sc. den Hund, die Hunde?); Labr. 44. „Lâ nâch einem niuwen“; das. 54. „Man süche, man lâze, man henge, man beize, man jage, man schieze“; das. 43.

„Ein jäger mûz beschouwen vil dicke ein vart, daz er icht misselâze"; das. 7. „Nu sûche weidenlich gelæze"; das. 32. b) Farbe von sich lassen. Das Tuch läßt. Das Holz läßt, wenn man nasse Leinwand daran hängt. c) nachlassen, locker werden. Dà habm d· Négl *lassn*, und hàt də' Leim *lass'n*, iətz ist dés Ding ganz də'-landə't. R.A. Hàt *nàhhlassn*, wiə də' Brandwei˜ vo˜ Tunknghausn, ist von schlechterer Beschaffenheit geworden. d) Ältere R.A. „Daz du nicht en lazzest, du tüeest ez", daß du nicht unterlassest, es zu thun. „Daß du nicht lassest, du kommest. Nun wollten wir nicht lassen, wir wollten es verkünden." Kr. Lhdl. III, 88. V, 384. Vrgl. oben laß, tardus. e) Feyrâbend lâßen, (O.L., Baur), Schicht lâßen (Salzb., Hbn.), Feyerabend machen, aufhören zu arbeiten. Zeitschr. VI, 441. Vrgl. das auch hchd. sich Zeit laßen und: bauen lassen, faire bâtir. f) „laussen umb gelt, aere mutare, vendere"; Prompt. v. 1618. Wiə *lasst* d· əs rècht? welches ist der geringste Preis, um welchen du es weggibst? s. laßen, r). g) laßen, einlaßen Bretter, Balken ꝛc. in einander, sie in einander greifen machen, mittels Einschnitten, Laschen in einander fügen. einlaßen eine Nuet in ein Holz, in ein Brett, einen Einschnitt, eine Lasche, Rinne darein machen. Die Geläß, die Gelâßen, die Fuge, der Einschnitt, commissura, conjunctura; galaza, gl. o. 200; gilaz, gl. i. 258. 613; die Ritze, der Spalt. Vrgl. die Läs, Lôs, Runst, Schlucht; Zeitschr. VI, 441. Oblaz, eine Art Mehl. „Wer klien, oblaz oder billenmel vnder ander gerehtez mel becket"; Wirzb. Sätze v. 1343, §. 75. h) ze Âder lâßen, Âder lâßen, oder blos lâßen, (Nürnb., o.pf.) I hàb *z· âudə'n glâu'ə˜*; (B.) I hà' mər' *àdə'lass'n*, I hà' mə' *lassn*. Grimm IV, 609. BM. I, 949ᵇ. Die Âderlâß, die Lâß, die Âderlæß (Gramm. 808), die Læß, der Aderlaß (Adelung); die 3 dem Aderlassen folgenden Tage. In der *'Adə'láss* seyn. D· *Adə'láss* auslésch'n, sich am dritten Tage gütlich thun. Wand er (Adelber) nâch den lâzen saz, dâ die liute âzen", cum phlebotomatus residisset; St. Ulrich's Leben, Cgm. 94, f. 18. 65ᵇ, Vers 1250. BM. I, 952: der lâz. Sollte die *Láss* ein ursprünglicher Plural seyn? Das Luftlæßlein (Luftlássl·), bey welchem nur einige 5—8 Unzen
493 weggelassen werden, gleichsam um dem Blut Luft zu machen. Die Luftlæß, (Nürnb.) Aderlaß von 6—8 Unzen, oft auch von Gesunden als Präservativ vorgenommen. Der Aderlæßer, die Aderlæßerin, Person, die sich zur Ader gelassen. Der Âderlâßer, der Lâßer, der die Operation verrichtet. Freyherr von Bodmann bemerkt in seinen Notaten von 1709: „Die Bayern verirt man, daß sie sich so lang halten in der Aderläß als neun oder noch lenger. Als der Churfürst auf der Jagd von einem Bauern, der ihne nicht kannte, begehrete, er solle ihme zum durchreuten einen Feldgatteren aufmachen, sagte dieser: Herr! ich bin ein Aderlässer! Der Churfürst fragte: wie lange schon? sagte er: vor 14 Tagen hab ich lassen." „Sunst hieß's, wenn d· Laß soll guet anschlagen, so mueß man schier nit gar den Arm in der Schlingen tragen ein halbes Vierteljahr"; P. Maurus Lindermayr's Lied: „der Calender". „Lassen guet für dreyhundert und sechs und achtzig siechtum"; Cgm. 4543, f. 102. Die Aderlaßregeln (Ms. v. 1477) sagen: „Wer im zu der ader last, der sol des ersten tags wenig essen, des andern tags fröhlich sein, des dritten tags ganz rue haben, des vierden tags paden, des fünften tags der min pflegen." Solcher Observanz zufolge waren auch in Klöstern (männlichen und weiblichen) die jährlichen Aderlâßen wahre Feste. s. MB. II, 84. XII, 166. Nach MB. XI, 261, ad 1290 nahm mancher Vogtherr „vür Aderlozz" den Unterthanen besondere Reichnisse ab. „Die fier Ließinen", Aderlaßzeiten, bey Neugart, Nr. 1122, ad 1335. Birlinger, schwäb.-augsb. Wbch. 305. läßeln, durch Schröpfköpfe Blut lassen, (v. Dell.; Jir.). Eine alte Nomenclat. hat cucurbita, Laßkopf. Scherzh. R.A. In der bayrischen Aderlâß oder ein bayrischer Aderlâßer seyn, Medicin zum Abführen genommen haben. i) læßlich, adj., was erlassen werden kann. Läßliche Sünd, die keine Todsünde ist. Läßliche Feyertage, die nicht geboten sind; Lori, BergR. 219. Die ä. Sp. brauchte lâßenlich. „Zu rechter unlâßenlicher pen"; MB. XXIII, 396. „Verlazenliche sunde"; Br. Berht. s. Lâß hinter Ablaß. laßig wird es im Wirthshaus, wenn sich die Gäste verlieren; (Jir.). nachlâßig, vom Mehl; (Jir.). k) der Ablâß, wie hchd., Vorrichtung, um einen Weiher abzulassen, zu leeren; um von einem Bach oder Strom Neben-Canäle abzulassen, abzuleiten, z. B. der Hôchablâß im Lech bey Augsburg. Lori, LechR. f. 437. 566. 2) venia, indulgentia; (Otfr. ahd. ablâzi, mhd. ablâz; Graff II, 315. BM. I, 952. Grimm, Wbch. 67). Die Ablaßwochen (Wstr. Gl.), was Antlaß-Wochen. Für Ablâß, Antlâß scheint auch das einfache Lâß, Læß üblich gewesen zu seyn; denn: „So hiet er als vil lôz davon, als von der Preuzzen vert", sagt der Teichner. („Zi demo laze, ad remissionem", gl. i. 464; gilaz, concessio, veniam, i. 236. 350). „Wer wart'n kà˜ und páss'n, kriegt oft ganz wun'ə'li' dé àllə mêrə'n *Láss'n* (?)"; Lindermayr 111. s. oben læßlich. àbləss'n, (Ob.Inn) Ablaßgebet verrichten. ablæßig, (ä. Sp.) das Primitiv vom Gegentheil unablæßig. „Die den Kauf gemacht haben seint mir zu ableßig gewesen des Leykauffs halber . . . dunckt mich des Leykauffs zu wenig sein"; MB. IX, 81. „Es wär geschehen gewesen umb Rom, solt in solchem Unglück ein wilder oder ablessiger Keiser seyn 494
gewesen"; Av. Chr. 195. l) lâßen an Schidleute eine streitige Sache, darüber auf Schiedleute compromittieren. „Das ward gelaßen an Schidleuten"; MB. VII, 150. Der Anlaß, das Compromiß. „Wo der Anlaß oder Hindergang verpönt wär"; Ref. L.R., Tit. 14, Art. 1. Einen Anlaß auf Einen thun. „Der Anlaß auf Uns gethan." „Der Anlaß auf den Markgrafen v. B."; Kr. Lhdl. I, 183. V, 285. veranlaßen, compromittieren. „Sich verschreiben und veranlaßen"; Kr. Lhdl. V, 171. „Haten einen Zank umb die Stätt Modona und Retz auf den Keyser veranlaßt"; Histor. der von Frundsberg. „Sich in unverständig spruchleut veranlassen"; Lavische Anzaigung. s. laßen, x). m) anlâßen Einen, ihn ansprechen (Jir.); ihn anlocken, reizen; über ihn spotten, (Jir.). Putiphars Frau *lassət* 'ən Joseph à˜: gê, schlaf bey miər. Si tát'n zu eppən Schiəchs *à˜lass'n*." „anlaßen, raitzen, invitare, allectare"; Prompt. von 1618. n) anlâßen (*aə˜lâuə˜* etwas, O. Pf.), es mit Heftigkeit anfangen, angreifen. Grimm, Wbch. I, 391. o) „Kanten anlaßen, cantarum implere", (d. h. voll anlaufen lassen); Prompt. v. 1618. p) anlâßen: 1) nach-, los- (und einem Andern zukommen) lassen. *Las à˜!* (z. B. den Strick). 2) (Nptsch.) ausgeben, aufwenden; Aufwand machen. Er læßt nichts an, ist geizig. (cf. gl. i. 452: gilieзi, largiretur). q) der Antlâß (Antləs, 'A'ləs, -◡), ahd. mhd. antlâz; Graff II, 313. BM. I, 952. Grimm, Wbch. I, 500. cf. alts. alat, gratia und grates; Heliand, glossar., p. 68ᵇ. 1) ä. Sp. jede Befreyung, Entlassung von irgend einer Verbindlichkeit, Schuld. „Die erwurbent mir fierzig tag antlaz an den predigen", überhoben mich 40 Tage lang dem Predigen, verschafften mir Ferien; Taulerus an Margreth Ebnerin, Heumann's opusc. cf. Eos v. 1819, Kunst- u. Lit.-Beil. Nr. VIII. 2) die Erlassung der Sünden, der Ablaß. Zeitschr. II, 242. VI, 441. „Daz ist min blvt der niwen .e. daz vmb evch vnd vmb manig svender wirt vergozzen ze einem äntlazz", Matth. XXVI, 28; Cgm. 66, f. 23. Wol du hailiger christ du mit antlaze alliu dinch anschöwende bist"; Clm. 4616, f. 53. Diut. III, 53. „Ich gelaub antlazz der sünd"; Credo v. 1439, Monac. Francisc. 126, f. 354. „Indulgentia, antlass"; Clm. 5877 (XV. sec., 1449), f. 120. „Antlazzes dines, indulgentiae tuae"; Cgm. 17, f. 145ᵇ, ad ps. 100 oratio II. „Ut sciant sacerdotes wie sie den antlas verchünden schüllen"; de indulgentiis, Monac. Francisc. 148, f. 36. 39. „Antlas ist nicht vergebung der schuld, sed est remissio tem-

poralis poenae; ex isto cognoscitur diversitas inter absolutionem et indulgentiam vnder ablas vnd antlas, quod absolutio pertinet ad remissionem peccatorum sed indulgentia ad remissionem poenae temporalis"; ibid., f. 43^{a}. „Also mag man auch antlas geben ze pessern prucken und ze machen weg und steg uber dy gemainchleichen geeng der pilgräm und der armen menschen der warten (worten) das sy nicht schaden nemen"; ibid. f. 50^{b}. „So man ein prucken macht, darczu antlas geben ist, so das werch aufhort, so hort auch auff der antlas. Also ist es auch gebesen mit dem czug gein Pechaim, do der czug aufhorat, do horat auch auff der antlas"; ibid. f. 52^{b}. „Ex hoc cognoscitur quae debet esse intentio hominis qui vult liberare indulgentias, antlas losen"; ibid. f. 53. 55. 56$^{a.b}$. „Unsero suntono antlaz"; M.m. 18. 108. „Antlaz der sunden"; Br. Berhtolt 106. „Der babst in allen antlaz sprach"; Reimchronik bis 1250, Ms. „Antlâz er (der sterbende St. Ulrich) von allen bat und tet ouch in des selben stat, ab omnibus indulgentiam petens, omnibus indulgentiam et benedictionem tribuens: Cgm. 94, f. 73. 23, Vers 1484. „Qui sua peccata mendaci corde fatetur a Christo veniam felicem raro meretur: Wer falsche peichte tut dem wirt der antloz selden gut"; Fridancus, Clm. 237, f. 227^{b}. „Daz ist der antlaz vnd dü genad der cristenhait" rc.; Clm. 4321, Vorderdeckel. „Und daß der Pabst alle andern Anntlaß widerrufe, dann allein den Anntlaß, den die haben im Jubeljahr, so von Anntlaß wegen gen Rom ziehen"; Kr. Lhdl. VII, 533. „Sô vellet im ze vuoze der arme sünder umbe daz, daz er im gebe den antlaz"; S. Helbling VII, 1030. „Ze Rome ist antlaz auch feile, pfarre, bistum, probsteie, techneie und abbateie"; Renner 9008. „Die wile man kirchen und antlaz suchet, die wile man taufe und biht geruchet, die wile man messe und predig hört, so wirt unser gelaube niht zestört"; das. 21853. „Der antlâz ist reine, den man über mer holt"; Wiener Meerfahrt, v. d. Hagen, Ges. Abent. LI, 179. MB. XVII, 198, ad 1475 ist die Rede von „den antlaztägen unser lieben Frawen Capellen in dem Markt zu Hohenwart, als iren Tägen und Kirchweichen, inhalt der Untlazbrieff." „Ez hat unser h. Vater der Babst ain genad und antlaz geben in unser Closter gen anger"; MB. XVIII, 269, ad 1402. cf. XXIV, 264. Auf St. Haimerams Kirchweih findet man römischen Antlaß und Gnad"; Gem. Reg. Chr. III, 280. „Das der Antlas des Gottshaus ierlich zu der Kirchweih fleißigleich verchundet werde"; Meichelb. Hist. Fris. II, II, 240. Cgm. 136, f. 84. 165. 293. „Dye mach ich dælhafftig der gnaden und des antlaß der da geben ist zu diser stifft (Dießen) all heilig tag und hoezitlich tag"; Clm. 5681 (sec. XV.), f. 40. „Antlos (Ablässe) für Bischofdorf" rc.; Cgm. 3941, f. 201. „Ich mach euch tailhaftig der gewönlich antlos dicz gotshaws" (Aldersbach); Ald. 253, f. 59. „Den gib ich antlos XL tag todlich"(er sund); das. f. 60. „Das Antles-Läuten oder Tenebrae am Freytag hat Erz-Bischof Eberhard III. a^{0}. 1404 gestiftet"; Dukher's salzb. Chron. p. 195. s. Schidung. 3) ehmals die Lossprechung oder Entlassung öffentlicher Büßer von ihren Vergehungen und Kirchenstrafen, und Wiederauf-
495 nahme derselben in die Gemeinschaft der Christen, welche gewöhnlich am Grün-Donnerstag, als Einsetzungstag des heil. Abendmahls, statt hatte. Es wurde daher der Grün-Donnerstag selbst Antlaßtag, Antlaß-Pfinztag genannt. BM. III, 5. „De reconciliatione poenitentium in quinta feria ante pascha"; Aug. eccl. 209, f. 82^{b}. „Do got an dem antlaze tage âze mit sinen iungern und mit in die mandate hat begangen"; Griesh. Pred. I, 12. „Evang. an dem antlaz-tag. Daz ist min blût der niwen e daz umb euch und umb manig sunder wirt vergozzen ze einem antlazz"; Cgm. 64, f. 31. „Offen Beicht am Antlaßtag"; (sec. XV.); Asp. 33, f. 271. Alt. 36, f. 158 – 175. „Beichten am Christtag, Palmtag, Antlaß, Osterfeyer, Auffahrts- und Pfingsttag . . ."; Himmel auf Erden oder heil. Berg Ander von 1715, p. 89. „Dy heyligen vasten bis an den antlaztag"; MB. XVII, 205. „Got selbe sprach ze sînen iüngern an dem antlâztage ze naht . . ."; Br. Berht. 172, (Pfeiffer 163,14). „Antlastag in der charwochen"; Tegernf. Cerem., Cgm. 1148, f. 13^{b}. „Eines nahtes vor dem antlâztage, quadam nocte, quae antecedebat diem sanctum, quem diem indulgentiae vel coenam domini christiana religio vocare consuevit"; St. Ulrich's Leben, Cgm. 94, f. 61, Vers 608. „Alliu jâr an dem antlâztage tuot der bâbest in den ban vürsten, grâven, dienstman, pfaffen, ritter, bûren"; S. Helbling VIII, 956. „Der selben frauwen liez er (Christus) vf erden sîn antlütz, daz in hohen werden ze Rome mit fleizze noch ist behalten, daz man die iungen mit den alten an dem antlaztag let sehen"; Renner 13112. Der Pfarrer zu Maal soll am Pfingstag in der Karwochen, den man nennt den Anndlestag nach der Singzeit dem Herrn von Rorbach, wan er zum Gottesdienst hinüber kombt, das Mal geben"; Rorbacher Ehehaft (sec. XVI.). Am *Antləs-Pfinztə* 1826 meine l. Mutter begraben. „Es sol chain Jud mit chainem christen paden an dem antlastag nach mittentag, so sullen ir tür und ir venster zugetan sein, si sullen auch an di strazze nicht gen, daz sul wern untz der heilig tach für chümt"; Rechtbuch v. 1332, Wstr. Btr. VII, 88. Schwabensp., Laßberg §. 262. „In die coenae domini"; Mallerst. 33, f. 121. „An einem antlazmorgen frû daz (si) sich beraiten darzû unt zechirchen giengen wirdechlichen enphiengen vron corpus domini"; d. Jüdel, hg. v. Hahn, p. 130,40. „An der heiligen antlasnacht"; Clm. 15730, f. 169. Castelli, Wbch. 55 bringt noch: „der *åntlås*, Ablaß; *åntläsdåch*, der Fronleichnamstag; *åntläspfingstdåch*, der grüne Donnerstag." Weigand (Brief v. 1. Aug. 1843) erklärt Grün-Donnerstag als dies viridium von „viridis, der da on sunde ist"; Eychman, vocab. praedicantium, wornach Melber. Diefenbach 622^{b}. Das Antlâß-Ay (Antləs-Aər, 'A˜ləs-Aə, 'A'ləsä; im Böhmerwalde: Só˜dlasoïä, plur., wo das S vielleicht der Artikel zum Singular ist; Rank, Böhmerwald, S. 137), Ey, am Gründonnerstag (Antlaß-Pfinztag) gelegt. Solche Eyer werden vorzugsweise zur Osterweihe gebracht, um dann unter die Hausgenossen vertheilt zu werden. Sie bewahren den, der davon genießt, das Jahr hindurch vor Leibschäden. Daher wird eine sorgsame Hausmutter, wenn sie unter den für ihre Hausgenossenschaft bestimmten geweihten Eyern nur einige Antlaß-Eyer hat, sich diese wohl zu merken suchen, um sie vorzugsweise dem Hausvater und den Mannsleuten zuzuwenden. Vrgl. Grimm, Mythol.^{2} p. 1033. „Die Bawrengreth (von Erbelting in Bayern) mit den Antlaß-Ayern", ein Schwank v. H. Sachs 1560: II, IV, 118 (1612: II, III, 335). 4) die für den Donnerstag der nächsten Woche nach Pfingsten von dem Pabst Urban IV, a^{0}. 1264 (cf. Clm. 845 u. Clm. 5656, f. 1: die Urkunde v. 1253 datiert) und dem Concilium von 1311 besonders angeordnete Celebrierung des Altarsacraments mittels Herumtragung der consecrierten Hostie (des Frôn-Leichnams, d. i. corporis Domini) in feyerlicher, durch alle Gaben der schönsten Jahrszeit verherrlichter Procession Zeitschr. VI, 441. Den Antlaß halten. Im Jahre 1586 wurde „für den Antlaß (zu München) verraitet 1279 fl., a^{0}. 1584 kostete ebendaselbst „der glorreiche Antlaß" 2027 fl. A^{0}. 1582 wurde dem fürstl. Rath Licenciat Müller wegen „ordnung unndt verrechnung des schönen Antlaß" 797 fl. 43. ausbezahlt; Hofrechnung, Wstr. Btr. III, 90. 97. 99. Cod. Fris. 287, f. 6 – 7: „Ordnung Bischof Johannsen zu Eystet der procession an dem h. feste unsers herrn fronleichnamstag" . . . „vnd sol zwischen der proceß und dem h. sacrament niemand geen dann die knaben vnd ander, die rosen und plumen werfen oder andere geczierd tragen auch ettliche mit saittenspil" . . . weiße Tücher sollen an den Häusern ausgehängt werden rc. . . . „die verber und tuchmacher sollen ir unberaite tuch . . . auf die gassen legen oder über die gassen in die hoche ziechen." Zum Unterschied vom Grüendonnerstag-Antlaß ward der

Fronleichnamstag=Antlaß der größe oder auch der lange Antlaß genannt, weil er eine ganze Woche oder Octave währt. „1481 am Montag in dem langen Antlaß"; Zirngibl, Hainspach p. 193. „In München nennt man die am Donnerstag nach dem der Fronleichnams=Hauptprocession gehaltenen Nachprocessionen den klainen Antlaß. Im Jahr 1845 (30. May) hielten ihn mit den zwei alten zum ersten Mal auch die zwei neuen Stadtpfarren (St. Ludwig und heil. Geist). antlâßen (antləss'n - ᴗ ᴗ), vrb. n., (Baur, Ob.Isar) die in der Antlaß=Octave gewöhnlichen Ceremonien verrichten, in specie aber: vor der Messe die Nona singen. Graff II, 314. BM. I, 953. Is no˜ Zeit i˜ d' Kirchə˜, tuət də' Herr vonê no˜ *antless'n*. Das Antlaß=Kränzlein, Kränzchen aus Raute, Feldquendel und andern Blumen, welches am Fronleichnamstag bey der Procession gebraucht, und in den Häusern als heiliges Mittel gegen den Blitzstral ꝛc. aufbewahrt wird. Die Antlaß=Rôsen, die Betonien=Rose. Antlaß=Tag, die A.=Wochen, d. h. Fronleichnams=Tag, =Woche, da der Ausdruck in Beziehung auf den Grün=Donnerstag größtentheils veraltet ist. 5) (Werdenfels) das heilige Abendmahl über-
496 haupt, insoferne es zu einem Kranken gebracht wird. Man läutet mit dem Antlaß, gêt mit dem Antlaß. Die ahd. und mhd. Sp. hatte zu den Substantivformen antlâz, antlâzzida auch das Adj. antlâzig, antlâzlich, das Verb antlâzôn, indulgere, und davon: antlazzâre, indultor. Windb. Psalt. Graff II, 315. Gl. Winnerl: „âne sunte antlazliche." „Antleßig sunde", Br. Berht., jetzt læßlich. „Daz ez tyro vnd Sidonem antlazlicher wirt an dem iungisten tage": Cgm. 64, f. 55. s. Entlâß und oben, Sp. 113 f.: Ant=. r) auffläßen: 1) feilbieten, ausbieten; s. laßen, f). 2) (Allgäu) einen Wind schleichen lassen. s) außlâßen. Zeitschr. VI, 441. R. A. Eß lâßt nit vil auß von drey Stunden, d. h. es sind nicht viel weniger. Jetz lâß mi' auß! zu Jemand, der Unglaubliches erzählt. t) außlâßen. Durch Urk. v. 1342 (MB. XI.) wird dem Gottshaus zu „unser Frawen Auwe" ein Theil des umliegenden wilden Waldgrundes geschenkt, mit der Freyheit „Dörffer auz ze lazzen" (p. 288), „den wald auszulaßen" (p. 290), wol: an ausreutende Ansiedler gegen gewisse Zinse zu überlassen. Einen Reut auslâßen, (Jir.) ihn nach drei Jahren dem Wiederwuchs überlassen. Vrgl. lâßen und Adelung's Laßgut. u) außlâßen, ausladen, besonders das nach der veränderlichen Stromhöhe zuviel geladene Salz aus einem Schiffe auf der Salzach, was dann als Saumsalz in eigens dazu erbauten Hütten zurückbleibt; (s. Hütten=Hallfart). Lori, BergR. 297. 309. 317. 486. 639. Das Auslaßen, das also ausgeladene Salz; ibid. 318. Dieses lassen gehört vielleicht zum gleichbedeutenden niedersächs. lossen, dän. losse, Adelung's löschen. Weigand, Wbch. II, 65. Cf. „Zu füren ain leß"; Baumburger Heberolle, Cgm. 152, f. 10^a. 60^b. 61^a. Lostatt, was noch als Name eines Dorfes ob Regensburg vorkommt, könnte nach folgenden, in Gem. Reg. Chr. IV, 128 vorkommenden Stellen dem Lossestatt (locus ubi merces e navigio exemtae deponuntur, bey Frisch) entsprechen. Vrgl. oben Lostatt. Es ist nemlich im Nieder=Münsterischen Salbuch f. 60 zu lesen: „Wir haben doselb in der Hofmark (zu Sall) ein Lostat. Da sol ein Losteter von dienen in das Hofampt iärleich 2 Pfd. . . Ez sol ein Losteter die Scheffung wol bewaren . . . Als oft man ein Schiff lätt, sol man dem Losteter geben 2 dl., ausgenommen unser Gotshaus ist jm nichts schuldig . . . und ob ein Losteter nit do wäre, so mag der do geladen hat, wol 2 dl. an das Gestad legen . ." Gemeiner selbst sagt: „Man sollte von der „Lohestatt" oder der Naufart ohne Beschwerde der Kaufleute der Stadtkammer einigen Nutzen zuwenden." Schwerlich darf schon für jene Zeit eine Entstellung aus Ladstatt (locum ad onerandas naves aptum, teutonicè ladastatt, Emeram. Salbuch bey Pez) angenommen werden. Etwa zu ahd. gilâhan, firlâhan, goth. lêvjan, galêvjan, (lêv oder lêvs, occasio), agſ. lævan, tradere; cf. isl. læ, fraus, und oben, Sp. 1463: lagſen. Grimm I^3, 91. 56. IV, 618. Otfr. IV, 8,19. 24: gilâta, firlâta, tradidi, prodidi. Cf. allenfalls gl. a. 187: „ain lotstat, daz ist statun (stat in?) Rumu, asylum quod est locus Romae"; Diut. I, 144. Grimm III, 46. v) außlæßig (auslássi'), (Baur) vergeßlich, oft etwas auslassend. w) Dur-laus, (b. W.) liederlicher Bursche; wol: durch (und durch) lôs. 'Grimm, Wbch. II, 1638,5: Durchlaß, Verschwender.' s. unter lôs. x) der Einlaß, 1) das Einlassen von Passanten während der Thorsperr=Zeit. A^0. 1733 wird in Wirzburg eine Sperr und Einlaß" angeordnet, so daß, wenn die Thore geschlossen worden, die beeden Stadtthore von Zell und Rennweg mit dem Mainthor zum Einlaß bestellt bleiben. 2) besonders hiezu bestimmtes Thor. „Einlaß, posticum, 497
pseudothyrum"; Prompt. von 1618. y) der Entlaß (ᴗ -), (O.Pf.) die Entlassung, z. B. von der Militärpflichtigkeit. cf. Th. IV: Wandel. Vrgl. oben die noch aus der ahd. Sp. bewahrte, damit identische Form Antlaß (- -). Freylaßing, Ortsname, s. oben, Sp. 108 und 815. z) gelâßen (g'lass'n, t'lass'n), dergelâßen (də'g'lass'n), vergelâßen (və'g'lass'n, vo't'lass'n), entlâßen (unt'lass'n), (von trächtigen Kühen) Milch in das Euter lassen oder absetzen. Grimm, Wbch. III, 566,7. Tobler 189: vertlà. Brem.=niedersf. Wbch. III, 21: tolaten. Zeitschr. II, 347. VI, 441. 'Kuə *də'g'lasst.* Kärnt. „krava perzhinja, die Kuh entläßt, wird bald kälbern; perzhinjanje, das Entlassen der Kühe; vim=ljati, (v. vime, Kuh=euter) entlassen, großes Euter bekommen; Jarnik p. 25. 36. Die Geläßkue (G'lasskuə), Kuh, die dem Kälbern nahe ist. (Immerhin mag hier eine Rücksicht auf das alte gelaste, gl. i. 825, genimen, gilassini, i. 703, farra (frumentaria), offen gelassen bleiben). α) die Geläß, s. unter g). β) die Geläß, Schlinge, s. unter laß. γ) das Gelæße, das Benehmen, die Geberde. BM. I, 953. 950. Zeitschr. VI, 441.

'Abə' das wár ə˜ *Gláss*,
als wenn I 's Deənál fráss!

„Das die veint hin in sahen alles ir gelezz, man trunch oder ezz"; Horneck. „Magtlîcher zühte sihe ich den degen rîch mit guotem gelæze sô minneclîche stân"; Nibelungen, V. 1670 (Lachm. 394,15). „Si ist gewünscht uberal an form und an gelesse ir füß in rechter messe"; Cgm. 714, f. 185. „Von zauber cum circumstantiis suis mit seinen gelessenn"; San-Zenon 64, f. . . . „Den kinden ein geläss (Hosen?) machen von lindem leder"; Cgm. 601, f. 98, (s. Sp. 1340, unter Kleisper). Isl. láti, (wol auch bilæti, effigies; s. Bild), schott. lait, late, let, manner, gesture; niedersächs. gelat. gelâßen, adj., wie hchd. ungelâßen, ungeberdig, unmanierlich; (vrgl. allenfalls auch gelachsen). lâzen aid, s. oben, Sp. 36: der Aid. 'Das Vorgelæße, ä. Sp., Vorzeichen, Vorbedeutung, Prophezeiung; BM. I, 953.' „Daz sente Uolrich lobesam den bischofes stuol besæze und daz daz vorgelæze kôme an die rehten wârheit"; St. Ulrich's Leben, Cgm. 94, f. 36^a, V. 319. Vrgl. unten: ließen. δ) der In=lâß (I˜lâu'), o.pf. (Bett=) Federbehältniß. Vrgl. Inguß, Federitt. ε) verlâßen sich eines Dinges zu Einem, (ä. Sp.) sich deshalb auf ihn verlassen. „Des verlassen Wir Uns zu dir"; Wstr. Btr. V, 182. Daher: zueverlæßig, adj., ze dem (auf den) man sich verlâßen kann. ζ) verlâßen, hinlâßen Einem etwaß, es an ihn vermiethen, verpachten. „Impen verlassen"; L.Ord. v. 1553, f. 122. „Den Zehent verlaßen"; MB. XII, 269. Meichelb. Chr. B. II, 186. Der Verlâß, die Verlâßung, die Verpachtung, Vermiethung. Zehə˜d-*Verlaus*; (Nptsch.). „Verlaßumb"; MB. XII, 269. η) verlâßen, zurücklassen. „Ain verlaßener Ausschuß gemainer Landschaft", (Landtag v. 1514, p. 434) eine Art Diputacion permanente unsrer alten bayrischen Cortes. Wenn Eltern sterben und „hinder jnen eheliche Kinder verlassen"; LR. von 1616, f. 366. Der Verlaß, die Verlaßenschaft, (wirzb. Verord.) das Verlaß=

thum, Hinterlassenschaft eines Verstorbenen. Der Verlaßer, Erb-laßer. ϑ) verlâßen, d. h. von den Geisteskräften, adj. u. adv. Er ist ganz verlaßen. „Das ist recht verlassen gehandelt"; Wagner's Civ. u. Cam. Beamt. I, 24. Wie ein Verlâßner oder wie Gott verlaß mich nicht daštên, herumgên ꝛc. I bi˜ *vo'lass'n* wiə ə˜ Staə˜ auf də' Gass'n. ι) 'verlâßen, ä. Sp., ausgelassen frech; BM. I, 952.' „Dissolutus, verlassen; dissolutio, verlassung"; Semansh. 34, f. 209. „Verlazzenheit, dissolutio"; Monac. Augustin. 50, f. 59b. Vrgl. Cgm. 717, f. 112⅔: „Ob der wirt an kainer stet hab iendert sich verlasset", (versündigt? gereimt auf „ungehasset"). ϰ) verlaßen. Bey Hund St.B. I, 357 wird in einer Streitsache zwischen dem
498 „Capitl von Freysing und gewissen waldeckhischen Erben" durch jenes gen Rom appelliert, durch diese aber „daselb verlaßt." Dieses verlaßen gehört wol zum ä. Laßbrief, apostoli: „Bitte und begehr fleißig Apustules, genannt Laßbrief"; Gem. Reg. Chron. III, 145, ad 1463. s. laßen, l). λ) 'Der Widerlâß, ä. Sp., das Nachlassen.' „Gauterus der bergert einer frâwd ân trawren und genûg ân widerloz'; Cgm. 54, f. 45b. μ) zelâßen (z'lassn, z'lauə˜), zerfließen machen, schmelzen, zerlassen, ahd. zilâzzan, mhd. zerlâzen; Graff II, 313. BM. I, 952.

Lásslə, Ladislaus. „1 ℔ kunig Lasles 12 β dn."; Cgm. 740, f. 12.

'Der Lais, geistliches Lied, Bittgesang, (BM. I, 961. Weigand, Wbch. II, 36. Diez, Wbch. 670).' „Der laven leysen durch teutsch lant sint einveltich und doch daz bekant danne manic kunst uf die geleit ist groze kost und arbeit"; Renner 11080. „Unser laiss", preces; Cgm. 717, f. 112⅔. „Erfarn '(?)' disen laissen den der vertailt tribet hie"; das. 114⅓.

Die Lais, das und die Gelais (Glaəs), Gelaist (Glaəst), wie hchd. das Geleise, (ahd. Sp. uuagan-leisa und leisina, orbita, mhd. leis, leise; Graff II, 251. BM. I, 961 f. Weigand, Wbch. II, 36. Zeitschr. III, 307. Cf. Notk. 65,15: „Dero uuison unde foreleison dero gotes herto", arietum). „Hie her in iener leise sich ich die fart gemezen"; Labr. 536. Cf. das. 188: „Ez hilt sich in der leise, daz man ez für ein kälbel an mag sprechen." eng- oder weit-gelaisig, adj., vom Weg, vom Fuhrwerk. (Bey Kero V, 29. VII, 94. 100 steht das Verb keleisinan für imitari, gl. i. 553 für aemulari). s. laisten.

Die Laus, wie hchd. (ahd. mhd. lûs; Graff II, 278. BM. I, 1055. Grimm, Gesch. d. d. Spr. 855. Weigand, Wbch. II, 18. Vilmar, kurheff. Idiot. 239). „Nim gummi serapim als gros als ain lawß"; Cgm. 821, f. 113. Die Gewandlaus, pediculus vestimenti. In der ahd. Sp. hieß die Wanze uuantlûs. 'Die Steiglaus (? hieher?).' „Daz zaichen scorpio het under den gelidern dez menschen die schaim an frôwan und an mannen und die stigluſ und die maſgang"(?); Clm. 5640 (Diess. 140; XIV. sec.), f. 85. Davon verschiedne niedrige Schimpfbenennungen: Laustegel, Lausnickel, Laustæter. 'Birlinger, schwäb.-augsb. Wbch. 307. Zeitschr. VI, 173.' R.A. Er schind't d' Laus um den Balg, von einem Filze, Geizhalse. lausig, adj., schlecht, erbärmlich. Zeitschr. III, 174,246. R.A. Mir ist lausig, lausig im Magen, der Magen ist mir lausig, mir ist übel, besonders vor Hunger. lausen Einen, fig. abprügeln, betrügen. derlausen, verlausen, vrb. n., vor Menge der Läuse zu Grunde gehen. Der Lauser, 1) erbärmlicher Mensch. 2) Lauskamm. Zeitschr. VI, 173. Die Lausbluma, Zeitlose, colchicum autumnale; Castelli, Wbch. 189. s. Laushutten. Der „Lausguß, postrema lavatio"; Prompt. v. 1618. Die Laushutten, (Nptsch.) Samenkapsel der Herbstzeitlose. Das Lauskraut, (O.L.) veratrum album. Zeitschr. III, 462. Wenn das Alpenvieh Läuse bekommt, so wird es durch Waschen mit dem Absud vom Samen dieses Krautes davon befreyt.

Laus Deo, weiland übliche Überschrift von Conto's der Kaufleute, Handwerker, Metzger, Bäcker ꝛc. Daher pflegte man wol im Scherz einen solchen Conto selbst einen Laus Deo zu nennen.

laußen, (L.Ord. v. 1553, f. 124) lauschen (auf Hasen), ahd. mhd. lûzen, im Verborgnen liegen, heimlich lauren; (vrgl. lauschen und s. oben, Sp. 288 u. 297: bausen — bauschen). Graff II, 322. BM. I, 1061. Weigand, Wbch. II, 19. Vilmar, kurheff. Idiot. 240. Zeitschr. VI, 400,3. „Daz heilsam oppher brâhte er ûzen, sînes herzen oppher liez er lûzen"; St. Ulrich's Leben, Cgm. 94, f. 67, Vers 1293, (cf. f. 19b). „Wie sanfte er bî dir lûzete"; altd. Wldr. II, 231. „Delitescere, lausſen"; Semansh. 33, f. 281. „Arkwan in manger kappen lauzzet, arkwan vil übeler gedanke mauzzet"; Renner 3118. „Der hat ein mentellin under dem niht ware minne lauzzet, wanne er unrehte kriege mauzzet", (heimlich meditiert); das. 5995. „Er sol als ein engel gebaren auzzen, doch sol in im her Sathan lauzzen"; das. 5070. „Der ist gar ain lemblein außen doch möcht ain wölflein in im lawssen"; Cgm. 714, f. 30. „All hellisch luchs die all minuten auf uns lawssen"; das. f. 282. Nach Hasen lausen (lauten), das Hasenlausen; Landau's Beitr. p. 92. 93. 94. 182. Der Hasenlutzer; Landfried v. 1395, Gudenus, cod. diplom. III, 610. 641. „Wer verlumont wirt umb lusʒen"; Grimm, Weisth. I, 499. 'Die Lauß, mhd. lûz, lûze, Versteck, Lauer; BM. 1, 1061. In die Lauß gehen, in der Lauß liegen.' In die Lusche gehen; L.R. v. 1616, f. 784. „Gegen des von Eberstorff hauß lag er all wegen in der lauß"; Mich. Beham, Wiener, p. 82,6. „Da lagen sy denn in der lauß und sahen zu den venstern auß"; das. 98,13. „Er entran und kam in ain hauß und lag verborgen in der lauß"; das. 260,17. Vrgl. oben, Sp. 1453, unter die Lâge, Urlâg: „mit falschen lauz." „Zu Rötenbach ein pfarrer saz der eine pewrin bulen was schlich all nach hinden in das haws und stund da wartent in der lauß; H. Sachs 1560: II, IV, 65. „Und sach den tracken ligen in der laus"; Cgm. 291, f. 179b. Die Laußwatten, die in den wirzb. Fischerordd. v. 1570 und 1766 verboten werden, gehören wol ebenfalls hieher. Weigand, Wbch. 19: die Lauße, der Setzhamen. (Cf. gl. i. 161. 233: luzenter, latens, von luzên? agſ. lutan, latere; auch dän. lytte, horchen).

lesen, lesnen (lésn, lesnə˜; I lés, du lést, er lést oder lésn't; I lás oder lésət oder lésnət; g'lés'n oder g'lésn't), wie hchd. lesen, (ahd. lesan, mhd. lesen; Graff II, 246. BM. I, 1006. Weigand, Wbch. II, 40 f. Vilmar, kurheff. Idiot. 248); in Altb. so viel als beten (nemlich aus einem Buche; Rath Her). Auch das schwed. læsa bedeutet nicht blos lesen, sondern vorzugsweise: beten, auch studieren, und Lesære heißen zu Mora in Dalarne: Versammelte zu pietistischer Privaterbauung. (In Lulea hätten sie — so sagte man dem Erzähler Hammerich — um die Hochzeit des Lammes zu feiern, und zu zeigen, daß sie der Versuchung des Fleisches gewachsen wären, nackt, Mann und Weib durcheinander, getanzt. Ähnliches erzählte in Berlin Criminalrath Hitzig 1840 von den Muckern.) Lehmann's Magazin f. d. Lit. des Ausl. 1841, p. 262. In Foza (VII Com.) heißt sprechen, sprecheln ausnahmsweise: beten. 's. Schmeller, cimbr. Wbch. p. 173.' Die nicht ablautende Nebenform lesnen scheint nahen Zusammenhang zu haben mit lernen (ahd. lirnên, agſ. leornian, discere und legere), welches von dem eher zu Lais, laisten (w. m. s.) stimmenden lêren, der Form nach, absteht. Der Grundbegriff von lesen (legere, colligere) scheint im Durchgehen (cf. neugr. διαβάζειν für lesen) zu liegen; wornach das agſ. leoran, transire, Rücksicht verdient. „Menger kan nicht frœde suchen er les dann ab den buchen"; Cgm. 379, f. 86. 'Vrgl. BM. I, 1008,2,c: an den buochen lesen. verlesen, ablesen; (ä. Sp.) lesen, durchlesen. 'verlesen = verloren, s. Vilmar, kurheff. Idiot. 248.' Die Les, a) (Werdenfels), das Buch: ə˜

schöné *Lés.* b) (schwäb.) Stich im Kartenspiel, hchd.
499 Lese; vrgl. die Lös. R.A. (schwäb.) Behalt eine Karten auf die letzt Les. Die Les im Piketspiel: wer mehr als 6 Stiche über die Hälfte macht, rechnet zu den übrigen Strafen noch 10; (v. Lang). „Das Geleß", Reihe (von Drecken); Cgm. 270, f. 211a. Das Lesen, a) die Lectüre, der Inhalt eines Buches oder einer Schrift: e~ schö~s, háli's *Lés·n.* „Lectionarius, das lesen der heiligen"; Voc. Melber. R.A. Das ist ein anders Lesen, das ist was anders. b) (O.Pf., Hrtg.) eine Krankheit des Rindviehs, die man auch das Studieren heißt. c) die Weinlese.

leis (Lech: leis~), leising (O.Pf.), leisnd (b. W.), adv., sachte, leise, (ahd. lîso, mhd. lîse; Graff II, 251. BM. I, 1010. Weigand, Wbch. II, 36. gl. i. 1110. 1156): leising gên; z· *lei~s*, z· *leising* g'salz'n, zu wenig gesalzen. Zeitschr. VI, 193. 'In Schwaben: linse, lins (vrgl. oben, Sp. 1494), welches in folgenden Stellen aus des Teufels Segi anstatt des leis der Wallersteiner Hs. zu lesen sein wird; (vrgl. Barack, Vers 8383, auch 2369. 627. 633).' „Geit im (dem Wucher) ain namen vil leis ez ist ain rechter redlicher zins." „Was die andern all mit gemainem schall herzû thůnd tragen und dinsen daz beslieẞend die zween (Koch und Keller) vil leise." (Also schwäb. Aussprache: lei~s, zei~s, dei~so~). Vrgl. len.

Die Leusach (Loisə, Luisə), Nebenfluß der Isar, dessen Name gewöhnlich nach der gemeinen Aussprache Loisach geschrieben wird. „Juxta fluvium Liubisaha"; MB. VII, 1. 18, ad 1079 und 1150; „gennhalb der Lewsach"; Lori's Lechrain, f. 62, ad 1348. „Bi der livsach", (ad 1291); „bi der lipbsach (livbsach, ad 1310); MB. XVIII, 11. 63. „Inter duos fluvios Ysara et Liubasa"; Ried ad 1003. Förstemann II, 931. Der Name könnte zusammenhangen mit der Lubia und der Mala und Velika Lublanza, den drei Quellen der Laibach; (s. Kohl in d. Allgem. Ztng. v. 1851, Beil. p. 4061). Liubisach als Ortsname in den Alpen rechnet Safařjk (Staroz. I, 712) unter die slawischen. Liubissa hieß eine Vorstadt v. Reichenhall, vermuthlich die Niederlage der Loisach-Floßer; (v. Lang). Der Loisərə', 1) Anwohner der Loisach, 2) Flößer auf derselben. loisərisch, adj., nach Art der Loisachanwohner.

Die Lisel, Lisi, 1) Elisabeth; Weigand, Wbch. II, 50. Zeitschr. III, 240,3,31. 371. 373. IV, 156. V, 471. VI, 452. 2) Eigen-Name von Stuten; 3) großer Krug. Pisl mei~ *Lisl!* 4) Bund Stroh, worauf sich die Soldaten legen mußten, wenn sie weiland Stockschläge erhielten. Allo~, d· *Lisl* raus! Cf. Kilian: lijse, scamnum.

lismen, (schweiz.) stricken; gelismet, gestrickt. Tobler 301. In der Münchner Fronleichnams-Procession v. 1582 (s. Wstr. Btr. V, 172) trägt der Ritter St. Georg „ein weiß silberen dobinen huet, mit gulden passamontporten eingefasst. Davorn beim Spitz mit ainem kostlichen großen behamischen Diemant mit golt eingefasst und geschmelzt, geziert, — herumb mit seiden gelismaten, mit golt und perl gezierten pluembweeg oder Bestom (Feston) verhöcht." „Accupicta, glißmat claid, quasi acu texta tunica inconsutilis"; Voc. Archon. f. 20. „Inconsutilis, ungenät vel glismot"; Cgm. 690, f. 158b. „Inconsutilis, gelyßemt"; Voc. Melber. Diefenbach 11b. Daz was der gelifwete rock"; Cgm. 826, f. 159b. Im Domschatz zu Augsburg (sec. XII.): „cirothecae *lisinatae* cum auro"; Cod. Aug. eccl. 39. f. 86. Vrgl. „hentschuoch glismen", oben, Sp. 1329, unter klueg. (Gl. o. 277: gelisemet, inconsutilis. Graff II, 279. Diefenbach 292c. Sollte lisemen etwa mit lesen, colligere, zusammenhangen?)

lisnen, horchen, s. unten: losen.

verliesen, verlieren (vó'liəs'n, vó'liə'n, o.pf. və'lêis'n, və'lêiə'n) und verleusen, verleuren (vó'luis'n, vó'lui'n; s. Gramm. 295. 312. 313. 934; Praet. cond. I vó'lur, vo'liəsət, vo'liərət etc.; Praet. partic. və'lou'n, və'laə'n, also verlôren), a) wie hchd. verlieren, amittere, (goth. fra-liusan, ahd. farliosan, farlôs, farloran, mhd. verliesen: ich verliuse, verlôs, verlorn; Graff II, 262. Grimm II, 700. BM. I, 1032), ä. Sp. zuweilen auch fliesen, flôs, floren, z. B. MB. XVIII, 25. 114. „Her Salomon uns lert, das sein weib und sein swert niemand czaigen sol ze vil, ob er sew nicht fliesen wil"; der Teichner. b) ä. Sp., verderben, zu Grunde richten. „Wer icht plankchen oder ab den aribern hinder sein fleust .., der schol ander hinwider setzen"; Traunstein. Stadtrecht v. 1375, Kohlbrenner's Materialien I. St., p. 58. „Du uerliusist alle die der redent die luge, perdes omnes qui locuntur mendacium"; Psalt. Windb. „Du verlewzzt all di die lugenleichen reden"; Cgm. 87, f. 65b. „Wil den heilant fliesen"; Wern. Maria p. 209. (fir- 500
liosan, conterere, gl. i. 263. 365. Otfr. IV, 1,3; daneben farloran, vrb. act., Graff II, 266: „farlorta dea manslagun, perdidit homicidas", Matth. XXII, 7; Wiener Fragm.). Im Isl. fehlt ein liosa, amittere; sollte das liosta, ferire, collidere, dafür stehen? Vrgl. den Küchen-Terminus: Ayer in die Suppen verlieren, sie roh in die heiße Suppe schlagen; verlorne Ayer, in die Suppe geschlagene. Der verlorne Mann, der bey Schiffszügen im Strome voranreitet, und mit einer Stange die Tiefe untersucht. s. oben, Sp. 1370: Krumper. verloren seyn, die Geisteskräfte verloren haben; geistesabwesend seyn. Die Verliesung, das Verlieren, die Verlierung. „Verliesung der Gerichtsschäden"; Ref. L.R. Tit. 13, Art. 2. Das Verlies, Gefängniß, in welche die Justiz der ehmaligen Burgherren manches Opfer auf Lebenszeit verdammte, verlorner Posten gräßlicher Art. Der Verlier: z· *Və'liər* kemə~, zu Verlust gehen; (Niederaudorf). Der Verlur, Verlust; BM. I, 1033: der verlor. Castelli, Wbch. 123: „der Falua'. Mia' is göstad wås in *Falua'* gånga." „Amål håb i Liadln ghåbt mehras als gnua', und iatzt gengans· ma' nåchanånd schdad in *Va'luar*" *(Və'luə')*; Seidl, Flins. IV, 3. „Daß kein Stäubel zu Verluhr gehe"; Procop. catechismale. „In Verlur gegangene Obligationen"; A. v. Klein, Östr. „In dem verlore, in interitu"; Psalter. Windb. „Den uerlor, interitum"; Cgm. 17, f. 53b, Ps. 34,10. farlor, perditio, gl. a. 184; vlor, internecio, i. 239. Der Verlurst, im bayr. Schriftgebrauche (nach Analogie von Dien-st, Gun-st, Kun-st, Brun-st, vielleicht zur Unterscheidung von Verlust, desiderium) sehr gewöhnlich statt: der Verlust, als flust in der ä. Sp. auch fem. (BM. I, 1033: diu verlust, vlust, gen. der vlüste). „on flust"; MB. XXIV, 635. „Gewin ân flüste", Labr. 241. „Ze gewin und ze flüst"; Rchtb. Ms. „Die verlust ewrs mans"; Cgm. 236, f. 206a. „Mein verlust die ich nimer widerbringen mag"; Klage des Witwers, Cgm. 579, f. 43a. In der ahd. Sp. ist mir diese Form nicht vorgekommen; jedoch im Goth. besteht im Feminin fralusts. Nach Analogie von Verlurst müßte auch Frorst, Frurst für Frost gelten, was doch nicht der Fall. verlustig, verlurstig, adj., verlierend, verloren habend. „Die verlustig Partey"; Ref. L.R. Tit. 13, Art. 1. verlustigen, vrb.: „der verlustigte Theil."

ließen, eigentlich: liezzen (und vielleicht ein Ablautverb wie das hliozan der ahd. Sp. und das isl. hliota; mhd. liezen: ich liuze, ich lôz, gelozzen. Graff IV, 1122. BM. I, 1039. Weigand, Wbch. II, 62 f. Grimm, Mythol.[2] 989), ä. Sp., a) sortiri, losen; durch Loos erlangen; als Antheil, als Bescherung erhalten. b) auguriari, hariolari. Ich weiß nicht, ob wirklich noch zur Bedeutung a) zu ziehen ist die Stelle in Gem. Reg. Chr. ad 1320: „Welcher Burger einem Fremden einen Keller lieh, der mußte der Stadt das Umgeld entrichten, was er (der Fremde?) mit Angießen verliesete" (lößte? s. d. W.). Zu Bedeutung b): „Wetterließer, liezzer, augur; liezzerin, auguriatrix, sortiaria, (franz. sorcière), gl. bibl. v. 1418, gl. o. 282. liozo, liozari, ariolus, sortilegus, a. 125. 153. „Sinen choph (Becher) dar uz spulgte trinchen und inne wonete liezzen"; Diut.

III, 107. „De sortilegiis, von liessenn, von anegengen, von lüpp, von unholdin, von warsagenn . . .“; San-Zenon. 64, f.... „Von liezen, von angangen, von luppen, von unholtum . . .“; Clm. 9537 (sec. XIII.), f. 177. Clm. 17188 (sec. XIV.), f. 48. „Von dem widerließen der 12 manet. VI tag nest nach der heil. try kung tag bis zu der heil. try kung achtend sind widerliessent tag“ rc.; Cgm. 3898, f. 95—98. „Herba quae in theutonico liesse dicitur et crescit in locis paludosis cruda et cocta masticata seu comesta *dete mlade t ztare* v *materi vmopi*“ ´(vmori?)´; Ald. 44, f. 111. CbmC. 84, pag. 142; (verdächtiges Notat des Ketzerrichters Albertus Bohemus Decanus ecclesiae Pataviensis). Daz vorgelæze, praesagium, St. Ulrich's Leben, V. 319, (im Reim auf „besæze“, also wol von lâzen); s. oben, Sp. 1510 und vrgl. Lôß, læßen, læßeln und Luß.

Der Löser (des Fuhrmanns)? „Mein nasen gâb ein guten spundt für ein rüßne flaschen oder ein löser an ein furmanstaschen, handtföllig iß“; H. Sachs 1560: III, III, 15. „Sie (die Sachsen) haben gar khainn underschaid: laybn, laym, leim, leem, lebn, leid, dz laydt. rut, ruten visch, rut, rueten gärt. lueg, auf die lug das d' nit werdst gfährt. spis, spieß. bruch, bruech. zu, zue. nein, nain. roßzigl halfter, ziegelstain. des fuermans leeser, weinlöser“, sagt Joh. Rasch von Pechlarn (1584), Cgm. 4372, f. 64.

losen, lusen, lusnen, lustern, a) horchen, (ahd. hlosên, mhd. losen; Graff IV, 1102. BM. I, 1043. Weigand, Wbch. II, 66. Weihers: *luis*, Dr. K. Roth. Zeitschr. II, 92,50. 95 8. III, 313. 394,47. V, 104,10. VI, 173. 414,86). *Lós, lus!* horch! Dà *lós, lus* I nét auf, da merk ich nicht auf, das ist mir gleichgültig. I kà⁓ mə' nét gnuə' *lus·n*, ich bin ganz Ohr. I hà' *glus·t* ə's wiə ə⁓ Narr. „Durch losen hûb ich stille“; Labr. 113. „Ich los und halde“; das. 214. „Ez scheidet von gelimpfen ein weideman, er los, er jag, er henge“; das. 459. „Losâ, losâ!“ das. 115. „Losâ dem selben hunde!“ das. 370. „Hœr mein peicht . . . und lusen meiner peicht so lang piz daz ich sey vollend“; Cgm. 54, f. 31b. derlosen, derlusen, erhorchen, erlauschen. verlusen die Rebhühner, (Jägerspr.) am Abend horchen, wo sie sich niederlassen, um am Morgen auf sie Jagd zu machen. ´lusnen, lüsnen, lisnen. Zeitschr. III, 313.´ „Nu habt ir wol gelüsnet mir“; Cgm. 714, f. 63. „Dö iəzten *lisn'd*, sung selbá recht schen“; Stelzhamer 112. zuelusen, zuelusnen. „Da kan zuəhern und *losen*, wer *zuəlisna* will“; Stelzh. 102. 112. löseln, luseln, „subauscultare“; Prompt. v. 1618. „Hlosêt ir chindo liuposton“; M.m. 16. „Mîna messa ni gelosêda“, ich hörte meine Messe nicht; ibid. 20. „zuolosêmes, attendamus“; gl. i. 282. „Ut faciat orator judices attentos .i. zûze imo lôseente“; Clm. 4621, f. 59. gelos, adj., audiens, Notk. 28,4. ungelos, inobediens, ibid. 70,2. b) nachsinnend, unentschlossen, betroffen
501 seyn. I *lus* hàlt àllwə' só *dəhi*⁓, und waəs nét wàs I taə⁓ muəs. *Lus·n* wiə d· Sau vaə' də Mültür thut ein Träger, Gedankenloser. 's Wédə' *lust*, wenn es trüb und regnerisch aussieht, ohne daß doch eine andere Witterung erfolge. (Cf. gl. a. 382. i. 906: losenti, zuafilosenter, attonitus). Der Loser, Luser, 1) Horcher. Də' *Lósər* à⁓ də' Wand hört sei⁓ aəgngé Schand. „Die geitichait die iren lusnærn chradempt vil suzzer weis“; Cgm. 54, f. 74b. 2) unentschlossener Mensch. 3) das Ohr vom Wilde, im Scherz auch vom Menschen. (Zur Form lusnen stimmt lusnunga, sensus, gl. i. 360). s. laußen, laustern und nach Gramm. 629 auch luren.

´Die Lose, was hchd. Losung, (Jägerspr.); s. oben, Sp. 977: Glose. Weigand, Wbch. II, 66.´

Das Löslein, (Nürnb.) Semmel-Paar, mit Milch angeknetet; nach Reinwald im Hennebergischen: abgetheiltes Stück einer Dreyer-Semmel oder eines Dreyer-Wecks, das 1 Pfennig kostet. „Die Brüder vom Brüderhaus zu Nürnberg sollten jährlich dem Rath schenken 2 Viertel

Malvasier, sechs Lössemmel und 4 hölzerne Becher“; Truckenbrod p. 429. „Därbes prot, losprot, pretzen, harnaffen rc.“; Ortolph. „Die semler sullen lose wecke backen und mugeln sullen allwege (hier muß wol eine Zahl stehen) ortweckelin als swer sin als ein loser wecke oder ein mugel“; Wirzb. Sätze v. 1343, §. 77. Cf. Adelung: Losbäcker, der zartes, weißes Brod bäckt. (Ich verstehe hier den Benennungsgrund nicht; vielleicht ist die Abtheilbarkeit gemeint und unten Lôß zu vergleichen). Vilmar, kurhess. Idiot. 253.

Losmugken, (Frank.) Sommerflecken; cf. Rossmugken.

Los-statt, s. lâßen, u).

„losig“, (Werdenfels) „schmuzig.“ „Losey, Schiffgrub, da sich aller Wust sammlet“; Onom. v. 1735. Vrgl. das folg. Wort und Lus.

Die Lôs (Lous, Laəs), 1) das Schwein weiblichen Geschlechts, Mutterschwein, (vielleicht ursprünglich in so ferne sie läufig ist; vrgl. isl. losi, lascivia, losa-flik, scortum). 2) Schimpfname, wodurch eine Weibsperson unreinlich gescholten wird. Vrgl. Tobler p. 304: Loos. Venedisch: lugia, scrofa, troia. Das Lœslein (Löusl), Ferkel weiblichen Geschlechts. In Thom. Murner's Schelmenzunft (Haller Ausgabe v. 1788) heißt es p. 57 unter der Aufschrift „die Saw krönen“: Von Grobianus „die loß im Stall krönet muß werden.“ Nach einer daselbst beygesetzten Note steht in einem alten Vocabularius „losa, scropha, porca.“ Das Voc. v. 1482 hat „losa, mor, suß, sweinsmutter oder varch“; das des Frisius: ein Loß, porca, scrofa, sus; Losenmilch, lac suillum. Voc. optim. p. 44: „porcus, barg; porca, losa.“ Kilian: loose, sus. Prompt. v. 1618: „Loos, scrofa, porcetra, die nun einmal gefärlet hat.“ „Ein wolff zu einer losen sprach da er sie groß tragen sach“; Cod. Em. D. 58, f. 155b. (Dabey steht von neuerer Hand: „Bavarus et sus habent unum corpus.“) Im Wallerstein. Coder heißt es dafür: „Ein wolf zu ainer sw mûter sprach.“ ´„Becklotz, Helbl. XV, 303“; Jac. Grimm.´ (Hieher?): „Ein „pekhkloz“, ein mestswîn er ze des Pibers türlin kündiclîchen ûz brâht“; Helbling XV, 302. Darauf (Vers 308): „Maysling unde würste kan er machen wol davon.“ Haupt gibt „bekklotz“, Klotz des Bäckers. Zu Maisling vrgl. unten: Musel. Einem eine Lais stechen, heißt beym Prediger Selhamer (1696): ihm einen Possen, Schabernack spielen. (Sollten damit die schafhausenischen Læs, Stiche im Kartenspiel, zusammenhangen? da sie vom hchd. Lese verschieden zu seyn scheinen).

Die Lôs, die Letzte in einer Reihe von Personen oder von Handlungen. Die erste Bergarbeitszeit heißt die erste Tagschicht, die andere heißt man die Loser Tagschicht, die dritte soll die erste Nachtschicht, die vierte die Loser Nachtschicht genannt werden; Cgm. 4915, f. 63a. Bey verschiedenen Kinderspielen wird von dem, welcher zuletzt an die Reihe kömmt, gesagt: er kriege, habe die Lôs, auch: er werde, er sey die Lôs; (vielleicht aus: das Lôß — von dem bey Kinderspielen zu Anfang üblichen: „das Lôß zälen.“ cf. Klôz und Maier). Ich kann nicht bestimmen, ob von diesem Ausdruck der nachstehende, in einigen oberländischen Gegenden übliche Spaß Grund oder Folge sey Wenn in einem Hofe das Dreschen zu Ende geht, wird Acht gegeben, wer die Lôs kriege oder: wer die Lôs werde, 502
d. h. wer den letzten Drischelschlag thue. Ihm ist beym Drischelmahl ein besonders großer Küechel, der Lôsküechel, beschieden. Ist die Lôs einer Dirne zugefallen, so binden die Knechte eine schweinähnliche Figur aus Stroh zusammen, welche von der Dirne zur Tenne eines Nachbars, wo man noch zu dreschen hat, gebracht, und der dort gewordenen Lôs zur weitern Spedition übergeben werden muß. Vrgl. Sau als letzter Preis bey Rennen; (vrgl. Rennen und Sau).

lôs (lous, laəs), adv. und adj., wie hchd. los, d. h. solutus, ungebunden; (ahd. mhd. lôs; Graff II, 267.

BM. I, 1034. Weigand, Wbch. II, 64. Zeitschr. V, 55). =lôs in der Zusammensetzung ist der gemeinen Sprache weniger geläufig: bálous (s. oben, Sp. 227 f.: bal), hail=lôs (haə'lous), ꝛc. lœsen (lês'n, lèis'n, O.Isar lois'n), wie hchd. (ahd. lôsan, mhd. lœsen, lôsen; Graff II, 272. BM. I, 1035. Weigand, Wbch. II, 66). „Antlas losen, liberare indulgentias“; s. oben, Sp. 1507. Der Löser (Lèisə'), ein Zacken vom Hirschgeweih, zugespitzt, um Knoten in Stricken ꝛc. damit aufzulösen, Besen zu binden u. drgl.; — ein nothwendiges Stück in einer ländlichen Wirthschaft; (Obr.M.). außlœsen Einen, ä. Sp., im Gasthause für ihn bezahlen. Die auf den Reichstag nach Regenspurg gesandten Räthe sollen sich bey dem Abt zu St. Emeram „eingelosiren, aber sich selbst auslösen.“ „Item der päbstliche Nuntius beim Georg Hirschberger Wirth allhie ausgelöset worden.“ „Item dem Starnberger Auslösung für die alte und junge Herzoginn aus Lothringen und verschiedne andere Fürstenpersonen“; Hofrechnung v. 1568 u. ff., Wstr. Btr. III, 78. 84. 90. Heutzutage, bey vervollkomnetem Wirths= und Gasthauswesen, kann von solchem Auslösen wol nur unter mehr unehrenhaften Umständen die Rede seyn. Doch heißt noch im anspachischen Ablager=Reglement von 1760 das, was den Wirthen für einquartierte Hofbediente vergütet wird, die Auslosung. (Cf. Pfandloose in der niederb. Hofords. v. 1293 bey v. Lang, b. Jhrb. 284, und s. oben, Sp. 434). Das Lœs=Salz, „sal quo dies feriati in generali coctione civium Hallensium ex antiqua consuetudine redimuntur“; Urk. v. 1252. Lori, BergR. LXXIV. Dieses Salz wurde dem Kloster St. Zeno für die geistliche Ceremonie gereicht, durch welche das Fortsetzen der Sudarbeit auch an den Festtagen autorisiert zu werden pflegte. (arlôsan fendingum, redemisse nummis; gl. i. 905). Die Lôsung, Lœsung, der Näherkauf, Einstand, Abtrieb. Wagner's Civ. und Pol. Beamt. I. 317. „Zu rechter Losung zeit“; MB. IV, 470. Die Widerlösung, Wiedereinlösung, reluitio. Vrgl. auch Lößung. zerlösen, (ä.Sp.) abthun, berichtigen. „Denselben krieg und ansprach sollen wir in zerlosen vnd vertigen“; MB. VIII, 239.

Die folgenden Bedeutungen von lôs scheinen als figürliche zu der Bedeutung solutus zu gehören: a) levis, leichtfertig. (lôser, levis: losista, levissimus, sc. sermo; losi, levitas, gl. i. 461. 477. 1000). b) (Nürnb., Nptsch.), klug, verschlagen, listig. (lôs, callidus, dolosus, mendax; gl. o. 349. i. 477. 644. Cf. agſ. leas, fallax; holl. loos, lose, listig, schlau, falsch; los, los, ungebunden. Saxon. chron. p. 358: lœsunge (leasing), lies, falsehood). Dèər is *lous;* der is *gscheidlous,* überaus klug. Losanzen, plur., (Zpf.Ms.) lose Streiche, Schlauheit. Dèr Student is vollə' *Losanz'n.* (Cf. altfr. losenge, tromperie. „Crevit in ecclesia monstrum genitore Losinga“; Leyser 1228. Dufresne-Adelung IV, 451. Diez, Wbch. 209 f.). Der Dur'lous des
503 b. W. für: durchtriebener, ausgelassener, liederlicher Mensch, gehört vielleicht zu durchlâßen; (s. oben, Sp. 1510). c) ä. Sp., anmuthig, lieblich, reizend; schmeichlerisch, listig; lügenhaft, falsch; BM. I, 1034. „Ein lôs gebærde liebet under ougen“; Labr. 197. „Liebe, schœne, gehiure, zarte, süeze, lôse, werde creatûre“; das. 689. „Diu minne darf mich strafen ruomes, zwâr sin' darf: swie gar ich umbevangen het ir klaren zarten suezen losen lieben lip nie stunt min wille wider ire kusche sich entwarf: Milost mie bude winiti, winiti mie ne móze že obiech ieié stwúcié, ladné, sladké, lužné, roztomilé cielicko a wše woliu cudnu“; Hanka's Kralodworsky rukopis p. 211. Swoboda (p. 224) glaubt dieses lose entsprechend dem lužné (von lúditi, lauditi, locken), im böhmischen Original König Wenzel's, (p. 208). 'Vrgl. v. d. Hagen's Minnes. I, 9a,4.' „Der lose umbehang“; Weismann's Alexander I, p. 536 f. „Mit maniger red losen vertriben si di weil“; Horneck, cap. 640. „Kunig Soldans boten von Kymin chomen do den kaiser an mit loser rede und mit luglichen meren“; Cgm. 55, f. 62b. lôsen, 'freundlich thun,' schmeicheln; 'namentlich mit List und Falschheit, lügen (BM. I, 1035. Graff IV, 1104: ahd. lôsên, fraudulenter agere: lôsâre, adulator, gl. a. 3. cf. ital. lusinga, span. lisonja, prov. lausenga, altfranz. losenge, Schmeichelei. Diez, I, 285; Wbch. 209 f. Müller, etym. Wbch. d. engl. Spr. II, 47). „Ir süeze rede, ir zarten und ir lôsen“; Labr. 664. „Im losen und freundlich mit im kosen“; Cgm. 714, f. 98. „Das ain lieplich kost, das ander gutlich lost“; das. f. 100. „Sie sazen und koseten, sie redeten und loseten mit einander minneklich“; Heinr. Tristan 5866. „Wan er vant bei im na die chunigin losen zart alda er von ir wart gechufft und getrawtet“; Horneck, cap. 627. „Von Behaim die chunigin dem chert darczu all ir sinn, spat und frue traib si darczue mit trewten und mit losen, mit manigen chosen den chunig Wenzlan daz er die Heyrat trug an“; das., cap. 635. „Der ist nû der wîse, der lôsen unde liegen kan; der ist ze hove ein werder man“; M. Helmbrecht 975. 'Der Lôser, mhd. lôsære, falscher Schmeichler; BM. I, 1035.' w. Gast 3605. 3637. 3643. 3660. „Si solden alle trügenheit, lüge nnd ouch lôsheit vür übel hân“; das. 3658. 'lœslich, lôslich, adj. u. adv.; BM. I, 1034 f.' „Ez machet ir lœslich gekœs dem alten hengest lochet zœs (? — die junge Frau dem alten Ehemann. s. Nithart's Rosenkrenzelîn) sô er von dem brûnen („prune“) gêt . . . sô wœnet er tumbe, er hab ir alsô liep gespilt, und weiz niht rehte waz sie hilt in ir wîbes güete“; S. Helbling I, 138. „Lœslich si dô machet trutschel mit den ougen“; das. 1118. d) (O.Pf.) übel, schlimm, schwer. Vilmar, kurhess. Idiot. 253. əs gèit'n *lâus,* es geht ihm schlimm. Də' Wégh is *lous* z'findnə˜, der Weg ist schwer zu finden. Dâu is's *löusə'* gèi˜, da ist es schwerer, schlimmer zu gehen. „Los Arbeiter“, (schlechte); Lori, BergR. 259, ad 1548. „Lose Arbeiten“, (nachtheilige) im Weinberg; wirzb. Häckertar v. 1746. „Waz schât der lieben daz si schœne ist unde dâ bî lôs“; Gotfr. v. Neifen, Haupt p. 12,29.

Das Lôß (Lous, Laəs), das Loos, (goth. hlauts, ahd. hlôz, msc., mhd. der und daz lôz. Graff IV, 1124. BM. I, 1040. Weigand, Wbch. II, 62). „Und sol der tail (die Theilung) nicht anders newr mit dem lôzz gevallen und geschehen“; Münchner Stadtbuch, Ms. Mir scheint, daß nach Gramm. 662 und 635 hieher auch gehört die, wol dem Luß (w. m. s.) entsprechende, Pluralform Löer in folgenden Stellen: „Löer oder (aut) Klafterweis“; o.pf. Forstord. v. 1690. „Lörer, so hießen die von den Holzrechtlern abgetriebenen Waldtheile, welche denselben zu ihrer Beholzung angewiesen wurden“; Majer's Forstzeitschrift. Das Lôß, Merzenlôß, die durch das Loos bestimmte Reihe, in welcher die bierbrauenden Bürger oberpfälzischer und die Bräuer bayrischer Städte und Märkte ihr Sommer= oder Märzenbier, bis jeder seinen Vorrath an Mann gebracht hat und so, daß immer nur einer, oder einige wenige ihren Keller offen haben, auszuschenken pflegen. Burgholzer's München p. 102. In München und wohl auch anderwärts darf indessen dieser dem Publicum so lästigen Convenienz der Biermacher nicht mehr stattgegeben werden. Schon das Landrecht v. 1616 spricht f. 546 dagegen. 's Bêiə' gèit i˜ d' *Lous,* oder: i˜ d' *Lou',* es schenkt ein Bürger nach dem andern sein Bier aus. (Vrgl. Lueh). A.B. Der N. Breu kimt ins Lôß, kriegts Lôß, oder: ist im Lôß, hât das Lôß. Das Lôß, das Losungswort, (also eigentlicher Lôßungswort). Weigand, Wbch. II, 67. Die A^o. 1502 rottierten Bauern „gaben das Loß: der fragend sprach: Was ist das für ein Wesen? der ander antwort: Wir mögen vor den Pfaffen nicht genesen“; Dukher's salzb. Chr. p. 225. „Als die roßrubn das fewer gros ersahen, das war gleich jhr los“, (Losungszeichen); H. Sachs 1560: II, IV, 64a. „Sy stießen auß ain weißen van, und zunten dise pucheln an, als dann mit in verlaßen (als Losung oder Zeichen verabredet) was“; Mich. Beham, Wiener 162,31.

lôßen (lous'n), lœßen (lêssn), loosen, sortiri; (s. ließen und lœßeln). „Si (die Minne) kan ir meister=

schaft ungelîche lôzen"; Labr. 675. „Die Regensb. Huter sollten auf dem Amberger Jahrmarkt mit den andern nicht-ambergischen Meistern lößen"; Gem. Reg. Chr. IV, 178. Geld lœßen (lês·n), es von den zufällig
504 kommenden Käufern einer Waare erlangen, sortiri. „Pfenning lösen"; Cgm. 632, f. 49¾. „Aigen gelt daraus zu losen"; MB. XVIII, 501, ad 1459. Cf. ital. riscuotere. (s. verließen). R.A. Gê, ódə' du lös·st aəné, geh oder du erhältst eine Ohrfeige. Das Lößbuech, s. Lœßelbuech. Vrgl. Tobler p. 304 f.: lôßbuechen, wahrsagen. Die Lôßnacht, s. Lœßelnacht. Die Lôßung, 1) das Loosen. „Losung gebrauchen in Erwölung zu gaistlichem und weltlichem Ampt"; Beichtbuch v. 1579. 2) (ä. Sp.) die Losung, das militärische Losungswort; s. Lôß. 3) gelœßtes Geld oder Geld-Einnahme für verkaufte Waare: ə˜ guədé, schlèchté *Lousəm* haben, kriegen. 4) (Regensb., Gem. Chr. II, 118. 122. 208. Nürnberg, Häslein:) bürgerliche Abgabe vom Vermögen, die in dazu gefertigten Symbolis gegeben wurde. Daher: das Losungsamt, die Losungstuben, die Losungsherren oder Losunger. Nürnb. Sp.W.: „Das Kriegsamt und die Beunt sind der Losungsstuben ärgste Feind." In der Harlosung, in der Schaflosung, zur Zeit, wo die Abgabe an Flachs, an Schafen zu entrichten ist; MB. II, 515. 516, ad 1462. (cf. ags. hlot, sors, tributum). verlösen, die Lôsung (Abgabe) entrichten; Lex. v. Franken II, 243.

lœßeln (lêss·ln u. léss·ln), loosen; besonders: abergläubische Handlungen vornehmen, um aus gewißen Erfolgen derselben auf die Zukunft zu schließen. Dieß geschieht, besonders in der Nacht zum Thomas-, zum Christ- und zum Dreykönigstag und überhaupt in den sogenannten Zwelf- oder Rauchnächten, z. B. durch Bleygießen, Zaunsteckenzählen, Holztragen, Brunnenschauen, Schuhwerfen, Betstaffeltreten, am Ofenloch horchen &c. Grimm, Mythol.² 1064. Cf. Cgm. 234. 291. 478. Birlinger, schwäb.-augsb. Wbch. 318. Zeitschr. III, 308. Vrgl. oben, Sp. 1338, unter Klöpfleinsnacht. „Gott laßt bisweilen zu, allen denen die lößlen zu einer sondern Straff, daß sie, was war wird, erlößlen"; Selhamer. Die Lœßelnacht, die Nacht vor diem Thomas-, die vor Christ-, und die vor Dreykönigstag; jede der sogenannten zwelf Nächte. Der Lôßtag, ener der Calendertage, aus dessen Witterung die der Zukunft gewahrsagt wird; z. B. Ägidi, Medardi u. a. m. In Gemeiner's Reg. Chron. III, 489, ad 1471 ist vom Loß- oder Lößelbuch (wahrscheinlich Cod. ZZ. 1940) der Frau des Dr. Martin Mayer die Rede, durch welches sie ihren Mann und viele Personen am Hofe, und selbst die Fürsten beherrsche. Gl. o. 70 kommt zu dem in der ahd. Sp. üblichern Ablautverb hliozan (s. ließen) auch das auf ein hlozan (ags. hlytan, isl. hluta) weisende lozzari, sortilegus, vor. „Losser, sortilegus", (1371); Aug. S. Ulr. 70, f. 75. „Die lösser, sortilegi"; Clm. 11724 (XV. sec., 1461), f. 35. „Sortilegus, ein lesser"; Voc. Archon. f. 35. Das Voc. v. 1429 hat lossung, sortilegium, das v. 1445 aber Gelucklasser, sortilegus; (Höfer giebt lässeln für lößeln); bey Frisius sicht Lachßner. Vrgl. gelachsen und laßen, t. Vrgl. Grimm, Mythol.² p. 989).

Der Luß (Luss, Lusst), plur. die Lüß· (Liss, Lisst), Portion, die bey Vertheilung von uncultivierten Gründen auf einen der Theilnehmer gefallen ist; (Graff IV, 1124. BM. I, 1040. Grimm, RA. 534. gl. a. 211: hluz. Cf. ags. hlot, engl. lot, isl. hlutr und hluti, sors, portio, κλῆρος; vrgl. lud-aigen). „Zwischen dem Egmatinger Gemain- und dem Kreuz-Luß." „Von iij lussen zu Möringen; Cgm. 154, f. 44. `Birlinger, schwäb.-augsb. Wbch. 320 f. Der Holzluß, solcher Antheil in einem Walde oder Forste. Der Dächsenluß, Waldantheil, in welchem jemand Dächsen (Tannäste) hauen darf. Der Krautluß. Unterschied zwischen einem Rathhaus und einem Krautluß: in jenem kann man Narren (s. d. W.) brauchen, nicht aber in diesem; (Kaufbeurer Räthsel, Aurb.). Castelli, Wbch. 194: „der Luß, Anflug, Nachwachs von Holz. Der Lußanger, die Lußwisen, Antheil an einem, seit der Vertheilung,
zum Anger oder zur Wiese veredelten Moor- oder sonst 505
öden oder Gemein-Grunde. Auch ein zum fruchtbaren Ackerfeld umgeschaffenes Grundstück kann von der ursprünglichen Vertheilung her den Namen eines Lusses bewahrt haben; (s. Lus bey Höfer). Der Wäldler nennt den ihm durchs Loos zugefallenen Antheil der vertheilten Gemeinde-Gründe seinen Lust: ə˜ Beə'*lust*, Tràd*lust;* guəté *Lüst* (plur.). „Agri qui dicuntur Lussen (?)"; MB. XIV, 215, ad 1151. De pratis unum, quod dicimus Luz ... unum Luzzum; Meichelb. Hist. Fr. I, II, 261. 264 (saec. IX); II, I, 81, ad 1274. „Unum Luz qui incipit ... idem luz"; Ried ad 1277. „Waz ich in dem Luzz han, der hintz Regenspurch gehört ... die lüzz und die rain", ibid., ad 1295. auslüsten, s. oben, Sp. 1432: auslacken. Man hört auch: die Lüß, die Lus, der Lus für den ganzen Compler der vertheilten Gründe. Margng gêt ei˜ də' *Liss* auss 's Má˜n à˜; (Baur). Ober-Österreich war in mehrere Lutzen getheilt; Rauch, scriptor. s. oben Lôß und unten Lutz.

„Lus", (Rttm.) Sumpf, Morast. Vielleicht metonymisch zu Luß (Antheil an einem Moorgrund) gehörig. Vrgl. indessen auch losig (schmutzig) und das schles. *Lûsche*, Pfütze (Weinhold 55[b]), wendisch luza, Sumpf, česk. lauže, Pfütze. Weigand, Wbch. II, 76: die Lûsche. Zeitschr. II, 236. Vrgl. unten: der Luəsch.

lusen, s. losen.

Die Lusung (Luəsing, Lusəm), (O.Pf.) Muße, Ruhezeit, Ergetzung. Mə˜ mou' á'-r-ə˜ bissl ə˜ *Luəsing* hàbm. Das Wort mag nach Analogie von hœren (audire und cessare) zu lusen, losen gehören. Indessen scheint damit das gleichbedeutende ältere luse (Benecke zu Wigalois p. 649), das ags. lysse, relaxatio, remissio, Zusammenhang zu haben. Stalder hat: das Lusi, Ergetzung. `(„Er hat II, 187: Lusi nur für Licht und Geld; II, 181: Losi, Lusi, Lust." Jac. Grimm.)´ (Das franz. loisir, engl. leisure ist wol kaum aus otium entstanden. Diez, Wbch. 676: v. lat. licere. Müller, etymol. Wbch. d. engl. Spr. II, 24).

lussam, ergetzlich; (schott. leesome). BM. I, 1056. „Lussame stete, loca amoena"; gl. o. 124; Willeram 7,1. (Vielleicht eher zum vorigen Wort, als zu Lust gehörig.)

Die Laschen, das Láschl·, 1) wie hchd. die Lasche, Zeitschr. VI, 441; (s. Läspen); die Tasche, das Täschchen. 2) (Hsln.) bey Rindern: der weibliche äußere Geschlechtstheil. 3) die Hündin, (Wrdfls.); Zeitschr. VI, 441. Cfr. isl. laska, divellere, und vrgl. d. f. Wort.

Die Lásch, (verächtlich) Weibsperson. Zeitschr. IV, 54. VI, 441. Vrgl. Vilmar, kurhess. Idiot. 256: Lusch.

Hàt dé *Lásch* gheirət·t, is dreyzə˜ Jàr àlt,
kà˜s Kiz·ln nét lei'n, wàs heirət s· so bàld!

Vrgl. d. vorige Wort.

Die Láschi, (nicht Láſchi, s. Gramm. 92, wol ein verstümmeltes l'argent), im Scherz das Geld.

Bauə', richt Láschi,
und zàl mi' aus!

„Es wäre manche keine Lose, wenn die Laschi nit wär"; P. Abrah. „Du gehst erschrocken fort, hast weder Schatz noch Lasche"; Reiner.

lauschen (lau˜sch·n), (Nürnb.) träge thun, zögern. Wenn dieses Wort nicht etwa eine zu lâu oder launen gehörige Ableitung ist, mag es zum auch hchd. lauschen (gl. i. 436. 758. 1075. 1151: lôscên, delitescere, attentus esse; loschent, delitescendo, Diut. III, 147), also lâuschen statt lôschen, gehören. Vrgl. Graff II, 281. BM. I, 1043. Weigand, Wbch. II, 19. s. auch oben, Sp. 977: glosen, gloschen. „Minne lôschet in der wilde"; Trist. 17082. „Triegen hat etswenne einen mantel under dem ez hübschlichen loschet swenne ez schimpfet oder hoschet"; Renner 15036. „Wie ein iclîche in in selber lôschet daz prufet; di bekorunge mit der her ane gevochten wirt"; Herm. v. Fritzlar 165,36. „Diu salamandra loschet in dem winter und ist verporgen, aber in dem lenzen kümt si her für". Konr. v. Megenberg f. 161ᵇ, Pfeiffer 277,30. „Mit hetzen, jagen, lauschen und pirschen"; H. Sachs 1560: II, IV, 62.

506 leschen, in den Zusammensetzungen: ab-, auß-, der-, er-, verleschen (*lésch'n*, Prät. Conj. *vó'läsch* und *vó'léschət*, Partic. *vó'lósch'n*): 1) aufhören zu brennen, exstingui; (ahd. ir-lescan, irlasc, irlâscumês, irloscan, mhd. erleschen: erlische, erlasch, erloschen. Graff II, 280. BM. I, 1005. Weigand, Wbch. II, 65). 's Liəhht *lischt aus*. Er (der Sterbende) is *ausg'lósch'n* wia ə˜ Liəhht. „Wie soll dise Flamme erlischen? Sollt was löschen, wurds erfrischen"; Epithal. Mar. 89. 301. „Ob ains erlasche, das annoch das annder prenn"; Fwrb. v. 1591. ʼ2) fig. erleschen, (vom Jagdhund) aufhören zu bellen, zu jagen(?).ʼ „Fröude diu mûst erleschen an einem widerloufen"; Labr. 117. „Der hund kan nimmer mêr erleschen"; das. 118. „Ûf einem brande hôrt ich die hunde erleschen"; das. 130. „Man sicht bî heizer sunnen sie erleschen"; das. 164. „åpfluschen, abbrennen, verlöschen, von einer schnell verglimmenden Flamme"; (= ab- verlöschen? Besser wol å'-pfluschen, neben auf-pfluschen, aufflackern, Seidl, Flins. 1844, S. 138; s. oben, Sp. 451). „Deandl, wia ham's mir zwoa nit amahl trib'n: 's Faiar-is *åpfluscht*, da' Rauck'n is blib'n"; Seidl, Flins. IV, 31. 132. leschen, (Prät. Conj. léschət, Partic. g'lécht), wie hchd. löschen, exstinguere; (ahd. lescian, lascta, gilasct). „Swâ aber ieman daz erleschen möchte"; Labr. 245. R.A. D' ʼAdəlass *auslésch'n*, sich am dritten Tage nach dem Aderlassen gütlich thun. Die Lösche, s. oben, Sp. 1008: Graß.

„Lesch", s. hinter Lösch.

Die Leusch, Lusch, das Lüschlein, (Nürnb.) Hund weiblichen Geschlechts; (verächtlich und beschimpfend) Weibsperson; Weihers (Dr. K. Roth): *Luisch*, Buhlerin. Vilmar, kurhess. Idiot. 256. ʼ(Vrgl. isl. lioski, vagina uteri, dän. lyske, inguen, und etwa auch Läsch und Lursch).

ʼDie Lische, Holzrutsche; Zeitschr. VI, 441.ʼ

Die Loschi, Wohnung, das franz. le logis; (wie die Etage, Stellage). Weigand, Wbch. II, 59.

Der Lösch, (ä. Spr.) eine Art kostbarern Leders. „In die Buchkammer bey den Predigern zu Regensburg verschaffte aº. 1368 Dietrich der Zolner ein gemaltes in rothen Lösch gebundenes Buch: der Spiegel des menschlichen Heiles"; Gem. Reg. Chr. II, 153. Das Voc. v. 1445 hat: „albicorium, irich; mollicorium, sämisch leder; rubicorium, lösch", das v. 1419: „weysse lösch, aluta". Gl. o. 69: losche, rubra pellis; 333. 399: losc, loski, particum; a. 18. 502. 676: loscis-hût, rubricata pellis, aluta pellis, ianthina (pellis); i. 532; loskisel, iacintina pellis; i. 218: loscinin, iacintinas; i. 220: als Adjectiv loskinen, iantinis (pellibus). Voc. Archon. f. 44: „aluta, loesch, rot leder. Graff II, 282. BM. I, 1043. Diefenbach 27ᵇ. Weigand, Wbch. II, 65. Diemer, Ged. 55,28: rotlosk. „Als sie besetzet sei mit lösch"; Cgm. 379, f. 87. „Zwo hawt rotz losch zu schuhen" (1392); Freyb. Samml. II, 123. In einer Weißgerber-Rechnung v. 1848 noch glaube ich „1 Loschen" angesetzt zu lesen. Sollte das Wort zum russischen, poln., böhm. los, Elenthier, (wovon losina, Elensleder, sämisches Leder; cf. holl. losch, Luchs, Hirschwolf), oder aber zu Löh gehören? In letzterm Falle wäre vielleicht das unverständliche, im Edictum Rotharis Tit. CI, §. 62 nach „roborem aut cerrum seu quercum" (als Lohe gebenden Bäumen) folgende „modo laiscum" (modolaiscol, modolahisclo; ʼPertz, monum. German., legg. t. IV, p. 71,300: „modola, hisclo') zu vergleichen. Das Prompt. v. 1618 (Artikel Bergwachs) hat „bituminosus pulvis, lesch." Vrgl. auch: „der Leschak, ein gesunder, wohlaussehender Mensch, besonders bei Kindern gebräuchlich"; Castelli, Wbch. 192. Das is a Bua wie a *Leschak*, sieht aus wie die Gesundheit selbst; (Wien). Weinhold p. 53: der Leschäke, großer, ungeschickter Mensch. Westpreuß., böhm. lězak, Faulenzer; poln. lezuch oder lazega, Schlingel, Bärenhäuter. Zeitschr. V, 465. 475.

Lusch, s. Leusch.

Der Luəsch, Luəscht, (Ob.Isar) die Dachrinne oder Traufe. Untə' 'n *Luəscht* kemə˜. Da auch bey Stalder Lüsch (Luəsch?) für Trog vorkommt, wird eine bloße Entstellung aus Uesch oder Ruesch (s. Gramm. 545) zweifelhaft. ʼVrgl. oben: Lus.ʼ

„Läspen", die Lasche; Haß. Vrgl. gl. i. 142: lasfa, palmula (remi), und Laschen. Diefenbach 407ᶜ.

Der und die Last, 1) die Last, (mhd. u. ahd. der last, hlast, Tat. 141: thiu last, genit. lesti; isl. hlass, n., ags. hlaste, von hlada, hladan, laden, onerare. Graff IV, 1114. BM. I, 926. Weigand, Wbch. II, 13. Zeitschr. VI, 441.). „Es ist ein alt Sprichwort: Wer ihm selbst den last auflegt, der muß jhn tragen"; Puterbey. ʼ2) eine bestimmte Ladung oder Gewicht.ʼ „Der prior von der bilgerin perge sende zwene leste zuckers dar daz man syrupen und electuarien davon mache"; Statut des Spitals zu Jerusalem, Clm. 4620, f. 84. Vilmar, kurhess. Idiot. 237. 3) Menge. ə˜ *Last*, 507
ə˜ ganzə' *Last* Menschen, Geld, Obst ꝛc. Der Überlast, erdrückende Last, Menge. BM. I, 927. „Dort einez, hie daz ander hôrt ich kerren von überlast der wolfe"; Labr. 361. „Mîn fröude krachet von dem überlaste"; das. 589. „Mit leides überleste"; das. 650. 667. (Urffendorff) „macht ainen taber vest und tet vil grosser überlest dem kaiser"; Mich. Beham, Wiener, 371,26. „Sie kamen in uberlast und not": das. 401,5. Lasstein („laitstain")? Gudrun 790,4. 1454,4. BM. II, II, 615: lâzstein.

Das Laster, 1) wie hchd. 2) die Schmach, Schande. R.A. „Einem alle Schand und Laster sagen", ihn gründlich schmähen. „Ez sol ain igleich fraw, die genotzogt wirt . . . daz gericht suchen und ir laster wainend und schreyend clagen . . ."; alt. L.Rcht. „Dedecus, laster; calumnia, ain laster"; Voc. v. 1445 und gl. von 1418. „Des wil ich nicht laster han" (Wigalois 3131), das soll mir nicht zur Schande gereichen. „Mich wundert sêr, daz laster ist worden êr; noch wundert mich vaster, daz êr ist worden laster"; am Hinterdeckel des Tristan, Cgm. 51. Noch in einem Bogen mit gestochenen Figuren (v. Georg Gertner zu Nürnberg, 1604 circa) stehen sich im gereimten Text gegenüber: „Laster des Weins — Lob des Weins." Laster, (im Meistergesang) falscher Reim; Wagenseil 526. lästerlich, adj. u. adv.; BM. I, 940. „Ignominiose, schamleich und lästerleich"; Clm. 4776 (XV. sec. 4º.), f. 56. Einen *léstə'lə'*, *gods-léstə'lə'* ausmachə˜, schelten; (b. W.). Zeitschr. V, 183. Der Lasterstain, der Schandstein, Stein, den die Huren, Kupplerinnen u. drgl. (nach L.Rcht. von 1616, Buch V, Tit. 9, Art. 15. Codex crim. v. 1751, 1 Th., 4 Cap., 19 §.) öffentlich am Hals oder in der Hand zu tragen, verurtheilt wurden. Ertel, Prax. aur. p. 179. 380. ʼAnzeiger f. Kunde d. d. Vorzeit 1857, Sp. 86. 119; 1858, Sp. 86; 1866, Sp. 63; 1867, Sp. 277.ʼ Nach der Kloster Ensdorfer Gerichtsordnung von circa 1460 (MB. XXIV, 239) mußte „ain frauenpild, die sich Schelten, Fluchen, Er abschneiden" hatte zu Schulden kommen lassen „den Stein tragen, der ain halben zenten hatte; denselben stein (heißt es) sol sy auf sye nemen vor dem Closter, und der geschworen amptmann sol ir vorgên unz zu der prucken und herwider zu dem Closter, und sol an ain peek schlahen, und dopey sollen all man und frawen sein onverlich und wer außen peleybt, und nit dobey ist, der oder die sol daz wandeln mit xii regensp. dn." 3) (b. W.) Schimpfbenennung gegen Mädchen und Weiber. Dés *Lastə'* kàn I net ausstê˜. Du *Lastə'* du! Is hält ə˜ rèchts *Lasté*, dés Deənl! (OberM.). „Als wären solche Töchter ehrlose Lästerl worden, die umb Geld die Ehr verschwendet haben"; P. Abrah. Der Lasterbalg wie Schandbalg. 4) (Allgäu), Person, die gerne über Andre schmäht. lästern (lástə'n, léstə'n, wie hchd. zerlästern, (ansp.) a) schmähen; b) von Kleidern: zerreißen, (isl. lesta, frangere). Anmerkung. In der ahd. Spr. heißt daz lastar reprehensio, vituperatio, injuria, calumnia, macula, das Verb. lastrôn reprehendere, infamare, calumniari, blasphemare, criminari, (Kilian: lachter, vituperium; lachteren, vituperare; gl. i. 73 steht luastros, detrahis), das verneinende urlastri als Adj. inlustris, d. h. tadellos, (agſ. orleahtre). Es ist also wol die Bed. 2) die ursprüngliche und die Bed. 1) vitium, scelus eine ganz natürlich daraus abfließende. W. Grimm, über Freidank p. 68. Graff II, 98. BM. I, 940. Weigand, Wbch. II, 13. Ich finde gl. a. 645 noch die Form lahster (blasphemia), welche dem agſ. leahter entspricht, (wie goth. maihstus v. mîgan, meihan? cf. agſ. heolster, latebrae). Es scheint unserm Worte (nach Analogie des alten galstar, incantatio, von galan, incantare,) das alte, dem isl. lâ, dem altſ. lahan (lôg, lagan; Heliand 83,6), dem agſ. leahan, lean und dem goth. lê-an oder lê-han, vituperare, reprehendere, gleichlautende deutsche Verb lâhan (gl. i. 68. 400) zu Grunde zu liegen. Grimm IV, 608. 686. Im Isl., Schwed., Dän. ist das Wort ein Masculinum und heißt blos last. Cf. böhm. lagi, lál, lán láti, schelten.

laisten (laəst·n), wie hchd. leisten, d. h. exsequi, befolgen, üben, thun, (ahd. leistan, mhd. leisten, Graff II, 251 f. BM. I, 962. Weigand, Wbch. II, 37).
508 „Geduld wird oft gepreiſt, gar selten glaiſt." „Gedenke der Barmherzigkeit, die Gott am Schächer hat gelaist." „Daß wir sie (die zehn Gebot) allzeit laisten mit Worten und mit Werken." Münch. Kirchengesangbuch v. 1660. „Si gelübt irem chindel vil und layst im wenig"; Cgm. 54, f. 1b. „Lantherren, freyn, grauen ꝛc. sunt in majori honore quia murant bürge et possunt gût vnd lewt gelaisten"; Monac. Augustin 84, f. 67b. Scharwerk· laisten, Frohndienste thun. Kr. Lhdl. XIII, p. 167. 203 wird über „Laistung der Bauern an die Schergen" Klage geführt. Einen Tag laisten, der Einladung zu einem Tag, d. h. einer Versammlung, Berathung folgen, auf eine Tagsatzung, Tagfahrt zusammen kommen; Kr. Lhdl. IV, 140. „Taglaisten, comitia celebrare"; Prompt. v. 1618. „Nit lang wir drob tagleysten soln"; H. Sachs 1560: IV, III, 25 (1612: IV, III, 54). laisten hieß in der ä. Rechtsspr. namentlich: dem Manen oder der Manung dessen Folge geben, welchem man vertragsmäßig irgend etwas, besonders eine Bezahlung, entweder selbst oder als Bürge schuldig war, indem man sich (in rechter Geiselschaft) persönlich oder durch Stellvertreter, und gewöhnlich obendrein mit (laistbaren) Knechten und Pferden (Maiden), auf eigene, oder als Bürge auf des Selbstschuldners Kosten, gleichsam als Selbst-Execution, so lange in ein vom Manenden bezeichnetes Wirthshaus einquartierte (in eines gastgeben hûs, in eines offenen gastgeben herberg, hinz einem erbern wirte einrait oder einfuor), bis der Forderung Genüge geschehen war. „So ist der sitt in offem streyt, ob ein man gevangen leyt und sich wil derbitten aus, haym ze faren in sein haus, dar zuo auch versprechen wil sich antwürten ze einem zil, daz er vil billeich laysten schol er war '(ez wær)' dann, daz er wißti wol, daz er des laystens müsse sterben"; Ring 51b,21; vrgl. 4. 11. „Füterer oder die leistende pfert haben"; Wirzb. Sätze v. 1343, §. LXIII. Die Laistung, Laistumb. Laistung geloben, bieten, tuon, in die Laistung faren ꝛc. s. Rechtb. v. 1332, Wstr. Btr. VII, 166. Zirngibl, Probst. Hainsp. p. 389. Meichelb. Chron. B. II, 59. Kr. Lhdl. XVII, 278. MB. II, 25. VI, 568. 583. VII, 403. VIII, 60. XV, 391. XIV, 163: expensas obstagii subintrare, in obstagio stare. cfr. XI, 81. Vilmar, kurheſſ. Idiot. 245. „Wenne der leistende Knechte oder pferde ir eins oder mere in der leistung abgeet, oder sich der pferde eins oder mer verlêistet hat, sol ye ein anderer Knecht oder pfert geschickt werden"; MB. XXV, 214. „N. verließ vil Schulden, derhalb zu München vil taglaist worden"; Hund I, 163. auslaisten (auslaest·n, auslaəst·nə˜), (b. W.) in der Arbeit aushelfen. I kà˜ nét übəràl *auslaəstnə˜*. Dər (im Austrag bey seinen Kindern lebende) Alt· durft hält alləwál *auslaəst·n*, nachə' wár ə' bráv. Hier schließt sich an das ältere: der (die) Vollaist, die Hilfe, Beyhülfe, (ahd. folleist, executio, adjuvamen, adminiculum, favor, solatium; Graff II, 253. BM. I, 963 f. cfr. folluſt unter Lust). „Mit dem heiligen geiste in ganzer vollaiste"; Cgm. 73, f. 57a. vollaistig, adj., behilflich, willig zum Vollzug. „Einem eines Dings vollaistig sein"; MB. XIX, 448. einlaisten: sich wider einlaisten, einlenken in die vorige Materie der Rede; Dr. Minderer p. 200. Vrgl. d. folg. Wort.

Der Laist (Laəst), und Laisten, wie hchd. Leist (des Schuhmachers; Graff II, 251. BM. I, 962. Weigand, Wbch. II, 37); s. d. folg. Wort.

Die und das Laist, Gelaist (Glaəst), das Geleise, die Spur des Rades. „Alle Wagenlaist und Fußpfaden der Pferd"; P. Abraham. „Die Wagengelaiste einebnen"; bayrr. Verord. von 1746. Das agſ. lâst, læst bedeutet sowohl die Spur des Fußes, als des Rades, als auch die forma sutoria. S. Lais. Anm. Die Bedeutung sequi, ἀκολουθεῖν, die das goth. laistjan hat, schlägt hier figürlich noch überall durch; vrgl. auch Leisten. In wie ferne aber (nach Grimm I, 91. 680. II, 46.) das goth. laisjan nebst unserm lêren und lernen damit zusammenhange, ist eine andere Frage. Immerhin scheint mir auch lesen (s. d. W.), obschon es eine ganz andere Richtung als Ablautverb nimmt, mittels des Grundbegriffes eines Durchgehens in die Sippschaft zu gehören. (Wäre etwa von der 2ten Person des Präterit. von leithan: laist, eine Ableitung genommen?). 509

laustern, betroffen aufhorchen, lauschen, lauern; Prompt. v. 1618. Selhamer. umpihluustrên, conlustrare, gl. a. 221; lustribhon, lustrare, 293; lûstrêntêr, attonitus; Kero, prolog. 65. gl. i. 157. 906. 1111; agſ. hlystan, isl. hlusta. Björn setzt bey hlust die Bed. concha als erste und auris als zweyte. Graff II, 293. BM. I, 1061. Weigand, Wbch. II, 19. s. auch lustern und losen.

Der, die, das leßt (lést, léscht), wie hchd. der, die, des letzte; (ahd. lezisto, lazosto, Superlativ von laz, tardus, serus, agſ. engl. last, aus latost, von late, wie hchd. beßt, best aus bezisto, agſ. engl. best aus betista contrahiert. Graff II, 298. BM. I, 942. Weigand, Wbch. II, 42. Zeitschr. VI, 287,728. 352. 430,68. 447. s. oben, Sp. 1504: laß). Dé *léscht*, dé béscht, sagen die Knaben, wenn sie beym Auseinanderlaufen einander einen derben Streich zum Abschied beyzubringen suchen. Sp.W. əs hàt də' *Léscht* no˜ nét gschibm, es ist noch nicht aller Tage Abend; (s. scheiben). „Auf den beeden lesten Landtagen;" Ldt. v. 1669, p. 129. „Zu dem lesten, extremo"; Voc. v. 1429. zeleſt (z·léscht), adv., zuletzt; M. m. 73: zilezzist; gl. i. 83. 541: za lazzoſt, demum). „Daz bringet er ze fröuden wol ze leſte; Labr. 442. Zeitschr. IV, 277,44. VI, 121,101. 430,68. 447. Die Leßt (Léscht) als Subſt.; auf d· *Léscht*, auf die Letzt. Zeitschr. III, 552,44. IV, 269,24. 272,122. V, 138,23. „Das weltlich Frewdenfest hat erstlich frölich Gäſt, sparts Trawren auf die lest"; Epith. Mar. Wagenburg und Leste"; Wolff, histor. Volkslieder, p. 245. s. die Letz. Man macht auch im Dialekt wie im Hchd. aus diesem verdunkelten Superlativ einen neuen Comparativ: der, die, das **letzter** (léschtə'), der, die, das letztere, und nach Gramm. 898: letzte. s. auch **letz**.

Die **Leisten** (Leischt'n, Leisch'n), wie hchd. Leiste; ahd. lîsta, mhd. lîste; Graff II, 251. BM. I, 1012. Weigand II, 37. Vilmar, Idiot. 245. s. Anm. zu **laisten**.

Der **List**, plur. die **List** (List, Lischt), wie hchd. die List; (goth. ahd. mhd. der list, diu list, ars, scientia. Graff II, 282. BM. I, 1010. Weigand, Wbch. II, 54). Der **Arglist**. „Martinus erkannte bald den Arglist des Teufels"; P. Abrah. Der **Hinterlist**. „Do sie die warheit wolden haben ze einem wane und für einen hintern list"; Anegenge, hg. v. Hahn, p. 33,78. 'Listles spilen; s. unten: Lust, Lüstleins. **verlisten**; ä. Spr. überlisten; BM. I, 1012.' „Daz wir die diet verlisten"; Walther v. d. V. 77,17. Vrgl. **Litz**.

Der **Lust** (Lust, Luscht), wie hchd. die Lust; (ahd. mhd. lust, m. u. f., goth. lustus, m.; Graff II, 285. BM. I, 1055. Weigand, Wbch. II, 76. Vilmar, kurhess. Idiot. 256. Zeitschr. II, 77,5,4. V, 267,17). Labr. 226. 340. 529; Name eines der Hunde: 12. 146 rc. „Da Wir unsers aignen Lusts halber zu jagen gedächten"; L.R. v. 1616, f. 786. Namentlich ist dem lebensfrohen jungen Volke der Lust eine Veranstaltung zum Tanzen. Iətz is aə˜ *Lust*, bàld ei˜ dén, bàld ei˜ dén Wirtshaus. Der und die
510 **Burgerlust, Bauernlust, Kinderlust**, das Bürger-, Bauern-, Kinder-Fest. „Dem zwar uralt, aber nichts als zur bloßen Burger- und Bauernlust dienenden Gebrauch des Maybaumschlags Einhalt thun"; Anm. zu Cod. Max. civ. p. 2, c. 8, §. 15, Nr. 8, a. „Was Burgerlust, was Freud und Gust macht jhr ein Kranz von Doren"; Epithal. Mar. „Die Kinderlust, welche anderwärts Gregori, Virgattum rc. genannt wird, heißt in Landshut die Grün"; Meidinger. **Lüstleins**, (ä. Spr.) eine Art Würfelspiel (?). „Die Hern verpietent, daz nu fürbaz chain burger hie ze Münchn in der stat und als ver der stat gericht geraicht, mit würfeln nit spilen sol weder umb wenik noch umb vil und besunderlich lüstleins, abr recht pretspil mag man wol tun.."; Magistrats-Verordn. v. 1440 circa; Wstr. Btr. VI, p. 155. „Er wird gewiß in der schrencz behangen meiner frawen mit eim fuß das er s zu der Eh haben muß. Sie wird des listles mit jhm spilen. thet jhm vergebens nicht zu ihr zilen"; H. Sachs 1560: IV, III, 3b. Manche junge adeliche Wittwe thut bey Hund (I, 330. II, 171. 195) „für sich selbs einen Lustheirat" (sc. mit einem nicht Ebenbürtigen). Der **Überlust**, (O.Js.) übertriebene oder ungeziemende Belustigung. BM. I, 1055. Der **Unlust**, 1) Ekel, Widerwille, (ahd. Spr. unlust, urlust und zurlust, taedium; Graff II, 289. 290. BM. I, 1055). „Fauls obs welches ein bösen gestanck und Unlust macht"; Pestmandat v. 1649. „Den Mist Jemanden zu Unlust ligen laßen"; MB. IV, 395. 2) was Unlust erregt, Unsauberkeit, Schmutz, Unrath; in specie: der ekelhafte Schleim, der sich an die Zähne angesetzt. „Daß kainem gestattet werde, ainigen Unlust auf die Gaßen zu thun oder zu schütten";... „Gedärme und andern Unlust auf die Gasse schütten"; obiges Mandat und wirzb. Verord. v. 1700. „Das Kot und Unlust, so sich in Pern (Fischnetz) versamblet, nit auf die Wisen werfen"; O.Pf. L.O. v. 1657, p. 492. Solcher Unlust und Wust" (in den Sitten); Av. Chr. 85. „Die hosen muß wir jm ausziehen, und jm auskehren sein Unlust"; H. Sachs. „Wir Menschen lauffen und rennen zum Kot und Unlust wie die Schwein"; Puterbey. **unlustig**, ekelhaft, Unlust erweckend, unlieblich, unreinlich. „Da fand er vil verlegner War, unlustig und bestaubet gar." „Sie ist unlüstig mit dem kochen"; H. Sachs. „Die Schröter sollen die Feuerkufen von unlustigem Wasser säubern und mit frischem wieder anfüllen"; Feuerord. der Stadt Hof v. 1737. Vrgl. auch **Lus** und **losig**. Der **Wollust**, wie hchd., doch seltener in Beziehung auf bloßen Geschlechtsgenuß; (Graff II, 289. BM. I, 1055). „Voluptas, wollustikait"; ZZ. 1803, f. 193. Der Corpel zu einem Wollust, die seele zu einer Beschwerdt"; Diet. v. Plieningen. „Hette ein Apotheker jemand allain zum Wollust Zucker und ander Schleckerwerk, und also nit zur Arzney gegeben"; L.R. v. 1616, f. 66. „Erzbischof Bernhard (zu Salzburg) was ein hoflicher senfftmuettiger, arbaitsamer Fürst des Wollust begierig", Cgm. 4409, f. 233. „Seitlicher, rücklicher, vichlicher; sitzendiger, standiger wollust"; Catech., Ms. sec. XV.; auch Poll. 668, f. 164. „Ez widervert dem menschen dicke von der wolnuste daz dem wahse odir dem sne widervert von dem sunnen oder von dem fiure"; der Seele Spiegel, Ms. Carlsruh. sec. XIII; Mone's Anzgr. IV, 369. cf. (ge)**nesen** und **nießen**. In Graff's Diut. I, 511
374 ist ein reines Mädchen „wollustec (lieblich, schön) von lîbe." BM. I, 1056. Otfrid's **leidlust** (Herzeleid; I, 20,18. V, 7,34) steht aus wie ein Gegensatz zu diesem Wollust; (**wollusten**, deliciis; Diut. II, 342). Gl. i. 1094 steht „uuollusti mih, serva me", vielleicht statt uollusti, und zu follust (M. m. 41. Otfr. IV, 14, 14: auxilium; vrgl. **fol-leist** unter **laisten**) gehörig. '**lusten, gelusten** g'lust'n, g'luscht'n), gelüsten; (Graff II, 291. BM. I, 1056. Weigand, Wbch. II, 77. Zeitschr. III, 191,72. 424,1). əs *lusch't* mi' oder *g'lusch't* mi' ə˜ Seidl Biər. Der **Gelust**, der **Gelusten** und der **Gelufter**, das Gelüste. „Unser vînt uns ziehen kan unde unser glust zaller stunde ze bœsen dingen und ze sunde. Des vleisches glust geret daz, daz dem lîbe tuot baz"; w. Gast 7545.. „Diu (helle) mag uns den glust machen sûr"; das. 7579. „Diu himelische süeze muoz vertrîben der gelüste suoz"; das. 7584. **unlusten**: es unlustet mir von etwas, ich empfinde Ekel; Buch d. W. 1485, f. 90. **verlusten**, (ä. Sp.) beliebig seyn. „Wie sye verlust", „nach irem gefallen und verlusten"; MB. IV, 393. XXV, 441. Der **Verlust**, das Belieben. Seines Verlusts (nach seinem Belieben); L.R. v. 1616, f. 565. „lustbar, amoenus, delectabilis"; Prompt. v. 1618. Die **Lustbarkait**, Veranstaltung, sich zu ergetzen, insonderheit zu tanzen. Sán nét dé maəst'n Mádln gern bei də' *Luschbərkeit!* Sie maə˜t, si muəs bei àllé *Luschbərkeit'n* sey˜. **lustig**, O.L. lüstig (lischti'), 1) wie hchd. Də' *lischti'* Tàg, Tanztag. 2) ä. Sp., Lust, Begierde habend. „Zur Sünd lüstig"; bayreut. Agende. „Sie wären lustig gewesen, wider Seine Gnad zu handeln." „Ob ihr gelustiget gewesen wäret, dem Receß zu leben"; Kr. Lhdl. IX, 54. XI, 282. 3) ä. Sp., Lust gewährend, gratiosus. „Der lustigst Poet Horatius"; Av. Chr. 224. Das **Lustig-karten**, frühere Art Gesellschaftsspieles mit Karten, wobey jedes Blatt mit dem Ausruf **lustig!** ausgespielt werden mußte; z. B. *Lusti'* mei˜ Sibmə'! *lusti'* mei˜ Achtə'! *lustigə* də' mei˜! S. a. **lussam** unter **Lusing**.

lustern, horchen; Vilmar, kurhess. Idiot. 256: lüstern. Zeitschr. II, 95,8. 315. 562.5. III, 282,99. 303. 369,20. 432,287. IV, 117,4. 262, III,1. V, 235. 416,23.

(Vrgl. Lad, Led, rc.)

'Die **Latein**, die lateinische Sprache; (mhd. diu latîne, BM. I, 941).' „Weil's *in dä Latein* drinnä (im Steuerbüchlein) steht"; Lindermayr 162. „Kunst der latein, grammatica; puech der latein, katholicon doctrinale"; Clm. 17228, Vorderdeckel, und 17634, f. 195. „Nach der latein in teusch schreiben"; Cgm. 1114, f. 3b.

Die **Latern** (Latè'n, Làdè'n, ◡ –), 1) die Laterne. 2) der entfiederte Körper einer Gans oder Ente, nach Hinwegnahme des sogenannten Jungen, d. h. des Kragens, Kopfes, der Extremitäten von Flügeln und Füßen und der Eingeweide. D' *Làdè'n* kost 48 kr., und 's Jung ə˜n Fuffzenə'.

„**Latt**, tegula"; Voc. v. 1445. (gl. i. 683: **latta**, tegula; 1130: **latto**, laterculi). Diefenbach 575b. „**Lar**, tegula"; Cgm. 690, f. 103b. Vrgl. d. folg. Wort.

Die **Latten**, wie hchd. Latte; (Graff II, 167. BM. I, 941. Weigand, Wbch. II, 15. Vilmar, kurhess. Idiot. 253: die **Latter**, **Lotter**. gl. i. 921: **latta huso**, tigna

domorum; 1126: asser in tecto; a. 3. 29. 443: labba, labbo, asser; auch angelſ. mit t: latta, lâtta, asseres). Zeitſchr. VI, 442. Die Dachlatten ſind aus Falzbrettern, die Weinlatten aus gemeinen Brettern geſchnitten. „Haglatten, longurii"; Prompt. v. 1618. R.A. Einem ə˜ *Latt'n* zahlen, d. h. eine Zeche. „Der Auftritt, wenn der Improviſator Schneeberger, genannt Kufein, im Baltheo mit Kron und Zepter erſcheint, verdient allein
512 ſchon einen Laib Streichkäſe und eine Latten Auguſtinerbiers"; (A. Nagels) Brief v. 1785. Der Lattenhauer, Schmarozer. Da dieſes Latten doch kaum mit der bekanntern lateiniſchen Zeche zuſammenhängt, iſt es vielleicht das gewöhnliche Latten mit irgend einer Anſpielung. Eine mit Kreide-Einſern überlegte Linie der Zechtafel ſieht allenfalls einer mit Ziegeln belegten Dachlatte ähnlich. Vrgl. auch Voc. v. 1419: „ein lott, lota, sunt tres solidi", und Ladſchaft. lattnen, vrb., mit Latten verſehen. Vilmar, kurheſſ. Idiot. 254: lattern, lottern. Zeitſchr. VI, 442. S. d. vorige Wort.

Die Summerlatten, wie hchd. Sommerlatte, Sommerlohde; (gl. a. 538: ſumerlatte, virgultum; 138: ſumarlota, palmites, wol vom alten Ablautverb liotan, pullulare, crescere. Graff II, 198. BM. I, 941. Diefenbach 622ª. Weigand, Wbch. II, 67). „Slecht ein man ſeinen chnecht oder ſein diern mit růten oder mit einer ſumerlatten, di in einem jar gewachſen iſt", (weiter unten: „mit einem ſchußling, der in einem jar gewachſen iſt"); Rechtb. v. 1332, Wſtr. Vtr. VII, 46.

Der Lattibel (Latti'l), einfältiger Menſch. ſ. Dibel.

Die Latwergen (Làdwári, Làdwárgng), wie hchd. (mhd. latwârje, latwêrje; BM. I, 941. Diefenbach 197ᶜ. Weigand, Wbch. II, 15. Diez, Wbch. 201.' ital. lattovario, elettuario, gr. ἐκλειγμα; ἐκλειγματάριον, von ἐκλείχειν, auslecken). „Electuarium, latwarc"; Voc. v. 1445. „leckware"; Clm. 5877 (XV. sec., 1449), f. 112. W. Grimm, gold. Schmiede V. 810 u. p. 94.

Lätare. „1609, 29. Merz, hab ich bei denen von Kelheim auf dem Rathhaus Lätare gehalten"; Cbm. 3245, f. 54.

laiten (laət'n), a) wie hchd. leiten, (ahd. leitan, mhd. leiten, agſ. lædhan, isl. leidha, als tranſitive Form vom Ablautverb lîtan, lîdhan, lîdha, ferri; cfr. Gramm. 956, VI. und leiden, Anm. Graff II, 181. BM. I, 975. Grimm IV, 602. Weigand, Wbch. II, 37). „Wagen laiten, aurigare"; Onom. v. 1735. einlaiten, das Zugvieh mit dem Laitſail umwenden. Zeitſchr. III, 216,30. Holz (über eine Ris) laiten, es herablaſſen. laitſam, adj., lenkſam, tractabilis. b) O.L. namentlich: mit Zugvieh auf Wagen, Schlitten ꝛc. (act.) führen, und (neutr.) fahren. „Wart ein ſlitte bereit ze ſente Afren wart diu lîch geleit", (geleitet); St. Ulrichs Leben, V. 1259. „Sie ſollen das Holz nit überlaithen (über die Grenze führen) weder mit Roſſen noch Ochſen"; Lori, LchR. 164.

Bàl' mə˜ kaə Rós nét hàt, kà˜ me˜ nét *laət'n*,
bàl' mə˜ kaə˜ Gəld nét hàt, muəs də' Wirt baət'n.

Der Laiter, Laiterer, der Fuhrmann: Grießlaiter, Grießlaiterer (Reichenhall; Hazzi, Stat. III, 1026. 1041); Laiter-Knecht, Fuhrknecht. „Jeder Pfannhaus-Laitter (in Reichenhall) ſoll ſeine vier Wagenroß haben"; Lori, Brg.R. 140. Der Lait-Stall, die Lait-Stuben, Stall für Zugvieh, Stube für die Fuhrleute. Der Laitweg, Fahrweg. c) die Lait, die Leitung, ductus, die Fahrt, das Ziehen, der Zug. „Als verr ſy di Laytte der Aerzt (der Erzgang) weiſet"; Lori, Brg.R. f. 32. d) die Ablait, e) die Anlait, ſc. d) die Abfahrt, d. h. das Abtreten von einem Lehengute; e) die Anfahrt, d. i. das Antreten eines Lehengutes; die dabey an den Lehensherrn zu entrichtende, in gewiſſen Procenten von deſſen Schätzungswerth beſtehende Gebühr: d) das Relevium; e) das Laudemium. „Wer es auch kaufft der ſolle von uns und unſern Nachkummen ſein Recht zu Lehen empfangen und geben zu Anlaith zwen und dreyſig Pfen. und der es hingibt zu Ablait als vil"; Berchtesgad. Urk. v. 1377, Koch. Sternfeld, Salzb. u. Bercht. II, 77. „Und wann das guett verhandelt wird, ſo geit 513
man davon zu ablait ſechzig pfenning und zu anlait auch als vill"; Meichelb. Hist. Fr. II, II, p. 300, ad 1489. Die Ablait kommt jetzt kaum mehr vor. Cod. Max. Civ. P. IV, c. 7, §. 11, n. 9. „Den 5ten Juli 1673 hat der Preu hintter der Khirchen zu Reichenhall 100 fl. an ſeiner anlait bezalt"; Abt v. St. Zeno in ſ. Calender. „Pecunia que vulgo dicitur Anlait", ſchon ad 1248, MB. IV, p. 345; cfr. 392. „Ablaitte, anlaitte"; Wiener Statut v. 1296. Senckenberg, visiones p. 289. S. die „Bemerkungen über Laudemial ꝛc. -Rechte in B.", 1799. anlaitig, adj.; ain anlaitiges Guet. anlaiten, vrb., die Anlait, den Handlohn, das Laudemium entrichten. „Es iſt in Erbrechten nicht bräuchig, auf Abſterben oder anderwärtige Veränderung des Grundherrns zu anleithen, in Lehen aber muß es beſchehen"; Urbars-Gebrauch. veranlaiten ein Gut, die Anlait von demſelben entrichten. „Veranlaitung der Erbrechten, Veranlaitung der Lehen, (Lehenraich). „Das Leibrecht oder Leibgeding und die Freyſtift ſind eigentlich nicht anlaitbar. Es wird jedoch das Leibgeding- oder Zuſtand- oder Verleihgeld, das bey jenem, und das Willengeld, welches zuweilen bey dieſer, die dann den Namen einer veranlaiteten Freyſtift erhält, entrichtet wird, im gemeinen Leben ebenfalls oft Anlait genannt"; Urbarsgebrauch. Es könnte dieſem Ablait und Anlait ſtatt des Begriffes Abfahrt, Anfahrt vielleicht auch der des alten leitan, miethen, (gl. i. 484: „leitta, conduxit"; i. 857: „lone caleitta, mercede conduxit) zu Grunde liegen. f) die Anlait, Einſetzung eines um Schadenerſatz Klagenden in des Beklagten Güter von Gerichts wegen, die Immiſſion. „ainlaiten Einen hinz eines andern güten", ihn alſo einſetzen. „. . . der wart geanlait . . ." Der Anlaiter, Vollzieher einer ſolchen Einſetzung von Gerichts wegen; wirzb. L.G.Ord. v. 1618. MB. XVII, 423. XXIV, 437. 438. 555. 556. 563. Hist. Fris. II, I, 128. Gem. Reg. Chr. II, 117. 134. Ried 748. `ff) die Landlait, das Umgehen der Grenzen; BM. I, 976'. „Episcopus Wirceburgensis eximit abbatem in Ebera a jure quod landleite nuncupatur"; RB. IV, 145, ad 1281. g) die Waßerlait, plur. -laite, die Waſſerlaitung, (uuazarleiti, aquae ductus, gl. i. 243). Zeitſchr. III, 311. „Waßer oder waßerlayte" . . „an waßer, waßerlayten" (MB. VI, 614, X, 213. 215), gleichbedeutend dem: aquarum decursus, aquaeductus in ähnlichen Formeln lateiniſcher Urkunden, z. B. MB. VI, 548. 557. „Die allerley gifts durch ſolche Tractätl, gleichſam durch rörn oder Waſſerlait under die leut bringen"; Puterbey, von verbotnen Büchern, p. 13. Loiten, Loiden (Zir.; — wol Laiten? *oi* freilich auf eu weiſend), ſteile Gräben in Gebirgsforſten, über welche man das Bau- und Brennholz hinunter flößt, nachdem man ſie an rauhen Orten mit runden Bäumen belegt hat, wo ſie dann Erdriſen, im Winter Schneeriſen heißen. Glaitſaulen oder Glaitbäum in Sudhäuſern zu Hallein; (Zir.). h) die Lait, (O.L.) die Fuhr, das Fuhrwerk. I˜ d' *Laət* fa'n, fahren, um Holz auf Schlitten oder Wagen zu führen. „Iſt man 4 ganzer Tag mit 12 Roſſen in die Laith gefahren"; Abt von St. Zeno aº. 1668. „Das die Salzmair und ander Amtleut kain Laitt mer haben, ſondern es ſollen die Laitt den burgern ze Reichenhall verlaſſen werden, auch derſelben ainer nit mer dann ain laitt haben." „Die Laitterknecht ſollen jr laitt faren . ."; Lori, Brg.R. 141. MB. III, 577. „Item vnd yegleichs lehen t (= ½) laitt hews vnd t ſtros vnd t pfunt haller zu wegleys"; Heidenheimer Salbuch v. 1400, Cod. bav. 1524, f. 1. 6. 9. 11. „Yede laittin wishew V ß hl."; Tigew Röttenberg (vrgl. oben, Sp. 856). „De vectura vini quod vulgo dicitur Winleitte"; Lori, LechR. f. 38; 514
(fränk.) die Leit, das Faß, worin man die Weinbeeren zur Kelter führt. Hieher gehört: die bey Klein als öſterr. angeführte Lait, Gefäß voll Waſſer, in welchem leben-

dige Fische verführt werden; das Laitfaß, (altes Inventar in Meichelb. H. F. II, II, 149); Aschaff. Lädfaſs, Ledfaſs, worin die gemosteten Trauben sammt der Brühe nach Hause gefahren werden; in Frankfurt noch jetzt ein Wasserfaß zum Herbeyfahren des Wassers bey Feuersbrünsten, (Weigand, Wbch. II, 38); daz Leitschrîn, (Nibel. 2094. 5506) Schrank, der zur Reise auf ein Saumthier oder einen Wagen geladen wird. Die ahd. Sp., welche leitan in noch weiterem Umfang verwendete, z. B. für conducere, miethen, für ducere vitam, ducere uxorem, ducere funus, hatte z. B. auch leita oder leiti, uzleita, hrêleita für Leichen-Conduct, Leichenbegängniß, hîleita, heimleitunga für Heimführung der Braut, matrimonium, lîp-leita für Lebensmittel, victus, stipendium ꝛc. Graff II, 187. Cf. oben, Sp. 1404, unter laiben: todlait als relevium. „Ir sunt varin als ain brut ze hainlaiti. so man aine brut hainlaitet so sleht man den sumer vor ir unde gigot unde sweglot“; der Seele Spiegel, Cod. Carlsruh. (sec. XIII), Mone's Anzgr. IV, 369. i) die Lait, (O.L.) der Weg (zum Gehen oder Fahren, im Gegensatz der Bergrise), isl. leid, f., iter, via; im Theurdank das Gelait. geleitig, ungeleitig, adj., wegsam, unwegsam (Peg. de servit. 150), kann als gelaitig hieher oder als geleitig zunächst zum alten leiten w. m. s. gehören. *glaiti*', *gleiti*', (schweiz.) schnell, geschwind, alsobald; 'Stalder I, 453. Tobler 223.' k) belaiten (b'laət'n) Einen, mit ihm gehen, ziehen; ihm eine Strecke weit das Geleite geben; (Graff II, 185. BM. I, 976. Grimm, Wbch. I, 1445). „Burgermaister, welchen solche trabanten belaiten“; Wstr. Btr. V, 109. 153. „Hat wolermelte Landschaft S. frtl. Drtl. in die Kirchen belaittet“; Ldtg. v. 1612, p. 179. „So sol jn der herre belaitten und beschirmen“; Rchtb. v. 1332, Wstr. Btr. VII, 132. „Barsili der Gladi bleitet auch den Kunig“; Reime v. 1562. (Cf. schott. to blead). aus-, ein-, furtbelaiten Einen, ihm beym Aus-, Ein-, Fortziehen das Geleite geben. „Von faulen handwercksknechten . . . Der all mitwochen ein gesellen ausbelait e er sein furgriff hat berait“; Cgm. 713, f. 19ª. 182. ə˜ Kreuz *əi˜b'laət'n*, einen Zug Betender (s. Kreuz) in die Kirche. Das Belait (Blaatt), das Geleite; (pelayt, conductus; Voc. v. 1419). l) gelaiten Einen, mit ihm gehen, ziehen; beg'laiten (bég'laət'n), idem. Das Gelait, 1) das Mitgehen, Mitziehen; das Vorangehen, Führen, Amb. 2, f. 45 f.; (Graff III, 188: galeiti; BM. I, 977). R.A. Sich selber das Gelait nemen, ohne erhaltene oder verlangte Begleitung fortgehen. Nemə˜ S·Eənə˜ hàlt selbə' 's *Glaətt!* entschuldigen Sie, daß ich Sie nicht begleite. 2) die Mitgehenden, Mitziehenden, das Gefolge. Das Hofgelait, eine Partey des Oberst-hofmarschallstabs. Das Nachtgelait (Nà'tglaəd), das wilde Heer. (Im Wigalois 3159. 8389. 11428 ist der geleite ein einzelner Gefährte; BM. I, 977); 3) polizeyliche Schirmung eines Reisenden: α) durch bewaffnete Begleiter, die demselben von dem Herrn oder der Obrigkeit eines Landbezirkes gegen gewisse Gebühren beygegeben wurden: lebendiges Gelait; β) durch Urkunden, Pässe: schriftliches Gelait (wie später, bey mehr befestigtem Landfrieden). „Herzog Christoph und Herzog Wolfgang wurden vom Herzog Albrecht mit schriftlichem und lebendigem Geleit versehen“; Kr. Lhdl. IX, 199. VI, 151. In der Kr. Lhdl. VIII, 407 kommt unter den Beamten zu Hemmau neben dem Pfleger und Richter der Glaitsmann vor. Unsə' Herrgət sol dá' *Glàitsmà˜*
515 *sá˜*; (b. W.). Das Glait zu Aub wurde durch einen eigenen Glaitsmann besorgt, der im fürstl. brandenb. Glaits- und Zollhaus wohnte, worauf zu lesen war: „Allhier suchet und gibt man das kaiserl. Glait, dem chur- und hochfürstl. Haus Brandenburg zuständig“. Das Gelait haben auf einer Straße, einem Strome, in einem Landbezirke: das Recht haben, die Reisenden auf solche Art zu schirmen, oder, worauf es oft hinauslief, wenigstens die Gebühren dafür zu erheben. „Das Glait zu Reicherzhofen hebt sich an auf der Sonnenprugk . . . und geet bis . . .“; Welsch, Reicherzhofen p. 179. Das Messgelait, die Gelaitssträß, Glaitsgutsche, das Glaitsamt, Glaitsgeld, der Glaitszettel. „Ein Gelait zu schreiben 30 dl.“; Kr. Lhdl. VII, 323. 296. Ein gedrucktes (Juden-) Glait. Das Glait fürzaigen; L.O. v. 1553, f. 159. L.R. v. 1616, f. 672. Einem Uebelthäter oder Verdächtigen Gelait zum Rechten (Gerichte), oder sogar zum und vom Rechten geben; L.O. v. 1553, f. 191. L.O. v. 1616, f. 721. 722. 815. Amb. Stdtb. 60. s. unten: verglaiten. Von den o.pf. Hammerschmide-Arbeitern ward (Lori, BergR. f. 88. 89) gesagt, sie seyen ihrem Maister ins Gelait gegangen, lägen im Gelaite, wenn sie ihm nicht mehr arbeiten wollten und weggiengen. Es wurde gewöhnlich von dem Landesfürsten den Berg- und Hüttenarbeitern auf eine gewisse Zeit lang freyes Gelait zugesagt; Lori f. 95. 427. gelaitlich, adj. u. adv., dem Gelaite gemäß. „Wir senden Euch unsers Herrn des Markgrafen Geleit zu mit diesem Brief . . . und gedenket, daß es gegen unserm Herrn auch geleitlich und ungefährlich gehalten werde“; Kr. Lhdl. III, 160. VI, 151. gelaitlos, adj. „Eigenmächtig aus dem Dienst gehende Gesellen sollen wieder eingeschafft, oder auf bezeugte Widerspenstigkeit für geleitlos declariert werden“; Wagner, Civ. u. Cam. Beamt. II, 151. verglaiten Einen, ihm ein (schriftliches) Gelait geben. „Einen Übelthäter oder Verdächtigen zum Rechten, oder zum und vom Rechten (Gericht) verglaiten“; L.R. v. 1616, f. 815. Wirzb. Verord. v. 1797. s. oben: das Gelait. m) der Laithund, wie hchd. Leithund; (Leg. Alam. 83,2; Baiuu., Mederer p. 260: laitihunt. 'Pertz, Monum. German., legg. vol. III, p. 75,7. 330,68. 372,6'). Dafür kommt auch das einfache, wol kaum aus dem leidih, ductor, dux, gebliebene, Lait vor: „Der Waidmann pfnastet seine Ridt, Laith und Windt“; Bog. Mirak. Cf. Notk. 64,14: „diê leiten dero scaffo“, arietes ovium. Graff II, 188. Laitern, (Jir.) beym Wasser: Gestell, mit Fichtenwipfeln bedeckt, auf dem Strom schwimmend, um, wo es nöthig, den Schiffen eine sanfte Anprellung zu gewähren. 'Vrgl. das folg. Wort.' Das Laitsail (Laətsaəl) des Fuhrmanns. Zeitschr. III, 216,30.

Die Laiter, Laitern (Laətə', Laətə'n), 1) Leiter, (goth. hleithra, ahd. hleitar und leitra, gen. leitren, scalae, gl. i. 676. o. 6. a. 678. agſ. hlæder, Caedmon 101,1 (B. 1669). Graff IV, 1115. BM. I, 963. Grimm, Gesch. d. d. Spr. 735. Weigand, Wbch. II, 38). „Pricht im ain aechs oder laitern“, (ad 1332); Wstr. Btr. VII, 99. cf. Gramm. 850. 852. 2) die Raufe am Freßbarn. 'Vrgl. die Laitern im vorigen Artikel.'

laut (laud), auffallend: a) dem Sinne des Gehöres, wie schriftd.; (ahd. hlût, Isid. hlûd, mhd. lût; Graff IV, 1097. BM. I, 1057. Weigand, Wbch. II, 19). „Des wart er (der Jagdhund) süeze lûte“; Labr. 102. 203. b) dem Sinne des Geruches und Geschmacks. Ein Ding schmeckt (riecht) laut. Dés Veihàj schmèckt ə'schrèckli' *laut.* (Nptsch., Dtg.) ə˜ *lauts* Éss'n, Trinkə˜, ein treff- 516
liches, c) dem Sinne des Gesichts und dem innern Sinne überhaupt: schön, vortrefflich. Zeitschr. VI, 443. ə˜ *lauds* Mensch, ə˜ *lauds* Deənl, ə˜ *laudə'* Buə', ə˜ *laudə'* Kók. I hàb ə˜ *lauds* Weibə'l·, d· Wirtschaft və'stêt s· *laud.* (Cf. Otfr. II, 4,63: „in themo ferse ist iz lut“, clarum; so ist die Urbedeutung von Pracht, prächtig ebenfalls die des Schalles). ə˜ Laudi (wol Laudé, sc. Freude?), ein Spaß. „Iətz gibts erst ə˜ *Laudi*“; Seidl, Flins. IV, 123. 143. In folgenden Compositis ist die Frage, ob das laut, nach alten Lesarten zu urtheilen, nicht vielmehr aus liut entstanden ist, welches als hliut auf ein älteres hliodan, sonare, (Notk. 94: liudon, jubilare; s. leuten), als liut aber auf Liud, Liut, populus, weisen würde. lautbar, ruchbar; (gl. i. 64. 244. 396 haben liutpâre, liutparlih, publicus, gleichsam leutbar). BM. I, 1058. Weigand, Wbch. II, 20. Zeitschr. VI, 353. verlautbaren, (fränk. Ger.Ord.) einen Vertrag gerichtlich aufnehmen lassen; (v. Lang).

„lautbrecht, clamosus"; Prompt. von 1618. BM. I, 243. „Yedoch so ware dz geruecht von cirtha nit gantz lautpracht"; Dietr. von Pleningen. lautbrechten, vrb., (ä. Sp.) aussagen. lautmær, lautmærig (laudmâri', laudmâli'), ruchbar, (ahd. lûtmâri, Otfr.; mhd. liutmære; Graff II, 824. 829. BM. II, 69). Die Lautmær, das Gerede, Gerücht Zeitschr. V, 19. 466. VI, 353: lautrüftig. „Wie daß er vernommen in lautmärs weis, daß . . ."; Amberg. Akten v. 1384. „Si war in ein lautmaer chomen von eines smaltzhefens wegen"; MB. XV, 312, ad 1377. lautmæren, vrb., (redend) vorbringen; MB. XXV, 188. 198. „In aller der Maß als ob jr (der Objecte) jeglichs mit sunderlichen Worten in disem Brief gelautmert und genennt wäre"; Urk. von 1362, Lori, BergR. XXIV. In der Nürnb. Hochzeitsord. von 1567 (Ms.) sind die Lautmerungen wol Verlobungs-Declarationen, die mit Mahl und Tanz gefeyert werden: „Lautmerungs- und Hochzeitstag." In einer Nürnb. Polic.-Verord. von 1600 circa werden die Schwätzgesellschaften der Weiber Leutmerungen genannt. (Gl. i. 263. 423 haben indessen: liutmâran, publicare, praedicare). s. Leut und mæren. „lautbrüchig, ruchbar." lautlæuffig, (Nptsch.) bekannt, öffentlich bekannt. lautraisig, ä. Sp., tonfertig; (ahd. hlûtreisti, mhd. lûtreiste; Graff II, 543. BM. II, 666. Kero 7. 177: hlutreister, gl. a. 577. 683: clamosus, sonorus, argutus, i. 720. 777: lutreisig, canorus, dagegen 709: liutreistig, argutus). „In dere lutreiste, in vociferatione"; Cgm. 17, f. 50a, Ps. 32. „In dem ein Vogel auff eim Ast wurd flattern gar lautreysig fast"; H. Sachs. „lawtraysig machen mit eern des gebers vor andern menschen"; Oefele I, p. 379. Der Laut, wie hchd. Die Laut, der Inhalt eines Aufsatzes, einer Rede; „der Laut", des Inhalts; gleicher Laut, in gleicher Laut, gleiches Inhalts; Kr. Lhdl. IX, 377. XVI, 327. Nach Laut, oder (blos mit dem Genitiv und ohne Artikel): Laut eines Schreibens, Briefes rc. Die Lauten (Laud'n), Jägersp., die Stimme, das Gebelle des Hundes. 's Waldmánnl hàt ə˜ schöné *Laudn*, sei˜ *Laudn* geit aus. (Bey Notk. Ps. 37,9. M.m. 162: lûta, genit. lûtun, vox; cf. gl. a. 174. 213: hluti, sonus, i. 992: luti, clangores, i. 569: lûtin, concentibus; mhd. lûter. Graff IV, 1105. BM. I, 1058. Weigand, Wbch. II, 21). lauten, vrb., wie hchd., (ahd. hlûdan, lûtan, mhd. lûten), auch mit der speciellen Bedeutung latrare, mugire, buccinare rc.). „Harren (den Jaghund) den hœr ich grob lûten underſtunden"; Labr. 561. erlauten,
517 (ä. Sp.) verlauten. „erlauten laßen", MB. XXV, 337. s. auch leuten, leiten und Ludwig.

lauter (lautt'), im Ganzen wie hchd., (ahd. hlûttar, agſ. ebenfalls mit t: hlutter, so daß ein davor weggefallenes h zu vermuthen käme). Adj., a) hell, klar; Zeitschr. III, 304. 308: flüssig. V, 192. VI, 443; (hluttror leohte, luce clarius; Isid. 3,21. zi Hlutirinbach, Ried ad 821, jetzt Lauterbach; noch sec. XV.: „Ego Heinricus de Luternbach"; Prufl. 33, f. 246b). Eine Stelle (eines Gesetzes, einer Schrift) ist lauter, klar, deutlich. „Die Freyheit wäre lauter." „Ob ein Artikel unlauter und deshalb disputierlich wäre"; Kr. Lhdl. IX, 316. Daher: läutern einen Richterspruch, einen Text, jetzt erläutern, auch wol romanisiert: leuterieren; die Läuterung, jetzt Erläuterung, Leuteration; Kr. Lhdl. IX, 316. MB. IV, 369. X, 192. (Gl. a. 233: cahluttrian, declarare). b) rein. Getraid ist lauter, wenn es frey von Unkraut-Gesäme. erläutern, ä. Sp., reinigen, säubern; BM. I, 1059. Weigand, Wbch. II, 21. „Ob des wibes unkraft so groz si so si des kindes geniset und si sich niht erlutern mach"; Clm. 4595, f. 40. Vrgl. Zeitschr. VI, 446. c) völlig, purus putus. Zeitschr. VI, 443. „Eine lautere Unmöglichkeit", Ertel, Prax. aur. I, 112. „Die Ebene wird manchmal ein lauterer See"; Wstr. Btr. IV, 61. „Er ist ein lauterer Stockfisch, ein lauterer Lalli"; Briefe aus dem Noviciat p. 117. „Der gute Herr glaubt, seine Frau sey eine lautere Susanna"; P. Abraham. ə˜ *lautərə'* Wollust, bloßes Wohlleben. „Daz ich lautern lain (bloßen Layen) mein sund gepeicht han"; Bekenntniß, den bekehrten Waldenser Ketzern im Bisthum Passau vorgeschrieben, Windb. 173, f. h. 19 (220b). „Ain selbe, diu min luterz aigen was"; MB. XXIII, 56, ad 1326, „Ain vreis lauterz aigen"; MB. XXIV, 419, ad 1360. „Für freys lauters lediges Aigen"; MB. XXV, 18 et passim. „Das ist sein frey lauterer Eigenthum"; wirzb. Lgord. v. 1618, 3. Th., Tit. 97. (Gl. i. 325: „lutteres uuines, vini meri.") Adv., α) bestimmt, ausdrücklich, ohne weiters. „Darnach wisse dich lauter zu richten"; Kr. Lhdl. VII, 256. „Die haben uns lauter geantwortet, daß sie solche Steuer nicht geben wollen"; ibid. III, 311. „Ich glaub lauter, ich werde bey dieser Mahlzeit harte Brocken müssen schlicken"; P. Abraham. Was fangen wir *lauter und Gott* an!? Was hab ich *lauter und Gott* getan?! (b. W.); cf. laider und Zeitschr. III, 308: lauter, doch. β) nichts als, (mit der Stellung, aber ohne Flexion eines Adjectivs, wie ganz, z. B. in, für, durch ganz Bayern, Deutschland (vrgl. oben, Sp. 927, und voll, Sp. 838); es scheinen diese adverbialen ganz und lauter, die vor der Präposition stehen sollten, durch den Gebrauch hinter dieselbe gerathen zu seyn, wie z. B. allemal in R.A. wie: Wenn I àllemàl haəm kim, statt: allemal, wenn ich heimkomme). Zeitschr. I, 141,8. II, 85,32. III, 180,5. 308. V, 115,15. Bey *lautə'* bràvé Leut. Aus *lautə'* Dréck, *lautə'* Bluəd; auch: I bi˜ ə *lautə's* Drék, ə˜ *lautə's* Bluət. „Von lauterm zin", von lauter Zinn, ungemengt mit Bley; Cgm. 544, f. 53b. lauterlich, lauterlichen, leuterlich, adv., ausdrücklich, lediglich, blos. BM. I, 1059. „Weder durch liep noch durch lait, wan lauterlich z eim rechten selgeret"; MB. X, 259, ad 1298. „Zehend, den si leuterlich durch gottes willen aufgebn habn"; MB. XIII, 425, ad 1407. In der ahd. u. mhd. Sp. war: Lûtersalz nitrum, ammonium, (Graff VI, 219. BM. II, II, 43. Clm. 11011, fol. ult.: „sal gemma, Lutersaltz." Cf. agſ. leathor, alſo wol zu einem ganz andern Stamme gehörig), Lutertrank mulsum, (Graff V, 539. BM. III, 93. Haupt's Zeitschr. VI, 277). A⁰. 1289 in Lucern „ein Henricus dictus Luterbrot"; Gesch. Fr. II, 79. cf. Goßenbrot, Truckenbrot. Leiterkoch (Läuterkoch?), Bodensatz der ausgelassenen Butter; (Jir.).

'Lèttə', Léttə' für Lebtag, s. d. W., oben Sp. 1408 und vrgl. Zeitschr. II, 285,8. III, 239,1. 418,501.

Der Letten (Lètt'n, wirzb. Littem, Liden), der Lehm, (ahd. letto, mhd. lette; Graff II, 167. BM. I, 967. Weigand, Wbch. II, 41. Zeitschr. III, 311. 462. VI, 447. lebbo, ledde, liete, argilla, gl. a. 661. o. 140. 247). 518
„In limo, in dem letten"; Cgm. 17, f. 99a. Ps. 68,2. Zweyer in Mitte des Leches ligender „Aufwürff, Anschüttungen oder Letten(?)" halber streiten (Lori, LechR. 465, ad 1622) die Gottshäuser Kaisershaim und Unterschönenfeld. (Wäre hier ein anderes, etwa ein dem agſ. hlâd, agger, entsprechendes Wort anzunehmen?) R.A. Im Letten ligen, in situ jacere. „Alle Zaichen und Planeten ligen ietz beym Bader in Letten"; Volkslied: der Calender. (In M. Lindermayr's gesammelten Dichtungen, Linz 1822, p. 159 heißt diese Stelle: „Alle Zaichä und Planeten *lingänt* ietzt beim *Bodn* im Letten"). „Hinaus in das Feld an die Feinde ziehen, und kein Stubenstenfer oder Lig im Letten seyn"; Av. Chr. f. 307. Wenn's Wei' krank is, *ligt* di ganz' Wirtschaft *ám Lètt'n*; (b. W.). Vrgl. „im Kät (Koth, Dreck) ligen." „Treinsch: Du sagst iehms (dem versoffenen Ehemann) währla' rund und löst iehm brav d' Planeten. Das Weib: Was hilfts? zwen Tag därna' *geht* d' Sau *in* alten *Letten*"; Lindermayr 73. Vrgl. Lettfeigen. lettig, lettət, adj.; „lettigiu erda, terra argillosa", gl. a. 249. (Cf. isl. ledia, f., coenum, lutum).

Der Lettentrager, Zillerthaler, der mit Oel- und andern Arzney-Waaren ins Ausland handelt; (Sammler für Tyrol II, p. 67).

Die Lettfeigen (Lèttfeigng, Lêdfeigng, schwäb. Lèadfeigə˜), zaghafter Tropf, Memme. 'Oft bei Abraham a. S. Cl. lethfeige. Höfer II, 209.' Jac. Grimm.' „Lötfeigen, excors"; Prompt. v. 1618. Es scheint hier eine zu laß, (ahd. mhd. laz, isl. latr, piger, ignavus) gehörige und mit lotter zusammenhangende Nebenform zu Grunde zu liegen; wie denn auch im Isl. dem latmenska (torpor) ein lödurmenska, dem latmanlega (segniter) ein lödurmanlega parallel geht, wohin wol auch lödrungr (Ohrfeige) gehört.

Der Letter, Lettner, das Lesepult auf dem Chor der Kirche; der Chor oder die Emporkirche selbst; (ahd. lectar, lecter, lectir, lector, m., mhd. der lecter: pulpitum, analogium, gl. a. 672. i. 558. 561. 1005. o. 276; lectner, comonitorium, Voc. v. 1429; isl. lektari, schott. letteron, lettrin, engl. lecturne, lectern, schwed. läktare, franz. lutrin, alle vom mittellateinischen lectorium, lectrum; Graff II, 162. BM. I, 957. Weigand, Wbch. II, 41. Diez, Wbch. 678). „Ez stunt ir ieglichem vor ein guldein lector, diu solden diu buch vf haben diu mit guldeinen buchstaben vor in geschriben lagen"; Tungdalus, hg. v. Hahn, 62,37. Ein gefundenes Gut soll der Pfarrer „auf dem letter ausayschen." Ein Verläumder muß „auf dem letter" in der Pfarrkirche des Verläumdeten seine Lüge widerrufen; Rechtb. v. 1332, Wstr. Btr. VII, 85. 181. 190. „Umb wachs ewiglichen auff das geletter"; Gabriel Ridler (s. unter: der Ridel), f. 8. „In S. Peters pfarrkirchen in München vor dem kor unter dem gletter"; MB. XXI, 181, ad 1462. „Borkirch, Lettner, Chor rings umbher in der Kirche, pulpitum templi"; Voc. v. 1735. „Die Domkirche in Freysing hat 2 Letter oder obere Gäng; a⁰. 1724 ist ein oberer Gang oder Letter eingefallen"; Meichelb. Chr. Fr. p. 341. 348. Vermuthlich gehören hieher auch folgende Stellen: „Darauf ist auf das Lectorie, so in derselben Stuben (dem „Referent" des Klosters der Prediger zu Landshut) ist, fürgetreten Graf R. . ."; Kr. Lhdl. XIV, 41. „Ez sol auch der phalenzgraf von dem Rottal an des hertzogen stat sitzen in dem latran, und sol rihten über dem hertzogen"; Rechte der b. Herzoge in Regensburg, Lori, MünzR., S. 12. „Kaiser Nero ward verurteilt an die Letter, da man die Leut fragt und würgt"; Av. Chr. 184.

Das Letitzel, Ergetzung durch Essen und Trinken und Tanzen, (laetitia?). s. Litzl.

Der Letudi (◡-◡), (b. W.) pauspackiger Junge.

519 leiten, d. h. lîtan, lîdhan, (agſ. lîdhan, isl. lîda, goth. leithan, mhd. lîden: ich lîde, Prät. ich leit, Ptc. geliten. Graff II, 168. BM. I, 975. Weigand, Wbch. II, 32 f.), Ablautverb der ahd. Sp., mit der Bedeutung: sich gehend, fahrend fortbewegen, ferri, von welchem die heutzutagige, blos transitive Form laiten (w. m. s.) genommen ist. (Vrgl. auch leiden, ledig, Lid und Gelid). In Lori's BergR. f. 391 ist zu lesen: „Wie das Salz in die Pfisl gelitten und widerumen heraus genommen werden soll." Hier scheint, wenn die Stelle richtig ist, das alte Neutrum lîtan als Activum statt laiten misbraucht. gilîdan, abire, transire, peregrinari; gilitanaz zît, vergangene Zeit; (gl. a. 142. i. 95. 391. 710. 960. 1090; Kero ꝛc.). „Uzzan (sondern) kaneri (erlöse) unsih fona allem sunton, falitanem (vergangenen) enti antuuartem enti cumftichem. Amen." Auslegung des Paternoster, M.m. 29. „Am 28. verlittenen Monats August 1733"; Neumann's Antwortschreiben an Fh. v. Herkomman p. 218. irleid, transierat; gl. i. 472. 492. 991. furilîdan, antecedere; zoagalîdan, accedere, gl. a. 181. 196. „After Moysises ablide, post obitum Moysi", Isid. 6,3; uzlite, excessus, gl. a. 163. lidhilaib, in obitu relictae res; Edict. Rotharis LXII, §. 2; (cf. Totlaib und dabey die Variante Totlait); foralidon, antecessores, gl. i. 173. geleitig, ungeleitig, (von Wegen) gangbar, fahrbar; Pegius de Servit. 150; (gl. a. 281: ungalitlih, inaccessibilis; s. a. unter laiten, i).

leiten, ich litt, hab gelitten, ein dialektisches Ablautverb, das sich (wie scheiben aus schieben) aus einem alten vermuthlichen Ablautverb hliodan, hliotan, sonare, durch Übergang des io, iu in eu, und Verwechselung des eu nach Gramm. 247 mit ei, entwickelt zu haben scheint: läuten; (s. leuten).

Die Leiten (Leittn), 1) Seite eines Hügels oder Berges, Berghang, Abhang; (gl. a. 649: lîta, clivus; ahd. hlîta, agſ. hlîdhe, hleod, schott. lithe, isl. hlîd, mhd. lîte. Graff IV, 1096. BM. I, 1013. Weigand, Wbch. II, 37. Grimm, Gesch. d. d. Spr. 989. Zeitschr. III, 311. 523,70. IV, 201. 235,2. VI, 445). „Der eber gat in lîtun, er tregit sper in sîtun"; alte Verse, die gl. i. 1153 citiert werden, und von der Profanpoesie unsrer Altvordern, die uns beynahe ganz verloren gegangen ist, einen anlockenden Begriff geben. „Uf der lîten", v. Freyberg's Tegernsee p. 245. „Ze einer lîten, doby in einen grund"; Rosengarten 1841. 1856. „Er chom an ein leiten, do er di Unger sach reiten"; Chron. bis 1250. Die Ableiten („Aleiten", Tir.; „åhlaitn", Castelli, Wbch. 41), der Abhang eines Berges. Zeitschr. VI, 445. Die Summerleiten liegt gegen Süden und wird von der Sonne beschienen; ihr Gegentheil ist die Winterleiten. „Umb all stainleiten bei Kolgruob, da die Mulstain ausgent"; MB. X, 139, ad 1367. Manche Localitätsnamen auf -Leiten, (Birlinger, augsb.-schwäb. Wbch. 312): z. B. Barleiten (Lori, LechR. 146), Bodemleiten, Grasleiten (MB. X, 150. XIII, 432), Kienleiten („Ich trit mit dir den smalen stîc an die kienlîten", laß mich mit dir hängen? Helmbr. 1427. Vrgl. oben, Sp. 1256: Kien) ꝛc. Sunderlîten (Freyb. Tegernsee 165). In Achleiten (Ahe-lîten, MB. XVII, 72. VI, 197) Bachleiten (Bà'leittn), Isarleiten (cf. Isar-Rain), Mainleiten („vineae in campo Moinlite", 1286; „in monte Moinliten", 1295, bey Wirzburg; RB. IV, 317. 585), Wägleiten (am Ammersee, MB. VIII, 280; s. Wäg) ist zunächst ein 520
Uferhang gemeint; (cf. Leit, riva, in den VII Communi. '„Vrgl. das westphälische Lichtenlied, Hohenlied, Königslied." Jac. Grimm.' Vilmar, kurhess. Idiot. 251). In ähnlichem Sinn ist wol auch die wirzb. Landleiten für Landesgrenze, zu verstehen. „Bey der Statt Moden was ein groß Holz, hießen die Beyern an der Leithen"; Av. Chr. 80. 2) Acker, der auf solch einer schiefen Fläche liegt. In einigen Gegenden der O.Pf. wird indessen auch ein ganz in der Ebene liegendes Stück Feld, wenn es mehr breit als lang ist, ə˜ *Leit'n*, Diminut. ə˜ *Leitl* genannt. leitig, ableitig, abhängig. hinterleitig, hinterleitisch, nach hinten (d. h. nach Norden) abhängig, oder auch: im Mittagsschatten eines Waldes liegend; (s. hinten). Der Leitenpflueg, besonders auf den Ainöden des Landgerichts Miesbach gebräuchlich, um an den Leiten zu pflügen. Damit die von der Pflugschar und dem Streichbrett losgemachte Erdschichte immer auf dieselbe Seite falle, welches bei dem gewöhnlichen Handpflug nicht möglich ist, hat der Leitenpflug zwey Sege, zwey Scharen (Wàgnsöjn) und zwey Streichbretter, die unterm rechten Winkel am Grindel befestigt sind. Statt zweyer Riester sind drey vorhanden. Kurz, man hat zwey Pflüge auf einem Gestell; im Hinfahren pflügt man mit dem einen, und im Herfahren mit dem andern. Der Acker erhält gar keine Furche, und bildet ein Continuum wie ein Gartenbeet. Solche Felder, nach der Bebauung ze Egert liegen gelassen, sind dann vollkommener Wiesenplan. Es wird seit kurzem auch in der Ebene, z. B. in Holzkirchen, Warngau, vom Leitenpflueg, wie es scheint vortheilhafter, Gebrauch gemacht. s. Th. IV: Zwiselpflueg.

Das Leit, (ä. Sp.) das geistige Getränk; (ahd. lîd, lîth, goth. leithus, Luc. I, 15: „uuin noh lîd ni

trinkit", Tat.; „vein jah leithu ni drigkith", Ulph., οἶνον καὶ σίκερα οὐ μὴ πίῃ, wo es also von Wein unterschieden, im Agſ. durch beor gegeben wird; gl. a. 567. i. 568 ſteht lith, lid, poetiſch Lyaeus; i. 716. 738 lid, poetiſch latex, mhd. lît. Graff II, 192. BM. I, 1012. Weigand, Wbch. II, 34. Wackernagel in Haupt's Zeitſchr. VI, 261—280. Zeitſchr. V, 97,15. VI, 160. 445. Cf. čeſk. ligi, lil, Prät. lit, Inf. liti, gießen, lity, a, e, gegoſſen, litba, litina, Gegoſſenes, Regenguß; litka neben litkup, Leitkauf (ſ. unten). Alſo lit = goth. leith, deutſch lîd: Gegoſſenes, was man gießt, einſchenkt). „Hie iſt ſemel und leit"; Wiener Ms. der Kaiſerchronik. „Wa der purggraf vindt unrechtu mes vnder den die lit geben"; Cgm. 322, f. 77b. Cf. ludeln. (lédeln, lideln?). leitgeben, vrb.; Caſtelli, Wbch. 187: „Wenn die öſterreichiſchen Weinbauern ihren Wein geerntet haben, und derſelbe trinkbar geworden iſt, ſo wird vom Amte Jedem in der Reihe das Recht ertheilt, Wein auszuſchenken, und dieſes nennt man: *laidgöb'n* (den Leuten geben); der Laitgöb, der Wirth." Der Leitgeb, „Leutgeb, Leutgeber", der geiſtige Getränke ausſchenkt. Zeitſchr. VI, 446. „Vil ſüeze lîtgebinne, ir ſult füllen uns den maſer"; M. Helmbr. 1002, „Diu lîtgebin herfür gie"; S. Helbling I, 337; cf. daſ. III, 131. 138. „Die Schenken (caupones) wurden in Gaſtgeben und Leitgeben abgetheilt"; v. Sutner, über die Gewerbe von München. „Alle di leifeben oder leifebinn, di ſuln ir ganzew mazz haben nach der amer mazze"; Rchtb. v. 1332, Wſtr. Btr. VII, 99. „Leitgeben, fleiſchhacker und protpeckchen", MB. II, 233. „Gaſtgeber und Leitgeber"; Kr. Lhdl. V, 342. „Wann er den Pfaffen hett, er wollt In zu morgen für ain Leitgebzaiger (Bier- oder Weinzeichen) zum Cloſter aushenken"; Lilienfelder Chron. „New leitgeben ſucht man gern haim"; M. Stdtrchtb., Ms. von 1453. Auer, Münch. StB., Art. 245. 246. 422. „Von den trinckern. Item es ſoll auch khain trunckhen man oder fraw zue khainem leytt geben aus geen unbezalt ohn des leutgeben willen, ohn allain wer burger iſt, der ſoll des morgens vor mitten tag hinwiderkhomen und jn bezalen. Auch mag ain yeder leitgeb von ainen yeden der nit burger iſt an ſeiner zech umb ſein zech gelt oder pfant von ainem yeden vordern oder ſelbs nemen"; Sterzinger Stadtrecht, Ms. Vrgl. Meraner Stadtrecht, Haupt's Zeitſchr. VI, 416. 428. Ein altes Rechtb. Ms. (Schwabenſp., Schilter c. 359, Laßb. §. 368. Mallerst. 33, f. 136. Cgm. 510, f. 118) hat unter dem Artikel: „Von den leitgeben", folgende ſonderbare Verfügung zu Gunſten der Wirthinnen und Kellerinnen: „Hat ain man vail eſſen und trinckhen und hat ain hawsfrawen und ain diern,
521 die ain ehalt iſt, und die helfent jm ſein ding beſechen, die müeſſen mit den läwtten mer zu ſchaffen haben, dan ander frawen; davon iſt daz geſezt, und werdent ſy gezigen mit dem überhůr, und werdent ſy daran begryffen, man ſol über ſy richten als ober ander frawen, man ſol ſy nicht offenleichen rüegen. Sy ſullen auch nicht offenleich püeſſen, jr pfarrer ſol jn haimleich püeß geben." verleitgeben, Bier, Wein ꝛc. ausſchenken. „Daß in der Ehtafernen neben dem braunen Bier auch das weiße verleithgeben werden ſolle"; Ldtg. v. 1669, p. 176. „Bier, Wein, die Maß zu ſo und ſo viel, verleitgeben." „In Amberg wird von den meiſten bräuenden Bürgern vieler Brandewein ſelbſt gebrennet und verleithgegeben"; Wiltmaiſter 579. „Bekanntmachung. Die hieſigen Bierbrauer haben erklärt das Sommerbier um den Schenkpreis von ſechs Kreuzer die Maß verleit zu geben, welches hiemit zur allgemeinen Kenntniß gebracht wird. München 4. May 1844. Magiſtrat der K. H. u. Reſ. Stadt München: v. Bauer, I. Bürgermeiſter. Lachmayr, Secretär."— So leſe ich, von Prof. Hocheder's Beerdigung und ſodann von der Auerdult heimkehrend, an allen Straßenecken, während in der Au ſowohl als im Thal und auf dem Platz vor dem Theater Abtheilungen Küraſſiere mit Vedetten nach allen Richtungen, auch Abtheilungen von Fußregimentern und der bürgerlichen Landwehr im Thal, am Schrannenplatz u. ſ. w. aufgeſtellt ſind, Alles in Folge davon, daß man vom erſten May an, dem Tage der Feyer einer Doppelhochzeit in der königlichen Familie, den Soldaten die bisherigen 2 ₰ Theurungszulage, und den Arbeitern bey den königlichen Bauten 4 Xr. von den bisherigen 48 täglichen Lohnes weniger geben, die Maß Sommerbier aber von 6 Xr. auf 6 Xr. 2 ₰ erhöhen zu müſſen geglaubt hat, — und ſofort in Folge davon, daß an dieſem erſten May Abends in den Häuſern beinahe aller Bräuer der Stadt (namentlich Knorr's, des Grafen Butler, Pſchorr's) arge Zertrümmerungen ſtatt gehabt haben, und bis zum 3ten, 4ten May (im Bockkeller, wo die Maß nun ebenfalls von 10 auf 9 Xr. zurückgebracht iſt, auch bei einigen Bäckern) fortgeſetzt worden ſind. — In neuern Policey-Verordnungen wird dieſer nicht mehr recht verſtandene Ausdruck auch vom Detailverkaufe des Mehles, Fleiſches ꝛc. gebraucht. „Das Pfund Ochſenfleiſch ſoll um 9½ kr. verleitgegeben werden"; Münch. Polic. Anzeig. v. 1821, p. 53. „Vom 21. dieſes Monats (April 1850) an wird während der ganzen Bockſaiſon im Frühlingsgarten guter Maderbräubock die Maß zu 8 kr. ausgeſchenkt und ſelbſtverfertigte Bockwürſte verleitgegeben werden"; b. Landbote (1850), S. 606. Ferner findet man in ſolchen Verordnungen ſtatt verleitgeben die Form verleiten"; Münchn. Polic. Anzeig. vom 11. Januar 1818. Das Leithaus, falſch renoviert Leuthaus, Haus, wo geiſtige Getränke ausgeſchenkt werden, Schenke; (mhd. lîthûs; BM. I, 739. Haupt's Zeitſchr. VI, 272). „Ich ſach vor eim lîthûſe ſtân einen knappen"; S. Helbling I, 309. „Swelch edel kneht daz lîthûs minnet und der bœſen hulde dâ gewinnet, der hât dar umbe der werden haz"; Haupt's Zeitſchr. VIII, 564,453. Lîthûsgên iſt maneger ſlahte"; daſ. 565,475. Auer, Münch. StB., Art. 231. 340. „Potius quaesierunt fontem (misericordiae Dei) in dem leythaus"; Monac. Augustin. 84, f. 66a. „Ich han geſworn auf der ſtrazze in leythewſern" ꝛc.; Clm. 5989 (sec. XV.), f. 199. Welcher jud in einer kriſtenkirchen ſtet und ein prieſter zu dem wein in das leitthaus get die treiben paydaus in ſelb den ſpot"; Teg. 1803, f. . . . „Gent in leithæwſer und werdent trunchen"; Cgm. 54, f. 25a. „Du haſt deine augen in einem leithaus vertrunchen. der leitgeb daz iſt der teufel"; daſ. 51a. „Sol laiſten in ainem leithous zu Augſpurg"; MB. XXIII, 31. 39, ad 1306. „Sich hefte in chriech in einem leithaus"; Rchtb. v. 1332, Wſtr. Btr. VII, 13. „Ich ſol weder ſpiln, noch in dhein leithaws gen"; Ried ad 1296. „Daz man in den lewthäwſern mit khainerlai kharten kharten ſol"; Münchner Urk. v. 1433, Wſtr. Btr. VI, 181. „Wie pfaffen ir recht verlieſent: . . . vindet man ſie in dem hurhauſe . . . und in dem lewthauſe"; Schwabenſpiegel, Cgm. 4929, f. 45. Noch heißt ein Wirthshaus in Berchtesgaden, in Kempten vorzugsweiſe das Leithaus (Leuthaus; in Kempten Landhaus): „Jakob Schwarzenbeck, Gaſtgeber zum Leuthaus in Berchtesgaden"; auf dem Schild ſteht: „Gaſthof zum Leuthaus", (9. Sept. 1848). Ähnliche Beſtimmung hatte wol auch das Leuthaus zu Traunſtein. „Der Leithäwſer, tabernarius"; Voc. v. 1445 und 1468. BM. I, 741. „Den Leithauſſern und den Ruffian verpietent mein Herren allez ſpil im pret und auch ſuſt"; Gem. Reg. Chr. II, 189, ad 1378. „Biſt du ein ëprecher oder ein leythawſer"; Br. Berchtolt, Ebersb. 58, f. 110. 113. Der Leitkâuf (Lei'kâf), was bey einem Kaufe außer dem bedungenen Kaufpreis, gleichſam zur Befeſtigung des abgeſchloſſenen Handels, vom Käufer noch beſonders gegeben und ſehr oft gemeinſchaftlich vertrunken oder verſchmauſet wird; Weinkauf, niederſächſ. Winkopp, Darangeld. BM. I, 867. Weigand, Wbch. II, 34: Leikauf. Zeitſchr. VI, 445. Vrgl. Philips' Vortrag über den urſprünglichen Sinn von lîtchouf, in den Münch. Gel. Anzeigen 1844, Nr. 75—76. Ins poln. und čeſk. litkup noch in der unverderbten Form übergegangen. „Arras leytkauff"; Teg. 439, fol. primo. „Arrha, lichof"; Clm. 4350 (XIV. sec.), f. 1b.

„Mercipotus leitchauf", Voc. von 1445; „leychauf", Voc. v. 1419. Diefenbach 50c. 357b. leyttchauf, Clm. 5877, f. 126. „Aspete nuy devemo bevere del marchado, peitt wir schullen dez leitchauffz trincken"; Voc. venez. todesco v. 1424, f. 100. „Solt ich denn bier zum Leykauff sauffen"; H. Sachs 1560: IV, III, 65 (1612: IV, III, 143. 144). „Wo sie (die Bauern von Ganghofen) saßen in der dafern auf kirchweih, theiding oder leitkauf oder hochzeit", so lud man auch den Pfarrer Conrad Schlenk; das. 1560: IV, III, 83 (1612: IV, III, 180). „Den Leykauf, so mir eur Wirdigkeit geschickt hat, nim ich zu Danck"; MB. IX, 81. „Umb achtzehenthalb Pfund M. Pfenning mit Leitkauf"; MB. II, 3. „Vierczig ph. pf. on den leitchauf"; MB. IV, 481. MB. VIII, 157, ad 1262 wird außer dem eigentlichen Kaufpreis, „pacti nomine quod dicitur litchouf", ein Rock (tunica) gegeben. Cf. XI, 361 und Freyb. Tegernsee, S. 254. „Hab ich ein pferd verkhaufft pr. 24 fl. und 1/2 Daller Leitkauff": Abt von St. Zeno, 1676. Nach einem General-Mandat v. 1772 über den Gersten-
522 Satz wird aller „Kaufszusatz oder Leikauf und derley Preisvermehrung" abgeschafft. Wagner, Civ. u. Cam. B. II, 23. „Alsbald ein mensch geboren wirt so hat es den leikauff getruncken das es sterben sol"; Cgm. 579, f. 47a. „Des neidigen Lappen sein Marter ist ein Leykauf der ewigen Verdammniß"; P. Abraham. Leitkâuf halten, d. h. einen Schmaus zur Feyer eines abgeschlossenen Handels. „Zu den Gerechtigkeiten und Freyheiten einer Ehaft-Tafern gehört die, Hochzeit, Stulfest, Leukauf zu halten"; Ertel, Pr. aur. II, 116. „Wein zu Kindstauf, Heirath, Versprechen, Leykauff und andern dergleichen Zusambkoufften"; Ldtg. v. 1669, p. 492. Nach einer ansp. Verord. von 1665 sollten von den Wirthen „ohnangezeigt, keine Leykäuf mehr gehalten werden." „Leukauff fortasse dicendum est bleibkauff cum rei emptae fides sancitur arrabone seu symposio", meint das Prompt. v. 1618. verleitkâuffen, verleikaufen, durch vorläufige Darangabe (Leitkauf) kaufen; vorkaufen. Zeitschr. VI, 446. „Swaz verleickaufft wirt, der ez da kaufft hat, wil der daz nicht haymen und sich underwinden und lösen, so sol es der da verchaufft hat, für recht pringen"; Münchner Stdtb., Ms. von 1427. „Waz verleitchawft wird daz sol chraft haben"; Cgm. 27, Art. 39. „Die Käufler von München, die gehen auf das Gey und auf dem Lande um, und verleykaufen alles das, das man bedarf, in den Häusern; also wann ein frommer Mann auf dem Markt kaufen will, so ist es durch die Fürkäufer alles verleykauft und verkauft worden"; Kr. Lhdl. I, 227. Waren wol schon die Regenspurger Litchoufäre v. MB. IX, 481 und Gem. Chron. p. 226 solche „Fürkäufer" oder Unterhändler? In Handels-Angelegenheiten konnten (1192 in Wien) die Leute, die man Litcoufar nannte, kein Zeugniß gegen und wider einen Regenspurger ablegen, nur angesehene ehrbare Leute, sie mochten Wiener oder Regenspurger seyn, wurden wider sie zur Zeugschaft gelassen"; Gem. Reg. Chr. I, 283. „Auch wellen wir daz chain außer ichtes zewgnuß mog getun auf ain puriger noch chain puriger auf ain aussern mit den di da haißent leithawsser (im latein. Original litchouffære) nur allain sy haben ander erber lawt bei in"; Enser StR. v. 1212 in einer alten Übersetzung bey Kurz. Aventin (Chr. 314) macht aus „St. Leidger", (Leodegarius, Bischof zu Autun) einen St. Leitkauff.

Das Leut (Láid, Loid, Luid), 1) das Volk, (ahd. und mhd. daz liut und der liut, liud, ags. leod, isl. lydr, populus; Graff II, 193. BM. I, 1037. Weigand, Wbch. II, 43). Das mannəté Leut, das weibəté Leut, das Manns-, das Weibervolk. „Man hat noch schon Votivtafeln auf Wallfahrten, wo man brav daraus demonstrieren kann, daß das adeliche weibete Leuth damals grad so Schöpf tragn hat als itzt"; Bucher's Charfr. Processſ. p. 153. „Bei des kaiser Fridrichs zeiten gewan Margrauf Albrecht Brandenburg den Winden an. da ward vor erschlagen der grauf Berner von Osterburg und mit im liutes vil"; noch in der prosaischen Kaiserchronik, Ms. sec. XIV., german. Mus. Nr. 2733. „Alleu deu geriht, die wir uber daz selb leut und guot gehabt haben"; Meichelb. Hist. Fr. II, I, 105. II, II, 150, ad 1300. „Daz leut chom in michel not"; . . „daz leut was erswizzet"; . . „hil ez vor dem leut"; Chronik bis 1250, Ms. „Ob er des levtes wær von Galylæa"; Cgm. 64, f. 29. „Vor allem dem levte"; das. f. 50. „Do frewt sich daz leut alles", Luc. 13,17; Cgm. 66, f. 57. (ther liut, Otfr. passim; im plur. auch femin. thio liuti; smaliut, vulgus, gl. a. 582). 2) einzelne Person (wie im Englischen a folk, im Deutschen ein Frauenzimmer, ein Bursche, im Romanischen un camarada u. drgl.): ə˜ mannəts, ə˜ weibəts Leut, Mannsperson, Weibsperson. ə˜ faudi's, ə˜ schö˜s,
ə˜ schiəhhs ꝛc. Leut, eine geizige, schöne, häßliche ꝛc. 523
Person. Zeitschr. II, 96,42. III, 193,129. 304. 537,7. VI, 354. 422,33. Bist denn du á'-r-ə˜ *Leut?* unwillige Frage an einen Menschen, der sehr unvernünftig, unbillig handelt oder redet. Bist á ə˜ *Leut,* àbə' nét ə˜ *Leut* wiə ən andə's *Leut.* Er, sie ist ein guets Leutlein. Um Würzburg ist: das Leut (Lâit), Leutlein (Lâitlə˜) zunächst eine Person weiblichen Geschlechts. „Wem daz ebreiske liut (die schöne Judith) solde versmahen"; Diemer, Ged. 163,28. (Gl. a. 397: eliliut, alienigena; 437: purcliut, urbanus, civis; i. 1059: uuesterliut, Gallus). Hieher mag auch das leudis der alten Gesetze als Taxe, die für eine Person zu erlegen ist (Wergeld) gehören; cf. ags. leud-geld. Das litus hingegen wird wol dem isl. lidda (servus) entsprechen. Leut· als Plural der Composita auf Mann: Aigen-, Arm-, Auß-, In-, Frey- ꝛc. leut. Überleut, plur. von Übermann, „mediator seu arbitrator supremus", bey einem Compromiß auf Schiedsrichter aufgestellt; Ried 629, ad 1288. „So einig Urtheil und Recht von den Überleuten gesprochen würde, das soll keine Kraft haben." „Das Überleuten, so lange Zeit bisher geschehen ist, soll ganz ab seyn und füran nicht mehr gebraucht werden, auch niemand anders Macht haben, an einem jeden Landgericht Urtheil und Recht zu sprechen, dann wie vorsteht"; Kr. Lhdl. VII, 423. 481, ad 1474. MB. XXV, 28, ad 1432 kommt sogar für den Plural des in der b. Geschichte unsterblichen Familiennamens Schweppermann die Form Schwepperleut („N. N. die Schwepperleut") vor. 3) im Plural, wie hchd.; (russ. liudi). Dé baərisch'n *Leut,* volksüblicher als: die Bayern, wie ehmals thiudisca liudi (gl. o. 429), Germani; Uuestarliuti (i. 1059), Galli; Rumliuti (i. 732), Romani. ui Leut und Kinder! (Láittəkinnə'!) o pf. Exclamation, (vielleicht dem niedersächs. io Dute, s. Diet, vergleichbar). Zeitschr. II, 92,54. leutlich, (nordfränk.) von Gassen, Plätzen: frequent, (russ. liudnii; vrgl. manig, Anm. und gl. i. 47. 839: liutlih, publicus). Der Leutpriester, ä. Sp., plebanus, Pfarrer; MB. XX, 11. 250. XXIII, 189. 391. XXIV, 262. Dazu stimmt der jetzige Ortsname Leutkirchen, ital. la pieve, Pfarre, Pfarrkirche, (cf. gl. i. 241: liutproth, panes laicos). „Lutpriester, pferrer, parrochialis"; Voc. Melber. „In minre lütkirchen"; Cgm. 5, f. 233. „Ich Ruodolf der lupriester der lutkilchen ze Steina"; Urk. v. 1307, Kopp, Gesch. Fr. I, 44. Die lütkilch und den lütpriester zu Sempach betreffende Urkunde von 1492; das. III, 272—274. s. auch Kirchherr. Im Ags., Isl. ist leodbiscop, lydbiskup ein Suffragan-Bischof. Cf. Chron. Saxon. ad a. (970) 979, wo die leodbisceopas den ercebisceopas entgegengesetzt scheinen. Die Leutschwend (Lèd-schwent, Leidschwend; b. W.), calamitas, wie Volcswende (s. Th. III). Vrgl. oben, Sp. 1437: Laid. leutsälig (láidsáli'), a) wie hchd. leutselig; b) was leutlich. „Liutsalig sei im min rede, jucundum sit ei eloquium meum", Ps. CIII, 34; Ms. v. 1390. „Ist ein mensche krump oder ûzsetzig oder unliutsælic", (cf. weltläufig); Br. Berhtolt 250, Pfeiffer 229,10. „Liutselich, hominibus acceptus"; Cgm. 92, f. 18. „Wer läwtsälig

(hominibus gratus, ab omnibus amatus) welle sin ..."; s. Zesem. leutstützig, zurückstoßend. Vrgl. unter laut die alten Composita: liutpâri, liutmâri, publicus. Zeitschr. V, 19. Die alten Eigennamen, welche mit Liut gebildet sind, wie z. B. Liutfrit, Liutperaht (M.m. 35), Liutpald (Luitpold, Leupold, Leopold) ꝛc. entsprechen gewissermaßen den mit Thiot (s. Diet) und Folc zusammengesetzten. Leutstetten, s. unter lützel.

leuten, (ich leutet, hab geleut·t, gewöhnlicher ich litt, hab gelitten; s. Gramm. 950 und leiten. Zeitschr. IV, 110,48. VI, 443), wie hchd. läuten. 's erst, 's andə', 's dritt· (sc. Zaichen) leuten, d. h. zum ersten,
524 zweyten, dritten Male läuten. „Wer vor Rath nicht komme ehe man das dritt hab geläutet, der soll 4 dl. geben"; Gem. Reg. Chr. ad 1333. auf und auf leuten, mit allen Glocken; Zeitschr. VI, 443. 's Bêd leuten, zum Ave oder englischen Gruß läuten, Morgens (ad auroram, seit 1390; MB. XX, 54) und Abends. Mittàg leuten, auf dem Lande 11 Uhr Morgens. Die Angst leuten, am Donnerstag Abends. Die Schidung leuten, am Freytag um 11 Uhr Morgens. Zu Himmel leuten: „Bis an den osterabent so man der fasten zu himel leut"; Cgm. 823, f. 5. D·n Hund *zə Grôb leut·n*, der Katz *in Taudt·n leut·n*, R. A. (Nürnb.) im Sitzen die Beine hin und her schleudern; Zeitschr. V, 330,302. Die Sauglogken leuten; das. VI, 443. vipleuten, ebendas.; wetterleuten, ebendas. „Das er (der charlan?) zu dem zamgeleitt zu der pfarr chöm"; Cgm. 3941, f. 102b. An einer Thürklingel leuten, dem Bedienten leuten, d. h. schellen. beleuten. „Am Gerichtstag mag man das peinliche Gericht mit der gewöhnlichen Glocken beleuten"; Carolina pen. LXXXII. „Mit beleuter Gloggen besamen, convocare per campanae sonitum"; MB. IX, 225. 607, ad 1395. Dialektisches Calembourg-Räthsel: Wer *leitt* (leidet, läutet) wenn də' Mésnə' krank is? (gl. i. 712: „arliutit uuesan", resonare; 778: liudota, obloquitur; M.m. 81: lop lutten, laudes sonare; i. 1060: luttet in tuldi, buccinate in neomenia; vrgl. laut).

Die Litaney (Lètəney). Vor Zeiten wurden an sogenannten Frauenabenden vor der Bildsäule am Münchner Schrannenplatz figurierte Litaneyen abgesungen. R. A. ə˜ ganzé *Lètəney*, eine lange Folge von Namen oder Prädicaten.

„Litphanlant, Letphania", (Lithuania?); Clm. 5877 (XV. sec., 1449), f. 123.

Der Littem, (wirzb. Stadtbaurecht v. 1767) Letten, Lehm. s. Letten.

Litter, Buchstabe. „Mit dreyen littern geschriben"; Cgm. 714, f. 197. Weigand, Wbch. II, 41. Litterey. „Perfidia, unglaub, afterglaub, litterey"; Cgm. 3985, f. 4.

„Wasser lot (?), aquaeductus"; Clm. 17456 (2⁰ maj., XV. sec., 1463), f. 180. Vrgl. Diefenbach 43: wasserlaid, w.-dol.

Das Lôt, 1) ä. Sp., das gießbare, schmelzbare Metall, vorzugsweise das Bley, (niederd. loet, Diut. II, 227; agſ., engl. lead, plumbum. BM. I, 1043. Weigand, Wbch. II, 67. Cf. Notk. 65,10: „Luotost unsih also man silber tuot, probasti nos." Vrgl. Zeitschr. III, 308). „Büchsenlot, pila plumbea"; Prompt. von 1618. „Kraut und Lôt", (Pulver und Bley). „Das Lott oder Bley"; Feurbuch, Ms. v. 1591. „Jeder Artillerist soll sein Geschütz nebst zugehörigem Kraut und Loth wohl in obacht nehmen"; wirzb. Artillerie-Artikel. „Zwiu sol der rîchen witwen lât, ân daz sie dest mê bitel hât? Ir grôz guot wol füegen kan, daz sie nimt ein junger man. für ir alte runzen gît sie im silberpunzen: die kan er wol nützen und rent ir ûf die sprützen"; S. Helbling VI. 187. 2) Stück Metall von bestimmtem Gewichte, Loth. Karles lôt, s. oben, Sp. 1291. Das Gelœte, Gewichte zu einer Wage. „Di gelöte sullen alle gephaecht sein nach der fronwage"; Rechtb. v. 1332, Wstr. Btr. VII, 101. „Ez suln di fleischhakcher newr eisnein gelöt habn, und sol ir gelöt gerichtet sein nach dem frongelöt und sol als manig loth habn als manig phunt ez hat"; Münch. Verord. v. 1427, Wstr. Btr. VI, 152. lœten, 1) durch Übergießen mit zerschmolznem Metalle (Bley, Zinn) verbinden, löthen; (schott. to leote, to late). Zeitschr. IV, 103,4. „vergleden"; Frwbch. p. 407. 2) schwer, vollwichtig, fest machen; BM. I, 1043 f. „Darin (im Herzen) so ist ir zartez bild gelœtet"; das. 602. „Ir last ist ûf mich einen gar gelœtet"; Labr. 675. 3) im Scherz: trinken, viel trinken. Der kann lœten! (Ich denke dabey an das böhm., russ. ljti, poln. lać, gießen und schmelzen, womit das böhm. letowati, löthen, und lot, Loth, verwandt seyn können). Die Lœt, das übergossene Metall, die dadurch bewirkte Verbindung, Löthung. R. A. Dà mècht aə˜n ja dengə˜ glei' d· *Lètt* aufgə˜, das ist zu arg!

Die Lote, s. oben, Sp. 1527: Summerlatte.

lotteln, was lottern. Der Lottel (Lóttl), Lötel (Lê'l), Mannsperson, an der man eben nicht die Kraft zu loben findet.

lotter (lodə', ludə'), adj. u. adv., locker, abgespannt, laxus, eig. u. fig.; (Graff II, 203. BM. I, 1044. Weigand, Wbch. II, 68. Vilmar, kurhess. Idiot. 254: lotter, lotterig. Zeitschr. II, 76,3,12. III, 302). „Lugk und loder"; Selhamer. 's Band is *ludə* wor'n, (lose). 525
'Bank is *lódə*, sie wackelt. Z· Miəspə' is ·s ə˜ Wál *lodə'* zuəgangə˜, (locker, ausgelassen, luxuriose). „Du bist mə' vil *z·lodə'*", (zügellos); Schosser 68. 145. „Ein loderer Bruder"; Selhamer. *lodə'* dəhergê˜, abgespannt, matt. lodderleer, (rheinpfälz.) ganz leer. lottern (lodə'n), vrb.; Zeitschr. III, 302. VI, 442. Die Bank *lodə't*, wackelt. Dəher *lódə'n* oder *lótt·ln*, schlapp einhergehen. Die Knie lottern, schlottern. Der Lotterer (Lódərə'), das Fieber, der Schüttler. Der Kniə-*lódərə'*, (O.L.) das Schlottern der Knie; Mann mit schlotterndem Tritt. (Gl. a. 212: lotara, cassa, inania; 295: zi lotare fitan, labefactus; i. 529: lotarun spracha, naenias, vanitates; Notk. Ps. 11,3. 35,4: „lóter chôsont sie, vana locuti sunt"; sines mundes uuort sint unreht unde lóter, verba oris ejus iniquitas." Im Isl. besteht neben latr, segnis, eine Form lödur; s. Lettfeigen).

Der Lotter, 1) ä. Sp., Mensch, der sich dem liederlichen Leben, besonders dem Spielen und Possenreißen ergeben; (BM. I, 1044. Weigand, Wbch. II, 68. Zeitschr. III, 313. 458. VI, 435. Cf. slaw. Lotter, Räuber; v. Lang). „Wann die handtspieler, scholderer, lotter, die besen buberej und dem Spilen nachgeen"; Münchner Urk. von 1433, (Wstr. Btr. VI, 179). „Item von der Loter, Freyharten und aller unerkannten Leut wegen"; Kr. Lhdl. I, 167. „Der loter und der spilman"; Br. Berht. 92, Pfeiffer 285,25. „lotter vel spilman, balatro"; Voc. v. 1429. „Histrio, lotter"; Windb. 170, f. 433a. Semansh. 33, f. 287. lotterlich, adj. „Ir (der Krahe) geschray und auch ir lotterlichs gerûder"; Balkn. 125. „lotterisch, scurrilis, vernilis"; Prompt. v. 1618. Die Lotterey, (mhd. loterîe; BM. I, 1044), leichtfertiges Wesen. „Spotterii und manigerlay lotterii"; Wallerstein. Ms. v. 1449. „Was sich onselden fleizzet und lotterei richtet und machet", Balkn. 86; „mit manger lottereye", das. 133; die mürdig lotterey", das. 136. „Weil manches junge Blut durch Spielen um das Seinige gekommen, an den Bettelstab oder in Lotterey gerathen"; bayreut. ältere Polic.Ord. Auch im Agſ. u. Isl. kommen loddere, loddari für nebulo, scurra, agſ. lodrung für nenia, scurrilitas vor. (Gl. i. 165 finde ich ein dunkles „purdi loteres, fascinatio", neben gl. i. 100: „upar lôd marta, fascinavit.") Der Platzlotter, ä. Sp., herumziehender Possenreißer, Gaukler; der Lottersinger; BM. I, 1041. II, II, 302. „Ich mein die lotersingær, die gênt vůr der herren tisch... niht weiz meister Rûebentunst, waz im riuchet ûz der blater, sô er als ein platzloter vor des herren tische stât niur in sîner linwât"; S. Helbling II, 1292. 1298.

Das Lotterholz, s. Grimm's Mythol.² 1063. BM. I, 706. „Ein sprecher der welt sprechen einen spruch allensand der trug ein lotterholtz in der hand"; H. Sachs 1560: IV, III, 58 (1612: IV, III, 129). — Diese üble Bedeutung von Lotter hat zuweilen auch das oberländische *Lódə'*.

Bál' 's Diə'nl fàlsch is, und kimt àlls ə~'n Tàg, muəs də Buə' wól ə~ *Lódə'* (Tropf) sei~, bàl' ə's no~ màg.

Du Saəhh*lödəl*, bist auf ə~ Henn z· schwár, auf ə Mensch z·g·ring! derbe Abweisung aus dem Munde rüstiger Alpentöchter. lódə'haft, liederlich, bübisch. 2) Merkwürdig aber scheint es, daß dieses oberländische *Lódə* (gerade wie allgemein Bueb, w. m. s.) gewöhnlicher ohne gerade übeln Nebenbegriff für Bursche, Kerl, Geliebter, Mannsperson überhaupt gebraucht wird. „Namla (freilich) is ·s a Kreuz mit dö *Löda*", (mit den Dienstknechten): v Kürsinger's Ober-Pinzgau, S. 174. „Də' Joseph is ə~ schoinə', laudə', fruətigə' *Lódə'* gwe'n".. „Flég·ln seits, 's Land ausspebhə~ mèchts gern, gəlts *Lódə'!* Ná~, Herr, fridsamé Heitə' sándmə' ə~fəltigé *Lódə'*"; Göschl's Joseph in Egypten. Is 's Deənl no~ nét truckə~ hintə n Ou'nən, und hàt scho~ ə~n *Lódə!* Də Hans is də' Stásl iərə' *Lódə'*. Bey P. Gansler (p. 43. 72, ad 1696) sagt man Männern: „das gute, kleine ꝛc. Löterle." lödern, lédə'n, vrb.,
526 von Mädchen: den Mannspersonen allzu hold seyn. Im untern Pinzgau wird (nach Fr. v. Moll) auch der Herdstier Loder (wie anderwärts Buə') genannt. Die Loderin ist daselbst ein Mädchen; (vrgl. Mensch, Kundin).

Die Lotterbank (Lodə bank), öfter blos: die Lotter, Lottern (Lódə', Lódə'n), Bank zum Liegen, die in Bauernstuben oberhalb der sogenannten Ofenbrugk, gewöhnlich schief, d. h. mit etwas mehr erhobenem Kopf-Ende, angebracht ist. Analog ist das ehmals mehr verbreitete Lotterbett für Ruhebettlein, Canapé, Sofa, schwäb. blos das Lotter. Weigand, Wbch. II, 68. „Auf dem Loderbett ligen", (von Kranken). „Vom Loder aufstehen." Ottinger Mirakelbuch v. 1696. „Der Bauer hat seine Loderbank, wo er, ohne deswegen weniger zu essen zu haben, manchen Tag ausruhen kann"; Wstr. Btr. V, 334. „Der das weiche Federbett verscherzt, der muß sich selbst die Schuld geben, wenn er auf der hölzernen Loder schlafen muß"; Bucher's s. W. III, 205. **Dèr flackt 'ən ganz·n Tàg au' də' *Lodə'n*. Nà'ng Éss·n lég ə mi' àjmàj ə~ bissàj ə' d· *Lodə'n* auffi.**

Lötterling (?). „Ledə'len", (b. W.) Pilz mit weichem Hut; Kêiledə'len' oder Kêiledsch·n, Kuhpilz. ə~ *Ledə len'*, ein weiches Ding überhaupt. Cf. letschet und liederlich.

Der Loitel, träger Mensch, Tölpel. Cf. česk. laudal, laudak, lauda, langsamer Arbeiter; laudam se, langsam arbeiten, zaudern. daherloiteln, vrb.; (s. lotteln, lottern, obschon hier nach Gramm. 258 ein Leutel, vielleicht nur Diminut. von Leut, 2) annehmbar schiene. Vrgl. a. Leutsch).

Loiten, Loiden, s. oben Laiten.

Luther. „Sie seint auch in Bann mit der That die Martin Lodder haben entpfangen", Gothard Schmalz, Reime über das Pfaffenstürmen zu Erfurt 1521, (spottweise); Cgm. 4908, f. 248. Das Lutherthum, so nennt der gemeine katholische Oberpfälzer den durch Luther reformierten Kirchenglauben. Das Lutherthum annehmen. Dieß und jenes ist im Lutherthum geschehen, d. h. zur Zeit als in der ganzen O.Pfalz die Reformation herrschte, von circa 1536 bis 1628. Sich im Lutherthum aufhalten, ins Lutherthum gehen, d. h. in ein Land, dessen Einwohner Protestanten sind. Der Lutherer, Lutheraner; tirol. Kirchtag 1819, p. 72. lutherisch, adj. „Wilhelmus dux Bauariae dixit ad suos aulicos saufft, frest, huret: werdet nur nicht Lauterisch: sic enim dixit pro Lutherisch denn er war ein Sewbair"; Clm. 940, f. 687b. Luthrische Jauch, (Tir.) Flächenmaß von circa 75000 □ Fuß, noch zur Zeit hie und da im Gebirge üblich. lutherlen, vrb., sich zum Protestantismus neigen.

'Lutte, Lappen, Fetzen, Lumpen (?); vrgl. oben, Sp. 1444: Loden, Ludel.' „Sæh ich alle münche tragen gewant mit silber beslagen, und die leien kutten, sæh ich in haderlutten alle rîche fürstinne gân"; S. Helbling III, 286. BM. I, 608.

Lutter, Ludern, (Zillerthal) Zwergbirke, betula nana; Ludern, Ludrach, betula ovata, Alpen-Erle, Zwerg-Erle.

Lutten, Röhre. „Durch lutten oder rör einen guten luft treiben"; tirol. Bergw., Cgm. 1203, f. 124. 151. 'Vrgl. d. folg. Wort.'

luttern (ludə'n), onomatopoetisches Verbum für den Laut, mit welchem eine Flüssigkeit aus einer engen Öffnung herausfällt. lutteln, dasselbe, (mehr im Diminutiv). Der Lutterer (Ludərə'), der Lutterkrug (Ludə'kruəg), Krug mit engem Halse; Wstr. Btr. IV, 413. Die Luttel (Ludl), dasselbe, mehr diminutiv. s. auch Ludel.

'lüttig, s. lützel. Zeitschr. I, 274,11.'

Luet. In dem authentischen Verzeichniß (Rotel) der vom kaiserl. Landgericht zu Rotenburg a. d. T. gefällten Achtsprüche vom J. 1274 an (sonst gemeinhin das Rotenburger Landgerichtsbuch genannt) fand Zenker*) das Wort lûth „in der dem Gerichtsstyl üblichen Bedeutung von gewaltsamem nächtlichen Raub und Brand"; nemlich ad 1274: „Ad querimoniam Hermanni de Vruersheim et domine Adelheidis de Nivsezze pro raptu et incendio facto de nocte quod lvoth dicitur sunt proscripti Conradus dictus Stehellin, Ludevicus advocatus de Herriede; . . . pro spolio quod dicitur lûth et incendio nocturno". . . ad 1276: „Ad querimoniam Siffridi de Gesseler (Geßlau am Wald) pro crimine quod heimsûche et lûth dicitur sunt proscripti Conradus Knebelin" (et alii 11). Cf. Notk. 65,10: „luotost unsih also man silber tuot, probasti nos"; (s. oben, unter: das Lôt). Grimm I³, 198: „luot (für lût, von lüejen gebildet), clamor, barritus militum; agſ. hlôd, turma." Leges Inae von 696, §. 13: „theofas we hâtad od seofon men, from seofon hlod od fif and thrittig, and siddan bid here"; §. 14: „se the hlod betigen si geswicne se hine be hundtwelftigum hyda odde swa gebete." Saxon. chron., Ingram p. 106, ad 879: „gegadrode on hloth Wicenga", assembled a band of pirates"; das. p. 115, ad 894: „hie foron hlothum and flocradum", in troops and companies. s. Lein-huet, Lueh und Loh.

---

latschen, letschen, lotschen, schlapp einhergehen, thun. Weihers: loatschen, watschen, durch den Koth waten; (Dr. K. Roth). Weigand, Wbch. II, 14 f. Vilmar, kurhess. Idiot. 238. Zeitschr. III, 134. Die Schuh verlatschen, auslatschen, sie vertreten, aus der Form bringen; (cf. lurtschen und lotter). Die Latsche, eingetretener Schuh; Zeitschr. III, 250,7. V, 465. verlatscht, lätschət (látschət, ledschət), (von Dingen, die fest oder derb seyn sollten,) schlapp, klebrig, weich, teigig. Zeitschr. III, 307. V, 465. VI, 442. Unausgebackenes Brod ist *letschət*. Beym Aufthauen wird der Schnee *látschət*. s. auch letzet. Der Làtsch, (Aschaff.) der die Beine im Gehen, die Zunge im Sprechen nicht recht aufhebt. Zeitschr. III, 307. VI, 442. Du bist ə~ *Hàdə'-làtsch*; (ObrM.). 'lætschen, schlaff u. weinerlich reden; Zeitschr. II, 466; vrgl. III, 503. V, 374.' Der Lätschi (Ládschi), fem. die Latschen, Person von unentschiedenem, unfestem Charakter. Birlinger, augsb.-schwäb. Wbch. 306. 'Vrgl. Letschen.' R. A. **Is dər erst Schnê ə~** 527
***Ládschi*, so is də' ganz Wintə' tádschi'.**

*) Der gute Oberlieutenant und Archivsecretär Ludw. Zenker ist gestorben nach langem Leiden zu Schalkhausen bei Ansbach den 21. October 1848.

Die Lätsch, (Ries) großer Mund. '(Birlinger, augsb.-schwäb. Wbch. 305; vrgl. unter latschen: lötschen)'; Schlag auf das Maul; Hure.

Die Lätschen (Ládschn): „Wann da' d' *Látschen* ins Mäul rinnt, aft spürz nöt und rö" (rede), sagt der mit dem Nachttopf begossene Fensterler bey Stelzhamer p. 70; der Látschen ist hinten, p. 179 durch „Lache" erklärt. „. . . in 'rä *Lätschen* (Lache) rauschi' umakrätschen": Lindermayr 89. „Wenn i' mi' in' rä *Lätschen* trenket"; das. 152.

Die Lätschen (Ládschn), (Inn-Salzach) der Krummholzbaum, die Legföhre, pinus pumilio L., nach Schrank (nat. hist. Br. II, 289) pinus montana. Zeitschr. VI, 442. Cf. čest. fleč, Krummholz, Knieholz, Pflugsterze, (flekam, knien); kärnt. lozh, Moosgras, Riedgras; lozhje, Binsengewächs, Lozhe, plur., Ortsname, Latschach; (Jarnik p. 87). Das Lätschach (Látschə'), Collectiv für viele ineinander verschlungene Büsche dieser Art, die wie eine Art Filz noch solche Gebirgshöhen überziehen, wo kein größerer Baum mehr fortkommt. Schinderlätschen, rhododendron; Dr. Unger. Der Lätschbock, Gemsbock, der sich gern im Lätschach aufhält. Die Jäger sagen, ein solcher Gemsbock sey von seiner Herde, die er einmal schlecht geführt habe, ausgestoßen, und lebe fortan als Einsiedler und Mönch. Er nehme daher am Fleisch sehr zu und gebe einen guten Bissen. Vrgl. Lärtschen und Legken.

Lautsch machen, (Wien) aus Kienstöcken das Kienholz aushauen und zum Brennen in Bündel binden.

Der Letsch: „Salben apostolorum" . . . 'seichs auff ein wasser und pers under den hennden in einen letsch" (?); Cgm. 170, f. 8b. 'Vrgl. d. folg. Wort.'

Die Letschen, (b. W.) feiger Mensch; Gebäck, das in sich gesunken. 's. oben: Lätschi, lätschet.' Keiledschn, Kuhpilz; s. unter Lotter: Lötterling.

Die Letschen, Lötschen zu Salzburg, (loggia?). „All wein, die zu verkaufen samweis hergebracht, sollen in die Letschen gefurt, doselbs nidergeslagen und ninndert anderswo dann doselb in der Letschen verkhaufft werden"; Salzb. St.Ord. von 1524, f. 54. „Letschen des Eisens"; ibid. f. 55. Lätschenmaister zu Salzburg, Aufseher der Weinniederlage; (Zir.).

Der Leutsch, träger Mensch. „Männer, nit nur ein stuck fleisch oder sonst ein faulen Leutsch, Mars begert"; Balde's Lob der Magern. „Nun hab ich unsers pfaffen magd ein große Laitschbiren genummen", sagt Heinz Heberlin bey H. Sachs 1560: V, 347 (1612: V, III, 18). Birlinger, augsb.-schwäb. Wbch. 312: Leizschbirnbaum. Vrgl. Loitel und Lätschi.

'lötschet, adj., s. d. vorige Wort und oben: Lätsch, Lätschi.' „Grob ungeschickt tölpet und lötschet schluchkisch on zucht peurisch und lötschet"; H. Sachs 1560: II, IV, 83b.

lóètsch, link; (Weihers, Dr. K. Roth). Vilmar, kurhess. Idiot. 238: lätsch (loitsch). Zeitschr. VI, 30.

Die Lutsch, Lutschen, träge Person; Hure. Weigand, Wbch. II, 77. s. Lursch, Leusch, Lätsch.

Der Lutscher, (Aschaff.) Schnuller, Sauglappen. 'Vrgl. unten lutzeln. Weigand, Wbch. II, 77. Zeitschr. VI, 355.'

(Vrgl. Laf, lef, ꝛc.)

lavenetteln, lavinetteln, so spielen (besonders im Kegelspiel), daß jeder nach seiner Tour den all' avvenente, d. h. à proportion oder pro rata der von ihm gemachten Points (Kegel), treffenden Gewinn vom gemeinschaftlichen Einsatz gleich herausbekommt. Zieht man z. B. für jeden Point einen Groschen, und befinden sich nur noch 3 Groschen im Einsatz, so darf derjenige, den nun die Reihe zu spielen trifft, auch nur 3 Points machen, sonst muß er, es sey denn das sogenannte Überhalten beliebt, so viele Groschen, als er Points mehr gemacht, in die Kasse legen. Der einfache Ausdruck: nach advenant, d. h. à proportion, kömmt in ansp. Verordd. des 17. Jahrhunderts öfters vor. „Pièces, wie solche nach advenant der Zeit (chronologisch) vorkommen"; Cgm. 3884, f. 1.

Der Levit, 1) wie hchd. 'Die Leviten lesen, Zeitschr. III, 305. V, 329,242. VI, 320,260.' 2) eine Art Überrock. Gl. o. 404: levitatorium, uberruchi. levitieren, (kath. Kirchensp.) als Levit (Diaconus oder Subdiaconus) die kirchlichen Ceremonien verrichten helfen. Vrgl. Letzner.

(Vrgl. La, le, ꝛc. und Lab, leb, ꝛc.)

Der Lew (Lêw, Lêh, o.pf. Lèib, dem lêuo gl. o. 102 entsprechend), der Löwe, (ahd. leuno und leo, pl. leon, mhd. lewe, genit. u. pl. leun; Notk. 34,17: fono louuuon. Konr. v. Wirzb.: lauwe, der Löwe als Schildzier; Maßm. Denkm. I, 142. Diut. III: lêu. Vrg. Th. IV: das Welf. Graff II, 31. BM. I, 967. Weigand, Wbch. II, 69. Voc. v. 1419: leb, v. 1618: Lew. Cgm. 54, f. 53a und öfter: der leo, des, dem, den leoen, lewen; auch der leb, die lebinn, f. 37a). „Ein leo gên unprîse"; Labr. 88. „Ein üble lewin" (1460); Monac. Augustin. 84, f. 69. Vrgl. oben, Sp. 1495: die Lunze, Lünze, leaena. Die Löwengruben, (Wien) Gefängniß; 'vrgl. unten der Löw.' Der Lebengarten, der Lebmaister in Münchner Rechnungen v. 1589; Cbm. 2095. „Dem Lebmaister ain grantl von Märblstain für die Luren gehauen", (1592); der Lurenstall, (1571). Die Gesellschaft von dem 528
Leon oder der Lewler- oder Lebler-Bund, gestiftet von unzufriednen Adelichen gegen Herzog Albrecht im Jahr 1489. Kr. Lhdl. X, 173. Hund, St.B. I, 286. 315. cf. unten Löw. Lewenberg = Lemberg.

Der Lewer, ä. Sp., Aufwurf, Hügel, hie und da noch als Nomen proprium; (ahd. hlêwari, mhd. lêwer; Graff IV, 1093. BM. I, 954). „Man hat in dieser Gegend (bey Geiselbuelach) drey Hügel (nach Grab-Antiquitäten) untersucht, und mit dem größten, welchen die Bauern den Leber oder Leberberg nannten, den Anfang gemacht"; (Wstr. Btr. IV, p. 367. 372). „Mit Lebern (Grenzhügeln) werden (in Österreich) die Fluren eingefangen"; Popowitsch U. v. M. „Die Aren von dem Lebern (Leberberg, Jura) ab untz do die Ar in den Rin gat"; (Kopp) Samml. eidgenöss. Abschiede I, 35, ad 1405. „Der lewer mer dann hundert klafteren braite die volle het all umbe, und gaben grete-staffelen darauf gelaite." „Gras und kraut des wart der lewer âne"; Tyturel. Gl. i. 288: leuuari, aggerem; gl. i. 854: in leirum kaleganiu, in tumulis sitae. Dieses Wort scheint eine Ableitung des einfachern Lê, (ahd. hlêo, gen. hlêuues, goth. hlaiv, mhd. lê, gen. lêwes; Graff u. BM., a. a. O. gl. a. 297. 361, i. 37. 228. 296. 854. 1115. 1185: tumulus, acervus, agger; schott. law, angels. hlaeve, dem lat. clivus entsprechend), welches auch im alten Ortsnamen Mara-chleo als Gegensatz von Marapah (Ried ad 890, von Lang's Regesta I, p. 22) zu Grunde liegen mag. Cf. engl. Ortsnamen wie Taylow, Ludlow, dänische wie Haderslev, Graflev. Thorpe. cod. Exon. 507. Müller, etymol. Wbch. II, 49. „Uf der heide und uf dem le"; Diut. II, 130. „Die suren risen und sne die hie selwent grünen lê"; das. 159. „Ich stên ûf der sünden lê, der solde ich mich gelouben ê"; S. Helbling XII, 15. Vrgl. das. V, 14: „So mir die Unger nement rê („rer"), sô vert er jagen hin ze lê („hintz ler"). Vrgl. oben, Sp. 1402: Läbl.

Der „Löw", a) s. oben Lew. b) (Nürnb., Hsl.) Gehilfe des Scharfrichters bey Executionen. Sein Geschäft war sonst, über den Missethäter Zeter zu rufen, (wornach etwa an das alte louuan, mugire, clamare?, zu denken wäre; s. luen). „Ey so hast du tragen des bloch da dir der löw die baucken schlug", sagt eine Bettel zur andern; H. Sachs 1560: III, III, 13b. In der b. Hofrechnung v. 1595 (Wstr. Btr. III, 113) heißt es: „Item beurlaubt Sigmund Frank, der Hofprovoß Löbmaister worden ist." s. Lex. v. Frank. I, 55.

Der Löw. „Einen Löwen gießen", sich erbrechen. „Denn geust ein löbn der volle man; H. Sachs 1560: II, IV, 101b. „Das man jn führen must zu bett da er ein löwen gießen thet"; das. 1560: V, 399.

Der Lœwer, Lohgerber; Vilmar, kurhess. Idiot. 254. s. Löh.

(Zu vergleichen sind die Formen Laß, leß ꝛc. der Reihe Las, les, ꝛc.)

laz, adj., der ahd. Sp., (nur noch in der Superlativform letzt statt letzist, lezzisto, lazzosto übrig; s. auch leßt u. laß u. vrgl. letz), tardus, segnis, serus; (ags. lat, isl. latr. Vrgl. Zeitschr. II, 394,70. III, 26. 42,42. 218,13. VI, 728). Du bist dǝ' *lëtzǝ'*, du kümst *ám lëtzǝ'n*, als der letzte oder hinten nach, (also Comparativ; ObrM.).

Lázl, (Wien) Ladislaus.

'Der Latz, ä. Sp., ein Ding, das endigt, begrenzt, hemmt: Saum; hchd. Latz; Schlinge, Fessel. BM. I, 942; Zeitschr. IV, 109,44. VI, 442; s. unten: die Letz.' „Den latz seines gewandes berueren"; Cgm. 630, f. 114b. Látzl, der vordere Theil des Mieders; (Isarwinkel, Rath Her). Zeitschr. VI, 512.

letzen, praet. lazte, (ä. Sp.) retardare, retentare, impedire, aufhalten, hindern, endigen, (ags. goth. latjan, isl. letia); in Nachtheil bringen, beeinträchtigen, verletzen, laedere; (ahd. lezzan, lezan, mhd. letzen; Graff II, 298. BM. I, 942 f. Weigand, Wbch. II, 42). „Welche êhaft nôt daran nicht irrte noch lazte"; Lori, L.R. 112. „Ez'n latzte in êhaftiu nôt", (wenn ihn nicht ein gesetzlich entschuldigendes Hinderniß abhielte), Iwein 2933. „In heizer minne rôste můz man daz jagen heben unde letzen", (anheben und enden?); Labr. 106. „Doch jagt in (den Hund) an vil manger der jagen weder hebet oder letzet"; das. 304. „Daz mocht den Abt an seiner Freihait nit geletzen"; MB. XXV, 294. „Daz er geletzet wart an kraft und an der jugent varbe"; Titurel. „So kan mich daz an gůtem můte letzen"; Labr. 230. „Laß auch kein'n Schmeichler sich aufsetzen, die hinterrucks
529 so tückisch letzen"; H. Sachs. „Einen verletzen bey Jemand, (ihn bey demselben durch böses Gerede benachtheiligen); Höfer. „Disen trostin, genen letzin"; Diut. II, 151. Zeitschr. IV, 2: die Letzi.

letzig, letzlich, (ä. Sp.) schadhaft, im Gebrauch seiner Glieder verhindert. „Welcher den andern bainbrüchig, lidsiech, lemig oder sunst letzig slecht"; MB. XXIII, 667, ad 1499. „Ob er in läzlichen slug"; Rechtb. v. 1332, Wstr. Btr. VII, 138.

Die Letz, Letzen, (Ansp.) Schlinge, Schleife zum Festhalten, Zurückhalten. Cf. ital. laccio, span. lazo, (Diez, Wbch. 197); slaw. leč. Das Letzenbrett, Brett mit Schlingen zum Vogelfangen. anletzen, vrb., anbinden. Vrgl. Latz und Geläß hinter laß.

Die Letzen, (ä. Sp.) Anstalt zum Abhalten des Feindes, impedimentum, Schutzwehr, Verhau; (mhd. letze; BM. I, 943,5. Weigand, Wbch. II, 41. Birlinger 314. Zeitschr. VI, 447). „Mauren, tor, turn, und letzen was man vil schon besetzen"; Mich. Beham, Wiener 78,6. „Mit ainer häkenpüchsen, die er het in seiner letzen"; das. 94,27. „Dy vest warn sy besetzen an allen enden und letzen"; das. 294,2. „Wich aus seiner Letzen, die er die Nacht zu verwarn angenommen", Dietr. v. Plien. „Die Marckh geht von der Iller angefangen herüber in die Letz zu Nortwang"; s. oben, Sp. 856: Tigew Röttenberg. In Cham heißen die Häuser zwischen dem Regen und der hochstehenden Stadtmauer „in dǝ' *Létz*." Bey Stalder II, 169: die Letzi, ags. lätting, engl. letting, impedimentum, obstructio. Vrgl. oben letzen und: „(Non ripa retardat) prohibebat, lazta (ruentes equos)"; gl. i. 550. „Den kunic wold er letzen siner widervart", (ihn an der Rückkehr hindern); Grave Ruodolf Fb 3, (W. Grimm p. 21).

Die Letz (Létz), a) Ergetzung (durch Trinken, Essen, Tanzen ꝛc.), die man einem Scheidenden bereitet; (etwa unter dem Begriff des Aufhaltens, Zurückhaltens zu obigem letzen, retentare, gehörig; mhd. letze; BM. I, 943,2.3. Weigand, Wbch. II, 41. Birlinger 314. Zeitschr. III, 295. 312. 552,44. VI, 280. Cf. oben, Sp. 1524: leßt). Einem ǝ~ Letz geben, halten, mit ihm die Letz trinken; (vrgl. Litzl). b) ze Letz geben, zur Ergetzlichkeit geben, als Trinkgeld geben. Zeitschr. III, 552,44. VI, 280,27. „Do der kayser sterben solt. do ruoft er seinen sun und sprach zu im ich han einen guldein appfel gar tewr den schaff ich dir ze letz und ich gesegen mich damit von dir"; Cgm. 54, f. 51a, (Gesta Romanor., hg. v. Keller, p. 98). „Dabitur mutuario pro leza xii dn. et servis suis duo denar."; den chnechten zwen W. Pfenning zu letz"; MB. IV, 348. 372, ad 1256 und 1423. „Pro letza puerorum"; Raitenhaslacher Salbuch 1338, Cbm. 5, f. 3b. „Auf letz und ander trinckgelt"; Hofrechn. v. 1467, Wstr. Btr. V, 201. 202. Der Gastknecht „hat tail in der letz" mit dem Kammrer und Maisterkoch; Scheirer Dienstord. von 1500, f. 13. „Der N. N. und ihren Ehhalten für ihre Mühe und zur Letze . ."; Kr. Lhdl. XII, 15. „Du solt mirs ze letz lan"; Heumann, opusc. 387. Ze gueter Letz, auch wol Letzt, pour la bonne bouche. „Non vole vuy lagarne la ben andada, wolt ir uns nicht die letz lassen"; Voc. veneziano-todesco v. 1424, f. 104a. c) ironisch, d. h. in übelm Sinne. Einem eine Letz lâßen, ihm einen Possen, Schabernack spielen. „Einer lötz besorgten sich" beym Abzug der Schweden am 7. Juni 1632 die Münchner. Wstr. Btr. VII, 318. „Eva hat uns allen ein grobe Letz gelassen, Maria hat uns widerum allen Beckhl vertriben"; Selhamer. „Hat mir diese Letz verlassen, hoc mihi monumentum reliquit"; Prompt. v. 1618. Unter Kindern ist die Létz oder das Létzl der Streich, den sie sich einander beym Auseinandergehen zum Abschied beyzubringen suchen. Sich letzen an Einem, zuletzt noch sein Müthchen an ihm kühlen; (wol zunächst auf Bedeutung c) bezüglich, während das auch hchd. sich letzen besser zu Bedeutung a) paßt).

Die Lètz, Lètzen, Lètzgen, lectio, Lection, Aufgabe im Buch für das Schulkind, (ahd. lecza, leczia, mhd. lecze, letze; Graff II, 163. BM. I, 957. Birlinger 315. Weigand, Wbch. II, 25). „Der heiligen leczen grûz"; St. Ulrich's Leben V. 1297; Cgm. 94, f. 67a. „Die erst leczig"; Cgm. 80, f. 181. Der Letzmerker, (Hsln.) Papierchen, das, um eine Stelle wieder zu finden, in ein Buch gelegt wird. Figürlich sagt man zu den Jungen, denen man bey Setzung eines Marksteines eine neue Münze, oder auch wol eine Maulschelle ꝛc. gegeben, daß sie sich dieses Letzmerkers erinnern sollen. Der Letzner, ä. Sp., Buch, aus welchem, Ort, an welchem, 530
Geistlicher, von welchem in der Kirche Lectionen gelesen werden, Subdiaconus. „Evangelier (diaconus) und Leczner (subdiaconus)"; MB. X, 59, ad 1277. Rchtb. von 1332, Wstr. Btr. VII, 35. 189. „Dy funft weich oder orden haist subdiaconatus so er leczner wirt . . . also mussen sy noch heut dien den priestern den chelich beraiten wein und waizer dar ein giessen"; ZZ. 1809, f. 46. cf. oben, Sp. 178: Ewangelier.

letz (létz), adj. u. adv., a) verkehrt, der rechten Seite entgegengesetzt; cf. oben, Sp. 1502: lurz, lerz u. Zeitschr. III, 189,39. 295a. 312. 399,15. VI, 280,33. 447. *Dé létz Séit'n von ǝ~n Tuǝhh.* b) von zweyen oder mehrern Dingen nicht das rechte. *Dé létz Hand,* die linke. *ǝs is mǝr éppǝs i~'n létz'n Hàls kemǝ~,* d. h. nicht in die Speise-, sondern in die Luft-Röhre. c) dem Rechten, d. h. dem, wie etwas seyn sollte, überhaupt entgegengesetzt. *Dés hàst létz g'macht,* nicht recht. *Miǝr is létz,* mir ist nicht recht. d. h. übel. d) (von Sachen) schlecht. *ǝ~ létzǝ Biǝr, Brod, ǝ~ létzǝr Ackǝ'.* „Die Satzmeister sollen das Bier, so viel es letzer ist, näher (niedriger im Preise) setzen"; Kr. Lhdl. XII, 378, ad 1493. „Ein Gut nicht letzer sondern besser machen"; Urbarsgebrauch. Lori, BergR. f. 25, ad 1423. 262. „Ich (Lienhart Burger) sol auch das obgenannt Güettl (zu Urbas) . . . innen haben, also, das es an allen dingen pesser, und nicht letzer, werde: Urk. v. J. 1475, (ad Traunstein). „Wir sullen . . . (das Gut) also jnhaben, das es in vnnser gwalt pesser vnd nicht letzer werde"; Urk. v. 1488, (ad Traunstein; Dr. K. Roth). „Ein Guet daz weder daz best noch das löst (letzeste) ist"; MB. VI, 596, ad 1341. „Nu rœt vns ein andre heiligi mûter. haizzt Ecclesia. daz wir vnser leben chern in ein pesserz wez wir vnß da her lettzer sein gewesen"; Cgm. 54, f. 2ª, (Gesta Romanor. hg. v. Keller, S. 2). e) (von Thieren und Personen) schlimm, böse. O, Si sán' ə˜ létzə' Herr! ə˜ létzə' Buə', ə˜ létzs Kind. Verstärkt: hautletz, krautletz. „Má˜ Muədər is hautlétz auf mi'"; J. Th. Fischer in Kaltenbrunner's oberösterr. Jahrb. 1844, S. 254. Krautlétz, (v. Kindern) böse; Oberaudorf. Létzé Leut, Heren und Zauberer, die den Menschen oder dem Vieh éppəs Létzs antuen können. „Das zur Nonne bestimmte Mädchen, in welches sich", wie des Paters Exorcismen gezeigt, „ein Malefiz von lötzen Leuten geschlagen, rotzte und pflehnte, wenn man ihr vom Klostergehen sagte . . ."; Stephan's Predigt v. 1777. „Dieser letzte (Apostel, Judas) ist gewesen der letzeste"; P. Abraham. f) krank. Hei˜t Nàcht is sie (die kranke Person) so létz wordn, das I gmaə˜t hà˜, si stirbt. ə˜ létzé Hand, ə˜n létz·n Fuəs hàbm. Die Letzin (Létzé, Létz·n), der unrechte, üble, schlechte, schlimme Zustand. „Nach des Fleisches Güte oder Letze"; L.Ord. v. 1553, f. 135. Schon in der ahd. Sp. lezi, lêzi, leizi, (Graff II, 316. Grimm, Gesch. d. d. Sp. 989). „Auuikkiu slahta unde lezziu, generatio prava atque perversa"; Notk. p. 262. Diut. III, 132. „Unde mit démo lézzen uuirdest dû gezigen lêzzi, et cum perverso perversus eris"; Notk. Psalm XVII, 27. Gleich darauf aber steht „perversis, leîzzen", womit vielleicht gl. i. 583 „leizit, vituperat", zusammenhangt. Cf. goth. altſ. lat, tardus, segnis, wie κακός; bôsi, ignavus. Ulfilas, Luc. 19,22: „unsêlja skalks jah lata"; (also zu laß, letzen. Grimm, RA. p. 305. 306). Vrgl. auch engl. left (= lebz = letz; wie holl. creft = krebez, Krebs). (Sonderbar, daß auch der Catalane sagt: axió está lletch, spr. ljètsch, das ist nicht recht).

ain-létz, s. ain-lutz.

lèzət, schlapp, fehlerhaft weich, klebrig; (cf. agſ. wlätta, nausea; wlättan, nauseare, fastidire). s. lätschen.

-leizig (-leizi'), Adjectiv, das einen sehr geringen Grad von Ausdehnung bezeichnet und nur in Verbindung mit dem erklärend vorangehenden, aber unbetont bleibenden Adjectiv der Art dieser Ausdehnung gehört wird: dünnleizig, kurzleizig, schmalleizig, am häufigsten: klainleizig. ə˜ klaə˜leizi's oder klaə˜s leizi's Büəbə-l, Dingə-l ꝛc. Es stimmt diese Form zum goth. leitils, agſ. lîtl, isl. lîttill, parvus (Grimm I³ p. 343) besser als zum mhd. u. ahd. luzig und luzil, liuzil; (s. lützel). Das ei (î) findet sich übrigens noch in einigen andern Fällen mit ie (iu) verwechselt;
531 sieh z. B. leichten, scheiben, Feichten. Oder sollte nach Gramm. 247, aber gegen 257—260, ein leuzig angenommen werden dürfen? „Arnoldus de Lucilstetin", (wol Leutstetten; Förstemann II, 961), Zeuge einer Tradition zu Benediktbeuren; Clm. 4604, f. 146. Vrgl. Vilmar, kurhess. Idiot. 251.

Der Litz, Litzen, (O.Pf.; Nürnb., Hsl.), das Gelüste, die Laune, Grille, Tücke, Eigenheit; (ahd. liz, mhd. litz; Graff II, 317. BM. I, 1040. J. u. W. Grimm, d. Wrtbch. I, 33: Aberlitz). „Ich hab ein Litzen zu was kriegt"; v. Delling. „Der hat seine Litzen"; Hsl. „Deə' hâud ə˜n àlbə'n Liz." In Pez script. rer. austr. II, 290 liest man: „nach gräbes ordens litzen", nach der Weise, Regel des grauen Ordens? Im Münchner Barlaam und Josaphat steht: „Ze latein erz berihte durch Got und durch alsolche litte (in der Absicht? niedersächs.?), daz sich die liute bezzern damitte." „Mich tuot sin spehe litze dicke minre sorgen buoz"; Diut. I, 322. „Noh im mein litz in fræmden stat"; Cod. germ. membr. in fol. nr. 5, fol. 21ª, col. 2. „Ez (das Wild) kan mit widergengen spæhe litze"; Labr. 87. „Wilt du aber mit deinem litzen hin zu dem wein und bratfisch sitzen"; H. Sachs 1612: I, 1053. „Der gaul gieng langsam und war träg, der pfaff dacht, das ist des gauls litz bis er in gang komm und erschwitz"; das. 1560: IV, III, 97 (1612: IV, III, 208). „Witz kann für glücks litz"; S. Frank. „Früzeitiger Witz ist nit on litz"; ebendas. „Als dy nessel prennt von hicze also thût der mynne licze"; Cod. Moll-Oldenbourg. „Also dye nessel prent von hitz also tut der mynne lütz"; Asp. 49, f. 127. Vrgl. allenfalls auch gl. a. 194. 342: lizzon, effingere, lizitonti, simulata, licitunc, ficta, das isl. lit, aspectus, von lîta, aspicere, litr, color, das agſ. litig, procax, lytig, astutus, lutan, onlutan, inclinare se, und s. d. folgende Wort.

derlitzen etwas (das Einem vorenthalten oder verheimlicht wird), es endlich einmal zu riechen, zu schmecken, zu sehen bekommen. Wenn 'Katz 'en Spék ə˜ màl də'litzt hàt, is ə' nimmə' sichə' devour. Endli' hàn I·s də'litzt. Vrgl. das vorige Wort u. derlicken. Cf. angelsächs. lytig, listig; Ulphila liuta (Heuchler), liutei (List; Marc. 7,22); schwed. lut (Laune).

Litzl, (HhE.) jährliches Wirthshausfest einer Handwerks-Zunft, Dinzeltag. Häst á'm Schuəstə'litzl· bràv 'tanzt? Vrgl. Letz und Letitzel.

-lizen: himmelizen (w. m. s.) ist vielleicht nicht als himmel-izen, sondern als himmel-lizen zu erklären. Zeitschr. VI, 151. 442: lätzen, wetterleuchten. Dieses lizen als li-izen würde dem agſ. ligetan, blitzen, liget, fulgur, entsprechen. cf. laichen.

lotzen, (XIII Com.) schauen; 'lauern, Zeitschr. VI, 409,31. Vrgl. glotzen.'

lützel, am Gebirg westlich der Isar noch übrig in den Formeln: ə˜·lütz·l, ein wenig, z·lüz·l, zu wenig. „Z'lützel und z'vil verderbt alle Spil", sagt der alte Schulmeister in Auerbach's Schwarzw. Dorfgesch. 1843, S. 495. Ehmals war dieses Adjectiv als Gegensatz von michel (groß, viel) allgemein üblich. „So hân ich des gelouben lützel funde"; Labr. 258. Wie lützel iuwer wære, die im durch helfe bliesen oder riefen! das. 317. „Ir (der Herren) sei vil oder lüzel"; „weder lüzel noch vil", MB. VIII, 328, ad 1316. XV, 403. „Daß Uns lützel Schaden bringen solle"; Kr. Lhdl. I, 139. „Ein lützel vergoldet"; X, 176. „Daß dem Fürsten lützel aufgelegt werde, und der Landschaft das mehrer Theil"; XVIII, 291, ad 1510. (Ahd. Sp. luzil, liuzil, luzic, parvus, mhd. lützel; goth. leitils. Graff II, 317. BM. I, 1060. Weigand, Wbch. II, 77 f. Zeitschr. I, 274,11. VI, 120,61. Vrgl. leizig). Zwischen dem Ochsenkopf und dem Lützelberg fließt der Lützelmayn in den größern Mayn. Vrgl. auch Ortsnamen wie: Lützelkirchen, Lützeldorf ꝛc. Förstemann II, 960 f. Lucilsteti,' Leutstetten, s. unter-leizig. Vilmar, kurhess. Idiot. 256. verlützeln, (ä. Sp.) verringern. „Du solt nieman sînen kouf swechen noch verlützeln"; Br. Berhtolt 45, Pfeiffer 149,30. (agſ. litlian, diminuere).

Der Luz, s. Luß.

ain-lütz (aə˜ləz, aə˜léz), ain-lützig (aə˜lézi), adj. und adv., einzeln: ən aə˜lézə' Schuəh. Vilmar, kurhess. Idiot. 251. Zeitschr. IV, 60. „Aus etwie vil ainlützigen äckern"; MB. XIII, 462. „Ainlutze 532 pfenwert"; Cgm. 544, f. 47. „Was der kornmesser ainlutzel misset"; das. f. 50. „Käs ꝛc. ainlitziger weis auswägen", Tyr. L.O. v. 1603. „Thurah einluze taga, per singulos dies"; M.m. 84. Cf. gl. a. 240. 304; Kero, Otfr., Notker; Graff I, 318: einluzi, BM. I, 1040: einlütze, einlützec. Dem entsprechenden isl. einhlytr,

solitarius, zufolge hieß die Form ursprünglich wol ein-hluz.

Die Luz, Luzi, Luzel, 1) Lucia. 2) (b. W.) eine mythische Person, die in der ersten Rauchnacht bösen Kindern den Bauch aufschneidet und Kieselsteine hineinsteckt. Anderwärts hat man dieses, wenn man sich nicht recht satt ißt, am Lucientag selbst, den 13. December (dem auch den alten nordischen Völkern bedeutungsvollen Mittwintertag) zu gewärtigen. Im Böhmerwald (Rank, S. 137): Luzia. Grimm, Mythol.² p. 251. 1212. Lucia = lucida, Berhta. 'Vrgl. auch schles. Litzel, Lucifer, der Teufel; Zeitschr. IV, 176.' „Ferro transfixit lictor tua guttura stricto Ob solidam domini Lucia casta fidem"; Clm. 5037 (XVI. sec., 1504. 8⁰). f. 22. „Vitus et Lucia sunt duo solstitia Lamprecht Gregorii adaequat noctem diei"; Ben. 208, Deckel. „Lucia bringt die längsten Nacht"; H. Sachs 1612: I, 856. 3) Weibsperson, die gerne trinkt: ə˜ Biər-*Luz*, Brandwei˜-*Luzl*. Birlinger 321. Vrgl. d. folg. Wort.

luzeln, saugen, schlürfen, verächtlich: trinken. Tabak luzeln. „Lutzeln und sutzeln", trinken und essen; Seidl, Flins. III, 83. 115. „Wenn das Weib in Brantewein verluzelt was der Mann in Schwitz und Schweiß gewinnt"; Bucher's Mönchsbriefe 221. Vrgl. das vorige Wort und duzeln.

'Die Luzern, ä. Sp., lucerna, Leuchte; BM. I, 1049. Zeitschr. VI, 43.' „Die Luzern mocht niemand erleschen weder mit blasen noch mit Wasser"; Chronik bey Freyb. Samml. I, 38.

letzt, wie hchd.; s. leßt, laz und Letz.

M.

Zwey und dreißigste Abtheilung.

533 'm steht häufig im Anlaut, besonders von Ortsnamen, als Überrest des verschlungenen Artikels im Dativ. Vrgl. Zeitschr. I, 290,7. II, 192. 501. V, 453. VI, 230. 286,682 und s. unten: mangelweit und meichet.' Mángərl aus áf'm Angə'l, s. oben, Sp. 106.

mæen (má˜n, o.pf. mèiə˜), 1) wie hchd. mähen; (ahd. mâhan und mâan, nach dem „kimait uuerde, evellatur" der gl. i. 327, Ps. 128,6; agſ. mavan, mhd. mæjen; Graff II, 653. BM. II, 20. Weigand, Wbch. II, 84). „Das rauch geferte daucht mich ain gemayget matte"; Valkn. 167. 2) verächtlich: gehen. Wiə s· dəher *má't* s. Mäd.

màija! Betheurung, (= mag ja?). *Màija*, I hà' 's hàlt 'ét gwisst; (Hrslm.). cf. opf. wèi-ou! (meist verneinend).

Der Mai (Mài. Maə, Mái), des, dem ꝛc. Maien, wie hchd.; (ahd. meio, mhd. meie; BM. II, 92. Weigand, Wbch. II, 88. Zeitschr. V, 267,2. gl. o. 116: meio). „Do begunde ich grîfen mit spur nach mînem fuoze, den meien sunder rîsen fand ich"; Labr. 340. „Ir süeze rede, ir zarten und ir lôsen, kan in daz nicht erfröuwen, in fröuwen nimmer des maien rôsen"; das. 664. Des meien rîchez güften"; das. 686. 'Über die Personification des Mai' s. Grimm's Mythol.² 720 f. Sp.W. Dər Aprıl treibt sei˜ G·spıl, də' *Maə* hàt á' no˜ àlləlaə: besonders ehe die drey azi: Pancrazi, Servazi, Bonifazi (12., 13., 14. May) vorüber sind. (Am 11. May 1837 schneit es, was vom Himmel mag.) Sp.W. „Pfaffen- und Knappen-Ehen werden im Mayen gemacht, die währent nit lenger dann der Sommer"; Seb. Frank. Der Schulmeister Hueber von Eggenfelden nennt 1477 den Juny den andern May. „In dem maien sol er minne pflegen, in dem nachmaien ist er siech" . . . „in dem augsten, in dem nachaugsten"... „in dem herbst, in dem andern herbst", (von 1377, Augsb. Diöcese); ZZ. 1514, f. 201. Diess. 140, f. 87. s. Augst. Vrgl. krainisch: mali traven, veleki traven, kleiner und großer May; (Kopitar). 'Jarnik p. 192: traven mali, April; traven veliki, Mai.'

'Der erste Maientag wurde vor Alters festlich begangen; Grimm, Mythol.² 722 ff.' Hans von Ems gibt seine Hausfrau dem Gaste Hans von Waldheim zu einem Maienbulen; (Ebert, Überlief. I, 35). Es werden auch mancherley Gaben, welche die bey uns besonders im May wieder grünende und blühende Pflanzen-Welt darbietet, Maien genannt. (Adelung, der für diese Mayen eine ganz andre Wurzel annimmt, schneidet mit seinem etymologischen Messer alle Poesie aus der Sprache.): a) (Forst-Spr.) der Zweig oder die Verlängerung eines Zweiges, welche durch den alljährigen Saft-Trieb entsteht. b) der Zweig, der Büschel von Zweigen oder von Blumen, die Staude, der Baum, mit welchem wir, des grünenden Jahres froh, bey freudigen Anläßen unsre Tempel, Häuser und Gassen schmücken, („Mayelein, fasciculus florum"; Voc. von 1735. Zeitschr. III, 465: die Maie; IV, 321. Firmenich I, 436,35: Meie, Laubwerk); vorzugsweise aber die abgeschälte, mehr oder weniger hohe Fichte oder Tanne, welche, mit allerley Emblemen geziert, durch gemeinschaftliches Zuthun des lebenslustigen Theiles einer Landgemeinde, gewöhnlich am ersten Sonntag im May, bey Sang und Klang und Tanz auf dem Dorfplatz oder vor dem Wirthshause, oder auch vor dem Hause, wo das schönste Mädchen wohnt, errichtet, „gesteckt" wird. Zum Mayenbaum gab jede Jungfrauschaft ein seiden Band. Vrgl. Th. III unter: die Scheiben. Den Maien singen am Maiensonntag (Lätare) zu Brieg in Schlesien; Koch (Gierth), Denkwürdigkeiten der Herzogin Dorothea Sibylla p. 42 bis 44. Dieses „Mayensteckens der jungen Gesellen und Mägden" wird als eines „unflätigen, unchristlichen Dings" gedacht in der o.pf. Policey-Ord. v. 1657. f. IX., welche überhaupt jede Art freudigen Lebensgenusses verpönt. So soll auch nach dem Cod. Max. civ. „dem 534
zwar uralt- aber zu nicht als zum blossen Burger- und Bauernlust dienenden Gebrauch des Maybaumschlags Einhalt gethan werden." König Ludwig hat seinem Volk, das ja keine Hof-Feste, Bälle, Concerte ꝛc. haben kann, auch diese „bloße Burger- und Bauernlust" gesetzlich wiedergegeben. Sieh in Just. Möser's patriot. Phanta-

ften IV das Capitel VII: „Etwas zur Policey der Freuden für Landleute.“ „Den 1. May haben die Soldaten von Reichenhall zwen May-Baumb vor dem Closterthor aufgesetzt, darfür ich ihnen 1 fl. 30 kr. verehret.“ Calender-Notat des Abts von St. Zeno ad 1675. Das Mayengäßlein in Nürnberg hat noch von dem bis 1561 auf dem Platz, wo jetzt ein Brunnen steht, jährlich aufgerichteten Stadtmayen den Namen. „Wenn man Einem nicht wohl will, steckt man ihm keine Mayen“; Sutor. Außer diesem eigentlichsten Maibaum (Maəbám, Maə) wird auch der so früh und zart grünende, in vielen Hinsichten wahrhaft poetische Baum unsers Nord-Landes, die Birke, in mehrern Gegenden schlechthin ein Mai oder Maibäum genannt. Firmenich I, 227: „May ist der Name der Birke (im Oldenburg. Ammerland), wird aber auch im Allgemeinen für eine waldige Gegend gebraucht.“ Selbst im Ital. hat majo diese Bedeutung. Diez, Wbch. 212. Cf. span. mayo aus Covarruvias in Mone's Anzeiger 1835, Sp. 229. „Mainburg hat seinen Namen vermuthlich von einem nächst auf dem Hofberg stehenden Pürckenwald, wie dann der Mark auch einen solchen Baum im Wappen führt, und gleichsamb Mayenburg haisset“; Topographia Bavariae. „Birken, so bisher in großer Menge abgehauen, als Pfingst-Mayen vor die Häuser gesteckt und an Johannis von den Meth-Siedern gebraucht worden, sollen in Zukunft gehegt und abzuhauen verboten werden“; Ansr. Verord. von 1732. „Das Abhauen der jungen Birken oder sogenannten Mayenbäme, mit welchen zur Pfingstzeit die Kirchen bestecket werden“, verbietet eine bayreuth. Verord. v. 1722 in der Art, „daß wenigstens nicht mehr als bey dem Altar und Canzel etliche aufgesteckt werden.“ „Vor dem fest des fronleichnam sol der prueder dy kubel, darein man dy püechen may setzt in den prunnen legen“; Tegers. Cerem. v. 1505, Cgm. 1148, f. 25b. Der Maibusch, das Maibüschlein, Blumenbüschel, Strauß, besonders ein künstlicher, von der sogenannten Kränzleinbinderin aus Papier rc. verfertigter, wie sie als Altar-Ornamente aufgestellt werden. „16°. soll empfangen die Mutter Gottes vom guten Rath 6 neue Maibüschl von Gold- und Silber-Dock“; Pfarrer Tröstengott's Testament in Bucher's s. W. IV, 281. Der Maikrueg, Maienkrueg, Gefäß, Blumen darein zu stellen; Epithal. Mar. „Herzog Wilhelm schenkt a°. 1604 zum Altar des h. Benno sechs silberne Mayen-Krüeg mit ihren Blumen“; Druck von 1697. Mayenbutter, s. unten: maisch, adj. Der Mayenfisch, alosa; Voc. v. 1735. Das Mayenhaus, (Lusthaus?). „Im Pliembachthal ist ein schönes Mayenhaus“; Duxher's salzb. Chr. 75. Der Maikefer, wie hchd. R.A. Mit *Maəkéfərn* b'séssen sei˜, muthwillig, ausgelassen, unbändig seyn. Hei˜t bist ja dennət nit andə'st àls mit *Maəkefə'n* b'séssn! wird vorzüglich von lebhaften Kindern gesagt. Der Maikäfer (melolontha vulgaris und mel. hippocastani), nur in der Region der Buche und der Birke geographisch vorkommend, von dreyjähriger Lebensdauer, also jedes dritte ein Flugjahr, um München 1836, wo der Eichenwald von Planeck blattlos gefressen wurde; (Oswald Heer in den Verhandl. der naturforsch. Gesellsch. in Zürich, 1841); Münch. Gel. Anz. 1842, Nr. 252 f. Grimm, Mythol.² 657. 723. 1222. Maykäfer in Honig erstickt, werden in einer wirzb. Verord. v. 1770 als innerliches Mitte gegen die Folgen des Bisses wüthender Hunde anempfohlen. Die Maimilch, Maienmilch, (Pinzgau, Hübner): „der
535 Schaum bey Bereitung der Butter“; (Zillerthal) Tunke. „Ein guete Mayenmilch zu machen“; Cgm. 4126, f. 34. „Zur Kirchtagmahlzeit drey Gericht samt einer Nachtracht von Obst, Käß, Mayenmilch oder anderem dergleichen“ erlaubt die o.pf. Policey-Ord. v. 1657, f. VIII. „Mayenrauch oder Märchling oder Meura im May eintragen, nach dem brot in ein bachofen legen auf ein bret, damit sie dürr werden, alsdann auf den Winter oder gar in die fasten aufbehalten, seind zu solchen zeiten sehr annemblich“; Probst Valentin's zu Weiarn Hausbuch, Cgm. 3720, f. 5. (Sind nach dem, was f. 8 im August von Pfifferlingen gesagt ist, wol Maurachen; s. d. W.). 'meisch, mhd. meigesch, adj.; BM. II, 92 f.' Bey Ortolph kommt mayscher Butter vor. „Nim mayschen putter“; Cgm. 4543, f. 96. „Ain gut maysche soltz zu machen“; Recept. Cgm. 811, f. 35b. Vrgl. Clm. 16487, f. 97: „butyrum, sagimen, butter oder mayenschmalcz.“

maien, mayen, mayieren, sich ermeyen, vrb. (beym H. Sachs) sich belustigen, ergetzen: „Sichst du nit dort in einem Reyen sich schöner Weiber neun ermeyen?“ „Er geren ritt spatzieren thet vil in die gerten mayiren“. . . „Geht nit vil aus dem Haus mayiren.“ „Sie spilent und reigent, si wunnent und meigent“; Diut. II, 148. „Im grünen gras ermeyen sich die leut wol“; S. Franck, Weltbuch p. 133b. Am Rhein ist mayen, was in Bayern haim-garten, d. h. einen Freund besuchen, um mit ihm zu plaudern. Zeitschr. IV, 11. VI, 16. „Moult avoit bon temps et bon *may*, quant n' avoit soucy ne esmay de nulle riens“; Roman de la rose V, 584. Ein anderes maien finde ich bey Lori, LechR. 120: „Aus dem Westerholz beholzen sich und mayen sich die von Durckhaim, und suchen mit jrem Vieh Waid darein“, (hauen darin Äste und Zweige zu Viehfutter oder Streu?); oder vielleicht statt maiern, w. m. s. gemaiet: *gemaitö* Bám, im Mai (im Saft) gefällte; s. oben, Sp. 1164: überhirn und Zeitschr. III, 466: maien.

Der Maier (Màiə'), Mair (Maər), im Ganzen wie hchd.; (ahd. meior, mhd. meier, das lat. major; Graff II, 843. Grimm, RA. 315. BM. II, 93. Weigand, Wbch. II, 133); besonders: 1) (in landwirthschaftlichen Verhältnissen): a) der erste unter den männlichen, so wie die Maierin (Maərinn) die erste unter den weiblichen Dienstboten einer größern Wirthschaft, sonst wohl auch der Maister-Knecht oder Baumann, die Maister-Diern genannt. b) derjenige Baumann (colonus), welcher ein Gut auf zeitlichen, oder lebenslänglichen, oder Erb-Pacht (nach der bayrischen Feudal-Sprache: auf Freystift, auf Leib- oder Erb-Recht) zu bebauen übernimmt. „Ez was ein richen man der het einen mair (villicus)“, . . . du maht niht mer min mair gesein (villicare)“, Luc. 16; Cgm. 66 (XIII—XIV. sec.), f. 54. Maier werden, (Maər wer'n) auf einem Gut, es unter einem der obigen Verhältnisse antreten. „Er (der Alte) habe den Sallesenwald am Stubnerkogel neunmal Mair werden (aussterben und wieder aufgrünen) sehen“; Muchar's Gastein 137. „Mair, colonus, villicus“; Voc. v. 1419, 1445, 1618. Auch Selhamer 1696 braucht Mayr für Bauer überhaupt. „Und welcher Mair (dem geboten ist, nach München zur Schanz-Arbeit zu kommen) ausblib, der sol geben 60 pfenning“; Wstr. Btrg. VI, 189, ad an. 1445. „Ein Gut vom Eigenthümer desselben mayrsweis inhaben“; Chron. Ben. II, 186, ad 1498. Urbars- oder Kasten-Maier, welche nemlich auf landesfürstlichen Kastengütern sitzen; Kr. Ldtgh. VII, 360. c) (b. W.) Besitzer eines ländlichen Anwesens überhaupt: áf dèn Haus denk' I scho˜ 'n dritt'n *Màiə'*. 's Haus hàt kaə˜n *Màiə'*. Is də' *Hausmàiə'* nét dehàimt? Das Maieramt. Rait wider von deinem mairampt, redde rationem villicationis tuae; Cgm. 632, f. 57. Das Mairhaus, bey Schlössern oder ehmals Klöstern: das Oekonomiewohngebäude. Die Maierschaft (Màiə'schàft, Maərschàft), der rechtliche Stand eines Guts-Maiers; die Gebühren, wodurch dieser Stand erkauft wird, (Laudemial-Gebühren). Sie sind gewöhnlich von dem Zufall, d. h. von dem längern oder kürzern Leben des Maiers und des Gutsherrn, und in Rücksicht ihrer 536
Größe sehr von der Willkür des letztern abhängig. Man findet ein belehrendes Beyspiel so einer Maierschaftnehmung in Westenrieder's Beschreibung des Würmsee's v. 1784, p. 152 ff., womit man vergleiche die Bemerkungen über Laudemial und grundherrliche Rechte in Bayern von 1799. „Redde rationem villicationis tuae, gib raittung deiner mairschaft“; Clm. 9728, f. 188.

Die Maierschafts-Frist. Durch ein wahrhaft landesväterliches General-Mandat vom 3. May 1779 verwandelte Carl Theodor alle Arten von geringern Grundgerechtigkeiten, womit bis dahin die churfürstlichen Urbarsgüter behaftet gewesen, den Besitzern zum Besten und den übrigen Grundherrschaften zum Vorbild in Erb-Recht, und stellte es den neu antretenden Maiern frey, die sonst von Zufall und Willkür abhängige Maierschaft baar und auf einmal zu entrichten, oder dieselbe in einer jährlichen, unabänderlich-bestimmten, billigen Frist (Maierschafts-Frist) abzutragen, also, statt das Capital aus der Hand zu geben, gleichsam nur die Zinsen davon zu entrichten. Doch soll dieses große Beyspiel nicht auf alle Grundherren gewirkt, und in der Ausführung selbst von Seite der churfürstlichen Beamten vielfache Hindernisse erfahren haben. Obschon auch der Nutznießer eines geringen Gutes in obigem Sinn ein Maier ist, so bedeutet Maier doch ursprünglich und vorzugsweise den Nutznießer eines größern Gutes, eines Hofes. „Item ain Mair mit vier Madern, ain Lehner oder ain Hueber mit zwayen Madern und ain Söldner yeder mit ainem Mader"; des Dorfs Langen-Preysing Ehhaft. Wstr. Btr. VII, 324. Daher das Maier in den verschiednen Eigennamen der Bauerngüter in den Dörfern: der Maier-Bauer (Maər-Bauə'), der Sedelmaier (Sedlmaər, Sélmaər. Səlmə'), Obermaier, Nidermaier, Ôstermair (Oustə'mə'), Bergmair (Bèr'mə') Gereutmair (Grei'mə) rc. In niederdeutschen Namen kann Meier, Meyer auch für „Mäher" stehen. 2) in amtlichen Verhältnissen. Zeitschr. III, 459. Der Salzmair (Sàlzmaər), ehmals in Reichenhall und Traunstein der oberste Salzbeamte; (Jir.) der fünfte Knecht im Salzsudhaus Hallein. Das Salzmairamt, der Salzmairamts-Kastner, der Salzmairamts-Schreiber. Des Salzmair-Hauses in Reichenhall, welches noch immer diesen Namen führt, wird gerne in den Liedchen gedacht, welche von den Holztrift-Arbeitern zum Zug-Schlägel statt des unpoetischen: auf! auf! gesungen werden.

Dà z' Reichə~háj
kriə' miər Médàj,
i~'n *Sàjzmaər-Haus,*
dà zàjn s' uns aus.

„Das Gebirg ist salzmayrisch", d. i. alle Gebirgswaldungen gehören zum landesfürstlichen Salz- (oder Eisenwerks-) Amt. Hazzi, Statist. III, b, 664. „Bruderhaus zu St. Johann mit 10 Personen unter Aufsicht eines sogenannten Meyers"; Hübn. Salzb. 433. „O pia Gerdrudis quae pacis commoda cudis, Gerdrud des frids ein mairin"; San-Nicola 232, f. 84. 3) in sonstigen Verhältnissen. Beim Eisschießen, einem landüblichen, kräftigen Spiel, bey dem man sich im Winter auf dem
537 Eise unterhält, werden die beyden Spieler, welche bey dem vorläufigen Schießen (Scheiben) um den Rang den ersten und zweyten Platz erhalten, die Maier genannt. Die übrigen Spieler folgen als Gehilfen diesen beyden Parteyführern, wovon der erste noch genauer als *Engmaər*, der andere als *Weitmaər* bezeichnet wird. So ist bey verschiedenen andern Spielen der Erste in der Reihe, der Vorspieler, als Maier dem Letzten als der Lôs entgegengesetzt. Daher überhaupt die R.A. Maier seyn, werden, den Vorrang, Vorzug haben, erhalten. Der Hagmair, oder auch der Mair-Raufer, (Gebirg) vorzüglicher Raufer, Hauptraufer. Die Mair-Kue, Hagmair-Kue, (ebendaselbst) große, schwere Kuh bey einer Herde, die dem Vieh andrer Herden auf der Alve im Kampfe überlegen ist, und sich und ihrer Herde gewöhnlich die bessere und fettere Weide erobert. Zeitschr. III, 463. IV, 336. Sie wird beym feyerlichen Faren ab der Alben besonders geputzt, und trägt die größte Glocke, (den Hafen). Vrgl. Glockenkue. Zweyfelsohne liegt diesem Ausdruck Maier in allen angeführten Bedeutungen das latein. major zu Grunde. Man vrgl. das militärische: Major, Sergeant-Major, Tambour-M. rc., das bürgerliche: Maire, the Mayor, the Lord-Mayor und dergl. Diez, Wbch. 680. Müller, etym. Wbch. II, 77. Das Wort muß schon früh in die deutsche Sprache gekommen seyn; gl. a. 160: meiur, villicus; i. 408: meiora, conductores; 435. 986: meior, majorem; 484: meiore, procuratori; 269: notmeior, exactor. 4) fig. von Sachen: də' *Sengstmaə'*, (b. W.) der Stab, an welchem die Sense befestigt ist; (ObrM.).

maiern, vrgl. Zeitschr. VI, 355. In Fürst's Bauernzeitung 1819, Nr. 34, heißt es: „Ich will sehen, wie es mir mit dem Dünger geht; ich fürchte es ergibt keine Maierung und die ist noch beschwerlich hinaufzubringen, da mein Haus im Thale liegt." Hier scheint das Wort auf das Düngen oder Bebauen zu gehen. Vrgl. oben, Sp. 106: Anger, und Sp. 1552: sich maien. bemaiern ein Gut, einen Maier in der Bedeutung 1, b) darauf setzen. vermaiern. Wál I denk' is dés Haus scho~ 's dritt Màl *vo'màiə't* waə'n; (b. W.). maierlen, (o.schwäb.) von Spielern, denen gleicher Rang zugefallen: noch ein Mal spielen, um zu sehen, wer dem andern vorgehen soll, in A. B. rittern; s. Maier, 3). Vrgl. Firmenich I, 435: meiern Einen, ihn derb zurechtweisen, wol auch durchprügeln, ihm den Meister (Maier?) zeigen.

'Maia, Moia, Moidəl, Miə'l, Maria; s. unten: Maria und Zeitschr. III, 393. 471. IV, 195.

„mau", adj., (Pinzgau, Hübner) mürbe; (schwerlich nur die dortige Aussprache des bekanntern marw; sollte das alte mû uuerf, talpa, — Graff I, 1040. BM. III, 740; s. Mauraff — zu vergleichen kommen? „Die mauwerffen in der erden sint gar listik"; Renner 4855).

Die Mauen, „Mawen", „dick fleisch ohn bain, pulpa"; Voc. von 1618; bey Stalder: mawig Fleisch. Vrgl. BM. II, 225: diu mouwe, (weiter) Ärmel, und Wilh. Grimm zu Athis und Proph. p. 49. Zeitschr. VI, 143,124. 356.

Das Maulein (Mau~l, Mau~dl, O.Pf., Regb.) mürbes Brödchen von Butter und Eyern. Vrgl. oben, Sp. 781: das Fizl und Grimm, über Diphth. 5—7. „Maunl, panis ex ovis"; Prasch. „1 Kreuzer-Maundel" muß wiegen 9 Loth 2 Quint; Wiltmaister 569.

„mäuen, wiederkäuen, ruminare"; Voc. von 1735; (wenn das isl. maula als mau-la, masticare, hieher gehört, richtiger mâuen; vrgl. Maul u. d. folg. Wort).

mauen, maueln (mau~ə~, mau~ln), a) sich besinnen, schläfrig thun, zögern. Zeitschr. III, 468 f. „Der Pfarrer maüte lange Zeit, wie er die Jungfer Köchin 538
wieder auf seine Seite bringen könnte"; Proceß eines Pfarrers mit seinem Caplan. „Thu nur mit dem Bau nicht mauneln, laß die Bauleut nit einnauneln"; Buchner. „Awá thaits á weng resch, nöt so *maulád* und stád"; Stelzhamer 123. abmau~ln, heimlich davon schleichen. Der Mau~lə', träger, langsamer Mensch. „Wie St. Neff! hebts d Haren auf! machts einmal, Mäunler, Bachliendl!" Bucher's Nachspiel zur Charfreit. Proceß. Die Mau~l, langsame, schläfrige, träge Weibsperson. Vrgl. d. vor. u. d. folg. Wort.

mau~! gmau~! aus der Katzensprache bekannt. R.A. „Du derfst nét *mau~*, nét *gmau~* sagen; oft mit dem Beysatz: und wennst 'Katz i~ 'n Sàk häst, du mußt stille seyn, darfst dich nicht rühren, wenn du auch noch soviel Recht hättest. mau~n, mau~ln, mau~k'n, mau~kəz'n, gmau~kəz'n, mau~z'n, schreyen wie die Katze, (mhd. mâwen; BM. II, 89. Weigand, Wbch. 120. Zeitschr. III, 472); kleinlaut sprechen, kläglich thun. Zeitschr. III, 469. Der Mau~ker, Mau~kezer, Schrey der Katze; Kater. Der, die Mau~z, das Mau~zə-l, a) (im Scherz) der Kater, die Katze. b) familiäre Benennung einer Person, besonders des andern Geschlechts; (equivoc mit der Bedeutung feminal; s. Katz). O du liəbs herzi's *Mau~zə-l!* „Wenn mein Maunzerl mit mir brummt, so brumm ich noch ärger mit ihr, und da gewinn ich ihr allemal s Neujahr ab", sagt in den Eipeldauerbriefen der Bediente von seiner gnädigen Herrschaft, der Gräfin.

mè, gmè, Laut der Ziege, des Schafes, Kalbes; Zeitschr. IV, 311. VI, 131,14. s. mèck. Káibl stéchə˜, stéchə˜, *gmè!* sagt man zum Kind, indem man ihm scherzend den Finger an die Kehle setzt.

mê, (me˜, meə˜), (schwäb., b.W.) mehr, wieder; Zeitschr. II, 79,1. IV, 237,27. V, 262,2,15. 415,24. VI, 279,34. (Schon in der ä. Sp. ist das r von der vollständigern Form mêr gerne apocopiert; so ist auch ê aus êr entstanden; vrgl. mener unter manig und mêr).

me? (U.Donau) warum? was? s. wé.

me˜ sach (⏑ ⏑), (b.W.) außer, (es) wäre (denn) Sache. Es ist dem Verwundeten nicht mehr zu helfen, „*me˜ sach*" es würde der Arm abgenommen. cf. Sach.

'mei˜! o mei˜! Ausruf, s. unten: mein.'

Meierlkol, (Jr.) Kohlen von stehenden (nicht liegenden) Meilern; cf. Meiler.

Die Meue (? 'wol für mhd. müeje, s. unten: müe), ä. Sp., Bedrängniß, Noth.' „Der ain hieß Niklas Trewe, der auch was in der mewe" (mit den guten Wienern); Mich. Beham, Wiener 64,7.

mu! Ruf-Laut der Kuh, wie mè der des Kalbes. Zeitschr. III, 231,5. IV, 309. VI, 430. R.A. Mə˜ waəs nét, is's *mu* odə' *mè*, man weiß nicht, wie man daran ist, ob es so oder so ist. mu-ezen, muhezen, muchzen, mu schreyen, wie das Rindvieh; (BM. II, 231).

müe (miə, mêi), adj., (b.W., Paſſ.) beschwerlich, kummervoll, voll Noth. Es is ə˜ *müəé* Zeit. E˜ dé *mêiə˜* Gàrn hàd mə˜ gwisst, wêi's Bròud füə' Hungə' gêit, in den theuern oder Nothjahren hat man gewußt, wie Brod für Hunger geht. „Dieweil sich solches in Asien verlief, dieselbige Zeit war es dieweil mühe herehem in Europa"; Av. Chr. 68. „Aber in der werckstatt ists mühe"; H. Sachs 1612: I, 970. „Mit kleidern sie pranget spat und früe, sonst aber wär es mit jhr mühe mit haushalten und kocherey . . . der alles thut sie feins gern"; das. 1560: V, 397. s. müed. Die Müe (Miə, o.pf. Mêi), 1) Mühe, wie hchd., (ahd. muohî, mhd. müeje, müe; Graff II, 602. BM. II, 228. Weigand, Wbch. II, 206). „Gestillota diu muohi", cessavit quassatio; Notk. 105,30. „In tribulationibus, in trubesalen, in muen"; Cgm. 17, f. 12ª. s. unter müeten. 2) Gebrechen, Beschwerde. „Damit in schollt müe aufferſteen des hoffs wegen"; MB. XII, 216. „Nadel hatt die Mühe,
539 daß sie rinnate Augn hatt"; Göschl, Genesis 28,17. s. unten müesälig. (Cf. Schweiz: əs macht mər *Müəi*, es macht mir Kummer, Verdruß). R.A. Der Müe abtuen, (Jsargesellsch. 1702, II, 185) sich der Mühe lohnen; əs *tuət* nét *də' Müə à'*. müen, vrb., (ahd. muoan, agitare, vexare, fatigare, Notk. muohan, mhd. müejen; Graff II, 600 f. BM. I, 229. Weigand, Wbch. II, 206. Vilmar, kurheſſ. Idiot. 273. Zeitschr. II, 267,57). „Künig C. war fast gemühet in der Sach, ritt hin und wider"; Av. Chr. „Si gemuient die sele, vexant animam"; gl. Winnerl. sich abmüen, abbemüen, sich viel bemühen. Der Müeler, Mueler, Mensch, der sich viel Mühe giebt und doch nichts zu Stande bringt. So ein „Müdling" der edelsten Art ist bezeichnet in der Widmung des 7ten Bandes von Pestalozzi's sämmtlichen Schriften. Cf. ahd. muodinc, mhd. müedinc; Graff II, 352. BM. II, 227. Notk. 70,19. müelich, Mühe verursachend, mühselig; BM. II, 229. „Diz (daz kint) sî müelich, daz næme niht zuo"; Br. Berht. 343, Pfeiffer 448,34. „Virago dicitur quasi viriliter ago vulgariter müelich weib"; Clm. 5685 (XV. sec., 1412), f. 61. müesälig, 1) wie hchd. mühselig; 2) gebrechlich, mit einer bleibenden Krankheit behaftet. Dés Leut is rècht *mêisáli*; (b.W., Wrdf.). „Ein Mägdlein, das weder stehen noch gehen können, sondern auf Händen und Knien gekrochen, daß jederman vermaint, es werde Zeit Lebens ein solches mühseeliges Mensch verbleiben"; Benno-Mirakel v. 1697. müesam, 1) wie hchd. mühsam; 2) sich Mühe gebend, fleißig. „Mühsame Bürger"; Nagel's Augustin Geiler. „Die mühesame und geschäfftige Henne"; Abele. Im Scherz nennt man ein pockennarbiges Gesicht ə˜ *müəsams*, in welchem vil *Müə* (gleichsam des Steppens) stecke. Sollte das ahd. holzmuoia, lamia, (mhd. holzmuoje, holzmuowe; Graff II, 604. BM. II, 231) zu muoan, vexare, gehören? Vrgl. die Ableitungen müed, müeten und Muet.

Die Reihe Mab, Meb ꝛc. ist auch bey Adelung ohne deutsches Wort. Die Meben sieh unter Mewen.

---

machen, vrb. (cf. Gramm. 945), im Ganzen wie hchd., (ahd. machôn, mhd. machen; Graff II, 639 f. BM. II, 15. Weigand, Wbch. II, 79. Zeitschr. V, 407,42. „Han ich gemachen", im Reim auf „lachen"; Cod. Pal. 329, f. 39, Görres, Volkslieder, Vorrede XVIII. s. d. Anmerk. hinter gemach). Hier einige minder allgemein-übliche Anwendungen: Gesott machen, Hackerling schneiden. Heu machen, mähen. machen, arbeiten, besonders: a) als Näherin oder Schneider auf dem Lande. Die (Näterin) N., der (Schneider) N. macht beim N.-Bauern. I lau máné Dèəln 's *Móchə˜* leə'nə˜, (ich laß meine Töchter das Nähen lehren, b. W.). Die Macherin, (Nptsch.) die Näherin. b) allerley hölzerne Landwirthschafts-Geräthe neu verfertigen oder wieder ausbessern. Die Mache, Behandlung, Bearbeitung, Gewalt; Weigand, Wbch. II, 79. Zeitschr. II, 468. Das Machet, so viel man (v. Speisen, Getränken) auf ein Mal macht, Gericht; Zeitschr. II, 246. III, 475. Vrgl. unten: Gemächt.' Die Machhütten, (Jr.) Zeughütte, worin Ökonomiegeräthe verfertigt werden. Die Machkammer, (auf pinzg. Höfen) die Werkstatt desjenigen Knechtes, der dieses Geschäft zu besorgen hat. Der Mächler, (Werdenf.) Verfertiger von Rechen und Heugabeln ꝛc. 540
Birlinger, schwäb.-augsb. Wbch. 324. Zeitschr. III, 464: macheln, machen, reisen, wandern. Morn *mache* mer noch Foll (Fulda); Weihers, Dr. K. Roth. Vilmar, kurheſſ. Idiot. 257. Zeitschr. II, 276,25. VI, 423,25. machen Einem etwas, (b.W.) es ihm im Testamente vermachen. Sich bey einer Gutsübergabe etwas machen läßen, gerichtlich vorbehalten, ausbedingen. „Wo zway Wirtleut sind, die nicht kint habent, da mag ains dem andern sein hab wol machen und geben mit briefen"; a. L.R. Der Vermacher, (wirzb. Lg.O. 1618) der Testierer. s. unten: das Vermächt. Den Wein machen, ihn durch andere Zusätze trinkbarer, scheinbarer machen. sich machen, 1) tüchtig, tauglich, gut werden. sich wider machen, sich wieder erholen, besser werden. 2) sich stellen, gebärden; sich krank machen. Sich gescheid machen, sich altklug gebärden; sich zuetäppisch machen, sich insinuieren; sich gstánzi', quánti', grècht machen, die Niedliche, den Großen, den Unschuldigen spielen. „Er macht sich als wer er krank"; Reime von 1562. „Caligula machet sich grauwsam" (that entsetzlich groß). Av. Chr. 172. „Volens justificare se ipsum, hat sich selbs wellen gerecht machen"; Clm. 9728, f. 190. machen ein Kind, zeugen. Dieser jetzt etwas gemeine Ausdruck kommt in der ä. Sp. in allen Ehren vor. „Das bayerisch Volk", sagt Avent. Chr. f. 12, „trinkt sehr, macht vil Kinder." „Frauw Margret klagt über jren Gemal, er möcht nicht Kinder machen"; Av. Chr. „Abraham hatte ein unfruchtbares Weib gehabt, dem wäre ein anders erlaubt worden, auf daß er Kinder mit ihr machte"; Kr. Lhdl. XIV, 264. „Lucinae experta labores, dye het ein kind gmacht", Abbt Conrad zu Kaisersheim (circa 1500); Kaisersh. 142, f. 137ᵇ. Einer ein Kind machen; (ä. Sp.) „an Einer (ein) Kind, einen Son, eine Tochter machen"; Av. Chr. Birlinger, schwäb.-augsb. Wbch. 26. „Wer an seiner Schwester Kind macht"; Kr. Lhdl. XII, 346. „Von wegen meiner jungfräulichen Er so er mich entsetzt und das Kindt mit Namen N. das ich nämlich auf Erdt gepürt hab, an mir gemacht hat"; Verzeihbrief umb jungfräulich Er, Raitenb. 166, f. 85. machen ein Stücklein auf der

Geige ꝛc., spielen. anmachen Einem den Tag, ihm ein Morgenständchen bringen; hinaus machen, haim machen Einen, ihn mit Musik heraus, nach Hause begleiten. aufmachen, aufspielen; Grimm, Wbch. I, 689,3. Zeitschr. IV, 111,58. Spielleut, machts auf! „Der Jüngling nimmt die alten bei der Hand und spricht: Macht auff wie sichs denn thut gebürn, laßt mich die alten umbher fürn, will jhr hernach die güldin rürn"; H. Sachs 1612: II, II, 50. „Ein himlischer knab der het ain süsses saitenspil daß man nennet ain rubeblin vnd macht auf gaistlich rayen"; Cgm. 4845, f. 6b. „Also macht dir ein Hupffendes auff ein überaus guter Pfeiffer"; P. Abraham. „Es soll kein Pfeiffer nach vollendtem Tanz auffmachen"; L.R. von 1616, f. 571. Kann nichts machen, münchnerische R.A. mit dem Sinn: dazu kann ich mich nicht verstehen, damit bin ich nicht einverstanden; hoffentlich nicht in der etwas jüdischen Beziehung auf: sich (bey einem Geschäft) etwas machen, seine Pfeife schneiden; sich Geld machen, gewinnen. Ja so! *macht* ə'... (= sagt' er, d. h. sagte er), fit-il, (in der Erzählung). Zeitschr. VI, 410,36. gemachte Kinder, Tichter, Eltern . . ., (wirzb. Lg.Ord. v. 1618) solche, die es erst durch Einkindschaft geworden sind, im Gegensatz der natürlichen, eheleiblichen. Ein gemachter Herr, eine gemachte Frau ꝛc., ausgemacht, perfectus, besonders mit Rücksicht auf einen frühern andern Zustand: „Und ist ein gemachte Frau, dann er Ir vil tausend Gulden zugebracht, Sye aber in all Irem Vermögen über 20 Gulden nit gehabt"; Wstr. Btr. V, 146. Dagegen: Er ist ein gemachter Scherg ꝛc., er ist ganz zum Schergen geboren, geschaffen. abmachen Schiffe, verfallene Schiffe ausbessern; (Isr.). Vrgl. Grimm, Wbch. I, 76. „abmachen, imitari, effingere, exprimere faciem alicujus"; Voc. v. 1618. 'anmachen Einem etwas, anhängen, verschaffen, (z. B. Schläge, Strafe ꝛc.); anzaubern (z. B. Läuse); Zeitschr. III, 177,58; vrgl Grimm, Wbch.
541 I, 404.' anmachen Einen zu etwas, ihn dazu bereden. aufmachen, aufspielen, musicieren, s. oben; (ä. Sp.) bereden, verführen. „Uffmacherinn", lena; Augsb. St.B. cf. huormacho, huormachare, gl. i. 142. o. 61. 274: leno, (franz. maquereau, maquignon; Diez, Wbch. 681). „So schied er von der mächeln, do was der alten hächeln ir haut gar wol beraten", Kupplerin, maquerelle; Cgm. 379, f. 46 und 270, f. 86b. „Procuratrices sive sint viri vel mulieres qui macherinne vocantur"; Asp. 19, f. 100. „All anstreicher oder anstreicherin, auffmacher oder aufmacherin", (Art Sünder); Rogg. 28, f. 145—146. Mediatores et mediatrices, auffmacherin, zuespringerin, pueler vnd puelerin"; Asp. 31, f. 26b. Vrgl. die Anmerkung am Schlusse des folgenden Artikels. aufmachen mit Einem, (Allgäu) mit ihm zanken, hadern. 'aufmachen (sc. den Leib), sich aufmachen, sich aufputzen; Grimm, Wbch. I, 689,5.' „Ob ain fraw sich auffmacht den mannen zu gefallen und zw yr zeucht dy augen der menschen"; Teg. 2008. „Ye mer sey zieret iren leib mit bstreichen und aufmachen"; d. Ring 19c,7. „Machten sey vil schön mit salben von Capponer smer, mit pürsten und aufmachen"; das. 32d,8. Das (diese Strafe) hab dir (du Weib) von auffmachen deinem leib"; des Teufels Segi, Wallerst. Cod. v. 1449, (Barack p. 79,2395: von uffmachen dinen lip). außmachen Einen, ihn ausschelten. Grimm, Wbch. I, 913,2. Hàt mi' *ausgmacht* zu'n zfälln. Aə˜n *ausmachə˜*, das Schand und Spot aə˜ Ding is, oder: das ər i˜ kaə˜n Schou meər eini taugt; (ObrM.). außmachen, (Nptsch.) aussäen, pflanzen, stecken: ə˜n Flachs *ásmachng; Kráut ásmachng; Er'biə n ásmachng.* übermachen, übertreiben. „Man übermachts mit liegen, nullus modus est mentiendi"; Voc. von 1618. untermachen eine Stube ꝛc., sie durch eine Bretterwand abtheilen. vermachen, durchbringen, verthun. Sein Hab und Gut, sein Geld vermachen. zuemachen sich bey Einem, beliebt machen, insinuieren. zuegemächig, adj. Das Gemächt (Gmácht), Kunst- oder Handwerksarbeit oder Product; vrgl. oben Machet. Nürnberger Gemächt; gutes, schlechtes Gemächt. Dés *Gmácht* is nét gàr máchti', ist nicht sehr vorzüglich. „Das Gemächt (Reparatur) das sie an Wegen und Stegen vollbringen"; Kr. Lhdl. VII, 247. „Neue ungewöhnliche Schnitte und Gemächt (Façons) an den Kleidern"; ibid. XIII, 324. Dem Fischer „ain par stiual, ain gemächt, ain par niderschůch"; Scheirer Dienstord. v. 1500, f. 21. „Von ainem gemächt iiij dn."; das. f. 22. angemächten (à˜gmecht'n) Stiefel, sie vorschuhen lassen; Nopitsch. „Das (dieses) gemächt heizt in der apotêken diasandali"; Konr. v. Megenberg f. 222, Pfeiffer 376,14; cf. f. 216b. 217, Pfeiffer 368,6. 28. (481,6). Das Gemächt, was zur Verbesserung, oder aber Verfälschung in Wein gethan wird. „Weine sollen nur mit zimlichen Gemächten als mit Milch, Eyer, Tegel, Kraftmel, die den Leuten unschädlich sind, gemacht werden". . . „Von der Weine wegen, die von Franken, aus dem Elsaß und a. O. herabgehen, die mit Schwefel, Waidaschen, Bleyweiß, Säuern und andern unziemlichen Gemächten gemacht sind, Leute zu bestellen, wo man solch unzimliche Gemächt fände, den Fäßern alsdann den Boden einzuschlagen"; Kr. Lhdl. VII, 398. 439. „Wer verbotenen gemächte in wein tut"; Wstr. Btr. VI, 156. 's *Gmácht* ins Kraut oder anderes Gemüse, das Einbrennet oder Taiglein, was darein gerührt wird; (b.W.). Im Lungau wird Speck, in so ferne man ihn als Würze beysetzt oder zuebeißt, Gemachət genannt; Zeitschr. III, 464: Mache, Mächsel. s. auch gemächig. (Vrgl. allenfalls das isl. mak, unguentum, maka, ungere). Das Gemächt, das Vermächtniß, das Abgeredete. BM. II, 17. Weigand, Wbch. I, 411. „Wo zway wirtlawt sind, die nicht kint habent, da mag ains dem andern sein hab wol machen und geben mit briefen; gewunnen si aber nach dem gemächt kint mit einander, so soll das gemächt ab sein", (das Vermächtniß ungiltig seyn); b. Ld.Rcht., Ms. „Unvergriffen der Frauen an irem Gemächte"; Kr. Lhdl. III, 162. 202. V, 60. „Sy ires Gemachts und Verweis entrichten", ihr das Vermachte und Zugewiesene bezahlen, herausgeben; MB. IX, 315, ad 1498. Der Gemachtsbrief, ibid. p. 310. Das Ausgemächt, (Allgäu) was einem Kinde vom Erbe ausgemacht worden, das väterliche, mütterliche Ausgemächt. Das Vermächt, (ä. Sp.) das Vermächtniß. „Kinderlose Eheleute mögen einander ein Gab thun oder jr Hab vermachen, gewunnen sie aber nach dem Vermächt Kinder mit einander, so soll solche 542
Gab oder Vermächt erloschen seyn"; L.R. v. 1616, 209. Kr. Lhdl. III, 83. Hieher gehört in Ansehung des zweyten Theiles wol auch: das Dechtelmächtel, geheime Verabredung, geheimes Einverständniß. Zeitschr. IV, 444. „Du mußt nichts davon sagen, man könnte Wunder glauben, was wir für ein Dechtlmechtl mit einander haben. („Tougen und gimahili"; a. Sp.) Das Gemächt, E-gemächt, (ä. Sp.) die eine von zwey mit einander verehlichten Personen; (Graff II, 639. BM. II, 17. Grimm II, 248; Wbch. III, 42. cf. Geswistrid und Anat, s. oben, Sp. 175: -eit). Ehegemächter, plur., Eheleute. „Dem gemächeit"; Münch. StR. §. 198, Ende. „Da tzway gemächet elich gesamet werden". . . „dem lebentigen gemechit"; Münch. Stdtb. bey Heumann, opusc. 148. 149. „Stirbt ein Ehegemächt vor dem andern ohne Kinder". . . „Ob ein Ehegemächt one Bewilligung des andern seinen letsten willen widerruefen mag." „Die mit andern Personen, mit Verlaßung jrer aignen Ehegemächt sich in unehliche Beywohnung einlaßen"; L.R. f. 203. 345. 708. „Swa zwai gemächide sint . . . stirbt der gemächide einz." „Seinem Egemächitt zu schmähe"; Augsb. Stdtb. „Diu zwai Gemachede (hi duo conjuges) warn salich"; Winnerl gl. „Dô man dir gab dîn gemechede, dô swüere dû im triuwe." „Dû solt dînes ebencristen gemechede niht begern"; Br. Berht. 80. 93, Pfeiffer 279,12. 286,17. „Du hast deinem gemachait gelobt das du immer pey im peleibest", Br. Berht., Cgm. 1119, f. 52b. „Die ir gemachait anders haben denn unser herr aufgesetzt hat, die dan ir lieb lassen erwilden vnd enwissen wie sy vor

lieb sullen gebaren"; das. f. 53. Gl. i. 461. 480: zuei gimahhidi, par; i. 452: demo gimachide, conjugi; i. 206: camachida, conjux, neben dem einfachern gimahha, conjux, Matth. I, 20. 24. gl. i. 554; gimachon, conjuges, Otfr. I, 14,24. s. unten die Anmerk. hinter gemach. Gemächt, genitalia, das, schon der ahd. Sp. ganz geläufig, nicht zum obigen (Kind-) machen, sondern zu mügen gehört, s. unter Macht.

gemach, adv. u. adj., wie hchd., wo jedoch allmählich üblicher geworden; (Graff II, 632 ff. BM. II, 13. Weigand, Wbch. I, 411. Zeitschr. III, 280,38: mak). „Gemache Ausriechung (des Wassers) an einem warmen Ort"; „gemache Änderung"; Hailbr. Bad. „Gemacher Gang, gradus clemens"; gemach reden, submisse loqui; Voc. v. 1618. „Laß eß gar gemach erwarmen"; Clm. 5033 (XV. sec.), f. 135. „Var gemache!" Labr. 186. „Du solt gemache nâch im hengen"; das. 222. 351. allgemach, allsgemach, adv., sachte, paulatim. Das und der Gemach, 1) ä. Sp., commoditas, Bequemlichkeit, Gemächlichkeit, Ruhe. Graff II, 635 ff. BM. II, 13. Weigand, Wbch. I, 411. Zeitschr. III, 284,127. V, 465. VI, 431,97. „Den unsern zu Frid und Gemach"; Kr. Lhdl. III, 122. „Hör und sich und verswieg also mit gemach beleib dabei ist zu versten die jungen prediger und pfaffen die nu nicht getürren noch wellen die warhait sagen"; Cgm. 54, f. 44b. „Der Holczer sprach: seit mit gemach und habt nit unmut in der sach"; Mich. Beham, Wiener, 233,30. „Daz tier wirt ainem licht beschert der nach vil gemache vert", adagio; Liedersf. no. CXXVI, Vers 204. „Inquietudo, ungemacheit"; Clm. 9537, f. 180. „Seines Gemachs thun", (Av. Chr. 44) aller aux commodités, à l'aisance. „Eteslichen zwain siechen ainen schæphinen pelliz den sie anlegen swenne sie zu ir gemache (Abtritt) gehent"; Regel des Spitals zu Jerusalem, Clm. 4620, f. 84. „Wer seins gemachs sol gehn und jhm ist not und pleibt doch sten und dasselbig verpeiffen will"; H. Sachs 1560: II, IV, 95b. „Mag dein Bawer seins gemachs gen?" das. 1560: V, 355 (1612: V, III, 35). „Commodum, gemach unter den Theilen des Hauses im Onomasticon des Cod. Furstenzell 44, f. 21. Cod. Semansh. 34, f. 193. Gemachstul, Leibstuhl; Dr. Minderer 1620, p. 151. An sein Gemach gên; Gemach haben, an seinem Gemach sein, in seine Wohnung, seine Stube gehen; sich darin befinden; Wstr. Btr. VII, 36. „Urias, far haim an deinen gemach . . . schaff dein gemach bei deinem weib", sagt David; Cgm. 206, f. 154. „Zimber oder maur, die ich auf der purch mache mir ze gemach oder notdurft"; Ried 703, ad 1296. Wie auch im Russisch., Poln., Böhm. pokoi, pokoy, pokog Ruhe, Friede und zugleich Zimmer heißt (Helgoland: tu koy, zu Bette; Firmenich I, 8), schließt sich hier an das folgende: Der Gemach, (Augsb.) Wohnung, Logis; Zimmer, Stube; Stockwerk. Grimm III, 429. „Tach und Gmach", (Voc. v. 1618) sarta tecta, Dach und Fach. „Und solt der hauswirt geben tach und Gemach"; Reichenthal's Concil. v. Constanz. „Eigen Rauch und Gemach ist über alle Sach"; Henisch. Die fremden Krämer sollen „kainen gedingten Gemach" in der Stadt haben; Paff. Stdb.,
543 Ms. Ein sunderer Gemach (im Kloster-Anger); MB. XVIII, 467. 495. „Fürn haim zû irer wonung und paweten einen besondern gemach und ein schœn kamern"; Cgm. 54, f. 84a. „Tregt es haim in ainen schönen gemach"; Dr. Hartlieb, Grimm's Mythol. LX. „Wan ain seelschwester stirbt und der gemach ledig wirt"; Mederer, Ingolst. 75. „Man soll im den obern gemach im spital verleihen"; Augsb. Stdtb. ad 1445. „Ein Haus das drey Gemach (contignationes) neben einander hat"; Henisch. „Einen gemach besten"; Ingolst. StR., Heumann opusc. 156. „Sol man im seinen gemach raumen"; das. 162. Zu Augsburg gab es nach der Blockierung im October 1635: leere Gemäch 2216 und leere Behausungen 9. Man zählte 16040 Einwohner: 4005 catholische, 12035 uncatholische. Cgm. 4905, f. 387. „Die ingmach mit tafelwerk zier"; H. Sachs 1560: II, II, 49. „Obergmach, Nidergmach"; Voc. von 1618. Die Gemachmül, im Salzburgischen: Haus- oder Privat-Mühle, welche einem oder mehrern Bauern zusammen zu ihrem eigenen Hausbedarf gestattet ist, als Gegensatz der Mautmül. (Vrgl. gl. i. 423: gimah, compendium; a. 649: gemehlich, compendiosi, 401: gamahlihho, connexè). Der Gemachzaun, s. Th. IV: Zaun. mächlich, gemächlich (O.Pf. má'lə', gmá'lə'), adv., bequemlich; sachte, langsam. Graff II, 638. BM. I, 15. „Da mauste die Frau Jahel gemechlich hin" (zum schlafenden Sisara); Av. Chr. „machsam, oder machleich, lentus; Voc. v. 1445. Cf. wangersch: mackeln, allmählich; mäck, zahm; Ehrentraut, fries. Archiv I, 97. „Daz der marckt desto lustsamer unnd dest schöner und dest gemachsamer (bequemer) sei"; Wstr. Btr. VI, 166. „gemachsam, commodosus", Voc. v. 1419; commodus, Clm. 5677, f. 107. Graff II, 638. BM. I, 15. „Ez spricht auch Aristotiles, daz der igel stênde unkäusch mit seinem weibel, dar umb, daz in die dorn iht stechen auf des weibels rucke. iedoch sagt man mir, daz weibel leg sich an den ruck; des gelaub ich paz, wan daz ist gemachsamer"; Konr. v. Megenberg f. 84a, Pfeiffer 138,21; (vrgl. das. 19,33. 21,6. 106,21. 380,31). gemächig, (OpfC.) schmackhaft, (palato aptum, gratum): ə˜ *gmáchigé* Suppm; Zeitschr. III, 464. s. oben Gemächt. Anmerk. In der ahd. Sp. ist camah, gimah (gl. a. 526 und i. 73 finde ich accentuiert kamâhhiu, gimâcher) in Duzenden von Stellen der gl., Otfrid's, Kero's ꝛc. immer soviel als par, consociatus, conjunctus, aequalis, conveniens, aptus, commodus; davon in demselben Sinne die Substantivformen daz gimah, diu gimacha, gimachida und endlich das Verbum camahhon, gimachon jungere, sociare, aptare, concinnare; (Graff II, 632 ff). Ich wäre geneigt, auch unser obiges einfaches machen (schon gl. a. 277: mahhon, jungere; a. 162, i. 741: machon, aptare, neben untarmahhon, subjungere; Kero 9,5: intmachon, inmahchon,; o. 203, Kero 48,22: dissociare, disjungere; dann mit Übergang dieser Bedeutung in die spätere, allgemeinere von facere, a. 91. 98. 103. i. 363. 783. 915, Otfr. IV, 6,16 und 12,54. Notker passim, machinari, moliri, patrare, struere, fabricari, parare, facere) auf das alte gimah, agf. gemaca, maca, engl. match, isl. maki, schwed. make, par, aequalis, socius, conjux zurückzuführen, aus welchem sich auch im Agf. ein unserm machen entsprechendes Verb macian, engl. to make, das schott. to mack in der speciellen Bedeutung componere poema, und das schwed. maka, eine Sache verabreden, abmachen, fr. concerter, dän. mægle, vermitteln, niederd. mäkeln, entwickelt hat. (Vrgl. oben, Sp. 1557: aufmachen). Für facere brauchte die ahd. Sp. sonst ihr tuon (s. tue-en) oder garauuan, braucht die isl., schwed. ihr göra (s. gärben), hatte der Gothe sein tavjan (s. zäuen). Ob das alte gamah selbst, nach Grimm II, 736, auf ein noch älteres, dem mag-us in celtischen Ortsnamen entsprechendes mah, aedificium, (gl. i. 1177 steht indeffen noch: Niumagan, Noviomagum), wobey mir das lettische mâja, habitatio, einfällt, beziehbar sey, wäre eine entferntere Frage. Übrigens liegt die Bedeu- 544
tung des Bequemen, Ruhigen auch im agf. macalic, oportunus, und im isl. makr, facilis, isl. schwed. mak, quies.

'mauchen, verstecken; s. unten: mauchseln. Zeitschr. VI, 17. Vrgl. Maucken.'

'Die Mauche, eine Krankheit der Pferde; BM. I, 226: mûche. Weigand, Wbch. II, 120: Mauke.' „Für die muche (? bei Pferden?)"; Furstenf. 138, f. 220. „Das Immenkraut (apiaria) oder Mauchkraut brauchen die hirten dem vich, so sie die mauch haben, das ist ein kranckait die bricht jn ob den klaen herauß"; Harder's Kräuterbuch, Cod. iconogr. 3, f. 61. Vrgl. unten meuchel-, Meuchler.' Habermauchel, s. oben, Sp. 1034.

Die Mauchen, (oberschwäb., Aurbach) die Nassel (Assel? 'Nemnich II, 764'), ein Insekt. Birlinger 333: Meichele.

Mechə-l, Michə-l, s. Mechtild und Meichel (s. Meuchel) und vrgl. Vilmar, kurhess. Idiot. 267.

„Mechelensis, Mechenleich tuch", (Tuch von Mecheln); Clm. 5877 (XV. sec., 1449), f. 126. Birlinger 333.

meichət, (O.Pf.) verkehrt, der rechten Seite entgegengesetzt. Ein Klaid *meichət* oder *imeichətn* anhaben. (Wie man auch hört mauffig statt oben (obm)-auffig, mangelweit statt in oder im Angel weit, so mag hier der Form in ächet, im ächet, welches adverbialiter in Franken statt äbicht vorkommt, das m zugewachsen seyn. Vrgl. oben, Sp. 1549: m). In Ulm ist Meiˇkət eine lächerliche Gewohnheit, die man an sich hat.

meuchel- in den Compositis, mit dem Begriff des Heimlichen, unvolksüblich. Weigand, Wbch. II, 155. Der Meuchler, ä. Sp., 1) was der Maucken, w. m. s. „Auch fand er gantz Krüg mit Wein so die Hausmegd verstossen theten, damit heimlich den Meuchler hetten mit den Knechten und den Buben"; H. Sachs. Bey Stalder ist mauchen heimlich naschen. 2) (bey H. Sachs) eine Art Krankheit; vrgl. Graff II, 655 und oben Mauch, auch Th. III unter ræh: mäuchelräh. „Ich hab gar gute artzeney für das Faul und das Zipperlein, für den meuchler und Sant Urbans plag." „Sie haben faul fleisch oder den stein, die husten oder das zipperlein, den meuchler oder truncken zu vil." „Du wärst ja ein heusliche fraw wenn du nit hetst den meuchler sehr verseidelst oft daheimen mehr mit dein gespilen wedr ich vertrinck in dem wirthshaus"; H. Sachs 1560: V, 361. (Nach Häslein: das kalte Fieber; bey Stalder sind Mûchelaißen: Geschwüre an den Händen vor und nach der Krätze). Vrgl. mucken, vermucken. (Gl. a. 268 ist muhhan, grassare, praedari; o. 201: mûheo, latro, a. 268: muhhari, o. 60: muchilare, grassator; i. 139. o. 154: muchilsuuert, sica; Graff II, 655); vrgl. mauchseln und Muchsel.

„Meuchel", (Allgäu) furchtsamer Mensch, (der sich gerne verborgen hält?). Einen Meuchel nenne in Nürnberg eine Frau ihren Mann, von dem sie nicht schwanger kann werden; (Rath Her, Jan. 1850). Die Meichel, (Nürnb., Rath Her) langsamer, schläfriger Mensch. '(Ist wol dasselbe Wort mit der fränkischen Verkürzung des Namens Margaretha; Zeitschr. III, 353. s. oben Mechəl und vrgl. Vilmar, kurhess. Idiot. 266: Meckel, auch Zeitschr. IV, 195: Maichen für Maria).' Das Voc. v. 1445 hat: „pharisaei, paidenthalber; saducaei, mäuchlinger."

Michel (Dim. Michə-l, schwäb. Michelé), Michael. Zeitschr. III, 316. IV, 155. Der Thurn-Michele, ein Uhr-Automat auf dem Perlachthurm zu Augsburg, auf welchen sich schon P. Gansler in einer Predigt von 1696 bezieht, produciert nun wieder ganz lustig seine eine Zeit lang eingestellten Künste. Birlinger, schwäb.-augsb. Wbch. 128. 336. Auf, ze Micheli (⏑-⏑), auf den 29. September. Nürnb. Sp.W. Wou də' Wind um *Micheli* hergêit, gêit ə'n ganz'n Wintə' her. Der Klotzmichel, s. oben, Sp. 1344. Der Kuchelmichel, Art Gebäckes. Michelbeck: „Scripsit frater Petrus Michelbeck de Landsperg professus in Diessen", (wofern nicht zu lesen Mühelbeck); Clm. 5612 (2°. XV. sec. 1465), f. 69. cf. Meichelbeck (Autor). Das Michelhuen '(als Abgabe zu Michaelistag)', s. oben, Sp. 1120.

michel, adj., (ä. Sp.) groß, viel; (goth. mikils, ahd. michil, mihhil, agſ. micel, isl. mikill; 'Graff II, 622. BM. II, 164. Weigand, Wbch. II, 156). „Morstetten ist ein michel Landgericht; ein michel Mannschaft; michel Schaden thun"; Kr. Lhdl. II, 189. III, 325. XVIII, 230. „Ein michel tail"; MB. XII, 231. Wstr. Btr. VII, 68. 239. „Wie sie michelen geprechen hieten"; MB. XXIV, 600, ad 1426. „Den armen weiben 545
teten sy vil michle arbait und auch grauß"; Mich. Beham, Wiener 271,19. „Darzu michle und groß arbeit"; das. 292,1. „Ain rote michle schussel, zwey michle kupfrene hantpeck, ain michel truchel mit hailtumb" ꝛc. (neben „clain", nicht „lützel"), öfter in dem Inventar v. 1456 zu Thierhaupten; Thierh. 67, f. 52. 55 ꝛc. „michils mer, michils oder so vil mer"; Clm. 4776 (XV. sec.), f. 57. „Seyt ir nicht michels mer dann daz gefügel"; Clm. 9728, f. 191. „michel mer"; Lori, BergR. 50. „Besammelten ein michel groß Volck"; Chron. in Freyb. Samml. I, 186. „Ein micheli Schar", magna pars; Diet. v. Plien. „Durch eine micheln raut (einen großen Rath) erkennt und gesprochen"; Augsb. Stdtb. ad 1484. „In michler maß", (noch 1500); Cgm. 4543, f. 100. 'Über dieses Adj. in Ortsnamen s. Förstemann II, 1025 f.' So heißt im Jahr 1358 das Dorf Groß-Perkhofen im Glonthal unweit Schwabhausen Michel Perchhoven: „ein hof in dem dorf ze Micheln Perchhofen"; MB. X, 272. Daß das circa 1119 „in loco qui dicitur Michilvelt" gestiftete „monasterium Sancti Johannis evangeliste" mit einem Michael nichts zu thun habe, zeigt die alte Dativflexion des Adjectivs michel: „in michelin velt", „ze micheln velt"; MB. XXV, 545. 549. 133. 136. v. Lang, Reg. ad 1123. Auf ähnliche Weise ist aus der „Michelunstat in pago Plumgeue, Michlinstat in sylva Odoneuuald" (Eccard, Fr. or. I, 390. II, 118) das spätere Michelstadt geworden. In MB. XI. wird die latein. Stelle von p. 148: „usque ad locum ubi Kelberspach cadit in album Regin" auf p. 151 übersetzt mit: „untz an die stat der Colberspach vellet in den Michel Regen." Auf Appian's Karte (Bl. 8) heißt von den beiden Flüßchen, die, bey Zwisel vereint, den schwarzen Regen bilden, das südliche (heutzutage der vordere Regen) der kleine Regen, das nördliche aber (heutzut. der hintere Regen), in welches der Kalbersbach fließt, der groß Regen. Der weiß Regen, der von allen diesen verschieden ist und aus der Lam kommt, fällt bey Kötzting in den schwarzen. Es scheint demnach das „album Regin" des lat. Originals ein Verstoß zu seyn, der in der Übersetzung vermieden ist. 'michelen, vrb., ä. Sp., erheben, preisen, magnificare; (goth. mikiljan, ahd. mihiljan, mihilôn, daneben mihilosôn, mihillichôn, mhd. michellichen; Graff II, 627—629. BM. II, 165). „Magnificaris, gemichlit, geloubet wirdis"; Cgm. 17, f. 12ª.

Mucher. „Die Pachmuetter (das Rinnsal) verwechst und wird mit Koth, Mucher und Sand durch das Wetter, Regen und Anlaufen der Wasser verschütt"; Lori, LechR. 389. (Vielleicht verschrieben statt Muhr; s. Muer).

müecheln, müechten, müechteln (miə'ln), müechzen, o.pf. müchleinen, nach Schimmel oder Moder riechen. Vilmar, kurhess. Idiot. 273. Zeitschr. III, 305. 472. IV, 178. 's Mel *miə'lt*, wenn es lange verschlossen gehalten wird; (b. W.). Das alte firmochan, farmuchan, hebetare, suffocare (gl. a. 250) und das isl. mocka, mucere, auch das unten folgende meuchten passen dem Vocal nach nicht recht hieher; sollte ein urspr. Ablautverb miohhan anzunehmen, und selbst das obige Meuchel hieher zu ziehen seyn? Dann würde miecheln richtiger scheinen als müecheln.

---

herum-mauchseln (mauˇksln), heimlich, in boshaften Absichten herum schleichen, laufen. s. Muchsel und oben meuchel.

Meichsen, (ä. Sp.) die Provinz Meißen, (s. Gramm. 434. cf. česk. Mišenˇ, Mišně oder Mišensko, Mišensky. Meichsen verhält sich zu Misnia, wie Sachs zum slawischen Sar, Achse zu Os. Schriebe Safařik nicht Mišenˇ für Meißen, so könnte man in Meichsen eine Germanisierung des ursprünglich slawischen Namens sehen). Die

Meichsner Tücher und Tuchhändler geben im 17. und 18. Jahrh. den inländischen Webern viel Anlaß zur Eifersucht. „Beschwerden der wirzb. Wollenweber gegen die fremden, besonders aber die Reichenbachische Meichsner,
546 die ihre Tücher nicht mehr auf offenen Raths- sonder in den Wirthshäusern ablegten, und damit hausierten"; Ldtg. v. 1669. „Alle in unserm Hochstift Wirzburg angesessene Kaufleute, Krämer, Tuchhändler, Meichsner und Tuchmacher auch Juden"; wirzb. Verord. v. 1752. Das Hausieren der ausländischen Meixner und Handelsleute mit falsch gereckten Meixnertüchern, Kirschey, Boy rc. wird verboten; wirzb. Verord. v. 1765.

Der Muchsel (Mucks·l), (im Scherz) der Teufel. Grimm, Mythol.² 955. N.A. ə's wiə də' *Mucks·l*, d. h. listig, schnell, gewandt, bös in vorzüglichem Grad. ə˜ Buə' wiə də' *Mucks·l*. mucfseln, 'rummucks·ln, vrb. n., in böser Absicht herumschleichen, laufen, (Zeitschr. II, 49. 204. 562.3. vrgl. unten: mucken); act., abprügeln, schlagen, (wol wie man auch sagt: teufeln). Vrgl. mauchsen. muchselbraun, dunkelbraun, (s. mauckelbraun). Nach diesem letzen Worte wäre erlaubt, sowol an das obige meuchel als an das isl. möckvi, tenebrae, zu denken.

Die Macht, im allgemeinen wie hchd., (ahd., mhd. maht; Graff II, 611. BM. II, 8. Weigand, Wbch. II, 80. s. mögen). „Es steht nicht in bayrl. Mächten", (in Bayerns Machtvollkommenheit, Befugniß); salzb. Tripl. Schr. von 1761. Namentlich das körperliche und Seelenvermögen, die Besinnung. Über Macht arbeiten, eßen, trinken, d. h. über seine Kräfte, über seinen Appetit. „Der die krankheit bei jhm selbs verdrücken wil geht also umb über macht"; H. Sachs 1560: II, IV, 95ᵇ. „Minis vater mahte", (Wohlbefinden); Diut. III, 110. „Sus sâzen si dâ bêde durch ruowe ûf einer grêde unz si gewunnen niuwe maht"; Wigalois 7244. „Sus lac diu frouwe âne maht" (ohne Besinnung); das. 4898. Vom übeln Geruch „den liuten al gemaine vil nâh entwichen was ir macht"; Barlaam und Josaphat. „Ein starck zehe Gedechtnuß, Machten, gut Verstentniß, Vernunft, Sinn und Kunst, die Macht solltest du uff Gott richten"; Geiler v. K. „almahwaltentes, omnipotentis"; Cgm. 17, f. 219ᵃ. Die Ánmacht, Ámacht, Ónmacht, subst., wie hchd. Ohnmacht, (mhd. âmaht; BM. II, 9). „Extasis, amacht"; ZZ. 1803, f. 203. „Für abkrefft und anmächt"; (plur.); Cgm. 3721, f. 46. „Hilft wider dy amächt"; Clm. 5931, f. 223. Z·A˜máchtn gê? ânmächtig, ámechtig, adj., ohne Lebens- und Besinnungskraft; (Graff II, 618. BM. I, 9; vrgl. oben, Sp. 84). „Es hets alls der ämechtig schreiber thon", sagt die Magd in einer Historiola faceta in einer Predigt; Monac. Francisc. 361, f. 173ᵇ. Die Christen waren im Leiden nur krefftiger, gantz nichts amechtiger; Av. Chr. amachten, vrb., ä. Sp. „Jst das der mensch sich ze vast purgiert das in dy fürbung amachtät"; Cgm. 170, f. 8ᵃ. 'Vrgl. BM. II, 10: unmehten.' 'Die Unmacht, Schwachheit; BM. II, 9.' „Extasis, ungemächt oder schwindung": Clm. 4394, f. 177. machtlôs, (b. W. mà'dlous), adj., kraftlos, krank, ohne Leben; (isl. mattlaus, agf. mihtleas, schott. mauchtless). Machtlos, hellig, gantz müd und matt"; H. Sachs. „Müd und machtlos"; Av. Chr. 391. „Die Briefe sollen krafft, machtlos und tod seyn"; Chron. Ben. II, 163. „Matlos seyn, krank seyn", (in der Prignitz nach Bernouilli's Reisen XII). mächtig (mèchti, máchti), adj. und adv., 1) (b. W. kräftig, körperlich vermögend. Bist nét so *máchti*', dás d· dé Aərbət thá'st. 2) vorzüglich. 's Gmácht is nét gàr *máchti*'. Vrgl. Vilmar, kurheff. Idiot. 257. 3) viel, sehr, a) als adv.; Zeitschr. III, 536,2. IV, 245,113. V, 183. Dés is mə' z·*máchti*', das ist mir zu viel, zu arg; (Hrslm.). Nét gàr *máchti*', nicht gar sehr. *Máchti*' də'kemə˜ rc., sehr erschrecken rc.
547 *Máchti*' guet, (schott. michtie gude, schwed. mägta godt), *máchti*' gscheid, *máchti*' schö˜, *máchti*' fei˜zi', *máchti*' vil rc. b) als Adjectiv, mit der Hauptbetonung einem andern angehängt: grôß-*mèchti*', klain-*mèchti*', vil-*mèchti*', lang-*mèchti*', hôch-*mèchti*', tief-*mèchti*'. 4) adv., (b. W.) höchstens, franz. tout au plus. əs sánd eənə' *máchti* zwaənzgé gwést. 5) (Jnn) stolz. ə˜ *máchtigé* Jungfə'. Sein Mächtikait, Sein königl. Großmächtigkeit, Courtoisie, im 15. Jahrh. statt des jetzigen S. Majestät und neben „S. Gnaden" üblich; Gem. Reg. Chr. III, 133. 139. 299. Davon noch unser großmächtigster König. „St. Augustin spricht, es sey der will und Gottesmechtigkeit des Allmechtigen, der wölle es also haben"; Av. Chr. 53. (Zu vrgl. etwa „mayster gemacht, magistratus", des Voc. v. 1419). mechtiglich, mechtiglichen auf (Einen oder mehrere als) Spruchleute (Schiedsrichter) gehen, kommen, bey ihnen bleiben, d. h. sich in Allem ihrer Entscheidung unterwerfen; MB. XXV, 348. 358. 419. „Eines Andern zu Recht mächtig seyn", das was er thut verantworten (?); Kr. Lhdl. II, 107. 69. 95. Sich anmächtigen eines Andern, für einen Andern, ä. Sp., in dessen Namen für ihn handeln, sich seiner annehmen (?). „Wir wollen uns darin Eurer Lieb angemächtiget haben"; Kr. Lhdl. III, 183. 184. XIV, 574. „Sy bekennen noch anmechtigen sich auch darin für jrn bruder nichtz"; Lori, L.R. 124. vollmächtig, bevollmächtigt; MB. XXV, 211, ad 1438.

Die Gemächten (G·mácht·n), plur. und ein femin. sing. die Gemächt voraussetzend, daneben auch, wie im Hchd., das Gemächt (G·mácht), genitalia (gleichsam vis, compotentia) viri; (cf. Lex Visigoth. III, 5,7: castrationem virium perferat. Graff II, 615. BM. I, 9. Weigand, Wbch. I, 411. gl. i. 65. 694: gimaht, sing. fem., penis; i. 21. 225. 958: plur. gimahti, testiculi, virilia). „Wem ain kind zeprochen, der nem Synaw... hab es also warm zw den gemächten." „Wem dy gemächt ausgeen", (wol Hoden: Hodenbruch); Cgm. 4543, f. 84. „N. N. ist an denen Gemächten verschwollen gewesen"; Benno-Mirakel v. 1697. Einfacher sagt der Fechtmaister Talhofer die Macht: „Fall jm mit dem Knie in sin Macht." „Da eime der zagel abfulen welle: ... ob eime menschen die macht fulet"; Auffeß. Hs., welche anfängt: „Cum ego Theobaldus Loneti d afrigmeys bisuntinensis dioeceseos essem Bononie"; (das Deutsche wahrscheinlich zu Freiburg im Breisgau oder im Elsaß geschrieben. Vrgl. unter Mutschelle. 8. April 1846). „Mächt, inguen"; Voc. von 1429. Wol nur abusivè steht im Voc. v. 1419: „frawen gemächt, feminale." „Das weib sol das gemächt oft damit reiben", (um die Menstruation zu fördern); Cgm. 4543, f. 94. „Welche frowe das essen an der macht het"; Auffeß. Hs. „Etlichen jungfrawen wirt ir macht gar wit von der grosse des mans rütten"; Cgm. 4214, f. 51. „Rec. bucken ..., leg si alse warm ober die macht des weibes (das chindes nit bald genesen mag)"; Clm. 4395, f. 197. Das Wort kann übrigens nicht von machen (w. m. s.), sondern muß wie Macht von mögen (ahd. magan, mugan) abgeleitet seyn; vrgl. isl. magahâr, pubes, und Grimm II, 27.

„Gemachten", (Pinzgau, Hübner) Magendampf.

Mechtild, als Name gerne zu Mechə-l, Michə-l, Melchə-l (Jir. Mehitl; ä. Sp. Mätz, Metz, w. m. s.; BM. II, 162) entstellt, das alte Maht-hild, nach einer andern Entstellung: Mathilde. Vrgl. oben Sp. 1102: hilti. Weigand, Wbch. II, 117. 126. „Keiser Ott (von Brunsw.) für ze Püll ... underwand sich auch des lands daz man haisset frawen Mächthilden land, do der baubst zu gehort"; Kaiserchron., Ms. des XIV. sec., '(german. Mus. Nr. 2733).'

meuchteln, (von Leinenzeug, Tuch u. drgl.) moderig und nach Feuchtigkeit riechen; vrgl. müecheln und maucken, auch Vilmar, kurheff. Idiot. 273: müchen, müchzen. Zeitschr. IV, 178: müchinzen.

Der Mackler, (Aschaff.) Händler, Mäkler; Geld=, Korn=, Schweins= ꝛc. Mackler. 'Weigand, Wbch. 90. Vrgl. die Anmerk. am Schluß von gemach.'

548 Das Máckə-l, das Stückchen, Bischen. Kaə˜ *Máckə-l*, kein Bischen. Diese Aussprachform gehört nach Gramm. 316 vermuthlich zu Mocken, w. m. s.

Der Mackə˜, Beschädigung, Fehler an einem Kleid, Geschirr ꝛc.; plur. *Mackəs*, Schläge; (v. hebr. makah, pl. makôth, Schlag, Plage, Wunde. Weigand, oberhess. Intellbl. 1847, Nr. 70. Vilmar, kurhess. Idiot. 258. Zeitschr. III, 469. '„Mackes geben, (schwäb.) Pfister, Gesch. Deutschl. I, 304"; Jac. Grimm.'

ab=, der=mäcken, eigentlich =mägken (mágkng), (Inn, Salz.) gemeiner Ausdruck für umbringen; ('„vrgl. ammazzare"; Jac. Grimm).' „Drum lást di' də' Küni' *à'mágkng* und aufknüpfə˜... I hà˜ Gnad də'hält'n, den andə'n hàt mə˜-r- àbə' *à'gmágkt*"; Göschl, Genesis cap. 39,19. c. 40,19. c. 41,13. „Mei Voda hat mar oft erzählt, wie er hat Boarn gschossen. Sie purzelten vom Bley gefällt von machtig hoachen Rossen. Und was das hoasse Bley verschont dermaggeten die Stoaner. Ich selber sach im Oberland an Haufen Todtenboaner"; (Tyroler=) Lied im Franzosen=Rummel 1796. XIII Com. megken für schlagen überhaupt; (cf. ital. ammaccare. pad. macare, zerstoßen. Diez, Wbch. 210 f.). Zeitschr. III, 469. Es scheint mir gewagt, hiebey an das altsächs. maki, agſ. mece, isl. mækir (machaera, mucro; cf. „magge, balista", gl. Argentin., gl. i. 824, Haupt, altd. Bl. 351), zu denken; näher läge das schweiz. neutr. mauggen, sterben, wornach ein act. mæuggen (s. Gramm. 179) zuläßig wäre. Vrgl. allenfalls auch gamactas oder gamactos, percussiones, der Legg. Baiuu., Mederer S. 80, und das lat. mac-tare, mac-ellum. z'mècksnə˜, s. oben, Sp. 1047, unter Hechs.

vermakeln. „Die Sterl (Fische, kleine Störe) vermakeln sich mit ihren Schnäbeln leicht in die Netze und werden so in großer Zahl gefangen." „Daß die Gemsen sich mit ihren Hörnern in die Kleider der Jäger vermackeln und dann wol mit ihnen in den Abgrund stürzen"; Kohl, hundert Tage in Österreich II, 215. 223. 'Vrgl. d. folg. Wort.'

Die und der Maucken, (wol eigentlich Maugken), kleiner Vorrath an Obst, den Kinder oder Dienstboten mehr oder minder heimlich für sich bey Seite legen. In weiterer Bedeutung wird der Ausdruck auch auf heimliche Vorräthe von Geld und andern Kleinigkeiten angewendet. Weigand, Wbch. II, 120: die Mauke. Grimm, Gesch. d. d. Spr. 708. Weinhold, schles. Wbch. 60. Birlinger 331. Zeitschr. VI, 17. 357. Kilian: muyk, locus ubi poma asservantur, auch muydick (cf. muyk, mollis), zum Weichwerden. s. Moger u. Mauten. mauckeln, vermaukeln, heimlich bey Seite schaffen; s. meuchel. Zeitschr. II, 562,3.

mauckelbraun, (schwäb.) hirschbraun, dunkelbraun; schweiz. munggelibrûn. (Etwa zusammenhangend mit dem isl. möckvi, mugga, caligo?). s. muchselbraun.

mauckeln, mäuckeln (mau˜keln, méi˜kln), (von Leinewand, Tuch u. drgl.) nach eingeschloßner Luft, nach Moder riechen. s. meuchteln, müecheln, und vrgl. maunken, munkeln.

„Maucken", (Nürnb., Hsl.) Hängkörblein, wie die Bauernweiber am Arm zu tragen pflegen.

Maucken, Blattläuse.

mauckezen, s. mau=en (miauen). Zeitschr. III, 469.

mèck, gmèck, der Laut der Ziege, des Schafes, Kalbes. 'Der Mecke, ä. Sp., Ziegenbock? BM. II, 91.' „Got grüez dich, bruoder recke! Du macht wol sîn ein mecke", läßt sich der Esel spottend vernehmen gegen den Löwen; Boner's Edelst. XIV, 8. mèkezen, gmèkezen, diesen Laut hören lassen, auch vom Menschen, nach einem unversehens erlittenen starken Stoß oder Fall. Weigand, Wbch. II, 126. Zeitschr. III, 134. 469. VI, 337. Der Gmèkezer, der da solchen Laut von sich giebt; einzelner solcher Laut. Er is hi˜gfälln, dás ər ə˜n *Gmékəzə'* 'tà˜ 549
hàt. g'mèkeln, gmèkern, mè hören lassen; lachen, schäkern.

mèck, naseweise, vorlaut.

mickern, (vom Pferd) wiehern; Voc. v. 1618. Weigand, Wbch. II, 126.

Der Mickə, s. Mittwochen.

Der Mocken, Mock, Masse, Brocken von Teig, Fleisch u. drgl. BM. II, 215. Zeitschr. V, 403,117. VI, 232. „Si theten (ins Muos) brocken die allergrösten Mocken"; Diut. II, 84. Üblicher sind die Derivata: das *Máckə-l*, kaə˜ *Máckə-l*, schweiz. chëi *Möckəli*, kein Bischen; mocket, teigig, fleischig, derb. mockelicht, mockələt, gmockələt, desgleichen; ə˜ *mockələts* Kind, dickes, fettes, rundes. mackelig, (Aschaff.) von zartem, weichem Fleisch. Vilmar, kurhess. Idiot. 258. Firmenich I, 464,229. 467,363. (Köln): *muck'lig*, lieblich sanft, angenehm weich, zart.

Der Mock, schlechtere Art Stahles aus Steyermark und Tyrol.

Die Mockel, das Mockelein, (Franken, Kinderw.) a) die Kuh. Vrgl. Vilmar, kurhess. Idiot. 259. Zeitschr. I, 284,5. IV, 309. VI, 232. Das Forl=Mockelein, der Föhren=Zapfen. b) die weiblichen Geschlechtstheile. Vrgl. Muck und mugeln, 'auch BM. II, 216: mocken.'

mocken, mockeln, nur leise, verstolene Bewegungen machen oder Laute von sich geben, aus Furcht, Trägheit, Hinterlist, besonders aber aus Ärger oder Verdrüßlichkeit; (cf. Graff II, 655. BM. I, 216. Grimm I³, 151. Zeitschr. II, 465. 562,3. V, 197. 309. VI, 16). „Bist schon beim rocken? wie thut der Kunzel um dich mocken (thut dir schön), hüt dich vor jm", sagt die Bäurin zur Magd; H. Sachs 1560: III, III, 7ᵇ. Kärnt. gnévati se, schmollen zürnen, mocken; Jarnik 219. Staffler I, 109. „Heut lacht ár und lockt ár (der April), is freundli' und rund, moring schnaurt ár und *möck*t á' (zeigt heimlichen Verdruß), das wár dá' recht Kund!" Stelzhamer 21. 179. „*Mocken* und Bocken bringt Aə˜n kaə˜ Glück, kumt á' ə˜ Brocken, I denk hält: schlick! Seidl, Flins., 3. Ausg., p. 76. An Etwas lange herummockeln, eh man es ernstlich angreift. Etwas vermockeln, heimlich bey Seite schaffen. Der Mock, Person, die mockt, mockelt; (Frank., Schwab.). Zeitschr. IV, 7. s. d. folg. Wort und oben: die Maucken, mauckeln.

mucken, muckezen, muckßen, was mocken, (ahd. muchazan, mutire; irmukkizen, mutire, Clm. 4604, f. 106, sec. XI. Graff II, 655. BM. II, 226. Weigand, Wbch. II, 202. Vilmar, kurhess. Idiot. 273). Beym Schießen mucken, unterm Losdrücken die Augen schließen und den Arm nicht unbeweglich halten. Einem mucken, ihm Winke, verstolne Zeichen geben. „Das Humbsen eines zernichtigen lären Muckens kann in unsre Ohren gar nicht kommen"; Av. Chr. 212. Sich nicht mucken, muckezen, mucksen, sich nicht die geringste Bewegung, den geringsten Laut erlauben. Zeitschr. II, 49. 204. 562,3. III, 473. V, 465. „Als sie ihrer Tochter heimlich den Schlüssel zumugelte"; Neueste Nachr. 1850, Anzeiger S. 440. Vrgl. Th. III: schal=meukeln. Der Muck, Person, die nur muckt. Birlinger 337: Mockel. muckisch, adj., mürrisch. „Hochmütig, aufschnüppich, pöckisch, muckisch gen alt und jung"; H. Sachs 1560: III, III, 34 (1612: III, III, 66 steht dafür munckisch, s. d. W.). Der Mucker, Muckezer, Muckser, 1) Mensch, der muckt; einzelne verstolene Bewegung, Laut. Zeitschr. III, 268,29. Kain Muckerlein, kainen Muckser thun. s. d. vor. Wort und mauckeln, 'auch muchsel.'

dermucken, vermucken, vermocken, (vom Holz) morsch werden, verdumpfen, faulen, (Stölzl); (von Thieren und Pflanzen) im Wachsthum zurückbleiben; verkrüppeln. D· Fá'kln wachsn nimə', si sán' *də'muckt* vo˜ də' Kəlt.

(Gl a.250: farmuchan, farmuckan, hebetare, suffocare. Graff II, 655). Vrgl. müecheln, mauckeln.

Der (den) Grasmuck, die Grasmücke; Pangkofer 228.

Die Muck, (fränk.) weibliches Schwein; (BM. II, 216: diu mocke; gaelisch muc, welsh. moch, Schwein). „Porca, mater porci, eyn mock"; Voc. v. 1477. Heumann, opusc. 450. Diefenbach 447ᶜ. Firmenich I, 519,40: Mocke. Vilmar, kurheſſ. Idiot. 274. Vrgl. Mockel.

Die Muck: Aə˜n *auf də' Muck* haben (Paſſau, OberM.), wie hchd. auf dem Korn haben, ſeine Spur verfolgen. Auf der Mucken haben, ein Abſehen darauf haben, von der zum Zielen dienenden Korn- oder Mücken ähnlichen Erhabenheit auf dem Rohr der (urſprünglichen Haken-) Büchſe, die daher vom ital. mosca, moschetta, Fliege, ſelbſt moschetta, franz. mousquet, Muſkete genannt worden ſeyn mag. 'Vrgl. dagegen Diez, Wbch. 232' u. holl. mik, Ziel, mikken, zielen. Vilmar, kurheſſ. Idiot. 274.

Die Mucken, eigentlich Mugken, (O.Inn Munkng), wie hchd. Mücke, (ahd. mugga, mucca, mhd. mugge, mucke, agſ. mycge, engl. midge, isl. my, ſchwed. mygg. Graff II, 654. BM. II, 226. Weigand, Wbch. II, 201). Die Mucken im Kopf, als hinterhaltene Gedanken, Einbildung, ſcheinen mit dem Verb. mucken und mit maucken Zuſammenhang zu haben. Weigand, Wbch. II, 201. Zeitſchr. II, 562,3. III, 240,3,16. V, 356.

Roſsmucken, (Schwaben, Eichſtädt) Sommer-Sproſſen; 'vrgl. oben, Sp. 1516: Losmugken.'

550 Muck·l, Muckə-l, diminutive Benennung für Unerwachſene, welche auf St. Johann Nepomuc getauft ſind. Zeitſchr. V, 471. VI, 460.

Der Mückel. „Ornmückel, ornhell, fullo, vermis cujus cauda in bifurcum mucronem exit." „Scolopendra, seps, langer ornmückel"; Voc. v. 1618. Hêinimüggel, (ſchweiz.) Grille.

Mücken, (Pungau, Zir.) Bohnenſäulen, Bohnengalgen.

„Mücker." „Kalbsgeſchling und Gekrös oder Mücker"; bayr. Köchin in Böhmen p. 98. Cf. agſ. micgern, exugium, (Lye); sevo, arvina, (Mone's Quellen I, 386); ahd. mittigarni (ſ. oben, Sp. 937: Gerner); ceſk. mikter, lactes, mesenterium. „Auch ſol man weder kra noch mitiger in die ſmer oder ſmerlaib winden"; Wiener Metzger-Verordn. v. 1364, Cgm. 1113, f. 38ᵇ.

'Der Mad, ä. Sp., wie hchd. die Made; (goth. matha, ahd. mado, mhd. der, auch diu made; Graff II, 658. BM. II, 18. Weigand, Wbch. II, 81. ſ. unten: Medel).' Tarmus, der mad, des maden"; Konr. v. Megenberg f. 181, (Pfeiffer 309,20. 110,21). Diefenbach 574ᵃ.

Das Mâd, 1) das Mähen, die Mähezeit, Heuärnte. Vor Mâds, nâch Mâds, im Mâd; L.R. v. 1553, f. 156. „In dem haemat"; MB. XXII, 461. Vormâd, Heuärnte, (Pinzgau, Zir.). Die Taglöhner, die ſich zur Mähezeit in eine heureichere Gegend begeben, um ſich da als Mäher brauchen zu laſſen, nennen dieß ei˜s *Màd* ge˜. D· *Màd* anheften, den Halbkreis, den die Senſe auf einen Zug machen ſoll, in zweien oder mehreren vollenden; ſ. oben, Sp. 189. 2) das Gemähte; Platz, der gemäht wird, beſonders im Walde oder Gebirg; plur. die Mâder (Mádə'); „die Madach", Lori, LechR. 329. Birlinger 324. Zeitſchr. III, 484. Das Âmâd (Auməd, 'Oməd, Omt, Ömt), (ſchwäb.) das zweyte, dritte Heu; letzteres, näher beſtimmt: After-Âmâd. ſ. oben, Sp. 72 f. und Grimm II, 785. „40 Centner Ohmaden"; Kemptner Akten von 1799. Amad, amat, âmath, cremium; gl. a. 659. Diut. II, 276. Das Bergmâd, ſteile Bergwieſe. Die Bergmâder werden gewöhnlich um Bartholomäi gemäht, oft mit Hilfe nicht blos von Steigeiſen, ſondern auch von Stricken, an die man ſich feſtbindet. Das Gruenmâd (Gruəməd, Graəməd, Graəmt), das Grumet, zweite, dritte Heu, Nachheu, (engl. ſchlechtweg math); ſ. oben, Sp. 1001. „an Mammert Wieſe"; Firmenich II, 485,85, (ſchwäb., einen Mannmad? 'Schmid 373'). Das Schmelhmâd, (Inn-Salz.) ſchlechter, nur mit Schmielen bewachſener Grasplatz. Das Tagmâd (Tà'məd), ſoviel in einem Tag von Einem gemäht werden kann. ſ. Adelung Demat. Das Wiſsmâd (Wisməd), plur. die Wiſsmæder (Wismədə'), die eigentliche Wieſe. „Das Wiſmat wäßern"; Cgm. 3253, f. 3. 4. „Drie hûbe vnd daz wiſemat daz dar zů horet"; Schwabenſp., Laßb. §. 213. Die Mâd, auch der Mâden (Mà'n), der Schwaden, der Jahn im Mähen; VII Com.: Madela, f., Schwaden. Zeitſchr. III, 464. „Nicht weiter denn zwen Mader mit zwain ſaenſen gen einander ein maden mügen ziehen"; Wſtr. Btr. VII, 80. Der Mâder (Màdə'), der Mäher, Mahder; (ahd. mâdari, mhd. madære; BM. II, 20. Zeitſchr. III, 464). Die drey Mâder, (beym Landmann) die den Jacobsſtab bildenden 3 Sterne am Himmel; Zeitſchr. V, 505. Der Vormâder. Mâdſtrümpfe, Strümpfe ohne Socken, als Schutz gegen die Bremſen und Schnaken, bey den Landleuten einiger Gegenden, beſonders zur Ärntezeit üblich. aə˜-, zwi-, dri-*mádi*', ein-, zwey-, drey-mâdig. ſ. mæ-en und Grimm II, 235.

màderdelli', adj., ganz ermattet, mattherzig; Kaltenbrunner 209.

Der Mader, Maderer (Màdə', Màdərə'), plur. die Mâder (Mádə'), eine nach Gramm. 632 ſchon alte Entſtellung von Marder, martes, (agſ. mearđ; gl. o. 456: marth. Graff II, 858. BM. II, 68. Weigand, Wbch. II, 104. Birlinger 324. Zeitſchr. III, 465. IV, 55. VI, 176); L.R. v. 1616, f. 740. 782. Voc. v. 1618. Heumarder, ſ. oben, Sp. 1029. Spitzmader, Cgm. 697, f. 205. „Maderbalg"; Lori, LechR. 37. mädern 551
(mádə'n, mádə', médə'), ä. Sp., mäderin, mäderein, adj., aus Marderfell. BM. II, 68. „Das byret was meberg, das fuetter felmeder"; der Schwarzen von Augsb. Trachtenbuch. „Ettlich medrein furſen"; Wſtr. Btr. III, 139. „Zwen Handſchuh, die eben maderin ſind"; Gem. Reg. Chr. I, 438. R.A. Mit Mader (wie mit Fuchs, mit Beh) gefüttert, verbrämt ꝛc., d. h. mit dem Fell davon. So ſagt auch der Pole: mam liſa, niedźwiedzie (ich habe einen Fuchs, einen Bären). „gemâdert wilprät, gefiderts wilprät"; Cgm. 22, f. 66ᵃ. 290, f. 82ᵇ. 544, f. 52. Sp.W. Klain in Hadern, grôß in Madern, kleine Kinder brauchen noch keine koſtbaren Kleider, je ſparſamer erzogen, je beſſer werden ſie einſt fortkommen. 'en Bisam nét və˜'n *Mà'də*'drék wégkennə˜, in hohem Grade in der Sache unwiſſend ſeyn.

„maden", (nach A. Klein in der O.Pf.) plaudern. Vermuthlich blos fehlgegriffene Darſtellung des als mâ'n ausgeſprochenen mären.

Madal, (vermuthlich dem goth. mathl, agſ. mathel, methel, sermo, concio, forum, entſprechend) liegt ohne Zweifel den alten Mannsnamen Madal-ger, (gl. i. 524. o. 94 auch für die Pflanze basilica geltend; ſ. das folg. Wort), Madalgoz, Madalhart, (wovon nach MB. XV, 267. 269 das Castrum und Kloſter Madalhartesdorf, ſpäter Malhars-, Malhersdorf, jetzt Mallerſtorf, den Namen hat), Madalhelm ꝛc. zu Grunde. Förſtemann I, 920 ff. Vrgl. auch mähelen.

„Madelgeer, cruciata", (eine Pflanze); Cod. Bruxell. 5882. (Graff II, 706. BM. II, 91. Grimm, Mythol.² 1160. Diefenbach 69ᵇ. 159ᵇ. Weigand, Wbch. II, 180 f.). „Die Erdbeer und das Modelger gnand aller Kreuter Ehr, die Beiſſelbeeren" ꝛc., fraga, gentiana cruciata, berberis ꝛc.; Schnitterlied, Innsbruck 1640. „Daz crut magdalger ſoltu vmbryſſen mit golt und mit ſilber und ſolt eſz mit hulcz graben und mit keim iſen und ſolt eß mit diſen worten uß ziehen und ſolt ſi dryſtunt ſprechen und dry ſtunt ziehen und zu dem dritten mal ußziehen und ſprich: Got gruß dich Magdolger du biſt uber alle wurzen ein her weiſtu waz dich got lerte do er dich von allen dinen ſynnen kerte weiſtu waz dich got hiesz da er sinen stab crutzwis durch din grab stiez Got gruß dich Magdelger du bist so gut und so gewere des dich Got bat da er dich durchstach mit gotlichen stabe Peter da stat din crut wer sin liep da mit vmbgroffet daz eß en nimmer mer gelasset in gotes namen"; Aufseß. Hs. (s. oben, Sp. 1564: Gemächt).

Madlen, Màdle˜ (-v), Magdalena. Zeitschr. VI, 267,91. 459. „Madlen sein Tochter"; Hund, Stmb. I, 362.

Das Mädlein (Má'l, Mê'l, schwäb. Mèdlé), das Mädchen; Zeitschr. I, 299,4,4. VI, 132,25. s. Magd und das folgende Wort.

Die Maid (Màid, Maəd), o.pf., die Magd; mhd. meit, aus maget zusammengezogen; s. Magd). Der Nachwächter schreit um 4 Uhr der *Hausmàid;* afstêi˜, wenn də' Wöchtə' d *Hausmàid* schreit; (ObrM.). Birlinger 324. Zeitschr. III, 133,92. 277,21. V, 98, III, 27. 509,3. VI, 132,25. 247,1. Maidegezog, s. Th. IV: -zog. Maidbrunn, Ortsname. „Monasterium de fonte Virginis Maidbrunn"; RB. II, 221. Maideburn, das. 327. „Meydblum, cacomilla", camomilla; Clm. 4374 (XV. sec.), f. 121. BM. I, 217. Diefenbach 92^c: megdeblome, meydeblome. Das Maidlein (Màì'l, Maə'l), 1) o.pf., das Mädchen; Zeitschr. V, 129,5. s. Magd. 2) B., die Maə'l, Maria. In der ä. Sp. scheint Mayd für Magdalena zu stehen. „Am Freytag vor Marien Mayden" (18. Juli 1432); Kr. Lhdl. II, 42. „Ich Meyd die Cruberinn": MB. XXI, 446, ad 1400. Maid, Mail, Magdalena, (Jir.); Maədl, (Gastein). Vrgl. Zeitschr. III, 330. 471: Màidl, Maria.

Der Maiden, (ä. Sp.) eine Art Pferd, (goth. máithms, *δῶρον*, ags. mâdm, *δῶρον*, donum et equus, oft bey meath, Kemble, Beow. p. 244. Glossar voce blonca; mhd. meidem. Grimm, III, 325. LM. II, 91. Weigand, Wbch. II, 132 f. Grimm, RA. S. 563 `(?)´, sieht meiden st. meidem als equus, armentum, Vermögen in Vieh, in Verwandtschaft mit altſ. methmas, isl. meidmar, goth. maithms); und zwar nach von Hund's Anmerkungen (Finauer, Bibl. II, p. 157) „haben die Alten ein Hengst Maiden genannt." Bey Horneck ist Maiden ein verschnittener Hengst oder Wallach. MB. IX, p. 128, ad ann. 1315 wird ein Unterschied gemacht zwischen Maiden, Rossen und Pferden. „Vmb einen Maidem" gibt König Ludwig nur „13 bis 15 Pfunt münchner pfenning", während ein „Roz" mit „32, 50 bis 60 pfunt münchner pfenning, ein zeltendpfaeridt mit 30 pfunt" bezahlt wird. MB. XXIII, 228, ad 1378 soll der Geburschaft von Erringen (Langen-Erringen) „ain Nachthüter gegeben werden, der ainen maiden hab." „Trieffnas hiet seynn mayden gaß, dar umb er lauffen muost die straß"; d. Ring 51^d,16. „Dem Egghart stachens seinen mayden, das er sich der von muosste schaiden; das. 55^b,36. Die im Mittelalter üblichen Laistungen (persönlichen Verpfändungen) mußten gewöhnlich mit so und so viel „erbern Knechten" und eben so viel guoten
552 maiden" geschehen. s. MB. VII, p. 162. VIII, p. 244. Auch Scherz (voce Meyden) findet Roß und Meyden einander entgegengesetzt. Das Voc. v. 1429 hat „mayden, caballus, vilis equus", neben „mayden, hengst, puledrus, palefridus, slahender mayden vel traber, succussarius." „Spado, maiden" (von Pferden); Clm. 4350 (sec. XIV.), f. 3. Aug. S. Ulr. 50, f. 3^a. Clm. 5685, f. 53. „Verschniten mayden"; ibid. p. 66. „Parafridus, snel meiden"; Voc. optim. p. 44. Bey Stalder kommt der Maiden noch jetzt als Zuchthengst vor. Sollte von diesem Wort die specielle Bedeutung eines verschnittenen Hengstes wirklich die ursprüngliche gewesen seyn, so ist allerdings das bey Adelung aus einem Buche von 1483 angeführte maden, „Mann der seines gezeugs nit hat", zu bedenken. „Eunuchus, homo spoliatus genitalibus suis, verschniten mayden"; Clm. 5685 (v. 1412), f. 66. „Ain maiden oder ein cappaun (daz ist ain man der seiner gezeuglein niht hât) der ist pœser siten"; Konr. v. Megenberg f. 31^b, Pfeiffer 52,28, (vrgl. das. 7,30. 12,22). In einer rheinischen Rechnung (bey Horstmann Ms.) werden Maid- (Mad-, Mod-) Hahnen (Kapaunen?) jungen Hahnen gleichgeachtet. Bey Ulphilas (Luc. 4,19. 14,13) ist gamaids *τεθραυσμενος, ἀνάπηρος;* s. unten gemait. Hiezu kömmt, daß ich aus einem schriftlichen Beytrag (Hsr.) in der That noch ein Dialektverb „meiden, kastrieren", ersehe, welches wol als maiden zu nehmen seyn wird. „Der niht gemaident ist mit kunst und doch geborn ist ân gezeuglein, oder der gar klain gezeuglein hât, der ist ainem cappaun geleich und wehset im nümmer kain part"; Konr. v. Megenberg f. 31^b, Pfeiffer 52,32. Im Isl. ist meida laedere, lacerare.

maudern a) mit Einem, aus Verdruß gar nicht oder nur brummend mit ihm sprechen; schmollen. Schmid, schwäb. Wbch. 378. Stalder II, 224 f.: muten, den Stummen (Mut, Mud, Mutast) spilen. s. unten: mutern und vrgl. kärnt. mutast, stumm, mutez, ein Stummer, mutati, schweigen, pfnotten; Jarnik p. 67. Cf. dän. mudt, mürrisch, unfreundlich.

Herztausigə' Schàz und wennst *maudə'st* mit miər,
I füər di' à˜'n Sunntə' hàlt á' nét zə'n Biər.

„maudern, murmurare, mussitare", Voc. von 1618; mutilon, mussitare, gl. a. 299. „Daz Dathan und Abiron wider Moysen und Aaron mauderten des entgulten san vierzechen tusent und achtzic man"; Renner 17136. b) (vom Wetter, vom körperlichen Wohlbefinden) eine bevorstehende Änderung ins Schlimmere wahrnehmen lassen: 's Wédə' *maudə't,* oder *maudə't si'.* 's Kind *maudə't,* es ist weniger als sonst munter, es scheint eine heranziehende Krankheit zu fühlen. Castelli, Wbch. 196: „sich maida'n, den Anfall einer Unpäßlichkeit verspüren"; Wien: Er „meidet" sich schon zwei Tag, klagt sich schon zwei Tage, daß ihm nicht wohl. Zeitschr. III, 465. 469. Vrgl. mûdern bey Stalder II, 216. mauderig, mauderisch, adj., kleinlaut, verdrüßlich, unmuthig, kränklich. Zeitschr. VI, 260, II. „All eufrisch, arckwanig, meudrisch menschen"; Cgm. 866, f. 34^a. „Ein fröhliche Lieb muß man haben und kein maunderige"; Auerbach, Schwarzw. Dorfgesch. I, 519. „Sicht si vber sich, si ist ein kapferinn, sicht si under sich, si ist (der Verläumdung) ein maudrärinn"; Cgm. 249, f. 122. `Vrgl. oben, Sp. 1433: leckern und unten: mündeln.´ Vrgl. auch maußen.

`Das Medel, ä. Sp., Diminutiv von Made, (s. oben: der Mad und vrgl. BM. II, 18), Würmchen. Vrgl. Zeitschr. VI, 355: niederd. meddike, mettke, Regenwurm.´ „Obwendig dem rosenbüschelin malet er ir (der Schlafenden) ein redel als ein kleinez medel darüber gekrochen wære"; v. d. Hagen, Ges. Abent. LVIII, 140.

Die Medey. „Guldene Medeyen an den Bareten zu tragen ist der von Adel Hausfrauen erlaubt"; tyr. Polic.O. v. 1603. Birlinger 333. Bey Stalder II, 190: „Medajeli", Halsgehänge. So nahe das franz. ital. medaille, medaglia liegt, ist doch auch das alte medil (ahd. midili, mhd. medele; gl. i. 598: asse. o. 261. Graff II, 707. BM. II, 91. Weigand, Wbch. II, 126. Diez, Wbch. 222. Müller, etymol. Wbch. d. engl. Spr. II, 81), Scherflein, zu bedenken, welchem selbst jene romanischen Ausdrücke näher zu liegen scheinen, als dem lat. metallum. „Das land zu Steyr cham als wol vail an herzog Leopolten v. Ö. do man tet die rechnung cham ieder ritter umb 3 helbling und ieder pawer umb ain medel"; Cgm. 1134, p. 96; cf. Cgm. 888, f. 1092; (s. BM. II, 18: medel). „Daz wag ich als ein Medl"; Püterich v. Reichertshausen. s. „Meit."

`Der Medem, Medum, eine Art Abgabe von Grundstücken; Graff II, 708. BM. II, 91. Vilmar, kurhess. Idiot. 265. Zeitschr. IV, 195.´

meiden, (Partic. gemiden u. gemitten), a) wie hchd. (ahd. mîdan, wie agſ. mîdhan, auch in der

Bedeutung latere, occultare; mhd. mîden. Graff II, 675. BM. II, 165. Weigand, Wbch. II, 133. Vrgl. gemait). „Daz iz bimitan ni uuaz, quia non latuit"; Tat. 60,8. „Mit mir daz houbet"; Walther v. d. V. 50,31. sich vermeiden eines Dinges, ä. Sp.; BM. II, 166b,2. „Hab ich lieb so leid ich not, und vermeid ich lieb so pin ich tot doch so will ich lieb mit laid lieber leiden, denn das ich mich aller lieb will vermeiden", Fr. Johannes Petri, ord. S. Franci. conventus Monacensis, 1476; Clm. 5961, Hinterdeckel. b) kastrieren, s. oben: Maiden.

Miedel, s. Maria und vrgl. Zeitschr. III, 393.

Die Mode (Mődé, Mődi), wie hchd. Weigand, Wbch. II, 180. Das Mode-Gewürz, die Körner von myrthus pimenta; Piment-Körner. Die Modey, (bey Selhamer, verächtlich) Mode. Eine Freysinger Urk. vom 18. Aug. 1555 von St. Andrä, die Pfarr Ellbach betr., ist unterschrieben: „Wolfg. Berger burger und tuchscherer. Andrä Helmsauer deutscher Modist und gemeiner Sachen Schreiber", (mitgetheilt von Hrn. Caplan Geiß, 9. Aug. 1842). Birlinger 337: Modist, Kunstschreiber.

Der Model, plur. Mödel, wie hchd.; (ahd. modul, mhd. model, ntr.; Graff II, 707. BM. II, 216. Weigand, Wbch. II, 180. 181). Es hat einen Model, oder aber: es hat gar keinen Model, sagen die Holzknechte, wenn sie in ihrem Geschäfte etwas zu loben oder zu tadeln haben; (Pseud. Jir.). a) scherzh. figürl. die Mutter in Bezug auf ihr Kind. ə˜ Granadier-*Mód'l*, eine große, starke Weibsperson. Je préférerais le moule, sagte der galante Franzose beym Loben eines Kindes, mit Beziehung
553 auf eine schöne Mutter desselben. b) Maß, nach welchem die Höhe des Salz-Wassers in der Pfanne beständig gleich muß erhalten werden; (Salzsudwesen; Lori, BergR.). Das Modelhäupt, Grad an der Salzwage, durch welche die Güte der Sole probiert wird; (idem). anmodeln das Salz, in die Schiffe übertragen und anrichten; Kurzer Begriff der Salz-Irrungen von 1761; (Jir.). modelsauber. „Als der Bischof auf Visitation kam, war die (schwangere) Frau Äbtissinn schon modelsauber, und der Bauch wie weggeblasen"; A. v. Bucher's s. Werke II, 252. s. auch mudelsauber. Der Mödler, Arbeiter (Schreiner, Schlosser, Maurer, Zimmermann) in der großen Schweinfurtischen Stadtmühle, über welche der Mödelmeister gesetzt ist; Lexicon von Franken V, 691. „Ain met steder Schalauczer gnent, der des auch was ain mebler (des Aufruhrs Anstifter) daucht sich vil mer und edler, wann er was von gepurt und art"; Mich. Beham, Wiener p. 7,3.

„Der Moder (Moda'), Hunger: Haind håb ih an fia'chtalign *Moda'*; modri', hungrig"; Castelli, Wbch. 201. 'Loritza, Idiot. Vienn. p. 90.'

Die „Möbung, Standort beym Kegelspiel"; (vrgl. nach Gramm. 326 allenfalls isl. mid, n., locus collineatus und BM. II, 216: modem). s. Th. III: Schmuder, und vrgl. Th. IV: walgen.

Die, das Mudel (Mu'l), 1) (kindisch oder scherzh.) die Katze, (sieh Mauz, Muz und vrgl. Zeitschr. VI, 339: Mud·l, kurze, dicke Person). R. A. G'won's, *Mudl*, g'wons, hàt də' Béck gsagt, hàt mit də' Katz 'ən Ofə˜-r-aus 'kért, manche Härte kann man erdulden lernen, aber gar zu Arges muß man Einem doch nicht zumuthen. Einem 's *Mu'l* tödten, ihm die Kraft benehmen; (b. W.). „Ein Katz hinterm Ofen rührt eben so wol das Maul (wie eine Betschwester), siehts ein Kind, so laufft's der Mutter zu: Schau, Mutter, das Mudl bett!" Selhamer. „Dáſs i' in 'rá Stadt án örzverzaidá' (verzagter) Narr, á *Mudl-Maundl* bin"; Lindermayr 141. 2) Katzenbalg; Pelz überhaupt. Mudelhauben, Pelzhaube; Pelzhaube mit Verbrämung von Katzenbalg, im Gegensatz der Otterhauben. Das Mudel streichen, wie: den Fuchsschwanz streichen. 3) Samenkätzchen (amentum) an den Bäumen. Palmmudel, Weidenkätzchen. 4) tomentose Flocke, (wie Lueh). 5) franz. la motte,

ital. la mozza, muzza. mudellind, recht weich; mudelsauber, von schöner Gesichtsbildung; s. auch modelsauber. mudelwarm, recht warm. „Iər Brátzə-l waə' so *mudlwarm*, iər Göschə-l gàr so liəb"; Seidl, Flins.[3] 141. mudeln, streicheln (den Pelz); tomentose Theilchen von sich lassen; (schles.) gemächlich mit den Händen worin arbeiten oder wühlen, (altslaw. muditi); langsam seyn, zögern; vermudeln, auf langsame und nutzlose Weise verschwenden; Weinhold 63. 'Vrgl. Castelli, Wbch. 199: maundln, faul und langsam etwas thun, und oben: Mudl-Maundl.' abmudeln, dermudeln, durch Streicheln oder Handhaben verderben. Wien: aller *z'mudelt*, ganz verwirrt. 'Castelli, Wbch. 270: *za'mudln*, zerknittern, auch fig. ausschelten.'

müed (müəd), 1) wie hchd. müde; (ahd. muodi mhd. müede; Graff II, 603. BM II, 226 f. Weigand, Wbch. II, 202 f. Zeitschr. V, 192. VI, 404,10. 2) (Gebirge) kraft- und saftlos, abgeschmackt, lästig, (vom Menschen): ə' *müədə'* Mensch, ə' *müədə'* Kerl; ə' *Müədsák;* (vrgl. muad bey Otfr. II, 6,51. III, 13,31). Einen ähnlichen Sinn hat das span. cansado (von cansar, ermüden), wenn es mit dem Hilfsverb ser construiert wird: hombre, que es Vsted cansado! Die Müedé, die Müeden, die Müdigkeit; (ahd. muodî, mhd. müede; Graff II, 603. BM. II, 227. Zeitschr. III, 472). „Muedung, fatiga"; Voc. v. 1445. 'Der Müeding, ä. Sp., unglücklicher, elender, böser Mensch; ahd. muodinc, mhd. müedinc; Graff u. BM. a. a. O. Vrgl. oben, Sp. 1555 unter müe: Müedling).' „Wi wart er mudinch ie so alt"; Kindh. Jesu, Hahn 86,63. „Sy liezen sîne bîhte den müedinc dô sprechen", (den Elenden, ehe sie ihn aufknüpften); Maier Helmbrecht 1903. „Der muding wenet han verspilt wan du gepareſt claglich", (Rath an Eine); Cgm. 270, f. 106 und 379, f. 67 („meding"). müden, ä. Sp., müde machen; BM. II, 227 f. Der Müeder, Quälgeist, Placker.' „Ich wil wider heben an von den hellischen müdern, den teufelischen brüdern", (verbündeten Raubrittern); Mich. Beham, Wiener 360,25. 'sich übermüeden, übermäßig anstrengen, überarbeiten.' Die Emma hat sich (da sie beim Gastmahl für Morell, 9. July 1843, den Tisch bediente) „*übermidt*" und ist in die Grippe rückfällig geworden. s. müe und müeten.

Das Müeder (Müədə', Miədə'), hchd. Mieder, (ahd. muodar, mhd. muoder; Graff II, 710. Grimm III, 448. BM. II, 239. Weigand, Wbch. II, 157. Cf. Wiarda: mother; romanisch: il mueder, das Mieder), ein Stück der weiblichen Kleidung auf dem Lande wie in den Städten, welches dem Planchet und der steifen Schnür-Rüstung der sogenannten französischen Kleidung entspricht, und eine Art Fischbein-Harnisch ist, der den gar zu gebrechlichen weiblichen Körper in gehöriger Form erhalten muß, wenn auch die Gesundheit von Mädchen, Müttern und Kindern dabey leiden sollte. „Es haist wol recht Müe- 551
der", sagt schon P. Abraham, „denn nit ein geringe Mühe in dieser Klaydung; ach wann der Leib konnte reden, wie wurd er sich beklagen, daß er allzeit in solchen Ängsten muß leben, und mehrer leiden als ein Carthe user, so stäts ein rauches Cilicium antragt." Die örtlichen Abweichungen der weiblichen Tracht, beynahe von Flußthal zu Flußthal, rühren größtentheils von der verschiednen Form des Müeders her, welches gleichsam der Halt ist, nach welchem sich der Rock und manches andre richten muß. Es gibt Müeder mit dicken Würsten am untern Rande, um die Röcke daran zu hängen, und andre, an welche die Röcke gleich von Haus aus festgenäht werden, Müeder, die man hinten, und andre, die man vorne zusammen schnürt. Der meiste Staat wird von bürgerlichen Mädchen und Frauen mit der silbernen Kette getrieben, womit sie das Müeder vorne nicht etwa auf dem kürzesten Wege, sondern über einen breiten, ebenfalls steifen Vorstecklatz, in vielen Gängen von oben bis unten zusammen schnüren. In vielen Gegenden des b. Oberlandes, auch der Obern-Pfalz ist indessen das Müeder kein so nothwendiger Theil der weiblichen Kleidung. Auch das hochd. Mieder

scheint erst aus der oberdeutschen Aussprache (Gramm. 390) hervorgegangen. (Sollte liederlich durch ähnliche Entstellung aus Lueder, 3) entstanden seyn?) „Beierisch ist sîn gebâr. sîn herze in den ermeln stêt, daz muoder niht dâ für gêt"; S. Helbling I, 228. „Wol stuont im al sîn kleit. daz muoder was ze rehte breit oberhalp des vordern gêrn"; das. 496. „Dâ der ermel an daz muoder gât alumbe und umbe was diu nât behangen wol mit schellen"; M. Helmbrecht 211. „Mer nicht dan zwai müeder (muder, mieder) und ainen mantel sol der walcher den zawer in den stock werfen lassen"; Münch. StB., Cgm. 22,68. 290,85. 544,54. (s. Th. IV: Zauer). R.A. fig. Einem „des tôdes muoder snîden", Titurel. Grimm, Mythol.[2] 807. BM. II, 239. 'Das Aftermuoder, der hintere Theil des Kleides. „Jr füllt daz aftermůder zwar hinden auflauchen gar"; Rud. v. Montfort, Chronik, Cgm. 5, f. 253b. „Und sült ir daz aftermuoder zwâr hinden aufheben gar und auf allen vieren stan"; (es ist von einer Frau die Rede); v. d. Hagen, Ges. Abent. II, 523,387: Virgilius. „Do loste sie ein sîdin hemde von dem ubermuder"; Otnit, Cod. Pal. 373, f. 110. Die niederd. gl. o. 33 hat „muder, modercula, vestis"; ZZ. 1514, f. 206: „mueder, modercula", das Voc. von 1429: „obermüder, modercula sc. in camisia mulieris", das von 1482: „muder als auf einer frawen hemde, fascia", (wornach man sich das Müeder gleichsam als eine fortgesetzte Fätschen um den Leib der schönen oder schön seyn wollenden Kinder denken könnte). Nach der oberdeutschen gl. i. 736, wo alvus (serpentis) von Georgic. III, 427 durch muadar gegeben ist, würde Müeder gewissermaßen dem Leibchen, franz. corset, (Diez, Wbch. 600: v. cors = corpus. Cf. VII Com.: der busto, die Schnürbrust, wie ital. il busto, Rumpf, Bruststück; imbusto, Schnürleib; Diez, Wbch. 78. La veste = engl. waist, taille, Statur?) vergleichbar seyn. Das obige modercula ist wol ebenfalls dem Deutschen nachgebildet. Müeder-Barchent, eine Art festeren Barchents. Müeder-Leibl, (b. W.) Corset. 'Die Bedeutung „Leib, Leibeshülle" liegt auch im mhd. muoder (Grimm III, 448): „Sust ward Got unser pruder, ein schönß menschlichs muder lag Christ vor esel und vor ochsen"; Cgm. 714, f. 200. „Ich slůch ze tode minen brůder ich verschrote sines lebens muoder"; Cgm. 42, f. 64. „Da schos ich im (dem Falken) das luder pis er sein edels muoder (Leib) lies ab auf das gevild"; Mich. Beham, Cgm. 291, f. 287. „Ach got, wie wol geschopfet (der Falke)! was farwe! wo ward ie mer so recht geschaffen můder? Valkn. 124. 'Fig. auch von der Meeresfläche:' „Die sach ich in den ünden ûf des meres muoder. die ellenthaften degene zugen vil geliche an einem ruoder"; Gudrun 1174. 'gemuodert, partic. Adj., gestaltet.:' „Ach, wie was er gemuodert und adelich geschicket"; Valkn. 17. Cf. česk. živutek, Mieder, Leibchen, von život, (Leben), Leib, Unterleib; s. oben, Sp. 1411. Vrgl. Muetter.

maufen. „Die Hunde bellen und maufen"; Jägerlieder von 1601. 1609, (P. O. germ. 639, p. 185. 191). 'Vrgl. mäffzen.'

„Mufeln", (Allgäu, Schrank's R.) Hagebutten.

Der Muff, geschnittener Stier; (Jir.).

muffen, 1) „murren, brummen", Voc. v. 1618; verdrießlich das Maul hängen. Der Muff, Muffer, Muffti, Maulhänger, mürrischer Tadler; weibl. die Muffel. muffisch, adj. 2) muffeln, mit vollen Backen, oder mit wenigen oder ganz fehlenden Zähnen kauen; verächtlich: kauen überhaupt. Die Muffel, Mumpel, (Aschaff.) ein Mund voll. Geb mər ə~ *Mumpel* Brod. No~ əssə~ Sə ə~ *Müffəlchə~*? *muffələ~*, (Aschaff.) mit vollen Backen essen. s. unten: mumpfeln. 'Vrgl. unter Moppel.' 3) muffen, muffezen, übel riechen, wie verdorbenes Fleisch; müffzern, (Aschaff.) übel riechen von langem Liegen. dermuffen, vor übelm Geruch ungenießbar werden. müffeln, anfangen übel zu riechen. muffend (muffed), müffig, adj. Das G'mifach (Gemüffach?), pudenda utriusque sexus; (Kitzbühel). 4) stoßen? (schwäb. mupfen). „Dan hebt sich auf der gaß ein muffen, ein pöcken und herwider 555
puffen, ein spreitzen und ein degensterzen"; Hans Sachs.

Der Muffti, was oben Muff. „Muftisnam", (nach von Delling) ein Spiel der Kinder, wobey der Vorspieler mit dem Aussprechen dieses Wortes allerley Gebärden verbindet, die von den übrigen nachgemacht werden müssen.

'mäffzen, vrgl. oben maufen.' „Diser povel zusamen trat sich hub ain großes räffczen, ain gerodel und mäffczen"; Mich. Beham, Wiener 143,17. „Sie mahten ainen lauten schal mit jubilirn und räffczen, lautem juchczen und mäffczen"; das. 184,8.

---

mag, s. mögen, Macht, Gemächt.

Der Mâg, des, dem, den, die Mâgen, (ä. Sp.) der Verwandte, affinis; (ahd. mâg, mhd. mâc; Graff II, 629. BM. II, 11. Weigand, Wbch. II, 82). Germâg, s. Ger. Nagelmâg, Verwandter im 7ten oder letzten Grade, welcher, beym üblichen Abzählen der Grade vom Kopf an durch alle Gelenke, auf den Nagel des längsten Fingers traf. Schwertmâg, Verwandter von männlicher, Spillmâg von weiblicher Seite. „Mâc hilfet wol friunt verre baz"; Walther v. d. V. 79,24. „Im ist der mâc als der lantman", (cf. Matth. 12,50); Br. Berht. 341, Pfeiffer 444,19. „Geselliclicher lâge ûf allen schanzen warten næm ich für alle mâge"; Labr. 397. „Zu Moyses sprach sîn moge Yetro"; Renner 15265. „Ez erbet ein igleich man seinen mach untz an den sibenten sippe"; Wstr. Btr. VII, 109. „Unserm lieben Herren und Mag, dem ersamen Bischof Enichen zu Freising"... „Unser lieber Mag, Herr G. der Tumprobst zu Freising"; Urk. der Herzz. Otto und Stephan, Hist. Fr. II, I, 107. „Es mögen auch weder Vatter noch Mutter noch Freund von Vatter und Mutter Mag nit Gerhaben seyn. Ob die von Vatter und Mutter Magen vorhanden wären"; tyr. L.O. von 1603. Die Mageschaft, Magenschaft, cognatio; Voc. v. 1429. „Mâgschaft ist ein selbwahsen êre"; Walther v. d. V. 79,22. „Mageschaft ist dreyerley: die eine kompt von geburt, die ander von swagerschaft, die dritte von gevatterschaft"; Gloss. zum Sachsen-Spiegel. (ahd. mâgscaf neben gimâgeda, familia, gl. i. 1151; mhd. mâcschaft, mâgeschaft, mâgenschaft; BM. II, 12). 'gemâg, ä. Sp., Mâge habend; davon: hôchgemâc, von vornehmer Verwandtschaft; BM. II, 12.' „Man hôchgemâc, an friunden franc, daz ist ein swacher habedanc"; Walther v. d. V. 79,17. „Mogen, propinqui, nepotes"; gl. bibl. v. 1418. „Unser altmâga", unsere Voreltern, M.m. 33; magin, cosina, gl. o. 202. Vrgl. isl. mâgr, schwed. måg, ags. mæg, zunächst Schwager; goth. mêgs, Schwiegersohn. Vrgl. Magd.

Der „Magelrath", Name eines Gerichtes von 12 Personen zu Oberbreit bey Marktbreit, dem die Einsetzung der Gemeindebeamten, Abnahme der Gemeinde-Rechnungen rc. aufgetragen ist. Lex. von Franken IV, 157. 'Vrgl. BM. II, 93: meigelinc.'

'Die Magenkraft, ä. Sp., große Kraft, Macht, Majestät; Graff IV, 604. BM. I. 871. Weigand, Wbch. II, 89.' „Dicitur majestas quasi maior potestas vulgariter magenkraft"; Clm. 4776 (XV. sec.), f. 57. Cgm. 136, f. 37b. 73. 'Eine verstärkende Zusammensetzung mit dem mhd. magen, msc. u. ntr., Macht, Kraft, Menge, (ahd. makan, magan, ntr.; Graff II, 620. BM. II, 8).' „Des was ein chreftigez magen (Menge) des volches in die stat geslagen", (gekommen?); Kindh. Jesu, Hahn p. 78,59. 'magên, gimagên, ahd. Verb., valere, vigere; Graff II, 611.' „Nachdem er wider thet gemagen", (sich erholen, zu sich kommen); H. Sachs 1560: II, IV, 126[b]. „Als er (der Wolf) ein weng gemagen was", (sich erholte); das. IV, III, 106 (1612: IV, III, 225). s. unten: mögen.

Der Mâgen, Mâhen (Màgng, Màhə˜. Màu'ə˜), der gemeine Mohn, papaver somniferum L.; (ahd. mâgo, mhd. mâge, mâhen, mân; Graff II, 652. BM. II, 18. Weigand, Wbch. II, 184. Zeitschr. III, 465). „G'füllt seyn der Magen ihr Kröpffe, kal stehn der Rosen ihr Köpffe"; Bogenberg. Mirak. Mâgen-Bluem. Mâgen-Bäuglein, s. oben, Sp. 214: Bäug. Mâgen-Körnlein. „Der uz einem mahen körnlein tausent uz der erden wahsen let"; Renner 23863. Mâg-Sâmen; Weigand, Wbch. 84. Mâgschaden, (im Zillerthal) Semmelschnitten in Milch, mit Honig und Mohnsamen
556 überzogen. Früher, wo überhaupt mehr mit Öl gekocht worden seyn mag, scheint in B. mehr Mohn gebaut worden zu seyn. A°. 1298 (MB. V, 35) soll ein Gut nebst 30 Metzen Korn und 10 Metzen Waizen auch 1 Metzen Magen eindienen; so kommen p. 475, ad 1318 „zwen mezzen" und dann wieder „4 Metzen Magen ze Dienst" vor. MB. XIX, 568, ad 1368 hat N. von Oberndiengen zu U. Frauen in München zu dienen „6 Metzen Mag-Öls Aerdinger Maz." cf. Lori, LechR. f. 14. „1 schaf magöl"; Thierhaupt. Urbar v. 1456, Thierh. 67, f. 51, VI. Öl-mahn, Voc. v. 1419; mahen, olmagen, mahensat, Voc. von 1482; mahenkraut, Ortolph; mago, maho, veltmago, gl. passim. Das hchd. Mohn ist nach Gramm. 110. 498 aus Mâhen, dem alten mâho, gen. mâhin (slaw. mak, kärnt. mak, Jarnik p. 73, griech. *μήκων*) entstellt.

Der Magen (Màgng), wie hchd., (ahd. mago, mhd. mage, ags. mage, engl. maw, isl. magi, schwed. mage; Graff II, 653. BM. II, 18. Weigand, Wbch. II, 82 f. Zeitschr. III, 472). R.A. Ainen oder kainen Magen (Lust, Appetit) haben zu etwas. Ainen langen Magen (Hunger) kriegen. Einem den Magen umkêren, ihm Ekel, Abneigung verursachen. Einem in den Magen kemen, (tuən oder scheissen, d. W.), ihm Lust, Freude machen; besonders ironisch. Dà kámst mər i˜'n *Màgng!* Dèr, die (von Personen) kám mər i˜'n *Màgng*. Es (eine Handlung, Rede) stinkt Einem aus dem Magen herauf, man ärgert sich, findet sich dadurch beleidigt. „Miə' *ligt* dé Gschicht scho˜ i˜'n *Màgng* wiə-r-ə˜ Fuəschâməl"; Seidl, Flins. (1844) 266. „Das Essen soll man mit Dingen enden, welche den Magen schließen und die aufsteigenden Dämpf zum Kopf verhindern, als überzogener Aniß, Fenchel, Kümmich, Coriander, Triet ꝛc."; Hailbrunn. Bad 129.

'Das Magenschloß, wol aus mhd. malch- oder mal-slôz, Vorlegschloß, verderbt; BM. II, II, 412.' Der Beckenknecht hielt den Segen „an ein Magenschloß, zuhand der rigel darin aufschoß"; H. Sachs 1560: IV, III, 75 (1612: IV, III, 162). 'Vrgl. unten: Malhe.'

„Magele, triens quatuor cyathorum"; Voc. v. 1618. „Cyatus, magele"; Prompt. v. 1532. „Emistis pro uno haustu sufficit migolin, migale idem"; Voc. Archon. f. 30. Diefenbach 202[c]. „Magellel vas est"; Prasch. „Das thu in ain magælen, funde vinum desuper"; Clm. 5036, f. 131. 161. „Ein halbs magele"; Cgm. 732 (723?), f. 50. „Becher, Magölla, gläser, krausen"; H. Sachs 1612: I, 1091. In der Copey über Aventin's Nachlaß von 1534 (Zeitschr. Eos von 1819, Beylage Nr. 26) heißt es: „Item drey Magellel, sein ir der Frauen versetzt worden umb zehen Gulden als sy sagt." In einer Vermächtniß-Urkunde (Spieß, archiv. Nebenarbeiten II, 30) heißt es: „Daß meine Erben meinen beden angemaßten Söhnen und ihren Erben ein silbern Makhöllein von 8 fl. mit Einzeichnung meines Pettschafts und Gedenckzeichens geben sollen. Es sollen auch berürt verschaft Becher von gedachten meinen Söhnen nicht verkauft werden, sondern dieselben die Zeit ihres Lebens meiner zu gedenken gebraucht und sonderlich zu dem Schlaftrunk bey ehrlichen Kriegsleuten wol herumbgehen lassen." Vrgl. das Mayel in der Schweiz, ein hohes, oben weiteres Trinkglas ohne Füßchen; (vrgl. Diut. III, 157: „ciatus, muiol." „Heten in henden guldein meiol"; Cgm. 851, f. 143. „Er kan glentzen sam durch einen klâren Myol lûtter wîn"; Conr. v. Wrzb. BM. II, 187: mîol, 231: mujol) und Adelung's Mayer, Birkenmayer.

mager (màgə'), wie hchd.; (ahd. magar, mhd. mager; Graff II, 656. BM. II, 18. Weigand, Wbch. II, 83). Die Magere (Mégəré; ahd. magarî), macies. Zeitschr. III, 471. 'Der Mägerlein, scherzhafte Personification für magere Kost, (wie Schmalhans, Schmarhans; s. Th. III: der Schmarren).' „Sein ganz hausgesind muß als mit dem mägerlein essen"; H. Sachs 1560: II, IV, 55[b] (1612: II, IV, 109). abmagern und mägern, mager werden.

Der Maigram, der Majoran, origanum majorana L.; (mhd. meigramme, schwed. mejram, engl. marjoram; BM. II, 94. Weigand, Wbch. II, 89). „Ich aht niht meigrammen, pardîsepfel, negelîn"; S. Helbling I, 406. '(Es ist an dieser Stelle mit der Hs. paffender „margrammen" zu lesen; s. unten: Margramapfel.)' s. Moseran.

mögen, mügen; ich mag, wir mögen, mügen; 557
ich mächt (mècht), möcht (mécht) und ich möget; ich hab gemöcht, gemögt, gemügt und mögen, mügen (s. Gr. 928), wie hchd. mögen, also 1) können, und zwar (Inn-Salz.) noch wie in der ä. Sp. nicht blos moralisch, sondern auch physisch; (Graff II, 605. BM. II, 604. Weigand, Wbch. II, 182 ff.). Du *màgst* nét auffi, man kann nicht hinauf. I *màgs* nét də'hébm, ich kann es nicht aufheben, aufhalten. *Màgst* əs gná˜, kannst du es nähen. (s. Gramm. 984). „Mygen thun wie wir mygen, nit wie wir wellen"; Av. Gramm. „Und das darüber (über das Wasser) niemand macht der König herwider haim gacht"; Hornek. „Wie oft bekommt nicht der arme steyrische Rekrut von einem Corporal beym Exercieren Schläge, wenn er nach seinem Idiom sagt: I mo' nit, — was doch nur bedeutet: ich kann nicht"; Hacquet, Abbild. und Beschreib. der Slaven, Wenden und Illyrer, p. 9. Recept, „das ainer wol mit frauen mag"; Cgm. 3723, f. 150. 151. Die Unholden „lemen den mannen ir glide, d. i. den Zagel, das sie nit mögen"; Cbm. 1642, f. 135. Grimm, Gesch. d. d. Spr. 904: mag, generavi. Mag leicht (O.Pf. mà'leicht), daß . ., es ist leicht möglich, wie leicht ist es möglich, daß . . . Cf. altniederd. machlichte; Grimm III, 242. Firmenich I, 348,38: „*mag et lichte*, dat . . ." und 502,34: „dâ wir' (würde) *mâliecht* ä su vil verdient", (was Firmenich gibt: „da würde jeder so viel verdienen). Magixn, (salzb., Hübner); vrgl. Kürsinger's Ober-Pinzgau (1841), S. 177: „dafs'n *mags'n i á' nit* (dafür kann ich nicht), dafs s' so liedälá' sant." Das magan, uuir magumes, ih mahta neben mugan, ih mag, uuir mugun, ih mohta der ahd. Sp. hat noch allein diese Bedeutung von posse, valere. „Demo ne gemag er"; Notk. 60,4, (wie schweizerisch). Graff II, 609. Gl. a. 219: uuela megis, *χαῖρε*. „Wie mag (quomodo valet, schwed. huru må-r) Hildebrant?" noch im Rosengarten 1927. „Da nach er (Joseph) si fragte ub ire vater lebete ub er gesunt ware oder wi er mahte"; Diut. III, 106. „Min kneht der liget siecher und mac gar ubel"; Griesh. Pred. II, 23. „Gesell, wie macht du nu und wie ist dir?" frägt der Arzt Cgm. 54, f. 52[b]. „Man sol den siechen menschen fragen wie er mug, antwurt er: wol oder des geleichen, so stirbt er nicht"; Progel's Ms., f. 90[b]. „Manger fragt mich wie es mir, gee sprâch ich: wol, es tät im wee, manger fragt au.. wie ich müg, sprâch ich: wol, er welt ich lüg"; Clm. 4394, f. 191[b]. „Mein dienst zuo vor, lieber her, ich laz ew wizzen daz ich wol mag"; Diess. 124, f. 169. Darneben hatte die ahd. Sp. ein abgeleitetes magên, megên für

für invalere, invalescere, vigere, die Substantiva magin, megin, (agſ. mägen, engl. main, isl. magn, megin), vis, virtus, summa rei, (welches noch in Eigennamen wie Mainhart, Mainrat, a. Sp. Meginhart, Megin-rât ꝛc. übrig iſt), und ſogar ein Adj. un-mag-er, segnis, parvulus (gl. i. 727. 1183), dem einfachen agſ. mag, potens, entſprechend. Vrgl. oben Sp. 1574: Magenkraft und gemagen. Die Subſt. maht und gimaht haben ſich in unſerm Macht, Gemächt, w. m. ſ., erhalten. Das aus megin weiter gebildete a. Adj. meginig, würde wol jetzt zu mainig geworden ſeyn, weshalb das unten vorkommende menig anders zu erklären ſeyn wird. ſ. manig und mainſt. 'meginen, ä. Sp., ſtark, mächtig, zahlreich machen; ſich meginen, ſtark werden, ſich mehren; BM. II, 8.' „Do Noes chint begunden an ire geburte ſich meginen"; Diut. III, 62. 'mügende, ä. Sp., partic. Adj., kräftig gesund; BM. II, 10.' „Daz ſterkiſt und daz paz mügentig"; Cgm. 54, f. 1b. 2) gern haben, wollen, auch außer der Verneinung und dem Optativ. Einen, Eine mögen, mügen, ihn, ſie wohl leiden können, lieben. Zeitſchr. II, 78,5. 76,2,2. IV, 286,415. 'übermögen einen, ä. Sp., ihm überlegen ſein; Graff II, 610. BM. II, 11.' „Der den andern übermag der ſtoßt in in den ſack"; Clm. 1229b (XV. sec.), f. 225. „Welch theil den andern ubermag derſelbig der mus laſſen har"; H. Sachs 1560: II, IV, 90. „Die erde wirf ich über mich niemen ubermög mich als den tak den niemen uberkommen mach"; Segen im Clm. 4595, f. 39. „Die (ritter) zu dem ſwert ſint geſegent das von in würd ubermegent die unreht teten wittib und weyſen die ſicht man ſy nu ſelber neyſen"; Cgm. 713, f. 228. vermögen, vermügen, 1) wie hchd., (d. h. noch ganz in dem Sinne des alten einfachen mugan. Graff II, 616. BM. II, 11). Dieſes Verb wird auch, ſtatt mit dem regierten Infinitiv nach vorgeſetztem zu, blos mit einem Subſtantiv im Accuſativ, wo dann Ausdrücke wie: anzuſchaffen ꝛc. in Gedanken ſuppliert werden, gebraucht. „Daß die Stadt Trier ein großen mächtigen raiſigen Zeug vermögt hab"; Av. Chr. Sich nicht einen ganzen Rock, nicht ein Seidlein Bier ꝛc. vermügen. Vrgl. hchd. das Vermögen (an Geld und Gut). Aber auch ohne jene Ellipſe hört man: ſich über tauſend Gulden vermügen; ſich kainen Groſchen ꝛc. vermügen. Überhaupt: ſich nicht mer vermügen, ganz entkräftet ſeyn, (körperlich); b. W. 'Das Vermögen, die Macht, Kraft, facultas; ä. Sp. daz vermügende.' „All mein vermugend und mein natur mich weiſet"; Valkn. 69. „Sich ſenet müt und herze, ſich ſenet all mein vermugend"; daſ. 95. Vrgl. BM. II, 10: diu mugend. 2) möglich machen, geſtatten. „Der Satz ſoll, wie es die Güte der Victualien oder auch des Jahrs Wohlfeyle vermag, gemacht werden"; Inſtruct. f. d. bürgerl. Obrigk. v. 1748. 3) (von amtlichen, gerichtlichen Inſtrumenten) enthalten, darthun,
558 ausweiſen, δύνασθαι. Was der Brief vermag, ſoviel als in der gerichtlichen Urkunde ausgewieſen iſt; auch als R.A. überhaupt für: ſo viel als möglich. „Wie dan unſer Landſchafft erclärte Freyhait ſölches auch vermag und ausweiſet"; Gerichtsord. von 1520. „Dies der fiſch lebt nur ein tag wie das buch der natur vermag"; H. Sachs 1612: II, II, 224 (1560: II, II, 111). „Wie dann vermelter druckh verrer und leutterer vermag und anzaigt"; Ldtg. von 1514, p. 641. „Die Verſchreibung vermag, daß . . ."; Kr. Lhdl. XIV, 243. XVII, 161. „Daß ein Zeughaus-Commiſſarius dasjenige verrichten ſoll, was die Inſtruction vermag"; Hof-Cammer-Ordnung von 1640. Hieraus ergibt ſich die auch hchd. Präpoſition vermöge: „vermöge Befehls, gegebener Inſtruction, Urkunde ꝛc." Die R.A. „ſich eines Dings vermegen", wol eine bloße Entſtellung der ältern: „ſich eines Dings verwegen", darauf verzichten, findet ſich in MB. XIV, 167. „Wan ich mich XL beraiter ducaten leichter vermegen hiet" (als der Bücher), und in einem katholiſchen Geſangbuch von 1660: „Als er nun an Ketten lag, und ſich ſeins Lebens ſchon vermag." „widermügen, convalesco"; Semansh. 26. Die Möge, die Macht, Kraft, mhd. müge; BM. II, 10. Cf. Firmenich I, 403: *Moog*, Luſt, Belieben. „Möge und Macht haben", dieß oder jenes zu thun, (wirzb. L.G.Ord. v. 1618); etwa noch das obige alte megin? ummig, adj., (Aſchaff., Dr. Kittel) untüchtig, unanſehnlich, (= unmüge, unmögig?): du *ummigher* Kerl! Es is ən *ummighes* Ding. mögig, (ſchwäb.) appetitlich, anziehend. abmögig, (vielleicht beſſer âmügig), unvermögend, kraftlos; (ſetzt ein unverneinendes, noch ſchweizeriſches mögig voraus). Das Wolmögen, bona valetudo. „In guetem Geſund und Wolmögen ſein"; Kr. Lhdl. III, 126. unmöglich, unmüglich, a) wie hchd., b) unmöglich ſchön, guet ꝛc., ſehr ſchön ꝛc. „Wan ſi (Maria Magdalena) hete sô ſtarke riuwe, daz ſie unmügelîche vil geweinde"; Br. Berht. 143, Pfeiffer 539,7. vermöglich, vermüglich, '1) zu mögen, vermögen, gignere, generare'; (cf. impotent). „Do ſchatzte ſie jn vermüglich und ward entzünt in ſeiner lieb" . . . „mit einer vermüglichen jugent"; Buch d. W. 1485: 168. 2) wohlhabend.

Der „Moger", (Allgäu) zuſammengeſcharrtes Gut. cf. Maucken und etwa das agſ. mûcg, mûga, isl. mûgi, acervus, strues (Grimm I3, 365. 470. Geſch. d. d. Spr. 708), franz. magot.

Das Mugel, Brödchen von runder Form; ə˜ Hällə'-*Mugl*, ehmals einen Heller koſtend. „Die ſemler ſullen loſe wecke backen und mugeln ie eins umb ein haller als von alter her geweſin iſt"; Wirzb. Setze von 1343, §. LXXVII. „Mögerlen, Spitzlen und Zipfflen", Brod-Arten, welche im Zillerthal üblich ſind; (Salzach-Kreis-Blatt von 1814. Wien: *Mugrl* Brod, ein großes, dickes Stück Brod. Cf. romanſch: la mitgia, migga, Wecken, Grimm in Haupt's Zeitſchr. VII, 563; mittellat. mencla bey Ruodlieb IV, 85, p. 162. 233; vrgl. auch oben, Sp. 781: Fiz'l und Sp. 1566: Mocken, Mock. Das Mugelein (Mugál, O.Iſar), im Scherz: kleine, unanſehnliche Weibsperſon. Dés *Mugál* häst iatz müŋg?! Vrgl. Mugel und Muger bey Stalder und ſ. Mütſchelein.

mugeln. Der Han *muglt* (tritt) d' Henn, der Ganſerer die Ganſin, der Änterer die Äntin. Cf. Grimm, Geſch. d. d. Spr. 904 'und oben: mögen.'

Die Magd, 1) in Städten und auf dem Lande, da wo nicht Diern üblicher iſt, wie hchd. 2) ä. Sp., Kind weiblichen Geſchlechtes bis zur Vereinigung mit dem Manne: Jungfrau, (wie noch im Holländiſchen. Vrgl. goth. magaths, ahd. magad, maged, magid, mhd. magit, maget, meit; Graff II, 630. BM. II, 1 f. Weigand, Wbch. II, 81 f.). Im Canton Bern iſt die Jungfrau dagegen für Magd genommen: „Der Hühnerhubel, wo Vroneli als Jungfrau diente"; Morgenbl. 1850, S. 725, (Bitzius?). 'von Rütte, Erklärung der dialekt. Ausdrücke in Jer. Gotthelf's geſ. Schriften (1858), p. 45. Stalder II, 78.' Wie Jungfrau die junge weibliche Perſon, ſowohl corrupta als incorrupta, noch 1349 bedeutet habe, ſieh in der Stelle aus Konrad von Megenberg 447,29, oben Sp. 360: brunzen. „Zu eren und ze lobe der hochgelobten Magte unſer Frawen Sand Marien"; Hist. Fris. II, II, 213. Noch im geiſtl. Himmelsglöckl von 1685: „O Mutter Chriſti, reine Magd, Jeſus dein Kind dir nichts verſagt." „Es flog ein kleines Waldvögelein aus Himmels 559
Throne, es flog zu einer Jungfrau rein ein Maget frone"; kathol. Geſangbuch von 1660. „Wie daz geſin müge, daz ein maget ein kint gebar"; Br. Berht. 120, Pfeiffer 53,4. Ahd. magad: uuiho magadi, sanctae virgines, M.m. 80; agſ. mägdh, eine zum alten mag, παῖς, (in maga-zogo, paedagogus; Graff V, 619. BM. III, 935. „Der maygezog iſt daz hertz und iſt deu maygezöginn oder deu zuchtmûter gût, daz kint wirt auch gût"; Cgm. 54, f. 18a. „Conrad von Egling Schenk

zu Tegernsee seines jungen Herrn des Herzogen Gevert und Marzog"; Lang, Reg. B. IV, 380), agſ. mäg, isl. mögr, filius, gehörige, weiter geleitete Femininform. In dem Gaelic der Iren und Schotten, welches übrigens, wie das Griechische, Lateinische, Slawische ꝛc., mehr einen genetischen, als den gewöhnlich angenommenen, historisch-mechanischen Zusammenhang mit den germanischen Sprachen bemerken läßt, ist mac (genit. mic, plur. macra) der Sohn, mac-mic, der Sohnessohn. Bekannt sind die Geschlechtsnamen Mac-Donald, Mac-Pherson ꝛc. Aus Magd kommt (nach Gramm. 470) die in der O.Pfalz und in Franken in ersterer Bedeutung üblichere Form Maid (Maəd, Màid. Mád, Mèd), wie schon in der ä. Sp. in der zweyten Bedeutung, und wie das engl. maid aus dem agſ. mägdh. „Die Mutter Maria die Maid"; MB. XV, 82. „Der aindlef tausend Maydtag"; Wſtr. Btr. V, 47. Kr. Lhdl. XVII, 290. „Got und seiner maitlichen (jungfräulichen) Muter"; MB. XXIII, 374. Der „Degenkind" Tragzeit soll man „raiten ze minsten ain und vierzig Wochen, der Maidkind ân aine vierzig Wochen"; L.R. Wſtr. Btr. VII, 126. „Von den junchfrawen die nicht mayde sein. Sanikelwurcz gesoten in einem schön wazzer, vnd die haimleich stat in einem pad der maid die für junchfraw get damit oft bestrichen, die wirt niht vermeldet an dem pett"; Cgm. 317 (2⁰ XV. sec.), f. 63. Das Maiblein (O.Pf. Màidl, Mài'l, Frank. Mádlə, Mèdlə, Schwab. Mèdlé), Maidelein (Màidələ, Mádələ, Màidál. Mèdələ); Altb. (da, wo nicht Diernlein üblicher ist) Mädlein, Mädelein (Mádl, schon MB. II, 25; Mêdl, Mê'l, Mêdə-l, Mêdái), das Mädchen. Es sind diese Diminutivformen, besonders in die ursprüngliche (2te) Bedeutung von Magd eingerückt, wie auch im Neugriechischen und in den romanischen Sprachen viele Ausdrücke ganz durch ihre Diminutiva ersetzt sind. N.A. I waəs nimmə', bin I ə˜ *Mádl* odər ə˜ Buə', bin vor Freude, Angst ꝛc. außer mir. Das im I. Th., Sp. 513 angeführte Deinl wird doch wol keine Reliquie des alten neutr. magedîn (Nibel. 2,1), magatîn (Tat. Matth. 9,24), agſ. mäden, engl. maiden seyn. Graff II, 631. BM. II, 3. Noch 1407 im Cod. San-Nicol. 232, f. 56: „Maria du höchstes magedein tü uns deiner gnaden hilfe schein." „Mit züchten sprach das megetein vil herzenliebe mueter mein"; Cgm. 714, f. 50ᵇ. 53ᵃ. „Zwainczig frawen vnd megetein an disen steten wurden schein"; Mich. Beham, Wiener 57,7. „Da iy unser frawn kaiserein vnd auch dy zarten megetein an disen zimern haben und in den venstern sahen"; das. 193,6. Das, der Magdtuem, Maidtuem, ä. Sp., die Jungfrauschaft, (ahd. Sp. auch magatheit, coelibatus, castitas; Graff II, 631. BM. II, 2 f.) „Magthum nemen, deflorare"; Voc. v. 1429. „Ob man einer megede ir magettuom wolte nemen"; Br. Berht. 92, Pfeiffer 285,29. Das Maidtum; Gem. Reg. Chr. III, 365. Die gl. bibl. von 1418 haben „entmädigen, devirginare." 'Der Maidzoge, vrgl. oben das ahd. magazogo.' „Eunuchus. maidzog q. bonae mentis custos"; Windb. 170, f. 432ᵃ. Über den Zusammenhang der Formen und Bedeutungen Macht, Gemächt, Mâg, Magd mit mögen vrgl. Grimm II, 27.

---

560 vermäheln (vó'mêhhəln) sich mit einer Frau, einem Mann, wie im Hchd. (contrahiert) vermählen; (ahd. mahalôn, mahaljan, mhd. mahelen, mehelen, gemahelen; Graff II, 651. BM. II, 19. Weigand, Wbch. II, 85. Zeitschr. III, 464). In Fällen des gemeinen Lebens braucht man indessen lieber: versprechen, verloben ꝛc. „Maria wie sy Joseph vermechlet wird"; Wſtr. Btr. I, 90. „Vermahelt einem man werden, nubo"; Avent. Gramm. „Els (die Riedlerin) was vermæhelt Peter dem Pötschner und starb junckfraw" (1400); Gabr. Ridler f. 16. Eine frow gemaheln, sich mit ihr verloben; Augsb. Stdtb. „Das er sy gemachelt und genommen"; Cillever Chr. „Ther thaz uuîb mahalta", qui mulierem desponsaverat; Otfr. I, 8,1. „Daz ih kimahalta mir, quam despondi mihi"; gl. i. 882. „Mittiu uuas gimahalit Maria Josebe"; Matth. 1,18, Tat. Das Gemahel, verlobte Person, sowol des einen, als des andern Geschlechtes, sponsus, sponsa, hchd. Gemahl; (Graff II, 652: gamahalo, msc., gamahala, fem.; BM. II, 20. Weigand, Wbch. I, 412). „Zu meiden Hurerey voran, soll yedes sein Gemahel han"; H. Sachs. „Begerst dieselb zu einem gemachel, so sprich ja"; Stuelfest-Formalien, Cgm. 4611 (sec. XVII.), f. 27. „Ich fraw Anna Herrn Jörgen zu N. elicher gemahel"; Raitenbuch 166, f. 90. „Das steht bey Ir. f. Drtl. geliebten Gemahel, der Churfürstinn"; Wſtr. Btr. V, 126. „Her N. het drey Gemähel, Anna, Adelheit, Beatrix"; Hund, Stmb. I, 78. „Ludwig ir mahel"; Diutiska I, 368. In der ahd. Sp. ist gemahela ein bestimmtes Feminin. „Suester, mîn gemahela"; Willeram IV. gimahhelun, conjugem (suam); gl. i. 596. Der Mähel-Ring (Mêhhəlring), Gemähel-Ring, Brautring. Zeitschr. III, 464. V, 106,8. Die Kleiderordnung von 1626 verbietet den Landleuten alles Gold und Silber mit Ausnahme des Mähelrings; Wſtr. Btr. IX, 294. „Wie manche vermaledeyt die Stund, in welcher sie den Mähelring empfangen"; P. Abraham. Die Mahelschaft, Gemahelschaft, ä. Sp., (Augsb. Stdtb., gl. bibl. von 1418) die Verlobung, desponsatio, conjugium. BM. II, 19. „Von Mahelschaften und Eheberedungen. Verbriefte Mahelschaften aufrichten"; tyr. L.O. v. 1603. „In beywohnender Gemahelschaft mit Einem oder Einer leben"; Ldtg. v. 1515, p. 112. So: mehelschatz, (gl. o. 270) arrhabo, Mahlschatz; s. unten: Mâl, 1. Maheltag, (Willeram III, 11) dies desponsationis. Mahel, arra; Monac Francisc. 255, f. 123.

Diese auf die Eheverabredung gehende Bedeutung ist nur eine specielle der dem Worte zukommenden allgemeinern des Verabredens, Besprechens überhaupt. Daz mahal war in der ahd. Sp. (gl. a. 72. 129. 263. 407. i. 586) concio, pactio, foedus, curia, forum; mahalstat (gl. i. 610) curia; dazu: a) das oben citierte Verb mahalan, spondere, b) mahalôn, (gl. a. 87, ad Deuteron. 25,1. i. 415. 1027) causas agere vel postulare, und ein weiter abgeleitetes Subst. mahalazi, mahalezi, mahilizi, malizi (gl. i. 383. 1023. 1133. 1151) causa, contentio, querela. Graff II, 650—652. „De gamahalos (alias: gamalus, gamalibus) i. e. confabulatis"; Edict. Roth. CIX, 7, (Pertz, Monum. Germ., legg. IV, p. 84,352, y). Noch im Windb. Psalter, Ms. (Cgm. 17, f. 40ᵃ): hantgemahele, testamen- 561
tum, διαθήκη, (nemlich in so ferne es niedergeschrieben ist). Diemer, Ged. 15,3. „Chirographum quod teutonica lingua hantgemalchen (Hantgemahele?) vocatur"; MB. VII, 434, ad 1180. „Exceptâ lege sua quod vulgus hantigimali vocat"; MB XIV, 361, ad 924. (Cf. Machlinium, Mecheln, franz. Malines; Grimm, Gesch. d. d. Spr. 556.) s. Mâl, 5). Da die Contraction Mâl schon in der ahd. Sp. vorkommt, so wird wol das agſ. mâl, mælan, isl. mâl, mæla, sermo, causa, loqui, altſ. mâhlien, loqui, hieher gehören. Ob auch das unter Madal berührte mathl in ma-th-al zersetzt und mit dem gleichbedeutenden ma-h-al zusammengehalten werden dürfte? Grimm (II, 509, cf. 54. I³, 170. N.A. 746) läßt selbst das alte mahal aus mâl, goth. mêl entstehen; was wegen des gar zu häufigen Vorkommens eines bestimmten mahal ꝛc. bedenklich scheint. s. mâlen.

Der Mâhen, Mohn; s. oben, Sp. 1575: Mâgen. Zeitschr. 465.

(Der) „Muheim, gryllus"; Voc. v. 1618. muchheimo, gl. o. 353; (noch in der Schweiz Muchame; Stalder II, 219 und 16. Tobler 324 f.). Vrgl. allenfalls Meuchel und Haim. Eine Heuschrecke ist das Wappen des Gründers des im Jahre 1838 abgebrannten Royal Exchange in London: Gres-ham (Gresham).

---

mála, gmála, pó mála, adv., (O.Pf., U.L.) sachte; Zips: *meelich, pameelich.* „Gee gemeleich der galg peit dein, va piano la furca te speta“; Voc. veneziano-todesco von 1424, f. 25. *Gmálə'* və'liə't si' dé Schneid, *gmálə'* və'streicht aə˜n dé Zeit, ê wenn mə' si' umschaut, ê wenn mə' si' b·sinnt, və trenzt mə' sei˜ Lébm àls və'tràgət·s də' Wind“; Seidl, Flins.^{3} 111. Die beiden ersten Formen wol bloße Aussprache von mächlich, gemächlich, während die letztere das von böhmischen und slavonischen Soldaten gehörte po malo seyn wird.

Das Mal (aus dem üblichern Diminutiv: Málə-l, Málál b. W., Má'lə o.pf., Mellə Frank., Mellé schwäb. zu schließen), die Tracht, ferculum, soviel an eßbaren Dingen auf einmal aufgetragen oder gebraucht zu werden pflegt; engl. a meal. ə˜ *Málə-l* Milhh, Roubm u. drgl. „Ein mal brots“; Grimm, RA. 105. Ob dem Worte a oder â gebühre, wird aus den Diminutivformen nicht recht klar. Nach Grimm's (I, 679) mal, gen. mals, ist das erstere wahrscheinlich.

1) das Mâl, ein vermuthliches Contractum aus mahal (s. mäheln), mit dem Begriff des Verabredens, Beredens; (Grimm I^{3}, 170: mâl = goth. mêl, = mathl, = mahl, macula, mail). Der Mâlbaum, Baum, der als Grenzmarke bestimmt ist. Baireut. Bußord. von 1586. Vrgl. auch Mâl, 5. Der Malberger, erblicher jedesmaliger Name des Besitzers von gewissen Bauerngütern, auf deren Grund Hr. Bürgermeister Klar in München, als Assessor des L.G. Vilsbiburg, zu Geisenhausen und anderwärts die Hochgerichte erbaut gefunden. Dieser Name erlaubt einen Gedanken an das Malberg der salischen Gesetze (tit. XIX: per Malberg, tit. LVII: in singulis Mallebergiis, tit. LXXVI: ad Mallobergo) und die vielbesprochenen Malbergischen Glossen. (Nach Leo in Haupt's Zeitschr. II, 161 ist das Wort malberg gaelisch, gadhelisch, aus mal, turba, coetus, und beargnadh, lingua vernacula, also: Volkssprache, Landessprache des zum Gericht versammelten Haufens. Cf. Diefenbach in den Berl. Jahrb. 1842, Sp. 365.) Wenn anders angenommen werden darf, daß das malus (Edict. Rothar. Addit., tit. II.), öfter mallus, dieser und andrer alten Gesetze nebst dem Verb mallare, admallare aus dem deutschen mahal, mâl entsprungen
562 sey, so könnte malberga, dem liniberga, manaberga (gl. a. 599. i. 229. 513. 891) entsprechend, ebenfalls zunächst cancelli, und wie unser Canzley figürlich die Gerichts-Versammlung und den Ort selbst bedeutet haben. Grimm, RA. 746. 801. Cf. Malberg (Ortsname) im Registr. Prumiense; Leibnitz, collect. etym. II, 434. 542. Förstemann II, 974. 1001. Das Malgericht hegen oder halten“, wirzb. Urk. v. 1494 in J. A. Schultes' Sammlung I, p. 192. Der Mâlpfenning. Daß sie (die Erbrechter) „sechzig stuber paßawer Werung, drey Chaes, ain Huen, dreyßigk Ayer und vier Malpfenning iärlichen dienen sollen.“ „Daß der, welcher mit Erbrecht auf dem Gut N. sitzet, zu der jahrlichen Stift dienen sol 40 pfenning landswerung zwo Hennen und iiii Mallpfenning“; MB. IV, p. 378 und 392, ad ann. 1428 und 1440. Vrgl. bey Schilter: mal, census, signum jurisdictionis; ags. mal, vectigal, stipendium. Der Mâlschatz, arrha, bey Eheversprechungen; wirzb. Verord. v. 1764. Die Mâlstatt, Gerichtsort, Versammlungs-Stätte, franz. Rendez-vous. „Daß wir den sechsten wehrhaften Mann in Eyl ervordern, und gen Braunau und Vilshoven, weliche Malstatt yedem gericht gelegner, bescheiden“; Aufbot wider die Türken von 1529. „In den Gelaydt der Juden soll Tag und Malstatt (Ort und Datum) daran ihnen das Gelaydt gegeben wird, benennt werden“; Land- und Policeyord., B. V, T. I, Art. 6. „Den Turnier auf Zeit und Malstatt besuochen“; Ausschreiben von 1483. „Die Stände des Reichs an eine gelegene Malstatt zusammenzukommen erfordern“; Kr. Lhdl. IX, 373.

2) das Mâl (Màl, o.pf. Maul), wie hchd. (d. h. vicis, franz. fois); (dialektische Synonyme: Bot, Buff, Fart, Rais, Ritt, Straich, a. Sp. stunt, sinth, huuarba; Zeitschr. VI, 406,17). auf ein mâl, quondam, einmal; Buch d. W. 1485, f. 88. In der Zusammensetzung erscheint dieses Mâl, ohne den Accent, oft sehr verkrüppelt. allemâl (àlləmàl)! das versteht sich! freilich! etieêinmâl (ətiə'ml, ətiə'm), zuweilen; s. oben, Sp. 9: ie. ə˜ maul hört man in der O.Pf. zuweilen statt: künftiges Jahr. Das ahd. adj. idmâl, it-mâl, solennis, ist wol als jährlich wieder (it-) kommende (festliche) Zeit, anniversarium, aufzufassen. Tat. 104. 129. 135: itmali tag; itmallichemo tage; tag mihhilero itmali; ze demo itmalen tage. Graff II, 715. immaramål, immrigsmål, manchmal, zuweilen; Castelli, Wbch. 175. Kartsch I, 42. 45. 51. zumal, zemal, ganz und gar, omnino; BM. II, 22^{b}. „Omnino, zwmal“; Clm. 5387, f XXII. „Daz grabtier hât ain sô hertez ruckpain und ainen so vesten hals, daz ez daz haupt niht umb gereiden mag, ez kêr sich danne zemâl umb“; Konr. v. Megenberg f. 86, Pfeiffer 142,15 „Wenn der leo erzürnt wirt, sô zerreizt er den zornmacher zemâl; das. 86^{b}, Pf. 143,19. „Daz tier (Ericos) tregt seinen leip zemâl auf dem denken (Hs. gelincken) fuoz“; das. 136^{b}, Pf. 233,28.

3) das Mâl (?), Portion, Tracht von Eßwaaren, Zeitschr. I, 258. s. oben Mal und vrgl. unten Mâl, 6.

4) das Mâl, wie hchd. Mahl, (Mahlzeit); BM. II, 23,3. Zeitschr. III, 466. „Jantari, fruestucken; prandere mal essen; merendinare, mittag oder untaren essen; cenare, abentessen“; Semansh. 34, f. 211. „Paursleut, die in den Herbergen nit das Mal essen“, (kein förmliches Repas machen); Gerichtsord. v. 1520, f. 83. „Einem Scharwerker zu Mittag das Mal geben“; alte Urk. Unter Malen, (adv., ä. Sp.) zwischen den drey Mahlzeiten (Morgenmâl, Mittagmâl und Nachtmâl; L.O. v. 1553, f. 161). „Kaiser Carl hat undermahln nichts getrunken“; Av. Chr. 335. hintə' Màln. Dé klaə˜n Kinnə'n solt mə˜ hàlt *hintə' Màl·n* á'-r-èppəs raichə˜; (b. W., ObrM.). omâl, (Pinzg.) unter dem Abendessen. Das Mâl par excellence oder das 563
Hôchzeit-Mâl wird nach den kirchlichen Ceremonien von sämmtlichen Gästen unter allerley Gebräuchen und Sprüchen gewöhnlich im Wirthshaus eingebracht, wofür sie denn das ortsübliche Mâlgeld (16 Batzen oder mehr) zu erlegen, und überdieß das Brautpaar zu beschenken haben. Dieses Beschenken heißt im Allgäu mælen, das Geschenk Mälet, (s. schenken, êren, Hôchzeit); vrgl. Wstr. Btr. IV, p. 418. Kaiser, Beschreib. v. Regensb. p. 82. Das Drischelmâl, besondere Mahlzeit nach dem jährlichen Abdreschen. Das Ehaftmâl, s. oben, Sp. 91: Ainung. Das Forstmâl, den Futter sammelnden Förstern von den Bauern zu bezahlen; Rorbacher Ehaft. Frâßmâl, (verächtlich). Grasmâl, bey Jagdpartien auf dem Grase eingebracht. Henkermâl, dans le bon vieux temps nach Hinrichtungen üblich. Gemeiner, Reg. Chr. IV, 101, ad 1501. Das Kindleinmâl, Kindelmâl, Mahl für die Pathen, die Hebamme rc. im Hause, wo ein Kind geboren ist, entweder am Tauftage oder an sonst einem gewissen Tage nach der Entbindung üblich. Das Rait- oder Rechenmâl, nach Abschluß der Kirchenrechnung üblich. Das Weinmâl, Wassermâl; für jenes iiij kr., für dieses V Pfen. zu verrechnen; Urbar der Herrsch. Röttenberg (s. oben, Sp. 856) von 1514, f. 215. Gar viele, sowohl geistliche als gerichtliche und Verwaltungsakte pflegten und pflegen mit einem Mahle zu schließen; Kr. Lhdl. VII, 309. 443. 488. XIII, 173. 343. L.O. v. 1553, f. 43. Im Isl. ist mâl noch blos die zum Essen bestimmte Zeit, und zunächst nicht das Essen selbst. Speisest sie „ze geuuelligemo male“, tempore oportuno; Notk. 144,15.

5) das Mâl, wie hchd. (signum, Flecken); Graff II, 714 ff. BM. II, 21,1,b. Grimm, Reinh. p. CCXXXVIII. Weigand, Wbch. II, 91. Vilmar, kurhess. Idiot. 259. Zeitschr. III, 466. Das Anmâl, (Voc. v. 1618) Narbe,

Flecken, Muttermal; (a n a m â l i, gl. a. 72. i. 135. 223. 561, — wo auch das Verb g·a n a m a l a n, stigmare — cicatrix, nota, plaga, neben l î h m â l a. 54: stigma). Grimm, Wbch. I, 405. „Mit A n m a h l e n (pestartigen) behaftet"; Dr. Minderer p. 96. „Livor, b o t m a l e"; Voc. Melber. mælig, adj.; BM. II, 24. „Unsauber und m ä l i g"; Av. Chr. 194. h u n g e r = m e h l i c h, Zeichen des Hungers tragend, hungrig; w a n = d e l m e h l i c h, wandelbar; Konrad's v. Wirzburg Engelhart und Engeltrût bey Eschenburg, Denkm. 59; (Haupt's Ausg., Vers 133. 3138 u. 884, nebst Anmerk. S. 216).' „Wiz noh s w a r z m a l e scuohe betuingent in (im Himmel) die fuozze"; Clm. 9513, Vers 265. Das G e m æ l auf der Münze; Cgm. 553, f. 85. 555, f. 206. Vrgl. unter m â l e n. Vrgl. auch M a i l e n.

6) das M â l, M â l i, obd. Sp., das Maß, (agſ. mæl, isl. schwed. m â l), besonders in Zusammensetzungen: s c r i t a m a l i, passus, (MB. VII, 374; auch gl. a. 349. 487; c r i t m a l i, i. 376. 494), s p a n = m â l i, ulna, a. 369; t h û m = m â l i, uncia, a. 122; vrgl. oben, Sp. 507: D a u m e l. Graff II, 716. Grimm, Reinh. p. CCXXXVIII.

m â l e n (màln, o.pf. mauln), wie hchd., (ahd. m â l ê n und m â l ô n, pingere, mhd. m â l e n; Graff II, 717. BM. II, 24. Weigand, Wbch. II, 92). 'MA. Einem Etwas m â l e n, Zeitschr. V, 37,110. 415,35.' Dieses zu M â l gehörige Verb wird häufig mit m a l e n (molere) verwechselt, und man hört öfter, selbst von gebildeten Altbayern, g e m â l e n als g e m a l t: Die Täfel ist guet g e m â l e n; hat s· der Langer, der Adam g e m â l e n." „Ain g e m a l t tuch daran der engl mit dem grues stet"; Thierhaupt. Inventar von 1546, Thierh. 67, f. 55. „Georg Deiringer F r e i h a n d m a h l e r und Burger allhier"; Attestat der R.St. Augsburg d. d. 13. Mai 1733; (Her). Das G e m æ l (Gmâl), 1) das Gemälde; (g a = m â l i, g i m â l i, gl. a. 342. 349. 528. i. 98. 561, neben g i m e l i d i). '2) ä. Sp., ein durch die Hand, Fuß ꝛc. bewirktes Zeichen überhaupt, nebst entsprechendem Verbum: m â l e n. s. unten: H a n d g e m â l und vrgl. BM. II, 25.' „Die hind mag (im Gehen) nit g e m a l e n als volklich als der hirß vnd sind ir fuß alwegen wol geschaffen und ir g e m e l d, wa man den hirß erspuren mag so ist sein g e m ä l d alweg hubsch(er?) und lutselig(er?) weder der hinden"; Clm. 4373 (v. 1437), f. 118. In der Bedeutung tableau ist übrigens T ä f e l das volksmäßigere Wort. Die ahd. Sp. hatte auch ein Adj. g i = m â l (g i m â l e r, tincta (avis), gl. i. 281; g i m a l i u, imitate, Diut. II, 351) und ein weiter abgeleitetes Subst. m â l i z z i, g i m a l z i, g e m e l z e, pictura, fucus, i. 550. o. 44. 142. Graff II, 718. BM. II, 25. „Des ist manger leute leben als ein g e m e l z e daz man niht eben merket und verre von danne stet, daz dünket schœne; wer naher get, der vindet die wandel, die verre in hant betrogen, ez sei maure oder want, an der daz g e m e l z e klebet"; Renner 1857; cf. 12541. Ich weiß nicht, ob m â l, g i m â l i in h a n t m â l gl. a. 271 manuscriptum und in dem unter m â h e l n (oben, Sp. 1580) aufgeführten h a n t g i m â l i zu m a h a l, oder etwa noch auf das gothische m ê l j a n, scribere, zu beziehen seyn wird.

m a l e n (zuweilen noch, wie in der ä. Sp.: du m ə l s t, er m ə l t, und immer: ich hab g e m a l e n), wie hchd.; (ahd. m a l a n: m a l u, m e l i s, m e l i t; Prät. m u o l; Partic. g i m a l a n, mhd. m a l e n: m u o l, g e m a l e n; Graff II, 711. BM. II, 26. Weigand, Wbch. II, 85). „Wer bälter kommet, der müllet bälder"; Bog. Mirak.
564 „Der vor kumbt, milt ehe, prior tempore, potior jure"; Voc. von 1618. „Swelch man in einer mul melt"; Augsb. Stdtb. Der M a l m a n n, pl. die M a l l e u t; Cgm. 3253, f. 3. 4. s. M ü l und M e l.

„M a l a n g, citrum; m a l a n g b o u m, citrus"; Voc. optim. p. 48. Diefenbach 124c. Der M a l g r a n, m a l = g r a m a p f e l, m a l a g r a m a p f e l, malogranatum; m a l = g r a n p a u m, m a l g r a n a t p a u m, malus punica, malogranata; Konr. v. Megenberg f. 193b, Pfeiffer 329,7. 8. 16. 17. 371,14. 375,8. M a l i g r a n t a p f e l, Clm. 4373 (v. 1437), f. 113. Diefenbach 345b. Vrgl. oben, Sp. 1576: M a i g r a m und unten: M a r g r a m a p f e l.

Die M a l ê d e, (Aschaff.) Aprikose.

'm a l a t s c h, m a l a t z, ä. Sp., krank, besonders aussätzig; (mhd. m a l â t e s, m a l â d e, m a l a z, m a l z, aus mittellat. malatus, ital. malato, franz. malade; BM. II, 28. Diez, Wbch. 213).' „Als ich si ein siecher man und vil gar m a l â t e s"; Ulr. Trist. 2161. „Si ist laider m a l a t z worden und ligt dort in ainer chemnat"; Cgm. 270, f. 162, (713, f. 91: m a i l i c h). „Der m a l o t z e (aussätzige) mensch"; Cgm. 5, f. 217b. „Swo ein pruder wurde m a l a z dem shol man den orden nemen und sein notdurft sunderlich geben von den prudern"; Regel des Spitals zu Jerusalem, Clm. 4620, f. 102. „Wer sich fürcht vor m a l e t s c h (aussätzig) zu werden"; Cgm. 4543, f. 79. m a l a z i g, m a l a t s c h i g, fig. heillos. „Ein m a l a z i g büchlin"; Dr. Eck, 1542. „Hans Koch her von Mospach ain m a l a t s c h i g e r pöswiht swach"; Mich. Beham, Wiener 19,7. Cf. česk. m a l á t n ý, kränklich; m a l á t n ě t i, kränkeln; m a l a t n o s t, Kränklichkeit; m a = l a t s t w i, m a l o m o c n o s t, Aussatz; m a l o m o c n ý, aussätzig. M a l a t z k l a p p e r, Zeitschr. V, 371. s. unten: M a l z e y.

Das M a l e f i z, (ehmals) Criminal = Verbrechen, Criminal = Recht, Criminal = Gerichtsbarkeit. Nach dem ref. Land = Recht v. 1518 ist ein Diebstahl über 80 Pfenning „ain M a l e f i z h a n d e l und soll der Thäter darumb mit Gerrten oder Rueten geschlagen werden"; Tit. XIX, Art. VII. Noch ist M a l e f i z ein kräftiges Fluchwort der niedrigsten Klasse. Du *Mâləfitz*-Sch—, Spitzbuə', Luədə', Peitschn ꝛc. m a l e f i z i s c h und m a l e f i z i g, adj., criminalisch; adv., sehr. Der M a l e f i z i g e, Maleficant; Salzb. StOrd. v. 1524. Der M a l e f i c a n t, der Verbrecher, besonders wenn er schon zum Tod oder zu einer peinlichen Strafe verurtheilt und nur mehr ein Gegenstand des Mitleidens ist. Der M a l e f i z t h ä t e r. „Von Überantwortung der M a l e f i z t h ä t e r"; Cgm. 3886, f. 280. M a l e f i z = R e c h t, das haimliche, Stillrecht, Gerichts = Sitzung zur Aburtheilung eines Verbrechers. Noch im 17. Jahrh. war üblich, daß in solchen Fällen nicht der Blutbann = Richter allein das Urtheil schöpfte, sondern der Statt = oder Markt = Rath oder andre Beysitzer des Orts auch ihre Stimmen zu geben hatten. (Malefizproceßord. v. 1616, Tit. 6). M a l e f i z = R e c h t, das öffentliche, bestand darin, „daß vor öffentlicher Gerichts S c h r a n n e n der arme Gefangene durch Mittel eines Redners von dem Kerkermaister, Schergen oder auch dem Rathknecht angeklagt, und dagegen auch durch einen bestellten Redner defendiert und verthädigt worden." Durch die Malef. Proc. Ord. v. 1616 wurde dieser Brauch, der freylich nur mehr eine leere Formalität war, vollends abgeschafft, und bestimmt, „daß bey dem offnen M a l e f i z = R e c h t e n anders nichts geschehe, weder daß durch den Gerichtschreiber des Gefangenen Übelthaten und Verbrechen und darauf das geschöpfte Urtheil abgelesen, von dem Richter der Stab gebrochen, und dem Scharpfrichter die Urthel zu vollziehen anbevolchen werde." Cf. Abele, seltſ. Gerichtshändel, casus XVII.

M a i l a n d e r. „Saxifraga stainprech vel alio nomine m a y l a n d e r"; Clm. 4394, f. 144. 'Vrgl. BM. II, 96: „Filipendula, m e i l a n"; Diefenbach 235a: Filipendula, stainprech, m e i l a n, m e i l a n d t.'

Die M a i l e n (Maəln), a) beschädigte und als solche durch eine andre Farbe erkennbare Stelle auf der Haut, an Obst, an Zeugen, Kleidern ꝛc., Mal, Makel, (ahd. mhd. m e i l; Graff II, 720. BM. II, 94. Weigand, Wbch. II, 91. gl. a. 594. 607. Willeram 47: m e i l a, genit. m e i l u n, macula). Die Schützen am Gebirg pflegen das Schwarze in der Scheibe scherzweise das M a i l e l e i n (Maələl) zu nennen. Die M u e t t e r m a i l e n, Muttermal. „Das Kind hat unter dem Herzblatt eine große

Fleisch-Maalen"; Benne-Mirakel v. 1697. b) ä. Sp., Beschädigung (?). „Gemaine Stadt vor Mail und Nachtail verschützen"; Kr. Lhdl. XIV, 6. „Urkunden on allen prechen und mail"; MB. XI, 544. c) körperliche Markierung, Brandmark, Brandmal (?). „Die diupmail anlegen Einem, welcher Diebstähle unter 72 Pfenning begangen; Rechtb. v. 1332, Wstr. Btr. VII, p. 83. 86. 239; (brandmarken, „durch die zend prennen", und dergl. ?). „Komt der Kläger der Deuf nach mit dem Rechten, es sey zum Tod oder zu einem Onmail, so soll dem Klager das gestohlne Gut (die Deuf) ledig seyn";
565 Gem. Reg. Chr. II, 428 wo „zu einem Onmail" durch: „auf Wiedererſetzung" erklärt wird. (Gl. i. 492 steht „meil, querela"). mailig, adj., befleckt, verletzt; BM. II, 95. mailige Äpfel, Birn halten sich nicht. (meilhaftaz, vitiatum; gl. i. 1145). „Daz man an laster sie unmeilig funde"; Labr. 276. mailen (maaln), Flecken, Makel verursachen. BM. II, 95. „Gedinge blank sich meilet"; Labr. 553. Schwarze Kersch mailen gern.

Schàz, gibmə' kaə˜ Bussə-l nét, 'Bussə-l'n tèən *maəl'n*, es kà˜ s· ja kaə˜ Doktər und kaə˜ Bàdə' meə' haəl'n.

abmailen, fleckicht machen, besonders die Ostereyer. mailigen, bemailigen, vermailigen, bemakeln, verschmieren, beschädigen. Graff II, 720. BM. II, 96. „Wers dritt (Gebot) nit will bemailigen, der soll den Feyrtag heiligen"; alter Catechism. „Immaculatus, ungemeiliget"; Cgm. 17, f. 29a. „O unvermailigitew vnd ewiglich gesegentew vnt sunderiw vnd on allen geleichen junfraw Maria"; Inderst. 122, f. 26. „ungemailigte oder unvermailigte Brief und Insigel"; Ms. passim. „Sich mit Fluech und Scheltworten vermailigen"; Kr. Lhdl. IX, 505. „vermalgen, collinire, maculare"; Voc. v. 1429. Es ist ein gewisser Zusammenhang zwischen diesem Mail und Mâl, 5) unverkennbar. Die citierten diupmail und onmail scheinen sogar Neutra, und neben anamâli, plaga, ist gl. i. 223 auch meigil zu lesen. Im agſ. mâl fallen beide Formen zusammen. Sollte sowol die eine als die andere zum lat. macula gehören?

'Die Maile, ä. Sp., Masche, Ringlein, namentlich Panzerring; franz. maille, ital. span. portug. maglia. BM. II, 96. Diez, Wbch. 210. „Daz die meilen röten von bluote begunden"; Iwein 7230. „Die welt leit in des teufels meile", (Netz); Cgm. 291, f. 177b.

Das Maul, die Mäuler (Mál, Málə'), wie hchd., mit dem Unterschied, daß es beym gemeinen Manne gewöhnlich auch die Stelle des edlern Mund vertritt; (aus der ahd. Sp. ist mir nur mula, rostrum, gl. i., also femin., erinnerlich; mhd. daz mûl, mûle und diu mûle. Das isl. mûli, neben mauli, rostrum, os, scheint zu maula (s. oben mäuen) zu gehören. Wiarda: mula. Graff II, 720. BM. II, 231. Weigand, Wbch. II, 121. Zeitschr. II, 402,14. VI, 142,20. Firmenich I, 454,295: die Mûl. Zeitschr. V, 65,71). „Solt ich immer ab dem zarten mûle nagen"; Labr. 95. Verächtliche oder scherzhafte Synonyma sind: Freßen, Gefriß, Foz, Fotzen, Goschen, Trienschen, Triel, Schnutter, Beffel, Waffel, Fruetschen, Flenschen, Rüeßel rc. R.A. Es gêt mir im Maul herum, es liegt mir auf der Zunge. „Das Maul beren gegen Einen, obloqui, responsare, obgannire", Voc. von 1618; über etwas, sich unzufrieden oder unwillig darüber auslassen; s. beren. „Si is qui in coelum os ponere consuevit, in terris insaniat"; Petri Abaelardi epist. de Roscellino. Das M. brauchen, viel und heftig sprechen. Das M. anhenken Einem; das M. herrecken gegen Einen, nicht schweigen, wie man sollte, sondern entgegenreden, widerbellen. Das M. aufreißen, 1) eigentlich und figürlich. ˋə˜ grouſs Hauswén reiſst ə˜ grouſs *Mál* af; (b. W.). 2) figürlich: alles bekritteln, besser wissen, laut absprechen darüber. Das M. auslären mit Einem, mit ihm reden; über Einen, alles Böse, das man von ihm weiß, sagen. Das M. machen Einem, ihm leere Versprechungen machen. „Du wirst zu Hof sehen lauter Bildhauer, aber nur solche die Einem das Maul machen oder Maulmacher"; P. Abraham. Der Maulauf, (schwäb.) Maulaffe; der zu sehr auf Andrer Reden horcht; (b. W.). s. oben, Sp. 41 u. 45. Zeitschr. II, 32. IV, 553,29. V, 168,151. VI, 320. 280,3. Weigand, Wbch. II, 121. Das Glück vermaulauffen; S. Frank. Der Maulkorb (Málkar'). Daß in München den Sommer und Herbst 1842 hindurch den Hunden, kleinsten wie größten, wenn man sie nicht an der Leine führen wollte, Maulkörbe angelegt werden mußten, schrieb man der Apprehension einer hohen Person zu. Als kurz vor der Eröffnung der Ständeversammlung (20. Novbr.) dem Münchner Hundevolk diese Pönitenz erlassen wurde, machte man den Witz: das geschehe deswegen, weil man nun die Maulkörbe für Herren Landstände brauche. — Unnöthige Sorge! Die allenfalls bellen und beißen konnten, die Advocaten, Bürgermeister und andre, die man als der Rede mächtig fürchtete, hatte man schon früher zu Staatsdienern gemacht und so der höhern Bestätigung ihrer Wahl unterworfen. Der Maulstraich, Maulschelle. „Der ainen Mûlstraich tut", Strafe 60 dn.; MB. XXIII, 228, ad 1378. Die Maultaschen, eine Art ländlicher Speise. Birlinger 331. Zeitschr. II, 190,7. III, 343. „Gebratne Maultaschen"; Bauernzeitung aus Frauendorf v. 1822, p. 53. 566
Um Abensberg, Pfeffenhausen rc. verkaufen die Bäcker unter diesem Namen eine Art viereckigen, mit Salz bestreuten Gebäckes. In dieser Gegend heißt ein Schlag aufs Maul eine ungesalzene Maultaschen. Vilmar, kurhess. Idiot. 26,4. Über die Häßlichkeit und Unersättlichkeit der tirolischen Maultesch s. Felix Faber: Ald. 297, f. 240b. Die Maultrommel, wie hchd.; Zeitschr. IV, 101,2. Die meisten Bauernbursche spielen mit zweien. Silberne zu führen, war einst verboten; die Bauernmädchen wurden dadurch gar zu närrisch; (Alpen, Tir.). Maulvieh (?); s. Haltaus s. v. Mûlvihe. „Item, wem die Maulvieh und dergleichen Freygut, dessen sich niemand annehmen will, zustehen sollen? Gehört auch der fürstlichen Obrigkeit zu"; bayreut. Buß- und Frevelordnung v. 1586, Art. 53. Der Maulwurf (Málwurf, o.pf. Málwulf), wie hchd., schon im Voc. von 1429: Maullworiff. Birlinger 332. Zeitschr. II, 91,28. s. Mauraff. maulen, wie hchd. Weigand, Wbch. II, 121. Zeitschr. III, 468. 301. IV, 308. Firmenich I, 479,32: *mûlen*, schwatzen. sich mäulen. „Das kindlein ein tochterlein war darob het der man ein grawen und meulet sich ob seiner frawen"; H. Sachs 1560: V, 386. „Der wol geraufft und geschlagen thet das dem richter klagen und thet sich kleglich mewlen"; das. 391. Einen anmaulen. Die Maulhenn, leicht und lange maulende Person. maulezen (Obrg.), maulitzen (Pinzg., Tir.), zanken. maulieren, das Maul recht zu brauchen, besonders: sich einzuschmeicheln wissen. mauldienen Einem, sagen, was dieser gerne hört; schmeicheln. maulwerchen (U.L.), unnützes, rechthaberisches Geschwätz vorbringen. brotzmaulen, ein kräftigerer Ausdruck für maulen. gin-maulen (gi˜mȧln), das Maul aufreißen, entweder gähnend oder gaffend. Das Ginmaul, Maulaffe. schmutzmaulen, (Rnb.) lächeln, schmunzeln. -maulet, adj.: braitmaulet (braədmȧlət), großmaulet, weitmaulet, 1) eigentlich, 2) figürlich, gerne, viel und groß sprechend. hälmaulet, glattmäulig, gleißnerisch. lautmäulig (laudmȧli), weitmaulig, (Nepitsch) ruchbar. Cf. lautmärig und leutmärig. „Das Geheimniß war lautmäulig worden"; Gem. Reg. Chr. II, 232. „Gantz in der Still, damit solches nit lautmaulig werde"; P. Abraham.

Das Anmaul, Fisch des Ammersee's, perca lucioperca L. Vrgl. oben, Sp. 83: Anbeiß und Anmaul.

Die Maulber (Málbér, sing. u. plur.), wie hchd. Maulbeere, (ahd. mûlberi neben mûlboum, Maulbeerbaum, aus älterem mûrperi, mûrpoum, d. i. morus. Graff II, 841. III, 119. 204. BM. I, 105. 228).

„Machung Stecken zu empfangung der Maulperpaum auf dem hirschanger und sonsten" (1613); Cbm. 2224, f. 214. „Von 1250 Maulperpaumen auf dem hofanger zu Graslfing, zu Perlach und auf der Schwabingerstraß zu setzen" (1614); Cbm. 2225, f. 258. s. auch Maurber.

Das Mel (Məl), ä. Sp., besonders vor Flexionssylben: Melb, d. h. Melw, (ahd. melo, genit. melawes, meleunes, agſ. meleo, mhd. mel, genit. melwes; Graff II, 712. BM. II, 26. Weigand, Wbch. II, 128), wie hchd. Mehl. „Nim ain melb"; Ortolph. „Datz er sein chorn ze melbe mach." „Man ist im chains chermelbes schuldig"; Wstr. Btr. VII, 100. „Es suln die peckhen pretzen und semeln pachen von dem pesten firneyn melb von waiczn"; Münchner Bäckerord. v. 1420. „Wein, melb und getraidt"; MB. IX, 318, ad 1508. R.A. „Es kommt ihm alles durcheinander wie dem Bettelmann das Mel." melwig, melbig, mehlig, mehlicht. Zeitschr. III, 469. melweln, melbeln, a) nach Mehl schmecken. b) tyr. L.O. von 1603: mit Mehl handeln. Der Melwer, Melber, Melbler, zünftiger Mehlhändler. „Die melwerinne die daz heberin mel machen ... swelche mer melwes machte"; Wirzb. Sätze v. 1343, §. LXIV. Der Gypsmelber handelt mit gemalenem Gyps. milwen, milben, zu Mehl oder Staub machen, pulverisieren. „Salz milben, gemilbet Salz." „Jede Kuefe Salz underschidlich gemilbet, also das kain Knollen über ain wellische Nuß gros darinnen befunden worden"; Lori, BergR. 296. („milw ez vil cleine"; Diut. II, 271). „Was unser burger milbents (mülbens) mel machen das sullen sy nindert vertreiben nur in jren kellern"; Cgm. 544, f. 51 (22, f. 65^b). „bemilben, confarinare"; Kramer's Derivata. „Khellergemilb", Kohlenpulver; Cgm. 3720, f. 2. Hier schließt sich an: die „Milben im har", (Avent. Gramm.) furfures, proprie sordes crinium, und wol vom Zer-
567 milben auch das Insekt (ahd. miliuua, tinea, mhd. milwe; Graff II, 722. BM. II, 27. Weigand, Wbch. II, 160), Milbe. „Man siht die milwen nagen manic buoch"; Renner 20166. Milben im Meistergesang, (z. B. singe statt singen); Wagenseil, civit. Norimb. p. 529. Der Melhund, Melgrat, (Nptsch., Baur) eine Krankheit kleiner Kinder, aphthae; s. oben, Sp. 1038: Heb, Sp. 1291: Kurfis. Die Melspeis. ə˜ Biər und um ə˜n Kreuzer ə˜ *Melspeis*, (Brod).

Melac, s. oben, Sp. 1432: Láckel. Mr. le Comte de Melac (Yrier de Magontier de Laubanie, né 1641 dans le Limousin), zu Anfang des französ. Krieges 1689 General-Lieutenant, machte sich durch Morden, Sengen und Brennen in der Pfalz wohl bekannt; (s. Ziegler's histor. Labyrinth, Nr. 631). Später, als Commandant von Landau, hatte er immer ein Cortege von grimmigen Hunden um sich, wenn er spazieren ritt; es unterhielt ihn sehr, sie die Leute anfallen zu sehen. Er selbst soll so soldatisch ausgesehen haben, daß die Leute von seinem bloßen Anblick die Flucht nahmen. Trotz seiner gloriosen Vertheidigung Landaus (1702), wobei er durch eine Bombe blind geworden, war doch Ludwig XIV. taub, als jemand sagte: Sire, voilà un pauvre aveugle qui aurait besoin d'un bâton. Er starb ohne Marschallsstab 1706. — Bey dem Einfall der Franzosen unter dem Mordbrenner Melac (1688) wurde Eßlingen hart gebrandschatzt und der Stadtmauer beraubt.

'Die Melancolei, ä. Sp., mhd. melancolîe; BM. II, 133.' „Ich bin der fröuden frîe, daz ich mir můz gedenken, ich sî melancolîe", (adj. ?); Labr. 470.

Melilotenpfaster; Dr. Minderer (1620), p. 160.

melodeien, vrb.; Hans Sachs, Samml. f. altd. Lit. 192. 213.

Mellere, ahd. Bergnamen; Graff II, 722. Vrgl. VII Com.: mel. 'Cimbr. Wbch. 146.'

Die Meil (Mál), wie hchd. Meile; (ahd. mila, mhd. mîle, aus lat. millia, sc. pasuum; Graff II, 718 f.

BM. II, 170. Weigand, Wbch. II, 134. gl. i. 279. 432: millun, millibus; 476: milla, angariam; 983: milo, milliarium; 1179: mîlla, leuas; o. 140: mîla, milliarium). Doch ist das Wort (besonders in A.B.) wenig gäng und gäbe, da in der Regel nach Stunden gerechnet wird. Wo es indessen vorkommt, lautet es nach Gramm. 804 auch im Plural Meil. Dés get auf kaə˜ *Mál* Wégs net z'sam, ist weit gefehlt, verschieden. 1, 2, 3 *Mál* Wégs. „Wol tûsent mîle"; Gudrun 288,1. Kero (VII) sagt nach Matth. 5,41: „finootanteru millu fangant ioh zuuo." Der Übersetzer Tatian's macht das Gebot sehr leicht durch sein: „Inti so uuer so thih thuuinge thaz thu mit imo gest thusunt scrito, far mit imo andere zuene, (welches als Mascul. auf scrit geht, wenn ihm nicht thusunt ebenfalls ein Mascul. war). „El miaro der mailer oder daz tausent"; Voc. veneziano-todesco v. 1424, f. 19.

Der Meiler des Kohlenbrenners, mhd. meiler; BM. II, 96. Weigand, Wbch. II, 134. Cf. franz. mule, Haufe. Firmenich I, 20 '(?)': Mielen, durch „Ofen" erklärt. Meierlkol (Mäuerl ?); s. oben, Sp. 1237.

Der Mịləmàlə', ein Kinderwort für Schmetterling. Zeitschr. VI, 77. Es hat das Ansehen einer bloßen Lautspielerey wie z. B. gribəs grabəs, rips raps, kling klang, Schnidə' Schnadə'(hupfl) ꝛc., cf. agſ. fifaldae, animalus, gl. i. 193, (s. oben, Sp. 695), wie denn auch dem Sprüchlein: Miləmalə Róckəstalə' nicht wohl ein Sinn abzugewinnen ist. („Vinetum in monte Rockenstal" bey Rimpar; RB. IV, 93, ad 1279.) Schweizerkinder brauchen dafür Titimaler, so daß blos das leichter erklärbare Maler wesentlich seyn mag. „Der Schmetterling heißt in der Wetterau nur Müller (romansch la billa) von dem häufigsten, dem Kohlweißling, hergenommen und den bestäubten Flügeln; und die Kinder singen ihr Schmetterlingslied, dasselbe, das sie auch singen, wenn der Müllerwagen durchs Ort fährt, um den Mahlkunden Mehl zu bringen, oder die Frucht zum Mahlen abzuholen, nemlich:

Miller Miller Måler,
gëabb m'r 'n Sack voll Dåler,
gëabb m'r 'n Dåler ëann die Hand,
fåhrn aich mëatt nâch Engelland!

d. i. Müller Müller Mahler, gib mir 'nen Sack voll Thaler, gib mir 'nen Thaler in die Hand, fahr' ich mit nach Engelland. „Miləmalə' Róckəstalə' ist: Müller Maler Roggenstehler (Korndieb)." Dr. Weigand's Brief aus Gießen v. 26. Jan. 1846. In Henneberg (nach Brückner 1843) heißt der Weberknecht, phalang. opilio L., neben Habermäher, Schneider, Himmelsziege auch Müller Müller Mahler; (Weigand's Brief v. 5. Novbr. 1846). Vrgl. Firmenich I, 426. Grimm, Mythol.^{2} p. 1026. 1027. 1031. 1036. 1044 f. Birlinger 333: Melvögele, Schmetterling. Vilmar, kurhess. Idiot. 274: Müllermaler, phalangium opilio. Indessen, damit auch diesem, der Kinderwelt so wichtigen Vogel sein gelahrtes Recht widerfahre, mag auch des österr. Molwurm sphynx euphorbia (wol mit dem alten „mol, stellio", „regenmoll, stellio", Voc. Melber, Graff II, 719. BM. II, 27. Zeitschr. V, 63,25. 172,179. 526,561. VI, 474, zusammenhangend; vrgl. gl. i. 100: „stellio, papilio, mól sive frillosi") und gar des griech. τιϑύμαλος, lat. tithymalus, euphorbia, Wolfsmilch, gedacht werden, die ein Lieblingsaufenthalt der nach ihr benannten schönen Schmetterlings-Raupe ist. Vrgl. auch Fley-Molterlein und Moltwurm unter Molt. Vrgl. holl. molenaer, fläm. meuldener, Müller und Maikäfer, und kapel (für kapelltje), witje (Weißchen? oder etwa gar Wichtchen?), Schmetterling. VII Com.: Schrata, Schratel, Schrettele, Schmetterling. Grimm, Mythol.^{2} 789. 869. 951. 1108.

Das Miltau (Mịltau), der Mehl- sowohl als der Honig-Thau, (ahd. militou, mhd. miltou, ntr.; Graff II, 713. V, 346 f. BM. II, 53. Weigand, Wbch. II, 128). „Werdent dy choren taup von dem miltawe";

Furstenf. 121 (sec. XIV.), f. 168. „Miltauwes schedlicher schaure verderbet obze, honic und sat"; Renner 14407. „Miltaw, aeromeli, urica"; Voc. von 16:8. „Ain vergifftes Milbthau"; Bogenb. Mir. 254. 269. „Ez haizt miltaw niht von miltikait, wan ez ist ark und übel: ez ist gehaizen von milwen miltaw, wan als die milwen daz gewant frezzent und verderbent, alsô verderbt ez die fruht dar umb hieze ez wol milwentaw"; Konr. v. Megenberg f. 52b, Pfeiffer 87,12. 15. Mit dem Schaum vom Gebiß (Mel) des Rosses Hrimfaxi, worauf, nach der nordischen Edda, die Nacht, dem Tage voran, die Welt umreitet, hat dieser Ausdruck wol kaum zu thun. Näher läge Ulphila's milith (Honig). Auch das militou, aurugo, rubigo, der ahd. Sp. (gl. a. 108. 531. 543. i. 305. 571. o. 274; agſ. mildeav) erscheint als ein Compositum mit melo, meleuues (Mehl), oder einem Verb miluuan (milben) minder natürlich, denn als ein solches mit einem alten, dem gothischen entsprechenden, milit. (Das agſ. mil-isc, mylsc ist wol ganz nur das lat. mulsus.)

'Mille artifex, lateinischer Beiname des Teufels.' Boisserée, d. Tempel des heil. Gral im Titurel, p. 83. „Mille iste artifex"; Cgm. 817, f. 290. „Fraudulosus deceptor mille artifex"; Cgm. 1126, f. 9a. „Mille artifex diabolus in angelum sese lucis quoque transfigurat"; Aeneas Sylvius, Chiem. cp. II, f. 241a. „Wie ich mit der segi und mit dem garen tuon durch alle die welt faren . . . wan ich bin der tausend list kan"; sagt der Teufel in des Teufels Segi, (Barack 95,2911).

568 Der Mol, Moll, das Mollein, (schwäb. Kindersp.) der Stier; Stück Rindvieh. Grimm, Gesch. d. d. Spr. 550. Zeitschr. III, 331. 473.

Die Molen, Mollen, das Weiche im Brod, im Gegensatz der Rinde. „Mollen des brots, medulla panis"; Voc. v. 1618 u. 1735. Isl. moli, m., mica. Marc. VII, 28: „de micis puerorum", isländ.: „af molum barnanna", schwed.: „utaf barnens smolor", (s. Schmolen); ital. moléna. Diez, Wbch. 231. molet, mollet, adj, trocken-weich, sanft; fleischicht, fett, schlapp. Vilmar, kurheſſ. Idiot. 271. Zeitschr. III, 471. V, 156. VI, 357. Ein Tuech ist mollet anzerüeren, (fühlt sich weich an). „An Maria war nichts weibisch und mollet"; Selhamer. „Das mollet, pulpa piscium, carnium"; Voc. von 1618. Castelli, Wbch. 202: *mollad*, fett, rund, üppig. „Gros is mei~ Wei', klaənə' vịl is 's Nà'bə'n seiné, àbə' *mollətə'* àls meiné", (fetter, fleischiger); Castelli (1828) p. 101. „Deə' wiə'd saubə', denkt dé Grêdl, dé wiə'd *mollət*, denkt də' Hans"; das. 139. Vrgl. allenfalls das alte Verb molauuan in molauuenten, tabentibus (membris), der gl. i. 563, Prud. apotheos. 816 (Diut. II, 332) und d. folg. Wort.

„Molla", (Nürnb., Hsl.) Schmerbauch. Zeitschr. III, 471. „Bracksmolles", Dickwanst. Vrgl. unten molschet und molzet.

Der Mollbräten, (Küchensp.) Schweinskeule.

Die Molber (Mólbér, Molbə'), die Himbeere, slaw. malina.

Die Mül, plur. Mülen und Mülnen; schwäb. Mülin, Müli, plur. Mülinen, (auch im b. Ld.R. v. 1616, f. 640), wie hchd. Mühle, (ahd. muli, mhd. mül; Graff II, 712. BM. II, 27. Weigand, Wbch. II, 206. gl. i. 829. o. 376. 408: muli; o. 5. 143. 248: mulin; agſ. mylen, isl. mylna). Die Fickmül, Zwickmühle im Mühlenspiel. Die Fladermül, Flodermül, s. oben, Sp. 788. 789. Zu Augsburg gestorben 1846: Hr. F. X. Brenner, ehem. Pfladermüller; Landbote 1846, p. 944. Vrgl. Birlinger, schwäb.-augsb. Wbch. 93. 339. Die Stâubmül (O.Isar), Maschine, das gedroschene Getreide zu fegen, von der Spreu zu reinigen, Fege-Maschine. Die Windmül, 1) wie hchd., doch in unsern fluß- und bachreichen Gegenden so selten als der Müller-Esel. 2) (U.L.) Fege-Maschine, minder zweckmäßig eingerichtet als die oberländische Stâubmül. Diese Art Maschinen findet man bereits fast in jeder Scheune. Das langweilige Worfen ist durch sie ziemlich abgekommen. Möchte der gemeine Landmann bald auch mit andern nicht minder nützlichen Maschinen so vertraut werden. Das Mülradwasser, s. Grimm, Mythol.² 559. Das Mül-Tal, Name mehrerer Bachthälchen, wo Mühlen vorhanden sind oder waren, z. B. der Schlucht, durch welche die Würm in die Münchner Niederung heraustritt, und wo, nach einer wieder erneuerten Sage, Carl der Große im Verborgenen das Licht der Welt erblickt haben soll. Die Ortschaft Müldorf heißt in der ahd. Sp. (z. B. Pez, thes. T. I, P. III, p. 103) Mulidorf, Schmidmühlen (ibid. 115) Smidimulni, (oder ist zu lesen -mulin?); Clm. 4552 (XII. sec.), f. 1: Mulineld, Mulihusin. Förstemann II, 1050—54. Hug von Mulndorf, der Minnesinger, (XXXII der alten Heidelberger Liederhs.) dessen Strophen in der Pariser Hs. dem Kunz von Rosenheim beigelegt sind, ist ohne Zweifel ein Bayer aus Müldorf. Der Flußname Altmül scheint aus (Pez, a. a. O. p. 92) Alchmona, sonst Almonus, entstellt. Bey Falkenstein, cod. diplom. (nach Seb. Mutzl's Brief von 9. März . . . aus Eichstatt) p. 10, a⁰. 824: Altmuhna, p. 11, a⁰. 833: Altmul, p. 12, a⁰. 836: Altmule, p. 22, a⁰. 919: Almonia. Ein Flüßchen Almona bey Rom. Vrgl. oben, Sp. 71. Förstemann II, 37. Vrgl. Main (Fluß) Anmerk. Der Mülner, (ahd. mulinâri, mhd. mülnære; Graff II, 712. BM. II, 28. Weigand, Wbch. II, 208. Zeitschr. V, 175,175. 255,77. 462. VI, 114,8. 273,41. Voc. von 1419: mülnär) und daraus assimiliert Müller, wie hchd.; (isl. mylnari, schwed. mjölnare, schott. milnare). Der Zuemülner, Zuemüller, a) Gehilfe des Müllers. „Die Müllner sollen darob seyn, daß Ire Zumüller und Knecht der Mühlordnung getrewlich nachkommen; L.Ord. v. 1553, f. 146. „Der Mülnär sol auch haben einen Zumülnär"; Freys. Stadtrecht von circa 1359. 569
b) (im Scherz) was Kebser, w. m. s. Die Müllerin. „Den sollte man gleich bey wasser und brod auf 6 Wochen in die Müllerin sperren lassen", sagt Görg in dem Trauerspiel: die Ausrottung der Juden in Deggendorf, (s. Aretin's Geschichte der Juden in Bayern p. 127); also wol ein blos (?) örtlicher Name eines Gefängnisses. Vrgl. Kue. Das Müllerspil „ist ein gesellschaftpfandtspill. Da seint 2, die es zum besten können, die dirigiren das ganze spill. Einer haisset der Maister, der andter der Knecht. Die andtern haben alle einen Namben von einem gewissen Getraydwerth, als ainer haisset: 20 kr., der andter: 30 kr. und so fort, ausser ainer haisset der Wievill. Alsdan fanget der Müllermeister an und ruefet: Knecht! Der Knecht muef antworten: Herr! Alsdan sagt der Maister widter: was gilts Getraydt? Alsdan antwort der Knecht den werth von einem der desselben werts Namben angenomben. Der Müller repetiret solchen Namben auch widter. Alsdan muef der, so dieses wert Namben, geschwündt den werth auch sagen oder ein pfandt geben. Als e. g. der M.: Knecht! der K.; Herr! der M.: was gilt das Getraydt? der K.: 30 kr., der 30 kr.: 30 kr. Wan aber der Maister sagt: wie vill, so muef der wie vill haisset, auch sagen: wie vill"; Notata des Frh. v. Bodmann, Ms. v. 1709.

müllen, der-, ze-müllen, zerreiben, zermalmen, zerquetschen, (ahd. mulian, farmulian, zimulian, conterere, das nächste Stammwort des Subst. mulin, s. d. vorige Wort; mhd. mullen, müllen, müln, Graff II, 711. BM. II, 28. Weigand, Wbch. II, 206. Zeitschr. III, 191,69. 473. IV, 46. V, 156). „Enem mülle ich die lide", (membra genitalia); M. Helmbr. 1249. Stiere müllen, sie durch Quetschung der Hoden kastrieren. Schollen müllen, durch Eggen oder sonst die Schollen zerbrechen; (St. Florian). (In der Hölle) „wo s' jámmern und gilln, wann sö s' z'hámmern und *z'milln*"; Stelzhamer 117. „Wem dy wunten ze palt zuhailen wil, der nem wegwart und ermul sy und leg sy über dy wunten"; Cgm. 4543, f. 84. „Nim kalch und zemul den in aim haissen zinfaß"; das. f. 113. „Hirschen marck und aiertotter, mul die zwai zusammen"; das. f. 114. „Nim epaums bleter vil wol gemultiu"; Clm. 4595, f. 39. „Contritio, zemulide"; Cgm. 17, f. 23b, Ps. 13. Das Gemüll, das durch Zerreiben, Zermalmen Entstandene, (gl. i. 653: gamulli, ruder). Zeitschr. II, 91,28. V, 156. s. unten mulfern.

Melb, Melber, milben, Milbe, s. unter Mel.

„Malhenvas cum zinnen", (1316 circa); Freys. Salbuch f. 20b.

melchen, melken, gemolchen, gemolken und gemelcht, wie hchd. melken, (ahd. melchan, mhd. melchen: ich milche, milke, Prät. malch, malc, Ptc. gemolchen, gemolken; Graff II, 721. BM. II, 170. Weigand, Wbch. II, 140. Grimm, Gesch. d. d. Spr. 998 f. Zeitschr. III, 197,42. 231,5. 469. ih milcho, a. 47: mulgeo. „Do sie des nachtes gaß und gemalek", gegessen und gemolken hatte; Cgm. 713, f. 56). Im b. W. gilt zeideln für melken. Dieses letztere aber bedeutet das Streichen der Zitzen des noch nicht geboren habenden Milchviehs, damit ihm die Milch bald zulaufen möge. „Haiz dir melchen auf daz haubet auz ir brusten, diu melch sei von einem dierndhinde"; Cgm. 724, f. 178. Die Melch, (Obrg.) die Handlung des Melkens: ei˜, au' d· *Melch*, oder gà˜ *Melch* gê˜; au' də *Melch* sey˜. Die Melchstatt, Platz, wohin der Hirt zur Melchzeit das Vieh zu treiben hat. Zeitschr. IV, 100,2. -melch, adj., (ahd. melcher, iu, az, foetus, a, um; mhd. melch; Graff II, 722. BM. II, 170. Weigand, Wbch. II, 140. Zeitschr. III, 231,5. 469. 496. gl. a. 441. i. 38. 917. 936), ags. melce, isl. mylkr. „De *melken* (Kühe) miet den güsten", (mit den trockenen, welche die Milch verloren haben und nicht mehr kalben; Zeitschr. VI, 210); Firmenich I, 347,53. 475,120. altmelch ist eine Kuh, wenn man sie einige Zeit gemolken, so daß sie sich der Zeit nähert, wo sie wieder kälbern soll; neumelch ist sie nach dem Kälbern. Der Melcher, die Melcherin, Knecht oder Dirne einer oberländischen Wirthschaft, mit dem Milchvieh und der Milchverarbeitung beauftragt. Birlinger 333. Vrgl. Zeitschr. III, 462. s. d. folg. Wort und Molk.

Die Milch, Milich (Mili, Mịli, Mịlə, Mịl), wie hchd.; (ahd. miluh, mhd. milich, milch; Graff II, 721. BM. II, 169. Weigand, Wbch. II, 160. Zeitschr. III, 231,5. V, 487). Am Jacobitag begeben sich die Eigenthümer von Alpen-Vieh aus ihren Dörfern auf die Alpen, um nachzusehen, welchen Alpen-Nutzen, d. h. Ertrag
570 an Milch, Butter 2c. sie sich von jedem Stück, das den Sommer auf der Alpe zubringt, versprechen dürfen. Es wird zu diesem Behufe die Milch gemessen, welche jede Kuh an diesem Abend und den folgenden Morgen gibt. Nach dieser wird der Anschlag auf die ganze Sömmerungszeit gemacht. Daß dieses Milchmeßen, vom Tag auch Jakobsen genannt, bey dem heitern Muth der Oberländer zu einer Art von Fest geworden seyn müsse, ist begreiflich. Nicht blos der Hausvater, sondern auch die männlichen und weiblichen Hausgenossen besuchen bey der Gelegenheit ihre Gespielinnen, die sich als Sendinnen auf der grünen Höhe befinden. Vrgl. v. Möll's naturhist. Briefe II, p. 28. 33. Die Milchdiebin. „Verwar du bist ein alte her ein milchdiebin und ein unhuld"; H. Sachs 1560: III, III, 7b. Birlinger 337. Milchdoib, (Jir.) euphrasia officinalis. Vrgl. Vilmar, kurhess. Idiot. 269: Milchdieb, Kohlweißling, Schmetterling. Zeitschr. IV, 177. 268,5. VI, 77. 175. Mili-heə˜ln nannte (27. Septbr. 1842) die Schillhuberin bey St. Florian die Töpfe, welche zum Aussüßen im Garten an den Armen eines Pfahles in die Sonne gehängt waren; (Hörnlein? cf. česk. hrnec, Topf). Der Milchzeug, (O.L.) das Euter; weibliche Brüste. Der Milcher, Stierkalb, in den ersten 14 Tagen verschnitten. Birlinger 337. gemilcht. „Essen schmalz und gemilchtes vor mitter vasten oder an suntagen, erichtagen und pfintztagen"; Cgm. 1142, f. 96b.

melden (mələn), wie hchd. Sich melden, anmelden, (nach dem Glauben des großen Haufens) Bekannten als abgeschiedener Geist seinen Tod kund thun durch den unerklärlichen Fall eines Gegenstandes, ein Geräusch, einen hellen Schein in der Nacht 2c. Zeitschr. III, 469. vermelden Einen eines Dings, (ä. Sp.) ihn angeben, anzeigen, daß er es sich habe zu schulden kommen lassen. MB. XXIII, 49, ad 1319. Das Angeben, prodere, ist auch die eigentliche Bedeutung des alten meldên (gl. a. 474. i. 119. 369. 430) und meldôn (Otfr. Tat.; ags. meldian. Graff II, 723. BM. II, 133. Weigand, Wbch. II, 139). Judas heißt der meldari; melda ist proditio, indicium, ags. meld. „Prodere, melden", Windb. 170, f. 436b; „proditus, vermeldet", Cgm. 17, f. 83b. „Herre, swaz ir mir gedrôt, unrehte site ich melde; S. Helbling III, 395. „Do getorst ich mich vor melden nit gezaigen"; Valkner 127. Der Hund, wenn er etwas merkt, glei' *meldt* ə'·s. Nordfränk. ironische R. A. du kanst dich gemeld, untersteh dich einmal! du kämst mir recht! 'Die Melde, ä. Sp., Angeberei, Verrath; Graff 724. BM. II, 135.' „Vor arger brüefer melde hüet dîn vil schône"; Labr. 68. „Ein merker âne melde, den sol nieman hazen"; das. 133. „Vil wære davon ze sprechen, wann daz mir ab der merker melde grûset"; das. 356. „Hüeten vor der prüfer meld besunder"; Valkn. 161. 'meldec, adj., angeberisch; BM. II, 135.' „Du bist balt und meldec", (angeberisch, Fehler anzeigend?); S. Helbling III, 382.

mild (goth. milds, ahd. milti, mhd. milde; Graff II, 725. BM. II, 171. Weigand, Wbch. II, 161), wie hchd.; (ä. u. a. Sp.) besonders: freygebig, jetzt: mildthätig. „Dieweil Herzog Ludwig (II.) noch jung war, was er ganz milt, im Alter ward er ein wenig kärger"; Av. Chr. 472. Voc. v. 1419: milt, largus; gl. i. 911: „uúuosanti miltlihho, flens largiter." Mir ist, als hätte ich noch in einem Leiden Christi den Ausdruck „mildiglich wainen" gelesen. (Das Land Hibernia) „milch und hœniges ist ez milt, da ist chorns genuchtsam"; Tungdalus, hg. von Hahn, 42,8. „Dû scholt nâch miltem weinlesen wenig trinken und nâch klainem weinlesen trink paz und milticleicher . . . alsô pis den milten reben arch und den argen milt"; Konr. von Megenberg f. 206, Pfeiffer 350,28. 33. „Hat das h. Sacrament (die Hostie) miltiglich blůt von jm gelassen"; Dr. Eck, 1532. „speismild, dapsilis"; Clm. 5387, f. XVIb. „tumpmilt, prodigus"; And. 48, f. 144b. Ind. 392, f. 23. „Prodigalitas, übermilt"; Clm. 17188, f. 54. *mèll* (mild), feucht; (Lütter, Ldger. Weihers auf der Rhön; Prof. Karl Roth). miltelang, adj., ä. Sp. „Den siechen sîn gâbe was bereit und die dâ wâren gevangen, allen liuten milte-langen", (die Mildthätigkeit suchten? s. belangen); St. Ulrich's Leben, Vers 387. Der Begriff des Mehrenden, Gratuiten scheint auch im alten miltinâmo, gl. a. 225. i. 752: cognomen, (cf. isl. auknefni, schwed. öknam) zu stecken. Die ahd. Sp. hatte auch ein Verb miltian Eines, sich dessen erbarmen, slaw. milo-wat; das d der germanischen Form ist wol nur ableitende Zuthat. Auf einer andern Seite scheint aus dem ags. miltsian, misereri, wol auf keinen Zusammenhang zwischen mild und miltan (s. d. Anm. hinter Malz) geschlossen werden zu dürfen. 'vermilten, mit Milde beilegen; BM. II, 172.' „Sag an, lieber, waz hast du vermilt und vergeben"; Cgm. 54, f. 80b.

---

mulfern, dermulfern, dermülfern, zermulmen, zerreiben. Das alte Strô im Strôsack ist alles dermulfert, ist ein lauteres Gemulfer. „Gmülfer, Gepülver"; (Prasch). s. oben müllen.

Malgus. „Wann ain (gebärende) fraw der fluß oder malgus ankomt das sy schwach und amechtig wollt werden"; Cgm. 3721, f. 207. „Wann ain fraw jr krankhait oder die mallgus (menstrua) vast hatt"; das. f. 248.

'Malgrei, Bezirk; Zeitschr. V, 370.'

molgelet, gemolgelet, (Allgäu) fleischicht. Vrgl. „Molla."

'Die Malhe, Malche, ä. Sp., lederne Tasche, Reisesack; (ahd. malaha, mhd. malhe; Graff II, 720. BM. II, 29. Weigand, Wbch. II, 92; franz. malle, daher nhd. Mallepost. Diez, Wbch. 213).' „Wir vüeren mit den Walhen liderîne malhen" („malichen"); S. Helbling XIV, 52. „Die bulgen und die malhen"; das. XV, 656.

Malk, ä. Sp., (Makel?). „Hans von Preisingen... waz dez kaisers hofmarschalk, sein manhait dy waz sunder malk"; M. Beham, Wiener 59,12.

„Molk." „Roß soll man mit Korn, Gersten, Trebern, Molck, item mit Linsen oder Ölzelten nit mästen"; L.R. v. 1616, f. 511. Etwa eine aus Milch gewonnene
571 feste Substanz, dem schweiz. das Molken, Mulchen, unserm Topfen entsprechend? Für das hchd. Molken als Flüssigkeit braucht man bey uns lieber Schotten. Vrgl. Vilmar, kurhess. Idiot. 269: milgen, mülgen, Getreide (zu Viehfutter) einweichen; Mölge, Mülge, Milgesal. s. oben melchen.

'Der Melm, ä. Sp., leichter Staub, besonders Erdstaub; (goth. malma, ahd. mhd. melm; Graff II, 713. BM. II, 27. Weigand, Wbch. II, 141. Zeitschr. II, 91,28. III, 470. IV, 195).' „Der melme gên der sunnen truobte harte sêre"; Gudrun 1468. 'Vrgl. nhd. der Mulm; Weigand, Wbch. II, 208. Zeitschr. VI, 357.'

---

molschet, adj., (von Obst, Fleisch u. dergl.) fehlerhaft-weich, sächs. molsch. Zeitschr. III, 471. V, 156. VI, 339: mulsteret. „Ain faißter molscheter Mann." s. molzet und molet, und vrgl. das ags. molsnad, gemolsnad, tabefactus.

Die Molschen, s. Molzen.

Malten: „pesmalten", (Molten, atriplex? s. unten); Cgm. 4543, f. 93. 94. „Pint pesen malten mit altem schmer an den kropf"; das. f. 131.

Das Mälter (*Máltə'*), (U.Donau) der Mörtel. „Wann einer umb Stein geschryen, hat ihm der ander Malter zugereicht"; P. Abraham. Maltl, (Tir.); VII Com.: malta; cf. ital. malta; Diez, Wbch. 415 f. Zeitschr. III, 466. V, 255,94. Das Wort scheint mit Verwechslung des r in l (wie Maulber von morum) neben der Form Mörter, (ahd. mortere, mhd. morter, später mortel, nhd. Mörtel; Graff II, 859. BM. II, 224. Weigand, Wbch. II, 198) aus dem lat. mortarium gebildet. Vrgl. indessen auch Molter im Artikel Molt 'und das vorige Wort.'

Das Malter, Gemalter, 1) Getreide, das zum Malen gegeben oder auf einmal gemalen wird. Vrgl. Zeitschr. III, 474. (b. W.) 's *Gmáltə'*, was auf einmal gemalen wird; (vielleicht niedersächsisch: so viel auf einmal gemalzt wird, Gebräude, franz. brassin); vrgl. schott. melder. Kärnt. „mélja, meljaja, Gemalenes, Malter"; Jarnik 63. „Molendinarius (furatur) den molter, pistor den deich"; Amb. 3, f. 181b. „Wan ein Malman sein malter zu ainem müller einbringt ... das malter holen..."; Cgm. 3253, f. 4. „Der Müller darf keine Mühlmaut nehmen, und muß das Mühlmalter vom und zum Haus fahren." „Den Müllern pflegte das Malter, und hinwieder das Mehl den Mühlgästen zugewogen zu werden"; Gem. Reg. Chr. II, 284. III, 152. „Wenn der Müller das Malter selbst zuführt, soll man jhme vor alles sechs Kreuzer geben"; alte Mühlord., Ms. „Item es ist eine merkliche Beschwerung vorhanden der Müller und Malters halben, das die Jahre das Hausvolk mehr beschwert dann die Theurung, welche Beschwerung in allem Malter sich nur mehrt"; Kr. Lhdl. XIII, 186. A. Hàst dei˜ *Gmàltə'* no˜ nét haəm vo˜ də' Mịl? B. Margng hol I's; I hà˜ désmàl gràd ə˜ klaə˜s *Gmàltə'*. 's *Màltə'* fált, mə˜ kà˜ nimmə' haus'n, klagte mir im J. 1816 ein Müller bey Amberg. In folgenden Stellen scheint die Arbeit des Malens selbst gemeint. „Da arbaiter und taglöner umb Lon ze ainer tagarbeit auf dem Marckht oder am Molder oder annderstwo, und in jren Heißern umb arbaith ersucht werden"; Lands-Ord. wegen der Maurer und Taglöhner von 1609, Wstr. Btr. IX, 313. „Einem Müller (zur Strafe) das Malter aufheben", ihn nicht mehr malen lassen; Cgm. 3253, f. 6. 2) in mehrern Orten Frankens als größtes Getreide-Maß (vermuthlich ursprünglich für so viel, als auf einmal zur Mühle gebracht oder gemalen zu werden pflegt) üblich, während in andern das Simra gewöhnlicher. Auch bey Gleichheit des Namens hatte übrigens die größte Verschiedenheit des Gehaltes statt; z. B. das Nürnberger Malter hatte 8 Metzen oder 32 Diethausen oder 64 Diethäuflein oder 128 Maß; das Heidenheimer Malter im glatten (Getreide) hatte 8 Viertel und war gleich 12 Mz. 1 Ms. 4 Achtel Nürnberger Maßes; in Gerste hatte es 13 Viertel, in Dinkel 18 Viertel, in Haber 20 Viertel; das Rothenburger Malter oder 8 Mz. im glatten war gleich 9 Mz. 12 Ms. 4 Achtel Nürnb.; im rauhen 16 Mz. 12 Ms. Nürnb. Das Voc. v. 1618 giebt Malter durch quattuor modii. „Unum maltrum fabarum et totundem pisarum"; MB. XXII, 21. Malter, maldrum, gl. o. 572
402. Graff II, 727. BM. II, 29. Weigand, Wbch. II, 93. Vilmar, kurhess. Idiot. 259. „Ich wän, wenn ain malter mer danne ain pfund gelten sol es sei armen lewten nit wol"; Cgm. 270, f. 75 (379, f. 38). Sp.W. „Unglück kommt mit Malter und nimmt mit Meßlen ab"; Sutor von Kaufbeuern. Bey Hübner, Salzb. L. 137, werden unter mehrern Arten von Müllern des Gerichts Staufeneck auch zwey Schrottmalter aufgeführt, (Müller, die blos schroten?). s. unten Mülter.

Der Melter, (Allgäu, Franken) Gelte zu Milch, Wasser rc. Birlinger 333. Zeitschr. III, 463. „Mit Wasser-Eimern, Schäflein, Meltern, Stützen und anderm Gefäß"; bayreut. Feuerord. von 1732. (Vielleicht der schweiz. Melchteren entsprechend.)

Miltenberg läßt Safařík, Starož. 911, nach den polabischen Milčane, Milci (die später als Riesen gedacht wurden, wie die Weleti, Wilzen) benannt seyn. cf. Weltenburg.

Der Molt, Molten, Molter; die Molt, Molten, zu Mulm, Pulver, Zerriebenes, besonders Erde, Staub; (ahd. molta, mhd. molte, molde, mulde, fem.; Graff II, 713. BM. II, 27. Grimm, Mythol.² p. 229. Weigand, Wbch. II, 186. Zeitschr. II, 91,28). D' Strass is völlə' *Móltn*. Molten kratzen, (Tir.) Dammerde in Wäldern kratzen zu Dünger. In der tyrol. Waldord. v. 1719, p. 75 ist „das Ströb (Streu) machen und moltn (s. Pulver) rechnen" in den Wäldern verboten. Das Moltbrett, Molterbrett, das Streichbrett am Pfluge; „moltpret, dentalia, lignum in quod vomer inducitur", gl. i. 704. Graff III, 289. BM. I, 238. Zeitschr. V, 156. „Der schilt würd ein moltbret, daz swert ze einer riutel"; S. Helbling VIII, 308. Das Moltblech, Molterblech, das Blech an diesem Brette. Der Moltwerf, Maulwurf; (schon gl. o. 302. 457. 459. Graff I, 1040. BM. III, 740. Weigand, Wbch. II, 122. Birlinger 337. Zeitschr. V, 40,108. VI, 17. 493). „Talpa haizt ain scher oder ain moltwerf"; Konr. v. Megenberg, f. 96, (Pfeiffer 160,21: maulwerf; vrgl. p. 517). Unter den Stadtkammer-Einnahmen zu Wem-

ding befindet sich auch das Moltwerfergeld; Hazzi, Statist. II, 44. Vrgl. Mauwerf, Maulwurf, Maur-aff. moltig, adj., staubig, bestäubt, zu Staub geworden; BM. II, 27. Vrgl. Vilmar, kurhess. Idiot. 268: meldericht. Über moltigen Mund-schweren, über moltige Zungen zeugen; die Probe über den moltigen Mund, — ehmals, da man die schauerlichen Beziehungen auf das Reich der Todten gerichtlich bestens benutzte, ein gewisses Beweis-Verfahren, im Falle jemand gegen Erben eine Schuld der Erb-Lasser einklagte und, nach Ehlingensberg's Erklärung, „zu den Verstorbenen, die ihren Mund voller Molter oder Kotts haben, und sich nicht mehr verantworten können, allererst seine Sprüche setzt." („Der tot hat mich ergangen, gent mir der erd in meinen munt", sagt der todwunde Helferich von Lune in Eggen Uzvart, Laßberg LVIII.) „Swer chlagt hintz ainem toten mann, der sol sein klag inner jars vrist war machen mit zwain. Aber vber ain iar so sol er es bezeugen mit siben vber moltigew zungen; vmb swew man aber brief hat der bedarff chains zewgen"; Münchner Stadt-Recht-Buch, Ms. v. 1425, f. 85. „Ob ainem sein zeuck absturb, daz er sein recht darumb verlur, und vber moltiger Zungen nicht wol erzeugen möcht"; B. Land-Recht, Ms. 4⁰, f. 71. „Sol es war machen mit syben, die mit ym sweren uber moltigen mundt"; Rchtb. Ms. v. 1453, cap. 23. Gemeiner in seiner Regensb. Chr. III, 126 beschreibt solch eine Eidesleistung über moltigen Mund. Sie geschah im Freithof auf dem Grabe dessen, gegen welchen eine Schuldforderung auf diese Art zu beweisen war. In der ahd. Sp. findet sich unser Subst. ebenfalls sowohl als Masc. molt nach beiden Declinationsarten, (gl. i. 352. 547. 705: solum, rudus, pulvis. „Ich zermule sie also den molten, comminuam eos ut pulverem", Windb. Psalt. „Ein hantvolle molten … in den molten", Grimm, Mythol. XLVII), wie auch als Femin. molta nach beiden Decli-
573 nationsarten, (a. 175. 447. 485, i. 541. 550: tellus, humus, terra, solum, pulvis). „Ûf romischer molte"; Kaiser-Chron. „Die dâ ligent in der molten"; Gudrun 531. Cf. agſ. mold: „af thære moldan, e terrâ"; isl. mold; das goth. mulda (Marc. 6,11. Luc. 9,5) könnte auch ein idiotischer Dativ von einem Masc. muld seyn. Alles vom obigen mulian (s. müllen), und dieses selbst von malan; (gl. a. 270 steht môlta, humo, a. 534: muolt, terra). Vrgl. auch Malter, Mülter.

In nachstehenden Formen scheint (nach Gramm. 680. 681) das ältere mol, genit. molles, zu molt blos entstellt. Der Moltwurm, der Molch (Nptsch.); „stellio, moltwurm", Voc. von 1445; ahd. passim mol. Graff II, 719. BM. II, 27. „Daz vierde, dem ir iuch gelichen sült, daz heizet der molle. Daz ist klein unde gêt in den welden, und ez ist niht der mülwelpfe, daz die erden dâ hület und ûf wirft"; Br. Berhtold, Pfeiffer 563,29, (vrgl. Kling p. 376). Der Molthund, (B. v. Moll, Zillerthal) der Sumpfsalamander, lacerta palustris. Das Fleymolterlein, (Baur) der Schmetterling. s. oben Mɪləmàlə'.

Die Molten (Mólt'n), die Melde, besonders Garten-Melde, atriplex hortensis L. „Atriplex haizt malten („mält") und haizt anderswâ molt": Konr. v. Megenberg f. 228, Pfeiffer 385,20. 'Scheißmelde, chenopodium album; Nemnich II, 1013.' „Nimb salvay schaysf-malten und hollerper"; Clm. 5931, f. 227. October sagt: gût mölt han ich vil wem ich sy geben wil"; Cgm. 17296, f. 80; '(hieher?).' Voc. v. 1735: molten, milten; Ortolph: molt, malten, atriplex. Voc. v. 1445: mold, fruticale; gl. a. 642: molta, a. 28. i. 136: moulta; melda, melta, o. 10. 475, atriplex. Gl. a. 506. 670. o. 11. 97 steht malta, multa, beta. Sollten diese durch alle Vocale gehenden Formen und etwa noch das alte Verb multan, sarrire, (gl. i. 271, ad Isaiae XXVIII, 24) zusammen gehören? Graff II, 723. BM. II, 29. 135. Diefenb. 58ᵃ. Weigand, Wbch. 139.

moltən, multən, moltəm, multəm, (Nptsch., o.pf.) sehr, ziemlich; *multən* vıl, sehr viel. Heuə' gi't's *multəm* Heu. Wien: multum genug, nur gar zu viel. Vilmar, kurhess. Idiot. 274 f. Zeitschr. III, 175, V, 3. Vrgl. allenfalls woltân, wolgetân (woltə˜); das lat. multum wird doch nicht in die Volkssprache gekommen seyn.

Das Mülter, (o.pf. L.O. v. 1657) was der Müller vom gemalenen Getreide als Lohn für sich behält, franz. la mouture, schott. multure, mouter: „Nach Abzug gewöhnlichen Mülters oder Mütz treulich und sauber mahlen. Sich des gebührenden Mülters oder Lohns halb mit dem Müller vergleichen." Das Voc. v. 1419 hat multer, maldrum. Im Begriff des conterere fallen die Formen Mülter und Malter mit Molter, Molt zusammen. Weigand, Wbch. II, 186. Vilmar, kurhess. Idiot. 271.

Die Mueltern (Muəltə'n, O.Pf. Məltə'n), das Muelterlein (Məltə'l, Məltəl), die Mulde; (ahd. mulhtra, multera, muoltra, mhd. multer, mulde; Graff II, 727. Grimm III, 457. BM. II, 232. Weigand, Wbch. II, 207 f. Zeitschr. III, 474. V, 166,127). Bach-M. (Backmulde), Bad-M., Fleisch-M., Korn-M., Rudel-M. „Molter, alveus, mactra", Voc. v. 1618; „Molter, Molten, Multen, alveolus", Voc. von 1735. „Ein kupferne Muelter oder Peckchen"; Ms. v. 1591. „Daz obz uz den multern verchaufen"; Augsb. Stdtb. 2) die Muschel. Frosch-M., (Nordfr.) Frösch-Mulde. Sollte die Mold-âu — (es entspringen aus dem böhmischen Walde mehrere Bäche dieses Namens, als z. B. die Kalte M., die Warme M., die Grasige M., der Moldaubach; vrgl. die sächs. Mulda) — von den Muscheln den Namen haben? wo dann freylich das böhmische Wltawa, Hltawa aus dem deutschen Mul- 574
dau, und nicht dieses aus jenem entstellt seyn müßte. mueltern, ausmueltern, muldenförmig machen, aushöhlen. sich mueltern, (von Brettern) sich an der Sonne muldenförmig ziehen. gemueltert, adj., wie eine Mulde ausgehöhlt. Das muoltra, multera, alveolum, capisterium, der ahd. Sp. (gl. a. 27. 506. 547. i. 303. 490. 977. o. 376. 409) finde ich nur nach der ersten Declinationsart.

Melw, Milw, s. oben Mel. Zeitschr. III, 469.

Das Malz, wie hchd. (ahd. mhd. malz, agſ. mealt, isl malt. Graff II, 713. BM. II, 29. Weigand, Wbch. II, 93). Sp.W. Hopfenreich und malzarm gibt ə˜ Bier, daß 's Gott dərbarm. malzen, melzen (məltzn, məltzn; Partic. gemalzt und gemolzen; s. unten die Anm.). Vilmar, kurhess. Idiot. 268. „Melczt er vil, so geit er vil"; Bräuord. in Wstr. Btr. VI, 142. vermalzen, (von Getreidekörnern) in Feuchtigkeit verquellen. Es vermalzt das Korn in der Erde, wenn es zu lang nicht aufgehen kann. Der Mälzer, Melzer, Brauknecht, der das Malzgeschäft unter sich hat. (Auf eine ä. Form Melzel läßt dieser Geschlechtsname schließen). Das Voc. v. 1735 hat Malzer, polentarius; in dem von 1419 steht gar „melczer oder fragner, penesticus." malz werden der Diutiska II, 340 weiset auf ein älteres Adj. malz, (isl. maltr, marcidus), welches neben den unten vorkommenden molzet, dem isl., schwed. moltinn, multen, vergens ad putrefactionem, und dem Verb mulzen auf ein älteres Ablautverb melzan, agſ. miltan, meltan, engl. to melt, liquere, deficere, führt, wovon das transitive meltan, isl. melta, liquefacere, putrefacere, solvere, concoquere, abgeleitet ist. (Des Orpheus) „léiche, die állíu díng málzíu gitân hábetôn"; Notker's Boethius, lib. III, metr. 12. Anmerkung (auf Veranlassung des Ober-Malzaufschlagsbeamten Baron Stephan v. Stengel, 18. April 1852, über die Frage, ob auch das grüne, nicht gedorrte, Malz dem Aufschlag unterliegen müsse). Grimm II, 32. III, 459.

Graff II, 713 f. III, 316: agſ. meltan: mealt, multon, molten; mealt, Malz, milti, ahd. milzi, lien, splen, a concoquendo, solvendo succum; isl. melta, myltan, solvere, chylifacere; malt, polenta concocta; altſ. malt, bracium; meltian, braciare, braxare; malteri, braciator; niederſ. molt, vrb. multen; holl. mout; franz. malt, malts, brassin (bracium), drêche, orge mouillé et germé. ‵Diez, Wbch. 680. Müller, etymol. Wbch. d. engl. Spr. II, 61. Diefenbach 80^{c}: brasium.′ Cf. magyar. maláta; ceſk. ſlad, poln. ſlod, ruſſ. ſólod, ſüßlich; — ital. grano (orzo) tallito, von tallire, keimen. Friſch 638^{a}: „Malz, wenn es noch nicht gekeimet, ſondern nur genetzt, = polenta; wenn es keimet, aber noch nicht gedörret, = byne“ (βύνη). Dennoch leitet er dieſes Malz, niederſ. Molt, aus latein. molitum von molere, gemahlen, ab (!), inſoferne es vor dem Brauen gebrochen werde; aber auch ein maceratum, tostum läßt er darneben gelten.

„Malzey, elephantia, lepra“; Voc. v. 1618; (vielleicht das ital. malattia in ſpeciellem Sinn. ‵Diez, Wbch. 213). Vrgl. oben, Sp. 1584: malatſch und BM. II, 29: malâzîe.′

Die Melz, (im Süden des Chiemsees) ledige Weibs-Perſon, Mädchen; (Zir., Pinzgau) Meitz, Mädchen, (Metz oder mladice?). Von ceſk. mladice, Mädchen, Dirne, (wie Milch neben mleko). „Es is radla a Jah', dass ma' a *Melz* („Dirn“) hoamla gschlengascht hat“; v. Kürſinger's Ober-Pinzgau (1841), S. 174.

Wenn I d· Wóch fümf màl gê, schaut mi' d· *Məlz* à~, sagt mə': du Schlánk·l, wàs hàst denn dé ande' Wál tà~?

Das Gemelze, ä. Sp., pictura; Graff II, 718. BM. II, 25. ſ. oben: malen.

Das Milz, wie hchd. die Milz, (ahd. daz milzi, gl. a. 679. i. 1129; mhd. daz milze, isl. milti, agſ. milt. Graff II, 728. BM. II, 173. Weigand, Wbch. II, 162).

Die Molzen, Molßen, Molſchen, (nach Gramm. 523 Möisch·n, wornach im Lex. v. B. I, p. 150, und bey Flurl, Beſchreibung der b. Gebürge, p. 47, geſchrieben iſt „Maiſchen“), Fang am untern Ende einer Holz-Riſe im Gebirg, der die herabſchießenden Holz-Blöcke auffängt und, wo es nöthig iſt, durch eine Öffnung einer weitern Riſe zuſendet. (Pſeud. Zir.) *Moissen* oder Holzfang, Art Holzrechen zum Auffangen des Holzes. „Die Molſſen und Würff“; Tyrol. Waldord. v. 1719, p. 12. 13. „Clauſen, Rechen, Moltzen und Archen“; ibid. p. 24. Cf. ital. molla, Springfeder, Klappe, Triebfeder; plur. molle, molli, Feuerzange; molletta, Zängelchen; Diez, Wbch. 231. 2) (Zillerthal, nach v. Moll) eine Art Ställe für das Vieh bey ſtürmiſchem Wetter auf größern Alpen, worein beſonders die Ziegen in regneriſchen Nächten geſperrt werden. Mulzen, (Zir.) Art Stallung auf Alpen bey äußerſt ſtürmiſchem Wetter. Der Molzbäum,
575 (Reut im Winkel), der Querbalken über dem die Decke eines Gemaches ruht; was anderwärts die Bretten.

molzet, adj., teigig-, klebrig-weich. Moləté Dampfnudeln ſind der Köchin gut, molzəté aber ſchlecht gerathen. Der Schnê wird molzet, wenn Thauwetter eintritt. mulzet, vom Boden, vom Wege; (Stölzl, 27. Sept. 1851). ſ. Anmerk. unter Malz und vrgl. Graff II, 714. BM. II, 29.

mulzen, (Frank., O.Pf.) malzen; ſ. oben malzen, melzen. (Im Himmel) ne bedarf me durh trinchen haberen noh gersten ce biere mulcen“; Himilrîche, Clm. 9513, Vers 270. „Es ſoll niemand in dem Gericht weder mulzen noch breuen, außgenommen ein Prieſter oder Edelmann . . .“; Bayreut. Privil. Die Mulz, (O.Pf.) die Malzmühle. Der Mulzer, Malzmüller; Mälzer; Destouches I, 366. III, 14. „Es ſollen die Mulzer bey der Nacht nicht dürren“; Bayreut. Privil. „Allein den Mulzern iſt das birbaumen und puchen holtz zum prennen zugelaſſen“; Amberg. Stdtb. 22. ſ. Malz, Anmerkung. ‵Mulzerkorn, Mengkorn; ſ. BM. I, 862: mangelkorn.′

Der Memm, (Aſchaff.) das Euter; ‵(Koburg) die weibliche Bruſt. Weigand, Wbch. 142. Vilmar, kurheſſ. Idiot. 268. Zeitſchr. VI, 107,2. Vrgl. auch die Memme, Memm, Mutter; Vilmar, a. a. O. Zeitſchr. III, 29. cf. lat. mamma, Mutterbruſt, Mutter, ital. mamma, franz. maman; Diez, Wbch. 214. Weigand, Wbch. 93. 94. Zeitſchr. VI, 355.′

memmeln, memmezen, vrb., Ausdruck für das oft wiederholte Bewegen der Lippen, beſonders beym Kauen, Wiederkauen, leiſe Sprechen u. ſ. f. Der Has, der Künig-Has memmelt. Der Alte hat das Maul voll Brod und memmelt. „Kaə~n Zand zə'n Beiss'n hàst nit meə' und 's *Memeln* tuət gaə' wê“; Seidl, Flinſ. (1844) 132. Firmenich I, 481,139. ‵memmen, (Koburg) ſaugen, an der Mutterbruſt trinken. Cf. lat. mammare, ſpan. portug. mamar; Diez, Wbch. 214. vrgl. Zeitſchr. II, 242.′ Wer ſeinen Unmuth nicht laut auslaſſen darf, macht ſich mindeſtens durch Memmeln Luft. (Vrgl. gl. i. 985: leffsmammalon, balbutire. Ob hiemit das ahd. Subſt. ntr. memmedi, mammendi, mammonti, mammunti, gl. i. 343 ꝛc. M.m. 20, Otfr. ꝛc., placor, blandimentum, nebſt dem Adj. mammonter, iu, az, blandus, lentus, mollis, dem Adv. mammunto, molliter, und vielleicht ſelbſt das hchd. Memme zuſammenhangen könne? „Diriget mansuetos in judicio die memmiginten“, (St. Gallen: die mamenden); Cgm. 17, f. 39^{b}, Pſ. 24,12. „Mansueti die memmentigen haereditabunt terram“; ibid. f. 57^{b}, Pſ. 36,16. „Propter mansuetudinem memminticheit“; ibid. f. 70^{b}, Pſ. 44,8. Graff II, 728 f. Wackernagel's Wbch.: mammentſam, blandus. BM. II, 30). ſ. auch mummeln, müemeln, mümfen, memßeln.

„Meimel, ein Laſter“, ſagt Wackius 1713, indem er das Wort vom hebräiſchen mum, (sceleratissimus) ableitet. „Meumel“ kommt auch im Öſterreichiſchen als Laſter und als laſterhafter Menſch vor. Etwa ἄῤῥητα καὶ ἀπόῤῥητα, wovon man nur müemeln mag; ſ. Muemel u. Gramm. 386. Scherz hat: „mum, fraus, malitia.“

‵Die Mumme, Larve, Maſke; verlarvte Perſon; der Mummel, Mummelmann, Schreckgeſtalt, Popanz. Grimm, Mythol.^{2} p. 473. Weigand, Wbch. II, 209.′ „(Alius error) vetularurum quod quidam insipientes muma quaedam frequentare domos et vasa quae discoperta vel aperta inveniunt postquam inde comederint vel biberint denuo replere, si autem cooperta seu obstructa invenerint, inde offendi, et ex hoc imminere infortunium domus“; Nicol. de Dunkelsb., de X praecept. (P. lat. 2⁰ 507), f. 30^{a}.

mummmen, mummeln, vermummen, wie hchd. Weigand, Wbch. II, 209. 210. Der Mummer, die Mummerey, Mummeley; daſ. „Mummſchanz ſchlagen, personatum aleatorios nummos ponere, iis positis lacessere collusorem“; Voc. v. 1618. „Auf dem mumplatz mus ich mich palgen oft geht mein geltlich als an galgen eh mir ein ſchanz geratet“, ſagt der Landsknecht; H. Sachs 1560: II, IV, 2. „Gibe auch achtung das der wind von dem mumblatz (Abtritt? im Lager) dein lagerſtatt nit vil berüre, dann der hurenwaybel ain ungehobelter Aeolus iſt“; Dr. Minderer, medicina militaris (1620) p. 29. Birlinger 340. „Er ſie mit fewſten plewen war dergleichen ſie jn widerumb mit großem gſchrey und mummerdumb“; daſ. V, 380 (1612: V, III, 88).

mummeln, mummezen, die Lippen oft und leiſe bewegen, leiſe ſprechen, ‵murmeln; Birlinger 339. Weigand, Wbch. 209. Zeitſchr. II, 464. III, 473. V, 156 (ohne Zähne kauen); VI, 357.′ Die Mummel, altes zahnloses Gesicht, Mund, Maul. Zeitschr. V, 332.′ Der Mummeler, (schwäb.) der Stier, (vielleicht wiederkauendes oder Rindvieh überhaupt). Der Mummelochs, (rheinpfälz.) Zuchtstier. ′Vrgl. mummen, mummeln, ä. Sp., brummen, und die Namen Brüller, Brüllochs, Brummochs, Hummel ꝛc. Zeitschr. IV, 309.′ s. memmeln und müemeln.

Die Muem (b. W., Passau: Maəm; s. Gramm. 374), wie hchd. Muhme, der Mutter Schwester; (ahd. muoma, muama, mhd. muome; Graff III, 728. BM. II, 240. Weigand, Wbch. II, 207. Zeitschr. VI, 113. 355. 487. Cf. niederd. Möome, Moime, Meume, Memme ꝛc., Mutter; dagegen Möon, Muhme; Firmenich I). Dieses Wort ist indessen beym gemeinen Volke nicht überall, und mehr
576 hie und da in den höhern bürgerlichen und vornehmen Klassen auf wienerische Weise als Frau *Mám* zu Hause. Zeitschr. VI, 113. 252,II. „Da sag nur keiner, es sey sein Bäffel, sein Schwägerinn, sein Maim, sein nechste Befreunde, (mit der er „Kundschaft“ habe). Eben da entsteht oft manche Brunst, so sich in Ewigkeit nicht mehr löschen laßt“; Selhamer. „Ewr Haußfrawen, Töchtern und Maimen“; Thurnier-Ausschreiben von 1483. Geiler von Kaisersberg sagt unterscheidend: „Maria und Elisabeth seind zweyer schwester töchter gewesen und geschwisterkind miteinander und Mumen und nit Basen.“ „Zwischen des Techant zu Bischoffdorf und seiner Mümen der Elspeten; Cgm. 3941, f. 235[a], weiter oben, fol. 238[b] ′(sic)′ heißt dieselbe: „seiner swester tochter Elspet.“ „Und ir mueme Diemuede“; MB. VI, 414, ad 1324. muama, matertera, gl. a. 92; muomunsuni, consobrini, i. 103. Der Muemling, Mümling, Mumbling, (ä. Sp.) der oder die Verwandte von mütterlicher Seite. „Die Mumbling sollen dem der aigen ist, (und für den sie als Zeugen aufzutreten haben) von der muter so nahet gesippt sein, das sy zu einander nit geheyraten mögen“; Ref. L.R. Tit. 28, Art. 2. Heumann, opusc. p. 111. Man findet diese Stelle des Ludwigischen Rechtbuchs (Ms. 4⁰. p. 54) auch citiert in MB. IX, p. 240. XVIII, 325. Daß in Händeln, welche Leibeigene betrafen, gerade die Verwandtschaft von mütterlicher Seite vorzüglich beachtet wurde, paßte gut zu dem alten Rechtssatz: partus sequitur ventrem.

müemeln (meəməln), leise sprechen, mummeln; sieh oben memmeln und mummeln. Hieher scheint mir auch zu ziehen: zuemüemen Einem etwas, (Inn-Salz.) es ihm (halblaut) zumuthen. „Der Joseph hat mir (sagt Potiphars Frau) recht was schiechs „zugmeamt“; Höschl, Genes. c. 39,14. Hübner (Salzb. Land. S. 973) gibt „miema“, was er nach Gramm. 275. 390. 632 in „mirmen“ verhochdeutscht, durch: zueignen. vermümbelen, (Aschaff.) beschönigen.

Das Müemelein (Mèəməl), U.L. a) das Wiesel, mustela vulgaris. „Dafs ′s (das Vogelnest) kaə˜ *Meáməl* (Wiesel) də′glengt und ′əm Màdə′ z·hoh hengt“; Kaltenbrunner 83. b) die Unke, Kröte, (vielleicht in soferne man nach einem alten Aberglauben nicht gerne laut von diesen Thieren spricht. Grimm, Mythol.[2] p. 650). „Eine Art Krotten die man Reling oder Möhmlein nennt“; Simplicissimus von 1669, p. 408. Ist dieses Müemelein, Müemel Diminutiv von Muome? (cf. ital. donnola = Wiesel. Diez, Wbch. 399). Vrgl. Zeitschr. III, 501 und das vorige Wort und „Meimel.“

′Membran, lat. membrana, die zum Schreiben bereitete Haut, Pergamen. Diefenbach 355[b]′ „Dô ich die stæt verrigelt ir mit solchen bünden, do gab ich ir versigelt ein membran (Memorial?); wil sie sich an mir sünden, daran so mocht sie schrêben swaz sie wolde“; Labr. 204.

---

mümfeln, (wenn so die Aussprache mi˜f·ln zu deuten ist): 1) was memmeln. Das Mi˜fə-l, Mei˜fə-l,

verdrüßliches Maul, verzwicktes Gesicht. 2) (o.pf.) vermuthen, der Meinung seyn, (heimlich zu sich selbst sprechen?). I hà′ *g·mi˜f·lt*, . . . Die Mi˜fling, die Vermuthung. Vrgl. müemeln, memßeln und besonders mündeln.

Mümpelgard, Mömpelgard, Mons Belligardi, Mont-Belliard. „Mons Belligardi vulgariter Bumpelgarten“; Chiem. episc. 11, f. 111[b].

Der Mampf, (Nürnb., Hsl.) dicke Suppe, worin wenig Brühe ist; (vrgl. Pampf). mampfen, (ibid.) mit vollen Backen essen; s. das folgende Wort.

mumpfen, mumpfeln, was memmeln, mummeln. Birlinger 340. Weigand, Wbch. 210. Zeitschr. II, 192,45: mit vollem Munde essen; das. III, 435. 472. 473. V, 259. VI, 357. „Am Kau-Taback mumpfeln und sutzeln.“ Die Mumpfel, (Nürnb., Hsl.) das Maul. ′Vrgl. Mummel und Zeitschr. V, 259.′ Einen mumpfeln, ihm das Maul zerschlagen. Im Isl. ist mumpa intra buccas recipere.

memseln, was memmeln, memmezen. Das 577
Memselein, (Augsb.) verdrüßliches Maul. ə˜ *Memsəlé* machen.

Man, in der ältesten, auf eine Person überhaupt, sowohl männliche als weibliche („Nemermer enghevalt mi dat dat ic man (Accus.) door cleinen scat sterven doe“; Caerl und Elegast 215. „Gif hwilc carlman hæmde wid wimman“, wife man; Saxon. chron. ad 1087, Ingram p. 295; (vrgl. unter spiln). „Carlmen and wimmen“, ibid. ad 1137, p. 366. „Micel ungerime folces wæpmen and wimmen forburnen“; ibid. ad 1123, p. 348) und sowohl erwachsene als unerwachsene, gehenden Bedeutung (wofür später Mensch, w. m. s., üblich geworden) hat sich sogar mit der Schreibweise der a. Sp. man (gen., dat. mannes, manne) noch erhalten in dem impersonalen man (altfr. homme, neu: on; portug. homem, Sá de Miranda II, 220. 225. 231. 245. 253. Diez, Wbch. 363. Vrgl. auch nhd. jederman, jemand und niemand aus mhd. ie der man, ie man, nie man; BM. II, 31[b],8, a. 40. 41. nd = nn; s. unten), welches gewöhnlich ganz tonlos wie mə˜ (mhd. men, auch me: Clm. 9513, Vers 92. 124. 203. 248. 249, neben man: 256. BM. II, 31[b]. Grimm III, 8. Zeitschr. II, 115. 402,16. IV, 270,29. V, 517,I,13. VI, 114,13) lautet, was aber, als mə′ aufgefaßt, da, wo der Sinn mehr Betonung verlangt, gern in miər, mir, übergespielt wird; vrgl. Gramm. S. 123. Zeitschr. V, 404,175. VI, 114,13. *Mə˜* sagt. Sagt *mə˜*-r- éppəs, só büəsst *mə˜*-r- ei˜. *Miər* kà˜ scho˜, bàl′ *mə˜* nà˜ wịl. Dieser unpersönliche Gebrauch des man kommt schon in der ahd. Sp. wie im Agf. vor, und scheint sich zunächst an die alte collective Verwendung des Wortes (z. B. „fehes inti mannes“, pecorum atque hominum; „thie lagun fol al mannes sieches inti hammes“, quae repletae erant hominibus aegrotis et mancis; finf thusunton mannes“, quinque millibus hominum, bey Otfr.; vrgl. unten manig) anzuschließen. Doch findet man zu diesem man auch den Plural des Verbum finitum: „man sagetun, man uuestin“ ꝛc. bey Otfrid. Graff II, 732 ff.

Der Mann lautet in der zählenden Bedeutung: Soldat, Arbeiter ꝛc. Man, sonst aber A.B. Mà˜, o.pf. Maə˜, schwäb. Ma˜; der Plur. Männer lautet A.B. Mánnə′, Mennə′, Mendə′; in Gastein auch *Mannə˜leut: Feldmannə˜leut*, Wirthschaftsknechte, (Mesnil); ′fränkisch: das und plur. die Männerleut, (wie holl. manmensch, pl. manlui); Zeitschr. II, 217. III, 278,7.′ Neben diesem kommt aber, wie in der mhd. und ahd. Sp., („Hat dir nit getrampt von den mannen in der nacht in dem schlaff vnd widerfart dir nichtz darvon?“ soll der Beichtvater

Jungfrauen fragen; Raitenb. 192, f. 1. „X sundersiech mannen"; Clm. 9728, f. 190), auch der nach der zweyten Declinationsart gebildete Plur. Mannen (Mannə~) vor, der in einem gewissen edlern Sinne genommen wird. Lósts, gêts, gelts ꝛc. *Mannə~*, sagt wol der Redner einer ländlichen Gemeinde-Versammlung zu seinen Pairs. Wenn Soldaten, Arbeiter u. drgl. gezählt werden, ist der alte Plur. Man üblich. Hund (St.B. I, 127) sagt noch· „Sie hct drey Mann", (Ehemänner). Der in der mhd. und ahd. Sp. allein gültige Plural man sowohl, als der neuere Männer (Voc. v. 1429: manner) haben mehr das Ansehn von Neutris. Vielleicht war man in einigen Bedeutungen wirklich ein Neutrum, wie sich auch zu unserm Götter in der ahd. Sp. ein in der Bedeutung eines Götzen neutrisches abgot, goth. gud, findet. Wenigstens besteht im Isl. neben dem Masc. mannr (madr), homo, ein neutrisches man mit den Bedeutungen servus, serva und virgo, von welchen beyden Formen sogar ein Compositum mans-mannr (madr), leibeigener Mensch, vorkommt. Auch das ags. man, mulier, und das Compos. vifman, wovon das engl. woman, wird wol ein Neutrum gewesen seyn. Grimm,
578 Mythol.[2] 408. Nach dem Isl. scheinen die Formen man und mann streng getrennt. Indessen zeigt die ahd. Sp., wie sie in Compositis ala mit al (d. h. all; s. Grimm II, 627. 650) vermischt, in gleichem Falle auch mana neben man (d. h. mann). Wenn also das alte manahoubit (mancipium), seinem ersten Theile nach, dem isl. Neutr. man entspricht, so wird auch daz merimanni (M.m. 165), sonst meri-menni, meri-minni, Meer-Fräulein, waltminne, lamia (gl. i. 809), dahin bezogen werden dürfen. Grimm, Mythol.[2] p. 404. BM. II, 186. Auch die gothischen Formen man, mans scheinen keine bloßen Contractionen aus den neben ihnen geltenden Formen mann·, und selbst hier kommt sowohl mana- als mana-sêds vor; Luc. 5.7 steht gamanam, *μετόχοις;* ags. ist gemana consortium. s. unten manig. Zum dritten Plural Mannen endlich fände sich nur im Goth. ein entsprechendes mannans, wozu sich das obige ä. man wol nicht als Contraction verhält. Abweichend von diesem einfachen Plur. man finden sich gl. o. 120 die Plurale Alamanna, (wozu im Prolog des longobard. Edict. Rothar., dann bey Ried 33 der Singular Alaman als Nom. propr. vorkommt), Nortmanna (M.m. 49 jedoch nortman), Alemanni, Normanni.

Diminutiv: das Männlein (Mánnl, Mándl, Männlə, Männlé; Zeitschr. VI, 132,26); Doppeldimin. das Männelein (Mánnə-l, Mándə-l, Männəle, Männəlé, Mánnál), wie hchd. Männchen, Gegensatz von Weiblein, bey Thieren; anspielungsweise: der Haken eines Häftleins im Gegensatz des ihn aufnehmenden Ringes (Müetterleins). ə~ Müədəl han I scho~, ə~ *Mánnl* gêt mər à'. Zeitschr. II, 514. Eigenname von weit sichtbaren Bergkuppen, z. B. das Ettaler *Mánnl*, das *Mánnl* bey Lofer, (Hübn. 652). Vrgl. unten Mendilberch. R.A. wiə 's *Mánnl vo~ Krems* (vrgl. oben, Sp. 1368: krémässig), wiə 's *Mánnl vo~ Sterz;* dâ stên wiə 's *Mändl bei 'n Schdea'z*, Castelli, Ged. (1828) p. 74. Eə' gêt dəvo~, wiə 's Sprichwuə't sagt, wiə 's *Mändl* gêt *vo~ 'n Steə'z"*, (betrübt); das. p. 158. (Etwa gar das Männlein im Wappen von Sterzing — an der Krücke — gemeint? Dafür kann leider seit September 1847 der Schreiber dieses gelten.) ə~ *Mánnl·* machə~, sich aufrecht setzen oder stellen, wie ein Mensch, Mann, wird von Hasen, Kaninchen, Hunden ꝛc. gesagt. Zeitschr. I, 299,3,2. Daher wol das *Mánnl*, *Mándel*, mehrere (10 bis 15) Getreidgarben, die auf dem Felde aufrecht zusammengestellt, und an dem obern Ende mit einer umgekehrten Garbe, wie mit einem Hute, bedeckt werden. Zeitschr. VI, 152. Das Getreid muß man in *Mándeln* stellen, oder *aufmándeln*, um es besser gegen den Regen zu schützen, bis man es in die Scheuer heimführen kann. (Cf. Notk. 128,7: mandare, messor). sich aufmánnln, sich erheben, (gegen, wider jemand). Es steigt im, ir das *Mánnl·*, wird im, ir das *Mánnl* steigend, er, sie wird zornig; (etwa vielmehr zu Man, Mähne? oder zu Mân, luna? s. mánisch). Bist mänlä, Buə! sagt die Baurin zum Jungen, der statt der gebotnen Sechser gleich Sibner begehrt; Lindermayr 123. „Tue nä rund *mänle-r-*in d· Erd anhi stampfen"; das. 131. 'Vrgl. unten: mánisch, menig.' Der Männlein-Calender, Mánnl-Calender, blos aus Bildern der Heiligen bestehend, ehmals bey dem des Lesens unkundigen Landvolke üblich. Es waren in diesen, nun selten gewordenen, Versuchen moderner Hieroglyphik die Tage jedes vorzüglichern Heiligen durch die Abbildung desselben, die, an welchen es z. B. gut Haarschneiden seyn sollte, durch eine Scheere, die, für welche man Wind oder Kälte prophezeyen wollte, durch ein paar Bausbacken oder Handschuhe u. s. f. bezeichnet. ''s Mändláláf·n, Männleinlaufen, (Nürnb.); s. Zeitschr. VI, 418,4.'

Der Mann (im Gegensatz des Herrn oder Lehen-Herrn), der Lehenträger, Lehenhold; (im Gegensatz des 579
Schutz- oder Vogtherrn) der Schützling: Mundmann, Vogtmann. „Unsern gesammten Vasallen, Mannen und Lehenleuten"; Wirzb. Verord. noch von 1765. „Wie sich der Mann für seinen Herren soll pfenden lassen"; L.R. Ms. v. 1453. Das Mann-Recht, 1) (wer sich in unserm Gebiet niederlassen will) „soll seine Mannrecht auflegen, darauf uns die Erbhuldigung thun"; o.pf. LR. v. 1657, vermuthlich die Lehenfähigkeit, d. h. die freye Geburt, oder die Freyheit von jedem Verbande, welcher verhindert, ein Lehen zu empfangen. 2) Lehengericht. Die Mannschaft, a) die Verpflichtung des Lehen-Empfängers gegen den Lehens-Herrn, Lehenpflichtigkeit, homagium, franz. hommage; (BM. II, 32. Diez, Wbch. 363). „Homogium dicitur manschaft"; Ben. 293, f. 65ᵇ. „Homagium, huldunge oder manschafft"; Voc. von 1419 und 1477. Diefenbach 279ᵇ. „Er gehört mit der Mannschaft hinter mich", ist mein Lehenholde; (Häslein). Kr. Lhdl. XI, 99. 100. XV, 122. b) der Lehenhold, der auf einem einzelnen Lehengute sitzet, mit seiner Familie. „Ein kleines aus 17 Mannschaften bestehendes Dorf"; Welsch's Reichertshofen p. 19. 22. 24. 25. „Thüsbronn hat 44 Feuerstellen, 35 Scheunen, 41 Mannschaften, darunter dermalen zwey Witwen, welche Hufen vorstehen"; Koppelt, Ansp. u. Bayr. „Die Anrichtung neuer Schenk-, Back-, Schmid- und Präustätte, dann andrer großer Feuerrechte soll von den Ämtern nicht erlaubt, sondern zum hochfürstl. Hofrath einberichtet werden. Hingegen was die neue Mannschafts-Errichtung an und vor sich betrifft, soll die Concession blos von der fürstlichen Hofcammer dependieren"; Ansp. Verordd. v. 1710. 1767. mannen, anmannen Einen, (Nürnb., Hsl.) ihn als Lehensunterthanen in Pflicht nehmen. sich mannen, sich zum Mann (Lehenträger oder Clienten) eines andern machen; MB. XXV, 371. „Item wer sich mannet oder vogtet von meinem Herrn hinter frömde Herrschaft, der ist verfallen vmb leib und gut und ist treuprüchig"; MB. II, 329, ad 1440. Kr. Lhdl. V, 330. 339. vermannen 1) was mannen; 2) das Gegentheil. Ein vermanntes (dem Lehenträger entzogenes, dem Lehen-Herrn heimgefallenes) Gut. MB. XII, 256. 257. „Wo aber das überfarn, so ist das lechen vermant"; Cgm. 3948, f. 9 (v. 1506).

Sehr, und mehr als im Hochd., gewöhnlich ist Mann in der Zusammensetzung. Auf den Dörfern heißen die Besitzer von Taglöhnerhäuschen und kleinern Selden, mit einem auf diesen Häusern forterbenden Beysatz, gewöhnlich nur der Mann: der Röthenmann, Geschlößleinmann, Sêmann, Bachmann ꝛc., wo Mann, wie oben dem Lehens-Herrn, dem Bauern (Besitzer eines Hofes) gegenüber steht. Kleinhändler, besonders hausierende, heißen gewöhnlich ebenfalls nur Mann. Der Hefen-Mann (Hausierer mit Töpferwaaren), Hennenmann (Geflügelhändler), Hadermann (Lumpensammler), Hudelmann (L.R. v. 1616, f. 684), Rœrenmann (Hausierer mit Eisenblechwaaren), Werchmann

580 (Auffäufer von Werch in flachsreichen Gegenden). In diese hausierende Klasse gehört auch der altbayrische Amtmann (Gerichtsbote, Gerichtsdiener). Der Mann κατ' ἐξοχήν ist in der O.Pf. der Schinder, Wasenmeister; vermuthlich euphemistisch, falls nicht der ältere Freymann (s. oben, Sp. 816, unter freij) zu Grunde liegt. „Ir sents ein maniggeyn vom Reyn", (= mannekin?); Ring 52^{b},3. Der Außmann, (ä. Sp.) der Fremde, nicht Einheimische; (Gem. Reg. Chr. II, 298). BM. II, 47. Der Baumann, Oberknecht; ä. Sp., Bauer überhaupt; s. Sp. 186 unter bauen. Der blâu Mann vollzog ehmals in den niedern Schulen die Züchtigungen der Schüler. Der bluədé Mà˜, der blutige Mann, (aus einem Märlein erklärt); Rank, Böhmerwald, S. 149. Der Flêischmann, plur. Fleischleute, ä. Sp. (MB. XXIV, 236) Fleischer; s. Flaisch. Der Huetmann, (ibid.) Hirt; BM. II, 40. Der Innmann, 1) der Eingeborne, 2) der Miethwohner; BM. II, 42. Der Obmann, Vorsteher einer Gemeinde oder Zunft; BM. II, 45. Der Ober und Unter in den deutschen Spiel-Karten heißt im Voc. v. 1618 vollständiger noch Obermann („Obermändel"), Untermann („Undermändl"). Der Übermann, (a. Sp.) der unter gewählten Schiedsleuten, auf die man compromittierte, als mediator seu arbitrator supremus bezeichnete. Ried 629, ad 1288; 742, ad 1304. s. Überleute. Nach dieser Analogie, besonders in der Kindersprache, die allegorischen Personnagen: der Bettelmann, (b. W. und nach dortiger Aussprache mit Beutelmann von beuteln equivok), das Fieber; der Blâttermann, die Kindspocken; der Pechmann, der (die Augen zupichende) Schlaf. Der Mà˜, das Mánl als Gebäcke, s. unter Mân. R.A. ə˜n Mà˜ hàbm, einen totalen Rausch; Seidl, Flins. III, 52; s. unter der Mân. Mann oder ein Mann bey der Stadt (oder Statt?) seyn, ein stattlicher, angesehener Mann seyn. 'Manns sein, Manns genug sein, einer Sache, Aufgabe gewachsen sein; (auch niederd. u. holl.; Stürenburg, ostfries. Wbch. 146).' Firmenich I, 4,26: Es hi ek *mans*, ist er nicht stark, kräftig, männlich, tüchtig. Einem zevil Manns werden. „Die Heiden wurden den Juden zu vil Manns." „Sidonius Appollinaris hat sich understanden die Thaten des Konig Atzels zu beschreiben, aber es wollt jm zu vil mannes seyn, mußt darvon lassen"; Av. Chr. 199. 282. Vrgl. unten mánisch (männisch) und mänig, menig.

Mangraben, „id in vineis quod mansmat in pratis"; Scherz. Streit wegen eines Weingartens zu Obermais (Tirol), 6 Mangraben enthaltend, geschlichtet an Meran 1446; Urkunde, (Dr. K. Roth). So und so viel Mangraben Weingarten; Raitenbucher Erbrechtsbrief über ein Gut ze Obern Lönen (bey Meran); Raitenb. 44, Deckel.

manschlachtig, adj., (O.Pf.) mannsüchtig, in die Männer verliebt. manschlächtig, adj., eines Todschlages, Menschenmordes schuldig. „David ist manschlechtig worden an Uria"; Dr. Eck, 1542. „Von der Haab ains manschlechtigen", Ref. Ld.Rcht. f. 147; vom alten manslaht, homicidium (Graff VI, 777. BM. II, II, 389), wo Man noch in der Bedeutung Mensch überhaupt genommen ist. Das Manstuedel (Mà˜stuədl, Reichenhall. und Traunstein. Salinen-Waldungen), ein Holzmaß, welches 2 Klafter oder 4 Rahen ausmacht; Lori, L.R. 135. 287. 643. Ein Schilling Manstüedel, 30 M. oder 60 Klafter. Ein Pfund Manstüedel, 240 M. oder 480 Klafter. Mondstidl, (Pseud.-Zir.) 30 Reichenhaller Klafter. „Septem ulnas sibin manstuodile vel sibin elin"; gl. Schletst. in Haupt's Zeitschr. V, 326. „Zwayhundert lb. Manstuetl dreyschuehiger Leng von jedem Manstuetl 3 dl. stockrecht"; Mühldorfer Receß von 1555. „14 ß. (Schilling) Manstuedl Holz maißen und hacken . ." „2 lb. Mannstiedl"; Urk. v. 1464 und 1482. Vrgl. ahd. stuodal, mhd. stuodel, studel; Graff VI, 654. BM. II, II, 707. Die Manzal, ä. Sp., Musterungsbestand an Mannen; s. Th. IV: die Zal. Der Manzaler, Gemeindegenosse, Mitgemeiner? „Und ist daz die sache einen muntater antriffet und einen auz der stat, so sol man darzu nemen auz der selben muntat einen aus den vier amptleuten oder einen manzaler, die sullent in den frid gebieten"; Bamberger Stadtb. (sec. XIV.), f. 11, Aufläufe in der Stadt betreffend.

Der Männler, „Mändlär", ä. Sp., paedico. „Zeicht er jm aber, daz er ein mændlær sei, und hat 581
das nieman gesehen, denn er ain, daz mag er wol mit einem khamph auf den bewæren der es getan hat"; Rechtbuch v. 1332.

mannət, adj., (dem Adject. weibət entgegengesetzt) männlichen Geschlechts. Zeitschr. III, 106. 467. ə˜ *mannəts* Leut, ə˜ *mannətə* Mensch, auch blos: ə˜ *mannəts*, eine männliche Person. Dé *mannətn* Leud sán' ei˜ də' Kirchə˜ auf də' rèchtn, und die weibətn auf də' denkng Seitn. *Mannəts* und Weibəts bad·t durchənandə.

mánisch, (Ilm) ansehnlich, groß (von Personen und Sachen). Zeitschr. III, 467. Aə˜ Glockng is vịl *mánischə* wàs dé andə'. Vrgl. manig und oben: Manns.

männiglich, allermänniglich (Nom., Dat., Acc.), männiglichs (Genit.), Canzley-Sp., jederman; (niederd. manlik, mallik, malk, jeder; malkander, auch holl., alle einander; Zeitschr. II, 267,86. 552,27. III, 557,75. IV, 428,27). Graff II, 750. BM. I, 972^{b}. Weigand, Wbch. II, 100. „Non omnis mundus tristatur si dolet unus, ains laid ist nit mencklichs laid"; Clm. 4408, f. 152. „Für allermancliches ansprach"; MB. VI, 586. „Daz allermaniclich Recht beschehen soll"; Wstr. Btr. VI, 119. Die Form ist noch ein sehr verdunkeltes Überbleibsel des in der ahd. Sp. ganz klaren manno gilîh, allero manno gilîh oder lîh oder giuuelîh, wörtlich: hominum, omnium hominum quisque, wie man dieselbe Formel auch mit dem genit. plur. von andern Subst. findet, z. B. dingo lîh, ferono lîh, lido lîh, rosso lîh, rerum, laterum, membrorum, equorum qui-, quae-, quod-vis. Vrgl. oben, Sp. 1426. boumolîh, Graff III, 123. „Ez (das Kind) enlie sich niht betrâgen, ez'n wolde dingelîches (cujuscumque rei) vrâgen, diu guot ze wizzene sint"; Gregor v. d. St. 998. „Welt ir fürchten helmeglîch (jeden Halm), sô kumt nimer ûf dehein strô"; S. Helbling IX, 88. „Machet sie (die Lieder) kurze unde ringe unde daz sie kindeglîch wol gelernen müge"; Br. Berhtolt 308, Pfeiffer 406,3. „Aller nechtecleich lasen vunf phaffen irn salter". . . „aller sanztægelich hetten mandate mit dreizehen durftigen und wuschen in ir füeze"; Regel des Spitals zu Jerusalem, Clm. 4620, f. 85. „Sich bezzerte vaste ir dinc aller tægleich"; Kindh. Jesu, Hahn 94,25 „Des montags nach S. Peters tach so aller wrmichleiche (jegliche Schlange) ze wazzer gat", (1286); Gem. Reg. Chron. I, 423.

ie-mand (eəmə˜d, eəmt, eəməds) wie hchd. jemand, wo sich wie im Dialekt das nd für nn festgesetzt hat; (vrgl. oben Mándl für Männlein und selbst das isl. madr statt mannr). In der ahd. Sp. behält das dem io, ia folgende man seine reine Flexion: io man, io mannes, io manne, io mannan, womit unser jemanden zufällig wieder zusammentrifft. Eben so verhält es sich mit dem verneinenden n·ie-mand, (ahd. nioman). s. oben, Sp. 9, unter ie und vrgl. Graff II, 747. BM. II, 40 f. Weigand, Wbch. I, 546. 'Jemands, niemands, ä. Sp., jemand, niemand, (BM. II, 40^{b}. 41^{b}); nürnb. némmədś, Grübel (1857) I, 35,3. 57. 156,3. Weikert 136,4. s. oben, Sp. 9 und Zeitschr. I, 259. III, 425,20. IV, 270,45. 285,156. 408,19. V, 36,70. 37,103. 98,22. 138,28. 369. VI, 94. 287,725. 503.' Vrgl. niederd. *jüms, ems*, jemand, *nemes*, niemand, Dat. *nemese;* Dönekenbook 7. 39. 40. 284.

manig, mang, manich, manch, schwäb. menig, meng. a) wie hchd. manch, (goth. managś, ahd. manag,

maneg, mhd. manec, manc, manch, menec, menc, multus; Graff II, 756. BM. II, 58. Weigand, Wbch. II, 95. Zeitschr. II, 421,51). „Manig man kumpt da manig man ist, manig man wayst nit wer manig man ist, west manig man wer manig man wær, so tæt manig man manigen man zucht und êr"; Thierb. 77, folt. ult. manig, manch, meng ainer, e, es, oder unbetont: m . . . ə˜, auch ə˜ maniger, manger, menger, manicher. ə˜ manichs, mangs, mengs Mâl, manchmal. Comparativisch steht im Renner 18838: „Pfennik hat mangern dienstman denn fünf oder fehser ie gewan", und in Amberg. Akten v. 1365: „An ainem Stuck oder an mengern", wornach wol auch MB. II, 470: „Zu einen oder zu meingen iaren" berichtigt werden muß. BM. II, 59,5. Sonst hört man im b. W. wie in Schwaben einfacher den Comparativ mener, mehr, welcher eher aus mê, me˜, als aus menger entstellt scheint; oder sollte es noch unmittelbar zum alten mana- gehören? Zeitschr. V, 268,3,3. Vrgl. auch mögen, Anmerkung. b) die Form menig wird im b. O.L. gerne, wie mächtig, andern Adjectiven zur Verstärkung angehängt: vil-*meni*', grous-*meni*', lang-*meni*' ꝛc. Vrgl. mänisch. Die Mengé, wie hchd.; (goth. managei, ahd. managî, menigî, mhd. menige, menege; Graff II, 765. BM. II, 59 f. Weigand, Wbch. II, 143). In der ä. Sp. kommt die Menige, Menig speciell für Gemeinde vor. „Und ist dis gesamnet mit der Mengi (Gemeinde) an Sant Johans tag in den wiennechten 1331"; Lucerner Rathsbuch, Gesch. Fr. III, 76; cf. 73. 74. „Gemaine Dorfmenig zu N."; die Kirchmenig, („vor der Kirchenmenie", Br. Berht. 62, Pfeiffer 267,17. BM. II, 60); die Pfarrmenig. 'de' Meni, adv. Genit., in Menge, in Fülle; vrgl. Zeitschr. II, 283,92.' „I zauberət á' schöné Sachə˜ *də' Meni*"; Castelli, Ged. (1828) p. 86. „Dà muəs 's *də' Meni* Fédə'n gébm"; das. 95. „Augngə˜ *də Meni*"; das. 114. „Wann mə˜ so Traubm au'm Stock siəhht *də' Meni*"; das. 116. „Es stengən in Hof *də' Meni* Leut"; das. 156. „*də' Meni* so Sachnə˜"; das. 178. Kartsch II, 1. 5. 126.
582 144: *dameni*. manigfach, manigfältig, (ahd. manacfalt, mhd. manecvalt; Graff II, 761. BM. II, 232. Weigand, Wbch. II, 100), hchd. mannichfach, mannichfaltig (mit doppeltem n, was nach dem Princip der neuern Sp., die alte Kürze der Vocale durch Verdoppelung des ihnen folgenden Consonanten zu wahren, ganz richtig ist). Die Manigfalt (sc. Ach), jetzt gewöhnlich „Mangfald, Mangfall", Ausfluß des Tegernsees, der bey Rosenheim in den Inn fällt. Im 11. u. 12. Jahrhundert heißt sie Manachvalta, Manicvalt, Manchvalt (Meichelb. Hist. Fris. I, II, 525. MB. X, 242. Urbar von Tegernsee), vermuthlich als eine Vereinignng von verschiednen Moorwassern und Bächen, die zum Theil größer sind als jener See-Ausfluß. Ähnlich ist die Namenbildung der schwäbischen Zuifalt-aha, woran das Kloster Zwifalten liegt; (Brusch, Monast. germ. Chron. p. 660). „Schloß zu Altenpurg an der Mangfalt" (1504); Cbm. 1933, f. 216. Nach Hund, St.B. I, 150. 274. 329 schreibt: die Mangfalt. (Cf. Zusam, Dreisam = Zwei-sam, Dreisam? Reiffenberg, souvenirs II, 285. „Nur der Höllenbach behält im Volksmunde den wälschen Namen Trisanna bis zu seiner Quelle; etymologischer Witz leitete freilich den Namen Dreisam von der Vereinigung der drei Bäche bei Zarten, Tarodunum, ab"; Mone (?), Beilage z. Allgem. Ztg. 1851, S. 3946. Förstemann II, 431). Das Manigfalt, echinus, ein Theil des Bugs im Wanst der wiederkäuenden Thiere; (Kirschius). „Echinus, Manigfalt, Mangfalt"; H. Junii Nomencl. (Augsb. 1629) p. 48 (unter den Speisen, zwischen „Synciput hab eingemachter seukopf" und „Lardum rancidum"). Diefenbach 194b: echinum. Anmerk. Dem in allen german. Dialekten bestehenden, schon gothischen manag-s (wozu sich das isl. marg-r wol blos als Entstellung verhält) entspricht in der ahd. Sp. ein ebenfalls auf man· weisendes manaheitiger (gl. i. 278: multus, i. 337: liberalis) vom Subst. manaheit, liberalitas, largitas, humanitas (zu schließen aus den gl. a. 114. 222. 278: manaheiti, Gabe; „kas in manaheiti, concilias"; unmanaheitic, unmanalômi, inmanis. cf. isl. marg-r sowohl multus, als affabilis). Graff II, 752. Es ist also ein Zusammenhang mit man, dieses möge nun mit mann· identisch seyn oder nicht, sehr wahrscheinlich. Grimm, Gesch. d. d. Spr. 853. Ich möchte fast vermuthen, daß das alte man oder mann· ursprünglich collective Bedeutung gehabt habe. Vrgl. unter man die aus Otfr. citierten Stellen, dann die Artikel Volk, Leut (wovon leutlich, leutsälig, frequent); auch das goth. thiuda (gens; s. Diet) ist Matth. 5,46. 6,7. Joh. 12,20, und das altnord. thiod (Gothl. Lag. c. 18,1: ser thiauda, sex hominum) für einzelne Personen verwendet. s. auch Mensch.

„Manßlieb, eupatorium"; Clm. 16487, f. 98. 'Vrgl. Nemnich I, 1542: Schümpferblume und unten, Th. III: der Schimpfer, der Galan.'

„manezen." Etwas in der Ferne manezen (sich bewegen) sehen, ohne es genau unterscheiden zu können; (Baur). Vrgl. „Menen" (Maden), manzig und wamsezen.

Der Mân (Mà˜, o.pf., schwäb. Mau˜), dem, den Mân; (mhd. der mâne, des mânen; ahd. der mâno, des mânin; Graff II, 794. BM. II, 54. Weigand, Wbch. II, 189. Zeitschr. II, 421,41. III, 92. 223,1 407,114. 473. IV, 238,7. V, 144,46. 419,28. VI, 257,68. 286,694. 337): a) wie hchd. Mond; (agf. môna, isl. mâni, goth. mêna. „1106 wæron gesegen twegen monan ... oder be eastan cder be westan begen fulle"; Saxon. chron. „On an mone niht" (ibid. de anno 1131) übersetzt Gibson: luna splendente, Mondnacht; Ingram: on a Monday night. Es ist von einem Nordlicht die Rede, also wol das erste richtig. Auch im Arabischen ist der Mond ein Masculinum). Man, Voc. v. 1419; maun, Voc. v. 1429: luna. Mânin-sêo, ahd. Name des Mondsee's und seines Klosters; Ried 34. 170. „Jacob Abt czu Maunse"; Cgm. 3941, f. 2, ad 1414. Merkwürdig ist der im östl. Oberland nicht etwa blos emphatisch, sondern ganz gewöhnlich gebrauchte Ausdruck der Her Mân (Heə mà˜). Grimm, Mythol.[2] p. 666. Der Beysatz mag das alte hêr (clarus) seyn, wovon unser Herr (dominus) der Comparativ ist; (s. Herr und vrgl. oben, Sp. 1373, unter frank). Geßner in s. Mithridates p. 28 bemerkt: „Audio veteres Germanos Lunum quoque deum coluisse et appellasse Hermon id est dominum Lunum, quod forte parum animadvertentes aliqui ad Hermam i. e. Mercurium transtulerunt." Ta- 583
citus sagt nemlich von den Germanen: „Deorum maxime Mercurium colunt." Durch diese Form ist der Mond freylich auf eine unwidersprechliche Art als Masculinum hingestellt. Doch ist „di mâ" der Sette Communi, wie es scheint, mit der niedersächsischen Mâne ein Femininum. Die mon (nom.), der mon (genit.), bey Jac. Pflaum, Ulm. Calender, gedruckt 1486, (Incun. s. a⁰. 2⁰. 762). Auch holländ. (sec. XV.) die mane, der manen, Clm. 849, f. 155: der mânen boek. „De cracht der mane" von Heinric van Holland; Mone's Übersicht p. 337. Winerl führt in seinen Glossen Ms: „diu maninne und andir sterne" auf, und so steht M.m. 123: „iericho uuirdit giantfristit (interpretatur) manin", was aber schon der Form nach auf ein früheres Masculinum deutet. „Die maninne, lunam"; Cgm. 17, f. 16b, Ps. 8,4. „Diu mannin ioch der sunne"; Diemer, Ged. 89,25. „Si (die Himmelsburg) ne bedarf liehtes des sunnen noh der maninne"; Clm. 9513, Vers 100. Cf. Graff II, 795, BM. II, 55. Da das Wort für Mond im bayrischen so wie in mehrern Dialekten mit dem Wort für Mann so ganz gleichlautend ist, so hat vielleicht dieses Zusammentreffen auch zu der bekannten Sage vom Mann im Mond (də' Mà˜ i˜n Mà˜) Anlaß gegeben, der in Hebel's alemannischen Gedichten sogar einen Eigen-Namen hat: mə˜ het əm gsáit dər Diətərlé. Ist etwa hier der

Held aller altdeutschen Sagen, Dietrich von Bern, auf klassische Weise in den Himmel versetzt? Grimm, Mythol.² p. 680 f. „Der môn hât in im swarz flecken, und sprechent die laien, ez sitz ain man mit ainer dornpürd in dem mânen“; Konr. v. Megenberg, Cgm. 1116, f. 27ª, (Pfeiffer 65,22); am Rand: „Von den man der dorn uf dem rucke treid in dem monden.“ Von dem Einfluß des Mondes nach den 12 Himmelszeichen, von dem Einfluß des Monats auf den Gebornen, alte Namen der Monate (May, Nachmay, Augst, Nachaugst, erst Herbst, ander Herbst) s. Diess. 140 (sec. XIV.), f. 84—87; (interessant durch Sprache und Orthographie). „Luna (lunae) cremento tu carpe poma memento Et si decrescit, quod carpseris omne putrescit“; Ind. 349. f. 12. Der Neumond als Heilbringer s. Grimm, Mythol.² p. 676 f. „Quidam quum primo vident novam lunam ipsam venerantur immo adorant dicentes haec aut similia verba: Bis got wilkum newer mon holder her nach mir nims geltes mer“; Nicol. de Dinkelsb. de decalogo (P. lat. 2⁰ 507ª), f. 29ᵇ (praecept. prim.). Monac. Francisc. 299, f. 80. „Bis gal billchom ein newer man holder her mach mir meins gutz mer. et capta bursa monstrant ei pecuniam aut eam in bursa movent et vibrant“; Tract. de superstitionibus im Cod. Teg. 257, f. 31ᵇ. Ben. 207, f. 43ᵇ. „Bis got wilchom new man holder herre mach mir meins gutes mere“; Asp. 57, f. 179 (51). Clm. 11403, f. 223ª. „Wis got wilchomen newer man. holder herr. mach mir meines gutes mer“; Raitenb. 193, f. . . . „Weyse got wilchomen newer man holder her mach mir meins gutz mer“; And. 121, f. . . . „Bis got wilkomen neuer mon holder herre mach mir meines gütes mere“; Clm. 5400 (XV. sec.), f. 72ᵇ. Clm. 5437, f. 71. „Plures inveniuntur homines quando novilunium viderint adorant flexis genubus et deposito caputio vel pileo“; Poll. 583, f. 65. „Niwer man du bist ufgegangen und bist mit himel bevangen du bist wol gefoelet ich si wol gesegenot ich hab hail uzze und inne ich hab hail ze strazze under allen minen genozzen daz mir in disem schein niemen chein schade mög gesein des helf mir selb unser trohtein und diu wihe min frôwe S. Marie. Pater. Ave“; Clm. 4595 (XIV. sec.) f. 39. „Qui observat traditiones gentilium scilicet elementa colendo seu novam lunam duobus annis poeniteat“; Rot 112, f. 13ᵇ. „Nach der epiphanei sind neuer man drei darnach an dem dritten suntag ist der heilig ostertag“; Ald. 247, f. 32. „Nach der heiligen epiphaney scheinn ganczer man drey der nagst suntag darnach ist der heilig ostertag“; Ind. 355, ante fol. 1. Der Vollmân, Vollmond, (ahd. uolmâni, plenilunium, neben untermâni, interlunium, gl. a. 528. 663, wo eine Art Ableitung und wol das Neutrum statt hat; Graff II, 795. BM. II, 55). „Ander marh die osteren neheiniz habent nihwan daz uolemæne aprilis“; Cgm. 17, f. 3ª. Der 'Anlmà, (österr.) „das Gesicht im Vollmond“, der Vollmond: „der *Ähnl-Mon* scheint“; Kaltenbrunner 70. Cf. Hammer-Purgstall, Wiener Jahrb. 120. Bnd., S. 119: Monendl, Mond. b) ä. Sp., Monat, mensis: der mon, des, dem, den monen; Clm. 17188, f. 98. „Ingendes Manen Junio“; Hist. Fris. II, II, 106, ad 1283. „In dem Monn (manen?) der haizzet der Mertz“; MB. XI, p. 262. 263, ad 1225. 1277. „So sol in der apt vier manen in di sweren puzze setzen.“ „Einen Manen darnach“; MB. XXIV, 343, ad 1308. „Der Augst-Man, Augustus mensis“; Voc. v. 1419. c) der Mà˜ (Mann oder Mond?), (österr.) ein totaler Rausch; (vrgl. unter Mann). Castelli, Wbch. 196: „der *Mân*, ein sehr starker Rausch. Schau den ån, wås dea' fia-r-an *Mân* håd!“ „Ietzt gen I in's Wirtshäusl und trink mər ə˜n *Mann*“ *(Mà?)*; Seidl, Flins. 1, 98 und 3. Ausg. p. 24. 319 (unter Mann): „zweiter Grad des Rausches.“ „Der manhof, halo;“ Voc. von 1445. Diefenb. 272ᶜ. Das Gmoarat, (steyrisch) Mondrad? s. Grimm, Mythol.² p. 664. Der Mânschein (Màschei˜), 1) wie hchd. Mondschein. 2) der Mond selbst; s. Th. III: der Schein. Monschein, Voc. von 1618. mansüchtig (Voc. von 1445), maunsiech (v. 1429), lunaticus; monensiech, mondsüchtig; Clm. 13076 (XIV. sec. 4⁰), Deckel. cf. Graff VI, 139. Der Mæntag (Mâ də', schwäb. Mentig; Voc. v. 1429: mentag; der Umlaut weist auf ein altes manindag, agf. monandag zurück; (Graff V, 358 f. Grimm, Mythol.² 112 f. BM. III, 5 f. Weigand, Wbch. II, 191. Stalder II, 479: Zuemtig, Zeitschr. III, 223,1), auch ohne Umlaut Mân-tag (Mà˜də'), der Montag. Der Blâu Mæntag, Montag vor Aschermittwoch, (von der Farbe der Altarumhängung in den Kirchen), im Voc. v. 1618 noch der Unsinnig Montag genannt. 2) jeder Montag, besonders einer ganzen Arbeits- (Werch-) Woche, den die Handwerksleute zu einer kleinen Nachfeyer des Sonntags machen. In der b. L.O. von 1553 f. 128. 165, auch noch im Voc. v. 1618 heißt so ein Montag, wie noch am Ober-Rhein: der guet Montag. H. Sachs 1560: II, IV, 123 (1612: II, IV, 244). Birlinger 338. Vrgl. oben, Sp. 963: guet. Der stolz Montag, der nächste Montag nach Pfingsten; MB. XX, 335. mænig, mönig (zu Mân, a), ä. Sp., mondsüchtig. BM. II, 55. Mäniger lunaticus. Voc. v. 1429. Nach dem reform. L.R. Tit. 51, Art. 8 (L.R. von 1616, f. 228) sollen auch denen, die da mönig sind, Vormünder und Versorger gegeben werden. manig, übel gelaunt; Staffler's Tirol I, 109. Zeitschr. III, 458. VI, 43. Vrgl. oben, Sp. 1478: Laun und vrgl. mænisch. mænisch, adj., '1) (zu Mân, a), was mænig.' Dés Leut is *mánisch*, ändert seine Laune nach dem Mond; (b. W.). 2) (zu Mân, b), ä. Sp.; „mänisch unrainikait, menstrua“; gl. bibl. v. 1418. 'mânwendig, ä. Sp., mondsüchtig, lunaticus; BM. III, 695.' „Der adamas ist auch den mônwendigen läuten guot, die ir sinn verkêrent nâch des mônen lauf“; Konr. v. Megenberg f. 256, Pfeiffer 434,11. „Der rôt swalbenstain senftigt die mônwendigen läut“; das. 440,14. sich mænen, sich nach dem Monde richten. „Auch alle feucht weetagen mænen sich“; Konr. v. Megenb. f. 40ᵇ, (Pfeiffer 65,32: „mêrent sich“). d) a. Sp., mondförmige Zierath. Cf. mano, flammeolum, gl. i. 138; manili, luna, sigillum, 264. „Lunulae. monlin, fleigerlin in sertis virginum“; Voc. Melber. Diefenbach 339ᶜ. Ich glaube, daß unser der Mà˜, das Mánl, als Name für verschiedene zu einer Art runden 584
Kuchens von mehr oder minder Consistenz eingebackene Mehlspeisen, besser hieher als zu Mann passen; wie denn auch im Niedersächsischen eine Art Osterfladens Oster-mâne heißt. Vrgl. oben, Sp. 41: Aff und Zeitschr. IV, 474. Der alt Mà˜, ein Festmahl bey Beendigung des Flachsbrechens; Nank, aus dem Böhmerwald (1843), p. 125. 'Der arme Mann (arm Mà˜?), eine Speise.' „Als oft die Pawfraw Smaltz außlaßt gibt sy den Diernen das erst Abgeschöpff daraus die Diernen ain essen machen genannt Armen Mann oder Retzel“; Scheirer Dienstordn. v. 1500, f. 43. Der blinde Mà˜, (Nürnb., Hsl.) Gebackenes von Eyern, Brod und Milch. Der Bettelmà, (U.L.) Semmelmuß. Der Ofen-Mà˜. eine in der Ofenröhre gebackene Art Mehlspeise. Das Äpfel-Mánl˙, Apfelbrey. Das Brôd-Mánl˙, (O.Isar) Brodsuppe, zu Brey eingekocht. Das Holer-Mánl˙, Hohlunderbrey. Vrgl. allenfalls auch Th. IV: Männlein.

Das Mânet (Manəd, Mànəd), a) (östl. O.L.) der Mond. 's *Mànəd* is stark, is krankh, der Mond ist im Wachsen, im Abnehmen; s. oben, Sp. 1373. Im Windb. Ps. finde ich daz volmant; sonst in der ä. Sp. der M. „Die alten Teutschen haben den Monat angerufft“; Avent. Chr. Der manot (luna), den maneden (lunam); Br. Berht. 137. 145, (Pfeiffer 63,25. 540,24: der mâne). Zeitschr. V, 256,131. Aus dieser Form scheint mir auch das hchd. Mond zusammengezogen. Nach Gramm. 110 ist die Aussprache des â wie o (wie in ohne, Argwohn, Odem) auch in die Orthographie übergegangen. „Manodfallonti, lunaticus“ (gl. i. 88), sonst manodsioh, z. B. bey Tat., und mânud-uuîlig, gl. i. 676. b) das Mânet, plur. ebenso oder Mâneter, der Monat, (ahd. der mânôd, agſ. monadh, engl. month, isl. mânadr, goth. mênôths; mhd. mânôt, mânet, mânt. Graff II, 795. BM. II, 55. Weigand, Wbch. II, 181. Zeitſchr. V, 62,19) „manеyd, mensis"; Voc. von 1419. manodpluotiu, manodſuhtigiu, manodtultigiu, a. Sp., (femina) menstruans. Über Monatsnamen ſiehe Mone's Quellen I, 257, Adelung's Magazin I, 78. Goldaſt, rer. alem. scr. II, 67 'und Weinhold, d. deutſchen Monatsnamen (1870).' Gl. o. 116: Jan. uuintermanoth, Febr. hornung, M. merzo vel lenzimanoth, Ap. oſterm. vel aprelle, M meio, uuinem., Jun. bracm., Jul. houuem., Aug. ǒgeſt vel arnom., Sept. herbiſtm., Oct. uuindem, Nov. uuinterm., Dec. hertimanoth. Jan. iarmanet, wintermanot, Febr. hornvng, M. merce vel lenzemanoth, Ap. oſterm., M. wunnem., Jun. brachm., Jul. howem., Aug. ernem., Sept. herbeſtm., Oct. wint'm., Nov. wint'm., Dec. hertimanot. Gl. o. 236: Jan. uuintarmanoth, Febr. hornung, M. lengizinmanoth, Ap. oſtarm., M. uunnim, Jun. bracm., Jul. heuuim., Aug. aranm., Spt. uuitum., Oct. uuindunm., Nov. heriuiſtm., Dec. heilugmanoth. Gl. o. 242: Jan. iârmanot vel winterm., F. horuunc, M. merze vel lenzem., A. ôſterm. vel abrelle, M. meie, Jn. brachm., Jl. houm., A. aernim., S. herbiſtm., O. windem., N. winterm., D. hertemanot. Clm. 4112 (von 1154—59), f. 130: Jennare vel wintermanot, F. hornůnch, M. langezm., A. ǒſterm., M. wunnem., J. prachm., J. houm., A. ǒſtm., S. wintm., O. wintm., N. herbeſtm., D. hailichmanoth. Altm. 26, f. 186 (v. 1334): in dem hornung, in dem merzen, in d. abrill, in d. mayen, in d. prahmonad, in d. pawmonad (July), in d. augſt, herbſtmon (Sept.), regenmon (Oct.), windermonad (Nov.), hardmonad (Dec.), iennaer (Jan.). Clm. 5640 (XIV. sec., 1370), f. 86—87: „Wer geborn wirt in dem genner, in d. hornung, in d. merzen, in d. abrellen, in d. erſten mayen, brachmanot, hœmonot, in d. ougſten, in d. ſeptember, in d. erſten herbſt, in d. andern herbſtmonat, in d. wintermanat." Ind. 344, f. 22—26: Jarmonet oder Hartmon, Hornung, Mertze, Abrill, Maye, Häumon, Brachmoneit, Augſt, erſt Herbſtmon, ander Herbſtmon, erſt Winterm., ander Wintermonat. Cgm. 1110 (Weißenburg 1483): Genner, Hornung, Mertz, April, May, Brächat, Hewat, Augſt, Volmonet, Herbſt, Schlachtmonet, Wintermonet. Slawiſche Mondsnamen ſ. in Dobrowſky's Slovanka 70 ff., ſüdſlawiſche Monatnamen bey Krempl, Dogodivšine p. 63. Über das Alter der čechiſchen Monatsnamen (leden, unor, březen, duben ꝛc.) iſt Dobrowſky, Geſch. d. böhm. Spr. 73, ungewiß, ob ſie ſchon dem 9. Jahrh. angehören. Gmoarat, (ſteyriſch) Mond; Grimm, Mythol.² p. 664. Das Monatblüeml, bellis perennis; (Jir.). Zeitſchr. III, 461: Monatle.

Der Mangold, 'Pflanzenname; (ahd. Manigold, Manegold als Eigenname, zu isl. men, Halsband, monile; vrgl. oben: Mân, d. Weigand II, 97 f.' Grimm III, 453).

Die Man (Mà˜, U.Jſar Mang) und die Mân (Me˜), wie hchd. Mähne, (ahd. mana, mhd. man; Graff II, 794. BM. II, 51. Weigand, Wbch. II, 87. Zeitſchr. V, 419,28. gl. i.: manha — ſollte damit die Ausſprache Mang zuſammenhangen? — juba: gl. i. 810: mana, toros, ad Aeneid. XII, 7; i. 1012: manun, jubis; i. 817: manaht, commantia sc. colla; isl. mön). Nach dem Plur. mana ſcheint das Wort in der ahd. Sp. als Maſc. vorgekommen zu ſeyn, wie dieß z. B. im Wigalois (vrgl. BM. II, 51b) der Fall iſt.

man, niederſächſiſche Partikel für unſer nur, (aus ne-wan? ſ. Th. IV: wan, wen, adv. Hannover: mant; oſtfrieſ. man, aber, nur; Firmenich I, 18,13. 'Stürenburg, oſtfrieſ. Wbch. 145. Zeitſchr. II, 392,25. III, 551,13. V, 422,44 u. öfter. Vilmar, kurheſſ. Idiot. 260'), auch von den Bewohnern der Dörfer Ober-Ammergau, Farchant ꝛc., die in ihren kleinen Handelsgeſchäften mit Schnitzwaaren u. drgl. nach Norddeutſchland kommen, unter andern fremden Ausdrücken mit heim und in Übung gebracht. Kumm *man* her . . ich will *man* sehə˜.

Die Mane (Aſchaff. Manə; wetterauiſch; niederrhein. Mande, holl. mand), geflochtener weiter Korb für Wäſche ꝛc., den man auf dem Kopfe trägt; Weigand im oberheſſ. Intellbl. v. 1845, S. 34 und im Wbch. II, 86. 96. Vilmar, kurheſſ Idiot. 260. Zeitſchr. VI, 16. Firmenich I, 440,51. 445,46. 486,8. 530,115.

manen (manə˜, mà˜n), wie hchd. mahnen, (ahd. manôn, verſchieden von farmanên, firmonên, spernere: uermanewir, spernemus, Cgm 17, f. 68b, Pſ. 43,6 — wo der durch far- modificierte Begriff cogitare, — ſ. unter mündeln — hervortritt; mhd. manen. Graff II, 767. BM. II, 53. Weigand, Wbch. II, 87). Du manſt, gemanſt mich an meinen Brueder, erinnerſt mich an ihn, ſiehſt ihm ähnlich. Kà˜st di' gaə' nét *mà˜n*, deine Gedanken ſammeln, um zu wiſſen, was zu thun iſt. „Ein ſenediu not mant mich an der gůten von der ih ungerne ſcheide"; Clm. 4660, f. 68. anmanen, Grimm, Wbch. I, 404. Tou éppəs, lou' nét àlləwál *ànimà˜n* e˜ di! (b W.). Die Anmannung, die Erinnerung durch Ähnlichkeit. Der Man, die Erinnerung, das Nachweh. Die Krankheit tuet im kainen Man mêr, er fühlt keine Nachwehen, keine Überbleibſel mehr davon. aufmanen, ä. Sp., aufbieten, (vielleicht das mannire der alten Geſetze). Grimm, Wbch. I, 690. „Man manet auff, ad arma evocare"; Voc. v. 1618. 585
„Anno 1600 ſeyn um die Revier bey Matikofen und Burghauſen in die 6000 Maun zu Roß und Fueß aufgemahnet (worden, um die Waldungen des Erzbiſchofs von Salzburg wiedervergeltungsweiſe abzujagrn); Wſtr. Btr. I, p. 157. „Bey einem Waldbrand iſt meniglich ſchuldig zuzureiten oder zuzulauffen und auch andre anzuſchreyen und aufzumanen"; Neuburg. Forſtord. v. 1690. Die Manung, Aufgebot, Aufforderung; Kr. Lhdl. II, 31. dermanen, ermanen; Graff II, 769. BM. II, 54. Grimm, Wbch. III, 909 f. R. A. Wie oder was dich Gott dermant, wie dir's, oder was dir ein guter Geiſt eingibt. „Vor iſts frey geweſen, faſtet ein jeglicher und feyert wie jn Gott ermahnet"; Av. Chr. 209. „Gebt hierzu ewer Stewer klain, ſo viel euch Gott ermahnt"; Adelholz. Bad. 13. „Si geltent niht wan als vil als ſi got ermant"; Schwabenſp. Laßb. 8; Wackernagel 10: „ſchündet"; Mallerst. 33, f. 88: „nisi quantum Deo inspirante facere volunt." Vrgl. Clm. 4616, f. 53: „Gib daz almuſen ſo dich got gewîſe." Grimm II, 30 weist dabey auf das alte goth. isl. man, memini, cogito, Infin. munan, womit die Form munigôn, bimunigôn (Otfr. IV, 19,47. munigôn inti manôn, hortari et monere, Grimm, Mythol.² p. 1178. BM. II, 54: münjen) noch näher zuſammen ſtimmt. ſ. mündeln. Der Manichäer, créancier importun; '(ſcherzhafte Anſpielung an manen, beſonders in der Studentenſprache). Weigand, Wbch. II, 98.'

mainen (maənə˜, maə˜n, o.pf. màì˜n, Frank. menə˜), 1) wie hchd. meinen, (ahd. meinan, agſ. maenan, isl. meina, mhd. meinen; Graff II, 765. BM. II, 107. Weigand, Wbch. II, 135 f.). 2) 'ſeine Gedanken, ſein Streben auf etwas richten;' wünſchen, gerne haben, lieb haben. „Der habich mainet einen vogel", geht auf ihn los; Cgm. 289, f. 110a. 111a. „Etwas zu ſehen mainen", (es zu ſehen wünſchen), Gem. Reg. Chr. II, 337. „Ez ſtund ot al mîn meinen hin wider zů der einen"; Labr. 211. „Sœh ich die ſüezen, reinen noch ſô gen mir gebâren, als ſi mich wolte meinen von herzen gar"; daſ. 300. „Iſt mîn gerechtez meinen ir kund"; daſ. 377. „Daz iſt gerechtez meinen"; daſ. 553. „Daz einz daz ander meinet mit ſtæten triuwen"; daſ. 673. „Daz mich mit liebe diu ſchœne welle meinen"; daſ. 674. „Daß ich und mein Bruder nimmermehr wider einander ſeyn, ſondern aneinander treulich mainen . . . brüderlich Einer den andern mainen"; Kr. Lhdl. V, 136. 222. IX, 76. gemaint

seyn Einem, ihm anständig, lieb, gefällig seyn. „Das alles uns nicht gemaint noch gefällig ist.“ „Da Einem solches nicht gefällig noch gemaint seyn würde.“ „Welcher aber das thäte, wäre uns nicht gemaint.“ „Jedoch es ist uns besser gemaint, daß . . .“ „Wäre uns fast wolgemaint.“ „Ob es aber S. Gnad. nicht gemaint wäre.“ „Ist uns wol gemaint“, (dieß und jenes zu thun). „Welches mir ganz nicht gemaint wäre.“ Kr. Lhdl. V, 255. 103. 105. VI, 133. VII, 236. 292. 327. 475. IX, 390. „St. Jacob, Kaiser Constantino dem großen wol gemaint“; Av. Chr. 262. Das Voc. von 1618 hat: „sich gmaint geduncken, formâ superbire.“ Dieß ist wol eine Entstellung des alten gemeit; (s. gemait). R. A. I *maənət's* á'. Zeitschr. II, 84,12. *Maə˜t* mə˜ nét, mə˜ muəs si' z·tod *maənə˜!* das ist doch über alle Begriffe, Erwartung, (im schlimmen Sinne; worüber mir das engl. moan, agſ. mänan, sollicitus esse, conqueri, einfällt). Neuli habm s· di' *gmaə˜t*, heu˜t *maə˜* s· mi', sagt im Scherz der unglücklich Spielende, der Verlierende. Die Mainung, Mainigung (Maənung, Maənigung, Maənum, o.pf. Màining), 1) wie hchd. Meinung. R. A. Einem die Mainung sagen, ihm den Text lesen, kein Blatt vors Maul nehmen. 2) (b. W.) die Bedeutung. „D M.IVL . . . ist die Mainung: in den Ehren der Götter der Todten, Julius . . .“; Av. Chr. 153. 193. 3) das Belieben, Wohlgefallen. „Ist Sr. Gna-
586 den Gefallen und Mainung“; Kr. Lhdl. VII, 433. 4) die Absicht, der Vorsatz. Eine guete Mainung machen, in religiösem Sinne: gute Vorsätze fassen, was freylich oft durch eine bloße Gebetformel abgethan wird. 5) die Anordnung, Vorschrift, Art und Weise. „Item von der Hofgericht wegen, wie die sollen gehalten werden, haben wir eine Mainung fürgenommen, wie hernach folget“; Lhdl. VII, 509. „Ain ander gewiße Mainung Püren zu laden . . Etliche Püren wellen zur laden ain andere Mainung haben. . Tail dein Stuckh auf ain andere Mainung ab;“ Fewrbuch, Ms. v. 1592. Adverbialisch: auf die Mainung, die Mainung, der Mainung, diser Mainung, auf diese Weise, in der Art, (romanisch: talmente, tellement, v. mens, mentis. Diez, Wbch. 224). „Dagegen die vom Leon jhren Redner guter Maß die Mainung reden ließen“, (folgt die Rede); Kr. Lhdl. XI, 294. Sollte auch Otfrid's meina, mein in den adverbialischen Flick-Formeln: thia meina, bi thia meina, in thia meina, then meinon, hieher gehören? Wenigstens thut weder die schilter'sche Deutung multitudo noch die scherz'sche pravitas Genüge; (s. Otfrid I, 1,70. 20.20. II, 6,16. 21,7. III, 10,40. 14,19. 18,69. 19,23. 20,183. IV, 3,3. 27,1. 34,2. V, 23,65. 25,72.) „Daz tuot er in der meine“; Diutiska II, 247. Graff II, 780 f. BM. II, 110: diu meine, Bedeutung, Sinn, (zu meinen, 1); Gedanke, Absicht; Liebe, (zu meinen, 2). „Wan si meine unde minne het an in einen gewant“; Heinr. Tristan 470. vermainen, 1) wie hchd. vermeinen. 2) Einem etwas vermainen, es ihm zudenken, zumessen. Das ist dir vermaint, (dir zugedacht). (In der ahd. Sp. ist bimeinen dicare, decernere, proponere). 3) ä. Sp. sich vermessen, unterstehen. „Item die Landbot vermainen etlich Edelleut in iren Hofmarchen nicht anzunehmen“; Kr. Lhdl. VII, 340. 4) bezaubern; s. unter dem folgenden main. Die Vermainung, das Zudenken, die Bestimmung, (O.Pf.) die Warnung, der Verweis.

Das Main, Mêin, ahd. und mhd., nefas, flagitium, scelus; die Bedeutungen des isl. mein: ulcus, dolor, impedimentum, noxa, scheinen, als physische, die frühern. Graff II, 779. BM. II, 105. Weigand, Wbch. II, 135. „Criminum dere lastere, meine“; Cgm. 17, f. 133^a. „Die heiden hergten und prenten und teten main und mort“; Ulr. Füter, Ms. Die R. A. Mord und Main (Má˜) für „Tod und Verderben“ wird bey Hsl. als noch nürnbergisch aufgeführt. mains (genitivisches Adverb?): „So haben wir mains geswworen“; MB. VIII, 553. „Daz er mains swer“; Wstr. Btr. VII, 154. (Adjectiv?): „Daz der ait mains sey und nicht wâr“; Wstr. Btr. VII, 157. main, adj., Graff II, 779. BM. II, 106. „Daz der aid rain und nicht main sey“; Wstr. Btr. VIII, 87. „Sweren mainen ait“; Altm. 23, f. 101^b. M.m. 114 steht: „in meinan (?) eiden.“ Bey Isidor heißt Maria „dhiu unmeina (unbefleckte) magad.“ BM. II, 106. Als Adjectiv-Adv. scheint meino zu stehen Otfr. IV, 17,28: „Den meistar io meino liazun sie (die fliehenden Jünger) eino.“ gemain, adj., was main; BM. II, 106. „Man chundet in des pischolfs pann allen den dy gmayn ayd sweren“; San-Zenon. 109, f. . . . Ulphila's gamainjan (Marc. V, 15. 18. 20. 23) ist wol nur die Übertragung des griechischen *κοινόω*, sonst würde es in der Bedeutung des Verunreinigens gut hieher passen; (s. gemain). Am Üblichsten ist main- in der Zusammensetzung Mainaid, perju- 587
rium, (österr. maənaəd, bayr. meist máinaəd, — der erste Bestandtheil nicht mehr verstanden), was sich auch als Adj. gebraucht findet, (s. oben, Sp. 36: Aid); in der ahd. Sp. auch meinsueridi, (Graff VI, 896. BM. II, 106). So noch andere, z. B. mein-rât, pravum consilium, meinsprâha, blasphemia, mein-tât, maleficium, mein-stala, furtum ꝛc.; dann Adjectiva wie mein-fol, mein-lich ꝛc. (Graff II, 780). „Facto toxico maleficio ·i· Zauber vel meinleich; Clm. 9537 (2^0 XIIJ. sec.), f. 177.

vermainen Einen, ihn bezaubern durch Anhauchen, heimliches Bestreichen ꝛc. (Graff II, 782. BM. II, 106. 111). Der gemeine Mann, der schon den bloßen neidischen oder boshaften Wünschen gewisser, mit dem Teufel im Bunde stehender Personen wirkliche Erfolge zutraut, sucht sich gegen die Wirkungen des Vermainens, z. B. gegen die neidischen Wünsche, die bey dem Lobe eines Kindes, eines Stücks Vieh u. drgl. mit unterschleichen könnten, durch die fromme Klausel: unser Herr Gott behüets! und wo möglich durch Besprengen mit Weihwasser sicher zu stellen. „Contaminaverunt, si uermeinten, si unreinten“; Cgm. 17, f. 83^a, Ps. 54.24. „Etlich maint, so man die pfayten am ewichen anlegt, so sol mans· nit vermainen“; Cgm. 632, f. 8^b, (s. oben, Sp. 444). vermaint (vó maə˜-t), adj., verwünscht, verhert. Dà sitz·n wiə ə˜ *və'maə˜də'*, traurig, verzweifelnd. Das Vermain-Kraut, Frauenhaar, thesium alpinum; (Gebirg). Die Vermainung, Bezauberung. Dieses Wort scheint sich mittels des Begriffs maleficium eher hieher und zum isl. meina, inbibere, impedire, als zum obigen mainen zu fügen.

gemain (gmaə˜, o.pf. gmài˜, Frank. gmê), 1) wie hchd.; 2) herablassend, leutselig, populär. Unsə' Küni' is àfər ə˜ rècht ə˜ *gmaənə'* Herr! sagt der Landmann, der von München heimkehrt, wo er froher Zeuge gewesen, von dem leutseligen Benehmen seines Fürsten, das durch die Höflinge bis zum gemeinen Manne dringt, und ihn erquickt und erhebt. 3) ä. Sp., gesammt, sämmtlich. „Gemaine Inwoner des Hauses Bayrn“; Kr. Lhdl. X, 303. „Den wolgebornen und unsern besondern lieben gemainen Hauptleuten des Bundes im Lande zu Schwaben“; Lhdl. „Gemaine Universitet“; Mederer's Ingolst. p. 174. „Gemaine Landschaft“; Kr. Lhdl. VII, 111. Gemainer Stadt München Räthhaus, Stadtzoll ꝛc.; „gemainer Stadt gehörig.“ Cf. gemainiglich, adv. „Ob ainem jungen gesellen der nach minn wolt stellen wär bas ald ainem (der?) in gemain wolt leben und auch alters ain“; Cgm. 379, f. 59 (270, f. 98). 4) gemeinsam, gemeinschaftlich. „Die zween Zollner sollen eine gemaine Truhen und darzu ihr jeder einen sondern Schlüssel haben“; Kr. Lhdl. V, 172. Ein Gut, worüber sich die Erben nicht vereinigen können, soll ein dritter einsweilen durch den Landesfürsten zu gemainer Hand (für sie alle) innehaben“; Kr. Lhdl. VII, 507. 5) viele, alle betreffend: „gemainer Schaden; gemaines Sterben“; Kr. Lhdl. IX, 361. VII, 277. 6) vielen, allen zu zu Gebrauche stehend: „gemain haus, diversorium“; Semansh. 34, f. 193. Gemainhaus, diversorium; Voc. von 1445. BM. II, 99. I, 738. „Gemaine

Frauen oder Töchterlein"; Wstr. Btr. VI, 185. „So si komt in das gemain leben"; Cgm. 632, f. 41. An diese letzte Bedeutung, in welcher das einfache gemain noch nicht durch die nachhelfenden Bildungen allgemein, gemeinschaftlich, gemeinsam ꝛc. völlig verdrängt ist, schließt sich die, zu welcher das Wort jetzt im Ganzen
588 herabgesunken ist, nemlich die des Gewöhnlichen, Schlechten an. Labr. 202. 306? Die Gemain, a) gemain, in der Bedeutung: allgemein, als Subst. In der Gemain (i˜ dǝ' Gmaǝ˜), insgemein, gemeiniglich; (b. W.) insgmài˜. „Ein Herzogthumb, in der Gemain Bayern genannt"; Av. Chr. b) die Gemeinde, franz. Commune; die Gemeinde-Versammlung; liegende Gründe, welche der ganzen Gemeinde gehören, als Gemeinweiden, Gemeinhölzer: ǝ˜ groussé, ǝ' reiché *Gmaǝ˜*. '*Gmaǝ˜* ei˜sàgng, *Gmaǝ˜* hàbm, hàlt'n, Gemeinde-Versammlung ansagen, halten. Bǝ dǝ' *Gmaǝ˜* hàt ǝn iǝdǝ' drei˜ z'réd'n. „An die Gmein gehn, coire in concilium"; Voc. v. 1618. cf. Theoph. Neumann's Antwortschreiben p. 52 ff. '*Gmaǝ˜* à'taǝln, die Gemeinde-Gründe vertheilen. „Die Matenpöter Gemain", Gemeinholz im Forst. „So die Ostern kommen, so unterstehen sich die Schergen der Gemain und verbieten alsdann den armen Leuten, daß sie auf dieselbe Gemain nicht treiben"; Kr. Lhdl. VII, 441. „Ob jemand einen anklagt, er hab eines Dorffs Gemain eingefangen mit Zimmer oder mit Baw"; L.R. v. 1616, f. 312. Hievon zunächst, und nicht vom Adjectiv, wol die Composita: Gemain-Anger, Gemain-Brunnen, Gemain-Holz, Gemain-Stier, Gemain-Waid, Gemain-Weg ꝛc. Vrgl. Vilmar, kurheſſ. Idiot. 269. Der Gemainer „Quilibet socius operis qui vulgariter Gmainer dicitur"; MB. XIII, p. 245. Jura figulorum in Preprun, 1290; gemeinschaftlicher Mitbesitzer, Kr. Lhdl. X, 397. (O.Pf.) der Gemeinde-Vorsteher, Schulze. „Syndicus eyn gemeyner"; Voc. Archon. (sec. XV.), f. 15. Der Mitgemainer (Mitgmaǝnǝ), der Gemeinde-Genosse. gemainiglich, gemainglich (gmaǝ˜gli', o.pf. gmài˜glǝ'), adv., 1) wie hchd. gemeiniglich. 2) in der 3ten Bedeutung von gemain: „der Rath und gemainiglich die Burger unsrer Stadt"; Kr. Lhdl. VIII, 523. vermeinsamen, ä. Sp., excommunicare; BM. II, 103. „Vermeinsamunge sider wart nit gevorht . . . swer nu vermeinsamet ist, den êret man mêre zaller vrist"; d. w. Gast 12636—39. Anmerk. gemain ist in der ahd. Sp. gimeini, agſ. gemaene, goth. gamains in allen angeführten Bedeutungen; (gamains, communis. Graff II, 752. Grimm II, 746 ff. BM. II, 97. Weigand, Wbch. I, 412). Als Subst. besteht gimeini (unser Gemain) neben gimenida, gimeinda (dem hchd. Gemeinde), wohin wol auch die schwäb. Almend, (Voc. v. 1735: Allment, pascua; gl. o. 245: almeinde, compascuus ager) fällt. Graff I, 220. Grimm in Haupt's Zeitschr. VIII, 389—94. „Item daz sy alle almend wasser wun und weide gar frey haben wellen und haben daz almend under sich theilen wellen"; Vergicht elsäß. Bauern in dem Aufruhr v. 1525, Cgm. 4925, f. 121. Ich finde ohne Vorsylbe auch MB. X, 841. 342 zweimal mainmutichleich (communi consensu), wenn hier nicht vielmehr ainm. (unanimiter) zu lesen. Im Isl. findet sich das dem einfachen gemain entsprechende Wort nicht, wohl aber almennr, ordinarius, vulgaris, was aber, wenn es nicht blos eine neuere Entstellung ist, zu mann und gar nicht zu main stimmt.

Der Main, Mayn (o.pf. Mài˜, Bayreuth. Má˜, Wirzb. Mê), der bekannte Fluß, (ahd. Moin; M.m. 35: „danan in mittan Moin", „ostarunhalba Moines"; gl o. 118: Moîn, Mogus; Mân, Mogenus, Voc. von 1429. „Super ripam fluminis Moyni"; Urk. von 815; der Moinageuni, alter Gau dieses Namens, Eccard, Fr. or. I, 178. 391. 575. 586. 590. II, 118; Moinuuinidi, ibid. 802. 507: Wenden am Mayn; Moinlite, s. oben, Sp. 1534: Leiten. Grimm I³, 113. Förstemann II, 1037 f.); der Weiß-Main, (Uuîzmoin,
589 v. Lang, Reg. ad 1180) im Fichtelgebirg neben einem Röten-Main und einem Lützel-Main. Das jetzige a in diesem Wort für das alte o vergleicht sich dem in dem Namen Baier, in soferne er mit dem alten Boii zusammenhängt. Wenn (trotz des Mogontiacum, Moguntia, gl. o. 125: Megenza, Maynz) durch das Moenis, Moenus der Alten wirklich der Mayn gemeint seyn soll, so ist die Contraction schon alt genug. Vrgl. Altmül unter Mül.

Maunl·, s. Mau-lein.

maunen, mauneln, maunzen, s. mau-en ꝛc. Zeitschr. III, 468. 469. 472.

me˜ Sach, (b. W.) es wäre denn . . .; s. Th. III: die Sach.

„Menen" (Obrm., b. W.) Maden; „Dürrmenen." „menig", voll Maden. ǝ˜ *menigǝ'* Schwam. (Bloße Entstellung aus Maden, ahd. mado, ist nicht wol begreiflich. Sollte die Menge, das Wimmeln aufgefaßt seyn? Vrgl. manezen und manig).

menen (menǝ˜, me˜n), (B., Schwb., Frank.) treiben, führen, leiten; (ahd. menên, gl. i. 179. 242: menete, neben mänti und menita, minavit; gl. i. 315: menit neben meinit, agit; Diut. II, 237: tribo vel meno, mino; gl. i. 684: menan, mannire; mhd. menen. Graff II, 771. BM. II, 135 f. Birlinger 334. Zeitschr. VI, 272). Doch ist die Bedeutung unsers menen nicht mehr so allgemein wie die des spätern latein. minare (schon bey Apulejus; Dr. Roth), ital. menare, franz. mener (Diez, Wbch. 222 f.), indem sie größtentheils auf das Leiten oder Führen des eingespannten Zugviehs beschränkt ist. Beym Pflügen geschieht dieses oft durch einen eignen, nebenher gehenden Jungen, (den Menbueben), wenn nemlich das Zugvieh dem Lenkseil und dem Ruf desjenigen, der den Pflug hält, nicht recht folgen will. Schon in Ruprecht's von Freys. Rechtbuch (Wstr. Btr. VII, p. 55 u. 174) sind beyde: der Phluchaber, der den Pfluch habt (hält), und der Mener unterschieden. „Lieber sun, nû men dû mir, ode habe den pfluoc, sô men ich dir, und bouwen wir die huobe"; M. Helmbrecht 247. „Ob ich dir ie gemente od phluoc in furch gedente"; das. 307. „Ze akker er gieng, er mente sin ohsen"; v. d. Hagen, Gef. Abent. LXV, 309. „Swen man manen und menen sol ze dienst, der dient selten wol"; Renner 18100. „Einem Bueben, so mähnen und Roß hüeten kann, (soll nach der Straubinger Ehehalten-Ordnung von 1654 jährlich gegeben werden), 4—5 fl., Hafftlgeld 12 kr." ꝛc. Nach der Landsord. v. 1553 gebührt einem Meenknecht oder starken Meenbuben 3 Pfd., einem schwachen Meenbuben 2 Pfd. Pfenning Lohn; (f. 159). A⁰. 1346 gab das Kloster St. Emeran auf dem Johanneshof bey Pfäter dem Menchnecht 1/2 lb. 10 dn.; Wstr. Btr. VIII, 146. „Vieh zum Menen (Einspannen überhaupt), Melken oder Schlachten." „Swer nutze (s. Nôß) hinlaet, man mens oder melch . ."; Wstr. Btr. VII, 174, ad 1332. „Der daz ros ment und trîben muoz in wagen und in pfluoge"; Br. Berht. 42, (Pfeiffer 147,31). Nach der Menatbeschreibung von 1767 zählte das L.G.Rcht. Tölz 584 Pferd zum Mähnen, 66 zur Zucht; 6 Ochsen zum Mähnen, 33 zur Zucht und Mast; Wstr. Btr. V, p. 304. Soviel starker guter wolgementer Wagenpferde; Kr. Lhdl. VII, 240. „Ein geliehenes Roß oder Vieh mehr, dann sich gebührt, menen, an und übertreiben"; L.R. v. 1616, f. 279. „Spricht ainer den andern an, er hab jm sein vih gelichen vmb lon, das hab er (dieser) jm gement vnd gearbeit, mer dan er durch recht tun solt, 590
also das er sein (dadurch) an seinem vich zu schaden komen sey"; Ref. L.Rcht., Tit. 32, Art. 6. Heumann, opusc. 77. abmenen, übermenen, übermäßig anstrengen, als Ochsen, Pferde, auch wol Kinder; (Jir.). menlich, gemenlich, adj., ä. Sp., tractabilis? Die wilden Thiere waren für das Kind Jesus „gemænlih"; Kindh. Jesu, Hahn 83,41. In der Stelle der Legg. Baiuu. 14,15

(Pertz, Monum. Germ., legg. III, p. 317): „Et si unam earum (vaccarum) contra legem minaverit, quod Suezcholi dicit“, wird wol doch, gegen Mederer, initiaverit zu lesen und eine Art Bezauberns zu verstehen seyn, obschon ebendaselbst I, 13, Leg. Liutprand. 83,1. 93,3, Edict. Rothar. 105,30 (Pertz, Mon. Germ., legg. III, 279. IV, p. 79. 152) minare für führen, treiben im Allgemeinen vorkommt. 2) menen wird auch in nächster Beziehung auf die Last gebraucht: ziehen, führen, vehere. I˜'n Bergngən kà˜ mər oft éppəs nét aussə' *me˜n*, mə˜ muəs 's aussə' sámə˜, (durch Saumpferde heraus schaffen). ə˜ Fuədər aus də' Lackə˜ raus *menə˜*, indem man die vorgenannten Thiere mit Gewalt antreibt. Bäume, Holzstämme menen, sie durch Zugvieh fortschleppen lassen. Der Men-Hägken, Haken, der in Holz-Stämme eingeschlagen wird, um sie daran zu fassen und fortziehen zu lassen. ausmenen. „Flöße, welche später (nach 20. May) ankommen, werden auf Kosten der Eigenthümer sogleich ausgemähnt werden“; Münchn. Polizeyverordnung v. 11. May 1834. Die Men-Statt, (Zir.) Platz, wohin Bauholz oder sonstiges von Pferden zu ziehendes Material abgelegt wird, von wo es wieder abzuführen; Ausmen-Statt. anmenen. „Ufwerfen, schrîen, denen mîn herz alda begunde, hinziehen und anmenen“; Labr. 57. „Von 12 flessen ab der lendt hinab in die unter ausmönung zefüren“, (1613); Cbm. 2224, f. 81. dermenen, im Fahren zu Grunde richten — das Vieh, den Wagen, eine Sache auf dem Weg. „Swas der wagenman mit dem hintern rad derment“: Rchtb. Ms. 3) fig. plagen: „menen, vexieren“; Voc. v. 1618. (Tosk. röm. menare una creatura, ein Kind schlagen; auch das lat. vexare gehört wol zu veho, vexi). **Bist hàlt á-r-ə˜ àbégme˜ts, z'samgme˜ts Leut**; (ObrM.). In einigen Fällen scheint menen drängen überhaupt zu bedeuten: ə˜ Leutgmentəs, Leutgmentə, d. W., ein Gedränge von Menschen; (man hört indessen auch: Leutgwəntə'). Cf. Hêliand 26,6: „manno gimenthon.“ Ich weiß nicht ob das isl. mentr, stipatus comitibus, etwa als Partic. prät. von einem in diesem Dialekt sonst nicht vorkommenden mena zu nehmen seyn möchte, wo sich denn auch ment, ars, menta, erudire, als Ableitungen ansehen ließen. Oberländische R. A. nach HhC.: „Ich bin an'n Stock g'ment“, d. h. in großer Verlegenheit. Schon bey Walther von der Vogelweide (Lachm. p. 34) heißt es:

„Ahî, wie kristenlîche nû der bâbest lachet,
swenne er sînen Walhen seit: ich hânz alsô gemachet!
Daz er dâ seit, des solt er niemer hân gedâht.
Er giht: ich hân zwên Almân under eine krône brâht,
daz siz rîche sulen stœren unde wasten.
Je dar under füllen wir die kasten:
ich hâns an mînen stoc gement, ir guot ist allez mîn,
ir tiutschez silber vert in mînen welschen schrîn.
Ir pfaffen, ezzet hüenr und trinket wîn,
und lât die tiutschen . . . . . . vasten.“

(Der „stoc“ wird p. 159 nach dem welschen Gast erklärt als ein Kirchenstock, den der Pabst zu Sammlungen für die Kreuzfahrten in die Kirchen zu setzen anbefohlen habe.) Die Men, die Fuhr; das zu einem Fuhrwerk nöthige Zugvieh, Zugvieh überhaupt. „Ein mene, vectura, vehes“; Voc. v. 1618. „Ein paursman der sein aygene men habe“; MB. XXV,
591 291, ad 1461. „Alle mit der Mähn frohnbare Unterthanen“; anspach. Verordd. von 1696 und 1719. Ain, zwai rc. Häupt oder Stuck Men. Schwerlich paßt hieher gl. a. 6 , ad Judic. 19,22: (filii Belial) „absque jugo, kettilose men.“ Das Gemen, Gemend, Mend (Me˜d, b.W.); der oder das Meneb, Menet, Menat (Menət, AltB.); das Gmähn, auch Mähn (Zir.), Fuhr; Zugvieh auf ein Fuhrwerk; Zugvieh überhaupt. Zeitschr. VI, 272,III. „Da gschafft man mit kain *Gmehn*“; Tirol. Kirchtag, 1819, p. 70. „Auf der Hofwisen zu Meniching hat der Amtmann ein Hofmenet (Hoffuhr) her“; Welsch, Reichertshofen. Im Eichstedtischen Gäu mußten ehmals mehrere Bauernhöfe das ganze Jahr hindurch auf ihre Kosten „eine ganze oder halbe Menat“, bestehend in 4 oder 2 Pferden mit Knecht Wagen und Geschirr, zur Verfügung der fürstlichen Hofhausmeisterey halten. Lexicon v. Franken I, 17. „Man hält im Kloster Inderstorf drey Menat, jedes zu 4—5 Stücke gerechnet“; Wstr. Btr. IV, 292. „Item so jemand ainen oder mehr Ochsen kauft, in Mainung zu seinem Menat oder Hausnotturft zu gebrauchen“; L.R. v. 1553, f. 63. So und so viel Häupt oder Stuck Menet, Ochsenmenet, Roßmenet. „Durch ir aigne Menat oder ander“; Meichelb. Chr. Ben. II, 178, ad 1494. Lori, LechR. 401. Der Men-Ochs, im Gegensatz des Mast- oder Schlacht-Ochsen; das Men-Stuck, Stück Zugvieh. Der Men-Gart, s. oben, Sp. 938. Die Menet-Anlag, Menat-Steur, Auflage auf das Zugvieh. Die Men-Frôn (Franken), die Menat-Scharwerk (AltB.), Fröndienst mit Zugvieh, als z. B. Pflügen, Eggen, Getreid, Holz, Baumaterialien rc. Fahren. Schon in den Legg. Baiuuar. Tit. I, c. XIII (Pertz, Mon. Germ., legg. III, p. 279) heißt es: angarias cum carra faciant usque quinquaginta leuuas, amplius non minetur ad casas dominicas. Die Menlêhen im Tegernſ. Urbar (bey F. v. Freyberg 244. 245) sind wol, wenn nicht manlehen zu lesen, Rechte und Pflichten auf derley Fröndienste. Ich füge hier noch die dunkele gl. a. 654: „bemenon, emancipare“ bey. Gl. i. 818 steht: stimulus, gart, menel.“

Menester. „Warum sagt man von Geistlichen, die allzu nachgibige Beichtväter sind, daß sie die Sünd essen? Eben darum weil sie den Sündern heuchlerischer Weis schmeicheln und kienzlen, damit sie nicht um ihr Gaiß, um ihren Schmauß, um ihre Menesterl kommen“; Selhamer. Wol vom ital. und span. menestra, minestra (potage); Diez, Wbch. 418: von ministrare, anrichten (bei Tisch). „Me vuostu dar un pasto, va far menestrar la vianda, wildu mir ein mal geben, gee haiz anrichten die chost“; Nomencl. veneziano-todesco, Ms. v. 1424, f. 20. — Vrgl. der Ministrant.

mener und menig, s. manig und mê und mögen, Anmerk.

mein (mei˜, O.Pf., b.W. má˜), Pronom. wie hchd., (ahd. mhd. mîn; Graff II, 592. BM. II, 173 f. Weigand, Wbch. II, 135).

Mei˜twégng, (O.L.) wégng mei˜, meinetwegen. Betheurungs-Formeln: meiner Sêl, mei˜ Sèl (υ-), mein Aid (υ-), meiner Treu, statt bey meiner Seele rc. Zeitschr. III, 172,49. 323. V, 184. 219. Mit der Betonung wird mein elliptisch statt mein lieber, meine liebe, mein liebes gebraucht; (Weigand, Wbch. II, 134. Vilmar, kurhess. Idiot. 266. Zeitschr. III, 93. 465. 537,25. IV, 105,26. 245,117. V, 125,17. 255,91. VI, 272,IV.): Há˜ *mei˜* Gérgl! — 592

„O *meiné* Leud,
is dés ə˜ Freud,
is dés ə˜ gwissé Süəssigkeit“, Bauern-Reu u. Leid.

R.A. O du *mei˜* Sau! (wàs hàst dà widə' 'tà˜!). *Mei˜* Herr! *mei˜* God (υ-)! Davon hat sich das betonte mein als Partikel für sich gebildet. Schon in alten Grammatiken ist das lat. quaeso durch mein übersetzt. Dic quaeso, mein sag an! (cf. oben, Sp. 1415: lieber). *Mei˜*, das is nét so arg! *Mei˜*, las mi' ge˜! und nach Gramm. 723: *Mei˜ s'*, Frau, wiə gêts denn iərə'? *Mei˜z*, leihtz mə' dó' ə˜ Gəld! *Mei˜ns!* gébm S' mə' dó' ə˜n Ràt! *mei˜* ja! *mei˜* ná˜ (-υ) wol statt: mein Gott ja, nain. *Alsó-mei˜*! (O.Isar) so wohl. also, ist es so, (scil. mein Lieber)! *mei˜* Du! *mei˜ts* és! ei du! ei ihr! Kaltenbrunner 209. *Mein* du, i' kenn di' schan! Lindermayr 83. Castelli, Wbch. 196: „*Main!* sàg ma' da' Həa' . . .“ „Buə', əs ziəgng si' Wolknə˜ zsam, wer'n glei' ə˜ Wédə' habm. Diə'n, lafs's nà˜ gé˜ — *u mei˜*! dés wiə'd nét 's létzté sei˜“; Seidl, Flins.3 p. 32. (In der ähnlichen franz. R.A. c'est mon für „allerdings“ ist vermuthlich zu ergänzen avis. Diez, roman. Gramm. II, 399. Das ital. mo, jetzt, ist von modo; Diez, Wbch. 418. Vrgl. auch schwed. men, allein, aber; mon dieu!?). Aus diesem mein, als elliptischem Ersatz für lieb, erklärt sich vielleicht auch die Adverbial-Formel: ébm só *mei˜*, glei' só *mei˜*, gràd só *mei˜*, d. W. ébm so *mā˜*, ébms *mā˜*, eben so lieb (laß ich's ganz bleiben, thu ich's selbst, u. drgl.). „Wannst' z'höchst auf dər 'Albm á' bist, mi' schreckt kaə˜ Ort: eins gehns (aə˜s gens) steig I auffi, *glei' so mei˜* bin I dort"; Seidl, Flins.³ p. 58. „Schau du bist mei˜ Um und auf, sunst wá' 's ja gfèlt, sunst hät I ja *glei' so mei˜* nicks auf də' Welt"; das. p. 93. Die zur Auswanderung sich zusammen redenden Salzburger haben darauf jedem einen Knollen Salz zu lecken gegeben . . . „*khrat so mei* hat mit Respect ainer geschwind den andern gleckt"; Spottlied auf diese Auswanderer (1. Jan. 1732) im Bande H. Ref. 2⁰ 10. Cf. indessen auch mär und oben, Sp. 1423.

'meinige, der, die, das, wie hchd.; Weigand, Wbch. II, 136 f.' ein meiniger, e, es, im Hchd. oft ungerne vermißt, s. Gramm. §. 745: ein meiniger Freund, un amico mio, einer meiner Freunde.

'Der Ministrant, wie hchd.; vrgl. oben: Menester.' Versûs über dessen Geschäft s. ZZ. 783, f. 48b; desgleichen Clm. 4705 (XV. sec.), f. 110:

„Si servire cupis altari, respice caute
Presbyterum, calicem, lumen, et esto vigil" ꝛc.

Die Minn, a) in der zunächst ältern Sprache mehr in Bezug auf die Liebe zwischen beyden Geschlechtern, und sogar in mehr physischem Sinne, als das Wort Liebe, z. B. bey Ortolph geradezu für coitus genommen. „Von der mynn lert maister Avicenna . . ."; Cgm. 4543, f. 202a. „Die lieb die minn einfüeret; so dann die minn uns rüeret, so fleuhet auß fraw liebe"; Diutiska II, 102. s. unten: minnen. In der ahd. Spr. hingegen ist minna, affectio, dilectio, caritas, amor Dei ꝛc. allgemeiner gehalten; (Graff II, 771. BM. II, 177. Weigand, Wbch. II, 165). „Kilauba, uuân, minna" heißen (M.m. 40) die drey Tugenden: Glaube, Hoffnung und Liebe. „Cantica canticorum das bůch der minnenden Sel"; Clm. 17228. Vorderdeckel. Minn ist minne minneclich gesellet; Labr. 33. „Hie sol man liebe lazen und mit gotlicher minne dort genesen"; das. 237. „Ere hilfet minne gewinnen und erringen"; das. 331. „Swer minner heizet tôren, sêr ich daz widerclaffe"; das. 330. Dahin gehört denn auch die folgende Bedeutung: b) ä. Rechtssp., gütliches Zugeständniß, gütliche Benehmung, Vergleichung. „Zu Minn und zu Recht", „mit minn oder mit dem Rechten"; MB. X, 184. VI, 256. XIV, 55. Kr. Lhdl. I, 138. In nachfolgenden ältern Stellen scheint der Dat. plur., wenn nicht das Verbum im Infinitiv, anzunehmen. Den Schaden „suln wir in abtuon, wir werden sîn denne mit ir minnen überich", (wir würden denn des Ersatzes gutwillig überhoben); MB. X, 65, ad 1292. „Man sol dem (Mul-)eseltriber von dem scheffel einen phenning nach minnen"; Augsb. Stdtb. „Von minnen und nicht von irem verdinen" (geben); Cgm. 99, f. 87. Auf den o.pf. Hammerwerken gab man den Arbeitern außer dem, was vom Stück bezahlt wurde, jährlich etwas „zu der Minn." „Zum ersten das ein Hammermeister keinem Hertschmid zu Lone und zu der Mynn nicht mehr geben soll von einem jeden Pfundt Schynn dann 66 Pfenning, und ein Jare zu der Mynn 14 Pfundt Pfenning, 5 Grosch zu Trinkgelt und ein Paar Hosen das über 3 Schilling Pfenning nit wert sey"; Lori, BergR. p. 79. „Minn und Schin thuen",
593 in Bergwerken; ibid. 210. b) Was heutzutage unter dem Namen St. Johanns Segen bekannter ist, hieß früher St. Johanns Minn, nemlich das Trinken von Wein, welcher am 27. Dezember zum Gedächtniß Johannes des Evang., der nach der Legende vergifteten Wein ohne Schaden zu sich genommen, in der Kirche geweiht worden ist. „Benedictio vini super amorem Scti. Johannis evangelistae"; Cod. Ab. 6 (sec. XV.), f. 360. „Benedictio super amorem Johannis"; Asp. 23, f. 170. Kaisersh. 165, f. 86. ZZ. 1933. „Benedictio vini ob amorem S. Johannis"; And. 117, f. 74. „Benedictio vini amoris S. Joannis; San-Nicol. 189, f. 374. „Benedictio amoris Johannis"; Prül 15 (1502), f. 302. „Benedictio amoris S. Johannis apostoli"; Diessen, Clm. 5543 (XV. sec., 1478), f. 2. Cgm. 4361, f. 153. Auch wenn jemand aus dem Kreise der Seinigen in die Fremde gieng, pflegte er zur Letze und gleichsam als Schutzmittel vor schädlicher Speise mit ihnen St. Johanns Minn zu trinken. Sogar der Scharfrichter trinkt wol mit dem armen Sünder, dem er vorläufig einen Besuch im Gefängniß abstattet, damit das Werk besser von statten gehe, den Johannis-Segen. „Si gab im sand Johannes minn", (Abschied); Cgm. 719, f. 18. 19. „Si pro re aliqua respexit ampullam plenam aqua vel vas vini quod dicitur Scti Johannis"; Antonii Florentini summa confessorum, ZZ. 1826, f. 30. „Qui in die S. Johannis Ev. de amore S. Johannis faciunt pisturam pro pecoribus"; Schîr. 123, f. . . „Man bracht St. Johannis weyn: Hab urlaub, liebe Welte, Gott gsegene dich, laub und gras!" Lied vom Benzenauer, Wolff, histor. Volksl. p. 664. „Ehe man den armen Sünder ausführt, soll ihme St. Joannis Segen gegeben auch dessen Evangelium oder ein anderer Segen über ihm gesprochen werden. Darzue soll auch der Nachrichter angehalten werden"; Krankenbüechl für Seelsorger, Cgm. 4603 (sec. XVII.—XVIII.), f. 316. Tole un san Zane, trincht sand hanz minn"; Nomencl. veneziano-todesco von 1424, f. 104. „Ein Gut, davon man Sand Giligen Kirchen zu Pegnitz iarlich dritthalb Maß Wein, zu den Weichnachten, Sannd Johanns Mynn dienen soll"; MB. XXV, 531. In einer Plassenburgischen Urk. von 1484 (Spieß, archiv. N. A. II, 88) vermacht Jemand an ein Gotteshaus fünf Gulden zu Wein „an sanndt Johannstag zu Weyhnachten, so man dem Volck pfligt aus dem kelch sanndt Johanns Mynn zu geben"; A⁰. 1466 ließ in Regensburg am Neujahrstag nach alter Gewohnheit der Rath ein Amt und 30 Messen halten, nach welchem St. Johanns Minnetrunk gereicht wurde. (Vrgl. Neu-jâr). A⁰. 1431 wird daselbst, beym Aufbruch des dasigen Zuzugs gegen die Hussen, Wein zu St. Johannis-Minne geweiht. Gem. Reg. Chr. III, 22. 401. IV, 382. Vrgl. Reumont, Rheinlands Sagen (1837). Aufseß' Anzeiger 1832, Sp. 254 u. 1833, Sp. 317. Dieses Minn scheint sich, passender als aus minna (charitas, cf. Canis. ant. lect. II, 50) aus dem isl. minni, scyphus memorialis, memoria, zu erklären. Die alten Nordleute fuhren, wie sie in der heidnischen Zeit ihres Thôr's, Frêy's ꝛc. Erinnerungs-Toast (minni) ausgebracht, so in der christlichen fort, Christi, St. Michaels und anderer Heiligen minni zu trinken. Grimm, Mythol.² p. 52—56. „Johannissegen u. Gertrudenminne" von Ign. V. Zingerle in den Sitzungsberichten d. kais. Akad. d. Wissensch. 40. Bnd., S. 177—229. Hofmann in d. Sitzungsber. d. Münchner Akad. d. W. 1870. II, I, p. 15 ff. „Benedictio vini in honorem alicujus coelitis"; ZZ. 1016, f. 481. „Vinum Gertrudis amore haustum"; Ruodlieb II, 162, p. 138. „Lauß die jungen der Liebe pflegen, und trinck du (Alter!) sand Johannes segen vnd sant Gertruden Minn"; Cgm. 270, f. 68a. Vergl. oben, Sp. 943. Mone, Übersicht der niederl. Volkslit. p. 125. „Bibere S. Udalrici charitatem"; Miracula S. Udalrici, cap. 10. 11. 12. „Pro charitate S. Udalrici postulavit eos potum accipere". . . „poculum rogatae charitatis accipere renuit". . . „quid mihi prodest charitas illius episcopi"; Miraculorum S. Ulrici XII^{m} et XIII^{m}, Bollandisten, 4. Julii (p. 127). Zu St. Martins Ehre trinken s. Cgm. 5, f. 239b. St. Martin ist Patron der Trinker. Das Martinsfest nach der Weinlese (10. Novbr.) wurde in Frankreich lange durch Mahl und Tanz gefeiert. (Cf. franz. mal St. Martin, Katzenjammer; martiner, tüchtig trinken). Es hangt wol überhaupt das nordische

minnaz, recordari, mit dem ahd. minnôn (amare) zusammen. Ist doch das Vergißmeinicht ein Symbol der Liebe. Otfrid's „ist Kindes urminnu“ (I, 4,50, zu Luc. I, 18), vergleichbar dem Adj. chiminni, dilectus, bey Isidor 4, kann nach Scherz wohl bedeuten: sie denkt nicht mehr an ein Kind. Die Unminne, ä. Sp.; BM. II, 183. „Die unmine und veindschaft“; MB. III, 186. „Und soll sich ouch dhein Ritter ze unminne annemen, ob man jn sein Frawen straffet und biezzet“; Statuten des Klosters Ettal, MB. VII, 239. minniglich, minneclich, adj., minniglichen, adv., (ä. Sp.) lieblich, freundlich; in Güte, gütlich; BM. II, 185 f. MB. VI, 595. XXII, 249. 260. minnsam, ä. Sp.; BM. II, 185. (Herzog Albrecht III.) „ist auch gewesen zu armen Lewten mynsam und gütig, vnd dye selben gnädig zu verhörn“; Wstr. Btr. V, p. 41. (Vrgl. mitsam). minnen, (ä. Sp.) lieben, (ahd. minneôn, minnôn, mhd. minnen; Graff II, 776. BM. II, 183); nach dem Rechtb. K. Ludwig's, Ms. von 1453, c. 11, in sehr specieller Bedeutung (von dem impotenten Ehemann): „Swo ain Fraw geschaiden wirt von iren wirt mit dem rechten, also daz er (ir) nicht gepflegen mag noch gemynnen“;
594 Heumann, opusc. p. 82. 199. „Daß ein man mit mäßiger Minn minnen mag durch des leibs gesuntheit und reinikeit“; Ortolph. „Minne vaste din wip so gewinnet sie gesunden lip“; altd. Wälder III, 162. „Wer nicht weyber mag mynnen dy bezaubert sein und nicht gemynnen mugen“; Clm. 25072, p. 296. „Wer nicht weiber mag minnen, der nem fuchsgail“ rc.; ZZ. 2072, p. 296. Im Vocabular, gedruckt zu Lyon 1514, fragt der Reisende: „Avez vous belle chambriere? Hat er eyn hubsche magt?“ Der Wirth: „oy par raison. Ja beschēydenlich.“ Der Reisende: „est elle bonne à foutre?“ Ist sie gut zu mynnen?“ „Darse de la neve, minnen; date de la neve, minn; dadose de la neve, geminnt“; Nomencl. veneziano-todesco v. 1424, Cod. ital. 261, f. 51b. „Wer bei einer frawen leit und ir nicht gemynnen mag der wolt gern es wär tag“; Cgm. 270, f. 74, (379, f. 37). Im Cgm. 270 ist minnen überall züchtiglich durchstrichen und durch lieben ersetzt; (ebenso in Cgm. 486 von 1471 und Cgm. 1110, f. 8b); aber derselbe Verbesserer hat doch f. 85 fudt und zagel auf das Abgeschabte gesetzt. Bey Br. Berhtolt (1253 circa) heißt es noch: „minne Got vor allen dingen, und den nehsten als dich selben.“

minni, minni! Lockwort für die Katze. Zeitschr. III, 473. Das Minni, Minnə-l, (Kinderspr.) die Katze; ʻunterfränk. auch Mînz, Mînzerle, (nürnb.) Mîs; Zeitschr. IV, 117,1. 238,6,3. Vrgl. unten: Mautz, Mitz, Mutz.ʼ In Städten ist das Minnə-l auch ein Wilhelminchen. Zeitschr. VI, 450.

minner, adj., (O.Pf., Frank.) minder, (ahd. minniro, isl. minni, goth. minniza, minor, neben dem adv. min, minus, mhd. minner, neben minre und minder. Graff II, 800. 798. BM. II, 175. Weigand, Wbch. II, 162. Zeitschr. III, 280,54 IV, 478. V, 276,8. VI, 355). „Za demo minnirin Tan“; Meichelb. Hist. Fr. I, II, 301. Im hchd., auch altb., minder ist nn in nd umgesetzt. (Vrgl. oben unter Mann die Formen Mándl rc.). Wahrscheinlich aber ist selbst dieses o.pf. minner nach Gramm. 447 erst aus minder, und nicht geradezu aus dem alten minniro zu deuten. s. minder.

Der Môn, Mond, s. Mân.

Monus? „Malfranzos oder St. Monus krankhait“; Cgm. 731, f. 169.

Der Muni, (schwäb.) der Zuchtstier; (doch wol nicht zusammenhangend mit dem isl. munr, voluptas, muni, animus; vrgl. das schweiz. muni, Gemüthsstimmung, Laune). „muni stier, bonasus“; Voc. v. 1618. Diefenbach 79a.

Münnerstadt, bey Schultes, histor. Schriften I, 179: Munrichstat. Förstemann II, 1056.

Der Manchus, Mancus, plur. Manchussa, ahd. Spr., (z. B. gl. a. 681. i. 59. 252. 546. 977. 1055. Graff II, 808. BM. II, 51), „stater, philippus, solidus, nummus aureus.“ „Sestertiorum, phenninch. manchuse“; Clm. 4559 (sec. X.), f. 7a. MB. III, 314, ad 1125 ist wahrscheinlich für mancirsios zu lesen mancussos (aureos). Bey den Angelsachsen kommt neben dem Mancus, Mancs (Mark) in Golde auch einer in Silber vor, welcher 6 scillingas oder 30 penningas galt.

Der Münch, Münech, der Mönch; (ahd. munih, munich, mhd. münech, munch, münch; Graff II, 804. BM. II, 233. Weigand, Wbch. II, 188). Aus der gemeinen Rede ist das Wort durch die Ausdrücke: Klôster-Gêistlicher oder Klôster-Herr (wie Pfaff durch Geistlicher, Herr) beynahe ganz verdrängt, und kommt blos noch in Ortsnamen vor: Münchsdegging, Münchshausen, Münchshofen, Münchskirchen, Münchsmünster rc. „Weis munich, praemonstratensis; grab munich, cisterciensis“; Clm. 5387, f. III. „Fisch-Münch, praemonstratensis; Voc. von 1419. „Das Münchlein, (motacilla), atricapilla“; Voc. v. 1618. Der Haselmünch, asarum europaeum L. „Dem Scotomoticus dunckt wie Münich ʻ(? s. Munken)ʼ vor den augen farn“; Ind. 344, f. 80. ʻ(Diefenbach 520c: scotomaticus, zoranouga).ʼ Im Zillerthal ist der Münch ein durch Unterbindung der Hoden kastrierter Ziegenbock, wie denn Mönch anderwärts in ähnlichem Sinne auch von andern Thieren vorkommt, (Weigand, Wbch. II, 188; Zeitschr. IV, 54. 226); in Fulda: Obst, das Kinder im Heu verstecken, bis es teig wird. R.A. Einen München schleppen, (Grabfeld) von Kindern und Gesinde: Vorräthe heimlich aus dem Hause entwenden. Vrgl. maucken. „Die Municheie, ä. Sp., mhd. münechîe; BM. II, 233.ʼ „Er (St. Ulrich) wolte sich ze der municheie (ins Kloster) han gegeben“; St. Ulrich's Leben, Cgm. 94, f. 64, Vers 1217. sich münchen, facere se monachum. BM. II, 233.

München (Mingə˜, O.L. Miniche˜, Minkhə˜, o.pf. Mi˜chə˜), der Ortsname; čech. Mnichow, von mnich, Mönch. Vrgl. Förstemann II, 1058. Das in MB. VI, S. 162, ad 1060 angeführte Verzeichniß von Tegernseeischen Besitzungen kommt auch im Münchner Cod. Virgilii, woraus die gl. i. 701—814 genommen sind, hinten eingeschrieben vor. Hier wird namentlich eines noch leben- 595
den „episcopus Benno de Pazzouua“ gedacht, wornach das Register in die Jahre 1012—1045 fällt. In diesem Verzeichniß (gl. i. $814\frac{3}{6}$) ist zweyer Orte Munihha (Nom. plur. von Munih?) erwähnt, welche sich eher, als auf die jetzige Stadt, auf die Dörfer Klain-München (im LG. Eggenfelden) und Ober-München im jetzigen L.G. Moosburg, (Nider-München, s. Panzer, Mythol. I, 62), und kaum auf Oster-München im L.G. Rosenheim („in australi Monaco; MB. VI, 197, ad 1193) oder auf Wenig-München im L.G. Dachau (MB. XVII, 167. 200) zu beziehen scheinen, da auch im Tegernseer Urbar (bey B. v. Freyberg, S. 227. 255) außer der civitas Monacum von einem superiore und einem inferiore Monaco die Rede ist. Die jetzige Stadt (nach obigen Stellen im Lateinischen besser Monacum als Monachium) kommt MB. VII, 394 und 410 zwischen 1140 und 1200 als Munichen (nach Gramm. 878, Dat. plur.) vor. Kaiser Fridrich's Entscheidungen von 1158 und 1180 über die Klagen, zu denen Herzog Heinrich wegen Errichtung einer Brücke und eines Salz-Zolles in seinem Dorf Munichen den Freysinger Bischof Adilbert, welcher hiezu für seinen Markt Veringen allein ein Recht zu haben meinte, Anlaß gab, finden sich bey Meichelb. Hist. Fr. I, 337. 365; cf. v. Lang's Reg. zu diesen Jahren. Eine ältere Übersetzung des Diploms von 1180 ist in Schilter's Thesaurus als Anhang abgedruckt. „Quidam vir religiosus Alpolt et filius ejus Huasuni tradiderunt propriam haereditatem in Suapinge et in Sendlingas ad Monasterium B. Dionisii martyris Christi

quod constitutum est secus flumine praecipito lapsu quam autumant coloni illius Isaram. Et hoc testes per aures signati Ezzilo Lontpercht Oudalrich. Actum est hoc in curte qui dicitur Munhingas indictione VII"; Urk. v. 784 (Schlett, d. Römer in München, p. 174 f.: wol aus Mon. b. Scheftl. Meichelb. H. Fr. I, 80. 81). „Ad Munichen hobe decem", ad 912; Leuthner, hist. Wessof. II, 45. „In loco qui dicitur ad Monachos", Cod. Teg. 1008, p. 137: Otto imp. ad Diemonem. Immer Monacum, Monaci in dem Formelbuch Furstenf. 187 (sec. XV.), f. 127 ff.: Handelsprivilegien von 1280 bis 1360 erneuert. „Anno milleno trecenteno LXXXX secundo in Munichen urbe facinus dimittitur turbe"; Fragm. mit Musiknoten. „Misimus ad vos dilectum Clericum nostrum dominum C. de Monechen"; Teg. 1411, f. 134b. „Sicut dicimus in Monaco ita debet dici in Lanczhueta quia residet etiam dux"; San-Zen. 50, in fine Vocabularii (v. 1481). „Monacum, Münichen", Semansh. 34, f. 194 (v. 1466); item Clm. 19487, f. 59. 60. „Villa Munichen"; histor. Abhandl. d. Akad. 1813, Bd. II, 91. 93. Cod. c. pict. 7c, f. 12. Cgm. 994, f. 62. Arnpeck, Chr. B. V, cap. 64. „Mezzen mit Municher ellenstabe"; Stdt.R. v. Meran v. 1337 in Haupt's Zeitschr. VI, 419. Der Münicher, Müncher (Pfenning), MB. XXI, 43, ad 1388 u. XXII, 248. 367, ad 1323 und 1391; ein Müncher scheffel; Cgm. 37, f. 54b. „Munego, Munichen; un Munegense, ein Municher"; Nomencl., geschrieben zu Venedig 1424, fol. 40b. Cf. Grimm II, 128. Eine bündige Geschichte Münchens (von A. Baumgartner?) im Hübschmannischen Schreib-Calender für 1819, p. 21—32. Schwabmünchen ist aus Mantichinga (MB. XXIII, 20, ad 1130 circa) in Menchingen (Schwabmenhing, Hund, St.B. I, 131) verderbt, und falsch in München verhochdeutscht. Mänchingen, C. M. G. 94, f. 52. Baier-Menchingen, Clm. 4355, f. 44, ad 1375. Clm. 9508, f. 148, ad 1452. Waldmünchen. Das ital. Monaco ist wol der Portus Herculis Monoeci der Alten?

„Mandare, messor"; Notk. 128,7. Vrgl. oben, Sp. 1601: Mándel und Diefenbach 359a.

Mandâten, (Augsb.) Oblaten; Birlinger 328. „Guet gefült Mandata zu pachen". . . „schneid den Mandata"; Cgm. 4126 (v. 1538), f. 4. 25. s. Tegernf. Cerem. Cgm. 1148, f. 13—14; Benedictbeurer Cerem. Clm. 4770, f. 47; Nonnenrituale (sec. XIV.), Cgm. 168, f. 57. „Crustulum, oflat, obalt, mandat"; H. Junii Nomencl. Augsb. 1629, p. 47. „Mandatenbacher, crustularius hebdomadae sacrae, vel pedilavii; nota est illius diei ceremonia"; Voc. v. 1618. Vrgl. mhd. diu mandâte, franz. le mandatum, das Fußwaschen am Gründonnerstag, (etwa nach Joh. XIII, 14). Graff II, 816. BM. II, 51. „Johannes der iunger der vf siner (Christi) bruste lach ze der mandat"; Cgm. 66, f. 5a. „Di mandat di unser herr mit seinen jungern het"; Cgm. 99, f. 91. „Da Johannes das mandat das Jesus begieng mit seinen jungern volschrib, da schrib er dise passion . . ."; Cgm. 4477, f. 309. Das ist das mandat das man list an dem pfinztag vor dem h. ostertag"; Cgm. 4595, f. 73. „Diu vüzze er in duog bedaz er getete die mandate"; Diut. III, 65. „Zu der Mandat in das Chloster"; Freyb. Samml. II, 113. Karl V. hat 1521 zu Worms am Gründonnerstag 12 † 1 armen Knaben die Füße gewaschen, sie gespeist und beschenkt. „Nachdem die Kinder sich gesetzt hatten hat der Kaiser die Antiffen und Responsoria so man von dem Mandat oder werck Christi desselben tags in der Kirchen pflegt zu singen — durch seine Cantores zu singen befohlen"; (gleichzeitiges Druckblatt). „Exeuntes vero lavat abbas pedes omnibus et post mandatum coenant"; Meichelbeck, Hist. Fris. I, II, 22. Vrgl. engl. maundy-thursday, maundy men and women, (was bey uns die Apostel). Müller, etymol. Wbch. d. engl. Spr. II, 75. „In der Whitehall-Capelle wurde das übliche Gründonnerstag (Maundy-thursday)-Almosen (royal maunday) der Königin, je 5 Schilling bis 3 Pfund Sterl. an mehr als 1000 hochbetagte Arme ausgetheilt"; Allgem. Ztg. v. 8. April 1847, S. 777. „De mandato pauperum in coena domini"; Hegelwerd 1, f. 25. Wessobr. 65, f. 9. Clm. 9901 (XIV. sec., v. 1304), f. 47. „Agenda in coena domini ad mandatum pauperum in monasterio Schirensi"; Schir. 124, f. 32. S. Ulrici Aug., Clm. 4325, f. 24—26. „De mandato pauperum, fratrum, hospitum", im Kloster Rott, Cgm. 639, f. 90b.

'Die Mandung, ä. Sp., Freude, mhd. mandunge, mendunge; Graff II, 810. BM. II, 52.' „In gaudium, in die mandunge", Cgm. 17, f. 46, Ps. 29,14; gaudiis, mit den mandungen, das. 199a. „Sehen die mandunge und die grozen wunne diu den rehten beraitet ist"; Tungdalus, hg. v. Hahn, p. 52,46. „Daz si gemach iemer unt wunne unt mandunge mit im haten"; Anegenge, hg. v. Hahn, p. 3,48. 'menden, ä. Sp., sich freuen; (ahd. mandjan, mendjan, mhd. menden; Graff II, 810. BM. II, 52).' „Seth, des elliu geslahte mendent"; Diemer, Ged. 11,21. „Gaudere, mendelen"; Cgm. 17, f. 199a.

Der Mendelberg, Grimm IV, 408; mons gaudii, Eiselein, Sprichw. 459; mons Veneris, das. 557. BM. II, 52. Mendilberch, MB. VII, 337. Förstemann II, 1015. Cf. la Mendola an der Etsch.

minder, wie hchd.; s. minner. Die minder (Jār-) Zal, d. h. blos die Zehner und Einheiten über das zunächst abgelaufene volle Jahrhundert zu schreiben, war im 15. und 14. Secul. selbst bey wichtigern Instrumenten nicht ungewöhnlich. „Zu den Weihnachten im zweiundneunzigsten der mindern Zal", d. h. ao. 1491. Kr. Lhdl. XI, 94. Vrgl. Neu-jār.

Der Mund, wie hchd.; (ahd. mhd. munt, ags. mudh, isl. munnr, goth. munths; Graff II, 811. BM. II, 234. Weigand, Wbch. II, 210); jedoch in der gemeinen Rede meistens durch Maul und dessen Synonyme ersetzt, und fast nur in gewissen R. A. und Zusammensetzungen üblich, z. B. von Mund auf gen Himmel faren. „Urteil und recht hat uf des Armen gichtigen Mund geben"; Tigew Röttenberg. Vrgl. oben, Sp. 1595: moltiger Mund. Das Mundstuck an einem Blasinstrument. Ein guetes Mundstuck (d. h. das Maul am rechten Platz) haben. Das Mundmel, die Mundsemmel, feinste Art Mehl, Semmel für die fürstliche Tafel. „Guete mundtschellen (muttschellen) zu pachen"; Cgm. 4126, f. 3. 4 (ad 1538). 's. Mütschelein, Maultaschen, Maulschellen.' Mundvoll, s. oben, Sp. 838 und Weigand, Wbch. II, 211. Zeitschr. V, 258,42. VI, 357. „Des hirsen munt . . . des leowen maul"; Cgm. 54, f. 84a. 87a. Des „Stuckes Mund" Mündung der Kanone; Feurb. v. 1591. „So vil Pfund als Mund", Erbportionen per capita; wirzb. Verord. 596
v. 1742. Bey Dietr. von Plien. heißt der Plur. monder, besser M.m. 121: munda, ora. „Ich sich ûz harme dort von rubîn glesten ein mündel rôt"; Labr. 327. „Mund an mündel, brust an brüste"; das. 328. Gemund, Gemunden, (wol ein ursp. Neutrum) ist der Eigenname mehrerer Ortschaften, welche da, wo sich zwey oder mehrere Wasser mit einander vereinigen, oder von einander trennen, gelegen sind. Weigand, Wbch. II, 210 f. So liegt ein Gmund an der Ausmündung des Tegern- sowie des österreichischen Traun-Sees; eine Vorstadt von Kelheim heißt Gmindt. „Locus quem ob confluentiam aquarum duarum vocant Gamundum"; Vita S. Pirminii, Windb. 44, f. 119b. „In villa quae dicitur Phatagimundi", ad 902; dei gimundin, ostia; gl. i. 549. 551. „Aftar niun gimundin", per novem ora; i. 752, ad Aeneid I, 249. Cf. ags. gemydh, isl. munni, n., ostium. Man vrgl. die vielen -münde im Norden von Deutschland, die -monde in den Niederlanden. Förstemann II, 1059 f. Ist Fischa-

ment (unter Wien) = Fischa-Mund? Das alte Verb mundalon, mundilon, mundozan (gl. a. 243. 281), loqui, effari, scheint zu Mund zu gehören. „Der (priester) het an der canczeln gemundet gepredigt und verkündet das heilig evangeli“; Mich. Beham, Wiener 268,32. 'münggeln, münkeln, s. unten: münkeln und vrgl. mümfeln.' Vrgl. unten die Mund und mündeln.

mündeln, (O. Pf.) vermuthen, argwöhnen. Die Mündlung (Mindling), Vermuthung. „In ira gimunt“, memoriam, Tat. 138; „in mina gimunt“, in meam commemorationem, das. 160,3; „zi gimuntigonne“, memorari; das. 4,8. Graff II, 815. Gl. a. 303: kimundit, meminit; agſ. munden, memoratus, gemynde, memoria, meditatio, mens, (engl. mind), myndjan commemorare, meditari, statuere, goth. munds vas, ἐνομίζετο, alles vom agſ., goth. munan, cogitare, meminisse, isl. muna, wohin auch muni, animus, gehört. s. auch manen und mümfeln und münzen. 'Die Munderin, ä. Sp.; vrgl. oben, Sp. 1570: maudern.' Deine Frau kann dir nicht recht thun, du Eifrer: „sicht sy über sich, sy ist ein gafferin, under sich ein mauderin, schweiget sy, so ist sy ein stumm, redt sy, so ist sy ein klafferin, du leckerst sy mit worten und wercken ee du die warheit vindest“; Konr. v. Megenberg, f. 166b, (Pfeiffer 286,19).

mundieren, (im Meistergesang) zu hoch oder zu niedrig singen. Wagenseil, civit. Norimb. 530.

Die Mund, Munt, das Gemund, (ä. Sp.) die Sorge, die für eine Person oder Sache getragen wird; Schutz, Schirm; (Graff II, 813. BM. II, 236. Weigand, Wbch. II, 210). „In der Frawen munt“, in der Frau Gewahrsam; Augsb. Stdtb. „Da kam N. vor gericht und nam seine Wirtin in sein Gemund auf vierzehen Tag, als recht ist“; Amberg. Akten v. 1385. (Otfr. Prol. 32. IV, 27,20. V, 23,29: thiu munt, genit. dat. munti; agſ. mund). In den longobardischen Gesetzen ist mundius zumeist die für die tutela zu entrichtende Gebühr. munden, „muntôn“ Einen, (ahd. Sp.) ihn beschirmen, protegere, defendere; gl. i. 579. Otfr. I, 5,51. III, 1,34. agſ. mundian; leg. Longob. mundiare. Der Mund, (M.m. 126) der Ehmann; vrgl. Vogt. Der Vormund, wie hchd.; (foramundo, advocatus, gl. i. 81, wo auch die alte Form foramuntscaf für unser Vormundschaft zu lesen). Graff II, 814. BM. II, 237. „Tutor, vormundner“; Clm. 5387, f. III (von 1450). sich munden, sich in die Clientel, in den Schirm eines Andern begeben, sich durch ihn vertreten lassen. Graff II, 814. BM. II, 238. „Item wer sich an einen andern Herrn mundet und seines rechten Herrn dadurch verläugnet“; Krenner, Lt. Hdl. VII, p. 283. 344. 449. „Wir verpieten daz niemant mundleut aufneme, oder ainer an den anndern oder ander munden (sich munde?), sondern jedermann pey seiner herrschaft beleibe, der er zugehört“; Passauer Stadt-Rechtbuch, Ms. sich vermunden. „Daß sich kein Bauersmann, unsrer Obrigkeit unterworfen, niemand vermunden noch vervogten solle“; Kr. Lhdl. XI, 335. XVI, 283. 'münden, vrb.; vrgl. oben, unter der Mund: munden.' „Geschafftherren die nit ausrichten geschafft . . . als es verschriben vndt offenleich gemündt ist“; Cgm. 632, f. 46½. mündig, mündlich, adj., im Alter, sich gesetzlich selbst zu vertreten: „mündige, mündliche oder vogtbare
597 Kinder.“ „Die mündigen Jahre fangen für Knaben mit dem 14ten, für Mädchen mit dem 12ten an.“ „Unmündige, unvogtbare Kinder, die jenes Alter nicht erreicht haben“; wirzb. L.G.Ord. v. 1618. Auch im Isl. finde ich das Adj. myndugr, majorennis, neben einem wol nicht dazu gehörigen mynd f. forma, effigies. Die Muntât, mhd. mundâte; BM. II, 238. Der Muntâter, entgegengesetzt einem „uz der stat“; Bamberger Stdtr. (sec. XIV.). s. oben, Sp. 1604: Manzaler. Die „Muntaw“ im Amberger Stadtb., welche Schenkl durch Freyung (also asylum, Schutz) erklärt, könnte allenfalls hieher gehören. „Haderey auf dem Rathhaus, dem Marckt, so weit sich die Muntaw erstreckt.“ mundbar, adj., wie vogtbar, d. h. im Stande, sich selbst zu vertreten; keiner tutela oder Schutzherrschaft unterworfen. Ertel, prax. aur. 474. „Die Kinder und unmundbaren Personen“; tyr. L.O. v. 1603. Der Mundbore, muntporo, ahd. Sp., ὑπερασπιςής, actor, protector; gl. a. 185. 369. i. 52. 175. o. 297. Dieses boro (vrgl. schiltpor, Paul. Diac. d. g. L. 2,28: armiger), eine neben obigem -bâri bestehende Ableitung von beran (ferre), findet sich, vielleicht erst durch Vermittelung eines Subst. mundburd, agſ. mundbyrd, patrocinium, in mundburdo, muntpurto erweitert, gl. i. 476. 556. 998 o. 408, in den a. Gesetzen: mundiburdus. Graff III, 157. 159. BM. I, 152. Das Mundgeld, Abgabe für den Schutz eines Höhern, dessen Mundmann man ist, Schutzgeld. „Vogtzins oder Mundgeld“; Kr. Lhdl. XVI, 149. „Der Oberbeamte genießt das sogenannte Schutz- oder Amundgeld — (sollte hier noch an das ämund, adj., e tutela dimissus, der Leg. Liutpr. 36,1 zu denken seyn? BM. II, 236) — der Inleute und Professionisten“; Hazzi, Statist. IV, 213; b. Wald. Der Mundherr, (gl. i. 123: muntherro. Graff IV, 993. BM. I, 667), patronus. 'Der Mündling, ä. Sp., der Vormund, (BM. II, 237); der Schützling,' (Grimm, RA. 311. 411: mundilingus, jamundilingus). Graff II, 815. Der Mundmann, plur. Mundleute, (Franken) der Schutzverwandte, Client; Kr. Lhdl. II, 218. VII, 241. 351. 363. XIII, 350. BM. II, 45. „Von Verspruch- und Mundleuten soll des Jahrs 1 fl. 12 Pfenn. als Schutz- oder Verspruchgeld bezahlt werden“; Ansp. Verord. v. 1611, die „Hausgenossen“ betreffend. „Homines ecclesie quos vulgus muntleut appellat, dimittet a suâ potestate“; Ried 502, ad 1268. Die Mundschaft, das Verhältniß zwischen Patron und Clienten; Kr. Lhdl. II, 59. Der Mundwegk, (Franken) jährliche Abgabe eines Weckens oder eines Aquivalents in Gelde von Seite der Beständner, Hintersassen 2c. an den Vogteyherrn in signum subjectionis. Ob dieses Mund, f., zum alten Mund, manus, (s. d. folg. Wort u. vrgl. Grimm, RA. 403), oder etwa in der Bedeutung der Vorsorge zu den unter mündeln berührten Formen gehöre, getraue ich mir nicht, zu bestimmen. Mund (agſ. mudh, os, verschieden von mund, protectio) liegt ganz ab, sollte auch mancher Vormund seinem Mündel das Brod vor dem Mund wegnehmen.

Das Gemünd, die Breite der Hand-Fläche nebst der Länge des seitwärts ausgestreckten Daumens, span. el coto, wird bey verschiednen Geschäften als Längenmaß gebraucht; (Ilr.) die *Gmündt*, die geballte Mannsfaust mit aufgestrecktem Daumen, circa 6 Zoll, als Maß zur Bestimmung der Stromhöhe. Graff II, 815. BM. II, 236. Abgebildet als bergmännisches Maß im Cgm. 1203, f. 138. „Daß sie das Schiff dermaßen zufassen wöllen, daß es ein Gmind oder 5 Zoll ober Salz hab, und ein Naufart auf 5 Gmindt taucht werde“; Lori, BergR. 320. 498. „Das hengelin triublen (Trauben) sol also lang sin als von iren achslen ein gemünd von dem herd (von der Erde) ist“; Mone's Anzeiger IV, 24. Haupt's Zeitschr. VI, 266. Grimm, Weisthümer I, 821. Ein Kuchen „eines gemonds dick und breit“; Grimm, RA. 359. „Si homo episcopi collegam suum occiderit reddet hominem longum ad mensuram VII Gemundos“; MB. V, 135. XII, 346, ad 1172. Dasselbe Maß ist vermuthlich auch gemeint in Rupr. v. Freys. Rechtb. (Wstr. Btr. VII, 92), wo es bey Gelegenheit des Zweykampfes zwischen Weib und Mann heißt: „Und swev sie den stauchen lazz hangen, so soll der stain sweben darinne ober der erd einer gesatzten hant hoch.“ „Faust, gemundt oder span, palmus Voc. v. 1482; „munt, palmus“, gl. a. 102. 672. i. 239. 275. „Palmus (IIII digitos habens), munt“; Clm. 4603, f. 139. Im Agſ. ist mund sowohl dieses Maß als die Hand selbst; auch im Isl. ist mund, f., die Hand (neben einem Masc. mundr manipulus und dos und einem Neutr. mund, das für tempus gilt; vrgl. Mâl).

Mang, Magnus, Name.

Der Mangel, öfter: der Mengel, 1) wie hchd. Mangel, besonders auch in der Bedeutung eines Gebrechens, Schadens, (schott. mangye, Defect überhaupt). BM. II, 61. Weigand, Wbch. II, 97. Vilmar, kurhess. Idiot. 260. Zeitschr. III, 467: mank, fehlerhaft. Er hàt ə˜n *Meng·l* (Leibschaden, Bruch), sunst sprang er übər àllé Zäu˜. 2) Beschwerde, Klage. „Was die Knechte Mengl haben gegen jren Herrn, sollen sie an einen Pfleger bringen"; Lori, L.R. 141. Des Fürsten Antwort auf die von der Landschaft angebrachten Mängel (gravamina); Kr. Lhdl. XIII, 196. R.A. Mangel oder einen Mangel haben an etwas, etwas daran vermissen, auszusetzen haben. „Der König hat in dem Verschreibungs-Instrument Mangel gehabt, weil es nicht eigenhändig unterschrieben"; Kr. Lhdl. XIV, 574. „Wer hat an mir einen Mangl, cui displiceo, quid vitii objectes? Es hat keinen Mangel, es liegt wenig daran"; Voc. v. 1618. Einem ein Mangel, Mengel seyn, einen Mangel bringen, ihm schaden. Es is mə' kaə˜ *Meng·l*, sagt der Müde, wenn I ə˜ weni' ausrast·n tuə. Lernts no˜ bráv, Kində', des is enk kaə˜ *Meng·l*. Das bringt mir kainen Mengel, und was gêts dich an, bringts etwa dir einen Mengel? „Das soll keinen Mangel bringen", (keinen Defect begründen); Kr. Lhdl. XIV, 574. Mengel nemen etwas, (Sterzing) es vermissen; *I bin mengel*, ich werde vermißt. „Bistu ain kind, das man dich hort mangel grammen"; Balkn. 108, (vrgl. oben, Sp. 995). Der Abmangel, (Canzl.Sp.): aus Abmangel einer Sache. mangeln, mengeln, 1) wie hchd. mangeln; (ahd. mangalôn, mangolôn, mhd. mangelen; Graff II, 807. BM. II, 61. Weigand, Wbch. II, 97). 2) ich mangel, mengel eines Dinges, ich mangel es (ejus), heutzutage (nach Gramm. 728): ich mangel eß (id), ich vermisse es, bemerke, ande (s. d. W.) es. „Ih mangolo thîn, thes"; Otfrid IV, 11,36. Epilog. 6. „Eguerunt, magnelten", (so steht) Cgm. 17, f. 52ᵇ, Ps. 33,14. „Der König mangelt der drey Stück, die.."; Kr. Lhdl. XIV, 574. „Mein Herr mangelte meiner alsbald"; Albertin's Guzman von Alfarache p. 136. Er *menglts* glei', wenn éppəs drà˜ fált (fehlt). Er *menglt*
599 's Wédər an seinem kranken Arm. Es (eine Übelkeit, Krankheit) mengelt mich an, ich habe eine Vorahnung, Anwandlung davon. (Hier wäre eine Berührung mit dem ags. manigan, manigean, monere; s. manen und mündeln). 3) mengeln Einem, ihm Schaden bringen. Miər *meng'lt* 's nicks, mir verschlägt es nichts. abmangeln, (wirzb. Verord.) fehlen, abgehen. anmengeln, anwandeln; s. oben. bemengeln, schadhaft, fehlerhaft finden oder erklären. Grimm, Wbch. I, 1457. menglig, mengelhaft, O.L. mengelhäftig, mit einem Leibschaden behaftet. Er hat sich menglig gehoben. Də' Doctə' hàt·n *menglhaft* gschaugt, er derf nét zó'n Saldadnlébm.

Die Mangelkatz, (salzb. Gebirg) mus marmotta L. Mangel-Kraut, M.-Wurz, Mangold. Graff II, 804. Grimm III, 453; Mythol.² 498. 1160. Birlinger 328. s. oben, Sp. 1609.

mangelweit offen ist die Thür, d. h. am, im Angel. Vrgl. oben, Sp. 1549; dann: „daz Achlant" in einer Urk. v. 1290 bey Kurz, Österr. unter Ottocar und Albrecht I., Th. I, S. 131, heutzutage: Machland; ferner oben, Sp. 3 und 15: neben, nau st. en eben, in au.

Der Manger, Manges, (O.Pf.) der Schusser, das Schnell-Kügelchen.

Der Manger, Maniger, Menger, (ä. Sp.) der Händler, Negociant; (ahd. mangâri, mhd. mangære; Graff II, 807. BM. II, 60. Vilmar, kurhess. Idiot. 268: Menge. gl. o. 59: mangare, mango. Diefenbach 346ᶜ). „Mango, -onis, dicitur emptor et venditor equorum et dicitur mangor quasi manu agens equos"; Clm. 17210 (XII.—XIII. sec. 4⁰), f. 37. Eisenmanger, Eisenhändler; Gem. Reg. Chr. III, 365, ad 1462. (Es ist die Frage, ob die Eisenmanngasse in München ursprünglich nicht Eisenmangergaß geheißen. Im Dießener Necrolog, Clm. 5509, XIII. sec., f. 2ᵇ begegnet ein „Liutoldus Eysenman civis Monacensis a quo habemus annuatim redditus duarum librarum monacensium a domo Pertlini in Monaco"; dann f. 5: „Ulricus Eysenman a quo habemus a. redd. III libr. mon. ex quadam domo vulgo dicta Eckhaus in Monaco", und f. 6: „Chunr. Eysenman de Monaco." cf. Clm. 5643, f. 1). „Fisch-Menger, ichtiopola"; Henisch. Fleischmanger, Fleischer. „Swelh fleismanger ein varch sleht daz phinnik ist"; Augsb. Stdtb. „Bleisc-mengere, lanista"; gl. o. 355. Blasmanger, Flachshändler; ebendaselbst. Der Tuechmanger, Tuchhändler. „Es gab im 16. Jahrh. in München Tuechmaniger, deren einer oft 23 und mehrere Geschlachtgewandner (Tuchmacher) verlegte"; Westenrieder, über den Verfall des Tuchhandels, S. 22. 23. Sie bildeten eine eigne Zunft, (Wstr. Btr. V, 154. 158. Finauer, Biblioth. II, 223). A⁰. 1618 waren 6, a⁰. 1633 und 1649 3 Tuchmanger in München. Dagegen führt Hazzi, Statist. III, p. 252 daselbst 17 Tuchmaniger auf. „Tuchmaniger, negotiator panni"; Voc. von 1618. Cgm. 544, f. 54. Der Wâtmanger, (nach MB. III, 150, ad 1253) in München vorkommend, und wol mit den spätern Tuechmangern eines Geschäfts: „Unum cubile in quo merces vendi solent, situm infra forum vulgo inter Watmangarios." s. Wât. Der Witmanger, Holzhändler, (Gem. Reg. Chr. I, ad 1320. IV, p. 220); in Regensburg heutzutage noch in der corrumpierten Benennung Wittwanger-Wacht vorkommend; (s. Wit). Freyb. Samml. III, 77. Vrgl. ags. mangian, isl. mânga, mercaturam facere; ags. mangere, (wovon noch engl. cheese-, fish-, iron-, news-, whore-, woodmonger), isl. mângari, mercator; ags. gemang, isl. mâng, mercatura. Müller, etymol. Wbch. d. engl. Spr. II, 102. Vrgl. mänkeln.

Menge, s. oben, Sp. 1604 f.: manig.

'Das Mankei (d. i. Mankel), das Murmelthier.' 600
„Wo d· *Mankein* pfeifa unter die Stoa", Kobell, oberbayer. Ged., Firmenich II, 695,70. „Na' schaugngs· ja gar schier aus wiə d· *Mankin*"; Kobell (1852) p. 118. 'Vrgl. Zeitschr. VI, 84: Munk und unten: munken.'

mänkeln (mánkln), handeln, tauschen, kleine Geschäfte machen, mit einem Nebenbegriff des Heimlichen, Unerlaubten oder Verächtlichen. Das Münkelmänkel, geheime Verabredung, Intrigue. vermänkeln, heimlich verhandeln, bey Seite schaffen. 'Castelli, Wbch. 197: *mankln*, auf eine verborgene Weise vermengen, z. B. 's Goa'n hàd si' *fa'mankld;* auch figürlich, wenn jemand eine Angelegenheit verwirrt.' „ə˜ *və'minkəlté* und *və'mánkəlté* Gschicht"; Seidl, Flins. (1844) p. 265. Vrgl. Manger 'und munken.'

mänkeln, was maukeln, d. h. nach Fäulniß, Moder riechen. 's Fleisch *mánkəlt* scho; (b.W., Obr.M.). Beym Fristus ist der Mangen sapor. Vrgl. munkeln.

maunken (mau˜kə˜), (schwäb.): a) scharf hinsehen auf etwas; b) das Wetter *mau˜kt*, wenn es sich weder für schön, noch für schlecht entscheidet. Der Mensch *mau˜kt*, wenn er stillverdrüßlich ist. Vrgl. d. folg. Wort und maukeln.

munk, adj. „Mein nas ist breit, bluntsch, munck und kurtz"; H. Sachs 1560: III, III, 16. 's. munken.'

'munken, munkeln, mengen; heimlich reden und thun. Weigand, Wbch. II, 212. Zeitschr. II, 562,3.

V, 156. 258,4. VI, 119,16. 357. Vrgl. mänkeln und das folg. Wort.' „Er thet mich an dem bethören, thet sein Red in einander muncken da meint ich der juncker wär truncken"; H. Sachs 1560: IV, III, 4.

munken, munkezen, munkschen, munkeln, 'heimlich von etwas sprechen, murmeln;' mürrisch, verdrießlich thun. Weigand, Wbch. II, 212. Zeitschr. II, 562,3. III, 473. 504. V, 156. 254,59. 258,4. VI, 357. „Thust auch gern launen und muncken"; H. Sachs 1560: IV, III, 36. „Denn man munket, sie wollten die Land verkundschaften"; Av. Chr. Gem. Reg. Chr. III, 818. „Heunt früeh hab'nt d' Leut schan g'mungäzt, mein Hänsel hett si' nächts in Most schan me vä'schlungäzt und wär in Wirthshaus blib'n"; Lindermayr 72. Das Gesellschaftsspiel *Munkez'n (Mungaz'n)* wird beschrieben in Seidl's Flinserln III, 49—52 u. 116; (1844) S. 191—193 u. 321: „Die berührte Person gibt mit verstellter Stimme einen Ton (Miau'n, Mungázá) von sich, aus welchem der Verbundene im Kreise die Person selbst errathen muß, die ihn dann ablöst." Vrgl. Vilmar, kurhess. Idiot. 276: Stille munkes! Zeitschr. II, 29: munken (als Spiel v. J. 1563). III, 504 und d. folg. Wort.' Der Munkezer, 1) was Muckser, s. oben, Sp. 1566. Zeitschr. VI, 374. „Kaə˜n *Maungátzər* (Athemzug, Seufzer) machə˜"; Kaltenbrunner 179. 2) rana bombina; (cf. Müemel). munk, adj., (Aschaff.) finster, griesgrämig. munkisch, ä. Sp. munket, mürrisch, trotzig, feindselig. „Sie schweigt muncket"; H. Sachs 1560: IV, III, 37. „Der los man mit dem muncketen weib"; das. 36 ff. „Laß fahren dein munckische weis"; ebendas. cf. muckisch.

'Das (?) Munkel, ä. Sp., Mahlzeit (?); BM. II, 233 f.' „Der herre sprach: Waz hât dich sô lange gesûmet? des vrâg ich. (Der Knecht antwortet:) Herre, ich tet ein munkel"; S. Helbling I, 399. Das Münkelspil, ä. Sp. „Der jm das Münckelspil so grandig besteckt (ihn so gut bewirthet) hatte"; Simpliciss. von 1669, p. 253. Vrgl. das vorige Wort.

munkeln, (vom Fleisch) übel riechen; Zeitschr. III, 472: münken, münkeln, münkern.

Die Munken (Munkng), a) (O.L.) die Mücke. b) „Es soln auch die mülnar noch zumülnar noch hantknecht furbaz mer nicht vordern von nyempt ze lon weder mel, kleibn, munken noch abrenndlach"; Wstr. Btr. VI, 164. „Der Mülner sol die Munchhen (jenen) denen das gut ist, geben"; Mühl=Ordn. (Etwa die abgestampften Häutchen der Getreidkörner, wie Abrendlach das Abgerendelte, Abgeschrotene?). 'Vrgl. Sp. 1620, unter Münch.'

Mansus, (mittellat.) Wohnhaus, gewöhnlich mit dem Nebenbegriff der dazu gehörigen liegenden Gründe; ein bestimmtes Land= oder Feldmaß, bald von 12, bald von 30 ꝛc. Jucharten. Grimm, RA. 536. Wiesgründe nach Mansen gemessen im würtemberg. Cgm. 1003 v. J. 1680. „Dat hus unde den mes"; Sachsensp. II, 54. Im Schottischen ist manse in der Bedeutung einer Pfarrwohnung geblieben. Müller, etymol. Wbch. d. engl. Spr. II, 64. Die romanischen Sprachen haben in ihren Ableitungen von mansus und mansio das n ausfallen lassen. Catalan. mas, Landhaus, (z. B. Mas nou, Mas de Montoliu bey Tarragona). franz. maison, jedes Haus, span. meson, Wirthshaus, franz. mesnage, jetzt ménage Haushaltung, engl. mease (mansus). Diez, Wbch. 212. Cf. Otfrids mias (wol aus mensa.) 'Vrgl. Graff II, 874.' So ist auch in Deutschland aus dem frühern mansionarius (v. Lang, Reg. ad 1130) mesenarius (MB. I, 36) und endlich Mes'ner geworden. s. d. Wort.

'Die Mansenei, ä. Sp., was Massenei, (s. d. W.).' „Wie ez dem ritter ergangen sey der do erhub dise mansenev"; Waldsass. Reimchron., Cbm. 91, f. 10b.

manschen, mantschen, mauntschen, a) durcheinander mengen, besonders flüssige Speisen; schlecht kochen. Weigand, Wbch. II, 102. Birlinger 328. Vilmar, kurhess. Idiot. 260. 263: matschen. Zeitschr. II, 234. III, 134. VI, 173. Das Gemantsch, die Mantscherey, schlechtgekochte Speise. b) scherzhafte Verdeutschung des franz. manger, ital. mangiare. 's. unten: manzieren und vrgl. Zeitschr. V, 465: manschâk'n.'

Manschetten haben, (wol durch ganz Deutschland) Bedenklichkeit, Furcht haben. 'Schütze (Holstein. Idiot. 1802, III, 79) sagt: „Seit Manschetten (Handkrausen) aus der Mode sind, findet man und macht sie lächerlich; daher (in der Kieler Gegend) Manschetten für malheur, Unglück, kleines Leid in Brauch gekommen ist. Noch sagt man vom Furchtsamen, Ängstlichen: he hett en *Manschettenfeeber*, ein Fieber, das lange Manschetten zittern machen könnte."'

maunschen, was maunzen, mauzen. Zeitschr. II, 464.

1) der Mensch (B. Mensch, o.pf. Me˜sch), wie hchd. In der ahd. Sp. ist mann=ask, menn=isc neben men=isc ein Adjectiv. „Chnuat mannaskiu, natura humana"; Kero 37. „menisciu starhi", menschliche Stärke; gl. i 261. „an temo menisgemo lichamin", humano corpore; M.m. 161. (Cf. goth. mann=isks, isl. mennskr, agf. mennisc, humanus). Daher, neben dem Subst. diu menniski, humanitas, die nach zweyter
Declinationsart substantivierte Adjectivform der men= 601
nisco, neben welcher auch ein diu mennisca, (vielleicht zum Plur. menniscun, animae, animabus, gl. i. 216. 379, gehörig; das schwed. menniska ist wirklich ein Feminin), und ein aus der ahd. Sp. zwar nicht zu belegendes, aber, wie folgt, der neuern gewöhnliches daz mennisco regelrecht war. Graff II, 752. „Ich gloube daz er hien werlte was warer got warer mennesche an sunto"; Clm. 4636 (XII. sec. 8°), f. 107. „Aller dero sunteno die mennesco gefrumen mag"; das. f. 108. Neben diesem letztern oder dem gleich folgenden Mensch 2) hat sich indessen auch ein nach der ersten Declinationsart gehendes mennesche, unser Mensch 3), gebildet. 'Vrgl. oben, der Mann, Mannmensch.'

2) das Mensch, Nom. u. Acc.; des, dem Menschen, plur. die Menschen, (s. Gramm. 870; O.Pf., Frank.), der Mensch, die Person; (mhd. daz mensche; BM. II, 49. Weigand, Wbch. II, 143 f. Zeitschr. III, 260,23). ə˜ frems *Me˜sch*, eine fremde Person. Die Neutralformen: ə˜ frem's, blinds, unsər aə˜s ꝛc. sind wol Ellipsen statt: ə˜ frem's ꝛc. *Mensch*. „Der Kranke hat gleichsamb als ein todtes Mensch ligen müssen"; Benno=Mirak. von 1697. „In welches Mensch oder Vich der Rauch kombt, die verlieren ir khraft"; Feuerbuch von 1591. „Darumb sollt ein jegliches Mensch seiner Haut warten"; Av. Chr. 289. „Das ain mensch das ander neben im kaum ersach"; Reime v. 1562. „Das ander jung Mensch", Gem. Reg. Chr. IV, 438, ad 1521. „Ein junges Mensch, adolescentulus"; Voc. v. 1419. „Und sol daz mensch nennen mit namen, ez sey man oder weib"; Rechtb., Ms. v. 1453. „Wirt daz selb mensch, daz den schaden getan hat, darum gevangen", (ad 1332); Wstr. Btr. VII, p. 5; cf. 68. 117. „Jeglichem menschen, daz des almusens ger, ain prot"; MB. XXIV, 343, ad 1308. „Daz mensch hât ain græzer hirn nâch seiner græzen wan kain ander tier, und ain man hât ain græzer hirn wan die fraw"; Konr. v. Megenberg f. 5b, (Pfeiffer 7,7). „Ein yegliches gancz gewurcktes mensch hat newn löcher in seinem leib aus den allen unflot fleusset"; Cgm. 579, f. 49. Das E=Mensch, der Ehegatte, die Ehegattin. „Zwey Ehemenschen, die nicht Kinder haben." „Ehr und Treu so ein frommes Ehemensch dem andern erweiset." „Das im Leben bleibende Ehemensch, so sich anderwärts verheiratet, soll, eh und zuvor dasselbige dem neuen Ehemenschen ehelich beywohne, ein Inventarium machen ꝛc."; wirzb. L.G.Ord. von 1618; tyr. L.O. von 1603. Das Schmidmensch, (Lori, BergR. 67. 76; O.Pf.) der Hammerschmidgeselle: „Das kain Hammermaister dem

andern sein Schmidmensch abdingen soll vor Ostern, ... dann dasselbig Schmidmensch geb vor 50 Gulden, eh und er anfahe zu würken." Die Schmidmenschen, die gedingt sind ... von jedem Schmidmenschen ..."

3) das Mensch, dem Mensch (zuweilen auch Menschen), plur. die Menscher (ä. Sp., wie im Singul.: Mensche; s. Gramm. 798); 'auch: die Mensche, Menschin, ä. Sp., Vilmar, kurhess. Idiot. 268. Zeitschr. VI, 528,6. a) die Weibsperson. Zeitschr. II, 567,44. III, 393,3. IV, 177. 475. 548,13. (So wird z. B. in Franken auch: das Leut, im Französischen personne, vorzugsweise auf das andere Geschlecht angewendet). Schon 1324 (MB. VI, 414): „Funfe mensche die unser aigen leut gewesen sint, daz ist Mathilt die Weberin, jr zwo tochter Reikart und Agnes die Schererin und derselben chint, daz Ch . . . (vermuthlich auch ein weiblicher Name) gehaizzen ist, und jr mueme Diemuede." Ein nettes Wortspiel in Stelzhamer's „Dä Mansüchtö (der Mondsüchtige) p. 49: „Uud ás schreit á kain *Mensch*, mein! 'n *Menschern* is 's recht, wann má kráxelt und steigt, dafs má 's Gnáck bröchá mecht." b) unverheiratete Weibsperson, erwachsenes lediges Mädchen, im Gegensatz der ledigen Mannsperson (des Bueben), auf dem Lande ohne allen verächtlichen Nebenbegriff; (Weihers: dé Mensch, fem., Geliebte; Dr. K. Roth). Zeitschr. II, 567,41. IV,
602 548,13. V, 103,1. VI, 528,6. D' Rou wéckə *Menschə'*, die Rohrbacher Mädchen. Də' Buə' und sei˜ *Mensch*, (sein Mädchen, Liebchen). ə˜ schö˜s, ə˜ saubə's, ə˜ wüests, wılds, schiəchs, schiə'li's *Mensch*. Schon 1580 ward (nach Lic. Müller in s. Anordnung zur Fronleichnams-Procession, Wstr. Btr. V, p. 124) von der Jungfrau, welche die Maria unter dem Kreuz am kläglichsten vorstellte, allgemein gesagt: „diß Mensch wirt glickh haben, diß Mensch ziert die Procession nit wenig." Als Rebecca wird eben daselbst (p. 145) des N. N. Kechinn „gar ein froms zichtigs wohlbettendes schöns Mensch" angeführt. „Das gab mir das mensch mein", (meine Geliebte); Cgm. 714, f. 209. c) im b. W. selbst ein jüngeres Mädchen: Má˜ Vàdə' hät drey Boubm und drey *Me˜schə'* (Töchter). d) das Dienstmädchen, die Magd, Dirne. Das Obermensch, das Andermensch, das Kindsmensch ꝛc. „Ihr Dienstmägd und Frauenzimmer-Menscher habt (zu Patroninnen) die h. Agatoclia, die h. Dula, die h. Blandina, die h. Christina"; P. Abraham's Gack, Gack, Gack. „Eine fürnehme Gräfin zu Wien schickte ihr Kammermensch ins Augustiner-Kloster, zu fragen, von was P. Abraham künftigen Sonntag predigen werde"; Schreger's Zeitvertreiber. In Städten hat jetzt dieses Mensch 3) wie im Hochd. etwas verächtliches. Vielleicht hängt es näher mit dem unter Man, welches überhaupt verglichen werden muß, citierten isl. Neutrum man zusammen. An der O.Isar hört man: ein manneter Mensch, Mannsperson; ein weibets Mensch, Weibsperson; die Menschin (s. oben), ledige Weibsperson. 'Die Menschheit, ahd. mennischeit, mhd. menscheit, (Graff II, 755. BM. II, 50): a) der Zustand als Mensch, die menschliche Natur.' „Her Jhesu Criste ich erman dich des plutvergiezzen vnd smertzens den du gelitten hast in der vmbschneydung deiner menschait"; Gebetfragm., sec. XV. b) die Leute. Ich gehe nicht mehr unter die Menschheit (vor Scham).

---

mainst statt maist, (s. d. W. u. Gramm. 551, falls nicht etwa gar eine Beziehung auf das alte unter mögen erwähnte megin statthaft ist). Vilmar, kurhess. Idiot. 266. „Daz ein Abt (zu Osterhofen) vor allen Prelaten, Caplan und Pfaffen der erst und der maynst sein sol"; MB. XII, 477. „Dreißig Personen aufs meinst"; Nürnb. Hchztord. v. 1652.

Das Münster, (ä. Sp.) die Stiftskirche (als wesentlichster Theil eines Stiftes, monasterii; ahd. monasteri, monastri, bey Kero munistri, mhd. daz munster, münster; Graff II, 805. BM. II, 234. Weigand, Wbch. II, 212. Vilmar, kurhess. Idiot. 276. Cf. altfrz. monstier, endlich moutier; Amis et Amiles 2820. Diez, Wbch. 693). „Haec sunt quae praecepimus observare in monasterio habitantibus, dicz sind die gepot die wir geputen zehalten den die wonen in dem münster"; Reg. Augustini, Clm. 5654 (XV. sec.), f. 129. Clm. 5667, f. 59. Daher noch die Eigen-Namen: Alto-Münster („Gisila abbatissa de Altinmunstir"; Clm. 5509 c., sec. XIV, f. 5), Cham-Münster (MB. XXV, 50. Hund I, 246), Ilm-Münster (Ilmina munistiuri, gl. i. 814), Münchs-Münster (Abbatia quondam Suiga, nunc autem monasterium (Munstar) vocata"; v. Lang, Reg. ad 1133. 1134. 1139), Nider-Münster, Ober-Münster (monasterium quod dicitur Oberun-Munestri zu Regensburg ad 831) ꝛc. (Vrgl. das Münster in Zürich, Basel, Straßburg ꝛc.) A^{0}. 1328 sprechen die Clarisserinnen in München von einem Licht, a^{0}. 1337 die Nonnen „grobes Ordens" in Seligenthal bey Landshut v. H. Heinrichs Begräbniß in ihrem Münster; (MB. XVIII, 122. XV, 473). „In der Schotten münster zu Nüremberg" wird a^{0}. 1281 von den fränkischen Dynasten der Landfrid beschworen; Cgm. 552, f. 172. Das „Monasterium beate Afre apud Augustam civitatem" von 981 (MB. XXII, 2) heißt 1325 (MB. XXIII, 54) St. Ulrichs-Münster. Ad 1077 circa kommt eine „Sale (Tradition) ze Ougistburch dar ze niuuuin munestere gote unde sto Mauricio" vor. s. Augstburch. Die ältere Frauenkirche in München 603
heißt a^{0}. 1331 (MB. XIX, 511) Unserer Frauen Münster, selbst die bloße Leut- oder Pfarrkirche zu St. Peter in München heißt bald „St. Peters Gotzhaus oder Chirich", bald „Sand Peters Münster"; (MB. XIX, 20. 23. 53 XXI, 7). Auch in den Vogesen bedeutet das dem ä. franz. moustier, moutier entsprechende moutéi jede Kirche. Engelbrechtsmünster bey Geisenfeld, das alte Amelbrehtesmunster im Emmeramer Salbuch?

Das Munster, ä. Sp., monstrum; Cgm. 572, f. 60. 69.

Der Mantel, wie hchd.; (ahd. mantal, mhd. mantel mandel; gl. a. 28: mandal; 642: madil, amphibol,um; i. 631. 1017: mantel; o. 75: mantil, chlamys; isl. möttull, ags. mentel, — wol alles, wie altfranz. mantel, neu manteau, ital. mantello, erst vom lat. mntellum, da Ulphilas und der Übersetzer Tatian's für *ἱμάτιον*, pallium, von Matth. V, 40 lieber vastja, lahhan setzen. Graff II, 816. BM. II, 61. Weigand, Wbch. II, 102. Diez, Wbch. 216). Der Mantel war zur Zeit der Jesuiten- und Benedictiner-Schulen eine den Studierenden sowohl für Sommer als Winter vorgeschriebene Tracht. Von einem als Student Altgewordenen sagte man, es wachse ihm das Mies auf dem Mantel. '(„Bemooster Fuchs"; Jac. Grimm. Bemoostes Haupt, bemoster Bursch; Grimm, Wbch. I, 1461).' Eine ähnliche Beziehung hatte wol auch das noch vorkommende Schimpfwort Mantel-Lümmel. 'R.A. der Rock ist mir näher als der Mantel, (wie: das Hemd ist mir näher als der Rock).' „Kain frid noch sun moht nümmer so gut gewesen ümmer, das man sich dar an lassen maht. Es was frid an der selben aht von dem mantel pis an den rok; es was ain ungefugs gezok; vnfrid und hadereie was dem volk all weg veie"; M. Beham, Wiener 347,21. Der spanische Mantel als Strafe für leichtfertige Mannspersonen. Der Flügelmantel, (in der ersten Hälfte des 18. Jahrhunderts) Mantel, an beyden Seiten statt der Ärmel mit Klappen (Flügeln) versehen, die man, um den Arm zur Bewegung frey zu haben, gegen die Schulter zurückschlagen, dann aber wieder vorfallen lassen und zuknöpfen konnte; (Baur). Der Sambßtagmantel, s. Sambßtag. Der Mäntler, ein ehmaliges Handwerk in Regensburg, (ital. mantellaro?). „Es wurde den Mäntlern eine eigene ausschließliche Mang zu erbauen gestattet"; Gem. Chr. III, 365, ad 1462. Der Rötmäntler, a) Soldat von einem sehr berufenen österreichischen Militärgränzer-Corps. b) (im Scherz oder Spott) Domherr.

manteln, a) (U.L., Baur) was sonst: meistern, bezwingen. Etwas nicht manteln künnen. b) (um Nürnb., Hsl.) „es mantelt", es wird Abend, es dämmert. c) (b.W.) mant·ln, mühsam gehen. I kà˜ kám mer *mant'ln.* Gê, *mant'l* furt! vermänteln, bemänteln. „Eine böse Sache (causa) als gut und gerecht vermänteln und verglimpfen"; wirzb. L.G.Ord. v. 1618. Schon Plautus sagt: nec mendaciis mihi usquam mantellum est meis.

Die Mantel, (O.Donau, Ilm, Abens) die Föhre, Kienföhre, Kiefer, pinus sylvestris L.; (ahd. mantala, mhd. mantel; Graff II, 817. BM. II, 62). Die Liecht-Mantel, Föhre, bestimmt, zu Lichtspänen verarbeitet zu werden. „Ferchen oder Mandlenholz; L.R. v. 1616, f. 739. Die Vermarkung geht, „biß zu ainer hohen Marchmanntl . . . durch das Manntlholtz"; MB. XVII, 266. 267, ad 1531. „Bey dem (?) großen Mantl da steet ein stain"; Welsch, Reichertshofen p. 177, ad 1541. (Im Emmeram. Salb. heißt a⁰. 1031 ein Ort: „ad duo Mantala.") Das Mantlach, Mäntlet, der Föhrenwald; MB. XXIV, 340, ad 1307 kommt
604 ein „Rudgerus dictus de Mantlach" vor, bey Ried ad 1004 eine „villa Mantalahi" (Mantlach bey Weißenburg oder bey Hemmau?), im Emmeram. Salbuch ad 1031 ein Ort „ad Mantalaha"; '(„v. pag. praeced." Jac. Grimm).' Vrgl. die Ortsnamen Mantel bey Weiden, Manteln bey Neunburg, Mantelau bey Bodenstein, Mantelkam bey Landshut. mäntlen (mäntlə˜, mentlə˜), adj., aus Föhrenholz. Die mit unserm Mantel gleichbedeutenden einfachern schweiz. Dälen '(pinus silvestris: 'Stalder I, 259. Durheim, schweiz. Pflanzen-Idiot. 61. Grimm, Wbch. II, 697),' isl. thöll, schwed. tall, engl. deal ('„dies Diele!" Jac. Grimm.' Grimm III, 348. 369. 417. Müller, etym. Wbch. d. engl. Spr. I, 283. Cf. Heimdallr, Weltstamm; Uhland, Sagenforsch. I, 224) lassen fast ein Compositum vermuthen, wobey mir die griechische Unterscheidung einer ἐλάτη ἄῤῥην (Roth-Tanne) von der ἐλάτη θήλεια (Weiß-Tanne) zu Sinn kommt; ('„dann besser mandale"; Jac. Grimm.' Cf. ελ-ατη, krain. *iel*, *iela*, illyr. *ielva*, russ. *iel*, čeſk. *iedl*, *iedle*, poln. *iedlina*: — Man-d-el? D-*älə˜*?). „Abies mas vocatur picea (Föhre), abies femina vocatur weißtannenbaum weiblein"; Georg. Frank, Flora franc. p. 1. s. oben, Sp. 500: Dilen.

menten, mentieren, sacramenten, sacramentieren, 'schelten, lärmen, heftig schreien.' „Də' Hans hàt 'n Sèppəl ə˜ Hirnbätzl 'gébm, — und də' Sèppəl *mentirt* ja, àls kostəts sei˜ Lébm." „Də' Jágə' der gift t si' und *ment·t;* Kaltenbrunner, oberösterr. Jahrb. 1844, S. 149. 221; 'dessen Ged. (1845), S. 209. mentisch, adj., sakramentisch. Birlinger 334. Vrgl. Castelli, Wbch. 197: „mantania'n, ahnden, rügen"; Loritza 87: *mantoniren.* I hab ·s längst *mantonirt.*'

munter, adv. u. adj., a) wie hchd.; (ahd. muntar, mhd. munder; Graff II, 817. BM. II, 232. Weigand, Wbch. II, 212. Nach Grimm in Haupt's Zeitschr. VII, 461 zu mund, manus. gl. a. 381: muntar, expeditus). b) (schwäb.) artig, hübsch, bequem. ə˜ *montərs* Mèdlê, ə˜ *montərs* Hàus. adv., 'verstärkend: Birlinger 340.' c) wach, nicht schlafend. munter werden, wach werden, aufwachen, erwachen.

Drey Fédə'n au' 'n Huət, und ə' blàwé druntə',
ge nét so laut einə', werd d· Muədə' *muntə'*.

munter machen, aufwecken. muntern, adv. „Weist nit, das der tod nit verzeucht all stund muntern dir nachschleicht"; H. Sachs 1560: III, I, 269 (1612: III, I, 500). 'muntern, vb. act., ä. Sp., munter machen, aufwecken; (ahd. muntarjan, mhd. mundern; Graff II, 817. BM. II, 233).' „So sol des hanen stimme uns straffen swen wir des nahtes swinde slaffen daz wir uns mundern als er tut"; Renner 19789. „Sich auffmyntern, expergisci"; Avent. Gramm. v. 1517. (Gl. i. 330. 391. 456, Willeram II, 7: muntrian, suscitare, excitare). s. Th. IV: wintər (und vrgl. Zeitschr. V, 181: munzig = winzig).

Die Muntur, wie hchd. Montur; '(von franz. monture. Weigand, Wbch. II, 191 f.).'

'manzieren, ä. Sp., essen, v. ital. mangiare, franz. manger (aus lat. manducare). Diez, Wbch. 215. Loritza 87: manscharen, essen, sich gütlich thun. BM. II, 137. Vrgl. oben, Sp. 326: Blamensier,' Sp. 403: Piromaniger und Sp. 1627: manschen.

manzig, (Breyer, O.Allgäu) munter, wohlauf, lebhaft; Zeitschr. III, 467. 470: hochmüthig. Die Vögel singen und hupfen manzig. Vrgl. manezen.

mänz (menz, mánz), adv., in der Verbindung: mänz gên (Allgäu: mens gên), 1) von Kühen, die beym Stier gewesen sind und keine Folge davon bringen, oder auch wol von solchen, die überhaupt nicht zur Begattung gekommen sind; Zeitschr. III, 470. 2) auf dem platten Lande auch von Weibern, deren Schwangerschaft ein zu frühes, erfolgloses Ende nimmt. „Da aber die Kuhe mänz gienge"; L.R. v. 1616, f. 599. Die Mänzkue, auch mänzige Kue, Kuh, die dieses Jahr kein Kalb bringt. Kilian: manse koe, mans-koe, muntighe koe, vacca lactaria a tauro non inita, auch mansche, monsche koe. Menzvich, (Tir.) Mastvieh. mänzen eine Kue, (Gbrg.) sie länger als gewöhnlich nicht zum Stiere lassen. mänzen Einen, ihn im Zaume halten, streng halten. Es *mänzt* mi', kommt schwer an; Kaltenbrunner 84. 209. 'Cf. Loritza 87: manzen, schlagen, prügeln.' (Etwa eine Figur vom vorigen mänzen, also ein wahres castigare?) Dieser Ausdruck scheint dem ital. manza, bos nondum experta taurum, zu entsprechen; (Diez, Wbch. 216: *manso, manzo* von *mansuetus).* Selbst in der Bedeutung mancanza, wofür das ital. Wort nebenbey üblich ist, würde es hieher passen. Doch vrgl. ahd. manze, uber: „Salig thie manzon thie thu sugi"; Tat. 58,2. Graff II, 818.

maunzen, s. mauzen und Birlinger 332: maunzgen. Zeitschr. IV, 314. 315.

Die Minz, Katze; s. Sp. 1619: Minni; Zeitschr. III, 473.

Die Minzen, Minz, mentha; (ahd. minza, genit. minzun, mhd. minze; Graff II, 818. BM. II, 186. Weigand, Wbch. II, 166), hchd. Münze.

Die Münz, Münß, wie hchd. Münze; (ahd. muniza, genit. munizo, moneta, mhd. münze; Graff II, 805. BM. II, 238. Weigand, Wbch. II, 212). In den Rechnungen aus dem 15. Jahrhundert findet man die Posten: an Gold, welche in Gulden ausgeworfen werden, gewöhnlich von den Posten: an Münz, welche in Pfunden, Schillingen und Pfennigen angesetzt werden, abgesondert; m. s. z.B. Krenner's Landtagshandl. II, 161. VI, 67 ff. „Summa in Gold: 7877 Gulden (s. Gul- 605
den), in Münz 1882 lb. 24 dl. r." „Die obgeschriebene Münß zu Gold angeschlagen, 7 ß. Wiener für einen rheinischen Gulden gerechnet, thut 5377 Gulden rheinisch 45 dl. Thut alles in Gold 13304 Gulden rheinisch und 45 dl."; ibid. p. 81. Die Landmünz, ehmals ein Münzstück, welches den dritten Theil eines Schillings Pfenninge, oder 10 Pfenninge ausmachte. Obschon diese Münzstücke jetzt selten mehr vorkommen, so nennt der gemeine Mann das Sümmchen von $2^1/2$ Kreuzern noch immer ə˜ Landmünz. s. unter Land.

münzen, vrb., a) wie hchd. (ahd. munizôn, agſ. mynetian, mhd. münzen; Graff II, 806. BM. II, 239. Weigand, Wbch. II, 212). b) R.A. Dir wird mans münzen, ironisch: dir wird man besonders aufwarten.

Hier, wie in der auch hchd. R. A.: es auf Einen münzen, scheint münzen dem agſ., wol von munan (ſ. mündeln) abgeleiteten myntan, disponere, statuere, exponere, ſchott. to mint, zielen auf etwas, es vorhaben (Lady of the lake, canto IV, notes) zu entſprechen. Münßer, Münßmaiſter; Auer, M. StR. p. 281. 287.

Münz in dem Ortsnamen Kalmünz (Chalemunza, v. Lang, Reg. I, 163. 165, ad 1142. Cf. Coelius mons), wie das angelſächſ. munt vom romaniſchen mont (mons, montis)? Gl. o. 124. 244 haben indeſſen: ſeptimont, ſeptimunt, septem montes. Graff II, 811. „In monte Kalmunt“ am Mayn unter Lengfurt, ausgezeichnete Weinlage, ſchon a. 1293, RB. IV, 529.

Der Moppel, das Moppelein (Móppə-l·), der Mops; ʻ(wol von niederd. Mappe, engl. mop, verzerrtes, ſchiefes Maul; Weigand, Wbch. II, 193. Müller, etymol. Wbch. d. engl. Spr. II, 104. Zeitſchr. III, 261,44. 367,36. 472. V, 165,114. Vrgl. oben, Sp. 1573: muffen und der Muff, auch Zeitſchr. VI, 70).ʼ *Móppə-l*-Gósch·n, *Móppə-l*-G·sicht, eig. u. fig. Die Krieger der in den Jahren 1813—1815 aufgebotenen mobilen Legionen der Landwehr nannte der Volkswitz *Móppə-l*-Soldaten. mopſeln, niedrig-ſcherzhaftes Verb, das nach Umſtänden prügeln (Zeitſchr. III, 367,36: möppeln) und comprimere feminam bedeutet.

ʻmopſig, mupſig, adj., mürriſch; Zeitſchr. III, 472. mupſen, vrb.; ſ. d. vorige Wort.ʼ

Das Mar, ä. Sp., Pferd; die Mären (Mèrn, Mè'n, Márn), wie hchd. Mähre, Stute, (immer verächtlich); Zeitſchr. III, 47,13. 493. IV, 307. V, 396,IV,3. 528,617. VI, 338. 390. ſ. Marh und Merhen. Labr. 491: diu mære (im Reim auf „wære“).

mær, 1): öfter mærig, adj., kund, ruchbar, berühmt, berufen; (ahd. mâri: mâri uuerdan, kund werden, Otfr. I, 19,14; agſ. mære, isl. mǽrr, clarus, und ſelbſt phyſiſch purus, merus, mhd. mære. Graff II, 821 ff. BM. II, 68. Weigand, Wbch. II, 103 f. Zeitſchr. V, 521, II, 16). aufmærig (au'mári') werden, machen. MB. III, p. 386, ad 1569 geht der Herzog Wilhelm das Kloſter Ranshofen, ſeiner Schulden wegen, ohne Wiſſen ſeines Vaters um eine Beyſteuer an und bittet, ſolches in höchſter Gehaim und Still beleiben zu laſſen, damit „es nit an Tag und Orten aufmerig werd.“ landmærig, landkundig. „Es wird landmärig geſagt, das ..“; Kr. Lhdl. X, 169. Vrgl. BM. II, 78. lautmær, (ahd. lûtmâri, Otfr. II, 13,28. Graff II, 824). „Das kainer bey ſitzenten Rechten ohne Erlaubtnus inc die Schrankhen gehe oder laudtmer
606 darhinder ſey“, (plaudere, Lärm mache); Hambacher EhhaftsR., geöffn. Arch. I, 375. lautmærig (laudmári'), wie aufmärig. Vrgl. auch das mittelrheiniſche unmær, unſäglich, unzählbar, und ahd. urmâri, insignis, egregius, eximius. Graff II, 823 f. BM. II, 70. Cgm. 17, f. 104: „rihſære urmariger, regnator immense!“ ſ. unten mær, 2.

Die Mær (Már, Má', nach Gramm. 882 wol ein ſpäterer sing. femin. aus dem frühern plur. neutr. diu mære von mhd. daz mære, ahd. thaz mâri), die Rede, Sage, Erzählung, Dichtung, Fabel; (Graff II, 825. BM. II, 71. Weigand, Wbch. II, 103. Zeitſchr. IV, 281,22. VI, 527,3). (O.L.) ə˜ noié *Má*, eine Neuigkeit, etwas Neues (zu reden). „Item der neuen mær (plur.) weiß ich nicht vil“; Kr. Lhdl. IX, 140. „Da diſe laidige neuwe märe verkundigt wurden“; Av. Chr. 227. „Der Meſner ſol nit new mär auß und ein tragen“; Scheirer Dienſtordn. von 1500, f. 14. „Si ſageten ime diu ſtarchen neumare“; Diemer, Ged. 53,29. 63,3. „So bald ſolche Mere zu Cirta lautprechtig wurden“; Dietr. v. Plien. „Dem Kunig kamen die mer“... „die mer die ſein gelogen“... „das ſein gar ſeltzam mer“; Ingolſt. Reime v. 1562. Was iſt der Mær? „Se fràhə˜, *was dər Mœr dà is*, (was da Beſonderes vorgeht)“; Firmenich II, 10,32 (Grünſtadt). ʻWeikert, ausgew. Ged. in Nürnb. Mundart p. 10,1. 139,1. 201,3. 223,1 (was liegt daran?).ʼ Zeitſchr. I, 142,14. R. A. Wißen, ſagen ꝛc. was der Mær iſt, wie ſich die Sachen verhalten. Halt·s Maul, odər I sàg də' *wàs də' Mär is!* Man ſandte Boten nach Ingolſtadt, um auszuſpähen, „was Märe daſelbſt wär“; Gem. Reg. Chr. III, 104. „Frauget, was mär ienent mer wäri“; Cgm. 3891, f. 23^b. „Si frâgten in der mære und wer ze hove wære. Waz mære ze hove ſî, daz ſage ich iu“; von der alten Mutter, Haupt's Zeitſchr. VI, 502,207. „Do fragt nach ſînen landen Pitrolf der mære“... „der Kunig do fragte märe, was im geſchehen wäre;“ Pitrolf 4309. 4529. „Er frâgte ſie mære, waz ir gewerp wære“; Iwein 5817. „Wie piderb der man (der von Leuchtenberg) wer, ſait man noch ze Pairn mer“; Ottoc. v. Horneck. „Haſt du ichts mære vernomen von Einem mit namen herzog Ernſt von Bairn?“ Cgm. 572, f. 66. „mär, rumor, fabula; mær ſagen, mærſprechen, fabulari“; Voc. v. 1445. „Swelch pruder über dem tiſche mære ſagt, der ſol (zur Buße) wazzer trinchen“; Regel des Spitals zu Jeruſalem, Clm. 4620, f. 102. „Joh fundtun ouch tho mâri, thaz er der kuning uuâri.“ „Tho gihôrt er mâri, thaz ander kuning uuâri.“ „Ni hôrt' er uuergin mâri, uuer ther fater uuâri“; Otfr. I, 17,12. I, 21,11. II, 4,26. „Es ſind mer, rumor est“; Voc. 33 Ebrardi. „Si ſprach: das hab dir für ein mär gen mir ...“, (glaubs nicht); Cgm. 270, f. 80 u. 379, f. 40. „Ich half in ie ze fröuden, ſwie ez doch mînem herzen wær ein mære“; Labr. 211. „Lob gen ir lob daz iſt mir ein mære“; daſ. 302. „Von ſenen hôrt ich ſagen, daz was mir ie ein mære“; daſ. 373. „Nim X lot newer mär von den ſbeiczern vnd zwelff zenten der alten großen lug von den armen gäcken, der von Zürch vbermuet, ſo vil der reichſtet grauffen ...“; burleſkes Recept im Cod. Pruf. 7 (sec. XV.). „Petrus dictus voglær, der iſt aller eren lär vnd daz iſt nit ein mär; Pruf. 11 (Clm. 12011), f. 76. Cod. San-Zenon. 69: de V sensibus, f. 8^b: „Videant qui cum tanta delectatione sine necessitate audiunt *rumores de gigantibus*, item *cantilenas* alios negligendo de bellis eorum, item historias fictas de *Theodorico Veronensi* vel *Laurini Tyrol' Rosengarten*, vel librum *Renner* vel audiunt *Teichner* tamen sine rationali causa tamen pro moderato solatio post laborem quaerendo. historiam tamen *Laurini* puto habere sensum allegoricum per cingl'm (?) intelligendo montes in Athisi quibus protexit se.“ Ibid. f. 10^a: „Possunt fieri *cantilenae* causa lasciviae vel vanae gloriae gratia vel ad irritandum ut *Neythardus* ...“ Ibid. f. 10^b: „in *cantilenis Neythart* ad quas rustici passionantur atque irridentur.“ Cf. Ruodlieb p. 235. 382, wo rumor für mære. Das Märlein (Márl·, Má'l·), das Mährchen. „Ich will ain märlin jagen (erzählen) das mir churzlich begegnet iſt“; Cgm. 379, f. 57 und 270, f. 96. Das Oſtermärlein (Oustə mál·), luſtiges Mährchen von der Art derjenigen, welche aus Anlaß einer Stelle des auf den Oſtermontag angeſetzten Evangeliums (et factum est, dum fabularentur: Luc. 24,15) ehmals in die Predigten dieſes Tages mit moraliſchen Nutzanwendungen pflegten eingeflochten zu werden. Churfürſt Max III. ſchaffte dieſen Gebrauch ab, der übrigens, cum grano salis gehandhabt, dem klaren Sinn der Menge gewiß beſſer zuſagte, als die giftige Controvers, oder die wäſſerige Moral, oder haltloſe Myſtik neueſter Zeit. „Oſtermärl“, zu München 1551 in Unſer Lieben Frauenpfarr gepredigt, Cgm. 4681. „In die pasce: rumores“; Monac. Carm. 24, fol. ult. „Hugonis de Wienna Rumores“, Rebdorf. 75, f. 60. 102 ꝛc. „Fabula pascalis“ im Cod. Furstenf. 101, f. 106. „Fabula in die resurrectionis“; Mallerst. 16, fol. ult. „Exempl. pas(chale?): Fabula de avibus et earum rege aquila"; Monac. Francisc. 268, f. 135. „Märlein die Schlafenden Predigthörer zu Wecken"; Ind. 116, f. 69. Cf. Ludus paschales, CbmC. 84, f. 150. s. oben, Sp. 413: Postillatio. In der ä. Sp.: daz Flugmær, Gerücht; Guetmär, Evangelium, (Av. Gramm. v. 1517); Hofmär, Kr. Lhdl. VI, 127, (vrgl. Hofrede, ibid. IX, 96): „Das sind chlaine hofmær", (Zeitungsnachrichten); Cgm. 340, f. 173. Landmær: „Waz der lantmære von siner vrouwen wære"; Trist. 18610. BM. II, 78. Lautmær, Ruf, Gerücht: „In ein Lautmär chomen" (eines Diebstahls wegen), MB. XV, 312, ad 1377; Lugmär: „Mit einem lugmære beredet sich diu magt"; „ditz guot lugemære"; Iwain. BM. II, 79. Sagmær (Sà'má', das Sà'má'l), die Fabel, (eine sehr gewöhnliche Tautologie, s. Gramm. p. 170); BM. II, 79. Türsenmær, s. oben, Sp. 625. Unmær, das üble Gerücht. In en Unmär seyn, in übelm Rufe stehen.

mæren (márn, má'n), (Inn-Salz., Wirzb.) reden,
607 plaudern, (ahd. mârian, mërian, ags. mærsian, isl. mära, goth. mërjan, specieller: promulgare, evulgare, celebrare, praedicare. Graff II, 826 f. BM. II, 70. Labr. 161: „Nicht liegent ez sich mæret). *Mán* und brácht'n. I hà˜ *mán* hörn. I hà˜ *gmä't* dəmit. „I sächs und hätts *gemärt*", (gerügt); Zillerthal, tirol. Kirchtag 1819, p. 84. Vrgl. Vilmar, kurhess. Idiot. 262. Zeitschr. II, 234. III, 89. lautmæren. „Darnach kam mein Herre von Enstorff wider für recht und lautmeret (bringt vor, sagt aus) durch sein Fürsprechen, wie . . ."; MB. XXIV, 219, ad 1451. Durch die in einer Nürnb. Policey-Verord. von 1600 circa zwischen Gastungen, Junckfrauhöfen und Rockenfahrten aufgeführten Lautmerungen scheinen Weibergesellschaften gemeint zu seyn. vermæren, durch Reden, Plaudern bekannt machen, unter die Leute bringen. BM. II, 71. „Er bat die Schwester, sie woll ihn nicht vermehren, damit er die Eltern durch seine Ankunft überraschen könne"; Selhamer. „Ob du mich nicht wolltest vermähren", (verrathen, anzeigen); Chron. bey Freyb. I, 145. „Herzog Ludwig war ein vermerter (wohlbekannter, berühmter) Fürst"; Wstr. Btr. II, 95. „Die Römer so für die streitbarsten Leut dieselb Zeit vermärt waren . ."; „Erman ist den römischen Historien nicht so gar wohl vermährt;" „die Römer sind ob allen andern in der Welt Völckern die vermehrtesten gewesen"; „Domitius Ulpianus der vermährtest Wissender der kaiserlichen Rechten . ."; „Costniz ein vermehrte Reichsstatt"; Avent. Chr. 65. 127. 132. 188. 204. 216. 237. „Doch solt er jhn nicht mit vermern", (wie „aufmerig machen", s. oben); H. Sachs 1560: IV, III, 55 (1612: IV, III, 122). Die Mærin, (Pinzg.) Ausschwätzerin, besonders von Liebesverhältnissen; (Zir.) die ihre Liebe nicht zu verbergen weiß. „Fabellatores, märler"; And. 78, 6tes Blatt von hinten. „Als die mærlær sagent", Konr. v. Megenberg f. 159b (Pfeiffer 273,20); „ain mærlær oder ain poet"; das. 191 (Pf. 325,13 u. 670: Geschichtenerfinder, Dichter).

mær, 2) in der Formel: als so mær, eben so mær, gleich so mær, grad so mær, (àlssmár, ébmsómár, ébmsómád, wirzb. ebaschmer; gleisómár, gràdsómár), eben so lieb, leicht, gut, wohl. BM. II, 69a. Castelli, Wbch. 140: glai-so-ma'. Zeitschr. I, 141,14. (Vrgl. mein). „Nu betwingt jn nieman darzue, daz er hin (nach Preußen) varen tue, er mocht als mär dahaim bestan, und wær ein guet Emann"; Teichner. „Die blinden haben selten geld, sie bleiben mir gleych so mehr dauß", sagt der Wirth bey H. Sachs 1560: III, III, 74. „Ich sech zwar einen wolf als mer", sagt die Frau zum Buhler, da sie den Mann erblickt"; das. 1560: IV, III, 48 (1612: IV, III, 107). „Mir ist als mær du sprichest übel oder wol"; v. d. Hagen, Ges. Abent. LXIII, 56. „Mir ist alsô mære, daz ich stille dage"; Nîthart II, 2. „Als mære als ein hâhære", (so lieb wie ein Henker); M. Helmbrecht 1017. „Ob si (die Nachtigall) dâ nieman hœret, daz ist ir alsô mære als ob ieman dâ wære"; Konr. v. Wirzburg, troj. Krieg 203. 'Ahd. mâri, mhd. mære, adj., bekannt, berühmt; lieb, werth; Graff II, 821. BM. II, 68.' „Imo ne uuas daz fadem mare" (gratum?) Notker, Psalm 77,60. Das mêra bey Otfr. II, 11,116 gehört wol nicht hieher. „Dem sin lip ware mare"; Diut. III, 72. „Frowe, dû versinne dich, ob ich dir z'ihte mære si"; Walther v. d. V. 51,6. „Chlainer gwin ist got mär, den grossen süchent wuchrer"; d. Ring 31,18. „Daz was got bormare", (nicht sehr lieb; 'vrgl. BM. II, 69'); Diut. III, 63. Üblicher ist in der ältern Sprache das negative unmær (unlieb). Graff II, 824. BM. II, 69. „Dein Gehn ist mir unmär"; Ingolst. Reime von 1562. „Desgleichen die Frommen obser den alles ubel ist unmehr"; Hund, Stammb. „Daz alter letzet den lip, ez machet man und wîp in selben gar unmære"; Konr. v. Wirzb. „Ließ all ander bulschaft farn die jhm hernach gancz unmehr warn"; H. Sachs 1612: IV, III, 217 (1560: IV, III, 101). „Das sünd nit sünd wär dannoch wär si mir unmär vmb ir unflätikait"; Cgm. 4285, f. 80. „Ist, daz ich von im scheide sô ist mir fürbaz lib und gût unmære"; Labr. 224. „Herzog Ludewig der grise von Decke, der ist nû der minne unmære; das. 293. Man vrgl. das Kuhländische: das Mär (für Geliebte, Liebchen), das schweiz. Möreli (liebes Kind). mær (lieb, theuer) mag übrigens mit mær (clarus, insignis) eben so wie teur (theuer, werth, lieb) mit tiuri (gloria) zusammenhangen. „Allzeit Mehrer des Reichs", (auc tor? mærer = augustus?). „Fridreich der lobesam vnd auch der drit des selben nam, romischer kaiser sunder weichs, zu aller zeit merer des reichs"; Mich. Beham, Wiener 1,15. Diefenbach 60c. Weigand, Wbch. II, 130. Als Substantiv scheint zu dem erwähnten Adj. zu gehören daz mære in: „Und alle sîn umbevart die het er in dem mære (hielt er für eben so viel), als ez im getroumet wære"; Iwein 3567. 'Die Unmære, Gleichgiltigkeit; BM. II, 70.' „Wand er ze bôsheit unmære hât"; St. Ulrich's Leben, Cgm. 94, Vers 606.

mar, mär (màr, már, vor vocalischer Flexion marw, 608
Gramm. 686), mürbe, (ahd. maro: marawer, marauuiu, marauuaz, marcidus, tener, a, um; gl. i. 95 ist accentuiert „mâriuu, rudia"; ags. mearu, mearo; mhd. mar: marewer, marwer. Graff II, 831. cf. 840. BM. II, 63. Weigand, Wbch. II, 197 u. 213: morsch und mürbe. Zeitschr. III, 467. V, 63,46. 156. 363). ə˜ *márs* Brod; ə˜ *márə*, *márwər* Apfel. „mär, terilis"; Voc. v. 1445. dermären (dəmárn), mürbe, morsch werden. Augenscheinlich steht mit dieser Form das auch hchd. mürbe im Ablautverhältniß, wie denn wirklich das isl. Particip. prät. marinn, contusus, auf ein neben meria und myria früher bestandenes Ablautverb weiset.

Marwolt (Marold), ein Vogel; (welcher? im Vogelgespräch). Vrgl. unten und Weigand, Wbch. II, 107: Markolf. Zeitschr. V, 63,25.'

Die (?) „Mári", (O.Isar) Stelle eines Berghanges, von welcher die Erde, Damm-Erde abrutscht, oder abgerutscht ist. La Morga („deutsch Märi"), eine querüber liegende Felswand, die dem Thalbach nur einen felsichten, engen Durchweg läßt, bey Macugnaga; Schott, d. d. Colonien in Piemont, S. 71—74. Das Wort scheint sich zu mär (terilis) wie die Mur zu murw (mürbe) zu verhalten.

'maren: abmaren; cf. merren und Meringer.' „Sin schiflin maret er (der Fischer) ab und eilet schnellichen haim"; Cgm. 379, f. 24b. Vrgl. Cgm. 270, f. 63: „Sein schiflin band er an das gestad und eilet schnelliglichen haim."

'Der (das) Maraz, Maras, gewöhnlich Moraz, ä. Sp., vinum moratum, Maulbeerwein; Graff II, 846. BM. II, 82. 217.' „Euulapleter mit wein maraz"; Cgm. 4543, f. 140.

Maaren, feiger Mensch; (Jir.). Vrgl. oben die Mærin.

Maria, als Taufname je nach den Gegenden unter verschiednen Gestalten vorkommend: Mariə (- ᴗ), Mariə-l, Mariə-ál, Mariədə-l; Marei (- ᴗ), Marei-ál; Márl, Márál; Mérl, Mérál, Médál; Miə'l (sehr gewohnlich), Miərál, Miədál; (Medal, Madaj, Jir.; Moidl, Miedál. Maria, Moadl Magdalena, Gastein; Mirzl, Mirl, Maria, Kaltenbrunner 209. Márgál, in Tölz ein scherzhaftes Appellativ für Mädchen aus dem Isarwinkel). „Unser fraw sant Marey"; Cgm. 54, f. 36b. „Jungkfraw Marey zw dir ich schrey"; San-Zenon. 84. „Des helf uns die edel iunkfraw Marey"; Schluß des Gesetzbuches K. Ludwig's in Heumann's opusc. p. 144. „Ich pit dich müter und maget sand marey"; Cgm. 73, f. 4b. Graff II, 831. BM. II, 80. Weigand, Wbch. II, 104. Zeitschr. III, 330. 393,15. 471. Die Mari-Annel, Mâriânnl, Mâriândl, d. i. Maria Anna, feyert ihren Namenstag am 26. Juli, die Annəmariə, Annəmarei, Annəmiə'l zu Mariä Lichtmessen. Mit Mari sind außerdem mehrere weibliche Taufnamen zusammengesetzt, z. B. Mari-Evə-l, Mari-Grêd'l, Mari-Kátl, wovon die meisten auch als scherzhafte Appellativa gelten. Zeitschr. III, 560. Die schœne Maria. „Unser Frauen, der schönen Maria Capellen" in Regensburg, um 1520 weitberühmt; s. Gem. Chr. Ried 1120, ad 1519. Der Genitiv Marien ist in einigen Ortsnamen zu Mergen, Mering geworden. s. unten: Märgen. Sanctmarienchirchen ist gar in Semerskirchen übergegangen; MB. XVI, 141. 142. Förstemann II, 992. „Flos campi, Mergenrosen"; Clm. 5877 (XV. sec., 1449), f. 117. „Keins waid so genadreich erkannt auch nit das Mergabild zu Ach"; H. Sachs 1560: V, 335 (1612: V, II, 258). „Daß er . . . das Mergenbild thet schmehen"; das. 386.

máriáschen, vrb., Art Kartenspieles für zwey Personen. Man *mariascht* gesehend oder blind, je nachdem man beym Ausgeben der Blätter eines zu Trumpf aufschlägt, oder nicht. (Wol vom franz. mariage).

Die Marillen (Marịlln ᴗ -), die Aprikose, prunus armeniaca L.; (etwa vom span. amarillo, gelb, ob zwar schon der Spanier die Aprikose albercoque nennt). Castelli, Wbch. 198. Weigand, Wbch. II, 104. Zeitschr. IV, 68. Das Voc. v. 1419 hat: „morling oder morich, amarillus." Diefenbach 27c.

„Marren oder Kesten, Castanea"; Avent. Gramm. v. 1517. (Cf. ital. il marrone, franz. le marron. Diez, Wbch. 218. Weigand, Wbch. II, 109).

marod, ᴗ -, marodig, adj., (aus der französisch-deutschen Soldatensp. ins gemeine Leben übergegangen) abgemattet; unpäßlich, krank. Das franz. maraud entspricht (wie ribaud von ribald) wol einem ältern marald. Diez, Wbch. 682. Weigand, Wbch. II, 109. Zeitschr. III, 468. Als Collectiv für Marodeurs (cf. Gartbrüeder) kommt früher die Form die Merode (franz. marodaille, und ihr Treiben: le maraude) vor. „Da sich allerhand
609 Merode, liederliches und herrenloses Gesindel zusammenrottieren." „Es soll der Merode einiger Sammelplatz oder Aufenthalt nicht gestattet werden"; des fränk. Creises Verord. wider das Rauben, Plündern, Merode, herrenloses Gesindel 2c. von 1706. „Merodebrüder welche Bursch man zuvor Säufenger und Immenschneider geheißen"; Simpliciss. v. 1669, f. 431.

Marzog (?), Lang, Reg. B. IV, 380; (Her). 'Diese Stelle lautet: „Conrad von Egling, Schenk zu Tegernsee, seines jungen Herrn des Herzogen Gevert und Marzog", und ist darin offenbar das mhd. magezoge (ahd. magazogo; Graff V, 619. BM. III, 935), Erzieher, zu verstehen. s. unten, Th. IV: der Her-zog.'

Mair, s. oben, Sp. 1552: Mai-er.

Die Maur, Mauer, auch wol Mauern (Mauə', Mauə'n), plur. Mauern und Mäuern, 1) wie hchd. Mauer, (ahd. mûra, genit. mûro, mhd. mûre; Graff II, 841. BM. II, 274. Weigand, Wbch. II, 120). Hinter den Mäuern, d. h. in den an die Stadtmauer stoßenden Gäßchen in München, namentlich vom Isarzum Einlaßthor. 2) der Fels, die Felswand, wie auch Wand, latus montis praeruptum, (Popowitsch Ms., Wien 9541), plur. d·Mäuer, (Schoffer 23. 53. 54. 73). „D· *Mäuer* sánd á' gar so hell und klar." Der Mauergupf, höchster Punkt eines Felsen. mauə'finstə', stockfinster, (b. W.). anmäurlen (à~máiə'ln; Castelli schreibt: ånmaidln), „an die Mauer werfen, ein Spiel der Knaben, wobei Münzen an die Mauer geworfen werden, und wo jener gewinnt, der in Spannenweite zur vorher geworfenen trifft"; Castelli, Wbch. 53. Seidl, Flins. III, 91. Vrgl. anwändeln. 'Vrgl. *Muər*, schwarzes, dickes Gewölk; Zeitschr. V, 156.'

Die Maurachen, auch der Mauracher (Maurachə~), die Morchel, phallus esculentus L.; (ahd. morhila, morhela, mhd. morchel; Graff II, 845. BM. II, 217. Weigand, Wbch. II, 194. Zeitschr. VI, 338. Es kommen gl. a. 50. 633. o. 17 ein môraha, morhela, Voc. v. 1419 und 1429 ein morach, morich, morhel, morling mit der Erklärung pastinaca, bancia, scumaria, amarillus, gl. o. 397 ein mouroh, scarindria, vor, die, wenigstens der Bedeutung nach, nicht gut zu unserm Worte passen. Noch eher würde in Bezug auf die Gestalt dieses Pilzes das morihi, acerra, thuribulum, der gl. i. 562 Rücksicht verdienen. s. auch Mörach). Lungel-Mauracher, (Küchensp.) zerhackte Lunge, in Morchelform aufgetischt. Maurachə-ln, plur., (scherzh.) Haufen von Menschenkoth; (b. W.).

Der Mauraff, (fränk.) Maulwurf; (wol nicht erst aus der hchd., sondern eher aus der alten Form mûuuerf, gl. a. 21. 293. 685. i. 515. o. 104. 181: talpa, die schwerlich selbst aus molt-uuerf zusammengezogen ist, und wobey ich lieber an das schottische Mow, Maul denken möchte, entstellt). Vrgl. auch mau, mauen, Maulwurf und Moltwerf.

'Die Maurber, Maulbeere, nach ahd. mûrperi, mûrperi, mhd. mûrber, aus lat. morum, neben mûlber; ebenso mûrpoum, mûrboum, morus, neben mûlboum; (Graff II, 841. III, 119. BM. I, 228. II, 275. Weigand, Wbch. II, 121).' „Morum maurper, morus maurperbaum"; Semansh. 34, f. 204. Diefenbach 369a. Zeitschr. IV, 68: *Mûrbâm.* s. oben, Sp. 1586: die Maulber.

mêr (o.pf. mèiə', schwäb. mê), adv., 1) wie hchd. mehr, (ahd. mêra, mêr, mhd. mêre, mêr, apocopiert mê, agſ. mâ, isl. meira, meir, goth. mais. Graff II, 832. BM. II, 139. 142. Weigand, Wbch. II, 129. Zeitschr. IV, 237,27). „Nicht allain das gelt, ja mer das leben"; Cgm. 690, f. 28b. 2) (o.pf.) noch. Wenn s· *mèiə'* lébt, wenn sie noch lebt. 'Grübel, Nürnb. Ged. (1857) I, 14. 191.' Cf. hchd. nunmehr (jetzt), auch ahd. iomêr, mhd. iemer, immer; (BM. II, 145). 3) (schwäb., O.Isar, Ilz) wieder. Kemts fei~ bàl' *mèr*. Bàl' *mèr* gschafft! sagt der Wirth, der Krämer zum weggehenden Kunden. '4) mêr, mê, ä. Sp., sondern, aber, nur; BM. II, 144 f. Zeitschr. II, 96,40. 267,17. 546,16: marr, merr. III, 42,44. 263,84. IV, 423,7. V, 137,1. me, sondern; Cgm. 637, f. 127½. '5) obgleich; Zeitschr. IV, 412,26. V, 179,166.' Neben dem folgenden mêrer kommt in der a. Sp. auch das einfache mêr, (agſ. mæra, isl. meiri, goth. maiza) als Adjectiv für major (Zeitschr. II, 552,78) vor, was übrigens zu den von Einigen im jetzigen Hochdeutsch versuchten Formen mehre, mehrer, mehren für plures, plurium, pluribus nicht ganz zu berechtigen scheint. Graff II, 836—37. BM. II, 139. mener für mehr s. oben, Sp. 1605, unter manig, und Zeitschr. V, 238,3,3. VI, 516,4.

mêrer, adj. u. adv., eine nachhelfende Verdeutlichung der vorigen ursprünglichen, selbst schon comparativischen Form, (ahd. mêriro, wie minniro, minder von min und wie bezziro, beßer, von baz; Graff II, 839. BM.

II, 156. Weigand, Wbch. II, 130 f. Zeitschr. III, 173,49. Cf. lat. plu-riores, franz. plu-sieurs neben plus. „Magna sunt enim haec, fratres carissimi, sed quanto maiora sunt quantoque pluriora quae mutari (sic.!) debemus"; Aug. eccl. 41, sec. X., f. 7b). a) major, ansehnlicher, bedeutender. „Der Max ist mērer (größer), als der Franz." Ein Mensch, Thier, Gewächs ꝛc. wird mērer, wenn er, es an Größe, Corpulenz, Stärke zunimmt. „Daz merora . . . daz minnera"; Diut. III, 140. „Bist du merer dann unser vater Abraham?" Cgm. 64, f. 20. „Aus dem claynsten XII mes habern, aus dem merern . . . aus dem grossisten XVIII mes"; Thierh. 67, f. 51, IV, ad 1456. „Versigelt mit unserm klainen Secret, brechenhalb des merern", (in Ermangelung des größern); Kr. Lhdl. V, 141. Die mērer
610 Zal, (ä. Sp.) die Hunderte der Jahrzahl, als Gegensatz der minnern, d. h. der Zehner und Einheiten. Die merer Au bey Bregenz, Augia major; Pez, thes. II, II, 613. Kr. Lhdl. XV, 403 nennt der höhere Adel sich den merern Adel. Dieses Epithetum scheinen die vom niedern Adel durch die neuere Bedeutung des Wortes gewissermaßen zu parodieren, da sie sich p. 404: den merern Adel an der Zal betiteln. · „Auf Sant Jacobs des merern, zwelfboten tag"; ibid. XVIII, 265. MB. XXIII, 284. 286 heißt es, dem alten merōro entsprechend „zu ainer mereræren zuuknuzze." b) plus, plures, plurimi. I hà' *mèrə'*, wàs du. Vó˜ dé Baərisch·n sánd anno 12 ei˜'n Russland aənigé dəvó˜ kemə˜, dé *mèrə'n* àfə' sán' drau' 'gangə˜. Dé *àllə' merə'n*, die allermeisten. mērest, mērist, merigist, secundäre Superlativform, die sich neben maist, analog mit dem Compar. mērer, gebildet. Die meresten (nach Gramm. 661 mèrət·n, mertn), schon ad 1469, Gem. Reg. Chr. III, 452: „die mertten." Zeitschr. III, 173,49. 129. IV, 237,27. Analog dem selb zwei-t, dri-tt, vier-t oder selb zwei-ter ꝛc. steht Wstr. Btr. III, 123. 141: selbmert, selbmerter, (selbuiert?). Vrgl. auch mē, mener.

mēren (o.pf. mèiə'n), 1) wie hchd. mehren, 2) augere, zunehmen machen, (ahd. mērôn, mhd. mēren; Graff II, 839. BM. II, 156 f. Weigand, Wbch. II, 130). MB. XXI, 49. 82 ist von einem Altar in der Münchner Peterskirche die Rede, do die heiligen die Gertten und die Gemertten auf wonent und rastent sint", vermuthlich derselbe, „do (nach p. 57) die heiligen Felix (besser würde Honoratus passen) vnd Adauctus auf rastent sind." „Die geertten gemerten"; Calender, 31. August. Cgm. 867, f. 9b. „Mērer des Reichs", s. oben, Sp. 1636, unter mær. Die Meərum, Menge, (b.W.). Wenn I á' 's Stuck rèchtə' gi', so màcht á' d·*Meərum* èppəs aus.

mer, mər, s. mir.

Das Mer (Mér, Mir, Miər), wie hchd. Meer, (ahd. meri, mari, mhd. mer, isl. mar, goth. marei, agſ., engl. mere, zunächst palus, stagnum, welche Bedeutung noch dem Mer-rätich, gl. a. 53: mer-ratich, zu Grunde liegen mag. Vrgl. Merrich. Graff II, 809. BM. II, 137. Weigand, Wbch. II, 126 f. Notk. 73,13. 75,53: der mere, den roten mere). Statt des in dieser Bedeutung dem gemeinen Manne unbekannten Wortes die See, braucht er in Zusammensetzungen gewöhnlich sein Mér: Mérfisch, Mérschef, Mérkrieg, Mérschlacht, Mérrauber, Mérfarer ꝛc. Schon im Voc. v. 1419: mirkalb, phoca; gl. i. 203: mirisuîn, delphinus, statt mer-, meri-. „Merdorn, myrtus", Voc. v. 1445, (BM. I, 384. Diefenbach 363a); wol nach Gramm. 693 eine Verbildung wie „Fashan" aus Fasan; da in der ahd. Sp. richtig mirtil, myrtus, mirtalahi, myrtetum, vorkommt. „Mörgries, mörhanff, milium solis"; Clm. 16487, f. 96. Diefenbach 361a. Der Merstein. „Gesegen lieber her Jesu Christ vor den Mörstainen vor den Rislstainen vor den großen und khlainen"; Wettersegen v. 1591, ZZ. 3286, f. 25. Vrgl. unter Marmel: Mermeut und das Verbum merren, (mören). Der Merstern, Polarstern, stella maris; BM. II, II, 621. Konr. v. Megenberg f. 256, (Pfeiffer 429,16. 433,35). 'Merwig, Personname; Förstemann I, 911 f.' Cgm. 4908, f. 1: der Petersberg zu Erfurt habe vor 706 geheißen Merwiges berg. Wäre auch Mörsburg am Bodensee und Merseburg daraus zu deuten? Grimm, Mythol.[2] 336. Gesch. d. d. Spr. 619. Förstemann II, 995 f.

Meran. „Dalmatia haißt nu Meran"; Clm. 903 (sec. XV), f. 25b. s. unten: die Mur.

'Der Merbot, mhd. Sp., s. BM. II, 139.' W. Grimm, über Freidank p. 82. Wackernagel's Wbch. Vrgl. oben, Sp. 209: baudo.

Die Merend (Merent, Meren', ᴗ-, O.L.) Genuß einer Speise zwischen dem Mittags- und dem Nacht-Essen; wol das aus den Klöstern ins gemeine Leben gekommene lat. merenda, ital. meranda, span. merienda. Zeitschr. III, 467. IV, 321. „Umb 3 Uhr folget die Mörend oder Jausen"; Albertin's Guzman 478. Die Marene, Jausen; (Garmisch, Rath Her). Sieh das schon früher verdeutschte Merd und das Verb. meren, zu Abend essen; Wackernagel's Wbch. und BM. II, 138. Weigand, Wbch. II, 88. „Swa man des schachzabels gert und swa manz von hunger mert" (? 'wol hieher?'); Haupt's Zeitschr. VI, 495.

Der „Meringer", Ruderer, der sich am Vordertheil (Gränsel) des Schiffes befindet; (vrgl., falls er etwa vorzugsweise die Bestimmung hätte, das Schiff anzubinden, die Anmerkung zu merren). Entfernter liegt wol das ital. marinaro, woher Wstr. Btr. V, 119, ad 1580: 611
„Marinary oder Schiffleut", sonst auch Marner, (s. das Wort).

merren (mérn, miərn), neutr., rühren, wühlen; act., in Verwirrung, Unordnung bringen; verderben. Cf. česk. mariti; Zeitschr. VI, 356: maraken, maraschen. Im Kōt, Schlamm, Geld herrummerren. Den Taig einmerren, den Sauerteig in das Backmehl rühren, mengen. „Tu das pulver in ain maß wasser, laß 24 stund stan und mer das gar offt, darnach seich das wasser das es wol lauter werd"; Clm. 4394, f. 136. 'Vrgl. unten: die Merd.' *Mér* dó' nét ə'só *rum!* „Wèi sé' də' Hrèdə' hàisəré kèərt (wie der Reiter, Wettrenner sich heiser schreit), gschwinkə' füré sá˜ Ràppəl *mèərt*"; Rank, aus d. Böhmerwald p. 83. „Durt springə˜t s· (die Vermummten) vaə' 'Tüə' hi˜ und kèərnt, durt hupfə˜t s· vol Zris und *mèərnt*"; das. p. 116. Ein Wild aufmerren, es aufjagen. Das Zugvieh merren, aufmerren, dermerren, es übermäßig anstrengen, und dadurch unbrauchbar machen, verderben. Häst ietz dé Sachən wider àllé z'sam *g·mért*? (zu Grunde, zu Schanden gerichtet). Die Rauber haben alle Thüren eingemerrt, (eingestoßen, aufgebrochen). Wer hat mir denn meine Schueh so vermerrt? (zu Grunde, zu Schanden gerichtet). Das Gemerr (Gmiər), das Gewühl, Gedränge, die Verwirrung, Unordnung, Zerstörung. Wàs dé Kin'ə' für ə˜ Ghétz und für ə˜ *Gmèər* ha'mə˜t! (ObrM.). Unserm Worte scheint zu entsprechen das alte merran (praet. marta) ein Ding: es unnütz, vergeblich machen, verderben; Einen: ihn ärgern, irre führen; Einen eines Dinges: ihn daran hindern; goth. marzjan, scandalizare, agſ. merran, mirran, scandalizare, impedire, dissipare, engl. to mar, depravare, schott. to mer, in Verwirrung bringen; Capitulare Episcopp. v. a0. 802, 8: marrire (praeceptum, debitum, censum); altfr. marri de q. ch., darüber ärgerlich, wozu das Subst. marrisson (Ärger), vergleichbar dem ahd. marrisal (Ärgerniß, Hinderniß; Cgm. 17, f. 145b: ane merresal, sine impedimento. Graff II, 81); altspan. marrar, irre führen, amarrido, betrübt; womit, in Folge der obigen Bedeutung impedire, selbst amarrar, ein Schiff festbinden (cf. meren, Meringer und Otfrid's mieran (V, 25,2) und marstekko, tonsilla, gl. o. 163. Grimm III, 439)

Zusammenhang haben mag. 'Diez, Wbch. 14. 218. Graff II, 829. 840. BM. II, 63. Weigand, Wbch. II, 88. Vilmar, kurheff. Idiot. 261 f. Zeitschr. IV, 176. Müller, etym. Wbch. d. engl. Spr. II, 65. (Aschaffenb.) anmeren das Schiff, es am Land befestigen; abmeren, es losbinden. Figürlich: die Stiefkinder abmeren, ihnen ihren Theil herausgeben. Das Mersail, Anbindeseil. Kilian: meeren het schip; meer-touw, Anbindtau. Vrgl. allenfalls auch das unter mar erwähnte isl. meria, contundere.

Die Merung (Mèring), der Auslauf einer Retirade; der Mèringrámá', Abtrittsreiniger. Castelli, Wbch. 200. „Ains grabens oder mörin dardurch die haimlichen gemäch (des Domkapitels in Passau) ausgang haben"; Stadt Passauer Urk. v. 1478. 'Vrgl. d. vorige Wort.'

Der Merrecher, Merrher (Mérrhə˜, Mérrə', Mirrə'), (an den oberländischen Seen) mergus, Taucher, Tauchente, (merrich, gl. o. 109. 169). Diefenbach 358ᵃ.

'Der Mèrrich, Mèrch, (Koburg) Meerrettig; s. oben: das Mer und Th. III: der Rätich.' „Dem in den lanchen we si, der nem merrich, bind in da im we si . . .", (Maurachen?); Clm. 4595, f. 39. Zeitschr. V, 64,47. 155.

Merel, Mirel ꝛc. s. Merl, Mirl.

mir (miər, mər, mə', Tegernsee: mi'), 1) wie hchd. mir; Zeitschr. VI, 503,1. 2) wir; (s. Gramm. 721). Schon im Feuerb. Ms. v. 1591: „Wann mier aines Sturmbs erwarten waren, so namen mier Mel, was für Mel mier haben khunden." BM. II, 137: mer. Zeitschr. I, 131,6. 289,16. II, 114. 192,20. 496. III, 174,237. 206,5. 271,5. 452. 549,21. IV, 238,6,4. V, 393,31. VI, 96. 131,9. 265,49. 276,30. 3) man. Zeitschr. I, 131,8. II, 115. 191,17. 556,17. III, 173,175. 549,21. V, 280,6. 364. 404,175. VI, 114,13. Schon im Psalt. Windb. Ms. saec. XII: me (statt mer?). Vrgl. man und Gramm. 571.

Der Môr, wie hchd. Mohr, (aus lat. Maurus, neugriechisch: *Μαυρος*, wie Neger aus niger. Graff II, 841. BM. II, 216. Weigand, Wbch. II, 184. Cf. Glossar zum Heliand p. 79). „Arabs, mor; Arabia, mornlant"; Clm. 5877 (XV. sec., 1449), f. 161. „Swarte mor"; Jac. v. Maerlant, Alex. 44ᵈ. 74ᵇ. „Mauritius herzoge der More"; Kaiserchron. 6522. „Hinz in die Mören". . . „warumbe er ain mœrinon hête genomen ze der ê"; Griesh. Pred. I, 101. „Vil tufele swarz alse ein mor"; Herm. v. Fritzlar 63,16. „Duo viri ethiopes moren .i. demones"; Abdiae Andreas, Em. d. 6, f. 36. „Vidi quosdam ethiopes (daemones) astantes mihi"; Clm. 4625, f. 100, (aus dem Griechischen übersetzt). Der hellemôr, mhd., der Teufel; BM. II, 217. Kärnt. mavra, schwarze oder schwarz gefleckte Kuh; muri, genit. murna, schwarzer Ochs; mur, schwarze Erdgrille; Jarnik p. 63. 64. Cf. griech. *μαυρός*. '(Vrgl. Zeitschr. V, 450; auch Môr, Mutterschwein; Zeitschr. III, 484. IV, 313.) 'Hautsmor, Wald bey Bamberg; s. Muer.'

Die Môrach (Maərə'), der Mœrcheling (Márhhəling), (O.L.) die Morchel; '(cf. ahd. morahâ, morehâ, morhâ, mhd. morhe, morche, more, Rübe; nhd. Möhre, Mohrrübe. Graff II, 845. BM. II, 217. Weigand, Wbch. II, 185. 194. Zeitschr. V, 216. 466. VI, 337).' s. Maurachen.

Der Moraz, â. Sp., s. oben: Maraz.

morireln, marireln, vrb., (im Scherz) sterben. Etwa in Beziehung auf das bekannte: Morexit quidam rusticus sine lux et sine crux?

„Murre- oder Morry-Spil, Nory-Morry, Finger schnellen, micare digitis"; Voc. v. 1735. Castelli, Wbch. 203: an *Mura* schlåg'n, anfangen ungehalten zu seyn und dieß zu erkennen geben, z. B. Schlåg nua' kan *Mura*. „Eə' tuət glei' *Muərə˜* schlàgng, də' Sábl rüə't si' glei'." Də' Bàdə' schlagt ə˜n *Muərə'* („an Muara"); Castelli, Ged. (1828) p. 69. 204. 245: „murrig werden." s. schnellen. Vrgl. Zeitschr. IV, 10. Wol die ital. span. morra, franz. mourre, eine sehr beliebte Unterhaltung Müßigstehender, bey welcher je zweye einander in demselben Moment die beyden Fäuste mit 612
einer beliebigen Zahl plötzlich ausgestreckter Finger vorhalten und zugleich die Zahl aussprechen, die jeder als die der ausgestreckten Finger beiderseits vermuthet. *Ἐπάλλαξις τῶν δακτύλων*, digitorum micatio; Denis, codd. theol. I, I, 395. s. Martens, Italien II, 579. Kollar (Cestopis p. 37), der zuerst in Fiume dieses Spiel sieht, nennt es Alla Mora, als von den Mauren zu den Spaniern und dann weiter gebracht.

Die Mur, (Gebirg) Sand und losgebrochenes, zerstückeltes Gestein, welches von den Höhen in die Thal-Ebenen niedergerollt (truckene Mur), oder auch von Wetterbächen herabgeschwemmt worden ist (naße Mur). Zeitschr. III, 462. 474; vrgl. V, 432,539. So ist der Flecken Partenkirch binnen eilf Monaten zweymal durch das Geschiebe des Faukenbachs halb verschüttet worden. Noch stehen in einigen Häusern die untern Stockwerke mit Sand angefüllt. „Thalsperre heißt Anlegung einer Muhr bei einem Überschwemmung drohenden Waldbach, zur Zurückhaltung der grobern Gerölle, Unterstützung der Berghange, Verhütung der Abblaikungen"; (Pseud.-Jir.). „Muhr im Gebirge so viel als auf dem Lande eine Wuhr"; (Pseud.-Jir.). „Sust niht wan stein gemorre"; Mich. Beham, Samml. f. altd. Lit. S. 59. Der Murbruch, Erdfall, schweiz.: Sand-Laui, Sand-Lauənə. Nach Saussure nennen die Bauern von Chamouni das Steingerölle, auf welchem die Gletscher aufzusitzen pflegen, la moraine du glacier; (cf. ital. la mora, Steinhaufen. Diez, Wbch. 232). Es ist dieses Wort vielleicht mit unsrer Mur verwandt, und gehört etwa mit derselben und unserm obigen Mári, dann dem isl. mor (Mulm) zu mar, murw, (w. m. s.). Weigand, Wbch. II, 212 f. Meran (Mərà˜, ᴗ -), die über Maia '(Majae, Staffler, Tirol II, 632. 658)' abgerollte Moraine. (? Deshalb:) „N. N. bürger an Meran und die zeit gewaltiger kirchpräst sant Niclas gotshaws daselbs . . . Beschehen an Meran 1446." Urk. (Dr. K. Roth). „N. N. Pfarrer zu Tyrol und an Meran"; Cgm. 3956, f. 11. 12. s. oben, Sp. 81: an. (Agſ. ist mor Berg, daher: Westmoreland; mere ist Moor, Sumpf; Ingram, Saxon. chron. p. 25). Vrgl. unten Muer.

'müren, was merren (s. d. W.).' „Der hirß tritt das gras ab recht als es mit ainem scharsach abgeschnitten sey, die hind zermürt es nu"; Clm. 4373 (v. 1437), f. 117.

Die Murren, krummes, verdrießliches Maul. Zeitschr. III, 474. Dèr macht ə˜ *Murn*, àls wenn eəm ə˜ Kuə drei˜ 'tré'n wár. Vrgl. das alte murret im Iwein, Adj., für eine Affennase. „Also murret und ungschaffen" wie Affen; H. Sachs 1560: IV, III, 70 (1612: IV, III, 153). „Simus qui habet curvum nasum seu depressum vulgariter murotter"; Clm. 5685 (XV. sec., 1412), f. 38. Diefenbach 535ᵇ.

murren, wie hchd.; (Weigand, Wbch. II, 214. Vrgl. Vilmar, kurheff. Idiot. 263: marren). Der Murrmau, Murrkater, (Nürnb.) mürrischer, zänkischer Mensch; Murrkopf; ein Gefängniß im Hospital zum h. Geist, wo ehmals zänkische Spitalbewohner eingesperrt wurden. Vrgl. Zeitschr. IV, 52: Muraméntl, Murmelthier.

Das Muer (Muər), Morast, Moor, (ahd. u. mhd. muor, agſ. môr, isl. mvri; Graff II, 843. BM. II, 240 u. 274. Weigand, Wbch. II, 192. Vrgl. oben, Sp. 1562: Mucher und unten murk). „Die schleyen thund sich in schleim und mur eingraben"; H. Sachs 1560: II, II, 111ᵇ. „Ez si ûf walden oder in dem mûre"; Labr. 17. *Muər* über die Straß geschwemmt (moraine) bey Boțen. Husmuor (Lang, RB. II, 351), Hutsmor (das. 357. III, 307), Houtsmor (das. II, 405. III, 79), Hudesmort (das. III, 385), ein Wald bey Bamberg, (jețt: Hautsmor); cf. Hundesmor (RB. IV, 419) bey Stopfenheim und Alesheim in Mittelfranken. muerig, adj., morastig. muereln (muəln), nach Sumpf schmecken oder riechen. Zeitschr. II, 458. III, 458. 474. „Piscis lutensis, Fisch der murlet"; Voc. v. 1618. Der Muer-Auck, oder die Muer-Aucken, die Feuerkröte, Moorunke. Zeitschr. IV, 53. 55: Muräggl, Murröchsl. Der Muerbach, woran die ehmalige Abtei Murbach (Muorbach) im Elsaß. Der Muerbaum. „Es sol khain müller abwerch schlagen noch muerpaum einlegen allain nach rat der vier waßergrauen"; Cgm. 3253, f. 3. 'Vrgl. oben: die Mur.'

Märbel, eine Art vorzügliches Alpenkraut; tirol. Kirchtag 1829, p. 14.

Märbling, junger Holzsproß; (Jir.).

'Der Merbel, Merwel, s. Marmel u. vrgl. Weigand, Wbch. II, 103. Birlinger 334. Vilmar, kurhess. Idiot. 269. Zeitschr. V, 362. 392,1.'

marchen, zeichnen, bezeichnen; Grenzzeichen setzen, marken, (ahd. marhan und marchon; Graff II, 850); abmarchen, einmarchen, brandmarchen. 'ausmarchen, hinausmarchen (aussi maərchən); vrgl. Grimm, Wbch. I, 916. Mi' hàbmə˜d s' *aussi gmaərcht!* ruft manches Kind, das sich bey Vertheilung des elterlichen Anwesens verkürzt glaubt. Aə˜n áf d' Hàbə hálm *aussi maərchə˜*, ihn zu kurz kommen machen; (Obrm.). vermarchen, mit Grenzzeichen versehen, vermarken. „Ein Holz vermarchen, verstainen und vergrueben"; Kr. Lhdl. XVI, 168. untermarchen, Zwischen-Grenzzeichen setzen. veruntermarchen, Lori, L.R. 180. 266. muetmarchen, sieh das folgende (Muet-)March. Vrgl. merken.

Die March, a) die Handlung des Marchens, Markens, Grenzzeichensetzens. Die Muetmarch, freywillige Markung, Abgrenzung, gütliche Grenzbestimmung zwischen zwey streitenden Parteyen (?). Auf dem Landtag von 1461 klagen die vom Adel über des Fürsten Pfleger, Richter und Schergen, welche, heißt es, „uns und die unsern beschweren auf unsern Gründen. Wann wir oder die unsern oder (?) uns selbst Beschau oder Muetmarch gütlich verrainen, dabey wollen sie seyn,
613 und darinn Wandel haben." Darauf wird beschlossen: „Ob zween Grundherrn um die Gründe irrig würden, ehe sie dann um dieselbe Irrung gegeneinander in Recht kämen, so haben sie Macht sich mit Muetmarchen oder in anderweg gütlich miteinander zu vertragen." Kr. Lhdl. VII, 61. 266. 286. 381. 409. 500. s. Muet. Die Untermarch. „Ein Auszaigen und Untermarch fürnemen. Sich einer Untermarch vergleichen"; Kr. Lhdl. XI, 451. b) die Grenze, der abgegrenzte Grund und Boden; Bezirk, Territorium; (ahd. marahha, marcha, mhd. marke, marc; Graff II, 846. BM. II, 64. Weigand, Wbch. II, 105. Vilmar, kurhess. Idiot. 262). „Foras terminum, hoc est foras *marcham*"; Legg. Baiuu., Mederer p. 203. „Carniola quae vulgo Chrain-marcha (slaw. krainya, äußerste Landgrenze; cf. Gramm. S. 169) vocatur"; Hist. Fris. I, 180. So: die Windische Mark, die Mark Brandenburg ꝛc. Die Hofmarch, Hofmark, Inbegriff von Gütern, die zu einem adelichen Sitz oder Hof gehören und deren nutznießende Bebauer dem Grund-Eigener in Dingen der niedern Gerichtsbarkeit unterworfen sind. Es war das unglückliche Bestreben nach einer fremden Krone, welchem ein bayrischer Fürst („Künig Ott von Hungern", dessen tragisches Königthum in Ottocar von Hornecks Reimchronik nach dem Leben geschildert ist,) zum Nutzen einiger Wenigen und zum Schaden der Mehrzahl seiner Unterthanen durch die bekannte Handfeste von 1311 einen wesentlichen Theil seiner Regenten-Rechte und Pflichten opferte. '(„Wie erläutert das Hofmark?" Jac. Grimm).' Cf. indessen Mgr. Theophilus Neumann's '(d. i. Dr. Simon Rottmanners, Gutsbesitzers zu Ast, † 1813)' Antwortschreiben, besonders p. 35. 84. 99. (Möge Künig Ott von Hungern sich nicht widerholen in Künig Otten von Kriechen, der heute seinem hohen Beruf entgegenzieht! München, 6. Decbr. 1832.) Der geschloßenen Hofmarch steht die ungeschloßene gegenüber, in welcher es auch Güter gibt, die nicht Grundeigenthum des Hofmarksherrn, oder deren Bebauer ihm nicht mit der Jurisdiction unterworfen sind. s. Chlingensperg, de jure hoffmarchiali; Lori, chronol. Ausz. p. 673; Seifrid's Gesch. d. ständ. Gerichtsb. Ueber verschiedene Ansprüche der Hofmarksbesitzer vrgl. Kr. Lhdl. II, 216. VII, 276. 358. 359. 366. hofmärkisch, adj. Der Hofmärkler (Hóſmärklə), Hofmarks-Untergebener. Die Holzmarch, (ä. Sp.) Holzgrund; L.R. v. 1616, f. 773. BM. II, 65. Grimm, RA. 497. „Holzmarch und Wismat"; MB. IX, 298. „Aine Holzmarch"; MB. XVII, 584. „Unser holtzmarch, genant das Prandholtz"; MB. XXII, 651 und passim. Kr. Lhdl. XI, 107. „Die Markzell und andre Hutweiden der Stadt nicht weniger der Burgerschaft Feld, Geholz und Wismath sollen von den Benachbarten mit ihrem Vieh unbehütet und unbetrieben bleiben." „Es sollen die Markzel-Güter oder diejenigen Güter so in der Markzell der Stadt gehören und mit in der Stadt Steuer liegen, keinem der nicht ein Bürger ist, verkauft werden." Privilegg. der Städte Culmbach, Hof, Wunsidel, Münchberg. s. Zelg. Die Gemarkung, sämmtliche zu einer Gemeinde gehörigen Privatgründe; die Mark, Gemeingründe, die zwischen zwey oder mehrern Gemarkungen liegen, und als Gemeinweide benutzt wurden, jetzt aber vertheilt sind; (Aschaffenb.; Dr. Kittel).

'Die March, Mark, ä. Sp., als Gold- oder Silbergewicht, wie hchd.: ein halbes Pfund (s. d. W., oben Sp. 434 f.), später: eine Art Geldes; (mittellat. marca, ahd. march, mhd. marc; Graff II, 846. BM. II, 67. Weigand, Wbch. II, 105).' Die Mark hatte (XIII. Jahrh.) 2½ Pfund oder 50 Schillinge, (Kopp, Geschichtsfr. I, 40); die Mark Silbers das Doppelte von der Mark Pfeninge, (Lucht, Kieler Stadtrecht). Die Mark Silber ist um 1300 = 2 ℔ oder 16 ßl., (Westenrieder, Beitr. VIII, 89). „Die Geldrechnung geschah in der Vorzeit nach Marken. Eine Mark machte 10 Pfund Berner oder 2 fl. Münz, jeden Gulden zu 60 Kreuzer, folglich war 1 Pfund Berner 12 Kreuzer. Ein Kreuzer enthielt 5 Pfenninge und 1 Pfenning 4 Berner. Es giengen also 240 Berner auf 1 Pfund. Die Art, nach Zahlpfunden zu rechnen, ist im südlichen Tirol, wenigstens bei geringen Beträgen, jetzt noch ziemlich gemein. 5 Pfund machen 1 fl. Reichswährung." Staffler, Tirol I, 451.

Das March (Marhh), Mark, plur. die March oder die Märcher (Kr. Lhdl. IX, 6), das Zeichen, die Marke, (gl. i. 580: marc, isl. mark, n., ags. mearc. s. Jac. Grimm's deutsche Grenzalterthümer in den Berliner akadem. Abhandlungen für 1843, S. 110 ff.: goth. marka bey Ulfila, Matth. 8,34. Marc. 5,17. 7,31. 10,1 = ὅριον, Grenzmarke; isl. mörk, fem., silva; mark, merki, ntr., limes, margo. Vrgl. Weigand, Wbch. II, 105. Birlinger 329: Markt. Zeitschr. III, 467.) „Ander marh die osteren niheiniz habent nihwan daz uolemæne aprilis"; Cgm. 17, f. 3ª. Ein March einhauen, eingraben in einen Baum, einen Stein. Ein March aufbrennen einem Thier, einem Menschen ꝛc. Im Wasser als Richtschnur für die Schiffer „Märcher aufstecken"; (Lori, 614
BergR.). Kunststraßen in Bezug auf ihre Erbauung und Erhaltung „durch Märcher abtheilen"; (Wstr. Btr. V, 288). Das Grenzmarch, Grundmarch, aus einem March-Steffien, March-Stecken, March-Stain ꝛc. bestehend. Das „Bimarch, Bidmarch, Bitmarch, Piemark", a) (Lori, BergR. 4. 211. 217. 236) Grenzzeichen, (im Bergbau: Markscheide); Beimarch, eine Art Hamster die Höhe des Spiegels der Salzach zu

erkennen und im Verhältniß zu einem Hauptmarch zu beurtheilen; (Jir., Lori?). Pidmärche, Grenzsteine an den Landesgrenzen: (Jir.). „Pflöck und Pymarch schlagen.“ „Pigmarckt aushauen“, steyr. PerckR., bey Heumann, opusc. p. 248. „Die pinmarch sein auch first oder sol-eisen doch werden merers tails die Eisen pinmarch genennt, die nit gar an der stat steen sonder noch weiter daraus zu verziehen ist“: tirol. Bergw., Cgm. 1203, f. 143 mit Abbild. b) Grenze. „Unser Waldmaister soll sich der Mäder und Eezen und derselben Pidmarchen vnd Zillen aigentlich erkhunden“; salzb. WaldO. 16. „Ordentlich verglichene und zu beeden Thailen angenommene Bitmarch“; Lori, LechR. 455. Wenn die Form Bi-march die richtigere ist, so scheint in diesem Subst. das bi- des alten pimarhan (gl. i. 982), pimarchon (a. 325), designare, den Ton behalten zu haben; vrgl. bi, ge und ant. Das Gemärch, Gemerch, Gemerk, die Confinen; (gl. a. 550. 652. i. 560: gimarch, gimarchidi, gemerchede, confinium; span. la comarca; die ahd. Sp. hatte auch ein Adj. gamarcho, confinis: gl. a. 442. i. 77. 90. 944. 1144; conmarcanus, leg. Baiuu., Mederer p. 190. Graff II, 849. BM. II, 65). „Die gemerche, terminos“; Cgm. 17, f. 10ᵃ, Ps. 2,8. Das Untermarch, Zwischenzeichen, Zwischen-Grenzzeichen, Zwischen-Zierath. Graff II, 849. „untarmerchi, discrimen“; Tat. 107. „Cardo, limes per agros, undermarck“; Nomencl. 1629, p. 185. In der Kleiderord. von 1626 werden verboten „die von Gold, guten Stein, vergulten Untermarchern“ gemachten (es ist zweifelhaft, ob Stöckelschuhe oder) Armbänder; Wstr. Btr. IX, 295. Das Untermärchlein, Untermärklein (Untəmárkl, Untəmárchə-l). Am Paternoster sind die Vaterunser-Kügelchen gewöhnlich durch sie umgebende Untermärklein von andrer Farbe oder Materie vor den übrigen oder Ave-Maria-Kügelchen ausgezeichnet. R.A. Ein Untermärchelein machen, sich eine Abwechslung, eine kleine Erholung vergönnen. (Gl. i. 172: untarmarclihho, distinctè). 'Der Marchman, ä. Sp., Grenzwächter, Markgraf; BM. II, 45. Weigand, Wbch. II, 103; vrgl. 107).' Marcomanni, Wäldler, Holtsaten, (Grimm); silva Marciana; Förstemann II, 991: der Schwarzwald). Vrgl. unten: Märher, Mähren = Marcomanni. Zwischen Zeizo und St. Wichterpus erscheint ein Augsburger Bischof Marcmannus; Aug. eccl. 209 (sec. XII), f. 249. Ob der alte Name Marquard (M.m. 36: Marc-uuart; Meichelb. Hist. Fr. I, II, 430. Pez. thes. I, III, 97: Marahuuart, Marachuuart) als custos finium oder equorum (vrgl. Marh) zu nehmen sey, weiß ich nicht. Förstemann I, 915. Weigand, Wbch. II, 107. Ähnlichen Zweifel habe ich in Rücksicht der unter Marh angeführten Marchfuetter und Marchmutte. Marchzal, s. Th. IV: Zal.

Die Merd (Mért, Miərt), (Werdenfels, Pinzg. ꝛc.) was Merend. Graff II, 845 f. BM. II, 139. Weigand, Wbch. II, 88). In den Sermonen des XIII. Jahrh. (Ms. der Münchner Bibliothek) steht: „Er (Johannes) entslief uf siner (des Herrn) bruste in sinem Merde“ (beym Abendmahl), wo Notker (Ps. 80,17) sagt: „ze sînemo merede“; also masc. „Er gesizzet ime werde mit in ze merde“; Fortsetz. v. Diut. III, 112. (Im Himmel) „si ne gerent ce wollibe morates noch trinchenes deheines“; Clm. 9513, Vers 272. Gl. o. 144: „mêrt, merot, coena“; Kero 38,20: merod, mixtum, wol verschieden von mêrda, mêrata (gl. a. 682. o. 148), suppa, womit Adelung's Mährte, kalte Schale, zusammenhangen mag. Weigand, Wbch. II, 88. Zeitschr. III, 467. 'Zu mern, gemern, mhd., eintunken, mischen, umrühren; BM. II, 138 f. s. oben merren.' „Schewm (Swem) ich geben daz gemerthe brod der hat mich firraden“; unter dem Bilde der coena domini im Clm. 935 (sec. XII —XIII.), f. 50ᵇ. Vrgl. Miet.

Der Merder (Meəschdə'), (Chiemgau) Holzschlägel.
615 Vielleicht ist auch der in derselben Gegend vorkommende Ausdruck Mèə'l für eine Art Axt, die nach Bedürfniß als Schlägel und als Keil gebraucht wird, in Merdel zu ergänzen. Ob dabey an das lat. martulus, martellus, oder an das schweiz. mörden, mürden (stoßen, malmen) zu denken sey, weiß ich nicht. Cf. ital. marra, Haue, und franz. merlin, Schlachtbeil. s. d. folg. Wort.

merdern, mertern, auf-, zesam-m. eine Person oder Sache, sie durch schonungslosen Gebrauch zu Grunde richten. Der Merderer, Mensch, unter dessen Händen nichts unbeschädigt davonkommt. s. d. vorige und folg. Wort u. vrgl. merren.

'Der Merdrum, ä. Sp., Menschenkoth; (lat. merda,' franz. la merde, span. mierda). „Als die fürstin den merdrum fand“... „thet darnach den merdrum auffdecken“; H. Sachs 1560: IV, III, 49 (1612: IV, III, 110). „Neun grosser merdrum vngestalt“... „ein küß darauff lagen zwen groß merdrum, das war der sew sigel und wappen“; das. V, 408 (1612: V, III, 145).

Der Mord (Mórt), unvolksmäßig, außer in einigen Redensarten und Zusammensetzungen: *Mórt* und Todschlag; *Mordió* schreyen; *Mórt*brenner; ə˜ *Mort*-Kerl, *Mort*-Rausch, *Mort*-Gaudi ꝛc., ein ungeheurer Kerl, Rausch, Jucks. Aventin und überhaupt die ä. Sp. hat das Mord, (ahd. mhd. daz mort, ags. mordh, isl. mord, ntr.; goth. maurthr, ntr. Graff II, 855. BM. II, 220: geflissentliche, treulose Tödtung; Missethat. Weigand, Wbch. II, 194). „Wer das mort het getan“, (d. h. das Wachs beym Crucifix entwendet hätte); Suso's Leben, Cgm. 819, f. 68. „Sie sollten das jämmerliche Mord helfen retten“; Avent. 209. 267. Daz Mord; Dr. Eck, 1542. „Und hett das mord an jhm vollent“; H. Sachs 1612: I, 254. II, II, 83. 85. „Der (mit einem Füllen schwangere Bauer) raufft sein har und schrier das mort, wie sol ich nur das füll gepern“; das. II, IV, 152 (1560: II, IV, 74). „Die alt schrir das mort“; das. IV, III, 153 (1560: IV, III, 71). „Ich schrei daz mort“; Labr. 338. „Ein ungetrewer wagenknecht (der durch üble Behandlung ein Pferd zu Grunde gerichtet) tůt seinem herren sagen daz roß hab daz mort geslagen“; des Teufels Segi, Mscr. v. 1449; Barack 11614. „Peccatum mortale, mortsünd“; Monac. Augustin. 84, f. 67. „Etlich die vasten dy Mortvasten an eim suntag vber ein andern menschen daz er schull sterben“; Cgm. 478, f. 13. mordlich (Labr. 547), mordig, mürdig, ä. Sp., adj. u. adv., mörderisch; BM. II, 221. „Vor mürdigen iägerhunden“; Labr. 212. „Mürdig lotterey“; Valkn. 136. mürdiclichen, ä. Sp., adv.; Labr. 548. mordiâlisch, 'adj. u. adv., ungeheuer, sehr; Zeitschr. II, 192,46. IV, 134. V, 505. Vrgl. auch IV, 100: moardlach und das verstärkende mord- in Zusammensetzungen (s. oben): III, 185,32. 194,182. 547,36. V, 20. Vilmar, kurhess. Idiot. 271: mördsch, mertsch.' morden, mörden, mürden, ä. Sp., wie hchd. morden; (ahd. murdan, murdjan, murdran; Graff II, 856. BM. II, 222 ff. Weigand, Wbch. II, 194).' „Wild morden“, Labr. 419. 355. mordieren (mortirn), morden; (b. W., ObrM.). ermörden, dermürden, dermürdern, ermorden. „Ward ermördert“; Hund's Stmb. II, 22. (murdan, gl. a. 284; murdran, gl. a. 347. i. 78; zu jenem stimmt das isl. myrda, mit dem Nebenbegriff des Verheimlichens, zu diesem das ags. myrdhrian, engl. to murder, goth. maurthrjan, wol erst vom Subst. maurthr, caedes, ags. mordhr, engl. murther. Capitulare III. anni 813, 44: „Siquis hominem in mordro occiderit“; Leg. Ripuar. 15: „de homine mordrido.“ Das morttaudus in der Lex Alam. 50 und 77 ist wol aus Mort und tôd zusammengesetzt. M.m. 114: „in manegemo mortode.“) Der Mürder, Mürdrer, wie hchd. Mörder; (gl. a. 444. i. 1117: murdreo; ags. myrdhra. goth. maurthrja). mords, mortes, adv., s. unten: murz, 'u. vrgl. oben: das Mord schlagen.'

---

murfeln, morfeln, vrb.. 1) mit geschloßnen Lippen kauen, wie alte zahnlose Leute. Das alte Weib, die Kuh *murfəlt*. Cf. BM. II, 276: murfen, murphen, nagen. 2) mit nicht hinlänglich geöffneten Lippen und unverständlich sprechen. Die Murfel, das Murfel-Tier, Weibsperson, die da murfelt. Die Murfel, (verächtlich) das Gesicht; cf. holl. murf, fem., (pöbelhaft) Maul, Schnauze. Zeitschr. V, 332. Das Wort scheint wenigstens in der zweiten Bedeutung entstellt aus murmeln. Voc v. 1429: murblen, musso.

Das Marg (Mar', Marh), das Mark, (ahd. marac, marag, marc, mhd. marc, gen. marges, mara, march; Graff II, 844. BM. II, 67. Weigand, Wbch. II, 105 f. Zeitschr. III, 467. gl. a. 630. 666. o. 30. 236. M.m. 173: marg; agſ. mearh, engl. marrow, isl. mergr, schwed. märg, m., medulla). Kaltenbrunner, oberösterr. Ged. (1845) p. 209: *Mar*. Da die ahd. Sp. überall g oder das in ihr dem g entsprechende c darbietet, (marcha, meditallium, gl. i. 826 gehört kaum hieher; Diefenbach 353c: meditullium), so möchte ich das marchzant (dens maxillaris) Legg. Baiuu. 4,16, Alamann. 64,5 nicht mit Mederer als dens medullaris erklären. Da auch marzan, marozan gelesen wird, so wäre vielleicht an einen Pferdezahn zu denken, wie man auch sagt Hundszahn. Vrgl. Vilmar, kurheſſ. Idiot. 263: das Mârt, Gebiß, Zähne. „Holocausta medullata offeram, rouhopher gemarctiu (cod. Trevir.: gemargeta) — veiztiu — opphere ih"; Cgm. 17, f. 95a, Pſ. 65,14. 'Cf. hchd. abmergeln, ausmergeln; Grimm, Wbch. I, 78. 917 f. Weigand, Wbch. II, 145. Zeitschr. VI, 356: ſ. unter der Mergel.'

margasotten. „Haſtu ein langen bart ſo laſſe in abſchneiden und Margaſotten, ſonſten möchte dich einer dar mit begreiffen"; Dr. Minderer, 1620, p. 20. „Andere laſſen ihre Bärth markeſotten auf franzöſiſch oder ſpaniſch"; Albertinus' Hauspolicey (1602) p. 118b.

Märgen-, Mergen-, in Zuſammenſetzungen der
616 Genitiv von Maria, (w. m. ſ.). „Märgen-Röslein, Marien-Röschen, lychnis"; Voc. v. 1735. Zeitschr. III, 373. 560. IV, 177. 269.25. Vielleicht gehören hieher auch Ortsnamen wie Mergen bey Donauwerd, Mindelheim ꝛc.

Märgen, Kuchelmärgen, (Salzb., Hübner) Speiſebehältniß; '(aus lat. armarium, ital. armario).' „Siegst oft lang Weiln in *Kuchl-Margay* („Kaſtl") koa woazas Brat"; v. Kürſinger's Pinzgau (1841), S. 174. ſ. oben, Sp. 67 f.: Almaring.

Margareth, (O.Pf. Márghe-l, Pegniz Meghəl); ſ. Grêt, Grêtel; vrgl. auch Maria. Zeitschr. III, 177. 353: Meigel. VI, 452. Die Margreten-Wis, Wieſe, welche des Jahrs nur einmal, um den Margarethentag (Mitte Juli), gemäht wird. 'Margreten-Wurm, Zeitschr. VI, 70.'

Die Margareit, ä. Sp., Perle, Cgm. 73, f. 22a; (mhd. margarîte, goth. markreitus, aus griech. μαργαρίτης, lat. margarita, neben mhd. mergrieze; BM. II, 79. I, 578).'

Der Margarit, ä. Sp., ſtatt Magnet: „Als ain margarit der daz eyſen an ſich zewchet"; Ind. 344. f. 68.

„Margramapfel", (Ortolph) malum granatum, jetzt gerne der Margrant; '(BM. II, 80: margrat, und 94: meigramme, welches in margramme zu berichtigen iſt; ſ. oben, Sp. 1583: Malang).' „Margramöpfel und wildwurzen" darf jeder feil haben; Münch. Sttbch., Auer p. 165. „Druck ein Margranten den Safft aus"; Kochbuch. „Margranten Wein"; Dr. Minderer p. 143.

Der Mergel, wie hchd.; (ahd. mergil, mhd. mergel; Graff II, 852. BM. II, 158. Weigand, Wbch. II, 145. gl. a. 3. 28: mergil, argilla; isl. mergill, marga). Ortolph ſpricht von Wein, „der nit Mergels hat" (?), 'd. h. der nicht mit Mergel oder Thon iſt „temperiert" worden; vrgl. oben, Sp. 597: der Tähen und unter machen: das Gemächt.' „Vol mergels ſuzzer wein, der in dem glaſe hat claren ſchein und uns des nahtes machet pein"; Renner 16359. „Bech, mergel, ſchimel (im Wein) bringen peine"; daſ. 17275. mergeln, 1) wie hchd.; '(zu Marg, Mark, gehörig; ſ. oben, Sp. 1647).' 2) mergeln Einen, ihm zuſetzen, ihn in Anſpruch nehmen, plagen. „Item Uns dünkt, daß der alte und junge Pfalzgraf genug geputzt und gemergelt worden"; Kaiſer Maximilian in Kr. Lhdl. XIV, 722. „ußmergeln, gravare servum labore"; Voc. Melber. (Vrgl. allenfalls auch merren).

'Die Mergelhaube, ä. Sp.; BM. I, 724.' „Swa mergelhauben und peckelhauben beginnent gen einander ſtrauben, ſwer denn mit fugen entwichen kan, wizzet der iſt ein wiſer man"; Renner 11456. Cf. weſtpreuß. die Mergéll, Margéll, Mädchen, v. litthau. merga, Magd, Jungfrau. 'Hennig, preuß. Wbch. p. 155. Vrgl. unter: Morgengabe.'

Der Morgen (Margng, O.Pf. Márgng), wie hchd.; (ahd. morkan, morgan, mhd. morgen, agſ. morgen, isl. morgun, goth. maurgins. Graff II, 852. BM. II, 218. Weigand, Wbch. II, 195. Zeitschr. IV, 329,6: der Mórgət. VI, 256.61). Des Morgens (d's Mórgə˜st, d's Margést, d's Mórist, d's Maréſt, dschmórgést, dschmargəst, gschmargést, gschmarəst, ſ. Gramm. 751. 680. ahd. in morgan, agſ. on morgen, isl. îmorgun). „Schmorgens frü", Cgm. 714. f. 109. 211; „des ſmorgens", Gabr. Ridler f. 11; Clm. 5905 (XV. sec.), f. 54; „dez ſmorgens", Cgm. 619, f. 362½; „zu ſchmorgens", Cgm. 723, f. 108. Vrgl. ſnachts unter: die Nacht. BM. II, 218. Zeitschr. III, 105. 106: z' Morgez. VI, 38,3. Außer dieſem Falle iſt das Subſt. Morgen im gemeinen Dialekt wenig üblich, und wird durch: Vormittag, Früe erſetzt. morgen, adv., wie hchd. (ahd. in morgan, mhd. enmorgen, enmornen, agſ. on, to morgen. Graff II, 854. BM. II, 220. Weigand, Wbch. II, 196. Zeitschr. III, 226,3,1. 424,8. VI, 276,10). „Muettä, habmä denn morgen glei Todtenzöhrung? Au weh, wenns bald *morgig* wä'!!" Cgm. 3805, f. 152b. Cf. Weigand, Wbch. II, 197. Morgen des Morgens (margng dsmargə˜st), morgen früh. Vilmar, kurheſſ. Idiot. 272: *môr morgen*. Zeitschr. I, 296,5: *morigng* bach'n mər! III, 14: jo morje! jo morn! Die Morgengâb, wie hchd. Morgengabe; (ahd. morgangeba: Leg. Rip. 39, Alam. 57; Longob.: morgincap; agſ. morgengife, isl. morgungiöf, mhd. morgengâbe. Graff IV, 122. Grimm, RA. 441. BM. II, 509. Weigand, Wbch. II, 196 f.). „Wißt daz ſey ein junckfraw was! dar umb ſo gib ich ir vil drât ein par ſchuoch ze morgengab", ſagt Pertſchi von ſeiner Mätz am Morgen nach der Brautnacht; d. Ring 43c,23. Im tir. L.R. v. 1603 (z. B. 44) wird ein ſolches Pretium virginitatis auch von einer Wittwe dem angetrauten Junggeſellen gegeben. „Ob die Fraw ein Wittib geweſen und jhm ein Morgengab gegeben hette." „Di fraw ſol ir morgengab auff die erd legen"; Heumann, opusc. 149; cf. 88 (134). Das mittellat. morganaticum iſt wol nach Analogie von viaticum, cathedraticum ꝛc. ebenfalls aus dem alten morgan gefloſſen. Prof. (Rector) Phillips meint (24. Juli 1846) morganaticum als pretium virginitatis komme vom littauiſchen merga, — ôs (virgo, ancilla), mergélé, — ês (ancillula, puella), mergyſte, — es, virginitas; (Ruhig, L. rel. 86). Vrgl. oben Mergelhaube. Das Morgen-Mâl, (ä. L.R.) prandium; noch jetzt hat auf dem Lande das obſchon ſogenannte Mittag-Eſſen vor Mittag, nemlich um 11 Uhr ſtatt, wie es denn in der innern Schweiz wirklich Morgen-Eſſen heißt. Die Morgen-Suppen, Frühſtuck am Hochzeittag, Brautſuppe. Der Morgenſtern, 1) eigentlich. 2) Ehrenmuſik am Morgen der Brautnacht, (Werdenfels). 3) (ä. Sp.) Streitkolben mit hervorſtehenden Nägeln und Spitzen, clava muricata. Voc. v. 1735. 4) (Feuerbuch v. 1591)

Steinkugel mit Haken und Angeln, aus Pöllern zu schießen.

Murg (?), 'Asche?' „Als lützel ein murg oder eine gnaneist (Funke) erschewzet (ergibt) enmitten in dem mer"; Cod. Pal. 54, Mone's Anzgr. VIII, 501; (cf. das. 523: salwisch und s. oben, Sp. 707). 'murgfâri, ahd., transitorius, hinfällig; Graff III, 574. cf. II, 851: murg, marcidus.' „Murgfare, also der bluomo dar in felde"; Notk. Ps. 102,15; vrgl. 93,22.

murgkeln den Flachs, (O.L.) ihn aus dem Groben
617 brechen, vorbrechen, (s. rollen), welches gewöhnlich durch Mannshände geschieht, worauf ihn weibliche ins Feinere brecheln. Die Murkel, grobe Brechel. In Franken ist Murk, in der Schweiz Mürgkeli ein Brocken, z. B. Brodes. murksen, (fränk.) grob schneiden, z. B. Brod. Zeitschr. II, 465: morkeln, morksen. V, 179,167. 465: stückweise arbeiten, schneiden; undeutlich reden; V, 126,29: Murkə'l, der Indian. In wie ferne hieher Hübner's salzb. murgeln (fallen) gehöre, weiß ich nicht.

---

murgsen, murksen, (schles.) langsam seyn, zaudern, trödeln; Weinhold 63.

Der Märher, der Mähre, (wol vom Flusse March, ahd. Maraha; Förstemann II. 987); Märhern, Märherland, das Land Mähren; (Schriften aus dem 16. Jahrhundert). „Das wasser Oder genant entspringt zwischen Merhern und Polant"; H. Sachs 1560: II, II, 113. Paprocki (Cgm. 4912, f. 208. 214 ff.) knüpft die Mähren an die Marcomanni. Die dortigen Widertauffer, Huetterischen Brüeder, waren großentheils aus Bayern, Tyrol ꝛc. zu Hause, und unterhielten ins Geheim eine lebhafte Verbindung mit diesen Ländern; (s. Christoffen Erhard's Historia von Münsterischen Widertauffern ꝛc. Ingolstadt, 1588). Die Kuelandler der erste Kern der mährischen Brüder; (Schlegel's d. Museum). In einer Charte sec. XV.—XVI. (Cod. iconogr. 134, tab. 20) heißt „Gabrita silva Behmer wald, Luna silva Merher wald."

Das Marh, Mar, ä. Sp., (ahd. marah, marh, mhd. march, marc, gen. marhes, markes; Graff II, 844. Grimm, III, 325. 328. 334. BM. II, 63. Weigand, Wbch. II, 87. Vrgl. unten: die Merhen), das Pferd; (isl. mar, m.; vrgl. Anmerk.). „Die wîle und daz march lebe daz erz nimer hingebe"; S. Helbling XV, 161. „E müesten sie mich uf der merhen morden"; Labr. 403. St. Oswalt, Vers 3257 (Ettmüller): „starke mark"; Cgm. 719, f. 37^{b}: „schnellew pfard." In den Leges Baivvariorum tit. XV, cap. XI. heißt es: „si caudam amputaverit vel aurem, si equus est quod marah dicunt, cum solido componat." Ein mittleres Pferd (uulz) kostete in diesem Falle nur einen halben solidus, und ein schlechtes (angargnago) gar nur einen tremissis oder Drittels-solidus; (cf. Leg. Alam. 70). Ibid. tit. IV, cap. XVIII. heißt marahfalli, marfalli das Fällen oder Herabwerfen vom Pferd; im Edict. Rothar. 11. und 114: marahuuorf, marauuorf. Ich weiß nicht, ob hieher oder auf March (w. m. s.) zu ziehen seyn werden die beyden folgenden Composita: das Marchfuetter, Marckfuetter, (Meichelb. Hist. Fr. II, I, 72. II, II, 87. 331, ad 1276. 1519) Abgabe in Haber an den Lehenherrn, (in Österreich und Steyermark üblich; s. Hormayr Archiv f. Gesch. u. Geogr. v. 1818, Nr. 112); das Marchmutte, (MB. VII, 441. IX, 566) modius avenae (pro caballis domini?); s. Mutte. — Der Marschalk (noch Voc. v. 1618), jetzt wie im Hchd. Marschall; (Graff VI, 482. BM. II, II, 77. Weigand, Wbch. II, 110). Voc. v. 1429: „marschalk, caliculus", (d. h. calo, Pferdeknecht); gl. a. 501. i. 126. 131. 481. 654. o. 53: marah-scalh, marscalc, mar-schal, agaso, caballarius, dromedarius, mulio; gl. o. 336 in latinisierter Form mariscalcus, quaestor. „Mariscalcus qui super XII caballos est"; Leg. Alam. 80,4. „Marscalci regis"; Capitulare I. anni 813. Der Bedeutung nach gehört hieher wol auch das longobardische, (in Betracht des zweyten Bestandtheiles, der schwerlich das gothische faths ist, dunkle) Mar-phais, Mar-pahis (strator; Paul. Diac. II, 9. VI, 6). Grimm, Gesch. d. d. Spr. 693: equi frenator, v. ahd. peizen, baizan, frenare, das Gebiß anlegen. Der Marstall, wie hchd. „In unsern (des Klosters Aspach) marstall"; MB. V, 222. „Gemainer Stadt Nürnberg Marstall." Der Marstaller, Angestellter am Marstall; Stallknecht, Reitknecht. Herzog Ernst von Sachsen als Erzmarschalk des h. Reichs reitet in einen Haufen Habers und theilt „mit einem silbrein futtermessel und silbrein abstreich" den Marstallern und Knechten Futter aus. Krönung Max I. zu Ach, Cod. ZZ. 1598, f. 14. „Hans von Trenbach reut auch gen Rom; mit jm sein Marstaller, genannt Christian"; Wstr. hist. Cal. 1787, p. 279. „Item zu Nacht haben drey Palpirer dem Kunig sein Marstaller erschlagen"; Wstr. Btr. III, 618
137, ad 1475. Der Marstaller in einem Bergwerk; (Lori, L.R. 357 ff.). „Der Marstaller bey einem Salzzug, (der erste nach dem Vorreiter) ist den Tag über mit zwey Pferden eingespannt, zur Futterzeit schlägt er aus und besorgt die Stallungen"; Baumgartner, Polic. Übersicht v. M. „marstaler, stabularius"; Voc. v. 1419. Marstallius, Wstr. Btr. VIII, 135, ad 1345. Cf. poln. masztalerz. In einer Urk. v. 1316 (MB. VIII, 326) kommt ein Chunrat v. Tutzing als des „Kunich Ludwiges von Rom Marstallermaister" vor. Die „Marstallerey, equaria"; Voc. v. 1618. „Hippiatria . . . oder Marstallerei"; Frankf. 1550. 4^{0} (bey Cgm. 4216).

Die Merhen, Merh (Mérhh, Miərhh), (O.L.): a) das weibliche Pferd, die Stute; (ahd. meriha, merha, mhd. meriche, merche, merhe; gl. a. 514. i. 241. o. 6. 102: meriha, merha; isl. meri, agſ. mära, myra. Graff II, 844. Grimm III, 334. BM. II, 63. Weigand, Wbch. II, 87. Zeitschr. III, 470. IV, 307). Dés is ə˜ schoiné *Miərhh.* „La chavalla, die merch"; Voc. venez.-todesco v. 1424, f. 32^{a}. „Ich mein mörch nit uberreit, langsam komt man auch schon weit"; Poysl 1683, Cgm. 4055, f. 54. „Mein Vatter gibt sein Merrhen grab", (graue Mähre); H. Sachs 1560: II, IV, 15^{b}. „Der auf einer merrhen dahindrottet und uber ein wiesen hin hottet indem stach er sein merrhen an"; das. 74^{b}. b) (verächtlich) Weibsperson. „Bin froh, daß ich dieser Mörch abkommen"; Selhamer. Gl. i. 241 wird merihun sun durch filius meretricis gegeben. Im Augsb. Stdtb. wird Merchen-sun zu den, unter dem Artikel Christenheit erwähnten, beleidigendsten Schimpfwörtern gerechnet. s. auch Mären unter Mar. Anmerk. Im galischen Dialekt der Iren und Hochschotten heißt das Pferd (nach Shaw) marc oder marcan, und in dem der Nieder-Bretonen (nach dem Zeugniß des Sprach-Forschers und Ersten Grenadiers der französischen Republik Latour d'Auvergne) marh. Schon Pausanias in Phocicis sagt: „ἵππων τὸ ὄνομα ἴστω τις μάρκαν ὄντα ὑπὸ τῶν Κελτῶν." („Cf. τριμαρκισία, ibid."; Jac. Grimm.) Wie die heutigen Amts-Titel Marschall, span. mariscal, ital. mariscalco, franz. maréchal, (und daher: maréchaussée; Diez, Wbch. 217. Weigand, Wbch. II, 110) vom Pferde und dessen Besorgung ausgegangen sind, so mag dieselbe Idee dem italienischen und spanischen: marquis, marchese, marques, wenn es von dem deutschen Marcgrâve (gl. i. 132: marchio) wirklich verschieden seyn sollte, zu Grunde liegen; denn: omnis nobilitas ab equo. Der Ritter, chevalier, caballero, hat von jeher mit Stolz auf den Fußgänger niedergesehen. (Wackernagel's Wbch.: marquis aus mittellat. marchensis, Markgraf. Weigand, Wbch. II, 109. Diez, Wbch. 217.) „Marchiones sunt minores ducibus et majores comitibus in Alemanniae et Italiae regnis, in regno autem Aurelianensi et Viennensi

„comites sunt majores"; Monac. Augustin. 67, f. 240. Vielleicht hat auch das neueuropäisch-militärische Verbum marschieren, marcher, marciare, marchar, ursprünglich in nächster Beziehung auf das Pferd gestanden; (Diez, Wbch. 688. Weigand, Wbch. II, 110: zu ahd. marcha, franz. marche, Grenze, Land). Im Schottischen ist to merk, im Irischen marcaim, im Niederbretonischen markat reiten; im Wallachischen indessen ist merg ich gehe. (Vrgl. raisig und raisen).

Mark, s. oben, Sp. 1643 f.: March.

Markus: Margst, (Zir.); Zeitschr. IV, 155: Marx, Marxl; VI, 459: Merkli. Scherzhafte Pfarr-Verkündung auf die Faßnachtwoche (Rot 113, f. 325): Montag. ein Heiliger der ist gehaissen Markek und ist gewesen ein peck. Dienst. e. H. der ist geh. Marckeckler und ist gew. ein fleischhackher. Mittw. e. H. der ist geh. Marckenckh der ist gew. ein weinschenckh. Donnerst. e. H. der ist geh. Markuster und ist gew. ein schuster. Freit. e. H. der ist geh. Markischer und ist gew. ein vischer. Samst. e. H. der ist geh. Emkrader und ist gew. ein pader." 'Vrgl. Birlinger 329: „Marcellus, Marcellinus, Marcellinarius.'

markesotten, s. oben: margasotten.

'Markolf, Name der Elster, des Hehers; Zeitschr. III, 372. V, 63,25. Weigand, Wbch. II, 107. s. oben, Sp. 1636: Marwolt. Förstemann I, 916. Markgrof, Firmenich I, 476,178; (s. unter: die Mauß).' „Marckhatter", Cgm. 579, f. 2b.

merken (mérkə˜, mirkə˜), wie hchd. a) signare, notare, franz. marquer, (ahd. marhjan, merhan, merchan, merchen, mhd. merken; Graff II, 851. BM. II, 65. Weigand, Wbch. II, 146. s. oben marchen). R.A. Das gêt um wie 's Schâfmerken; von Geschäften, die leicht und kurz nach einander abgethan werden. b) wahrnehmen, franz. remarquer, lat. notare; (isl. marka, observare; unser ahd. marchan, wol verschieden von marchôn, ist mir indessen mit dieser abstractern Bedeutung noch nicht vorgekommen). „Und wiß das er sich merken lat an enden do es nit glimpf hat und hat auch nit achten darauf das falsche claffer merken auf"; Cgm. 439, f. 73a. übermerken etwas, das
619 gesagt wird: es überhören, und folglich nicht merken. Das Merken, Gedächtniß. ə˜ guəts *Miərkə˜* hàbm. Der Merker, 1) Beobachter, Aufpasser; BM. II, 66 f. „Die merker sind geschide"; Labr. 72. 132. 321. „Ein merker âne melde den sol nieman hazen"; das. 133. „Daz mir ab der merker melde grüset"; das. 356. „Die merker sint die besten . . . der merken man an keiner stat entgiltet" ꝛc.; das. 407—410. „Wib diu haltent mangen zuht-merkære"; das. 619. Die Merker bey dem Meistergesang, das Gemerk; s. Wagenseil, civ. Norimb. 540. 544 ff. BM. II, 67,2. 2) der Merker, das Merkerlein, Merkzeichen, z. B. in ein Buch. Das Gemerk, 1) Merkzeichen; BM. II, 66. „Gemerk oder Geheimniß der Schieder beym Marktsteinsetzen"; wirzb. Verordn. 2) Gedächtniß; Kr. Lhdl. XIV, 201. ə˜ guəts *Gmiərk*, kaə˜ *Gmiərk*. ə˜ *gmirkigə* Kopf. Der Merks, 1) Gedächtniß. Kainen Merks haben. Zeitschr. II, 553,92. 234. III, 129. VI, 528. 2) Ohrfeige ꝛc. als Mittel der Erinnerung. Zeitschr. IV, 51,15. merklich, 1) wie hchd.; (ä. Sp.) beträchtlich. BM. II, 67. „Nachdem merklich daran gelegen." „Daraus ein merckliche Theurung entstanden." „Hat ein merkliches fremdes Volk in das Fürstenthum geführt"; Kr. Lhdl. VIII, 376. 389. XIV, 182. 2) es genau nehmend, inquisitivus; BM. II, 67,3. „Gesell, dû hâst mîn ungenâde, daz dû bist sô merklich"; S. Helbling III, 101; cf. X, 71. „Diu vrowe möht ân wandel sîn, ân daz ir sît ze merklîch"; das. I, 1277. „Die wænent, ich sî schuldec, daz dû sô unduldec und sô rehte merklîch bist; das. III, 387; cf. 402. „merksam, perspicax, sagax"; Voc. v. 1618. „Und *mirksam* bin i' überaus! wo s' spieln, wo's giebt án Gspaiss mit Menschán, waiss i' Haus für Haus drei Stunden in án Krais"; Stelzhamer 96.

Merk, Mirk, apium. „Apium, eppe vel merk"; Clm. 13057 (2⁰ XIV. sec.), f. 105. Diefenbach 40b. Weigand, Wbch. II, 146.

Merkel, älterer Vorname; MB. XXV, 13, ad 1385: „Merkel Daum von Altdorf"; (aus Marc-ulf? Cgm. 579, f. 2b. — aus Emericus; v. Lang).

außmerkig, aussätzig; Cgm. 696, f. 133. 'Diefenbach 324c. (wol zu March, b gehörig? vrgl. Grimm, Wbch. I, 917: Ausmärker, extraneus, und mhd. ûzsetze, der Ausgesetzte, expositus, Graff VI, 305. BM. II, II, 346. Grimm, Wbch. I, 944).'

murk, ä. Sp., sumpfig; BM. I, 274. „Daher Murga (Name zweier Flüsse), d. h. Sumpfwasser? Grimm II, 289. „Wie mir Baader sagte, heißt der Murg in Mittenwald: trübes Wasser"; (Dr. K. Roth; 13. Nov. 1846). Vrgl. oben, Sp. 1642: das Muer.

murkeln, murksen, s. murgkeln.

Der Markt (Mark, March, Mar't, Ma't), wie hchd.; (ahd. marchat, markat, market, ags. market, isl. markadr; Graff II, 852. BM II, 80. Weigand, Wbch. II, 108. Zeitschr. II, 413,34. III, 110. 324. 467. 555,16. V, 367. 407,14. VI, 94. 515,2). R.A. Də' *Mark'* is və'lòffə˜, ist zu Ende. Einen solchen Mann, eine solche Frau krieg ich noch, wenn der Markt verloffen ist; (Ausdruck der Geringschätzung). Einen Markt kaufen, haimbringen, d. h. etwas vom Markte. Zeitschr. VI, 515,2. Der Markt, Marktfleck, Marktflecken, (hchd., wie nicht in Altb., meist blos der Flecken). So ist auch das isländ. kauptün, schwed. kjöping, vom Kaufen hergenommen, und selbst unser Stadt wird ursprünglich elliptisch als Käufstatt verstanden seyn. Mehrere jetzige Städtchen, z. B. Pfaffenhofen, Erding, Schrobenhausen, Lengenfeld, werden noch im 15. Jahrh. Märkte genannt. Kr. Lhdl. III, 8. XV, 218. MB. XX, 67. „Märktl", noch in Hund's St.B. I, 108: „das Märktl", nom. propr. „Das Obergut gelegen bey dem Franckhenmarckht in dem Atergäw"; Cgm. 3941, f. 226. Man unterschied in Altb. ehmals Bannmärkte, die innerhalb ihres Burgfriedens eine eigne magistratische Jurisdiction hatten, und gefreyte (privilegierte) Märkte, die, wie die Städte, Antheil an der Landstandschaft hatten. Sie konnten das eine ohne das andre seyn. Hazzi, Statist. II. B., XIII. märktisch, märkisch, adj.; *märkisch* ge˜, nach Sitte der Fleckenbewohner, -innen gekleidet seyn. Der Märkler, Einwohner eines Fleckens. markten, marken, marchen, auf die Märkte ziehen, Handel treiben; feilschen. Der Markter, Krämer; (Werdenfels). märkteln, märkeln (márkln), mercheln, merkeln, handeln; feilschen. „marchen, märckeln, empturire"; Voc. von 1618. „Das Recht vermärkeln"; Av. Chr. „emere, merkeln"; Av. Gramm.; auch gl. i. 560 steht: „gimarcaten, nundinatum", Prudent. p. steph. X, 969.

Der Merl, s. Merder.

Die Merl, (v. Dell.) die Amsel, merula; '(mhd. daz merlîn, aus lat. merula, merulus, ital. merlo, franz. merle; BM. II, 158. Weigand, Wbch. II, 146. Zeitschr. IV, 52).'

Das Merl (Mél, Miəl), Summermerl, der 620
Sommerfleck, die Sommersprosse im Gesicht. Zeitschr. V, 227. Prasch schreibt Somermietl. „Guckaschecken heißen die Sommermiedel", sagen die Eipeldauer-Briefe. Zaupser hat Sommermirl, das Lexicon von Bayern Sommermörl, (nicht unübel auf Mohr be-

zogen); vrgl. über die Ungewißheit des vor dem l aus- gelassenen Consonanten Gramm. 446. 632. „Impetigo die merlen unter den augen“; And. 73, f. 304b. „Pu- stulae, merl“; Cgm. 170, f. 10b. „Wer merl oder sprekchel under den augen hat“; Cgm. 170, f. 2b. Die Merl-Birn (Mélbiə'n), Sorte Landbirnen, mit som- mersprossen-ähnlichen Punkten. summermerlet (sum- mə'mé'lt), voll Sommersprossen. merlen (mé'ln, mà'ln), voll Pünktchen oder Flecken machen, z. B. die rothen Oster-Eyer, indem man sie in Ameisenhaufen legt. „ge- merlet, multis punctis aut notis maculosa (facies)“; Voc. v. 1618.

Maə~st àllwə, du bist schö~, is àbə' nét wàr,
bist 'tüpf'lt und *g'mélt* und hàst ə~ rouds Hàr.

Das Voc. v. 1482 hat zwar meren, tingere, indessen möchte ich hier eher, nach Gramm. S. 140 (wie im Schot- tischen mirles für das englische meazels, Masern, gilt), Zusammenhang mit Mäsen, Maser, Miselsucht (w. m. s.) vermuthen.

Merl (?). „Magen (Mohn), Merl, Linsen, Himel- taw u. drgl.“; Kärnt. Zehentord. von 1578, p. 8. 'Vrgl. Lexer, kärnt. Wbch. 191: das *Mear'l*, die Möhre, Mohr- rübe. Nemnich I, 1380: *Mörle*. „Pullus, ferrugineus, mörlefarb, schwarz und rot wie rost“; Nomencl. 1629, p. 97.

Die Mirl (Miə'l), Maria, die zu Lichtmeß gefeyert wird. Anna Mirl (Annəmiəl), Anna Maria. s. Ma- ria und Zeitschr. III, 393,15.

miə'ln. Wenn das Mehl lang von Luft abgesperrt, fangt es an zu *miə'ln*, wird miə'lət; (ObrM.). mie- teln, müeteln? mirlen? VII Com.: mennen. 'Vrgl. müecheln, meuchteln.'

Der Marmel, Marwel (Márwl; cf. Gramm. 559, U.L., b. W. 'Arwl, 'Arwə'), 1) Marmor, in welcher Be- deutung der gemeine Mann nach Gramm. 693 gerne sagt Marwelstain (schon Voc. von 1419: Märbelstain; ahd. marmil, marmul, mhd. marmel, mermel; Graff II, 859. BM. II, 81. Weigand, Wbch. II, 108. 213. Zeitschr. III, 173,130. V, 392. gl. a. 199: mar- mul). „Schlechdorfer Märblstain“ zum Residenzbau (1613); Cbm. 2224, f. 59. Diefenbach 349c. s. oben, Sp. 1643: Märbel u. vrgl. Sp. 597: Tèhbl. 2) Schnell- kügelchen von Stein. Birlinger 330. 334. márwəln, árwəln, mit Schussern spielen. márwəliər'n, mar- morieren, nach Marmorart zurichten, bemalen.

„mirmen“, s. müemeln.

Mermel, Mermeut, Memerolt, Name eines wettermachenden Geistes; s. oben, Sp. 765: Fasolt und Grimm, Mythol.2 p. 602. 494. „Francisci Petrarchae VII psalmi contra marmas (faum marinas) et mun- danas tempestates“; Clm. 5304, f. 80. Cf. den Cano- nicus zu Augsburg 1056: Maremat und česk. (Zap. zreadlo I, 48. 49) mermonocně, mit Gewalt; proč paк mermomocě (mermocě) dnes? warum gerade heute? česk. Merot, Pluto (Tham, Gramm. 314), Mercurius (Sa- farjk, Staroz. 882); Morana, Hecate (mater verborum 87. 138). Vrgl. oben, Sp. 1639: mörstain u. Th. III: Schaur.

'Der Murmer, Murmel, ä. Sp., das Murmeln, Murren, murmur; (ahd. murmul; Graff II, 859. BM. II, 276. Weigand, Wbch. II, 213).' „Fiat sine mur- mure, so geschehen an mürmel“; Augustini regula, Clm. 5130, f. 208.

Das Murmentel, Murməmentl, (Gbrg.) das Mur- melthier; (ahd. muremunto, mhd. mürmendîn; Graff II, 859. BM. II, 277. Weigand, Wbch. II, 213 f. Zeitschr. VI, 84: Murmeli. Notk. 103,18: murmenti). Voc. v. 1618: „Murmentle, mus montanus“; schweiz. Murmeten, Murmetli; (aus mure montano? ital. marmontana, marmotta, marmotto, franz. marmontaine, marmotte. Diez, Wbch. 218). „Das murmerthier tregt ein hinhinter das es zu zehren hat im winter“; H. Sachs 1612: II, II, 221, (aber 1560, 109b: mur- melthier). Vrgl. Grimm, Reinh. p. 111,1348.

'Der Marner, ä. Sp., Seefahrer, Schiffer, mittellat. marinarius; (mhd. marnære, marner, merner; BM. II, 82).' „Wild dus ein gutter marner seit (sein?) wirff bei zeit den ancker an“ (ein?); Heselloher (?). Cgm. 379, f. 160. s. oben, Sp. 889: die Galê. „Wenne die marner süez wazzer machen wellent“; Konr. v. Megen- berg, f. 61, Pfeiffer 101,14.

Der Mörsel, Mürsel (Mérschl, Mürschl), der Mörser, (ahd. mortâri, morsâli, morsâri, morta- rius; mhd. morsære; Graff II, 858. BM. II, 220. Weigand, Wbch. II, 198. Zeitschr. V, 462).

der-mürsen, -mürschen, -mürseln, -mür- scheln, zerreiben, zermalmen. BM. II, 220. 277. Zeitschr. V, 178,113; vrgl. 179,167. „Daz alle sin hut und sin vleisch zumorschit was“; Herman v. Fritzlar 185,16. Das Gemürsel (Gmiə's'l), zerriebenes Gestein. „Stain- gemiesel, rudus, eris“; Voc. von 1735. „Stainge- müsel, rudus, ἐρείπιον; Nomencl. 1629, p. 108. „Mürsell, minutal est quidam cibus“: Voc. v. 1429. s. müschen und mürw.

Mörsel. „Corbis, ein mörsel odet korb auf dem segelbaum“; Nomencl. 1629, p. 116. Vrgl. die Mo- schen.

'Das Mursel, Morsel, ä. Sp., Bißchen, Stückchen; (mhd. mursel, aus mittellat. morsellus, altfranz. mor- cel, jetzt morceau; BM. II, 277. Diez, Wbch. 691).' „Nim junge gebratene hüenre, hau die an kleine mur- sel“ . . . „entlide sie zu morseln“ . . . „snide ez zu murseln“; Kochbuch im Wirzb. Codex, '(IX. Public. des litt. Ver. in Stuttg. p. 11. 12, Nr. 28. 30).' Vrgl. Mar- schellen.

Der Marsch, wie hchd.; (Weigand, Wbch. II, 110). R. A. Einem den Marsch machen, mit Trompeten und Pauken, (ihn derb abfertigen). Der Durchmarsch, (im Scherz) die Diarrhöe. marschieren (má'schiə'n). Zeitschr. IV, 244,21. Vrgl. Marh, Anmerkung.

marschandieren, unerlaubten Handel treiben; Wirzb. 621
Forstord. v. 1668. vermarschandieren etwas. Mar- chande des modes lautet bey Münchner Schönen nicht selten wie méchante mode.

Die Marschellen, die Morselle, morsellus, festes, viereckiges Stückchen süßer Arzney; (s. oben: Mursel). Beym P. Abraham legt sich ein Knecht im Stall neben seinen Pferden nieder, und greift im Traum nach einem großen Beutel mit Geld, den er findet. Wie er erwacht, hat er nichts anders in der Hand, als „ein ziemliche Stall-Marschelln.“ An einem andern Orte ist die Rede von einem armen Bauern, der anstatt der Mar- schellen ein wenig Knoblauch zu sich genommen, und in der Kirche mit seinen Seufzern die Nasen der From- men in Allarm setzt. „Hat eine Klosterfrau 30 Meil Wegs von hinnen durch einen eignen Botten drey Mar- cellen alhero geschickt mit diesem Bericht, daß sie einen unleydenlichen Wehetagen an allen Gliedern erlitten“; Lechfeld. Mirakel 83. „Waz mag den sinnen besser sein denn gutew mursel und starcker wein“; Cgm. 412, f. 2a. „Leprosus bonos morsellos querit“; Clm. 9528 (XIII. sec.), p. 343.

Die '(der)' Marschell, der venetianische Marcello, eine welsche Silbermünze, die a0. 1539 vierzehn Kreuzer gilt; Lori, Mz.R. I, 210. „Gebt ihr den halben mart- zell“... „will euch ein halb martzel geben“; H. Sachs

1560: IV, III, 30. Clm. 8985 „emit Venetiis pretio unius Marcelli Erasmus Schalcost' ord. min. 1479."

Morsch. „Culex dicitur vulgariter morsch"; Clm. 5685 (XV. sec., 1412), f. 47. 'Vrgl. das folg. Wort.'

Murschnitz, ä. Sp., eine Art Frauenkleid; (slavisch? mhd. mûrsnitze; BM. II, II, 444 f. Haupt's Zeitschr. VIII, 20); Fliegennetz (?), vrgl. das vorige Wort und unten: die Mouschen. „Gelbe kitel und mursnitzen, lazzend manig meide niht gesitzen"; Renner 415. Cgm. 714, f....: muschnitzen. Cf. čeik. mošna, mošnička, Bastkorb, Zecker; s. unten: die Moschen.

mürschen, morschen, s. mürsen und müschen.

Maschtl (Ma'schtl), Martha; (Zir.).

Mirscht, Merscht, Martin; (Zir.).

Der Martel, a) s. Martin. b) (Zillerthal; Schrank und Moll, naturhist. Briefe 100) juncus campestris L.

Die Marter, 1) wie hchd. (ahd. martyra, martira, martara, mhd. marter, martel; Graff II, 857. BM. II, 82 f. Weigand, Wbch. II, 111). Potz Marter! Ausruf, (vrgl. Leiden 'und oben, Sp. 959: Kotz Kreuz!'). Verstärkend: „Die blinden hören marter leis"; H. Sachs 1560: IV, III, 48 (1612: IV, III, 107). 2) die Marter, Dim. das Märterlein, 'das Kreuz, Crucifix als Zeichen des Leidens Christi'; gewöhnlicher: die Martersaulen, Säule von Stein oder Mauerwerk, wol auch von Holz, mit einem Kreuz oder sonst angebrachter Vorstellung irgend eines religiösen Gegenstandes, oder auch eines an Ort und Stelle begegneten Unglücksfalles, im Freyen, besonders an Wegen aufgerichtet. „Am karfreitag so man die marter nider legt und küsset"; Cgm. 715, f. 2ᵇ. „Und sol vnsers herren marter für sich nemen vnd die liecht davor prennen"; Cgm. 73, f. 25. „Dâ vant si zu der rehten hant gotes marter an der want"; Haupt, Zeitschr. VII, 120,390. „Weil mehrers die Unglücksfäll, als Andacht, verursachen, daß man pflegt Creutz und Martyrsäulen aufzurichten"; Bogenberg. Mirakel. „Bildstöck, Martersaulen und Crucifixe"; wirzb. Verordd. von 1691. „Martersaul, pila, stela viatoria"; Voc. v. 1618. „Crucifixum, marterbild"; Voc. Archon. f. 40. „Hercules setzt in Spanien groß Seulen, wie wir jetzt Marterseulen"; Av. Chron. 37. „Mein anger herinden in den alten mark gelegen gegen der Marterseyl"; MB. XVII, 247, ad 1498. „Ain acker gelegen in der slait bi der marter"; MB. XIII, 456, ad 1446. „Zum rothen Märterlein"; Wagenseil, de civit. Norimb. p. 469. Bə də' Rétzə' *Maartə'* (is ə mə békemə˜); b. W. „Ein angerlein bey des Kindes martter." „Zwischen unsers Herrn und Newnhausertor (München) in der vewnt, genant des kintz marter, darin ein chräwtz steckt"; MB. XIX, 65. 310, ad 1399. „Wanne sie (die heil. Elisabet) kniete vor vnsers herrn martele", (einem Crucifix); Maßm. Denkm. I, 118. Vielleicht bezog sich die Benennung ursprünglich zunächst auf die an sogenannten „Kreuzwegen" aufgerichteten Darstellungen des Leidens und der Marter Christi. Cf. čeik. boží muka (plur. für muky), Gott-Marter, Martersäule, Kreuz auf dem Wege; (Dobrowsky, Gramm. 143). s. Kreuzweg. Marterseulen auszusetzen zu einer kirchen auf den weg dahin das volckh dan vast geen tuet", (Angabe der Distanzen der Gänge Christi in der Marter); Aug. civ. 95 (sec. XVI.), f. 207. R. A. Dàstê˜ wiə ə˜ *Martə'sauln*, unbeweglich. Nach Rohrer p. 96 sind Martyri (in Welschtyrol) auf Holz gesteckte eiserne Kreuze
622 an Stellen, wo jemand ermordet worden ist. Ueber das Steine Legen an so einer Stelle von Vorübergehenden (VII Com., Algier) s. Blätter f. lit. Unterh. 1845, p. 1074. Gl. i. 404 steht beym deutschen chappella das lat. martyrium. „Martyrium, aedes sacra, locus sacer"; Ducange. „Ecclesiasticus haereticorum cimiteria vel ea quae dicuntur apud eos martyria orationis adierit causa"; Can. Laodic. concilii, Cod. Fris. 41, f. 11ᵇ. martern, wie hchd., (ahd. martarôn, marterôn, martolôn, mhd. martern, marteln; Graff II, 858. BM. II, 83. Weigand, Wbch. 111). In einem Nürnb. Kochb. v. 1726 heißt Krebse martern: sie lebendig brühen, „daß die Schwänz von den Schalen heraus kommen." Der Marterer, Martyrer, wie hchd. Märterer; (ahd. martyr, martilâri, mhd. marterære, martelære, merterer, merteler). „Ze einem martelære ich in geliche", Labr. 233; cf. das. 525: marterer, mertrer.

Martîn, Mertîn, Merten, Mirtein (ä. Sp.; z. B. MB. IV, 141. XXV, 16. v. Lang, Reg. ad 1188, oberbayr. Archiv IX, 107. 110), jetzt gewöhnlich: der Martel, Mertel, Mirtel, Martinus. Zeitschr. III, 536. VI, 459. Weich-Mertin, Ort bey Griesbach; Mertins-Neukirchen bey Roding. In Schwaben habe der Patron der alten Franken: Märti, Nußmärtel, Pelzmärtel die Kinder geschreckt, wie in Bayern der slawische Nickelàs; (v. Lang). Der *Pelzámertl*, Klaubauf; (Rath Her). „Nach sant Merteins tag sol man keiner slacht weins in die stat füeren"; Wiener Stdt.R., Cgm. 1113, f. 13ᵇ. „Pithoegia, Martinalia quo rapinebant (replebant) musto dolia, Sanct Martins tag"; Nomencl. v. 1629, p. 175. An St. Merten's Abend schmaußen a⁰. 1204 „zwen Dumbpfaffen mit iren huren" zu Erfurt und versinken in ein heimlich Gemach: Cgm. 4908 (XV.—XVI. sec.), f. 10—11. „An sent Mertines naht er trank vil vaste uber maht"; v. d. Hagen, Ges. Abent. II, 457,3. Birlinger 330. BM. II, 84. Zeitschr. V, 155. Auf St. Martin trinken, s. oben, Sp. 1618: Minne trinken. „Fàllt ə háligé Zeit odə' 's *Mért'n lobn* ei˜, müəſsn Kràpfə˜-r- und Schnidn dà sei˜", (Schmaus am Martinstag mit Gans); Schoffer 44. In Furii Dionysii Philocali Calendarium sub annum CCCLII scriptum, mit Noten von Fr. Xyst. Schier herausgegeben von Martin Rosnak (Gräz, 1781. 4⁰) steht bey November: „D. D. a Kl. Nov. EXSEN. CMXXIIII S. L. ISIA. E. b. IIII Non. *Ternovena*. Dies aegipt. E. c. III Hilaria", und zum letzten Worte die Note: *ter* minatis *nov*em diebus et noctibus luctuque in Isiacis consueto excipiebat *laetitia*. Crediderim ex his adhuc superesse consuetudinem convivandi mense Novembri et anserem comedendi. Indicat haec sacra in codice bacheriano et caesareo imago Novembris cum sistro et ansere puta, cui consonat Ausonii tetrastichon:

„Carbaseo surgens post hunc indutus amictu
Mensis, ab antiquis sacra Deamque colit,
A quo vix avidus sistro compescitur *anser*,
Devotusque sacris ubera fert humeris."

Joannes Boëmus, de omnium gentium ritibus etc. 1520, f. LX: „Nemo per totam Franconiam tanta paupertate premitur, nemo tanta tenacitate tenetur, qui in festo Martini non altili aliquo vel saltem suillo vitulinove viscere assato vescatur, qui vino non remissius indulgeat. Quilibet enim tunc nova vina sua, a quibus se adhuc usque abstinuit, degustat et dat degustare omnia. Erogantur in Herbipoli et plerisque locis hac etiam die pauperibus ex pietate vina. Spectacula publica eduntur, duo aut plures frendentes apri circo includuntur ut mutuo se exertis dentibus visceratim dissecent quorum carnes, ubi vulnerati conciderint, partim plebi partim potestatibus dividuntur." Nürnb. Sp.W. Wenn 'Gans z' *Martini* áfm Eis stêit, sə stêit s' à˜ Wei'nácht'n áfm Dréck.

merti', adj. und adv., (b. W.) was mächtig, sehr. größ-merti', merti'-hôh, sehr groß, sehr hoch; (nach Gramm. 433. 635 vermuthlich bloße Aussprache statt mè'ti' aus mächtig, w. m. s. Vrgl. Vilmar, kurhess. Idiot. 271: mördsch, mertsch und Zeitschr. VI, 356. s. unter: der Mord).

'Die Mirte, wie hchd. Myrte, (Weigand, Wbch. II, 225); vrgl. oben, Sp. 1639, das Mer: Merdorn.'

Der Mörter, Mörtrich, Mörtrer, (ä. Sp.) der Mörtel. „Ainem merterkocher 20, ainem mertertrager 18 dl. Taglohn“; L.R. v. 1553, f. 152. „Ziegl-stain pain und mörtrich“; Wstr. Btr. V, p. 205, ad 1468. Voc. v. 1445: „mörtrer“; gl. a. 647. o. 142. 280: mortere, morter, cementum; lat. mortarium. Graff II, 859. BM. II, 224. Weigand, Wbch. II, 198.

---

märtschen (má'dsch'n), 1) quetschen; *də má'dsch'n*, zerquetschen (zu Brey). 's. mätschen und vrgl. müschen.' Das Gemärtsch (Gmá'dsch, Gmé'dsch). 2) im Spiele matt, matsch machen, ital. far oder dar marcio, marciare. 's. unten: matsch.'

---

marw (màr' und már), s. oben, Sp. 1636: mar.

Marwel, s. oben, Sp. 1653: Marmel.

mürw, wie hchd. mürbe, (ahd. murauuer, iu, az, muruwi, mhd. mürwe, mür, agſ. myrve; Graff II, 831. BM. II, 274. Weigand, Wbch. II, 213); s. mar, Mur.

'Marr, Marcus; Zeitschr. IV, 155. VI, 459. Marrbrüder, (ehmals in Nürnberg) Federfechter, Klopffechter. „Duae factiones lanistarum, quarum una a S. Marco, altera a penna cognomen habet, Marrbrüder und Feder-Fechter“; Wagenseil, civit. Norimb. p. 161. Birlinger 330.

'Der Marzell, eine venetianische Silbermünze; s. oben: Marschell.'

Der Merz (Mérz, Miərz), des, dem, den Merzen, der Monat März, (Graff II, 861. BM. II, 158 f. Weigand, Wbch. II, 146. Zeitschr. IV, 160. V, 449. VI, 338. gl. a. 307: Marceo; o. 116 M.m. 167: Merzo, genit. Merzin). Merzenbier, Merzenschnê, Merzenstâub. „Mertzenkalb, vitulus recens editus“; Voc. v. 1618. Sp. W. „Merzen-grüen mueß man mit dem Holzschlegel 'neinschlagen.“

'Der Merzler, Verkäufer; Kleinkrämer, Händler; (aus mittellat. mercellarius; BM. II, 158; vrgl. das. der merz, die Waare).' „Merczler vel alio nomine hocker“; Clm. 4428 (XV. sec.), f. 120; (cf. H. lit. p. 8⁰. 338, p. 123). „Mango merczler vel vnderkäffel“; Cgm. 649, f. 569ᵇ. „Mango. merzeler; merx, koufschatz“; Voc. optim. p. 34. Von den Mertzlern oder Huckern, die Schmalz, Kerzen rc. verkaufen, s. Cgm. 3256, f. 50 (cf. oben, Sp. 1072: Hugker) 'und des Teufels Segi, Barack p. 306—309': „Si habind smalz oder aiger vail, gersten, erwis oder bonan“; das. Vers 9690 f. (Händler mit Samen zum Säen im Merz?) „So denn wirt ze Merzen und man pflüg sol uf sterzen und der buman sol ze aker gan, (das kan der merzler wol verstan) und die warmen wind ginnend wægen und man sol eren und sægen, so gand si denn zuom merzler, der hat die samen gar“; das. Vers 9701 ff. „Mertzler der einen edelstein verkauft umb einen pfennig der vil het mügen gelten“; Buch d. W. 1481, f. 8ᵇ. 'Vrgl. auch ahd. mezalâri, Graff II, 904.'

'merzeln, (handeln, unterhandeln, mercenari?).' „Er (Got) bedarf irs (der Pfaffen?) merzelns niht“; Renner 11187. 'Vrgl. das folg. Wort.'

merzen (?). „Da selbst ain vas mit pulver was, wol auff ain zenten oder paz, da lag ain zach, der glom und pran, da man dy püchs mit zundet an, damit graf Ulrich scherczet, ich waiz nit wy er merczet, daz disez pulver als anpran“, (cf. mätzen, 'auch märtschen, mätschen'); Mich. Behaim, Wiener 79,17. „Gemertzt und falscher Frid“; Vegetius von 1529, lib. III, c. 3. 'Vrgl. das vorige Wort.'

Mirzel (d. h. Miəzl), Maria; Kaltenbrunner 209. Kartsch 27. 42. II, 100.

murz-ab, -auseinander, (Franken) ganz und gar ab, entzwey; '(mhd. murzes, genitivisches Advb. v. Adj. murz, kurz abgebrochen; BM. II, 277. Weigand, Wbch. II, 197).' „Wann er sluoc im die selben hant mit sînem swerte murzes ab“; Conr. v. Wirzb. (Keller p. 312, Vers 26143). „Der pauch der ist gerumpfen murcz“; Cgm. 291, f. 170. „Des sol wir eilen murtze wan dise zeit ist kurze“; das. 106ᵃ. „Du hast am kiertag einer frawen beid hende mortes abgehauen, das ir stümpff an der gurtel hingen“; H. Sachs 1560: III, III, 8ᵇ. „Den bäwrin die händ mords abhauen daß jhn d' stümpf an der gurtel hangen“, (Beutel schneiden?); das. V, 356 (1612: V, III, 26). Gl. i. 40. 4: murzilinguu, absolute; Graff II, 861. Grimm I³, 569. BM. II, 277: der murzelinc. „Dar inne (in der Kiste) weiz er den murzeling“, (den Schatz? Rest?); v. d. Hagen, Ges. Abent. XLIX, 791. Vrgl. isl. murtr, curtus, und nach Gramm. 560: wurz; 'auch Vilmar, kurheff. Idiot. 276: murzeln. Zeitschr. V, 179,167.'

(Bey den Formen Maß, meß rc. ist auch die Reihe 623
Matz, metz rc. zu vergleichen).

Das Mâsel (Másl), die Weberschlichte; (gl. a. 517. 659. o. 786: flemen, masala, masel, wol fem.; Graff II, 874 f. BM. II, 86. Diut. III, 150. Vrgl. slaw. mas, Schmiere). mâseln, bekleistern, stärken (das Garn). Cf. česk. mazati, schmieren; auch hebr. Messias = χριστός. Bey Grimm I, 1072 steht ein älteres bemieseln, illinere. BM. II, 279.

Die Mâsen (Màs'n, o.pf. Mâus'n), das Mæslein (Más'l), a) das Mahl, die Narbe an der Haut; (ahd. mâsa, mhd. mâse; Graff II, 861. BM. II, 85. Weigand, Wbch. II, 112. Zeitschr. III, 89. 468. gl. i. 135. 544. 723. o. 166: mâsa, cicatrix; Psalt. Windb. mâsen, cicatrices: maesen mine, cicatrices; Cgm. 17, f. 60ᵃ, Ps. 37,7). ən *Mosn* en Gsicht hàbm, eine Narbe; er ist voller *Mâsn* im Gesicht, auf dem Rücken. Die Blätter-Mâsen (Blàdə'màs'n), Pocken-Narbe. blàdə'màsət, adj. „Livor, slagmasen“; Semansh. 34, f. 203. Die „Straich-Mâsen, vibex; die Wund-Mâsen, cicatrix“; Voc. v. 1735. b) Flecken überhaupt; ə˜ *Màs'n* i˜'n G'wand, Flecken im Kleide. Birlinger 340: Möse, Muse. „Wârheit âne mâsen“, fleckenlose Wahrheit; Diut. II, 164. „Vermasung, macula“; Voc. Melber. BM. II, 86. Die Maseln, Masern; F. v. Zesen.

Der Maßolter, Maßholder, Av. Chr. Maßfalter, der Ahorn, acer; Voc. v. 1429 u. 1419: maßalter, mhd. mazalter, mazalder, ahd. mazaltra, mazeldera, mazziltira, acer, tramaracia; Graff II, 913. MB. III, 31. 90. Weigand, Wbch. II, 115. „Tramarga, mazzalter“; Clm. 4350 (XIV. sec.), f. 2ᵇ. „Acer, mazzalter pām“; Clm. 5685 (sec. XV., 1412), f. 55. Diefenbach 8ᶜ. 592ᵇ. cf. -ter oben, Sp. 617.

Der Maser, 1) Auswuchs oder Knorren an Ahornen, Kirsch- und Nußbäumen, Birken u. drgl., den die Dreher, Tischler zu verschiedenen Arbeiten benutzen, (ahd. maser, masar, masor, tuber, nodus; gl. a. 536. 680. i. 791. 1108. 1135. Graff II, 875. BM. II, 86. Weigand, Wbch. II, 112). „Reperta (repertum) est in quadam silva (bey Nürnberg) lignum quoddam quod vocatur vulgariter masareos“; Mirakel bey Joa. Nider Formicarius, lib. IV, cap. 6; And. 32, f. 73ᵇ. „Der puchspaum hât gar knorrot wurzeln, und darumb vint man edlern maser an derlai holz wan an kaim andern holz. iedoch smeckt der wein paz auz viechteim maser“; Konr. v. Megenberg f. 186, (Pfeiffer 317,3). „Auz des (Ahorn-)holzes maser macht man guot köpf“; das. 198ᵇ, (Pf. 338,17). 2) ä. Sp., ein hölzernes Trinkgeschirr; BM. II, 86. „Vil süeze lîtgebinne, ir sult füllen uns den maser"; M. Helmbrecht 1005; (cf. Adelung's Birkenmaier). „Von silber und von golde chöpfe, mœser, glas vaz"; Kindh. Jesu, Hahn 95,21. „Uz maser und uz sicht drinckt man dick guten win"; Altsw. 195,21. Im Isl. ist mösr eine Art Ahorn und in einem alten Voc. finde ich: „maspawm vel flader, murra", wozu Adelung's Mas-Erle und Maser-Birke stimmen, während das vorige Maßolter, wenigstens formell, weit davon absteht. Antiquitates Americ. p. 441. Das „mausur kominn af Vinlandi" in der Saga Erich's des Rothen als acer rubrum (bird's eye) und acer saccharinum (curled maple, gekräuselter Geißbaum) auf Rhode-Island erklärt. Cf. cesk. mozol, Schwiele. Die ahd. Sp. hat auch ein Verb maseron, extubero, nodosus fio, gl a. 10. 624. BM. II, 86.

masen: kärnt. meshati, meshéti, die Augen zudrücken, wodurch das deutsch-kärnt. masen (slawisirend) ausgedrückt wird"; Jarnik p. 72.

Der Màs'n (Mos'n), plur. Más n, (b. W., ObrM.) statt Wasen (s. d. W.), Rasen; *Gräsmos'n*. cf. Mos.

Die Masera, (in Venedig) Frau, Mädchen (?); Cgm 444, f. 5a.

Die Masin, alte Stute; (Pinzg.; Zir.).

Die Mâß (Mass, o.pf. Mâuss, sing. und plur.), 1) landübliches Schenk-Maß für Flüssigkeiten, namentlich für Bier, der 60ste Theil eines Eimers; (ahd. mâza, mhd. mâze; Graff II, 902. BM. II, 203. Weigand, Wbch. II, 114. Zeitschr. VI, 266,41). Schaffə~ S'ə~ *Mass?* frägt die Kellnerin den eintretenden Gast, nach dem bekannten Grundsatz: „Wer seinen Durst mit Seideln labt, fang lieber gar nicht an." Auf einem Sitz „zwuə, drey *Mass*", zu trinken ist etwas Gewöhnliches, vier, fünf, sechs nichts Außerordentliches. Es gibt Leute, die tagtäglich ihre 10 ja 20 *Máss'ln* (das Diminutivum hat hier auf die Quantität keine Beziehung) zu Leibe nehmen. ə~ brauné, ə~ weissé *Mass* Bier statt eine Maß braunen, weißen Bieres. Der *Masskruəg*, Krug der eine solche *Mass* enthält, und nach Landes-Sitte gewöhnlich von Steingut und oben mit einem zinnenen Deckel (Luck) versehen ist. Es hält sich in diesen Krügen das Bier überaus frisch, sie sind dauerhafter, wenn auch kostbarer, als Bouteillen und vielleicht gesünder als die ehmals und
624 an einigen Orten noch jetzt üblichen Kannen von Zinn. Der gemeine Mann pflegt, ohne die vornehm-ekle Dazwischenkunft eines Glases, aus dem Krug zu trinken, und auch seinem Nachbar daraus Bescheid zu thun. Die halbe *Mass*, oder kurzweg die Halbe, wird gewöhnlich in Gläsern, die wie die *Mass*-Krüge einen Deckel haben, aufgesetzt. Man hält es für vornehmer, aus einem Hàlbé-Krüəgl, denn aus einem *Mass-Kruəg* zu trinken. Ekle oder sparsame Trinker können sich auch durch das Glas besser als durch den Stein überzeugen, von was Farbe oder Reinheit ihr Trank sey, und ob er wirklich bis an das Luck reiche. Die Aufmass, die der Bierbrauer (gewöhnlich 4 auf den Eimer) dreingibt. mæßig (mássi'), adj. u. adv., maßweise; *mássi'* trinkə~, äquivok mit dem unten vorkommenden mäßig. ə~ zwaə-, drey-*mássi's* G'schirr. máss'ln, (maßweise) trinken.

2) (ä. Sp.) Längenmaß. „Ein Maß für die Salzzüllen, weiter und hoher dann die alt Masse gewesen"; Passauer Urk. v. 1441.

3) die Maß oder Maßen, Grund und Boden von bestimmtem Maße, Grundstück; im Bergbau (s. Lori, BergR. 446. 604. 607): ein Stück Terrains von 28 Lachtern in die Länge und 14 in die Breite. Vilmar, kurhess. Idiot. 263. Vrgl. Firmenich I, 31,20: „twintig *Matt* mit Rogg", (Acker?) und unten: der Maiß. Hieher gehören wol auch die Ausdrücke Ackermaß. „Wo die Ehegarten umbgriffen, oder da sichtig Acker-Maas (noch als ehmaliger Acker erkennbare Gründe) vorhanden, die sollen nit für Neubrüch gehalten werden"; Zehendord. Tit. 28, §. 13. „Ob jemand etwas zu reuten oder zu Wisen oder Ackermaß zu machen hätte"; Neub. Forstord. von 1690. s. unten ackermäßig. Reutmaß. „Auf Wäldern und Holzern Reutmas von Feldern, Wiesen und Weihern machen"; Lori, BergR. 564. „Ein Bürger macht von der Maß (Waldes), die ihm jährlich zufällt 7—8 Schnite"; Lex. v. Franken I, 59. (Vrgl. gauuimez, pagus, villa, gl. a. 100; mez, sata, i. 3; scaramez, arpentum, o. 388 und unten Meß, Metz).

4) Ziel, Richtschnur, Vorschrift. Beym Eisschießen eine Maß, ein Mäßlein (Mässl) legen, der erste seinen Kloß (Stock) fortglitschen machen, der dann für die Folgenden zum Ziele wird. „Wo das Buch der Schäden Meldung thut und nicht sondere Maß mit ausgedruckten Worten giebt, wie sie beygebracht werden sollen"; Kr. Lhdl. XII, 85. „Die Seelnonne soll niemals Maß geben, wie viele Kerzen man aufstecken solle"; Polic. Verord. „Es geit des von Scheirn Richter in die hofmarch N. Maß und ellen, das man vor aus dem (Land-)gericht hinein geben und aufgehebt hat"; Kreuner, Land-, Hofmark- und Dorfgerichte p. 66, ad 1442. Daher die Bildungen: Mäßgäb, Mäßgebung und die Bescheidenheitsformeln: ône Mäßgäb, ône Mäßgebung, ônmäßgeblich rc. d. h. ohne etwas vorschreiben zu wollen.

5) (ä. Sp.) die Art und Weise, modus; 'das Maßhalten, die Mäßigung.' „Etlich lent auch blaufuzzes mazze"; Balkn. 81. „Vieng ich derselben aine oder ander in irer mazzen"; das. 130. „Ich vind dich noch in der alten mazze als ich dich lies"; das. 152. „Lâ dich die mâze leren: bis nicht ze balde und bis ouch nicht ze blîde"; Labr. 72. „Wizzet daz diu mâze ist des sinnes wâge zaller vrist"; d. welsche Gast 9935 ff. „Der unstæte swester ist diu unmâze zaller vrist"; das. 9885 ff. „In der Maß; in solcher Maß und nicht anders; aus was Maß, qualiter, quomodo; aus der Maß, über d. M., extra modum; rechte Maß, temperies", Voc. v. 1618. Zeitschr. V, 423. Vrgl. verschiedne andre, auch hchd. Formeln mit Maß und Maßen; (ahd. Sp. zi mezsse so, sicut; diu mezu, in themo mezze, eo 625
modo; upar mez, super modum rc. Graff II, 893 f. s. unten Meß). gueter Maß, zu gueter Maß, eine Ausfüllformel der ä. Sp., oft ohne bestimmte Bedeutung: wohl, eben. „Unser gnädiger Herr Herzog Albrecht setzt die Sache guter Maß als vor." „Darauf antwortete sein Gnad guter Maß als vor." „Wir hätten solche Antwort den obgenanten N. und N. hier zu guter Maß mündlich gegeben; die wollten sich aber dessen nicht verfangen." „Als jhr mir N. geschrieben habt, das hab ich zu guter Maß vernommen." Kr. Ltghdl. I, 155. 244. III, 146. 147. „Wie ain teutscher in zu guter Maß erzogen het"; Lirer XXXI. „Vor in lac ein burc ûf der strâze den liuten wol ze mâze, die herbergen solten"; Iwein 6082. 'allermaß, allermaße, allermaßen, adv., omnimodo; (wie einfaches mäßen und inmäßen, wie, indem, weil), Grimm, Wbch. II, 225. Weigand, Wbch. II, 115.' „Allermaßen ihr es auch alle tag machet", wie ihr es denn . . .; P. Procop. Die Abmäß. „In solcher Abmaß"; Lori, Mz.R. III, 380. Die Übermaß, der Überschuß; L.R. v. 1616, f. 292. Kr. Lhdl. VII, 197. 252. „ainmäßleich, unimodè; vilmäßleich, multimodè"; Voc. v. 1445. Das „maza, demensiones", in gl. a. 513, 553 ist wol (statt mazo) Nomin. Plur. von einem fem. maza; sonst zeigt die ahd. Sp. fast immer mez, ntr., (s. meßen u. Metzen).

Das Mäß (Màs), a) wie hchd.; (BM. II, 203. Weigand, Wbch. II, 115). R.A. Hàt də' də' Hund 's *Más* hi~? kannst du das Rechte nicht treffen? Mə~ mou' dennəst bə-n-ə~n gleichə~ *Más* bleibm, in den Schranken des Billigen. Für Getreide war das Kasten-Maß (s. Kasten) meist vom gewöhnlichen oder Landmaß verschieden. b) Concrete Maß-Einheit für trockne Sachen, je nach den Gegenden ungleich, so z. B. im b. W. der 7te Theil eines Schäffels (Zaupser), in Nürnberg der

16te Theil einer Metze, oder der 4te Theil eines Diethaufens, oder die Hälfte eines Diethäufleins; (Adelung). Vilmar, kurhess. Idiot. 263. Üblicher ist in dieser concreten Bedeutung das Diminutiv Mäßlein (Mássl), in München der 16te Theil des Metzens, der 8te des Viertels, z. B. bey Getreide, Kartoffeln, Rüben ꝛc. Das klaine Mäßlein (klaə~ Mássl) ist daselbst der 8te Theil des größern oder der 4te des „Dreißigers" bey Mehl, Zwetschgen ꝛc. Das Aufmaß. „Auf ein Schäffel neu Getraid, so noch weich ist, soll ein Viertel Aufmaß passirt werden, (Land- und Policeyord. B. II, T. I, Art. 6), also was im Preußischen das Krümp- oder Krimpfmaß bey Salz und Getreide, zum Ersatz des Schwandes durch Einschrumpfung. ausmäßeln (ausmäss'ln), maß- oder mäßleinweise verkaufen; Ldtg. v. 1612: 361. 'Das Glidmäß, gewöhnlich im Plur.: die Glidmäßen, (mhd. daz gelidmæze, diu gelidmâze, daz lidemâz: BM. II, 203. 208. Weigand, Wbch I, 445.' Grimm I3, 505: altnord. lidamôt, von mota, engl. to meet, concurrere), s. oben, Sp. 1442. „Alle sîne gelidemeze" . . . „daz du mir nemest ein gelidemêze mînes lîchames; Herm. v. Fritzlar 71,8. 76,11.

Die Mæßerey (Mássərei), a) das Gemäß, Maß: 1) fur abzumessende Sachen; Münchner, Augsburger, größe, klaine Mäßerey (Maßfuß); 2) für zu verfertigende Sachen. d' *Mässerey* nemen von etwas. Də' Schuestə' hàt mei~ *Mássərey* və'lo'n, hàt mə' d' Schueh z' klaə~ gmacht. b) das Gemessene, Zugemessene. Bey einem Breu kriegt man oft eine beßere Mæße-
626 rey als bey dem andern, nemlich mit dem oder der Aufmaß.

mæßig (mássi'), a) s. oben, unter die Maß, 1); (ahd. mâzîc, mhd. mæzec; Graff II, 903. BM. II, 209. Weigand, Wbch. II, 115 f.). b) wie hchd., doch nicht volksüblich. c) (ä. Sp.) gemäß, conveniens. „Ain geltentz gut kaufen, swelches uns meßik sey"; MB. IX, 161, ad 1331. d) in der Zusammensetzung wird mäßig (mássi') mit großer Freyheit benutzt. ackermäßig machen einen Grund, ihn zum Acker machen; Mandat von 1762. (cf. die Maß, 3). baumäßige Felder, die bebaut werden können. beilmäßige Schiffe, die ausgebessert werden müssen. doktə'mássi' studiə'n, Doctor medicinae zu werden; (ObrM.). fuettermäßig, zum Füttern brauchbar. kasten- oder schrannenmäßiges Getraid. fürsten-, hailig-, ritter- ꝛc. mäßige Personen, d. h. Fürsten, Heiligen, Rittern gleich zu achten. Dunder-, galgen-, hell-, lueder-, schinder-, teufelmäßig, gemeine Adjectiva mit der Bedeutung außerordentlich, im guten wie im schlimmen Sinne. gemäß, gemäßig, adj, mäßig. „Daß sie so gemäß in dem Essen gewest, ist darumb geschehen, damit sie nit in ein unangenehme Faiste gerathe"; P. Abraham. „Daß die zeitliche Unterhaltung der Schwestern sehr schlecht und gemäßig ist"; Kirchhueber Kloster Anger. Die Mäßigung, 1) wie hchd., doch unvolksüblich. 2) (ä. Sp.) das Ermessen, der Anschlag. „Soll den Schaden nach der Nachbawren oder Obrigkeit Mäßigung widerkehren"; L.R. v. 1616, f. 298.

sich mâßen, (b. W.) sich mäßigen, sich enthalten; (Graff II, 903. BM. II, 210). „Daß er sich solchen Gejaids maße und vertrage"; Kr. Lhdl. II, 73. „Ob du des lewen dich hie nicht willt maßen"; Iwain. (Isl. mâta, moderari; vrgl. Meß und meßen und müeßigen).

Das Maß, ä. Sp., die Speise; (ahd. maz, ntr., neben maz, pl. mezzi, msc.; mhd. daz maz; gl. a. 232, ags. mete, m., engl. meat, isl. matt, schwed. mat, m., goth. mats, m.; cf. altfranz. mets. Graff II, 904. BM. II, 90. Weigand, Wbch. II, 113. Diez, Wbch. 686. Müller, etym. Wbch. der engl. Spr. II, 80). „Do der cheiser an dem tische saz, und man vor in truoc daz erst maz"; Kaiser-Chron. „Ez saget ein man wîse: „ieglich mensche sîner spîse unmâzen sêre gâhet, so im sîn ende nâhet", da von gâhtens umbe daz, ez was ir jüngeste; maz, daz si immer mêre gâzen", (sie wurden noch über dem Essen eingefangen und dann gehangen); M. Helmbrecht 1562; Haupt's Zeitschr. IV, 373. Ob eine Fortdauer dieses Wortes anzunehmen sey in „Früe-mez" der o.pf. N.A. vor Frêi-məz (d. h. vor der Morgensuppe), ist sehr zweifelhaft, da hier eine Verwechslung mit Früe-Mess („morgen vor vruemesse zît"; Gudrun 718,1) statt haben konnte. Vormeß, Frühstück, (Zir.); cimbr. Wbch. 109a, unter baizen: vormaiz, invormaiz, Frühstück; cf. 133. Firmenich I, 418,74: Mormet, Morgenbrod; 438,10 und 439,10: Ommet, Näimet, (entstellt in Ommelt, Näimert), Abend-(Mittag-)essen, Nachtessen. 'Vrgl. oben, Sp. 292, unter Biß: Iməſs, Vorəməss.' Auch im pinzg. „Zoamas" (Käse und Schotten als Zuspeise) kann die zweyte Hälfte nach Gramm. 384 aus Muos (w. m. s.) entstanden seyn; (ahd. zuomuos, episumen). 'Der Gemaße, ä. Sp., Tischgenosse; (ahd. gimazzo, mhd. gemazze; Graff II, 904 f. BM. II, 90. Vrgl. genôz von geniezen).' „So sol man die gemassen ze dem essen insieren"; Griesh. Pred. I, 48. „Als dîn gemazze trinken sol, ungâz solt du die wîle sîn"; Tischzucht, Haupt's Zeitschr. VI, 493,154. „Sînen gemazzen (wol dat. plur.) er betuzte", seine Tischgenossen täuschte er; St. Ulrich's Leben V. 451. „Daz menglich bî sîm gemazen lag"; v. d. Hagen, Ges. Abent. LXIII, 128. 'Vrgl. mhd. mazgenôz (BM. II, 399), mazgeselle.' „Daz si warn die ersten sein massgesellen ob der schüsseln"; Cgm. 54, f 86b. 'Der Maßgang, ä. Sp., Mastdarm, (richtiger: Maßdarm), After; BM. II, 476. Weigand, Wbch. II, 113. 114. Birlinger 33).' Bey der „Rür" soll man sich an dem Wullkraut wischen und ain blatt für den masgang (After) legen; Harder (1584), Cod. iconogr. 3, f. 47. „Wan ich ain tiechlin an maßgang truckt so gab es blut masen" . . . „griff ich on gefer zum maßgang und befand das das gseig vorhanden war"; das. f. 171. „Leg es dem kint fur den maßgang; Cgm. 4126, f. 71. „Scorpio het unter den gelidern dez menschen die schaim an frêwan und an mannen und die stiglus und die masgang"; Diess. 140, f. 85b. „Der maßgang gat kinden herfür aus dem leib eintweder von herty der stul wegen oder von zwang"; Cgm. 601, f. 96b. 110b. Maßgang, Dr. Minderer (1620), p. 151. 152; Maßdarm, das. 154. Das mazhaus, coenaculum, s. unter das Mues: muoshûs. In vollem Leben, obschon jetzt nicht mehr recht verstanden, ist, wie im Hchd., noch das Adj. maßlaidig, satt, überdrüssig (eines Dinges, eigentlich der Speise); „demo maz leid ist", qui nauseat; Notk. 118,20. Grimm IV, 927. (BM. II, 90: mazleidec. Weigand, Wbch. II, 116). Die „Maßlaidigkait, fastidium", Voc. v. 1618; (im Isl., Schwed. einfacher matleidi, matlêda, anorexia, als Gegensatz der matlust; cf. „matr sê ther leidri, cibus tibi sit ingratior, För Skirnis 27; ahd. mazleidi, Notk. 106,18, mhd. mazleide; Graff II, 172. BM. II, 90. Birlinger 331). „Maslaidin, fastidium"; Cgm. 649, f. 580. „Swer izzet also vil daz er ez nicht verdowen mach der gewinnet die mazleide"; Cgm. 724, f. 189. „Des kindes maßlaid und nachtgeschrei" entzwei nähen; H. Vintler, Grimm's Mythol. LVII. Cf. schwed. mätt, satt, überdrüßig. Mazsahs, mezzisahs, ahd. Sp., culter; s. Meßer und metzeln. Goth. ist matjan edere, mhd. mazen, ags. mestian 627
cibare, isl. metta, schwed. mätta saturare; vrgl. Mäß und Mueß. „Swer vazzet oder mazet (speiset) einen durftigen"; Clm. 4616, f. 52.

'Die Masse, wie hchd., (ahd. massa, mhd. masse, v. mittellat. massa, Klumpen, Menge; Graff II, 861. BM. II, 86. Weigand, Wbch. II, 113).' „Man warf sei auf ainen amboz der sele wol hundert ze einer mæsse man do sluoc; Tungdalus, Hahn 54,22.

'Die Massenei, ä. Sp., die Hausgenossen, das Hausgesinde; (mhd. massenîe, messenîe, aus roman.

maisnie, mittellat. mansionada, von mansio, maison; BM. II, 86. Diez, Wbch. 212).' „Do all himmelische masaney an glaubt"; Cgm. 713, f. 165—171. „Wie ez dem ritter ergangen sey der do erhub dise mansenev"; Waldsaff. Reimchron., Cbm. 91, f. 10ᵇ. 'Vrgl. mansus und Mes·ner.'

Der „Massüssel", (B. v. Moll, Zillerthal) globularia L.

maißen (maəssn), partic. praet. gemaißen und gemaißt, hauen, (ahd. meizan: miaz, gameizan, gl. a. 87. 102. 161. 387. i. 88. 97. 551. 617. 911; mhd. meizen: miez, gemeizen, goth. maitan: maimait, maitan-s. Graff II, 911. BM. II, 132. Weigand, Wbch. II, 89. 139. Grimm, Wbch. I, 77. Zeitschr. III, 468. V, 455. cf. česk. megtiti, mejtiti, maißen, meyt˅, mejt˅, Maiß). „Vierzehen manstuedl Holz maißen und hacken"; Urk. v. 1464. „Holz abmaißen"; Kr. Lhdl. VI, 34. MB. XIII, 434. „Es soll auch keinerley steends oder abgemaißen Holz in den Maißen zu Schaden verlassen werden"; Lori, BergR. 190. „Hans H. hat am Mertlenberg Hänichel gemaißen; item der Sigmund B. hat von etlichen Bäumen Est abgemaißen, hat Holzgrassa gemaißen"; Proceß-Akten zwischen Ortenburg und Bayrn von 1588, p. 296. „Das kleine Gesteider und Reiserer unverlengt ausmaißen, mit dem großen aber bis auf den Herbst zurückhalten"; Abt v. St Zeno, Calender v. 1676. Übermaißen Einen, (auf dessen angrenzendem Grunde Holz hauen); L.R. v. 1616, f. 414. Die Maißalpen, auch Hüttschlage genannt, sind Blumbesuche mit Kaserrecht und Hütten; (Pseud. Zir.). Der Maißhag scheidet Wald- und Waidstand; (das.). Die Maißhacken, Art zum Fällen der Bäume und Aufarbeiten der Drälinge; (Zir.): *Maiß*hack, *Maiß*schmatzhack, *Maiß*-Selden, -Risen, -Zarg. Das Maißholz, Buschholz, Reisholz. Der Maißer; Maißerlon (1392); Freyb. Samml. II, 158. 'Vrgl. unten: Maißel.' Die Maißung, Abmaißung, Abholzung. Der Maiß (Maəs), der Holzschlag, Holzabtrieb, (b. W. das Maəs); abgetriebener Platz im Walde, Hau, Schlag, Hieb). 'Castelli, Wbch. 198: die Mass, ein Platz, worauf junges Holz angeflogen ist; ebenso' Seidl (Flinserln, 1839, S. 89: d' Máſs, Gestrüppe, junger Waldanflug; doch in der 3. Ausgabe (1844), S. 319 als Maiß mit „Holzschlag, Hau" erklärt. „Und d' *Máſs*, dé d' laué Sunn' scho˜ weis mit Er'bəblüəln tupft, rüərt si', wan imərəmàl durch's Gràs ə˜ jungə' Làbfrósch hupft"; Seidl, Flins. 1839, S. 46; 1844, S. 118. „Bey da' letzt'n *Máſs* (auf dem Weg über Berge: Anhöhe?); Flins. 1839, IV, 115. „Der Fuchs der bellt im finstern *Moaſs*"; Schosser 5. Weigand, Wbch. II, 89. Zeitschr. III, 468. „Den Maiß verrichten", den Holzabschlag zu Ende bringen; Lori, BergR. 306. Hbn. 665. „Der Salzmayr zu Reichenhall vnd etliche Unterthonen, welche wegen des zum Salzweesen gehörigen Holzmaiß streittig gewesen"; Mandat v. 1646. „Unbenommen der Holzmais", (der Holzschläge); L.R. v. 1616, f. 790. „Auf Maisen, wo das Vieh noch den Gipfel (der nachwachsenden Bäume) erreichen kann"; alte Forstord. „Alle Maiß und Schläg des Forstes sollen verhütet und kein Vieh darauf gelassen werden"; Kr. Lhdl. XVII, 169. 176. Holz maiß-weis, d. h. in bestimmten Gehauabtheilungen und Zeiträumen, fällen; Nußhard's Passau 69. Dieses Maiß hat, wie Reut, vielen Ansiedlungen, die auf ehmaligem Waldgrunde entstanden sind, den Namen gegeben: „Mais" bey Pfarrkirchen, bey Trostberg, bey Viechtach; Allhartsmais, Bodenmais, Bischofsmais, Diepoltsmais, schon 1273 in MB. IX, 87 ein Dietreichesmaiz, ein Reinhartsmaiz, Maisâu, Maishof, Maisreut, Maisried.

Der Maißel, 1) (ä. Sp.) der Häuer; vrgl. Maißer. „Stainmaißel, lapicida, Voc. v. 1445; steinmeize, steinmeizil, latomi, gl. a. 565. 664. Voc. v. 1419 gibt saxifraga durch stainmaißl. Graff II, 911. BM. II, 132. 2) das Werkzeug zum Hauen; (Graff II, 911. BM. II, 132 f. Weigand, Wbch. II, 139); Castelli, Wbch. 200: der *Mes·l*, eine schwere Hacke; cimbr. Wbch: 147: *Moazel*, Art. „Bipennis, meyßel, parthen"; Avent. Gramm.; dann wie hchd. der Meißel (le ciseau); isl. meitill. Das Voc. v. 1419 hat „mayßl, telus", und gl. i. 1119 steht meizil für „cisura." s. unten Maisen (Schnitte) und metzen.

„Meissalper, berberis"; Cgm. 4118, f. 143. 'Vrgl. Diefenbach 72ᵃ: paisset-, peyße-, bayßel-ber. Nemnich I, 591: Beißel-, Peißelbeer ɪc.'

Der Maisel (Maəs·l), 1) Stelle an einem Flachs- oder Wolle-Faden, wo sich dieser, wegen zu starken Dre- 628
hens beym Spinnen, zusammengerollt hat. Maiseldrât, maiseldrætiges Garn, Garn mit diesem Fehler. 2) wie hchd. die Meißel, la charpie; (BM. II, 133,3. Weigand, Wbch. II, 139). „Turunda, linamentum, (der) maissel"; Nomencl. 1629, p. 133. Diefenbach 330ᶜ. 603ᵇ. „Wunde die bestens und waißels (maißels?) bedarf"; MB. XXIII, 228. Grimm, RA. 629. „Treib den maissel in die Wunden, so du best magst"; Ortolph. Eine Druse ɪc. mit Quellmaißeln (Fontanellen) offen halten; Dr. Minderer 1620, p. 162. sich maiseln, vom Zwirn: zusammenlaufen, sich aufrollen. Eine Wunde maiseln, sie mit Bäuschlein (Charpie) belegen.

Maßlach (?). „Als ob du maßlach gefressen hättest vnd wärest nicht bei dir selbsten"; Dr. Minderer 1620, p. 35.

Die Maisen (Maəsn), (Inn-Salz.) die Schnitte, das Schnittchen. ə˜ Buttermaəs·n, Honigmaəs·n. Etwa als Maißen zu maißen (hauen, schneiden) gehörig? Vrgl. BM. II, 111. Der Maisling (? hieher?).' „Maysling unde würste kan er machen wol dâ van"; S. Helbling XV, 308. BM. II, 133: meizline.

Die Maisen (Maəsn), wie hchd. Meise, (ahd. meisa, mhd. meise; gl. a. 528. 669. i. 134: parix, parus. Graff II, 874. BM. II, 111. Weigand, Wbch. II, 137). „De minima meisa super aquilarum magnitudinem excrescere"; Anonym. de Gest. Caroli M. in Canisii lect. ant. I, 384.

Die Mais, eigentlich Meise, ä. Sp., Gestell zum Tragen auf dem Rücken, Tragref; ahd. „meisa, sarcinula, in qua portantur cibi"; gl. a. 19. 679. o. 153. 264. Diut. II, 237; mhd. meise; Graff II, 874. BM. 111. Weigand, Wbch. II, 137; noch bey Stalder „Mehse." Cf. „spina dorsi, ruck meissel", Voc. Melber, und isl. meis, m., corbis pabulatoria. „Clitella, onus mulo suppositum, ein mayse"; Clm. 5008 (XV. sec.), f. 153. „Haring bi der meise, bi ganzer meise verchaufen", Augsb. Stdtb.

Die Maisach und von ihr wol auch der zu Maisteig gewordene Maissteig auf der Straße nach Unterbruck. Förstemann II, 975.

Die Maus, (ahd. mhd. mûs), wie hchd., also: 1) mus; 2) musculus, Muskel. Graff II, 872. 873. BM. II, 277. Weigand, Wbch. II, 123. Birlinger 332. An die ältere Declination des Sing.: Mäuse, Müse (gen. dat. der miuse) erinnert noch im Sterzinger Passionsspiel von circa 1500: „Wir wollen ankhern gueten fleis, wir spilln mit jm als katzen mit der meis." „Dy posen eeleit leben miteinander als der ör (Aar) mit der henn, als die katz mit der meis"; Cgm. 757, f. 9ᵃ. ə˜ Stuck (Fleisch) vo˜ də' *Maus*. Voc. v. 1419: „ein mawe oder huf, femur"; gl. i. 317. 1169, o. 28: musi, musculi, tori, lacerti; (vrgl. Musel). Über die wie ein Canarienvogel, und eine Octav umfassende, singende Maus s. Ausland 1843, S. 1047. Das Diminut. Mäusl, Mäusə-l wird eigentlich, Mausə·l aber als Zärtlichkeits-Benennung gebraucht: du Schàzə-l, du Herzə-l, du *Mausə-l*! Zeitschr. II, 541,158. IV, 431,5. V, 275,3. VI, 514.

R.A. Da beißt die Maus kainen Faden ab, da fehlt nicht das Mindeste; (es ist getreulich und wahrhaft, da ist keine Hinterlist, keine Mäusefalle?). Zeitschr. II, 505. Ein Mäuslein machen, im Kartenspiel, Färbeln genannt, den Aufsatz oder Visel zum Spiele heimlich und unter dem Teller ansetzen. Mäus' machen. In einem Freysinger Herenproceß von 1717 werden mehrere arme Teufel, weil sie mit Hilfe des bösen Feindes Mäus und Färkel gemacht, zum Tode verurtheilt; Aretin's Btrge v. 1805, IV, 273. Grimm, Mythol.² 1044. Zeitschr. III, 282. (Vrgl. Mausschlägel). „Mach uns keine Mäus' nicht für, wir haben gar wenig Katzen", sagt man zu einem Erzähler, dessen Behauptungen man bezweifeln zu müssen glaubt. Mach nicht vil Mäus', keine Umständlichkeiten. „Bey Dürren brauchts nit so vil Meiß (zum Sterben), geht stiller zu, sein sanft und leiß ohne Rumplen, Schnaufen, Schwitzen"; Balde's Lob der Magern. (Das auch hchd. sich mausig machen mag hieher gehören. Weigand, Wbch. II, 124. Birlinger 332. Zeitschr. II, 180,36. Daß dich das Mäuslein beiß! (schwäb.) eine sanftmüthige Betheurungs- oder Fluchformel. Vilmar, kurheß. Idiot. 264. Zeitschr. II, 505. 'Nach der Maus werfen, in den Winkel, ins Versteck; vrgl. Weigand, Wbch. II, 123: mausen.' (Stück tuchs) „die der schneider warf in seim haus (wie das sprichwort sagt) nach der maus"; H. Sachs 1560: II, IV, 64. „Alle fleck, welche er (der Schneider) nach den meusen geworfen het", (sich bschores machen); . . . „nach dem schneit er vom gulden stück ein trum, und sprach, das walt als glück, warf das geschwind hin nach der maus so war sein forcht des paniers aus warf nach der maus gleich wie vorhin"; das. V, 380. 381. Blinde Mäuslein fangen, oder: Mäuslein
629 bergen, eine Art Spiel unter Kindern, wobey eines mit verbundnen Augen rückwärtsschreitend auf eines der niedergekauerten Übrigen treffen und es errathen muß. „Das haist nit der blinden Meuß, sondern der blinden Kroten gespilt", (1551); Cgm. 4681, f. 7. Vilmar, kurheß. Idiot. 264. Der Maus-Ar, Mauser (Mausə'), Mäusefalke, (ahd. mûs-aro, mhd. mûsar, miusear, mûsære; Graff II, 873. BM. I, 49. II, 278). „Larus, mausar"; Ald. 176, f. 37. Diefenbach 319b. „Sô geloubent etelîche an den miusearn"; Br. Berht. 58 (Pfeiffer 265,4), von Aberglauben sprechend. Grimm, Mythol.² 1075. Das Mausholz, (Eichstedt) solanum dulcamara L. Der Meushund des Buchs d. W. von 1485 (z. B. fol. 176) ist wol eine Katze; cf. f. 104. 127. 129. Der Mauskopf, a) Dieb. Albertin's Gusman. p. 429. 432. b) (schwäb.) Art kleinen Schuhnagels. Mauspartey, Diebsrotte; Wirzb. Verord. v. 1702. Der Mausschlägel. „Du Kerl bist selbst ein Herenmeister und Mausschlägel"; Abele, s. Grchtsh. I, 270; vrgl. oben Mäus' machen. maustôd, mausdréckə-l-toud, wie hchd. mausetodt. Zeitschr. II, 234. IV, 4. V, 20. 469.

mausen, a) wie hchd.; (BM. II, 278. Weigand, Wbch. II, 123: langsam und leise gehen, schleichen; heimlich und listig stehlen. Zeitschr. IV, 177.). R.A. Iətz is's *ausgmaust*, nun ist es all, nun ist nichts mehr übrig; (vrgl. allenfalls Maußmetzen). 'Katz hàt links *gmaust*, die Sache hat fehlgeschlagen. Dés is mə' nà˜ gràd *gmaust*, damit werd ich leicht fertig, das acht ich nicht viel. Einen mausen oder abmausen, ihn kurz und mit Anmaßung abfertigen. b) mausen, mäuseln, langsam und leise gehen. „Ietz *mausət* də' Fürst schö˜ stát hi˜ zu sei˜n Ständtl"; Gesänge aus den norischen Alpen, Nr. 3. „Und der Erbfeind ist weggemaust (von Wien) wie ein Dieb, wie er den blauen König gesehen hat"; Briefe bayrischer Denkart und Sitten, p. 31. „Da maußte die Frau Jahel gemechlich hinzu"; Avent. Chr. 49. „Sô gar ein kundig sohe ze ferre mûset von dem loche"; Labr. 432. „Dô ich in nâch dem fuoze mûslîchen hörte mûsen"; das. 451. „Sô ein birsær mûset bî wilde in einer ecke"; das. 546. „Dem reiger nach der busant gerne mauset"; Walkn. 84. Die kra, die umb und umbe mauset"; das. 133. 'Vrgl. Renner 12395.' abmausen (à'mausn), heimlich davon schleichen; (im Scherz) sterben. ausmausen, die Lücken zwischen den größern Stämmen der Holzrutschen durch kleinere ausfüllen; (Jir.). Der Duckmauser, Stockmauser oder Mäusler, ein Mensch, der (figürlich) leise auftritt, der weniger, als er sollte, redet, und es, wie man sagt, dabey faustdick hinter den Ohren hat. BM. II, 278. s. oben, Sp. 489. Vilmar, kurheß. Idiot. 277. duckmausət, stókmausət, adj. Der Kalmauser, der Geizhals; in Sachsen hingegen, was in Bayern der Duckmäuser (Kopfhänger). Vrgl. oben, Sp. 1232. Wenn nicht die Accentuierung dagegen spräche, könnte aus dem Notkerischen „mit iro gechôse múzton sie (linguis suis dolose agebant"; Psalm XIII, 3) auf ein altes, mit Maus nichts gemein habendes mûzan (also maußen, w. m. vrgl.) geschlossen werden. Vrgl. auch Renner 6717: „Swenn er swinde gedanken hilt, und manic rede kan verzucken und mangen übeln krik verdrucken, den er von tage ze tage mauzzet, die weile der fürsatz in im lauzzet." „Die als einveltige lemmer lauzzent und mangen valsch in in doch mauzzent", (mutire?); das. 13213. „Wan valscheit in iren (der preladen) herzen lauzzent, da von iare ze iare sich mauzzent, biz daz sie hat volrecket gar, etswa wirt man ir denn gewar"; das. 21748. Vrgl. oben, Sp. 1512: laußen. mäuseln, O.Pf. mauseinen, nach Mäusen riechen.

Der Maußmetzen. In einer alten handschriftlichen Amts-Instruction heißt es unter dem Artikel „Rentambts Burghausen Traidmas, Casstn Weilhardt": „Müttl, so das schier vol angeschütt wirdet, hebt man dreymal nacheinander auf, laßts niderfallen, streichts ab, und gibt auf iedes Müttl ain Maußmetzen, allain daß er nit geridlet wird, wie der Casstenmetzen, und thuet das Müttl sambt dem Maußmetzen an Landshueter Maß 3 Schaff, 9 Metzen, 2½ Vierling, 1 Sechzehntail. MB. (O. Alteich) XII, p. 91 heißt es: „Est etiam quaedam alia parvula mensura siliginis in officio celarii nostri antiquitus reperta (recepta?) que latine metretula, vulgariter vero mausm..... (Riß im Original. „Ich 630
habe gefunden, daß es maaße heißen soll"; v. Lang) speciali vocabulo nuncupatur." Vrgl. Maut, wie auch Mueß und Metz.

maußen und sich maußen (maus'n), wie hchd. mausen, nemlich (von Thieren) die Haut, die Haare, die Federn ändern, (schott. to mout, plumas amittere, ahd. muzôn, mutare überhaupt: „ghimuzota farua antluttes sines", mutavit colorem vultus sui, gl. i. 145; „muzon, variare morem suum", i. 569; „muzzunga, muzhafti, mutatio", i. 389. 840. 858; altniederdeutsch muton, mutare, gl. i. 642. Graff II, 910. BM. II, 281. Weigand, Wbch. II, 124. Zeitschr. II, 180,36. IV, 4). „Die Schlang, die Katz, der Spatz maust sich, vernat"; Voc. von 1735. „Die alt sint krank und übel gestalt, und doch niht wollent wesen alt, sie wenent in habichs wise sich mauzzen"; Renner 22997. Figürlich: „Wer sich von sunden fluck wil maußen"; Cgm. 714, f. 283. „Wie sanfte er bi dir luzete ze fröden wider muzete"; altd. Wldr. II, 231. Die Mauß, a) die Mause, b) (nordfränk.) herumgehende Seuche, Epidemie. „Hat daz vederspil eine muzze", deplumatio; auch muzzen, vrb., und: der mûzkorb (BM. II, 281); Schwabensp., Laßb. 237. 239; Mallerst. 33, f. 118. „Ich ben esu gramm (heiser) we 'ne Markgrof (Heher) en der *Mûz*"; Firmenich I, 476,179. Von einer Wittwe sagt man in derbem Scherz, sie sey in der Mauß, weil ihr der Schw... ausgegangen; (Obrm.). Ob inzwischen das alte muzon nicht etwa kurzes u habe? Wenigstens ist dieß nach Björn im isl. mutur, f. pl., (raucedo puberum gallulascentium) der Fall. Nur gl. i. 265 steht nach dem Prüfl. Cod. neben dem ältern muzgiuuati ein mûzwat, mutatoriae vestes. Die gl. i. 464. 562:

„ungimuozotes, inmutatae, muazoti, mutaret", weisen wieder nach einer andern Richtung. Nimmt man an, daß das Wort erst hinterher (wie schon sein z zum lat. t nur im Verhältniß des Hochdeutschen zum Niederdeutschen steht) dem lateinischen mutare nachgebildet sey, so wird dieses Schwanken begreiflich. Vrgl. auch mutzen und mausen.

Die Mess (Méss), 1) wie hchd. Messe, missa sacra; (ahd. missa, messa, mhd. misse, messe; Graff II, 867. VI, 239. BM. II, 159. Weigand, Wbch. II, 147. Cf. ital. messa, span. misa, franz. messe; Diez, Wbch. 227. Catalon.: ni la missa ni cibada destorban llarga jornada). „Missa: tempus sacrificii quando catechumeni foras mittuntur clamante levita: si quis catechumenus remansit, foras eat. et inde missa quia sacramento salutari interesse non possunt qui nondum regenerati sunt"; ZZ. 796, f. 167a. „Dicitur missa ab emittendo vel admittendo quia in primitiva ecclesia ab introitu usque post offertorium cathecumeni ad ecclesiam admittebantur, postea per diaconum extra ecclesiam emittebantur et hec dicebatur missa catechumenorum"; Clm. 17562 (4°. sec. XIV.), f. 1. De „Ite missa est", sieh Aug. eccl. 112, f. 161—162. „Swenne man die misse singet"; Diut. III, 61. Gesprochene mess, gesungene mess; die gestiften mess; die siben mess, die drei mess; ZZ. 3286, f. 1—9 (1591). Die Engelmess, Messe, in der Adventzeit am frühen Morgen gehalten. „Missa perpetua angelica seu Bäckenmeß nuncupata", in Amberg gestiftet a°. 1461; Ried 1030. Die Fruemess, Frühmesse; BM. II, 161. Der Engelmesser („Engelmissarius", MB. XXV, 189. 192. 529), Fruemesser (Primissarius), Geistlicher, der zu solch einer Messe gestiftet ist. Messa wird in Schweden noch für den Gottesdienst überhaupt gebraucht: högmessa, Vormittags-Gottesdienst; auch in der Liturgie wird das, was der Geistliche am Altar collectiert und intoniert, messa genannt; (cf. *λιτουργία* der Griechen für Messe). 2) festivitas ipsa, de qua fit missa; (cf. Baronius, Martyrolog. prima octobr.). Die Kirchmess (Kirməs, Kirms), das Kirchweihfest, (Franken); s. oben, Sp. 1289. 1292. BM. II, 160. Firmenich I, 402,146. 492,57. 65: *Kermes*. 'Die Kristmess, ä. Sp., Weihnachten, Christfest, (engl. christmas).' „Ewangeli zu der christmess"; M. Beham, Cgm. 291, f. 159. Firmenich I, 399,28: *Kerschmes*; 493,79: *Krestmes*. Zeitschr. III, 555,24. „Ze unsers herren mess liezz herzog hainrich Halberstat vrennen"; Kaiserchron. bis 1314, Ms. des german. Mus. 2733. Die Stillmesse, s. Th. III: still. Mariä Liechtmess. „Ewangeli zu der lichtmess"; M. Beham, Cgm. 291, f. 315b. Diese 2te Bedeutung war ehmals von viel ausgedehnterm Gebrauch. Zeitschr. VI, 430,34. „VIII. Kal. August. quo missa beati Jacobi apostoli celebratur", (864); Kemble, Diplom. II, 80. „Ad missam Sci. Johannis et ad nativitatem domini"; Aug. eccl. 151 (sec. IX.), f. 44b. „Nim primulam veris vor sant iohannis misse"; Furstenf. 121, f. 172. „Do het kaiser Fridrich (I.) einen grossen hof ze Meidburg ze Santihans mess da gelobten die fursten ain hervart"; Kaiserchron. bis 1314, Ms. des german. Mus. 2733. „Ze sant Johans messe ze sungichten" (1319); Kopp, Samml. eidgenoss. Abschiede I, Beil. 7. 8. In Regensburg war „Krapfen zu bachen" erlaubt „zu St. Peters Meß und zu St. Heimerams Messe"; Gem. Chr. I, p. 462, ad 1306. „Zu St. Steffans Meß, XIII tag vor und XIIII tag nach, mugen die gest vail haben"; Passauer Stdtb. Ms. „Zwischen den zwain meßen unser frawen", d. i. zwischen Mariä Himmelfahrt und M. Geburt; MB. XXIV, 346, ad 1310. „Vor St. Michels misse" . . . „an dem liechtmisse abent"; MB. XVIII, 93. 111. XXV, 13. „Nieman sol vieh innhaben, er sol es austreiben an St. Georgenmisse"; Wstr. Btr. VII, 82, ad 1332. „Mir getroumet wie daz ich wer uf eim grozen messetag da was groz koufmanschaft"; Altsw. 120,2. „Seint starck frawen, die sich annemen sie sint auffetzig, und gehn vff die Meßtag und Kirchweih" (zu betteln); Matth. v. Kemnat, Cbm. 1642, f. 130a. Mesdach für Festtag, Heiligtag in Flandern noch gebräuchlich; (Willems, Belg. Mus. VI, 307). Zeitschr. V, 116: *Mesdi.* 3) (schwäb., fränk., wie hchd.), der auf solch ein Fest anberaumte Jahrmarkt. „Wir haben geschickt jn auf ein mess", (Jahrmarkt); H. Sachs 1560: II, III, 100. Die Lichtmesse, (zu Braunschweig) Markt, der am Lichtmesstag beginnt. In Altbayern ist in diesem Sinne die Benennung Duld (w. m. s., richtiger Tuld), in der O.Pf. Kirchtag herrschend. Auch in der ahd. Sp. kommt missa in der 2ten Bedeutung: festum, vor: „missa, festa", gl. a. 344; „heilaga sunnuntaga inti heilaga missa (heilige Sonn- und Feyertage) ni ereta"; Beichtformel, M.m. 24. In der 1sten Bedeutung steht M.m. 20. messa: „nina messa ni geloseda", wol neben missa, 631
wovon ahd. missa-hachul, schwed. mess-hake, casula, 'mhd. missachel, messachel; Graff IV, 797. BM. II, 160; vrgl. I, 607. Birlinger 334.' Grimm's Mythol.² 874 ff.) „Casula, messachel; Voc. optim. p. 27. Diefenbach 105c. Im Zuger Pfarrbuch von 1485 noch: der Messachel, in dem zu Ingenbohl v. 1417: der messacher, masacher, in dem von Thännikon (sec. XIV.): der messachel; Gesch.freund II, 91. 92. 93. 96. 105. 107. 108. 117. 127. Cf. altfries. hoeka, hoyke, Mantel, (Wiarda); und s. oben, Sp. 1041: der Hachel, und Sp. 1073. Das ags. mässa, engl. mass hat gleichfalls beyde Bedeutungen: Christ-mas, candle-mas rc. „Foran to hlaf-mæssan", before lammas, vor dem ersten Dankfest für eingebrachte Ärnte, (1. August); Saxon. Chron. ad an. 915. 918, Ingram p. 130. 133. „Betweor hlaf-mæssan and midsum sumera"; ibid. ad an. 921, Ingram p. 134. „On Cilda-mæsse-dæg", on childermasday, der Unschuldigen Kindlein Tag; ibid. ad an. 963, p. 255. So auch das isl. schwed. messa. R. Schmid, Ges. d. Angels. p. 133. 192. 194. „Missopher, sacrificia"; Notk. 83,4. messen, vrb., (in der ältern, noch etwas polemischen bayreut. Kirchenagende) Messe lesen, (ags. mässian, isl., schwed. messa, česk. mšiti): „Ist das Opfer Christi am Kreuz nur einmal geschehen, so messen und opfern die Pfaffen immer eins über das andere." „Exeant ad missandum"; Monac. Francisc. 374, f. 68b.

'Das (der) Messing, wie hchd., gemischtes Metall; (aus mhd. messe, v. lat. massa, Metallklumpen; Graff II, 875. BM. II, 159. 225. Diefenbach 61c. Weigand, Wbch. II, 149. Zeitschr. II, 419,4. III, 103,14).' „Ir anker wâren von îsen niht geslagen, von glocken spîse gozzen . . . von spanischem messe wâren si gebunden"; Gudrun 1109,3. „Das da gleißt ist nicht alles gold, wann es ist auch Mess", (Reim auf „Ess"); Cgm. 270, f. 75 (379, f. 38). „Nym zwo mark silber item ein mark lauter meß"; Clm. 17221 (XV. sec.), f. 234. „Den messinc begreift man under dem kupfer"; Konr. von Megenberg f. 278. 280, (Pfeiffer 474,7. 479,3 ff.). „Der zin und chupfer von einander bringet, der bringt auch die geitigen leut von dem unrechten gut"; Br. Berchtold, Cgm. 1119, f 45a. Aurichalcum, Messing, nicht erst anfangs sec. XVI. in Deutschland erfunden, schon in Hans von Waldheims Reise (1474); Ebert's Überlief. I, 38. „Aes aeris est genus metalli messinch"; Clm. 5008 (XV. sec.), f. 155. Messing, (Mainz) geringer, saurer Wein.

Der Mesner, Mesner, Mesmer (Mésnə', Mésmə'), der Küster, Kirchner, Sacristan, (vom lat. mansionarius; ahd. mesinari, mesinare, mhd. mesnære, messenære, messener; Graff II, 875. BM. II, 161. Weigand, Wbch. II, 149. Zeitschr. VI, 131,14. s. oben, Sp. 1627: Mansus und vrgl. Massenei. MB. I, 36: mesenarius; gl. o. 39. 276. 414: mesinari; Voc. v. 1419 und Archon.: mesner, aedituus. Diefenbach 347b). „Mane primo mansionarii ordinent omnia quae sunt necessaria ad consecrationem chrismatis";

Aug. eccl. 209 (XII. sec.), f. 200. Schon im Cod. Monac. Francisc. 277, f. 27 wird der Sacrista vel aedituus (Martinus, Autor der Flores temporum) missarius genannt. „Sacrista, sigrist, kilchwarte; edituus, mansionarius, mensner"; Voc. optim. p. 36. Mesener, campanarii, Schwabensp., Laßb. 253. Mallerst. 33, f. 120. Der mesnære, v. d. Hagen, Ges. Abent. II, p. 629,373. „So werde er ein mesener oder sonst ein cappeler"; altd. Wldr. II, 59. „Wer hiez euch in closter keren und einen so schwachen mesner werden?" Renner 23812. „Der pfaff tuot singen, der messner („mesener") das wîchwaßer bringen"; d. Teufels Segi, Barack p. 376,11830. 11864. „Ein mezner der mit wachs ist betreufft"; Cgm. 713, f. 182. „Ainem mesner (mesnær) iiij dn. zu layten (leitten)"; Cgm. 3941, f. 82b. 83, ad 1420. „Ain peispil von ain mesner", der auch dem Teufel ein Licht angezündet; M. Beham, Cgm. 291, f. 270. „Weil unser Meßner (die Uhr) ungleich richt"; H. Sachs 1612: II, II, 68. „Der blind Meßner mit dem pfaffen und der Meßnerin"; das. 1560: IV, III, 45 (1612: IV, III, 100). Der Mesmer-Stich, Anspielung, feine Erinnerung; (ironisch) dummgrobe Erinnerung, Forderung.

meßen (mésə'n, méstn; I més, du méſst, er méſst; ich mæß, ich meßet; gemeßen), wie hchd. messen, (ahd. mezzan, metiri, — zum lat. Wort im unorganischen Verhältniß wie Hochdeutsches zu Niederdeutschem stehend, und beßer zu medius, meditari, ermeßen, muthmaßen, isl. meta, goth. mitôn stimmend, — ih mizzu, ih maz, uuir mâzumes, gimezzan; neben mezôn, moderari; mhd. mezzen: ich mizze, ich maz, wir mâzen, gemezzen. Wstr. Btr. VII, 101. 247, ad 1332 kommt das Partic. Prät. gemißet, gemizzet vor; vrgl. indeſſen auch das Verb. metzen, mitzen). Über das abergläubische Meßen als Zaubermittel s. Grimm's Mythol.2 p. 1116 f.; ferner ZZ. 758, f....: sermo de X praeceptis; (cf. Clm. 12011, f. 68) und vrgl. oben, Sp. 484, unter Dacht. „Wollet ir daz unsinne euch vermeide, so strecket euch nider und lat euch mezzen als man euch mezzen und segenen muz", sagt die listige Frau dem geäfften Mann; er wirft sich nieder, und sie spricht einen Segen über ihn; Renner 12183 ff. „Anhauchen, Abmessen u. drgl. wie Hirten und Pauern zuweilen gebrauchen, damit die schaf nit schebig werden und von wölfen sicher seyen"; Catechismus, Cgm. 4607, f. 113. Die Abmeßen ('A'méssn), (im Hallein) die vierteljährliche Besichtigung der Salzwerke; Lori, BergR., (Jir.). ən 'A'méssn, ein Quatember. vermeßen, vermezzen (partic. praet.), ä. Sp., abgeredet, bestimmt. „Einen ainen vermezzenen tag auf recht geben und künden"; MB. XXIV, 456, ad 1374. „Des gab si im ainen vermessen tag"; Cgm. 270, f. 161a. „Des gab sie im ein vermessen zil"; Cgm. 713, f. 89. „Römer haben nit gern ein vermessen schlagen (wann es den Feinden eben gewesen) than, sonder lieber ungewarnter Sach wenn es den Feinden am aller ungelegnesten war"; Av. Chr. 75. 252. Im Scherz wird meßen auch für zielen gebraucht, (isl., schwed. mâta, måtta; vrgl. mätzen). *Méſs* nét so lang, und schiəs ə~ màl! Hàt langmächti' *gméssn* und dennət gfält. „Cupido der misset mein nun selten mit seiner feurin oder gulden strale", sagt der alte Pütrich in seinem Ehrenbrief 25.

Das Meß (Més), das Maß, (ahd., mhd. mez in allen Bedeutungen unsers Mäß, w. m. f.; Graff II, 893. BM. II, 212. Vrgl. Wackern. Wbch. mes. Weigand, Wbch. II, 149); als concrete Maß-Einheit für Getreide, Holz u. drgl. nach den Gegenden verschieden, und überhaupt mehr in Schwaben und Franken als Altbayern üblich. Zeitschr. VI, 266,41. Nach Zirngibl (Probst. Hainspach p. 350) ist „das Möß Korn soviel als 3 Vierling." Ein Meß Holz, gemeiniglich mit Klafter synonym. Das Nürnberger Pfragner-Mez oder Mees ist etwas kleiner als dasiges Stadt-Mees; Real-Inder onolzbach. Landes-Constitutionen p. 167. Das Frieschmeß (Friesacher Maß??). „Waitz VII frieschm~ vnd V scheffel ... XVt (15½) f'schmez XI saffl~... XIII frieschmez et V scafful~... lxxxvi friesmez et iiit (3½) scafl~"; Freisinger Salbuch (der Ordinariatsbiblioth.), f. 59.

Das Meßer (Mésə'), 1) wie hchd. Messer; ahd., 632
mhd. mezzer, mezzere, gl. i. 284. o. 82; früher: mezers, Notk. 73; mezzires, mezzeres, mezras, mezres, gl. i. 6. 284. 532. 559. 688. 853. o. 378; und wol noch früher: mezrehs, mezzarehs, mezzirahs, gl. i. 559. 844. 885, wobey man an eine Entstellung aus dem mezzi-sahs, maz-sahs, gl. i. 917. o. 437, von maz, cibus, und sahs (s. Maß und Sachs) zu denken versucht seyn könnte, wenn angenommen werden dürfte, daß in der Composition das anlautende s (nach Gramm. S. 630. Grimm I, 64. 121) allmählich das Loos eines Inlautes erfahren habe. Graff II, 904. 911. 912. VI, 90. Grimm III, 465. BM. II, 163. Weigand, Wbch. II, 148. Cf. agſ. met-sear, meat-knife, dagger; Thorpe, Analecta 231. Oros. V, 12. Romane hine (Julium Caesarem) mid heora met-searum ofsticedon"; Alfred's Orosius VI, cap. 17; ed. 1773, p. 200. (Noch unerklärlicher ist das niederdeutsche mest, mes; — aus met-sas? so Diut. II, 225: scars statt scar-sas; cf. Droste aus Drot-sete und Holste aus Holt-sete). „Dar na wart de hertoge van Beieren dot gestecken mit eneme mezese van eneme manne, de ward dot geslagen unde ne wiste neman rechte we he was"; Lüneburg. Chronik, Eccard, corp. hist. med. aevi I, 1405. s. Th. III: stechen. Firmenich I, 156,8: 't *Metz*, (Magdeburg). Wiarda hat als altfries. mesa, Messer. 'Vrgl Stürenburg, ostfries. Wbch. 149: Mest.' Zeitschr. II, 202. V, 280,7. Das slaw. metsch gehört zu dem unter mäcken erwähnten maki; vrgl. auch metzen). Schlimmes Messer, (Coblenz) krummes (Reb-)Messer. 2) ä. Sp., Art Waffe zu Hieb und Stich, z. B. in den Abbildungen zu Talhoffer's Fechtbuch (Ms. v. 1465), länger als der „Tegen" (Dolch) und kürzer als das „Swert." „Gewaffentiu hant daz ist ein swärt, ein mezzer, ein äcgues" ꝛc.; Augsb. Stdtb. „Mezzer und Swert tragen"; Wstr. Btr. VII, 139, ad 1332. ə~ langs Méssə', das nicht zugeklappt werden kann. „Die di langen mezzer slahent und geschütze machent"; Br. Berht. 311. (Pfeiffer 14,35. 15,13). Bey der Rüstung von 1468 muß jeder Streiter „an seiner Seiten ein gutes langes Messer, oder ein wohlschneidendes Schwert tragen", bey der Musterung von 1513 jeder seinen Degen oder langes Messer selbst haben; Kr. Lhdl. VII, 237. XVIII, 435. Grimm, RA. 287. „Der gemain Mann in Bayern mag Wehren tragen, Schweinspieß und lang Messer"; Av. Chr. f. 12. „Karl d. G. hett allweg sein Messer in der hand und seiten. Was er der Feinde fieng, maß er nach seinem Messer; was länger, denn sein schwert war, muste sterben"; ibid. 335. 336. „Zu Regensburg durfte im 14. Jahrh. niemand verborgene und längere Messer tragen, als das am Marktthurm eingemauerte Maß erlaubte." R.A. das längere Messer tragen, das Regiment führen. „So sy alles das begang des sy frue und spat gelust desselben er ir hengen must wan sy trug das lenger messer wie nas er was, sy was nesser mit pulschaft gen andern mannen die begunde sy haimlich zu ir pannen ainem pfaffen was sy wol pekant ain eysen het sy abgerant"; Rosenplut, der Edelmann mit dem Hasgeier, Gießner Hs. „Swer ain messer træt, der sol ain swert darzů tragen, oder er geit dem richter xii dn.", (München); Cod. urbis Monac. VI, art. 23. Auer, Münch. StR. p. 288. Daselbst p. 265: Verbot zu tragen ein „langes messer, stechmesser, waidmesser; im Haus das Messer abzulegen geboten; p. 279: „swer die langen mezzer taugenlichen in den hosen treit", wird bestraft. Man fand es äußerst unschicklich, daß (a°. 1519) D. Zasius von der Reise sogleich mit umgurteten Meßer in das Rathszimmer trat; Gem.

Chr. II, 95. 286. IV, 366. „Sîn gürtel ist beslagen smal, daran ein mezzer mit zwein schaln"; S. Helbling I, 233. „Das messer im umb die paine schlûg", (dem Bauern-Elegant); Cgm. 379, f. 158. Noch das Voc. v. 1618 hat: „Meßer, gladiolus." „Jeder zuckt sein faustmesser aus"; Ring 53c,18. „Pugio, stichmesser"; Mallerst. 32, f. 311. Ob durch das in den ältern Landsordnungen so sehr verpönte Meßerzucken das Ziehen des heutzutage bey den Mannspersonen auf dem Lande üblichen Hosen-Sackmeßers gemeint war? (Birlinger 335). Dieses hat wirklich, obschon es sich meistens in der sehr friedlichen Gesellschaft einer Gabel, eines Wetzstahls (Ståhhels) und eines prunkend hervorstehenden silbernen Löffels befindet, gar vieles mit dem italienischen Dolche gemein. Indessen lebt in unsern frischen Bueben kein italienischer Meuchel-Sinn, und sie schlichten ihre Differenzen lieber mit der Faust und dem Foz-Ring als mit dem Eisen. Der Meßerer, Schaidmeßerer, der Messer-Schmid, der Messer- und Säbel-Klingen macht. „Es sol auch dhain frömbder meßerer dhain meßer wurchen noch verchauffen"; Passauer Stdtb. Ms.

Meisremel. Im Cgm. 3941, Urkunden der Pfarre Bischolfdorf bey Mattighofen (sec. XV.), f. 229 und früher kommt ein „Jorig der Meisremel, Heinrich der Meisremel zu Irenprechting" vor. Diesem seltsam gebildeten Namen entspricht wol der des a⁰. 1844 (Allgem. Ztg., Beil. S. 158) in den Adelstand erhobenen würtemberg. General-Majors von Meisrimmel.

Meißen, die Provinz, s. oben Meichsen.

Meißen (?). „Die kintlicher spil sich wollent (solten?) flizzen, zölle, tribkugeln und meizzen, die siht man nu luders sich fleizzen"; Renner 14864.

Meusier (?). „Manic gepaur wirt schimel gra, der selten hat gezzen mevsier bla, veigen, hausen, mandelkern; ruben, kumpost az er gern"; Renner 9772. 'Es ist wol „mensier blâ" zu lesen; s. oben, Sp. 326: Blamensier.'

633 miselsüchtig, a) grämlich, unmuthig, einbilderisch. b) lungensüchtig, kränklich; Seidl, Flins. (1844) S. 252. 320. 'Castelli, Wbch. 201: miselsichti', kränklich, immer leidend;' c) (ä. Sp.) mit der Miselsucht (misalsuhti, elephantico morbo, gl. i. 435) behaftet. Graff II, 875: misal, leprosus; Notk. 50,9: miselen, leprosos. Lepra, misel; BM. II, 188. „Morphea, miselglich"; Voc. optim. p. 40. 41. Graff VI, 140: misalsuht; BM. II, II, 356. 359. 360: miselsiech, miselsuht, miselsühtec. misilsuchtiger, leprosus, gl. o. 35. Müselsuht, morphea; Voc. v. 1429. Diefenbach 324c. 368b. „Por qu'avez voz nostre damme avillée qu'à un mezel l'avez faite privée", Amis et Amile 2158. Diez, Wbch. 686. Vrgl. Merl.

miserabel, miserablig, ein sehr gemein gewordenes Adjectiv. Weigand, Wbch. II, 167.

'„Das Mîsencar, Mîsicar, Mîsencorde, das lange mezzer, das neben dem Schwerte getragen ward, lat. misericors genannt", BM. II, 188. Ducange, ed. Henschel, t. V, p. 431: miericordia, pugio, cultellus, sica.' (Dolch zum Gnadenstoß, misericordia? Allgem. Ztg. 1843, Beil. S. 2760. cf. slaw. kord, dän. kaard, Degen: čech. Mišny kord, meißnischer Degen?). „Da er mit dem dûmen an greif (die gürtel). die andern vinger hêten sweif umb ein starkez mîsencar"; S. Helbling I, 321. „Der swert man in niht gunde (den Bauersleuten), noch der langen mîsicar"; das. VIII, 879. „Er (Fridepreht) treit ein mîsencorden lange, daz gêt hinden verre hindan und ist kopferrôt; Nithart XXI, 8.

Der Misselir, ä. Sp., Bote, messager; Rechn. v. 1392, Freyb. Samml. II, 93. 94. 97. 101.

Der Misbâum, (Inn-Salz.) s. Wisbâum.

missen, vermissen, 1) wie hchd. (ahd. missan, farmissan eines dinges; Graff II, 866. BM. II, 189. Weigand, Wbch. II, 168). 2) schelten. „Wer den andern misset einen hûrensun"; Augsb. Stdtr., Freyb. p. 75. Cgm. 559, f. 67. Walch p. 205. 206. 3) sich missen, sich enthalten. „Sie sollen, dieß zu thun gänzlich sich missen"; wirzb. Verord. v. 1623. -miss, in der Zusammensetzung wie hchd., (ahd. missi-, missa-, mhd. misse, miss; Graff II, 862 ff. BM. II, 188. Weigand, Wbch. II, 169 ff. Zeitschr. II, 180,36). „Einz vur ein anderz misse-sehen, ein guotez für ein bösez misse-râten"; Br. Berht. 99. „Alterius boni suffocatio, misloben daz gût"; Cgm. 4440, f. 7. Firmenich I, 19,2: „Wie loopen *miss!*" „Et geet *miss!*", das. 374; *unmiss*, das. 21,95 Zeitschr. VI, 241. misslich, das auch hchd. adj. u. adv., wird im Voc. v. 1419, wo es als adv. misleich, misleichen steht, durch fortassis, fortuito gegeben; es scheint dem S. 424 berührten ungleich parallel, wie denn das alte missilih wirklich ungleich, verschieden bedeutet. Graff II, 568. BM. II, 189. Weigand, Wbch. II, 172. „Ir (der Vögel) varwe, diu was mislich mit manicvalten stimmen sueze was ir singen"; Tungdalus, hg. v. Hahn 63,38. „Krieges außgang ist mißlich"; Buch d. Weish. „Varietate, mit missichlicheit, vehe"; Cgm. 17, f. 71a, Ps. 44,17. 'missemuot, missemüete, ä. Sp., adj., verschieden gesinnt, uneinig; Graff II, 694. BM. II, 262.' „Dis missemuot geselleschaft (wilde, zum Kinde Jesu herbeilaufende Thiere) . . . daz lamp den wolf niht envloh"; Kindh. Jesu, Hahn 83,47. 'Die Missewende, ä. Sp., das Wenden vom Beßern zum Schlechtern, Tadel, Makel; BM. II, 688.' „Ich dien ir ie ân alle missewende"; Labr. 685. Bey Otfrid kommt missi auch als Adjectiv vor: „fus missemo muate". . . thio mino misso dati"; V, 25,46.80. Im Schottischen ist miss, Subst., ein Gebrechen, im Isl. missa, missir, amissio, damnum. Unsere R.A. z' Mist ge~ (s. Mist) möchte etwa nach Gramm. 680 hieher gehören. Vrgl. Grimm II, 470. 587.

'Die Mîs, Katze; s. oben, Sp. 1619: minni und Weigand's Wbch. II, 158. 167. Zeitschr. V, 288,28. VI, 429,II,1.'

Der, das Mies, Gemies (Mias, Miast), das Moos auf dem Boden, an den Bäumen; (Graff II, 868. Grimm III, 373 f. BM. II, 167. Weigand, Wbch. II, 192. Zeitschr. VI, 338. gl. a. 630. 663. i. 133. 539. 553. o. 461: mies, mios, m., muscus, lanugo; ags. mios, isl. mosi, m., muscus). Mies (Waldmoos zur Streu) rechen. „Diu scham treip in in ein hol, beidiu mies unde gras brach er für sînen lîp"; Wigalois 5919. „Ir (der Eva) leib dem mies was gleich gefar" (nach der Buße); H. Folz. „Die Haar stehen so matt, wie das alte Gemies auf einem Bauerndach"; P. Abraham. R.A. Es wachst eam 's *Mias* auf'm Buck'l, er befindet sich schon lange auf der, in der nemlichen Stelle. en àldə' *Miasbuckl*, alte Person, (b. W.). Das Mies-Veielein, Mies-Nägelein, die Alpen-Nelke, dianthus alpinus L. Der, das Bodenmies, Erdmies, (O.Isar) spergula arvensis L. „Rampnus, dorn miess"; Cgm. 170, f. 10b. miesig, adj., muscosus. vermiesen, vrb., mit Moos bedecken, überwachsen; BM. II, 167. „Der trewn straz vermieset gar"; Suchenwirt. Vrgl. das folgende Wort.

Das Mos, plur. Möser (Mós, Mése'), a) zuweilen, was hchd. Moos, d. h. muscus. (Gl. a. 43. 663: mos, lana terrae, lanugo; bedenklich, wo nicht auf einen Ablautstamm '(„Gramm. II, 988"; Jac. Grimm)' deutend gl. a. 45. 676: mous, 630: muos, muscus, i 535: dei gimusi, musci). In diesem Sinne ist in Altbayern das vorige Mies weit üblicher. b) was in Niederdeutschland das Bruch, das Moor; (Graff II, 868. Grimm III, 373 f. BM. II, 224. Weigand, Wbch. II, 192. Zeitschr. IV, 500,1. gl. a. 526. 553. i. 1007. o. 198: mos, palus; schott. a moss; schwed. mossa, f., hchd. Moos, muscus; måse, mosse, m., Moor. „Mosapurch regia civitas" — Mosburg — Dipl. ad 890.

„Mosaburch ad Salam in Pannonia"; Clm. 19487, f. 82. (s. unten, Th. III: Sala-war). Jarnik war Pfarrer zu Mosburg (Blatograd) in Steiermark. „Ein weite gemose, planities limosa"; Dietr. v. Plien. BM. II, 225. Es gibt in Bayern solcher Möser (Moore,
634 Brüche) einige von großem Umfang, z. B. das „Donau-Moos", das „Dachauer-Moos", das „Freysinger- oder Erdinger-Moos." Die zur Cultivierung des erstern verwendeten Summen scheinen verloren zu seyn, wenn nicht neue Anstrengungen das Vorhandene erhalten. Besser mögen die Ansiedelungen zwischen München und Dachau gedeihen. Man sollte Möser erst in Waldgründe umzuwandeln suchen; diese würden sich von selbst eine Dammerde ziehen. Übrigens scheint die so schwierige Cultivierung der Möser noch kein wahres Bedürfniß, so lange man ungeheure Strecken besseren Bodens, wie z. B. zwischen München und Unterbruck, unbenutzt liegen läßt. Aus nichts wird nichts. Man sollte nicht gerade den geringsten Kräften die schwierigste Aufgabe zutheilen. Kapitalisten würden mehr ausrichten. Mit Patriotismus anfangend, könnten wol sie allein mit Vortheil enden. Bettler aber bleiben gewöhnlich auch als Colonisten Bettler. Der im Jahre 1844 verstorbene Advocat v. Patz habe zu diesem Zwecke eine Cartheusercommunität gründen wollen, nach einem Auffatz Neumann's in d. Allgem. Ztg., März 1844. s. Filzen. Die Mos-ber, (O.L.) vaccinium oxycoccos, Zillerthal auch vacc. myrtillus; (Tir.). Zeitschr. III, 471. Der Mós-bérə (scil. Branntwein daraus). Mosber-Fleck, eine Art Speise. Móslbér, Vogelbeere; (Gastein). Auch sie dient zu Branntweinbrennen. Das Mosfräulein, (O.L.) die gemeine Wassernymphe, libellula vulgatissima L. Die Mosgaiß, (um Passau) Stange, die, durch umgehangene Bett- ꝛc. Tücher in die Gestalt einer colossalen weiblichen Person verwandelt, zur Faßnachtzeit am hellen Tag unter dem Zulauf von Alt und Jung durch das Dorf zieht. Vermuthlich in Berührung mit der selbst in der Schweiz üblichen Sage, daß Weibspersonen, die ganz unbarmherzig ihre Jungfrauschaft mit ins Grab nehmen, aufs Mos und dort Geibitzen hüeten müßen. s. oben, Sp. 868: Geibiz u. vrgl. Zeitschr. IV, 500 ff. „Mosmäßige Jungfrauen"; P. Gansler ad 1696. In Nürnberg müssen alte Jungfrauen mit den Bärten alter Junggesellen den weißen Thurm fegen. Der Moskolben, das Mos-Rôr, typha latifolia L. Mit der Wolle davon werden im Pinzgau statt mit Flaum die Betten gefüllt. Christus in der Verspottung sieht man gewöhnlich (nach Matth. 27,29) mit einem solchen Mos-Rôr dargestellt. Die Wittiben kitzeln sich mit Moskolben, wie B. v. Bodmann (Ms. v. 1709) weiß. Die Moskue, die Rohrdommel, ardea stellaris. Sie steckt den Schnabel in den Sumpf und läßt dabey einen Laut vernehmen, der dem Brüllen eines Rindes nicht unähnlich ist. Voc. v. 1618: „Mosochs vel Mosweihe, buteo." Onocrotalus, mospul"; Mallerst. 32, f. 307. „Onocrotalus, mosvogel"; Ind. 418, f. 145. Diefenbach 396ᶜ. Zeitschr. IV, 55: *Mooskua*, Feuerkröte. Das Mos-Lêhen, Moor-Antheil, mit seiner Benutzung zu Weide, Heu ꝛc., als Lehen gegeben; Kr. Lhdl. XVI, 227. XVII, 231. 249. „Das Donau-Moos wurde auch Schrobenhauser-Moos genannt, weil es, als ein bayerisches Lehen, vom Mooslehengericht Schrobenhausen verwaltet wurde"; Hazzi, Statist. I, 396. cf. Mosgericht; Kr. Lhdl. VII, 396. 419. Die Mos-Pipen, (fig.) Sumpfstelle: nur ə so ə *Móspippm*, lautə' *Móspippm*. Der Mosrain, s. Th. III: der Rain. Die Moswisen, Sumpfwiese; die *Moswis*, (Franken) freyer Jahrmarkt auf dem Feld; z. B. die Feuchtwanger Mooswies. (Feuchtwangen habe slawisch Moschwitz geheißen; v. Lang). Die Moswampen, Moor-Pfütze, mit festem Rasen überzogen. Das Gemös, collective. H. Sachs 1612: I, 646. „Palus, -dis, ein gemuse"; Gutolfus, Clm. 5008 (XV. sec.), f. 169. mosig, mösig, adj., sumpfig, morastig; (gl. i. 545. 729: mosalih, palustris). möseln, nach Moor riechen oder schmecken. „Das Schlatenkraut (gladiolus) ist mösend"; Ortolph. „Fisch, der moselet", piscis lutensis; Voc. v. 1735. Aventin in s. Gramm. v. 1517 hat mass palus, messig palu- 635
stris; wol eher falsch geschrieben, als auf das schwed. måse, m., beziehbar. Im Ags. ist mase gurges, und gl. a. 211 kommt „musse, nympha vel aqua" vor.

mosieren (?). „Die Jobin" in der Fronleichnams-Procession hat nach der Anordnung v. 1580 „ein grien gmosiert atlasen unterkhlaid, und ein weiß gmosirt atlasen wämesl, die Margaret ein langen underrokh von leibfarb gmosiertem samet"; Wstr. Btr. V, 166 ff. „Ein formantl schwartz sammaten mit weißer mosirung"; Clm. 13030 (sec. XV.), f. 27. „Das streichstu dann mit dem holzlein die swartz varb von den glas das heisset dann gemusirt"; Mannert, Miscellanea dipl. Inh. p. 115. „Wildu musieren, oder ain diadem oder ain illum̃ machen mit gold oder mit silber auf ölfarb"; Cgm. 821, f. 104. „Wildu auf pirmit golt schone vnd hubsch musir machen oder florieren mit der feder"; das. 147. „Aurum *musicum* sic fit . . ."; das. 123ᵇ. Birlinger 339. Das Wort ist wol romanischen Ursprungs; also dabey schwerlich zu denken an gl. i. 553: „gimusa, hyalo, vitro" (Prudent. peri steph. XII, 39) oder an das muosen in folgender Stelle aus Atys und Prophilias (Diut. I, 19): „Lâzit uns welbin eine kluft mit edilin marmirsteine, mit golde gemuosit reine." W. Grimm, Athis und Prophilias p. 121,82 und p. 78 die Anmerk. über muosieren und muosen. BM. II, 241: musivische, ausgelegte Arbeit anbringen; mit Stickerei verzieren. Graff II, 872. Diez, Wbch. 236. Weigand, Wbch. II, 198. 216. „Gemuoset was daz phlaster mit golde und mit gestaine"; Tungdalus, Hahn 59,75. „Die gadem (im Himmel) elliu mit deme reinen golde sint gemuset unde gesmelcet"; Clm. 9513, Vers 205. Vrgl. allenfalls das franz. cramoisi, ital. carmesino; (Diez, Wbch. 90. Weigand, Wbch. I, 205. 578).

Der Moseran, Mosran, (O.L.) der Majoran; s. Maigram.

„Die Mosanz oder Matze" der Juden; Gem. Reg. Chr. III, 570. BM. II, 225. Zeitschr. V, 475. s. Matz.

Moissen, s. oben, Sp. 1597: Molzen.

Die „Musel", (Augsb.) Brodkrume. „Medulla panis, das waiche im Brot, musel"; H. Junii Nomencl. (Augsb. 1629) p. 47. „Ein muslein machen aus der musel von waizenbrot"; Dr. Minderer (1620) p. 159. Birlinger 340. Vrgl. allenfalls Maus, 2) und Mursel, auch Mugel.

Der Musel, Sägeblock von Nadelholz (mit dem der Borrone sehr nahe überein stimmt) hat immer eine Länge v. 13 Wiener Schuh und am Dünnende eine Dicke von wenigstens 8 Zoll im Durchmesser. Die Zahl der Museln, die aus einem Stamme gewonnen werden, schwankt zwischen 1 und 7. Dem Mittel nach gibt der Stamm 3½ Muselstücke"; (Staffler's Tirol I, 418; Pusterthaler Holzhandel). „Müsela, auch Mösela, runder, etwa 3 Schuh langer Holzklotz, der geschwemmt wird im Bregenzerwald"; Bergmann im Archiv. f. österr. Gesch. quellen, Bd. II, 208. Zeitschr. III, 474. Die Musel und die Müsel, Scheit, welches der 4te bis 8te Theil eines nach der Länge gespaltenen Dreylings (Abschnitts eines Baumstammes) ist; auch solch ein Abschnitt eines Baumstammes oder Klotz, welcher in Museln gespalten werden soll. Spæn-Museln, Liecht-Museln, Schindel-Museln machen, einen Block in solche Theile zerklieben, um sie dann zu Spänen oder Schindeln zu verarbeiten. „Holz zu Mußln, Prügeln oder Schaittern hawen und arbeiten"; L.R. von 1616, f. 762. „Unde dehein schindeln, noch rafen, noch latten noch müsel"; Augsb. Stdtb. (Freyberg p. 35: Müsel; Walch p. 70: Muffel; Cgm. 559, f. 16: Muffel). museln, spalten. Zeitschr. III, 474. Das Holz muselt sich schön, spaltet sich gut. Einen Baum museln, ihn in Museln zerspalten. Auch das Zertheilen der Museln selbst in kleinere Scheite, Späne, Schindeln ꝛc. heißt museln. s. auch Mutzel.

Mûsar, Musær, s. oben, Sp. 1665, die Maus: der Mauser.

'Mussə'l, Mussal, Hieronymus; Zeitschr. V, 471.'

Der Mußensun, im Augsb. Stadtb. ein sehr injurioses, zum „viehlichen oder Schelten aus der Christenheit" gehöriges Schimpfwort. Birlinger p. 340 f. BM. II, 281. (Sollte es, nach Analogie v. Merhensun, Zohensun, einen Katzensohn bedeutet haben, und das ß statt tz stehen? s. Mutz, u. vrgl. Musch).

Die Musik (Musig, Musi', -υ), wie hchd. Musik (υ -, welche mehr französische Accentuierung für den Eingebornen, selbst den gebildetern, etwas Befremdendes hat); Graff II, 874. BM. II, 279. Weigand, Wbch. II, 216 f.

Das Mues, die Müeser, a) ä. Sp., die gekochte Speise, ὄψον, überhaupt; das Essen, das Mahl, (ahd. môs, muos, cibus, dagamuos, prandium, abantmuos, coena; mhd. muos. Graff II, 869 ff. BM. II, 240. Weigand, Wbch. II, 214. Birlinger 340). „Mîn fleisc ist muos"; Tat. 110,82. „Do hiez er einen kneht einen můz machon in einem haven"; Griesh. Pred. II, 51. „Gib muess deinen gelydern nicht so ist dir dein zagel enbicht": Christannus Perger de Ekkenfelden (1430), Ranshof. 115. (Clm. 12715,2⁰), f. 213; (hieher? oder zu: die Mueß?). Noch in der Tagwerker-Ord. von 1631 heißt es: „Einem Mader gebührt vom Tag-
636 werkh Angers, sampt dem Mueß und Brot, 20 Kr." Firmenich I, 500: et *Mos*, das Abendbrod. Von den strengfastenden geistlichen und weltlichen Frommen der Mittelzeit als Ausdruck für Speise gebraucht, konnte Mues leicht den heutigen Begriff: b) des Gemüses (gekochter Vegetabilien) annehmen, so wie es als Speise der Hirten und Bergleute: c) zunächst die Bedeutung des Breyes erhielt. Vilmar, kurhess. Idiot. 276 f. (Vrgl. Koch). Das Fastmues. „Hoc est vastmuos quod datur ecclesiae de prediis", (Vorrath zur Speise in der Fastenzeit, bestehend aus Erbsen, Bohnen, Mohnsamen, Gerste); MB. XI, p. 42, ad saec. XIII. „Röben, öle und ander fastmüser" (für die Nonnen); MB. XVIII, 501, ad 1459. „Um etliche Vastmeß und Gewürz"; Kr. Lhdl. VII, 210. Gem. Reg. Chr. II, 133. Gl. i. 115 steht bey fastmuos das unverständliche nixas (elixas?) siccas. '(Cf. Diefenbach p. 381ᶜ: nixa, prunum, Pflaume).' Das Haiden-Mues, Plenten-Mues, Brey von Heidekorn, Polenta; Heidekorn. Das Holz-Mues, die gewöhnliche Speise der Holzarbeiter in den Salinen-Waldungen, was Schmarren. Das Melker-Mues. (v. Moll) gewöhnlichste Speise auf den Alpen. „Der Melker läßt Butter in einer Pfanne über dem Feuer schmelzen, gießt gute Milch zu, streut Gersten- auch wol Weizenmehl darein, und bereitet daraus eine Art sehr fetten Mußes, das die Gestalt eines Kuchens erhält. Während des Kochens wirft er es öfter mehrere Spannen hoch in die Luft, und fängt es wieder mit der Pfanne auf. Es ist ein Sprichwort der Älpler: E... rechter Melker muß das Muß über den Hengst schutzen und wieder auffangen." Das Zuemues, s. Maß. Der Muesfinger, ä. Sp., Zeigefinger. „Můsfinger, index"; Clm. 4388, f. 143. 'Cf. BM. II, 321: muotvinger.' Das Mueshaus, ä. Sp., coenaculum, Gem. Reg. Chr. II, 300. Voc. v. 1445. (gl. a. 39. 649. 651. o. 273. 350: muoshûs). BM. I, 739. Diefenbach 111. „In dem můsehûs da si (die Jünger) mit im âzen"; Griesh. Pred. II, 142. „So zaiget er ein michels mushaus wol gestoltes, coenaculum magnum stratum", Luc. XXII, 12; Cgm. 66, f. 28. „Coenaculum magnum, ain weyttes mueßhaus"; Cod. Au 28. „Ez was im frawenzimer ach (auch), im mushaus, Fridrich Ungerspach"...; Mich. Beham, Wiener 82,10. „Nacht (gestern Abends) triff i' mein Melcha (Senner) in *Můasshaus* („Vorhaus") an"; v. Kürsinger, Ober-Pinzgau (1841). S. 174. *Muessa*, das Vorhaus; (Pinzgau, Zir.). Kärnt. mushovsh, mushash, musovez, Gang, Gallerie: (Jarnik p. 69). „Ein Mueß- oder Vorhaus"; Beschreibung des Untersbergs p. 27. Um Hopfgarten ist Mueßhaus nach Hübner das Pfleghaus. s. oben, Sp. 1662: Maßhaus. Der Mueshof, MB. XVII, 103, ad 1273, wol der heutzutagige Maushof, aus welchem die Nonnen zu Hohenwart ihre Küche versorgten. Das Mues-Korn, s. unter (Mal-) Mueß. Das Mues-Mel, (Allgäu, nach Bedeutung c): Habermehl. Der Muessack, (Magen?). „Wenn einem der Mussack weh thut"... „Der Imber entschleußt den Muossack"; Ortolph. Das Muessalz, (Hübn., salzb., nach Bedeutung a): Küchensalz. Solches Muessalz mußte stiftungs- oder vertragsmäßig von den Salinen aus zur Küche verschiedener Klöster, Spitäler, Beamten ꝛc. geliefert werden; (Lori, BergR.). MB. II, 412, ad 1395 wird dem Probst zu Pfaffenwerd (Herrenwöhrd im Chiemsee) das Recht bestätigt, „daz er und sein gotzhaus zwen wägen mit salz, was die getragen mügen, ze mussalz in ir haus getragen mugen", und daß diese Wägen zoll- und umgeldfrey seyn sollen. „Sal pro coquina ipsorum, pro domo ipsorum, quod vulgariter müzsalz (nach der falschen Schreibung des 14. Jahrh. z statt s) dicitur"; MB. IV, 355, ad 1302. Das Gemües (Gmiəs), wie hchd. Ge-
müse; in der ä. Sp. auch, was das einfache Mues. 637
„Seud es bis es werde wie ein preynn oder Gemües"; Fwrb. v. 1591. „Sorbicium, ain gemüeß"; Mallerst. 32, f. 297ᵇ. „Polenta ain gemüeß aus gersten"; Voc. v. 1618. muesen (muəs'n, Gebirg), (gekochte Speise) essen; (Zir.) kochen. Zeitschr. IV, 113,2. (cf. gl. a. 183: moasendi, alitus, nutritus; 365: môsiu, vescor, môsen, manducare, während gl. o. 191 moos, wenn es wirklich als Präterit. dem „manducavit" entspricht, auf ein Ablautverb masan zurückweist, welches einen Zusammenhang mit dem ags. mesa, saginatum animal, und unserm mästen vermuthen ließe). Graff II, 872. BM. II, 241. „Gimuoſten den liden, refectis artibus"; Diut. III, 170. „Gott wird dir seine Gnad nit mit Löffel einmuesen"; Sutor. Der Mueser, 1) (Gebrig) Pfanne, in der der Holzarbeiter, Alpenhirt kocht. Zeitschr. III, 464: Kochlöffel. 2) junger Laffe, der gleichsam noch Brey ißt, sonst auch Muesbauch, Muesfratz, Muesgesicht. muesig, adj., wie Mues weich, weiß ꝛc., voll Mues. „Sie (die Salbe) sol alweg muesslatt sein das sie weder zu dick noch zu dünn"; Clm. 5036 (XV. sec.), f. 135. (Das spanische mueso, Viehfutter, riecht noch nach den Gothen, Sueven und Vandalen).

Ich mueß (muəs, muə', o.pf. mou'); ich müeßt, müeßet (miə'd, miəssət); ich hab gemüeßt (g'miəſst); müeßen (miəss'n, miə'n, o.pf. mêi'n, s. Gramm. 662. 928), 1) wie hchd. müssen; (ahd. muozan, mhd. müezen; Graff II, 905. BM. II, 269. Weigand, Wbch. II, 217 f. Zeitschr. II, 112). 2) müeßen Einen zu etwas, ä. Sp., ihn dazu veranlassen, nöthigen, hchd. bemüßigen. Lori, BergR. 140. „Sih darzuo muozzen", daß man etwas thue, Wernh. Maria 50. 130. 3) das muozan der ahd. Sp., wie das ags. môtan und noch das schottische môt, heißt locum habere faciendi quid, also: dürfen, können, mögen, das goth. môtan ganz physisch: Raum oder Platz oder Statt haben, χωρεῖν, span. caber, eine Bedeutung, welche noch im folgenden Mueß klar zu Tage liegt. Der Begriff des Raumes ist mit dem der Leere, des Mangels, des Bedürfnisses verwandt. (Vrgl. schollen, und das griech. χατεῖν neben χάζειν). Zu muozan hatte die ahd. Sp. noch ein wol erst vom folgenden Nomen abgeleitetes muozôn, vacare. Muoz (môt) selbst ist (nach Gramm. 928) eine ursprüngliche Präteritum-Form, die auf einen Ablautstamm matan zurückweiset, welcher seinerseits als ein secundärer mit dem goth. mitan (messen, vrgl. Mâß und Maß) zusammenhangen mag.

Die (der?) Mueß (Muəs), auch wol die Mueßen
(Muəſs·n), wie hchd. Muße, d. i. Spielraum, freye Zeit,
(ahd. muoz, m. oder n., Otfr. III, 25,12, und muoza,
genit. muozu, spatium, otium, licentia; mhd. diu
muoze. Graff II, 907. BM. II, 271. Weigand, Wbch. II,
219 f.). Es ist Mueß in der Kirchen, dem Wirtshaus,
d. h. nicht voll. Mit der Arbait ist es Mueß, es ist
deren nicht viele. Ursprünglich wol: es (genitivisch, d. h.
eines Dinges) ist Mueß; (vrgl. gl. i. 540. 557. 706:
muoz ist, muoza ist, licet, libet). Der Mueß
haben, (ä. Sp.) wie jetzt: der Weile, der Zeit haben
(Gramm 762); Voc. v. 1618. Kr. Lhdl. V, 265. „Du
nimest dir gar můzlîch můze"; Labr. 451. „In der
Zeit gewinnen Wir vielleicht auch die Mueßen"; Kr.
Lhdl. IV, 56. Mit Mueßen"; ibid. VII, 236. „Ob
638 der Abt zu Mußen ist"; MB. XXV, 537. Vrgl. oben,
unter das Mues: Mueß geben. Die, der Unmueß,
die Unmueßen (U˜muəs), Drang von Geschäften
(dringende und lästige) Beschäftigung, ne-g-otium (wie
co-g-nomen?); gl. a. 97: unmuoza, occupatio; Graff
II, 908. BM. II, 272. „Die unmueß sol ich gelten dir
das du des imer danckest mir"; Cgm. 379, f. 50, (270,
f. 90). Das Kind macht der Mutter, der Wärterin vil
Unmueß. „Ob wir Unmueß halben nicht dabey sein
mochten"; MB. XIX, 356. „Nachdem S. Kön. Gnad
das selbst zu thun, seiner Unmuß halben nicht gewarten
konde"; Gem. Reg. Chr. III, 161. „Eine Sache nicht
vornehmen können von andern Unmussen wegen"; Kr.
Lhdl. IV, 17. „Gat dem ein ander unmuozze under=
hand daz er bi der giziukschafte niht mak gesîn"; Augsb.
Stdtb. „Wann i' voll *Unmuəſs* bin und vollá Trábi-
keit, schwanzt sie schen stád dahin und láſst iehm
Zeit"; Stelzhamer 89. Du bist ə˜ rèchtər *U˜muəs*,
sagt man wol zu einer Person selbst, die sich und andern
viel zu thun macht. (cf. gl. i. 712: unmuozun, in-
fandum). „Muesgangk, otium"; Semansh. 34, f. 209.
'*muoſsən*, müssig gehen; *Muoſsar*. Zeitschr. IV, 158.'
mueßlich (muəslə'), müeßig (miəſsi'), adj. und adv.,
(O.L.) Spielraum habend, los, frey; ledig, locker, un=
gedrängt. Ein Pferd im Stall, ein Fensterladen ist
müeßig worden, (los geworden). Einen Nagel müe=
ßig machen, (los oder locker machen). Von den Sol=
daten müeßig werden, vom Militärdienst frey werden.
„Einen Gefangenen müeßig machen"; Kr. Lhdl. III,
153. „Sich von Einem müeßig machen"; Kr. Lhdl.
V, 10. In der Kirchen, auf dem Tanzplatz ꝛc. ist es
mueßlich, müeßig, es ist kein Gedränge da. „Locus
vacat, es ist müeßig"; Voc. v. 1618. Mit der Arbeit
ist es müeßlich, müeßig, es ist deren nicht viele.
müeßig (von Arbeit), die jetzt dem hchd. müßig ge=
wöhnliche Bedeutung. Eine Wonung, ein Zimmer müe=
ßig stên lâßen, leer, unvermiethet. Es ist nichts müe=
ßig, ein leidiger Bescheid, der manchem Supplicanten
um ein Amtsplätzchen zutheil wird. Dés is *müəssi'*, das
ist unnöthig, überflüssig. „Einen Eehalten von seiner
herschaft (die sich gegen ihn verfehlt) ledig und müeßig
(ihr nicht weiter verpflichtet) sprechen oder zelen"; Pas=
sauer Stdtb. Ms. MB. IX, 301. „Die armen Frawen
schieff er müßig", (machte die arme Frau der Klage
ferner unbedürftig, stellte sie zufrieden); Wstr. Btr. IV,
207. müeßig seyn, gên, stên, werden, sich ma=
chen eines Dinges, (ä. Sp.) es vermeiden, es seyn,
fahren lassen. „Nu dar! ich wil sîn müezec („muz=
zet") sîn ze hœrren, vriunt, die rede dîn"; S. Helbling
I, 936, (wäre zustimmend; etwa: muoz et sîn?). „Lu-
dere qui nescit campestribus abstinet armis: welcher
nit kan scherz versteen der sol der leut müeßig geen";
Monac. Augustin. 283, f. 54. „Kriegsleut sollen des
Weins und der Weiber müeßig gehen"; Puterbey.
„Der gute Samson hat sich so in der Dalila Lieb ver=
hasplet, daß er ihrer Gemainschaft nicht konnte müßig
gehen"; P. Abraham. cf. Kr. Lhdl. X, 512. III, 181.
202. „So sey nicht Kaiser, stehe des Reichs müßig,
wilt du die Leut nicht hören", sagt bey Aventin die ab=
gewiesene Witwe zu K. Hadrian. „Die Undertanen sollen
der Juden müssig stehen und nichts mit ihnen zu
thun haben"; L.R. v. 1616, f. 673. „In dem Rhat under
werendtem ablesen und umbfragen sollen unsere Rhäte
des Villschwezens auch einredens in der andern Vota
hinfüro genzlich miessig stehen"; Hofcammerord. von
1640. unmüeßig, beschäftigt; ruh= und rastlos, sich 639
und andern viel zu thun machend. Du bist ə˜ rècht ən
u˜müəssi's Kind! (Gl. i. 353: muozigi, vacuitas).
müeßigen, bemüeßigen, los machen, erledigen. „Einen
Gefangenen müeßigen"; Kr. Lhdl. III, 158. 177. Einen
des Gefängnisses bemüeßigen. Einen von seinem Ambt
bemüeßigen, (ihn dessen überheben, entsetzen); L.R. v.
1616, f. 349. 490. „Eines Eingriffs bemüeßigt (über=
hoben) werden"; Kr. Lhdl. X, 272. „Die Ämter von
Gästen müßigen, (sie nicht mit Ausländern besetzt hal=
ten); Kr. Lhdl. V, 178. Sich müßigen eines Dings,
sich dessen enthalten. „Sich aller Wäßer (mit Fischfangen)
müßigen"; MB. VII, 320. „Sollen sich der Schnait=
tung des jungen Holzes bemüssigen"; Tyr. Waldord.
v. 1719. s. auch müeßen, 2).

Das Mueß, wie hchd. Muß, d. h. das Müssen, der
Zwang. R.A. *Muəs* is ə˜ harté Speis, (Äquivocum
zwischen Mues und Mueß). Die Mueßmül, Zwang=
mühle, Mühle, auf welcher nach der ehmaligen Ordnung
der Dinge ein gewisser Bezirk sein Getreid malen lassen
mußte, ohne es auf einer andern, wenn auch bessern
oder gelegenern, thun zu dürfen. Vielleicht hängt hiemit
das unten folgende Mueß (Mehlmetze) zusammen. Der
Mueßwirt, Wirth, der sein Bier aus keiner andern,
als einer bestimmten Brauerey beziehen durfte. ein=
mueßen, vrb.; eingemueßt seyn bey einer Mül,
bey einem Breuhaus, vertragmäßig oder herkömmlich ver=
bunden seyn, da malen zu lassen, oder das Bier zu nehmen.

Die Mueß, auch wol das Mueß, Melmueß,
Mülmueß, der Mallohn, die Malmütze, Malmetze, was
nemlich der Müller vom Getreide, das er malt, als Be=
zahlung oder Lohn für sich nimmt. Dieses durfte nach
den alten Ordnungen nur der dreißigste Theil und zwar
vom ungemalnen Getreide seyn; (cf. goth. môta, telo-
neum; barb. lat. muta, Maut. Graff II, 700. BM.
II, 273. Weigand, Wbch. II, 125). Land=Rechtbuch
Ms. v. 1423: „von der muozze." Landsord. v 1553,
V. B., 6te Art. „Welcher aber sein Getraid lieber auf
die Muoß und nit auf die bestimbt anzal (Quantität
Mehl) will maln lassen, dem sol es der Müllner auch
stat thun und nit mer dann den dreissigistn thail an Ge=
trayd und nit an Mel davon zu lon nemen, und zu
solchem ein gerecht abgepfächt Mußmässel haben, deren
(nach Landsord. v. 1516, Tit. XI, Art. 3. L.R. v. 1616,
f. 637) dreißig an ainen Metzen geen", (damit auch
denjenigen, die nur metzenweise können mahlen lassen,
Recht geschehe). Vrgl. Maußmetzen. „Ein new satz
von den mülnarn ze München 1407" (Wstr. Btr. VI,
p. 163) bestimmt gar: „es sol auch nit mer korns ge=
valln in der mül ze müß dem mülhern dann daz funf=
zigist korn, als vil dann ain yeglichr mensch ze maln hat.
Ez sol awch ain yeglichr mülnar habn ainen gepfechten
metzen mit der stat zaichen, damit er di müß nympt."
„Einem jeden ist frey, sein Trayd auff die Waag oder
gemaine Muß malen zu lassen oder aber bey dem Malen 640
selbst zu seyn"; tyr. L.O. v. 1603. Das Mueßkorn,
Muozchorn (ä. Sp.). „Viginti modios chastenales
siliginis sive muzchorns de reditibus molendinorum
nostrorum"; MB. IX, 601, ad 1304. Lori, LechR. 32.
Molendinum N. N. entrichtet dem Kloster so und so viel
„modios muzze oder muzchorn"; Tegernsee=Urbar
(Freyberg's Tegernsee p. 152. 165. 226. 233. 235. 241).
Da muzchorn neben und nach triticum, sigulum, or-
deum, avena et legumina aufgeführt wird, so muß es
von all diesem verschieden gewesen seyn, etwa ein Mühl=
abfall oder Gemisch zu Viehfutter, wornach Mues zu
vergleichen käme. mueßen, müeßen, die Mueß (Mahl=
metze) nehmen. Də Mịllnə' tuət's Traəd *müəssn*. „Mußte
der Müller zu viel, und schweifte der Weber zu wenig,

so bezwang die Hipper und Wipper der Galgenbau"; Ant. Nagel's Aug. Geiler. Ob dieses Mueß, als Gebühr oder sogenannte Mannsnahrung, zum vorigen Mueß, müeßen gehöre, oder ob es ein eigenes, ein Maß bezeichnendes Wort sey, vermag ich nicht zu bestimmen. Formell würde es dem gothischen môta (womit gerade unser gleichbedeutendes Maut formell nicht zusammenhängt, während doch Malmaut, Mülmaut dasselbe ist, was Malmueß, Mülmueß) entsprechen.

Die Mascara (**Máschkərə**, Máschkrə), das span. **máscara**, (sowohl Larve als Maskerade) und wol nebst mancher andern noch eine Reliquie der Araber, in deren Sprache **mas-charaton** (vom Verb **sachara**, irrisit, ludibrio habuit; s. Golius 1152) ludus, ludibrium heißt, wohin sicher auch das neugriechische *μασχάρεμα* nebst dem Verb *μασχαρεύομαι* (scherzen, spaßen, Possen treiben) gehört. **máschkərə ge˜**, a) maskiert gehen, b) scherzh. fig. verloren gehen. sich vermáskern, vermáskieren, sich maskieren, (ital. mascherare, span. mascarare, wovon ital. mascherata, franz. masquerade). R. A. ə˜ *və'maschkiərtə'* Hausknecht, ein grober Geselle (in sonst vornehmer Kleidung). „Daß diese Frau der vermaschkerte Teufel sey gewest"; P. Abraham. Ob die hchd. Form Maske (franz. le masque) damit identisch sey, steht noch dahin. Das franz. la masque ist wol die masca (striga, ital. strega, Hexe) des longob. Edict. Rothar. 76. 116. Vrgl. „talmasge, larva", Diut. II, 220; „larva, monstrum quod dicitur dalamischa", gl. a. 521; s. verdalamantschieren. Cf. D. Mich. Sachs, Beiträge zur Sprach- und Alterthumsforschung aus jüdischen Quellen, I, 64: talamasca = talasmica, *τελεςμικά*. Gl. i. 952 „steht mascrunc, fascinatio." Vrgl. Graff II, 877. 881. V, 397. BM. II, 86. Grimm, Mythol.[2] p. 867. 997. 1036. Diez, Wbch. 219 f. Weigand, Wbch. II, 112 f.

Der **Máschánzkər**, auch **Márschanzker**, b. W. **Mutschenzker**, der Vorstofer Apfel, malum misniacum, der Meißnische Apfel, böhmisch: mišensky (sprich mischensky) jablko. Er ist also vermuthlich durch Böhmen zu uns gekommen. s. Vorster.

641 Die Mäschel, Brautmäschel, (b. W.) was Braut-Näschel, d. h. nächste Begleiterin der Braut am Hochzeitstag.

Fislgunkəs, fislgunkəs, wiə'd d·Houzət bàl weə'n:
Gêi-w- I á drei˜, gêi-w- I á drei˜, will ***Breutmáschl*** **weə'n.**

Rank, Böhmerwald p. 62—63: *Brâtmáschl*, Schwester des Bräutigams. Zu abenteuerlich wäre wol die Vermuthung irgend eines Zusammenhanges mit dem unter Mascara citierten alten masca, larva, Hexe; (Diut. II, 358: nasca, striga). Sonderbar ist allerdings, daß statt **Másch·l** auch **Násch·l** gehört wird, (s. d. Wort).

Die Maschen, (O.Pf.) der Hängkorb, s. Moschen.

Másch·n, liederliche Weibsperson; (gehört von Phillips, wie er mir bey der akadem. Sitzung 16. März 1844 sagt). 'Vrgl. d. folg. Wort u. Th. III: Schnallen.

Die Mäschen (**Máschn**), wie hchd. die Masche (ahd. masca, genit. mascun, macula, isl. möskvi, m., mhd. diu masche; Graff II, 877. BM. II, 114 f. Weigand, Wbch. II, 112. Diefenbach 342[a]. Zeitschr. III, 468). In des Teufels Segi sagt der Teufel von den Grafen, er habe deren „ain michel tail; si brechend weder strick noch sail, noch mäsch noch garn, ir tůt selten kainer dardurch (durch die Segin, das Netz) faren"; (vrgl. Barack p. 243,7707, Anmerk.). „Ließ sich 350 Mäscherln von rothen Bändlen auf die bloße Haut nähen"; Wiltmaister 625. 2) fig. ə˜ *Máschn*, ein niederer Grad von Trunkenheit, (Hieb, Spitz; ə˜ Mà˜, der höchste Grad, s. oben, Sp. 1607 c.); Seidl, Flins. III, 52. 115. Castelli, Wbch. 198. mäschen, einmäschen, vrb., (beym Vogelfang) die Bogen mit Mäschen (Schlingen) versehen. 'Das Mäschen, das Fangen in Schlingen, die Jagdbeute. Hieher gehört wol folgende Stelle': „Sich mit geringem Meschen, Füchsen, Yltes, Khünigelwerch benüegen lassen"; Kärnt. Pol. Ord. v. 1578, p. 12. vermäscheln, 1) in Maschen verwickeln. „Sich in die Bande der Venus vermascheln lassen"; A. Bucher, s. W. IV, 67. 2) durch Maschen verbinden, befestigen, vernähen, wie die schadhafte Stelle eines Strumpfes, Kleides. 3) durch Maschen verzieren; fig. vermäscheln und verbändeln, wie bemänteln.

Maschen-Eisen (?). Es sollte nach der o.pf. Hammer-Ainung von 1464 „kain Plechhammermaister kein Arzit oder Maschen-Eisen zu Deuhel verschmelzen, verbrennen oder verarbaiten"; Lori, BergR. 83. Etwa aus Masse entstellt.

Maschen, Art kleinen Getreidmaßes. „Es wurden von einem Hofe 15 Mäschen Korn, deren 34 ein Münchner Schäffel geben, gegiltet"; Zirngibl, Probstey Hainspach p. 5.

Die Maschen, (Nürnb., Hsl.) eine Art großer Pflaumen. Vrgl. Zeitschr. V, 37,110.

Das „Gemäsch." „Flachs, Hanf, Kraut, Gemäsch, Ruben und dergleichen Schmalsat." „Erdbirn, Gemäsch, Wicken oder andere Hülsenfrüchte"; ansp. Zehendverordd. Vrgl. Gemeusch.

ma:schen (maəsch·n), wie hchd. meischen, d. h. das mit heißem Wasser begossene Malz umrühren. Der Maisch. Die Maisch-Botich ꝛc.

Die „Maischen", s. Molzen und Maschen.

„mauschen, mauscheln, still und unbemerkt dahin gehen"; von Delling. täuscheln und mäuscheln, sich mit heimlichen u. unerlaubten Geschäftchen abgeben. 'Zaupser's Idiot. p. 51: „mäuscheln, allerley kleinen Handel treiben; a *Mauscherl*, ein Jude."' „*mauschaln*, die Hände übervortheilend in einer Sache haben; (vom hebr. Môschel, Herr, maschal, Herr seyn, herrschen); *Mouschel* seyn, jüdisch, Herr seyn, Gewalt haben"; (Weigand, oberhess. Intell. Bl. 1847, Nr. 70). Vrgl. Vilmar, kurhess. Idiot. 277: „muscheln, heimlich, besonders aber: betrügerisch, verfahren." Zeitschr. III, 300. vermäuscheln (və'mei˜schln) ein Ding, es auf heimliche Weise wegpracticieren.

Das „Gemeusch." „Schaw wie kombt so ein groß Gemeusch!" sagt, beym H. Sachs, der Arzt, indem er dem Kranken den Narren der Unkeuschheit aus dem aufgeschnittnen Bauche zieht. Vrgl. Gemäsch und müschen, auch VII Com. '(cimbr. Wbch. p. 148): „der Muschel, demin. Müschelle, Ballen, Bündel, Büschel, Verwicklung."' (Isl. ist mosk, n., quisquiliae).

„**meschuge, mischuke** (◡ ́ ◡; wetterau. Juden), nicht recht gescheid; (hebr. mschugah, Irrthum, von schagah, irren); Weigand, oberhess. Intell. Bl. 1846, p. 300."

mischen, wie hchd.; (ahd. miscan, misgan, mhd. mischen; Graff II, 877. BM. II, 187. Weigand, Wbch. II, 167). vermischeln, D. v. Plien. Die Misch, Aftergetreide, Kleyen, schlechtes Mehl ꝛc., unter das Viehfutter gemischt. Der Mischling, der Mischel, das
Gemischet, Gemisch, gemischtes Getreide, als z. B. 642
Roggen mit Weizen, oder Sommerweizen mit Sommergerste, oder Gerste mit Haber gemischt und so angebaut, oder verbraucht; Mischel, Mischling, Saat, Gemisch von Gerste und Haber; (Zir., Lungau). Vrgl. Birlinger 337. „Mischleten, miscellanea, seges diversis frugibus consita"; Voc. v. 1618.

Mischerl, (Wien) calembourg; Hammer-Purgstall in den Wiener Jahrb. Bd. 120, S. 119.

Das Mósche-l, (eigentlich Motschə-l), Kälbchen, cf. griech. *μόσχος*. s. die Motschen und vrgl. Weigand, Wbch. II, 199: Mösche.

Die Moschen, Muschen, Muschel, opf. Maschen, der Hängkorb, (in O.Bayern der Zecker), ein sackähnlicher Korb, welcher aus Bast oder Stroh geflochten ist und, an den Arm gehängt, getragen wird. Böhm. „mossna, mošna, (sprich moschna), russisch moschnà, der Sack, Beutel, der Zecker"; Tham, Gramm. p. 10.

Die Mouschen, (Tegernsee) Mücke. Cf. niederd. Meusch, Mösch, Spatz; Weigand, Wbch. II, 198. Firmenich I. Zeitschr. IV, 195. V, 414, I. VI, 279,35.

Die Musch, auch Muschel, Benennung einer Weibsperson, die sich hingiebt, etwas säuberlicher als Hure. Weigand, Wbch. II, 215. Dés is 'n Herr von N. sei˜ *Musch*. Einem ə˜ Musch abgeben, (ihm zu Willen werden). ə˜ Soldaten-Musch. Vrgl. das Injurienwort Mußensun der ältern Gesetze.

Müschnitz; s. oben, Sp. 1655: Murschnitz. „Gelb kitel und müschnitzen lassen manig magd nit gesitzen"; Cgm. 714, f. 31.

Die Muschel, 1) wie hchd., (ahd. muscula, muscla, mhd. muschel; Graff II, 881. BM. II, 279. Weigand, Wbch. II, 215). „Musculae quibus inclusam sepe margaritam inveniunt"; Beda, hist. eccl., book I, chapter 1. Das Müschelein (Müschə-l) der Küchensprache. Vrgl. unten: Mütschelein. „Hab mir einen Kapauner mit Müscherln geben lassen". . . „Hernach habn s'ein janischen Hahn bracht, der ist ganz in Müscherl einpackt gewesen"; Eipeldauer-Briefe. In der Mauthord. von 1765 werden aufgeführt: Müschelein, Meermüschelein zum Verspeisen. 2) was Musel. 3) was Moschen.

Muschen. Im Feuerbuch Ms. von 1591 will ein Recept zu giftigem Feuerwerk, daß man Schlangen, Kröten ꝛc. mit Salpeter wol „zue Muschen" sieden lassen soll. Vielleicht zum folgenden Wort gehörig.

zermüschen, 'zerstoßen, zerquetschen, zermalmen; (Graff II, 381. BM. II, 279. cf. Weigand, Wbch. II, 197: morsch).' „Ain Zimmerholz hat dem Knaben das Haubt zermüscht, das es ganz waich ist worden"; Votivtafel in Alten-Otting aus dem 17. Jahrh. „Wem dy pain zermüschen sint"; Cgm. 170, f. 3ª. „Wirt das hirn painschrotig so nim dy zermüschten pain heraus"; das. f. 3ᵇ. „Wer sich gefallen hat und im das zermüscht plut noch ist . . . so chumpt das zermüscht plut von im"; das. f. 2ᵇ. „Chnoblauch hailt zemuschte glider oder pain"; Clm. 5931 (XV. sec.), f. 211. „. . . hilft zu stossen oder gemischten Glidern"; das. 215ᵇ. „Hilft den gemuschten puen (?) und gelidern"; das. f. 219. „Mit zumischtenn oder außgeschnittenn nyern, attritis vel amputatis testiculis"; Deuteronom. 23,1. Cgm. 502, f. 81½. „Trat neitlich mit dem füze dar er wolte siu (die Vögel aus Leim) zemuschen gar"; Kindh. Jesu, Hahn 101,61. „zemüschen, conterere", Clm. 16165, f. 119. „Den wurfel müscht er mit einem stein"; Haupt's Zeitschr. VIII, 563,435. „Unguentum zu geschlagen und gemüscht"; Cgm. 3724, f. 58. Gl. i. 229: firmuscet, zimuschet, attritus. „Comminuet, er zesamene musket sie"; Windb. Ps., Cgm. 17, f. 44ᵇ, Ps. 28. „Contritio, zemulide, uermuskide"; ibid. f. 23ᵇ, Ps. 13. Cf. kärnt. muzhkati, quetschen, smuzhkati, zerdrücken; Jarnik p. 75 (unter muka, Qual, Pein). Sollte damit zusammenhangen das folgende Wort?

müschen, zemüschen, (zerstoßen, zerknicken? s. das vorige Wort). Nach einem Ms. des ältesten b. Landrechts cap. XXII. unter dem Titel „vmb offen tafern" werden, als „Pfant, die von alters verpoten", bezeichnet: „gemüscht chelich, plutigs gewant, kirchgewaet, ungewuntens chorn" ꝛc. (Heumann, opusc. p. 125 gibt die Variante: vermischt). So heißt es in Wstr. Btr. VII, 73, ad 1332: „In swes gewalt man vindet pluetiges gewant oder zemüschat chelch oder chirchgwat." Dagegen hat das L.R. von 1588, f. CXXXIII: „geweicht Kelch, Meßgewand, pluetig Gwand, unberayts Traid." Einer von Maier Helmprecht's Diebsgesellen heißt Müschenkelch; Haupt's Zeitschr. IV, 361, Vers 1191.

Mispel (?). „Culper canis parvus qui moratur circa dominas secundum quosdam vulgariter misspel"; Clm. 5685 (XV. sec., 1412), f. 51. 'Vrgl. mhd. mistbelle, (BM. I, 126) u. Diefenbach 162: culpar. Zeitschr. V, 371 f. VI, 84. s. unter Mist.'

muſper (muschpər), auch wol wuschpər, adj., (Allgäu) munter, lebhaft, lustig, beweglich; bey Geiler v. K. muster, (vrgl. Weigand II, 949: unmustern); um Basel: busper, buschper; mustberlich, gesprächig; (tirol. Lechthal; Staffler I, 112. Zeitschr. III, 214,7. VI, 119,21. Cf. ital. (in Siena) vispo, gaillard, allègre. „Pria che ti scherzi a lato un vispo fanciullin"; Vittorelli (Venez. 1835), p. 105. „Cosi sano e cosi vispo"; Moisé p. 50. Muntaner, Cap. 269. Diez, Wbch. 374. Vrgl. oben, Sp. 772: fispern.

---

masten, fett werden und fett machen. „masten, saginare"; Voc. v. 1618. (gl. a. 183: mastenti, alendum, a. 66. i. 231: kimaster, impinguatus; iro masta, pingues eorum, Notk. 77,31. Weigand, Wbch. II, 114). 643
„È mir der lîp geraste und aber wider gemaste"; M. Helmbrecht 1128. mesten, wie hchd. mästen, fett machen. Graff II, 882. BM. II, 90. Weigand, Wbch. II, 113 f. Die Mast und Mest, wie hchd. Mast; (gl. a. 587: mesti, sagina). Mastdarm, s. oben, Sp. 1662: Maß, Maßgang. mastig, mästig, mestig, adj., 1) mästend, zum Fettmachen wirksam. 2) leicht zu mästen. 3) fett, feist, (verächtlich auch von Menschen). „mastig, obesus, crassus"; Voc. v. 1618. Vrgl. muesen.

maist (maəst, mèəst, o.pf. màist), adj. und adv., 1) wie hchd. meist. 2) ä. Sp., maximus, (ahd., mhd. meist, goth. maists, als Superlat. zum Compar. maiza; s. mêr. Graff II, 883. BM. II, 111 ff. Weigand, Wbch. II, 129. 137). „Under der maisten zehen", (großen Zehe); Cgm. 92, f. 12. „Und kan die minste so wol als die maiste hierin Gott aufwarten"; Wstr. Btr. V, 101. „Niemandt von den Mindsten auf den Maisten, und von den Maisten auf die Mindsten ausgenommen"; Samml. für Tyrol II, 226. „Er ist der Maist, caput est, principatum tenet. Das halten wir fürs maist, illa prima et summa habemus"; Voc. v. 1618. (Cf. Otfrid IV, 9,7. V, 12,91: theist es meist). meistig, (a. Sp.), adv., potissimum, praesertim, (Br. Berht. 243. 269, Pfeiffer 224,30. 241,34. Diut. III, 101. Otfr. IV, 12,10. gl. a. 99. 101). Graff II, 885. BM. II, 113.

Der Maister (Maəstə', o.pf. Màistə', fränk. Mástər, Mèstər), 1) im Ganzen wie hchd. Meister, (ahd. meistar, mhd. meister; Graff II, 886. BM. II, 113. Weigand, Wbch. II, 138. Zeitschr. IV, 251,7), ä. Sp. Magister, als Universitäts-Würde. „Dem êrsamen und Unserm Pfarrer zu Pfaffenhofen Maister Ludwigen Stempfel"; Kr. Lhdl. I, 145. MB. XXV, 429. „Mayster in den freyen Künsten." „Doctor, Licentiat, Mayster, Baccalari und Student"; Stift. Urk. der Ingolst. Univers. Zusammensetzungen, im jetzigen Hochd. minder üblich (vrgl. Birlinger 326): der Bauer- oder Dorfsmaister, Dorfmaister, (Franken, tyr. L.O. v. 1603), Gemeindevorsteher. Bettelmaister. A°. 1514 gab es in Regensburg einen obersten Bettelmaister, (Bettelvogt). Botenmaister, (Franken) Expeditions-Beamter auf Canzleyen. Eisenmaister, Aufseher eines Crim. Gefängnisses; L.R. v. 1616, f. 802. Gernmaister, Handwerksgeselle, der das Meisterrecht sucht, (muthet); bayreut.

Verord. v. 1746. Gottes- oder Hêiligen Mêister, Pfleger oder Curator einer Kirche; wirzb. Verordd. Râtmaister, ä. Sp., (Gem. Reg. Chr. II, 354) des Kaisers Rathspräsident in Regensburg. Statmaister, Maister der Stat, oder Maister schlechthin, ä. Sp., der Bürgermeister; (Gem. Reg. Chr. I, 398. 408). Viermaister, Handwerks-Vierer, (s. Vierer); Gem. Regensb. Chr. IV, 222. maistergeschäfftig, geschäftig mit affectiertem Ansehen, als verstünde man das Werk gründlich; (wirzb., Reinw.). „Wenn er sich dunckt schön starck und kreftig, gesund, kunstreich und meistergschefftig"; H. Sachs 1560: II, II, 75^b. maisterlôs, ausgelassen, licentiosior. BM. II, 125. ə˜ maəstə'lous·s Kind. „Dem Hund des heil. Dominicus, weil die meisterlosen Buben immer rupfen und zupfen daran, gehen die Haare jämmerlich aus"; Bucher's s. W. IV, 285. „Während des Land-
644 tages von 1669 verweiset Churfürst Ferdinand Maria der Landschaft die respectwidrigen „meisterlosen und unbesonnenen Reden ihrer Schriftenverfasser"; Ldt. v. 1669, p. 116. „Maisterlosen magen haben, fastidientis stomachi esse; maisterlos leben, animo suo indulgere, delicate et molliter vivere"; Voc. v. 1618. Der Maister-Kreuzer. Kein ausgelernter Maurer- oder Zimmer-Gesell auf dem Lande darf arbeiten, wenn er nicht täglich dem Meister einen Kreuzer gibt. Maurer-Lehrjungen müssen 3 Jahr nach einander dem Meister täglich 9 Kreuzer, Zimmer-Lehrlinge täglich 4—5 Kreuzer geben. Der Bauherr aber muß sie, wie jeden andern Gesellen, bezahlen; (Laudemial-Misbräuche in Bayern p. 204). Die Maisterschaft, a) wie hchd.; (BM. II, 125). b) (in den Salinen-Waldungen) eine Gesellschaft von ohngefähr 24 Holz-Hauern oder Holz-Knechten, die ein ganz eigenthümliches Waldleben führen; (s. Bongrat, Wochensack). Sie waren ehmals militärfrey, würden aber jetzt gewiß zweckmäßiger in einem eignen Gebirgs-Corps, als unter den Linien-Truppen verwendet. Das Haupt so einer Maisterschaft ist der Maisterknecht, dessen Posten ehedem sogar erblich war. Cf. ahd. „holzmeistari, carpentarius"; Graff II, 888. c) (ä. Sp.) Oberherrlichkeit, Obrigkeit. „Sind die von Regensburg Uns als ihrem Herrn mit hohen und nidern Gerichten, und aller Maisterschaft unterworfen"; Kr. Lhdl. X, 531. Der Maistersinger; B.M. II, II, 302. Weigand, Wbch. II, 138. Im August 1638 halten zu Augsburg die Maistersinger in des Stadtpflegers David Welsers Stadel „ain Comödi von des Menschen leben"; am Schluß aber fangen die Wolken des Himmels, den sie gemacht, zu brennen an. Cgm. 4905, f. 520. Vrgl. Birlinger 327. Die Maister-Wurz, (Gebirg) imperatoria ostruthium L. Weigand, Wbch. II, 138 f. Maister- und Enzianwurzen, zum Branntweinbrennen, werden auf den höchsten Gebirgen von Weibern gesucht, die sich deswegen den ganzen Sommer über in den höhern Regionen aufhalten. maistern (maəstə n), wie hchd. meistern, (ahd. meistarôn; Graff II, 889. BM. II, 128. Birlinger 327). „Swer geziuge der wârheit ist, der ist gemeistert zaller vrist und weiz wol, waz er sprechen sol: im hilfet got ze sprechen wol. swer geziuge der lüge ist, der muoz gemeistert sîn mit list", (mendacem oportet esse memorem); d. w. Gast 7291 ff.

2) der Maister, eine gewisse Quantität verschifften oder zu verschiffenden Salzes; eine Art Schiffes. In dem „Kurzen Begriff der Salz-Irrungen" von 1761 heißt es: „drey Straich sey bey dem Salzausgang zu Hallein eine Redensart, andeutend, daß allemal in 3 Tagen 27 Schiffe ausgehen, aus welchen sodann zu Lauffen ein ganzer Maister, oder ein ganzes Maistersalz besteht." Nach Lori's BergR. besteht der Sommermaister oder das Sommersalz aus 15 Hallfahrten oder halleinischen Salzfahrten, jede von 186 Kufen Salz, die den Sommer über, der Herbstmaister oder das Wintersalz aber aus 12 Hallfahrten, die im Herbst von Ruperti bis Weihnachten statt haben. Salz auf einem Maister oder einem Maisterschiff ausführen; Lori, BergR. 360. 641, wo die salzb. Maisterschiffe von den Herzogschiffen unterschieden werden. „Die großen Maisterschiff und Leibzillen auf der Salzach"; Urk. von 1616. Wenn Maister in dieser Bedeutung (eines Schiffes, einer verschifften Last) zum obigen Wort gehört, so muß dabey eine Figur oder eine Ellipse statt haben, die mir nicht klar ist.

Die Mêste, Salzmêste, viereckiges Küchengeräthe, Salz aufzubewahren; (Weihers; Dr. K. Roth). Weigand, Wbch. II, 149. s. der Metzen.

Der Mist, wie hchd.; (Graff II, 882. BM. II, 190. 645
Weigand, Wbch. II, 108. gl. a. 651. i. 316. 773: mist; 496: misit; ags. meox, goth. maihstu-s, wol zum ags. mihan, migan, mingere, gehörig. Cf. niederd. *migen*, urinare, mingere, *ὀμιχειν*; Zeitschr. II, 135. III, 561. IV, 130,52. V, 66,83. 167,132. 454. 528,621. VI, 356. In Portugal os mijados; Allgem. Ztg. 1837, 17. July, p. 1825). „Mistes huphi, sterquilinio"; Clm. 4606, f. 127. 'Das Mistbellerlein, ä. Sp., Damenhündchen; (mhd. der mistbelle; BM. I, 126; vrgl. oben: Mispel); (schweiz.) Murmelthier; Zeitschr. VI, 84.' „Reyche Burger halten gern jren frauwen kleine flämische Hündlin und Mistbellerlin"; Joh. Pauli 207^b. Der Mist-Adel (oben, Sp. 34. Zeitschr. III, 272,23. 378), der Mist-Hül, der Mist-Kräuel (Zeitschr. V, 466); s. diese Wörter. Misttrampel, Mistkrippen, s. Birlinger 337. Die R. A. z· *Mist* ge˜ gehört vielleicht zu miss, (w. m. s.). Zeitschr. V, 32,25. Die Misten, Mistung, (fränk.) der Misthaufen, Mistplatz, Hofraum; (gl. a. 351. 487. 681. i. 316. 910: mista, mistina, mistunnea; ags. mixen, mixin, sterquilinium; gl. i. 141: mistunga, stercoratio). Zeitschr. IV, 113,70. „Hund und katzen auf einer misten, pöß juden und from christen" rc. vertragen sich selten; Cgm. 713, f. 13. 157. 161. Sp. W. Wenn um Lêichtmés̃s d· Sunnə˜ schei˜t, sól mə˜ d· Strouhàlm i˜ də *Mist·n* z·sam klaubm. Die Mistung füeren; Cbm. 3238, f. 10. 11. „Eine Mistung aufschlagen"; wirzb. Verord. v. 1700. „Mistgarn", (nach Haas, Höchstadt II, 314) Steinbeißer, Steinschmerle.

Die Mistel (Mist·l, Miss·l), wie hchd.; (ahd. mistil, msc., mhd. diu mistel; Graff II, 890. BM. II, 191. Weigand, Wbch. II, 169); der Mistel, Cgm. 384, f. 48. Cgm. 720, f. 135. 211. „Von dem pirnpaumen mistl"; Cgm. 4543, f. 51. „Von der (dem) aichen mistl"; das. f. 78. „Der aychen mistel tugent"; Clm. 5931, f. 227 f. „Das sybendt (Gericht von Backwerk) was ain gartten umbzeintt, und auff dem zawn sassen vogel, und in der mitt gieng ain guldener myßlpawm auff, daran hiengen pirnn und confect und ain klaine wälische nuß"; Wstr. Btr. III, 134, ad 1476; ibid. p. 139: mistlerpawm. (Das Voc. v. 1419 gibt mistelpawm durch esculus, Björn das isl. mistiltein-n durch acer und tilia; ags. ist „mistelta chamaeleon, viscus"). mistlein, adj., aus Mistelholz (?). BM. II, 191. „Ein mistlein paternoster mit corallen unnderseßt"; MB. XVIII, 549. Der Mistler, die Misteldrossel.

Der Most, wie hchd.; (ahd., mhd. ebenso, v. lat. mustum; Graff II, 883. BM. II, 225. Weigand, Wbch. II, 199); auch Absud von gedörrtem Obst, (b. W.). In Hans Römer's spanischen Trachten von 1523—29 (Cod. iconogr. 342), f. 53 steht über einer Frau: „Das ist auch ein allts weib in Bischgeien (Biscaya) di nie khain öpfl most trunckhen hat" — etwa, da das Bild einer Jungfrau vorhergeht: non experta virum? Vrgl. die R. A. wissen, wo Bartl den Most holt. Grimm, Wbch. I, 1145. Zeitschr. III, 354. VI, 330,417. Firmenich I, 381: „wo Bartelt de *Mostert* helt", (also: mostarda, moutarde; s. Mostert). möften (Wirzb.). mostern (Aschaff.), Weinbeeren zu Most zerstoßen. Mostber, s. Mos-ber.

mostig, (Kitzbühel) unaufgelegt, nicht wohl.

mosteln. „Sie haben ihn als „Pfingstkini eini *g'mostelt* in's Lab", (Laubwerk); Seidl, Flins. III, 95. 108, erklärt durch „hineinzwängen, von mosteln, Most treten, also: treten, stampfen, knebeln ꝛc. überhaupt."

'Der Mostert, Mustert, Musthart, ä. Sp., Senf, mit Most angemacht, Mostrich, (aus ital. mostarda, franz. moutarde; BM. II, 225. 279. Weigand, Wbch. II, 199. Diez, Wbch. 233. Zeitschr. IV, 30. V, 166,131. 523,568. VI, 287,719).' „Panem intinctum in fortissima mosderdia sive in sinapi"; Clm. 9528 (sec. XIII.), p. 339.

Die Muster, (ä. Sp.) 1) das Muster; (mhd. muster, aus ital. span. la mostra, muestra, v. lat. monstrare; BM. II, 279. Weigand, Wbch. II, 219). „Nach der muster so vorhanden ist"; Pass. Barchant- und Tuchbeschauord. 2) die Musterung. „Ordnung der Muster"; Kr. Lhdl. VII, 8. 9. Der Musterherr, Musterschreiber; Ldtg. von 1543, p. 138. Das Muster, 1) wie hchd. 2) erzliederliche Weibsperson, monstrum. Vilmar, kurhess. Idiot. 277. Der Musterreiter, Handlungs-Commis, der von seinem Principal bey den Krämern der Städte und Märkte herumgeschickt wird, um seine Artikel anzubieten, Gelder einzucassieren ꝛc. mustern, 1) wie hchd. 2) untersuchen, probieren überhaupt. „Oberst Royer hat sein Regiment 613 Köpf stark ob dem Fronhof mustern und durchgehen lassen", (zu Augsburg, 8. Aug. 1647); Cgm. 4906, f. 188. 3) Das Kleid mustert dich, steht dir gut; (Aschaff.). 4) „sich artig vermustern", stellen, monstrare se; Prasch. 5) R. A. hinausmustern, fortmustern Einen, milderer Ausdruck für: fort-, hinausjagen.

muster, adj., s. musper.

müsten, muosten(?), ä. Sp. ‚Wißt, der streyt ein chriege ist, der an schlahen leyt und stechen, an schießen, muosten und auch brechen"; d. Ring 44c,8. „Mit schießen, schlahen und mit stechen, stoßen, müsten und auch brechen"; das. 56c,45. 'Vrgl. müschen.'

„Mataun, Madaun, Bedaun", rother Bärenfenchel, phellandrium mutellina L., Alpen-Pferdesamen; B. v. Moll. 'Stalder II, 226: Muttere, Mutterne; Durheim, schweiz. Pflanzen-Idiot. 60. Nemenich II, 942: Muttern, Muttay, Mudaum. Zeitschr. V, 229.'

Der Mateng, (Erlangen) weibliches Oberkleid, (leichtes Morgenkleid? matin?).

Die Materi (υ-υ), der Eiter; Zeitschr. III, 468. 560. IV, 2; (schon das lat. materia hatte auch diese Bedeutung). Mich. Beham, Wiener 187,23.29 braucht Materge, (mhd. mâtërje, mâtërige; BM. II, 89. Weigand, Wbch. II, 116 f.): „Der von Michelsperge was auch in der materge". . . „von Valkenstorff her Jerge was auch in der materge"; ebenso 57,29: „in der sach und matergen; auch sah man da hern Jergen." Daher: der Materger, Verursacher, Theilnehmer, Vollbringer: „Und der Niclas Schneberger auch des was ain materger"; ebendas. 168,1. Die übrigen Bedeutungen des hchd. Materie sind wenig volksüblich.

'Die Matratze, wie hchd.; (mhd. der, diu, daz matraz, v. mittellat. matratium; vrgl. ital. materasso, franz. materas, matelas. BM. II, 89. Weigand, Wbch. II, 117. Diez, Wbch. 221).' „Do daz pet geziert was mit matras und mit seiden und mit tebichen, und si sich legen wolten"; Cgm. 54, f. 60a.

Die Matte, Käsmatte, (Aschaff.) Topfen; (BM. II, 89. Weigand, Wbch. II, 118. Diefenbach 205a: episerum).

646 Matthäus (Mat-hê, Màd-heis; schwäb. Deis). R. A. Damit ist 's Mat-hê am letzten, es ist aus damit. Zeitschr. VI, 418,6.

Matthias (Màd-hiəs, Hiəs, Hiəs'l, aber auch Màdheis).

Sp. W. *Màd-heis* bricht 's Eis,
findt ə' kaə˜s, so macht ər aə˜s.

gemait, adj., ä. Sp., froh, erfreut; stolz; stattlich, schön; (Graff II, 701. BM. II, 129 ff. cf. kärnt. gméten, gmajten, froh, erfreut; Jarnik 219). ä. R. A. Sich gemait dunken, sich groß dünken, froh seyn. Im Voc. v. 1618: „sich gemaint gedunken, forma superbire." „Daß er allezeit bei Herzog Albrecht mag sitzn im Rath zu München beyd morgens und spat, des dünkt er sich gemaidt, und ist doch wider sein Glaub und Eid"; Spottgedicht auf den Regensburgischen Domdechant Neuhauser. Gem. Chr. III, 695, ad 1485. „Der hirz dunket sich seiner hörner gar gemait"; Konr. v. Megenberg f. 79, Pfeiffer 129,17. „Daher gedüncken sie sich gleich gemeniter zu seyn"; Stetelin's Pred. (Salzb. 1678), Th. IV, p. 287, (wol Druckfehler). „Die lude (Leute) waren sîn gemeit", (stolz auf ihn oder froh über ihn?); Diut. I, 346. „Gemeit mit schœnen zühten und immer wol versunnen"; Labr. 621. „Ein fraw so si hat ein slechte diern ein swartze die nit gemait ist get dester min gen kirchen von der diern wegen der si sich schampt"; Cgm. 632, f. 11a. „Auf der kirchweih mach ich mich breit mit hannensteigen bin ich gemeit"; H. Sachs 1612: II, II, 12. gemaitlich, adv., „Appone subtiliter pulverisatum gruen galiczstain gr. 1. auch gemayttlich darein gerurt", (kurz vorher deutlich: gemächlich); Clm. 5036, f. 137b. In der ahd. Sp. ist gimeit bald insolens, contumax, vanus, superstitiosus, bald obtusus, stolidus, amens, welche Bedeutung auch das ags. gemâd, gemæd, engl. mad hat. Die Formel in gimeitum, in gimeitun gilt für incassum, frustra, nequidquam, gratis. Neben den Subst. camaithait, gimeitheit, insolentia, superstitiô, cameitida, haeresis, kommt das Verb. kimeitison, increscere (Reg. I, 25,10) 'und mhd. ermaiten, gemait werden, sich erholen (BM. II, 132)' vor. „Di tufele alse lewen . . . slugen ime grôze wunden alsô daz he lac alse her tôt wêre. Dô her wider irmaite und quam ein wênic zu kraft daz her sich ûf gerichten mochte . . ."; Herm. v. Fritzlar 61,5 und Anm. p. 422. Grimm II, 15. 88. 750 führt das Wort neben dem goth. ga-maids (s. der Maiden) auf das Ablautverb mîdan (s. meiden) zurück, die Bedeutungen scheu, mangelhaft, leer, eitel, hochmüthig aneinander knüpfend. Gl. i. 59 steht maidaz, intestabilis, (Prudent. peri steph. X, 77). Sollte auch das isl. mâdr, tritus, detritus, vom Verb mâ, terere, zu bedenken seyn?

mautgez (?). Hermann, Vicar zu St. Johans in Tirol, vermacht 1360 Heinrich dem Etlinwein, seinem Schüler, mit anderm Gewand „ein mautgez hosen und gugel"; aus einer Urk. im Reichsarchiv (mitgetheilt 7. Aug. 1841 von Hrn. Geiß).

Die Maut, plur. die Mäut, (L.R. v. 1616, f. 407. Kr. Lhdl. II, 192. „Von ungerechter stewr und meüt, ungelt, schetzung ich euch peteüt"; Mich. Beham, Cgm. 291, f. 88a): 1) Abgabe von Waaren und Gütern, bey ihrem Übergang aus einem Landesgebiet in das andere, hchd. der Zoll. Von Lang (b. Jhrb. p. 354) sagt, Maut habe eigentlich die Abgabe von dem, was der Inländer ins Ausland verführte (Exporto) geheißen, und sey an der Grenzstation blos vom Verkäufer verlangt, Zoll aber als Abgabe von dem was der Ausländer ins Land hereinbrachte (Importo) sey vom Käufer und Verkäufer zu gleichen Theilen gefordert worden. Er findet im XIII. Jahrh.: a) zu Land in Zwisel eine Maut, auf der Straße von Bayerbach über Mitterndorf nach Passau eine Maut; b) zu Wasser in Landau einen Zoll, zu Straubing eine Maut und einen Zoll, zu Abbach einen Zoll, zu Regensburg gar keine Maut, aber einen Zoll, zu Braunau einen Zoll. Baron Schmid (ad jus bavar. semic. contr. 19) behauptet, daß man in Bayern die Abgaben von Waaren, die zu Lande verführt werden, Zoll,

von zu Wasser verführten aber Maut nenne. So viel ist gewiß, daß das Wort Zoll in Altb. seltner als das Wort Maut von der Abgabe für die Waaren und Güter selbst, desto häufiger aber von der Abgabe für die Benutzung des Pflasters, der Wege, Straßen, Brücken und Plätze, und zwar mit Ausschluß des Wortes Maut, gebraucht worden ist. Die schon alte Formel Zoll und
647 Maut, muta et theloneum, (Meichelb. Hist. Fris. I, II, 402, ad 889. MB. XV, 459, ad 1319) scheint daher keine bloße Tautologie zu seyn, obschon es in einem a⁰. 1199 von König Philipp II. gegebenen Bestätigungsbrief der salzb. Besitzungen heißt: „telonia quae a vulgo dicuntur muta.“ Da indessen das Wort Zoll, nach seiner hochd. Acception, auch die Maut mit einschließt, so ist dieses letztre Wort durch die Zollorganisation von 1819 gleichsam ex officio abgeschafft worden, in wie ferne nemlich ein so sehr eingebürgertes Wort überhaupt abgeschafft werden kann. 2) Stelle, wo die Maut zu entrichten ist. Auf der Maut; die Häupt-Maut, die Bey-Maut; das Maut-Amt, die Maut-Halle. 3) das, was der Müller vom gemalenen Getreide als Mal-Lohn für sich nimmt, die Mühlmetze, (in Westmoreland: mutta; Cleasby. cf. Mueß und Metze). „Der Mülner sol von eimem viertaill den dreyßigsten Metzen zu Maut nemen“; MB. XXIV, 238. Die Mautmül, (salzb.) Mühle, in der man Maut oder Metze nimmt, im Gegensatz einer eigenen oder Gemach-Mül. (Das Voc. von 1429 hat: „mautt, mes, scheffel, modius“; s. Mutt). vermauten etwas, die Maut davon entrichten; die Maut davon erheben; (Kr. Lhdl. I, 214). Der Mautner, Maut-Einnehmer, Waarenzoll-Einnehmer. „Als Herr Fridrich (von Katzenberg) die besten Meut im Landt von Keiser Ludwigen an sich gebracht, ist er und sein Nachkommen die Mautner genannt worden“; Hund, Stammb. I, 268. mautbar, adj., zur Maut verpflichtet oder geeignet. Bey Ulphila ist mōta τελώνιον (Matth. IX, 9) mōtareis τελώνης, publicanus, (Luc. XVIII, 10). (Für Λουκα.. steht goth. Lôka.. in dem Wiener Codex; Wiener Jahrb. 43. Bd., S. 11.) Diesem (vielleicht mit dem isl. mōt, conventus, von mœta, convenire, obviam fieri, verwandten) mōta entspricht, nach Gramm. 29 u. 38, unser „die Mueß, ä.Sp. muezze (w. m. s.), keineswegs aber unsre Maut. Es werden indessen einzelne Wörter in gewissen technischen Bedeutungen manchmal ohne die gehörige Assimilation aus einem Dialekt in den andern hinübergenommen, (man bedenke z. B. das oberdeutsche drucken, das niederdeutsche Wapen), und so könnte dieser Fall auch bey Maut (ahd. mûta, mhd. mûte; Graff II, 700. BM. II, 279 f. Weigand, Wbch. II, 125. Cf. kärnt. muta, Zoll, mutati, vermauten; Jarnik p. 67) statt gehabt haben, besonders, da es schon in der oben berührten Urk. v. 889 ausdrücklich als ein deutsches Wort erklärt ist („nullum theloneum, neque quod lingua Theodisca muta vocatur“). Halbertsma in Bosworths Diction. (1838) XLIII—IV weist auf agſ. mot, a coin, isl. mōta, insculpo, typico, mōt, typus, fries. moet, an impression. Die in der Gloss. Melicens. und bey Horneck vorkommende Form Mauße sieht ganz wie eine Entniederdeutschung zunächst von mûta, (isl., schwed. munus, largitio) aus. Vrgl. Maußmetzen und Mueß. Im polnischen myto sind die Bedeutungen Maut und Gabe, Lohn (s. Miet und Grimm II, 49) vereinigt; südslaw. ist myto blos Maut. Das Telonium der Evangelien findet sich übrigens in den althochd., angelsächsischen und isl. Übersetzungen immer durch zol, toll ausgedrückt. s. das folgende Wort.

Die Mauten, a) Vorrath von Obst oder andern
648 Eßwaaren, den sich Kinder oder Dienstboten eines Hauses eintragen, und etwa unter ihrem Strohsack anlegen; (Vilmar, kurhess. Idiot. 277. Weigand, Wbch. II, 221: der Muttich, Mutch. Zeitschr. VI, 17. 357). b) was der Besitzer eines Obstbaumes oder Gartens Bekannten oder Unbekannten von seinem Segen gerne mittheilt, oder zu nehmen erlaubt. Kim fei˜ um ə˜ *Maut·n!* Gl. i. 705 werden die Vorräthe der Mäuse in ihren Löchern (die „horrea“ der Georgic. I, 182) mûttun (vom Sing. mûtta) genannt. abmauten, vrb. Las mi' *à'maut·n*, sagt der, welcher von dem Vorrath an Obst oder sonstigen kleinen Eßwaaren eines Andern etwas für sich nimmt. In einem Stammbuchblatt von 1606 steht unter dem Bilde eines Ritters, der eine Dame führt, der Denkspruch: „Paar und paar gesellt sich gern, wie das Sprichwort lautet, Falschheit sey von jedem fern, Treue nie abmautet“; Eos v. 1826, p. 417. Im Begriff der Gabe trifft dieses, sonst formell verschiedene Wort mit dem vorigen zusammen.

Der Met (Mêd, Méd), wie hchd. Meth; (ahd. metu, meto, medo, mittellat. gl. o. 149, capitulare de villis: medus, agſ. medo, isl. miöður; gl. i. 396 wird medo durch mel gegeben, welches auch wol der ursprüngliche Begriff ist, da dafür im Litth. meddus, im Slaw. med gilt, woraus erst warenyi med gekochter Honig, böhm. die Ableitung medowina den Sinn des deutschen Wortes hat. Graff II, 658. BM. II, 161. Haupt's Zeitschr. VI, 261 ff. Weigand, Wbch. II, 151. Cf. kärnt. med-v-éd, Honigesser, Bär; Jarnik p. 34, unter jé-m, ich esse). „Ad faciendum bonum medonem (Recept v. 1465), Ind. 355, f. 250ᵇ. Dabey die Verse:

„Hoc dicit medo: qui me bibit hunc ego ledo —
Quod non concedo, sed sic distinguere credo:
Hoc dicit medo: qui me bibit huic ego me do,
Hunc juvo, hunc laedo, multa symptomata sedo,
Si non excedo, bene nutrio, phlegmata sedo.
O dulcis medo, tibi me do, non tibi me do.“

Der Bock-Met, stärkere Art Methes; (s. Bock). „Weinmet, mulsum“; ZZ. 912, f. 97. Der Met-Garten, den Münchner Mägden wohl bekannt. Der Met-Hänsel, im Scherz: Johann Baptist, an dessen Tage die Bursche ihre Mädchen zum Meth führen. Die Met-Semmel, Semmel, mit Meth angetränkt. met-süeß, adj., jetzt, bey mehr verbreitetem Gebrauch des Zuckers: zuckersüß.

Metem, Metm, Medem, jetzt „Metten“ (Med·n), Name eines Perlenbaches und daranliegenden Klosters ob Deggendorf (MB. XI, 352—388. Grueber und Müller, bayr. Wald p. 226) und mehrerer andrer, vielleicht einst ebenfalls perlenreicher Bäche mit gleichbenannten Ortschaften, z. B. Metmach, Metnach, Metenpach, Meten, (s. Fink's Karte und Ortsverzeichniß. Förstemann II, 1022 f.), würde, wenn der Stammvocal nicht als kurz zu betrachten wäre, an das agſ. mâðhm (etwa mit medeme, meademe, meodum, dignus, zusammenhangend), altſ. mêðm, goth. maithms, isl. meiðhmar, pl., res pretiosa, mahnen. (Cf. Grimm II, 990. Notk. 54,24: metemen, dimidiare; Graff II, 673.) Mettenheim an der Isen heißt im Indiculus Arnonis Metumunhaim. Förstemann II, 1023.

Das Meatabrot, s. oben, Sp. 308: Botenbrot und vrgl. Schmid, schwäb. Wbch. 380 (Miethe-Brot?).

Die Metten, Mettin (Mětt·n, schwäb. Mětti˜), matutinae (horae, vigiliae, excubiae), zunächst in Bezug auf die gottesdienstlichen Verrichtungen oder Chorgesänge der Ordensgeistlichen; (ahd. mattina, mettina: mattinon, vigiliis, Notk. 88,52. M.m. 20: mettina; mhd. mettîne, mettine, mettene; Graff II, 708. BM. II, 162. Weigand, Wbch. II, 152). Einige Orden begannen ihre matutinae (horae), ihre matutini (cantus) mit Anbruch des natürlichen Tages, incipiente luce (Regula S. Benedicti c. VII.), andere (wie 649
die von Franciscus) mit dem Anfang des bürgerlichen, also um Mitternacht. Wenn in der Ordnung für die Bäcker in München v. 1420 „zwischen den weinglocken und der metten“ zu backen verboten wird, so ist vermuthlich die Zeit zwischen Abend und Mitternacht gemeint. s. unten: Pfarmetten. In einer Christenlehre Ms. v. 1447 heißt es über „di siben Zît“: „Metty, daz ist die Mittennacht, dann folgt die Primzît, daz

ist die erst Stund des tages, wen die nacht vergangen ist und der tag anfacht, dann die Terzzît, die Sechstzît, die Nônzît, die Vesperzît und endlich die Completzît." Die Bruedermetten, s. oben, Sp. 349. Die Christmetten, der Gottesdienst, welcher am Christtag, nun wieder wie früher, in der ersten Stunde nach Mitternacht gehalten wird. Clm. 940, f. 250. Vor, während und nach dieser mitternächtlichen Christmetten glaubte der große Haufe die Geister- und Hexen-Welt ganz besonders in Allarm gesetzt und den Sterblichen zugänglich. Wer z. B., auf einem Stühlchen aus neunerley Holz knieend, während der Wandlung sich umsah, erkannte unter den Anwesenden alle diejenigen, die mit dem Teufel im Bunde stunden. Die Lausmetten, Anfang der Mette, worin die Laudes gesungen werden; Mone's Anzeiger VIII, 505: lausmetti. Die Pfarrmetten zur Mitternachtszeit; BM. II, 162. „Zwischen fiurglocken und pfarremettein sol dehein smit noch dehein pache (Beck, Bäcker) fiur haben"; Münch. St.R., Auer p. 284; (vrgl. oben). Die Pumpermetten, Chorgesang, der jetzt an den Vorabenden des Donnerstags, Freytags und Samstags in der Charwoche statt hat, ursprünglich aber in den horae matutinae gehalten zu werden pflegte. Cf. Tegerns. Cerem. 1148, f. 13^b. Nach jedem Psalme, der abgesungen ist, wird immer eine von 15 an einem dreyeckigen Gestelle (ital. la saetta) aufgesteckten Kerzen ausgelöscht. Ehemals sollen hierauf die Kirchgänger mit Stöcken, Hämmern, Steinen ꝛc. an die Bänke und Wände geschlagen, und dieser Lärm soll dem Verräther Judas gegolten haben. Cf. Th. III, stên: erstên, erstanden. Heutzutage scheint der Mesner mit seiner Rätschen in diesem Punkte die ganze Gemeinde vertreten zu wollen. Das Voc. v. 1618 hat: „Pumpermettin, matutinae crepitaculorum strepitu claudi solitae, quibus tumultus Iudaeorum Christum invadentium repraesentatur." Der Begriff des Lärmens ist mit dem der Metten so sehr verschwistert geblieben, daß dieses Wort in den meisten Fällen schlechthin statt Getöse, Gepolter, Geschrey gebraucht wird. Dés is àbər ə˜ *Méttn!* ə˜ hǫllische, ə˜ Hǫll-, ə˜ Teufels-*Métt'n*, ə˜ b'sóffənė *Métt'n*. „Do sahe man niht so mangen jahen mit metten uf anderre leute schande, der hertz er doch nie rehte erkande"; Renner 21797. Der Metten-Block, der größte Block vom Brennholz-Vorrath eines Hauses, welcher gewöhnlich aufgespart wird, um in der Christnacht in den Ofen gelegt zu werden, damit die Heimkehrenden aus der Metten eine hübsch warme Stube finden. „In vigilia nativitatis post solis occasum grande lignum super ignem comburendum a patrefamilias vinumque super eo repleto cyatho infundere ac spargere et ex mero quod in cyatho remanet agere ut omnis familia bibat"; I. Ital., Aberglauben, Monac. Paulan. 13, f. 46^b. 53^b. „Si truncum ignis factum in nativitate domini servavit et posuit in vinea contra grandines vel cum illo signavit ostia domus vel hujusmodi"; Antonius Florentinus archiepisc., summa confessorum, ZZ. 1826, f. 29. Cf. the christmas-block, der mit dem aufgesparten Reste vom vorjährigen unter Musik und Jubel in Brand gesteckt wird, anzudeuten das Licht der Welt, das an diesem Abend entsprungen sey; (Brockhaus' Blätter f. litterar. Unterh. 1837, S. 1468). In der Grafschaft Lincoln wird in der Christnacht ein ungeheurer Holzblock, der yule-log, auf das Feuer gelegt; (Allgem. Ztg. 1842, S. 2). Souche de noël (schon a^0. 1184), s. Grimm, Mythol. CXVII, 357, (2. Ausg. p. 593 f.). Zocco di natale; Dalpozzo 223. 224. Pasqua di ceppo oder blos ceppo, Weihnachten; Melchiori, voc. Bresciano II, 63, voce nedal. Der „Mettenschûch, cothurnus"; Cgm. 653, f. 344. Cgm. 655, f. 349. `Der Mettenstern, Morgenstern, stella matutina, Venus; BM. II, II, 621. 622.´ „Der fünft planêt haizt Venus ze latein und haizt ze däutsch der morgenstern . . . oder der mettenstern dar umb, daz er ze mettenzeit gar mit klârem lieht durch die wolken her prehet"; Konr. v. Megenberg f. 38^a, Pfeiffer 62,9. „Ich bin der liecht mettenstern"; Cgm. 8^0. 22, f. 20^b.

Die Metten-Wurst, Schmaus, vorzüglich aus Würsten bestehend, welcher auf dem Lande in der Christnacht nach der Metten gehalten wird. `(Vrgl. dagegen das niederd. Mettwurst, Wurst aus gehacktem Schweinefleisch; Weigand II, 152. Zeitschr. V, 275,6. 280,7. VI, 286,650. 355).´ Er scheint mit zu den Leichtfertigkeiten zu gehören, gegen welche schon in der Landsord. von 1553, 6tes B., 5t. Art. und L.R. v. 1616, f. 698 (man spielte „umb Opfergelt und Newjar") geeifert wird, die aber noch immer in guter Übung sind. Selbst der Umstand, daß unter König Max die Christmetten von der Mitter- 650
nacht auf die fünfte Morgenstunde verlegt wurde, konnte die alt-hergebrachte Nachtfeyer nicht abbringen, die aber bey uns viel religiöser geblieben ist, als in einigen Südländern, z. B. in Spanien, wo die Noche buena in mancher Rücksicht sogar die Faßnacht übertrifft.

`Mettigen, s. oben, Sp. 1199: Job.´

„Meit, minutia, minutim, Brabantica vox, quartam partem nummi significans. Meitle, minutulum, gemmulariis est sexta et trigesima grani Romani pars. Nit ein Meit, nequaquam"; Voc. v. 1618. Birlinger 333^a f. „Die arme Wittib legt auch hinein 2 Meitlein, welche einen Haller machen"; Pred. v. 1678. „Ja wol sie gibt kein meyt auf mich." „Das kummert mich nicht ein meutel"; H. Sachs. Suchenwirt sagt in diesem Sinn nicht ein medel. Bey Scherz steht meid, med, medel, obolus. „Dient dem herren, der lonen kan . . . gen dem euch niemant kan verliegen und den kein metter kan triegen"; Renner 3184. Graff II, 707: midili; BM. II, 91: medele; Grimm III, 733. Diez, Wbch. 222. Vrgl. Medey und das franz. maille.

Mithridat (Médəridat), wie hchd. Mithridat-trager, Hausierer mit Öl- und Arzneywaaren.

mit (mid), 1) Präpos., wie hchd.; (ahd. mhd. mit, ags. midh, goth. mith; Graff II, 659. BM. II, 193. Grimm IV, 707: mit cum accusativo. Zeitschr. III, 240,3,1. V, 255,74. Weigand, Wbch. II, 173). 2) Adv., (ahd. miti, mite, mhd. mite, mit; gl. a. 140. i. 331. Otfr. I, 22,16. II, 4,4. IV, 2,23. 9,3). mit-seyn Einem eines Dings oder (nach Gramm. 728) ein Ding, es ihm zulassen, zugeben, gestatten; Ldtg. v. 1669, p. 96. 157. „Die Eltern sollten den Kindern nicht alles mitseyn"; (b. W.). „Was zu thun sey, wenn ein Richter der anbegehrten Verschaffung nicht mitseyn wölle", (si remissionem delinquentis recusat); Weirer Dissert. XVIII. A^0. 1641 „will der Pfleger zu Traunstein dem Salzmayr daselbst die Verschaffung von Holzdieben nicht mitseyn"; Lori, `BergR. 419. „Das Burgerrecht soll man kainen mitseyn", erneurte Rentmaister Instruct. v. 1669. „Wir wollen dir als ein besondere Gnade mit seyn, daß du" (dieß und jenes thun mögest); Lori, BergR. 622. mitalle, betalle, ä. Sp., gänzlich, ganz und gar; Graff I, 205. 206. II, 659. BM. I, 19 f. „Nim singrun mit wurzen mit tall" . . . „nim kranwit stauden mit plue oder mit per mit tall"; Cgm. 4543, f. 171. 172. 187 und sonst oft. (Cf. altd. Museum II, 66: „Der ander weiß alz ein ametalle vil noe alz eine cristalle"; — `hieher?´). mitsam (midsam), sanft, mild, auch: zart, leicht Schaden nehmend; (mhd. mitesam, umgänglich, gesellig; BM. II, 193. Freib. Trist. 1228. Kilian: medsaem, ghemedsam): ə˜ midsams Leut, eine Person von sanfter Gemüthsart; ə˜ mitsams Wetter, ə˜ midsamer Tag, Abend ꝛc. Der Wind blàst *midsam*. „Erzbischof Ernest war ein mitsamer milder und arbeitsamer Herr"; Dukher's salzb. Chron. f. 154. „Der Pabst gieng mitsam (glimpflich) in die Sach"; ibid. f. 259. „Gutwillig, milt, gütig und miedsam" . . . „Conrad der ander mit dem Nam regierte sibenzehen Jar, war miedsam"; H. Sachs. „Wenn ir enpfindet daz ewr leib beswært sei so seit schympflich, gietig und mitsam"; Pestregeln, Clm. 4729, f. 98 (18?). „Das ist ain mitsams tier", animal mansuetum;

Cgm. 690, f. 26b. „Placatus, mitſamer“; Monac. Francisc. 134, f. 132. „Conversari, mitſam ſein“; ZZ. 1803, f. 192. „mitſamer, affabilis; mitſam⸗keit, affabilitas“; Voc. v. 1482. „Inepta laetitia assimilatur (wird heutzutag genommen für) mitſamkeit, curiosus ·i· fürwitz dicitur subtilis, klüg“; Monac. Augustin. 84, f. 69b. mitwær, mitber, ä. Sp., mansuetus, mitis; (ahd. mitiwâri, mhd. mitewære; Graff II, 918. BM. III, 523. Iſidor 6,9: dhea mituuarun, mansuetos; die mitiwæren, Cgm. 17, f. 111a. gl. a. 221. 297. 452. o. 799: mitiuuari, mituuari, comis. Dem mitiuuâri, mitis, bey Kero 2,66 ſcheint 2,76 un⸗fiuuâri, improbus, entgegen zu ſtehen; vrgl. auch alber, d. i. aluuâri). Die Mitberkeit, (Gem. Reg.
651 Chron. III, 410) gutes Vernehmen, Vertraulichkeit; (gl. a. 174: mituuâri, harmonia). König Podiebrad klagt über das Benehmen des päpſtlichen Nuntius auf dem Reichstag zu Nürnberg und ſetzt bey, der Biſchof von Regensburg ſey mit dieſem in großer Mitberkeit ge⸗ſtanden.

mitt, (ahd. und mhd. mit vollſtändiger Adjectiv⸗Declination: mitti, mitte, goth. midis; Graff II, 667 ff. BM. II, 196. Weigand, Wbch. II, 175. umbe mitten tac, umbe mitte naht, Br. Berht. 10, Pfeiffer 362,15; in mittan Moin, in mittan Rôtenlôh, mit⸗tera nahti, mediae noctis; ze mitteme tag“, M. m. 38. 80. 118; durnh mittaz lant, gl. i. 373; der mitto poum, medius stipis, gl. i. 850; in dhir mitteru, in medio tui (o filia), untar eu mittem, in medio vestri, Iſid.; in mitten den ring, in mitta thie liuti, Otfr., heutzutage mit adverbial gewordenem urſp. Dativ: mit⸗ten in den Mayn, Ring, mitten durch das Land, mitten unter die Leute, mitten unter euch), mit der Bedeutung medius in unflectierter Form noch in einigen Compoſitis üblich. Die Mitt⸗Faſten (Druck v. 1697), jetzt lieber Mitter⸗Faſten (aus dem alten Dativ: mitteru faſtun?). BM. III, 278. Weigand, Wbch. II, 173. Mittiger, ahd. mittigarne, ſ. oben, Sp. 937: Gerner, und Sp. 1567: Mücker. Die Mitt⸗nacht media nox, (gl. a. 281: mittinaht); jetzt lieber Mitter⸗nacht, (alter Dativ: in mitteru nah⸗ti? BM. II, 301. Weigand, Wbch. II, 177 f. So Mitter⸗Sendling u. dergl. aus: (ze) mittern S., wie Ober⸗, Nieder⸗, Unter⸗S. aus älterem obern⸗, niedern⸗, untern⸗S. „Ein hof ze Mittern Send⸗ling“, vom Kloſter Scheftlarn dem N. N. verliehen, 1412; Clm. 17094, 4°. Vorderdeckel). „Mars geht vor Mitnacht unter“; Calend. von 1668. mittnächtig, septentrionalis“; Voc. v. 1618. „Wan der mitnäch⸗tige Luft geht“; Bad Hailbrunn, p. 121. „Das mit⸗nächtige Knie des Caſtoris“; Cal. von 1668. Der Mitt⸗Tag, Mittag, (ahd. mittitag, mhd. mittetac, mittac; Graff V, 359. BM. III, 6. Weigand, Wbch. II, 175. „Zu mittem tag“ noch in der Legende von St. Sebald bey Wagenſeil, Norimb. p. 43), auf dem Lande 11 Uhr Morgens. Mittag läuten, auf dem Lande um dieſe Stunde üblich. „Vor der rechten eſſen zeit als ſi ainer äffe vor ainlifen“; Cgm. 632, f. 38. „In hac civitate Wiennensi est consuetudo *comedere hora 11ma* seu post tactum horae undecimae“; Joh. Gews, Polling 451, f. 90. Auch die Bauern in Frank⸗reich eſſen noch um 11 Uhr zu Mittag. Zeitſchr. II, 420,17. A. Sp. W. Münchner Gebot dauert von ainlfe bis Mittag. Der Mittager, altes bayr. 12 Kreuzer⸗ſtück, das auf 11 Kreuzer herabgeſetzt iſt. „Meridiano, deme mittertagelichen“; Cgm. 17, f. 135a. Pſ. 90,6. Der Mitt⸗Wochen (supple: Tag; Mittkə˜, Midchə˜, Mickə˜, Miktə, Michə˜, ſchon Voc. v. 1429: mickt, und ſelbſt in einigen Gegenden Norwegens Mekdag; ahd. mittawecha, mhd. mittewoche, mitwoche, Graff I, 702. BM. II, 797. Grimm, Geſch. d. d. Spr. 298. Weigand, Wbch. II, 178 f. Zeitſchr. III, 224,3. 471. ſ. Wochen). „St. Nicolaus der vaſtot in der wiegon die mitechon und den vritach“; Griesh. Pred. II, 48. Die Mitt, die Mitten, hchd. Mitte; (ahd. mittî, mhd. mitte, isl. midia; Graff II, 670. BM. II, 197. Weigand, Wbch. II, 175. Daneben nach Wackernagel: ahd. mittemo, msc.; cf. Graff II, 672. BM. II, 197b. „Fon mittemen rehto, e medio justorum“; Tat. 77,2. „Funden in ſitzende enmitemen unter den lerern“; Griesh. Pred. II, 9. Vrgl. hchd. inmitten). Bey der Mitt nemen, um die Mitte, an der Mitte faſſen. Sehr gewöhnlich iſt die tautologiſche Verſtärkung: halbe Mitt. Wir ſind, wir haben ſchon halbe Mitt (des Weges); bis halbe Mitt, auf halbe Mitt im Waſſer ſtên, bis an die Mitte des Leibes. Aus der ahd. Sp. er⸗innere ich mich keines einfachen mitti als Subſt.; M.m. 118 ſteht in dieſem Sinne „metilſcaft (des himiles, des alteres“). mittel und mittler, adj. und adv., wie hchd. mittler; (Graff II, 671. BM. II, 198. Wei⸗gand, Wbch. II, 176). Das Mittel, 1) wie hchd. 2) die Mitte: im Mittel; das Mittel treffen. 3) die Zunft, Innung, Gremium. 4) (ä. Sp.) was dazwiſchen iſt. So ſagt das Voc. v. 1445: „mit mittel gancz, discontinuus, ân mittel gancz, continuus, ân mittel bey, contiguus.“ ôn mittel, ôn alles mittel, wie jetzt unmittelbar. R. A. Mittel machen, vermitteln, ins Mittel treten. Der Mittelsmann, Vermittler. Der Mittler, Mittling, (ä. Sp.) Art Gewebes, (etwa 652 Leinwand aus Mittelflachs, „Leinwerch“?). „Parchent, Goltſchs, Mitler, Zwilich“; Lori, LechR. 84. „Waz golſch oder zwilchs oder mitlers von frömbden plaichen herkümpt“; Auer, Münch. StB. p. 146. „Mittling und Golſch und Parchant“; Gem. Reg. Chr. II, 357. mitten und ze mitten, adv., wie hchd. mitten; (ſ. oben mitt). z· mitt·n drinn, 1) eigentlich; 2) auf einmal, (während nemlich ganz etwas anders geſchah und erwartet war). mitter, adj. und adv., hchd. mittler; (Graff II, 671. BM. II, 197): ə˜ mitterer, e, es, und nach Gramm. 831: mittə'nə', é, es; Superlat. der mit⸗terſte. (Notk. 64,7: mitteri, medius; gl. o. 187: mittarosto, medius sc. digitus). Zum Adverb. mit⸗ter hört man als eine Art Diminutiv die Formen mit⸗tə'lə, mittə'lət, mittelmäßig, ſo ſo!

Der Mitter, (Aſchaff.) Getreidmeſſer. (Mutt iſt da⸗ſelbſt unbekannt).

„Mittewal, galbula“, (Vogel); Voc. v. 1735. Cf. Dieſenbach 256a: „galbula, wittewal.“

gemitten, Partic. praet. von meiden, z. B. im L.R. v. 1616, f. 711; ſ. oben, Sp. 1570 f.

Mittio. Über dieſes räthſelhafte Wort in der lex Salica ſ. Phillips in d. Münch. Gel. Anz. 1844, II, Sp. 169.

Die Miet (Miət), 1) wie hchd. Miethe. 2) (ä. Sp.) die Gabe, ſie ſey nun verdienter Lohn oder bloße captatio benevolentiae; (ahd. miata, mieta, agſ. mêd, mhd. miete, munus, merces, premium; Graff II, 703. BM. II, 167. Weigand, Wbch. II, 158. Grimm I3, 110; über Diphth. p. 44 f.: μισθός, goth. mizdô, ceſſ. mzda, zend. mizda; mereor, merces, agſ. meord; ceſſ. meyto, môta, muta, Maut. Cf. kärnt. mito, Lehen⸗Mieth⸗zins, Wucher; mitàr, der Lohnhirt; mitje, das Lehen; pod⸗miti, beſtechen; miten, mitna, mitno, Lehen⸗; Jarnik p. 67). „One einerley Miet, Schenk oder Gab“; Kr. Lhdl. VII, 428. 485. XII, 174. XIII, 169. „Mied und Gab“; Av. Chr. 193. 271. „Den Schär⸗lern die verdiente Miethen geben“; . . „den Schärlern das Klein Mittl (Mietl), darummen ſie das Schiff auswaſchen“; Lori, BergR. 505. Findelmiet, Schiff⸗miet, ſ. hinter Mutt. „Die Stockmüet“ dem Förſter zu entrichten“; Cgm. 1535, f. 7. 8. Die Tôtmiet, Ab⸗löſung der Todesſtrafe; Wandelmiet, Bezahlung für Gerichtswandel; Helbling II, 1039. 633. BM. II, 168. Vrgl. die meta (conjugi danda) der longobard. Geſetze; ja ſelbſt ihr „miſſio“ könnte dem agſ. med⸗feoh, in premium data pecunia, entſprechen, obſchon übrigens die Sprache der Longobarden mehr zu den hochd. Dialekten

gehört zu haben scheint. Grimm, RA. 422. 3) die Miet, das Gemiet, (O.L.) kleine Gabe von besserem Futter aus Heublumen, Wachholdernadeln, Kleyen und namentlich Salz, auch wol bloßes Salz, das der Melkende dem Vieh, besonders wenn es im Freyen gemolken wird, aus einem Säcklein, welches er am Melkfechter hängen hat (dem Miət-Sáckl), vor oder zum Ablecken auf den Rücken streut, damit er ruhiger melken könne. Sind gewisse Pflanzen des Hochgebirges in der Mischung, so heißt sie Joch-Miet. Falschmiet oder Haselmiet nennt man ein solches Futter, wenn sich Haselwurz und andre Kräuter darunter befinden. Bey den Excrementen der damit gefütterten Thiere pflegt sich das übrige Vieh aufzuhalten, und ihnen so die bessere Weide zu überlassen. „Ut vaccae semper in bona sanitate conserventur, Recipe lungelchrawt quod reperitur in arboribus quercinis, collige in autumpno vel alias exsiccetur pulverisetur et preynkleyben weichsalcz clirs... laubach fiat mixtura s... et fiat ex illo mietsachk et pende semper unum sacculum ad sechter et pone super dorsum vaccae quando mulgetur vacca"; Ind. 355 (sec. XV.), f. 52. „Stallmüet", Cgm. 994, f. 194^b; im Latein (Arnpeck col. 414): „avena et foenum." „Die Miht, Futter, gemihtet, gefüttert"; (Bergmann, Bregenzer Wald). Zeitschr. V, 489. Bey B. v. Vischpach „über den Kleeanbau" p. 51. 85. steht: „Mieth, Frätz, eine Art grüne Fütterung von Gersten, Haber, Erbsen und Wicken." Häslein gibt als nürnb. „Mid, was ins Stoppelfeld gebaut wird, als Rüben, Haber." Ich weiß nicht, ob hieher passen folgende Stellen der tyrol. Waldord. von 1719: „Undürfftige und ganz unnöthige Müet- und Latten-Zäun. Daß die notwendigen Zäun mit geclobnen Stanten, Spältenholz und Ästen gemacht, herentgegen aber die Müet-
653 zäun, so man durch die Güeter, wegen der Ötz, zu machen pflegt, so viel möglich ab- und eingestellt werden sollen." „Unnottige muetzeun"; tirol. Waldordn. von 1551 im Cgm. 1203, f. 60^b. Im Salzachkreis-Blatt von 1814, p. 46 wird „Mietthe" als eine Speise erklärt, die der Arbeiter auf das Feld, auf den Berg ꝛc. mit sich nehme; (etwa nur Aussprache von Merd, w. m. s.?). „Ich war meines Standes so müede æls wenn ichs in des Habacucs Hirschbrey oder Mäde gelöffelt hätte"; Simpliciss. (1669) p. 261.

mieten, 1) wie hchd. miethen, (ahd. mietôn, mietan und mietên, mhd. mieten; Graff II, 704 f. BM. II, 168), obschon minder gewöhnlich, da die Ausdrücke stiften, bestên, in Bestand nemen in dieser Bedeutung üblicher sind. 2) ä. Sp., beschenken, belohnen. „Miet du mich", so zeig ich dir, wo das Töchterlein allein ist, sagt eine Alte in einem Minnelied. „Ob er jn darumb mietten wolt, er wolt jm und den seinen außer Gefancknus helffen"; Ulr. Füträr, Chr. Ms. Im Titurel heißt ermieten verdienen: „Daz er mit strîte mocht an got ermieten." 3) in der Bedeutung von Miet, 3.

Der Mott, (Allgäu) Moorerde, die, ausgegraben, in Häufchen ausgebrannt und mit zum Düngen der Felder und Wiesen benutzt wird. Diese Operation selbst heißt motten. BM. II, 225: daz mot; 239: der muoder, moder; Graff II, 679: motto; Weigand, Wbch. II, 181. 'Cf. Stalder II, 215: „motten, mottnen, muttnen, Rasen, wie zu einem Ofen aufgeschichtet, mit einem eingeschlossenen Feuer brennen"; Mott-, Mutthaufe; Mottfeuer; Mottrauch. Tobler 320: motta, unter der Asche glimmen; fig. im Verborgnen ausgebrütet werden.' „Mit ledrinen füwr eimern die brunst (des Klosters St. Urban, 6. April 1513) was noch übrigs sich erzeigt und in dem zerfallnen huffen noch mottet zu löschen"; Gesch. Fr. III, 180.

Der Motter, Moor, Morast, Moder. „Motter, limus, chottig laim"; Voc. v. 1445. Niedersächs. mudder und mudde, Schlamm. mottig, (Nürnb., Hsl.) moderig, faul. mottigfaul, träge. s. unten Muet.

Die Fál-Mottə', papilio; s. oben, Sp. 703 und vrgl. česk. moteyl, motyl, moteylec, Schmetterling.

mötten, messen; (ich mött, mott, honn gemott; Weihers, Dr. K. Roth); onmötten, anmessen. 'Vrgl. das Mutt.'

mutern, (Allgäu) murren; (ahd. „mutilon, mussitare", gl. a. 299; mhd. mütelen, murteln; Graff II, 707. BM. II, 280. 277). s. maudern.

Das (auch der und die) Mutt, Dim. das Müttlein, „Müttl, Mitl", der Scheffel; (ahd. mutti, mutte, msc. und ntr., mutto, msc., mhd. mütte, müt, msc. und ntr., aus lat. modius, modium; Graff II, 700. BM. II, 280. Weigand, Wbch. II, 250: das Mött, 222: das Mutt. Birlinger p. 341. gl. a. 228. 337. 464. o. 5. 152: mutti, mutte, o. 408: mutto, modium, modius; „untar mutti, sub modio", Matth. V, 15), als Maß für Getreide und andre trockene Sachen, nach den Gegenden sehr verschieden. So machte ehmals das Mutt (Waizen, Roggen und Gerste) in Müldorf 4 Scheffel, 4 Metzen, 3 Viertel und 2 Sechszehntel, in Wasserburg und Rosenheim 4 Scheffel, 2 Metzen, 1 Viertel Münchner Maßes, das Mutt (Haber) in Traunstein 6 Münchner Scheffel; (Wagner, C. u. C. Beamt. I, 208). Das Eichstätter Mutt (Korn) enthielt 28 Metzen. Das Regensb. Schaff hatte 4 Mutt, das Mutt 8 Metzen, (gleich 4 1/8 Münchner Metzen). In Haber hatte das dortige Schaff 7 Mutt. „Die Mutt (Kalk) hat in München 4 Scheffel, oder 6 Bonzen, oder 24 Metzen. Ein Floß führt 4—5 Mutten. Auf einen Brand werden 36—55 Mutten gerechnet"; Wstr. Btr. V, 273. In Hersbruck wurde das Korn nach Müttlein gemessen und berechnet. In Günzburg und Roggenburg giengen 5 Muttle auf 4 bayr. Metzen. „1 mütlyn thut iij Metzen Augsp."; Cgm. 154, f. 67 (ad 1499). 50 Burgauer „Mittel" sind 38 3/4 bayr. Metzen für Roggen, 38 7/8 Metzen für Gerste, 39 7/8 Metzen für Fesen und Haber; (Regier.-Blatt 1837, Nr. 7). Birlinger 341: „XVI *mutlas* tritici"; „20 *mutlas* · avenae." „Ain Muth Rueben, ain Muth Arbes" neben so und so viel Schäffeln und Metzen Getreides; Meichelb. Hist. Fr. II, II, 368, ad 1597. Im Jahr 1385 wurde der Stadt München ein Ungelt bewilligt. Sie setzte „auf einen jegleichen Mutt Waizen acht Münchner pfenning, auf einen Mutt Kherens als vil, auf einen Mutt Rockhens als vil", hingegen vom Mutt Vesen, Gerste und Haber nahm sie 4 M. Pfennig; 654
(Wstr. Btr. VI, 172). „Dem messer von ainem mutt 2 dn., von ainem schaff 1 dn., von ainem schäflein 1 heller", (München); Cgm. 544, f. 50. „Ich sag ev wunderleiche dinc: der mutte cherns galt einen pfenning", sagt die Reim-Chron. bis 1250 bey Erzählung der Eroberung Antiochias durch Gottfried. Der Kast-Mutt, Chasten-Mutt „tuot (a°. 1298) driu Galvey Müncher Maßes"; MB. XVIII, 30; „zwen Castenmutt Habern"; MB. X, 371. s. Kasten und das Maß. „Marchmutte." De prediis (in orientali provincia) habet modios qui vocantur marchimutte, et justiciam operum que in urbibus ducis fieri debent (purchwerch?); MB. VII, 441, ad 1180. Ut nihil exigatur a prediis vel colonis eorum excepta nuda iusticia, illa videlicit que dicitur marchmutte et illo servicio qui vocatur parchwerch (purchwerch?); MB. IX, 566, ad 1164. (Etwa ein Mutt Marchfuetter-Habers, s. oben Marh u. March, und vrgl. das gleich folgende Wort). Vogtmutte, Vogtaymutte, Gebühr an Getreide (Haber), dem Vogtherrn vom Schützling zu entrichten; MB. II, 202. 211.

Der Muttich, s. oben: die Mauten.

mütteln, „mitln, mûln", kommt in der unter Maußmetzen erwähnten alten Instruction ein paar Mal als Verb vor und scheint das 1—3 malige Aufstoßen des Meßgeschirres mit dem eingeschütteten Getreide zu bedeuten. „Weilhardter Safften=Metzen wird gemitlt und abgestrichen. Weilhardter Metzen sein 2 khibl ain Metzen, die hebt man ein wenig vom Poden 2 Mal auf, haist man gemült.“

„Mütten.“ „Fangt demnach ein Spil an, welches bey uns Teutschen insgemein das Mütten, oder eigentlich das Müssen (also das crude niederdeutsche mœten?) genennt wird, in welchem ein Spilgespann unweigerlich, so das Verliehren an ihn kombt, thun muß, was ihm wird aufferlegt“; P. Abraham. Vrgl. allenfalls mueten, müeten und Miet.

Der Muet (Muəd, o.pf. Moud), im Ganzen wie hchd. Muth, animus; (ahd. der, öfter daz muot, agſ. mōd, m., isl. môðr, m., goth. môds, m., zu ahd. muojan, muohan, s. oben, Sp. 955: gaisten; vrgl. müeen und Grimm II, 233. 260. Graff II, 679. BM. II, 242. Weigand, Wbch. II, 220. Eine „fro Muot“ als mythische Person vermuthet J. Grimm in Haupt's altd. Blttrn. 1836, p. 370. Cf. Brômuot in Benecke's Nithart p. 327. 328. 349. BM. II, 267). In der jetzt gewöhnlichsten Bedeutung des hochd. Muth ist im Dialekt Herz, Schneid, Curaschê weit üblicher. Muet haben es (d. h. eines Dinges), gesonnen seyn, Willens seyn, es zu thun, zu haben ꝛc. I hà's *Muəd.* „I hêds ja umsunst nét *Muəd,* wál mə' dé Troi wól tuəd.“ I hà' *Muəd,* dés und dés z' taə~. „Sag ma' nö grad, *hast* denn gar nöt *Muət,* ámal in' Himmel z'kemä?“ Lindermayr 149. „Und hât er borgennes muot, sô mac er wol borgen“; Jwein 7148. Thoh habêt sumilîh daz muot, mir hinaht anarâti duat“; Otfr. IV, 12,11. Aə~n
655 sei'n *Muəd* lass'n, ihn nach seinem Sinne thun, ihn gewähren lassen. Klage der Pfarrleute: „es leg der pfarrer der gotzhewser guet an nach seinem muet“; Cgm. 3941, f. 173. Muot als Gegentheil von Unmuth, (Frohsinn?) kommt viel vor: „Du mûtes meisterinne“, (Minne); Labr. 131. „Dû êren=mûtes frouwe“; das. 137. „Dû zarten mûtes mûter“; das. 138. „Dank hab sie, diu unmût ze mûte bringet“; das. 135. „Wer kan den mût wol in unmût geben“; das. 136. Dâ mûz mût in unmût sich bekobern“; das. 233. „Swâ ein mûtmacherinne und ein êrenhüetære sich mit gelîchem sinne gerecht vereinent“; Labr. 298. Mût heißt auch einer der Hunde beim Labrer. Gueter Muet, wie Lustbarkeit, Belustigung durch Tanzen, Essen und Trinken ꝛc., fête. „Die Eltern führen ihre Kinder mit sich zu allen guten Mut, wo sie nichts guts sehen, nichts guts hören“; Selhamer. „(Bayrische) Ritter, die weit mehr von dem Jhrigen umb gueten Mueths willen verzehrt haben, als sie in dem Zug (fremden Kriegsdienst) verdient“; Ldtg. v. 1605, p. 321. Einen gueten Muet, ein guetes Müetlein haben, halten, füeren, sich Eins gütlich thun; Av. Chr. 229. 469. 515. „Wann der wolff ein gueten Muet will unter den schafen haben“; ZZ. 1706, p. 250. „Dies sybariticus ein guoter kessler mueth“; Monac. Augustin. 283, f. 43. „Guete Müetl seynd Sträßgüetl“; Bogenb. Mir. Jn Nürnberg heißt gueter Muet (goudə' Moud) namentlich ein Mahl mit Tanz, einige Tage nach der Hochzeit angestellt, in der Ob.Pfalz ein Kindtauf=Schmaus. ainmuet (aə~mət, fränk. á~mət), ainmüetig, einmuati (aə~mədi), a. Sp., 1) einmüthig, (bey Otfr. IV, 29,5); 2) einfach, (einmuatlicho, simpliciter, Kero 59,21); das Gegentheil von gewandt, πολύτροπος, und von umgänglich, artig, fein. „Das bayrisch Volk, sagt Aventin, ist etwas unfreundlicher und einmütiger, als die (indem sie) nicht vil auskommen, wenig handtierung treiben, (wenig) frembde Land und Gegend heimsuchen“; (jedoch Annales p. XII: „inhumaniores, proterviores et pertinaciores“). „Jch zarte sam ein einmûte tût“; Diut. III, 11. Ware und volkommen ainmût ist so man daz gemuet entzweycht von sorgen und von bekantnuß außwendiger sachh und werckh und von allerley wollust geschaffner ding. Urchund wares amöz ist so dem menschen ain pein ist zu bleiben bey den lewten und sich von in zeucht wie er mag“; Cgm. 501, f. 119b. 3) heutzutage: einfältig, simpelhaft, dumm, unbehilflich, ohne Kraft und Saft; ən *aəmətə'* Kerl, *aəmət* dàstê~, dəher gé~, drei~-schauə~; ən *aəməts* G'sicht. Nach dem agſ. æmôde, mente captus, wäre in der letzten Bedeutung auch ein früheres ä=muot, mit dem privativen, vermuthlich aus ar apocopierten und dem ur, goth. us parallelen â, zulässig, wie gl. a. 270 wirklich urmôd, urmuati, amens, vorkommt. Vielleicht sind auch die Formen abreden, ainreden, delirare, aus â=reden nur renoviert. Diesem Compositum mit =muet (alt =muot) als einer Adjectivform entsprechend, hatte die ältere Sprache auch Composita mit deo=, fast=, frauua=, heiz=, gimein=, lang=, mihil, ot=, samft=, ubar=, ur=, uuidar. Diese adjectivischen Composita wurden in der Form =muoti als Substantiva fem. gebraucht. Daher im Hochd. die ältern Demuth, Großmuth, Langmuth, Sanftmuth ꝛc. als Feminina; die neugebildeten Edelmuth, Hochmuth ꝛc. aber mit dem Genus des Wortes Muth. 'übermüete, ä. Sp., adj., adv. und sbst.; BM. II, 264. „Ez het der übermüete ûf mînen louf gehezet“; Labr. 339. „Der (welcher) übermüete (adv.; 'im Druck: „von übermüete“)' scharret“; das. 456. Der Jnmuet, inniges, herzliches Behagen, (Gegentheil von Unmuet). inmüetig, herzlich; „inmüetige Freud“, „inmüetiges Gespräch“, Benno=Predigten und Mirakel. muetmarchen, durch gütliche Übereinkunft (?), nach schiedsrichterlichem Ermessen (?) die Grenzen festsetzen. s. March und vrgl. die auch hochd. muthmaßen (arbitrari) und mutschieren; (Weigand, Wbch. II, 222). Der Muetwillen, 1) wie hchd. Muthwille, 2) ä. Sp., der Wille, eigene, freye Wille, animi voluntas; (ahd. muotwillo, mhd. muotwille; Graff I, 825. BM. III, 662 f. Weigand, Wbch. II, 221). „Daz liezen si paide mit muetwillen an den R.“, (compromittierten freywillig auf ihn); MB. XXIV, 84. „Geben die rawber den rawb wider unbetwungen und von muetwillen“; 656
L.R. Ms. v. 1453. „Wan champh mutwill ist“; Wstr. Btr. VII, 15, ad 1333. „Es sollen die Knecht khein Miet nemen noch fordern, man gebe es einen dan von mutwillen und gerne“; alte Amberg. Akten. „Was die kaiser von irem mütwillen sagten, das wart auch ein recht“; Cgm. 507, f. 4. Bey Otfrid III, 20,136 eröffnet Gott dem Moses „then sinan muatuuillon“; (spiritus spirat) ubi vult, „thar imo ist muatuuillo“, ibid. II, 12,41; „muotuuillo, cor“, Jsidor 9, 34; affectus gl. a. 125. So kommt Otfr. IV, 24,38. V, 19,6 muatuuillo auch in der heutzutagigen, blos schlimmen Bedeutung vor. 3) eine Art Nelke, dianthus superbus; Schrank, b. R. 259. Nemnich III, 401; cf. I, 1406: Hochmuth. muetwillen, ä. Sp., vrb.; BM. III, 663. „Mit seinem brûder mûtwillen“, streiten; Cgm. 328, f. 120. muetwillig, adj., 1) wie hchd. 2) o.pf., zornig, (vrgl. agſ. môdeg, goth. môdags, iracundus, von môths, isl. môðr, ira; Grimm, Mythol.^{2} p. 883. 943). 3) ä. Sp., aus freyem Willen. „Judith sich zierlich gen jhm (Holofernes) neygt, sich mutwillig (willig) gegen jhm erzeigt“; H. Sachs 1612: I, 121. „mutwilliglichen (adv.) und ungenöt“; Wstr. Btr. VI, 116. „Freilichen und mutwilleclichen“... „freileichen, offenleichen, mutwillecleichen und unbetwungenleichen“; MB. X, 72. 89. „Mutwilligkeit, aigen furnemenß, sensus proprius“; Voc. Melber. muetwilligen, vermuetwilligen Einen, ihn eigenwillig, muthwillig, gewaltthätig behandeln. „Frauen und Jungfrauen muetwilligen“; Avent. Chr. 192. anmuetwillen Einen, (LR. Ms. v. 1453. Heumann, opusc. p. 59) ihn aus freyen Stücken, muthwilliger Weise anklagen. muetig (muədi, o.pf. moudi'), adj., in der hchd. Bedeutung muthig, wofür man lieber beherzt, herzhaft, curaschiert, keck sagt, beym gemeinen Mann nicht gewöhnlich, desto mehr aber in der von muthwillig. mueten, Lust haben oder bezeigen; (ahd. muotôn, mhd. muoten; Graff II, 699. BM. II, 254. Weigand, Wbch. II, 221). Das Rindvih mutet, es ist in der Brunst; (wirzb.). Zeitschr.

IV, 160. „Ez sḣol niemant muten rieter ze werden in deme ordene er sei denne von rietters art“; Regel des Spitals zu Jerusalem, Clm. 4620, f. 92. mueten eines Dings an Einen, ze Einem, ihm seine Lust dazu, sein Verlangen darnach zu erkennen geben; (MB. XXII, 244. Br. Berhtolt 4. 5; Pfeiffer 358,32. 359,9. „Des sol man nicht muoten noch gedenken“; Labr. 626. „Ir mûtten chüene recken“; Nibelungen 3,2. Cgm. 31, f.... Wstr. Btr. VI, 174. „mueten eines Tages“, Bedenkzeit verlangen; Augsb. Stdtb.); ihn darum angehen, dazu anreizen, sollicitare. Vilmar, kurheſſ. Idiot. 277: muten und abmuten. Daher nach Gramm. 1017: Einen anmueten 'eines Dinges oder' zu etwas, und: ihm etwas anmueten, zuemueten; Grimm, Wbch. I, 410. „Felix der schön jung edelman hat mich der lieb gemutet an das ich jhm alls hab abgeschlagen“, sagt Paulina bey H. Sachs 1560: IV, III, 30. „Sie thut, als wanns dich lieben wollt, zum Friedenskuß anmueten“; Balde, de vanitate mundi. „Den, (denen) sie es anboten und anmuteten“; Av. Chr. 225. „Das jn anmüet (anmuet·t) zu stechen“; Theurd. anmüetig, adj., Lust machend, reizend; hchd. anmuthig. Grimm, a. a. O. Die Anmuetung, die Erweckung von Lust, affectio, ἐπιθυμία; besonders im bösen Sinne: Anfechtung. Grimm, Wbch. I, 411 f. „Uns Menschen setzt kein Anmutung so starck zu, als die hitzige Ehrsucht“... „Die bösen Anmuthungen dämpfen“; Selhamer. mueten ein Ding, 'an Einen oder' von Einem, (ä. Sp.) es von ihm verlangen, begehren. BM. II, 255,c. „Und suln wir furbas chein stiur von N. N. nemen noch muoten“; MB. XVII, 107. „Kainerlay tagwerch nicht mueten noch pitten von den leuthen“; MB. II, 492. „Er mochte sich wol sünden der an mich mûtet anders
657 dann die slichte“; Labr. 349. „Hornpeckhen die guten thun nit anderst muten, das da löblich sey den Eren“; Turnier-Reim bey Hund. „Doch solt er das Beyligen vor ihrem zwölften Jar nicht muthen“; id. Stammb. I, 17. „Der erschlaget den risen den will ich machen frey... und was er geld darf muotten das sol er von mir han“; P. Aem. Reime von 1562. Noch sagt man: das Maisterstuck mueten, oder mueten schlechthin, von Gesellen, die sich handwerksmäßig um die Erlaubniß bewerben, das Meisterstück machen zu dürfen, und so das Meisterrecht zu erhalten. In der Feudal- und Bergsprache: ein Lêhen muthen. Die Muetung, der Mueter in diesem Sinne. 'gemueten eines Dinges, was mueten; BM. II, 258.' „Nimmer des gemûten, daz im ein sîden breit sîn wirde krenke“; Labr. 358. 'muetechten eines Dinges, was mueten.' „Möcht wir nur hie beleiben, der wollust uns genûget wol, wir mûtæchten (mueteten) andrer frœuden nicht vil“; Cgm. 54, f. 41^b. Das Gemüet (Gmiəd), 1) wie hchd. Gemüth. 2) der Wille, das Belieben; (ahd. gimuoti, mhd. gemüete; Graff II, 684. BM. II, 257. 258. Weigand, Wbch. II, 413). „Daß nicht etwa der Wirth unerfordert und wider des Gasts Gmüt und Glegenhait mancherley Speis und Getranck fürträgt“; L.O. v. 1553, f. 91; v. 1616, f. 547. „Cr. Mjst. Gemüet“, (Willensmeinung). „Es wäre doch in unserm Gemüet nicht, jemand zu entsetzen“; Kr. Lhdl. IX, 330. XIV, 267. Kain Gemüet haben zu etwas, d. h. keine Neigung, Freude, Lust. Bey Otfrid ist gimuati (als Adj.) lieb, angenehm, (als Subst.) Lust, Freude. 'Das Hochgemüete, ä. Sp., gehobene Stimmung, Freude, Stolz; BM. II, 261.' Labr. 215. „Er mag wol fröuden siechen und ûz dem herzen hôchgemüete serwen“; das. 445. „Lât erz an fröuden sterben, und an hôchgemüete immer hinken“; das. 547. „Waz kan geben hôch gemüete icht baz... als reiner wîbe güete?“ das. 652. 'Der Unmuet, Mißstimmung, Unwille, Zorn: (Graff II, 687. BM. II, 265. Vrgl. oben: Inmuet). unmuetig, adj. und adv.' „Der könig aber das nit wolt und stieffe gar unmuterlich (unwillig) den scherben mit dem waßer von sich“; H. Sachs 1560: V, 383 (1612: V, III, 94). vermueten, sich vermueten, 1) wie hchd. vermuthen. „Ich hab mir das nicht vermuet·t; ich bin mir das nicht vermuetend gewesen.“ „Das Recht vermuthet sich nicht (jure non praesumitur), daß...“; Kr. Lhdl. XIV, 254. 2) wagen, sich unterstehen, praesumere. „Nichts desto weniger vermuthe und unterstehe Herzog N., über solch Gesetz das Fürstenthum zu zertrennen“; Kr. Lhdl. VIII, 404. XV, 402. Die vom gemeinen Adel „vermuthen sich a⁰. 1506 den vom merern zu vergenossen; Kr. Lhdl. XV, 402. Zu vermueten, muetmaßen gehört wol auch das „modazit, infert“, der gl. a. 281. vermuetlich, adj. „Welches doch vermuetlicher“, eher zu vermuthen; Hund, Stmmb. I, 260.

mueten. Ein hchd. muoten (statt muozen), dem sächs. môtan, begegnen, entsprechend, sucht Lachmann oder Benecke (Iwein 1843, S. 326, zum Vers 5331) aufzustellen. Vrgl. Zeitschr. II, 421,58. III, 278,10. 284,112. IV, 131,63. 273,145. 277,35. V, 156.

müeten (miətt·n), bemühen, beunruhigen, plagen. abmüeten Einen oder sich. aufmüeten einen Hirsch, ihn aufjagen. sich dermüeten, übermüeten. „Daz ir dieselben Frawen weder mit stivr noch mit tagwerchen nimer icht gemütet oder laidigt“... „gemuot oder laidigt“; MB. XVII, 19. 29. 39. „Seit man uns so gemüetet (im Streit zugerichtet?) hat“; Pitrolf 932. 'vermüeten, vrgl. BM. II, 228 und 231: vermüeden u. vermüejen, auch Zeitschr. V, 483: vermüiha. Recept „wenn ain mensch ain glidt vermuett hett. Wenn ain mensch ain hand oder glidt vermuedt het, das er weetung daran leiden mueß vnd die muet nit daraus wil... und hat dennocht müee an demselben ort“; Cgm. 3721, f. 195. „Ainem pferdt für dy muet“; Cgm. 4543, f. 240. Das Wort scheint eine weitere Ableitung von müed, (mhd. müeden; BM. II, 227 f.), welches selbst von müeen (w. m. s.) gebildet ist. Cf. Iwein p. 386. 434. Sollte das oben angeführte „mütten“ als müeten hieher gehören?

Das auch der Muet (o.pf. Moud, Frank. Mûd), der Unrath, Wust; Unordnung, Gewirre; Weigand, Wbch. II, 221: Mutich. Vilmar, kurheſſ. Idiot. 278. Zeitschr. II, 422,78. III, 473. V, 411,11. cf. česk. mutiti, trüben, mut, das Trübe, mutny, trübe, kolomut, Wirrwarr). Der Stubenboden ist voller *Moud*. „Kein Mud oder Morast“; wirzb. Verord. v. 1753. Dar *Mot*, (Kuh- 658
ländchen) Schlamm, Koth. ə˜ *Moud* aə˜fangə˜, wie man sagt: ein Spektakel, eine Sauerey anfangen. Vrgl. niederd. Mudde, Schlamm, Morast; Zeitschr. II, 422,78. IV, 143,378 Firmenich I, 257,61: „mit *Moen* awertagen“; 260,13: „mit *Mudde* öwertogen“; 287,7: „vull von Äöserie un *Mudde*“; 287,15: „de *Muedde* un den Gauskendreck (Gossendreck).“ Cf. Grimm I³, 468: isl. mô, acc. von môr, lutum, môa, luto illinere, neben môr, animus, dat. môi. Nach dem Talmud hat Gott den Himmel erschaffen „vom Glantz seins klaids und die Erd vom Mue (? 'hieher?') seins stûls“; Dr. Eck 1542. mueten, (Jir.) erdbrennen, einmueten, einseln, düngen mit Asche von verbranntem Holze, Reisig; s. oben Mott, Motter.

müeteln, mieteln, s. oben, Sp. 1653: miə'ln.

Die Muetter (St. Muəttə', L. Muədə', o.pf. Moudə', Zweybrücken: Môtter; s. Gramm. 848), wie hchd. Mutter, (ahd. muotar, agſ. môdor, isl. môdir, mhd. muoter; Graff II, 709. BM. II, 263. Weigand, Wbch. II, 222). In der O.Pfalz wird die Gattin des Hausvaters von sämmtlichen Hausgenossen und Dienstboten Mutter, wie er Vatter, genannt. „Die wirdig Mueter“, (in Nonnenklöstern) die Vorsteherin; Cgm. 4439, f. 57 (schon 1500). Die Bachmuetter, das Bett eines Baches oder Flusses; s. oben, Sp. 193. „Die recht alte Lechs Pachmutter“; Lori, LechR. 365. 366. 387. (Vrgl. ûf des meres muoder“, auf offenem Meere, Gudrun 1174,3. 's. auch oben, Sp. 1573: Müeder und Gudrun, hg. v.

Bartsch p. 251). BM. II, 239b. Die Badmuetter, obstetrix; Voc. v. 1468. Grimm, Wbch. I, 1071. s. oben, Sp. 208. Die Bermuetter, 'auch schlechthin: die Muetter', 1) wie hchd. Bärmutter, (Grimm, Wbch. I, 1136. s. oben, Sp. 260 f. gl. a. 119: muater, vulva). „Das sich ein man ganz warm halt das jhm die mutter nicht erkalt"; H. Sachs 1560: IV, III, 76 (1612: IV, III, 167). R.A. die Bermutter wird (ihr) steigend, ist steigend worden, sie hat einen Anfall von Mutterbeschwerde. 2) die Mutterbeschwerde selbst. „Ist an der Beermuetter sechs Wochen lang gelegen"; Benno-Mirak. v. 1699. 3) die Kolik; s. oben, Sp. 261. Diefenbach 131b. „Kunst für die Krankhait so man die Mutter pflegt zu nennen" (bey Mann und Weib); Cgm. 3721, f 70; 3723, f. 109; 4538, f. 86. Die Fischmutter hörte Hr. Rath Her am Schliersee die im See und der ausfließenden Schlierach befindlichen Muschelthiere nennen. Grimm, Wbch. III, 1687: Fischmuschel; Diefenb. 403b. Die Hebmutter, colica, Voc. v. 1445. Diefenbach 131b: heuemoder, hefemuter, haffmuter, hebemuter; vrgl. oben, Sp. 261. 1037 u. Grimm, Wbch. IV, II, 720. „muetter allain", Av. Chr. 46. 110; (ə˜ muədéslaə˜, o.pf. ə˜ moudigə'läi˜z) ganz allein; „muoters ain", Ring 22b,15. muetter-bloß (Av. Chr. 227); muetter-nacket (muədə nackəd). Kain Muetter-Mensch, kaine Muetter-Sel, nicht ein Mensch, nicht eine Seele. muetterselig. „Unter Schnee und Gawinden auf dem mutterseligen Boden liegen"; Briefe b. Denkart und Sitten. muəttə'seligəlaə˜, ganz allein; Weigand, Wbch. II, 223. Zeitschr. IV, 113,70. 277,18. V, 20. VI, 260,11. 'müetrein, adj., ä. Sp., was von der Mutter kommt; (mhd. müeterîn, BM. II, 269).' „Geist du ein müttrein fleisch für ein perget, er mag den grimmigen tod daran essen"; Br. Berchtold, Cgm. 1119, f. 20, 'vrgl. Kling p. 91, Pfeiffer 285,18: „müeterîn fleisch für bergînez", das Fleisch von einer alten Schweinsmutter statt von einem jungen männlichen Schwein, (Barg; s. oben, Sp. 273); vrgl. Pfeiffer's Br. Berthold p. 86,20. Zeitschr. V, 486. 528,630.' muettern ein Kind, (ä. Sp.) es säugen, Cgm. 523, f. 228; es abmuettern, entwöhnen, Cgm. 601, f. 99. 102b. „Die christin sollen nit müetern der Juden Kind"; Dr. Eck, 1542. „Ist geheyliget worden Maria uß irs suns erzyechung, mütrung oder nerung"; Staingad. 48, f. 30.

Das Muetterlein (Muəttə'l, Muədə'l), Mütterchen; ən àlds *Muədə'l*; allgemeiner: das Müetterlein (Müəttə'l, Müədə'l), eine selbst in Urkunden und von Fürsten gebrauchte Form: „unser mietterl . ." „mit unsern lieben mutterlin Frawen Jaeuten"; MB. XV, 458. 461. 462, ad 1320. Hund I, 87. 2) (b.W.) weibliches Schaf; is 's ə˜ *Mêidə'l* àbər ə˜ Háml? 3) fig. das Mutterhäkchen, d. h. Drat-Bogen oder Ring, welcher das Drat-Häkchen (Mánnl) aufnimmt. Zeitschr. III, 514. V, 154. Ná mə' dà ə˜ Hákl und dà ə˜ *Müədə l* ei˜. Dà gêt mər ə˜ *Müədál à*', ə˜ Mánnl hêd I scho˜. Mutterschraube; Höhlung am Gewehr-Ring, durch die der Ladstock zu gehen hat. „Im 2ten Tempo wird der Ladstock durch das erste Mütterl gesteckt, der Daum darauf behalten, über das andere Müttert damit hergefahren, bis die Spitze des Ladstocks das unterste Müttert erreicht"; Infanterie-Verordg. v. 1754, p. 31.

---

matsch (mátsch) im Spiel; cf. maletsch? (oben, Sp. 1584) oder ital. matto? (Diez, Wbch. 221). Weigand, Wbch. II, 118: matsch = martsch; s. oben, Sp. 1657: märtschen, 2. Vilmar, kurhess. Idiot. 263,2 f.

matschen, metschen, mötschen, was manschen; s. oben, Sp. 1627. Vilmar, kurhess. Idiot. 263. Zeitschr. II, 468. III, 134. V, 155. VI, 173. und vrgl. das folg. Wort.

mätschen (mádsch n), quetschen; s. oben, Sp. 1657: märtschen und vrgl. česk. mačkati, drücken; kärnt. mèzhkati, auch meshkati, weich drücken, smezhkati, zerdrücken; Jarnik p. 75, unter mjak, weich. madschen in einem von ObrM. citierten deutsch-böhm. Liede: stuprare? (u. nicht morgen). „mätschten ihn nieder", occiderunt; F. v. Zesen. matschig, (Aschaff.) teig-, breyartig. Weigand. Wbch. II, 118: matschen. Zeitschr. II, 234. III, 468. V, 155.

Die Motschen, gewöhnlicher: das Motschelein (Módschə-l, Módschál; Weihers: Modschje, Dr. K. Roth. Birlinger 341: Mutschel. Vilmar, kurhess. Idiot. 272: Motschel, Möschle), im freundlichen, zärtlichen Ton: das Kalb; griech. μόσχος. Zeitschr. II, 234. III, 134. IV, 309. Cf. Moscherosch, (hebr.) Kalbskopf. '(? E. Münch, teutsches Mus. I, 358; dagegen: Gräße Lehrbuch d. allgem. Literargesch. III, II, 208. Gödeke, Grundriß I, 496).' Vrgl. Mockelein und Moschə-l.

Das Mütschelein, (an einigen Orten) Art feinern Bäckerbrodes. „Artocapus, mytzel"; Voc. Archon. f. 29. „Muntschel, artocapus"; ibid. f. 44. Diefenbach p. 51c. BM. II, 280: mutsche, mütschelîn. Zeitsch. IV, 473. „Mutscheln" abgebildet im Cgm. 4413, f. 175. „Item mein vater sol ain gulden umb ain halb gůt viertail byr'en und umb ain gůtt brott und umb ain mutschelen"; hinten in Baron Aufseß's medicin. Hs. in kl. 8°. Coton-Pap., worin das Gedicht v. Albrecht v. Kemenat, (1846, 8. April. Vrgl. unter Macht. 'Hs. des german. Mus. Nr. 2733'). Grimm, RA. 359: mutschelcibslein. Mötzchen, (hess.) Vilmar 39; kurhess. Idiot. 273. Vrgl. Mutz und oben, Sp. 781: Fiz·l, Sp. 1578: Mugel, Sp. 1622: Mundschellen. Firmenich I, 465,311: Mäuzchen (Müzchen, Mûze), eine Art Backwerk; das. 188,10: Mische, Laib Brod. Kilian: Micke, franz. miche. Haupt's Zeitschr. VII. 562. Muntschawect ist bey H. Sachs ein scherzhafter Personname; '(heute noch Muschaweck, Muschweck ein Nürnb. Familienname).'

Der Movendel-Priester, Movendler, Beneficiatus mobilis oder amovibilis, dem Beneficiatus perpetuus entgegengesetzt. Sie lebten blos von gedungenen 659
gottesdienstlichen Functionen, als Messelesen, Chorbeten rc.; s. Meusel histor. liter. Magazin I, p. 141.

Die Mewen, 1) wie hchd. die Mewe; (gl. o. 204: meu, meg, agf. mæv, isl. mâfr, mâr. Graff II, 653. Weigand II, 156. 200 f.). „Meben, larus"; Voc. von 1618. (Vrgl. Geyr, Hainzel, Fischervogel, Belchen und Merrecher). 2) das Mewlein, (Nürnb., Hsl.) a) eine Art Tauben mit kleinem Schnabel; brem.-niedersf. Wbch. III, 157: *Mëwe*. Zeitschr. IV, 318. b) übel gemachter Kopfzeug, Haube.

Der Max, der Máx·l, Maximilian. Der, die Maxdor, (Lori, BergR. III, 349 blos: „die Max"), Goldstück, im Werth eines zweyfachen Goldguldens (s. Gulden) unter dem Churfürsten Maximilian Emanuel geprägt, und nach Analogie des franz. Louis-d'or (Gegensatz des Louis-d'argent oder Louis-blanc) von ihm benannt. Bätz·n und *Máx·n* gnuə' håbm. Geld genug haben; Seidl, Flins. III, 83. 102. Dieser Mardor oder doppelte Goldgulden galt nach landesfürstlichen Mandaten a°. 1715—1726: 6 fl. 20 kr., a°. 1747: 6 fl. 24 kr., a°. 1748: 6 fl. 28 kr., a°. 1750: 6 fl. 34 kr., a°. 1751: 6 fl. 40 kr., a°. 1753—1754, so lange der 20 Guldenfuß angenommen blieb: 6 fl. 8 kr., dann aber und noch in demselben Jahre 1754 nach dem 24 Guldenfuß: 6 fl. 50 kr., a° 1759—1786: 7 fl. 20 kr., jetzt wol: 7 fl. 40 kr. Lori, Mz.R. III, 265—455. Das jetzige Schloß Märlrain bey Aibling hieß in der ahd. Sp. Machsminrein (Meichelb. Hist. Fr. I, 104. 112 II, 158), wo der erste Bestandtheil Genitiv eines Mannsnamens Mahsmy zu seyn scheint. Cf. Förstemann II, 963. Vielleicht w zu m geworden wegen der Präpos. ûf oder ze'm, also aus Wahsmo von wahsan. Er finde nom. Mahsminreini, dat. Mahsminreine; — meint Dr. Roth, 20. Juli 1850. Im Cod. diplom. Fuldens. (ed. Dronke), Nr. 65 v. J. 779: „et quarta parte Sancti Mahsmini“, ohne Zweifel statt Maximini.

Der Matzen, das ungesäuerte Brod, (hebr. die מַצָּה Deuteron. XVI, 3); ungesalzener, geschmackloser Teig. BM. II, 89. Weigand, Wbch. II, 119; vrgl. Zeitschr. IV, 474. „Juden-maczs, azymus; Voc. von 1429. „Einigen Juden in Regensburg gab man Schuld, sie hätten Christenblut auf ihre Mosanzen oder Matzen gestrichen und als Sicherungsmittel gegen den Aussatz getrunken“; Gem. Reg. Chr. III, 573, ad 1476. 's Brod is ə' lautərə' *Matz'n* wor'n. matzeln, matzelen, teigig, ungesalzen, fade schmecken. mätzlich, mátzlət, mátzət, adj.; Birlinger 332.

'Matz, männlicher Taufname (aus Mathis, Mathes = Matthias; vrgl. oben, Sp. 1686: Zeitschr. IV, 155. V, 472); dann als Appellativ: einfältiger Mensch und Rufname des Staares. Weigand, Wbch. II, 119. Zeitschr. IV, 315. VI, 174.' „Also saß ich da wie Matz von Dresden und wußte mir selbst nicht zu helfen“, Simplicis. v. 1669, p. 379; (Matthias Votzius, Erbauer der Elbbrücke?). 'Vrgl. Matzfotz bei Weigand, a. a. O. und Zeitschr. V, 76. VI, 86. Birlinger 332.'

Mätz, (ä. Sp.) weiblicher Taufname, (aus Mahthilt = Madalhilt? Weigand, Wbch. II, 117. 153. BM. II, 162. niedersächs. Metje, brem.-niedersächs. Wbch. III, 155. MB. IX, 197, ad 1363. „Ver Metze di Vtenhoverin“, Seligenportener Urk. v. 1330. „Ich Concz gelob Mæczen die hie zegegen staut“, (1450, Giengen); Thierh. 104, f. 188 (s. oben, Sp. 775 unter festen). Der Schreiber des Voc. v. 1419: „Petrus Smidhawser, Canonicus in Undensdorff“, versüßt sich oft seine Arbeit durch eine in den Text eingeschaltete Apostrophe an seine lieben Mätz: „Biz gruezzt Mäczl', liebew Mätz wie macht — kab dich wol liebz Mätzel“ u. drgl. „Hörend lieb fraw mecz, ditz gepletz es ist sus geschmetz“, der 13jährige Schreiber des Cgm. 411, f. 48. 193. „Die was nit metz von biurn (Metz von Büren?) sie kund ir deding (Theiding) baz“; Altsw. 190,29. Mez, Diut. II, 78. „Adolf grauf von Nassaw . . . het et wivil kind under den het er ain tochter diu hiez Mäcz diu gab er herzog Rudolfen von Bairen. diu macht vil unfrid bei des kungs Ludwigs zeiten“; Kaiserchron., Ms. sec. XIV., germ. Mus. Nr. 2733 (vrgl. oben, Sp. 406: Person). Cgm. 55, f. 70b und 327, f. 149a heißt Mätz, Metz die Tochter Kaiser Adolfs v. Nassau, Gemahlin Ludwigs des Stammlers von Bayern († 1328), also Mæhthild. Die Tochter Ludwigs des Bayern mit Beatrix hieß Metze und ward Gemahlin des Landgrafen Friedrich v. Thüringen; (Cgm. 327, f. 154b). „N. qui habuit filiam der Mätzen vendidit quosdam agros“, Cgm. 3941, f. 219a. '2) als Appellativ: Geliebte, Buhle; verächtliches Frauenzimmer; BM. und Weigand, a. a. O.' Bey Joh. Pauli ist Mätz Appellativ für amasium. Vrgl. Vilmar, kurhess. Idiot. 269. Um Straubing ist *Mätzə-l* ein Liebkosungswort gegen Mädchen. s. das folg. Wort und vrgl. Miez.

660 Die Mätz (Mátz), das Weibchen vom Hunde (Zeitschr. VI, 86); verächtlich: Weibsperson. „Nach Absterben der ersten rechten Hausfraw zog er bey einer Mätzen noch zwen Sün aus“; Hund, Stmmb. I, 366. „So hat man die Metzen (Bauernbraut) eingepreist in weit pfait und in lang röck“; Cgm. 714, f. 229. Das Volck lachet der pewrischen Metzen“, (des Bauernmägdleins); H. Sachs 1560: II, IV, 118b. Mätzlein fangen (Mátzl'fangə'), eine in der Oberpfalz übliche Art Kartenspieles.

Die Matz (Mâtz, Mátz), 1) limax, nackte Schnecke, verschieden von der cochlea oder beschalten. 2) knorriger Holzblock, der nicht weiter spaltbar ist, Klotz. Die Leuchtermätz, (O.Js.) Klotz, der als Gestell für die Öllampe dient. Im Ital. ist la mazza die Keule, der Stab; il mazziere, der die mazza vorträgt. In der Fronleichnams-Procession von 1580 treten der Elend-Bruderschaft „zwen Mazieri in wullen claidern mit jren Steblein“ voran; Wstr. Btr. V, 161. „Stultus fert baculum suum sive massam“; Clm. 9528, p. 338, (sec. XIII.). Diez, Wbch. 221. 3) Matz'n, d. W., was Schmatzen (s. d. W.), pierres d'attente. Vrgl. Zeitschr. V, 509, II, 8. VI, 107. 4) Mátz, schlechtes Messer; s. mätzen.

Die Matzen, die Matte, Decke, aus Stroh, Binsen u. drgl. geflochten; (ags. meatta). „Deck oder Matzen aus Bimß, teges“; Voc. v. 1618 u. 1735. „Matzen, teges“; Av. Gramm.

mätzen (mátz'n), sprechen, reden. No˜ stát, I hà' no˜ nét *ausgmátzt*. Scheint sich zu schmätzen zu verhalten wie braiten, lecken, pecken, welken zu spraiten, schlecken, specken, schwelken u. drgl.

mätzen (mátz'n)? R. A. Du maə˜st gràd, əs is *gmátzt!* wird vorgebracht im Ärger über etwas, das Einem wider Wunsch und Vermuthen in die Quere kommt. Etwa: man meint, es sey recht drauf abgesehen, darauf angelegt, durch das Geschick vorherbestimmt? Vrgl. oben merzen aus Mich. Beham 79,17. Im Ags. hießen die Parcen mettena; mätan galt auch für ponere, collocare. Vrgl. metzen, (zielen).

'mätzengeschäfftig, metzengeschäfftig (Koburg), über die Maßen geschäftig, in fast lästiger Weise; (s. unten: Metzger-Geschäfft u. Th. III, schaffen: Geschäfft).' „Erst do huob sich Mäczi gschaft, chlingeln, chlangeln und ein gprächt“; d. Ring 11c,8. „Oft chan einer für ander ächt (acht?) springen, tanczen, mäczigschäft“; das. 31b,31.

mätzen (mátz'n), (Baur, U. L.) schneiden ein Stückchen von etwas. Zeitschr. V, 455. ausmätzln (Hsr.), mit dem Hobel oder Meißel ausschneiden, ausarbeiten. Sieh die Matz und maißen und metzen und Mötz.

Maiz, Hering '(? vrgl. BM. II, 213: „diu meizen, ein Maß, nach dem Häringe verkauft werden“).' „Duo millia allecium vulgari voce Maizen“; Lang, Reg. IV, 775, ad 1281.

mautzen (mauz'n, mau˜z'n), miauen. Weigand, Wbch. II, 125. Birlinger 332. Die Mautz, das Mautzelein (Mau˜z, Mau˜zə-l), 1) die Katze; Zeitschr. III, 472. IV, 314. '2) feminal; vrgl. oben, Sp. 1313: die Katz, 3.' „Sack, deck die patzet Mauzen zu;“ sagt einer zu der sich unsichtbar haltenden nackten Magd; H. Sachs 1612: II, IV, 120: „die patzet Maunzen“). Vrgl. Miez, Mies und Mienz. Vrgl. mauen, mauckezen.

Mez in Früe-mez, s. Maß, (Speise).

mêzern Einen, ihn um etwas quälen, (jüd.-deutsch aus hebr. mêzar, Bedrängniß, von zarar, drängen, verfolgen); Vilmar, oberhess. Int. Bl. 1847, Nr. 70. s. meizern. Vilmar, kurhess. Idiot. 264: sich mäuzeln, sich plagen, und 267: meizern, auf jüdische Art handeln, schachern.

metzen, ä. Sp., hauen, behauen einen Stein; (Graff II, 912. BM. II, 162. gl. i. 666: mezzôn, dolare lapidem; s. maißen und mätzen). „Und was Lysippus hat gemetzt, ist nit ein schnipff mehr über“; Balde, de vanitate mundi. Der Stain-Metz, Steinhauer, (ahd. steinmezo, mhd. steinmetze; Graff II, 911. BM. II, 162. Weigand, Wbch. II, 799. gl. i. 515. Otfrid, Epil. 68: mezzo, caementarius). „Stammetzenwerck, opus sculptorium“; Gloss. v. 1418. „Steinmetzische Arbeit“; Wiltmaister 20. Vrgl. das folg. Wort.

metzen (schwäb.), metzeln (O.Pf., Franken), Vieh, besonders Schweine, schlachten; (Zeitschr. V, 455. BM.

II, 163: der metzeler. Weigand, Wbch. II, 153. 154 f.). Die Metzel-Suppen, (Frank.) s. Knochen. Das Metzhaus (Lori, LechR. 99), die Metzig (schwäb.), Metz·g (B.), das Schlachthaus, die Fleischbank; (mhd. metzie, metzige; BM. II, 162. Weigand, Wbch. II,
661 154). metzgen, metzgern, (Altb.) Vieh schlachten und aushauen; (Weigand, Wbch. II, 154. Zeitschr. III, 470). „metzigen laniare"; Voc. von 1618. Der Metzger (Métzgə; Weihers: Mecksner. Zeitschr. II, 191), der Fleischer, (welches Wort in Bayern nicht gehört wird). Weigand, Wbch. II, 154. „Der metzier, lanio"; Cgm. 5, f. 212ª. Alt-Metzger, Jung-Metzger, s. alt, jung; rinderne, schweinerne Metzger (in Nürnberg); Gatterer, Magazin II, 553. Birlinger 335 f. Die Metzgerei; s. oben, Sp. 1060: Hofmetzgerei. Der Metzger-Gang, vergeblicher Gang, (wie hchd. Fleischergang). Das Metzger-Geschäft, lästige Gefälligkeit; vrgl. oben: mätzengeschäftig. Der Metzgersprung, eine etwas kalte und gefährliche Taufe, durch die ein ehrsames Handwerk der Metzger in München seine ausgelernten und freizusprechenden Jungen in die Gemeinschaft der Knechte aufzunehmen pflegt. Am Faßnacht-Montag eines jeden Jahres, in welchem eine gehörige Zahl solcher Täuflinge vorhanden ist, ziehen sie in Begleitung sämmtlicher Handwerksgenossen festlich geschmückt von der Zunft-Stube nach dem Fischbrunnen auf dem Schrannenplatze. Jedem folgt zu Pferde sein Gevatter, nemlich ein Söhnchen irgend eines Meisters, das er sich als solchen erbeten hat. Sämmtliche Täuflinge ziehen nun eine Art weißer Felle an, die emblematisch um und um mit Schwänzchen von Kälbern und Lämmern behängt sind, und stellen sich auf den Rand des Brunnen-Beckens, unter sie mit gravitätischer Miene ein Altgesell, welcher gleichsam die Taufhandlung verrichtet. Nachdem dieser die Gesundheiten der königlichen Familie, des Magistrats 2c. mit großem Geschrey ausgebracht und mit den Täuflingen getrunken hat, sagt er ein paar Sprüche her, unter denen er die Jungen wiederholt und derb auf die Achsel schlägt. Mit einem Male sieht man nun alles, was Kälber-Schwänzchen anhat, ins Wasser springen. Jetzt kommt auch die ringsum stehende gaffende Menge mit ins Spiel, indem sie, durch ausgeworfene Nüsse und drgl. wechselweise gelockt und mit eiskaltem Wasser bespritzt und begossen wird, wobey sich denn ein vielstimmiges Gelächter und Schreyen erhebt. Nach der Ceremonie läßt sich jeder Getaufte von seinem kleinen Gevattersmann eine Anzahl Thaler als Pathengeschenk an einem rothen Band um den Hals hängen, und das Ganze schließt auf der Herberg, wie billig, mit einer gesegneten Mahlzeit. Cf. Ant. Baumgartner's „Faschingsmontag, an welchem die Metzger in den Brunnen springen", (München bey Hübschman, 1826. 24 Seiten). Panzer, Beitr. z. Mythol. I, 226. 359. Am Faßnachtmontag (6. Febr.) 1837 nach der Cholera führten die Brauer zu dieser Ceremonie viele Fässer voll heißen Wassers in das Brunnenbecken. Im J. 1849 (19. Febr.) wurde im Gedränge ein Knabe todt gedrückt. Dem Ursprung dieses noch immer beliebten Faßnachtspukes nachzuspüren, würde wohl verlorne Mühe seyn. Man möchte glauben, er beziehe sich auf die mit dem Aschermittwoch beginnende vierzigtägige Enthaltung vom Fleisch, indem er auf die Fische verweiset, welche bekanntlich an diesem Brunnen feil gehalten werden. Man weiß übrigens, daß man sich ehmals, und gerade in der blindgläubigsten Zeit, kein Gewissen daraus machte, z. B. im bekannten Eselfest, die heiligsten Religionsgebräuche zu parodieren. Nicht sehr glaublich ist, daß sich einst, wie man sagt, nach einer großen Pest, als sich noch kein Münchner auszugehen getraute, die heldenmüthige Metzgerzunft dieses geistreiche Spektakel ausgesonnen habe, um so die Neugierigen aus den Häusern zu locken, bey denen also schon damals das
662 „Panem et circenses" gegolten haben müßte. Der Brunnensprung der Metzger ist auch außer München im Oberland gebräuchlich, wie der Schäfflertanz, (Dr. Sepp); so auch in Tölz, (Westenrieder's Beitr. V, 298); also früher Zunftgebrauch der Metzger überhaupt. s. Th. III: springen und vrgl. die Faßnachtpossen der Metzger in Nürnberg, (große Wurst 2c.) seit 1350; (Gatterer's ökonom. Magazin II, 553). Über das Lehrjungenbad der Fleischer in Ungarn bey Gelegenheit des Faschingtanzes (bis 1750 üblich) s Csaplovic's Gemälde v. Ungarn (1827) II, 207. Söltl's München p. 401. Der freyzusprechende Lehrjunge mußte sich zuerst in einen Boding voll schmutzigen Wassers, dann in einen zweiten voll klaren Wassers stürzen. Auch die Meistersinger pflegten ihre Novizen mit Wasser zu begießen; (Wagenseil, Norimb. p. 547).

Ob unser Wort mit mätzen, metzen, maißen und dem niedersächs. matsken (zerfetzen) zusammenhange, ist etwas zweifelhaft. Gl. i. 694. o. 59 steht wol mezilari, lanio, und bey Otfrid (II, 11,8. 26) werden die vendentes boves, oves et columbas (Joh. 2, 13) mezalara genannt, was genauer den lat. macellariis entspricht, falls nicht gar das alte maz (s. Maß, Speise) mit dem niedersächs. met (unserm Bræt) und dem ags. metian, metsian (verproviantieren) zu bedenken kommt. „Es waren auch da allerhandt müntze und metzel der kaufmanschaft"; Cgm. 843, f. 75. Vrgl. auch oben, Sp. 1657: Merzler.

1) Der Metzen (Mətz·n, O.Isar Métz·n), Franken auch die Metz, die Metzen, wie hchd. die Metze, (ahd. mezzo, msc., mhd. metze, fem.; Graff II, 898. BM. II, 213. Weigand, Wbch. II, 153 f. gl. o. 408. 415: mezzo, m., eminus, ags. mitta, mitte, msc., z. B. Apollonius p. 9. 10. Grimm III, 459. Cf. česk. měrice, niederlaus. mierca). 1) materiell als Gefäß, Geschirr. Das Salz-Metzlein; vrgl. oben, Sp. 1684: die Mêstə. Die Mülmetz. 2) als kleineres Maß für Getreide, Mehl, Salz u. drgl., ehmals nach den Gegenden sehr verschieden, so daß es bald der 6te, 7te, 8te u. s. f., bald der 32ste, 36ste, 54ste Theil der ortsgewöhnlichen größern Maßeinheit war. In Nürnberg giengen beym harten Getreide 16. beym weichen 32 Metzen auf das Sümmer. „1 ortmetzen thůt ij metzen Augsp., VI gehaufft ortmetzen thunt 1 schaff Augsp., funfthalb aychacher gantzer metzen machen 1 schaff Augsp., neunhalb aichacher metzen thunt 1 schaff Augsp.", (a⁰. 1499); Cgm 154, f. 67. Nach einer onolzb. Verord. von 1550 „sollen im Korn allwegen sechzehen Mezen, der nu hinfüro der new Herrschaft Onolzbacher Castenmez genennet werden soll, ein Simra desselben unsers neuen der Herrschaft onolzbacher Castenmees thun, und geen in solcher Mezen einen neunzehen Nürnberger Schenkmaas und ein Seidlein, also daß 312 derselben Maas in ein Simra der neuen onolzb. Castenmees geen. Item so thun auch zween und dreyssig Mezen, der nun der new, der Herrschafft Onolzbacher Casten-Mees, genennet werden soll, an Haber ein Simra, und geen in solcher Mezen einen achtzehen Schenkmaas, also daß derselben Schenckmaas 576 in ein Simra des neuen der Herrschaft Castenmees thun." In Kelheim machten ehmals 9¼ Metzen (Waizen, Korn, Gersten) 1 Münchner Schäffel. In Göggingen giengen um 1494 (MB. XXIII, 631) auf das Schaff Roggen und Kern 8 Metzen und auf das Schaff Habers 8½ Metzen. Gegenwärtig ist im ganzen Lande der Münchner Metzen als kleinere Maßeinheit vorgeschrieben; 6 solcher Metzen machen ein Schäffel für Weizen, Korn, Gerste und (seit 1810 auch) für Haber, (da ehmals ihrer 7 auf ein Haber-Schäffel giengen). Abwärts wird der Metzen getheilt in 2 Strich oder Viertel, in 16 Mäßlein, in 32 Dreißiger und in 128 klaine Mäßlein. Vrgl. die Reduction der verschiedenen Maße im Reg. Blatt von 1811, p. 1183 ff. Der österreichische Metzen = 3 Metzen 1 Vierling 1 Sechzehntel bayrisch. Vrgl. Vilmar, kurhess. Idiot. 269. Der Kastenmetzen, hie und da verschieden vom Landmetzen; s. Maß. Der Maußmetzen, s. unter Mauß. „Gomor so hiz der selbe mezze"; Diemer, Ged. 79,5. „Ritære und kneht sint gar ze frî: der leben sul wir setzen in einen rehten metzen, daz sie haben doch genuoc"; S. Helbling IV, 48.

cf. Stübich. MB. IV, 26, ad 1130 steht: „Ut annuatim decem mettas tritici persolvat"; MB. III, p. 338, ad 1268 hingegen: „Dedimus Ortolfo XII mete frumenti et V mete avene pro semine (hier steht mete
663 auch als accus. plur.), tunc mete frumenti per XXXVI denarios emebatur et metreta avene pro XV denariis." (Dieses mete ist wol nicht eine bloße Abbreviatur des sonst in den Urkunden üblichen metreta, μετρητής).

2) Die Metz, Mitz, Mülmetz, Mülmitz, (Frank., O.Pf.) derjenige Theil des zu mahlenden Getreides, den der Müller als Mahl-Lohn für sich nimmt; (Weigand, Wbch. II, 153. Cf. brem.-niedersf. Wbch. III, 137: Matte. Firmenich I, 44,10: Matt). Diese Metz, Mitz ist MB. XXIV, 238 und nach der o.pf. L.O. v. 1657 noch der 30ste Theil, gegenwärtig aber gewöhnlich bis zum 16ten, ja hie und da wol gar 12ten Theile gestiegen, wobey freylich der jedesmalige Werth des Getreides in Anschlag kommen muß. Nach der anspach. Mühlordnung gebührt dem Müller „die XVI Metz zur Mitz." „Müllere sollen mit der gewöhnlichen Mitz sich begnügen .... vom Malter Korn soll der Abgang für das Mitzkorn, Mitzkleien und Staub zusammen 31 Pfd. seyn"; wirzb. Verord. v. 1655 u. 1766. „Die Müller sollen sich an der jedes Orts herkommlichen Metze vergnügen und sich des übermäßigen Metzens enthalten. Die Beamten sollen auf die Mühlmetzen (Bed. 1) Acht haben und, da neue Mühlmetzen vorgewiesen würden, solche gegen die alten halten und eichen, damit der Mühlmetze halben keine Gefahr und Betrug vorgehen könne"; bayreut. Polic.-Ord. „Ein müller der nie kain mytz zu vol hat genomen"; Cgm. 713, f. 26. 178. metzen, mitzen, (O.Pf., Frank.) die Mahlmetze nehmen. „So sollt sie (die Müllerin) in den sack greiffen vorn dem pawren dorauß mitzen korn"; H. Sachs 1560: II, IV, 106. s. oben: „sich des übermäßigen metzens enthalten", und vrgl. unter meßen die Stelle von 1332, (ferner Cgm. 713, f. 134: „das sie aus gottes kasten sein genad her miczet mit gehauftem metzen allen sündern"), sowie auch Mueß u. Maut.

3) Die Metz, die zugemessene Fläche Bodens, Feldes, Waldes ꝛc., ein bestimmtes Maß von Grund und Boden. Das Metzen-Gericht in Wemding, jährliche von den Betheiligten an Ort und Stelle vorgenommene Revision der Veränderungen, die im Besitze der Metzen (Loostheile) eines, die Metzenau genannten, Distrikts im Riese vorgefallen sind; Hazzi, Statist. II, 424. MB. IV, 331, ad 1223: „XXXVI metretas tritici parve mensurae (als Abgabe von einer?) Reutmez." (Vrgl. oben Maß, 3). Oder sollte das deutsche Wort hier eine Erläuterung von mensura seyn? Vrgl. St. Ulrich's Leben, Vers 301: „fuor er dan, ad metatum perrexit. Cf. mezzo tedesco, lombardo.

Die Metzen oder Mauerbrecherin, (nach dem Feurbuch von 1591) eine der damaligen größten Kanonen-Arten; (nach Frisch I, 662^{b}, aus Amazone?). „Die scharfe Metzen schoißt 95—100 Pfd. Eisen, die halbe scharpfe Metzen 80—95 Pfd." „Der Struß, die Metz, das Ketterlein" ꝛc.; Wolff, histor. Volkslied. p. 533.

meïzern Einen, (Aschaff.) ihm so lang mit Weinen, Bitten ꝛc. zusetzen, bis er willfährt. 's. oben mězern.'

Die Mitz, s. die Metz, 2.

Die Mitz, (Spessart ꝛc.) Miez, die Katze; Weigand, Wbch. II, 159. Zeitschr. V, 178,143. VI, 355. s. Mutz 'und vrgl. Mautz, Mies, Mienz.'

Mitzel: Ohrenmitzel, s. Nützel.

„Miez", (b.W., v. Delling) Maria. Weigand, Wbch. II, 159. Zeitschr. III, 393. Vrgl. allenfalls Mätz.

Der Motz, Mötz, des Motzen, der Hammel; (Zeitschr. III, 471: Motzer, Mott; IV, 310. cf. mittellat. molto, multo, ital. montone, moltone, franz. mouton; Diez 231). „Swer ain Lamp für ainen Motzen oder für ain altz Schaf hingeit, der geit judici XII dn., der stat XXXVI dn. von iegl. Hawpt." („Swer ein lamp für einen motzen oder für ein altes schaf geit der sol daz büzzen für valsche"; Mscr. civitatis). „Chain flaischhackher sol chain schaf noch motzen nicht slahen von St. veyts tag"; Münchner „Flaischhackcher Säcz" von 1420; Wstr. VI, p. 152. 153. „Klains vich es sei schaff oder lemmer oder motzen oder chelber"; Cgm. 544, f. 45^{b}. 46^{b}. Vrgl. allenfalls mätzen, (schneiden). Im Vilsthal soll jetzt Motzer für Widder gelten.

Das Motzenwasser (bey einer Mühle)?; Feyerabend, Ottobeur. Jahrbücher III, 690.

motzen, motzeln, mötzeln, 1) zögern, langsam, 664
träg seyn; motzegen, stammeln; (XIII Com.); '2) maulen, den Mund aufwerfen; Vilmar, kurhess. Idiot. 278. Zeitschr. III, 472.' motzend (mózət) adj.; motzig, mutzig, (Aschaff.) schmollend, sich beleidigt findend. Vilmar, kurhess. Idiot. 278. Die Motzel, träge, langsame Weibsperson; der Motzer. Weigand, Wbch. II, 224: mutzen, mutzig.

1) der Mutz, Mutzen, das Mützlein, (Frank., Schwab.) a) kurzes Oberkleid, Camisol, Überjacke, besonders des weiblichen Geschlechtes auf dem Lande, (isl. motr, m., peplum muliebre). Weigand, Wbch. II, 224. Birlinger 341. Vilmar, kurhess. Idiot. 272. Zeitschr. II, 276,25. IV, 103,15. 235,9. VI, 330,391. „Ein beltziner Mutz, lacerna"; Voc. von 1618. A^{0}. 1613 sagen die Münchner Tuchhändler in einer Beschwerde: „Die Bauersweiber haben ehmals lange gefaltete Mäntel getragen, jetzt tragen sie statt der Mäntel kurze nette Mützel und Mäntele." b) der Mutz, ein Thier, besonders Pferd, Rind, dem der Schwanz abgehauen. Joh. Pauli 130^{a}. Weigand, Wbch. II, 223. Vrgl. Zeitschr. VI, 407,20. mutzen ein Pferd; span. mochar = mutilare (Diez, Wbch. 233). s. oben: der Motz u. vgl. Vilmar, kurhess. Idiot. 278: der Mutz, etwas Abgestumpftes, ein abgebrochenes Stück, Trumm. R.A. Um einen Mutzen wärmer, kälter, (vom Wetter). s. mutzen, Anmerk.

2) der Mutzen, 1) der Nachen; der Sail-Mutzen, kleines Fahrzeug bey Salzzügen, 4 Klafter lang und 5 Schuh weit, auf welchem der aufgewundene Seil-Vorrath liegt. Der *Muzl*, eine Art Schiffe in Laufen. 2) die kleinste Art Floßfahrzeuge, die ein Mann zu leiten im Stande ist. s. mutzen, Anmerk. 3) (Wien) die Todtenbahre.

3) der, die Mutz, Mutzen, der, die und das Mutzel, Mützel, das Mutzelein, Mützelein, vertraulich a) die Katze, (s. Mautz, Mudel). Hieher vielleicht das Schimpfwort Mußensun des Augsb. Stadtb., wenn anders das ß für z, zz oder tz misschrieben ist. b) Katzenbalg; Pelz überhaupt. Vrgl. Mützen. 'c) feminal, vulva; vrgl. Mautz ꝛc.' Vilmar, kurhess. Idiot. 278. Zeitschr. IV, 310. „Wie mecht ein ding lustiger sein dann braune Mutz bey weißem bein"; Gregor Hayden's Marculf, Cgm. 579. Cf. oben, Sp. 392: Pumpel. „Sey schawt ir weißen paine do sach sey ir vil praunen muczen"; d. Ring 11^{b},1. „Zartend ward sey drey stund mer mit streichen und auch mit salben die mutzen allenthalben"; das. 11^{b},26. „Die mucz die wirt dir enge"; das. 15^{a},9; (immer Feminin; vrgl. Schwesterlein). mutzelig (mutzli'), adj., nett, liebenswürdig. „Dà kimt mə mei~ Schàz um vịl *mutzligə* für"; Kaltenbrunner 70.

Der „Mutzer, die Spitzmaus, sorex"; Voc. v. 1618. Zeitschr. VI, 407,20.

Die Mutzel, was Musel, (vielleicht ohne eben damit verwandt zu seyn; s. mutzen, Anmerk.).

mutzen, putzen; (BM. II, 281. Weigand, Wbch. II, 224. Grimm, Wbch. I, 694. Zeitschr. II, 23. 276,25. VI, 407,20: mutzen, stutzen). „Der wil sich nit mit nüwen kleidern mutzen"; Gedicht v. der Unminne, Cod. Pal.

313, Mone's bad. Archiv I, 80. „Die sich vor dem Spiegel streicht, zafft und mutzt“; H. Sachs. aufmutzen, aufputzen, herausstreichen; Grimm, Wbch. I, 692 ff. „Etwas mit hübschen Worten aufmutzen“; Kr. Lhdl. XIV, 231. „Dieweil wir der neuwen Ding unfleißig sein, mutzen nur das alte hoch auf“; Avent. Chron. 127. Im übeln Verstande: Einem etwas aufmutzen, es ihm zur Last legen, vorwerfen; übelnehmen. Der Mutz, der Putz. (Frauen,) „seid ihr gleich nicht aus der Erd wie der erste Mensch gemacht, mehret sich doch durch den Mutz der natürlichen Schönheit Pracht“; Augsb. Waschbüchlein von 1758. „Wie darff ain luge so vil schmuckes und auffmutzes“; Dr. Eck, 1542. Anmerk. Falls das anderwärts vorkommende mutzen (stutzen, zustutzen, decurtare, ital. mozzare; Diez, Wbch. 233 f. BM. II, 281), welches, wo nicht selbst aus murz entstellt, mit den Artikeln Mutz, Mutzen, Mutzel zu vergleichen ist, hier zu entfernt scheinen sollte, möchte ich an das alte, unter maußen erwähnte, mûzôn, mutare (vestes; Notk. 103,31. 143,13), erinnern, wie denn bey Geiler von K. (Narrenschiff 29) Muznarren solche Gecken sind, „die allentag zwei cleider hont. eins vor Mittag und eins nach Mittag“, und wieder andere „wa man zu dem dantz gat“, ꝛc.

Die Mützen, hchd. Mütze, (v. mittellat. almucium, 665
span. almucio, ital. almussa, Kaputze; BM. II, 280 f. Diez, Wbch. 13. Weigand, Wbch. II, 224. Zeitschr. V, 129,15); in Altbayern bey weitem nicht so üblich, als die Kappen, die Hauben. Nach Kr. Lhdl. XIII, 321 „sollen die nicht vom Adel, Ritter oder Doctor sind, kein Gold, kein Zobel, Bechen, Hermelin, Marder und andre edle Gefill zu Futter und zu Hauben oder Hüten oder sonst tragen, doch mögen die, so ehrbare Geschlechter und nicht Handwerker, mit goldenen u. zierlichen Mützen (Verbrämungen? vrgl. Mutz 3, b) ihre neuen Hauben wohl versehen.“ Das isl. mussa, schwed. mössa scheint aus dem Deutschen entlehnt.

N.

Drey und dreyßigste Abtheilung.

666 n, 1) unselbstständiger Rest der alten Negationspartikel ni (bey Ulphila, Isidor, Kero, Otfrid ꝛc.), später ne und en. Graff I, 286. II, 969 ff. Grimm III, 709 ff. BM. II, 320 ff. Weigand II, 261. Er bildet den verneinenden Anfang gewisser vocalisch anlautender Wörter wie ie, iemand. Auch an einigen mit w anlautenden Wörtern findet er sich, dieses w verdrängend, vorgefügt. Sieh: nan, nun (ni=uuan, ne=wan), nār, nur (ni uuâri, ne wære), naimer, e, s (ich ne waiß wer, wie, waß), nicht (ni=uuiht, ne=wicht). *n-n*, faules Nein. Vrgl. unter nain: ná˜-'á, 'á˜-'á˜. 2) unbetonte Vorsylben hin, en, in (w. m. s.): nà' (hinab), nà˜ (hinan), nau' (hinauf), 'nei˜ die Stadt, d. h. hin ein (in) die Stadt ꝛc., nâu (en=âu), neben (en=eben), schwäb. nuefer (v. ueber, adj., oben, Sp. 19). Vrgl. Zeitschr. III, 133. 140. 172,32. 405,28. 407,106. VI, 350. Cf. dass·n, dà·n ꝛc. und VII Com. ditzan, hörtan; s. oben, Sp. 475 und cimbr. Wbch. 115. 131. 3) falscher, blos aus dem Artikel ən, ain, abgelöster Anlaut; s. Gramm. 610. Vrgl. Birlinger 346,6. Zeitschr. I, 290,2,7. II, 48. 243. 172,72. III,37,53. 126. 320. 520,5. IV, 37. 65. 117,1. 135,134. 537, III, 6. V, 170,171. 211. 362. 452 f. VI, 79. 119,36. 230. 400,3.

Ná, 's Ná, (Kitzbühel) der Neumond, verschieden von nui, neu.

næ=en (ná-n, ná˜n, o.pf. nèiə˜), wie hchd. nähen; (ahd. nâan, nâwan, nâjan, nâhan; mhd. næjen, nægen, næhen, næn. Graff II, 997. BM. II, 303. Weigand, Wbch. II, 241. Zeitschr. III, 280. nauuit, assuit; Tat. 56,7). 2) (in fig. Scherz) schlagen, stoßen, prügeln; *περαίνειν γυναῖκα*. Am Hungertuech næen bey H. Sachs (1612: I, 1053) statt des unverständlichern a. H. nagen. Wenn in dem Nibelungenlied (Lachm. 1790,1, Bartsch 1852,1) die Recken sich „in guot gewant näen“, im Wigalois (700) die iuncfrowe ihren Helden „in einen roc pfellîn näet“, so muß dieses næen offenbar in einer viel weitern Bedeutung als das unserige, vielleicht für einpreisen, einschnüren, heften genommen werden. s. Nâdel und Nât. Næhz oder Næhts“, Nähgarn; (rheinpfälz.) Nadler 285. aufgenæt (au'g·nát). Fast in jedem Thale haben die Bewohner ihr Eigenes in Aussprache und Tracht, in letzterm Punkt besonders das weibliche Geschlecht. An der Ilm hängt dieses seine Röcke an dicken, unten rund um das Müeder gehenden Wülsten (Würsten) auf; im benachbarten Ammerthal hingegen sind Rock und Kittel an einander genäht. Dieses Umstands wegen wird eine, in ihrer Tracht gehende, Bewohnerin des Ammerthales von den Ilmthalerinnen, nicht ohne einigen Spott, ən Au'gnádé, und hinwieder eine Ilmthalerin von den Ammerthalerinnen ə˜ Wurst, (Wurt), ə˜ Wurstbeutel genannt. Nicht gerne wird sich ən Au'gnádé und Würt, oder ə˜ Wurt unter Au'gnádé mischen.

Die Nâu und die Nâuen, das Schiff; (Aschaff.) die 667
Newe, Nehe, plattes Schiff, Thiere und Wagen überzusetzen; (lat. navis, griech. *ναῦς*, sanskr. nau, mhd. nâwe, poln. nawa. Cf. *natare*. Graff II, 1109. BM. II, 319. Weigand, Wbch. II, 249. Birlinger 350^a. Vilmar, kurhess. Idiot. 280: das Näh. Stalder II, 232. Zeitschr. III, 205,1. VII Com. naghen, schwimmen). „Sán' ə˜ Meni *Nau* (eine Menge Schiffe) óbə'gschwummə˜“; Ziska's östr. Volksmärchen 14. „Die große Nave“; P. Gansler. „Die silberne Naven oder Schiff“; Alt=Ötting. Hist. „Damit der Prophet Jonas von dem großen Schiff oder Naue destoleichter dem Walfisch in den Rachen möge geworfen werden“; Anord. zur Fronleichnamsproc. von 1580. Wstr. Btr. V, 118. „Wider Herzog Alfonsus haben die Veneter außgeschickt sechtzehen Galleen und fünfzig Naue“; Hist. der v. Freundsberg. „Eine grosse Naue mit kauffmanschatz“; Buch d. W. 1485, f. 169. „Zwu naffen“. . . „Er bestellet ein naffen“; Cgm. 1279, f. 135^a. 141^a. Frisius hat: der Nauwen.

„Min herren von Zug hand zu diser mur etwa mengen nawen voll falch und stein gen“; (ad 1500 circa), Gesch. Fr. II, 83. „Die zwei großen Lucerner u. Urner Markt-Nawen“ lagen zu Lucern 1601 den 18. September in Folge des Erdbebens im Trocknen; das. III, 109. naufaren, s. oben, Sp. 3; Urk. v. 1332 in den histor. Abhandl. d. Akad. IV, 662. Naufürer; Heumann, opusc. 699. Nawfertiger (neben Scheffirtiger), Nawfletzer im Regensb. Hansbuch (ad 1425); geöffn. Arch. 1, Heft 7, p. 219. 220. Schon gl. o. 159 heißen die Calones vel naves quae ligna portant ver-nawn, vere-neuuun; isl. ist nau-st statio navalis sub tecto; das Wort wird also, so wenig als auui neben ovis, niuui neben novus ꝛc. erst eine secundäre Entlehnung aus dem Lateinischen seyn. Vrgl. oben, Sp. 1042: Höchenau, und Sp. 3: in âu, nâu.

'nâu, adv., dem Strome nach; s. oben, Sp. 3: âu, in âu.

genau (gnau, gnau˜; s. Gramm. 554. Stelzhamer: dnau), 1) wie hchd. genau, adj. u. adv., (mhd. genouwe; BM. II, 418. Weigand, Wbch. I, 413). Die Näselung wird vor hinzukommendem Vocal manchmal zum förmlichen n. ə˜ *gnauné* Ur. Si gêt aufs *gnaunest*, aufs *gnaunigəst*. So schon im Feuerb., Ms. v. 1591. In der O.Pf. hängt sich dafür gerne das g an: *gnau˜g*, besonders in der Bedeutung karg, sparsam. `2) ä. Sp., adj., nahe, eng, knapp; (BM. II, 418); adv., knapp, kaum; Zeitschr. II, 552,41. V, 288,27.´ „Wo einer kam dem andern gnaw (nahe) so meynet er es wär die Saw“; H. Sachs 1560: IV, III, 81 (1612: IV, III, 176). (b. W.) bə-n-ə˜n *gnauə˜*, beynahe. 3) ä. Sp., beynahe. „K. Trayanus, do er auf sich selbs kain acht hett, wär er gar genaw erstochen worden“; Avent. Chr. 191. 198. g·nau˜r·n, g·nau˜z·n, vrb., genau, sparsam, karg seyn, knausern. bégnauz·n etwas, es genau besehen, beschnufeln. genau, wozu mir aus der ahd. Sp. nichts entsprechenderes beyfällt, scheint mit nâh, 'nôt und dem isl. naumr, angustus, parcus, verwandt. Vilmar, kurhess. Idiot. 281. Zeitschr. II, 543,182. 552,41. V, 288,27. Sollte etwa gar das ags. hneav, parcus, tenax, das isl. knûa, cogere, urgere, zu bedenken kommen? Besondere Erwägung verdient wol das unter G·nâd erwähnte isl. Verbum nâ. s. auch unten: genueg und nâh.

nauer, adj., `(zum vorigen als Comparativ?).´ „Ainer was frisch und nauer der hieß Mertin Zellhauer“; Mich. Beham, Wiener 68,14. „Ulrich Swab und Senkhauer dy warn all frisch und nauer“, das. 240,21.

`Der Naue, der Nacken; Schmid, schwäb. Wbch. 403: der Nauben, Naue. Graff II, 1113: nouwe. BM. II, 387. 424: niuwe, nûwe.´ „Gelucke hat den nuwen („nawen“, im Reim auf „gebawen“) gegen mir enblecket ich wand es het gedecket wilent gen mir seinen zan“; Cgm 379, f. 63b (270, f. 102).

ne, (ä. Sp.) Verneinungs-Partikel, aus dem alten ni. Mit dem folgenden Verb verbunden lautete es en. s. en und oben n·. nihne, ahd. für non vor dem Verb; Cgm. 17, Windb. Ps., passim, z. B. „nihne gab“, und ebenda f. 24b auch „nih en nam“, f. 49b: „niht zuo en nahent.“ „Nonne cognoscent oder nihne erchennent“; das. f. 23b, Ps. 13,8. „Da nihne ne was uorhte“; das. f. 42. „nihene hat, non habet“; das. 9a. nihne, nihil; das. nohne—nohne, neque — neque; das. f. 12b. Vrgl. BM. I, 745. III, 657.

`nei ('nei˜), 1) Adv., aus hinein gekürzt; s. oben, Sp. 1116: hin und vrgl. Zeitschr. III, 172,32. 405,28. VI, 131,7. 137,13. 265,48. 2) Präp., in; Zeitschr. VI, 170,94. 328,202.´

neu (nui, noi, ə˜ nuigə', nui-n-ə'), wie hchd., (goth. nivi-s, ags. nive, isl. ny-r, ahd. niuui, niuwi, mhd. niuwe; Graff II, 1109. BM. III, 387. Weigand, Wbch. II, 258 f. Zeitschr. IV, 537, IV, 2. 538, VI, 2. V, 512,16); österreich. neuch. „Zwégng wé denn ə˜ *neugs* Jàr, wàs wár denn drà˜ *neuch*“... „im *neuch·n* Jàr“; Seidl, Flins., 3. Ausg. p. 80. s. unten: *niatnaich* und neuschierig. „Die hunde lâzent nicht belîben, waz ist niuwe“; Labr. 17. „Ob sich mit iagen scheiden dîne hunde in ferten niuwen“; das. 50. „Du findest ferte niuwe“; das. 52. „Du solt nieman fürhetzen, lâ ê nâch einem niuwen“; das. 54. „Dô was im worden niuwe diu rechte fart“; das. 102. „Doch liefen sie recht als ez wære niuwe“; das. 182. „Desselben hundes iagen ist sô gerecht, daz er sich keines niuwen unterwindet und sæch erz mit den ougen; das. 335. „Daz mir diu fart noch wider stüende niuwe“; das. 512. Vrgl. „die fart erniuwen, verniuwen“; das. 51. 170. 286. 288. 387. 390. 405. 466. verneuren; Heppe 310. Neu-Jâr, s. Jâr; Neu-Stift, s. Stift; neuer Sunntag, s. Sunntag; Neu-Würz, s. Würz. Der Neu, frischgefallener Schnee, Spurschnee; (Jir.). `Die Neu, die Neuheit, das Neusein, Frischsein; Neuerung; (mhd. niuwe; BM. III, 388).´ „In der ërsten new irs zuovâhens“ (von Schwangern), in der ersten Zeit der Schwangerschaft; Konr. v. Megenberg, f. 23a. 28a (Pfeiffer 39,4. 41,5). `Das Neu, der Neumond; Konr. von Megenb., Pfeiffer 309,10. Birlinger 351b.´ Daz nuwe, das Nuw, in alten Calendern, z. B. auf 1477 von Jac. Pflaum (Inc. s. a. 4⁰. 762). „Gib jm (dem Kranken am Stain) das (Trank) umb das neu ze trincken“; Cgm. 4543, f. 140b. `neues, neus, ä. Sp., genitiv. Adverb, neu, von neuem; neulich, neuerdings; (mhd. niuwes, niuwenes; BM. III, 387. 388).´ „Den Ofen news zu machen“ (1392); Freyb. Samml. II, 133. `itneu, adj., a. Sp., wieder neu, ganz neu; (ahd. itniwi, mhd. iteniuwe; Graff II, 1113. BM. II, 390. cf. oben, Sp. 176: it).´ „Er was stæte, er was getriu, den friunden sleht, niht itniu“; Ulr. v. Lichtenstein, Frauendienst, Ms. (Cgm. 44), f. 2b (Lachmann 9,2). „nitnew“ (unter den Sünden: — Schleckerey?); Cgm. 658, f. 211¼. BM. II, 390b. „Daz alle iar ein nitnewer (chünig) erwelt würd“; Cgm. 54, f. 51a. Castelli, Wbch. 208: „*niatnaich*, ganz neu.“ neuelen (neuə˜ln) vom Bier: durch den Geschmack zeigen, daß es noch ganz neu ist. Birlinger 352a. itneuen, (ä. Sp.) erneuern, (gl. i. 897. 1188: itniuuôn. Graff II, 1113. BM. II, 390). „Suln alle iar einen (hansgraven) nitenewen“; Regensb. Urk. v. 1281, Gem. Chron. I, 415. (Das nit statt it ist wol nach Gramm. 608 zu erklären). (itniuuî, reparatio, Kero 36,12. gl. i. 1111; itniuues, ithniuues, adv., denuo; Isidor 2,10. gl. i. 560). Über Frauennamen auf niuui, niwi (niu, bair. nî) s. Grimm in Aufrecht's Zeitschr. I (1851), p. 429: Theodonivia, Hildiniwi, Godaniuui, Adalniu, Engilniuui, Udalniu; Meichelbeck: Gotani, Deotni, Liutni. Cf. griech. νέος, neu, jung. Förstemann I, 959 f. neufündig, ä. Sp., modernus, novellus; BM. III, 321. „Modernus, newfundig“; Clm. 5387, f. XVa. neugern, niugern, a. Sp., neugierig; (mhd. niugerne; BM. I, 534). „Swie niugerne ich anders sî“; Iwein 769. In niugernî (Neugierigkeit) sündigen; M.m. 114. Vrgl. unten neuschierig. verneugeren, sich verneugernen, (O.L. vərnuigə'n, Allgäu: vərluikələ˜), die Begierde oder Lust verlieren durch den Besitz oder Genuß. BM. II, 534: verniugernen. Das Voc. von 1618 sagt: 668
„Vernewgernt werden, exuere gratiam novitatis. Man vernewgernt bald, cito satiatur cupiditas. Man hat schon an disem ding vernewgernt, res ista fastidita jacet. Im hören vernewgernt man sich bald, aurium sensus est fastidiosissimus.“ „Bald sind sie darob vernewgernt“; Cgm. 4576, f. 7. Herzelieb hat mannich man, der doch gar verniugeret dran“; Frîgedank bey Docen, Misc. II, 196. Clm. 4660, f. 110. neumelk, adj.: *noimelche* Kuh; (Jir.). Die Neukait, Neuung, `das Neusein.´ Schêd vo˜ də' *Nuium* heə' is's Gəld schêi; (b. W.). ä. Sp. Neuerung, ungewohntes Vornehmen; MB. XXV, 441. Kr. Lhdl. I, 100. BM. II, 388. In Neulichkait, (Ldtg. v. 1612, p. 231) vor kurzem. `neulich, adv., wie hchd.; (mhd. niuwelîche, niu-

lîche, niuwelîches, niuweling, niuwelingen); (österr.) *nällat:* „Han i's denn nöt erst *nällat* g-ait"; Lindermayr 152. (b. W.) *də nálə*, erst unlängst. `neu-schierig, neugierig, (wol aus neusgierig, mhd. niu-wes girec). Vilmar, kurhess. Idiot. 283. Zeitschr. III, 278,7. IV, 127,7. 273,149. V, 157. 166,120.´ „Ah, dà bin i' *neuschiəri'!* sagt der Wiener, Seidl, Flins.³ p. 227. „Om se recht *niüschirig* to meaken", (Danzig); Firmenich I, 100,36. „Deerens (Mädchen) sind allto *nieschiericht*", (Altmark); das. 140,4. Neuschierigkeit, Neugierigkeit; das. 195,24–25 (Hannover); Niggsgierigkeet, das. 274,116 (Bielefeld). Neuschird, Neugierde; das. 480,82–83 (Düren). Neustrien, Neustria, Niwestria aus *Niuwestria*, s. Grimm, Gesch. d. d. Spr. 529.

Die Neue (?). „Ich zug ir für die augen die newen; wo sie fleugt, das mit spotte von ir gespilen wurd uff sie geschrewen"; Valkn. 130.

neuen (noiə˜, nuiə˜, Partic. Prät. geneut, ä. Sp. genauen, genûen, genûwen), stampfen, tundere, conterere; (Graff IV, 1125: nuan, ganuan, farnuan; BM. II, 418 f.: nouwen, zernouwen. Grimm, Mythol.² 574. Zeitschr. IV, 37: nain). „Stamphe farnûuuanaz, pilo tunsum"; gl. a. 102. „fenûen uuerda, tundatur (tergum ictibus)"; Prudent. peri steph. X, 116. gl. i. 557; „niuuit, retundit (securem); ibid. II, 329. gl. i. 548; „genuen uuerdent", Notk. 109,5. Cf. isl. nûa. „Sô dich ein gebûwer nimt ze sîner rehten ë . . . bî dem muost dû niuwen, dehsen, swingen, bliuwen"; Helmbr. 1359. „Leg in in einen stamph vnd newen also chlein sam chleinen prein"; Furstenf. 121, f. 173. Die Gersten, den Hirs neuen, (H. Sachs) neuwen, molere, tundere, in der Mühle enthülsen. „Die tann-, feichten- und mentlene Zapffen sollen in der Müll ausgeneuet oder gestempffet und der Saamen davon in die Schleg geseet werden; alte Forst-Instruct. Die Neu-Gersten, (Ortolph) geneute G., (tyrol. L.O. v. 1603) genawen G., hordeum tunsum (MB. XI, 45), gestampfte, gerändelte, gerollte Gerste. „Gnietn habern aufs dach werfen"; Grimm, Mythol. XLIX. „niv, nu, nuwe, tunde (in mortariolo), genûwen tunsum"; Diut. II, 269. 270. „Senef genuwen mit honege gemisset ist gût ze der uzgebliuhten hiute", Clm. 536 (XII. sec. 4⁰.), f. 86. „Knoflach mit gaissin smalcz genawen"; Ind. 344, f. 94b. Cgm. 3253, f. 12. „Ez wirt ein ungenuwen stein gestellet als ein maheldeu"; Konr. v. Wirzb., gold. Schmiede 1888, `(W. Grimm 1896: „ein ûz genomen stein — gâmahiu").´ Vrgl. nach Gramm. 686. 576 das nach Hormayr in Pergine übliche „näum, näudn" zertreten.

ni, s. oben n- und ne. ni-mer (nimmə', nürnb. nemmə', schwäb. nimê), nicht mehr, nicht wieder. Da das Wort nicht, wie im Hchd., der Gegensatz von immer, und dieses selbst im Dialekt wenig üblich ist, so wird beyder Zusammenhang mit dem alten iamer, iemer, niamer, niemer etwas bedenklich; (BM. II, 153. Weigand, Wbch. II, 271). Vrgl. numə und das folg. Wort.

nie (niə, o.pf. nêi), wie hchd.; (goth. ni aiv. Graff I, 520. BM. I, 744. Weigand, Wbch. II, 265). „Si (die arbais) waren nie so gut", (d. h. nicht eben gar so gut, wie du meinst; — nie öfter in diesem Sinn); Inderst. 116, f. 69. s. ie.

nie-man, niemand (niəmə˜, niəmə˜d, néəmə˜d, neəmt), niemands (neəmə˜ds, o.pf. nemə˜ds), wie hchd. niemand, goth. nimanna; ahd. nioman, nêoman, mhd. nieman, niemen; Graff II, 748. BM. II, 41. Weigand, Wbch. II, 267. Zeitschr. II, 92,57. III, 425,20. IV, 14. 285,156. 478. V, 98,22. 156. 403,67. gl. i. 464: „nio mannes, ne cuilibet." s. Mann). Dà brauhh I niəmtn, O.Pf. dâu brauch I nemə˜dsn, da brauch ich niemand. „Und da niemands käm." „Das Gotshaus ist niemants nichts davon schuldig"; MB. II, 97. 100, ad 1475. R. A. Der Niemand seyn, ohne persönliche Bedeutenheit seyn. Du bist gàr də' Neəmə˜d. (Vrgl. Otfrid IV, 7,76: „ther thritto uuas niheinheit" und Hait).

niənə˜, niənət, niənəts, neənt, neə˜t, neən-tn, o.pf. nêi˜ət, nêi˜əts, nirgends. Zeitschr. III, 216,36. VI, 118,6. 250,11. 272,IV. Der auf nie folgende Bestandtheil ist mir unverständlich, (kaum niə ən Ort oder niə ən End, auch nicht die bloße Negation ne, 669
nicht, da êi˜ə't irgend heißt). s. oben, Sp. 9: ie, und unten: nindert.

no˜, (Passau: nu), 1) wie hchd. nun, Interj.; (a. Sp. nu, nu du, nu du nu, eja, age! Graff II, 976. BM. II, 420 f. Weigand, Wbch. II, 284. Zeitschr. II, 83,5. 401,9). *No˜* du, mahh ə˜ Màl! *No˜* só hör auf! Wenn I á' nidə'fàll, *no˜*, só stê I hàld- widər auf. 2) wie hchd. noch. *No˜* ə˜ Màl, *no˜* màl, noch ein Mal. Du liəgst wiə *no˜* màl ə˜ Schwenkmachə'. Nà˜ *no˜* ən aə˜zi's Màl, nur noch ein einziges Mal. *No˜* nét, oder nét *no˜*, noch nicht. *no˜* scho˜ (∪ –) schon noch. Wedə' dés, *no˜* dés, weder dieß, noch das. Eine bloße Entstellung des noch in nó', und endlich (nach Gramm. 554) in no˜, ist hier um so mehr anzunehmen, als das alte nu nur die Bedeutung nun, jetzt, modò, und niemals die von noch hat. Cf. ahd. nu doh, Kero 1. nuh nu, noh nu, Tat. Mt. 19,20; cap. 125. 173. E. H. 101,3. nûuua, modo; Tat. 173. 185. Graff II, 984 f. Vrgl. indessen die Anmerk. unter noch.

`(nôieren, nôgieren) vernôgieren, ä. Sp., wieder abfallen, (v. lat. renegare; cf. ital. nojarsi, altfranz. renoier, franz. s'ennuyer. Diez, Wbch. 239 f. BM. II, 405 f.).´ „Nu alrerst ist mir bekant, daz wir immer müzzen wesen vernoyert volk, seit ir gelesen habt, daz er Noyer hiez, der uns diesen segen liez", — sagen die Bauern dem, der ihnen den Ständeunterschied von Noe her deutet; Renner 1425. s. nogieren.

dənu, adv., (O.Js.) neulich. (Etwa do-nu? vom alten nu, modò, wie man auch ietz für neulich braucht. Das unter neu angeführte itniuues liegt zu ferne). Vrgl. unter neulich: də nála. s. das obige no˜ und nun.

Die Nab (Nà'), o.pf. Nomen proprium für gewisse Flüsse, z. B. die Schweinnab, Waldnab, (bey Ried, ad 1061: Crumbanaba), Haidnab, (ibid. Surbana und dabey Napurg für Nabburg). Graff II, 995. Förstemann II, 1067. Der gemeine Mann braucht diesen Namen auch als Appellativum: 's Wassə' flêisst wêi ə˜ *Nà'*, d. h. stromweise, in Strömen. Was ist das für ein Wasser? fragte ich bey Ansicht der in die Eger fließenden Rösla. Dés is hàlt d- *Nà'*, gab eine Bauersfrau zur Antwort. Möglich daß dieses Nab nach Gramm. 501 zu A, ahd. aha, goth. ahva `(s. oben, Sp. 1. 2. 22 u. 54)´ gehört. Doch ist es als Eigenname schon alt genug: flumen Naba, (ad 1199; MB. XXIV, 43). Ob in des Venantius Fortunatus: „Quem Nabus (alias Nablis) ecce probat, Duringia victa fatetur" unsere Nab zu verstehen? Huschberg, Gesch. des Hauses Scheiern und Wittelsb. 50: Nabis. Die Nahe am Rhein heißt bey Ausonius und Tacitus Nava. Graff II, 1108. Förstemann III, 1067 f.

Der Nabel (Nàbəl, Nàppl), wie hchd. Nabel, (gl. a. 57. 122. 290: nabalo, ags. nafela, isl. nafli, ahd. napalo, nabalo, mhd. nabele, nabel; Graff II, 995 f. BM. II, 283. Weigand, Wbch. II, 227). Der dicke Nabel (Metzger- und Küchensp.), das Bauchfleisch vom Rindvieh. Die Nabelsucht, furor uterinus. „Macht du denn nicht abelan das (d)ich die nabel sucht bestat"; Cgm. 379, f. 70b.

Die Nab, wie hchd. Nabe; (ahd. napa, naba, modiolus, mhd. nabe; Graff II, 995. BM. II, 282. Weigand, Wbch. II, 227. Cf. holl. ave, aaf). Vrgl. das folg. Wort.

ʼʼnab, (nàʼ, nôʼ), Adv., aus hinab gekürzt; s. oben, Sp. 1116: hin und Zeitschr. III, 172,32. 288,8.ʼ

Der Näbiger, Näbinger, und Näber, Neber, Neiber, Nepper, der Bohrer; (ahd. naba-ger, nabiger, napugær, nebagâr, nauuger, gl. a. 21. 535. i. 191. 207. o. 224. 379; agſ. nafe-gar, nauegar, isl. nafar, mhd. nabegêr; Graff IV, 225. BM. I, 498. II, 282. Weigand, Wbch. II, 227. Birlinger 349. Zeitschr. IV, 37 f. 178. V, 506. VI, 24. 343. Cf. česk. nebozjz, Bohrer). „... nebeger(?) umb loch wurd ez wol weger"; Cgm. 811, f. 25. Nábingerloch, Bohrloch; Seidl, Flins. IV, 27. Vielleicht ein Compositum aus dem vorigen Nab u. Gêr, (s. oben, Sp. 930: Gêr, u. Sp. 1482: Lunegar); nach Rottmanner kommt indessen ein einfaches Verb naben (wangersch: nauer, bohren; Ehrentraut, fries. Arch. I, 80. Cf. franz. navrer: navrer le coeur; Diez, Wbch. 237) für bohren vor. s. auch Nägbor und Näuger, welche entstellt scheinen.

Der Nebel (Nêwl, Nêppl; b. W. Ebl, besonders an Ebl), wie hchd. Nebel, lat. nebula; (ahd. nebul, mhd. nebel; gl. o. 201: nebul; Graff II, 996. BM. II, 327.
670 Weigand, Wbch. III, 250); fig Rausch. Du hàst 'n *Nacht-Ebl*, siehst nicht gut; (b. W.). Spanischer Nebel, 'auch Katzennebel', fein aus dem Mund gestäubtes Wasser. nebelfeyren, (von Floßleuten) wegen eines dichten, undurchsichtigen Nebels die Fahrt auf dem Wasser einstellen. Die Nebelkappen, „cucullus"; Voc. v. 1618. „Nebelkapp, limberida"; Voc. v. 1429. BM. I, 787. Vrgl. oben, Sp. 1268. Eigentlich wol Eins mit der Tarnkappen oder dem unsichtbar machenden Mantel des Nibelungenliedes. R. A. In der Nebelkappen daherkommen, d. h. plötzlich, ohne im Kommen bemerkt worden zu seyn. In der Nebelkappen herumgên, nicht wissen, wo aus und wo an. Einen in der Nebelkappen herumfüeren, ihn hinters Licht führen. *Eblkappen*, (b. W., ObrM.) Schimpfwort gegen Weibsleute. Die Nebel-Krâ, cornix nigra. „Wiltu augen klar machen die den nepl.. trephen haben"; Cgm. 4543, f. 116. Vrgl. nibeln. nebelreissen, fein regnen; s. reisen. nibeln, (schwäb.) fein regnen oder schneyen; vrgl. neifeln. „So wirt ez tunchel und genibelt"; Scheftl. 296, f. 79. Cf. BM. II, 327: nibelen und daz genibele, Dunkelheit. Weigand, Wbch. II, 261. niblich, nebulosus; Voc. von 1618 u. 1429. „Ist jhm vor den Augen dunckel und nüblich worden"; Lechfeld-Mirakel. Das Genibel. „So machten wir in dem Lande (mit Sengen und Brennen) ein Genibel, das jn jr manheit müß entfallen"; H. Rosenpluet; (gl. a. 221: farnibuli, caligo; Otfr. nibulnissi, nebula; gl. a. 68: nibulan, caligare. Graff II, 997. BM. II, 327). „Genibeltz angesicht, nebulosa facies"; Voc.

neben, nebend (nébm, nébə~d), Frank. nebenst, praep. u. adv., wie hchd. neben; *Nébm* 'ən Zau~, *nébəd·n* Zau~. Zeitschr. II, 276,21. III, 135. 217,8. V, 271,14. 450. VI, 256,1.46. neben meiner, deiner, seiner ꝛc., neben mir, dir, ihm ꝛc. Zeitschr. II, 90,10. VI, 115,30. „Näben den kramern", so wie die Krämer; (Augsb. Sdtb., Freyb. 30). Zeitschr. VI, 339. nebenaus (nébmaus ᴗ-), von der rechten Linie, Straße ab. Besonders sagt man von Leuten, die die ehliche Treue nicht strenge halten, daß sie nebenaus gên. Das Nebenbey (scil. Schiff), Nebenschiff, das an ein vorangehendes befestigt ist. „nebensich gehn, oder beyseits gehen, secedere"; Voc. v. 1618. an nebens, beneben, benebens, beynebens, dabeneben, (Canzleysp.) nebenbey, überdieß; Nibelungen 8740 (Lachm. 2095,4): beneben statt neben. nebig, adj., (Franken) daneben befindlich. neben ist aus ·neben, mhd. en-eben (Jwein 3790), ahd. in eban (ana eban gilich; z. B. Isid. 3,16.17. Notk. Ps. 62,9), agſ. on-efen, on-emn entstanden; (Graff I, 96. Grimm II, 763. III, 107. 269. BM. I, 407. Weigand, Wbch. II, 250). Noch kommt in der O.Pfalz das einfache eben für neben vor.

Das Nobishaus, der Nobiskrug, ä. Sp., die Hölle, (aus lat. abyssus, ital. *nabisso* = in abisso; cf. nabissare, vrb. „Paulino ero propio un *nabisso* (un fanciullo) che mai non si fermi, sempre procacci di far qualche male"; Novellette, Milano 1838, p. 18. 60. 'Diez, Wbch. 3. Grimm, Mythol.[2] 766. 954. Wolf, Zeitschr. f. Mythol. I, 4. Gödeke in der Zeitschr. des hist. Ver. f. Niedersachsen, Jhg. 1852, p. 367 f. Weigand, Wbch. II, 275. Vilmar, kurhess. Idiot. 284 f. Zeitschr. VI, 375.' Leo (in den neuen Mittheil. ꝛc. Halle, IV, p. 96) nimmt, als von hnîgan kommend: nivol, nëovol, für abschüssig, tief, Nifl-heimr, Abgrund, Nibilunc, aus der Tiefe der unterirdischen Geschlechter stammend). „Fahr ich dahin in Nobishaus da schlegt das fewer zum gibel auß"; H. Sachs 1560: III, I, 263. „Du bist ietz in Nobishaus", (purgatorium); das. III, III, 61b. „Nach dem da must auch sterben er, fuhr zum Alten in Nobishaus das fewer schlegt zum gibel naus"; das. IV, III, 93 (1612: IV, III, 199). „Die Feuerwerker kommen in das Nobishaus"; Cgm. 957, f. 3; (cf. Th. III: das Simeß). In Niederdeutschland führen einsame, abgelegene Wirthshäuser, Grenzwirthshäuser den Namen Nobiskrug. Brem.-niederſ. Wbch. III, 254: Obiskroog. He is na'n *Obskroge*, er ist gestorben. „In dem pardis und in dem abis"... entweder „den abis" oder den himel"; Haupt, altd. Blttr. 1836, p. 294.

nüber, adj. „Wiltu zachen wein nüber machen"; Cgm. 695, f. 130. Cf. Stalder II, 245: nufer, nuefer, nuifer, munter, lebhaft, u. oben, Sp. 19: ueber. Zeitschr. V, 157. 528,620. VI, 360.

'nüber, Adv., aus hinüber gekürzt; s. oben, Sp. 1116: hin und vrgl. Zeitschr. II, 137. III, 142: nüʼ. III, 172,32.'

Der Nachen, (ahd. nacho, isl. nöckvi, m.; Graff II, 1014. BM. II, 295. Weigand, Wbch. II, 230), im bayr. Dialekt so unüblich, als Kahn; s. Schelch, Schifflein, Zilen.

nâch (nàhh, nàʼ, o.pf. nâuʼ), praep. wie hchd.; (ahd. nâh, mhd. nâch, nâ; Graff II, 1000. BM. II, 209. Weigand, Wbch. II, 227. Zeitschr. II, 96,34.36. 395,1. V, 267,8; als Advb. II, 83,7. 109. 423,57. III, 173,130. IV, 409,52. V, 267,8. 517, II, 12. 120,13. 133,12. 407,19. VI, 133. 351. 422,2,6. 415,9. 468,37. gl. i. 486: nah uns, post nos; nah iro, post tergum; „nach eins essens" beten, Cgm. 632, f. 37); in der ahd. Sp. sonst selten als Präpos., wofür sie aftar verwendet, (s. nâh); jedoch braucht der gemeine Mann in Altbayern in einigen Fällen vorzugsweise auf, in, um statt nach: auf Nürnberg, Wien ꝛc.; ins Bêm, ins Frankreich, ins Sachsen ꝛc.; um Waßer, Brod ꝛc. gehen. Nach der Meng, der schwär'n Meng; nach dem Duzend, dem Hundert, dem Tausend. Gewant tragen „nâch den Sahsen", à la Saxonne, „nâch den Swâben"; S. Helbling III, 211. VIII, 798. XIV, 18. Nach etwas schmecken oder riechen, s. unten: Schmalz. nâch dem (ᴗ-), 671
prout, je nach dem. nàʼ danə~, (b. W.) nach u. nach. nâchher (nacheʼ, Nptsch. nacheʼlə, Haas, Höchstadt: nàchetlə), Adv., hernach; Zeitschr. I, 290,11. II, 83,7. 91,26. 276.46. 422,66. III, 105. 135. 172,13. 176,13. 239,9. 532,62. IV, 36. V, 126,12. 256,124. 506. VI, 351. 422,2,6; nach (hieherwärts), Präpos. Halbgebildete gehen nacher München ꝛc. nachhin (nachi-ᴗ), nach (hinwärts); Zeitschr. IV, 39. Láff *nàchi!* No~ langsam vorà~, no~ langsam vorà~, dás di bêmisch Landwer *nachi* kemə~ kà~, (1809). Einem etwas *nachi* taə~, nachthun. darnach (dənàhh, dənàʼ, dənâu, O.Pf. auch blos nâu), 1) wie hchd.; (gl. i. 553: daranah, deinde). Zeitschr. IV, 409,52. 2) b. W., zu spät. Wá'st êiə' kemə~-r-êitzə-r-is's á' *dənà'*, c'est trop tard, — wie Vieles in Europa Februar u. Merz 1846. êitz is s scho~ *dənàh,* I kà~ də' nimmə' hálfə~. *Dənàhh* dass's mə' gfait, je nachdem es mir gefällt; (ObrM.). z·nâch und z'nâch,

nach und nach. Nachmaye, ä. Sp., Juni; Nachaugst, September; s. oben, Sp. 1549: Mai. Nâchbar ꝛc. s. unter nâh.

naichenen, (ä. Sp.) opfern, weihen (? — wenigstens steht gl. i. 147. 167. 172: neihhan, libare, immolare. Graff II, 1015. Grimm II, 810. III, 764). „Hab ich darzu gegeben, geordennt, geaigent, obergegeben und genaichennt die hernachgeschriben gullt und guter"; MB. XXV, 530. s. Neicht u. vrgl. næchen, unter nâh.

Näuhlerin, Näuchlerin (Neulerin?), unbeständiger Mensch, Närrin; auch Näherin; (Zir.).

néčheln, (O. Pf.) eine Art mit Schnellkügelchen zu spielen. Vrgl. Neckes.

noch, die auch hchd. Partikel, (goth. nauh, ahd. noh, mhd. noch; Graff II, 283. 980. BM. II, 403. Weigand, Wbch. II, 275. s. Zeitschr. V. 271,7.8), kommt in vollkommener Aussprache bey den Oberländern der Jachenau, sonst aber in Altbayern auf dem Lande und selbst bey Bürgersleuten nicht leicht vor; da hört man allgemein nó˜, (w. m. s.). noch in denn-noch, lautet nə' (dennə') und nət (dennət, alte Ettaler Chronik: dannocht, Konr. v. Megenberg, z. B. f. 157ᵇ: dennocht, noch; etwa aus Otfrids noh tho apocopiert) und nəst (dennəst), und gən (dengən), wo freylich die Identität der Formen nicht außer Zweifel bleibt. noch, ä. Sp., auch da noch, dennoch, gleichwohl; BM. II, 403,2,a.b. „Wie wol er nit bald stirbt ... noch (dennoch) hat er im sein leben gechürzt"; Cgm. 632, f. 39¾. „S. Jeronimus ist so mager und durr gewesen noch empfand er sodleich pebegum des fleisch", daß er sich in Dornen wälzen mußte; das. 40¼. Die ä. Canzleysprache liebte annoch für noch; (d. i. 'annoch aus dannoch; Gramm. S. 91, §. 448. Grimm, Wbch. I, 418). ienoch, ä. Sp., noch jetzt; BM. II, 403,2,d. „înoch stet si dare", (Sara als Salzsäule); Diemer, Ged. 18,4 Das alte noh steht, wie das hchd. noch, theils für adhuc, theils für nec, also sowohl positiv als negativ. Positiv: nu noh, adhuc, Kero 41; noh, modo, gl. i. 796: noh io, gl. i. 743, jam nunc, Otfr. II, 14,92; noh nu, nuh nu, noh thanne, adhuc, Tat.; noh uuenna, i. 555. 714: „olim," d. h. in Zukunft; noh uuesan, a. 263: fore; negativ: noh thizi noh thaz, a. 133, neutrum, M. m. 1 und passim. Schwerlich steckt die Negation schon im Worte selbst; (noh = neh, Grimm III, 250). Die verneinende Bedeutung erhielt es vielleicht erst dadurch, daß man es zu einem mit ni verbundenen Verbum finitum zu denken gewohnt wurde; (nohne — nohne, neque — neque: Cgm. 17, f. 12ᵇ). Das ahd. noh-ein, nohh-ein, unser kain (s. d. W.), ist wol ebenfalls so zu nehmen. Im Gothischen kommt für nec nih vor; nauh heißt immer adhuc und ist vielleicht, neben nuh aus nu (nunc), durch das auch andern Partikeln zukommende Anfüge-h modificiert, woraus denn sogar für das bayrische, oben als Entstellung verurtheilte no˜ (nu) eine Art Ehrenrettung hervorgehen würde. Die nähere Erforschung der Partikeln, dieser feinsten logischen Extracte, ist überhaupt nicht weniger wichtig als schwierig. nochaintling, noch; nocharist, nun mehr; (Zir.).

Nichs, s. Nicks.

Die Nacht (Nähht, Nà'd), wie hchd.; ahd. und mhd. naht, genit. nahti, nehte nächte, ags. niht, isl.
672 nâtt, genit. nâttar; goth. nahts, genit. nahts statt nahtais, woher wol auch noch der Genit. nahtes, nachts der ahd., mhd. und heutigen Sprache (M. m. 167, gl. a. 118. Tat. Matth. 2,14 und passim), welchem schon in der mhd. Sp., wol nie in der ahd., der masc. Artikel des vermittelnd vorgesetzt wird; cfr altſ. Evang. Harmonie Cap. 42: thesaro uuereldes. Graff II,

1019. BM. II, 298. Grimm, Mythol.² 698. Haupt's Zeitschr. VII, 455. Weigand, Wbch. II, 236). „Einer kirchen chnecht" ... „an einer heiligen necht"; „an der christ necht"; Mich. Beham, Cgm. 291, f. 270,ᵃ·ᵇ. „Nu het der Francz vom Hug zwen knecht dy zugen hin an ainer neht zu ainer vest"; ders., Wiener 348,25. „Des selbes nachtes", Cgm. 270, f. 278ᵃ. schnachts, Cgm. 714, f. 146. 264. 266; des schnachtz, das. f. 34ᵇ. Vrgl. oben. Sp. 1648: smorgens, schmorgens, zu schmorgens. z'nachts, am Abend; (Zir.). „Gut schnatz"! gedacht ihm der Apotheker; P. Gansler 39. Guəds *Nächtl!* ein zutraulicheres: gute Nacht! z·*Nächt·n* gêi˜, in den Haimgarten; (Regen). alle nechtigchlichen, alle Nächte; Rorbacher Roswachtschaft. Die Gebnacht, s. oben, Sp. 867. Die hailig Nacht, Mettennacht, Rumpelnacht, die Christnacht. Die Klöpfleinsnacht. s. oben, Sp. 1337. Die Râuch-Nächte, Unter-Nächte, zwelf Nächte zwischen Christi Geburt und heiligen 3 König. Unternächt, Ald. 228, f. 339ᵃ. Die Weihen-Nächte (Wei˜nächt·, Wei˜nächt·n), die Weihnachten, (s. Weih); ä. Sp., was Râuchnächte. BM. II, 302. Wîhe nähte, Weihnachten, cesk. wánoce, plur.; welifá noc, welkonoc, plur. welkonoce, Ostern; Dobrowsky, Gramm. Die Nacht-Bœr, s. oben, Sp. 256: Bœr, (Gewohnheit, Sitte). Die Nacht-Hôchzeit, (O. L.) Mahl und Tanz, am Abend vor der Hochzeit im Hause der Braut sowol als des Bräutigams gehalten. Der Nacht-Künig, s. oben, Sp. 1258 und Birlinger 287ᵃ. Das Nacht-Liechtlein, fig. Person, welche gern in die tiefe Nacht hinein zecht, spielt ꝛc. Die Nachtigall, wie hchd.; (a. Sp. nahtigala, nahtagala, nycticorax und luscinia, mhd. nahtegale; Graff IV, 178. BM. II, 457. Weigand, Wbch. II, 235. Müller, etym. Wbch. d. engl. Spr. II, 130. s. oben, Sp. 889: gallen). „Phylomena haizt ain nahtigal"; Konr. v. Megenberg, f. 128ᵃ·ᵇ. Vrgl. unten: Spatz. „Si (die Closnerin) ist gottes nachtegalle und lopt in mit rîchem schalle"; d. Teufels Segi, Barack 204,6441 2) Feurb. v. 1591: halbe Doppelcarthaune, die eine bey 60 Pfd. schwere Kugel schießt, (verschieden von „Nachteral, so 45 Pfd. Eisen schoist"?); vrgl. Th. III: die Singerin. 3) im Scherz: Nachttopf. Der Nachtigál, (b. W) Nachtschwärmer; s. oben, Sp. 891: Gaul. Das Nachtgejaid (Nàchtgjaəd, Nàchtgàid), s. oben, Sp. 1201 und 1047. Die Nachthussen, Unholden; s. oben, Sp. 1184. Nacht-Schröttl, incubus; Voc. v. 1618. s. Schrötel. Nachtseld, Nachtzil, s. Seld. Nachtweiblein, lamia, strix. Voc. v. 1618; im Voc. 1429: „Nach(t)farn, unhold, lamia." s. Grimm. Mythol.² 1010. BM. III, 250. Aberglauben an „dy nachtvarn, an dy pilweisen"; Cgm. 478, f. 2. nachten, wie hchd. nächteln, anfangen Nacht zu werden. benachten, (ä. Sp. Voc. v. 1429. Kr. Lhdl. XVI, 296) über Nacht beherbergen sowol als beherbergt werden. BM. II, 303. „Kung Rudolf (von Habsburg) schůf also gůt gericht vnd freid daz an mangen enden in dem land die kaufflæt ir lastkaren und ir wegen liessen stan wa sie benachteten daran getorst si niemant geschedigen"; Kaiserchron., Hs. des germ. Mus. 2733. „Do der von haim für und benacht eins in einer stat„; Gesta Romanor, Cgm. 54, f. 62ᵇ, (Keller p. 121). „Der mesner da penachte", pernoctabat; Mich. Beham, Cgm. 291, f. 270ᵃ. nachtlüden. „Wer ainen des nachts nacht lüdet ... ist dem den er genachtlüdet hat der zwyspild schuldig und dem lantrichter ist er leibs und guets verfallen"; Kais. Ludwig's Ordnung für das Landger. Hirschberg (1320). Vrgl. oben, Sp. 1467. übernächtig, wie hchd., (von Getränken, Speisen ꝛc.) über Nacht stehen geblieben; (von Personen) die Nacht über nicht zu Bette gekommen; über Nacht vergänglich. Wir sind alle übernächtig; Akten des 16. Jahrh.

Unsere Voreltern haben, sowie die Jahre nach Wintern, die Tage nach Nächten bestimmt. Sie sagten

siben naht (ags. seofon-niht, engl. seven-night, sennight), wo wir acht Tage, vierzehennaht (ags. feovertyne-niht, engl. fortnight), wo wir vierzehen Tage sagen, (und, wie die Franzosen, den acht Tagen analog, fünfzehn Tage sagen sollten). Nach so und so viel Nächten scheint bestimmter, als nach so viel Tagen, wo man nicht zugleich ausdrückt, ob auch der heutige mitzurechnen sey, oder nicht. BM. II, 299^b. Vilmar, kurhess. Idiot. 279. „Über dise siben naht"; Nibelungen 5813 (Lachm. 1390. Zarncke 221,2: „in disen siben nahten"). „Dô si dâ siben naht erbiten"; Iwein 2763. A septem in septem noctes; Legg. Alam. 37. „Det spatium usque in XII noctes"; Legg. Longob. „Praefixit diem XIV post noctes post festum N. N"; MB. VII. 493. „Prima mannitio super noctes VII, secunda super XIV, tertia super XXI, quarta super XLII"; Legg. Carol. M. bei Georgisch. „Die vierzehen nacht, als der ostermarkt anevahet. Der sol dri vierzehen nacht (6 Wochen) frist haben.
673 Uf dri vierzehen nacht"; Augsb. Stdtb. Cf. Freyberg p. 30. „Über deberch nacht" richtet man gesten, man verschafft ihnen in kürzester Zeit ihr Recht; Bamberger Stdtbch. (sec. XIV, 1306—1333). „twerhes über naht". Haupt's Zeitschr. I, 491, 1917. BM. III, 166. s. Th. IV: zwerch. 'sibennächtig, eine Woche alt.' (Jesus kam) „reht als ein kint niu geborn daz kûme sibennehtig ist"; das zwölfjährige Mönchlein. Die R. A. „innerhalb Jahr und Tag" heißt im Schwedischen: inom natt (Nacht) och år. Dalin, Hist. II, 691. nächten, vrb. (ä. Sp.) einen Tag anberaumen. Genächte Tage, anberaumte Gerichtstage.

Der Ausdruck Nacht, ohne weitere Bestimmung, deutet aus einem sehr natürlichen Grunde zunächst auf eine schon und eben erst zugebrachte Nacht. Hieran reiht sich der erweiterte Gebrauch, nach welchem dieses Wort, wie das französische la veille (vigilia), in Beziehung auf einen bestimmten Tag nicht blos die demselben vorhergehende Nacht, sondern auch den demselben vorhergehenden Abend und ganzen Tag bezeichnet. Die Feyernacht, Abend, Nachmittag vor einem Feyertag; MB. XXV, 327. 328. Frâuennacht, vor einem Marienfest. Die Kirchnacht (Kir'nà't, Ki'nàd), der Abend, ja der ganze Tag vor dem Kirchweihtag. Kirchtaggäste pflegen ihre Kinder schon in die Kirchnacht vorauszuschicken. Wenn es (Kr. Lhdl. I, p. 295, ad 1459) im Landtagsausschreiben an Johann v. A. heißt: „Als wir dich auf sankt Catharinentag schierisch zu Nacht zu uns und unsrer Landschaft hieher gen München gefordert haben, solches erlängern wir, und begehren von dir, daß du auf Sonntag nach sankt Niklastag schierist zu Nacht hieher kommest", so scheint hier der Vorabend, la veille, der genannten Tage gemeint zu seyn. Auf dieser Ansicht beruht wol auch die Bedeutung des Adv. (wol ursprünglichen Genitivs) nächt, nächten (nácht, nácht'n, o.pf. nátn; Weihers: nêchte, Dr. K. Roth), den vergangenen Abend, den vergangenen Tag; gestern; (Grimm III, 138. BM. II, 300. Vilmar, kurhess. Idiot. 279. Zeitschr. I, 286,5. III, 180,2. 226,4,1. 272,3. IV, 36. 330,46. V, 254,45. VI, 174. 516,2,9. Cf. kärnt. s-nózhi, gestern Abends, gem. nachten; nozoj, nozd, heute Abends, Nachts; Jarnik p. 80). nächt oder nächten des Nachts oder ze Nacht (nácht'n z'Nàd), gestern Abends; nächten ze Mittag (nácht z Mittàg), nächten des Morgens (n. d's Margəst). nachtens, in der Nacht; Pangkofer 190. nächts statt nácht'n, vergangenen Abend; Lindermayr 72 (s. oben, Sp. 1627: munkezen). „Nächten am Erchtag" (schreibt Walterhofer am Mittwoch); Kr. Lhdl. X, 157. Am Pfincztag des heil. creuztags a⁰. 1440 schreibt Herzog Albrecht: „vns hat als nächtn am mitwochen ze nacht von den sachen getrawmet"; Wstr. Btr. V, 45. Heri, gestern, nechten; heri vesperi, nechten am abent", Aventin, Gramm. „Der hât uns nehten (die verfloßne Nacht) bestân"; Nibel. 6516, (Lachm. 1565,4). vornächten, vorgestern; (Weihers: fürnechte, anderswo ehnignechte; Dr. K. Roth). übernächten, (HchE.) übermorgen. nächtig, adj., gestrig. vornächtig, vorgestrig. Auf die Zeitbestimmung von Nacht zu Nacht gründet sich wol auch das aus hînaht (Nibel. 2618, Lachm. 601,2. Otfrid IV, 13,32. 35; noch jetzt in der Schweiz hinəcht) zusammengezogene heint (hei~t), welches in Bayern statt des hochdeutschen heute (das im U. L. als hoit, huit von hei~t in der Bedeutung unterschieden wird) ausschließlich üblich ist. Graff IV, 1020. Grimm III, 139. BM. II, 300 f. Sp. 1135. *Hei~t* au'f d' Nacht, Im Nibelungenlied bezeichnet hînte theils die verflossene (Vers 3710, Lachm. 867,2), theils die kommende Nacht (V. 2625. 6560. 6771. 7346, Lachm. 602,1. 1576,4. 1766,2), theils auch die ganze übrige Zeit des Tages bis zu letztrer (V. 3328; Lachm. 770,3: hiute). Vrgl. hie und heut.

Neicht, Weile, s. Eicht u. Gramm. 611. Denk- 674
bar, daß dieses Wort zu einem Primitiv von dem unter naichenen erwähnten nêichen (libare), ohngefähr wie naig zu neigen, vrb. n., gehöre. Es verdient nähere Beobachtung.

nicht (nét, 'ét, o.pf. niət), 1) wie hchd., (aus nicht in der folgenden zweiten Bedeutung in die des ältesten bloßen ni vorgerückt, wie im Gemeinschwedischen intet (nihil) statt icke (non), im Englischen not (angels. naht, noht, nihil) für no (non), neugr. *δὲν* d. h. *οὐδὲν* für *οὐκ* üblich geworden ist. Schon Notker und die biblischen Glossen aus Prüfling von 1156 geben das frühere bloße ni durch niht, nith, nicht. Cgm. 17, f. 9^b: niht, non). Ainer, aine, aines nicht, kainer nicht, ainige nicht, hchd. nicht einer, keiner, keine. „Ich han missetruwet den liuten die mir doch nœte hetent untruwe getan." In der Trunkenheit „ich gewan willen die sunte ze tünne die ich vor hete nœte getan"; Beichtformel v. 1289, Clm. 213, f. 188^b. 2) (ä. Sp. u. O. Loisach) nichts; (ahd. ni-uuiht, neo-uuiht, neoht, nieht, mhd. niht, aus nicht; Grimm 1^3, 227. Graff I, 734. BM. III, 653. Weigand, Wbch. II, 261. cf. Gramm. p. 215. Zeitschr. IV, 38). „Tů mir nicht so tů ich dir nicht", (1460); Monac. Augustin. 84, f. 67. „Es geit (im Tyrol) nicht als Alben und Schröfen und Schnê." „Ich kümmer mich um nicht in der Welt." „Ich bin zu nicht worden und hab es nit gewußt", ad nihilum redactus sum et nescivi. P. Gansler. Dieß ist noch die alte Acception des aus der Verneinpartikel ni und dem Substantiv uuiht (res, ens) bestehenden und dem catalon. no-res, franz. ne-rien entsprechenden Wortes. Davon lautete der Genitiv nichtes, der Instrumentalis (M. m. 11., Augsb. Stdtb.) niuuihtu, nihtu, nichte, später auch nichten und nichtem. Guzm. v. Alfar. deutsch, p. 476. Ldtg. von 1516, p. 334. Avent. Chr. 401. Mit nichtew, mit nichten, Enser SdtR. von 1212; mit nichtew, nequaquam, Clm. 4776 (sec. XV. 4⁰), f. 49, mit nichtiu, Labr. 193; mit neute, mit neuten, mit nichten, (im Reim auf „leute, leuten"); Mich. Beham, Wiener 159,2 214,2. 184,26 Jr anslag was für neute"; das. 249,20. Von niute, ex nihilo; Griesh. Pred. I, 131. „Diu ist mir gên ir sicher gar ze nichte"; Labr. 299. „Auf *nichti* kuma sein", sein Vermögen verlieren; Hammer-Purgstall, Wiener Jahrb. 120. Bnd., p. 119. Dieses nicht, als Substantiv, regierte früher den Genitiv. „Wande niht chinde da ist", (puisqu' il n-y-a point d' enfants). „Ist daz diu frowe niht mannes (keinen Mann) nemen wil." Augsb. Stdtb. (cfr. Otfr. II, 14, 49: Ih ni habên uuiht gommanes). „Swenne ir niht enist", (wenn sie stirbt); MB. XXIV, 433. „Wollt jr nicht haben", (wollte sie nicht haben); Avent. Chr, 322. Das mein nicht wil, des ich nicht mag, kain ding ich me (?) ringer wag; Kais. Fridrich IV. bey Chmel. „Wölt ich ir sehen nicht"; Labr. 300. „Daz ir mich secht, daz ir mein nicht secht"; Cgm. 745, f. 23. „Ich bin sin niht", (ich bins nicht), Luc. 22,58; Cgm. 66, f. 29. „Ir habet si ze allen ziten. Ir habet min ze allen ziten niht", Joh.; das. f. 25. 26. „Do si des lichnamen niht

funden . . . sin selbes funden si niht"; das. f. 33. „Ich wirt ir nit töten", werde sie nicht tödten; Buch d. W. (1485), f. 145. „Ich wais sein (es) nicht": Cgm. 583. „Ich hett mines rok nit"; Teg. 1550, ad 1425. „Swelches jars der pfarrer vnd sein gesellen der vigili vnd der meß nicht hielten"; Ostermätinger Brief von 1386, Cgm. 3941, f. 225. „Des siechtumbs habent dy frawen nit wan sy habent des selbigen gelitz nit"; Cgm. 4543, f. 62. „Nimpt im nit der weil"; Cgm. 632, f. 37. „Hab ich der füe nit, so bedarf ich der müe nit"; Cgm. 837, f. 138[b]. Von der verstärkenden, nach dieser Analogie gebildeten Formel nichtes nicht (MB. XIX, 4. 13) ist elliptisch nach und nach das bloße genitivische nichtes oder nichts (nicks, o.pf. nécks, Rhön nischt, Nordfr. niαs) geblieben und überhaupt in die Stelle des nicht eingerückt. Mer is *nécks* waərm (opf. wie čech. mnè nenj nic teplo). Die schwäbische Aussprachform nuits, noits scheint, wie das schweizerische nüt, noch auf das iuu, eouu des ursprünglichen niuuiht, neo-uuiht, ni-uuihtes, neo-uuihtes zu deuten. s. icht und wicht und auch Gramm. §. 759—763. nichten, (Gebirg) nichts. Das en scheint die sonst eigentlich zum Verb gehörige Negation; (s. en und ne, ni; vrgl. Zeitschr. IV, 270,45). Gregor v. d. St. 2456: „Ouch entrûrte Dâvît nihtes mêre ze der zit." „Wan dir nichtes vorpargen ist"; Clm. 5979 (XV. sec., 1426), f. 176. „Ich hel dir nichts"; Balth. 40; cf. 41. 66. 132. 136. 138. „Wênic oder halt nihts"; Br. Berhtold 245, (Pfeiffer 226,17). „Do ich evch sant ane sâchel vnd ane taschen vnd an geschuhe wes gebrast ev do? Si sprachen nihtes niht"; Cgm. 66 (XIII—XIV. sec.), f. 28[b]. „Quasi nihil despiciet eam dy würd sus vermähen als nichtznicht"; Clm. 12723 (XV. sec., 1417), f. 83. „Des waiz ich gar nichsnicht"; Cgm. 54, f. 41[a]. „Daz gevelt mir gar nichz"; das. f. 46[a]. „Daz ich nichts nicht gesich" . . . „auswendig des palast gesach er gar nichz"; das. f. 63[b]. Vrgl. ichtzicht, das. f. 64[a]; s. oben, Sp. 30. „Er west nichz darumb"; das. f. 53[b]. Eren und reichtum des legt man nichsen zü im" (ins Grab); das. f. 52[a]. „Naigt sein haubt und redt nichsent"; das. f. 14[a]. „Des du so gar nichsent achtest"; das. f. 55[a]. „Weißt du nichtsen darumb"? H. Sachs IV. 9[2]. „Wo nichts ist kan man nichtsen finnen"; das. 1560: IV, III, 65 (1612: IV, III, 142). „nichtig", (Gemeiner, Regensb. Chr. IV, 422): „Daß man nichtig (nichts) davon wüßt." nichts nicht (nicks nét, schwäb. noitsét; Zeitschr. II, 432,34. IV, 104,18. 410,73. 514, IV), nichts; schon Voc. v. 1419: „nichts net." *Nicks wiə nicks is*, ganz und gar nichts. Vergleichbar das niedersächsische „*nist wat nist hêt*", „*nigtes wat nigtes hêt*"; Dönekenbok p. 255. 309. 326. zenicht, zeniecht (z'nicht, z'niəcht; Sette comm. nach Hormayr: „zicht, zucht"; vrgl. oben, Sp. 30: icht und Sp. 1636: mære; z'ichte mære sîn), und zenichtig (z'nichti'), adj., nichtswürdig, böse. ə~ *zniəchte'* oder ə~ *znichtigə' Lódə'*, ə~ *zniəchté* oder ə~ *znichtigé* Menschinn.
675 Du *zniəchts* oder *znichti's* Bant! Ganz *znicht* und stum . . . „ganz *z'nicht* waəſs s' nét wàs thaə~"; Lieder des salzburgischen Flachlands, p. 57. 59. „Hailoß zenichtig leut wöllen gemainiglich besser sein als andere. Das hirn in losen znichtigen Dingen verzehren"; Putherbey, München 1581. „Des zenichtigen Aberglaubens"; Av. Chr. 190. Br. Berht. 189 sagt: „Diu edelkeit der engel, diu wære ze nichte" (nichtig; Pfeiffer 98,4: ze nihtiu); daraus wol die Adjectivform zenichter, e, es wie die: zefridener, e, es gebildet. (Vrgl. indessen Otfrid's Epilog. 140: „thiu bosa ist ellu niuuiht." Gl. i. 283 steht: niuuiht-holz, myricae; 1112: niuuiht-man, nugaces, inutiles). niemants-nicht, niemantnichtig, bey Dietr. v. Plieningen: „Jugurtha, der niemantnichtigste (perditissimus) Mensch. Die niemantsnichten Menschen." ausnichten, vernichten, vernichtigen, zenichten Einen, (O. Pf., b. W.) ihn ausschimpfen, herunter machen, herabsetzen. „Schimpfen und vernichten"; Gem. Rgsb. Chr. IV, 41. Voc. v. 1618. „Reprobaverunt, haben vernicht": ZZ 1803, f. 195. „Genicht verachtet und durchecht"; Mich. Beham, Wiener 216,1.

Der Nichts, onochytis, Galmeyflug, hchd. Nicht. *Nicks* is guət für d· Augng. Zeitschr. III, 418,522: Nischte.

Die Nichte (s. Weigand, Wbch. II, 262) soll nach Adelung im gemeinen Leben Oberdeutschlands üblich seyn, was wenigstens ich nicht wahrgenommen habe, da selbst Vornehmere lieber das franz. nièce verwenden. Das Wort scheint überhaupt niederdeutsche Form (ch statt f) für Niftel zu seyn. s. d. W. u. Neffe.

'Die Genucht, ä. Sp., Genüge, Fülle, Vorrath; ahd. ganuhti, mhd. genuht, gen. genühte; Graff II, 1010. BM. 354).' „Was hie vor stond wan und hol (die Kästen, Scheuern) der sumer es erfült mit manger hand genüchte"; Cgm. 379, f. 1.

nüechter (niəchtə'), wie hchd. nüchtern; (ahd. nuohturn, mhd. nüehtern, nüehter; Graff II, 1024. BM. II, 423. Weigand, Wbch. II, 284); (Wirzb.) nuchten Brod, Mel *rc.*, übergebliebenes, halb verdorbenes. nühter, sobria, Diut. III, 171; nüter, Cgm. 94, f. 36[b]. Voc. v. 1429: „nüchter jejunus", gl. i. 467: nûohturna neben ûohtinana, jejuna, was für die Vermuthung spricht, daß hier Notkers (21,1. 29,6. 48,5. 62,7) ûohta, agſ. uhta, isl. schwed. ótta, goth. uhtvô, matutinum tempus, diluculum, zu Grunde liege. "Cantavi nocturnam, sang uhtsang"; Aelfric's Colloquium. Das vorgesetzte n, etwa aus einer aphäresirten Präposition zu erklären (vrgl. neben, nau), findet sich auch im holländischen Adv. nuchte, nuchten, nuchtens, matutino vel antemeridiano tempore, und davon wol nuchter, Adj., der noch nicht gegessen hat. Wirklich steht Diut. II, 229: „enugterne, sobrius, enugterheit, sobrietas"; aber auch 218: nuchterne, ieiunus. Man sol ennüech-tern sin"; schwäb. LR. §. 145. Laßb. p. 70. „Trinck ennüchtern"; Cgm. 824, f. 37[a]. „Ein edel man der trunken si, lât in nimer werden nucht („nueht"); ich weiz wol daz ers enruocht („en rueht"); s. Helbling VII, 821. „Jejunus potus, nuhttrinchen"; Clm. 9537, f. 180. vernüchtern, déjeuner; Firmenich I, 68. Notker's (76,5) nohturna wird eben nur das davorstehende lat. nocturnas (vigilias) und von nuohtarnin, jejunus (68,11), verschieden seyn. Das schwed. nyckter mag erst aus dem Deutschen entlehnt sein. Im Agſ. kommt sogar mit analoger Endung das Adj. uhtern-lic, matutinus, vor. nüchterling; Adv.; Cgm. 638, f. 43.

---

nachzen, (salzb.) was nafzen.

Der Nacken, 1) der Knochen; (vrgl. Knacken). 'All meiné *Nackng*, tüen me' wê, I bi~ wiə g'rédet. D· *Náckng* ghörn 'ən Hund. Zə-n-ə~n *Nackng* zsamfriərn. So dürr, dás me~r állé *Nackng* zəln kà~, zau~-nack·ng-dürr, äußerst mager, dürr. Ein schlechtes, nur Haut und Knochen zur Schau tragendes Pferd wird wol selbst ə~ Nacken, Galgen-, Hell-, Schin- 676
der- *rc.* Nacken betitelt. Wiə tuir dèr *Nack·ng?* frägt der Pferdehändler das Bäuerlein. „Das Kostnäckl, kostbares Beinchen," etwa eingefaßte Reliquie? In Gem. Regensb. Chr. III, 681, ad 1485 heißt es: „Wir verbieten den Frauen auch alle Näcke oder Fransen von Perlen, Gold oder Silber." (Vrgl. allenfalls gl. i. 769 ad Aen. IV, 239: „nechala, talaria"; i. 228: „periscelides, nechala, hosun vel peingarauui"; i. 261: „periscelidas, nechala vel uuipohosun.")

Das Genäck (Gnäck; etwa ein Collectiv vom vorigen und zunächst die Knochen der Halswirbel, dann auch die Knochen des ganzen Rückgrats bezeichnend), das Genick, der Nacken; ahd. hnach, agſ. hnecca, isl. hnacki, mhd.

nac und nacke; Graff IV, 1126 f. BM. II, 283. Weigand, Wbch. II, 237. gl. o. 289: nacco, 25: nac, occiput; vrgl. 355: hnach, testa capitis, 189. 220: cacumen. Zeitschr. III, 110. IV, 38. V, 460). Einem aufm *Gnáck* sitzen, das *Gnáck* brechen. Teufels*gnáck*, Schinder*gnáck*, Schimpfbenennung für Personen. Der Gnácker, mageres Stück Vieh. Der Hértgnáckə', hartnäckiger Mensch; hértgnáckisch, adj., von Personen und Dingen; (b. W.). Einen abgnácken, abgnáckeln, ihm das Genick, den Rückgrat brechen; ihn umbringen; (vrgl. unter nickeln das agſ. hnäcan).

nackeln, eigentlich nagkeln, vrb. n., sich hin und her bewegen, wackeln, locker seyn; (Zeitschr. III, 109. 333. IV, 37. 158. V, 396,V,1. cf. IV, 396: nakazen; ſ. unten: nueckezen neben nueckeln. cf. VII Com.: nockeln, garabullare, müßig herumgehen). I gib dər aəné, dás də' də' Kopf *nacklt!* Aə⁻n à⁻liəgng oder betriəgng, dás eəm də' Kopf *nagklt.* Mi' friərt, dás I àlln *nagk·l*, dás me' d· Sə̨l i⁻'n Leib *nagklt.* Də' Tisch, də' Stuəl *nagklt.* nägkeln (nágk·ln) an einem Ding, es locker machen, hin und her bewegen. An der Thür, am Schloß, am eingeschlagnen Nagel, Pflock ꝛc. *nágk·ln;* auch obscön. Etwas auf-, ab-, ein- ꝛc. nägkeln, vrb. act. Der Nagkler und Nägkler (Nágklə'), 1) einmalige Bewegung dieser Art. 2) Person, die im Gehen wackelt, besonders vor Alter. Der Hosennägkler, ein Zillerthalerischer Tanz, dessen seltsame Bewegungen sich gewissermaßen schon aus diesem sehr poetischen Namen errathen lassen Ebersb. 79, f. 233. 234 steht zweimal (als Name?) hosnakkel. Im Clm. 5879 (1409 zu Hall in Tirol geschrieben) steht f. 232. 233. 234 am Rand: Hosnakkel; (wol das gleiche Citat mit dem vorigen?). ſ. auch naucken, nockeln, nueckeln und oben, Sp. 111: Enkel.

nacket (nackəd), nackt, (ahd. nackot, nahhut, mhd. nacket, agſ. nacod, isl. naktr und nakinn, goth. naqvaths; Graff II, 1015. BM. II, 295. Weigand, Wbch. II, 237. Cf. ček. nah, nahy, nahaty, nackt; naháč, subst., Nackter; nahota, nahost, Nacktheit). Ein nacketes (Salz-) Fueder, (Lori, Brg.-R. 3. 4. 643) Stock Salz, der in keine Kufe oder Scheibe eingeschlossen ist. „Die Knie die müssen gnacket sein"; Lied. muternacket, mhd. muoternacket, ganz nackt, nackt wie im Mutterleibe; BM. II, 295. „Do der kung funden ward uf der walstat tot ligend er was als blozz „als da in sein muter naken gebar"; Kaiserchron., Ms. sec. XIV., german. Mus. 2733. Zeitschr. V, 192.

naucken, eigentlich naugken, (sitzend oder stehend) schlummern. ſ. unten: nücken, entnücken.

Der Neckes, eigentlich Negkes, (Nördlingen) Kügelchen von weißem Marmor in der Größe einer Erbse, beym sogenannten Glückerspiel üblich. (Im Isl. ist hnikill glomus, globus). Zeitschr. IV, 38: Nigilan. Vrgl. necheln. In der obern Pfalz heißt eine Art dieses Spieles: nöcheln. „O arrioz, Kügelchen womit die Kinder spielen, Nire"; portug. Gramm.

necken, wie hchd., (mhd. necken; BM. II, 327. Weigand, Wbch. II, 251); doch weniger volksmäßig als die Synonyma: zären, trätzen; fözeln, fenzeln ꝛc. „Ez was so ein arger gestank (den der Teufel zurückließ), den nie mensch het geneket, noch auf erden mensch geschmecket", Mich. Beham, Wiener 311,15; (hieher? vrgl. Diut. III, 86: ernecchin, und Lerer, mhd. Wbch. I, 658:
677 ausbrüten). Ableitungen scheinen die Formen necksen, gnecksen. (Vrgl. isl. hneirla, offendere, scandalizare, hneckia, impedire). „Invidia, neckickeyt", Scheftl. 308, f. 41b; (Diefenbach 307a: nydicheit).

Der Nicknamen, Spottname, Ekelname, engl. nickname, niederſ. okername. Müller, etymol. Wbch. d. engl. Spr. II, 129. (Das isl. auknefni, schwed. öknamn ist wol von auka, öka, augere, addere).

Der Nickelâs, Niclâs, Clâs (Lickəlàs ◡ ◡ -, Niklà, Niklau ◡ -, Nick·l. Stelzhamer 120. 179: Mitlo, Nicklo ◡ -; cf. slaw. česk. Mikuláš, Mikeš), Nicolaus; der Mann, welcher am Vorabend des Nicolaustages, als Bischof gekleidet oder in einer sonstigen Vermummung, in den Häusern, wo Kinder sind, auf Veranstaltung der Eltern erscheint, jene in dem, was sie zu lernen, examiniert, ihnen Lobsprüche oder Verweise, und entweder eine Bescherung von Kleidern, Obst und einer Ruthe mit vergoldeten Nüssen, oder nach gewaltigem Schrecken blos die leidige Freude zurückläßt, von ihm oder seinem Knecht nicht in den schwarzen Sack gesteckt, und fortgenommen worden zu seyn. Grimm, Mythol.² p. 482. Weigand, Wbch. II, 264. Niclôs beschert auch in Trier; Firmenich I, 534,36. „In die S. Nicolai adolescentes (in Franconia) qui disciplinarum gratia scholas frequentant inter se tres eligunt, unum qui episcopum, duos qui diaconos agant: is ipsa die in sacram aedem solenniter a scholastico coetu introductus divinis officiis infulatus praesidet: quibus finitis cum electis domesticatim cantando nummos colligit: eleemosinam esse negant, sed episcopi subsidium. Vigiliam diei a parentibus jejunare eo modo invitantur quod persuasum habeant, ea munuscula quae noctu ipsis in calceos sub mensam ad hoc locatos imponantur se a largissimo praesule Nicolao percipere," Joa. Boemus de omn. gentium ritibus (1520), f. LX.

„Nymphis dat miseris Nicolaus chrysea poma
Ne foedo quaerant corpore Ditis opes";

Clm. 5037 (1504,8⁰), f. 22. „Heiliger sanct Nicolas in meiner not mich nit verlas kombt heint zu mir und legt mir ein in mein kleines schiffelein darbey ich Ewr gedenkhen kan das jr seit ein frommer Man"; Cgm. 1148 (Tegernsee, sec. XV—XVI), f. 50. Die Niclà-Birn, Lickəlàs-Birn, Sorte rothbrauner, rundlichter Landbirnen, die man erst im December von den Bäumen zu nehmen pflegt. ſ. auch Sp. 1322: Klaubə'n und vrgl. Sp. 1175: Hàsbirn.

Der Nickel, wol eigentlich Nigkel (Nick·l und Nig·l), a) ein scherzhaftes Appellativ, (wol schwerlich von Nicolaus, etwa gar mit Gnáck, Genick verwandt?). e⁻ *Nick.l, Nig·l,* Daumə⁻-*Nig·l*, kleiner Mensch, kleines Pferd; Weigand, Wbch. II, 264. Zeitschr. IV, 38. *Nickə-l, Nigə-l*, kleines Kind; Kaltenbrunner. e⁻ Filz-*Nigl*, Geizhals. e⁻ Gro⁻-*Nig·l*, Murrkopf. Laus-*Nig·l*, Nòt-*Nig·l*, der voll Noth steckt, Pumpə'-*Nig·l*, kleines, dickes Persönchen, Sau-*Nig·l*, der Verlierende in einem gewissen Kartenspiel, (das Saunickeln genannt); Schwein-*Nig·l*, unflätiger Mensch. Zeitschr. III, 3. 373. 482. V, 157: gemeine Dirne; VI, 358. (ſ. Nigel und vrgl. auch Igel und Nagel). Saul zum kleinen Lautenschläger David: „Sich, Nickel mit der Geigen, was wiltu heben an? Du bist ain klaines kind, er ist ain großer mann"; Reime v. 1562. v. Lang hält Nickel für einen Spottnamen gegen die Slawen, deren Hauptpatron Nicolaus war und ist, und der als solcher in Bayern selbst die Kinder schrecke, was den Schwaben der altfränkische Märte, Märtel, Nußmärtel thue. Für ähnliche Spottnamen von heil. Patronen hält er auch den deutschen Michel, den irländischen Patrik, den bayerischen Hiesel, den österreich. Thadädl, den schwäb. Jackel, den welschen Stoffel. b) der Biernickel, (Dtgr.) Brod, in kaltes Braunbier gebrockt, um mit dem Löffel gegessen zu werden. (Vrgl. den westphäl. Pumpernickel). c) der Feurnickel, (schwäb.) ein (am Feuer?) zugespitzter Stecken zu einer Art Jugendspiel; (ſ. Schmerpickel). Damit zu vergleichen der Hanichel (Hag-Nickel?), Zaunstecken. Sollte etwa gar auch das Knick (eine Art Zaun bey Adelung; Erdzaun, der unsern Kämpfern in Schleswig 1848—49 viel hinderlich) zu bedenken sein?

nickeln, eigentlich nigkeln (nigln) Einen, ihn, um weh zu thun, am Genicke, an den Ohren fassen, ihm die Fingernägel hinter den Ohren eindrücken, ihn quälen, hart behandeln überhaupt. Die Finger *nig·ln* (prickeln)

vor Kälte; (vrgl. hurnigeln, ainigeln, urigeln, igeln). Zeitschr. I, 258. Sollte selbst das auch hchd. knicken (als hnicken, wie sich auch isl. die Formen hn mit kn verwechseln) zu dem mhd. nicken („ir êre, diu ist genicket"; Wernh. Maria 170; cfr. 107), dem ahd. ginichan, conterere, (gl. i. 230. 381: nichen, de-
678 clinare, Notk. 72,4. „Dara nah canicon si uogela mit vitteremo pizze"; Diut. III, 133. Notk. 264) gehören? Graff IV, 1129: hnikjan, BM. II, 353: nicken, genicken, vernicken. „Die plasbelge si (die Teufel in der Hölle) richten die sele si nicchten (in der Esse) mit vil manigen hitzen"; Tungdalus, hg. v. Hahn p. 54,12. „Sechs chlafter was ez (das Höllenthal) diche daz ez got nicche! das. p. 47,52. Wie er die vreislich undiet möht nicken („nichken", nichtigen?) und vertreiben"; Prolog in Fundationes Zwetlenses. „Des nikket er sich in dem grind, (kratzte sich im Kopf?); Ring 36d,22. „Daz er (vom Roß) vil nah genicket was von dem satel hinder sich"; Konr. v. Wirzburg, altd. Wldr. III, 85. (nicken von nîgen, wie verzicken von zîhen; s. Th. IV). Sw~ vnd frey vnd nikcht" (??); ZZ. 1809, f. 77. cf. Sp. 554 unter Dutten. Die Nachtigal räth: „He'r ich wil dich singen leren dw solt got vnd pfaffen eren"; die Dache (tahe) dagegen: „He'r dy pfaffen sind ze uol dy nickh '(nicken? nicklen?)' das geuelt mir wol"; Cod. Moll-Oldenbourg mit Udalric. de Campo liliorum, Cgm. 714, f. 25—28. 38—49. Asp. 47, f. 128. Wiener akad. Notizenbl. 1851, Nr. 16. „Laqueus contritus est, der strich uernichet ist"; Cgm. 17, f. 184b, Ps. 123,8. „Si ist von unleidlich verrentheit vernikket oder verstwelt auf ir minnechliches trawt vf ir anelichs liep"; Cgm. 89, f. 25. „Der wolde si vernikchen mit micheleme sere"; Exodus, Cod. Vindob. 2721. BM. II, 353. Hammer-Purgstall (Wiener Jahrb. Bnd. 120, S. 119) bringt noiken für nicken; also wol neuken? s. unten nücken. Neben nichan findet sich neichan, frangere, excerebrare (gl. i. 628. 938), und im Isl. ist hnickia neben hneickia grob anpacken, stoßen, ags. hnâcan, holl. necken, necare; (s. abgenäcken). Zeitschr. IV, 363. Ich finde auch ein sicher nicht zu nigan gehöriges intnichan, subsidere, nidarnichan, contrahere (gl. i. 94. i. 812). s. auch Nigel.

'Der Nickes, die Nickese, ä. Sp., wie hchd. Nire; (ahd. nihhus, nichesa, mhd. nichus, nichese, nikese; Graff II, 1018 f. BM. II, 333. Grimm, Mythol.2 p. 456. Weigand, Wbch II, 275. Vilmar, kurhess. Idiot. 284). „Triton der nir, miro wiltman. albica alp, pigmeus spannlag (lang)"; Vocabula pro juvenibus (Inc. s. a. 8o. 1958). „Necker, Neptunus"; Diut. II, 224. 196 ff. Vrgl. Kilian: necker und unten Nock. „An den Neckleveter glaubte Emmerenz, hatten ihn ja schon viele Leute hecheln müssen; auch an das Nickesle, das sich oft den Leuten wie eine wilde Katze oder wie ein Holzblock vor die Füße rollt"; B. Auerbach's Schwarzwälder Dorfgesch. (1843), S. 341.

Der Nock, Nocken, das Nockelein (Nockə-l), Kloß oder Knödel kleinerer und feinerer Art, ital. gnocco (Diez Wbch. 407). česk. wnuka, fem. Weigand, Wbch. II, 276. Zeitschr. III, 524 6,7. IV, 38. Butter-Nocken, Mili'-N., Waßer-N. (auf den Alpen). Butternockelein, in Fleischbrühe gekocht, Nockelein-Suppen rc. 'Vrgl. d. folg. Wort.'

Der Nock, Nocken, (Inn-Salz.) Hügelchen, das in einer Pfütze, Fels, der aus dem Waßer hervorsteht, wie namentlich der Nocken in der Salzach bey Laufen, der, solange das Waßer nicht über ihn ausgeht, gutes Schiffmannswetter anzeigt, („der Stain, Nocken genannt in der Salzach," Urk. v. 1609); Hügel überhaupt. Der Nockstain bei Salzburg heißt schon 1199 „Nochstain," ist also kaum nach Gramm. 693 zu beurtheilen. Nocken, (Pinzg.; Zir.) Hügelchen in den Mösern, auch kleine, runde Erhöhung auf Grasgebirgen; eine Art Mehlspeise. „Nock, Felsenkopf"; Schottky, Bilder p. 254. 263. Zeitschr. III, 561: Nückel, Hügel, Höcker, Knöchel. Vrgl. Vilmar, kurhess. Idiot. 287. Zeitschr. VI, 359: Nuck und Nücke; (vrgl. Weigand, Wbch. II, 284). Vrgl. 'das vorige Wort und' nach „magnae ossa parentis" die oben vorkommenden Nacken, Knacken, Knock, das ahd. hnach, testa capitis, cacumen, das isl. hnûkr, Bergspitze. Cf. ital. „Qui è dove giace Nocco, ciò è: qui consiste la difficoltà". Diez, Wbch. 420: nocca, Knöchel. Mit dem isl. nikr, nykr, schwed. nök, holl. necker (Waßergespenst, das in Gestalt bald eines Steins, bald einer Kuh, bald eines Brodes rc. hervorguckt) hat unser Nock schwerlich zu schaffen. Jenes ist wol das ahd. nihhus, die später mir im Dialekte nicht vorgekommene Nire; denn selbst die Donau-Nire heißt blos Daənə-Weibl. s. oben Nickes.

nockeln, (Wirzb., Aschaff.) was nackeln. Zeitschr. IV, 37. V, 396, V, 1.

'nücken, (Salzb.) schlummern, einschlafen; BM. II, 422: nücken, entnücken).' Die Weiber müssen früh aufstehn, àbə' d· Mannə~ dé müəsʼn no~ *nuckə~*-r-ən Eicht, denn s·trinkə~-r-áf d· Nàcht, waəst, das is nit so leicht"; Wagner, salzb. Ges. 77. „Jehet, ir seit entnuchet, und er wurde in gezuchet", (ihr seiet eingeschlafen, und er sei euch genommen worden); Urstende, hg. v. Hahn 114,41. „Ob ich gab entnucken (dormitationem) den augpran mein"; Cgm. 87, f. 48. „Do adam entnuchte prach got aus seiner seitten ain rippe"; Gregor Hagen, Cgm. 575, f. 5 und 1134, f. 6. „Gleichsam in einem Traum entnucket"; H. Sachs 1560: II, II, 51. „In dem gedrechte ich entmucket"; das. 104, wol (wie 1612: II, II, 211 richtig) für entnucket.

nueckeln, nueckezen, 1) was nackeln. Vrgl. Zeitschr. V, 396. V, 1: *niggelen*, rütteln; *g·nîglet* voll. Castelli, Wbch. 209: *„nuag·n. nuagaz·n*, schwanken, sich hin und her bewegen." Zeitschr. IV, 37. 2) nu·ckeln, (Nordfranken, von Kindern) an der Brust (der Mutter) spielen, als ob sie daran saugen wollten. Vilmar, kurhess. Idiot. 287. Vrgl. Zeitschr. VI, 359: nöckeln.

---

neckſen, (Aschaff.) was necken, (w. m. s.).

Die G.nâd (Gnad, o.pf. Gnaud, schwäb. Gnaud, Gnàd), wie hchd. Gnade; ahd. ginâda, zuweilen schon gnâda, isl. schwed. nâd, mhd. genâde, gnâde; Graff II, 1024. BM. II, 337. Weigand, Wbch. I, 448. Stamm scheint ein dem isl. schwed. nâ, erlangen, gerathen, entsprechendes Wort, und das isl. Neutr. sing. næði, Fem. plur. nâðir gehört nach der unter e folgenden R.A. wol ebenfalls hieher. Cf. Grimm IV, 614: goth. nithan, juvare). Wár· mər ə~ liəbé *Gnad*! ironische Abweisung. Hier einige mehr dialektische oder veraltete Anwendungen. a) Geschick, Geschicklichkeit; Gelingen. Zeitschr. VI, 64. „Gnad im Thun und Laßen, decor, decorum. Er hat kein gnad, non habet genium, frigidus est"; Voc. v. 1618. Ungnâd, Unheil, Unglück. „Wære aber, daz ungnâd in dem lande wære von vihesterben"; Augsb. Stdtb. Ungnâd (U~gnaud) im Getreide: (Nürnb. Hsl.) Unkraut. b) Belieben, Lust, Wille; Willkür, Discretion. „Der weisheit, kunst hab ich kein gnad, es ghört allein den 679
glehrten zu"; H. Sachs 1612: I, 452. „Derselb hat des kriegs kein genaden, sonder allein des frids begert"; das. 1560: II, II, 101. „Ich sol auch von des ordens wegen mit aller haltung unbetwungen beleiben, ich hab dann selb genad darzu"; MB. XVIII, 498, ad 1459. „Do ruefet man in der statt, wer gnad darzu hab, der soll komen auf den obern hof, da wol der Babst den Segen geben"; Concil von Constanz. „Ainen Jartag halten gen unser Frawen oder wo sein die Frewnt genad haben ze begên"; MB. XX, 283. „Und wer des gnad hat, der mag dazu kommen", schließt die Verkündung eines Gottesdienstes ao. 1463; Gem. Reg. Chr. III, 372. Auf

Gnâden, nâch Gnâden, à discrétion, nach Belieben; MB. II, 258. Kr. Lhdl. I, 236. Auf Gnad dienen, (ohne bestimmten Lohn); Kr. Lhdl. IX, 464. Von Gnâden, aus Gunst, Zulassung, Gnade, nicht von Rechts wegen; MB. XXIII, 133, (wo Genaude zu lesen). „Eine Woche zelt man von genaden dazu“; Wstr. Btr. VII. 126. „Herzog Ernst († 1438) ist der erste Fürst, der in seinen Schriften, Geschäften und Briefen von Gottes Gnaden seinem Namen vorsetzt“; Avent. Chr. f. 523. der Gnaden (dә Gna'n), ze Gnaden (z' Gna'n) leben Einem, von dessen Discretion abhangen; ä. Sp., Eines Gnad leben. „Auf der Galeeren darf niemand seines gefallens ohne Erlaubnis spacieren gehen, sondern muß immerdar in etwa einem Winkel knocken und der Schiffleut Gnad leben“; übersetzter Guevara. „Mußt der Kaiser der Gnaden warten, was jm sein Vetter gab“; Av. Chr. 360. Gnâd, Herrngnâd kommt (Kr. Lhdl. XVIII, 217. 220. 222. Meichelb. Hist. Fris. II, II, 347. MB. XV, 380. 423, ad 1311) als eine über dem Leibgeding und der freyen Jahrstift stehende, bessere Lehensgerechtsame oder Grundgerechtigkeit vor. cfr. Gunst, Herrngunst. c) Indulgentia, Nachlaß. Ablaß. „Es hat unser heil. Vater der Bapst ein Gnad und Antlaz geben in unser Kloster gen Anger, dieselb Gnad alle Jar einget und ist an dem achtenden Tag nach sand Jacobs“; MB. XVIII, f. 269, ad 1402. cfr. Av. Chr. 499. 508. „Die Hauptwalfahrtszeit zu Deggendorf heißt die Gnad“; Hazzi, Stat. IV, 459. Den Tag nach Michaeli gêt ze Deggendorf die Gnâd ein, (fängt der Ablaß an). „An den tägen so römische Genad in der Capellen ist“; MB. VIII, 351. XVII. 205. „Gnädigleich sund, peccata venialia; Furstenf. 138, f. 86. R.A. Da ist bey Gott Gnâd, das ist unausweichlich, unumgänglich nothwendig. Vielleicht von dem früher bei militärischen Hinrichtungen nach Vorlesung des Urtheils üblichen Ruf: Bey Gott ist Gnad! Von jenem Ausdruck ist wol eine Ellipse der eben so oft vorkommende: Sey dir Gott Gnad, da sei Gott Gnad; denn sonst müßte man hier Gnad als Adjectiv nehmen. Die Ungnâd, das Gegentheil. R.A. Sich auf Ungnad weren, sich aus allen Kräften wehren. Auf Ungnad arbaiten, mit größter Anstrengung arbeiten; (Baur). Nach allen Ungnaden sträfen; Av. Chr. 65. Cf. unter nennen: ungenant (Segensformel). Gnad, fürstliche, künigliche Gnad, (span. merced, franz grâce)
680 kam noch im 15. Jahrh. als Courtoisie statt Durchlaucht und Majestät vor. . . . „und ist der landtsfürst bis auf an. 1593 nur genedig und hochgebohren genant worden; hernach ohne hochgeboren genedigist, vnd nunmehr auch durchleuchtigist; Cgm. 4711 (XVII. sec., 1654, 8⁰) f. 461. Dr. Luther in einem Briefe v. 1523 redet den Herzog Jorg von Sachsen (der in etwas ungnädig angelassen) mit „Ewr fürstlichen Ungnaden“ an; Cgm. 971, f. 217. Durch ein Mandat von 1615 mußte das Prädicat Gnaden schon, und zwar auf geborne Grafen, Freyherren, Geheime Räthe, Kammerer und Vicedome, beschränkt werden. Seitdem ist besonders in größern Städten und bei der dienenden Klasse das *Ir Gna'n* ein bequemer, alle nur einigermaßen mehr als bürgerlichen Titel ersetzender Ausdruck geworden. Den schon ums Jahr 1683 vorkommenden Höflichkeits-Plural Sie haben wir Deutsche vermuthlich dem ellipsierten Plural Euer Gnaden zu verdanken. „Er hat sich wider dy genad gesetzt, perpetravit crimen laesae majestatis“; Windb. 204, f. 164. d) Dank, (gratiae, franz. merci). „Des seiter ir gnâde unde danc“; Iwein 1223. e) quies, receptaculum, (isl. nædi, n.). Ze gnaden gên, ä. Sp., (von der Sonne) untergehen. Grimm, Mythol.² p. 702. „Wie vil auß jhnen scheint die Sonn und geht bald wieder zgnaden„; Balde, de vanitate mundi. „Durft bei den alten Teutschen keiner sagen, sie (die Frau Sonne) gienge unter, must sprechen, sie gieng zu Röst und gnaden, wie dann noch etwan das närrisch gemein Volck meint“; Av. Chr. 26. „Daz sie an deme sunnentaga gnade und reste (Ruhe) haben“; Diut. III, 47. Grimm, Reinh. p. 285. benâden Einen, ihn begünstigen, begnadigen; MB. XVIII, 52. genâden, in der ehmaligen Höflichkeitssprache, was in der jetzigen: erlauben, verzeihen, zu gute halten; ahd. ginadên, ginadôn, mhd. genâden; Graff II, 1030. BM. II, 313). „Genadet Herre, genadet Frawe oder g'nad't, gnadt, gnad Herr, gnad Fraw“; Reime v. 1562. „Gnâd frauwe, welt ir mir helfen“; Labr. 631. „Man spricht zu mir genad herr das mir süst wär gar verr. Man tut gegen mir ab hüt und hauben das man sust alles gen mir emper wenn das ich nit reich wär“, sagt der Wucherer und Wechsler in Cgm. 714, f. 271. „Die Hailschleicher und Dellerlecker, so uns Gnadherr, gnad Juncker nennen“; Albertin's Gusmann von Alfarache p. 636. „Seid mir zu tausendmal wilkumb, gnad Fraw, in euer marggrafthumb“; H. Sachs. „Der sie nit kennt Gnad fraw sie nennt“; Lied v. 1637 (Innsbruck). „Wenn man dir schon gnod Fraw und gnod Jungfraw gischt, dennocht so schlecht man dir den Mups noch“; G. v. Kaisersberg; (denn auch dieses gnad, gnod steht vermuthlich für gnâdet, gnâd't). gnâden Einem, ihm gnädig sein. „Hie leit N. N., dem Gott genad (oder genod)...“, auf ältern Grabsteinen. Einem etwas gnâden, es ihm segnen, ihm gedeihlich werden lassen. Gnâd dirs Gott! R.A. „Gnad dir Gott die Suppen, du wirst auf Ungnad geschlagen.“ Einem gnaden eines Dinges, (Iwein) ihm dafür dankbar seyn. „Swennez alsô cham, daz sie ieman gruozte und sie daz gelten muoste, so gnadet si got zehant“; Wernh. Mar. 65. „Ich kan in niht sô verre gnâden mit dem munde“; Gregor v. d St. 1215. „Ich thu jhm der streich nit sparn wenn er mir etwan thut ein schaden solt ich jhn erst darzu genaden thu jhn oft in mein kammer spern und thu jhn als ein laubfroich fern“; H. Sachs 1560: III, III, 45ª. Einem gnaden, (Reime v. 1562) Abschied nehmen von ihm. „Der minne gnâden daz tet ieman selten“; Labr. 277. gnædig (gnêdi', gnêidi), 1) wie hchd.; (ahd. ginâdig, mhd. genædec). Der Gnädig, (Ilr.) auf dem Lande: der Pfleger. Vor Herr, Frâu, Fræulein wird gnædig gern in gnê' verkürzt: dә' Gnê-Herr, die Gnê-Frau‿-, 's Gnê-Fräulә~. Zeitschr. II, 175, II, 18. 2) dringend, gedrängt „Wann die Salzarbeit gnädig gewesen“; Lori, Brg. R. 314. s. indessen nötig, genætig (Zeitschr. III, 213. 530,7) und vrgl. das pinzgauische gnad (gänzlich), das genedichen schiere (beynahe) im Iwein, wo ein gewisses Zusammenfallen der Formen nâh, genâu, Genâd, Nôt nicht zu verkennen ist. Cf. Gregor v. d. St. 2932: „aller gnâden eine“, ganz allein; (? vrgl. oben, Sp. 88: aine mit Genit., entblößt von, ohne).' „Ungenâdigkeit, contemptus“; Rogg. 28, f. 73ª. „gnadrich, gratuitus“; Voc. Melber.

nàdêg'n (v. . . v Kitzbühel), „in dieser Zeit“, (nach Tägen?).

Die Nâdel (Nà'l, o.pf. Nau'l), wie hchd., (ahd. nâdala, mhd. nâdele, ags. nædl, isl. nâl, goth. nêthla; Graff II, 998. BM. II, 304 f. Weigand, Wbch, II, 168
237. s. næen). R.A. Etwas auf der Nâdel haben bey Einem, einen Verweis, eine Strafe, eine Wiedervergeltung im Bösen von ihm zu erwarten haben. „Er hat eins auf der Nadl, poena culpae eum manet“; Voc. v. 1618. Nadel im Wasser- oder Faschinenbau, kleiner, zugespitzter Pfahl; Cgm. 2911, f. 115. Das Nadlach, Collectiv: „ihilovje, das Nadlach von den Waldbäumen; (kärnt., Jarnik p. 24). Vrgl. Nâd und Notel. Die Hârnâdel, a) eigentlich; b) eine Art von Zuckergebäck. Der Nædel-ling, s. unten Nætling u. vrgl. Sichel-ling.

'Der Neder, Neter, (Unterfranken): „Der zaun vmb daß schloß (von Stecken, Gerten und Dornen) soll vier Nether haben vnd nit höher“; Weisthum von Burglauer, 1443. „Findt einer feedervihe an seinem schaden, do er anders daß sein verhegt, daß es vf der Erden nit durch kriechen kann oder mag, das mag man pfenden oder die Gänß mit dem Halß durch den Oberneder stoßen vnd dann vber den Zaun schlahen, kombt sie daruon, so ist ihm Niemandts daruber schuldig, vnd der Zaun soll 3 Neder hoch sein"; Weish. v. Oberstadungen, 1594. („Neder ist also ein Maß von etwa 2 Fuß"; Rath Bocke, Donauwörth, 12. Febr. 1870). Vrgl. oben, Sp. 174: Etter und Sp. 1707: n, 3; auch Zeitschr. VI, 400,3.'

Der Neid, 1) wie hchd. 2) Geiz. 3) Haß, Zorn, Grimm, (ahd. nîd, mhd. nît, nîdes; Graff II, 1031. BM. II, 345 f. Weigand, Wbch. II, 253. Vilmar, kurhess. Idiot. 282. M.m. 8: nidha, irae). Einen Neid auf Einen haben, auf ihn zornig seyn, ihn hassen. „Ob zwen schützen ein alten Neid zusammen hetten, sol es ainer gegen den andern nit antn oder äfern"; Schützenbrief von 1548, Baumgartner's Neustadt p. 181. „Dem N. N. zu trutz und zu Neid." „Die Warhait macht Neid, und Schmieren linde Häut"; Av. Chr. f. 5; cf. 269. 388. 413. 416. 419. neidig, neidisch; geizig; feind, gehäßig, grimmig. „Kaiser Julianus, so neidig dem Glauben Kaiser Constantii was." „Also redet er wider den alten Kaiser neidig und trutzlich." Vrgl. Zeitschr. VI, 359: nîdisk. neidig seyn Einem um etwas, ihn darum beneiden. Av. Chr. 262. 441. neiden statt beneiden, (ahd. nîdôn, nîthôn, schw. Verb., mhd. nîden, st. u. schw. Vb.; Graff II, 1032. BM. II, 344 u. 345). „Das ich offt genyten (beneidet) hab die menschen"; Cgm. 638, f. 71½. „Daz ich offt vnd vil geniten hab mein eben kristen vmb daz daz yem got verlihen hat"; Cgm. 12711, f. 148. „Got selb beleip niht ungeniden von der werlde untugende smiden"; Renner 14586. R.A. Nicht ze neiden seyn. Dà bist á' nét *z'nei'n*, bist übel daran. 'anneiden, anfeinden, beneiden; Grimm, Wbch. I, 418.' „Da von do wurden im (Joseph) sin bruder annîdende"; Griesh. Pred. II, 153. „Wirstu gehasset und angeniten"; Cgm. 784, f. 280. „Menger nit den andern an, der im nie laid hat getan"; d. Teufels Segi, Barack 13217. neideln, (b.W.) neidig seyn; ə~ Neidlə'. Der Neidhart, neidischer Mensch; (s. hart). „Wie denn der Neid an Fürstenhöfen groß ist und der Neidhart fast regieret"; Av. Chr. 252. „Neidharts Spil treiben, oder: sich Neidharts Ding gebrauchen"; Kr. Lhdl. XI, 320. 364. 366.

Neidel: „Flos lactis, milchrom, neidel", Hadr. Junii Nomencl. (Augsb. 1629), p. 53; — wol die schweiz. Nidlə~. 'Stalder II, 236: Nidel, m., f., Milchrahm.'

niden, adv., (ä. Sp.) unten; (ahd. nidana, mhd. nidene, niden; nidane, nidanan, gl. i. 306. 716; agſ. neothan, isl. nedan. Graff II, 993. BM. II, 333. Weigand, Wbch. II, 265. Zeitschr. III, 132. Bopp in den Wiener Jahrbüchern B. XLII, S. 242—280: ni-dan). „nidinan nider . . . obenan nider"; Griesh. Pred. I, 39. do niden, (1392); Freyb. Samml. II, 106. „Da niden zu Wasserburg"; Cgm. 544, f. 57. „Es sullen all kewffel (in München) die gest sein alles getraidts das sy her bringen nur auf dem puchel niden auff dem marckt verkauffen vor meiner herren der purger hofftat. Chain kewffel der hie burger ist sol vom Gächofflein nichts kaufen"; Cgm. 544, f. 52a. „Herr Suhn, gehts sötzts oi *ninä*", (im Reim auf kinna, können), nieder (mhd. nidenân; BM. II, 334);' Lindermayr 47. nidenhin, sonst untenhin, abwärts; Lori, BergR. 315. (Gl. i. 996 kommt das einfache nida als Präpos. vor: nida imo, infra ipsum; vrgl. das schweiz. dem „ob dem Wald" entgegenstehende „nid dem Walt." '„*nidsi, obsi,* Stalder"; Jac. Grimm.' Hiezu stimmt auch der isl. Compar. nedri, inferior, nedstr, infimus).

nider (nidə', 'idə', um Passau niədə'), 1) adv., wie hchd. nieder; 2) adj., niedrig; (ahd. nidar, mhd. nider, adv. u. adj.; Graff II, 986. BM. II, 334. 336. Weigand, Wbch. II, 266. Zeitschr. IV, 38). Die Nider oder Nideré, die Niedrigkeit, (ahd. nidarî, mhd. nidere; Zeitschr. IV, 38. Otfrid, Praef. 26: „Unsu smahu nidiri", vilis humilitas nostra); die Niederung im Terrain. Ei də' *Nidə'*, im Thal. ernider statt darnieder. „Wann alles Regiment gantz ernider lig." „Damit ligt all Ausrichtigung ernider"; niederb. Ldt. v. 1425. 'niderkommen, ins Kindbett kommen, gebären; Zeitschr. III, 406,66. IV, 38. 103,15.' Das „Niderclaid, femoralia"; Voc. von 1445. „Ein niderleit ist ein bruoch"; Diut. I, 315. Das Niderland, (bis ins 16. Jahrh.) das bayrische Unterland, Niederbayern. Wenn es in einem Volkslied heißt:

Ei~n *Nidə'land* is ·s à guəd sei~,
dà füərt mə~ dé Deənlé zu den Wei~,

so ist vermuthlich noch dieses bayr. ehmals weinreichere Niederland gemeint. nidersich (nidə'schi'), deorsum, 682
das Gegentheil von übersich. Besser das schweiz. nidsich; (Zeitschr. VI, 400,3; cf. II, 85,35. Stalder II, 236. s. niden). niderträchtig, 1) wie hchd. 2) Voc. v. 1618: submissus, demüthig. 3) (L.) herablassend, populär. Zeitschr. II, 96,37. III, 215,10. VI, 404. 4) vom Vieh: kurzbeinig.

Nidel, s. oben Neidel.

nidröck·n, wiederkauen, (Weihers, Dr. K. Roth); s. oben, Sp. 176: it-, Sp. 565. 647 u. Th. III: rucken.

'nieder, nider (niədər, aus á-n-iədər), jeder; Zeitschr. II, 414,104. III, 126. V, 452. VI, 39,69.'

niedlich (niədli', niədlə'), wie hchd.; (altſ. niudlico, niutlico, studiose, diligenter. Bey Willeram ist niedsam delectabilis, suavis; Graff II, 1048. BM. II, 348. Weigand, Wbch. II, 266 f. Vilmar, kurhess. Idiot. 283 f.; cf. 288: nützlich, fein, klein, zierlich, geschickt gearbeitet. s. nieten). „niederlich, gratus, delectabilis"; Heumann, opusc. 437. Dänisch nydelich, genießbar, (von nyde, nützen, genießen); in der Bedeutung niedlich, zierlich wol aus dem Deutschen.

„Nöder", s. Nord.

nœdeln (nêdln), (bey den Strickerinnen in München) im Stricken Knötchen schlingen, (auf dem Lande) knöpfeln. Nach zweymaligem Herumstricken am Strumpfe wird immer ein Nödlein (Nêdl) gemacht, welche Nödlein zusammen eine hinten hinablaufende ebenfalls das Nêdl genannte Linie bilden. (Etwa ital. lat. nodare?)

Die Nudel (Nudl, Nu'l; b. W. Lul), 1) wie hchd.; (Weigand, Wbch. II, 285. Birlinger 356. Zeitschr. III, 196,12; — wol zusammenhangend mit dem isl. hnoda, rhombus, glomus, und hnoda, hnudla, kneten, in Klöße rollen, drücken). Auf dem platten Lande von Bayern, wo der Getreidbau den Futterbau und die Viehzucht weit hinter sich läßt, und der erstere meistens durch Pferde betrieben wird, wo demnach die Bevölkerung fast ausschließlich auf Mehlspeisen verwiesen ist, spielt die Nudel, und zwar unter manichfaltigen Gestalten, eine vorzügliche Rolle. Obenan steht die (im Unterland laibförmige, im Oberland cylindrische, mit Sauerteig oder Hefen gegohrne, in Schmalz mit Wasser gesottene) Schmalz-Nudel, im O.L. auch lange oder gehefelte Nudel genannt. In einer ordentlichen Bauern-Wirthschaft, z. B. des Landgerichts Dachau, müssen an jedem Samstag Jahr aus Jahr ein solche Schmalz-Nudeln nicht nur auf den Tisch gebracht, sondern auch nach dem Essen noch besonders an das Gesinde vertheilt werden. Der Oberknecht hat 5, der Mittelknecht 4, der Drittler 3, der Stallbueb 2, der Taglöhner 2, die Oberdiern 7—9, die Mitteldiern 5—7, die Drittlerin 2—3 Stück zu bekommen. Ebenso wird es an hohen Festtagen, an den sogenannten drei Rauchnächten und an noch manchem andern Tage gehalten. Zur Ärntezeit nimmt jede Person täglich ihre besondern zwey Schmalz-Nudeln nach dem Essen in Anspruch. (Wstr. Btr. IV, 403). Cf. schmalzen. In schmalzärmern Gegenden des U.L. ist die Bäurin nur von Georgi bis Michaelis schuldig, an den Samstagen mit Schmalz-Nudeln aufzuwarten. Unter den Schmalz-Nudeln selbst ist Königin die in

lauter Schmalz gebackene Kirchtag=Nudel (Kirdə'nu'l), die aber nur einmal des Jahres erscheint, und auch auf andern als Bauern=Tischen figurieren dürfte. Der Form nach ist aber die unterländische, kugelförmige von der oberländischen Kirchtagnudel sehr verschieden; denn diese ist das, was im U.L. sonst ein ausgezogener Küechel heißt. Laib= oder kloßförmig und nach der Gährung in Milch gekocht sind: die aufgegangenen oder Dampf=, die Milch=, (O.L.) Steck=, die Rüermilch=, die
683 Dempf=, die Keßel= ꝛc. Nudeln. In sogenannter Krautsolzen, Zwetschgenbrüh ꝛc. gekocht sind die Kraut=Nudeln, Zwetschgen=Nudeln ꝛc. Aus ungegohrnem, in kleine Cylinder zertheiltem und in Schmalz gekochtem Teige bestehen: die Finger=, die gestutzten, geschutzten, die gedrähten ꝛc. Nudeln. Die Topfen=, Erdäpfel= ꝛc. Nudeln sind Nudeln dieser Art, mit Topfen, Kartoffeln ꝛc. versetzt. Geschnittene Nudeln (Gschni'nu'ln) bestehen aus ungegohrnem, zu Riemchen oder Fäden geschnittenem, in Milch oder Fleischbrühe gekochtem Teig. Die Rör=Nudeln, Rœren=Nudeln, Rein=Nudeln werden aus feinem gegohrnen Teig in einer Rein·n mit Schmalz im Ofenrohr gebacken. Die Laibel=Nudel ist ein kleiner Laib von weißem Teig, wie Brod gebacken. Unter Nürnberger Nudeln versteht man im Werdenfelsischen Maccaroni. Von der Form, in welcher einzelne Stücke Ocker zu Verkaufe kommen, heißen sie Farben=Nudeln. So werden im Scherz dicke, runde Würste von Schweinsblut Sau=Nudeln genannt. „Die Haus=Nudel, eine Gasterei, welche jemand gibt, wenn er ein Haus kauft, oder eine neue Wohnung bezieht"; Castelli, Wbch. 167. In Nr. 109 der Allgem. Ztng. v. 19. April 1851 bespricht Dr. Leutner von Meran die Hausnudeln, die am 18. Mai Erzherzog Johann als neuer Besitzer von Schönna unter der Form eines Freyschießens seinen Tirolern geben wolle. 2) *Nud·l* auch für penis; Castelli, Wbch. 209. Vrgl. oben, Sp. 1445. 3) Nudeln heißen auch die dünnern Holzklötze vom Zopf oder Gipfel der Bäume. 4) (Nürnb., Rath Her) Glas, woraus man Wickelkindern zu trinken gibt, (? ?; 's. Weigand II, 284 und oben, Sp. 1445, unter ludeln'). Ein Kind, eine Weibsperson heißt nudeldick oder wol gar eine Nudel, wenn sie mit vielem und elastisch=weichem Fleische ausgestattet ist. Nudeldrucken, knicken, knausern; der Nudeldrucker. nudeln, drücken (etwas Weiches), kneten; fig. ein Kind, ein Mädchen nudeln, an ihm herumnudeln. Das Genudel, das Drücken, (schwäb.) Gewühl und Gedräng von Menschen. Das Nudeln in der R.A. „ein Ding nudelt mich auf", (ich kann es nicht gewältigen; Inn=Salz.) scheint zu notteln (w. m. s.) zu gehören. Ich nudel auf, hab aufgenudelt, habe mich erschöpft. „Sö (die Dienstboten) that·n oan *aufnudeln* („verzagt machen"), dass d· 'n Kloabrat nachgebn (betteln) müassest"; v. Kürsinger, Ober=Pinzgau (1841), S. 174.

Die „Nüd", Krankheitsanfall, Paroxysmus; (wirzb., nach Reinwald). 'Vrgl. Birlinger 355: die Nitle, Durchfall, schnelle Kathrine.'

Die Nafen, Naven, das Schiff; s. oben, Sp. 1708: Nauen und Birlinger 350.

naffezen (naffəz·n, naffzen), dormitare: (ahd. nafizan, mhd. nafzen; Graff II, 1053. BM. II, 296. Weigand, Wbch. II, 237. Birlinger 348. Zeitschr. IV, 37. 396. V, 437: *gnàpfezn gnàpsen, gnàppen* (vrgl. oben, Sp. 979); VI, 298. gl. i. 336. 605. 918: nafezan, naffizan, Notk. 120,3.4: naphzen; „dormitavit, naffezte"; Cgm. 17, f. 173b, Ps. 18; ags. hnappian, engl. to nap). „Von der hicz (am Feuer, wo er am Osterabend, also noch in der Fastenzeit, als die Frau schon schlief, sich heimlich einen Braten bereitete) ward er vast naphiczen. Do want der wider (niger hircus, cum quo frequenter solebat ludere mit stozzen), er wolt mit im stozzen als er gewant het, und gieng hinter sich und stiez den herrn daz er viel inz feur daz er daz maul verprant, daz man iem drey tag muzt choch ingiezzen vnd daz er chain vleisch möcht ezzen uncz hincz pfingsten"; Cod. Em. q. 12, f. 81b. Der Naffezer, die Schläfrigkeit, der Schlummer. Ietz kimt mə' də' *Naffəzə'*. ə˜n *Naffəzə'* taə˜, ein Schläfchen thun. Der *Napfezer* (der Schläfer) lautet die Überschrift eines Lieds von L. Luber in Kaltenbrunner's oberösterr. Jahrb. 1844, S. 151; der Anfang: „Überàll muə-r- I 's hörn, kim I wo də will hi˜, dá' -r- I warhafti də' *Napfəzə'* bi˜; und die 48ste (letzte) Strophe: „Dés Gsángl hà˜ I dicht·t und I sàg·s meinə' Treu, und és dérfts əs á' glábm, I hà˜ *gnapfəzt* dabei." Vrgl. nachzen.

sich vernafen, (Breyer) sich so mit etwas beschäftigen, daß man darüber auf alles andere vergißt. (Im Isl. ist napa und gnapa intentus intueri. Ich weiß nicht was von gl. i. 1019: nauigo, naviter, zu halten seyn wird). Vrgl. Firmenich II, 494,98 (Schwarzwald): „so buschper und so *näfig*", (geschäftig).

„näufen, näufeln", (schwäb., Franken) Hülsenfrüchte, Nüsse u. drgl. aus der Schale nehmen. 'Vrgl. oben, Sp. 1450, Lauf: läufeln und Vilmar, kurhess. Idiot. 281.'

Sanct Neff, Spottbenennung eines schüchternen, zaghaften, unbehülflichen, trägen Menschen; 'nach Birlinger 350 aus Nepomuk.' Cf. Schnèpf (= St. Neff, Nepf? wie Spahler Vorstadt = St. Pauler V.). „Wie St. Neff, hebts d'Hären auf! machts einmal Mäunler, Bachliendl!" Charfreyt. Process. 130. R.A. Dàstê˜ wiə 684
St. Neff i˜'n Krautgart·n, habmt·n 'Buəbm mit də' Pəlzkappm də'warffə˜. Die Italiener haben eine, hiemit vielleicht verwandte santa Nafissa; (franz. sainte Nitouche — sc. n'y touche). Cf. „Legende de Saint Yves", (Ivo) im Cod. gall. 3, f. 292 und Clm. 467, f. 77: „Sermo in festo Sancti Ivonis advocati pauperum." Vrgl. engl. oaf; (Müller, etymol. Wbch. d. engl. Spr. II, 139).

Der Neffe, der gemeinen Sprache ungeläufig und selbst von Vornehmern lieber durch das franz. neveu gegeben; (ahd. neuo, nepos, sobrinus, ags. nefa, nepos, isl. nefi, frater, mhd. neve; Graff II, 1052. BM. II, 331 f. Weigand, Wbch. II, 252. Cf. serv. nèchak, Neffe); in der a. Sp. cognatus überhaupt. „Do suchten si jn under seinen chunden und under seinen Neven." „Do sprach ainer des vischolfes chnechte, des neve, dem Petrus daz ore absnait"; Cod. Evang. bey Pez. Cgm. 66, f. 58. „Bis gegrüßet himelfrouwe, neig din or herab und schowe, was noch niftel unde Neven lebt mit iamer hie von Even"; Docen, Misc. II, 245. „Al sîn maht treit ein schef, er spricht: got gesegen dich nef und mîn gesellen alle"; S. Helbling I, 801. „Gên Pazzou lad wir grôziu schef; die Beier sprechent: sich ûf, nef!" das. III, 244, (vrgl. oben, Sp. 220: Baijer). „Er giht der herren ze neven: wâ sie die sippe datz in heven, daz wære mir zervarn lanc"; das. VIII, 485. „Er sprach: sun, sô wil ich dich mîner zühte lâzen frî. nû zuo des der neve sî!" Helmbr. 426. Ältere ablehnende R.A.: „Nû zuo des der neve sî!" So heiße es bey Ottocar 53b: „Nu dar des der neve sî˜!" gehe der vor, dessen Neffe erschlagen ist und nehme dafür Rache oder Buße, mich (den Unverwandten) ficht es nicht an; (Grimm's Brief vom 16. Decbr. 1844). 's. Haupt's Zeitschr. IV, 336, Anmerk.' Vrgl. unten Niftel, welches die Verwandtschaft mit dem lat. neptis, nepos, sanskr. naptri noch deutlicher darthut. Ein diesem wol ganz fremdes Wort ist das goth. nithjis, cognatus, isl. nidr, filius, ags. nidh, homo, überhaupt.

neifeln (nei˜fəln), vrb. n., (Attm.) dünn regnen oder schneyen. Castelli, Wbch. 206. 208: *naifln, naiwln, niffln*, „in dünnen Nebeltropfen herab fallen, ein klein wenig und recht fein regnen, nebeln." (Vrgl. allenfalls nibeln).

neifen (?). „Der Herbst bringt Wind, daß si d'Sau möchten neiffen"; Lied. 'Vrgl. unten nifeln.'

niffen, niffeln, nifften, reiben, wetzen. „Die eifert, prumbt, gront, zankt und kifft tag unde nacht an dem mann nifft"; H. Sachs 1560: II, IV, 94. D' Stümpf (Strümpfe) à'niffə˜. Cf. VII Com.: *abeniven*, frustare, lagorare, abnutzen. Sich an etwas niffeln. də'nifft, abgewetzt, lumpicht, elend. 'Vrgl. oben, Sp. 1350: kniffen, kniffeln; dann Zeitschr. VI, 209. 519,21: gnâben, gnâwen, gnabbeln, gnawweln, nagen.' Die Nêffe, Blattlaus; (Dr. K. Roth). 'Vrgl. Adelung und Höfer II, 291. Vilmar, kurhess. Idiot. 282.' (Vrgl. die Nifel, plur., bei Höfer 'II, 290 f.: 1) „sonst Feifel, Fifel, Feichel: ein gefährlicher Umstand bey den Pferden, da die Speicheldrüsen am Halse, nahe bey den Ohren mit einem stinkenden Unflath in Gestalt weißer Hanfkörner oder Schweinsfinnen erfüllet sind, die man alsdann zu reißen pflegt." Castelli, Wbch. 208: der Niffl, eine Krankheit der Pferde, wenn sie erhitzt trinken.' „So ain pferdt die Nifl ybergeth oder verschrieren ist"; Cgm. 4855, f. 36. 2) das Jucken der Augen, „lippus, nefelauck", Cgm. 4284, f. 149, am Ende des Vocabulars; ferner: Nüffel, Schuppen auf der Haut; das Nyfelkraut, Nifelkraut, anagallis arvensis; Höfer II, 291. 292.

nifeln, niffeln, durch die Nase reden, nieseln; schnufeln, schnobern. „Wer durch dy nasen nifelt"; Cgm. 170, f. 11a. Cf. Ehrentraut, fries. Archiv I, 62 (wangersch): dait Swîn *njúfket* oder *niúfket*, wühlt mit der Schnauze in der Erde. (Im Isl. ist nef nasus).

nufer, s. oben, Sp. 1714: nüber, u. vrgl. Zeitschr. III, 133: nûfern. „Hast du ausderkorn ein lieb, so derzaig dich nuofer gar, fröleich, chupplig hin und dar"; Ring 11d,39.

Die Nifftel, (ä. Sp.) neptis, amitina, patruelis, consobrina; holländ. und daraus hchd. Nichte; (ahd. niftila, mhd. niftel; Graff II, 1052. BM. II, 332. Weigand, Wbch. II, 271. Birlinger 355. gl. i. 429: niphtila, i. 1131: nift, neptis, agf. nift, neptis, privigna, isl. nift, nympha, soror). In welchem grad ainer meins plûts ist, in demselben ist sein weib mein nistel . . . so ist mir meins prûders weib in dem ersten grad der nistelschaft"; — so immer, wol statt niftel, im Clm. 5583 (sec. XV.), f. 274. „Swester gib mir daz ze lone unde sage miner nieftelen", hat eine müßige Hand in den Cod. Fris. O.M. 2, f. 163b geschrieben.

Die Nuft, Vernuft, vernuftig, s. Numft.

---

nagen, gnagen (nàgng) und nägen, gnägen (nágng, gnágng), wie hchd. nagen, (ahd. nagan und gnagan, praet. nuog, partic. nagan; mhd. nagen: nuoc, genagen; noch hört man mitunter das Partic. genagen statt genagt, wozu Ortolphs er negt, Hans Sachsens Imperfectum nueg stimmt; cf. Gramm. 948; agf. gnagan, ebenfalls ablautend, isl. naga; Graff II, 1014. BM. II, 296. Weigand, Wbch. II, 239. Zeitschr. V, 171,170. 367). „Der leib negt ab die sel"; Cgm. 54, f. 80. „Sein gewissen jhn hart nug"; H. Sachs 1560: II, III, 121. 122. „Daz der vergift dunst si (die pirn, pira) durchvaiz und durchnuog"; Konr. v. Megenberg f. 67b, (Pfeiffer 111,14). „Ich wæne ieglicher æze swaz im sin truhsæze von küchen dar trüege. ob der hunt iht nüege nâch in ab dem beine? M. Helmbrecht, V. 1564. 'Der Nagenranft, Geizhals, (= nag den R.).' „Filz und Nagenranft"; Simpliciss. 1669, p. 290. „Die Nágəwiz-Birn, eine Gattung kleiner Birnen"; Castelli, Wbch. 205. „ə˜ Bám voll Biə'n, lautə' saftigé (süəsé) *Nágəwiz*"; ders., Ged. (1828) p. 70. 195. 197. (Nágəwitzbám) 245. Das Angar-gnago der Legg. Baiuuar. '(I, XIV, 12. Pertz, Monum., legg. III, p. 319)' kann nach Mederer's Erklärung p. 210 wol mit hieher gehören. Die R.A. nagen am Hungertuech s. oben, Sp. 1707, unter näen.

Der Nagel (Nàgl), wie hchd., also: a) unguis und b) clavus; (ahd. nagal, mhd. nagel, agf. nägel: im Isl. ist nagli clavus, nögl, f., unguis. Graff II, 1016. BM. II, 296 f. Weigand, Wbch. II, 237 ff. Zeitschr.
IV, 37). a) der Narren-Nagel, s. Narr. „Ob du 685
den vbelntanagel wellest vertreiben"; Cgm. 398, f. 30. Der Nagelmâg, (ä. Sp.) Verwandter im 7ten Grade; MB. VI, 564. Birlinger 348. s. Mâg u. Sipp. b) als Arten der Nägel kommen im Voc. v. 1618 unter andern, wie noch jetzt, auch vor: Steurnägel und Scharnägel, clavi pro cistis et tegulis; Gschertnägel, clavi lacunares; Schinnägel, clavi rotarii. Der Bindnagel ist ein Holz, das zum Binden der Garben dient. Der Türnagel. Einem Haus und Hof mit dem Türnagel einantworten, d. h. ihm symbolisch das Besitzrecht davon übergeben. MB. II, 78, ad 1437. Der Türnagel war wol eine Art Klinke, wie dergleichen auf dem Lande noch vorkommen. Birlinger 348. Das Voc. v. 1429 hat: „dürnagel, verticula; gl. a. 220: „nagal turio, serraculum ostii." „Gibt ain sünd der andern den türnagel in die hant"; Cgm. 837, f. 50. „Den vornagel losen", s. oben, Sp. 1045, unter den abergläubischen Hochzeitsbräuchen. Nagel wird in Zusammensetzungen manchmal auf Personen des männlichen Geschlechts scherzhaft angewendet. Nôtnagel, Mensch der immer mit Noth zu kämpfen hat. In Innsbruck wurden die Milizsoldaten spottweise Scharnägel genannt; im Pinzgau heißt ein Bauernknecht ohne bestimmte Verrichtung, der sich zu allem muß brauchen lassen, der Schinnagel. (Vrgl. Nickel). Der Nagel, ein Zeichen auf dem Uhrblatt von 5 zu 5 Minuten; (s. oben, Sp. 132 f.: die Or). nagelhaiß, sehr heiß; nagel-, funkelnagel-, spännagel-neu, ganz neu. Das Nägelein (Nágə-l), a) Dim. von Nagel. R.A. Aufs *Nágə-l*, aufs Haar, ganz genau; schwerlich dem lat. ad unguem nachgebildet, und vielleicht eher beziehbar auf die Sitte, die Kannen und Becher inwendig, zum Messen des Getränks nach seiner Höhe, mit hervorstehenden Nägeln zu bezeichnen. „Ez suln alle weinschenckhen und leitgebn ir kandeln pringen hinz dem geswornn zingiẓẓ, und der sol di beschawn ob di negl darin recht sten"; Münchner Weinschenken Säcz von 1420. Wstr. Btr. VI, 155. Kr. Lhdl. XII, 239 und 254 (ad 1489) soll die Maaß eines jeden Getränks, um den Betrag von 4 (zum Umgeld in Anspruch genommenen) Maß auf den Eimer, also um 1/15 kleiner gemacht und mit dem Nagel gezeichnet werden. „Man spintisiert darauff unnd raits auff ain nägelein auß"; Putherbey von 1581. „Beym Näglein haben wollen, ad unguem exigere"; Voc. v. 1618. Eben so unfern liegt die Nagelprobe der Trink-Virtuosen, welche darin besteht, daß sie das auf einen Zug ausgestürzte Gefäß mit dem Rande auf den Finger-Nagel setzen, um noch den letzten Tropfen davon abzulecken. Im Schwed. heißt nagelfara genau untersuchen. b) die Nelke; (BM. II, 298. Weigand, Wbch. II, 239. Zeitschr. III, 461. IV, 37. 111,56 V, 98,IV. gl. o. 475: negelli, isl. negul, caryophyllum). Das Räß-Nägelein (Ráss-nágə-l), die Gewürznelke. c) jede, einer Nelke einigermaßen ähnliche Blume. Das Bluet-Nägelein, lychnis viscaria. Busch-N., dianthus carthus, auch dianthus barbatus. Pech-N., lychnis viscaria, auch cerastium viscosum. Schuester-N., gentiana verna. Berier-N., agrostema coronaria. Der Nagler oder Nagelschmid, der weiße, verzinnt seine Nägel, oder löthet ihnen einen weißen oder gelben Hut auf, und ist
vom schwarzen verschieden, der seine Nägel schwarz läßt. 686
Der Nagelschmidtanz, eigne Art eines bäurischen Tanzes, der jetzt auch auf dem Lande aus der Mode kommt, nach der Weise des Schnaderhüpfleins:

Heirət I ə˜ Kramə', muəs I au's Land,
heirət I ə˜n Schindtə', is's mər ə˜ Schand,
heirət I ə˜n *Nàg'lschmid,*
hàb I Tàg und Nàcht kaə˜n Frid;
gniglt, gnáglt, gnàglt muəs 's sey˜.

(s. auch Nigel). Der Nageltuff, Nageltufft,

(Flurl, Bschrb. d. G. 22; b. Oberland) Nagelfluh, Breccie. nageln, 1) wie hchd. N. A. Einen recht hinnageln, àninägln, ihn angeben, verklagen. fleißig nageln, fleißig arbeiten, sich rastlos beschäftigen. „Was ich arme fraw im haus ernägel und erspinn“; H. Sachs 1560: IV, III, 35 (1612: IV, III, 77). 2) obscön: coire. „Io chiavo la dea d'amore“; Wagenseil, de civit. Noriberg. p. 458.

„Nägbor terebrum“, Voc. von 1429; „negbor, terebrum“, Voc. Archon., f. 39; „negbor, terebellum“; Clm. 5685 (XV. sec., 1412), f. 105; negber, Clm. 4373 (von 1437), f. 107—112 und öfter. „Vor mit ainem nägborlin creuzweis dardurch“; Cgm. 4902 (v. 1429), f. 19. „nageber, terebellum“, gl. a. 56. o. 22. Diefenbach 579a. Berner O.L.: nägwer. „Den stam durchboren mit einem negber“; Konr. v. Megenb. f. 185b, (Pfeiffer 315,27: nägbær). s. auch Näuger und oben, Sp. 1713: Nabiger.

naigen (naəgng), wie hchd. neigen sich oder ein Ding, (ahd. hneigan, isl. hneigia, hnêgia, goth. hnaivjan als Transitivum vom intransitiven Ablautverb hnîgan, ags. hnîgan, isl. hnîga, goth. hneivan, desidere, inclinare se, procumbere; mhd. neigen, schw. Verb., neben dem starken nîgen: neic, genigen; Graff IV, 1127. 1128. BM. II, 350. 352. Weigand, Wbch. II, 254. „Ich neig, wir neigen, ich naig, wir naigen; ich han genigen“; Voc. veneziano-todesco von 1424, f. 92. s. neigen und Gramm. 956). „Ain strenger rihter den nieman weder mit bet noch mit kainer gâbe genaigen mach“; Griesh. Pred. I, 161. genaigt (gnaəgt), wie hchd. geneigt. Die Naig (Naəg), Dimin. das Naiglein (Naəgl, Naəgə-l; Birlinger 351), die Neige. Meist wird das Diminutiv, und zwar von Überresten jeder Art, gebraucht: ə˜ *Naəgl* Bier, Wein, Holz, Apfel, Geld ꝛc. „Die Salznaigl sollen täglich von einem aufgestoßnen Haufen zum andern getragen und das letzte Naigl auf den andern Tag aufgehoben werden“; Lori, BergR. f. 394. „Das bey Abgewährung des Gült- und Zehendgetreids Überbleibende (die Neige genannt) sollen die Beamten sich nicht zueignen, sondern den Unterthanen zurück geben“; Verord. v. 1694. ə˜ schö˜-s, ə˜ hübschs *Naəgl*, ein artiges Restchen, d. i. ziemlich viel. ə˜ hübschs *Naəgl* Gəld. „Damit si' kain Hund und kain Seel ja versaumt, so wird ein hübsch Naigl Termin anberaumt“; M. Sturm. „Es ist ein ziemlichs Naigl, nec elephantus ebiberit“; Schreger's Zeitvertreiber. Ein Naiglein Milch ist im b. U.L. technisch so viel, als in einen Weitling (Napf zur Rahmbildung) geht. Die Kuh gibt des Tags so und so viel (4—5) *Naəgln*. ausnaigeln, (b. W.) das Naiglein austrinken; *naəgl* gàr aus, nachə' ge˜mə'.

Der Næuger, Neiger, Neuger, (nach Gramm. 611) auch Eiger, (U.L.) der Bohrer; (cf. engl. auger; Müller, etymol. Wbch. d. engl. Spr. I, 35). Voc. von 1419, auch Kr. Lhdl. VII, 242, v. 1468: näwger. „Nim von pirkenholcz den saft den man mit dem neuger auslest“; Cgm. 4543, f. 70. „Mit dem Neiger zwei Löcher in einen faulen Baum ein spann von der wurzen bohren, Honigsam darein gießen und mit Asten desselben Baum verkeilen, damit er wieder Frucht bringe“; das. f. 216. „Terebrum, naggher“, (niederd.); Clm. 17401, f. 453. „Neyger drauch“, s. oben, Sp. 564: der Drauch. s. Nabiger und Nägbor. näugen, (b.W.) bohren.

687 neigen, nemlich das mhd. u. ahd. intransitive Ablautverb nîgen, hnîgan (s. oben: naigen), mit dem entsprechenden Präterit. naig, neic, Partic. genigen, scheint noch bey Avent. vorzukommen. „Was Römisch und kaiserisch war, mußt niegen“, (wol neigen, fallen), mußte herhalten; Ed. v. 1566, f. 226 (?). „Er neig ir minneclichen“, er neigte, verbeugte sich vor ihr; Nibelungen 1185, (Lachm. 292,1). „Im wart al umbe genigen“, man neigte sich allenthalben vor ihm; Iwein 6289. „Herren sol man geneigen so si bietent irn grûß“; Cgm. 379, f. 39 (270, f. 75). „Dem sol ein kaiser ûf die füeze nîgen“; Labr. 398. „Ich wolt im immer nîgen dienstlîchen ûf die füeze“; das. 516. „So hört ich in (den Hund) doch kobern oder nîgen“; das. 514. sich neigen reimt schon auf sîgen: „Darvon sich êre neiget“; das. 386. „Daz houbt er aber nâch der ferte neiget“ (: erzeiget); das. 564. „Ich wær gên allen wîben denn geneiget“ (: gezeiget); das. 701.

Der Nigel, a) (nach Gramm. 610) der Igel; vrgl. oben, Sp. 1707: n. b) In den Schimpfwörtern: Filz-Nigel, Laus-Nigel, Nöt-Nigel, ist es wie in Pumpernigel wol blos Aussprache statt Nickel; (s. d. W.). nigeln gehört dann auf gleiche Weise zu nickeln: (s. oben, Sp. 1722). Oder wäre ein von Nagel gebildetes Verb nigeln zuläßig? onigeln, s. oben, Sp. 52 f.: igeln, anigeln und vrgl. Grimm I3 p. 416: fries. ongnèil, paronychia, ags. angnägle, engl. ang-nail, agnail; (zu Richthofen's Glossar 1164—65). Müller, etymol. Wbch. d. engl. Spr. I, 12. s. Nagelschmid unter Nagel.

nogieren, s. oben, Sp. 1712: nôieren, vernôieren. „Von welchen sachen ain pruder sein criuce verliuset. Zem ersten wirt er beziuget kezzerie. vernogirt (vernegirt?) er sich zen haiden. tut er die ungenante sunde“ ꝛc.; Regel des Spitals zu Jerusalem, Clm. 4620, f. 106.

genueg (gnuə', o.pf. gnou˜g, gnou˜), wie hchd. genug, (ahd. ginuog, mhd. genuoc, adv. u. adj., sufficiens, copiosus; ags. genôh, genohne, sufficienter, isl. nôgr, goth. ganôhs. Graff II, 1005. BM. II, 357. Weigand, Wbch. I, 416. Zeitschr. II, 185,2. 568,69. III, 324. IV, 72,79. 80. 141,41. Cf. niederd. nôg, nôch; Zeitschr. III, 41,24. 285,132), im Dialekt auch comparativisch und, wie in der mhd. u. ahd. Sp., adjectivisch gebraucht. Ei˜ dèn Deə˜st krieg I's àllé Tàg *gnüəgə'*. *Gnüəgər* àls *gnuə'*. Mit *gnuə'ən* (o.pf. gnou˜gən) hab I 's scho˜ probiərt; (cf. „genuogiu wort endriu“ in Doc. Miscell. „Ez was ir genuogen ein vröudelôser tac“; Nibelungen 3978. 6861, Lachm. 932,2. 1650,1). übrigs *gnuə'*, mehr als genug. grofs *gnuə'*, klaə˜ *gnuə'*, zu groß, zu klein; (Gastein; Mesnil). Per contrarium intelliguntur sententiae, ut consuetudine latinorum interrogantibus: quaesivit nos aliquis? respondetur: bona fortuna ·i· hêl unde sâlda, et intelligitur: nemo, quod durum esset ·i· unminnesam ze sprechinne. Similiter teutonice postulantibus obsonia promittimus sic: alles liebes enûege, et intelligitur per contrarium propter gravitatem vocis“; Clm. 4621, f. 70. s. oben, Sp. 1077 f.: das Hail. Allé das *gnou'* hàbm, (b. W.) vollauf genug. „Gauterus der begert (dreier Dinge) einer frœwd ân trawren, genûg (genüeg, Subst.?) ân widerloz, genûg ân presten und liecht ân vinster“; Cgm. 54, f. 45b. 46a. 46b. Durch ihre Anomalie merkwürdig sind die Aussprachformen: bmuə' (Ilz), gmuə' (Baur), dnuə („Wann i's recht *dnüəgö* han“, wann ich's recht genug habe; Stelzhamer 95. 176: „dnüngö, genüglich, genug“; — dniəge˜), wozu das noch auffallendere b·üəgng kommt; s. das gleich folgende. sich benüegen eines Dings, an einem Ding, (b. W. mit der sonderbaren, das anlautende n übergehenden Aussprache: b·üəgng, b·éigng), es genug bekommen, satt haben, satt werden; so in der mhd. Sp. sich benüegen laßen eines Dings, an einem D., sich damit begnügen; (BM. II, 360. Grimm, Wbch. I, 1475 f. — eigentlich: à'béigng an etwas). Avent. Chr. 306. Ldtg. von 1514, 36. g·nüegen, wie hchd. genügen; (ahd. ginuogan, ganuogjan, isl. nægia; mhd. genüegen, genuogen; Graff II, 1009. BM. II, 360). Das Benüegen, Genüegen, hchd. die Genüge, (ahd. ginuogî, mhd. genüege; Graff II, 1008. BM. II, 359. Grimm. Wbch. I, 1476. 1303). Kaə˜ *Gnüəgng* hàbm, sich nicht zu begnügen, zu bescheiden wissen. P. Abraham braucht Begnüegen auch für Vergnügen. benüegig, genüegig, begnüegig, zufrieden, befriedigt; leicht zu befriedigen, genügsam; (BM. II, 360. Grimm, Wbch. I,

1477. 1303; (Aschaff.) ungənáisch, ungenügsam, (ungenüegisch?). Einen begnüegig machen, ihn bezahlen, befriedigen; Kr. Lhdl. V, 182. Lori, LechR. 131. 'Die Genugsamkeit, ä. Sp., hinreichende Fülle; (vrgl. BM. II, 356. 360: genuhtsamede, genuocsamede).' „Der babst bestelt alle notturft von essen, trincken, hew, futter und alle genugsamkait"; (abundanter); Clm. 9503, f. 344, ad 1492. Der Vergnüegen (Vǿgniəgng) wie hchd. Vergnügen. Gl. a. 110 heißt finah sufficit, goth. ganah, wol nach Gramm. 928 ein urspr. Präteritum, zu welchem das ahd. ginuht, ags. genyht, copia, abundantia, 'mhd. genuht, (genit. genühte; Graff II, 1021. BM. II, 354; diu ungenuht, Ungenügsamkeit, Unmäßigkeit; das. 355)', und vielleicht auch das noht, naht in duruhnoht, perfectus (s. durch), in näherem, die Form ginuog aber in secundärem Ablautverhältniß steht. „Übertate, uone dera gnuhte", Cgm. 17, f. 56a; „abundanter, gnuhtichliche"; das. 48b. „Dazer bî grôzer genuht ist niht guotes rîche"; S. Helbling II, 622. „Man seit der pfaffen ungenuht"; das. 807. „Den bracht sie '(im Druck: seit)' sorgen schaur zu ongenuchten", '(im Druck: ongenachten, gereimt auf „fruchten")'; Valkn. 28. Das ital. noia, noiare, span. enojo, enojar, franz. ennui, ennuyer könnte im Sinn von bevilen (s. oben, Sp. 837 f.) zu unserm genuog gehören. Wirklich steht Diut. II, 229 f. das niederd. vernoi für taedium, vernoien für taedere, vernoilec für taediosus. 'Cf. Diez, Wbch. 239: noja = in odio.' — g'nuə' kommt zuweilen auch für genau, spärlich, dürftig vor. Vrgl. genau und Gnâd (und daselbst das isl. nâ, assequi).

---

688 nâh (nàhh, o.pf. nauhh, schwäb. nêhh, nèəhh), Comp. næher (náhhə, nêhhə', o.pf., fränk. nêiə', nê'r, nerer), Superl. næhhest (náhhəst, náchst, o.pf. nást, naust, nêiəst, fränk. nerəst) adj. u. adv., wie hchd. nahe, (ahd. nâh, Comp. nâhor, Superl. nâhisto, mhd. nâch, nâhe, ags. neah, nêh, isl. nær, nærstr, da nâ, wie das goth. nêhva, blos als Partikel und Präposition für juxta, prope, secundum besteht, welchen Sinn auch unser altes nâh als Präpos. hatte: „nâh themo uuege, nâh themo seuue" (Tat. Matth. XIII, 1. 4. 19), woraus sich aber das spätere nâch blos in der Bedeutung post, — cf. franz. après neben près, auprès, ital. appresso, griech. μετά — in beyden Beziehungen festgesetzt hat; s. nâch. Graff II, 999. 1001. BM. II, 283. 285. Weigand, Wbch. II, 241. 'Cf. niederd. nauwe, nau; Zeitschr. II, 543,182. 552,41. V, 288,27.' „*nouwe am Hûse*", Dönekenb. 7. „He word sere vorfered und *benouwed*", verlegen). Der Superlativ næchst weiset in der Mundart, der ursprünglichen Bedeutung des Wortes getreu, eben so oft auf ein Vergangenes als auf ein Folgendes; (s. die vorige Bemerkung über nâch). „Soll es bey der Tar des nechsten Articuls bleiben"; d. h. des vorausgehenden; L.Rcht. v. 1553, f. 26; v. 1616, f. 453. náchst, náohstn, o.pf. nâust, nâustn, nâussn, jüngst, neulich, vor kurzem; (isl. â nærstunni). Zeitschr. IV, 37. 244,5. „Nuper, neulich, nechst"; Avent. Gramm. Aufs nächst, in Zukunft. „Dû wir nahest hie chœften"; Diut. III, 106. nächstig, (O.L.) adj., der, die, das nächst vorausgegangene sowohl, als nachfolgende. Das Voc. von 1618 hat die R.A. das Nächst das Best, welche förmliche Sentenz, mit ausgelaßner Copula, jetzt gewöhnlich als bloßes Substantiv: das nächste beste, genommen wird. nähen, adv., Comp. nächner; („nachner dann umb zwan pfunt"; Münch. St.R.B. v. 1453. „nechner vilius vel minoris pretii"; Av. Gramm. „nechner baz"; Iwain. Vrgl. Birlinger 348.), Superlat. næchsten, o.pf. nâsten (naustn). əs is *nàhhə˜*-r-ə˜ Zent'n, beynahe. „Acker der vil nohen zeucht auf ein Jeuch"; MB. V, 483. („fona nahun, e vicino", gl. a. 78; nâhun, nu nâhun, nuper, a. 95. 135. i. 74. 617). nâhend, nâhet (o.pf. nauhht) und næhend, næhet, adv. und wol mitunter auch adj., Comp. nàhhədə', náhhədə', (ə˜ *nouhhədə'* Wég oder: ə˜ *nouhdənə'*, də' *nouhdəst*; b. W.), nahe; beynahe; wahrscheinlich; Zeitschr. III, 329. VI, 328,174. *nàhhət* bey də' Stâd. *nàhhət* ə˜ Duzə˜d. əs wird *nàhhəd* hei˜t no˜ rengə˜. Diese Form kommt ebenfalls schon im 15. Jahrh. vor (BM. II, 293: nâhent, nâhet: Graff II, 1003: nâhunt, nuper, nahe, beinahe): „vil nachet, fere", „winachet, pene"; Voc. v. 1445. „gar nachent, prope", Avent. Gramm.; nahentero, propiore, gl. i. 1048; nahunt, nuper, a. 95 i. 407. bey nahe, adv., (gl. a. 140: pînâh, pene, mhd. bî nâch, gewöhnlicher vil nâch und bloßes nâch, s. d. W.; BM. II, 286 f. uile nah, pene, Cgm. 17, f. 106, Ps. 72,2; paulo minus, ibid. 138b, Ps. 93,17), im Dialekt unüblich; dafür *nàhhət*, schwäb. bereits. g'nâh, g'næh, adv., nahe, in der Nähe, genau; (vrgl. oben, Sp. 1709: genau). I hà' 's so *gnêhh* nét g'ségng. g'naugət, adv., nahe. „Vo˜ weit hea', vo˜ *gnaugət* sán' s' kemə˜-r-áf d' Frei"; Pangkofer, Ged. 180. „Wàs mə˜ kám begreiffə˜ kà˜, is mə˜ nét sәlbə' *gnaugət* drà˜"; das. 279. Diesen Adjectivformen entsprechen die substantivischen: die Næh, Næhé, Næhen (Nêi'ng), Næchné, Nähed, Næhed, Genæhen (Gnêi'ng), Gnæhed, (ahd. nâhî, nâhida, mhd. næhe, næhede; Graff II, 1003. BM. II, 293. Weigand, Wbch. II, 241). „Zu Rome und dabi im (?) keiner nehede", in einer Nähe, in der Nachbarschaft; Griesh. Denkm. 11. R.A. Auf kaə˜ *Nàhhəd*, nichts weniger als nahe daran oder hinzu, da fehlt viel. 'näher, Compar., wie hchd. näher, (s. oben).' „Si begunden nâher brechen daz unchrût", Gregor v. St. 3512, '(vatican. Hs.; dagegen Lachm. 3558: „vürder brechen" u. Bech: „höher br."; vrgl. dessen Anmerk. zu dieser Stelle).' næhern (nêhhə'n, o.pf. neî'ə'n) sich, wie hchd.; sich 689
benähern Einem, sich nähern; Amberg. Akt. v. 1379. Das alte und hchd. einfache Verbum neutr. nâhan, nâhjan, nâhen, næhen, (Graff II, 1003. BM. II, 294. Weigand, Wbch. II, 241), nahen, ist unüblich. „Swer gevangen wirt umb sogetan sach die im an daz leben gêt swem der gelten sol der sol sich seines geltes (gelters guet) naechen mit dem rechten so er pest mag"; Münchn. St.R. Art. 302, Auer p. 116. Vrgl. oben, Sp. 1715: naichenen, naichen. Der Nâchbar (Nachpə'), des Nâchbarn ꝛc.: 1) wie hchd. der Nachbar, des Nachbars, (ahd. nâhgibûro, ags. nêhgebûr, nêhbûr, engl. neighbour, isl. nâbûi; mhd. nâchgebûr; Graff III, 20. BM. I, 290. Weigand, Wbch. II, 229 f. Zeitschr. III, 17. 271,1. 278,5. 286,11. IV, 351. V, 156. 287,14. 368. 410,7). „Nahgeburen, vicinis", „nahwentigen, vicinorum"; Cgm. 17, f. 47b. 70a. 2) ä. Sp., jeder Hausbesitzer in einer Gemeinde, wie spanisch vecino. „Die ganze Nachbarschaft Geisenhausen" bey Wollenzach, (spanisch toda la vecindad); Kr. Lhdl. XII, 291. Zeitschr. III, 459. s. oben, Sp. 187: Bauer.

Die Nàl, Schueh=Nàl, (nach Gramm. 610) Schuh=Ahle, (gl. o. 83. 379: ala; ahd. âla, mhd. âle, ags. eal. s. oben Sp. 56: Alspieß, und 69: Alsen). 'Cf. Nölle, Nadel; (Weihers Dr. K. Roth), aus mhd. nâlde assimiliert; BM. II, 305. Vilmar, kurhess. Idiot. 285. Zeitschr. II, 48. 235. IV, 37. V, 365. 452. VI, 79. 177,14.'

Die Nellen (Nəlln), Dimin. das Nəllə-l, Benennung eines kleinen, lebhaften, hoffärtigen, schnippischen Mädchens. Du klaəné *Nəlln!* Dés is ə˜ rèchts *Nəllə-l.* Si, Mamsell *Pumpə'-nell!* (b. W.). Kilian: Quacker=nelleken, nəllə-ln, ummə'-nəllə-ln, vrb., (b. W.) von putzigen Mädchen. Etwa irgend ein verstümmelter weiblicher Taufname, z. B. Petronella? (vrgl. Zeitschr. VI, 460). Schwerlich synekdochisch zum alten hnel, afternel, testa, occiput, (Graff IV, 1131. II, 1113. BM. II, 330. VII Communi: Nellen, Nacken. Zeitschr. III, 319: Nalla, Genick; IV, 38) gehörig. „Occiput, nack vel nell"; Vocab. onomast. (Druck vor 1474, Inc. s. a. 2°, 1239), f. 3b. „Sinciput, vodernel, occiput, hindernel";

Aug. S. Ulr. 50, f. 1. „In dem nel (occiput) lazz für die erschreckung des mûtes"; Aderlaßregeln v. 1399, Cod. Aug. eccl. 76, f. 11. „Zuo dem nellen dick und ho"; v. d. Hagen, Ges. Abent. III, 24,125; (s. oben, Sp. 357: die Bräune). Eben so ferne liegt das isl. Particip. hnellinn, rotundus; acer, fortis. Vrgl. Nell, (Thüringen, Gotha) feminal; Nille, (sächs. Druck v. 1746) Mädchen; s. oben, Sp. 694; Fudnoll, Füdenol, feminal; BM. II, 406: mons Veneris. Vrgl. d. folg. Wort.

Die „Nellen, hohler Baumstock über einer Quelle", (Baur). (Vrgl. nüelen und allenfalls auch das vorige Wort, so wie das ahd. hnol, nollo, collis, cacumen, vertex, sinciput, supercilium, und unten G·nüll). s. oben, Sp. 61: das Ol. 2) „Rolle oder Neln, eine Hülse, womit die Thorflügel bey einer Schleußen aufgezogen werden; damit werden auch Stöcke aus dem Fluß gezogen"; Cgm. 2941, f. 118.

nôllig, (Weihers; Dr. K. Roth) knapp bey Messen und Wägen. Vilmar, kurhess. Idiot. 280. s. närlich.

'Die Nille, Geschwür, Eiterblasen am Kopfe ꝛc.; Birlinger 355a. Vrgl. mhd. der nol, Spitze, Gipfel (s. oben); BM. II, 406.'

Der Nollen, kurzer, dicker Mensch; (v. Delling; vrgl. die Nellen.

nollen, nullen, (fränk., schwäb.) saugen, schnullen; verächtlich: trinken. Birlinger 353b.

'nollen, 1) auf und nieder bewegen, hin und her rollen; Zeitschr. I, 296,6 III, 531,16. 2) coire; vrgl. nüllen. „Ein alter man, der nimmer mag genollen"; Priamel bey Lessing (Schriften, hg. v. Maltzahn, Bnd. XI, 2, 311); Cgm. 713, f. 31. 161. „Ein junger der nit mag nollen"; Cgm. 714, f. 398. Der Nollbruder, Nollhart, Laienbruder; vrgl. Lolhart (oben, Sp. 1469: der Lalli). Scherz-Oberlin p. 1129 f. „Heißen mich ein Nollbruder ein follen und droen mir denn auszuschneiden"; sagt der Bettelmönch bey H. Sachs 1560: II, IV, 4b. (Der Meßlesende) „hub ein fus auf mit verdrieß mit vollem stoß hinter sich stieß, traff den nollbruder (Ministranten?) zu unglück das er gerad fiel an den rück"; das. 93b. „Got geb dem Nolhart (dem Waldbruder) noch die drüß"! flucht ein Räuber; das. III, I, 262.

Die Nulla, die Nulle, wol unmittelbar aus dem italienischen elliptischen nulla (i. e. res); Weigand, Wbch. II, 285. Voc. v. 1618: „nulla von nulla geht auf." Gewöhnlich nimmt man das Wort jetzt als Mascul., vermuthlich weil man a (ə) als eine corrupte Aussprache statt -er (Nuller) ansieht.

Das G·nüll. „Ein Gnüll machen, frontem, contrahere"; Voc. v. 1618. (Ich weiß nicht, ob zu gl. i. 511: „in nolle, in supercilio", ein montis zu denken, oder ob es figürlich von einem finstern Gesicht zu nehmen seyn wird. s. oben Nellen und vrgl. Vilmar, kurhess. Idiot. 287: Nülle, Nase.

'nüllen, wühlen; BM. II, 422. Weigand, Wbch. II, 285. Vrgl. d. folg. Wort.' „Sus het er widernüllet, daz er was betrüllet", (List mit List bezahlt); v. d. Hagen, Ges. Abent. XLVII, Bnd. II, p. 385,82.

nüelen (nəln; v.pf.), mit dem Nuet-Eisen oder Fughobel aushöhlen, Fugen reißen; (mhd. Spr. nach Grimm I, 435: nüejen; BM. II, 422. Cf. Graff II, 998: nuohan. gl. o. 252: genuiet, incastratae. Bey Stalder ist nüelen wühlen; s. das vorige Wort. Vrgl. nach Gramm. 611 auch das bey Adelung vorkommende ilen, ölen der Kammacher). Der Nüeler (Nələ), der Fughobel, Schindelhobel; (mhd. nüehel; Graff IV, 1126. BM. II, 422. Gl. a. nuwel nugil, o. 379: nuhil; Voc. v. 1429: nüegel, sonst passim: nuoil, runcina, roscinum, sulcatorium) „Runcina est instrumentum carpentariorum quo cavant dorsa asserum ein nuel"; Gulolfus XV; Clm. 5008, f. 173. s. Nuet, und vrgl. „Nellen."

---

nelzen (nelz·n, b. W.), den einen Fuß nachschleppen, hinken; ummə'nelz·n.

Der Namen (Namə˜). plur. die Nâmen (Námə˜), 690
1) wie hchd. Name, (ahd. namo, gen. namin und nemin, agſ. nama, m., isl. nafn, n., goth. namô, n. Graff II, 1079. BM. II, 305. Weigand, Wbch. II, 243 f. Namo = n-amo, Grimm II, 701 f.; von nemen, empfangen; Grimm, Gesch. d. d. Spr. 153. Namen geben; Grimm, R.A. 455). Unsre, ich will nicht einmal sagen frühern, sondern selbst die nähern Voreltern scheinen bey der Wahl von Taufnamen nicht so ängstlich wie wir, blos unter den Calenderheiligen (vrgl. Gramm. S. 164 ff.) gesucht zu haben. Grimm, Mythol.2 p. 288, 721 f. 1093. Eppo acer, Sizo rufus, Indolf fuscus, Gotte (?) longus"; Cod. Au I (sec. IX.), f. 9a. Auch die Namen der Helden und Heldinnen ihrer poetischen Romane galten ihnen etwas. So findet sich unter Hund's bayrischen Adelsleuten mehr als ein Parcifal, Wigules, Tristram, Gabain, Gamuret, Gramoflantz ꝛc., mehr als eine Melusina, Sigaun, Isolde, Herzeloy ꝛc. Sonderbar ist (das. II, 294) der Name Cabame, zusammengesetzt aus den Anfangssylben der Namen der h. 3 Könige. '(„ähnlich im Titurel"; Jac. Grimm.)' Vrgl. oben, Sp. 1304. Daß aus den ältesten Personnamen großentheils auch die Ortsnamen entstanden sind, ist z. B. oben, Sp. 107 f. berührt. Aus diesen zumeist ergaben sich hinwieder, als mit dem 12. Jahrh. die Lehengüter erblich wurden, für den Adel bleibende Geschlechts-Namen; s. z. B. oben, Sp. 202, unter -beck: Eschenbeck, Griesenbeck, Haselbeck, Chrespeck, Mülbeck, Rorpeck, Schwarzenbeck, Windsbeck (Winsbeck), Wittelsbeck. Im 14. — 16. Jahrh. bekamen auch für die mit dem vorschreitenden Staatsleben immer mehr in ihre unveräußerlichen Rechte eintretenden Bürger- und Bauersleute die bis dahin meist nur persönlichen Zuenâmen eine auf Kind und Kindeskind forterbende Stätigkeit. „Chônradus cognomento iuncfrawe"; Clm. 17420, f. 58b. 66a. Viele dieser erblichen Geschlechts-, Zue- oder Schreibnâmen sind noch deutlich als bloße Person- (Tauf-) Namen erkennbar; zu manchen indessen ist die ursprüngliche, unentstellte Form nicht mehr leicht aufzufinden. Besonders scheint bey den kernbayrischen auf l, ohne vorangehenden Vocal, dieses l oft die Verstümmelung eines ganzen bedeutsamen Worttheiles zu seyn. Grimm III, 693. 689. Vrgl. z. B. Dietl (Dietrich), Eberl (Eberhard), Erl (Erhard?), Fridl, Gerl (Gerhard). Gierl (Gerhard, Kero?), Gunzl (Freyb. Samml. III, 570), Haindl (Heinrich), Herl, Hierl (Hermann), Hiltl (Hildebrand, Hiltpolt), Liebl, Lidl, Lüdl (Cgm. 697), Merkel (Marculf, Cgm, 579, f. 2), Ortl, Ertl (Ortolf, Ortwin?), Ottl (Odilo), Reindl (Reinhard; Hund's Stammb. II, 176: „Ir Sohn Reinold oder Reindl"), Rüedl, Riedl (Cgm. 697; Ruodolf?), Sippl (Sigiboto), Sigl (Sigfrid, Sigmund), Weigl (Freyb. Samml. III, 716; Wigand, Wicnand), Wezilo, Wetzel (Werinher, Haupt's Zeitschr. VII, 299 f.) ꝛc. 'Damit sind zu vergleichen die Diminutivformen auf z aus zusammengesetzten, männlichen Eigennamen' (s. Grimm III, 689—693), als: Benz (Bernhard), Buz (Burkard), Diez (Dietrich), Eberz (Eberhard), Friz (Fridrich), Göz (Gotfrid), Kunz (Konrad), Lenz (Leonhard), Luz (Ludwig), Manz (Manhard), Menz (Meinhard), Reiz (Reichard), Renz (Reinhard), Seiz (Sigfrid), Walz (Walther), Wenz (Wernher) u. a. m.; 'ebenso der mhd. weibliche Name' Mätz, Metz (s. d. W.) für Mahthild. s. Schmid, schwäb. Wbch. 55 f. Vrgl. Vilmar, hess. Wbch. p. 8. 9; vrgl. ebendas. 19. 20. 33 (in der Zeitschr. des Vereins f. hess. Gesch. IV, p. 56 f. 67 f. 81.): Denje, Zdena = Sidonia!? Zdenko (Zděnek) = Sidonius?! Eila, Eilche = Eilicha = Eulalia?! Gela = Geila = Gelasia?! Menges = Magnus?! (nein! = Megingôz, Meingôz); Gaila = Gertrud (Zeuß, tradit. Wiz. nr. 261); Meckel = Margaret?! (Megila). v. Lang im

Jahresbericht des hist. Ver. f. d. Rezatkreis, 1831, p. 34 f. Cf. englische Namen (für Familien) 'aus alten Diminutivformen (Grimm III, 676 ff.)': Kawkin von Hall, von Heinrich, Perkin von Peter, Jenkins von John, 'und die Kürzungen': Hodge = Rodger, Dick = Richard, Ted = Edward, Bob = Robert. Höfer's Zeitschr. f. d. Wissensch. d. Sprache I, 316—333. Pape, griech. Namen, (cf. Matthiä p. 94): Ἀλεξᾶς (Ἀλέξανδρος), Ἀρποκρᾶς (Ἀρποκράτης), Δημᾶς (Δημήτριος), Θευδᾶς (Θεόδωρος), Φιλᾶς (Φιλόδημος) ꝛc. ꝛc. Selbst manche spaßhaft-charakteristische Anredeformel wurde zum erblichen Geschlechtsnamen. „Catharina Manbeißin de Monaco" (1658), Clm. 5705, f. 185. H. v. Koch-Sternfeld findet ad 1434 in Gastein eine Magd Eva Sengspratlin, einen Machreich, Baldauf, Früeauf als Bergknappen, einen Springindschmitten, Bschlagngaul, Sprengseisen als Schmiede. Vrgl. Blaichshirn (Greg. Plaichshirn, ZZ. 1071), Drucksels (J. Part. Drucksels im Zuchthaus zu München, aus dem LG. Hengersberg; Edictalladung vom 3. Juli 1841 im Landboten, S. 852), Greifzu (Kaspar Greifzu, im Jahre 1849 Cassier des Salzamts Reichenhall), Habenschaden, Haltensin („Stephanus Haltensin de Stira in studio Heidelberg. 1469 scrips."; Clm. 5466), Hassenpflug (Haßdenpflug im Meßcatalog v. 1828. Fräulein Hassenpflug zu Cassel, 1815), Haueisen (franz. Taillefer), Hauenschild („Balth. Hawinschilt de Nurenberga", Prior in Semanshausen; Semansh. 16. Vrgl. den franz. Namen Taillerand; Cod. gall. 24), Hebensteit, Jagenteufel, (Jagendeubel, in der Au. „Mr. Nicolaus Jagenteufel", Cgm. 980, f. 146), Kliebenschedel, Klingseisen, Kratzeisen, Lobdenfrumen (Freyb. Samm. II, 148, ad 1392), Reckenspieß (Reckenspiezz, Eichstätter Urk. v. 1344; jetzt Röckenschuß? Dr. K. Roth), Ringseisen (Ringseis, weltbekannt), Ringsmaul (N. Ringsmaul, Ringsmäulein, Nürnb. 1386, 1399; Cgm. 3919, f. 9. Daraus wol Albrecht Rindsmaul; doch sieh Windsbach). Saugenfinger (Semansh. 22). Schelshorn (neben Schellhorn), Scheuchenpflug (Gerrius Scheichenflueg, Clm. 16114, f. 29b. MB. XIII, 472), Schlagindweit, Schneidawind (1843; franz. Taillevent), Schreckenfuchs (Laurentius Schreckenfuchs, de constructione astrolabii, 1573; Ald. 355), Schürfseisen (Hund, Stmb. I, 331), Schürslicht (Joh. Schürßlicht, Clm. 11005, f. 270), Stichainer (Stichaner = Stichherein; vrgl. Tappeiner), Suechensinn („der Suchensinn", Sprecher; Freyb. Samml. II, 148, ad 1392), Suechentrunk (Jorg Suechentrunckh; Asp. 49, f. 156b), Suechenwirt, Schwingsbeil (Swingspeil, Semansh. 44; vrgl. engl. Shake-speare; Breakspeare, Nicolaus, Pabst Hadrian IV.), Tappeiner, (Bräumeister von Marburg, Mai 1847 unter den Gästen zu München), Wagenpfeil (in München), Wirfsrössel (Joannes Wirfsrössel, Rot 101), Zirngibel (Gibel = Kopf?). Ziernhüt (1848), Zuckschwert („Her Chaloh Zuchswert"; Reg. B. V, 69) ꝛc. ꝛc. s. auch Diut. II, 78 ff. Renner 1714 ff.: Fleckenkelch, Swellengruebel, Slikenpfil, Scheuhenpflug, Zerrezsloz, Lerenstal, Laibniht, Scheuhentak, Büllensak, Büllein, Stenkezfaz, Steiguf, Zückedenrigel, Raubentisch, Setzpfant, Sleiffenspiez, Raumedazlant, Vegenpeutel, Lerenschrein, Hebenstrit, Nagengast, Zuckezswert, Stichenwirt, Schellehorn. Vrgl. Wackernagel, die german. Personennamen in Gerlach's, Hottinger's und Wackernagel's Schweizerischem Museum I, 96—119 (1837). Saxon Chronicles, ed. by Ingram: Index of the names of places, with general rule for the investigation of the names of places (in England), p. 425—448. General rule for the names of persons and Index of those names, p. 449—463. Appellative für Riesen von alten Volksnamen (Jüten, Thürsen, Hunen, Antes) s. in Grimm's Mythol.[2] p. 485 ff. S. Helbling III, 338 ff.: „Von Bruk bürtic ein Pôlân, von Heinburc ein Missenær, von Marchecke ein Brâbant,

von Riunburc ein Hollant, ein Bêheim von sant Pölten." Vrgl. oben, Sp. 842: von. Verzeichniß von niederländischen Vornamen in Willems' Belg. Museum V, 388—424. Vocabulaire hagiologique in Menage, dictionnaire etymologique. Eusebe Salverte, sur les noms d'hommes, de peuples, de lieux (Paris, 1824. 2 vol. 8⁰). Šafařik, Staroz. I, 158 ff. Der Nächname, Nicknamen, Übernamen, der Spottname. 2) (beym Landvolk) jedes Wort, besonders insoferne es gedruckt oder geschrieben vor dem Auge liegt, vocabulum. Dèn Namə˜ kàn I nét, dieses Wort kann ich nicht lesen. Das Nämen-Büechlein (Námebiechl, 'Amə˜biəchl), das Buchstabierbüchlein, die Fibel, nach dem ABC. mit Übungswörtern von A bis Z ausstaffiert, wo früher, wie ich mich noch gar wol der schönen Zeit erinnere, unterm 691
r die Nämen: rod, rund, rungen (Gesott, gesund, gesungen) figurierten. Es ist übrigens ein zweckmäßiges Nämenbüechlein keine so leichte Aufgabe. Könnte und sollte man mit Bauernkinderchen nicht etwa geradezu von der ihnen allein natürlichen, d. h. dialektischen Sprache und der Bezeichnung ihrer Laute ausgehen, und die kleinen Lehrlinge, statt durch einen Sprung, dessen Ausgleichung ihnen selbst überlassen bleibt, durch klar vermittelnde Unterscheidung dessen, was denn doch in der That verschieden genug ist, zur guten hochdeutschen Aussprache und ihrer Bezeichnung führen? 3) (schwäb., fränk.) Person. Manns-Nam, Weibs-Nam, Weiber-Nam, Fräu-Nam. BM. II, 306,3. Vilmar, kurhess. Idiot. 280. „Einem Mansnamen von Argun sol man einen Knecht halten." „Ist es ein Mansnam unsers Stamms und Namens von Argun . . . ist es aber ein Frawennam von Argun . . ."; Stiftbrief des heil. Geist-Spitals in Augsburg von 1445. „Sprach zu sante Agneten: o du grüwelscher vrowen name", (Weibsperson); Herm. v. Fritzlar p. 68,24; cf. p. 424. „Twe *wivesnamen* hadden enen groten kyv malkander"; Dönekenb. 3. Bronisch im Lausitz. Magazin 1846, p. 260 glaubt Mansen, Weibsen aus mannsnamo, weibsnamo verstümmelt. Cf. „ginennida, persona", fides Athanasii. Der Vornam (MB. XXIII, 185, ad 1358 — wenn nicht falsch gelesen statt Vorman), der Verfahrer im Amte. (Namo, persona, gl. i. 460; dienamo, persona ministri, gl. i. 520. So ist Isidors: in persona Domini patrem accipimus übersetzt „in dhemu druhtines nemin archennemes fater." Sollte auch Leich-nam, ahd. lîhhi-namo, hieher gehören?) Einen Namen haben, (von Personen und Sachen): vorzüglich, bedeutend seyn; (vrgl. das specielle: Hans haißen). 'Nicht Namen haben, Namens haben eines Dinges, es von sich nicht aussagen lassen, nicht zugestehen; vrgl. BM. II, 307b.' „Vierzehn Kinder — das ist ein Namen!" (schwäb.) das will was heißen. An dem Namen, (ä. Sp.) dieses Namens. „Otto der erst an dem namen. Derselb Kaiser Hainrich was der ander an dem Namen Hainrich"; Chronik v. 1486. beynamen, binamen, benamen, ältere Betheurungsformel, wie wahrlich! Grimm III, 150. BM. II, 308. „Daz si benamen wæren vor tage vischen ûf den sê"; Gregor v. d. St. 774. „Mich muoz ein biderbe man nern oder ich bin benamen verlorn"; Jwein 2060. „Benamen ich hiezze brennen dich, het ichz niht verlobt ê"; Barl. u. Josaphat. „Ei sprach: daz tûn ich pei namen"; Cgm. 54, f. 59b. „Bei namen! hie wil ich slachen meinen haggen an"; Cgm. 379, f. 46 (270, f. 86). (binemin, nominatim, gl. i. 472; s. unten námlə). 'Vrgl. das genitivische namens der ä. Sp.' „Ich lazze der vart namens nicht"; Cgm. 44, f. 86. 'In dem Namen, ea mente; BM. II, 307,4.' „Man sol dhain prot pachen in dem namen das man es fünfen oder dreien gebe", Cgm. 544, f. 44b; (in dem Willen), Sutner, akad. histor. Abhandl. 1813, II, 486. mit namen, (ä. Sp.) namentlich, nämlich; BM. II, 307,4. „Scilicet, mit namen"; Voc. Melber. „Das ist ie wâr als sprœch er mit namen: so dem fewer ist berochen, so seudet mein kessel"; Valkn. 108. „Item von der Straße und Geleits wegen zu Vils-

hofen, mit Namen zwischen Straubingen und Passau"; Kr. Lhdl. I, 101. „Mit namen umb den zehend ze Stravbing"; MB. XII, 353, ad 1365. „Dy gewœndlichen vogtstewr mit nam hundert pfunt vsen. reg."; MB. XI, 299, ad 1349. „Um so viel als Habstett verpfändet ist, mit Namen um 12400 rh. G."; Kr. Lhdl. III, 202. „Und war daselbst die Steuer zugesagt, mit Namen 1 Heller"; das. V, 98, ad 1463. Lori, LechR. 85. Vo˜ Namə˜-r- und Stammə˜ guət, liədə'lə' ꝛc., (sehr; b. W.) 'vürnames, ä. Sp., Adv., im vollen Sinne des Wortes, ganz und gar, omnino; (mhd. vürnamen, vürnamens; Graff II, 1078. Grimm III, 91. 105. 773. BM. II, 308).' „Swa die liute waren behaft mit unsern gaisten daz er die fur names nicht beleiben lie, si muosen roumen durch not"; Urstende, Hahn 123,66.

nämlich (námli', nemli'), wie hchd. nemlich; (mhd. namelîchen, nemelîchen; BM. II, 309 f. Weigand, Wbch. II, 244. Zeitschr. IV, 37. 274,168). Besonders ist der, die, das nämliche statt der, die, das selbe (idem, eadem, idem) im gemeinen Leben ausschließlich
692 üblich; (cf. Namen in der Bedeutung Person). Zuweilen ist der, die, das nämliche blos so viel als jener (is, ea, id, nicht als idem, eadem, idem), der, die, das bewußte, gemeinte. Den nämlichen kenn ich schon. Am Inn wird *námlə* auch als eine Art Versicherung gebraucht. *Nàmlə* wol! hàlt *námlə!* (ey freylich). „Das Kind is gwen Herr Jesu Christ wie si *námlə* wissen wirst", wie du wol wissen wirst; (s. auch naimə). „Ach lieber Herr Richtinger (repliciert der Bauer) es hat mich meine Goschen übereilet, nemlich gehet es so, wann man vor die hochgebietende Obrigkeit mit Angst und Zittern platzet"; Abele, selts. Gerichtshandel. I, cap. 78. (s. oben bey Namen). In der ä. Sp. gilt nämlich noch förmlich für: bestimmt, ausdrücklich. „Damit ein nämlicher Tag gen München auf das allerkürzest fürgenommen werde"; Kr. Lhdl. XVIII, 44. „Einen nemlichen Tag für Uns gen Salzburg zu benennen"; Lori, L.R. 123. „Wann der Vater seinen Sohn vor offnem Gericht mit nämblichen, klaren und außgedruckten worten auß seinem vätterlichen Gewalt lasset"; Ld.Rcht. v. 1616, f. 215. Lori, LechR. 114. „Ob jemand dem andern ainich haab oder Guet umb ain nembliche Summa Gelts verkauft"; ibid. f. 231. „Es ist auch nämblich in dem wechsel herkomen und beredt worden;" Meichelb. Chr. Ben. II, 131, ad 1452. „Doch ist nämleich geredt und getädingt worden, das . ."; ibid. 108, ad 1423. In Burggraf Fridrich's Spruchbrief zwischen der Herrschaft und der Stadt München, gegeben Freising am Pfingstag vor dem heil. Pfingstag 1403, fangen die Artikel gerne an: „Auch sprechen wir nemblich", „nemblichen sprechen wir auch . . ."; Cod. bav. . . ., f. 133—140. „Sine wolde si nemelîchen (schlechterdings) nimmer mêre gesehn"; Iwein 1976. 'namelôs, ä.Sp., Adj., namenlos, wesenlos; BM. II, 308.' „Die aber zwischen dem minsten vinger und dem namlosen . . . zwischen dem namlosen vinger und dem mitteln"; Clm. 17296 (sec. XIV.—XV. 4°), f. 77. „Zwischen dem minsten vinger und dem trewn"; das. f. 83. 'Vrgl. unter nennen: „der ungenannte Finger" und mittel-alterl. Hausbuch p. 49: „am lainlosen vinger."'

nämeln (námeln), annámәln, ausnámәln, vrb. act., mit Schimpf- und Spottnamen belegen, mit Worten verspotten. Muədə, də' Hänsl tuət mi' ällәwál *ausnámәln!* (ahd. namôn, nominare, mhd. namen; Graff II, 1086. BM. II, 310). s. nemmen, namsen und nennen.

Die, auch der Nâm, (ä. Sp.) gewaltthätiges Nehmen; gewaltthätig Genommenes; (ahd. nâma, gl. i. 67. 400. Isid. 9: privatio, invasio, praeda, agf. nâme, isl. nâm, n., mhd. diu nâme; barbarisch latein. namium, normand. namps. Graff II, 1073. BM. II, 369. Birlinger 349a). „Land und Leute mit Nahm, Brand und in andre Wege beschädigen"; Kr. Lhdl. XVI, 711, ad 1504. ibid. II, 96. 109. „Wir wollen auch weder Herren, Ritter oder Knechte oder andere zu des andern Leib und Gut nicht greifen noch beschädigen lassen, weder mit Nahm oder Brand"; Landfrieden von 1444. Lhdl. II, 11!. MB. IX, 244. „Bis so lange die Thäter mit der Nahm, ob sie die gethan haben, betretten und angenommen würden"; Kr. Lhdl. IX, 15. „Die Nahm samt den Thätern zu Recht behalten"; das. 12. „Wo er solche Nam hingethan, verkauft, vergeben, anworden oder verborgen habe"; Carolina poenal. XLVIII. „Brennten, raubten, zogen mit einem großen Nam Viehs wieder ab"; Av. Chr. 474. annämlich (à˜námli), a) wie hchd. annehmlich, d. h. annehmbar, b) angenehm, anmuthig; (mhd. annœme; BM. II, 370). In scherzhaftem Doppelsinn sagt man von einem 693
nicht ganz unbestechbaren Beamten, er sey „gar ein annämlicher Herr." Der Aufnâm, die Aufnahme, der Zuwachs. Der Ausnâm, die Ausnahme, besonders was Leute, die ein Anwesen an Kinder oder Verwandte übergeben, auf den Rest ihrer Lebenstage für sich ausbedingen. Wagner, C. u. C. B. I, 325. Zirngibl, Hsp. 217. Der Genâm, Erbgenâm, (ä. Canzleysp.) Mitgenosse des Erbnemen (Erben), Erbgenosse, Erb-Interessent; (wol kaum das ahd. ginamno, mhd. genanne, cognominis, von namo. Graff II, 1085. BM. II, 313).

genœm, (ä. Sp.) was genommen, gerne genommen wird, acceptus, (ahd. ginâmi, Otfr. I, 9,20. Notk. 89,1 blos nâmi, mhd. genœme; Graff II, 1073. BM. II, 370 f. Weigand, Wbch. I, 414). „Gute und genæme reinische Guldin"; MB. X, 215, ad 1509. „x lb. Haller genger und genemer Nürnb. Weerung"; Urk. v. 1373. „Ein schone und geneme blûme"; Br. Berht. „So ist ez kupfer doch bî genœmem golde"; Labr. 162. „Waz sol dem zagen ein schœnez wîb genœme; das. 625. „Genâm, gratus, congruus; ungenâm, ungnâm, ingratus"; Voc. von 1419, 1429, 1446. (cf. hchd. genehm halten, genehmigen). 'ungenœm, (ä.Sp.) nicht angenehm, widrig, verhaßt, schlecht; BM. II, 371.' „Vier menschen sind got und dem menschen ungenâm: der arm hochfertig. der reich lugner. der alt unkeuscher. und der kriegmacher"; Clm. 4774, f. 209. „Swa einer ein ungenemez weip nimet ob man sie widerwigt mit gute . . . we dir! Renner 13995. angenœm (à˜gnám), wie hchd. angenehm. Das reform. Ld.R. Tit. 5, Art. 7. 10 sagt angenâm halten statt genehm halten. danknœm, danknœmig, (ä. Sp.) 1) dankeswerth, angenehm; '2) dankbar; (mhd. dancnœme; BM. II, 370). undanknœme.' „Unde iezuo der muot undanchnamiu nihne huget, et jam mens ingrata non recolit"; Cgm. 17, f. 146b. Graff V, 170. s. oben, Sp. 522. (s. Dank). fürnœm, vornehm, vortrefflich in seiner Art; (mhd. vürnœme, vornœme; BM. II, 371. Weigand, Wbch. II, 998). ə˜ *fü'nemə'* Herr; ə˜ *fürnemər* Ochs, Brandwei˜, Rock ꝛc. „fürnehme Bockhäute seynds!" Porziunkulabüchl 65. „Die furnamen und weisen, R. R. burger zu München"; MB. XX, 649, ad 1477. (fürgenâm, autenticus; Voc. v. 1419). s. nemen.

naimə, naimen, naimer, naimes, eine auffallende, vorzüglich noch im Allgäu und in der Schweiz vorkommende Abkürzung, wol aus n-aiß (d. h. ich ne waiß, ich weiß nicht) wie, wo, wann, wer, waß, und gleichbedeutend mit etwa, irgend, auf irgend eine Art, irgendwo, irgend einmal, irgend jemand, irgend etwas, worüber man nemlich nichts näheres weiß oder sagen will; (gl. i. 479: „in n-eiz uuenni, aliquando", agf. ic n-ât hvâr, nescio ubi. Diut. III, 95: neiz waz. Heumann, opusc. 437: naiswaz. BM. II, 330. 322a. III, 788b. Zeitschr. III, 217,8. VI, 119,16 256,1. 409,32. Ich weiß nicht, ob hieher oder der Form nach vielmehr zu nämlich oder dem alten binamen gehören wird das bayr. Ausfüllsel námə, dessen Kraft und Bedeutung sich schwer durch andre Worte wiedergeben läßt. „Er is *námə˜-r- á' scho˜ i˜ 'n Kriəg gwé'n*", (wie man hört, wie es verlautet, dem Vernehmen nach). Er sol *námə˜* furt graəst sey˜. Bist leicht

nάmə˜ gàr ə˜ groussə'Herr? Whs hàt denn dèr *nάmə˜* 'tà˜? (was mag doch dieser wol gethan haben?) Britsch dennət nét ə'so, hàst *nάmə'* scho˜ ə˜ ganzé Lackə˜ héə'gmacht dà. Du machst di' *nάmə˜* gàr gráppi! Bist *nάmə'* gàr gscheid! ey, du nimmst dir, mein ich, gar viel heraus. A. erzählt von Hans, daß dieser kein Geld habe. B. fällt ein: hàt *nάmə'* (freylich) nicks, wál ər àlls vò'sauft. Immerhin wird bey diesem *náimə˜* und *nάmə˜* auch Notkers neîman, putare, statuere,
694 (ih neîmo, ich meine, nemlich. Ps. 12,4. 37,12. 39,11. 13. cf. 16,11. 24,10. 49,5. 9 ꝛc. Graff II, 1087 f. BM. II, 311. Lexer, mhd. Wbch. I, 179. sieh unten beniemen) zu erwägen seyn; vrgl. halt. Das notkerische beneîmen entspricht so sehr dem unter mainen erwähnten bimeinen, daß man fast an eine Versetzung denken möchte. „Daz ich min guot beneimet habe goteshusern . . . han ich beneimet und geben nach minem tode dem N. daz . . .“; Lucerner Urk. v. 1287. 1290. 1298. Gesch. Fr. II, 75. 81. 167.

'Naimes, Naymes, Herzog von Bayern; s. Grimm III, 367**. W. Grimm, Heldensage 137. Uhland, Sagengesch. (Schriften, Bnd. VII), 654.' „Dame Hutace fille de Naymes de Baviere; les enfances Vivien, P. Paris, Mss. III. p. 136. „Naaman dux Boiariae“; Turpin, cap. XXX, Reuberus, veterum scriptorum tom. I. (ed. Joannes, 1726. 2⁰). „Dux Names“, Ogier de Danemarche (poëme du XII. siècle par Raimbert de Paris, publ. p. Fr. Michel, Paris, 1842. 8), Vers 366 und früher. „Namles a la barbe florie“, Vers 10154. „Namles li ferrant“, Vers 10919.

nemen (nemə˜; I nim, du nimst, er nimt, I nám und nemət, hab g'numə˜ und g'namə˜; bey H. Sachs gewöhnlich num, numb für nam. Zeitschr. II, 113. cf. Gramm. 949), wie hchd. nehmen: (ahd. neman, mhd. nemen, isl. nema, agſ. goth. niman; engl. to nim nur noch in der Bedeutung stehlen. Graff II, 1054. BM. II, 361. Weigand, Wbch. II, 252 f. Zeitschr. IV, 104,18 f. Grimm II, 700 f.: n-eman, vrgl. lat. emo: sūmo = sub-imo, demo = de-emo, promo = pro-emo. Cf. Grimm, Mythol.² p. 614: nimidas, plur. von nimid). Ä. R. A. Ein Ding nimt mich fremd, unbillig u. drgl. (scheint mir fr., unb.); Kr. Lhdl. I, 142. IV, 50), wie noch: nimt mich Wunder. *Nims* selbn, is's bräv, is's recht? betrachte, bedenke es selber; Lindermayr 59. 'námerig, zum Nehmen geneigt; Zeitschr. II, 461.' abnemen, gewahr werden, bemerken. Grimm, Wbch. I, 80. annemen, fänglich annemen, (ä. Sp.) verhaften; Ld.R. v. 1616. Grimm, Wbch. I, 414,4. Mastvieh nimmt an, oder nimmt nicht an, gedeiht oder nicht. aufnemen, (vom Vieh, Allgäu auch vom Menschen) bey der Begattung empfangen. Grimm, Wbch. I, 697,11. ausnemen, unterscheiden. „Ich seh wohl etwas, aber ich kann nicht ausnemen, was es ist. Ich hör ihn wohl, aber ich kann nicht ausnemen, was er sagt.“ „Dis gesloß sy haimlichen ausnamen und beslichen . . . da sy nun heten das gesloß ausgenumen auf alle maß“; M. Beham, Wiener 304,19. 24. „Künich Alexander chom in chünig Pori hof in eins ainveltigen ritters wat zů auznemen sein machtichait und auch sein wesen; Cgm. 54, f. 23ᵇ. Dahin die auch hchd. R.A. sich ausnemen, sich unterscheiden, auszeichnen. ausnemend, ausgezeichnet, vorzüglich. Grimm, Wbch I, 921,7. 922. ausnemen Einen, ihn beobachten; („daß si all sein Thun und Lassen ausnehmen möchten“; Selhamer); ihn ausholen, ausforschen. einnemen, verstehen, fassen. Grimm, Wbch. III, 238,7. „Hat Er mich eingenomen?“ „Die Stenndt haben die Verantworttung auf Ihro Durchl. gethone proposition zu geniegen eingenommen“; Ldtg. von 1669, p. 125. entnemen, zu leihen nehmen, (es sey Geld oder Gut). Grimm, Wbch. III, 575,2. „Einen Metzen, ein pfärd entnemen“; Wstr. Btr. VII, 98. 170, ad 1320. 'vernemen Einen, ä. Sp., ihm Aufmerksamkeit schenken, ihn anhören; BM. II, 376ᵃ.' Diut. III, 102. 106. s. Nâm und Numft.

nemmen, (ä. Sp.) nennen, (gl. a. 135, Kero: nemman, praet. namta, wie nennen eine Assimilation aus nemnan, Isid., Tat., mhd. nemnen, agſ. nemnian, goth. namnjan, isl. nefna; Graff II, 1082. BM. II, 310 f. 'cf. niederd. *näumen, naimen*; Zeitschr. IV, 272,101. V, 138,25. 419, II;28). „Den man nempt den Neupecken“; MB. XX, 394, ad 1450. „Daz man nempt des Michels gut“; MB. XXIII, 263. 264. „Die nachbempten hoffstett“; XXIII, 546. Das Ung'nammt (Allgäu) s. unten nennen: das Ungenannt. Clm. 4636 (XII. sec. 8⁰), f. 107: „Ich gloube daz die drigenemmede (trinitas) ein warer got ist.“ BM. II, 311: benembe, 313: genennede. s. Namen und nennen.

Neume, s. unter niemeln.

nimmer, niemand, s. ni und mer, nie und man. Nimmerl's Tag: auf St. Nimmerls Tag, ad graecas calendas. Vilmar, kurhess. Idiot. 284. Castelli, Wbch. 110: „au'm Sankt *Dimə'lsdàch*, ein Ausdruck, den man gebraucht, wenn man den Tag nicht bestimmen kann oder will, an welchem etwas geschehen soll, auch wenn man andeuten will, es werde gar nie geschehen.“ Seidl, Flinserln IV, 30. 138: au'm *Timmerlstag.*

niemeln, (Zps. Ms.) lächeln. Das Wort scheint als Diminutiv mit Notkers niumon, (Ps. 32,2. 80,2. 91,4. 94,1. 2. 97,4) jubilare, (welches er „âne uuort liudon“ definiert, und wozu wol nicht nothwendig blos musicalische Instrumente gehören. Vrgl. das Jodeln z. B. auf dem letzten a von aleluja. s. oben, Sp. 1199 unter ju die Worte aus dem Windberger Psalter.) Zusammenhang zu haben. niumeien, jubilemus, Notk. Ps. 94,1. niumo, msc., modulatio; Notk. Graff II, 1089 f. Diefenbach 379ᵇ. „Quaedam ecclesia neumatizat sequentias sine verbis, ut fit in organis“; Cbm. 5387, f. 262. Über die Neumae und über „les anciennes notations musicales de l'Europe“ überhaupt s. Théodore Nisard in der Pariser Revue archéologique, t. V, p. 701—720, t. VI, p. 101—114. Gerbert, de musica eccl. I, p. 336, II, p. 59: neumarum signa et nomina. Pez, thesaur. I, fol. XV.

beniemen Einen zu etwas, (Zips) bestimmen. 'Vrgl. das vorige Wort.'

'Die Nomme, Mutter, (Tirol); Zeitschr. IV, 39. 65. V, 452.'

numə, nomə, (schwäb.) 1) nicht mehr, (etwa aus einem alten niumer? Zeitschr. III, 320. V, 403,41. VI, 422,14. Diut. I, 344. 347 steht ymmer für immer). 2) nur, (wol eher aus niuwan, s. nun, als aus Notker's nube, nisi, d. h. dem negierenden ube, ob, si). Zeitschr. V, 115,15. 258,26. 407,13. VI, 408,24.

'numen, numer, ennumen, Entstellungen des lat. in nomine in der Formel: numen dumen, in nomine domini. BM. II, 423.' „In nummer dumen namen! sprichet mancher swenn er sich gerichet mit worten in zorn“ (st. daß man weiland Alles anfieng mit in nomine domini amen); Renner 13634. „Nûmer dûm nam!“ Altsw. 157,25. „Numer dumen Ihesu Crist!“ das. 160,29.

Der Nummer, wie hchd. die Nummer. Vrgl. Sp. 1737: der Nulla.'

Die -numft, -numpft, -nunft, -nuft (in der a. Sp. neben numft, nunst, nust ein Verbale aus nemen, genumen, wie Kumft, Kunft aus kemen, 695
kumen) in der Zusammensetzung; (gl. a. 244 steht numft selbständig für exuviae). Graff II, 1075. BM. II, 372. Die Nôtnumft, ä. Sp., a) gewaltthätiges Nehmen; (Grimm, RA. 633. BM. II, 372. Weigand, Wbch. II, 283. gl. a. 530: notnumft, spolia; so hatte die ahd. Sp. auch ein heri-numft, praeda, und

selbst sigi=numft, victoria, von sigu neman, victoriam assequi; gl. o. 201 ist nodnumeo raptor; sig=numftære, triumphator; Cgm. 17, f. 99a). b) stuprum violentum; L R. v. 1518, Tit. 21; v. 1332, Wstr. Btr. VII, 91. 1ster Freybrief von 1311. Schon 1172 (MB. XII, 346. V, 135) werden als Hauptverbrechen besonders behandelt: „vehtat, notnunft, nahtprant, heimsuochunge und furta." Ob Bedeutung a) oder b) statt habe, bleibt oft, wie schon im Ldtg. v. 1515, p. 197 bemerkt wird, unentschieden. Schwerlich ist in der Reg. Chr. I, 514. 550, nach Gemeiner, a) zuläßig. Die und der Vernunft, wie hchd. die Vernunft als gesunder Menschenverstand. BM. II, 376. Weigand, Wbch. II, 976. Dés geit aə˜n ja də' *Və'numft* ei˜. (Gl. a. 162. i. 322. 559. 1151: fernumfst, firnumst, firnunst, firnust, Kero: farnufst, Notk. fernumest — Ps. 42,5 von uuizze, ratio, unterschieden — f., capacitas, intellectus, von firneman, capere, apprehendere, intelligere. Daß sie (die Richter) ihm (dem orator) „dociles i firnúmstige sîn", Clm. 4621, f. 59b; gl. a. 359: firnemti, intelligentia, isl. nâm, næmi, apprehensio, capacitas memoriae, næmr, capax, neben dem Verb nema in der speciellen Bedeutung: lernen, wovon numinn, edoctus; (niederl.) nimig, nimhaftig, klug, aufmerksam. Diese Genealogie an sich führt demnach keineswegs auf eine a priori schaffende Geisteskraft, sondern blos zu einem sehr a posteriori aufnehmenden Vermögen).

---

benamsen, benamsten, benennen; Grimm, Wbch. I, 1465. Zeitschr. IV, 546,II. s. Namen.

Nemtzschenreut, 'Ort in Oberfranken, LG. Pegnitz'; MB. XXV (1429), 230. 429. 436. 530. 'Vrgl. česk. némec, němce, der Deutsche.'

---

nan (o.pf. ná˜, na˜, naə˜, bayr. nà˜; oberöster. ná˜), nur. wart *nà˜*! wart nur! *nà˜* no˜ dés, nur noch dieses. Dieses nan ist (nach Gramm. 682) wol eine Zusammenziehung aus dem alten ni=uuan, ne=wan; (Graff I, 856. BM. III, 489). „Rübe die sol man niwan verkaufen bi gantzen Secken unde niht mit dem metzen"; Augsb. Stadtb. „Daz tier heizzet einhurne von diu daz ez niwan eines hornis hat"; Winnerl Gl. s. nun, når und nur.

'Der Genanne, s. unter nennen.'

Nánni, Nánnl, Nándl, Anna; (ital. Nanna, franz. Nanon. Cf. isl. Nanna = Nanda, die Kühne, (cf. mhd. genende, BM. II, 378. Graff II, 1092 f.), Balders Gemahlin; Grimm's Mythol.² p. 202. 458. Förstemann I, 949). Birlinger 349. Zeitschr. III, 98. 105. IV, 156. VI, 460. Das n scheint nach Gramm. 610 vorgeschoben, während sich der Badeort St. Anna=Brunn bey Müldorf zu Tannə˜brunn, das St. Anna=Gärtlein in Nürnberg zum Tannengärtlein entstellt hat. In Basel ist auf ähnliche Weise aus der St. Alban=Vorstadt eine Talbə˜-V., aus der St. Paulen=V. eine Spalə˜-V. geworden.

nain (Rhein., Frank. ne˜, nê; Frank. o.pf. bayr.
696 ná˜, O.L. naə˜, schwäb. nài˜; s. Gramm. 140—156), nein; (ahd. mhd. nein, Tat. Matth. 13,29; ags. blos na, ne, isl. nei, goth. nê. Graff I, 326. BM. II, 328. Weigand, Wbch. II, 254). mei˜ *ná˜* - υ, ja wol *ná˜*, υ - υ, ey jə wol *ná˜*, o nein! hàlt *ná?!* ja hàlt *ná!?* etwa nicht? (meist ironisch). Im vertraulichen Scherze bleibt zuweilen das Anfangs=n weg und wird durch eine eigene Aspiration ersetzt, die nach dem Zeugniß eines Kenners dem sonst so schwer zu erklärenden arab. und hebr. Ajn (ع ע) entspricht: ná˜-'á˜, 'á˜-'á˜! (-υ) o nein! mit nichten! Zeitschr. IV, 36. 'Vrgl. mhd. neinâ, nicht doch! BM. II, 328 f. und oben; Sp. 1: =â. „Naina du vater! naina du můter!" Griesh. Pred. I, 71. 'In der mhd. Spr. meist mit Wiederholung des persönlichen Pronomens je nach dem Inhalt des vorangehenden Frage= oder anderen Satzes gebraucht; (BM. II, 328b)': nein ich! Walther v. d. V. 61,26. „Ein klôsenære, ob erz vertrüege? ich wæne, er nein"; das. 62,10. „Sît ir beide an einem man? nein wir!"; Ulr. Tristan 2346. „Du pist auch ainer des menschen iunger? do sprach er (Petrus): nain ich! Cgm. 66, f. 31. „nain si zwâr"; Griesh. Pred. I, 29. 160. „ia ez zwâre"; das. 79. „Tu trepi, du schimpz. No certo, nain ich zwar. Ist dein vater im hauß? nain er, er ist nicht in disser stat. Hat niemant nach mir gefragt? nain ez her, niemant, no missier nessun. Stirbt ez yetzund in deutzen landen? nain ez yetzund, no adesso. Ist ez tewr in deutzen landen? nain ez trewn, meffe no"; Vocab. veneziano-todesco, Ms. v. 1424, f. 93. 102b. Cgm. 57, f. 5½. Cgm. 632, f. 80. naintz, nichts; Joh. Nider, Cgm. 3891, z. B. f. 23b. 'nainen, ableugnen; Zeitschr. IV, 178.' abnainen (à'naə˜-n) Einem etwas, es ihm abschlagen. vernainen, verneinen; (Otfr. intneinan). widernainen Einem, (b. W.) ihm widersprechen. Alls hàt ə' mə' *widə'ná˜t*. Wennst mə' no˜màl *widə'ná˜st*, so gib ə dər aəné aussi. Ich möchte beynahe die Partikel nein selbst als ein versteinertes nego (vrgl. wœn, halt, glâub) ansehen, wo sich dann das Schluß=n als blos ableitend erklären würde. Im Isl. ist nei=ta Gegensatz von jâ=ta, (ahd. iâizan, iâ·zan; vrgl. oben, Sp. 1197). Oder ist nain = ni=ain st. ni=ainatâ? Grimm III, 746. Wackernagel's Wbch. Vrgl. neen, Diut. II, 225 'und oben naintz. Vilmar, kurhess. Idiot. 282: nain, nên, kein; Zeitschr. II, 196. 396,16. III, 259,15. 267,14.'

nauneln (nau˜-ln), schlummern, besonders unter Tags; halbschlummernd ruhen. Iətz hàn I ə˜ weni' *g'nau˜-lt.* Hà˜ mi ə˜ bissál nidə'gsétzt und há˜ glei' *ei˜gnau˜-lt.* La' mi nà˜ ə˜ bissl *ausnau˜-ln!* Der Naunler (Nau˜lə'), kleiner Schlummer; Schläfer, schläfriger Mensch. Wenn man die spanische: siesta (hora sexta), das englische nooning, das holl. noen=slaepken, das Ravensbergische naune, alle in der Bedeutung der Mittags= oder Nachmittagsruhe, hiemit vergleicht, so ist man versucht, auch unser nau˜-ln auf die Nôn (hora nona; s. unten) zu beziehen. „In su la nona quando la gente dorme"; Boccaccio, nov. 21 und 26. Vrgl. indessen auch launeln, 'lunzeln und nunzeln.'

'Nên, Nöne, Nöndl, Nöndile, Großvater; Nândl, Nâ˜dl, Nûne, Nûndl, Nûndile, Großmutter; Zeitschr. IV, 37. 39. 65. VI, 339.'

nennen (nennə˜), ich nennet, hab genennt, wie hchd.; (entstellt aus dem ahd. nemnan, namta; Graff II, 1082. BM. II, 311. Weigand, Wbch. II, 255. s. nemmen). sich vernennen, im Reden einen unrechten Namen oder überhaupt ein unrechtes Wort vorbringen, sich versprechen. I hà˜ mi *vo'nennt.* genannt, (ahd. ginamt), Part. pass. von nennen, im gemeinen Dialekt jetzt durch genennt verdrängt und fast nur in gewissen besondern Bedeutungen noch üblich. mein Genannter (Salz.; mei˜ Gnà˜, Kitzbühel), der mit mir gleichen Namen führt, 'Namensvetter, Genosse; ahd. ginamno, ginammo', mhd. genanne, gl. a. 501. 652: g·nanno, aequivocus, cognominalis. Graff II, 1085. BM. II, 313. „Tiê sint kenammen, dero namo échert gemeine unde geliĥ ist"; Notk. Zeitschr. IV, 356. VI, 14. 'Cf. mhd. diu genennede, genende, genenne, ahd. ganemnida, Person in der Dreieinigkeit; BM. II, 313. Graff II, 1086; vrgl. oben: nemmen.' „Diu genennede des uater, persona patris; Cgm. 17, f. 219b. Das wir in den drein genennen den vater, s. u. h. g. erchennen"; Cgm. 136, f. 76). Im Simplicissimus ist der Gnan, Knän der Vater, als Spessarter Ausdruck. Vilmar, hess. Wbch. 19. 20: *Gnenn*, Vater; kurh. Idiot. 132:

der *Gnenn*, Vater; *Ellergnenn*, Großvater, *Urgnenn* oder *Ellergnennchesgnenn*, Urgroßvater. „Mein Knän (denn also nennet man die Väter im Spessart)“; Simplicisſ. v. 1684. „Das kind spricht (zum Vater): Gnann!“ Cgm. 444, f. 70^{a}. „Do der vater daz (sterbende) kint in siner schoz hete, da rief ez: wer genenne (oder = genende, kühn? cf. BM. II, 378 f.) were, man wil mich zucken. do sprach er: sage vil liebez kint min, wer? More, more!“ (der Teufel holt es nemlich); Renner 13699. *Genannə*! (Pfitsch) redet einer den andern an. Der Genannte, (Gem. Reg. Chr. I, p. 324. III, 698) einer von denjenigen vorzüglichen Bürgern, die der Rath in wichtigen Händeln zu sich nahm und berief. Im Jahre 1314 waren 83, im Jahre 1321 waren 85, und im Jahre 1360 waren 54 Genannte. Cf. die 300 zu München (Katzmair 3 . . .), 80 zu Ingolstatt (Mederer 94). Ebenso war auch in Nürnberg, nach der reichsstädtischen Verfassung, ein Genannter ohngefähr was jetzt, mit unbequemerem Ausdruck, ein Gemeindebevollmächtigter. „Sie wurden in gewisser Maße zu den Rathswahlen gezogen und hatten bey den Auflagen ihre Stimme zu geben. Ein Testament, vor zwey Genannten erzeugt, war
697 rechtsgültig, und jede Urkunde, von zweyen derselben unterschrieben und gesiegelt, wurde ein Documentum guarentigiatum“; Häslein. Von den 250, den großen Rath bildenden Genannten überhaupt waren 8 als alte Genannte Mitglieder des kleinen Rathes. Wagenseil, de civit. Norimb. p. 192. 196. „Nach der genantn rat.“ „Wen man den genanten zesam pewtt, wer daz versiczt, der sol geben xxiiij dl. ze vertrinchen“; Traunsteiner Stadtord. v. 1375. Kohlbr. Materialien v. 1782, p. 57. 59. 61. Reichenhaller Urbar v. 1285. Lori, BergR. f. 13. Nach v. Lang, bayr. Jhrb. 335 hießen die Zeugen (bey den Gerichten des 13. Jahrh.) Genannte, nominati. „N. v. Wald verspricht 1276 dem Kloster Raitenhaslach künftig keine Reinigung der Beklagten durch Schwören einer Anzahl Genannter (das Besiebenen) zu fordern.“ „Cum quinque nominatis juret“; Legg. Alaman. 38,1. 53. 56,1, (Pertz, monum. Germ., legg. t. III, p. 28,1. 56,1. 91,4). Im Schwedischen ist die Nämd ein Landgericht, insoferne es aus (12) beysitzenden beeidigten Bauern (nämdemän, isl. nefndar-menn, notables) besteht. Die genannte Kost oder das Genannte, das Bestimmte, für jeden Tag Festgesetzte oder Herkömmliche an Speise und Trank, besonders in Bezug auf Dienstboten u. drgl. Miər ham ünsə' *Gnannts* Jàr aus Jàr ei˜, Summər und Wintə': auf d' Nà't ən Ofə˜-Laəbl·, z· Mittàg zwu Nud·l, und àllé Wochə˜-r- ə˜n Laə' Broud. „Von der Kuchl ist zwar kein Genannts, vom Keller aber soll jede Person 1 Viertel Bier, 1 Kändel Wein haben“; Hochzeitspruch, Hübner 541. „Ein gnants trincken, bibere ad numerum“; Voc. v. 1618. „Auf gnand oder genändlich gab, meritum congrui“; Voc. von 1429 „Genannte Scharwerch“, bestimmter, gemessener Frohndienst. „Der Mon all Monat hat sein Gnants von seiner lieben Sonnen und mehrers nit denn all sein Glantz quellt her aus disem Bronnen“; J. Balde, Lied auf Maria. ungenannt. „Der ungenant finger“; Cgm. 588, f. 245^{b}. „Zwischen des minsten und des ungenanten fingers . . . zwischen des ungenannten und des mitters fingers“; Poll. 185, f. 2^{a}. Vrgl. oben, Sp. 1741: der namlose Finger. Das Ungenannt, (Ungnammt, Allgäu), eine Art Krankheit (bei Menschen und Pferden), der Wurm; BM. II, 312^{b}. Grimm, Mythol.[2] p. 1109. „Fur den wurmb außerhalb des leibs so man das ungenant nent . . . und wird das wörtlein ungenant villeicht darumb gebraucht, daß vil den Aberglauben haben, wann ainer sag, das pfert hab den Wurmb, so werde das pfert dardurch gleichsam beschrien und nehme die Krankheit noch mehr zu. Sonst heißt mans auch den Bürzel“; Roßarzneybuch, Cgm. 964, f. 138. „Für den Afel (s. oben, Sp. 40) wenn ein wund erswarzet und das Ungenant darzu kumt“; Cgm. 723, f. 259. „N. N. hat sich verrieben, daß er in 8 Wochen nichts thun können, auch das Ungnandt und das kalt vergifft gehabt, ein tag und nacht daran geschryen“; Inchenhofer Mirakel v. 1605. „Welich kint das ungenant hab“; Cgm. 4543, f. 66. „Wem der mund smeckh und wer das ungenant im mund hat“; Cgm. 170, f. 4^{b}. „Och riuwet mich sîn süezer wirt, den ungenande niht verbirt“, Parzival 240,8; (von nendan? Grimm II, 778: ungenande, desperatio; Wackernagel's Wbch. „Muthlosigkeit.“ Vrgl. dagegen: BM. II, 379^{b} und 312^{b},19 Ausgabe des Parzival von Bartsch p. 253,488). „Für die Schuß und das Ungenannt“ ein Segen. Cgm. 3723, f. 185. „Incantatio contra opilationem vulgr. ungnat (ungenant), ubi dicitur: ungenat wast der schonst man alz yn die werlt nie geban“; Thomas v. Haselpach, de X praeceptis, Ald. 228, f. 231^{b}; Au. 17, f. . . .: „ungenant was der schonest man so in dy welt nie gewan“; Aug. eccl. 61, f. 19 (v. 1445): „als in die werlt ie gewan.“

'nein, aus hinein, (mhd. hin în; BM. I, 750) gekürzt; s. oben, Sp. 1709: nei, ('nei˜).

neun (nái˜, noi˜, nui˜, vrgl. Gramm. 231. 773), wie hchd.; (ahd. und mhd. niun, agſ. nigon, isl. nîu, goth. niun; Graff II, 1091. BM. II, 386. Weigand, Wbch. II, 259). neungescheid, wie man auch sagt sibengescheid, überaus klug (ironisch); vielleicht in Bezug auf die ehmals gewöhnlich in der Zahl 9 oder 7 gewählten sachverständigen Schiedsrichter bey verschiednen Gelegenheiten, so z. B. die Neuner beym Scheibenschießen; (Wiltmaister, s. 147). Zeitschr. III, 359,4. VI, 84. 475.

Niune, alte technische Benennung von Dichtstücken. Lachmann's Walther p. 207. (2. Ausg. p. 214; doch vrgl. v. d. Hagen's Minnes. IV, 484 f.)

Die Nôn, Nônzeit, (Kirchensp. u. ä. bürgerl. Sp.) wie hchd. die None, (sc. hora nona diei, diesen vom Aufgang der Sonne, im Durchschnitt 6 Uhr Morgens nach unsrer Rechnung, angenommen, also) 3 Uhr nach Mittag. Graff II, 1090. BM. II, 406. Weigand, Wbch. II, 276 f. Vilmar, kurheſſ. Idiot. 285. Zeitschr. VI, 358: *None*, Mittagsruhe; nônen, nœnken, Mittagsruhe halten. „Wye daz Cristus ze Nonzeyt ellenditlich gestarben ist“; Wstr. Btr. V, 72. „Die fleischhackher sollen verchaufen untz daz man da z· dem tumb non gesungen hat“; Paſſ. Stdtb. Ms. „Zu der zeit der noun der passian“ . . . „zu der nonzeit stet die naturleich sunn am höchsten“; Cod. germ. m. 8^{0}. 34^{b}, f. 94 („Fon sértu unz in nona“; Otfr. IV, 33,9. 15. „Sumeliche ze mittemo tage, sumeliche ze nona, sumeliche an demo Abande“; M.m. 116). In Norwegen gilt nôn für Nachmittag 4 Uhr. Die Mönche, wenigstens einige Orden, fertigten den auf die nona treffenden Chorgesang schon Vormittags 698
mit ab. Ich weiß nicht, ob es von diesem Umstand herrühren könne, daß im Englischen, Holländischen noon, noen für Mittag üblich ist. Müller, etym. Wbch. d. engl. Spr. II, 135. Firmenich I, 347. 497: *Naune, Noun*, Mittag. Im bürgerlichen Leben der Isländer begreift nôn, n, die sämmtlichen 3 ersten Nachmittagsstunden; dem Agſ. galt non, nach Thorkelin, für die 3 Stunden von $10\frac{1}{2}$—$1\frac{1}{2}$. Vrgl. (nach Gramm. 330. 336) nauneln. Die Nôn, schön Nôn, der schön Nôntag, ä. Sp., der Gesang zur None an Christi Himmelfahrt, der Himmelfahrtstag; BM. II, 406^{b}. Pilgram, calendar. chronol. p. 178: „à nona quae tunc solemniter circa meridiem cantatur, qua hora Christus ascendisse creditur.“ „Dominica paschae pro aurea nona . . . die ascensionis pro aurea nona“; Hansiz, German. sacra, t. I, corolar. XIII. Hund, metrop. Salisb. (ed. Gewold) II, p. 66 ex cod. And. 5, fol. 18. Antony, Lehrb. d. gregor. Kirchengesangs (1829) p. 16. „Post *auream nonam*“; Clm. 5111 (XIV. sec.), f. 21^{b}. „An dem schonen nuntage do er ze himel für“; Cgm. 702, f. 113^{b}. „Schôn nontag, Christi Himmelfahrt; Stocker. In einer alten Anderer Chron. heißt es, „daz sie (am Auffahrstag, wo die Capelle mit dem „gar alten Hailtum“ aufgesperrt wird) daz Hailtum zu der guldin Non auf den Altar satzten.“ „Daselb zaigt man das

Hailtumb alle Jahr zwir: zum Auffahrtstag und des sontags vor St. Michelstag"; Chron. bey Freyb. I, 112. Dazu finde ich in einer mittelrheinischen Urk. v. 1285 bis 1288: „an dem schönen Nonentag." „An unsers herrn vfvart, das man heißet den Noneten." „Hymnus an dem auffarttag zu der guldin non zu singen": Festum nunc celebre, deutsch: Chum hochfeierliche czeit; Cgm. 715, f. 82. Cgm. 168, f. 62. „Als man nun den non gesang solt der hergot gen himmel fahrn", — aber Liendl Leutenschlager hatte ihn vom Altar ins Wirthshaus genommen, um sich noch vorher mit ihm zu letzen; (München), H. Sachs 1560: IV, III, 60 (1612: IV, III, 132). Daselbst ist auch beschrieben ein andrer Münchner Brauch, am Auffartabend üblich, wo der Teufel (von einem Bachanten agiert) von etlichen Truten (agiert von Schreibern in Bäuringewand mit Ofengabeln) durch die Stadt in des Fürsten Hof und in der Burger gejagt wird; da gibt man ihnen zu saufen. „Darnach schoppens mit hew und stro das er wird gros und dick henken den an ein langen strick zu unser frawen kirchthurn naus und lassen die nacht henken drauß." Vrgl. oben, Sp. 1111: die Himmelfart. „Frô Bône ist vor und nâch der nône vil fûl und ist der wibel wol", („vor und nach Himmelfahrt", sagt Lachmann), Walther v. d. V. 17,28 u. p. 140. `(Pfeiffer p. 208 mit Anmerk.).´ Næm ez die warte hin gen iener nône" (?); Labr. 12. Vrgl. oben, Sp. 896: guldin.

Non. „Mit kurtzer red und lutzel non", (Zögerung; im Reim auf „thon", thun); Wolff, histor. Volksl. p. 643.

1) nun (nu˜, no˜), wie hchd.; (ahd. mhd. nû, nu, nuo; Graff II, 976 ff. BM. II, 419. Weigand, Wbch. II, 286. Zeitschr. II, 83,5. 401.9. III, 172,21. VI, 253, II. 265,31). annun wie anjetzo, dermalen; (ä. Schriften). nunzu. „So ist die Hauptsache bis nunzu verliegen geblieben"; Anmerk. zum Cod. Crim. v. 1751, p. 4. s. nô˜.

2) nun (nu˜, no˜), a) nur, (Zeitschr. II, 566,3. III, 172,21. 400, IV, 6. IV, 99. 100); auch schon in der ä. Sp.: „nun vor etlichen jahren, non ita multis annis. Wann nun, modo, dummodo. Wann du nun schweigen kundest, modo ut tacere possis"; Voc. v. 1618. Clm. 1373 (v. 1437), 117. 118: nu, nur. „Daß ein jeglicher was er wollt, glaubet, wenn er nun sunst nichts übels thet"; Avent. Chr. 228. „Wenn eynr so hefftig von zorn bewegt ist, daß er nun halbe wort macht"; Av. Gramm. „Nun wo Geld hingelegt ist, da nehmen wir Gold"; Kr. Lhdl. III, 310. „Er schuoff vil ritterleich sein leben daz man in nun eren jach"; Pitrolf und Dietlaib, (Wien. Lit. Zeit. v. 1816, Int. Bl. Nr. 48). „Wär nun ein element, das Feuer, so möcht vor hicz nichssen gewachsen"; Ortolph. „So solt ain Pfaltzgraff vom Rein ain lantvogt geben ain geborenen man, doch nun auß dem land zu Schwaben"; Lirer XXVII; cf. XVII. XXIX. XXXII. XXXVI. „K. Albrecht was gar geitig nach gût daz er doch dem reich nit zûfügt wan nun seinen kinden"; Kaiserchron. bis 1314, Ms. (sec. XIV) german. Mus. 2733. „O du heiligs Creuze behüet uns Christenleut und nun die falschen Juden nit, sie haben den rechten glauben nit"; Kirchenlied: Christ ist erstanden, 6. Str., Cgm. 4611, f. 11. b) (ä. Sp.) es wäre denn; ausgenommen; außer. „Der sult daz reht ninder anderswo suchen noch nemen, nun von uns"; MB. III, 360, ad 1296. „Und sol man nymen in die acht furbaz tun, nun umb die sache, die vorgenennt sint"; Rchtb. Ms. v. 1332. „So stuend doch anders nicht sin muot, nun ze beliben da." „Ein herze stuond nindert anderswar, nun da er sie wiste." „Ich wil in nun guetes jehen." „Fraw es weis niemand noch, nun der garzun und wir." Der Jungfrau waren „die hende gebunden ir kleider von ir getan und nun ir hemde an verlan." „Nu sagt mir minder noch me nun recht, wie ez umb euch ste." „Weder
699 ze nider noh zu ho nun in rechter maße also." „Man hort nun ein geschrei: wan sper, wan sper!" Iwain, nach dem Ms. von 1517, wo frühere, nach Benecke und Lachmann (Vers 1717. 1721. 1887. 2213. 5154. 6316), niuwan setzen. „Da volgte im niemand mere nun zwelff seiner man." „Beide truogen si an nun zway salwe hemede"; Gudrun. „Ich han dich nit kofft vmb silber vnd edelstain nun vmb minen bittren tod allain." „Do wird doch nun äsch aus"; Cod. Laßberg. Br. Berhtolt braucht nuwen (schweiz. numə˜). Die Zusammenziehung dieses nun aus dem alten niuuan (niwan, newan: das i oder e vor w wird zu o oder u, wie weche zu Woche) ist also wol kaum zu bezweifeln. Vrgl. oben nan und unten när und nur, (aus ni uuâri contrahiert).

Die Nunn oder Nunnen, wie hchd. Nonne; (ahd. nunna, mhd. nunne, agſ. nunne, isl. nunna; zuerst bey Hieronym. Ep. 22,6: nonna. Graff II, 1090. BM. II, 423. Weigand, Wbch. II, 277). Sêl-Nunn, s. Sêl. Das Nunnenfürzlein, Art Confectes, das die Nonnen besonders gut zu bereiten wußten. Zeitschr. V, 474. „Viehbacher Nonnen-Krapfeln und Wasser"; Pfarrer Tröstengott's Testament, Bucher's s. W. IV, 291. In der Landwirthschaft ist die Nunn eine Stute, welcher man die Bärmutter ausgeschnitten, oder durch einen angebrachten Draht die Beschälung unmöglich gemacht hat, wie (z. B. im Zillerthal) der Münch ein Bock mit unterbundenen Hoden ist. „Kein nunne (Kuh? oder Schwein?) noch kein rint abslahen"; Meraner StdtR. in Haupt's Zeitschr. VI, 417. Zeitschr. III, 460: Nunne, verschnittenes Schwein; V, 54. 226. `Nunnenmacher, Sauschneider; Birlinger 355.´

`genenden, ernenden, ä. Sp., Muth fassen, wagen; (goth. ganantbjan, ahd. nendjan, ganendjan arnendjan, mhd. genenden, ernenden, Prät. genante, genande; isl. nenna, schwed. nännas, oser. Graff II, 1092 f. BM. II, 378).´ „Durch daz er sie geschante darumbe er nie genante wan er sie wolte grifen an"; v. der bir 297, Myller's Samml. III, XLI, `(v. d. Hagen's Ges. Abent. I, p. 220,344).´ „Daz ich ze sprechen küm ernante"; Labr. 60. cf. Lachmann's Titurel 123. Mit dem Genitiv: eines Dinges genenden; Grimm. IV, 668. „Swer sins gûtes genenden (genesen) wil"; Schwabensp. Laßb. 194; Wackernagel 167: „Wil er sich sines gûtes ernenden", (es wagen). genendec, Adj., genendeclîche, Adv., muthig, kühn, dreist; BM. II, 379. „Du solt mich in dînem dienst genendiclîchen vinden." „Sie solten ir genendiclîche bîten"; Gudrun 243. 725, (im Original immer „gnediclichen").

`nendeln (nenln), zimpferlich, wählerisch, heikel sein (besonders im Essen), herumklauben; kleinlich kritisieren, unentschlossen zögern; (St. Florian, Prof. Dr. Pailler)´; s. oben, Sp. 1270, unter kippeln.

nindert (nində'scht), niendert (o.pf. nêi˜'ə't), nirgends. Zeitschr. II, 235: nand, nend. III, 216,36. 326. 457. V, 38. 501,15. VI, 118,6. 250,11. 272, IV. „nindert ainer, neuter"; Voc. v. 1419. Auch im Iwein ein negierendes niender; s. oben, Sp. 1712: niə-nə und BM. II, 746.

`nenken (ne˜əkə), an einer Sache immer etwas auszusetzen haben; Birlinger 351. Vrgl. oben, Sp. 1351: knenken und knaunzen.´

„nunkeln", wackeln; vrgl. nackeln, nueckeln.

-nunst, (ä. Sp.) statt nunft, s. Sp. 1744: numft.

`ninter, aus hin-hinter gekürzt; wie nunter aus hin-unter; s. oben, Sp. 1116: hin. Ztschr. IV, 517, I, 28.´

`nunzeln, was lunzeln (oben Sp. 1495); Zeitschr. III, 313. Vrgl. Sp. 1746: nauneln.´

„Nap." „Auß den Wurzeln werden (für die Badegäste) zugelassen die süssen Rueben, langen Rueben oder Nap"; Hailbrunn. Badbeschr. v. 1636, p. 123. (Wol nur das lat. napus.)

nappen, gnappen, s. naupen, noppen, nuppen; naffezen, nepfen, nipfeln; knappen, knaupen. Zeitschr. IV, 102,8. V; 437. VI, 298. BM. II, 314. „Gnappen mit den Füssen", vacillare; Voc. v. 1618. „Zu dem gieng er demütig gnapt"... „und gnapt mit dem kopf hin und her"; H. Sachs 1560: II, IV, $125^{a.b}$. 'Vrgl. engl. nap, agf. hnipian, („altnord. næfa, gnæfa"; Jac. Grimm); Müller, etymol. Wbch. d. engl. Spr. II, 122.'

Der Näpper, der Bohrer, (Voc. v. 1618); s. Näbiger, Näber. Ein „Werckneppér" abgebildet im Cgm. 4413, f. 166.

naupen, gnaupen, gnaupezen, Bewegungen machen, wie ein Hinkender. Mit dem Kopf gnaupen, den Kopf sinken lassen, nicken. „Dein haubet sol der tûben gleichen an zucht, geberde mit wincken, wancken, nûben, wan an denselben vorchtet man geverde"; Titurel. s. knaupen. neipeln, '(näupeln?)', stolpern; (Jir.).

700 Die Naupen, plur., die Capricen, Grillen; Schwierigkeiten. Weigand, Wbch. II, 249 und 286: Naupe, Noppe, Nuppe. Vilmar, kurhess. Idiot. 287: „die Nuppe, fast nur im Plural, Nuppen, gebräuchlich"; (zu Nuppe, Noppe, Knoten in der Wolle, besonders im gewebten Wollenzeug). Er hat seine Naupen. Das Ding hat seine Naupen. „Ein noppen Sack jhm auch zusag" (als Haussteuer); H. Sachs 1560: II, IV, 16.

neppə-ln, nöppə-ln, nippen, trinken.

Der Nipper, penis eines Knaben; (Ansbach; Rath Her). 'Vrgl. Näpper.' „Nepper, Gauner; Thiele 287^{a}"; Jac. Grimm. v. Train 197: „Verkäufer falscher Waare für gute."'

noppen, noppeln, kurze, wiederholte Bewegungen auf- und niederwärts machen, wie hinkend auf- und niederhüpfen, besonders in einer Art Tanz, der nach dem $^2/_8$ oder $^2/_4$ Takt geht und ein Noppender (ə˜ Nóppədə'), anderwärts Dreher, genannt wird; im Beten die Lippen bewegen. „Man, schau was da für ainər zum Thear thuət zuəhä' noppən", (reiten); Lindermayr 42. Der N., die N. is ə˜ *Nóppel*, ə˜ Bet*nóppel*, tuət nicks als *nóppeln*. In einem Ingolst. Druck v. 1588 wird der Hausnopper als Cumpan der Diebe, Mörder u. Meus-köpff aufgeführt.

noppen, (schwäb.) stoßen, mit der Faust stoßen; (niederd. nuppen, holl. noopen; cf. isl. hnyppa, cornu petere). Der Nopper, Stoß; Person, die stoßt.

'Der „Noppenberg bei Ottocar, Cap. 284"; Jac. Grimm.'

Der Nöpel, (Nordfrank.) Äpfel- oder Birn-Wein.

nuppen. Einen Schmerz, eine Krankheit übernuppen, wie überbeißen; (Fr. v. Mettingh).

nupeln, gnuppeln, die Lippen bewegen, wie Kinder beym Saugen an der Mutterbrust.

Der Napf, wie hchd., doch in mehrern Gegenden nicht üblich, und durch andre Ausdrücke, besonders Weitling, Schüßel u. drgl. ersetzt; (ahd. naph, hnapf, agf. hnäpp, mhd. napf; Graff IV, 1130. BM. II, 314. Weigand, Wbch. II, 245). Der Napf (hölzerner Aufsatz) am Butterfaß oder Rührkübel. Das Näpflein (Näpfl), worin die Eichel sitzt. Der Sêl-Napf, (O.L.) Schüssel mit aufgehäuftem Mehl und dareingesteckten Eyern, die nebst einem Laib Brod am Dreißigst auf die Bahre gesetzt wird. Im Zillerthal ist der Napf ein Milchmaß, welches 3 Maß oder 4 Pfd. Milch hält. Gewöhnliche Kühe, die zu jeder Melkzeit 1 Napf geben, heißen napfig; solche, die $1^1/_2$ bis 2 Napff geben, übernapfig. In einigen Gegenden der O.Pf. ist der Napf ein Kornmaß, welches den achten Theil eines Viertels, oder den 32sten eines Kar hält, und selbst wieder in 8 Näpflə eingetheilt wird. In Nabburg machen 8 Napf ein Achtel; der dortige Napf ist gleich 0,375 Münchn. Metzen.

napfezen, s. naffezen u. vrgl. Zeitschr. IV, 37. 396. V, 437.

nepfen, 1) ein wenig hinken, den einen Fuß etwas nachziehen. BM. II, 315. 2) nippen. „Lepeln und nepfen . . . „naschen und nepfen"; Selhamer. 'Vrgl. neppə-ln und das folg. Wort.'

Der Nipf, Castelli, Wbch. 208: „Nibf, Krankheit der Vögel, wo sie beim After eine Blase bekommen." „'n *Nipf* hängá lass'n, wiə-r-a zipfáti Henn'"; Seidl, Flins. I, 73. 90; (1844) 253 und '323: „Nipf (Nibf), die verhärtete Zungenspitze des Federviehes, gewöhnlich mit Verstopfung der Nase (pituita) verbunden; auch Zipf, Pips. Daher die Redensart: 'n Nipf hängen lassen, traurig, niedergeschlagen seyn. Vielleicht auch, da Nipf ziemlich gleichbedeutend mit Zipf (Schweif) ist, so viel als: den Schweif hangen lassen, unwohl, verstimmt, traurig seyn." Vrgl. Th. IV: der Zipf.' „Má Gmüət wird so dusmə, so gschréckt und zau˜matt wiə-r-ə˜ Hennl maə˜st is s; den mə˜ 'n *Nipf* gnumə˜ hát"; Wagner, salzb. Ges. 79.

nipfen, nipfeln, nippen, die Lippen nur wenig und wiederholt öffnen und schließen, wenn man ein Getränk nur kosten, nur daran naschen will. Zeitschr. III, 553,32: nüpfen. Das Nipfelein (Nipfə-l), kleiner Trunk; s. auch schnipfeln. nipfezen, schlummern; vrgl. naffezen. (Gl. a. 509: nipfen, cogniveo).

---

nær (nèr, nèə', Ob.Mayn; nár, ná'), nur, wol wie dieses aus ne-wær, ni-uuâri (es wäre denn) zu- 701
sammengezogen; Zeitschr. I, 259. II, 191,14. 401,9. III, 193,137. 224,7. IV, 238,6.7. V, 268,3.6. VI, 528,11.12. Vrgl. neur, nur und nan, nun.

närig, (schwäb.) geizig; 'auch gnärig (gnârát), s. oben, Sp. 980 und Zeitschr. II, 543,182. VI, 339.' närlich, (nordfränk.) kaum; spärlich, knapp. Vilmar, kurhess. Idiot. 280. Zeitschr. II, 339. III, 142. „Da wurd er erst nerlich (närrlich) gehalten"; H. Sachs 1560: II, II, 105^{b} (1612: II, II, 213). (Vrgl. agf. nearo, nearva, engl. narrow, enge, knapp).

Die Narung, s. unter neren.

Der Narr (Nar, o.pf. Nár), 1) wie hchd., mit dem Unterschied, daß dieses Wort in der Volkssprache in den meisten Fällen einen nichts weniger als harten und niedrigen Begriff hat; (ahd. narro, gl. a. 127. 305. i. 157: brutus, vecors, stultus, i. 654: morio, isl. narri, mhd. narre; Graff II, 1094. BM. II, 315. Weigand, Wbch. II, 246. Birlinger 349). Im Pinzgau heißt der Geliebte eines Mädchens ohne alle Figürlichkeit ihr Nar. (v. Strb.). „I afá' nit faul, und han glei' dö Garberin (2te Dirne), dö aso allweil mit 'n Bauknecht a wöck (ein wenig) gschmiffn (Umgang gehabt) hat, zamt ihrn *Narn*, 'n Bauknecht, davo˜ gjagt"; v. Kürsinger's Ober-Pinzgau (1841), S. 177. Vrgl. Th. III, unter schmeißen. „Eine ganz eigene Courtoisie führen die Bergknappen von Schwaz in ihrem unterirdischen Gnomenstaate; der Ehren-Name Narr ist ihr allereinzigstes Prädicat und so beliebt, daß sie es sicher nach jedem dritten Worte wiederholen"; Strolz im Sammler f. Tyrol II, 87. Die Ausdrücke Nar, nárisch, nársch thun dem gemeinen Mann in B. und der O.Pf. gewissermaßen den Dienst einer Adversativ-Conjunction, durch welche er nemlich in aller Freundlichkeit ankündet, daß er das, was ein Anderer eben gethan oder ausgesprochen hat, berichtigen will.

Nar, dés wár àlls z' vịl, àlls z'gued für mi'. *Nar*, dés kàn I nét taə˜, dés kà˜ nét sey˜. *Nar*, dés gláb ə də' nét, dés machst mə' nét weis. *nárisch*, dés is nicks. *nárisch*, so gêt dés Ding nét. *nárisch*, dés macht mər ə'so, d. h. auf diese, andere Art. *Nárrischə'* Händschə'! Närrchen! (im Zurechtweisen). Auch zur Einleitung der Frage eines sich Verwundernden dienen sie: Hä˜ *Nar* (⏑-), oder há˜ *nárisch*, dás d' denn ə'so läffst? wie kommt es, daß du so läufst? „Ha närrisch Leuth, was thuts denn gebn, daß du schon wieder sturmen thust"? Nachspiel zur Charfreytags-Procession p. 126. Zeitschr. IV, 252,53. VI, 264. So beginnen sie auch die Antwort auf eine überflüßig scheinende oder lästige Frage. Frage. Wàs trinkst denn so in d' Hitz 'nei˜? Antw. *Nar*, oder *nárisch*, I hà' hàlt Durst. Frage. Wàs, dás d' denn so dummé Sachən machst? Antw. *Nar*, oder *nárisch*, I bi˜ hàlt no˜nét so gscheid wiə du. oder: I bi, *nárisch*, nét so gscheid wiə du. Oft wird *nárisch* als Antwort auf eine nur mögliche, nicht wirklich eingeworfene Frage in einen aussagenden Satz geflochten. „Die alten Fürsten, die giengen herum, verkleidet wie roth und weiße Sandmänner, oder wie ein Lehenrößler, oder wie Essigsieder rc. und haben sich so hineingesetzt untern Tischvoll (hats närrisch niemand kennt) und einschenken lassen"; Stephan's Predigt p. 38. N.A. Zu Einem sagen: Hund oder Narr, sey so guet, und..., Einen um etwas begrüßen, bitten. Narr uməsunst seyn, 702 für irgend eine Mühe keine Bezahlung, Belohnung erhalten. „Maints, unser einer sey gern Narr umsonst"? sagt der Pfarrer in Bucher's Kinderlehr auf dem Lande. Narr in seinen Sack seyn, a) sich zu seinem Vortheil als Narr gebrauchen lassen, b) sich närrisch stellen. Von Einem, der einen Narrenstreich gemacht, sagt man im Scherz: es habe ihn der *Nárisch* grüessn lassn. Es sticht Einen der Narr, dieß und jenes zu thun. Einen für einen Narren haben, halten, a) wie hchd. ihn zum Narren haben. Zeitschr. IV, 349. D' Leut für e˜n Narr'n hàlt'n; zwey, drey, hundert für ə˜n Narr'n hàlt'n. b) speciell (von Eheweibern) den Gemahl: ihm Hörner aufsetzen, welcher Ausdruck beym gemeinen Volke gänzlich unbekannt ist. Aller Narren Kirchtag, der Faßnacht-Dienstag. Das Genarrach, collectiv: kärnt. trjapovje, Tölpelei, Tölpelvolk, (G'narrach); Jarnik p. 193. narret (narət), närrisch, sonderbar, wunderlich, seltsam; BM. II, 316: narreht.

Narədə' Buə', hàst ə˜n *nárisch'n* Si˜,
kimst àllmàl dahèə', wen I schláferi' bi˜.

ə˜ *narədə'* Mensch, ə˜ *Narədə'*, *narəd*, wer'n, auch von der eigentlichen Tollhaus-Narrheit. „Wastian Zechen dem Camerdiener umb einen narreten fast kunstreichen Spiegel, der schlagen und wecken thuet, auch teutsche und welsche Ur zeigen thuet, 38 fl."; Hof-Rechnung v. 1580. Wstr. Btr. III, 87. „Item einem Buffon oder narreten Kurzweiler umb seiner Narrateytreibung 15 fl."; das. p. 111. Das Narret kimt Einen an, er hat einen Anfall von Narrheit, sowohl lustiger als tollhäuslerischer Art. Bàl' eəm 's *Narrəd* à˜kimt, müesst mə˜ lachə˜ dəmit, und wenn mə˜ scho˜ hàlbət gstarbm wár. Die Narretey (-⏑⏊, Narədei), Narrenposse, Spaß, Narrentheidung. Zeitschr. II, 563,44. ə˜Narədey hàbm, Spaß, Scherz treiben. Zeitschr. III, 537,23. Die Narrei, Dr. J. Eck, 1530. 'Das Narrenhäuslein, Birlinger 349. Vilmar, kurhess. Idiot. 280 f.' narrenschüßig, etwas Närrisches an sich habend, mit Narrheit untermengt. narrenthätig, (Voc. v. 1618) stultiloquus, scurrilis. närrisch, wie hchd., s. oben. BM. II, 316. gaiß- oder kälbernärrisch, jugendlich, kindisch, possenhaft. Hundsjung und *kàibəlnárisch*. wildnärrisch (wịldnárisch), (HhE.) ganz närrisch. 'narren, zum Narren werden;' Zeitschr. II, 414,99. narren (narn, na'n), närreln, narrezen Einen, ihn zum Narren halten, foppen. Graff II, 1094. BM. II, 316. „Ob du die pfaffen generret hast"; Cgm. 632, f. 90. (Gl. i. 682 ist narrizan ein Neutr. für apostatare). 'annarren, zum Narren haben, verhöhnen, verspotten.' „So man spott der eltern von alters wegen und si annärret"; Cgm. 632, f. 28. Einen ausnarren, ihn verhöhnen, verspotten. narrieren, Narrenpossen treiben. 2) mißwachsenes, unbrauchbares organisches Gebilde. So z. B. werden Kohl-Pflanzen, die sich nicht gehörig zu Köpfen schließen, Zwetschgen oder Schlehen, die sich nicht gehörig ausbilden, sondern gelblich bleiben (im b. W.) Narren genannt. Vilmar, kurhess. Idiot. 280. Is nicks draus won, sán' schiər lautə' *Na'n*. „Die Bawren werfen in den Pflanzen die Narren hinwegkh, die Burger setzen sie in Rath"; Clm. 859, f. 511. Vrgl. oben, Sp. 1519 f.: der Luß. Der Narrenflüg, Flügel, welcher einer Gans nach der Seite heraussteht, und den sie nicht auf den Leib legen kann. Der Narrennagel, dicker, unförmlich ausgewachsener Nagel an einem Finger oder einer Zehe. dernarren (də'narn), vrb. n., a) starr, stumpf, empfindungslos werden. Wird besonders von den Extremitäten gesagt, wenn man vor Frost alles Gefühl an 703 denselben verliert. D' Fingə', 'Zehhə˜ sán mə' ganz *də'narrt*. b) erstaunen. „Das ich gleich darob ernarrt, stund ganz verglaffet und erstarrt"; H. Sachs. (Gl. i. 338: irnarrên, obstupescere; 406. 1071. 1198: desipere. Graff II, 1094. BM. II, 316. Grimm, Wbch. III, 920. In der Stumpfheit, Unbrauchbarkeit scheint der eigentliche Begriff des Wortes zu liegen). '3) Name eines Geschützes': „der große Narr oder ein ganzer Boler, der Narr oder ein halber Boler"; Fronsperger (1555) f. 13a. 34b. s. oben, Sp. 231 f. Der Wegnarr, (Berchtesgaden) der schwarze Molch, salamandra atra, Laur., oder auch der gefleckte Molch, salamandra maculosa, Laur.

neren, 1) (ä. Sp.) erhalten, servare, salvare, retten, (ahd. nerian, mhd. nern, agſ. nerien, goth. nasjan, als abgeleitetes vom Ablautverb ginesan, goth. ganisan; s. genesen. Graff II, 1100. BM. II, 383. Weigand, Wbch. II, 242). „Andere teta er genesen, sih ne mag er selben generien"; Matth. 27,42 bey Notk. 68, 20. „Unz der man nicht veige enist, so ernert in vil kleiner list"; Iwein 1300. „Vriunt, nert mir den bruoder"; Nibel. 7980; (Lachm. 1912,4). „Diu riuwe die generet die uzzezigen"; Griesh. Pred. II, 81. „Ein tröst mich dicke neret"; Labr. 152. „Der half daz ich die hunde dô ernerte", (rettete); das. 362. „Damit ich mich vor senen möchte neren"; das. 376. „Swâ wild die leckerîe næm durch neren vor falscher jäger hunde"; das. 440. „Unser lieber Herr, der alle Welt erneert"; Reime v. 1562. „Fort Eijtelkeit, fort Uppigkeit: dann ich wil mich bekehren zu dem der mich will nehren"; Epith. Mar. v. 1659. 2) (nérn, niə'n), derneren (də'niə'n), wie hchd. nähren, ernähren. „Sol ich der nar mich lange neren"; Labr. 124. „Als ûz der blüed diu bie nimt ir neren; das. 165. Die Ner-Sau (Nérsau, Niərsau), das Nerschwein, (Hazzi, Stat. II, 130) Nähr- oder Zuchtschwein; (nach Wstr. gl. aber) ein Stech- oder Mastschwein. BM. II, II, 795. „VI rügken und ain nersaw"; Urbar v. 1456, Thierh. 67, f. 51, VI. Nach einem Fleischsatz v. 1622 (Wstr. Btr. IX, 308) soll verkauft werden: „ein baar Nehrschwein so 3 und mehr Jahren alt, für 20 fl., ein baar Nehrschwein vnder drey Jahren für 12 fl." „Item gebürt dem Ambtman jerlich ain viertl korn und ain Nerswein." Welsch, Reichertshofen p. 185. „Item von einem Nerschwein, Schaf oder Gais ein Weyßpfenning" (Zoll); MB. X, 577, ad 1497. „Gelöst aus XV nerschwein XIIII R. Gulden"; Altenhoh. Rechn. v. 1504, Cgm. 697, f. 73. Wachter und Adelung sprechen (Art. Ur) von einer bayrischen Ursau, als einer großen und schönen Sau. Da mir diese Ursau sonst je weder zu Ohren, noch zu Gesicht gekommen ist, so vermuthe ich, daß entweder unter der Ursau die Nersau, oder unter der Nersau die Ursau versteckt seyn müsse. Im brem.-niedersſ. Wbch. I, 353 und IV, 1123, Artikel Varken und Swien, kommen Uur-varken und Uur-swien als wilde Ferkel oder Schweine, fig. höchst schmutzige, unflätige

Personen, vor. Der Nerwolf, bey H. Sachs (1560) II, IV, 16: „Ich glaub das er ein Neerwolf sei"; s. Th. IV: Wolf. Die Narung, wie hchd. Nahrung; ahd. einfacher: nara, 'mhd. nar; Graff II, 1102. BM. II, 385. diu lîpnar, Leibesnahrung, Unterhalt.' „Waz der alten süeze andaht unserm herren ze lobe hat erdaht daz wirt nu leider etswa volbracht als ez durch lîbnar si gemacht"; Renner 829. Das Narungshäuslein, (Land-Recht v. 1616, f. 663. 753. 754) Taglöhner-Häuschen auf dem Lande ohne alles dazu gehörige Grundstück.

Das Neris (Nerəs, Nerə', Nuiris), (Augsb., Ansbach.) Ausschlag, den kleine Kinder im Gesicht bekommen. Birlinger 351. Der neriß ist ein geschlächte der rauden"... „ursach des nerißͤ"; Cgm. 601, f. 103b. „Esprig oder neriß"; Voc. v. 1482. „Nerwis, serpigo"; Cgm. 649, f. 579a. (cfr. oben, Sp. 86: 'Anifs, und Th. III: Ansprung).

704 neur, newr, niur, (ä. Sp.) nisi, es wäre denn, nur; Voc. v. 1445. BM. III, 767. „Ez sol nieman schenchen, niur er geb ee den purgern seine trew, das..." „Ich isse daheim in meinen haus nicht, niur ich gewere iuch"; Urk. in v. Sutner's Münchner Gewerbspolicey. s. när, nur.

Die, der Nieren (Niə'n), das Nierlein (Niə'l). 1) Niere, (ahd. niero, nioro, m., isl. nyra, mhd. niere; Graff II, 1094. BM. II, 347. Weigand, Wbch. II, 268). 2) Hode; (a. 17. 107. 676. i. 1129. 1158. o. 413. 452: testiculi, niorun). „Ren, renis, et plr. renes, sunt sedes luxuriae in viris"; Polling 182. „Zuslach im sein nieren"; Cgm. 713, f. 56. „Mit zumischtenn oder außgeschnittenn nyern, attritis vel amputatis testiculis"; Deuteron. 23,1, Cgm. 502, f. 81$\frac{1}{4}$. „Jupiter snaid seinem vater (Saturno) ab die niere (es steht „mere") und warff die in das mere"; Cgm. 1134, f. 11; (im Cgm. 375, f. 10b. steht richtig: dy nyere). „Der recht nier ist hoher gesetzt dann der linck"; Konr. v. Megenberg f. 21, (Pfeiffer 34,28 ff.). Bocksnieren, Widderhoden. Einem Gogkel (Hahn) die Nierlein ausschneiden. 'Das, der Nierstal, das Fett, worin die Nieren des Rindes sitzen; vrgl. Konr. v. Megenb. (Pfeiffer 468,4): die Nierstat.' (Der Fleischer) „sol darzu slahen allez daz zů dem rinde gehœret daz sint die nierstal (Variante: die nieren) und di griffe, dez leihten (Var. leihtœrn) sol man geben darnach und ez gepannet wirt"; Münchn. Fleischersätze (sec. XIV), Ms. civit., f. 9. „Man sol in ten schaffen (ovibus) die nierstal lazzen"; ebendas. „Swer ein dieh verchauffet der sol niur den nierstal daraus nemen und nicht mer"; ebendas. Vrgl. Th. III: der Stall. 3) eine Art Kartoffel, welche auch Bockshörnlein heißt.

nur, Pegniz nuer (nouə'), wie hchd. nur; (BM. III, 767. Weigand, Wbch. II, 287). Vrgl. auch das nordoberpfälzische und fränkische när, das oberöstr. nár, gewöhnlich ná', (Kaltenbrunner's Jahrb. 1841, S. 229: „Bi˜ nár ébm ə˜ Zwerg . . . schau nár auffi! Wagner, salzb. Ges. 45: nár 'ən Spàznən eə˜ Gspàzərət kà˜ mər àlləwal hörn"; das. 54: „zil ná fest, stê nà-r-und zil"; das. 67: „wenns nár kà˜"), und die ältern Formen newr, niur, niwer, nuwer, alle aus dem alten ni uuâri (nisi, es wäre denn) zusammengezogen. „Wie pistu so ungeheür oder wol mainstus doch neür" (?); Cgm. 713, f. 115. „Er zaiget in auch nürte alle urvar und vürte"; Mich. Beham, Wiener 152,7. „Kain bau daran nit wart volfürt, mit bretern uerslug man ez nürt"; das. 221,19. In Altb. sind dagegen die Formen nän, nan, nun, (aus ni-uuan zusammengezogen) üblicher. An der Donau herrscht in dieser Bedeutung die Partikel schlêt, öfter schêd, (aus schlecht, w. m. s., contrahiert). Man sehe auch glatt und gerad.

nuren, nureln, schwäb.) leicht schlummern. Zeitschr. II, 531,16.

Die Nuorə', Nurgəd, siehe oben, Sp. 1033: die Urhab, (Sauerteig).

Die Närb, Närw, (nach Gramm. 611 gewöhnlich 'Arw, 'Ar'; s. oben, Sp. 120 f.), die an der Thür befestigte eiserne Klammer, die den an der Thürpfoste befindlichen Kloben ('Arwsteft-n) faßt, in welchen darüber das Vorlegeschloß gehängt wird. Kärnt. narba, Sperrring, Sperreisen, Klammer, bey Jarnik p. 16 als na-rv-a unter dem Stamme ri-nem, stoßen. (Nach dem Plur. narwun, narewen, ansulae, der gl. i. 175. 219, wo das Anfangs-n doch kaum schon nach Gramm. 610 zu nehmen, sollte unser Wort im Sing. heißen Närwen. „Narwan vel nestiln, ansulas"; Exod. 26,4, Clm. 4604, XI. sec., f. 98. Graff II, 1097. Haupt's Zeitschr. VI, 326,46). Lég d' 'Ar' a˜! Ich möchte dabey eher an das agf. nearvjan, arctare, (s. när), als an das isl. ör, sagitta, denken.

Die Narben (Narwm), wie hchd. Narbe; Graff II, 1097. BM. II, 317: narwe. Grimm, Gesch. d. d. Spr. 1030. Weigand, Wbch. II, 245. gl. o. 166: narwa, cicatrix, isl. ör; dän. ar. Vrgl. oben, Sp. 145: 'Arm); jedoch minder üblich als Mäsen. „Swa alter wunden narwe swirt"; Renner 18042. Die Närbenseite des Felles, der Aßseite entgegengesetzt; (Lederer). „Bestreich das fel außen auf der närben"; Clm. 5979 (XV. sec. 1426. 4⁰), f. 182.

Die Norbel (Norwəl), Excrementkügelchen der Ziegen, Schafe, Hasen; '(Weihers; Dr. K. Roth; Koburg: Lorwər, Schôflorwər).' norbeln, (von diesen Thieren) cacare. Vilmar, kurhess. Idiot. 285: der u. die Norbel.

'Norbedia, Norwegen (?); cf. Diefenbach 383a: Norueia. Norbeia.' „Corium rubrum de Norbedia sic fit . . ."; Cgm. 821, f. 38.

---

nord, wie die Benennung süd, ost, west, aus der gemeinen Sprache fast ganz verschwunden. Doch hört man im O. L. noch die Nörderseiten (Né'də'seit'n), als Gegensatz von der Sunder- (als Sunnə' ausgesprochen und verstanden) Seiten. Die Süd- oder Sunder- (Sonnen-) Seite denkt sich der gemeine Mann als vorne, die Nörderseiten als hinten; (s. hinten). Der Wind wird nach dem Lande, Flusse, Berge ꝛc. benannt, von welchem er herweht; so z. B. heißt der Nordwind in Altbayern der Daanə'- oder Pfälzer-Wind, (neben dem Österreicher-, Tyroler-, Schwäben-Wind). Alte Ortsbenennungen: „Noderwiechs", als Gegensatz von „Sunderwiechs", (Hazzi, Statist. I, 215). MB. V, 483: „auz der nodern Hueb", vielleicht ein Druckfehler statt nidern. In diesen Compositis herrscht die Ableitungssylbe er (entsprechend der in Österland, Österreich, Ôstarrîhhi, Westerrich, in dem Sundargeuui; gl. 705
i. 45 steht: za nordri, ad aquilonem; o. 113: nordrot; a. 205. i. 386. 1171. o. 114. 237: nordroni, aquilo; isl. nordr, n., septentrio, wobey Grimm's (II, 181) roni, und das agf. „hvidir ryne, cujatis, hidir ryne, nostratis", gl. i. 192, und das „sundirinuuuningin" bey Tatian Matth. 12,42 zu bedenken. Cf. ar, aquila? sundar, auster, Diut. II, 305). Die Form norden (gl. i. 1105: nordan, neben sundan, ôstan, uuestan; isl. agf. northan, a septentrione) scheint ein Adverb zu seyn. Das einfache Substantiv north finde ich wol im Agf., aus unsrer ahd. Spr. aber ist es mir außer der Zusammensetzung nicht erinnerlich. s. Th. III: raunen. Vrgl. Graff II, 1096 f. BM. II, 406 f. Weigand, Wbch. II, 278. Grimm, Mythol.[2] p. 953; Gesch. d. d. Spr. 726. Weinhold in Haupt's Zeitschr. VI, 460 f. (von nar, nir, Meer; cf. griech. τὸ νηρόν, Wasser). Birlinger 355. Das Nordgäu, „Norka, Narka," ein Landstrich im Norden der Donau, vermuthlich im Gegensatz eines Sundgaus, und wohl zu unterscheiden vom Noricum der römi-

schen Autoren und der Urkunden bis ins XII. saec. cf. oben, Sp. 426, unter Pfalz: „Bavaria provincia Germaniae superioris habens ab aquilone Thuringiam.“ „Sippzal und Herkumen des löblichen Fürstenthumbs der Herrn von Bayrn und ab dem Nordgew“; Cod. bav. 3431 v. J. 1565. Schon im Theilungsbrief Carl's des Großen von 806 heißt es: „partem Baiouariae quae dicitur Northgouue“, und wird der villae Ingoldestat et Lutrahahof, als zu dem „pagus qui dicitur Northgauue“ gehörend, erwähnt. „Item Herzog Albrecht (III) lösat das Narka von Herzog Ottn dem alten“; Wstr. Btr. IV, 208. „Auf dem Nordgau, ab dem Nordgau“; Kr. Lhdl. V, 369. VII, 49. „Nit vast weidt von der gegent des (Fichtel=) bergs gein mittentag wartz vecht an das Nortgaw, als die Stätt Amberg, Sulzbach, Awerbach, Kastel das closter da die fürsten vom Nortgaw gewonet haben“; Matthias v. Kemnat, Cgm. 1642, f. 122^{b}. „Sulzbach, Lengveld, Regenstauf, Velburg, Calmüntz, Schwaigndorf, Schmidmüln, Hembawer aufm Norigkhew“; Ofele, Script. rer. boic. II, 489. „Die ober Pfalz auf dem Nörigkhaw.“ „Neuenmarkht auf dem Norigkau“, (1504); Cbm. 1933, f. 101—106. „Leopold Strobel, Predigt nach erfolgter Rathswahl zu Schwandorf auf dem Nordgau“, (1622); Hom. 4°. 1053 (3). Weißenburg an dem Nordgau. Im Jahr 1459 gehören zum Nordgau die Gerichte: Altdorf, Lauff, Hersbruck, Sulzbach, Hemmau, Schwangdorf, Lengfeld, (Kallnmünz, Schmidmülen), Veldorf, Laber, Cham, Parkstein, Dieffenstein. „Auf dem Norckhaw vor dem Wald“, (im jetzigen b. Wald); Hund, Stmb. I, 251. Brusch läßt das Nordgau zwischen der Donau, der Elbe und dem Mayn liegen, und an Bamberg, Nürnberg und Coburg grenzen. Falkenstein rechnet auch die beyden Fränkischen Fürstenthümer, die obere Pfalz nebst Bamberg und Coburg zum Nordgau. Auf der Finkischen Karte von 1684 (Tab. X.) hat das Nordgey viel engere Grenzen. Cf. Ersch u. Gruber, Encyclop. Bnd. VII, S. 165 f., Artikel Baiern.

'nörgeln, nergeln, nirgeln, undeutlich sprechen, namentlich aus der Kehle oder durch die Nase; mit verdrießlichem Tone tadeln, klagen, bitten. Weigand, Wbch. II, 279. Vilmar, kurhess. Idiot. 285. Vrgl. Birlinger 355.'

nirkeln, (Zips) mit schlechtem Messer gleichsam sägen.

Der Nork, Lork, ein böser Dämon; s. oben, Sp. 142: der Orke.

Nürnberg: in Böhmers Regesten Nr. 1607 zuerst a°. 1050. MB. XXIX, I, 102. 161. Lang, Regesta I, 87. 95. II, 223: ad 1050. 1061. 1062. Grimm's Mythol.² p. 376. Förstemann II, 1092. 'Vrgl. Vilmar, kurhess. Idiot. 287: die Nürn, Norn, Fels, Felsblock, der Nürnberg.'

---

generschig, s. genäschig.

Nursch, s. Nuesch.

'nerten, nirten, nörten, nirgends; Birlinger 351. 355. Vrgl. Zeitschr. II, 235: nernts, na'nd, ne'nd. V, 367: nîrest.'

'nîert, nert, nicht; Zeitschr. III, 75,14, 405,6,1. V, 133,6. 267,19.'

'nurt, nürt, nurter, nurent, nurst, s. nur und vrgl. Vilmar, kurhess. Idiot. 287. Zeitschr. V, 136,b.'

„Nurz, latax, ein Otterngeschlecht“; Voc. v. 1618. H. Junii Nomencl. 1629, p. 38. Diefenbach 320^{a}.

(Wegen naß, neß rc. auch zu vergleichen die Reihe natz, netz rc.)

Die Nasen (Nàs'n, plur. Nàs'n, Nàsnə˜), 1) die Nase, (ahd. nasa, mhd. nase, gewöhnlich nach erster Declinationsart, s. Gramm. 850. 851. 855; ags. näse und nosu, isl. nös, plur. nasir. Graff II, 1103. BM. II, 317. Weigand, Wbch. II, 247. 2) (O.L.) vorspringender Fels; (ags. nässe, genit. nässan, engl. ness, isl. nes, n.; Müller, etymol. Wbch. d. engl. Spr. II, 136. De blanke Nese, weiße Landzunge am rechten Elbufer bey Hamburg, wornach das Dorf Blankenese benannt. Allgem. Ztg. 1846, Beil. S. 113). 3) der Fisch, welcher auch Näsling heißt, cyprinus nasus. Zeitschr. IV, 178. R.A. ə˜ *Nàs'n* fangə˜, wie hchd. eine lange Nase bekommen; mit einer langen Nase abziehen. 706
Einem ə˜ langé *Nas'n* machen, ihn durch Gestus einer mittels der ausgespreiteten Finger gleichsam verlängerten Nase verspotten. Für oder unter die Nasen reiben Einem etwas, es ihm mehr derb als fein zu verstehen geben. əs fált eəm zwé Zwerchfinger *obə' də' Nàs'n.* Das Nasenstechen, (Zir.) der Weißfischfang am Einfluß der Alm in die Salzach von Ostern bis Christi Himmelfahrt. Der Nasenstich, (Zir., Abtenau) ein Kuß. Der Nasenpatscher, Nasendrücker, (Nürnb,. Hsl.) Todtensarg mit flachem, ungewölbtem Deckel, der auf der Nase der Leiche aufzuliegen kommt; Leute, die ihre bürgerliche Abgabe nicht reichten und starben, durften zu Häslein's Zeiten keine andern als solche Särge haben; (München) ə˜ Nàs·ntruhhə˜. Das Nastuech, Schnupftuch; (das Nas=, nicht Nasen=, entspricht der alten Form des Wortes). nasweis, dem hchd. naseweise (isl. nasavitrîngr, schott. nosewise. Zeitschr. III, 280,51) entsprechend, nicht volksüblich. Vrgl. BM. III, 753: nasewîse, (vom Spürhund:) mit feinem Geruch begabt, erfahren im Riechen; Weigand, Wbch. II, 247. Suchenwirt XIII, 21 sagt unfigürlich: „Wo der leithunt ist bewart nasweis an luftes witern.“ „Si spüren auch zur stund als die nasweisen hund“; Cgm. 714, f. 178. „Das man dan freydig nasweis hund hab, die die feind im smack vernemen“; Cgm. 356, f. 116^{b}. s. Th. IV: weis und vrgl. unten: neißen. näslich, näsling, adv., (Nürnb. Idiot. v. Nicolai) der Nase nach, auf der Nase, vor sich, mit der Nase am Boden. „Isaac legt sich nesling auf den altar nieder“; H. Sachs 1560: III, I, 16 (1612: III, I, 33). „N. N. ist für tot hingefallen, an paiden augen erplindt und drey stunt näsling gelegen“; Votivtafel in Altenötting. s. Nes und vrgl. gneißen, nuseln, nuesten.

Die Nasen, s. oben, Sp. 155: Asen, (Balken).

'Der Nâser, Neser, Sack, Tasche; s. oben, Sp. 156: Âser und Zeitschr. VI, 119,36. 175.'

naß, adj., wie hchd.; (ahd. mhd. naz, niederd. nat, während das Wort im Ags., Engl., Isl., Schwed. abgängig und durch votr, vät, wet ersetzt ist; im Goth. hingegen findet sich natjan, rigare. Diut. II, 222: nat, madidus. Graff II, 1114. BM. II, 319. Weigand, Wbch. II, 248). Də˜ Bó'n is *nàs.* ə˜ *nassə'* Bó'n. Verstärkend: *bàhhnàs, waschnàs, wáschə-l-nàs,* sehr naß, tropfnaß. Zeitschr. VI, 192. ə˜ *nassə'* Bruədə', ə˜ *Nassə',* ə˜ *Nàsskidl,* Mensch, der gerne trinkt. naßen, ein wenig Feuchtigkeit durch= oder von sich lassen. Die Wunde naß't. (Gl. a. 93. 527: nazzên, madere. BM. II, 319). näßeln (náss·ln), feucht seyn; Birlinger 350: näßeln, gern trinken. Die feinste Art des wässerigen Niederschlags aus der Luft heißt *Náss·ln*; dann kommt das Nebelreifen, das Fei˜s·ln, Nei˜f·ln, das Rengəln, endlich das Rengə˜, das oft zu einem Gießen oder Schütten wird. Die Néß, Néßé Néßen, Néß, die Nässe; (ahd. nazzî, mhd. nezze; Graff II, 1114. BM. II, 319). neßig, (bey Avent. Chr. 257) naß. s. netzen.

'Die Nassel, was hchd. Assel, oniscus asellus; s. oben, Sp. 1561: die Mauchen u. vrgl. Nossel.'

naißen, plagen, s. unten, hinter g·neiſsen.

Die Nes, (Ob.Ammer u. schwäb., nach Gramm. 808 aus einem etwaigen alten nas, genit. nesi, zu erklären?) die Nase. Biber-Nes, rothe Nase. Toback-Nes. Aus də' *Nes* schwaeſs'n, aus der Nase bluten.

genesen, 1) wie hchd., (doch nicht volksmäßig); 2) ä. Sp., das neutr. zum transit. neren, also: erhalten, errettet, befreyt werden, (goth. ganisan, ahd. ginesan, praet. sing. ginas, plur. ginârumes, gl. i. 274. 473; mhd. genesen: ich genise, ich genas, wir genâren oder genâsen, genesen; Graff II, 1098. BM. II, 379 ff. Weigand, Wbch. II, 414). „Was ist das für ein Wesen? Wir mögen vor den Pfaffen nicht genesen"; Losung der salzb. aufrühr. Bauern a⁰. 1502 und der im Breisgau a⁰. 1525, (Cgm. 4925, f. 345). „Die Saracenen mainten, sie kündten nicht genesen vor dem Kaiser Friderich Barbarossa"; Avent. Chr. „Ez wil uns vor genesen"; Labr. 610. genisig, genissig, (ä. Sp.)
707 heilbar. „Wunden genissig und ungenissig"; Urk. v. 1487. Die Genist, (ä. Sp.) Erhaltung, Rettung; (goth. ganists, ahd. ginist, mhd. genist; Graff II, 1099. 1103. BM. II, 382). „Bî sîner genist nim ich war, unz der man nicht veige enist, so ernert in vil kleiner list"; Jwein 1298. „Nach jrer genist", (Entbindung); Cgm. 601, f. 99ª. „Do er gewinnen mûst sein genist mit arbait und in swayß, ubi in sudore et labore vixerat; Cgm. 54, f. 2ᵇ, „Doch ist dem hertzen ain genist wenn es erkurlet sich mit sag der ding der es nit mag noch will verschweigen noch verdagen"; Cgm. 379, f. 64 (276, f. 103). „Substantia (gnist, habe) mea in inferioribus terrae"; Cgm. 17, f. 194ᵇ. „Des einen ual ist des anderes knist"; Notk. Ps. 10,2. M.m. 72. kinist, gl. i. 1111; Isid. 5.37: kanist, chinist, reparatio; i. 879: nest, cibaria, 216: uueganest, wegenist, viaticum. s. Narung unter neren.

Die Neßel (Néſsl, Néstl), 1) wie hchd.; (ahd. nezzila, gen. -un, agſ. netele, mhd. nezzel; Graff II, 1116. BM. II, 322. Weigand, Wbch. II, 256). „Marrubium, todnessel"; Semansh. 34, f. 205. 2) unwillige Benennung, die man kleinen, unruhigen, mit nichts zufriedenen Mädchen gibt; (etwa eine zu Nôß gehörige Entstellung?).

nesseln, (b. W.) schlagen, plagen; (Obr.M.) nes·ln, quälen; s. unten nesteln und vrgl. farniozan, contundere, unter nießen; (schles., Weinhold) nêsen, beschädigen, vernêsen, vernichten; (ahd. neizjan, mhd. neizen; s. unter g·neiſsen).

Nesso: nessia, Clm. 536, f. 89. nesia, Teg. 524 (?), fol. ult. „Nesia (nessia?) nociva perrexit..."; Clm. 536 (XIII. sec. 4⁰), f. 89. Cf. Diut. II, 190: „Gang ut nesso." „Venit ad me Gageneis et momordit me"; Zahnsegen, Clm. 4616, f. 94. Cf. čeſk. neštowice, Blattern, Pocken. 's. unten Nisser.'

g·neiſsen ein Ding, a) es in die Nase bekommen, wittern, merken, wahrnehmen, ahnen. Birlinger 354. I hà' scho˜ lang so éppəs *gneiſst*. „Es wird, so viel I gneiß, schon kalt." „Kaum hats der kloane Hansl gneißt, so macht er an Sprung"; (zu Luc. I, 41), Marcell. Sturm. „Die Frau Mutter hat den Possen gneißt"; Bucher's Kinderlehre. Der Gneiſs, (Allgäu) das Vorgefühl. də'gneiſs·n etwas, es endlich ausspüren, in Erfahrung bringen. „Der wollt alle Ding erneißen"; Johannes Pauli (saec. XVI.). „Die weil dieser behemisch tropff dem pfaffen thet zum beutel mausen und als er ihn nun thet erknausen da drollt er sich zu der kramthür"; H. Sachs 1560: II, IV, 76ª (1612: II, IV, 155). b) gneiſs·n Einem etwas (Übles), es sich hinter die Ohren schreiben, es sich merken, um es ihn nach Gelegenheit fühlen zu lassen. Wart, dés will ə də' *gneiſsn*. Vrgl. niusan, (gl. a. 397), isl. hnosa, niti; das Compositum arniusan, piniusan und pihniusan (a. 181. 324. 330. 632. 842. 984), nancisci, addiscere, reperire, experiri; explorare, percunctari, isl. hnysa, niósna, nausna, scrutari, explorare, olfacere, altsächs. niusien, tentare, holl. neuselen (v. neus, Nase), engl. to nose, scrutari. (Cf. dänisch: faae et nys om . . ., Wind bekommen von . . . Nach dem schwed. frâgwis, neugierig, könnte man ein neiß-weis für nase-weis als daraus entstellt vermuthen. Vrgl. oben, Sp. 1711: neus-girig, neuschirig). Ich getraue mir indessen doch nicht, unser *gneiſs'n* als geneusen aufzuführen, so lange mir nicht, nach Gramm. 258. 260, auch die Aussprachform *gnoiſs'n*, *gnuiſs'n* vorgekommen seyn wird. Wenn das unten vorkommende fürnies hieher zu ziehen ist, so hat vielleicht eine Verwechselung der Diphthonge eu, ie, ei (wie in leizig neben leuzig, in Feicht neben Fiecht, scheiben neben schieben; vrgl. Gramm. 294—296) statt. In Ansehung der Bed. b) erlaubt der Stammdiphthong nicht, an das ahd. nêizan, affligere, cruciare, conficere, (goth. naitjan; Graff II, 1128 f. BM. II, 329: neizen und neisen. Grimm I³, 183) zu denken. Und das naisen bey Suchenwirt („Witwen kanst du naysen und scherffleich mit in zürnen") scheint wieder was anders zu seyn. In einem schwäbischen Beytrag finde ich indessen „gneissen" für plagen. „Afflictionis, geneizide, nœte", Cgm. 17, f. 28ᵇ; „afflixisti, du geneiztes muottes", ibid. 68ᵇ. „irritabo, geneizce ih", ibid. 213ᵇ. „Die (ritter) zu dem swert sint gesegent das von in würd ubermegent die unrecht tetten wittib und weysen die sicht man sy nu selber neysen"; Cgm. 713, f. 228. Witwan und waysen send ir auf das hindrost naysen und zaysen"; des Teufels Segi, (vrgl. Barack 430,13480 Anm.). „Herre mit deinen großen frayssen soltu vaßt dye lewte naysen", sagt die Chraa, Cod. Moll-Oldenbourg, Ulr. de Campolilior concord. caritatis. Asp. 48, f. 128. „Er neiset liute unde lant, er kündic vuhs, in sîn hant"; S. Helbling V, 43 und p. 268. „Der ân chunst die herrn naiset . . . aber wer mit chunst ernaiset herrn gâb"; Teichner, Hdschr. im n. altd. Mus. I, 66. Zeitschr. II, 235: nêssen.

'neißwaß, s. oben, Sp. 1742: naime, und vrgl. Zeitschr. III, 217,8. IV, 329,1,2.'

neusen, s. g·neiſsen.

neussig (neuſsi'), geschäftig, (meint Dr. Trättenbacher?).

Wenn I glei' nét groſs bin,
bin I do' schö˜*neussi'*,
wenn I scho˜ nét vil thaə,
thuə I dés recht fleiſsi'. (St. Oswald im bayr. Wald).

Das Nisi. R.A. Die Sache hat, mit, in der Sache 708
hat es ein Nisi, ein verborgenes Hinderniß; (wol das lat. nisi, da ein Zusammenhang mit dem „nosata, impedivit", gl. i. 645, nicht abzusehen ist; jedoch hat Stalder Nüſſi). „Es ist kein Mensch on ein Aber oder Nisi"; Seb. Frank, Sprichw. (1601), S. 109.

niseln, (Nordfranken) sachte, dünn regnen; langsam mit den Zähnen nagen; (vrgl. nusseln). Castelli, Wbch. 208: *nisln*, *nisſln*, sehr fein regnen.

Die Niß (Niſs, sing. und plur.), wie hchd.; (ahd., mhd. niz, agſ. hnitu, isl. nyt, schwed. gnet. Graff II, 1117. BM. II, 402. Weigand, Wbch. II, 273). nißig, adj., 1) voller Nisse; 2) ärmlich, armselig; nicht groß, schön, stark, reich, gut, kostbar ꝛc. genug. Birlinger 355. ə˜ *nissige'* Kerl, will si' àllewál grous machə˜, und is hint und vorn nicks drà˜; is ə˜ rechtə' *Nisſə'*. Gê mit deiné *nisſin·gə˜* sécks Kreuzə'! will liəbə' gàr nicks. Miər gêts rècht hàri, *nisſi'*, schlècht. ə˜ *nisſigé* Hou'zət, ə˜ *nisſigé* Leicht. Du liəbé *nisſigé* Krött! sagt wol auch in einem Ausbruch wahrer Zärtlichkeit der ländliche Galan zu seinem Liebchen. 3) (Nürnberg) händelsüchtig; vrgl. allenfalls das agſ. hnitol, cornupetus, von hnitan, niederd. niten, cornupetere). Vrgl. Vilmar, kurheſſ. Idiot. 282: *nesset*, wählerisch im Essen, (vom vrb. nöseln, nösseln? s. unten: nuseln), und 284: Nißkopf.

Der Nisser, 1) s. d. vorige Wort. 2) (U.L., Baur) eine Art Bremse, die das sogenannte Bisen des Rindviehes verursacht, und von diesem so gefürchtet wird, daß es an heißen Tagen oft schon, wenn man blos aus Scherz den Laut ss, ss, ss! welcher ihrem Gesumse ähnlich ist, hören läßt, anfangen will, zu bisen. (Mit dem nesso der niederdeutschen Beschwörungsformel „contra vermes" (Diut. II, 190) hat das Wort wol kaum zu thun; eher mag dahin etwa als Heilmittel die nessiuurz, gelisia, gl. o. 14. 94 gehören). Vrgl. 'Sp. 1759: Nesso und unten' der Nesch.

Der Nissel-Salat, oder blos: der Nissel, valeriana locusta olitoria L., Feldsalat, sowohl wilder, als zu Anfang des Frühlings in Gärten gezogener. „Aus Niselesalat kann man Knöpfle für die Ehalten machen"; Notata des v. Bodman (de anno 1709). Firmenich II, 420,52: *Nislesalat*, Feldsalat; (Lindau). '„Hessisch: Nischen"; Jac. Grimm.' Bey Schwenckfeld heißt diese Pflanze Niesekraut, bey Ruppin und Stalder '(auch Dürheim, schweiz. Pflanzen-Idiot. 87)' Nüßchen-, Nüßli-Kraut oder -Salat, wornach das Wort unter Nuß (s. d. W.) gehören müßte. Vrgl. Th. IV: Winzerl.

niesen (niəsn, niəstn; Partic. Prät. gnoss'n und gniəsst), vrb. n., wie hchd. niesen; ahd. niusan, mhd. niesen, Prät. nôs; Partic. genorn; Graff II, 1104. BM. II, 386. Weigand, Wbch. II, 268. Zeitschr. V, 464. gl. a. 553. i. 118: niusan; isl. hniosa, sternutare und cespitare). „Wir sprechen wer niset: Got helfe dir! vellet aber er, so lache wir"; Renner 15190, (a⁰. 1313). „Durch daz solte ein schilt gesellen kiesen daz im ein ander heiles wunschte, ob dirre schilt kunde niesen"; Wolfram's Titurel, Lachm. 80,4. „Dir het diu katze niht genorn", (dir ist es beschieden, oder nicht beschieden? cf. Helf Gott, dass 's wàr is!); S. Helbling I, 1393. Vrgl. Grimm's Mythol.² p. 1070.

Οὐ δύναται τῇ χειρὶ Πρόκλος τὴν ῥῖν' ἀπομύσσειν·
τῆς ῥινὸς γὰρ ἔχει τὴν χέρα μικροτέρην.
Οὐ δὲ λέγει Ζεῦ σῶσον ἐὰν πτάρῃ· οὐ γὰρ ἀκούει
τῆς ῥινὸς· πολὺ γὰρ τῆς ἀκοῆς ἀπέχει.

Epigr. Ammiani anthologia, mihi 64; '(Brunck II, 385).' Der Niəsə', Niəstə', das Niesen; (gl. 183: ags. nos). „Den niesser haben," sternutamentis quati; Voc. v. 1618. „So ainer thet ain heschezer oder niester, verschieden sy und sturben dahin"; Cgm. 4441, f. 15.

„Wenn I in stillə' Ruə
manchsmàl e⁻n *Niəstə'* tuə,
sagt neəmed: həlff də' Gód!
Ach wár I tód!" Klage des Wittwers.

nießen (niəs'n), die einfache Form des üblichern genießen, (ahd. niozan, ags. neotan, isl. niôta, mhd. niezen; Graff II, 1118. Grimm IV, 602. 611. 612. BM. II, 390. Weigand, Wbch. II, 269), noch hie und da vorkommend: das Almuesen nießen; das h. Sacrament nießen. „Ein guet nutzen und nießen"; MB.
709 II, 242. „Ein Weib leiblich nießen", coire cum ea; Chron. v. 1486. „Frui est niezzen, uti est nuzzen"; Clm. 9604 (sec. XIII–XIV. 8⁰), f. 136. Das Pfarrgotteshaus nießt jährlich an Gülten 74 fl. Die Weide im Dürnbuch nießt Geilenstetten mit 288 Stücken Klohvieh"; Baumgartner, Neust. 75. 76. 77. 93. „N. N. hat einen geschwollenen Hals gehabt, hat in 5 Wochen nichts nießen künnen"; Inchenhof. Mirak. „Daß man die Gall, den Essig fein temperier und mässig, auf daß ers nießen kündt"; Epithal. Mar. „Daz himelbrot noz sie mit kiuschem libe"; Wernh. Maria 62. Gl. i. 534: „capere (epulas), niozzan"; Prudent. hymn. ante cib. V, 10. 'In der Jägersprache wird mhd. geniezen von dem Blut- und Fleischgenusse der Spürhunde als Reizmittel gebraucht. BM. II, 392,5.' „Fürst (der Hund) was unverdrozzen; er het wol genozzen, im was von der vert nicht gâch. Fuhs und Wolf (Hunde) im stichen nâch, wolten sin genozzen hân"; S. Helbling IV, 412. 415. „Von hunden ungenozzen gehört ich nie des dônes"; Labr. 112. „Hei, wie er aber liese, hiet er mit einem lieben blicke genozzen"! das. 113. „Er mag noch wol geniezen"; das. 114. „Ein hofwart wol genozzen geheimez wild kan morden und verzeren"; das. 163. „Der hund hât auf der hiute vil genozzen"; das. 415. „Wie möchten dîne hunde alsô geniezen?"; das. 418. „Swînrüden wol genozzen"; das. 461. „Ein rüde ûf einem âz sol niezen"; das. 542. „Sîn bracke hât des wunden ai ze vil genozzen"; das. 547. „Durch recht so sullend sackers noch glaufüez nit mit edeln valken niezen"; Baltn. 82. 162. Der (?) Nieß, 'Nutzen, Gewinn; BM. II, 394. Zeitschr. IV, 38.' „Die Geistlichen hätten ihr meistes Gut und Nieß am Weinwachs"; Gem. Reg. Chr. III, 514. s. Genieß. nießlich, (ä. Sp.) nutznießlich. „Aigenthumblich oder nießlich"; L.R. v. 1533, f. 110. genießen, 1) wie hchd. 2) des verdienten Erfolgs, Lohns, Ersatzes theilhaftig werden, z. B. vor Gericht eines Beweises, einer Zeugschaft, d. h. als dadurch gerechtfertigt betrachtet werden. „Des sol er genießen"; MB. II, 242. „Mag der Klager, solche Klag war machen, wie recht ist, deß soll er genießen"; L.Rcht. v. 1616. f. 394. „Gott der almechtig wölle uns diesen hehsterlittnen Schaden wider in ander weeg geniessen lassen"; Wstr. Btr. VII, 319. Der Genieß (Gniəst), der Genuß, Nutzen, Gewinn, Vortheil; BM. II, 394. „Die Vormünder sollen die parschafft nach bestem nütz der kinder anlegen, damit dieselben järlich Zinß oder andern zimlichen genyeß davon haben mögen"; Ref. L.Rcht., Tit. 51, Art. 5. „Davon haben die Schergen Iren genieß" ... „das thun sy von des aygnen genieß wegen"; Gravamina von 1579, Ms. „Er wolt auch von in haben sîn geniez"; Labr. 529. Im bayr. Wald hört man der Gnoust, (als Genôst oder Genôst zu nehmen?). Cf. die Wolnust, oben, Sp. 1526, unter Lust: Wollust. übernießen. „Ob ich (als Kammerer) des Gotzhaus leut und guet icht übernoßen hab", (übernommen?); MB. II, 489. In, wie es scheint, nicht blos figürlicher Bedeutung, etwa für abnutzen, steht niozan gl. i. 799. 811, ad Aeneid. IX, 609. XII, 273 für terere, farniozan i. 626. 641, Notk. 102, 5 für consumere, pertundere; womit das isl. hniôda, tundere, tuditare, nicht, eher das ags. hnot, mutilatus, und das schottische to nyt, to noyte, (to strike smartly) verwandt ist. Vrgl. d. folg. Wort und Genoß, nußen und Nutz. 'verniezen, mhd., verzehren, verbrauchen, abnutzen; BM. II, 393 f. Graff II, 1121. 1130; vrgl. unten: nußen.' „Contriti cordis, des fernozzen hercen"; Cgm. 17, f. 13ᵇ. „Vernossen (kleid), abgenutzt, xerapellinus"; Cgm. 639, f. 539ᵇ. Diefenbach 529ᵇ. „Diu îsenhalte het im ob dem vuoze daz vleisch unz an daz bein vernozzen"; Gregor v. d. St. 3283. „Loben on ende; schelten on zil was sie furnassen pflegen ettlich leut"; Cgm. 579, f. 50. hinnießen, ä. Sp., wie vernießen. „Ein Uhrrädlein ist hingenossen," (abgenutzt); Cgm. 595, f. 2ᵇ.

„fürnieß, fürnieschig", (Augsb.) vorwitzig, neugierig. Birlinger 171: fürgnest, fürnischig. Ich weiß nicht, ob dieses Wort zu einem unter g'neissen vermutheten niesen (wohin allenfalls der auch hchd. Jägerausdruck; „der Hund genießt, d. h. wittert die Fährte", bezogen werden könnte), oder zu nießen gehören wird. Im Isl. ist hnysinn curiosus, hnysni curiositas von hnysna, scrutari.

Der Genoß (Gnoſs), wie hchd. der Genosse, (ahd. ginôz, gnoz, gen. -es, und ganozzo, gl. a. 500, mhd. genôz, niederd. holl. genoot, ags. geneat, isl. nautr. Graff II, 1125. BM. II, 395. Weigand, Wbch. II, 415). Der Aidgenoß; BM. II, 398. Der Brödgenoß: „Des N. Ehalten und Protgenossen", (in 710
dessen Brode stehende Diener); Ldtg. v. 1669, f. 510. Der Hausgenoß, (ä. Sp.) Lehen-Unterthan, oder auch Leibeigener eines Gotteshauses, (Klosters); BM. II, 398. „St. Ulrichs Genossen", oder: „des Gotshuses ze St.

Ulrich genossen im Algew"; MB. XXIII, 262. s. Haus. Der Schiffsgenoß. „Zu einem Salzschiff wurden drey eigne Schiffleut als nemlich ein Seßthaler, ein Genoß und ein Steurer aufgenommen." . . . „Der Genoß ist der Erbaufergen und Fertiger Ausrichter, muß in deren Namen jedermann auszahlen" ꝛc.; Lori, Brg.R. 313 ff. 333 ff. 'Der Ungenoß, (der nicht von meinem Stande ist); Übergenoß, (der höheren, vornehmeren Standes ist); Untergenoß, (der niedrigeren Standes ist), ä. Sp.; BM. II, 397 f.' „Mîn genôz, mihi par, mîn ungenôz, mibi impar, mîn ubergenôz, mîn undergenôz"; bayr. Landrecht, schwäb. Landr., Cgm. 553, f. 87. 557, f. 64b. „Ez kam bî alten zîten sus, daz der keiser Jûlîûs den Tiutschen allen gap die êr, daz sie hinfür immermêr ir übergenôz hiezen ir"; S. Helbling VIII, 417. „Än die siben liste breit, von den ich iu hân geseit, sint ander zwô künste grôz, die enen sint übergenôz"; d. w. Gast 9066. 'genoßlos, (ä. Sp.) Adj., ohne seines Gleichen; BM. II, 396.' „Als gar sei mir mein wech dieblos, dierlos, veintlos, als übels los als unser herre *Ihc Xpc* sei gnoslos"; Ind. 400 (sec. XIV), f. 57. Die Genoßsame, Genossame, die Genoßschaft, (ä. Sp.) das Verhältniß, der Verein von Genossen, consortium; (ahd. ginôzsamî, ginôzscaf, mhd. genôzsame, genôzschaft; Graff II, 1127. BM. II, 396). „Aus der husgenozsam nit ze heilachen noch ze mannen"; MB. VI. 612. „Wenn ainer, der sant Ulrichs ist, us der genossamin wibet, den sol ain herre von sant Ulrich beßern", (büßen); MB. XXIII, 262. „Swar unser Leuth ihr Kind hingebend in der Gnoßschaft, das Haußgenossen seind"; Hund, Stmmb. I, 197. Gnotschäften (Gnodschäft'n, nach Gramm. S. 19 aus dem alten ginozscaf zu erklären?) heißen im Gebiet des ehmaligen Stiftes Berchtesgaden, vermuthlich von frühern Lehen- oder gar Leibeigenschafts-Verhältnissen her, die einzelnen Landgemeinden, deren mehrere zusammen eine Rott ausmachen. Ihr Vorsteher ist der Gnodschäfter. Cfr. v. Koch-Sternfeld, Berchtesgaden II, p. 28, ad 1377. Wollte man annehmen, daß dieses Gnotschaft noch von niedersächsischen Bergleuten herrühre, die sich vielleicht einmal in diesen Gegenden niedergelassen (wie auch die Sprache des innern Zillerthales etwas ähnliches vermuthen ließe, und sich nach Hormayr's Geschichte von Tyrol II, 143 in den VII Communi Spuren einer solchen Colonie finden sollen; s. unten, Th. IV: Wand, 2), so müßte doch wol dieses Wort nicht das einzige seyn, das einen niederdeutschen Klang bewahrt hätte. Umgekehrt zeigen die Bergleute des Harzes gerade oberdeutsche Abkunft. 'Die Ungenoßsame; vrgl. BM. II, 398.' „Daß hinfüro von den mansversonen die sie vsserhalb in ander herrschaften verhewrathen wider wie von alters her jnen der Kürchgang verspert bis sy vnd ain ieder ain verschreibung seiner ligenden güetter, Ongnossami genant, besigelt der Herrschaft oder lantaman überantwurt, alsdan jnen der Kürchgang erlaubt vnd dannocht nit umb gelt wie vor, gestrafft werden sollen"; Tigew Rettenberg, (s. oben, Sp. 856). vergenoßen sich Einem, sich mit ihm in gleichen Rang stellen, als dessen Genosse benehmen. Ao. 1506 klagen die vom bayrischen „mereren Adel" über die vom „gemeinen", daß diese „sich ihnen vermuthen zu vergenossen"; Kr. Lhdl. XV, 402. 'genôz, ä. Sp., adj., gleich gestellt, gleich, angemessen; BM. II, 396.' „Ob die visch sint waich oder groß so sein sy dir gesunt und genoß"; Clm. 25072, f. 262. 'genoßen, ä. Sp., vrb. act. und ntr., gleich kommen, gleich stellen; (ahd. ginôzan, mhd. genôzen; Graff II, 1128. BM. II, 397).' „Zuo der gelpfe die diu sunne hât, dâ kan sich niht zuo genôzen hie in dirre werlt"; Br. Berht. 144; Pfeiffer 539,30. „Wer het dann glückes ie erlept das meinem glück würd gleich genôst"; H. Folz. (Gl. a. 207: canaozsamôn, sociare). s. nießen und Nuz.

Das Nôß, plur. Nößer, (Franken; Weihers: Nôs, plur. Nösser; Dr. K. Roth) das Haupt oder Stück Vieh, besonders Kleinvieh, (Weihers): Hornvieh, verächtlich von Menschen: Du wist e husch *Nösje*, (Dr. K. Roth); (ahd nôz, nôzzili, agſ. neat, nêten, isl. naut, mhd. nôz, plur. nôz und nœzer, Graff II, 1125. BM. II, 394. Weigand, Wbch. II, 280. Vilmar, kurheſſ. Idiot. 285. Zeitschr. IV, 310. V, 486. VI, 409,33). „Gehörntes Vieh und Schafnösser"; wirzb. Wald-Ord. v. 1721. In Altbayern ist das Wort unüblich. Ich weiß nicht, ob im Rechtb. Ms. v. 1332, wo es (Wstr. Btr. VII, 174) heißt: „Swer nuze hinlaet, man mens oder melch", ein entstelltes nozer anzunehmen seyn möchte. Auf jeden Fall scheint auch Nôz mit nießen und Nutzen zusammenzuhangen. Vrgl. allenfalls Neßel und nach Gramm. 610, 611 selbst das o.pf. Schimpfwort gegen Personen Ous, welches freylich gewöhnlich für Aaß genommen wird.

Die „Nossel, (Voc. v. 1618) scolopendra centipeda", (wol nach Gramm. 610 aus Assel). s. Nassel.

nuseln (nu~s'ln), auch nüseln, a) durch die Nase oder sonst unverständlich reden; „nußlen, de naribus loqui", Voc. v. 1618. Cf. hchd. näseln, nieseln; Weigand, Wbch. II, 268. Vilmar, kurheſſ. Idiot. 286,3. Zeitschr. II, 235: nüscheln. III, 132. cf. V, 73,99: Nüssel, Nüasel, Nase. b) (O.Pf., Frank.) in etwas herumsuchen, herumlangen; langsam, affectiert und wählerisch essen. Vilmar, kurheſſ. Idiot. 286: nöseln, nösseln, nusseln, nüsseln, nisseln. Zeitschr. III, 283, 105. IV, 258,10. 508. VI, 408,25. Vrgl. Zeitschr. III, 131: nüselig, verdrießlich. Vrgl. nuesten und nueschen.

Der Nüsel, (Weihers, Dr. K. Roth) das Verbrannte vom Holzspan, welches weggebrochen wird; Zeitschr. V, 157. VI, 360. s. oben, Sp. 165: die Üssel.

Die Nuß (Nuss, plur. ohne Umlaut ebenso, seltner Nuss'n; Dim. Nüssl), wie hchd.; (ahd. hnuz, gen. hnuzzi, agſ. hnut, isl. hnot, mhd. nuz, genit. nüzze und nuz; Graff II, 1128. BM. II, 424b. Weigand, Wbch. II, 287). „Fueret man die nuzze in secken"; Augsb. Stdtb. Der Einschnitt an der Armbrust, in welchen beym Spannen die Sehne gezogen wird; (cfr. gl. i. 666: nuzzi, retinacula, retiacula; Reg. III, 7. 17. BM. II, 424a. Grimm III, 444. Weigand, Wbch. II, 288). „Thut auch müssig gehn der nüß die in dem armbrust stehn"; H. Sachs 1560: IV, III, 94 (1612: IV, III, 203). A.R.A. „Nicht lang in der Nuß ligen", sich bald besinnen, eine Sache flugs angreifen; Av. Chr. f. 8. A. Sp. W. „Wo man den Bogen zu weit über die Nuß will ziehen, so zerbricht er"; Gem. Reg. Chr. IV, 438. Das Alben-Nüßlein, (Sammler f. Tyrol II, 92) Art Gebackenes, das im Zillerthal die Melcher und Hirten (auch um Ober-Audorf die Sendinnen) beym Heimfahren von der Alpenweide unter die Bekannten austheilen. 'Die Grübelnuß, juglans putamine durissimo; Nemnich II, 261. fig. Grübelei, (= Grübelnus, Grübelnis; BM. I, 563. Lexer, mhd. Wbch. I, 1097. Vrgl. unten: die, das -nuß).' „Wir lazzen die (der?) grübelnüzze walten den sanft mit grübelnüzzen sei", (es ist vom Grübeln über Religion die Rede); Renner 13403. Das Nußkraut; vrgl. oben, Sp. 1761, Nissel-Salat: Nüßli-Kraut. „Olus, nuschraut vel chôl"; Clm. 5577 (XV. sec., 1449), f. 130. (Wol muskraut, mhd. muoskrût; BM. I, 891. Diefenbach 395c). Der Nußreiter (Nussreidə, Baur), schlechter Reiter. Man ruft so Einem spottend zu: nuss, nuss, nuss! Der Nüßlein-Salat, s. Nissel. nußen, sonst auch nußbößen, nußstängeln, Nüsse vom Baum herabschlagen, Nüsse sammeln. Birlinger 356. R.A. Is àlls də nusset, hàt də' Tuifl gsagt, is um Wei~nàcht'n ei~ d' *Nuss* gangə~, (da ist nichts mehr zu bekommen, schon alles aufgekauft ꝛc.).

nußen, abnußen, dernußen Einen, ihn abprügeln, durchprügeln. Zeitschr. III, 191,70. Nuß', plur., Stöße, Schläge, Streiche; Nuß' kriegen. Vielleicht ist diese Bedeutung von nußen eine bloße Figur von der vorhergehenden; (cf. das Sp. W.: d' Weiber und d'

Nussbám wəlln gschlàgng sá˜). Indessen könnte umgekehrt die des Stoßens, des Brechens durch Stoßen oder Drücken die erste seyn. Vrgl. oben, Sp. 1761, unter nießen das alte niozan, tundere. Contriti cordis heißt im Psalt. Windb. „des fernozzen hercen"; '(vrgl. oben nießen: vernießen).' Cf. goth. hnutô, σκόλοψ; ad Corinth. II, 12,7.

vernußpünkelt, adj., nicht groß und schlank, sondern kurz und verkrüppelt gewachsen: (cfr. ags. hnot, mutilus). Kilian: „verneutelt maneken, homuncio pumilio."

Die, mitunter das -nuss; plur. noch zuweilen -nuss·, gewöhnlicher -nussen, volksüblicher als die auch hchd. Endsylbe: die und das -niss, (a. Sp. diu -nussi, -nussida, -nassi, öfter -nessi, -nissi, -nissa; daz -nissi, — alle, wie Grimm II, 321 nachweiset, aus früherem -ussa, -ussi, -assi, -issa entstanden, goth. -ussi und -assus). Graff II, 947. Weigand, Wbch. II, 273. „Es seind Finsternuss ent-
712 standen"; altes Gebet beim Schiedungläuten an den Freytagen. „Erlouptnus", Lucerner Urk. v. 1584; (so sagte auch der gute Voitel). Zwidernuss, s. Th. IV: wider. Die Begrebnuss, Ergernuss, Gefengnuss, Kümmernuss, Liebnuss ꝛc.

Die Nasch, Naschen, Naschin, Naschel, (U.L.) Mutterschwein, Schweinmutter; s. Nusch. Zeitschr. IV, 37. Castelli, Wbch. 206: die *Nasching*, Dimin. das *Näschl*. „Gsötzt es wird ä Ber. ä *Nasching* pfinni'"; Lindermayr 86. Du *Naschin!* zu Weibspersonen; (b. W.).

Die Násch·l, Brautnásch·l, (b. W.) nahverwandte, weibliche Person, die an einem Hochzeitfest zu Kirche und Tisch die nächste Gesellschaft der Braut bildet. (ObrM.) Brautnásch·l, Ehrmutter und gewöhnlich die Taufpathin der Braut. Eine Entstellung aus Nächst ist nicht sehr wahrscheinlich. Vrgl. oben, Sp. 1731: Nif-tel. Vielleicht ist das Wort, da man sogar auch Masch·l hört, undeutsch. Dann aber liegt wieder das böhmische newjesta (Braut, junge Weibsperson) förmlich, und das walachische nascha (Pathin) örtlich zu weit ab. Krainisch: Nevesta, die Ungewisse, da sie vor Zeiten geraubt wurde; Hacquet, Beschreibung der Slaven ꝛc. p. 27. „Der Ehemann nennt seine Frau Naša, die Unsrige, und sie ihn Naš, den Unseren"; (Niederlausitz; Haupt und Schmaler p. 309). Cf. baskisch nesca, Mädchen; v. Humboldt, (Mithridates IV, 300).

naschen, wie hchd.; (ahd. nascôn, mhd. naschen; Graff II, 1105. BM. II, 316. Weigand, Wbch. II, 247); 'besonders vom heimlichen Genusse der Liebesfreuden.' „Swer hôch und ungesellielich wil naschen"; Labr. 399. „Da ainer zu der E chœm der wænet er hab so ze bant gepuzzet was er davor genaschet hat mit der unee"; Br. Berhtolt, Clm. 5858, f. 109—110. Das Genasch, Genäsch, die Leckerheit, Näscherei, Lüsternheit; BM. II, 317. „Genäsche wil haben temperîe von slegen"; Labr. 399. Grimm, Reinh. p. 355, 1744 und p. 377. „Leckuchen, sußwurtz, dergleich gneschlein", (Naschwerk); H. Sachs 1560: II, IV, 40. Der Nascher, Hurenjäger; Cgm. 632, f. 97. „O gässelnascher", (de juvenibus luxuriosis); Monac. Augustin 84, f. 67[b] „Mit eprechern und eprecherinne, naschern und nascherinne"; Monac. Francisc. 274, f. 11. „Fürwitz Briefnascher"; H. Sachs IV, III, 96. 97. Die Nasch, naschhafte Weibsperson. „Wil zwar bald die stattnaschen fliehen", sagt die Dorfmagd, die in der Stadt keinen Freyer bekommen; H. Sachs 1612: I, 1023. Der Genasch, (Nptsch.) naschhafter, wählerischer Mensch. „Der Näschlein von Schweinau, Apicius et Asopus alter." Sp. W.: „Näschlein will schleg haben"; H. Sachs 1612: I, 1040. „Näschlein das mus schleg tragen"; das. II, IV, 71 (1560: II, IV, 238). „Wer alle ding beschnattert ye und gar kein ding verschweigen kon mus nemen vil aufnäschlein dron wil oft verbessern böse sach und macht sie noch erger hernach"; das. 1560: II, IV, 126. genäschig (gnáschi), naschhaft, ekel, wählerisch. Bey Bruder Berht. sind der Nescher, die Nescherin in Sinnlichkeit versunkene Personen. Sollte damit das ags. hnesc, engl. nesh, goth. hnasqus, mollis, delicatulus, zusammenhangen?

Der Nesch, Nösch, Nöschtropfen, ä. Sp., die laufende Gicht; Grimm, Mythol.[2] p. 1110. Ein „Segen wider den Nösch" bey Mone, Anzeiger, Jahrg. 1837, Sp. 463. Vrgl. Nisser und Nuesch.

Die Nusch, weibliches Schwein; Zeitschr. IV, 37: *Natsch*, *Nutsch*; s. nutscheln. s. Nasch.

Der Nusché, das Nuschə-l, (b. W.) Taschenmesser schlechterer Art; (schles.) die Nûsche, Weinhold p. 66. Zeitschr. IV, 177; (böhm., russ., slawon. nusch, poln. nož, Messer überhaupt). ə˜ Sechspfennin-*Nusché*.

'Die Nusche, Nuschel, ä. Sp., fibula, Spange, Schnalle; (ahd. nusca, mhd. diu nusche, daz nüschel, mittellat. nusca; Graff II, 1106. BM. II, 423 f.' cf. W. Grimm, über Freidank p. 72 f.). „Er mahelete di frowen mit nusken unde mit bougen"; Diemer, Ged. 20,8. „Spinter, nüsch", (zwischen „catella, spenglin" und „speculum, spiegel"); Voc. optim. p. 27. „Dez sehzten blůmen buschil der was dez tievils nuschil"; Diut. II, 131. Vallt dich ainer an da forne und ergrift dich bi dem nüschel"; Cgm. 558, f. 135.

Der Nuesch (Nuəsch, Nuəscht, Uəsch, O.-L. Luəsch, b. W. Nousch, Ousch; s. Gramm. 611), die Rinne, das Gerinne, Canal; ausgehöhlter Trog: (ahd. nuosk, mhd. der nuosch, diu nuosche; Graff II, 1107. BM. II, 423. Birlinger 356. Zeitschr. III, 332. IV, 39. V, 452. 489. VI, 339. Cf. Wiarda: nost, Rinne. Gl. i. 243: nuosci, nuosca, nuosche vel dolun, fistulas; 530: in drogun vel nuoskin, in canalibus"). „Do er daz vihe trancte in den nůsk er die stabe leinte"; Diut. III, 80. „Zum tisch sam säw zum nuosch"; d. Ring 34[d] 2. Der Dachnuesch, die Dach-Rinne. „Item es sol kheiner hie in der stat tropfstal haben annders, dann er leg nuesch sambt ainem stecknuesch"; Münchner Bauord. v. 1489, Wstr. Btr. VI, 133. Auer, St.R. p. 203—205. 218. „nůschstäte, zune oder tulle"; Augsb. Stdtb. Nůsch, imbrex; Voc. v. 1429. „An nüschen, an trauffen"; MB. XXIII, 316, ad 1410. Der Radnuesch (b. W. Ràdousch), Radschuh. Der Saunuesch, Schweinetrog. Der Watnuesch, das Mühlgerinne, worin sich die Räder bewegen. Der Vogelnuesch, (Dim. Niəschl), Tröglein zum Vogelfutter. Vrgl. oben: der Nesch.

nueschen (nuəsch·n), herumriechen, herumwühlen wie das Schwein. ə˜ Sach ausnuəschn, durchnueschn, drinn 'rum nueschn, (verächtlich:) aussuchen, durchsuchen, darin herumsuchen. Zeitschr. III, 283, 105. V, 179, 175. Vrgl. 'nuseln und' naschen.

nüscht, (Weihers, Dr. K. Roth) nichts. Zeitschr. II, 399,3: niss. III, 224,4. 252,150. IV, 239. 410,74: neust, näst, näster, nässent; V, 415,17. VI, 276,9. 361. 421,7.

'Die Nespel, was hchd. Mispel, Mespel; (ahd. mespila, nespela, nespil, mhd. nespel, aus ital. nespola v. griech.-lat. mespillum; Graff II, 1105. BM. II, 330. Weigand, Wbch. II, 256 und 167). Zeitschr. III, 99: Nöspeln; IV, 68. V, 453.'

Die Nast·l, die Assel; s. Nossel.

Der Nàst, Nàscht, (Weihers: Nost, Dr. K. Roth; Gramm. 610), der Ast; Vilmar, kurhess. Idiot. 281. Zeitschr. I, 290,7. II, 172,72. III, 126. IV, 117,1. 537. III, 16. V, 452. VI, 79. 108. VII, 8. 400,3. ausnast·n, ausnást·ln, jenes wird vom Abhauen der großen Äste, dieses von dem der kleinen Ästchen gesagt.

Das Nest (Nést, Néscht, O.Isar Escht, O.Pf. Iəst); 713
wie hchd.; Graff II, 1107. BM. II, 385 f. Weigand, Wbch. II, 257. Birlinger 351). Webernest, fehlerhaft

gewebte Stelle in der Leinwand. Der Nestbatz, das Nestbätzlein, der Nestscheißer, schwäb. Nestscheißerl, Nestkegele, das zuletzt ausgekrochene Vögelchen in einem Nest; der Letztgeborne in einer Familie; (Weigand, Wbch. II, 258: Nestert, Nestküchlein, Nestling, Nestquak. Vilmar, kurhess. Idiot. 282. Zeitschr. V, 416,20. VI, 358). „I hab nix so gschrian wie du kloans Nest", sagt die Mutter zum Kind; Kartsch II, 198. R.A. Den, die hat der Teufel im Nest vergeßen, (der, die ist außerordentlich böse). Der Nestsetzer, (O. Mayn) eine Art Vieh-Bremse. genisten, gnisten, (O.L.) wie hchd. nisten; (BM. II, 385). D·Schwáibáin *gnistnt* scho~, sel trát scho~ aə~s gən *Éscht*. Das Gnist, Gnistə', Gnistwerch, Nestwerch, Abfall von Flachs, Stroh, kurzen Reisern ꝛc. Zeitschr. II, 405,14: Genis. (Etwa vom verworrenen, nestartigen Aussehen, oder weil einige Vögel aus solchen Materialien ihre Nester bauen; oder sollte nach Gramm. 485 Geknist vom notkerischen chnisten, chenisten, conterere, collidere, anzunehmen seyn?) (O welt) das ich mich befolg in deim genist"; Cgm. 811, f. 47. „Essen allerhand genist und bözich mit hinein"; Dr. Minderer p. 117. Də' Hàr is ə~ lautə's Gnist, is ganz enənandə' gnisst, ei~gnisst, verworren, verfilzt; (b. W.). Die Gnist, Person, die immer herumklaubt und daher in ihrer Arbeit nie vorwärts kommt.

Die, auch der und das Nestel (Néstl, Nésl), der Senkel, d. h. Schnur oder Riemen, gewöhnlich mit einer Art Nadel, Stift oder Beschlag an dem einen Ende zum Durchstecken oder Einpreisen versehen; jeder Riemen; jedes schmale Band; (ahd. nestila und nestilo und nestil, mhd. diu nestel; Graff II, 1107 f. BM. II, 330. Weigand, Wbch. II, 257). Hos·nnést·l, (gl. i. 212: hosanestila, corrigia caligae. BM. II, 330) Schue'nést·l. In der Kleiderordnung von 1626 werden den Burgern die Nöstel ob und unter den Knyen, den Burgerinnen die seiden Nöstel im Haar verpönt; (Wstr. Btr. IX, 295). ə~ rècht ə~ guadé Hundtsnést·l (aus Hundsleder) hébt drui Bándtl·n aus; (Jachna). Nestel knüpfen, an eine der Hosennesteln eines Ehemannes heimlich einen zauberischen Knopf anbringen, der ihn in die bey Ovid (de arte am. lib. III, eleg. VII) geschilderte Verlegenheit setzt; franz. nouer l' aiguillette. Grimm, Mythol.[2] p. 1127. Mittel gegen das Nestelknüpfen: Cgm. 3731, f. 80. 82. 107. 132. Cgm. 3723, f. 149—154. „Schaw in einem pad wo ainer ain pruech an hat die ain nestel hat mit den steften, so pit jn das er dirs schenck nachmal pint die nestel an dein pruech und behalts an dir"; das. 151. „Contra maleficia in coitu"; Ind. 418, f. 25b. Clm. 4757 (XV. sec.), f. 177—179. „Ego autem expertus sum quod si maleficiatus mingat per annulum cum quo uxorem suam desponsavit, statim solvitur maleficium et poterit cum ea concumbere"; Petrus de Argillata, chirurg. lib. V, tract. XVIII, cap. 8: de maleficiatis. Cf. Clm. 297, f. 117 und 321, f. 256. „Ey, bei der nestl, die hat kein steft"! betheuert der Betrogene bey H. Sachs 1612: IV, III, 59. Zu ahd. weganest, viaticum, vrgl. Grimm I[3], 430: „isl. nesti, viaticum, eigentlich wol pera, von nist, fibula." Ich hatte mir ahd. weganist aus wega und nest, nist (von nisan) erklärt. Graff II, 1103. Der Nestel-Eid, ahd. nast-ait, (Lex Alam. 56, Pertz, monum. Germ. legg. t III, p. 63,21. Graff I, 152); s. Haupt's Zeitschr. IV, p. 472. Der Nestelkranz, die Hochzeit-Nesteln, Kranz oder Büschel von rothgefärbten Leder-Riemchen, vom Brautpaar den Hochzeitgästen, um ihn auf den Hut zu stecken, verehrt. In dem Dank nach der Hochzeit-Mahlzeit heißt es unter anderm: „Dem ehrenreichen Bräutigam für den Ehren- oder Nöstlkranz etwas geben, schenken, oder verehren, es wär ein Thaler oder drey, das steht ein jeden frey." v. Hazzi, Statist. „Erstlich da ich was Breutgam worden, da fenstert ich schier alle nacht, vil nestelkränzlein sie mir macht." „Die Gred mir machen wird einen Krantz von einem Dutzet Nestel rot;" H. Sachs. Genestelt heißt um Nürnberg (nach Hsl.) eine Art Kopfputz, mit welchem ledige Mädchen auf Hochzeiten gehen, und der in einem Kopfkranz (s. Krænlein) und herabhangenden, mit färbigen Nesteln durchflochtenen Zöpfen besteht. Der Nestler (Néstle, Néssler), Handwerker, welcher lederne Bänder (Senkel) verfertigt, Senkler. nesteln, vrb., mit Nesteln schnüren, binden. Die 714
Hosen ein- oder ausnesteln, hört man noch jetzt, obschon die frühern Nesteln meistens den Knöpfen Platz gemacht haben. (Obrmr.) umnesteln, wie ummə'bánd·ln, mit kleinlichen, unnöthigen Geschäften die Zeit verlieren. R.A. Er nestelt sich schon selber aus, (ist schon 7jährig).

nesteln (nést·ln, nés·ln), a) s. d. vorige Wort. b) (Obrmr.) abprügeln; hart halten, quälen. „Hannibal, im Streit nit schlecht, hat die Römer gnestlet recht, wie sichs gebört"; Balde, Agathyrsis. Auch in Roncegno ist nach von Hormayr „nöstlen" schlagen, „ä nöstl" ein Schlag. Vrgl. nesseln und Gramm. 680.

Die Nest·l, die Nessel, (nach Gramm. 610. 680).

Nestl, Agnes; (Wien). Zeitschr. IV, 156. V, 470. VI, 452. 460.

Genist, s. genesen und Nest.

Genoste(?). „Umbeschrodelinge daz da heizet genoste"; Höfer's Urk. 43. BM. II, 407. Cf. span. denuesto, Beschädigung, Tadel, Schimpf. Diez, Wbch. 484.

Die Wol-nust, (Christenlehre, Ms. v. 1447) statt Wollust. Vrgl. oben, Sp. 1526: Lust, dann (ge)nesen und nießen.

Der (Firmenich II, 428. Vilmar 288: das) Nuster, Bèttnuster, (Baur, O.) Paternoster, Rosenkranz. Halsnuster, (Weihers: dé Nüster; Dr. K. Roth), Schnur mit Perlen, Korallen ꝛc., die um den Hals getragen wird. Vilmar, kurhess. Idiot. 288. Zeitschr. V, 114,1. nustern, den Rosenkranz beten, besonders im Stillen. Vrgl. das folg. Wort.

nustern, vrb. n., heimlich, leise reden, flüstern, Zeitschr. III, 282,99. VI, 17. „Wir merken halt, daß ihr es gern hört, wenn wir recht wider die itzigen Freygeister hausen, da nustert ihr zusamm, stoßt euch einander, rüttelt eure Köpfe, als wenn einige zugegen wären"; Stephans-Predigt p. 53. Wenn man mit etwas milderndem Scherz auf das Unschickliche des Zusammenflüsterns Anderer aufmerksam machen will, so sagt man wol: seit dem 's *Nustern* aufkemə~-r-is, ve'stêt me' nicks mêr, wenn ə Pàr mitənandə' rédn. Das Nüsterlein. Kaə~ *Nüstə'l*, nét ə~ *Nüstə'l* taə~ oder sàgng, keinen Laut von sich geben, nicht mucksen. Vrgl. d. vorige Wort und nuseln.

Die Nüstern (des Pferdes), plur., wie hchd.; (Weigand, Wbch. II, 287); engl. nostrils, cf. slaw. nosdry, česk. nozdry.

nuesten, nüesten, wühlen, herumgreifen in etwas. Zeitschr. III, 283, 105. VI, 360. 408,25. Vrgl. nueschen, nuseln und g·neissen.

Der Nâtem, Nâten (Nà'm, Nà'n), der Athem; (Gramm. 610 und oben, Sp. 1707: n).

Die Nât (Nád, o.pf. Naud), und nach Gramm. 808 die Næt (Nád), plur. Nâten, Næten und Næt, wie hchd. die Naht; (ahd. mhd. nât; Graff II, 998. BM. II, 304. Weigand, Wbch. II, 243. Zeitschr. V, 256,123). R.A. Auf d· Nád gê~ Einem, ihm auf den Leib gehen, auf die Finger sehen, ihn scharf beobachten; (doch kaum aus Náhhet, Nähe, entstellt). „Er mueß es ietz allsam puessen was er ye und ye wider uns gethan hat jm soll es pillich gen auf di nat"; Sterzinger Passionsspiel v. 1500. Vrgl. Zeitschr. IV, 477: bi d· *Nât* weg, ohne Ausnahme. Etwas auf der Nât haben bey Einem, wie „auf der Nâdel haben." Cf. auf der Joppen nâen,

oben, Sp. 1209. Der Nâter im veraltenden Seiden=nâter, Seidennäher, phrygio, Av. Gramm.; (ahd. nâtâri, sartor, mhd. nâtære). Zeitschr. IV, 37. Die Nâterin,
715 Næterin (Nâdərin, Nádərin), Näherin, Nähterin. Die Nâterey. Der Nætling (Ná'lin'), Faden, soviel auf einmal eingefädelt wird. „Acia, sutura, ein Naat oder nedling faden"; Nomencl. von 1629, p. 95. s. næen und Nâdel.

Die Natur, 1) wie hchd.; (schon bey Otfr. III, 3, 3,22. V, 12,49 als deutsches Wort verwendet. Graff II, 1050. BM. II, 318. Weigand, Wbch. II, 249; div natover, Anegenge, hg. v. Hahn, p. 36,7; nataur, Ring 19,39), auf dem Lande auch die Geschlechtstheile. „Swer wider die natûre wil ungewonlich kriegen", (Reim auf „sûre", sauer); Labr. 382. „Nempt der zepflein eins und tut ez in die stat der natur"; Recept für eine Frau, Clm. 352, f. 61. R.A. Dazue ist dir die Natur ze kurz, dem bist du nicht gewachsen. 2) ä. Sp. und noch jetzt: semen genitale. „Das ainer sein natur halt als lang er wil so er mit frauen zu schaffen hat" . . . „Das ain frau jr natur mit ainem man laßen muß ob sie jm gleich widerwartig wær"; Recepte, Cgm. 3723, f. 151. „Ainem zu thun das er nit mag mit frauen zu schaffen haben — schaw das du sein natur zuwegen pringst"; das. 152ᵇ. „Auf pösen gedänchen lusten und bebegnusse zw der unchewsch pin ich offt als lang gestanden das ich pin chömen dez nachtz und offt pey dem tag zw der naturleichen sündt daz ist zw verrerung meiner natur"; Clm. 12711 (XV, sec. 2⁰), f. 150. genaturt, (isl. nâttûradr). „Wie der adelar genaturet ist"; Diut. II, 147. „Hunde, so zum Aufwarten gnaturt"; Selhamer. natürlich (natü'li', natüə'li', natüə'lə'), adj. und adv., wie hchd.; wirklich, richtig, wahrhaft, wahr. Der Buə' is de' *natü'li'* Vàdə', dem Vater in allem gleich. Dés is *natü'li* und wàr, gewiß wahr. Dés is nét *natü'li*, nicht richtig. „Gerardus dictus Wickuoile laicus Coloniensis dioec. constituit testamenti sui executorem discretum virum Johannem filium suum *naturalem* et legitimum"; Cölner Notariatsurk. v. 1396, Monac. Francisc. 127, Hinterdeckel. annatüreln (à'natüə'ln), vrb., (Obrmr.) gelüsten. Ietz tuət mi' ə' Mass Biə' *à'natüə'ln*. Vrgl. oben, Sp. 619, der Tôr: a'tiə'ln.

nét, nit, ét, it, nicht; s. d. W. néttə! nicht doch! Zeitschr. II, 75,14. 189,2. 405,6,1. III, 97. 206,10. 399,7. 531,19. IV, 5 (nütig, adj.). 407,11. 410,73. V, 133,6 267,19. 305.

nett (nètt), adj., wie hchd., (aus der a. Sp. mir nicht erinnerlich, hingegen isl. nettr, lepidus; vielleicht aus dem romanischen netto, — nitidus? — vrgl. fein. Diez, Wbch. 237. Weigand, Wbch. II, 253). nètt, nèttə, gnèttə, nedə, adv., 1) genau, gerade, eben: *nètt* wiss'n, genau wissen; wàrum sol den *nètt* I gràd nicks kriəgng? *nèttə*-r- ə só, genau, gerade so; *nèttə* nicks, ganz und gar nichts; *nèttə* nét, zum Trotz nicht, (Passau, ObrM.); *nèttə* wáls də' gàr əso gêt, so gibə də's net, (Passau, ObrM.); er is *nèttə* (b. W. nèttəral) wiə sei' Vàdə'; wál·s də' gràd *nèttə* sovəl z· widər is.

Übə' d· Schmid und übə' d· Wàgngə'
hàb I no' niə singə' ghört;
·s geit vỵl Duzə'd noié Gsángə'.
sán' denn *gnèttə* si kaə' wert? Zeitschr. III,

41,8. 175,293. IV, 130,47. 2) blos, nur. „I spil ja *netta* (blos nur — einen Bären) und wie vil Leut seyn settə Bärn"; Reizenbeck II, 53. 134. 139. 150. 223. 238. „*netta* a bisl wart I nu"; das. 72. „*netta* oans verlang net, — dass I di' heiratn sol." s. nætig.

Der Neter, Netter, ein Maß; s. oben, Sp. 1726: Neder.

'neut, nicht; (s. d. W.) Vilmar, kurhess. Idiot 281: naut.' „Das sint neut wan chetzerlich unglauben", (nichts als); Cgm. 291, f. 141ᵃ. „Si frumen euch mit neuten", nichts; das. f. 174ᵇ. 'Vrgl. nét, nit. Zeitschr. IV, 5.'

nieten (niət'n, niə'n), 1) wie hchd., d. h. einen Nagel stumpf, breit oder krumm schlagen. (BM. II, 348. Weigand, Wbch. II, 269). Rechtl. R.A. niet=, wid= oder nagel=fest, geniet·t und gewidt seyn, (von Einrichtungen in Gebäuden), daran befestigt und nicht mobil seyn. Zeitschr. V, 21. Die Nieten, das um= oder breit geschlagene Ende eines Nagels; (Baur). 2) schlagen, prügeln. Dèn *niətmə'* töffi', den zerprügeln wir recht; (um München). „Mit pengeln und auch knüteln sah ich sy pern und nüteln"; Mich. Beham, Wiener 174,31): eines Dinges, mit etwas. 3) sich nieten, genieten, sich anstrengen, bemühen; abmühen, abarbeiten; (ahd. niotôn, mhd. nieten; Graff II, 1048. BM. II, 348. Weigand, Wbch. II, 269. Vergl. holl. nieten, mit dem Kopfe stoßen; es sich sauer werden lassen, sich bestreben. Ehrentraut, fries. Archiv I, 43. 297 (Wangerog): *nît*, stoßen, vom Hornvieh; *nitel*, stoßig:

Wer nécks də'heirət't, nécks dərərbt,
deə' mou' si' *nêi'n* bis ə' stərbt.

Sich nieten und plagen, oder: sich nieten und scheren. „Er hat sich vil geniett, multorum difficultatem exsorbuit"; Voc. v. 1618. „Glaispeckhen können sich hart genieten, wo man Thurnier thut außpieten. Sie kommen dar mit großem Cost, sie jrret weder Hitz noch Frost"; Turnierreim vor Hund's St.B. „Wo man ernstlichen strit (streite) auf dem veld mit werder diet und da sich menig helde niet", (auszeichne); Cgm. 379, f. 82 (270, f. 118). „Ditz dut alles unser herre der sele zu einer ergetzunge der muewe, der sie sich genietet hat hie uf ertrich mit dem irdenischen libe"; Br. Berhtolt. „Der buch (von Parcifal und Tristrant, Wygolais und Eneas, Erke, Iwan ꝛc.) han ich mich genietet wol . . . als ich mich versinnen kan so hat verlorn mangen man so getaner teutsch buche lere"; Renner 21,493 ff. „Des (daß ich Hartmueten nicht minnen wollte) muoß ich 716
mich der arbeit sit nieten"; Gudr. 1254,4. „Swer die leckerîe nicht wol besetzet, der nietet sich unsælde vil da bîe; Labr. 427. „Gedenken dar an des ich kan nimmer mich genieten"; das. 515. Diemer, Ged. 121,24 und Anmerk. genietet, geniet, geniedt, ä. Sp., eingeübt, erfahren. „Erbar und redlich geniet Kriegsleut." „Marius was ein grober Bawer, aber ein genietner arbeitsamer Kriegsmann." „Jung, ungenietet und unerfaren"; Avent. Chr. Kr. Lhdl. X, p. 141, ad 1488, soll von den Bauern eine Geldhilfe erhoben werden „in der Gestalt, daß um solches Geld geübtes und geschicktes Fußvolk bestellt, das Bauersvolk, der Ding wenig geniedt, in dem Lande behalten den Acker zu bauen, und daß dadurch das Fürstenthum etlicher Maaß dennoch besetzt bleiben möge"; oder p. 150: „daß die Bauersleute als ungeniedte Kriegsleute anheim bey den Gütern und Äckern bleiben, und um das angelegte Geld geniedteres Fußvolk, dann sie sind, bestellt werden möge." „Getuli etwas rauch und ungenytet lewt", (asperi incultique); Dietr. v. Plien. „Er ist zwar ein einfeltig man freylich ganz ungeniet herkummen weil er kein handschrift hat genummen"; H. Sachs 1560: III, III, 39ᵃ. sich abnieten, dernieten, vernieten, sich abmühen, plagen. „Von kus gen kusse bieten hân ich wol hæren sagen, und smutzerlich vernieten darvon daz herz mûst innerhalbe wagen"; das. 329. Bey H. Sachs steht vernieten metonymisch auch für begehen, ausüben: „Mein Gesell, sollt ich sagen dir, was schalckheit mit mir wurd vernitt." Die Niete, (schwäb.) das Bestreben. „Wir haben vil genieth (Plage?) mit Seizen Mulner", Cgm. 4854, f. 157; (wahrscheinlich ist „uns" ausgelassen, denn f. 166 heißt es: „mußten sich viel nieten"). 4) sich nieten, genieten eines Dings, an einem D., a) (OPf.) es genug bekommen, satt werden, sich sättigen. Aə' deən wiə st di' bàl' *gnêit·t* hàbm, an dem wirst du bald genug haben. „In der Zeit hab ich mich mer unliebs und übels genietet, dann davor je von allen minen tagen"; Ofele I, 253. „Unz ich mich geniete mînes vil lieben man"; Nibel. 4238 (Lachm. 997,2). „So getane genade der sich niemen genieten mac"; Münchn. Sermon.

„Niet ich mich Einer, so laß ich ſ wandern und halt mich darnach zu einer andern"; H. Sachs 1612: I, 615. Kärnt. navelizhati ſe (zh = čeſk. č), überdrüſſig werden; kärntiſch deutſch: urrüßig (ſ. oben, Sp. 135: uräßig, und vrgl. Sp. 572: urdrüz') werden, ſich begnüten; Jarnik 38. b) ſich daran, damit vergnügen, ergetzen. An, bey, mit dem Ding wiə'st di' nécks gouds *nêi'n*, du wirſt kein Vergnügen, nichts Angenehmes, ſondern Mühe, Beſchwerde, Verdruß dabey haben. „Thu dich deiner jugend baß nitn, halt faſſnacht nach dem ferding Siten"; Hans Sachs. „Ich wande mich genieten grœzers liebes mit dir"; Jwein 5642 und die Anm. p. 330 f. der Ausg. v. 1843. „Zimlich und mäßig nieten (Venerem exercere) geſund, überigs nieten großer ſchad"; Cgm. 725, f. 111. „Er muoz mir diu lant rûmen ald ich geniete mich ſîn", (er muß mir zu Willen werden), ſagt ſie; Hoffmann's Fundgr. I, p. 264. „Zaigt im die prüſtel und tütel . . . nu ſicht uns doch niemant . . . ſich wie einen ſchonen leib ich han . . . des niet dich und lazz mir widerfarn dein ſüezzi minn"; Cgm. 54, f. 55ᵃ. Die Syrene ſingt: „Lazz dir wol ſein mit der ſüzzen minn die weil dich ſein luſt und niet dich der werlt darnach in dem alter ſo luſt dein niemant"; Cgm. 54, f. 75. Der Kranwitvogel räth: „Herr, der welt ſolt alſo pflegen das du verdinſt gotes ſegen." Das Züzzerl dagegen: „Herr, du ſolt der welt dich nyeten vnd laß dir des nit verpieten"; Cod. Moll-Oldenbourg mit Udalricus de Campoliliorum. Die Stellen: ſih oder Einen andern nietôn cines dinges bey Otfr., Notk. können zu a) oder b) gezogen werden. (Cf. giniodon, giniudon, Heliand 100:22.) Bey jenem heißt es ein paarmal gar: eines dinges iſt mih niot, welches Subſt. bey dieſem 139, 8. u. gl. 33 für desiderium ſteht. Ich wäre verſucht, dieſe Bedeutungen, nicht blos 1 u. 2, ſondern auch 3 u. 4, als figürliche (cf. franz. se débattre und s' ébattre) auf die des isl. Ablautverbs hniôda, tuditare, retundere ferrum, (womit vielleicht auch die Verba gnya, knya, nûa, subigere, cogere, terere, ſ. neuen, Zuſammenhang haben) zurückzuführen. Grimm, Mythol.² 574. (Cf. Grimm II, 22: isl. losti, libido, von liosta, fere, goth. gabauris von bairan, gir aus geiſan.) BM. II, 348. Vilmar, kurheſſ. Idiot. 284: der Niet, Luſt, Eifer, Beſtreben; es nietert mich. Birlinger 352ᵇ: einen Niet ſetzen. Vrgl. auch niedlich (W. Grimm, gold. Schm. p. 152.590. „Lautiora fercula quaerere et apptui(?) operam dare ·i· neutlich"; Clm. 9537, f. 181) und das folgende Wort.

Die Nôt (Noud, Naəd), o.pf. Genit. Dat. sing., Nom. Acc. plur. noch mitunter Nœt· (Nêid·), neben
717 Nom. Acc. plur. Nœten (Gramm. 808), wie hchd.: a) Noth, (ahd. mhd. nôt, Genit. Dat. sing., Nom. Acc. plur. nôti, mhd. nœte; agſ. nead, isl. naud. Graff II, 1032. BM. II, 407. Weigand, Wbch. II, 281. Wackernagel's Wbch., Nachtr., zu niuwen; 'ſ. Grimm, Mythol.² p. 574 und oben, Sp. 1711: neuen'); b) Gewalt, c) Eile. O.Pf. I˜ àinə' *Nêid*, in einer Haſt, Eile. Vrgl. Zeitſchr. IV, 106,30. àinighə' *Nêid* und *Nêidn*, mit Gewalt, durchaus, demohngeachtet. N.A. Bey dèn is d· *Nout* 10000 Man stark. Sp. W. *Noud* macht zi'ə˜ *Nêid*, eine Verlegenheit macht zehn. N.A. əs werd *Noud*, oder: ə˜ *Noud* hàbm, wàs (dés und dés gſchibht), es iſt kaum zu erwarten, daß (dieß und jenes geſchehe); əs werd ə˜ *Noud* hàbm, wàs nét (d. u. d. g.), es iſt faſt zu erwarten, zu befürchten, daß (d. u. j. g.). Nôt haben, eilig, preſſiert ſeyn. Nôt leiden, a) wie hchd.; b) einem Gedränge, einer Gewaltſamkeit ausgeſetzt ſeyn. Mein Huet hat im Theater Nôt gelitten. „Himilorihhi tholêt nôt, vim patitur"; Matth. 11,12. „Genſerich gewann mit der Not (mit Gewalt) die Stadt Neapolis"; Avent. Im Münchner Fewrbuch von 1591 heißt es: „Auß den gemainen Püren ſoll allwegen ain Pfundt Pulver 9 Pfundt Stain ſchließen, außgenommen Scharpffe Meetzen, Nottſchlangen, haagkhen und Handt-Püren und dergleichen, welche mit Nott treibenn, die haben ieren weeg nach der Leng und Sterckh des Rorß." A. N. A. Es get mir cines dings nôt, ich bin dazu gezwungen. „Daß uns Klagens viel mehr Noth gienge dann ihnen"; Kr. Lhdl. I, 60, ad 1432. „Des gêt mir wærlichen nôt", Nibelungen 3700, (Lachm. 864,4); cf. 3967, (Lachm. 929,3): „des twanc in grôziu nôt." Sá˜ hérte *Noud* ess'n, aərbət'n, nach Kräften; (b. W.). Nôt in der R.A.: es iſt, tuet Nôt wird mitunter als ein Adv. genommen, und zum Comparativ nœter, Superlativ nœtiſt umgebildet. Schon Br. Berchtolt (Cgm. 1119, f. 39ᵇ) ſagt: „Seit einem arzt not iſt weishait der nur den leib erczent, ſo iſt jr dem michels notter der der ſel arczt iſt"; und Av. Chr. 92 heißt es: „Es iſt kainem nöter, daß er Gerechtigkeit halt, denn der nützlich kriegen will." Vrgl. W. Grimm, gold. Schmiede p. 152,498 und Haupt's Zeitſchr. IV, 557: nœter, zîter. êhafte Nôt, Zufall, Zuſtand, Anſtand, Drang, der einen Citierten vor dem Geſetz wegen Nichterſcheinens entſchuldigt. „Aus ehafter Not gehindert werden". . . „Irret jne eehafte Noth"; L. Rcht. v. 1588, f. 14. „Als Wir von unſers Leibes ehehafter Noth wegen auf dieſelbe Zeit nicht haben kommen mögen"; Kr. Lhdl. V, 123, ad 1465. ſ. oben, Sp. 6: ê-haft. 'genœte, adj., genôte, adv., ä. Sp., eifrig; (ahd. ganôti, nôto, ganôto, ginôto; Graff II, 1042 f. BM. II, 414 f.). eingenöte, einzig und allein.' „Niht ein gnote mit brote ſunder mit lere"; Diut. III, 36. Die ſchwere Nôt, ſ. Zeitſchr. I, 141,4. über nôt, über das Bedürfniß. *übə' noud* arbətn, éſsn ꝛc. von nœten, a) wie hchd.; 'als Präpoſition: wegen.' „Do er des nachtes von nœten des grimmen ſiechtages nit mocht ſlafen"; Suſo's Leben, Cgm. 819, f. 71. b) nœten, von nœten (nêi'n, və˜nêi'n, 'ənnêi'n), als Folgerungs-Conjunction: daher kommt es alſo, darum, deshalb alſo: *və˜nêi'n* boud ə' ə'ſuə gwài˜t, hinc illae lacrymae. „Biſt du ein ſolcher Windelwaſcher, ein Hühnergrieffer und Haſennaſcher, nöten heiſt du Simon Frawenknecht"; H. Sachs. (Puterbey ſagt: „Iſt er ein gueter Pfeiffer, ſo mueß er not halber ein bueb ſeyn, dann wär er fromm, ſo wär er kain Pfeiffer"; Aventin: „Da vil Arzt ſein, da müſſen auch not halben vil Krankheiten ſein"). von nöten wol (◡–◡) und ◡–◡–), das will ich meinen, (gewöhnlich ironiſch). A. Dés is àbər ə˜ frumms Kind. B. *Vonêdn wol!* Bey H. Sachs ſteht von nö- 718
ten auch als Cauſal-Conjunction im Vorderſatz: „Die wolluſt von nöten umbfahen uns, daß ſie uns töten"; (cf. Otfr.: bi thera nôti, aus dieſer Urſache, bi nôti, daher). unvonnœten, (Voc. von 1618, Ms. von 1591) nicht vonnöthen, nicht nöthig.

Die Nôtdurft, ſ. oben, Sp. 539: Durft. Die Nôtfärt. A⁰. 1330 errichtet die Stadt München eine Notfärt auf der Iſar und legt allen Kaufleuten einen Zoll an; Gem. Reg. Chron. I, p. 548. nôtfeſt, adj., (Zpſ.) ſtark und geſund, um Beſchwerden zu ertragen. Das Nôtfeuer, ſ. Gloſſar, Ms. mihi. Grimm. Mythol.² p. 570—579. BM. III, 332. Weigand, Wbch. II, 281. Der Nôthalm, ſ. Panzer's Beiträge z. d. Mythologie I, 241. 'Der Nôthelfer, Helfer in der Noth; BM. I, 682. Die vierzehn Nôthelfer 1) vierzehn Heilige; ſ. Friſch II, 22ᵃ f.' „So ſeltu dan der vierzehen nothelfer ainer ſein", ſagt Chriſtus zu St. Oswald, Cgm. 719, f. 55ᵇ, Vers 3419, '(bey Ettmüller: „der vier nôthelfære").' Sie ſind genannt in einem Gebet im Cgm. 4595, f. XL und Cgm. 4638, f. 138, (darunter iſt St. Oswald nicht); genau beſchrieben in J. G. Haas' deutſch-franz. Wörterbuch II, 435. „XIV Nothelfer"; Raitenhasl. 60, f. 97—98. „XIV auxiliatores" zu Weſſobrunn; Leutner p. 362. „Oratio ad XIV adjutores", (1516); Ind. 417, f. 223. „XIV coadjutores", Monac. Augustin. 242, f. . . . „Altar zu den XIV nothelfern" zu Tegernſee, (1505); Cgm. 1148, f. 28. 2) 14 Nôthelfer, gewöhnlicher Vierzehnheiligen, eine denſelben geweihete Wallfahrtskirche bey Lichtenfels (Bamberg), die im Jahre 1849—50 Auguſt Palme ausmalt. Der Nôtknopf. R. A. Etwas auf den Notknopf ankommen laſſen, d. h. es auf das Äußerſte kommen laſſen, auf die

Letzt versparen. Der Nötnigel, Mensch, der beständig mit der Noth zu kämpfen hat. Vrgl. Nötnagel, Zeitschr. IV, 158. Die Nötnunft, s. oben, Sp. 1744: numft. Der Nötschoß, (schwäb.) Mensch, der immer antreibt. nöttaidigen, s. oben, Sp. 585: taidigen. Der Nötverwalter, 1) was Notnigel. 2) Spottbenennung für eine Person, die sich ohne Beruf und mit Versäumung der eignen Geschäfte in die Besorgung der Gemeinde-Angelegenheiten mischt. Das Nötwambs. Notwamse zu tragen war in Regensburg verboten; Gem. Chron. ad 1320. (Das Nothhemd ist nach Wstr. gl. ein Zauberhemd, sich damit fest zu machen). nötwendig, s. Th. IV: wenden. Es nötwendig haben, viel, dringend zu thun haben. s. unten: nœtig. Der Nötwirt, Wirth, der nach dem ehmaligen Systeme gerade nur bey einem bestimmten brauenden Kloster oder Hofmarchsherrn das Bier, es mochte gut oder schlecht seyn, zu nehmen gezwungen war. Ein Verhältniß, das, obschon noch in der Brau-Instruction von 1723 in seiner ganzen Verderblichkeit erkannt, dennoch im Jahr 1726 durch einen Machtspruch gesetzlichen Bestand erhielt, bis Max Josephs Regierung auch in diesem Stücke Gerechtigkeit übte. Über die Schädlichkeit des Bierzwangs in B., 1799. Über den Werth und die Folgen der ständischen Freyheiten in B., 1797, p. 63. „nötzerren die frawen"; Dr. Eck 1542: 'violare, nothzüchtigen; s. Th. IV: zerren. BM. III, 904. Nötzur, s. Th. IV: zerren.'

nôtig (noudi, naədi), adj. u. adv., (von Personen, Wirthschaften etc., bey welchen das Gegentheil statt haben könnte oder sollte, mit einem verächtlichen Nebenbegriffe) voll Noth, armselig. *ə˜ noudigə'* Mensch, *ə˜ noudigé* Herrschaft; dà gêts *noudi'* 'rà', dé künnə˜ vor *Noud* nét br —, nét sch —. Ehmals wol ohne diesen verächtlichen Seitenblick: „inopes, die notigen"; gloss. bibl. v. 1418. Des notegen mannes, miseri hominis; Winnerl's Gloss. „Vellet der in armut daz er notik wirt"; Augsb. Stdtb. Ahd. nôteg, Notker; nôtag, Otfr. IV, 12,63. Graff II, 1042. BM. II, 415 Die Nötigkait (Noudikáid), Armuth, Dürftigkeit, Armseligkeit. „Pauperies, notikait"; gl. bibl. v. 1418. „Große Armut und Nothigkeit unsers Landes"; Kr. Lhdl. I, 139. Miər ist naətlə', ich bin schwach; (Sterzing, Jos. Liebl.) Mou' mə˜ hólt sá˜ ganz's Lebm əso durchi noutingə˜, umərə noutingə˜, mit Noth kämpfen; (ObrM.).

nœtig, genœtig (nêdi', gnêdi), adj. und adv.,
719 a) wie hchd. nöthig. b) dringend; gedrängt, dicht, frequent; (cf. Tobler XXXV u. 228b: *gnôt*, oft. Zeitschr. IV, 39. VI, 404,10). Hei˜t hàb I's rècht *nêdi'* oder *gnêdi'*, heute habe ich vollauf zu thun. Er hats recht *gnettig*, viel zu thun; (Tir.). I˜ dər 'Arə˜d is 's mit dər Arbət ganz *gnêdi'*, in der Ärnte gibt es viele, dringende Arbeit. „Daß der Paursman die Taglohner zu der genedigen Veldarbait nit bekhomben khan"; salzb. Waldord. von 1592. (Vrgl. „Wär es aber gnädig, daß nicht iederman aus muß . ."; MB. II, 105, ad 1466). I˜'n Wirtshaus, i˜ də' Comödi etc. gêts *gnêdi'* zuə, ist alles gedrängt voll Gäste, voll Zuschauer. A. spricht ermunternd: Trink fei˜, Véttə'! B. entgegnet bescheiden: Is də' Dur't nét so *nêdi'*. Wàs hàbm denn dé zwaə *nêdi's* mitənand? c) knapp, klein, artig, nett. Dés is iətz àbər ə˜ Hundtə-l ə˜ *nêdi's*, wàs 's für ə˜ Schwaəffə-l hàt ə˜ *nêdi's!* „Es nêdi künnen mit Jemand, sich bey ihm zu insinuieren wissen. (Ir frouwen, ir machet ez euch gar ze nœtlichen mit iuwerm gewande, mit gelwen sleigern, mit gebende, sô mit röckelînen, sô mit dem vorgange ze der kirchen zuo dem opfer"; Br. Berht. 294, Pfeiffer 397,1). Mit der Verneinung so viel als: nicht sonderlich, nicht vorzüglich, unbedeutend. Mei˜ Gröss, Və'mögng etc. is nét *nêdi'*. Mit deinə' Schö˜ is 's á' nét gàr *nêdi'*, du bist eben auch nicht gar schön.

Də' Pfarrə' hàt wàrli' scho˜ rècht i˜ də' Prédi'; —
i˜'n Beichtstuəl, dà is ə' sunst a' nét gàr *nêdi'*,
er gibt auf ə˜ Bußə-l ə˜n Psáltə', mein Aəss!
Und treibt mit də' Köchin səlbm iərgə' den Gspaəss.

Vilmar, kurhess. Idiot. 286: nœte, adv., mit Noth, schwer, ungern. Hieher ohne Zweyfel das ä. Adv. genôte, ginôto, bey Notk. auch knôto, diligenter, enixè, valdè, nimis. Graff II, 1043. BM. II, 414. Es got *g'not*, es geht schnell, geschwind; (Bregenzerwald, Bergmann). Vilmar, kurhess. Idiot. 286: genôtig. Zeitschr. III, 213,5. 530,7. IV, 105,25. V, 397,26. VI, 257,68. „Des pfliget er genôte, hunc curat diligenter"; Winnerls Gloss. „Diu küneginne hêr was des vil genœte, daz si in tœte leit"; Nibel. 7099, (Lachmann 1707,3). „Der pfaffe swam genote"; das. 6325, (Lachm. 1518,1). „Diu swert genôte vielen ûf sîn eines lîp"; das. 7825. 8387. 8569. 1509, (Lachm. 1875,1. 2010,3. 2055,1. 362,4). „Dô bâten si in genôte"; das. 8721, (Lachm. 2092,1). „Do begund ye dy genôt die swarcz tinten werden rot" (im Psalter, von ihrem rothen Mündlein); Cgm. 714, f. 61. BM. II, 415. „Du solt gar genôt lûgen, war nemen, wa . . ."; Clm. 4373 (v. 1427), f. 117. „Des was dô vil genôtic diu alte Gerlint", (es war ihr sehr darum zu thun); Gudrun 737,1. M.m. 117 steht als Subst. diu gnôte, sedulitas. „Diffinitio interpretatur gnôtmezunga ·i· nihil plus nihil minus"; Clm. 4621, f. 65.

nœten (nêtn, nê'n, nètt'n, o.pf. nêi'n), nöthigen, zwingen, erzwingen; (ahd. nôtan, nôtjan, mhd. nœten; Graff II, 1045. BM. II, 416. Zeitschr. IV, 38. V, 393,4. VI, 170,108). Sp. W. 's Liəbm und 's Bèttn làst si nét *nètt'n*. Də' Teufel *nètt* 'Gaəs zu 'n Bockng, wen s' nét wіll. Nèə' nicks *gnèit't*, nèə' wàs gərn gèit! „Des soltu mich niht nœten"; Wigalois 5377; cf. MB. II, 35. Sich nœten, sich Gewalt anthun, seine Abneigung, Unlust bezwingen. Dés is ə˜ *g'nèttə'* Handl, ein erzwungenes Wesen, Geschäft. ə˜ *gnêtər* Aəd is God laəd. *gnèttə' Weis*, gezwungener Weise. „Welche solches nit mit guetten willen, sonder schier genetter Weis gethan"; Wstr. Btr. V, 102, ad 1580. „ungenöther Dinge", von freyen Stücken; Carolina 720
poenalis XXXII. nœten eine Weibsperson, sie nothzüchtigen; Rchtb. v. 1332. Zeitschr. VI, 328,147. „benötten." Vrgl. Nötnumft und nötzogen unter -numft und zogen. Der Nœter (Nèttə'), Mensch, der bey aller Geschäftigkeit und Ängstlichkeit doch immer nichts Rechtes ausrichtet. Vrgl. Grimm II, 234.

Die Note, wie hchd.; Weigand, Wbch. II, 280. R.A. Einen prügeln etc. nach Noten. cf. česk. notnĕ! Zeitschr. V, 397,12.

Die Notel, Notul, schriftliche Aufzeichnung, Notariats-Instrument, notula. „Swer sînen wandel schrîben gar wolt, die notel trüege nicht ein karre"; Labr. 557. Heurats-Notel, Instrument über den Ehe-Contract; L.Rcht. v. 1616, f. 211. Ehmals: vorläufiger Aufsatz zu einer förmlichen Ausfertigung. „Hierauf folgt die Notel, wie sich Herzog S. gen Herzog A. verschreiben soll"; Kr. Lhdl. V, 253; cf. II, 39. — Copie, Abschrift: „Es sol auch yeder richter der grozzen hantvest ein Notel bei im haben, under unserer Herschaft insigel"; MB. XI, 296, ad 1347; cf. Kr. Lhdl. II, 176. 178. noteln, aufnoteln, gerichtlich, notarisch aufnehmen, aufschreiben, eintragen. „Briefe, Contracte noteln." Aufnotlende Contracte sind beym Chlingensperg de jure hofmarch, solche, die notarisch gefertigt werden. „Vormundschafts-Rechnungen aufnotlen"; Mandt. v. 1655. Das Notelgeld, die Notelgebühr, was für das Noteln zu entrichten ist, Brieftaxe, Notariatsgebühr. Das Notelbuch, in welches genotelt wird; Briefprotocoll. Ob Nadel in der R.A.: Etwas auf der Nadel haben (s. Nâdel und Nât) aus Notel und das österreichische Naderer (nichtuniformierter Policey-Spion) aus notarius (Voc. v. 1482: noder, gl. i. 328: notari. Graff II, 1051. BM. II, 418) äquivociert seyn könne, lasse ich gerne dahingestellt.

notteln, nötteln (nódln, nédln), sich hin und her bewegen; (gl. a. 365: hnuttên, vibrare. Graff IV, 1126. BM. II, 418. 424. Zeitschr. I, 296,6. IV, 37).

„Schalkheit treiben, smehen, spotten, in mannes cleidern nahtes notten"; Renner 12487. „Der wil herpfen, der wil rotten, der wil tanzen, der wil notten"; das. 16175 und Docen's Misc. II, 204.

Mei˜ Deənl kȧ˜ 's Tanzn,
kȧ˜ ·s ȧbə' nét schö˜.
„Muəst nét ə'so *nédln*,
muəst stát ummə' ge˜!"

„notheln, ὠθεῖν"; Prasch. Der *nottelt* den ganzen Tag, und wenn's aus is, hat er doch nix fertig; (Aschaff.). notteln an etwas (z. B. an der Thür), rütteln. „An der tür nütteln"; Cgm. 714, f. 277. Castelli, Wbch. 209: *noitln*, begatten. 'cf. nieten.' (Vrgl. auch isl. nudda, frequenter fricare, taedioso operi vel rogationi inhaerere).

Genotschaft, s. oben, Sp. 1762: Genoß.

nüteln, s. nieten.

Die Nuet (Nuət, Nuəd, o.pf. Noud, plur. Nüet), wie hchd. Nuth; (gl. a. 13. 86: nuat, gen. nuati, incastratura; i. 135: nouth, rima. „Incastratura, tubila vel nûo"; Clm. 4604 (XI. sec.), f. 98. Graff II, 998. IV, 1126. Diefenbach 291ᵃ. BM. II, 422. Weigand, Wbch. II, 288. Zeitschr. IV, 39). nueten, incastrare. Vrgl. unter nüelen das ahd. nuo-il, welches wie nuo-t auf ein mhd. Verb nüejen, ahd. nuohan weiset; s. Grimm II, 235. Es steht dahin, ob nicht auch das schwäb. „Illen" (s. oben, Sp. 61, nach Gramm. 611) zum schweiz. Nüele, Vertiefung, gehöre. Vrgl. auch das bey Adelung angeführte Ilen, Ölen der Kamm-Macher.

---

nutscheln, (Nürnb., Hsl.) saugen. Vrgl. Zeitschr. III, 134. IV, 37. cf. das. II, 235: natschen, nagen.

'Die Nixe, wie hchd., s. oben: Nickes.' „Ilythea thea, Nixe"; Clm. 13002 (XII. sec., 1158. 2⁰ max.), f. 214. '(cf. griech. Εἰλείθυια?).'

---

721 Názi, Náz·l, Ignatius. Zeitschr. IV, 155. V, 471. Haes, *Názil* üblicher Ausruf, wenn man sich gebrannt, oder etwas unvorsichtig heraus gesagt hat.

natzen, (o.pf.) was in A.B. nassezen und nachzen (s. d. W.), leicht schlummern. Zeitschr. V, 464. „Das si anfieng zu schnarchen und netzen, das volck lacht der pewrischen metzen"; H. Sachs 1560: II, IV, 118ᵇ. „Thust dennoch ob dem rocken netzen"; das. III, III, 8ᵇ. Der Natz, das Nátzl, der Schlummer; ə˜n *Natz*, ə˜ *Nátzlə* tou˜.

„Nezerl", sehr kleine, dünne, fast gebrechliche Person, (gewöhnlich auf das weibliche Geschlecht sich beziehend). Və˜ Person is s· ə˜ Klezn, ə˜ *Netzərl* ə˜ klaə˜s, 's wár· nèttə zən Krêreibm ə˜ Grullərl so aə˜s"; Kaltenbrunner 118 und 210.

Nezeß, Necess", (Amberg. Bauord. v. 1552) Abtritt; (Receß?).

netzen, a) wie hchd. b) (von Wickel-Kindern) das Wasser lassen. Graff II, 1114. BM. II, 319. Weigand, Wbch. II, 258. „Wer nicht mug genetzen der nem papeln und knoflach" ꝛc.; Ind. 344, f. 8. „Wer nit genetzen mug, der stos peterzimelsam und trink den nüchter, vertreipt den stain und harmt wol"; Cgm. 4543, f. 120.

Die Netz, 1) Nässe. „So ist kein Nätze oder nasse Sach zu gebrauchen"; Dr. Minderer p. 102. 2) Urin; (Dr. K. Roth). Vilmar, kurhess. Idiot. 289. „Doch vinde wir geschriben, daz di pfert weder netzen '(subst.? BM. II, 320 liest „netzeten")' noch mist wurfen üffe der heiligen herren grap"; Herm. v. Fritzlar, Pfeiffer's Mystiker I, 153,14. s. naß.

Das Netz, wie hchd., (ahd. nezzi, mhd. netze, ags. isl. net, goth. nati. Graff II, 1116. BM. II, 330. Weigand, Wbch. II, 258). Das Kindsnetzlein, das Amnium. „Wenn zu solchem Wundsegen die Kindtsnetzl, daraus einer auf die Welt kommen, gebraucht und am Leib getragen werden"; Mandat wider Aberglauben, Zauberey ꝛc. v. 1611.

notzen, (Aschaff.) langsam seyn, nicht vom Fleck kommen. Gehen Sie weiter, notzen Sie nicht so lang herum!

nutz, Comp. nützer, nützest, adj., wie hchd. nütze, nützlich, (ahd. nuzzi, ags. nyt, isl. nytr, mhd. nütze; Graff II, 1122. BM. II, 401. Weigand, Wbch. II, 289. Zeitschr. IV, 39). ə˜ *nutzé* Arbət. 's Lernə˜ dés wár də *nutz*, wár də' vil *nützə'*, wȧs 's Faullenz·n. Is dé Nuſs éppəs *nutz?* (ist sie gut?). „Etliche nutz Arbaiter"; Lori, LR. 125. „Einen nutzen pawman"; MB. II, 514. „Welchs Klaid ist nun nützer"; Av. Chr. 336. „Das Best und Nuzist"; Ldt. v. 1514, 3. Nicks *nutz!* (-◡) falsch! weit gefehlt! vergebens. Ich schreye: halt! aber nicks *nutz*, er lauft fort. kainnutz, kainitz (Ammer, Lech, kaə˜z, kȧi˜z, Comp. kȧi˜zər, keə˜zə', auch kainnützig, kȧi˜zi, Wildbad im Schwarzwald sogar knitz), nichtsnützig, übel, böse: ə˜ *kȧi˜zər* Mensch. əs ischt mər so *kȧi˜z*, so übel, so weh. „Ein gemalter Tod, ein hinkender Bot, ein blinder Schütz sind alle drey kainnütz"; Sutor. „Dann dasjenige Wasser, daraus er sich gewaschen, stincket, faul und kainitz mehr ist"; Haibrunn. Badbeschr. „Welcher Wäßer ausgelihen, wissend daß sie also kainnutz seind"; Eisengrein's Beichtb. „Du strafest mit Worten und dein Rede ist kein nütze"; Luther. Auffallend ist diese Adjectiv-Composition; vielleicht war nutze früher als Subst. genommen: eines Dings ist chein nutze, später: ein Ding ist k. n. unnutz, wie hchd. unnütze; mehr dem kainnutz entsprechend in der R.A. sich unnutz machen, facere se imperiosiorem, ferociorem, wie das Voc. von 1618 erklärt. „Der Bach, Bogen genannt, der zu gewissen Zeiten sich unnutz zu genügen macht"; Bog. Mirakel. „Einer war etwas zu spat, als die Thor schon gespörrt waren, ankommen, der macht sich bey dem Thor unnütz, man solle ihme aufthun, er sey auch einer der Geladenen"; Duxher's salzb. Chron. 225. *ou˜nützig Maul,* (Aschaff.) böses. nutzlich (nutzli', Lech nusslə'), nutzsam, wie hchd. nützlich.

Der Nutzen, ä.Sp. der Nutz, des Nutzes (ahd. 722
u. mhd. nuz, gl. a. 53. 85; ags. nyt und note, isl. nyt; Graff II, 1123. BM. II, 400. Weigand, Wbch. II, 289. Zeitschr. IV, 39), wie hchd. Nutzen, Genuß, Ertrag, fructus. „Die nutz, die in den (Kirchen-) Stock gevallent", (Opfergelder); MB. IX, 219, ad 1388. Ein, zween ꝛc. Nutzen Hopfen u. drgl., Jahresärnten; Firmenich II, 417, (Memmingen). Der Vischnutz, Vischenutz (MB. X, 212. VII, 319), was die Fischenz. s. oben, Sp. 771. „Ein Gut mit allen Eren, Würden, Nutzen, Früchten ꝛc. verkaufen"; MB passim. „Wer seines Nachbarn jrgehend Vich einthut bey der Nacht, sol keinen Nutz davon nehmen", (d. h. es nicht melken); Land-Recht von 1616, f. 321. „Wenn die Kue verhert ist, so hat die Her den Nutzen", d. h. die Milch; (b. W.). Milchvieh heißt Nutzvieh im Gegensatz des Gespannes; (b. W.). Im Rechtb., Ms. von 1332, Wstr. Btr. VII, 174 scheint Nutz für Nutzvieh, Milchvieh selbst zu stehen: „Wir sprechen nu von Chuelon. Swer nutze hinlaet, man mens oder melch(ô), daz haizzet ein gelt." Vrgl. das spanische res, ganado, das schweizerische Waar, das südtyrolische Sach, alles für Vieh, und oben: Nöß. „Eines Gutes in Nutz und Gewer sitzen, Einen dessen in oder aus Nutz und Gewer setzen." „Und welcher Gerechtigkait sy in stiller nutz und gewer gesessen wern . . . so sollt er sy nit aus irer nutz und gewer setzen"; MB. IX, 46. 47. „Eines gutes nutz und gewer sitzen"; MB IV, 494, ad 1410. Oder ist hier durch einen Schreib- oder Druckfehler vor Nutz das in, bey ausgelassen? In den ä. Sermonen

d. Münch. Biblioth., gilt nuz, nuzzes auch für Frucht, Baumfrucht: „nuzze gewinnen", fructus ferre. „Diu gerte Aaronis diu ân saf nuzze gebar." Da im Isl. nyt neben hnot auch nux heißt, so kann auch Nuß hieher gehören. Der Unnutz. „Etwas zu Unnutz verschwenden, Holz zu Unnutz verhacken"; Lori, Berg-Recht 134. 135.

nutzen, a) vrb. act., wie hchd., (ahd. nuzan, agf. nyttian, isl. nytia, nyta, mhd. nützen, nutzen; Graff II, 1124. BM. II, 402. Weigand, Wbch. II, 289). Im Voc. von 1445 und bey Ortolph heißt nutzen speciell: (Speise) genießen. Benutzen, als act. üblicher als nutzen. BM. II, 402. Grimm, Wbch. I, 1477. genützen, ä. Sp., genießen. (St. Ulrich) „tet den gelîchen, als er fleisch genuzte (genösse), sînen gemazzen er betuzte," (täuschte); St. Ulrich's Leben, Vers 450, Cgm. 94 (sec. XII.), f. 40ª. vernützen, verbrauchen, consumere; BM. II, 402. S. Frank 5. „Consumere, vernüczen"; Semansh. 33, f. 280ᵇ. Die heil. Hostie vernutzen; Dr. Eck, 1532. b) vrb. n., wie hchd. nützen, d. h. nützlich seyn. Zeitschr. III, 172,16. 192,90. IV, 245,61. (In der ahd. Sp. würde, wenn es vorkäme, das Neutr. wol nuzên oder nuzôn lauten. Der Unterschied, den man im Hochdeutschen zwischen nutzen, act., und nützen, neutr., machen will, würde demnach umgekehrt regelrechter seyn). 'Kou, 'ən Rok wi̤ll ə' də' scho˜ leihhe˜, abə' *nütz'n* (brauchen) derst mə's nét; (b. W.). əs *nutzt* ni˜cks. s. das Primitiv nießen.

'nützlich, klein; s. oben: niedlich. Vilmar, kurhess. Idiot. 288. Zeitschr. III, 131.'

Nützel: „Ohrennützel, scolopendra"; H. Junii Nomencl. 1629, f. 41. „Fullo, orling, ohrenmizel"; ibid. f. 42. Vrgl. Diefenbach 519ᶜ.

O

sieh in der ersten oder Vocal-Abtheilung, oben, Sp. 1—182.

P

sieh oben, Sp. 377—474.

Q

sieh oben, Sp. 1391—1398.

Ende des zweyten Theiles.

Nachträge*).

Sp. 12: aber: 2) oder; Dr. K. Roth (Weihers): *ewer*, aber und oder. 'Vilmar, kurheff. Idiot. 289. Zeitschr. V, 126,42, 329,226. VI, 22. 97. Vrgl. *oder* für aber: Zeitschr. II, 235. VI, 22. 134,27.'

Sp. 18, üeben, a: „Wen dy unkeuschait uebt ze vast"; Cgm. 753 (Medicinalia), f. 109.

Sp. 21: obstichleichen (?). „Des antwurten sy (die Verdammten) iem (dem Altvater) obstichleichen und iachen"; Cgm. 619, f. 365.

Sp. 38: Ederesche, (Weihers; Dr. K. Roth) Eidechse. 'Grimm, Wbch. III, 83. Vilmar, kurheff. Idiot. 82: Edderesche. Zeitschr. VI, 472. s. Eydechs.'

Sp. 44: Iffela (? vrgl. agſ. hafela?). Das ir und all euwer nachkomen auff euwerm helm vorn an der yffelon ain güldin ring mit ainem saphir söllent füeren"; Lirer 71.

Sp. 50: 'Augast, Augusta Vindelicorum, Augsburg.' „Otte overwan die ongeren bi Augast in Almanyen"; Kölner Chronik, Cgm. 691, f. 195.

Sp. 51, eräugen: „Bohmische Samung und reisig gezeug die sich vielleicht erägen heraus zeziehen in dise land"; Gem. Reg. Chr. III, 171. „Meinung die christenlichen glauben unüberwindlich erewget"; das. 453.

Sp. 51: 'egein, kein; vrgl. Sp. 1255 und Zeitschr. II, 490a. V, 258,26. 409,66. VI, 403,8: schweiz. əkel~.' „Von egeynen menschen"; Kölner Chron., Cgm. 691, f. 248.

Sp. 53: Ygdrasil, 'der Weltbaum der nordischen Mythologie'; s. Grimm, Mythol.2 p. 756 ff. Calila und Dimna; Buch der Weisen; Cgm. 291, f. 179a.

Sp. 60: die Eller, Großmutter, (Weihers; Dr. K. Roth), 'aus Eltermutter gekürzt; s. Vilmar, kurheff. Idiot. 90. Zeitschr. II, 217.'

Sp. 72: ultern. „Er sprach er sach mich bei dir ligen und ullterst mich auf einer grasburd"; Cgm. 714, f. 306. Vrgl. BM. III, 178.

Sp. 75: „Der Emmer, Galemmer, ein Gewürz"; (Weihers; Dr. K. Roth); — 'wol für Ingwer (Koburg: Immer, Immerzâ~, Ingwerzahn, d. i. Ingwerzehe); vrgl. Sp. 80: Imber.'

Sp. 75: Die Emetze, Ameise, (Weihers; Dr. K. Roth); 's. oben, Sp. 73: die Amaiß. Vilmar, kurheff. Idiot. 90: Emeste.'

Sp. 76, letzte Zeile: „Wer umb den pecken kawffet korn und umb den schutzen (bogner) leim und horn"; Cgm. 713, f. 13. 156.

Sp. 83: Anmuda, (angelſ. dolor jecoris?): „Fel (equi) cum pipero (bonum est) pro dolore anmuda"; Cod. Benedictobur. 92, f. 200.

Sp. 89, ainiz: „all entzil, allenczel, solitarius"; Voc. v. 1432, Cgm. 685.

Sp. 109: önge, unten; önger, unter; (Weihers; Dr. K. Roth). Zeitschr. II, 552,27 III, 47,11. 549,15.

Sp. 125, erberg. „Wem das erberg (? hypokorist.) in dem leib stick"; Medicinalia, Cgm. 753, f. 106.

Sp. 132, das Ôr: Urhügel, die Ohr-Eule; (Weihers, Dr. K. Roth). 'Vrgl. Sp. 1030: Hu-Eul.'

Sp. 133, 1: „Und also schryete dat liet eyn halue vre"; Köln. Chr., Cgm. 691, f. 43. 2) „In der nacht an der minder uren"; ebendas.

Sp. 134: Der Ôr, Aar; s. oben, Sp. 120: Aar u. 129: Erengrieß. „Dy posen eeleit leben miteinander als der ör mit der henn, als die katz mit der meis"; Cgm. 757, f. 9a.

ür, dür, ihr, vos; (Weihers, Dr. K. Roth). Vrgl. Vilmar, kurheff. Idiot. 67: dê und 183.

Sp. 135: ur-äſsk, überdrüſſig; (Weihers, Dr. K. Roth). Vilmar, kurheff. Idiot. 425 f.

Sp. 135, ürisch. Kilian: ure, hora; urigh, launig, veränderlich.

Sp. 142, der Orke: Orkan, ein Wort der Caraiben, von den Seefahrern nach Europa gebracht. Irving's Columbus. Pott LV. Vrgl. span. uragan, portug. furaça~o, — also doch wol von furere.

Sp. 144: 'Armelasia, mittellat.; s. Ducange I, 4020: armilausa, sagum militare. Diefenbach 49a: armelausa.' „Brunne, Blaten, armelasia"; Cgm. 683, f. 58.

Das Ermelsdeink, die Jacke; (Weihers, Dr. K. Roth). Vilmar, kurheff. Idiot. 16: Ärmelding, Kamisol.

Sp. 149: Die ŏĕschel, plur., Blattern; der ŏĕschelstoppe, die Blatternarbe; ŏĕschelstäppet, adj., blatternarbig; (Weihers; Dr. K. Roth). s. Th. III, Schlacht: die Urschlächt.

Sp. 153, die Ôrten: „Gentare, frünörten"; Voc. v. 1432, Cgm. 686. Vrgl. Diefenbach 260b.

Die Erwes, Erbse; (Weihers; Dr. K. Roth); s. oben, Sp. 135: Arbaiß und Vilmar, kurheff. Idiot. 95.

Sp. 161, der Essig: Eſſk (Weihers; Dr. K. Roth).

Sp. 164: iſſet, irgend; bann's nur *iſſet* (Rhein: eist) konn gesei, so komm ich. (Weihers; Dr. K. Roth). Zeitschr. III, 135. VI, 91: aus mhd. ihtesiht entstanden.

Sp. 182, utzen: uitzen, necken, foppen; der Uitz, Hohn, Fopperey; (Weihers; Dr. K. Roth). Vilmar, kurheff. Idiot. 428.

Sp. 183: der Baier, eine Art Bremse. Die Kuh bist, wenn sie den Baier hört; (Weihers; Dr. K. Roth). Vilmar, kurheff. Idiot. 30.

Sp. 214: baigern. Wenn ein Barchanter auf einen Beschautag zu kommen versäumt, so soll er mit seiner Arbeit „harren und baygern (waigern? s. Th. IV) bis auf den nächsten beschawtag"; Paſſ. StRBuch, Ms., f. 72.

Sp. 231: die Bille, noch junge, gelbe Gans; Bille, Bille! Ruf an Gänse; (Weihers; Dr. K. Roth). Vilmar, kurheff. Idiot. 37. Zeitschr. IV, 258,11. 316. V, 62,10. 138,20. 170,165.

Sp. 231, bolen. „Merthier '(mortier?)' oder boler um Feuerwerk oder steinen Kugeln im Bogen daraus zu schießen"; Lienhart Fronsperger (1555), f. XIIIa. XIVb. XIXa.

Sp. 233, buelen: „Der ritter bůlet dem edelman umb sein weib". . . „da erbůlet ers im selbs" (ohne Vermittler); Cgm. 696, f. 108. 109. „Das waren mein gepůlen gůt"; Cgm. 751, f. 98.

Sp. 264: „Berlauf, bravium", (unter den Stadtgebäuden, nach „munimen vel fulcimen"); Cgm. 690, f. 104. 'Vrgl. Sp. 401: parlaufen u. Grimm, Wbch. I, 1134 u. 1140,3: barlaufen.'

Sp. 269: boren. Der Bürə', Bohrer; (Weihers; Dr. K. Roth). 'Koburg: *Bœrə*, *Bœrə*. Vrgl. Zeitschr. IV, 554,31.'

Sp. 273, der Barg: (Weihers: Burk, plur. Büärg; Büärgelje, Ferkel. Dr. K. Roth. 'Vilmar, kurheff. Idiot. 26).' „Nempt alts smer von einem parg . . . rain pergein"; Cgm. 731, f. 108. „Sweinein fleisch daz rain pörg sy"; Cgm. 824, f. 15. 'f. Th. III: rain.'

Sp. 278, die Birke. Birke, litt. berzas, ruff. bereza, sanskr. bhûrdsh dsha, sey der einzige Baumname, den das Sanskrit mit den indisch-germanischen Sprachen gemein habe, und beweise die Einwanderung des Sanskritsprachstammes von Norden her, da die Birke am südlichen Abhang des Himalaya wachse, dagegen die übrigen Baumarten in Indien den Einwanderern hatten neu seyn müssen. Klaproth, nouv. journ. asiat. V, p. 112. Pott, etymol. Forsch. 1833, p. 110.

Sp. 278: die Bern (Bə'nn), Gabeldeichsel. Der Bénnguill, 1) Pferd; 2) rüstiges Mädchen; (Weihers; Dr. K. Roth). Vilmar, kurheff. Idiot. 32: die Bere, 3.

Sp. 280, der Born: Börn, *Büä'nn*; ənn *Büä'nn* lang, Trinkwasser holen; (Weihers; Dr. K. Roth). Vilmar, kurheff. Idiot. 48.

Sp. 288, bausen: „Turgere, pawssen"; Voc v. 1432, Cgm. 685.

Sp. 296: der Büəs (= Buchs? wie Büäſs = Büchse; Weihers; Dr. K. Roth): 1) lederne Ausfütterung einer Spule; 2) Kehlkopf.

Sp. 296, die Bueß. „. . . ist ain wore půß für . . .", (Heilmittel gegen —); Cgm. 833, passim.

Sp. 309, der Bottich: „Das waren die hend und fueß, den pottich het er begraben"; Cgm. 696, f. 80b.

Sp. 315: der Bätz (Bêz), Brüll-Ochs; (Weihers; Dr. K. Roth). Vrgl. Grimm, Wbch. I, 1159 u. 1741: Bätz, Bär. Zeitschr. IV, 258,7.

Der Bézel, unverschnittenes männliches Schwein; (Weihers; Dr. K. Roth). Vilmar, kurheff. Idiot. 35. Grimm, Wbch. I, 1741: die Betze. Zeitschr. IV, 71. 218.

Sp. 315, Bätzel: die Bètz, Kappe; *Lederbètz;* (Weihers; Dr. K. Roth). Vrgl. BM. I, 112: *bezel* (lies: bezel). Vilmar, kurheff. Idiot. 35: die Betzel; Grimm, Wbch. I, 1741 f.: die Betze, Betzel, der Betzner.

Sp. 315: die Betz, die Spitze (in gewissen Fällen. Weihers; Dr. K. Roth).

Sp. 317, der Butz, Butzen: der Botze, (Weihers; Dr. K. Roth) Bündel, Büschel, Klumpen. 'Vrgl. Sp. 294: Böſsen und Vilmar, kurheff. Idiot. 64.'

Sp. 318: der Büätzel, (Weihers; Dr. K. Roth) 1) Haarknoten, in den die Haarnadel gesteckt wird. 2) kleines Kind. f. oben, Sp. 285: der Borzen.

Der Buetzkläpper, (Weihers; Dr. K. Roth) der hölzerne Klopfer der Holz- und Steinarbeiter. Vrgl. Vilmar, kurheff. Idiot. 64: bûzen und oben, Sp. 294: bößen.

Sp. 319, blæen: „Ich sich wol das der wint plet und in vor rawch nit schlaffen let"; Cgm. 714, f. 71. — Der Ochs *dərblèt* (berstet), wenn er zu viel Klee gefressen; (Weihers; Dr. K. Roth). Vilmar, kurheff. Idiot. 39: bläen.

bläen (blè), schreien (von Menschen und Thieren): dè Ko *blèt;* (Weihers; Dr. K. Roth). Vilmar, kurheff. Idiot. 39.

Sp. 325, blîde: „Gar plewdiglich si sprach"; Cgm. 714, f. 142.

Sp. 327, blanden: „Mugestu dir des niht enblanten"; Cgm. 92, f. 18.

Sp. 330: der Blês, (Weihers, Dr. K. Roth): brennender Strohwisch. Mit solchen liefen die Jungen am Hutzelsonntag des Nachts herum, wenn der Hutzelmann verbrannt wurde. Vilmar, kurheff. Idiot. 41: die Blêse. Vrgl. BM. I, 200: daz blas, cf. agſ. blase, engl. blaze. 2) zu groß, zu stark brennender Docht.

Sp. 330, blôß: „Sy (die Venediger) mussen doch zuletzt auch noch in das bad und darumb legen einen blossen", (büßen? zu Grunde gehen?); Cgm. 755, f. 44.

Sp. 332: der Blətter, (Weihers; Dr. K. Roth) Excrement-Fladen. De Ko *blèttert.* 'Vrgl. Sp. 463: plettern, Pletterer: die Pflettern, und Zeitschr. IV, 334.'

Sp. 334: blətschen, (Weihers; Dr. K. Roth) wie opf. bleschen; die Wäsch, den Arsch bl. f. Sp. 331. Zeitschr. III, 552,19. V, 178,113. Vilmar, kurheff. Idiot. 304. Grimm, Wbch. II, 109.

Sp. 335, die Brâ: Brâhâr. „(Nicht) also türe also vmb ein einiges brohor", (nicht im mindesten, ne hilum); Cgm. 818, f. 120.

Sp. 340, brechen, 6: „Nach des lieb sie sich prach vil mer denn nach gotes lieb"; Cgm. 714, f. 31.

Sp. 353, der Breijen: „Als ein dicker haberprein"; Cgm. 821, f. 28.

Sp. 354, der Brill: der Bräll, die Brille, *βήρυλλος;* (Weihers; Dr. K. Roth).

Sp. 359: brünen, (bräunen? vom weiblichen Schwein) nach dem Eber verlangen. Dé Sàu *brünt.* Der Sauschneider nimmt die Brünknoppe von der Bermutter. Die brünstige Sau gibt das Brünel von sich. (Weihers; Dr. K. Roth). 'Vilmar, kurheff. Idiot. 477: brinen. Grimm, Wbch. II, 292: brähnen; vrgl. engl. brawn, Eber. Vrgl. auch brinnen = brimmen (Sp. 359,2. Zeitschr. IV, 212) und das hchd. Brunft (Grimm, Wbch. II, 430), auch Zeitschr. VI, 410,39: brunnt.

Sp. 361. bringen: „Ir zarter leib es darzu prank"; Cgm. 714, f. 140.

Sp. 366: bräschen, laut und schallend reden, (Weihers; Dr. K. Roth). Vilmar, kurheff. Idiot. 53: breschen. Zeitschr. II, 236. IV, 132,78. VI, 54.

Sp. 371, bräuten, Zeile 8: „Da wischt si mir den schwaiß mit ab, wenn ich sie geprawtt hab"; Cgm. 714, f. 36.

Sp. 376: bretzen (brètz), kränkeln und deshalb wimmern; (Weihers; Dr. K. Roth). Vilmar, kurheff. Idiot. 52: brätzen.

Sp. 385, pálieren: „Palirs mit ainem zand"; Cgm. 821, f. 34b. „Das du nit zu lang an ainer stat palirst"; das. f. 102.

Sp. 385, Palast: „Do ich stund unter eim pallas"; Cgm. 714, f. 78.

Sp. 385: „Das pellein", (in welchem ein Meßgewand steckt); Cgm. 714, f. 209. 'Vrgl. mhd. phelle, phellîn ꝛc., BM. II, 487 ff.'

Sp. 387: „Das Pulment“, Farbengrund; Cgm. 821, f. 102b. „Pulmenta pictorum“; das. f. 203. 'Vrgl. Sp. 715: Fulment und BM. III, 435.'

Sp. 397, Panz, Ponz, Punz: „Gelost aus zwei alten frawt puntzen XLII dn.“; Altenhohenauer Rechn. v. 1502, Cgm. 697.

Sp. 399, die Pipen: der Büppel, Büppes, (Weihers; Dr. K. Roth) mentula, die Harnröhre; '(Koburg: Bippel, Bipper, Bitz).'

Sp. 400, der Pöpel: (Weihers; Dr. K. Roth) *Böwel,* 1) ausgebranntes Stück Docht; 2) Butzen am Obst; 3) verdickter Nasenschleim.

Sp. 405: der Püärpel, runder Excrementklumpen von Pferden, Eseln, Hunden; (Weihers; Dr. K. Roth). Vilmar, kurhess. Idiot. 303: *Pirpel* (von Schweinen und Hasen).

Sp. 412: puschieren, temperare colores; Cgm. 821, f. 88. 136.

Sp. 416: puitscheln, mit den Händen in einer Flüssigkeit herumschlagen; (Weihers; Dr. K. Roth). 'f. Sp. 445: pfutscheln und vergleiche': (Weihers; Dr. K. Roth) Pàt, Pfad, Peffer, Pfeffer, der Puf, Pfiff, das Pfeifen, die Püff, Pfeife, püff, pfeifen, Pàl, Pfahl, Pülf, Pfühl, Pond, Pfund, Poan, Pfau, Penn, Pfinne, hölzerner Nagel (Sp. 433), Pengste, Pfingsten, Pêtter, adpater, patrinus, Pathe, beiderseits, '(Sp. 296. Vilmar, kurhess. Idiot. 296 f.)', petzen, pfetzen, kneipen, (Sp. 446).

Sp. 421, Pfäffin: „Wiltu machen daz kein pheffin auz der kirch müge gen“; Cgm. 824, f. 74b.

Sp. 425: Pfulgen, Pfülben: der Pülf, (Weihers, Dr. K. Roth). Vrgl. oben: puitscheln und Zeitschr. III, 303.

Sp. 457: „Contro plumpf“ steht bey den Noten einer Melodie ohne Text im Cgm. 810, f. 144.

Sp. 464, der Platz: der Blàz, placenta, Kuchen aus Brodteig; (Weihers; Dr. K. Roth). Vilmar, kurhess. Idiot. 40.

Sp. 471, das Preis: „Hacken und Preis on XIIc maurstein“; Altenhohenauer Rechn. v. 1502, Cgm. 697, f. 79.

Sp. 473: Pretter '(? vrgl. oben: Br.)'. „Ein junger koch, im alter ein pretter, ein junge hur, im alter ein schutz“; Cgm. 713, f. 14.

Sp. 473, das Privet, Zeile 5: „. . . zu einem priffat“; Cgm. 713, f. 9. 155.

Sp. 479, Du: duen, was dauzen, hchd. duzen: mit Du anreden. Hê *dut* mich. (Weihers; Dr. K. Roth).

Sp. 488: die Docke (Dàk), weibliches Schwein; (verächtlich:) Mädchen; (Weihers; Dr. K. Roth). Vilmar, kurhess. Idiot. 74.

Sp. 491: diffeln, etwas verstohlen thun; (Weihers; Dr. K. Roth). Vilmar, kurhess. Idiot. 72. Vrgl. düfteln.

Sp. 491, der Duft, Anduft: döften, (Weihers, Dr. K. Roth) sich vom Frost weiß überziehen. Der Kêler els *gedöft.*

Sp. 521, Dinglich: Ding, Gegenstand. „Die haben seiner Streng etlichs dinglich gen landshut gefürt“. . . „Aus swein, pferd, stro und andre dinglich gelost“; Altenhohenauer Rechn. v. 1500, Cgm. 697, f. 162 et passim.

Sp. 530, der: dero. „Mit haissen der andern, dero gar vil was“; Cgm. 756 '(v. J. 1465)', f. 4.

Sp. 531, der: „Herr, der per“, (Herr Bär); Cgm. 714, f. 33.

Sp. 533, dieren: sich düren, sich niederducken; in niedern Verhältnissen sich kümmerlich behelfen; (Weihers; Dr. K. Roth).

Sp. 625, Türse: „Wenn der türß kumpt und spricht und schickt“; Cgm. 714, f. 81.

Sp. 665, der Trummel: „Wenn er in das weinhaus get so treibt er seins trumels vil mit würfeln und mit topelspil“; Cgm. 714, f. 34.

Sp. 692: die Fider, (Weihers, Dr. K. Roth) das Stroh unter den Ziegeln.

Sp. 731: der Feng, (Weihers; Dr. K. Roth) was Fant, (s. d. W.). Vilmar, kurhess. Idiot. 100 f.: Fent.

Sp. 736: fappeln, tasten; (Weihers, Dr. K. Roth). Vilmar, kurhess. Idiot. 99. Vrgl. Sp. 685: fibern, fippern.

Sp. 777, der Fettich: (Weihers, Dr. K. Roth) *Féttch*, Flügel; Trunkenbold.

Berichtigungen.

Spalte 12, Mitte. Das erst bei der Druckrevision nachträglich eingeschaltete Citat aus H. Sachs V, III, 112. 113. 156 ist durch ein Versehen des Setzers unter „3) Unthier“ statt unter „2) Zauber, Gaukelei, List“ gestellt worden.

Spalte 151, Z. 10—13 v. u. In der Beilage zur Augsb. Allgem. Zeitung, Jhg. 1869, Nr. 64 gibt G. W. zu Tölz folgende Berichtigung: „Laut der hiesigen Pfarrbücher war der gelehrte Augustiner von Polling am 15. Nov. 1692 auf der Bibermühle unweit Tölz geboren. Mit seinem Taufnamen hieß er Thomas; was aber seinen Familiennamen betrifft, so hat er diesen nie geändert; denn sein Vater wie sein Großvater nannte sich bereits Amorth. Ursprünglich dürfte dieser Name wohl von dem Weiler Ort am Kochelsee herrühren. Am Hofthor der Bibermühle (molendinum Piberwr im Urbar v. J. 1280) ist dem berühmten Sprößling des Hauses ein Gedenkstein von Marmor gesetzt.“

Spalte 394, Z. 18 v. o. lies: die Pön statt der Pön.

Spalte 457, unter Plumpf, Z. 4 lies: Pflumpf.

Spalte 759, Z. 17 v. u. lies: Haupt vibes.

Spalte 966, Z. 9 u. 8 v. u. theile: Gäutsch-lé.

Spalte 1209, Z. 1 u. 2 v. o. ist das Citat in „Cgm. 714, f. 231“ zu berichtigen.

JOHANN ANDREAS SCHMELLER

BAYERISCHES WÖRTERBUCH

BAND 1/1

JOHANN ANDREAS SCHMELLER

Bayerisches Wörterbuch

Sonderausgabe

Band 1/1

R. OLDENBOURG VERLAG MÜNCHEN 1985

Sonderausgabe der von G. Karl Frommann
bearbeiteten 2. Ausgabe München 1872-1877

Mit der wissenschaftlichen Einleitung zur Ausgabe Leipzig 1939
von Otto Maußer

CIP-Kurztitelaufnahme der Deutschen Bibliothek

Schmeller, Johann Andreas:
Bayerisches Wörterbuch : 2 Bd. in 4 Teilen / Johann
Andreas Schmeller. - Sonderausg., [Nachdr.] d. von
Karl Frommann bearb. 2. Ausg. München 1872-1877. -
München : Oldenbourg
ISBN 3-486-52601-4

NE: Frommann, Karl [Bearb.]; HST

Bd. 1
1. - (1985).

ISBN 3-486-52601-4

Umschlaggestaltung: Werner Poll, Putzbrunn
Druck: Weihert-Druck GmbH, Darmstadt

Vorwort zum Neudruck 1961

Johann Andreas Schmellers „Bayerisches Wörterbuch" (1827—1837) hat sich in der Bearbeitung durch Georg Karl Frommann (München: Oldenbourg 1872—1877) bleibende Bedeutung für deutsche Sprachwissenschaft, deutsche Mundartforschung und für das gesamte bayerische Volkstum gesichert. Frommanns Ausgabe des Bayerischen Wörterbuchs, die Schmellers handschriftliche Nachträge schonsam in die ursprüngliche Fassung eingearbeitet hat, erschien in den Jahren entscheidender Entwicklung der germanisch-deutschen Sprachforschung, die vor allem durch die Junggrammatiker, die Lautphysiologie, den Sprachatlas, das Schweizerische Idiotikon gekennzeichnet sind. Sie selber wurde Anstoß zu erneuter und umfassender Aufnahme der Mundarten auf neuen Wegen, seitdem Schmeller bereits die erste grundlegende und richtungweisende Darstellung des „Bayerischen" in den „Mundarten Bayerns" (1821) gegeben hatte.

Dieses „Bayerische Wörterbuch" umfaßt die lebenden Mundarten Bayerns, das eigentl. Baierische, die Sprache Bayr.-Schwabens und das Fränkische; als historisches Wörterbuch geht es in seinen Nachweisungen bis auf älteste mehr als tausendjährige literarische Überlieferungen des Bairischen zurück, in den Bahnen Jakob Grimms verfolgt es durch Sprachvergleichung dessen Spuren bis in die deutsche vorliterarische Zeit. Aus den alemannischen, mitteldeutschen, ostmitteldeutschen, sogar aus den niederdeutschen und verwandten Mundarten werden zur Erklärung der etymologischen Verhältnisse sprechende Beispiele herangezogen. Aber den Hauptbestand macht doch aus die miterlebte, dem Volk abgelauschte Sprache der eigenen Zeit, zu der über mittelalterliche und neuzeitliche Zeugnisse aus gebundener und ungebundener Sprache, aus Urkunde und Geschichtsquelle, aus Lied und Sage vielfach geschichtete Überlieferungen führen. Die geographische Lage und die siedlungs- wie kulturgeschichtlichen Beziehungen des Bairischen legten es nahe, auch zu den benachbarten romanischen und slawischen Sprachen Brücken zu schlagen, um das Geben und Nehmen im Wort- und Sachmaterial der heimischen Mundart nachzuweisen.

Das Unmittelbare dieses eigenständigen und nach eigenem Plan angeordneten Wörterbuches wirkt auf den Leser auch heute noch. Nicht Laute und Formen (in einer eigens gefundenen Lautschrift) des Wortes werden behandelt, sondern das Wort als Ganzes wird betrachtet in seinem Leben in Land und Stadt, in seiner Umwelt, als Bild und Ausdruck der Anschauung oder des Glaubens des Volkes in all seinen Ständen, in Lied und Sage, im Wandel seiner Bedeutung oder geschichtlichen Wertung, im Streit politischer Strömungen, im Kampf wirtschaftlicher Entwicklungen, im geruhsamen Verharren ländlicher oder kleinbäuerlicher Abgeschlossenheit: das und vieles andere noch wird an fein gewähltem Beispiel gezeigt. Natürlich kann das alles kein in romantischen Vorstellungen befangenes „Lesebuch" werden, vielmehr fordert es geduldige Hingabe und sorgsame Einfühlung in das bayerische Volksbewußtsein der drei Stammesteile, der Baiern, der Franken und der Schwaben. Dann aber wird es dem Verständnis von Sprache und Land der Bayern über die eigene Zeit und die geistige Welt der Sammlung und Entstehung hinaus dienen.

Natürlich sind im Bayerischen Wörterbuch Schmellers sprachliche, kulturelle und wertvolle Bestände an geistiger und sachlicher Volkskunde bereits zur „Geschichte" geworden oder sie werden in ihren Erscheinungsformen durch neuere Erkenntnisse oder Ergebnisse einer verfeinerten Forschung anders aufgefaßt oder gedeutet. Das Ganze aber, das Wörterbuch an sich, bleibt bestehen, unberührt, als die Leistung e i n e s Mannes. Über dies hinaus vermitteln uns Heutigen tiefere Einblicke in das Werden dieses Bayerischen Wörterbuches die Tagebücher Schmellers, die

Paul Ruf herausgegeben hat (1954—1957). Sie sind lebendigstes Zeugnis, von Tag zu Tag, der fünf Jahrzehnte der Lebensarbeit Schmellers. Sie fordern auf zu ernster Beschäftigung mit seinem bibliothekarischen und seinem gelehrten Lebenswerk, zu dem wir die unermüdliche Weiterarbeit am bayerischen Wortgut zu zählen haben. Die Tagebücher enthüllen aber auch das Persönliche eines vielgeprüften, im letzten Sinn in sich nicht befriedeten Menschen, der an seiner Zeit schwer zu tragen hatte, der Unmut, Sorge und Enttäuschung, selten Freude, in tiefer Bewegung Erlebtes, Erstrebtes, Erkanntes oder Fehlschlag über den persönlichsten Niederschlag im Tagebuch hinaus auch dem eigentlichen Wörterbuchmaterial anvertraute, das nun in bisher dunklen, aber nicht achtlos zu übersehenden Bemerkungen geklärt werden kann.

Wir verdanken es Jakob Grimm und Wilhelm Wackernagel, daß das Bayerische Wörterbuch nach Schmellers Tod mit dem Ziel einer neuen Ausgabe in die Obhut der Historischen Kommission bei der Bayerischen Akademie der Wissenschaften übernommen wurde. In den Jahren 1872—1877 legte Georg Karl Frommann die neue Ausgabe vor. Diese Ausgabe ist, wie mehrere jüngere Neudrucke, (darunter auch der letzte von Otto Mausser, mit einer wertvollen wissenschaftlichen Einleitung versehene des Jahres 1939) vergriffen. In unveränderter Gestalt jener Ausgabe Georg Karl Frommanns legt der Verlag Scientia in Aalen auf Grund einer Vereinbarung mit dem Verlag R. Oldenbourg in München das „Bayerische Wörterbuch" Johann Andreas Schmellers dem Forscher wie dem seinem Volkstum verbundenen Menschen wieder vor. O. Basler

Zell-Riedle bei Offenburg

Im Mai 1961

Wissenschaftliche Einleitung zur Ausgabe Leipzig 1939 von Otto Maußer

I. Lebensbild Schmellers. Der Mann und sein Werk

Dieser Bericht stützt sich in erster Linie auf das 1885 in München erschienene Buch „Johann Andreas Schmellers Leben und Wirken" von Johannes Nicklas, der sich bisher am eingehendsten mit der Persönlichkeit Schmellers beschäftigt hat. Sein Urteil, Schmellers Leben biete „durch die reichen Leiden und das karge Glück" einen „fast dramatischen Reiz", werden wir durchaus bestätigt finden.

Es besteht eine seltsame Gleichläufigkeit zwischen dem Süddeutschen Schmeller und dem Norddeutschen Jakob Grimm nicht nur in ihrem wissenschaftlichen Streben, sondern auch bis zu einem gewissen Grad in ihrem Lebensschicksal. Beide Gelehrte sind auch im gleichen Jahr — 1785 — geboren; Schmeller am 6. August in der oberpfälzischen Stadt Türschenreut (jetzige Schreibung Tirschenreuth) an der Waldnaab. Sein Geburtshaus fiel 1814 einem Brand zum Opfer, seitdem zieht eine Straße über die Stätte seiner Geburt.

Schmellers Vater war Korbflechter und betrieb, wie das in bayrischen Landstädtchen heute noch fast üblich ist, neben seinem Gewerbe etwas Landwirtschaft. Die vielköpfige Familie — Schmeller war das zweitälteste von sieben Kindern — mußte sich in ärmlichen Verhältnissen schwer durchschlagen. Von den drei Schwestern überlebte eine unseren Schmeller. Ein Bruder fiel als Soldat im russischen Feldzuge, ein anderer wurde beim Baumfällen von einem Stamm erschlagen.

Schmeller hat Zeit seines Lebens den Handwerkerstand seines Vaters hochgehalten. 1831 ließ er das Bild eines Korbes auf den Grabstein seiner Eltern meißeln und in sein Siegel ließ er eine Kürbe stechen.

Als er zwei Jahre alt war, zog die Familie nach Rimberg bei Pfaffenhofen, einem kleinen Weiler in dem oberbayrischen Hopfenland der Hallertau. Schmellers sprachliche Entwicklung stand also unter dem Einfluß zweier Mundarten: des Oberpfälzischen, das seine Eltern aus seinem Geburtsort mitbrachten, und des Altbayrischen seiner neuen Umgebung.

Schmeller war — wie Nicklas berichtet — ein stilles, für sich lebendes Kind, ohne eine Spur von Wildheit und Ausgelassenheit. Der Unterricht, den der junge Johann Andreas zunächst genoß, war der eines Armeleutekindes des ausgehenden 18. Jahrhunderts. Da es keine Schule gab, unterrichtete ihn und andere Kinder aus der Nachbarschaft der Vater selbst. Schmeller lernte schnell. Schon als Neunjähriger half er dem Vater, andere Kinder zu unterrichten. Bei einem derartigen Assistenzunterricht wurde er eines Tages von dem Pfarrer Anton Nagel, einem Geistlichen des benachbarten Klosters Rohr überrascht. Der Pfarrer erkannte in dem Knaben die geistigen Fähigkeiten und übernahm deshalb bei ihm selbst den Unterricht, ja, er vermittelte dann den Besuch des jungen Andreas in der Dorfschule von Pörnbach und ein Jahr später den Besuch der Lateinschule des Benediktinerklosters Scheyern. Allein schon 1796 mußte Schmeller diese Schule wieder verlassen, deren Schüler sich durch die politischen Wirren zunächst verstreuten. Als dann ruhigere Zeiten die Wiederaufnahme des Unterrichts ermöglichten, nahm ihn der damalige Abt Martin, der die Begabung des Jungen nicht erkannte, nicht wieder auf. Schließlich fand der Vater für seinen Sohn Aufnahme am Gymnasium zu Ingolstadt. Hier war unter anderen der Ettaler Benediktiner P. Ottmar Weiß sein Lehrer[1]. Aus dieser Zeit Schmellers am Ingolstädter Gymnasium konnte sein Biograph Nicklas noch Schulhefte einsehen sowie Gedichte des jungen Schmeller, der Zeit seines Lebens Gefühle, Maximen und Erlebnisse in dichterische Form goß. Doch auch auf dem Ingolstädter Gymnasium konnte Schmeller sein Mittelschulstudium nicht vollenden. Im Jahre 1799 wurde die Universität und mit ihr das Gymnasium nach Landshut verlegt. Der Vierzehnjährige war nunmehr zum zweitenmal ohne höhere Schule. Rasch entschlossen wanderte er nach München, um dort auf dem Gymnasium, dem heutigen Wilhelms-Gymnasium, seine Mittelschulzeit zu vollenden und sich mühevoll den nötigen Unterhalt durch Stundengeben zu verdienen. So ward er schon als Knabe bekannt mit allen Entbehrungen des geistig Strebenden, dem materielle Mittel den Weg nicht ebnen. Er fand dort aber einen Kreis treuer Freunde, der ihn mit dem für ihn charakteristischen Scherz- und Jugendnamen „Habemut" nannte. Dieser Freundeskreis schwärmte auch gemeinsam für ein Mädchen, Therese Ibler, die spätere Gattin des einen von ihnen, des nachmaligen Steuerdirektors Gebhard. Schmeller schrieb ihr zuliebe einen eigenen Aufsatz und verschiedene Lieder.

[1] Wie ich 1910 nachweisen konnte, der Verfasser des gegenwärtigen Oberammergauer Spieltextes.

1801 hatte Schmeller mit 17 Jahren das Gymnasium vollendet. Nach des Vaters Wunsch sollte er „auf geistlich studieren". Doch konnte sich der junge Schmeller aus inneren Gründen nicht zu diesem Studium entschließen. Beeinflußt von der nach dem Tode Karl Theodors in Bayern durch den neuen Herrscher Maximilian Joseph begünstigten Aufklärung und auch durch die Bekanntschaft mit Rousseau'schen Ideen glaubte Schmeller, daß das Landleben in seiner Verbindung mit dem Boden die allein seligmachende Arbeit biete. So kehrte er zurück nach Rimberg und arbeitete im Herbst und Winter 1803 im elterlichen Anwesen. Geistige Befriedigung brachte ihm jedoch diese Arbeit nicht. Darum nahm er seinen Weg wieder nach München und arbeitete dort zunächst in einer Drechslerwerkstatt. Dazu interessierte ihn Chemie und Physik, ja er beschäftigte sich auch mit der Konstruktion einer Flugmaschine.

Eines hatte Schmeller aus seiner Rimberger Zeit mit nach München gebracht: nämlich ein Manuskript „Über Schrift und Schriftunterricht. Ein ABC-Büchlein in die Hände Lehrender von Habemut". Der kommende Sprachwissenschaftler, Dialektforscher und Phonetiker kündete sich in dieser Schrift des Achtzehnjährigen schon an. Allein es gelang ihm nicht, einen Verleger in München für diese Schrift zu finden. Es waren wieder Einflüsse aus der Geisteswelt Rousseaus und Pestalozzis sowie des Waadter Pädagogen Olivier, die sich in dieser Erstlingsschrift Schmellers fühlbar machten. Als Wissenschaftler, Erziehungs- und Volksreformer trat er hier schon auf. Welche der drei Richtungen sollte die weitere Lebensbahn wirklich bestimmen?

Zum ordentlichen Universitätsstudium fehlten ihm die Mittel. So beschloß er 1804, sein Glück in der Schweiz zu versuchen und zwar bei dem von ihm angebeteten Pestalozzi. 12 Gulden geborgtes Geld und eine Empfehlung eines kleinen Passauer Pädagogen, des Prof. Müller, begleiteten ihn. Pestalozzi empfing ihn zwar, aber er war gerade im Umzug begriffen von Burgdorf nach Münchenbuchsee und vertröstete darum Schmeller auf eine spätere Zeit. So wanderte denn dieser weiter nach Basel und Bern und traf schließlich auf dem Wege nach Solothurn mit einem Schweizer Agenten eines in spanischen Diensten stehenden, solothurnischen Regiments „Wimpffen" zusammen. Diesem gelang es, Schmeller als Soldat nach Spanien zu verpflichten. Nun zogen auf dem Marsch nach Tarragona Lyon, das Rhonetal, Montpellier, Narbonne, Perpignan mit ihren fremden Menschen und Sitten an den Augen des jungen Schmeller vorüber.

Der Dienst als gemeiner Soldat war natürlich zunächst nicht leicht. Aber schon im gleichen Jahr wurde Schmeller zweiter Korporal und schließlich Unteroffizier. Ein Hauptmann desselben Regiments, der Schweizer Franz Voitel, war selbst ein großer Pestalozzianhänger und hatte neben seiner Offizierstätigkeit in Tarragona eine Schule für Grenadiers- und Marketenderbuben eingerichtet. Er wurde mit Schmeller bekannt und erkannte in ihm einen Wissenschaftler und Gesinnungsgenossen in seiner Anhängerschaft an Pestalozzi. Es entwickelte sich eine Freundschaft zwischen Hauptmann und Unteroffizier, die bis zum Lebensende Voitels (1839) anhielt. Dieser zog ihn auch zum Unterricht heran. Als am 4. 11. 1806 Voitel nach Madrid berufen wurde, um dort eine Schule nach Pestalozzischen Ideen für Offizierssöhne einzurichten, setzte er es durch, daß auch der Unteroffizier „Andrea Smeller" für ein Gehalt von 1200 Franken und freie Station an diesem Madrider Versuchsinstitut eine Lehrerstelle für Unterricht in Spanisch, Französisch, Englisch, Arithmetik, Geometrie und Gesichtssinnausbildung für Erwachsene erhielt. Aber auch diese glückliche Zeit sollte für Schmeller nicht von langer Dauer sein. Infolge politischer Unruhen wurde im Jahre 1808 die Schule aufgelöst. Voitel soll dem jungen Schmeller nach seiner eignen Mitteilung die Anregung zu dem Bayerischen Wörterbuch gegeben haben und spanische Erinnerungen tauchen auch in dem späteren Wörterbuch auf[1].

Während Voitel in Spanien blieb, wanderte Schmeller im Februar 1808 wieder nordwärts, zunächst in die Schweiz, und suchte Pestalozzi auf, bei dem er in dem freundlichen Yverdon zunächst Aufnahme fand. Hier lernte er Samuel Hopf kennen, einen Thuner, mit dem ihn dann eine dauernde Freundschaft verband. Zunächst gründete er mit ihm zusammen in Basel eine Privatschule nach Pestalozzischem Muster, die bis zum Jahre 1813 auch in Blüte stand. Wieder waren es die politischen Stürme des Jahres, die

[1] Zum Beispiel Wörterbuch I, S. 587, unter Taverne.

dieses gemeinsame Unternehmen vernichteten. Hopf konnte sich in Burgdorf eine Lehrerstelle verschaffen, Schmeller aber mußte abermals wandern. Er war den Kampf um das Leben, den Kampf um sich selbst gewohnt und schritt, ein nie Verzagender, ein „Habemut" zu neuen Wegen. „Der Leidendste von allen" ist der, „den der Glaube an sich selbst verläßt". So dichtete in einem in Basel entstandenen Sonett Schmeller selbst und dieser Glaube verließ den „Habemut" nicht.

Während des Schweizer Aufenthalts reifte in Schmeller das Verständnis für die politische Lage seiner Zeit und deren richtige Beurteilung. Er erwies sich, obwohl in fremden Landen, durchaus als deutscher Patriot, als Napoleon-Gegner, aber auch als Kritiker an den Franzosen und Deutschen, denen er viel ungeschminkte Wahrheiten sagte. Das zeigt sich in seinen Tagebüchern und politischen Gedichten aus dieser Zeit, die Arndtsche Stimmungen widerspiegeln, wie sie aus den Gefühlen und Gedanken der Zeit der Befreiungskriege herauswuchsen[1].

Seine Tätigkeit an der Basler Schule ließ ihn aber erkennen, daß er im Grunde genommen doch nicht zu solchem Unterricht an der Mittelschule geeignet sei. Ihn verletzte, daß dieser Unterricht einen „Herrschergeist" erforderte. „Ich bin nicht zum Herrschen geboren", schreibt er am 14. 1. 1813 und gesteht dann weiter, „so wie ich selber schwer gehorche, so ist mir schwer, anderen zu gebieten. Doch noch eher kann ich selber gehorchen als befehlen. Zeitweise, wenn ich die Unordnung, die Zuchtlosigkeit der Meinigen so recht fühle, ermanne ich mich — will streng sein, werde ein Tyrann. Aber gleich wieder bin ich gegen den Tyrannen empört und stehe als schwacher Bürgerkonsul bei rauschender Freiheit und Gleichheit unter meinen zu Regierenden. Wie gut hat es dagegen der Vorleser auf der hohen Schule. Er braucht nur gelehrt, nicht auch Fürst zu sein. Gern wollte ich lehren, wenn ich nicht auch treiben, lenken, zähmen müßte. Oh, wie sehne ich mich nach einer Stellung, wo ich nur mich zu regieren habe[2]!" Damit hatte Schmeller sich selbst gefunden und seinen eigentlichen Beruf als Forscher, Dozent und Bibliothekar erkannt. Zugleich wurden in ihm auch Zweifel an Pestalozzis Methode rege.

Aus dieser Wanderzeit in Spanien und der Schweiz stammen auch die ersten Veröffentlichungen des zukünftigen, vielseitigen Autors und Publizisten. In der spanischen Zeit schon veröffentlichte er 1808 zwei Übersetzungen von Briefen des früheren, in jenem Jahre eingekerkerten spanischen Justizministers Jovellanos an König Karl IV. von Spanien[3]. Es folgten dann im Jahre 1811 zwei Originalarbeiten, die ebenfalls in einer Schweizer Zeitschrift erschienen[4]. Die eine Arbeit betitelt sich „Die Teutsprache" und tritt für die Reinerhaltung der deutschen Sprache ein, die andere trägt den Titel „Die Teutschen um Verona und Vicenza". Ausgehend von der Betrachtung der sogenannten 13 Gemeinden bei Verona und der 7 Gemeinden bei Vicenza, angeblich den Überbleibseln der alten Cimbern, und der in diesen Gemeinden gesprochenen Mundart fordert er Sprachkarten, damit der Deutsche seine Sprachverwandten von Siebenbürgen bis nach Island, von Bern bis Petersburg überschauen könne.

Geistreichen Spott, wie man ihn oft bei den Bajuwaren findet, zeigte Schmeller in seiner Parodie auf den Fremdwortkult im Deutschen: „Höchst importantes linguistisches Projekt von Jean Louis Allemand[5]." Schmeller schlägt spottend den Akademien die Konstruktion eines „Romäometers" oder „Romanitätsmessers" vor, um den Grad selbstgewählter sprachlicher Verwelschung und damit subtilster „culture" leicht feststellen zu können. Im selben Jahre 1812 schrieb Schmeller eine weitere in die Wortforschung einschlägige Arbeit mit dem Titel „Wortstammkunde" sowie eine Untersuchung zur Frage der Möglichkeit des Einbaues wort- und mundartkundlichen Stoffes in den Unterricht, ein Thema, das erst im 20. Jahrhundert, namentlich seit der Weltkriegszeit in der Schulliteratur aktuell geworden ist. Beide Arbeiten sind Manuskript geblieben[6]. Abermals in die Schweizer Zeit fällt eine andere ebenfalls ungedruckt gebliebene, zur Schulkulturpolitik gehörige Arbeit „Über das Vaterländische in der Erziehung". Schmeller fordert in

[1] Siehe Nicklas, S. 45ff.
[2] Siehe Nicklas, S. 49.
[3] „Miscellen für die neueste Weltkunde" Nr. 33, Aarau, 23. 4. 08.
[4] „Miscellen für die neueste Weltkunde" Nr. 75 u. 92.
[5] „Zschokkes Erheiterungen", Jg. II, Aarau.
[6] Kurze Referate s. Nicklas, S. 52f.

dieser Schrift die Einbeziehung deutscher Sage, germanischer Götterkunde usw. in den Unterricht, nicht nur antiker Mythen und Sagen[1].

Außer den pädagogischen und politischen Werken schrieb Schmeller auch mehrfach dramatische Arbeiten. Vieles ist nur eine Entwicklung oder ein Anfang geblieben. So ein Drama „Spartakus", „Stolz der Verachteten", „Der junge Kosmopolit". Ausgeführt hat er nur den Dreiakter „Die Ephesier", 1811, den er 1822 neu bearbeitete. Zu seiner Zeit blieb er ungedruckt. Er wurde erst von Nicklas 1885 herausgegeben. Fragment blieb auch das in den Jahren 1812/13 begonnene Drama „Rudolf von Habsburg vor Basel". Seine letzte Arbeit in dieser Richtung war ein Bühnenspiel in Bildern, „Luitpold", aus dem Jahre 1824. Auch dieses Spiel blieb nur Manuskript.

In der Mitte zwischen Dichtung und Wissenschaft steht ein „Reimlexikon", das Schmeller in seinen Schweizer Jahren verfaßte (handschriftlich in der Staatsbibliothek). Die Beobachtung des Reimes ist aber auch bei dem Sprachwissenschaftler Schmeller gerade im Wörterbuch sehr häufig. Schmeller gehört zu den ersten, die den Reim in Anwendung auf mittelhochdeutsche Verse als grammatisches Hilfsmittel verwendet haben[2]. Im Wörterbuch ließen sich eine Menge von einschlägigen Belegen dafür feststellen.

Schmeller wollte, als die Schule in Basel aufgelöst wurde, seinem vaterländischen Gefühle folgen und versuchte, sich als Freiwilliger in das Heer zum Kampfe gegen Napoleon einreihen zu lassen. Seine Bemühungen blieben zunächst erfolglos. Er mußte stellungslos in der Schweiz bleiben und besuchte nur ab und zu seinen Freund Hopf in Burgdorf. Schließlich gelang es ihm, bei dem Pädagogen und Landwirtschaftslehrer v. Fellenberg eine Hilfslehrerstelle in Hofwyl bei Bern zu bekommen. Er konnte sich hier abermals in „der menschlichsten aller Berufsarten" betätigen und vor allem auch am theoretischen landwirtschaftlichen Unterricht teilnehmen. Das Echo dieser Hofwyler Tätigkeit klingt wieder in sehr zahlreichen Artikeln des späteren Wörterbuches bei Notizen über landwirtschaftliche Ausdrücke. In dieser Zeit sammelte Schmeller auch Material für die Erstellung einer deutschen Sprachlehre einerseits für Deutsche, andererseits für Ausländer französischer Muttersprache, ohne daß etwas von diesen Arbeiten bzw. Vorarbeiten veröffentlicht worden wäre.

Seine Tätigkeit in Hofwyl dauerte nur wenige Monate, da sie ihm nicht zusagte. So ging er nach Konstanz, um dort als Lehrer an einer Töchterschule mit Pensionat zu wirken. Hier war Schmeller völlig fehl am Platze, nicht nur, weil ihm die Lust zum Lehren gänzlich vergangen war, sondern weil es für ihn sterbenslangweilig war, als „Aufsichtsperson mit Frauenzimmern auszugehen". „Ein Weib dünkt mich doch gar nichts, wenn es nicht eben ein Weib, wenigstens eine Mutter ist", seufzt er in seinem Tagebuch. Er benutzte die langweilige Zeit, um sich autodidaktisch weiterzubilden und trieb persische, polnische, russische und altgriechische Studien. Dazu überdies beschäftigte er sich eingehend mit den Nibelungen und exzerpierte die Arbeiten Adelungs, was später seinem Wörterbuch vielfach zugute kam.[3]

Inzwischen waren die Kämpfe gegen Napoleon weitergegangen, und der Patriot Schmeller wartete mit Ungeduld darauf, daß sich endlich auch Bayern dem Kampfe gegen Napoleon anschließen möge. Mit Jubel begrüßte er den Vertrag zu Ried vom 8. 10. 1813, durch welchen Bayern auf die Seite der Napoleon-Gegner trat, und die Befreiungsschlacht bei Leipzig. Sein Verlangen nach persönlicher, aktiver Teilnahme an dem Weltgeschehen wuchs. Er wandte sich darum abermals an den bayerischen Gesandten in Bernmit der Bitte um einen Reisepaß nach Bayern und eine empfehlende Anweisung an eine bayerische Dienststelle, ihn als Kriegsfreiwilligen einzustellen. Am heiligen Abend des Sturmjahres 1813 wanderte Schmeller heimwärts. Kampfgeschwellt und doch wieder in einem verlorenen Winkel seines Herzens voll Schmerz über die Trennung von dem Lande, das er in einer Abschiedsode als „der Freiheit einziges Land" preist.

Eines brachte Schmeller aus seiner Wanderzeit noch mit. Schon in Madrid hatte er in der Zeitschrift

---

[1] Einen größeren Auszug daraus hat Nicklas gedruckt in den „Blättern für das bayrische Gymnasialschulwesen", 1885, S. 353–66.
[2] Man vgl. z. B. im Wörterbuch Bd. I, 157 gaß, 253 bürlich, 260 beren, 261 Ber, 286 bas, 287 baißen, 321 Blüe, 351 Bruof, 352 brehen, 396 pechpuntet, 442 Pferd, 457 plagen, 475 da, 509 Domine, 411 Pois, 552 deuten, 558 dez, 565 drucken, 635 trauen, 638 Treue, 609 Tenor, 688 fechten, 696 Feig. Vgl. ferner Einleitung S. XII zu Helbling.
[3] Siehe die Vorrede zur 1. Ausgabe des Wörterbuchs.

„Isis" Proben von Stalders Schweizerischem Idiotikon kennengelernt. Zweifellos hat er während seines Schweizer Aufenthalts das gesamte Werk Stalders auf sich wirken lassen, so daß anzunehmen ist, daß durch die Bekanntschaft mit diesem Werk seine schon in der Jugendzeit aufdämmernde Absicht nach der Behandlung des mundartlichen Wortschatzes Bayerns von neuem gestärkt wurde und zu klarerem Ziele gelangte. Am Sylvesterabend traf Schmeller wieder in der bayerischen Hauptstadt ein. Der bayerische Kronprinz und spätere König Ludwig I., an den er empfohlen war, empfing ihn in Audienz und am 6. 2. 1814 erhielt Schmeller das Patent als Oberleutnant beim freiwilligen Jägerkorps des Illerkreises in Kempten. Dadurch kam er in einen alemannisch-schwäbischen Sprachraum, was sich sowohl im grammatikalischen wie im lexikalischen Werk später vielfach ausdrücken sollte. Zum aktiven Einsatz kam Schmeller aber nicht mehr, da inzwischen die Zwangsherrschaft Napoleons zusammengebrochen war. Für Schmeller bedeutete das eine neue Aufrollung der Existenzfrage. Er blieb zunächst als Ausbilder beim Heer, bis endlich der offizielle Ruf an den Wissenschaftler in ihm erging. Aber auch diese militärische Zeit benutzte Schmeller, seine mundartlichen Kenntnisse durch den Verkehr mit den Soldaten zu erweitern. In Kempten erschien 1814 zum erstenmal eine Schrift von ihm in Buchform: „Soll es eine allgemeine europäische Verhandlungssprache geben?" Dieses Thema war gewählt mit Beziehung auf den in Wien zusammengetretenen Kongreß der Verbündeten. Schmellers Schrift anerkennt nur natürliche Sprachen und trat bereits für Sprachgeschichte ein. Solche Sprachgeschichte ist für ihn zugleich Volksgeschichte. „In der natürlichen Sprache wird der Geist eines Volkes tönende Form." Die auch sprachpsychologisch fesselnde Schrift fand die besondere Anerkennung des Philologen Thiersch.

Als Napoleon noch einmal zu kurzer Glanzzeit nach Frankreich zurückkehrte und die Kampfhandlungen wieder aufgenommen wurden, fand auch Schmellers Sehnsucht nach einem feldzugsmäßigen Einsatz Erfüllung. Er zog im Frühjahr 1815 mit seiner Truppe „ins Frankreich hinein". Aber auch bei diesem Zug an die Front war der Philologe im Offizier nicht untätig. Überall achtete Schmeller auf die Mundarten, selbst in Frankreich. Ende August 1815 weilte er während des Urlaubs kurze 5 Tage in Paris und benutzte diese Tage zum Studium der französischen Sprache und zur Gewinnung von Exzerpten aus der französischen Literatur. Im Spätherbst 1815 erhielt Schmellers Bataillon Befehl zur Rück- und Heimkehr über Germersheim, Ulm, Augsburg nach Salzburg, das nunmehr für kurze Zeit militärischer Dienstort für Schmeller wurde, bis es zu seinem Schmerz an Österreich abgetreten ward. Aus dieser Zeit stammt die recht gute Besprechung sprachlichen Materials aus dem Salzburger Land im späteren Wörterbuch[1].

Hier — Schmeller stand im 31. Lebensjahr — begann für ihn ein neuer Lebensabschnitt, den man deutlich in drei Etappen zerlegen kann. Einmal sind es seine Arbeiten an der Mundartgrammatik, dann die Festigung seiner sozialen Stellung durch seine Übernahme in den Bibliotheks- und Hochschuldienst und endlich als dritte Etappe die umfangreiche Arbeit an dem Wörterbuch und mit dieser verbunden seine sonstige große wissenschaftliche Produktion germanistischer und geschichtlicher Art. Von Salzburg wurde Schmeller als Offizier wieder nach München versetzt. Er benutzte die Zeit, um eifrig auf der Münchener Staatsbibliothek zu arbeiten. Dabei machte er die Bekanntschaft mit späteren Kollegen, z. B. den Bibliothekaren Scherer, der ihm besonders nahetrat, und Docen sowie mit dem Bibliotheksdirektor und Generalsekretär der Münchener Akademie der Wissenschaften, Adolf Heinrich Schlichtegroll. Diese Männer lernten bald Schmellers großes Interesse für die Mundarten kennen, und da gerade damals Kronprinz Ludwig die Münchener Akademie beauftragt hatte, ihm eine Persönlichkeit namhaft zu machen, die imstande sei, die bayrischen Mundarten grammatikalisch und lexikalisch aufzunehmen und zu bearbeiten, bezeichnete Scherer dem Kronprinzen Schmeller als den Mann, der seine Bestrebungen verstehen und verwirklichen könne. Die Akademie der Wissenschaften beauftragte Schmeller daher mit der Einreichung eines Planes für die Bearbeitung der bayrischen Mundarten in einem weiteren Ausmaße als das bei den bisherigen Idiotika in Deutschland üblich war. Bereits am 15. 2. 1816 legte Schmeller den von der Akademie geforderten Plan vor. Bald darauf wurde er offiziell mit der Bearbeitung der Mundartaufnahme beauftragt. Noch war er Oberleutnant, erhielt aber auf Veranlassung des Kronprinzen einen sechsmonatlichen Urlaub

[1] Vgl. Schmellers eigene Äußerungen im Wörterbuch, Bd. 1, Einleitung, S. IX.

unter Weitergewährung seines Offiziersgehaltes von monatlich 36 Gulden, zu dem der Kronprinz für die nächsten zwei Jahre aus seiner Privatschatulle noch je 500 Gulden zuschoß.

So war Schmeller die Möglichkeit gegeben, eine streng wissenschaftliche Mundartenforschung zu betreiben. Die Beauftragung durch die Münchener Akademie war nicht nur für Schmeller selbst von wesentlicher Bedeutung, sondern vor allem für die Entwicklung der wissenschaftlichen Mundartenforschung in Deutschland. Man hatte zwar schon früher die Bedeutung der Mundarten erkannt, aber dabei in recht seltsamer Weise Stellung zu ihnen genommen.

Die ersten, noch sehr primitiven Ansätze zu einer wissenschaftlichen Mundartenforschung finden sich im 17. Jahrhundert bei Leibniz u. a. Das 18. Jahrhundert brachte — und zwar zunächst im niederdeutschen Raum — die ersten Mundartwörterbücher. Natürlich wirkten alle diese Wörterbücher auch auf Schmeller anregend, der sie in München als Gelehrter kennenlernte. Auch die Wörterbucharbeiten Adelungs beeinflußten ihn. Maßgebend aber war das: diese vielfachen Anregungen hätten nicht zu dem umfangreichen Wörterbuch Schmellers geführt, wenn nicht schon seine eigene Neigung und sein wissenschaftliches Denken vom frühen Jugendalter her ihn immer wieder auf dieses Studium der Mundarten gelenkt hätte. Überall, wo er auch weilte, erfühlte Schmeller hellhörig den Abstand zwischen Mundart und normierter Gemein- und Schriftsprache. Im Grunde genommen wäre er auch ohne solche äußeren Anregungen das geworden, was er geworden ist. Berufene wie Jakob Grimm, Hermann Paul in seiner Geschichte der deutschen Philologie im „Grundriß" u. a. anerkennen ihn als Begründer einer streng methodischen, auf Laut-, Flexions- und Wortschatzbeobachtung aufgebauten Mundartwissenschaft und zwar einer nicht nur beschreibenden, sondern auch historisch vorgehenden Mundartenforschung, die vom althochdeutschen Raum über die Zwischenstufen des Mittelhochdeutschen und frühen Neuhochdeutschen bis zur Gegenwart fortschreitet. Man kann sogar noch weitergehen und sagen: durch Schmellers grammatisches und lexikalisches Werk wurde die Mundartenforschung exakt wissenschaftlicher Art überhaupt erst begründet, nicht nur im hochdeutschen und niederdeutschen Raum, sondern weit darüber hinaus im Bereiche des Germanischen überhaupt, ja, bis in die Bezirke des Romanischen und Slavischen hinein. Gerade durch sein Übergreifen auf fremde Sprachgebiete, das sich in manchmal gehäuften Parallelen aus dem Spanischen, Französischen, West- und Südslavischen in seinem Wörterbuche äußert, überragte Schmeller innerhalb der Mundartwissenschaft weitaus seine unmittelbaren Vorgänger besonders auf dem Arbeitsgebiete des bajuwarischen und des gesamtoberdeutschen Raumes wie Prasch, Rasch aus dem 17. Jahrhundert, Heumann, Höfer sowie Zaupser aus dem 18. Jahrhundert. Aber auch seine mundartlich interessierten Zeitgenossen wie etwa Westenrieder, der an einem bayrischen Glossar arbeitete, oder Docen, der alten mundartlichen Wortschatz sammelte, oder wie Scherer, von Delling oder Radlof reichten an ihn nicht heran.

1818 war Schmeller mit seiner Aufgabe betraut worden und schon im Jahre 1821 erschien seine Grammatik „Die Mundarten Baierns". Es ging ein Aufsehen durch die wissenschaftliche Welt, als dieses Werk erschien, das auch heute noch notwendig gebraucht wird, wenn auch manches nach dem modernen Standpunkt nicht mehr anerkannt wird[1]. Das Werk ist noch heute Grundstein und Eckpfeiler der modernen deutschen Mundartgrammatik. Wie im Wörterbuch sind nicht nur das Bajuwarische, sondern sämtliche Mundarten des damaligen Königreichs darin behandelt.[2]

Mitten in der Arbeit an der Grammatik und in der Sammelarbeit für das Wörterbuch drohte sich für kurze Zeit die wirtschaftliche Lage Schmellers wieder zu verdunkeln. Die Sonderunterstützung des Kronprinzen war ja nur für zwei Jahre zugesagt, so daß Schmeller nach Ablauf des Jahres 1818 wieder nur auf seinen kleinen Offiziersbezug angewiesen war. Da sprang Freund Scherer ein und beantragte 1819 und erneut 1821, daß Schmeller mit einem Jahresbezug von 1000 Gulden zum Adjunkten der philologisch-philosophischen Klasse der Münchener Akademie ernannt würde mit dem Auftrage zur Erstellung eines Glossars der älteren deutschen Sprache nach den Quellen, also eines altdeutschen Wörterbuchs, wie es

[1] Vgl. übrigens den Brief an Hopf vom 21. 8. 20. Siehe Nicklas, S. 94.

[2] Siehe meinen Neudruck des lautgrammatischen Teiles mit Nachwort, München 1929, und meinen Registerband zu den Mundarten Bayerns von Schmeller, München 1930. Vgl. auch Bibliographie.

später von Müller-Benecke-Zarnke, Wackernagel und Lexer geschaffen wurde. Der letzte, wiederholte Antrag hatte freilich nur den Erfolg, daß Schmeller zwar zum Adjunkten, aber ohne Gehalt, ernannt wurde. Trotzdem Schmeller also zunächst nur wieder auf sein Oberleutnantsgehalt von 432 Gulden angewiesen war, lehnte er ein Angebot Zschokkes auf eine Professur in der Schweiz zugunsten der Heimat ab, die ihre wirtschaftliche Pflicht gegen Schmeller so ungenügend erfüllte. Im Januar 1824 erhielt er wenigstens die Berufung zum außerordentlichen Mitglied der Akademie der Wissenschaften, was ihm, wenn auch keine wirtschaftliche Sicherung, so doch eine Ehrung einbrachte, wie ihm denn auch andere Ehrungen von außerhalb Bayerns als Anerkennung der Mundartengrammatik von 1821 zuteil wurden. In dieser Zeit fand Schmeller neben seiner grammatisch-lexikalischen Sammlungs- und Darstellungsarbeit auch noch Zeit und Kraft zu anderer literarisch-wissenschaftlicher Tätigkeit. So entstand 1816 die Übersetzung einer Rede des Don Antonio Ruiz da Padron in den Cortes vom 18. 1. 1813 gegen die spanische Inquisition, erschienen in den „Europäischen Annalen" 1816, III, 345—360, 386—425, also 45 Seiten stark. Im Jahre 1818 gab Schmeller in drei Nummern der Docenschen Eos einen Bericht über die Autobiographie des spanischen, mit der Geschichte der Inquisition befaßten Kanonikus Llorente. Ein anderer Artikel in der gleichen Zeitschrift befaßte sich mit der Errichtung eines Denkmals zum Gedächtnis an den Zug der Oberländer Bauern zur Entsetzung Münchens und an deren Heldentod in der Christnacht 1705 (Sendling-Gasteiger Mordweihnacht), und der Jahrgang 1819 der gleichen Zeitschrift brachte eine humoristisch-satirisch gehaltene Arbeit Schmellers „Ein Versuch Sprachrichtigkeit der Firmen- und Haus- und Grabsteininschriften in München zu erzielen". Die Arbeit erschien unter dem Pseudonym Jodokus Pflastertreter und gab sich als „Antrag auf polizeiliche Beschränkung der Schreibfreiheit in München" aus.

Seine vielfachen und vielerlei Arbeiten machten Schmeller nicht lebensfremd. Er stand mit großem Interesse dem politischen Leben der damaligen Zeit nahe, wie viele seiner Briefe an Hopf Zeugnis geben. Mit mancherlei Bedenken sah er der Politik in Bayern, Österreich und Neapel zu und erwies sich als Gegner von Metternich, Gentz und Gesinnungsgenossen. Er war, politisch gesehen, ein Vertreter des Humanitätsgedankens und des Liberalismus[1]. Dabei war er Nationalist, aber auch Individualist, dem doch bewußt war, daß es eine Gemeinschaft und eine Verpflichtung gegen den Staat gibt. Seiner religiös-weltanschaulichen Stellung nach huldigte er der Aufklärung in vernünftigem Maße. Für alle sozialen Probleme hatte er, der sich als einfacher Korbmacherssohn aus eigner Kraft emporgearbeitet hatte, volles Verständnis. Solches Verstehen spürt man vielfach in seinen Briefen, in seinen Tagebüchern und in manchem Wörterbuchartikel. Schmeller ist in seinem Wörterbuch überhaupt mehr als nur Sprachwissenschaftler. Er ist geradezu Volkserzieher bzw. Volksaufklärer. Man vergleiche z. B. seine Stellungnahme gegen Pfuscherärzte beim Artikel „Arzt"[2], oder seine Ausführungen in Artikeln, die sich mit dem landwirtschaftlichen Wortschatz beschäftigen. Unter derartigen Gesichtspunkten kommt dem Wörterbuch auch mehr als nur ein philologischer Wert zu; es gewinnt an kulturhistorischer Bedeutung.

Neben seiner Vorarbeit an dem Wörterbuch in den Jahren 1816—27 fand Schmeller immer noch Zeit, seiner dichterischen Neigung Ausdruck zu verleihen. Besonders fühlte er sich auch damals zu Lord Byron hingezogen. Zum 25jährigen Regierungsjubiläum des Königs Max Joseph am 16. 2. 24 schrieb er ein Festspiel „Luitpold", das in einzelnen Bildern die Geschichte Bayerns von der Ungarnschlacht bei Preßburg 907 bis zu den Tagen des regierenden Königs mit erläuterndem Text wiedergab. Die Arbeit ist freilich nur Manuskript geblieben.

Schwer traf Schmeller in dieser Zeit der Tod der Mutter am 26. 3. 1826. Seine wirtschaftlichen Verhältnisse blieben immer noch ungewiß und dürftig. Aber bezeichnend ist für ihn und seine gewisse Schüchternheit ein Erlebnis, von dem er selbst erzählt. Er hatte nach dem Regierungsantritt Ludwigs I., seines Gönners, am 11. 2. 1826 eine Audienz beim König, der sich auch nach seiner finanziellen Lage erkundigte. Schmeller wußte den günstigen Augenblick nicht auszunützen und sagt selbst darüber: „Statt bestimmt zu sagen, daß alles sehr kärglich bestellt sei, war ich schafmäßig genug, die Sache im allgemeinen zu bejahen",

[1] Siehe seinen Entwurf einer „Staatengeschichte", 1805.
[2] Band I, 153.

nämlich in dem Sinne zu bejahen, daß der König der Meinung blieb, Schmeller bekäme durch den Vertrag mit Cotta für das „Wörterbuch" „den gehörigen Lohn"[1].

Im November 1826, als die Landshuter Universität nach München verlegt wurde, erhielt Schmeller den Lehrauftrag für Vorlesungen zur Geschichte der deutschen Sprache und Literatur, freilich ohne pekuniäre Entschädigung. Das gab ihm Veranlassung zur Abfassung mehrfacher Publikationen von Schriften deutsch-philologischer Art, von 14 zum Teil umfangreichen Arbeiten zur Literaturgeschichte, zur Metrik, zur Textedition der althochdeutschen, mittelhochdeutschen und altsächsischen Zeit unter Einbeziehung auch mittellateinischer Quellen.

Kam ihm durch den ehrenden Auftrag der Vorlesungen an der Universität auch keine wirtschaftliche Besserung, so ward ihm eine solche seit Juni 1826 von anderer Seite her, nämlich von der Seite des herzoglichen Hauses Leuchtenberg. Gegen ein Jahresfixum von 300 Gulden übernahm er die Leitung der lateinischen und deutschen Studien des Prinzen August von Leuchtenberg mit sechs Stunden wöchentlich. Dazu kam, daß er vom Januar 1827 ab auch als Aushilfslehrer am Bayrischen Kadettenkorps mit einem Gehalt von 400 Gulden jährlich angestellt wurde, was ihn freilich 2—3 Vormittagsstunden seiner reichlich besetzten Zeit kostete, die er nur sehr ungern seiner germanistisch-wissenschaftlichen Arbeit entzog. Dazu kam, daß das ewige Rügen und Herumkommandieren des Generals Tausch ihn ständig ärgerte. Ergötzlich jammert Schmeller in seinem Tagebuch: „Jetzt bin ich Schulmeister und stehe selbst unter einem Meister, der hölzerner ist, als ich es meinesteils meinen Knaben werden kann und mag." Es war sehr begreiflich, daß es für ihn eine Freude bedeutete, auf diesen Unterricht im Kadettenkorps bald wieder verzichten zu können. Zunächst wurde er am 28. 3. 1827 von der Universität München zum Doktor promoviert. In seiner Probevorlesung handelte er „Über das Studium der altdeutschen Sprache und ihrer Denkmäler", und am 19. 10. 1828 wurde er dann als außerordentlicher Professor der altdeutschen Literatur und Sprache anerkannt mit einem Jahresgehalt von 200 Gulden. Daneben lief allerdings immer noch trotz seiner Dauerbeurlaubung sein Gehalt als Oberleutnant. Als dann Docen starb, wurde an seiner Stelle Schmeller zum ersten Kustos an der Hof- und Staatsbibliothek ernannt (März 1829). Das bedeutete eine Besoldung von 1100 Gulden pro Jahr nebst einem Naturalgehalt von zwei Scheffel Weizen und sieben Scheffel Roggen. Diese neue Stelle an der Bibliothek war Schmeller lieber als jene Nebenstellung an der Universität. Mit diesem Übergang in den beamteten Bibliotheksdienst schied Schmeller nun auch aus dem Heeresverband aus. Im Jahre 1844 wurde er dann Unterbibliothekar, was für die damalige Zeit eine sehr gehobene Stellung bedeutete.

Für Schmeller als Gelehrten und Lehrer, für die Entwicklung der Staatsbibliothek, ja der Wissenschaft überhaupt, war seine Übernahme in den Bibliotheksdienst von weittragenden Folgen. Für das Wörterbuch war die Fülle des ihm jetzt zur Verfügung stehenden Materials von großer Bedeutung. Das zeigt sich in der Gestaltung der einzelnen Belege und der reichlichen Beigaben altsprachlicher Formen. Die Ernennung Schmellers zum Bibliothekar leitete eine Glanzperiode der Münchener Staatsbibliothek ein. Schmeller übernahm die Handschriftenabteilung, das Kostbarste, was die Münchener Bibliothek besaß. Er ist der Organisator dieser imponierenden Abteilung geworden. Noch späte Generationen werden von der Katalogisierungsarbeit, die er hier leistete, und von der Unzahl von Notizen, den sog. Schmelleriana, zehren. Neun Foliobände eines handschriftlichen Katalogs legte Schmeller hier mit eigener Hand mit beispielloser Gewissenhaftigkeit, mit einer Kenntnisfülle und einer für uns Heutige kaum vorstellbaren Arbeitskraft an.

Trotz dieser gewaltigen Bibliotheksarbeit konnte Schmeller noch lehren, Arbeiten auf dem Gebiete der Germanistik veröffentlichen und eine Fülle von Kleinarbeit für das Wörterbuch leisten. So wurde Schmeller, der Autodidakt, schließlich einer der besten Kenner des gesamten Altdeutschen und sonstiger altgermanischer Sprachen. Er kannte sich aber auch, wie sein literarisches Gesamtwerk und nicht zuletzt auch das Wörterbuch zeigt, ebenfalls auf dem Gebiete des Altenglischen, Altfriesischen, Altnordischen und Gotischen gut aus und besaß zudem bewundernswerte Kenntnisse des Slavischen, Romanischen in seinen alten und neuen

[1] Nicklas, S. 110.

Perioden, des Mittellateinischen sowie vieler orientalischer Sprachen. Das erweist seine Bibliotheksarbeit und das Wörterbuch auf Schritt und Tritt. Es war nur natürlich, daß sich besonders beim Erscheinen des Wörterbuchs in den Jahren 1827—37 bald eine enge freundschaftliche Beziehung zu einem anderen großen Germanisten, zu Jakob Grimm, anbahnte, sowie zu einer ganzen Reihe anderer Gelehrter, unter denen nur der Lexikograph Weigand genannt sein mag.

Das Wörterbuch war und ist heute noch dem Andenken Ludwigs I. als „dem wahrhaft großsinnigen Veranlasser"[1] dieser Schöpfung gewidmet. Es erschien, wie die Jahresziffern ausweisen, in vier Abschnitten. Schmeller war 52 geworden, als er voll Stolz und Freude, aber auch schon mit der festen Absicht zu umfangreichen Nachträgen, am Ende seines Werkes stand. Damit ist der Augenblick gekommen, das Wörterbuch, das hier als Neudruck erscheint, etwas zu charakterisieren.

Sowohl für die Grammatik wie für das Wörterbuch sammelte Schmeller das Material auf denselben Wegen: nämlich durch Wanderungen im Lande, — heute würden wir dafür „Kundfahrten" sagen —, durch Befragung der Rekruten bei seinem Dienst als Oberleutnant, durch Auskünfte von Freunden aus Wissenschafts- oder Beamtenkreisen, deren einige bereits genannt wurden und die in der Einleitung zu Bd. I aufgeführt sind — durch einen Aufruf an die Öffentlichkeit mit Bitte um Material — durch Sonderaufrufe zur Sammlung landwirtschaftlicher und handwerklich-gewerblicher Spezialwortausdrücke — durch eigene Exzerpierung von Literatur. Diese Exzerpierungsarbeit ist nicht grundsätzlich durchgeführt, wozu ein einzelner Mann gar nicht die Möglichkeit gehabt hätte, so daß es sich bei den Literaturbelegen im wesentlichen um sehr geschickt gewählte Lesefrüchte handelt. Im Jahre 1819 gab Schmeller ferner zwei größere Berichte über den Stand der Vorarbeit an Grammatik und Wörterbuch[2] heraus.

Bekanntlich ist das Werk Schmellers ein sog. Wurzelwörterbuch, also aufgebaut nach einem System, das Vorzüge, aber auch Schattenseiten aufweist und heute noch im Schweizer-Deutschen Idiotikon angewandt wird, während die sonstigen Wörterbücher der Mundarten heute nur nach dem System der alphabetischen Reihung abgefaßt werden. Dem zeitlichen Umfang nach umfaßt das Wörterbuch, wie schon einmal hervorgehoben wurde, die Zeitspanne vom 8. Jahrhundert ab bis 1827 bzw. 1837. Diese Zeitspanne verleiht dem Schmellerschen Wörterbuch ein ausgezeichnetes Signum vor sämtlichen gleichzeitigen und späteren Wörterbüchern von Mundarten. Nur das kommende bayrisch-österreichische Wörterbuch, das ostfränkische Wörterbuch und das rheinpfälzische Wörterbuch der Akademien von München und Wien werden denselben Umfang aufweisen. Ein besonderer Vorzug des Schmellerschen Wörterbuchs ist gerade der Einbau althochdeutschen Laut- und Formenmaterials und nicht zuletzt die vielfache Heranziehung der althochdeutschen und zum Teil auch der späteren Glossenliteratur. Es ist, so gesehen, kein Zufall, daß sich unter den prominenten Besprechern der ersten Auflage neben Jakob Grimm, Benecke und anderen gerade auch Graff, der Verfasser des Althochdeutschen Sprachschatzes, mit einer sehr umfänglichen Würdigung des Werkes findet[3]. Was das Belegmaterial aus der Literatur angeht, so war Schmeller vorbildlich auch dadurch, daß er mundartliche Wörter aus der schriftsprachlichen Literatur und auch aus neueren und zeitgenössischen Werken beischaffte. Man findet im Wörterbuch z. B. Belege aus dem Simplizissimus, aus Philipp von Zesen, aus Lessing, aus Goethe und sogar aus Goethes Briefen an Bettina[4]. Diese Belege zeichnen sich zum Teil wie so vieles im Schmellerschen Wörterbuch durch die persönliche Wärme aus.

Dieses individuelle Moment neben der Beiziehung des volkskundlichen und des sonstigen kulturgeschichtlichen Materials verleiht dem Werk Schmellers einen eigenartigen Reiz. Ich verweise nur auf die Liebe, mit der er über seinen Heimatort Türschenreut handelt[5], oder auf das Schlagwort „Tag"[6], bei dem Schmeller die Mitteilung macht, daß ihm eine im Artikel angeführte Einzelheit von dem Chemiker Fuchs zu Neuberghausen am 9. 5. 1847 „beym Kaffee" mitgeteilt worden sei, oder auf das Lemma „Pummerl"[7],

[1] Nicklas, S. 128.
[2] s. Bibliographie S. 24.
[3] = Jahrbücher für wissenschaftliche Kritik, S. 428—441.
[4] I, 652.
[5] Bd. I, 623—25.
[6] Bd. I, 594.
[7] Bd. I, 391.

bei dem Schmeller erzählt, eine im Artikel verwertete Bemerkung stamme von dem Bibliotheksdiener Schupp, „der am Podagra leidet“.

Unter dem Gesichtspunkt der im Wörterbuch vertretenen Mundarten gesehen erscheint der Titel „Bayerisches Wörterbuch“ zu eng; er könnte sogar irreführend sein, wenn man der Meinung wäre, daß das Wörterbuch nur das bajuwarische, im Sinne der sprachwissenschaftlichen Terminologie bairische Material, wofür ai- statt ay-Schreibung üblich ist, enthalte[1]. Schmeller hat das selbst gefühlt und umschreibt in einem langen Untertitel den mundartlichen Raum, der, allerdings in sehr verschiedenem Ausmaß, lexikalisch erfaßt wird. Das Bajuwarische, das Bairische überwiegt wohl, was ja bei der bajuwarischen Herkunft Schmellers selbstverständlich ist, aber in Wirklichkeit ist Wortmaterial aus sämtlichen im Staate Bayern vertretenen Hauptmundarten behandelt, genau so wie die Grammatik Schmellers alle in Bayern gesprochenen Mundarten ins Auge faßt[2].

Schmeller bringt aber auch gar nicht selten Parallelen aus sämtlichen deutschen Mundarten außerhalb Bayerns und Österreichs bei, darunter viel Alemannisches und schweizerisches Material, auch ostmitteldeutsches — namentlich aus Schlesien — und sogar niederdeutsches bis zur holländischen und dänischen Grenze. Dadurch entsteht im Wörterbuch in manchen Artikeln der Eindruck, als ob man ein gesamtdeutsches Mundartwörterbuch vor sich habe. Diese Parallelen sind besonders wertvoll, wenn man sie unter dem Blickpunkt einer gesamtdeutschen Synonymik für einzelne Begriffe betrachtet.

Ein besonderes Wort muß zu den Versuchen etymologischer Wortbehandlung in Schmellers Buch gesprochen werden, wobei ich freilich zweifeln möchte, ob Schmeller gewisse Parallelen aus fremden Sprachen überhaupt immer als etymologische Parallelen betrachtet wissen wollte. Diese etymologischen Versuche sind an und für sich zu begrüßen, sie sind aber nicht immer geglückt. Eine wesentlich gelungenere Fortsetzung etymologischer Behandlung von Mundartwörtern findet sich im Schwäbischen Wörterbuch von Fischer-Pfleiderer und im Schweizer-Deutschen Idiotikon. Diese Unzulänglichkeiten im Schmellerschen Wörterbuch sind bei dem damaligen Stande der vergleichenden germanischen und indogermanischen Grammatik verständlich. Trotzdem hat Schmeller mit seinen etymologischen Beiträgen zum bayrischen Wortschatz wichtige Vorarbeit geleistet. Viele der Parallelen, die er aus nichtgermanischen Sprachen beibringt, dürfen heute nicht mehr als Etymologien gewertet werden und sind zum Teil überhaupt auch von Schmeller selbst nicht als solche gedacht — wir werden ihnen aber gerecht, wenn wir sie als dankenswerte Versuche nehmen, eine gesamtgermanisch-romanisch-slavische Synonymik für einzelne Begriffe zu schaffen. Es wäre zu wünschen, daß einmal ein Slavist die aus dem Slavischen, zumal aus dem Tschechischen, Polnischen und Südslavischen beigebrachten Parallelen Schmellers (z. B. aus Kärnten und Krain) genau untersuchte.

Für die Belege ist besonders die starke Beiziehung der juristischen und wirtschaftlichen Literatur sowie auch der handschriftlichen Denkmäler bemerkenswert, die eben nur dem Bibliothekar Schmeller möglich war. Eine Abneigung hatte er offenbar gegen die kritiklose, allmählich beliebter werdende Beiziehung des Keltischen in der Etymologie, die Keltomanie, die sich schon deutlich anmeldete[3].

Die Fülle von volkskundlichem Material und die Wärme der Darstellung, dazu das stark Individuelle gewisser Artikel haben ihrerseits das Schmellersche Wörterbuch weltberühmt gemacht und sind Muster für andere Dialektwörterbücher geworden. Das individuelle Moment im Wörterbuch gestaltet Schmellers Werk vielfach geradezu zu einer Quelle für die Biographie des Verfassers, zu einem autobiographischen Dokument.

So entstand in Schmellers Wörterbuch ein Werk, das nicht nur die Periode streng wissenschaftlicher Mundartlexikographie eröffnete und in gewissem Sinne heute noch richtunggebend sein kann. Es entstand

[1] ay-Schreibung ist angewandt und sollte, um Verwirrung zu vermeiden, stets angewandt werden, wenn der räumliche administrative Bezirk des Staates Bayern gemeint ist, „bayrisch-österreichisch“ mit y — in dieser Verbindung ist aber ein rein grammatisches Synonym für „bairisch“ (i-Schreibung) oder „bajuwarisch“.

[2] Siehe im übrigen VI, Aufgliederungen der vertretenen Haupt- und Untermundartgebiete.

[3] Schmeller spricht in einem Brief an Weigand vom 21. 2. 1847 = Wörterbuch II, 2. Aufl., S. XVII, sichtlich abschätzig von der „Schatzgräberei nach Keltischem“.

ein Werk, das einmalig ist, das in seiner Gesamtheit nie veraltet, das man wissenschaftlich immer benutzen muß, auch wenn die großen neuen Dialektwörterbücher vorliegen; es entstand ein Buch, das man liest wie ein Hausbuch, wie eine Kulturgeschichte, „ein Meisterwerk", wie kein Geringerer als Jakob Grimm es nannte.

Schmeller hat von langer Hand her in verschiedenster Form sehr reichliche Ergänzungen zur Erstauflage seines Wörterbuches bereitgestellt. Grimm hatte besonderes Interesse an diesen Nachträgen, wie ein Brief an Schmeller vom 29. August 1842 dartut[1]. Indirekt ist Jakob Grimm der Veranlasser der zweiten, nach dem Tode Schmellers durch Frommann besorgten Auflage. Er ist es auch gewesen, der die Art der Verarbeitung der Nachträge Schmellers in möglichst diskreter Form durch Frommann veranlaßt hat, so daß eben auch in der zweiten, von fremder Hand besorgten Auflage nichts von dem Schmelz der Schmellerschen Individualität verloren ging. Frommann hat im wesentlichen nur die mehr im Statistischen liegenden Beziehungen zum mittelhochdeutschen Wörterbuch von Müller-Benecke-Zarnke, zu den Glossarien von Diefenbach, zum romanischen Wörterbuch von Diez, zum Deutschen Wörterbuch Grimms hergestellt und im übrigen die Verweise auf die nach Schmellers Tod erschienenen sieben ersten Jahrgänge der „Zeitschrift für deutsche Mundarten" gefertigt. Auf Frommann geht ferner das alphabetische Register zurück, dessen Anlage übrigens ebenfalls Schmeller bereits vorgeschrieben hatte[2]. Nach Frommanns Berechnung sind es 20000 Stichwörter, die im Schmellerschen Wörterbuch behandelt worden sind. Die zweite Auflage des Wörterbuchs erschien in den Jahren 1872—77 in einem anderen Verlag in München. Ein anastatischer Nachdruck kam in München 1914 auf Veranlassung der Münchener Akademie bei Hugendubel heraus[3].

Ich möchte noch auf zwei Briefe an Hopf vom 21. 8. 1820 und Weihnachten 1818 hinweisen. Im letzteren Briefe schreibt Schmeller: „an einem Werk wie das Wörterbuch sollte 10 bis 20 bis 30 Jahre gearbeitet, gefeilt, berichtigt werden". Solche Arbeit sei eigentlich eine Arbeit ohne Ende. Aus dem ersten der beiden genannten Briefe erkennt man, daß Schmeller manchmal unter der Last seufzte, die eine solche Wörterbucharbeit erfordert, und die er sich doch so ersehnt hatte.

Neben dieser Arbeit am Wörterbuch hat Schmeller noch eine Reihe anderer Veröffentlichungen in diesen Jahren erscheinen lassen. So eine Abhandlung zu dem schwierigen Problem der Quantität im Bairischen und anderen oberdeutschen Dialekten. Sie erschien 1835 in den Akademieabhandlungen[4].

Schmeller beschäftigte sich, wie sich das im Wörterbuch auf Schritt und Tritt zeigt, stark mit historischen Problemen. So sind in den Jahren 1828—47 von ihm neun gedruckte Arbeiten zur außerdeutschen Geschichte und zur Geschichte der Entdeckungen, ebenso neun Arbeiten zur bayrischen Geschichte erschienen. Dazu traten in den Jahren 1829—49 vier Gelehrtennekrologe auf Docen, Scherer, Desberger und seinen Stiefsohn, Ministerialrat Fr. P. Auer. Die streng germanistischen Werke Schmellers (ungerechnet die dialektologischen Arbeiten) umfassen 16 Nummern. Alle weisen, wie seine Buchbesprechungen, eine ungewöhnliche geistige Regsamkeit auf. Es wirkt sich in ihnen etwas gesund Polyhistorisches aus, wie das bei einem richtigen Bibliothekar der Fall sein soll. Die Herkunft des Autors aus der universitas litterarum und die ständige Beziehung zu ihr zeichnet sein gesamtes Schrifttum aus. Der Bibliothekar Schmeller schrieb ferner — was nicht unerwähnt bleiben soll — unter dem Titel „Über die k. Hof- und Staatsbibliothek" — einen auch ins Französische übersetzten Führer durch die Cimeliensammlung und über das Aufstellungssystem der Handschriften und Drucke der Staatsbibliothek, für Besucher derselben 1843, 1851.

Schon in früheren Jahren hatte Schmeller sich mit den Idiomen der 7 und 13 Gemeinden in Oberitalien beschäftigt, die als „Nachkommen der alten Cimbern" die Sprache bewahrt hatten. Später griff Schmeller diese Forschung erneut auf und besuchte 1833 und dann 1844 diese Gemeinden. Im Jahre 1834 erstattete er der Münchener Akademie über diese seine erste Kundfahrt ausführlichen Bericht. Das Ergebnis beider Reisen waren eine cimbrische Grammatik, die noch während des Erscheinens des Wörterbuchs 1834 gedruckt wurde, und ein cimbrisches Wörterbuch, das 1854 nach seinem Tode, etwas vermehrt

[1] Siehe auch Wörterbuch I, 424 „Pfahl".
[2] Bd. 2, Einleitung, S. XIII.
[3] Längst vergriffen.
[4] Siehe u. Bibliographie.

und eingeleitet von Jos. Bergmann, herausgegeben wurde. Schmeller erwies sich mit diesen Arbeiten als ein Pionier der streng wissenschaftlichen Erforschung der Sprachinselmundarten.

Schmellers Wirken an der Universität wurde im Jahre 1829 — wenig ruhmvoll für die Universität — dadurch unterbrochen, daß diese seine Professur als erloschen ansah, um sie Maßmann anzutragen. Nur als Honorarprofessor durfte Schmeller weitergeführt werden. Er war mit Recht über diese Behandlung gekränkt und hat diese Verlegenheitsprofessur nie ausgeübt. Erst 15 Jahre später, nach Maßmanns Berufung an die Berliner Universität, wurde Schmeller gebeten, wieder an der Universität zu lesen. Er schwankte lange, gab aber schließlich nach. Eine gewisse Genugtuung ward ihm zuteil, als ihn die Universität 1844 als Professor für die slavische Philologie zu gewinnen versuchte. Er lehnte allerdings ab. Schon im gleichen Jahre, unter dem 31. Oktober, erfolgte seine Beförderung zum Bibliothekar der Staatsbibliothek (= heute Oberbibliothekar) und 1846 seine Ernennung zum Ordinarius der altdeutschen Philologie an der Universität.

Mit dem Jahre 1829, das Schmeller in den Weihnachtstagen die kränkende Erklärung der Universität brachte, begannen für ihn eine Reihe schmerzlicher Lebenserfahrungen. Im Oktober 1830 traf ihn die Nachricht, daß sein Freund Voitel für zehn Jahre nach Ceuta verbannt sei. Kurz darauf erfuhr er von dem Tode seines Schweizer Freundes Hopf und im Juli 1831 erhielt er die Nachricht vom Tode seines geliebten Vaters. Dazu kamen auch noch die politischen Verhältnisse der dreißiger Jahre, die Schmeller tief beklagte. So war es denn verständlich, daß er sich oft einsam und verstimmt fühlte. Doch eines blieb ihm: die Arbeitskraft und die Arbeitslust. Aus seiner Vereinsamung heraus entschloß er sich im Jahre 1835 zur Ehe und heiratete Juliane Auer, die Witwe des bekannten Porzellanmalers, die zwei Söhne mit in die Ehe brachte. Mit ihr hat er nahe der Bibliothek, in der heutigen Theresienstraße Nr. 2 — eine schlichte Tafel an diesem Hause erinnert noch an ihn — bis zu seinem Tode gewohnt. Seit dem Jahre 1833 unternahm er eine ganze Reihe von Reisen. Diese Reisen führten ihn nach Franken, an den Rhein, in die geliebte Schweiz, nach Oberitalien, dann nach Karlsbad, Prag, Wien, Tirol, Ostende und nach Kassel, wo er im Jahre 1840 Jakob Grimm besuchte — sowie nach Frankfurt zur Germanistenversammlung, wo er abermals mit Grimm zusammentraf und auch seinerseits hoch geehrt wurde. Über alle diese Reisen führte er genau Tagebuch.

Jakob Grimm machte Schmeller später einen Gegenbesuch in München. Auch mancher andere Besucher stellte sich bei dem nun mehr und mehr bekannten und berühmten Schmeller ein, so Philaletes, der Prinz Johann von Sachsen und Danteübersetzer, und u. a. auch Bettina von Arnim.

Wie erwähnt, hatte Schmeller die Ernennung zum Ordinarius im Jahre 1846 angenommen. Er begann seine Lehrtätigkeit nach 16jähriger Unterbrechung im Jahre 1847 wieder. Das bedeutete für ihn eine Zeit des seelischen Aufschwungs. Allein die politische Lage dieses und der folgenden Jahre warfen auch ihre Schatten auf ihn. Die Abdankung Ludwigs I. bedauerte er lebhaft, so sehr er dessen Lola-Schwarm als „hispanische Monomanie" verurteilt hatte. Dazu kam, daß sein Stiefsohn Auer in Meran erkrankte. Schmeller besuchte ihn, und auf der Rückreise unternahm er eine Besteigung des Jaufen, wobei er sich durch einen Bergunfall ein Bein brach, so daß er vom September 1847 bis in den März 1848 an das Bett gefesselt blieb.

Schmeller wurde allmählich kränklich. Er wußte, daß seine Jahre gezählt waren, aber unermüdlich blieb er an seiner Arbeit. Er starb am 27. Juli 1852 im 66. Lebensjahre an der Cholera, die damals München nicht selten heimsuchte.

Jakob Grimm sagte von ihm, als er an der Münchener Akademie 1859 ein Denkmal für Schmeller beantragte:

„Ihm stand ein Genius zur Seite, der ihm zuraunte und eingab, was er unternehmen sollte und was er ausgeführt hat."

Das von Jakob Grimm beantragte Denkmal ist niemals errichtet worden, nur Rimberg, wo Schmeller seine Kinderjahre verlebte, und seine Heimatstadt Türschenreut haben sich seiner erinnert und ihm schlichte Denkmäler gesetzt.

Das schönste und dauerndste Denkmal aber hat sich Schmeller selbst errichtet in seinem Werk, nicht zuletzt aber in dem Bayerischen Wörterbuch.

II. Schmellers Nachlaß auf der Handschriftenabteilung der Münchener Staatsbibliothek

Der literarische Nachlaß Schmellers wird von der Handschriftenabteilung der Münchener Bibliothek, die er selbst in so musterhafter, man darf sagen, genialer Weise verwaltet hat, betreut unter der Signatur „Schmelleriana". Dieser Nachlaß ist von der Forschung nicht entfernt so benützt, wie es Schmeller und die Verfolgung der Geschichte der deutschen Philologie verdiente. Eine genauere Beschäftigung mit diesem Nachlaß würde, selbst wenn es sich nur um eine treu beschreibende Inhaltsangabe handeln sollte, eine Sonderabhandlung von gar nicht unbeträchtlichem Umfang verlangen, ja aus dem Nachlaß Schmellers ließen sich mehrere Buchpublikationen gewinnen. So kann es sich an dieser Stelle nur darum handeln, den Inhalt dieses Nachlasses in großen Zügen, die zugleich den Mann charakterisieren, anzudeuten und nach der einen und anderen Seite die Bedeutung der Schmelleriana zu unterstreichen, sowie die Art ihrer Ausnützbarkeit in aller Kürze zu skizzieren. Der Inhalt des Nachlasses läßt sich etwa in vier Gruppen auseinanderscheiden: 1. Den rein wissenschaftlichen Nachlaß, enthaltend die ungedruckten Schriften Schmellers wissenschaftlicher Art, die im Lebensbild bereits verzeichnet sind, teils philologischer, teils geschichtlicher und pädagogischer Natur, sowie die Vorarbeiten und Ergänzungen zu Wörterbuch und Grammatik und sonstige germanistische Schriften und Notizen Schmellers, wozu noch die Notata geschichtswissenschaftlicher Art treten; 2. den dichterischen Nachlaß Schmellers, aufzugliedern in lyrische, didaktische, dramatische Schöpfungen und Entwürfe, von denen nicht selten im Lebensbild die Rede war; 3. die Tagebücher, die Schmeller sehr gründlich geführt hat; 4. die Briefe, also z. B. den Briefwechsel mit den Freunden aus der spanischen und der Schweizer Zeit, mit Pestalozzi, Voitel, Hopf, Vater und Sohn, mit den Gelehrten seiner Zeit. Eine Herausgabe der Tagebücher würde von ebenso großem biographischen wie zeitgeschichtlichem Wert sein. Schmeller nimmt ja in den Tagebüchern nicht nur zu dem Auf und Ab des eigenen Lebensganges in schöner Offenheit Stellung, sondern er bringt darin auch eine ganze Reihe von Bemerkungen zu den Landen und Leuten, die er erlebte, zum literarischen und politischen Leben seiner Zeit. Und das waren Jahrzehnte von einer brandenden Bewegtheit! Dasselbe gilt von den Briefen. Auch die Dichtungen Schmellers sollten einmal ediert werden. Und was den germanistischen Nachlaß anbetrifft, aus dem Birlinger im Jahre 1865 in Herrigs Archiv handschriftliche Materialien Schmellers zu den „Mundarten Bayerns" herausgab (s. u. Bibliographie), so wäre es sehr zu wünschen, daß das kommende Bayrisch-Österreichische Wörterbuch ihn lexikalisch ausschöpfe. Schmeller hat ein Recht darauf, durch das Medium dieses Nachlasses auch in diesem Idiotikon der Zukunft irgendwie zu Wort zu kommen. Es steckt ein Riesenfleiß in diesen Schmelleriana, und eine gewaltige Interessiertheit für alles Geistige ist in diese Manuskripte sehr verschiedenen Formats hineingeborgen.

Eigentlich kann man den Begriff „Schmelleriana" noch weiter fassen, als er bisher von mir genommen wurde und katalogmäßig zunächst zu nehmen ist. Denn der Nachlaß Schmellers liegt, wie zum Teil im Lebensbild schon angedeutet ist, nicht nur in jenen Manuskripten und Notaten vor, die unter dem Schlagwort „Schmelleriana" auf der Münchener Bibliothek aufbewahrt sind, er kommt auch zum Vorschein und wird das noch für Generationen von Forschern in dem mächtigen handschriftlichen Katalog, den er angelegt hat und dessen Inhalt naturgemäß auch in der sehr erweiterten zweiten Auflage des Druckkatalogs nur teilweise verwertet werden kann. Zu den Schmelleriana in diesem weiteren Sinne, den ich soeben umschrieben habe, zählen ferner die vielen handschriftlichen Notizen Schmellers, die er in Büchern und in Manuskripten, auf deren Folien und auf den Innenseiten der Deckel angebracht hat. Ein Teil davon ist und wird ja herausgeborgen in den Handschriftenbeschreibungen, die das „Handschriften-Archiv" der Berliner Akademie seit Jahrzehnten fertigen läßt, die aber zunächst auch nicht in die Öffentlichkeit dringen.

III. Zum Transkriptions-System Schmellers im Wörterbuch

Schmeller hat seine Lautschrift sich selbst erfunden, und er tat das zunächst für die Grammatik. Auch die Findung dieser Lautschrift war Pionierarbeit und war geniale Arbeit. Das muß und darf gesagt werden, auch wenn wir heute die Lautschrift Schmellers zu einem sehr großen Teil aufgegeben haben. Die Transkription, die speziell für das Wörterbuch von Schmeller selbst in Band I, S. VIII/IX verzeichnet ist und die noch deutlicher in Erscheinung tritt in dem großen grammatischen Werk, stellt ja jenen Punkt im Wörterbuch dar, der am meisten nach einer Neuerung verlangt. Der Benützer des Wörterbuches, der Wert legt auf genaue Lauterkenntnis der mundartlich-phonetischen Angaben und der Mundartzitate in Ganz- oder Halblautschrift, tut gut, jene Angaben und Zitate im Wörterbuch umzusetzen in die bedeutend genauere und trotzdem bedeutend einfachere Lautschrift der Wörterbuchkommissionen in München und Wien. Das lautschriftliche System der beiden Akademien wird angewandt in allen offiziellen Druckveröffentlichungen, soweit bis jetzt solche erschienen sind, und es tritt in sehr einleuchtender, gewinnender Form zutage in der „Belehrung für die Sammler des Bayrisch-Österreichischen Wortschatzes" (München-Wien 1913) wie in der „Belehruug für die Sammler des Rheinpfälzischen Wortschatzes" (München 1916). Dasselbe gilt von der für die Sammler des Ostfränkischen Wortschatzes nach dem Muster der beiden zuerst genannten Belehrungen hergestellten lautschriftlichen Anweisung. Die Verfasser jener Belehrungen, deren älteste schon ins Jahr 1912 zurückgeht — im Manuskript — sind Josef Seemüller, Primus Lessiak, Anton Pfalz, Joseph Schatz, Otto Maußer, Georg Heeger, K. Maurer, Friedrich Lüers.

Damit der spezifisch lautlich interessierte Benützer des Wörterbuches die Möglichkeit hat, die phonetischen Angaben und Zitate in Schmellers Werk in die moderne Lautschrift umzusetzen, gebe ich in Kürze einen Auszug aus dem Transkriptions-System der fraglichen Akademien. Es kommen zur Anwendung für die Vokale folgende lautschriftliche Zeichen: a = Schmellers hohes a, von ihm ausgedrückt durch akutisiertes a — á —, ą eng = dem normalen a-Laut der gesprochenen Schriftsprache im Altreich; ferner vier o-Laute verschiedenen Weitungs- bzw. Engegrades: å, ǫ, weit, jenes überweit, dann o, eng und □, überenges o; zwei u-Laute: u und ų, letzteres offen; zwei i-Laute: i — į, dieses offen; zwei ö-Laute, ö — ǫ̈, soweit diese überhaupt in der Mundart erscheinen; zwei ü-Laute, ebenfalls nur höchst selten antreffbar = ü und ų̈, für eine offenere Variante; sowie drei e-Laute: ę offen, e oder bezeichnet ẹ, geschlossen, sowie überoffen = ä. Dazu treten die Neutralvokale: ə und für den voller artikulierten Nebentonlaut a-artiger Färbung die Zeichen a (= hoher, heller, rasch angeschlagener Laut, wie etwa italienisches und französisches a) oder, ein komplizierteres Zeichen: ɐ Über diese Zeichen setze man im gegebenen Fall den entsprechenden Längevermerk.

Die Diphthonge ergeben sich, rein lautschriftlich gesehen, durch Zusammensetzung der Zeichen für die Einzelvokale. So hantiere man je nach Bedarf mit folgenden Diphthong-Zeichen: au, åu, ąu,— ea, ęa,— ąi — ėi — ai — äi — ęi, — ou — ǫu — oa, oə, ǫa, ua — ųa, um die wichtigsten Varianten zu nennen. Sprachgeschichtlich gesehen stellen diese Diphthongwerte, schriftlich so gefaßt, dreierlei dar. Die durch die Schrift zum Ausdruck gebrachten Laute können sein: 1. die mundartliche Umformung bereits althochdeutscher und mittelhochdeutscher Diphthonge = Erbgut, phonetisch abgewandelt; 2. Spaltungsergebnis aus mittelhochdeutschen Langvokalen oder Längungen ehemals kurzer Vokale. Da die Aufspaltung zumeist schon in mittelhochdeutscher Zeit, mindest in der Spätzeit, erfolgt ist, liegt auch bei dieser Gruppe 2 der Diphthonge spaltungsmäßiges Erbgut vor, allerdings jünger, als jene Zwielaute, die schon althochdeutsch vorhanden und in der Mundart nur artikulatorisch variiert sind. Eine Gruppe 3 der Diphthonge stellt Sekundärdiphthonge im eigentlichen Sinne dar, also Zwielaute in haupttoniger oder stark nebentoniger Silbe, deren 1. Komponente ein Altvokal, deren 2. ein Neuvokal ist, entstanden durch Vokalisierung eines postvokalischen l oder r. Hierher gehören z. B. die Zwielautreihen ęa, ǫa, oa, ua, ia u. Varianten, entstanden u. a. aus den mittelhochdeutschen Gruppen -er, -or, -ar, -ir, -ier, -uor, -üer, -ur. Eine besondere Schwierigkeit erwuchs für Schmeller beim lautschriftlichen Ausdruck jener Sekundärdiphthonge, die in ihrem zweiten Bestandteil durch l-Vokalisierung, sogen. Mouillierung entstanden, als Produkt eines Lautwandels, der für das Mittelbairische und für das Nordbairisch-Oberpfälzische, das sogen. Nordgauische, für dieses letztere allerdings nicht mehr im Gesamtgebiet, besonders bezeichnend ist. Hier, bei diesen durch l-Vokalisierung entstandenen Zwielauten, die man für gewisse oberpfälzische Gebiete geradezu als Halbdiphthonge, Halbzwielaute bezeichnen könnte, wenn nämlich die l-Auflösung noch nicht völlig erfolgt, erst im Anfangsstadium begriffen ist oder wenn nur das Anklangsgeräusch Vokal geworden, das Abklangsgeräusch aber Konsonant geblieben ist, erwuchsen für Schmeller ganz besondere Schwierigkeiten im Suchen nach dem Formausdruck für das Klanggebilde, das in Frage steht. Je nachdem es sich um altbayrische oder in Österreich gesprochene mittelbairische Mundarten oder um Dialekte des Nordbairischen der Oberpfalz und Deutschböhmens (Westteil) handelt, ergeben sich Schriftgebilde als Sekundärdiphthonge wie -ėi, -ü̯, -ij, -oi, -ui, -öö, $\bar{\bar{\text{ö}}}^{\text{ö}}$, -ö^{ö}l, als Vertreter der Lautgruppen mittelhochdeutsch, neuhochdeutsch -el, -il, -ol, -ul, -ül, -uol, -üel, -iel. Man kann bei sehr genauer Transkription die zweite Komponente dieser Diphthonge wiedergeben mit den Zeichen i̯, ö̯, auch ü̯ (Oberpfalz), also z. B. -éi̯, -oi̯ usw.

Die Näselung eines Vokales — Nasalierung — drücke man besser nicht wie zu Schmellers Zeiten durch hochgesetzte nebengestellte Perispomenonschleife aus, sondern durch Hochstellung des Zeichens „n", z. B. „i mǫa^{n}" = „ich meine".

Die sonantischen Konsonanten m, n, l, r in Fällen wie südbairisch Meister, Vogel, Wagen usw. drücke man aus durch Unterpunktierung der Zeichen, also ṃ, ṇ, ḷ, ṛ, wie etwa in Vogḷ u. ä.

Weniger groß als innerhalb so labiler Laute wie der Vokale ist der Abstand der modernen Lautschrift gegenüber der Schmellers bei den Konsonanten. Man merke aber, wenn man auf genaues lautliches Erkennen der Schmellerschen Transkription Wert legt, auf folgendes und auf folgende neue Zeichen. Den Mittelwert zwischen p — b, t — d, g — k, der im Bairischen, in der Rheinpfalz und sonst häufig festzustellen ist, die sogenannte stimmlose Lenis oder Halbfortis, drücke man aus durch die griechischen Buchstaben π, τ, κ. Völlig neu, bei Schmeller in keiner Weise vorgesehen, sind die Zeichen đ bzw. Þ im Lautwert des neuenglischen th, stimmlos und stimmhaft, also eines interdental oder postdental erzeugten Spiranten. Der Laut ist vor allem nötig für gewisse Mundarten der Pfalz. Für das Oberpfälzische ist unter Umständen für das postvokalische l das gestrichene l des Polnischen — ł — zu verwenden. Für den gutturalen Nasal, den sogen. Knacklaut in -nk; kn-, -ng verwende man das Zeichen ŋ oder η. Außerdem achte man gegebenenfalls auf eine schärfere schriftmäßige Bezeichnung stark aspirierter (behauchter) stimmloser Verschlußlaute, am besten durch Hochstellung von h hinter p, t, k, also z. B. p^h, t^h, k^h. Für den weichen ch-Laut verwende man, wenn er vorkommen sollte, in der unteren Schleife gestrichenes g-Zeichen: ǥ. Für stimmhaften s-Laut gebrauche man das Zeichen z.

Im übrigen verweise ich auf meinen Registerband zu den Mundarten Bayerns von Schmeller (München 1930; s. u. Bibliographie), wo die moderne Transkription systematisch auf Schmellers lautschriftliche Angaben angewandt ist.

IV. Bibliographie der in Bayern und Österreich vertretenen Mundarten

Die nachstehende Bibliographie erstreckt sich über vier große Mundarträume und zerfällt demgemäß im Hauptteil in vier bibliographisch erfaßte Gebiete. Sie erstreckt sich 1. über den Raum der im sprachwissenschaftlichen Sinne bayrischen oder bayrisch-österreichischen Mundarten, räumlich vertreten im Staate Bayern und im Bereich des alten Österreich-Ungarn, sowie in den Sprachinseln im außerdeutschen Gebiet (Ungarn, Polen, Jugoslawien, Rumänien, Italien). Ausgeschlossen von dieser bayrisch-österreichischen Bibliographie sind jene Teile Böhmens und jene Sprachinsel-Mundarten, die ausgesprochen ostmitteldeutsch sind und somit im Staate Bayern, von dem ich als dem Wirkungslande Schmellers ausgehe, keine Parallele haben. Ein 2. Teil der Bibliographie gehört dem Bayrisch-Schwäbischen, wobei ich die hochalemannischen Gebiete im Allgäu der Einfachheit halber mit den schwäbischen zusammennehme. Ein 3. Teil des Schrifttumsverzeichnisses umfaßt den ostfränkischen Raum, soweit er im Staate Bayern vertreten ist. Der Einfachheit wegen wird der westliche Teil des bayrischen Regierungsbezirkes Unterfranken westlich der Linie Aschaffenburg-Klingenberg, der nicht mehr rein ostfränkisch ist oder bereits zum Zentralrheinfränkisch-Hessischen gehört (s. meine Mittelhochdeutsche Grammatik I S. 81 f.), innerhalb des Ostfränkischen mitbehandelt. Jene großen Gebiete der Regierungsbezirke Mittelfranken und Oberfranken, die nordbayrisch-oberpfälzisch sind (s. meine Grammatik I 38–40), werden selbstverständlich im Teil 1, beim Bajuwarischen bibliographisch eingereiht. Teil 4 der Bibliographie gehört der Rheinpfalz. Auch in den Teilen 2, 3, 4 sind die Sprachinseln berücksichtigt, wenn das Ostfränkische, Rheinpfälzische, Schwäbische vorherrscht oder bemerkenswert mitvertreten ist, falls Mischmundart vorliegt. Das sogen. Pensylvania-Deutsch schließe ich von der Bibliographie aus. In allen Fällen ist Vollständigkeit angestrebt. Ich hoffe sie möglichst erreicht zu haben. Ausgeschlossen von der Bibliographie ist ferner die vielfältige Literatur um den Sprachatlas des Deutschen Reiches, soweit sie sich nicht ausdrücklich und in besonders intensivem Maße mit den in Bayern vertretenen Mundarten befaßt. Es ist selbstverständlich, daß jeder, der sich mit Mundarten befaßt, im gegebenen Fall mit dem „Sprachatlas" und seiner Literatur sich auseinandersetzt.

Aufnahme fand und zwar in allen Teilen der Bibliographie ferner nur die wissenschaftliche grammatische und lexikalische Literatur. Die Bibliographie geht also nicht ein auf die Literatur der modernen Mundartdichtung und der mundartlichen Belletristen. Die literargeschichtlichen Arbeiten zur schönen Mundartliteratur finden infolgedessen ebenfalls, von wenigen Ausnahmen abgesehen, keine Aufnahme. Die Literatur der rein volkskundlichen Zeitschriften wird ebenfalls nicht aufgenommen. Das hätte den Umfang noch gewaltig geweitet. Was diese Zeitschriften anbetrifft, so muß über kurz oder lang, wenn der mundartliche Wortschatz völlig erfaßt werden soll, eine bibliographische Spezialausschöpfung derselben Zeitschriften erfolgen. Es handelt sich dabei, was die Funktion des darin geborgenen Wortschatzes anbetrifft, um volkskundliche Termini in dialektischer Sprache. Die Anlage einer solchen Spezialbibliographie ist wichtige Vorarbeit für ein Wörterbuch der volkskundlichen Terminologie, das ich schon im Jahre 1915 in meiner Probevorlesung „Ergebnisse und Aufgaben der Mundartenforschung in Bayern" (= Bairische Hefte für Volkskunde 1917) gefordert habe und das einmal kommen muß. Ausgenommen von der Bibliographie ist ferner, von ganz wenigen Ausnahmefällen abgesehen, die periodische Literatur der Zeitungen und Zeitungsbeilagen, obwohl gewaltiges Material daraus zu gewinnen wäre. Eine derartige Bibliographie zu erstellen, übersteigt aber die Kraft eines einzelnen. Das kann nur eine wohldotierte große Organisation machen, die es heute nicht gibt.

Schmellers eigene wissenschaftliche Mundartliteratur, soweit sie gedruckt ist, wird gesondert an die Spitze der Bibliographie gestellt. Die einzelnen wichtigeren gedruckten Werke Schmellers sind aber außerdem in die Bibliographie der Hauptmundartgebiete noch einmal an der zuständigen Stelle eingereiht. Ich halte es für erwünscht und der schuldigen Pietät gegenüber Schmeller angemessen, seine dialektologischen gedruckten Arbeiten als nötige Ergänzung zum Lebensbild auch im Zusammenhang vorzuführen.

Der zeitliche Umfang der Bibliographie reicht von den Anfängen bis Ende März 1939. Gewonnen ist die Bibliographie: 1. aus Mentz, Bibliographie der Deutschen Mundarten-Forschung, Leipzig 1892 (bis Ende 1889 reichend), 2. aus dem Berliner Jahresbericht 1890—1934, 3. aus den germanistischen Zeitschriften der Jahre 1934 bis März 1939 einschließlich der Zeitschrift der Bayrischen Wörterbuchkommission „Heimat und Volkstum" (1934—1939); 4. aus Mitteilungen der Wörterbuchkommission in München über die Literatur der Spanne 1934—1939, wofür Herrn Dr. Schönberger-München auch an dieser Stelle besonders gedankt sei. Dazu treten 5. eigene Materialien.

Die reiche Menge von Literatur, die in der nun angeschlossenen Bibliographie zusammengefaßt ist, erweist den Segen der Aussaat, die Schmeller mit seinen mundartkundlichen Arbeiten gesät hat. In allen diesen Arbeiten, die nach Schmeller bis heute erschienen, wirkt Schmellers Persönlichkeit in irgendwelcher Form nach, auch da, wo Schmeller selbst eine Korrektur erfährt. Auch in diesem Sinne gehört die Bibliographie zum Wirkensbilde Schmellers.

Ein Verzeichnis der Zeitschriften- und sonstiger Abkürzungen ist nur beigefügt, soweit das unbedingt nötig ist. Eine große Anzahl von Kürzungen kann der einigermaßen Lesefähige ohne weiteres auflösen. Die Besprechungen der älteren aufgeführten Literatur sehe man bei Mentz am jeweiligen Ort. Für die Literatur ab 1890 sind die Besprechungen stets vermerkt.

Die Literatur, die sich auf alle deutschen oder alle in Bayern und Österreich vertretenen Mundarten bezieht, ist nach Anführung des Schmellerschen Schrifttums vor das den geschlossenen Mundarthauptgebieten geltende Schrifttumsgut gestellt.

A. Das mundartwissenschaftliche Schrifttum Schmellers

1. Die Teutschsprache = Zschockes Miscellen für die neueste Weltkunde 1811, September
2. Die Teutschen um Verona und Vicenza = a. a. O., November 1811
3. Höchstimportantes linguistisches Projekt von Jean Louis Allemand (parodistisch-puristisch) = Zschokkes „Erheiterungen" 1812, II. Bd.
4. Pflastertreter Jodokus, Antrag auf polizeiliche Beschränkung der Schreibfreiheit in M(ünchen) = Docens Eos 1819, N. 14
5. Die Mundarten Baierns, 1821
6. Bayrisches Wörterbuch, 1. Aufl. 1827/28/36/37. Dazu an vorbereitenden Schriften:
   a) Aufruf zur Mithilfe an der Mundart-, besonders Wortsammlung für das Wörterbuch = Zeitschrift für Baiern und die angrenzenden Länder 1816 II, 107—123;
   b) Sonderaufruf zur Wortschatzsammlung = Wochenblatt des landwirtschaftlichen Vereins in Baiern, 1816, VII, 137—141;
   c) = Wöchentlicher Anzeiger für Kunst- und Gewerbefleiß im Königreich Baiern 1817, 168—171 (dasselbe wie Nr. b);
   d) Öffentlicher Bericht über den Fortgang der Arbeiten zur Erstellung einer Grammatik der Mundarten Baierns und eines Mundartenwörterbuches nach Akademie-Auftrag mit zwei Probeartikeln „Antlaß" — „Pfinztag" = Docens Eos 1819, Beilage IV, V, VIII.
7. Cimbrische Grammatik 1834 = Abhandlungen der Münchener Akademie 1834, erste Abt., 2. Teil.
8. Über Quantität im Bayrischen und einigen andern oberdeutschen Dialekten 1835. S. u. Bibliographie.
9. Cimbrisches Wörterbuch, hg. von Jos. Bergmann 1854
10. Handschriftliche Nachträge Schmellers zu den „Mundarten Bayerns", hg. von A. Birlinger = Herrigs Archiv XXXVII, 1865, 29—58, 371—420
11. Bayrisches Wörterbuch, 2. Aufl., besorgt von Frommann, 1872—77
12. Die Mundarten Baierns, lautgrammatischer Teil, mit Nachwort 1929, Konodruck, besorgt von O. Maußer. Siehe dazu Maußer, Registerband zu den Mundarten Bayerns 1930.

B. Bibliographie für Bayern-Österreich (Gesamtdeutsche Mundartenliteratur)

Die Bibliographie ist gegliedert 1. nach Sprachräumen, 2. innerhalb derselben nach Erscheinungsjahren, 3. alphabetisch, wenn innerhalb eines Jahres mehr Schrifttum vorliegt. Das Verzeichnis versucht vollständig zu sein. Es bringt lieber zu viel als zu wenig.

Verzeichnis der Abkürzungen

Leicht auflösbare Länderabkürzungen sind im allgemeinen in der folgenden Übersicht nicht vermerkt. Dasselbe gilt von gewissen Aachlichen Abkürzungen, die jeder Lesefähige und im Schrifttum einigermaßen Bewanderte ohne weiteres von selbst auflöst. In der Bibliographie sind folgende Kürzungen verwendet:

fdA. = Anzeiger der Zeitschrift für deutsches Altertum
Alem. = Alemannia
Alt. = Altertum
Arch. = Archiv
Bay. = bayrisch
BayHfVkde. = Bayrische Hefte für Volkskunde
BayMda. = Mundarten Bayerns (von Brenner-Hartmann)
Beitr. = Beitrag, Beiträge
Beschr. = Beschreibung
d. = der, die, das, des usw.
DDG. = Deutsche Dialektgeographie
Diss. = Dissertation
DnSpr. = Die Neueren Sprachen
dt. = deutsch
DtMda. = Deutsche Mundarten
Dtschkdl. = deutschkundlich
Dtschld. = Deutschland
DtSprwt. = Deutsche Sprachwissenschaft
f. = für
GeogrZ. = Geographische Zeitschrift
Germ. = Germania (von Bartsch-Behaghel)
Gesch. = Geschichte
GöttgelAnz. = Göttingische Gelehrte Anzeigen
GRPh. = german. u. roman. Philologie
HessBlfVkde. = Hessische Blätter für Volkskunde
Hist. = Historisch
IdgForsch. = Indogermanische Forschungen
IFAnz. = Indogermanische Forschungen, Anzeiger
Jb. = Jahrbuch
Jbb. = Jahrbücher
Journ. = Journal
KblfdhöhSchul. = Korrespondenzblatt für die höheren Schulen
Korrbl., Corrbl. = Korrespondenzblatt
Landesk. = Landeskunde
Litbl. = Literaturblatt
Mag. = Magazin
Mda. = Mundart
Mdaa. = Mundarten
Mitt. = Mitteilungen
Mon. = Monatsschrift (ab und zu)
MSchlesVk. = Mitteilungen der schlesischen Gesellschaft für Volkskunde
Mus. = Museum
obd. = oberdeutsch
oberdt. = oberdeutsch
Oberb. = Oberbayern
Oberöst. = Oberösterreich
Obpfälz. = oberpfälzisch
Ostfrank. = Ostfranken
ostfränk. = ostfränkisch
PetermMitt. = Petermanns Mitteilungen
PBB = Paul u. Braunes Beiträge
pfälz. = pfälzisch
Phil., phil. = Philologie, philologisch
RevueGerm. = Revue Germanique
SA. = Sonderabdruck
SB. = Sitzungsbericht
schwäb. = schwäbisch
Spr. = Sprache
Sprwt. = Sprachwissenschaft
Theut = Theutonista
u. = und, unter
Unterf. = Unterfranken
v. = von
V., Ver. = Verein
Verh. = Verhandlungen
Verhdl. = Verhandlungen
Vers. = Versammlung
Vers. = Versuch
VossZtg = Vossische Zeitung
Württ. = Württemberg
WA. = Wiener Akademie
Westd.Zs. = Westdeutsche Zeitschrift
Z., Zs. = Zeitschrift
ZfdA. = Zeitschrift für deutsches Altertum
ZfdM. = Zeitschrift für deutsche Mundarten.
ZfdPh. = Zeitschrift für deutsche Philologie
ZfdSpr. = Zeitschrift für deutsche Sprache (von Sanders)
ZfdU. = Zeitschrift für deutschen Unterricht
ZfdW. = Zeitschrift für deutsche Wortforschung
ZfDKe. = Zeitschrift für Deutschkunde.
ZfhochdM. = Zeitschrift für hochdeutsche Mundarten
ZfMdafschg. = Zeitschrift für deutsche Mundartforschung
ZföV = Zeitschrift für österreichische Volkskunde
ZföVkde. = Zeitschrift für österreichische Volkskunde
ZföG. = Zeitschrift för die österreichischen Gymnasien

Gesamtdeutsch und Süddeutsch

(und ähnlich Unbestimmtes)

J. G. Schottel, Über die Dialekte der deutschen Sprache = Ausführl. Arbeit von der Teutschen Hauptsprache usw. Braunschweig 1663. S. 151–159. (Allgemeines.)

J. S. V. P(opowitsch), Über die Wichtigkeit der Volkssprache für die Sprachforschung = Schreiben an einige vornehme Gelehrten in Leipzig = Beigabe z. d. Untersuchungen vom Meere, Frankft. u. Leipz. 1750. Bl. 10–12.

F. K. Fulda, Über die beiden Hauptdialekte der deutschen Sprache. Eine Preisschrift, welche von der Königl. Societät der Wiss. z. Göttingen den 9. November 1771 ist gekrönt worden. Leipzig 1773. 1 Bl., 60 S., 2 Tab., 1 Bl. (Vor Adelungs Versuch eines vollst. grammatisch-kritischen Wörterbuchs.)

J. C. Adelung, Versuch eines vollständigen grammatisch-kritischen Wörterbuches der Hochdeutschen Mundart, mit beständiger Vergleichung der übrigen Mundarten, besonders aber der oberdeutschen. I–V. Leipzig 1774–1786. 1 Bl., XVI, 60 S., 1 Bl., 1840 Sp., 2 Tab.; VIII S., 1856 Sp.; 3 Bll., 1716 Sp.; 4 Bll., 1704 Sp.; 2 Bll., 476 Sp. (Nachdruck: Brünn 1788.) – 2. Ausg. (M. d. T.: Grammatisch-kritisches Wörterbuch usw.). I–IV. Ebd. 1793 bis 1801. 2 Bll., VIII S., 1992 Sp., 1 Bl.; 1 Bl., 2140 Sp.; 1 Bl., 1762 Sp.; 1 Bl., 1796 Sp. – Neueste Ausgabe. Mit W. Soltau's Beyträgen und Berichtigungen. I–IV. Wien 1807–8. 8 S., 2008 Sp.; 1 Bl., 2156 Sp.; 1 Bl., 1774 Sp.; 2 Bl., 1808 Sp. Dass. revidiert u. berichtigt von F. X. Schönberger. 4 Bde.. Wien 1811. 5. oder Suppl.-Bdes. 1. H. (A–D.) Berlin 1818. 1 Bl., 238 Sp., 1 S.

J. S. V. Popowitsch, Versuch einer Vereinigung der Mundarten von Teutschland als eine Einleitung zu einem vollständigen Teutschen Wörterbuche mit Bestimmungen der Wörter und beträchtlichen Beiträgen zur Naturgeschichte. Wien 1780. 4 Bll. 649 + 41 S. (Aus dem Nachl. d. Verf., hrsg. von J. L(ethmüller)).

J. C. Adelung, Über die Geschichte der deutschen Sprache,

über deutsche Mundarten und Deutsche Sprachlehre. Leipzig 1781. 4 Bl., 118 S. (Über Maa. bes. S. 72–90.)
J. C. Adelung, Deutsche Mundarten = Umständliches Lehrgebäude der Deutschen Sprache ... I, Leipzig 1782. S. 72–90.
J. C. Adelung, Provinzial-Wörter und Formen. (Den Gebrauch ders. in der Schriftspr. betr.) = Über den deutschen Styl. I. Berl. 1785. S. 101–104; ebd. 1787, S. 101–106; ebd. 1789, S. 99–104; ebd. 1800, S. 91–95.
F. C. Fulda, Versuch einer allgemeinen teutschen Idiotikensammlung, Sammlern und Liebhabern zur Ersparung vergeblicher Mühe bey bereits schon aufgefundenen Wörtern und zu leichterer eigener Fortsetzung. Berlin u. Stettin 1788. 607 S.
Anton Edler von Klein, Deutsches Provinzialwörterbuch. I. II. Frankfurt u. Leipzig 1792. 1 Bl., X, 291 S. u. 252 S. = Schr. d. kurf. dt. Ges. in Mannheim VI. u. VII.
J. F. A. Kinderling, Beurtheilung der Provinzialwörter = Über die Reinigkeit der Deutschen Sprache und die Beförderungsmittel derselben usw. Berl. 1795. § 8, S. 37–43.
G. Th. Serz, Teutsche Idiotismen, Provinzialismen, Volksausdrücke, sprüchwörtliche und andere im täglichen Leben vorkommende Redensarten in entsprechendes Latein übertragen und nach dem Alphabet geordnet. Nürnberg 1797. 2 Bl. 184 + 1 S.
W. F. H. Reinwald, Versuch über die sämmtlichen germanischen Hauptdialekte und einige Unterscheidungszeichen derselben = Henneberg. Idiotikon. II, Berl. u. Stett. 1801. S. 3–11.
Radlof, Trefflichkeiten der südteutschen Mundarten zur Verschönerung und Bereicherung der Schriftsprache. München u. Burghausen 1811. 3 Bl. 292 S. 2 Bl.
F. Adelung, Systematische Aufzählung der deutschen Mundarten = Übersicht aller bekannten Sprachen und ihrer Dialekte. St. Petersburg 1820. S. 45–51.
J. S. M(eine)r, Alphabetisch geordnetes Wörterbuch über deutsche Idiotismen, Provinzialismen, proverbialische Sprecharten, Volks-Ausdrücke und andere im gemeinen Leben vorkommende Sprachwendungen usw. in entsprechendes Latein übertragen. Leipzig 1821. IV, 276 S.
J. G. Radlof, Beyträge aus den oberteutschen Mundarten zur Bestimmung der Sinnenwörter schauen und sehen, horchen und hören, und einigen ähnlichen. = Teutschkdl. Forschungen I. Berlin 1825. S. 26–39.
F. B. Weber, Allgemeines deutsches terminologisches ökonomisches Lexikon und Idiotikon; oder erklärendes Verzeichniß aller im Gebiete der gesammten Landwirthschaft, ... in Deutschland und den einzelnen deutschen Provinzen vorkommenden Kunstwörter und Kunstausdrücke. I. II. Leipzig 1829. – Neue wohlf. Ausg. I. II. Leipzig 1838. VIII, 377 S., 2 Bll.; 2 Bll., S. 381–777 + 3 S. Suppl.-Heft. Breslau 1844.
Die Dialecte der deutschen Sprache = Bayr. Annalen 1832, S. 85ff.
F. Holl, Wörterbuch deutscher Pflanzennamen oder Verzeichnis sämmtlicher in der Pharmacie, Ökonomie, Gärtnerei, Forstkultur und Technik vorkommenden Pflanzen und Pflanzenteile nach ihren Provinzial- und systematischen Namen, nebst Angabe der lateinischen, wie auch der Stellung im künstlichen und natürlichen System. Erfurt 1833. IV, 434 S.
M. W. Götzinger, Deutsche Sprache und Literatur = K. Fr. Vollrath Hoffmann, Deutschland und seine Bewohner I, Stuttgart 1834. S. 648–699. (Allgemeines, Proben.)
J. H. Kaltschmidt, Kurzgefaßtes vollständiges stamm- und sinnverwandtschaftliches Gesammt-Wörterbuch der deutschen Sprache, aus allen ihren Mundarten und mit allen Fremdwörtern. Ein Hausschatz der Muttersprache für alle Stände des deutschen Volkes, worin außer allen einfachen und zusammengesetzten Wörtern der hochdeutschen Schriftsprache, auch alle derselben fehlenden Wörter der norddeutschen, d. h. der westphälischen, bremischen, hamburgischen, holsteinischen, ditmarsischen, mecklenburgischen, pommerschen, lief- und esthländischen, und die Wörter der süddeutschen, d. h. der baierischen, schwäbischen, schweizerischen und österreichischen Mundarten in schriftgerechter Schreibart verzeichnet und erklärt sind. Leipzig 1834. VIII, 1116 S. – 2. wohlf. (Titel-) Ausg. Nördlingen 1834 (1850). VIII, 1116 S. – 3 ... Ausg. ebd. 1851. VIII, 1116 S. – 4 ... Ausg. ebd. 1853. VIII, 1116 S. – 5 ... Ausg. ebd. 1864. 1116 S.
M. W. Götzinger, Deutsche Sprache Mundarten = Die deutsche Sprache und ihre Literatur. I. Bd. 1. Thl. Stuttg. 1836. § 14, S. 32–34.
Beiträge zu der Abfassung einer allgemeinen deutschen Sprachenkarte = Vaterl. Arch. d. hist. Ver. f. Niedersachsen. 1837, S. 160–173.
G. Weinberger, Die Bedeutung und der Werth der deutschen Mundarten, aus dem Gothischen, Alt- u. Mittelhochdeutschen, aus den verwandten alten u. neuen, morgen- und abendländischen Sprachen erklärt. Nürnberg 1838. VI, 208 S.
W. v. Waldbrühl (W. v. Zuccalmaglio), Die deutschen Pflanzennamen gesammelt und gesichtet. Berlin 1841. VI, 82 S.
K. Bernardi, Sprachkarte von Deutschland. Als Versuch entworfen und erläutert. Kassel 1844. 4 Bl. 138 S. 1 Krte. – 2. Aufl., unter Mitwirkung des Verf. besorgt und vervollständigt von Wilh. Stricker, ebd. 1849, XII, 136 S. u. 1 Krte.
D. E., Die deutsche Sprachgrenze nach ihrem gegenwärtigen Bestand, ihren Ursachen und Anforderungen = Dt. Vierteljahresschrift 1844, II. S. 247–298. III, S. 157 bis 248.
K. v. Spruner, Europa nach den Völker- und Sprach-Grenzen; ethnographisches Bild des Weltteiles = Spruner, Hist.-geogr. Atl. z. Gesch. d. Staaten Eur., Gotha 1846, Fol. Nr. 64.
H. Berghaus, Karte der National-, Sprach-, Dialect-Verschiedenheit in Deutschland, Niederlande, Belgien u. d. Schweiz = Physik. Atl., 8. Abtlg. Ethnographie. 1. Aufl., Gotha 1847. Nr. 9. – 2. Aufl., ebd. 1852. Fol.
J. Grimm, Deutsche Dialekte = Geschichte der deutschen Sprache, II, Lpz. 1848. S. 827–841. – 2. Aufl. ebd. 1853, S. 574–583.
K. F. H. Straß, Sprachliche Bemerkungen = Germania, Jb. d. Berl. Ges. f. dt. Spr. VIII, 1848, S. 352–354. (Enth. kurze Aufzeichnungen über mundartl. Wörter u. Redensarten aus ganz Deutschland.)
J. Grimm, Über die deutschen Mundarten = Deutsches Wtbch. I, Leipzig 1854. S. XIV–XVIII.
(J. A. Pangkofer,) Über Selbstlauter und Farben = Dt. Maa. I, 1854, S. 20–24. (Bringt viele Beispiele aus den Mundarten.)
J. A. Pangkofer, Über Sprachgliederung in Dialekte und Mundarten = Dt. Maa. I, 1854, S. 17–20.
Nabert, Über Sprachgrenzen, insonderheit die deutsch-französischen in den Jahren 1844–1847. = Jahresber. d. höh. Bürgerschule in Hannover 1856, S. 3–29.
A. Höfer, Deutsche Namen des Katers = Germ. II, 1857, S. 164–171. (Mit Berücksicht. d. Mundarten.)
G. Brückner, Ausgewichen! = Dt. Mdaa. V, 1858, S. 377. M. Anm. v. Frommann ebd. S. 377–378. Handelt über den Ruf der Kinder, womit sie beim Schlittenfahren die ihnen entgegenkommenden Personen zum Ausweichen auffordern.
A. R. v. Perger, Studien über die deutschen Namen der in Deutschland heimischen Pflanzen = Denkschriften d. Wiener Ak., Math.-nat. Kl. XIV, 1858, S. 123–236. (Auch besonders Wien 1858. 116 S.)
J. M. Wagner, Zur Literatur der deutschen Mundarten Österreichs. Ein Nachtrag zu P. Trömel's Literatur d. d. Mundarten = Dt. Maa. VI, 1859, S. 380–387.

W. Stricker, Die deutsche Sprachgrenze gegen Westen = Familien-Journal, ill. Wochenschr. f. Unterh. u. Belehrung IX, 1862, S. 248–250. (Mit einer Karte des linken Rheinufers von Basel bis Köln.)

K. H. G. Davin, Die deutschen Mundarten = Die Sprache der Deutschen, nach ihrer Geschichte, ihrer Literatur und ihren Mundarten dargestellt ... Erfurt u. Lpz. 1864. S. 299–351.

H. Rückert, Die deutsche Schriftsprache der Gegenwart und die Dialekte = Dt. Vierteljahrsschr. XXVII, 1864, Heft 3, S. 90–137 = Kl. Schr. I, Weimar 1877. S. 283 bis 327.

R. Böckh, Über die Ausdehnung der deutschen Volkssprache und die Abgrenzung ihrer Dialekte = Zs. f. Völkerpsychologie und Sprachwissenschaft IV, 1866, S. 312–318.

H. Rückert, Die deutschen Mundarten und die moderne Sprachwissenschaft. = Die Grenzboten XXV, 1866, S. 49–68 = Kleinere Schriften I, Weimar 1877. S. 327 bis 351.

H. Kiepert, Völker- und Sprachen-Karte von Deutschland und den Nachbarländern im J. 1867. 1 : 3 000 000. Berlin, D. Reimer 1867. – 2. Aufl. ebd. 1870.

A. Birlinger, Klatte. – Kräl. Krail = Herrigs Arch. XLIII, 1868, S. 469–470.

H. Stegmann, Über deutsche Storchnamen = Dt. Sprwt. N. F. III, 1868, S. 116–118. (M. einem Zusatz v. V. Jacobi.)

R. Böckh, Der Deutschen Volkszahl und Sprachgebiet in den europäischen Staaten. Eine statistische Untersuchung. Berl. 1869. 4 Bl., 308 S.

Mieck, Über Gemination und Reduplikation in den Volksmundarten und in der Kindersprache = Herrigs Arch. XLVI, 1870, S. 293–302.

H. Veith, Deutsches Bergwörterbuch. Mit Belegen. Erste Abtheilung A–K. Breslau 1870. XX, 312 S.; Zweite Abtheilung L–Z, ebd. 1871. 1 Bl. + S. 313–600.

K. Bernhardi, Die Sprachgrenze zwischen Deutschland und Frankreich ermittelt und erläutert. Auch als Ergänzung der „Sprachkarte von Deutschland" von demselben Verfasser. Cassel 1871. 16 S. u. 1 Krte.

H. Gradl, Zum Vokalismus der deutschen Dialekte. Der au-Laut = ZfdPh. III, 1871, S. 324–356.

E. L. Rochholz, Mundartliche Namen des Kretinismus. = ZfdPh. III, 1871, S. 331–342.

P. Gelbe, Die Aussprache von st und sp = DtSprwt. VI, 1871/2, S. 153–154.

H. Gradl, Zur Kunde deutscher Mundarten. Beiträge zum Pronomen = Zs. f. vgl. Spr. XX, 1872, S. 192–201.

G. Gerland, Das deutsche tsch = Zs. f. vgl. Spr. XXI, 1873, S. 67–73.

V. Hintner, Über Dialekt und Dialektforschung = Bote f. Tirol u. Vorarlberg 1874, Nr. 107–111.

J. Zacher, Zur Litteratur der deutschen Pflanzennamen = ZfdPh. V, 1874, S. 231–233 u. 250.

A. Birlinger, Pumpernickel, Bomperniggl = Alem. II, 1875, S. 262–264.

R. Andree, Deutsch-französische Sprachgrenze = R. Andree u. O. Peschel, Physikal.-stat. Atl. d. dt. Reichs I, Bielefeld u. Leipzig 1876. S. 21–22.

R. Muth, Die Aufgaben der deutschen Dialektforschung = DtMaa. VII, 1877, S. 1–4.

V. Dragan, Bezeichnungen für Schwein = Monatsschr. f. d. Gesch. Westdtschlds. V, 1879, S. 479–480. (Aus den Volksmundarten. Vgl. ebd. IV, 1878, S. 304, 385, 544.)

H. Frischbier, Der Wocken und das Spinnen (Mundartl. Ausdr. dafür) = Wiss. Monatsbll. VII, 1879, S. 205 bis 207.

K. v. Bahder, Über ein vokalisches Problem des Mitteldeutschen. Habilitationsschrift. Leipzig 1880. 46 S. (Entwicklung von mhd. ie und uo, S. 6–10 in den heutigen Mdaa.)

P. Wegener, Über deutsche Dialektforschung. = ZfdPh. XI, 1880, S. 450–480.

R. Andree, Sprachenkarte von Deutschland. 1 : 7 000 000 = Allg. Handatlas, Bielefeld u. Leipz. 1880–1881, S. 21.

C. Salomon, Wörterbuch der deutschen Pflanzennamen, besonders der im Volksmunde gebräuchlichen Benennungen wichtiger heimischer wie fremder Gewächse, mit Beifügung der botanischen Namen. Stuttgart 1881. IV, 183 S.

G. Wenker, Sprachatlas von Nord- und Mitteldeutschland. Auf Grund von systematisch mit Hülfe der Volksschullehrer gesammeltem Material aus ca. 30000 Orten bearbeitet, entworfen und gezeichnet. (In 13 Abteilungen à 6 Liefgen. 1. Abthlg. 1. Lfg.) Straßburg 1881. qu. Fol. 6 Bl. in Aubeldr. u. color. u. 1 Bl. Ortsverzeichniß, nebst XXIII S. Text in 8°.

A. Diederichs, Über die Aussprache von sp, st, g und ng. Ein Wort zur Verständigung zwischen Nord und Süd = Zs. f. Orthographie, Orthoepie usw. II. 1882. Nr. 1–7 u. III, 1883, S. 11–13. Auch bes.: Rostock 1882. 29 S. – Zweite, durch einen „Anhang" vermehrte Sonder-Ausgabe, Straßburg, Trübner 1884. 46 S.

G. Pritzel und C. Jessen, Die deutschen Volksnamen der Pflanzen. Neuer Beitrag zum deutschen Sprachschatze. Aus allen Mundarten und Zeiten zusammengestellt. Hannover 1882. 1 Bl., VIII, 701 S.

H. Osthoff, Schriftsprache und Volksmundart. Vortrag, gehalten im Museum zu Heidelberg am 14. Dez. 1878. Berlin 1883. 40 S. (Samml. gemeinverst. wiss. Vortr., hrsg. v. Rud. Virchow u. Fr. v. Holtzendorff, XVIII. Serie, H. 411.)

T. Hildenbrand, Über die Aussprache des r = Bll. f. d. bayr. Realschw. IV, 1884, S. 112.

K. J. Schröer, Die Sprache, die man mit den Thieren redet = Roseggers Heimgarten 1884, VIII, S. 633ff.

L. Dieffenbach u. E. Wülcker, Hoch- und niederdeutsches Wörterbuch der mittleren und neueren Zeit. Zur Ergänzung der vorhandenen Wörterbücher, insbesondere des der Gebrüder Grimm. Basel 1885. 2 Bl., X S., 930 Sp., 1 S.

K. E. H. Krause, Quetsche, Zwetsche. Prunus domestica L. = Ndd. Jb. 1886, S. 97–105.

E. Lohmeyer, Mittelhochdeutsch î, û, ǔ = neuhochd. ei, au, eu = Reform. Zs. des allg. Ver. f. vereinf. dt. Rechtschrbg. X, 1886, S. 21–23. (Vgl. auch Holthausen, PBB XI, 1886, 553–554.)

(F.) Kauffmann, Geschlossenes e aus ë vor i = PBB. XIII 1888, S. 393–394.

F., Kluge, Sprachkarte = Kluge, F., Von Luther bis Lessing. 2. Aufl. Straßburg 1888.

A. Socin, Schriftsprache und Dialekte im neunzehnten Jahrhundert = Schriftsprache u. Dialekte im Deutschen nach Zeugnissen alter u. neuer Zeit ... Heilbronn 1888. S. 457–532.

Rez. O. Brenner in: BlfdBayG 26, 1890, 2. H. Ferner: Revue de l'instruct. publ. en Belgique 33, 1891, H. 5.

H. Suchier, Die deutsche Sprachgrenze gegen das Französische in der Gegenwart und in der Vergangenheit. = Gröbers Grundriß der romanischen Philologie I, Straßburg 1888. S. 562–569.

Herm. Fischer, Zur Geschichte des Mittelhochdeutschen. Tübingen 1889. Einladungsschr. d. Universität Tübingen zum 7. März 1889. 1 Bl., 74 S., 1 Krte. (Enth. vieles über die lebenden Mdaa., namentlich hinsichtlich der Kontraktion von ege, age.)

H. Welcker, Dialektgedichte. 2. Aufl. Leipzig 1889, Brockhaus. XXVIII, 426 S.
(Gesamtdeutschland betr.)

Rez. Fr. Kauffmann in: Litbl. 1890, H. 11, 300.

L. Viereck, Die ober- und mitteldeutsche Mundart und die nhd. Schriftsprache = ZdAllgdtSprVer. 5, 1890, 1–3.

Ph. Wegener, Die Behandlung der lebenden Mundarten. Allgemeines = Pauls Grundr. d. germ. Philologie. I, 1890, 931–944.

C. Franke, Über den wissenschaftlichen und praktischen Wert der Dialektforschungen = Bayerns Mundarten, 1, 1891, 13–19.

W. Hertel, Über den Wert mundartlicher Untersuchungen. Programm (N. 711) des städt. Gymn. zu Greiz. 1892. S. 11.

F. Mentz, Bibliographie der deutschen Mundartenforschung für die Zeit vom Beginn des 18. Jahrh. bis zum Ende des Jahres 1889 zusammengestellt. Leipzig 1892. XX, 181 S. = Sammlung kurzer Grammatiken deutscher Mundarten; hg. von O. Bremer. II.
Rez. in: Lit. Centralbl. 1893, H. 37, 1314. A. Heusler in: AfdA 21, 1894, 23. A. Holder in: Alemannia 22, 1894, 284. O. Brenner in: BayMda. 2, 294 (1894). Behaghel in: Litbl. 1894, 220.

O. Bremer, Karte der deutschen Mundarten = Brockhaus' Konversations-Lexikon. 14. Aufl. Bd. 4, zu S. 28, 1893.

O. Brenner, Zum Sprachatlas des deutschen Reiches = BayMda. 2, 269–273 (1894). Siehe dazu: Wrede in AfdA 20, 322 Anm.

H. Reis, Das Praeteritum in den süddeutschen Mundarten = PBB. 19, 1894, 334–337.

O. Brenner, Zur Ausgleichung des Silbengewichtes. In: Indog. Forsch. 5, 1895, S. 345–47.

C. Franke, Unterschiede des ostfränkisch-oberpfälz. und obersächs. Dialekts = BayMdaa. 2, H. 3, 1895, S. 317ff.

O. Brenner, Zum deutschen Vokalismus = PBB. 21, 1896, 569–74 und in: Deutsche Mundarten, Zs. zur Bearbeitung des mundartlichen Materials, hrsg. von J. W. Nagl. Wien 1896, I, Heft 1.

Deutsche Mundarten. Zeitschrift. Hrsg. von J. W. Nagl. Bd. I, Heft 1 (S. 1–82) 1896. Bd. I, Heft 2 (S. 83–162). – Wien 1897, Fromme. Bd. I, Heft 3 (S. 163–268) 1899. Bd. I, Heft 4, 1901 Bd. II, Heft 1/2, 1906.
Rez. Hoffmann-Krayer in: AfdA 23, 1897, 313–315. Behaghel in: LitblGRPh 1897, 218f. Zeidler in: ZföG. 48, 1897, 403.

W. Horn, Einige Fälle von Konsonantenschwund in deutschen Mundarten = PBB 22, 1897, 217–222.

F. Mentz, Bibliographie der deutschen Mundartenforschung für die Jahre 1890–1895, nebst Nachträgen aus früherer Zeit = DMda. 1, 1897, 85–126.
Rez. Seelmann in: Niederdt Korrbl. 20, 1897, 15f.

C. Regenhardt, Die deutschen Mundarten. Auserlesenes aus den Werken der besten Dichter alter und neuer Zeit. Berlin 1897. Bd. 2: Mitteldeutsch, XVI, 409 S. 2 Bildnisse. Bd. 3: Oberdeutsch, XIV, 295 S. 3 Bildnisse, 1 Karte der dt. Mundarten.

H. Wunderlich, Das Sprachleben in der Mundart. Festvortrag, gehalten auf der 10. Hauptversammlung des allgemeinen deutschen Sprachvereins zu Stuttgart am 7. Juni 1897. Beiheft der ZSprV., 3. Reihe (Heft 12/13), 33–70.

A. Ritzert, Die Dehnung der mhd. kurzen Stammsilbenvokale in den Volksmundarten des hochdeutschen Sprachgebietes auf Grund der vorhandenen Dialektlitteratur = PBB 23, 1898, 131–222.
Rez. W. Horn in: LitblGRPh 1899, 192f.

D. Sanders, Altertümliche und mundartliche Ausdrücke = ZfdSpr. 10, 1898, 431–433.

Zeitschrift für hochdeutsche Mundarten. Hrsg. von O. Heilig und Ph. Lenz. Jhrg. I, Heft 1 und 2. 1900. I, Heft 3. 4/5. 6. 1900. II, 1901; III, 1902; IV, 1903; V, 1904; VI, 1905. Erschien nur bis 1906 einschl., Heidelberg. Winter.
Rez. O. Behaghel in: LitbltGRPh. 25, 1904, 53–56 (zu Jg. I–IV).

W. Friedrich, Die Flexion des Hauptworts in den heutigen deutschen Mundarten = ZfdPh. 32, 1902, 484–501; 33, 1902, 45–84. Auch Gießener Diss. 66 S.

O. Meisinger, Die Appellativnamen in den hochdeutschen Mundarten. I. Die männlichen Appellativnamen. Ein Beitrag zur Sprachgeschichte. Beilage zum Programm des Gymnasiums in Lörrach 1904. 27 S.
Rez. Ph. Lenz in: ZfhochdMdaa. 6, 1905, 120f. F. Pfaff in: Alemannia N. F. 6, 1906, 80. F. Piquet in: Revue Germ. I, 1906, 359.

A. Lowack, Die Mundarten im hochdeutschen Drama bis gegen Ende des 18. Jahrh. Ein Beitrag zur Geschichte des deutschen Dramas und der deutschen Dialektdichtung. Lpz. 1905. VIII, 171 S. = Breslauer Beiträge zur Literaturgeschichte VII.
Rez. LitCentralbl. 57, 1906, 258f. O. Weise in: ZfdMdaa. 1906, 186. J. W. Nagl in: Deutsche Mundarten 2, Heft 1–2, 1906, 140f. O. Behaghel in: LitblGRPh. 28, 1908, 57f. Ed. Eckhardt in: Alemania 36, 1908. 310–2. E. v. Komorzynsky in: ZföG. 59, 1908, 91.

O. Meisinger, Die weiblichen Appellativnamen in den hochdeutschen Mundarten = ZfhochdMdaa. 6, 1905, 84–91.

J. Miedel, Die sogenannten elliptischen Ortsnamen = ZfhochdMdaa. 6, 1905, H. 6.

F. Mentz, Bibliographie der deutschen Mundartenforschung für die Jahre 1900–1903, nebst Nachträgen aus früherer Zeit = Deutsche Mundarten 2, Heft 1–2. 1906, 1–52.

O. Philipp, Die Bach. Ein Beitrag zur Geographie der deutschen Mundarten = ZfdMdaa. 1906, 373–379; 1907, 1–18, 210–217; 1908, 55–66. 333–345.

O. Weise, Ich habe gehen müssen und Verwandtes. Ich habe ihn singen hören und Verwandtes = ZfdMdaa. 1906, Heft 3.

Zeitschrift für deutsche Mundarten. Im Auftrage des Vorstandes des Allgemeinen deutschen Sprachvereins hrsg. v. O. Heilig und Ph. Lenz, später H. Teuchert in Verbindung mit ... Jahrg. 1906. 1907. 1908. 1909. 1910. 1911. 1912. 1913. 1914. 1915. 1916. 1917. 1918. 1919. 1920. 1921. 1922. 18 = 1923. 19 = 1924. Berlin 1906ff. bis 1924.

K. v. Bahder, Mundartliche Benennungen des Polterabends = ZfdMdaa. 1907, 193–199. Dazu: Jul. Leithaeuser, Polterabend. S. 316f.

Val. Hintner, Jutte, Juttn (f. m.), Käsewasser, Molken = ZfdW. 9, 1907, 160.

Fr. Kauffmann, Zur Frage nach der Altersbestimmung der Dialektgrenzen unter Bezugnahme auf den obergerm.-rät. Limes des Römerreiches = ZfdPh 39, 1907, 145–155.

O. Weise, Die sogenannte Flexion der Konjunktionen = ZfdMdaa. 1907, 199–205.

Fr. Mentz, Deutsche Mundartenforschung und -dichtung im Jahre 1904 = ZfdMdaa. 1908, 97–129, Namensverzeichnis 381–4.

Th. Schachner, Das Zeitwort sein in den hd. Mundarten. Gießener Diss. Darmstadt 1908. 53 S.

O. Weise, Der Übergang von s in z = ZfdMda. 1908, 193–7. Der Übergang von sch in tsch. Ebenda 197–200.

F. Wrede, Die Deminutiva im Deutschen = Deutsche Dialektgeographie. Berichte und Studien über G. Wenkers Sprachatlas des Deutschen Reichs, hg. von F. Wrede. Heft 1. S. 71–144. Marburg 1908, N. G. Elwert. XIII, 144 S. Mit 1 Karte und 3 Pausblättern.
Rez. H. Schmidt in: Nyelvtudomany 2, 1910, 311–314. H. Teuchert in: ZfdMdaa. 1910, 160–61. L. Grootaers in: Leuvensche bijdr. 9, 1910, 106–108. A. E. Schönbach in: Allg. Litbl. 19, 1910, 243–244. K. Schwarz in: Westdeutsche Zs. 1910, 399–405. I.–III., V., VIII.: Th. Frings in: DLZ 36, 1915, 2269–82.

A. Elsässer, Die Kürzung der mhd. langen Stammsilbenvokale in den hd. Mundarten. Auf Grund der vorhandenen Dialektliteratur. Heidelberger Diss. 1909. 78 S.
Rez. O. Meisinger in: ZfdMda. 1910, 284. V. Moser in: LitblGRPh 1912, 273–276.

Kurt Jacki, Das starke Praeteritum in den Mundarten des hochdeutschen Sprachgebiets = PBB 34, 1909, 425–529. Heidelberger Diss. 41 S.

K. Rühl, Unflektierte (nominale) und starke Form im Singular des attributiven Adjektivs in den hochdeutschen Mundarten. Gießener Diss. Darmstadt 1909. 99 S.

Oskar Weise, Der gegenwärtige Stand der Forschung auf dem Gebiete der Syntax deutscher Mundarten = GRM. 1909, 733–742.

O. Brenner, Zur Mundartenforschung = Mitteilungen und Umfragen zur bayrischen Volkskunde 1910, 161–163.
Jos. Huber, Zur Methodik der Mundartenforschung. Programm Innsbruck 1910. S. 1–40.
Rez. L. Grootaers in: Leuvensche bijdr. 10, 1912, 166 bis 167.
P. Keiper, Angewachsene und losgetrennte Wortteile in süddeutschen Dialektwörtern = ZfdU 24, 1910, 249–254. Dazu: Chr. Beck ebenda 534f.
O. Meisinger, Die Appellativnamen in den hochdeutschen Mundarten (Nachträge). Programm Lörrach. 19 S.
Rez. O. Heilig in: ZdAllgdtSprVereins 1910, 388–389. P. Geyer in: MonatsschrfhöhSchul. 10, 1911, 514.
O. Meisinger, Mein = ZfdMdaa. 1910, 225.
O. Meisinger, Weibliche Appellativnamen = ZfdMdaa. 1910, 220–224.
F. Mentz, Bibliographie über die „Deutsche Mundartenforschung und -dichtung in den Jahren 1905 und 1906" = ZfdMdaa. 1910, 48–110.
H. Reis, Der Untergang der einfachen Vergangenheitsform = GRM. 2, 1910, 382–392.
O. Weise, Der Schlag mit der Lebensrute und seine mundartlichen Bezeichnungen = ZfdMdaa. 1910, 113–116.
O. Weise, Die Stundenbezeichnungen in den deutschen Mundarten = ZfdMdaa. 1910, 260–264.
Oskar Weise, Unsere Mundarten. Ihr Werden und ihr Wesen. Leipzig 1910. XII, 279 S. 2., verb. Aufl. 1919. 237 S.
Rez. Jos. Schiepek in: ZfGymnasialschulwesen 64, 1910, 463–467. W. A. Hammer in: ZfRealschulwesen 35, 1910, 480–81. Fr. Kluge in: ZfdU 24, 1910, 831–32. Hist. Zeitschr. 105, 650 (1910). Alfr. Götze in: ZfdW. 12, 1910, 317–318. S. F. in: Sonntagsbeil. der Voss. Ztg. 1910, 112. O. Meisinger in: Südwestdeutsche Schulblätter 1910, 252f. Ph. Lenz in: ZfdMdaa. 1911, 87–88. H. Teuchert in: AfdA 35, 1911, 109–111. H. W. Pollatz in: ZföG. 62, 1911, 428–429. Seb. Schwarz in: DnSpr. 19, 1911, 374 bis 376. Th. G. Bayer in: ZfRealschulwesen 1911, 257. L. Grootaers in: Leuvensche bijdr. 9, 1911, 248–50. In: Westermanns Monatshefte 108, 1911, 2, 739. A. Petak in: ZfRealschulwesen 28, 1913, 412.
2. Aufl.
F. B(oehm) in: ZfVde. 30/31, 1920, 42–43. H. H(epding) in: HessBlfVkde. 19, 1920, 126. Selbstanzeige in: GRM. 8, 1920, 187. H. Teuchert in: ZfdMdaa. 1920, 181–183. J. Miedel in: BayBlfgymnasSchulwesen 57, 1921, 32.
A. Gebhardt, Sehen = ZfdMdaa. 1911, 267–269.
E. Maurmann, Kleine Beiträge zur Geographie der deutschen Mundarten = ZfdMdaa. 1911, 289–294.
[S. bes. 6: is/iß – Grenze Bergstraße und Haardt.]
B. Maydorn, Neue Untersuchungen über das Dativ-e = Wissenschaftliche Beihefte zur ZdAllgdtSprVereins, hrg. von P. Pietsch. 5. Reihe, Heft 34. S. 109–132. 1911.
O. Weise, Die deutschen Volksstämme und Landschaften. 4. Aufl. Leipzig 1911. 108 S. u. 1 Karte = Aus Natur u. Geisteswelt, 16. Bändchen.
Carl Berndt, Die Verba reflexiva in den deutschen Mundarten. Diss. Gießen. 1912. VIII, 67 S.
Rez. H. Teuchert in: ZfdMdaa. 9, 1914, 178–179.
P. Diels, Zur spontanen Nasalierung der deutschen Dialekte = ZfverglSprwiss. 1912, 86–89; 45, 1913, 326–333.
Heinrich Marzell, Die Rolle der Tiere in den deutschen Pflanzennamen. I. Teil: Ein botanischer Beitrag zum deutschen Sprachschatze. Diss. Würzburg. 1912. XX, 79 S. (SA. aus dem Werke „Die Tiere in deutschen Pflanzennamen". Heidelberg 1912.)
O. Philipp, Die Besiedlung des südwestlichen Sachsens nach den deutschen Flurnamen = ZfdMdaa. 1912, 226 bis 249.
H. Reis, Die deutschen Mundarten. Berlin u. Leipzig 1912. 144 S. 2. Aufl.: Göschenband 602. 142 S.
Rez. O. Weise in: Sokrates 1, 1913, 266–269; in: ZfdU. 27, 1913, 376. F. P. in: Revue germ. 9, 1913, 251. R. Kapff in: KblfdhöhSchulWürtt. 20, 1913, 287. A. Meillet in: Bulletin de la société de linguistique 61, 1913, 307: W. Egg in: BlfGymnasialwesen 50, 1914, 319. H. Teuchert in: ZfdMdaa. 9, 1914, 175–177. F. Wrede in: DLZ. 37, 1916, 636–638. W. Oehl in: Allg. Litbl. 26, 339. 2. Aufl. H. Teuchert in: ZfdMdaa. 1921, 81–84. O. Heilig in: ZdAllgdtSprVereins 36, 1921, 140–141. J. Miedel in: BayBlfgymnasSchulwesen 57, 1921, 181.
O. Weise, Der Hiatus in den deutschen Mundarten = ZfdMdaa. 1912, 97–112.
Heinr. Marzell, Die Tiere in deutschen Pflanzennamen. Ein botanischer Beitrag zum deutschen Sprachschatze. Heidelberg 1913. XXVI, 263 S.
Rez. W. Zimmermann in: Alemannia 42, 1914, 124–125. E. Prokosch in: JEGPhil. 15, 1916, 289–293.
E. Herkner, Roß, Pferd, Gaul im Sprachgebiet des Deutschen Reichs. (Teildruck.) Marburger Diss. 1914. Marburg 1914 Friedrich. 67 S. (Vollständig als: Deutsche Dialektgeographie H. 10.)
T. W. Arnoldson, Parts of the body in older Germanic and Scandinavian. Diss. Chicago (1915). XII, 217 S.
Deutsche Mundartenforschung und -dichtung in den Jahren 1907–1911, zusammengestellt am Sprachatlas des Deutschen Reichs = ZfdMdaa. 1915, I–IV, 1–139. Dasselbe: ... In den Jahren 1912–1914 (mit Nachträgen aus früheren Jahren), zusammengestellt ... ZfdMdaa. 1916, 1 bis 187, I–IV. Pass. 1915 und 1916. ZfdtMda. 1918, I–IV, 1–81. Pass. 1917 und 1918. ZfdtMda. 1920, I–IV, 1–63. Pass. 1919 und 1920. ZfdtMda. 1922, I–IV, 1–65.
Phil. Lenz, Auslautendes ig, ich und verwandte Wortausgänge im Deutschen = ZfdMdaa. 10, 1915, 302–312.
Fr. Mentz, r für n in unbetonter Silbe (mer = man) = ZfdW. 15, 1915, 234–240.
H. O. Schwabe, The semantic development of words for "eating and drinking' in the Germanic dialects. Diss. Chicago, o. J. (1915?), 110 S.
A. F. Lehnhardt, Die deutschen Mundarten. Mit einer Karte. Bamberg 1916. 72 S.
Rez. A. F. J. Leenen in: Leeuvensche bijdragen 14, Bijblad, 1922, 48–49.
Ph. Lenz, Ausfall und Antritt eines stammauslautenden t oder d bei Zeitwörtern = ZfdMdaa. 1916, 351–356.
K. Brunner, Die Garnweife oder Garnhaspel = ZfVolkskde. 28, 1917, 56–63.
Th. Imme, Die deutsche Soldatensprache der Gegenwart und ihr Humor. Dortmund 1917. 172 S.
Rez. K. Scheffler in: ZdAllgdtSprVer. 1918, 148–149. H. Jantzen in: MittdVerfschlesfVkde. 20, 1918, 225–226. O. Meisinger in: ZfdMdaa. 1918, 186.
O. Maußer, Deutsche Soldatensprache. Ihr Aufbau und ihre Probleme. Straßburg 1917. VII, 132 S.
Rez. Th. Siebs in: MittdVerfschlesfVkde. 19, 1918, 275 bis 276. H. Teuchert in: ZfdMdaa. 1918, 88–89. A. Hübner in: AfdA. 39, 1919, 10–14.
L. Ricker, Zur landschaftlichen Synonymik der deutschen Handwerkernamen. Diss. Freiburg 1917. 139 S. und 3 Karten.
Rez. H. Teuchert in: ZfdMdaa. 1919, 86.
O. Weise, Die Relativpronomina in den deutschen Mundarten = ZfdMdaa. 1917, 64–71.
O. Weise, Die vergleichenden Konjunktionen in den deutschen Mundarten = ZfdMdaa. 1918, 169–181.
J. Miedel, Eine unbeachtete „elliptische" Ortsnamengattung = ZfdMdaa. 1919, 54–65.
F. Wrede, Zur Entwicklungsgeschichte der deutschen Mundartenforschung = ZfdMdaa. 1919, 3–18. 1. Schmeller. 2. 1876. 3. Ramisch 1908.
O. Brieglev, Erklärung der süddeutschen Familiennamen Kroidl, Kraitlein, Rüdlin = ZfdMdaa 1920, 177.
L. Ricker, Beiträge zur Wortgeographie der deutschen Handwerkernamen = ZfdMdaa. 1920, 97–119.
K. Stejskal, Länge der Mitlaute = ZfDke. 1920, 542–549.

Gy. Greb, Bibliographie zur deutschen Dialektforschung und -dichtung = Egyet. phil. közl. 41, 1921, 386.

K. Hentrich, Vermischte Beiträge zur Sprachpsychologie und -physiologie = GRM. 9, 1921, 240–246.

E. Mertes, Ahd. iu ohne Umlaut im Dialektgebiet des Deutschen Reiches = ZfdMdaa. 16, 1921, 34–42.

Michels Viktor, Mittelhochdeutsches Elementarbuch. 4. Aufl. Heidelberg 1921 (einschlägig sind die Mundartparagraphen).

O. Weise, Die volkstümlichen Vergleiche in den deutschen Mundarten = ZfdMdaa. 16, 1921, 169–179.

G. Florin, Die Verbreitung einiger Mehlspeisen- und Gebäcknamen im deutschen Sprachgebiet. Teildruck: Die Bezeichnung der Mehlspeise „Klöße". Gießen 1922 Münchow. (= Gießener Beiträge zur deutschen Philologie V, S. 1–24.)
Rez. H. Teuchert in: ZfdMdaa. 17, 1922, 191.

A. Götze, Proben hoch- und niederdeutscher Mundarten. Bonn 1922. 110 S.
Rez. Th. Siebs in: MittdSchlesGesfVolkskde. 23, 123 bis 124. H. Wocke in: Neue JahrbfklassAltertum. 251, 232. O. Weise in: ZfDeutschkde. 36, 496. G. Bebermeyer in: AfdA 44, 66–67. O. Behaghel in: LitblfGRPh. 46, Sp. 345.

L. Krell, Mundartliche Heimatkunden = ZfDeutschkunde 36, 1922, 38–41.

G. Rönnebeck, Studien zum dialektgeographischen Unterschied von er und he (geschlechtiges Pronomen der 3. Pers.). Diss. Marburg 1922 (ungedr.).

H. Fabin, Wege der Mundartenforschung = Heimatbildung 4, 1923, 221–222.

K. Wagner, Ein süddeutsches „Curiosum" = ZfdMdaa. 18, 1923, 295–301. (Das unorganische scht und sch (aus st und s) in einem Streifen, der von der franz. Sprachgrenze bis zum oberen Lech verläuft.)

F. Wrede, Sprachliche Adoptivformen = Beiträge zur Sprachwissenschaft. Festschrift Behaghel, Heidelberg 1924, S. 83–91.
Rez. H. Teuchert in: Teuth. 1, 1925, 251. F. Karg in: IFAnz. 43, 7.

Teuthonista. Zeitschrift für deutsche Dialektforschung und Sprachgeschichte. Unter Mitwirkung von ... hrsg. von H. Teuchert. 1. 1924/1925; 2. (1925 26); 3. (1926/27); 4. (1927/28).

L. Berthold, Die wortgeographische Forderung und die Programme der modernen deutschen Mundartwörterbücher = Teuth. 1, 1925, 222–226.

A. Pfalz, Grundsätzliches zur deutschen Mundartenforschung. Wien 1925 = Germanistische Forschungen, S. 203–26.
Rez. Th. Frings in: DLZ. 47, Sp. 1785–89.

B. Reiß, Die hochdeutschen Mundarten in den Dramen des Herzogs Heinrich Julius von Braunschweig. Diss. Tübingen 1925. III, 74 S. Maschinenschr. [Der Nachdruck liegt auf dem am stärksten vertretenen Dialekt, dem Schwäbischen.]

B. Martin, Deutsche Dialektgeographie: IV. Die Kartoffel (lat. solanum tuberosum). Teuth. 2, 1925/26, 64–67. V. Die Jauche. Teuth. 2, 1925/26, 134–137. VI. Die Grieben. Teuth. 3, 1926/27, 63–64. VII. Die Heidelbeere. Teuth. 3, 1926/27, 310–313.

F. Wrede, Wörterbuchkonferenz (in Erlangen 1925). Mitteilung = Teuth. 2, 1925/26, 168–170.

J. Schaeffler, Das Mundartenbuch. Mit 1 (eingedr.) Sprachenkarte. Berlin 1926. XII, 224 S.

K. Wagner, Deutsche Sprachlandschaften. In: Verhandlungen der 55. Versammlung deutscher Philologen und Schulmänner S. 67f. (1926?).

K. Wagner, Deutsche Sprachlandschaften. Mit 1 Grundkarte, 8 (farb.) Deckbll. und 8 Tafeln. Marburg 1927. VIII, 89 S. = DDG. H. 23.
Rez. A. Scheiner in KorrbldVerfSiebenbLandeskunde 51, 1928, 105–121. H. Teuchert in: Teuth. 4, 1927/28, 166f. A. Pfalz in: AfdA 48, 1929, 89–94. H. Teske in: OberdtZfVolkskde. 3, 1929, 55–57. W. Uhlemann in: ZfdtBildung 5, 1929, 256. O. Weidenmüller in: Die neueren Sprachen 37, 1929, S. 601f. K. Jaberg in: ZfromPhil. 50, 1930, 241–244.

Johannes Leipoldt, Die Geschichte der ostdeutschen Kolonisation im Vogtlande auf der Grundlage der Siedlungsformenforschung = MittdVerfVogtländGeschuAltertumskde. 36, 1928, 1–215.

Bibliographie zur deutschen Mundartenforschung und -dichtung in den Jahren 1921–1926 (mit Nachträgen zu früheren Jahren). Bearb. von Bernhard Martin. Bonn a. Rh. 1929. VII, 206 S. = Teuthonista, Beiheft 2.
Rez. F. Stroh in: Hess. Bl. f. Volkskde. 27, 1929, 224f. J. Vorstius in: DLZ. N. F. 6, 1929, Sp. 756–58. O. Kieser in: ZfVolkskde. N. F. 1, 1929, 322f. W. Steinhauser in: AfdA. 49, 1930, 55f. S. K. in: ZfRheinische Volkskunde 27, 1930, 93f. F. Maurer in: LitblGRPh. 53, 1932, 375f.

Friedrich Maurer, Mundart = Sachwörterbuch der Deutschkunde 2, 1930, 820–25.

Emmi Mertes, Ahd. iu ohne Umlaut im Dialektgebiet des Deutschen Reiches = Teuth. 6, 1930, 161–234; 7, 1931, 43–120; 7, 1931, 368f. = Marburger Diss. Cf. ZfdMda. 1921, 34–42.

Emil Öhmann, Zu den sprachlichen Adoptivformen = Teuth. 6, 1930, 76.

Konrad Zwierzina, Schriftsprache als Mundart. Rede, gehalten bei der Inauguration als Rektor magnificus der Karl-Franzens-Universität in Graz am 4. Nov. 1930. Graz 1930. 22 S.

Ernst Schwarz, Aufgaben der deutschen Sprachforschung in den Sudetenländern = Deutsche Hefte für Volks- und Kulturbodenforschung 1, 1930/31, 348–358; 2, 1931/32, 17–27.
Rez. A. Doubek-Koenig in: Deutsche wissensch. Zeitschrift für Polen 25, 1933, 212–218.

Friedrich Maurer, Stand der Mundartenforschung. Ein Literaturbericht (1. Hälfte). Forts. u. Schluß = ZfdtBildung 7, 1931, 646–651; 8, 1932, 43–50.

Erik Rooth, Den högtyska dialektforskningen och dess aktuella arbetsuppgifter. En historisk och metodologisk överblick = Årsbok, Lund 1931, 17–40.

Leo Jutz, Grundzüge der deutschen Mundartforschung = ZfDeutschkde. 46, 1932, 465–488.

Otto Maußer, Mittelhochdeutsche Grammatik auf vergleichender Grundlage Bd. I, Dialektgrammatik. München 1932, 159 S.

Franz Dornseiff, Der deutsche Wortschatz synonymisch geordnet. Berlin 1933 u. 1934. 111, XIV, 509 S.
Rez. H. Teuchert in: ZfMda. 11, 1935, 54.

Josef Hanika, Ostmitteldeutsch-bairische Volkstumsmischung im westkarpathischen Bergbaugebiet. Dargestellt an Herkunft, Besiedlung, Recht und Mundart der Sprachinsel Kremnitz-Deutsch-Proben. Münster 1933. XV, 139 S., 2 Taf., 1 Karte = Deutschtum und Ausland Heft 53.
Rez. W. Kuhn in: Deutsche wiss. Zs. für Polen 28, 1934, 199f. Fr. Repp in: Karpathenland 7, 1934, 62f.

Leopold Höfer, Österreich in deutschen Wörterbüchern = Unsere Heimat 6, 1933, 89–95.

Primus Lessiak, Beiträge zur Geschichte des deutschen Konsonantismus, mit einem Vorwort und einem Wort- und Sachverzeichnis von Ernst Schwarz. Brünn-Prag-Leipzig-Wien 1933. XVI, 303 S. = Schriften der Philosophischen Fakultät der deutschen Universität in Prag, 14. Bd.
Rez. Eberhard Kranzmayer in: ZfdMda. 12, 1936, 58–61.

Friedrich Maurer, Volkssprache. Abhandlungen über Mundarten und Volkskunde. Zugleich eine Einführung in die neueren Forschungsweisen. Mit 21 Kartenbildern im Text. Erlangen 1933. X, 135 S. = Fränkische Forschungen I.
Rez. Fritz Stroh in: AfdA. 55, 1936, 74f. Josef Müller in: ZfMda. 11, 1935, 60–62.

Adolf Scholz, Deutsche Mundarten-Wörterbücher. Versuch einer Darstellung ihres systematisch-historischen Werdegangs von Anbeginn bis z. Ende des 18. Jahrhunderts. Leipzig 1933. IX, 84 S. = Form und Geist, Bd. 30.
Rez. K. Kaiser in: Teuth. 10, 1934, 177f.

Ernst Schwarz, Zur Wortgeographie tschechischer Lehnwörter in den deutschen Mundarten = Germanoslavica 2, 1933, 221–237. Mit 2 Karten.

Carl Selmer, Velarization and u-vokalization of l in german dialects = PubloftheModLangAssociation of America 48, 1933, 220–244.

Carl Selmer, Palatalization and i-vocalization of l in present german dialects = The Germanic Review 8, 1933, 124–136.

Eberhard Zwirner, Schallplattenaufnahmen deutscher Mundarten = Vox 19, 1933, 19–30.

Adolf Bach, Deutsche Mundartforschung. Ihre Wege, Ergebnisse und Aufgaben. Eine Einführung. Mit 25 Kt. im Text. Heidelberg 1934. XIV, 179 S. = Germanische Bibliothek, 1. Abt., 1. Reihe, Bd. 18. (Veröffentlichungen des Inst. f. geschichtliche Landeskde. d. Rheinlande an der Universität Bonn.)
Rez. Hermann Teuchert in: AfdA. 55, 1936, 207–209. Hubert Haßmann in: ZfMda. 11, 1935, 177 f. Mitzka in: ZfMdafschg. 13, 1937, 186. B. C. (dt.) in: Revista Germanistilor Români 3, 1934, 182f.

Adolf Bach, Deutsche Mundartforschung. In: Germanische Philologie, Ergebnisse und Aufgaben, Festschrift für Otto Behaghel, Heidelberg 1934, 111–135.

Anneliese Bretschneider, Deutsche Mundartenkunde. Marburg 1934. VIII, 104 S.
Rez. H. Teuchert in: ZfMda. 11, 1935, 55f. Mitzka in: ZfMdafschg. 13, 1938, 187f.

Heinrich Marzell, Der Aronstab (Arum maculatum L.) im Wandel der Zeiten. Mit 3 Abb. = ZfVolkskde. 6, 1934, 36–50.

Heinrich Marzell, Wie heißt die Marguerite im Volksmund? In: Volkskundliche Gaben, John Meier zum 70. Geburtstag dargebracht, Berlin und Leipzig 1934, S. 130–137.

Ernst Schwarz, Untersuchungen zur Wortgeographie slawischer Lehnwörter in den deutschen Mundarten = Forschungen und Fortschritte 10, 1934, 206.

K. Bohnenberger, Zu gân/gên/gangan = PBB. 59, 1935, 235–243.

Richard Loewe, Etymologische und wortgeschichtliche Bemerkungen zu deutschen Pflanzennamen I. II. III. IV. V. VI. I: PBB. 59, 1935, 244–260. II: PBB. 60, 1936, 160 bis 176. III: PBB. 60, 1936, 399–414. IV: PBB. 61, 1937, 208–241. V: PBB: 62, 1938, 43–54. VI: PBB: 62, 1938, 390–418.

Heinrich Marzell, Volksbotanik. Die Pflanze im deutschen Brauchtum. Berlin 1935 Enckehaus (Deutsche Arbeitsfront). 195 S.
Rez. Edw. Schröder in: AfdA. 54, 1935, 203f.

Heinrich Marzell, Zu Beitr. 59, 244ff. = PBB. 59, 1935, 458–460. (Zu Loewes Pflanzennamen.)

Fr. Maurer, Volkssprache, Abhandlungen über Mundarten und Volkskunde, zugleich eine Einführung in die neueren Forschungsweisen. VII, 135 S. 21 Karten im Text. Fränkische Forschungen Heft 1. Bespr. in Heimat und Volkstum, 1935, 13, S. 46.

A. Miller, Wehrhaftigkeit in deutscher Rede = Volkstum und Heimat 1935, 13, S. 109–112, 123–127. (Betr. d. gesamtdeutschen Wortschatz auch der Schriftsprache.)

J. Schatz, Über die Lautform ahd. Personennamen = ZfdA. 72, 1935, 129–160.

Walter Schultheis, Radlofs Verdienste um den deutschen Wortschatz. Gießen 1935. 34 S. = Gießener Beiträge zur deutschen Philologie XLI.
Rez. Virgil Moser in: ZfMdafschg. 13, 1937, 51–52.

Otto Mensing, Zur Geschichte der volkstümlichen Verneinung = ZfdPh. 61, 1936, 343–380.

Richard Rothleitner, Deutsche Mundartenforschung = Heimat und Volkstum, 1936, 14, S. 49–51, 65–69, 82–85, 97–101, 113–118, 129–132.

R. Rothleitner, Mundart und Schriftsprache = Heimat und Volkstum, 1936, 14, S. 65–69, 209–214, 225–227, 241–246.

Ernst Schwarz, Die Grundlagen der neuhochdeutschen Schriftsprache = ZfMdafschg. 12, 1936, 1–15.

Georg Weitzenböck, Die deutschen Namen des Truthahns = ZfMdafschg. 12, 1936, 83–89.

Georg Weitzenböck, ganz = ZfMdafschg. 12, 1936, 129–133.

Georg Weitzenböck, heikel = ZfMdafschg. 12, 1936, 229–232.

Karl Winkler, Heimatsprachkunde des Altbayerisch-Oberpfälzischen. Kallmünz 1936, 253 S. Der grammatische Teil ist unzulänglich; hauptsächlich Behandlung des Wortschatzes, laienhaft; z. T. aus anderen Werken genommen, z. T. selbst gesammelt.

Otto Maußer, Die deutsche Soldatensprache. In: Das deutsche Volk. Sein Wesen – seine Stände. Band 9: Die deutsche Soldatenkunde, hrsg. von Bernh. Schwertfeger und Erich Otto Volkmann. I. Leipzig (1937) Bibliographisches Institut. S. 400–425.

August Miller, Warum erscheint die Sammlung der deutschen Soldatensprache des Weltkrieges gerade jetzt notwendig? = Heimat u. Volkstum, 1937, 15, S. 367–70.

Wilhelm Schönberger, Die Familienbücher des Reichsnährstandes als Quelle der Familiennamen = Heimat u. Volkstum, 1937, 15, S. 351–55.

Sigrid von der Schulenburg, Leibnizens Gedanken und Vorschläge zur Erforschung der Mundarten. Berlin 1937. 37 S. (Aus den Abhandlungen der Preußischen Akademie der Wissenschaften, Jahrgang 1937, Phil.-hist. Klasse, Nr. 2.)
Rez. Richard Brill in: AfdA. 56, 1937, 193.

Wörterbuch der deutschen Pflanzennamen. Mit Unterstützung der Preußischen Akademie der Wissenschaften bearbeitet von Heinrich Marzell. Unter Mitwirkung von Wilhelm Wißmann. Lieferung 1: Abelia–Agrimonia. Leipzig 1937.
Rez. Joseph Nießen in: ZfMdafschg. 14, 1938, 187–190.

St. Ankenbrand, Pfeiferlreime – Bastlösereime = Heimat u. Volkstum, 1938, 16, S. 118–22. (Aus der Oberpfalz, [unterfränk.] Ostfranken, Rheinpfalz, dem Ries.)

Jos. Huber, Die Sinngleichen für Sarg in Bayern = Volk u. Heimat 1938, 247–253.

Hans-Werner Kaufmann, Sprüchwörter u. Redensarten aus dem Rechtsleben. Ein Arbeitsbericht = Volk u. Heimat 1938, 389–395.

Miller, Proben aus der Soldatensprache des Weltkrieges = Heimat und Volkstum, 1938, 16, S. 43–48.

Virgil Moser, Erratische Formen in der Schriftsprache = ZfMdafschg. 14, 1938, 65–73.

Kurt Ranke, Bachstelze = PBB. 62, 1938, 286–317.

Maria Schäfer, Köstliche Sprüche auf alter Bauernkeramik = Volk u. Heimat 1938, 376–381.

Edward Schröder, Die mhd. Kollektiv-Abstrakta auf -îe, -eie = ZfdA. 75, 1938, 193–195.

Edward, Schröder, Gar-gerëht-gereit(e)-bereit (-fertig) = ZfdA. 75, 1938, 121–140.

Albrecht Unkelhäuser, Major a. D., „Ort" ein wortkundlicher Beitrag (‚Von der ahd. Zeit bis in die Gegenwart reichend u. Gesamtdeutschland betr.; mit Illustrationen') = Heimat u. Volkstum, 1938, 16, S. 129–37.

Hermann Paul, Mittelhochdeutsche Grammatik. 13. Aufl. bearbeitet von Erich Gierach. Halle 1939 (siehe darin die Mundartparagraphen).

Volk u. Heimat. Zeitschrift des Landesverbandes f. nationale Volkserziehung in Bayern, 1.–15. Jahrgang 1924 bis 1939, München (darin Volkskundliches u. z. T. mundartkundliches Material; die Zeitschrift stellte mit März 1939 das Erscheinen ein).

Allgemein Oberdeutsch-Alpengebiet

(wenn nähere Bestimmung nicht möglich ist)

Oberteutsches Wörterbuch = Journ. f. Freunde der Religion u. Litteratur. Heft 1 u. 2. Augsburg 1779.

K. E. Moll (Frhr. von), Erklärung der in der Abhandlung über die Verfassung der Güteranschläge in Gebirgsgegenden vorkommenden Provinzialwörter = Obdtsche. Beitr. zur Naturlehre und Ökonomie für das Jahr 1787. Salzburg 1787. Vorrede S. 11ff.

M. Höfer, Etymologisches Wörterbuch der in Oberdeutschland, vorzüglich aber in Österreich üblichen Mundart. I–III. Linz 1815. 1 Bl., 342 S., 1 Bl.; 362 S., 1 Bl.; 344 S., 36 Bll.

Philologische Belustigungen. Aus der Brieftasche eines oberdeutschen Schulmeisters. München I. II. 1824. 96 u. 94 S. (Enthält vieles über oberdeutsche Mdaa.)

J. G. Radlof, Bemerkungen über die Hülfswörter haben und seyn, besonders in Beziehung auf einige ober- und niederteutsche Mundarten = Teutschkdl. Forschgen. I, Berlin 1825. S. 199–204. Zuerst im kgl. bayr. Intelligenzblatt 1811, St. 81–82.

L. Aurbacher, Kleines Wörterbuch der deutschen Sprache nach J. C. Adelung's größerem Wörterbuche, mit besonderer Rücksicht auf die oberdeutsche Mundart. Sulzbach 1828.

J. M. Schottky, Bezeichnung der verschiedenen Berg- und Felsen-Abstufungen (überwiegend aus der Mundart) = Bilder aus der süddt. Alpenwelt. Innsbruck 1834. S. 265–275.

J. A. Schmeller, Über Quantität im Bayrischen und einigen andern oberdeutschen Dialekten, verglichen mit der in der jetzigen und in der älteren hochdeutschen Schriftsprache = Abhdlgn. der philos.-philol. Kl. d. bair. Ak. der Wiss. I, 1835, S. 741–762.

M. W. Götzinger, Oberdeutsche Mundarten = Die dt. Spr. u. ihre Literatur I, 1. Stuttg. u. Tüb. 1836. § 16. S. 38–40. (Mit Proben.)

M. W. Götzinger, Oberdeutsch u. Niederdeutsch. (Ebd., 1836, § 15, S. 34–38.)

K. M. Rapp, Oberdeutsch. – Schriftsprache und Dialect = Versuch einer Physiol. d. Spr. IV. Stuttg. u. Tüb. 1841. S. 98–110.

Karl Meyer, Die deutschen Benennungen des Murmelthiers = Jb. d. schweiz. Alpenclubs. X, 1874/5 S. 589 bis 594.

R. Andree, Deutsch-italienische Sprachgrenze. (Ebd. S. 22 bis 23, 1876.)

A. Wäber, Die Sprachgrenzen in den Alpen = Jb. d. schweizer. Alpenclubs XIV, 1878–1879, S. 493–516. Mit Karte.

Th. Menke, Deutsche Sprachgrenze in den Alpen. Maßstab 1 : 5000000 (Karte) = Spruner-Menke, Hand-Atl. f. d. Gesch. d. M.-A. u. d. neueren Zeit. Gotha 1880. Fol. Nr. 13. Nebenkarte.

Groos, Bücher und kleinere Aufsätze über die Sprachgrenze in unserm Alpengebiet = Zs. d. dt. u. öst. Alpenver. XV, 1884, S. 98–101.

L. Neumann, Die deutsche Sprachgrenze in den Alpen. Mit einer Karte. Heidelberg 1885 = Samml. v. Vorträgen f. d. dt. Volk, hrsg. v. Wilh. Frommel u. Friedr. Pfaff. XIII, S. 329–362.

G. Gröber, Deutsche Sprachgrenze gegen das Rhätoromanische, Italienische und Französische. Mit Sprachkarte = Grundriß der romanischen Philologie I, Straßburg 1888. S. 420–421.

W. Nagl, Zur Aussprache des ahd. mhd. ē in den oberdeutschen Mundarten = PBB. 18, 1894, 262–269.

K. Bohnenberger, Auslautend g im Oberdeutschen = PBB. 31, 393–428 (1906).

W. Hörstel, Die Reste des deutschen Volkstums in den italienischen Alpen = Tägliche Rundschau, Unterhaltungsbeilage der Nr. 140–144 und 188–190, 1913.

W. Wiget, Der Umlaut von ahd. u in den oberdeutschen Dialekten = ZfdMdaa. 19, 1924, 250–269.

Eberhard Kranzmayer, Die Geschichte des Umlautes im Südbairischen. Ein Beitrag zur oberdeutschen Lautgeschichte = ZfMdafschg. 14, 1938, 73–100.

Gesamtbairisch und Gesamtösterreichisch

(Österreichisch schlechthin)

Buwarisch

J. L. Prasch, Dissertatio, de origine Germanica Latinae linguae. Ratisbonae 1686. 39 S. (Erwähnt und bespricht bair. Wörter, welche dann übersichtlich zusammengestellt sind in Jo. Heumanni Opuscula. Nürnberg 1747. S. 690–692.)

J. L. Praschii, Dissertatio altera de origine germanica latinae linguae, accedit glossarium bavaricum. Ratisbonae 1689. (Das Glossar mit einigen Zusätzen wieder abgedruckt in Joh. Heumann's Opuscula. Nürnberg. 1747. S. 673–690.)

Joh. Heumanni, Opuscula. Nürnberg 1747. (Darin S. 692 bis 704 Wörterverzeichnis, hauptsächlich österreichischer Mundart.) S. o. Prasch.

J. H. G. v. Justi, Österreichische Provincialwörter = Anweisung zu einer guten deutschen Schreibart ... Leipzig 1755. S. 36–37. Anmerkung.

(K. E. Ritter von) Moll, Beyträge zur naturhistorischen Provinzial-Nomenklatur = Naturhist. Briefe über Österreich, Salzburg usw. von Franz von Paula Schrank u. K. E. Ritter v. Moll. II, Salzb. 1785. S. 324–368.

F. Nicolai, Über die österreichische Mundart = Beschr. einer Reise durch Dtschl. usw. V, Berlin 1785. S. 300–315. (Allgemeine Bemerkungen.)

F. Nicolai, Versuch eines östreichischen Idiotikon, oder Verzeichniß östreichischer Provinzialwörter = Beschr. einer Reise durch Dtschl. usw. V, Berlin 1785. Beil. XIV, 1, S. 70–145.

A. Zaupser, Versuch eines bairischen und oberpfälzischen Idiotikons. Nebst grammatikalischen Bemerkungen über diese zwo Mundarten und einer kleinen Sammlung von Sprüchwörtern und Volksliedern. München 1789. 10 Bl., 105 S. – Nachlese dazu. Erste Abteilung. Lebende Mundart. Ebd. 1789. 8 Bl., 51 S.

(Lorinser), Mundart der Österreicher oder Kern aller ächt österreichischen Phrasen und Redensarten. Wien 1800. 107 S. (Nur Buchst. A u. B.)

F. A. Jirasek, Beiträge zu einer botanischen Nomenklatur von Salzburg, Baiern und Tirol. Salzb. 1806. 62 S.

(J. v. Sonnleithner), Mundart der Österreicher, oder Kern echt österreichischer Phrasen und Redensarten von A–Z. Wien 1811. 134 S. – 2. Auflage (u. d. T.:) Idioticon Austriacum, das ist Mundart ... A–Z. 2. vermehrte Aufl. mit besonderer Rücksicht auf Wien. Wien 1824. 1 Bl., 131 S.

K. Fischer, Von dem Purismus der österreichischen Mundart. Aus einer ungedruckten Dialektologie = F. Schlegel's Dt. Mus. IV, 1813, S. 454–478.

K. Fischer, Von den poetischen Elementen der österreichischen Volkssprachen = Friedensblätter. Wien 1814. Nr 71 bis 78.

F. A. J(irasek), Beiträge zur Forstterminologie von Baiern = Zs. f. d. Forst- u. Jagdw. in Bayern, II, 1814, Heft 4, S. 43–56. (Mit einigen Zusätzen.)

F. A. J(irasek), Beiträge zur Forst-Zoologie von Baiern. (Ebd. III, H. 2, 1815, S. 88–137.)

G. H. Kayser, Über süddeutsche Mundarten, mit besonderer Hinsicht auf das Königreich Baiern = Teutoburg, Zs. f. Gesch., Erläuterung u. Fortbildung der dt. Spr., Heft II, 1815, S. 97–107.

J. A. Schmeller, Umlaufschreiben als Aufforderung zu Beiträgen für das „bayrisch-deutsche Sprachbuch“ nebst erläuternden Anmerkungen über Gestalt und Umfang

der Beiträge = Zs. f. Baiern u. die angränzenden Länder, II, 1816, S. 107–123.
M. Schottky, Österreichs deutsche Mundarten. Einige Andeutungen = Wiener Jahrbücher der Lit. 1818. Anz.-Bl. S. 31–40.
F. Ziska, Proben aus einem österreichischen Idiotikon = Wien. Jbb. d. Lit. VI, 1819. Anz.-Bl. S. 17–29.
J. v. Delling, Beiträge zu einem baierischen Idiotikon. I. II. München 1820. XIV, 278 S. u. 1 Bl., 255 S.
J. A. Schmeller, Die Mundarten Bayerns grammatisch dargestellt. Beygegeben ist eine Sammlung von Mundartproben ... nebst einem Kärtchen zur geographischen Übersicht dieser Dialekte. München 1821. XII S., 6 Bl., 568 S.
F. Ziska, Proben eines Wörterbuchs der österreichischen Mundart Buchstabe A = Schmidl's Lit. Anz. 1822, Sp. 713 bis 717, 721–724.
F. Ziska, Auszug aus dem noch ungedr. österreichischen Idiotikon = Wiener Jbb. der Lit. XXV 1824, Anz.-Bl. S. 1–27. XXVI, 1824, Anz.-Bl. S. 1–20.
J. G. Radlof, Betonung fremder Wörter nach der Sprachweise der Bayern und der Ängelländer, nebst Bemerkungen über die Betonung einiger teutschen Wörter in Niederteutschland = Teutschkdl. Forschgen. I, Berlin 1825. S. 83–89. Zuerst im Gesellschaftsblatt, München 1815, Nr. 69.
J. G. Radlof, Verwandtschaft der bayerischen Mundart, in Bezug auf den Mitlauter l = Teutschkdl. Forsch. I, Berlin 1825. S. 264–269. (Zuerst im Bair. Intell.-Blatt 1811, St. 83–85.)
J. G. Radlof, Verwandschaft der bayerischen Mundart mit manchen nordischen, besonders der ängelländischen = Teutschkdl. Forsch. III, Berlin 1827. S. 54–61. (Zuerst im kgl. bair. Intelligenzblatt 1813, St. 58 u. 60.)
J. A. Schmeller, Bayerisches Wörterbuch. Sammlung von Wörtern und Ausdrücken, die in den lebenden Mundarten sowohl, als in der älteren und ältesten Provincial-Litteratur des Königreiches Bayern, bes. seiner ältern Lande, vorkommen, und in der heutigen allgemein-deutschen Schriftsprache entweder garnicht, oder nicht in denselben Bedeutungen üblich sind, mit urkundl. Belegen, nach den Stammsylben etymologisch-alphabetisch geordnet. I. Stuttgart u. Tübingen 1827. 8°. XVIII, 640 S. II. ebd. 1828. 8°. 1 Bl. 722 S. III. ebd. 1836. 8°. VI S., 1 Bl., 692 S. IV. ebd. 1837. 8°. 1 Bl., 310 u. XXX u. 2 S. – 2., mit des Verf. Nachträgen vermehrte Ausgabe. Auf Veranlassung und mit Unterstützung seiner Majestät des Königs ... Maximilian II. hg. durch die hist. Commission bei der Kön. Ak. d. W., bearbeitet von G. K. Frommann. 1. Bd., enth. Theil I u. II d. Ausg., München 1872. 4°. XV u. 1 S., 1784 Sp. 2. Bd., enth. Thl. III u. IV d. 1. Ausg., ebd. 1877. 4°. XXIII u. 1 S., 1264 Sp.
M. W. Götzinger, Bairische Mundart = Die dt. Spr. u. ihre Lit. I, 1. Stuttg. 1836. § 19. S. 60–65. (Ganz kurze Charakteristik; Sprachproben.)
Idiotismen und Idiotika = Fr. Gräffer's öster. National Encyklopädie III, 1838, 25–28. (Über die öster. Mundart im allgemeinen.)
B. Pillwein, Die Sprache. Mundart der verschiedenen Gaue = Geschichte, Geographie u. Statistik des Erzherzogthums Österreich ob d. Enns u. des Herzogthums Salzburg. V. Linz 1839. S. 98–101.
K. M. Rapp, Bayrischer Dialekt = Versuch einer Physiologie der Sprache IV, Stuttgart u. Tübingen 1841. S. 134–142.
K. M. Rapp, Österreichisch = Versuch einer Physiologie der Sprache IV. Stuttgart u. Tüb. 1841. S. 139–142. (Kurze Lautlehre u. Proben.)
Künßberg, Über die bairische Benennung des dritten Wochentages Ertag = Jahresber. d. hist. Ver. in Mittelfr. XII, 1843, S. 44–50.
J. V. Häufler, Sprachenkarte der österreichischen Monarchie, sammt erklärender Übersicht der Völker dieses Kaiserstaates, ihrer Sprachstämme und Mundarten, ihrer örtlichen und numerischen Vertheilung. Pesth 1846. 1 Krte. u. 1 Tab. in Fol., 1 Bl., 9 S. Text.
R. A. Fröhlich, Neueste National- und Sprachenkarte des österreichischen Kaiserstaates und der angrenzenden Theile, mit genauer Angabe der einzelnen Sprachfamilien. Imp. Fol. Lith. u. col. – Mit Text: Historisch-ethnographisch-statistische Erläuterungen zur neuesten National- und Sprachenkarte des österreichischen Kaiserstaates usw. Wien 1849. 66 S. (Der Text erschien auch besonders.)
J. G. Toskano del Banner, Die deutschen Mundarten der österreichischen Monarchie und ihre Litteratur = Die dtsche. Nationallitteratur ... der österr. Monarchie usw. I. Wien 1849. S. 27–39.
B. Sengschmitt, Über den Zusammenhang der österreichischen Volkssprache mit den drei älteren deutschen Mundarten. (Jber. d. Gymn. zu den Schotten in Wien 1852. S. 3–19.)
K. Czoernig, Frhr. v., Ethnographische Karte der österreichischen Monarchie. Hrsg. von der K. K. Direktion der administrativen Statistik. Wien 1855.
Der bayerische Dialekt in seinem Verhältnisse zur allgemeinen, insbesondere zur antiken Sprachwissenschaft = Abendbl. z. Neuen Münchener Ztg., 1856, Nr. 194 u. 195, S. 773, 774, 777–778.
C. v. Scheuchenstuel, Idiotikon der österreichischen Berg- und Hüttensprache. Wien 1856. VIII, 270 S.
J. E. Waldfreund (Peter Moser), Beiträge zur deutschen Dialectologie = Dt.Mda. III, 1856, S. 334–344. (Wörterverz., Unterinntal u. Salzburg betr.)
K. Czoernig, Frhr. v., Deutsche Sprachgränzen in der österreichischen Monarchie = Ethnographie der österr. Monarchie I. Wien 1857. S. 26–32.
H. Mareta, Proben eines Wörterbuchs der österreichischen Volkssprache mit Berücksichtigung der älteren deutschen Mundarten. (Programm des Schottengymn. in Wien 1861. S. III–X, 1 Bl., S. 1–65; u. 1865. XI + 1 + 72 S.)
A. Birlinger, Handschriftliche Nachträge Schmellers zu den „Mundarten Bayerns" = Herrigs Arch. XXXVII, 1865, S. 29–58. 371–420. Auch besonders gedruckt: Braunschweig 1865.
H. Kiepert, Völker- und Sprachenkarte von Österreich und den Unter-Donau-Ländern. 1 : 3000000. Berlin 1867. Fol. – 2. Aufl. ebd. 1869.
K. Weinhold, Bairische Grammatik. Berlin 1867. XVI S., 1 Bl., 394 S. (Grammatik d. dt. Mda. II.)
Rez. M. Lexer, Zs. f. vgl. SprachW. XVII, 1868, 376–385.
C. Heyß, Über das Kanzleideutsch in Österreich = Dt. Sprwt. III. 1868, S. 52–58.) (Mit Anmerkungen von M. Moltke.)
F. X. v. Schönwerth, Weinhold's bairische Grammatik und die oberpfälzische Mundart. Regensburg 1869. 27 S.
R. v. Muth, Die bairisch-österreichische Mundart, dargestellt mit Rücksicht auf den gegenwärtigen Stand der deutschen Dialektforschung. (10. Jahresb. d. nied.-österr. Landes-oberrealsch. in Krems 1873. S. 3–46.) (Auch besonders: Wien o. J. 46 S.)
Schönwerth, Mundartliches = Oberbayer. Archiv. XXXIV, 1874–1875, S. 343–344. (Handelt üb. die Ausspr. des r im Bairischen.)
H. Lewi, Das österreichische Hochdeutsch. Versuch einer Darstellung seiner hervorstechenden Fehler und fehlerhaften Eigenthümlichkeiten. Wien 1875. VI. 48 S.
R. Andree, Deutsch-magyarische Sprachgrenze 6187. S. S. 24 des nächsten Werks.
R. Andree, Deutsch-slovenische Sprachgrenze = R. Andree u. O. Peschel, Physikal.-statist. Atl. d. dt. Reiches I, Bielefeld u. Leipzig 1876, S. 20–24.
A. Birlinger, Zur Sprache der bairischen Vogel- und Fischwaid = Dt.Mda. VII, 1877, S. 92–120.

H. Schuchardt, Slawo-Deutsches und Slawo-Italienisches. Dem Herrn Franz von Miklosich zum 20. Nov. 1883. Graz 1884. 140 S. (Zum Einfluß des Slawischen auf das Deutsche u. Italienische, bes. in der österr. Monarchie.)

H. Schuchardt, Zu meiner Schrift: Slawo-Deutsches und Slawo-Italienisches = Zs. f. d. öst. Gymn. XXXV, 1884, S. 900–901. XXXVII, 1886, S. 321–352.

C. Czoernig, Frhr. v., Die ethnologischen Verhältnisse des österreichischen Küstenlandes nach dem richtig gestellten Ergebnisse der Volkszählung vom 31. Dezember 1880. Mit einer ethnogr. Karte in 2 Bll. Triest 1885. 8°. 35 + 3 S.

F. Le Monnier, Ritter von, Karte der Vertheilung der Bevölkerung Österreich-Ungarns nach der Umgangs-, beziehungsweise Muttersprache auf Grund der Ergebnisse der Volkszählung v. 31. Dez. 1880 = Physik.-stat. Atl. v. Öst.-Ung. Wien 1885. Fol. Nr. 15.

F. Le Monnier, Ritter von, Verbreitung der Deutschen in Österreich-Ungarn nach der Volkszählung vom 31. Dezember 1880. (Gerichts- und Stuhlbezirke.) Wien 1885. Fol. (Karte.)

K. Luick, Die Qualität der mittelhochdeutschen ĕ nach den lebenden Dialekten = PBB. XI, 1886, S. 492–517.

W. Nagl, Über den gegenwärtigen Stand der baierisch-österreichischen Dialektforschung = Blätter d. Ver. f. Landesk. von Niederösterreich XX, 1886, S. 3–62. Dass. mit Excursen über die Parallele-Dialekt-Dichtung und verwandte Literaturzweige. Wien 1886. 64 S.

L. Rockinger, An der Wiege der bayerischen Mundart-Grammatik und des bayerischen Wörterbuches. Mit einem Bildnisse Schmellers = Oberbayer. Arch. XLIII, 1886, S. 1 bis 306 u. 1 S. Inhalt.

H. W. Nagl, Die wichtigsten Beziehungen zwischen dem österreichischen und dem čechischen Dialect = Blätt. d. Ver. f. Landesk. v. Niederösterr. XXI, 1887, S. 356–388. XXII, 1888, S. 417–434.

J. Steyrer, Die ursprüngliche Einheit des Vokalismus der Germanen auf Grund einer Vergleichung der bajuwarischen Mundart mit dem Englischen. Wien 1887. 46 S.

F. Le Monnier, Ritter von, Sprachenkarte von Österreich-Ungarn bearbeitet nach der durch die Volkszählung vom 31. Dezember 1880 für jede einzelne Gemeinde erhobenen Daten. Auf topographischer Grundlage der ... Karte des Österreichisch-ungarischen Reiches von Ritter von Schede 1 : 1000000. Wien 1888. Fol. 4 Bll.

K. Luick, Geschlossenes e für ë vor st = PBB. XIII, 1888 S. 588–589.

Balassa, Aussprache des Schriftdeutschen in Ungarn = Phonet. Stud. II, 1889, S. 136–138.

K. Luick, Zur Geschichte der deutschen e- und o-laute. 1. Die langen e- und o-laute im Bair.-österr. 2. Die Klangfarbe von mhd. ê und oe. 3. Die e- und o-laute in der Sprache, der Gebildeten in Österreich. 4. Nachtrag = PBB. XIV, 1889, S. 127–148. Besonders Marchfeldmda. betr.!

W. Nagl, Die wichtigsten Beziehungen zwischen dem österr. und čechischen Dialekt = BldVerfLandeskdeNiederösterr. 22, 1890, 417–434.
Rez. A. Hruschka in: MittdVerfGeschdDeutschen in Böhmen, Lit. Beilage 27, 1890, 63–69.

Bayerns Mundarten. Hrsg. von O. Brenner und A. Hartmann. München. Bd. I, H. 1 u. 2: 1891. Bd. I, H. 3 S. 321–479: 1892. Bd. II, H. 1 S. 1–160: 1893. Bd. II, H. 2 S. 161–304: 1894.
Rez. I, 1–2: O. Lyon in: ZfdU 5, 1891, 365–366. K. Weinhold in: ZdVerfVkde., 1891, 345. Selbstanz. von O. Brenner in: ArchfAnthrop. 10, 1892, 383–387. Ferner: A. Mayr in: ZfdRealschulwesen 17, 1892, 603. I, 1–3: F. Kauffmann in: Litbl. 1894, 220–222.

O. Brenner, Mundarten und Schriftsprache in Bayern. Bamberg 1891. 85 S. mit 5 Abb. u. 1 Karte = Bayrische Bibliothek, begr. von K. v. Reinhardstöttner und Karl Trautmann. 18. Bdchen.
Rez. G. Binz in: Litbl. 1892, H. 9.

O. Brenner, Schnaderhüpfel aus Dirlewang = Bayerns Mundarten 1, 1891, 197.

A. Demmler, Einiges aus dem Donau-Lech-Winkel = Bay Mda. 1, 1891, 305–308.

A. Hartmann, Ein sprachgeschichtlich interessantes Lied = BayMda. 1, 1891, 116–121.

Kleinere Mitteilungen von mundartlichem Interesse = BayMda. 1, 1891, 145 u. 146. [U. a. zur künftigen Sprachkarte Bayerns! Schnadahüpfl!]

O. Brenner, Ein Fall von Ausgleichung des Silbengewichts in bayrischen Mundarten = Indg. Forsch. 3, 1894, 297 bis 301.

Bayerns Mundarten. Beiträge zur Deutschen Sprach- und Volkskunde. Hrsg. von O. Brenner und A. Hartmann. Band 2, Heft 3 (Seite 305–464 nebst Bandtitel). München 1895. Die Zeitschrift erschien nicht weiter!
Rez. Zu 2, H. 1: F. Jacobi in: BlfdGymnasialschulwesen 30, 1895, 110–114. Zu 2, H. 2: Weinhold in: ZVVke. 5, 1895, 464.

Ein altes italien.-deutsches Sprachbuch, hrsg. von Brenner = BayMda. 2, H. 3, 1895, S. 384ff.

O. Brenner, Ein altes italienisch-deutsches Sprachbuch. Ein Beitrag zur Mundartenkunde des 15. Jahrh. S.-A. aus Bayerns Mundarten. München 1895. 64 S.

L. Hörmann, Bibliographisch-kritische Beiträge zur österreichischen Dialektlitteratur. Wien 1895.
Rez. J. W. Nagl in: Euphorion 5, 1898, 119–123.

Mareta, Proben eines Wörterbuchs der österr. Volkssprache = Alt-Wien 34, 1895.

J. W. Nagl, Über den Gegensatz zwischen Stadt- und Landdialekt in unsern Alpenländern = ZföſterrVolksk. I, Heft 2, 1895.

R. Sprenger, Zu Schmeller-Frommanns bayr. Wörterbuch II, 265 = ZfdPh. 29, 1896, 122.

K. Bohnenberger, Über gât/gêt im Bayrischen = PBB. 22, 1897, 209–216.

H. Mareta, Proben eines Wörterbuches der österreichischen Volkssprache = Alt-Wien 6, 1897; 7, 1898.

A. E. Schönbach, Über den conj. praet. im Bayrisch-österreichischen = PBB. 24, 1899, 232–238.

K. Luick, Deutsche Lautlehre. Mit besonderer Berücksichtigung der Sprechweise Wiens und der öster. Alpenländer. Wien 1904, XII, 103 S.
Rez. -nn- Lit. Centralbl. 56, 1905, 216. J. Schatz in: ArchfdStuddneuerenSpr. 114, 1905, 189–192.

E. K. Blümml, Kinderreime und Volkslieder aus dem bayrisch-österreichischen Sprachgebiet = Deutsche Mundarten 2, Heft 1–2, 1906, S. 163–176.

Brenner, O., Mitteilungen und Umfragen zur bayrischen Volkskunde. 1906. N. F. Nr. 8: Das Mundartwort kreisten. Vgl. ZfdMdaa. 1906, 383.

St. Mostecky, Die Mundart in der Schule = Die Zeit (Wien) Nr. 1203 vom 31. Jan. 1906.

J. W. Nagl, Über mhd. ê, æ, œ und gleiche Aussprache dieser drei Laute = Deutsche Mundarten 2, Heft 1–2, 1906, S. 53–68.

O. Maußer, Ein rheinisches Wörterbuch = Beilage der Münchner Neuesten Nachr. 1908, Nr. 45 (22. Aug), S. 420–422.

V. Moser, Der angebliche n-Abfall im Bayrischen = ZfdPh. 40, 1908, 356–358.

R. Much, Jausen und Untern = Das deutsche Volkslied, 10. Jahrg. Vgl. ZfdMdaa. 1908, 286.

J. Seemüller, Deutsche Mundarten I. Wien 1908, A. Hölder. 28 S. = Nr. XI der Berichte der Phonogramm-Archivs-Kommission der Kaiserl. Akad. der Wissenschaften in Wien. Aus den Sitzungsberichten der K. Akad. d. Wiss., Phil.-hist. Kl. 158, IV. Dasselbe. II. (= XV. Mitteilung.) Sitzungsberichte der K. Akademie d. Wiss. in Wien, phil.-hist. Klasse 161, VI. Wien 1909. 36 S.
Rez. I. u. II.: F. Wrede in: AfdA. 33, 1909, 229–231.

Zweites Bücherverzeichnis der Bibliothek des Vereins f. bayr. Volkskunde und Mundartforschung. Beilage zu den „Mitteilungen und Umfragen". 1908. 12 S.

P. Lessiak, Beiträge zur Dialektgeographie der österreichischen Alpenländer. B. Das Gail- und Lesachtal (in Kärnten) nebst angrenzenden Gebieten = ZfdMdaa. 1909, 1–24.

P. Lessiak, Alpendeutsche und Alpenslawen in ihren sprachlichen Beziehungen = GRM. 2, 1910, 274–288.

Jos. Seemüller, Deutsche Mundarten III = XX. Mitt. der Phonogr.-Archivs-Kommission. Sitzungsberichte der K. Akademie d. Wiss. in Wien, phil.-hist. Klasse. Wien 1911. 63 S.

Rez. Hans W. Pollak in: ZföG. 64, 1913, 326–328.

Jos. Seemüller, Vom österreichisch-bayrischen Wörterbuch. SA. aus Österr. Rundschau 29, 1911, 224–229.

M. Höfler, Der Frauen-Dreißiger = ZföVkde. 1912, 133 bis 161.

K. Luick, Zum österreichischen Deutsch = GRM. 4, 1912, 606–607.

Jos. Seemüller, Von Mundart, Schriftsprache und Sprachverein. Eine Werbung. Aus der vom Zweige Reichenberg hg. Festschrift zur Hauptversammlung des Deutschen Sprachvereins in Reichenberg 1912. 1912. Selbstverlag. 16 S.

M. Filzi, Beitrag zu einem unterländischen Idiotikon. Programm der K. K. Staatsrealschule in Pola. Schuljahr 1912/13. Fortsetzung: ebenda 1914. 8 S.

Rez. Zs. des Ferdinandeums: 58, 1915, 485; 59, 1916, 348 (M. Hechfellner). A. Nathansky in: ZföG. 68, 1917, 137.

J. W. Nagl, Grundlegendes für das Mundartenwörterbuch = Wiener Ztg. 18. 4. 1913.

J. W. Nagl, Sonderbare Ausdrücke aus der Mundart .= Wiener Ztg. 8. 8. 1913.

A Pfalz, Aufruf. Kurze Übersicht über die bayerischen Mundarten Österreichs = Bayerischer Heimatschutz, München 1913, 14–22.

H. W. Pollak, Die Aufnahme deutscher Mundarten durch das Phonogramm-Archiv der Kaiserlichen Akademie der Wissenschaften in Wien = ZfdMdaa. 1913, 83–88.

(Jos. Seemüller) I. und II. Bericht der von der Kais. Akademie der Wissenschaften in Wien bestellten Kommission für das Bayerisch-österreichische Wörterbuch, erstattet von ihrem Obmann. Wien 1913 bzw. 1914. 19 S. bzw. 32 S.

Köfeln. Belege aus Nordböhmen und Niederösterreich von W. Steinhauser, aus Köln (zwischen 1589 und 1631) von A. Wrede. Bedeutungen 1. Mit Feuer spielen. 2. Gaukeln, taumeln = ZfdMdaa. 9, 1914, 287.

(E. Kuhn) Erster Bericht der Kommission für die Herausgabe von Wörterbüchern bayerischer Mundarten. Kgl. Bayerische Akademie der Wissenschaften. München 1914. 22 S.

H. Pollak, Das Phonogramm-Archiv der Kaiserl. Akademie der Wissenschaften in Wien = GRM. 6, 1914, 257–269.

Aus dem zweiten Bericht der Kommission für die Herausgabe von Wörterbüchern bayerischer Mundarten = Alemannia 42, 1915, 191–192.

O. Maußer, Ergebnisse und Aufgaben der Mundartenforschung in Bayern. Probevorlesung 1915 München. 45 S. = Bairische Hefte f. Volkskunde 1918.

Jos. Seemüller, Bayerisch-österreichisches Wörterbuch. (Bericht.) = ZfdMdaa. 1915, 416.

T. Winterstein, Die österreichische Sprache = ZdAllgdtSprach-Vereins 30, 1915, 64–70, 103–110.

Rez. O. Weise in: ZfdU. 30, 1916, 475.

Bayerisch-österreichisches Wörterbuch (Bericht) = ZfdMdaa. 1916, 189.

A. Brunner, Die österreichisch-bayerische Sprache = ZdAllgdtSprachVer. 31, 1916, 149–151.

Dritter Bericht der Kommission für die Herausgabe von Wörterbüchern bayerischer Mundarten bei der Königl. Bayerischen Akademie der Wissenschaften (gekürzt) (unterz.: Ernst Kuhn, Otto Maußer) = Alemannia 44, 1916, 59–62.

Alois Egger, Die Zinstage der Herrschaft Matrei-Trautson. Beitrag für das bayerisch-österreichische Wörterbuch = ZföG. 67, 1916, 8–18.

Katzelmacher = ZdAllgdtSprachVer. 31, 1916, 18 (F. Polack).

K. Luick, Das österreichische Deutsch = ZdAllgdtSprachVer. 31, 1916, 35–38. 88–93.

R. Raubusch, Hans Watzlick. Betrachtungen über Sprachkunst und Spracheinheit eines österreichischen Dichters = ZdAllgdtSprVer. 31, 1916, 219–226.

IV., V. und VI. Bericht der von der K. Akademie der Wissenschaften in Wien bestellten Komission f. d. Bayer.-öster. Wörterbuch. Wien 1916. 1917. 1918. (Für die Jahre 1915–1917.) VII. ..., erstattet f. d. Jahr 1918. Wien 1919. 19 S.

Die Leowent („Lorwand") = ZföVkde. 23, 1917, 121–122 (A. Webinger).

Bericht über die im Sommer 1918 durchgeführten wissenschaftlichen Reisen, von Jos. Seemüller. Wien 1918. 6 S. SA. aus dem Anzeiger der phil.-hist. Klasse der Akademie der Wissenschaften vom 6. Nov. (1918 Nr. XXIII.)

Deutsche Mundarten V, hrsg. von J. Seemüller. Wien 1918. 76 S. = 48. Mitteilung der Phonogramm-Archivs-Kommission = Sitzungsbericht der phil.-hist. Kl. d. Kais. Akad. der Wissenschaften in Wien, 187. Bd., 1. Abhdlg.

A. Pfalz, Die Synonymenzettel und die Wortgeographie. VI. Bericht der Wiener Wörterbuchkomm. 1918, S. 14–24. Ders.: Synonymenzettel und Bedeutungslehre. VII. Bericht der Wiener Wörterbuchkomm. 1919, S. 11–19.

A. Pfalz, 1. Suffigierung der Personalpronomina im Donau-bayrischen. 2. Reihenschritte im Vokalismus. Wien 1918 Hölder. 42 S. = Beiträge zur Kunde der bayer.-österr. Mundarten, I. Heft, in Sitzungsber. der K. Akademie der Wissenschaften in Wien, phil.-hist. Klasse, 190. Bd., 2. Abh.

Rez. J. Schatz in: AfdA. 40, 75–76, 1920. L. Jutz in: DLZ. 41, 1920, 449–460.

K. Bergmann, Streifzüge durch die bayerischen Mundarten = ZfdU. 33, 1919, 424–427.

H. Marzell, Quellen zur bayr. Volksbotanik = Bayr. Hefte f. Vkde. 6, 1919, 213–223.

O. Maußer, Mundartenaufnahme Bayerns durch die Münchner Akademie = ZfdMdaa. 1919, 81–84.

J. Seemüller, Bericht aus der Wiener Kanzlei des Bayer.-österr. Wörterbuchs = ZfdMdaa. 1919, S. 80–81.

E. Trauschke, Herkunft und Bedeutung des Spottnamens „Katzelmacher" = GRM. 8, 1919, 105–106.

7. Bericht der Kommission f. die Herausgabe von Wörterbüchern bayer. Mundarten. Berichtsjahr 1919 einschl. März 1920. Bayer. Akademie der Wissenschaften München. 1920. 12 S.

H. Leschanoffsky u. A. Mensi, Österreichisches Deutsch = Süddeutsche Monatshefte 18, 1921, 280–282.

Rich. Newald, Beiträge zur Soldatensprache (In Maschinenschrift). Diss. München 1921. (Einschlägig zur österr. Soldatensprache.)

W. Steinhauser, Beiträge zur Kunde der bair.-österr. Mundarten. Wien 1922. 92 S. = Sitzungsberichte der Akademie der Wissenschaften in Wien, phil.-hist. Klasse, 195. Bd., 4. Abh.

Rez. F. Lüers in: Teuth. 1, 1925, 190–191. H. Teuchert in: AfdA. 44, 1925, 66.

H. Kuen, Bair. granten „Preißelbeeren", ein ladinisches Lehnwort = ArchivfdStuddneuerenSprachen 146, 1923, 113–115.

A. Pfalz, Zur Darstellung der bayr. Mundarten in Ludwig Sütterlins nhd. Grammatik = Die neueren Sprachen 32, 1924, 395–404.

XI. Bericht der Kommission f. d. Bayer.-österr. Wörterbuch für 1923. Wien 1925. 26 S. mit einem Anhange. (SA. aus dem Anzeiger der phil.-hist. Klasse der Akademie der Wissenschaften Wien 1924, VIII.) XII. Bericht ... f.

1924. Wien 1926. (Anz. d. phil.-hist. Kl. d. WA. 1925, Nr. 5, S. 3–10.)
Rez. Zum 12. Bericht: J. Miedl in: Teuth. 2, 1925/26, 74f. H. Teuchert in: AfdA. 45, 188.

Grammophonische Berichte = Teuth. 1, 1925, 229–30. Darin: Hans W. Pollak über die Reichhaltigkeit und Vielseitigkeit des Phonogramm-Archivs der Akademie der Wissenschaften in Wien.

(C. von Kraus) 13. Bericht der Kommission f. d. Herausgabe von Wörterbüchern bayerischer Mundarten = Jahrbuch der bayerischen Akademie 1925, 59–65. 14. 15. Bericht... (von Verschied. unterzeichnet). München 1927. 1928.
Rez. zum 13. Bericht: B. Schweizer in: Teuth. 3, 1926/27, 202–205. Zum 14. Bericht: B. Schweizer in: Teuth. 4, 1927/28, 169f.

G. A. Lukas, Die Südostecke des deutschen Sprachgebietes = Geopolitik 2, 1925, 803–818.

J. Schatz, Von der bairisch-österreichischen Mundart = Wiener Zs. f. Volkskunde 30, 1925, H. 1/2.

W. Steinhauser, Die sinnverwandten Wörter für „kleines Anwesen" im Bayer.-österr. Wien 1925. (SA. aus dem Anzeiger der phil.-hist. Klasse der Akademie der Wissenschaften in Wien 1924, VIII.)

E. Schwarz, Beiträge zur bairischen Lautgeschichte = Teuth. 2, 1925/26, 259–270.

E. Schwarz (weitere mdartl. Arbeiten siehe ZfdMdaa. 1922, 15).

P. Kretschmer, XIII. Tätigkeitsbericht der Kommission f. d. bayrisch-österreichische Wörterbuch = Anzeiger der Akademie der Wissenschaften in Wien, phil. Klasse 63, 1926, 4ff.

A. Pfalz, XIV. Tätigkeitsbericht... = Anzeiger... 64, 1927, 58–64.

A. Pfalz, Angeblich fränkische Mundarten in Österreich = OberdtZfVolkskde. 1, 1926, 54–62.

A. Pfalz, Aus der Werkstatt des bayerisch-österreichischen Wörterbuchs = OberdtZfVolkskde. 1, 1926, 150f.

A. Pfalz, Dialektgeographische Proben. Wien 1926 = Anzeiger der phil.-hist. Klasse der Akademie der Wissenschaften Wien 1925, Nr. 6, S. 10–25.

E. Biener, Dialektstudien an den Diktaten zum Weißkunig = Teuth. 4, 1927, 32–43.

W. Steinhauser, Die sinnverwandten Ausdrücke zur Bezeichnung der „Speckgrieben" im Bairischen = Anzeiger der Akademie der Wissenschaften in Wien, phil. Klasse 64. 1927, 64–84.
Rez. B. Schweizer in: Teuth. 4, 169f. (1927/28).

XV. Bericht der von der Akademie der Wissenschaften in Wien bestellten Kommission für das Bayerisch-Österreichische Wörterbuch für das Jahr 1927, verfaßt von Prof. Dr. A. Pfalz, vorgelegt vom Obmann der Kommission P. Kretschmer = Anzeiger der Akademie der Wissenschaften, phil.-hist. Klasse 65, 1928, 123–129.

Alfons Königer, Zehn Jahre bayrische Mundartforschung = Heimat und Volkstum 6, 1928, 193–198.

A. Pfalz, Formenwucher. In: Festschrift für Max H. Jellinek, 1928, 97–104.

Zu den „Angeblich fränkischen Mundarten in Österreich". Entgegnung von Arthur Haberlandt und Schlußwort von Anton Pfalz = Oberdt. Zs. f. Volkskde. 2, 1928, 80.

C. v. Kraus, 16. Bericht der Kommission für die Herausgabe von Wörterbüchern bayerischer Mundarten = Jahrbuch der Bayerischen Akademie 1928/29, 138–146.
Rez. H. Haßmann in: Teuth. 6, 1930, 147f.

Eberhard Kranzmayer, Die Namen der Wochentage in den Mundarten von Bayern und Österreich. Mit 1 Grundkarte und 11 Pausen. Wien-München 1929. 100 S. = Arbeiten zur Bayerisch-Österreichischen Dialektgeographie, H. 1.
Rez. O. Behaghel in: LitblGRPh. 51, 1930, Sp. 177f. A. Götze in: DLZ. 3. Folge 1, 1930, Sp. 1503–1505. H. Haßmann in: Teuth. 6, 1930, 291f. E. Weinkopf in: WienerZfVolkskde. 35, 1930, 133f. H. B(ächtold)-St(äubli) in: Schweiz. ArchfVolkskde. 31, 1931, 229f. E. v. Schwartz in: DtUngHeimatbll. 3, 1931, 352. H. Teuchert in: AfdA. 50, 1931, 115–118. L. Jutz in: ArchivfdStuddneuerenSpr. 162, 1932, 284f. E. Klebel in: MittdÖsterrInstfGesch. 46, 1932, 500f. E. Weinkopf in: WienerZfVolkskde. 35, 1932, 133f.

A. Pfalz, 16. Tätigkeitsbericht der Kommission für das Bayerisch-Österreichische Wörterbuch = Anzeiger der Akademie der Wissenschaften in Wien, phil.-hist. Klasse 1929, 19–23.

Joh. Andreas Schmeller, Die Mundarten Bayerns, grammatisch dargestellt. München 1821 K. Thienemann. Neudruck: München 1929. IV, 176 S. (besorgt von Otto Mausser; der Band enthält den lautgrammatischen Teil).
Rez. O. Basler in: DLZ. N. F. 6, 1929, Sp. 1627f.

Walther Steinhauser, Das bayerisch-österreichische Wörterbuchunternehmen der Akademie der Wissenschaften in Wien und München = Forschungen und Fortschritte 5, 1929, 60.

17. Bericht der Kommission für die Herausgabe von Wörterbüchern bayrischer Mundarten = Jahrbuch der bayerischen Akademie 1929/30, 67–77.

Friedrich Lüers, Bayerns Mundarten und der heutige Stand ihrer Erforschung = Neues Land (München), Wissenschaft. Teil 37, S. 22–28. 1930.

Von Kraus, 18. Bericht der Kommission für die Herausgabe von Wörterbüchern bayerischer Mundarten = Jahrbuch der bayerischen Akademie 1930/31, 88–96.

Eberhard Kranzmayer, Sprachgeschichten und Sprachbewegungen in den Ostalpen. I. Wien–München 1931. 61 S. = Arbeiten zur bayrisch-österreichischen Dialektgeographie 2.
Rez. A. Bretschneider in: ZfVolkskde. 41, N. F. 3, 200f. H. Haßmann in: AfdA. 50, 1931, 118f. H. Weigl in: WienerZfVolkskde. 36, 1931, 84f. O. Behaghel in: LitblGRPh 53, 1932, Sp. 375. E. Klebel in: MittdÖsterrInstfGesch. 46, 1932, 500f. H. Teske in: OberdeutscheZfVolkskde. 6, 1932, 52f.

F. Lüers, Die bayerischen Mundarten und ihre Wiedergabe im Schriftbild = Bayer. Wochenschr. f. Pflege von Heimat und Volkstum 9, 1931, 81–87; 97–101; 113–118.

A. Pfalz, 18., (19.) Bericht der Kommission für das Bayerisch-Österreichische Wörterbuch = Anzeiger der phil.-hist. Klasse der Akademie der Wissenschaften in Wien 68, 1931, 43–66; 69, 1932, 167–171.

Carl von Kraus, 19. Bericht der Kommission zur Schaffung bayerischer Wörterbücher und für die Erforschung unserer Mundarten = Jahrbuch d. Bayerischen Akademie 1931/32, 115–122.

Juliane Schulla, Die Mundart von Drasenhofen und Umgebung. Diss. Wien 1932.

(C. v. Kraus), 20. Bericht der Kommission zur Schaffung bayerischer Wörterbücher und für die Erforschung unserer Mundarten. 1. April 1932 bis 31. März 1933 = Jahrbuch der Bayerischen Akademie 1932/33, 67–74.

L. Andrian-Werburg, Die Sprache des Österreichers = Vaterland 7, 1933, 4–8.

Erwin Rudolf, Die Außferner Mundart. Diss. Wien 1933.

(C. v. Kraus), 21. Bericht der Kommission zur Schaffung bayerischer Wörterbücher und für die Erforschung unserer Mundarten = Jahrbuch der Bayerischen Akademie 1933/34, 81–91.

Adolf Josef Hinterecker, Flexionslehre der Mundart von Speisendorf. Diss. Wien 1934.

Anton Pfalz, XX. Bericht der von der Akademie der Wissenschaften in Wien bestellten Kommission für das Bayerisch-Österreichische Wörterbuch für die Jahre 1932 und 1933 = SA. aus der phil.-hist. Klasse der Wiener Akademie der Wissenschaften, vom 28. Februar 1934, Nr. V–IX.

Eberhard Kranzmayer, Lautliche Sonderwege alter Dreisilber im Ostoberdeutschen = ZfMdaa. 11, 1935, 65–131.

Hans Seiffert, Nachtwächterverse aus alter Zeit = Heimat und Volkstum, 13, 1935, S. 135–137.

Anton Pfalz, Zur Phonologie der bairisch-österreichischen Mundarten. In: Lebendiges Erbe, Festschrift f. Reclam. Leipzig 1936.

Franz Freitag, Die Namen der Bachstelze in den bairisch-österreichischen Mundarten = ZfMdafschg. 13, 1937, 157 bis 174.

Anton Pfalz, Die Mundarten des Norddonauraumes = Deutsches Archiv für Landes- und Volksforschung 1, 1937, 653–668. Mit 8 Karten.

A. Pfalz, Primus Lessiak = ZfMdafschg. 13, 1937, 178–186.

Ludwig Denecke, Berliner Bruchstücke I. Bruchstück einer Nibelungenhandschrift: Klage 2159–2342 = ZfdA. 75, 1938, 49–57.

T. Gebhard, Dr., Kasten und Speicher (zur Terminologie der Getreidebehältnisse – gesamtbairisch) = Heimat u. Volkstum, 1938, 16, S. 241–245.

Friedrich Kainz, Grillparzer als Mundartforscher. (Mit einem Exkurs zur Vorgeschichte des Bayerisch-Österreichischen Wörterbuches.) = ZfMdafschg. 14, 1938, 154–175.

Eberhard Kranzmayer, Dr., Die Ausdrücke für die Türschwelle in den südostoberdeutschen Mundarten = Heimat u. Volkstum, 1938, 16, S. 33–40.

Heinrich Marzell, Prof. Dr., Das Geheimnis der Haselstaude. Volkskundliches über die Hasel im bayrisch-österreichischen und oberpfälzischen Stammesgebiet = Heimat u. Volkstum, 1938, 16, S. 68–73.

Heinrich Marzell, Dr., Das Geheimnis der Kranewittstaude. Volkskundliches über den Wachholder im bayrisch-österreichischen und oberpfälzischen Stammesgebiet = Heimat u. Volkstum, 1938, 16, S. 7–12.

A. Miller, G'schmeiß. Das Sommer-Ungeziefer in Rede, Glaube und Brauch des bairischen Sprachstammes = Heimat u. Volkstum, 1938, 16, S. 231–40.

A. Miller, Was sich das Volk vom Kuckuck zu erzählen weiß (bezieht sich auf das gesamtbair. Sprachgebiet) = Heimat u. Volkstum, 1938, 16, S. 202–4.

H. E. Müller, Soldatenhumor in Necknamen und Zurufen (bes. bajuwarische Soldatensprache) = Heimat u. Volkstum, 1938, 16, S. 12–15.

Eduard Nübling, Die Dreistammesecke in Bayern = Zs. d. hist. Vereins von Schwaben und Neuburg 1938.

Jos. Schnetz, Der Name „Österreich" u. seine Geschichte = Germanien 1938, 106–109.

Wilhelm Schönberger, Dr., Schutz den Flurnamen vor dem Kataster (betr. Oberpfalz, Oberbayern, auch z. T. Ostfranken) = Heimat u. Volkstum, 1938, 16, S. 305–10.

Bruno Schweizer, Die Bairisch-Österreichische Mundart – ein Spiegel des Volkstums = Germanien 1938, 139–144 (einschlägig zur Gliederung des Gesamtbairischen).

Gilbert Trathnigg, Die Namen der böhmischen Randgebirge = Germanien 1938, 348–350 (Böhmerwald – Sudeten – Erzgebirge – Riesengebirge).

Gilbert Trathnigg, Germanische Namen in Österreich. Die Vornamen im mittelalterlichen St. Pölten = Germanien 1938, 116–120.

Anton Pfalz, Die Mundarten Deutschösterreichs und der Sudetenländer. In: Die Blutsgemeinschaft im großdeutschen Reich. Graz 1939, S. 143ff.

W. Capilleri, Über das Idiom Österreichs und dessen hervorragendste Dialectdichter = Kürschner, Der literar. Verkehr Nr. 23. Ohne Jahr.

T. Hildenbrand, Kurze Darstellung der geogr. Grenzen der Dialekte des Baiernvolkes = Einleit. zu dess.: So is's bei'n uns in Boarnland. Kempten (Jahr ?). (Vgl. Jahresber. XII. des Münchener Geogr.-Ver., S. 155.)

Altbayern

(Westmittelbairisch)

Westenrieder, (Bairische) Provincialismen und Sprüchwörter = Beschreibung der Haupt- und Residenzstadt München, München 1782. S. 323–327.

F. Nicolai, Über die Sprache in Baiern = Beschr. einer Reise durch Dtschl. usw. VI, Berlin 1785. S. 779–784. (Allg. Bemerkungen.)

F. Nicolai, Verzeichnis einiger bairischen Provinzialwörter = Beschreibung einer Reise durch Dtschl. usw. VI, Berlin 1785. Beil. II, 7, S. 96–104.

Provinzial- und andere Wörter, welche teils in einzelnen Gegenden Baierns, theils im ganzen baiernschen Kreise gewöhnlich sind, und einiger Erläuterung nötig haben = Geogr.-Statist.-Topograph. Lexikon von Baiern ... III, Ulm 1797, S. 667–676.

Proben eines Idiotikon aus den oberbaierischen Gebirgsgegenden, vorzüglich aus dem Landgerichte Werdenfels = Münch. Intellig.-Blatt 1812, St. 5. 54. 97; 1813, St. 15. 49. 70; 1814, St. 2. 30. 32.

N. O(bermaier), Übereinstimmung einiger bayerischen und französischen Rede-Formen = Verh. d. hist. Ver. in dem Unterdonaukreise I, 1, 1834, S. 36–39.

S. Mutzl, Die bayerische Mundart (in Ober- und Niederbayern) = Bavaria I, 1, 1860, S. 339–363. (Enth.: Zur allg. Charakteristik, grammatische Einzelheiten, örtl. Abstufung des Dial. u. Sprachproben.)

Schnepf, Italobavarismen = Collectanenblatt für Gesch. d. Stadt Neuburg a. D. XLV, 1881, S. 83–89. (Enth. Oberbair. welschen Ursprungs.)

K. Th. Heigel, Italianismen in der Münchener Mundart = Hist. Vortr. u. Studien. 3. Folge. München 1887. S. 264–272.

Keinz, Ergänzungen zum bairischen Wörterbuch, besonders aus der Gegend von Passau = Sitzber. d. bair. Ak. d. Wiss. 1887, II, S. 402–424.

O. Brenner, Altbayrische Sprachproben I. Der Prinz von Arkadien (1701) = BayMda. 1, 1891, 128–145, 203–222.

O. Brenner, Der andächtige Bauer. 1758 = BayMda. 1, 1891, 295–300.

A. Hartmann, Ältere Nachrichten über Dialekte = BayMda. 1, 1891, 121–125, 291–295.

A. Hartmann, Ein altes niederbayrisches Dialektgedicht = BayMda. 1, 1891, 225–239.

M. Himmelstoß, Aus dem bayrischen Wald = BayMda. 1, 1891, 60–81, 239–260; 2, 1893, 118–129; 2, 1894, 243 bis 260.

Fr. Riegel, Beiträge aus Altregensburg = BayMda. 1, 1891, 222–224.

O. Brenner, Altbayrische Sprachproben = BayMda. 1, 336 bis 368 (1892).

O. Brenner, Altbayrische Sprachproben aus dem 18. Jahrhundert. Prinz von Arkadien (Forts.) = BayMda. 2, 60–73 (1893).

A. Hartmann, Zu den Regensburger Fastnachtsspielen = BayMda. 2, 139–142 (1893).

Regensburger Fastnachtspiele, hrsg. von A. Hartmann = BayMda. 2, 1–59 (1893). (Texte vom Jahre 1618.)

O. Brenner, Zu Kiennasts Dachauer Possenspielen = BayMda. 2, 283–285 (1894).

Franz von Paula Kiennast (gest. 1783), Altbairische Possenspiele für die Dachauer Bühne bearbeitet. Zum erstenmal hrsg. und erkl. von O. Brenner. München 1894. XVI, 40 S.

A. Hartmann, Zu den Regensburger Fastnachtsspielen = BayMda. 2, 285–289 (1894).

F. Riegel, Beiträge aus Regensburg = BayMda. 2, 290 bis 292 (1894).

Baumberger Dialektgedichte (v. J. 1759 u. 1770), mitgeteilt von Hartmann = BayMda. 2, 1895, 305ff.

Hartmann, Aug., Zu den Regensburger Fastnachtsspielen = BayMda. 2, H. 3, 1895, S. 452f.

Himmelstoß, Aus dem bayerischen Wald = BayMda. 2, H. 3, 1895, S. 445ff.

G. Maurer, Die mittelhochdeutschen e, iu und ô der Stammsilben in der jetzigen Mundart an der Ilz. Programm

Neustadt a. d. Haardt 1898. 33 S. Dasselbe als Würzburger Diss. 1898.
Rez. O. Glöde in: ZfdU. 14, 1900, Heft 9.

Steinherr, Wörter aus der Aichacher Gegend = Mitt. z. bayer. Volksk. 21, 1898, Nr. 3, S. 2. Ders. Aus dem Wortschatz von Wildenroth. Ebenda 3, 1898, Nr. 3, S. 2f.

O. Brenner, Zur altbayr. Mundart. In: Mitt. und Umfragen zur bayer. Volkskunde 9, 1903, 1.

J. N. Schwäbl, Die altbayerische Mundart. Grammatik und Sprachproben. München 1903. X, 113 S.
Rez. O. Weise in: ZfGymnasialwesen 57, 1903, 562–565. H. Weber in: ZfhochdMdaa. 4, 1903, 368–370. H. Weber in: Bayr. Zs. f. Realschulwesen, N. F. 11, 1903, 253–255. Beyschlag in: BlfdbayrGymnasialschulwesen 40, 1904, 86–88. J. W. Nagl in: ZföG. 55, 1904, 48f. O. Behaghel in: LitblGRPh. 10, 1904, 321f.

Der Bauernsohn in der Kirche. Ein niederbayrisches Dialektgedicht aus ca. 1650. Hrsg. von E. K. Blümml = ZfhochdMdaa. 6, 1905, 228–236.

Fr. Holz, Onomatologische Streifzüge ins Unterinntal = Zs. d. Ferdinandeums 52, 1909, 207–234.

Joh. Schießl, Die niederbayerische Mundart in der Gegend von Eichendorf. Programm Passau 1909. 33 S.

H. Dietl, Ergänzungen zu Schmellers Bayrischem Wörterbuch. Programm Ingolstadt 1912. 32 S. Dasselbe II. Programm d. Gymnasiums zu Ingolstadt 1913.
Rez. zu I: BlfGymnasialschulwesen 48, 1913, 538.

O. Abel, Kosenamen aus der altbayerischen Kinderstube und ihr Gegenteil = ZfdU 28, 1914, 736–740.

O. Maußer, Die Apokope des mhd. -e im Altbayerischen unter besonderer Berücksichtigung der Mundart von Grafenau im Bayrischen Wald. München 1915, Straub. 71 S. (Münchener Habilitations-Schrift von 1915 = aus: Maußer, Der Vokalismus im Altbayerischen. Bd. 2.)

H. Marzell, Quellen zur bairischen Volksbotanik = Bayr. Hefte für Volkskde. 6, 1919, 213–225.

H. Schlappinger, Bilder und Vergleiche im Munde des niederbayrischen Volkes. Programmbeilage des Gymnasiums Ludwigshafen a. Rh. 1919/20. Ludwigshafen 1920. 30 S.
Rez. F. B(oehm) in: ZfVolkskde. 30/31, 1920, 39–40.

R. Vollmann, Flurnamensammlung in Bayern. München 1920. 84 S. = Heimatstudien I, hg. vom Bayer. Verein für Heimatschutz.
Rez. E. S(chröder) in: AfdA. 40, 1920, 96. H. H(epding) in: HessBlfVkde. 19, 1920, 126. H. Teuchert in: ZfdMdaa. 1920, 178.

H. Buller-Hoefler, Vom Flachsbau im Isarwinkel = Bayerischer Heimatschutz 19, 1922, 101–106.

R. Kubitschek, Die Namen Böhmer- und Bayerwald im Volke = Monatsschr. f. d. ostbayer. Grenzmark 11, 1922, 60.

Fr. Lüers, Die Jachenau = Bayerischer Heimatschutz 19, 1922, 125–132.

H. Schlappinger, Ortsbewußtsein und Ortsbezeichnung im Altbayrischen = Bayer. Bl. f. Volkskunde 9, 1922, 117 bis 123.

H. Schlappinger, Wind und Wetter im niederbayrischen Volksmund = Monatsschr. f. d. ostbayer. Grenzmark 11, 1922, 71–73.

A. Schott, Unser Waldbairisch = Monatsschr. f. d. ostbayer. Grenzmark 11, 1922, 160–164.

J. Sigl, Boar als Personenname und ach anstatt ing = Monatschr. f. d. ostbayer. Grenzmark 11, 1922, 19–20.

R. Kubitschek, Die Namen der böhmisch-bayrischen Grenzberge = Monatsschr. f. d. ostbair. Grenzmarken 12, 1923, 1–6.

H. Schlappinger, „Schimpfa, schimpfa tuat nöt weh, wer mi schimpft hat läus und fleh!“ = Monatsschr. f. d. ostbayr. Grenzmarken 13, 1924, 28–31.

B. Schweizer, Der Konsonantismus des Lech-Isar-Landes. Diss. Freiburg i. B. 1925. Maschinenschrift.

B. Schweizer, Der See als Dialektgrenze = Ammersee-Heimatblätter 1926, 9, 5–8.

E. Kranzmayer, Die Synonyma für Kinn und Stirne in den Mundarten Altbayerns. Mit 3 Karten. München 1927. 7 S. = Sb. der Bayerischen Akademie der Wissenschaften, phil.-hist. Klasse 1927, 4. Abh.

F. Lüers, Hausbücher als Quellen für mundartliche Forschung und Heimatkunde. In: Heimarbeit und Heimatforschung. Festgabe für Chr. Frank. München 1927, S. 101–109.

Von Baumer, Die alte (Bayerwald) Sprache in der neuen Welt = Der Bayerwald 28, 1930, 155–160.

J. Lachner, 999 Worte Bayrisch. München 1930. 136 S.
Rez. L. Gorm in: Lit. 33, 1931, 230f.

O. Maußer, Johann Andreas Schmeller, Die Mundarten Bayerns, grammatisch dargestellt. Reg.Bd. Als Beitrag zu einer historischen Geographie der Mundarten Bayerns, hrsg. von Otto Maußer. München 1930, 320 S.

O. Maußer, Bayrisches ABC. München 1930, 160 S. Mit Wörterverzeichnis.

Hans Schlappinger, Kleider machen Leute. Ein Beitrag zur Deutung einiger Ausdrücke der altbayrischen Mundart = Ostbay. Grenzmarken 19, 1930, 140f.

E. Stemplinger, Kirchliches in der altbayerischen Mundart = Der Heimgarten 9, 1931, 222f.

Joseph Maria Lutz, Bayerisch. Mit vielen Zeichnungen von Karl Arnold und Paul Neu. München 1932. 254 S. = Was nicht im Wörterbuch steht, Bd. 3.

Ernst Falkner, Wiguleus Hundt und seine Sprache im „Bayerischen Stammenbuch“. Ein Beitrag zur bayerischen Geschichte und Sprache des 16. Jahrhunderts (2 Teile). Teil 1: Hirschenhausen 1934. XII, 63 S. = Südostbayerische Heimatstudien Bd. 7.

A. Miller, Fremdwörter im Altbayerischen = Heimat und Volkstum 12, 1934, 220–224, 234–239, 248–251.

H. Schlappinger, Zur Geschichte und Charakteristik einiger altbayerischer Wörter = Heimat und Volkstum 12, 1934, 301–303.

F. Schnurer, Ein Mundartenbabylon inmitten Bayerns = Heimat und Volkstum 12, 270–272, 1934.

Wilhelm Schönberger, Die Sprachenverhältnisse der Tirol-Salzburg-Bayerischen Länderecke = Teuth. 10, 1934, 35 bis 98. Auch Diss. München.

Otto Aufseß, Dr. Frhr. von, Eine Bauernhochzeit im Bayerischen Oberland = Heimat und Volkstum, 1935, 13, S. 186–189. (Darin Abdankungsverse aus Kochel-Südbair. Teil Oberbayerns.)

Behrendt, D' Feldwies = Heimat und Volkstum 1935, 13, S. 191–192. (Chiemgau; darin Vierzeiler.)

Oskar Emmerig, Dr., Die Münchner Orts- und Flurnamenbücherei = Heimat und Volkstum, 1935, 13, S. 55–58.

Hans Schlappinger, Eigentümlichkeiten der mundartlichen Aussprache als Kennzeichen in alten Personalbeschreibungen = Heimat und Volkstum, 1935, 13, S. 248–249. (Altbayern, bes. Niederbayern um Straubing betr.)

August Böhaimb, Haussprüche im Chiemgau = Heimat und Volkstum, 1936, 14, S. 219–220.

Otto Kögl, Fresken und Hausinschriften in Ruhpolding = Heimat und Volkstum, 1936, 14, 282–284.

A. Miller, Oberstleutnant a. D., Verschwundene und selten gewordene Gewerbe = Heimat und Volkstum 1936, 14, S. 214–219. (Zur Terminologie der Geräte u. Bezeichnungen, besonders in Altbayern-Oberpfalz; nebenher für Ostfranken einschlägig.)

A. Wittmann, „Dumme“ Wörter = Heimat und Volkstum 1936, 14, S. 312–314.

J. v. Capistran Abel, Interessantes aus einem alten Notizbuch = Heimat u. Volkstum, 1937, 15, S. 239–240. (Volksmedizin u. ihre Terminologie im Chiemgau.)

Jos. Dirscherl, Ein berühmter Garchinger (Oberbayern betr., Lied vom Wirtsseppel von Garching) = Heimat u. Volkstum, 1937, 15, S. 217–219.

Willy Krogmann, Die Mundart der Wessobrunner Schöpfung = ZfMdaffchg. 13, 1937, 128–149.
Aug. Miller, Tiere als Wetteransager. Hundert Wetterregeln aus dem bayrischen Sprachgebiet = Heimat u. Volkstum, 1937, 15, S. 289–95.
Georg Penker, Bäuerliche Sprichwörter (Südoberbayern betr., schon Südbair.) = Heimat und Volkstum 1937, 15, S. 285–87, 296–99, 317–18, 328–30.
Georg Penker, Schleahdärfa Hausnama = Heimat u. Volkstum, 1937, 15, S. 355. (südbair.)
H. Schlappinger, Wammetzen (besonders Umland von Straubing mit nahem bayr. Wald betr.) = Heimat u. Volkstum, 1937, 15, S. 355–57.
Günther Weydt, Zur Deutung und Namengebung des „Helmbrecht" = ZfdPh. 62, 1937, 264–267.
J. v. Abel, Volksmedizinisches aus einem alten Notizbuch = Volk u. Heimat 1938, 427–31 (Dorfbach, BA. Passau).
Bartl, Oberlehrer, Das Saalbuch Aurpurg 1580 (darin viele Zitate; Oberbayern, Bezirksamt Rosenheim betr.) = Heimat u. Volkstum, 1938, 16, S. 375–378.
Robert Böck, Mit dem „Ordinari-Floß" nach Wien = Volk u. Heimat 1938, 272–274 (zur Terminologie der Schiffahrt in Altbayern).
Hans Fehn, Dr., Planmäßige Siedlungsgründung im hinteren Bayrischen Wald im 18. Jahrhundert (darin auch Material zur altbayr. Kanzleisprache) = Heimat und Volkstum, 1938, 16, S. 49–56.
Hans Frank-Stadl, Bauer- und Landwirtschaft im 18. Jahrhundert = Volk u. Heimat 1938, 309–317 (Wortschatz).
Heinz Gaßner, Ein Regensburger Druck des Volksliedes vom Doktor Faust (aus dem Jahre 1768; altbayr., stark mundartl. durchsetzte vulgäre Schriftsprache) = Heimat u. Volkstum, 1938, 16, S. 138–42.
Heinz Gaßner, Kinderreime aus der Regensburger Gegend = Heimat u. Volkstum, 1938, 16, S. 130–132.
Joh. Haiböck, Brauchtum im Bauhandwerk = Volk u. Heimat 1938, 228–230 (betrifft Wildenranna i. bayr. Wald; Wortschatz des Bauwesens).
Jos. Huber, Aus der Sprache des oberbayerischen Bergmannes = Heimat u. Volkstum, 1938, 16, S. 246–48, 265–270
Jos. Huber, Die Flurnamensammlung Oberbayerns = Volk u. Heimat 1938, 16, 22–25, 43.
Heinr. Kastner, Dr., Alte bäuerliche Handwerksgeräte und deren Verwendung = Heimat u. Volkstum, 1938, 16, S. 40–43. (Mit Illustrationen.)
Edgar Krausen, Dr. phil., Wald und Forst im altbairischen Wortschatz = Heimat u. Volkstum, 1938, 16, S. 193–201.
O. Maußer, Dr., Bayerische Soldatenlieder = Heimat u. Volkstum, 1938, 16, 65–68.
A. Miller, Gewerbeschilder. Eine Plauderei über eine zu verschwinden drohende gute Gepflogenheit (darin terminologisches Material, bes. Altbayern betr.) = Heimat u. Volkstum, 1938, 16, S. 257–64.
Ed. Richtsfeld, Einrichtung eines Bauernhauses in Inzing vor 150 Jahren = Volk u. Heimat 1938, 322–326. (Terminologie des Hausrates.)
J. Scheidl, Dr., Altbairische Hausnamen = Heimat u. Volkstum, 1938, 16, S. 17–21.
Herm. Schreibmüller, Die Namen Berchtesgaden u. Königssee = Volk u. Heimat 1938, S. 317–321.
Ernst Schröter, Die Sprache der deutschen Namen des bischöflichen Traditionsbuches von Passau = PBB. 62, 1938, S. 161–285.
Hans Seidlmayer, Ein Streifzug durch altbayerisches Brauchtum. Erwandertes und Erlebtes in 25 Jahren (darin sehr viel Wort- u. Textmaterial! Auch als Buch erschienen) = Heimat und Volkstum, 1938, 16, S. 60–64, 76–80, 94–96, 142–44, 153–60, 173–76, 188–91, 209–18, 249–56, 284–88. Die Buchausgabe erschien innerhalb der Veröffentlichungen des Deutschen Ahnenerbes, Reihe C, volkstümliche Schriften, Bd. 9 im Nordlandverlag, Berlin 1939. 71 S.
Hans Seidlmayer, Frosch und Kröte im altbayerischen Volksbrauch und Volksglauben = Heimat u. Volkstum 1938, 16, S. 295–304, 362–67, 379–383.
Heinrich Kastner, Marchwartsbrunn, das heutige Höhenkirchen = Heimat und Volkstum 17, 1939, 47–51. (Zu den oberbayr. Ortsnamen auf -„brunn".)
Heinr. Kastner, Vom alten Wasserburger Innschiffbau = Heimat und Volkstum 17, 1939, 65–73. (Zum Wortschatz des Salzacher Schiffbaus; mit Bildern.)

Salzburg, Salzburger Land

(mittelbairisch)

(? L. Hübner,) Beyträge zu einem Salzburgischen Idiotikon = Journal v. u. f. Dtschl. (I) 1784, 11. St., S. 325 bis 327. II, 1785, 5. St., S. 404–406.
C***, Übereinstimmung der Salzburgischen und Wirtembergischen Mundarten nach Anleitung der im XI. Stück d. Jg. 1784, S. 325 usw. enth. Beyträge zu einem Salzburgischen Idiotikon = Journal von u. für Dtschl. II, 1785, 12. St., S. 500. (Wörterverzeichnis.)
M. Heusler, Provinzialwörter der Pinzgauer = Salzb. Intelligenzblatt 1785, S. XVII.
R(eisigl) zu N(eukirchen), Noch ein Beytrag zu dem Idiotikon von Ober- und Unterpinzgau = Salzb. Intelligenzbl. 1785. St. XXX.
J. B. Hübner, Die Sprache der Lungauer = Topogr. Beschr. der Landschaft Lungau. Salzb. 1786. S. 35.
L. Hübner, Bemerkung über die Mundart von Abbtenau = Beschreibung des Erzst. Salzburg. Salzb. 1796. II, S. 338.
L. Hübner, Bemerkung über die Mundart von Goldeck = Beschreibung des Erzbistums Salzburg II, Salzb. 1796. S. 418–419.
L. Hübner, Bemerkung über die Mundart von Groß-Arl = Beschreibung des Erzbistums Salzburg II, Salzburg 1796, 451–452.
L. Hübner, Bemerkungen über die Mundart in Hüttenstein = Beschreibung des Erzstiftes Salzburg. I, Salzburg 1796. S. 291.
L. Hübner, Bemerkungen über die Mundart im Lungau = Beschr. des Erzbistums Salzburg. II, Salzb. 1796. S. 535–536.
L. Hübner, Bemerkung über die Mundart in Mattsee = Beschreibung des Erzstiftes Salzburg I, Salzburg 1796, S. 275.
L. Hübner, Lautliches über die Mundart der Pinzgauer = Beschr. des Erzstiftes und Reichsfürstenthums Salzburg. II, Salzburg 1796. S. 677–682.
L. Hübner, Bemerkung über die Mundart von Rauris = Ebd. S. 484. 1796.
L. Hübner, Bemerkung über die Mundart im Thalgau = Beschreibung des Erzstifts Salzburg I, Salzburg 1796, S. 250–252.
L. Hübner, Provinzialbenennungen inländischer Thiere = Beschr. des Erzst. Salzburg. III, Salzb. 1796. S. 860 bis 873.
(K. E. Frhr. von Moll), Salzburgisches Iditotikon = L. Hübners Beschr. des Erzstifts u. Reichsfürstent. Salzburg. III, Salzburg 1796. S. 955–984.
Von einigen Provincial-Sprachfehlern = Salzburger Intelligenzblatt 1798, St. 27. 33. 34.
(F. Graf Spaur), Provinzialismen im Pinzgau = Reise durch Oberdeutschland, Leipz. 1800. S. 217–218.
F. A. von Braune, Sammlung von Trivialbenennungen, welche einige Alpenpflanzen im Salzburgischen Gebürglande führen = Hoppe's botanisch. Taschenbuch 1801, S. 211–215.
(F. M. Vierthaler), Über einige Provinzialwörter des Salzburgischen Gebirges = Salzb. Intell.-Bl. 1801, S. 39.
J. E. Ritter von Koch-Sternfeld, Ideen über Sprache, Nahmen und Schreibkunde im Lande Salzburg: in histo-

rischer Beziehung = Salzburg u. Berchtesgaden. II, Salzb. 1810. S. 332–388. (Mit Wörterverzeichnis.)

F. Sartori, Lungauisches Idiotikon = Neueste Reise durch Österreich usw. II, Leipzig 1812. S. 119–121.

Sprechart der Lungauer = Kön. baier. Intelligenzbl. 1812, S. 653–654.

Provinzialismen im Gebirgstheile Werfen. Gesammelt von einigen Schullehrern des Bezirkes = Kön. bair. Salzach-Kreisblatt 1813, St. 99. 100.

J. E. Ritter von Koch-Sternfeld, Nachtrag zu den „Ideen über Sprache, Namen und Schreibart im Lande Salzburg", das Thal Gastein betreffend = Die Tauern, insbes. das Gasteiner Thal und s. Heilquellen. München 1820. S. 190–192.

Emil (Trimmel), Salzburgische Idiotismen = Reise-Handb. f. Kranke oder Naturfreunde, welche das Thal u. Wildbad Gastein ... zu bereisen wünschen. Wien 1827. S. 408 bis 411. – 2. Aufl. ebd. 1832.

F. A. J(irasek), Etymologische Beiträge = Amts- u. Intelligenzbl. z. k. k. priv. Salzb. Ztg. f. d. J. 1831. Salzb. S. 407. 438. 439.

A. v. Muchar, Die Mundart der Gasteiner = Das Thal und Warmbad Gastein. Grätz (1834). S. 134–135.

M. Koch, Volk und Sprache im Pongau, Pinzgau und Lungau = Reise in Oberösterr. u. Salzb. Wien 1846. S. 351–356. (Vgl. auch S. 305–306.)

I. von Kürsinger, Die Sprache der Lungauer = Lungau, Salzb. 1853. S. 761–765.

I. v. Kürsinger, Lessacher Idiome. Lungau, Salzburg 1853. S. 411–415.

F. Storch, Idiotikon zur Flora von Salzburg = Skizzen zu einer naturhist. Topographie des Herzogth. Salzburg. Salzb. 1857. I, S. 122–128.

F. V. Zillner, Zur Volks- und Landeskunde = Skizzenbuch aus Salzburg. Salzb. 1865. S. 193. (Kurze Charakteristik der Salzb. Mundart.)

A. Prinzinger, Die Tauern = Mitth. d. Ges. f. Salzb. Landesk. VII, 1867, S. 46–78. (Zahlreiche mundartl. Worterklärungen.)

F. V. Zillner, Sprache = Salzb. Kulturgeschichte in Umrissen. Salzb. 1871. S. 150–160. (Entstehung und Entwicklung der Salzb. Mundart.)

N. Huber, Die Literatur der Salzburger Mundart. Eine bibliographische Skizze. Salzburg 1878. 31 S.

A. Prinzinger, Die baierisch-österreichische Volkssprache und die Salzburger Mundarten = Mittl. d. Ges. f. Salzb. Landesk. XXII, 1882, S. 178–199.

H. Dieter, Der salzburgische Dichter Sylvester Wagner. Eine Skizze seines Lebensganges mit Proben seiner Mundartdichtungen. Vortrag, gehalten in der Monatsversammlung der Gesellschaft für Salzburger Landeskunde am 12. November 1896. Mit Porträt des Dichters. Salzburg 1897. 29 S.

A. Prinzinger d. A., Altsalzburg. (Ausgehoben aus einer größeren, noch unvollendeten Arbeit.) Mit einem Anhang über die Grundworte au und gau, ache und bach, über salzburgische Geographie und Salzachursprung = Mitt. d. Ges. f. salzb. Landeskunde 38, 1898, 257–277.

H. F. Wagner, Die Literatur der Salzburger Mundarten, eine bibliographische Skizze von N. Huber. Verb. und verm. SA. aus den Mittl. der Ges. f. Salzburger Landeskunde, Bd. XL, 1901. Salzburg. 36 S.

H. F. Wagner, Die mundartliche Dichtung in Salzburg. Salzburg 1908. 23 S.
Rez. Beil. der Münchener Neuesten Nachrichten 1908, Nr. 124, S. 427.

K. Mautner, Lieder aus dem Gößl am Grundlsee im Ausseer Landl = ZföVkde. 1910, 46–51.

Eugenie Goldstern, Beiträge zur Volkskunde des Lammertales unter besonderer Berücksichtigung von Altenau (Tännengau) = ZföVkde. 24, 1918, 1–29.

Veronika Wimmer, Die Mundart der Stadt Salzburg und ihrer Umgebung. Diss. Wien 1932.

J. K. Beer, Das Volk und die Sprache im Pon-, Pinz- und Lungau. Eine kleine Studie aus dem Salzburgischen Volksleben = Allg. dt. Touristen-Ztg. Nr. 7 u. 8. (Über die Sprache nur ein kleiner Abschnitt in Nr. 8: ein paar Ausdrücke und Proben.) O. J.

Oberösterreich

(mittelbairisch)

M. Höfer, Die Volkssprache in Österreich, vorz. ob der Ens, nach ihrer innerlichen Verfassung und in Vergleichung mit andern Sprachen. In grammatisch-kritischen Bemerkungen entworfen. Wien 1800. 2 Bl., 142 S.

B. Pillwein, Allgemeines über die österreichische Mundart und Idiotismen = Geschichte, Geographie und Statistik des Erzherzogthums Österreich ob der Enns und des Herzogthums Salzburg. Linz 1827–1839. I, S. 106–107; II, S. 137–139; III, S. 120–121; IV, S. 83–84.

A. Ritter v. Spaun, Vergleichung der Sprache des Nibelungenliedes mit der heutigen oberösterreichischen Volkssprache = Heinrich von Ofterdingen und das Nibelungenlied. Linz 1840. S. 78–81.

A. Ritter von Spaun, Über die Orthographie unserer Volkssprache = Oberöstr. Jbb. f. Lit. u. Ldskde. I, 1844, S. 166 bis 184.

Mayr, S., Zur Volkskunde Oberösterreichs: Mundart, Dialect und Volksdichtung = Österreich-Ungarn in Wort u. Bild. Wien 1886. S. 171–185.

Aus dá hoamát. Volksausgabe ausgewählter oberösterreichischer Dichtungen. Hrsg. von H. Zötl, A. Matosch und H. Commenda. Der ganzen Reihe 7. Bd.: Franz Stelzhamers mundartliche Dichtungen, bearb. von N. Hanrieder und G. Weitzenböck. Der musikalische Teil durchgesehen von L. Zöhrer. 1. Bd. Linz 1897. XX, 325 S. mit Abb., Bildnis und 3 Tafeln.

Franz Stelzhamers mundartliche Dichtungen. Bearb. von N. Hanrieder u. G. Weitzenböck. Der musikalische Teil durchgesehen von L. Zöhrer. Bd. 2: 21.–24. Tausend. Linz 1899/1900. XII, 301 S. m. Abb., 5 Taf. und 1 Faks. = Aus dá hoamát. Volksausgaben ausgew. oberösterreichischer Dialektdichtungen. Hrsg. von H. Zötl u. a. Bd. 8.)

H. Zötl, Franz Stelzhamer. Einblicke in sein Leben, Weben und Schaffen. Anhang zu den 2 Bänden 7 u. 8 (von „Aus dá hoamát"): Franz Stelzhamers mundartliche Dichtungen zur Förderung der Einbürgerung seiner Dichtungen zsgest. vorwegs zum Gebrauche für Volksabende. 29. bis 32. Tausend. Linz 1899/1900. 99 S. mit 1 Bildnis u. 1 eingedr. Karte. (= Aus dá hoamát. Bd. 11.)

A. Webinger, Die Beziehungen zwischen Innviertlern und Landlern = ZföVkde. 1910, 96–107.

K. Schiffmann, Mundart um Grieskirchen, Oberösterreich = Seemüller, Deutsche Mundarten III, 1911, 21–25.

F. Hintner, Über einige fehlerhafte Lautungen des oberösterreichischen Schuldeutsch = Jahresbericht des k. k. Staatsgymnasiums in Welz 1913.
Rez. G. Spengler in: ZföG. 66, 1915, 566–567. R. Richter in: ZfRealschulwesen 40, 1915, 634–635.

Joh. Ilg, Gedichte oberösterreichischer Mundart von Robert Kurzwernhart. Aus dem Nachlaß ausgewählt und hrsg. Programm. Bischhöfl. Privat-Gymnasium am Kollegium Petrinum in Urfahr (jetzt in Gleink). 1913.
Rez. R. Richter in: ZfRealschulwesen 41, 1916, 446.

Braunauer Heimatkunde. Heft 12. 13. Braunau (a. Inn) 1919. 1920.

E. Schwarz, Die Ortsnamen im östlichen Oberösterreich = BayHfVkde. 9, 1922, 34–106.

A. Haasbauer, Eine Mundarten-Geographie von Oberösterreich = Heimatgaue. Zfoberösterr.Geschichte 4, 1923, 105–6.

A. Webinger, Lindenmayrische Gedichte im Volksmund = Heimatgaue. Zfoberösterr.Geschichte 4, 1923, 253–261.

A. Webinger, Weihnachtslieder aus Oberösterreich. = Heimatgaue. Zsfoberösterr.Geschichte 4, 1923, 201–252 nebst Beilage.

A. Haasbauer, Die oberösterreichischen Mundarten = Teuth. 1, 1925, 81–107.

J. Mindl, Der Konjunktiv in der Mundart des oberen Landls = Teuth. 1, 1925, 108–149. (Untersuchungsgebiet ist der südwestliche Teil des oberösterr. Hausruckviertels, der Bezirk Vöcklabruck und die angrenzenden Teile von Wels und Gmunden.)

A. Haasbauer, Ein Streifzug durch die oberösterreichischen Mundarten. In: Ober-Österreich. Land und Volk. Wien 1926, S. 108–111.

A. Haasbauer, Zur Geschichte der oberösterreichischen Mundarten. Reichenberg i. B. 1926. 60 S. = Prager deutsche Studien H. 39.
Rez. A. Pfalz in: AfdA. 45, 1926, 167–170. W. v. Linthauth in: Teuth. 4, 1927/28, 72f. O. Basler in: DLZ. 49, 1928, Sp. 2059f.

Karl Mayer-Freinberg, Oberösterreichische Mundartbücher (Bibliographie) = Volksbildung (Wien) 9, 1929, 77–85.

Maximilian Bauböck, Die Innviertler Mundart in Franz Stelzhamers Schriften. 1. Teil: Vokalismus der Stammsilben. Diss. Wien 1930.

Karl Danecker, Volkskundliches und Mundartliches über bäuerliche Geräte im Bezirk Ried im Innkreis. Diss. Wien 1933.

Franz Roitinger, Die Mundart von Weibern in Oberösterreich. Kurze Laut- und Flexionslehre. Diss. Wien 1933.

Franz Freitag, Das Waldviertel als Sprachraum = Das Waldviertel, Bd. 7, Buch 2, S. 351ff. Wien 1937.

J. Zoder, Sprücheln und Gschichten aus dem oberösterr. Salzkammergute = Wiener Zs. f. Vkde. 26, 48–52.

Niederösterreich
(mittelbairisch)

F. Adelung, Wiener Glossarium = Peusilippe, Petersburg 1801, S. 87.

Einiges über die Mundart der Wiener und das Alter derselben (Wiener Idioticon) = Arch. f. Gesch., Stat., Lit. u. Kunst XVI, 1825, S. 821–822, 862–865.

I. F. Castelli, Gedichte in niederösterreichischer Mundart. Sammt allgemeinen grammatischen Andeutungen über den niederösterreichischen Dialekt überhaupt und einem Idiotikon zur Verständlichmachung der in diesen Gedichten vorkommenden, der niederösterr. Mundart ganz eigenthümlichen Wörter. Wien 1828. 4 Bl., XXX, 248 S. 1 Bl. (Mit 1 Bild.)

F. Tschischka, Bemerkungen über die Mundart des Volkes im Lande Österreich unter der Enns = Beitr. z. Landesk. Österreichs u. d. E. I, 1832, S. 74–95, II, 1832, S. 148 bis 217. III, 1833, S. 123–130. (Laut- u. Formenlehre, Idiotikon, Sprachpr., Literatur der Mundart.)

I. F. Castelli, Wörterbuch der Mundart in Österreich unter der Enns, eine Sammlung der Wörter, Ausdrücke und Redensarten, welche von der Hochdeutschen Sprache abweichend, dem niederösterreichischen Dialekte eigenthümlich sind, samt beigefügter Erklärung und so viel möglich auch ihrer Abstammung und Verwandtschaft, beigegeben grammatische und dialektologische Bemerkungen über diese Mundart überhaupt. Wien 1847. VIII, 281 S. (S. 1–36 „Grammatikalische und dialektologische Bemerkungen über die niederösterreichische Mundart".)

E. Loritza, Neues Idiotikon Viennense, das ist: Die Volkssprache der Wiener mit Berücksichtigung der übrigen Landesdialekte. Wien u. Leipzig 1847. 152 S.

A. Kerner, Österreichische Pflanzennamen = Abhandlg. d. k. k. zool.-bot. Ges. in Wien V. 1855. (Betrifft Niederösterreich.)

J. Wurth, Synonymen von „schlagen" in der Mundart von Niederösterreich V. U. W. W. = Dt. Maa. IV, 1857, S. 41–48.

J. Deibl, u. A. Grünwald, Dialektformen (aus Horn in Niederösterreich) = Bll. f. Landesk. v. Niederösterr. II, 1866, S. 83. (Wortverzeichnis.)

F., Kornheisl, Provinzialismen aus der Umgebung des „Wechsel" = Bll. f. Landesk. von Niederösterr. II, 1866, S. 218–222, 236–238. (Wörterverzeichnis.)

Höfer, F., Niederösterreichische Pflanzennamen. Aus dem Munde des Volkes gesammelt = Bll. d. Ver. f. Landesk. von Niederöst. N. F. II, 1868, S. 116–118.

Höfer, F. u. J. Wurth, Nachtrag zu den niederösterreichischen Pflanzennamen, mitgeteilt in Nr. 8, Jg. 1868 der Blätter d. Ver. f. Landesk. (Ebd. N. F. IV, 1870, S. 205–206.)

F. Höfer, Nachtrag zur Sammlung niederösterreichischer Pflanzennamen, mitgeteilt ebd. (Ebd. N. F. V, 1871, S. 152.)

F. S. Hügel, Der Wiener Dialekt. Lexikon der Wiener Volkssprache. (Idiotikon Viennense.) Wien, Pest, Leipzig 1873. 224 S.

H. Wagner, Der Unterricht im Deutschen mit Rücksicht auf die österreichische Mundart. XII. Jahresber. der Wiener Communaloberrealschule im 9. Gemeindebezirke. Wien 1873. 33 S. (Bezieht sich besonders auf die Wiener Mundart.)

W. Graßl, Zur Erklärung des Ausdruckes: „Die Huett dauschen" = Blätter d. Ver. f. Landesk. v. Niederösterreich. N. F. XII, 1878, S. 81.

A. Hofer, Über Thier- und Pflanzennamen. Beil. z. 7. Jahresber. des niederöster. Landes-Lehrerseminars in Wiener-Neustadt. 1880. 84 S.

K. Schiller, Unsere deutschen Sprachgebrechen in Wien, im Allgemeinen und in Schrift und Rede des Wiener Kaufmanns insbesondere. Vortrag, geh. am 7. Nov. 1881 im Wiener Kaufmännischen Vereine. Wien 1882.

J. W. Nagl, Die Conjugation des schwachen und starken Verbums im niederösterreichischen Dialekt. Nebst einer knappen Übersicht über den Gebrauch des Conjunktivs in derselben Mundart. Wien 1883. 30 S., 1 Bl.

F. Höfer, Dialektnamen der in Nieder-Österreich vorkommenden Pflanzenarten als Beitrag zur Kenntnis der heimatlichen Flora gesammelt u. zusammengestellt. Bruck a. d. Leitha 1884. 53 S.

J. W. Nagl, Die Declination der drei Geschlechter des Substantivs im niederösterreichischen Dialekt. Mit zwei Anhängen über Anomala, über Eigennamen und Fremdwörter in derselben Mundart. Wien 1884. 36 S., 2 Bll. – Dass. Wien 1886. 36 S.

L. Textor, Vindobonismen = Festschrift der 38. Versammlung Deutscher Philologen und Schulmänner gewidmet von dem Lehrer-Collegium des Grh. Gymnasiums zu Gießen. Gießen 1885. S. 1–52.

Hans W. Nagl, Da Roanad. Eine Übertragung des deutschen Thierepos in den niederösterreichischen Dialekt. I. Grammatische Analyse des niederösterreichischen Dialektes im Anschlusse an den als Probestück der Übersetzung abgedruckten VI. Gesang des Roanad. Mit ausführlichem Nachschlagebuch. Wien 1886. X, 536 S. (Nagl's Darstellungen [auch in den beid. folg. Nrn.] beziehen sich hauptsächlich auf die Mundart von Neunkirchen.)

J. Steyrer, Der Wortschatz und der Vokalismus der niederösterreichischen Mundart im Englischen. Progr. d. Wiedener Communal-Oberrealschule in Wien. 1886. S. 3–43. (Auch besonders.)

W. Nagl, Der Vokalismus unserer Mundart historisch beleuchtet. In: BldVereinsfLandeskunde v. Niederöstr. N. F. 24, 1890, 131–161; 25, 104–123, 263–278; 27, 128–141; 28, 421–454; 29, 1895, 157–172. Dasselbe als Buchausgabe: Der Vokalismus in der bayr.-österr. Mundart historisch beleuchtet. 1. Kapitel. Das hohe A. Wien 1895. IV, 125 S.

Der Wiener Dialekt und seine hochdeutsche Stiefschwester. Ein Beitrag zur hochdeutschen Lautlehre vom Standpunkte des Wiener Dialektes. Wien 1891. 62 S.
Rez. in: BayMda. 1, 1891, 314.

Franz Höfer, Volksnamen der Tiere in Niederösterreich. In: BldVerfLandeskdevNiederösterreich. N. F. 26, 1892, 76–82. Von demselben Verfasser: Volksnamen der Vögel in Niederösterreich. Wien 1895, Hernals. 23 S.
Fr. Höfer, Die Volksnamen der Tiere in Niederösterreich = BldVerfLandeskdevNiederösterreich 16, 1893, 1–4 (110).
A. L., Naiderl pupaiderl (Mundartliche Form für Eia popeia) = Alt-Wien 34, 1895 (4).
Alt-Wien, Monatsschrift für Wiener Art und Sprache. Jg. 34, 1895. Wien.
Bacciocco, Eija popeja, das älteste deutsche Wiegenland = Alt-Wien 34, 1895.
Stieböck, Die Sprachgesetze des Dialekts = Alt-Wien 34, 1895 (3).
W. Nagl, Der Name Wien = Deutsche Mundarten 1, Heft 1, 1896.
Th. Gartner, Lautstand der Wiener Mundart (Einleitung zu einem größeren Artikel über „Fremdwörter aus dem Wienerischen") = ZfhochdMdaa. I, 1900, 141–147.
Th. Gartner, Texte in Wiener Mundart = ZfhochdMdaa. 2, 1901, 1–5.
Th. Gartner, Fremdes im Wortschatz der Wiener Mundart = ZfhochdMdaa. 3, 1902, 127–151, 184–210, 274–276; 4, 1903, 118–121, 252–294; 5, 1904, 99–134.
A. Dachler, Beziehungen zwischen den niederösterreichischen, bayrischen und fränkischen Mundarten und Bewohnern = ZföVke. 8, 1903, 81–99.
E. K. Blümml, Kinderreime und Kinderlieder aus Niederösterreich = ZfhochdMdaa. 6, 1905, Heft 5.
Ed. M. Schranka, Wiener Dialekt-Lexikon. Wien 1905, 196 S.
A. Pfalz, II. Mundart von Bockfließ, Niederösterreich = Seemüller, Deutsche Mundarten III, 1911, 17–21.
A. Pfalz, Phonetische Beobachtungen an der Mundart des Marchfeldes in Niederösterreich = ZfdMdaa. 1911, 244 bis 260.
A. Pfalz, Die Mundart des Marchfeldes. Wien 1913. 75 S. (= Deutsche Mundarten IV. XXVII. Mitt. der Phonogramm-Archivs-Kommission. SB. der Kais. Akademie der Wiss. in Wien.)
Rez. W. Steinhauser in: DLZ. 34, 1913, 2141–2144. Ed. Weinkopf in: ZföG. 64, 1913, 987–988. W. Steinhauser in: ZfdMdaa. 9, 1914, 281–284. O. Weise in: ZfdU. 29, 1915, 523.
W. A. Hammer, Italienisches in der Wiener Mundart = Fremdenblatt (Wien), Nr. 190 vom 11. Juli 1915.
A. Pfalz, Berichtigungen zu A. Pfalz, Mundart des Marchfeldes (s. Seemüller, Deutsche Mundarten V, 1918, S. 75–76).
W. Steinhauser, XXV. Mundart von Alhartsberg (Niederösterreich) = Seemüller, Deutsche Mundarten V, 1918, S. 22–28.
E. Weinkopf, XXX. Mundart von Dobersberg (Niederösterreich) = Seemüller, Deutsche Mundarten V, 1918, S. 54 — 59.
E. Weinkopf, Volkstümliche Pflanzenbenennungen im (niederösterr.) Waldviertel = WienZfVkde. 25, 1919, 40–44. 91–95.
Der Wiener Dialekt. In: Wiener Urania-Vorträge. Heft 1, S. 3–5. Wien 1921.
M. v. Mayr, Wienerische Lautlehre: Die Zischlaute = Österreichische Rundschau 57, 1921, Nr. 6.
H. Weigl, Die niederösterreichische iu-Mundart, ihre Abstammung und Verwandtschaft = Wiener Zs. f. Volkskde. 27, 1921, 70–73.
M. Mayr, Das Wienerische. Wiener Drucke. Wien 1923 oder 1924. 214 S. Abdruck von 15 Aufsätzen.
Rez. K. Schneider in: ZdAllgdtSprachVereins 40, 1925, Sp. 309–310.
H. Koziol, Zur Betonung im Wiener Deutsch. Marburg 1925 = Die neueren Sprachen, Beiheft 6: Neusprachliche Studien. Festgabe für K. Luick. S. 32–46.
L. Lieder, Über die Unsicherheit bei der Schreibung wienerischer Texte = Alt Wiener Kalender für das Jahr 1925, S. 155–166.
H. Weigl, Die niederösterreichische ui-Mundart = Teuth. 1, 1925, 149–186.
A. Webinger, Der Tättermann = Wiener Zs. f. Volkskunde 31, 1927, 82–91.
Hermine Jezek, Konjunktionen der Wiener Mundart und Umgangssprache. Diss. Wien 1929.
Julius Jacob, Wörterbuch des Wiener Dialekts mit einer kurzgefaßten Grammatik. Wien 1930. 233 S.
Rez. F. Piquet in: Rev. germ. 22, 1931, 214f.
Max Mayr, Das Wienerische. 2., erweiterte Auflage. Wien 1930. 229 S.
Max Mayr, Wiener Redensarten. Wien 1930, 130 S. Als Nachtrag zu: M. Mayr, Das Wienerische.
Rez. (J.) v. D(am) in: HDB. 2, 1931, 113.
A. Waller, Seifried Helbling = ZfdA. 72, 1935, 267–278.
Eberhard Kranzmayer, Gemsbart und Bartwisch, zwei wienerische Umdeutungen = Heimat und Volkstum 17, 1939, 1–8.

Tirol
(südbairisch)

J. De Luca, Von den Mundarten in Tyrol = Staatsanzeigen von den k. k. Staaten. Wien. Heft 6, S. 384. Ferner in „Leitfaden in den Geschäftsstil, zum Gebrauche der Studierenden". Innsbruck 1783. 31 S. – Verm. Ausg. in Joh. Christph. Adelung's Mag. f. d. dt. Spr. II, 1783, 1. St., S. 100–126.
(C. v.) Rauschenfels, Provincialbenennung einiger Pflanzen in Tyrol, im Pusterthale = Hoppe's bot. Taschenbuch, 1801, S. 215–222.
K. Prugger v. Pruggheim, Über die Volkssprache im Lehengerichte Kitzbühel = Sammler f. Gesch. u. St. v. Tirol, III, 1808, S. 25–38.
C. v. Rauschenfels, Beytrag zu einer Tirolischen Flora, und zu einem Tirolisch-botanischen Idiotikon = Sammler f. Gesch. u. St. v. Tirol III, 1808, S. 134–171.
P. Denys de Montfort, Petit vocabulaire à l'usage des Français et des alliés, contenant les noms d'une partie de choses en plusieurs langues, français, latin, hebreux, belge, hollandais, allemand, prussien, hannovrois, badois, hessois, tyrolien, suisse etc. Paris 1815. 16 S.
L. Steub, Die Sprachgränzen in Tirol = Beil. z. Allg. Ztg. 1844, Nr. 209, 210, 211, 212, 284 = S. 1665–66, 1675–76, 1681–83, 1689–90, 2265–67.
Jos. Bergmann, Über das ursprüngliche Doppelelement der Bevölkerung zu Galtür in Tirol = Wiener Jbb. d. Lit. CXV, 1846, Anz.-Bl. S. 45–48. (Allgemeines und Wörterverzeichnis.)
B. Weber, Über die Sprache von Passeier = Das Thal Passeier und seine Bewohner. Innsbruck 1852. S. 273 bis 276.
(J.) B. Schöpf, Über die deutsche Volksmundart in Tyrol mit Rücksicht auf das Mittelhochdeutsche und die gegenwärtige Schriftsprache. Progr. d. Gymn. in Bozen 1853. S. 3–44.
J. B. Schöpf, Anfrage über malgrei = Dt. Maa. II, 1855, S. 233–234 (malgrei = ein gew. Gemeindebezirk). (Vgl. J. Thaler, ebd. V, 1858, S. 370.)
J. B. Schöpf, Überblick der sprachlichen Elemente in Tirol = Dt. Maa. II, 1855, S. 332–338. (Mit Sprachpr. u. Erläuterungen.)
J. B. Schöpf, Zur Lautlehre des Oberdeutschen in der baierisch-österreichischen Volksmundart von Tirol = Dt. Maa. III, 1856, S. 15–21, 89–113.
J. Thaler, Die deutschen Mundarten in Tirol = Dt. Maa. III, 1856, S. 317–334. 449–464. (Mit Proben.)
I. V. Zingerle, Einiges über tsch im Meraner Dialecte = Dt. Maa. III, 1856, S. 8–9. (Zusätze Frommanns ebd. S. 10–12.)

V. M. Gredler, Beitrag zu einem zoologischen Idiotikon aus Tirol = Dt. Maa. III, 1857, S. 51–56.

J. B. Schöpf, Nachträge aus Tirol zu Schmellers baierischem Wörterbuche = Dt. Maa. IV, 1857, S. 56–72. 204 – 220. 331 – 347. 441–457. V, 1858, S. 217–233. 331–345. 433–449. VI, 1859, S. 145–161. 289–305. 433–449.

J. E. Waldfreund, Zur Anfrage über nalen = Dt. Maa. IV, 1857, S. 507. (Vgl. VI, 1859, S. 374.) Betrifft Nordtirol.

J. Thaler, Die Umstandswörter des Ortes nach den verschiedenen Mundarten an der Etsch und dem Eisak = Dt. Maa. VI, 1859, S. 376.

R. Perkmann, Das deutsche Element in Südtirol = Östr. Revue 1863, IV, S. 219–233. (Vgl. dazu von dems.: Das italienische Element in Südtirol, ebd. V, S. 221–237.)

A. Maister, Die Vocalverhältnisse der Mundart im Burggrafenamte (Meran und Umgegend). Progr. d. k. k. Gymn. in Meran. Innsbruck 1864. 15 S.

(Chr. Schneller), Das Vordringen des wälschen Elements in Deutsch-Süd-Tirol = Peterm. Mittl. 1866, S. 350 bis 351. (Aus der Triester Ztg.)

J. B. Schöpf, Tirolisches Idiotikon. Nach dessen Tode vollendet von A. J. Hofer. Hrsg. auf Veranlassung und durch Unterstützung des Ferdinandeums. Innsbr. 1866. XVI, 835 S.

J. Peters, Tirolisch intolmat, indessen = Zs. f. vgl. Spr. XVI, 1867, S. 79–80.

Chr. Schneller, Südtirol nach seinen geographischen, ethnographischen, geschichtlichen und politischen Verhältnissen = Östr. Revue, V, 1867. Heft 1, S. 101–116. 2, S. 76–95. 3, S. 26–43.

L. Steub, Ethnographische Betrachtungen. Die deutschen Ansiedlungen in Wälschtirol und im venedischen Gebirge = Herbsttage in Tirol. München 1867. S. 168–191.

Frhr. v. Reinsberg-Düringsfeld, Die Mundart des Burggrafenamtes = Herrigs Arch. XLIII, 1868, S. 175–184.

R. Zöllner, Deutschthum und Romanenthum in Tirol = Aus allen Welttheilen II. 1870–1871, H. 5.

J. V. Zingerle und O. Delitsch, Die Deutschen in Südtirol = Aus allen Weltteilen III, 1871–1872, Heft 5. 6.

V. Hintner, Über Tirolische Dialektforschung = Verhdlgn. d. 29. Philologenvers. zu Innsbruck, 1874, S. 177–182.

Chr. Schneller, Deutsche und Romanen in Süd-Tirol und Venetien. Mit Karte = Peterm. Mittl. XXIII, 1877, S. 365–385.

V. Hintner, Beiträge zur tirolischen Dialektforschung. Der Defregger Dialekt. Wien 1878. VIII, 271 S. (Zuerst als Jahresberichte d. akad. Gymn. in Wien 1873 u. 1877 erschienen.)

V. Hintner, Benennung der Körperteile in Tirol, besonders im Iseltale. Progr. d. akad. Gymn. Wien 1879. S. 3–16. (Auch besonders mit dem Zusatz: Ein Beitrag zur tirolischen Dialektforschung. I, Wien 1879. 20 S.)

R. Andree, Die Sprachgrenze in Süd-Tirol = Allg. Hand-Atl., Bielefeld 1880–1881. Fol. Nr. 13. Nebenkarte.

J. Angerer, Deutsche und Italiener in Südtirol, Beitrag zur Nationalitätsstatistik Österreichs. Bozen 1881. 32 S.

H. J. Bidermann, Die Nationalitäten in Tirol und die wechselnden Schicksale ihrer Verbreitung. Stuttgart 1886 = Forschungen zur deutschen Landes- u. Volkskde. I, 1885/6, S. 389–475.

J. Patigler, Die deutschen Sprachinseln in Wälschtirol einst und jetzt. Historisch-Ethnographische Untersuchungen. (Progr. d. dt. Staats-Realschule in Budweis 1886. S. 3 — 30.)

A. Unterforcher, Beitrag zur Dialekt- und Namensforschung des Pusterthales. (Progr. d. Staatsobergymn. z. Leitmeritz. 1887, S. 3–22.)

K. W. Dalla Torre, Die volkstümlichen Pflanzennamen in Tirol und Vorarlberg. Innsbruck, 1896. 76 S.
Rez. Allg. Ztg. (Augsburg-München) 1896, Beil. Nr. 125.

J. Schatz, Die Mundart von Imst. Laut- und Flexionslehre. Mit Unterstützung der Kaiserlichen Akademie der Wissenschaften in Wien. Straßburg 1897. XIII, 179 S.
Rez. Lit. Centralbl. 1897, 468. Jellinek: DLZ. 1897, 1493–95. Nagl: DtMundarten 1, 1897, 158. Kauffmann: ZfdPh. 30, 1897, 141–43. Egyetemes philologiai közlöny 21, 1898, Heft 3. W. Horn in: LitblGRPh. 1898, 222f. E. Hoffmann-Krayer in: AfdA. 24, 1898, 312–314. O. Bremer in: ArchfdStdneuSpr. 103, 1899, 169–174. G. Binz in: IFAnz. 12, 1901, 131f.

V. Hintner, Wortdeutungen = ZfhochdMdaa. I, 1900, H. 4/5.

J. Schatz, Mundartliche Studien im Oberinnthale und Vinschgau. (Berichte über die wissenschaftlichen Unternehmungen des d. u. ö. Alpenvereins.) SA. aus Mitt. des D. u. Ö. Alpen-Vereins 1900, Nr. 13, Wien.

Tiroler Ortsreime = Kyffhäuser 3, 1901, Heft 26.

Vordringen des Wälschen in Tirol = Alldeutsche Blätter 1901, Heft 13.

V. Hintner, Mundartliches aus Tirol = ZfhochdMdaa. 3, 1902, 179–181; 4, 1903, Heft 6; 6, 1905, Heft 1 sowie ZfdMdaa. 1906, 87–93.

J. Schatz, Die tirolische Mundart. SA. aus der Ferdinandeums-Zeitschrift. Innsbruck 1903. 94 S. Mit Karte.
Rez. E. Martin in: DLZ. 24, 1961f. (1903). O. Brenner in: IFAnz. 16, 1904, 41f. P. Lessiak in: AfdA 30, 1906, 41–53. J. W. Nagl in: Deutsche Mundarten 2. H. 1–2. 1906, 133f. W. Horn in: LitblGRPh. 28, 1907, 268f.

W. Rohmeder, Der deutsche Ortsnamen-Wortschatz der Deutsch-Fersentaler in Süd-Tirol = 1) Deutsche Erde 4, 1906, 171–176, 212–220; 2) Neuerwachendes Deutschtum 166–169.

A. Benno, Von der deutschen Sprachgrenze in Südtirol = (Münchener) Allg. Ztg. 111, Beil. 10, S. 284f. (1908).

R. Pfaundler, Die deutsch-romanische Sprachgrenze in Tirol und Vorarlberg = Deutsche Erde 7, 1908, 2.

G. Prosch, Die Hilfsverba in der Lüsner Mundart = ZfdMdaa. 1909, 363–368.

Al. Egger, Die Laute der Silltaler Mundart. Programm Innsbruck 1909. 80 S. mit 1 eingedr. Kartenskizze.
Rez. F. Schneller in: ZföG. 61, 1910, 861–62.

V. Hintner, Mundartliches aus Tirol = ZfdMda. 1910, 209–219.

M. Filzi, Sprachproben aus dem Unterinntal und den Seitentälern. Programm Pola 1911.

A. Pfalz, Mundart von Meran in Tirol = Seemüller, Deutsche Mundarten III, 1911, 7–11.

J. Schatz, Mundart von Imst, Tirol = Deutsche Mundarten III. 1911, 3–7 (s. Seemüller).

K. v. Ettmayer, Die geschichtlichen Grundlagen der Sprachenverteilung in Tirol = Mitteilungen d. Inst. f. österr. Geschichtsf., 9. Erg.-Band, 1913, 1–33.

J. Etzel, Das deutsche Fersental in Südtirol. Neue Titelausgabe (1914). Leipzig. XII, 102 S. Mit 1 Karte und 27 Abb.

O. Liermberger, Deutsche Sprache in Südtirol = Levico-Führer, 2. (spezieller) Teil. Wien 1915. IX, 274 S.
Rez. W. Rohmeder in: Deutsche Erde 13, 1915, 201.

S. M. Prem u. O. Schissel von Fleschenberg, Tirolische Analekten. Leipzig 1915 = Teutonia 15.
Rez. St. Hock in: DLZ. 37, 1916, 1864–65.

Reihlen, Die Hochebene von Lafraun-Vielgereut, Land und Leute = Grenzboten 1915, 3, 39–47.

St. Schindele, Der Tiroler Kriegsschauplatz von Vielgereuth-Lafraun-Lusern = Deutsche Erde 13, 1915, 212 bis 218. (Sprachproben aus San Sebastino und Lusern.)

J. Tarneller, Die Hofnamen in den alten Kirchspielen Deutschnofen-Eggental und Vels am Schlern = Archiv f. öst. Gesch. 106, 1915, 1–117.

J. Mader, Besiedlungsgeschichtliche Studien über das Tal Lüsen. Mit einer Sammlung der Ortsnamen des Tales und einer Namenkarte (Schluß). = ZdFerdinandeums 58, 1916, 133–234.

Friedr. Lüers, Die Mundart von Steinberg in Tirol. Münchner Dissertation 1918, Maschinenexemplar.

A. Baß, Deutsche Ortsnamen in Südtirol und Oberitalien. Leipzig 1919. 67 S. = Veröffentlichungen des Bundes der Sprachinselfreunde Heft 4.

Friedr. Lüers, Volkskundliches aus Steinberg bei Achensee in Tirol = Bayer. H. f. Vkde. 6, 1919, 106–130.

K. v. Ettmayer, Vorläufiger Bericht über phonetische Aufnahmen der Grödner Mundart. Wien 1920. 95 S. = SB. der Akademie der Wissenschaften in Wien, phil.-hist. Klasse 191, 4. Abh.

Friedr. Lüers, Inventarium des Pulverergutes in Steinberg in Nordtirol = ZfdMdaa. 1920, 119–133.

P. Pfeifer, Die mhd. Umlauts-e der südbayr. Mundart des Reggelberges = ZfdMdaa. 18, 1923, 9–18.

O. Gröger, Der Lautstand der deutschen Mundart des Samnauns verglichen mit jenem der benachbarten Tiroler Mundarten = ZfdMdaa. 19, 1924, 103–144.

W. Steinhauser, Die deutsche Sprache in Südtirol = Zf. Deutschkunde 1926, 467–483.

Peter Pfeifer, Die mhd. Umlauts-e der südbayrischen Mundart des Reggelberges. II = PBB. 52, 1928, 72–92.

Jos. Schatz, Die tirolische Mundart. Mit 1 Karte. Innsbruck 1928. 94 S. Unveränderter photo-mechanischer Neudruck der 1903 im 47. Bande der Zeitschr. des Ferdinandeums in Innsbruck veröffentlichten Abhandlung.

Erwin Rudolf, Die Mundart von Außfern = Teuth. 10, 1934, 193–238. (Betrifft die Nordwestecke Tirols, Bezirk Reutte; Übergangsmundart zwischen Bairisch, Schwäbisch und Alemannisch.)

Otto Stolz, Die Ausbreitung des Deutschtums in Südtirol im Lichte der Urkunden. Hrsg. von dem Institut für Sozialforschung in den Alpenländern an der Universität Innsbruck. Bd. IV. München u. Berlin 1934. XIV, 310 S.
Rez. W. Steinhauser in: ZfMda. 11, 1935, 249–251.

L. Jutz, Zur Sprache in den ältesten deutschen Drucken Tirols = PBB. 59, 1935, 414–453.

Matthias Insam, Der Lautstand des Burggrafenamtes von Meran. Mit einer dialektgeographischen Studie. Leipzig 1936. VIII, 101 S., 14 Abb. (Ursprünglich Münchener Dissertation.)
Rez. A. Pfalz in: ZfMdafschg. 14, 1938, 181f.

Eberhard Kranzmayer, Deutsches Sprachgut jenseits der Sprachgrenze in den Alpen, mit besonderer Berücksichtigung des Rätoromanischen des Grödnertales = Deutsches Archiv für Landes- und Volksforschung 1, 1937, 273–286.

Steiermark
(südbairisch)

J. S. V. P(opowitsch), Über die bairisch-österreichische, besonders steiermärkische Mundart = Untersuchungen vom Meere. Frkf. u. Lpz. 1750. S. 286–319. (Lautliches und Besprechung einzelner Wörter.)

Bened. Frz. Hermann, Steyerische Provinzialwörter = Reisen durch Österreich usw. III, Wien 1783. S. 46–49.

F. Sartori, Sammlung einiger Steiermärkischen Provinzialismen = Neueste Reise durch Österreich. III, Leipzig 1812. S. 187–193.

Die deutsche Sprachgränze im Südosten der Steiermark = Beil. z. Augsburger Allg. Ztg. 1844, Nr. 270, 271, 276 = S. 2153–2155, 2162–2163, 2201–2203.

K. J. Schröer, Heanzen-Mundart = Dt. Maa. VI, 1859, S. 21–33, 179–185, 330–348. (Hauptsächlich Idiotikon.)

Rosegger, Über das A und das B im Steirischen = Heimgarten IV, 1880, S. 359, 470, 634, 701, 794.

A. Kupferschmid, Linguistisch-kulturhistorische Skizzen und Bilder aus der deutschen Steiermark. Karlsruhe 1888. XI, 170 S.

K. J. Schröer, Steirische Dialectwörter = Roseggers Heimgarten 1888. März.

Unger-Khull, Steirischer Wortschatz, als Ergänzung zu Schmellers bayerischem Wörterbuch gesammelt von Th. Unger, für den Druck bearb. u. hrsg. von F. Khull. Graz 1903. XXIV, 661 S.
Rez. H. Dunger in: ZdallgdtSprvereins 1903, 278. in: Öst. Litbl. 13, 1904, 142–145. J. W. Nagl in: ZföG. 55, 1904, 323–325. -nn- in: Lit. Centralbl. 54, 1904, 1612f. Hessische Blätter f. Volkskunde 4, 1905, 88–91. O. Behaghel in: LitblGRPh. 26, 1905, 97f.

K. Oswald, Zur Phonetik des Dialekts von Polstrau (im äußersten Ostzipfel der Steiermark an der Drau). Programm Görz. 1904. 16 S.

L. Sütterlin, Sprache und Stil in Roseggers „Waldschulmeister" = ZfdMdaa. 1906, Heft 1 u. 2.

H. Schröder, Zum steirischen Wortschatz von Unger-Khull (Graz 1903) = GRM. 1909, 647–650.

L. A. Biró, Lautlehre der heanzischen Mundart von Neckenmarkt. Leipzig 1910. XVIII, 112 S.
Rez. H. Schmidt in: Nyelvtudomány 3, 1910, 152–155. A. Pfalz in: ZfdMdaa. 1911, 177. J. Schatz in: ZfdPh. 1912, 237. H. F. Schmidt in: DLZ. 33, 1912, 1318–1319. O. Behaghel in: LitblGRPh. 35, 1914, 196–197.

V. v. Geramb, Das Bauernhaus in Steiermark = Zs. d. hist. Ver. f. Steiermark 1911, 188–264.

K. Reiterer, Ennstalerisch. Volkstümliches aus der nordwestlichen Steiermark. Graz 1913, 143 S.

L. Bein, Beitrag zur Kenntnis des obersteirischen Haus- und Ackergeräts und zum steirischen Wortschatz = Mitt. d. anthrop. Ges. in Wien 44, 1914, 165–221.

S. Graf, Heanzische Märchen = ZfVkde. 24, 1914, 20–31.

V. Geramb, Eine volkskundliche Wanderung = Oststeirische Heimat. Graz 1923, 84–90.

K. Reiterer, Weststeirische Sprachbilder = Roseggers Heimgarten 47, 1923, 479–481.

P. Rosegger, Steirische Zungen = Roseggers Heimgarten 48, 1923, 85–90.

Johann Karner, Lautlehre der hienzischen Mundart von Rechnitz und Umgebung. Diss. Wien 1931.

Gerh. Werner, Sprache und Volkstum in der Untersteiermark. Stuttgart 1935. 175 S. mit 1 farb. Karte, 11 Kartenskizzen im Text und 15 Bildern auf 8 Tafeln = Forschungen zur deutschen Landes- und Volkskunde, 31. Bd., H. 3.
Rez. A. Pfalz in: ZfMdafschg. 13, 1937, 99.

Maja Loehr, Der Steirische Reimchronist: her Otacher ouz der Geul = Mitteilungen des österreichischen Instituts für Geschichtsforschung. 51, 1937, 89–130.
Rez. Edw. Schröder in: AfdA. 56, 1937, 189f.

Kärnten
(südbairisch)

B. F. Hermann, Kärnthische Provinzialwörter = Reise durch einige Theile vom mittägigen Dtschld. Erfurt 1798.

J. S. Vater, Unterkärntner Provincialismen = Proben deutscher Volksmundarten, Dr. Seetzen's linguistischer Nachlaß und andere Sprach-Forschungen und Sammlungen, besonders über Ostindien, Leipzig 1816. S. 39–45

J. G. V. Gallenstein, Die Sprache der Lavaettaler = Kärntn. Zs. II, 1820. S. 10–13.

Jos. Wagner, Das Herzogthum Kärnten, geographisch-historisch dargestellt nach allen seinen Beziehungen und Merkwürdigkeiten. Ein Beitrag zur Topographie des österreichischen Kaiserstaates. Mit 1 Karte. Klagenfurt 1847. IV, 226 S. (Enth. ein Kärntisches Idiotikon.)

M. Lexer, Mundartliches aus dem Lesachthale im Herzogthum Kärnthen = Dt.Maa. II, 1855, S. 241–245, 329 bis 349, 513–521. III, 1856, S. 114–121, 305–314, 464 bis 474. IV 1857, S. 36–41, 155–163, 481–499. VI, 1859, S. 191–206.

M. Lexer, Kärntisches Wörterbuch. Mit einem Anhange: Weihnacht-Spiele und Lieder aus Kärnten. Leipzig 1862. XVIII S., 340 Sp.

A. Überfelder, Kärntnerisches Idiotikon. Hg. von S. M. Mayer. Klagenfurt 1862. VIII, 262 S.

J. Kraßnig, Versuch einer Lautlehre des oberkärntischen Dialectes. 1. Jahresschr. d. Unter-Realgymn. z. Villach f. d. Schulj. 1869/70. Villach 1870. S. 1–39.

G. A. Zwanziger, Verzeichnis der in Kärnten volksthümlichen deutschen Pflanzennamen = Pacher, Dav., u. M. Jabornegg, Flora von Kärnten. Hg. v. naturh. Landesmus. v. Kärnten. 1. Thl., 3. Abthl. Klagenfurt 1887.

P. Lessiak, Die Mundart von Pernegg in Kärnten = PBB. 28, 1903, 1–227.
Rez. Seemüller in: Carinthia I, 1904, 2. J. W. Nagl in: Deutsche Mundarten 2, H. 1–2, 1906, 107–109.

P. Lessiak, Beiträge zur Dialektgeographie der österreichischen Alpenländer. A. Oberkärnten und das angrenzende Osttirol = ZfdMdaa. 1906, 308–315.

Helene von Benz, Mundart von Bierbaum im Leßachtal, Kärnten = Seemüller, Deutsche Mundarten III, 1911, 12–17.

G. Graber, Alte Gebräuche bei der Flachsernte in Kärnten = ZföVkde. 1911, 148–171.

P. Lessiak, Die Mundarten Kärntens = Carinthia 1, 1911, 2–18.

A. Pfalz, Proben heanzischer Mundart = Seemüller, Deutsche Mundarten III, 1911, 25–38.

Pr. Lessiak, Die kärntnischen Stationsnamen = Carinthia I, 112, 1922, 1–128.

M. Wutte, Die sprachlichen Verhältnisse in Kärnten nach der Volkszählung von 1923. Mit einer Karte = Carinthia I, 114. Jhrg., 1924, 87–100.

P. Lessiak, Die Einheit Kärntens im Lichte der Namenkunde und Sprache. 2. Aufl. Klagenfurt 1927. 16 S.

Alexander Issatschenko, Die Dialekte des Jauntales in Kärnten. Diss. Wien 1933.

Nils Törnquist, Cod. Pal. Vind. 2682. I. Eine frühmittelhochdeutsche Interlinearversion der Psalmen aus dem ehem. Benediktinerstift Millstatt in Kärnten. Zum ersten Mal herausgegeben. Lund und Kopenhagen (1935). XVII, CXXIII, 263 S. (= Lunder Germanistische Forschungen, hg. von E. Rooth, 3.)
Rez. Luise Berthold in: ZfMdafschg. 12, 1936, 118f.

Emil Popp, Die Sprache Ulrichs von dem Türlin. Reichenberg u. Leipzig 1937. 89 S. = Forschungen zur sudetendeutschen Heimatkunde, Heft 7. (Zu Kärnten einschlägig.)
Rez. Horst Hildebrandt in: AfdA. 57, 1938, 42. Luise Berthold in: ZfMdafschg. 13, 1937, 244.

Oberpfalz – Egerland – Böhmen West

(nordbairisch, mittelbairisch, Übergänge zum Ostmitteldeutschen). Ab und zu ist auch allgemeine, ostmitteldeutsche Literatur hier aufgenommen: der Möglichkeit von Grenzgebieten wegen und evtl. Sprachinseln wegen, soweit sie Mischmundarten wären. Ausgeschlossen ist bestimmt ostmitteldeutsche Literatur.

Pachelbel, Über die Mundart des Fichtelgebirges = Ausführl. Beschreibung des Fichtelberges, In Norgau liegend ... Leipzig 1716. S. 100–101.

H(äslein, J. H.), Probe einer Sammlung von Nürnbergischen Provinzialwörtern = Dt. Mus. 1781, II, S. 457–467.

F. Nicolai, Verzeichnis einiger Nürnbergischen Provinzialwörter = Beschr. einer Reise durch Dtschl. usw. I, Berlin 1783. Beil. XI, 9 = S. 137–140.

Über die nürnbergische Volkssprache = Nachrichten zur Geschichte der Stadt Nürnberg I, 1785. S. 147–174. (Vokalismus und Wortschatz betr.)

J. G. Radlof, Fränkisches Wörterbüchlein = Verkündiger XII, 1808, S. 185–190 u. Teutschkdl. Forschungen I, 1825, S. 204–214. (Bezieht sich auf Nürnberg.)

K. M. Rapp, Ostfränkisch oder Oberpfälzisch = Versuch einer Physiologie der Spr. IV, Stuttg. u. Tüb. 1841. S. 130–134. (Lautlehre, Syntaktisches u. Sprachproben der Nürnberger Mda.)

G. Arnold, Der Nürnberger und sein Dialekt = Album des lit. Ver. in Nürnberg 1851, S. 166–196; 1853, S. 150–170, 1866, S. 195–229. (Bietet in humorist. Form Dialektwörter, namentlich für Örtlichkeiten und Geräte.)

H. Mosner, Die Nürnberger Mundart aus hebräischer Quelle. Deutsche und griechische Mythologie aus hebräischer Quelle. Deutsche und ausländische Orthographie aus hebräischer Quelle. Nürnberg (1854). 13 S.

K. Rüdel, Die Partikel ge- vor dem Partizip des Präteritums in der Nürnberger Volkssprache = Dt. Maa. I, 1854, S. 226–228.

K. Rüdel, Ein beitrag zur fränkischen Lexicographie = Dt. Maa. II, 1855, S. 245–247. (Mit Zusätzen von Frommann S. 247–248. Bezieht sich vorwiegend auf Nürnberg. Vgl. dazu Petters ebd. III, 1856, S. 502–503 u. A. Kohl ebd. V, 1858, S. 373–374.)

L. Zapf, Bemerkungen über Mundarten im Fichtelgebirge = Dt. Maa. IV, 1857, S. 257–258.

A. Kohl, Mundartliches aus dem Egerlande und seiner Umgebung = Dt. Maa. VI, 1859, S. 170–175. (Idiotismen.)

C. Fentsch, Die oberpfälzische Mundart = Bavaria, II, 1, 1863, S. 193–217.

J. Naßl, Die Laute der Tepler Mundart. Prag 1863. 16 S. = Beiträge zur Gesch. Böhmens, hg. v. Ver. f. Gesch. der Dt. in Böhmen II, 1, Nr. 1.

J. Rank, Deutsche Sprachalterthümer im Dialekt des Böhmerwaldes = Öst. Wochenschr. IV, 1864, S. 1665, 1672. Vgl. Mittl. des Ver. f. Gesch. der Dt. in Böhmen III, 1865, S. 123–126.

H. Gradl, Zur Kunde deutscher Mundarten = Zs. f. vgl. Spr. XVII, 1868, S. 10–32. XIX, 1870, S. 48–70. Siehe das Verz. oberpfälz. u. böhmisch-deutscher Wörter!

H. Gradl, Der ostfränkische Dialekt in Böhmen = Zs. f. vgl. Spr. XIX, 1870, S. 321–352.

F. X. v. Schönwerth, Joh. And. Schmeller und seine Bearbeitung der baierischen Mundarten mit Bezugnahme auf das Oberpfälzische = Verhandlgn. des hist. Ver. von Oberpf. u. Regensb. XXVIII, 1872, S. 221–249. Nachwort von Hugo Graf von Walderdorff ebd. S. 250 bis 263.

F. X. v. Schönwerth, Sprichwörter des Volkes der Oberpfalz in der Mundart = Verhdl. des hist. Ver. von Oberpf. u. Regensb. XXIX, 1874, S. I–LX, 1–86. (Vorwort, Allgemeines, Lautlehre u. dgl.), Texte, Wörterverzeichnis.)

J. Naßl, Über den mit der Dehnung und der Schärfung der Stammsilben verbundenen Lautwechsel in der Conjugation der Verba der Tepler Mundart = Progr. des Gymn. in Mies 1877. S. 1–5.

H. Gradl, Die Herkunft der Egerländer. Ein Versuch zur Aufhellung dieser Frage = Mitth. des Ver. f. Gesch. der Dtsch. in Böhmen. XVIII, 1880, S. 260–274.

Vierling, Verschwindende Dialektformen = Beitr. zur Anthr. u. Urgeschichte Baierns VI. 1885, S. 135–138. (Hinweis auf zwei in der oberpfälz. Mda vereinzelte Eigentümlichkeiten.)

O. Mannl, Die Sprache der ehemaligen Herrschaft Theusing. Als Beitrag zu einem Wörterbuch der fränkischen Mundart in Böhmen = Progr. des Obergymn. zu Pilsen 1886. S. 1–32.

J. Neubauer, Altdeutsche Idiotismen der Egerländer Mundart. Mit einer kurzen Darstellung der Lautverhältnisse dieser Mundart. Ein Beitrag zu einem Egerländer Wörterbuche. Wien 1887. 115 S. (Der 1. Teil der Arbeit erschien als Elbogener Programm von 1886.)

J. Neubauer, Über das Fremdwort im Egerlande = Progr. der Staatsrealsch. in Elbogen 1888. S. 11–14.

J. Neubauer, Die Fremdwörter im Egerländer Dialekte = Mitt. d. V. f. Gesch. der Dt. in Böhmen XXVII, 1889, S. 171–186. (Auch als Sonderdruck ersch.: Prag 1889. 18 S.)

C. Franke, Die Unterschiede des ostfränkisch-oberpfälzischen und obersächsischen Dialektes sowie die von den vogtlän-

dischen und erzgebirgischen Mundarten dazu eingenommene Stellung = BayMda. 1, 1891, 19–36. 261–290. 2, 1893, 73–93.
H. Gradl, Die Mundarten Westböhmens = BayMda. 1, 1891, 81–112.
A. R. Hedrich, Die Laute der Mundart von Schöneck im Vogtland. Programm 1891 Nr. 565 der Realschule zu Leisnig. 30 S. (Vogtländisch mit Anklängen an das Oberpfälz.)
O. Steiner, Die Bejahung im Sechsämter Dialekt (Bezirk in der Umgegend von Wunsiedel) = BayMda. 1, 1891, 126–127.
H. Gradl, Die Mundarten Westböhmens = BayMda. 1, 401–444 (1892); 2, 95–117 (1893).
J. Neubauer, Die im Egerlande benannten Pflanzen = BayMda. 2, 129–137 (1893).
Franz Tietze, Unse liebe Hejmt. Humoristische Vorträge, Gedichte und Erzählungen in allen nordböhmischen Mundarten, mit einem Anhange ernster Dialektdichtungen. Verfaßt und gesammelt unter Mitwirkung zahlreicher Freunde gesunden Volkshumors. 2 Teile. Warnsdorf 1893.
Rez. A. Hruschka in: MittdVerfGeschderDeutschen in Böhmen 31, 1893, Lit. Beil. S. 38. J. Peters ebenda S. 77 bis 79.
Franke u. Hedrich, Vogtländische, erzgebirgische, meißnische und osterländische Dialektproben = BayMda. 2, 192ff. (1894).
H. Gradl, Die Mundarten Westböhmens. Forts = BayMda. 2, 207–242 (1894).
W. Nagl, Zum Wechsel zwischen oə und oi (= ahd. ei) in der nordgauischen Mundart = PBB. 19, 1894, 338–344.
O. Neubauer, Bezeichnungen des menschlichen Körpers und seiner Teile im Egerlande = BayMda. 2, 195–207 (1894).
Gradl, Die Dialekte der Deutschen (in Böhmen) = Die österr.-ung. Monarchie in Wort und Bild. Böhmen. S. 604–618. 1895.
H. Gradl, Die Mundarten Westböhmens. Lautlehre des nordgauischen Dialektes in Böhmen. München 1895. VII, 176 S. – SA. aus „Bayerns Mundarten", vermehrt um ein Vorwort, Ergänzungen und Besserungen.
Rez. H. Lambel: In: Mitt. d. Ver. f. Geschichte der Deutschen in Böhmen 35, 1896, Beilage 18–20. Schatz, AfdA. 24, 1897, 97–99.
Gradl, Mundarten Westböhmens = BayMda. 2, H. 3, 1895, 344ff.
A. John, Das Egerland und seine Dialektdichtung. In: Litterarisches Jahrbuch, hsg. von John 4, 1895, S. 12 bis 33.
J. Neubauer, Zur Egerländer Wortforschung. In: Zföstерr. Volksk. I, 1895, S. 225–234.
Rez. Nagl in: Mundarten I, 1895, 73–75.
Jos. Schiepek, Untersuchungen über den Satzbau der Egerländer Mundart I. Progr. des Staats-Obergymn. zu Saaz (Böhmen) 1895. 42 S. – Dass. d. Teil II. Progr. des Staats-Obergymn. zu Saaz (Böhmen) 1896. 46 S.
Rez. H. Lambel in: Mitt. d. Ver. f. Geschichte d. Deutschen in Böhmen 35, 1896, Beilage 66–70.
H. Lambel, Plan und Anleitung zu mundartlicher Forschung in Deutsch-Böhmen. = Mitt. des Ver. f. Geschichte der Deutschen in Böhmen 35, 1896, 1–21.
H. Gradl, Zur Bestimmung des Alters der Egerländer Mundart = DMdaa. 1, 1897, 133–142, und Schluß nach seinem Tode hrsg. von E. Pistl in: DMdaa. 1898, 163 bis 193.
F. Knothe, Die Markersdorfer Mundart. Ein Beitrag zur Dialektkunde Nordböhmens. B.-Leipa (1897). 128 S.
Rez. Mitt. des Vereins der Deutschen in Böhmen 36, 1897, litt. Beilage S. 41f. Streicher in: ZSprV. 12, 1897, 241, A. P(audler) in: Mitt. d. nordböhm. Excursionsclubs 20, 1898, S. 92–94.
Unser Egerland. Hg. v. John, Zs., seit 1897 erscheinend, darunter vieles zur Mda. Einschlägige. Verlagsort Eger.
F. Wilhelm, Fremdwörter im Dialekte des Saazer Flachlandes. Saaz 1897.
Rez. H. in: Euphorion 5, 1898, 413.
J. Neubauer, Altdeutsche Idiotismen der Egerländer Mundart. Mit einer kurzen Darstellung der Lautverhältnisse dieser Mundart. 2. (Titel-) Aufl. Wien 1898. 115 S.
Rez. E. Schröder in: AfdA. 27, 1901, 274.
Chr. Wirth, Laut- und Formenlehre der sechsämterischen Mundart = Archiv f. Gesch. von Oberfranken 20(2), 1898, 147–232.
J. Zemmrich, Deutsches und tschechisches Sprachgebiet. = GeogrZ. 4, 1898, 241–265, Taf. 6.
Beiträge zur Kenntnis deutsch-böhmischer Mundarten. Im Auftrage des Vereins für Geschichte der Deutschen in Böhmen hrsg. von Hans Lambel. I: J. Schiepek, Der Satzbau der Egerländer Mundart. Teil 1. Prag 1899, XXVI, 206 S.
Rez. A. Hauffen in: ZföVk. 5, 1899, 281–284. W. N(agl) in: DMda. 1, 1899, 258–260. A. Hausenblas in: ZfdU. 14, 1900, Heft 9. Scholz in: DLZ. 1900, Nr. 19. –nn– in: Litt. Centrbl. 1900, Nr. 6. O. Behaghel in: LitblGRPh. 1900, Sp. 56–58. J. Trötscher in: Mitt. VdD. Böhmen 30, 1901, Lit. Beil. S. 1–5. A. Ries in: AfdA. 27, 1901, 238 bis 241. A. E. Schönbach in: Öst. Litbl. 1901, 240.
A. Gebhardt, Giegede gogede = „hastig", „Hals über Kopf" = Nürnberger Stadtzeitung 1899, 19. u. 20. Jan.
Fr. Binhack, Skizzen aus der Altertums-, Litteratur- und Volkskunde. Programm Passau 1901. 55 S. Darin: S. 33–40: Dialektproben aus dem Nordgau. S. 40–48: Die Volkspoesie in der Oberpfalz.
August Gebhardt, Grammatik der Nürnberger Mundart. Geschichtliche Darstellung der einzelnen Laute. Habilitationsschrift Erlangen. Lpz. 1901. 47 S.
Rez. J. W. Nagl in: Deutsche Mundarten 2. H. 1–2, 1906, S. 106f.
W. Böhm, Das Fremdwort im Böhmerwalddialekt = Böhmerwald 3, 1902, 10.
H. Weber, Wörtersammlung von Eichstädt und Umgebung = ZfhochdMdaa. 3, 1902, 59–84. Nachtrag: ZfhochdMdaa. 5, 1904, 134–140, 145–185.
J. Zemmrich, Sprachgrenze und Deutschtum in Böhmen. Mit 4 farbigen Kartonblättern und einer Textkarte. Braunschweig 1902. VI, 116 S.
Beiträge zur Nordgauischen Mundart. Darin: 1. R. Lößl, Einige Eigentümlichkeiten der altkarlsbader Mundart. 2. J. Schiepek, Die Bejahung und Verneinung im Egerländischen = Unser Egerland 7, 1903, 21f. bzw. 53–56.
A. Gebhardt, Das Wesen der Nürnberger Mundart. In: Festzeitung für das 10. deutsche Turnfest zu Nürnberg. 1903. S. 67–71.
A. Hauffen, Die deutsche mundartliche Dichtung in Böhmen (erweiterter SA. aus der Monatsschrift „Deutsche Arbeit"). Prag 1903, 92 S.
Rez. Jos. Schiepek in: LitblGRPh. 2, 1904, 57f. J. E. Wackernell in: Öst. Litbl. 13, 1904, 47f. E. Gerbet: in ZfhochdMdaa. 6, 1905, 116f.
F. Perko, Die Sprachgrenze in Westböhmen = Der getreue Eckart 1, 1903, 1.
H. Weber, Kinderreime aus Eichstätt und Umgebung = ZfhochdMdaa. 4, 1903, Heft 1/2.
Dr. Gerbet (in Aue), Beiträge zur Nordgauischen Mundart. Skizzen über die Egerländer Mundart = Unser Egerland 8, 1904, 11f.
Beiträge zur nordgauischen Mundart: 1. R. Lößl: Redensarten zur Nachahmung mundartlicher Eigentümlichkeiten. Uns. Egerland 9, 1905, S. 12f. – 2. Dr. Gerbet: Skizzen über die Egerländer Mundart. Ebenda S. 13–15, 67–70. – 3. J. Schiepek: Za wàna. Ebenda S. 57. – 4. J. Hahn: Schlaggenwald, eine Dialektinsel. Ebenda S. 66f. – 5. J. Schiepek: Dunkle Wörter. Ebenda 10, 1906, S. 6f. –

6. Gedichte und Erzählungen in Egerländer Mundart von verschiedenen Verfassern. Ebenda 10, S. 27–34.

V. Hintner, Egerländisch leïn = ZföVkde. 10, 1905, 187 – 191.

A. John, Das Egerländer (nordgauische) Sprachgebiet in Böhmen = Unser Egerland 9, 1905, Nr. 1–3. Dazu eine Karte hinter S. 58, als Beilage zu Heft 3–4.

Fr. Knothe, Volkstümliche Redensarten und Gleichnisse in der Markersdorfer Mundart = Mitt. des nordböhm. Exkursionsklubs. 28, 1905, 269–273.

O. Lenz, Eine neue Sprachenkarte von Böhmen = Deutsche Arbeit 4, 1905, 6.

Jos. Köferl, Dialektische Pflanzenbenennungen in Westböhmen = Unser Egerland 10, 1906, S. 222f.

Ed. Langer, Deutsche Volkskunde aus dem östlichen Böhmen. Enthält zahlreiche Gedichte usw. in Mundart. Bd. 5 (1905) S. 43–69, 137–147, 170–200; Bd. 5 (1906) S. 219–228. Vgl. ZfdMdaa. 1906, 382; 1907, 92.

A. Gebhardt, Behaghels „Deutsches Akzentgesetz" und die Mundarten um Nürnberg = Zfd Mdaa. 1907, 155–170, 286.

A. Gebhardt, Grammatik der Nürnberger Mundart. Unter Mitwirkung von O. Bremer. Lpz. 1907, XVI, 392 S. (= Sammlung kurzer Grammatiken deutscher Mundarten, hrsg. von O. Bremer. VII.)
Rez. O. Heilig in: ZdAllgdtSprVereins 23, 1908, 48f. ... in: Lit. Centralbl. 39, 1908, 504. H. Teichert in: AfdA. 32, 1908, 135–149. E. Roedder in: ZfdMdaa. 1908, 360–371. J. Schiepek in: Unser Egerland 12, 1908, H. 3–4. P. Lessiak in: IFAnz. 23, 1909, 107–114. O. Behaghel in: LitblGRPh. 30, 148–150, 1909. O. Meisinger in: ArchivfdStdneuerenSpr. 123, 1909, 164f. A. E. Schönbach in: Allg. Litbl. 18, 1909, 336. W. Bachmann in: BlfGymnasialschulwesen 44, 1909, 385–387. Unser Egerland 13, 1908, H. 1. Siebs in: MSchlesVkde. 1910, 233–234. F. Kauffmann in: ZfdPh. 42, 1910, 126–127. J. W. Nagl in: ZföG. 61, 1910, 236–237.

A. Hauffen, Die deutsche mundartliche Dichtung in Böhmen seit 1903 = Deutsche Arbeit 6, 1907, 9.

Jos. Köferl, Dialektische Tierbenennungen in Westböhmen = Unser Egerland 11, 1907, 107f.

H. Sommert, Beiträge zur nordgauischen Mundart. Zur Mehrzahlbildung des Hauptworts im Egerländischen = Unser Egerland 11, 1907, 43–45.

A. Gebhardt, Der Satzbau der Egerländer Mundart = Unser Egerland 13, 1908, 1, 4–6.

J. Schiepek, Der Satzbau der Egerländer Mundart. 2. Teil. S. 207–610. Prag 1908, = Beiträge zur Kenntnis deutschböhmischer Mundarten, im Auftrage des Vereins f. Gesch. der Deutschen in Böhmen hg. von H. Lambel I. (der 1. Teil erschien 1899).
Rez. O. Behaghel in: LitblGRPh. 30, 1909, 3. J. Schatz in: DLZ. 30, 1909, 1120f. A. Schullerus in: Siebenb. Kbl. 32, 1909, 74. -nn- in: Lit. Centralbl. 60, 1909, 436f. I. u. II.: O. Weise in: ZföG. 60, 1909, 39–44. II.: J. Ries: AfdA. 34, 1910, 22–31. I. u. II.: L. Grootaers in: Leuvensche bijdr. 10, 1912, 163–165. Th. Siebs in: MittdVerfSchlesVolkskde. 15, 1914, 297.

W. Horn, Zur Nürnberger Mundart = ZfdMdaa. 1909, 372f.

J. Schiepek, Zum Satzsandhi im Egerländischen = ZfdMdaa 1909, 280–284.

J. Kirchberger, Beiträge zur Egerländer Wortforschung = Unser Egerland 1910, 5–12, 23–25, 35–38, 60–63, 98 bis 102, 111–113.

M. Mayr, Die Grenze zwischen Deutschen und Tschechen im Böhmerwald = Deutsche Erde 9, 1910, 131–133.

J. Schiepek, Schauen im Egerländischen = ZfdMdaa. 1910, 204–209.

F. Branky, Übernamen aus dem Egerland = Unser Egerland 1911, 109–110.

J. Hoyer, Über die beliebtesten und verbreitetsten Schutzheiligen des Egerlandes = Unser Egerland 1911, 35f.

J. Kirchberger, Beiträge zur Egerländer Wortforschung = Unser Egerland 1911, 11–12, 22, 39–40, 72f., 85f., 99.

J. Schiepek, Zur Lehre der Betonung im Egerländischen = ZfdMdaa. 1911, 261–267.

A. Hauffen, Art und Sprache des deutschen Volksliedes in Böhmen = Wissenschaftliche Beihefte zur ZdAllgdtSprVer 5. Reihe, Heft 35. S. 133–164. 1912.
Rez. Ss. in: KorrbldVerfSiebLandeskde. 1913, 42.

Jos. Köferl, Das Eigenschaftswort im Dialekt = Unser Egerland 1912, 26.

A. Böhringer, Volkstümliche Pflanzen des Egerlandes = ZföVkde. 1913, 32–34.

Joh. Kirchberger, Beiträge zur Egerländer Wortforschung = Unser Egerland 1913, 34–35, 41–43, 55–58, 92–93; 1914, 54ff.; 1916, 74–75.

A. Schacherl, Der Flachsbau und die Flachsbearbeitung im südlichen Böhmerwald = ZföVkde. 1913, 105–117.

Al. Swoboda, Wortsammlung aus der Tachauer Gegend = Unser Egerland 1913, 102–104, 115–117.

Hubert Haßmann, Zur Lautlehre der Mundart des Egerlandes = Unser Egerland 18, 1914, 23ff.

R. Kubitschek, Sprichwörter aus dem Böhmerwalde = Das deutsche Volkslied 18, 1916, 69–70, 105–106; 19, 1917, 52–53.

J. Matzke, XXVIII. Mundart von Rathsdorf (Böhmen) = Seemüller, Deutsch. Mundarten V, 1918, S. 44–48.

K. Siegl, Das Musterungsbuch der egerländer Bauernschaft vom Jahre 1395 = Unser Egerland 22, 1918, 1–4, 11–14, 23–24, 29–32, 39–41, 44–47.

W. Steinhauser, XXVI. Mundart von Schönthal (Böhmen); XXVII. Mundart von Lichtenstein (Böhmen) = Seemüller, Deutsche Mundarten V, 1918, S. 28–43.

A. Schacherl, Seltene Ausdrücke der Böhmerwaldmundart. Budweis 1919. 56 S.

J. Kirchberger, Vöichzet = Unser Egerland 24, 1920, 17–19, 27–29.

Avanzini, Egerländisch „Diaz" = Unser Egerland 25, 1921, 17.

Bamler-Bohnenstrauß, Das schriftdeutsche „ei" in der Oberpfälzer Mundart = Oberpfalz 15, 1921, 102–103.

Der Böhmerwald-Dialekt = Mon. für die ostbayr. Grenzmark 10, 1921, 66–67.

Jos. Hofmann, Aus dem Schatze der Sprichwörter und Redensarten Westböhmens = Unser Egerland 25, 1921; 27, 1923, 27–29, 63–65, 100, 122–123.

J. Hofmann, Der Alt-Karlsbader Dialekt um 1860–1870 = Unser Egerland 25, 1921, 76–78.

J. Hofmann, Egerländer Namen = Unser Egerland 25, 1921, 19–20.

J. Kirchberger, Beiträge zur Egerländer Wortforschung = Unser Egerland 25, 1921, 20–22, 61–62, 80–81.

G. Kutschera, Ortsnamen auf -les und -las = Unser Egerland 25, 1921, 7.

R. Rogler, Einige alte Wörter aus der Bauernsprache = Unser Egerland 25, 1921.

M. Urban, Alladahand as un'ra Haimatssprauch = Unser Egerland 25, 1921.

J. Brunner, Heimatbuch des bayer. Bezirksamtes Cham. München 1922, Bayer. Landesverein f. Heimatschutz. VI, 289 S. 1 Karte.

R. Höllerl, Herkunft einiger Redensarten = Die Oberpfalz 16, 1922, 83–84.

G. Keberer, Sonderbarer Gebrauch des Wortes „dumm" = Die Oberpfalz 16, 1922, 40, 71.

J. Kirchberger, Beiträge zur Egerländer Wortforschung = Unser Egerland 26, 1922, 29ff.; 27, 1923, 29–31, 100–103.

A. Lehner, Hochdeutsch oder Oberpfälzisch = Die Oberpfalz 16, 1922, 132–134.

A. Oberschall, Die Sprachgrenze 1880–1920 = Böhmerlandjahrbuch f. Volk u. Heimat 1922, 45–49.

F. Putz, Redensarten vom Essen und Trinken aus dem Ascher Ländchen = Unser Egerland 26, 1922, 25–26.

W. Bauernfeind, Die Volksmundart im Naabgebiete = Kalender d. Ver. f. Heimatpflege im oberen Naabgau 1923, S. 28–30.

W. R. Gradl, Fachausdrücke aus dem Bierbrauergewerbe im Egerer Kreis = Unser Egerland 27, 1923, 98–100.

A. Hager, Lautlehre der Mundart von Sulzbach i. B. Diss. Tübingen 1923.

Hub. Haßmann, Anleitung zu einer einheitlichen Schreibung der Egerländer Mundart für volkstümliche Zwecke = Unser Egerland 27, 1923, 13–17.

A. Haustein, Oberpfälzisches im sächsischen Vogtland = Die Oberpfalz 17, 1923, 159–160.

J. Kirchberger, Gegensatz-Sprüche = Unser Egerland 27, 1923, 116–121.

F. Normann, Nürnberger Redensarten = Mitt. d. fränkischen Albvereins 10, 1923, 99–100.

M. Urban, Unsere Heimatsprache im westlichen und nordwestlichen Böhmen = Erzgebirgs-Ztg. 44, 1923, S. 26, 40f., 45, 68f.

M. Urban, Volkstümliches über Tiere unserer Heimat = Egerer Jahrbuch 53, 1923, 127–144.

A. Dietrich, Die egerländische Mundartform „Dirks" = Unser Egerland 28, 1924, 61–64. S. Haßmann.

A. Dietrich, Zur einheitlichen Schreibweise der Egerländer Mundart = Unser Egerland 28, 1924.

H. Haßmann, Die einheitliche Schreibweise der Egerländer Mundart = Unser Egerland 28, 1924, 105–108.

F. Reif, Meine Ansicht über die Schreibweise der Egerländer Mundart = Unser Egerland 28, 1924, 94–99.

(Drei versch. Verfasser) Zur einheitlichen Schreibung der Egerländer Mundart = Unser Egerland 29, 1925, 24–26, 39–44.

J. Steiner, Formelhafte Ausdrücke der Egerländer Mundart = Unser Egerland 29, 1925, 21–24.

F. Hiller, Die Mundart der Deutscheninsel vor Brünn, ihr Bau und die wichtigsten Lautgesetze. Brünn 1926. 15 S.

J. Steiner, Bemerkenswerte Ausdrücke der Egerländer Mundart = Unser Egerland 30, 1926, 103–106; 31, 1927, 99–101.

R. Wenisch, Wortschatzsammlungen der nordwestböhmischen Mundart und Umgangssprache. Komotau 1926. V, 177 S. = Anstalt für Sudetendeutsche Heimatforschung: Beiträge zur Heimatforschung Nordwestböhmens. Bd. 1. (Betr. Ostfränkisch.)
Rez. H. Teuchert in: Teuth. 4, 1927/28, 78.

R. Kubitschek, Die Mundarten des Böhmerwaldes. Pilsen 1927. 71 S., 1 Karte.
Rez. E. Schwarz in: Teuth. 4, 1927/28, 170f. In: SudetendtZfVolkskde 1, 1928, 82f.

Joh. Steiner, Bemerkenswerte Ausdrücke in Egerländer Mundart = Unser Egerland 31, 1927, 125–128; 32, 1928, 46–48.

Otto Eichhorn, Die südegerländische Mundart (Lautlehre). Reichenberg 1928. VII, 108 S. = Beiträge zur Kenntnis sudetendeutscher Mundarten 4.
Rez. W. Jungandreas in: AfdA. 48, 1929, 184f.

Hubert Haßmann, Entwicklungsgeschichte der Zwielaute in den Mundarten der Bayerischen Ostpfalz und Westböhmens = Teuth. 5, 1928/29, 180–197.

J. Brunner-Cham, Die Tirschenreuther Mundart = Die Oberpfalz 24, 1930, 228–233.

Hermann Fink, Die Laute der Mundart von Bayreuth (Vokalismus u. Konsonantismus). Nach dem gegenwärtigen Bestand und in geschichtlicher Entwicklung dargestellt. Nürnberg 1930. 74 S. Münchener Diss.
Rez. A. Bretschneider in: ZfVolkskde. 41 (N. F. 3), 1931, 85f. H. Haßmann in: Teuth. 9, 1933, 55–57.

Hubert Haßmann, Aufriß der Sprachgeschichte des Egerlandes = Unser Egerland 34, 1930, 1–6, 20–24, 46–51, 90–94. Auch als Sonderdruck erschienen.

Hubert Haßmann, Zur Dialektgeographie der bayrischen Oberpfalz und Westböhmens = Sudetendeutsche Zeitschr. f. Volkskde. 3, 1930, 99–112.

Heinrich Micko, Die Mundart von Wadetstift im Böhmerwald. 1. (Diss. Wien 1929.) Reichenberg 1930. 135 S. = Beiträge zur Kenntnis sudetendeutscher Mundarten 5; 1. Lautlehre.
Rez. W. Mitzka in: AfdA. 50, 1931, 70f. L. Jutz in: ArchivfdStuddneuerenSpr. 162, 1932, 285f. H. Haßmann in: Teuth. 9, 1933, 55–57.

Ernst Schwarz, Unsere Mundart. Reichenberg 1930. 82 S. = Handbücherei des sudetendeutschen Heimatforschers 1. Mit bes. Anwendung auf die sudetendtschen Verhältnisse.
Rez. Fr. Gräbisch in: Muttersp. 45, Sp. 146. H. Teuchert in: Teuth. 6, 1930, 307f. Th. Frings in: DLZ. 52, 1931, Sp. 160f. Th. Fr. in: ZfDeutschkde. 1931, 362. E. Kranzmayer in: AfdA. 50, 1931, 67–69.

Joh. Steiner, Bemerkenswerte Ausdrücke der Egerländer Mundart = Unser Egerland 34, 1930, 24–27, 147–150.

L. Vogt, Die Selber Mundart. In: H. Bohrer: Selb, eine Kirchen- und Heimatkunde. 1930, S. 29–40.

Hans Meinel, Die Grenzen des Vogtländischen und des Nordbayrischen zwischen dem Erzgebirge und dem Fichtelgebirge und die Stellung beider Mundarten zwischen dem Oberdeutschen und dem Mitteldeutschen. Leipzig 1932. 120 S., 4 Taf., 2 Karten. Diss. Leipzig.

Hans Meinel, Vogtländisch und Nordbayrisch. Halle 1932. 120 S., 6 Karten = Mitteldeutsche Studien 3 = Teuthonista, Beih. 5.
Rez. H. Haßmann in: Teuth. 9, 1933, 174f. F. Lüers in: AfdA. 52, 1933, 24–26. J. van Dam in: Museum 41, 1934, Sp. 237f. H. Fricke in: Teuth. 10, 1934, 110f.

Virgil Moser, Das Nürnbergische = PBB. 56, 1932, 378 bis 382.

J. Birkner, Italienisches in der Nürnberger Mundart = Mein Frankenland 5, 1933, 293f.

Friedrich Einsiedel, Bayreuther Mundart = Fränkische Heimat 12, 1933, 115f.

H. Haßmann, Mundartliche Wanderungen in Westböhmen = Der Bund 1933, 596–598.

Johann Micko, Die Mundart des Marktes Muttersdorf. Muttersdorf (Böhmen) 1933, Selbstverlag. 71 S. = Muttersdorfer Heimatkunde. Heft 10.

Helene Micko-Repp, Die Mundart von Wadetstift im Böhmerwald. 2. Formenlehre. Reichenberg 1933. 69 S. = Beiträge zur Kenntnis sudetendeutscher Mundarten, hrsg. von E. Gierach, 6. (Mittelbairisch!)
Rez. Franz Freitag in: ZfMdafschg. 12, 1936, 183–185.

Hans Schlappinger, Es „geirodert". Deutungsversuch eines mundartlichen Ausdrucks = Heimat und Volkstum 1935, 13, S. 215. (Oberpfalz; Langquaid in Niederbayern betr.)

Ernst Schwarz, Sudetendeutsche Sprachräume. München 1935, (4), 321 S. = Schriften der Deutschen Akademie in München, H. 21.

Franz J. Beranek, Die Mundart von Südmähren (Lautlehre). Reichenberg 1936. Anst. f. Sudetendt. Heimatf. XIV, 298 S. (= Beiträge zur Kenntnis sudetendeutscher Mundarten 7.)

Wilh. Schönberger, Die Verbreitung der nordbairischen Mundart südlich der Donau = Verhandlungen des hist. Vereins von Oberpfalz und Regensburg. 86, 1936.

Leonhard Bär, Hausnamen, ihr Aufkommen u. Verschwinden = Heimat u. Volkstum, 1937, 15, S. 376–81 (betr. Floß in der Oberpfalz).

Jos. Huber, Mundart u. Schule = Heimat u. Volkstum, 1937, 15, S. 167–70. (Oberpfalz betr.)

Ernst Schwarz, Fortschritte und Aufgaben der sprachwissenschaftlichen Volksforschung in den Sudetenländern = Deut-

sches Archiv für Landes- und Volksforschung 1, 1937, 216–223.
Hermann Braun, Wortgeographie des hist. Egerlandes. Halle 1938 = Mitteldeutsche Studien 12.
Karl Dinklage, Dr., Zur ältesten Besiedlungsgeschichte des Egerlandes = Heimat u. Volkstum, 1938, 16, S. 329–336. (U. a. Ortsnamenmaterial enth.)
Rudolf Fischer, Zur Geschichte der Egerländer Mundart = ZfMdafschg. 14, 1938, 150–154.
Erich Gierach, Univ.-Prof. Dr. phil., Das Recht der Sudetendeutschen auf Boden und Heimat (auch zur Sprache einschlägig) = Heimat u. Volkstum, 1938, 16, S. 321–324, 337–41.
Herbert Weinelt, Untersuchungen zur landwirtschaftlichen Wortgeographie in den Sudetenländern. Brünn-Prag-Leipzig-Wien 1938. XVI, 212 S. = Arbeiten zur sprachlichen Volksforschung in den Sudetenländern 2.
St. Ankenbrand, Neujahr im Lied = Heimat und Volkstum 17, 1939, 8–13. (Darin Texte aus Oberpfalz und Unterfranken.)
Leonhard Bär, Die Judennamen im Wandel der Zeiten = Heimat und Volkstum 17, 1939, 33–46. (Aus einer oberpfälzischen Gemeinde.)
Friedr. Maurer, Die Nürnberger Zwielaute = Jahrbuch für fränkische Landesgeschichte 2, 105ff.
Wilh. Schönberger, Was ist Nordbairisch? = Jahrbuch für fränkische Landesforschung 2, 99ff.

Schwäbisch-Alemannisch in Bayern

(mit Ausschluß des Vorarlbergischen, das ja ein eigenes Wörterbuch erhält)

Anmerkung über die Erklärung altdeutscher Schriften, aus noch übrigen Provinzialwörtern, und besonderer Mundart, zumal des Oberschwabens = Beyträge zur Critischen Historie der Deutschen Sprache usw., hg. von einigen Mitgl. der Dt. Ges. in Leipzig, V, 1737–38, 18. St. 1738. S. 270–287. (Mit einem schwäbischen Idiotikon.)
F. K. Fulda, Schwäbisches Idiotikon = Gelehrte Ergötzlichkeiten und Nachrichten II, Stuttg. 1774, S. 195ff.
Untersuchung der schwäb. Mundart = Schwäb. Mag. 1774, 2, S. 67ff.
J. Nast, Der deutsche Sprachforscher. I. II. Stuttgart 1777–1778. (Fast alle Abhandlungen berühren den schwäb. Dialekt.)
(J.) Wagenseil, Kaufbeuerische Idiotismen = Olla Potrida 1784, II, S. 149–154.
Beyträge zu einem Schwäbischen Idiotikon = Journal von und für Deutschland II, 1785, 7. St., S. 50–51. III, 1786, 7. St., S. 21–24; 10. St., S. 325–330. V, 1788, 9. St., S. 179–183.
F. v. Paula Schrank, Mundart von Hohen-Schwangau = Baiersche Reise. München 1786. S. 139–149. (Idiotikon.)
F., Nicolai Die Sprache in Augsburg = Beschr. einer Reise durch Dtschl. usw. VIII, Berlin 1787. S. 171–173.
Beitrag zu einem Schwäbischen Idiotikon = Hausleutner's Schwäb. Archiv I, St. 3, 1789, S. 324–344.
(H. A.) Mertens, Versuch eines Augsburgischen Idiotikons = Journ. v. u. f. Dtschl. IV, 1789, 8. St., S. 166–171.
Auch ein Beytrag zur Idiotismensammlung (Schwäb. Knitze) = Journ. v. u. f. Dtschl. VIII, 1791, 11. St., S. 994.
F. Nicolai, Sprache in Schwaben = Beschr. einer Reise durch Deutschland usw. X, Berl. 1795, S. 133–137. (Allg. Bemerkungen.)
J. Ch. Schmid, Versuch eines schwäbischen Idiotikon (siehe Nicolai, Beschr. einer Reise durch Dtschl. usw., IX, Berlin 1795. Beil. VIII. S. 113–254). (Auch bes.) Berlin u. Stettin. o. J. 1 Bl. 142 S.
Niethammer, Bemerkungen über das der schwäbischen Mundart vorzugsweise eigne Unterscheiden in der Aussprache der Doppellaute. (Ohne Ort und Jahr; um 1830.) 15 S. (Besonderer Abdr.; es ist nicht feststellbar, woraus.)
J. Chr. v. Schmid, Schwäbisches Wörterbuch, mit etymologischen und historischen Anmerkungen. Mit dem Bildnisse des Verf. Stuttg. 1831. – 2. Ausg. ebd. 1844. XVI, 630 S.
Gayler, Die deutsche Declination mit besonderer Rücksicht auf den schwäbischen Dialekt ... Reutlingen, Stuttgart 1835. 158 S.
M. W. Götzinger, Schwäbische Mundart = Die deutsche Spr. u. ihre Lit. I, 1, Stuttg. 1836. § 18, 52–60. (Kurze Charakteristik u. Sprachproben.)
K. M. Rapp, Schwäbisch = Versuch einer Physiolog. der Sprache IV. Stuttg. u. Tüb. 1841. S. 118–125. (Lautlehre u. Proben.)
A. v. Keller, Zur schwäbischen Lautlehre. Das kurze a = Dt. Maa. II, 1855, S. 457–469.
Mor. Rapp, Grammatische Übersicht über den schwäbischen Dialekt = Dt. Maa. II, 1855, S. 102–115.
A., Birlinger, Ochsennamen (in Schwaben). Die Eigenbrödlerin. Das Gerütze = Dt. Maa. VI, 1859, S. 232–235. (Vgl. auch S. 376.)
A. Birlinger, Volksthümliches aus Schwaben. I. II. Freiburg i. B. 1861. 1862. VIII, 534 S. u. XXXVI S., 1 Bl., 482 S. – Neue Folge I. II. Wiesbaden 1874. VIII, 512 S. u. 2 Bl., 535 S.
A. Birlinger, Die Augsburger Mundart. Gruß an die Germanisten bei der 21. Versammlung deutscher Philologen zu Augsburg im Jahre 1862. Augsburg 1862. I u. III u. 32 S. (Lautlehre u. Wörterverzeichnis.)
A. Birlinger, Wörterbüchlein zum Volksthümlichen aus Schwaben. Freiburg i. Br. 1862. 96 S.
M. Jocham, Die (bairisch-) schwäbische Mundart = Bavaria II, 2, 1863, S. 812–827.
K. Weinhold, Grammatik der deutschen Mundarten. Erster Theil. Das Alemannische Gebiet. (A. u. d. T.: Alemannische Grammatik). Berlin 1863. XVIII, 477 S.
A. Birlinger, Schwäbisch-Augsburgisches Wörterbuch. Im Verlag der K.-B. Akademie d. Wiss. München 1864. VIII, 490 S.
A. Birlinger, Zum Augsburgischen Wörterbuche = Herrigs Arch. XXXVIII, 1865, S. 201–205. (Abwehr gegen Lexers Rezension in Zs. für vergleichende Sprache XIV, 1865, 387–396.)
(A.) Birlinger Sprachvergleichende Studien im Alemannischen und Schwäbischen = Zs. f. vgl. Spr. XV, 1866, S. 191–214, 257–285.
(A.) Birlinger Zu dem Schwäbischen und Alemannischen = Zs. f. vgl. Spr. XVI, 1867, S. 47–49.
Alemannia. Zeitschrift für Sprache, Kunst und Altertum, besonders des alemannisch-schwäbischen Gebiets. Begr. von A. Birlinger, fortgeführt von F. Pfaff. u. s. w. 1872/73.
A. Birlinger, Alemannisch-fränkische Sprachgrenze. Wildbad = Alem. II, 1875, S. 270–272.
F. L. Baumann, Schwaben und Alemannen, ihre Herkunft und Identität = Forschungen z. dt. Gesch. XVI, 1876, S. 215–277. (Darin über die Mda. S. 261–277. Mit einer schwäb. Sprachkarte.)
Buck, Widegs gehen = Corr.-Bl. d. Ver. f. Kunst u. Alt. in Ulm u. Oberschwaben II, 1877, S. 61.
C. Schneller, Idiotikon der Volksmundart im Lechtal = Zs. des Ferdinandeums 3. F., XXI, 1877, S. 70–92.
Vokalismus des Schwäbischen Dialekts = Referat über einen Vortrag von H. Fischer in „Verhdl. der 36. Philol.-Vers." Leipz. 1883. S. 250–251.
Eichelweise = Württ. Vierteljahrshefte VI, 1883, S. 141. 296. VII, 1884, S. 261 (v. Geldner). VIII. 1885, S. 183, 184 (v. Aichele).
Herm. Fischer, Über den schwäbischen Dialekt und die schwäbische Dialektdichtung = Würtembergische Vierteljahrshefte f. Landesgeschichte VII, 1884, S. 56–61, 130–141.
Hm. Fischer, Anfrage (die schwäbische Affirmationspartikel betr.) = Germ. XXX, 1885, S. 124–125.

K. Bohnenberger, Zur Lautlehre des Schwäbischen = Corr.-Bl. f. d. Gel.- u. Realsch. Würtemb. XXXIV, 1887, S. 502–518.

A. Frickhinger, Die Grenzen des fränkischen und schwäbischen Idioms = Beitr. z. Anthr. u. Urgesch. Baierns VIII, 1888, S. 1–3.

K. Bohnenberger, Schwäbisch ę als Vertreter von a = Germ. XXXIV, 1889, S. 194–203.

A. Wagner, Der gegenwärtige Lautbestand des Schwäbischen in der Mundart von Reutlingen. Leipzig 1889, 2. Teil: Programm 1891, Nr. 589.
Rez. O. Klinghardt in: Le maître fonétique 1890, 9–10. Fr. Kauffmann in: ZfdtPh. 24, 1891, 114–116. In: BayMda. 1, 1891, 153.

F. Kauffmann, Geschichte der schwäbischen Mundart im Mittelalter und in der Neuzeit. Mit Textproben und einer Geschichte der Schriftsprache in Schwaben. Straßburg 1890. XXVIII, 355 S.
Rez. Joh. Frank in: AfdA. 17, 1891, 98–109. A. Heusler in: Litztg. 1891, 304. In: BayMda. 1, 1891, 150–152. O. Behaghel in: Litbl. 1891, H. 12, 5.

A. Holder, Über Joh. Rudolf Fischer aus Lindau und seine schwäbisch-mundartlichen Zeitstücke (1623 und 1624) = BayMda. 1, 1891, 112–116.

A. Jakob, Aus Mittelschwaben = BayMda. 1, 1891, 36–60, 193–196.

Fr. Jacobi, Schwäbische Taufnamen = BayMda. 1, 1891, 197–203.

K. Bohnenberger, Zur Geschichte der schwäbischen Mundart im 15. Jahrhundert. I. Allgemeines und Vokale der Stammsilben. Tübinger Habilitationsschrift. Tübingen 1892. X, 139 S. = Geschichte der schwäbischen Mundart im 15. Jahrhundert I.
Rez. O. Brenner in: BayMda. 2, 1893, H. 1, 151. H. F. in: Lit. Centralbl. 1893, H. 1, 18. Socin in: Litbl. 1894, 290. A. Heusler in: AfdA. 20, 1894, 29. F. Kauffmann in: ZfdPh. 28, 1895, 540–543.

A. Holder, Geschichtliche Skizze der neueren schwäbischen Dialektlitteratur = BayMda. 1, 390–400 (1892).

A. Holder, J. R. Fischers „Letste Weltsucht", „Des Teufels Tochter" = BayMda. 1, 1892, 321–336.

W. Unseld, Der Teufel in schwäbischen Sprichwörtern = Alem. 20, 1892, 203–206.

W. Unseld, Schwäbische Kinderneckliede r. Der Herrgott in schwäbischen Sprichwörtern = Alem. 20, 1892, 287–293.

P. Beck, Seb. Sailer; Nachlese zur Sailerbiographie (in den Württ. Vierteljahresheften für Landesgesch. 3, 1894, 236–250). In: Diözesan-Archiv von Schwaben 15, 1897, 1–11.

Seb. Sailers (geb. 1714) sämtliche Schriften in schwäbischer Mundart. 4. Auflage mit Wörterbuch und Einleitung von K. D. Haßler. Illustriert von Heyberger. Ulm 1894. XVI, 271 S. Neudruck der Ulmer Ausgabe von 1842.
Rez. Alemannia 23, 1895, 96 (A. Holder).

Ludw. Bauer, Die schwäbische Mundart in der Schule. Nürnberg 1895. 12 S.

Herm. Fischer, Geographie der schwäbischen Mundart. Mit einem Atlas von 28 (farb.) Karten (in Quer-Groß-Folio mit 5 Blatt Erklärungen, in Mappe). Tübingen 1895, VIII, 90 S.
Rez. In: Lit. Centralbl. 1895, Nr. 39. Nagl in: Mundarten 1, 1895, 65–71. Heusler in: LitblGRPh. 17, 1896, 148–151. Selbstanzeige: H. Fischer in: Württemb. Vierteljahrsschr. f. Landesgesch. N. F. 4, 1896, 114–125. F. Wrede in: AfdA. 24, 1898, 250–269.

P. Beck, Seb. Sailer (1763–1841), Kanzelredner, schwäbischer Humorist, Volks- und Dialektdichter = Württemb. Vierteljahrsschr. f. Landesgeschichte N. F. 3, 1896, 236 bis 250.

K. Bohnenberger, Über H. Fischers Geographie der schwäbischen Mundart = Alemannia 24, 1896, 23–50.

A. Holder, Geschichte der schwäbischen Dialektdichtung mit vielen Bildnissen mundartlicher Dichter und Forscher. Offenbarungen unseres stammheitlichen Volks- und Sprachgeistes aus drei Jahrhunderten kulturgeschichtlich beleuchtet. Heilbronn 1896. 245 S. Erster Nachtrag: Alemannia 24, 1896, 279–282.
Rez. R. Kraus in: Litztg. 1896, Nr. 14. Lit. Centralbl. 1896, Nr. 19. Bohnenberger in: Euphorion 3, 1896, 784. F. Pfaff in: Alemannia 24, 1896, 190. Deutsche Mundarten 1, Nr. 1 (1896.) H. Fischer in: LitCentralbl. 1896, 706 f. Darauf Erwiderung des Verf. in: DMda. 1, 155–157. O. Behaghel in: LitblGRPh. 1898, 257–259.

Frz. Jacobi, Schwäbische und schwäbisch-neuhochdeutsche Lehnwörter mit lateinischer und lateinisch-romanischer Grundlage = Alemannia 24, 1896, 252–261.

F. G. G. Schmidt, The dialect of the Ries = Modern language notes 11, 1896, 142–44, 232–35. S. u.

P. Beck, Der Schwäbische Bauer auf der Bühne. Ein Beitrag zur Kunde des schwäbischen, bzw. Ulmer Dialektes und Schuldramas. In: Diöcesan-Archiv von Schwaben 15, 1897, 33–39, 57–59, 165–170.

P. Beck, Zur „Geschichte der schwäbischen Dialektdichtung" von Aug. Holder. In: Diöcesan-Archiv von Schwaben 15, 1897, 45–48.

K. Erbe, Schwäbischer Wortschatz. Stuttgart 1897.
Rez. A. Holder in: Alemannia 25, 1897, 278–282.

K. Bohnenberger, Mundartgrenzen und die Nordgrenze der alemannisch-schwäbischen Mundart = Alemannia 26, 1898, 249–256.

Dreher, Beiträge zur Kenntnis der schwäbischen Mundart in bezug auf Lautlehre und Wortschatz. Progr. (1898, Nr. 613) d. Gymnasiums zu Ehingen a. d. D.

Frdr. G. G. Schmidt, Die Rieser Mundart. München 1898, 84 S.
Rez. W. Horn in: LitblGRPh. 1900, 7f. J. Schatz in: DLZ. 1899, Nr. 49. A. E. Schönbach in: Öst. Litbl. 1901, S. 239f.

F. G. G. Schmidt, Syntax der Rieser Mundart = Americana Germanica. Vol. III, 1899, S. 229–264.

K. Reiser, Volksmundart, Sprichwörter, Redensarten, Volksreime und Wortschatz des Allgäus = Reiser, Sagen, Gebräuche und Sprichwörter des Allgäus. Aus dem Munde des Volkes gesammelt. Heft 17 (S. 449–512), 18 (S. 513–576) oder Bd. 2, Heft 8. 9. Kempten 1900.

W. Unseld, Schwäbische Sprichwörter und Redensarten = ZfhochdMdaa. 2, 1901, Heft 1/2. Forts.: ZfhochdMda. 4, 1903, Heft 1/2; 5, 1904, Heft 1/2; ZfdMdaa. 1907, 34–45. 280–85; 1908, 249–256. 1907 mit dem erweiterten Titel: ... gesammelt in Stuttgart, Tübingen, Ulm und Blaubeuren. Wegen der Möglichkeit des Vergleiches mit dem Schwäbischen in Bayern hier aufgeführt.

K. Bohnenberger, Aus der Südostecke des Schwäbischen = ZfhochdMda. 3, 1902, 161–179.

K. Reiser, Sagen, Gebräuche und Sprichwörter des Allgäus II. Kempten 1902. 764 S.
Rez. K. Ammersbach in: ZfhochdMdaa. 3, 1902, 315f. Miedel in: Z. d. Ges. f. Gesch. u. Altertumskde. Freiburg 18, 1902, 282–284.

K. Haag, Konsonantenlänge im Schwäbischen = Die neueren Sprachen 11, 1903, 257–274.

A. Lau, Vokalismus des Westallgäuer Dialekts. Programm Lohr. Kempten 1903, VIII, 64 S.
Rez. R. Kopff in: ZfdMdaa. 1906, 10, 93f.

Aug. Holder, Dritter Nachtrag zur „Geschichte der schwäbischen Dialektdichtung". = Alemannia 37, 1909, 36–51.

Fr. Veit, Zum conj. praet. im Schwäbischen = PBB. 35, 1909, 348–359.

Fr. Veit, Zur Diminutivbildung im Schwäbischen = PBB. 35, 1909, 181–190.

H. Marzell, Volkstümliche Pflanzennamen aus dem bayrischen Schwaben. Ein Beitrag zur Volkskunde. 1913. 54 S. (SA. aus dem 41. Bericht des Naturwissenschaft-

lichen Vereins für Schwaben und Neuburg.)
Rez. E. H.-K. (Hoffmann-Krayer) in: Schweiz. Arch. f. Volkskde. 22, 1918/19, 116.

H. Glück, Der Dialekt in den Dorfgeschichten Berthold Auerbachs und Melchior Meyrs. Diss. Tübingen. Tübingen 1914, 89 S.

H. Höhn, Der Kropf (struma) im schwäbischen Volksglauben und in der Volksmedizin = Schweiz. Archiv f. Vkde. 20, 1916, 184–190.

R. Gräter, Untersuchungen über den Silbenakzent schwäbisch-alemannischer Mundarten. Diss. Leipzig 1917. 30 S.

K. Bohnenberger, Zur Gliederung des Alemannischen = ZfdMdaa. 19, 1924, 87–90.

L. Eich, Die Mundart des Rieses und ihr Übergang zum Fränkischen. Diss. Leipzig 1925. III, 161 S. (Mit Notenbeilage, Tabelle und Karte.) Maschinenschrift.

A. Lämmele, Ein Kapitel über das Besondere der schwäbischen Mundart = Der Schwabenspiegel 21, 1926, Nr. 45, 353f.

E. Kranzmayer, Die schwäbisch-bairischen Mundarten am Lechrain mit Berücksichtigung der Nachbarmundarten. Mit 1 (eingdr.) Karte. München 1927. 18 S. = SB. der Bayer. Akademie der Wissenschaften, phil.-hist. Klasse 1927, 5. Abh.

E. Kranzmayer, Zur schwäbisch-bairischen Dialektgeographie = Teuth. 4, 1927/28, 60–64.

K. Bohnenberger, Über die Ostgrenze des Alemannischen. Tatsächliches und Grundsätzliches = PBB. 52, 1928, 217 bis 291. Dasselbe als Sonderausgabe. Halle (Saale) 1928, 75 S. (untersucht die alemannisch-bayrische Grenze im Lechgebiet).
Rez. H. Zeiß in: Volk und Rasse 4, 1929, 184.

Bruno Schweizer, Die schwäbisch-bayrischen Mundarten am Lechrain = Teuth. 5, 1928/29, 66–76.

K. Bohnenberger, Von der Mundart um die Iller = Württemberg. Jahrbücher 1929, 136–144.

Carl Bopp, Kaufbeurer Mundart. Kaufbeuren 1929. 24 S.

Rudolf Kapff, Mundarten- und Geschlechtsnamenforschung = Teuth. 5, 1929, 286f.; 6, 1930, 260–266. Über die besonderen schwäbischen Merkmale der schwäbischen Geschlechtsnamen.

Eberhard Kranzmayer, Die schwäbisch-bairischen Mundarten am Lechrain = Teuth. 6, 1930, 136–144.

Karl Weitnauer, Die Bildung des Eigenschaftswortes in der Allgäuer Mundart von Kempten und Umgebung = Teuth. 6, 1930, 118–137.

Bruno Schweizer, Die schwäbisch-bairischen Mundarten am Lechrain = Teuth. 7, 1931, 154f.

Hermann Bizer, Schwäbische Prädikative und Adverbien nach der Art a graeße „sehr groß" = Teuth. 9, 1933, 117–119.

Georg Moser, Studien zur Dialektgeographie des Staudengebietes und des anstoßenden Lechrains. Marburg 1933. 80 S., 1 Karte = Deutsche Dialektgeographie 32. Diss. Freiburg i. Br. S. u.

Willy Reichert, „Guet schwäbisch". Kleines schwäbisches Wörterbuch ... Bearbeitet v. A.(August) L(ämmle). Stuttgart 1933. 3 Bl. in Leporelloform = Weisheit auf der Gassen 1.

E. J. v. Müller, Schwäbische Kunde aus Bayern. Ein volkssprachlicher Beitrag zur Charakteristik des bayerischen Schwabentums = Die Heimat 6, 1934, Nr. 20.

K. Weitnauer, Unsere Vereinskartei „Die Sprache des Allgäuers". In: Festschrift zum 50jährigen Bestehen des Hist. Vereins Allgäu in Kempten. Kempten 1934, S. 84 bis 86 = Allgäuer Geschichsfreund 36.

Jos. H. Biehler, Das Jahr in der Oberallgäuer Bauernregel = Heimat und Volkstum, 1935, 13, S. 359–366.

Hermann Lingg, Bei de Blitzschwoba. Sprachkundliche Plauderei = Heimat und Volkstum, 1936, 14, S. 12–14.

Georg Moser, Studien zur Dialektgeographie des Staudengebietes und des anstoßenden Lechrains. Mit 1 Karte und 1 Pause. Marburg 1933. VI, 118 S. (= Deutsche Dialektgeographie, Heft XXXII.)
Rez. Virgil Moser in: ZfMdafschg. 12, 1936, 243–245.

D. Stiefenhofer, Dr., Kinderneckerei. (Darin viele Kinderverse aus dem Ries.) = Heimat und Volkstum, 1936, 14, S. 40–43, 57–59.

Josef Hans Biehler, Allgeiar Brüch im Advent und z'Wihnächta = Heimat u. Volksum, 1937, 15, S. 348. (In Mundart erzählt.)

Josef Hans Biehler, Allgäuer Grabinschriften = Heimat und Volkstum, 1937, 15, S. 142–43.

Josef Hans Biehler, Allgäuer Sprüche = Heimat und Volkstum, 1937, 15, S. 96–97, 191.

Josef Hans Biehler, Oberallgäuer Kinderspiele = Heimat und Volkstum, 1937, 15, S. 10–11.

Josef Hans Biehler, Vielerlei Kraut im volkstümlichen Heilgebrauch des Allgäuers. (Volksmedizin u. Pflanzennamen betr.) = Heimat u. Volkstum, 1937, 15, S. 267–70, 278 bis 82.

Adolf Stark, Die Hausnamen im Donau-Lechwinkel = Heimat u. Volkstum, 1938, 16, S. 278–84.

Daniel Zacherl, u. Ed. Wille, Von Haus u. Handwerk, Von Tracht u. Brauch in einem Lechraindorf des vorigen Jahrhunderts = Volk u. Heimat 1938, 326–335. (Wortschatz v. Schwabsoien, BA. Schongau.)

Ostfranken in Bayern

(Vgl. oben Einleitung zur Bibliographie, S. 22. Ab und zu ist Literatur aus dem Hennebergischen aufgenommen. Nürnberg s. unter Oberpfalz.)

F. Nicolai, Anmerkungen über den Provinzialdialekt in Franken, und Verzeichnis einiger Provinzialwörter = Beschr. einer Reise durch Dtschl. u. die Schweiz im Jahre 1781. I, Berlin u. Stettin 1783. Beil. XI, 8. 9. S. 134 bis 140.

Sammlung einiger Provinzial-Wörter im Fürstenthum Anspach = Journal v. u. f. Dtschl. VI, 1789, 4. St. S. 377–384.

J. M. Lochmann, Über die Mundart der Einwohner der Stadt Coburg und der umliegenden Orte. Progr. Coburg 1793.

W. F. H. Reinwald, Auswahl einiger Idiotismen des mittleren Frankens, besonders aus denen an Henneberg gränzenden Würzburgischen Gegenden zur Bestätigung und Erläuterung der Hennebergischen Volkswörter = Hennebergisches Idiotikon, Berl. u. Stettin 1793. S. 153–163.

Wendel, Von der Aehnlichkeit unseres (des Coburger) Volksdialektes mit dem im Großherzogthum Posen. Eine Einladungsschrift zur öff. Prüfung im Herzogl. Gymn. am 1. April 1822. Coburg (1822). 39 S. (Hauptsächlich Wörterverzeichnis.)

J. G. Radlof, Fränkische Mundart zu Irgendheim = Teutschkdl. Forschungen I. Berlin 1825. S. 90–98, 169–173. Zuerst im „Verkündiger" XII, 1808, S. 221–234, 361 bis 363.

J. G. Radlof, Umendigung durch den Umlaut in der fränkischen Mundart = Dtschkdl. Forschungen I, Berlin 1825, S. 353–357. S. Verkündiger 1811, St. 199.

M. W. Götzinger, Fränkische Mundart = Die deutsche Sprache und ihre Literatur I, 1. Stuttgart 1836. § 20, S. 65–89. (Kurze Charakteristik u. Sprachproben.)

K. M. Rapp, Fränkische Dialekte = Versuch einer Physiologie der Spr. IV, Stuttg. u. Tüb. 1841. S. 126–134.

C. G. Scharold, Rhöner Mundart = Arch. des hist. Ver. f. Unterf. VII, 3, 1843, S. 164–169. (Idiotikon.)

G. K. Frommann, Hilpertsgriffe. Zur Erläuterung einiger Ausdrücke der Koburger Mundart = Dt. Maa. II, 1855, S. 136–141.

J. B. Sartorius, Die Mundart der Stadt Würzburg. Würzburg 1862. IV + 2, 234 + 1 S. (Wörterbuch mit Texten.)

Haupt, Die Mundart der drei Franken = Bavaria III, 1, 1865, S. 191–266.

(A.) Birlinger, Fränkisches = Herrigs Arch. XLII, 1868, S. 477–478. (Einzelne Wörter fränk. Mundarten.)

H. Gradl, Zum ostfränkischen Vokalismus = Zs. f. vgl. Spr. XVII, 1868, S. 1–10. XVIII, 1869, S. 263–283. (Nimmt auch Bezug auf das Oberpfälzische.)

A. Birlinger, Etwas Sprachliches. 1. Noch einmal Fürhäß. 2. Sprachl. Bemerkungen zu Bensens Hospital im Mittelalter (1853) = Arch. des hist. Ver. von Unterf. XXI, 1871, S. 401–404. (Fränkisch in Unterfranken.)

Diehl, Einige eigenthümliche Ausdrücke im vorderen Odenwald = Arch. f. hess. Gesch. XIII, 1874, S. 118–137.

A. Stengel, Beitrag zur Kenntnis der Mundart an der schwäbischen Rezat und mittleren Altmühl = Dt. Maa VII, 1877, S. 389–410. (Kurze Laut- u. Wortbildungslehre u. Vocabularius rerum.)

O. Felsberg, Die Koburger Mundart = Mittl. der geogr. Ges. für Thür. zu Jena VI, 1888, S. 127–160.

E. Franke, Ostfränkisch und Obersächsisch = BayMda. 1, 374–389 (1892).

L. Hertel, Die Grenze des Fränkisch-Hennebergischen gegen Nordwesten = BayMda. 1, 369–373 (1892).

O. Brenner, Von der Rothenburger Mundart = BayMda. 2, 142–145 (1893).

A. Englert, Bastlöserreime aus dem Spessart = Alemannia 22, 1894, 77–87.

A. Hartmann, Tod-Austragen in Franken = BayMda. 2, 289f. (1894).

O. Heilig, Bastlöserreime aus Franken und Alemannien = Alemannia 22, 1894, 77ff.

L. Wolfrum, Volksreime aus Oberfranken (Kinderreime) = BayMda. 2, S. 182ff. (1894).

L. Zapf, Aus dem Wortschatze der bayreuthisch-fränkischen Mundart im oberen Saalegebiet = BayMda. 2, 261–269. (1894.)

A. Fuckel, Zur Dialektgrenze am Thüringer Wald (nebst Abdruck eines Schmalkalder Dialektgedichtes von c. 1700) = BayMda. 2, H. 3, 1895, S. 313ff.

A. Kübler, Die Mundart der Kissinger Gegend. Ein Beitrag zur Kenntnis des Lautstandes der Dialekte Unterfrankens. Festschrift. Kissingen. 9 S. 1896.

O. Heilig, Grammatik der ostfränkischen Mundart des Taubergrundes und der Nachbarmundarten. Lautlehre. (= Sammlung kurzer Grammatiken deutscher Mundarten, hg. v. O. Bremer, 5.) Lpz. 1898. XIII, 239 S., 1 Kte.

L. Kemmer, Versuch einer Darstellung des Lautstandes der Aschaffenburger Kanzleisprache in der 1. Hälfte des 16. Jhs. I: Die Vokale. Programm Dillingen. (Lpz. 1898.) 74 S.

A. J. Ruckert, Unterfränkische Mundart. Beiträge zu einer Sammlung von Ausdrücken, Redensarten und Sprichwörtern. Würzburg 1902. 204 S.

O. Schmidt, Der kurze Vokalismus der Bonnländer Mundart auf frühalthochdt. Grundlage. Gießener Diss. Darmstadt 1905. 112 S. mit 1 Karte. (Raum in der Nähe von Hammelburg in Unterfranken.)
Rez. L. Hertel in: ZfdMdaa. 1906, 284–286.

O. Schmidt, Zum Vokalstand der Bonnländer Mundart (ostfränkisch) = ZfhdMdaa. 6, 1905, 319–361. S. 6.

Ad. Hausenblas, Ostfränkische Lauterscheinungen in der nordwestböhmischen Mundart. Programm, Mies. 1906. 22 S.
Rez. A. John in: Unser Egerland 11, 1907, 46f. Al. Bernt in: ZföG. 60, 1909, 952–54.

Fr. Veit, Zur Entwicklung von ahd. â im Ostfränkischen = ZfdMdaa. 1909, 279f.

A. Gebhardt, Zur Geschichte der Würzburger Mundart = ZfdMdaa. 1910, 146–147.

Peter Schneider, Der Wortschatz der Bamberger Mundart von 1880–1910. 1. Teil = 70. Bericht des Histor. Vereins zur Pflege der Geschichte des ehem. Fürstbistums Bamberg S. 99–123. Bamberg 1913. Dasselbe. Teil 2 (71. Bericht.) 1913. Teil 1, 2 auch als SA.
Rez. O. Weise in: ZfdU. 27, 1913, 377. J. Schnetz in: BlfGymnasialschulwesen 51, 1915, 209–210. O. Weise in: ZfdU. 30, 1916, 475.

P. Schneider, Volksetymologie in Bamberger Namen und in der Bamberger Mundart. Bamberg 1911, Selbstverlag.
Rez. Cascorbi in: ZdAllgSprVereins 1913, 116–117. O. Weise in: ZfdU. 27, 1913, 300.

G. Schübel, Versuch einer Charakteristik und Phonetik der Bamberger Mundart von Stadtsteinach. Diss. München 1910.

H. Batz, Lautlehre der Bamberger Mundart = ZfdMdaa. 1912, 3–53, 193–225. Der erste Teil als Erlanger Diss. 1911. 57 S.

Jos. Schnetz, Das Lâr-Problem mit besonderer Berücksichtigung der unterfränkischen Lohrorte am Main = Programm, Lohr a. M. 1912/13. 69 S.
Rez. J. Miedel in: ZfdMdaa. 9, 1914, 279–281.

A. Förster, Phonetik und Vokalismus der ostfränkischen Mundart der Stadt Neustadt (S.-Koburg). Teildruck. Diss. Leipzig 1913. Borna-Lpz. 55 S.

K. Glöckner, Die Mundarten der Rhön. Diss. Gießen 1913. IV, 119 S. mit 1 Tafel und 2 Karten = 11. Veröffentlichung des Fuldaer Geschichtsvereins. (Die Frage nach der Grenze zwischen Ost- und Rhfrk. in der Rhön!)
Rez. F. Boehm in: ZfVkde. 23, 1913, 432. -nn- in: Lit. Centralbl. 64, 1913, 986. W. Schoof in: ZfdMdaa. 1917, 184.

Otto Feller, Das Fürwort in der Mundart von Gerolzhofen (Ufr.). Ein Beitrag zur Syntax der ostfränkischen Mundarten. Diss. Würzburg. 1914. Würzburg. VIII, 52 S.

K. Schwarz, Das intervokalische -g- im Fränkischen. Sprachgeschichtliche Untersuchungen. Straßburg 1914. VIII, 132 S. mit 3 Karten und 4 Skizzen im Text. S. 21–62 und Karte als Bonner Dissertation 1914. *Rez.* Th. Frings in: DLZ. 1915, 2275–82.

K. Hörmann, Herdengeläute und seine Bestandteile. IV. Hütewesen und Hirten, besonders im Fränkischen Jura = Hess. Bl. f. Vkde. 15, 1916, 1–106.

A. Bergmann, Das Bildliche und Figürliche in der Denk- und Ausdrucksweise der ostfränkischen Mundart des Ochsenfurter Gaues = ZfdMdaa. 1917, 97–131; 1918, 97–130.

Chr. Beck, Thüringische Elemente in fränkischen Ortsnamen = Der Sammler (Unterhaltungs- und Literatur-Beilage der München-Augsburger Abendzeitung) 1919, Nr. 30.

Chr. Beck, Geschichten in der Mundart des Bamberger Landes = HeimatblfOstfranken 6, 1921, 17–20.

Michels, Die n-losen ostfränkisch-thüringischen Infinitive (in Maschinenschrift). Diss. Würzburg. 1921.

Ludwig, N., Die Kanzleisprache von Schweinfurt (Ostfranken). Dissertation Würzburg 1922, Maschinenmanuskript.

K. Eckardt, Der Lautstand der Mundart von Erzberg. Diss. Würzburg. 1923. 60 S. mit Karte. Maschinenschrift.

E. Kemmeter, Lautlehre der Mundart von Schweinfurt. Diss. Würzburg 1925. 132 S. Maschinenschrift.

P. Schneider, Die Volksseele im Spiegel der Bamberger Mundart. Bamberg 1927. 27 S. = Bamberger Hefte für fränkische Kunst und Geschichte. H. 5.

G. Schübel, Grundlegende Erscheinungen des Sprachlebens, beobachtet an der Bambergischen Mundart des Frankenwaldes = Fränkische Heimat 5, 1927, 233f.

Herm. Fink, Die Mundart von Bayreuth = Fränkische Monatshefte 8, 1929, 303–306, 359–367. S. o. S. 47.

Heidingsfelder, 1000 Worte Ansbachisch. Ansbach 1929. 72 S.

Wilhelm Bubmann, Was ist Uräs? = Fränkische Monatshefte 9, 1930, 345f.

K. Loy, Hundert Worte Frankenwäldlerisch = Frankenwald 7, 1931, 40–43.

Otto Köhler, Die Flexion in der Mundart von Aschenroth. Diss. Würzburg 1934. 58 S. 1 Kte. (Ostfränkisch. A. liegt in Unterfranken an der Bezirksstraße Hammelburg–Gemünden.)
Rez. Fritz Stroh in: ZfMdafschg. 13, 1937, 190.
Friedrich Maurer, Neue Wege fränkischer Landesforschung = Zs. f. bayer. Landesgeschichte 7, 1934, 449–480.
Hans Strobel, Die Flurnamen von Heinersreuth. Ein Beitrag zur ostfränkischen Volkskunde. Erlangen 1934. 112, VIII S. Mit 3 Abb. im Text, 3 Tafeln und 1 Kartenbeilage = Fränkische Forschungen. Arbeiten zur Sprachgeographie und zur Volkskunde, bes. der Rhein- und Ostfränkischen Gebiete. Hrsg. von Friedrich Maurer. Heft 4.
Rez. W. Jungandreas in: ZfdPh. 62, 1937, 218f. H. Teuchert in: ZfMda. 11, 1935, 50–52; Heimat u. Volkstum 1935, 13, S. 47.
Georg Bertaloth, Zur Dialektgeographie des vorderen Odenwaldes und des nördlichen Rieds. Erlangen 1935. 137 S. u. Karte. = Fränkische Forschungen, Heft 5.
Rez. Paul Freiling in: ZfMdafschg. 12, 1936, 103–105.
Ludw. Büttner, Fränkische Volksmedizin. Ein Beitrag zur Volkskunde Ostfrankens. Erlangen 1935. LX, 269 S. = Fränkische Forschungen, Heft 6.
Rez. Otto Marx in: ZfMdafschg. 12, 1936, 125.
Oskar Froschauer, Volksausdrücke aus der nördlichen bayerischen Ostmark, die an den Dreißigjährigen Krieg erinnern = Heimat und Volkstum, 1935, 13, S. 267–269. (Betr. besonders Münchberg in Oberfranken; ostfränk. Teil.)
Rud. Schmitt, Auszug, Löhne und Gehälter in Aubstadt-Grabfeld = Heimat und Volkstum, 1935, 13, S. 270, 271. (Unterfranken; Wortmaterial aus dem Auszugsvertrag.)
P. Zahlaus, Ein gut bäuerlicher Haushalt um das Jahr 1800 = Heimat und Volkstum, 1935, 13, S. 189–191. (Ostfranken, Landgericht Gefrees; Wortschatz des Hausrates betr.)
Hans Beck, Rezepte vor 300 Jahren = Heimat und Volkstum, 1936, 14, S. 300–303. (Ostfränk. Texte: Mischung vulgärer fränk. Schriftsprache und Mundart aus dem J. 1636.)
Heinrich Hain, Mundartgeographie des oberen Rednitzgebietes. Nürnberg 1936. VIII, 78 S. nebst Karte.
Rez. Virgil Moser in: ZfMdafschg. 14, 1938, 115–117.
Alfons Pfrenzinger, Dr., Garitz, Hohn und Reggerndorf. Eine namenkundliche Studie (Unterfranken betr.) = Heimat und Volkstum, 1936, 14, S. 74–78.
Franz Edmund Weber, Aus dem Obereschenbacher Gerichtsbuch (Abdruck von Teilen des Gerichtsbuches; ostfränk. Kanzleisprache um Hammelburg) = Heimat und Volkstum, 1936, 14, S. 126–127.
Oskar Froschauer, Uralte Redensarten aus Nordfranken, die auf den Flachsbau und die Handweberei zurückzuführen sind = Heimat u. Volkstum 1937, 15, S. 234–36.
Wilhelm Niederlöhner, Untersuchungen zur Sprachgeographie des Coburger Landes. Erlangen 1937 = Fränkische Forschungen 10.
Georg Rauch, Mainfränkische Kinderlieder = Heimat und Volkstum, 1937, 15, S. 126–127, 139–142, 158–60.
Georg Rauch, Mundartliche Redensarten aus Mainfranken = Heimat u. Volkstum, 1937, 15, S. 302–4, 307–10.
St. Ankenbrand, Dr., Fränkische Kirchweih in Tanzlied und Vierzeiler (Ostfranken betr.) = Heimat u. Volkstum, 1938, 16. S. 342–352.
Wilhelm Hans Braun, Ein Rennerbruchstück aus Friedeberg i. H. = ZfdA. 75, 1938, 172.
Alfred Frank, Mundartliche Vierzeiler aus Oberfranken = Heimat u. Volkstum, 1938, 16, S. 91–93.
F. Geldner, Dr., Wüstungen im Obermaingebiet. (Orts- u. Flurnamen betr.) = Heimat und Volkstum, 1938, 16, S. 161 bis 71, 177–87.
Otto Mahr, Zur Volksmedizin der Rhön = Volk u. Heimat 1938, 110–117, 144–149. (Wortschatz.)
Gg. Rauch, Mainfränkische Sprüchwörter = Volk u. Heimat 1938, 418–427.
Karl Straub, Rhöner Hausinschriften = Volk u. Heimat 1938, 40–42.
J. Schnetz, Bedeutsame Namen u. Namengruppen in Mainfranken = Volk u. Heimat 1938, 59–61.
Pfrenzinger, Dr., Fränkische Familien werden nach Ostpreußen verpflanzt = Heimat und Volkstum 17, 1939, 17–25. (Ostfr. Familiennamen aus dem Steigerwald, den Frankenbergen, dem Würzburger Hochstift.)
(F. A.,) Skizze der Pößnecker Mundart im 2. Drittel des 19. Jahrhunderts. Pößneck o. J. 25 + 1 S.
Friedr. Maurer, Fränkische Mundart-Forschung = Jahrbuch f. fränkische Landesforschung 1, 63ff.

Der Raum von N ü r n b e r g und Umland, geschichtlich und z. T. heute noch, zumal in der älteren Generation, nordbairisch, geht einer völligen Frankonisierung entgegen, ebenso Weißenburg i. B. Die vorliegende Bibliographie reiht Nürnberg noch bei Nordbayern-Oberpfalz ein.

Rheinpfalz (Pfalz)

(ab und zu ist Literatur aus der badischen Pfalz und sonst aus dem Umland der Pfalz aufgenommen. Vgl. o. Einleitung zur Bibliographie S. 22)

J. Hemmer, Abhandlung über die deutsche Sprache zum Nutzen der Pfalz. Mannheim 1769. 1 Bl. 226 S.
Provinzialwörter aus der Pfalz am Rhein = Journ. v. u. f. Dtschl. III, 1786, 9. St. S. 235–236.
Idiotismen aus der Unterpfalz = Journ. v. u. f. Dtschl. IV, 1787, 9. St., S. 211–217.
W. H. Riehl, Sprachstudien (über die rheinpfälzische Mundart) = Die Pfälzer. Stuttgart u. Augsburg 1857. – 2. unv. Abdruck ebd. 1858. S. 271–279.
L. Schandein, Mundart der bayr. Pfalz = Bavaria, Landes- und Volkskunde des Königr. Bayern IV, 2, 1867, S. 217–263. (Mit Proben.)
Autenrieth, Zum pfälzischen Idiotikon (Linksrheinische Pfalz) = Pfälz. Mus. I, 1884, S. 28–29.
K. Christ, Zum pfälzischen Idiotikon (Badische Pfalz) = Pfälz. Mus. I, 1884, S. 39.
K. Christ, Zum Pfälzer Idiotikon = Pfälz. Mus. II, 1885, S. 21–22.
K. W. Faber, Beiträge zu einem Pfälzer Idiotikon = Pfälz. Mus. II, 1885, S. 7–8, 39, 63–64.
Georg Heeger, Der Dialekt der Südost-Pfalz. I. Teil: Die Laute. Mit einer Lautkarte. Progr. des Gymn. zu Landau. 1896. 40 S. u. Karte.
Rez. Glöde in: ZfdU. 11, 1897, 808. Horn in: LitblGRPh. 1897, 266–67.
Ph. Keiper, Zur pfälzischen Mundartenforschung I = Pfälz. Mus. 14, 1897, 51–53.
Schmitt, Zum Gebrauch des Artikels in der Pfälzischen Mundart = Pfälz. Museum 14, 1897, 47f.
G. Heeger, Über die Herkunft einiger Wörter der pfälzischen Mundart = Pfälz. Museum 14, 1898, Nr. 4.
Autenrieth, Pfälzisches Idiotikon. Ein Versuch. Zweibrücken 1899. 197 S.
Rez. G. Ehrismann in: Z. f. d. Gesch. des Oberrheins 54 (= N. F. 15), 1899, 195f. Ph. Lenz in: ZfhochdMdaa. I 1900, 181f.
Ph. Keiper, Die Boll und der Nollen. Zwei pfälzische Bergnamen etymologisch erklärt = ZfhochdMdaa. 2, 1901, Heft 1/2. Nachtrag dazu: ZfhochdMdaa. 3, 1902, Heft 6.
D. Kühn, Pälzer Schnitze. Gedichte und Geschichten in westricher und nordpfälzer Mundart, nebst einer Sammlung pfälzischer Dialektausdrücke und Redensarten. Kaiserslautern 1901.
Rez. O. Meisinger in: ZfhochdMdaa. 3, 1902, 314f.

G. Heeger, Tiere im pfälzischen Volksmunde. 1./2. Teil. Programm des Gymn. zu Landau 1902 bzw. 1903. Letzteres 27 S.
Rez. – in: Globus 83, 1903, 276. I. O. Glöde in: ZfdU. 18, 1904, 221f. I u. II. Ph. Lenz in: ZfhochdMdaa. 5, 370f. I u. II. W. Horn in: LitblGRPh. 27, 1906, 361f. Vgl. auch Deutsche Mundarten 2, H. 1–2, 1906, 140.

G. Heeger, Lateinische Lehnwörter in den pfälzischen Mundarten = Pfälz. Museum 20, 1903, Nr. 2–3; 21, 1904, Nr. 3.

Ph. Keiper, Nadlerstudien = ZfhochdMdaa. 4, 1903, 220–235.
Rez. d. h. Nachträge von A. Landau in: ZfhochdMdaa. 5 1904, 144.

Th. Keiper, Pfälzische Studien. Beiträge zur rheinpfälzischen Volkskunde und Mundartenforschung. Heft 1: Krimm Kotten und Lawandee. Etymologisch-histor. Studien über die Bedeutung und den Ursprung dieser Benennungen von Stadtteilen. Kaiserslautern 1903. Aus Pfälz. Museum 21.
Rez. J. Miedel in: ZfhochdMdaa. 5, 1904, 222f. W. Horn in: LitblGRPh. 27, 1906, 362.

L. Sütterlin, Von der pfälzer Mundart. Beitr. zur Badischen Volkskunde. SA. aus dem Heidelberger Tageblatt. März 1905. 16 S.

L. Munzinger, Wer singt beim Sprechen, der Vorderpfälzer oder der Westricher? = Pfälz. Museum 24, 1907, Nr. 2 u. 3. Vgl. LitblGRPh. 28, 1907, 419.

W. Haster, Rheinfränkische Studien. Der Konsonantismus in Rheinhessen und in der Pfalz. Gießener Diss. 1909. 86 S. mit einer Lautkarte.

Ph. Keiper u. a., Bawelatsch = Pfälz. Museum 1909, 138f. Zu: Küstner, ebenda 1908, 115ff., 130ff.

Ph. Keiper, Schnorwel, Schnorwelkopp = Pfälz. Museum 1909, 168–172.

Th. Zink, Merkwürdige Flurnamen = Pfälz. Museum 1909, 88–90, 135–137.

Ph. Keiper, Flandrischer Leichtfuß = MSchlesVk. 1910, 159–160.

Ph. Keiper, Zur pfälzischen Flurnamenforschung = Pfälz. Museum 1910, 184–186.

Ph. Keiper u. Th. Zink, Pfälzer Appellativnamen = ZfdMdaa. 1910, 126–139. Nachtrag: Ph. Keiper in: ZfdMdaa. 1911, 54–58.

Ad. Ritsch, Fragen und Beiträge zur pfälzischen Mundartenforschung = Pfälz. Museum 1910, 39–41, 56–58, 88f., 160.

P. Frisch, Studien zur Grenze des Mosel- und Rheinfränkischen im Süden des Regierungsbezirks Trier. Diss. Bonn 1911. 57 S. u. 1 Karte.
Rez. Th. Frings in: Westdt. Zs. 32, 1913, 338–340.

Ph. Keiper, Schmolke = ZfdMdaa. 1912, 90–91.

Ph. Keiper, Noch einmal Pfälzer Appellativnamen = ZfdMda. 1913, 126–140.

Klaus Scholl, Die Mundarten des Kreises Ottweiler. Untersuchungen auf lautpsychologischer und sprachgeschichtlicher Grundlage. Straßburger Diss. 1912. Straßburg 1913. (Ottweiler: Saargebiet, preußischer Teil, 10 km von der bayrischen Grenze.)
Rez. O. Meisinger in: ZfdMdaa. 9, 1914, 277.

Fr. Schön, Lina Sommer, eine Pfälzer Mundartdichterin = Alemannia 1913, 157–158.

F. Schön, Geschichte der rheinfränkischen Mundartdichtung. 1913.
Rez. K. Helm in: Hess. Bl. f. Volkskde. 13, 1914, 203–204.

Roland Martin, Untersuchungen zur rhein-moselfränkischen Dialektgrenze. Teildruck. Diss. Marburg. 1914. 88 S.

Phil. Keiper, Bayr. föges = els. „Wackes" = ZfdMdaa. 10, 1915, 330.

Ph. Keiper, Angewachsene und losgetrennte Wortteile in Eigennamen und mundartlichen Wörtern = ZfdU. 30, 1916, 625–627.

L. Sütterlin, Die Heidelberger Mundart = Badische Heimat 4, 1917, 71–92.

Ph. Keiper, Pfälzische Berg- und Flußnamen. Kaiserslautern 1918. 108 S. = Pfälzische Studien, H. 3.
Rez. J. Miedel in: ZfdMdaa. 1919, 92. Entgegnung des Verfassers auf diese Bespr. in: ZfdMdaa. 1920, 92–93.

K. Brugmann, Haplologisches im heutigen Rheinfränkischen = Idg. Forsch. 38, 1920, 206–209.

Ph. Gimmel, Kleine Beiträge zur Pfälzer Mundart = Pfälz. Museum 38, Pfälz. Heimatkde. 17, 1921, 144–145.

F. Lissig, Der Name Pfalz im Wandel der Zeiten = Der Heimgarten 2, 1923, 105–106.

L. Mang, Die Mundart von Rothselberg. Diss. Würzburg. 1923. 235 S. Maschinenschrift.

Th. Schneckenberger, Die Mundart von Kaiserslautern. Diss. Würzburg 1923. Maschinenschrift.

J. Wilde, Die Pflanzennamen im Sprachschatze der Pfälzer. 1923. 303 S.
Rez. Th. Siebs in: Mitt. d. Schles. Ges. f. Volkskde. 25, 1924, 163.

A. Becker, Pfälzer Volkskunde. Bonn 1925. (Darin: S. 149 bis 207 über Sprache und Dichtung.)

E. Christmann, Die Wandlungen des germ. Reibelautes þ und des germ. Verschlußlautes d zwischen Vokalen in den Mundarten der Rheinpfalz = Teuth. 1, 1925, 214–218.

F. Maurer, Germanisch þ im Pfälzischen = Teuth. 2, 1925/26, 316.

E. Christmann, Beiträge zur Mundart-Geographie der Pfalz. (Mit 2 Karten.) = Pfälz. Museum 43, 1926, 221 bis 225.

H. Eid, Über den Dialekt von Obermoschel. In: Unser Moschel (Pfalz). Frankenthal 1926, S. 84–93.

H. Lehmann, Noch etwas von der Mundart = Pfälz. Museum 43, 1926, 33.

H. Lorch, Etymologisches zu einigen Wörtern der pfälzischen Mundart (als Beitrag zu einem etymologischen Wörterbuch) = Pfälz. Museum 43, 1926, 226–228.

H. Schlappinger, Noch etwas von der Mundart = Pfälz. Museum 43, 1926, 33.

L. Sommer, Auch etwas von der Mundart = Pfälz. Museum 43, 1926, 32.

E. Christmann, Ein Beitrag zur pfälzischen Sprachgeschichte = Teuth. 3, 1926/27, 274/279.

K. Arnold, Dilge = St. Julian = Pfälz. Museum 44, 1927, 140.

E. Christmann, Der Lautbestand des Rheinfränkischen und sein Wandel in der Mundart von Kaulbach (Pfalz). Speyer 1927. VII, 108 S. mit 1 eingedr. Karte = Veröffentlichungen der Pfälz. Gesellschaft zur Förderung der Wissenschaften. Bd. 2.
Rez. A. Götze in: Hess. BlfVolkskde. 27, 1928, 234f. Th. Zink in: Pfälz. Museum 45, 1928, 326f. F. Maurer in: Theut. 6, 1929/30, 60f.

E. Christmann, „glitsche", „schleife", „schleimere" und Genossen = Der Pfälzer 7, 1927, 47–50.

E. Christmann, Zur Etymologie, Bedeutung und Verbreitung einiger pfälzischer Mundartenwörter = Pfälz. Museum 44, 1927, 175f.

L. Krell, Die Stadtmundart von Ludwigshafen am Rhein. Versuch einer Darstellung ihrer Laut- und Formenlehre (mit Einschluß der wichtigsten syntaktischen Erscheinungen) auf grammatischer Grundlage. Kaiserslautern 1927. IV, 73 S. = Beiträge zur Landeskunde der Rheinpfalz, H. 5.
Rez. F. Maurer in: Teuth. 6, 1929/30, 60f.

E. Christmann, Beiträge zur Mundartengeographie in der Pfalz = Pfälz. Museum 45, 1928, 23–28. (Mit 2 Karten.)

Julius Wilde, Pflanzennamen der Pfälzer und ihre Zusammenhänge mit religiösen und weltlichen Gebräuchen = OberdtZfVolkskde. 2, 1928, 115–127.

E. Christmann, Über Pfälzer Mundarten = Kurpfälzisches Jahrbuch 5, 1929, 28–36.

E. Christmann, Der Geizhals in der pfälzischen Mundart = Bayrische Wochenschrift f. Pflege von Heimat und Volkstum 8, 1930, 42–45.

E. Christmann, Der Häher in den pfälzischen Mundarten = ZfVolkskde. N. F. 2, 1930, 217–24.

Christmann, Flumen (Flomen, Flaumen) und Flamen (Flämen) = ZfdtPh. 55, 230–237. 1930.

F. Krebs, Einige interessante mundartliche Ausdrücke aus dem Maurerhandwerk der Rheinpfalz = Bayer. Wochenschrift f. Pflege von Heimat und Volkstum 8, 1930, 389f.

J. Euler, Aus dem Sprachschatz und der Volkskunde des Westrichs aus der Zeit vor hundert Jahren = Rheinische Lehrerzeitung 38, 1930/31, 410–412.

Adolf Bach, Karte der rheinischen Mundarten, gezeichnet von W. Will, hg. vom Institut für geschichtliche Landeskunde an der Universität Bonn. Maßstab 1: 250000. Eschwege 1931. 130 mal 180 cm. Sieben-Farben-Druck.
Rez. E. S(chröder) in: AfdA. 51, 1932, 67. B. Martin in: Teuth. 9, 1933, 57f. J. Meyer, J. Müller in: Jahrbuch der Luxemburgischen Sprachgesellschaft (7) 1931/32, 148–150.

E. Christmann, Die pfälzische Mundart in Faber-Kaltenbachs „Geschichte der rheinpfälzischen Literatur" = Bayer. Wochenschr. f. Pflege von Heimat und Volkstum 9, 1931, 92–95.

E. Christmann, Name und Alter des Christbaums in der Pfalz = OberdtscheZfVolkskde. 5, 1931, 81–87.

Ernst Christmann, Sprachbewegungen in der Pfalz. Richtungen und Schranken; Restformen und Restgebiete. Ein Versuch vor allem auf Grund von Karten der pfälz. Wörterbuchkanzlei und des Sprachatlasses des Dt. Reichs. Speyer 1931. 104 S. mit 23 Abb. = Veröffentlichungen der pfälzischen Gesellschaft zur Förderung der Wissenschaften, Bd. 19.
Rez. F. Stroh in: HessBllfVolkskde. 30/31, 1932, 273f. H. Teuchert in: Teuth. 8, 1932, 251f.

Johannes Müller, Untersuchungen zur rhein-moselfränkischen Dialektgrenze. Bonn 1931. 148 S. = Rheinisches Archiv 17.
Rez. F. Stroh in: AfdA. 52, 1933, 17–20.

Eduard Altenhofer, Untersuchungen zur Dialektgeographie der Westpfalz und der angrenzenden Teile des Kreises Saarbrücken und Lothringens. (Teildruck.) Marburg 1932. 33 S. Diss. Marburg 1929.

Karl Groel, Alemannisches in der Südpfalz = Pfälzisches Museum 49, 1932, 49f. Dazu: Erwiderung von E. Christmann, ebenda, S. 50f.

Josef Müller, Die Mundart von Dietschweiler, ihr Wort- und Lautbestand auf der Grundlage des Mittelhochdeutschen. Diss. München 1931. Kaiserslautern 1932. 132 S.
Rez. E. Christmann in: ZfMdafschg. 12, 1936, 182f.

F. Stroh, Die rheinfränkische Sprachlandschaft = Nachrichten der Gießener Hochschulgesellschaft 9, 1932, 1. 12 bis 22.

Paul Waibel, Die Mundarten im rechtsrheinischen Bereich des ehemaligen Fürstbistums Speyer. Mit einer Übersichtskarte und einer Mundartkarte. Heidelberg 1932. Diss. Heidelberg. 168 S.
Rez. O. Behaghel in: LitblGRPh. 55, 1934, Sp. 88. E. Christmann in: Teuth. 9, 1933, 238f.

Ernst Christmann, Rheinfranken und Alemannen. Zur stammeskundlichen Mundartforschung der Westmark = Die Westmark 1933/34. 294/298.

Friedrich Krebs, Die Fachsprache des Maurers in der Pfalz. Erlangen 1934. IX, 73 S. Mit 13 Abb. u. 13 Kartenbildern = Fränkische Forschungen, hrsg. von Fr. Maurer, H. 3.
Rez. H. Teuchert in: ZfMda. 11, 1935, 49 sowie in Heimat und Volkstum, 1935, 13, S. 47.

Ernst Christmann, ch-Schwund vor t im Rheinfränkischen und Südfränkischen (öchdm „Atem") = ZfMda. 11, 1935, 235–239.

Ernst Christmann, Die Verdrängung von „nieder" durch „unter" in Siedlungsnamen = ZfMda. 11, 1935, 131 bis 146.

Ernst Christmann, Von einigen seltneren Grenzzeichen-Namen der Pfalz = ZfMda. 11, 1935, 18–20.

Otto Bertram, Ortsneckereien in der Vorderpfalz = Heimat und Volkstum, 1936, 14, S. 133–136. (Übernamenmaterial.)

E. Christmann, Der Name des Dorfes Rehborn = Heimat und Volkstum, 1936, 14, S. 6–9. (Rheinpfalz.)

Ernst Christmann, Sonngicht, Zinstag, Erbsen- und Streitsonntag in älteren pfälz. Urkundendaten = Heimat und Volkstum, 1936, 14, S. 165–169. (Darin sprachliches Material aus dem 14./16. Jahrhundert.)

Friedr. Krebs, Ein unverschobenes Reliktwort (glep: glef) in der Rheinpfalz = ZfMdafschg. 12, 1936, 102.

Otto Bertram, Die Mundart der mittleren Vorderpfalz. Erlangen 1937. 225 S. u. 4 Kartenbeil. = Fränkische Forschungen, hrsg. von F. Maurer, H. 7.
Rez. Paul Freiling in: ZfMdafschg. 14, 1938, 182–184.

Otto Bertram, Eingewandertes Spruchgut in der Pfalz = Heimat u. Volkstum, 1937, 15, S. 153–58.

Ernst Christmann, Hat die Volkssprache außer „gesunkenem Kulturgut" nicht noch anderes Fremdgut aufzuweisen? = Heimat und Volkstum, 1937, 15, S. 101–104.

Ernst Christmann, Vom wilden Jäger, den Holden und der Spurkelsin in der Pfalz = Heimat und Volkstum, 1937, 15, S. 4–9.

Ernst Christmann, Zur Frage der Volksetymologie = ZfMdafschg. 13, 1937, 1–8.

Otto Bertram, Dr., Der Haustrunk in der Mundart der Vorderpfalz = Heimat u. Volkstum, 1938, 16, S. 271–72.

Otto Bertram, Dr., Erhaltung und Wandlung alten Sprachguts in der Saarpfalz = Heimat u. Volkstum, 1938, 16, S. 219–222.

Ernst Christmann, Beiträge zur Flurnamenforschung im Gau Saarpfalz. München 1938, 53 S., 8 Abbildungen.
Rez. Schönberger in: Heimat u. Volkstum 1939, 320.

H. Schleif, Die SS-Ausgrabung am Kriemhildenstuhl bei Bad Dürkheim = Germanien 1938, 289–296.

Sprater, Der Brunholdisstuhl = Forschungen u. Fortschritte 1938, XI, 23f.

Karl Schmitt, Literaturgeschichtlicher Abriß der Pfälzer Mundart-Dichtung (nebst Sprachbetrachtungen). Münchner Diss. 1938, gedruckt Heidelberg 1939, 80 S. – Sprachl. Bemerkungen S. 69–79.

L. Sütterlin, Die Vorwörter im Pfälzer Volksmund. In: Vom Werden des deutschen Geistes (Ehrismann-Festschrift), S. 243–253.

Sprachinseln

(bairisch-österreichische – ostfränkisch-rheinpfälzische – schwäbische – Sprachinsel-Mischmundarten, die mit Sicherheit oder vermutungsweise hierher gehören)

Marco Pezzo, Dei Cimbri Veronesi, e Vicenti libri due. 3. edizione. Verona 1763. 4 Bll., 104 S., 1 Bl. (mit Wörterbuch). – Weitere Ausg. in 2 Bdchen. u. d. T. Novissimi illustrati Monumenti de Cimbri ne' monte Veronesi, Vicentini, e di Trento di Marco Pezzo, e notabilissime altre cose di antichità. Verona 1785. – Nach der dritten Ausgabe übersetzt von E. F. S. Klinge in Büsching's Mag. VI, 1771, S. 48–100. Vgl. auch Büschings wöchentl. Nachrichten V, 1777, S. 319–320, 329 bis 334.

J. S. K., Versuch einer Geschichte der Deutschen Sprache in Ungarn, sammt ihren verschiedenen Dialekten = K. K. Wiener Anzeigen III, 1773, S. 109 u. 118.

Von den veronesischen Cimbern = Büschings Mag. VIII, 1774, S. 497–508.

F. K. Fulda, Von Veronesischen und Vicentinischen Deutschen = Nast's Deutscher Sprachforscher II. Stuttg. 1778. S. 221–274.

v. W(indisch), Verzeichnis der meisten zu Preßburg und in derselben Gegend üblichen Idiotismen = Ungr. Mag. IV, 1787, S. 58–85, 291–315.

Notiz über die Deutschen der VII. Comuni = Halberstädtische gemeinnützige Blätter IV, 1, 1794, S. 130.

J. Hormayr, Frhr. v., Über die Sprache der VII und XIII Comuni = Geschichte der gefürsteten Grafschaft Tirol. I., 1. Tübingen 1806. S. 134–182. (Hauptsächlich Wörterverzeichnis.)
Gaetano Rigoni, Vocabulario domestico oder Hauswörterbuch der sieben Gemeinden. Mit Einleitung auszugsweise abgedruckt in: Sternberg, Caspar Graf von, Reise durch Tyrol in die Östreichischen Provinzen Italiens im Frühjahr 1804, Regensburg 1806. S. 147–160.
Agostino Dalpozzo, Memorie storiche delle popolazione alpine dette cimbriche e vocabolari de' loro dialetti. Vicenza 1820.
Richter u. von Rudesh, Das Herzogthum Gottschee = J. M. Schottky's Vorzeit u. Gegenwart. 1823. I. Bd., 3 St., S. 257–278.
C. B. Giovanelli, Dell' origine dei sette e tredici communi alemanne abitanti fra l'Adige e la Brenta nel Trentino nel Veronese e nel Vicentino. Trento 1826. 33 S. Mit Wörterverzeichnis.
Graff, Über die Sprache der VII u. XIII comuni = Jahrbücher f. wiss. Krit. 1830, I, S. 14–16. (Gelegentl. Bemerkungen, hauptſ. Wortangaben.)
(J.) K(ikinge)r, Die deutschen Bewohner der XIII und VII Gemeinden in den Veroneser und Vicentiner Alpen = Echo, Mailand 1831, Nr. 16–19.
J. A. Schmeller, Über die sogenannten Cimbern der VII und XIII Communen auf den Venedischen Alpen und ihre Sprachen = Abhdlgen. d. Königl. Bayr. Ak. II, Abth. III, 1838, S. 557–708.
Gabriele Rosa, Gli Abitanti de VII e XIII comuni sull' Alpi Venete = Rivista Europea Agosto e Settembre 1845. S. 226–237.
J. G. Kohl, Bericht über eine Reise zu den cimbrischen und suevischen Bergbewohnern an der Gränze des lombardisch-venetianischen Königreiches = Monatsblätter z. Erg. d. Allg. Ztg. 1847, S. 480–491. (Auch gelegentliche Bemerkungen über die Sprache, nebst Angabe einzelner Wörter u. Proben.)
J. Bergmann, Historische Untersuchungen über die heutigen sogenannten Cimbern in den Sette-Comuni = Wiener Jahrbücher f. Lit. CXX, 1847, Anz.-Bl. S. 1–35; CXXI, Anz.-Bl. S. 17–50. (Üb. die Sprache bes. CXX, S. 25 bis 35, namentl. Beiträge aus Foza.) Auch besonders ersch. Wien 1848.
J. A. Schmeller, Über einen Versuch eines cimbrischen Wörterbuchs = Münch. gel. Anz. XXXIV, 1852, Sp. 37 bis 47, 49–54.
V. F. Klun, Die Gottscheer = Anz. f. Kde. der deutschen Vorz. N. F. I, 1853–1854, Sp. 49–54.
(J.) Bergmann, Einleitung zu Schmeller's cimbrischem Wörterbuche. Mit 2 Kärtchen = Wiener S.-B. XV, 1855, S. 60–159 (Auf S. 147–157 eine Aufzählg. d. Literatoren in cimbr. Spr.)
J. A. Schmeller, Sogenanntes cimbrisches Wörterbuch d. i. deutsches Idiotikon der VII. u. XIII. comuni in den venetianischen Alpen. Mit Einleitung und Zusätzen im Auftrage der Kais. Ak. d. Wiss. hg. von J. Bergmann. Wien 1855. 212 S.
Sulzer, Dissertazione dell' origine e della natura dei dialetti communemente chiamati Romanici etc. Trento 1855.
C. Czoernig, Frhr. v., Deutsche Sprachinseln im Süden der deutsch-wälschen Sprachgränze = Ethnogr. d. östr. Mon. I. Wien 1857. S. 32–33.
Czoernig, Frhr. v., Deutsche Sprachinseln im Süden der deuttsch-slovenischen Sprachgränze = Ethnogr. d. östr. Monarchie I S. 33. Wien 1857.
K. Czoernig, Frhr. v., Deutsche Sprachinseln in der Bukowina = Ethnographie der östr. Mon. 1. Wien 1857, S. 43.
K. Czoernig, Frhr. v., Deutsche Sprachinseln jenseits der deutsch-magyarischen und deutsch-slovakischen Sprachgränze in Ungarn, in der Wojwodschaft und im Banate, in Kroatien, Slavonien, der Militärgränze und in Siebenbürgen = Ethnogr. d. östr. Monarchie I. Wien 1857. S. 34–39.
T. Elze, Gotschee und die Gotscheewer. Aus dem 3. Jahresheft des Krain. Landesmus. Laibach 1861.
P. v. Radics, Die altdeutsche Colonie Gotschee in Krain = Östr. Rev. 1864, III, S. 210–221. IV, S. 220–231.
F. v. Attlmayr, Die deutschen Kolonien im Gebirge zwischen Trient, Bassano und Verona. Mit Karte = Zs. des Ferd., 3. F., XII, 1865, S. 90–127; XIII, 1867, S. 5–62. Nebst Anhang über die Verwandtschaft der Volkssprache in Deutschtirol mit jener der sogenannten Cimbern in den sette Comuni vicentini, den tredici Comuni veronesi und einigen Thälern von Welschtirol. S. 63–88.
G. Zeynek, Ein Beitrag zur Sammlung des Volksthümlichen in temescher Banat. Mundart, Sprachproben, Sagen = Neues oberlaus. Mag. XLII, 1865, S. 302–349. (Darin ein Idiotikon des Werschetzer Stadtbezirkes.)
J. Petters, Cimbrisch innarzent, innerhalb = Zs. f. vgl. Spr. XVI, 1867, S. 78–79.
Chr. Schneller, Das Deutschtum in Wälschland = Beil. z. Augsburger Allg. Ztg. 1867, S. 4061–4062, 4078–4079, 4094–4095.
K. J. Schröer, Ein Ausflug nach Gottschee. Beitrag zur Erforschung der Gottschewer Mundart = Wiener Sitzber. LX, 1868, S. 165–288. Auch besonders ersch.: Wien 1869. 2 Bll. 124 S.
K. J. Schröer, Ein Ausflug nach Gottschee = Jb. d. östr. Alpenver. IV, 1868, S. 374–379.
J. Heitger, Die sieben deutschen Gemeinden bei Vicenza = Dt. Sprwt. IV, 1869, S. 149–150.
J. V. Zingerle, Lusernisches Wörterbuch. Innsbruck 1869. VI, 80 S. (S. 7–18 Abriß der Laut- und Flexionslehre.)
K. J. Schröer, Weitere Mittheilungen über die Mundart von Gottschee = WSB. LXV, 1870, S. 391–510. Auch besonders: Wien 1870. 1 Bl. u. S. 125–244.
Über deutsche Sprachinseln in Südtirol (Referat über einen Vortrag von Zingerle auf der 27. Philol. Vers. 1869 von A. Freybe) = Germ. XV, 1870, S. 125–127.
J. V. Zingerle, Ein Gang ins Fersinathal = Aus allen Welttheilen 1872. (Tirol betr.)
Mundart der deutschen Gemeinden auf den Venedischen Alpen und in Südtirol. Mit einem Sprachkärtchen = Dt. Sprwt. VII, 1872–1873, S. 9–10, 313–316.
O. Delitsch, Ein Besuch bei den deutschen Gemeinden des Fersinathales = Aus allen Weltth. VI, 1874–1875, S. 276–284. (Tirol betr.)
K. Czoernig, Frhr. v., Die vergessene deutsche Sprachinsel Deutschruth = Zs. d. dt. u. östr. Alpenv. VI. 1875, (I) S. 247–253.
F. Titzenthaler, Über Gottschee (Krain) und einige ältere literarische Erscheinungen in Gottscheer Mundart. Vortrag, gehalten im „Verein für Erdkunde" zu Dresden am 2. April 1875 = Jahresber. d. Ver. f. Erdk. z. Dresden XIII/XIV, S. 18–34.
R. Andree, Deutsche Sprachinseln = R. Andree u. O. Peschel, Physikal.-stat. Atl. d. dt. Reichs I, Bielefeld u. Leipzig 1876. S. 26.
K. Czoernig, Frhr. v., Die deutsche Sprachinsel Zarz in Krain = Zs. d. dt. u. östr. Alpenver. VII, 1876, S. 163 bis 176.
(K. J.) Schröer, Preßburger Mundart. Kindersprache = Dt. Maa. VII, 1877, S. 223–224. (Einige Wörter.)
K. Czoernig, Frhr. v., Die deutsche Sprachinsel Gottschee. Vortrag, geh. in der Sektion Küstenland des dt. u. östr. Alpenver. am 23. Nov. 1878. Mit 1 ethnogr. Karte = Zs. des dt. u. östr. Alpenver. IX. 1878, S. 273–287.
V. Goehlert, Österreichische (Wiener-) Dialekt-Ausdrücke, welche in der Sprache der 13 deutschen Gemeinden (XIII Comuni) bei Verona vorkommen; nach J. Schmellers cimbrischem Wörterbuche = Bll. d. Ver. f. Landesk. v. Niederöstr. N. F. XIII, 1879, S. 102–103.

(K. Frhr.) Czoernig, von, Die deutsche Sprachinsel Sauris in Friaul = Zs. d. dtsch. u. östr. Alpenvereins XI, 1880, S. 360–380.

F. e C. Cipolla, Dei coloni Tedeschi nei XIII comuni veronesi. Rom 1884 = Arch. glottol. ital. VIII, 1882–1885, S. 161–262. (Auch besonders erschienen.)

C. Çipolla, La popolazione dei XIII comuni veronesi 1883.

H. Leck, Deutsche Sprachinseln in Wälschtirol. Landschaftliche und geschichtliche Schilderungen. Mit einem Vorworte von Heidinger. Stuttgart 1884. 68 S., 1 Bl. 1 Karte.

A. Galanti, I tedeschi sui versante meridionale delle alpi. Rom 1885.

M. Gehre, Die deutschen Sprachinseln in Österreich. Abhandlung zum Programm der Realsch. in Großenhain. Ostern 1886. 67 S. (Statistischen Inhaltes.)

K. Lechner, Eine tirolisch-bayrische Sprachinsel in Mähren = Petermanns Mitteil. XXXII, 1886, S. 109–113.

F. Kluge, Deutsche Sprachinseln in Oberitalien = Gröbers Grundriß der roman. Philol. I. Straßbg. 1888. S. 389. (Kurze Bemerkungen allgemeinen Inhalts.)

K. Czoernig, Frhr. v., Die deutschen Sprachinseln im Süden des geschlossenen deutschen Sprachgebietes, Piemont, Kanton Tessin, Südtirol, Krain (Gottschee) in ihrem gegenwärtigen Zustande. Nach einem im Kärntnerischen Geschichtsverein gehaltenen Vortrage. Klagenfurt 1889. 22 S.
Rez. Lit. Centralblatt 1890, 837.

J. M. Klimesch, Zur Geschichte der deutschen Sprachinsel von Neuhaus und Neubistritz = MittdVerfGeschdDeutschen in Böhmen 28, 1890, H. 1.

J. Pak, Die deutschen Sprachinseln in Wälschtirol und Italien. Innsbruck 1892.

Halbfaß, Die deutsche Sprachinsel Zahre-Sauris in Friaul = Globus 66, 1894, H. 11, 165–168.

A. Hauffen, Die deutsche Sprachinsel Gottschee. Graz 1895.
Rez. J. W. Nagl in: ZföVk. I (2) 58f. Ders. in: Euphorion 2, 644–649. Schnürer in: Österr. Litbl. 1895 (3) 84–86. Grenzboten 1895 (16). Lit. Cbl. 1895 (9), 296f. K. Weinhold in: ZVV. 5, 1895, 220.

Val. Schmidt, Geschichtliches von der Stritzchitzer deutschen Sprachinsel = Mitt. d. Ver. f. Geschichte d. Deutschen in Böhmen 34, 1895, 380–400.

Th. v. Grienberger, Zur Mundart der „sieben Gemeinden" = ZfhochdMdaa. I, 1900, 169f.

O. Heilig, Zur zimbrischen Mundart = ZfhochdMdaa. 1 1900, 170–172.

A. Baß, Deutsche Sprachinseln in Südtirol und Oberitalien. Eine volkskundlich-sprachwissenschaftliche Untersuchung. Lpz. 1901. VI, 104 S. mit Abb. u. 1 Kärtchen.
Rez. T. Längin in: Alemannia 31, 1903, 191f.

Bukowiner Deutsch. Fehler und Eigentümlichkeiten in der deutschen Verkehrs- und Schriftsprache der Bukowina. Gesammelt vom Vorstande des Bukowiner Zweiges des Allg. Deutschen Sprachvereins. Wien 1901, K. K. Schulbücher-Verlag. 52 S. Siehe die Münchner Diss. vom J. 1938 von Schwarz, Die Mundart von Illischestie u. S. 58.
Rez. O. Weise in: Deutsche Erde 2, 1903, 56, 58.

Zimbrisches Hochzeitsgedicht, mitget. v. L. Hertel = ZfhochdMdaa. 2, 1901, Heft 3.

A. Baragiola, Delle colonie tedesche nella regione italiana = „Il Veneto", Corriere di Padova vom 29. Dez. 1902.
Rez. S. Günther in: Deutsche Erde 2, 1903, 60, 64.

A. Baragiola, Volklore inedite di alcune colonie tedesche nella regione italica = Bolletino di filologia moderna 4, 1902, 47–55, 153–160; 5, 209; 6, 87. 124.
Rez. S. Günther, Deutsche Erde 2, 1903, 28f.

A. Baß, Dar klóane catechismo vor'z Beloseland. Eine Seltenheit aus dem Lande der „Zimbern". = ZfBücherfreunde 6, 1902, 248–250.

W. Halbfaß, Eine Wanderung durch die deutschen Sprachinseln in Piemont. Programm Neuhaldensleben 1903. 24 S. u. 1 Abb.
Rez. S. Günther in: Deutsche Erde 3, 1904, 28f.

K. Klingemann, Ein Kirchenlied als Zeuge der Beziehungen zwischen den Sette Communi und dem Mutterlande = Deutsche Erde 2, 1903, 140–144.

L. Neumann berichtet über 2 deutsche Sprachinseln in Piemont (Macugnaga und Rimella) in den Münchener Neuesten Nachrichten vom 23. April 1903.

A. Baß, Zimbrische Sprachproben aus den Sette Comuni = ZfhochdMdaa. 5, 1904, 29–37.

G. Dainelli, Le isole linguistiche tedesche in Piemonte = Rivista geografica italiana, 11. April 1904, S. 184ff. Florenz 1904.

St. Schindele, Reste deutschen Volkstums südlich der Alpen. Eine Studie über die deutschen Sprachinseln in Südtirol und Oberitalien. Köln 1904. 136 S. = 3. Vereinsschrift der Görresgesellschaft zur Pflege der Wissenschaft im kathol. Deutschland für 1904.

Gedeon, Alajos Az alsó-meczenzéfi német nyelvjárás hangtana = Lautlehre der deutschen Mundart von Unter-Metzenseifen. Budapest 1905. 79 S. (= Magyarországi német nyelvjárások – Ungarländische deutsche Mundarten szerkeszti Gedeon Petz I.) (ostmd. mit ostfrk. Einschlag.)

J. Bacher, Die deutsche Sprachinsel Lusern. Geschichte, Lebensverhältnisse, Sitten, Gebräuche, Volksglaube, Sagen, Märchen, Volkserzählungen und Schwänke, Mundart und Wortbestand. Innsbruck 1905. XV, 437 S. = Quellen und Forschungen zur Geschichte, Literatur und Sprache Österreichs und seiner Kronländer. X.
Rez. J. B(olte) in: ZfVkde. 15, 1905, 465. Lit. Centralbl. 57, 1906, 978. Wl. in: Allg. Litbl. 14, 1906, 622–624. Ders. in: ZdAllgdtSprVereins 21, 1906, 275–277. E. H. Meyer in: GöttgelAnz. 168, 1906, 491–493. W. Rohmeder in: Deutsche Erde 5, 1906, 24f. O. Meisinger in: ZfdMdaa. 1907, 85f. H. Tschinkel in: ArchivfdStdneuerenSpr. 118, 1907, 422–427. J. Schatz in: Zs. des Ferdinandeums 50, 1907, 572–574. P. Lessiak in: LitblGRPh. 29, 1908, 270–272.

Ad. Baragiola, „I Mòcheni" ossia i Tedeschi della valle del Fersina nel Trentino. Venezia 1905, Tipografia Emiliana. 83 S.
Rez. S. Günther in: Deutsche Erde 4, 1905, 53, 68f.

M. Knittl, Die deutsche Sprachinsel Zahre (= Sauris, in den karn. Alpen) = Neue Bahnen 5, 1905, 15–16.

P. Lessiak, Die deutsche Sprachinsel Zarz-Deutschrut an der krainisch-küstenländischen Grenze = Deutsche Erde 4, 1905, 176.

M. Lindenschmidt, A verbászi német nyelvjárás alaktana (= Flexionslehre der deutschen Mundart von Verbász.) Budapest 1905. 39 S. = Magyarországi német nyelvjárások = Ungarländische deutsche Mundarten – szerkeszti Gedeon Petz II. (Die Mda. der Bácza ist pfälzisch.)
Rez. V. Capesius in: KorrbldVereinsfSiebürgLandeskde. 1911, 131–133. H. F. Schmidt in: ZfdMdaa. 1912, 176 bis 179.

H. Nabert, Ein Besuch von Ornabasso und Rimella in Piemont = Deutsche Erde 4, 1905, 59–66.

G. Sacerdote, Deutsche Sprachreste in Italien = Sonntags-Beil. zur Voss. Ztg. 21. 1905.

V. T., Gurin, das deutsche Tessinerdorf = Neue Zürcher Ztg. Nr. 248 vom 7. Sept. 1905. Vgl. Deutsche Erde 5, 25, 32. Gurin-Bosco, zu Piemont gehörig.

A. Baß, Die Sette Comuni Vicentini = Deutsche Mundarten 2, Heft 1–2, 1906, S. 161f.

A. Baß, Sprichwörter aus den oberitalienischen sieben Gemeinden von Vicenza und aus Lusern = ZfdMdaa. 1906, 138–145.

Márton Hajnal, Az isztiméri német nyelvjárás hangtana (= Lautlehre der deutschen Mundart von Isztimér). Budapest 1906. 64 S. (Magyarországi német nyelvjárások = Ungarländische deutsche Mundarten – szerkeszti Gedeon Petz IV.) (Die Mundart ist bayrisch.)
Rez. B. Capesius in: KorrbldVerfSiebLandeskde. 1911, 134f.
St. Schindele, Reste deutschen Volkstums südlich der Alpen = (Münchner) Allg. Ztg., Beilage Nr. 75 (1906, S. 594 bis 597).
H. Schmid, Besco, eine deutsche Sprachinsel im Tessin = Frankfurter Ztg. Nr. 310, 1906. Morgenblatt.
Th. Siebs, Die Sprache der Tiroler in Schlesien = Mitt. der schles. Ges. f. Volkskde. Heft 16, 1906, 105–128.
V. F. Kräuter, A niczkyfalvai német nyelvjárás hangtana (= Lautlehre der deutschen Mundart von Niczkyfalu). Budapest 1907. 52 S. = Magyarországi német nyelvjárások = Ungarländische deutsche Mundarten – szerkeszti Gedeon Petz V. (Die Mundart ist pfälzisch.)
Rez. B. Capesius in: KorrbldVerfSiebLandeskde. 1911, 135–136. H. F. Schmidt in: ZfdMdaa. 1912, 176–179.
H. Nabert, Namen und Sprachproben aus den deutschen Dörfern in Tessin und Piemont = Deutsche Erde 7, 1907, 55–59. 178–183.
Illés Schäfer, A kalaznói német nyelvjárás hangtana (= Lautlehre der deutschen Mundart von Kalaznó). Budapest 1908. 67 S. = Magyarországi német nyelvjárások = Ungarländische deutsche Mundarten – szerkeszti Gedeon Petz VI. (Hauptsächlich von Pfälzern gegründet.)
Rez. B. Capesius in: KorrbldVerfSiebLndeskde. 1911, 142–143. H. F. Schmidt in: ZfdMdaa. 1912, 176–179.
H. Tschinkel, Grammatik der Gottscheer Mundart. Halle a. S. 1908. XVI, 320 S. Mit 1 Karte.
Rez. J. Schatz in: AfdA. 32, 1909, 149–156. J. Schiepek in: DLZ. 30, 1909, 156f. ... in: Lit. Centralbl. 60, 1909, 681. P. Lessiak in: ZfdU. 5, 1910, 172–176 und ZfdMdaa. 1910, 172–176. O. Behaghel in: LitblGRPh. 31, 1910, 355f. A. Gebhardt in: ZfdPh. 1912, 117–119.
A. Baß, Deutsche Sprachinseln in Südtirol und Oberitalien. I. Land und Leute. 2. verm. Aufl. Leipzig 1909.
Rez. L. Hertel in: ZfdMdaa. 1909, 377. R. Palleske in: ZdAllgdtSprachVereins 1911, 234.
Em. Böhmer, Sprach- und Gründungsgeschichte der pfälzischen Kolonie am Niederrhein. Marburg 1909, 91 S. mit einer Karte. = Deutsche Dialektgeographie. Berichte und Studien über G. Wenkers Sprachatlas des Deutschen Reichs, hg. von F. Wrede. Heft 3.
Rez. H. Teuchert in: AfdA. 52, 1910, 15–22. P. Drechsler in: ZfdMda. 1910, 158–159. O. Häberle in: Deutsche Erde 9, 1910, 261f. J. W. Nagl in: ZföG. 60, 1910, 1001 bis 1003. O. Meisinger in: ArchivfdStdneuSpr. 123, 1910, 470. K. Schwarz in: Westdeutsche Zs. 1910, 399–405. L. Grootaers in: Leuvensche bijdr. 9, 1911, 249–250.
E. Kövi, Sprachproben aus Zipsen = ZfdMdaa. 1910, 368 bis 372.
Ew. Paul, Im Zimbernland. Aussee (Steiermark) 1911, Selbstverlag. 88 S.
Rez. W. Rohmeder in: Deutsche Erde 1912, 29f. Aristide Baragiola in: Lares, Bulletino d. soc. di etnografia italiana 1912, 213–222.
H. F. Schmidt, Lautlehre der rheinfränkischen Mundart der Sprachinsel Verbász in Südungarn = ZfdMdaa. 1911, 97 bis 132.
Aristide Baragiola, Una leggenda di Formazza = Lares, Bulletino d. soc. di etnografia italiana 1912, 57–62.
E. Gamillscheg, Die romanischen Elemente in der deutschen Mundart von Lusern. Halle 1912 (= Beihefte zur Zs. f. rom. Phil. Nr. 43.)
Rez. K. v. Ettmayer in: DLZ. 34, 1913, 1066–1067. E. Bowiciez in: Rev. crit. 75, 1913, 231–232. F. Rich in: Allg. Litbl. 23, 1914, 184–186. L. Spitzer in: LitblGRPh. 34, 1914, 27–30.
J. Lux, Sprachproben aus der deutschen Mundart von Dobsina in Oberungarn = ZfdMdaa. 1912, 360–364. (Doch eher ostfrk.-oberpfälz.!)
Joh. Kostial, Deutschruth = Deutsche Erde 1913, 88–92.
A. Baß, Deutsche Sprachinseln in Südtirol und Oberitalien (Heft 1). Leipzig 1914. A. Baß. (Umschlagtitel.) = Die Sprachinseln. (1. Land und Leute.) 3. (Titel-) Auflage 1914. IX, 109 S. mit 1 (farb.) Karte und 40 Abb.
Dar klóane Catechismo vor de siben Kaméün mit halghen Gasang. In Seminárieu von Padebe 1842. Neudruck, veranstaltet vom Bund der Sprachinselfreunde. Leipzig-R. 1914, Nationale Kanzlei.
Rez. A. Pfalz in: ZfdMdaa. 1915, 330–331. W. Hofstaetter in: ZfdU. 29, 1915, 735. Th. Siebs in: MittdVerfSchlesVolkskde. 17, 1915, 134.
Pr. Lessiak, Zwei deutsche Sprachinseln in Friaul: Bladen und die Zahre = Deutsche Erde 13, 1914, 132–137.
Elemér Schartz, A rábalapincsközi nyelvjárás langtana (= Lautlehre der Mundart zwischen der Raab und Lafniz.) Budapest 1914. 131 S. = Arbeiten zur deutschen Philologie, hrsg. von G. Petz, J. Bleyer, H. Schmidt. X.
Rez. A. Weber in: Lit. Centralbl. 67, 197–198. 1916. A. Scheiner in: KorrbldVerfSiebLandeskde. 41, 6–14.
J. Happ, Béb község nyelvjárásának hangtana (= Lautlehre der deutschen Mundart und der Gemeinde Béb, Komitat Veszprém). Budapest 1915. 104 S. = Arbeiten zur deutschen Philologie, hrsg. von G. Petz, J. Bleyer, H. Schmidt. XVIII. (Aus dem mittelbayrischen Sprachgebiet, vielleicht aus Deutsch-Böhmen.)
Rez. A. Scheiner in: KorrbldVerfSiebLandeskde. 41, 27 bis 30. B. Holzer in: Allg. Litbl. 27, 147.
Jos. Mornau, A szeghegyi német nyelvjárás hangtana = Lautlehre der deutschen (rheinfränkischen) Mundart von Szeghegy. Budapest 1915. 73 S. = Arbeiten zur deutschen Philologie. XV. (Die Sprecher stammen aus der Pfalz u. anderen dt. Landschaften!)
Rez. A. Weber in: Lit. Centralbl. 67, 1916, 197–198. A. Scheiner in KorrbldVerfSiebLandeskde. 40, 42–48. B. Holzer in: Allg. Litbl. 27, 146.
El. Schwartz, Sprachprobe aus dem Zigeunerdeutschen des Raab-Lafnitztals in Ungarn = ZfdMdaa. 10, 1915, 225 bis 229.
A. Weber, Geschichte der Zipser Dialektforschung. Budapest 1916, F. Pfeifer. 46 S. (in madj. Sprache) = Arbeiten zur deutschen Philologie, hrsg. von G. Petz, J. Bleyer und H. Schmidt.
Rez. R. Huß in: KorrbldVerfSiebLandeskde. 40, 12–14. Ders. in: ZfdMfaa. 1918, 91–93. M. Lederer in: Lit. Centralbl. 68, 1917, 411–12. R. F. Arnold in: ZföG. 68, 1917, 167–168. L. Racz in: DLZ. 39, 1919, 951–952.
A. Dachler, Alte deutsche Siedlungen im nordöstlichen Italien = ZföVkde. 23, 1918, 112–120.
P. Lessiak und A. Pfalz, XXXI. Sprachproben aus den Sieben Gemeinden (Oberitalien). Mit einer Übersicht über die „zimbrischen" Lautverhältnisse. Von P. Lessiak = Seemüller, Deutsche Mundarten V, 1918, S. 59–73.
L. A. Biró, XXIX. Mundart von Neckenmarkt (Ungarn) = Seemüller, Deutsche Mundarten V, 1918, S. 49–54.
A. Pfalz, Die Sette Communi = ZföVkde. 23, 1918, 81–88.
A. Baß, Bibliographie der deutschen Sprachinseln in Südtirol und Oberitalien. Leipzig 1919. 54 S. = Veröffentlichungen des Bundes der Sprachinselfreunde. Heft 3.
Rez. F. Poland in: Berl. Phil. Wochenschrift 39, 1919, 1241. A. Pfalz in: ZfdMdaa. 17, 1922, 92.
W. Tschinkel, Schimpf- und Spottnamen im Gottscheer Volksmunde. WienZfVkde. 25, 1919, 46–49.
E. Schwartz, Zur Kenntnis der bayrischen Mundart in Ungarn = ZfdMdaa. 1920, 64–80.
J. Blösl, Die Sprachinsel Deutsch-Brodek-Wachtel. Teil 1: Die Geschichte der Sprachinsel. Znaim 1921, Selbstverlag. 240 S.
J. Gréb, Sprachproben aus Deutsch-Pilsen in Oberungarn = ZfdMdaa. 17, 1922, 135–139.

H. Piffl, Die germanische Sprachinsel in Norditalien = Volk und Heimat 3, 1922, 207–208.

J. Gréb, Die Herkunft der Zipser I. II. = Heimatbildung 4, 1923, 36–41, 120–122. (Das Gründlerische [= Zipser Gründe] ist eine bair.-ostmd. Mundart.)

A. Altrichter, Dörferbuch der Iglauer Sprachinsel. Iglau 1924, Arbeitsgemeinschaft f. Heimatkde. d. Iglauer Sprachinsel (E. Fischer i. Komm.)

A. Reuß, Die deutsche Sprachinsel in der Zips = Zeiten und Völker 20, 1924, 272–277.

V. Kubelka, Etwas über die Mundarten der Brünner Sprachinsel = 2. Heimatbüchlein der Brünner Sprachinsel 1925, S. 52–58.

V. Aschenbrenner, Die deutsche Mundart in der Zips. Diss. Prag. Auszug: Jb. der phil. Fakultät Prag 1926/27, 23–25.

J. Gréb, Mundart und Herkunft der Zipser. Reichenberg 1927 = Sudetendeutsches Volk und Land, H. 7.
Rez. A. Scheiner in: Teuth. 2, 1925/26, 156.

Walter Heynen, Die Sprachinsel Gottschee = Preuß. Jahrbücher 222, 1930, 199–202.

Hermann Mojmir, Wörterbuch der deutschen Mundart von Wilamowice. Bearb. von Adam Kleczkowski. Teil 1: A–R. Krakau 1930. XXIII, 355 S. = Polska Akademja Umiejętności. Prace Komisji językowej. Nr. 18, cz. 1. (Enthält unter vielem Anderen auch Deutsch-Österreichisches.)
Rez. A. Mirović in: DtWissenschaftliche Zeitschrift für Polen 25, 1933, 204f.

Fritz Heinz Reimesch, Eine deutsche Sprachinsel in Südslavien (Gottschee) = Allgem. Wegweiser 1930, 643f.

C. Battisti, Il dialetto tedesco dei Tredici comuni Veronesi = Estratto da l' Italia dialettale, Vol. II, 1931. Siehe Mitt. des Instituts für Österreichische Geschichtsforschung 47, 1933, 487–489.

E. Christmann, Von Herkunft und Sprache der „Hessen" und „Pfälzer" in Kleinpolen. In: 1781–1931. Gedenkbuch zur Erinnerung an die Einwanderung der Deutschen in Galizien vor 150 Jahren. Posen 1931, Hist. Gesellschaft für Posen. S. 118–122. (Mundarten von Brigidau und von Josefsberg in Galizien. Beides in Wahrheit Pfälzer-Dialekte.

H. Leierer, Redensarten aus dem Burgenlande = Deutsches Volkslied 33, 1931, 62.

V. Schirmunski, Die nordbairische Mundart von Jamburg am Dnjepr (Ukraine) = PBB 55, 1931, 243–282. (Die Heimatbestimmung führt auf die Oberpfalz zwischen Amberg und Regensburg).

Paul Rauchbauer, Die deutschen Mundarten im nördlichen Burgenland. Diss. Wien 1932.

Julius Gréb, Bildliches in der Zipser Mundart = Deutsch-Ungarische Heimatblätter 5, 1933, 269–276.

Julius Gréb, Ober- und Niederland in der Zips = Karpathenland 6, 1933, 3–8, 43–48.

Jörgen Hansen, Die völkischen und sprachlichen Verhältnisse in der deutschen Sprachinsel Gottschee = Volkswart 1, 1933, H. 2, 49–53.

Hans Karner, Die Mundarten des Burgenlandes. In: Burgenländische Heimatblätter 2, 1933, 194–203.

A. Pfalz und B. H. Zimmermann, Burgenland. Mundart = Artikel im Handwörterbuch des Grenz- und Auslandsdeutschtums 1, 1933, 714–16.

Ferenc Riedl, A Budaörsi német (középbajor) nyelvjárás alaktana. Budapest 1933. 100 S. = Német philologiai Dolgozatok 54. (Mundart der Gemeinde Budaörs nahe bei Budapest: Zusammenstellung bayrischer Eigentümlichkeiten.)
Rez. H. Réz in: Karpathenland 7, 1934, 62.

Ladislaus Weifert, Die deutsche Mundart von Bela Crkva (Weißkirchen). Belgrad 1933. 132 S. = Bibliothek des Germanistischen Instituts der Belgrader Universität, hrsg. von M. Trivunac, Bd. I. (Eine rheinfränkisch-[mitteldeutsch]-bayrische Mischmundart mit ostmitteldeutscher Lautverschiebung!)
Rez. W. Jungandreas in: ZfdPh. 62, 1937, 219 = ebenda 63, 1938, 424. E. Christmann in: ZfMda. 11, 1935, 58f. Dr. Thierfelder in: Mitt. der Deutschen Akademie zur wiss. Erforschung und zur Pflege des Deutschtums 1933, 382f. v. Hohlfeld in: Familiengeschichtliche Bll. 32, 1934, 38. H. Réz in: Deutsch-Ungarische Heimatblätter 6, 1934, 367f.

Hans Kaser, Der Volks- und Kulturboden des Slowakeideutschtums. Beiträge zur Siedlungsgeographie. Breslau 1934. 196 S., 1 Karte, 3 Deckbll., 17 Skizzen = Schriften des Osteuropa-Institutes in Breslau, Neue Reihe, Heft 2.
Rez. Julius Lux in: ZfMdafschg. 13, 1937, 58f.

Walter Kuhn, Deutsche Sprachinselforschung. Geschichte, Aufgaben, Verfahren. Plauen i. V. 1934. 407 S. In: Ostdeutsche Forschungen, Bd. 2.
Rez. Josef Hanika in: ZfMdafschg. 12, 1936, 62.

Ernst Schwarz, Probleme alter Sprachinselmundarten (mit drei Karten) = PBB. 58, 1934, 323–390.

Ernst Schwarz, Probleme alter Sprachinselmundarten = Forschungen und Fortschritte 10, 1934, 405f.

Ladislaus Veszelka, Sopron régi németsége és a német nyelv feltunése a vánosi kancelláriában (= Das alte Deutschtum Ödenburgs und das Auftauchen der deutschen Sprache in der städtischen Kanzlei.) Diss. der Szegediner Universität. Sopron 1934.
Rez. Ladislaus Weifert in: ZfMdafschg. 12, 1936, 250 bis 252.

Johann Weidlein, Die Deutschen im Komitat Somogy (Schomodei) und ihre Mundart. Ein Beitrag zur Siedlungsgeschichte der Schwäbischen Türkei = Deutsch-Ungarische Heimatblätter 6, 1934, 228–240. (Siedlungsgeschichte des Deutschtums der Schomodei: für die Mundarten 2 Hauptgruppen: eine protest.-rheinfränkische und eine kath.-bayrische.)

Pavel Breznik, 1. Die Mundart der hochdeutschen Ansiedlung Franztal in Jugoslavien. (2. Zur Heimatfrage der Siebenbürger Sachsen.) Halle a. S. 1935. 79 S. = Bibliothek des Germanistischen Instituts der Belgrader Universität, hg. von Miloš Trivunac, II. (z. T. Bairisch u. Pfälzisch!)
Rez. Richard Huß in: AfdA. 56, 1937, 16–18. Ladislaus Weifert in: ZfMdafschg. 12, 1936, 106–108.

Franz Ratzenberger, Iba Pëag ond Tol. Grendla Gedichtechen. In Auswahl hrsg. von Dr. Julius Gréb und Dr. Johann Loisch. Mit Unterstützung der Arbeitsgemeinschaft für Zipser Heimatforschung, Bezirksbildungsausschüsse Kesmark und Göllnitz. Kesmark 1935. 266 S., 1 Karte der Unterzips, 5 Abb.
Rez. Julius Lux in: ZfMdafschg. 12, 1936, 128.

Ladislaus Weifert, Die Mundart von Werschetz (Vrăc). Lautlehre. Halle (Saale) 1935. 110 S. = Bibliothek des Germanistischen Instituts der Belgrader Universität, III. (Niederösterreichisch!)
Rez. Heinrich Schmidt in: ZfMdafschg. 12, 1936, 249f.

Julius Lux, Westdeutsch-ostmitteldeutsch-bairische Volkstumsmischung in Dobschau-Dobsina (Nordungarn). = ZfMdafschg. 12, 1936, 149–168.

Julius Gréb, Eine eigenartige Gründler (Unterzipser) Verkleinerungsbildung: chenk = ZfMdafschg. 14, 1938, 224 bis 227.

Eberhard Kranzmayer, Gottschee, Mundart und Sprachgebrauch = Artikel im Handwörterbuch des Grenz- und Auslandsdeutschtums III, 1938, 75–76.

Rud. Schwartz, Die pfälzische Mundart der Deutschen in Illischestie (Bukowina). Ein Beitrag zur deutschen Sprachinselforschung. Münchener Dissertation 1938. Borna-Leipzig 1938, XII, 103 S., 8 Karten. (Die Mundart ist in der Hauptsache rheinpfälzisch mit Beimengung von württembergischem Schwäbisch.)

Matz Hoffmann, 1785–1935. Hundertfünfzig Jahre deutsches Gertianosch (Banat, Rumänien). o. J. Druck u. Verlag d. Schwäb. Verlags-A.G. Timisoara. (Pfälzisch!)
Rez. E. Christmann in: ZfMdafschg. 13, 1937, 60–61.

V. Die im Wörterbuch berücksichtigten Mundartgebiete

Schon der Untertitel des Schmellerschen Wörterbuches — s. diesen Neudruck und die Aufführung des Werkes in der Bibliographie, Abschnitt IV — bringt zum Ausdruck, daß es nicht das Bajuwarische, also das Bairische, allein ist, das in Schmellers Werk zur lexikalischen Darstellung kommt. In kurzem laufendem Text weist sodann Schmeller selbst in der Einleitung IX (Bd. I) in ganz großen Zügen die Hauptmundartgebiete auf, aus denen er Wortvorrat verarbeitet. Er stellt demgemäß schon fest, daß der größere Prozentsatz des Wortmaterials dem Bereich des Altbayrischen entnommen ist, also einem mittelbairischen Mundartkomplex, und daß nebenher auch das Oberpfälzische, also ein nordbairischer Mundartkomplex, stark vertreten ist. Der prozentuale Anteil des Nordbairisch-Oberpfälzischen kommt aber in dieser Einleitungspartie Schmellers gegenüber dem Übergewicht des mittelbairischen Altbayrisch nicht deutlich zum Ausdruck. Schmeller scheint unter Altbayrisch mit Einschränkung auch das Oberpfälzische zu meinen, insofern mit Recht, als viele Gemeinsamkeiten gesamtbajuwarischer Art zwischen dem Altbayrischen und dem Oberpfälzischen bestehen (= altbayrisch-oberpfälzische Koiné). Wenn nun im folgenden der ungefähre Mengenanteil des Oberpfälzischen gegenüber dem Altbayrischen ein Minus aufweist, so bezieht sich dieser oberpfälzische Mengenanteil auf die spezifisch nordbairisch-oberpfälzischen Lauteigentümlichkeiten und sonstige nordgauische Spezialitäten, die diesen nordbairischen Sektor allerdings scharf abheben vom mittelbairischen, in Altbayern vertretenen. Nachdem aber das Oberpfälzische ebenfalls ein bairischer Dialekt ist und auch südbairische Elemente in das Wörterbuch eingearbeitet sind, überwiegt tatsächlich das Bajuwarische im Wörterbuch, so daß, wenn wir die Sache vom Mehrheitsprinzip aus sehen, der Haupttitel des Idiotikons „Bayrisches Wörterbuch" auch tragbar ist, wenn man das Wort im stammesmundartlichen Sinne auffaßt. Auf der anderen Seite fungiert aber das Adjektivum im Titel als Verwaltungsbegriff, insofern nämlich neben dem überwiegenden Bajuwarischen auch die sonstigen, im Lande Bayern herrschenden, oberdeutschen und mitteldeutschen Dialekte einbezogen sind: und deshalb der erklärende Untertitel und die Bemerkung in der Einleitung, die oben angezogen wurde. Die Beiziehung nichtbairischer Mundart im Wörterbuch steht parallel zur Berücksichtigung sämtlicher Dialekte des Staates Bayern in der Grammatik.

Die Aufgliederung des lexikalisch berücksichtigten Gesamtmundartengebietes Bayerns ergibt also sämtliche Stammesmundarten, die im Lande Bayern erklingen, also das Bairische mit seinen drei großen Untergruppen des Mittelbairischen in Altbayern und zu Schmellers Zeit wenigstens bis 1816 im Salzburger Land, des Nordbairisch-Oberpfälzischen und des Südbairischen, das allerdings im Königreich Bayern nur in den südlichsten Gebirgsländern mit Vorgelände, etwa in dem Raum Tölz—Oberammergau—Landesgrenze gegen Tirol vorhanden ist. Dazu tritt an Hauptmundarten das Schwäbische, das Ostfränkische und das Rheinpfälzische. Vergleicht man den Prozentsatz an Lautformen und Quellenzitierungen der genannten Stammeshauptmundarten untereinander und namentlich im Vergleich mit dem weitaus vorherrschenden Altbayrischen, so errechnet sich nach einer von mir vorgenommenen Statistik ungefähr folgendes: Oberpfälzisch etwa ein Drittel der Zitierungen und Lautanführungen des Gesamtwörterbuches, bei Zurechnung des Nürnbergischen ein Drittel bis gegen ein Halb, doch ohne wohl die arithmetische Hälfte genau zu erreichen. Das Schwäbische ist relativ sehr gut vertreten, leicht begreiflich bei Schmellers Aufenthalt in Kempten (s. S. 3) und der engen Verbundenheit des Regierungsbezirkes Schwaben mit Oberbayern. Es kommt zur Geltung fast in der Hälfte aller Spalten des Wörterbuches (= 50%). Das Ostfränkische ist in ähnlich hohem Prozentsatz wie das Schwäbische, besonders in Zitaten aus Literatur, berücksichtigt, so daß es in der Hälfte aller Spalten = 50%, wie das Schwäbische, zur Berücksichtigung kommt. Schmeller geht aber auch über die damalige Grenze hinüber und bringt Belege und Formen aus den österreichischen Varianten des Gesamtbairischen, von denen besonders das Salzburgische sehr stark herangezogen ist, das Schmeller aus seiner Militärzeit her und durch die Aufzeichnungen von Jirasek und Pseudojirasek genau kannte und ausschöpfen konnte. Das Niederösterreichische ist, wenn auch weniger im deutlichen Lautbild, so doch durch Zitate aus niederösterreichischer Literatur recht gut zu seinem Recht gekommen, woran u. a. das Wörterbuch von Castelli einen großen Anteil hat. Niederösterreichisches Material erscheint auf einem Drittel alter Spalten. Etwas weniger gut vertreten, aber immerhin zitatmäßig, weniger im Klang, vorstellbar ist das Oberösterreichische. Selten finden wir das Bairische in Kärnten und in der Steiermark, was verständlich ist, noch weniger das Bairische in Krain, wofür Schmeller aber sehr viel Slavisches beibringt. Wenig Material bringt Schmeller ferner bei aus dem bairischen Teil von Böhmen. Es ist im wesentlichen Rank, durch den der Böhmerwald spricht. Besser als diese bairischen Mundarten, die zuletzt genannt sind, ist die Rheinpfalz vertreten, die ja Schmeller auch persönlich bei dem Zug nach Frankreich und dem Heimzug kennenlernte.

Es sind aber nicht nur die großen Stammesmundarten und die räumlich umfangreichen Untergebiete, Sektoren dieser Stammesdialekte, die im Wörterbuch sozusagen als dialektische Individualitäten vorgeführt werden, sondern es kommen auch — genau wie in der Grammatik — eine ganze Reihe von kleineren Unterdialekten, Taldialekten und sonstigen kleineren Dialekträumen zum Reflex. Es wäre sogar möglich, aus Schmellers Wörterbuch fragmentarische, wenn man so will, Duodezidiotika herzustellen für folgende kleinere Mundarträume, die lexikalisch oder lautlich innerhalb der Stammesmundarten und ihrer Hauptglieder eine Variation darstellen: Achental, Allgäu, Altmühlgebiet, Alzachtal, Raum um Ammerland (Oberbayern), Ammergau, aufteilbar sogar in obere und untere Ammer, Bayreuther Land, Böhmerwald (s. o. zu Rank, Z. 5), Chiemgau, bayrisches Donautal, Egerland (wenig Material), Eichstätter Land, Fichtelgebirge, Fleimsertal (Südtirol), Gottschee, Grabfeld (Unterfranken), Nordbairisch-Ostfränkische Grenzzone, Illtal (Schwaben), Illergebiet, Ilmtal (Oberbayern), Ilzgebiet (bayrischer Wald), Inntal und Innviertel, Isartal, Isental (Zusammenstoß von Oberbayern und Niederbayern), Koburger Land, Lechtal, Lechrain (verhältnismäßig sehr gut vertreten), Loisachtal (Südoberbayern), Lungau (Land Salzburg), Maintal, Mangfallgebiet (Südoberbayern), Mittelrheintal, Mühlviertel (Oberösterreich), Naabgebiet (Oberpfalz), Nordfranken, Nordoberpfalz, Oberallgäu, Oberdonauraum, Oberfranken, Oberinntal, Oberisar, Oberlech, Oberloisach, Obermain, Obernaab, Oberpinzgau, Obersalzach, Oberschwaben, Ostbayern, Gebirge, Paartal (Oberbayern), Passeier (Tirol), Pegnitzgebiet (oberpfälzisch-fränkische Zone), Pinzgau im Gesamten (Land Salzburg), Pongau (Land Salzburg), Pustertal (Tirol), Rednitzgebiet (Ostfranken), Queichtal (Rheinpfalz), Regental (bayrischer Wald, teils mittelbairisch, teils nordbairisch), Rhön (Unterfranken), Ries (schwäbische Variante in Mittelfranken), Rottal (Niederbayern), Saalegebiet, soweit in Bayern vertreten, Salzachtal im ganzen, Schwarzachtal (bayrischer Wald, mit Übergängen zum Südoberpfälzischen), Sechsämterbezirk (im Fichtelgebirge; ausgesprochen oberpfälzisch), Sette communi, Spessart, warme Steinach (Fichtelgebirge), Talgau (Land Salzburg), Trauntal (Südoberbayern), Tredeci comuni, Unterdonaugebiet (im Lande Bayern), Unterinntal, Unterisar, Unterpfalz, Unterpinzgau (Land Salzburg), Valle sugana (Südtirol), Vilsgebiet (Niederbayern), Bayrischer Wald (zum größten Teil altbairisch, der nördlichere Teil südoberpfälzisch), Westfranken = Westteil von Unterfranken, Werdenfelser Land (Südoberbayern), Zentralrheinfränkisch im Regierungsbezirk Unterfranken West, Zillertal (Tirol), Zips. Es ließe sich ferner aus dem Wörterbuch ein Kleinidiotikon herausschälen für Oberbayern-Nord etwa bis zu einer Linie südwärts Rosenheim und für Niederbayern als Ganzes, desgleichen für das Hennebergische, also für Ostfränkisch im Gebiete von Meiningen außerhalb des Staates Bayern.

Es wäre sogar durchaus möglich, aus dem Wörterbuch heraus, seinen Lautangaben und besonders seinen Literaturzitaten und Redensarten, ein Kleinidiotikon für größere Stadtmundarten herauszuordnen. Das wäre z. B. besonders statthaft für folgende Plätze: Ansbach, Aschaffenburg (zentralrheinfränkisch), Augsburg, Bayreuth, Eichstätt, Landshut, München, Passau, Speyer, Straubing, Würzburg und ganz besonders Nürnberg, das in Schmellers Wörterbuch in sehr deutlicher Form als städtisches Mundartindividuum in Erscheinung tritt, durch eine erhebliche Anzahl von Laut- und Formbelegen vertreten.

Man sieht, Schmeller ist im Wörterbuch wie in der Grammatik bereits sehr in die dialektische Einzelstruktur gegangen, was ihm einerseits durch seine Kundfahrten im Lande und sonstige Reisen in Bayern, andererseits durch Literaturbenützung, Auswertung schriftlicher Mitteilungen auf Grund seiner Aufrufe an die Öffentlichkeit (s. o. Bibliographie), und wohl nicht zuletzt durch Ausforschung der ihm zur Verfügung stehenden Rekruten ermöglicht war.

VI. Irrtümer in Schmellers Wörterbuch

Es ist selbstverständlich, daß sich in dem Wörterbuch Schmellers Irrtümer finden. Jeder, der selbst lexikalisch gearbeitet hat, wird diese Möglichkeit als einen unumgehbaren Zoll an wortkundliche Arbeit anerkennen. Es käme einer deplazierten, nachträglichen, im Zeitpunkt sehr verspäteten Rezension von Schmellers Wörterbuch gleich, wenn man nun daran ginge, Fehler im Wörterbuch aufzustechen und sie sich als leicht erworbene Skalpe an den Gürtel zu hängen. Es ist vielmehr Aufgabe der kommenden großen Mundarten-Wörterbücher der Münchener Akademie, Dinge, die bei Schmeller irrig sind, zu berichtigen, wie z. B., um nur eine einzige Einzelheit zu erwähnen, die Bemerkung Schmellers zu I 121: -ar — i, wo i ganz deutlich der Vokal der Koseform ist. Die nichtgermanistischen Benützer des Wörterbuches mögen sich — und diese Warnung darf ich innerhalb dieses Fehlerpunktes wohl aussprechen und sicherlich im Sinne eines so fortschrittlichen Geistes wie Schmeller! — vor heute überholten Etymologien hüten. Irrig ist z. B. das Etymon, die Zahl Tausend gehöre zu thurs „Riese", Tausend sei = Riesenhundert (I 6256).

* * *

Der Schlußpunkt unter dieses Vorwort und diese Bibliographie, deren rund 1500 Nummern ein sprechendes Zeugnis für die fortwirkende, produktive Kraft Schmellerschen Geistes sind, soll nicht gesetzt sein ohne dem Dank Ausdruck gegeben zu haben an den Verlag, der den Neudruck angeregt hat und jederzeit ein offenes Ohr für wissenschaftliche Anregungen und Wünsche hatte, und an zwei Angehörige der Albertusuniversität, Herrn Dr. Sigurd Sierke, Assistent am Indogermanischen Seminar, und Fräulein Eva Kochen, die mir bei der Anlage des Literaturverzeichnisses mit unermüdlicher Treue an die Hand gegangen sind. Wertvolle Auskünfte verdanke ich ferner Herrn Oberbibliothekar Dr. Ostermann von der Universitätsbibliothek München.

Königsberg Pr. / Tegernsee, im Sommer 1939.

Otto Maußer.

Bayerisches Wörterbuch

von

J. Andreas Schmeller.

Zweite, mit des Verfassers Nachträgen vermehrte Ausgabe

AUF VERANLASSUNG
UND MIT
UNTERSTÜTZUNG
SEINER MAJESTÄT
DES KÖNIGS VON BAYERN
MAXIMILIAN II

HERAUSGEGEBEN
DURCH DIE
HISTORISCHE COMMISSION
BEI DER
KÖNIGL. ACADEMIE DER
WISSENSCHAFTEN

bearbeitet von

G. Karl Frommann.

Erster Band,
enthaltend Theil I. und II. der ersten Ausgabe.

München.
Rudolf Oldenbourg.
1872.

Τ' ΑΡΧΑΙ' ΟΥ' ΟΙΣΘΑ ΚΑΙ ΤΑ
ΚΑΙΝ' ΕΙΣΕΙ ΣΑΦΩΣ

Unter Townleys Büste im brittischen Museum. (Allgem. Ztg. 1851, Beil. p. 4555.)

Mihi quidem nulli satis eruditi videntur,
quibus nostra ignota sunt.
Cic. de finib. I, 2.

Das von Keinem berührte oder besprochene Steinchen läßt jeder gleichgültig auf seinem Wege liegen, oder wirft es, wenn er es aufgehoben, wieder hin. Aber man findet es nicht ohne Reiz, wo einmal eine etwas reichhaltigere Sammlung vorliegt, das, was daran noch fehlt, einzulegen, was unecht, zu rügen. Und in diesem Betracht darf der Verfasser wol glauben, daß er der vaterländischen Sprache durch seinen Versuch einen nachhaltigen Dienst geleistet habe.

Seiner Majestät

dem

König

Ludwig

von

Bayern,

dem

großsinnigen Veranlasser dieses Versuches über Sprache, Art und Sitte Seines Volkes,

in tiefster Ehrfurcht und Dankbarkeit gewidmet.

Nothwendige Vorbemerkungen,

die Einrichtung und den Gebrauch dieses Wörterbuches betreffend.

Inhalt des Wörterbuches.

Dieses Wörterbuch ist, nach seiner auf dem Titel ausgesprochenen Aufgabe, nicht blos ein Idiotikon über die, in den lebenden Dialekten vorkommenden Ausdrücke, und nicht blos ein Glossarium über die, in ältern Schriften und Urkunden gefundenen, sondern beydes zugleich. Was ist findet in dem, was war, und dieses in jenem seine natürlichste Erklärung.

Anordnung des Wörterbuches.

Die Ausdrücke sind nach ihrer Stammsylbe und alphabetisch so geordnet, daß der Vocal oder Diphthong der Stammsylbe erst nach dem oder den ihm folgenden Consonanten in Berücksichtigung kommt.

Durch diese etymologisch-alphabetische Anordnung entstehen lauter natürliche Reihen von Wörtern, welche dieselben Haupt- d. i. Consonanten-Elemente haben, und sich äußerlich blos durch ihre Stammvocale, innerlich durch ihre Bedeutung unterscheiden.

Es gibt nemlich unter den Wörtern solche, deren Stammsylbe geradezu mit einem Vocal oder Diphthong, und andere, deren Stammsylbe mit einem oder mehrern Consonanten anfängt. Jene bilden eine eigene, und zwar die erste oder Vocal-Abtheilung von Wörtern. Diese übrigen geben so viele Wörter-Abtheilungen als verschiedene Consonanten oder Consonanten-Verbindungen eine Stammsylbe anfangen können, also, nach dem Alphabet, die Abtheilungen:

B. Bl. Br. D. Dr. F. Fl. Fr. G. Gl. Gn. Gr. H. J. K. Kl. Kn. Kr. L. M. N. P. Pf. Pfl. Pfn. Pfr. Pl. Pr. R. S. Sch. Schl. Schm. Schn. Schr. Schw. Sp. Spl. Spr. St. Str. T. Tr. W. W. Z. Zw.

Jede dieser Abtheilungen, die sich nach dem oder den Anfangs-Consonanten ergeben, zerfällt in Bezug auf den oder die Schluß-Consonanten in so viele Reihen, als in deutschen Stammsylben nach dem Vocal oder Diphthong Consonanten oder Consonanten-Verbindungen stehen können. Es ergeben sich also für jede Wörter-Abtheilung die Reihen:

a. e. i. o. u; ab. eb. ib. ob. ub; abs. ebs. ibs. obs. ubs; abt. ebt. ibt. obt. ubt; ach. ech. ich. och. uch; achs. echs 2c.; acht. echt 2c.; ack. eck 2c.; ad. ed 2c.; af. ef 2c.; aft. eft 2c.; ag. eg 2c.; agd. egd 2c.; agt. egt 2c.; ah. eh 2c.; aj. ej; ak. ek 2c.; al. el 2c.; alb. elb 2c.; alch. elch 2c.; ald. eld 2c.; alf. elf 2c.; alg. elg 2c.; alk. elk 2c.; alm. elm 2c.; aln. eln 2c.; alp. elp 2c.; als. els 2c.; alsch. elsch 2c.; alsp. elsp 2c.; alst. elst 2c.; alt. elt 2c.; alz. elz 2c.; u. s. f.

Blos verdoppelte Schluß-Consonanten bilden keine besondere Reihe; abb. ebb 2c. ist unter ab. eb 2c., aff. eff 2c. unter af. ef 2c. aufgeführt u. s. w.; y ist unter ij, ß unter s, tz unter z mit eingereiht.

Gründe dieser Anordnung.

Die Gründe, warum bey diesem Wörterbuch die eben dargestellte etymologisch-alphabetische (A—U, B, C-) Ordnung der sonst gewöhnlichen, schlechthin alphabetischen vorgezogen werden mußte, sind: erstens, der innere wissenschaftliche Zweck eines solchen Wörterbuchs, über welchen kein Freund der Sprachvergleichung und Sprachforschung im Zweifel seyn kann, und zweitens, die äußere praktische Brauchbarkeit einer Sammlung von Ausdrücken, die in ihren Formen selten so fest und bis auf den einzelnen Buchstaben geregelt dastehen, als dieß bey denen der vollkommen fixierten jetzigen Schriftsprache der Fall ist.

An solcher Unentschiedenheit leiden oft alle Bestandtheile dialektischer oder veralteter Wörter, öfter indessen die Vor- und Nachsylben als die Stammsylbe, und öfter die Vocale als die Consonanten. Hier kommt es also, soll der Nachsuchende nicht lange nach ungewissen, wechselnden Formen herumtappen, darauf an, das Unentschiednere dem Bleibendern so unterzuordnen, daß jenes in Verfolgung von diesem immer sicher gefunden werden könne.

Gebrauch des Wörterbuchs nach dieser Anordnung.

Die Aufzählung der Wörter nach ihrer Stammsylbe ist nichts neues, und ihre Zweckmäßigkeit schon bey andern Wörterbüchern dieser Art hinlänglich erprobt. Die Ausscheidung der Stammsylbe eines Wortes kann für einen Gebildeten (und ein Andrer wird kaum in den Fall kommen, dieses Wörterbuch zu gebrauchen) keine Schwierigkeit haben. Wenn überhaupt Niemand mit Nutzen an das Wörterbuch irgend einer Sprache gehen wird, eh er sich ein wenig in der Grammatik derselben umgesehen hat, so ist dieß sicher auch bey dem vorliegenden der Fall.

Was den zweiten wesentlichen Punkt dieser etymologisch-alphabetischen Anordnung betrifft, daß nemlich der Vocal oder Diphthong der Stammsylbe erst nach dem oder den ihm folgenden Consonanten in Berücksichtigung kommt, so braucht man sich, beym Nachschlagen eines Wortes, in der Stammsylbe desselben nur vorläufig den Vocal a zu denken, um, ganz nach der gewöhnlichen Alphabetordnung suchend, ohne Fehl die Abtheilung und die Reihe zu treffen, in welcher das Wort aufgeführt ist.

Um aber den Leser selbst dieser Mühe zu überheben, soll dem Werke ein schlechthin-alphabetisches, auch nach den Vor- und Nachsylben geordnetes nachweisendes Register über alle darin vorkommenden Ausdrücke beygefügt werden.

Auf diese Weise wird eines Theils selbst die blos mechanische Brauchbarkeit dieser Sammlung gesichert seyn, andern Theils ist durch die Ausscheidung der Wörter in etymologische Reihen dem Verfasser eines dereinstigen Vergleichungs-Wörterbuchs aller deutschen, oder vollends aller germanischen Idiome gewissermaßen in die Hände gearbeitet. Denn die verwandten Reihen, wenn sie auch nicht nachbarlich beysammenstehen, können leicht und sicher mit einander verglichen werden. Wer einmal weiß, daß z. B. in einem und demselben Worte das eine Idiom B, das andere F, das dritte P, das vierte Pf, das fünfte V zum Anfangs-Consonanten, zum Schluß-Consonanten aber das erste b, das zweite f, das dritte p, das vierte pf, das fünfte v, das sechste w haben kann, braucht, um alles Verwandte sicher zu finden, nur die entsprechenden Reihen zu durchgehen.

Weitere Einrichtung.

Der Buchstabe P ist gleich nach B, T gleich nach D, V gleich nach F, Q gleich nach K vorgetragen.

Die verschiedenen, zu jedem Stammwort gehörigen Derivata sind nach der gewöhnlichen, schlechthin-alphabetischen Ordnung aufgezählt, da hier eine andre keinen Zweck gehabt hätte. Fremde oder solche deutsche Wörter, deren Stammsylbe nicht wohl ausgemittelt werden konnte, sind lediglich nach ihren ersten Buchstaben eingereiht. Zusammengesetzte Wörter nehmen in der Regel nach Maßgabe desjenigen Bestandtheiles, der in dialektischer Hinsicht zu bemerken ist, Platz. Sind dies mehrere oder alle Bestandtheile eines solchen Wortes, so findet es sich auch an mehrern Orten, jedoch nur an einem mit der Haupterklärung, aufgeführt. Dem Leser wird es lieb seyn, statt bloßer Verweisung auf diesen Ort, auch an den übrigen kurze Andeutungen zu finden.

In allem, was das Grammatische der vorkommenden Ausdrücke betrifft, wird, der Kürze wegen, häufig auf des Verfassers im Jahr 1821 (München bey Thienemann, jetzt Finsterlin) erschienenen Versuch: „Die Mundarten Bayerns, grammatisch dargestellt", verwiesen.

Es sind alle dialektischen oder veralteten Ausdrücke dieses Wörterbuches nach der, in den §§. 15—40 jenes Versuches näher begründeten, etymologischen Orthographie geschrieben. Sie unterscheidet â von a, æ von á, ê von e, ô von o, œ von ö, ai oder êi von ei, âu von au, êu von eu, ue von u, üe von ü; das hchd. blos orthographische Dehnungs- e und h haben nicht statt; ſ und ß werden nicht nach den jetzigen orthographischen, sondern nach frühern organischen Gesetzen unterschieden, (wovon nur bey einigen im Context oft vorkommenden Wörtchen, z. B. das, was, es u. drgl. eine Ausnahme gemacht ist), das deutsche Doppel-i oder y ist in ij aufgelöst; u. s. w.

Um nebenbey auch die wirkliche, gemeine Aussprache der Mundart-Wörter, da wo es wesentlich schien, mit anzudeuten, sind folgende besondere Zeichen gewählt worden, die sich in den §§. 62—99 der Grammatik näher erläutert finden.

Es bezeichnet nämlich:

a oder â das gewöhnliche deutsche a; — das a der Magyaren, z. B. eben in Magyar.

á ist ein feineres (italienisches) a; — das á der Ungarn, das übrigens immer ein langes ist.

à wird gesprochen wie ein volles o (dänisch aa, schwed. å).

e oder ê, das reine e.

é, ein gegen i schwebendes e, (wie z. B. im schwedischen de, det), in Dialektschriften oft durch ö bezeichnet.

è, ein gegen á schwebendes e, (im Blöken des Schafes).

ə, der dumpfe, am meisten dem á ähnelnde Laut, (wie z. B. in den französischen Wörtchen je, me, te).

ə̧, ə̧, ə̧, mit folgendem l in der Aussprache verschmolzen.

i, das reine i.

i̧, mit folgendem l oder r in der Aussprache verschmolzen.

o der ô, das volle reine o.

ó, das gegen u schwebende o, (beynahe wie in den schwedischen Wörtern god, otro und in den englischen gold, hope, open).

u, das reine u.

aə, â (d. h. deutsches, nicht italisches a) mit nachtönendem ə; in Dialektschriften gewöhnlich durch oa gegeben.

ài, nicht wie hchd. ai (d. h. ái), sondern mit deutlichem à.

iə, i mit nachtönendem ə.

uə, u mit nachtönendem ə.

êi, nicht wie hchd. ei (d. h. ái), sondern mit deutlichem ê.

ou, nicht wie hchd. au (d. h. áu), sondern mit deutlichem ŏ.

· oder ein Punkt oben neben einem Buchstaben zeigt einen unausgesprochen gebliebenen Vocal an.

~ nach einem Vocal (nur nicht nach ə) zeigt an, daß dieser durch die Nase zu sprechen ist; bey Diphthongen wird in diesem Falle besonders der erste Vocal genäselt.

g hat nicht blos zu Anfange der Wörter (wie im Hchd.), sondern auch in der Mitte und am Ende (wie nicht immer auch im Hchd.) den Laut, der die franz. Sylben ga, gue, gui, go, gu anfängt.

gh oder hh bedeutet den Laut eines weichen ch, den im Hchd. gerne das End-g erhält.

gg entspricht dem Anfangslaut der franz. Sylben ca, que, qui, co, cu.

kh nach Vocalen und nach und vor Consonanten bezeichnet den aspirierten Laut, den im Hchd. das k nur am Anfang der Wörter vor Vocalen hat.

-l deutet ein l an, das mit dem vorangehenden Vocal nicht in einer Sylbe ausgesprochen wird.

m nach b, f, p oder w, bedeutet den aus der Endsylbe en entstandenen m-Laut.

ng nach ch, g, k, bezeichnet den aus der Endsylbe en entstandenen ng-Laut.

sch entspricht dem Consonanten in dem franz. Worte âge; ſch dem im franz. Worte ache.

~ bezeichnet ein unausgesprochenes n,

ʻ ein unausgesprochenes r,

ʼ jeden unausgesprochenen andern Consonanten.

In der Regel ist zwischen Klammern nur die bayrische und oberpfälzische Aussprache beygesetzt; was die der übrigen Gegenden betrifft, läßt sich aus den Angaben 102—690 der Mundartgrammatik unschwer ergänzen.

Der Beysatz ä. Sp. (ältere Sprache) zeigt an, daß ein Ausdruck aus ältern Schriften und Urkunden genommen, und in der jetzigen mündlichen Sprache, nach des Verfassers Wissen, nicht mehr üblich ist.

Der Beysatz a. Sp. (alte Sprache) hingegen deutet auf die ältesten Denkmäler der hoch- d. h. nicht niederdeutschen Sprache überhaupt, die, sie mögen eben in Bayern oder anderwärts geschrieben seyn, noch in die Zeit einer größern Einheit der obern Dialekte fallen, und daher zwar zunächst keine Aufgabe dieser mehr provinciellen Sammlung sind, aber zu der, in den meisten Fällen tausend- bis fünfzehnhundertjährigen Lebensgeschichte jedes Wortes die sichersten und entscheidendsten Belege an die Hand geben.

Wo sich bey einem Ausdruck lebender Mundart seine Heimat nicht besonders angemerkt findet, ist Altbayern zu verstehen. Der Verfasser hatte bey der ersten Anlage der Sammlung, als noch das ganze Salzburgische zu Bayern gehörte, große Rücksicht auf die Sprache dieses interessanten Ländchens genommen. Bald darauf wurden die Grenzpfähle verrückt. Er hat nicht geglaubt, deswegen jene Artikel streichen zu müssen. Es sind überhaupt Bewohner Salzburgs, Tyrols, Kärntens, der Steyermark und Österreichs, der Sprache nach, mit denen des alten Bayerlandes so enge verwandt, daß man über die Stammes-Einheit dieser Völker wenig Zweifel, wol aber genug patriotischen Streites darüber findet, wo eigentlich der Kern dieses Stammes zu suchen sey. Dagegen bedauert der Verfasser herzlich, daß er nur theilweise im Stande gewesen, das eigenthümliche Wörter-Capital der edeln Stämme Frankens und Schwabens und der Unterpfalz zu erheben.

Bey Ausdrücken, welche, was bey den meisten der Fall ist, auch im Schriftdeutschen vorkommen, und die nur in einzelnen Bedeutungen den Dialekten besonders angehören, wird in Rücksicht der übrigen Bedeutungen durch den Beysatz wie hchd. (wie im Hochdeutschen) zunächst auf Adelung's Wörterbuch der hochdeutschen Mundart verwiesen.

Manches augenscheinliche Derivatum ist ganz isoliert vorgetragen, entweder weil sein Stamm in der Schriftsprache liegt, und leicht hinzuzudenken ist, oder weil er dem Verfasser in der dialektischen oder alten Sprache nicht wirklich vorgekommen war.

Bey einigen Ausdrücken sind statt einer Erklärung blos die Stellen angeführt, in denen sie vorkommen. Solche Ausdrücke, über die der Verfasser selbst keine Erklärung wagen durfte, als Aufgaben für besser Unterrichtete aufzubewahren, schien ihm nützlicher, als sie, um seine Unwissenheit zu bedecken, geradezu wegzulassen.

Einzelne, blos aus schriftlichen Beyträgen gewonnene Artikel, über die nicht wohl weitere mündliche Aufschlüsse zu erholen waren, findet man gerade so, wie sie dem Verfasser zugekommen sind, aufgeführt. Von dieser Art ist alles, was zwischen zwey Anführungszeichen vorkommt.

Es werden, zum Behuf einer dereinstigen Dialekt-Geographie, unter den Wörtern und Bedeutungen, die den Dialekten, nicht aber der gemeindeutschen Sprache angehören, auch solche aufgezählt, die in dieser, nicht aber auch in jenen üblich sind.

Außer dem oben bemerkten, streng alphabetischen Register, soll dem Werke für solche Leser oder Besitzer desselben, die sich gerne an allgemeinere Resultate, oder auch mehr an die Sachen als an die Wörter halten, ein zurückweisendes und zusammenstellendes Verzeichniß beygefügt werden über alles das, was in Bezug auf häusliche und religiöse ꝛc. Sitten und Gebräuche, auf Landwirthschaft und Gewerbe, auf Münzen, auf Maße und Gewichte, auf Gerichts- und Policeywesen, auf historische Thatsachen, auf die, ausnahmsweise eingeschalteten, persönlichen und geographischen Eigennamen, auf Einmengungen aus fremden Sprachen u. s. w. im Werke vorkommt.

Was die historische, diplomatarische, legislative, juridische, policeyliche, naturgeschichtliche, ethnographische, ascetische, homiletische, volkspoetische ꝛc. Provincial-Literatur betrifft, aus welcher dieses Wörterbuch großentheils gezogen ist, so sind bey Anführung der Stellen die Titel der Schriften in der Regel nicht bis zu solcher Unkenntlichkeit abgekürzt, als dieß bey folgenden wenigen, aber oft vorkommenden, der Fall ist:

P. Abrah. P. Abraham a Sancta Clara.

Altsw. Meister Altswert '(herausgeg. v. W. Holland u. A. Keller in d. Bibliothek des literar. Ver. in Stuttg. XXI. 1850)'

Ansb. Vrordd. Markgräfl. ausbachische Landesverordnungen.

Augsb. Stdtb. Augsburger Stadtbuch, Ms. v. 1276 an.

Av. Chr. Aventin's Chronik, Ausgabe v. 1566.

Av. Gramm. Aventin's Grammatik v. 1517.

Bayrth. Vrordd. Markgräfl. brandenburgisch-culmbachische und bayreuthische Landesverordnungen.

Br. Berht. Bruder Berhtolt's von Regensburg (Br. Berhtolt Lech; s. Grimm III, 340) Predigten aus dem 13. Jahrh. '(herausgeg. v. Kling, 1824; neue Ausgabe v. Pfeiffer, I. Bnd. 1862).'

Bucher, s. Sch. A. v. Bucher's sämmtliche Schriften.

Castelli, Gedichte in niederösterreich. Mundart. 1828.

Castelli, Wbch., dessen Wörterbuch der Mundart in Österreich unter der Enns. 1847.

Cgm. d. h. codex germanicus Monacensis, nach der endlichen Numerierung von 1830; '(s. die deutschen Handschriften der k. Hof- u. Staatsbibliothek zu München, nach J. A. Schmeller's kürzerem Verzeichniß. 1866); auch unter der besonderen Bezeichnung':

Cbm. d. h. codex bavaricus Monacensis; '(s. ebendas. S. 208—374, Nr. 1501—3587: Bavarica).'

Clm. d. h. codex latinus Monacensis; '(s. Catalogus codicum latinorum bibliothecae regiae Monacensis; tom. I, 1. 2. 1871). *)'

Clm. 5685 (XV. sec. 1412), f. 3—117: Synonyma Joannis de Garlandia cum comment. etymologico, insertis vocabulis germanicis, scripsit Joh. Schürbrand de Laugingen, baccal. in artibus liberalibus actu. rector scolarium in Weilhaim.

v. Dell. v. Delling's bayerisches Idioticon.

Docen Misc. dessen Miscellaneen v. 1807.

Dön. Arend Warmund, dat Sassische Döneken-Bôk. 1829.

Eiselein, die Sprichwörter u. Sinnreden des deutschen Volkes in alter und neuer Zeit, 1840; (gedruckt v. Bannhard in Constanz, augenscheinlich unter Jos. v. Laßbergs Vermittlung; vgl. S. 560. Ein seltsames Gestrüpp, ohne Kritik nicht zu brauchen; z. B. S. 236: Gewohnheit ist ein eiserner Pfad! 's. unten, Sp. 443 f.: Pfait').

Gem. Reg. Chr. Gemeiner's regensburgische Chronik.

Gesch. Fr. Geschichtsfreund. Mittheilung des histor. Vereins der 5 Orte Lucern, Uri, Schwyz, Unterwalden u. Zug. 1843 ff.

Gesta Romanorum (Cgm. 54), im 14ten Jahrh. bayrisch-deutsch verfaßt, wol von Einem, der sich fol. 13b nennt der Esse. (Adelbert von Keller hat die von Franz Pfeiffer 1839 genommene Abschrift abdrucken lassen im 23. Band der Quedlinburg. Bibliothek d. d. Nationallit. 1841.)

Gl. a. Glossaria vetera alphabetica, eine nach und nach entstandene handschriftliche Sammlung von alten deutschen Glossen zu alphabetischen lat. Vocabularien; '(s. die deutschen Handschriften der k. Hof- u. Staatsbibliothek zu München, München, 1866, S. 564: Schmelleriana, C. 13):'

p. 3—24. Glossen aus Florenz in Eccard's Fr. or. II, 986, (saec. IX.—X.)

27—58. Gl. aus Hamburg in Ecc. Fr. or. II, 991, hie und da berichtigt nach einem Kieler Cod. (Kramer's), (saec. X.—XI.).

62—166. Glossae Junii B u. C. (in Nyerup's Symbolis p. 193; jene berichtigt nach den von Graff mitgetheilten Carlsruher Glossen, (saec. IX.—X.).

167—372. Glossen aus dem St. Galler Codex 911, ergänzt und verbessert durch die von Graff mitgetheilten, aus dem Pariser Cod. 7640, aus dem Carlsruher (Reichenauer) Nr. 185 und, was den lat. Text betrifft, aus dem Münchner Cod. Synonymorum (saec. VIII.).

379—494. Glossen (vulgo Hrabani Mauri) aus Wien in Eccard's Fr. or. II, 950 und einem Münchner Fragment, Emm. E. 52. (saec. VIII.—IX.).

495. Wiener Glossen bey Denis, codd. mss. theol., tom. I, col. 158.

499—538. Glossen aus Zwetl in Gerbert's iter alem. p. 109, berichtigt und ergänzt nach einem Münchner Cod. (Udalrici), (saec. XI.—XII.).

539—588. Glossen aus dem Münchner (Prüflinger) Codex des Vocabularium Salomonis, (saec. XII.).

591—596. Carlsruher (Reichenauer) Glossen, mitgetheilt durch Graff, (saec. IX.).

597—602. Pariser Glossen, mitgetheilt durch Graff, (saec. IX.).

605—611. Münchner Glossen, (Sanftl. 'catalogus codd. mss. St. Emmeramensium, t. III, p. 1805'), (saec. VIII.).

613—614. Münchner Glossen, (Cod. E 52).

615—633. Glossen aus einem dem Hrn. Hofr. Mone gehörigen Cod., mitgetheilt durch Graff, (saec. X.—XI.).

641—691. Glossen aus dem Münchner Cod. Summarium Henrici und 3 andern Codd. entsprechenden Inhalts, (XI.—XII.).

Gl. i. Glossae theudiscae veteres interlineares aut marginales Sammlung von Interlinear- oder Marginalglossen, die zu fortlaufenden lateinischen Texten geschrieben sind, '(s. die deutschen Handschriften 2c. S. 564: Schmelleriana, C. 14)':

p. 3—34. Biblische Glossen aus St. Ulrich in Augsburg in Placidi Braun Notitia de codd. mss. II, p. 3. und 117—127, (saec. IX.).

35—47. Glossen aus St. Blasius in Gerbert's Iter alem., appendix p. 470, (saec. IX.).

51—53. Glossen aus Bremen zu des Beda ars metrica in Eccard's Fr. or. II, 1002, (saec. IX.—X.).

---

*) Fruchtbar für die ältere, zunächst bayrische Sprache wären der Cod. Falkeinsteinianus so wie ein alter deutscher Cod. traditionum, die beide im Reichsarchiv liegen. Aber Rudhart so wenig als früher Freyberg gestattet die Benutzung. (8. Septemb. 1851.)

55—61. Glossen aus dem Ebnerischen Codex des Prudentius *) bei Eccard, Fr. or. II, 1002, (saec. IX. —X.)

63—120. Biblische Glossen aus den Emerammer Codd. B. 1 und E. 30 und dem Tegernseer S. 40. 3°, in München; s. auch Pez, Thes. anecdot. t. I, 401—414, (saec. VIII. — IX.).

123—142. Glossen aus Florenz (zum Sedulius), bey Eccard, Fr. or. II, 981—986, (saec. IX.— X.).

145—173. Glossae Junii A. (saec. IX.);

175—181. Gl. Junii D., appendix, (saec. X.—XI.);

183—196. Gl. Junii E., angelsächs. (saec. X.).

197—198. Glossen aus Carlsruhe, Cod. 86, angelsächs., v. Graff gesammelt.

199—201. Gl. Junii F.;

202—208. Gl. Junii H., (saec. X.—XI.) — alle Glossae Junianae aus Nyerup's Symbolis.

211—498 und 957—1020 und 1057—1173. Gloss. aus Mondsee, (Pez, Thes. I, 319—370), verbessert und ergänzt aus 11 Münchner und 3 Stuttgarter Codd., (saec. IX. — XII.).

499—502. Glossen aus Oettingen-Wallerstein, mitgetheilt durch Maßmann, (saec. IX.).

507—510. Glossen aus Wien bey Denis, codd. mss. theol. I, col. 126. 140. 151. 158; (saec. IX.—XII.).

511—512. Glossen aus Würzburg in Eccard's Fr. or. I, 846, (saec. IX.).

513—526. Glossen aus Würzburg bey Eccard, Fr. or. II, 977, (saec. VIII.—X.).

527—529 und 1157—1173. Glossen aus einem Stuttgarter (Zwiefaltner) Cod. '(theol. et philos. 2° 218)', mitgetheilt durch Maßmann, (saec. IX.).

533—572. Gloss. aus 4 Münchner Codd. des Prudentius, (saec. X.—XII.).

573. Glossen aus dem Pariser (Notre Dame) Codex 221, von Graff mitgetheilt, (saec. IX.).

574. Glossen aus dem Pariser (Sorbonne) Coder 434, von Graff mitgetheilt, (saec. IX.).

575—592. Glossen aus dem Frankfurter Codex 50, mitgetheilt durch Maßmann, (saec. IX.).

593—594. Glossen aus dem Frankfurter Codex 117, von Graff mitgetheilt, (saec. IX.).

594—607. Glossen aus einem Mainzer Codex, von Graff mitgetheilt, (saec. IX.).

609—631. Glossen aus dem Carlsruher (Reichenauer) Cod. 86, mitgetheilt durch Graff, (saec. VIII.—IX).

637—650. Gl. Lipsii, (saec. X.)

651—657 u. 659. Glossen aus den Münchner Codd. E. 52 und E. 97, (saec. IX.).

661—700. Glossen aus einem Carlsruher Cod. (St. Peter im Schwarzw.), mitgetheilt durch Graff, (saec. IX.).

701—818. Glossen aus zwey Münchner Codd. Virgilii, (saec. X.—XI.).

*) '„Prediger u. Bibliothecar Ranner zu Nürnberg hatte diesen Prudentius wol aus der Ebnerischen Bibliothek erkauft, aber nach der Hand an den berühmten Juristen Kramer in Kiel für 3 Ducaten abgelassen. So sagt er mir den 2ten April 1823." Randbemerkung Schmeller's zu p. 55. seiner Glossae theud. vet. interlin. et marginales.'

819—820. Glossen aus einem Münchner Cod. Horatii, (saec. X.).

820—826. Glossen aus zwey Straßburger Codd., mitgetheilt durch Graff, (saec. IX.—X.).

827—833. Glossen aus dem St. Galler Cod. Nr. 242, (saec. IX.), bis 1830.

837—944. Glossen aus dem Carlsruher (Reichenauer) Nr. 86, mitgetheilt durch Graff, (saec. VIII.).

949—955. Glossen aus dem Pariser Cod. Nr. 2685, mitgetheilt durch Graff, (saec. VIII—IX.).

957—1020, sieh oben 211.

1021—1156. Glossen aus 19 verschiedenen Münchner Codd., (saec. VIII—XI.).

1157—1173, sieh 211.

1175. Glossen aus einem Wolfenbüttler Cod. Aldhelmi de laude virg. init., mitgetheilt durch Maßmann.

1179. Glossar aus einem Münchner (Tegernseer) Cod. legg. Baiuu. (saec. VIII.—IX.).

1181—1199. Glossen aus St. Florian, mitgetheilt von Franz Kurz in dem Anzeigeblatt zum XXXVII und XLI. Band der Wiener Jahrbücher der Literatur, 1827 und 1828.

Gl. m. Glossae Monacenses aus Docen's handschriftlicher Sammlung, ohne Angabe der Quellen; '(s. die deutschen Handschriften der k. Hof- u. Staatsbibliothek zu München, S. 538: Doceniana, a.).'

Gl. o. Glossaria vetera onomastica, Sammlung von alten deutschen Glossen zu lateinischen onomastischen Vocabularien. '(s. die deutschen Handschriften 2c. S. 564: Schmelleriana, C. 15)':

p. 5—7. Glossen aus einem Benedictbeurer Codex (saec. IX.) bey Meichelbeck, Hist. Fr. II, f. XIV.

10—166. Glossen aus einem St. Blasischen, jetzt Wiener Codex, (bey Gerbert, Iter alem., appendix) nebst den entsprechenden eines Münchner Cod. (saec. XI.).

168—175 und 458—476. Glossen aus Einsideln, (bey Gerbert, It. al. appendix, p. 136) nebst den entsprechenden eines Frankfurter, eines Straßburger, eines Stuttgarter und zweyer Münchn. Codd. (saec. X.—XII.).

177—181. Glossen aus zweyen Münchner (Emmeraner) Codd. (bey Pez, thes. I, col. 414); (saec. IX.—XI.).

186—194. Glossen aus Cassel, bey Eccard, Fr. or. I, 853, (saec. VIII.) nach Graffs Revision. (Vrgl. W. Grimm in d. Abhandl. der Berliner Acad. 1846.)

196—204. Glossen aus dem St. Galler Coder 913.

206. Glossen aus dem St. Galler Codex 193, mitgetheilt v. Maßmann, (Octbr. 1830).

208—210 und 431—433. Wolfenbüttler Glossen, nach Lachmann und Maßmann (saec. X.).

224—225. Glossen aus einem Münchner Codex, abgedruckt durch Docen in der Zeitschrift für Bayern 2c. v. 1817, 1. Bd., p. 125, (saec. XI.).

228—235. Glossen zur Nomenclatur des menschlichen Körpers, die in Goldast's al. rer. scr. II, 89 abgedruckt ist, mit den Varianten zweyer Münchner Codd. (saec. IX.—XI.).

236—237. Windnamen aus Goldast II, p. 90 und aus dem Münchner Codex des Virgil.

240—283. Glossen der Herrad (Engelhard's Herrad von Landsberg p. 178), nach Graff's Collation, (saec. XII.).
288—367. Glossae Junii D. (saec. XII.).
368—371. Gl. Junii M. (saec. XII.) aus Nyerup's Symbolis.
375—387. Glossen aus Wiener Codd. mss. theol. bey Denis 115. 143. 145—160, (saec. X.—XI.).
388—391. Glossen aus einem Münchner (Wessobrunner) Codex, (saec. VIII.).
396—421. Glossen aus dem Münchner Cod. Gr. LXXIII, (Hermanni contracti et al., saec. X—XI).
424—430. Glossen aus den Straßburger Codd. A. 157 und C. IV, 15, von Graff mitgetheilt; (saec. IX.).
431—433, s. oben 208.
434—453. Glossen aus den St. Galler Codd. Nr. 184 und 242 (saec. IX.) nach Lachmann.
454—455. Glossen aus Einsideln (saec. X.) nach Mone.
456—457. Glossen aus Düsseldorf (saec. XI.), nach Graff.
458—475, s. 168.
478—480. Wiesbadener lingua ignota, mitgetheilt durch Hrn. Rath Dr. Kiefhaber; (erwähnt im Cod. Ald. 89, f. 1). 'Haupt's Zeitschr. VI, 321 ff.'

Graff, Präp. Graff's althochd. Präpositionen.

Graff, Diut., dessen Zeitschrift Diutiska.

Grimm, deutsche Grammatik.

Hammer-Purgstall (recensiert Castelli's und Loritza's Arbeiten im 120. Bande der Wiener Jahrbücher, S. 93—125 auf eine breite und verdrießliche Manier und durch seine eigene Orientalisten-Brille. S. 107 in der Note gibt er eine bisherige Literatur der österreich. Mundart).

Hsl. Häslein's Handschrift, über nürnbergische Idiotismen. (Cf. Nürnb. litt. Blätter v. 1803, p. 110).

Helbling. Der Oesterreicher Seifrid Helbling (geb. um 1230, gest. um 1300), herausgegeben v. Karajan im 4ten Bande v. Haupt's Zeitschrift (1844), S. 1—284, (etwas unnatürlich in die Sprache eines frühern Jahrh. zurückgeschraubt, wie an genug Stellen schon der Reim beweiset. Es gab zwei Seitz Helbling: einer von c. 1295, dieser von 1390. s. Labrer p. VIII.).

Helmbr. Maier Helmbrecht, ein Gedicht von 1937 Versen des 13. Jahrh. in einer Hs. v. 1515 der k. k. Ambraser Sammlung zu Wien, v. Hrn. Jos. Bergmann, Custos derselben, zum Drucke bestimmt, mir mitgetheilt 18. July 1837; '(abgedruckt 1839 in den Wiener Jahrb., Bnd. 85, u. 1844 durch Haupt, im 4. Bnd. seiner Zeitschrift, S. 318—385)'.

Henisch, teutsche Sprache und Weisheit, (Augsb. 1616).

Heppe, wohlredender Jäger.

Heumann, opuscula. 1747. Ders., über den bayer. Dialekt in Westenrieder's Gesch. d. Akad. I, p. 474—475.

Höfer, österreich. Idioticon. 3 Bnde. 1815.

Hübner, Beschreibung des Erzstifts Salzburg.

Hund b. Stb. Hund's bayrisches Stammenbuch.

Jarnik, Urban, Pfarrer zu Moosburg bey Klagenfurt: Versuch eines Etymologikons der slowenischen Mundart in Inner-Österreich. 1832.

Jir. Jirasek, salzburg. Forstidioticon, Ms.; '(s. die deutschen Handschriften rc., S. 567: Schmelleriana, G. 73).

Kaiserchronik, Ms. saec. XIV., zu Aufseß, '(jetzt in der Bibliothek des germanischen Museums zu Nürnberg, Nr. 2733. Vrgl. Maßmann's Kaiserchron. I, XXV und III, 79).'*)

Kaltenbrunner, oberösterreich. Lieder. 1845.

Kartsch, Feldbleameln; 1. u. 2. Busch'n. 1845 u. 1847.

Klein. A. v. Klein, deutsches Provincial-Wörterbuch.

Kr. Lthdl., bayrische Landtagshandlungen v. 1429—1513, herausgegeben v. F. v. Krenner, 18 Bände.

Ign. v. Kürsinger's Ober-Pinzgau (Salzb. 1841) enthält auf S. 172—177 ein Gespräch im Mitterfiller Dialekt, das eine Menge von dortigen eignen Ausdrücken zusammenfaßt.

Labrer. Hadamar's von Laber Jagd, '(herausgeg. von Schmeller in d. Bibliothek des literar. Ver. in Stuttg., XX).' HKLabrer: der Minne-Falkner, Gedicht hinter dem Labrer in der Hohenlohe-Kirchberger Hs., '(ebendas. S. 171—208).'

LO. LR., bayr. Landes-Ordnungen und Land-Rechte.

Ltg., die besonders herausgegebenen Landtäge von 1514—1669.

Lindermayr, P. Maurus, Dichtungen in ob der ennsischer Volksmundart. Von Verehrern seiner Muse gesammelt. 1822.

Lori BR. Lori's Sammlung der das bayr. Berg-Recht betreffenden Urkunden.

Lori LR., dessen Urkunden zur Geschichte des Lech-Rains.

Lori MR., dessen Urk. zur Geschichte des bayer. Münzwesens.

Loritza, neues Idioticon Viennense, d. i. die Volkssprache der Wiener mit Berücksichtigung der übrigen Landesdialekte. 1847.

Megenberg. Conrad von Megenberg, Buch der Natur; Druck von Hanns Bämler in Augsburg, 1478. (Die daraus entnommenen Stellen noch zu corrigieren nach unsren Cgm. 38, 589, 268, 313 rc.; — 'übertragen in den Text von Pfeiffer's Ausgabe, 1861').

Meichelb. Chr. B. Meichelbeck's Chronicon Benedictoburanum.

Meichelb. H. Fr., dessen Historia Frisingensis.

Mesnil. Des Baron Mesnil zu Bad Gastein Gasteiner Vocabular, (mir mitgetheilt 5. Septbr. 1848). 'Vrgl. die deutschen Handschriften rc. S. 568: Schmelleriana, G. 74.

Minderer, Dr. Raimund, medicina militaris. Augsb. 1620.

B. v. Moll (und Schrank), naturhist. Briefe.

MB. Monumenta Boica, 25 Bde.

---

*) Die aus des Baron Hans von u. zu Aufseß (in der Osterwoche 1846 von mir durchgesehenen) „Weltchronik bis 1314" citierten Stellen gelten fast alle auch von unsern Codd. germ. 55 u. 327, welche dieselbe Chronik enthalten, die augenscheinlich in Altbayern geschrieben ist, da auch der schwäbische Schreiber der Aufseßischen Abschrift vorne die Namen eritag und pfinztag stehen läßt, — und, so viel ich bemerkt, nur das gezihen (auf fol. 67 von Cgm. 55 u. fol. 145 des Cgm. 327) in gelichen (sollte eigentlich geliechen heißen) verändert hat, falls er nicht blos falsch so gelesen statt gezihen. 'Vgl. unten, Sp. 1426: liechen'.

Mm. Monumenta minora linguae theudiscae antiquioris, eine handschriftl. Sammlung '(s. deutsche Handschriften ꝛc. S. 564: Schmelleriana, C. 19)', enthaltend:

p. 1. alliterierendes Gebet eines Münchner (Wessobrunner) Cod. saec. VIII., (MB. VII, p. 377).

3—4. Vater unser des St. Galler Cod. Nr. 911, p. 320; saec. VIII—IX. (Vrgl. Graff, Sprachsch. IV, 633.)

5—14. Gebetformeln des Wolfenbütteler Cod. (opusc. theol. XXVII, fol. 149 ff. saec. VIII. — IX.), nach Lachmann und Maßmann.

15. Glaubensformel saec. VIII.—IX. aus einem Wiener Cod.; (Eccard, Fr. or. II, 931).

16—18. Exhortatio ad plebem christ. saec. VIII—IX. aus Casseler und Münchner Codd.

19—22. Beichtformel eines Wiener Cod. saec. VIII.—IX. Lambec., Comm. de Bibl. Vindob. II, 318).

23. Beichtformel (saec. IX.) vor dem Flacius'schen Otfrid.

26. Geistliches Lied aus einem Münchn. Cod. saec. IX., (Docen, Misc. I, 118).

27—29. das erklärte Vater unser des Münchn. (Freysinger) Cod. C. 5. n. saec. VIII., (Docen, Misc. II, 288).

30. Lied auf St. Petrus eines Münchn. Cod. saec. IX., (Docen, Misc. I, 4).

31—33. Colloquium Christi cum Samaritana aus einem Wiener Cod. saec. IX, (Lamb. a. a. O. II, 383).

34—38. Instrumentum de finibus civitatis Wirceburgensis (saec. IX.) in Eccard's Fr. or. I, 674.

39—41. Foedus Ludovici et Caroli Regum (saec. IX.), nach dem Facsimile bey Roquefort, glossaire I, p. XX.

43—46. Cap. XIX. ex libro V. capitular. francic. (saec. IX.), nach Schilter's Thes. II, 239.

47—56. Siegeslied auf K. Ludwig (saec. IX.) nach Schilter, Rostgaard, Docen, Graff und Lachmann.

58—63. Sächsisches Lied von Hildebrand und Hadubrand, aus einem Casseler Cod. (saec. VIII. — IX.) nach Grimm.

64—65. Niedersächsische Urkunde (Essener Bruchstück) saec. IX.—X. aus einem Düsseldorfer Cod.

66. Sächsische Abrenuntiatio diaboli (saec. VIII.), nach Eccard, Fr. or. I, 440.

67—73. Gebet des St. Emerammischen Mönches Otloh (saec. XI.) aus dem Münchner Cod. E. 113.

75—79. Lied von St. Georg (saec. IX.—X.) hinter dem Heidelberger Cod. des Otfrid, nach Graffs Abschrift.

80—84. Die 4 durch Eccard (Fr. or. II, 948) und Hickes (Gramm. franco-theotisc. p. 64. 100. 110) bekannt gemachten von den 26 Hymnen eines Orforder Cod. (saec. VIII.—IX.).

87—98. Docen's Denkmäler, herausgegeben 1825.

104—115. Beichtformeln saec. IX. aus Wirzburger u. Wiener Codd. nach Eccard's Fr. or. II, 938. 940.

116—127. Homiliae saec. X. — XI. aus dem Wiener Cod. von Notker's Psalmen, (Eccard, Fr. or. II, 941).

134—136. Ruodeperti Magistri epistolae, saec. X., (Goldast, rer. alam. scr. II, 65).

152. deutsche (Augsburger) Traditionsurkunde von 1064—1077, eingeschrieben in einen Münchner Cod. Augustini super Johannem.

154—157. Aus Smaragdi expositio Donati (saec. VIII.—IX.) zweyer Pariser Codd., mitgetheilt durch Graff.

160—173. Reda umbe diu tier (saec. XII.) aus einem Wiener Cod., nach von der Hagen.

182. Alliterierender St. Ulrichssegen (saec. XI.—XII.) des Stuttgarter Cod. F. 58, nach Graffs Mittheilung.

188. Confessio fidei.

192. Homilie und confessio.

Neumann, Gedichte in Hennebergischer Mundart. 1844.

Oefele, rerum Boicarum scriptores. 1763.

Onomasticon v. 1735 (Amalthea des P. Kropf, St. 1).

Ortolph, Arzneybuch, Ausg. v. 1488.

Pangkofer, Gedichte in altbayerischer Mundart. 1845.

Popowitsch, Versuch einer Vereinigung der Mundarten von Deutschland 1780. Joh. Sigism. Valentin Popowitsch, Symmicta de dialectis germanicis, (Nr. 9541, früher 354, unter den Mss. der Wiener Hofbibliothek). Es sind 3 Cahiers mit lauter losen, zum Theil blos mit Bleistift geschriebenen Blättern, die nicht einmal ordentlich foliiert sind. Nur das erste Cahier von 386 Bll. 4^{0}. enthält Dialektisches verschiedener Gegenden. Die Cahiers 2 und 3 enthalten blos Excurse über deutsche Orthographie. (October 1839.)

Prasch, Sammlung bayr. Idiotismen in Heumanni opusculis. 1689.

Prompt v. 1618. Wolfg. Schönslederi S. J. promptuarium germanico-latinum.

Psalt. Windb(ergens.), Cod. saec. XI.

Ps.-Jir., Pseudo-Jirasek, bedeutet das für den Forstmeister Jirasek gesammelte Wörterverzeichniß des k. Unterförsters-Substituten Jos. Nep. Ehrenthaler zu Tamsweg im Lungau, Ms.; (29. Decbr. 1833). 's. oben Jir.'

Puterbey, verdeutscht von J. B. Fickler. 1581.

Rank, neue Geschichten aus dem Böhmerwald. 1847.

RB. Regesta Bavarica von Lang und Freyberg.

Reime von 1562. Pauli Aemilii Professors zu Ingolstadt „die 2 ersten Bücher der Künig in hchd. Reime gebracht."

Reinwald, dessen hennebergische u. fränkische Idiotismen.

Reitzenbeck, Heinr., Glimmer, (oberösterr.; 1. Bndchn.: Lieder und Briefe; 2. Bndchn.: der reiche Bettler, Comödie). 1846.

Ried, Cod. diplom. episcopatus Ratisbonnensis. 1816.

Der Ring, von Heinr. Wittenweiler, '(herausgeg. von Ludw. Bechstein in d. Biblioth. d. lit. Ver. in Stuttgart, XXIII).'

Schmid, schwäbisches Idioticon in Nicolai's Reisen. 'Dessen schwäb. Wörterbuch, 1831; 2. Ausg. 1844.'

Schosser, steyrische Naturbilder. 1850.

Seidl, Joh. Gabr., Flinserln; 1.—4. Heft, 1828—39. Gedichte in niederösterr. Mundart. 1844.

Selhamer, Predigten von 1694.

Stalder, schweizerisches Idioticon; 2 Bde. 1812.

Stelzhamer, Franz, Lieder in obderenns'scher Volksmundart. 1837.

Strelin, Realwörterbuch für Kameralisten und Ökonomen. 1793.

Des Teufels Segi (sagena diaboli), in einem Öttingen-Wallersteiner Pap.-Codex in 4°. v. 1449 (hinter Boner's Fabeln); mitgetheilt Februar 1844 durch Baron Löffelholz. (Eine zweite Hs. besitzt Freih. v. Laßberg in Mersburg; eine dritte, von vorne unvollständige das Kloster St. Urban bei Solothurn. Dr. Floß, 3. July 1844). 'Herausgeg. v. Barack in d. Bibl. des litt. Ver. in Stuttgart, LXX. 1863.'

Thaler, Pfarrer in Kains (Khuens) oberhalb Meran, beute das Gebiet der Stamm- und Sprachforschung mit Kenntniß aus, heißt es in einem Bericht über tirolische Geschichts- und Landeskunde in der Beilage z. Allgem. Ztg. v. 1844, S. 339. 1690. 'Vrgl. Zeitschr. f. d. d. Mundarten I, 238,113b. III, 317. 449. V, 369.'

'Valkner, s. oben Labrer.'

Vilmar, Probe eines hessischen Wörterbuchs in der Zeitschrift des Vereins für hess. Geschichte und Landeskunde (1844) IV, 1, S. 49 ff.

Voc. v. 1419. Münchner Codex '(Cgm. 674. ? s. Glossaria vet. alphab. p. 697—739 und onomast, p. 482—491)', geschrieben durch Peter Smidhauser, Canonicus zu Undensdorf (Indersdorf).

Voc. v. 1429. Münchner Codex '(Cgm. 650; s. Glossaria vet. alpha b. p. 740—798)', geschrieben durch Johannes, Pfarrer zu Gablingen.

Voc. v. 1445. Cod., geschrieben durch Bruder Joh. Hübner von Ingolstadt. Einige andre Vocabularia des 15. Jahrh.

Voc. Archon. Vocabularium Archonium von Wencesl. Brack. profess. Constantiens.; sine loco et anno, (wol von 1487).

Voc. Melber. „Incipit variloquus etc. per mgrm. Johannem Melber de Gerolczhofen", sine loco et anno, aus der Zeit der böhm. Ketzerey.

Wächtler (Canzleybeamter in Wien; seine Tochter eine Frau v. Czindry zu Nagy Attád im Somogyer Comitat), österr. Idioticon, nicht vollständig zum Druck gekommen zu Wien um 1795—96. (Baron Karwinsky, 7. August 1846).

Wackernagel, Wilhelm, dessen Wörterbuch hinter seinem altd. Lesebuch. 1839.

Wackius, „Anzaige, daß das Deutsche vom Chaldäischen, das Beyrische vom Syrischen herstamme." 1713.

Wagner, Sylvester, Salzburgá Bauern-Gsángá. 1847.

Weikert, Joh. Wolfg., Schneider und Volksdichter zu Nürnberg: sämmtl. Gedichte in Nürnberger Mundart und in hchd. Sprache; 1. Band. 1842.

Wstr. Btrg., v. Westenrieder's histor. Beyträge, 10 Bde. 1786—1817.

Wstr. gl., dessen Glossarium. 1816.

Wien: Wiener Idiotikon eines Norddeutschen, Ms. (Scherer B. 58). Auch durch Popowitsch benützt?

Winnerl gl., dessen handschriftliche Glossen zu einigen altdeutschen Sermonen der Münchner Bibliothek; 'Cgm. 380.'

Wirzb. Verordd. Sammlung hochfürst. würzburgischer Landesverordnungen.

Zpf. Id. Zaupser's baierisches und oberpfälzisches Idiotikon. 1789.

Zpf. Ms., desselben handschriftlich hinterlassener Nachtrag zu seinem Idiotikon.

Zips: Zipser Dialekt mit Idiotikon und Proben von Joh. Genersich (Professor am evang. Gymnas. zu Kesmark, 1803) in Schedius' Zeitschr. von und für Ungern, 'Bd. V, 31—37. 94—102. 142—158 und' Bd. VI, 294—316. 346—364. Auch in Bredetzky's neuen Beyträgen zur Topographie des Königr. Ungern; 2. Bndchn. (1803), S. 143—158.

Zschokke, handschriftliche Bemerkungen über oberd. Gebirgsdialekte.

Bey allen Ausdrücken des lebenden Dialektes, bey welchen sich der Verfasser nicht auf die Zeugschaft seines eignen Ohres berufen kann, hat er die Gewährsmänner nennen zu müssen geglaubt, deren freundlicher Güte er die schriftliche Mittheilung derselben schuldig ist. Er zählt sichs zur Pflicht, die geehrten Namen dieser Männer mit der nähern Anzeige, auf welche Gegenden ihre Beyträge treffen, in alphabetischer Ordnung anzuführen.

S. T. die Herren, Herren:

Aurbacher, kgl. Professor, † 25. Mai 1847; (Ober-Schwaben). Über ihn Friedr. Beck in der Beilage zur Allgem. Ztg. 1847, S. 1322—24.

Baader, Jos., Archivpracticant, (Mittenwald); 1844.

Barth, k. Ministerial-Rath; (Franken).

Baur, Stadtpfarr-Vicar in München; (gestorben als Beneficiat bey St. Peter den 3. oder 4. May 1841, 70 Jahr alt. Ein trefflicher Geistlicher). Dessen mit O. bezeichnete Beyträge sind aus dem bayr. Oberlande, die mit U. bezeichneten aus dem Unterlande. Außer den vielen Beyträgen, unterzog sich Herr Vicar Baur einer wiederholten gefälligen Durchsicht, Bereicherung und Berichtigung der weitläufigen Handschrift.

Beyschlag, Rector, † 8. Februar 1835; (Ries).

Breyer, Dechant †; (Allgäu).

Dr. Deutinger, Domcapitular und Ober-Schulrath; (Unter-Isar).

v. Fürer †; (b. Gerichtsterminologie).

S. T. die Herren, Herren:

Fürst, k. Halloberbeamter, † 1846 (1850?); (Unterland).

Furtmair, Pfarrer, † 1830; (Landgericht Pfaffenhofen).

Gebhard, k. Steuer-Geometer, † 1845; (Ober-Land).

Göschl, Pfarrer; (O.Salzach-Gegend).

Harslem, k. Registrator, † 1850 (?); (Lg. Wegscheid).

Härtlmüller, k. Münzbeamter, † Merz 1850.

Hauser, Pfarrer; (O.Pfalz).

Her, Rath; 1845.

Hocheneicher, Hofrath, † 1845; (Werdenfels).

Hoiß, Pfarrer; (Weilheim).

Dr. Hortig, geistl. Rath und Professor, † 1846 (27. Febr. 1847); (O.Pfalz).

Hummel, Pfarrer; (Straubing).

Dr. Kiefhaber, k. Rath, † 6. Merz 1837; (Nürnberg).

Dr. Kittel, Professor; (Aschaffenburg).

Kollbeck, Pfarrer †; (O.Land).

Kopp, k. Professor, † in Erlangen, 7. Juli 1842; (b. Wald).

Küchle, Rector, †; (Schwaben).

v. Lang, Carl Heinr., † 1835.
Lechner, Pfarrer, † 29. Februar 1836; (Chiemgau).
Lechmair, Pfarrer, †; (b. Wald).
Majer, Th., Pfarrer, † 1829; (Erding).
Mayr, Jos., Pfarrer, † 1831; (O.Isar).
Müller, Maler; (Ries).
N., der Band mit den handschriftlichen Nachträgen.
Neussendorfer, Dechant, †; (Pfaffenhofen).
Nopitsch, Cammerar, † 4. Aug. 1838; (Franken, Ries).
Obermayr, k. Regiments-Auditor; (b. Wald).
Popp, Th. D., Domcapitular, (Domprobst zu Eichstätt, Januar 1843); (O.Pfalz).
Regnet, k. Landrichter; (allgem.).
'Dr. Roth, Karl, Professor; (Weihers). Vrgl. d. Vorwort zur neuen Ausgabe.
Dr. Rottmanner †; (allgem.).
Dr. Schenkl, Stadtrath, †; (Amberg).
Schmeller; k. Appell.-Gerichts-Assessor, † 1833; (Lg. Türschenreut).
Schmutzer; (U.Land).
Schrettinger, k. Hofbibliothekar, † 1851; (O.Pfalz).
Schuller, Pfarrer, † 1829; (O.Pfalz).
Dr. Sepp, 1846—47; (Tölz).
Siebenkees, Geh. Hofrath, (allgem.).
v. Streber, k. Bergmeister; (O.Pfalz).
Dr. Trettenbacher.
Dr. Unger; (Kitzbühel).
Waller, † 1830; (b. O.Land).
Wäninger, k. Professor; (b. Wald).
Weiß, k. Hauptmann und Ingenieur-Geograph †; (b. U.Land).
v. Wöhrnitz, k. Stadtcommiss.; (O.Schwaben).
'Zenker, Ludw., Archivsecretär, † 1848; (s. unten, Sp. 1542, Anm.).'

Was die alte Sprache betrifft, ist der Verfasser für nicht wenige Belehrungen und freundliche Mittheilungen ein Schuldner der Herren v. Arx, Docen, Füglistaller, Graff, Grimm, Lachmann, Maßmann u. m. A.

Ihnen, und so manchen andern Freunden der vaterländischen Sprachkunde, die das Werk durch mittelbare Unterstützung fördern halfen, unter ihnen, dem Herrn Landrichter Freih. v. Liechtenstern, Hrn. Forstmeister Freih. C. v. Mettingh, Hrn. Ober-Bergrath B. Stölzl, Hrn. Hofrath Thiersch, und, nach dem, was Seite X. der Vorrede zur Grammatik gesagt ist, insonderheit dem Hrn. Director Joseph von Scherer, sey hiemit im Namen der Sache der gefühlteste Dank dargebracht. Zu segnen hat der Verfasser, auch in dieser Rücksicht, das Andenken der nicht mehr unter uns wirkenden: Oberstudien-Rath Hobmann, Reg.-Rath Fr. Jos. Müller, Director v. Schlichtegroll und Geh. Rath v. Weiller.

Des Verfassers Dankgefühl gegen die hohen k. Ministerien, die das Werk noch besonders durch die Subscription auf eine bedeutende Exemplarienzahl gefördert haben, — nemlich die H.H. Minister (v. 1825): Finanzminister B. v. Lerchenfeld*) 50 Ex., Kriegsminister v. Maillot 30 Ex., Minister der Äußern Gr. v. Rechberg 9 Ex. Die H.H. Minister des Innern und der Justiz, Gr. v. Thürheim und B. v. Zentner, ignorirten die Sache — löst sich in den Wunsch auf, daß das Buch Ihren weisen Absichten einiger Maßen entsprechend erfunden werden möge.

Es glaubt der Verfasser übrigens seine eigene Überzeugung von der Mangelhaftigkeit dieser Sammlung nicht besser darthun zu können, als indem er die künftigen Besitzer des Buches ersucht, demselben eine Anzahl leerer Blätter beyzufügen, auf welchen, was sie beym Nachschlagen vermissen, oder mangelhaft oder gar unrichtig finden werden, für eine dereinstige vollkommnere Sammlung oder doch für einen Nachtrag zu diesem Versuche vorgemerkt werden könne. Dieses wäre besonders bey den, auf öffentlichen Bibliotheken oder bey Behörden und Collegien zu allgemeinerm Gebrauche aufliegenden Exemplarien zu wünschen.

Sammlungen solcher Art wird man wol nie als geschlossen ansehen dürfen; viel ist für sie schon gewonnen, wenn sie nur einmal angelegt sind, alles Mögliche, wenn sie nie ganz aufgegeben werden.

Die meisten, über das Gebiet der deutschen Sprachen hinaus streifenden etymologischen Excurse der ersten Anlage hat der Verfasser bey einer zweiten Umarbeitung gestrichen, und sich gerne auf das Streben beschränkt, den Zusammenhang unserer jetzigen Sprache mit unserer ältern und bekannten ältesten nachzuweisen. Gleiche Strafe hätte wol auch manchem Andern gebührt, das stehen geblieben ist, besonders den verschiedenen, nebenbey angebrachten, nicht Wörter, sondern das Leben selbst betreffenden Bemerkungen. Allein neben dem Wörterbuchmacher drängte sich nicht selten der Mensch hervor, welchem es hinwieder oft genug eine Art Trostes war, sich so viel als möglich über jenem vergessen zu können.

Und so sey denn jedem bayerischen und deutschen Landsmanne eine bisher minder zugängliche Vorrathskammer seiner reichen Sprache aufgethan, und ein Bildersaal des, in der Sprache abgedruckten, manigfaltigsten Volkslebens jedem Menschenbeobachter, der, dieses auch in mancher seiner Nacktheiten zu schauen, Lust und Beruf haben kann.

München, Ostern 1827.**)

---

*) v. Lerchenfeld, 17. October 1843 gestorben, ein nicht blos gegen mich edler Mensch.

**) Ein Vorwort zur neuen Ausgabe wird, nach Vollendung der ganzen Arbeit, dem 2. Bande beigegeben werden.

Nürnberg, 31. December 1871. **Dr. Frommann.**

Besprechungen dieses Wörterbuchs.

Beylage zur Allgemeinen Zeitung von 1827: Bericht über die Ostermesse.

Göttinger gel. Anzeigen, Jahrg. 1828, S. 180 und Jahrg. 1829, S. 1319; von Benecke.

Jahrbücher für wissenschaftliche Kritik, März 1828, S. 428 — 441; von Graff.

Literaturblatt (zum Morgenblatt) von 1828, Nr. 50, S. 197; von M(oser?).

Allgemeine Literatur-Zeitung, Halle'sche, Jahrg. 1828, Ergänzungsblätter S. 353 ff. und 1829, Nr. 244.

Eos von 1829 (Kunst- und Litteraturblatt), Nr. IV, V, VI.

Göttinger gel. Anzeigen, Jahrg. 1832, S. 593 ff.; von Jac. Grimm, (bey Gelegenheit des Schmid'schen Wörterbuchs).

Bayerische Annalen von 1833, Nr. 5, S. 33—35; von L. Aurbacher.

Bayerischer Landbote vom 25. und 26. December 1836, Nr. 360 und 361, S. 1854.

Kaltenbäck, österreichische Zeitschrift für Geschichte und Staatskunde, 1837, Nr. 99.

Literaturblatt (zum Morgenblatt) von 1837, Nr. 118, S. 470—472.

Göttinger gel. Anzeigen, Jahrg. 1838, S. 159—160.

Münchner Anzeigen, Jahrg. 1838, Nr. 41—42; von L. Aurbacher. (Der Lober gelobt von einem Münchner Correspondenten im Nürnberger Correspondenten vom 13. März 1838.)

Allgemeine Literatur-Zeitung, Halle'sche, Jahrg. 1841, Juny, July und August; von A. S. (Albert Schott in Stuttgart?).

Erste oder Vocal-Abtheilung,

d. i.

Wörter, deren Stammsylbe mit einem Vocal anfängt.

A. 'Der ursprünglichste und einfachste aller Laute'.

Omnis masculus *A* nascens, *E* femina profert,
A dat Adam genitor, *E* dedit Eva prior.

in des Nicol. de Lira Comment. in libri Sapientiae cap. VII, vers. 3. Vrgl. San-Zenon. 32, fol. 1^0: Magister in historiis: masculus recenter natus ejulando dicit *a*, mulier vero *e*.

E profert ante *A* quisquis procedit ab Eva.
San-Zenon. 50, f. 1.

Quis color in pullis pecudum si forte requiris,
His poteris signis sine visu cernere certis:
Agnus enim natus *be* semper clamitat *albus*,
Me resonat *nigrum* repetitis vocibus agnum,
Alternat *varius beme* sic voce sonorus. . . .
Si sexum quaeris his sensum decoque curis:
A maribus est, *E* feminam voce figurat.

Vrgl. BM. I, 1^a. ZZ. 796, f. 171^a.

â —, eine Vorsylbe gewisser Wörter, die, schon in den alten Monumenten vorkommend, keineswegs aus der noch lebenden Präposition ab, sondern aus der veralteten ar (ex) scheint erklärt werden zu müssen. A-kampen, A-schwingen, A-werch; ahd. â-chambi, â-suuinga, â-uuirchi und mehrere ähnliche, die zuweilen bestimmt mit ar vorkommen (gl. a. 76: âriup, dirus. „Âchuste oder lastere, viciorum," Cgm. 17, f. 11^b. „In dem âwicke, in invio", Cgm. 17, f. 161^b, Ps. Windb. — âsmac, sieh W. Grimm, über Freidank 71. âsprâchen, sieh J. Grimm, Sendschr. an Lachmann 54. Vrgl. unten Aprach und Th. III: Asang). Grimm II, 704—707. Graff I, 15—18. BM. I, 2^a, III. Grimm, Wbch. I, 152: Abwerk; auch 150: Abweis; sieh Th. IV. — Vrgl. unten ab (Präpos.) und e (Vorsylbe).

— â, eine Nachsylbe, die Substantiven, Imperativen, Partikeln angehängt wird, ein stärkeres Austönen des Wortes zu bewirken. Vrgl. BM. I, 1^a, II. — „gespilâ mein," sagt Eine zur Anderen; Cgm. 379, f. 73. 78 u. 270, f. 109. 114. — hetzâ! Labier 14. 101; schônâ, schône! 60. 336; kêrâ, kêre! 98; jagâ! 336. 555; hœrâ! 341; schrîâ! 406. „Haltâ! schaw, da kompt quater daws!" H. Sachs 1612: I, 464. „Potz Velta, was sol ich nur sehen!" das. „Halt da, halt da, wie laufest du!" das. I, 207. Cf. Altswert 17,12: vach an vach! — Grimm III, 219. 290. 291. Zeitschr. VI, 131,11. Vrgl. unten o, oi, i-o.

Die A, der Fluß; (vrgl. Au, Ach, Ar).

Das A (= *wossə'*, Wasser), das Thal des schwarzen Regens von der Lamm bis Kötzting.

Die Á, auch Áu, Áuw, Áuwen, (Ausspr. á, áw, e, ew, ái, ài, áwm, ewm, ág, ár; Diminut. elé, á-l, ái-l, áidl, áiə-l, aidál; s. Gramm, 486. 625. 850), im b. Oberland: das weibliche Lamm, Mutterlamm. „So thue ich ab allhie drey schwarze Á," Avent. Chr. Grüs Älleil, graues Lamm, (Zir., Lungau). Gl. o. 188: auui; 203: au. — nah den ouuuen, post foetantes (oves), Notk. 77,71.

„Dô diu ow danne tranch,
und der ram ûf si spranch." Diut, III, 80.

ewit, grex, Tat. 6,1. 35,3. der ewist, ovile, bei Kero u. Tat. 133. oist noch in Abt Walther II. v. Engelberg (sec. XIII.) Uebersetzung Reg. Ben. cap. I: in ir oiste besliezent, suis ovilibus inclusi. — Ouista, Ousta, Ousti, Ouste (das alte ouuist, Hürde?), Ortsname; gl. i. 814. MB. VIII, 440. IX, 358. Sieh Förstemann, Namenb. II, 149. Vrgl. ags. eovu, Leg. Inae 55; engl. ewe. Grimm II, 368. III, 327. Graff I, 505. BM. II, 456. Grimm, Wbch. I, 602. Zeitschr. VI, 12. 218. äen, äuen, äuwen (áwm), vrb., lammen.

ai, ai-ai (besser: ei, ei-ei), Laut, mit welchem kleine Kinder das liebkosende Anschmiegen ihres Gesichtes an das einer andern Person zu begleiten pflegen. Das Ailein. Aiailein (áiál, áidál, aiə-l), diese Schmeichelgebärde. Einem ein Ailein geben. Vrgl. das schwed. älas, älska. Grimm, Wbch. III, 76, 9. 85. Zeitschr. III, 358. IV, 60.

Das Ai, sieh Aij.

Die Áu, 1) wie hchd. 2) Insel, Halb-Insel, die ein Fluß durch seine Arme bildet. So die vielen, meist unfruchtbaren und oft wechselnden Auen der reißenden Isar. 3) ä. Spr., Insel überhaupt; schwed. ö (vrgl. dän. Föhröe, Fanöe an Schleswig; Wangeroge, Spikeroge an Friesland). Wie noch jetzt die Inseln des Bodensees (Sinlazesowa, al. Sintleozesowa, auch Augia oder cœnobium Isulanense, Reichenau; Wmb. 44, f. 118^b. Walafrid Strabo, Canis. a. lect. VI, 577. 578. die Maienawe, Mainau; Brack's Voc. Archonium f. 27), so hießen auch die des Chiemsees Áuen. „Monasterium S. Salvatoris quod vulgari vocabulo *Ouua* dictum esse constat." ... „monasterium S. Salvatoris in *Augia;*" MB. II, ad an. 891. „Die groß Auwe, die die zwey Wasser, die Wag und die Donauw machen" (nemlich die Insel Schütt) . . . „die Auwen und Inseln des adriatischen Meers"; Avent. Chron. Fränk. Aub (Auw); die Aub am Main, die Au, besonders als Oertlichkeits-Eigenname; d'r A (an, ze, in der Au); Mone, Anz. 1838, Sp. 223; Lexikon v. Franken I, 191. Vrgl. BM. II, 154. Grimm, Wbch. I, 601. Die dem alten Augia correspondierende Aussprachform Aug hört man noch im Namen des Fleckens 2
Au in der Hallertau. Anmerk. Dieses Wort in den berührten drei Bedeutungen, die in der eines Landes, das an oder im Wasser liegt, zusammenfallen, ist vielleicht verwandt mit dem folgenden. Vrgl. česk. vořečj, pořjčj, n., Aue, z. B. in Prag.

Die Au (blos aus der Endung einiger Flußnamen und dem folgenden Adverb in-âu gemuthmaßt), ä. Spr., der Strom. Die Donau, eigentlich Duenâu (Daənə, ahd. Tuonouua; Grimm III, 385). Die Jachenau (Jachnə). Die Walgau (Wâlgə). — Vrgl. Á, Ach, Ohe u. Gramm. p. 102, Note.

in âu, in ouue, en auue, hin auue, nach heutiger Ausspr. blos 'nau, Adv., im Strome, dem Strome nach. — Mhd. in ouwe, en ouwe, Grimm III, 155. BM. II, 454^{b}. „Daz schif flôz enouwe“, Nibelung. Lachm. 1503, 2.

„Dô muste al in ouwe (abwärts, zu Grunde) gân,
beide wîp und kinder.“ Grave Rudolf, 2. Ausg., 11, 12.

„Junc herre, ir vart enouwe,
daz ich ungerne schouwe.“ S. Helbling VII, 1161.

„Alsô vlôz die vrouwe zwên tac en auwe, unz an einem werd sie gelac“, Chronik bis 1250, Ms. (Kaiserchron. Maßmann 12,382). en awe und wider wazzer, hinawe und wider wazzer (tam in descensu quam in ascensu), MB. VI, 382. XI, 460. 490. XII, 473. „Auf der tuenaw hinnaw füeren“, Wiener Privileg. v. 1359, Cgm. 1113, f. 29^{b}. Rauch III, 85. „Bis der Hohenauer (der aufwärts gefahren ist) wieder naw (stromabwärts) in das Land kommt“, Gemeiner's Regensb. Chr. III, 234. 305. „nau und wider Wasser“, Lori, BergR. nâufaren, nâuwärtsfaren, nâuflößen, stromabwärts fahren (mit Schiffen oder Flößen), das Widerspiel vom Gegenfaren; ein Schiff nâufüeren, nâukêren, nâuziehen, es stromabwärts führen, lenken, rudern. Lori, BergR. 303. 308. 314. 317—322. 331. 490. 496. MB. XV, 67, ad an. 1375. Gem. Reg. Chr. II, 148. 335. 414. 448. Die Nâufart, die Fahrt stromabwärts; Wasserfahrt überhaupt. (Ein schefman) „sprichet grundböser wart (Worte) vil ûf sîner nouvart.“ S. Helbling VII, 812. „Mit der nawfart fürfarn“, Mederer's Ingolstadt p. 63. 2) der Fahrweg, Thalweg im Strom, das Fahrwasser. „An das Joch zenechst der naufart“, Votivtafel in Altenötting. „Damit die Schiffleut mit dem Salzschiff nicht verirren und aus dem rechten gefährt der naufahrt kommen“ Lori, BergR. l. c. Lori, Lechrain f. 329. 350. „An dem rechten lech do di nauwvart gat“, MB. XXII, 349, ad 1367. „Als verr ir aigen daran stozzet untz in die nawvart (des Inn).“ MB. IV, 475, ad 1355. „Und von derselben marchseulen und chrewz entrichts hinüber bis an die rechten Yser und nawfart des Wazzerstrams“, Wstr. Btr. VI, 192. 3) großes Salzschiff (über 10 Werkschuh breit und 19 Klafter lang), Lori, BergR. „Weil der Erbnauferg auf einer großen Zillen, Naufart genannt, den andern Hallaschen vorfährt“ salzb. Schifford. bey Lori. Der Nâuferg, auch wol Âuferg, der das Schiff, den Floß führt, dirigiert. Die Erbnaufergen im ehm. Salzburgischen: Personen mit dem in ihren Familien forterbenden Rechte, das Halleiner Salz von Laufen bis Passau in den Dümpfel zu führen. Das sogenannte Naujoch der steinernen Brücke zu Regensburg wird im J. 1847 zur Erleichterung der Durchfahrt erweitert. Anmerk. Grimm, über Diphthonge p. 20, bringt nawvart aus Ottocar 566^{b} und scheint sich en awe als en nawe (s. Th. II: die Nâu) zu deuten. BM. II, 455^{a}. Zu diesem Âu und in-âu gehört wol auch das im Nibelungenliede V. 6300 (Lachm. 1515) vorkommende Verb. ouwen (im Strome fortschwimmen): „Etelichez (ros) ouwete verre, als ez müeden began.“ BM. II, 455. Man vrgl. auch Nau (Schiff) und Hohenau.

Au in den Zusammensetzungen Au-Dieb, Au-Schelm,
3 Au-Vogel, durchtriebener, arger Dieb, Schelm, Vogel; (wie Gau-Dieb, Land-Dieb, meint Herm. Müller, Lex salica 43.). Au-Schelm, Erzschelm, loser Vogel; „eigentlich Aur-schelm, von aur, ur (empor, groß)“, meint Seidl, Flinserln IV, 127. 133. Dər Auwukə-l, gewöhnlich Rauwukə-l, der Teufel (bayr. Wald). Audéfachs, s. Fachs. — Cf. goth. aviliudôn, danken; ahd. auzoraht, auuizoraht (st. augazoraht), augenscheinlich, gl. a. 252. 322. 323; aga-uuîs, publicus, Grimm II, 503. 707. Graff V, 705. I, 136. au-schieh, sehr häßlich, — ist in seiner eigentlichen Bedeutung nicht klar.

e, als Laut, s. Sp. 1: a und unten e.

e, als Vorsylbe in einigen (schwäbischen) Substantivbildungen, wie z. B. E-bitz, E-schwingen, E-werch (m. s. die Primitiva), ist wol aus der älteren Präposition er (ex), wie andere ähnliche Bildungen mit a aus ar (ex) zu erklären; s. ar und a.

ê-ha! ê-ha hèə'! ê-ha einə'! ruft man den Schafen, (ObrM.). Vrgl. Grimm, Wbch. III, 35.

ê, 1) Conjunction — wie hchd. ehe: ê-n-I, e-r-I, e-w-I, (nach Gramm. 609. 635. 686), eh ich...; ê daß (e's), antequam; *e dás* ə' kemə˜-r-is; ê vor (tautologisch) eh, bevor; *e vor* I das thät, liefs I mi' umbringə˜; e wenn (ê we˜: ∪ —); *e wenn* dä Vader kemmä˜-r-is, Lindermayr 152.

„s V'əliəbtsei˜ is's bésté, gêts, schimpfts mə' nit drauf
und *êwenn* I bré'lrutsch, gib i's nit auf.“
Seidl, Flinserln (3. Ausg.) 57.

„*Êwenn* da' Weiñstog ghaut wird, *êwenn* a' kimt in d'Blüah,
êwenn dràn˜ d'Berln rund wern, — wàs braucht dàs für a Müah.“
Das. III, 35. IV, 43.

„Gmálə' və'liə't si' dé Schneid,
gmálə' və'streicht aə˜n dé Zeit,
êwenn mə' si' umschaut, *êwenn* mə' si' bsinnt,
və'trenzt mə' sei˜ Lébm àls və'tràgəts də' Wind.“
Das. 111.

Vrgl. vor als Conjunction. 2) Präposition: (ahd. êr goumu, ante prandium, Tat. 83; êr mir, vor mir, Tat. 88); êdem, êdessen, vorher, zuvor, früher; ohnehin, doch; êzeit, (Rotthal) vor Zeiten; ê zeit, ê der zeit, vor der Zeit, vorher, früher; Heumann, opusc. 114.

„Man siht ir ê der zeit vil vallen,
die weiben wöllent wol gevallen.“ Renner 13818.

„Der kinde leben ich selten preise,
die ê der zeit sich dunkent weise.“ Das. 14943.

„Niemant stirbt ee seiner Zeit“, Cgm. 270, f. 124; 379, f. 91; 632, f. 39 2/4. Vrgl. BM. I, 437, III. 3) Postposition: demê (əmèə Ob. Isar), davor, vorher, ('amê, 'əmê, ehmals; Tirol. Kirchtag, 1819, p. 16. 45); ohnehin, dés waes I *demèə;* von demê (vomê) dasselbe. 4) Adverb: vorher, früher (Grimm III, 97. 254. Wbch. III, 36. 38. 47); ê ist es nicht so gewesen. — zum Voraus; das han I *ê* gwifst; (mon. min. 126: „bezzer danne e“). — ohnehin; ich kom ê nicht. vonê (vənê, OPfalz vənèi, 'ənèi, eine Bildung wie das franz. avant aus ab ante; vrgl. von erst), vorher, zuvor; ohnehin. Grob sámmə' gnuə', dés wifsmə' ja *von ê;* Pinzg. Wallfahrtslied. z'ë (zèi, OPfalz, Frank.) vorher, zuerst, ê vor, ê und davor, (erklärende Apposition) vorher, zuvor. wie vor und ê, wie vorher, nach wie vor. Mhd. end, prius (isl. âdr; cf. lat. ante); Nib. (Lachm.) 204,4. 370,2. 403,2. 410,2. 1563,2. Grimm III, 594 f. BM. I, 430. Grimm, Wbch. III, 46. „So gar ân pluot als adam was, ent du im die sele inpliest,“ Cgm. 73, f. 13^{a}. Comparativ: ê-er und ê-r-er und ê-ender (e-ədə', endə', Reitzenbeck immer enter; doch wol nicht aus einem tautologischen ê und êr zusammengezogen. s. êr). Superlat. ê-est, endest, (s. êrst). „so ehest (so bald) man es gewar wirdet;“ LR. von 1616. Zeitschr. V, 217. Anmerk. Dieses ê ist aus einem frühern êr (s. oben 2) entstanden, gl. Teg. er iro selpero, ante se; giu er, olim; er citi, ante ævum; ergestre, perendie; ertage; spätern gl. Pruv. schon ezitis, egestere, êtages. Einige mit dem folgenden E zusammengesetzte Wörter, wie Egart, Etrunk könnten allenfalls auch hieher gehören.

Die Ê 1) wie hchd. die Ehe. OPfalz: ze Ê geben (z' èi gébm), trauen. Die Ze-Ê-gab (Zèigàb), die Trauung: (so bei Notk. 45,10: „mîn ze sih nemo ist got“). Die Ê-Stube (Êstubm), Schlafstube des Ehepaars. Aus der alten, hölzernen, durch Anbauten fort und fort vergrößerten Straubinger Hütte zu Bad Gastein hat, bei deren Umwandlung in einen stattlichen Gasthof, der kindlich gesinnte Sohn die Ehestube der Eltern herausnehmen und als sprechendstes Denkmal besonders aufstellen

lassen. Ẽ=Gemächt, Ẽ=Mensch, Ẽ=Vogt, Ẽ=Volk; s. d. W. 2) Es ist diese jetzige Bedeutung des Wortes Ehe nur der vereinzelte Rest einer frühern, viel allgemeinern (Graff I, 510. BM. I, 450. Tobler 164. Grimm, RA. 417. Vrgl. česk. zakon, Gesetz, d. h. êwa, ê im altd. Sinn; kärnt. sakon, Ehe, blos im jetzigen Sinn; sakonsk, ehelich: sakonzhizha, Ehegattin; bressakonik, Unverehelichter; Jarnik, p. 148). Außer dieser jetzt allein sogenannten Ehe oder der Ẽ der Wirtleut („der êman der gesihet sîn wirtinne niemer mê, diu êfrowe diu gesihet iren wirt niemer mê"; Grieshaber, Pred. I, 41) gab es eine E (einen Stand, ordo, Orden) der Pfaffen und eine E der Ritter, „wann (indem) Got (diese) drey Ẽ gesezzet hat." Rechtb. Ms. v. 1332. Wstr. Btr. VII, 54. „Ein ê, ein rechter orden ist diu gerechte minne", Labr. 525. „Wir haben in (ihnen) ê vnd reht genomen", (Urtheil über die Mörder K. Albrechts); Kurz, Oesterreich unter Friedrich d. Schönen, S. 419. 3) In noch weiterm Verstande war E soviel als Satzung, Gesetz; die Gotz Ee, das Gesetz Gottes. Meichelb. Chr. B. II, 117. „Duo testamenta, zwo Ee; ZZ, 1836, f. 196, ad 1461. Die alt, die neuw E (das alte, neue Testament) noch in Aventin's Chronik. Daz puech der andern Ee, liber deuteronomii; Voc., Ms. v. 1445. Ahd. passim: euua, pactum, lex, jus, conditio. Euua Baiuuariorum, capitulare IV, v. 806. „Legis latorem, den ewe fuoraere, der ewe meister", Cgm. 17, f. 18^b. „In lege meditabitur, in der ewe ahtet er", ibid. f. 9^a. „Ob ich die ere (ew?) niht selber behielt" ... „So wirt diu ee und das gepot volfurt", Cgm. 54, f. 23^a. In Compositis Ẽ: Ẽsago, Ẽuuarto, Priester, ꝛc. „Ich gihe demo alemahtigen gote ... unte dir, ewart, aller miner sunteno", Clm. 4636 (XII. sec. 8°), f. 108. „Der rehtikeit ein
4 ẽwart", S. Helbling XV, 669. Altswert 236, 18. Grieshaber, Pred. I, 52. gl. i. 420 auch eha; gl. a. 100. i. 916. 936. 1022: êa. Bei einigen der nachstehenden Composita scheint der Begriff des von Alters her Ueblichen, Herkommlichen merklich hervor zu stechen, weswegen sie theils auf ê (lex), theils auf ê (antea, antiquitus) zu beziehen sein möchten. Die Ẽ=Alben, Ẽ=Blöß, das Ẽ=Mád, in den östlichen landesfürstlichen Gebirgs-Waldungen ein solcher baumloser Platz, der vermöge herkömmlicher Servitut den Anwohnern als Weide oder als Wiese überlassen bleiben muß; (s. Alben, Blöß, Mád). Die Ẽ=Gärt, Ẽ=gärten (Egərt, Egərtn), Grund, der, obschon er gegenwärtig eben nicht als Acker benutzt wird, ehmals Acker war und von Rechts wegen wieder als solcher benutzt werden kann; (s. die Gärt und ê, Adv.). Die Ẽ=Beund, Peunt (s. unten), die das Gartenrecht hat. Die Ẽ=Wisen, (nach der L. O. v. 1533, f. 117) Wiese mit Acker= oder Garten=Recht. Die Ẽ=Brugk, der Ẽ=Steg, der Ẽ=Graben, die Ẽ=Sträß, der Ẽ=Weg, die Ẽ=Zäun u. Ẽ=Lucken (in den Zäunen; Dorfs-Ehaft von Rorbach, Cgm. 2157, XVI. sec.), B., St., G., St., W., Z., L. nach herkommlicher Weise oder Verbindlichkeit zu gebrauchen, oder zu machen u. zu unterhalten. MB. IV, 484. VIII, 273. XXVII, 129. Gemeiner, Reg. Chron. III, 862. Pegius de Servitt. 149 ff. BM. I, 562. II, 485. II, 2, 677. Die Ẽ=Bank, Der Ẽ=Tisch, worauf nach Recht und Herkommen Brod, Fleisch und drgl. feil zu halten war. Passau. StadtR. Ms. Die Ẽ=Hofstatt, ä. Sp., altherkommlicher adelicher Landhof; „ez mag ain hof zwen hindersazzen haben und nicht mer, ez seyen dann Ẽhofstet, die dem herren dienen und dem pawren nicht." Ref. LR. Tit. 32, Art. 8. LR. MS. v. 1453, cap. XIII. Grimm, Wbch. III, 44. Das Ẽ=Bad, die Ẽ=Mül, die Ẽ=Schmiden, die Ẽ=Tafern, Bad, Mühle, Schmiede, Schenke, worauf gewisse herkommliche Rechte und Verbindlichkeiten liegen. Kr. Lhdl. XIV, 381. Zirngibl, Hainsp. 467, 9ter Freiheitbrief v. 1358; Cgm. 152, f. 10^b. s. Ẽ=haft. Die Ẽ=Schæferey; „was Schäfereyen von ehe oder alter hergebracht wären" .... „wo von Alter hergebrachte oder Ehe=Schäffereyen wären", Kr. Lhdl. XIII, 181. 211. Der Ẽ=Trunk. Kr. Lhdl. XIII, 180 u. 210 wird geklagt, daß der jetzige Pfleger zum Neuenhaus bey Passau jedes Faß, das mit Wein aus Oestreich kommt, anstechen und mehr als ein Maß Wein daraus nehmen lasse, da der vorige doch mit einem ziemlichen Ẽhetrunk für gut genommen habe. S. die Anmerk. hinter ê, Adv. Vrgl. auch Ẽr=trunk. Ẽ=Spitzen, eine besondere Art Brod, Heum. opusc. 95. 326. Ẽ=Schilling, bey jedem Ehaftrecht (s. unten: êhaft) von den Ehaftrechtspflichtigen zu entrichten. Ẽ=Werk, mhd. êwerc, s. Grimm, RA. 340 (im Cgm. 37, f. 109 steht dafür: êrecht; s. Th. IV unter Werk). Vrgl. Ehe-fade, Ehegaumer, Ehegrabe, Eheholz; s. Grimm, Wbch. III, 41 ff. Zeitschr. V, 217 f.

êhaft, Adj., gesetzlich, nach dem Gesetz zuläßig, gültig; wahrhaft, echt (BM. I, 451^b. Grimm, Wbch. III, 43). êhafte Hinderniß, êhafte Nôt. „Hüt dich vor Aderlassen, es sey denn als vil, das dir sein ehaft not sei." M. Huber's Gesundh. Regeln, Ms. v. 1477. (Vor Gericht) „weisen, daz Einen êhafte Not geirret hab" (zu erscheinen).

„Als willig ich sol sein mit gehorsam meinem prelaten in der regel gepot,
als trew sol er mir sein mit fleiz in fürsehen meiner ehaften not",

steht hinten an Cod. San-Zen. 63. Was als êhafte Nôt zu gelten habe, findet sich in den Gesetzen bestimmt, z. B. im LR. v. 1616, f. 121, im reform. LR. Tit. 3, Art. 5. Im ältern Rechtb. heißt es: „Ehaffte not daz ist ungevarleiche vanchnuzz und siechtumb; der weder ze kirchen noch ze strazz mag gen; und landzherrn potendienst; und 5
wilden wazzer; und der bey dem land nicht enist." Das Eehaft=Mahl essen, s. unten bei Ainung. Das êhafte Recht oder Gericht, auch das êhafte Ding, êhafte Taiding, die êhafte Schrannen, die herkommlich zu festgesetzten Zeiten ein= oder mehrmal des Jahres statthabende Hauptsitzung eines niedern Orts= oder Bezirksgerichts; Hauptversammlung aller Glieder einer Ortsgemeinde, in welcher die örtlichen Satzungen, Rechte und Pflichten in Erinnerung gebracht und die verschiednen Gegenstände der Gemeinde-Verwaltung verhandelt zu werden pflegten. Die Eelich Täding der Grafschaft Werdenfels, geschrieben 1431, Cbm. 1533. Grimm, Weisth. III, 657—662. Das êhafte Recht, gewöhnlich blos: das Ehaft=Recht (des, dem Eehaft=Rechten, Rorbacher Ehaft, Cbm. 2157), der Innbegriff, die Sammlung aller örtlichen Satzungen, Rechte und Pflichten einer Gemeinde und ihrer Glieder als solcher. Ein altes Ehaft=Recht z. B. der ehemaligen Grafschaft Peitingau von circa 1435 findet sich in Lori's Lechrain, f. 136, des Marktes Kösching in MB. XVIII, 692 (bis 1624, ja bis 1722; s. bayr. Annalen, 1834, p. 553. 573. Grimm, Weisth. III, 631), der Vogtey Hanbach in der Zeitsch. die geöffneten Archive 1. B., 361, der Hofmark Greilsberg in der Geschichte der ständ. Gerichtsb. I. Th., p. 230, des Dorfes Langenpreising in Wstr. Hist. Btr. VII, 320 (Cbm. Kl. 177, f. 150), von Weltenburg in Vachiery, über d. Ehehaften u. Ehehaftgerichte in Bayern (1798), der Hofmark zu T. (v. 1554) in Magister Theophil Neumann's (S. Rottmanner's) Antwortschreiben auf d. Sendschr. des Magnus Frhr. v. Herkomman (1801), p. 254—268, von Garching (1513), das. 223; erwähnt das von Irl, das. 223 (vrgl. p. 28), von Tollenstein in Bundschuh, Lex. v. Franken, I, 628 (Grimm, Weisth. III, 629), vrgl. das. p. 43. 325, von Altorf in Will's Gesch. v. Altorf; Landthading des Pfleggerichts Werfen in Walch's Beitr. zum d. Recht, II, 143—182, Ehehaft in Pongau, Mittersill, Gastein in den Nachrichten v. Juvavia, S. 605; — ferner Ehehafftbüchel v. Otting (bey Ingolstadt) v. 1577, mit Zusätzen, Cbm. 3068; Eehaft v. Rorbach, XVI. sec., Cbm. 2157; von Albaching u. Niderdiengen, Cbm. Kl. 177, p. 169 ff.; von Uttendorf, von Maurkirchen u. v. Braunau, Cbm. Kl. 167, p. 259—311; von Wildshut, Trosperg, Schärding, Otting (Gericht), Teising (1560—1614), Cbm. 3238. — Vrgl. Grimm, Weisth. III, 625 ff. Föringer, über Grimm's Weisth. in d. Mün-

chener gel. Anz. 1843, II, Sp. 65, nr. 137. Ign. P. Bernharndzky v. Adlersberg, Einleit. zur Uebung im Gerichts-, Urbar- u. Rechnungswesen. S. 266—273. êhafter Schaden, der nemlich gesetzlichen Anspruch auf Erlassung von Abgaben begründet, z. B. Brand, Hagelschlag ꝛc. êhafter (Erb-) Tail eines Kindes, die sogenannte Legitima; Kr. Lhdl. XVIII, 384. Êhafte Ursach. Êhaft-Wandel (s. d. W., Th. IV). Êhafter Weg; Landr. v. 1616, f. 312.

Die Êhafte, Êhaften, Êhäftin, Êhäft (s. Gramm. 856.): 1) Was durch Satzung oder Herkommen für eine Person oder Communität Recht oder Pflicht ist. MB. II, 507. VII, 191. VIII, 259. 270. X, 569. Kr. Lhdl. VII, 66. Meichelb. Chr. B. II. 87. 110. Augsb. Stadtb., Ms am Anfang. Bachiery's Rede (1798). Westenrieder. Geschichte d. k. b. Akademie d. W. II, 533. (Vrgl. die Bedeutg. 6. u. die Anmerkg.) 2) Der Innbegriff oder die Sammlung aller örtlichen Satzungen, Rechte und Pflichten einer Gemeinde, also was Êhaft-Recht (s. oben). Die Ehaft oder Ehaften verlesen. „Daz vindet man in der ehäftin", Augsb. Stdtb. 3) Die jährliche Zusammenkunft der Glieder einer Gemeinde, um, gewöhnlich unter dem Vorsitz eines herrschaftlichen oder landesfürstlichen Beamten, ihre örtlichen Satzungen zu verlesen und Gemeinde-Angelegenheiten zu verhandeln, also was Ehaft-Gericht, Êhaft-Ding, Dorf-Recht, Dorfgericht. „Die Dorfgericht und Ehehaften sollen in ihrem Gebrauch bleiben." „Es sollen die Hofmarchherren auf ihrer selbst Kosten und Darlegen die Ehehaften und Hofmarkrechte halten und besetzen", Kr. Lhdl. XVI, 294. XVII, 92. reform. LR. Tit. 1, Art. 10. Auf dem Landtag v. 1612 (p. 279) klagt der Prälatenstand, daß die Landrichter, wenn sie ihre Ehehaften ausstellen, sich und ihre Schergen in den Klöstern einquartieren. In dem Recesse mit den bayr. Bischöfen v. 1583 c. v. wurde ausgemacht, daß die Bauern-Ehafft („annui rusticorum conventus, quos Ehehafft appellamus") nicht mehr in den Pfarrhöfen zu halten seyen. 4) Die Respublica einer Ortsgemeinde;
6 die ganze Gemeinde als Corporation. In die Ehaft zalen, in die Ehaft gehören. „N. N. zu Neufarn in Schefftlar Eehafft seßhaft", Clm. 17021 (v. 1591), f. 207. Die ehmalige Kloster-Hofmark Dietramszell heißt bey den Anwohnern schlechthin die Ehaft. Krenner, Land-, Hofmarks- und Dorf-Gerichte in Bayern, I, 64, ad 1442. Daher: der Ehäfter, ein Einwohner dieser Hofmark. In den Landgemeinden des Fürstenthums Eichstätt heißen die jährlich gewählten Beamten so einer Respublica Ehäfter. 5) Ein von einer Gemeinde oder deren Herrschaft gegen gewisse Verpflichtungen oder Leistungen und mit gewissen Rechten übertragenes Gewerbe und Geschäft, besonders das eines Schmiedes, Müllers, Baders, Wirthes, Bäckers — wol auch das eines Viehhüters, Kinderlehrers ꝛc. In Ertel's Praxis aurea (I, p. 25. 114. ff.) werden 6 Ehaften angegeben, die eine Hofmark in sich begreifen könne, als da sind: „die Mühlen, Bachstätt, Schmidten, Bäder, Wirthshäuser, Tanzhäuser." Vermuthlich, um die, an jedem Ort bereits bestehenden Ehaften (Tafernen, Schenken, Schmieden, Mühlen und Failbäder) in Aufnahme zu erhalten, wurde durch die „Erklärung der Landsfreyheit" v. 1516 die Aufrichtung neuer Ehaften verboten, Ldtag. v. 1516, p. 528. Kr. Lhdl. XVI, 295. „Eetaferner zu Schierling". Cgm. 1535 (v. 1444). „Eschhay, Wishai, Hüeter, pader." 6) Das dem Besitzer einer solchen Gerechtsame von den Gemeindegliedern vertragsmäßig zu reichende Emolument. So z. B. besteht die jährliche Ehaft, welche der Ehaft-Schmid von jedem Hofe der Gemeinde bezieht, in einem Quantum Getreides, wogegen er verpflichtet ist, die Pflugscharen umsonst zu dengeln und andere Arbeiten um einen gesetzten billigen Preis zu liefern. Diese Ehaft-Reichnisse können nicht vorenthalten werden, wenn sich auch die Gemeindeglieder von den Ehaftsbesitzern nicht bedienen lassen. Hingegen können die Ehaftgewerbe, wenn der damit belehnte dem Ehaftvertrage nicht nachkommt, von der Gemeinde eingezogen werden. Vrgl. MB. VIII, 112. X, 570. XV, 366. Welsch. Reichertshofen, p. 202. 7) was êhafte Nôt, Ursache oder Hinderniß. „Durch redlich zugefallen Ehehaft oder Ursach verhindert werden." LR. v. 1616, f. 389. MB. XXV, 425. „Sie sollen jre Ehhaft, warum sie nicht erschienen sind, anzeigen." Lori, BR. f. 554. „Aus merklichen, treffenlichen Ehaften ausbleiben", Ldtg. v. 1516, p. 432. gl. a. 89: ehaftaz, legitimum; 210. 229: ehaft, religio; 338: eohaftlich, religiosus; 480: ehaftida, religio. Grimm, Wbch. III, 43.

Der Êhalt, Person, die vertragsmäßig der dienende Hausgenosse einer andern ist; Dienstbote. Die Êhalten, das Hausgesinde. „Der Ehalten vier wandel", Cgm. 713, f. 18. gl. i. 167. 171: ehaltiger, religiosus, legitimus; i. 168. 218. a. 107: ehaltida; m. min. 14. 15: ehaltigi, religio, ehaltichaeite, religione, Cgm. 17, f. 220ᵃ, woraus erhellt, daß dieses halt dem obigen haft (v. haben für halten) entspricht. BM. I. 623ᵃ. Grimm, Wbch. III, 43. Zeitschr. II, 339. 469. V, 218.

êlich, 1) wie hchd. ehelich. 2) ä. Sp., gesetzlich, legitimus. „Wan sy sich dem Pfalzgrafen und seinem Brueder underthan machten als eelichem Herrn von Bayrn", Ldtg. v. 1514, p. 438. „. . . gleichen theil an jrem vätterlichen und ehelichen Erb begehrten" . . . „damit dieselbige bey jrem vätterlichen und ehelichen Land und Leuten blieben", Avent. Chr. f. 348. 358. (Hier könnte 7
indessen ehelich ein Druckfehler für ehnlich, enlich v. An, avus, seyn; s. d. W.) „So sich die frauwen unordenlich halten nach dem leiblichen werch, also das sy zue hant auffstent und sich bewegen und also die frucht underchumpt, die macht ir das eeleich (st. hîleich?) ganz unordenlich und sündt todlich", Cgm. 632, f. 31²/₄. Das êliche Ding oder Taiding, was Ehaft-Ding, Ehaftgericht. „Die Burger ze Rain sullen alle Jar haben dreu ehafte Ding, und swenn man dieselben eliche Dinck haben wil, den sol man vor gebieten viertzehen tag", Lori, LR. f. 50, ad 1332. Heumann opusc. 124. „Die Sätz die unser burger von Freising gesetzent iärlichen ze den dreyn elichen Taidung"... „es sol auch der richter und die stat dew ellich tading haben iarlichen", Freysing. Rechtb. v. circa 1359, Ms. Histor. Frising. T. II, p. I, f. 166. (gl. a. 460: „eliih, legale; 334: eolihhi; i. 517: elihi, religio). 'êlos, außerhalb des Gesetzes stehend, exlex; BM. I, 451ᵃ.' „An swelher stete ein burger den andern vrevenlich angrîfet und in ze tode erslat, der sol darumbe êlos und rechtlos sin . . . und sol man dem mansleggen abe sin houbet slahen;" Lucerner Urk. v. 1252 (Geschichtsfreund I, 180).

ê-wigen, ebigen, ä. Sp., vrb. (ahd. -ian, Graff I, 550 ff.), gesetzlich machen, legitimare; „geebigt mit der E" (legitimiert durch nachfolgende Ehe); Rechtsb. von 1332 in Wstr. Btr. VII, p. 113. M. s. auch die Êw (ævum, sæculum).

Ebaum, Ebeere, wol statt Eb-baum, -beere; „hedera, eepaum vel erdpaum", Ebersb. 130, f. 163ᵃ. „Wem das haupt we tut, so geb in epawm der auf der erd lig und sewd den vil vast in wasser und pad das haupt damit", ZZ. 1816, f. 89. „Nim ebêr, mische daz mit wîne . . . nim epaums bleter", Clm. 4595, f. 39. Vrgl. Eb-baum, Erdbaum und unter wischen.

ei ja wol (eiəwol vv—, auch eiəwol ná˜), nicht doch. Vrgl. mhd. eiâ, Grimm III, 301. BM. I, 414ᵃ.

ie (iə, O.Pfalz ëi; — goth. aiv; bei Isidor eo, Kero eo und io, Otfrid ia und io Grimm I, 90. 104. III, 51. Graff I, 513. BM. I, 742) — nach hochd. Aussprache mit j statt i, in je übergegangen — scheint eine dem fragenden wie (uuia, uuio, uuiu) und dem darzeigenden die (dia, dio, diu) zu Grunde liegende ältere (Casus-) Form zu seyn; s. Gramm. 740. 1) alle Zeit — wie in den, auch hochd. Formeln: von je her, je zwey und zwey; mon. min. 27: „sin rihhi uuas eo enti eo ist." Bei Comparativen ie — ie, so ie —

ſo ie, je — deſto; BM. I, 744ª. „So der gitige ie me hât, ſo in nach gût ie me amert", Griesh. Pred. I, 116. „Der iſt got widerzemer et ie kein uzſezel („uzzel") ie alder (eo in alder) ie wurde," ibid. II, 24. „So du der eſte ie me bringeſt, ſo dich got ie baz enphahet"; ibid. II, 136.

„So die zeit ye hailiger iſt,
ye me ich ausſtoß mein liſt";

ſagt der Teufel in des Tüſels Segi, Ms. v. 1449 cf. ſo. Dieſe zuſammenfaſſende Bedeutung liegt auch in den Bildungen (Grimm III, 51 ff.): ain ieder, iedler (əniədə', əniədlə', əniələ'; Ob. Pfalz: əu êidlə', ənêilə',). „Das ie der chäs treier dn. wert ſei", MB. XXII, 266. „ie der man", ibid. XXIV, 387. ain iedwederer, jedwelcher (ən iədwédərə', iədwéchənə'), ein jeder. (Vrgl. auch gl. a. 128: eo ſo uuer, quisque; gl. i. 787. 794: io uuedar: und immer aus ie:mer; gl. a. 494: eomer: Graff II, 834. Grimm III, 224. BM. I, 145.) 2) irgend eine Zeit, irgend einmal, einmal; nun einmal. Alſo im Ganzen wie im Hochdeutſchen; doch mit einigen dialektiſchen Eigenheiten. I mài˜ ə̂i (ich meine nun einmal): I wàis ə̂i niət . . . (ich weiß nun einmal nicht . . . .); hàn I. s ə̂i səld gſegng (hab ich es doch, oder ja ſelbſt geſehen; b. Wald); „kanns je nicht laſſen, kanns je nicht gar in mich trucken, ich muß davon reden" ſagt Aventin. cfr. gl. i. 270: vonna io, ex tunc. ie einmâl (Ob. Pfalz: êiəmaul, b. iə-əmàl, iəmàl, iə-ml). ie einweil (b. iəwál, iəwl), et:ie, etwan:ie (ətiə υ —. éppəniə υυ —), et:ie einmâl, et:ie mâl (ətiəmàl, əntiəmàl, ətiə-ml, əntiə-ml), et:ie weil (ətiəwál, ətiəwl), adv., manchmal, zuweilen. „Wenn man halt ädie (je zuweilen) it mit thät", ſagt die oberinnthaliſche Wirthin im Tiroler Kirchtag, 1819, p. 71. entiə (VII Com. antiá), dann und wann, zuweilen. (Vrgl. mhd. ientie = ie unt ie, immer; Diut. III, 121. „Daz ienti etwaz darinne rinne", gl. Winnerl. (ſ. bei innen). Graff I, 368. 514. BM. I, 743ᵇ. Wackernagel, Wbch.). antiewant; „Hans: Ja, ja, Mascht (Martin), da Putz thuat wohl richtig antiewant an Tuck", v. Kürſinger, Ober:Pinzgau, 1841, S. 177. Dem ie in beyden Bedeutungen ſteht verneinend nie (n·ie, bayr. niə, opf. nêi; gl. i. 618: nio) gegenüber. Die zweite, heraushebende Bedeutung liegt auch in den Formen: ie:end: ie:enden, iendert, ienderts (Ob. Pfalz: ei˜ə't, ei˜ə'ts; əamat, Baader), irgendwo. „Sachet ir meinen eſel indert", Cgm. 632, f. 82. „So du inder gên wil", Clm. 4616, f. 52. „Daz dir iemen ienner hine mege entrinnen", Clm. 9513, Vers 6300. (ie-rt nach Gramm. 680 ſtatt ie:r, Inſtrumentalis von er, ſiu, iz, entſprechend dem hie:r, goth. hê:r, Inſtrum. von his, hija, hita. Nach Grimm III, 220 ff. iſt ahd. êoner, ioner, uspiam, = eô in eru, unquam in terra; mhd. iener, Diut. III, 73. Vrgl. Graff I, 517. BM. I, 746). nie:end, nie:enden (bayr. neənt, neənt'n, neə˜t); niendert, nienderts (b. neəndərt, nindərt, nində'scht, neəne'ts; O. Pf. nei˜ə't, nei˜ə'ts), nirgends. „Si ne erlenchent ſich nienner an den anewanten", Clm. 9513. „Dorfften niendert in kein Kirchen", Avent. Chr. (ſiehe End und Ort). mhd. ie:mêr, nie:mêr, immer, nimmer, Grimm III, 224. Graff II, 834. BM. II, 145. ie:wâ, undique, Diut. III, 80. iewô, irgendwo, Cgm. 638, f. 14½. BM. III, 518ª. ie:mand,
8 ie:mands (eəmə˜d, eəmə˜ts, eəmt), jemand. niemand, niemands (neəmə˜d, neəme˜ds, nemə˜ds, neəmt), niemand. Zu ie gehört, ſeinem erſten Theile nach, auch das Adverb iezo, iez, iezet, iezund, iezunder (iəzə, iəz, iəzət, iəzund, iəzundə'; O. Pf.: êiz, êizə, êizət), jetzt. Ob der zweite Theil dieſer in der älteſten Sprache nicht vorkommenden Form aus der Prä: oder hier vielmehr Poſtpoſition zu, oder aus dem Subſt. Zeit, oder woraus er gebildet ſey, bleibt dahingeſtellt. Vrgl. mhd. ie:zuo, ie:ze (altfrieſ. ieta bey Wiarda); iezuo oberhalbe, *jam* supra, Cgm. 17 (sec. 11—12), f. 220ᵇ. „Ia is die nacht iezu irgan und cûmet ſchone der tach", Grâve Ruodolf (12. sec.) Iᵇ, 23. Walther v. d. V. 11,4. 27,6. 115,26. Triſt. 8819 (im Reime auf fruo). „Do kômen ſi gar frû ze dem grabe, do diu ſunne iezo waz ufgegangen", Grieshaber, Pred. II, 138. iezû, Urk. K. Konrads aus Köwotſe, 1240, 25. Juli. Br. Berthold (bei Pfeiffer: iezuo, 231,11. 238,36. 244,6. 7. 9. 11; bei Kling: ietze, ietzund, 253. 264. 272. 288; jetzû, 104). „iezu lange zit", Diut. III, 18. iezû, Cgm. 89 (14. sec.), f. 104. 117. 119. 135. Cgm. 107 (14. sec.), f. 20. Graff I, 516. Grimm III, 120. 217. BM. III, 857. Wackernagel, Wbch.

o, oi, i:o (υ—), ſchallende Sylbe, welche ſtarkbetont gewiſſen Rufen angehängt wird. Stillo! still-io! Fuir-io! Helf-io! Mord-io! (ſtille! Feuer! es brennt! zu Hilfe! Mörder!); ſchwäb. Furiau! Weitzmann III, 135. Nach der reform. peinl. Halsg. Ord., Art. 237 ſoll der Kläger über den Thäter dreymal ſchreyen: „Waffnach jo, oder Mörder jo, über mein und des Landes Mörder!" Hoi'-o! haər-o! höre, hört! Muədər-o! Toni-o! he Mutter! he Anton! Hans-oi! Mirl-oi! (M. vrgl. das alte â in ſtill:â, ſper:â, wâfen:â ꝛc., ſ. oben — â.) Grimm III, 219. 290. 291. Zeitſchr. V, 450.

o (ou, ouhá-), Zuruf an die Zugpferde, wenn ſie ſtill halten ſollen; (im Norden von Deutſchland: prr!). Daher das Räthſel vom ſtärkſten Buchſtaben im ABC, der Roß und Wagen aufhalte. „Fortissima alphabeti litera quae sit? Auriga sistere volens equos in curru dicit ooo, et quiescunt equi", ſagt der Weſtfale Huſemann, Clm. 10751, f. 122, ad 1575. „Das o iſt der ſtarck laut, der die pferdt ſtill ſtehn macht", Ickelſamer, deutſche Grammatika. „O iſt ſtark, hält Roß und Wagen auf, E iſt noch ſtärker, hebt Mann und Weib zuſammen", Sutor. — Vrgl. mhd. ô, ou, ôwi, ouwi, Ausruf der Verwunderung und des Schmerzes. „owi, wie wol ein werder man! o beatum virum!" Cgm. 94, f. 47ᵇ. „owi herro! domine!" Cgm. 17, f. 16ᵇ. „owi du hohiſte! altissime! altissime!" ib. 17ª. Grimm III, 288. 293. Graff I, 51. BM. II, 425. 449. ô:w:izen (ouwəzn), vrb., (b. W.) ou, ou rufen, a) vor Schmerz; b) um ein von der Herde verirrtes Rind herbey zu locken.

O:I (o-ih, nach Gramm. 501), ehemalige Benennung des Buchſtaben Y in den Landſchulen — (als eines I das nach dem O folgt? wie man gewöhnlich das O:Pe vom A:Be unterſcheidet. Vrgl. Gramm. 399). Schon bey Hraban. Maurus de inventione linguarum (Goldast, alem. r. sc. II, 91.) findet ſich über dem griechiſchen und lateiniſchen y der Ausſprachname oy angeſetzt.

ui, oberpfälziſche Lieblings:Interjection — der Betheurung, Verwunderung; *ui* Dunnə! *ui* Straul! *ui* Wédə'! *ui* Sáksn!

uo, ua, ſ. Graff I, 69. Grimm I, 784. BM. III, 191ᵇ

---

ab (Schwab. a'; b. o. Pf. und Frank. à'), als Präpoſition im Schriftdeutſchen veraltet, war als ſolche in den letztern Jahrhunderten ſehr gebräuchlich, obſchon ſie auch in den althochdeutſchen Denkmälern nur ſpärlich vorkommt. „Ott der Prantſteter abm perig", Urk. v. Biſchofdorf im Innviertel (1402). Cgm. 3941, f. 53ᵇ. 74ᵇ. 179ª („Otto de monte"); „Grießlær ab der Grieſſelhueb", „Gebel abm prunperig", ibid. f. 101. „Reginhart ab Wiſen", „Dietrich ab Santpuhele", Clm. 17420, f. 56ª. Zeitſchr. IV, 57 f.

„Menger kan nicht frœde ſuchen
er les dan ab den buchen" (= in den Büchern).
Cgm. 379. f. 86.

(mhd. an den buochen leſen. BM. I, 1008ᵇ). Vrgl. Grimm III, 253. Graff I, 72. BM. I, 3ª. Grimm, Wbch. I, 6. „Iſt ab dem Hof geſchickt worden"... „hett ein Verwündern ab ſeiner Weisheit"... „hetten ein Scheuw ab dem Keyſer".. „brachen einen Spruch ab einem Zaun ab"... „man wurd nur ärger ab ſolchem gewarnus." Avent. Chron. „Das werdet ir ab der Propoſition vernemmen." Ldtg. v. 1605. „So und ſo vil ab der Maß, ab dem Pfund ꝛc.

zalen ꝛc. ab dem Ros steigen." „Trincke ab Braunwurz", Dr. Minderer, 1620, p. 154. Dieser freye und bequeme
9 Gebrauch des Ab als Präposition dauert zum Theil im schwäbischen Dialekt, welcher auch darin dem schweizerischen ähnlich ist, fort. Allgemeiner hat sich ab in den Zusammensetzungen erhalten, von welchen die folgenden, als mehr dialektisch zu bemerken seyn möchten. Vrgl. Grimm II, 707. 911. Abauß (àwaus ᴗ— zwischen Inn und Salzach), adv., abwärts, hinab, herab. (Vrgl. obauß und habauß.) abdurch (à'durhh ᴗ— ob. Isar), adv., weg, fort. abeßen, abfreßen, abkauffen u. drgl. an einem Dinge, die Lust verlieren, davon zu essen, zu kaufen und drgl. Das Abflèisch, Abkraut, Abwaßer, Ab-Werk (schwäb.), das als unbrauchbar abzuscheidende oder abgeschiedene Fleisch, Kraut ꝛc. abhanden, abhinnen, abseiten, abseits, abwegs, abher, abhin (àbə, àbi~; nàbbər, hinab, Aschaff.); s. her und hin. ablechtig (Zpf. Ms.), kraft- oder geschmacklos, fade, lau; àbláchti, Kartsch I, 93.; cf. unten ablächtig, aberschlechtig. abmangeln, (Canzl. Sp.) mangeln. Der Abmangel, s. Mangel. Die Abmaß; „nach solcher Abmaß", Lori, MR. III, 380. ab seyn, 1) abgethan, aufgehoben, nicht weiter gültig sein; LR. v. 1616. 2) nach Kollbeck im b. Wald: ausweichen. Der Abzins, Zins (ab einem Capital,) wirzb. Verordd. Unter den Bildungen, in welchen ab einen Abgang, Mangel, Fehler bedeutet, scheinen mehr dialektisch folgende: die Abkraft; „für dy abkraft des leibs", Cgm. 4543, f. 85.: die Abliebe; „ohne Vor- und Abliebe," Lori MR. III, 434; die Abgestalt (Alten, Otting. Historie). abfarb, adj.; abfrœdig (à'fredi), adj., unfreudig; à-gesla, (tirol.) vergessen; abkräftig, abmögig (matt). abreden, vrb., (ob. Land) irre reden; „delirare, abreden," Clm. 4432, f. 75. „Waren unbesinnt und abreden worden," ad 1503. (cf. â-kôsen, â-sprâchen, delirare, Grimm II, 707.); àschátz (—ᴗ), vergeßlich; àschirr (—ᴗ), irrig, im Irrthum (Kitzbühel); abgeschmäch (à'gschmàhh), abgeschmackt. Ein altes Voc. Ms. aus Tegernsee hat: abwitzig oder abgeßen, absonus; das Hübn. Voc. v. 1445: awitzig, amens; aweis treiben, insolescere; amächtig, amens. Es scheint das ab statt a in mehrern Fällen blos eine neuere Ergänzung zu seyn, da sich jenes ältere a in vielen alten Formen wie: abulgi, achampi, achusti, asuuinga, auuirchi, auuizi als aus ar entstanden nachweisen läßt; (sieh oben a und a-kampen, a-werch). Indessen zeigt auch die alte Sprache, obschon in ihr das nackte ab statt aba selten (z. B. Isidor IX, 11) vorkommt, Composita wie Abanst, Abgot, Abgrunt, Ablaz, Ablid, abtrunnig.

abanti, fort, auf und davon; s. avanti.

in æben, (en èbm, en èibm, b. Wald), adv., von Kleidern, Tüchern: verkehrt (s. abech). „Legt er die pfayten (Rock) am ewichen an am morgen, so sol er den selbigen tag kein gelücke haben. Etlich meint, so man die pfayten am ewichen anlegt, so sol man s nit vermainen," Cgm. 632, f. 8ᵇ. I hà'n Rók *en eibm* à~. D·Hós·n *en eibm* umkèrn, die große Nothdurft verrichten. *Eibmisch* tanz·n. Dà gets *eibmerisch* zuə. Dés wár mər e~ saubə·né, ən *èibmé·sche* Wirtschaft! ObrM.

Die Âbenteur (ä. Sp.; mhd. diu âventiure; cf. Benecke in Haupt's Zeitschr. I, 49—56. Grimm, Frau Aventiure. BM. I, 67—72. Grimm, Wbch. I, 27), das italienische, spanische aus ad ventura (auf das, was kommen oder begegnen mag) gebildete Subst. aventura. Diez, Wbch. 33. „ze einer Abenteur" (zum Unterpfand für das, was allenfalls begegnen könnte), MB. III, 188, ad 1303. „auff sein Abenteuer" (auf seine eigne Gefahr hin), Kr. Lhdl. II, 76. V, 33. Gemeiner, Reg. Chr. III, 289. (s. unten das Abenteur). „eventus, abentewer," Semansh. 34, f. 199. „a⁰ 1425 schoß man ze Augspurg umb ain aubenture" (einen Ochsen, eine Schale, zwo Armprost ꝛc., also Preise), Cgm. 213, f. 252. cf. Bayer. Annalen, 1833, S. 415. „a⁰ 1444 montag nach pfingsten warfen die von Augsburg ain Aubentür (Schützenpreis) auf, darumb zu schießen," Cgm. 379, f. 218. „Mit ebentiure (Kleinod?), mit tüechelehen, mit gelwem gebende" ꝛc. Br. Berthold (Kling S. 121, Pfeiffer S. 54, 3). abenteuren, vrb., ä. Sp., ital. span. aventurare; auf Gerathewohl versuchen, riskieren. „Da sich de leviathan abenteurn begond (volens *pugnare*) mit dem, der in beschaffen hiet". Cgm. 54, f. 3ᵇ. Kunt er di zwu metal (Gold u. Silber) obenteurn, das si bestunden in allen feurn", Cgm. 713, f. 186. „Wär es eu ungeverlig und das ir es mit uns abenteuren woltet", Lori, BR. 10
f. XXIX. Vrgl. BM. I, 72ᵃ. Der Abenteurer, ä. Sp., Juwelen- oder Pretiosenhändler. „. . . Kranz mit vil großer perlin und edelin gestain, der ob den hundertt Tawsent guldin durch die Abentewrer werdt zu sein geachtet ward." . . . „item (gekauft) von Peter Abentewr VI Haftl umb IIᶜ VIII gulden reinl." „jtem einem Abentewr dem kotner, daraus hat mein gnädiger her ein krannat kaufft" . . . „so hab ich dem Walther von Veld Abentewrer zalt von irn genaden wegen Iᶜ gld. rheinisch." Beschreib. der Hochz. zu Landsh. v. 1445. Wstr. Beitr. II, 142. 206. V, 205. 207. Die Theilnehmer am Ringelrennen bey der Taufe Frl. Elisabethen zu Hessen, 27. Aug. 1596, werden Avanturierer genannt, Cod. iconogr. 340, f. 2. Vrgl. BM. I, 72ᵇ. Das Voc. von 1618 hat: „Abentheurer oder Gauckler." Das Abenteur. 1) wie hchd. Abenteuer oder Abentheuer; '2) Zauber, Gaukelei, List.' „Rüst einen Apfel mit Abenthewr (Zauber) zu", Joh. Pauli, 232ᵇ. 3) das Unthier. „Ein ungestalt Kind, so mehrers einem Monstro, einem Abendtheuer, als Menschen gleichete." Benno, Predigt v. 1723.

„Ewr hinderlist ich verstund,
darmit jr mich zuvor thet essen,
dacht ich euch widerumb zu treffen
und brauchet auch mein abenthewer."

H. Sachs V, III, 112-113. 156. abenteurisch; „Drey abenthewrische Weidwerck", posierliche, seltsame, H. Sachs 1612: V, III, 136. „Ich bin auch abenthewrisch, schimpflich und schwenkisch, treib gut possen." Das. II, II, 89. „(Ein pfarher) gar abenthewrisch, schwind und rund." Das. V, 391².

'Abars, todtes Vieh, Aas.' „Wer ein cistern macht oder ein grueb . . . viel seins nachpawrn vieh drein, er muſt ims gelten, als ers chauft, und der abars beleib den dez dy cystern was"; Clm. 5858 (XV. 2⁰), f. 114. 'S. Th. IV unter Was: Awas.'

aber (àbə, àfə), conj., 1) wie hchd. 2) oder; I àbə' du, ich oder du. 3) ä. Sp., adv., abermal, wieder. „Kämen sy, so geschäch was recht ist, kämen sy nicht, so geschäch aber was recht wär", MB. XVII, 370. „Wie der Kaiser aber in Hungarn zog" . . . . „wolt aber ein Feldschlacht gethan haben." Avent. Chr. Anmerk. Im Wigalois von 1212 steht statt aber in der Bedeutung 1), wenn es nemlich eine unmittelbar folgende Ausnahme ankündigt, beständig abe oder ab, und wird von Benecke geradezu durch die Partikel ab (scilic. vom Gesagten nimm, sondre ab) erklärt. Indessen reicht zur Erklärung dieser ersten Bedeutung auch die dritte des Fortgehens zu einem Weitern, Zweiten, hin; (cf. ahd. aberunga, iteratio, Notk. Ps. 44, 2). Auch von den so schön verknüpfenden griechischen Partikeln μέν und δέ mag jene mit μία, diese mit δίς, δύο verwandt seyn. Vrgl. Graff I, 177 ff. Grimm III, 259. 276. II, 709. 894. 900. BM. I, 72 ff. Grimm, Wbch. I, 29 ff. (Vrgl. afer, äfern.) Aber in dieser 3. Bedeutung noch im Schwäbischen hie und da für sich vorkommend, hat sich in einigen Zusammensetzungen allgemeiner erhalten. Das Abergruenmâd (àber-gruəməd, b. W.), Nach- oder zweites Grumet; s. Afelgras und After-Amâd unter Mâd. Die Abersât (àbə'sad), 1) zweite Saat eines Ackers innerhalb Jahresfrist, die gewöhnlich aus weißen Rüben besteht; daher 2) Stoppelrüben. Der Aberuranherr (Ur-Ur-A.); so nennen die Herzoge Wilhelm und Ludwig in der Vorrede zum ref. LR. in

Bezug auf sie den Kaiser Ludwig d. B. Vrgl. Th. II: Aberhagken, Th. IV: Aberwandel. abern, vrb., wiederholen; „assiduitas cuiusque literae in odium repetitae, unlustsame geaberter pûchstab, Clm. 4621, f. 72. Vrgl. unten äfern.

Abersêe, Aberland, von den Avari; Cgm. 1185, f. 349 ff.

âber, æber, (Allgaü àbər, B. ábə'), Frank. æfer, Tirol äper, adj., (gl. i. 540: apirin, aprico. Graff I, 99. Grimm II, 139. BM. I, 4b. Grimm, Wbch. I, 31. Zeitschr. VI, 22. cf. altf. ābere, manifestus, probatus: that æle man sy grydes wyrde to gemote and fram gemote, butan he sy *æbere* theof, Leges Canuti I, 79. R. Schmid, p. 170): 1) offen, unbedeckt. Der Boden wird, ist æber, wenn der Schnee abgeht, abgegangen ist. „So lang's (im Spätherbst) ábər is." „Die weil die Pirg äper sind, Lori, BR. 207. Der Himmel wird, ist æber, wenn unbedeckt von Wolken, (Baur). Aber wird es, nach einer scherzh. R.A., auf dem Kopf einer Person, der die Haare ausfallen. I bin ganz *ábər*, habe kein Geld mehr, (Baader). Iətz san mər *ápər!* jetzt sind wir schön daran, (verloren)! Zillerthal. 2) vom Wetter: als Folge des weggegangenen Schnee's, Gewölks, — mild, lau. Heunt ist æber Wetter, (Allgäu). „aberer wint, zephyrus." Diut. II, 116. tir. *Abər-*, *Apərwind*, Thauwind. Die Äbere, Äber (ábə), der unbedeckte Zustand; die unbedeckte Stelle, besonders ein Fleck der Erdoberfläche, auf dem der Schnee abgegangen ist. „Ätz- und äberstatt, pascua ferarum", Heumanni opusc. 692. (s. Äfer.) æbern, æpern, vrb., 1) offen, unbedeckt, frey werden, aufgehen. „Es æbert herfür vber iar was
11 man pirgt in schnê und eis" der Teichner.

„Schau, schau, liəbé Bleəmln, dà find i enk jà,
so bàld àls's nuər *ápə'n* tuət, seids à' scho~ dà."
Seidl, Flinserln, 3. Ausg., 155.

Vrgl. das engl. to abare und unser bar. 2) von Hühnern: im Frühjahr auf den von Schnee befreyten Stellen herumgehen. Las d' Hennə~-r-aus, dás s' 'rum *ábə'n*, dás sə si' *ausábə'n* künnə~.

Die Äber, Âugen-äber (Augng-ábə'), die Augenwimper; s. Brâ, woraus die letzte Sylbe ber entstanden scheint, so daß das ganze Wort ábər nur eine Verstümmelung von Âug-Brâ seyn dürfte, wie Wimper auf das ältere Wint-brâ zurückweiset. In den Sette communi: „di Öperen" oder „di Apria va Aug."

abech, abechig (àwéchi'), adj., äbicht, verkehrt; äbscht, adv. (Aschaffenb.), eig. und fig.; alls tuət ər *àwéchi'*, alles fängt er verkehrt an; *àwéchəné* Sachən (im Kopf haben). Dem Pferd ən Eis'n *àwéch* aufschlàgng. ən *àwéchənə* Plàz, abgelegener.

„Do' treib'n si's àlls z'bunt,
so wird eəm ganz aufrichti
ən *áwichi* (Ohrfeige) və'gunnt." Kartsch I, 116.

ewchling?, Cgm. 582, f. 3. 4. 24. 30. Vrgl. goth. ibuks, retroversus; agf. vo, voh, vog, curvus, perversus, adj. u. subst.; isl. öfugr, adj.; at ofga, mutari; ahd. bey Isidor aboh, Otfrid abuh, Kero abah, perversus. in abeh uuenden, Notk. 71,4. auuekkiu slahta, prava generatio, das. 77,8 100,3 (kk = gg). Dazu hat Otfr. das verb. abahon, aversari; gl. a. 244: apuhon, exasperare; mhd. abec, ebic;

„Ob einer die sverber für rötelweien
kaufet, für plobfüzze den habich,
der kert dem rehten uz daz ebich." Renner 5522.

ain abichen, Grimm, Mythol. XLVIII, 22; 'wol = am äbichen; s. oben, Sp. 11: in-æben.' niederl. äfsch, Grimm, Reinh. S. 288,3763. VII Com. ebos, a rovescio; schles. äbich, äbicht, Weinhold 5; česk. opak, na opak. — Grimm II, 286. 305. 316. 707. Graff I, 89. BM. I, 3b. Grimm, Wbch. I, 58. III, 18. Zeitschr. IV, 58. Vrgl. äffik, äffk, aft, äch, ächet, gäbisch (gauche), a-wech, mächet und oben, Sp. 11: in-æben.

Abrach, Abrich, sieh unten Âprich.

Aubl, Nachteule; sieh unten Eul.

Ebich, hedera, Epheu, Ind. 418, f. 141; auch Ebaum, Epaum (= Eb-baum). „Edera haizt ain epaum oder ain ertpaum". Konr. v. Megenberg (hg. v. Pfeiffer) 321,24. Clm. 5387, f. 12b. „Gib im XIIII tag epawm", Cgm. 4543, f. 140. „epawmsaft", das. 174. „Nim ain virdung ewischhew wurz" (wol Eibisch, oder Epheu?), das. f. 152. VII Com. eapom. Graff I, 91. Grimm, Wbch. III, 678. Zeitschr. V, 218.

eben, adj. und adv., 1) im Ganzen wie hchd., besonders in der Bedeutung: gleich, gemäß rc.; ietz sind wir eben, (d. h. quitt, es ist Einer dem Andern nichts mehr schuldig). ebener Maßen, (Canzl. Sp.) gleicher Maßen; (m. m. 13: ebaner fatere, aequalis patri). 2) so fort, ohne anderes; sofort, sogleich;

„Do er in (den ihn feiern Heißenden) nine vorhte
unt alebenst für sich worhte,
daz begunde ienem harte versmâhen."
Kindh. Jesu (hg. v. Hahn) 99,50.

„wolt alebenst sterben", Cgm. 64, f. 59. Nadler (pfälz. Ged. 231) unterscheidet zwischen ebə~ mit (langem e), soeben, und ebə~, ewwə~ (mit kurzem e), halt. 3) von Zahlen: gerade, par; ort oder eben, (b. Wald) gerade oder ungerade, engl. odd or even. „Es soll der (Schiedleute) Zahl ortt sein, di der Herr gesetzet hat und nicht eben; daz ist darum gesetzet, ob si geleich hullen (stimmen würden) daz der ortman (ungerade) denn hinzuicht" (den Ausschlag gibt), Rechtb. v. 1332, in Wstr. Btr. VII, p. 140. 4) genau, scharf;

„Daran hab ich genug und sat
gleich eben als wol als du."
H. Sachs (1560) II, IV, 36.

eben schauen; hâr-eben, haarscharf; es ist hâr-eben aus, b. W., jetzt ist es ganz und gar aus. „Der Büchsenmaister mueß nit allain vilfaltige eben Sorg und Achtung auf sich allain haben, sondern auch für alle, so bey jm seindt, sorgen." Feuerb. Ms. v. 1591. „Das merk eben", das merke genau; ibidem passim. 5) gelegen, bequem; recht. Es ist mir nicht eben. Ich werd schon kommen, wanns mir eben ist . . . So in der ä. Sp.: „Laßet uns wissen auf welichen Tag euch das eben sey", Kr. Lhdl. X, 313. Wstr. Btr. V, 45. „Wolte keiner ein Schlacht thun, denn es wär jm gleichwol eben" . . . „Das war dem N. ein eben Spil und rechter Tanz und gemähete Wiesen" . . . „Was gelt trug das war jm eben und gut." Avent. Chron. „(Die fraw) ist ranig, in einer ebenen läng", Cgm. 1279, f. 146. „Das crucifix in eines ebenen mans läng", das. f. 149. „Er neme die Kes oder das Gelt, welchs im ebendt were", MB. XXV, 493. ebenalt, coaetaneus; Subst. = membrum virile. „Daz begund er erzoigen an sîme eben alten" (veretro); von der bir, 272 (Myller's Samml. III, XLI). „Sein ebenalt, der ist im hert reht als ain sîdîn tuchlîn." Cgm. 379, f. 69. Vrgl. Graff I, 196. BM. I, 26a. Grimm, Wbch. III, 13. — ebenlang; „qui faciunt ligaturas, apprehensiones in candelis, observantes mensuras circa vivos et mortuos, ut est *ebenlankch*." Superstitiones, Ald. 228, f. 338b. ebenselig, wol st. eben-sölig, eben dem Boden; „in basi, in plano, eben selig", Cgm. 3786, f. 17. „eben selig oder grundlini, basis in plano"; „bis in das planum oder ebenseliger linij des grunds"; „bis auf dz superficies oder ebenselig planum", ibid. f. 4. 5. Der adverbiale Ausdruck: zebner Erd (zébmər Erd, zimmər Erd, ◡◡—), im Erdgeschoß, à rez-de-chaussée — leidet die Auflösungen: zu ebener Erd und zu-eben (als Präposition) der Erd; s. Gramm. 751. Die Ebene, Ebenet, (Ebmé, Ebm, Ebmət), die Ebene, Land-Ebene. əs get àlləweil z' Ebmət (in der Ebene) fort. Gl. i. 101: epani. 729. Otfr. I, 23,24: epanoti, planities. „Berg und tal wirt allesam ent ebene", Cgm. 5, f. 213b ('hieher? nicht Adj.: allesament ebene?'). verebenen, vrb., ä. Spr., ausgleichen, ver-

12 gleichen, fig. „Daz wir uns genzlich verebent und verricht haben", MB. I, 232. BM. I, 409^{a}. Die Verebenung, Vergleichung, Vergleich. „Disiu verebenung ist geschehen" (a^{o}. 1274), älteste deutsche Urkunde im ehmal. Freysing. Archiv; Meichelb. Hist. Fr. II, p. 1. 82. 'Das Ebenbild, Beispiel, Vorbild.' „Do vil lewt poses ebenbild von nement", Fürstenf. 138, f. 96. 116. Grimm, Wbch. III, 10. Ebenhoch, mhd. ebenhœhe, fem., Ebenhöhe; Belagerungsmaschine.' „Hoch paw (vor der Stadt verboten), daz die veind nicht ligerstat darinne gewunnen, noch kain ebenhoch gegen der purchmawr." Wiener Stadtrecht im Cgm. 113, f. 70. Vrgl. BM. I, 697. Grimm, Wbch. III, 15. Zeitschr. V, 218 f.

eben (Ob. Pfalz) statt neben könnte nach Gramm. 611 bloße Aussprache dieses letztern Wortes seyn. Indessen ist neben selbst aus an-eben '(ahd. in epan, mhd. in eben, eneben. Graff I, 96. Grimm II, 635. 763. III, 107. 269. IV, 802. BM. I, 407.)' entstanden. Der Ebenmensch, Ebenchrist st. Nebenmensch, Nebenchrist. „Swaz du dinem eben cristen gûtes getûst", ZZ. 1514, f. 202, ad 1377. BM. I, 883^{b}. Grimm, Wbch. I, 14. Ebenerbe, Miterbe; ebenerben, cohaeredes, Notk. 88, 30. Graff I, 407. Ebenbet. „Jedes Hauß in Altenstein hat ein Gemeinderecht, wozu ein sogenanntes Ebenbeth und jährlich, nach Beschaffenheit der Umstände, etwas Holz und Reisig aus der Gemeinde-Waldung gehört", Lex. v. Franken I, 76. So a. Sp. ebenchrist, epanalter, coaevus (s. oben), epanhluzeo, consors.

Die Ebenweih, der Ebenweih-Tag, ä. Sp., das Fest der Beschneidung Christi; der Neujahrstag; Wstr. Btr. VIII, 87. 108. MB. XVIII, 185. 231. 265. „Zwischen dem Euuenbeich und dem prehentag", MB. XXI, 412, ad 1352. „Geben am Erichtag vor dem Ebenweichtag" (1400), Cgm. 3941, f. 45^{b}. „Des nehesten tages nach dem Ewenbeientag" (1402), MB. XXVII, 180. Das. XVII, 136. Vrgl. unten weih. „Am Pfinztag dem heil. Ebenweich 1439." Kr. Lhdl. 1, 191. „An dem Eben weichtag und an dem obristen", MB. XVII, 136, ad 1373. „Der tach heizt der der Ebenwih unsers Herren, wand er ist als wol gewiht und gesegent von der zesuuen finer megenchrefte sam sin geburt", sagt etymologisirend eine alte Predigt in Pez scr. rer. aust. III, gloss. voce zesuue. Zeitschr. V, 219.

'Das Ebenreis, Ebreis, abrotanum (woraus jenes entstellt ist)'; „ebrayß abrotanum vel gartwurtz", Cod. Weihsteph. 156 (Hinterdeckel). „Ebereyß, Eberich, abrotanum", Clm. 4374 (XV. sec.), f. 116. Grimm, Wbch. III, 16. Vrgl. Zeitschr. VI, 83.

Êber, sieh oben Ê-baum.

Der Eber, aper (goth. iburs? ibrs? ahd. epar, mhd. eber, ags. eofor, isl. iöfur, princeps, rex), 'bildet viele alte Namen (Förstemann, Namenb. I, 363 ff.); unter andern auch ahd. Eparnand (d. i. kühn wie ein Eber)' = goth. Iburnanths = Jurnanths, Jornandes? — Ibor, Ebbo, Eppo = Eberhard, Ebernand. Vrgl. Grimm, über Diphth. n. a. C. p. 51. und über Jornandes u. d. Getae; Gesch. d. d. Spr. 276. Wbch. III, 17. BM. I, 4.

Eberl, der Name Eberhard (schon in Gemeiner's Reg. Chron. IV, 213). Vrgl. Graff I, 99 f.

Ebərn, Aussprache von Erdber; w. m. s.

-eiba, -aiba in Ortsnamen (= Land): Wetareiba (Wetterau), Wîngart-eiba; vrgl. langobard. Anthaib, Banthaib, Wurgonthaib u. die Völkernamen Istäven, Ingäven;. auch Welet-abi, slaw. Welet-owe (Plur.). Grimm, RA. 496. Graff I, 89. Wackernagel in Haupt's Zeitschr. VI, 20. Zeuß 349: Wedrevi. Anmerk. Dr. Roth kennt auch Wingartweiba, woraus er -eiba entstellt glaubt. Vrgl. Förstemann, Namenbuch I, 1519 u. 1540.

Die Eibe, ä. Sp. Eiben, Eiwen (Eiə bei Guntramsried), Eibe, taxus (ahd. îwa, mhd. îwe, ags. îv, engl. yew, česk. ji'wa, Weidenholz, ji'wowi strom, Taxbaum); Eibe, arcubalista, ivus, if; Liliencron u. Müllenhoff, 16. Ber., p. 60. „Eiben hat die art, das es sich gern leßt biegen; wer es aber nit recht angreift, so schnellet es verrer dann ander holtz", Cgm. 439, f. 82. „Edera arbor, eyben pawm; gummi ederae, eybenhartz"; Ind. 355, f. 175^{b}. Die von Iwe (Eib) in Franken. Graff I, 521. BM. I, 759. Grimm, Wbch. III, 77. Diefenb. 194^{c}. 574^{b}. Zeitschr. V, 219.

Der Eibisch, ibiscum, altea; ahd. îbisca, fem., mhd. îbesche, îbesch. Graff I, 101. BM. I, 743. Grimm, Wbch. III, 78. Diefenb. 21^{a}. Vrgl. Zeitschr. VI, 83; auch Eißwig Flemings in Grimm's Schenken u. Geben, p. 17. Grimm, Wbch. III, 377: Eisewig, hysopus.

ob, als Conjunction, wo es manchmal auch wie éb gehört wird (gl. a. 484: ipu, Isid. ibu, gl. i. 15: obi, sonst oba, upa. cf. Graff I, 75. Grimm III, 285. BM. II, 425), wie hchd. In gemeiner Rede wird es oft durch wo oder waß ersetzt; s. d. W.

ob 1) als freye Präposition veraltet: über. „Tag und Nacht ob dem Bettel ligen." LR. v. 1616, f. 584. „Es müeßte bey etlichen Pfarrern der verstorbene ob Erden bleiben, bis das Seelgeräd entrichtet." Ldtg. v. 1605, p. 183. „Einen ob Erden besingen", (s. besingen); „die Bayern hetten nun ein Verdrieß ob Hannibal" Avent. Chron. (Vrgl. ab). „Bist zornich ob spil gewesen . . . hast got oder sein hailigen oder ander ieman ob spil gescholten", ZZ. 604, f. 43. „Ob dem Essen" super mensam, Voc. von 1618. Rothenburg ob der Tauber (wie franz. sur Seine ꝛc.). (cf. gl. a. 153: oba; i. 789: opa. Isid. Otf. K. oba. cf. Graff I, 78. Grimm III, 253. BM. II, 427). 2) Ueblicher ist diese Präposition noch in der Zusammensetzung. drob, d. i. dar-ob (ahd. thâr oba, mhd. dar obe; Graff V, 60. BM. I, 306^{a}. Grimm, Wbch. II, 783). Wenn man etwas fürschi' bringə~ will, muəſs mə' 'n ganz'n Tàg *drob* und drà~ sei; ObrM. Die Obacht. Das Obdach (gl. i. 283: opdahi; cfr. Obsen). „Daz ein grôz geladen schif in gesalzem wazzer ob gêt, daz in suzem wazzer under gieng", Konr. v. Megenberg (Pfeiffer) 101,19. obhaben; „meine obhabenden Pflichten" (d. h. die ich über, auf mir habe). obhanden (gleichsam: auf der Hand, vorhanden). Die Obhuet. Die Oblast. obligen. Der Obmann. Der Obschutz. die Obsicht. obsigen. Die Obsorg. obwalten ꝛc. (vrgl. Gramm. 1017). 5) als Adverb. statt oben. obauß (owaus ᴗ —), nach oben hinaus, fort. „Der Teufel fährt mit deiner Seel obaus", Selhamer. obbenannt, obbesagt ꝛc. (Canzleystyl).

oben, adv., wie hchd. obendig, adv., oberhalb. „Zwen köpf (Aderlaß-K.) obendig der chnibl hinden an den pain gesatzt", Progels Ms. f. 128^{a}. „Lazzen an den enchlinen obendigen den füssen", Aug. eccl. 76, v. 1399. obenan, obman, obmen (obmə~); „wie man das Gespreng obmen vmb die stäb machen sol." Clm. 4763 (XV. sec.), f. 116. Vrgl. Grimm III, 208. BM. II, 428^{b}. Der Obenauff (Obmauf ᴗ —, am Ammersee), was bey einer Bürde Gras ꝛc. noch über den vollen Korb, über das volle Tragtuch gepackt wird. Wenn di Dirnəch oft 13
e~n *Obmauf* bringə~, kriəgə~ s' am Pfingstmo~də' Extrə-Nudlə~. „Du kanst ein Obendrauf (eine Replik) in allen", sagt der Pfaff zu Eulenspiegel bei H. Sachs, 1560: IV, III, 21 (1612: IV, III, 48). obenauffig (obmauffi', 'mauffi'), adj., was oben auf ist. oben, geoben, vrb., übertreffen (m. Dat.). „Kein vogel mag dir nicht geoben", sagt der lobende Fuchs zum Raben, Cgm. 291, f. 176^{b}. Vrgl. BM. II, 428^{a}.

ober, 1) praepos., über (in den Fällen, wo dieses den Dativ regiert). Er logiert ober mir (ein Stockwerk höher). Starnberg ligt ober München. (cfr. Tat. Matth. 15,35; 16,19: obar erdu). 2) adj., wie hchd.; superl. oberist, öberist, öberigist.

Die Obern, Hêu-Obern, Getraid-Obern (b. UL.), Legeplatz für Heu oder Getreide oben in der Scheune. „opper van hoey, meta foeni“, Kilian. Spæn-Obern, hängendes Gestelle über dem Ofen der Landleute zum Trocknen der Lichtspäne.

'Das Obere (?)'

„Waəz is's, Gerst'n, Hàbə'n
zo-n-ə˜n lèicht'n Schmaus
untə'n G sod und Oba'n,
klaubts enks saubə-r- aus“ (ihr Tauben);

Pangkofer, 1846, p. 6 (1854, p. 9: „Aban“), im Glossar mit „Hülsen des Weizen“ erklärt, (Agen? = àbə'n?)

Das Obers, (u. Isar) was sich oben an der Milch ansetzt, der Rahm, die Sahne, besonders süße. Man behandelt dieses Adj. neutr. ganz wie ein Substantiv und sagt sowohl ən Obə's als das Obə's. s. Gramm. 828. Vrgl. „Nim rueß und obrew (obere) milich vnd milich ram“, ZZ. 2072, p. 368.

Der Oberist, Öberist, der Oberste (scil. Hauptmann). „N. N. war oberster Hauptmann über 29 Fänlein teutscher Knecht, seine Hauptleut waren N. N. N. in Summ 25 Hauptleut, die under sein Regiment gehört.“ Historie der v. Frundsperg. Der gemeine Landmann nimmt es mit diesem Titel nicht so genau; er nennt, nach der ursprünglichen Bedeutung des Wortes, wol jeden Befehlshaber einer militär. Abtheilung, auch einen Corporal, einen Oberisten derselben. Der obriste Tag nach Weihnachten, auch blos der Obrist-tag oder der Obrist, ä. Sp., der heil. Dreykönig-Tag. MB. XIII, 390. XV, 84. XVIII, 350. 692. 698. XX, 13. 350. XXIII, 504. XXIV, 635. Bayreut. Kirch. Agende. „Hodiernae diei festivitas magna, unde meritò dicitur apparitio vel etiam in vulgari der obrest tag.“ Discipuli serm. Monac. Francisc. 187, f. 80. Schellen- ꝛc. Ober; auch Dön. 79: Shellenöver.

Die Oberkeit, Obrigkeit 1) wie hchd. Obrigkeit. 2) ä. Sp., obrigkeitliche Gerechtsame; Oberherrlichkeit, Souveraineté. Herzog Albrecht spricht „die Obrigkeit der Scharwerch“ an auf jedem Gute, das aus Edelmanns Händen in eines Geistlichen oder Burgers Gewalt kommt. „Länder und Städte abtreten mit der Mannschaft und aller anderer Obrigkeit, Herrlichkeit ꝛc.“ „Obrigkeit der Fürsten von Bayrn über die Stadt Regenspurg“; Kr. Lhdl. IX, 412. X, 529. ff. XV, 123. „Landesfürstliche Oberkeit“; Lori, LR. 461.

Der Obernater, der Anführer (aus Gubernator?); Vorgesetzter, besonders in Klöstern, ObrM.; Vorsteher bey einer Innung oder sonstigen Gesellschaft gemeiner Leute. (Wstr. gl. Nopitsch.)

„Viertzehen hatten sich betracht
die obernatter in dem schloß.“ H. Schneider's

Spruch auf die Eroberung von Hohenkräen in Wolff's histor. Volksliedern, S. 639. Vrgl. unter Obernhand.

Das Oberthum; „das obertumb haben, imperium tenere; ain obertumb geben, dare praefecturam“; Clm. 571 (v. 1514), f. 12. 39.

öbern, vrb., (Baur, OL.) von jungem Vieh, Geflügel: „verdrangen, nicht aufkommen lassen.“ erobern, eröbern, 1) wie hochd. erobern. 2) ä. Sp., überkommen, erlangen überhaupt. „Güter erobern. Bey einer Frau Kinder erobern“; LR. von 1616. si' ə˜ Gəld·l *dərôbə'n*. 3) gefangen nehmen, überwältigen. „Uebelthäter sollen, wenn man sie fangt, nicht geschlagen noch beschädigt werden, sie geben sich dann in solche Wehr oder
14 Flucht, daß man sie mit Schlägen erobern müßte“; Kr. Lhdl. XVIII, 392. „Zum Straiffen, nacheilen, zu Eroberung der Uebelthäter“; LandR. von 1616, f. 712. Vrgl. ahd. obarôn, gaobarôn, superare; ih keoborôta sie, ultus sum eos, Notk. 117,11. Graff I, 82. BM. II, 429ᵃ. Grimm, Wbch. I, 932. 4) sich erobern, sich erholen; si' widə' *dərôbə'n* (aus der Noth); dər aə'm· oder krank· Me˜sch kà˜ si' nimə' *dərôbə'n* (b. W.), aufkommen, kräftigen.

Das Obeß, Obß, (Owəs, Obs), das Obst. Auch dieses hochdeutsche Wort zeigt durch die gedehnte Aussprache des obschon vor drey Consonanten stehenden o seine Contraction aus dem alten opaz (= ob-az, ob-ez v. ezzan, essen? ahd. dero obazo, pomorum, Notk. 78,1. gl. a. 267. 443. 789; obiz, obez, gl. o. 86. 133.), welchem sich nach Gramm. 680 das t angehängt hat. Vrgl. ags. ofät, holl. ooft, česk. owoce. Grimm I, 808. II, 214. III, 376. Graff I, 101. BM. II, 429ᵃ. Dön. 148: oved. Der Obßer, Obßtler, Öbßtler, Obsthändler; „obzer, maler, würfler“, Renner 4453. BM. II, 429ᵇ. „Ez sol chein Obzer kein Obz . . . . verkauffen.“ Augsb. Stdtb. Der Obßgaden, Obstkammer; Voc. v. 1618.

Die Obsen, Vorhalle; s. Obsen.

'Die Oblei, mhd. obleie (aus mittellat. oblagium, oblegium, oblagia, obleia; vrgl. Graff I, 101. BM. II, 429ᵇ. Du Cange IV, 670. Scherz 1149.), Opfer an Geld oder Victualien an eine Kirche, Kloster ꝛc.; Grundzins.' „Dällheim ist eine Domkapitelische sogenannte Erboblev“, Lex. v. Franken I, 570. „Der Obleyherr, das ist, derjenige Domherr, der die Renten des Dörfchens zieht“, das. 649. 699. Das Oblat; die Oblater.

übel; 1) wie hchd.

„Großen herren und schonen frawen
sol man wol dienen und übel trawen.“
Clm. 4749 (Benedictb. 249), f. 186.

Von der ubile, ab malitia, Cgm. 17, f. 11ᵇ. 2) öfter (etwa aus: übər ə mal? s. über). „Es wird übel eins gestohlen.“ „Bären gibts wol übel da.“ Popowitsch, Ms. (Wien 9541). 'Zeitschr. III, 187,17 (= ie-ein-weil).' Anmerk. Sind die Familiennamen Ueblacker, Iblacker, Uslacker (Türschenreut; Autor v. 1844) identisch und zu Odaker, Ottocar zu halten? Ublaccher, MB. I, 49, ad 1230.

üben (übm, ibm, im, əəm; in Avent. Chr. geschrieben ehem), daüben (d·übm, dibm, dim, deəm, deəmal — Ob. Pf., Frank.), adv., (zu über, wie oben, unten ꝛc. zu ober, unter ꝛc.), auf der andern Seite, über, trans; jenseits. „Capitalsteuerpflichtigkeit des üben (auf der andern oder Rückseite) Unterzeichneten“, amtl. Formular v. J. 1848. „ehems pirgs, ehem der Donauw“, Avent. hie-üben (h·übm); her-üben ('rübm, ribm, rim, reəm, reəml), diesseits; „her ehem des Rheins, der Donauw“, Avent. Chr. übhin (übi, iwi, Ob. Pf.), hinüber; s. Gramm. 1012.

ueben, üeben, vrb., wie hchd. üben, doch ehmals von manichfaltigerer Anwendung als heutzutage: a) treiben, agitare; in Bewegung setzen. „Ey Mutter, ey du Brunn der Lieb, mach du, das mich empfindlich üeb dein Leid und Schmerzen alle“, Kirch. Ges. v. 1685. „In hatt geübt die Gütigkeit des heil. Geistes in die Wüste“; Kaisersb.

„Nicola, wie so gar betrǽbet,
sag an, was dich doch darzu ǽbet.“
H. Sachs 1560: III, III, 22.

Die Fraiß üebt Einen, Aufkirch. Mirak. 21. — antreiben: „Ich hab getanzt und ander lewt geübt zu tanzen“, Beichtform., Cgm. 638, f. 75. „Mulieres obviantes Sauli et David corizaverunt ad incitandum (darunter: geuebt) David et Saul“, (Joa. Gews) Polling. 451, f. 39ᵇ. sich üeben, sich körperlich bewegen; der *üəbt* si' u˜keit, sagt man von jemand, der seine Gliedmaßen sehr in Bewegung setzt; àber dêr *uəbt* si', der ist stolz; Baader. sich verüeben, sich verrenken, s. Th. III: riebig. (Am Mittelrhein ist sich ueben, sich erbrechen). sich üeben, sich bemerklich machen, sich hören lassen, laut werden (hessisch, Vilmar in d. Zeitschr. d. Ver. f. hess. Gesch. IV, 95). b) sich umtreiben, bestreben. „Speher und die sich uebten, jemand der unsern nachzustellen.“ Lori, BR. 157. „Es sind etlich Bauern so geübt, kauffen und führen Wein aus Oesterreich, das jnen nicht zusteht“, Kr. Lhdl. XIII, 178. „Ich wil mich in meiner jugend üben (umthun, lustig machen), wie ander weltkinder thun“; H. Sachs 1560: III, I, 248ᵇ. „So man des morgens aufſtat, ſo ſol man ſich veben vber den ſtůl“, Peſtilenz⸗regeln (sec. XV.), Clm. 4395, f. 186. c) betreiben, verhandeln — eine Sache, eine Angelegenheit bey Jemand. Kr. Lhdl. X, 333. XIII, 234. „Eine Schuldforderung ueben.“ LR. v. 1616, f. 230. „Eine Beſchwerde weiter ueben“, ſ. Meichelb. Chr. B. II, 191. „Gerichtsacta und Handlung die vor einem ordentlichen richter geuebt ſind.“ Ref. LR. d) bearbeiten, behandeln; „ein ubel ſchmackend grůb, ye mer man die vebt, ye mer man boſes geſchmacks da befindet“, Buch d. W. 1485, f. 63. „Wiltu kundig werden ze ueben die erden, daz ſi frucht⸗bar werde, du ſolt vergilium leſen“, Cgm. 717, f. 107. gebrauchen: „Sus liebete ir diz hemede an,

dô ſiz ǔben began,

biz daz ſiz überǔbete,

ſine wîze gar betrǔbete.“ Triſt. 12823.

e) anfangen, vornehmen, verüben. „Einen Krieg, Streit, Muetwillen ueben“, Kr. Ldhl. XII, 359. LR. v. 1616, f. 612. Vrgl. das däniſche yppe. „Leichtfertigkeit ueben mit Einer“ (ſich geſchlechtlich mit ihr vergehen), Akten. Otfrid II, 8,3 hat: eino brutloufti uaban (eine Hochzeit halten). (gl. a. 70: uabent, colunt; mon. min. 117: den acher, den uuinkarten uoben, den Acker, den Weingarten bauen, colere). Vrgl. auch ahd. uoberon, ſih uoberon; „er uoberot in“, exercet eum, non repellit, Notk. 93,14 118,23. 24. 27. 48. Graff I, 70. 72. Grimm IV, 597. BM. III, 191 f. — Die Üeb, gewöhnlich die Uebung, Üebung, 1) wie hchd. 2) ä. Sp., das Treiben, Betreiben; die Umtriebe.

„Der merfroſch macht das waſſer trüb

und fecht die fiſch in ſolcher üb.“

H. Sachs, 1560: II, II, 110.

Vrgl. ahd. diu uoba, mhd. der uop und diu ǔbede (? obithe, laudatio, Cgm. 17, f. 162b). Graff I, 71. BM. III, 191b und niederd. „Dat he alle öbe (Uebung im Reden) forlos“, Dön. 127. „Durch Uebung (aus Antrieb) des heiligen geiſts.“ MB. XX, 288, ad 1438. „Uebung haben, thuen“, ſich beſtreben, umthun. „Mancherley und vil Uebung zu und bey jemand thun,

15 oder haben, daß er . . . .“ ihn erſuchen, ſollicitieren, bearbeiten; Kr. Lhdl. IX, 360. X, 285. XIII, 288. „Was ihre Uebung bey der Geiſtlichkeit (was ſie da vor⸗gebracht) iſt mir nicht wißend“, ebend. X, 156. „Etlicher von Adel Uebung und Einrede wider die Anlage.“ „Gerichtliche Uebung“ (Verhandlung). „Die gotleichen Ubung treiben“ (den Gottesdienſt halten), Meichelb. Chron. B. II, 71. „In Uebung ſtên, ſeyn“, auf etwas ausgehen. „Einer Uebung abſtên“, von einem Vorhaben ablaſſen; Kr. Lhdl. X, 290. 336. 151. XIII, 333. 174. XIV, 710. (cfr. gl. i. 97: opiſali, cultus; 137: uobo, 277: lantuopo, colonus; Notk. 73,3: Chriſtuobo, Christicola; uobhafter tag, dies solemnis, ibid. 107,27. gl. i. 218. 390: guopida, colonia, incolatus; gl. o. 141. 245: uobunga, cultura. Cf. weben; isl. ôfum, wir woben, ofinn, gewoben; auch lat. opus, opera, operor). üeblich, adj., 1) wie hchd. üblich. 2) (Baur, U. Ammer), regſam, betriebſam, ge⸗ſchäftig. Vrgl. Zeitſchr. II, 210,10. VI, 360.

ueber (oubə', b. Wald.), adj., regſam, lebhaft, bey Kräften; cf. goth. abrs. der Kranke wird wider ueber, er erholt ſich; e⁀n âswärts wia'd alls *oubər* und woudlt, im Frühjahr wird alles lebendig und wächst und gedeiht. „ibərə' gê, geſchwinder gehen (Oberaudorf). ? ürben, (Hauſer) gedeihen, zunehmen. ueberlich, (uəbərlə', O. Ammer), adj., was ueber; ən *üəbərlə'* Kind. „Dà weə'd der 'Alt so oba'li, schmuz'lt, tuat's Fäustl reibm“, Pangkofer, 1846, p. 163, XXII; im Gloſſar: „obale, aberlich, zutraulich.“ Vrgl. Stalder II, 245: nufer, nuefer (aus en ufer, wie neben, nüech⸗tern; ſ. dieſe Wörter in Th. II.), munter, lebhaft.

ubering, uberling, ſ. unten urbaring.

über, praep. und adv., 1) wie hchd. „Kaiſer Ott für mit her über Elb, über lant, über mer“, Kai⸗ſerchron. Ms. sec. XIV. „Herzog Hainrich von Brunſwig fürt dem kaiſer (Friedrich I.) funfzig hundert ritter über gebirg“ (nach Italien), daſ. — In adverbialen Ver⸗bindungen (über etwas hin; vrgl. Grimm III, 108. BM. III, 170 ff.): über eck, über ecks, in die Quere; gew. bunt über eck, drunter u. drüber; Grimm, Wbch. II, 529. III, 22. ſ. Eck. über höch, obenhin, oberflächlich. über ſtillen, in der Stille; „laut und vber ſtillen“, Cgm. 73, f. 56a. vrgl. über laut. über rück. „Wiltu haben gut gelück, ſo trag die armen vber rück“, Cgm. 252, f. 137a. BM. II, 782 f. über tag, täglich, H. Sachs 1612: I, 466. 1056. BM. III, 171. über all; über lang, ſelten (Reut im Winkel); über laut, offen⸗bar (Hêl. obar hluſt), BM. I, 1057; über zwerch, in die Quere; — über komen, überſtehen, überwinden (engl. to overcome);

„daz er müeze über komen

libes und ſêle ungemach“, 12 j. Mönchlein 299.

über tragen (über d. Gebirg), ſchmuggeln (Baader). 2) über etwas hinaus, überaus, übermäßig; übergulde, mehr als Gold; Labr. 669. BM. I, 525. 553. über ferre, ſehr fern; Labr. 312. überginen, gähnend übertreffen, den Mund weiter auffſperren;

„Ez dunket mich ein tumber ſin,

ſwer wænt den oven übergin.“

Freidank 126,19 u. Anm. BM. I, 527.

3) ä. Sp., gegen, wider; „über Recht“, widerrechtlich, MB. XXV, 13; über Eines Dank, über Eines Willen, gegen Eines Willen oder Gefallen. „Der mußt ſich über ſeinen Dank mit jnen ſchlagen“; „der be⸗ſchlieſſ ſie über jren Willen“ . . . „Herzog Diet der acht mußte ſich über ſeinen Willen weihen laßen und ein Pfaff werden“, Av. Chr. „Ein Guet über ſein Treu (gegen ſein Verſprechen, treulos) hintragen“ (ent⸗wenden), LR. v. 1332. „über'n frid ſchlagen“, contemto interdicto pugnare, Voc. 1618 (unter „ſchlagen“). überdank, als adv., kommt noch jetzt in der Volks⸗ſprache vor. „Bapſt Johann XXII. hat vil Biſchoff on willen und überdanck der Thumbherren eingeſetzt“, Avent. über und über (übə'ntübe'); über und über (über den Haufen) rennen; über und über gên, los gehen, angehen, angefangen werden; durcheinander, zu Grunde gehen. Daher: der oder das Ueberundüber, das Durch⸗einander, der Wirrwarr, die Zerrüttung. über und über ſeyn, zerrüttet, wahnſinnig ſeyn. auf über (-⏑⏑ O. Iſar), adv., oben auf, im obern Stockwerk; der Aufüber, das obere Stockwerk. überher (-⏑⏑ übərə'), herüber. „Sie (die Juden von Regenſpurg) wären ge⸗fangen von Jeruſalem überher in unſer Land geführt worden“, Avent. überhin (-⏑⏑ übəri, opf. übi), hin⸗über; ſ. her und hin. überley, als adj.; „auch uns wächſt zuweilen der eine oder der andere überleye (über⸗ſchüſſige) Zahn nach“, v. Schrank, b. Reiſe. Der Ueber⸗ling, Ueberſchuß. (Sammler für Tyrol III, 72.) Der Ueber⸗Reiter; Ueber⸗Seher, Ueberſtêer, Aufſeher (ſ. reiten, ſehen, ſtên u. vrgl. čeſk. uberman, ubrman, Obermann, Schiedsrichter; ubermaniti, vrb., uber⸗manſky, ubermanſtwo). überſcheinig, aufwärts ſchielend, paetus, (ſ. Schein). überſich (übərschi', übə-risch), adv., von unten nach oben, sursum. „Der Fluß Regen im Waldt in der Pfalz lauft yberſich und führt perlen“, Notata des Freyh. v. Bodmann, Ms. v. 1709. „Kaiſ. 16

Mt. werden vier oder fünff tag müeſſen vber ſich reiten“ (aufwärts v. Böcklabruckh nach Gmund), Ldtg. v. 1514, p. 271. Die Arzney wirkt überſich, (führt nach oben zu aus). „Bei mir wár's *übə'schi*“, überflüßig, unnöthig; Seidl, Flinſerln, 3. Ausg., p. 13. über ſich kemen, auf, empor kommen. das Unter über ſich kêren, von Grund aus verkehren, in Unordnung bringen. (Die übrigen dialektiſchen Compoſita mit über ſ. unter den Stamm⸗ſylben.) *übə'təmàl* (Isr.), manchmal; ſ. übel. Uebe⸗rig, übrig, überenzig (niederd. „et *Överränzge* es mar Pröll“, das Ueberflüſſige iſt nur Plunder, Firmenich I, 412, Duisburg), adj., 1) wie hchd. 2) überflüſſig, unnöthig, übertrieben; ein übrigs thuen. „Übrige

Scharwerch" .... „von übriger Anzahl der Wirth und Gaſtgeben", LR. v. 1616, f. 307. 537. „Sich in übrige Schulden ſtoßen", MB. III, 385. „Vbrige eer iſt halbe ſchant, das hort ich ye dy weiſen ſagen", der Teichnär.

„Ich mit ſpil, du mit ubring (übrigem) zechen,
ich thu häfen und du krug brechen."

H. Sachs 1560: IV, III, 43 (1612: IV, III, 95; udring, Druckf.). übrig werden eines Dings (ä. Sp., wie ahd. u. mhd. über werden, mit Genit.; „do ih is wola ubere uuerden mahta", Notk. 68,6. BM. III, 170^{a}), desſelben überhoben werden. „Denſelben ſchaden ſollen wir jn abtun, wir werden ſin denne mit jr minnen uberich", MB. X, 65. überigs (übəris, übriſch), adv., mehr als hinlänglich; übrigs lang, übrigs genueg, satis superque; Avent.

Die Obſen, Obſten (Opstn, ſalzb. Gebirg), die Vorhalle der Kirche. „Jah vintrus vas. jah hvarboda Jesus in alh in ubizvai Saulaumonis", ſo überſetzte vor anderthalb tauſend Jahren der Biſchof Ulphila ſeinen Gothen den Vers 23 vom 10ten Capitel Johannis. (gl. a. 363: opaſa, vestibulus; gl. i. 243. 335: opaſa, doma; gl. o. 197: opaſa, atrius, 413: oboſa, doma, 414: obiſa, vestibulum; gl. i. 335, aus Prüfling: obſa; mhd. obeſe, isl. ups, fem., altfr. oſa, niederſ. oeſe. Vrgl. Graff I, 101. BM. II, 429^{a}.) Aus dem angelſächſiſchen efeſe lebt noch das engliſche eaves. (Ueber die Anhängung des t ſieh Gramm. 680).

Obs, Obſt, ſ. Ob=eß.

'Der Abt (aus lat. abbas, ahd. abbat, mhd. abbet, appet, abet, apet, agſ. abbad, abbod, engl. abbot, Graff I, 92. BM. I, 2^{b}. Grimm, Wbch. I, 137).' „Si multi sunt (ludentes) dicunt se velle *facere abbatem* et tandem totam summam ludi refundunt in unum quod saepe mediam libram vel quinque libram cogitur dare . . . tales lusores sibi fingunt vocabula eorum quae divinis rebus seu divino obsequio sunt mancipati"; der Verfaſſer des Tractats de avaritia (de ludo), Clm. 4695 (XV. sec.), f. 35.

-ach, (əch, ə', ət), Collectiv=Endung an Hauptwörtern; ſ. Gramm. 680. das Aichach, Aſtach, Barzach, Birkach, Dornach, Erlach, Feichtach, Förchach, Graßach, Lätſchach, Lindach, Reiſach, Rônach, Salzach, Staudach, Stockach, Tächsach, Tannach, Weidach, Zainach u. drgl. In der alten Sprache: ahd. -ahi, mhd. -æhe, -ehe, -ach, -ech. Grimm II, 312. 503. 1001. Graf I, 111. BM. I, 5. „Er unt ſiniu chindahe", Diut. III, 111. „Daz arme liutech" (Volk), Berth. 101,9 (Kling 194); „Jr gêt niwan mit tüchelehe umb unt mit löbelehe" . . . „ir armez volkelech", daſ. 397,9. 18 (Kl. 294). So in Gaſtein: Buəbərach, G'stàinərach, Leutach, Wisach (Aurbacher), viel Buben, Steine, Leute, Wieſen.

Daher verſchiedene, urſprünglich von Gehölzen entnommene Ortſchaftsnamen, inſoferne ſie nicht Compoſita mit dem folgenden Subst. fem. Ach ſind.

Die Ach, auch die Achen (àhh, àhhə~, ôh, ôhhə), im Hochland noch immer ein Appellativ für jedes größere fließende Waſſer, das ſich aus kleinern Quellen und Bäch-
17 lein nährt. So heißt die Salzach, wie die Saale in den Bergen ſchlechtweg die àhhə~; jene insbeſondere die Pinzger àhhə~. In Ober=Pinzgau wird die Salzach die große Ache oder das Hochwaſſer, die Saale bis an die Mündung des Glemmerthals die Glemmer=Ache genannt. So auch die Brixner, die N.N.er Achen. Mehrere größere Bäche, zum Theil noch jetzt blos unter der allgemeinen Benennung Ach, Och bekannt, ergießen ſich in die Donau, die Iſar und den Inn. (ſ. Regiſter zu Finks Karte.) „Nichts charakteriſirt beſſer die Münſterländer als die geiſtreiche Antwort des Miniſters von Stein. Nachdem er ſchon mehrfach nach dem Namen der kleinen Flüßchen, die er paſſirte, gefragt hatte, antwortete man ihm ſtets: „Es heißt Aa." Herr v. Stein konnte ſich nicht enthalten, endlich auszurufen: „Na, man ſcheint hier wirklich auch noch nicht bis zum B gekommen zu ſeyn!" Allgem. Zeit. 1847, S. 1726 f. Der Achenfall, der große, in der Krimml (Zir.).

„Wie rauschen nöt *d'Ahárn*,
wie saust nöt dá' Wald", Stelzhamer 15.

„Das Holz das niederhalb des wegs iſt ab gegen dem waßer und achen, das (welches Holz) heiſſet die achleitten" (vermuthlich die Murach bey Stephanskirchen), MB. XVII, 72. „Von obern Diengen ienhalb der Ah" (vermuthlich der Dorfen), MB. XIX, 568. „Hyederhalb der Ach und enhalb in dem lechfelt" (bey Totenweis und Ainling), MB. XXII, 409. Andere haben durch Vorſetzung verſchiedener, oft von der Farbe hergenommener Beſtimmungswörter einen mehr eigenthümlichen Namen erhalten: die Rötach, Schwarzach, Weißach, Nidern=ach, Obern=ach. Von den meiſten ſolchen Beſtimmungswörtern iſt übrigens die Bedeutung nicht mehr klar: Alzach, Loiſach (a. Sp. Liubisaha), Leuznach, Kolb=ach, Schamb=ach (MB. XVII, 364).

„Ich dacht, er wolt ertrencken mich
und laſſen in die Jerach tragen",

(die Jerach bei Erdfurdt, d. i. die Gera, ahd. Geraha, bei Erfurt), H. Sachs 1560: II, IV, 121. Welamotesaha (für Wolamuotes aha) findet K. Roth (p. 173) in Urkunden. Beſonders deutlich als Appellativum hat ſich Ach erhalten in dem Ausdruck die Altach (àltə, àlt'n), das Altwaßer, Flußarm, der ehmals Hauptrinnſal war. „Viſchnutz der Ammer mit ſamt Iren altachen und Seelen", MB. VII, 316. (cfr. Meichelb. Chr. B. II, 165.) „Die alten Tunau mit den altachen und pächen", MB. XII, 183. Die Altach (der Pegniz?), MB. XXV, 478. opines aldaha, cod. trad. in Pez. thes. I, III, 84. „Wenn man in dem Alltach Grumat arbait", Scheirer Dienſtordn. v. 1500, f. 45. „Die Bäch, Bogn und Alta", Bogn. Mir. 33. Die erſte Niederlage des Hälleinſchen Salzes war in der Altach zu Lauffen; Paſſ. Stdtb. Ms. Lori, BergR. Altach, Chronik des Matthias v. Kemnat, Cbm. 1642, f. 122^{b}. Vrgl. unten Altach. Anmerk. Die Klöſter Alteich (Ober= und Nieder=) hießen von ſolchen Altwaſſern der Donau urſprünglich Altaha, MB. XI, 14 und passim. Goldast alam. r. I, 82. 99. Sie haben, wie eine beliebte Etymologie will, mit alten (Druiden=) Eichen nichts zu ſchaffen. Ob der gute Aventin ſelbſt es war, der dieſe Etymologie und Schreibart (Annal libr. III, cap. I, p. 219. Chron., p. 534) aufbrachte? Vrgl. goth. ahva, ahd. aha, amnis, flumen. „Diê drâten ahâ des unrehtes" (torrentes iniquitatis); „obe diên ahon" (super flumina), Notker, Pſalm XVII, 5. XXIII, 2. mhd. ahe: „ûz der ahe", Diut III, 98. „Dâ was flizunder ſwebel, der tet ein ahe vil grôz, . . . die ahe ſwebelîn", Tungdal. (hg. v. Hahn) 48,45. 63. aherunſt, alveus, gl. Argentin. in Haupt's altd. Bl. 351. BM. II, 721. Vrgl. Graff I, 110 u. III, 744—52, wo viele Namen fließender Waſſer verzeichnet ſind. BM. I, 13. Grimm, Wbch. I, 4. 162. Förſtemann, Namenb. II, 18 ff. Vrgl. Ohe, A u. Au.

Ăch, Aachen; die Ach=vart, Reiſe gen Ach zur Sühne eines Todſchlags. Cgm. 697, f. 87^{b}, ad 1505. 'Vrgl. Anzeiger f. Kunde d. d. Vorzeit, 1860, Sp. 208 u. 366 ff.'

Die *Vorachen*, ſ. Arche.

ach, (ach! achə-l! achəs! achs!), die Interjection. achen, achezen (achəzn), ächzen. „Wie wird der pawr klagen und achen", H. Sachs 1560: III, III, 61^{b}. BM. I, 6. Grimm, Wbch. I, 162. Der Achezer, das einmalige Aechzen; Einer, der da ächzt. Zeitſchr. III, 336. 40,4.

Die Ächen (áchng, Freyh. v. Moll, Briefe über das Zillerthal), der dritte Theil eines ſogenannten Tagbaues, alſo eine Fläche von ohngefähr 18,000 Quadr. Schuh.

„Das ganze Jahr hindurch eine große gefräßige Kuh gut zu füttern, hat man 5 Ächen, d. h. 1²/₃ Tagbau, zu 55—56,000 Quadr. Schuh der Tagbau, nöthig.“ Eigentlich (Jir., nach Moll, oberd. Beitr., p. 12) jede der Zeitabtheilungen eines Tagbaues, d. h. eines dem Pflügen gewidmeten Tages, welche durch Innehalten und Ausspannen zum Füttern und Essen und Ausruhen entstehen; so von 5 bis 9 Uhr = 4 Stunden = erste od. Morgen-Ächen,
11 bis 2 Uhr = 3 Stunden = zweite Ächen,
3 od. 4 bis 7 Uhr = 4 od. 3 Std. = dritte Ächen.
Also was anderwärts die drey Ausspannen, im Bergbau die Schichten, Poisen. Ohne Zweifel ist die Eicht (s. unten) des Innviertels nach Gramm. 681 ein und dasselbe Wort (von eichen, aequare). Eicht, Eichting, Eichtung, (Jir.) Vertheilung der Gräser oder Weiden an die Unterthanengemeinden. Eichtbrief, Urkunde darüber. Zeitschr. IV, 58. Vrgl. eichen u. Eicht.

ächet, von ächeten, adv., verkehrt, a rovescio. Kramer's toskanische Gramm. p. 238. (s. abech.)

Die Aich (aəch; opf. àich; fr. àch, ech), oft mit Beysätzen: der Aichbâum, das Aichreis, wie hchd.
18 die Eiche. NB. Zuweilen wird das Wort, in schwache Form ausweichend, als Aichen (Aəchə˜) gehört. Die alte Sprache hat immer die starke Form (ahd. eih; ilex, uuercheih, i. 276; scaldeiche, o. 356; quercus esculus, hartira eih, i. 276; uuildiu eih, o. 411; werih eic, ilex, hartira eich, quercus, Clm. 4606, f. 135. mhd. eich. Graff I, 127. BM. I, 414. Grimm, Wbch. III, 78). Paw-aichen, Bau-Eichen, Cbm. 2224, f. 82. 135 (1613); cf. Werch-eich. Die Drufaich'n, quercus robur, Castelli, Wbch. Die Doppelaich (auf dem Chiemsee), ein größeres aus zwey Eichstämmen verfertigtes Fahrzeug, während der Ainbâum aus nur einem gehauen ist. Das Aichach, Aichecht (Aəchə, Aəchət), die Eichenwaldung (MB. XIII, 434. 445. XV, 466). „Zu nemen in dem Aicha XVIII fueder holtz“, Cgm. 1535, f. 8ᵇ. — (Jir.) Eichelkamp, umzäunter Platz, worin junge Eichen aus dem Samen gezogen werden. „Aichach, Aichath, eine Wiese bey dem eichstättischen Munizipalstädtchen Ohrnbau. . . . Gleichen Namen führen von Alters her mehrere Waldplätze: so heißt z. B. im Vergleiche, welchen Bischof zu Eichstätt Johann I. mit den Herzogen v. Bayern Rudolph u. Ludwig im J. 1305 geschlossen hat: Der Bischof hat auch behabt den Wildtpann auf des Bischofs Forst von dem Ramensperg bis auf das Aichach bey Nassenfels, und bald darnach: von Salzlachunge auf das berchten Aychath“, Lex. v. Franken I, 33. 358. Der Aichapfel, (Baur) der Gallapfel. „galla, aychapffel“, gl. a. 766. „Wann im September in den aichöpfeln ein spinnen ist, so bedeuts ein unglückliches jahr, ein fliegen ein mittelmäßigs, ein maden ein gutes. Ist dann nichts darin, so bedeuts ein sterb“, Probst Valentin's zu Weiarn Hausbuch, Cgm. 3720, f. 9. Grimm, Wbch. III, 78. Der Aichorn (MB. II, 107. aichorn, asperiolus, Clm. 16180, Vorderdeckel), Aicharn (Avent. Gramm.), Oacher (Baader), Aichharm (Augsb. Chron. ad 1540, Cgm. 3025a, f. 58), Aicheler (Salzach), Aichelem (Iller), gewöhnlicher: das Aich-Kätzlein, das Eichhörnchen, sciurus vulgaris (gl. o. 17. 104: eihhurno; 173: eichurnil; 417: eichorn). eihvarm, polipodium, Clm. 4583, f. 47. Anmerk. Sollte arbor aus robur entstanden sein, wie der Isländer sagt: „Eplit fellr ekli langt fra eikinni (der Apfel fällt nicht weit von der Eiche); Rask, ags. Gramm., Vorr. p. XXVII. Vrgl. Nab für jeden Fluß; slaw. ryba, piscis, orfe, genus piscis; span. paxaro, Vogel, zu passer, genus avis. Grimm II, 337. 498. Zeitschr. II, 241. V, 432,533. VI, 32.

Die Aichel (Aəchəl), Eichel. cfr. Äckerich. (gl. a. 24. i. 124: eichilla; o. 90: eichila. Grimm II, 377. 499. Graff I, 128. BM. I, 414. Grimm, Wbch. I, 79). Mein Aəchəl! mein Aəchei˜zdi! Betheurungsausdruck, — vermuthlich ein verkapptes mein Aid! ən àichál-frisch's Kind. Vrgl. schles. êchelganz, grob, klotzig (nach Weinhold, Wbch. 17), wol nur aəchəlganz, integer; ags. âc-hâl, Grimm, Andreas 1700. Gramm. II, 576 und Wbch. III, 79. — Ob hieher aichlod in ZZ. 2062, f. 1: „Si lepra venit ex flegmate, so ist im die haut weis und geblät und aichlod und rinnen im die augen.“ Anmerk. Die Glossen o. 127 geben den Ortsnamen Aichstädt durch das deutsche Eistetin (statt Eihstetin; Eihstetti, Lang's Regesta I, 29, ad ann. 900), wovon das anderswo vorkommende Rubilocus (rubus st. robur; Dryospolis, Rebdorf 126, hinten) die Uebersetzung scheint. setzen aber als lateinisch Agistudium, Egistudium (Agistudenses). Bachlechner in Haupt's Zeitschr. VIII, 588 weist auf Agisstadium, Egis-stetin, vom Personennamen *Agi*, *Egi* hin, wie in *Egisleiba* = Eisleben. Vrgl. auch Eihsfeld (Feld des *Eigi*), aber schon früh *Eichesfelt*. (Dr. Roth.) Arnoldus de villa nova de benedicta arbore quercina (chesne), Clm. 4634, f. 151 f.

aichen, aichnen, eben so oft und richtiger (niederſ. îken; Kilian: iecken, ycken, messen, bestimmen, iecke, ycke, Maßbestimmung) auch eichen, eichnen, vrb. act., vergleichen, messen, abmessen. Schmalz in die Eich eineichen, (opf.) es in das blechene Maß lassen. Maßgeschirre von Obrigkeits wegen eichnen. Vor einem Rennen die dazu bestimmten Pferde eichnen, sie im Umlaufen der Rennbahn üben.

„Selig ist, der ân pfenning reicht,
selig ist, der hier sein ding recht eicht“
Priamel in Eschenburg's Denkm. 426.

Der „Eicher oder Visierer“, in wirzb. Verordnungen.

Die Eich, was zum Abmessen, Vergleichen dient, das Maß. „Modum et capacitatem, maß und eych“, Teg. 439, fol. primo. „Zwischen dem Mühlstein und Lauf soll soviel Abstand seyn, daß die Eich des Strangs (ein Strang von gewisser Dicke als Maß) da zwischen eingehen, der Stein aber davor ohne den Lauf, so die Eiche des Strangs dazwischen ligt, frey nicht umgehen möge“, Baireut. Mühlord. v. 1514. „N. N. Gegenschreiber an der Eicht“ (Eichamt); „N. N. Eichtmaister . . . N. N. Eichtscheffler. . . . N. N. Gewichteichter“ (zu Augsburg 1637. 1649), Cgm. 4905, f. 458 u. 4906, f. 303. Vrgl. Birlinger, schwäb.-augsb. Wbch. 136. Die Mâß-Aich, Seidel-Aich, (Ob. Pf.) Blech-Geschirr, das ein obrigkeitlich angeordnetes Flüßigkeits-Maß hält. Die Pfund-Aich, solches Maß für Schmalz, das ein Pfund wiegt. Vrgl. Ächen und Eicht. Die Aussprachform eichen ist vielleicht blos aus Gramm. 238 zu erklären, und in diesem Fall eine Corruption der bessern Form aichen, obschon ursprünglich diese, nach Gramm. 956, VI aus jener entstanden seyn kann. (Ob hieher gehört das eichenne, vindicasse, und das g'eichota, dicavit, gieihoti, dicaret, der gl. i. 517. 1048; „weliche (Braut) got mir eichine, Diut. III, 68 ꝛc. . ? . Vrgl. Graff I, 127. BM. I, 414ᵇ. Grimm, Wbch. III, 80).

âuch (á', à'), wie hchd., auch. á'scho˜ (-′ ᴗ̲), Formel des Zugebens; — odər á' nét (ᴗ -), Formel des Bezweifelns; — kà˜ sey˜ nét á' (ᴗ -′) vielleicht auch nicht; á'-r-əsó, auch so. Anmerk. auh, ouh, oh kommt wohl auch in der ahd. Sprache (z. B. gl. i. 707.) für etiam, aber gewöhnlicher und bey Isidor, Kero, Otfr. Tatian fast immer für sondern vor, (Graff I, 118. 120). In diesem Fall wäre an das goth. aukan, ahd. auhhôn (addere, adjicere, augere; gl. a. 398. 468. Kero, Tatian; Graff I, 119. cf. lat. augere) und daneben an das holländ. maar, franz. mais, span. mas (v. magis) zu denken. Grimm III, 272. Graff I, 119. BM. II, 449. Grimm, Wbch. I, 598 f. u. Myth. 438 (2. A. 721, wo der Name des Reifriesen Auch-olf ebenfalls zu goth. aukan, ahd. ouhhôn gestellt wird; dagegen Haupt's Neidhart, S. 150). Vrgl. auch goth. jah, ahd. joh, mhd. joch, jouch (iouch, ac, Cgm. 17, f. 9ᵃ. Ps. 1,2. Zeitschr. II, 76,2.3. IV, 407,13. V, 392,6. 509. III, 32. VI, 514,2. 528,13.) und Grimm III, 270. Graff I, 588. BM. I, 772ᵇ.

échig, zornig, empfindlich, hitzig, (Kitzbühel).

19 eichen, s. aichen.

ich (I, ə'), wie hchd.; s. Gramm. 427. 284. 293. Vrgl. Graff I, 117. BM. I, 743. Dés sàg dər I, das sage dir ich; ebenso auch durch andere Pronomina. Zeitschr. II, 75,7. 114.

Die Ächs (ácks, áckst), die Achse (s. Gramm. 808). — „uf der ehs", MB. XXIII, 229, ad 1378. „Auf der Ärt führen", Ldtg. v. 1605, p. 330. Və'drat wiə *Acks*, verdreht, schief. win'ácksi', adj. u. adv., verdreht, aus der gehörigen Stellung und Symmetrie gebracht. 's Fuərwerch gêt *win'ácksi'*. — (sieh windächsig u. wanächs.) Vrgl. Graff I, 139. BM. I, 14ª. Grimm, Wbch. I, 163.

Die Achsel, wie hchd. R.A. über die Achsel 'naus! oder hint 'naus! (scilicet ut longam retro fert rusticus hastam), Spruch und Gestus, wodurch man eine bejahend vorgebrachte Behauptung verneint. Etwas über die Achsel naus blâsen, es für unbedeutend, für nichts halten. Zeitschr. IV, 58. Achselhart,

„thunegischer (thungischer? thumgischer?) ahselhart,
daz ich dich han, wol mich wart",

denkt sich die Frau bey ihrem einfältigen Mann, dem Bauern; S. Helbling I, 1082 in Haupt's Zeitschr. IV, 32. Achselhart als Eigenname, das. 578,1. achseln, geringschätzig über die Achseln ansehen;

„Zeigt uns die rehten dienstman,
die welle wir ze herren hân,
und gebiett, als daz geschiht,
daz uns die andern ahseln niht."

S. Helbl. VIII, 656.

Ahd. ahsala, mhd. ahsel; „scapulis, ahslen, uhsenen", Cgm. 17, f. 134ᵇ, Ps. 90,4. Grimm II, 106. III, 403. Graff I, 139 f. BM. I, 14ª. Grimm, Wbch. I, 163. Zeitschr. IV, 58. Vrgl. Üechsen.

Der Achselwurm, der Asselwurm, die Assel, oniscus L.; s. Gramm. 434.

èchs, 1) links, 2) verwirrt (auch èchet; s. ächet), (Schlütters, K. Roth).

Aichsen. „demones (temones) aiczen", Asp. 49, f. 127. Vrgl. mhd. egese, eise, Schrecken; BM. I, 411.

Die Eichsel, die Deichsel, s. Gramm. 450. Man hört neben d'Eicksl (die Deichsel) auch ən Eicksl (eine Deichsel).

Der Ochs, häufig statt Stier gebraucht. Doch pflegt man, wo es nothwendig ist, beyzusetzen ə˜ ganzer Ochs. Das Ochsenbrettlein Stirnbrettchen am Zuggeschirr des Ochsen. Der Ochsenfisel, Ochsenzen, Ochsenziemer. Zeitschr. VI, 419,8. 272,25. Der Ochsengart, Treibstachel, stimulus; Grimm I, 665. II, 227. Graff IV, 255. BM. I, 482ᵇ. Die Ochsengurgel, Art Mehlspeise (von der Form). ochsenen (ocksə˜n, Aschaff. oxəln), vrb. n., v. der Kuh: nach dem Stier verlangen, sich begatten. Der Ochsener, der auf Ochsenalpen die Ochsen und das Galtvieh besorgt, (Zir.). Der Ochsler, Landbauer, der statt Pferde nur Ochsen hat. (gl. a. 495. o. 6. 57: ohsinari, ohsnar; mhd. ohsenære; Graff I, 140 f. BM. II, 436ª.) Zeitschr. IV, 41. 160.

Ochsə˜kruzipflaster, d. i. oxycroceum, ein saures Safranpflaster, bloße Anlehnung an Ochs; Weizmann III, 23.

Die Üechsen (iəksn), seltner die Üechsel, die Höhlung unter dem Arme, da, wo er sich mit der Schulter verbindet, die Achselhöhle. Etwas unter die Üechsen nemen, unter der Üechsen haben, tragen. „Bindet man jm (dem jungen Menschen) under den uehsen har" (so ist er mannbar); altes Rechtb. „Die weil ist aines auff dem Knopff gestanden und die Henndt under dy ügsen genommen"; Wstr. Btr. III, 130, ad 1476. R.A. Einem untər die *Üəchsen* gelangən, ihn unterstützen, ihm helfen. Das kostet *Üəchsenschmalz*, dà därf mə˜ 's *Üəchsn'schmàlz* net spàr'n, das kostet körperliche Anstrengung. Ahd. uohsana, uohsina, uohsini, uochasa, ochisa, ala, ascella, lacertus, subhircus, gl. a. 27. 295. i. 34. 355. o. 28. 232. 398. „ala, ůchs, subhircus, underůchsel", Clm. 4394, f. 176. „scapulis ahslen, uhsenen", Cgm. 17, f. 134ᵇ. Ps. 90,4. „Er stuont unz an die üehsen tief in einer ünde", Gudrun 867. „stap under ühsen hân, Grimm, Reinh. S. 374,1069. Athis u. Proph. S. 64,112.

„Welcher gen hoff kümbt . . .
und nit etwas under den üren pringt,
der ist aus der maß ain unwerder man,
er muß gar lang hinder der tür stan;
tuet er aber etwas tragen,
der türhüeter kan jn pald fragen:
gueter gsel, was war dir lieb ꝛc."

Ben. 209, Vorderdeckel.

„Die Örx'n, die beiden Schultern; Örx'ngea'n, der Fleck im Hemd bei den Schultern" bei Castelli, Wbch. 212, ist wol dasselbe Wort. Graff I, 140. BM. I, 14ª.

Die Üechsen, (Lori, Berg-Rcht.) zwo Öffnungen an den Seiten des Salzofens, durch welche man die Asche und umgefallene Steine unter der Pfanne herausnimmt, die man aber während des Sudes versetzt. Das Üechsen-Band (in der Zimmer-Baukunst), die Biege (Zir.).

üechseln, vrb., 1) einseitig seyn, die eine Schulter gesenkt halten; 2) (ein term. techn. bey'm Kegel-Schieben), die Kegel von der Seite recht anschieben, um zu schneiden; der kà *üəchsln!* üechselet, adv.; lass no˜ ə˜ wéni 20
üəchsəlat à! richte den Schuß etwas seitwärts des Schwarzen; (Baader).

Acht, das Zahlwort, wie hchd.; schwäb. echt (Schmid, S. 8). „Also verlur wir dise nein,
in dem haus echt ümb kummen sein."

M. Beham, Buch v. d. Wienern, 379,23.

„Sy (die Wiener) sprachen: eht und abereht dy pringen wol sechezehen!" Das. 266,16. Vrgl. unten Acht u. Bann. von echtewen, von achten, Cgm. 5,225ᵈ. Der Achte eines Festtages, dies octava post festum. der ahtode, Diut. II, 160. Graff I, 138. „An den achteten St. Martins Tag(s)", Chr. b. Freib. I, 164. „Auf den achten des heil. Weihnachttages", Kr. Lhdl. IX, 414. „Sand Stephans achter", octava S. Stephani; „von disen dreyen achten", Cgm. 1148, f. 3. Im Bogenberg Mirakelbuch liest man p. 357: „an dem achtisten des Fronleichnambstags." cfr. Gramm. p. 148. BM. I, 14ᵇ. Grimm, Wbch. I, 167.

Das Achttail, Achtel, 1) opf. Getreidmaß, das 8 Napf hält. In Kemnat hielt das Achtel an Korn und Waizen 2 Metzen, 3 Viertling und 2 Sechzehntel Münchner Maßes. Das rauhe Achtel oder das für Gerste und Haber gebräuchliche betrug 4 Metzen und 3¼ Sechzehntel M. M. Diesem nicht ganz gleich war das Tenesberger, Muracher, Nabburger, Pfreimbter, Leuchtenberger, Turndorfer und Wernberger Achtel. Das Neunburger Korn- u. Waizen-Achtel hielt 12, das Gersten-Achtel 13, das Haber-Achtel 14 sogenannte Metzen. „Vier achtal korns u. vier achtayl haberns", MB. XXIV, 149, ad 1397. XXV, 438. 2) gewisses Maß des Waizen-Bieres, fast ein Eimer; Faß hiezu. A⁰ 1823 im Juni ward in München das Halbfaß weißes Waizen-Bier zu 8 fl. 58 kr., die Achtl zu 4 fl. 55 kr., der Handsche zu 2 fl. 34 kr. ausgeboten. Das Achtel (Weines), ⅛ Eimer. Gemeiner's Regensb. Chr. IV, 196, ad 1513: „Zu St. Johannes Minne ward in diesem Jahre zu Regensburg vom Rath und der Gemeinde 1 Achtel Raifels, 8 Achtel Frankenwein und 2 Achtel Osterwein „verspeist." In wirzb. Umgelds-Verordnungen ist gewöhnlich von ganzen, halben Eimern und von Achteln die Rede. „eimerig, halb und achtelseimerig", Verord. v. 1688. Das Ächtelein (Achtə-l), der achte Theil der landüblichen Maß (Brantewein, Oel ꝛc.). Ausächteln, achtelweise verkaufen. Achterin; „III trinckn lantmaß ist ain achterin, XXXII achterin ist ain Suer, 64 lantmaß ist ain Suer", Tegernsee, 1520. „III trincken lantmaß ist ain achterin in Austria, XXXII Achtrin ist ain Emer", Cbm. C. 22, f. 261.

achten, wie hochd. Doch sind folgende Anwendungen mehr dem Dialekt oder der ältern Sprache eigen.

achten, vrb. act., bemerken, gewahr werden. Àlls *acht·tə'* (alles bemerkt er), sagen die Dienstboten von einem sorgfältigen Hauswirth. I hà~s ét *g·acht·t*, ich habe es nicht bemerkt, bin es nicht gewahr worden. „Kündt jr mir den schalck achten (d. i. den Verborgenen ausfindig machen, ich will euch lonen wol"; Ing. Reime v. 1562. „achten Einem ein Gut" es ihm zudenken, zuweisen; MB. XXV, 130. Die Achtung. „Nimb achtung, das . . .", gib Acht, sorge; Dr. Minderer, 1620, p. 128.

sich achten eines Dings, ä. Sp., darauf achten,
21 sehen, sich damit abgeben. „Hanibal hat sich keines Weibs geacht", Avent. Chr.

achten, schätzen, anschlagen; Ztschr. VI, 402,7. „Wie er ains in das andere achtet", layische Anzaigung v. 1531. „Meines Achtens", „unsers scheinbarlichen Achtens", Kr. Lhdl. XVII, 307. XVIII, 260. 261. Dé zwe~ Ochs·n écht I gleich (ObrM.). NB. Jetzt ist achten in diesem Sinn nur mehr mit Vergleichungswörtern üblich: hoch, gering, für nichts ꝛc. achten. In der a. Sp. heißt (ein Ding) ahtôn, es bedenken, erwägen, überlegen, considerare, autumare, putare; ahtunga, opinio, gl. a. 428. 464. „uff solich underrachtung (consideratio?) der freyheit", Obermoschler Urk. IV. VIII. (Roth p. 15. 21).

Die Acht, 1) d. W. *ácht*, die Aufmerksamkeit, das Denken an etwas. (Das Wort: Acht kommt im Hochdeutschen fast nur ohne den Artikel, im Dialekt aber gerne mit demselben vor.) Es is mər aus dər *Acht* 'kemə~. Las des Ding ja nit aus dər *Acht*. In der Acht, in Gedanken, während man an etwas anders denkt; əs is i~ dər *Acht* gschegng. — NB. Otfrid hat: (III, 3,16.) in thia ahta nemen, (II, 4,35.) untar thesen ahton ioh managen gidrahton, und (III, 16,57.) das Füllsel in ahta, in thia ahta als Reim auf slahta. Notk. 48,4: mines herzen ahta, meditatio cordis mei. Vrgl. Graff I, 108. 2) (Baur: *ácht*), die Achtung, Schätzung, consideratio, in der man ein Ding hält. 3) ä. Sp., das Erachtete, Befundene; der Stand, Zustand, das Maß, die Art und Weise. Zeitschr. V, 59. VI, 403,7.

„Do wolde ich vil gewis sin,
du wæreſt einer achte (von einer Natur),
nu bist du zweier slachte",

sagt der Waldschrat in der Fabel zu seinem Gaste, der warm u. kalt aus seinem Mund bläst; altd. Wälder III, 226 f.

„Do ich was in deiner acht,
da was ich ain frue diern",

sagt die Alte zur Jungen; Cgm. 379, f. 148. „Wär aber das ir egenants haws verprun von unserm aygen fewr, so sollen wir es wider pawn, in der acht als wir es funden haben", MB. IX, 206, ad 1370. „In aller der acht als hie verscriben ist." MB. XII, 165. (cfr. Horneck cap. 40. 536. 537.) „In welher ahte die geschiht sin oder werden mugen", Wirzb. Sätze v. 1343, §. XXXV. „Jamer vil der ahte" (vielerlei), Urstende (hg. v. Hahn) 124,46. „Diu waz uz der ahte (außerordentlich) schœne", Griesh. Pred. I, 8.

„Daz er von unmechtin
lac in swachin echtin,
als ob er wêre tôt geslagin." Athis u. Proph. 113,5.

„Nach der schulde acht" (secundum modum culpae), Aspacher Hdschr. der Reg. Benedicti cap. XXIV, bey Pez script. im Glossar.

Reich und arm, groß und chlain,
ieder man in seiner acht,
ze roß, ze fuß und wie er macht" (mochte),

Lied über das Schlagen zu Hoflach 1422, Monac. Aug. 181, f. 105ᵇ. Auch niederd. „na siner Acht, nach seinem Stande oder Vermögen, nach seinen Umständen, in Betrachtung seiner Fähigkeit; na siner Acht is't good genoog, in Rücksicht auf ihn, nach seinem geringen Vermögen ist es gut genug." Brem. niedersſ. Wbch. V, 323. Dahin gehören wol: „Sô het ich gerne vrâge iwer ahte und iwer mâge", Iwein 6305; und Otfrids: „Bithiu mag er sin in ahtu thera Davides slahtu"; „Sie in sibbu ioh in ahtu sin Alexandres slahtu." Prol. I, 56. I, 1,88. Im b. Wald und im Hochland, auch im Zillerthal ist sehr gangbar die R.A. Acht wißen *(ácht wiſs·n)* ein Ding, urspr. eines Dinges, besonders von Localitäten: darin wohl orientiert seyn. Wer lang betteln gêt, waiß die Häuser *ácht*. Er waiß die ganze Stadt *ácht*, waiß alle Schlich· *ácht*. Da dieses *ácht wiss·n* in einigen Gegenden, z. B. an der Vils, auch lautet árt wiſs·n, so ist, wegen Gramm. 623, nicht wohl auszumitteln, welche Form die ursprünglichere sey. Vrgl. mhd. ahte wizzen eines Dinges: „Waz da liute erstürbe, wer funde des wizzen aht", Gudr. 1444. „Done funde niemen wizzen wol des volkes aht", Nib. 1316,2. „Der (schuoler) weiz des dinges wol ein aht", v. d. Hagen, Ges. Abent. II, 291. BM. I, 15.

„Er sprach: herre, ich bin ein man,
daz ich niht ahte wizzen kan
mîner süntlichen schulde." Gregor v. d. Steine 2783.

(Sollten sich überhaupt die Elemente acht und art und schwed. ätt, die Endsylben achtig und schweiz. ärtig auch außer der Bedeutung verwandt seyn?)

Die Aufacht, st. Acht; „gute Aufacht haben auf etwas", Bayreut. Hof-Ord. v. 1698. Vrgl. Grimm, Wbch. I, 617.

Die Obacht, sehr gangbar st. Acht. Obacht geben, in Obacht nemen. Obächteln gên heißt an der Altmühl bey jungen Burschen: ihr Mädchen bey einer 22
Arbeit außer der Ortschaft, z. B. beym Bleichen, Hanfbrechen u. drgl., besuchen.

verachten, 1) wie hchd.; 2) fehlerhaft finden, verwerfen, reprobare, recusare. Ich kann mein Weib, mein Haus ꝛc. weiter nicht verachten, d. h. ich weiß daran eben nichts auszusetzen. Ironisch vertheidigend sagt man von einer Person oder Sache: Wer sie verachten will, mueß's Maul aufthuen. „. . . . welcher das überführe, der und dieselben sollen zu Vorsprechern verachtet seyn und niemand mehr das Wort zum Rechten thun", Kr. Lhdl. VII, 426. „Er wolte meinen Herrn Pfleger als Anwald dißmals nicht verachten" (perhorrescieren), MB. IX, 313. (vrgl. auch verächten). verächtlich, 1) wie hchd.; a) verachtungswerth; b) Verachtung hegend. 2) nicht in Acht nehmend, nicht befolgend. „Bist ganz ungeübt und verächtlich gestanden der Pflicht so du gethan." Kr. Lhdl. IX, 56. 3) Zur Unehre, Verachtung gereichend. „Das uns gleich also verächtlich und zu erbarmen ist" . . . „das wäre ihnen schwer und bey anderer Ritterschaft verächtlich." Kr. Lhdl. XIII, 132. 171.

âchten eines Menschen, a. Sp., ihn verfolgen, persequi. „Bettit umbe die die iwer achtin" (orate pro persequentibus vos), alte Predigten, Ms Monac. „Mitthiu sie iuuer ahtent in therro burgi, fliohhet in andera", Matth. 10,23 bei Tatian. „persequentibus den ahtenten, varenten . . . æhte, være, persequatur", Cgm. 17, f. 14ᵇ. 15ᵃ. „Saule, quid me persequeris, Saule, sag an, warum ächtest du mich", Clm. 5987 (XV. sec.), f. 218. *ócht* nét âllowál àni drà? Muəst denn 'ən ganz·n Tà' áffi *ócht·n* und áffi spött·n? (b. W.). ausachten, (Zir.) tadeln; cf. æchten und äcken. Der Ächter, emulus, persecutor, Hübn. Voc. v. 1445; gl. i. 88: ahtari, apparitor; Söldner, aufgebracht, um eine Acht zu vollziehen; Chr. bey Freib. I, 161. „Bannitores (den k. Bann vollziehende, aᵒ. 1492 in Oberbayern) vulgariter Hechter" (Echter), Fürstenf. 114, f. 153ᵇ. Graff I, 105. 108. 110. BM. I, 17. Grimm, RA. 732. Wbch. I, 170.

Die Âcht (Augsp. Stadtb. die Aucht), die Acht, öffentlich gebotene Verfolgung. „Ainen in des hail. röm. Reiches, Ainen in der Statt Aucht bringen, erkennen, verkünden." Die Mord-Âcht, in die ein flüchtiger Mörder erklärt wurde; Carol. poenal. Die heimliche Âcht, das geheime westphälische Gericht, dessen Macht sich noch im XVten Jahrhundert auch in unsern Gegenden kund that; Gemeiner, R. Chr. III, 145. 146. „Sy (die Wiener) sprachen: eht und aberecht dy pringen wol sechczehen", — Wortspiel: Acht u. Aberacht = acht und wieder acht; M. Beham, Wiener (1462), 266,16. Vrgl. Bann. „Ambo (dux Ernestus et comes Wezilo) ex imperialis majestatis auctoritate ubivis terrarum agi (angi) jussi sunt . . . in der großern ächte solten gehalten sein", Clm. 850, f. 97. Cgm. 572, f. 7. 36. verächten, in die Acht erklären (?). Der Käiser sprach: „Ludwig der Bayer ist ein entsetzter verachter Mann gewesen." ebend. III, 579. Der Ächter, der in die Acht erklärte. æchtisch, adj., einem in die Acht erklärten angehörig; Gemeiner, Reg. Chr. IV, 86.

æchten, neuere Form für âchten, 1) wie hchd. Im XV. u. XVI. Jahrhundert liebte man die Form durchæchten (Einen). „Die Christen durchächten; Durchächtung der Christen"; Avent. Ch. 115. 184. „Ir seyt sälig, wenn euch dy menschen verfluechen und durchächtent." Wstr. Btr. V, 70. 2) OL. *ácht·n*, *ausácht·n*, Einen, ihn schelten, lästern, auszanken. Dé hab·nt *à'g·ácht* ənandə', (b. W.) sich einander gezankt. Ztschr. IV, 58 f.

„I *áchtát* 'n gern
und ás gáng schan dahin;
mag mi' abá' nét schern
weil I selm áso bin." Stelzhamer 22.
„Er *ácht·t* mi' á zuzeit
dá i herzli flená muəls." Das. 63.

(Vrgl. âchten u. äcken). 3) æchten, abæchten, (ein Gut, einen Wald) zu Grunde richten; das Holz im Walde abstocken, abtreiben (Jir.), verächten, verderben, z. B. den Holzwuchs (Jir.). „Dadurch uns unsere junge Weldt seer geächt vnnd unzeitig verhackht werden." „zum Holz abächten und Ezen Ursach geben" . . . „ohne ainiches abächten"; Salzb. Waldordnung p. 43. 50. 52. 53. 58. (Etwa aus: abædigen entstanden?)

achter, achtert, ächt, ächtert (aus mhd. eht, oht fortgebildet; Grimm III, 286 f. BM. I, 412. Zeitschr. II, 235. III, 207,25. IV, 262,27. V, 403,26. Grimm, Wbch. I, 167. 169), irgend, etwa, wol; freilich, wirklich, in der That (schwäb.); Schmid 8. Firmenich II, 486,110. s. das folg. echt.

echt, nur (ahd. et, echert, okkert, mhd. eht, et, ockert, oht, ot; Graff I, 134. 145. Grimm III, 286 BM. I, 412. Grimm, Wbch. III, 20. 21.); „der echt in frölich hazte"; „echt (ot) Harren hin!" Labrer 416. 502. wan echte, wan echt, außer, ausgenommen, Cgm. 168 passim. Vrgl. unten et. Zeitschr. VI, 279,14.

23 -echt, -echtig, (schwäb.) Adjectiv-Endung, hchd. -icht (ahd. -oht, mhd. -oht, -aht, -eht; Grimm II, 380 f. BM. I, 14.); „waldechtig, sylvosus; schattechtig, umbrosus; sonnechtig, apricus; sandecht, sabulosus" ꝛc. Kropf, Onom. v. 1735. Zeitschr. IV, 477.

Die Eicht, Dim. das Eichtlein (Hrslm.), die Weile; əs hàt ən *Eichtl* gwärt (ein Weilchen). Wart ən *Eicht!*

„So hàn-I 'ən Rösə-l fürplodə't ən *Eicht*,
dás ·s mə' dennə't 's A'brocka~və'gibt und və'zeicht."
Wagner, salzb. Ges. 42.

„Glei' floigat· I áffi und schauát *án Eicht*"; „So knie di' halt hin und bet is (uns) *án Eicht*"; „I han Zeiten, wo I freundli' bi und wieder *Eichten*, wo I schilt und fluəch"; „Und án *Eicht·l* dá'nâ is dein Seel wieder dâ; Stelzhamer, p. 14. 43. 94. 117 (p. 176: „*Eicht*, Weile, v. *eichen*, messen"). „I han nit alliweil dö Fausen und dö *Eichten*, dö I á zeitlang umá' ghabt, wenn I á wenkərl z·vil in Mostkrug han dá'tapt." Lindermayr 83. „Veit is feucht und hat sein Feuchten, jetzund sötzen s· andre *Eichten*" (in den Kalender); das. 158. Cf. Castelli, Wbch. 44: Aicht, Aichtl, Substant. v. eichen, abmessen, und nach Gramm. 680 ein Wort mit Eich (s. oben Sp. 24 u. vrgl. Ächen) oder gar das ältere icht, etwas? Die 8 Ehtas oder Uhtas (isl. eikt, eykt, fem., trihorium, vigilia. Vrgl. „Hie thæt corn eall forbærndon and mid hiora horsum fræton on ælcre efen-ehde", the corn they either burned or consumed with their horses every evening; Sax. Chron. ad 894, Ingram p. 119.), in welche bey den Angelsachsen u. Nordländern die 24 Stunden des Tages eingetheilt waren — liegen zu entfernt. Cf. Antiquit. americanae p. 436 ff. Vrgl. auch die Aecht-zeit, nach Schmid's schwäb. Idiot.: Abendzeit an Sonn- und Feyertagen, welche das Gesinde für sich zum Vergnügen anwenden darf. Echt- oder Achtzeit (Pseud. Jir.), die Futterzeit, die Zeit des Vieh-Aus- und Heimtriebes. — Ob auch mittel- und niederd. Ecke = Strecke (Weges) hier zu vergleichen ist? „He machte nû wol ·nə *Ecke* əfört sien" (gefahren sein), Firmenich I, 182,16. Grimm, Wbch. III, 23,6.

Euchtenland, Üechtland. „Sub episcopo Lausanensi est terra quae vocatur in deserto volgariter *Euchtenlant*", Clm. 903 (sec. XV.), f. 216. Vrgl. unten Üechtland und Etland.

icht, Genit. ichtes, Dat. ichte, Local. ihtiu (MB. XXIII, 275,1), Pronominal-Substantiv der ältern Sprache, unserm etwas, dem latein. quid, griech. τι, franz. quelque chose entsprechend.

„Swer gelaubt, daz got die werlt von nicht
hab gemachet und nicht von ihte,
wie kan der teufel den berauben
Gotes lieb und rehtes gelauben?" Renner 18528.
„Got hat gemachet dreu dink von nihte
besund und ander dink von ihte." Das. 18540.

In Schwaben lebt noch die verstärkende Form ichtes icht (ichtsit, itsət), in welcher das icht sich selbst zum Regimen nimmt; cfr. Hist. Fr. II, II, 127. MB. XXV, 466. 491. „Daz ir durch keines menschen liebe ihtes iht tuot, daz wider got sî", Br. Berthold 63,8 (Kling 137). ichtzicht, Cgm. 54, f. 64. Aus dieser Form ist durch Beybehaltung des blos regierten und Weglassung des regierenden Theiles (vrgl. die franz. Partitiv-Declination und Gramm. 762.) die gleichbedeutende: ichtes, ichts (LR. 1616, f. 339. 444. 668.) entstanden. „Hast du ichts mære vernomen von Herzog Ernst?" Cgm. 572, f. 66. In der Form ichtsen (icksn), die man zuweilen für nichts hört, scheint die nach der ältern Sprache immer zunächst dem Verbe vorantretende Negation en (aus ne) endlich dem genitivischen icht selbst angeheftet worden zu seyn. 2) In Schriften der letztern Jahrhunderte findet sich icht (schweiz. echt) als bloße Partikel wie etwa verwendet. „Ob icht kundschaft aufgenommen würde." Kr. Lhdl. VII, 486. (Doch kann auch hier Kundschaft noch als Genitiv angesehen werden.) „Wo sich aber icht redlich ursachen begeben wurden", LR. v. 1616, f. 206. 3) Hat in ichtsen eine doppelte Ellipse: a) des genitivregierenden icht (doch kann der Genitiv auch von der bloßen Partikel ni herrühren: goth. ni hairdeis, Matth. 9,36; ni rumis, Luc. 2,7) und b) des dem en folgen sollenden Verbums statt, so werden durch eine weitere, nemlich durch die der Negationspartikel selbst, die Formen icht und ichts (icks) in der substantivischen Bedeutung nihil, die Form icht (it, ét) aber besonders in der adverbialischen Bedeutung nicht, non, genommen. „Daz wir iht hungers sterben", Iwein 6394. „daz iht" (ohne folgende Negation), ne; Cgm. 17, f. 13b. „ne quando, daz ettewenne ieht", ibid. f. 10b. — I mäg ét, I waas·s ét . . . Vrgl. das franz. pas, rien, personne etc. st. ne-pas, ne-rien, ne-personne. Vrgl. nicht. Anmerk. Notker's (z. B. Psalm IV, 6.) ieht (aliquid) und nieht (nihil) scheint zusammengezogen aus dem ältern eo-uuiht, neo-uuiht — und zuletzt also dieses Substantiv uuiht (ens bey Otfr. II, 16,17; III, 9,5; IV, 6,32), bey Ulphila als Femin. vaiht-s, die Quelle unsers Wortes. Doch ist auch das näher liegende ahd. êht (substantia, diu êht, dero êhti, Tat. 90. 97. ꝛc.), êhti (opes), unehtige (inopes, Notk. 139,12) zu bedenken. S. Notker's Ansicht hierüber in

Grimm III, 51 f. Vrgl. Graff I, 116. 732. BM. III, 652 ff. Zeitschr. III, 277,2. 556,54. IV, 140,14. 173. 272,94. V, 80. 149. VI, 91. 213.

Die Üechtweide, (schwäb.) Nachtweide; Schmid 8 (unter Ächtzeit); auchten, des Nachts auf die Weide treiben. Vrgl. goth. uhtvô, ahd. uohta, isl. ôtta, mhd. uohte, fem., Morgendämmerung; Graff I, 138. VI, 251. BM. III, 191. 553. Brem. ndſ. Wbch. V, 146. Zeitschr. VI, 489. Cf. ital. otta für ora.

Üechtland (Ueft?); „die Gegend um Aventicum, die vermuthlich von dieser einstigen Hauptstadt das Uechtland heißt", C. D (uller?) in d. Cotta'schen Vierteljahrsschrift, 1844, II, 288. S. oben Euchtenland und unten Etland.

---

24 Das Äck (áck), auch: das Geäck (Gäck, G·èck, sogar: der G·èck, des Gèckng), das Genick; der Nacken; b. W. âck, die Grube zwischen Kopf u. Rückgrat; ə˜n *âck* hint tuəts me' wê. „We˜st əs Luigng nét áfheə'st, so kümt scho˜ de' Tuifl und reilst də' 'Zung so 'n *âck* aufsi", OberM. Vrgl. Zeitschr. VI, 400,3. (Vrgl. Ank und Gramm. 610.)

acken (ackə˜), O.L., schmerzen. Wâs tuət di' *ackə˜*? cfr. engl. to ake; schwed. agga, stechen, beißen; Agg, Groll, Haß; Samvets-agg, Gewissensbiß.

äcken (áckng), Ob.Pf., Zpf., schmähen, schelten. „Das wir einander so ausecken und unser schand so blos aufdecken"; H. Sachs. Vrgl. æchten und eckeln. Grimm, Wbch. I, 850.

Der Acker (goth. akrs, ahd. achar, mhd. acker; Graff I, 133. BM. I, 6. Grimm, Wbch. I, 172), 1) wie hchd.; vrgl. die oberpf. Familiennamen Üblacker, Iblacker, Dollacker. 2) (b. Oberland) das Ackerbeet; das, was zwischen zwey Furchen liegt. „Alswa seo sulh teodan æcer gega", R. Schmid, Gesetze der Angelsachsen, p. 132. Der Acker selbst heißt Land. „Mein Land hat so und so viel *áckə'*", mein Acker hat so und so viel Beete. Vrgl. die „sex agros" in MB. III, 511, ad 1200. Im Gebirg werden mittels des doppelten, sogenannten Leiten-Pfluges ganze Berg-Hänge (Leiten) ohne alle Zwischenfurchen gepflügt. Diese áckə' sind also wahre Aecker. Weiter herab gegen die Fläche werden die áckə' (Beete) immer schmaler. Am schmalsten sind sie in den Niederungen und Ebenen gegen die Donau, wo sie denn auch den Namen Bifang erhalten. Diese verschiedenartige Behandlung hat gewiß ihren Grund in der Lage, in der Beschaffenheit des Bodens und den ortgewöhnlichen Einflüssen der Witterung. Allein es gibt auch im Gebirg ganz eben liegende Felder; sollten diesen die vielen Furchen und Erhöhungen nicht eben so zuträglich seyn wie denen an der Donau? Und dürften die Leiten an der Donau nicht eben so behandelt werden wie die im Gebirg? 3) Der Acker, (wirzb. Waldord. v. 1721) Maß für Grund und Boden. „Holz morgen- oder ackerweis abgeben." „Der Morgen oder Acker hält 180 Waldgerten zu 12 Nürnberger Werkschuh." Biacker; MB. XXIII, 437 f. ad a. 1442: „zwölf huben zu Bobingen gelegen . . . ußer den byäckern"; „zwu hub mit sampt den byäckern", und öfter. Der Hôch-acker, (ſ. Acker 2) ehmaliges, in Waldungen und Heiden sichtbares Ackerbeet; ſ. Ackermâß. Der Voracker (MB. XVII, 226), ſ. Vorland. Ackerlänge; „Mio' tréffə˜-r-áf kaə˜ *Ackə'leng* nét zsam", wir können uns nicht vereinigen (ObrM.); vrgl. BM. I, 932. Die Ackermâß, Ansehen, das der Boden durch die Pflügung erhält, Spuren der Pflügung. „Wo sichtig Ackermaß (sichtbare Spuren früherer Pflügung) vorhanden, das soll nicht für Neubruch gehalten werden." Churbayr. ZehendR. A°. 1492 müssen aus einem „nemore", Ackermoß vulgariter nuncupato, decimae lignorum seu arborum ac carbonum gegeben werden; MB. XXV, 486. vrgl. Zehend und Mâß. „Dreißig Ackerstatt", Tir. Kirchtag, p. 17. zacker gên, zacker·n, pflügen (Spessart); arare, Voc. Melber. „Den einen sach ich zacker gân, und den andern rueben graben", S. Helbling I, 645. „Also gand si zu acker in Hispania", Cod. iconogr. 342, f. 39 (v. 1523—29) mit einer Abbildung. Figürlich: zu acker gên mit Einem (schwäb. R. A. z·acker gau˜), einen auf den Acker treiben, (Ansbach) ihm zu schaffen machen, ihn plagen. „Mit eus alte Burgerskinder aso *z˜acker gau˜*", Weizmann III, 110. „Dieweil also am Rhein und der Donau Keiser Maximianus mit den Teutschen zu acker gieng." Avent. Chron. Diese figürliche Bedeutung ist ein Rest der ältern eigentlichen für pflügen: „zi akare gan". gl. i. 493. Otfr. II, 22,8. „ze Acker gon", Frisius; achargang, rusticitas, gl. i. 345. BM. I, 475. „zwerch der Aecker", (Selhamer) auf unrechtem Wege, auf unrechte Art. Ein Viertelacker, (Teisendorf) 15 Tagbau oder 1/4 Hof; Hbn. 147. Acker kommt in einem alten 25
Gesetzbuch Ms. als eine Art Festungswerk vor: „brustwer und akker." ackern, am Lech: äckern, pflügen. Fig. R. A. einackern, es mit eines Andern Eheweibe halten.

Der Ackeram, Akram, Agram, (Baur) Collectivum von Ecker (Frucht der Buche und Eiche). „Dechel und Ackeram", LandsO. v. 1553, f. LXII. „Aichreis u. Buchen, darauf Ackeram gewachsen"; LR. v. 1616, f. 741. Vrgl. Grimm III, 375. Wbch. I, 173. Zeitschr. V, 178,141. S. d. f.

Das Äckerich, Geäckerich, Geäcker, Äcker, Collectivum für die Frucht der Buche und der Eiche; die Waldmast. „Geäcker es sey von Aichel oder Biechel", LR. v. 1616, fol. 732. „Zu dem Acker oder Aicheln" MB. XXII, 594, ad 1489. „Nutzbarkeit des Eckhers", Lori, LechR. 310. 317. „Schweine ins Geäcker einschlagen, treiben." „Das Geäckerich bereiten und verleihen." „Das ganze, das halbe Geäckerich"; Fränk. Verord. „Geggerich, Gegger ist der gebräuchliche Nahmen der Schweinemastung mit Eicheln und Bücheln mittelst Eintreibung der Schweine in Waldplätze, wo Eicheln und Bücheln stehen. So übersetzt auch Falkenstein Cod. dipl. nro. X lit. S. jus porcos in silvis saginandi: das Recht die Schweine ins Gäckerig zu treiben"; Lex. v. Franken I, 22. ſ. Ackeram.

„Darumb mus ich sie (die Jungfrauschaft) salzen ein
bis ir der öker (?) wirt gehenckt ein."

Rosenplut, Cgm. 714, f. 344. Vrgl. unten oker. Ackeram und Äckerich gehören wol zu Ecker (akran, goth., Frucht überhaupt). In wiefern Ecker und Aichel zusammen gehören, will ich nicht bestimmen; nur das bemerke ich, daß sich, wie Ecker nicht blos auf die Frucht der Buche, so auch Aichel nicht blos auf die der Eiche beschränkt findet. „Und drunt bei 's Báms sei˜n Wurzeln ligng *Buəchäkə'ln* kreuz und quer", Seidl, Flins. (1844), p. 118. Aichen-aichel (glans querna), Buch-aichel (glans fagea); Henisch, Jägerbuch v. 1590. Eihlom, siliquis, gl. a. 430. S. a. Dehel. Zeitschr. IV, 194. VI, 58.

Die Äckes, Äcks (Ob.Isar), die Art; mhd. ackes; „Sechs morder, der het iegleicher ein mord ares in der hant", Br. Berth., Cgm. 632, f. 78. „Mit einer ackis"; Herm. v. Fritzlar 95,23. ächs, securis; Hüb. Voc. v. 1445, äcques, Augsp. Stdtb. v. 1276; ahd. accus, achus, ackes, gl. a. 127. i. 186. o. 82. 191. 316. 326. 379. 401. Tatian, Matth. 3,10. Vrgl. goth. aquizi, agſ. acas, eax; Grimm II, 274. Graff I, 136. BM. I, 6. Grimm, Wbch. I, 1046. Zeitschr. IV, 66. VI, 142,54. „Ab utraque parte fluminis cujuscumque terra scl. quam longius de navi potest *securis parvula* quam Angli vocant *tapar eax* super terram projici ministri xpi rectitudinis accipiant", Urk. v. 1023, wodurch K. Canut der Kirche Canterbury die Gerechtsame des Hafens Sandwich (Sandevic) anweist. Kemble, Diplom. I, Seite L. Im Polnischen ist topor ein (großes) Beil. Dem hchd. Worte ist, nach Gramm. 680, das t angefügt. Es ist übrigens in andern unsrer Gegenden wenig üblich und wird nach Umständen durch Hacken, Beil, Hauen ersetzt.

„Akt'n màch'n, Geberden machen und den Körper verdrehen; Rdart: Wàs màchst denn widá' fiá' G·wint'n und *Akt'n*"; Castelli, Wbch. 46.

Die Auke, Auk, Kröte, bufo (mhd. ouke; BM. II, 454. Grimm, Wbch. I, 816; vgl. auch Haupt zu Nith. 45,12. Diefenb. 83^{c}: bufo). „Dâ einst diu ouche noch diu chrot“, Tungdalus, hg. v. Hahn, 42,21. „Die weil chom ein aukh und legt sich in daz nest der natern“ . . . „treib die aukhen ab dem nest und töt sey“, Cgm. 54, f. 36 (Gesta Rom., ed. Keller, p. 68.) Vgl. niederd. Ütze, Utsche. Ene grote *Ütsche* edder Pogge“ (Frosch), Firmenich I, 181,3. Brem. niedersf. Wbch. V, 148. Zeitschr. II, 243. IV, 53. V, 474. s. unten Unk.

Akust, s. oben Sp. 1: â- (Vorsylbe) u. Th. II: Kust.

Das Eck, eigentlich Egg (ahd. diu ecka; die zuo ekka iro suerto, Notk. 149,7. mhd. ecke, egge. Graff I, 112. BM. I, 409. Grimm, Wbch. III, 22. 1) die Ecke; über Ecke;

„ez müezen rinder vor mir lüen,
die ich über ecke trîbe . . .
daz ich nicht ensnurre
mit den andern über ecke.“
Helmbr. 367. 371.

bunt über eck (s. oben über), „Es gieng bunt über Eck her“, Simplicisf. (1669), p. 152. 2) (Loisach) schmaler, senkrechter Berghang; hervorragender Theil eines Bergrückens (b. W.) VII Com.: Ecke, Anhöhe, poggio, collina.

vierecke, viereckig; „ein viereckez hol“, Tungdal. 55,7. BM. I, 410. — ahd. zuiekkiu suert, zweischneidige Schwerter, Notk. 149,7.

eckeln (égkln, ögkeln), mit Einem, ihm beleidigende, herausfordernde Worte sagen, Wrzb. Verord. v. 1554; cf. schwed. åggas med nagon.

ecken, schmecken? „Das die frucht (eines Baumes) nach spetzerey ecke . . . leg wurcz in den kern . . . so wird die frucht darnach ecken“ (wol nicht verschrieben für „smecken“?); Clm. (v. 1437.) 4373, f. 107^{b}. cf. zicken.

ausecken, außegkeln, alle Winkel und Ecken, alle Zipfel zu verwenden suchen, wie ein kluger Schneider; auch das Geringste sorgfältig überdenken. „Graf Rumford (so heißt es in dessen Lebens-Beschreibung im bayrischen Nationalblatt, 1818, Nr. XX.) wußte jedes Terrän, welches er vor sich hatte, bis auf den kleinsten Raum auszueckeln und zu verwenden.“ „auseggeln und ausörteln“, (Obrm.) sorgfältig überdenken und klug berechnen. eken, auseken, deuten, auslegen, Cgm. 291, f. 270^{b}. 271^{a}.

„Speculieren, eggeln auß
tragt nur wenig brod ins haus.“
Poyßl, Cgm. 4055, f. 53.

„Das wir einander so außecken
und unser schand so blos aufdecken.“
H. Sachs (1612) I, 462.

Grimm, Wbch. I, 849. Vgl. oben äcken. eckicht (égget), adj., 1) wie hchd. 2) Nordfrank., allzupünktlich, eigensinnig. „Acialis, ekchet“, Clm. 5877, f. 98. Diefenb. 9^{b}. spießeckicht (spiosegkət), adj., spitzwinklicht. Zeitschr. VI, 31.

eckelen, d. i. überecks spielen, ein tirolisches Kartenspiel, wobey immer die zwey sich gegenüber Sitzenden Partie machen. Welcher Theil mehr Gewisse (Zehner und Asse) zählt, gewinnt. Tir. Kirchtag, 1819, p. 33.

Der Eckel, eigentlich Eggel, ä. Sp., Stahl; ahd. echel, echil, Graff I, 130. BM. I, 410. Grimm, Wbch. III, 23. „Chalybs est genus ferri fortissimi echkel“, Clm. 5008, (XV. sec.), f. 150. „Von einem wagen mit ekchel oder mit eisen 2 ℛ“ (Maut zu Neundorf), Wiener StadtR., Cgm. 1113, f. 36^{a}. „Stahel oder ekchel“, Conr. v. Megenberg, Cgm. 589, f. 32. Grimm, Mythol. XLVII. LI. 19. 61. 635. „Wie nu ein herr sein man setzen sulle, die er gepoten hat in sein lehenrecht, die sullen für den herren gen an (ohne) Ekchel und an eysen“, Rechtb. v. 1332, Wstr. Btr. VII, 139. gl. a. 500. 583: echil, acuale; i. 544: echel, chalybs; echol, chalybem, Diut. II, 339; aciarium, calips, ekol, Diut. III. 144; ekkel,
26 chalybs, Em. 87, f. 16^{2}. Auch in den VII Communi ist nach dem Vocabul. domest. Eckel Stahl. eckeln, stählen; „die zunge . . . ein schwert das gehertet und geeckelt ist mit falschheit und mit untreu.“ Horneck c. 712. Vrgl. ahd. ekka, mhd. ecke, egge („des vielten sich ir eggen, dâ si solten hân gesniten“, Walther 31,7). VII Communi: eckeln, stählen. Vrgl. schwed. ägg (Schneide, Schärfe, acies), auch slav. jäklo, kärnt. jeklo (Jarnik p. 35; vrgl. jak = stark); ocel, ocla. Cf. ags. gicel, isl. jökull, Eis, mit echol, Stahl; Grimm, Andreas 130,1261. Es mag auch in Poßekel der letzte, und in Jäckelhammer der erste Theil in Betracht gezogen werden. Leonhard Egkelzhaim, (Ecklsheim, Egklhaimb), Bergrichter zu Schlädming, Lori, BergR. XVIII, 4. 123.

Oker; „oker schleiffen auf dem rück“, de femina: Venerem exercere, Cgm. 714, f. 428.

(Vergleiche: at. et. it. ot. ut.)

Adam; vrgl. BM. I, 6. Grimm, Wbch. I, 175. — Ueber den sinnbildlichen Adam zu Halberstadt und was mit ihm in der Frauenkirche daselbst geschieht (am Aschermittwoch hinausgeworfen, am Gründonnerstag wieder eingeführt) vrgl. Joannes Boemus, de omnium gentium ritibus, 1520, fol. LVII.

Der Adebar (ahd. odeboro, odebero, otibero; Graff III, 155. BM. I, 7. II, 431. Grimm, Wbch. I, 176. Diefenbach 117), der Storch; von Grimm (über Diphth. p. 42) auf ein vorausgesetztes goth. addi (ovum) bezogen: Eiträger, der das Ei (junge Kind) bringt; sonst als Glückbringer erklärt. Vrgl. Grimm, Myth., 2. Ausg., 638. Zeitschr. III, 33. S. unten Odeber.

Der Adel (A'l), wie hchd. (ahd. adal, prosapia, gl. a. 143. Otfr. III, 16,45; adeles gilusti, als Sünde in einer alten Beichtformel, m. m. 110. mhd. daz adel, Geschlecht, Stand. „Unser wâren zuelfe, geboren fon eineme adele“, Diut. III, 103. „Daz adel uns alsam kan machen troumen“, d. wälsche Gast 3855. „Swer niht enleistet sîn gebot, der hât daz adel, daz im got gap, von sînen schulden vlorn“, das. 3887. „Diu tœrscheit diu verlœt sich gar an daz adel, daz ist wâr“, das. 4185. „Aristotiles spricht, daz der vinger adel (natura) gemachsam sei ze nemen, ze behalten, ze geben und aller maist ze underschaiden“, Konr. v. Megenberg 21,7. — Adelich hieß in der alten Sprache adallih, gl. a. 229. 248. 273. 310. gl. i. 94. 609. 783. 977; adillich, gl. i. 534; auch adalisk gl. i. 89. Kero (59,1.) hat adel als Adjectiv: adelom, nobilibus. adelheit der rosse, equorum nobilitas, Veget. 1529, III, 26. adellickeit, adelschkeit, generositas, Voc. Melber. In den Formen: adalporo (Congesta. Arnon.), 'adalerbo (Otfr. IV, 6,7), adalerbi (I, 18,29. III, 1,40.), adalchunni (Otfr. I, 3,4. V, 22,3), adal-meistar (gl. a. 136), adalsangheri (Isidor. 3,24.), adalscalc (Decret. Thassil.) ist nicht deutlich, ob adal Subst. oder Adj. Der adelar, edler Aar, Adler; „wi der adelar genaturet ist“, Diut II, 147. BM. I, 49. Grimm, Wbch. I, 177. adelisch, adj.; „geloben ist adelisch, halten bäurisch“, Seb. Frank, Sprichw. Noch der Teichner nimmt Adel in der allgemeinsten Bedeutung: Geschlecht, Art, Race. „Waz uf erden blüet und lebt daz allez würkt und strebt nach sinem Adel für sich dar . . . . Vogel und Vieh — ieglich nach sinem adel lebt.“ Docen, Misc. II, 229. Graff I, 142. BM. I, 7 ff. Grimm, Wbch. I, 176. cf. unter schwach. S. edel.

Der Adel, (àd'l, à'l), die Mistjauche, das Mistwasser. Ursprünglich wol: Urin, Harn. So ist in der schwedischen Provinz Ost-Gothland Ko-adel Kuh-Harn, bey den Dalkarlen adla, ala, harnen. Vrgl. iddel, neutr., Mistjauche (Wangeroge), Ehrentraut, fries. Archiv I, 373. Aal (aa=ad), Mistjauche (Minden), Firmenich I, 250,94. Der Aal (àl u. àn), der Zwinger oder Winkel zwischen Gebäuden (Wetterau), Weigand im oberhess. Intell. Bl. v. 1844, S. 378. Aus dem oberdeutschen Vocabular v.

1429 (Liber ordinis rerum) Bl. 3ª citiert mir Weigand durch Brief v. 25. April 1849: „adich, lacuna, fovea in qua remanet aqua.“ Vrgl. Grimm, Wbch. I, 177. Zeitschr. V, 375. VI, 86. Die Adel-Lachen, oder -Grueben, oder -Hüll, die Lache oder Grube, worin sich dieses Wasser sammelt, (angelsächs. adelsead). Die Adel-Truhen, (à'l truhhə˜), ein langer Kasten von Brettern, in welchem man die Jauche als Düng-Mittel auf die Wiesen führt; (Chiemgau). adeln (àdln, à'ln), verb., mit Jauche düngen, den Dünger mit Jauche begießen. Nicht überall weiß der Bauer mit dem Adel umzugehen. An vielen Orten, besonders an der Donau, ist man überhaupt in der Dünger-Behandlung gegen andre Gegenden noch sehr zurück. Nicht selten bleibt der Dünger, statt durch die Jauche in gehöriger Feuchtigkeit erhalten zu werden, wozu man an einigen Orten eigene Schöpf-Brunnen hat, trocken an der Sonne liegen, und die Jauche läßt man auf die Gasse laufen.

Der Âdem, Âden (àdəm, à'n, àppm, nàppm, nà'n, nau'n), der Athem, Odem; ahd. âtam, âtum, mhd. âtem, âten; Graff I, 155. BM. I, 66. Grimm, Wbch. I, 591. An der Ob. Isar wird unter Nàdn, Nà'm gewöhnlich das schwere Athemholen verstanden. I muəs iətz stát stê˜, əs kimt mə' də *Nàdn.* — əs werd bàl'
27 gàr wer'n dəmit, si kimt də' *Nàbm* àllwál béssə', er, sie athmet immer schwerer. s. Gramm. 610. 760. âden, âdnen (à'n, à'nə˜), athmen; volksgewöhnlicher ist: schnaufen. atmezen (àmáts·n), athmen (ahd. âtumazen, atimizan. Graff I, 156. Grimm, Wbch. I, 594. Diefenb. 547). „Spirare, anhelare, athmitzen“, Semansh. 34, f. 210. „Spirare, atmiczen“, Clm. 5877, (v. 1445), f. 144. „. . . ist gut den leibigen menschen und die da hart attmiczent“, Cgm. 170, f. 1ᵇ. „Wiə 'Brust vollə' Freud so schwer *àmáths·n* tuət“, Reizenbeck I, 31. „Ban *Amatz'n* pfigatzt s·, weil s· Kropf hat so viel“, Stelzhamer 58. Der Amáthsá (Atmezer), Athemzug; das. 173.

ader, (àdə'), Ob.Pf., Frank., oder; aber, autem, (s. aber). „In dem summer ader zu andern zeiten . . zu amberck ader anderswo . . . . MB. XXIV, 267, ad 1472. „Ob wir ader des nicht thetenn . . .“ „was ader wir begenn wider di vorgeschriben stuck . . .“ MB. XVII, Schamhaupter Urkunde, Nr. 34, v. 1462, wo auch die Formen ilter (st. älter) und chautt, (wol thautt st. tôd), wie in Nr. 46: stunds grouß Hölltz (stêi˜ds grêi˜s Hulz?) als Spur des opf. Dialektes erscheinen. ader statt oder auch MB. XXV (Ob.Pf.), 224. 290. 308. 314. ꝛc. Im Hennebergischen nach Reinwald: atter. Vrgl. Grimm, Wbch. I, 179. Zeitschr. VI, 22. 23. 250, 11.

Die Âder, Âdern, (àdə', audə', àdə'n), 1) wie hchd. „Da thuət dá' kain Gliedəl, kain Her*záderl* weh“, Stelzh. III, 113.; 2) der Aderlaß; „dieweil mein Herr in der Ader lag“, Rechn. 1392, Freib. Samml. II, 109. „Frumbad auf der Ader“, das. 137.; 3) der Nerv, die Sehne; die Flächs-Âder, Gang-Âder, Hals-Âder, Sehn-Âder, Spann-Âder. „Cervix dura, halsadere diu herte“, Cgm. 17, f. 146ª. „Durae cervicis homo, einer starcken halsadern“, Voc. Melber. „Den Pferden ließ er allen die Gangader abschlagn“, subnervavit omnes jugales curruum, lib. Reg. II, c. VIII, 4. Ing. Reim. von 1562. „Schießzeug mit adern bezogen, tormenta funibus nervinis intenta“, Veget. v. 1529, IV, 9. „Die adern des bogens an dem armbrost“, B. d. W. 1485, 89. „Ytzt wil ich mich wol nagen sat der ochssen adern am armprust“, sagt der Wolf; H. Sachs 1560: II, IV, 55ª. „Do sprach er (Sampson): sich swer süben sail üz aderon macheti, und mich mit den bunde“, Grieshaber, Pred. I, 125. „Intestinum gäder oder ingwayd“, Clm. 4543, f. 176. „nervus gäder vel waltwachs vel harwachs“, Onomasticon, Inc. s. a⁰. 1239, f. 6. „geeder nervus“, Voc. Archonium sec. XV. „Wem der hals zu stark ist, so ist einem das gäder streng“, Cgm. 3721, f. 41. „Etwas von dem weißen geäder oder Senadern verletzen“, Dr. Minderer, p. 184. 191. „Sey dem Kind das Geäder an den Füßen von der Fraiß zu kurz worden“, Benno Mir. 1697. „Salben zu wunden, zu pain pruchen oder wo ainer gestoßen wirt in das geäder“, Cgm. 4543, f. 176. (gl. o. 27. 200. 238: adra, nervus; halsadra, cervix; gl. i. 38: seno adra, nervus; gl. a. 95: adriner, nervinus. Vrgl. Grimm II, 52. 123. III, 407. Graff I, 156. BM. I, 9. Grimm, Wbch. I, 178.) R.A. ə˜ Bisl stréckt ən *ádə l*, auch das kleinste Bißchen Speise kommt dem Körper zu statten. ə' hàt kaən *ádə'l* vo˜ sei˜n Vàdən, sieht ihm nicht im Mindesten ähnlich. „Kaə˜ Tüpfə-l, kaə˜ Stäubə-l, kaə˜ *Unádə l* hats“ (das Kind), Seidl, Flins. 3. Ausg. 71. u. S. 339 im Glossar: „Unaderl, Unäderchen, Mißäderchen; eine Ader, welche die Reinheit und Weiße der Haut entstellt; Makel, Fleckchen“. Castelli, Wbch. 260: „Unádərl, das, ein körperliches Gebrechen; z. B. sagt man von einem wohlgebildeten Menschen: „Ea' hàt kaən *Unádərl*“. Cf. Tât: *U˜tádə'l*. Adərlən, feine, schwarz und weiße Späne, womit die Geigenmacher in Mittenwald den Rand der Geigen einlegen. (Baader.) æderlen, (ádə'ln), vrb., peinigen durch Nadelstiche in alle Nerven. Und wenn s· mi' *ádə'ln,* so sàg I nicks. ausæedern, (Hsl.) anatomieren, skeletisieren; ausgeäderter Mensch, menschliches Skelett; ædern, nervos eximere; Voc. v. 1618. „Die bosen satler tünt den satel nit gnug ädern noch laymen“ (:reimen), des Teufels Segi, Ms. v. 1449, (Barack 355,11187). „enervat, erädert“, Teg. 439, f. 1. „ußeedern, enervare“, Voc. Melber.

Adermenig, agrimonia herba, Ind. 344, f. 52; — 'eine Umbildung des latein. Namens. Vrgl. Diefenbach, Glossarium, p. 19ᵇ.'

Aderwurz; „ader wurtz, coriandrum“, Clm. (sec. XV.) 4374,123. cf. Diefenbach 151ᵇ.

Die Âdern, die Schlange; „Von dö Kránl-Schlangán, von dá Haus-*Adä'n,* dö nur d·Milli und koani Brockerln fress'n will“, Seidl, Flins. 1844, S. 257. s. Âttern. In der Wrzb. Fischerord. v. 1570 und 1766 ist von Ostern bis Bartholomäi „das Adern abschlagen“ verboten. (Sind hier etwa Aale gemeint?) Vrgl. Otter.

Der Âder, des — en (Bogner Mirakel v. 1679), die Eider. Aədáchs·l, Pangkofer, 1846, p. 179. 196. 249; aədáchs·lg·schling, schlank wie eine Eider. Vrgl. Zeitschr. VI, 23. 60. 471. 474. gl. i. 112. 188: edehsa, adera. Vrgl. Egedechs.

Der Adorn; „marrubium haisset Mörppel oder Gotvergessen oder Adorn“, Clm. 5931, f. 218. Vrgl. Andorn, Graff I, 384. BM. I, 37. Grimm, Wbch. I, 316. Diefenbach 350ª.

Der Aid (Aəd), der Eid (goth. aiths = aiwaths? von aiwa, êwa, lex; Grimm RA. 892 f. Graff I, 151 BM. I, 426 f. Grimm, Wbch III, 82). „Hab auf zwen vinger und swer mir aid“, Cgm. 270, f. 141ᵇ. Betheuerungsformel: Meinaəd! Sakrə meinaəd! bei meinem Eide! main-aid, monaid, adj., meineidig; „so pin ich moneid und tun wider die Glüb“, MB. IV, 487. „maynayd, erloß, erbloß und rechtloß sein;“ Lori, Lechrain, f. 149. monaider, perjurus. Voc. v. 1445. „Perjurium solemne et privatum gestalt monait und lassait“, And. 48, f. 142. „gestalt aid oder gefrauelt aid“, das. 144. „de perjuriis solemnibus i. e. gestalt mainaid et privatis i. e. lazen aid“; „perjurium solemne vel privatum, gestalt aid vel vrevelaid“, Clm. 9537 (sec. XIII.), f. 177. 186. „Utrum iuramentum fuerit solemne an privatum, gestalt aid oder frävel“, Clm. 17188, f. 53. „Mainaid. tribus digitis perjurus breviat vitam praesentem et futuram et dat se diabolo et inferno. Non solum de magnis jurat sed et de parvis hushaid“ (?); Ind. 426, f. 99. Mein-aidig (meinaədi'), 1) wie hchd.; 2) außerordentlich adj. und adv., von der elliptischen Formel meinaid! Ztschr. III, 323. „Juramentum quod in vulgari dicitur vor-eit“ (vâreit?)'; Enser Stadtb. v. 1202. Der Aidgenoß,

Aitgenoz; „weder der Meister (Burgermeister) noch Einer vom Rath sol iemens eitgenoz sin, oder jemens helfer mit gelub oder mit gut, oder mit geisel." Regensb. Statut von 1269. Gemeiner, Chron. 398. A^{o}. 1381 wurden die Regensburger zu Aidgenoßen der schwäbischen Bundes-Städte; Gem. Reg. Chr. „Wir . . . der schultheize und die burger von Berne und alle unser eitgnoze von Bürgendon", Urk. v. 1251 im Archiv v. Lucern, Kopp, p. 1. „Jahrlich 2 Ehehafftgerichte zu Oberßdorf . . . Es werden auch allweg von einem Gericht zu dem andern ald ain jar lang iiij us der gemaind, welche darzu taugenlich, khain herrschaft angesehen, erwelet durch die Herrschaft, die werden Aydgnossen genennt, haben macht, gepott und verpott zu thun die gemaind berüerend der herrschaft ze straffen anzezaigen"; 1529. Conjuratores, a^{o}. 1163. Aug. eccl. 39, f. 6^{b}. — aiten, vb., beeidigen, beschwören; „ein wunderaltez wîp . . . die begonde ich eiden; nû hât si mich bescheiden, waz der troum bediute", Walther v. d. V. 95,10. „Alse dicke begunde man sü eyden, daz sü in ende und anevang der mere woltent bescheiden", Diut II, 252. eidigen, Strafe leiden, büßen; *oadigen* (tir., Unter-Innthal) ein Uebel in Folge Vergeltung leiden; Staffler I, 112. Vrgl. Graff I, 152. BM. I, 427. Grimm, Wbch. III, 84. Zeitschr. V, 219.

Ait = Agathe (?); „Ich Rapot von Tarring . . . und mein Tochter Aeit", MB. III, 178 (v. 1292).

Die Aide, Mutter; nutrix (goth. aithei, ahd. eidî, mhd. eide. Grimm II, 251, 998. III, 314. 322. Graff I, 153. BM. I, 414. finnisch: äiti, esthn. eit, Grimm, Reinh. XXV. Docen's Ms. zu Benecke's Minneliedern, Cgm. ana 20,52). „Kint, erwint, unt volge dîner eiden", Nithart, S. 372,6. 437,5. 450,2. 454,2. Vrgl. *Aidche, Aig, Aege*, Mütterchen, Mutter (Fulda, oberhess.), Vilmar 3 (Zeitschr. IV, 51.) Vrgl. unten Äggeil.

Der Aidem, Aiden (aə'm, aə'n, opf. ài'n), der Eidam, Schwiegersohn. „Aiden und Schnurren", OR. v. 1616, f. 56. „der Ayden", Cgm. 54, f. 44^{b}. (gl. a. 82. i. 46. 105. 545: eidum; o. 23: eidem; 408: eidam; i. 123: eidim. Grimm II, 150. Graff I. 156. BM. I, 414. Grimm, Wbch. III, 83.) An der Pegnitz ist das Wort in Aidmann (ádmà~) verdeutlicht.

Der Audesachs, Erzfarenmacher, wie Auvogl (s. d. u. Fachs); ObrM.

Der Auderputz; „Kurzweilig ist all mein brauch,
ich mag nicht sein ein auderputz",
H. Sachs 1560: II, II, 44. (1612: II, II, 89.) Vrgl. Grimm, Wbch. I, 1044 und unten Butz.

ewdrisch;

„Ei lieber, sei nicht gar so putzig (karg, filzig),
veracht nicht gar al gut geselln
und thu dich nicht so ewdrisch stelln",

H. Sachs 1560: II, IV, 7^{b} (1612: II, IV, 12.) Grimm, Wbch. III, 1198 und unten euterisch.

28 edel (è'l), wie hchd. unedel wird in unsrer Zeit seltner in der frühern eigentlichen Bedeutung gebraucht. „Vil erberger laeut, edel und unedel, reich und arm." MB. X, 136. IX, 66. Die Edel (ahd. adali, nobilitas, gl. a. 268; mhd. edele, edel; Graf I, 141. BM. I, 9^{a}), edle Abkunft, Adel.

„Sît guot den liuten edel birt (den Adel gebiert)
und man von guot edel wirt,
swie iz kumt zesamme,
das walt ein siechiu amme!"
S. Helbl. VIII, 399.

„Die edel der gepurt. . . Von der edel des sinnes. . . Von den zaichen der rechten und waren edel"; Cgm. 765, f. 88. 89. 90. Der Edelmann wie hchd. Die Edelmannsfreyheit, Vorrecht durch einen Brief Albrechts v. 1557, den sogenannten rittermäßigen und Adelspersonen ertheilt, auf ihren Besitzungen die niedere Gerichtsbarkeit auszuüben, zu jagen u. drgl. s. ainschichtig, unter schicht. Die Edelrauten, (Ob.Salzach) senecio incanus; Hauptzierpflanze für den Hut des Alpenburſches, der seinem Mädchen gefallen will. Sie blüht gerne an den schroffsten Felsenwänden und wird oft nicht ohne Gefahr gepflückt. Das Edelweis (è'lweis und sogar ə̀lweis, als ob v. Olweis, Baur), filago leontopodium; gleichfalls zum Strauße der Älpler sehr beliebt. edeln, edel machen; edel werden. „Ein guter pawm edelt von guter zucht." Vrgl. Graff I, 144. BM. I, 9. Grimm, Wbch. III, 29. Anm. Als Adjectiv steht edil bey Otfr. ad Salom. 2. Prol. 13. gl. o 53.; als Substantiv aber für genus bei Isidor 5,43. 7,2. 8,5. 9,1: ædhil, ædhiles, ædhile. — Otfr. IV, 15,35 hat thaz edili; IV, 35,1 ediles man; I, 5,7 ediles frouua; I, 10,27 in edili. Tat. 150: sum edili man. — gl. i. 587 wird patrimonium durch edil erklärt. Zu Otfrids ediles man stimmt auch die in den gl. i. 872. 874. 912. als Adjectiv verwendete Genitivform adales für nobilis; vrgl. portug. fidalgo, span. hidalgo (= fijo d'algo, homme de bien), Diez, Wbch. 501.

Der Ederbaum; „der ederboum, hedera"; Clm. 4583, f. 47.

iədə', ən iədə', s. oben ie.

œd, (ēd, èəd, èid), wie hchd., öde.; goth. auths, ahd. ôdi, mhd. œde; Graff I, 150. BM. II, 430. Mehr dialektisch oder veraltet sind folgende Anwendungen: 1) leer, (franz. vide, ital. vuoto). „Wie lang werden schimmern die silberweißen Zähn in deinem Mund? nit gar lang; wart nur etlich Jahre: so wird dein Maul hersehen wie ein ödes Messergesteck"; P. Abrah. a S. Clara. 2) unergiebig. Einen Weiher öd ligen lâßen, d. h. entweder ohne Fische, oder gar ohne Wasser; ihn zu Graswuchs benutzen; cfr. MB. X, p. 216. œder Berg, (in den Salzbergwerken) Bergmasse, die keinen Erzgehalt hat, namentlich das „Geschlüf" oder Koth, so durch das Wasser von den gesalznen Wänden rc. zu Boden gesenkt wird. (Lori, BrgR.) Die Herzoge verboten, das Salz auf der Donau aufwärts zu führen, weil die „Landzölle dabey öd lägen"; Gemeiner, Reg. Chr. ad 1332. „Do lat ers (der schlechte „banwart" das Holz) vil und dick in œders gan." 3) unangebaut; ein œder Acker; (U.L.) Ödacker (sieh Egert). Ein œder Hof (MB. X, 193. XXV, 51), Hof, dessen Feldgründe unangebaut liegen, (s. bezimmert; unbezimmert.) 4) fig. nicht aufgeräumt, unfreundlich; leer, hohl; widerlich, fad, abgeschmackt; schlecht; ən œder Mensch! Sey nit so œd! „Is's lusti' sing I aə~s, is's *èd*, so brauch I kaə~s", (Reut im Winkel). „Der œd, uppig man . . . . wan er odri und uppikait kan" (v. Klosterleuten, und öfter), des Teufels Segi, (Barack 151,4720). „Ein œd haimbachen knappe", Labr. 507. „solch ödes klaffen", Valkn. 148. Der öde Humor geschildert v. Seidl, Flinserln 1839, S. 47—49: „Mir is nà~ so g'wis *öd* . . . mir san d'Leut so *öd*." Ödigkeit, Langweiligkeit. „Sollt aənər auf Erd'n nix lustigs mêr sàgng, dös wár ja ən *Ödikeit* nét zən də'trägng"; das. 74,161. Vrgl. isl. eydilegr, taediosus, absurdus. (s. œdeln.) unœd, (Hbn., Pinzg.) lustig. 5) ode pfenning (?). „Denarios, qui vulgo appellantur ode pfenning", MB. XIV, 214, ad 1150 circa. (Öd-Pfenning? Nach v. Lang vermuthlich zu lesen „alte pfenning." cfr. Ödrecht.) Die Öde, Öden, Öd, Ôdene, Oude, der leere, unangebaute Zustand. „Einen hof Odene halben nit nyeßen mogen", MB. X, 193, ad 1473. In den VII Communi ist nach dem Vocab. domest. Oden ein öder Acker. „Das Land das die bayerische Öden und Haide hieß" (deserta Bojorum); Avent. Chr. (Isidor 5. 30: odhin vastitas.) In einigen ältern Urkunden kommt dieser Ausdruck in solchem Zusammenhang vor, daß man 29
vermuthen möchte, er gehöre weniger zu: œde (leer, unangebaut) als zum alten Öd (patrimonium, odhil bei Isidor; uodil Tatian für patria, in sinen fater-uodil, Tat. 78 u. 87. fater odal, patrimonia, gl. i. 1078; schwedisch: odal, allodialis; cfr. Guet und Lud.) — „Theuticâ (itaque) luignâ haereditas à proavis derelicta

Alt vodal dicitur, *Rich* divitias sonat, ideo non incongruê *Vodalricus* à paternâ haereditate dives interpretari potest"; Anonymus (Gerhardus presb.?) ante vitam S. Udalrici, Cod. Em. 112, f. 2. Velseri opp. f. 516. Surius, IV. Jul. fol. 76. „Klagten umb ein Et, der ſi und ir leut geſezzen waren pey nutz und pey gewer ſechtzick jar und mer"; MB. X, 99, ad 1346. „Datz Schefwege ein Öde und datz Heimpuch ein Öde," MB. V, 423, ad 1333. „die vier Öde . . . die Öde zu Niderlint, die Öde Gruen, die Öde zu Märing, und die Öde zu Melmeußl . ." Lori, BrgR. f. 115. — Indeſſen konnte wol die Benennung des urſprünglichen Zuſtandes auf den verbeſſerten forterben. Vrgl. Reut, Ried. So gibt es eine Menge von Höfen, Dörfchen und Dörfer, die den Namen Öd führen (man findet ſie wegen Gramm. 326. 351 gewöhnlich Ed, Edt geſchrieben); z. B. „Prukedt, Taredt, Härtledt, Filsedt, Säreneð, Königsedt, Oberöd, Niederöd, Wolfertsed, Reichened, Sponſened, Luegöd, Deuſchled," Hazzi, Statiſt. III b, p. 480. 752. 758. 760. 763. 825. „Bſchachtlsöd, Bodmansöd", Kr. Lhdl. XII, 433. 454. Andere kommen (im Dativ Plural?) vor als Eden; Hazzi, Statiſt. III b, p. 823. 828. Auch der Beyſatz Eden in Ortsnamen ſcheint nach Gramm. 351 und 878 nichts anders als das im Dativ ſtehende Adjectiv œde zu ſein, z. B. Eden-Bûlach neben Kreuz-Bulach, Eden-Pfaffenhofen, Eden-Holzhauſen neben Weſter-Holzhauſen, Eden-Hueb, Eden-Hofen, Eden-Stockach neben Kirch-Stockach, Eden-Reit, Eden-Berg, Eden-Thal, Eden-Klaus, Eden-Kling neben Kling dem Schloſſe, Eden-Hauſen, Eden-Straß; Hazzi, Statiſt III a, 10. 54. 55. 56. 82. 179. 186. III b, 487. 494. 495. 550. 553. 556. 570. 572. 832. 828. Die Ainœd, Bauernhof, welcher mit ſeinen Feldern und Gründen einſam und abgeſondert liegt — gehört ohne Zweifel als Ainœde (alt: ainôti Einſamkeit, solitudo) zu ain. ainöd, adj.; „Wittmeß, Eichſtättiſcher einöder fürſtlicher Ziegelſtadel", Lex. v. Franken VI, 274. Das Ödrecht, Pachtverhältniß, welchem gemäß man öde Gründe eine gewiſſe Zahl Jahre ohne Stift und Gült benutzen konnte. „Auf Verlaſſung etlicher Ödrechtjahre ein ödes Gut wieder zu Bau bringen", Kr. Lhdl. VII, 248. „Es wurde ihnen Ödrecht auf 5 Jahre, und dann Baurecht ertheilt", Zirngibl, Hainſp. 32. 483. „Und gicht der pawr, er hab das gut ze iaren verlantſchult oder beſtanden ze ödrecht", K. Ludwig's Rechtb. Ms. Die Ödſchaft, (anſp. Verordn.) öde liegendes Gut.

Ederlingsbrod(?). „Spendtbrod, ſo ſie Ederlingsbrod nennen", Himmel auf Erden oder Berg Ander (1715), p. 6.

ödeln (zu œd 4), ekeln. œden, ödnen, ödigen; ab-, aus-, verödigen, öde oder leer machen, verbrauchen, vermindern, verſchlimmern. Die Bæume œden im Acker, (hindern den Wachsthum). cfr. Av. Chr. 435. . „Ein Gut abödigen." „Alte Ehehaftbäder, die in Abödigung gerathen." „Das Federwildpret außöden, das Wildpret verödigen." LR. v. 1616. „Die Kaufleut vertreiben und dadurch die Straſſen, Zoll und Mäut öden;" Kr. Lhdl. II, 192. Vrgl. das däniſche öde (verſchwenden, geuden.) Anm. Es kann allerdings ein logiſcher Zuſammenhang zwiſchen ôdi (leer) und ôdi (leicht, facilis) und ein hiſtoriſcher zwiſchen ôdi (unbebauter, herrnloſer Grund) und Ôd (Grundbeſitz, Vermögen, wovon ôdeg reich, vermöglich; ahd. ôtag: „otag unodo ingengit in rihhi himilo", Tat. 106.) zugegeben werden; aber Ôd, bonum, hat d, ôdi, facilis, hat d. Vrgl. isl. audr opes, aud-facile . . ., audr vacuus, audn vacuum, eyda vacuum, eydi solitudo. Graff I, 148 ff. Zeitſchr. III, 305.

Der Odeber. „Ciconia heißt ein ſtorck und heißt in ander teutſch ein odber", Konr. v. Megenb., f. 104 (Pfeiffer 175,7). ſ. oben Adebar.

oder, ſ. unten er, Partikel.

uedeln (uə'ln), (v. Pflanzen, Thieren und Menſchen) wohl gedeihen, zunehmen, wachſen; Caſtelli, Wbch. 119 gibt: „edln, gedeihen, zunehmen." ſ. wuedeln. Zu bedenken kommt jedoch der ganze alte Stamm: uodal (ſ. Öd), edil und adil. Vrgl. isl. ua, wimmeln; ödlaz, gedeihen. Zeitſchr. III, 338.

Der Afel (àf·l), Stelle am thieriſchen Körper, welche wegen Verletzung der nervenſchützenden Oberhaut gegen Berührungen beſonders empfindlich iſt. (Vielleicht ein Corruptum v. Abfill; ſ. Fell, Gefill, kofeln.) „Für den affel oder wundſucht oder das verſegent", Cgm. 725, f. 205. „Für den Afel wenn ein wund erſwarzet und das Ungenant darzu kumt", Cgm. 723, f. 259. „Für den Affel is all tag drei henfkörlein", Clm. 5652, Vorderdeckel (cf. Clm. 17261, f. 174b). „Bewerte ſtuck fur den affel", Arzneibuch, Cgm. 3721, f. 185. „Das der afl zu kainer wunden khum", Cgm. 3723, f. 189. „Iſt, das im der afl darzw (zur Wunde) ſchlecht", Cgm. 4543, f. 178. äfelig, (áfli', áfri'), adj., geſchunden, wund, empfindlich, ſchwierig im eigentlichen und figürlichen Verſtande. „ə Katz hàt mi' z·krállt áf ə˜n áflingə˜ Flék", Wagner, ſalzb. Geſ. 121. Sollte Otfrids afalôn, welches (I,? 23,21 u. IV, 7,43; auch Tatian 63,3: Martha aualota umbi thaz oftiga ambaht", satagebat) ſich bemühen, laborare, heißen kann, zu vergleichen ſein? Vrgl. Graff I, 172. Grimm, Wbch. I, 181. Zeitſchr. II, 241. Jarnik p. 31 (unter dem Etymon oſ, Weſpe): kärnt. aſva, der Affel, aſvaſt, aſoven, affelig.

Der Afelglauben, Aberglaube.

> Muß recht lachen ihres Fundts,
> thuen drauf ein Knolln Salz aufheben
> und äm jeden z·lecken geben,
> war ä Zaichen ihres Bundts.
> Das iſt ja ein Narrenweſen
> Mueß ain Afel-Glauben ſeyn geweſen
> Khrat ſo mein, hat mit Reſpect
> ainer gſchwind den andern gleckt."

Spottlied auf die ausgewanderten Salzburger 1732.

Das Afelgras (= Aftergras, Abergras), Grumet;

> „'s Afelgras wird oft ſchon welli (welk),
> kimmt Matheistag und Micheli", Lindermayr 158.

Vrgl. oben Abergrummat.

Die Afen, das Seiten-Ende einer Sohlhaut; (Dr. Sepp).

afer (àfə'), conj., (b. UL.) aber; ahd. afar, avur, avar, aber, wieder; „ave ſa, iterum", Cgm. 17, f. 146b, Pſ. 100, orat. 3. Graff I, 177. Grimm III, 278 f. BM. I, 72. Grimm, Wbch. I, 29 ff. Zeitſchr. VI, 170.

äfern, 1) ä. Sp., wiederholen; ahd. avarôn, repetere, mhd. avern, ävern; Graff I, 180. BM. I, 73. Grimm, Wbch. I, 181 f. III, 32. Zeitſchr. II, 186,14. IV, 59. "Der ſünder leet die ſünd und alsbald æfert er ſi wider", Cgm. 54, f. 70a. „Swenn er ſîner ſünde ze ainem mal kumt ze riuwe und ze bîhte, und dz er ſi niht me wil evern und tûn", Griesh., Pred. II, 123. „Si ne uuerden widere gauerot", Diemer, Ged. 49,27. „Hie wider efer ich aber und kum mit diſer materi zurugk an den jungen vorgemelten theodanen." Ulr. Fütrer's Chronik, Ms. p. 55. „Daz er dieſelben ſunde nimmer mere gaeveren wolde" (nicht wieder begehen), B. Winnerl, gloſs. Ms.; iterat, evert, gloſs. bibl., Ms. v. 1418. „Das, ſo vormals geredet, äfern und reproducieren", Kr. Lhdl. XI, 351. 377. 378. Wieder vorbringen, wieder zur Sprache bringen, beſonders alte Zänkereyen, Zwiſtigkeiten. „Das aller unwill . . . . ganz ab und hinfür von khainem tail mer geandet noch geäffert werden ſol"; MB. VIII, p. 278, ad 1441. „Und das gen einander neamermer geanden noch geeyffern ſullen"; MB. IX, 244, ad 1407. „. . . ſolchs alles und jeglichs gen einander nymer mer anden, effern, clagen noch mit kainen ſachen zu unfreuntschaft gedencken." MB. IX, p. 280, ad 1452. „Und furan ain tail gegem dem andern in argk nit afern;" MB. XII, p. 260, ad 1466. „Noch die sach in arck nicht mer annten noch äffern sol"; MB. XIII, 460. XVII, 338. 422. Kr. Lhdl. I, 102. „Das dir dein mann solch dein Ehbrechen werd weder efern noch rechen", H. Sachs 1612: IV, III, 30. „Jedoch mir vor urphed tut, solch wildbad nicht eiffern noch rechen", das. 1612: V, III, 7 (1560: V, 342). 2) (Allgäu) tadeln, unrecht oder tadelnswerth finden überhaupt. Er *äfert* âu' gar allz. (In München wird repetieren in demselben Sinne gehört.)

Aferhaken; s. Th. II: Aberhagken. „Aculeo auerhacken", Cgm. 17, f. 50a, orat. ad ps. 31. Vrgl. ahd. avarah, gurgustium. Graff I, 183. IV, 763. Diefenb. 271c.

Afer (áfər), Scheltwort gegen Weibspersonen; (Baader).

31 æfer, (Pegniz) von Schnee frey; s. æber. „Zur Sommerszeit, so es afer ist;" Kr. Lhdl. XVII, 143. Die Äfer, Platz, vom Schnee frey. „Im Schnee und auf der Afer jagen;" Kr. Lhdl. X, 351. Zeitschr. IV, 59.

Der Afer-Har (aufə' hàr), (UL., Baur) der frühere Flachs. (Gehört vielleicht zum vorigen Äfer.)

Der Aff, 1) wie hchd., der Affe. (Graff I, 159. BM. I, 10. Grimm, Wbch. I, 182.) 2) Rausch; Castelli, Wbch. 38: „der Aff, ein Rausch; das Affal, ein Spitz", ein Ansatz zu einem Rausch. 3) Fwrbch. v. 1591: eine Art Geschütz, das 65 Pfund Eisen schoß. Der Hornaff, (Gemeiner Reg. Chr. II, 154, ad 1369 und 1574) Art Brodgebäcke, Spitzwecken. Voc. v. 1468: „harnaff, pretzn, artocupus." Affenmund, ein Backwerk. „Man pacht die affenmund ain wenig größer als die küechel" . . . „Zu fasnacht 16 affenmund mit honig überstrichen", Münch. h. Geistspital-Manual, Ms. v. 1519, fol. 9. 10. Maulaffe, s. Th. II: Maul u. unten off. Äfflein; „du wilt mit im des effleins spilen", Cgm. 713, f. 75; vgl. Affenspiel, Grimm, Wbch. I, 184. Affenheit, Thorheit. „Ez dunket sie ein affenheit und ein getiusche", Br. Berth. (Kling) 110 (= Pfeiffer's Mystiker I, 334,39). affen, vb., gaffen, (Reut im Winkel). äffen, effen, zum Narren machen, verspotten; Ulr. Trist. 3069. BM. I, 11. Grimm, Wbch. I, 183 u. III, 32. — „Ich haiz in slahen, daz er chaum geaffet" (?), Cgm. 54, f. 77a. — ausaffen, verspotten. „Dem ambt der meß beywohnen thu, nicht lachend, schwatzend, gaffend, noch frembde leut ausaffend", Procopii catechismale, Herbstttheil 38. veraffen; „die Zeit veraffen als ein narre", Labr. 413. BM. I, 11. Der Äffer, Nachahmer, illusor. „Die äffer legent ir hant an die archen der hailichait", Konr. v. Megenb. f. 126—27. (Pfeiffer 217,33.35. 218,3). Affensalbe; Einen mit Affensalbe (Affenschmalz) schmieren, ihm mit falschem Lobe schmeicheln. „Wizzet, daz valsch lechler sind des teufels hechler, di pfaffen und leyen und hohen fürsten hecheln künnen und auch bürsten und darzu mit affen salben sogar durch smirben allenthalben", Renner 1168 ff. „Swer mir streichet in den munt ein affensmaltz und als ein hunt mich veringen darnach peizzet, grozzer vntrewen er sich fleizzet", das. 13230 ff. Vergl. „Manic tor gar ze einem affen wirt, so man mit valschem lobe in smirt", das. 15391 f.

Affenber, schwarze (Jir.), s. Nebelber.

Das Affenort, die Affenbank, wo die Narren, die Geäffeten sitzen; s. unter Eisen u. vgl. Grimm, Wbch. I, 184.

Der Affalter für Apfelbaum soll noch unter der Ens üblich seyn; Castelli, Wbch. 40: „der åhfålta, der Apfelbaum." Affalterpawm oder apfelbawm, pomus, Voc. v. 1482. „Die wilde affalter . . . von der sussen affalter risent susse epfel", Cgm. 5, f. 226c. „Die affaltern vnd pirenbaum", Cgm. 631, f. 106 1/4. „Pomus aphelpaum, malus aphalter", Clm. 4380 (XIV. sec.), f. 2a. „Funf apfältter und sechs pierpaum in schloßhof zu Ausburg" (1585); „acht fruchtper apfalter paum", Cbmkl. 359, p. 5. 16. „Wie man rot öpfl sol machen. Nym ain zwey von einem weißen appholter und peltz es auf ein erlein stock; des zweyll frucht wirt schon und rot", Cgm. 4543, f. 214. „Pleter von sauern alphaltern", das., f. 231. „Curtis in superiori affoltre prope antiquum castrum Regensberg", Schweizer Urkf. v. 1256 u. 1257 im Geschfr. I, 370. 372. „Zu ainer affaltern", Clm. 4373 (v. 1437), f. 109; auch 107. 108b. gl. o. 86. 173. 177. 411. 358: affaltra, apholtra, afiltra, affeldre malus. gl. a. 239: untar affoltrun, im Prüflinger Codex v. 1156. unter affalteren sub malo. Vrgl. Grimm II, 332. 531. III, 368. Graff I, 174. V, 440. BM. III, 31. Grimm, Wbch. 185. 534. Zeitschr. VI, 23. ags. apulder, apuldre: „malus apuldur, melarium milsc apuldr", gl. zu Epinal, Mone's Anz. 1838, Sp. 144. „On Limene-muthan æt *Apuldre*" (in the month of the Limne at Appledore), Ortsname, Sax. Chron. ad 893-4, Ingram p. 114. 116; „on thære haran *Apuldran*" (at the estuary of Appledore), ad 1066, p. 263. — Daher wohl Affalterbach als Bach- und Ortsname. Ein Affalterbach fließt unter Moosburg in die Isar, woran das Dorf Affalterbach, eine Filiale v. Schweinersdorf (Suanahilta dorf), nach A. Nagel die berühmte agilolfingische villa affoltrapach (Meichelbeck, Hist. Fris. ad 755.); ein anderer, woran das gleichnamige Dorf, geht unter Pfaffenhofen in die Ilm. (Man hört hier blos: Falterbach, schreibt aber noch Affalterbach). Affeldrach, Ort im Bisthum Augsburg, Clm. 12254; fol. ultimo. Vgl. Förstemann I, 86. Cfr. Affolter, Mistel, nach Heppe; Affholter, opulus, nach Henisch.

„Affarizen", Alpen-Johannisbeeren, ribes alpinum, auch *Auriz'n* (-∪∪; Gastein, Weinberge) und *Dabernatschen* (Jir.).

affer, affə' (OPf.), nachher, dann. Zeitschr. VI, 170. Da man statt nachher (-∪) auch sagt achə', so möchte durch Verwechselung des ch in ff dieses affə' entstanden seyn. Indessen stimmen mit affer die unten folgenden sehr alten Formen: afft, afften, affter zu genau zusammen.

äffik, äffk, adj., (Nordfranken) verkehrt; s. abich u. vrgl. ahd. eiver mit eipar, Graff I, 100; (s. Eifer.)

Der Auf (Auff), die Nachteule, strix. „Bubo Auff est, non Eyl", Avent. Gramm. „bubo ein aufe", Clm. 5008 (XV. sec.), f. 148. „Bubo haizt ein auf oder in anderm däutsch ein haw", Konr. v. Megenb. (Pfeiffer) 173,3. „Wer des aufen Herz nimt und legt ez ainer slâfenden frawen an die tenken („gelinken") seiten, sô sagt si allez daz si getân hât", das. 173,11. „Der rab ist sterker des tages, sô ist der auf sterker des nahtes; der rab frizt dem auf (aufen) seineu air des tags, sô frizt der auf dem raben seineu air des nahtes", das. 177,9. ff. (ahd. ûvo bubo, gl. i. 497. 770. ufun bubonem, gl. a. 468. uuf bubonem, gl. o. 204. bubo, hufi, Clm. 19488, f. 121. bubonem uvin, Clm. 4606, f. 101. ulula ewfel, Clm. 5877, f. 156. Graff I, 172. IV, 835. BM. I, 742. Diefenb. 82c. Vgl. schwed. Uf, Uhu.) „I wir' mi' və'zaubə'n — los auf! Də' Hans'l macht Augng wiə ən *Auf*", Kaltenbrunner, oberösterr. Jahrb. 1844, S. 223. „Aubey" (Jir.), die Eule, strix aluco. Höfer unterscheidet den Stockauf, strix aluco L., und das Äuffelein, strix passerina.

Der Auf, das Zäpflein im Hals (aus lat. uvula umgebildet). „Vfula hayst der auff oder das plat, das den menschen macht hört (hart) redent und haiser an der stim", Cgm. 170, f. 6a. (vgl. Konr. v. Megenb. 16,34 ff.) „Wer haiser ist vnd wem der auff yn dem mag hals von der lungl auff wärt", das. f. 1a. Contra vfulam . . nym . . . und legs auff den auff, daz etzt yn hin", Ind. 355, f. 1. „Gewinnet pöse stimme und wechst im der auf", Clm. 5879, f. 208. Vrgl. Diefenb. 633b. BM. II, 451. III, 195. Sieh unten Uve.

auf (au', ə'; OPf. áf; Lech ôf), praep. und adv., wie hchd.; goth. iup (nur adv.), ahd. mhd. ûf. Graff I, 169. Grimm II, 49. IV, 775. 867. BM. III, 173. „ûf walde, ûf dem w., ûf welden" statt im Walde ꝛc., so immer bei dem Labrer, wobei an ein hochliegendes Waldgebirge gedacht wird, (vgl. span. monte = Wald); Grimm IV, 822. aufher (-᷊ auffə', au'hə', au'ə), herauf ('rauf, 'rau') herauf; aufhin (-᷊ auffi, au'hi', au'i; Zeitschr. VI, 253, III), hinauf ('nauf, 'nau') hinauf. auf und auf (auffər und auffə', rauf und rauf, auffi und auffi, 'nauf und 'nauf), von unten (ganz, ohne Unterbrechung) bis oben. auf und nider, vom Kopf bis zum Fuß, ganz und gar. „Er sieht seinem Vater auf und nieder gleich." Mein Auf und Nider, mein beständiger Gesellschafter, der mit mir „hebt und legt;" mein kleines Hab und Gut; dés is mei˜ ganz·s Auf und Nidə'. Zeitschr. IV, 65. NB. Die hier nicht angeführten Composita mit auf sieh unter ihren Primitiven.

Die Aufacht, s. oben bei Acht.

auf begeren, vrb. n., mit Einem wegen einer
32 Sache (vielleicht ellipt. statt: Einen auf Recht begeren), expostulare de injuria cum aliquo; Abstellung, Widerruf oder Genugthuung fordern. s. Recht.

aufbringen, Einem etwas, auf Kosten einer Person etwas unter die Leute bringen; etwas Unwahres, Nachtheiliges von Jemand sagen. Einem einen Spitznamen aufbringen. ən *auff'brǎchts* Wes·n, etwas Falsches, Nachtheiliges, das über Jemand unter die Leute gebracht worden. Is nét wàr, is schêd ən *au'brà'ds* Wés·n.

auf gên, scherzh., böse werden.

aufhaben, 1) scherzh., etwas betrunken sein. 2) ellipt. statt: Geld auf den Leuten haben, Capitalien bey Privatpersonen aufliegen haben. 3) JägerSp., Geweihe auf dem Kopfe haben. Iatz *hàbm* d· Böck' net *auf*.

aufkemen, aufkummen, offen, offenkundig, bekannt werden. „Es wird aufkommen, wer Recht hat, ich oder du." „Der Dieb hofft immer, er werde nicht aufkommen." „Deine Schelmenstücke werden aufkommen."

Die Aufrasbuben im Siedhaus zu Hallein.

auf seyn, sich aufmachen; auf den Beinen seyn mit Wehr und Waffen. „Unser Ambtleut sollen (wo sich Straßenräuber zeigen) von stundan mit jrer rüstung und unsern Unerthanen auff seyn, denselben nacheilen. . ." LR. v. 1616, f. 711. 716. „Die Grafen N. waren auff und überzogen den Bischof", Av. Chr. 384. auf seyn über Einen, ihn durchprügeln, oder auch: mit Worten zurechtweisen, schelten; (Baader).

Der Aufüber, (in OL. Bauernhäusern) das Stockwerk über dem Erdgeschoß. So ist unter dem uf hus der alten Glossen (a. 118. 363. o. 132. 258. i. 515) wol auch immer ein Saal im obern Stockwerk zu verstehen? Vrgl. Graff IV, 1052. BM. I, 789. Grimm Wbch. I, 663.

äuffern, (Frank.) in Aufnahme, in bessern Stand bringen, befördern. „Um die Stadt weiter in Aufferung zu bringen. „So viel aber die Aufferung gemeines Nutz betrifft", Bayreut. Privil. von 1639. Verord. den Anbau der Stadt Erlang betr. v. 1744. „Damit unsere Lehengüter rechtschaffen geeifert werden . . . die Lehen eifern und bessern." Ansb. Verord. v. 1616. 1760. „exaltate, uffet", Cgm. 17, f. 215b. „Ez ist der welte orden tur dz siu gut gehorden, da mitte siu sich ufen", Diut. II, 150. Im schweizerischen Schriftgebrauch ist dafür äuffnen üblich. (cfr. öffnen u. gl. a. 265: uberis uffonti, 473: promit uffit.) Vrgl. Grimm I, 950. Graff I, 168. BM. III, 178. Grimm, Wbch. I, 636.

Der *Ef·queck*, *Efgwech*, des *Ef·quecken*, (Nürnb., Hsl.) im Spott: der Invalide. cfr. Qua'ck.

Der Eifer, wie hchd. — eifern mit Einem oder Einer, auf ihn oder sie eifersüchtig seyn. So lang mei˜ Wei' mit miər *geifə't* hàt, hàn I gwis gwîst, dàs ·s mi' gern hat. 'Gnä' Frau tuət *eifə'n* mit də Kamə'-jungfə', die gnädige Frau fürchtet ein Einverständniß ihres Herrn Gemahls mit der Zofe. „Ludwig (der Strenge) hat bey Maria auß Braband kein Kind gehabt, hat umb sie geeyffert, hat sie als ein Ehebrecherin richten lassen"; Avent. Chr. „Die acht tochter der unlautterkeit ist eifern", Cgm. 632, f. 43. „Er eyffert umb mich tag und nacht" . . . „darumb das du thest übel trauen und eifferst umb dein frommen frauen", H. Sachs 1612: III, III, 116. 121. 124 (1560: III, III, 61.) „Ich hab leider geeiffert sehr umb mein weib ie lenger ye mehr, wann ich hett die Breckin sehr lieb, dasselb mich zu dem Eyffer trieb", das. 1560: III, III, 62. — „Herzog Jörg den des Closners schönes Weib zu Gern bei Nacht nicht einließ, „hat dem Closner den Eyferer lassen aufblasen und das Hew auf dem Wißmad an den Hochhen verbrennt", Hund, bair. Stbch. II, 191. eiferig, adj.; „ein eiferig, schalckhaftig, böß, tuckisch weib", Seb. Frank, Spr.W. 1601, f. 282. NB. Eifer, dem in der a. Sp. statt ei ein î entsprechen 33
würde, ist doch kaum Eines Stammes mit ahd. eipar (gl. a. 278. 351. i. 729. 736) eiver (muoteiuer, Notk. 105,33. an den eiuer tuonten, in amaricantibus, Notk. 105,1. eiuero, acerbe, Notk. 104,28. eiuer ding, res amara, Notk. 63,4. eifirin anden, amaro zelo, Notk. 104,3. vnd werdent rosche vnd eiver sam daz salz", Cgm. 89, f. 54), acerbus, amarus, scharf, bitter; niedersächs. efer, beißendscharf, evern, sich einfressen (v. Eiter); ags. âfor, validus, atrox, Judith XII. Vrgl. Graff I, 100. Grimm, Wbch. III, 31. 87.

Der Ofen (Ofə˜, opf. Uəfm), wie hchd.; goth. auhns, ahd. ovan, mhd. oven; Grimm III, 352. 628. Graff I, 176. BM. II, 455. Grimm, Myth. 595². Gesch. d. d. Spr. 1022. Das Ofelein (Üflə), Nürnb., das Bratrohr, welches als ein kleinerer Ofen in einem größern angebracht ist. R.A. Der Ofen fällt ein, will einfallen, nagkelt, die Schwangere ist am Gebären. Die Ofenbank, Bank am Ofen in Bauernhäusern. Die Ofenbruck, s. Bruck. „Dar nâch sol kein ovenkneht noch ofnerîn kein vackellieht tragen bî tage noch bî naht, ân aleine in der laterne", Meraner Stadtrecht in Haupt's Zeitschr. VI, 424. ofnen, vrb., die Ofen ausbessern. Der Ofner, *(O.Loisach) der Ofenmacher, Hafner.

Der Ofen (Ofə˜), (in der Gebirgs-Sprache) ein emporragendes, durchklüftetes Felsenstück; v. Koch Sternfeld, Berchtesgaden I, p. 75; nach Schultes (Reisen) mit Balfen gleichbedeutend, also Felsenhöhle; nach Hübner: Felsenüberhang; nach Lori (BrgRcht.): Schurf an den Salzbergen. (Vrgl. kärnt. pezh, 1) Ofen, 2) Felswand; pezhovie, Gewändach; Jarnick, p. 61. 181.) Die Ofen beym Paß Lueg, eine mit schauerlicher Unordnung zusammengestürzte Masse Felsen, unter denen sich brausend und schäumend die Salzach fortkrümmt. „In monte qui dicitur *hauenœre* ubi oritur fluvius Salza", Juvavia, S. 364. 437, ad 1228. Noch heute werden die Felsenschluchten, durch welche sich die Krimmler Ache vom hohen Tauern in den Thalkessel herabstürzt die Hafen genannt; v. Kürsinger, Ob.Pinzgau 1841, S. 161. Die Ofen der wilden See-Achen bey Waidring unfern Pillersee. Auch die labyrinthischen Gänge des Haller Salzbergs in Tirol heißen Ofen; Schottky, Bilder, S. 272. Der Röthe Ofen, zerklüfteter Fels beym Hallthurm im Berchtesgadischen. Das Lambrechts Ofenloch, eine Berghöhle im salzburgischen Bezirk Lofer, wo, nach einer, weit ins Bayern heraus verbreiteten Volks-Sage, die sogenannte Loferer Jungfrau einen großen Schatz bewacht, dessen Erhebung schon mancher Pilger vergebens versucht hat. Der Ofenlochberg bey Salzburg.

off, adv., offen (opf. offm, B. offə˜, offə˜t), adv. u. adj., wie hchd. offen. off haben, den Kramladen offen haben, feil haben. Nach der ehmaligen Brauerordnung durften beym Ausschenken des Sommerbieres in Städten und Märkten nur je zwey und zwey Brauer off haben.

Der Mauloff; s. Maulaff unter Affe.

„Ein mauloff und ein lap,
ein leicher und ein bescheißer . . .
die sind alle geswister kind.“
Cgm. 713, f. 160.

offen, (ä. Sp.) publicus, öffentlich, 1) in gutem Sinne: ein offen geschäfft, mandatum publicum, Avent. Chr. Der offen schreiber, notarius publicus; Kr. Lhdl. I, 174. MB. V, 548. X, 342. XI, 513 u. passim. Die offen Buben waren (vor der bayrischen Invasion) arme Schüler, die das Essen bekamen, was die Alumni und nach ihnen die Exspectantes im Alumnat (früher Franciscanerkloster) zu Amberg übrig ließen. Cmh. 409, f. 23. 2) in schlimmem Sinn: offen gemain frauwen, Lustdirnen. Auf dem Concilium zu Constanz waren „offen gemain Frawen als man sy fand von einem haus in das andre mer dann syben hundert“, Ulr. v. Reichenthal. MB. VI, 625, ad 1443 wird kund gethan, „daz den offen und verboten (proscriptum) Richter N. v. N. niemand sol husen noch hofen, ze eßend noch ze trinckend geben, noch dehainerlay gemainsame mit im haben . .“ Vrgl. Graff I, 160. BM. II, 431.

offen war zur Zeit des Faustrechtes der feste Sitz eines Landsaßen und überhaupt jeder feste, geschloßne Platz (Schloß) demjenigen, der das Recht hatte, ihn mit seinen Kriegsleuten zu besetzen. Kr. Lhdl. XI, p. 133 wird die Veste Luzmanstain, p. 140 die Veste Forchtenberg, MB. II, 412 die Veste Hadmarsperg, Meichelb. Hist. Fr. II, p. 197 das Geschlos Wernfels als „der Fürsten v. Baiern „offen Haus“ erklärt. Die Öffnung; an, in einem festen Platze die Öffnung haben,
34 die Offnung fordern, „mit einer Veste Einem die Öffnung gestatten“, „Einem mit Öffnung gewarten.“ „Das Öffnungs-Recht“, jus aperturae, Kr. Lhdl. X, 322. 331. 371. XI, 133. 134. MB. VI, 604. VII, 159.

offenbar, 1) wie hchd.; cfr. Gramm. zu p. 170, Nummer 692, die Errata. 2) ä. Sp., öffentlich, publicus; „der offenbar Notari“, MB. XXV, 433. 4. Vrgl. Graff I, 163. BM. II, 433.

öffnen, eröffnen, (ahd. offanon, mhd. offenen; Graff I, 164. BM. II, 432); „einen Tag öffnen“, einen Landtag eröffnen, Kr. Lhdl. III, 82. eröffnen, vorbringen; MB. II, p. 54 ff. werden den Unterthanen des Klosters Frauen-Chiemsee die Rechte und Gebote der Abtissinn „geöffnet.“ Kr. Lhdl. VII, 425. 427 sollen die Vorsprecher und Gerichtsschreiber schwören, „des Fürsten Landgerichts-Obrigkeit und Gerechtigkeit zu öffnen und den durch ihr Wort in keinem Weg abzubrechen“. (NB. Dieses öffnen könnte zu äuffern gehören; s. d. W.) MB. II, 106 heißt es: „Wer zu öffnen hat von Erbschaft wegen . . .“ (vor Gericht vorzubringen). — Die Uebertretungen eines Gebots „öffnen“, sie angeben; Salz-Akten. Die Urtail öffnen, das Urtheil verkünden; alte Gerichtsord.

Das Ufer kommt außer dem Büchergebrauch im Munde des Volkes wenig vor; dafür aber: Land, Lend, Gestad. Es ist wol vom Niederdeutschen her eingedrungen (vrgl. Boot, Lippe, Peipe, Wapen u. a.). „Si lassen den pfeffer ain auf dem vber bol stan“, Cgm. 1113, f. 87ª. Im Angelf. findet sich die Form ôfor, ôfer, auch ôbr, mhd. uover (aus uo-var?), altfries. ôvira, ôwera, niederf. oever; — on ofre, Andreas 3420 *Heanyfre*, Kemble, Cod. diplom., p. 258 (a⁰. 814); cf. Han-over, Nien-overe, Baring 496. gl. i. 810: vwer, margo; Voc. v. 1419: vbr. Vrgl. BM. III, 193. Diefenb. 498c: ripa, 334ª: littus, 449c: portus. Vrgl. griech. *ἤπειρος*, Festland, Epirus, wol zunächst Ufer. Hean-yfre = Hanover = Alta ripa = Haute rive (Cisterzienser-Kloster) = Ri-alto (Quartier in Venedig; „Venetiae in civitate quae vocatur *Rivo alto*“, Cod. Benedictb. 113, fol. ultimo, a⁰. 1147.) = Rives altes (in d. Pyrenäen, Frankreich); „in vico Hanovere, Honovere“, Pertz, Mon. Germ. VI, p. 783, zuerst ad ann. 1100 circa. Firmenich, I, 204: Hannauver. Tolna an der Donau in Ungarn hieß den Römern Alta ripa. Brieg = poln. brzeg, česk. breh, Ufer. Vrgl. Ur-far unter faren.

---

aft, aften (óft, óftn), adv., (O.Inn) hernach, dann. (gl. i. 705: aftan-entiger, imus.) Zeitschr. VI, 37,1. 272,43. Vrgl. agf. *æft*; „hi sume *æft* æt thære neode abrudon“, some of them in the time of nead fell back (? wol „darnach“), Sax. chron. ad 1101. Ingram sagt p. 322: „*æft*, sax., *aft* and *abaft* are now expressions strictly nautical, they are however mere english.

after, praep., (O.Inn) nach; „after Ôstern; after'n Haller markt.“ „Affter sant Marteinstag,“ MB. II, 434. Daselbst findet sich auch die (richtige?) Stelle: dy Vogt ayr sol man nemen von affteren Oestern.“ darafter, darnach, darauf; Avent. Chr. passim. affter des, hernach; MB. XXIV, 144, ad 1394. Paff. Stdt.Rchtbch. Ms., gl. i. 461. Cgm. 3941, f. 27ᵇ. 91ª. (Innviertel, 1405. 1416). aftermalen, nachher, nachmals; Wstr. Btr. VII, 172. 1332. Eh nach als Präpos. üblich wurde, also in der alten Sprache, spielte after dessen Rolle. Gl. i. 706. 710. 752. M. M. 36. Otfr. IV, 2,25 kommt es auch für per (per aequora, per coelum, per novem ora, per terram) vor. Man hatte davon das Adjectiv afterer (gl. i. 585.), wozu die Comparative aftroro und aftrosto. „Uber al affter (umher?) hie und dort“, M. Beham, Wiener (1462) 401,23. „Drewhundert sah man uberal do affter ligen auf der wal; das. 302,3. After Land, über Land, über Feld; „get niht von tür ze tür pettellende afterlande“, Renner 5668. Der Kupferschmid „geit in (den schlechten Kessel) dem keßler zu kauffen, der tůt denne damit lauffen affterm land . . . ob nieman sey so unweis, das er in damit bescheiß“; des Teufels Segi, (Barack 344,10862). „Wallet after land“, Cgm. 379, f. 45. (Cgm. 270, f. 85 nicht mehr verstanden u. dafür: „wallet after in dem land.“) Graff I, 185 ff. BM. I, 11. Grimm, Wbch. I, 185. Vrgl. Th. IV: after wege. Jetzt kommt after, außer jenem Bezirk, wie im Hchd. (ahd. diu afterin, posteriora, Notk. 77,66), nur mehr in Zusammensetzungen vor: z. B. Afterdinges, Aftertraid, Afterkorn, Afterwaiz, Abfall vom Getreide, Korn, Waizen. Afterdarm; „podex vel extalis afterdarm“, Clm. 4388, f. 143. „Swem der after (adjct.?) darm ausget“, Fürstens. 121, f. 182ᵇ. Grimm, Wbch. I, 186. Afterglaube; „perfidia unglaub, affterglaub, litterey, Cgm. 3985, f. 4. Afterschlag, Aeste und Zweige von gefällten Bäumen. Afterreiter, Afteraufleger, bey Schiffzügen gegen den Strom. Aftermontag, 35
Afterertag ꝛc. Aftertreue, s. unten Th. III: spüren. Afterwân, verkehrte Meinung; „ân afferwân“, s. Th. IV: Wân. afterwænisch, unsinnig, absurdus; Avent. Chr. Afterwinter, s. Grimm, Wbch. I, 188. So česk. pa-bèrek, Afterlese, Nachlese; pa-blesk, Afterblitz; pa-bůh, Abgott. Afterkunft (Nachkommenschaft); MB. XVII, 307. XIX, 504. Afterkind, Kindeskind; MB. XIX, 504. ꝛc. Als Substantiv braucht man die Formen: das Gafter, OPf. das Aftrige, Wirzb. Afterich, Abfall vom Getreid. Zeitschr. III, 138. IV, 59.

Der Aftrer, (Nachtreiber beym Holzflößen?); „daß man mit dem Klausen auf den Twerchpächen wartte so lang bis die Aftrer auf dieselben Päch kommen;“ Salzb. Waldord. 12. Lori, BrgR. f. 109.

Der Äfterling (Höln.), Wurst aus dem Afterdarm gemacht; gl. i. 238: aphtarlinga extales. Vrgl Graff I, 190.

„Afte, kleine Blasen im Munde"; Hammer-Purgst., Wiener Jahrb., 120. Bd., S. 108.

aftig, adj. und adv., verkehrt, albern; (s. abechig.) Aftige (aftənė) Reden; ən aftiger Mensch; sou *äftig* Zeug (Königshofen), Firm. II, 407,72. Zeitschr. III, 336.

oft, adv., wie hchd. (goth. ufta, ahd. ofto, mhd. ofte; Graff I, 184. BM. II, 435.) Oftermâlen, ofterzeiten, öfters, zu wiederholten Malen; oftentag (oft einen Tag?), manchmal; *oft ə˜n Tàg* freut mi d'Aərbət, *oft ə˜n Tàg* nét á'; (cf. goth. auftô, forte). das öfter Mâl, (OL.) meistens. Man hört oft auch mitunter für einst, olim, quondam: *Oft* bin I à jung gwè'n. So in den gl. i. 749. 766. Diut. II, 353: olim ofto. Ahd. oftig, adj.; thaz oftiga ambaht, frequens ministerium, Tat. 63,3. die Ofte, sbst., oftmaliges Vorkommen; ən öft'n, adv., oft; dé *Efft'n* wàs ə' di' scho˜ g'soucht hô˜, wie oft ich dich schon gesucht habe, (ObrM.). Zeitschr. III, 177,49. IV, 40. Osterding, Ofterdingen; vgl. den goth. Personennamen Auftahari, Uftahari (Upitahari?) = ahd. Oftheri = agſ. Ohthere (Jac. Grimm in Haupt's Zeitschr. III, 147 ff.) u. den Ortsnamen Oftehringen, Oftheringen (Urk. im Kloster Wilhering v. 1160, 1161, 1167; A. v. Spaun), jetzt Ostering bey Efferdingen. Förstemann II, 1431.

Ag, ein gewisser Fisch; „perca ag vel persich", Voc. optimus, p. 46. Vrgl. Graff I, 105. Diefenbach 424c. Vrgl. Grimm, Wbch. III, 35: Egli. s. Agmaul.

Die Äg (ág), (O.Ammer) das Mutterschaf; s. Ä, Äu. und Gramm. 486, auch Grimm, über Diphthonge p. 18.

„aga, ungeschickt", (Isr.); vrgl. oben ächet.

Die Agel, (Hsl.) eine Art Bremse, die das Blut sauget. Vrgl. das hchd. Blut-Egel.

Der und die Agen, (ágng), plur. Ägen (ágng), Aschaffenb. Achel (Wetterau: Ahne, Brechahne, oberhess. Intell. Bl. 1845, S. 22; schles. Annen, Abfall von Flachs; Weinhold, S. 6), wie hchd. die Age, Abfall von Ähren, Flachs ꝛc., Spreu; goth. ahana, ahd. agana, agena (acus,-eris agena, Em. G. 121, f. 226. gl. a. 403. i. 125. o. 314: agana, agena, arista, stipula, festuca), mhd. agene (vrgl. Graff I, 105. 132. BM. I, 13. Grimm, Wbch. I, 189); „mit eheren ioch mit ageren" (lies: agenen), Diut. III, 58. „Si (die Alte?) sprach: nu leg hin aggen und flachs" (= ich brauche nicht mehr zu spinnen? vgl. BM. I, 13.), Cgm. 379, f. 48 u. 270, f. 88. „Was sichstu den agen oder dy vesen in dem augen deins pruder, aber den träm der do ist in deinem augen merkstu nit", San-Zeno 115, f. 134. „Daz er ain tram aus dem agen mach, trabem faciat de festuca", Clm. 5130, f. 208. „Du sihest di agen in dines bruder argen", Cgm. 66, f. 51. „Warumbe sihestu ain egen in dinez brûders ovgen, und sihest nicht ainez grôzen drâmen in dinen ovgen? Alder wie mahtu gesprechen ze dinem brûder: brûder, la mich dier der egen ûz den ovgen wergen . . . so soltu denne sehen wie du der egen ûz dinez brûder ovgen wergest", Grieshaber, Pred. I, 56. „Wann was sihest du den agen in dem auge deynes brûders, vnd sihest nit den trom in deinem aug", Augsb. Bibel v. 1507.

„Ein guten abend, Grett, bist schon do?
ich will dir schütten die agen ab
du bist mir die liebst auf mein aid",

sagt der Bauernknecht in der Rockenstube (bei H. Sachs 1560: III, III, 7; 1612: III, III, 12); „Du solts mir heindt kein agen abschütten", erwidert sie spröde.

„Jungfərə, derf I' eu' bittə˜,
lent mi' euərė *Ägəlė* schüttlə˜,
diə kleinə˜ wiə diə grossə˜
auf derə Jungfərə Schosə˜",

Spruch eines Burſches in der Spinnſtube in Auerbach's

Schwarzwälder Dorfgesch. 1843, S. 8, wo jedoch statt Ägələ oder Egəli steht „Engele." „Einen agen oder ein hälmlein tragen", Cgm. 638, f. 99½. Zeitschr. IV, 59.

Aegarn, Nebenstube, (Isr.); s. Th. II: Gaden.

Die Ägerst, (Schwab.) die Elster, (ahd. agalastra; gl. a. 561: aglastra; i. 112: agalstra; i. 133; agaza; o. 109: ageleistra; 409: agalastra; 168: alister; mhd. agelster. Grimm II, 367. III, 362. Graff I, 131. BM. I, 12. Grimm, Wbch. I, 189. III, 417. Diefenb. 432c.: pica). „Homo habuit avem valde loquacem quae dicebatur aglaster", 2⁰ XV. Clm. 16602, f. 132. Buch d. W. 1485, f. 148. der agerafter, Cgm. 712, f. 48. Vgl. schles. Aglaster, Alaster, Scholaster; Weinh. 5b. Aglasteraugen, Hühneraugen; „wiltu machen wasser zu wartzen und agelester augen und hor vertreiben"; Ms. sec. XIV. Diefenbach 126b. Zeitschr. IV, 2. 469. s. Alster.

ageleize, mhd. (ahd. agaleizo; Grimm II, 221 f. Graff I, 131. BM. I, 12), adv., eifrig; „daz er muse gewinnen mit dem seinem swæizze choom vnt aglæizze daz er ernerte den lip", Anegenge (hg. v. Hahn) 19,63 ff.

„Äggeil, (Isr., Lungau) Hebamme; (zu goth. aithei? s. oben Sp. 37: die Aide); cf. *ánl, á˜l.*

Agmaul, ein Fisch; s. Ammersee u. Ag.

aigen (aəgng, áigng, ágng), adj., wie hchd. eigen 1) ä. Sp., von Personen: einer andern als Eigenthum gehörig, leibeigen; 2) von Gütern: dem Eigenthümer unmittelbar gehörig, allodial, „ludeigen." Vrgl. Grimm, RA. 312. Graff I, 113. BM. I, 414. Grimm, Wbch. III, 91 ff. Das alte vb. eigan, êgan (êhta), haben, lebt noch im schwed. äga (richtiger êga.) Zu 1): ein aigen Man, ein aigen Weib, aigen Leut, Leibeigene; sie konnten „arme Leut" d. h. Bauern, oder selbst adeliche Dienstleute (Ministeriales) seyn. „Ingenuus unaygen", XV. Clm. 4432, f. 55. MB. XX, 28. 31, ad 1385 kommt eines „burgers zu münchen aigen man" vor; cfr. MB. XXII, 503. Zu 2): das Aigen, der Aigen-Acker, das Aigen-Land, das Aigen-Holz, das Aigenstuck ꝛc. Gut, Acker, Holz, Grundstück, so freyaigen, grundaigen, ludaigen oder allodial ist und nicht im Lehen- oder grundherrlichen Verbande steht. — „praedium aigen, feodum lehen", XIV. Clm. 4350, f. 2. Mein Aigen daz N. N., mein rechtes, lauters, lediges, freys, unansprachs Aigen;" MB. passim. Inwerts Aigen, s. Th. IV: wärt. „Von ainem aigelin datz gerütt"; MB. VII, 157, ad 1303. (Das subst. neutr. eigan 36
als praedium, fundus, patrimonium, allodium in den alten gl. passim. Gl. o. 141: uatereigen patrimonium.) Noch heißen verschiedene Höfe, Dörfer, ja ganze Gegenden: Aigen, oder im Aigen, weil sie Adelichen oder Klöstern nicht als Lehen, sondern als Allodien zugehörten; z. B. Groß- und Klain-Aigen bey Neukirchen im B. W. . . Aigen (Ayng) bey Helfendorf. Im Aigen (in'n Aəgng) zwischen Geisenfeld und Reichertshofen, eine auf Appian's Karte richtig bemerkte Gegend. Am Aigen; das obere und niedere Aigen. Kr. Lhdl. II, 7. 13. X, 355. XI, 473. „Ain Hof auf dem aigen zu Müspach"; MB. XIX, 117, ad 1431. „Die hirten und die pauláut warn von einem aigen oder dorf . . . do nahent er zu ainem grozzen aigen; Cgm. 54, f. 35b. 3) bestimmt, genau; dés is dé *aəgng* Wäret, verissima veritas, (ObrM). Aigenhaft, aigenhaftig, eigen. „So ist daz guet ir aigenhaftz gechaufftz guet, als ander ir aigenhaftigeu hab"; MB. V, 71. (gl. i. 497: eiganhafter, praes, praedis.) Der Aigenherr, die Aigenfräu, (ä. Sp.) welche nemlich Personen oder Grundstücke als Aigen besitzen, — im Gegensatz der im Lehenverbande stehenden bloßen Nutznießer. MB. XXV, 396. 498. Das Aigenzimmer, ledige Person, die eigene Wirthschaft führt; s. Zimmer. Aigenknecht, leibeigener Knecht; „ja sol man sînen eigenkneht lâzen leben nâch mannes reht" ꝛc. W. Gast 7865.

aigenlich, aigentlich, adv. und adj., (in Verbindung mit den Verben wißen, vernemen, verhören, empfinden, aufschreiben u. drgl.), ä. Sp., genau. „Eines Dings aigentliches, aigenhaftes Wißen haben; eines Dings ganze Aigenschaft wißen; (ein Ding) für ain ganze Aigenschaft wißen"; es gewiß, genau wissen. Kr. Lhdl. II, 55. III, 306. 241. 245. IV, 99. V, 135. 172. „sich aigentlich erfaren," genaue Erfahrung einziehen. Ref. LR. Tit. 2, Art. 6. Ztschr. II, 30.

Die Aigenschaft, wie hchd. Eigenschaft; ä. Sp., der Zustand des Angehörens oder Aigen-seyns; 1) von Personen: die Leibeigenschaft. „Nimt ein aigen man ein frawen, deu frei ist, damit hat sich deu fraw verlait, und gehorent deu chint nach dem vater und nicht nach der Muter, und ziucht diu aigenschaft deu chint hin." Rchtb. Ms. v. 1332. „Ledigzellung der Aigenschaft (Leibeigensch.)", Formular, Raitenb. 166, f. 148. Anm. Ueber den Unterschied in der Gemüthsart der leibeigenen Bauern Böhmens und der nicht leibeigenen in der Pfalz, Bayern u. Schwaben findet sich ein Urtheil des böhmischen General-Zeugmeisters H. Hußerle Freyh. zu Chodaw (um 1600) im Cgm. 1212, f. 43—44. 2) von Sachen: das Eigenthum. „Die Nunnen sollen die Aigenschaft (den Besitz eines Eigenthums) vermeiden; MB. XVIII, p. 501. Der Eigenthum, (wirzb. LG. Ord. v. 1618) „das ist sein frey lauterer Eigenthum."

aigen, veraigen Einem ein Guet, es ihm gerichtlich als freyes Eigenthum übergeben; ein Lehen als Allodium geben; MB. XVII, 38. 109. XXV, 133. Mederer, Ingolst. 41. Chr. Bened. II, 112. Einem eine Sache veraignen (veràignge~), sie ihm eigenthümlich überlassen (b. W.). aignen, einaignen, mancipio dare, mancipare; Voc. v. 1618. (gl. i. 509: id) aigene, vendico. Diut. III, 143.). sich aignen, sich zueigenen; „de schui~st·n Stuck hàt ər èəm (sich) glei' g·àigngt", (ObrM.).

Das Äug, das Âugen, wie hchd. das Auge; (vrgl. Gramm. 171 ff. u. 871). „Den sehen des ougen, pupillam oculi", Cgm. 17, f. 26b, Ps. 16,8. „Der gaiz prach ein aug auz und legt daz an enes augen stat," Cgm. 54, f. 52b. „Siehst dadà no' 's blab *Aug·n?*" Lindermayr 142. — Auge (point) auf dem Würfel; „lusor ludens ad taxillos si jactat unum *oculum* . . . si jactat duos *oculos*" etc. Ind. 152, f. 31b, sec. XV. „Wir wöllen der meisten augen spilen, Cgm. 439, f. 45. Haupt's Zeitschr. VIII, 563,432. Fettauge: „kaən *Augə-l* Fètt·n auf de' Suppm" (b. W.). R.A. nach Äugen, nach dem Augenmaße; „Lamm- und Kitzflaisch soll nach Augen verkauft werden. . . Zungen und Milcheuter sellen nach dem Gewicht und nicht nach Augen verkauft werden"; Augsb. MetzgerOrd. v. 1529. unter Äugen, st. unter die, oder unter den Augen, in conspectum, in conspectu. „Es sollen die Wirt den Gästen die Kanten under Augen setzen;" LR. v. 1616, f. 548. „Ob si von irem gewizzen Boten ermanet wurden ze Hus, oder
37 ze Hof, oder unter ougen"; MB. VI, 602. Kr. Lhdl. XII, 86. „Ein los gebærde liebet under ougen", Labr. 197. 262. „Es sol auch dem pfarrer noch seinen gesellen dhain pfarrman noch zechman in chainerlai weis dhainer widerred in der kirichen under augen sten, noch tuen, damit er oder sein gesell in dhainer andacht yntert geirret werden die weil sy meß habent", (Bischofsdorf im Innviertel); Cgm. 3941, f. 173. cf. Th. III unter Schem. BM. II, 451. Grimm, Wbch. I, 791,5. R. A. Gesicht der Äugen, im Nu, plötzlich. Gsicht dər äugng (⏑⏑́) is ə' furt gwé'n. R. A. Nicht das Geringste, was Einem im Äug wê tuet, d. h. nicht das geringste Unangenehme, Misbeliebige. Daher: kain Äugwê, nichtain Äugwê (kaə~ au'wê, kaə~ au'wê·l, nét au'wê, nét ən augwê), gar nichts Übles, Unangenehmes. „an auwêle, ein bißchen; koan auwêle, nicht das mindeste", (Mittenwald, Rath Her). Es ist bey eim bißlin dürr aufgangen, nicht überblieben, das eim in einem Aug weh thut"; Seb. Frank. Häslein in s. handsch. nürnb. Idiotikon erklärt die R.A. kein Zährlein durch: „nicht so viel, daß es Einem im Aug weh thut; nicht das Geringste." „Hä kritt och noch nit esu vill, als mer *em Aug licke* (leiden) kann" (Köln), Firmenich I, 475,190. Vrgl. Konr. v. Megenb. (Pfeiffer 454,26): „ez ist nichts sô klain, ez tuo in dem augen wê", das Geringste schmerzt im Auge. Das gereimte Buch der Könige (Ingolstadt 1562) sagt (Reg. II, c. XIII): „Annon du must ja essen, on essen niemandt taug, und wann du nit wilt essen, so stirbst du in dein Aug." R.A. „Dés henkt mər übə' d·Augng", es kommt mir unwahrscheinlich, übertrieben, bedenklich vor, (ObrM.). Die Äugleinber (áiglbér), die Heidelbeere. Sie werden im Augelwald scheffelweise gesammelt und gedörrt; s. Wald. Das Äugengestell, (B. W., OPf.) eine Krankheit des Rindviehs, wodurch es dumm wird und gegen die Wand geht; Augstall, Cgm. 964, f. 123. cf. Th. III: Fürgestell. — „Aug·nhöbel, Augenlieder; Glàsaug·n, Brille"; Kaltenbrunner, oberösterreich. Lieder, 1845, S. 176. 201. — Augenweide; „spectaculum, egylwaid", Teg. 439, fol. primo. ougelwaid und lust", M. Beham, Wiener (1462), 385,2. — Vrgl. Auschelm, offenbarer Schelm, ꝛc. s. oben Sp. 3. Zeitschr. IV, 65 f.; vrgl. 478: ôgvul.

ainäug, ainäuget (aənágg, aənággət), adj., einaugig. „ainoukkin, luscum", Clm. 4606, f. 146. Diefenb. 340a. „Da vand er auch an im daz er ainaugk was", Cgm. 54, f. 70b. „Ainaugckhet", Wstr. Btr. V, 120, ad 1580. Fig. ən aənággətə' Kreuzstock, ein Fenster, nicht, wie gewöhnlich, mit zweyen, sondern nur mit einem Flügel. biräug, biräuget, rothaugig; cf. niederd. piren, (Braunschw., Firmenich I, 175,69), engl. to peer, gucken, und unten Birgaug. — *grenággət*, (Kitzbühel) der Eiter an den Augenliedern hat. — glasäuget; „daz er erblindet oder sus bœsiu ougen gewinnet, süröuge (Kling, 415: swer euge) oder glaseöuge oder starblint", Br. Berthold (Pfeiffer) 433,14. Vrgl. BM. II, 452b. Die a. Sp. hat neben einouger, luscus (Tat. Matth. 18,9, gl. a. 89, i. 493, o. 34. 202. 418.), auch die Adjectiva plehinouger (lippus), surouger ꝛc. Vrgl. Graff I, 123. BM. I, 452. Zeitschr. VI, 279,10.

æugeln, vrb. n. et act., 1) mit Blicken, mit den Augen reden (wie Verliebte), to ogle; an-, zue-, ꝛc. æugeln. 2) Jäger Sp., beym Einkreisen oder Umgehen eines Bezirkes die Spur des Wildes suchen; abæugeln, beæugeln, b·æugeln. Das Geæuglet, das Schauen; „Dà han i' hald á *G·œuglát* gög·n Himel vobracht und á G·schau" (die „Sternreuspern" zu sehen), Stelzhamer 138. Blenæugeln (blenágg·ln), liebäugeln. Der Blenæugler (blenágglə'), der Liebäugler; der Liebesblick. schelmæugeln, schelmisch blicken. naßæugeln, waßeræugeln, Thränen im Auge haben, ohne daß sie doch herabfließen; əs is mə' so z· Herz·n 'gangə~, dás I hà' *wassəräug·ln* müess·n. Vrgl. niederd. blindöken, blinzeln (Firmenich I, 274,17), schüddekoppen, reckhalsen, likmûlen. Zeitschr. VI, 280,25.

æuglet, adj., (Hochland; von Rindern) mit kleinen rundlichen Flecken gezeichnet; ən *äuglətè* Kàlbm.

'äugen, æugen, æugenen, eugen, vor Augen stellen, zeigen (ahd. ougjan, mhd. ougen, öugen; vrgl. Graff I, 125. BM. II, 453. Grimm, Wbch. I, 801. III, 1192). „Als ob der (unsern Herrn, sc. die Hostie, aufhebende) priester sprech: als ich jn heut aug, also augent er sich an dem chreucz allen den, die da gegenburtig seind . . . also augent er all tag sein wunden seinem vater, also augent er an dem jüngsten tag sein wunden", Br. Berth., Cgm. 1119, f. 18a. „Mit hantvesten und mit zeugen, als man daz schol eugen, Waldsass., Cbm. 91, f. 19b. „Din triuw du eugest offenbar", Altswert 105,13. „Die ritter augten auch ir macht", Wittenw., d. Ring 55,2 (p. 244). — sich äugen, æugen, æugenen, geäugen, sich zeigen. „Ich torst mich da geäugen nit"; Cgm. 270, f. 104 und 379, f. 66. „Flores apparuerunt in terra nostra, dye pluemen habent sich geäugent in unserm lande", Clm. 12723 (v. 1417),

f. 77. ZZ. 1842, f. 48b. Cant. cant. 1477. „Das sich eegt oder erzeigt", Voc. Melber. „Da ward sich eigen das lang verborgen lag", Wolff, histor. Volksl. 246. „Alsô wenn der hailige gaist fleuht von dem menschen, sô äugent sich der rauch", Konr. v. Megenb. (Pfeiffer) 72,29.

ercæugen (sich), sich zeigen, sich darbieten; (ahd. bei Isidor, Kero, Otfr. passim: araugan, irougan). „Nachdem sich auf dem Dachsperg, in der Lamb, Podenmais und andern Orten vor dem Pehaimwald, als uns angezaigt ist, Perckhwerch auf Silber und Metal ereugt." Lori, BrgR., f. 185. Gemeiner Regensb. Chr. III, 453. Aus eräugen ist, widersinnig genug, das jetzige ereignen gebildet.

egen, egenen (égng, égngə˜), wie hchd. egen, occare, (ahd. egjan, mhd. egen; vrgl. Graff I, 112. BM. I, 410. Grimm, Wbch. III, 32. 34. gl. i. 271: giegit, aequaverit; o. 141. 246. 406. 412: egunge, occatio). Die Egen (égng, éggng), die Ege. An der Ilm und andern Orten hat man noch die Aussprachform: aədn, átt, áttn, nach Gramm. 236. 407 zusammengezogen aus dem alten Egd, ahd. egida (gl. a. 37. 514. 555. i. 115. o. 142. 203), mhd. egede, eide, wie noch in Hessen: Eide (Vilmar). „Sie sint beide (mîn hûbe u. mîn hâr) sô glanz, daz si baz zæmen einem tanz danne der eiden oder dem phluoc", Helmbr. 515. „Dô bran sîn eide und der pfluoc", S. Helbling I, 697. „Sô werd im sîn vürspan gelîch einer eiden; das. VIII, 321. „gie diu eide über in", das. VIII, 531. „Dâ fand er einen egten zan als einen nagel getân", v. d. Hagen, Ges. Abent. LXIII, 65. 188. Schon im Tegernſ. Urbar (F. v. Freyberg, p. 165): Aeiten. Ms. v. 1332. (Wstr. Btr. VII, p. 78. cf. 230) heißt es: „als die Att ab dem
38 acker chumpt und er zwpawn wirt." Voc. v. 1419: rastrum, ein eg oder ewt. Die Hundsättn oder Doppelättn (Egden) besteht aus zwo mit einander verbundenen Eggen. átten, áttnə˜ (egden), vrb., egen. Zeitschr. IV, 105,27.

Die Egerflaschen (égə'-, égərə' Fl.), 1) Flasche mit Eger-Sauerbrunnen, 2) jede Sauerbrunnenflasche, und jeder also gestaltete steinerne Krug. „Egerflaschen, Sauerbrunnenflaschen, seria"; Onom. v. 1735. Zu bemerken ist, daß die gl. o. 322, nach amphora kanne, eger für sich als aquaria aufführt. „Salzbüchsl, Egiern, Lampetten und was zu ainer fürstlichen Credentz gehört" (ad 1571), Zeitschr. f. Bayern, 1816, IV, 64. Cf. Grimm, RA. 646.

„égerisch, égkerisch, (Ob. Isar) affectiert." Etwa eigentlich: dreust, furcht-einjagend? von goth. agis, ahd. agi, egi, mhd. ege, Furcht, Schrecken; ahd. „egibari, formidolosa", Froumundi Cod. Boethii (Wallerstein-Maihingen), f. 19. „Swer under dem zaichen (Virgo) geborn wirt, der gewint ain brait antlut und ain egberes antlit", Diess. 140, f. 85b.; mhd. egelich, egeslich, eislich, schrecklich; „die weile sie wâren uf dem wege, die sêle begraif ein starchiu ege . . . si sach den egelîchen gaist", Tungdal. (Hahn) 54,53. 56,13. griulich und eglich, Griesh., Pred. I, 136. 139. 143. Graff I, 103. BM. I, 410. Vrgl. Graff V, 448: egitior monstrum und holl. akelig, schrecklich, traurig. Vergleiche das schwäbische oggerisch und ergegern; s. auch unten aislich, aischlich, aistlich.

Die Egert, Egerde, s. unten eren u. Th. II: Gärt.

Die Egedechs, das Egedechslein (Egədécksl, O. Loisach), die Egizen (égəzn, Igəzn, Ob. Pf., Nürnb.), die Eidere; (ahd. egidehsa, gl. a. 44. i. 134. 223. 702. o. 105. 302. mhd. egedehse; Graff I, 129. BM. I, 411. Grimm, Wbch. III, 32. 83). „Der (abgeschlagene) schwanz wechst der egdessen wider", Konr. v. Megenb. 152a. 160. „Nim die egedehsen unte lege sie viventem infirmo super umbelicum et liga. omnis morbus qui est in aegro der chumit in die egedehsen", Cod. Oenopont. 652. Mone's Anz. 1838, Sp. 609. „lacerta, egdochs", Voc. optimus, p. 45. Diefenb. 314c. Vrgl. VII Com. egerechs. — „in loco Ebidehsunhusa, Ehretticha" (Eredig); Salzb. Traditions-Urk., Clm. 15809, 2tes Vorsetzblatt.) Zeitschr. VI, 471 ff. Vrgl. Ader, Heider.

ággərá! so wohl!? Ausruf als Zeichen des Verständnisses, des Wahrnehmens; (Baader).

Egidi, Aegidius, (s. Gilg, Jilg und Gidi); RA. auf Egidi (wenn 'ən Schleifə' sei˜ Tàg is), niemals, ad calendas graecas.

egel, degel, jenseits, diesseits; (s. en-halb).

'Der Egel, 1) Igel (ahd. igil, mhd. igel; Graff I, 130. BM. I, 747. Vrgl. ἐχῖνος, Grimm, Gesch. d. d. Spr. 1021.); 2) Grille, Posse, Schwank (Grimm, Wbch. III, 33).' „Dan thut (der Trunkene) mit halbem Wind her segeln und treibt sehr seltsam schwenck und egeln", H. Sachs 1560: II, IV, 101b. „treibt so seltsam Egel und Grillen", das. III, III, 43b. Der „Egelmeyer" spricht: Vil Egel trag ich in meim schopf, die hundsmucken schwirmen umb mein kopf", das. 1560: V, 469 (1612: V, III, 146). „Im kopf so stechen jn die egeln, die hurneusen, hundsmucken und grillen", das. 1612: IV, III, 20. „Auch so treib ich gut schwenck und egel", sagt der Freihartsknab, das. 136 (1560: IV, III, 62). „Mit seltsamen egeln", das. 1612: V, III, 97 (1560: V, 385). Egelmeier, Schwänkemacher, Possenreißer, scurra; „ein rechter Egelmayer", H. Sachs 1612: IV, III, 177 (1560: IV, III, 82). „Häderlein, nimb hin das hoffkleid mein, du must mein eglmeyer sein", sagt Frau Stultitia bei H. Sachs 1612: II, II, 18. „der seltzsam egelmeyer", das. 1560: IV, III, 9b. — egelisch, adj., launisch; „du bist gar wunderlich und endisch, zu seltsam, eglisch und zu grendisch", das. 32. Vrgl. Grimm, Wbch. III, 35. — 'egeln, taumeln, besinnungslos schwanken (wie ein Betrunkener oder Schlaftrunkener).' „Er phantasiert und daher egelt", H. Sachs 1560: II, IV, 46 (1612: II, IV, 124). „Ich bin je hinnen, er ist dauß, und egelt also umb den brunnen, samb thöricht und halb unbesunnen", das. 1560: II, IV, 26. „Hernach so fecht man an zu egeln" (in der Trunkenheit); das. 98b. „Und war noch wol halber schlaftruncken und egelt also auf die stiegen", das. 119a. Vrgl. Grimm, Wbch. III, 34. „egeln, (b. W.) schlafen." Der Schlâf-Egel, Langschläfer; opf. Schlâf-Igel. Eg'lhaubm, Langschläferin (b. W.). Vrgl. auch igeln, ilgen, ainigeln, urigeln (vom Einschlafen und Prickeln der Finger und Zehen). Zeitschr. II, 250. VI, 157.

Die Egel, der Blutegel (ahd. egala, mhd. egele; Graff I, 130. BM. I, 411. 738a. Grimm, Wbch. III, 33). „Der (genit.) nam ein läre egel war . . . der sas in ainem egellsee"; Cgm. 340. f. 90b. Ueber den Gebrauch der Egel in der Arzneikunst s. Clm. (v. 1415) 5879, f. 202 f. Zeitschr. VI, 32.

Die Eggelhauben (?), „die spitzige, fehene, erzene, sammet und atlasene Egglhauben." KleiderOrd. v. 1626. Wstr. Btr. IX, 295. (cfr. Beggelhauben.)

Der Eigngspieg·l, Eulenspiegel.

Der Eiger, der Bohrer. Im Wigalois ist atiger, beym Stricker ethger, agſ. ätgare, (vrgl. gl. a. 615. i. 126: azger, acinax; Grimm II, 484. 494. 717. Graff IV, 225. BM. I, 498.), ein kurzer, wahrscheinlich ganz eiserner Spieß. Also nach Gramm. 470 ein Compositum mit ger (Spieß), wie nabi-ger. Eigern, bohren, eindringen. Fig. Er hàt so lang i˜ mi' eini *geigə't*, bis . . . .

Der „Igawitz, der Bergfink." (Hübn., Salzb.); Castelli, Wbch. 208: der Nigawiz; česk. gikawec.

Der Igel 1) wie hchd., s. oben der Egel. „Einen Igel schießen", d. h. wie wir sagen, Kartätschen, de la mitraille; Anhang zum Vegetius (Augsb. 1529), Riiijb. 2) Kelch der Buch-Ecker. Kestinen-Igel, echinus, Frisius 976.

igeln, (cfr. egeln, ilgen und nigeln) anigeln, ainigeln, urigeln, hurn-igeln, hurn-eilen, vor

Kälte prickeln. Vrgl. ahd. ilgi; Graff I, 245. Richthofen 1164. Zeitschr. I, 258. II, 250.

Der „Igəs, OL., Gattung Leinwand zu Bettgefäßen"; s. In-guß u. vrgl. In-lâß.

Igelboschen, Iglboschen, (Zir.) Zwergbüsche, Kniebüsche. Wenn die jungen Nadelholzanflüge von dem Vieh abgebeizt, verbeizt, auch wol durch Reif und Nachfröste getroffen werden, so bleiben selbe im Wachsthum zurück u. erhalten ein igelartiges Ansehen.

Igent, Igontum, Salzburg (?); das Igent-Kees, wie Ziller-, Gerloser-, Muchar-, Gastein-Kees; s. Th. II: Kees.

Oger, Oker. „Synopide, rotsteine vel ogre"; Clm. 4606, f. 136. BM. II, 435. 430. Diefenbach 537ᵇ und vrgl. oben Ocker.

Oger. „(inter apocrypha) liber deogiae (de Ogia? = Oger?) nomine gigante, qui post diluvio (sic!) cum dracone ab hereticis pugnasse perhibitur"; Clm. 5508 (VIII—IX. sec.), f. 135ᵇ.

oggerisch ansehen, (schwäb.) starr, wild, dreust ansehen. Vrgl. egerisch.

Die Aglaster, Elster. „Pica haizt ain aglaster oder alster"; Konr. v. Megenb. (Pfeiffer) 219,17. s. oben Ägerst und Zeitschr. VI, 176.

Die Aglei, eine Pflanze, aquilegia, paliurus, rhamnus; ahd. agaleia, mhd. ageleie (Graff I, 130. BM. I, 12. Grimm, Wbch. I, 190. Diefenb. 44ᵃ. 406ᶜ. 483ᶜ). „Ramnum die agleien", Cgm. 17, f. 68ᵇ, Pf. 57,10.

Der Egkel, wie hchd. Ekel, nausea, aus mhd. erken, erkeln, vrb.; BM. I, 446. Grimm, Wbch. III, 394. Reinh. 105,80; vrgl. 108,837.

Agnus. „Sechs Schilling Pfenning schwarzen Agnus, unser Landeswehrung;" „acht Gulden reinisch oder
39 so viel Agnus und 42 Pfenning ain Häller" . . . Urk. Landshut 1542. Hazzi's Statist. IV, p. 27 ff.

Das Agnus Dei, Angəsdê-l, Aməsdê-l, Naməsdê-l, Dê-l, Dêdə'l), geweihtes Anhängsel von Wachs mit dem Bild eines Lammes; jedes Anhängebildchen. Ursprünglich wurde Wachs von der vorjährig übrig gebliebenen Osterkerze (m. s. Osterkerze) am Sonntag nach Ostern in Partikeln mit dem Zeichen des Lammes unter die Gläubigen vertheilt. Dieses geschah später vorzugsweise und im Großen zu Rom. Ueber das päbstliche Agnus Dei s. im Cod. Monac. Augustin. 294, f. 59—60. ZZ. 1510, f. 62. „Dê-lé giəls'n, den Speichel tropfenweise fallen lassen; langsam, schläfrig thun. Du Dêlégiəssər! langweiliger, unbeholfener Mensch." (Baader.)

Ignázi, Názi, Názl, Ignatius, Stifter und Hauptheiliger der Jesuiten. Ignázi-Waßer, Ignázi-Bohnen, Ignázi-Bilder; sieh A. v. Bucher, sämmtl. Schriften II, 325. 371. Kranken, die an Kopfschmerzen litten, wurde durch die P.P. Franciscaner das Ignazihäubl aufgelegt. Buchers s. W. IV, 288.

`Der Agraß, Agrest, Brühe aus unreifem Obst (mhd. agraz, aus mittellat. agresta, von acer; ital. agresto. BM. I, 13. Diez, Wbch. 8. Grimm, Wbch. I, 190).' „Wilt du machen einen agraz. Nim wintrübele und stoz sur epheln. diz tu zusamene, menge ez mit wine und druckes uz. dise salse ist gut zu scheffinen braten und zu hirnren und zu vischen und heizzet agraz"; Kochbuch in e. Wirzb. Cod. „omphacium, agrest", H. Junii nomencl. 1629, p. 54. Die Agraß, Agraßbeere, (Zir.) Stachelbeere, ribes uva crispa. Zeitschr. V, 178,140.

Âugsburg, Augusta Vindelicorum; ahd. Augustburg, Dipl. v. 868. Ecc. Fr. or. II, 542; Augistburch, gl. o. 127, m. min. 152; Augusburch, cod. dipl. Ratisbon. bey Pez; Br. Berthold's Predigten p. 387. 398 (Kling). Ougestburg, Cgm. 5 (v. 1362), fol. 199. „Augustus, der mere man — Ouuisburg ist na imi geheizan", Annolied 485. Vrgl. Graff III, 180. Förstemann II, 132. „Augsburg in dem Kreise Schwaben und Neuburg", k. b. erstes Regierungsbl. 1838, S. 12. Vielleicht wüßte man wol sonst, wo Augsburg liegt; aber der neue Name klingt so kurz und gut. Die Augusta Rauracorum bey Basel hat sich bis jetzt als Augst erhalten.

Der Âugst, (nach dem „Schulmaister Hueber von Eggenfelden" in einem Ms. von 1477) die Zeit der Ernte, nemlich die Monate Juli und August (cf. Th. II: Mai und Herbst). Denn folgende sind die Monats-Namen, wie er sie auf einander folgen läßt: „Jenner, Hornung, Mertz, Abrill, May, der ander May, der Augst, der ander Augst, der Herbst, der ander Herbst, der Wintter, der ander Wintter." In den Sette Communi gilt „erster Aux" für den August, ander Aux für den September. Sie ernten später. De drái Oagester, (XIII Com.) die Monate August, September u. October. ötzen (vermuthlich aus augsten), daselbst, die Ernte einbringen. gl. o. 116: ougest vel arnomanoth, mensis augustus. Oustmanoth, Clm. 4112 (v. 1154—59), f. 130; vrgl. Th. II: Mânet. Der Ougst, August, die Ougstine, September; Cgm. 558, f. 157. „Umb den andern Augst, der ze latein september haizt", Konr. v. Megenb. 301,6. „in dem andern augst", das. 96,14. 399,34. Der Name Augst kommt nach Grimm, Gesch. d. d. Spr. 107 nicht erst vom Kaiser Augustus, wie Juleis nicht erst von Julius Cäsar. Vrgl. Grimm, Gramm. II, 369. BM. III, 453 f. Grimm, Wbch. I, 815.

Das Âh (êhh, Ebersberg), das u. die Âher (êhhə', èihhə', êgə'), die Âhre (goth. ahs, ahd. ahir, ehir, neutr., gl. a. 504. i. 270. o. 98; s. Gramm. 630. mhd. eher, neutr.; das femin. aus dem Plural, wie bei Beere, Wolke, Märe, u. a. m. s. Gramm. 882. Vrgl. Grimm III, 413. Graff I, 134. BM. I, 411. Grimm, Wbch. I, 191.); „siben eher scôniu", Diut. III, 98. „el spigo, daz heher", C. ital. 261, f. 37ᵃ. „Geht oft nach eim Eher, glaub, verzett darob ein ganzen schaub", H. Sachs 1560: IV, III, 87 (1612: IV, III, 188). æhern (êhhə'n, èihhə'n, êgə'n), vrb. n. a., 1) in Âhren schießen; 's Kou'n *êhhə't* scho˜. 2) Âhren lesen. „Swer flizzicliche ehert, der hat auch korn", Renner 15887. Veræhern, das Aehrentreiben vollenden. Wenn's so warm bleibt, so *vorêhhə't* 's Kou'n in drey Tàgng. 'Gerstn hàt scho˜ *vorêhhə't*.
(gl. o. 56. ehirere, spicarius.) Das Geæhericht (G·éhhəred, UL.), die beym Dreschen vom Halme abgebrochenen 40
Âhren, welche beym Sieben des Getreides gesondert und dem Vieh als Futter gegeben werden. (Baur.)

Der Ahorn, platanus (ahd. ahurn, ahorn, mhd. ahorn; Graff I, 135. BM. I, 14. Grimm, Wbch. I, 198. Diefenb. 440c. Vrgl. česk. jawor, kärnt. javor = Jauer, Stadt; Jarnik, p. 160); „ein ahayren, platanus, Cgm. 690, f. 185ᵃ. „Platanus heißt ein Ohorn", Konr. v. Megenb., f. 198ᵇ (Pfeiffer 338,9: âhorn).

-ohe, Endung verschiedener Ortsnamen, besonders in der Pegnizgegend. Eschen-ohe, Franken-ohe, Hagen-ohe, Hopfen-ohe, Ostern-ohe, Schmallen-ohe, Weißen-ohe. Dieses ohe findet sich früher theils als awe, aw, (Eschenaw, Weißenaw; Wstr. Btr. II, 128), theils als ahe, (Frankenahe, Hopfenahe, Ostirnahe, Wizenah, MB. XXIV, 57. XXV, 115. 155. 546. Smalnach (zer smaln ahhe?), geöffn. Archive I, 10), theils als a, (Franchena und Franchenoe, MB. XXIV, 43, ad 1199). Vrgl. Â, Âu und Ach.

Das Aij, Ay (Ob. Pf. aə; Frank. á, ê; schwäb. ài), AltB. meistens nach Gramm. 625: Aijer (Aər), das Ey (goth. addi?, ahd. agi, ei, pl. eigir, mhd. ei, pl. eiger; agſ. åg, isl. engl. egg. Grimm I^3, 107. III, 363. Graff I, 59. BM. I, 413. Grimm, über Diphth. 39. Wbch. I, 76). „Der muoz käse und eiger (plur.) hertragen“, Br. Berthold 47 (Pfeiffer 150,18). „Das guldene Ay eines Ducaten schwer mit Essig eingenommen treibet den Schwayß“, Dr. Minderer 1620, p. 84. „Gleich ainem Air“, Ms. v. 1591. Das Antläß-, Billi-, Dreißgist-, Gockel-, Truden-Aij (s. diese W.) cf. ZZ. 1826, f. 31. Das Uraijerlein, ungewöhnlich kleines Ey. Das Widder Aijer, Widderhode. „Ziegeltrümmer, Kohlen, Glasscherben, Gips, Kalch, Ärzt von schmiden, so man unter die Grenzstaine legt, nennt man Ayr, auch Zeugen“, Cgm. 4523, f. 22. 24. 61. 71. Das Aijer in Schmalz (Aərəschmàlz), zerklopfte oder abgerührte Eyer in Butter oder Schmalz gebacken. Wird dabey eine Zuthat von Fleisch oder Fett verwendet, wovon der Katholik an Fasttagen nicht genießen soll, so heißt es ein lutherisches Aijer in Schmalz. Sie würn dich untert benck noch stoßen und ein ayrenschmaltz auf dir essen“, H. Sachs 1560: II, IV, 15. Vielleicht eher eine Verbindung mit dem Adjectiv aieren (árá), wie in „áránás Kipf·l“, Eierbrod; Castelli 56. Aijer-klauben, läufen, walgen, s. diese W. Der Aijerer, Aijerfüerer, Eyerhändler; „ain armer airære“. . . „Dagbrecht der airære“, v. d. Hagen, Ges. Abent. II, 569,78. 570,10. airen, airn, Eyer legen. „Diu tier, die dâ airnt, als die vogel“; Konr. v. Megenb. (Pfeiffer) 30,2. „Die gens airnt oft ân den ganzen“; das. 168,29. „Diu henn airt allzeit“... „welheu hüenr vil airnt, die sterbent schier“, das. 196,10 12. „Aristotiles spricht, daz die vögel, die flaisch ezzent, nicht mêr aiern“, das. 164,25 „Man beraubet die hennen alle tag irr air. iedoch lâzent si niht ab ze airn, wie lang man in neur ain ai an dem nest læzt, und daz haizent die gepäurinne ain pilgai, wan ez ist den hennen ain pild ze airn“, das. 193,14–18. „Wenn man die hennen speiset mit pônn, so airnt si niht“; das. 402,26 Vrgl. 194,13. 195,2. 201,18 20. 222,28. Zeitschr. IV, 60. aierlen, airlen, mit rothen Eyern spielen, (Mülfreis).

Der Ayo, spanischer Ausdruck für den Erzieher oder Hofmeister eines vornehmen Kindes, ehmals auch an süddeutschen Höfen gangbar. Fem. die Aya. „Doch vertritt P. Voit bey dieser strengen Sentenz eigentlich nur die Stelle einer Aya.“ Buchers s. Schriften I, p. 237.

Der Al, anguilla (ahd. mhd. âl; Graff I, 224. BM. I, 21. Grimm, Wbch. I, 5); H. Sachs 1560: II, IV, 80. âle, anguillae; Augsb. Stadtb., Freyb. 29. der ol, Joh. Pauli 237.

Der Alålà (υ-υ), ein Spottwort, einen Anfänger oder schwerzüngigen, tölpischen Menschen bezeichnend. „Du bist iatzt á jungá' *Alålà*, der in d·Welt eini schaut, wie der Ochs ins Kirta'haus“, (Laffe); Seidl, Flinserln IV, 126. 131.

Albert (aus Adalberaht, Adalbert; Förstem. I, 140 f.). „Scripsit a^0 1385: Aulbertus Schürlin“, Cod. Aug. eccl. 210; also = Ålbert. Ebenso in einem Ms. der Weltchronik (sec. XIV.), wo alle â in au umgewandelt sind, steht stets Aulbrecht. cf. Förstem. I, 180.

„alanch, omnino“, Cgm. 17, f. 221^b; ahd. alanc, alonc, mhd. alinc, allinc. Graff I, 222. BM. I, 21^a.

Der Alant, eine Pflanze, inula, enula; Graff I, 240. BM. I, 21. Grimm, Wbch. I, 200. Diefenb. 203^b.

Alefanz, ein der ä. Sp. geläufiges Substantiv aus dem italienischen Ausdruck all' avanzo (zum Vortheil, zum Gewinn; vrgl. česk halafancen, pl., donativum, donarium, Schmieralie. BM. I, 21. Grimm, Wbch. I, 203 ff.) ge-
41 bildet — und bald für nicht ganz erlaubten Gewinn, Uebervortheilung Anderer, bald für eine Person, die sich hierauf verlegt, bald auch für Schmieralie gebraucht. „Che t avanza chomi, woz alfantz dir mit mir?“ Venet.-deutsch. Voc. v. 1424, f. 42^b. „Sie trîbent alafanzen“, Labr. 319. 399. „O Cardinal mit deinem hut, du weist wol was der alfantz tut“, sagt der Tod zum Cardinal, Clm. 3941, f. 16. „Den alfancz (Näscher) solt man an ein feygen paum hencken“, Cgm. 444, f. 3. „Auff Wucher, Fürkauff und finantz, auff Arglist, Renck und Alefantz“; H. Sachs 1558: I, 224^b. „Alefanz macht die Schuch gantz“; Henisch. „Er ist ein rechter Alefanz, er vortheilt die Leuth wo er kan“, H. Sachs I, 445^b. Zur Ehefrau, die ihm den Minnezehent schuldig sey, sagt der Pfaff: „Das ir gebt den zehenten gantz und denselben alevantz auf ewr sel wolt nimer laden“, Cgm. 270, f. 333^a. alefanz haben, Cgm. 632, f. $46^{1}/_{4}$. „Ich han es gemerkt an dem tantz, das du im slechst den alfantz und thust sein ganz vergessen“, Cgm. 713, f. 74 u. 439, f. 40. „Mich dunkt sy schlach den alenfantz“, Cgm. 379, f. 121^a. „Den kaufman heißt die welt einen finantzer, den fremer einen alefantzer“, H. Sachs 1560: IV, III, 57. „Herzog Albert III. stach oft mit Worten ettlich sein rätt, die (was damals sehr gäng und gäbe war) alfantz und schanckumb einnamen“; Wstr. Btr. IV, 208. „Der Vicedom mußte 60 fl. und andere Presen und Alfanz erhalten“; Gemeiner, Reg. Chr. II, 347. alfenzig, adj., listig; Voc. v. 1618. alefanzisch, adj., „auf alle Seiten abgericht und abgespitzt wie ein Burghauser Würfel“, sagt Henisch. aldfäntsch, s. unter alt.

alert (υ-), als adv. und adj. sehr volksüblich für munter, aufgeweckt. Das all'erta, alerta, alerte der romanischen Sprachen ist blos ein Adv., vielleicht ellipt. statt all' (orecchia oder anima) erta. Ital. erto, lat. erectus; ergere, lat. erigere; *al erta,* guarti (pad.). Diez, Wbch. 400.

almahwaltendes, omnipotentis; Cgm. 17, f. 219^a.

Der Alraun, Alleraun (ahd. alrûna, mhd. alrûne, fem.; Konr. v. Megenberg 406,26 ff.). „Es ist zu wissen, daß die Alleraun, zu Latein Mondragorae genannt, gewisse Wurzeln seynd, welche fast Händ und Füß haben, wie die Menschen“; P. Abraham. „Mandragora genus pomi pulchri et odoriferi, sed hispidi ... hanc herbam graeci poetae anthropomorfetôn appellant quod habet radicem formae hominis similem“, Clm. 5515 (XII. sec.), f. 129^b. Graff II, 523. BM. I, 25. Grimm, Wbch. I, 246. Diefenbach 346^b. Vrgl. W. Grimm, gold. Schmiede, p. 154. Grimm, Myth.^{2}, 375. 480. 1153. (s. Raun.)

Der Alspieß, Elspieß, Alatspieß (nach v. Lang zu Ahle, fem., spitzes Werkzeug; ahd. âla, âlansa, mhd. âle; Graff I, 224 f. BM. I, 22. Grimm, Wbch. I, 191. s. unten Alse). „Die gemeine Wehr waren (bey den alten Deutschen) Bratspieß, Alnspieß und dergleichen, lang, schmal, spitzig wächs Eysen; hießen sie Fremen“; Avent. Chr. In den Kriegsrüstungen v. 1471 und 1485 werden einige Bauern mit Schwein- oder Elspießen oder Alatspießen, andere mit Helmparten, andere mit Armbrust und Büchsen bewafnet; Kr. Lhdl. VIII, 411. X, 16. ff. Welcher Bürger zu 6 Harnischen angelegt war, heißt es in Gemeiner's Regensp. Chr. III, 373. ad 1462, der mußte haben zwey Armst, zwey Büchsen, zwey Helmparten oder zwey Mordhaken oder aber Alatspieße. Der Geringste mußte wenigstens einen Helmparten oder einen alaten Spieß haben, oder eine andere Wehre, die der gleich war.“

all, adj., wie hchd. (vrgl. Gramm. 778. 880). Plur. neutr. elleu, wie mhd. elliu; „dez süll wir ellew fro sein“, Clm. 5633 (2^0 v. 1446), fol. ult. Auch andere Casus werden (schwäb.) beumlautet, namentlich els, alles; gänzlich; (vrgl. mhd. alles, adv. Genit., omnino; s. unten alles). „Nun prinn, (in) dez halczers nam und der abgefaimten Wiener ell und aller teufel in der hell!“ sagt M. Beham, der etwas anzünden will; Wiener (1462) 101,25. „Dy mauren, wer und dises els wurden geschaffen auf den vels“; das. 220,14. „Der herczag und sein haffgsind els“; das. 322,18. „Mein Kunst ist ob euch ölln; kan mich in ein katzen verstell·n“, H. Sachs

1612: I, 1070. (Gottes Wort) „wird ausgeseet fort an weg, dörner und fels, wenig frucht bringt es els;“ das. 169. „Lof zu eim gehligen lautern felß mit dorngestreuß verwachsen els“;“ das. 207. „Du (Maria) bist die zell, darin daz el sich ward zu menschen bilde“, Muscatblut, Cgm. 811, f. 67. Vrgl. Grimm, Wbch. III, 416.) Merkwürdig ist die Stellung des all in folgenden Redensarten: Wer ist aller da? Wem (wen) hast allen gesehn? Alle gute Herren, oder: alle fromme Herren! so lautet die Anrede, wenn die salzburgischen Thalgauer vor versammeltem Gericht oder vor einer Commission etwas verlangen; (Hübner). cf. ags. ealà (aus eaw-lâ), o! Grimm III, 289. Alleß und alleß, alles und jedes. Für àllſs und àllſs is 's zwəlf Kreuzé'.

All-ain, all-ainz (əl-aə˜, əl-aə˜z, ə-laə˜, ə-laə˜z, ən-laə˜; auch im Englischen lone ist das l zum zweyten Theil des Wortes gezogen worden), allein; nur, aber nur; wenn auch, obschon; „al ein geschehe ez herte vil, ez enheizet doch niht rehte spil“, Trist. 7537; vrgl. 222. 6267. 11582. „Des was sin freude selten stet:, aleine er sehtzich tohter hete“, Renner 1953. „Aleine er arm sei des gutes, doch ist er tugenthaftes mutes“, das. 7160. „Alaine der peutel in sei swer, doch sint ir hertzen tugenden ler“, das. 7945. Seit wann gilt die hochd. Conjunction allein für aber? Im Dialekt ist sie unüblich. Vrgl. česk. wsak, wol zu ws . . . (alles) gehörig, wie kterak (wie) zu ktery, ginak (anders) zu giny, wie pak (hernach, dann, denn) zu po; co pak, was denn (wàs nàchə')? Allbaid, beyde. Allebenst, soeben, gerade; „wolt alebenst sterben“, Cgm. 64, f. 59. All-erst (Ob. Pf. àlə'scht -⏑, B. əl-erscht, əl-er't, ə-ler't ⏑ ⏑́), adv., erst, d. h. nicht eher. èitzə-r-àlə'scht, əler't iətz, erst jetzt; mhd. alrest, alreist, W. Grimm zu Graf Rudolf (1844), p. 27. Graff I, 439. BM. I, 438. cfr. allererst. Allmâl, allemàl, 1) jedes Mal; 2) (Nürnb., Hsl.) zuweilen, manchmal. (Vrgl. alles für sonst, aliter). Almitalle, Grimm III, 106. Haupt, Zeitschr. VII, 125,
42 565. Also, als, obschon eigentlich hieher gehörige Form, steh in der Reihe als, els . . . Allweg, alleweg, allewegen, älleweg (àlwə', àlwégng, àlwing, ǫlwə), adv., immer; àllwengst, allerdings (Tir.); allig (schwäb.), „darumb bin ich deiner geselschaft alleg erschrocken“, Buch d. W. 1485, f. 56^b. Allweil, alleweil (àllewál, àlwál, àlw'l), älleweil (ǫlwəl), (B.) immer; (fränk., Rhein.), gegenwärtig, eben jetzt. àlləwál hèiə't mə˜ nicks! gegenwärtig hört man nichts. Allzesamen (àllz'-same˜, àll'z'sam, ällz'sam, ǫlzam, ǫlzam), (Baur) alle zusammen. àllsant, alle zusammen; àll'ssant, alles zusammen, Kaltenbr. (ahd. gl. i. alzisamine; vrgl. Graff VI, 42. BM. II, II, 47. Grimm, Wbch. I, 231: allesand.)

allen (àlln), adv., unbetont im Satze stehend, soviel wie: ganz (d. h. beynahe, fast); I bi˜ *àll'n* dəschrockə˜. I bi˜ *àll'n* de˜frorn, *àll'n* və hungert, *àll'n* krank. — Du wirst ja àll'n narrət! Er brinnt *àll'n* vor Zorn. Vrgl. Grimm III, 95.

aller, adv., wird, besonders an der Pegniz, wie das voranstehende allen gebraucht. Vrgl. mhd. „daz er aller brinnet“, Diut. III, 52. Allerdings, wie hchd. Allerdings-Stiefeltern, d. h. Stiefvater und Stiefmutter, Wirzb. LandgerichtsOrdn. v. 1618. Allererst, zuerst, vor allen; erst, eben erst, demum. „Mit vrischem pockspluot, daz allerêrst vergozzen ist und noch warm ist“, Konr. v. Megenberg 433,5; vrgl. 304,22. 377,4. „Wie den Bauern ihre Söhn und Knecht zu der Zeit als das Maad angeht, in das Elsaß laufen und allererst um Martini wiederkommen, Ldtg. v. 1543, p. 52. Komt allererst zum dritten Rechten. Muß der Richter allererst auf die Rechtsprecher warten, Kr. Lhdl. XVI, 380. Vrgl. mhd. allerêrst, alrêrst, alrêst, alrest; BM. I, 438. Grimm, Wbch. I, 222. S. oben allerst. Vrgl. auch bei Shakspere, Henry VI.: With you mine *alder lievest* sovereign.

allers s. unten alters.

alles (àllss, àiss), adv., fort und fort, beständig, immer; mhd. allez, adverb. Accus.; Grimm III, 100. BM. I, 20. Grimm, Wbch. I, 229. Zeitschr. VI, 423,18. Gê nà˜ *àllss* nébm 'ən Zau˜ furt! Unter der Aussprachform als ist das Wort am Mayn und Rhein für gewöhnlich (adv.) beliebt. Ich gê als am Abend spazieren. Ich hab als den andern vorgelesen. Schon im Iwein 4395 heißt es: „und geloupte dem gaste vil diu baz, wander allez bi ime saz.“ Daneben ein adverb. Genitiv: ahd. mhd. alles, gänzlich. Kero LXIII, 12: alles, omnino. Grimm III, 90. BM. I, 20. Vrgl. oben els (unter all). Alles gefær (àllsgfár), adv., vielleicht, ohngefähr, zufälliger Weise. (cfr. gl. i. 261: allis gähes, de repente). Allesze (àllſsz'), allzu (gut, bös ꝛc.).

alles, Genitivform des alten ali (alius; vrgl. Grimm II, 628. Graff I, 223), zeigt sich noch im Wörtlein allspə, anderswo, von allspə her, anders woher (Grosarl im Salzburgischen); àllspər is's nét əsó (Pinzau, Windisch Matrey); àlspər, àlsma, anderswo, von àlspa; si wa' gern *alspər* hin (Tir.); „Kanst *oswohl* öppern leicht no' rundri Menschá' find'n“, Lindermayr 49. Dieses allspə ist vermuthlich aus alles uuar (gl. i. 339: allas uuara, aliò, engl. else where) entstanden: mhd. alswâ: „Got hiez in sin lant rümen, sprach er scolte alsuâ püwen“, Diut. III, 63. BM. III, 517. Kero 38,17 hat: allas uuanan, Otfr. IV, 4,30,33 alles uuanana für aliunde. Bey letzterm III, 17,28. III, 18,45 ꝛc. ist alles uuio alið modo, aliter; IV, 15,9. II, 23,4. I, 2,50: alles uuaz, alles uuiht, sonst etwas. M. min. 8. ellies eo uuihtes (irgend eines andern Dinges); alles (Tat. Matth. 9,16) alioquin. Vrgl. Notker's nals: „nals uns herro, nals uns, nube dinimo namin“ (Ps. 95,7.8.) und die ahd. Comparativform elihor (Graff I, 236) für: übrigens, sonst; nu elihor ultra, Tat. 60,10; elichor amplius, Tat. 92; iemer unt elor, in aeternum et ultra, Schilter, Notk. Ps. p. 260,18; iemer unde elichor, Notk. 36,27. s. El-lend.

Das Alleluja; „Hymnus *depositionis alleluja* (da man das Alleluja ablegt)“, Cod. Ben. 269, f. 149.

allern, (wirzb.) aufrecht stehen lernen. Henneberg: sich allern, sich aufallern, sich aufrichten, erholen.

allet, immer (Füßen, Aurb.); Zeitschr. VI, 121,91. cf. vollet, ganz. S. oben alles.

allm, jederzeit, allemal, (Baader); cf. allweil.

Allmann, Almann, ein alter Volksname (ahd. Alaman, mhd. Aleman, Alman; Graff II, 739. BM. I, 23. Haupt's Zeitschr. VIII, 274. Grimm, Wbch. I, 218; cf. holl. al-oud, aal-oud = ur-alt), lebt noch in manchen Zusammensetzungen, besonders in Ortsnamen. Alman als Name eines Zeugen; Salzb. Trad. Urk. v. 991—1007 im Clm. 15809,2. Vorsetzatt. Cf. Zeitschr. VI, 430,17.

Der Allermannharnisch, Almanachharnisch, die Siegmarswurz, allium victorialis (Tir.). Vrgl. Grimm, Wbch. I, 285.

allzan, alzan (mhd. allez ane, alzane, alzan; BM. I, 38^a), allesfort (vrgl. oben alles), immer noch; jetzt, soeben. „Min buoch heizt der welhisch gast, wan ich bin an der tiusche gast und kom nie so verre drin, als ich alzan komen bin“, W. Gast 14681. „allezane und allenthalben“, Cgm. 17, f. 15; cf. immerane, das. f. 153^b, Ps. 103, oratio. Vrgl. unten olsig.

Aul, s. unten Öl.

el, ə-l, als Endsylbe, s. Gramm. 569 Anm. u. 883 ff.

Das Element, wie hchd. B. W. kain Elementlein, nicht das Mindeste.

Die Ell (ahd. ello aemulus, ella, giella, gella aemula, mhd. elle, gelle; Graff I, 202. BM. I, 428), Nebenbuhlerin, Kebsweib; auch als Eigenname (Förstem. I, 63). „Swenn ein meit in ein geistlich leben in der jugent wird gegeben, die merket in der zelle, daz Leutgart, Metze und Elle tragent verholen minne“; Renner 12748.

„Sy schone Ell pind auf den zopf und hab gar frolich auf den kopf." . . . „Ich wand es wär die selbig Ell, da ich vor oft mit tanzet han auf dem Kirchtag ze Pel"; Hesselloher, Cgm. 379, f. 159.

43 Das El-lend (ɘllend), 1) urspr. Aufenthalt in anderem, fremdem Lande (aus ahd. elilenti = ali-lanti, mhd. elelende, ellende; Graff II, 236. BM. I, 937. Grimm, Wbch. III, 406; vrgl. oben alles, Genitiv). Inti in elilenti fuor heißt es bey Tatian Matth. 21,33. Ir (ex) elilente, ir andaremo lante erklärt Otfrid V, 9,17. — Elilenti ist bey ihm exilium; I, 18,37. III, 26,24. „Peregre in ellenti, Clm. 4606, f. 144. „So sant er golt und silber, wein und trayd, öl und gewant in ein ander lant und in daz ellend, da man in ein senden wolt", Cgm. 54, f. 51b. „Starck ist der, dem als erdreich ain vaterland ist; volkomen ist der, dem alle welt ein ellent ist" (d. h. der sie ganz durchwandert); Cgm. 466, f. 4b. Die R.A. Einen ins Ellend verweisen wird noch in diesem Sinne gebraucht; ebenso: das Ellend bauen; „swie wir daz ellende noch mit sunden buwen", Clm. 4616, f. 54. „Kinder (vom Hause hinweg) in das Elend (in die Fremde) schlagen." Wirzb. LG. Ord. v. 1618. 2) wie hchd. Elend. 3) das Erbarmen, Mitleid. „Schlag's Kind nit so", sagt die zärtlichere Mutter zum Vater, „ich kanns nit sehen vor Ellend." Ellend, als Haus- oder Ortsname; s. Hazzi, Statist. III, 523. 580. Auch eine Gaſſe in Augsburg heißt: im Elend. Zeitschr. V, 220.

ellend, adj., 1) aus oder in fremdem Lande; 2) bejammernswerth, armselig. (So das englische wretch aus dem sächsischen wræca, peregrinus, exul; ital. cattivo, span. cativo, franz. chétif, elend, schlecht, aus lat. captivus; Diez, Wbch. 94.) Die erste Bedeutung hat sich schon früh mit der zweyten vermengt und ist jetzt fast ganz vergessen. Isidor 9,34: alilenda captiva; Otfr. I, 18,28. III, 25,18. ꝛc. elilenti exules; gl. a. 203. elilanti peregrinus; elilenter i. 784: exul; 506. 544: elenta peregrina. Thaz ir tuot einan elilentan, Tatian, Matth. 23,15. Grabasteti elilentero, Matth. 27,7. „Grisea vestis significat ellend, Monac. Francisc. 322, f. 334. „Daz er ellende wære in dem lande". Gregor v. d. St. 1183. „Wir bitten für all gefangen lüt, uber all siech lüt, uber all ellend lüt, uber all, die farend uf dem waſſer", XV. Clm. 11747, f. 1. Die zu Oetting bey Ingolstadt verehrten „drey ellenden Hailing" sind, nach der Legende, Fremde oder Verbannte aus England gewesen. Das leibliche Werk der Barmherzigkeit: den Fremden beherbergen, heißt in ältern Katechismen: den Ellenden herbergen. So wurden die in mehrern Städten vorhandenen Häuser zur Aufnahme armer Pilger und Fremden — Ellende Herbergen genannt. (Vrgl. Gramm. p. 9, Note.) „Ellendes Vich", das sich verlaufen hat; Ottinger Ehaft v. 1560, Clm. 3238, f. 72. Mystisch nannte man ellende Sêlen die sogenannten „armen", ins Fegfeuer verbannten; Hist. Fris. II, II, 312. In MB. XVII, 226 ist von einem „Ellenden Jartag" die Rede. Die Bruederschaft der Ellenden — oder metonymisch die ellende Bruederschaft (confraternitas omnium animarum) in München, die älteste der dasigen „Bruederschaften", sowohl zum Besten dieser mystischen Elenden, als dem der wirklichen, d. i. zur Beherbergung armer oder kranker Reisenden und Pilger, Unterstützung armer Wittwen und Waisen gestiftet. Kohlbrenner's Material. von 1773, f. 37. Bucher's Charfr. Proc., p. 74. Wstr. Btr. V, p. 153 und 161, ad 1580. Am Georgentag 1401 verkauft Jakob der Pader, Burger zu Wolfratshausen, seine Hofstatt und Garten zu Münsing dem Gotteshaus U. L. Fr. daselbst in die ellenden Kerzen um 17 lange Schilling Münchn. K. — MB. IX, 293, ad 1472 kommen „ellende Aecker in den Feldern zu Allching, Essting und Emring" vor, die der Landesfürst dem Kloster Fürstenfeld schenkt; vermuthlich: herrenlose, verlassene. Bey den ältern Dichtern, z. B. Wolfram von Eschenbach, heißt eines Dinges z. B. der wibe, der missetete . . ellende, soviel als frey oder entbehrend. ellendig, (ɘlenti'), adj., erbärmlich. Du Tropf, du ɘllendigə'! Zeitschr. V, 220.

sich ellenden (ɘllent'n, Baur), jammern, sich erbärmlich gebärden, (gl. a. 731: ellenton exulare; 44 ellendon exulare, in exilium abducere, Notk. 136,3. mhd. sich ellenden; Graff II, 238. BM. I, 937.) Beellenden (b'ɘllent'n), erbarmen, jammern. Eine Person, eine Sache b'ɘllendt mi', sie erbarmt, jammert, dauert mich. „bölendig, wehmüthig" (tir. Lechthal), Staffler I, 112. Anm. Dieses El-lend und allspə (s. oben alles) erhalten uns noch, obschon dunkel genug, das Andenken an das alte eli (Ulph. alja, aljath, aljaleikos), mit dem lat. alius einer Form und Bedeutung, wovon die alte Sprache auch die Composita elibenzo, Otfr. III, 18,14, eliporo, gl. a. 62; elidiotic, Isid. 8,3. gl. a. 127. 154; eliliut gl. a. 397. elirarter gl. a. 399. eleuenz advena, gl. i. 1242b, alle in der Bedeutung eines Fremden darbietet. Vrgl. auch „proselytus ellender, transiens de una lege ad aliam", Semansh. 34, f. 195. Cf. alber. Gehören auch mhd. ellich in Gregor v. d. St. 1716: „daz was ir ellich (fremder) site" (BM. I, 21 v. al: allich, ellich, allgemein), unser Elsaß (*Ali-saz*, Zeuß 318. „Adolescens quidam de pago qui dicitur *Elisaza*", Vita S. Othmari, lib. II, Clm. 5513 (X. sec.), f. 143. „Auch ist elsassen, da wechst gut wein", Cgm. 521, f. 149b. Grimm, Wbch. III, 417) und Olgötz (= El-götz) hieher?

Die Elen (ɘln), wie hchd. die Elle (goth. aleina, ahd. elina, mhd. elne, elle; Graff I, 239. BM. I, 429. Grimm, Wbch. III, 414). „Sünde ich vaile solhe wât, in der der sêle würde rât, der müste ein ellen gar teur sein", Renner 20785. „Dieweil allberait Ao. 1553 die Eln auff die Landshueter Eln gericht worden, so ist unser Mainung, daß bemelte Landshueter Eln in unsern Fürstenthumb allain und kein ander gebraucht werde." LdR. v. 1616, f. 617. — Gl. i. 345. 186. o. 231: elina; a. 551. o. 28. 252: elin. Bogen-Elle; „es sind von dem ertreich bis zum himel 309375 pogen eln mit dem daumen", Cgm. 379, f. 215. cf. Daum-Elen. Holz-Elen; „Agri culti XII cubitos quod vulgo Holzellen vocatur que mensura a viris prudentibus trutinata conputata est ad sex agros et quatuor partes quod vulgariter dicitur trumer." MB. III, p. 511, ad a. 1200.

Eleren (Zir.), Goleren (eichstätt.), Elsen, Elsebeeren, prunus padus. Grimm, Wbch. III, 417. Nemnich II, 1074. (s. unten Elsen.)

Eligius, s. Th. II: Loy.

ell, (schwäb.) für all, s. oben all.

ellen, Endung vom Namen verschiedener Gebirgsblumen, z. B. Braunellen, Blawellen, Harellen ꝛc.

éllə, êllə, èəllə, ən èələs, (Inn, Ilz) viel; s. erlich, ən Er. Wäre diese Form, wie Höfer vermuthet, das alte Ellen (vis, goth. aljan, mhd. ellan, mhd. ellen; Tat. 117. Notk. 83,8 cf. Graff I, 202. BM. I, 429), so würde e vor l in der gemeinen Aussprache ohne Zweifel nach der Regel, also wie ɘ oder ə und nicht wie é oder ê oder èə lauten; s. Gramm. 197. Zeitschr. V, 220.

Der Elledeis, Alldeis (O.Ammer), der Iltis, (sonst ɪltəs). ahd. gl. o. 144: illitiso, 556: elledis. (cf. Graff I, 238. Diefenb. 277a. Grimm, Wbch. III, 411. 403. 414. 416. Dön. 130: ilf). „Putorius heisset ein yltis oder ein eltechs", Konr. v. Megenb. f. 94 (bei Pfeiffer 157,28: ain eltes oder ain iltis.) Er ist so gescheid „als wia ən Arreteis (?)"; Baader. In Elsaß, wie dieses Thier bey Heppe heißt, kommt blos der erste Theil von Iltis, und in Täs, wie es im Canton Bern genannt wird, wie es scheint, blos der zweyte Theil dieses noch unerklärten Wortes vor. Zeitschr. VI, 32. 157.

Ellern, (Frank., Reinwald) unfruchtbare Wiesen-Aenger (cf. ahd. erila, elira, mhd. erle, Erle, Eller;

Grimm II, 119. III, 369. Graff I, 241. 462. BM. I, 446. Grimm, Wbch. III, 416). Weinberge, Aecker u. drgl. in Ellern oder zu Ellern liegen laßen, d. h. öde. Verellern, vrb., veröden. Samml. Wirzb. Verord. I, p. 114. 278. 395. Cf. Zeitschr. III, 545,7. VI, 32.

eilen (áln), 1) wie hchd. 2) ä. Sp., nachsetzen, verfolgen (ahd. îlan, illan zu goth. iddja, agſ. eode, wie wal, walles zu vaddjus und aller zu ander; mhd. îlen. Vrgl. Grimm I, 123. I³, 97: agſ. u. isl. il, planta pedis; über Diphthonge ꝛc., p. 46,7. Graff I, 226. BM. I, 747). „Leiht wol auff anderthalbe meiln. pis gen enczestarff warn sis eilen“, M. Beham, Wiener 144,31. „Wenn die Pfleger die Landleute um Hilfe und Eilen anrufen soll jedermann auf seyn und eilen helfen.“ Kr. Lhdl. I, 172. 173. „Daß sie von denselben härtiglich gejagt und geeilet wurden“; Kr. Lhdl. IV, 74. „Ob mein Herr Herzog Ot vom Abt Hilf begerte und dieselbe hilff beschee zu roß adder czu fuße, es wer mit fürlegenn odder eyllenn“; MB. XXV, 386. „Das Geschütz wär den Bauern wol ab zu eylen und zu nemen geweßt“; New Zeitung vom Bauernkrieg (1525), Cgm. 4925, f. 215b. Er *eilt si'*, geht, arbeitet, schreibt, thut sich hart; *Eil mi'* no~ nét går əso! dränge mich nicht so sehr! (ObrM.). Es *eilt mi'* nicks, pressiert mich nicht, ich habe keinen Grund zu eilen. eilweil (álwál), adv., (b. W.) eilig; Du håst əs går *álwál*. eilweis (álweis), eiliger Weise.

eilig, adj., stumpf (v. Zähnen) ob saurem Obst (Aschaff.). Zeitschr. VI, 175. Vrgl. eitel u. Adelung s. v. stumpf.

Die Eul, wie hchd. (ahd. iuwilâ, uwila, ûla, mhd. iuwel, iule; Graff I, 522. 234. BM. I, 758. Diefenb. 382a. Grimm, Wbch. III, 1193.); ula, noctua; Clm. 19488, f. 121. d' Aub'l, Nachteule; Schosser 34. Zeitschr. VI, 431,88. Vrgl. unten Hu-Eul.

Eulenspiegel, der Sowizrzal der Polen (Ausland, 1841, August); cf. oben Eigngspieg'l.

Ilargowi; Graff I, 241. Förstemann II, 829.

Die Ill. „Wo ein vater ain kind verkofft aim alten man durch gutes willen, ich wolt das man in ertrankte in der Illen“, Cgm. 379, f. 71.

Die Illen, (schwäb.) Beule.

„Das Öl, 1) ein ausgehöhlter Stamm, der als Brunnenkorb gebraucht wird“; Castelli, Wbch. 212. Hentze bemerkt nach P. C. Wagner, diss. de acidulis Sichersreuthensibus p. 8, daß man in der Gegend von Wunsidel ein ausgehauenes Stück Holz noch ein Öl nenne, wovon vielleicht der Name Ölgötz; s. unten. Vrgl. ahd. ûla, Topf; ula olla, gl. o. 83. 317. Graff I, 234; nhd. der Aul, „Heiliger sand Paul, der trinitaten aul“ (sonst „vaz“), Cgm. Grimm, Wbch. I, 817. Zeitschr. VI, 20. česk. ul, aul, m., Bienenstock, alveare; cf. Sumber, Bienenstock u. ein Getreidmaß, und Th. II: die Nellen. 2) der und das Öl (əl opf. und b. W.), ein gewisses
45 Getreidmaß. Der Bernauer Öl hielt 8 Napf (bey Korn und Waizen gleich 2 Metzen, 2 Viertling, 3 Sechzehnteln Münchner Maßes, bey Gerste und Haber gleich 3 Metzen M. M.) In Zwisel ist der Öl ohngefähr ein Achtel, in Kötzting aber die Hälfte des bayr. Schäffels, (Zpſ. Obrm.) Das Öl, Groß-öl, Klain-öl; alte Amtsinstruction, Ms. (Landau, Abbach.) Sollte unter dieser Form ein Diminutiv von Ort (s. Ort 5.) versteckt liegen?

Das Öl (əl, é-l), 1) wie hchd.; 2) (O.Iſ.) jede flüßige Medizin die hell und durchsichtig ist. Dahin gehört der Name des bekannten Eichstättischen Walpurgar-Oels, welches bloßes Wasser ist. „In Eistett, ubi cotidie sacri olei liquor manare non cessat“, Regesta bav. III, 349, ad 1270. Cgm. 4337, f. 26. „Zahnbrecher, Salben- und Oelmacher.“ LR. v. 1616, f. 590. Der Oeltrager, Hausierer mit allerley Salben und Pflastern. Oeltragers v. Mittenwald Lied (im Dialekt); Ben. 298, f. 89—91. Das Pech-Öl, (Baur) schwarze Wagen-Schmiere, aus Pech gesotten. Der Pech-

öler. Das hailig Vater-Öl, scherzhaft lobender Ausdruck für das gute Paulaner oder heil. Vater-Bier; (München). Vrgl. agſ. ealo, genit. ealewes, engl. ale; Grimm I, 644. III, 466. Haupt's Zeitschr. VI, 261. kärnt. ol, olej; olovnik, olovar, Bierbrauer; windisch ol, ou; Jarnik 29. Gutsmann 529. Hacquet, Abbild. u. Beschr. der Slawen ꝛc. p. 40. Im Schwedischen gilt Öl für (besseres) Bier überhaupt; englisch soll ale Bier ohne Hopfen, beer, Bier mit Hopfen sein; also wol auch agſ. ealu, ealod, alod und beor so zu nehmen; Leo, Rectitudines 200. „tha lædde he th wif to Nordwic (Norwich) dær wæs th bryd-*eala* mannum to beala“, there was the bride ale the source of man's bale. Sax. chron. ad 1075. cf. elen Th. II unter Greussing; Th. III: Alraun und Salvatoröl. Der Ölberg, Malereyen oder Gruppen von Bildhauer-Arbeit, welche eine Vorstellung dessen seyn sollen, was sich (nach den Evangelisten Matthäus 26, 36—57. Markus 14, 32—53. Lukas 22, 39—54. Johannes 18, 1—13) im Garten Gethsemane oder auf dem sogenannten Oelberg zugetragen hat. Ehmals (MB. XXV, 485, ad 1491) waren auf sehr vielen Kirchhöfen in eignen Kapellen oder Nischen solche Oelberge zu schauen. Daß sie auf den gemeinen Mann, besonders aber auf die Jugend, einen tiefen, religiös-romantischen Eindruck machten, wird niemand läugnen, der selbst je solch eines Eindrucks fähig war. Sind solche sinnliche Erbauungs-Mittel ein stützender Stab für den Schwachen, so muß der Stab ihm nicht genommen werden, bis er ihn nicht mehr braucht; aber noch viel minder darf der Schwache um des Stabes willen in der Schwachheit erhalten werden. Eine drollige Beschreibung von beweglichen Oelbergen findet sich in Bucher's Portiuncula-Büchlein, p. 74. Oelberg heißt man auch die Abend-Andacht, welche an den Donnerstagen der Fastenwoche in den Kirchen gehalten wird zur Erinnerung an die Leidensstunden am Oelberg, wovon gewöhnlich eine gemalte Vorstellung auf dem Hochaltar aufgestellt ist. In den Ölberg gehn. Oelberger, praetoriani ministri, vigiliae urbanae; Prompt. v. 1618, — wol nur eine Spottbenennung von der R.A. daliegen, wachen, wie die Jünger am Oelberg. Ölgötz; vrgl. oben. „Das ich mich nicht thu überweiben und müßt auch den ölgötzen tragen“ (unter dem Pantoffel stehen); H. Sachs 1612: I, 971. 1063. cf. kölnisch Mötzölg, Tropf, Dummkopf, Schlafmütze; Firmenich I, 468,397. — „Ein olschencker blandus, ole schencken adulari“, Voc. Melber. S. unten: der G'ätz. Der Ölkater (əlkådə', U.Donau), „Schuchsen“ (eine Art Kuchen), statt in Schmalz, in Leinöl gekocht, welches man vorher dadurch gereinigt hat, daß man Brod und Schnitte von weißen Rüben darin aufkochen ließ. (Baur.) Die Öligung, st. Ölung. „Das Sakrament der Öhligung“, azw. Bog. Hier schlägt noch die ursprüngliche Form oli (ahd. olei, oli, ole, mhd. olei, ol, öl; Graff II, 233. Isid., Otfr., Tat. BM. II, 436. olea ölboum; oliva ölper, XV. Clm. 5008, f. 167) durch. In Oesterreich ist der Ölerer der Seifensieder. Olitäten-Krämer od. Träger, ansp. u. bayreut. Verordn. „Oliteten, Salben, Pflaster“ ꝛc. des Arztes. Dr. Minderer, 1620, p. 55. „Des essences allerley wohlriechende Oliteten“, Menudier (Baireuth 1687), p. 432. s. Öltrager. ölen, (Speisen) mit Öl zubereiten. „Darzu ein ungeölt krawt, damit fulten si die hawt“, „die geölten suppen musten dy pawren in sich schluppen; ein delczser kuchen darczw, der macht in dem pawch groß unrw; und die ölphanzelten dy aßen die armen gar selten.“ „Auch dy geölten gersten di must wir essen zu dem ersten“. . . „darumb trett herfur ir fleischhackher, dy vischer und öler sein uns worden gar unmer“; Spruch v. der Fastenspeise, *Rot* 113, f. 324. 325. „Ayer in der vasten smeckent ot pas den ein geolte suppen.“ Cgm. 632, f. 38. „Man olt puben mit kolben wol“, Clm. 12296 (v. 1446), f. 197. cf. unten Fasten.

Olatwein, Oletwein, (Frank.) Alantwein; Wein, 46
zu einer dicklichen Masse eingekocht und mit hitzigen

Kräutern versetzt. „Martinstränke, Latwergen, Senft, Olatwein zu machen", wird durch eine wirzb. Herbst-Instruktion (Samml. Wirzb. Verordn. II, 450) verboten.

Uelerich, Uelereich (Uələ, Uəlé, Uəjə), Ulrich. (ahd. Uodal-rîh; Graff I, 144.) Der heil. Ulrich gilt als Schutzpatron gegen die Ratten. „In toto territorio, quod inter Vindam et Lycum fluvios situm est, nullum unquam (glirem) vivum permanere posse manifestissime comprobatum est." Mirac. S. Udalrici in Welseri opp., p. 626. Dər Uələreichs Tag. Scherzh. R.A. 'ən halingə~ Uələreich, oder Uələ' à~ ruəffə~, sich erbrechen. S. Vilmar 48 (hess. Zeitschr. IV, 96). Weigand (oberhess. Intell.Bl. 1845, S. 332) denkt dabei an den heil. Ulrich, d. h. Ulrichs Minne, wie St. Johannis u. Gertrauden Minne, trinken. Man habe nämlich geglaubt, wer aus dem von St. Ulrich in der Messe im Schloß Firmian in Tyrol gebrauchten Silberkelch trinke, werde von schwerer Beängstigung frei. Acta Sanctor., Julii, 2. Band, S. 85. 88—90. 134. 126 f.

ulen; „vom groſſen zorne vlte der haiden wider", Roths Denkmähler, p. 92,32. cf. isl. œla, vomere. Zeitschr. VI, 450. 461. S. Th. IV: wüllen, wuelen.

---

albeg, s. Th. IV: Weg. cf. Zeitschr. VI, 256,36.

Die Alben (àlbm), ein Stück der priesterlichen Altarkleidung. (gl. a. 534. 578. i. 221. 237. 431: alba, alpa, subucula, ephot, poderis; Graff I, 243. BM. I, 22. Grimm, Wbch. I, 201). „Als er die alben übersturczt", H. Sachs 1560: II, IV, 93b. „Gott Vater in einer hübsch gespitzten Alme"; Passionsaction.

Die, auch der Alben (àlbm, um Erding), loser Kalkgrund unter der Dammerde, welcher, in zu großer Menge aufgepflügt, diese unfruchtbar macht. Flurl, Bschrbg. der Gbrg., p. 212. (Vrgl. alf, in West-Gothland: Grund zunächst unter der Dammerde, Ihre, swenskt Dialect Lexicon; schwed. alf, Kieserde. „Elb, leimicht Erdreich, etwas rötlet und bund, argilla subrubra", Henisch.) „Der Alben (sagt mein zu früh und unglücklich abgeschiedener Freund und Waffengefährte, der ehmalige helvetische Berghauptmann J. S. Gruner in einem Aufsatz über den Kalkmörtel) ist eine, der Kreide sehr nahe stehende, milde, d. h. kohlensaure Kalkerde, welche als ein National-Schatz zu betrachten ist, der in der Verbindung mit Torferde, wie sich diese in den bayerischen Torfmooren findet, den Lehmböden, die sich über die benachbarten Landhöhen erstrecken, von unermeßlichem Nutzen seyn wird." Einen weit größeren Nationalschatz für Oberbayern findet Freund Stölzl (25. Dec. 1841) in den Braunkohlen und an dem von ihm beym polytechnischen Verein angeregten, aber noch immer verachteten Bau auf diese, die vom Chiemsee bis Lindau streichen. Bey diesem Brennmaterial von überschwenglicher Ergiebigkeit, bey überreichen Wasserkräften wird dereinst jedes Bergthälchen seine Fabrik haben. Die jetzt so dünne Bevölkerung wird eine dichte, Ammer, Loisach, Isar, Mangfall werden eingedämmt seyn und Dämpfer tragen ab- und aufwärts. Vrgl. Petzl, über den sogen. Alben in der Gegend v. Erding, in d. Denkschriften d. Akad. 1808, 1. Band.

Die Alben (àlbm, àlm, àjm), die Alpe, d. h. die Viehweide im Hochgebirg, gewöhnlich mit einer oder mehrern Hütten versehen, die als Wohnung und Stallung dienen (ahd. alpâ, mhd. albe; Graff I, 242. BM. I, 21. Grimm, Wbch. I, 201). „Nâch winten von den alben sach man nie snê gân sô dicke sô dâ drœten die schüzze von den henden"; Gudrun 861. „Alsô seit mir auch maister Pitrolf herzog Fridreichs canzlær in Oesterreich, daz auf ainr hôhen alben in Kärnden wol fünfzig haupt menschen und rinder hie vor ze stainen worden wærn", Konr. v. Megenberg 113,1. „Lützel treuwen ist allenthalben in steten, in dörfern und uf den alben", Renner 18271. „Vnd vns uf gaben die alben zem silbrinen" (die Silbern ist die höchste Alpe des Landes), Urk. zu Schwyz v. 1322 im Geschichtsfreund III, 245. „Es was ein gebure und waz uf den alben gezogen" (erzogen), Cgm. 5, f. 248c. Ze alben (z'àlbm), auf der Alpe; gân, gên Alben (gàn àlbm), auf die Alpe. Die Galt-Alben, Gebirgsweide für Galtvieh, nemlich junge oder unträchtige Rinder, Pferde rc. Die Senn-Alben, wo Butter und Käse erzeugt wird; (s. Senn, Leger, Käser, Stoz). Die Brod-Alben (v. Moll, Zillerthal), Alpe, die auf dem Rücken oder Abhang eines Berges liegt. Die Grund-Alben (eb.), Alpe, die in einem sogenannten Grund, d. h. in einem hohen, von Bergen eingeschloßnen Nebenthal liegt. Auf Brod-Alpen milchen die Kühe weniger als auf Grund-Alpen; doch gibt auf erstern die Milch mehr Butter, auf letztern mehr Käs und Schotten. Früeh-, Vor-, Hôch-, Nâch-Alben. Der Alpen-Busch (àlbmbusch), Alb-Rausch, Alben-Rausch (àlbmrausch), Rhododendron, sowohl ferrugineum, als hirsutum L., Alpenrose, Schneerose. Der Albmaister, Aufseher über die Gebirgsweiden eines Bezirks. Lori, 47
Lechrain, f. 408. Alben-Ordnung im Sacherang v. 1558; Cbm. Kl. 360, p. 61; Albengesell, Theilhaber an Alpenwirtschaft oder Weide, p. 78; Albenmaister, ihr erwählter Vorsteher; Albentanz, besonders der auf der Alben-Wisen. — Der Alber, Alberer (àlbə', àlbərə', àlbmə'), 1) Knecht, der auf einer Gebirgsweide das Vieh und die Butter- und Käse-Bereitung besorgt, was noch öfter durch eine Dirne, die Alberinn (àlbərinn, àlbmərinn) geschieht. 2) ein den höhern Regionen eigener Dämon (m. vrgl. die Urisks der Hochschotten, die Brownies der Schotten; s. Walter Scott's Lady of the Lake, c. III, st. 24. Grimms Mythol.2 411 ff. Wbch. I, 200: der Alb, genius, daemon, ahd. mhd. alp, plur. elber, Elbe; 246: der und das Alp, daemon, incubus, plur. Alpe). Wenn sich z. B. ein Schwein auf der Alpe durch Walzen den Rücken beschädigt, so muß dieser arme Bergteufel es geritten haben. „Quidam credunt, quod Satyri equitent porcos", Ald. 184, f. 75. „Quod de foetu, qui sepelitur cum matre, fiat *Alp*, qui illudit feminis", ibid. f. 175. „Wichtelen vel helbe, lemures", gl. a. 827. „Contra *alpes*" (Segenspruch), Clm. 536, f. 89b. „Gelaubent an den alp", Cgm. 478, f. 2b (sec. XIV—XV). „Die do gelauben an truten, an alpen, an elben", Cgm. 269, f. 2 (1430). „Die da glaubent an die heupretigen, an chroten, an alpen, an Elben", Cgm. 1113, f. 117b. „Der Bawer mit bayrischer zungen sprach: du spotst mein, du kroten älbl. (Der Freyhart:) Nein, ich schwer dir bey seinem kälbl, das ich dir sag die warheit klar", H. Sachs 1560: IV, III, 69 (1612: IV, III, 150). „Für den Alper, welche fraw den (der) alber wetrieg oder wetrugnus hab", Cgm. 720, f. 89. „Den der Alp betrieg", Cgm. 92, f. 14 u. 464, f. 22. *Albnand* († 886), monachus Fuldensis; Aug. Jes 12. „Mola ein ungeformt stuck fleisch das underweylen in der bermutter wachst, ein alb, Nomencl. 1629, p. 207. alberisch (àlbərisch, àlbmərisch), adj., zum Alpenleben gehörig, älplerisch.

Lusti' wàs *àlbərisch* is, *àlbərisch* bin I!
Z'àlbm obm hán' frisché Leud, dafs'n sàg I.

albelen, albezen (àlbə-l'n, àlbəz'n; Kaltenbrunner: almern), nach Art der Alpenhirten die Tonleiter durchjauchzen; (s. jo-ln.). Verschieden von den Schnaderhüpfeln (als Tanzliedchen) sind die Almer und Jodler. Die erstern sind Alpenmelodien ohne Text, welche meist zweystimmig gesungen werden. Sie kommen in der Regel nur in Steyermark und in jenen Gegenden des Landes ob der Enns vor, die im 12. Jahrh. zu Steyermark gehörten, und sind die wortlose Sprache, in welcher die Sennerinnen oder Almerinnen in der erhabenen Einsamkeit ihrer Schwaighütten ihre Lust, ihre Hoffnung, ihr Herzeleid dem Echo der Gebirge gestehen und einer fernen gefühlsverwandten, nach gleicher Mittheilung sich sehnenden Seele zurufen! Allgem. Ztng. Beil. v. 28. Aug. 1845, p. 1915 (über Spaun's österreich. Volksweisen).

„Dá' Hansensepp juchátzt,
Dá' Seppenhans singt,
Dás dá zweidigst dahi~
Von sän *G'almerad* klingt"; Stelzhamer 112.

abälbeln (das Vieh), es im Sommer auf der Alpe ernähren; Akt. v. 1614. „Kaserstock, wo gealmet oder vielmehr gekaset wird; das übrige heißt Trett" (Pseud. Jir.). Alpstrett s. unten bei Anger. Anmerk. Alb, Alp in dem angeführten beschränkten, blos landwirthschaftlichen oder hirtlichen Sinne kommt schon früh vor. In einer salzb. Urk. v. 798 gibt Theodo dux duas *Alpes*, qui vocantur Gauzo et Ladusa in quo sunt tantummodo pascua ovium. (Dukher, s. Chr. p. 43). — *Alpam* Bosangam (Urkunde v. 974. Meich. Hist. Fris. I, 180). In der allgemeinern, ursprünglichen Bedeutung Berg ist das Wort nur als Eigenname übrig. (Die Alpen, alpes; die rauhe Alp; der Albis; cf. Diefenbach, Celtica I, 18. 240). Es gehört vermuthlich einer, früher durch einen großen Theil von Europa verbreiteten Sprache an. Noch ist alpa im gaelischen Dialekte der Hochschotten und Iren ein Appellativ für Berg, und die erstern nennen ihr Land (die Berge) alba oder albin, woher albanach Schotte, schottisch. Uebrigens ist die bayerische Form mit dem b statt des p schon alt; gl. o. 124. 449: albun; 244: alben, alpes; uffin alvin, auf den Alpen; Lobgesang auf den heil. Anno, V. 441. Uf eine hohe der alben, Fragment de bello saracenico, vers. 1896. elbon, alpibus, Diut. II, 350,467. „alpes vocantur Perwolfs alben . . . alpis interior . . . alpis exterior", Freising. Salbuch v. 14. Jahrh., f. 61 (in der Bibliothek des Ordinariatus Monaco-Frising., Pgm. in fol.), Rubrik Weltz. „Menig biurin uf den alben hand kes und eyer feil", Altsw. 175,6. „Von der alben ze Gersperg"; MB. II, p. 43, ad a. 1305; „und weders vih aus den zwain albin ee dahin kumbt", ibid. p. 430, ad 1440. „Daz ein vich alz kranch wurd, daz ez ir alben nicht gelangen mocht"; MB. VII, p 267, ad 1392. „Alben oder ander gesuech", MB. II, p. 519; cfr. VII, p. 326. Die Stelle des Vopiscus im Probus: ultra Nicrum fluvium et *Albam* ist wol von der schwäbischen Alp zu verstehen. Das Albgæu (Al'gə), Waldbezirk zwischen Tölz und Warngau, vermuthlich der Rest einer Benennung, die ehmals das ganze Gäu vor den Alpen umfaßte. . . Pariterque et ad Poasinpurron in *Alpacowe*, simul etiam ad Keizahu (Gaißach); Urk. aus dem 9. Jahrh. (Meichelb. Hist. Fris. I, II, 186). Diaconus Deotrih tradidit quicquid habuit in loco qui dicitur *Alpagauui* . . . beneficium Deotrici Diaconi ad Hahhingas; ibid, f. 345. Im Tegerns. Urbar und Martyrolog (F. v. Freiberg, p. 215. 232) kommt eine
48 Ortschaft Albgiu (albgeu) vor. Bekannter ist das Albgæu (Allgäu) vor den Alpen der Iller. „In dem Albgeu und in der stat ze Chömptun"; MB. XXIII, 214, ad 1370; (s. Gæu). Der Walliser nennt montagne auch einen ebenen Weideplatz im Gegensatz der prairie, die gemäht wird; mont ist Berg. (Fröbel, Ausland, 1841, Sept.). Das krain., kärnt. planina, Alpe, (dazu: planiniti, Alpenwirthschaft treiben; planz, planinz, Alpler; planinzhan, Alpenhirt; planinshzhiza, Sendin) hält Jarnik, p. 54, für fremd und aus alp versetzt. Uskočka planina, uskokisches Bergland um die Burg Sumbor (Xumberg, Sichelberg), von geflüchteten bosnischen Serben bevölkert; (Ausland, 1843, p. 361). Zeitschr. IV, 61. 161 f. 261,7. 329. V, 252,5.

alber (àlwə', fränk., Ob. Pf.) wie hchd. albern. In Altbayern ist das Wort minder gangbar. Dés wár niet àlwə', das ließe sich hören. älbern, êlpern, vrb. „Ölpern, kelbern ist er bereit, selzame Possen steckt er voll." „Da unsre Knecht ölpern und ringen." H. Sachs . . . „Du ölp, du dölp, grober fantast!" sagt sie zu ihm, H. Sachs 1612: I, 1056 (1558: I, 525^b). „alpern, irrgeen, delirare", Voc. v. 1445. Anmerk. In al (s. ellend und alleswar) liegt vermuthlich der Begriff des Fremden, Befremdenden. Die zweyte Hälfte wer ist vielleicht mit dem wer in mitwer, ahd. mitiuuari, ein Wort: ahd. alawari, mhd. alwære, simplex, nativus, naiv, einfältig, ohne Falsch; vrgl. XIII Com. garecht, gerecht u. einfältig, dumm. Grimm, II, 553. 577. 651. Graff I, 916. BM. I, 27. Grimm, Wbch. I, 201. (s. Th. IV: wâr, gewære.) „Er was albere und geloubet vil wol (der) mere", altd. Wldr. III, 162. „Du bist vil alwære", a. Heinr. 545. „Daz si benamen wær gůt unde albær" (naiv), Cgm. 717, f. 99, ad 1347. „Erchennet ir mich so alwære (: swære) unde so gar ân sin", Kindh. Jesu (Hahn) 72,44. „Diu het ein alwaeren lip" Pf. Amîs 1030; „unde het alwæren muot", das. 1171; „alwære und einvaltic", das. 1319; „sprach der alwære", das. 1377. „Darzu sie auch die albern lehrn welche noch in der irr umgehn, weder bös noch gut verstehn", H. Sachs 1560: II, II, 84. „Der knecht der stelt sich einfeltig und schlecht gleichsam halb alber und zerstrewt", das. II, IV, 85. „Er ist ainfaltiger sinn, darzu war er mit worten alber", das. V, 351 (1612: V, III, 27). Vrgl. Zeitschr. VI, 174. 120,161. Dem Worte alber ist gerade das Gegentheil widerfahren von erwär, erwer aus êr-bære. Der Alberdrütsch (Almə'drütsh, Älpə'-drütsh, Ölpətrütsch, Drəlpə'trütsch), Benennung einer albernen, ungeschickten Person. Vrgl. Grimm, Mythol. 412. 887.

Die Alber (àlbə', àlbə'n), die schwarze Pappel, populus nigra. „Itali ulmum eam arborem vocant quam nos *alber* vocamus" sagt Avent. in s. Gramm. (ahd. gl. i. 124. 702. o. 173. 410: alpari, albari, albare, populus; mhd. alber; VII Com. albar. Graff I, 244. BM. I, 22. Diefenb. 447. Grimm, Wbch. I, 201. Zeitschr. III, 461. VI, 412,54). Die Alberbroß, Pappelsproße, Pappelauge; albrein brost, Cgm. 4543, f. 145. Weißalber, Silberpappel, populus alba, (Jir.). Burgholzer's Wegweiser in München p. 141. spricht von einer „Hutfabrick aus Albern- u. Pappelwolle." älbern (əlbə'n) elben, adj., vom Holz der Pappel. „Die Kholen zu dem Pulver sollen geprennt werden von Erlem, dennem vnd ærlem Holtz auch elbem. Guet kholen, die da dennen, elben oder weyden seindt . . . Elben kholen"; MS. v. 1591. (Alparin, albarin, populeus, gl. a. 98. 507. i. 5.). albernes Holz (Jir.).

„Albesie", (Jerasek) Gichtbeere, ribes nigrum; Albesing, Aalbeere, Alantbeere, holl. aalbezie. Nemnich II, 1162.

elb, eigentlich elw, (nur in einigen Fällen gebraucht), gelb, heluus. elbe Schäff, elbe Woll, Schaf, Wolle von lohbrauner, gelber Farbe, (im Salzb. Gebirg, nach B. v. Moll). „Das Elbschäf, eine Abart des gemeinen Schafes mit hellbrauner Wolle"; Castelli 120. Elbe Kutten der Berner Bauern; Allgem. Zeitung 1850, S. 1400. Im Berner Oberland nennen die Hirten eine Ziege mit blaßgelbem Halse Elbhals. Wyß Reise d. d. B. OL. 564. (ahd. elo, gen. elawes; mhd. el, elwes. Graff I, 225. BM. I, 428. Grimm, Wbch. III, 401. Zeitschr. V, 220. Eluuer, fulvus; gl. a. 80. 531. 577. i. 5. 214. 507. „gira vide fulvum, umpi sih eliwaz"; XI. Clm. 4606, f. 91.

Der Elbiß, Schwan; ahd. alpiz, elpiz; mhd. elbez. Graff I, 243. BM. I, 22. Grimm, Wbch. III, 402. „Wie wunderlichen tot der fenix und der elbitz nemen", Renner 19597. „Von dem elbiz oder swan. Cignus haizt ain elbiz oder ain swan", Konr. v. Megenb. 174,7. „Et *albes* aues cum congregabuntur. Et cum terrestres uolucres contra aquam clangorem dabunt", ZZ. 632, f. 126^b, Zeile 5 v. u., v. J. 809. Sollten Schwäne (elbize) gemeint sein?

Die Olbent, Kameel (goth. ulbandus, ahd. olpentâ, mhd. olbente; Graff I, 244. BM. I, 437. Grimm, Wbch. I, 403); Diut. III, 68.

Der Alch, Älch, wol dasselbe mit dem folgenden Elch, alces, alx, obwohl von Konr. v. Megenberg irrig mit ibex gedeutet. „Ibex . . . dâ von wæn ich, ez sei daz tier, daz ze däutsch älch (Ms. f. 85: alch) haizt", Konr. v. Megenb. 141,10. Vrgl. Diefenb. 283^b: ibex, u. 26^b: alx. Grimm, Wbch. III, 414.

Der Elch, Elk, Elen, Elenthier (ahd. elaho, elah, mhd. elch; Graff I, 235. BM. I, 428. Grimm, Wbch. III, 406. 414). „Ein Circular der königl. Regierung an sämmtliche Landräthe spricht den Wunsch einer vollständigen Schonung des Elenn-Elchwildes für mehrere

Jahre aus. Das Elenn, sonst über ganz Deutschland verbreitet (wovon so viele mit Elk und Elenn zusammengesetzte Ortsnamen noch Zeugniß geben), gehört jetzt auch in der Provinz Preußen zu den Seltenheiten. Außer dieser Provinz kommt es für Europa nur noch in Rußland vor." Allg. Ztng. 1852, S. 2292. Der Riesenhirsch oder Elk wird auch in Californien alljährlich mehr ausgerottet. Allg. Ztng. 1850, Beil. S. 5806. Vrgl. Elwangen, Th. IV: der Wang.

'aldê! (υ-), Umbildung des französ. adieu (= à dieu, Gott befohlen, behüt' dich Gott), neben adê (mhd. adê, aldê, BM. I, 7. 22. Grimm, Wbch. I, 176. 203).' „Alde, alde, ich scheid mit wissen", H. Sachs 1560: II, IV, 28. „Alde, mit wissen ich abscheid", das. III, III, 39a.

Die Alden (ɐ̃-ld·n, Ilz), Furche, Vertiefung im Ackerfelde. Vrgl. isl. ald, Welle; Grimm III, 383. Ist Castelli's (Wbch. 211) „die Oarn, das gepflügte Feld, die Pflugfurche" dasselbe Wort? (cf. mhd. arn, ern, pflügen; BM. I, 49).

alder, (MB. XXIII, 218, ad 1373); older (Diemer, Ged. 162,23), oder; (ahd. alde, olde, mhd. alde, ald, alder; Grimm III, 274. Graff I, 246 f. BM. I, 22. II, 437. Grimm, Wbch. I, 203; noch schweizerisch: Stalder I, 95).

Der Alf, = Alb, Alp (s. oben). „Sy sprechent (über dein untapferes Benehmen spottend) du siest ein rechter alf", sagt Hildebrand zu Dietrich von Bern im gr. Rosengarten 2054. BM. I, 24.

Alfanz, s. Alefanz.

-olf, Endung vieler männlicher Personennamen; Grimm III, 330. 537. Mythol.² 721 f. Graff I, 246. 249. „Rex Romanorum *Adolfus* qui verius dici poterit *Scadolfus*", Ald. 119, f. 45a. Ammolf, s. unten Amme. Triegolf, Betrüger; „ein hundlein Triegolf zoch Fraw Schand", Altsw. 148,30. Ginolf, Gähner; „Ginolf, bistu entslâfen?" das. 159,20.

Der Ulf (plur. Ülfe), ein Dämon, dem Alb, Alf verwandt; vrgl. ags. ylf u. mhd. „ülfheit ein suht ob allen sühten"; Reinmar v. Zweter II, 135a; ülfen, vrb.; „der sich ülfet („ylft") in der jugent"; S. Helbl. II, 426. Haupt, Zeitschr. IV, 53 Anm. Grimm, Mythol.² 411. 1113. BM. III, 178.

Die Ilg, Ilgen (ɪlgng), die weiße Lilie; (nach dem Lexicon v. Bayern) die Narcisse. S. Gramm. 544.

ilgen, ilgern, vrb., vom Stumpfwerden der Zähne.

„Orizo ylgern, deliso sit tibi fellen.
Dentibus oriso, digitis quoque sepe deliso."
2° XV. Clm. 15319, f. 117.

Vrgl. Zeitschr. I, 258. II, 250 u. egeln, igeln, ainigeln, urigeln. Grimm, Wbch. III, 108: eilen, 414: elger.

Der Alkar, die Dohle. „Störche, reigel und alkarn, spehte, withopfen und starn"; Renner 19427. 'Frisch I, 17c: die Älke, Dohle, monedula; niederd. âleke, âlke. BM. I, 49a. Schambach 6b. Nemnich I, 1245.'

49 „Olk." In Westenrieders Glossar — als bayrisch — eine Zwiebel. Mir war Ollig unter dieser Bedeutung nur als niederrheinisch bekannt. Zeitschr. VI, 17. Vrgl. Ilg.

Die Alm, s. die Alben.

'Die Alme = Allmende, Almende; s. BM. II, 103 f. Grimm, Wbch. I, 237.' „Als ein paum, der auf der alme stat an einer straßen", M. Beham (d. pfeffin), Cgm. 291, f. 26.

„Almaring", (salzb., Hübner) Küchen- oder Speise-Kasten, armoire, armario. Armarey, armarium, Voc. v. 1445. „Larnasos, d. i. griechisch die Arch oder Kasten, Truhen, Almar . .", Avent. Chr. „In einem Buch-Almareyn" (Bücherkasten), Gem. Reg. Chr. II, 330. III, 203. „Armarium, Armergen", Frisius. Vrgl. Grimm, Wbch. I, 244: Almer, 558: Armer. Zeitschr. V, 133,30.

„Der Almes", (Nürnb., Hsl.) der Ulm-Baum.

Das Almuesen (àlmuəsn), wie hchd. Almosen. So schon ahd. alamuosan, m. m. 73; alamuosa gl. i. 517; alamusan, Musp. 100; mhd. almuosen. Graff I, 238. BM. I, 24. Grimm, Wbch. I, 244. Scherzh. R.A. Almuesen geben, von Männern: der physischen Liebe pflegen. Vrgl. brem. nieders. Wbch. V, 378, zu S. 503: „Von einem der zitternde Hände hat, sagt man im Scherz: he het to veel um Gottes willen geven."

Die Ilm, Flüßchen, das bey Vohburg in die Donau fällt. Der Name könnte nach Gramm. 537. 576 für eine Corruption des verbreitetern Elbe gehalten werden, — wenn nicht die schon alte Form Ilma (Pez. thes. T. I, P. III, colum. 11. „Juxta flumen *Ilma*", Ried I, 18), Ilmina (Metelli Quirinalia, p. 88. 95) und Ilmina munistiuri, (so ist Mon. boic. VI, 163 nach gl. i. 817. zu lesen) entgegenstünden. „Ad *Ylma* curte regia" (a. 890), Huschberg, Sch. W., p. 104. „Molendinum spech apud fluvium *Ilmina*", Cbm. 52, f. 57. Clm. 17420. „*Jezo* comes tradidit quidquid ad *Ilminam* loco *Jezen*dorf visus fuit habere", Meichelb. hist. Fris. I, II, nr. 904 Vrgl. Förstemann II, 830. Ist *Ilm-ina* Adjectiv? Vrgl. hurw-ina u. Th. IV: „juxta ripam fluminis Wirmine"; auch Grimm II, 647.

Die Ilm, Ilme (Zir., Höfer), ulmus effusa L. Gl. o. 88. 410: ulmus, elm. Graff I, 249. BM. I, 429. Diefenb. 125a. Nemnich II, 1519. Zeitschr. III, 461.

Der Olm, salamandra, serpentis genus, Prompt. v. 1618. gl. i. 714: olm, stellio. Graff I, 249. Diefenb. 507c. Nemnich II, 303.

Der Ulmer, (am O. Inn) Schimpfwort: grober Bengel ꝛc.; wird doch wol mit dem provincial-dänischen Adj. olm, isländ. olmr (Matth. VIII, 28) nichts zu thun haben. Vrgl. auch bremisch-niedersächs. Wrtb. V, 148: „Sit up em, he is *van Ulm*! mache dich über ihn her u. schone seiner nicht!" Dann ebendaselbst: *Ulm*, die Fäulniß, sonderlich im Holze"; u. Wackernagels Wbch.: „ulmic, adj., verfault; Ulm, Olm, mundartl., verfaultes Baummark." Graff I, 249: olmoht. Ztschr. VI, 360.

Alp, elp ꝛc. s. Alb, elb ꝛc.

---

also, wie das daraus verkürzte als, aus all-so 50
zusammengesetzt, im Ganzen wie hchd. — Doch sind folgende Anwendungen als veraltet oder dialektisch zu bemerken. Also, in der ä. Sp. eine beliebte Continuativ-Partikel, besonders bey Erzählungen. „Also hat mir mein liebe Hausfrau seligen etliche personen firgeschlagen, welche Ich aber allerlay ursachen halben daher nit für tauglich erkhennen khönden." „Also sagt der Moser Kistler, Ich hör der alt Gaishover Burgermaister hab ein Kechin, die sey gar ein froms zichtigs wollbettendes schöns Mensch." . . . Müller's Anordnung der Fronleichnams-Procession v. 1580, in Wstr. Btr. V, p. 145. Das verkürzte als kommt ebenso vor. Also (a-lso -υ, ə'so, υ-; O. Is., Inn), Partikel, wodurch der Zuhörer zu erkennen gibt, daß er die Rede des Andern wohl eingenommen habe. Also mei~! àisəmei~! ah, ist das so? also wohl, so wohl! Also (àlsə, àisə, àsə; auch aə~sə = an sich? cfr. an-so), als, franz. étant. „Alsô lebende ferslindet er sie, viventes absorbet eos", Notk. 57,10. âlsə'ganzə, noch ganz, unzertheilt seyend; alsə krankə' geht er spazieren, (ObrM., obschon krank seyend). „*Als* ä lähri (nüchtern; gereimt auf: o du Gäri!) is mä no' so gring", Lindermayr 29. Vrgl. Th. IV: die Weis. Zeitschr. III, 187,11. „Und zoch also kranker haim gen Amberg", Ebran v. Wildberg, Oefele I, p. 313. „Drucht si in also toten an sich", Wigalois. „Die gute Mutter hat also todtne gesorgt", Putherbey. „Einem die Wehr also bloß auß der Hand nemen", LR. v. 1616, f. 400. „Wan ein hofmarchsman

von einem Sämer also verbottner weiß salz kauff, wellen etliche Landrichter davon die straffen haben", Ltg. v. 1605, p. 256. Vrgl. holl. wij praten al wandelende (= àlsə gendə), hij zeide dit al lagchende (= àlsə lachə~də); franz. en allant, en riant. „Der êrst pauch nimpt daz ezzen alsô rôhes (rôhez)", Konr. v. Megenb. 31,17 (Pfeiffer: alsô rôch). (Vrgl.: „Syrus ist ain stain . . . der hât die art, daz er ganzer in dem wazzer ob swimmt, und sô er gestückelt wirt, sô vellt er ze podem", das. 462,13.) „Vier löffel vol wazzers also warms", Ind. 344, f. 66, „Hab ich also erschrockhener diese Antwort geben. . ." Ldtg. v. 1514, p. 629. „Also jung, also ledig" (noch jung, noch ledig seyend) u. drgl., Avent. Chr. „Und so man sie also verschiden (todt) gein Michelfeld furt"; MB. XXV, 537. „Das wir den brief also gantzen und unvermailigten gesehen haben"; MB. XVIII, 351. „Swer iuch uz mîme lande alsô wunden siht varn"; Iwein 5528. „So vil gulden, die er mir also bar und berait bezalt hat"; MB. XXII, 467. XXIII, 353. XXV, 493. (Vrgl. so). Zeitschr. III, 187,11. IV, 245,48. Also zu hand, (Avent. Chr.) alsobald, sogleich. „Da ward Caracalla von seinem Sattelknecht erstochen, verschied also zu hand." Alsohin, ziemlich; Voc. v. 1618.

als˙, als (à's, əs), ä. Sp., wie, so. als vil, als groß, tot, tantus. halb als vil, halb so viel. „Als oft ein mund, so oft ein pfund." Avent. Chr. v. 1566, f. 520. Vrgl. Th. II: der Mund. „Az davor geschriben ist, az mit usgenomen worten getinget ist"; MB. VI, 569, ad 1300. „Als manich haubt, als maniger sin", d. Ring 31b,17. „Als der vogel ist, also singet er"; „als du mir dienst, also lon ich dir", Clm. 12296, f. 212. 216. „Du solt sprechen (in der Beicht): herre, die sünde und die sünde die han ich als und als und sust und so getan", Griesh. Pred. II, 72. Vrgl. BM. II, II, 461 ff. Grimm, Wbch. I, 251,5 ff. Noch betet man: „Vergib uns unser Schuld, als auch wir vergeben unsern Schuldigern." „Ehr sey Gott dem Vater, und dem Sohn und dem heil. Geist, als Ehr war (als da war?) im Anfang und jetzt und allweg und in ewige Zeiten, Amen." Gloria patri etc.
51 sicut erat in principio et nunc et semper. . . „Dein Will geschehe als im Himmel auch auf Erden"; Aeltere Baireut. Kirch. Agende. „Und druck es also naß darein, als der ainen käß in ainem napff daucht" (eine der ä. Spr. sehr beliebte Wendung), Anhang z. Vegelius, Augsb. 1529. „I mècht wis·n wiə gros *als* ər is." Zeitschr. III, 240,3,4. cf. das. — àls wiə, ə's wiə, s. Th. IV: wie. — als Got er sprâch, s. Th. II: Gott.

„Alsen, alausa, alosa, thryssa (piscis)"; Voc. v. 1618. Diefenb. 24c. Grimm, Wbch. I, 200.

Alsen, subula (Ahle, l'alesne), Onom. v. 1735. gl. a. 111: alansa. Diefenb. 562c. Grimm, Wbch. I, 200. S. oben bei Alspieß.

Die Elsen, Elzen der Traubenkirschbaum, prunus padus L.; die Beere desselben (auch Elzəbér, Elzəbiər); s. oben Eleren.

„olsig, olzig", adv., (Frank.) gleich, alsbald, ungesäumt. Vermuthlich eine Composition mit all (cf. ahd. u. mhd. alzoges, alzois, adverb. Genit., immerfort, durchaus; Grimm III, 129. Graff V, 611. BM. III, 933. Hoffmann, Fundgr. I, 358. — `Zeitschr. II, 140 vergleicht mhd. allezan, alzan, immer zu, immerfort; jetzt, soeben; Grimm III, 100. BM. I, 28. Graff I, 275 s. oben all: allzan).´ Zeitschr. IV, 114. 259,10. VI, 528,12. — Oder sollte es gar eine Corruption des alten agaleizo, agaleize (instanter, importune, obnixe; gl. i. 15. 332. 338. 460 ꝛc.) seyn? (Vrgl. osent).

allspə, anderswo. S. oben alles (sonst, aliter).

Die Alstern (àlstə'n), die Elster; (s. Ägerst). „Pica agalster vel alster", Clm. 11482, f. 374, v. 1418. Zeitschr. II, 92,45. 235. Die blau Älster, der Bergsturmhut, aconitum cammarum; (s. Gelster).

---

alt (àld), 1) wie hchd. (goth. altheis, ahd., mhd. alt, v. alan, aljan, nutrire, wie lat. altus von alere; Grimm II, 8. Graff I, 191 ff. BM. I, 25. Grimm, Wbch. I, 262 f. Zu lat. *al*ere, ad*ol*ere, ad*ol*escere gehört wol auch ind*ol*es, wie imperator von induperator; vrgl. schwed. alstra, hervorbringen, alster, Erzeugniß, v. isl. ala, gebären, nähren). „Es ist nicht gut lassen, ee der man (Mond) funf tag alt ist, oder ob er uber vierundzwainzig tag alt wurd", Cgm. 4543, f. 106. — alte Stund, altes Tausend, s. Stund, Tausend. 2) (Metzger-Spr.) groß. Altvieh, Ochsen und Kühe im Gegensatz des Jungviehes, welches in Kälbern, Schafen, Schweinen u. drgl. besteht. Altmetzger, im Gegensatz des Jungmetzgers; jener haut Altvieh aus, dieser Jungvieh. Altfleisch, Fleisch von Altvieh, im Gegensatz des Jungfleisches, nemlich des Fleisches von Kälbern, Schafen u. drgl. „Jung oder alt Fleisch." LR. v. 1616, f. 627. Die alte Bank, Fleischbank, wo Altfleisch verkauft wird. „Ein alte schmurrn", eine tüchtige Ohrfeige; H. Sachs 1560: II, IV, 18a.

Der alt Mann von Wien. In den Ingolstädter Reimen v. 1562 sagt nach lib. Reg. II, c. 18, v. 13 der Knecht zu Joab:

„Und solt ich den Absalon
Mit meiner handt erschlagn,
Mir wird mein Herr der Künig
Solchs gar nit vertragn.
Sprâch ich, du hetst mich zheißen,
Du laugnest hin und hin,
Vnd köndst dich gar wol stellen
Als der alt Mann von Wien." (Vielleicht ein Gemälde oder eine Statue?) Dabey steht die Note: Merck den alten mann von Wien, der sicht dem Niemands gleich.

Der Ebenalte, membrum, s. eben.

Die XXIV Alten, XXIV Seniores, in dem deutschen Gedicht Clm. 9513, Vers 325. Vrgl. Altherr.

Den ältisten bieten nach des Buechs (d. h. des Gesetzbuches Kaiser Ludwigs) sag, (ä. Sp.) bey einer Streitigkeit die ältesten Ehrenmänner gerichtlich zu einer Kundschaft (Beschau der streitigen Objekte) aufbieten; z. B. MB. III, 210. VIII, 559. XI, 408; (s. best).

alteinen, (Pegniz, Ob. Pf.) nach Alter aussehen, riechen, schmecken. Alteinə~d, particip. Älteln, elteln (əltln); ältern, sich ältern, eltern, altern. 's G·ölträt, das Älterwerden, Alter. „G·sötzt jungäheit ä Narr, Kimt's *G·ölträt*, denkt mä' weidä', Lindermayr 83. Älteln (àltln), nach Alter riechen, schmecken. Zeitschr. II, 242. IV, 61.

Die Älte, Elten (əltè, əltn), das Alter, (Otfr. V, 52
23,140: elti, gl. o. 37: altin, anilitas; mhd. elte; Graff I, 197. BM. I, 26. Grimm, Wbch. I, 267. III, 418. Zeitschr. II, 339). Das Älter, Elter (əltə'), das Alter. (Kero; gl. i. 345: altar). Zeitschr. IV, 61.

älten, elten, alt machen (ahd. altjan, aufschieben, säumen; mhd. alten, elten. Graff I, 201. BM. I, 26). „Dieselbe vrist mich tröstet und eltet daz got sein rache als lange behelltet", Renner 3439. „Manic dinc den menschen eltet", das. 9470. „Ein dinc mich gar sere eltet, wenne sich ze sere ein arquan (Argwohn) spellet", das. 12912.

altersallain, alterslain, alterslainz, (Nürnb.) ganz allein (mhd. alters eine, alters aleine, Grimm, II, 556. IV, 731. BM. I, 420. Grimm, Wbch. I, 270). „Ich komb in ein Haus erstlich einig Alters allein"; H. Sachs 1570: I, IV, 484a. „Si ertrunchen alle gemain wan ich altersolain"; Kaiser. Chr., Wien. Ms. „Diu frouwe beleib mit ungehabe alters eine (Ben. al eine) bî dem grabe", Iwein 1597. „Helias, der gie ainez tagez altersaine in die wusti", Griesh., Pred. I, 164. „Do fluhen die teufel alters eine", Renner 12292. Das s hinter diesem alter scheint ein apocopiertes so zu seyn (nach Grimm IV, 731 ist alters ein vom Adj. eine abhängiger Genitiv; alter = aevum, Zeitalter, Welt). Zu vergleichen Otfrid's zialtere, welches (I, 23,60, II, 4,12, III, 15,45, V, 20,40) heißen kann: für immer; Tatian's: io in altere, nio in altere;

Kero's: eonaldre, neonaldre; gl. i. 478. 733: ionoltres, nionoltres (unquam, nunquam), wohin auch das schwed. aldr-ig (= alder-icke?), norän. aldr-eigi (nunquam) gehört. (Sieh auch: altelos). — 'Eine Umbildung dieses verstärkenden alters- (= Welts-) ist wol auch das besonders bei H. Sachs so häufig begegnende allers- (nach Grimm, Wbch. I, 227 der Genit. Plur. aller).' „Komb mit mir gen Hof, allers Tropfen", H. Sachs 1558: I, 472^b. „So dich die wechter hie erdappen, allers vollen esels und lappen"; das. 1560: II, IV, 25^a. Das Weib zeigt ihm die Feige und spricht: „Zeuch mir den herdurch, allers tropfen, und knüpf mir einen knoden dran"; das. II, IV, 27^a. (Sie schlägt ihn:) „Wehr dich nur mein, allers narrn!" das. 27^b. „Du ehrloser Mann, ey wie recht hab ich dich allhie außgespecht, allers Esels und alten Narren!" das. 32^a. „Schlag her, bist du keck, aller kötzen, so haw ich in dich mit der blotzen"; das. III, III, 10^b. „Schweig und halt dein maul, allers laurn; das. III, III, 32^a. „Du hast gar nichts hinnen zu schaffen, allers laussing, stinketen pfaffen!" das. 45^a. „Du hast den thaler allers alten, du wolst in dir heimlich behalten"; das. 74. „Der sol dich umb dein unzucht straffen, allers losen verlogen pfaffen"; das. 76^b. „Ich will mit dir anheben ein anders spil, allers heillosen verlogen mans"; ebendas. „So heiß ich dich oft lieber Hans, merckst denn mein lieb nit allers Mans; das. 82^a. „Du solt wol todt sein, allers Mans!?' das. 82^b. „Ey so schlag nur her, allers tropfen, und hab dir trüß und das hertzleyd"; das. IV, III, 27^a. „Der bawer sprach (zum Freihart): Merck allers narrn"; das. 69. „Du bleibst, du bleibest, allers buben"; das. V, 228^a. „Geh von mir an galgn allers buben!" sagt der Herr zum Reuter, dem Spieler; das. 359^a. „Ich mus sonst hawen dich mit ruten, darumb so hab rhu, allers narrn! das. 365^b. Ztschr. IV, 226.

„Aldfäntsch nach dem alten siten" sind die Häuser in Messina gebaut, Cgm. 692, f. 62. Vrgl. Grimm, Wbch. I, 271: altfräntsch = altfränkisch.

altig, (Baur, Ob. Isar) alt. Au'n åltingə~ Wég, auf den alten Weg.

'Die Eltern, parentes, begegnet schon im ahd. altiron, eltiron;' sine eldiron, parentes ejus, Tat. 12,1. 44,14. 132. Graff I, 195. Grimm, Wbch. III, 418.

Die Altach (åltə', åltən). „Ein Altach oder altwasser ist, wo zuuor eines Fluß Rinsal geloffen und derselb, uneracht der Hauptfluß einen andern Rinsal genommen, noch nit gar ausgetrucknet oder zu einer Aw oder Wayd worden." LR. v. 1616, f. 329. „Die Alta so ein Bach, und sampt der Vogen in die Donau fließt," Bogenberg. Mirakel. Altach heißt die älteste Vorstadt in Laufen, welche sich auf dem rechten Ufer der Salzach von der Brücke abwärts zieht; (Jir.). Vrgl. oben die Ach.

Der Altherr, (ä. Sp.) Senior einer geistlichen Körperschaft. Her Hanns F. allther zu sand Saluator; MB. XXI, 525. 529. „Gesegen mich die vier und zwainzich altheren", Cgm. 73, f. 41^a (die XXIV Alten des Ditte v. Passau?). BM. I, 666. Vrgl. oben Alte.

'Die Altmül, ein Flüßchen, das bei Kelheim in die Donau mündet:' A'ltmona (so accentuiert!), Clm. 4608 (XI. sec.), f. 226; Altmôna in pago Sualaueldonio, Clm. 9506 (2^0 XI—XII), f. 138^a (früher Alcmana, Alcmona, Alhmona etc. Förstemann II, 37); in Falkenstein's Cod. diplom. p. 10: Altmuhna, a^0 824; p. 11: Altmul, a^0 833; p. 12: Altmule, a^0 836; p. 22: Almonia, a^0 919. Es soll des Tacitus bey den Hermunduri (d. h. im Eichstätt-Ansbachischen) entspringende Albis (misschrieben statt Alcis) seyn. Vrgl. den Ort *Αλχιμοεννις*, *Αλχιμουννις* bey Ptolomaeus; Förstem. II, 56. Landbote, 1836, p. 1068. Urzeit, 1833, S. 122.

Der Altweg. „Unnotdürfftige Straffen, Holz- und Altweg"; Kr. Lhdl. XVIII, 390. 396; LR. v. 1616, f. 715. Solche Altwege kommen auch in Hohenwarter Grenzbestimmungen vor. MB. XVII, 194. 267. (m. min. 37: daz altuuiggi.)

Die Altwis (óltwis, Obrmr.), Wiese, welche niemals gedüngt, und deßwegen auch nur einmal des Jahres (um Jacobi oder Magdalena) gemäht wird. Das Althêu, Heu davon.

„altelos" (nach Hrn. R. Küchle, im Allgäu). Es ist mir ganz „altelos", ich befinde mich gar nicht wohl. Vrgl. Grimm, Gesch. d. d. Spr. 947 (wo es mit altvil, hermaphroditus verglichen wird; Haupt's Zeitschr. VI, 400. „I' waəſs nit bin I' ə Måd·l odər ə Buə'.") und oben alters allain.

Der Alt, des Alten; Dim. das Ältlein (åltl, åitl), der Alant, Alet (ahd. alunt, alant, mhd. alant; Graff I, 241. BM. I, 21. Grimm, Wbch. I, 200. 265), ein Fisch, cyprinus cephalus L. (Höfer). „Capito ein alat", H. Junii Nomencl. 1629, p. 38. „*Alnt*, Naso, qui bini nimis intus sunt acerosi", Ruodlieb XIII, 15. „So wie der Traunfluß zuweilen einen Alten hat." Kohlbrenn. Materialien v. 1782, f. 56.

Die Altane, der Altan (v. ital. altana). „Ain zimer sunderlinge durch disen graben ginge uber disen garten hin dan, daz waz gehaissen dy altan", M. Beham (1462) 91,31 ff. „Her Hainrich stund auff der altan", das. 92,14. „Auch schussen sy in dy altan, dy aber dem garten was stan", das. 122,6.12. Vrgl. Th. II: Laube.

Das Altar (åltår ᴗ-), der Alter (åltə' -ᴗ), der Altar (ahd. altari, mhd. altære, alter, msc.; Graff I, 247. BM. I, 26. Grimm, Wbch. I, 265); über alter stên, ob dem alter stên, Messe lesen; Haupt, Zeitschr. VIII, 525,63. 529,194. „Do gieng der apt vil schnelle uber alter sicherlich"; d. zwölfjährige Mönchlein 265. Münch. gel. Anz. 1843, Sp. 223. Ein Altärlein (åltá'l) mit einem Krucifix, einem Muttergottesbild oder andern Lieblingsheiligen darf in keinem d. Bürgers- od. Bauernhause, wo vor und nach Tische, beym Ave ꝛc. gemeinschaftlich gebetet wird, fehlen. Es nimmt gewöhnlich eine Stubenecke gegen Aufgang ein. Der Altarist, Geistlicher, der von einer auf einen bestimmten Altar gestifteten Messe lebt. MB. XIX, 136. XXIV, 627.

Althee, (Zillerthal) gemeine Gemswurz, doronicum pardalianches; (Jir.).

Der Eltechs, Iltis; s. oben Ellebeis.

---

alzan, s. unter all.

(NB. Manches am. em. ꝛc. der Dialekt-Aussprache, ist nach Gramm. 408. 577. unter ab, eb ꝛc. aw, ew ꝛc. zu suchen).

Das Am (åm), G'am, (Baur, O.) Spreu vom Ge- 53
treide (mhd. daz am, om; Grimm III, 733 f. BM. I, 27. Grimm, Wbch. I, 278). „Arista, grad, am"; Aventin. Gramm. Mit der wintschaufel schaid daz chorn von de' (der? dem?) ambe oder sprug", Cgm. 607, f. 170½. „Swenn diu drischel bricht daz strô, sô scheidet si daz korn hin dan von dem ome", d. w. Gast 4980. „Der Ohm, was vom Hafer wegfliegt", Castelli, Wbch. 212. „Darzw sol ich zwen Drescher haben vnd er ainen, oder ich vier vnd er zwen vnd sol in allen essen geben, davon sol mir am vnd stro weleiben. . ." MB. XII, p. 267, ad 1472. Das Am sötten, die Spreu anbrühen, sieden. Das Amgesött, (Baur, O.) Spreufutter, Spreu überhaupt. Gem. Reg. Chr. II, 352. Das Malzam, Spreu vom Malz. Vrgl. Agen und Anen. 'Gehört hieher auch': „Du pist getrü das waiß ich wol, sprach si, recht als juden amm (?gereimt auf „Flamm")? Cgm. 270, f. 75. Zeitschr. IV, 178.

Das Âmat (Aumət, Lech), das Nachheu, Grumet (ahd., mhd. âmât, ntr.; Grimm II, 785. III, 419. Graff II, 653. BM. II, 21. Zeitschr. II, 279,61). Amat und how, MB. XXII, 482; gl. o. 85. 95: amad, gremium. Das After-Amat, das dritte Heu. Vrgl. in der Urk. sec. VIII. bey Goldast alamann. rer. script. II, 66 die Form amadere (arare, asecare et amadere).

Das Wort ist vermuthlich aus Mad und dem alten a (ar) gebildet. S. d. W. Wäre die Form Ômat die ältere, so könnte ô das alte uo (re-, wieder=) seyn.

Amaul, ein Fisch; s. unten Ammersee u. Th. III: Schiet.

Der Ameis, die Ameie (mhd. amîs, amîe, amicus, amica), Geliebter, Geliebte. „Sie (die untreue Frau) gie zu irm ameise", Renner 12851. Der Pfaffe Amîs. — amîsen, vrb.; „auf erden lebt chain chunigunne, von der ich wolte für dich sein g'amîset", Labr., Cod. Pal. A., fol. 61a.

Die Amirel, Amsel, merula; Asp. 6, f. 57 (ahd. amisala, amsala, mhd. amsel; Graff I, 254. BM. I, 31. Grimm, Wbch. I, 280); die Omarl, Castelli, Wbch. 212. „Der *Amuxel* frait, wo-r-i'n lieb han und gern und da' G'ösvogel sait, dass 's bald rögnat wir' wern", Stelzhammer 19; 's *Amux'lg'sang*, 109. Zeitschr. II, 185,5.

Der Amer=kern, Amelkern, schwäb. Emer, das Amelkorn, engl. amel=corn, weißer Dinkel, Sommer=Dinkel (ahd. amar, mhd. amer, amel; Grimm III, 461. Graff I, 253. BM I, 29. Grimm, Wbch. I, 278). „Gersten, roggen, waitzen, Emer, Bona vnd Erbeis", Röttenberger Urbar v. 1544. „Materien, woraus Bier gemacht wird, sind der Waiczen, die gersten und der habern, an etlichen Orthen auch der Amel", Cgm. 3720, f. 71. Hievon macht unser Aventin eine gar zu nah liegende Ableitung. In s. Gramm. von 1517 sagt er nemlich: Plinius facit differentiam inter zeam et far. Hoc adoreum tradit vocari, illud vero latino sermone semen. In superiori quoque Vindelico Monachii Boji ut Plinius distingunt. Nam quod pultibus aptum solum est, et, ut ait Plinius, frigidissimos locos minus aestuosos atque sitientes patitur, far est, et vocatur a Bojis Amerkern. Bojaria certe superior Alpibus vicina alioquin impatiens siliginis ac tritici ferax est hujusmodi faris quod pultibus utile est, a fluvio et lacu Superioris Bojariae *Ambrone* cognomen habet, zeam vero sine addito Kernen vocant, inde panes coquunt. Gl. i. 820: amer, ador; 1128: amar, far; gl. a. 130. 221. o. 402: amar, far; gl. o. 95: amero, alica; s. Kern. Das Amarlant in der alten Wirzb. Grenzbeschreibung (m. m. 36.) kann, sowie das Amerland am Starnbergersee, ein Feld für dieses Getreide bedeutet haben. Vrgl. Förstemann II, 60.

Die Ammer (Ambər, Ampə'), ein Nebenfluß der Isar (ahd. Ambra, Ambraha, Ameraha rc.; Förstemann II, 62). Der Ammergau, Oberammergau. Das Oberammergauer Passionsspiel v. 1850 beschrieben v. Eduard Devrient durch mehrere Beilagen der Allgem. Zeitung des September 1850 hindurch u. in dem Buche „Das Passionsschauspiel in Oberammergau und seine Bedeutung für die neue Zeit", Leipz. 1851. Der Ammersee. „Infra scripti pisces inveniuntur in dem ammer see: waler, prächs, förch, äsch, pärmen, rencken, agmaul, rutten, nerf nasen, riessling, piczel, apeis, gairss, newnaug, laugen, hasel, pleken, rötel, rotten, weißling, schley, kälch, weisvisch, kreßling, grundel, hecht, stainpeis, groppen, czindel, hütel, alten, karpf, pfrill", Cod. Monac. Augustin. 84, f. 79a (Predigten v. 1460).

Die Âmelber (Allgäu, auməlber, aumələ~), die Amarelle, süße Frühweichsel, cerise hâtive, (Mayr, Tafel 38). „amarillus, amelberbaum; amarilla, amelbern", gl. a. 743. „emblibaum, amarillus", Voc. Archon. f. 54. „amrel, armilia", Ind. 344, f. 14. Grimm, Wbch. I, 279. Diefenb. 27c. „Zwelf pfening wert amelper und 1 Pfund Münchner Pfenning hat A0 1371 der Pächter eines Gartens, gelegen hinter der mittern Schelenmühl zu München jährlich an den Eigenthümer zu entrichten. MB. XXI, 26.

Die Amaiß (a~maəss, aməss, aməz), die Ameise.
54 „Mit der beschäfftigten Unmassen Scheurn und Stadl anfüllen"; P. Abraham. „Omaiß", Puterbey v. verbot. Büchern; Konr. v. Megenb., f. 176. (Pfeiffer 301,15 ff.: âmaiz; 301,27: âmaizhauf; 302,11 ff.: amaizleb). „Fliegen und ameizzen", Wirnt v. Gräfenberg, Wigal. S. LXIII, 204. „Ein ameiß in ein emmeßhaufen", H. Sachs 1560: II, IV, 36. — amaißen, vrb., jücken; „so du dich ransest und den chrammen hast . . . und die leffen ameizen und die zende erchlummen", Cgm. 731 (?), f. 212. BM. I, 29. „Pey der weisen ämbeß", Ring, f. 31b,41 (Bechst. 134,41). (ahd. Gl. a. 80. o. 104: ameizza, ameza, mhd. ameize, agf. ämette, engl. emmet; Grimm II, 221. III, 305. Graff I, 254. BM. I, 29. Grimm, Wbch. I, 277. Diefenb. 243b). Der Amaißen=Künig (aməssn-kini), die Larve des Goldkolbenkäfers (Scar. variabilis L.), welche in Ameisenhaufen wohnt. Die Amaißlaitern, (Zir., Pongau) Zaunwicke, vicia sepium. „Disen binde ich in den ameizstoc", Helmbr. 1245. Zeitschr. V, 454. 457. VI, 226.

âmen, æmen (ein Faß), den körperlichen Raum, den es einschließt, messen, visieren. Adelung: ahmen, ohmen; (cfr. hämen). Münchner Stdtbuch, Rechtb. von 1332, Augsp. Stdtb., Kr. Lhdl. XII, 241. 242. Auer, Art. 179: ömen. bâmen (d. i. be=amen, beohmen; vrgl. nachahmen, imitari, aemulari; Grimm, Wbch. I, 191; s. unten bâmen), ohmen, messen; „man geit von ainem aimer höniges ze vamen I. dn. und ze widereichen I dn." Münch. StR., Auer, p. 150. Die Âm, die Messung (dieser Art); das Maß, Muttermaß, Eichmaß; gewisses Quantum, Ohm; Münch. StR. §. 183. „Auf die eich und auf die Om", Ingolst. St. B.; Heumann, opusc. 156. „Osterwein den ich kaufft auf dy Am uber das das ich jm bezalt braht di am V emer zu iij fl. facit ij ℔ XXV dn." Freyberg, Schr. u. Urk. II, 156. s. Häm. Der Âmer, Ämer, (ä. Sp.) der da mißt, ohmet, visiert. Steinschrift an einem Pfeiler der Münchner Frauenkirche: „das liecht ist der ammer." MB. XX, 617: „N. der amer." „Ainer, hiess viezencz pranger, tür huter und liht amerer" (?), N. Beham, Wiener 65,18. Anmerk. Dieses ämen hat allerdings viel Aehnlichkeit mit dem englischen to aim, altfranz. esmer, haumer (visieren). Mit Eimer, Emmer (s. Aimer) hat es wol nichts gemein. Doch scheint es in mehrern Bildungen mit diesem vermengt und verwechselt worden zu seyn, und gl. o. 321 steht ame, lat. ama, als Gefäß. (ahd. âma, ôma, mhd. âme, ôme, fem. u. msc.; Graff I, 251. BM. I, 28. Grimm, Wbch. I, 191. 277). „Disen chopf von golde . . . der mit stæten væhet claretes einen amen", Sage vom Zauberbecher, aus Heinr. v. Türlein's Krone 328 ff. in Wolf, über die Lais, S. 386. s. Emmerer und Stauf.

Die Amme, die Ämmel (Amm'l), die Amme. Eigentlich, wie noch im Allgäu und im Ob. Innthal: die Mutter. Dər Ätt und d' *Amm* auch der Nettə und die *Nannə*, nach Gramm. 610. „Do du (Johannes) der ammen noch lägt in der wammen", aus der Uebersetzung des Ut queant laxis etc., Cgm. 715, f. 100. Clm. 15133, f. 132. „*Amma*, guck!" „wo ischt d'*Amm*" (schwäb.), Firmenich II, 465,23. 466,37. ammen, ämmeln (ämm'ln), geämmeln (g'ämm'ln, Aschaff. emmən), als Mutter, als Amme pflegen. „Sie sol ir kind selber beammen", Cgm. 513, f. 228. „Sie ließ sich als die jungen vögel emen, die weit auff ginen und vil begern" (im Reim auf „zemen"), Rosenplut, Cgm. 714, f. 344. Grimm, Wbch. III, 419. Zeitschr. II, 242. „Ein chint ze ammen geben"; Rchtb., Ms. v. 1332. Wstr. Btr. VII, 175. Der Vogel ámm'lt seine Jungen. Vrgl. BM. I, 30: ammen. Grimm, Wbch. I, 279 und unten Ome. Das Ämmel, Geämmel (ámm'l, G'ámml, Baur), Speise, den jungen Vögeln von den alten gebracht. Der Ämmerling, (Ilm) Wurm oder anders Insekt, womit ein Vogel seine Jungen ätzt. Die Ammschaft. Einer Wöchnerinn Ammschaft thun (ihr auswarten), HchE. Die Ammfrau (Frank., Baireut. Polic. Ord., Reinwald.), die Hebamme; in Wien Hebammel. Die Säugamme heißt blos Amme. Aməlei, einfältige Weibsperson. Cf. ahd. fiur=emlun = fiur=arun, acc. plur., focarias; Graff I, 252. III, 677. Diefenb. 240a. — Der Ammolf (s. oben -olf); „Lu=

cius satzt auf ein ê zu halten: Wer ein chint zirg umb miette oder umb lon, und wurd daz chint gelaidigt in seiner gewalt, der ammolf solt verliesen sein leben", Cgm. 54, f. 40^{a}. 'Keller, gesta Romanor., p. 75.'

Der Ammann, s. Ambt.

„amerig, lüstern" (Zir.); zu ahd. âmar, jâmar, mhd. âmer, jâmer, Verlangen, Herzeleid; âmeren, vrb., verlangen; Grimm III, 510. Graff I, 596. BM. I, 768. „Swenne si den grôzen âmer also an in sehent", Griesh. Pred. I, 41. „Dz du dich niht lâzest âmeron mêr nach den sünden", das. 24. „So wirt in och âmerende", das. 65. „So in nach gůt ie me âmert", das. 116. Vrgl. gaəmig. Zeitschr. III, 17. 218,9. IV, 62. VI, 23.

Der Ämmerling, Emmerling, Ammerling, Goldammer, emberiza citrinella; ahd. amero, amerinc, Graff I, 253. MB. I, 29. Grimm, Wbch. I, 279. III, 420. Zeitschr. VI, 23. Diefenb. 27^{c}. f.: amarellus.

Der Aimer (Aəmə', Ampə'; Em-bər, Vilshofen, OberM.), wie hchd. Eimer; a) als Böttcher-Gefäß für Flüssigkeiten mit einer Seitenhandhabe zum Tragen; b) als gewißes Maß von Flüssigkeiten. Der Salzburger Eimer hat 36 Viertel, das Viertel 2 Kandeln, das Kandel 2 Máſs·l, das Máſs·l 2 Pfiff. Ein bayrischer Eimer = 40 Salzb. Viertel. ahd. einbar, einpar, eimpar, eimpir, eimpri, ember, emmir, eimer (gl. a. 91. 110. 113. i. 186. 487. 411. 417. o. 150. 190. 321. 277. 407. m. m. 66. „hydria, aimber", Clm. 4606, f. 124), mhd. einber, eimber (Grimm II, 122. 954. Graff III, 149. BM. I, 142. Grimm, Wbch. III, 111. Diefenbach 539^{a}: situla), als Traggefäß, in Gegensatz des Zuipar (Zubers), und als Maß, hydria, situla, urna. s. Emmer und âmen und Ber.

aimet, aəmet, s. Th. II: ain-muet.

Die Aimer, gewöhnlich im Plural: die Aimern, Emmern, heiße Asche, Glut (ahd. eimuria, eimurrâ, isl. eimyria, agſ. âmyrie, engl. embers, dän. emmer; Grimm 1^{3}, 476. III, 353. Graff I, 253. BM. I, 30^{b}. Diefenb. 227 f. Zeitschr. VI, 58. 227. Grimm, Wbch. III, 112. I, 192. 279; schles. ômen, ômer, fem. pl., Brandasche, Weinhold 67^{a}). „Nim glut und äschen als die aymrigen, leg der schwammen ain glegg (stratum) uf die aimrigen glůt und denne aber ain glegg der aimrigen", Cgm. 4902, f. 30 (v. 1429). „Den hoph sol man setzen auf haizz aymergen", Cgm. 3724, f. 46. Voc. v. 1482: eymern. Voc. Archon. f. 32: emritz, favilla.

Der Emer, Emmer, was Eimer, besonders als Quantum von 60 Flüssigkeitsmaßen. Der Wein-Emmerer, (München) der Weinzieher, verpflichteter Arbeiter in der Weinniederlage. s. der Ämer unter âmen; vrgl. der Aimer.

Das Emet? Nach der baireut. Sattler- u. Riemertaxe v. 1644 soll für ein Ochsen-Emet 20—24 kr. bezahlt werden. Vrgl. wetterauisch „das Êmß, Imß, Immeß, Imeß, Imß, Joch-îmß, Jochring, der unten am Joch angebrachte Ring, durch welchen die Deichsel geht, die er fest hält, meist von Leder, jetzt auch häufig von Eisen", — nach Weigand's Brief v. 25. April 1849, der für diesen Ausdruck, wie für Kummet, slavische Herkunft vermuthet. Vrgl. česk. jimati, poln. imac, altslaw. imáti = fassen, greifen. In der hessischen Neckargegend: die Emez, die zwei an einander befestigten eisernen Ringe, welche die Deichsel an das Joch festhalten; (ders., Brief v. 4. August 1849). S. Weigand, deutsches Wbch. (1857) I, 547. Grimm, Wbch. III, 419: Emeß. Vrgl. Zeitschr. IV, 62: ámpletz.

im (eəm), ihm; (s. Gramm). R.A. „Es sey jhm aber wie jhm wöll . . .", dem sey wie ihm wolle, d. h.
55 die Sache verhalte sich, wie sie wolle; Beichtb. 369. Puterbey 83. „Ich will schauen, wie ich ihme thue, daß ich meine Obrigkeit zufrieden stelle." Abele, s. Grchtsh. „Thue jhm also . . . so thuest jm recht", mache es so . . so machst du es recht; Fwrb. Wiə hát ər *eəm* denn gleiʼ 'tà˜ ? wie hat er sich denn gleich aus der Sache gezogen, geholfen? Hei˜t rengt·s *eəm* (sich) no˜ gnuə'.

Imme s. Imb.

Immwein, ä. Sp., St. Ingenuus; s. Genewein.

immer, wie hchd.; doch in der gemeinen Sprache lieber durch alleweil (àlləwál), allweg (àlwə') gegeben. Immer ist aus mhd. iemer, ahd. iamêr, io-mêr, eo-mêr (Grimm III, 224. Graff II, 834. BM. II, 145 ff.), dem romanischen ja-mas, ja-mais, gia-mai, (jam-magis) parallel, entstanden; die ursprüngliche Bedeutung tritt noch sehr klar hervor in dem verneinenden nimmer, nimer (ahd. niomêr, niamêr, mhd. niemer), welches in der gemeinen Sprache statt nicht mehr fast allein üblich ist. In Schwaben hört man auch nimê (υ–). immer einmal (imməremàl), je zuweilen. (Hier scheint noch die Kraft des ursprünglichen ie im immer bemerkbar.) imder, immder, immeder, (schwäb.) = immerdar (?); Firmenich II, 482,10. 486,114. Die Immer-Kue, das Immer-Rind, (metonym.) das vertragmäßig immerfort bestehende Recht auf den Nutzen oder Werth einer Kuh, eines Rindes; eiserne Kuh; MB. X, 500. XI, 45. 46. „Qui locant animalia, ut sint perpetua ut ymber kü", ZZ. 1804, f. 150. „Si habent in unser zech gestelt vier ymmerchüe, die allzeit bei dem Gotzhaws (Bischoffdorf) beleiben sullen", Cgm. 3941, f. 77^{a}, ad 1381. Vrgl. Kue. Das Immer-Liecht, Lampe, die in Kirchen oder Kapellen unaufhörlich brennend erhalten wird, das ewige Licht; MB. XVI, 223. Gemein. Reg. Chr. III, 25.

immez, (Nürnb., Hsl.) immer. (Wol irgend eine Corruption von immer; oder gehört es zu emßig, emezig?)

Der und die Ôm, was oben Âm (s. âmen). Die Om = 40 Maß (Aschaffenb.).

Der Ome, Om, das Futter, womit die Vögel ihre Jungen ätzen; (vrgl. oben das Am und ammen unter Amme). „Daz die störche muter und vater in dem alter brütent und mit omen sie bewarn, als sie in taten da sie iunc waren", Renner 18306. (Die Greife) „fürent spat und fru vil grözzern omen irn iungen zu denn meysen, sparn oder kungelin", das. 19364.

Der Omer, Schmerz; omer, mürrisch, zänkisch. Bergmann's Walser, p. 95; cf. âmerig.

Oman (wol čechisch); „enula campana oman alias alant. Enula campana reddit praecordia sana", Ind. 355, f. 142^{a}.

-um, -əm, als Endsylbe, s. Gramm. 1052 u. Grimm II, 366. „Do sie der statt blägerum fernam"; H. Sachs 1560: II, III, 179 (1612: II, III, 357).

um, opf. üm (im, nach Grimm I, 337 von ahd. umbi beumlautet; vrgl. Grimm 1^{3}, 162. III, 256. Graff I, 257. Grimm, Gesch. d. d. Spr. 336. BM. III, 178: mhd. umbe, umb, um), adv. 1) wie hchd. um; (s. her, hin). 2) über, trans. Hinum ('num, umi, ümi = umhin), herum ('rum, rüm), hinüber, herüber. So sagen z. B. die Bewohner des Dörfchens Rimberg, daß sie auf Pörnbach, Rorbach, Ried, Eschelbach 'num gehen, weil sie nach letzterm über die Ilm, nach den erstern über Landhügel zu gehen haben. Traust də' nét *'rum?* wart 1 kim *ummi*. Hinumb laßen, überlassen. Ldtg. v. 1669, 288. Nicht hinum können, nicht umhin können. „Wolan, ihr Brüder, man kann nicht hinumb, es muß je gestorben seyn"; die 4 letzten Dinge, p. 33. „Wann Einer gern leichtfertige Schriften lieset, er kan nit hinumb, er mueß ein leichtfertiger Bueb werden"; Puterbey. Zeitschr. II, 85,35. 141.

um, umb, praep., (ä. Sp.) wie jetzt: von (Grimm IV, 798. 842). „Etwas kauffen, verdienen, erwerben umb Einen", von ihm, bey ihm. „Acker, den er chaufft umb den Tärren . . . umb Berchtolden den Schuster", Mederer's Ingolst. p. 34. 44, ad 1328. „Sô dû etewaz koufen wilt umbe einveltige liute"; Br. Berthold 149,14; auch 149,11. „Wer umb den pecken kaufet chorn" 2c.

Cgm. 713, f. 17. „Pfuch ſi iemer mere, wend ſie umb büben kaufen ere", des Teufels Segi (Ms. v. 1445), Barack p. 252,8020. „Niemer muzze ich erſterben, ich (en) muzze vmb ivch erwerben, daz mîn ende guot werden", ſagen die Ketzer Kathari, wenn ſie Einen zum Biſchof weihen; Ald. 184, f. 63. „Wand erz im umbe got erwarp", St. Ulrich's Leben, Cgm. 94, f. 62. „Die ungeläubigen läut genant dye ketzer (im Eichſtätter Bisthum) ſprechent, daz unſer liebiw fraw noch alle zwelfpoten noch all heiligen mit ananander dem menſchen nichtz erwerben mugen umb got", Clm. 4386, f. 74 (sec. XIV.). „Der erbat uns umb des biſchofs müter, das . . .", Cgm. 1279, f. 157. „Loset er daz gût umb ienen niht", Schwabenſp., Lehenrecht (Laßberg), §. 121. „Bit umb uns" (für uns), Cgm. 136, f. 289. Noch jetzt die R.A. Hab ich das um dich verdient. Umb eine Sache oder Perſon (ſprechen) von ihr, über ſie, (ſchwed. om). Umb den Pfenter; Mederer, Ingolſt. p. 44. „Vmb Flachs derren. Vmb wie man ſtro un Hae ſol bewaren. Vmb daz niemant mit ſchaiten deken ſol. Vmb daz vich ſol nit gen zwiſchen dem korn." Wſtr. Btr. VI, 93. Daher wol die elliptiſche
56 R.A., z. B.: „Um die Wahrhaftigkeit iſt es eine ſchöne Tugend;" gleichſam: von der Wahrhaftigkeit zu reden: ſo iſt dieſes ꝛc. „Nû nam er umbe ſî war, und ſuochtes mit den ougen"; Iwein 5188. „Um das iſt mir nicht", „es iſt mir nicht d'rum" (supple: Sorge), ich bin deshalb unbekümmert. „Suplicantz umb vberſtewr" (wegen zu großer Steuer), Rattenbuch 166, f. 90. Vrgl. isl.: hönum er ecki um that, displicet ei. Neben dieſer hat das Prompt. v. 1618 auch die R.A. es iſt mir vm'b, alienum est mihi, praejudicatur mihi. „Es is nét *um*", es iſt nicht ohne Urſache (b. W.).

Um den Doktor ſchicken, um ein Bier gên, hchd. nach dem Doktor, nach Bier.

Um, wie hchd., bey gewiſſen Zeitbeſtimmungen; um ein, zwey Ur (umbe: umə, ummə zwaə, drui, vieré etc. ummə - n - aə~s, achté, aə~lfé). Am Mittelrhein hört man in dieſem Sinn am ſtatt um. Gl. i. 749 ſteht umpi über nocte, wie noch ſchwed.: om natt, om dag.

umeinander (umənand, umənandə'), adv., hin und her. „Hinümb und wider rümb manch ſeltzſam krümb", H. Sachs 1560: IV, III, 97 (1612: IV, III, 209).

um und an, adv., durchaus, gänzlich. „So wil ich gern verlieren was ich hab umb und an", Ing. Reime v. 1562. Das Um und an. „Victus et amictus, umb und an", Avent., Gramm. „Ließ ſich jederman an einem wenigen Eſſen und Trinken, Kleidung, umb und an . . . begnügen" . . — „Wer nur ein Narung, umb und an hett, ſo meint er, er wär reich." Avent. Chr. 121. 306. „Wan du weder umbe noch an haſt", v. d. Hagen, Geſ. Ab. XLIX, 412. „Schau du bist mein *Um und auf*, sunst war's ja g'fehld, sunst häd' i' ja glei'somei~ nix auf da' Weld", Seidl, Flinſerln IV, 19. Nicht um und nicht an wißen, nicht wiſſen, wo aus und wo an. Um und um, rings herum. Zeitſchr. II, 280,25. 276,51. 225. 338. „Mauſet in dem Haus umbadumb", „flohen von mir umbadumb", H. Sachs 1560: III, I, 238. 240. III, III, 51. Um und um wißen, orientiert ſeyn. I~ də' Stàd waəs I guəd *um əd um*. Wenn's *um und um* kümt, am End vom Liede, im Grunde. Maə~t mə-r-oft ìn ə~n Hauſs wá' bráf Gəld, und we~'s *um əd um* kumt, so zaəgt'səsi', dass's *um əd um* nicks is ə's wàs d'Nout und də' Wind (ObrM.). Der Um und um, (ummədum, O. Iſar) der Wirrwarr, Tumult. Gleich-um, ohne daß beym Tauſch Einer etwas aufgiebt; cf. kurz-um. umeſunst, umſonſt, noch von mhd. umbe ſus, umbe ſuſt; doch ſchon H. Sachs (1560: II, III, 48) ſchreibt: umb ein ſunſt.

Das Umgeld (wirzb. UmgeldsOrd. v. 1636), Ungeld; (ſ. gelten).

umhauſen, in der Hauswirthſchaft zu Grunde gehen; (Baur).

umſchlagen, (vom Bier ꝛc.) verderben.

umſtên, 1) weichen. Jemanden weichen, ihm den Vorrang einräumen. Dem *stê* I á' nét *um*.

Wàs nutzt mi' mei~ Wünschn und Denkə~,
Stet mə' do' glei'wol kaə~ Küni' nét *um;*
Nèəm't wìll sei~ Künigreich güətlə və'schenkə~,
Nèəmt gibt vo~'n Zeptə' kaə~n Sprìſsl, kaə~ Trum,

heißt es im Volkslied: der träumende Bauer. ən erligə' Mà~ *stet* sei~n Wortn nét *um*, d. h. er hält, was er verſprochen. 2) von Pferden: umkommen, zu Grunde gehen. „Ein Bauer gab auf die Frage, ob er auch bete? die Antwort: ja, ja ich bete fleißig, und zwar für meines Edlmanns ſeine Pferd, damit dieſelbe lang leben und geſund ſeyn darneben. Dann wofern dieſe ſollen verrecken und umbſtehen, ſo thät nachmals unſer Edlmann auf uns Bauren reitten." P. Abrah. cfr. umkommen.

Die hier nicht aufgeführten Compoſita mit um ſiehe unter ihren Primitiven.

„umam, verdorben, z. B. das Gras iſt umam worden. Auch von Speiſen." Zaupſer's hdſchr. Nachtr. zum Idiot. Im mähriſchen Kuhländchen iſt, nach Meinert's Fjelgie, der Ohm eine Hautentzündung mit Geſchwulſt; 57
(gl. i. oman, oma ignis sacer, erysipelas; isl. ama, erysipelas, agſ. om, rubigo; vrgl. Grimm III, 733 f. Mythol.[1] 674), wovon das adj. ömig theils entzündet, theils dumpfig, verdorben bedeutet. Im Schwediſchen wird àm als adj. von verlegenem, anbrüchigem Fleiſche gebraucht. Vrgl. umſchlagen, umſtên; vielleicht iſt dieſes umam, nach Gramm. p. 170, eine Zuſammenſetzung aus um und om. Vrgl. oben Ômer.

Das Ambt, Ampt (Amp'), wie hchd. das Amt. „Dignitatibus (übergeſchrieben: ambattun) fulgere velis." „Nefarias sceleratorum officinas (übergeſchr. ambahtſtedi)", Froumundi Cod. Boethii de cons. philos. (in Wallerſtein-Maihingen), fol. 8b. 26. „In iegelicheme ambahte ſine ſtadile er rihte", Diut. III, 100. „Di dir dagis und nahtis plagin gotis ammichtis" (officii), Diemer, Ged. 110,24. „Daz keller amint" (:ſamint), officium cellarii; Cgm. 94, f. 63b. „Das Amt (der Oelung, Communion ꝛc.) tun, die Verrichtung vornehmen"; Alt. Hoh. 11, f. 74 etc. „Daz er (der Prieſter) nit durch uppig ere dz ambaht tû (Meſſe leſe), Ind. 194, Hinterdeckel. Dieſes Wort, bey Kero ꝛc. ambahti, bey Ulphilas andbahtei (officium), iſt nebſt dem vrb. ambahtan (Kero, Tatian, Wiliram), bey Ulphila andbahtjan (ministrare), eine Ableitung des einfachern ther ambaht (Kero, Tatian, gl.), bey Ulphilas andbahts, welches ohne Zweifel das ambactus des Cäſar de bell. gall. VI, 14 und alſo eines der älteſtbekannten deutſchen Wörter, aber für ſich jetzt ganz abgeſtorben iſt. Vrgl. Grimm II, 205. 211. 713. III, 519. Graff III, 25. BM. I, 27: mhd. ambahte, ambehte, ambet, ammet, amt. Dön. 203: ambagt. Grimm, Geſch. d. d. Spr. 132 und Wbch. I, 280 auf altſ. bac (Rücken) bezogen. Es bedeutete 1) minister, Diener überhaupt (Kero, prol. 36. gl. a. 175. 258., Tat. Matth. 20,26); 2) villicus, conductor, Mayer (Tat. Matth. 20,8. gl. i. 71. 74. 521. o. 198); 3) exactor, Scherge (Tat. Matth. 5, 25; 22, 13. gl. i. 148). „Deae Nehalenniae Januarius *Amacthius* pro se et suis V. S. L. M." Zeeländiſcher alter Stein; ſ. Pougens, déesse Nehalennia, p. 44. Dieſe Bedeutungen finden ſich nur noch in folgenden Zuſammenſetzungen:

Der Ambthof, Landgut, Bauernhof, von dem Officialen oder Miniſterialen eines Fürſten oder Stiftes als Amtslehen genoſſen und entweder in eigner Perſon, oder durch einen Pächter bewirthſchaftet. Der Ambtbaur, der Ammann (Ammə~), der Bewirthſchafter eines ſolchen Hofes. „Sîn vater Abraham eiſcôt ſînen amman", Diut. III, 67. K. Ludw. Rechtb. Tit. 13. Heumann p. 92. 95. Hund's Anm. Zirngibl, Haindſpach S. 151. MB. XVIII, 474. Der Ambthof, oder der Amtbaur zu Mindelheim mußte den Prälaten von St. Ulrich oder dessen Anwald „iärlich zu dreymalen mit 15 Pferden und Personen, wie sy wellen, 24 Stund mit Fuetter und Mal aushalten." MB. XXII, 748. Vrgl. gl. i. 509: amman, provisor, o. 335: officialis. Dön. 276. 281: Amman.

Der Ambtmann, 1) ä. Sp., der Beamte. „Das ich bei etwa viel Leuten in Regensburg verhaßt sey, das dann einem jeden gemainen Amtmann, als Schultheiß, Richter oder Burgermeister, der ich etwa gewest bin, leicht zufallen mag" . . . klagt Schmaller in Gemeiner's Regensb. Chr. IV, 225. Von Herzog Albrecht IV. sagten seine Brüder, er sey ihr gemainer Amtmann — (er verwalte das Land in ihrer aller Namen). gl. o. 55: ambitman, actor vel curator. 2) heutzutage in Altb. vorzugsweise: der Gerichtsdiener (Fronbot). So verhält sich Provoß, Profoß zu Probst (beide aus praepositus). Vermuthlich steht Ambtmann nur euphemistisch für Scherg; doch sind im Wiener StR. (Rauch III, 247) beide sehr verschieden. K. Ludwig's Rechtbuch, Heumann p. 122. MB. VIII, 287. X, 273. Kr. Lhdl. V, 343. „N. N. Statamptman zw Landaw. N. N. landrichter zu Griespach, N. N. lantambtman daselbst." MB. XXI, 526. 531. 533. 546. 547, ad 1457. Der Bueß-Ambt-
58 mann, Eisen-Ambtmann, welchem Criminal-Gefangene übergeben werden. (Guggenberger Processe, p. 381. 382). We˜st èppəs bo˜n Gricht z·tou˜ hàst, so gèi z·eə'st zo˜n *Amtmà˜*. Wenn də' deər ə˜ Vaə'réd tout, so hàt·s glei' Hent· und Fêiß·; deər is gaə' guəd wolà˜ mit·n Landrichtə' (b. W., ObrM.). Das Ambthaus, Wohnung des Gerichtsdieners; Gefängniß. (In den gl. a. 165 ist ambahthus officina). Graff IV, 1052. „Do sele enschinet niht in deme schine der ewigen schone, ez si danne alse daz si hie gebrunnen habe in deme ammenthuse der minne", (S. Gregorius), Cgm. 94, f. 25ᵇ.

Auch in den romanischen Sprachen lebt das goth. andbahts, ambactus, noch in Ableitungen fort: ital. ambasciata (mittellat. ambactia, ambaxia), ambasciadore, franz. ambassade, ambassadeur (Diez, roman. Wbch. 14 f.), und ist in dieser Umbildung wieder ins Deutsche zurückgekehrt. Ampposaten nennt Fronsperger (1555, f. LV) Kriegsknechte, von ihren Kameraden, wenn diese Gemein halten, gewählt, um mit deren Beschwerden an den Obersten ꝛc. gesendet zu werden.

geambt, geampt (?). Erbar, geleumt und geampt muß (MB. XIX, p. 76 und 96, ad 1402, und XX, 116) der Priester seyn, dem ein Meßbeneficium soll anvertraut werden. „Galiênus spricht, daz zuo aim iegleichen geampten glid, daz ain ampt hât, sich estent zwuo slahend âder", Konr. v. Megenb. 36,21.

Die Amberlaur, (Schwab.) Angewöhnung, insofern sie andern als lächerlich oder als Unart auffällt, le tic. „Des viei Ealsa ischt no an' Amperlaur", Firmenich II, 416,8. (Ich denke dabey an amblure vom ambler, amblar, ambiare, einem gewissen Gang, allure, des Pferdes.) Vrgl. ahd. diu antpâra, signum, mhd. ambære, ampære, ampâre, Art und Weise der Erscheinung, Aussehen, Geberdung ꝛc. Gl. i. 440. 442: antparon, antparun, signis. „Elyzabeth di clâre mit sûzer ampâre", Diut. I, 391. „Er sah den trachen an, waz ampære er hæte", Trist. 9157. „Ir ampare he gar balde entsub", Diut. I, 351. „Das ding vel der mensch hat die ampper oder art an im"; „epithetum ein wort der eigenschafft oder ampper eins dings"; „Wort der ampperkeit"; Voc. Melber. Grimm II, 714. Graff III, 150. BM. I, 147. S. bar.

Der Imb, Imp, Imm; des, dem, den, die Impen (ahd. impi, mhd. imbe, imme; Graff I, 257. Grimm, Gesch. d. d. Spr. 339. BM. I, 747. Zeitschr. II, 204. 209. VI, 213). 1) der Schwarm oder die Brut Bienen, (gl. a. 79: impi piano, examen apum); „daz er sinen immen gewinne", Schwabensp. Laßb. 365. „Wann du gewinnest vich, ymmen und schaf, davon so leg dich nider und schlaf", Cgm. 312, f. 98. „Statt des auf fremden Boden wieder aufgefangenen Impen einen Laibbrod oder Käs hinlegen"; Cbm. Kl. 167, p. 279. 301. Cbm. 3238, f. 56. 73. „Ein junger Imm . . der Imm laßt oder schwarmt", Voc. v. 1618. „2 Immen"; Kr. Lhdl. III, 47. 2) einzelne Biene. Man sagt in diesem Sinn auch die Imp. Das Impen-Bei-kar (Impm bágə', O.Isar); das Imp-Sumper (U.L.), der Bienenkorb. Der Impzelten. Das Impenkraut, (Baur, O.L.) spiraea ulmaria L. Die Landleute pflegen einen Bienenkorb, in welchen sie einen neuen Schwarm fassen wollen, vorher mit diesem Kraut auszureiben. Der Impein, (? Imp Bein, cfr. oben impi piano), die Wachstrestern, nemlich das, was nach Ausschmelzung des Wachses von den Waben zurückbleibt; Baur. (Vermuthlich eine zweite oder figürliche Bedeutung.) Vrgl. Beij, Bein.

Die Imber, der Ingwer; Cgm. 4543, f. 203. Diefenbach 635ᵇ.

Der Imbiß, Imbß, (Schwab., Frank., Reinw.) jede kleine Mahlzeit, Collation. In der Schweiz: Mittagsmahl. Zeitschr. V, 332. 364. 403,71: immes. s. Biß.

umb, s. um, wovon jenes die ältere, umbi die älteste Form ist.

Umbrell, Ombrell, Numbrel, (Wstr. Gl., Numeral), Sonnen- oder auch Regenschirm. „Umbrellen s. Parasols"; Mauthord. v. 1765. Vrgl. „humerale umbral", Clm. 5877 (v. J. 1449), f. 119. Diefenbach 281ᶜ. Im Spanischen heißt selbst der Hut sombrero von sombra (umbra).

Der Amper, der Eimer (als Traggefäß); s. Aimer.

Die Ampel, das Ämpelein (ámpə'l·), kleines Gefäß 1) zuweilen für Flüssigkeiten überhaupt: ən ámpə-l Biər, Wei˜; auch für trockene Dinge; ein empelîn mit salze", Haupt, Zeitschr. VI, 490,77. 2) gewöhnlicher: für brennbare Flüssigkeiten, Lampe. Ahd. ampullâ, amplâ, mhd. ampel, v. lat. ampulla; Graff I, 262. BM. I, 31. Grimm, Wbch. I, 279. Diefenb. 31ᶜ. Amplum, lenticulam, lecythum, gl. i. 238. 249. 253. 487; ambilla, ampelle, ampul, ampulla, gl. o. 151. 277. 331. 414.

Der Impner, hymnus, hymnarius; „die sengerin singt den ympner veni creator sps . . . wen man den ympner gar aus gesungen", Kaisersh. 155, f. 211. cf. Diefenb. 277ᶜ.

Die Ampferstauden, (Zir., Radstadt), Laubbirke, betula ovata.

impten, impfen, pfropfen (ahd. impitôn, mhd. impfeten, inpfeten, aus griech. ἐμφυτεύω; Grimm I, 957. Graff I, 262. BM. I, 747); „ympten vel ympffen, inserere", Voc. Melber. „geympt, ingeimpt, insitus"; das. — „imtung, insitio", Voc. Archon. f. 53. Diefenbach 300ᶜ u. 301ᵃ.

Emser; „foca ein merchalb vel est piscis emser"; Clm. 5877 (XV., 1449), f. 116.

emßig, (empssi'), wie hchd. emsig. Das Wort wird jetzt gewöhnlich nur im lobenden Sinne von fleißig genommen. Ehemals bedeutete es: ununterbrochen, andauernd überhaupt; (ahd. emazîc, emizîc, mhd. emezic, emzic; Grimm II, 88. 221. Graff I, 254 f. BM. I, 429ᵇ. Dietrich in Haupt's Zeitschr. VII, 180. Grimm, Wbch. III, 443). Ein Katechismus, Ms. v. 1447, zählt unter „die Sünd der Wort: gewunlich oder emsig 59
schweren;" noch Frisius erklärt oscedo als „emsigs und stätigs Geinen." Emazzigaz leoht, lux perpetua, emmezigaz proot, panem quotidianum; m. min. 3. 5. 6. 28. 81. „Dir singen cherubim und Seraphim mit enczlicher stim", Cgm. 136, f. 72. „Wenn ein swester genzlich ze dem tode nehet, sol die tavel geslagen werden mit emssigen slegen", Alt. Hoh. 11, f. 74. „An die taveln slagen mit emßigen slegen", Cgm. 78, f. 12ᵃ. „Do hiez er ieglichen seinen (zerbrochenen) chrûc bei emzigen (wol besser: einzigen = einzelnen) schirben vf

lesen"; Kindh. Jesu 98,13. „Daz der sere uile ware, dei si ane ire libe emzege müse liden", Diut. III, 54. „Sein entzig begern", M. Beham, Cgm. 291, f. 99^{a}. „Wan du solt wissen dz du stêtecliche und emzeclichen solt opheron", Griesh. Pred. I, 73. emßigen, vb., anhaltend, eifrig betreiben (mhd. emzigen, ahd. emazigôn, emizigôn; Graff I, 256 f. BM. I, 430; vrgl. Notk. 108,78: „ih uuirdo geemezot an dinen geboten, exercebor in mandatis tuis"); „ir scult die kierchen baz emcigen (frequentare, im Advent) danne zandern citen", Clm. 9611 (XIII. sec.), f. 2. „Das sich dy saligen darczu müsigen, das sye das (des) herrn gotsdinst empzigen", Cgm. 4880 (XV., 1451. 4^{0}.), f. 284. „empssig vel an underlaß, contiguus; empssiclich, continue; empssigen, continuare", Gl. a. 756. Sehr schön zeigt Grimm (II, 88) die ursprüngliche Identität dieses Wortes mit dem angels. ämetig (otiosus) und dem engl. empty (leer). So verhält sich: eitel (lauter) Gold, zum eiteln (leeren) Magen. Vrgl. eitel und Mueß.

Die Amschel, Amsel; kärnt. kos, gemein. der Amesch, Jarnik p. 153; cf. oben Amixel. Bachamschel, (Jir.) Wasserstaar, sturnus cinclus L.

„Imsten, (Zillerth.) scheckichte und eine Art lichtfarber Kühe"; (Jir.).

Das Amt, s. Amb·t.

---

an (à˜, ə˜, opf. aə˜), praep., wie hchd. à˜ d·Wand, ə˜ d· Wand, aə˜ d· Waə˜d (an die Wand), à˜ də· Wändt, ə˜ də' Wändt, aə˜ də' Wändt (an der Wand), à˜'n Gàlgng, ə˜'n Gàlgng, aə˜'n Gàlgng (an den und an dem Galgen). Nach dem Dialekt und der ältern Sprache kommt diese Präposition in manchen Fällen vor, wo man jetzt eine andere, z. B. auf, in, bey, mit &c. zu brauchen pflegt. an (die Strôbänder) tragen das geschnittene Getreid, es antragen, st. auf; an der Kantzel gedenken, st. auf, MB. XX, 542; an den Knien ligen, st. auf, (Wstr. Btr. VII, 187); an dem Waßer faren, st. auf, Kr. Lhdl. I, 213.; an das Schiff oder Waßer sitzen, Avent. Chr. 236; an dem Bett ligen, st. auf oder in; an seiner Ruwe sein, st. in, (Avent. Chr. 221). „Herzog Ludwig und Marggraf Albrecht sein mit einander an einem Bett gelegen", Avent. Chr. „Es lage bey jhme am Pött Maister Georg"; Meichelb. Hist. Fris. II, II, 398; cfr. gl. i. 901. 908: an luakirum, in specubus. „Daz underköufelampt an Meran, das gepütelampt an Meran, Niklauskirchen an Meran, in der stat an Meran", Stadtb. v. Meran v. 1337 in Haupt's Zeitschr. VI, 426 ff.; vrgl. Th. II: Murren. An dem Castenmaß kaufen, verkaufen. An dem buech, an dem brief lesen, singen, geschriben stên, st. in, ä. Sp. passim; cfr. Otfr. III, 14,5; Cod. ZZ. 287. an der Nacht (wie am Tag), L.Ord. v. 1553, f. 181; am Rechten sitzen, zu Gericht, Avent. Chr. 260; „an Einer ein Kind, einen Son, eine Tochter machen", mit ihr ein Kind erzeugen. „Wer an seiner Schwester Kind macht", Kr. Lhdl. XII, 346. „Hercules macht ein Son an der Königin Omphale." „König Kelß hett eine einzige Tochter, hieß Galtey, an der macht Hercules ein Son, mit Namen Gall", Avent. Chr. „Uil skiere er einen sun an ire tete", Diut. III, 78. „Dâr an worhte iacob einen sun", das. 79. An Einen etwas begeren, suechen, st. bey oder von Einem. „Als verr sy des an sy suchend (Mederer, Ingolst. 42). Daher: ansuechen, das Ansuechen. Einem etwaß angewinnen — st. ab (ä. Sp.).

Veraltet ist das an als canzleymäßige Zugabe in Adverbien wie: anbey, (dabey, hiebey); andurch, (hiedurch); angestern (gestern); anher, anhero (hieher, bisher); anheuer, heuer; anheut (heute); anjetzo;
60 anmit (hiemit, damit); annebens; annoch; anrucks (zurück); anseiten (von Seiten), „anseithen dero hofcammer;" anvor (vorher, vorhin); anzu, dazu.

Noch im Mund des Volkes lebende Formen dieser Art sind: anê (opf. ənèi), vorher; anhaim (opf. ə˜hàim), daheim; anher. (- o B. opf. à˜hə', ànə', à˜ə'), her; d·anher (dà˜hə', dànə', dà˜ə') gleichsam: herweg; anhin (- o à˜hi˜, àni˜, á˜i˜, àə˜i˜), hin; „drab anhin unde harre", Labr. 413. Zeitschr. II, 141. III, 131. 228,13. — d·anhin (dà˜hi˜, dàni', dà˜i˜), hinweg, (s. danhin); hinan ('nà˜), Gê àni', gê 'nà˜ dəzuə, geh hin zu ihm, ihr, ihnen; — anh·innen (opf. ə˜hinnə˜), hie innen; hint·nan, vornan, ob·nan, unt·nan &c., (von) hinten, vornen, oben, unten; „beschneid das zwey hindnan und vornan, Clm. (1437) 4373, f. 109^{b}. „Chnoczen rayt er hintnan an", Ring, 31,41. „Mit muosten dar zuo brechen die ze fuossen hintnan so", das. 244,35. „Er cham dem risen zwüschen dpayn und wolt in stehen untnan auf", das. 239,33. allez-ane, immer-ane, wie fortan; Cgm. 17, f. 15. 153^{b}. Vrgl. oben bei all und olsig. — an so (opf. aə˜sə, b. W. à˜so), so, also, in Formeln wie aə˜sə ganzə, aə˜sə schlâuffə˜de etc., im Zustand des Ganzseyns, des Schlafens &c.; schwäb. *ansdə;* „Des haun i' meiner Muətter g·sait, und dui hot·s *ansde* warm der Basa und əm Vatter g·sait", Firm. II, 443,83. cf. əsodə' und also.

In einigen Fällen scheint diese Präposition wie im Holländischen blos das Dativ- oder auch das Accusativ-Verhältniß anzudeuten; ä. Sp.: an einander versprechen (Dat.); — an einander schelten (Accus.). So mit alt-canzleymäßiger Zurückwerfung des an auf das Verb: Einem andienen; „Ich kann Ew. G. andienen, daß" . . . . (Buchers s. W. III, 151). Einem etwas angönnen. Etwas anbetrachten; der Anbetracht.

an, als Präposition, vom Nomen weg und vor das Verbum gesetzt, läßt in der ä. Sp. dem Nomen seinen Casus. Einen anfallen, st. an Einen fallen, ihm zufallen; „Leut, di daz gotshaus an gefallen sint, MB. XVII, 104, ad 1307. — Einen an gehœren, an Einen gehören, ihm gehören; „daz si angehort hab . . . di dew stat angehorent", Wstr. Btr. VI, 104, VII, 118. 121. Einen angebüren; „als vil mich angepürt." MB. XXV, 64. — So Otfr. V, 11,9: „blias sie ana then heilegon geist."

an, als Zusammensetzungs-Partikel, bedeutet auch zuweilen eine Annäherung an die Eigenschaft, mit deren Ausdruck sie zusammengesetzt ist. anherrisch, adj., (salzb. Journal von u. für Deutschl.) halb herrisch, halb bäurisch, (halb schweinen, halb leinen, nach einem gewissen Sprüchlein). — anviel, ziemlich viel, beinahe zu viel, groß; *aon viel* Kirnta (Hörner); *aon viel* im Preis; Schosser 68. 129. anzick, adj., säuerlich, (s. zicken). ObrM. à˜-frisch, à˜-säuə'lət. Nach Höfer: anwarm, ankalt, ansäuerlich ein wenig warm, kalt, säuerlich. Castelli, Wbch. 50: ån-diklad (àn-dicklət), etwas fett; *ån-glai* (= mhd. an-læge? BM. I, 995), sanft aufwärts. Kaltenbrunner: Anláwikeit (von à˜láw, laulich, fad), Lauigkeit, Fadheit; An-werth, (einiger) Werth, Geltung. Seidl, Flinserln IV, 124. 132: *à˜dicklət*, etwas fett; da' Weg is ànfaichtlad, etwas feucht; cf. dick. So, nach Adelung, im Niedersächsischen: angelb, anroth, ansüß, anhart &c. (Brem. niedersächs. Wbch. V, 325); auch slavisch na- (na cerny, schwärzlich; nácerweny, röthlich; nádrsny, etwas rauh; náhruby, gröblich; nálysy, etwas kahl; nápodobně, ähnlich, adv.; násladky, süßlich; náswětly, wenig hell; názeleny, grünlich); im Hochdeutsch.: Anhöhe, Anberg, ja selbst das Adjectiv ähnlich (änlich; im bayer. Dialekt unüblich). Bey Otfr. II, 4,82. III, 13,42. ist analichi, gl. i. 43 anlichida, imago; anachiliih, anaebanchiliih, anaebanliih bey Isidor III: aequalem imaginem habens; anahlinen für aequalem gl. i. 512 wird wol analihen zu lesen seyn; mhd. anelîch, anelich: „siu ist mîner swester ninder anelich", Gudr. 1239; „einen ich erkande, dem sît ir anelîch, das. 1241 (in der Hs. andlich). „Engelîn sîn si anelich", Diemer, Ged. 88,23. „Auf ir minnechliches travt, auf ir aneliches liep", Cgm. 89, f. 25. „Wan er (der Schmidknecht) im (dem König Conradin) ainlich was", Kaiserchron. Ms. XIV.

sec. „einlich, enlich, similis; Voc. Melber. Vrgl. Graff II, 114. 117. BM. I, 971. Grimm, Wbch. I, 196. Das Adv. neben aus ana-eban wäre demnach dem Adj. anlich (ana-lih) ganz parallel gebildet (vrgl. ahd. in-eban, mhd. en-eben; Grimm II, 3. 763. Graff I, 96. BM. I, 407). Zu bedenken bleibt Otfrid's (II, 24,16; III, 7,43; IV, 29,5; V, 3,6) zi allemo anaguate (zu allem was nur einiger Maßen gut ist?) ꝛc.; in allon anahalbon min (V, 3,3).

an-äßig (à~ássi'), adj., lüstern, begierig. Einen anäßig machen, ihn lüstern machen, reizen. Dieß Ad-
61 jectiv gehört wol zu einem Verb. anäßen, welches in Johansen von Clamorgan Wolfsjagd als anayßen vorkommt: „Wie man den Wolf ludern, oder wie etlich Jäger aus Bejern davon reden schliechten, anayßen und an ein gewiß ort einthun soll.“ Dieses anäßen könnte als das gleichbedeutende alte anazan (incitare, gl. i. passim), wie uräßen, zu den Verben auf-ezen (s. Gramm. 1069) gezogen werden, läge nicht æßen, ätzen, von âß, und das isl. eg et (incito), eg atte (incitavi), wofür auch die Aussprache à~-ássi stimmt, näher. Vrgl. änteln.

Der Anbeiß, auch Lambeiß, Barsch, perca fluviatilis, (Zir.).

Der Anbôß (à~bous), der Amboß. (Gl. i. 130. 167: anapôz, anebôz; mhd. anebôz; Graff III, 232. BM. I, 191. Grimm, Wbch. I, 277); s. bôßen.

aneßen, antrinken ꝛc., als der Erste eßen, trinken ꝛc.; „iß an! trink an!“ Sterzinger Passionssp. v. 1526, Ms.

„Angarn, Nebenstube;“ s. Gaden.

angeben (à~gébm), Baur, O., Gehör geben, antworten. Gib mər à~! antworte mir. Gib á~, wen mə' də' ruəft! Dieses an mahnt sehr an ant in Antwort.

Das Anmâl, Muttermal, naevus; Voc. v. 1735. (Gl. i. 223: anamali; Graff II, 715. Diefenb. 379b. Grimm, Wbch. I, 405.)

Der Anman st. Ammann = Amtmann (Grimm, Wbch. I, 278); „do hat er ainen kneht der hiez Eliezer der waz anman über allez sin gût“, Griesh. Pred. I, 132. „Do sprach der herre dez wîngarten ze sînem amman“, das. II, 45.

Das Anmaul, ein edler See-Raubfisch, perca lucioperca L.; hchd. Sander, Sandbörs, Seebörs, Nagemaul; östreich. Schill. cf. Th. III: Schiet.

Anprod (??), ein Unglück, das man sich durch Vorwitz zugezogen, (Wien).

an seyn Einem; es ist mir etwas an, ich fühle eine innerliche Lust dazu; es ist mir gefällig, gelegen, angenehm. Heu~t is'n Kində'n 's Lernə~ gàr nét à~. „Wie? was? Beten sollen wir nimmer, wenn es uns an ist, und uns Gott ermahnt?“ A. v. Bucher's s. Werke III, 58. „Da wurd Frid angestossen mit den Bischofen, das dem Kaiser nicht wol an war“, Avent. Chr. Wol an seyn mit Einem, auf gutem Fuß mit ihm stehen, Einfluß haben; s. oben Amtmann. Daran seyn bey Einem, daß . . ., sich bey ihm verwenden, daß . . . .; Ldtg. v. 1669, p. 237.

Die hier nicht aufgeführten Composita mit an siehe unter ihren Primitiven.

ân, ôn (opf. au~), b. ône (oné, ané), ohne (ahd. ânu, âno, mhd. âne; Grimm III, 261. IV, 799. Graff I, 282 f. BM. I, 40. Grimm, Wbch. I, 194). Wenn von gebildeten Bayern diese Präposition mit dem Dativ gebraucht wird, so scheint dieses aus einem gewissen Instinct zu geschehen, welchen sie sich vielleicht aus dem Studium der lateinischen Sprache angebildet haben dürften, und nach welchem sie eine, kraft dieser Präposition als ganz beseitigt und abgethan hingestellte Sache lieber im Ablativ (deutsch Dativ), als im Accusativ geben. „Ohne vorher gelöstem Billet“, Münchner Theaterzettel. „Ohne großer Gefahr“, Anmerk. zum Cod. crim. v. 1751, p. 146. „Ohne harter Schale“, Höfer, östr. Idiot. p. 12. „On den Drossen“ (ohne die Troßknechte), Avent. Chr. „An aller bet und reue“, MB. XV, 469, ad 1337. Unter den Alten zeigt, meines Wissens, nur Kero, und nur ein paarmal (7,198; 31,30) eine solche seinem Latein sklavisch folgende Construction.

Die Form ân, woraus durch die, in andern Wörtern roh genannte, Ausspracheigenheit (Gramm. 110) unser jetziges hchd. ohne geworden ist, war bis ins XVI. Jahrhundert im schriftlichen Gebrauch. Ângefer, ân als 62
gefer (Av. Gr.); ân Aid, ân Geschäfft, ân Irrtum (ohne Hinderniß), ân läugen (ohne Läugnen), ân Recht, ân Richter, ân Schergen; MB. II, 248. XVII, 329. XIX, 248 et passim.

Sehr beliebt war ân, ôn, das an größern runden Zahleinheiten Abgehende auszudrücken: „Dreytzehen hundert jar darnach in an zwai dreizigsten jar“, Rupr. v. Freis. Rechtb. §. 102 (im Stadtarchiv), hg. v. Westenrieder, S. 190; v. Maurer, Vorrede S. LVI. „An ainen dreißig (undetriginta) pifang, MB. XVII, 166; cfr. 175. 329; tausent iar und zwai hundert und an aines niunzich iar, MB. XVIII, 12; auf dem mittenvelt des bei on zwen viertzig bifang ist, MB. XVIII, 226; umb an ains zwainzik pfunt, das. 116; zway hundert und on ain dreizzig gulden, on ain ort zwen gut reinisch gulden, MB. XXIII, 361. 391; umb ân zwelf pfunt haller zwayhundert pfunt haller; umb ân sechtzig (supple: Pfenning) vier pfund, MB. XXI, 427. 506; on zehen (supple: pfenning) ailff schilling dn., Lori, Mzll. 1,15; an zwen siben schilling pfenning; an zwelf ein halbs pfunt Regenspurger pfenning; on zwen achtzig Reg. pf.; on drey sechtzig Reg. pf.; omzwendreißig Reg. pf.; on zwai dreizzich pfunt haller; vmb on zwai viertzich pf. haller“, MB. XXIV, 93. 99. 129. 135. 170. 219. 220. 383. 390.

ân, ône seyn eines Dinges, ä. Sp., es entbehren; (ânu pim, careo, gl. a. 413); „daz er waere sîne sinne âne“, St. Ulrich's Leben, Cgm. 94, f. 71. — nicht ohne seyn, nicht fehlen, verfehlen; „nun khan es aber nit ân sein, der Hirsch mueß müed sein“, Sedelius gaistl. Hirschengejaid (1545), Cgm. 4304a, f. 124. — âne tuon, ânen (Einen eines Dinges), berauben; sich âne tuon, ânen (eines D.), sich entledigen, verzichten. „Er tuot sich auch seiner muter ân und haltet sich zuo seiner chan“, d. Ring 42d,31 (187,31); „sich ânen unprîses“ ꝛc., Labr. 254. 264. 277. „Vollen begonde er sich ânen“, Cgm. 94, f. 57a. „Er ist ein sulcher man, daz ich mich sein ungern ân, Waldsass. Chron., Clm. 1091, f. 13. ânwerden eines Dinges, dasselbe los werden, es weggeben; Grimm, Wbch. I, 519. Zeitschr. VI, 329,362. Vrgl. unten Th. IV: werden. „So mac sîn der man niht âne werden, Schwabensp., Laßberg, S. 9. „So wirt er des guets wol an“; „und wirt si irer Morgengab an“; L.R. Ms. v. 1332 und 1453. Heutzutage wird, nach Gramm. 728, statt des ursprünglichen Genitivs der Accusativ gesetzt. Schon obiges Ms. v. 1332: „daz selb gut mag er furbas nit ânwerden ân ir willen, es sei denn, das in ehaft not darzu bedwingt, das er sein an mus werden.“ (Wstr. Btr. VII, 119. 117). Ein Ding à~wèr'n (besonders von Feilbietern und Verschwendern). Häst dei~ Gəltl widər à~wor'n, du Lump! Dèr Buə' werd mə' no~ Haus und Hof à~. I hà' mei~ Wàr nit à~ worn. „Ein Mann der seines Weibes Gut unendtlich oder bößlich onwirdet.“ LR. v. 1616, f. 205. „Weil Petrus ein Fischer war, so kunt er nit anderst als ein Fasten erdenken, damit er ein Anwerung haben möcht seiner Fisch“, P. Abrah. Der Anwerder, Sach- und Geld-Anwerder (à~wèrə'), Verschwender.

ân, in der Zusammensetzung für ohn-, un-. ân-mächtig (a~mèchti', à~máchti'), ohnmächtig. ânrecht, unrecht; altes Rechtb. Ms. „Man hat ein toten heint gelegt, der pleipt die nacht on zu geschart“, H. Folz.

In der ältern Sprache ist ân, âne auch ein Adjectiv (expers), (vrgl. Grimm I, 744. 750). ânig, (ob. Schwab.) adj., ohne seyend, bedürftig, los, orbatus. sich ænigen (eines Dinges), sich enthalten; „unde wiltû dich sîn nicht ænigen“, Berthold 154,20 (Kling 54: enigen).

Die An, Anen (Anə~), Än·l (ánl, a~l, á'l), die Ahnfrau, Großmutter; der Eni, En·l (E~l, E'l), En, G·en, Gen, der Ahnherr, Großvater. Die ahd. Sprache sagte (gl. i. 123. o. 20. 296. 408): ano, avus, ana,
63 avia. Das Masculinum ward decliniert: ano, anin, anin, anun; das Femin. ana, anun, anun, anun (mhd. der ane, an, ene und diu ane; Graff I, 282. Haupt, Zeitschr. I, 22. BM. I, 37 f. Grimm, Wbch. I, 193. 194. III, 52. Zeitschr. III, 98. „ir ane Hilde“, Muttersmutter; Gudr. 578,3. ewres enen (Großvaters); Pitrolf 4238. Das spätere Masculinum Enin, Eni~, En·l, En scheint das E, st. A, (nach Gramm. 799. 808; dagegen Grimm I³, 85. cf. namo, nemin u. Græfenberg; Wigalois S. VIII) der Endung in zu verdanken zu haben, da das Feminin. An, Anen das A behalten, und, nach dem Dialekte, sogar vor der Endsylbe el nicht in e, sondern blos in á umgesetzt hat: die án·l (Kitzbühel: der ná~l, die ne~l). Vrgl. der Göttin, Götti, Göttel — neben die Gotten, Gottel; der Töt neben die Tot. „Meines een und meiner an“, G. Ridler's Chron. f. 4. „avus, ene; ava, ane; atavus, alterane“; Diut. III, 156. „eny, avus; ana, avia“, Voc. Archon. sec. XV, f. XIII. „Wie sein egenant hausfrau Clara einen Enin und ain Annen gehabt hiet vnd die wären abgangen von Tods wegen“; MB. IX, 251, ad an. 1416. „Das alt Herkomen und innhaben der bemelten Güetter durch ihren Uren, En und Vatter“; MB. IV, 387. „Unsers lieben Enen Herzog Hainrich“; MB. V, 42. „Von irem Gen und irer Mutter“; . . MB. XVIII, 532, ad 1469. „Von unser Anen Vron Elbruch“; MB. V, p. 57, ad an. 1331. Eino, Ano, nach dem Voc. dom. der VII Comm.: Großvater, Großmutter; v. Sternberg's Reise. Ava, ändl, mater matris tue; Voc. Ms. Tegerns. v. 1455. „(Im März) geht wohl der Ähni sambt der Ahnen und zeigt den Enkeln selbst die Schwanen“, Augsburgisches 's Jahr ein Mal v. 1764.

Vater, Mutter: II. En, An; III. Ur-en, Ur-an; IV. Aller-en, Aller-an. Sun, Tochter: II. Enichl; III. Urenichl; IV. Aberenichl.“ Cgm. 151, f. 2. (Vrgl. Alleran unter Enenkel.)

avus,	avia:	anhere, anfraw.
pro —,	pro —:	alderen, alderän.
ab —,	ab —:	uren, urän.
at —,	at —:	nogen, nogän.
proat —,	proat —:	crogen, crogän.
abat —,	abat —:	guggen, guggän. Mallerst. 33, f. 86.

avus, en;	ava, andel.
pro —, uren;	pro —, urendel.
ab —, oberuren;	ab —, oberurandel. Ald. 233.

avus, en;	ava, avia, endel.
pro —, uren;	pro —, urendel.
ab —, aben;	ab —, abendel. ZZ. 803.

Die Ur- oder Guck-An oder Än·l, die Ur-Ahnfrau. Der Ur- oder Guck-Eni oder En·l oder En, der Urahnherr. Vrgl. ahd. anihho, ancho, avus; anihhâ, anchâ, avia; Grimm III, 677. 681. „Von allen 32 anichen“, Simplic. v. 1684. Das Anat, pl. die Anater, s. unten -eit. „Der Phönix wußte seine Anater am besten zu probieren“, P. Gansler 90. Die Anfrâu, (opf. Aə~frə); in der Kindersprache gewöhnlicher: das Anfräulein (aə~fə'lə), die Großmutter, Ahnfrau. Für Anherr ist beliebt das Herrlein (Hárrlə~). Der Ähnl-Mon (á~lmà~), das Gesicht im Vollmond; Kaltenbrunner 70. 200. Der An·l-Summer (á~lsumə'), der sogenannte alte Weiber-Sommer, Nachsommer. Das A'l-graəmət, Nachgrumat, (Baur). R.A. Häst 'n E'l, E'l nét kennt, is dər A'l, A'l nàhgrennt — ironisch: im Huj. Singstückchen:

Get dər E~l, E~l mit dər A~l, A~l in·s Spi~lspá~l aufklaubm,
Schlagt dər E~l, E~l d·A~l, A l, A~l mit'n Spi~lspá~l auf d·Haubm.

R.A. Bey der A~l schläffen, d. h. in einem ungemachten Bett. Die A~l mit der Läugen, dunkle Regenwolke. „Du machst ən Anlé“, ein saueres Gesicht“, (Baader).

Das Änlein kommt auch als Beziehungs-Gegensatz der Groß-Eltern, nemlich als Großkind oder Enkel vor. „Meinem lieben Aidem N. N. und Anna seiner Tochter meiner lieben ändlein“; MB. XXI. 531, ad 1459. „Dise waren seiner Schwester Stiefänickel . . . seiner Schwester Stiefändl“, Hund, St. Bch. II, 76. Bei Pangkofer (1846), S. 84—89 scheint án·l auch für Enkel zu stehen. Jetzt hört man in diesem Sinne gewöhnlich das Compositum Enenkel, Enl-enkel (é~enkl, e~lenkl). „Anenckel, nepos“, Voc. v. 1432, Cgm. 685, f. 110ᵇ. Enenkel = Urenkel meint v. d. Hagen (Ges. Abent. III, 783); s. jedoch unter Enkel u. vrgl. Zeitschr. II, 183,3.

änlich, avitus, (gl. i. 138: anilich, avitus), adj. „Die Fürsten von Scheiern sein ein lange Zeit jrs änlichen und vätterlichen Erbs beraubt gewesen“ . . . „König Conrad nam Neaplis und Sicilien, sein änlich und vaterlich Erb, ein“; Avent. Chr. Kr. Lhdl. X, 343. 368. „Wenn daz Erb umb daz Niderland weder ändlich noch väterlich, sunder ein Vetter Erb ist“, Straub. Landt. Hdl. v. 1425. „Mein enndlich und mütterlich erbguet. Unser rechtes väterlich vnd edlich und müterlich erib“; MB. XXI, 341. 514. Anmerk. Sollten die alten Formen: antelicher, gl. a. 505, avitus; anticha, gl. a. 503, anicula; antisc und antrisc, gl. a. 217, i. 942, 64
antiquus; entiski, i. 553. 854, vetustas; entriske, gl. a. 125, atavi; entrisc, priscus, a. 142 — auf irgend eine Weise mit ano zusammenhangen?

Die Anen, fragmenta lini, Antesperg, Gramm. 361. Zeitschr. II, 404,9. III, 16. s. Agen und Am.

Anastasia (Stási, Stásl, Stáz, Anəstàsl), Weibername. Im XVII. Jahrhundert standen am Hofe zu München in besonderm Ruf von Wunderkraft die Anastasia-häublein, schwarztafftene Häubchen, die während einer Messe dem Schedel der in Benedictbeuern mit ihren Reliquien verehrten heil. Anastasia waren aufgesetzt worden. Meichelb. Chron. Benedict. II, f. 250. 254.

Der Aniß, (Anəls, Aneiss, -∪) 1) wie hchd. der Anieß (∪-), Pimpinella anisum L. „Anisium, aneis“ steht (nach Weigand's brieflicher Mittheilung v. Aug. 1847) in einem handschriftlichen süddeutschen Vocabular v. J. 1429, fol. 17ᵈ; darum wol mhd. besser ânîz anzusetzen ist; vrgl. BM. I, 46. Grimm, Wbch. I, 377. Diefenb. 36ᵃ. 2) der Anspring, Milchschorf, (das „Neres“, der „Fresem“; Franken: Sägspän), lichen mentagra; wol für Anries: „für das anryß v. mager“, Cgm. 384, f. 92. Grimm, Wbch. I, 470. 471: Anspring, Ansprung.

anigeln (anigln, ainégln aənigln), vrb., wird von den Extremitäten, den Fingern und Zehen ꝛc. gesagt, wenn sie vor Frost brennen und prickeln; „dentium algor wann einem die zän ainiglen“, Nomencl. v. 1629, p. 204. s. nigeln. Statt aənigln hört man auch uərigln. S. auch egeln (schlafen); vielleicht ist der Ausdruck aənégln dem Ausdruck einschlâfen, entschlâfen parallel, den man von einer ähnlichen Empfindung in den Gliedern gebraucht.

ain (s. Gramm. 140—155. 565. 566. 766—771), wie hchd. ein. 1) als Zahlwort und Artikel. Ainß und zwainzig, ainß und dreißig (aə~sezwaenzg, aə~sədreisg) ꝛc., st. ein und zwanzig, ein und dreißig. Vrgl. Diut. III, 88: eines und zueinzich iare.“ — ə~ Wassər, ə~ Biər, Wasser, Bier (im Theilbegriff); auch ə~ Bréckə-l ə~ Brod, ə~ Bissə-l ə~n Wei~; s. Grimm IV, 411. 651. BM. I, 419,6. — ains; vor, nach ains (auf der Uhr); bei H. Sachs (1612: II, IV, 40): vor eim (d. i. ainem).

R.A. Er is aə˜ Bluət, aə˜ Wasſə' wor'n; dà is's aə˜ Báz, aə˜ Kout, aə˜ Marast, d. h. ganz voll (von Blut, Waſſer, Koth ꝛc.). Vrgl. Zeitſchr. Teutoburg, p. 181: „Der ganze Wald war ein Räuber.“ Aehnlich ſind die R.A. Ains Lauffens lauff! ains Brinnens brinn! Bequem und der Schriftſprache abgängig ſind die Formen: ain meiniger, deiniger, ſeiniger, iriger, unſriger, enkeriger, inerer, Einer von mir, dir ꝛc.; ain obiger oder oberiger, unteriger, mitteriger ꝛc., Einer von oben, unten, aus der Mitte ꝛc. Vrgl. Einen ſinan ebanſcalc wie einen ſeinigen Mitknecht. Tat. Matth. 18,28. „(Seleucus) ſante ainen ſînen ritter dar“, Griesh. Pred. I, 413. — ə˜sechs, ə˜Stuck ə˜sechs, etwa ſechs Stück; ſ. unten: -er (Partikel). 2) ainer, e, ß, als für ſich, ohne nachfolgendes Subſtantiv ſtehendes Wort, ſowol unus als ullus, aliquis, quidam. Ainer und Ainß, (jenes vermuthlich mit hinzuverſtandenem Mann, dieſes mit Menſch oder Leut; ſ. d. W.) werden gerne wie man (franz. on) gebraucht. Der Genitiv Sng. des für ſich allein ſtehenden ainer (ſo wie des verneinenden kainer), welcher, nach der Regel gebildet, zweydeutig wird und ſowohl ullum, nullum als ullius, nullius heißen kann, findet ſich bey bayr. Schriftſtellern des XVI. — XVII. Jahrhunderts in der Form ainſen, kainſen. Vrgl. Gramm. p. 259 Anm. „Ainſen Exempel folgen; Ainſen Geſchäfft verſorgen; unter Ainſen Gewalt ſtehen; ſich Ainſen erinnern; Ainſen
65 bedencken (habere rationem alicujus);“ Voc. v. 1618. Nach einem ähnlichen Gefühle ſagt Behrmann (Chriſtian II. von Dänemark I, p. 275) jenens ſtatt jenes (andern). ainß, ein Ding, etwas; „und ains als (wie) ein rodach hengt man ir (der Bauernbraut) auf das hirn“; „ains ſam ein chäschorp, Cgm. 714, f. 228. 229. Vrgl. Grimm IV, 454. Ainer nicht, aine nicht, ainß nicht. (O.Iſar.) Aə˜n kenn I nét, keiner iſt, den ich nicht kenne. Aə˜s nét, keines, das nicht. . . . Ganz andern Sinn hat: nicht ainer, e, ß, d. h. gar keiner. „Daz ih der reht aines niht enhan denne die vogtay“; MB. XXIII, 246. (cfr. „Sich ainige Mühe nit reuen laßen“; Ldt. v. 1612,40.) „Daß er ſolcher Leute einen noch keinen in ſeinem Land nicht halten wolle“; Kr. Lhdl. IV, 38. Aines, ains (vermuthlich mit hinzu verſtandenem Tages, Mâles, ſ. Gramm. 1004. Grimm III, 227. Graff I, 237. BM. I, 420. Grimm, Wbch. III, 259. 305; auch dereinſt, dermaleins, dermaleinſt, II, 1013. 1018), einmal, einſt. „Wer der drier Tage eins wettet“, Augſp. Stdtb. „Das Getreid würde ſonſt jren Feinden der Tag eines zu theil werden“, Avent. Chr. 288. „Ich halt es werd gegen dir der tag eins erkant in allen guten“; Martin Beham's Brief an ſeinen Vetter (1494), bei Murr p. 134. — In der Schweiz: eins der Tag. „Wer iſt eyns geboren vnd zwyr geſtorben? Lazarus“, Clm. 11879, f. 107. Vrgl. ains, zwir (ſt. zwis?), dris, engl. once, twice, thrice. „Iclich criſten man is ſenet plichtig zo ſukene dries in dem iare“, Sachſenſp., Art. 2; auch oberdeutſch (Cgm. 517, f. 6[b]): „iſt pflichtig ſent zu ſuchen dreyes im iar“, während Cgm. 296, f. 1 dreiſtunt gibt. Grimm III, 227 ff. (cfr. Otfr. III, 12,1). Von dieſem aines iſt (O.Iſar, nach Gramm. 680) aineſt, ain·ſt, ainſten, ainſting, a) einmal. Aə˜st wird mə' warm, aə˜st wird mə' kàlt (bald, bald); z·aə˜stlə, zuweilen (Kitzbühel; vrgl. unten: ainzig, z·ainzig). Mehr dann eineſt“, Ldg. v. 1514, 238. LR. v. 1616,727. Noch aineſt ſo vil, alterum tantum, Avent. Gramm. Ainſten oder zwir, Wſtr. Btr. VI, 157. b) auf einmal, plötzlich. Aə˜stə˜-r- ə màl is 's gschegng; aə˜sting fällts mər ei˜; auch: unterainſt, unterainſten. Vrgl. Thl. II gê·n, gehen: ains gêns, ſogleich, e vestigio; „Wannst z'höchst auf də' Albm á' bist, mi' schréckt kaə˜ Ort; *aə˜sgəst* (= eins Gehns) steig i' auffi, glei' so mei˜ bin i' dort“, Seidl, Flinſerln[3], 58. 296. Ain, aine, als Plural, ſtatt einige (ainige), quidam, aliqui. „Eine die des nahtes ſtelen, eine die nach minne quelen, eine die uf ir leben reitent, eine die durch hofſart ſtreitent“ ꝛc., Renner 16115 ff. Aine (aə˜) ſind guet, aine (aə˜) bœs; ainen (aə˜n) iſt 's recht, ainen nicht. ən étli, ə˜manchə, etliche, manche. In einigen Gebirgsgegenden ſogar bey nachfolgendem Subſtantiv, aəne Aər, aəne Epfl etc. (Cfr. ein im Plural bey Otfrid II, 8,56; III, 15,5; IV, 16,18.) 3) Der, die, das aine oder ain; der, die, das jenige; der, die, das andere. Dér odə' dər aə˜? dieſer oder jener? Dé aə˜n sán' scho˜ furt, die andern ſind ſchon fort. „Ye ainer waißt uns auf den ain,“ einer verweiſet uns an den andern; Th. Murner, Schelmenzunft, XX. Den aə˜'n Tàg, dé aə˜ Wochə˜, den andern Tag, die andre Woche, d. h. eine andere, als die man im Sinne hatte, beſonders die vor der nächſtvergangenen, oder die nach der nächſtkünftigen. Du bist dər aə˜! du biſt ſchon derjenige, der rechte! (iron. R.A.) Dés Aə˜, das jenige, das gewiſſe, das man nicht eben nennen will, z. B. die Menſtruation. Heu˜t hàn I des aə˜ 'kriegt. Auch die aus ain entſtandene Form chain wurde ehmals alſo genommen. „Ze dem Goteshuſe oder zechêime goteshuſe“ (zu dieſem oder jenem); alte Predigten, Ms. monac. ain ander-ainer (ən andernər), ain jed-ainer (ən iədənər), ain ſölch-ainer (ə sölənər), ain welch-ainer (ən iədwelchənər, iədwelənər, iələnər), ain manch-ainer (ə manchənər) ꝛc. ſ. Gramm. 831.

'aine, adj., einſam (all-eine); mit Genitiv: verlaſſen von, ohne'; „ir beider eine“, er ohne ſie beide; „du jagſt mit ungerœte fröuden eine“, ohne Freude; Labr. 202. 282. Vrgl. BM. I, 420 und oben: altersallain.

Ainander (ənandə', opf. ənannə'), wie hchd. einander. Das ein in dieſer Form erklärt ſich als das alte ein für einer. Ein fon iu, unus ex vobis, Tatian, Matth. 26,21; ein thero einliſi, unus ex undecim. Otfr. IV, 15,15. 25; ein after anderemo (nach einander), Otfr. III, 17,43; ein zi andremo (zu einander), Otfr. IV, 12,13. Iſidor IV, 32; ein andremo (einander, alter alteri; Otfr. IV, 11. 50; (invicem) gl. i. 463. Für 66
die jetzige Stellung: zu, mit, bey ꝛc. einander giebt es indeſſen ſchon alte Beyſpiele: gl. i. 295: untar einandremo, invicem; 225. 248: ingagan einandremo, altrinsecus. „zů einen anderen ſi ſprâchen“, Diut. III, 91. Vrgl. Grimm III, 82 f. Graff I, 376. BM. I, 37. Grimm, Wbch. III, 141 f. — bey, mit, von ꝛc. ain, bey, mit, von einander; „ſy wurden all zu rat mit ain“, M. Beham, Wiener 22,14. „Vnd ir aller gemaine warn kum uirczig mit aine“, daſ. 398,20. „Und ſlug im daz haubet uon ain, daz ez hin hing mit ſtuken zwain“, daſ. 251,8. 350,9. „Und im wurden uan ain geſtrekt alle glider an ſeinem leib“, daſ. 261,28.

Ainerweg, ainerwegs, ainerwegen (aənə'wé', opf. ài˜wé'), demohngeachtet, dennoch.

„ainar“ bey Zaupſer: auf einem Bein hinkend; ainhächs? ſ. Hächs und winächſig.

ainâug, adj., ainæuget, adj., (aənaug, aənággət), einäugig; ſ. Aug. ainhüftet, ainſeitet, die eine Hüfte, Seite höher tragend als die andere — von Menſchen und Thieren, letzteres auch von Sachen, und ſoviel als: ſchief, ungerade überhaupt. ən aə˜seitəts Fuədə' Heu, ən aə˜seitətə' Scheidə'stous.

Der Ainbâum (Aə˜-bám), auf den bayriſchen Seen, kleiner Nachen aus einem Eichenſtamme verfertigt, wie ſich deren die Fiſcher bedienen. Sie ſind ſehr leicht und können durch eine einzige Perſon ohne Mühe fortgerudert werden. Die Ainbäume auf dem Würmſee ſind 22 Schuh lang und 5 Schuh breit und können 6 Perſonen aufnehmen. Die Mühlen an der Brücke zu Regenſpurg ſtunden im XIV. Jahrhundert auf Ainbæumen; Gemeiner's Reg. Chr. II, 193. Zeitſchr. II, 90,1. „Transitus aquae cum Einbaum“, Lang, baier. Jahrb. p. 350. Grimm, Wbch. III, 147. an-bym ſcip, trabaria navis.

Ainhacken, (Ir.) die große Eberwurz, carlina acaulis.

'Das Ainland, Inſel'; „ain ſichers ainlant“, Griesh. Pred. I, 46; „diu ainlant un diu ſchef dez mêrez“, daſ. 66.

Die Ainet, die Einsamkeit, einsame Gegend, Lage, solitudo; ahd. einôti, ntr., mhd. daz und diu einœte, einœde; Grimm II, 257. 954. Graff I, 334. BM. I, 424. Grimm, Wbch. III, 240 f. Das Haus ligt in dər Aənət. (Bey Otfr. I, 10,28; I, 23,4; II, 4,30. V, 21,21; gl. a. 121. 158. 182 ꝛc.: thaz einoti; Notk. 28,8. 54,7. 62,1. 6. 135,16: daz einote; im Windberger Psalter: diu einode; MB. VII, 443, ad 1180: Einœde. „Einot beide gut und ubel lert, einode beide gut und ubel hilt", Renner 20964—69. Es scheint sich mit der aus oti abgestumpften Endung ode nach und nach der Begriff des gleichlautenden Substantivs ôdin (vastitas, Öde) vermengt zu haben, woher denn die Form Ainœd (Aənêd, ́ ̲ ̲ Aənèid) in der Bedeutung eines einsam und ganz abgesondert liegenden Bauernhofes. Vor ən Aənêd sol mə 'n Huəd à' taə~, sagt ein gemeines Sprichwort, welches auf eine bezeichnende Art die Vortheile der Vereinödung oder Güter-Arrondierung anerkennt. Der Ainœder, Ainœdler, Besitzer, Bewohner eines solchen Hofes.

ainig, adj. u. adv., allein, vereinzelt, ohne Gespan (ahd. einac, einîc, mhd. einec, einic; Grimm II, 293. 310. III, 9. Graff I, 327. BM. I, 424. Grimm, Wbch. III, 206); „ainig und ellend", Cgm. 270, f. 72a. b.

ainlich, einzeln; einheitlich (ahd. einlîh, mhd. einlich; Graff I, 318. BM. I, 423. Grimm, Wbch. III, 228); „singulariter einliche" oder „sunderliche", Cgm. 17, f. 12a.

ainiz, adj. und adv., einzeln (ahd. einaz, mhd. einez; Grimm III, 11. 94 f. Graff I, 330. BM. I, 425a. Grimm, Wbch. III, 348); „zeinitzen stucchen", Diut. III, 46. „Papier, Säcke und andere einitze Notdurft", Kr. Lhdl. V, 353. 355. 362. IV, 47. X, 121. (ainazzem, gl. a. 268; einazin, einezen, i. 476. 547. 550. 559. 938 paulatim, viritim, carptim, minutatim). Ain'z-echt, ainz-echtig (aə~zék, aəzéchti'), adj., einzeln (mhd. einzeht; BM. I, 425a. Grimm, Wbch. III, 348 f.); „ainzächtig gereutmeder", Cgm. 154, f. 25b. Gehört hieher auch enzat (vgl. enzel, enzeln, enzlich für einzel, einzeln; Grimm, Wbch. III, 677) bei S. Helbling VIII, 555 (Haupt's Zeitschr. IV, 179): „die dienstman die gênt enzat", das Haupt mit „vereinzelt" übersetzt, oder ist es nicht mit demselben (Zeitschr. V, 287,685: „gâlein und barken sam die her fuoren ûf dem mer enzat: drât) und nach BM. III, 873 als Partic. von enzetten, zerstreuen, anzusehen? Ainzechten, adv.; „einzechten hingeben, einzechten verkaufen." Die Ainzecht, Einöde; „warumb seyt ir gangen in die wüest oder ainczächt, quid existis in deserta", San-Zenon. 115, f. 82. 104. ain'z-ig (aə~zi'; b. W. nài~zé', OberM.), adj., 1) wie hchd. einzig, 2) einzeln. „Bey Bereitung der einzigen Fluhren"; Wirzb. Verord. v. 1746. „Wer den Prantwein ainziger weis zu haller und pfenwertn hingeben unnd verkauffen will", LOrd. v. 1553. — ainzigen (aə~zigng, aə~zing), einzilig (Reg. Chr. II,
67 226), ainzling, bey ainzigen, b'ainzigen (opf. b'ái~zing), ze ainzigen, z' ainzigen (z'aə~zing), ze b' ainzligen (opf. z'b'ài~zling), adv., einzeln, singulatim. „Mit einander oder pey ainzigen"; MB. II, 240. „Nach Samtkauf oder zu ainzigen", Kr. Lhdl. I, 168. Avent. Chr. 112. 191. 201 ꝛc. Wstr. Btr. V, 203. „Und sagten im painezigen, daz si im nichts verswigen, alle die Mer — wie ez dort ergangen wer."— „Dew hewser si painezigen ersuchten vil eben"; Horneck. „Sullen ihre mezzer einzen unde sament verchauffen" . . . . „enbeinzen unde sament . . .", Augsp. Stdtb. Überainzig (überài~zi', uberenzig, schwäb.), allein übrig. Ainzlich, einsam (?); „Herzog Otto bauwet jm an der Isar ein fürstlich Gesäß an dem einzlichsten und lustigsten Ort, hieß Landshut . . .", Avent. Chr.

ainlif (aə~ləf, aə~lf; Kaltenbrunner: aə~lif, aə~lifi), eilf (ahd. einlif, mhd. einlef; Grimm I, 763. Graff I, 317. BM. I, 985. Grimm, Wbch. III, 109. Zeitschr. II, 242. Otfr. IV, 9,24; IV, 15,15: einlif); hora undecima, Matth. XX, 6. 9, das heißt die letzte des Sonnentages; „quia jam undecima hora est", höchste Zeit, Efrem, Clm. 16007, f. 105b. „Vor der rechten effenzeit, als si ainer äffe vor ainlifen"; Cgm. 632, f. 38. Auch die Bauern in Frankreich essen noch um 11 Uhr zu Mittag. Der Ainlifer, Ainlfer (Aə~lfə'), Eilfer; nach dem Generalmandat v. 1772 ein Münzstück, welches 11 Kreuzer galt. Ein in 11 Theile getheilter Salzbrunnen (Galgo) in Reichenhall heißt ad 1150 (MB. III, 535): Einleftêilar.

ainlüz, ainliz (aə~létz), ainlüzig (àə~lézi'), adj., einzeln (ahd. einluzzi, mhd. einlütze; Graff I, 318. BM. I, 1060. Grimm, Wbch. III, 229). „Die dönr (durnschleg, Donnerschläge) machent die ainlützen schâf erwerfend ir fruht; dâ wider gehört, daz man si zuo ainander samene under ain dach", Konr. v. Megenberg 154,27 ff. „Und aus etwie vil êinlützigen äckern"; MB. XIII, p. 462, ad 1447. (gl. a. 240: ainluciu, agrestes (caprae); 304: ainluzzi, monogamia; einluze (singuli), m. m. 84; Kero I, 9: einluzlich, singularis).

ainmuet, (aəmət), adj., einfältig; (= â-muet? Vrgl. ahd. einmôti, einmôtig, mhd. einmüete, einmuot, einmüetec, übereinstimmend, einträchtig; agſ. ânmôd, einträchtig; eigensinnig; æmôd, mente captus, ormôd, desperatus; Graff I, 691. BM. II, 260. Grimm, Wbch. III, 236. s. Th. II: Muet). „Wie mügt jhr so einmutig sein", einsam, traurig; H. Sachs 1612: I, 238. ainreden, (Werdenfels) irre reden (= â-reden? s. Th. III: abreden).

Der Ainsinn, Eigensinn; ainsinnig. Grimm, Wbch. III, 297.

ainschicht, ainschichtig (aə~schick, aə~schichti'), adj., einzeln; ze ainschicht (z' aə~schick), adv. Ztschr. II, 91,33.

aintwederer, e, eß (aə~twédərə', aə~twédə'nə'...), adj., einer, e, es von beyden, alteruter. *Aə~twédə's*, dés odə' dés, eins von beyden, dieß oder jenes. I bring di' um, odə' du bringst mi' um, *aə~twédə's* muəs ietz gschegng! „Ob unser aintweders nicht enwär" (wenn Eins von uns beyden sterben sollte), MB. XIII, 404. „Daß sie aintweders (Genitiv) vertragen wären, der Hunde oder des Geldes", Kr. Lhdl. II, 88. „Der aintweder aus beyden", alteruter; Voc. v. 1735. Das Neutrum aintwederß wird, wie das hchd. entweder, als Conjunction gebraucht; (cfr. Gramm. 149 und weder). „*ainsweder* i' stirib, oder — er wird da' mein", Stelzhamer 54. aintwelcher, e, eß (aə~twé'chə', aə~twechə'nə', aə~stwéchənə'), welcher, e, es von beyden; einer, e, es von beyden. *Aə~twéchə~s* mägst?

ainzecht, ainzig ꝛc. sieh oben unter ainiz.

„Aə~sərlé, einschläfriges Bett"; (Lechrain, Leoprechting).

Die Ainzeln, einzeln gelegener Hof; „nebst einigen sogenannten Einzeln (Einödhöfen)"; Lex. v. Franken 1, 359 unter Berndorf. Vrgl. Grimm III, 11. 95. Wbch. III, 351.

„oanzoachen, mürrisch, böse, zornig", (Kitzbühel, Dr. Unger).

Die Ainung, Ainigung, â. Sp., Vereinigung, Gemeindeversammlung; „pro annuali unitate, que in vulgari Aynung dicitur", MB. VIII, 251; Gewerbs-Verbindung, Innung, Reg. Chr. II, 210. 211. 244; Uebereinkunft, Vertrag, Satzung; Buße, Strafe. (Einôn, gieinôn war ein Verb. der ahd. Sprache für convenire, placitare, conjurare; mhd. einen; davon: diu einunga, einunge. Graff I, 331. 334. BM. I, 423 f. Grimm, Wbch. III, 333). „Statuta villae Heidingsvelt quae Einunge dicuntur", RB. III, 227, ad 1264. „Der Paur, der das Ainen hat", „der Obmann so das Jahr di Ainung innhat"; „der Ainer", der Bauer, bey dem das Dorfgericht, die Ehaft, die Ainung gehalten wurde; er hatte den Gemeindeseckel („Gemainbeutel"); Theophil

Neumann, Antwortschreiben auf d. Sendschr. des Magnus v. Herkomman, p. 51. 53. 54. 257. 262. 264. 265. 268. „Daz man aller vor und nâch geschribener gesetzede alle zît zwêne einunger sol hân des kleinen râtes ..." „unde sullen die einunger die einunge alle wuchen oder in vierzehen tagen ze dem lengsten .... ûz rihten" (u. öfter), Dinkelsbühler Stadtbuch in Haupt's Zeitschr. VII, 100 f. Ehaftrechtbüchel der Hofmark T. v. 1554. „Zwen Ainunger setzen, die der Ainung pflegen", Augsburger Statut (sec. XIII.), Cgm. 574, fol. 17. 18. „Zu dem Eehaft-Rechten am Herbst soll jeder, der aigen Rauch hat, zalen das Ainigunggeld. So man bey dem Wirt das Eehaft-Mal ißt, so seyn die Nachpern das Ainigunggelt nit schuldig, aber yeder der aigen Rauch hat, soll dem Wirt auf den tag für das Mal geben XXXII ℛ." (worin das der Herrschaft zufallende Ainigungsgelt begriffen); Rorbacher Ehaft.

68 ainigeln (aənigeln), (von Fingern und Zehen) vor Frost prickeln. cf. Richthofen, 1164 f. Grimm I³, 416. Wbch. I, 211. Zeitschr. VI, 339. 346. s. urigeln, igeln.

en- (ä. Sp.), Verneinungs-Partikel, die unmittelbar vor dem Verbum hergeht, aber ohne eben ein außerdem noch angebrachtes förmliches nicht, kain u. drgl. auszuschließen; s. Gramm. 727 u. vrgl. Grimm III, 711 ff. Graff I, 286. II, 969. BM. II, 320. Grimm, Wbch. III, 445. „Wær aber daz in der vorgenanten Borgen ainer oder mer abgieng, datz Got nicht enwell", MB. VIII, 238. XVIII, 144. Kr. Lhdl. III, 65. „Kain vodrung . . . haben sollen noch enmugen", MB. VIII, 265. „Daz kein unser amptman daz Pernried ichts ze schaffen habe, es ensei denn vmb die Sache, die zu dem tode gehorent", ibid. p. 326. „Ob man dez nicht entät", MB. XVIII, 47. „Lieber herr Jesu Crist, dein hailig wunden, die enswuren noch enrozzen noch enfluzzen, si ensawrten noch enfaulten noch enswarten noch endorten"; Wundsegen, Ebersb. 120, f. 137. „Ez kan kain man frölich gesîn aun frawen und aun win, ez ist (wol enist oder nist zu lesen) oych underschaiden, man wirt trunken von in paiden", Clm. 5660 (XIV, 1396), f. 78. er enwär, er wäre denn; er solte oder ensolte, er sollte oder sollte nicht. (cfr. nicht entrauen unter trauen.) Dieser Gebrauch des en- lebt noch jetzt in niederdeutschen Mundarten.

ensein, nicht seyn, nicht mehr seyn oder existieren, ein ehmaliger milder Geschäfts-Ausdruck für sterben, gestorben seyn. „Swenne er enist" (wenn er stirbt); Augsp. Stdtb., Ms. v. 1276. „So diu frowe en ist"; Schwabensp., Lehenr., Laßb. §. 100. „An des stat, der niht enist"; MB. XVIII, 144. „Die weil ich lebe . . . swenne aber ich enpin". . . . „swenne wir ensein; MB. VIII, 228. 229. „Nach meinem tode also, swenne ich nicht enepin"; „swenne ich nimer enbin"; MB. XV, 34. XVIII, 49. „Ob unser aintweders nicht enwär, des Gott nicht enwell"; MB. XIII, 404. 409. XVIII, 144. „Swenne ir niht enist", wann sie stirbt; XXIV, 423. Nach Michaeler (Iwain, p. 462) soll noch jetzt im Tyrol: ich enliebe soviel heißen, als: ich fühle weder Haß noch Liebe.

en- als unbetonte Vorsylbe in der ältern Sprache statt in, (s. in, ə˜). Enpfor, in bevor; en zway, in zwey, unser entzwey; en drew, in drey; en gagen, entgegen; en zeit, mane, Cgm. 136, f. 287; en wec, hinweg; en sweb setzen; en pan legen; en ouue, im Strom fort (s. oben: die Au) ꝛc. Vrgl. Grimm III, 145 f. 154. BM. I, 749.

-en, adverbiale Nachsylbe: dann-en, wann-en ꝛc., ahd. dan-ana, huan-ana ꝛc., auch ôstana, hôhana, von Osten her, von oben, u. a. m. Grimm III, 202 ff. Graff IV, 778.

Der En, Eni, En·l, Großvater; s. An.

Enengel, s. hinter Engel.

Enniena. Ueber den Aenniena der lex Baiw. 2,20 denkt Grimm (Gesch. d. d. Spr. 510) an des Widsîd-Liedes: „mid Englum ic wäs and mid Swæfum and mid *Aenenum*."

ener, e, eß, (ä. Sp.) jener, e, es (ahd., mhd. ener; Grimm I, 797. Graff I, 598 f. BM. I, 771. Grimm, Wbch. III, 468). Der Tegernseer Glossator setzt Virgil. Georgic. V, 84. 85 auf das erste hos desa, auf das zweyte ena. Notk., Psalm 18,10: eniu (illa); 1,5: ene — dise; 11,2: in enero werlt; 74,9: uzzer enemo calice veteris Testamenti. „Es mag auch der richter den nicht genotten, dem an den aid gesprochen wirt, es sei denn ens wille." . . . . „So ist er dem richter dhain puoz schuldig umb, noch enem der den schaden enphangen hat," Rchtb., Ms. v. 1322. Münchner Magist. Gebot v. 1370. (Vrgl. Otr. VI, 109. VII, 156.) illud, das ene, Avent. Gramm. v. 1517. „in *endər* We-lt", in jener Welt, (Sterzing, wie áander = einer, Mándər = Männer).

enhalb (e˜həl', égl), jenseits (ahd. ene halp, mhd. enenthalp, enethalp; Grimm III, 214. Graff I, 600. BM. I, 772. Grimm, Wbch. III, 468. Zeitschr. II, 139. III, 458. 521,5). „Si ne bestûnt er ene halp", Diut. III, 84. „Ehrewzten mit jm (Jesu) zwen ander enthalben und disenthalben", Monac. Francisc. 267, f. 3. „Enhalb Innes, enhalb der Donau, enhalb des Mers, enhalb und deßhalb"; MB II, 410. V, 424. Kr. Lhdl. VIII, 469. XV, 219. „Enseit des Wassers Gingen", Gem. Rgsb. Chr. III, 357. Dem e˜həl, égl, dégl (jenseits) wird here˜həl, règl als dießseits entgegengesetzt. „Daß er mit dem ain rad enhel, mit dem andern herenchel fare", Cbm. 3238, f. 125. „Da *enhelt* z· Grämmästöt·n", Lindermayr 48. Von ener, e, eß ist wol auch die alte Form enont, (gl. a. 73. 160. 407. i. 876: hinont inti enont, ultra, citra; cis, citra; 69 hinc, inde; a. 129: enont, citra; i. 553: enont, ulterius; Notk. Boeth. *énnônt Tûonouuo*, ultra Danubium; gl. a. 35: ennent Rines, cis Rhenum; vrgl. goth. jaind, agſ. geond, engl. yond, beyond, yonder; Grimm II, 755. III, 215. Graff I, 600. BM. I, 772. Grimm, Wbch. III, 408. Zeitschr. II, 139.) gebildet, deren letztre Hälfte ont auch in den alten Bestimmungs-Wörtern der Lage, z. B. ostanond, opanontic, fornontic, gl. a. 267. 178. 312, mit ant und ent wechselnd, vorkommt. Es könnte zweifelhaft scheinen, ob aus diesem enont (oberrh. enət) auch unser bayrisches ent, welches zwar für sich, und mit den Vorsätzen dar, da (drent, dent), jenseits, aber mit dem Vorsatz her (herent, 'rent) dießseits bedeutet, hergeleitet werden dürfe. Doch, ich bin für den, der für mich jenseits ist, ebenfalls jenseits; — und so erhält auch die Form üben durch dieselben Beysätze dieselbe Doppeldeutigkeit (drüben, düben — hüben, herüben). Aus ent hat man enten (opf., nach Gramm. 680 eə˜stn) als Adverb., enter aber als Präposition mit dem Genitiv und Dativ; (vrgl. niederd. tens = t·ens? Brem. ndrs. Wbch. V, 53: têns = têgens, gegenüber, jenseits). Enterhalb gilt als Adverb und als Präposition (Gramm. 1008 ff.). Ent oder enten is 's beſser als herent oder herenten. Volkslied: 'S Deənál is entə'n Bàch und I herent. Sp. W.: Entə'n Bàch sán' á' Leut. Entə' 'n I˜, entə' dər Isə', entə'hàl' də' Daənə. Herentə' oder herentə'hàl' də' Brugk. Der, die, das entere; herentere, 'rentere, dentere, der, die, das jenseitige; diesseitige; (cfr. Avent. Chr., f. 125: der herjenige, der diesseitige). Ein enterer, entriger, einer von jenseits; ein herenterer, herentriger, einer von dießseits; gl. i. 553: diu entrigun opphar, transtyberina sacra. Der Ent-Isarer (Entisərə'), der Enter's Inner (Enə'sinə'), der da jenseits der Isar, des Innes wohnt. Mit Ent sind mehrere Ortsnamen zusammengesetzt. So ist im Landgericht Rosenheim ein Entbuch, ein Entgrub, ein Entbach, Entmoß; Hazzi, Statistik I, 312. 313. 565. Ärarialisches Fischrecht auf dem Inn von der Rosenheimer Brücke auf beiden Ufern bis Entleiten und von da an am linken Ufer bis Entfelden verpachtet vom Rentamt Aibling am 20. Merz 1842. Zeitschr. IV, 244,1. V, 110,10. 220.

'ennen, Adv., von dort her, dorthin, dort (ahd. ennân); „hinnen unt ennen er giench", Diut. III, 47.

51. 55. 98. „de longe steterunt, enen verre stuenten", Cgm. 17, f. 60b. „desuper, ennen obene", das. 114b.

ennenher, enneher, enther, (ä. Sp.) bisher. „Al ennân hara fone mînero jugende, ex juventute mea", Notk. 70,17. 87,16. (cf. dannan hara, das.). „Die er enneher hat gehabt", MB. VIII, 542, ad 1315. ennenher, usque adhuc, Winnerl. gl. „Alle die Freyhait . ., die ander unser Kaplän und Hofgesind enther habent gehebt"; MB. IV, 178, ad 1402. (Zu en, en·t, von jener Zeit her? Vrgl. schwed. ända, bis.)

ein (ei˜, ei', e˜, ə˜; Gramm. 262), praepos., (wie schon im XIV. Jahrhundert als Präp. u. Adv.; Grimm II, 759. Wbch. III, 140. „în ligenter rawot", Diut. III, 23. „chom dar în gegangen", St. Ulr. Leben, Cgm. 94, Vers 75. „Rehte gelîcher wîs als ein pîn (Biene), daz süezeste was, das las er în", das. V. 214. „Do er die gabeln darîn sluoc", das. V. 1518. „Diseu rede kumet vil wol în, als stêt in evangelio", das. V. 895), in. „Ein di marter", Cgm. 99, f. 140. „ein di stat", das. f. 144. 145. 146. „Do was ein garte, do gie Jesus ein", Cgm. 66, f. 30. „Ein grab do leiten sie in ein", das. f. 32. „Ich wil hin ein den kuhstall schleichen", H. Sachs 1560: III, III, 29. Ei˜ də' Städ, ei˜ də' Kirchə˜, ei˜'n Nidə'land (in der Stadt, in der Kirche, im Unterland). Ei˜ d· Städ, ei˜s Bétt, ei˜ d· Høll, ei˜s Östə'reich (in die Stadt, ins Bett, in die Hölle, nach Oesterreich). Am Mayn: hin ein die Stadt ('nei˜ di Städ); wár nét gud tu·t, dár kumt 'nei˜ die Höll, (in die Stadt, in die Hölle). Als Compositionspartikel trifft dieses dialektische und veraltete ein mit dem noch hochdeutschen ein zusammen. Herein ('rei˜), hinein ('nei˜), gewöhn-
70 licher: einher (-◡ ei˜hə', ei˜ə'; i˜hə', i˜ə'; einə', ènə'), einhin (-◡ ei˜hi˜, ei˜i; i˜hi, i˜i; eini, èni), herein, hinein. Eingeben u. drgl. (ei˜gébm, i˜gébm, á˜gébm, s. Gramm. 236—244).

eindingen, einbekennen, einklagen, vor Gericht bringen, bekennen, klagen. Grimm, Wbch. III, 162, 148.

ein-gên (ei˜ge˜), von der Sonne, untergehen. D· Sunn gêt ei˜. Vrgl. Diut. II, 319: „in sedil gan, obire (de sideribus).

einwerden, eingehändigt werden. „Eines Verstorbenen verlassen hab, soll dessen nächsten Erben ein werden, die es dann bis zu Austrag des Rechtens inhaben", Kr. Lhdl. VII, 507.

Die hier nicht aufgeführten Composita mit ein siehe unter ihren Primitiven.

-einen, Verbalendung, dem Lateinischen und Romanischen nachgebildet: decleinen, declinieren. „Decleinen singen vnt lesen lerten siz (das Jüdel) wider strît", Jüdel, Hahn's Ged., S. 129,54. „Wer schulern nu wil wol declineine, der sende mit im nach gutem weine", Renner 17524. BM. I, 311a.

-einen (ei˜n) und eineln, Infinitiv; -einend (einə˜d), Particip, Endung, die im Nab- und Pegniz-Dialekte üblich ist, um aus Namen von Gegenständen und Eigenschaften intransitive Verba zu bilden, welche eine Aehnlichkeit mit diesen Gegenständen und Eigenschaften, besonders in Bezug auf Geruch und Geschmack ausdrücken: alt-einen (-◡́◡) bier-einen, brenn-einen, bock-einen, erd-einen, herbst-einen, hundseinen, katz·n-einen, jud-einen, lauswenz·leinen, schwarz-einen ꝛc.; s. Gr. 1065. „Ihr (der Tellus) Sprauch, dös is ámaul ká feiná, si thout á bislá *erd·neina*" (nach Erde schmecken), Weikert's Ged. in Nürnb. Mundart, 213. „Es röicht su *körwáeinet*" (kirchweihartig), das. 128. Vrgl. unten: busereinen. Zeitschr. V, 463.'

-einig (eini'), (A.B.) Endung, die, an Adjectiva gefügt, einen hohen Grad der durch sie bezeichneten Eigenschaft andeutet. (cf. ahd. dehein, dihein, dohein, nihein, nehein; Grimm III, 40. 69. Graff I, 320. 323. BM. I, 421 f.) gros-eini' (-◡́◡), lang-eini', spát-eini', schlecht-eini, ə˜ jung-einigə' Kerl! Man hört auch: -einzig (ei˜zi'), z. B. gros-ei˜zi'). Der gewöhnlichen Aussprache zufolge, gehört dieses Wort nicht zu ain, ainig, ainzig. Es ähnelt vielmehr der Endung -einen und -enzen (cfr. isl. îtr, eximius). Vrgl. Ent in entgroß ꝛc. und Enzion.

Der In (I˜), der Inn-Fluß. In älterer Orthographie gewöhnlich Yhn, Yn, womit die Aussprache I˜ übereinstimmt; cfr. Gramm. 568. Bey der In versteht man hinzu: Fluß oder Strom. Analog sagt die Kaiserchronik (Wiener Ms.): „ein wazzer haizzet daz In", und das Nibelungenlied (Lachmann 1235,4): „dâ daz In mit fluzze in die „Tuonouwe gât"; Klage 1651: „die boten riten über daz In." „In das In oder in die Isar schiffen", Gem. Reg. Chr. III, 234, ad 1455. „Die Prugk über das Inn", Cgm. 308, f. 52b, ad 1321. „Ain wasser daz hayßt daz inn", Cgm. 841, f. 15b. Vrgl. Grimm III, 385. Im Lande ob der Ens kommt noch ein anderer, der klaine In vor. Im Itinerarium Antonini steht nach einigen Lesarten Oenus, nach andern Aenus, so bey Ptolemäus und Tacit. Hist. III, 5. Vrgl. Förstemann, Namenb. II, 8. — Die Stadt Innsbruck heißt im Volke Sprugg; z·Sprugg, zu Innsbruck.

îner (eənə', aus „ihnen ihr" gebildet; s. Gramm. 732. 744), Pron. poss., ihr, illorum, illarum, it. loro, frnz. leur; îner Land, illorum terra. „iehn (eə˜) Hund da' Packan", Stelzh. 105. Zeitschr. V, 316.

Inburg, Frauenname (Ingeborg? Spröde, Reine?); „Du solt nit als Inburg sîn, hin uber weg sant Martins fogellin", Cgm. 270, f. 104b. Du solt als Ynburg sin hyn yban weg sant Maatyss fögellin", Cgm. 379, f. 66.

in (in, i˜, ə˜), Präpos., wie hchd. z. B. ə˜ də' Städ, ə˜'n Hauss (im Hause) ꝛc.; 'auch schon ahd. u. mhd. mit dem adverbialen Genitiv des verbunden: innan des, innen des, inne des, in des (vrgl. after des, ê des, unter des, vor des ꝛc.; Grimm III, 188 f. BM. I, 316a. 750).' „Er solle des fechterischen Worts INDES, das haisset in instanti gedenken", Dr. Minderer 1620, p. 49. Die Präposition in wurde früher, und wird in der gem. Sp. zum Theil noch, auf verschiedene, minder allgemein übliche Weisen angewendet. (Vrgl. BM. I, 748 f.) Ich glaub in Gott (gewöhnlich I glaubm God) Vater. So bey Otfr. III, 20,173. Tat., M. min. 9, während 15 schon an hat. In der Altmül, d. h. an der Altmül, im Thale der Altmühl. So: In der Jachna; im *Iəse˜bàch*; 71
im Muerspach; in der Riß; in der Durach, (Wstr. Btr. VI, 197, ad 1498); im Weißbach; im Bach, (Hazzi, Statistik III. 1091). In die Nuß, in die Schlêh, in die Erdber, Taubber, Kranber ꝛc. gên, gehen, um Nüsse ꝛc. zu pflücken, zu sammeln . . In den Nußen, Schlêhen, Erdberen ꝛc. seyn, mit Pflücken oder Sammeln von Nüssen ꝛc. beschäftigt seyn. In's Hopfenzopfen gên. „Was braucht·s án Urlá' nehmá (im Wirthshaus), i' glaub, du wirst ásò no' heunt *in's Trinká* kemá", Lindermayr 62. In kriechisch, in wälhisch, auf griechisch, welsch, Konr. v. Megenb. 262,15. 263,28. 267,6. 217,3. 221,34. „Der kranwitpaum haizt in meiner müeterleichen däutsch ain wechalter", das. 325,23. „Weil·s *in* dá' Latein drinná (im Steuerbüchlein) steht", Lindermayr 162. In statt: nach, vor Länder-Namen, sie mögen den Artikel vor sich haben, oder nicht. In's Baərn, in's Östə'reich, in's Frankreich. In Italien raisen. Die Flucht in Egypten. „Zog König Ruprecht herauff in Bayern." „Schickt den N. in Sibenbürgen, den N. in Africa." „Wie der Kaiser aber in Hungarn zog", Avent. Chr. „Ehrentraut kam wider in Frankreich", Dukher's salzb. Chr. 24. Darauf gründet sich der bekannte Scherz, daß die heiligen 3 Könige aus Irland zu Hause gewesen seyen, weil es im Evangelium heißt: sie zogen heim in ihr Land.

innen (innə˜), inn, adv., wie hchd. innen (ahd. innân, mhd. innen; Graff I, 296. BM. I, 750. Haupt's

Zeitschr. VII, 465). Herinn (◡-) da, hier innen; d·rinn, d·inn, dort innen; opf. h·innə˜, 'əhinnə˜, hie innen. Innen lîgen, innen seyn, innen sitzen, inn sitzen, im Gefängniß seyn. „Da wißts brav, wo ich innen bin" (wohne), Bucher's Kinderlehre p. 22. Innen seyn wird auch von Müttern gesagt: in den Wochen liegen. Si is er't ə˜ dər andə'n Wochə˜ -r- innə˜. Innen werden, (urspr.) eines Dinges, (jetzt) ein Ding, (urspr.) zum Inhaben oder Besitz überhaupt, (jetzt nur) zur Kenntniß desselben gelangen. „Sins guets innan werden", Augsb. Stdtb. „Wirt des der zolner innan", Augsb. Stdtb., Freyb. 19. „Swâ der zewirket, des wirt innen niemen", Labr. 546. „Swie mich min vater berueret und dz er innan wirt, dz ich ez bin", Griesh. Pred. I, 158. „Jacob wart sin innen", Diut. III, 81. Vrgl. Th. IV: werden. „Metelle, bist noch nicht inn woren die bösen newen zeittung heut", H. Sachs 1612: II, III, 89 (1560: II, III, 44). „Ich antwurt dir aus meinem sinn, so vil ich des bin worden inn mit denken und von hör ich sagen", Cgm. 379, f. 59 u. 270, f. 98. I bi˜, oder I hà', innə˜ wordn, dáſs.... Dés bin I oder hàb I innə˜ wordn. „Man hats nit recht künden innen werden", Voc. v. 1618. „Ih ueiz thu es innana bist" (Otfr. II, 8,48) heißt wol: ich weiß, daß es dir bekannt ist. Innen bringen eines Dinges, etwas gewahr werden lassen, kennen lehren; „daz er sie bræhte inne, wâ læge sîn marterârinne", St. Ulrich's Leben, Cgm. 94, f. 58, V. 1001. „Die fraw von hubschen synnen sprach: nun bring mich innen, wie lieb von lust her gee", Diut. II, 99. Einen innern, geinnern; Heumann, opusc. 108. 109. 117. (212); vrgl. mhd. innen, erinnen, BM. I, 751b.

innert, innret, inrunt, innerhalb. „Inrunt den zilen"; „inrunt den zeiten"; „inrunt den nächsten vierzehen tagen", MB. XXII, 336, ad 1359.

innig (mhd. innec), wie hchd.; „nisus, (usus, cultus, exercitium) innig arbait", Semansh. 34, f. 196.

Die Innau, habitatio, Wohnung (cfr. gl. i. 1078: inovua, tigillum, habitaculum; „siemo innouuo ni ondun", Otfr. IV, 4,70; „thaz uuas in inouuon, ioh uze in then gouuon", das. III, 14,75). „Ain yeder sol sein Vieh auß seiner Innaw vorn heraus auf freye straßen den hüetern fürschlagen", Ehaft v. Rorbach, Cbm. 2157. „Es soll auch yemand in der hofmarch zu kainer Zeit in seiner Inaw khain wein, pierer oder anders gedrankh über drey Maß mit einlegen haben", ebendas. „Do hett er ein federpett in seiner inawe gehabt... das hett N. ym aus seiner Innawe bei nacht und nebel lassen entragen", Hirschberger Landger.-Urk. v. 1445 im Münchener Reichsarchiv. Vrgl. Th. III: fürschlagen, auch Inne in Leo's Rectitudines, 47. Zeitschr. III, 337.

Das Ingetum, (Nürnb., Hsl.) das Eingeweide von Rindern und Kälbern. — Ing·tums-Bank, wo man dieses feil hat. (gl. i. 717: intuoma, exta; inghedom, intestina, Kilian; cf. „ingetûme, was eingethan ist, Habe im Hause", Wackern. Wbch.) Verwandt sind der ersten Hälfte nach wol die verschiednen in der alten Sprache für viscera, intestina, exta vorkommenden Formen: inniba, inadri, innadri, innadoli, innodi, inneodi, innouili, inoudli, indinta, ingislaht, ingeraide. „Per viscera, durch dei innadere", Cgm. 17, f. 217b. „in visceribus, in inaderen", das. f. 79a, Ps. 50,11. „Viboz ist dem wibe zediu gût da si geniset, bint irz uf den buch, si geniset sa ze stunte; nim iz ab sciere (= schiere, bald), daz daz ineider iht nahe ge", Clm. 536, (4⁰ XII.), f. 86b. „Citwar suuentet allen den sithûm der ineder", das. Vrgl. Graff I, 298 f.

Das Ingemach. „Must dein haus auch new erbauen mit altanen auf welsch manier, die Ingmach mit tafelwerck zier", H. Sachs 1560: II, II, 49.

Das Ingewäg. Nach der bayreut. Wagnertare v. 1644 kostet „ein förder Ingewäg mit sammt der Deichsel 45 kr., ein hinder Ingewäg auf einen Lastwagen 48 kr."

Das Ingrün, Einngrün, Immergrün; „vinca, ingruene", Voc. optim. p. 53. Diefenbach 619c. 431a. 526a. Nemnich II, 1567.

Der In-guß (I˜gəs, Baur); der In-lâß (I˜lâu, opf.), der Ueberzug über ein Federbett; Zeug zu solchen Ueberzügen. Vrgl. Federitt, Zieche ꝛc.

Der Inmann, die Inleute, (ä. Sp.), 1) der Eingeborne, die Eingebornen. Im Jahr 1334 beschloß Regensburg, daß fürbas nimmermer ein Inmann zum Bürger- 72
meister genommen werden solle; Gemeiner, Chr. Cum omnibus decimis minutis inquilinorum qui vulgariter dicuntur Inleut; MB. XII. 154, ad 1304. 2) Miethwohner in dem Hause eines Andern. Das Inleut-Haus, Haus, das zu Miethwohnungen bestimmt ist. Zeitschr. III, 186, II, 2. (cfr. gl. a. 118. 492. i. 712. 559: inburro, inchneht, innapurio, verna, vernaculus).

Der Inschlag, Infang, (Jir.) abgezäunte Waldweide.

Der Instand, induciae, Waffenstillstand. J. geben, begeren, machen ꝛc. Instand des Gerichts, Aufschub. Voc. v. 1618.

Der Inwohner, Miethsmann, wie Inmann.

inwerts-aigen, s. wärt.

-inn (in, é, ə˜; Gramm. 269. 285), 1) weibliche Endsylbe, wie hchd. (s. Gr. 1035. Grimm II, 171. 993. III, 336 f. In Stelzhamer's obderennsischen Gedichten steht immer -ing statt -inn: d'Höppingá st. Heppinnen; Lindermayr 72: ä Spinnering, Spinne; Gvädrin im Sing., Gvädäringä im Dat. Plur., das. 96. 97.; „Sá Braut (nemts d·Hüəd və˜ Kopf) hàt 'Kaisring zə-nrə Muədə˜", Marie Antoinette nemlich, das. 126.). „Hostiaria pforteneriinne, procuratrix scheffenerinne, magistra disciplinaria czuchmeisterinne, dapifera truchtsezzerinne, consiliaria ratgeberinne, cameraria kemererinne, secretaria heimelicherinne", Clm. 16029 (4⁰ XIV.), f. 76b). 2) Endung an eigenen Namen von Grundstücken und Bergwerksgruben. „Die Au, genannt Enzenbergerinn, an der Salzach, (salzb. 2te Proceßschrift gegen Bayern v. 1761, Beylag f. 22. 24. 26); die Schosserinn (Hazzi's Statist. III, 619); die Münchnerinn (Lipowsky, Urgesch. v. München, p. 495), eine Wiese bey Mosach, (Lori, BrgR. XLV, eine Grube bey Unterammergau); die Waizenthalerinn, (Gehölz bey Rimberg); die Weierinn, (Moosgrund am Weiher), die Brüelinn, (Wasserwiese, bey Harmating); und so finden sich mehrere ähnliche Namen auf den verschiednen Katasterkarten. „Unum pratum dictum pechrerin.... pratum quod vocatur zoyklerinn", Waldsass. Urb., Cbm. 91, f. 59. 60; die Felerin, Wiese des Münchner h. Geistspitals bey Sentling, s. Pfründmanual, Ms. v. 1519, f. 37. „Unser zwo wisen die Staberinn und die Swänärynn". MB. XXVII, 350, ad 1400 (Ob. Pfalz). „Ein wis haist die rörerein, ein wis haist die perinn", Cgm. 3941, f. 25. 215, ad 1365. „pratum rœrarinn, griesslarinn, die Smitzingerinn (Suntzingerin, f. 111)", ibid. 27b (1405). „Mein guet das da haist die Spätinn gelegen auf der förstéig (vörsteig, f. 31a; forsteyg im Mätichtal, f. 36a) in meiner pfarre ze Helffaw", ibid. 30a. „Wismat genant die Litzeltradterinn" (gelegen in der „lüczeltratt" niderhalb Mawrkirichen), ibid. 32; „die fürterinn" (Wiese), ibid. 99; „zenächst der Würminn", ibid. 121b. „Wismat die Häwblin", Clm. 15981, f. 57 (1409, Salzburghofen). Die Rukelin, die Hafnerinne, die Trielin, die Gnudinne, die Münchnerin, die Tölrinn, die Schreiberinne, die Grävingerinn, lauter Wiesen; MB. II, 240. X, 210. XIII, 386, ad 1313. XV, 293, ad 1358. XVIII, 63. 74. 117. 141. 168. 512. 653. 673. XXI, 266. Pratum dictum Kaeppin, MB. XXIII, p. VI, ad 1277. Die Landeßlin, Kegelheymerin, Lubeneckerinn, Ruttershöfferinn, Aichamerinn, Prittlin, Jewchin, Kreisinn, (Wiesen); MB. XXIV, 155. 470. 524. 617. 624. 687. 699. 700. 739. 741. Die Hofmenin, Hittenweckin, Vogtin,

Wisentawerin, Hallerin, Schilherin, MB. XXV, 142. 178. 9. 241. 329. 411. Da ebendaselbst p. 90 die Rede ist von Wiesen, die „von einer wittfrawen die Hupfferin genant, von einer iunckfrawen M. Keckhin, von einer Junckfrawen M. Gumplin an das Closter (Gnadenberg) gekommen seyen, so möchten vielleicht diese auf inn ausgehenden Namen ursprünglich lauter weiblichen Personen, als Brautgabe, Morgengabe u. drgl. angehörige Grundstücke bezeichnen, — wo dann freylich die in der Gramm. p. 267 geäußerte Vermuthung wegfallen würde. Die Zengerin, Lex. v. B. II, 758. Vrgl. Lori, L.R. 19. 20: Huba ammanninne, feudum Rinnerinne, Muslinne, Widmanninne Lehen." — Bey Meichelb. Hist. Fris. II. II, 216 heißt ein Wismat, vermuthlich mit des Besitzers Namen, der Wolfher; MB. XVIII, 116 eine Wiese der Giggnpekær.

inni und ewi', (b. W., ObrM.) immer und ewig; iwigs und ewigs, Stelzh. 118.

ôn (opf. au'), ohne; s. ân.

'Der Onichel, Onyx, ein Edelstein;' „Onichel, onyx", Nomencl. 1629, p. 200. BM. II, 437. Diefenb. 396b.

un (u~), Zusammensetzungs-Partikel, wie hchd. (vrgl. Grimm II, 775 ff. BM. III, 182). Einige Composita sind
73 jedoch mehr im Dialekte oder dessen frühern Schriften üb-
lich. 1) In einigen ist un soviel als nicht, 2) in andern soviel als schlimm, übel, 3) in mehrern soviel als sehr, und 4) in manchem nur ein tautologischer, den Mund füllender Zusatz. 1) Der Unbrauch, in Unbrauch kommen, LR. v. 1616, 347. 827; die Undurft, zu Undurften (ohne Noth); die Unkraft, von Unkräften seyn (nicht rechtskräftig). „Ir hailigen auf dem kor, vernempt mich armen tor; ich mag nit ungespilt sein (= ich kann's nicht lassen), nempt ewern aid wider ein", Absolutio lusorum, Thierh. 64, fol. 4to et 6to ante ultimum. undâre s. dâre. 2) das Unend, üble Geschäftigkeit; der Unfurm, üble Form, üble Gewohnheit, Unart; der Unleumat, LR. v. 1616, 408; das Unlob, Ldtg. v. 1515; der Unmann, (Allgäu) schlechter Mann; die Unsach, (Allg.) geringe Sache; der Ungeschmäch. unselig (Frank.-υυ u~sәlig, u~slich), ängstlich, erbärmlich, schlecht; schwed. usel, usling, ein Elender. ungetân, untân (u~dә~), adj., übel gestaltet, Gegentheil von wolgetân, woltân, (woltә~); s. tuen. „Die Au~dә („Anthau, Oudah") stinkt", (Aschaff.) der Abzugscanal der Abtritte; auch der Name eines Bachs, der zur Reinigung der Canäle von Zeit zu Zeit losgelassen wird. 3) die Unhœh, dèr Berg hàt ә *U~höhh!* ist sehr hoch; die Unbräse, ausnehmend gute Beschaffenheit; ә Untrumm; ungrôß, unlang, unreich, untieff. 4) der Unverdrus, st. Verdruß (ob. Ammer); das Unholz, s. unten Arch und Holz. unvergeßen, st. vergessen, vergeßlich; unlâg, was lâg, lêg (schlecht); der Unkosten, was Kosten. So vielleicht auch: der Ungelt (nemlich das Ungeld), was der Gelt (die Zahlung); das Unthier, was Thier. In dem Receß mit dem Bischof von Augsburg v. 1684, Art. 15 wird bestimmt, daß die Pfarrherrn nicht ferner „der Gemain die Wucherstier, Hengst, Beren und Wider halten sollen, und wo der Pfarrer wegen solcher Haltung des Unthiers etwas genossen, solle er solches an- und der Gemain auf Haltung des Unthiers über-lassen."

Die hier nicht aufgeführten Compositionen mit un- siehe unter ihren Primitiven.

„Ungarten", (nach Zaupsers handschriftl. Nachtrag zu seinem Idioticon) Gurken; „mumgarten, umgarten", Cgm. 4570, f. 48. Vrgl. unten Unget'n.

„Ün Dübeln schlàgng", Burzelbäume machen (?); s. Th. II: Heuzen.

unnen, s. Th. II: gunnen.

And (ant), (ahd. der anado, ando, anto, mhd. der, auch diu ande, ags. anda, schwed. ande, dän. aande, ond: det skulde giöre mig ond, das würde mir leid thun; v. Verbum anan, spirare, respirare, isl. â, pausare, respirare; Graff I, 267. BM. I, 235. Grimm IV, 243. Wbch. I, 192. 302. Zeitschr. VI, 170.), 'animus, zelus, Eifer, Zorn; Kränkung, Leid; schmerzliches Gefühl;' „zelus, der ante", Cgm. 17, f. 99b. Ps. 68,10. „zelavi, ich antte", das. 106a, Ps. 72,3. „Got wil mit heldes handen dort rechen sînen anden", Walther v. d. V. 78,1. „Er rihte swem er solde und rach der armen anden", Gudr. 20,3. „Ez hât ein künic rîche an uns gerochen sînen grôzen anden", Gudr. 311,4. „Der alden küniginne wart nâch ir vil lieben tochter ande", das. 446,4. „Nâch den was mir-z'allen zîten ande", das. 457,4. „Den (his) buozt' der kunic Hetele nu ir anden", das. 472,4. „Siu sach vil fremeder diete; dâ von was ir nâch ir friunden ande", das. 484,4. „Die wîle Hartmuote was mit gedanken liebe und ouch ande, das. 598,4. „Dô verendet' sich al sîn ande", das. 663,4. „Daz was dem fürsten ande", das. 671,2. „Ez wirt vil wol gerochen gar ir ande", das. 680,4. „Der armen juncfrouwen was nâch ir friunden beide leit und ande", das. 983,4. „Ez was ir an ir wesche leit und ande", das. 1266,4. „Nu was im aber als ande daz sper, daz in dâ sêrte", Trist. 8992. „Ir was diz leben ouch ande", das. 11795. „Den troum er in sîn herze las, wand er was im sêre ande", das. 13543. „Diu lâge was Tristande vil inneclîchen ande", das. 15164. „Do wâs in ande und ange", das. 17841. „In was dô zuo zeinander vil anger und vil ander", das. 17846. „Diu blüende Isôt, der was wê und ande", das. 18473. „Her Tristan niht erlîden diz sitzen mohte lange; im was ot ande und ange, wie er kwæme an daz bette hin", Heinr. Tristan 4788. Im wart von herzen ande, das er solt zu fussen gân", Tandarios und Flordibel, Cgm. 577, f. 173a. „Nâch gotes dienste war im niht ande", Renner 21440. „Seit es dan ist allso gewant, so wer mir auf mich selber ant, solt ir durch minen wiln verczagen", sagt die Frau zum Buhler bei H. Folz. „Daz du dir selber nicht tügist ant (weh), Ring 29d,13. „Daz schuoff ir smerczen und tet dem Scheubinsak vil ant (leid), das. 40a,7. Noch bei Ottokar von Horneck 368b begegnet die Ant, die Sehnsucht — den Vater „rürt deu Ant nach" den entfernten Kindern; später und noch jetzt ist das Wort nur in der R.A. üblich: Ainem And thuen, ihm das Gefühl des Fremden, Ungewohnten verursachen. Das neue Gewandt thüt mir so And, daß ich main, ich bin ein anderß Leut. Den Bauernbueben tuet Anfangs das Soldatenleben so And, daß sie meinen, sie künnenß nicht aushalten. Eß wird dir And thuen, Faullenzer, wenn du einmal streng arbéiten mueßt. Aventin in s. Chron. sagt: „Es thut den München und Pfaffen anth, daß
man gern die Wahrheit sagt"... „Kaiser Gratianus hett 74
die Außlender sehr lieb, das thet dem römischen Kriegsvolk ahnt"... „Es thet jm (Herzog Thesseln) ahnt, daß sein Vetter (König Karl) jm sein Volck nicht hett wöllen durchlassen. Da thet den Prediger München ant, daß jr niemands achtet." „Ach got, dein gedon (Rede) thut mir sicher im herczen andt", Cgm. 439, f. 41. „Wie thut mir das so wee und ant, wenn ich gedenck voriger tag", H. Sachs 1612: I, 238. „Wie nachred thu so and und wehe", das. 1560: II, II, 60b. „Ir beider abwesen thut mir ant", das. II, III, 74. „Mir thut selbst anth, das er dich efft", das. II, IV, 32. „Er hat des dreckwercks nit gewant, darumb thut jm der schmack so andt", das. V, 49. (1612: V, III, 22). „Welches ihm auf das gute leben so and thät", Simpliciss. v. 1669, p. 291. Es thuet mir And nach einer Person oder Sache — die ich nemlich früher gewohnt war, und nun entbehre. Dem Bayrn tuet eß im Weinland oft nach seinem Bier And. Einem jeden tuet eß wol in der Fremde nach der Haimat And. In Ottocars v. Horneck Chronik wird ant auch von körperlichem Weh gebraucht. „Ainn swern poyn von eisen lies er jm an die pain smiden, ander sein geliden tet er auch ant mit mangerlay pant." „O reiserei, du harte speis, wie tustu mir so ant (weh) im bauch", Cgm. 810, f. 168.

ändig (ȧnti'), adj., unwillig, unmuthig (ahd. antisc, antrisc, entisc, entrisc, endrisc; Graff I, 358. 385. 387. Grimm, Wbch. III, 460. 512. 559). N.A. *ȧnti* wie ə˜ schwangə's Eidèchsl; *ȧnti* und grȧnti. ən *ȧntigə'* Hund, böser, falscher (Ammergau, Nath Her). „So wanckelmutig und so grentich, so wunderselzam und so entich", H. Sachs; „wunderlich, entisch, ungestalten", H. Sachs 1612: I, 936. „wunderlich, selzam und gar entisch, eigensinnig, gronisch und grentisch", das. 1560: II, IV, 69. ə˜ Wild-ȧnt'n, zornige, unfreundliche Weibsperson, (Hintenseer). Die Ändigkeit (ȧntikeit), der Unmuth; OPf. namentlich: das Heimweh; die Antícht, das Heimweh, (Zips).

anden (antn) etwas, 1) es befremdlich, auffallend finden, es merken überhaupt. Dem kan man vorlüegen was man will, er and't nichts. Wenn er schon blind ist, gleich and't ers, wenn man etwaß verkert hinstellt. Ich hab meine Handschueh verloren, und habß nicht g'and't, biß ich sie hab anziehen wollen. cfr. Otfr. III, 14,37. „Es ant im (dem Kaiser Heinrich) sein hercz wol, waz im von dem schuller (Hildebrand, nachher Pabst Gregor VII.) uff ston solt", pros. Kaiserchron., Ms. 4⁰ sec. XIV. german. Mus. 2733, f. 68b. „Diu pein (Biene) ant (Hs. andet) vor hin an ir nâtûr, ob der tag sanft well sein und schœn", Konr. v. Megenb. 289,17. „O wee mich antet nichtsen guts", H. Sachs 1612: I, 244. „Ihr zancken andet mich keins guten", das. II, II, 75. „Mich antet nicht, das treu und freundschaft bei ihn sei", das. 85. „Es hat mein hertz langst wol geant", das. II, III, 21. „O nichts guts mich geantet hat", das. 1560: II, III, 102b. In dieser Bedeutung des Merkens überhaupt liegt auch die des Vorgefühls, des Ahndens. Eine kränkliche Person and't an ihrem Körper jede künftige Witterungs-Veränderung. 2) es als auffallend oder unrecht besprechen, rügen; hochd. ebenfalls ahnden (ahd. anadôn, andôn, mhd. anden, Graff I, 268 f. BM. I, 35. Grimm, Wbch. I, 193. 194. Vrgl. dän. ändse, beachten). „Ez enwellen dîne degene mit willeclîchen handen helfen mînen vriunden, jâ kan ez nieman anders sô geanden", Gudr. 686 (Bartsch: henden — geenden). „Ueber ein Ding nichts zu anden haben"; Ldtg. v. 1669, p. 254. 324. 779. „Etwas gegen Einen anden", Lori, BrgR. 393. „Die Sache in argk nicht mer annten noch äffern", MB. XIII, 460. „Und das gen ein ander neumermer geanden noch geäffern", MB. IX, 244. XVII, 197. 338. 422. „Hätte aber der Mann ein solch Gut ohne Willen des Weibs und gehörter Mitfertigung verkaufft, doch sie dessen Wissen gehabt, und inner Jahr und Tag nicht geandet", B. LandRecht, II. Titel, 4. Artikel. „Wurde aber der Geschmächt die Injuri inner 14 Tagen nicht andten, soll ihme das Handwerk, biß er die Injuri an gebührenden Orten anhängig gemacht, gesperrt werden." PoliceyOrd., IV. Buch, 18. Artikel. Vrgl. äfern. Anmerk. Unser And ist 'also' das alte ther Anado, Anto (Kero IV, 55. gl. a. 494. i. 381. 892), zelus; ändig das alte andic, zelotes; anden das alte anadôn, antôn (gl. i. 890. 899. o. 424), zelari. Eine ähnliche Abschwächung der Bedeutung kommt öfters vor. Ob anadôn selbst etwa mit der Präposition ana (an, vrgl. anazan), antôn mit ander (alius) zusammenhange, ist eine weitere Frage. Vrgl. a. änteln, äntern, Ent- und enterisch.

andelagen, verandelagen, übergeben, überantworten, verabreichen (Graff I, 369. BM. I, 35. Grimm, RA. 196 ff. Wbch. I, 304); Vilmar, hess. Wbch. 3 (hess. Zeitschr. IV, 52). cf. Th. II: verhandelangen.

Andrê (Genit. Andrêwes, wie Niclâwes; cf. Gramm. §. 530. und unten Th. II: Klȧube'n), Andrê'l, Andrêsl, *Andə'l*, Andreas. „Derselb (turhuter) was Anbreserl genant", M. Beham, Wiener (1462) 343,8. Andrêwes tag, RB. IV, 677.

75 Der, die, das ander (andə', opf. annə'), wie hchd. (goth. anthar, ahd. andar, mhd. ander; Graff I, 370. BM. I, 35 f. Grimm, Wbch. I, 305 ff. cf. RA. 211). Wird per euphemismum von verschiedenen Dingen gebraucht, die der Wohlstand nicht immer beym rechten Namen zu nennen erlaubt. Vrgl. Grimm, Wbch. I, 310,6. Vrgl. der, die, das Ain — und ital. il cotale. Das gȧr andə'. Bei Vergleichungen pleonastisch: wie ən andrə' Spitzbuə' (cf. Grimm IV, 456. Reinh. CCLVII. Wbch. I, 309,4. BM. I, 36a). N.A. (daß er mich nicht geschlagen hat u. drgl.) das ander alles, d. h. es fehlte nur noch,.. daß er mich schlug u. drgl. So im Parcival 286,17 unelliptisch: „wan daz er nicht vor liebe starp, daz ander was dâ gar geschehen." Als Ordnungszahlwort findet man oft geschrieben: der, die, das anderte. andert, Adv., anders. Das Änderl, Ändl (ȧndə'l, ȧntl, ȧnzl), bey Wettspielenden der zweyte Platz. I hȧ' 's *ȧndtl*, I hȧ'˜ *ȧndtl* 'kriegt, auch: I bi˜ 's *ȧndtl*, I bi˜ *ȧndtl*.

anders, Adv., wie hchd.; auch: sonst. „Lasse dich nicht zu vast darauff, du würdest anders geäfft", Cgm. 312, f. 120. Vrgl. Grimm III, 91. BM. I, 36b. Grimm, Wbch. I, 311.

anderwayd, ä. Sp., wiederum. Anderwayd lesen, repetere; anderwaÿd, rursum; Voc. v. 1445. „Sich anderwaid verheiraten", wieder, Ref. LR. f. Th. IV: die Waid u. vrgl. BM. III, 552a. Grimm, Wbch. I, 314.

ainander, auch ainand (ənandə', ənan'ə', ənand; ä. Sp. anander, MB. XXIII, 45), wie hchd. einander; (s. ain). Dem Dialekte eigene Composita: Fürainander (fürənandə'). N.A. e˜ Ding fürənandə' bringə˜, eine (verworrene, schwierige) Sache (redend) vorbringen, (handelnd) vorwärts bringen, abthun. Um ainander (umənandə'), hin und her, umher, herum. ən andə' nȧ', sogleich; Hebel: enanderno.

sam-ander, samb-ander, (səmwander, sambtwander, zəwan'ə', zumbannert), ich, du, er, sie als die andere Person, d. h. mit noch einer Person, selbander; (s. sam).

verändern, sich, sich ändern (vom Wetter); we˜ mé mȧ˜ Fouss guckt, so is's ə˜ g'wis's Waə'zȧichə˜, dass sé 's Wédə' voránnə't (b. W., ObrM.). verändern seinen Stand, seinen Stat, oder blos: sich (BM. I, 37. Haupt's Zeitschr. VI, 484). „Di Kinder, di iren stat verenderten, es wer mit heyrat, pfrund kauffen, oder priester oder gaistlich werden, dem oder denselben verenderten Kinden soll...." MB. XXIII, 571, ad 1474. „Ob . . . unser aintwebers nicht enwär und uns veränderten mit heyraten, also ob ich ein ander weib nem, oder ob ich obgenantew hohenhawserin einen andern man näme"; MB. XIII, p. 404, ad 1366. „Wo sie aber ihren Wittwenstuhl verrücken und sich verändern würde", d. h. heiraten, Kr. Lhbl. XIV, 76. „Ob wir uns veränderten mit Theil" . . . ebend. VI, 66.

Der Andorn, marrubium, prasium; cf. Graff I, 384. BM. I, 37b. Grimm, Wbch. I, 316.

end, ender, endest, prius, eher; Grimm III, 594 f. Zeitschr. II, 339. V, 505. VI, 276,54.; s. oben ê.

Das End, Ent (goth. andeis, msc., ahd. anti, enti, mhd. ende, msc. u. ntr.; vrgl. isl. enni, VII Com. enne, z'ende, Lav. nent, Stirne. Grimm III, 402. Graff I, 354. BM. I, 430. Grimm, Wbch. III, 447). 1) wie hchd. Ende; „unz an sînen ente", Diut. III, 36; „unz an den ente", das. 56. 121. „in finem, an den ente", Cgm. 17, f. 11b. Der End, (b. W., ObrM.) Tuchende, das zu Hosenträgern und Endschuhen verwendet wird; Entlschuch, (ObrM.) Filzschuh; s. unten endeln. Besonders das Lebensende, der Tod. „Das (Büchsen) geschoß . . . so das einen uberrennt, spilt es mit jm das gehe endt", H. Sachs 1560: II, IV, 58. „Disen salm sprich vür den gahen ente, Ald. 111 (1250), f. 15. mhd. endes tac, Todestag; „du waist niht, wenne dein ende tac ist", Kindh. Jesu 102,40. verenden, sterben; „daz virendet si deu frowe Sare", Diemer, Ged. 20,16. 58,15. BM. I, 433. 2) ä. Sp., Ort. N.A. Ums End seyn, in der Nähe seyn; (cfr. hchd. an allen Orten und Enden). „Irrung wegen eines Endes des Kochelsees, genannt die Plachenach", Meichelb. Chr. B. II, 174.

„Einen an den Enden seiner wonung oder herberg suechen“, Ref. LR., Tit. 2, Art. 4. „Im Allpach vnd anderen Ennden derselben gegnat“, Urk. v. 1470 bey Lori, BrgR. „Und verderbt etlich Enndt des Baierlanndts“, Westenr. Btr. II, 95. „In ainigerlay des Closters Ende.“ „Zum vierten sollen die Weis Irher der enden sy gesessen yederzeit an Leistfeln vnd sämischen ainen zimlichen vorrat bey handen behalten“, B. L. Ord. v. 1553, f. CXLI. „Wie die Landschaft am ersten zu Abensberg und darnach zu Onelzbach beschieden, und
76 leider an beyden Enden alda ohne Ende abgeschieden“;.. Kr. Lhdl. III, 170. Von den Ehhalten zu Kirchberg wird keine Steuer erhoben aus den Ursachen, daß keiner, nachdem sie gar an einem Ort (Grenzwinkel) liegen, am Ende (in der Ortschaft) geblieben wäre, Kr. Lhdl. XII, 297. cf. II, 183. „Swer gast ist ûzzen, dâ heime wirt, swie wol des (ejus) fremden enden (adverb. Dat. Plur.; Grimm III, 137) wirt gepflogen mit guter handelunge . . . dem were vil senfter doch daheim“, Renner 5611. — wellent, welent, wolenden (= mhd. welhen enden), wo, ubi locorum; „wellent daz az ist, dô sament sich auch dy adlär“, Cgm. 533, f. 4. „Ich waiz nicht, wellent ich cher mein ellent“, Cgm. 73, f. 46. s. Th. IV: wo und welch u. vrgl. Grimm III, 218 (Graff II, 1144). BM. I, 431. Zeitschr. II, 139. zenz = z·ends, bis zu Ende, ganz, s. Th. IV: zenz. 3) ä. Sp., das Ergebniß einer Verhandlung. „Wir sind ohne End von dem Tag abgeschieden. . .“ Kr. Lhdl. I, 109. III, 155. 170. „Sich auf ein ganz, stättes, ewigs ende verainen“. .; MB. IV, 398. 480. VIII, 84. 4) Erfolg, Nutzen, Frommen überhaupt.

endhaft, ä. Sp. (zu End, 3), bestimmt, peremptorius. „Daz si im ze antwort chomen solten sein auf endhaften tag“, MB. VIII, 554; entschieden, gründlich; „fiducia i. e. endhaft vel gedurstichait“, Ind. 392, f. 26; — (zu End, 4), nützlich, fleißig, rechtschaffen. „Wan unser hofmaister uns ie und ie treulich und endthaft gedient“, MB. VI, 247. „Wilt du sie (deine Kinder) aber nicht ziehen vor liebe oder vor zartheit oder vor trâkheit oder vor unendehaftem muote“, Br. Berthold 36,29 (Kling 219). Vrgl. BM. I, 431.

endlich, a) (zu End, 3), definitivus, peremptorius. „Zu stetem endlichen Ende reden“ oder verhandeln, Gem. Reg. Chr. III, 363. „Auf einem (Land-) Tag endlich und gründlich von den Sachen reden und beschließen“; — „etwas verfängliches und endliches fürnemmen und beschließen.“ Kr. Lhdl. IV, 43. 136. Eine Sach endlich verabschieden, (einen Proceß definitiv entscheiden), LO. v. 1553, f. 21. Ain unterredlicher oder ein endlicher Spruch, sententia interlocutoria aut definitiva, LR. v. 1616, f. 12. „legalis, endlicher“, Voc. v. 1425. Clm. 11730, f. 78. b) (zu End, 4), ausrichtsam, wirksam, fleißig, fromm (nach der ältern Bedeutung), d. h. tüchtig, brauchbar. „Er ist nicht so endlich, daß er eine Sache, über die er stolpern muß, aus dem Weg räumt“, (Nrnb., Hsl.). „Endliche Hand macht reich. Lob die Faulen, so werden sie endelich“, Henisch. „Und der endlichen magd bescher einen endlichen frommen man, mit dem sie sich erneren kan. Ein weise Fraw Ir Haus durch Endlichkeit erbaw“, H. Sachs. „inexpletio officii, unendlichait des diensts“, Cgm. 3985, f. 3. „West ich daz du ein endlicher und ein frummer man woltest sein, ich wolt dich beraten“, Cgm. 54, f. 76ᵇ. „Mit ainem endlichen raisigen knecht“, Lori, LchR. 154. „Desto fleizzlicher und endlicher“, MB. XI, 262. „Daz si nicht unleumtig, nicht vankchharten noch aigen sein, sunndern das sie fromb und endlich sein“, Pass. Stdtbuch, Ms. ʼc) nach dem Ende strebend, eifrig, eilig (cf. ando, zelus; s. and-).ʼ „Es ist ein endleich sach, ez ist ein sach und ist so gros, kain sach die wart nie ir genos“, Ring 22ᶜ,25. „Der dham vil endleich (schnell) sam er scholt“, Ring 41ᵃ,31. ʼd) bis ans Ende, vollständig, gänzlich;ʼ „so solt dus (die Speise) wol und endleich keuwen“, Ring 27ᵇ,12. Vrgl. BM. I, 431. Grimm III, 462 ff.

ʼDer Endechrist, Endchrist (ahd. antichristo, mhd. entekrist, endekrist; BM. I, 883. Grimm, Wbch. III, 446), der am Ende kommende Christus, eine beliebte Umdeutung des griech.-lat. Antichrist.ʼ „So kumt der leidige endecrist“, Renner 19824. „Ob sie des endes cristes lere nach sinem tode wollen verkere“, das. 19831. Entencrist, Clm. 5594 (XV. 1495), f. 302. „Antichristus, enttenchrist“, Clm. 5877 (XI. 2449), f. 100.

Das Un-End, (zu End, 4), die Nichtsnützigkeit, Liederlichkeit, böse Streiche. Der Bursch ist voll Unend, gêt nichts als im Unend herum.“ „Da nam erst recht alles Unend überhand“ . . . „hat damit angefangen alles Unend und Bübereÿ“, Avent. Chr., Gem. Reg. Chr. III, 377. „Ihr Mann hat sie verstoßen, weil sie demselben sein Unend mit andern Weibern nicht gestatten wollte“, Zirngibl, Hainsp. 212. „Das er verkauffet vnd verpfendt mit bübin vnd andrem unent“, H. Sachs 1560: IV, III, 74 (1612: IV, III, 161). „Wenn jr wollt bollern und rumorn, so gib ich euch kein audientz, wollt jr nicht abscheyden Unentz, so handelt ewer sach fein fridlich“, H. Sachs. unenz (= Unendes, adverb. Genit., vrgl. Th. IV: zenz), unendlich, überaus; „Concher, ein langer Visch bekant, tregt feindtschafft Murena unentz, beißen einander ab jr schwentz“, H. Sachs 1560: II, II, 110. „An der schwedischen grentz sein herr lied groß hunger unentz“, das. II, III, 133. Man nennt wol eine ausgelassene Person selbst: ein Unend. Unendig (unenti') und unendlich, adj., nichtsnützig, ausgelassen. Buə', du bist so *unenti*, dás mə˜ di' nét bàbm kä˜. Du *Unent* du! muəst widə' so *unenti*' sey˜? „Wer will außstudieren, ob vesser peten sey dann swern, der bekummert sich mit unendlichen (unnützen) sachen, Cgm. 713, f. 187. „Der unentlich Teuffel“, Sammler für Tyrol 77
II, 237. „So ein man seinem weib und kinden das guet unnützlich vertuet und unendlich anwirdet“, Ref. LR. Tit. 44. „Ein Pube oder ein unendlich Man oder Weib“, Lori, LechR. 51. „Swer der ist, der ein unendelich versprochene frauwen huset oder herberget“, Wirzb. Satz. v. 1343, §. 51. „Männer saßen in unendlicher Weise bey ledigen Dirnen“, Gem. Reg. Chr. III, 230. Vrgl. Zeitschr. V, 221.

Dunkel ist End in der juridischen Formel: End und Gebänd; nach Kreitmayr: „die kleine Montur einer Frau an Schuhen, Pantoffeln, Strümpfen, Bändern, Hauben, Handschuhen, Manschetten, Garnituren ꝛc.“ „Endt und Gebendt, Kleinoter und was zu Irem (der hinterlassenen Wittwe) Leib gehört“, LR. v. 1616. (cfr. gl. a. 35: enderbant, decerniclum, ornamentum virginale capitis, und endi, frons, Otfr. V, 2,3.5. Isidor. 8,5.)

Die R.A. Bös auf ein End, insigniter improbus (Voc. v. 1618), ist vermuthlich, nach End, 3, als „ausgemacht, entschieden bös“ zu erklären. Sehr üblich ist die Composition von Substantiven, Adjectiven und selbst Adverbien mit End, wo dann dieses den Begriff des Entschiedenen, Auffallenden, Ungeheuern andeutet. Ein Endkerl oder Endskerl, ən Entochs, ən Ent-Trumm, ən Entberg ꝛc., entgros (´ ‿), entschön, entgern ꝛc. Nach einer sonderbaren Bildung sagt man statt ent auch entzio˜ (‿‿´), ən Entzio˜ Mensch ꝛc. und entzionisch wird neben enzisch, enzerisch, enterisch, sogar als selbstständiges Adjectiv gebraucht; (s. unten Enz). Neben der Erklärung aus End, 3, (vrgl. mhd. ante, Prät. v. enden; „dû si di rede feranten“, Diut. III, 103. Grimm I, 948. BM. I, 432 f.) wäre auch die aus einem frühern, wol noch zuweilen auf gleiche Weise vorkommenden unend, dessen un vor dem betontern end allmählich weggeblieben seyn konnte, zuläßig. Auch könnte man an das agſ. ent, Riese, denken (etwa aus dem nicht volksmäßigen gigant, giant, gigas, wie ener aus jains gebildet? Otfr. IV, 12,61: er quam so risi hera in lant ioh kreftiger gigant. Annolied X, 4: „die gigandi.“ „Ich wolt lieber selber sein ein brûder der giganten, mallem personaliter esse fraterculus *gigantum*“, Windb. 204, f. 166ᵇ. „Chus autem genuit Nebroth.

hic coepit esse *gigans* super terram", Augustinus de civitate Dei XV, 3. Aug. eccl. 131, f. 193.). Vrgl. Grimm, Mythol. 301[1]. 491[2]. Man vrgl. indessen auch enderisch und Th. IV: Weg.

Das Selb-end, s. Th. III: selb.

endeln, vrb., (Kunstw. der Näherinnen) zwey Blätter oder Flecken Zeug, Tuch an ihren Enden, den Faden außen um die Enden herumschlingend, zusammen nähen. Aehnlich ist das „überwindling nähen."

enderisch (entərisch, entrisch, opf. ándrisch, schles. enterəch), 1) befremdlich, ungewöhnlich, nicht recht, nicht just, nicht geheuer. „Mir ist so enterisch, ich bin nicht gesotten und nicht braten", Bäuerle's Fiaker als Marquis, III. Act, 9te Sc. „Da ist es enterisch", da ists nicht geheuer, da spukt es, (Nürnb., Hsl.). „Allaə~ is mər *entrisch*, allaə~ is mə bang" sagt die Schwaəgrin auf der Albm; Seidl, Flinserln 1837, 4. Heft, S. 75. cf. S. 44. 68. „Ganz *entrisch* wiə'd ae~n (im Wald) und me~ fult si glei'wəlst wiə dəhaəm", das. 1839, I. 45. 83. „Miər is völli' *entrisch* wuə'n, àll mei~ Schneid hàb I və'luə'n", das. 1844, 137. „Sel is á g'wis, das ə Wédə' hàlt àllewál wàs *entərisch* is", Kartsch I, 124. Zeitschr. VI, 170. v. Lang (Memoiren II, 251) legt einem zum General-Commissar in Ansbach ernannten Grafen v. Preising die Frage in den Mund, ob man meine, daß er noch so ein enterisches (abenteuerliches) Deutsch da außen lernen müsse. War bei dem Orte „Entrischen Brunn (LG. Pfaffenhofen) etwa ein Brunnen, an dem es nicht geheuer war? 2) ungeheuer. (Diese Bedeutung ist in AltB. die gewöhnlichste.) Enterisch grôß, ein entrischeß Thier. Der enterisch Weg („ad giganteam viam Entiskenwek", MB. IV, 22, ad 1130) im Lungau, s. Muchar, das röm. Noricum, p. 294 u. Hermes 1826, p. 311; vrgl. Th. IV: der Weg. Ob (nach dem endarhaft, absolutus, der gl. i. 404; endarhafto, solummodo, Graff I, 379) mit zu End, Ent-groß ꝛc. (cf. „antlangana dag" im Heliand, ags. and-langne dæg, Beow.) oder (nach Notker 104,23: enderse, alienigena, gl. i. 1154: endirsc, barbarus; „barbara endirskiu alde fremidiu qualia Donatus dicit mastruga, cateia, magalia", Clm. 4621, f. 70. „Wie die starckwaltigen lewen in entrischer wüstung", Cgm. 579, f. 42.) vielleicht zu ander gehörig? Wenigstens sticht in diesem enderisch, wie in dem vielleicht verwandten And (thûn), der Begriff des Fremden, andern merklich hervor. Graff I, 358. 385. 387. BM. I, 434[b]. Grimm, Myth. 491[2]. Wbch. III, 512. 559. 677. Vrgl. altfranz. *antis*, *antif* (âgé, ancien, antique), hoch (?): chevaus grans et antis, val grans et antis, tour antive; Diez I[1], 213. Du Cange, ed. Henschel, VII, 29[a]. Diez, Wbch. 553.

inder, indert, irgend wo; s. oben ie.

und (bayr. und, ə~; opf. u, əd, ə~), wie hchd.; Ob. Pf. angst ə bang. das ə das, Mêi əd Aərbət; B. aə~s ə zwaənzg, zwaə-r-ə~ zwaənzg, dreyə~ zwaənzg, ein und zwanzig ꝛc. R.A. her und her, hin und hin,
78 auf und auf ('nauf *und* 'nauf, 'rauf *und* rauf), ein und ein ('nei~ *und* 'nei~, 'rei~ *und* 'rei~), über und über (übə'ntübə') ꝛc. ꝛc. von Anfang bis zu Ende, ohne Unterbrechung her, hin, aufwärts, einwärts ꝛc. ꝛc. So in der älteren Sprache: „Al umbe unde umbe die stat", Augsb. Stdtb.; also unn also (so und so); daz unn daz, deme unn deme, den unn den; „ich stal obiz, nusse vnn daz vnn daz" . . Beichtformel v. 1289, Clm. 213, f. 187 f. Vrgl. BM. I, 183. 2) Beziehungspartikel (ohngefähr wie als), bald pleonastisch neben anderen Relativen, bald an Stelle derselben (vrgl. Grimm III, 22. 283. BM. III, 184 ff. Pfeiffer's Wbch. zu Konr. v. Megenberg, S. 745). Wer, waß, wie, wô, *und* də wəll, wer, was, wie, wo, (als) da wolle, d. h. wer, was, wie, wo immer. (cf. ags. oththe, so weit, als . . ., bis.) „Unser aigen behausung wie und die mit ötern und ganzer Hofraid eingefangen ist", MB. XVII, 262, ad 1525. „Dieweil und sie uns helfen", H. Sachs. „Nachdem und Krassus ertott ward"; Ulr. Füetrer. „Swâ mite und immer mahte daz Ludewiges wîp, siu hete in ir ahte, der Kûdrûnen lîp solde z'Ormanîe bi Hartmuote erwarmen", Gudr. 742. „(Ein vrouwe) solt haben den muot, swaz man ret übel ode guot, daz si antwurte zuo der vrist dar nâch unde der man ist und dar nâch unde er habe gegert", w. Gast 831. Und vor dem Relativ in Conrad Harder's Liedern, Doceniana C, 21. Br. Berthold (Kling), p. 108. „So sol man dem chlager nach dem tot und er im getan hat richten", Rup. v. Fr. RchtB., Wstr. Btr. VII, 5. „Vrtayln all menschn on alle gnad vnd parmherzigkeit nach dem und ein yeglicher mensch verschuldet hat", geistl. Betrachtungen von 1438, Wstr. Btr. V, p. 57. „Mit allen den rechten vnd ich in gehabt han", MB. IX, p. 154; cfr. VI, 229 und 614. „In den ziten und fristen vnd man lehen und aigen staten und vertigen sol", MB. VI, 615. „Daz ich des Tages und man meinen Brueder N. N. ze der erd bestatt . . . ." „Mit alle der ansprach und wier darauf heten", MB. III, p. 185. „Daz man den tag seines suns und er geporn wart solt feiren", Cgm. 54, f. 24[a]. „Ob si niht von der weil und si den brief gesehen heten, den chnaben præchten zu dem kaiser" (von Stund an, da), das. 54[b]. „Des nachts und mein herre frölich was mit den frauen", Freib. Samml. II, 94. „In elliu diu und er tet", Diut. III, 93. „Doch bite wir dich, herre, durch der wandelunge êre, unde sich dizze opher tût ze christes lîche und ze sinem blût", Clm. 4616, f. 54. „Ze alle diu und ich anvahend si"; cf. Th. IV: weil, die Weil und.. „Unde (da, als, quum, cum) ir dise geschiht geschach, si begunde smielen", Heinrich's Tristan 3785; ähnliche Stellen s. zu Haupt's Gottfr. v. Neifen, S. 54. Valkn. 86. 129. ags. „(nyd-theowas) hi sín Gode efen leofe and tha the sindon freolse", Leo, rectitudines 172, Note aus Institutes of polity, civil and ecclesiastical. „Leitgeben, Fleischhakcher und Protbekchen, der sullen nicht mer sein und der brief sagt." „Ob der Probst (der Leitgeben ꝛc). mer hiet oder gewunn und der brief sagt, MB. II, 233. „Als vil und er wolt. . ." „Als lang und das Kloster . . gestanden wär", ibid. 232. „Als viel und er muß"; Kr. Lhdl. I, 109 (so viel als). Am ersten und er Zolner worden ist, (so bald), II, 233; „Zu antworten nach dem und euch fürgehalten wird", III, 248; „Sintemalen und der Rechttag erstreckt sey", IV, 137. „Darnach und si was kumen", Cgm. 99, f. 41. 145. „Innan des unti er daz tuot" (usque adhuc), gl. Mons. 369; cf. Grimm III, 272 u. unten unz. Vrgl. auch unten et.

Die Unden, das ahd. unda, undja, (gl. o. 117. Tat., Otfr.; mhd. unde, ünde, vom lat. unda. Graff I, 367. BM. III, 186), Woge, Wasser, wovon gl. a. 440: undeon, fluctuare), in Ziska's österreich. Volksmährchen als noch lebend aufgeführt. „Fluctuum, undeslege", Cgm. 17, f. 130[a], Pf. 88,10. „inundaverunt, ane undeten, das. 114[a]. „Wenne sich daz mer aufzeuht auf daz lant und daz ûfer oder daz gestat beswært mit seinen ünden", Konr. v. Megenb. 172,1. „Der wint im spotlich ünde flecht vnder ougen", Labr. 437. „S. Johans zu den Unden" . . . „Claus in *Undis*", Stifte bey Straßburg, Cgm. 1219, f. 28. „Ut navicula operiretur fluctibus, das das schifflein bedeckt ward mit den tunen", so schreibt Clm. 9728, f. 199 im J. 1468 der Copist wol einer älteren Uebersetzung. „Zu stunden hatten si guten wind, zu weilen gros sorgfältig unden", Cgm. 301, f. 338[b]. „In dem die wellen und die unden den kasten auf ein insel trieben", H. Sachs 1560: II, III, 162[b].

under neu (?). Daz wir nicht ansehen die alten werlt mit iren under (?) newen fünden, die alle tag new werden", Cgm. 54, f. 80[b]. Es ist jedoch zweifelhaft, ob nicht das abgekürzte vnder anders aufzulösen sei, oder etwa ein Schreibfehler (mhd. iteniuwe? vrgl. unten it-) vorliege. Vrgl. auch uter-winzig und u~-derə.

undera, (Zir.) 1) unpäßlich, kränkelnd; hautunnə', sehr unwohl. 2) böse. Die Leut sand net alle *undera*. Vrgl. unter êrlich und u~-derə.

(Manches Ang, eng rc. der gemeinen Aussprache ist, nach Gramm. 484, unter Ag, eg rc. zu suchen.)

Der Angel, 1) der Stachel eines Insekts, besonders der Biene oder Wespe. Aculeus, angel der pein, Voc. v. 1445. 2) Thürangel. „Die Thür stêt im oder am Angel offen" (weit offen). In beyden Bedeutungen als aculeus und cardo heißt das Wort in der ahd. Sprache (gl. a. 66. 390. 411. i. 28. 139. 741. o. 42. 351) ango. 3) der Fischangel, hamus. In dieser Bedeutung hat die ahd. Sprache (gl. a. 132. 520. i. 130. 270. o. 83. 379) angal, angil, angul, während mhd. das abgeleitete der angel alle drei Bedeutungen in sich vereinigt. Graff I, 345. BM. I, 45. Grimm, Wbch. I, 344. „In vierecgemo angen, quadrato cardine", Wiener Cod. 612, no. X. Denis I, II, 2302. „Die angen der erde, cardines terrae", Cgm. 17, f. 208ª. Vrgl. W. Grimm, Ueber Freidank, p. 60. „Ängeln, plur., Bienen, Hummeln, Wespen", (Oberammergau, Rath Her). Hübner im Vocab. Ms. v. 1445. setzt: anchora, angel. MB. IX,
79 p. 69, ad 1488, kommen Nachtanglen, Luegangl und Kettenangl vor.

angeln, 1) stechen wie die Biene; 2) an der Angel fischen.

angel, (ang·l), adv., genau, mit Noth, scharf. Etwas angel betrachten, anschauen (genau, scharf); angel hergehen, hart, sparsam, genau. R.A. Gêt *angl* 'rà', hàt də' Fuchs gsagt, hàt àlle Tàg ə' Fliəgng g·fangt. Vilmar, hess. Wbch. 15: enke, enken, enket, genau; vrgl. ên=kel, singillatim. In der Schweiz hat man das Verbum: angeln für Noth leiden. Dieses Adverb kann nach Gramm. p. 122 das ahd. ango (Otfr. IV, 12,13. mhd. ange, enge, gedrängt; genau, sorgfältig. Graff I, 340. BM. I, 42. Grimm, Wbch. I, 337) seyn, — wenn es nicht etwa ein Rest der alten Adjectivbildung auf -al ist. „Die heizen trehene vielen gedihteclîche unde ange über ir vil liehtiu wange", Tristan 1208. „Er trahtete ange und ange", das. 1982. „Dô wart vil ange dâ gedaht umb ein niuwez barâtieren", Ges. Abent. LV, 1050. „Die fursten suchten ange hin und her hilfe und rat", Renner 24207. „Im wart ang (desiderium?) nâch der lant zierhait", Cgm. 714, f. 64. „Schaw gar angel", XIV. sec., Clm. 16024, f. 47. „Sy (fraw Gedrawt) huett anngl zwayr chind die sie hett mit margraf herman", Greg. Hagen's Chronik, Cgm. 1134, f. 114; Pez (scr. rer. Austr. I, 1074) liest „hett angell"; doch Cgm. 1134, f. 86ª heißt es: „sy huett angel der zwayr chinder."

angen, vrb. n., (ahd. angên, giangên, mhd. angen; Graff I, 341. BM I, 43), eng werden, d. h. bang werden. „Dem König darob angt"; Ottocar, ReimChr. (Mir anget, gl. i. 242; Otfr. III, 15,51; III, 24,14.). s. unten engen.

angen, b·angen, vrb. act., (ahd. angjan, mhd. engen), beengen, in Noth setzen, in Anspruch nehmen. „Einen noten und bangen bis er gehorsam wird"; MB. XIV, 282. Wohl zu unterscheiden von angên = an=gên (s. d. u. vrgl. Grimm, Wbch. I, 347).

Die Ang·st, (ahd. angust, mhd. angest, msc. u. fem.; Graff I, 342. BM. I, 43. Grimm, Wbch. I, 352. 358. Sendschr. an Lachm. 56). „Irlose mich von allen mînen angisten", Clm. 4616, f. 53. Unsers Herrn Angst, oder die Angst läuten, an den Donnerstagen nach dem gewöhnlichen Ave-Läuten, den Gläubigen ein Zeichen geben, sich der Angst Christi am Oelberg zu erinnern, wo diese dann hie und da noch ein uraltes von Peter Canisius verfaßtes Angst=Gebetlein sprechen, die Angst beten. Angstig, ängstig, adj., ängstlich. Schreyen wie „ən Angstərər" (= vor Angst; b. W.).

Der Ang·ster, 1) hohe Flasche mit engem Halse, auch Krug, vermuthlich aus dem Italienischen inguistara, (Florentin.) anguistara, von angosto. „fiale, angster", phiala, Clm. 5387, f. VI. „Wein in angstern und in flaschen", Cgm. 444, f. 4. „Ein umbkerter, zerbrochner Angster" als mnemonisches Zeichen für 91; Cgm. 4413, f. 168 f. „Die h. Schrift sagt, daß der Noe habe einen Rausch gehabt, sezt aber nit, daß er aus einer Kandl oder Bitschen oder Krug, oder Angster habe getrunken." „Die dreyhundert Soldaten des Josua haben bey dem Fluß, wo sie gemustert worden, auß der Hand getrunken, dieser Gispel aber sauft stäts auß dem Angster, dann er in lauter Angst schwebet"; P. Abrah. Wer in der Jugend sich übernimmt, „der mus im alter aus dem engster trinken", Cgm. 713, f. 13. Dimin. das Ängstel, Engstel (cf. Höfer I, 33); „die chlainen ängstel, damit man helwert, phenwert etc. auzmisset". „Das Ängstel (Weines rc.) sol 1 dn. gelten, wenn „das Viertail" 20 dn. gilt." Wiener Mandat, 1359, Cgm. 1113, f. 80ᵇ. In einem Inventar des Schloßes Waidhofen, (Meichelb. Hist. Fris. II, I, 119) kommen angstaria lignea und ein angstarium pituminatum vor. Alle Hochzeitsgeschenke mit Angstern oder Kandeln waren in Regensburg verboten; Gem. Reg. Chr. II, 302, ad 1393. 2) „Sextans, sexta pars assis," Onom. v. 1735. Vrgl. BM. I, 46. Grimm, Wbch. I, 360. III, 482. u. s. unter der Anke.

Der Anger, das Ängerlein (ángə'l), eingefriedetes Grundstück, das, in einer Flur liegend, ohne Rücksicht auf die außerhalb desselben statthabende Rotation und Viehtrift, vom Besitzer nach Belieben als Grasplatz, sowohl zum Abmähen, als zum Abweiden, oder auch als Acker, als Gehölz rc. benutzt werden kann: (b. W.) öde liegender, zur Weide dienender Grasfleck; (Tir.) Wiesfleck neben der Alphütte, der mit der in den Viehställen (Alpstretten) abfallenden Mairung gedüngt wird und daher auch Dungmahd heißt. „Anger, Fürhaupt eines Ackers", Popowitsch, Wiener Ms. 9541. Das Wort kommt wol in ganz Deutschland, aber nicht überall in derselben Bedeutuug vor; sieh Adelung. MB. XVIII, p. 116, ad 1326 verkauft N. seine „Wisen auf Ebenhausær Anger, diu da heizzet der Giggnpekær." Hier bedeutet 80
Anger wol ein Stück Landes, in welchem verschiedene Grundstücke mehrerer Eigenthümer liegen, eine Flur. „Die Chloster=Frawen an dem Anger ze Munichen"; MB. XVIII, p. 29, ad 1297. „Versargen mit tungen und tullen als ainem anger zuegehort"; MB. XX, 496, ad 1456. Jeder Bursch geht auf's Mängerl (Rasenplatz vor Bauernhäusern), die Pätsch·n zu probieren; Rank, Aus dem Böhmerwald, 1843, S. 77. „Daz engerlîn, aldâ die brûnen bluomen stânt", Heinrich's Tristan 3779. cf. Nîthart (Weingartner Hs.) 64—68. Docen im altd. Mus. I, I, 189. Haupt's Zeitschr. VI, 92. s. unten braun, Th. II: Kamp und Th. IV: Wis. Gl. a. 175. 382. i. 97: angar, arva, wohin auch der erste Theil des in den Legg. Baiu. vorkommenden angargnago gehören mag. Vrgl. Graff I, 350. BM. I, 45. Grimm, Wbch. I, 348. Das Angerach, (Tir.) „unbebautes, mit schlechtem Gras bewachsenes Feld, wohin zur bestimmten Zeit Pferde und anderes Vieh auf die Weide gelassen werden."

angern, (wirzb.) Aehren lesen.

eng, adj. u. adv., wie hchd. enge (ahd. angi, engi; mhd. enge. Graff I, 340. BM. I, 42. Grimm, Wbch. III, 468 ff.). Die Enget, die Enge. Gl. i. 749. 776: engodi, faux, Bergpaß. Engfæhig, engfängig, adj., einen nur kleinen Raum einschließend, enge; die Engfæhigkeit, Engfängigkeit, subst., die Enge. „Wenn indeß die Engfähigkeit des Münchner Gebiets einer Seits zu bedauern ist", Wstr. Btr. IV, p. 262. Diesem engfängig entgegengesetzt ist weitfängig, w. m. s.

engen, vrb. a., durch Enge belästigen; fig. belästigen, genieren überhaupt; kümmern. Das Klaid, die Schueh engen mich. Der Tisch engt mich im Zimmer, (ist mir zu viel). Eine Person engt mich, ihre Anwesenheit macht mich befangen, geniert mich. „Wer in des engt", ihn daran hindert; Cgm. 544, f. 48ª. Wàs gêt ·s di' à˜, *engt* ·s di' éppə? Was mi' nét *engt*, darnàhh fràg I nét. „ànga'n (nach etwas), sehnlich verlangen"; Castelli, Wbch. 50. cf. amern.

Der Engel, wie hchd. (goth. aggilus, ahd. angil, engil, mhd. engel — aus griech.-lat. angelus. Graff I, 347. BM. I, 433. Grimm, Wbch. III, 472). Die Engel singen hören = durch einen Stoß, Schlag ꝛc. betäubt seyn. Das Engelamt, Messe, in der Adventzeit an frühem Morgen gesungen. „Incipiunt votivae missae primo de *angelis*", Clm. 4377 (XIV. sec.), f. 232. „Ich hab bemerkt, daß bey den Litaneyen an Abenden und den Engelmessen gemeiniglich bey den Kirchthüren viel Andacht gepflogen wird", Fabian. Hirschaviensis. A^{0}. 1427 stiftet der Rath und die Gemein zu Pegniz „ein ewig Engelmess, die alezeit und ewig zu Pegnicz die erste Messe daselbst gelesen und gesprochen sol werden." Der Bischof von Bamberg bestätigt „sub nomine Engelmissarie" dieses Beneficium. Der Engelmesser, der so ein Meßbeneficium versieht; MB. XXV, 189, 192. 529. „An unsers Herrn Leichnambs Meß, gewöhnlich bey uns genannt die Engelmeß", Urk. v. 1449, Haas, Höchstadt II, 371. cf. Messe. Die Engelweihe. „Auch wirdet in dem Jar die Engelweych zu Augspurg, zu Einsideln vnd zu den heiligen perg", Kalender auf 1477, Augsb. Einblattdruck v. Joß Hord. Engelstainlein, (Zir.) crocus vernus.

Das Engál, plur. Engəlár, (von Moll, Zillerthal) die Narcisse, Narcissus poeticus L. Nemnich II, 703: Engelchen.

Das Enengel, (b. Wald) Maß für Flüssigkeiten, der vierte Theil des Köpfleins. Schon der Schulmaister Hueber von Eggenfelden in einem Ms. v. 1482 führt die Getränk-Maße in folgender Ordnung auf: Yrn, Achterin, Mas, Masl, Kopf, Kandl, Seydl, Enengl. Sollte dieß Wort gar Eins seyn mit Enenkel (w. m. s.)? Im Schwedischen wird ein ähnliches kleines Maß eine Jungfru genannt.

Der Engerling, 1) wie hchd.; 2) (Nürnb., Hsl.) die Dürrmade, wie man sie zuweilen im Angesichte zu haben pflegt. „Weinstainöl vertreibt mail und engring under den augen." Cgm. 4543, f. 156. „Wer engring under den augen hat", Cgm. 170, f. 2ᵃ. „marffea, engring" (d. i. morphaea), Cgm. 170, f. 10ᵃ. 3) (Zir.) Ochsenbremse, oestrus bovis. „So ain kue zu holz kölbert sol der herter es den diernen verkunden vnd sol sehen, ob das vich engering hab", Scheirer, Dienstordn. v. 1500, f. 32. Gl. i. 707: angar, gurgulio, (wozu das schwedische änger stimmt); gl. a. 503. 511. 552. i. 572: engirinc, engerinc, curculio; mhd. engerlinc. Graff I, 350. BM. I, 434. Grimm, Wbch. III, 480: der Enger, Engerich, Engering, Engerling, das Engerlin. Zeitschr. III, 419,588. Zu vergleichen allenfalls
81 das alte ancuueiz, pustula, gl. a. 52; anguezzin, papulae, gl. i. 739, Georgic. III, 564; angseta, i. 208.

„Engerling oder pfifferling, fungus", Clm. 16487, f. 101.

-ing (in'), -ingen (ingə˜, igə˜), als Endung an Ortsnamen, ist nach aller Wahrscheinlichkeit nichts anders als die ehmals in allen germanischen Mundarten sehr gewöhnliche patronymische Endung ing, ung, welche an dem Namen einer Person einen Sohn oder Nachkommen, oder überhaupt einen Angehörigen derselben bezeichnete, z. B. in Agilolf-ing, Caroling, (Franci tie wir nû heizên charlinga, Notk.), During, Lotharing, Nibel-ung, Amal-ung u. s. w. So angelsächsisch: „Wihtgils wæs Witt*ing* . . . Wecta Wod*ing* fram tham Wodne awoc eall ure cyne-cyn"; „Fridowulf (Fridulf) wæs Finn*ing*, Woden wæs Fridowulf*ing*" (Fridolfing); Saxon. chron., Ingram p. 15. 19. 23. 24. 27. 28. 33—34. 35. Vrgl. ahd. arming, pauper; Notk. 33,7. Graff I, 422. II, 1132 ff. Grimm II, 349 ff. Myth. 324². — Die auf -i endenden Familiennamen der Italiener sind Plurale mit hinzugedachtem dei (Einer von den): Bianchi, Rossi, Söhne, Nachkommen eines Bianco, Rosso. In Terragnuolo heißt ein Maso noch jetzt im Italienischen Cencheri (Zenker), ein anderer Baissi (Weiß). — „Viri qui dicuntur *Mohingara*" (Meichelb. Hist. Fris. I, p. 96),

also an die Endung -ing noch die Endung -ari gehängt, nach v. Lang Mochinger, nach v. Pallhausen irgend eine celtische Amtsbenennung. Wie die Eigennamen der Behausungen in unsern Dörfern gewöhnlich nichts anders sind, als der Person- und zwar meistens der Taufname des jetzigen Besitzers, geknüpft an den seines Vaters, oder doch eines ehmaligen, ja oft mehrerer ehmaliger Besitzer; so wie daher jetzt in einem Dorf gesagt wird: z. B. beym oder zum Hans Adl, beym Thamə Wolfəl, beym Gàbə'l Gastl, beym Pedə'lippm-Sepp, d. h. im Haus des Adam, des Wolfgang, des Castulus, des Joseph, welches Hans, oder Thomas, oder Gabriel, oder Philipp und vor ihm Peter inne gehabt: gerade so scheint es sich auch mit den Namen der ursprünglichen Ansiedelungen, die nach und nach zu Dörfern und Städten erwachsen sind, verhalten zu haben. Man vergleiche auch die genitivischen Ortsnamen, wie Helmbrechts, Höfleins, Tagmanns, Eglofs ꝛc. z. B. in MB. XXV: „das holz und holzwachs, der putzmans genannt", 521, ad 1495; Capellam in Buzemannes, 110, ad 1196; zum Putzmanns, 218. 287. 536; „Otto de Buzemannes", 555, ad 1196; von dem Tagmannes, 132, ad 1334; Katzmanns, Wolframs, 219. 569. 218; vom Sigharts, 210, ad 1436; zum Höfleins, 139, ad 1344; zum Gnenleins, Genleins, 219. 220; Deginhardus de Eringeres, 110 u. 555, ad 1196; N. N. von Hopphens 134, ad 1334. Als so aus Personnamen entstandene Ortsnamen zeigen sich z. B. folgende: Ainharting von Ainhart, (Hist. Fris. I, 249); Amelgeringen von Amelger, (MB. V, 308); Ampfing von Ampho, (Hist. Fris. I, 109. 122. 213); Anzing von Anzo, (Hist. Fris. I, 242); Burkarding, Conrading, Dietraming, (Koch-St., Berchtesg. I, 61); Dietriching, Dingolfing, von Dingolf, (Hist. Fris. II, II, 262); Eckeharting, (MB. V, 299); Eglofing, Emerting, Engelbrechting, Engelmanning, Engelschalking, Erharting, Eriching (Arching), Mederer, leg. bav., p. 102; Geiselhering (MB. XII, 410. Gisilher canonicus, Clm. 5509c, f. 6), Kisalheringa, Hist. Fris. I, 123, von Kisalher, 90; Germaring, Gottfriding, Gumprechting, Gundolfing, Gunthering, Gutmanning, Haidolfing, Haunpolting, Heißmaning, Hoholting, MB. IX, 375. Hist. Fris. II, I, 39; Hörpolting, Ismanning, Landfriding (Lampferting) von Landfrid, (Meichelb. Chr. B. II, 6); 82
Leubolfing, von Liubolf, (Meichelb. Chr. B. II, 5. 8); Leoprechting, Marolding, Otting, Ottmaring, Prising (Preising) von Priso, (Meichelb. Hist. Fris. I, 72); Richartingen, MB. III, 50; Rudolfing, (Mederer, leg. bav., p. 102); Rugharting, Rupolting, Sigharting; Töring, von Tor, (Mederer's Ingolst. 32); Volkarting; Wäging, von Wago, (Hist. Fris. I, f. 97); Wilehalming, MB. IV, 50; Wilperting, Wilpating, v. Wilpato, (Hist. Fris. 146. 159. 164); Wolfhering u. s. f. Vrgl. Jos. Bender, die deutschen Ortsnamen, 1846, p. 103. Andere derley Ortsnamen scheinen auf Weibernamen gegründet, wie z. B. Berchting, Geising, Geisling ꝛc. von Bertha, Gisa, Gisela ꝛc. Wieder andere, wie z. B. Schwäbing, Fränking, Freylassing, Gräfing, Graurödking (Reg. Boica V, 51, ad 1303, Juli 25), Pfäffing, Marschaling, Schuldhaißing ꝛc., beziehen sich schon auf Namen, die vom Lande oder Stande hergenommen sind, und dürften spätern Ursprungs seyn. Unzählige ähnliche aber sind nur nach einer kritisch-diplomatischen Erkenntniß ihrer ältesten Form, sowie der, bey den Alten, nicht weniger als bey uns, ungemein beliebten Diminutive der Personennamen, welche mit den Primitiven oft nichts mehr als den Anfangslaut gemein haben, mit einiger Zuverläßigkeit zu erklären. Wer z. B. wird in Ago einen Agiluf („*Agilulfus* qui et *Ago* est appellatus", Paul. Diac. d. g. L. IV, 143), in Benno einen Berengar, (Hund, metrop. Sal. 125), in Chunz einen Conrad (des Schreiber's Spruch in Clm. 17134, X. sec.,

f. 65: „Fac finis *Chŏnzo* velvti ivssit *Heinzo*“), in Eppo einen Eberhard, in Ezo einen Erenfrid, (Meichelb. Chr. B. praef.), in Göz einen Gotfrid („Godefridus qui et *Gozelo* dux Lotharingiae“, Annalista Saxo ad ann. 1076 bei Eccard I, 524), in Hezilo, Hainz, Haindl einen Heinrich, in Luz einen Ludwig, (Wstr. Btr. V, 9.); in Nizo einen Nitker, in Lanzo einen Landfrid, in Raßo einen Rapoto, in Sizo, Seiz einen Sighart oder Sigfrid (v. Koch-Sternfeld, Berchtesgaden I, 7), in Tuez einen Theodo, Dietrich, (Wstr. Btr. V, 206), in Thiemo einen Dietmar, (v. Koch-Strf. Brchtg. I, 24), in Utz einen Ulrich (Wstr. Btr. III, 101), in Welf einen Welphard (Avent. Chr. 52), in Werner einen Berchtold (Wstr. Btr. I, 99), in Wezilo einen Wernher (= Werinhari, Haupt's Zeitschr. VII, 299), in Wizo einen Wigbert (Eccard, Franc. or., Register) suchen und erkennen. Vrgl. Grimm III, 689 ff. und unten Th. II: Namen. Die in Schwaben und anderwärts üblichere Form -ingen weiset auf den alten Dativ. plur. -ingum, schon früh zu ingun, ingon (noch wird in der Schweiz Dietingon, Pfeffingon zwar Diəti'gə~, Pfĕffi'gə~ gesprochen, aber Dietikon, Pfeffikon geschrieben. S. Gerold Meyer v. Knonau in Kurz, Beitr. z. Gesch. u. Lit. I, 533; -kon aus -k-hovin oder -chova: Pfeffinkon = Phaffin chova, Redlinkon = Redilin chova, Ottinkon = Otin chova, Opfinkon = Ubin chova.) und ingen corrumpiert. Diese Dativform stimmt nach Gramm. 878 (cf. Grimm III, 420) zusammen mit der der Ländernamen Bayern, Schwaben, Franken rc. Also ursprünglich z. B. zi Agilolfingum, zi Isamanningum rc. zu, bey den Kindern, Nachkommen, Angehörigen des Agilolf, Isaman, — später blos: Eglofingen, Ismaningen. Vrgl. Saxon. chron. 871, Ingram p. 100. 101. 102: at Basing*um*, to (from) Reading*um*. Die jetzt in Altb. beliebtere Form -ing mag theils dem alten nom. et accus. plur. -inga entsprechen, theils aus ingen (wie sie noch in Schwaben lautet; cf. Allg. Ztng. 1851, Beil. 199, S. 3178) verkürzt seyn.

Der Unger, wie hochd. Ungar. „War zuo ist daz bette gůt? Sichstu nit wie ein Unger tuot, der nie kain vedergwand gesach und schafft im dannocht gůt gmach“, Ring 18d,28. „Zehant die Unger schriren: fugat fuich mingrel!“ S. Helbling XV, 354 in Haupt's Zeitschr. IV, 227 u. 282, wo die ungarischen Worte mit „fussatok mind el, d. i. lauft alle davon!“ erklärt werden. „Der Hunger ist ein Unger“ (Seb. Frank), er leidet keinen Verzug. Das Ungerlein, fremde Scheidemünze von circa 2 kr.; Lori, MzR. III, 152, ad 1680. „Er zog mit
83 keinem schlimmen Geld auf, mit kein Ruffenhaller, mit kein schwedischen Plaperer, oder kupfersiechen Ingerl“, Selhamer. Die ungarische Krankheit, eine Art hitzigen Fiebers, für die Deutschen in Ungarn endemisch, (Zink's Lexicon). „Das hitzige Fieber hat angefallen die N. N., dann vier Wochen lang ist sie von der ungarischen Krankheit dermaßen bestritten und eingenommen worden, daß sie mehrmals ganz wütend, von sechs starken Männern hart kunte gehalten werden“, Alt. Otting. Historie, ad 1660, 1667. „Ob jemandt am haubtwehe oder ungarischer Kranckheit verstürbt“, Ldtg. v. 1612, p. 389. „Das feurig ungerische Fieber“, Bogenberg. Mirakel v. 1679. Ein gutes Kopfpulver in der ungerischen Krankheit steht ZZ. 1125, p. 246 (circa 1609). „Hungerischer (ungerischer) han oder henne“, Indian (?); Konr. v. Megenb., f. 77. „Die fünft zung ist Ungerlant. die haben gut hantpazen und lang pert, und nit vil ritter ist under in. sy bellen aber all grafen sein und sint auch gut waller, und habent auch gute roß und starck ochsen und lutzel vederbat. Er trinckt im ain pett von gutem wein und macht den aus seiner frawen ein ungrischen pflug“, Cgm. 521, f. 149b.

Unget'n, plur., Gurken, (um Passau; cf. oben Ungarten). Hoiə' kân ə mə' dennəstər á widə-r-Ungət'n gnuə-r-éſs'n. Vrgl. ἀγγούριον, ἄγγουρον, mittellat. anguria, Wassermelone; wind. angurka, illyr. ugorka, Melone; slaw. uhorka, uherka, ungar. ugorka, bugorka, ruſſ. ogureč, poln. ogorek, böhm. okurka, wokurka, österr. Umurke (Umuá'k'n), niederd. agurke, augurke, holl. agurkje, dän. augurke, agurke, engl. gherkin, girkin, franz. courge (Kürbiß; vielleicht eher aus lat. cucurbita entstellt; vrgl. ital. cucuzza, auch franz. gourde, Kürbißflasche. Diez, Wbch. 119). Höfer III, 256. Castelli, Wbch. 260. Nemnich I, 1306. Grimm, Wbch. I, 190.

Der Anke, die Butter (ahd. ancho, mhd. anke. Graff I, 345. BM. I, 46. Grimm, Gesch. d. d. Spr. 1003. Wbch. I, 378. Zeitschr. IV, 283,100. ahd. ancsmero, axungia, (Graff VI, 833). „Ancsmer, salz, honch“, Clm. 4595, f. 39. „Ein küpfrin geschir darin der anken brünt in dem kor zů St. Oswald.“ „Ein ankenballen kostet V schilling. Aber ein ankenballen het iij stein. j stein iij *β*. und iiij angster“, Zuger, Kirchenrechn. v. c. 1500 im Gesch.-Freund II, 97. 99. anken (o~hə~), vrb., Butter machen in einem cylindrischen Butterkübel (wol von der Bewegung? cf. unter der Enkel); s. Bergmann's Walser p. 95. „*ànkə, ànkə*, əs werd scho' bessə' wern“; Pfitsch, nun, nun. Vrgl. unten Enkenbrôd.

Die Anken, (Schwab., Frank.), der Nacken, cervix (ahd. ancha; Graff I, 345. IV, 880. Grimm, Wbch. I, 378). Einen in D.... Anken stoßen, (gehört v. Direktor Lichtenthaler, 13. Juli 1846). Occiput, ank; Alberus. „Der Doctor Carpus hat den an Paroxismus leidenden Georg v. Frundsberg mit Gold in der Anken gebrannt“, Hist. der v. Frundsb. Gl. o. 199: ancha, testa (zwischen vertex und cerbellus). Die Anke, Haaranke, das aufgeschlagene Nackenhaar weiblicher Personen, le chignon, (Wetterau, Weigand; vrgl. Wbch. I, 43). s. Enkel.

Der Anker, wie hchd. (ahd. anchar, mhd. anker. Graff I, 350. BM. I, 46. Grimm, Wbch. I, 379). Das Enker-Eisen, der Anker (Aschaff.).

ankern nach etwas, (Frank.) darnach trachten, sich darnach sehnen. Vorrede zur Sammlung brand. culmbach. Verordd. II. Th.

Ankinet (aus nanquinet verstümmelt), ein dem Nankin ähnlicher Baumwollenzeug. In der Umgebung der Stadt Nankin findet man in Fülle die gelbliche Gattung Baumwolle, die von Nankin ihren Namen hat. (Allg. Zeit. 1843, Beil. S. 467.)

enk (enk, e~k, eə~k, ench, e~ch), (A.B.) euch; (opf.) euch und ihr; enker, euer; enkß, (opf.) ihr; s. Gramm. 718. 721 (Dat. u. Acc. des alten Dualis zweiter Person: goth. iggvis, agſ. inc, altſ. ink, isl. yckr, nebst dem Possessiv: goth. iggkvar, agſ. incer. Grimm I, 780 f. 783 f. BM. I, 752b. Gesch. d. d. Spr. 972 ff. Wbch. III, 483. 487. Zeitschr. II, 91,27. 244. IV, 271,81. 501,2. V, 210,10. 315. VI, 171). „Ich gebeut enk . . . wir gepieten enk; MB. I, 234. 235, ad 1314. „Wir biten enck . . . dez wir enck allen dancken wellen“, Urk. des Burggr. Friedrich v. Nürnberg v. 1391, Clm. 4355, f. 139. „Meint ihr die rechten Christen sein Narren, daß sie enckerm thand Glauben setzen“, Erhard, von den Münsterischen Widertauffern, fol. 35a. „So sagen wir dich und deine Erben enkcher Treuen ledig“, Gem. Reg. Chr. II, 389, ad 1409. „Das stet enk wol und ghört euch an“, Ring 8b,29. „Ich pin gleich so hart dar komen als encker ayner, ego sum adeo perplexus quemadmodum aliquis vestrum“, Clm. 16450 (2⁰ v. J. 1484), f. 224. „Als die herren zue jren knechten sprechen: hüet es enk des kainer mit im nichtz zue schaffen hab oder im kainen dienst thuet“, Cgm. 632, f. 34½. In dem öffentlichen Streit, ob die unter dem Namen Halm (Münch Bellinghausen) erschienenen Dramen (Griseldis, d. Sohn der Wildniß rc.) wirklich von ihm selbst, oder aber von seinem verstorbenen Freunde Enk verfaßt seyen, fragte Jenen ein Wiener treuherzig: „Sind die Stücke wirklich von enk?“ Ja, war die Antwort. (Wien, 16. Nov. 1843.)

Vrgl. die Mundart von Neviges in der Herrschaft Hardenberg: „Dat ech *önk* nett vertellen kann; wohr es't, ech kann't *önk* sagen.“ „*Gött* (és, gіt, ihr) lachen secher döser Fück“, ihr lacht sicher dieser Späße. „Dröm haulent *önke* Bück“, haltet eure Bäuche. Firmenich I, 416[a]. „Doch weit ech, dat *gött* secher met Nas on Mul anhüären, wat ech *önk* van einem grusen Oglöck kann vertellen“; das. 419[b]. Ebenso aus dem Kreise Elberfeld: „Dont *jött* Gewault?“ thut ihr Gewalt? das. 423[b]. „Wat wellen *get* am Rhien? Nu mötten *get enk* schaamen“, das. 428[b]. „Hant *gät enke* Ä'däppel all' ut gekriegen?“ das. 430[a]. — „Dieser Tage sprach ich einen Zipser, der mir mittheilte, daß man bei ihnen enek, onk auch mit Dualbewußtsein gebrauche“ — schreibt Maßmann aus Berlin, (16. Merz 1850).

Der Enkel, b. W. Enenkel, (Reut im Winkel: das Enkəl; sich ausenkən, verrenken), der hervorstehende Theil eines Gelenkknochens, besonders am Fuß, der Knöchel, Knorren, (ahd. anchalo, tali, gl. a. 117, cfr. o. 187. 235; enchila, talus i. 245. o. 398; enchil, enkel, inkel o. 32. 255. 293; mhd. enkel; Graff I, 344. BM. I, 46[a]. Grimm, Wbch. I, 485. Zeitschr. II, 339. VI, 59). Gl. i. 840: anchallih, talaris. Der Enkelbogen, Elbogen, (in Ruprecht's von Freysing Rechtsbuch, Westenrieder, Beytr. VII, p. 27). „Waz nu vörchwunden sey, daz lazz wir euch wizzen: daz ist in dem waden vnderhalb des chnies vnd ist ein devmans (ein anderes Ms. sagt „in der maus“, in dem Muskel) oberhalb dez Engelpogen vnd ist ein dem rükke praten.“ Enghelboan, Elbogen, nach dem Voc. domest. der sette communi; s. v. Sternberg, Reise. Anmerk. Diesen Wörtern Anke, Enkel, die unter dem Begriff des Gelenkes übereinkommen, scheint ein älterer Ausdruck anken (bewegen) zu Grunde zu liegen. Noch jetzt heißt in der Schweiz anken pumpen, Wasser pumpen, und das bayrische nackeln (hin und her bewegen) verhält sich zu anken, wie das hochdeutsche Nacken zu obigem Anke (cervix). cfr. Hanke und Hängel bey Adelung.

Das Enkelein. „Im Ansbachischen hieß ein kleinerer Theil der Hube Schuchkauf u. Enkelein, letzteres von Enkel (ahd. anchal, enchila; Graff I, 344), talus, wobei ein sinnliches Maß zum Grunde liegen mag“; Jac. Grimm in Haupt's Zeitschr. VIII, 396.

Das En-enklein, En-inklein, Enigklein,
84 Enigkl, Enigkle, Enenkl, Aenickhl (ahd. eninchil, mhd. eninkel, eninklîn. Graff I, 338. BM. I, 434. Wackern., Wbch. CXXI. Grimm, RA. 451. 470. Wbch. III, 468. 485), der Enkel, die Enkelin, das Kindeskind. LR. v. 1616, f. 216. 351. 360. Ref. LR. „Das mir mein gnädiger Herr Abbt Ulrich empholhen hat vnd eingeantwurtt mein Aenickel, ain Madl, daß noch zu seinen Tagen nit komen war . . ., daß ich dasselb mein Aenikel . . . ziehen vnd besorgen soll“; MB. II, p. 25. 26, ad 1363. „Min enenkel Cunrat“; MB. XVIII, 37, ad 1301. „Beatrix, ir eninchel“, ibid. 122, ad 1328. „Mein Aennikel M. N. und P.“, XXII, 330, ad 1357. „Minen enichlin veren methilden und minem eninchlin veren Annen“; MB. XXIV, 62, ad 1309. „Ich Merbode Henrich son van Crufte, Heren Jacopis eins rytters wilne was enkelin van Crufte“, Höfer, Urk. (v. 1332), p. 256. In dem Artikel Von Sippezal sagt Ruprecht's von Freysing Rechtbuch von 1332 Folgendes: „Dev dritt Sippe heft sich an an dem Riste, daz an den armen stözzet, das sint geswistreit chindeschint vnd haizzet alder Eninchel (cf. oben unter die An: alleren); dev vierde Sippe heft sich an dem lid des mittern vingers, do er in dev hant stözzet vnd (haizzet) alder eninchel chint; dev fünft sippe heft sich an dem mitterm lid des mittern vingers vnd haizzet alder eninchel chindes chint; dev sechst sippe heft sich an dem lid daz an den nagel stözzet vnd haizzet vreininchel; dev sibent sippe dev stozzet an nagel vnd haizzet nagel mag.“ „Von meiner ersten tochter eben hab ich 4 Enencklein im leben“ sagt H. Sachs 1560: III, I, 263. „Dei˜ àldə' Vàdə' sol zeitlébm kaə˜n *Enig·l* aus də' Wiəgng hébm“, Castelli, 1828, p. 136. Encklach, Tochterkinder; MB. XXIII, 261. Underenkel, pronepos; Voc. v. 1735. Anmerk. Sollte dieses Enenkelein, Eninchilin, im Grunde nur eine Art Diminutiv seyn von En (a. Sp. ano, sieh Anl, Enl), wie esilinchilin v. esil, leuuinchilin v. leuuo, (gl. a. 65. i. 291)?

Der Enke, Knecht beim Vieh und auf dem Acker (ahd. encho, mhd. enke; Graff I, 346. BM. I, 434. Wackern., Wbch. Grimm, RA. 317. Wbch. III, 483. Zeitschr. II, 183,3. V, 55.); encho, agricultor, bootes, gl. i. 94. o. 57. „Da spannt der *Enk* (zweite Knecht) so gä'n (gern) sös af“, Firmenich I, 468,79. Dönek. 7. Vrgl. lat. anc-us, anc-illa; altfrnz. ancel, ancelot, Diener, l'ancelot, Lancelot (San-Marte); cf. auch die An.

Das Enkerbrôd, Enkenbrôd (Enkə'brâud, Ob. Pf.), Abendbrod, hat wol mit dem vorigen Worte encho nichts zu schaffen. Vrgl. auch der Anke, Butter, (also: Butterbrod?) u. Th. IV: Zankenkäs.

Der Unk, Schlange, Natter (ahd. mhd. unc; vrgl. lat. anguis u. nhd. die Unke. Graff I, 347. BM. III, 182. Grimm, Myth. 650[2]. Diefenb. 69[b]). „Basiliscus haizt ain unk“ . . . „der unk ist ain sunderleich übel auf ertreich“ . . . „den unk vliehent all slangen und fürchtent in“ . . . „siht aber der mensch den unken ê, sô stirbt der unk“; Konr. v. Megenb. 263,27. 29. 32. 264,4 ꝛc. „Ich het eins tags ein frawen in der kirchen angesehen vil und aber vil. die sprach einmal in dem schlauf zu mir, ich hätt zwen uncken (Basilisken) in den augen, die müßten sterben“ — erzählt Konr. v. Megenb. f. 105. „Ein vnk ein hirz fleuhet, einen lewen er lützel scheuhet“, Renner 19987. „Super aspidem et basiliscum, uf deme aspiden unde deme unche“ . . . „aspidis et basilisci, des wurms — unches“, Cgm. 17, f. 135[a] und 135[b], Ps. 90,13. „Coluber, unck“, Aug. eccl. 10, f. 35. Ind. 418, f. 120. „Boa, ein unck“ (inter serpentes), H. Junii Nomencl. 1629, p. 43. Cf. „De basilisco“, Clm. 5685, f. 39[b] u. 5964, f. 174; Gesta Rom. cap. V (Cgm. 54, f. 5[b]); auch Renner 14318 ff. Vrgl. mhd. ûche (BM. III, 173[a]) u. oben Auk.

Der Unker, penis (wol zu Unk? vrgl. Diefenb. 69[b]: der vnker, basiliscus). „Er reck sein uncker aus der pruchen und pruntzt auch gen dem vogel dar“, H. Rosenplüt, d. Edelmann mit dem Hasgeier, Gießener Hs. (Weigand.)

Anphora, als Familienname. „Milites vulgari nomine *Anphore* dicti“; Clm. 5509 c. (XIII. sec.), f. 24. „Dietricus *Anphora*“ als Zeuge, das. f. 29[a]. S. Th. IV: die Werre.

ains, sieh ain.

Die Ansen, Geburtstheile der Kuh.

Anser, sieh Aser.

Die Ans, (A'nz, Unt. Don.), Balken, welcher als Unterlage für Bier- und Weinfässer dient, (Ulphila: ans, Balken; „âß brotnadi“ Hymisqvida 12; Grimm, Mythol. 22[2]; vrgl. auch Äsen). Die Ens (plur.) sind in Lori's Lechrain, fol. 140, ad 1435 — solche Balken, die unter dem folgenden, zusammengesetzten Namen bekannter sind. „Die 3 schwaigen von Grüenaw sollen die Ennß zw der Ofenlainprugken füern vnd legen“, Werdenf. Ehaftbüchl. v. 1431. Vrgl. auch Änzen 2).

Der Änsbâum, (b. Enzbám, opf. A'nzbám), dasjenige starke und lange Brücken-Bauholz, welches bey den Jochbrücken auf die sogenannten Strœubäume oder Bruckladen oder Balkenhölzer zu liegen kommt und zu deren Befestigung dient. Der kleinste muß wenigstens 36 Fuß lang und 1 Fuß 6 Zoll dick seyn. (Mejer's Forst-Zeitschrift). . . . „Hat gesetzt nach alter gewonhait daz all prugk die der zolner sol machen sechs enspaum sol haben vnd

85 prugkladen von sechzehen schuhen" . . . und daz die en-spaum zwischen der Joch haben sechs vnd dreizzig Schuh vnd daz man die niederlägz behutt (beschütt) vnd die läden sollen sein ein holtz von XXIIIIor paumen nach dem minsten . .," Münchner Stadtbuch, Mss. v. 1423 und 1453. Heumann, opusc. 146. Cgm. 27, f. 21. Ends-baum, Kr. Lhdl. I, 224. XVII, 130. s. Änz, welches wol nur durch die Aussprache aus ans corrumpiert ist; doch vrgl. auch Ent-, Enz-, riesig. Die Änsbäume auf der Brücke zu Vilshofen sind wahre Riesenbäume, (1842). BM. I, 227. Grimm, Wbch. I, 432. 434. III, 488. Zeitschr. III, 336.

Die Ansen, Âsen, plur., Götter (ahd. ans, plur. anseis, isl. âs, pl. æsir; ags. ôs, pl. ês. Graff I, 387 f. Grimm, Mythol. 22². Wbch. I, 432: Ans). „Gothi proceres suos, quasi qui fortuna vincebant, non puros homines, sed semideos, id est *anses* vocavere", Jornandes, cap. 13. Davon viele ahd. Namen: Anshelmus, Canis. ant. lect. VI, 546; Ansgisus, Anspertus, gl. i. 1106. Ansfrit, Ansprand, Paul. Diac. VI, 3. 17. Ansoald, notar., Longob. legg. 78. Vrgl. schwed. ansa, pflegen, warten; ans, ansning, Pflege, Wartung.

Ansbach. „In pago Rangowi, infra *Waldo* qui vocatur *Vircunnia*, infra duo flumina *Rethratenza* et *Onoldisbach*", (angeblicher Stiftungsbrief von St. Gumbert, v. J. 786), durch v. Lang aus Olše, Erle; Olšowj, Erlenwald, im Locat. plur. Olšowich, hergeleitet. Jahresbericht des hist. Ver. f. d. Rezatkreis, 1833, p. 45. Im Cgm. 3941, f. 165ᵇ, ao. 1410, kommt vor ein „Magister Chonradus *Onelsbach* alias Hessel in romana curia."

Der Anspin, sieh spinnen.

Anst, enstig, sieh unnen unter gunnen.

„änstag, vor kurzem", (Jir., Thalgau).

Die Insel (ahd. îsila; mhd. insele, îsele. Graff I, 487. BM. I, 752). Könnte Ischl aus Insel entstanden sein? (ahd. Iscala, Förstem. II, 858.) Vrgl. Lille = insulae; les Antilles, antiliae, „de Voor-Eylanden van Amerika" (1662).

üns, (ostlech) uns; s. Gramm. 717 u. vrgl. Graff I, 388 f. BM, III, 189. Scheint aus der frühern Accusativform unsih zu stammen, obschon es jetzt für Dat. u. Acc. gebraucht wird. unser (Ob. Pf. un'ə, VII Com. unnar), Pron. poss.; „in under schutz und in undern schirm genumen". . . „under vader" ꝛc. Urk. v. J. 1327 bei Höfer p. 201.

Das Unslit, Ünslit (Unsləd, Insləd, Unschləd, Inschləd, Inslt, Inschlt), der Talg, das Unschlitt (ahd. unsliht, unslit, mhd. unslit; vrgl. isl. îstr, îstra, schwed. îster, Fett, adeps; ista, gerinnen lassen — wol ursprünglich ynsta? — ost, ostr, Käse. Graff VI, 778. 791. BM. II, II, 405. Diefenb. 362ᵇ. Grimm, Gesch. d. d. Spr. 199. 1004). „Ingislaht, ingislahti, minutal, quod fit de piscibus et oleribus concisis", gl. a. 524. 569. „unsliht, arvina", gl. i. 129. Gl. o. 308. 406: unslit, arvina, adeps. Von einer wage unslides, Augsb. Stdtb. „Ain iegleich tier, daz vil ünslits (Hs. unstlites) hât und vaizten", Konr. v. Megenb. 22,19. 115,29. „Daz prüef an zwain unsliteinn (Hs. unstliten) kerzen", das. 77,12. Zeitschr. III, 114. IV, 33. 173. 189. VI, 172. (Zweifelhaft, ob in un-slit oder in uns-lit zu zerlegen; s. Th. III: das Ingeschlächt.)

instə, (cfr. Gramm. 448. Baur, OL.; 'éstə, b. W.), desto. *instə* grössə', *instə* liəbə'.

---

ant-, alte, wie aus den Wörtern, in denen sie noch vorkommt, ersichtlich ist, betonte Vorsylbe. Zu den hchd. Antliz (Isid. anthlutti, gl. o. 200: ant-luzi) u. Antwort hat der altb. Dialekt noch Antlâß (gl. i. antlaz, s. lâßen), u. in ä. Sp. Anthaiß (s. haißen), Antwerch (s. Werch). Die ahd. Sprache hat der Composita mit ant- noch mehrere: antfahan, antfangi, antfrâhan, antfriston, antheban, antlingan, antreiti ꝛc. Vielleicht gehört auch antdago, anttago, dies post quamque octava, dies octava a festo hieher? (cf. Graff V, 358. Grimm, Wbch. I, 495 f.) „Das puch haisset Lucidarius das wurt gehantfestet alsus, das es sey ain erleuchter" (Cgm. 252, f. 56); so ist das ältere „wirt geantfristet" (= gedolmetscht; s. Graff III, 836. BM. III, 409) entstellt. (Grimm II, 713 ff. 808 ff. III, 255. IV, 792. Graff I, 352 ff. BM. I, 47. Grimm, Wbch. I, 495. III, 488.) Man findet aber schon früh statt ant blos an; so wie statt der tonlosern int-, ent blos in, en. Die Betonung scheint sich vorzugsweise in den Nominalformen erhalten zu haben, während sie in den Verbalformen verloren gieng. Vrgl. auch die mit ar und er gebildeten Formen. So sind noch im Englischen manche Wörter als Verba anders betont denn als Nomina.

Antichrist, Anticrist, sieh oben Endechrist. Der äntercrist, Cgm. 520. 521. 522, f. 155 ff. s. äntern. Vrgl. ahd. antitago, endidago, mhd. endetac; Graff V, 358. BM. III, 5.

Die Änten (ántn), die Ente (ahd. anut, anit, enit, mhd. ant, ent, antvogel; Graff I, 335 f. BM. I, 47. III, 358. Grimm, Wbch. I, 502. III, 509. Diefenb. 34ᵇ. Zeitschr. VI, 50. gl. o. 170. 409: anit, anita). Die Halbänten (anas circia), Federänten, StichA., StockA. (anas boschus), Tuckänten (colymb. septentrionalis). Meine *A'nt·n* und Gens· (Ahnen), sieh oben die An und unten das Anat unter eit. Der Äntvogel, der Enterich; im Allgau Äntrecht, Aurbach Andrach, b. W. A'ntərə', A'dərə'. Zeitschr. IV, 316. V, 62,10. (gl. o. 503. i. 109: anetrecho, antrecho.) „Anetus, antrech", ZZ. 796, f. 173. „Anetarius, entreich, Clm. 5877, f. 100. „Die antreichen", plur., Cgm. 37, f. 75. „Die antreich sint sô unkäusch und sô tobent in derlai hitz und gir, wâ ir mêr dan ainr ist und neur ain änt under in ist, die vogelnt si ze tôd, ie ainer nâch dem andern, und peizent sich dar umb", Konr. v. Megenb. 169,18. „Der als ein antreche uf einem eise swantziren vor tummen leuten gat", Renner 2157. — Ente, ein europäisch gewordener Ausdruck für „Zeitungslüge", von der des Niederländer's Egide Norbert Cornelissen († 1849) weiland (um 1804) in ein Feuilleton eingerückten von 20 Enten, deren je die zweite die erste, mit Federn und Knochen klein gehackte und ihr vorgesetzte aufgefressen und so die 20ste alle vorigen 19 im Leibe gehabt. Lehmann, Magazin f. d. Lit. des Ausl. 1852, Nr. 23. Vrgl. dagegen Grimm, Wbch. III, 509,6.

änteln (ánt·ln), (von Seen) unruhig, stürmisch werden. Də' (Würm-) Sê *änt·lt* scho˜. Vrgl. gänseln und lämpeln; also von Änten (anas); zu bedenken kommt indessen doch auch anden, w. m. s.

änteln, an-änteln (à˜ánt·ln Einen), ihn anreizen, anfechten, lüstern machen. Dés hàt mi' à˜g·ánt·lt. Sieh anden und anäßig. (Sollten die ahd. anadôn und anazan in ana (an) zusammentreffen? Graff I, 268. 338.)

äntern (ántə'n), ausäntern, Einen, 1) das Auf- 86
fallende in dessen Gebärden oder Reden nachmachen, bespotten. Dèr Schlánk·l kà˜ 'ən Pfarrər *ántə'n*, dás mə˜ maə˜t, mə' sihht ·n sələ'. „Einn prediger æntern, fingere se oratorem", Schönsleder von 1618. gl. a. 186: antarôn; Notker: anterôn, imitari. (Absentem diem lux) agit, antrôt, gl. i. 538. „An dien (in tragoediis) uurden geantrôt fletus miserorum", Notk. p. 268. „subsannaverunt, anderten", Cgm. 17, f. 120ᵃ, Ps. 79,7. „Die antrunga tatun histriones." Graff I, 378 f. BM. I, 47. Grimm, Wbch. I, 310 f. Zeitschr. II, 339. III, 303. Das Meerthier Serra „so sez diu schef gesihet, so rihtet ez ûf sine vedera unde sinen zagel unde uuil die segela antderôn", Reda umbe diu tier, Ms. Vindob. saec. XI. gl. i. 1155: anterari, histrio; anterunga, gestus. Clm. 4621, f. 24: gestus,

anderunga; histrionibus, anterarin." „Scenicus, mimus, der liuten antrer", Voc. optim. p. 38. 2) ihn necken, böse machen. Vrgl. anden und äfern.

Antonius (Antoni, Toni), Taufname. Das St. Antony-Schwein, Tönl-schwein, privilegiertes Schwein, deren im XV. und XVI. Jahrhundert in verschiedenen Städten Deutschlands, z. B. in Memmingen, Regensburg ꝛc., auf Kosten der Gläubigen zum Besten des Klosters St. Antoni im Delphinat, unter Aufsicht eines zu diesem Zweck exponierten Antonier-Mönches oder Antoniers eine gewisse Zahl gehalten und gemästet zu werden pflegte. Gem. Reg. Chr. IV, 23. 54. 89. 90. 112. Schelhorn, Reform. Historie v. Memmingen p. 27 und früher. Ein Holzschnitt: St. Antonius mit dem Schwein und der Glocke, in Clm. 6000 hinten und in 2° (XV. 1474) Clm. 14177 am Vorderdeckel. St. Antonius Abbt mit einer Sau und einer Glocke am Kreuzstab abgebildet im Cgm. 84, f. 350. Deutsche Ansprache an die Gemeinde (zu Diessen), St. Antonius betreffend und gelobte Zinse seinen Siechen zu Troste, Clm. 5681, f. 49, sec. XV. „Anthoni Glöcklein", (Stationierer mit S. Anthonius schwein), H. Sachs 1560: IV, III, 83. 84 (1612: IV, III, 180. 181). „Sant Antonien rách, sacer ignis", Voc. v. 1492. Recept „fur sant Anthonius fewr", Cgm. 3721, f. 117. „Küedreckhwasser ist guet für Sanct Anthonis plag, die löschet das (daraus gebrannte) wasser", Cgm. 4570, f. 116. Antonia, Diminut., Tonə˜l, beliebter weiblicher Taufname. Tenningtag, Antonientag, St. Antonius der Einsiedler, (Zir.).

Antraten (?). „Der ain fauls pain hat und aytter flüs und alt schaden, chreussen, fistulam und antraten", Cgm. 4543, f. 166.

Antwerch, Antwerk, s. Th. IV: das Werch.

aint, sieh ain, und was das t betrifft, weder.

Ent-, betonte Vorsylbe für: ungeheuer; s. End.

ent, enten, adv. und praep., jenseits (s. en). Zeitschr. II, 139. 339. IV, 244,1. V, 110,10. 220. VI, 32.

ent-, int-, (unt-, ə˜t), tonlose Vorsylbe, hchd. ent. (Auch die alte Sprache hat häufig int neben ant und ent). Intnemen, intträumen ꝛc., sieh die Primitiva. Was enträuen betrifft, vergleiche en. entwicht = enwicht, s. Th. IV: der Wicht.

Entengraben s. End u. Th. IV: der Weg.

enter, entie, sieh oben ê und ie.

Der und das Interesse (Unterèssé), (auf dem Lande) das Interesse, die Zinsen von einem Capital. Geld auf dem Unteresse haben, oder ellipt. Geld auf haben, Capitalien auf Interesse liegen haben. Intressiert, untressiert, sehr volksüblich für eigennützig, habsüchtig. Intressiert seyn auf etwas, darnach trachten.

unten (ünt, int), adv., wie hchd unten (ahd. undenân, mhd. unden, unde. Grimm III, 204. 208. Graff I, 384. BM. I, 189). „Untə' dem Hugə'l dà lát éppəs *ünt*, wàs I dà áf də' Wəlt heraust nimmə'mer find", Luber, in Kaltenbrunner's oberösterr. Jahrb. 1844, S. 158. „Z'Steyr i˜'n Késl *ünt* bleibm s'hiazt á 'nét hint", Kaltenbr., das. 227. „Es is áf də' Welt əso aus nét *herint* (herunten), Stelzhammer 11; herint'n, das. 15.

unter (untə', b. W. üntə', intə'), praep., adj. und adv., wie hchd. (goth. undar, ahd. undar, untar, mhd. under. Grimm II, 784 ff. 877 ff. 917 f. IV, 789 f. Graff I, 380. BM. III, 186 ff.); intə' dər Erd'n, Lindermayr. Der, die, das Untere, Untrige. Die Formel: das Unter über sich (d's untərübə'schi), für: umgestürzt, verkehrt, wird als Adv. behandelt. Ein unterer, untriger . . einer von unten. ən *unteré* Tass, eine Untertasse, soucoupe. Häufig wird unter mit hinter verwechselt; s. hinter. „Einem etwas untə'bringə", hinterbringen. 'In Zusammensetzungen drückt es auch den Begriff von „wechselseitig, einander" (vicissim, mutuo, gewöhnlich mit „sich" verbunden) aus': untersagen, im Wechselgespräche kund thun; sich untersehen, einander sehen. „Ir einer der beste undersagt im vil gar, als ich iu ê, waz in war", Gregor v. d. St. 1692. „Ir bette stuonden sô nâ, daz si sich wol mohten undersehen", das. 124. „Unz si sich vor dem breiten sê enmohten undersehen mê, das. 1651. Statt zwischen (welches Wort selbst elliptisch aus der alten Form untar zuuiskem, inter binos, gebildet ist) steht unter, wie im hchd., noch in mehrern Fällen: unter Liechten (zwischen dem Tags- und dem künstlichen Licht), in der Dämmerung. Unter Nacht, s. Nacht. Grimm, Mythol. XLIX[1]. Die Untermark (Zwischenmarke), cfr. der Unterrain, die Untermâd; MB. XXIII, 244. Die hier nicht aufgeführten Composita mit unter suche man unter ihren Primitiven; under neu sieh oben bei under.

Der Untern, ein Essen, welches zwischen den ge- 87
wöhnlichen Mahlzeiten, z. B. um 9 Uhr früh, oder um 3 Uhr Nachmittags eingenommen wird; hauptsächlich aber letzteres, das Abendbrod, Vesperbrod (ahd. untarn, untorn, mhd. diu untern, Mittag. Grimm II, 337. Graff I, 385. BM. III, 189. Vilmar, hess. Wbch. 48 f. Zeitschr. III, 338); vrgl. die Zwischen (essen), Gastein. Zum Untern, oder gé Unter, oder z' Undern èssn, oder blos: z'untern, als vrb. „Zum Unnərən essen", Vesperbrod (Schweinheim). „Untarn ist gewonlich reden ze Salzburg und bedeutt, sô man izzet nâch mittem tag über ain stund oder zwô", Hofmann's Fundgr. I, 333. „Zu Morgenbrod und zu Unterm", Gem. Reg. Chr., ad 1366. „So auch ein Gast ausser der Mahlzeiten einer Suppen, Undern oder Schlaftrunks begehren würde." „Zur Suppen oder Untertrunk", OPf. PoliceyOrd. v. 1657. b. LO. v. 1616, f. 448. „Wurde aber ain Wirt . . den Knechten . . ausserhalb baider Mal, Es wäre Morgensuppen, zum Undtern oder Schlafftrunk ichts geben", B. LdOrd. von 1553, Fol. XCV. Under ist (nach Ihre's Dialekt-Lexicon) an einigen Orten Schwedens für Frühstück, an andern für Abendbrod oder Abendmahl gebräuchlich. Vrgl. englisch: *undern* . . . „the time of *undern* that the wedding sholde be", Chaucer, the Clerk of Okenfords tale 1290. 2002. „A° DXXXVIII her sunne athyst rode feovertyne dagum ær kl. Martii from ær mergene oð *undern*", from before morning until nine, von früh Morgens bis zur neunten Stunde (vom Aufgang der Sonne an gerechnet), Saxon chronicle, Ingram p. 22. Bey Ulphila ist undaurnimats (angels. undernmete) als prandium dem nahtamats als coena entgegengesetzt. In den gl. i. 213. o. 413 ist after untornes, after undorin post meridiem; o. 115 undorn meridies; ibid. 144 undirimbiz cibus qui meridie sumitur, merenda; gl. a. 740: merendinare, zû under essen; ibid. 780: „merendinare, zû mittag essen vel zû under essen; merenda, comestio facta post meridiem, ain underessen." Diut. III, 146: merenda, undere. „Merenda, underen brot", Haupt, altd. Bl. 351. „Merendinare, mittag oder undarn essen", Semansh. 34, f. 211. cf. Mal. „Accubitus, undarnslaff", Poll. 811, f. 1. „In der chvole after untornst, ad auram post meridiem", XI. sec. Clm. 4606, f. 87. M. min. p. 31 wird in Bezug auf hora erat quasi sexta (Joh. IV, 6) gesagt: „ze untarne er z'einen brunnon sisaz." Hier ist also die Mittagszeit gemeint, — welcher Bedeutung, ohne Zweifel der ursprünglichen, in der Folge die mehr Sinn gebende von unter (inter, zwischen) untergeschoben worden ist. Doch ist sie noch lebendig in dem Zeitwort untern, welches vom Rindvieh gebraucht wird, wenn es sich auf der Weide in den Mittagsstunden niederlegt und ruht. „Da hàt sá *onter'n Onnər* 's Blessreuterlá g'senn", in d. Mittagszeit v. 10 — 12 oder 12 — 2 Uhr, wo die Hirten mit ihren Herden auszuruhen pflegen, und die, wie die Mitternachtstunde, als nicht geheuer gilt, (Königshofen in Franken); Firmenich II, 406,35. Auch am Niederrhein wird ondern vom Ausruhen, Schlafen zur Mittagszeit gebraucht. „Enongər (d. i. ən Ongər) kömmt dem Burschmann tau", ein Mittagsschläfchen befällt ihn, (Neviges); Firmenich I, 418,82. Zeitschr. VI,

20. V, 65,79. Söfva unda bey Ihre a. a. O. für: Siesta halten.

Der Undan (podex?, cf. mhd. ungetân, unschön); „daz do unser herre die haiden mit grôzem fiechtům slůch an ier lîbe. daz in der undan als sêre wart. daz si mûson machon stuele von pelzin dar ûf si möhten gesizzen“, Griesh. Pred. 1, 23. s. un- u. tuen.

Untersberg. Vrgl. Grimm, Mythol. 1. Aufl., p. 526. 537 f. 540. 541.

A'ntsch, (b. W.) Anna.

Die Änzen, Änz (A'nz, Enz; s. Ans); 1) (Gebirg), die Spange am Fußeisen und Holzschuh, welche oberhalb der Ferse den Fuß oder Schuh umgibt; Ansa, Öse, *ὄχλος*. Gl. i. 845: ansulos, ense. 2) Gabeldeichsel für ein einzelnes Stück Zugvieh; eigentlich jede der beiden Stangen (s. oben Ans) einer solchen Deichsel. Es kommen diese Doppeldeichseln immer mehr, und selbst an den Bennleinschlitten ab, da man behauptet, daß auch ein einzelnes Pferd viel leichter an einer einfachen Deichsel arbeite. Doch sind sie in München neuerdings (i. J. 1829) policeylich vorgeschrieben. „Temones i. entzen huius currus (Pharaonis) sunt iniquitates“, 2⁰ XV. Clm. 11452, f. 194. Castelli, Wbch. 52 u. 56: „die A'niz'n, A'nz'n, eine Gabeldeichsel; wendisch ojnize, von einniz, mitten“; vrgl. Höfer I, 38 f. Zeitschr. II, 242. III, 336. IV, 63. Der Änz-Karren, zweyräderiger Karren mit einer Gabeldeichsel zu einem Pferde, (ehmals auf dem Lande üblich). Das Änz-Pferd, (Nürnb.) Pferd, das in der Gabeldeichsel geht. Der Änz-Wagen, (Nürnb., Nptsch.) Wagen auf ein Pferd, oder einen Ochsen, so in der Gabeldeichsel geht. BM. III, 644. „Von dem Deichselwagen . . Pfenning und von dem Einzwagen halb als
88 vil“, Gem. Chron. I, 479. „Ir hintergestell subtil und klein gleichwie ein Entzerwagen“, H. Sachs, ein schönes Jungkfraw Lob. Auf dem Landtag v. 1669 (p. 336) wird über die schlechten Wege und Stege geklagt, welche Ursache seyen, „daß man die Anzwägen mit so vill Rossen ein zeit hero gestattet habe, da doch vorhero in ainen Anzwagen mer nit als ain pferdt hat derffen eingespannt, das Gefiert aber mit zway oder mer Rossen mit der Deixl miessen verricht werden“; ebendaselbst p. 348, 548 wird darauf gesehen, die Entzwägen, dadurch die Weg sehr verderbt werden, wo es sich thun läßt, abzustellen.

Anzing, Atzing, ein Flächenmaß, gleich einem halben Morgen Landes (Jir.; Berchtesgaden, Koch-Sternf.).

ainzig, sieh ain.

Enz-, Enzio˜- (oo⏑́), mit Nomina zusammengesetzt, drückt etwas sehr Großes, Ungeheures aus; ən Enzkerl, ən Enzio˜-Sau ꝛc. Enzerisch, enzionisch, adj.; ən *enzionischer* Lümmel. Grimm, Wbch. III, 677. Zeitschr. II, 339. III, 191,81. V, 8. 221. s. End, Ensbaum und vrgl. o! io! Wenn blos die Form Enz vorkäme, so könnte nach den Gesetzen der Lautverschiebung an das angelsächsische ent (Riese; s. oben End) gedacht werden. Enta geweorc, Riesen-Werk, Beowulf 202. 206. Entiscne helm, das. 221. „Stapulas eald enta geweorc“, Andreas 2988. „Ceastra beod feorran gesyne, orđanc enta geweorc“, Cod. Exon., Conybeare, illustrations p. 230. Mone's Anzeiger 1836, p. 1 f. *Ἔϑνη τὰ Ἀντῶν ἄμετρα*, Procopius. Vrgl. Grimm, Mythol. 491². Graff I, 385. 393. II, 1163. Das angelsächsische Tyr galt auf ähnliche Weise zugleich als Nomen propr. und appellativ. und als Augmentativ-Partikel vor Adjectiven.

Enz, (Jir.) Emerentia.

'-enzen, eine Verbalbildungssylbe, welche gleich dem -einen (s. oben) eine Aehnlichkeit, besonders in Bezug auf Geruch und Geschmack, ausdrückt; als: bockenzen, faulenzen, kupferenzen, wildenzen ꝛc. s. Gramm. §. 1065.

Grimm II, 341. Wbch. III, 677. Vrgl. Graff I, 282. 338: anazan, anazjan. Frisch I, 228ᵇ. Ztschr. V, 463.

Der Enzian, (Enzià˜, Enzigà), Enzianer (Enziànə'), (Gbrg.) Branntwein aus Enzianwurzeln. **Hánti' wiə** *Enzigà*, bitter wie Enzian, d. h. sehr bitter; (Obrmr.). „Daß dergleichen Satans Confect mir im Todbett zu lautern Gall und Enzian verkehrt werde“, P. Abraham. „Entzien für die Roß“, wol als Arzney, in einer Jesuitenrechnung für 1630, Cgm. 3942, f. 37. Vrgl. Grimm, Wbch. III, 677. Diefenb. 260ᵇ. Zeitschr. II, 340. V, 221.

überenzig, (Aschaffenb.) übrig, überflüssig. Ob aus über-renzig (zu rinnen, runs), oder aus über-enzig (zu obigem -enzen)? „Uwer uber enczeger schatz“, Morolf 1315.

unz (unzt, hunz), kommt noch hie und da (opf. Chiemgau), wie in der alten Sprache, für bis (usque) vor (ahd. untaz, unzi, unzan, aus goth. und; mhd. unze, unz. Graff I, 363 ff. Grimm II, 768. IV, 790 ff. BM. III, 190). „Fone dero aho unzint in ende des erderinges“, Notk. 71,19. „Innan des unti er daz tuot“ (usque adhuc), Gl. Mons. 369. cf. Grimm III, 272 u. oben bei und. Unzher, 1) (unzə' opf.) indessen, einsweilen, interdum; əs is *unzə'* gnoug. (cfr. Otfrid's unz für während, dum). 2) ä. Sp., bisher; z. B. MB. X, 487.

(Vergleich die Reihen Ab. eb ꝛc. Af. ef ꝛc.)

aper, sieh äber. Aperschnalzen, s. schnalzen.

aparte, apartig, adv. und adj., s. parte.

Der Appeis (Appəss, O.L.), der Barsch oder Börs, perca fluviatilis. „Pisciculi ignobiles parvuli quos antiqui vocabant afpouz, hodie vero appeissen vocamus,“ Meichelb. Chr. Ben. f. 198. „Ast agapuz ut acus in dorso pungit acutus“, Ruodliep XIII, 20; agf. älepute, Grimm, Ecbasis, lat. Ged. d. MA. 183,20. 238 und 328. Graff I, 105. „Anpaß, plur. anpaßen, perca fluviatilis, im Bartholomesee“, Schrank und von Moll, nat. hist. Br. 287. Die Appeisägen, Netz zum Fangen der Barsche.

Die Appel, Apollonia, unflätige Weibsperson, schwatzhafte Person; Diminut. Eppelein. „Du finst kein Eppelein an mir“ (keinen, der sich narren läßt), H. Sachs 1612: II, II, 83. „Das er kein Eppelein an jr hab“, das. II, IV, 202. Zeitschr. VI, 456. Pritsch-Appel. Appelhaft, adj.

Der Apostel, wie hchd. (des, dem, die Aposteln; 89
Roth, Obermoschler Urk. IX, 28). Die ahd. und mhd. Sprache sagte lieber der Zwelfbot. Ein Apostel (im Ballonspiel), jactus sublimis. „Einen Apostel machen, jactu sublimi follem volantem reflectere.“ Onom. v. 1736. Scherzh. R.A. Der Apostel-Reiter, schlechter Reiter. Der Apostel-Wein, schlechter Wein. Apostel-Bier nannte unser Lohnkutscher F. X. Schmid (31. Aug. 1849) das Bier zu Holzhausen bei Waging, nemlich: „wo îner zwölf an einem Seitlein zu trinken haben.“

'Der Âprach, Âprich, das Âprechel, statt Âbrach ꝛc., mit privativem â (s. Sp. 1) von brechen gebildet, 1) die vollgesponnene Spindel; Scherz-Oberl. 57. Stalder I, 86: der Abruch, Aprich.' „Er (der Weber) tůt wie er mag verhelen, spůlen âprach und knulin stelen“, des Teufels Segi, Ms. v. 1449 (Barack, S. 334,10544). „Sie sullen spinnen ain yede VII aprach, die sullen si der pawfraw zaigen und darnach abhaspen“, Scheirer Dienstordn. v. 1500, f. 40. „So er (Achilles) dan zu gros span, so warff er ir (der Deidamia) das aprechel hinweck (ins Gesicht)“, Cgm. 570, f. 113⁊ u. 579, f. 180. Vrgl. Grimm, Wbch. I, 538: das Apper, Apperich. 2) Abfall beim Dreschen; BM. I, 242: der âbrich.'

'Der Aprecher, d. i. Abbrecher (mhd. abebrecher; BM. I, 243), der den Armen das Ihrige vorenthält oder schmälert.' „Ein diep oder ein slůch oder ein aprecher“,

Br. Berthold 35,22 (Kling 217). „Wê dir und allen abbrechern und allen roubæren“, daſ. 58,14. 15. 25 (Kl. 129). „Sich, dâ hât dirz der abbrecher abe gebrochen“, daſ. 59,30 (Kl. 131).

Der April, Abril (àbril ∪-), des Aprilen. Davon: aprịlləln, abrịlləln, vrb. n., (Baur) Aprilwetter machen oder geben; əs aprịlləlt; in specie: kleine Schloßen werfen. Die Abrịlləln, plur., kleine Schloßen.

Der Epp, Eppe, Epf, Eppich (cf. oben Ebich; Graff I, 91. 160. BM. I, 434. Diefenb. 40ᵇ. Grimm, Wbch. III, 678. 680). Der eß den Epp roch; Epp-ſaft, Epp-ſam, Cgm. 720, f. 157. Ephey oder Eppich-waſſer, Cgm. 4570, f. 46. Epeich (apium?), Cgm. 4543, f. 70ᵇ. Zeitſchr. VI, 372.

Epiphaney, ſ. Th. III: Schein.

éppər, éppəs, éppə ſieh: etwer, etwie, etwas, etwa ꝛc.

Der Epiſtler, (ä. Sp., Voc. v. 1419), Subdiaconus. (Vrgl. Letzner und Evangelier).

Das Opperment, Òrpirment, auripigmentum; „arsenicum ſpricht zu tütſch Opperment“, Cgm. 4902, f. 16ᵇ (v. 1429); „auripigmentum, orpirment“, Clm. 5125, f. 244. „Einen neuen rothen Ornat mit großen eingewirkten Goldblumen oder Opern“ (?), Feyerabend, Ottobeur. Jahrb. III, 724 (v. J. 1737). BM. II, 443: ôrperment, ôpirment, opriment. Diefenb. 51ᵃ und 62ᵇ.

üppig, adj., aus der Bücherſprache hie und da in den Mund des Volkes gekommen und gegen die Regel ausgeſprochen iəppi, (welches ein üeppig vorausſetzen würde). In der ahd. u. mhd. Sprache kommt es in der Bedeutung nichtig, leer, unnütz, müßig vor. Alle Verfügungen ſollen „ganzlich ab, todt, üppig und zu nicht ſeyn“, Kr. Lhdl. X, 553. Voc. v. 1419: inanis, äwtl oder üppig. Gl. i. 519. 894: ubpig, vacua et inania; ubpigi, ocium; Kero VI: uuort uppigiu, verba otiosa; in uppun, vane; uppeheit, vanitas, Notk. 88, 48. geuppot, evacuatum, Notk. 63,9. mhd. üppec, üppecheit; inanis gloria, uppikait, And. 48, f. 142. (Vrgl. Graff I, 88. BM. III, 193. u. Ulphilas II. Corinth. 4,1: ufjo mis iſt, supervacaneum mihi est.)

Der Apfel (plur. Ebəl, Aſchaffenb.; Ebəl-P-hannəkuchə˜), wie hchd., (ahd. aphul, aphol, apfal, apfil, plur. epfilî, mhd. aphel, apfel, plur. epfel. Graff I, 173. BM. I, 47 f. Grimm, Wbch. I, 532. Diefenb. 446ᶜ. 345ᵇ. Zeitſchr. VI, 169,5). In der OPf. hört man hie und da ganz widerſinnig den Singular als Epfl, den Plural hingegen als Apfl. In den vom ahd. apholtra (Apfelbaum) genommenen Ortsnamen wird durch die gemeine Ausſprache das a der Hauptſylbe gewöhnlich ganz weggelaſſen. Man hört Faltərbach ſt. Affalterbach; (ſ. Affalter). R.A. Äpfel bräten, ſich mit unbedeutenden Dingen beſchäftigen; nichts thun. „Den 21. Sept. 1622 bericht Thylli auſ Heydlberg die Eroberung ſelbiger Statt und Schloſſes . . . Maximilian hat in margine erſetzt, denen Commiſſarien einen Fülz zu ſchreiben, daſ Sye es nit ehender bericht haben, was Sye dan dabey thuen, oder obs allein öpfl praten.“ . . . Wſtr. Btr. VIII, 153. Daher: Der kann mêr als Äpfel bräten — nicht ſelten mit dem ſcherzhaften Beyſatz: er kann ſ· eßen âuch. „Äpfel eſſen mögen, nicht impotent ſeyn; Eiſelein 32. 33.

Die Apfelſine, malum sinicum, China-Apfel, über Portugal nach Europa gebracht.

Epheu, ſ. Ebaum, Ebbaum, Erdbaum.

Das Opfer, wie hchd. (ahd. opfar, mhd. opfer; aus lat. offere, nach Wackernagel v. operari. Graff I, 181. BM. II, 437 f.). Das nach katholiſchem Kirchen-Gebrauch während der Meſſe von den Kirchgängern auf den Altar dargebrachte Geld u. dgl. Die Handlung dieſes Darbringens heißt man zum Opfer gên, (b.W. gégng'ən Opfə' gə˜, OL. gà'n Opfə' gê˜). „Ein priſter der ob ainem alter ſtet, wan man ſer zu dem opfer get, dem iſt die weil gar ſelten lang“, Cgm. 713, f. 9. 160. „Es ward chain prieſter nie ſo alt, noch chain winder nie ſo chalt, das er glued begert die weil das opffer wert“, Clm. 17274, Hinterdeckel. „Der pfaff aiſchet nicht der gluet, die weil das opfer mag wern, ich waiß wol, er wölt gern, das es lange wert“, Cgm. 270, f. 75. 379, f. 38. Vrgl. Haupt's Zeitſchr. VIII, 529,195. Das Opfern 90
hat beſonders an den drey Sonntagen, an welchen (außer den gewöhnlichen Exequien) eines Verſtorbenen gedacht wird, von Seite ſeiner Verwandten und Nachbarn ſtatt, wo denn Redensarten vorkommen, wie folgende: Für'n N. wird heu˜t 's zwaət *Opfə'* 'tràgng. — Dər N. is no˜ i˜'n *Opfə˜* ꝛc. (Baur). „Waren jm (wie wir ſprechen) auff dem Opfer, Begengknuß und Begräbnuß“, Avent. Chr. 164. „Wann ſie gen opfer gend progen . . . die tücher legt man dar nider und loſent ſie mit kleinem gelt wider“, (v. einem Leichenbegängniſſe). „Sie eſen den toten . . . und ſprechen: du ſolt nit wainen und belangen, zwar man hat in ſchön behangen baide mit ſingen und leſen; ez iſt auch ein ſchon opfer geweſen“ (vom Todtenmahl), Cgm. 811, f. 44. „Als ſy zu dem opfer gen wil, ſo iſt das all ir ſinn und fleis, das nuer die paternoſter gleis, fuer die andern verr und weit“, ſagt der Teichner, indem er das Prunken mit dem Paternoſter tadelt. R.A. Vor der Meſſ· zum Opfer gên, vor der Trauung Beylager halten.

Ips? „Drey Ips waren bey in jr loß“ (Loſung; — bey den Schlemmern, die den vollen Berg ſtürmten); H. Sachs 1612: I, 1091.

---

ar, in den Monumenten der alten Sprache (z. B. gl. a. 435, gl. i. 701—815 wol dreißigmal; Graff I, 393. Grimm II, 705. 717. 790. 818 ff. BM. III, 194. Grimm, Wbch. III, 693.), Praepos., ex, aus. Noch häufiger ſind die mit ar zuſammengeſetzten Verba, z. B. bey Iſidor. Daher noch jetzt einige Subſtantivbildungen, deren ar ſchon früh in a verkürzt worden iſt. Man ſehe â, Akampen ꝛc. Dieſelbe Präpoſition kommt in andern alten Monumenten als er, ir und ur vor; man ſ. d. Wörter. (Wegen der Betonung der mit ar und er gebildeten Subſtantiva, im Gegenhalt zu der der Verba, vergleiche ant.)

Der Aar, Ar, Adler (goth. ara, ahd. aro, mhd. ar, Graff I, 432. BM. I, 48. Grimm, Wbch. I, 5), in der alten Sprache ſchwach flectiert: des Arn, dem Arn; Balfn. 110. 113—115. Buch d. W. 1485, p. 97 ff. Grimm, Myth. XLVII, 20. LXI. „Des aren chint labent ſich ir muter plût“, Ind. 420, f. 133ᵇ. „Diu gans erkent wol den arn vor dem geirn, daz ainem menſchen gar ſwær wær“, Konr. v. Megenb. 169,2. „Bald ich hab etwas ausgeſpecht, ſind ſ· (meine Knechte) darauf wie ein Aer auf einr hennen“, ſagt der Reuter-Edelmann bei H. Sachs 1560: V, 341 (1612: V, III, 6). — Häufig als Compoſitum: mhd. adelar, adlar, ſpäter adeler, adler, Edelaar (BM. I, 49. Grimm, Wbch. I, 177. 181). „Gelich dem adelaren“, gold. Schm. 1052. „Her adlar, es iſt ain unverainte ſchar“, Cgm. 714, f. 39ᵃ; vrgl. daſ. f. 172: adelar (:clar). Der maws ar (mhd. mûsar, mûsære, mûſer, Mäuſeaar; BM. I, 49.), gensar, Cgm. 312, f. 44ᵃ.

Der Ar, Bergname; davon: der hohe Narr (durch Bindung aus: „am hohe-nArn“ entſtanden); cf. Muchar, Gaſtein 2. Der Arlberg; Kaiſer Ludwig's IV. Urkunde v. 1335, „daß man die Straße ſichern ſoll über den Arl“, Cgm. 3955, f. 3. S. unten Arlberg.

Die A'r, (Chiemgau) das weibliche Schaf; (Jir.) die Arren, Mutterſchafe; Gaſtein: die Arn. Sieh oben Sp. 1: A und Gramm. 635.

Die A'r, (nach Gramm. 611) ſtatt: die Närw, Närb, das bewegliche Eiſen, welches auf den Kloben (A'rsteffn) paſſt, in welchen das Vorlegeſchloß gehängt wird, Klammer, Krampe; Caſtelli, Wbch. 57: „die A'rw, eine Schließe vor den Thüren." Im Schloß Mitterſill iſt der Hungerleider ein gewölbtes Doppelgefängniß mit nur ſpärlichem Lichte. Die eingemauerten Arben erinnern, daß hier Verbrecher angeſchmiedet waren. (v. Kürſinger, Ober-Pinzgau, 1841, S. 58). Zeitſchr. IV, 63. VI, 400,3. „Começaram de despregar fechaduras e *arvas* dalguumas portas da dicta Judaria", portugieſ. Urk. v. era 1395 (= a. Chr. 1357), Ribeiro, dissertaçoes I, 306. Diez, Wbch. 27. ſ. Närw.

-ari, die im Volksmunde mit Recht gekürzte Endung der aus dem Lateiniſchen entlehnten Ausdrücke auf -arius, -aria, -arium; als: der Commiſſari, Notari, Secretari; die Ordinari; das Inventari ꝛc. Ueberhaupt behält der Dialekt das i des latein. -ius bei: Aliſi, Antoni, Nazi, (vrgl. hochd. Juni, Juli). Archivar Wittmann in ſeiner akademiſchen Rede, „die Germanen u. die Römer" ꝛc. (vom 28. Novbr. 1851) ſagt ſogar: Armini.

Die Arie (A'ri, -ᴗ), 1) wie hchd. 2) (HhE.) muſicaliſche Stimm-Anlage. Er, Sie hat kain A'ri, hat keine Anlage zum Singen.

Der Aronskolben, der Blüte- oder Fruchtkolben des Arum maculatum L. Aus dem Anſehen deſſelben pflegt der gemeine Hauſen im Frühling die Beſchaffenheit der künftigen Aernte zu prophezeyen. Namentlich bedeutet der Kolben das Getreide, der zaſerige Theil an demſelben das Heu, der braunpunktierte das Obſt und endlich der traubenförmige, wie billig, den Wein.

Die Aruten, 1) aus abrotanum verderbt, auch Aberraute, Abraute; Dieſenb. 4c. Grimm, Wbch. I, 576; 2) das gemeine Gartenkraut, Ruthenkraut, ferula communis (Zir., Pinzgau, Pongau).

Die Arr, (ſalzb., tirol.), arrha, das Daraufgeld, Darangeld; (ſ. Th. II: Har u. Kumpari). „Welcher Ehehalt, Knecht oder Magd ſich verdingt und ein Arr nimmt." „Gibe ich einem manne ein guot ze koufenne unde gibet er mir ſin arre dar an", Sachſenſp., Laßb. 229, Wackern. 190. Verarren, durch Geben oder Nehmen von einem Darangeld verbindlich machen. Eine Perſon verarren, ſich verarren. „Chain ſalz verarn . . . verarſtattigen", Cgm. 22, f. 69. 71b. „Ez ſol nieman . . . keinerleie korn noch ſmalſât uzerhalbe der ſtat . . . iht kouſen noch verarren", Meraner Stadtrecht in Haupt's Zeitſchr. VI, 414. „Ich tupf mit dir umb dz geding, wir geben dir umb In 30 ſilbrin; damit ſey diſer kauf verart", Sterzinger, Paſſionsſpiel v. 1500. „Vorkäuſer ſollen keine Victualien verarren", (Tirol. reform. Land-Ord. v. 1603). Cf. engl. earneſt, arrhabo; Lye: eorneſt.

91 Der Arreis, (mhd. arraz; BM. I, 62), der Raſch, leichtes und geringes Gewebe aus Wolle, von der Stadt Arras benannt. „Lintperger, Arreis und allez dunnes gewant", Münchner Magiſtrat Verord. v. 1370. Wſtr. Btr. VI, p. 114.

Das Air (Aər), das Ey; ſ. Aij.

er, pron. pers. (ſ. Gramm. 719); im Munde der Frau vorzugsweiſe, der Mann im Hauſe, ſowie umgekehrt: Sie oder Is, die Frau im Hauſe. Wenn Er dəhaəm wár, kunt'st səl' dəmit rédn. 'Ebenſo bezeichnen Er und Sie das Männchen und Weibchen von Thieren, namentlich von Vögeln, doch auch von Pflanzen (cf. Grimm III, 311 f.; vor Allem Wbch. III, 690,11); häufig bei Konr. v. Megenberg;' z. B.: „Er ſpricht auch, daz under allem gefügel gemaincleich der er lenger leb danne diu ſi", 164,30. „Wan ſô der wint von den ern wæt zuo der ſien in der zeit irr unkâuſch, ſô gevæht ſi zuo" (vom Repphuhn), 216,9. „Si (die Salamander) haben nicht ern und ſien under in", 278,3. „Ez ſint die ern under in (den Scorpionen) gräuleicher wan die ſien", 282,20. „Daz under der lai paumen ſi und er iſt, und der er pringt nümmer kain fruht", 337,9. „Alraun iſt zwairlai: ſi und er, und der er hât pleter geleich piezenpletern; aber diu ſi hât pleter ſam luctuckenpleter", 406,30. „Daz tuot allermaiſt des ern wurzel", 407,22. 'In fortlaufender Rede wird das Pronomen der dritten Perſon, beſonders er, in der älteren Sprache häufiger als das der erſten und zweiten unterdrückt.' „Hat er haimliche geſündet, ſo pueze . haimliche". . . . „Daz er e tet, daz ſchol . abr tun", Clm. 4620, f. 75. 81. 91. „Daz nem . ze gut" . . . „ſo komm . hinuß", Cgm. 379, f. 59. 60. „Daz . ſîn rîcheit alſo grôz uſe ertrîche gegozen hât", Lied vor St. Ulrich's Leben, V. 25. „So ſetze . im einen zins", Schwabenſp., Laßb. §. 22. „So neme . des rihters inſigel", daſ. §. 36. „So var . got ergeben", daſ. 193. „So vare . got enpholhen", daſ. Wackern. §. 166. „Die weil der jung kreſt hât, ſo würck . daz iſt mîn rât", Boner, Em. D. 58, f. 162. „Des erſten tages ſo huet . ſich vor ſchlâffen", Aug. eccl. 76, f. 117. „Hât er die zît, ſo habe . riwe", Ind. 375, f. 190b. „Hat er des nicht, ſo nem . rawten", Clm. 5879, f. 193. „Der hett mein herrn ſchier uberredt, das . zu Engelant aufgeſeſſen wär". . . „Dennoch was meins herrn beutel voll, das . nichts von jm wolt begern", Gabr. Tetzel, Cgm. 1279, f. 139b. 164. „Hât er niht ze gelten guot, ſô gebe . doch ſînen rîchen muot", d. welſche Gaſt 14565. „Und wil er chomen uber all, ſô lerne . daz im beſt gevall", Ring 104,33. Vrgl. W. Grimm zu Athis u. Proph. 54,82. Lachmann, Hildebr. p. 33. „Sum ſo ſalig uuard manno undar theru menegi that . it bigan an iſ mod hladen", Hêliand 115,23. „Wanneer zyn zoon binnen trad, keerde hy naer hem zyne blinkende oogen, doch ſprak . niet", Conscience, het Beulenkind, p. 102. Das „ich" fehlt: „Ich ſich ez wol, aber waz ez ſei, des waizz . nicht", Cgm. 54, f. 63a. Er-en, er-ezen, Einen, ihn mit Er anreden.

'Er, aus Herr gekürzt und oft in Ehr entſtellt, gewöhnlich vor einem Namen oder Titel, (flectiert: Ern, Ehrn; ſchon mhd. er. BM. I, 666. Grimm, Wbch. III, 52. 692).' Thüringen, Erfurter Chronik: Er Herman u. drgl. cf. Ver, Fer.

êr (goth. air, ahd. êr, mhd. êr, ê. Graff I, 434. 440. BM. I, 437. Grimm, Wbch. III, 36. 38. 46), ehe, eher. 1) adv., vorher, (gl. a. 457. i. 445. Kero 43. 46. Iſid. V, 31. Otfr., Tat. passim); 2) praep., vor, (Iſid. I, 9. Otfr., Tat. passim). Daraus das ſpätere ê; (ſ. d. W.). erer, ä. Sp., (ahd. êriro, mhd. êrer, contrahiert êrre, erre), adj., prior, vorherig, früher. „Von meiner erærn hausfrawen", MB. III, 186. „Zu den erern zwain", XXIV, 387. „Unſer Frauuen tag oder miſſe der erern", oder (contrah.) erren, Mariä Himmelfahrt, im Gegenſatz von Mariä Geburt, passim. Erremals. Die erren chind, (ſt. erere, ereren), Augsb. Stdtb. êrſt, (ahd. êriſto, mhd. èrſt, Superlat. von êr, OPf. èiə'scht, B. èrscht, èərscht, êrd), adj. und adv., wie hchd. Der Erſter, Zweiter, Dritter ꝛc., (Aſchaffenb.) der Einſer, Zweyer, Dreyer u. ſ. w. Das bequeme und bedeutſame nhd. Advb. erſt (= jetzt erſt, da erſt, nicht früher, demum; vrgl. dän. förſt. Bei Oswald v. Anhauſen, 1356, durch a primo = von erſt, überſetzt: „tunc a primo dicitur peccatum", Mallerſt. 33, f. 136a) erſcheint in der älteren Sprache in der Zuſammenſetzung allerſt (mhd. allerêrſt, alrêrſt, alrêſt, alreſt; BM. I, 438. Grimm, Wbch. III, 222 f. (OPf. -ᴗ, àllə'scht. B. ᴗ-, əlerscht, ələrd). 's Wassər is frisch, hà~s *ələrd* gholt. Is kaə~ frischs Wassə' dà, muəs *ələrd* aə~s holn. Am erſt, vorher; amerſtig, vorherig; „fü'nn ameaschting Hea' Vicari", v. Kürſinger, Ober-Pinzgau, 1841, S. 176. — domerst, jetzt (Puſterth.), Staffler I, 115. cf. hemest (VII Com., wol aus ebeſt, ebe' erſt). Beym erſt (ᴗ-), von erſt, auch: über erſt, z'erſt, z'erſten, und: in der Erſt, in der Erſten, zuerſt, von Anfang. Zeitſchr. II, 287,88. „So ſol der Abt die Sach ſeines Cloſters von erſt furlegen", MB. XII, 478. Zi eriſten ſchon bey Tatian, Matth. 6, 33; 7, 5 ꝛc. Der Erſt, (Baur) ellipt. ſt. der erſte Gottesdienſt für die Seele eines Verſtorbenen. „Die Exequien mit dem Erſt, Siben und dreiſſigiſt celebriren"; Weirer, dissert. XXI, Pars II. Lhdl. XIII, 173 in dieſem Sinn: „Gräbniß,

Siebendt oder dreissigst." Das Er·st (so wie: das Ander) läuten, ellipt. statt: das erste Mal, (das andere Mal) zum Gottesdienst läuten. Der Erstl seyn, das Erstl haben, (b.W., ObrM.) bey Wettrennen, Spielen ꝛc. der erste seyn. I' bin Eə'stl beim Spiel. Aə˜n 'n Eə'stl à'låffə˜, ihm vorkommen, es ihm zuvorthun; dèn hàn I'n Eə'stl à'g·ált; (b.W.). Vrgl. Buch d. W. 1485, 108: „Ich will erstman seyn."

er, praepos., ex, in der alten Sprache (z. B. Kero II, 48. IV, 18. XXXV, 4. XLVIII, 34. LVII, 3 ꝛc. m. min. 29). Daher noch die vielen mit er zusammengesetzten Verba. „Wer auch geust des prantweins in ein todten menschen, der erfaulet noch erstinckht nit" (= wird nicht . . .), Cgm. 4570, f. 48. In einigen Substantiven wie E=biß, E=schwingen, E=werch scheint das frühere (betonte) er in e, wie das parallele ar in a verwandelt; (s. ar und a). Cf. Graff I, 393 ff. Grimm II, 705. 790 ff. 819 ff.

er (ə'), Partikel, vermuthlich contrahiert aus oder, wie das ar an der Nahe (Bachmann, über Archive p. 130) oder das englische or. Ain Stuck er dreu (ə˜ Stuck ə' drui), d. h. ein Stück oder drey, eins bis drey Stücke. Ain Hundert er viere er fünfe, ein Hundert oder vier oder fünf, d. h. ein bis vier oder fünf Hundert. (Vrgl. Gramm. §. 775.) „Der für etwan uß und bleib ein jar
92 oder drü uß"; Pr. Joh. Pauli v. 1522, f. 43. „Ain tag oder sechs", Cgm. 1279, f. 160. „Und laßs ainen tag oder vier eintruchen", Cgm. 821, f. 113ᵃ. „Für die herten in dem leib. der nicht stuel mag gehaben, der schlindt iij pfeffer korn oder sibenie", Cgm. 4543, f. 50. „Als der sigrist ein zug oder acht gethan, fiel der schwengel auß der glockhen", Saladin, Straßb. Chr., ad 1612, Cgm. 1222, f. 589ᵃ. Für Formen wie: ə' Stuck ə' dreisg, ə' viərzg ꝛc. (ohngefähr 30, 40 Stücke), scheint diese Deutung freylich nicht auszureichen. Hier denk ich an: Es sind der ('ə') Stuck, es sind ir (ə', d. h. ihrer) so und so viele. ə' Stuck ə drei, ə˜drei Stuck; ə Bot ə viər, ə viər Bot; ə Màl ə séchs, ə séchs Màl (ObrM.). ə fu˜fzg sán·s gwis gwést, wie man sagt: iənə' (ihrer) fufzg. Vrgl. ummə viəré, fimfé etc. (von mhd. umbe?). Vrgl. auch ital. un dieci etc. scudi, etwa, ohngefähr 10 Scudi; un cinquecento, environ cinq cents; Diez 954. S. Th. III: das Stuck; auch Zeitschr. f. d. Mundarten II, 353 ff. III, 128 ꝛc. und Grimm, Wbch. III, 114,3. 693.

'-ər, -ərə, inclinierende Form des pronominalen Genitiv Plur. ihrer. Zeitschr. III, 476 ff.' Vrgl. holl. A. Deze peren zijn zeer rijp; kan ik er u mede dienen? B. Mit veel genoegen zal ik er eene van u aannemen. A. Hier is er eene, die. . .

'-er, Bildungssylbe für männliche Substantive aus Infinitiven, um das einmalige, schnell abgeschlossene Vorsichgehen dessen, was das Verbum aussagt, zu bezeichnen; z. B. der Lacher, Lachezer, Kracher, Spritzer, Fahrer (das einmalige Lachen, Krachen ꝛc.).' Falsch aus ə' und dem ahd. -ôd erklärt; Gramm. §. 1049. Grimm II, 252 ff.

'-er als Ableitungssylbe an Namen von Ländern, Städten, Dörfern ꝛc., wenn diese ohne Artikel vor einem anderen Substantiv an der Stelle eines Adjectivs erscheinen, ist als der Genitiv Pluralis der mhd. Bildungssylbe -ære (ahd. -âri) zur Bezeichnung der Bewohner des Landes oder Ortes zu erklären; (vrgl. Gramm. p. 208. 406 f. Grimm II, 128 ff. Wbch. III, 692). Unser „Konstanzer Bisthum" entspricht Otfrid's „Costinzero sedal." „Zwischen Sentlinger und Newnhauser tor", in Ridler's Chronik f. 3, heißt ohne Zweifel nichts anderes als: zwischen der Sentlinger und Neuenhauser (Genit. Plur.) Thor (= inter Sentlingensium et Neuenhusensium portas). Da aber nicht gerade die, sondern überhaupt Sentlinger gemeint sind, so wird der Artikel gewöhnlich weggelassen. „Vor Ruinhauser tor", MB. XIX, 13; „an Chauffringer gazzen", das. 513; „pey Chauffringer tor", das. 514, ad 1335. „Ingolstetær pfenninge", MB. XVIII, 87. Vrgl. Mone's Anzeiger VIII, 583. Zu „in pago Svalafeldonio" (XI. Clm. 4608, f. 225) vergleiche man das alte genitivische „Sualafeldono." Auch über Ortsnamen hinaus auf andere Eigennamen u. ihnen gleich gebrauchte Gattungsnamen erstreckt sich die alte Bildungssylbe -er und ihr versteinter Genitiv Pluralis; so: „Kaiserer, Herzoger, Albrechter" (d. i. Anhänger des Kaisers Friedrich IV., des Herzogs Albrecht) bei Mich. Beham, Wiener 300,11. 302. 325,14. 21. 326,22. „Künigger", Familienname des Schlick zu Rohr. „In der Dommer-, Hauger und Bleichacher Pfarrey", Wirzb. Verordn. v. 1792. „. . . stoßt an Ulricher garten" (zu Augsburg, 1398), Aug. eccl. 211, Hinterdeckel. Das „Vestner Thor" in Nürnberg. — Ungereimt ist es, dieses neue -er auch alten Flexionen anzuhängen, wie Münchener, Münchner statt Müncher, Sachsenhausener st. Sachsenhauser, Wirtemberger ꝛc.; s. Grimm II, 128 Anm.

Die Er (opf. èiə', B. èr, ér, èə'), wie hchd. Ehre (ahd. êra, mhd. êre. Graff I, 441. BM. I, 442. Grimm, Wbch. III, 54. Zeitschr. V, 221). Das Wort kommt in gewissen R.A. gerne als Plural vor (Grimm IV, 288). „Die ir êren tunt ze laide", Labr. 216. „Daz wær der êren ein uzbrüchig scharte", das. 235. „So habt Ir minen êren" (honor auribus), das. 330. In den Eren (ä. R. A.), zu Ehren; „in den eren unser vrauen," Inschrift auf einem Pfeiler der Münchner Frauenkirche; „Geweicht in den Ehren der Mutter aller Götter"; „Diis manibus, in den Ehren der Götter über die Todten", Avent. Chr. „In ere Sant Erasmen". . . „in Ere des oberisten hirtes" ꝛc. (ad vel in honorem), Clm. 4616, f. 52. In den Eren seyn, die nöthige persönliche Eigenschaft, Würde ꝛc. haben, im Stande seyn. „Daz die ziugen in den eren seien, daz er wol damit erziugen mag", Rchtb. v. 1332. Wstr. Btr. VII, 144. cfr. 148. 183. „Nach iren eren", ihnen, nach Stand oder Vermögen angemessen; MB. XIII, 448. XXIV, 172. „Eine Kapelle geziert nach Herzog N. und seiner Gemahlin Ehren und Gewissen"; Kr. Lhdl. XIV, 589. „Conrad gibt einen weth nach seinen Eren." „Man gibt der todten ein petgewandt nach iren eren", MB. XXV, 25. 47. Etwas in Eren halten, der Eren wert halten. „Die Geschlechter vergünnten keinem der Ehren", Av. Chr. Der Eren wert seyn. Er is nit dər *Ern* wert, dás ər aə˜n tát ə˜n Stuəl à˜-biətn, nicht einmal so viel Rücksicht hat er, daß er Einem einen Stuhl anböte. „Von den 200 Burgern zu Bethlehem war nicht einer der Ehren werth, daß er wollt so liebe Gäst beherbergen", Selhamer. Das Prompt. v. 1618 sagt: Er ist der Ehrn gewesen, daß . ., hunc honorem habuit mihi, ut . . . Er wär nit der Ehrn gewesen, daß . . eum honorem mihi non habuit, ut. . . (cf. Grimm IV, 654). Zur Zeit des Faustrechtes pflegten ehrliche Ritter, wenn sie einen Andern feindlich angreifen wollten, dadurch ihre Eren gegen ihn zu bewaren, daß sie ihn vor dem Angriff davon benachrichteten, ihm einen Absage= oder Feindsbrief, Fehdebrief zusendeten. Schändlich wars, „unentsagt und unbewart der Eren" Jemand anzugreifen. Kr. Lhdl. X, 517. 499. 475. 466. VIII, 450. I, 131. Gem. Reg. Chr. III, 318. Mit eines Andern Weib „der Unehren pflegen", Lori, Lechrain, f. 399. Die hchd. Zusammensetzungen: Ehrenamt, Ehrenbett ꝛc. stimmen zu dieser Pluralform. Sie kommen auch im Dialekt vor, der selbst mehrere dergleichen ihm eigenthümliche hat; z. B. êrengeacht, adj, st. ehrsam. êrenreich; „Ave, du erentreiche junckfraw", Cgm. 484, f. 201ᵇ. „Den erentreichen gesten", H. Sachs 1612: II, II, 26. Doch alles dieß mehr im schriftlichen Gebrauch; denn auf dem platten Lande ist bey Zusammensetzungen die Form Êr (nach Gramm. 807) üblicher.

ən Er, rècht ən Er, adverbialisch gebraucht für: tüchtig, nachdrücklich, stark. Dés Land hammə' 'dungt *rècht ən Êr*, diesen Acker haben wir sehr stark gedüngt, (Lechner, Chiemgau). I' bitt di' rècht *ən Êr*, inständig, dringend. „Halt's Maul oder I' klopf di' *ən Êr!*" (Lied.) „Tumaj di' *ən Er!*" „də'schrèchə˜ s· recht *ən Êr!*" Lieder des

salzb. Flachlands, p. 58. 60. Hiemit ist wol eins das von
93 Hübner angeführte anehr (ən Er?), rund anehr, das im salzb. Thalgau so viel bedeute als: vollkommen. Z. B. „Sags rundanehr", sags unverhohlen. „Schau dafs d' *anehr* g'sund wirst." „Sammts *rund edler* (das d werde nicht gehört; also: elər, ələr?) Schotten Schmàlz und Budə' zsam", Schosser. Castelli, Wbch. 119: „edla, viel; z. B. brauchst edla Nögl?" Zeitschr. V, 222. cf. alber aus alwaere. s. êrlich.

êrbær, êrber, erberg, erwerg, (ä. Sp.) 1) ehrbar. Der erberge man, die erberge frauw, auf alten Grabsteinen. 2) angemessen, ordentlich. „An erwærig stet" (in loca honesta, sancta), Cgm. 54, f. 69a. „Der keiser Ludwig (IV.) sante sine erbarige botschafft an den pabest", Cgm. 327, f. 155b. 156. „Si beraiten im do einen erwæren antvanch", Urstende, Hahn 118,36. „Alsda sollen die Iren von München einem jegelichen arbaitter zu der zeit alltag von der Statt gebn ein erbergs prot, dez sich ain person einen tag redleich betragen mag", Münchner Urkunde von 1445, Wstr. Btr. VI, 188. „Man sol zwelf erber Kertzen ufzünden", MB. XXIII, 391, ad 1431. 3) verehrlich, vornehm. Das erberg Ding, (das hochachtbare Gericht). „Er ist wol so erberg, er versagt euch nit herberg", Mich. Beham, Wiener (1462) 410,4. „Gabriel Ridler mein Vater starb (1420), der was der erbrigsten man einer, der in vil iaren ze München ie gewesen ist", Gabr. Ridler, f. 17 (s. Th. III: der Ridel). In Gem. Regensb. Chr. III, 349, ad 1461, werden die erbaren (Kriegsgefangenen) denen vom Bürger- und Bauernstande vorgesetzt. (Vrgl. Kr. Lhdl. II, 31.) So stehen daselbst (II, 240) die Erbern (Kriegsmänner) den Schützen entgegen. „Vier Erber des lantgerichts", MB. XXV, 445. „A⁰ 1350 Mechanici expulerunt de civitate (Nürnberg) honestiores vulgo die Erbern et communitas obtinuit regimen... Ut autem iterato civitas daretur potentioribus, den Erbern, coacta fuit civitas ut daret Regi Carolo XXXm. talent. hallens." ZZ. 751, f. 206b. „Die den vater (Noe) erten do, die wurden erber frien so" (im Gegensatz von „aigen man"), d. Ring 44,37. (cfr. Erber unter Erb.)

unêrbære, nicht ehrbar, unedel. „Vil unchäuscher man, die unerwærigen sin habent und auch an in selben unerwerig sein", Cgm. 54, f. 45a.

êrlich (èrli, èə'li, èə'lə, è'lə), adj. u. adv.), 1) wie hchd. ehrlich. 2) ansehnlich, viel, sehr. *èrli'* weit, *èə'lə* lang, əs tuət mi' *èrlə'* hungə'n; *èə'lə* Obst, *èə'lə* Gəld. Er hàt mər *è'lə* 'gébm. *Erlə* wiə ə~ Lédə', (Ob. Audorf) fast wie Leder. erlá, ellá, viel, häufig; Stelzhamer 176. Zeitschr. V, 222. Ein Êrlichs (ən èrli's, ən èə'lə's), viel, sehr; (s. oben ən Èr und èllə). Diese Bedeutung des Nachdrücklichen, Frommenden zeigt sich übrigens schon im alten erhaft, pius, êrloso, impie, (Isidor 3,11, Kero VII, 87 und im Prolog, Z. 128, wo das falsch verstandene impegerunt durch erlosotatun gegeben wird. Grimm I, 1041, β. Daselbst gibt Kero auch parendum est, es als parandum nehmend, durch ze karauuenne ist." Richtig steht in Abt Walther's II. v. Engelberg Uebersetzung (Engelb. 1846, p. 118): „sun wir... gehorsan sin". Vrgl. Tobler 164. Bey Höfer wird das Adjectiv unêr als Gegentheil von tüchtig, fromm (im alten Sinne) aufgeführt. Dasselbe Adjectiv kommt für improbus, irreverens in der gl. i. 349 und 736 vor. Virtutis heißt bey Isidor 5,38: dhes erin meghines. „Regiert leicht der *uner* Planet dés Jahr. Kaən *uners* Mensch muast nid zun Tanz'n nemə~, du kinnəst gàr leicht in ə~ G'sàgət keme~. Heut is mir *haut unnə'*, waəls selbə' nét wie, auch *haut létz*, sehr unwohl (s. oben under u. Th. II: letz). Schosser 68. 69. 140. 156. cf. ags. árleas, impius. — Vrgl. ahd. êregrehtî, fem., pietas, misericordia; Otfr. I, 4,17. II, 20,1. III, 14,114. 20,118. IV, 1,52. 5,22. 31,19. 37,41. V, 23,290. Ludwigslied, am Schluß. Graff II, 412. Heliand 107,12: egroht-ful, misericors. 3) ä. Sp., löblich, Ehre bringend, geehrt, vornehm, ansehnlich. „Das zu thun, wär ihnen und ihren Nachkommen nicht ehrlich", Kr. Lhdl. X, 273. „C. Marius, nachdem er die Teutschen geschlagen hett, hat er alweg aus einer Kandel getrunken, das damals ein ehrlich Ding was." „Ein ehrliche und kaiserliche Hochzeit", Avent. Chr. „Den êrlichen und geystlichen Frawen St. Claren Ordens", MB. XVIII, 116, ad 1326. „Nach Anweisung des êrlichen Bischoffs zu Regenspurg", Gem. Reg. Chr., ad 1313. „Mit êrliche, pulchritudine", Cgm. 17, f. 70b. Ps. 44,5. unêrlich, nicht vornehm. „Ehrbare Männer, die lange Messer trugen, wurden um 60 dl. bestraft, unerlichen wurden sie abgebrochen; ebends. ad 1320.

'Der Ehrenhold, entstellt und umgedeutet aus Herold', vielleicht noch an das alte erende (ahd. aranti, arundi, nuntius; goth. airus, alts. ari. Graff I, 428), Botschaft, anknüpfend. „Un araud (Heraut) del illmo. monsir de Charloys" (catalonischer Paß v. 1466), Horky, Rozmidal's Denkwürdigkeiten II, 69. (Biblioth. d. lit. Ver. in Stuttgart, 7. Public., p. 112.) Diez, Wbch. 22 f. Grimm, Wbch. III, 61.

Der Êrtag eines versprochenen Paares ist der Tag ihrer Hochzeit, (hchd. Ehrentag). Gl. a. 139: erotac, parentalia. Die Êr-muetter, der Êr-vater, Personen, die nach dem Hochzeit-Ceremoniel Altbayerns die Mutter oder den Vater der Braut vertreten. Den Êrvater hat indessen nur das Oberland, und dieser ist daselbst gewöhnlich, was im Unterland der Hochzeitlader. Êrmuetter ist allzeit das Godl der Braut oder, falls dieses nicht mehr lebt, eine nahe Verwandte. Der Êrtanz 94
(OL.) wird nach vollendeter „Êrung" am Schluß des Hochzeitmahles vom Bräutigam mit der Braut eröffnet, worauf der Êrvater mit der Êrmuetter und dann der erste Jungkherr mit der ersten Jungkfrau folgt. Im Unterland: Bräut-Tanz. Der Êrtrunk, Trunk, der Einem beym Eintritt in ein Wirthshaus zum freundlichen Willkomm gebracht wird. Dèn ham àllé Leud gèrn, wenn dèr ei~s Wiərtshaus kimt, kunnt ə' scho~ vo' lautə' Êrtrünk ə~n Rausch kriəgng. cf. Grimm, Schenken und Geben, p. 28. 'Die Êrwürde, dignitas, reverentia; als Titel': „Vil nötiger wär uns, zu fragen, herr Doctor, hie ewer Ehrwird", H. Sachs 1612: IV, III, 203. Grimm, Wbch. III, 72. Die Êrwürdigkeit; „reverentia, êwirdicheite (l. êrw.), Cgm. 17, f. 10b.

êren, Einem etwas, wie hchd. verehren (alts. êron, einen eines Dinges, donare aliquem aliqua re; Heliand 46,9. 84,14. Grimm, Wbch. III, 58,7). Der Hochzeiterin zwên, drey rc. Taler êren. ä. Sp. Einen mit etwas eren; später: Einen mit etwas verêren. „So würd man dich zu lon verehrn mit zehn thalern oder mehr."... „O helft, ich will euch drumb verehrn mit zweinzig thalern", H. Sachs 1560: V, 344. 345 (1612: V, III, 13. 14). „Wer das beste thut, soll mit dem David oder Schul-Kleinod verehrt werden", Meistersinger-Ankündigung, bey Wagenseil p. 543 (cf. 545). Die Êrung, das Êret, G'êret, 1) Verehrung; „Dem keiser Tiberius machet und gab durch êrung ein smid ein glesein vas und doch mit hämern gehämert", Cgm. 54, f. 17b. (Baur) Geschenk das bey verschiedenen Gelegenheiten herkömlicher Weise gemacht werden muß, vorzüglich bey Hochzeiten. Eine Münchner Magistrats-Verordnung v. 1405 (s. Wstr. Btr. VI, p. 122) bestimmt hierüber Folgendes: „Es soll auch chain Prawtgam chainer Prawt chainen Kopf geben der mer hab dann drey marck silbers. Er sol auch sein swiger nicht mer geben zu Erung dann ain Klainat das nicht mer hab dann anderthalbew marck silbers, und hab die Prawt geswistergeit, den sol der Prawtgam kain klainat geben, das mer hab dann ein Halbew marck silbers, er sol auch chainen freund verrer eren" rc. Heutzutage besteht die Êrung auf Hochzeiten besonders in dem, was der Hochzeitgast außer dem bestimmten Mahlgeld gibt. (Hazzi.) In der feudalischen Terminologie ist Êrung dasjenige, was bey Gutsveränderungen außer dem Laudemium gegeben wird. (Fürer.) Nicht selten sind die

Ehrungen förmliche Abgaben. „Ich sol jn auch iarleich eren ze Weynachten mit zwelf pfenning wert Proz oder die pfenning darfür", MB. VI, 434, ad 1367. „Das man ierlich von irem gotshaus den . . . . . geeret hat mit zwaien vilzschuen", MB. X, 299. Kr. Lhdl. VII, 180 ff. reichen die Klöster dem Landesfürsten eine Quote ihrer Gülten zu einer ritterlichen Ehrung. Der Erschatz, (Schwab.) Abgabe (s. Schatz), bey Lehensveränderungen an den Lehensherrn zu entrichten (verehren), Laudemium. Ein êrschätziges Gut, ein erbfälliges, solcher Abgabe unterliegendes Gut. auserên, verschenken. Er hat sein Sächlein sauber ausgeêrt, (HhS.).

Der Ertag, Erchtag (èrtə', iərtə', érdə', iərdə'; merchtə', Mittenw., Baader, aus əm erchtə'. Castelli: eardách, earidách. VII Com.: ertaf, eartaf, heartach; Marco Pezzo 92: Mertagh, martedi), der Dienstag, dies Martis. Nach der Heidelberger Hdsch. Nr. XXIV v. 1370 benennt der Prediger, Bruder Berhtolt v. Regensburg († 1272) diesen Tag ergetac, mit der Bemerkung: „wære niuwan ein buochstabe mêr dâ, ein R., so hieze er nach dem sternen" (nach dem Planeten Mars?). Vrgl. Berthold's Pred., hg. v. Kling, p. 122, Ausg. v. Pfeiffer, p. 54,16. Sonst kommt das Wort vor, unter der Form Eritag, in Urkunden, und zwar in den ältesten, von A° 1287 an: MB. III, 579. VII, 151. XVII, 50. 137. 161. 201. XIX, 4. 9. XXII, 241. XXV, 12. 20. 21. Meichelb. Hist. Fris. II, I, 285. II, II, 84. 154. 314.
95 Ried 635. Lori's Lechrain, f. 100. 174. Wstr. Btr. VI, 114. 116. 165. Es lautet Ertag MB. XVII, 46. 148; Erihtag, Erichtag, Erectag, Erehtag, Erigtag MB. XVI, 195. 198. 199. MB. XVII, 47. XVIII, 14. 45. 83. XIX, 12. XXIV, 87. 402; Erntag MB. XXIII, 274, ad 1331; Erchtag in neuern Urkunden und Schriften. „Eritag nach dem obersten tag" (1225) in einem Nürnb. Schultheißenbrief in Stromer's Gesch. d. Schultheißenamtes in Nürnberg, p. 120. „Der dritte tag solt haißen nach dem stern martag als in latein." . . „Der dritt stern ist der Ertag", Br. Berthold im Cgm. 632 (XV. sec.), f. 91½ u. 84½. „Der dritt steren ist der erchtag, den nennet die geschrift streittag", ders. im Cgm. 1119 (XV. sec.), f. 12b. „Der dritte sterne heizet Mars. Der zeiget uns die dritte tugent, unde nâch dem selben sternen heizet der dritte tac in der wochen ein wênic niwan in dem lande hie ze Beigern. Der sterne der heizet Mars: sô heizet der tac ergetac", ders. nach der Heidelberger Hdsch. (s. oben). „Den dritten tach wil ich ew sagen, er ist der Eritach genant", Enenkel's Weltchronik, Cgm. 11, f. 122b; vrgl. f. 119b: eritack. In dem Evangelienbuch des Cgm. 66, sec. XIII.—XIV. steht immer ertag; z. B. f. 36. „Da mit so wirts am Eritag, der ist auch sein" (des planeten Marten), Ring 45c,17. „An dem Eritag nach sand Pancracien tag", Kurz, Österreich unter Friedrich d. Sch., p. 421, ad 1308. „Des eritages in der pfingstwochen" (1317), Freisinger Salbuch, f. 54. Ertag schreibt der Cgm. 532 v. J. 1369 (1367), f. 94. 100. 101. 103. 107; dagegen erichtag der Cgm. 533 (sec. XV, ½), f. 63. „Tertia feria, afftermantag vel cinstag vel eritag." . . „Teria tertia, der affter mentag vel erchtag", gl. a. 794. 762 (Voc. v. 1429). „Gabriel Ridler mein vater der starb am eretag vor pfungsten 1420", Gabr. Ridler's Chron., f. 17. „Eritag oder Dinstag", Nürnb. Kalender v. 1475, Cgm. 75, f. 29. „Ein sterne heizet martis, der hot den erichtage gewis", Cod. Aldersp., Cbm. c. 4, n° 190, f. 66. „Montag, ertag zum sonntag feiert" (er); H. Sachs 1612: I, 978. „Donnert es des erchtages, so wirt genuhtsam chorens", Fürstenf. 121, f. 168b. „An dem tritten tag, den wir haissen eritag". . . „an dem funften tag, den wir haissen pfincztag", Kaiserchron., Cod. des german. Mus. 2733 (14. Jahrh.), während dieselbe Stelle im Cgm. 55 (14. Jahrh.) nur eritag, für „pfincztag" aber „donerstag" hat, u. Cgm. 327 (14. u. 15. Jahrh.), f. 80 keines von beiden, sondern dingstag u. donrstag liest. „Eritag", Clm. 5879 (v. J. 1409), f. 224. Reisen, am Dienstag unternommen, Ehen, am Dienstag geschlossen, fallen am glücklichsten aus; cf. Horky, Rozmital, p. 72. Der Aftertertag, Mittwoch, Aufschrift eines in den Park bey Göggingen versetzten Grabsteines von 1432. Geiler von Kaisersperg, der in seinen Predigten gern etymologisiert, sagt: „Von dem Zinß (census) kumpt här das Wort Zinßtag (dies census), denn die Römer sammelten am selben Tag in den Zinß. Die von Nürnberg und die Beyer sprechend im Eristag (dies eris). Kumpt här vom Es, aeris." Beym Aventin (Chron., Edit. v. 1566, f. 429) heißt es: „An einem Erichtag, welcher Tag von den Griechen Ares genennt wirt, davon kompt Erichstag." Möglich, wenn anders bey den Griechen je eine *Ἄρεως ἡμέρα* in dem Sinne wie später eine *Τρίτη* (feria tertia) üblich war. (Vrgl. Pfinztag). Es ist nicht ausgemacht, ob die Bajoaren nach Auflösung des ostgothischen Reiches nicht wenigstens eine Zeit lang unter byzantinischem, das Patriarchat von Aquileja in Spaltung mit dem römischen (546—698), Tirol, also wol auch Bayern, unter jenem Einfluß gestanden, oder doch zwischen diesem und dem fränkischen geschwankt haben. (cf. Roschmann, Geschichte v. Tirol, 278. 284). Um das Wort von einem alten Kriegsgott Erich ableiten zu dürfen, müßte erst bewiesen seyn, daß unsre Voraltern je einen solchen verehrt haben. Wol kommen in den nordischen Sagen ein schon zwischen das II. und III. Jahrhundert fallen sollender, und verschiedne spätere Könige Erich vor, die sich übrigens durch nichts besonders auszeichnen, und nach Rimbertus in vita Ansgarii cap. 23 wird (im IX. Jahrh.) ein solcher König Erich unter die Götter aufgenommen. Vrgl. Grimm, Myth. 334². Bey Loccenius ist Ericus der erste König. Auch die alten Ortsnamen Eresburc (Eresberc, Mersberg, mons Martis. „Castellum quod barbara lingua nominat *Eresburg* valido cum robore cepit", Poeta Saxo, Leibnitz, script. rer. Brunsvic. I, 122), Erital, Unter-Erthal, ein Pfarrdorf bei Hammelburg (Pistorius, antiqu. Fuld. I, 95) und Erifeldun, Erinfeldun (Cod. Lauresh. I, 302. 307. 308. 309) sind hier zu beachten. Förstem. II, 473 ff. Phillips in seiner akademischen Rede „Ueber Ordalien" (v. 29. Merz 1847), S. 14, zieht nach Grimm's Mythologie 183 auch die Eorlas und Eornust der Angelsachsen hieher. Allein gerade die Völker, die dem nordischen Götterdienst am längsten treu geblieben sind, geben unserm Tag einen Namen, der mit einem solchen Erich gar nichts zu schaffen hat, die Dänen nämlich Tirsdag, die Schweden Tisdag. Dieser letztre Name, bey den Angelsachsen Tivesdäg, bey den spätern Engländern Tuesday, kommt noch sehr kenntlich in einem Theil von Schwaben und in der Schweiz als Zistag vor. Gl. o. 114: Ciesdach, dies Martis. Diut. II, 115: ciestag. Ob hier der altnordische Kriegsgott Tyr, Genit. Tys, Dat. Ty (cf. Grimm I, 664) zu Grunde liege, darauf will ich nicht eingehen und nur auf gl. o. 201: Ziu, turpines, d. i. turbines (Graff V, 715) und den *Tuis*-con (= fundr) des Tacitus aufmerksam machen. Man vergleiche allenfalls auch, wenn man an Vermuthungen Behagen findet, êr (aes, ferrum, ♂ Mars, *Ἄρης*). Vrgl. Graff I, 449. BM. III, 5. Grimm, Mythol.² 113. 182—185. 1209. Gesch. d. d. Spr. 508. 612. Wbch. III, 744. 857. 861. II, 1120. Zeitschr. III, 223,1. 460. V, 309. VI, 331.

eren (ä. Sp.), pflügen, arare (goth. arjan, ahd. aran, erran, mhd. arn, starkes, und ern, schw. Vb., arare; vrgl. ero, terra, im Wessobr. Gebet. Graff I, 402. 403. BM. I, 49. Grimm, Wbch. I, 198. 545. III, 57. 787. 918; s. unten arnen). „Lât mich heim varn, der acker lît ungarn", S. Helbling I, 827. „Er ier durch in des tôdes furch", Ulr. Trist. 3270. „Wir mussent unser äcker all zu nachts eren", Cgm. 572, f. 54. „Wer will mer verzehrn, als im sein pflug mag erern", H. Sachs. „Wer mer wil verzeren denn sein pflug mag ereren, das ist nit wunder, ob er geet in plunder", Clm. 4394, f. 194b. „Swer dem andern seinen acher eret unverweist und wænt er sei sein, der sol des ungolten bleiben und sol im iener des Erens lonen, ob er will", Rchtb. Ms. von 1332, Wstr. Btr. VII, 80. „Umb uberarn und

zäwnn', LR. Ms. v. 1427. Im LR. v. 1616, f. 311. 319 scheint ärn in der Bedeutung des jetzigen ärnten
96 genommen, weil zu uberärn noch ausdrücklich über-ackern gesetzt ist. Im B. Niederland hat man noch das Compositum drittelären (drittl-àrn, drittlárnə~), welches zum dritten Mal pflügen bedeutet. Die Aret, Art, Pflügung (ahd. art, aratio; Graff I, 403. BM. I, 50. Grimm. Wbch. I, 573). „Für ein Aaret einer starckhen Jauchart 1 fl. 30 kr." „Ein Art umbzuegen 30 kr." Augsb. Taxe v. 1637, Cgm. 4905, f. 446. „Sparst du mir ein Art (sagt der Acker), so spar ich dir ein Fart" (ertrage ich nichts; Aurbach). Cf. Th. II: die Gêren u. Heberet. Vrgl. Willeram (Hoffm. S. 13): „also thaz veld ungeerid thie bluomen berid" („alsô daz velt ungearan birit die bluomon")'; gl. i. 133: eran, arare; 715: iêrun, araverunt; 718: giarn, aratus; 468. 897. 905. 940: kiaran, exaratus; o. 141: erunga, aratio; 246: art, aratio; gl. a. 745 (Voc. v. 1429): erung, aratio; 761: exarare, ausrüttren, auseren. „Arator, erer vel ackerman", Monac. Francisc. 248, f. 225. Vermuthlich gehört hieher auch gl. o. 388: hrindir-ara, arapennis. Man könnte sich allenfalls auch die Egert (w. m. s. unter Gärt) als ê g'ert (anteà arata, scil. Ödung oder Wiese, êr g'ertiu ôdi oder uuisa, stat) denken. Vrgl. „novale, ein nuw geartter acker", Voc. Melber; „novale, geerez ertrich", Voc. v. 1429 (gl. a. 782). BM. I, 411. Grimm, Wbch. III, 34.

Der Eren, Haus-Eren, (Schwab., Frank.) die Flur, Hausflur, der Vorsaal, (gl. o. 196: pavimenta, airin; i. 302: erine, pavimentum). Aern wird in der angelsächsischen Dichtersprache wie Flet (s. Fletz) für Haus überhaupt gebraucht; gl. i. 194 hat arngeus, arpa. Cf. Ducange, ed. Henschel I, 406^{c}. Diefenbach 50^{a}. Vrgl. ags. ärn = isl. rannr (wie arn, cucurri = isl. rann; Grimm I^{3}, 331. Andreas p. 110,531) = goth. razn, Haus; auch ags. -ern, Behälter, (bläcern, atramentarium; breavern, coquina cerevisiae; cveartern, custodia; gästern, hospitium; healern, aula; holmern, navis; medoern, apotheca mulsi; slæpern, dormitorium; vînern, cellarium. Grimm II, 338) und das slaw. -ern, česk. -arna (kowarna, Schmiede; snekarna, Schneckenhaus; susjrna, Dörrhaus; kropjrna, Sprengboden; leperna, ljkarna, spjzarna. Dobrowsky, Gramm. 34); isl. ar, arin, arn, focus domesticus (= lat. ara?), dän. arne, fem., Herdstätte, Heimat. Graff I, 463. BM. I, 446. Grimm, Wbch. I, 198. III, 786. Zeitschr. III, 227,9. IV, 171.

Erengrieß, (wol zu ahd. aro, gen. arin, aquila). „Daß fürv niemand keinen jungen Vogel mehr von den Nesten trage, ausgenommen Arn, Raben, Kran, Ruechen, Erngries und andere dergleichen grosse und schädliche Geflügel", Kr. Lhdl. VIII, 396, ad 1484. eringrioz, alietum, gl. i. 222; eringeoz id est eligriu, gl. i. 111; eringriez, alietum, gl. o. 108. Graff IV, 346. Diefenb. 22^{b}. Cf. Th. II: Grieß, Krieß u. Th. III: Ruech. Das Wort begegnet auch als Personenname: „Henricus *Erngries* plebanus in Tutzingen" scripsit Cod. ZZ. 815, a^{0} 1458, etiam Clm. 16603, a^{0} 1455.

Erend, Ernd (ahd. arunti?), s. unten Ernder.

êrin, êren, adj., aeneus, von Erz, ehern (ahd. mhd. êrîn. Graff I, 433. BM. I, 438. Grimm, Wbch. III, 857. 49. 58. Äriner Hafen, olla aenea, Onom. v. 1735. Gl. a. 546. i. 254: êrin, aeneus von êr, aes (gl. i. 88. 451. — i. 248. 275: êrsmid, artifex aerarius. „Ainer, der vil eres hat, der mag wol glocken gießen", Cgm. 714, f. 80). „eren vel irrzin", Voc. Melber. „Von dem eren und irden hafen", H. Sachs 1560: II, IV, 47. Aus diesem, übrigens, nach meiner Erfahrung, nicht mehr volksmäßigen êren erklärt sich nach Gramm. 189. 621 das hchd. ehern.

Die Euringsstraß. So, behauptet Avent. Chr. 67, nenne man in Deutschland die Milchstraße. Die Gl. i. 188 haben Iringes uuec, via lactea, also besser: Eirings St.; doch entspricht Euring dem ahd. Iuwaring. (Vrgl. allenfalls gl. i. 187. 188. 197: ebirdhiring, Orion; cf. Grimm, Myth.^{2} 333 Anm. u. daneben 689 f.: efor-dhring). Iring ist übrigens ein alter Personname. In Speier gibt es eine Eurichsgasse (Iringes-Gasse), Zeuß, Speier, p. 23. Das Schloß Eurasburg heißt in den Urkunden Iringesburg. Vrgl. Irinc von Tenemarke im Nibelungenliede, Aventiure XXXV. Der thüringische Held Iring, Juwaring, Euring mag früher Ebur-**thuring** (ags. Eofor-dyring) geheißen haben. So soll auch Jor-**nandes** aus Ibar-nand, Ebur-nand (Eberkühn) entstanden sein. S. J. Grimm, Ueber Jornandes und die Geten, S. 4. 5. 59; ders. in Aufrecht's Zeitschr. I, 211; Mythol. 332 f. 689 f. Wbch. III, 1196. Vrgl. auch Ertag.

eurisch, (Nordfrank., Reinw.) mürrisch. „Du fichst euwrisch, bist rabisch", sagt man nach Avent. Chr. 61 „von denen, die ernstlich seyn und auf die reiß (Kriegsexpedition) herfürgebuzt und aufgemacht." Cfr. schwed. yr. Grimm, Wbch. III, 1198. Zeitschr. II, 235: ôrich.

Ir (iər), das Pronomen zweiter Pers. plur. nomin., wie hchd. ihr. Beym gemeinen Volke in A.B. gewöhnlich durch eß (és), in der O.Pf. durch tez (tiəz) oder enkß ersetzt; (s. Gramm. 718). Irezen, irzen, irznen, 1) aus Höflichkeit mit Ihr oder Eß ansprechen. Schon Otfrid sagt Ir zum Bischof Salomon, wol nach dem Vorgang der damaligen lateinischen und der romanischen Sprachen. „Romere, duo s'in (Julius Cäsar) infiengin, einin niuwin sidde aneviengin: si begondin igizin (Wackern. irizin) den heirrin. daz vundin s'imi c'êrin . . . den sidde hiez er duo c'êrin diutischi liute lêrin", Annolied 468 ff. (XXVIII, 5 ff.). „Ez kam bî alten zîten sus, daz der keiser Jûlius den Tiutschen allen gap die êr, daz si hinfür imermêr ir übergenôz hiezen ir"; S. Helbling (der über das Irzen spottet) VIII, 417. „Der erst mensch, der dann geirtzt ist worden, das haut dan (gethan) der bapst ze Rom ain herzog von Swaben hieß Gerhard", Cgm. 379, f. 215. cf. Sanftl, Catalog III, 1379. 1427. *Pluralitatis* modus in allocutione. Vobisare, irizen, Voc. v. 1419 und 1445. „Diser Kaiser (Julius Cäsar) pot auch den teutschen die Er, das allermanigklich sy hinnen furan sollt irzzen und nicht duzzen, wann vor der zeit niemandt nie geirtzet ward" (!), Ulrich Füetrer, Chron. BM. I, 752 f. Lirer's Chron. XXIV. Vrgl. kärnt. vikati, ihrezen, von vi, ihr; Jarnik p. 5. 2) von sich selbst im Pluralis reden. A^{0}. 1652 wurde ein churfürstlicher Befehl gegeben, „das, wan der (vom Churfürsten noch nicht anerkannte) fürst Meinrad von Hochenzollern sich irrzet, als Wür. Uns, kein schreiben von jhm angenohmen werden solle." R.A. ə~ Ding is zə'n *Irəzen*, es verdient Lob. Dés is ə~ Biərl zə'n *Iərəz'n*, ital. una birra da dirle voi.

ir, Pronom. possessiv. der 3. Pers. foem. sing., wie hchd. ihr (ahd. mhd. noch Genitiv des persönlichen Für- 97
wortes; doch Diut. III, 19: „Sie tet nach irem alten sit, sie nam ir(en) minnen bogen." . . „Sie sprach zu irem liebe sus"). Häufig wird dafür irer (iərə') gehört. In der Bedeutung der dritten Person plur. ist die Form iner (eənə') üblich; s. Gramm. 731. 742—745.

-ieren, verbale Bildungssylbe, ursprünglich an romanischen Wörtern auf -are, -ere, -ire, dann auch auf deutsche Stämme angewendet: halbieren, hofieren (s. BM. I, 617. 700 f.) rc. Grimm II, 142. I^{3}, 188. Vrgl. neugriechisch κοπιαρω, πρεζενταριζω, ριζζικαρω, πρικαρω von copiare, presentare, risicare, predicare.

Das Irch, (Kitzbühel) bearbeitete Gäms- oder Rehhaut. „Irich, albicoreum," Voc. v. 1445. „Man sol die schäffinen vel nur von Irich würchen", v. Sutner, Gewerb. v. München. Gl. a. 502: irih, aluta, pellis caprina, 515 erua; irch, i. 555 erva, 574 pellis fracta, o. 399 eruum; o. 333: erua, erch, hinter: particum losc. Diut. III, 150: „ervum, irh. volux, hufte (Juften?). particum, losche. tanum, lô." „Daz irch, daz hirch, el suato"; venez. teutsche Nomencl. v. 1424, Ms. f. 9^{b}. 27^{b}.

„Swelch schuler lernet uber twerch, dem fugt vil baz daz er weizze erch mit hundes miste könde beizzen.“.. Renner 16540. „Man mueß das kriechisch phlaster auf weisses yrich ziehen mit ainem tawmen“, Cgm. 4543, f. 152. „Strich daz bulfer an ain irch“, Aug. eccl. 122, f. 273. „Seht ir die wîten hüet mit hren (l. irhen) underzogen“, S. Helbling III, 369. Vrgl. magyar. irha, Alaunleder; kärnt. jerh, Weißleder, jerhovina, weißledernes Fell, jerhar, Weißgerber (Jarnik p. 160); böhm. gircha, fem., aluta; girchar, alutarius, Weißgerber. S. Graff I, 461. BM. I, 753. Diefenb. 210^a. 422^a. Zeitschr. II, 20. III, 114. irchen (irchə˜, irə˜, irn), adj., weiß gegerbt, von weiß gegerbtem Leder. Irchene ' :ſæßhosen. Castelli 174: „*iarani* Hos·n, lederne Hosen.“ Irhiner, liquaminus, gl. a. 566; irhine, vantus, gl. o. 190. Irchen, verb., weißgerben. „Auch in denen gearbeiten und geirchten Häuten und Fellen“, Mandat von 1622, Westenr. Btr. IX, 310. Der Ircher, Irher, Weißirher, der Weißgerber. „Es sollen die Weißirher die Kalbfell in das Fisch-Schmalz nicht arbeiten“, PoliceyOrd. IV. Bch. 7. Tit. 1. Art. Lederer und Weiß Ircher, b. LdOrd v. 1553, f. 140. Die jetzige Lederergasse in München hieß ehmals: Irchergazz, MB. XXI, 209, ad 1473, so das Hallerthörlein in Nürnberg von den Weißgerbern ehmals das Irrer Thörlein (Truckenbrod 509), 'in dessen Nähe sich noch heute eine Irrer- und eine Weißgerbergasse findet.' „Ab Alhaldo cognomine *Irhaer* civi ratisponensi“, MB. XIII, 87, ad 1257. s. Irsch.

'Iring (griech. ἠρύγγιον, mittellat. eryngium, iringus; Diefenb. 208).' „*Iringus* est herba quae dicitur cardo panis aut nux agrestis“, Ind. 355, f. 178^b. „Se ca cul non est *Yringus* ut quidam dixerunt, sed est radix ut zinziber et portatus ex India“, ibid. 189^b.

irr (iər), wie hchd. irre (ahd. irri, mhd. irre. Graff I, 449. BM. I, 757). „Ich fand auch irre hinden“, Labr. 426. R.A. Irr und arm seyn, sich nicht zu rathen und zu helfen wissen. Die Irr, ä. Sp., die Irrung, der Streit, Chron. Ben. II, 207. 'irr sein eines D., in Unkenntniß sein über etwas.' „Ich bin des gelts irre und wais nicht recht, was ich im gelten sol.“ . . „umb irrs gelt“, Heumann, opusc. 129. irr gên, 1) wie hchd., fig. unrecht gehen, fehlen; 2) gebrechen, vermißt werden. „Das keiner, da etwas irr gieng, gar niemand, denn In (den Kaiser Augustus) raht fragt“, Avent. Chr. 128. Gêt dir nichts irr? vermissest du nichts? 3) irr gên eines Dings (wie mhd.) es vermissen, es sich vorenthalten oder entzogen sehen. „Lâ si niht lange ir sedeles irre gân“, Walther v. d. V. 102,22. „So er der gült irre gieng.“ „Ob iemant ychtz gein im irre gieng“, MB. XXV, 395. 466. 4) heutzutage (nach Gramm. 728) irr gên ein Ding, es vermissen. „Seine Tabakdusen hat er gleich irrgegangen.“ „I' g·spann ·s á' wàs I' irr ge˜tuə, mei˜ Dernál gé-n-I' irr“, Seidl, Flins. 1844, p. 119. (cfr. gl. a. 121: irron, vacare.) Vrgl. Th. II: jagirrig.

irren, (als verb. neutr.), wie hchd. herumirren, verirren ꝛc. Irren mit Einem in etwas, uneins, nicht einverstanden seyn. „Geldhilfe gefallen in den Landgerichten, Herrschaften ꝛc. etlichen Hofmarchen, außerhalb etlicher vom Adel, die hierin mit seinen Gnaden irren“, Kr. Lhdl. X, 110. Das intransitive irren heißt bey Otfrid I, 17,21; IV, 15,20; bey Tat. Matth. 18,12. 13; gl. a. 121. 162: irron, g·irron, unterschieden vom folgenden Transitivum, welches irran, g·irran lautet.

irren, vrb. act., verhindern, hemmen, gêner, Beschwerlichkeit verursachen. Gê wèg, du *irrst* mi' dà! I will di' nét *irr·n* und nét engə˜. (Que contra mi te vejo iroso, sem que te *errasse*, sagt beym Camoe˜s II, 46 Venus zu Jupiter.) „Und spricht (zum Richter), in hab ehaft not geirret“, Kaiser Ludwigs RechtBch. Ms.
98 und ältere GerichtsOrd. passim. „So uns niht daran erren“, MB. X, 237. „Was den Pflug irr, das soll er daraus prechen“, MB. X, 191. Verirren, vrb. act., ebendasselbe. „Babst Innocentius macht ain concili zu Ludun. . . In dem selben concili schuldigt der babst den kaiser Fridrich (II.), daz er het geret (geredet), daz drei herren helen alle die welt verirret (irre geleitet, getäuscht): Moises die Juden, Ihesus die Christen, Machmet die haiden“, Chron. bis 1314, Cgm. 55, f. 66 f. „Damit durch Anschlagung an die Glocken nicht Aufrur beschehe und das Volk verirrt werde“, Kr. Lhdl. XVIII, 897. „Darinn verirrt mich mein Herr Herzog N.“ VII, 355. Irrer (seyn einer Sache), sie verhindern, Kr. Lhdl. III, 153. Die Irrsal, Irrsalung, (ä. Sp.) 1) Irrthum; „Diu zaichen der ierreseli alder dez ierretůmez.“ . . . „diu zaichen der ierresaili“, Griesh. Pred. I, 149. 150. 2) Hinderniß. Ergo pueri cum impedimentis (übergeschrieben: irresolum) in majorem conscendunt navim“, Em. d. 6, f. 34. „Ob si . . . der selben irrsalung und Ansprach iht schaden nämen“; MB. XXII, 372. Der Irrtuem, 1) wie hchd. Irrthum. 2) a. Sp. die Verhinderung, das Hinderniß. „Das ir în iren wein und saltz an den mautten und zollsteten — maut, zollfrey und ân Irtum fürfaren lasset“, MB. II, 248. Das irran, girran der a. Sp. hat die Bedeutungen: conturbare, inquietare, sollicitare, scandalizare, seducere, destruere. Der irrari ist ein Verführer, irrituom Verführung, irrido Ärgerniß.

Das Ôr, das Ôren (Our, Ou'n, opf. âuə'), das Ohr (ahd. ôra, mhd. ôre. Graff I, 457. BM. II, 442. s. Gramm. 330—344. 621. 871). „Von ainem ôren unz an das ander“, Cgm. 1119, f. 86^b. „Die kunst, wie junge weib ir alte man sönd haimlich treffen an ain or“ (hintergehen), Cgm. 379, f. 71. Der Orling, 1) die Ohrfeige. „Er gibt jr ein Orling und spricht: seh hab dir die schlappen an kopf“, H. Sachs 1560: V, 361. 2) Ohrwurm; „fullo, ohrling, ohrenmitzel“, H. Junii Nomencl. 1629, p. 42; aber p. 41: „scolopendra, ohrennützel“ und p. 129: „parotis, abscessus secus aures, ormitzel.“ Monac. Francisc. 248, f. 225: „ariger (?), ormuczel.“ Zeitschr. IV, 55. Mittel für die Wurm im Ohr, Cgm. 4543, f. 117. 126. Diefenb. 414^a. 519^c. Das Orfandel, Trommelfell im Ohr; „meringa, orfandel“, Clm. 5387, f. XI^b („de V sensibus“, zwischen supercilium u. oscillum, kleiner Mund); „meringa, orfändel“, Semansh. 34, f. 202 (zwischen cilium u. oscillum). Das Ôrenhäublein (Ou'nhäubl·, O.Isar), als unterscheidende Kopfbekleidung verehlichter Bauernweiber, eine Haube, deren beyde steife Flügel mit ihren vorragenden Spitzen sich fest in die Wangen eindrücken. Im Salzburgischen ist die Ôrenhauben eine Art Kopfbedeckung für beyde Geschlechter. Vrgl. Schläpplein, Ôrenschläpplein. Das Ôrwäschlein, Ôrenwäschlein (Ourwáschl, Ou'nwáschl), das Ohrläppchen. Scherzhafte R.A. Einer ein par Ôrwäschlein einsæumen, sie schwängern. ə˜ henk-aə'nət Spitzbuə (b. W.). Das Ôrlein (èrl), (Küchenspr.) der halbe Kalbskopf.

Das Ör (èiə'), OPf., wie hchd., sowohl in der Bedeutung eines Nadel-Lochs (cfr. Arsch), als eines Henkels oder einer Handhabe. In B. ist nur das Diminutiv Örlein (èrl) und gewöhnlich nur in der Bedeutung eines Henkels an Münzen, Knöpfen u. drgl. bekannt. Das Ör (Loch) der Art, Cgm. 3723, f. 151. Anœrlen (à˜èrln, aə˜èiə-ln), 1) mit einem Öhr, einem Henkel versehen. Silbə'né Knöpf· à˜èrl·n. anœrln ('Geld), iron., es ausgeben, vergeuden.

Die Or, die Ur (im Spessart: Auər), 1) Hora, die Stunde. „Wan wir nicht ain Or sicher sind“, Kr. Lhdl. II, 71, ad 1437. „Das tu in einer ur zwir oder drey stund, so verget dy husten“, Arzneybuch, Ms. Progels, f. 113^a. „Eine minut, der sechczig ein ure tut; vir und czwenczig urn ist tag u. nacht“, 4^0 Clm. 15613 (v. 1469), f. 321. „Kumm auff ain zwolff tail ainer ur“ (sagt König Georg Podiebrad zu Pamkircher, dem Gesandten des Kaisers); M. Beham, Wiener 149,32. 'Man theilte auch in alter Zeit die Stunde nach dem Uhrblatt in Quartal (Viertel) und Nagel (das Zeichen auf dem Zifferblatt von 5 zu 5 Minuten?).' „Dan weckt man auf

zu der metten quartal vor XI ij nagl." „Zur metten weckt man umb XI mit dem clainsten nagel"; „quartal vor XI iiij nagl"; „vmb XI. iij oder iiij nagl"; „vmb V. j nagl"; „quartal vor V. j nagl", Tegernseer Ceremonial, Cgm. 1148, f. 1 et passim. Cf. Ceremoniale, Cod. lat. Teg. in 8^0, f. 39: „Quartale ante quartam (horam) . . . quartale post XI clavo primo." Ehmals: umb die ander Ur, um die neunte Ur, in der zehenten Ur, ain halbe Ur nach achten (s. Gramm. 776), zu der zwelften Or, umb die zwölften hor, MB. XXIV, 233. Pass. RB. Lhdl. XIV, 61. 100. 634. 639. XVII, 186. 200. Gem. Reg. Chr. II, 222. 305. III, 242, wofür wir jetzt, nicht richtiger, aber kürzer sagen: um 2, 9, 10, ꝛc. Uhr. Noch im L.Recht. von 1616, f. 553. 558: Von vier Uhrn biß über die acht Uhr; Kr. Lhdl. XV: um die neun Uhr; XVII, 199: um die zwey Uhr. Matth. Schwarz v. Augsburg sagt ad 1561: „nachmittag umb zwue Ur", (das Zahlwort im Femin.). „In kurzer Vre hiemit so ende ich min zale", Ogier v. Denemarck in Docens Misc. II, 135. Jetzt bezeichnen wir die Stunde durch das unflectierte Zahlwort mit ohne „Uhr", als: eins (ein Uhr), zwei, drei ꝛc. um, vor, nach eins ꝛc. (vrgl. das franz. le 3., 4. ꝛc. von den Tagen des Monats). H. Sachs sagte noch: „vor aim", vor ein Uhr, (s. oben ain). 2) Die grôße, die kleine Ur. Die jetzt allgemein übliche Art von Tagmessung, nach welcher zwölf
99 gleiche Stunden von Mitternacht bis Mittag und eben so viele von Mittag bis Mitternacht gezählt werden, bestand z. B. in Regensburg, Nürnberg, bis auf die neueste Zeit, als sogenannte klaine Ur, neben einer andern, welche man die grôße nannte, und nach welcher man sowohl die Tagesstunden, nach Beschaffenheit der veränderlichen Tageslänge vom Aufgang der Sonne bis zum Untergang, als auch die Nachtstunden von Sonnen-Untergang bis Aufgang besonders zu zählen pflegte, jedoch so, daß sie zusammen vier und zwanzig (im höchsten Sommer 16 Tag- und 8 Nacht-, im höchsten Winter 16 Nacht- und 8 Tag-) Stunden ausmachten. S. Christoph Richter's stäts währenden Calender p. 38. 44. Gem. Reg. Chr. II, 222. III, 107. 241. Wagenseil, de civitate Norimb. p. 137. „Das was wol ain Or in die Nacht, do furt man den Kayser in die kirchen" (am Abend), Clm. 9503, f. 346, ad 1452. Man benannte nach dieser großen Uhr die letzten Tages-, sowie die letzten Nachtstunden, der Kürze wegen, mit nächster Beziehung jener auf die Nacht, dieser auf den Tag. Es ist êins, zwêi, dreu gen Nacht oder gen Tag hieß soviel als: es ist noch eine, es sind noch zwey, drey Stunden bis zum Anbruch der Nacht oder des Tages. Diese R.A. kommt auch beym Aventin (Chron. Ed. v. 1566, f. 335) vor, wo es heißt: „Zu Abend nach der Vesper, wann es noch bey drey Uhren (horas) gen Nacht hatt." Ainß gen Nacht-Burger wird nach Hsl. in Nürnberg ein solcher genannt, der schon ein Stündlein vor Einbruch der Nacht hübsch Feyerabend macht, um zum Trunke zu gehen. Nach einer Hofrechnung v. 1580 (Wstr. Btr. III, 87) gab man 38 fl. Wastian Zechen dem Kammerdiener umb einen narreten fast kunstreichen Spiegel, der schlagen und wecken thuet, auch teutsche und welsche Ur zeigen thuet. Die welsche Ur zählt 24 Stunden von Untergang zu Untergang der Sonne. (Ueber das jährliche Frühlingsfest in Zürich, das sogenannte Sechseläuten am 26. Merz, s. Allg. Zeit. 1832, außerord. Beil. S. 529.) 3) Die Or, Ur, die stundenzeigende Maschine, horologium. A^0. 1407 gibt N. dem Kloster Anger zu München ain or, die vierzigk guldein wol wert ist", MB. XIX, 88. „Bis die Or viere geslecht", MB. XXIV, 233, ad 1450. „Horologium ur", Mallerst. 32, f. 320. A^0. 1459 erhält die Kirche zu St. Ulrich in Augsburg einen umbgeenden Orzaiger, MB. XXIII, 527. Die „reysente Or", die nach Gemeiner's Chron. in Regensburg A^0. 1443 von einem Juden für die Thürmer gekauft wird — ist wol eine Reis-Ur d. h. eine Art Sanduhr (s. reisen, herabfallen). Die Orglock, Glocke einer Schlaguhr. „Ein Orglock und ein wöllen pogen ... die siben thun nichts ungeschlagen", Cgm. 713, f. 156. Der Ormaister, Uhrmacher, dessen Geschäft im XV. Jahrhundert gewöhnlich die Schlosser oder die Büchsenmacher versahen. „A. R. des schlosser und Ormaisters" Haus in der Schäfflergaße zu München, MB. XX, ad 1454. Die a. Sp. hatte aus horologium auch die Form Oroley, orlei; gl. o. 139. a. 509. Titurel 80. „Als (wenn) du das Vrlei wit (willst) richten" . . . (die Uhr auf dem Graggenturne zů Lucern); Kopp, Geschichtsfr. 1, 85. „Daz urle, urleige", Jac. v. Königshofen, Schilter 276, Cgm. 569, f. 165. Graff 1, 473. BM. III, 194.

oren, (jüdisch; Wetterau) laut und mit einer Art Gesang beten. Weigand, oberhess. Intellbl. 1846, p. 296.

Orəmentl, (Zir., Pinzgau, Weinberger), potentilla reptans.

Orhenn, (Zir.) Auerhahn. „Der garret als ein orrehan", Haupt's Zeitschr. VIII, 568,601. „Orhuon, ortygometra", das. 558,261. Graff IV, 959. Diefenb. 401^c. Nemnich II, 1446.

ur, Präposition ex der alten Sprache (z. B. gl. i. 90. 127), wie noch des Schwedischen; auch unter den Formen ar, er, ir vorkommend. Goth. us, ahd. mhd. ur, ags. or, isl. ör. Grimm II, 787 ff. Graff I, 393. BM. III, 194. (Sollte sich die ahd. Vorsylbe uo zu ur, wie â zu ar, ê zu er verhalten? S. ar und er).

ur als betonte Vorsylbe kommt wie im Hochdeutschen, 100
und außerdem in einigen, mehr dem jetzigen oder dem ältern Dialekt eigenen Zusammensetzungen vor, wo sie der Bedeutung nach bald 1) durch aus, bald 2) durch er (Vorsylbe), bald 3) durch ver, bald 4) durch vor, bald 5) durch über, bald 6) durch un ersetzt werden könnte, zuweilen auch 7) als eine bloße verstärkende Zugabe ohne bestimmten Sinn erscheint. 1) Urschlächt; 2) urbar, urbietig, urhaben, urheblich, urlâuben, Urständ, urtailen; 3) urdruß, Urfed, Urfrid, Urgicht, Urkund, Ursatz; 4) Uränherr, Urkâuff; 5) Urfar, Urholz, urständig; 6) urbau, urgâum, urkund, urstât, urwaring (s. urbarig); 7) Urtât, urstupf, urwach, urwinzig. Man sehe hievon die Primitiva. „Ein urkleinez chindelîn", Heinr. Trist. 2693. Wenn in Gemeiner's Regensp. Chron. III, p. 92, die Formen „Ursuchung und Urfragen" (an jemand stellen) authentisch sind, so mahnen sie wie 1) und 6) noch sehr an das alte ur, goth. us, ex. — „An dem urtägleichen tag" (= jüngsten Tag) in Cgm. 1113, f. 97^a, bei Suchenwirt XXXIX, 165, 'wenn nicht besser mit Primisser: „An dem urtaileichen tag", Tag des Urtheils zu lesen ist, welche Bezeichnung mhd. öfter begegnet; s. BM. III, 23^b und vrgl. Tag u. Tail.'

uräßen, urätzen, urezen (uərəzn, opf. urâustn) in, mit etwas; veruräßen etwas, es als unbrauchbare, unnütze, nichtswerthe Sache behandeln; besonders, wie Prasch sagt, fastidiose cibum capere, aliqua legendo rejiciendo aliqua. „Es soll in den Hölzern nicht umgeuräset werden", Kohlord. v. 1694, Lori, BrgR. 558. „Devoravimus eum, wir haben urezzen, uersuolhen in", Cgm. 17, f. 55^a. Castelli, Wbch. 259: uaraß·n, etwas Eßbares mißbrauchen, nur die besten Stückchen heraussuchen, auch ohne Hunger essen." Stalder II, 425: ursen. Vilmar 50 f. (hess. Zeitschr. IV, 99). Zeitschr. II, 235: ôschen. III, 338 f. IV, 195. V, 39,34. 478. VI, 20. 38,9. 346. Bremisch-niedersächs. orten, verorten, angelsächs. orettan, deturpare. Kilian: verooreten, cibum nimium vel frequentem fastidire; or-æte, reliquiae fastiditi pabuli; oretigh, fastidiens nimia, satur. (cfr. Gramm. 1069 und an-äßig). Die Uräß, Urez (Uərəss, Uərəz), das Vernachläßigen, das Verwerfen; das Verworfene. Də' Laəm leit i˜ dər *Uərəss* dà, 'Buebm machə˜ Kugln draus, b. W. Das Uris, (Zir.) Futter, das verstreut wird; urissen, verstreuen. Liəchtmestàg hoater, nim·s *Uris* auf d·Loater, d. h. wenn der Lichtmeßtag heiter ist, so sammle das verstreute Heu und bringe es in die Scheune, denn es ist schlechte Aussicht auf baldiges Frühlingswetter und Weiden des Viehes. „'A'n

Liechtmestàg haetə', tuə d' *Uriss'n* à~d' Laetə'; à'n Liechtməstàg ghilb, tuə d' *Uriss'n* hi~ wost willst", (Kitzbühel, Dr. Unger.) Zeitschr. VI, 34,9. Vrgl. österreich. der *Oa'd*, Koth; Castelli, Wbch. 211 (hieher?). Niedersächs. ort, ortels, engl. orts, Unrath, nichtswerthe Ueberbleibsel. Sollte das franz. ordure normannischen Ursprungs seyn? uräßig, uräß, urez (uərássi', uərəz), adj. Mir ist uräßig, mir ist übel. Ich bin uräß (uərəss) meines Lebens, (O.Nab) ich bin meines Lebens überdrüßig. „Wa von die jungen reblein urez werden und heiser sein", Renner 19580. „Wie vräß (heikel) die chinesischen köpff seind", — daß sie die (geistlichen) Arzneyen nur überzuckert nehmen. Nicol. Trigautii d. J. Hist. v. Einführung des Christenthums in China, übersetzt von Paulus Welser (Augsb. 1617. 4^0), S. 285. Wetterau: ores, oresə (-∪, -∪∪), überdrüßig; Weigand im oberhess. Intell.-Bl. v. 1845, p. 22. Kärnt. navelizhati se (zh = č), überdrüßig, kärnt. deutsch urrüßig, werden; Jarnik p. 38. — Möglich, daß hier nicht eben die Ableitungssylbe azan (s. Gramm. 1069), sondern das Verbale Äß von eßen zu Grunde liegt — (in Upland ist oätt, Ekel erregend; det smackar oätt) — und uräßig etwa als über-äßig zu erklären sey. Oder sollte etwa unser ureßen gar mit Ulphila's uzetin (φάτνη) zusammenhangen? Zeitschr. VI, 20. Lexer 10.

urbaring, s. unten bar: urbarig.

Der Urbiß, s. unten der Biß.

ürisch, lang-ürisch, (b. W.) sehr lang. ə~ langürische Zeit.

Die Urent, (Lori, BrgRcht. p. 646) 1) das Zugloch unter der Salzpfanne, dem Ofenloch gegenüber. „Die Salzstöcke (Fuder) werden von der Pfanne (Urent) in die Härthäuser (Pfiesel) abgetragen", Kohlbrenner's Materialien von 1782, p. 50. „Urent ist jener Ort an der Salzpfanne, welcher der Einschür gerade entgegen steht und dazu dient, daß allda die aus denen Perkufen kommende Fuder ein wenig abgetrocknet werden, bis man sie vollends in die Pfiesl bringt", Salzproceß von 1761. 2) auch eine Zahl von 24 Fuder; (Lori, ebend.).

Der Urful, Urfol, s. unten der Fol.

Die Urhab, s. Th. II: Hab.

urigeln (uərigln), vrb., wird von den Extremitäten, Fingern, Zehen rc. gesagt, wenn sie bey schnellem Ueber-
101 gang aus kaltem in ein warmes Medium einen prickelnden Schmerz verursachen. Zeitschr. V, 337. VI, 339. 346. (Vrgl. ainigln, nigeln und egeln, igeln, schlafen).

Die Urre, ä. Sp., der Thurm (ahd. urrea, mhd. urre. Grimm III, 430. Graff I, 459. BM. III, 195). „Unde begunden wurchen ein urre, einen michelen turn", Diut. III, 62.

Der Ursigl (?), der Abfaum vom Butter beim Schmalzmachen. (Ammergau, Rath Her.)

Die Arbaiß, Ärbiß (A'rwəss, sing. et plur.; Gramm. 806), die Erbse (ahd. araweiz, arawîz, mhd. erweiz, arwîz, erwîz. Grimm II, 222. Graff I, 465. BM. I, 56. Grimm, Wbch. I, 538. III, 713. 717. 739. 1058. Diefenb. 437^c. Vrgl. portug. ervanço, span. garvanzo, garbanzo. Zeitschr. II, 413,41. V, 464). Arbaiß, Wstr. Btr. II, 212, ad 1475; arbays, MB. XXV, 366; arbaizze XXI, 401, ad 1329; Gl. i. 245. 504. 542: araueiz, arueiz; o. 14: aruuiz; 99: eruuiz, pisum, cicer, arvilla. „Eruum, eruen; smilax hortensis, welsch erbs oder bonen", H. Junii nomencl. 1629, p. 63. „Ains dages braht man jm (dem Kinde Marimilian I. 1462 in der belagerten u. ausgehungerten Burg) arwaiß, und ê daz er ir ye enpaiß, sprach er, er het ir ain genug, daz man sy wider dannen trug, dy speiß wer im nit eben, man solcz den veinden geben"; M. Beham, Wiener 128,29 ff.; vrgl. 25. „Keswaßer, gersten und erwaiß, die worn ubel gesalczen und etwen ungeschmalzen", das. 386,15. Evangelium auf den „suntag ze mitter vasten, so man arbaiz chivelt", Cgm. 66, f. 60. cf. Th. II: Kif-Erbeß. Die Arbiß-Taschen, Erbsen-Hülse. Der Erbsen-Wisch; „Ich gelaub an ain ponschaub und an ain arbaiswisch", frevelhaftes Credo im Cgm. 638, f. 15.

Die Arbait (Arwət), wie hchd. Arbeit (goth. arbaiths, ahd. arapeit, mhd. arebeit, arbëit. Grimm II, 251. Graff I, 407. BM. I, 53. Grimm, Gesch. d. d. Spr. 54. (1021.) Wbch. I, 538. III, 710. Zu *arare*, *arvum*, terra culta, ahd. arbi, hereditas, wie slaw. rabota, robota, Arbeit, Frohndienst, zu rab, rob, Knabe, Knecht. cf. goth. asneis, Knecht, und beitan, bëdan, cogere); obderennsisch: Aracht, arachten; d'Aracht, Stelzhammer 5, aracht'n, wie heiracht'n für heiraten. R. A. Die größ' Arbait, die klain' Arbait, die aguas mayores und menores, wie sich Sancho Panza ausdrückt. Aə~'n ən Arbət schaffə~, ihn durch einen gewissen äußerst schnöden Bescheid abfertigen. Da, daran ist ə~ guete Arbait geschehen, daran ist wohl geschehen. Dà is ə~ *guədé 'Arwət* geschegng, das s' gstarbm is, hiət əso kaə~ guədé Stun' mer ghabt. „Si sach den hafen gar zuscherbet, sprach: o der ungeraten erbet!" H. Sachs 1560: II, IV, 68^a. In Schwaben bedeutet die Arbeit (d'Arwət) namentlich die innerlichen, stillen Gichter kleiner Kinder; in den ältern Gesetzen den Akt des Gebärens. „Genist si des Kindes und hat des gezewg zwo Frawen und zwen man, die die Arbait gesehen heten." „Ist gut den Frauen, so sy zu den khinden arbaitten", Cgm. 4570, f. 37. „*Arbət* no~ bráv mit, Muədə'l!" sagt die Hebamme zur Gebärenden.

arbaiten (arbetn, aərbətn, aə'bətn, ärwət'n, Innviertel: arət'n), arbeiten, (im Ganzen wie hchd.). Zeitschr. VI, 96. 176. 266,31. 328,151. Ein Handwerk arbaiten, es treiben. Einen Pechofen, ein Hammerwerk arbaiten, MB. XXV, 247. Das Taglôn arbaiten ('s Tàglə~ arbətn), d. h. um den Taglohn. Zu Einem (Handwerker, Arzt u. drgl.) arbeiten, (wirzb.) bey ihm arbeiten lassen. Einen arbeiten, ihn anstrengen, plagen. „Röffelîn, dir tuot dîn meister unrehte ... swenne er dich des ruowetages arbeitet, wan dû soltest ruowen", Br. Berthold 64 (Pfeiffer 268,23). Sich arbêiten, sich anstrengen, bemühen. „Marentius sprenget ins Waßer, wär gern über das Gestad gewesen, arbeitet sich fast, zuletzt gieng er unter." „Dieweil sich Constantinus mit den Teutschen arbeiten mußte", Avent. Chron. „Wir haben uns fast gearbeitet." .. „Er hat sich mit Fleiß bearbeitet", Kr. Lhdl. IV, 63. V, 153. Arbaiten (ä. Sp.) wie englisch to travel von travailler. „Lât mich ze mînen künnen arbaiten", Gudr. 525 (so in Hagen's Heldenb. I, 7. Andere Ausgaben lesen „erbîten" statt „arbaiten." Vrgl. Vollmer, Str. 131,4: „zuo dem mînen künne erbîten", u. Anm. S. 180; Bartsch: zuo den mînen kunden erbîten). „Wer umb sein geschäft von der stat arbait", Ingolst. Rchtb., Heumann, opusc. 156. „Arbaiten aus diser welt" (sterben), Cgm. 71, f. 19. „Uber velt arbaiten", (an einen andern Ort reisen, gehen), altes Rechtb., Ms. „Und die pilgram werdent arbatten gein rom, und die kunig werdent urleugen", (wenn nemlich der Christtag auf den Freytag fällt); Schuelmaister Hueber v. Eggenfelden, Ms. v. 1477. „Die gein Hall in den Prun arbeittend und nach Salz", die nach Reichenhall um Salz fahren; Lori, MzR. I, 28. „Der dromedar läfft und arbait mer in aim tag wann ain roß in dry tagen", Christ. Lehre, Ms. v. 1447. „Wandern und arbeiten", Lori, Lechrain, f. 85. 83. Holz zu den Wasserklausen oder Risen arbeiten, d. h. bringen; LRcht. 1616, f. 762. Salz arbeiten, es führen, transportieren. „Daz nieman en- 102
halb Iser kain salz arbeit.. Das seind die Recht, darnach man arbaiten sol das Salz von dem Hallein auff dem waßer", Lori, BrgRcht. 9. 42. Das Waßer arbaiten auf oder ab, mit schäffen, mit Zillen, mit Floßen", d. h. befahren; Mederer, Ingolstadt, p. 63, ad 1376. Aufarbaiten, 1) wie hchd.; 2) umbringen. „Vitellius wurde

mit viel gar kleinen Wunden zu einzing auffgearbeit", Avent. Chron. Niderarbaiten, niedermachen. Verarbaiten, 1) wie hchd.; 2) in Unordnung bringen; 3) zerstören. Sich davon arbeiten (aus einer Gefahr, Krankheit ꝛc.), sich retten.

Die Arben, Araber (als Wegelagerer); Tucher's Reise nach Jerusalem, Cgm. 24, f. 20. 21.

Der A'rbə', (b. W.) Marmor. Dim. das A'rbə-l, A'rba'j, das Schnellkügelchen von Marmor, Otgr. Mit A'rbəln réckln, mit Marmor-Kügelchen (Schussern) spielen. Man hat in diesem Sinne auch das Verb. árwəln.

Der Arber (árwə), Name eines Berges im b. Walde; Erba, Arber, Hazzi, Statist. V, 102. 152. 293; Atwa, bey Appian und Finck; Otwöch, Lori, BrgR. 186, ad 1522; Hädweg, Avent. Chr.; Hatwich, MB. XI, 145, ad 1029; Adweik, ibidem 151. Am Ende gelangt man vielleicht zum alten Frauennamen Haduuig (Ecc. Fr. or. II, 609).

erb scheint als Adjectiv zu stehn MB. XII, p. 467: „Und unser wisen gelegen bei der Tyefprukk die uns erb ist von dem obgenant Gotzhaus; (oder ist zu lesen unser erb?). Das Erb, Erib, das Erbe, wie hchd. (goth. arbi, ahd. arbi, arpi, erbi, mhd. erbe. Graff I, 405. BM. I, 439. Grimm, Wbch. III, 708). — Grund und Boden, patrimonium. „Leut die auf Ranshofer Erib sitzen", MB. III, 380. 379. Die Erbe, Erbschaft. „Sweme nâch der erbe ist ze gâch"; St. Ulrich's Leben, Cgm. 94, f. 65 '(Schm. 53,1223).' 'Vrgl. agſ. *erfe, yrfe, orf*, ntr., (Erbe an) Vieh;' „*yrf*-cwealm" murrain of cattle; Saxon. Chron. ad a. 986. Micel *orfes* wæs forfaren ægđer ge thurh mistlice coda ge thurh ungewederu", either from various diseases or from the severity of the weather"; ibid. ad 1042. Der Erb, G-erb, G-erib (gohd. arbja, ahd. aripeo, aribo, eribo, erbo, mhd. erbe. Graff I, 406. BM. I, 439. Grimm, Wbch. III, 710. Sieh oben bei Arbeit und vrgl. erb = orbus, ὄρφανος; lappisch *årbes*, *arbes*, Waise, *årbul*, Wittwe, neben *arbe*, patrimonium, *arbeje*, haeres, vidua; auch *urbe*, das Abfallen der Blätter. Dietrich in Haupt's Zeitschr. VII, 183. Grimm, Gesch. d. d. Spr. 1021), der Erbe, wie hchd. „Heinrich und seiner Hausfrawn Alhaid und iren Gerwen für sich und für unser Gerwen", MB. III, 356. 362. 364. Noch chain mein Gerib. Von unsern Geriben, MB. IV, 465. Cf. gerbida, haereditas, Notk. 68,36. Der Erbling, Erbe; Cgm. 1113, f. 123b. Der Name des Bischofs Aribo von Freising kommt in der ältesten Form als Arbio vor. (Dr. K. Roth.) Vrgl. Förstemann I, 119 f. Anerben Einen, durch Erbschaft auf ihn fallen. „Die waßer, die geheißen sind die Undersee, die mich anerbent von meinem Vatter fäligen." „Der acker were in (eum) mit recht angeerbt", MB. VII, p. 249. XXIV, 425. Von einem Verb. g-anerben (gebildet wir c-anavenzon, gl. i. 297; g-anamâlan, 561; gianabrechon, Otfr. IV, 19,64) ist das Substantiv: der G-anerb, cohaeres. Canarpun, consortes, gl. i. 1111; can herben, cohaeredes, Notk. 36,22; auch ebenerben, daſ. 88,15; bit geanerbun finen, cum cohaeredibus suis, m. m. 45. Graff I, 406. Grimm, RA. 478. 481. 482. BM. I, 439. Das Erbrecht, 1) im Allgem. wie hchd.; 2) das Jemand erblich zukommende Recht, das Grund-Eigenthum eines Andern zu bebauen oder zu benutzen, in Schwaben, Erb-Lehen, Erb-Pacht. Erbrechtbar sind Güter, welche mit erblichem Rechte bebaut oder benutzt werden. S. Gerechtigkeit. Der Erbmann, Besitzer eines Erblehens, Erbrechtgutes. „Dem Abt wie annder seins Convents Erbman und untertan mit manschaft verpflicht", MB. XXV, 401. 436. Der Erber, (dsgl.?); „Erber, Holdner, Huber, Feldner", wie sie genannt sind" . . MB. IV,
103 164. (cf. êrbar). Der Erbnem, der Erbe. „Uns und unsern Erbnehmen vorbehalten"; Privileg. v. 1727 für die Stadt St. Georgen am See. (Vrgl. Nâm.) Anmerk. Wenn Arbeit zu rab, rob, robota, so mag Erb zu demselben slawischen Element in der Bedeutung eines Kindes gehören, aus welcher (wie aus maget, kneht die einer Magd, eines Knechtes, Leibeigenen) erst die härtere hervorgegangen sein kann.

Die Erbsal, Erbsich, der Sauerdorn, Berberitzenstrauch, berberis; „berberis, erbsal", Voc. optimus p. 48. „Rinden von Erbsich oder Weinnäglen Stauden"; „Saurauch oder Erbsich", Dr. Minderer, 1620, p. 108. 114. 115. „Dy mitter rinden von erbsydl", Cgm. 4543, f. 166. Diefenb. 72a. Grimm, Wbch. III, 738. 739. 740. I, 1491.

Erbelting, der Ort Ergolting bei Landshut; H. Sachs 1560: II, IV, 118. Förstemann II, 682.

'Urban. St. Urban wurde in früheren Zeiten vielfach, namentlich auch in Franken, als Schutzpatron der Winzer verehrt. In Nürnberg wurde sein Fest, das Urbanreiten, noch im 17. Jahrhundert als Volksfest gefeiert.' „In die S. Urbani vinitores (Franconiae) in foro aut alio loco publico mensam locant mappis fronde et plurimis redolentibus herbis instruunt, desuper statunculam beati pontificis statuentes, quam, si dies serena est, largo vino coronant et omni honore prosequuntur: si vero pluvialis, id non solum non faciunt, sed luto projiciunt et aqua inmodica perfundunt: persuasum enim habent illius diei tempestate auspicioque vinum tunc florescens et augmentari et diminui." Joa. Boemus, de omn. gentium ritibus, 1520, f. 59b. 'Vrgl. Flemming's deutscher Jäger III, 230. Vulpius Curiositäten IV, 221, wo das Nürnberger Urbanreiten beschrieben wird.' CbmKl. 236, p. 191. 'Anzeiger f. K. d. d. V. 1855, Sp. 111. 174. St. Urbans Plage, der Rausch; auch hitziges Fieber, Podagra.' „Der pfaff hat schier all nacht sanct Urbans plag und stecket vol gleich wie ein zeck", H. Sachs 1560: II, IV, 4. Zeitschr. VI, 7. Der Gams-Urbel (s. Th. II: Gämß u. vergl. daselbst gämsen, lustige Sprünge machen, scherzen), 'ursprünglich wol der beim Urbanreiten die Rolle des Heiligen spielende Lustigmacher.' Vrgl. Castelli 136: der Gamshuawa'l, ein lustiger Mensch.

Urbəl, eine Art geringer Taschenmesser.

Der A'rch, (Kitzbühel, Dr. Unger) Kopfausschlag kleiner Kinder (crusta lactea) und Krätze.

Die Arch, (in der Wasserbaukunst) 1) Befestigung des Ufers gegen das Reißen eines Stromes. „Wie bey den Wasserwerchen, Schlachten und Archen die Zimmerholz zu ersparen und sonsten zu wehren." „Das nutzbar Arch- und Wörholz soll gehayet werden"; B. Forst-Ordnung Art. 59. 69 und 70. 2) Die Arch, Fischer-Arch, eine gewisse Vorrichtung zum Fischfang. „Zum ersten sollen die Arch auf der Thunau nachdem sie dem Vischwerch vast schedlich seind, all hin und abgethan und füran nit mer geschlagen oder eingelegt werden"; B. LandsOrd. v. 1553, V. Bch. 1. Art. Graff I, 467. BM. I, 56b. Grimm, Wbch. I, 545. Zeitschr. V, 410,13. Archen, vrb., das Ufer befestigen. „Flüße, Bäche verarchen." (Vrgl. Ärk u. Arke).

Die Vorachen (= Vora'che, Vor-Arche?), mit eisernen Haken versehene Stangen, welche bei Hochwasser zum Auffangen des Wasser- u. Unholzes u. zur Rettung einer gefährdeten Brücke oder Rechen ꝛc. gebraucht werden. Pseud.-Jir.

Die Archen, plur., die Stricke, an welchen Fisch- oder Jagdzeug ausgespannt wird. Gl. o. 166: „plagae, arhe dicuntur funes, quibus retia tenduntur circa imam et summam partem." „Plaga ein ärch am nöcz" . . . „nodose plage, knöpffige ärch"; ZZ. 1671, f. . . ., v. 1593. Sollte damit das alte arah-lahhan, stragula, arahari polymitarius ꝛc. zusammenhangen? Graff I, 460.

Archen, Attich, sambucus ebulus; Adach (-υ) oder Archen (Jir.).

Der Erchtag, Dienstag; s. Er-tag.

Irch, s. Irich.

(Vergleiche: art. ert. irt. ort. urt.)

Die Erd (OPf. E'iə', B. E'rt, Eə'd, Eə'schd), (öfter aber, gegen die Analogie der a. Sp., nach Gramm. 807. 855:) die Erden (opf. E'iə'n, B. E'rtn, E'ə'n), die Erde, wie hchd. (goth. airtha, ahd. erda, mhd. erde. Grimm III, 352. Graff I, 415. BM. I, 441. Grimm, Wbch. III, 749). „Die fraw sol morgengab, daz varent gût ist, auf die erd legen“ (auf liegende Gründe) . . . „umb gût auf der erd“; Münch. StdtR. §. 193. 206. „A^{0} 1382 wurden auf der schwarzen erd erschlagen 46 man in der Bair rais“, Augsb. Chron., Cgm. 567, f. 211.

Der Erdapfel, opf. Herdäpfel, b. W. Dèədópfl, die eßbare Wurzel-Knolle des Solanum tuberosum. Die Bezeichnung „Apfel“ bezieht sich wol zunächst auf die grünen Samenkapseln (Pámpə-ln). cf. die nette Erzählung in Firmenichs V.St. I, 118—120. Im Hochdeutschen ist die corrumpierte Form Kartoffel üblicher. Es brachte im Jahr 1623 Walter Raleigh die ersten Kartoffeln aus Virginien nach Europa, zunächst Irland. Erst im Jahr 1725 aber wurden sie in der Obern Pfalz bekannt. Ein Herr von Pistorini, Regierungs-Kanzler in Amberg, erhielt nämlich eine Quantität aus den Niederlanden, und machte in einem Haus-Garten einen kleinen Versuch damit, welcher so gut ausfiel, daß auch andre Leute Lust bekamen, sich nach solchen Früchten umzusehen. Noch später fanden sie auch in A. Bayern Eingang. Wiltmaister, Amberg. Chron. 581. Der Verfasser der Warnung, eine neuerlich beobachtete Kartoffel-Epidemie (den sogen. Krebs oder die Fäulniß der Knollen) betreffend, in der Allg. Zeitung vom 4. August 1841, weiß, daß Joh. Hawkins zuerst im J. 1565 von Santa Fé in Neuspanien auf sein Sklavenschiff und dann nach Süd-Europa Kartoffeln gebracht habe. Walter Raleigh schiffte sie 1584 aus Vir-inien nach England. Anton Seignoret, ein Waldenser Colonist, führte sie 1710 nach Nürnberg und ins Würtembergische ein, Pistorini 1725 in die Oberpfalz, Minister Graf v. Schlaberndorf 1738 ins Magdeburgische, 1748 ins Schlesische. — Nach einer anderen Mittheilung, von Z(uccarini?) in der Allg. Zeitung 1847, Beilage, p. 437, zog Clusius die Kartoffeln in Wien 1588 aus Knollen, die ihm aus Mons vom damaligen Statthalter geschickt waren, welcher seinerseits sie durch den päbstlichen Legaten aus Italien erhalten hatte. In Italien unterschied man von der Trüffel (tartufo) die Kartoffel als tartufo bianco. In Deutschland sei später in gleicher Weise der Name der Trüffel „Griebeln“ oder „Grübeln“ auf die Kartoffelpflanze übertragen worden, welche bei damaligen Schriftstellern Grübelnbaum heiße. — „Dem Einführer der Kartoffeln in Frankreich, Parmentier, wird in der Stadt Montdidier (Somme) eine eherne Bildsäule errichtet.“ Allg. Zeitung v. 24. Juni 1843, p. 1395. Vergleich Tartuffeln, Kartoffel, Grund-
104 birnen, Bandur und polnisch. Erdapfel war ehmals als Name für die Gurken und Kürbisse üblich. „Citrullus haizt ain erdapfel“, Konr. v. Megenb. 391,6. vrgl. 407,2. Citrullus, erdapfel, Ebersb. 130, f. 163^{b}; altaturca, erdapfl, Ind. 418, f. 151. erdephili, pepones, gl. i. 227; cucumis, erdapfel, Avent. Gramm.; pepo, erdapfel, Voc. v. 1445. „Item von Erdöpfeln wann sie enfor sind“, Regensb. Mauttarif v. 1452, Gem. Chron. III, 203. Cucumer, erdöpfel, Voc. optim. p. 50. Vrgl. Graff I, 174. BM. I, 48. Grimm, Wbch. III, 745. Diefenb. 124^{c}. 161^{a}. 424^{a}. Das Onom. v. 1735 gibt Erdapffl durch cycláminum; Diefenb. 117^{b}. Vrgl. auch: Alcahia, ertapel, Clm. 13057, f. 105, sec. XIV.; malum terre, erdaphel, Clm. 4583, f. 47, sec. XIV.; malum terrae, erdöpfel, Clm. 4394, f. 177, sec. XV. med.; vulfago, erdtöpffel, San-Zenon. Clm. 16487, f. 96 (v. J. 1525). Diefenb. 21^{a}. 632^{b}.

Die Erdber (Er'pér, Erpə', Eə'schpiə', Ewə', Ewə'n, opf. E'iə'biə'), die Erdbeere. „Alte wîp und cleine kint so gar türstich worden sint, daz si gen Rome oder über mere getürren sich heben umb drî erper“ (wol Erdbeeren? cf. Grimm III, 728), Renner 8222; vrgl. 8922: „Der pfaffe næme ein heidelber für sîn opfer in disen næten.“ — Spanische Erdber, blitum capitatum, (Zir., Pinzg.). Vrgl. BM. I, 104. Grimm, Wbch. III, 747. Zeitschr. V, 50. 222.

Erdbaum; (h)edera eepaum vel erdpaum; Ebersb. 130, f. 163^{a}. Vrgl. oben Ebaum, Ebich und Eibe.

Das Erdhürnlein, (Nürnb., Hsl.) Phänomen, das sich nach der Theorie alter Weiber des Nachts gerne in den Kinderstuben wie ein runder, heller Schein sehen läßt, in dessen Mitte etwas dunkleres zu seyn scheint. Vermuthlich von dem durch sogenannte Buzenscheiben einfallenden Mondlichte erzeugt.

Daz Erdisin. MB. VIII, 259, ad 1385 genießt ein Hof „die Ehafti, daz ain ieglicher Hirt sol geben ainem Maijr, der dann ze mol sitzt auf dem Hof zway Erdysin“, (Sech, Molt-blech oder Schar am Pflug?). Vrgl. Stocker's diplom. Erklärung altdeutscher Wörter, Vorrede p. 8.

Das Erdmies, Spark, spergula arvensis, Collinka, Knöterich, eine Art Futterkraut, (Rottm.).

Das Erdreich, Erdrich (Erdərich), der Boden, Grund und Boden. Ehmals in einigen jetzt ungewöhnlichen Beziehungen. „Daß der Türk mit seinem Heer das hungarische Erdreich schon erreicht“, Ldtg. v. 1543, p. 12. „Hohenraunau auf dem schwäbischen Erdreich gelegen“, Kr. Lhdl. XVIII, 258. „Grundstück durch den Lech auf das bayrisch Erdreich gelegt“, Lori, Lechrain 266. „Lieber auff Erdrich (auf Erden), weder in der Hell brinnen. So wär auff erdrich nichts schöners.“ Puterbey, Druck v. 1581. „Und wurd jm (Alexander) auch nit mehr darvon denn sieben schuch erdtrichs zu lon“, H. Sachs 1560: II, III, 105. „Das Erdrich leimt auf; das Erdrich verwülen; dürres, harts Erderich; gegrabenes Erderich“ (als Materiale), Epithal. Mar. 103. 191; Feuerb. v. 1591. LR. v. 1616, 733. Man hatte hiebey vermuthlich die Bildungen auf ach, ich, erich wie Kräuterich ꝛc. im Auge. Bey Isidor 3,7. Otfr. I, 5,53; I, 11,4; Tat., Matth. 4,8 ist erdrihi bestimmt aus erd und rih (regnum) componiert. Vrgl. Graff II, 392. BM. I, 693. Grimm III, 776. Zeitschr. V, 222.

Der Erdsatz, (E'sàz), (Baur, U.L.), die unterste Lage Getreidgarben im sogenannten Viertel.

Der Erdstamm (E'stam), (Baur, OL.), von einem in zwey oder mehrere Stücke getheilten Stamme das Unterste. Erdstämme, (Zir.) junge, frische u. schlanke Nadelholzstämmchen, welche zu Gehstecken abgeschnitten werden. Das Erdstammholz, Stockholz.

Der Erdwaitz, die Roggentrespe, bromus secalinus L. (Rottm.)

'irdisch, adj., 1) wie hchd.; 2) = irden, aus Erde.' „Zerlas den (swebel) in ainem irdischen Geschier“, Cgm. 4902, f. 8 (v. J. 1429). Vrgl. Graff I, 419. BM. I, 442. Grimm, Wbch. III, 754: erden, 758: erdenisch, 773: erdisch.

Der Orden (ahd. ther ordo, Otfr. III, 1,7, neben thiu ordena; mhd. orden. Graff I, 471. BM. II, 439) und die Derivata im Ganzen wie hchd.

Die Ordinári, das Ordinäre, Festgesetzte; — besonders die ordinäre Post. Er hat sein Ordinari, bestimmte Diät, Portion im Essen und Trinken. „Die Stern haben 105
ihr Ordinari (statum tempus)“, Prompt. v. 1618. Im Scherze: die weiblichen Regeln.

ordlich, ordelich (ortəli, ortlə', aərdəli, aə'gəli'), adj. und adv., ordentlich, förmlich. ən aə'gəlis Maədlé (Ob.Loif.); 'ganz, ziemlich, tüchtig. Zeitschr. III, 272,32. 328. 329. 532,81. 538,58. IV, 107,31. VI, 267,61. 528,7.' s. artlich.

ordnen, verordnen. „Ordnen, schaffen und wöllen hiemit ernstlich, daß . . . .“ LR. v. 1616, f. 767. Der Ordner, (altes Passauer Stadt-Rechtsb. Ms.) der Fleischbeschauer, Aufseher über die Victualien.

Ordnung geben, befehlen, verordnen, donner ordre. „Wie ich dann deshalb Ordnung gegeben hab" (nemlich: ein Pferd von Lyon nach Rappoltstein zu schaffen), schreibt Graf G. G. zu Ortenburg, von einer Reise nach Spanien zurückgekommen (1525?), an „Wilhalm Hern zu Rapoltstein", seinen Schwager, Cgm. 4925, f. 44. „Si vermainen, man hab jnen nimmer Ordnung zu geben (man hab ihnen nichts mehr einzureden), LR. 1616, f. 767.

Die Verordnung. Die Verordnung der bayrischen Landschaft, der dirigierende Ausschuß, der seit 1660 zuerst auf 9 Jahre, dann so fort im Namen aller handelte. mihi 2252, p. 17.

„Erfiba", (nach dem Lexicon v. Bayern, III. Th.) Frucht der Hunds-Rose.

Der, die (?) Orfen, der Nörfling. „Prabsina, labs, charpho, tinco, barbatulus, *orvo*", Ruodliep XIII, 14, p. 183. „Orphen die find man weiß und gel, hat gut dick fleisch", H. Sachs 1560: II, II, 111b. „Kein Hecht, Orfen oder Karpfen unter 1/2 Pfund soll auf den Markt gebracht werden", Ansp. FischOrd. v. 1735. Cf. česk. ryba, Fisch, (wie Labe für Elbe und robota für Arbeit).

Die Urfen, plur. (ein Übel). „Dem diu urfun nocent Ille debet per integrum annum cottidie manducare eine cluft des closelouches" rc., Cod. Oenopont. in Mone's Anzeiger 1838, Sp. 609. s. Th. III: Rufen.

Urfar, s. unten faren.

---

arg, comp. erger (érgə', iərgə'), 1) wie hchd.; Ztschr. IV, 63. Castelli, Wbch. 119: „earg, eari, boshaft, böse; dås Mensch is án eargs Ding." — Vrgl. unten der Orke, böser Dämon, Teufel. 2) schlecht, unbrauchbar. Die Zæn werden arg, d. h. stumpf (opf.), in der Zips: irkəl. Zeitschr. V, 473. „Der Feldsalpeter ist der ergest", Feuerb. v. 1591. Diese Bedeutung scheint die ältere, denn schon beym P. Diaconus VI, 24 wirft ein Longobarde dem andern vor: memento quod me inertem et inutilem dixeris et vulgari verbo Arga vocaveris. „*Ergi* ok oedi ok ôthola", impotentiam veneream, furorem et impatientiam, wünscht in der Edda (Skirnis mâl 36) Skirnir der Gerda. Gl. a. 433. 454: argida, hebitudo, ignavia; (vrgl. Arga, Poltron, Feigherz; Gutsmann, windisches Wbch. 491). Gl. i. 351: irargent, obstupescent. Eine dritte Bedeutung war in der a. Sp. (gl. i. 24. 119. 441. 517. 702. o. 201) tenax, parcus, avarus. „Daz viuwer und der arge man die gelîchent sich dar an, daz in bêden niht genüeget", d. welsche Gast 13759. Diu erge, avaritia. „Daz alter grôze erge bringet", das. 13793; vrgl. 8714. — Dieses mhd. Substantiv begegnet noch in: ən Irga, Viehfall; Pangkofer 1846, p. 290. „Bis d' *Übá'irg* (die Überärge, das Überarge) eəm umkeə't ganz 'n Màgng", das. 196. d'Ergət, Argheit. — ergen, vb., arg (stumpf) werden (v. den Zähnen). „Unser vätter hand ein saure träublin gessen und unsere zen müssen darab erggen", B. d. W. 1485, fol. 105. Vrgl. Graff I, 412. BM. I, 54. Grimm, Wbch. I, 545. III, 866: erkeln u. Zeitschr. I, 258. II, 250. s. igeln.

Die Argen (Argkng, Baur), verkrüppeltes, unansehnliches, nicht gehörig gewachsenes Stück, besonders von Obst. Huiə' hán' 'Biə'n nét schö˜, hán' lautər *Arkng* wor'n. (s. Arg 2).

beargen, Einen eines Dings, bezüchtigen, es ihm zur Last legen. „Damit man ihn nicht etwan einer Schwach- oder Zagheit beargen möchte", Dukher's salzb. Chr. p. 180.

ärgern (érgə'n, iərgə'n), vrb. a., 1) wie hchd.; 2) ä. Sp., verschlimmern, verschlechtern (ahd. argirôn, Notk. 139,1; mhd. ergern. Graff I, 414. BM. I, 55. Grimm, Wbch. I, 548). „Der Müller sol ainem jeden das Mel, so auß seinem Getraid gemaln ist, ungeergert und ungefelscht antworten", LOrd. v. 1553.

„Argenwân", agrimonia; „herba quae vocatur in vulg(ari) argenwaun", Clm. 4394, f. 137.

Irg, Irgl, (Tir.) Georg.

Orgament, (ahd. orgimint, mhd. orgement. Graff I, 468. BM. II, 443) auripigmentum; s. Th. II: Hufplat.

„Urgelscheiter, (Tir.) große, gutkliebige Scheiter."

Ärk (A'rk), (OL.) Erker in einem Gebäude; mhd. ärkære, ärker (v. lat. arcus). BM. I, 56. Grimm, Wbch. I, 871. „Meinew zway hawser und hofstet, gelegen ze Purchawsen in der stat zenachst dem freythof vnd dem äricher zwischend der Inspruckerin und Hainreich des æhär hawser", Cgm. 3941, f. 31a, ad 1385; cf. ibid. f. 32b. Voc. v. 1419 und 1445: ärker, propugnaculum. aricker, propugnaculum, Semansh. 34, f. 193; ergger, propugnaculum, Clm. 5685 (v. 1414), f. 87; schießärgger, Cgm. 572, f. 39. Ursprünglich waren wol solche Vorsprünge an Burgen und andern Gebäuden mehr der Vertheidigung als der Aussicht wegen da. Vrgl. Arch.

Die Arke, regelmäßig, mauerartig aufgeschichteter Haufen Scheitholz. (Aschaff.) Holzarke. (Holz) arken, vrb., Holz aufsetzen. Vrgl. Arch.

Die „Arkeley, Artollerie, res tormentaria", noch im Onom. von 1735. Vrgl. Grimm, Wbch. I, 551 u. schwed. Arkli.

Der Erkel, ä. Sp., nausea, Ekel (mhd. erkel; Grimm Reinh. 105,80. BM. I, 446. Grimm, Wbch. III, 866, 394). erken, erkeln, mhd., ekeln.

Der Orke, ein böser Dämon; der Teufel (aus dem lat. Orcus, wovon auch ital. orco, franz. ogre, ogresse, ein Waldgeist. Grimm, Mythol.2, 454. Diez, Wbch. 244. „L'ha visto l'orco" si dice quando uno è affiocato (heiser), Voc. Padovano. Martens, Italien II, 600. Vrgl. auch ital. uracano, franz. ouragan, span. huracan, hurricáno, húrricane, portug. furacão, der Sturm, Orkan. Diez 364). „So sagt manger, er hab den orken gar eben gesechen."... „Vil wissen der erkennen (ogresse?) sitt." Vintler's Blume der Tugend, bei Grimm, Mythol.1, Anh. LIII, 274 neben „Tewtte (Trwtte?), Albe, Schrättlin." Die Bergmännlein heißen um Meran: Norken, Nörkelen, im benachbarten Ultenthale Lorken (Steub, drei Sommer in Tirol, S. 318 f.), im Passeyer: Norkel; dər Norgkl (Sterzing). Der Orko, ein böses Gespenst; VII Comuni. „Kunig AlMan, darum daß er ein Löuwen als noch vnsere Fürsten pflegen, geführt hat, wirt zugenannt Ärgle oder Ärckle, d. i. der Argle oder Mann mit dem bösen wilden Löuwen, in griechischer zungen Herakles, nach römischer Sprach Herkules", Aventin's Chron., Einleit. VI. (s. oben arg.) Vrgl. auch das schwedische Orkendal u. dän. Ork, Orken, die Wüste.

Die Ärl, sieh ärnen.

Der Arlas, (ä. Sp.) 'ein zu Arles in Burgund gewebtes Zeug, pannus Arelatensis (Grimm, Wbch. I, 551).' „Tren dem pfaffen sein futer auß dem rock, es sey peltz oder arlaß, und mach dir ein underrock daraus", De fide concubinarum in sacerdotes. arlesen, adj., von Arlas; „4 rot zendlene engl. Rökhl mit plab und weiß arlesen gefrens." „2 gelb und plab arlesene rökhl." Wstr. Btr. V, p. 164 u. 166. „Geklopfte und arlasse, sametne und seidene Hüt; Wirzb. Huter-Ord. v. 1636.

Der Arlberg soll seinen Namen haben von Arle, dem dort wachsenden zwergartigen Nadelholz; (Bergmann). S. oben unter Ar.

Die Ärlizber (A'rləsbér), an einigen Orten die Beere des Sperberbaums (sorbus domestica L.), an andern die des Crataegus torminalis. Gl. o. 88. 357: arlizboum, cornus, 174: ornus. Graff I, 474. III, 118. BM. I, 227. Grimm, Wbch. I, 551.

Erl, Erhard.

Die Erl (E''l, I'l, Iə'l), die Erle, (ahd. erila, erla, neben elira, mhd. erle. Graff I, 241. 262. BM. I, 446. Grimm, Wbch. III, 416. 894. Zeitschr. IV, 40). Erlen (é'lə~, iə'lə~), adj. Das Erlach (E''lə', I'lə', Iə'lə), das Geerlicht (G·é'ləd, Giə'ləd), das Erlengebüsch. „Ein Reut mit Erlach einfriden", Salzb. Waldord. „Wismat genannt daz Erlach bey Mochingen", MB. XIX, 28. „Unser aigen wisfleck und Erlach, MB. XXIV, 519. Edlach (E lə', Tir.), Erlengehölz. „Per rivum qui dicitur Erelinbach ... per paludem quae dicitur Erelinlau; Ried, cod. dipl. I, 94.

'Der Erlitz, auch Erling, Eldritz, ein Fisch, cyprinus phoxinus.' „Preren zimen den bawren baß denn erlitz, sengel und steinpeiß", H. Sachs 1560: II, II, 111[b]. Grimm, Wbch. III, 906. 905. 403.

Das „Irl" (OPf., auch B.), Viehweide; Name von verschiednen Moos- oder Moorgründen. „Das Sachsenirl", Baumgartner's Neustadt a/D., p. 67. „Das großlannd Iren die er von dem Mertlein von Ehling gechawft", Innviertel, 1490 (1419?), Cgm. 3941, f. 18. „Von ainen pirach (Birkach?) und Irren genant haidleyten zehen pfenning vnd so es öd ligt nur fumf β pfenning in tercio anno", ibid. 217[a]. Das Irl, ein Walddistrikt der eichstättischen Forstei Aurach, Lex. v. Franken I, 206. Irl, Dorf an der Rott im Landgericht Neumarkt. In der Wetterau heißt eine zwischen Staden und Oberflorstadt, rechts der Nidda sich lang hinziehende große Wiese das Irle. (Weigand, Brief v. 1851.) Die Irlsmänner, Irlsleute, die Irlschaft; Neumann's Antwortschreiben p. 181. 189. 191. 218. 221. 244. Gant des Mathias Kolbeck Irlers von Untergangkofen betr. Ausschreiben, Landshut 17. Jan. 1842, Landbote Nr. 33. cf. altſ. erl, Mann (?); Graff I, 473.

Irling, (Tir.) unförmliche Art Drehlinge oder kurze Trümmer. Hiə'ling, Salmenbrennholzdreiling, welcher gar nicht bearbeitet werden kann. S. unten Dreiling. Irlantheilgeld, Kammerrechnung des Marktes Vohburg, Hazzi, Stat. II, 480. Vrgl. Erlach.

---

arm, adj., im Ganzen wie hchd. Der Arme, der zum Tod Verurtheilte, gewöhnlicher: der arme Sünder, Wirzb. CentOrd. von 1670. Armer Mann, arme Leut, ehmals, was man jetzt Grundunterthanen,
107 Grund- und andere Holden nennt. Leute ohne freyeigenen Grundbesitz, also das rechte Gegentheil der *γεώμοροι, γάμοροι*, divites, und der altspanischen (gothischen) ricos hombres. „Swelicher arm man, er sey pawr oder seldnär, LR. Ms. v. 1453. „Ueber solches ist auf jeden armen Mann, reich und arm fünf Kreuzer gelegt", Kr. Lhdl. XI, 135. Daß uns (dem Fürsten) ein jeglicher armer Mann, der dann von Alter und Billigkeit fahren soll, alle Quatember ein Fuder Holz hieher gen München führen soll", Kr. Lhdl. V, 338. Arme Leut, Scheyrer Dienstord. v. 1500, f. 52[a]. Es gab also arme Leut des Landesfürsten, der adelichen Landsaßen, der Stiftungen und Communen und mancher einzelnen Bürger und Bauern; s. Kr. Lhdl. X, 88 ff. „Er arman", er, der arme; Diut. III, 51. „Hüt frů was ich ein künig, nu bin ich ein arman", Rosengarten 2224. „Arman mac niht graf gesîn", Cgm. 717, f. 105. „Unser armann, unsers armans, unser armleut", MB. XXV, 221. 282. Sollte in arman gar eine Corruption des arimanus der langobardischen Gesetze vermuthet werden dürfen? cf. Grimm, RA. p. 312. BM. II, 35. Armer Mann, eine Speise, s. Man. Armasberc, Armannsberg (?); Reg. Boic. IV, 319, ad 1286. Einen zu einem armen Menschen (geisteskranken?) schrecken (b. W.). Arm Salz, Halleinisches Salz. im Gegensatz des reichen oder Reichenhallischen, (oder etwa von der „Donatione proprietatis hujus salinae factâ Ecclesiae Salisburg. eum in finem, ut alimonia pauperum et stipendia clericorum ibidem Deo famulantium perpetuò proficerent."?). Kurzer Begriff der zw. B. u. S. obw. Salzirrungen 1761, f. 179. s. Lori, BrgR. Kr. Lhdl. I, 258. cf. Th. III: Scheibe.

'armen, vb., arm sein oder werden.' „Swer liebes und gůtes armet", Labr. 233. „Ich můz mich armen wenen" (gewöhnen, arm zu sein), das. 367. ermen, vb., arm machen. „Ez mag uns fröuden ermen oder rîchen", Labr. 66. BM. I, 59.

ärmlich, (schwäb., Nürnb.) armselig; mürrisch, seltsam, widerlich im Betragen gegen andere; übelschmeckend, abgeschmackt. Was bist du doch für ein ärmlicher Mensch! Die Medicin schmeckt ärmlich. Vrgl. Otfrid's armilichun dati, armilicha fara, armalicha lusti, armilicho uuillo, III, 15,31; IV, 16,24; IV, 36,1; V, 3,13. Graff I, 421.

Die Armuet (Armuəd), wie hchd. Armuth (ahd. aramuotî, armuoti, mhd. armuot. Graff I, 422. BM. I, 58. Grimm, Wbch. XI, 561). „Ut pauperes voluntarii qui vulgo willig armůt nuncupantur pro religiosis nullatenus reputentur"; Constitutiones Friderici episcopi Augustani, de a⁰. 1312, Clm. 5660, f. 117. Davon in den Sette communi das adj. armüeti', armselig; und (B.) ein noch weiters Derivatum: die Armuetey (Armədey, b. W.). „Burger und Paurßman bey welchen nichts als lauther Armuthey zu finden", Mand. v. 1635. „Des Closters und Gotshaus Armuthei", Meichelb. H. Fr. II, 1,392. Zeitschr. III, 538,28.

derb·armen (də'barmə~), wie hchd. erbarmen, (vrgl. b·ellenden). R. A. Daß 's Gott derbarm, jämmerlich, erbärmlich. Aussegng dás ·s God *də'barm* — ə~ Kerl dás ·s God *də'barm* — ə~ Bier dás ·s God *də'barm!* Vrgl. goth. arman, ahd. barmên, arbarmên, mhd. barmen, erbarmen. Graff I, 423. Grimm IV, 613. BM. I, 59. Grimm, Wbch. I, 1134. „In êre sîner (Gottes) barmunge", Clm. 4616, f. 53. „Job spricht: ein mensch geporn von einem weib lebt lützel zeit und wird erfült mit vil parmung" (miseria); Cgm. 54, f. 11[a]. „Dein barmig hant", Cgm. 715, f. 16. „Und daz geschicht pärmlich" (miserabiliter), ibid. f. 44[a]. „Durch die menge dîner bermikeit", S. Helbling IX, 78.

barmherzig, 1) wie hchd. Mitleid empfindend (ahd. armherzi, Graff IV, 1046. BM. 674. Grimm, Wbch. I, 1135. „Misericordiae tuae, barmherce dîner", Cgm. 117, f. 12[b]; erbermherzich, bermherzechait, erbermherzechait, Griesh. Pred. I, 51. II, 143. „Wirdiger hochgelobter herr hilf uns nach deiner hailigen erbermhertzicheit", am Vorderdeckel einer Hs. des Münchner Stadtarchivs über Zunftordnungen (sec. XIV—XV). 2) Mitleid (besonders ein verächtliches) erregend, erbärmlich. Dés is ə *barmherzigə'* Soldat, ə~ *barmherzi*'s Mésse'.

Der Arm, wie hchd. (goth. arms, ahd. aram, mhd. arm. Graff I, 425. BM. I, 57. Grimm, Wbch. I, 551. Zeitschr. IV, 64). Diminut. das Ärmlein (A'rml·, A'rwl·, A'rmə-l, A'rwə-l).

Der Ärmel, Ermel (E'rw·l, Iərwl), 1) wie hchd. (ahd. armilo, mhd. ermel); Zeitschr. II, 340. IV, 64. V, 461. 2) eine kurze Bekleidung des Oberleibs bey den Weibern, von der die Ärmel den größern Theil ausmachen. Dére' thuəts Nôt, dás s· gàr taffeté *Yərbəl* tragt! Einwendige Ärmel, Aermel dieser Art, über welche noch ein anderes Kleid mit Aermeln angezogen wird. Weißärmelicht (weisiərwlət) seyn oder gên, in bloßen Hemd-Ärmeln. einärmeln (ei~ érbəln), mit Ärmeln versehen.

'Der Armvoll (Armfəl, Arfəl), wie hchd. Zeitschr. II, 192,45. V, 362. 509, II, 5.' armvöllig, adj., „ein armvolligez chint", Cgm. 89, f. 51.

Der Ermelmann (Iərw·lmà~), in einigen Gegenden 108
des Ober-Landes, der Heiratstifter bey Unvermöglichern, weil er nemlich von der Braut feine Leinwand wenigstens zu einem Paar Hemd-Ärmeln zum Geschenke erhält, während eine reichere Braut ihrem Heiratsmann (Heiratstifter) ein ganzes Hemde verehren muß. (Baur.)

Die, (der, das) Armbruſt, Armbroſt, Armbſt, Armſt, wie hchd. (mhd. daz armbruſt, arbroſt. Grimm III, 444. 560. Graff I, 475. BM. I, 61. Grimm, Wbch. I, 556); Kr. Lhdl. I, 239. IV, 29. VII, 11. 12. Ldtg. v. 1515,28. „Daz armbruſt er ſelbe nam", Triſt. 16661. „Mit dem armbruſte", daſ. 17250. „Mit armbruſten und mit bogen", daſ. 8754. „Von erſt ſchol haben ie der man der an dem rat iſt ein craparmbruſt und ein tartſchin" . . . „her fridrich und her heinrich Zolner zwei crapparmbruſt und zwo tartſchin". . . „her heinreich Zeirner ein ſtegefarmbruſt", Bamb. Stadtb. sec. XIV. (1306—1333, 15 Bll. 4⁰) auf fol. III, Bewafnung des Rathes betr. (nach einem Briefe des Prof. H. M. Rudhart an Maßmann, 14. April 1836); cf. Th. II: Krapp u. Th. III: Stegreif. „Daz hurnein armbroſt la stambechina", Vened. deutſch Voc. v. 1424, f. 25. „Umb zwai armbroſt dem ſnitzer von Werde XII Schl." (1392), Freib. Samml. II, 120. „Daz armbroſt, B. d. W. 1485, f. 90. „Er wolle ain armbroſt kauffen gut, ſo ſpricht er (der armbroſtrenmacher, armbroſter, Bogner): „Ich han ains auserkorn, daran iſt kumen gut horn"; da iſt ſein denne lutzel dran und hat darunder gelait ain großen ſpan, der iſt aichin und groß und darob ein adern bloß", des Teufels Segi, Ms. v. 1449, f. 152ª (Barack 11263). „Ein armbroſtſaul", gezeichnet (in der Mnemonik) im Cgm. 4413, f. 161. „Do ranten dy ſchacher mit geſpanten armſten auf ſew" (ſie); San-Zenon. 115, f. 253. „Die Zehenthewſer zu Wynkelhaym hat . . . aº 1508 zu lehen genomen Sebaſtian Velkofer Edelmansrecht zehalten, Armbroſt vnd winden bezalt, dafür geben iij gulden rh."; Dietrich Pleninger's Lehenbuch, Cgm. 3948, f. XLII. „Ließ fallen das armpruſt geſpant mit aufgelegtem ſtral", H. Sachs 1560: II, IV, 54 (80). „Fur citrachen iſt auch gut verniß den dy pogner zu den armbroſten nützen, den ſtreich darauff", Ind. 418, f. 101. Ain geladen Armbroſt, MB. II, 433. Gem. R. Chr. II, 339; ain geſendiu, geſembdiu Armbroſt, ſ. Sen; ain Wâg-Armbroſt, ſ. Wâg. ä. R.-A. „Nachlaſſen wie Schärdinger Armbruſt", Av. Chr. 93. „Wenn mans Armbroſt überſpannet, ſo ſpringts gern", Seb. Frank, Sprichw. Schon in der gl. o. 155: armbruſt, corrumpiert aus dem franz. arbaleste, wie dieß aus arcubalista, arbalista. Diez, Wbch. 554.

'Arm (= R-arben?) oder 'As, Haar- oder Fleiſchſeite einer Haut. (Dr. Sepp.) Vrgl. dait ærv, die obere Kruſte beim Leder, (Wangerog); Ehrentraut, frieſ. Archiv I, 358. Zeitſchr. VI, 400,3.

Irminſûl, Irmenſûl (ahd. mhd.); „colossus, altissima statua irmelſaul", Clm. 4388 (XV. sec.), f. 151. Graff I, 475. VI, 187. Grimm, Myth.² 104. 327. 759. BM. II, II, 725. Irminſwinda, weiblicher Eigenname; Meichelb. Hist. Fris. II, 50.

Der Arn, ſ. oben Ar, Adler, u. vrgl. griech. ὄρνις. Grimm, Geſch. d. d. Spr. 1021 u. Wbch. I, 563.

Die Haus-Ärn (Aſchaffenb.), ſ. oben Eren.

ärnen, pflügen, ſieh eren. Die Arn, nach Höfer, im Salzb., Steyermark ꝛc. eine Art von Egge mit Hauen und Meſſern, iſt vielleicht ein Wort mit unſerm A'dn, A'ttn von Egiden. Indeſſen iſt die Arl bey Horneck das Pflugmeſſer, und die Kärnt. ZehendOrdn. ſagt: „Ein Neubruch daraus die Stockwurzeln geraumet werden müſſen, . . . darein man mit der Arl nicht anfahren kann." Kärnt. oralo, ralo (v. or-ati, arare), der kleine Pflug, die Arl; Jarnik p. 30. Zeitſchr. IV, 63. cfr. gl. o. 429: aratro, eridu.

arnen (aə'nə˜, uə'nə˜), (b. W.) ſinnen, nachſinnen (aus or'nen, ordnen?). Aə'n ə˜ we˜g, wàs 's də' nét ei˜fält', (ſinne ein wenig nach, ob es dir nicht einfällt). Aə'n éppəs aus und və'zəl 's uns! erſinne etwas, ein Mährchen, und erzähl es uns. Im Schwed. iſt ärna, ärna ſig, geſonnen ſeyn. Vrgl. hirnen.

Die Ärn, Ärnet (árn, á'n, árnt, á'nt, árəd), die Ernte, (ahd. ther aran, thiu arn, mhd. erne, neben ther arnôt. Graff I, 479. 481. BM. I, 62. Zeitſchr. III, 404,2. V, 407,27. Grimm, Wbch. III, 918. 928). Tat. gl. o. 341: arn; gl. o. 116. 142: arnôt. „Do ſprah er, daz der arin michel ware"; „daz er ſenti die uuerhmanne in ſinen aren", Diut. III, 120. Iətz gêt d' A'n bäl' à˜. „An ſant Peters und Paulstag in der Erden", MB. XXV, 17. Die Arnzeit, (Tat. arnzîti, Otfr. arnogizît). Der Arntanz. Der Ärnwart, custos segetum. Vrgl. auch ahd. aranſcarti, 'Durchſchnitt im Getreide (cf. Th. III: Schnitt); Leg. Bajuv. XIII, 8. Graff VI, 528. Pertz, Monum. German. tom. XV, 315.'

ärnen, ärnten (árnə˜, a'nə˜, árnt'n, á'nt'n), ernten, (ahd. arnôn, mhd. arnen. Graff I, 426. 480. BM. I, 61. Grimm, Wbch. I, 563. III, 697. Zeitſchr. IV, 283,93. V, 365. „Acker büwen und garnan, zwîgen ald planzen und ſemlichiu ding", Dieff. 140, f. 86ª. Der Arner, die Ärnerinn, die Ärnleute, Taglöhner, welche ſich aus dem O.Lande in das getreidreichere Unterland begeben, und ſich da für die Ärntezeit an großen Bauernhöfen als Schnitter und Schnitterinnen verdingen. (Tat. arnâri, messor). Daneben in figürlicher Bedeutung:

arnen, erarnen, g'arnen, erg'arnen, verg'arnen, (ä. Sp.) gewinnen, erhalten als verdiente 1) gute, oder 2) ſchlimme Folge; verdienen. „Ut mereamur, daz wir garnen", Cgm. 17, f. 13ᵇ. „Vil manig lieb mit leide man erarnet", Labr. 1. Erarnen exantlare, multo labore comparare, Voc. v. 1618. „Hart erarnt Geld geht zech heraus." „Was wollt ich daran erarnen, quid inde ad me rediret utilitatis", Heniſch. „Es muß alles erarnet werden, dii bona laboribus vendunt", Seb. Frank. „Hart erarnet iſt botenlon, fahr und reit lieber denn ich gahn", ſagt Eulenſpiegel bey H. Sachs 1560: V, 367 (1612: V, III, 62). „Wie unſanfte ſi das himelreiche erarneten", alte Sermonen. „Got, ich bin dîn hantgetât, dîn menſcheit mich erarnet hat", S. Helbling X, 55. „Der ſi beſchaffen und mit ſeiner pittern marter 109
anderwayd erarnt hat", Ulrich Fütrer. Gearnter oder gearnteß Lôn, Garnzlôn, gearneter Lidlôn (LR. v. 1616, f. 338; v. 1518. Tit. 43), verdienter Lohn. „Vmb georentz lon", LRcht., Ms. v. 1453, cap. 10. „Swas ein ehalt ſeins garnten lons behabt mit dem rechten gen ſeiner herſchaft", Münchner StadtRechtsbuch, Ms. v. 1423. „Auf wen man klagt vmb garnotz lon das man mit dem ſwais verdiennt hat", Paſſauer SatdtRechtBuch, Ms. „Swas der man verdient mit ſeinem pflug mit ſeinem vih da der man ſelb oder ſein gedingter ehalt pey iſt daz haizzt allez garnzlon", Kaiſer Ludwigs LandRechtBuch. „In des biſchofs pan werden gechündet alle dy den patten nit iren geornt lon gebent", Clm. 16509 (4⁰ XV. sec.), f. 162. „Von garntem lon. Ob mynnlon garnzlon ſey? Kumpt ain fraw für gericht und klagt auf ainen man, ſy hab jn zu ir gelât, vnd hab ir gut gehaizzen, dez ſey wenig oder vil, vnd daz ſey garnzlon, ſo ſol der richter nicht richten, wan ez haißt ain vberhor vnd hiet den gewalt wol gehabt, daz ſy daz lon vor hiet einpracht vnd eingenommen e daz ſy in zw ir gelât hiet", Ruprecht's v. Freyſing Rchtb. Ms. und Weſtenr. Btr. VII, 167 und 174; cfr. p. 121, wo durch Druckfehler varents ſteht. 2) „Der ander muoz daz wort gearn (büßen), daz er ê vert geſprochen hât: „Ich mac des niht haben rât"; d. welſche Gaſt 7142. „Daz muſten ſy ga'rn." . . . „Daz muz von uns g'arn der chunich von Marroch", Hornek. „Du vil unrainer hunt, nu g'arnſt du hie zeſtunt was du den läuten haſt getan", Chron. rhytm. bis 1250, Ms. f. 76. Im Algaü ſagt man noch verg'arnen etwas, beſonders ſchlimme Folgen vom Genuß von Speiſen und Getränken. Sollte das unterinnthaliſche oadigen, ein Uebel in Folge von Vergeltung leiden, bei Staffler, Tirol und Vorarlb. I, 112, hier einzureihen ſein (= aə'nə˜?)? Hieher gehört wol auch Ulphila's asans, messis, und asneis, mercenarius (ahd. asni, Tat. 133; asnari: „uuio manege asnera mînes fater genuht habent brotes", Tat. 97. Graff I, 478), da ſein s manchmal dem r entſpricht. Etwa auch das Folgende?

Der Arner. „Kein Fleischhauer, der Arnär war, durfte ein Messer tragen, er mußte das Messer zu der Porten binden", Gem. Reg. Chron. ad 1320. (Freyberg, ges. histor. Schr. V, 9.) Ebend. ad 1376 wird indessen arner für Fleischhauer überhaupt genommen; ibid. III, p. 383, ad 1463 heißt es, es seyen zu den Fleischern auch die Arner und Schlaucher gezählt worden. Arner im Salzpfannhause, Urk. v. 1311, bei Kurz, Oesterreich unter Friedrich d. Sch. p. 454 (Kurz meint: „Ordner"!) — sind wol Lohnarbeiter und dasselbe, was Mietschichter, ebendas. p. 464. Bey Kero ist arnên mereri, und davon arnunc, arnunga meritum.

'Der Ernd, Erend (ahd. arunti, mhd. arant, erende; Graff I, 427. BM. I, 52), der Auftrag, das Geschäft.' Erndbote; „Wilt du mein erndpott sein", v. d. Hagen, Ges. Abent. III, 733,87. Der Ernder; „Da von gewan diu frowe mit ir scrigende und mit ier ruefende vil ernder und vil bitter". . . „und die êrnder und die bitter". . . . „zem dritten mal son (sollen) wir ruefen und scrîgen hinz got, daz wir unser êrnder und unser bitter erwegen und ûf bringen" (wol nach Matth. 15 bezüglich auf die fürsprechenden Jünger), Griesh. II, 92. 96. cf. BM. I, 447. Gehört hieher oder zu Ernte: „Liut sterb, unnücz Errend, haw und vil füters wird", Aug. eccl. 76, fol. ult.?

Der Ern·st (E'nst, E'nscht, Eənscht), 1) wie hchd. (ahd. thaz und thiu ernust, mhd. der ernest, ernst. Graff I, 429. BM. I, 447. Grimm, Wbch. III, 923). R.A. Wampeter Ernst, voller Ernst. 2) ä. Sp., Kampf. „Gute Fußknecht, mit Harnasch und Wehr zum Ernst versehen." Du gehest zu keinem Tanz, sondern zu einem Ernst", Dr. Minderer 1620, p. 23. „Mit wehr und Roß als es notturft ist zu solchem Ernst" (Kampf, nicht Turnierspiel), Chron. bey Freyberg I, 160. Uuart do giuuentit in guota ernust, factus est in agonia"; Tat. 182,1. — Ernstung. „Müssen nicht mit weniger Ernstung und Kostung gegen den Feinden sitzen", Kr. Lhdl. VIII, 460. XVIII, 351. R.A. „Dés is àbər ən *E'ə'nscht!* das ist ein Verdruß, ein Jammer", (Baur). Dés is kaə~ Spáss! ernstlich, adj., 1) wie hchd. 2) ä. Sp., strenuus, streitbar. „Pfalzgraf Otto war ernnstlich und streitbar"; „Zwen tapffere ernstlich Burgermeister", Avent. Chr. (ahd. ernust, ernustlîho). ernsten, vb., mit Ernst verfahren, serio agere (BM. I, 447. Grimm, Wbch. III, 926). „Wan dy andern schimphen, so ernst er, cum alii exercent jocalia, mire videtur", Windb. 204, f. 166b. „Hilf im ernsten unde schimphen", Labr. 280.

'Ernest, Ernst, Personname (ahd. Ernust. Förstemann I, 126. Grimm, Wbch. III, 923).' „Sô gie dar einer unde las von einem der hiez Ernest", — wol den Roman vom Herzog Ernst, der schon ein paar hundert Jahre in Tegernsee bekannt war, — Helmbr. 957 (Haupt's Zeitschr. IV, 353).

ornyren, ä. Sp., ausrüsten, ornare. „Wagen ornyren zu einem Feldzug." Kr. Lhdl. IV, 32 ff. cfr. XV, 18.

Die Ürn, Yrn, Yrm, Iren, (salzb., Hübner) Maß für Branntwein, Wein u. drgl., vierzig Viertel haltend. In Tirol: ein Faß Wein um 1/3 größer als der Salzburger Eimer (cf. BM. I, 753. III, 194: irn, ürn. Zeitschr. VI,
110 158). „Eine Yrn hält 72 bayrische Maß", Westenrieder, Beitr. VI, p. 211. Kohlbrenner, Beitr. 1783, p. 62. A⁰. 1539 kostete die Yrn Osterwein im Durchschnitt 1 fl. — ß. 7 pf., also 1 bayrische Maß 3 Pfenning; ibid. „Zwu ürn potzner maz", Clm. 17420, f. 23b, ad 1329. „Was ist aber daran gelegen, es lauffen hundert oder tausend Yren durch deinen Leib", so übersetzt Balde im Agathyrsis die Stelle Seneca's Epist. 77: Nihil interest, centum per vesicam tuam an mille anphorae transeant. „Wan mein Herr (der Abt) von Rot hereinkombt (nach Pillersee) so soll man im warten mit vierzehen Malen und mit 2 Yrm wein; ain Yrm sol sein deß besten weinß so man in dem gericht find, die andern Yrm soll sein des gemainen Weins zu Tischwein", MB. II, 105, ad 1466. „Zehen Urn Weins", Chron. Ben. II, 83. „Von der Irren Weins ain Öl.", Lori, Lechrain 370. In lat. Urkunden: urna vini, z. B. MB. IV, 331. „Situla *urna*" (wol lateinisch?), XII. sec. Clm. 17142, f. 119a. „Yren, cadus", Onom. v. 1735.

Der Arsch (àrsch, à'sch, aərsch), 1) wie das hchd. (welches, nach Gramm. 651 gleichfalls aus dem ältern ars verderbt ist. ahd. mhd. ars; Graff I, 476. BM. I, 62. Grimm, Wbch. I, 564. Diefenb. 38b. 162. 443. Zeitschr. IV, 64. VI, 297. cf. holl. naars neben aars, isl. rass, schwed. ars. Sollte im spanischen atras, gewöhnlich auf retro, ad retro bezogen, noch ein gothisches at ars erhalten seyn?), die hintere Front (Lassaur). 2) das Ohr von einer Nadel; jedes Hintertheil oder Entgegengesetzte eines Kopfes, einer Spitze, eines Anfanges. Der Arschdarm, 1) Mastdarm; 2) der Letzte; namentlich in der Scherz-Sprache der Hirtenjungen einiger Gegenden derjenige unter ihnen, der am Pfingstsonntag mit seinem Vieh zuletzt auf die Weide kommt. A'rschdarm, A'rschdarm, rufen sie ihm zu, bist heu~t Nà't i~'n Bétt vo'darbm! (Vrgl. Zwidarm). „Arschkarm, Arschbacken", (wol eigentlich Arsch-Kerbe, Arsch-Kerb'n?); cf. Grimm, Wbch. I, 566. Für nates haben die gl. a. 48. i. 873. o. 234. 398: arsbelli; Diefenb. 128b. 376a. Graff III, 94. BM. I, 118. Die arspelg, Cgm. 120, f. 23b. „Daz rukpain, die diecher und arspell", Clm. 5879, f. 226. s. unten erbellen. „Arßfüß, mergulus", H. Junii nomencl. 1629, f. 34. Colymbus cristatus, Steißfuß; Nemnich I, 1141. Grimm, Wbch. I, 566. Arsch-Kizel, Hagebutte, gratte-cul. Grimm, Wbch. I, 566. Arschloch (Graff II, 141. Grimm, Wbch. I, 567); oft pars (fœdissima) pro toto: Du *Arschloch!* Dés *Arschloch!* Dürrarsch, Schimpfwort (Aschaffenb.). arsboßen, vrb., sieh boßen, schlagen. Ältere R.A. „Ir zwo klagt ungebleuten ars", H. Sachs 1558: I, 510a. „Du klagest ungebleuten ars", ohne Grund; das. 1560: II, IV, 1b. „Das er auch würde nach den tagen mit der thür fur den ars geschlagen", fortgewiesen; das. 1560: V, 383. (1612: V, III, 95). Zur Probe ein paar von den vielen, beym großen Haufen sehr beliebten R.A. in welchen der A. figuriert: I' bi~ dər àlt'n Sau á' nét vo~'n *'Arsch* g'fàll'n, ich bin so gut wie du; Du bist mər um dés á' nét à~m *'Arsch* g'wachs'n, es kommt mir auf diese Kleinigkeit nicht an; I' maə~ glei' I' muəſs 'n *'Arsch* d' Augng ausreiſs'n, mich zu Tode ärgern (b. W.); 'ən *'Arsch* auskégeln, sterben; 'ən *'Arsch* vo'brennə~, den Fürwitz büßen; 'ən *'Arsch* eini récke~, auch dabey seyn; si' i~'n *'Arsch* eini schamə~, sich recht sehr schämen; i~'n *'Arsch* 'nei~ gschihht də' recht, vollkommen recht geschieht dir, das hast du verdient; ə~ ganzər *'Arsch* voll, eine Menge; ər is in'n *Arsch* vərrückt, fängt alles verkehrt an (Aschaffenb.) ꝛc. u. drgl.

sich arsen, sich rückwärts bewegen, reculer, bey Hans Sachs I, 209b: „Daß sie anlauffen, stürmen solten. Deß sie sich ärßten und nicht wolten." cf. holl. aarzelen, zaudern, nach hinten ausweichen, Anstand nehmen.

ärschling, adv., rückwärts, retro, en arrière, als Gegensatz von fürschling (Wangerog: ersel, rückwärts. BM. I, 63. Grimm, Wbch. I, 567. Zeitschr. II, 30. 32. IV, 64. VI, 23.); ärsling hinein, hinaus gehen, mit dem Arsch voran; H. Sachs 1560: II, IV, 20. Ein Klaid ärschlings anziehen, verkehrt, mit der Außenseite nach innen. Ärschling gêtß, rückwärts gehts; auch figürlich: es geht schlecht. Hinter ärschling, (auch in den VII Comuni: erseng, in erseng, hinter erseng), hintersich, zurück, hintenzu.

Bi~ houch auffi gstigng, háb ei~-hi' gschnácklt, 111
Und ə~ Bissl hàt sə si' grüert, àfə' *hinterärschling*.

Arschizen, Airschizen auch Aschrizen, Speyerling, sorbus domestica. L.

„Irsch", (nach Zaupser's handschriftl. Nachtrag zu s. Id., um Passau), Holz-Sandalen der Bauersleute mit darangenageltem Ueberschuh-Leder; (irchisch?) Gl. o. 190 ist das romanische wanz (gants, Handschuhe) mit: irhine erklärt. cfr. Irich.

êrst, s. êr.

Die Art, 1) wie hchd.; (ä. Sp.) Geschlecht (mhd. der u. diu art. BM. I, 50. Grimm, Wbch. I, 568. Vrgl. oben Sp. 129: Art, aratio, cultus, modus, wie slaw. rod, genus. Grimm III, 395. Gesch. d. d. Spr. 55). „Ain fürst aus Bairnlande, ist er aus kunicklicher art geporn", Lancilot vom See. 2) ä. Sp., die Gegend, die Landschaft. „Der Kaiser ließ zu im berufen alle die des (Böhmer-) Walds Art und gelegenheit wußten." ... „Der Keiser zog am Wald hinumb, biß an das ort, da man jm ein Weg über eine rauhe, hohe und wilde Art zeigt hette." ... „Da fürt er etliche heer in die Art der Bayern", Avent. Chr., Ed. v. 1566, f. 83. 389. „Ertailtend sich yeder in ain sonder rauche Art, diversi in locos difficiles abeunt." ... „Zoche in ain fruchtbare Art, in agrum fertilem proficiscitur", Dietr. v. Plieningen, Jugurtha, C. 87. „Der Nortgau wird getheilt in das Voigtland, Obere Pfalz, Egerländlein, das Gebirge und Wunsiedel (oder der Böͤkler Art)", Bruschius in Helfricht's Fichtelgeb. I, 9. Vrgl. ags. eard, msc., territory, land: „Ne weard dreorlicre dæd gedon on thisan *earde* (in this our land) siddan Dene comon", Sax. Chron. ad 1036. Petrus (von Clugny) ferde aus England „ham to his *ærde*", ibid. ad 1160 (1130?) p. 361. „Aelfric ealdorman wæs ut adræfed of *earde*", driven out of the land; ibid. a⁰. 985. on thinum *earde*, in patria tua, Luc. IV, 23. Das altniederländische Aert wird im Belg. Museum II, 417 als „Grund" erklärt. „Bina elke boer in Vlaenderen heft een stuk bouwland dat hy den *aerd* noemt", das. VI, 427. An der Vils hört man noch *A'rt* wissen in einer Stadt, Gegend, sie wohl kennen, wohl orientiert seyn; sieh A'cht wissen, welches aus *A'rt* wissen entstanden seyn mag.

Hund (Stammbuch II, fol. 66. 130.) braucht in der Bedeutung einer Landschaft oder Provinz den Ausdruck Landsart. „In dieser Landsart" (Gegend, Gebiet), Cgm. 1261, f. 257 ff. „In diese Landart (Provinz) ziehen, Cgm. 4925 (Elsaß, 1526), f. 118 u. öfter.

Der Artacker, (Iir.) ein mit Steinen eingefriedetes Grundstück; sonst auch Artfeld, Artland, Pflugfeld. Grimm, Wbch. I, 573.

Die Unart, schlimme Art, böses Geschlecht. „O du rechter Unart!" sagt die Frau zum Mann, Cgm. 379, f. 52. 270, f. 91. unarten, unerten, vrb., aus der Art schlagen; widerwärtig sein. „Rehte art nit unertet, unart nit artlich zertet", Mich. Beham, Wiener 49,24. „Des nebels rûch unertet (stinkt) als der swebel", Suchenwirt III, 143.

artig, 1) wie hchd. (mhd. ertic, ertlich. BM. I, 51. Grimm, Wbch. I, 573. Wilh. Grimm, gold. Schm. p. 155. Zeitschr. V, 403,41.). „Hör, amice, du bist nicht ertig, du bist deim freund zu widerwertig", H. Sachs 1612: II, II, 93. 2) wirzb., seltsam, sonderbar. 3) fruchtbar, Wachsthum oder Ertrag versprechend. „Wüchsiger und artiger Boden." „Taugliche junge artige Hegreiser", Wirzb. Forstord. von 1668 u. 1721. Davon: unertig, unartig, unertlich, bösartig; widerlich; unfruchtbar. „Daz hât unertlichen smac", W. Grimm, gold. Schm. 1438 u. Anm. „Ob ein weip zart ist von nature und ein unertig viltzgebure unzuhticlich ir walten wil", Renner 12954. „Tummer priester und schuler orden ist nu so gar unerdisch worden, daz sie wenent, sie sin die an künsten, die sie wurden nie", das. 17885. „Swenn ir irs wirtes unertikeit tag und naht tut hertzen leit", das. 12640. „Unartige oder unrentige Oedgärten." Lori, BR. 560.

b'arten (bá'tt'n), gedeihen, wohlbekommen; ausgeben, hinreichen. S. Adelung: arten. Sp. W. (b. W.) Unrecht Guət *b'á't't* nét. əs *b'á't't* əəm kaə˜ Es'n und kaə˜ Trinkə˜. Es *b'ar't't* nécks, (Nürnb.) es ist nicht hinlänglich. Arten, deyhen, maturari, Vocab. v. 1482; schwed. arta sig, artas. Das gleichbedeutende niedersächs. batten, schwed. bata, engl. to boot gehören wol zu bat, hochdeutsch baß. Zeitschr. IV, 308.

angeartet, angeart, adj., angeboren, eigen. „In was Niderträchtigkeit und alten Zeiten angearter Einfalt diß Land geschwebt", Dückhers salzb. Chron. artlich, 1) artificiosus, scitus, elegans, Voc. von 1618. 2) sonderbar, seltsam, auffallend (tirol. naschtlá, sonderbar). Zeitschr. I, 299,3.1. II, 242. IV, 64. V, 34,38. Dés wár mər ən *artləs* Thaə˜. Dés werd mər *artlə'* fürkemə˜. Dés is ən *artlənə'* Mensch. Trámt hàt uns so *artlə'*, so böslə', ... Genesis c. 40,8. Anmerk. In der ahd. Sprache (gl. a. 68. 70. 76. 85. i. 453) findet sich artôn in der Bedeutung colere, bauen, und bey 112
Tatian in der von habitare (Graff I, 404). Sollte unsre Art ohngefähr wie habitus, cultus aufgefaßt seyn? Vielleicht liegt dann auch art (aratio, s. eren) nicht gar zu ferne. Vrgl. Grimm I, 678. 1070. Wbch. I, 574.

Die Artivivi (-◡´◡, Allgäu), tragopus porrifol. L., die lauchblättrige Haberwurzel, der zahme Bocksbart, neben der Scorzonere als Küchenkraut gebaut.

Die Artoffel (d'Artoffel, Tartoffel), die Trüffel, lycoperdon tuber. L. „Zu München haben sie wohlfail gewisse Schwammel fail die man zu den melirten speisen und kochen wie die Artouflen brauchen und zurichten kann", Notata des v. Bodman, Ms. von 1709. „Artoffeln (im Dürnbuch), die von dem allein privilegirten churfürstl. Artoffel Jäger in München gesammelt werden", Baumgartner, Neustadt a. d. D., p. 78. „Schwarze Artoffeln, weiße Artofeln oder Trüffeln", Kochbuch. Vrgl. Zeitschr. V, 90.

Die Artolerey, Artoleri, im Munde des gem. Haufens, statt Artillerie. — So das Feuerbuch Ms. von 1591: „Was in ain Zeughaus oder Artolerey gehöret" ... „so ist ain herr mit seiner Atholerey und Zeughaus wol verseen." „Arkeley, Artollerie, res tormentaria" noch im Onom. v. 1735. Vrgl. ital. artiere, artigiano, span. artesano, franz. artisan (= ouvrier, Handwerker, wie es noch militär. Ouvriers-Compagnien gibt) und artigleria, Küchengeräthe (Grazza). Die Bewohner der canarischen Inseln hatten „ne˜ oure, ne˜ prata, ne˜ dinheyros, ne˜ joyas, ne˜ *artelharia*" schreibt im J. 1506 Valentini Fernandez (Cod. Hisp. 27, f. 150b). Diez, Wbch. 28 f.

ort, ortig (aərt, aərti', uərt, uərtig, uə'di'), adv., ungerade (der Zahl nach), (isl. oddr st. ordr = goth. uzds; engl. odd, schwed. udd. Ueber den nordamerikanischen Odd-fellow-Orden, den Orden der sonderbaren Brüder, s. Allg. Zeit. 1850, Beil. S. 2957). Ort oder eben, grad oder ungrad. Ort oder eben spilen, ἀρτιάζειν, ludere par impar. Aə˜n Stiər hàb I *aərti'*, einen einzelnen, d. h. kein Paar, kein Joch. „Es sollen auf zwey Roß über drey Schiff nicht angehengt werden, es wäre dan Sach daß eins oder zwey ort Schiff überbliben, so mögen dieselben eingetheilt und mit den andern Schiffen getriben werden", Lori, BrgR. f. 319. „Es sol der ort sein, die der Herr gesetzt hat und nicht eben: daz ist darum gesetzet, ob si geleich hullen, daz der Ortman denn hinzuicht", RechtB. v. 1332. Wstr. Btr. VII, p. 140. Ortmann bey schiedsrichterlichen Commissionen; MB. XVII, 336. 339. XXIV, 577. „Da ein ort (ungerades) kind vorhanden", Hund, St.Buch I, 264. Um ə˜n Spot, um *aərt oder ebm* hergeben, d. i. wohlfeil, (OberM.). Vrgl. eben. An einigen Orten ist dieser veraltende Ausdruck zu hart renoviert worden: hart oder eben; an wieder andern hört man: aərt oder unaərt, d. h. ungerade oder nicht ungerade. Gehört hieher das Artl (Ardl, Uədl?) für Unfall, Misgeschick, bei Schoffer 69 u. 129: „Es hat mir heut früher mer án *Artl* than mir."

Die Ortgarb. Der Küster bey St. Moriz soll mit einem jeweiligen Küster bey U. L. Frau die Läutgarben und Ortgarben (manipulos dictos Lautgarben und Ortgarben) gleich theilen", Mederer's Ingolstadt, p. 104, ad 1406. Wurde vielleicht von den Garben, die kein volles Zehen mehr ausmachten, eine (ungerade) an den Küster gegeben?

Der Ortzoll (Würzb.), s. unten: Ort, 5.

Das Ort (ourt, aərt, ou'scht), 1) wie hchd. der Ort (ahd. mhd. ort, msc. u. öfter ntr. Graff I, 469. BM. II, 444). In oder an einem Ort (in ə~n Ourt, ənə~n Ourt, oft blos: ən ourt, ən ourts), irgendwo. Ort haben, (Sterzing) Platz, Raum haben; Tir. Kirchtag 1819, p. 16. áf aə~n *Eərtl* tanz·n thut ein Paar, das, ohne vom Platz zu kommen, sich um sich selbst dreht; Rank, Böhmerwald p. 42.

2) ä. Sp. die Ecke, Spitze (cf. česk. osť, Spitze; ostry,
113 spitz; goth. uzd). „Klagt ainer den andern, er hab in gewunt mit gewaffenter hant vnd mit scharffem Ort, daz sichtig vogwunten sint", Rechtb., Ms. In Talhofer's Fecht-Buch, Ms. v. 1465, komt Ort als Stich, Stoß vor. Das geschrenckt Ort, das gewauppet Ort. Ebenso ist in des Nürnbergers Hanns Lebküchner Kunst des Messerfechtens (Cgm. 582, v. J. 1482) der Ort = Spitze, Stich. „Daz scharpf minnen ort", Labr. 539. „Hüete wol der zungen claffer ortes", das. 569. Daz ortmez, Winkelmaß; Diut. II, 139. Vrgl. BM. II, 212. Diefenb. 428c. Diu ortsûl, der Eckbalken; „der witin hinhinder bis an des hus ortsûl", (Hausbeschreibung), Augsb. Urk. v. 146., Clm. 4141, Deckel. cf. BM. II, II, 725. Besonders bezeichnet Ort ein spitzes Werkzeug (z. B. der Schuhmacher; s. unten Ortel), eine spitze Waffe. „Herte îsen unde grebel, örter (Dietriche?) ze den slozzen vüert der unverdrozzen in dem einen ermel wol", S. Helbling 184. „Noch sihe ich ir einen mit liehten sparren rôt, dâ stênt örter („order") inne", (Morgensterne, Mordkolben?), Gudrun 1371.

3) Das Ende, die Endspitze. Dà find I kaən *Ort* und kaən *End*. I hà's *Ort* oder 's *Örtl* və'lorn, sagt die Spinnerin, wenn ihr der Faden bricht und entschlüpft. Weder Trum noch Ort, sieh Trum. „Da er des manteles ort abesneit", Cgm. 17, f. 197a in margine. Êitze bin I' scho~ e~ *Aərt*, mit dem Geschäft zu Ende. Am Ort (Oischt in der Sprache der Trifft-Knechte), am Ende, da, wo man das fortzuflötzende Trifft- (d. h. Flöß-) Holz gelassen hat. In 'n ku'schzn *O'scht* seyn, (Pinzg., Hbn.), in mißlichen Umständen. Vrgl. das bergmännische: vor Ort. „Auf ein Ort reiten", bey Seite, in Numero Sicher; Chron. bey Freyb. I, 152. Über Ort; „so stant über ort daz ist X—XX schritt hinder der puchsen und also vil darnewen", Cgm. 600, f. 6. „Wiltu sicher (sein) vor der büchsen, daz sy dir kain schaden tuge, so stand über ort zwischent den boden und der seytten vff zehen schritt weit da von" (beim Abfeuern), Cgm. 4902, f. 18. (v. J. 1429). 'Über Ort kommen, s. Zeitschr. II, 285,19.' Das Ort, ein Theil der Stadt Passau, als Landspitze zwischen zwey sich vereinenden Flüssen; so auch die Spitze, welche die Nab bey ihrer Mündung in die Donau bildet, gewöhnlich Maria Ort genannt. „Jobst Ruchamer übersetzt (1508) in des Cadamosto Reise capo (Vorgebirg) durch Ort; z. B. Capo non, d. i. in deutsch das Orte nain. „Wer zeucht uber das ort nayn, der kumpt auch wider nayn." „Falckenstein an einem Ort des (Böhmer-) Waldes gelegen", Kr. Lhdl. I, 207. II, 188. IX, 459. cfr. XII, 297. „Die Gränizen und Orth-Päsſe", Tyrol. LandsOrd. v. 1603. Am Ort (bei Staffelsee?) war Eusebius Teufel geboren, dessen Geschlechtsname der Probst von Polling bei der Aufnahme anstößig fand und mit dem des Geburtsortes vertauschen hieß.

4) ä. Sp., Land-Abtheilung, Provinz. „Unser Vorfahren (als wir in den Büchern Plinii und Corn. Taciti lesen) haben Groß-Germaniam in fünf Örter getheilt." „Das man jetzt Bayern nennt, ist vorzeiten nur ein Ort in Bayern gewesen", Avent. Chron. „Ulrich Freundsperger Hauptmann des Orts an der Donau", Kr. Lhdl. X, 486. „Zusampt dem Ort Landes, daran obgemelt Beschedigung geschen ist", Gem. Reg. Chr. III, 158. Die sechs Ort, später Cantone, der Reichsritterschaft in Franken: Altmühl, Baunach, Gebirg, Ottenwald, Schönwerra und Steigerwald. „Das Ritterort an der Baunach." „Die Reichsritterschaft Orts Baunach", Wirzb. Verord. v. 1750.

5) Das Quart, der vierte Theil von Maßen, Gewichten und Münzen (s. Adelung. Zeitschr. IV, 144,349. V, 276,9. VI, 430,63). In der O.Pf. und im b. W. besonders der vierte Theil eines Guldens, d. i. 15 Kreuzer. Merks, Marx, *ən Ort* macht drei Batzə~, 12 Kr. (oberschwäb., Aurbach). Fümf Aərt, d. i. 1 fl. 15 kr. „Ain halbz ort ains Guldin", MB. XXIII, 324, ad 1410. „VI Guldin und ein Ortt", MB. XXV, 392. „Auf jeglich tuech ein Ort eins Gulden" (Ungeld), Münchner Urk. v. 1385. Westenr. Btr. VI, 172. MB. XVIII, 260. „Item zbai tuech ain rott und ain weiss, das rot umb viii gld. rh. iii ortt, das weiss umb iiii gld. rh. iii ortt", Rechnung v. 1468. Wstr. Btr. V, 211. Kr. Lhdl. V, 185. IX, 169. X, 107. XIII, 319. XVIII, 428. „Alle Wochen ein Ort geben", Lori, BrgR. f. 454. „Der Gulden- und Ort Zoll", in Wirzb. Verordnungen. „Der Ort-Gulden-Grosch, Ortgrosch, Ortguldner, Ortler, Orterer, Viertelsgulden, Fünfzehnkreuzerer", Lori, MzR. I, 209. 212. 214. 219. III, 16. Ist Ort, Örter, Ortler auch als vierter Theil des Pfennings zu verstehen in den Stellen Lori, MzR. I, 101; Regensb. Chr. ad 1354. Wstr. Btr. VIII, 93 —? Es steht: der örtler Haller . . . „Man sol Haller geben und nemen für Örter . . ." „LIII dn et uno 114
asse (umb ein Ort)." „Du gewinnest nimmer ort am (ain) kauffe", Valkn. Str. 52. „Ich wil lern miniu kint und min tihter ein bezzer ding, wie von einem orte ein helbling, wie von dem helbling ein pfenning, wie von dem pfenning ein schilling, wie von dem schilling was ein pfunt", Renner 4580. „Ort sament bort, hort füget mort; noch bezzer wæren diu heiligen wort. Seit hort wort gar warf über bort, seit hat der geitigen herz durchport her Ziterort, daz uz geschort und auch gesatzte ist an ein ort maniges wisen mannes lere", das. 17690. Die Ortmetze, sieh Metze.

'Das Ortel (zu Ort 5; mhd. örtelîn, BM. II, 447), überhaupt ein kleiner Theil, ein Geringes.' Beit ə~weng, I'gê ən 'Ertl (Stück Weges, Strecke) mit diə', (Passau).

Der Ortel, (zu Ort 2), die Schuhmacher-Pfrieme; viereckige Spitze am Berg-Eisen, der Bahn entgegengesetzt.

örtern, örteln, genau untersuchen, erörtern. „Etwas recht aussi eckeln und aussi örteln", (b. W.) von allen Seiten betrachten. Detricare, örtern, Hübner's Voc. v. 1445.

Die Orthabung, (ä. Sp.) auctoritas (cf. BM. I, 601a. orthabare, auctor, Cgm. 17, f. 92a. BM. I, 601b). „Mit aller Stätigung und Vestigung und Orthabung di daz vber gehört von ir Chloster und von ir orden", MB. III, 363. Vrgl. das alte ortfruma auctoritas, ortfrumo auctor (gl. a. 123. 393. 505).

Die Örten, Ürten, Irten, Erten, die Rechnung des Wirthes über das, was die Gäste verzehrt haben, die Zeche (cf. česk. U-řad; řad, Ordnung, Reihe; řaduji, raduwati, zechen; radownjk, radownice, Zechbruder, Zechschwester. Vrgl. BM. III, 195. Wackernagel's Wbch. Zeitschr. IV, 189. Sieh raiten und gelten). „Das fürohin die Gastgeben . . zwischen den Malzeitn oder sonst undertags ze morgens oder zenachts den Inwonern und Trinckern kain gekochte speiß an die Zech oder Irrten geben", LandsOrd. v. 1553. „An die Zech oder Ürten fürsetzen", OPf. PolizeyOrdg. v. 1657. „Die armuthhalben nur Ürthenhochzeit anstellen", ibid. „Die Domherrn giengen ganz spät des Abends v. der Ürtten nach Hause" (vom Zechen), Gem. Reg. Chr. IV, 133, ad 1508. „Obsonium eyn cleyne oerten oder schlafftrunck. Symbolus eyn gemeyne yrten oder zech", Voc. Archon. f. 28. „Ein vrten, collectum", Voc. 1618. „Ürten an dem morgen, an dem anbyß, des Obentz und des Nachts und das schloffdrüncklen" (Mahlzeiten des Tages), Cgm. 311, f. 36ª. Sieh Th. IV: der Wirt. „Wie ist er so gar beschissen, sol er gůt gewant an tragen, und mag denne nit ain urten haben", des Teufels Segi, Artikel von Gewandfärbern (Barack 413,12971.). „Gentaculum früe örten oder früe essen", Semansh. 33, f. 285. Dieses Wort ist gegenwärtig bey uns selten, dagegen in der Schweiz noch allgemein gebräuchlich. „Daß ihnen die Urtner enent dem Mos ihr Rieter geetzt . . . hätten . . . und soll kein Userer (äußerer?), der nit mit Für und Liecht in der Irty gesessen ist, in das Ried nit triben", Urk. v. 1389 aus der Irti-Lade zu Enenmos bei Stanz in Unterwalden. Im Namen der Ürthnern ab Stansstad, . . . daß Uli N. ein Zeit in ira Ürthi hushäblich und da gestorben sig und sig ihr Ürthi Recht, wer in ihra Ürthi stirbt, daß" . . ., Unterwalder Urk. v. 1496 (Abschrift v. 1759), im Geschichtsfr. I, 317. 318. In Frank's Sprichwörtern Th. I, Bl. 3 kommt vor: „die Zech vor der Irthen machen", womit jenes andre Sprichwort: „die Zech ohne den Wirth machen" zu vergleichen ist. Der Irten-, Örten-, Ürten-Gesell bey einigen Handwerkern ist derjenige, der den ankommenden Wandergesellen den Willkomm reicht, welches z. B. bey den Gürtlern früher mit folgendem Spruch geschah: „So mit Gunst, hastu kein Bier oder Wein so klopfe, hastu kein Brod, so stopfe. Verschone mir und meinen Ertengesellen den Kopf, dem Herrn Vater Tisch und Bäncke, Gläser und Kannen, auch alle Gottesgaben, die dir und mir und allen rechtschaffenen Gürtlergesellen zu Ehren werden aufgetragen, verschone mir und meinen Ertengesellen den Beutel, aber das Geld darinnen darfst du auch dieses mal nicht schonen", Handwerker Ceremonial p. 713. „Es sollen die alten Erth-Gesellen den neukommenden Erth-Gesellen helfen die Zeche berechnen und abnehmen." ibid. p. 669. Die Ürten Salz „war, nach Wstr. Btr. VI, 222, beschlagen guts 4 Pfd. Salzscheiben oder 960 Scheiben." „Alle hund sind ürtenfrey"; H. Sachs 1560: IV, III, 86 (1612: IV, III, 185).

Die Örte, flaches, schiffförmiges hölzernes Gefäß, in welchem die Metzger das Fleisch, die Eingeweide 2c. tragen.

Arw, s. oben Ar, Arben.

Das Ärz (A'rz, A'rzt), wie hchd. Erz (ahd. aruz, aruzi, erezi, mhd. erze aus goth. ais, ahd. mhd. êr, agſ. âr, aer, engl. ore. Grimm II, 214. III, 378. Graff I, 433. 465. BM. I, 438. Grimm, Wbch. III, 1074. 1100). gl. a. 531. i. 538. 547: aruz. Diut II, 332: ârizze, rudere (bf = â, s. gl. i. 1230; cf. 1231. 1070. 1071. 1072). „Von schrecken mangerleie wart mir gegarben auff ein iamers ertze", Valkn. Str. 126. Im Ries wird der Bleystift blos Erz genannt.

115 Der Arzt, beym gemeinen Volke zunächst einer von der Art derjenigen, die früher auf Jahrmärkten ihre Apotheke aufschlugen und mit einem Hanswurst, wenn nicht in einer Person, doch in Compagnie ordinierten. „Von jeder Arztbühne deren Comödien und Marionettenspieler, Seiltänzer sollen taglich 30 kr. als Zuchthaus-Beytrag erhoben werden" sagt, sehr bezeichnend, eine anspach. Verord. von 1766. cf. Matth. v. Kemnat. Chron., Cbm. 1642, f. 132—133. In des Teufels Segi, Mscr. v. 1449 (Barack p. 314 ff. 326 ff.) kommen die Artzate übel weg, noch übler die Artzatinen. Er kan réd'n als wiə ən *'Arzt;* (Baader.) Noch gibt es manchen Arzt dieses Gelichters, der, wenn auch nicht mehr so offen, den ordentlichen „Doktern und Badern" zum Aerger, sein Wesen treibt. Am Arzt ligen, krank seyn und den Arzt brauchen; Inchenhofer Mirakelbuch von 1605. An Ärzten sterben, Hund, St.B. II, 296. „Raphael Ridler mein pruder stund ze Padaw ze schul und starb an einem augenarzt ze Ferrer (Ferrara) in Lamparten", Gabr. Ridler, f. 16. „půch arzt daz haizt ein phisicus naturleich kunst", Cgm. 54, f. 2ª. „Nu warn zwen půch ertzt gar bewært und gůt", das. f. 52ª, (sie zeigen sich in der Erzählnng als Wundärzte). „Daz vier arzt maister weise in deme spital (zu Jerusalem) sein", Clm. 4620, f. 82. „artzat, medicus; vnnderartzat (wund . . artzat?), cirurgus, aliptes", Clm. 4394, f. 178. „Der des smercen der wunden niht ensebet, der ensucht niht die arcethre des heiles", Cgm. 94, f. 25ᵇ. „Erctzische kleider leit er an, ein büblein het er nach im gan", H. Folz.

Die Arzney, wie hchd. „Wenn die pischoff, münch, prälaten, pfarrer oder priester erczney leren oder werltliche recht" . . . als excommunicationswürdig; Furstenf. 138, f. 91. arzneyen, artznen, ärzen, erzen, arzten, vrb., Arzney gebrauchen; als Arzney dienen; Arzt seyn, den Arzt spielen. „Daß die Apotheker für sich selbsten sich Arzneyens" enthalten sollen; LR. v. 1616, f. 586. Hat vil Geld verarzt und doch sterben müßen. 's Bluetkraut is guet zə'n *Erznə˜*. Də' Schuəstə' vo˜ Glo˜thuət *arznə˜*. „Bader so das Wundarzten gelernt und darauf gewandert . . opf. LO. v. 1657, f. 524. Erczen, medicare, Voc. v. 1445. Das ahd. arzât, mhd. arzât, arzet, von Grimm, Myth.² 1103, zum latein. ars (cf. artista, altfranz. artous, artox) gestellt, läßt Wilhelm Wackernagel in der Vorrede zum Vocabularius optimus von archiater, ἀρχίατρος kommen (denn auch aus *archi*-episcopus u. dgl. sey erzi-biscoph geworden); dahin weisen die mittelniederdeutschen Formen ersater, ersetre, erzetere, medicus, ersetren, mederi, ersatrie, ersetrie, medela, medicina der Gl. Junii (s. Hofmann, horae belg. III, 134. Diut. II, 223). arzen mit n in arzenôn gehe wol auf Archigenes, das ursprünglich ein Eigenname, aber aus Anlaß Juvenal's VI, 235 sprichwörtlich und Appellativ für medicus geworden seyn möge. Grimm, Wbch. I, 577. Graff I. 477. BM. I, 63. Arzât (zunächst als pigmentarius, salpâri, Salber) gl. a. 353. i. 435. 447. Voc. optimus p. 33: „medicus, archienes, arzat." cf. Diefenbach 46ᶜ. Gl. a. 839: medicus, ersetre (niederd.; vrgl. de Arste, des Arsten 2c., arsten, vrb., Arstedy, Arznei; Dön. u. Firmenich I, 174,50. 175,5. 176,24). „*Archieter* ab archos i. e. principium (primus) et ater i. e. niger, quasi primus nigrorum, scil. niger diabolus ein erczt tewfel", Clm. 16450 (2⁰ XV., 1481), f. 20ª (Vocabular.). Diu arzâtîe, arzedîe, mhd., Arznei; „arzedîe der sêlen", Herm. v. Fritzlar 141ᵇ. Ahd. erzinan, mhd. erzenen, erzen, heilen. „Ein arzât, der wol erzen kan, der erzent dicke ein siechen man mit durst, mit hunger und mit prant", d. welsche Gast 5089. „Darumb wolt in der arzt nicht ertzen", Cgm. 54, f. 3ª. „Er erznächt (erznete) in und machet in gesunt", ibid. f. 2ª. Cf. VII Com. arzot, medico, erzen, curare, fisicare; ärtz, adv., fisicamente, realmente.

„Erz", (im Nürnbergischen) Verbrämung. Hauben-Erz, V. um eine Pelzmütze. „Ich will dir kaufen ein schamlot schauben, ein samaten goller, ein erzene hauben", sagt der Mann bey H. Sachs 1560: IV, III, 20 (1612: IV, III, 44). „Die spizige, fehene, ertzene, sammet und atlasene Egglhauben", KleiderOrdg. v. 1626. Wstr. Btr. IX, p. 295. Vrgl. Irsch u. Grimm, Wbch. III, 1086.

„erzet" (Nürnberg; s. Nicolai's Reise I. B. u. Häslein). „Er ist ein erzeter Unflat", H. Sachs 1579: V, 222ᵇ. R. A. E'ə' sihht sei˜n Vadə' *erzet* gleich, er sieht seinem Vater vollkommen ähnlich. Er is der *erzet* Vater, der leibhaftige Vater. Vrgl. erzig in Auerbach's Schwarzw. Dorfgesch. 383 (I, 361): „Das ist das erzig roth Schneiderle", d. h. ursprünglich durchaus gleich damit; dann česk. arci, arčit (von a- und dem Imperativ von řku), freilich wohl; Dobrowsky, Gramm. §. 247 (cf. gakařka), und VII Com. ärtz, adv., fisicamente, realmente; (Bonomo.)

urzil, urzel, ahd., urceus, urceolus, Becher; Graff I, 477.

'urzen, urschen, äschen, s. ur: uræzen. Zeitschr. II, 235. III, 338. IV, 195. VI, 20. 346.'

'Das Âs (schwäb. Aus), das Fleisch, besonders eines todten Thieres (Graff I, 481. BM. I, 64. Grimm, Gesch. d. d. Spr. 889. 1010. Wbch. I, 6. 1046).' „Sein âs" (cadaver). . . „Dew werlt und daz aigen ass und der teufel"; Cgm. 54, f. 12b. 16b. „War kumpt die höhe wirdikeit, die an daz kranke ôse was geleit, daz unreine maden und kroten nert, swenn die sêle ûz im vert", Renner 15478. „Swenn er (Mezzencius, d. i. Marencius) den gevinc, des veint er was, der muste ein stinkent madic as eins menschen tragen an die vart, dô ez ûf in geleget wart in ein grap, dô er verdarp mit iâmer und under dem âse starp", das. 22742. „Noe einen raben ûzsante, an eineme âsa er erlante", Diut. III, 60. Vrgl. unten Âß. „So der gerwer die hût tuot verbrennen, so tuot ers mit unslit verrennen und lât sovil ausses (Barack „âssel") daran, das übersicht ain man, der nit wol darzuo kan", des Teufels Segi (Barack p. 335,10591 ff.). *'Arm* oder *'As*, Haar- oder Fleischseite einer Haut; (Dr. Sepp.) Vrgl. abaasen, Grimm, Wbch. I, 10. Als Schimpfname: „Du maht wol sin ein töroht âs", Grimm, Reinh. F. p. 337. âsen, ein Aas wittern, es aufspüren; fressen. „Er heizzet dich an den galgen hâhen, dâ beginnent dich die vogele âsen", Diut. III, 97. „Dâ muosen in die vogele âsen", das. Valkn. Str. 130 (Labr. p. 197).

Die Âs, Âsen, (A's, A'sn, Baur, OL.) Fach für die Getreidgarben in der Scheune — von der Erde an bis unters Dach, — verschieden von den „Griedern", die sich über dem Stall befinden. Castelli, Wbch. 213: „Die Os'n, Barn, Banse, der Raum in der Scheuer, wo Garben hingelegt werden." „'Af dár *Ös* remeln d'Katzen", Stelzhamer p. 69. „Ös, Osen, Heu- u. Strohbehältniß in der Scheune"; das. 180. cf. oben Ans, Balken, und Grimm, Wbch. I, 587: die Assel. Zeitschr. IV, 64.

Die Âsen, Âsem, Âs, (A'sn, nach Gramm. 610. 636 auch Nàsn, Ràsn), die Trage, Stütze, Unterlage; z. B. in den Salzsiederehen der über die Salzpfanne vorstehende Balken, auf welchem die Kufen aus der Pfanne mit Salz gefüllt werden, der Âsenbâum, Lori, BrgR., salzb. Replik gegen B. v. 1761, Beyl. f. 75. 101. 32. Allgemein heißt in AB. das hölzerne, in der Küche oder in der Stube über dem Ofen angebrachte Gestell, Holzscheitchen oder Lichtspäne zu trocknen, Spá~nàs'n, Spá~às'l, Ass'l-Stang. „In dem oven und ûf der âsen müezen si die vart suochen", Haupt's Zeitschr. VIII, 563,414. „Do der vischer auf die asem (über dem Herd) cham". . . „die räuß und auch der (darin versteckte geistliche) man namen ainen solichen val von der asem herab zu tal, das im davon geswand", Cgm. 270, f. 63b. 64 und 379, f. 26. Die Eß oder die Ast'l, (Pf. Jir.) Vorrichtung in den Holzknechtselden über dem Herd, wo sie ihr Holz dörren. Zeitschr. II, 340. IV, 64. VI, 360. Die Asen, Aschen, (Gotschee) der Holzstoß. „Wie man vm diuf vnd Raub schub schieben soll. Der den schup fürt, der sol ein des gewalt der jm daz gut geben hat, sweren als er hintz im
116 geschworen ist. Ist daz er dem schub entweichet, so sol er in pinden an seinen Asenbaum, ob er einen hat, oder an seinen Türnagel . . .", Rechtb. v. 1332. Wstr. Btr. VII, 63. Vrgl. ahd. asôn, niti (Graff I, 478). Mit tien handen âsôndo, manibus nitens, Notk. Boethius; jedoch gl. i. 571 (infantia) repit asoth. Vrgl. auch: der És'l, Gestell, in welchem Heu auf (den Kasten) gezogen wird; Ans und Ynglinga-saga, cap. 34. cf. span. portug. asna, Dachsparren.

Asank; „asa fetida, asanchk", Ind. 355, f. 167. „Asangk streich an die (Zaun-) stecken ad tertium vel quartum contra cervos", ZZ. 2062, f. 1a. „Der 'Asànd, Teufelsdreck, assa foetida", Castelli, Wbch. 57. Zeitschr. II, 243. IV, 64.

Asang, s. Th. III: sengen.

asisch, wie nhd. asiatisch. „Alexander der grozz chünich von Chriechen der reichnocht uber ellew asischew lant", Cgm. 54, f. 5b.

Der Âser (A'sə', schwäb. Au~sər), (Baur) Sack zum Anhängen. Loculus, *aser*, Vocab. v. 1445. „Loculus, ein pewtl oder aser", ZZ. 1803, f. 197. „Pera, Waidonser", H. Junii Nomencl. v. 1629, p. 94. „Fullet sînen anser", Valkn. f. 67b, Str. 89. 98. Vrgl. BM. I, 448: eser, esser, neser. Grimm, Wbch. I, 586: Aser, Äserlein, asern. Diefenbach 104b: cassidilis, eßer, neßer; 159c: crumena, neßer; 210b: escarius, eser, neser; 335a: loculus, aser, eser; 424b: pera, eser, enser, neser. Vrgl. schwäb. Au~sər, Schmid 32. Zeitschr. VI, 119,36. Allgäu, R.A. Einem den Âser antuen, ihn belästigen, ihm schwer fallen. Einem einen Âser anhängen, ihm Übles nachreden.

Der Äsling (E'sling), (Popowitsch) der Näsling, die Nase, ein Fisch, Cyprinus nasus. Grueber und Müller, bayr. Wald 77.

Die Äß (A'ſs), wie hchd. das Aß, das Eins im Karten- und Würfelspiel (mhd. daz esse; Graff I, 481. BM. I, 448. Diefenbach 627a. Grimm I, 578. III, 1139: das Es; 1158). Eine Regensb. Spiel-Verord. v. 1378 erlaubt das „Schiezzen auf der tafel, pozzen oder scheiben mit den chugeln, ye ein cher zu XVI Aus (die Partie zu 16 Points), nur umb 1 dn und nicht teurer", Gem. Reg. Chr. Gl. o. 159: essi, unio. „Von zinken, quater, esse sitzet manger in kumers esse; von zinken, quater, dreien mak manger waffen schreien; von zinken, quater, tause hat manger ein unberaten haus; von quater, drein, zinken muz manger wazzer trinken; von zinken, dreie und quater wainet manges muter und vater; von zinken, quater und ses muz Leugart, Metz und Agnes unberaten bleiben", Renner 11406. „Canis, unio esso. binio dus. trio drie. quadrio quater. quinio zinggo. senio ses", Voc. optim. p. 35. „Canis, monas ein Es", Nomencl. v. 1629, p. 146. „Dane viel daz esse noch daz tûs niht an der handelunge", Pf. Amîs 2484. „Credendum est magis soli *ses*, *cinke*, *quatter* ueraci quam *dri*, *tus*, *es* ictu veraci", Cod. c. p. 73, f. 94a. „Von dem zincken, quater und eß kumt mancher in des teufels nest" rc. Cgm. 713 (?). „Des zinck, quater, drü gelück wil mir nit wonen by, bretspil (ludus in scamno, auf dem Brett, cum femina) wil mir nit fallen. Manger wirft ses, zinck darin, so bring ich kaum ain esslin darin, gelegen ist min schallen. Dem schimpfen ist der boden us, denn ich mag numen (nur) singen. Ich geb umb bretspil nit ain lus, ich kan weder es noch dus im bretspil numan bringen", Cgm. 3898, Hinterdeckel. cf. unten Trutschel. Die ganze Terminologie: eß, taus eß, dre eß, eß quater, quater eß, siß eß, täuser alle, dre tauß, quater tauß, zink tauß rc. sieh Meninski, institutiones linguae turcicae (1756) I, p. 85. Sie zeigt, daß die Deutschen die Würfel, wie das Billard, von den Welschen genommen; denn auch bei letzterem wird mitten in Deutschland französisch markiert. Zeitschr. I, 127. Vrgl. mhd. hasehart und franz. hasard, česk. hazeti (Grimm in Haupt's Zeitschr. I, 575. BM. I, 640. Diez, Wbch. 33), dann franz. queue (de billard) und česk. kyg, Bengel, Stecken.

Das Assach, Assäch, Assech, Ässich, ein Geschirr, Gefäß, (wol nicht zu vergleichen mit dem česk. ussak, Henkeltopf, v. ucho, Ohr, Öhr, Henkel, und osudi, Gefäß. cf. goth. atsi, ahd. azasi; Graff I, 542. Grimm, Gesch. d. d. Spr. 455. S. unten Asch); Butte, Schaff, Trinkgeschirr. „Ejus vestitum simulque ipsius clenodia, sein gewant mit sambt dem silber assach oder cleinat", Clm. 16450 (2° XV., 1464), f. 227. „Waz ainer hulzeins asseichs treit, angster, chopf oder welcherlay asseich daz sei ij dn." (Maut zu Newndorf), Wiener StadtR., Cgm. 1113, f. 35. „Assech preff potigen grant schaff wagen reder vas raiff oder wie der haus gereht genant", das. „Tue die (Blätter) in ein schon assach und begeus sew mit guetem wein", Clm. 5931, f. 226. „Chranichen hirn und gamsen smer (wol mischen) und rayn in einem silbrein assach behalten", Arzneybuch (Msc. Progel's), f. 98a. „In einem rainen assach auf einem fewr lassen zergeen", das. 98b. Trinken „aus ainem assäch", s. Th. II: die Karen.

Der Assl (?). „Salb fur die rot und für den assl", Cgm. 4543, f. 175. (NB. Es ist verschieden geschrieben von Asl auf f. 178.)

Das Âß (às, áus, âus, âust, schwäb. au˜s), Speise, Nahrung für Menschen und Thiere, Fraß, Futter (ahd. mhd. âz. Graff I, 528. BM. I, 760. Grimm, Wbch. I, 590. Zeitschr. IV, 164. Vrgl. Âs). „Ein rüde ûf einem âz sol niezen", Labr. 542 (p. 134). Eicheln und Bucheckern als Schweinefraß: „Ob am Bairbrunner Forst kein As wäre", Kr. Lhdl. VIII, 497. Hund-As-Habern, als Forst-Abgabe, Lori, Lechrain f. 287. „Den Habern zu Huntaß derren", Scheirer Dienst-Ord. v. 1500, f. 17. Vrgl. ahd. mhd. huntâz, Graff u. BM. a. a. O.

Das G·æß (Gás, Gáſs, Gást), das Geäße, Aftergetreid, Abfall beym Reinigen des Getreides, der zum Futter für Geflügel verwendet wird. cf. Gefræß und Gæz. Das Schwein-Geaß, Eicheln und Bucheckern, Kr. Lhdl. XVI, 286. Zeitschr. IV, 64.

g·aß (gàs, OPL., Supinum zu eßen), gegessen (ahd. mhd. gâz, auch gaz (?). Graff I, 528. BM. I, 760. Grimm, Wbch. III, 1160 ff.). „Dâ du an hâst gâz den tôt", Diut. III, 51. „Ich het gâz" (: daz), Cgm. 44, f. 76. „Und het sein gern mē gâz", Cgm. 99, f. 60. „Du hast ain totes herz gâs", Cgm. 714, f. 158. „Du habst menschen vleisch gâz", Br. Berthold, Cgm. 1119, f. 44[b]. ungâz, mhd., ohne zu essen. „Her Moyses der was vierzic tage ungezzen, her Helyas was auch vierzic tage ungezzen, der almehtige got was ouch vierzic tage ungâz, dô er mensche ûf erden was", Br. Berthold, Kling 196 (Pfeiffer 103). I hà˜ g·às. (ſ. Gramm. 962).

Die Âßen, Âßten (A'sn, A'st·n, Äzten), Weide-Plätze (auch wol als Wiesen benutzt; Jir.), besonders an den Vorbergen, auf welchen sich das Vieh aufhält (äzet), sowol eh man es auf die eigentlichen Alpen führt, (gewöhnlich von Pangrazi bis zum Veitstag), als auch nachdem man es von den Alpen zurückgebracht hat, (von Bartholomä bis Anfangs October). Zeitschr. III, 336. IV, 65. 's Vihh ə' d· *A'sn* auffi taə˜. „Die Âzten und Wiesen neben Hainspach", Zirngibl, Hainsp. p. 52. Sieh Atzen und Etzen. In den salzb. Waldordnungen vor 1563 findet man immer die Formel: Mäder, Etz oder Albm (nom. plur.), nach 1563 gewöhnlich: Albm, Mäder, Âßten und Ezen (p. 12. 16. 22. 28. 35. 36. 52. 58. 59. 63. 90. 97. 109. 129). Vrgl. Eßban und Eßter.

æßig (ássi'), adj., (Baur); 1) was sich leicht oder wovon sich viel essen läßt, (ahd. âzic, mhd. æzec, neben âzi, æze. Graff I, 529. BM. I, 761). „Âßige speis, als ancken, ziger, käs", ad 1513; Geschichtsfr. III, 182. Zeitschr. V, 222. 334. 2) vielessend. Gl. i. 729: azig, vescus. anäßig, lüstern; ſ. an. ur-äßig, ſ. ur-. wurm-æßig (wurmássi'), vom Wurm angefressen, am Wurmfraß leidend (ahd. wurmâzic, mhd. wurmæzec. Grimm II, 555. Graff I, 529. BM. I, 761). Wurm-æßigs Holz, Obßt ꝛc.

aislich, adj., schrecklich, fürchterlich (cf. oben egerisch). „Der zerganchleichen welt aysleich schedleichkait", Clm. 4755 (XIV. 4[0]), f. 143. aisen, vrb.; mir aiset, mir wird bange, ich empfinde Schrecken (ahd. egisôn, mhd. eisen. Graff I, 104. BM. I, 411. Grimm, Wbch. III, 364). „So ser mir nie geiſte, hin den berg ich uf reiste", Riches Klage im Wirzb. Cod. Vers 57. Vrgl. schleſ. êsem, êsm (aus eisam = eissam), schrecklich; mürrisch, wunderlich; furchtsam. Weinhold, Wbch. 17. S. unten die Frais, fraisig.

Der oder das Aiß (Aəs, OPf. A'is, Frank. A's, Es, Passau A'st), das Aißlein (əssl, ássl, ástl ꝛc.), die Eiterbeule (ahd. mhd. eiz, msc. Graff I, 541. BM. I, 428. Grimm, Wbch. III, 382. cf. isl. eitill, glandula in carne, und hchd. Eiter). Gl. i. 559: eiza, papulas; 737: eizzes, ulceris; o. 257: eisce, ulcera. „Swer hât ein eizel eins nagels breit, den dunket, er hab unselden genuk", Renner 11645. „Swie cleine an im ein eizzel swirt, doch blasen die drüse dem smertzen zu", das. 14293. „Lazarus voller aizze", Cgm. 64, f. 49. „Das gelid an dem der aiz oder dy fisteln ist" . . . „die bosen schemigen aiz", Cgm. 3724, f. 45. (Viele Mittel gegen Aiße stehen in diesem Codex.) „So man in den rauchnachten auf ain tisch sitzt, so habent des iars di leut vil aiß"; Grimm, Mythol. XLIX. aißeln, vrb., schwären, eitern. „Das cauterium macht platern und aizzelt di stat", Cgm. 3724, f. 45. „So dy ferstat aizzelt und flaisch macht", das. f. 51[b]. „aißig, adj., aizzig, emoroidus"; das. f. 51[a]. „ayssig, ulcerosus", Clm. 5877 (XV., 1449), f. 150. Vrgl. *dèschəl*, Blattern; dèschəlstöppè, Blatternarben, (Landger. Weihers, Dr. K. Roth).

aißelfüelig (aə·ssl·fœlli), adj, mit schwieriger, wun- 117
der Haut; (Prasch. 1689.) „empfindlich ut ulcerosi." cf. BM. III, 294: eizelvillec (v. mhd. vel, Fell, Haut). „Vom Vater mit Ruthen gezüchtigt ließ sich Franz Mittags so glimpflich und aistlfällig auf die Tischbank nieder, als hätt er sich auf der Steingadner Walfahrt im Beichtstuhl eine faustdicke Schwiele gesessen", A. Nagel's Augustin Geiler. aißelferig (əəsslsiəri', baəsslsiəri'), adj., empfindlich, gleich zum Weinen oder Aerger zu bringen.

Der *Au˜səl*, (schwäb.) Unmuth, üble Laune; Abscheu. „Do hob sə im *Au˜səl* am Hinterə˜ 'kratzt", Nefflen, Vetter aus Schwaben 309. Schmid, Wbch. 32. Zeitschr. IV, 101,4.

Âusenhofen, Eisenhofen, aus Usenhoven „juxta fluvium Glana", Cbm. 52, f. 17[b]. Usinhofun, MB. IX, 24, ad 837.

auß (aus, opf. ás), Praep., wie hchd. aus.

auß, adv. 1) wie hchd. 2) fort. Die Hôchzeit auß, so lange die Hochzeit währt, Wstr. Btr. II, 137, ad 1475. Auß und auß, fort und fort, die ganze Zeit, (Schönsleder). Ab-auß, fort hinab; eben auß, eben fort. Hab-auß, hoßauß, huiauß, schwanzauß, stäubauß (∪-), weg und fort. „*Habauſs* der Riſs und ninderst â˜"; (Baader). Ob-auß, oben hinaus, fort. Langauß, nach der Länge fort; auch als Name für eine Art Kegelstatt und Kegelspiel. R. A. über neun Berge auß, fort, weg. Dèn də'wischst nimmə', is scho˜ übə' neu˜ Berg *aus*. Vrgl. das hchd. überaus, scilic. über alles Maß, alle Vergleichung. außer, heraus, ſ. her; außi, hinaus, ſ. hin.

auß seyn, zu Ende seyn, geschehen seyn. *Aus* is's mit dir! um dich ists geschehen. Dés is ə˜ Lármə˜, ə˜ Getös, ə˜ Freud, ə˜ Wedəm ꝛc. du maə˜st, *aus is's*, d. h. ein entsetzlicher Lärm, ein entsetzliche Freude, ein entsetzlicher Schmerz. Hà! hà! əs wird á' no˜ nit glei' *aus sey˜!* sachte, es wird noch nicht so weit gefehlt, es wird noch nicht alles verloren seyn. Bey dèm, bey dèr *is's aus*, bey dem, bey der ist alles verdorben, er, sie will gar nichts mehr davon wissen, ist sehr ungehalten. Hàn ə˜ schwarz s Kátzə-l· z· Haus, wenn eəm wàs gschähh, *wárs aus!* Lied. R. A. Tuen, als wenn dem Himmel der Boden auß wär, sich ungemein kläglich gebärden.

nicht auß seyn, nicht zu verachten seyn. Vermuthlich ellipt. von der R. A. Auß der Weis seyn, außerordentlich (besonders im schlimmen Sinne) seyn. Vrgl. Aus dem Schimpff seyn (bey Horneck cap. 532), gar kein Scherz, kein Spaß seyn; ſ. Th. III: Schimpf.

auß gên an Einem; Es geət allemàl a˜ 'n Eəhalten aus, die Dienstboten müßen es büßen; (Baader). cf. Grimm, Wbch. I, 870,5.

Der Außmann, ein nicht in der Stadt, im Ort Ansäßiger; mhd. ûzman, BM. II, 47. Grimm, Wbch. I, 916. Der auzman, Münchn. StadtR., Auer p. 78.

außeinander seyn, kemen, verrückt, wahnsinnig seyn, werden.

außwärts (auswärts), adv., 1) wie hchd. auswärts; 2) gegen den Frühling. əs gêt *auswärts*, es geht gegen das Frühjahr. Der Außwärts (Auswárts, Auswə'), der Frühling; cf. kärnt. wy=gred, der Auswärt, Frühling; Jarnik p. 52. Zeitschr. V, 330,1. VI, 527,7. Grimm, Mythol.² 718. Wbch. I, 1011. S. Th. IV: -wärts. „Im Außwerts“, Schönsleder. Is no˜ gàr lang hi˜ bis á˜n *Auswárts*, d· Fuədəráschi muəs mər à˜trègng! sagt der Bauer um Lichtmeß. Die hier nicht aufgeführten Composita mit auß suche man unter ihren Primitiven.

auß· (auss·, ausst), d·auß· (d·auss, dausst), adv., außen, draußen. „Dauß auf dem land“, Cgm. 27, Artikel 54. „Dauzen iu Bayrn“, Regensb. Chr., ad 1362; uze, uzze, duzze, Augsb. Stadtb.; s. Gramm. 1012. Vịl Gə̣ld *auss*, oder *dausst* hàbm, viel von seinem Gelde außer dem Hause haben, viele Passiv=Schulden haben.

118 außen lernen, (Schönsleder v. 1618, Avent. Chron. v. 1566 und übersetzter Putherbey v. 1581) auswendig lernen. Heutzutage in A.B. veraltet, aber noch schweizerisch.

aüß= (áiss-) gên, aus=, spazieren=, auf Besuch gehen — (in der Kindersprache). Sollte sich auch im huzzə˜, huzz·n gèi˜ eines Theiles der OPfalz (nach Gramm. 502. 38) das alte uzzan (außen) bewahrt haben? Ähnlich wäre damit das hoßen gên der Unter=Donau und die Austreib=Partikel: huß, huß (s. Th. II.). — Das bekannte Hoßauß würde zu den Formationen von Seite 169 und 170 der Grammatik gehören.

Der Äußerling, cf. Außmann. „Freundt und Feindt, Hausgenossen und Eusserling“, Dr. Minderer p. 40. außerig, auswärtig, s. austerig.

sich äußern, sich euthalten, keinen Theil nehmen. „Herzog Ott und Herzog Albrecht eusserten sich solches Krieges“, Avent. Chr. 485. (Gl. i. 540. 755. 756: uzzon, excludere).

Der Esel, wie hchd. Ein altes Sprichwort: „Gäher Mann solt Esel reiten.“ „Nim dir der weil: gæher man schol esel reiten“, Konr. v. Megenb. f. 166 (Pfeiffer p. 286,22 und Anmerk. p. 531). Das Eselreiten war nicht blos eine, nach dem Titelkupfer zu Schlezens Gregorius Schlaghart, in Schulen gewöhnliche Strafe, sondern kommt noch in der b. Infanterie=Verordnung von 1754, p. 201 auch als militärische Strafe vor. Es wurden den Delinquenten dabey die Hände auf den Rücken gebunden und die Beine mit Gewichtern beschwert. In Augsburg wurde 19. November 1633 ein Trommelschlager wegen Mordes auf den Esel gesetzt, mit Ketten angespannt und ein Gewicht an jeden Fuß gehängt; Cgm. 4905, f. 37. Grimm, Wbch. III, 1146,i. (cf. Roß.) „Er für sie (das böse Weib) auf den esel steg“, Cgm. 379, f. 144^{b}. (Vrgl. Wening's Topographia Bavariae — Ansicht des Schrannenplatzes in München). R. A. im Voc. v. 1618: „Auffm Eßl sitzen“, iram in promptu gerere. „Auffn Eßl setzen, erzörnen.“ Einem den Esel stechen, den Zeige= und kleinen Finger gegen ihn ausstrecken, während die übrigen drey eingebogen werden, asininis auribus manu effictis illudere, wie das Voc. v. 1735 sagt. Im Damenbrett=Spiel geben 3 in einem Zug geschlagene Steine einen einfachen, 4 einen doppelten, 5 einen dreyfachen Esel. Die Eslerey, Eseley. „Chunrat der Esel purger ze Prawnaw“, 1378; Cgm. 3941, f. 80. Die Frumesel, ein altes Geschlecht; etwa jüdisch für Isaschar; cf. Wagenseil, de civit. Norimb. p. 442.

Die Es, 1) wie hchd. Esse; 2) die Feuerstätte der Holzarbeiter in den Salinenwaldungen, an welcher sie kochen und sich wärmen. Im Scherz auch zu Esel travestiert. (ahd. essa, mhd. esse. Graff I, 448. Grimm, Wbch. III, 1159. Zeitschr. V, 222). „Das eß in der schmitten, forarium; eytofen, eeßofen, conflatorium; Voc. Melber. „Aller irer mitwirkung einiger essmaister“, Cgm. 579, f. 54. Die Komödianten will der Wirth spielen lassen „auf der *Ös*, wo d·Mostpröss·n stehn“, der Platz sei groß; Reitzenbeck II, 67. 71. 74. (Vrgl. oben die Äs.)

eß (és), vom alten Dualis iz (vos ambo), ihr; s. iz. Als Suffixum lautet dieses Wörtchen ·s: a) nach Frag= und Relativ=Pronomina und Conjunctionen, (s. Gramm. 722. 910). Das·s, was·s, wenn·s, weil·s, wo·s ꝛc. habt, lebt, seid . . . daß ihr, was ihr, wenn ihr, weil ihr, wo ihr ꝛc. habet, lebet, seid . . . b) nach Verben: was habt·s, wə̣llt·s, macht·s? Was habt ihr, wollt ihr, macht ihr? Seid·s da? Habt·s ə˜ Gə̣ld? Wisst·s wàs! Daher, vermöge Gramm. 909. 910, die Spruchformen der Verba mit doppeltem, sowohl freyem, als affigiertem Pronomen: és habts, habts és? és wə̣llts, wə̣llt·s és? ihr habt, habt ihr? ihr wollt, wollt ihr? (Vrgl. Grimm I, 1049. Gesch. d. d. Spr. 969. 972—76. 978. 1034. Wbch. III, 1139. Zeitschr. II, 90,3. III, 452. V, 410,11. VI, 272, IV. Auf der Insel Sylt hat sich noch der altfriesische Dual wat, wir beite, at, ihr beide, jat, sie beide, mit Genit., Dat., Acc. unk, junk, jam erhalten; Firmenich, Germ. V. St. I, 1. Vrgl. Matth. IV, 28: „Gelyfe gyt that ic inc maeg gehaelan“, glábts *és*, dàs I *enk* màg g·haəln.) „War zuo habt es mich nuo pracht?“ d. Ring, f. 5^{b},13 (p. 16). „Ich sich wol, warumb es gevält habt . . .; es seyt gestanden ze den wiczen“, das. 22^{b},26. 28 (p. 93). „Welt ir ichcz, bedorft es mein?“ das. 42^{a},33 (p. 184). „Dar umb mügt es gestreyten nicht“, das. 44^{a},12 (p. 192). „In so wunnecleicher jugent, sam es seit“, das. 51^{c},44 (p. 228 f.) und öfter in diesem Gedichte, abwechselnd mit ir. „Daz wart“, daß ihr waret; Horneck p. 21^{a}. „Ir ritter beleibt ez hie piz ich her wider chum“, Cgm. 54, f. 29—29^{a}. „Gest du den weg, so gewint ez pedi (du und dein Pferd) genug, aber du must dein rozz da lazzen“, das. f. 41^{b}. „Daz wart ez paide iungch“, das. 59^{b}. „Sprach zu in (den drei Königen): von wann seit ez“, das. f. 61^{b}. „Und welt ez dem steig nach reiten, daz tůt ez“, das. f. 79^{a}. „Als die herren zue jren knechten sprechen: hüet es enk, das kainer mit im nichtz zue schaffen hab oder im kainen dienst thuet“; Cgm. 632, f. 34½. „Her Wein, ir seitz ein piderman“; Trinklied von 1495, Clm. 5023, f. 37. „In dulci jubilo, nu singz vnd seit fro!“ ibid. Doch ebendas. p. 16: „Emanuel ist ers genant.“ (s. den folgenden Artikel). „Es alte, es ausgemergelte, gelte, es dürre, es rotzige, es bucklete, es zahnluckete, es geschimpelte, es betagte Schelmen!“ so lautet eine der Apostrophen des Predigers P. Abrah. „Meine liebe Kinder, seyds doch nicht so bös . . .“ „Was versprechts mir, wann ich euch auffmachen soll . .“ „Ey so scherts 119
euch, ihr Teufels=Säu . . . .“ „Wollt ihr das nicht glauben, so schickts nach Haus, dort werdet ihr das Geld finden.“ „Was bauts aufs Geld so starck und fest, Seits doch allhir nur fremde Gäst, Und wann ihr gleich dieß sollt erwerben Haists gähling, du must heunt noch sterbn.“ „Sagts was wöllt meine Herren.“ „Gehts hin ihr Sünder und eröffnet euer Anligen den Priestern;“ Selhamer (ad 1696) I, 48. 72. 127. 178. 320. 381. 416. „O wie sielnguət *seids ös* mit mir“; Reizenbeck II, 197. „*Ös habts* nix dawidə'“, das. 111. „Wàs *sagts ös* dazuə?“ das. 112. *Schreits, wechselts, nehmts, thuets* (imperativisch); aber: „Nu *ös* vä'steht mi' ja?“ (fragend); Lindermayr p. 25. „Wie schändli wär·s, *wenns* tarkeln thät“; das. „Zworumä *greints*? Mein *sagts* mä', wie·s *ös* muint. Wie *däſss* so trutzi schaut.“ das. p. 30. „Jetz *mörkts enk enkri* Stätel, *wos* anakemma *seyd*, und lernts mä' fleissi' d' Blätel“, das. 53. „Ghalt *ös* dö gueten Täg!“ behaltet (ihr) die guten Tage! das. 87. „So *feyrts* sogar ä nöt, *wenns kint* ä Weib dä'wischen“, das. 88. „*Wenns* förti' *seyds, kemts* nachä'“; das. 92. Der Oberösterreicher, Freund Kaltenbäck, sonst schriftdeutsch sprechend, sagt immer: Ihr *habts*, ihr *seids;* (15. Aug. 1851.) „Wenn ich Vivat schrei, so *schreit es á*, sagt der Schützenhauptmann zu Fügen seiner Compagnie, die zum Empfang der jungen Erzherzoge versammelt ist (8. Sept. 1844); Steub, drei Sommer in Tirol, p. 546.

eß (is, és, əs, ·s, si), es. S. Gramm. 38. 719. 727. Tuət·s is, thut es es, d. h. geht es? *es* hàbm mir á' scho˜ vil Kreuz. „Er schrê vil laut: Ich pins ein kint“, d. Ring 36^{a},23 (p. 159). „Ir habt vil recht, ich pins ein gauch“, das. 42^{b},20 (p. 184). „Du pists der panermayster“, das. 49^{d},39 (p. 220). „Ir seicz ze hof bekant“, das. 30^{c},11

(p. 130). „Herr, ir seyts der ayn", das. 41c,43 (p. 182). „Ir seyts der eren wert", das. 51d,41 (p. 230). „Yr seyz ein maniggeyn vom Reyn", das. 52b,3 (p. 231). Vrgl. engl. „Surely, my dear, you jest, cried my wife, we can walk *it*"; Vicar of Wakefield, ch. IV. S. unter eß, ihr, und vrgl. Grimm IV, 222. 274. BM. I, 436.

eßen (éss'n), wie hchd. essen; (cfr. âß und etzen). Eßende Speis, eßende War, Eßwaare. „Was man sol von essendem ding haben, dez was kain zadel noch snaben", M. Beham, Wiener 384,7. „Ein Eßen Fisch, Krebs ꝛc.", eine Schüssel, Richte; Prompt. v. 1618. Vrgl. oben gaß (unter Äß). „I' han goast, (Jir.) ich habe gegessen (= gâz). Hàt sich ang'àst (wol statt ang'aß), vollgefressen. *Gást*, (Jir.) allerlei grobe Spreu mit Körnern vermischt; s. oben G'äß unter Äß. urezzen, urätzen, s. unter ur und ätzen.

Das Voreßen, Füreßen, (nach der bürgerlichen Küchensprache) ein Gericht, das nach der Suppe und vor dem Rindfleisch aufgetragen wird. Gewöhnlich besteht es aus zerschnittenen Eingeweiden. ə˜ rində˜s *Vouréss'n*, zerschnittener Rindermagen in brauner Brühe. Im Scherz nennt man zuweilen auch die Eingeweide des Menschen *'s Voréssn*. So sagt Sancho Panza: vomitar las *asaduras*. Dés is ə˜ scheə˜s *Vaəress'n!* eine schlechte Vorbedeutung, (Baader).

's *'Lài˜əsse˜* (= allein-essen), (Allgäu) Diät eines angehend menstruierenden Mädchens; die Menstruation selbst.

Der, das Eßban, Espan (Espə', Espət; OPf., Pegnitz), freyer Platz in einer Flur, der zur Viehweide benutzt wird. (Vrgl. Esch und Äß). „Äcker auff dem Eespan," MB. XXIV, 143, ad 1463. „Espam i. e. fronwisen" (ad 1269), Lang, Reg. Bav. IV, 763. „Zu Oberndorffen aufm Esspam", Cgm. 1545, f. 1. „Ain tagwerch pey der flurhay Espan", Heidenheimer Salbuch v. 1400, Clm. 1524, f. 2b. „Pey dem Roter Espan", das. 3a. „Auf das swein espan", das. f. 18. „Zu Ennde des Ehespans zwischen Gaimersheim...." Öttinger Ehaft, Mscr. v. 1577. Vrgl. Grimm, Wbch. III, 1157. Zeitschr. II, 245. 248,3. IV, 460. cfr. Una fihroutt debet ire de Espansestor (Espans Eß-tor?) usque in Iseram, Urk. v. 1295, Grenzen, Zäune und Viehtrieb der werdenfelsischen und Benedictbeurer Unterthanen betreffend, Meichelb. Hist. Fris. II, I, 102. „Alb der Espaner", Person-Name, ibid. II, II, 162. Im Ldg. Rosenheim kommen (Hazzi, Statist. I, p. 313) mehrere kleine Ortschaften unter dem Namen Espaum vor. Ist hier ein misverstandnes Eß-bann? oder steht Eßbâum für Esch-Saul (s. Esch), oder etwa Äß-saul?

Das, der Eßter, Fallthor am Fahrweg durch einen geschloßnen Feldbezirk (Esch). Eßthor, Hund, St.B. I, 359. (cfr. Espans-estor, unter Eßban und Esch). „Est gatter", Meichelb. Chr. B. II, 207. „Von dem ester herab von pfaffsteten bis in die wis"... (Innviertel 1418), Cgm. 3941, f. 12. „Das Weidach in dem veld ze perg von dem Ester gein Pfasteten bis in die wis", das. 90b. „Wernhart der smid bei dem Ester ze Helffaw", das. 227. Dreyerlai össter, Landösster (an der Landstraße), Feldösster, Feldgatter; Cbm. 3238, f. 27. Grimm, Wbch. III, 1172.

Der Eßig (E'ssi'), wie hchd. Essig (goth. akeits, ahd. ezîh, mhd. ezzich. Graff I, 541. Grimm III, 466. BM. I, 452. Grimm, Wbch. III, 1169). Ezzeih, esseich, eßeich, Cgm. 136, f. 26. Br. Berthold, Cgm. 1119, f. 47. R. A. I˜'n E'ssi' sey˜ oder sitz'n, in Verlegenheit, in Noth seyn. „Dər Wastl hàt *e˜n Essi' trunk'n*, es ist ihm etwas Unangenehmes begegnet, (Baader). Essigkrueg. „Er wär gut zu ainem essigkrug, wan er ylib hangen ainthalb genug", Cgm. 270, f. 101a. „Ein gferdt mit 3 pferden als 2 hündten und ains vorn auff haisset man einen essigkrueg," v. Bodman, Ms. v. 1709. Auf den ehmaligen Jesuitentheatern hießen die Statisten oder Figuranten Eßigkrüege.

essigen, acescere; „anfahen ze essichen, acesco", Voc. Archon. f. 66. Grimm, Wbch. III, 1170.

'eßigeint (= eßigeinend; s. oben -einet), nach Essig schmeckend, essigsauer.' „Er sprach: Man find in der artzney, das der geschmeck sind neunerley: süß, Essigeint der ander heist", H. Sachs 1612: I, 1044. „Der ander gschmack ihn da erscheint, der wirt genennt der Essigeint", das. Grimm, Wbch. III, 1170.

Das Eis, (Aschaffenb. der Eis), wie hchd. (ahd. mhd. îs. Graff I, 485. BM. I, 755. Grimm, Wbch. III, 359). MB. IX, 55 kommen die Fischer-Ausdrücke Bann-Eis, Brech-Eis, Läuff-Eis vor. Ab-, auff-, außeisen, eisnen, von Eis befreyen; das Eis wegräumen. Fig. Einen außeisen, ihm aus einer Verlegenheit, Noth helfen, den Eingefrornen gleichsam wieder flott machen.

Eisbäume kommen neben Ensbäumen vor; (Jir).

'Das Eisbein, os ischium, Hüftbein.' „Sein Jägerrecht soll seyn vom Hirsch die Haut, Rück und Eißbein (die Flanken)", Landau, Gesch. d. Jagd p. 107. „Das Aisflaisch, ein Theil des Ochsenfleisches, von der Schulter genommen"; Castelli, Wbch. 46. In München habe ich vom Eisbaə˜ gehört. Grimm, Wbch. III, 362.

Eisschießen, auf dem Eise sogenannte „Eisstöcke" 120
(hölzerne Scheiben mit senkrecht darin befestigter Handhabe) nach einem als Ziel gelegten Steine (der Taube), durch Werfen fortglitschen machen; ein beliebtes Winter-Volksspiel, das Curling der Schottländer. Schleifer's (p. 310) Sage am Traunsee: Die Eisschützen in der Christnacht.

Der Eisvogel, isida, alcedo (BM. III, 358. Grimm, Wbch. III, 381). „Ysidia eisvogel nomen a sono isi", Ebersb. 130, f. 163a. „Isida haizt ain eisvogel und hât den namen von seiner stimme, wan er schreit ysi, ysi", Konr. v. Megenberg 202,13. Über den Aberglauben vom Eisvogel s. Nicol. v. Dinkelsbühl, Altm. 13, f. 95. Clm. 5400 (XV. sec.), f. 73a. „Qui quasdam aves quas vulgariter vocant eysuogel mundissimis pannis sericis involvunt opponentes ei aurum et argentum et gemmas et diligentissime sic in suis archis custodiunt tamquam causas suae prosperitatis"; Ben. 207, f. 44b.

Der Eiszapfe; ahd. îsilla, mhd. îsel. „Stiria, issel", Voc. opt. p. 56. Graff I, 485. BM. I, 755. Diefenb. 553c.

eisem, unschmackhaft; Dr. Roth. 'Vrgl. oben aislich.

Das Eisen wie hchd. (goth. eisarn, ahd. îsarn, îsan, mhd. îsen, îser. Grimm II, 46. 452. Graff I, 488. BM. I, 755. Grimm, Wbch. III, 364. 375. niederd. das Iser, Isern, Zeitschr. VI, 142,35. Firmenich I, 460,105. Vrgl. mhd. îs, Eis. Dem Zigeuner bedeutet saster sowohl Eis, als Eisen; Ausland 1836, p. 1094). R. A. Einen schlagen, hauen, wie's kält Eis'n, d. h. tüchtig. Einem auf die Eisen gên, ihn streng bewachen, controllieren. „Lug deinem bulen baß auf die eisen, oder er wird dich auf das affenort weisen", Cgm. 312, f. 150b. Grimm, Wbch. III, 366. Ein Eisen abrennen, abtreten, Grimm, Wbch. III, 365,e; s. Th. II. unter Messer.

Eisen in Zank-Eisen, Feg-Eisen, Buel-Eisen, (als Schimpfbenennungen von Weibspersonen) ist vielleicht ein eignes Stammwort. (Vrgl. das ahd. itis, idis, femina, matrona, Graff I, 159). Eisen, (bair. W.) ein zänkisches Weib. R. A. Si gêt oder gehört scho˜ ei˜ 's àlt' Eis'n, sie ist nicht mehr jugendlich. Im nördl. Franken heißt ein Kind, das Einen mit Weinen beständig quält (knöcht), ein Knöch-Eisen.

'Das Baucheisen, ein Stück der Rüstung.' „Sie (die Zimmetröhren) sind mir nützer denn ein bantzer oder gleich ein ganz baucheisen, die weil sie mir all stich abweisen", H. Sachs 1560: V, 348 (1612: V, III, 27).

Das Fueßeisen, (Dim. Fuəseisl'), ein mit spitzigen Stollen versehenes Eisen, das, je nachdem es klein oder groß ist, entweder in den Absatz des Schuhes eingeschraubt, oder mit Riemen an den Fuß gebunden wird, um sich auf dem Eise oder im Gebirge an den Felsen vor Fallen zu sichern. Das Ross=Eisen, Hufeisen.

Die Eisen, plur., (Nürnb., Hsl.) Gefängniß für bürgerliche Personen geringern Standes. In die Männer=Eisen kommen Mannspersonen, in die Weiber=Eisen Weibspersonen. Der Eisenamtmann, Eisenmaister, Eisenvater, Aufseher eines Gefängnisses, worin die Verbrecher in Eisen und Banden verwahrt werden, eines Criminal=Gefängnisses, L.R. 1616, f. 802; die Eisenmutter, sein Eheweib; der Eisenknecht, sein Knecht. Grimm, Wbch. III, 366 f.

Der Eisenfresser; vrgl. Helmbr. 1749: „Hei waz ir îsens âzet, dô ir ûf dem hengste sâzet", ihr waret ein Eisenfresser.

Die Eisengült, Gült, die unveränderlich und ohne Nachlaß entrichtet werden muß, MB. XXIII, 631. Ähnlich ist die Eisenkue; s. immer.

'Die Eisenhalte, eiserne Fessel, Fußschelle (ahd. îsanhalta, mhd. îsenhalte. Graff IV, 906. BM. I, 623. Grimm, Wbch. III, 370).' „Compes, isenhalt", Clm. 4350 (XIV. sec.), f. 2. „Bya isenhalt", Monac. Francisc. 248, f. 225. „Compes, instrumentum ferreum quo retinentur captivi, eysent halt", Clm. 5008 (XV. sec.), f. 150. „Compes, eysenhart", Clm. 5877 (XV., 1449), f. 107. „ûf tuot er âne slüzzel alliu slôz und îsenhalt", Helmbr. 1205.

Die Eisenhart, verbena, Cgm. 592, f. 36. Grimm, Wbch. III, 371. Gesch. d. d. Spr. 124. Diefenb. 612ª. s. Eiserich.

Der Eisenhuet, das Eisenhüetlein, ehmals übliche Kopfbedeckung der Kriegsleute, Helm. „Im was der îsenhuot geslagen mit kolben für diu ougen nieht", S. Helbling I, 869. BM. I, 733. Grimm, Wbch. III, 371. Noch im L.R. v. 1616, f. 692 wird den Bauersleuten unter anderm das Tragen der Eisenhütring untersagt.

Das Eisenkraut, genista tinctoria L.

Das Eisenmaß, (München) Holzmaß aus eisernen Stangen, die, zusammengefügt, einen Raum von 6 Quadratschuhen einschließen. Die Eisenklafter, nach obigem Maße gemessene Klafter Holzes im Gegensatz der Waldklafter, welche kleiner ist und nicht viel über 3 Viertel des Eisenmaßes hält; (Baur).

Eisele. Der Baron Eisele und sein Hofmeister Beisele, stehende Personen in Braun's fliegenden Blättern und daraus in die Verkehrsprache übergegangen. cf. Wülhueber.

Der Eiserich, verbena. „Verbena, eisenkraut, yserich, Clm. 16487, f. 97. s. Eisenhart.

Der Eisop, Isop (mhd. îspe. BM. I, 757. Grimm, Wbch. III, 380). „Eisopus, isopus, herba"; Ind. 355, f. 144. Vrgl. Eisewig bei Grimm, Wbch. III, 377 u. oben Sp. 16: Eibisch. Zeitschr. IV, 166. s. Isp.

Eisengrein, der jetzige Familienname, ist wol aus Isingrîn, Isingrîm umgebildet.

„Das Eissel", Popen=Eissel (Höfer II, 344), Rauchfang=Ziegel. Gogk=Eissel, (Baur) Ziegelstein von halber Breite. Vrgl. das folgende Wort und allenfalls die gl. o. 45: „tessere eyselinga dicuntur unde domicilia sternuntur"; auch „îzinâri, sulz vaz, parapsis", Diut. II, 319. Graff I, 542. Diefenb. 412ᵇ. S. Gogk=Eissel.

Zingleiß·l, s. Singoßel unter Sin= u. singen.

Isel. „Vertrag wegen eines Ysels oder Abtritts"; Gem. Reg. Chron. 445, ad 1297. Vrgl. das vorhergehende Wort. Zeischr. III, 337. V, 220. VI, 158.

Der Isel, Kehricht, Unrath, Koth (Zillerthal); Zeitschr. VI, 158. is·lig, adj. Vrgl. unten Üssel.

Die Isel (mhd. îsele), Insel, s. oben Insel.

121 Is, és, əs, 1) Sie, die weibliche Person im Gegensatz der männlichen. *Is* is brávər als Er. Schau *Is* à~. „Wer . . als *is*? *Is* frait mi' aus dä Lehr, *is* tuət mi' zwàg n und strigeln", Lindermayr 123. „Wo is denn *Is*? Ha'ts *Is* nét g'segng? Wenn *Is* kümt, so sagts eəm (ihr), ObrM. 2) sie, Pronom. der dritten Person aller 3 Geschlechter im Plural, əs kemə~t, əs hàbmt, sie kommen, sie haben. Habts *is*, habt ihr sie? Nemts *is*, nehmt sie. Iətz gi'tt·s *is* gnuə', jetz giebt es sie genug, d. h. deren genug. S. Gramm. 719. 727.

Isaak. „Hetschell der jud Eysakchs sun", ad 1412, Hormayr's Wien II, Urk. Nr. XXXV.

'Der Isar (a. Sp.; ahd. îsaro. Graff I, 432), ein Vogel,' porphirio. ZZ. 796, f. 172. Diefenb. 448ª.

Die Isar (Isə'), der bekannte Fluß, (ahd. Isura, Isara, Cod. Trad. St. Emeram. MB. VIII, 363 ꝛc. cf. Smuttura, Vita S. Ulrici, Surius p. 95. Canisius, lect. ant. II, 30. Graff I, 488. česk. Wizera, Gizera, Weser. Förstem. II, 854 f. 1281). Da auch eine Iser im Riesengebirge, eine Yser im Westflandern, eine Isara in den savoyischen Alpen, und eine andere (jetzt Oise) in den Ardennen vorkommt, so fällt der Name wol einer vorgermanischen Sprache anheim. „Beim Iserberg Wasser (jetzt Brunnthal?) neue Deichen legen" (1613), Cbm. 2224, f. 171. 178. Isarrain, s. Rain.

Isengrinus in der Fabel, s. Clm. 8947 (XV. sec.), f. 137—139.

œsen, erœsen, verœsen, œsigen, abœsigen, ausœsigen, verœsigen, vrb., leer machen, aufbrauchen, erschöpfen (ahd. œsan, ôsjan, mhd. ôsen, œsen. Graff I, 151. BM. II, 447. Grimm, Wbch. I, 923). „Unde (wenn) wir nicht œsen wol, unser schif wirt ünden vol", Meister Alexander, Hagen's Minnes. III, 27. „Wiltu deiner sünden tumpfel ausösen", Cgm. 713, f. 132. So noch auf Wangerog: „*áufhôez*, ausschöpfen; îk wul dait wátter ût de sôeth *áufhôez*"; Ehrentraut, fries. Arch. I, 66. „Solt man den man nicht ösen (vertilgen, verderben) mit lesterlichen sachen?", Cgm. 270, f. 116 u. 379, f. 81. Evacuasti, ausgeöset; bibl. Gloss. v. 1418. „Doch sollen sie den Jaids=Bogen an Wildbrett keineswegs ausäsigen, sondern sich darinne waidentlich und beschaidentlich also verhalten . . ." Majer's Forstzeitschrift 1814, IV. Heft, p. 37. „Daß die Land verhert und veröͤßt waren," Avent. Chr. „Die Proviant werden eröset," OPf. Polic.Ord. v. 1657. „Alle gute guldene und silberne Münze des Reichs eröset," ibid. „Auf einem lichten abgeösigten Platz am Ochsenkopf (Fichtelgebirg)." „Das gros schwein hett schier das ganze land veröst, das Theseus der held erlöst", H. Sachs 1560: II, III, 130. „Welcher dem Gotzhaus den stainpruch verussfelt und will daraus steen, der sol alsdann den stainpruch auswaschen und stiftlich und peulich ligen lassen" (Raitenhaslach, 1505), Cbm. 1517, f. 294. „Verösung und Verderbniß der Fische", Wirzb. FischerOrd. v. 1766. Vrgl. œserlich, unwohl, erschöpft; Zeitschr. VI, 17. Devastabat, diripuit osta, gl. i. 253. 379; osi, vastitas, i. 268. Es ist ein gewisser Zusammenhang dieses ösen mit wüst und wüsten nicht zu verkennen. s. abwüesten. Vrgl. isl. ausa, schwed. ösa, schöpfen; schwäb. Öse, Schöpf=Gefäß; der Üser, (Aschaffenb.) eine Art Schaufel, um das Wasser aus Schiffen zu schöpfen. Grimm, Gesch. d. d. Spr. 352. Das Oesloch, s. unten bei Bill.

ösnt, adv., (O.Inn, am Wasen) ungesäumt, ohne Verzug, alsogleich (= mhd. al zehant, sâ zehant, alsô zehant? vrgl. oben also). Das schwed. Adv. osent (aus o, un, und sen, altd. sain, säumig) heißt genau dasselbe, und ich will, der Wunderlichkeit wegen, den Einfall nicht unterdrücken, daß sich vielleicht in diesem Worte noch ein schwedisches, wie in Heidi! Heidi pritsch! ein englisches, kategorisches Tutswitt! (s. d. W.) könne erhalten haben. Ob ihrerseits die Deutschen in Frankreich außer ihrem fühlbaren Imperativ, la chelague, auch einen hörbaren zum Andenken hinterlassen haben, weiß ich nicht; aber Hr. v. Gimbernat machte in seinem Manual del soldado español en Alemania, seine im Jahr 1807 durchmarschieren=

den spanischen Landsleute mit dem deutschen gehorchenden Gleich bekannt, welches zwar eigentlich soviel heiße als „al instante“, aber „segun el uso flemático del pais“ besonders in Post- und Wirthshäusern so viel sagen wolle, daß man „dentro de un quarto de hora poco mas ó ménos“ bedient seyn werde. M. vrgl. die Lord Byron-sche Tirade auf die deutsche Expeditivität. Nach Baur bedeutet osnt an der O.Isar soviel als beyläufig, ohngefähr.

usə, uəsə, (opf.) sogleich (= als-sâ? ur-sâ? ie-sâ? cf. mhd. sâ, sâr, illico; s. Th. III: sâ). Vrgl. olsig, os·nt, ost·n, so und husig.

Die Üssel, Issel, (Wetterau) Funken von der Bäckerasche; oberhess. Intell. Bl. 1844, p. 378. (mhd. usele, üsele, Funkenasche. BM. III, 195. Grimm III, 353. Diefenb. 227c. Graff I, 487. Halloren: Ösel, glimmende Asche. Hannover: Nösel am Licht, Schnuppe; Schambach 146. Zeitschr. VI, 360). Die Vocab. Ms. v. 1419 und 1468 haben: üsel, favilla. (O Minne) „von deines . . . (hier fehlt wol ein Wort) üseln kan mich dein hant benüseln (?), bestreichen und misseverben“, Cgm. 714, f. 162. „Favilla, fankh vel ůsel“, Cgm. 666, f. 196. „Favilla, usel“, Clm. 16439, f. 231. Semansh. 34, f. 197. „Favilla sc. scintilla extincta, ussel; sed scintilla funckelin“, Voc. Melber.

122 üselfar, adj., (b. W.) von gelber, ungesunder Gesichtsfarbe. „Der Mensch sicht ja ganz *islfaər* aus.“ (Gl. a. 561: gilvus, usilvar). cf. wisselfarb.

is·lig, es·lig, (Kitzbühel) empfindlich, übel gelaunt.

Der Asch (A'sch, Uəsch), plur. die Aschen, eine Art von Schiffen, auf der Salzach, dem Inn und der Donau, besonders zum Salztransport, gebraucht (Grimm III, 437. Graff I, 492. BM. I, 65. Grimm I, 578. 587. Vrgl. ags. æsc. Die dänischen Piraten „mid thaem *æscum* the hie feala geara ær timbredon“, by the *esks* they built many years before; Sax. Chron., ad 897. „tha het Aelfred cyning timbrian lange scipu ongean tha *æscas*“, ibid. *æsc-man*, pirata, ibid., ad 921. cf. mhd. aschman, Bootsknecht; BM. I, 35. Grimm, Wbch. I, 586). „Zu einem Asch gehören 9 Mann und der Ausferg“, Lori, BergR. f. 42. „Was der Asche getragen mag auf dem wazzer.“ . . . . Einen Aschen mit Saltz . . . . zwen Asch mit Saltz . . . . zwen Aschen mit Salz“, MB. IX, p. 160. 169. 186, ad 1331—1348.

Der Hallasch (Hàllàsch), plur. die Hallaschen, Salzschiffe kleinerer Art, im Vergleich der großen Zilen oder Naufarten. Nach Lori (BergRecht) ist der Halleisch oder Halläsch ablanger und an den Enden etwas zugespitzter Figur, wodurch er sich von den Spizplätten unterscheidet. Nach der Salzburger Schiffsordnung v. 1616 mußten die Hallaschen von den Schoppern (Schiffbaumeistern) zu Lauffen nach bestimmten Maßen und Preisen verfertigt werden. Daselbst wird auch der Gebrauch aufgehoben, „daß von jedem Maistersalz (bestehend aus einem Zug von 15 oder 20 Hallaschen nebst einer großen Zilln, Naufahrt genannt) ein Hallasch, wenn er gleich noch länger zu gebrauchen gewest, bey St. Nicola stehen gelassen und mit den andern nicht wieder zurückgetrieben worden, hergegen aber an dessen Statt durch den Erzbischoff ein anderer neuer Hallasch gestellt und bezahlt werden müssen.“ s. Lori, BergR. p. 490. S. a. Hall. Wenn der gemeine Mann um Passau so ein Schiff einen Holarsch betitelt, so rührt dieses von dem Bestreben her, veralteten Wörtern, oder solchen, deren ursprünglicher Sinn verdunkelt ist, irgend eine Bedeutung unterzulegen.

Der Äsch (A'sch), die Äsche, forellenähnlicher Flußfisch, thymallus L. Er heißt nach den Graden seiner Größe und seines Alters: Spräzling, Mayling, Aschling, und erst wenn er völlig ausgewachsen ist: Asch. (Gl. a. 535. 580: asco, thymallus; mhd. der asche. Graff I, 492. BM. I, 65. Grimm, Wbch. I, 578).

Der Aschen, die Asche (goth. azgô, ahd. ascâ, mhd. diu und. der asche. Graff I, 492. BM. I, 65. Grimm, Wbch. I, 578). „Ich az den aschen“, Cgm. 136, f. 284. „Joseph hiez daz chorn dresken, lutzil machen zů eschin“, Diut. III, 101. Nét dər *Asch·n* auf·m Herd bleibt dem Verganteten. (Bayreuth.) Aschenköt, gebrauchte und ausgelaugte Asche. aschern, äscherig, als adj. Cinericius, äschrig, Gl. a. 753. „Am nägsten Freitag nach den Aschern mitichen“, MB. XII, p. 255. „Die aschrigmickt“, MB. XVII, 136. „Und nach dem Ascherigen Mittwochen, Westenrieder, Btr. V, p. 149, ad 1580. *Äschrə*-Mittwoch (schwäb.). MB. XV, 306: an 123
dem asch tag. „Wie wol daz an dem aschentag ist, er geyt der füll dennoch kain frist“, Lied v. der Vaßnacht, Cgm. 811, f. 40. Der ascher tak, Cgm. 532, f. 91b (1369). „Stoß die fidel in den sack, morgen ist der aschertag“, Clm. 12296, f. 218. Hier wird wol auch die Aschermittwoche gemeint seyn. „In die cinerum mirum est quod in plerisque (Franconiae) locis agitur. Virgines quotquot per annum choream frequentaverunt, a juvenibus congregantur et aratro pro equis adnectae tibicinem suum qui super illud modulans sedet in fluvium aut lacum trahunt“; Joa. Boemus, de omnium gentium ritibus, 1520, fol. LIX.

'aschenvarb, äschervarb, adj., aschenfarbig (BM. III, 237. Grimm, Wbch. I, 582. 584).' „So ist der stein askervare“, Diemer, Ged. 60,3. „Die vogel sind schwarz recht als äscherfar“ (aschə'faər, OberPf.), Konr. v. Megenb. f. 102a. (Pfeiffer 172,29: aschenvar). asch·n-mürb (b. W.). Escherich, Familienname. Aschirih monachus Fuldensis († 888); Aug. Jes. 12.

Aschaffenburg an der Aschaf; ahd. Ascafaburg — Ascafa (wie Erlafa, afa = apa = aqua = aha; cf. Grimm, Über Diphth. n. a. C. p. 49), Gudenus I, 360 (a. 980). Förstem. II, 107 f.

Der Ascher, Bottich, wo das Leder im Kalk die Haare läßt. (Dr. Sepp.)

aischen, (ä. Sp. praet.: iesch, partic.: geaischen neben aischete, geaischet), (Allgäu) ansprechen. Anaischen Einen einer Schuld wegen. Bey Höfer: um einen Dienst aischen, nachaischen. Castelli, Wbch. 46 gibt: „*aisch·n* (also eischen), *nàchaisch·n*, nachforschen, ausfragen. Es war dieses aischen früher in allgemeinem Gebrauch (ahd. eiscôn, mhd. eischen. Graff I, 493. BM. I, 425. Grimm, Wbch. III, 363. Zeitschr. VI, 170. niederd. äshen, fragen, Dön.). Im XIII. Jahrhundert hatte sich daraus die Nebenform haischen, hêischen gebildet. Es hatte 1), wie noch dieses hêischen, die Bedeutung: verlangen, bitten, fordern, rogare. „Wie landleuffig und gstallt der sachen eraysehen ist“, Ercl. d. Ldsfr. v. 1508. „Aischen und vodern“, MB. XIX, 20. IX, 272. X, 169. „Und ain köstlichere Malzeit dann jr stand und notturfft eraischet“, B. Landord. v. 1553. „Wie die Juden jre schulden und andere vorderungen einbringen und aischen sollen“, ibid. „Aisten und begehren“, Reichenhaller Sudordg. v. 1509. Lori, BergR. f. 140. 2) forschen, erforschen, fragen, nachfragen, to ask, interrogare. „So soll es (das Gefundene) der pfarrer auf dem letter ausayschen al suntag“, (verkündigen, um zu erfahren, wer es verloren), Ms. Rechtbuch. Veraischen (s. fraischen), durch eischen, erfahren, erfragen, erforschen. „E iz diu liute uereisten“ (erfuhren), Wernh. Maria p. 206. 218.

Der Aisch, die Aischung kommt neben Vorsch in eben diesem Ms. auch vor als gerichtlich bewilligte Zeit, um sich über etwas Raths zu erholen, oder um eine Thatsache genau in Erfahrung zu bringen, Frist, Bedenkzeit. „Mogen wol ayschung begern drei vierzehn tag.“ . . „Darnach sol man in aysch geben iar und tac“, cap. 23; Heumann, opusc. p. 130. Im spätern ref. L.R. Tit. 9, Art. 12: „Mögen wol hayschung und bedacht begeren drey vierzehen Tag.“ „So sol man jne verrer aisch zur Erfarung geben jar und tag.“ Auch „Ayscher“ in

Westenrieder's Btr. VII, p. 141 könnte ein Schreib- oder Lese-Fehler statt Aysch seyn. Wenigstens bleibt der Ausdruck: „So sol im dhaim aysch er (ein Nachforscher, Erkundiger, Wstrdr.) ertailt werden" etwas dunkel. „Dorauf N. seinen êisch, ob er gedachte Urtêil für kreftig oder nit halten wolt, genommen", MB. XXV, 433. „Man suchte bey dem Regensburgischen Stadtrath häufig Aisch" (Rathschläge und Entscheidung in wichtigen und schwierigen Händeln). „Bey der Stadt Cham war der Regenspurgische Aisch zu einer Observanz geworden, von welcher ohne Einwilligung der Parteyen nicht leicht abgegangen werden durfte." Gem. Reg. Chron. III, 366. Eiscon, gieiscon, bey Otfrid II, 3,50 rc.: verlangen; II, 4,25 rc.: fragen; III, 2,5; III, 9,1; III, 20,157: erfahren; IV, 12,29: ireiscon, ausfragen. Notk. 78,5: ze dero eisco, ad exactionem. Gl. i. 429: eiscunga, appellatio.

'aischlich, schrecklich, furchtbar (aus aislich, mhd. eislich, egeslich. BM. I, 411. Grimm, Wbch. III, 364)'; cf. oben aislich und nachher aistlich.

Der Esch, eigentlich Eß·sch (E'sch, Escht), Ganzes von Äckern, die, aneinander liegend, zu einer und derselben Zeit entweder bebaut und abgeärntet, oder als Brachfeld beweidet werden, Zelge, Flur. Um den Esch reiten oder
124 blos Esch reiten, den jährlichen Felder-Umritt halten, in Procession um die Felder reiten oder gehen. „Am Pfingstmontag mit dem Kreuz in der Gemein umb das Feld und Esch reithen", Lechfeld. Mirak., ad 1654. Das Esch-wachs in Meichelb. Chron. Ben. II, 78 bezieht sich wol auf diese Procession. „Er lat sin pherit treten mit den vordern füezen in den esch", palpare ad *agrum* (Getreidfeld), Schwabensp., Laßb. §. 202. Mallerst. 33, f. 113. „In jedem Esch acht juchart ackers", MB. VI, 615. „Es sol nieman in keinem Dorf in kainem Esch nicht schneiden (noch mit seinem Vich darein treiben) ân (ohne) der Nachbawren Rat und willen", K. Ludwig's Rchtb. und R.B. v. 1616, Tit. 24, Art. 2. Heumanni opusc. f. 90; cf. 246. „Der Eschs", MB. XXII, 599. 600. „Die zwen Esch", MB. XXIII, 598. Winter- oder Haber Osch, Roggenb. 1573, Cgm. 3912, f. 18. „Aschau (Aschə) heißt häufig ein hoch auf den Bergen liegendes Geräumt." (Baader.) Der Eß·sch-hay, Eschhay, Eschay, (durch mißverstehende Renovierung sogar auch Etzscheider, Ehescheider und Etscher geschrieben), Aufseher über die Feldflur, Flurschütz. „Wider Eschay und Wishay, so zu jrem Ampt geschworen, soll nicht gezeugt werden", L.R. v. 1616, f. 310. Officialis noster dictus Eschay, MB. VIII, 251. Feudum *escheionis*, Lori, Lechrain f. 20. „Rudiger der Eschaie", cod. trad. Emmeram. ad 1190 circa. „Campiductor, campellarius, eschay, custos campi" Clm. 5685 (XV., 1412), f. 56. „Von den eschaigen oder fluorhan. Sag an, macht den eschhaien itt han?", des Teufels Segi, Barack p. 395. cf. Etscher. BM. I, 649. Grimm, Wbch. III, 1142. Eschkerzen. Der Mesner soll die „siben lampen und die Eschkerzen in der kirche anzünden", Scheirer, DienstO. v. 1500, f. 15. Eschtürlein. „Usque ad clausuram rusticam sive portulam vulgo dictam eschtürli" (Lucern), Beromünst. Grenzbescheid v. 1315 im Geschichtsfr. III, 240. Die Esch-Saul, Lori, Lechrain f. 171. (cf. Etter-Saul; s. a. Eßban und Eßter). Das Wort Eß·sch lautet in den Leges Baiuuar. ezzisc, (Tit. X., c. XVI: sepem quem ezzisc-zun vocant); gl. i. 111. 897: ezzisca; 1101: escisca, segetes; o. 246: ezzisch, seges; bey Notker: der ezesg, endlich beym Ulfilas (Luc. VI, 1) atisk-s. cf. azuuisc, cultura, gl. o. 197. Graff I, 529. BM. I, 761. Grimm II, 373. III, 416. Gesch. d. d. Spr. 1032. Wbch. I, 578. III, 1140. Zeitschr. II, 246. 248.

'Das Eschröslein, sorbus torminalis.' „Sorbum, Eschrößlin" (Baumfrucht), H. Junii Nomencl. 1629, p. 58. Grimm, Wbch. III, 1143. Diefenb. 543ª. Nemnich II, 1326.

Der Eschling, fraxinus excelsior (Jir.); cf. Förling.

Die Ische, (Wetterau) erwachsene Weibsperson (v. hebr. ischach, Weib). Weigand im oberhess. Intell.Bl. 1847, Nr. 70.

Ischl = insula (?); cf. meine Abhandl. über d. VII Comuni (Abhandl. d. k. bayer. Akad. 1838, II, Abth. 3) p. 663 und s. oben Insel, Isel.

Der Uesch (Uəsch, Ousch), (U.Donau, b. Wald), der Trog, die Dachrinne. *Uəscht*, Dachrinne, (Baader). Statt *Uəsch* sagt man an der Ob.Isar *Luesch*, anderwärts: *Nuesch*, w. m. s. S. Gramm. 610. Der Ràd-*Uəsch* (b. W.). Wàdousch, plur. Wàdèisch, ausgetretener Schuh (im Spott; ObrM.). *Urschrinn*, *Nuəsch*, (Jir.) Dachrinne. *Ürsch·l* (= Nüəsch-lein?, Jir.), Nachen der kleinsten Gattung; (cf. Asch). Zeitschr. V, 452.

Die Aspen, (Jir.) Zitterpappel, Espe, populus tremula L. Graff I, 491. BM. I, 65. Grimm, Wbch. I, 587. Zeitschr. III, 461.

Der Espan, (OPf.) Weideplatz, s. Eß-ban.

Die Espel, Aispel (A'spəl), kleine Mispel, Garten-Mispel, mespilus germanica L. Frisius sagt: ein näspLen. Zeitschr. III, 101. V, 453. cf. ahd. nespil, mhd. nespel, auch ital. nespola, franz. nèfle. Graff II, 1105. BM. II, 330. Diez, roman. Wbch. 237.

Der Isp, Ispe, Ispen, Ysop, hyssopus. „Ysopus heißt yspe" (Pfeiffer: isp), Konr. v. Megenb. f. 240 (p. 495,17). „Wer ispen mit veigen seudet", das. „Saturegia haizet veltisp", das., f. 247 (p. 420,8). „Ispen in wein gesotten", Dr. Minderer, 1620, p. 227. „Isp, althea", Cgm. 649, f. 593. „Hysopus, ispen", Clm. 16487, f. 96. „Ain schapel von Salbay, von rauten oder von yspen", Cgm. 277, f. 90ᵇ (cf. Th. III: Schapel). Graff I, 486. III, 864. BM. I, 757. Haupt's Zeitschr. VI, 331,206. Diefenb. 310ᵇ. s. Eisop.

Der Ast (A'st, A'scht, Nàst, Nàscht; s. Gr. 610), der Ast. Das Ästach (A'stə'), Collectiv: Gipfel, Äste u. Zweige von gefällten Bäumen. Diese Abfälle werden in den Schlägen der Gebirgswaldungen auf lange Haufen, *Astachrid·l* oder Raumhaufen, gebracht. äften, vrb. Einen Baum äften, außästen, ihm die Äste nehmen.

Der A'st, s. Aiß. Die A'st·n, s. Äßen.

Die Astl, Nastl, Dastl, die Assel, oniscus.

ästimieren (destimieren, déschtəmiə'n), ein besonders mit der Negation auch dem gemeinen Manne geläufiger Fremdling. Eppəs nét *estimiə'n*, es für unbedeutend halten. So wàs *destimiər* I nét. Des muəs mə' nét *êstimiə'n*, das muß man nicht achten, dadurch muß 125
man sich nicht abschrecken lassen. Als im J. 1836 König Otto (v. Griechenland) mit seiner Gemahlin durch Kaufbeuren gekommen, sagte ein Bauer auf die Frage, ob er sie gesehen: Sui wol, aber ihn *ästimiər* I nit, (auf ihn bin ich nicht neugierig). Aurb. Schon in Lori's Lechrain f. 154, ad 1444: „daz sullent sy mir bezallen allz ez dann gestumiert ist." Gibt es doch schon ein gothisches aistan, aestimare.

aistlich, aistiglich, adj., â. Sp., schrecklich, furchtbar; s. aislich, aischlich u. vrgl. Grimm, Wbch. III, 379. „Wie wol das er was geistlich, so was im nichtz ze aistlich"; M. Beham, Wiener 58,11. „Dy da warn an dem sturme mit aisticlicher surme"; das. 176,29. „Nach wilder, aistiglicher surm"; das. 314,15 (vrgl. Th. III: Surm). Vrgl. das. 314,6: „Den vorhof an der veste gewunnen sy vil reste (= resche?)."

austerig, außerig, auswärtig, im Gegensatz zu einheimisch (da-ig). „Hani' Händla' antroff'n. . . Wie má' um mein kloán Draschz scho˜ richti' hán g'wes'n, hàt á' má' wiedá', wie 's halt dö *Austerög'n* scho˜ mach'n 'n Leutkauf kitt·lt (das Wort zurückgenommen) und weil i' nit áweil gariz'n (verdrießlich reden) ha' woll'n, han i' mi' fuscht 'packt; denn von án *Austerög'n* làſst si' koá Dàigá' b·sud·ln", (die Äußeren, nemlich die von außerhalb der Päſſe Lueg und Strub; wie die Untrigen, die vom Unter-Pinzgau). v. Kürſinger's Ober-Pinzgau, 1841, p. 175.

Das Eſt, (E'st, Iəst; ſ. Gramm. 611), (OPf.) das Neſt. Zeitſchr. II, 340. III, 91. 101. 520,5. V, 223. 453.

Das und der Eſtrich (E'strich, E'stərə'), wie hchd. (ahd. aſterih, eſterih, mhd. eſterich. Graff I, 502. BM. I, 448. Grimm, Wbch. III, 1172. Zeitſchr. V, 257). Das Wort, obgleich es ſchon in der ahd. Sp. (aſtrih, eſterih, pavimentum, gl. a. 103. i. 176. o. 42. 413. Notk. Pſ. 118. demo aſteriche, Notk. 108,25) vorkommt, ſcheint aus dem Romaniſchen (ital. astrico, astracco, lastrico, cf. lastra, Schieferplatte; ſpan. astrago, mittellat. astracum, ostracum. Diefenb. 403ᵇ. Diez 30. Am Astico, der den VII Com. vorbey fließt, werden viele gebrochen.) entlehnt. Aventin (Chr. f. 160) braucht es für die, zu ſeiner Zeit zu Bernaw und Prien am Chiemſee (wie heutzutag zu Loh bey Täherting und auf den Leugerfeldern bey Salzburg) entdeckten römiſchen Moſaikböden. „Der Chor in der Kirche zu Cirkendorf wird 1491 mit einem Eſtrich überſlahen", MB. XXV, 485. Jetzt verſteht der gemeine Mann unter Eſtrich zunächſt die Lehmdecke auf dem Boden über einer Stube, und figürlich den ganzen Raum zwiſchen dieſem Boden und dem Dach. Im Kloſter St. Ulrich kommt A⁰. 1362 „ein Altar auf dem Eſtrich (vermuthlich in einem obern Stockwerk) vor; MB. XXIII, 189. Zuweilen ſcheint Eſtrich auch für den Stoff genommen zu werden, aus welchem man ähnliche Pflaſter oder Decken zu machen pflegt. „Ain Dach von Oſtrich und Mörtl machen," Duckher's ſalzb. Chr. 276. „Der Fußboden iſt von Eſtriche", Meidinger's Landshut, p. 89. „Item dem Dietl weyrmaiſter, das er die weyr zu Gieſſing gemacht hat, das er umb eſterich pretter und lattn und tagberchern gebn hat ii. lb. VI ß iiii dn." Rechn. v. 1468. Wſtr. Beitr. V, 207. „Pavimento deme eſtriche, phlaſterc", Cgm. 17, f. 173ᵃ. „Pavimento phlaſtir vel eſtirich", Clm. 4606 (XI. sec.), f. 102. „Pavimentum tenne, litostratum eſtreich", San-Zenon. 120 (Clm. 16,520), f. 100. Die Gl. o. 269 haben das Particip. geeſtrichet, stratus.

iſtig, adj., essentialis (?faum). Heumanni opusc. 433: „Essentia dei, das yſſtich oder naturlich weſen gotz", Clm. 16439, f. 230.

'ost·n, ostig, ost·nig, unverzüglich, ſogleich; ſ. oben ósnt und Zeitſchr. II, 141.'

Ôſt, Ôſten, Ôſter, Ausdrücke, die der gemeine Mann bey uns nur mehr aus Büchern kennt, — obſchon noch Häuſer, Höfe und Ortſchaften einen damit zuſammengeſetzten Namen führen. Der Ôſterhof, Ôſtermayr ꝛc. in manchem Dorfe. Ortſchaften: Ôſterhofen, Ôſtermünchen, Ôſterſê, Ôſterwald, Ôſterwarngau. So hieß Klein-Aitingen ehmals (MB. XXIII, 20. 87) Oſtern-Aitingen, im Gegenſatz von Weſtern-, jetzt Groß-Aitingen. In Regensburg iſt ein Oſten-Thor. Auf der letzten Karte des Vademecum des Sebaſtian M. (aus Tübingen?), Clm. 10,691 von 1524, heißt die Oſtſee Oſterſee, und ihr entſpricht noch im Namen das Meer zwiſchen England und Holland als Weſterſee. A. Sp. oſtenhalba, oſtwärts. „Von dem nagelpach oſtenhalbn bis an den planberg, . . und von Goſſenhoven oſtenhalbn, bis in die Murnaw", MB. VII, 166. ôſtert, ahd. und mhd. adv., oſtwärts. „Si (die „egedehſa", lacerta) gêt zu einer wente, diu ôſtert iſt gecherit, und ſuochet ein loch ingegen dem ſunnen", Diut. III, 31. „Ad orientem, ze dem ôſteret", Cgm. 17, f. 98ᵇ, Pſ. 67,34. In der ahd. Sp. (Tat. Otfr.) iſt ôſtana als adv. ſoviel als ab oriente. Gl. i. 134: ôſtan, oriens; gl. a. 312: in ôſtanond, in orientem. Grimm III, 208. Graff I, 498 f. BM. I, 448. Grimm, Mythol. 268. In den Zuſammenſetzungen herrſchte die Form Ôſter- (ôſtar bey Otfr. I, 17,23 ein ſelbſtſtändiges Adverb.) Die Oſterfrankun (gl. o. 119) orientales Franci. Über Ostrogothae und Wesegothae ſ. Grimm, Geſch. d. d. Spr. 442 f. Das Oſterland, das Land gegen Oſten, (in ôſtarlante, in oriente, Tat.); für Bayern in specie: Ôſterreich. „Die Stadt Wien zu erobern und das ganz Oſterland zu verheeren", Ldtg. v. 1543. In dieſer ſpeciellen Bedeutung ſagte man bey uns: Oſtermutt, öſterreichiſche Mutt (Art Maß), Oſterwein (ſ. Th. IV: Wein), Oſterfaß (Faß mit öſterr. Weine), L. u. Polic. Ord. III. B., Art. 19 und 21. Meichelb. H. Fr. I, II, 429. Das 126
Ôſterreich, ein ebenſo, urſprünglich in Bezug auf Bayern, ſpeciell gewordener Name. Ooſtarriihi, Iſid. 8, 5; ôſterrîche, gl. o. 242 (im Gegenſatz von Ueſterrîche) oriens; bey Otfrid (prol. 3) ôſtarrîchi, das ganze den Franken unterworfene Deutſchland. cf. Graff II, 392. In einer Urkunde v. 996 begegnet zuerſt Oſterriche als „marchia Heinrici, filii Liutbaldi marchionis", Hormayr, Herzog Luitpold p. 58. 59. Förſtemann II, 140. „*Noricus* id est Bavaria, quae sic vocata est a quodam qui in ea regnavit *Norix* nomine. *Noricus* autem *Rippensis* vocatur regio in ripa Danubii, sicut Patavia, Anasum, quod Laureatum dicebatur eo tempore, quo Romani in terra nostra habitabant, Chremsa quoque et Tulna, postremo et Wyenna in rippensi Norico antiquitus computabantur. Nunc autem mutato nomine terra ista *Austria* dicitur, quae tamen ante non multos annos orientalis Marchia vocabatur, sicut in Cronica Ottonis scribitur et ex vulgari eius nomine theotunico sermone facile colligitur, nam *Osterreich* latine orientale regnum sonat"; Gutolfus, Clm. 5008 (XV. sec.), f. 167. „De monasterio Fuldensi, quod . . . cum favore Karlmanni, regis *Austriae* (Austrasiae) in vastissima solitudine saltus Boconiae construxerat", vita S. Leobae, Clm. 4608, f. 206. „*Austria* Italica", Muratori, script. rer. Ital. X, proleg. p. CXXXIV seqq. CCCXVIII (index). Das Reich Auſter, d. i. alles Land im Oſten des Rheines und weſtlich bis zur Grenze von Neuſtrien (Neuſtria = n, nicht, Auſtria; Müller, Geſch. der d. Stämme II, 84), der König von Auſter; Rudhart, ä. Geſch. v. Bayern p. 155. 156. 158. 163. 164. 168. 170. 172. 377. 383. 385. 395. 439. 447—48. 466. 618. Ueber das ſlawiſche rakausy, rakusané für Ôſterreicher, Ôſterreich ſieh Safarjck, Staroz I, 703 und 704. Er meint, es komme aus dem Rakatae des Ptolemäus II, 11. (cf. Förſtemann II, 1171. Zeuß p. 122.) Weiskern, niederöſtr. Topographie (Artikel Rötz), glaubt den Namen vom Schloß Rakez, Rakauz, jetzt Rötz, genommen. Auch die Slowenen, die ganz entgegengeſetzt wohnen, nennen den Ôſtreicher Rakushaniz, Oſtreich Rakhushansko, Rakushanija. Cf. Rhacusa vel Racusa seu Racusium, ital. Ragusa, illyr. Dubrovnik (Valentinelli p. 34); Ῥαουσιον. Der Fluß, das Feld, die Ebene Rakos bei Peſt, wo die ungariſchen Reichstage gehalten werden. Kohl II, 207. Auch in bayeriſchen Wald findet ſich ein Röz, Rez. Förſtemann II, 1171. 1206. „Ze wald und in der Ragzgegent" (Retz oder Rakez), S. Helbl. I, 167 und p. 250. — Ôſtermann, Ôſterreicher. „Beſcheidet mir des landes ſit in Ôſterrîch, daz iſt mîn ger. Ez gât ſô wunderlich entwer, daz ich niht erkennen kan einen rehten Ôſterman", S. Helbl. I, 218. „Er iſt ein rehter Ôſterman", daſ. 534. „Siben rehte Ôſterman", daſ. II, 1467. Ôſterliute, daſ. XIV, 67 (ſ. Th. IV: Zil). Ôſterlant, daſ. VIII, 787. Ôſterſprâche. „(Ich wolte), ſwer nâch den Sahſen in Ôſterrîche gewandes pflæg, daz im diu Ôſterſprâche gelæg: er ſol reden „wit wat wæt", daſ. VIII, 800. „Die ôſtereicher mit irer keſprw und die flaſchen alzeit an dem ſatelpogen", Cgm. 521, f. 149ᵇ.

Die Ôſtern, plur., die Oſter-Feyertage, Oſtern. Bàl' d· Ousto'n kemo⁻t, wo man im Schriftdeutſchen lieber Oſtern ohne Artikel, und das Zeitwort im Singular braucht: Wann Oſtern kommt. Auch in der a. Sp. iſt meiſt der Plural üblich, (Tat. Matth. 26,2. 17: ôſtrun.

Otfr. passim: ôstoron). Kero hat 41,1 auch den Singular. (Graff I, 501. BM. II, 448. Grimm, Mythol.^{2} 267. cf. Lausitz. utro, gutro, gitro, Morgen, aurora, und jutry = witry, Ostern, wie ôst und ôstarun.) „In ludo paschae" dürfe man sich verkleiden, Joh. Gews (1431), Polling 437. cf. Faschang. „In die paschae scholares induuntur vestibus mulierum ad ostendendum, quomodo Maria Magdalenae et Maria Jacobi et Maria Salomae venerint ad sepulchrum Christi volentes ungere corpus Jhesu" (da ist's erlaubt, Weiberkleider anzuthun; sonst nicht), Poll. 451, f. 44. Cgm. 168, f. 60. 61. Ostereier. „Item her Thoman (der neue Verweser) sol in das Gotzhaus (Thierhaupten) kommen in den Ostereyern" (circa 1456), Thierh. 67, f. 57. cf. in der Sichel u. drgl. Das Osterfeuer, s. Grimm, Mythol.^{2} 581 ff. 'Osterhenne, s. Zeitschr. VI, 149'. Die Ôsterkerzen, (Frank.) der Osterstock, Wachskerze, welche in katholischen Kirchen als ein Symbol des wiedererstandenen Heilandes vom Charsamstag an, wo nach der Feuerweihe alle Lampen mit derselben neu angezündet werden, die ganze österliche Zeit hindurch während dem Gottesdienste brennt, am Auffahrttag aber nach dem Evangelium ausgelöscht wird; Grundmayr, f. KG. p. 44. „Recipe osterstocks und saliz daz geweicht das erst und undertan und mach ain creucz und trags mit dir" (contra squinanciam), Clm. 4394, f. 143. „Die zal (indictio) schrîben wir och an drîer hande briefen: an hantvestenen, an den briefen da mitte man kirwîhe beciuget unde an den briefen die man schrîbet an die grôzen ôsterlîche kerzen", Meinauer Naturlehre 13. S. Schauerkerze und Agnus Dei. Beym Adelung ist die Osterkerze was Königskerze, verbascum thapsus L. Das Ôsterlämblein (Oustəlámpl·), (Baur) Eyerkäse in Form eines Lammes, welcher schön gezieret, nebst den Oster-Eyern und andern Eßwaaren, als Kren (Meerrettig), Speck ꝛc. am Ostersonntag zur Weihe in die Kirche gebracht wird. Ôster-Märlein, s. Märlein. Der kleine Ostersonntag, (Jir.) der Sonntag nach Ostern.

(Verwandte sieh unter Ad. ed. ꝛc.)

-at, Endsylbe, s. -eit.

Atel, s. Adel.

atmezen, athmen, s. oben unter Âdem.

Der Ätt, Ätten (A'tt, A'tt·n, A'tté, A'ttə; tir. Lechthal: Ati, Vater, Ommo, Mutter; Staffler I, 111), (Kinder-Sp.) der Vater; (goth. atta, ahd. atto, mhd. atte, madyar. atya, — mit unverschobenem t, wie in fatar. Daraus wol spä… die ital. Namen Azzo und Ezzelîn, Etzel, als Diminutive. Graff I, 145. Grimm in Haupt's Zeitschr. I, 25. BM. I, 67. Grimm, Wbch. I, 595. Zeitschr. III, 320. IV, 65. 101,7).

Die A'tt, Aitt, A'ttn, A'dn, A''n die Ege; (s. egen, egida; cf. niederd. eide, Brem. - niers. Wbch. V, 362). „Zwölf Roß im Pflueg, sechs in der Arn," Hübn. salzb. L. p. 688.

Die Âtter, Âttern (A'də', A'də'n), die Otter oder Natter; überhaupt jede Schlange; (Grimm, Wbch. I, 595). „Es währte nicht lange, so sah er 'vom nahen Berg große Adern hervorkommen und sich in den Teich begeben (wo eine Brut von Gold-Nörflingen war). Sie streckten sich erst nach der Länge aus, und zogen sich dann in einen Zirkel zusammen, in dessen innerm Umkreis der Laich gefangen war," Westenrieder, Bschrbg. des Würm-See, v. 1784, p. 117. Figürl. von Personen: ə' Schus-A'də'n, eine unbesonnene, ə' Gift-A'də'l, eine zornmüthige Person, besonders des andern Geschlechts. Vrgl. Âder.

'Atterminz, (ä. Sp.) die Dinte (aus lat. atramentum umgebildet; mhd. atriment, BM. I, 66 Diefenb. 57^{c}.)' „Attramento, attarminze", Clm. 4606, f. 137. cf. ibid. 138: attramentarium, tinctihorn; f. 153: atramentum, tinctun; s. unten: die Tinken.

'Ättel, Ättl, Kloster bei Wasserburg (ahd. Attula; Förstem. II, 704).' „Iz sanch ein munich von Etle da ze Wazzerburch," Cgm. 19, f. 75.

Der Attich (Adəch, Arch), (Alp.) wie hchd. sambucus ebulus L. (ahd. atah, atuh, mhd. atech, atich. Graff I, 153. BM. I, 66. Grimm, Wbch. I, 595. Zeitschr. IV, 164). Die Adəchsälzn, Archsälsn, Art Latwerge von Attichbeeren, die auch unter dem Namen 127
Windlatwerge als harn- und windtreibende Arzney auswärts verkauft wird.

Das Aiter (Aətə'), der Eiter, pus; (ahd. eitar, mhd. eiter, ntr. Graff I, 158. BM. I, 428. Grimm, Gesch. d. d. Spr. 857. Wbch. III, 391. Ztschr. VI, 60. cf. Zend âtars, Feuer, sskr. âçira, pers. âtash u. âzer. Gött. gel. Anz. 1835, p. 1058. 1120. Aitermäßig, adj., (Allgäu) bitter; sehr empfindlich. In der ahd. und mhd. Sp. wurde eittar, eitar nicht blos für pus, sanies (gl. a. 577. i. 59. Otfr. III, 1,16), sondern noch öfter für virus, venenum (Isid. 9,33. Otfr. II, 12,65. gl. a. 159. 492. 536. 547 ꝛc.) gebraucht; (isl. eitr, angels. âttor, venenum, ættren, venenosus, cf. wintrus und hlutrs). „Alle die vergift und allez daz eiter, daz in dem slangen was", Br. Berthold 153,7. (Kling 51). „Swaz gewurmes aiter trûc", Tungdalus 42,25; eitrige wurm, das. 43,2. „Würd ich geschozzen in ein hant mit eim geiterten phîl, zehant sult ir wizzen, daz ich wolde, ob ich wesse, daz daz eiter solde, als dicke geschiht, zem herzen komen, daz mir diu hant hin würde genomen," d. welsche Gast 12523 ff. „Daz dir dehein eiter schad, nim geizin milch, versiut diu mit hanfe und trinch daz vastende," Clm. 4595, f. 39. „So dich ain slang peizz oder ain spinn oder was aytter hab", Ind. 344, f. 21. „So den menschen ain nater peist, der nym . . . . so geswirt das aiter (hier wol noch „Gift") von im und wirt gesunt", Cgm. 4543, f. 120. „Etwas aitrigs", Giftiges, Clm. 25072, f. 305. Wernh. Maria 215. Es mag zum alten eitan (brennen; Notk. 59,10. 65,12. Graff I, 152) gehören; (Castelli, Wbch. 211: ǫat·n, at·n, ait·n, heiß machen, wärmen, feuern). „Die vrou sprach: ez ist viur darinne (in meinem Mund); er sprach: vrou, so eitet mir daz ei", v. d. Hagen, Ges. Abent. LXIII, 181. „Der heffner, der hefen kan bereiten, das er sie nicht brinnen darf und eiten", Cgm. 713, f. 11. 185. „Die haffner aytent die häfen, das sie tûnd snellen und auch spalten und zerfellen" . . . Die ziegler tûnt den laim nit gnug beraiten, noch den ofen und die ziegel ayten, wenne man damit sol decken, so tûnd si snellen und zerschrecken", des Teufels Segi, Ms. v. 1449 (Barack p. 353 f., V. 11149 ff.) Grimm, RA. 509. „Diu sel durcheittet vnd enzundet", Cgm. 89, f. 13. Einin ouin erinin den hizzer dri tagi ebbin", Diemer, Ged. des XI. und XII. Jhh., Anm. 47 zu 118,13. „Deus cujus ignis est in Syon et caminus in Jerusalem, Got der ist der aytouen zu Jerusalem und daz fürlin in Syon", Monac. Francisc. 275, f. 174 und 274, f. 22. „Von den drin kinden in dem eite oven", Diut. II, 144. „Do der künech Nabuchodonosor den aitoven hiez sine Diener aiten", Griesh. Pred. I, 138. „Fornax, aitouen", Clm. 4350 (XIV. sec.), f. 2. eyt offen, caminus, Voc. Melber. Vgl. Graff I, 176. BM. II, 455. Grimm, Wbch. III, 393. Diefenb. 243^{c}. Der Aitstein, Bernstein, Gagat. „Gagates haizet ain aitstain oder prennstein", Konr. v. Megenberg p. 447,10. Vrgl. ahd. agatstein, agistein, mhd. agetstein, agestein, agtstein, Bernstein und Magnet. Graff VI, 687. BM. II, II, 613. Grimm, Wbch. I, 190 und III, 393. Diefenb. 17^{a}. 86^{b}. 197^{c}. 255^{b}. 343^{b}. 503^{c}. Wackernagel in Haupt's Zeitschr. IX, 566,213. Der Aiter-Batzen (Aətə'-Batzn), (ost. Gebirg) die Stachelbeere, ribes uva crispa, (Gastein). 'Die Aiter-Nessel, Brennessel; Grimm, Wbch. III, 393. Zeitschr. II, 318,4. Vgl. mhd. heiternezzel; BM. II, 332.'

Das Auter, Euter, das Euter, (ahd. ûtar, ntr., und utaro, msc., mhd. ûter, iuter, msc., Graff I, 158. III, 107. BM. III, 195. Grimm, Wbch. I, 1044. III, 1197. Zeitschr. VI, 24). Gl. i. 785: ûtrin, ubere. „in ûderbalge, in utre", Notk. 32,7. „utter, mamma", Voc. Melber. Die Nymphen „seugten das kind aus jhrem brusteuter"; H. Sachs 1612: I, 315. Diefenb. 608ª.

-et, als Endsylbe, sieh Gramm. 1032 und -eit.

ét statt icht; ét, n·ét statt nicht; sieh icht. Zeitschr. I, 292,7. II, 340. Es kann die Frage seyn, ob in den folgenden Composita das et ebenfalls aus icht entstanden sey, und wie es mit dem alten eddes-, ethes- (in eddesuuaz, eddeslih, eddesuuelih, eddes mihil, Kero. gl. a. 106. 146. 128. 204. i. 64. 509 ꝛc.), das ein Genitiv seyn mag, da sich auch eti, ette, edda (etilih, ettemihil, ettiuuenne, eddamihil, gl. i. 421. 441. 460. 707. 861) findet, zusammenhange. Vgl. mhd. etes-, ete-, et-. Grimm III, 57—61. Graff I, 145. BM. I, 448 f. Grimm, Wbch. III, 1178. Zeitschr. II, 189,2. VI, 158. Daneben erscheint ein mhd. eht, et, auch oht, ot (vgl. ahd. echert. Graff I, 135. BM. I, 412): 1) als Adv. im Sinne von blos, nur, eben, doch; Gudr. 957,4. 993,3. 1031,4. 1462,4. Grimm, Reinh. 298,215 f. Diut. III, 110. „Wilt du ett nur dein leben behaben", Cgm. 54, f. 81ᵇ. „Ob ich mîn senden ougen von der vil schœnen kêre, sô sehen et dar herze und sinne tougen", Labr., Cod. Pal. A. 69. „Dîn hôhe red versmâhet mir, ed ich hinnan scheide von dir, du muost dich gar verkêren", Eggen Liet (Laßberg) CLXIX. „Gott der fersmâhot nie kainen sunder, der et wider ist gekeret" (vielleicht das alte it, rursus?), Griesh. Pred. II, 81. „Der ott icht gnaud haut", Cgm. 480, f. 18ᵇ. 69ᵇ. 2) als Conjunction: wenn nur. „Et ich heizze der herre, ich ni ger sîn nieht mêre", Diut. III, 99. „Ez ist laider vil liute, die sprechent, daz et wir hie möchten hin komen, wier kœmen dort och etwen hin", Griesh. Pred. I, 47. — Ein mhd. et für als, quam, nach Comparativen findet J. Grimm (Brief v. 16. Dec. 1844) in Grieshaber's altd. Predigten auffallend. (Vgl. mhd. end, isl. adr, prius, Grimm III, 594; oder: weder, 'eder, e'r? auch dän. end, schwed. än: 1) als; guld er bedre end sölv; 2) nur noch; 3) wenn auch. Am Ende ist es unser und (ende), quam; s. oben Sp. 104). Griesh. Pred. I, p. 20: „vil grülicher et ie chain slange wurde"; p. 21: vil me et die scham"; p. 35: „an dem siumzegosten tage mê et an ainem ander tage, me et an dem vierzegosten tage"; p. 47: „daz ist in vil lieber . . . andâht diu solte in vil lieber sîn et silber alder golt"; p. 50: „also fröwet sich och allez himelsch hêr in dem himel vil mê, swenne sich ain sünder becheret von sinen sünden, et ez sich fröwe niun und niunzech rehter die kainer becherde bedurfen"; p. 52: „daz ich ainen andern wech var et ich her sî gevarn"; ebenso: p. 59. 71. 72. 77. 92. 99. 103. 105. 106. 107. 111. 121. 124. 147. 154. II, 11. 14. 44. 96. Vgl. dagegen: „kain got ist mêr in dirre welt wan (außer) der got von israhel", das. I, 103.

et-ie (ədiə, əndiə, ᴗ-), et-ie-mâl (ədiəmàl, əndiəml), et-ie-weil (ədiəwál, əndiəwl ᴗ-ᴗ, auch blos diə-m), zuweilen, manchmal. Zeitschr. II, 556,37. III, 175, IV, 2. Et ie mal, et ie weil ainer, e, eß (ədiəmàl, ədiəwál aənə', é, aə˜s), hie und da einer, e, s. (s. ie).

etwâ, etwô (éppə, éppət), irgend, irgendwo, (mhd. eteswâ, etwâ. BM. III, 518. Grimm, Wbch. III, 1179. 1181. 1187). „Daz nieman weder bûwet noch sæwet, daz ie zu eteswâ nütze und guot ist", Br. Berth. 49,21 (Kling 114: ettewo). „Uspiam, etzwo", Clm. 5877 (XV. sec.), f. 151. éppəhi˜, irgendwohin.

etwann, etwenn, etswenn (éppə), mhd. eteswenne, etewenne. BM. III, 503. Grimm, Wbch. III, 1180. 1182: 1) irgend einmal, vielleicht. 2) (ä. Sp.) weiland, ehmals. „Gut, daz etswenn des alten Otten Vorntesch gewesen." „Der strenge und veste etwann Herr Hans v. Sch. Ritter", MB. XXV, 166. 292. „N. Gruber etwen Vicari zu Pörkirchen und itzo zugesell zu Lauff", Kr. Lhdl. VII, 212. „Herr Eberwein der etwenne desselben Spital caplan was", MB. XVIII, 55. 3) zuweilen, manchmal, (Feurb.). Etwanie (éppəniə, Iller), manchmal.

etwie, ä. Sp., (in der Composition mit einem folgenden Adjectiv) ziemlich, sehr, (mhd. eteswie, etewie. BM. III, 573. Grimm, Wbch. III, 1180. 1187). „Item es waren ettwevil Trumetter, paugker vnd pfeiffer allda", Wstr. Beitr. II, 135, ad 1475. „Auch ettwevil Hüvscher wolgeziertter frawen vnd Jungkfrawen, ibid. p. 136. Es warn auch ettwevil wappmer geordnentt vnd gestelltt bey allen kirchturenn, ibid. p. 141. „Und der ritter sant er ettwievil wider die feind", Cgm. 54, f. 86ᵇ. „Die da underwîlen ertrucknent vnd uber etwielang wider naß werden", Cgm. 4902 (v. 1492), f. 8. „Ez habent auch unser Forstmaister etwivil Bodrung hintz in gehabt", MB. III, p. 208, ad 1351. „Etwevill genadt und freiheit," MB. XVIII, 376. „Es sein auch der Leut ains Tails, die in also gefangen haben, des Wegs ettwever als bis gen Ottmaring gefurt worden," MB. IX, p. 286, ad 1456. „Als etwie lang Zeite Stöße gewesen sind . . . und wir etwieofte Schäden genommen . . .", Urk. v. 1441. „Haben Ewr. Lieb ettweoft geschriben", Lori, MzR. I, 52, ad 1458. Heutzutage hört man mit derselben Anwendung: əswiə, ᴗ ´, (entweder v. als wie, oder gar noch vom alten eddeswie): əswiə vįl, əswiə lang ꝛc.

etwem, etwen (éppən, éppet·n), irgend jemanden.

etwer, etwaß (éppər, éppə', éppəs, épps), irgend wer, irgend was, jemand, etwas, (mhd. eteswer, etewer; eteswaz, etewaz. BM. III, 567. Grimm, Wbch. III, 1179. 1180. 1185. 1187. Zeitschr. III, 399,59. IV, 322. Hàt dər éppən éppər éppət éppəs 'tà˜, gleichsam: hat dir etwan etwer etwo etwas gethan.

Etland, Ötland. „Friburg in Ötland . . . Friburg in Öttland" in Hartmann Schedel's Ms., Clm. 951 f. 222. „Friburgi *Oetlandié*" (1437), Cod. Aug. eccl. 57, f. 295 304. (Erst später Uecht land? cf. Meichsen, Wuechste, Roucht·n = Meissen, Wüeste, Ruete). Vgl. Ettal (Benediktinerkloster in Oberbayern).

„Ettich, Schwindsucht, tabes, phtisis," Prompt v. 1618, die Hektik. Die schweinend Ettich, febris hectica", Nomencl. 1629, p. 211. „Ich wen, er sei vor ethica behût", Cgm. 379, f. 60 und 270, f. 99. „Der den (deu?) etiken hat", Cgm. 592, f. 45ª. „Abdöuwen, nâch verwesen der etica gelîche bin ich vil dicke gewesen", Labr. 471 (p. 117). Vrgl. Grimm, Wbch. III, 1174: Etkum und I, 595. Oefter hört man étti' als Adject. Er, sie ist étti'.

Der, das Etter (E'ttə' E'də'), der (durchflochtene) Zaun, (angelsächs. edor, altſ. eder, ahd. etar, mhd. eter; agſ. eodor, eodur, isl. iadar, schwed. jäder, ora, margo, limes. Grimm I³, 450. 509. Graff I, 144. 157. BM. I, 449. Grimm, Wbch. III, 1180. I, 595. Zeitschr. IV, 202. 406,2. VI, 213. 400. Castelli 119: der Eda, eingeschlossener Raum). (Iderzon, Edict. Rotharis Tit. 101, § 42). „Herren gunst und abrillen weter, frauwen gemüte und rosen eter, würfel, ros und vederspil trigent ofte, wer ez merken wil", Renner 12474. Die Etter-Gerten, Etter-Rueten, Etter-Wid, Gerte, Ruthe, Wiede, zum Flechten eines Zaunes dienlich. „Superiore vero virga (quam) etorcartea vocamus qui sepis continet firmitatem"; Leg. Baiuu. Tit. X, cap. XVII. Die gl. i. 684 geben das cambortas der Legg. Ripuar. tit. XLV. durch etar. Die Etter (plur.), die Zäune um einen Hof oder um ein Compler von Höfen, d. h. um eine Ortschaft. „Unser aigen Behausung wie unnd die mit ötern und ganzer Hofraid eingefangen ist;" MB. XVII, ad 1525. In König Otten großer Handfest v. 1311, worin den (damaligen) Ständen die Freihait (das Privilegium) der

niedern Gerichtsbarkeit auf ihren Gütern ertheilt wird, ist zwar keine Rede von den Ettern als der Marke oder Grenze dieser Gerichtsbarkeit. „Wir wollen“, heißt es, „daß jeder Herre selber über sein Pawr und seiner Leut gut richte, die er mit Thür und Thor hat beschlossen.“ Später findet man solche Gerichtsbezirke oder Hof-Marken durch die Bestimmung: „in den Ettern“, „innerhalb der Etter“ näher umschrieben. MB. II, 99, ad 1400. VII, 301, ad 1476. X, 201, ad 1485. 206, ad 1498. XXIII, 150, ad 1347 und 227 ad 1378 in Schwaben. „In den zwaien Markhten und Ättern Sonthofen und Oberſdorf“, . . „yeder einwoner der vorbestimpten Märkten und Ättern“ . . . „etliche stifftlewt die im Ätter zu Sulzberg gefrevelt“; der Herrschafft und Tigews Röttenperg Ordnungen, Ms. (1529—36). „In dem marckt und ettern“ . . . „in dem closter und ettern“ . . . „wer herein fleucht in des gotzhaus tor und ettern“ . . . „Wer in den toren und ettern des gotzhaus ſydelhaft sitzet“; Heidenheimer Ehehaft, im Salbuch v. 1400, f. 76. 77. 79. „Susanna Prennerin wirdet (17. April 1644 vom Rath zu Augsburg) der statt und Etter verwisen“, Cgm. 4905, p. 710. 711. „Dem (der) N. N. wurden (wurde) der Statt Etter und Oberhausen verwisen“; das. p. 130. 140. 149. „In der Stadt und derselben Otter die Ratzen ab den Bäumen thun“; das. 523. A⁰. 1460 wird geklagt, daß viele Hofmarksbesitzer sich erlauben, die Gerichtsbarkeit auch außerhalb der Etter ihrer Hofmarken auszuüben, und 1471, daß sie über Grund und Boden richten, der außerhalb der Ettern liegend zu den Gütern, so in den Ettern liegen, gehört; Kr. Lhdl. II, 216. VII, 558. Man scheint also wenigstens von Seite der Landes-Regierung diese Etterbegrenzung im strengsten Sinne genommen zu haben — bis endlich A⁰. 1506 der Landesfürst „aus sondern Gnaden“ sich dahin erklärte, daß „die Hofmarch mit ihrem Hofmarchzirkel reichen und sich strecken solle auf alles, so in den Ettern derselben liegt, und außerhalb solcher Ettern auf alle Äcker und Wiesen, die mit Grund und Boden zu den Gütern in der Hofmarch liegend, gehörig sind“; Kr. Lhdl. XVI, 18. 113. Erclärt. Landsfreihait, 2. Th. 1. Art. Doch erscheinen noch am Landtag v. 1605 die Adelichen mit der Klage, „daß etliche
29 Landrichter die gefangenen Malefiz-Personen von ihnen nicht mehr auf dem March solcher Irer hofmarchlichen Gründt annemmen, sondern präcise an den Ettern haben wollen.“ „Noval- und Etterzehend“ (Würtemb. 1680), Cgm. 1003, f. 42 (?). ettern, vrb., flechten, zäunen. ə˜ *g'ëttətə* Zau˜. „Hofmarch auf dem Dorf (Polling) wie das yetzt umbzeunt und eingeethert ist“; MB. X, 206.

Das -eit, -at, -et, -it, -git, zum Theil veraltete, beide Geschlechter zusammenfassende Endung an einigen Verwandtschaftsnamen. Das Anat, plur. die Anat oder Anater, die Ahnen; Hund, St.B. Vorrede, I, 168. 310. 353 ꝛc. s. An; das Geschwistret, Geschwistert, Geschwistergit, ä. Sp. Geswistreit, Geswestrid; MB. I, 38; gl. a. 756: geschwistergot, cotturini. ä. Sp. das Gevatreit, s. Gevater; ä. Sp. das Götteit, s. Gott (Pathe); ä. Sp. das Jungeit, s. jung; ä. Sp. das Zwinleit, s. zwin. cf. Mannet, Weibet. Grimm II, 248: gimachid, und unten Th. II: machen; auch goth. fadrein, gumein, Grimm I, 611. II, 176. 404.

eitel, adj. und adv., 1) wie hchd., (ahd. îtal, mhd. îtel. Graff I, 153. BM. I, 758. Grimm, Wbch. III, 383). „In den itilin (leeren) ougistirnin“, Annolied 48. „Biaginent in andere ameizen, si nement in des chornes nieht, doch si îtal (unbeladen) gên“, Diut. III, 33. „Die selben heizent meide îtelmecherinne, wan sie machent manigez îtel aller der liebe . .“, Br. Berth. 337,21. 2) adv., nur, blos, mere. „Auß eytel gnaden des Keisers . . .“ „Sein jetzt alda eitel ungelehrte Schotten gewesen, die gar nichts gekündt haben“, Avent. Chr. „Nichts dann eitel Frommkeit“, Kr. Lhdl. II, 85. Dem Herzog Stephan von Ingolstadt schenkt 1400 Herzog von Orlienz zu Paris „ein eitel guldein napf und ein eitel guldein mischkännichen“, Eberhard Windeck, Cgm. 1006, f. 9. Mencken I, 1082. Zeitschr. II, 85,32. V, 220.

sich eiteln (ei'ln), auf etwas, nach etwas, besonders nach guten Leckerbissen oder Lieblingsspeisen große Begierde äußern, (Baur). Hàt si' umesüst so *g'ei'lt*, hàt kaə˜ Gräusə-l nét kriəgt. Vergl. schwed. Id (Fleiß), idka (sich bestreben), idog (fleißig) und emßig.

eitelig, italig (?). „Umb fünftzig eitelig niw ungarisch gulden“, MB. XXII, 371, ad 1399. „Fünf phunt eitler guter und gæber Haller“ . . . „Acht gut und geb yteliger haller“, MB. XXIII, 236. 250, ad 1380. Regensburg wurde A⁰. 1386 bey dem Städtebund auf 394 lb 16 ß italiger Haller (welche 343 ungar. Gulden, 6 ß Haller ausmachten) angeschlagen; Gem. Reg. Chron. II. „Gibt von einer mülin eytelliger haller iij lb. macht xij ß münch.“, ad 1499, Cgm. 154, f. 18ª. Dabey an ein griechisches ἴτηλος (gäng, gangbar) zu denken, geht wol nicht an.

eitel, auch eilig, werden Einem die Zähne von saurem Obst, (Franken). Zeitschr. V, 473. VI, 175. Grimm, Wbch. II, 108: eilen, dolere; 110: eilig.

Das Euter, s. Auter. Zeitschr. VI, 24.

Der Euterer, Euter. „Auch den Weinkiesern, Viesierern, Eichern, Unterkauffern, Eutern, Bindern, Besehern der Weine und andern, so mit Wein und Fassen zu handeln haben“, Wagenseil, de civitat. Norimb. p. 119. „Es ist verlassen und den Eytterern beuolhen, wo sy zu Wetzendorff und jn anndern Nurmbergischen dörffern schedliche Weingemecht, so man schmir nennt, finden, sollen sie die herein füren, offenlich ausschütten“ . . . . (1504); „Item auff absterben Hannsen Smidmers ist Iorig Hofman zu einem Eutterer vnd weinversucher ertailt“ . . .; „zu einem weinversucher oder Ewterer.“ „Es ist auß gutten beweglichen vrsachen ertailt und bevolhen, das man durch die geschwornen weinversucher, so man Euterer nennt, allenthalben hin in den kelern vnd auch auff dem land auff den Nurmbergischen güttern nach gemecht die Schmir genannt suchen lassen soll.“ Nürnberger Rathsbücher v. 15. Jahrh. (Rektor Dr. Lochner.)

„euterisch“ (Nordfrank., Reinw.), schüchtern, blöde.

it-, alte Vorsylbe, die dem lat. re- entspricht, (goth. id-, ahd. it-. Grimm II, 758. Mythol.¹ 476. Graff I, 148. BM. I, 758). Davon haben wir nur noch: itkeuen und it-rucken (i'kuiə, itruckə˜), wiederkäuen. (Gl. a. 18. 107. 150. 678. 816. i. 108. 200: itaruchan, ituruchan, itruchan, ruminare; Willeram 7,9. Graff II, 435. Zeitschr. VI, 158. s. Th. III: rucken und Th. I: drucken). „itterichen, ruminare“, Voc. Melber. Vrgl. holl. edericken, huericken, flam. ericken. Die a. Sp. hatte mehrere Composita mit it: ahd. itlonon, remunerare; itniuuuon, renovare; itperan, wiedergebären; ituuizzon, reprobare, ꝛc.; mhd. iteniuwe, adj., wieder neu, ganz neu (Graff II, 1113. BM. III, 390). „Alse ie einer einen iteniuwen funt vindet“, Br. Berthold 396,34 (Kling 294). „Ita mirabile et inconsuetum, so seltsein und so itnew“, Clm. 4755 (XIV. sec.), f. 148. iteniuwen, vrb. . „Er iteniuwet ist“, renovatus est, Cgm. 17, f. 62ª. cf. anderwaiden. Der und daz itewîz, Vorwurf, Tadel (Graff I, 1119. BM. III, 784). „Daz itewîz, opprobrum“, Cgm. 17, f. 24ᵇ. Ps. 14,3. „Von spote und von itewîze“, Br. Berthold 106 (Kl.). „Deambulacra, itkenge (?) vel langarun“, Clm. 4606 (XI. sec.), f. 113. Daz itwâge, Fluth. „Der (qui) himele hât besezzen, gewegen und gemezzen abgrunde und itwâge“ (:sage), Kindh. Jesu 79,10.

it, et, nicht; s. icht. Zeitschr. V, 397. VI, 118,6.

italig, sieh eitel, eitelig.

Item, diese lateinische Continuations-Partikel war in der ältern Geschäftssprache sehr beliebt, den Anfang eines neuen Satzes, eines neuen Artikels zu bezeichnen. Nomen quod appellant articulum aut vulgo ein Item, Voc.

v. 1618. Vrgl. span. un otrosí. Zeitschr. VI, 408,27. So pflegte in manchem Urbarbuche jedes Urbarstück mit vorangehendem Item aufgeführt zu stehen. „Daß der Kastner jeden Urbarsmann auch seine Gilt an Geld und Getraid, dergleichen alle andern Gefäll von Item zu Item
130 eigentlich beschreibe“, Kr. Lhl. XVIII, 332. Daher findet man oft ein solches einzelnes Urbarstück selbst ein Item genannt. „Die Bauerngüter enthalten wieder mehrere Iteme, welche verschiedenen Grundherrschaften unterworfen sind, deswegen sieht man so viele Zäune, wodurch die Iteme abgesondert werden“, (Hübner). Im salzb. Pangau ist ein Item absonderlich ein durch Kauf, Erbschaft ꝛc. einem größern Bauerngute einverleibtes Stück (Feld, Wald, Haus, Alpe ꝛc.). Vrgl. Zeitschr. V, 72,88.

ot, Partikel, 1) freilich, nur, halt; nun einmal ꝛc. 2) aber (nach der deutschen Wiener Glosse otan über dem goth. uththan = uh-than, diesem goth. Worte entsprechend: was uh than = was ot; Jac. Grimm, Wiener Jahrb. 1828, Nr. 43, p. 11. 42. Gramm. III, 287. Sieh dagegen oben et und vrgl. BM. I, 412. 72. Zeitschr. III, 329. V, 223). „Sie enruochet waz der wirt nimt, daz ot sie genuoc habe“, S. Helbling I, 1244. „Des wis ot stæt gewarnet“, Labr. 1; cf. 77. 211. 395. 554 f. „Vone einem oet (Holzm. ort) dem gewegede, de sola tantum venia“; Cgm. 17, f. 146^{a}, oratio III. ad psalm. C. (Graff p. 463). „Contra hoc signum nullum stet periculum so er ott etwas widerzäms oder graussams höret“, San-Zenon. 115, f. 252^{b}. „Das hilft dir nicht, du tust ott als Judas“, Br. Berthold, Cgm. 1119, f. 64^{a}. „Sol ot er behalden werden, so wirt ot er behalden“, das. 65^{a}. „Ir tiefel, ot damit, ot damit!“ (weg damit, nehmt ihn fort?) ebendas. f. 57^{b}. 58^{a} auf Verschiedenes, was falsche Fromme vorzunehmen versprechen. „Es ist ot wider die naturleich naigum, im den tod selbs aufthuen“, Cgm. 632, f. 39. „Ayer in der vasten smeckent ot pas dan ein geolte suppen“, das. f. 38. cf. f. 51.

Der Otter, (Adelung) die Otter, lutra L. (ahd. ottar, mhd. otter. Graff I, 157. BM. II, 449. Diefenb. 340^{bc}. Zeitschr. V, 169,157. VI, 428,11). Die Otterhauben, Mütze der vermöglichern Weibspersonen auf dem Lande mit einer breiten Verbrämung von einem Otterbalge. Otterstecher. „6 Pfd. 20 pf. zweien Otternstechern, so den 1ten und 2ten August das Wasser allhier besuchet, aber wegen der Tiefe, und weilen die Aisch ungeräumt, nichts ausrichten können, jedem des Tages, vermöge ihres Patents, 6 Batzen“ (aus d. J. 1642), Haas, Gesch. v. Höchstadt, 306 f.

„Der Otta, der Thorweg; wend. utta, die Schuppe, wo der Bauer seine Wagen einstellt“, Castelli, Wbch. 213.

„uter-winzig“, (Nürnb., Häsl.) sehr klein. cf. Chytr. nomenclat. sax. col. 238: uterfihn, sehr fein. (Also ein niederdeutscher Fremdling für äußerst? On tha utteran thystru, (angelsächs.) in die äußerste Finsterniß, Matth. 25,30). Vrgl. allenfalls auch ungetan, un'tan und oben Sp. 104: under neu.

„Der Uttenschwalb ist ein seltzamer Vogel, in diesem Land find man zu zeiten umb die Tonaw, in eins Raigers grösse, rot Füß und Schnabel, auch ein roten Fleck an der Brust, sonst schwarz ꝛc.“ Hund, Stammb. II, 132. Vrgl. Haupt's altd. Blätter II, 212: „otinswaluwe, fulica.“ Grimm, Mythol.² p. 145.

Utental. „All die weil da wert der schall (das Gerede der Frauen), da geleicht es sich dem Utental“, (Anspielung auf Nithart?), Cgm. 270, f. 97^{b} u. 379, f. 58.

Der Utenthurm in Speier. „Kürschnerthurm olim Udenthurm“; „by hern Uten turn“, 1361 (!!??), Zeuß, d. fr. Reichsstadt Speier, p. 7.

ätsch! (Schwab., Frank.), ironische Interjection, die fehlgeschlagene Erwartung eines Andern auszudrücken, mit oder ohne Rüebleinschaben, d. i. Hinstreichen des einen Zeigefingers über den andern. Vrgl. Grimm, Wbch. I, 595. III, 1178.

Die Etsch, der bekannte Fluß, (Etise, gl. o. 252. Graff I, 158. Grimm, Wbch. III, 1178). In die Etsch, an die Etsch, ins Etschland; Lori, Lechrain f. 368. 370. „(Raitenbucher) Gwalt (Vollmacht) auf das Landt dj Etsch.“ .. „Furderung (Empfehlung) auf das Landt dj Etsch.“ .. „Wir schicken weiser des brieffs N.N. hin ein an die Etsch von wegen unser wein und gult ze vessigen“, Raitenb. 166, f. 143. 150. „Die Etscher da wachset guter traminer, pasanner, kindlauner, den fürt man ver in främde land und geit in umb gut gulden“, Cgm. 521, f. 149^{b}.

Etsch-Wägen, (Werdenfels) schwere Wagen, auf welchen vor Alters die Weine aus dem Etschland (Etsch-Weine) herausgeführt wurden. Der Etschgrosch gilt A⁰. 1487 in B. 18 dn., der Etschkreuzer 3 dn.; Kr. Lhdl. VIII, 511.

Der Etscher, Flurschütz (wol aus Eschhai entstellt; s. oben Sp. 167: der Esch und vrgl. BM. I, 649. Grimm, Wbch. III, 1142). „Etscher oder Holzhai zu Rosenheim“, (1560) Cbmkl. 359, p. 166. Das Etscheramt.

„Eitsch, (Wien) Stachelbeere.“ Vrgl. oben Aiterbatzen (Höfer I, 16).

(Vrgl. Ab. eb. ꝛc. und Af. ef. ꝛc.)

avanti, adv., weg, fort; engl. avaunt. Avanti machen oder nemen, Reißaus nehmen. s. abanti und Habaus. „Gieng nichts zusammen, als der heil. Geist noch bey uns war, wie wirds jetzt mit den weisen Magistratsschlüssen aussehen, da der heil. Geist avanti ist?“ A. Buchers s. W. IV, 114.

Êv (Êf, OPf. èif, Schwab. èif), Eva.

Das Evangeli, Evangeling, (gemeine Spr.) Evangelium. (Graff I, 177. BM. I. 450. Grimm, Wbch. III, 1199). „Nota. Differentia est inter *Ewangelium* et *Euwangelium* quia *ewangelium* dicitur *bonus* nuncius seu bona nuntiatio, sed *Euwangelium* dicitur quasi *malus* nuncius seu mala nuntiatio.“ Monac. Francisc. 184, f. 130^{b}. Der Evangelier, ä. Sp., geistlicher Can- 131
didat mit der Würde des Diaconats, der bey der feyerlichen Messe das Evangelium lieset. (Grimm, a. a. O.) „Swo zwen Priester choment für ein weltliches gericht vnd wellent da einander ansprechen, ez sei ewangelier oder Letzner“ (Diaconus oder Subdiaconus), Rchtb. v. 1332. Wstr. Btr. VII, p. 189. „Von stund hat dy kunigin abgezogen ir gewandt und ain purpurklaid angelegtt als die ewangelier tragen“, v. Hochstetten, Hochzeit des Königs Matthias in Ungarn 1476. Westr. Btr. III, p. 124. „Diaconus, Ewengeliger; subdiaconus, Epistler“, Fürstenzell 44, f. 22. „Der sechst orden oder weich haist diaconatus so er wirt ewangeliær ... so er dy weich genymt, so mag er das ewangelij gelesen und gepredigen“, ZZ. 1809, f. 46. In den MB. (z. B. Tom. X, p. 59. 259) kommen unter den Zeugen nach den Priestern die Ewangelier und dann die Letzner ꝛc. (s. Epistler und Letzner).

'Die Uve, mhd., 1) das Zäpflein im Schlund (lat. uvula; s. oben Sp. 42: der Auf u. vrgl. BM. II, 451. III, 195);' 2) ein Übel an demselben. „Daz hailet die uven ... daz vertribet deu hangenden uven“, Cgm. 592, f. 7^{a}. „Swelher mensch die uven hat“ (soll sich gurgeln), das. 30^{b}. „Swem die uve tropfet“ ... „wider die uven“, das. 33^{ab}. „Die uven minder ze machen“, das. 39¹/₄.

(Zu vergleichen, nach Gramm. 686, die Reihe ohne schließenden Consonanten).

Der Awasel, s. Th. IV der Wechsel: Awechsel.

Die Äw, das Mutterschaf, s. Ä und Zeitschr. V, 218.

Die Âuw, s. Âu.

Die Êw, s. Ê.

êwig (opf. èiwi'), wie hchd. ewig (ahd. êwîc, mhd. êwic, êwec. Graff I, 507. BM. I, 451. Grimm, Wbch. III, 1200. Zeitschr. V, 183. 223). „Dé *ewigsté* Leng" s. unter bucken. „iwigs und ewigs", Stelzh. 118; vrgl. oben Sp. 97 *inni* und ewi'. ä. Sp. der êwig Gelt, heutzutag: das ewig Geld, der ewige Zins; s. Gelt. „Vier ewig guldin kauffen für achtzig guldin reinisch", MB. XXIII, 575, ad 1474, d. h. einen ewigen Zins von jährlichen 4 Gulden; s. Gulden. „N. N. tenetur 1 pfund wachs von ainem ewigen rinde ader vij libr. dn. dafür." . . „N. N. tenetur j ewige kû auf alles daz er hat j ℔ wachs oder vij libr. dn. das." (1440—1450), Aug. eccl. 211, f. 23. êwigen, ein für alle Mal, für ewige Zeiten stiften, einsetzen. Eine Meß ewigen, MB. XXV, 28. 70; einen priester dazu ewigen, ibid. 529. Eine Messe „bestäten und ewigen", Cgm. 3941, f. 19. Es kann dieses verb. êwigen in einigen Fällen auch vom alten diu êuua (lex) genommen seyn in der Bedeutung: gesetzlich machen, legitimare. „Mit dem rat aller ist diser satz gesetzt und geewigt", Regensp. Statuten v. 1306. Geebigt mit der E, (legitimiert durch nachfolgende Ehe), Rechtb. v. 1332. Wstr. Btr. VII, 113. s. die Ê (lex). Das Stammwort von ewig wird wol gleichfalls êuua gelautet haben; doch ist mir dieser Nominat. nicht vorgekommen. Häufig ist ahd. die Formel: in euuun, in euuon („iêmer in êuua", Notk. 9,6. 10,16 u. passim; mhd. in êwen, in die êwen, in êwe. „Des ist mîn sêle genern in êwe", Diut. III, 85. BM. I, 450), fon euuon unz in euuon, fone euuon ze euuon (Notk. 89,2. „Von êwen zu den êwen", Cgm. 101, f. 22. 30), fona euuin in euuin, in euuu, in euuidu, zi euuidon, Isid., Otfr., Tat. Noch in einem Nonnenbrevier des XV. Jahrhunderts: in ewen, von ewen zu ewen, amen. Kero hat unser Adject. euuik, Tatian euuin (indeclinabel, mhd. êwen, adv., BM. I, 451^{a}), Otfrid euuinig.

Die Eiwen, s. Sp. 16: die Eibe.

(Vrgl. Achs. echs. ꝛc.)

Das Aur (?). „Das Aur eines itlichen planeten zu finden", (die Achse? Vrgl. BM. I, 14. Grimm, Wbch. I, 1046. 163.); Cgm. 3799^{a}, f. 1.

Das Exempel, 1) wie hchd. (BM. I, 452. Grimm, Wbch. III, 1207). 2) (LR. v. 1616, f. 559) bildliche Darstellung (z. B. der Verwandtschaftsgrade mittels eines
132 Stammbaums). exempeln, (sich an etwas, Gem. Reg. Chr. IV, 140, ad 1508), ein Exempel nehmen.

extra, èxtrə, adv., 1) besonders, ganz besonders. Sie lasst dich *èxtrə* grüəssn. 2) absichtlich, mit Fleiß. Iəz thuə-n-I's *èxtrə*. extrig, adj.; ən *èxtrigə'*, en *èxtə'nə'*, en *extərə'*, ein besonderer ꝛc. cf. Stelzhamer's Liedchen (S. 88 der Ausgabe): „Und *extárá* nöt." Vrgl. Grimm, Wbch. III, 1208. Zeitschr. V, 223. VI, 330,391.

Excellenz soll in Bayern noch vor 60 Jahren von Bürgern und Bauern ihr Doctor (Arzt) betitelt worden seyn. (Rath Her.)

Yxəland, so nannte man ehmals in den gewöhnlichen Landschulen Bayerns den Buchstaben Ypsilon; in wetterauischen Landschulen das Ixlamm, (Weigand). Vrgl. oben Sp. 10: O=I.

oix, oix! ux, ux! uxi! Mit diesem Ruf wird den Kühen, Schafen u. drgl. gelockt.

Ay. ey. ꝛc. s. Aij. eij. ꝛc.

'-atz, -az, -azi, volksthümliche Umbildung der lat. Endungen -atio u. -atius.' Reformatz, Raitenb. 166, f. 139. Vor den drei A'zi: Pancrázi, Servázi, Bonifázi (12.—14. May), sind wir vor Frost nicht sicher. Um diese Zeit (meint Ermann, allgem. Zeitung 1840, Beil. Nr. 51) trifft die Sternschnuppen=Strömmung zwischen Sonne und Erde.

ätzen (átz'n), einen Menschen, ein Thier, ihm zu essen geben (goth. atjan, ahd. azjan, ezjan, mhd. atzen, etzen. Graff I, 527. BM. I, 760. Grimm, Wbch. I, 596. III, 1188. s. unten etzen): a) überhaupt; „Verdächtige Leute soll man nicht behausen, ätzen, noch tränken". ä. R.Sp.: Einen Gefangenen ätzen. b) es ihm unmittelbar in den Mund geben. „Er wölle versuchen, ob er allein essen möcht, weil man jhm sonsten wegen außgestandner Tortur ätzen muste", Alt. Otting. Historie. „Gott hat gesäugt die kewschen prüst seiner jungkfrewlichen muter und hat sich lassen äczen mit jrn hennden", Wstr. Btr. V, 60. Junge Vögel ätzen.

Die Ätzung (A'tzung), sehr oft Äztung, wirzb. Zentord. v. 1670, der Atzt, die Verköstung, die Kost, der Unterhalt an Nahrungsmitteln. „Damals (A^{0}. 1699) gab der vermöglichste Bürger zur Ätzung seines Studenten das Jahr nicht mehr als 25 Gulden." Nagel's Aug. Geiler. „Für die Atztung (eines Gefangenen gebührt dem Schergen) täglich 21 Pfenning", Land= und Polic.Ord. v. 1616. In Franken hat diesen Namen auch die Servitut des Lehenträgers, seinen Lehenherrn in gewissen Fällen zu verköstigen. Vrgl. Grimm, Wbch. I, 597: Atzung.

Der G'ätz (Gézz, opf.), 1) Art Muß oder Brey. Erdäpfel=G'ätz, Kartoffelmuß, (cf. G'æß). Sollte etwa der bekannte Ausdruck Ölgötz, womit träge, unselbständige Menschen betitelt werden, gleichfalls hieher gehören? (s. oben Sp. 62). 2) schlechte Überbleibsel (von Speisen), Kehricht. „Hàst mər nicks übə'lass'n àls ə˜ *Gáz*. (Baader.) Vrgl. das folgende Wort.

Das G'ätz (Gáz, U.L.), breyartige, weiche, schmierige Materie. 's Fleisch hàt si' zə-n-ə˜n hǫll'n *Gáz* zsam g'sodn. g'ätzig (gázi'), g'ätzicht (gázət), weich, schmierig, wie z. B. eine allzu teig gewordene Birne. Gätzen (gátzn), mit weichen, schmierigen Materien zu thun haben, 133
schmieren, klecksen. Die Gätzerey. Vrgl. auch das Bätz. Sollte dieses als B'ätz zu erklären seyn?

an=ætz, an=ætzig (à˜ázzi'), adj., begierig. S. an=äß, an=æßig, unter an und æß.

ur=ætz, ur=ætzig (uərəz), übersatt, Ekel empfindend; s. ur=æß. ur=ætzen (uərəz'n), aus Uebersättigung, aus Ueberfluß verwerfen; s. uräßen.

Die Ätzel (ázl), 1) die Elster; Buch d. W. 1482, f. 52. Atzel=âug, (Aschaff.) Hühnerauge. 2) die Assel; 3) partielle Perücke, verächtlich: Perücke überhaupt. Dön. 23. 94. 151: Atsel. Vrgl. BM. I, 67. Grimm, Wbch. I, 596.

atzeln, (Nordfrank.) vergebliches, läppisches Zeug vornehmen. Atzeln an etwas, es durch Spielerey verderben. Vrgl. Grimm, Wbch. I, 596.

Die Atze. „Fur di vilz leuse: Swer di atze oder di rauden habe." . . Fürstenf. 121, f. 172^{b}.

Atzing, s. Anzing (Jir.).

Der Atzmann, plur. die Atzmannen. „Zauberin die machent pild und atzman von wachs und henkent das in die luft" ꝛc. Dr. Hartlieb. „Den Atzman bei ainem feuer päen." s. Grimm, Mythol.^{1} p. LII. LXII. LXIII und 1045^{2} und vrgl. Wbch. I, 597.

etzen (étz'n) das Vieh, es weiden. („Die alte Sprache sagt vom Pferd und andern Thieren eßen, nicht freßen; dagegen vom Menschen bald eßen, bald freßen"; Grimm, RA. 401, Anm.). Das letzte Gras der Wiesen, das nemlich, welches nach dem Grumet wächst, dient gewöhnlich, das Vieh darauf zu etzen. Metonymisch sagt man auch: einen Platz etzen, abetzen, ihn zur Weide benutzen, abweiden. „Die Heuwschrecken ätzten ab das Feld und Wismat", Avent. Chron. „Das die unsern den Laubenberg nicht etzen sullen", MB. II, 44, ad 1385.

cf. Kr. Lhdl. XII, 112. Überetzen, durch sein weidendes Vieh fremden Boden angreifen. Die Strafen und Bußen, hierauf gesetzt, kommen in der ältern Sp. unter dem Namen der Etzwändel, Etzstrafen vor. veretzen, (Zir.) vom Auflösen des Salzes im Salzberg durch süßes Wasser.

etzeln, gelüsten. „Danne mich nach solchem Dinge („eingemachteu Pflaumlein u. Schwetschen") gar mächtig ezzelt", sagt die schwangere Cordula Gafronin; Koch, Denkw. d. Herzogin Dorothea Sibylla zu Liegnitz († 1625), Anhang p. 24.

Der Etz. „Waschung des weyers der Roß Etz in der undern Aw" (bey München; 1613), Cbm. 2224, f. 214.

Die Etz (E tz), (besonders im östl. Gbrg.; Zir. Bluəmétz), das Weiden des Viehes, der Weideplatz. „Die Zeit der Ätz", (B. v. Moll) Zeit, wann das letzte Gras abgemäht ist. „Man pflegt jeder Kuh vor dem Austrieb auf die Äze einen Büschel Heu zu reichen, um dadurch das Vollwerden zu vermeiden", v. Moll, naturhist. Br. II, 85. „Umb die Etz und vmb die Waid die wür haben gen dem Gersperg", MB. II, 44. Kr. Lhdl. IX, 21. s. Äßt.

etzen, g'etzen, ätzen; emaillieren, mit Schmelzfarben malen. „Die Harnisch, die da vergeezt und vergulbet seindt", Fwrb. v. 1591. Der Etz-Mäler, das Etzwerk. „Item Hannsen Weyer dem Etzmaler p. einen präsentierten gäzten Stain 4 fl." „Item Görg Carl Etzmalern p. Arbait und Etzwerk zu der neuen fürstl. Sänften 25 fl. 40." „Hiernach G. C. Etzmalern p. Arbait zu ainem Stammbuch 200 fl." Hofrechnung von 1587. Wstr. Btr. III, 99. 105. 100. „ötzen" und „frötzen" mit kaustischen Mitteln; Dr. Minderer p. 193.

-etzen, -itzen, verbale Bildungssylbe; s. Grimm II, 217 u. unten: -itzen.

ietz, ietzo, ietze (iəzzə, opf. êizzə, êizz), ietzet (iətzət; Kinderspr. iətzətlé, Baader. Zeitschr. V, 129,4. 140,13. 369. 517, II, 10. VI, 131,9. 271,2.), ietzunder (iətzundə), wie hchd. jetzt; zuweilen auch soviel als: dieser Tage. I hàb iəms *iətz* scho˜ əmàl gsagt, d. h. vor einigen Tagen. „Jetzet", MB. XX, 12, ad 1374; „yetzot", MB. XXIII, 503, ad 1456. Anmerk. Sollte unser Wort, dem englischen, angels. yet, git vergleichbar und etwa aus ie und dem alten az (adv. und praepos., dem englischen und angels. at, aet entsprechend, lat. ad, zu; vrgl. Graff I, 253. „Uuaren thar sume az, *ad*erant quidam"; Tat. 102) gebildet seyn? Es ist mir in den alten Monumenten nicht vorgekommen; nur mhd. iezuo, ieze (Grimm III, 120. 217. BM. III, 857). Labr. 281: iezuo. „Der ein weip siht ir zu begern, der hat yetzunt (= ie-ze-stunt?) die unkeuschait getan", (v. 1367), Clm. 528, f. 21. s. oben ie und Th. IV: zue. Vrgl. oberösterreich. hiatz, hiatzt, hiətzt'n. (Sollte ie, io, iu ein Instrumentalis seyn zum Pronomen der 3. Person: is . . it, und sodann dieses hiə- von his . . . hit?). „Də' Jágl kásweis wiə ə˜ Geist, der maə˜t, dás ə'n *hiətzt* und aft z'reißt." „Wàs d' *hiətzt'n* wirst sehə˜ und hör'n — də'kim nét", Kaltenbrunner, oberösterr. Jahrb. 1844, 220. 223. Kürsinger's Ober-Pinzgau 1841, S. 173—177.

iz (éz), (b. W.) ihr. (s. Gramm. 717 ff. und eß). 134
In der nördl. OPf. lautet dieses Wörtchen mit vorangesetztem, nach Gramm. 685. 722 von der 2. Person plur. der Verba genommenem End-t: tiz. Als Suffixum lautet es: ·z, und dieß selbst in einem Theile Altbayerns, a) nach Frag- und Relativ-Pronomina und Conjunctionen: das·z, dem·z, den·z, was·z, wenn·z, weil·z, wie·z, wo·z, (daß oder das ihr, dem ihr, den ihr, was ihr, wenn ihr, weil ihr, wie ihr, wo ihr wollet, habet, machet ꝛc.), b) nach Verben: habt·z, seit·z, wellt·z? habt ihr, seid ihr, wollt ihr? Daher die Verbalformen mit doppeltem, sowohl einfachem als affigiertem Pronomen: (b. W.) habt·z ez, opf. haut·z tiəz, wellt·z ez, opf. wellt·z tiəz? habt ihr, wollt ihr? (b. W.) ez habt·z, opf. tiəz hâut·z, ez wellt·z, opf. tiəz wellt·z, ihr habt, ihr wollt. „Seyt *ös . . .* seyts *ös es* (seid ihr's) . . . weil *ös* da sey*t*", Tiroler Kirchtag p. 38. 46. 55. „Welt ez dem steig nach reiten, daz tůt ez . . . so chum ich zu ewch hinnach" sagt der Kaiser Domitianus zu seinen Leuten (Gesta Romanor., cap. 103), Cgm. 54, f. 79. (Keller 1841, p. 156). „Welt es reitten dem steig nach, das tut es". . . Cgm. 414, f. 154b. (In der Gramm. 717. 722. 910. habe ich das suffigierte iz und eß zum Theil durch ts ausgedrückt. Ich glaube nun, das suffigierte iz wäre in allen Fällen besser durch z, das suffigierte eß durch s bezeichnet. Ich bleibe übrigens bei meiner (in Grimm's d. Gramm. I, 1050 berührten) Ansicht über die Entstehung der dialektischen 2. Person plur. ez habtz, tiz hâ'tz, oder eß habtß u. drgl. s. unten tiz.

-itzen (-ətzn), die Verbal-Ableitung, s. Gramm. 1069 und Grimm II, 217. H. Sachs 1560, V, 361: verthunizen, popizen (s. unten Bueb).

Die -iz, -izen, das -izlein, (östl. Alpen) Endung an einigen Thiernamen, das weibliche Geschlecht bezeichnend, die Kalb-iz, Kalbizen; die Lamb-iz, Lambizen. Etwa gar als it·s mit dem alten itis, idis (femina) zusammenhangend? (s. Eisen.) Vrgl. auch mhd. verse, juvenca, neben var, varre, juvencus, Diut. II, 220. 'BM. III, 236 f.; dagegen Grimm, Gesch. d. d. Spr. 32. Wbch. III, 1333.'

Die Itz, ein Fluß (bei Koburg); ahd. Idasa, Itasa, Itesa (= Idis-aha, Itis-aha, Frauenfluß). K. Roth, kl. Beitr. I, 130. 131. Graff I, 159. Förstem. III, 827. Der Itzgrund.

utzen Einen, (Frank., Rhein) ihn zum Besten haben, vexieren. (u'tzen, u-itzen? Kaum Notker's ûzôn, exterminare (äußern), Ps. 145,9. Graff I, 540. Nach Weigand, oberhess. Intell. Bl. 1847, Nr. 70 vom hebr. ûz, Einen drängen. Zeitschr. II, 552,25. Vrgl. auch: „Udalricum ob lepôrem vocaverunt *Uozonem*", Urk. a. d. 10. Jahrh. Eiselein, Sprichw. p. 614. Grimm III, 690.). Der, die Utz, Person, die gerne vexiert; auch Utzvogel, Utzbruder.

135

B.

(Wegen des alten orthographischen Schwankens zwischen B. und P. sind fortwährend die entsprechenden Reihen des darum unmittelbar nach diesem Buchstaben eingerückten Buchstaben P. zu vergleichen.)

Zweite oder Ba- 2c. Abtheilung,

d. i.

Wörter, deren Stammsylbe mit einem B, ohne einen unmittelbar darauf folgenden andern Consonanten, anfängt.

---

bæen (bá·n, bá˜·n, bánə˜), wie hchd. bähen; durch Dunst erwärmen (ahd. pâhan, pâhjan, mhd. bæhen, bæn. Graff III, 4. BM. I, 78. Grimm, Gesch. d. d. Spr. 651. Wbch. I, 1076). Brôdschnittlein bæen, (Schnidl bá·n). ə˜ *'bátė* Schnidl-Suppm, Suppe von gebähten Brodschnittchen. Die Augen bæen, sie, um auszuruhen, für einen Augenblick schließen und mit vorgehaltner Hand erwärmen. „Fovent, gebænt", Diut. II, 337. „Durch ezzen ne bedarf me (im Himmel) daz brot bachen noch baen", Clm. 9513, Vers 268. „Die glider been in warm gesotten kreutern", Cgm. 4535, f. 89. „Bâe das (leidende) haubt mit gaismilch", Clm. 5879, f. 205. „Die rauden herfur ziehen mit peen ob einem warmen wasser", Cgm. 601, f. 111^b. „Man sol die frawn payen umb ir schemd", Cgm. 592, f. 36^a. Den Maßgang bähen mit Kräutern; ... mit warmem Wein eine Wunde bähen; ... Bähung, fotus, fomentum; Dr. Minderer 1620, p. 152. 153. 191. 206. 207. „Und von einer semel ein abpacz schnydl", Cgm. 349, f. 118. „Also bedacht ich mir (am maßgang) ain bechung zu zuraiten lassen; also gab mir die beung ain leiberung", Hier. Harder v. Überkingen (1600), Cod. iconogr. 3, f. 171. (Henneberg.: bä-w-en, beben; gl. i. 440: kapait uuerden, foveantur. 1075. 1076: baunga, pavuizod, fotus).

bà-fixə˜ (´ – ◡), adj., spottweise gegen Menschen gebraucht, die man an Körper oder Geist für auffallend schwach und untüchtig hält; nichtswerth. O du Ká'l du *bàfixənə'!* bà-fichsə˜, von schlechtem Wuchs, mager; du bàfichsənə', bàfichsəne' (b. W., ObrM.). Anmerk. Ich führe die bloße Aussprache des Wortes an, da ich dessen eigentlichen Bestand nicht kenne; (bach-f., bad-f.?). Zu Baumfuchs, (hess.) Eichhorn, kann es (wie Vilmar meint) nicht gehören; es müßte sonst bá-fixə˜ heißen. v. Lang denkt an eine unbeweglich in die Erde gesteckte Pavese (Schild). Vrgl. „bou-fützig, läufig, v. Hunden und Weibern" (Dr. Kittel); cf. podpjega, geschiedene Ehefrau; Kopitar, Glag. Cloz. VIII und 80^a. Man vrgl. allenfalls Fex, Bach-Lienl, Bach-Simpel u. Fuchs (cf. Bierfuchs). 'Vilmar, hess. Idiot. p. 29.'

Bà-Lansch, talketer Kerl (ObrM.). cf. česk. pohancí, pohansky, heidnisch.

„Der Baudaxl, Bauxl, Spottname für einen kleinen, dicken Menschen", Castelli, Wbch. 77.

Baier, s. Baij-er.

bauen (bauə˜, bau˜, bau˜n), ä. Sp. bawen, bauwen, Supin. manchmal gebauen (goth. bauan, ahd. pûan, mhd. bûwen, biuwen, bouwen. Graff III, 13. 16. BM. I, 287. Grimm I^3, 194. Gesch. d. d. Spr. 312. Wbch. I, 1170), 1) bewohnen (a. Sp.), 2) besuchen, frequentieren (ä. Sp.), 3) bestellen (ein Feld), 4) bewirthschaften, exploitieren, 5) errichten, aufführen (ein Gebäude).

1) Das Ellend bauen, in exilio degere. Haus und Hof aufgeben und „das bittere Elend bauen", Cgm. 4906, f. 491. „Die Helle bauwen; daz Siech-haus bauwen", (alte Reimchron.) in der Hölle, im Krankenhause seyn. „Daz beide minne und haz ensamt bûwen ein vaz", Iwein 7030. „Schön antlütze und wol geschriben hant, gûte stimme pauwet ofte fremde lant", Renner 14988. „Ortwîn und Morunc die bûweten daz lant", Gudrun 873. „Ich wil daz künicrîche ze Normanîe bûwen", das. 1285. Vrgl. Grimm IV, 598. So das alte bûan, das man selten in andrer Bedeutung, als in der von bewohnen und wohnen findet. „Druhtin puit ufan himile" (der Herr wohnt im Himmel), Otfr. II, 19,20. Gl. a. 408: lantpuanter, inquilinus; 455: unpuantlih, inhabitabilis; o. 131: buunga, habitatio; buunge, habitationis; Cgm. 17, f. 41^b.

2) Einen Jahrmarkt bauen; um da feil zu haben. 136
„Da bey theils Städt und Märckten vor Alters gewisse Wochen- und Schneller-Märckt auch Traidt-Schrannen gewesen, aber seit den Kriegszeiten von denen Lands-Unterthanen nicht mehr gebauet werden: als sollen Burgermeister und Rath auf Wiederbauung und Besuchung der Jahr- und Wochenmärkt fleißig bedacht sein", Instruction für die bürgerlichen Obrigkeiten der Städte und Märkte v. 1748, §. 20. „Ich solt ein meß zu Leon bawen", H. Sachs 1612: III, III, 76. „Diejenigen, so frembde Länder bauwen wöllen oder söllen, die sprechen gern, Ich wil ein Feder auffblasen, wo dieselbig hinauß-fleucht, will ich nachfahren", Avent. Chr. 151. „Den, das Land hin und weder bauwenden, armen Leuten", LR. v. 1616, f. 752. „Alle die, die die Straß ze Rain pawnt oder varent", Lori, Lechrain 94. „Diu leithaus pawen" (die Wirthshäuser besuchen), Teichner. „Swer die ünde bûwet, der muoz mit ungemach genesen", Gudrun 287. Beim Labrer: bauen den walt 103, daz wazzer 434, eine vart (des Wildes) 25; die rifiere, Valkn. 89. „Wer also daz land wil bawen darf nit auf gute kleider schawen",

H. Sachs 1560: III, III, 28^b (1612: III, III, 56). „Wer seinem lieb missetrawt, der sorgen straß er alzeit pawt", Cgm. 714, f. 12.

3) bauen heißt insbesondere das letzte, oder das Pflügen zur Saat. „Daz er dem roß oder seinem vich czusingt, so er päwt oder eget", Monac. Francisc. 148, f. 40^b. Zuebauen, die Ackerbestellung vollenden. I hà' scho˜ *zuə'bau˜t* oder *və'bau˜t*. Anbauen einen Acker mit Waizen, Gerste, oder Waizen, Gerste an, auf einen Acker bauen, anbauen. Ausbauen; drey Metzen ausbauen und drey Scheffel einärnten. Erbauen, derbauen, a) durch Bauen erzielen, so und so vil Getraid erbauen; selbs erbauteß Getraid. b) anbauen. Erbaut, angebaut, Avent. Chron. 137. Erbwen und unerbwen, erbauen und unerbauen, d. h. Angebautes und Unangebautes; MB XXII, 472 et passim. Wol erbawen Feld, cultissimum rus, Prompt p. 1618. cf. kärnt. od-orati, abbauen, wegbauen, zu Schaden ackern; pod-orati, unterbauen, unterpflügen; ras-orati, abbauen; Jarnik p. 30.

4) Mein aigen Guet, mein aigener Hof ꝛc. den der N. N. bauet, d. h. als Pächter, Freystifter, Leibrechter, Erbrechter bewirthschaftet; ä. Urkk. passim.

5) „In den er . . . ain hauße und wonung hat gebewen", Ind. 122, f. 26.

abbauen, aufhören zu bauen, in den verschiednen Bedeutungen; fig. abbrechen, ablassen, aufhören. „Hippocrates hat abgebaut, wird jetzt mit Füßen tretten . ." „Dieweil er (der durch Schlemmen fett gewordene) gar zu dostig war, hat er abgebaut, bis er sein Haut kunnt doppelt überschlagen", Balde. „Nun ich bau ab, und raum dem Teufel für heut die Canzel ein", Selhamer. Abbauen mit Einem, brechen, abbrechen mit ihm, aufhören, mit ihm Verkehr, Umgang zu haben. „Hartherzige Herrschaften gibt es, welche mit ihren kranken Dienstbothen hurtig abbauen, ihnen den Dienst aufsagen, damit sie solche arme Tropffen nicht beherbergen dörffen", Selhamer.

'anbauen, fig. verlieren (gleichs. versäen, ausstreuen).' „Gösta'n hàb i' an Zwànzgá· *ànbaud*", Castelli, Wbch. 49.

sich verbauen, (Historie der v. Frundsperg) „deshalb die Keyserischen sich nicht verbauwen, sondern tag und nacht in der Ordnung gestanden und auf den Feind gewartet." Nachlaßen, nachläßig werden? Ein Bergwerk „ist im Verbau", es lohnt sich nicht mehr recht der Mühe, (Karwinsky, 29. Nov. 1845).

Der Bau, zu 1): Aufenthalt gewisser Arten des Wildes. Fuchsbau, Fuchsloch (JgrSp.). Ahd. ther bu, habitatio, Otfr. II, 16,8. gl. a. 234.

137 Der, auch das Bau, nach 3): die Bebauung, der bebaute Zustand eines Feldes. In Bau ligen, angebaut seyn. „Äcker si ligen en paw oder nicht", MB. XVIII, 127, ad 1365. „Felder in guetem Baw erhalten", L.R. v. 1616, f. 488. Dem manne ist baz mit bouwe dan er mit swerten houwe ab den vînden ritters prîs", S. Helbl. I, 832. „Lieber sun, nu bouwe (pflüge ꝛc.); ja wirt vil manic vrouwe von dem bouwe geschœnet, manic künic wirt gekrœnet von des bouwes stiuwer; wan niemen wart so tiuwer, sîn hôchvart wære kleine, wan durch daz bou aleine", Helmbr. 553. „Geistliches Feldtbaw d. i. Festtagpredigen v. Fr. Stettelin." Salzb. 1678. „Jâ sæhe ich gerner veltgebû" (bebautes Feld), Walther v. d. V. 76,18. „Paw-monad", Julius; Altm. 26, f. 186^b (1334). s. unten: Unbau, Urbau, Tagbau (unter Tag).

Der Bau nach 3) und 4): Inbegriff der Gründe welche bebaut und bewirthschaftet werden. Der Hofbau, Feldwirthschaft, zu einem, das Hofmarksrecht oder die ehmals sogenannte Edelmanns-Freyheit genießenden Hof gehörig. Die Arbeiten manches solchen Herrnhofes waren den Hofmarks-Unterthanen als Frohndienst (Scharwerch) aufgebürdet, so daß nach L.R. v. 1616, f. 302 ein jeder Mayr (Besitzer eines ganzen Hofes) „ihme jedes Jars zwey Joch Ackers im winterigen, und zwey Joch im summerigen, ein Hueber halb so vil, und vier Lehner so viel als ein Bawr (Besitzer eines ganzen Hofes) mit aller Feldarbeit als Ackern, Egen ꝛc. bawen mußte." Der Zuebau, was ein Mayer (Freystifter, Leibrechter, Erbrechter) außer dem Gute, worauf er ansäßig ist, noch bewirthschaftet; L.Rcht. v. 1616, f. 298.

„Umbauküch·l ('A˜bau-K.?), Kuchen v. Waizenmehl, in Schmalz gebacken, nach der Getreidesaat, (Jir.).

Der Unbau, zu 3): das Gegentheil von guter Bebauung eines Feldes oder Grundes; „Abschlaiff, Abschwendung." „Ein Feld in Unbaw finden." „Die Bawfäll und Unbaw wenden", L.R. 1616, f. 488. „Unbuwe büzen" (gutmachen), MB. XXII, 248. „Güter, die in Unbau und Abkommen sind", Kr. Lhdl. XVIII, 330. „Unpaws wegen" . . . „Weder urlewgs ꝛc. noch winds wazzers oder unpaws entgeltnuß haben" . . . „Daz guet lig in paw oder in unpaw, MB. XVIII, 220. 392. XXIV, 597.

urbau, adj., zu 3): (v. Grund und Boden), in schlechtem Zustande befindlich. „Gründe urpaw machen", MB. XIII, 459. Der Urbau, zu 3): der vernachläßigte Zustand eines Feldes. „An all urpau und wustung", MB. XXII, 45, ad 1432. zu 5): Schutt von abgebrochenen Mauern und Gebäuden. „Der Urpau oder Beschütt", Alt. Ötting, Historie v. 1698. Diese Bedeutung ist jetzt in A.B. die üblichste. cf. urbora, scobs; Diut. II, 238. Diefenb. 519^b.

Die Bau, die Bauet (Bau˜t) die Bauzeit, Zeit der Bebauung des Feldes. Ei˜ də' Kou'nbau, zur Zeit, da man das Korn zu säen pflegt. Huiə' hàbmər ə˜ guodé (schöné) Kou'nbau, (1835, 20.—28. September).

Das Bauding, die Bautheidung, heutzutage die Bau-Stift, Tag, an welchem sich alle Bauleute, d. h. alle die, welche von einem Gutsherrn Gründe in Pacht oder Stift hatten, bey diesem versammelten, um ihm die grundherrlichen Reichnisse zu entrichten, und zu vernehmen, ob und wie er sie ferner auf den Gründen lassen wolle ꝛc. Man sehe z. B. in den geöffneten Archiven v. 1823, V. Heft, das Bauding zu Waltenhofen aus dem XV. Jahrhundert und in dem Lexikon von Franken I, 610 f. das zu Döckingen (bei Ansbach) nach. BM. I, 334. s. a. Ehaft, Huebrecht.

baufällig, adj., wird (MB. II, 111.) auch von Feldgründen und (Meichelb. Hist. Fr. II, 128) sogar von 138
den Personen, die sie bebauen, gesagt.

Der Bau-Mann, (ä. Sp.) Jeder aus der Klasse der sogenannten armen (d. h. selbst keinen Grund und Boden als Eigenthum besitzenden) Leute, der den Grund und Boden eines andern bebaut; Pächter, Bauer; MB. VIII, 283. Kr. Lhdl. IV, 93. MB. XIX, 518; gl. o. 56: buman, rusticus. Noch in einem Mandat v. 1700 wird der Baumann als Feldbautreibender dem Handwerker entgegen gesetzt. Hieher gehört auch der Ausdruck Baumanns-Farnis, als Wägen, Pflüge u. drgl. Heutzutage wird in Landwirthschaften von Wittwen, Pfarrern, Adelichen, Corporationen, wo kein eigentlicher Bauer, im jetzigen Sinne des Wortes, das Ganze unmittelbar leitet, der erste Knecht, der dessen Stelle vertritt, Baumann (Baumə˜, Bámmə˜) oder auch Bauknecht genannt. In ansehnlichern Wirthschaften heißt er Baumaister. „Nu pfui dich, du snûdær, sprach si dem bûknehte zuo", S. Helbl. I, 1209. Die „Pawfraw", Scheirer, Dienstord. v. 1500, f. 40. 44.

baumäßig (baumássi'), urbar, zum Anbauen geschickt.

Das Baurecht oder Baumannsrecht, vermöge dessen ein Baumann die Bewirthschaftung eines Gutes übernahm, war gewöhnlich ein Pacht, der vor einem bloßen Dienstboten-Contract wenig voraus hatte. Indessen findet sich MB. XIII, 435, ad 1442 ein Bawrecht, das sich vererbt. Der eigene Vortheil lehrte die Besitzer des Erdreichs endlich, ihre Gründe auf billigere Bedingung, nemlich zu Leibrecht, oder gar zu Erbrecht der eigenthumlosen Mehrheit des Volkes zum Bebauen hinzugeben. So ist aus dem verachteten Knecht des Mittelalters unser Bauer hervorgegangen, der, wenn auch noch häufig kein wahres Eigenthum, doch das Recht erworben hat, den Boden eines andern, so lang er lebt, pflügen und besäen und zum Theil für sich ärnten zu dürfen, und der sogar dieses Recht auf seine Kinder übertragen kann.

baustiften, zum Bebauen verpachten. „Einem (Pächter) einen Hof verlassen und pawstiften", MB. XVIII, 490.

Die Baustuben (Baustum), in Pfarrhöfen, Schlößern u. drgl., die Stube für das landwirthschaftliche Gesinde.

bauig, bäulich, bauhaft, adj., zu 2): „Vichtrib und Weg bäulich halten", (in gutem Zustande), Ehlingensperg; zu 3) und 4): „Aecker bäulichen und wesenlichen vinden", MB. VIII, 283. „Öde oder bauige Güter", ansp. Verordn. v. 1664; zu 5): ein Haus im baulichen Stande erhalten. Gl. i. 358 ist puhaft (zu bauen 1) inhabitans.

weitbäuig, zu 3 und 4): weit auseinander liegende Gründe habend. „Der Hove were weitpewig und vermöchte des nicht zu pawen", MB. XXV, 397.

Das Gebäu, zu 5): volksüblicher als Gebäude.

Der Bauer (eigentlich Baur) des, dem, den, die Bauern, s. Gramm. 836; wie hchd. Dieses Wort stammt
139 zwar in gerader Linie wol nicht von den alten, aus ahd. pûan gebildeten Verbalien pûuuo (lantpûuuo, colonus, gl. i. 70) oder pûâri (habitator, gl. o. 203; Kero, prol. 140), sondern, allem Anschein nach, zunächst vom ahd. gibûro (cohabitator, vicinus, incola, municeps, contribulis, civis und auch rusticus), mhd. gebûr (gebûr, cives; gebûrn, coloni; Diut. III, 156. 152. Grimm, RA. 316. BM. I, 290. ags. gebûr). In Wittenweiler's Ring steht fast immer gpaur, natürlich als 'paur auszusprechen; so 19^b,29. 27^d,27.28. „Seu mochten vor gwisset haben, daz ein gpaur vil selten tât, wes man in mit züchten pät, dem daz haubet großet gar, so man in gebitten gtar, und tuot allaine daz er muos; gewalt der ist sein rechteu buoß; das. 47c,40 ff. Indessen, da auch gibûro durch bûr (habitatio) mit bûan zusammenhangen mag, so wird es, seiner jetzigen äußern Form und seiner Bedeutung zu lieb, gleich hier beygefügt. Vgl. Graff III, 19. BM. I, 290. Grimm, Wbch. I, 1176. Die urspr. Form Gebaur kommt im Plural noch vor in Kr. Lhdl. VIII, 394. XI, 349. XII, 439. Gebauerschaft findet sich selbst in neuern anspach. Verordd. Die ä. Form Nâchgebaur (a. Sp. nâhgipûro) ist nach Gramm. 485 in Nâchbaur, tonlos: Nachpə', opf. Nau'bə', und selbst hchd. in Nachbar übergegangen. Es wird in manchen Fällen, wie das span. vecino, nicht blos für den nächsten, sondern für jeden Miteinwohner genommen. Das Nachbar-Recht, Beysaßen-Recht, Wirzb. Verord. v. 1791. Die Nachbaurschaft, 1) Nachbarschaft, wie hchd. 2) die Einwohnerschaft, span. la vecindad, krain. soséska (Zusammensitzung). Die Nachbarschaft im heil. röm. Reich: 4 Saulen ꝛc. s. Seb. Frank Sprich.-W. 1601, S. 132. „Wir, die Nachpaurschaft reich und arm gemainklich des dorfs zu Urfing bekennen ꝛc." MB. XVIII, 487, ad 1456. Unser gegenwärtiges Bauer, blos noch auf Landbewohner angewendet, entspricht mehr dem ältern Baumann, und unter den Landleuten selbst wird in der Regel nur der Besitzer eines ganzen, halben oder Viertelhofes, nicht aber der eines geringern Anwesens, ein Baur genannt. Von minder Begüterten, Dienstboten, Taglöhnern ꝛc. wird daher das einfache Baur und Bäurin gegen die Besitzer eines solchen Gutes als eine Art Ehrenbenennung, ohngefähr wie Meister, Meisterin, gebraucht. Baur und Bäurin spilen, eine Art Glücksspiel. Merkwürdig, daß des Pabstes Leo Verordnung (Decreti p. I, dist. LIV, cap. XXI) im Cod. Aug. eccl. 151, f. 67^b (cf. Cod. Aug. eccl. 153, f. 155) die Ueberschrift hat „Ut nullus *servus nec colonus* ordinetur, wo also beides, wie leider noch lange fort, für synonym gehalten wird. Aug. eccl. 153, f. 157: „Decrevit sca. synodus (Toronensis), ut episcopus ac ministri episcoporum pro criminibus *colonos* flagellare cum virgis potestatem habeant propter metum aliorum, ut ipsi criminosi corrigantur, ut vel inviti poenitentiam agant, ne aeternaliter pereant. Si vero *Seniores* (die Herren, seigneurs) ipsorum colonorum indigne tulerint et aliquam vindictam exinde exercere voluerint, aut eosdem colonos, ne distringantur, defendere praesumpserint, sciant se excommunicationis sententia feriendos." Noch des Teufels Segi (Ms. v. 1449) sagt im Artikel „von den gepuren": „Etlich sind auch so kluger sinnen, daz sy ir herren tůnt entrinnen und werdent burger in stetten, so kriegent denne dy herren drum ze wette" (vgl. Barack p. 392,12345 ff.). „Von den Gebewrin" (Bäuerinnen) aber heißt es (das. p. 390,12285 ff.): „Sie mußend hawen nach dem pflůg; die langen vasten tůnds nimmer rasten. Villeicht můß sie darzuo sougen, biß daz ir vergend die ougen. Ist daz nit ain grülich ding, und wägends die amptleut so ring und nemend in dick höw und fůter; daz klagends denne got und seiner můter. Hat die nit tüfels genůg an amptlüten und am pflůg?" R.A. Auf den Baurn (auffm Bau'nən, á'm Bau'nən), auf dem platten Lande, ruri; cf. krainisch: na kmétih, (Kopitar). Von den Baurn, vom Lande. Beyn Baurn wohnen, rusticari, Prompt. v. 1618. Der Bauermêister (Samml. wirzb. Verordn. I, 418. 663. II, 439. 672. III, 445), Dorfsvorsteher, dem Schultheiß untergeordnet. Bäuerisch, bäurisch (báirisch), zunächst von der Tracht und als Gegensatz zu: burgerlich oder städtisch. Er, sie gêt bäurisch. ə~ bäurisch·s Mensch, Mädchen in Bauerntracht. „Der peurisch krieg" (v. 1525), Cgm. 3911.

be (ahd. pi, pa, pe, mhd. be. Grimm II, 718 ff. 798 ff. Graff III, 5 f. BM. I, 114. Grimm, Wbch. I, 1202. Vrgl. Gr. 210. 211. 404.), Vorsylbe, im Allgemeinen wie hchd. Mehr dialektische oder veraltete Formen sind z. B. behangen, beligen, bestecken (hangen, liegen, stecken bleiben), bestên (gestehen), es belangt (verlangt) mich; im Canzleystyl: behindern, (verhindern), belâßen (lassen), belifern (liefern); ä. Sp. bedrießen (verdrießen), begreifen (ergreifen), behalten (conservare; daher wohlbehalten), beheuraten (verheuraten), bekennen (erkennen), beschehen (geschehen) ꝛc.

b·ainzig, (opf.) adv. und adj., einzig; benebens, adv., nebenbey, dabey (L.R. v. 1616, f. 821); beseits, adv., (Puterbey, f. 122) abgesondert, a parte; besun- 140
der, adv. und adj., besonders, besonder; bevôr, bevorab, adv. Cfr. das hchd. b·innen, angelsächs. beaftan, begeondan, beheonan, b·innon, b·ufon, beneath; engl. besides, an der Seite, neben. Vgl. auch mhd. pentekeit, welches die besten Handschriften des welschen Gastes in Vers 8173 und 8180 für behendekeit lesen (Rückert's Anm. p. 580) und pfrait für berait, (s. Th. III: rait).

Der Bê, (Nürnb., Hsl.) einen Bê machen, aus Verdruß „das Maul hängen." s. Bèff·l und Páppm.

Das Be. Einem das Be auf den Buckel brennen, ihn mit dem, nach Cod. crim. v. 1751, I. I. § 8. infamierenden Buchstaben B brandmarken.

Der Bêhaim, Bêham, Bê'm (opf. Bèim, b. Bêm); plur. die Bêhaim ꝛc. der Böhme. Das Bêhaim ꝛc. das Land Böhmen. Hund (Stb.), Avent. und Andere passim. Voc. v. 1419: Bohemus, ein peham; Bohemia, pehaimland; gl. o. 120: Beheima, Boemi. Der angelsächs. Orosius hat Behemas, Bohemi. Partibus Beheim solacium ferre, Capitulare v. 807. „Per Beehaimos", Hist. Caroli M., Clm. 5336, f. 30^a. Michel Behamer steht Cgm. 291, f. 141^a im Reim auf offenper. (Vrgl. Graff III, 43. BM. I, 97. Grimm,

Wbch. II, 224. Diefenb. 77c. Zeitschr. IV, 70. Das Bêhaimlein, Behaml, Böhemle, Bömerle, die Haubendroßel, turdus cristatus, Klein. „Soll das Voglwerch, außgenommen der Krametsvögel und Behaimel, länger als auf St. Martini nicht getrieben werden“, L.Ord. v. 1616, f. 789. Der Bêhaimisch, Bêhamisch, Behmisch, supple Grosch oder Plaphart, (s. diese Ausdrücke). „Viertzig behmisch, ye aecht phenning für ainen behmisch“, MB. XXIII, 659, ad 1499. Der Gulden böhaimisch, (s. Gulden). Ad 1506 heißt es (Lori, MzR. I, Fol. 110): „Ain Schilling in Golt ist ein Behamisch.“ „Er nam ainen pfenning der siben gilt und der ain pehemisch ist genant“, Cgm. 714, f. 276. „Er hat vil gelts zusamenbracht gut behemisch wol auf drey schock“, H. Sachs 1560: II, IV, 4. „Bringt jhm auch die alt behamisch groschen“, das. III, III, 19a. „Hinz biß oft ihm ein Baur nur einen behmisch gab, den namb er (Herzog Heinrich v. Landshut), Chronik in Freyb. Samml. I, 146. Im L.R. v. 1616, f. 643 wird den Fischern verboten „behemische Sängel zu fahen.“ „Behemische Trischel“, Dreschflegel (als Waffen), abgebildet neben den Landsknechtspießen im Cod iconogr. Monac. 221, f. 18. „Ir pert habens abgeschniten recht nach den pehemischen siten.“ „Die pehaim brachten uns ains ins lant die gugel mit den großen zipffeln“, Cgm. 714, f. 229—30: „Der bawrn hofart.“ „Bə'n Ackə'n màch I' *Beham* und d· Màd héft I' a˜, denn mei˜ Sengst hàt kaə˜ Schneid, wál I's Dengəln nét kà˜“, Luber's Napfezer in Kaltenbrunner's oberösterr. Jahrb. 1844, S. 157; dabei die Note: „der Beham, das Übergleiten des Pfluges und Liegenlassen eines umgeackerten (lies: ungeackerten) Stück Feldes“, also: „ein Streifen, den der Pflug übergleitend ungeackert läßt.“ „Gêi-w-I' vo˜n Houtschkə-r- á'm Doutschkə, vo˜n Doutschkə-r- á'm Stà' (Stab, Ort in Böhmen), vo˜ Jenəwiz a'f Lepoltəwiz, àlls en aə˜n Tà˜'“ sagen die Waldler, wenn sie sich über böhmische Namen lustig machen wollen, (OberM.). Anm. Ohne Zweifel ist dieses Bêheim noch das Boiemum des Tacitus (Germ. 28) und das Boiohoemum des Vellej. II., also mit eines der ältestbekannten deutschen Wörter. Merkwürdig der Uebergang des oi in ê. M. vrgl. Baij-er und Maijn. „Dicitur Bohemia a *boh* quod Deus interpretatur in lingua sclavonica; hac itaque interpretatione a nomine Dei Bohemi sunt vocati“, Clm. 479, f. 1b.

bei, Praep., s. beij.

Die Bei, Biene, s. Beij.

Das Bei-el, Beil, s. Beij-el.

bi findet sich als betonte untrennbare Vorsetzpartikel, die sonst fast durchaus in das tonlose be (bə, b·) ausgewichen ist (Zeitschr. V, 110,6), noch in den Formen biderb („piederbe leute“, Clm. 4620, f. 103, oft mit ie statt i), Bifang, Bihang, biklemm (-υ), bisleht, deren Primitiva man nachsehe. Man vrgl. auch die Primitiva von Bimarch (Bidmarch), Bisetz, Bizaun. Zuweilen ist sie auch mit der Präposition bei (ahd. pî, mhd. bî) vertauscht worden, so: die Beigraft, Beigruft (ahd. pikraft, mhd. begraft, neben bîgraft; Graff IV, 309. BM. I, 564. Grimm, Wbch. I, 1305. 1373). „Swelch pruder nicht en ist zu cines pruder peigraft“, Regel des Spitals zu Jerusalem. Clm. 4620, f. 100. Vrgl. dagegen: die Beischaft (mhd. bîschaft; BM. II, II, 73), Beispiel, Muster; Merkmal, Kennzeichen. „Doran soltu auch lugen und beyschaft nemen“, Jägerkunst, Cgm. 289, f. 106b. Das ist ain guet beyschafft das es ein hirß sey“... „Bei der bitschaffte solt du mercken, das“... das. Vrgl. unter beij. — Das Beizeichen (mhd. bîzeichen; BM. III, 863), Gleichniß, Beispiel; Muster. „Si nament bîzeichen von den Engellendern“, Cgm. 330, f. 198. „Das petzaichen Moysi“, Cgm. 136, f. 252; '(hieher?)'. Liegt dem franz. bivouac wirklich ein altdeutsches, bisher noch unentdecktes bîwacht zu Grunde? Diez, Wbch. 570. Grimm, Wbch. I, 1406. Vrgl. Diemer, Ged. 112,8: „Di dir in soltin biwachtin.“

bi, (Abens ꝛc.), sey. *Bi* stád. *Bi* fei˜ frum! Nach Gramm. 662 wol nur Aussprache von bis, w. m. s.

(Vrgl. Baf. bef. ꝛc. und Pap. pep. ꝛc.) 141

Die Bäben (Wáwə, Wábm, s. Gramm. 409) 1) altes Weib, (böhmisch, poln. baba; kärnt. baba, altes Weib; Hebamme; babiza, Großmutter; Tangelstock; Jarnik p. 46. Man vrgl. indessen nach Gramm. p. 516 auch Bärben). ə˜ Bàdwábm, Badfrau; Mann, der sich in Weibersachen mischt. Vrgl. mhd. bâbe, altes Weib; „menic torschiu bâbe“, Diut. II, 154. Grimm, Reinh. p. 104,20. 2) opf. Art Backwerk aus Semmelschnitten, Milch und Eyern. ə˜ Sémməl *Wáwə*, ən àltə *Wábm*. (cfr. Bettelmann). Auch in Meißen ist die Bäbe ein Aschkuchen. Im Deutschpolnischen ist, nach Bernd, die Babe ein hoher, runder, in einer Form gebackener Kuchen mit einem runden, durch die Mitte von unten bis oben laufenden Loche, (vrgl. Gogelhopf). K. T. Heinze leitet dieses Wort in seinem handschriftl. Niederlaus. Idiot. vom polnischen baba (altes Weib) her, wodurch die polnischen Bauern auch eine Art Kohlenbecken von Lehm bezeichnen, welches zuweilen als Backpfanne gebraucht wird, und womit unser Ausdruck àltə Wábə gut übereinstimmt. Indessen ist auch die Beziehung auf die Aussprachform bä-w-en für bähen (w. m. s.) möglich.

Das Bibál (υ-) (bibale, Trinkgeld), ehmals eine Art Sporteln für die Amts-Schreiber.

Der, die Bibel, (verächtlich) der Haarschopf. Einen bei˜'n oder bey də' Bibəl nemə˜, ihn bey den Haaren ergreifen. Die Bibelmützen (Nürnb., verächtlich), Weiberhaube. Vrgl. Pöperl.

Die, d. W. der Bibel, wie hchd. (mhd. biblie. BM. I, 115. Grimm, Wbch. I, 1805). „Die bibeln lesen“, Renner 17279. „Wer die bybeln hât gelesen“, das. 23442. „Swer ditz mit fleize suchen wil, der vindet sîn in der wibeln vil“, das. 18030.

biben, bibenen, bibnen (bibm, bibmə˜, bimmə˜), beben (ahd. bibên und bibinôn, mhd. biben, bibenen. Graff III, 21. BM. I, 114 f. Grimm, Wbch. I, 1209. 1808. Zeitschr. V, 50. 136,a). Das Erdbiben (Erdbibm), Avent. Chr. Die ahd. Sprache hatte auch die Verbalia biba (tremor, gl. i. 71), piped (tremor, gl. o. 202. M. m. 118. Otfr. V, 4,21.) und pibinunga (passim); cum tremore, mit der bibenunge, Cgm. 17, f. 10b. Vrgl. Bidem.

bippapen, ein gewisses Spiel spielen (Grimm, Wbch. II, 37. Schmid 65: pipapen). „Laßt man die Kinder um heller spilen, so lernen sie daran um Kreuzer bippapen“, S. Frank, Sprichw. 1601: 214. 219.

Der bîbôz, mhd., (ahd. pîpôz; Graff III, 22. 'Grimm III, 372. BM. I, 115. Grimm, Wbch. I, 1370 f.), Beifuß (aus jenem umgedeutet), artemisia; Diefenb. 51a.'

bobern, beben, fieberartig zittern; Schoffer 90. 131. Grimm, Wbch. I, 199.

Bobl, Pfingstrose (im Böhmerwald, bei den Freibauern); Rank, allgem. Ztng. 1843, Beil. S. 1335.

Der Bueb (Buə', opf. Bou'), des, dem, den, die Bueben (Buəbm, Boubm), das Büeblein (Büəwl, Bêiwl), das Buebelein (Buəwə-l, Buəwál, Büəwál), 1) ältern Personen gegenüber: ein Kind männlichen Geschlechts bis ins Jünglingsalter (erst mhd. buobe. BM. I, 278. und 281: Buov als Name; niederd. buof. „Slahet mit (den Stecken) recht nach der bůfen sit“, Reinbot v. Doren, St. Georg 1856. Im Necrologium sec. XI. (aus St. Emmeram?) der wallersteinischen Bibliothek zu Maihingen ist zu lesen: „III. Kal. Mai *Buobo* presbyter et monachus ... VII. Idus Mai *Buobo* (noster) diaconus et monachus.“ Clm. 6421 (2⁰ X. sec.), f. 1 enthält

unter andern einen (oder eine?) Pǒpila. Vrgl. Förstem. I, 271 f.) Mei Wei' hàt mər ə˜n *Buəbm* 'bràcht, (meine Frau hat mir einen Knaben geboren). R. A. I waəs nét bin I ə˜ Mádl odər ə˜ *Buə'*, ich bin ganz außer mir. „Buben oder Knecht vor und eher sy achtzehen jar jres alters erraicht haben, sollen kain seiten noch andre wöhr tragen", LO. v. 1553. Der Bueb, der jüngste, letzte Knecht in einer ländlichen Wirthschaft, Hüet-Bueb, Men-Bueb. Der Lern-Bueb, den Gesellen (bey einem Handwerk) gegenüber. R. A. (b. Wald) Du, *Buə'* (Mann), sàg's dá˜n *Buəbm* (Sohn), dás ə' ma˜n *Buəbm* kaə˜n *Buəbm* mèə haəlst; má˜ *Buə'* is kaə˜ *Buə'* (Lehrjunge), má˜ *Buə'*-r-is ə˜ Gsəll. 2) jede noch unverheiratete Mannsperson. In Mittenwald bestand eine Bueben-Bruederschaft (1480 bis 17..); deren Statuten s. bayr. Annalen, 1835, Vaterlandskunde p. 353—357. Vrgl. unter Bach u. Waßer. Zeitschr. V, 511,11. Ein 70jähriger Greis, um Weib und Kinder befragt, erwiderte, er sey ə˜ Buə' (garçon). Besonders ist Weibspersonen der
142 unverheiratete Bewerber um sie, ihr Buə' (Geliebter). Zeitschr. VI, 528,6. Də' Gori is də' Màil *Buə'*, Georg ist Mariens Geliebter. Buəbmhándl, Liebeshändel.

„In'n Wàld schreit mei˜ Derndal: sàg, màg mi' mei˜ *Bui?*
Də' Wàld hà˜ franzosisch und antwurt't iər: wui!
Seidl, Flinserln³ p. 29. 292.

Lusti' is 's *Buə*'sey˜, I tausch mit kaə˜n Mà˜,
Wenn mi' s Dienál nimmə' freut, ge I widə' də'vo˜.
Lusti' is 's *Buəbmə˜* Lébm, därf I kaə˜ Stuiə' gébm,
Bàl I mei˜ Deənál zàl, sagt si: brings ei˜ ə˜ Màl.

Bey den Hirten des salzb. Gebirgs heißt nach Hübner sogar der Stier „der Küh-Bue." Buə'! (vermuthlich von der Bedeutung 2 hergenommen) wird bey lebhafter zutraulicher Rede des Landmanns, selbst wenn sie an vornehmere, ja sogar wenn sie an weibliche Personen gerichtet ist, häufig als betheuerndes oder verwunderndes Zwischenwort eingeschaltet; (vrgl. span. hombre!). Ja *Buə'!* ja *Buəbm!* so ist's! *Buə'!* der və'stêts! *Buə'*, dà wirst drei˜ schau˜-n! *Buə'*, solché Weibə-l wenn mə˜ hàt, so kà˜ mə' nét və'dèrbm!

Buə', dà wirst scho˜ hàlbət zu'n Narrn,
Und hàst no˜ kaə˜n A˜fang də'farn, Marcell. Sturm.

3) Bueb in seiner schlimmen und lasterhaften Bedeutung nebst den Derivaten: Büebinn, büebisch, bueben (vrb.), Büeberey, gehört mehr der Schrift- und ältern Sprache an. s. z. B. Gem. Reg. Chr. III, 377. Ebendaselbst p. 356. 400. 786 ist Buben ein verächtlicher Ausdruck für Kriegsknechte, besonders feindliche — und Büberey, das Collectiv hievon, gleichsam Soldatesca. „Uff den schlossen Dortzbach und Wachtbach wart vil gebubes enthalten und die lewte berawbten und verstrewfften uff dem Odenwalde" (1471), Matth. v. Kemnat, Clm. 1642, f. 100 u. 2844, f. 58. „Daz pövel und daz gebûbe", im Gegensatz der Ritter, Mss. Docen, C. 61. „Varend schuler, badstuben bûben, ruffian, schiltbuben, alle bûbisch man", des Teufels Segi (Barack 425,1338 ff.) Daselbst in dem Artikel „Von den Freyen" (Barack p. 252 f.) ist von „buoben" als fahrenden Spruchsprechern, Poeten die Rede. „Ein alte pubin ungeschaffen, die sich lang genert hat unter den pfaffen", Cgm. 713, f. 161. „Desgleichen soll man kein bübisch noch unehrliches Volk, als Schürgen, Ruffian, Spieler, Gottesschwerer, Wein- und Bierbuben, Freiharts ꝛc. einnehmen", Mendel'sche Stiftungsurk. des Zwölfbrüderhauses zu Nürnberg (1388), Abschrift im Cgm. 3919, f. 68. „Bubenvater, Frawenmeister", Cgm. 713, f. 20. „Buoben und garzûne", Heinr. Tristan 4355. Vrgl. Grimm, RA. p. 320 u. friesisch boy, junger Herr. „Garcio vel bofo, bûb, est vir inutilis qui sequitur vanitates", Cgm. 649, f. 570. Garçon ist in Ehren geblieben, garce gesunken wie unser buobe. Vrgl. schwed. bof, bofwe, Spitzbube. Nach dem L.R. Ms. v. 1332 (Wstr. Btr. VII, 115) können puben nicht Zeugen seyn. Buebentänz sollen abgeschafft seyn, alte L.Pol.Ord. „Welcher unzüchtige Lieder gesungen, oder unehrliche Worte geredt, oder der mit seinem aignen Leib büebische sachen verrichtet", Isengrein, Beichtbuch v. 1579, p. 733. Bey der Einnahme von Rom am 6. May 1527 haben spanische Soldaten unzeitige Mägdlein „etwa in einen Winkel oder Stall gerissen und daselbst so abscheulich verfahren bis der mehrertheil den Geist unter diesen Büberonen aufgeben", Ausführl. Bericht. ꝛc. v. 1625. „Bueb, abenteuer" wird im Cod. ZZ. 1552, f. 15 durch „histrio, palpo, mimus, gesticulator" ꝛc. erklärt; im Cod. Monac. Augustin. 242 „vae tibi ribaldo" durch „du pueb!" „Vispilio, buobe", Voc. optimus, p. 33 (zwischen praedo und pirata); „aleo, buobe", das. p. 34. „Ein ribald oder ein pûb", Cgm. 54, f. 11ᵇ. Das Voc. v. 1419 hat garcio, ille qui multum loquitur, ein pueb; scurra, ein pueb oder leker; scurrilis, pubisch; pellicatus, pubrey. „Eteliche gesagen nummer so vil von bubenîe und von lotterfûre also ob deme ezzen", Herm. v. Fritzlar 107,26. „Daz cleine kint sie niht entsitzent und mit in gent, stent oder sitzent und bi in treibent ir pûbney", Renner 16595. Dahin gehört wol auch das noch an der Pegniz vorkommende Verbum: buebizen, pupizen, popizen (s. d.), ein liederliches Leben führen, besonders einen übermäßigen Aufwand treiben; verbuebizen, verschwenden. „Wer auffborgt und entlehent vil, und tracht nicht, wie er zalen wil, und will vil hin und her popitzen, der solt ins Narrenbad auch sitzen", H. Sachs I, 1080. „Si habnt auch gesetzt daz all gest aller kaufmanschaft, die si her pringent sulln verkauffen und gebn vmb berait Pfennig oder ze Pit Bürgern zu München, an Pubizern, wenick oder vil", ad 1370; Wstnr. Btr. VI, 113. Cfr. ibid. p. 158: „. . . dhainen knabn noch dhainen jungen mann der nit frawn hat." Auer StadtR. p. 143. Münchener St.R., Art. 370. „Ich haiß pruder pibelitz, und ich wolt ewch verneen ewrn schlitz" sagt der Pegawner bei Rosenplut, Cgm. 714, f. 327 (s. Keller, Fastnachtsp. II, 616). Der Poppen ist so vil worden, daß si der gotshauser gut und er verpoppelnt", Buch d. Natur 78ᵇ (s. altd. Mus. S. 139). 4) das Büeblein (Buəbə-l, Büəbəl), junger Karpf, eh er zum „Setzling" 143
wird. „Setzling und Karpffenbüebl, so von einem Ort ins ander zur Besetzung der Wasser und Weiher ins Land verkaufft werden", L.Ord. v. 1616, f. 643. „Achterlei stockfisch ich erkler: rachfisch, flachfisch, püblein, rotscher, metel loben und kongsloben, auch gmein loben, das sind die groben", H. Sachs 1560: II, II, 111. Henisch hat: der Bueb, Karpff, cyprinus. Grimm, Wbch. II, 461,7. 5) Das Büəbl, (Werdenfels), Leder-Streif, durch welchen die Geisel mit ihrem Stecken verbunden wird. cf. Voc. v. 1429: fibra, pechelbůb (vrgl. Diefenb. 232ᶜ: fibia, pekelhawbe, und fibra: becken hube). 6) Bäzbueben (Bázbuebm), plur., eine Art Mehlspeise auf dem Lande. s. Bätz. Buberlein, Brod, das gebacken 15 Loth schwer sein soll; Back-Ordnung der Fürstenschule zu Kloster Heilsbrunn 1581, Cgm. 998, f. 135. 136. „Gebachen Bubenpfulwen, eine Speise; Cgm. 384, f. 76. Bubenschenkel, (Aschaff.) eine Art Milchbrodes. Der Bueben-Sammet, tripe de velours, Trippsammet, Art Sammet von Kameelhaaren in einen leinenen Aufzug geschlagen, heteromallum laneum, Onom. v. 1735. cf. H. Junii Nomencl. 1629, p. 87. In einer Kleider-Ordnung v. 1626 (Wstr. Btr. IX, 294.) ist den Frauen erlaubt: „die Prämb auf ire Röck und Schärkl von Wurschet, Sätin, Arrest oder Pubensammet ꝛc. zu tragen und zu gebrauchen." In der Fronleichnams-Procession haben (nach Lic. Müller's Anordnung v. 1580) die hundert gerüsteten Burger, welche den Schluß machen, „Partisanen mit schwarzen Buebensamet und gelben pertln, auch schwarz und gelbem gefrens geziert", Wstr. Btr. V, 175. 7) Die Buben, plur., mammae, Brüste, Brustwarzen (= le poppe? cf. Diez, Wbch. 269). Grimm, Wbch. II, 461,6. „Die houptlocher sint in also wit, das in die achsel hûz lît. Man sicht under dem arm die gruoben; sêre sicht man in die buoben. . . Die buoben sint geschurzet ûf, man satzet wol ein liechtstock drûf",

Meister Altswert (hg. v. Holland u. Keller) p. 50,27 ff. Anmerk. Ob das Wort in diesen verschiednen Bedeutungen, namentlich, 3 neben 1 und 2, wirklich ein und dasselbe ist, oder ob etwa mehrere ursprünglich verschiedene Quellen ineinander geflossen sind? In der alten Sprache ist es mir noch nicht vorgekommen.

(Vrgl. Back. beck. ꝛc. Bah. beh. ꝛc.)

Der Bach (Bàhh), die Bäche (Béch, Bách·), das Bächlein (Báchl·), (cf. Gramm. 407. 424. 428.) wie hchd. (ahd. pah, mhd. bach, msc. Graff III, 27. 744—58. Grimm III, 386 f. BM. I, 75. Grimm, Wbch. I, 1057). Dieses Wort ist am Mittelrhein, in Schlesien und anderswo (Aschaffenb. Vrgl. Zeitschr. II, 237. IV, 410,98. V, 137,2. 330,10) ein Femininum. In B. und OPf. nie. Man sagt zwar die Schambach, die Kolbach; allein der zweyte Bestandtheil dieser Namen ist nicht bach sondern ach (Pangkofer 267. 269: die Schámə). Der Bachbaum (Allgäu), Bachblume (Jir.), die Bachbunge, veronica beccabunga L. cf. Grimm, Wbch. I, 1061. Bachbueben. Die Mittenwalder Bueben-Bruderschaft (s. oben Bueb) statuierte die Strafe des Legens in den Bach für ihre Mitglieder. Nicht-Mitglieder oder sogenannte Bachbueben legte sie aus Muthwillen oft ohne weiteres in den Bach; s. Bayr. Annalen für Vaterlandskunde, 1835, p. 353—57. cf. Th. IV: Waßer. Der Bachmaister, (Gebirg) Vorsteher einer Gespannschaft v. Holzarbeitern, die das Holz hauen und auf den Gebirgsbächen herausflözen. Grimm, Wbch. II, 1062. Der Bachmarder; „squirus, bachmard", Gl. Argentin., Haupt's altd. Bl. 349; „squirus, marder", das. 352. Die Bachmutter, das Rinnsal des Baches. „Die Pachmuetter verwechst und wird mit Koth, Mucher und Sand durch das Wetter, Regen und Anlaufen der Wasser verschütt", Lori, LechR. 389 (cf. Th. II: Mucher). Grimm, Gesch. d. d. Spr. 234. „Bachstein seind diejenige, welche das Wasser aus dem hohen Gebirg herausbringt, auch sonsten in kleinen Wassern gefunden werden", Cgm. 2941, f. 106. Das Bach-Tal (Bácht·l, Ob. Lech), Berg-Schlucht, die einem beständigen oder auch nur einem Wetterbach zum Rinnsal dient. „Die Marckh geht in dem Wasser Braitlach, demselben bachtal nach bis in den prunnen so zu oberst des bachtals entspringt und in das bachtal flewßt" . . . in das Dietenpachtl . . . dasselb pachtl", des Tigews Röttenberg Markchen (1544); s. Th. II: Gäu. (cfr. Bachfahrt bey Adelung).

bächeln (bách·ln), vrb. n., (O.L., KinderSp.) pissen. Grimm, Wbch. I, 1062. báchlwarm, wie saechwarm; vrgl. jedoch unter bachen: bächeln.

Der Bach-Lienl (Bàhh-leə⁻l), Bach-Simpel, unbeholfener, schwacher, dummer Mensch. Hieher vielleicht auch das Adjectiv bàfixe⁻ (bachfüchsen?). Was übrigens hier Bach bedeute, ist nicht klar. Zeitschr. IV, 67.

Die Bache, wilde Sau, das Weibchen des Ebers, (Grimm, Wbch. I, 1061. Gesch. d. d. Spr. 37: mittellat. baco, bacco, bacho = porcus saginatus et salitus. cf. unten Böcker). Wenn's (Deənl) hàt schiər kaə⁻ Dutt·n, ás wie gàlte Bách.

Der Bachen (Bachə⁻), die geräucherte oder zur Räucherung bestimmte Speckseite eines Schweines, the bacon; (ahd. pacho, mhd. bache. Graff III, 29. BM. I, 76. Grimm, Wbch. I, 1061. Gesch. d. d. Spr. 37. Zeitschr.
144 V, 178.113). ən Bachə⁻ und d·Hamə⁻ vo⁻də' Sau tuət mə' səlbhe⁻. „Die Schweine werden in zwo Hälften getheilt und in den Küchen zum Räuchern aufgehangen. So eine Hälfte heißt Bache," B. v. Moll, naturhist. Briefe II, p. 45. „Von einem bachen der eines phundes wert ist", Augsp. Stdtb. „Ein wagen voller Knoblauch, da hat er länger z essen an, von Ungern Künig Welan, denn jr (Deutschen) an tausend Pachen," Horneck. Schweynein Pachen, item XVIII. pachen, ain für ii. lb. dn. angeschlagen", Hochzeit Georg des R., Wstr. Btr. II, 212. „Alles was wid und nagel hat, ausgenommen den sweinpach under dem dach", Baustiftordn., Cgm. 549, f. 56. „Heut hab ich ein Teydung helfen machen, mein Gfatter hett eim gstoln ein Bachen, den haben wir all beyd vertragen, daß kein fromb mensch davon darf sagen"; H. Sachs 1558: I, 470. Eine ähnliche Geschichte im Renner schließt (14199): „Doch was der pache alsus verlorn." Der Bachendieb bei H. Sachs 1560: IV, III, 93 (1612: IV, III, 200—202). 'Der Bache im „teutschen Hof" s. H. Sachs 1558: I, 473. 1560: II, IV, 26. 1560: IV. III, 38 (1612: IV, III, 84) und vrgl. Anzeiger f. K. d. d. V. 1855, Sp. 67. 86. 124.' „Von hammen und von pachen kan man gut schleckerpißlein machen", H. Sachs 1560: II, IV, 94^{b}. Eine der Fabeln im Clm. 16602 (sec. XV.), f. 131^{b} fängt an: „Corpus christi assimilatur berne vulgariter ainem pachen. Sicut illud suspenditur, sic corpus christi suspensum fuit in cruce." Kärnt. bòh, der Speckbachen; Jarnik p. 51. Geißbachen; „Sô lâ die armen machen rübekrût ze geizbachen", S. Helbl. III, 231. Perna, pachen, Voc. v. 1445. Gl. a. 16. 51: perna, tergus suis, baccho. „Et de *bacons* et de sel avoient poi et de char fresche aucune chose", Ville-Hardouin (Buchon III, p. 64). Das Wort ist auch ins mittlere Latein gekommen: baccones, Capitulare I. anni 813. cf. Diefenb. 428^{a}. Die gl. a. 144. i. 172 zeigen durch die obschon, wie es scheint, corrupten Formen: inti pach, hint pacho für post tergum, daß das Wort ursprünglich, wie noch das engl. back, schwed. bak für Rücken überhaupt genommen wurde. Ebenso Diut. II, 330: „fora bacho, coram." Vrgl. Zeitschr. VI, 288,766.

bachen (bachə⁻, bachng), Part. praet. gebachen, ('bachə⁻), wie hochd. backen, (ahd. pachan, mhd. bachen. Graff III, 24. BM. I, 76. Grimm, Wbch. I, 1065. Zeitschrift I, 296,5. V, 415,35. Vrgl. βέκος bei Herodot; panis = pacnis. česk. peku; pecen. bochánek, bochnék; pec, focus; ital. focaccia, ahd. fochenza. Graff III, 441 u. unten: Fochenz). Gl. i. 244. 431. 686: bachan. „Durch ezzen ne bedarf me (im Himmel) daz brot bachen noh baen", Clm. 9513, Vers 268. „Swelch pek dreistund (dreymal) schuldig wirt, der sol unpachen (ungebacken d. h. ohne zu backen) sein ein ganz jar", Münch. Poliz. Verord. v. 1468. Gebrâteneß und Gebacheneß ('Brädns und Bachə⁻s). Bachöfen nennt man im Eichstättischen altdeutsche Grabhügel in Wäldern ꝛc; Lexikon v. Franken II, 369. Das Bachscheit (Bachscheid), langes Scheit Holz für den Backofen. Das Bachschmalz, Schmalz, in welchem schon etwas gebacken worden. Die Bachstatt, Bäckerey. „Pachstet aufrichten", Erläut. der Polic.Ord. v. 1557. Das Bach-Sumper, Schüssel von Stroh geflochten, in welcher der Brodlaib zum Ofen gebracht wird. Vrgl. pachuueiga der a. Sp. Der Bachtag. R.A. Es ist nit alle Tag Bachtag; vrgl. Zeitschr. I, 296,5 VI, 94 u. unten: bercht. Der Bacher (Bachə') statt Bäcker in Zusammensetzungen wie Küechelbacher, Zuckerbacher u. drgl. Die gl. i. 874. haben pechila, panifica. Das Bachend (Bache⁻d), das Backen; was auf einmal gebacken wird. A'lləmàl um 's aə⁻ Bachə⁻d kriəgt 'Diə'n ə⁻n Knét-laəb, (jedes andere Mal, daß gebacken wird). Die Bächt (Bácht), Rimberg: die Béch (sing. u. plur.) Allgäu: die Bachet, was auf einmal gebacken wird, the batch. Heu⁻t hammər ə⁻ klaəné Bácht. Zeitschr. III, 262,59. IV, 67. VI, 162. In der a. Sp. der Back: „Swelch pfister einn unredlichen back tut, daz sol man also verstên, wer klien, oblaz oder billenmel vnder ander gerehtez mel becket", Wirzb. Sätze v. 1343 §. 75 „Geschiht auch, daz ein pfister iemanne einen back verlost, der sol im einen andern back backen", das. §. 78. Das Gebäch, Gebächt ('Bách, 'Bácht), das Gebäcke. „Das Gepach", Wstr. Btr. V, 315. Dèr Béck hàt ə⁻ guəts '*Bácht*. „Die Küechlhütten soll man alle Faßttäg visitieren, ob sich beim Gebächt kein Fehler bezeuge", Münch. Mandat v. 1692. s Zuckə'*bácht*. Scherzhafte R.A., zunächst auf Kinder angewendet: Nicht ausgebachen seyn, nicht recht ausgeschlafen haben, und daher etwas übler Laune seyn. Abbachen einander, (Ob.Inn) quälen, vexieren. Vrgl. **Bâg. haimbachen, hausbachen,** gewöhnlich, alltäglich. Ein öd **haimbachen** knappe", Labr. 507. **Halbbachen** (hàl'bachə˜), halb ausgebacken; figürl. von Menschen und Thieren: nicht recht frisch und munter; von schwächlichem Körper. Vrgl. Zeitschr. IV, 66. V, 62,12. 368. VI, 50.

145 **bächeln** (báchln), 1) als vrb. n., nach Backwerk riechen. 2) als vrb. act., über warme Dämpfe halten. „Sich **bächeln** und dämpfen mit Wasser." „Die geschwollnen Schenkel mit Essig **bächeln**," Dr. Agricola v. Amberg. 3) warm halten, sorgfältig behandeln, pflegen, z. B. ein schwächliches Kind, eine kränkliche Person. **Ich bechele mich**, calefacio me; Grimm I³, 132. Wbch. I, 1213. 1062. „Da sie sich **pecheln** gen der sunnen", Renner 19971. „Die sich gen der werlde wunnen mit wolluste **pecheln** und mit eren", das. 19980. Vrgl. Th. II: **Kunder.** Widər *aufbáchln*, wieder aufbringen, zu Kräften bringen. Gl. a. 678: **pachelon**, refocilare, recreare. **Bächel=warm** (báchəl-warm), wie warmer Dampf. Vrgl. indessen auch **bächeln** unter **Bach.** S. a. **bæen** und **wächeln.**

Der **Bachant**, (zu Ende des XV. Jahrhunderts) fahrender Schüler, herumziehender Student. „Es brummen uns die Münch in den großen Cappen, schreyen wie die Esel, die bestellten **Bachanten** wissen nit, was es ist", Avent. Chr. 306. Wagenseil, de civit. Norimb. p. 467. 472. „A *beanismo* absolvirt", das. 477. Vrgl. Zeitschr. die Vorzeit. I. B., 26. ff. 'Freytag, Bilder aus d. d. Vergangenheit I, 57 ff.'

Bachschellarius, Baccalaureus, (span. bachiller, franz. bachelier; Diez, Wbch. 34). „Tertii sunt qui vount concupisci ut iuvenes *bachschellarii* qui ornant se crinibus, vestibus et mitris;" Clm. 4782ª (XV. sec.), f. 165.

Der **Bâcher, Bâger**, (wetterau. Juden) angehender jüdischer Gelehrter, Student, clericus (v. hebr. bachar, auswählen: Erwählter); Weigand, oberhess. Intell. Bl. 1846, p. 301. v. Grolman, Wbch. der Spitzbuben=Sprachen, p. 5: **Bâcher**, Lehrer, besonders herumziehender jüdischer Kinderlehrer.

Bacheltag, Bachelboschen s. unten **bercht.**

Der **Bauch**, 1) wie hchd. (ahd. **pûch**, mhd. **bûch**. Graff III, 42. BM I, 275. Grimm, Wbch. 1163). 2) an einem mit Heu, Holz u. a. D. beladenen Wagen das, was von der Last nicht auf dem Wagen ruht, sondern zu beyden Seiten hängend angebracht ist. cf. ags. **wäter=bûc**, amphora, lagena; Luc. 22,10. **Gebauch.** „Das die amme auf vollen magen esse nach jres **gepauchs** urlaub", Cgm. 601, f. 101ª. **bauchblâßig** oder **schlehbäuchig** (von Pferden), herzschlächtig, wirzb. Verord. von 1709. Zeitschr. V, 431, 483. VI, 201. Der **Bauchschlampen**, (Baur) das Dünnfleisch, die Dünne. Das **Bauchstecherlein**, im Scherz, eine kleine Art von Nudeln (die man sonst eigentlich **gedräte, geschutzte, klaine**, und am gewöhnlichsten **Finger=Nudeln** nennt) wegen ihrer an beyden Enden spitzigen Gestalt. Der **Bauchwê**, (Baur) Mensch, der keine Beschwerde ertragen kann, gleich kränkelt.

Der **Bauch**, armus; s. **Buech.**

bäuchen, für: mit Lauge waschen, ist wol in Schwaben und Franken, nicht aber in Altbayern verständlich, wo man dafür **sechteln** sagt. Vrgl. schwed. **byka**, verb. **byke**, neutr., die Bäuche. Grimm III, 369. Wbch. I, 1166.

„**Boch.**" „Eicheln, welche in denen dickesten **Boch en** oder Hülsen sitzen, sind zum Aussäen die besten", Wagner, Civ. u. Cam. Beam. II, 203. Gehört vielleicht hieher das schwäb. **Pochspiel** oder **Pochen**, von den Höhlungen, in die man bey demselben seinen Einsatz legt? In Nürnberg heißt nach Hsl. ein Spiel mit großen Schussern die **Bochs.** cf. **pochen.**

Die **Buchen.** In Kr. Lhdl. I, 213, ad 1453 klagen die Deggendorfer, daß sie dem Mautner in Bogen, wenn sie **an dem Wasser** zu ihrer Herrschaft gen Straubing hinauffahren, allemal 32 Pfenning geben müßten von einer **Zillen**, und von einer **Buchen** 8 Pfenninge. Also eine Art kleineren Schiffes. Die „**Renn-buche**" trug 12—14 Personen oder 1 Pferd; „die groß **Urfarbuche**" 30—60 Menschen oder 5 Pferde; v. Lang, Ludwig im Bart, S. 275.

Der **Buchling**, Bückling. „De piscibus et monstris marinis: rubullus, buchling", Semansh. 34, f. 202. Diefenb. 502ᵇ: rubornus. Grimm, Wbch. II, 488. 489. 206. Die **Buchel** (woraus, wie ich jetzt, 23. März 1844, erst einsehe, **Buchtl** blos eine Entstellung ist; s. d.), eine aus einem Bündel Späne bestehende Fackel (am Ende aus *facula* früher, wie später **fachala**? cf. česk. pochodne), **Spanbuchel**, (Baader, Mittenwald). „Dô brâcht er ein **pühel** groz, diu bran", v. d. Hagen, Ges. Abent. II, 341,59. „Der vünfte truog ein **buechein** her" (soll wol „**bucheln**", Fackel, heißen); das. II, 524,37. 1 Fax i. e. incendium, **püchel**", Clm. 5877 (XV., 1449) f. 115. In Mich. Beham's Wienern (1462): „mit **pucheln** und vakeln", 73,19; „die **pucheln**, fackeln und feuerspieß", 74,6; „dy **pucheln** warn enzunden", 90,20; „das man ain weißen fanen auß ainem turn stecket fur das hauß, und auch **bucheln** aus stieße und sy da brinnen ließe", 162,15.20. **Büchlholz**, (Jir.) Holz, woraus Lichtspäne gemacht werden. **Buchstöck**, gutkliebige Brennholzklötze zu Lichtspänen für die Salinenarbeiter. — **bucheln**, vb. Abə' du *buchəlst*, rauchst sehr stark (Tabak); Baader. Zeitschr. IV, 212. 498.

Der **Buech, Buch, Bauch**, der Schlägel, die Keule von einem Rinde, Kalbe, Lamm ꝛc. s. **Bueg.** „Einen **Kalbspauch**" führt A⁰. 1439 das Zinsbuch von Michelfeld als Abgabe auf, MB. XXV, 218. „Ainen **kalbspauch** umb XX dn., ainen **lamspauch** X dn. mit dem haubt", Cgm. 544, f. 46. **Lamsbäuche** als Erbzins, Samml. wirzb. Verord. II, 283. 405. Dazu stimmt der **rindesbuch, chelberbuch, lemberbuch** des Augsb. Stadtbuches v. 1276. „Der **rindsbuch**", Augsb. Zoll von 1282, Cgm. 574, f. 21. „.... rauhe **Pochkul**, jede in 4 Fellen", v. Lang's Jahrb., S. 361. Castelli, Wbch. 98: „Der **Buach, grobi** und **faini**, Benennung für Fleischtheile des Ochsen, welche aus dem Vordertheile genommen werden. Sie enthalten den **Föderl=** oder **Gruschblschbiz** und die **Hålsgab'n** oder **Hålsflaisch.** Zu den **Buach'n** gehört auch die Schulter." Henisch hat **das Buch**: „ein gebratens **buch** von einem Castron." 146 Gl. a. 542. i. 229. 566. o. 147: **puoch**, armus, sca- 146
pula; auch die Form **buch, buc** und sogar **bouc** findet sich o. 307. 147. i. 229.

Das **Buech**, ehmaliger Appellativ=, jetzt nur mehr Eigen=Name für Waldung oder Holz, (zu die **Bueche**, wie der **Tann**, Wald, zu die **Tanne.** Ettmüller in Meyer's Züricher Ortsnamen, p. 32, erklärt das **Buech** für Buchenwald, wie das **Eich** für Eichwald. cf. slaw. bor = Föhre, Föhrenwald und Wald überhaupt; in Ungarn den berüchtigten Forst Bakon˜ (Kollar, Cestopis 3, wol aus Bukon˜, Bukowy les). Analog ist das böhm., poln. bor, Hochwald, nicht gerade ein **Föhrenwald**; daher: Branibor, Mezibor etc., borowy, Förster. S. Th. IV: wiəch ?**Wuoch**, Dickicht?; VII Com. **büge, büüche**). „Forst der da haist **Aiglpuech**", MB. II, 497; das **Albbuech, Albuch**, an der rauhen Alp; das **Dürnbuech** (**Tierinpuech**, Nagel, Notit. Nr. 56. 72. 80), bey Neustadt an der Donau; das **Edelbuech**, bey Teining; das **Grefenpuch**, MB. XXIV, 612. 662. XXV, 11. 77; das **Herrbuech**; das **Schiferbuech**, bey Langweid, Av. Chron. f. 397; das **Schönbuech**, bey Neckarthailfingen; sylva dicta **Slakpuch**, Lori, Lechrain p. 25. **Nidern puech, Mitter puech**, im Innviertel, Cgm. 3941, f. 109; **Puchkirchen**, das. f. 110; „**Vorpuech** bey Hernnting in Puchkircher pfarr", das. f. 119. „In loco **vor dem puech**" (vor dem Veldener oder Veldensteiner Forst?), Geöff. Arch. 1823, VI. H., p. 180. Nach alten Dachauer Protocollen (Hellersperg's Gerichtsb. und Scharw. p. 114. 123) müßen die Vogtbauern des

Puechschlageramtes, jeder eine gewisse Zahl Klafter Holz, aus dem Pu e ch in das Schloß führen.

Die Buchen, Name einer Landschaft in der Wetterau, Buchonia, Bochonia (v. Buech, Wald; cf. die Bukowina v. slaw. buk, Buche. Grimm, Wbch. II, 471). Lantgraf Fridrich zoch (1313) in die Puechen mit her... quam in die Puechen uf die zwen epte von Fulde und von Hersfelde", Cgm. 1242, f. 244. „De monasterio Fuldensi quod cum auctoritate Zachariae papae et cum favore Karlmanni regis Austriae in vastissima solitudine saltus *Boconiae* ipse (Bonifacius) construxerat", Rodulfus, Rabani discipulus, de vita b. Leobae, Clm. 4608, f. 206. Unter den Äbten, die 1415 in Constanz beym Concil gewesen: „Joh. de Merla, abb. in Fult, in territorio *Buchen*", Clm. 5596, f. 1. „Von dem ländlin Buchen," Cod. Pal. 696, Mone's Anzeiger 1838, Sp. 399. „Kasler und auch die frischen Meichsner und auch die Püchner sind all geren zucker und rauber", Cgm. 521, f. 149^b. Vrgl. Förstemann II, 258. Cf. in Ungarn den berüchtigten Forst Bakon~ (Kollar, Cestopis 3, wol aus Bukon~, Bukowy les).

Der Buechampfer, Buechklee, oxalis acetosella; „alleluia, panis cuculi, buechklee, buechampffer", Clm. 16487, f. 97. „alleluja, puechampfer", Ind. 355, f. 167. Clm. 5873, f. 236. Grimm, Wbch. II, 469. 475.

Die Buchholter, Buchalter, cicuta, (ahd. buocholter. Graff III, 43. Grimm, Wbch. II, 469. 475. Diefenb. 117ᶜ f.), „j lot von der wurcz buchhalter daß ist do die ror aufstanden da man golliechter in geußt"; XV, Clm. 5036, f. 139^b.

Der Buech-Schwamm, (opf. nach Popowitsch), ein Ungeheuer von unzähligen aneinander wachsenden Schwämmen, die sich auf den Wurzeln oder den Stämmen der Eichen erzeugen. Um Regensburg: der Eichhas oder Waldhas; um Anspach: Birn-Bitzel, pyrosphyon. In mehreren ähnlichen Compositis mit Buech- würde sich dieses besser aus obigem Buech (Wald), als aus Buechen (fagus) erklären.

Die Buechen, die Buche, fagus (ahd. puocha, buocha, mhd. buoche. Grimm III, 369. Graff III, 35. BM. I, 280. Grimm, Wbch. II, 469). „Nim laub von ainer waldpuechen vnd von ainer haidpuechen", ZZ. 2072, p. 358. buchen, büchen, adj., (ahd. puochîn, mhd. büechîn) 1) von Buchenholz; 2) fig. von dauerhafter Körperbeschaffenheit; 3) hölzern, träge; du bist als wiə buəchə~, (Baader). Zeitschr. IV, 498 f.

Die Büechel (Biəchl), die Frucht der Buche, Buch-Eichel, Buch-Eker; verhält sich zu Buech, wie Aichel zu Aich. „Fagus haizt ain puoch. daz ist gar ain êrleich paum und tregt früht, die sint dreieckot, die haizent püecheln mit uns (Hs. püechlein) oder puochaicheln in anderr däutsch", Konr. v. Megenb. 323, 26. „Buchel, facinum (l. faginum), fructus arboris," gl. a. 761.

Das Buech (Buəhh), wie hchd. Buch, (ahd. puoh, mhd. buoch; goth. bôka, fem. Graff III, 32. BM. I, 278. Grimm, Wbch. II, 466. Vrgl. lat. liber (ᴗ ῡ, Bast) und codex (Baumstamm), beides vom Baum. Sed liber est codex vel raptus ab arbore cortex; Clm. 5008, (XV. sec.) f. 162. Das Buechfell, ä Sp., Pergament, (mhd. buochvel. Graff III, 469. BM. III, 294.). „Swie guot buochvel ein schrîber hât und swie snelle sîn veder gât ûf dem buochvel hin und her, der mac doch niht haben die lêr, daz er schrîbe ihtes iht, ist in der veder tinten niht", d. welsche Gast 14019. Der Puechfeller, pergamenista, Voc. v. 1446. „Ich Herman der Puchfelar Purger zu Braunaw", MB. V, 200, ad 1398. „Albertus dictus Puhveller civis ratisponensis", MB. XI, 91, ad 1281. Simon Buchfelner, Name eines Theologen (1820—30). Der Buechfüerer, (in der Spr. des flachen Landes) Mensch, der mit Gebetbüchern und geistlichen Andachtschriften handelt und sie wol von Haus zu Hause feilbietet. Buchführereyen, Schreibmaterialien-Handlungen, (Salzburg; Lex. v. B.). Buchführer-Waaren (Mauth-Ord. v. 1765), gedruckte oder geschriebene Literatur-Gegenstände. Früher war das Wort Buchführer dem jetzigen Buchhändler gleichbedeutend, Wirzb. Verordnung v. 1746, die „bürgerlichen Buchführer und Buchhändler" betreffend. Buchführer, bibliopola, Onom. v. 1735. Die Buchsag, die Sag (s. dieses Wort), so hieß gewöhnlich, besonders in Tirol, das bayer. Landrechtbuch Kaiser Ludwigs. In einer Moll-Oldenbourgischen Abschrift desselben steht hinten: „Dise Puechsag hat mir mein Basen Susanna Renzin [Andreen Högers erzfürstl. Vormundschaft Salzverwesers zu Castengstat hinterlassene Wittib] verehrt 1652. Ch. Egerpacher." Sodann: „Dise Puechsag habe ich von meinem lieben Vötter Christoph Egerpacher Landgerichtsprocuratorn alhie zu Khuefstain ererbt und hinentgegen an Ime yber 100 thaller verlieren müessen. 1684." Der Buchsager. „Ein buochsager trunken, ein valsch ros erhunken, für kolbenslege ein strôhuot, daz allez ist für niht guot", S. Helbl. II, 1447. Vrgl. BM. II, II, 23 u. und dagegen: „Requisisti sortes in codicibus vel in tabulis ut plures solent qui in psalteriis et evangeliis vel aliis huiusmodi rebus *sortem praesumunt*"; Theodori canones poenitentiales, Clm. 5387, f. 315. „Si usus est sortibus divinatoriis ut psalmo vel *libro cum filis* et hujusm."; Antonii Florentini summa confessorum, ZZ. 1826, f. 30. Der Buchstaben, s. Stab. Der Buechstecher (östr. nach A. Klein), Taschen-Spieler. Hieher gehört auch das alte Wahrzeichen Hamburgs, der weltbekannte Bocksbeutel (Umdeutung des plattdeutschen: Booksbüdel, d. h. Buchbeutel), eine weibliche Figur an der Petrikirche mit einem Gesangbuch im Beutel. Es ist in dem großen Brande v. 1842 in Flammen aufgegangen. Allgem. Zeit. 1842, S. 1286. „Dat golden Kleenod disser Stadt, de Booksbuel iss to nicht", Firmenich I, 64^b, 3. Vrgl. Grimm, Wbch. II, 206. Pfeiffer's Germania II, 301. — Ob der häufige Geschlechtsname Bücher, Büchner zu einem, u. zu welchem von diesen Büch gehört?

---

bahsen, ahd. s. unten fachsen. „Filiae eorum compositae cesamene gesazte, gebahsete, circumornatae ut similitudo templi umbegezierte also diu glihnusside des sales", Cgm. 17, f. 200, Ps. 143, 14 (Graff, Windb. Ps. p. 652.).

Bochs, Bocks, (Nürnb., Hsl.) Spiel mit großen 147
Schussern. Vrgl. Boch und Böcker und Bugel. Herr Schuəlmaəstə, dèr hàt o~n *Bäcks* 'tà~ (b. W.; Furz?). bochseln, pulsare; Grimm, Wbch. II, 200 (cf. bochen, bocheln). Die Bochselnächte, Klöpfleinsnächte (s. d. W.). (Am Gründonnerstag in der Kirche) „und man machet das (letzte) liecht auß, da hub' yederman an zu bochen und klopfen, wie denn inn den bochselnächten im bapstthum der brauch geweßt ist", Joh. Pauli 201. Grimm, Wbch. II, 201.

Die Büchsen (Bicksn), das Büchslein (Bicksl), wie hchd. Büchse, (ahd. puhsa, mhd. bühse. Graff III, 46. BM. I, 277. Grimm, Wbch. II, 476. — Das kärnt. puksha, Flinte, hält Jarnik p. 61 noch für abgeleitet von pókniti, krachen; doch ist es wol nur aus dem Deutschen entlehnt. Andere Slawen haben pushka). Gl. a. 671. i. 339. o. 152: pixis, buhsa. Die Büchsleinfrau (Bickslfrau), im Munde von Frauen und Mädchen aus der bürgerlichen Klasse, die bey ihren Gewerben das Geld gewöhnlich in einer reichlich versehenen Hängetasche führen; scherzweise: eine Frau, die von dem, was der Mann ihr von Zeit zu Zeit vorgiebt, ihre kleinsten Ausgaben zu bestreiten hat, — ein Fall, in welchem sich gewöhnlich die Ehehälften der Angestellten und Beamten befinden. Ins Büchslein blasen, s. unten blasen.

Die Büchsen, Getreidemaß; in Regensburg 2 Büchsen = 1 Schaff, in Öttingen 9 Metzen, (alte Instruction). „Maßgeschirr, das halbe Schaff Getreides zu messen", (Jir.).

Die Büchsen, ä. Sp., das Feuer-Rohr, le canon, die Canone. In Regensburg ward bereits 1373 aus Büchsen geschossen. Es kommen um diese Zeit Büchsen

vor, „die in Holz verricht und mit Eisen beschlagen sind.“ Gem. Chr. II, 166. 191. Doch schon Konr. v. Megenberg († 1374) schrieb daselbst in seinem „Buch der Natur“ (um 1349—50): „Sam ain geschôz, daz man auz pühsen scheuzet“ (Pfeiffer 91,25) und: „alsô snell als ain geschôz, daz von einem armprust vert oder auz ainer schôzpühsen“ (das. 274,2). In China gab es vor 907, unter der Dynastie der Tang, hopao (v. ho, Feuer und pao, Katapult), Kanonen. Ausland 1840, p. 283. „Auz püchsen schiezzen manigen schuz“, Suchenwirt IX, 207 (ad 1350 circa, vor Serravalle). „Schießbüchs, bombarda“, Voc. venez. tedesco v. 1424, f. 23. In Wittenweiler's Ring (15. Jahrh.) heißt es 57b,31 (p. 256), nachdem der Pfeile, der Bleide gedacht worden: „Wie gern seu hietin geschossen do aus der büchsen gen ym so! Da hieten seu des pulvers nicht.“ Doch wird das. 56a,15 mit den Worten „So grosseu vinstreu was geschehen von dem pulver auf dem plan“ doch blos Staub gemeint sein, da des Schießens hier nicht gedacht ist. „Ain stainbüchsen groß, das achtzehen hengst vorgiengen“, wird a° 1457 dem König Casimir von Polen abgewonnen, (Cgm. 276, f. 234). „Hans Huniad nimt den Turken (im J. 1546 vor Griech. Weißenburg) XIII groß werchpüchsen, der yedew XXXII spann an der leng hat, und vierthalbhundert terras und gemainer püchsen aus den der merer tail XII spann nach lengs haben“, Clm. 5141, f. 133. A°. 1562 findet sich in der Landh. Harnischkammer gar eine lange liderne Pürn. Vrgl. Böller (unter Bolen) und Kloz. In dem Fewrbuch Ms. v. 1591 werden folgende „Geschlecht der Büchsen“ aufgeführt: 1) das Falkhonetl (schoißt 1—5 lb. Eisen), die Quartier-Schlangen (cfr. Viertelbüchsen, abgebildet a°. 1500 im Cod. iconogr. Monac. 221) 4 lb., die halbe Feldschlangen 15 lb., die ganze Feldschlangen 20 lb., die halbe Notschlangen 25 lb., die ganze Notschlangen 30 lb., die Quartier-Kharthaunen 35 lb., der Parscherlukh 40 lb., der Nachteral 45 lb., die halbe Kharthaunen 50 lb., der Püsel 55 lb., die Maurbrecherinn oder Karthaunen 60 lb., der Aff 65 lb., die doppelt Quartier-Kharthaunen 70 lb., der Falkh 75 lb., die halbe doppel Kharthaunen 80 lb., die ganze doppel Kharthaunen 85 lb., die Drometterin oder Dararen 90 lb., die halbe scharpfe Metzen 95 lb., die ganze scharpfe Metzen 100 lb. Nach Kr. Lhdl. III, 315 war A°. 1448 eine große Büchsen zu Neuburg, die schoß bey 4 Zenten und dazu 50 bereiter Steine —, vermuthlich eine und dieselbe mit der (ebendaselbst VII, p. 234, ad 1468 vorkommenden) großen gewerkelten Büchsen, die Meister Erhard von Salzburg gemacht. (Vrgl. die Ende Febr. 1844 zersprungene zu 225 Pfund auf dem amerikanischen Dampfboot Princeton. Allg. Ztng. 1844, Beil. S. 1041.) Es werden daselbst unterschieden: Hauptbüchsen, Karren- oder Wagenbüchsen, Nothbüchsen, Stainbüchsen, Streubüchsen ꝛc. Figürlich sagte man auch: mit goldenen (silbernen) Büchsen schießen. „Zu lesten sy sy da van demselben taber ließen mit guldin puchsen schießen; vir tausend guldin gaben sy“, Mich. Beham, Wiener p. 302,19. Die tragbaren Feuerrohre hießen Hand-Büchsen, (Kr. Lhdl. IV, 29. VII, 237), theils Bürschbüchsen, theils Zilbüchsen ꝛc.; solche, die mittels eines Hakens auf ein Gestell aufgelegt werden konnten, Hakenbüchsen; Pistolen, Faustbüchsen. „Eine Faustbüchse, so an dem Rohr zwo Spannen lang“, Wirzb. Mandat v. 1560. Faustbüchsen im Clm. 940, f. 748, ad 1595. Auf
148 dem platten Lande versteht man unter der Büchsen noch jedes tragbare Feuerrohr, und im Tirol ist auch der Ausdruck Wagenbüchsen noch nicht durch das fremde Canon, Canone verdrängt. Legerpüchsen, Kanonen auf Lafetten; Cgm. 600, f. 599. Das Büchsenkraut, ä. Sp., Pulver. Das Büchsenlot, ä. Sp., Bley zum Schießen, pila plumbea. Prompt. v. 1618. s. Lot. Der Büchsenmaister, im Feuerbuch v. 1591 noch ein bedeutender Oberofficier, kommt in den zuletzt publicierten Kriegsartikeln für das wirzburgische Artillerie-Corps erst nach den Unterofficieren zu stehen.

Die Büchs, (b. W.) feminal. „Alsô wart ein Dirnkindel geborn, daz het hangendeu prüstel und hâr under den üehsen und hêt auch hâr ob dem goltpüchsel“, Konr. v. Megenberg 487,36 (bei Pfeiffer: goltpüschel; vgl. dessen Glossar p. 588: püschel, püschlein, crines pubis). Vrgl. Grimm, Wbch. II, 477, 8.

Die Buchsen (b. W., Rhein), die Hosen. „Buchsen, Bloderhosen“, braccae, femoralia laxa, Prompt. v. 1618, Onom. v. 1735. (Niederdeutsch: Boxen, Büxen, schwed. byxor. Vrgl. Zeitschr. I, 252. II, 423,22. III, 42,41. VI, 430,23. Grimm, Wbch. II, 598: Buxen.)

Das Büchslein (Bicksl, b. W.), Rand oder Bordur an Kleidungsstücken, (cfr. Büeslein). Das Hemet- oder Pfaid-Büchslein, Bordur an der Oeffnung des Hemdärmels, manchmal von Leinwand gesteppt, oft auch eigens gewoben. Cfr. „Ein welsch par hosen von silberm tuech mit weis atlasen Pirlen“, ad 1580; Wstr. Btr. V, 173. Von seiner (Gottes) Bichsen wissen die Talmudisten; Dr. Eck. (Hieher?)

büchsen, vrb., (Nürnberg) viel trinken. „Wann s ə˜ pàr Gläsə-ln *auspuxt* hät“, Seidl 1844, p. 265. Flinserln III, 84. 101. Vrgl. Grimm, Wbch. II, 477,3.

buchsen, buchsnen, (Unt.Don.) mit geballter Faust schlagen, to box. (Zeitschr. IV, 43. 499. Grimm, Wbch. II, 477. Vrgl. mhd. der buc, Schlag, Stoß; BM. I, 275. 220). Gê, sunst kriəgst *Bucks'n* in'n Arsch (b. W.). „Just gäd iehm ainer ä *Buxen* in d'Rippen“, Lindermayr 132.

Buchsheim, Bucksham, Dorf zwischen Eichstätt und Ingolstadt. Der Buckshamer, Bockshamer, Bockshàbə˜. eine Art bäurischen Tanzes. Bockshamerisch tanzen.

Das Bacht, s. Bocht. Das Bachtl, s. Bach-tal.

Becht, (O.Pf., nach Zaupser) der Körper; s. Bottich.

Die Beicht (Substantiv von bejehen, bijehan, bekennen; mhd. diu bîhte aus bîgihte. Graff I, 587. BM. I, 516. Grimm, Wbch. I, 1360; s. jehen und Gicht, Jicht), ist wie im Hchd. nur mehr in der eingeschränkten kirchlichen Bedeutung üblich. Der Priester soll sprechen ain offnen beicht, (heutzutag: die offene Schuld), MB. IX, 66, ad 1487. beichten, 1) wie hchd. bekennen (im heutzutagigen kirchlichen Sinn); in der ä. Sp. sich beichten; (doch mhd. bejehen Einem eines Dinges; später: ein Ding, und: sich beichten eines D. oder ein D. Vrgl. BM. I, 515). „Daz nieman an sinen lesten ziten sol zwiveln, ob er sin sunde luterlichen in gotes namen beiehe“. Ind. 375, f. 190a „Sin svnde . . . hat er die zit, so habe riwe und beiehe ir“, das. 190b. Ich en wais wes ich mich peichten sol“, Br. Berthold, Clm. 5858, f. 111. „Derselbe beichtet sich aller seiner sündt“, Clm. 5037 (v. J. 1504), f. 153. „Der priester sprach: frawe tugenthafft, pflegt ir icht haymlicher pulschafft? Die frawe sprach: herre, ja ich; was solt ich davon peychten mich? Rosenplut, Cgm. 713, f. 64. Cgm. 270, f. 122a. „Wie sich ain ieglicher mensch peichten sol“, Fürstenzell 55, f. 46. „Welcher mensch sich wol well beichten“, Clm. 4402, f. 159. „Der sol sich beichten“, Cgm. 73, f. 25. „Das sich die fraw peichtet wider hern Perchtolden“, Cgm. 213, f. 202b. beichtigen. „Das si solches peichtigaten“, Cgm. 632, f. 42. 2) O.L. Einen beichten, seine Beicht anhören, (also: ihn bekennen lassen. Vrgl. gichtigen). Gê, Hèrr, sey bèdn, tuə mi' ə˜ weni' *beicht'n*, sagt wol das Beichtkind zum Geistlichen. Də' Hèrr Pfarrə' hàt mi' '*beicht't*. Der Beichter (Avent. Chr. 508), der Beichtvater. „Dô der sünder vor sînem bîhter sitzet“, Griesh. Pred. II, 74. Der Beichtspiegel, geistliche Anleitung, sein Gewissen zu erforschen. Wenn I e˜n Beichtspiəgl hàbm will, sagt Hans, so därf I gràd mei˜ Wei' prügln, da wèr I aufs Hárl innə˜, wàs I àlls z' *beicht'n* hà'. Der Beichtzettel, Beichtschein. N. A. So fètt wie ə˜ *Beichtzédl*, (b. W.).

Das Bocht, Unrath, Kehricht; Schmutz, Koth (mhd. bâht. BM. I, 78. Grimm, I^{3},169. Wbch. II, 201. Vrgl. goth. us-baug-jan, auskehren; Luc. 15,8.). „Daz wart gevellet in ein bâht“, Otte m. d. Barte 266 (Hahn p. 99). „In dem stalle ist maniger slahte bâht“, Kindh. Jesu, Hahn 80,36. „Owî wie wunderlich doch was elliu sîn andâht, daz er in der swîne bâht (Koth) sîn houbet in geleite“, Anegenge, Hahn 31,52; vrgl. 36,79. „Als der bî stüelen zwein saz in ein bâht“, Ulr. v. Liechtenstein 602,23. cf. Parz. 501,8. Freid. 146,10. „Harn, hûspâht oder unsûber gespüele“, Meraner StadtR. in Haupt's Zeitschr. VI, 424. cf. Th. II: Kefer. Das bocht, Schilter's Jac. v. Königshofen 37. 320. 817. Cgm. 569, f. 195; boch, das. f. 25; beht, Cgm. 337, f. 186. Stalder I, 123: das Bächt, Beecht, Auskehricht. Das Böcht, (hess.) unreinliche Nässe, Schmutz; Vilmar p. 6. Weinhold, schles. Wbch. 11: das Böcht, Pöcht, das unterste vom Düngerstroh, schlechtes Bettstroh; Lager, Bett; gemeines Volk, Pöbel. Zu Bochte machen, (v. Vieh) Futter unter die Füße werfen; pöchten, pechten. Firmenich I, 1,29: „tö skówlin ön dit Ba“, zu schaufeln in dem Dreck, (fries., Sylt). cf. Zeitschr. IV, 180. VI, 12. Vilmar, hess. Idiot. 46 u. unten: Pechtle, Splitter.

Der „Boichtl“, (Hauser) grober Mensch, Lümmel.

Die Buchtl, (O.L.) Büschel von Spänen, der zur Fackel dient. Nach Gramm. §. 681 aus Buchel entstellt, (s. d.).

(Vrgl. Bach. bech. ꝛc. Bag. beg. ꝛc.)

149 Der Backen (Backə˜), 1) wie hchd. (ahd. bacco, bacho, bacho, backo, mhd. backe, Graff III, 29. BM. I, 76. Grimm, Wbch. I, 1063. cf. unten bracket). „Nates, arspäckel“, Mallerst. 32, f. 315. Diefenb. 376^{a}. 2) Ansatz oben an jedem der Seitenbretter einer Bettstelle. So heißt wol jedes als Stütze oder Ansatz an einer Wand oder einem Brett befestigte Holz ə˜ Báckl (Bäcklein). Das Müeder-Bäcklein, (Ilm) Wulst am Mieder, die Röcke daran zu hängen. In einem Harnasch-Inventar v. 1562 kommen vor „zween getzte Pagkhen zur Roßstirn, zway alt Pagkhn zu ainer Sturmhaubn.“

backeln, (Baur) wackeln, wanken, taumeln; bey Höfer I, 53: „bagizen, stark zittern, hin u. her wanken z. B. vor Alter, Schrecken, Kälte oder Rausch.“ Castelli 71: „bâgaz'n, beben; Ih bin so dá'schrock'n, dafs âlls in miar *bâgazd.*“ „Er *bàgátzt* und denkt: Is 's wol gàr Lucifer?“ Reizenbeck I, 86. „Wiə-r-ə' *bàgəzt* vor Kelt'n“, Kaltenbr., Ged. 116. „Də' Hánsl der *bàgəzt* ə˜ Weil“, Kaltenbr., oberösterr. Jahrb. 1844, S. 224. Vrgl. česk. bojîmse, timeo; bojácny, timidus. Zeitschr. III, 193,155. Vermuthlich ein Wort mit barkeln (ba'kəln), w. m. s.

Der Beck (Béck), des Becken, die Becken, der Bäcker, (ahd. pecho, pecko, mhd. becke. Graff III, 24. BM. I, 76. Grimm, Wbch. I, 1215. Vrgl. kärnt. pek, Bäcker; pék-el, pezhem, pezhi, backen; pezh, 1) Ofen, 2) Felsenwand; pekel, Hölle; Jarnik p. 61. zh = česk. č). Eine Münchner-Rathsverordnung v. 1427 setzt fest, „daz nu fürbaz hie ze Münchn in der ganzn stat kayn peck weder sawrpeck noch süzzpeckh vor pfarrmetten nicht underkönten vnd fewr ze ofen machn sol.“ Die R. A. Ia bey'n *Béckə˜* — bacht mə's ... oder blos: bey'n *Béckə˜!* heißt so viel als: aus dem, was du von mir verlangst, wird nichts. Die Beck, OPf., eine zum Backen in Bereitschaft gesetzte Quantität Mehl. ə˜ *Béck* Broud, so viel auf einmal gebacken wird. Das Gebäcks, (Aschaff.) Backwerk. cf. bachen, Bächt.

Das Beck (Béck), das Becken. Die Fleischer „suln haben slahwag un khain tewfwag . . . vnd sul daz lær peck (Wagbecken) zway vinger hoh(er) sten, dan daz, da daz gelet aufleit. Es sulln all gewicht vnd allew pek gerecht sein vnd suln auch die pek enporsten und sweben ee dan man das flæsch darauff legt“, Münchn. Polic.Verord. v. 1468, Wstr. Btr. V, 132. „Die von schofpurgk haben geschenktt ain gießvaß, das was gemacht von einem aufzug vnd ain groß peck vnd siben hoch schevrn, alles kostlich vergullt“, Wstr. Btr. III, 138. „Zwen knaben einer mit dem schwerdt, der ander mit dem Handtpekh“, Wstr. Btr. V, 158. „Den Arbeitern beym Thumbbau ist das Geld in einem Beck vorgesetzt worden, davon miraculoser Weise keiner mehr als sein Gebür nemmen können“, Dnkher's salzb. Chr. 32. Die Beckenhül, (eine Strafe), s. Hül und schupfen. Gl. o. 380. 438: bechî, sonst passim bechîn, bacinus; mhd. becke, becken. Graff III, 30. BM. I, 97. Grimm, Wbch. I, 1216.

Die Beckelhauben (Béklhaubm), Blechhaube, ein Theil der ehmaligen Bewaffnung gemeiner Kriegsknechte, der bey der Münchner Scharwacht bis zu Anfang dieses Jahrhunderts vorkam, (mhd. beckelhûbe, beggelhûbe; auch beckelhuot, Heinr. Trist. 3304. BM. I, 724. Diefenb. 285^{c}. Grimm, Wbch. I, 1215. 1809. II, 204. Cf. niederd. der Pekkel, lederne Haube; Dönekenbok 214. „Toog sam Koppe den *Pekkel*“, Firmenich I, 176,58 (Braunschw.). Voc. v. 1419: peklhaubn, yla. „Dem heil. Savinus ist ein glühendes Kaschget oder Becklhauben aufgesetzt worden.“ „Die Beckelhauben auf dem Kopf macht keinen Soldaten. sonst wären auch die Kothlerchen Soldaten“; P. Abraham. „Swa mergelhauben und peckelhauben beginnent gen einander strauben“, Renner 11456. „Die Muscat sind besser auf glauben denn het ich ein Beckelmanshauben“, sagt Heinz Hederlein (sie sey gut für den Schlag, was Heinz für Schläge nimmt), H. Sachs 1560: V, 348. cf. 1612: IV, III, 51. Sie soll aufgesetzt für den Grind der Kinder helfen. Der Name deutet vermuthlich auf die Aehnlichkeit mit einem Becken, und der Ritter Quixote hatte so unrecht nicht, das bacin (de barbero) für einen Helm (bacinete, mittellat. bacinetum) anzusehen. Im Laufe der 1840er Jahre ist die Pickelhaube von Preußen aus bis nach Bayern (unsere Bürgerwehrmänner prangen 1849 darin) wieder zu Ansehen gekommen. Sollte der, den Zugang der Luft vermittelnde, hohle Ansatz (Pickel, Bickel) auch schon den alten Pickelhauben eigen gewesen seyn? Pickeleinmacher oder Hauben- und Helmschmiede gab es ehemals in Nürnberg.

-beck, -peck, -weck, -becker, -pecker, -wecker, die 150
Endung bach von Ortsnamen, wenn diese in Personennamen umgewandelt worden sind. Ehmals: der Rörbeck (des, dem, den Rorbecken, die Rorbecken); die Rorbeckinn, d. h. der Herr, der Edle; die Frau, die Edle von Rorbach; und so z. B. der Arnpeck (Vitus Ärnpeckh), Ergolspeck, Haselpeckh, Heyweck, Krespeck, Mülbeck, Wittelspeck ꝛc. MB. und Hund's Stammbuch, passim. Awerpeck, Cgm. 3941, f. 129. Jorg Burgelbeck von Burgelbach, Cgm. 154, f. 8^{a}. Heinrich der Trübenpeckh in einer Walderbacher Urk. v. 1352. Der Winsbecke. Herman von Windesbach, canonicus Ratisbon., a. 1229 und 1245 (cf. Ried I, p. 361. 405.), verschieden von einem gleichnamigen Ministerialis ecclesiae Wirceburg. (Dr. K. Roth, 1. und 9. Febr. 1849.) „Freyherrl. von Grissenböckisches Patrimonialgericht zu Grissenbach“ (bey Landshut). Heutzutage: der Eschelbecker, Gambecker, Rörbecker (E'schlwéckə', Gámbéckə', Rou'wéckə'), die Eschelbeckerinn ꝛc., der, die von Eschelbach, Gambach, Rorbach ꝛc. s. Gramm. 424. 834.

becken (bèckə˜), 1) wie hchd. picken, d. h. mit dem Schnabel oder sonst einem spitzigen Werkzeuge wiederholt hauen, (ahd. pichan, mhd. bicken, becken. Graff III, 324. BM. I, 115. Grimm, Wbch. I, 1216. 1809). D' Henn *bèckt* 's Fuəttər auf. Də' Hehhə' *bèckt* i˜n Bám 'nei˜. Də' Maurə' *bèckt* 'n Mörtl vo˜ də' Wand. R. A. Pêdə'l, dà *bèck* her! derbe Abfertigung eines Begehrens, welche gewöhnlich mit dem sogenannten Feigezeigen begleitet ist. Ey, daß dich der Hahn becke! Bucher's s. Schr. IV, 60. 'Besonders: zur Ader schlagen, schröpfen.' Man soll den pauch mit dem kopf (Schröpfkopf) nicht peken“ (alias: haken), Cgm. 4543, f. 107. „Zwen kopf auf ieglichem wadbain ân peken", das. f. 108. 2) hauen, treffen überhaupt, mit dem Nebenbegriff des oft Wiederholten oder Unergiebigen. Die Köchinn beckt das Fleisch mit dem Beile (durchhaut die Knochen), eh sie es mit dem Messer durchschneidet. Unverträgliche Ehleute, Geschwister ꝛc. becken oft den ganzen Tag auf einander 'nein (mit wirklichen Schlägen, Stößen, oder doch mit Scheltworten). cf. mhd. bickelwort, Trist. 4639. BM. III, 808. (Vrgl. auch das folgende becken, wiederholt husten). Fig. die Köchin beckt auf den Marktkorb, wenn sie ihrer Herrschaft mehr aufrechnet, als sie wirklich ausgegeben hat. Mägde, denen der Einkauf anvertraut ist, Boten, Getreidführer und dergleichen Unterhändler becken gerne drauf. Im Spanischen wird diese Art der Uebervortheilung sehr vornehm sisar (Accise oder Aufschlag nehmen) genannt. Der Beck, Becker, das einmalige Becken: Stoß, Schlag. „Seco hacken, pecken, sneiden", Avent. Chr. Der Becker oder die Großkugel, eine Art Schusser. cf. Böcker und bötschen (betschen). Zeitschr. IV, 129,32. 444. VI, 431,109.

becken, beckizen, beckßen (Nürnb., Hsl.) aus angegriffener Lunge viel und oft husten. Er beckt die ganze Nacht. Vrgl. das vorige becken 2). Zeitschr. III, 340. 557,93. IV, 70.

Das Beckelein (Bèckə-l), das Reh; die Ziege, (bique, biquet in der Champagne).

Der Bickel, 1) die Picke, Bicke (Adelung), starker gestählter Zahn mit einem Artstiele, dens ferreus fossorum. Vanga, ein stain pikl, Voc. v. 1419 u. 1482. „Darzuo woltens pikel han ze untergraben hie und dort", Ring 57,25. „Swer einen pickel giezzen kan, der nimet sich glocken giezzen an", (meint schon, er könne es), Renner 13424. „Ez stecket als ein bickel (brickel) sich selber in mein herze", Labr. 497. „Kanst du ez versteen, stumpffer pyckel", (zum Ackermann), Cgm. 579, f 48. cf. BM. I, 116. Grimm, Wbch. I, 1808. 2) spitzer Stecken, der beym sogenannten Schmerbickeln durch einen Wurf in die Erde geheftet wird. 3) der Würfel (Grimm, Wbch. I, 1809). „Tali, ἀστράγαλοι, bickelin; astragalismus, spil mit bickelin", Nomencl. 1629, p. 145. Diefenb. 572b. BM. I, 116. bickeln, vrb., mit der Bicke hauen; werfen, würfeln. Schmerbickeln, s. Schmer. Zeitschr. IV, 332.

Der Bock, wie hchd. (ahd. poch, mhd. boc. Graff III, 30. BM. I, 220. Grimm, Gesch. d. d. Spr. 42, hält Bock für ungermanisch und erst für hafer, haber, caper, Mode geworden, wie Pferd für hros. Wbch. II, 201.). Zu Bock für Fehler im Argument vrgl. engl. a bull (Stier) und unser ə Sau = Klecks. böcken, bückin, bücken, adj., vom Bock. „Ain Säcklein von pükhenn oder gaißen Leder", Frwrb. v. 1591. „Nim pückens unslid", Cgm. 4543, f. 96; stainpukein unslid", das. f. 154. Vrgl. Zeitschr. IV, 4. 207. 193. V, 6. 169.155. 472.

Der Bock, im Kartenspiel, Blatt, das nicht gestochen werden kann.

Der Bock = Dudelsack? „Man hort da böck pfiffen vil", Liedersf. Nr. CXXV, 354.

'Bock, in Flüchen und Verwünschungen, steht wol euphemistisch für „Gott" und Bor genitivisch für Bocks = Gottes.' (cf. česk. boh, poln. russ. bog, bug, Gott); vrgl. Grimm, Mythol.² 947. Wbch. II, 202,6. BM. I, 220. „Das jn pock schend an seel und leib!" H. Sachs 1560: II, IV, 10. „Ey nun geb jm bock alle franzen!" (mal franzos, morbus gallicus), das. 1560: III, III, 24b. „Das ich mein eigne ku nit kendt, das mich bor hoden schendt und blendt!" das. 1560: III, III, 30 (1612: III, III, 59). „Es schend sie porleber und lung", das. 62. „Das dich pock schend und blend!" das. 69. „Wie hast du kocht, das dich pock schendt!" das. 1612: III, III, 85. „Was macht jhr hie, das euch pock schendt und euch roßhoden schend und blend!" das. 1560: III, III, 44 (1612: III, III, 87). „By Bockes schedel, lib, glütt, huld!" Chron. des Appenzeller Krieges, p. 14. 26. 37. 39. 95. „Por zigls willen!" (wol für Zagels; s. d.), Katzmair, Cgm. 929, f. 36. Oberbayer. Archiv VIII, 24. Por tod! Por blut! Por leichàm! In gleicher Weise steht auch häufig botz, potz (Grimm, Wbch. II, 279): „Botz mag!" H. Sachs 1560: III, III, 79. „Sammer Botz schweiß!" das. 1560: V, 347 (1612: V, III, 18). Cf. Th. III: schenden und unten Potz, auch Gott.

Der Bock, Schlitten, worauf im Winter nach Hinwegnehmung der Räder das Wagengestell mit der Ladung gelegt wird. (Baader.) Vrgl. ahd. sampoh, sambuch, basterna, essedum, (genus vehiculi. Graff III, 31. BM. II, II, 50. Diefenb. 210c). Grimm, Wbch. II, 204,10.

Der Bock, eine Zahl von Vieren; Castelli, Wbch. 90: an *Bog* Biarn. Grimm, Wbch. II, 204,10. Ztschr. VI, 28.

Das Bogarl, der Tannenzapfen; Castelli, Wbch. 90: Geh aussi und glaub *Bogarln* auf.

Das Bockarl, der indianische Hahn; Hammer-Purgstall. Castelli, Wbch. 91: Bokarl. Zeitschr. III, 266,2, 1.

Der Bock, der Böckler, (ä. Sp.) Mitglied der um 151
1440 vom Adel vor dem Böhmerwalde unter sich errichteten Gesellschaft „des Peckhlerbunds"; Kr. Lhdl. V, 310. VI, 33. Reg. Chr. III, 157. Hund, Stb. II, 60.

Der Schubbock, (Werdenfels) der Schubkarren.

Das Bocksaug, der Bockstern (etwa Umbildung aus Apostein, d. i. Apostem, wie Cgm. 3724, sec. XV., immer schreibt?), Eiterbeule größerer Art als das Aiß, Eiterauge.

Der Bocksbeutel, s. oben Buch.

Pockafentzel, s. Fankel.

bockbainig (bokbaəni'), hartnäckig. Grimm, Wbch. II, 204. Zeitschr. I, 251. II, 285,28. IV, 4. V, 6. bockstärr (bokstár), ganz starr und unbeweglich. Grimm, Wbch. II, 208.

bocksfebris, adv., (Hsr.) zu Grunde gerichtet, gar, hin.

bockschinden, (zu Rimberg, besonders von Weibsleuten, die auf dem Feld, um Gras ꝛc. beschäftigt sind), müßig zusammen stehen oder sitzen, um eins zu plaudern.

Der Bockschnitt, was Bilbezschnitt, da, wo man annimmt, daß diese Erscheinung von einem Bock herrühre, auf dem ein Gespenst durchs Getreidefeld reitet. Grimm, Mythol.² 445.

„Der Bockstall, in Bayern, ein Hauptjagen, wo das Wildpret auf den Lauf zum Abschießen ausgetrieben wird", Heppe. Vrgl. mhd. bogestal, Bogenschußweite (BM. II, II, 558). „Und liefz auch gên eim bogstal indert", Labrer 530.

bocken, vrb., 1) von Ziegen und Schafen, nach dem Bocke oder Widder verlangen. 2) 'auch bockenzen, bockezen, nach dem Bock riechen, stinken wie ein Bock (cf. BM. I, 220. Grimm, Wbch. II, 205).' „Ir Juden stinket und pucket", S. Helbl. II, 1142. „Ein stinkender jüde, der die liute an bokezet", Br. Berthold 270,25 (Kling 67). Zeitschr. II, 459. III, 133. 305. 3) Bocksprünge machen, herumspringen; wie ein Bock stoßen. anbocken, unrecht ankommen, wie anbummen. Bockə-tusch! rufen die Kinder, wenn sie im Scherz mit den Köpfen zusammenstoßen. 4) einen Fehler machen. „Sobald es bey der Obrigkeit, dem Adam gefehlt war, sobald bockten die Untergebenen nach", Bucher's s. W. IV, 104. Vrgl. mhd. bocken (zu biegen), zu Boden fallen; BM. I, 178a. 5) von Kindern, schmollen; Zeitschr. II, 285,28. 459. bockisch, schmollend; verbocken, wegen beständiger Zurechtweisungen halsstärrig und gleichgiltig werden. 6) aufstellen, mehrere Flachsbüschel, Torfstücke u. drgl. so aneinander stellen, daß sie sich gegenseitig aufrecht halten, und so in der Luft besser trocknen. Zeitschr. IV, 160. 207. 493. V, 463. VI, 170,108.

Der Bock, Aimbock (Aə~-bok), eine Art besonders starken Bieres, das nur in den Staatsbrauereyen zu höherem Preise, als dem des gewöhnlichen Märzenbieres verschleißt werden darf, insoferne also der Gegenstand eines Monopols ist. (cf. Th. II: das Leit.) Die kurze, aber rauschende Epoche, die dieses Getränk, besonders bey den

mittlern Volksklassen Münchens, jährlich macht, tritt gewöhnlich um die Zeit des Fronleichnamsfestes ein. Cf. Preyer's (des kunstreichen Gnomen) Gemälde, ausgestellt im Kunstverein Mai 1840 und vom König angekauft. Eliland Bayr, Lob des Ainbock: cerevisia cui ab ariete aut capricornio nomen; Ben. 297, f. 291. Bock mit Bockwürsten (einer eignen Species) ist an diesen Tagen ein beliebtes altmünchnerisches Frühstück. Der Bockkeller, eine für den Beobachter des Münchner niedern Volkslebens nicht ununterrichtende Spelunke. Im Reichsarchiv zu München findet sich noch eine, auf den Erfurter Bürger Cornelius Gotwalt, unterm 2. März 1553, zum Transport von 2 Wagenschwer Ainpeckhisch Bier, von Ainbeck aus, nach München oder Landshut ausgestellte herzogliche Vollmacht. „Einbeckisch Bier, so die Nürnberger dem gnädigen Herrn gelifert" kommt auch in einer Münchner Hofrechnung v. 1574 (Wstr. hist. Calender v. 1788, p. 195) vor. „Einbeckisch Hopfenbier", Fischart 1590, p. 107. „10. Juny 1630 umb 2 Maß ampockhisch pier 8 khr. 12. Juny für P. Ludwig 2 maß anpockhisch pier 8 khr. 19. Juny um 2 maß gerstenpier pro P. Ludovico 8 khr." Münchner Jesuitenrechn., Cgm. 3942, f. 5. Wie aus Einbecker- oder Embeckerbier dem gemeinen Mann, der in jeden, ihm fremden Ausdruck gern einen handgreiflichen Sinn legt, Ainbock und endlich gar Bock
152 werden konnte, ist begreiflich. Diese volksmäßige Umformung ist indessen schon ein paar Jahrhunderte alt; denn in der Land- und PoliceyOrd. v. 1616, f. 532 ist auch von einem „Bock-Meet die Rede, welcher nicht anders als zur Nothdurft der Kranken gesotten werden solle." Als Gegenstück zu diesem (stärker stoßenden) Bock gieng, besonders aus den Bräuhäusern der Jesuiten, die etwas sanftmüthigere Gaiß hervor.

Der Sündenbock, biblisch (III. Mos. c. 16). „Der bischof nam den lebenden bock und leget baide hende uf des bockes houpt und bihtot da alle die sünde des volkes von Israel und warf die uf des bockes houpt, und nam och als sümeliche maister scribent ainen brief an dem was des volkes sünde älliu sament gescriben und leget den uf des bockes houpt und sante den bock denne also in die wüsti", Griesh. Pred. II, 119.

Der „Böcker", (JägerSprache) der Eber, Keuler, Hauer. „Die Schäcken (scheckichte Wildsau) wollen einige für Bastarte halten, wenn nemlich ein zahmer Böcker mit einer wilden Bache gerollet hätte", Heppe. Vrgl. Bache und becken.

Der „Böcker", (Nürnb.) großer Schusser (Schnellkügelchen). Sieh Becker, Bochs, u. vrgl. becken.

böckeln (bêikln), (b. Wald) stoßen, schütteln, rütteln; z. B. das Getreid im Metzen ei bêikln, (cf. Adelung: bakern).

Der Fasnacht-„Böck", (Henisch) „der ein „Böcken"-Antlitz oder Schönbart an hat", larvatus. „Bocken antlit anlegen, larvare", Voc. Archon. v. 1487, f. 70. „Mer mient e *Fasnoachtsboak* (Maske) ze siehn", Firmenich I, 507[a] (Eifel). cf. Böckenschlitten (in Augsb., Maskeradeschlitten?). Zeitschr. IV, 493. VI, 13.

Die Bockelhauben, eig. Boggelhauben, eine Art Haube, die zur eigenen Tracht der Bürgerfrauen und Töchter in Augsburg gehört, und deren Hintertheil, aus Gold- oder Silberstoff gemacht, die Form einer zu beyden Seiten weit hervorstehenden Bandschleife hat. Das Voc. v. 1482 hat poggelhaub oder englische haub, yla; doch ist hier wol nur die Blechhaube der Kriegsknechte (s. Beckelhauben) gemeint.

bucken 1) biegen; z. B. das Blech, das Papier einbucken, es einbiegen, umbiegen. „Von ainer Lagl wein zu stürtzen, abzulassen, zu puckhen vnd aufzuladen", Salzb. StadtOrd. v. 1527. '(cf. Th. IV: Zuckwerker.) '2) unterdrücken, niederwerfen (um zu berauben).' „Sin wip bukken", Diut. I, 326. „Die gerechten sond wir vertruken und under die füs buken", des Teufels Segi, Barack p. 427,13390. „So laut sich der gast den wirt buken ân swertsleg und messer zuken", das. 407,12774. „So man tuot die büren buken und rök und mentel zuken", das. 423,13253. „Die wirt tuond och ir gest buken ân swertsleg und messer zuken", das. 424,13309. „Stelen, mürden und rouben und rich und arm buken, den selben ir hab zucken", das. 427,13397. 3) sich bucken, wie hchd. sich bücken. Vom Hahne sagt man transitiv, daß er die Henne buckt, wenn er sie tritt. Vrgl. BM. I, 578. Grimm, Wbch. II, 486. Zeitschr. IV, 498.

einbucken, (Jir.) Steckreiser v. Weiden oder andern Sträuchern in die Hecken einsetzen.

Der Buck, 1) der Bug, die Einbiegung. 2) die Erhabenheit, der Hügel, Berg; altfranz. puy, pou, ital. poggio, s. Buhel. „Auf dem bukhen oder schneid desselben Gleichenbergs bis in alle Höch von dannen das Gehänge gegen der schwarzen Ahen auf einem kleinen Bukhen bis wieder in denselben schwarzen Ahensfus", Bergener Holzverlackung von 1577, Lori 305. (Frank.) Weinbergs-Buck; (Aschaff.) der Bugh, kleiner Berg. Vrgl. Grimm II, 484. Diez, Wbch. 268.

Der Buckel, Bückel, (U.L., Baur) Anhöhe, Berg. Auf dèn sprê'n *Buck'l* wachst nicks. Dà gêts *Buck'l* au', *Buck'l* à'. „Wie der h. Beichtiger David einer großen Menge Volcks auff freyen Feld mit apostolischem Eyffer geprediget, er aber in der Nider gestanden, daß ihn jederman nit sehen konnte, also hat sich die Erde so höfflich gegen diesen Diener Gottes erzaiget, und sich selbst in die Höhe aufgebaumbt, daß also der h. Mann auf diesem hohen Bichel und Buckel der Erden von allen ist gesehen worden", P. Abraham. Der Bückl-Kirchtag, Kirchweih, die, was den dabei statthabenden Tanz betrifft, an Orten, wo kein Wirthshaus vorhanden, auf einem Rasenplatz im Freyen gefeiert wird, (Rimberg, 1. Juli 1844). cf. BM. I, 277: tanzbühel.

Der Buckel, wie hchd., fehlerhafter Rücken. „Ein 153
segen für wachsung der Buckhl auf den schuldern." (Zudem, was sonst zu thun, soll man sprechen:) „Baingewachs, schwind als der schwand, der wid wand, da man unsern herrn J. Chr. mit band", Cgm. 3721, f. 85. Der Fischer-Buckel statt: der bucklichte Fischer. Rücken überhaupt, und zwar ist in diesem Sinne das Wort Buckel gemeinüblicher als Rücken. Zeitschr. IV, 101,7. VI, 418,30. R. A. A. Gi' mə á éppəs! B. Jà wart, *am Buck'l hint.* bucklicht (bucklət), höckericht; gibbosus, pucklat; Voc. v. 1445. Grimm II, 488. „So weren die zwei frommen bucklet (ohne Grund, Schuld?) in dises unglück kommen", H. Sachs 1612: IV, III, 28. buckeln, vrb., an der Erde gebückt hinschleichen, etwas zu belauschen; besonders von Schützen während der Birsch, (Baader). sich aufbuckeln, zsambuckeln, den Rücken in die Höhe ziehen, (wie z. B. die Katze). Daherbuckeln, mit aufgestelltem Rücken einhergehen.

Der Buckel, Kötbuckel, geringe Art Fische schlammiger Gewässer, durch einen besonders hoch aufgeworfenen Buckel von den übrigen Species des Cyprinus unterschieden, (Baur).

Die Buckel, auch der Bucke, artemisia vulgaris, Beifuß, (ahd. buggila. Grimm, Wbch. II, 484. 485. Diefenb. 51[a]; cf. Bug). „Artemisia, beyfueß oder bukhlen", Asp. 6, f. 107; 16487 (sec. XVI, 1526), f. 95. „Recipe bucken ij groß hand voll." „Recipe Madelger wurcz bucken kosten, sevenbom" 2c., Clm. 4395, f. 196. 197. „Buckel, artemisia" (herba), Voc. Archon. f. 56.

Der Buckeler, Buckler, Buggler, Schild, (mhd. buckelære, franz. bouclier. BM. I, 275 f. Grimm, Wbch. II, 485 f. Diez, Wbch. 575). „Die vogelær . . . (um den Waldhahn zu fangen) machent ainen puklær von weizem leineim tuoch und ze mitlist dar ein von rôtem tuoch ain rôtez flekel", Konr. v. Megenberg, Pfeiffer 198,8. „Zwên hert schilt oder pukler", das. 283,12. „Ains schilts prait oder aines puklers prait", das. 492,22.

Der Bucker, Dimin. das Buckerlein (Buckəl), das einmalige Bücken, der Bückling. ə˜ *Buckəl* machə˜, besonders von kleinen Mädchen, sich höflich neigen. Zeitschrift IV, 498. VI, 120,71.

Die Buckel, la boucle (de cheveux. cf. Diez 575). „Altbayrische, wie Tannzapfen herabhangende Grenadierbuckeln und geflochtene Haarzöpfe", Porziunkulabüchl. Vrgl. Wuckel.

Die Spritz-Buckel, (Wrdfls.) der Spritzkrug, die Gießkanne. (Vrgl. Adelung: die Buckel).

Buckschin. „Ein mäßgewand von wyssem buggenschin", (doch wol nicht unser englisches buck-skin!); Zuger Kirchenrechn. v. 1500 circa, Gesch. Fr. II, 96. Cf. mhd. buggeram (s. d. W.) und unten Bockenschin.

(Vrgl. Bat. bet. ꝛc.)

Baden, — war ehmals nicht blos den höhern, sondern auch den untern Volksklassen ein weit größeres Bedürfniß als heutzutage. Daher mehrere der folgenden Ausdrücke jetzt entweder veraltet sind, oder eine veränderte Bedeutung erhalten haben. Das ältere Treiben im Bade beschreibt S. Helbling III, p. 83 ff. Vrgl. auch des Teufels Segi (Barack p. 322 ff.) und G. Freytag's Bilder aus d. d. Vergangenh. II, 309—32. „Des Rats meynung ist nicht, daß sie yemant gewachsens paden sullen umb sunst . . . (doch nicht über 1 Pfenning). Wer zwene pfennig oder mere zu padt gibt, dem sullen sie, will er anders, einen oder zwene kopff zu setzen schuldig sein . . . (von jedem Kopf mehr aber einen Heller zu geben). Wer ein Wannen gegossen haben will, der sol sechs pfennig auf der frawen stule zum pade geben", der Bader Ordnung zu Bamberg v. 1481, im 6. Bericht des dortigen histor. Vereines v. 1843, p. 102—107. cf. Th. II: Hosen u. Th. III: reiben, Sêlbad, scheren.

ausbaden, 1) fertig baden; 2) fig. Einen ausbaden: es ihn büßen lassen, namentlich: ihm sein Geld abgewinnen. „Als er ward gar gepadet aus", H. Sachs 1560: II, IV, 70. „Metz, unser kaufman der ist hin ich hab auch ausgebadet jhn; wan bald sie nicht mehr pfenning han, so schlag ich sie auf t'haberweid", sagt die Lockere bei H. Sachs 1560: III, III, 23ª. Vrgl. Grimm, Wbch. I, 827.

verbaden, Einen, ihn im Bad freihalten (?); Freyberg, Samml. II, 137: „an Pfintztag vor Inuocauit verbadten die Zenger der Muraher meinen Herrn; das. 142: „an Montag nach Purificationis beate Marie verbadt mein Herr etlich frawen."

Das Bad (Bàd, Bà'), 1) wie hchd. (cf. BM. I, 77. Grimm, Wbch. I, 1069). Der Bader soll „Bad halten" (wöchentlich, am Samstag), „Mörzenbäder an den 3 Dornstag im Mörzen"; Badstuben- oder Badwaid-Ordnung zu Sonthofen, 1544 (der Herrschafft u. Tigews Röttenperg Ordnungen ꝛc. Pap.-Hdschr. im Dillinger Archiv, 4⁰. cf. Th. II: Gäu). „Ach bist so ellend dort (in der andern Welt), mein man, hast nit ein pfenning in ein badt", klagt die einfältige Bäurin, der der fahrende Schüler von ihrem verstorbenen Mann und dessen Noth erzählt; H. Sachs 1560: III, III, 18ᵇ. 2) im L.G. Berchtesgaden, was sonst im Oberlande die Badstuben, (s. d. W. und Bädlein). In München gab es ein Türleinsbad 1413, Unser Frauen bad 1425, ein Heinrichbad 1446, ein Herzogbad 1468; MB. XX, index rer.; ein Wüer bad, ib. XXI, 146. 181. Baden, ahd. Badun, als Ortsname; Grimm III, 423. Wbch. I, 1070,6. 3) das Recht, irgendwo Bader zu seyn.

Der Bader, ehmals: Einer, der ein öffentliches (E-, Ehaft-, Fail-, Sêl-) Bad besorgte, nebenbey auch wol barbierte („von wann an?" frägt mich GR. v. Walther, 25. Mai 1841. In den Gestis Romanorum (Semansh. 37, von 1407), cap. 103 heißt es: „Occulte cum balneatore ejus (imperatoris) convenerunt, ut quando ei barbam raderet, sibi (ei) guttur „absciderei."), schröpfte und zur Ader ließ. Heutzutage sind letztere Verrichtungen, überhaupt die des Wundarztes, mitunter selbst die des Arztes das Hauptgeschäft des Baders. (Der Pestkranke soll schicken „nach einem pader", also Arzt; Clm. 5637 (XV. sec.), f. 64.) Das Bad selbst ist Nebensache oder ganz abgekommen. „Ich und auch unser(e) pader." . . „Matheis Pader", MB. XXI, 146. 181. „Auch schol der pader gewis sein seines slags" (beim Aderlassen), Cgm. 170, f. 4ᵇ. „'s Schrepfen, 's Dünstbad um Quatemä' ist ietzundä gàr à'kemmä", Lindermayr 159. Durch eine Urkunde von 1365 (am Clm. 5635) werden einige Bader und Scherer in Augsburg und Umgegend als aus der Leibeigenschaft losgekauft erklärt. Der „Bader und Laßer" Treiben wird beschrieben in des Teufels Segi (Barack p. 322 ff.).

Das Badgeld. Ehmals pflegte, bey vielen Handwerken den Gesellen, bey Bauten den Arbeitern, am Samstag früher als sonst Feyerabend und Geld gegeben zu werden, damit sie ins Bad gehen konnten; Handwerks-Ceremonial, p. 672. Die Landes-Ordnung v. 1553 will den guten (blauen) Montag und das Padgelt abgeschafft haben. Nach der Nabburger Schulmeister-Ordnung von 1480 sollten die (armen) Schulkinder am Mittwoch ins (warme) Bad gehen, weil am Samstag die Bäder voll Erwachsener wären; Fink, G. d. B. N. 125.

Das Badhäuslein (Bà'háisl), L.G. Dachau, bret- 154
tener Verschlag um den Ofenwinkel, wo sich ein Schwitzbad befindet; s. das Bädlein.

Der Badehut, tegumentum balneare, unsere „Badehose" (Grimm, Wbch. I, 1071). „Der Pader sol ainem yeden, der kain Padhuet hat, ainen geben", Ottinger Ehaftbüechl v. 1577.

Das Bädlein (Bádl, Bá'l), in Bauernhäusern des L.G. Dachau, ein Schwitzbadkasten im Ofenwinkel, anderwärts, z. B. um Passau, der Winkel hinterm Ofen, ohne alle Badanstalt. In der Instruktion für bürgl. Obrigkeit von 1748 wird verboten, in den Stuben gefährliche Baadel zu halten. bädleinwarm (bádlwarm), warm, wie in einem Schwitzbade.

Die Bademutter, Hebamme (auch Bademuhme; Grimm, Wbch. I, 1071). „Obstetrix, padmueter", Clm. 5387, f. III. Diefenb. 390ª.

Der Badofen. „Ein munt der print als der rubine in dem padoven in der stub", M. Beham, Cgm. 291, f. 170.

Das Badschaff. „Pilsensam in der padstuben auf den ofen gegossen macht dy läut an einander slahen mit den padscheffleín", Clm. 5931, f. 225.

Badsteine. „Thermae, badestaine", Clm. 6028 (XII. sec.), f. 49ª.

Die Badstuben, das Badstüblein. „Dy naturlichen pader" (Bäder) werden den „padern der stubin" entgegengesetzt im Cgm. 4543, f. 99ᵇ. „Haiz ain padstuben, dar in erswicz wol", das. f. 143. „Hans aws dem Holcz und Grün sein hawsfraw" verkaufen an „Fridreich dem Peterlechner, Chirchherren zu Bischolfsdorf, ir padtstuben haws und hofstat und die fleischpank in dem selben padhaws, das gelegen ist zu Purkhawsen in der stat an dem pühel . . . und den prunnen der in die padstuben get und der sich bei sand Johans mit ursprünge erhebt" (1420), Cgm. 3941, f. 68—69. Nach ihnen (1422) hat das Bad zu Lehen „Ulreich der pader", das. f. 70. „Die padstuben zu Mawrkirchen", das. f. 110 (ad 1387). „Wie sie michelen geprechen hieten ainer padstuben (zu Münchhebing, 1426)", MB. XXIV, 600. Nach dem 39ten Artikel einer ältern Forstordnung, LR. v. 1616, f. 749, „soll in einem jeden Dorff nur ein Badstuben, und wo keine gewesen kein neue aufgesetzt", auch die „sondern Badstuben der bawrn bey Ihren Hauswohnungen, oder solche Bädlen, die man hin und wider tragen mag und mit Gluet haizt, außer bey den Einöden an den Gebirgen, wo man weit in das ehaft Bad hat, ohne Erkandtnuß der Obrigkeit nicht zugelassen, deßgleichen in Städt und Märcken den geringen Burgern und Handwerksleuten kaine Badstübel so man hin und wider trägt, sondern allein die ordentliche gemaurte Badstübel in den Häusern gestattet seyn." Auch in einer St. Emeraner Kloster-Rechnung v. 1345 (Wstr. Btr. VIII, p. 142) kommt so eine transportable Badstube vor. Heutzutag ist die Badstuben im Oberlande ein zu einem Hofe gehöriges Nebenhäuschen, worin sich der Backofen, die Anstalt zum Flachsdörren und brechen rc. befindet, oder welches nicht selten von dem Taglöhner bewohnt wird, der dem Hofe vertragsmäßig um einen festgesetzten Taglohn zu arbeiten hat. Zeitschr. IV, 481.

Das Bräut-Bad, Hochzeitbad, Bad, in welches man vor der Hochzeit gieng. Nach den Regenspurger Statuten v. 1320 durfte der Bräutigam, wenn er mit der Braut ins Bad gieng, nicht mehr als 24 seiner Genossen, sie nur 8 Frauen zur Begleitung nehmen; Gem. Chron. I, 515. Nach Wstr. Btr. VI, 120 will A⁰. 1405 der Münchner Magistrat: „es sol auch niemand chain hochzeit Pad mer haben, weder man noch frawn." „Einem pader für das hochzeitpad XXIV dn.", Rorbacher Ehaft.

Das Dünstbad, s. unter: der Bader.

Das E-Bad, êhafte Bad, ehmals: Gemeinde-Bad mit gewissen vertragsmäßigen Rechten und Pflichten. s. E. Das Failbad, öffentliches Bad, für dessen Gebrauch man bezahlte. cf. MB. V, 66 (ad 1381); s. auch fail. Das Frumbad, Frembad, bestelltes Bad (?). Freyberg, Samml. II, 137—142 (ad 1392). Das Merzenbad. „An den dreyen pfinztagen im Merzen die Merzenpäder", Rorbacher Ehaft. cf. oben das Bad. Das Sêlbad, Bad, von jemand für Arme u. drgl. pro remedio animae suae gestiftet. cf. Th. III: Sêl.

Das Vollbad. „Contra arenam nym ciser .... wurtz im folbad", Clm. 4387, f. 1. „Den harm tue dem siechen in ain volpad", Cgm. 4543, f. 140. (cf. Th. III: Stain.) „So sol er dan siczen in ein vol pad", das. f. 139. „So soll er sitzen in ein volles wasser pat", Ind. 344, f. 8ᵇ. „Get nicht vil in die gemainn pad . . . ob ir das nit geraten mügt nach gewonhait, lat euch ain volpad machen in gehaim und seyt nit lang darin", Pest-Regeln, San Nicol. 266, f. 185. „Im May. Blut lassen ist nit schade und von wurczen edele uolpade, die zymen wol dem leibe dein", Inderst. 91, f. 169. „Semicupium, volpad", Cgm. 170, f. 10ᵇ. „Semicupium, Halbbad, Lendenbad", Kirschius. „Semicupium (cupa brevior) est vas in quo potest homo resupinus jacere in modo lintris", Papias. „Volpad, valpad", Clm. 5879, f. 206. cf. Diefenbach 525ᵇ. „Vollbad, in das man mit dem ganzen Leibe taucht bis an den Hals; Halbbad, wo dies nicht der Fall, sondern höchstens bis zur Herzgrube", Moorschlamm-Anstalt des Jos. Hofner bei Salzburg (gegründet 1844). cf. Voll und Hoden: Pfaffenhoden. Wildbad, s. Wild.

R.A. bey Aventin (Chron. 473): das Bad ausgießen müeßen, wie man sonst noch kräftiger sagt: das Badaustrinken, aussaufen müeßen. Grimm, Wbch. I, 1070,5.

baid (baəd), adj., beide; allbaid, alle beide. Das Mascul. wird mitunter durch die Form bêd gegeben. Seltner ist das Fem. bôd; (s. Gramm. 774). Unter baiden, mittelmäßig viel? „Weins (wirt) unter baiden", Aug. eccl. 76, fol. ultimo (1399).

baudo, bado, pato in Personennamen, von goth. baud, pugna (das u am Ende macht a zu au, wie a isländ. in au = ö umlautet): Hariobaudus, Mellobaudus, Merobaudus, Theudobaudis; Meripato, Heripato, Gundbado, Hiltipato; Baudigisilus, Baudomerus. Grimm in Aufrecht's Zeitschr. I, 434 ff. Graff III, 61. 62. Förstem. I, 216 ff.

bauden, vb., schlagen, stoßen, pochen (Grimm, Wbch. I, 1169). „Der probst kom hin haim hin schnauden, der maler richt an ein groß pauden und klopfet greulich an dem thor", Rosenbluts „thumbrobst v. Wirzpurk und ain maler", Cgm. 713, f. 126 (Keller's Fastnachtsp. III, 1182).

155 Der Bauder (Ulm), der Beuderling (Nürnb., Hsl.), ein unblutiger Streich, Schlag, Stoß; die Beule, tumor cutis. Nürnb. Fünfer-Ord., sec. XV. Heumann, opusc. 241. Er schlägt auf ihn und spricht: „Hab dir die pewderling zum kopff", H. Sachs 1560: II, IV, 25ᵇ. „Wursthans gibt dem Heintz ein beuderling", das. V, 340. Beuderling werfen ward durch die niedern Gerichte bestraft; Bayreuth. Ord. der Bus und Frevel v. 1586. Culmbach. Privileg. v. 1665. Vrgl. die henneberg. R.A. es podert mir im Kopfe, mein Kopf ist ganz poderig, unter Haut und Fleisch schwärig (unterküttig). Grimm, Wbch. I, 1170. Zeitschr. IV, 70.

bedugi, von česk. bedugj, elend, kümmerlich, wie weseli, v. wesely, lustig; v. Lang. Cf. Jarnik p. 50 und 45. Castelli, Wbch. 79: beduft, niedergeschlagen. Zeitschr. VI, 221: betucht. Grimm, Wbch. I, 1740. Vilmar, hess. Idiot. 33.

Beiderbach. Ob man über dem Beiderbach, der bei der Innstadt in den Inn fällt, an das alte Boitro denken darf? s. topogr. Repert. zum Bl. Passau p. 104.

bider, s. derb. Das Biederweib, wie Biedermann gebildet, (Grimm, Wbch. I, 1813). „Ein getreuwe biderweib mag mit gold noch mit silber nit vergleichet werden", Buch d. W. 1485, f. 118.

Das Bidmarch, Bimarch, Grenzmarke; (doch nicht aus Biet-march?). s. March und oben bi.

bidmen, bi'men (bimmə˜), beben, erschüttert werden, moveri, Prompt. v. 1618; (mhd. bidemen, BM. I, 115. Grimm, Wbch. I, 1810. Zeitschr. IV, 71). „Erpidmet mein pauch von seinen rüren", hoh. Lied 5, 4., übersetzt A⁰. 1418. „Die Krafft ist g'schwächt, darob vor Zeit ganz Affrica erbidmet", Balde. ə˜ Kind *bi'mt* vor Zorn, wenn es sich ganz steif macht und convulsivisch zittert. Der und das Bidem, das Beben, Zittern. „Daz öl (cinamomum) daz ist guot zuo rechter wegung der gelider und hindert der gelider pidem und siechtum", Konr. v. Megenberg 362,27. „Daz ander pidem ist, daz diu erd schotelt snell, sam dâ ainr den andern mit den henden schütelt", das. 108,13. „Die erpidemnuzz", Cgm. 87, f. 83. Das Erd-bidem (Erdbédem, Erdbi'm), das Erdbeben; (mhd. der u. diu erdbideme. BM. I, 115. Grimm, Wbch. III, 748). Voc. v. 1419: terremotus, erdpidm. „Von dem ertpidem in Kärnden ze der stat Villach, dô man zalt von Christi gepurt dreuzehenhundert jâr, dar nâch in dem aht und vierzigistem jâr an sant Pauls tag als er bekêrt wart", welcher „sich raicht unz über die Tuonawe in Märhern und auf gên Paiern unz über Regenspurch und werte mê dann vierzig tag", erzählt Konr. v. Megenberg 109,11 ff. A'm Oustə˜ mo˜də' (1819) is ə˜starks *Erdbédəm* gwé'n, 'Glésər ám Tisch hàbm g·nack·lt. Vrgl. bibenen.

Der Bodem, Boden (Bo'm, Bo'n), 1) wie hchd. Boden, Grund, (ahd. podum, podam, mhd. bodem. Grimm II, 154. III, 395. Graff III, 86. BM. I, 220. Grimm, Wbch. II, 208 ff. Wol abliegend von bâtr, bât, boat, boot). „Der Landboden, Landschaft zur Stadt gehörig, ager, territorium." Onom. v. 1735. Der Duengâuboden (Dunkə'-, Dunkelboden), die getreidreiche Ebene bey Straubing an der Donau. „Bin weit wög von enk, bin go z'Münicha-r-om; awá tausendmol denk I' áf'n estreiha Bom", Stelzhamer 36. „In'n ünterischen Dainäthaläbod·n (Donauthaler-Boden) habnt 'Bauern vil grösä Knod·n, in'n ünterischen Dainäthaläland tragn 'Bauern vil schönäs G'wand", singt die daher gekommene Treinsch im „Landl" (ob der Ens). Lindermayr 117. cf. Sachsenboden in Siebenbürgen. Namentlich bezeichnet Boden die Fläche, Tiefe der Thäler (Gebirg; Muchar's Gastein 23). „Boden, planities horizontalis alpina", Popowitsch Mscr. (Wien 9541). Vrgl. das engl. bottom = Thalgrund; das Flußthal des Missisipi oder anderer Ströme, (Ausland 1835, p. 1349. 1357). Zeitschr. IV, 207. VI, 26.

2) die wagrechte Scheidewand eines Hauses, die a) für den Raum über ihr — Boden, b) für den Raum unter ihr — Decke ist. a) Raum unter dem Hausdach überhaupt.

Getraidboden, wenn Getreid da aufgeschüttet wird. Malzboden, Tanzboden 2c. Aufm Boden (heißt nach Zaupser in der O.Pf.) über eine oder zwo Treppen. In Tirol steht Boden für Stockwerk. Er hat ə˜n aəgngə˜ Bod·n, d. h. eine eigene Wohnung in einem Hause, in dessen Besitz sich Mehrere theilen. b) die Stubendecke, von unten auf betrachtet. Bey den Bauern im Eigelwald (zwischen Mühldorf und Trosberg) ist de' Bo'm oder sind 'Bö'me' ganz schwarz angestrichen und werden von Zeit zu Zeit, bey Fleißigern alle Wochen, mit Leinöl gefirnißt, dás s· dleissn wiə-r-ə˜ Spiəgl.

3) der und das Boden, Bodem, technischer Ausdruck für Schiff, (ahd. podam, carina, navis, gl. a. 404. i. 770. 987). Getauchte Böden, lære Böden, geladene, leere Salzschiffe; die Böden füllen, Lori, Brg.Rcht. 324. 401. Das Bodenrecht, Recht oder Abgabe von Schiffen. MauthOrd. v. 1765. Das Bodengelt, Lori BrgR. 332. Die Bodenmaut (Jir., Salzburg). Der bodem, ein Floß auf der Isar; Cgm. 544, f. 49. cf. Th. III: Sundergau. „Wenn ein Regenspurgisches Boden nawwerz kommt;“ „von jedem (Regensburgischen) Boden (beladenem Schiffe) das alte Recht (32 dl. 2 Pfd. Pfeffer, 2 Hauben und 2 Hutschnüre)“ als Zoll geben, Gemeiner I, ad 1332 und III, p. 305. IV, 52. „Sechzehen wiener pfenninge, das recht von dem Poden“, MB. XV, 67. XII, 473. „Von iedem boden elsezzers, Neckerwins oder biers ein phunt phenninge“ (wol Faß, verschieden v. Eimer und mehr), Wirzb. Satze v. 1343, §. II, V. „Der git ze buzze von iedem boden, ez si ein klein vaz oder ein grozez, ein ℔ heller“, das. §. LXVII. Vrgl. Adelung voce Bodmerey.

„Bönd·l“, Boden der Weiber-Haube. „Und aft·n ə˜ Haub·m mit ə˜n spannhouch·n Brám und e˜n ganz reichə˜ *Bönd·l* müətst hábm, wenn I' di' nám“, Wagner, salzb. Ges. 129.

Der Schrôtboden, Art von Kasten, der aus Bre-
156 tern zusammengefügt wird, um in demselben die weißen Rüben klein zu hacken. S. schrôten und vrgl. Biet (Kelterboden).

Die Bodenbirn, (Lechfeld) Kartoffel; Bodəbirə˜ (Lindau); s. Gramm. 527.

Boden-Karpfen, Boden-Förchen, Boden-Renken sind große Fische ihrer Art, die sich meist am Grund des Wassers aufhalten.

Die Boden-Kolraben (Bo'n-Kolrábi), auch Boden-Rueben (Bo'nruəbm), brassica oleracea napobrassica.

Der Bodensack (Bo'nsàk), der Blinddarm, intestinum caecum; (Grimm, Wbch. II, 216). „Bobler, colon“; Voc. Archon. sec. XV., f. XI. Diefenb. 133[b]. Er frisst, das eəm də' *Bod·nsàk* áfspringə˜ mècht. Gê oder I stês dər 'ən *Bod·nsàk* ei˜ (b. W.). „Er lafst alle fünfe grad sei˜, won nur er seinen *Bosack* voll hat“, Reizenbeck II, 34. „Mä' mecht iəhm in den G·wand gar leicht'n *Posack* z·sprenga“, sagt die Treinschel, Lindermayr 50. „Di kriegt mä' *Posöck* auf'n Kraut“ (Würste?), das. 119. „Kan kam ä waichs Brod abischlickä; I' rait halt dä' *Posack* is z·eng“, das. 173. 'ən *Bo'nsàk* zou hàltn, den Hals zu halten, würgen (bey Zaupser) gehört wol auch hieher.

Bodenstück, Boden. „Den schweinen guten Speck um 6 ₰, die Podnstuck ain pfund umb ainen kreuzer“, Münchner Fleischord. v. 1529. „Ain Pfund Schweinenflaisch umb 5 ₰, ain Pfund lauter abgezogen Speck umb 6 ₰, ain Pfund Beden umb 4 ₰, ain Pfund rothflaisch umb 1 Kreuzer“, Augsb. Fleischtare, sec. XVI. cf. Bodensack und Büdeming.

bodenlos. „Dîn bodemlôser lîp“ s. Th. IV: Wuer.

bodenstraichs, eiligst, schnell.

boden-, als Verstärkungs-Partikel vor Adjectiven: bodenbœs, bodenguet, bodendick, bodendünn, ob. Allgäu. ə˜ *bo'nleidə'* Han'l, ein schlimmer Handel; e˜ *bo'nleids* Wé·lə', sehr übles Wetter, b. W. Zeitschr. III, 303. IV, 112,59. V, 7. 235. Die R.A. es hat oder es ist Bod·n (es ist gut ausgefallen, gelungen) gehört wol nicht hieher. s. bieten.

R.A. „Dem schimpf dem was der boden aus“, Monac. Aug. 181, f. 106. cf. Grimm, Wbch. II, 210,2. Iətz is 'n Himməl *də' Bod·n aus*, ironisch: jetzt ists gefehlt, geht alles zu Grunde. „Da ward dem Schatz der Boden auß, sagt Aventin (Chr. 64) in ähnlichem Sinne. Ze Boden gên (z·Bo'ngə˜), Ob.L., zu Grunde gehen.

bodenen, bodnen, Einen, ihn zu Boden werfen (im Raufen); Kaltenbr. 112. Zeitschr. V, 481.

bödmen, bödnen, (büdnə˜, bü'nə˜), als vrb. n., einen Bretterboden verfertigen, z. B. in einem Zimmer; als vrb. act., mit einem Boden versehen, ein Zimmer, ein Faß 2c. Vrgl. „Durch ein livlich anedmen (anathmen), ân das mein hercz nit kan gebedmen (Boden gewinnen? — es ist erlechet und verwimert; s. Th. IV: wimmern), H. Folz. Grimm, Wbch. II, 218. Das Büdmet, Collectivum für die zu Faßböden gehörigen Hölzer. „Die Kuffenbeschlager, welche das Pidmet des obern Bodens einlegen.“ „Das beschlagholz oder Pidmet, welches erst von den Kleuzern gemacht wird“, Lori, b. B.R. 394. 395. Zeitschr. VI, 27.

Der Bodensê, lacus Bodamicus, von dem karolingischen Palatium regium Bodama; Diplome v. 839 bey Eccard Fr. or. II, 315. „*Potamum* (camerae nuntiorum juris) oppidum“, Ekkehardus jun. Goldast, alam., rer. scr. I, p. 40. „Non obstat ripa furentis Rheni vel *Potami* litus acerba fremens, non *Hilerae* fremitus revocat“, Clm. 19413 (X. sec.), f. 110[b]. „Es hilft dich doch enbor vil mê denn ein bon im bodemsê“, Cgm. 270, f. 83[a] (379, f. 43[a]). „Ob funde ein antvogel ze trinken in dem Bodemsê, trünkern gar, daz tæt im wê“, Wolfr. Willehalm, Lachm. p. 598, 377,4. „Ze Costenz an dem podemsê“, Wittenweiler, d. Ring 47,29. Grimm, Wbch. II, 217. Förstemann II, 265.

Die Boding, s. Bottig.

Die (Suppen-) Bodol·n (⏑ –), aus soup-bowl? Supp-bo-l = bodl?? cf. Pudel.

Die Bude, (ahd. boda, mhd. buode, bûde; wo geboten wird? cf. goth. biudan, ahd. biutan, agſ. beodan; beod, Tisch, noch in niederd. Form; engl. booth; slaw. buda, Hütte. Graff III, 68. BM. I, 280. Grimm, Wbch. I, 1169: Baude; II, 489.). Der Budel, aus der Budentisch; die Budel, aus die Budentafel. „Es ist eine Ladenbudel mit 2 Schubläden, 5 Schuh lang, um 4 fl. zu verkaufen“; 15. Sept. 1848. Vrgl. Castelli; Wbch. 99. s. unten die Pudel.

„Die Bubiz·n, eine Art Kuchen mit Fülle; z. B. Nußbubiz·n, Mag·nbubiz·n“; Castelli, Wbch. 98.

buden, mhd. vrb.; „urleuge wil toben und schrîen, buden, schwegeln und schalmîen“, Renner 5914. BM. I, 276.

Der Büdeming, Büdmig (ahd. budeminc, Graff III, 87. BM. I, 276); „Sirbus, omentum, zirbus, büdeming“, Clm. 4394, f. 175. „Omentum, budeminch, ZZ. 796, f. 169[b]. „Omentum, Büdmig“, Voc optim. cf. Diefenbach 121[b]: cirbus; 395[c]: omasum, omentum.

---

bafeln (bàfln), schlummern; cfr. bà-fixə˜.

baffen, bellen; s. beffen.

Der Beff, Nonnen-Schleyer (s. Th. IV: der Weil); Domherrn-Chorkappe.

Das Beffchen, Bäffchen, runder Halskragen; die Läppchen der Geistlichen unter dem Kinn (cf. Bernd, d. deutsche Sprache in d. Großherzogthum Posen, p. 376. Grimm, Wbch. I, 1250). „Beffe, amiculum pelliceum, vulgo beffa“; Kilian. „Ein Mann in schwarzer geistlicher Kleidung, das zweispaltige, feine Böffchen um den

Hals“, Walesrode, Glossen und Randzeichnungen (Königsb. 1842), S. 16. Das Bafettlein (Bafêd·l, Pafè'l, ∪—∪), vom franz. la bavette (cf. pad. bávaro, soggolo, saltero; bavarólo, bavaglio), das Geiferlätzchen, das man Kindern vorhängt; im Scherz: Ordensband oder Kreuz; dǝ' Fránzl mit sein˜n *Bafê-l*, (Januar 1843). cf. Posen.

Der Beffel, Biffel 1) zusammengedrückte, vorstehende Lippen; verächtlich: Mund. Vrgl. Grimm, Wbch. I, 1276; die Befze; ital. beffa, Diez 50. 2) Mundstück an einer Clarenette oder geraden Flaute, (Baur).

beffen, beffeln, beffern, beffzen, beffzgen, bellen wie der Fuchs; widerbellen, keifen, zanken; verächtlich: sprechen. Vrgl. Grimm, Wbch. I, 1276: befzen und 1447: belfen, belfern. Zeitschr. IV, 481.

Der Bifang, s. fangen.

Boferl, (Jir.) Wolfgang.

157 Der Büffel, 1) wie hchd. (Grimm, Wbch. II, 492. Vrgl. ital. bufalo, franz. buffle; kärnt. vol, Ochs; bi-vol, Büffel; Jarnik p. 37). 2) im Ensthal eine Art Schlange, s. unten Birgstutz. 3) (Feurbuch v. 1591) Art Kanone, die 55 Pfd. Eisen schoß.

sich büffeln, (opf., Nürnb.) sich plagen. (Gehört wol eher zu buffen oder büffen). Grimm, Wbch. II, 492.

Buffen (buffǝ˜), vrb., mit der Faust stoßen, in die Seite stoßen; (Grimm, Wbch. II, 492). Wàs hàst denn àllǝwál z·*buffǝ˜*? Muǝst denn àllǝwál *buffǝ˜*-r- und schlàgng? Ausbuffen ein todtes Thier, ihm die Haut abziehen, welches großentheils durch Stöße mit der Faust geschieht. wiederbuffen, wiederhallen (v. buffen, schlagen, schallen, knallen. Grimm, Wbch. II, 493, 4.). „Wie man zu walde rufet, dasselbe im wider bufet“, Fridancus, cod. lat. 237, f. 231ᵇ. Der Buffer, Sackbuffer, ein schlechtes, stumpfes Messer, wie es wol der Schinder zum Auspuffen eines Thieres braucht. Dés is ǝ' rechte' Schinde'buffǝ', der gár nicks schneidt. „Es steckte der Abdecker seinen Buffer in Augustins Werkstatt, daß er fürder seiner Zunft beyzusitzen u. dergl. unfähig würde“, Nagels Augustin Geiler. Der Buffer, (Traunstein) Rind, das keine oder nur kurze Hörner hat; ein kurzer, untersetzter Mensch, (Baader). Der Buff 1) der Stoß, Schlag. Der (die, das) halt scho˜ǝ˜n *Buff* aus, ist dauerhaft. BM. I, 276. 2) im Brettspiel: ein Wurf, bey welchem auf allen Würfeln dieselbe Zahl oben zu liegen kommt; das Spiel selbst. Buff spilen, oder bloß buffen, Buffbrett 2c. R.A. Alle Büff, auf jeden Wurf, jedes Mal (wo es darauf ankommt). Vrgl. Alle Bot. Auf Buff nemen, oder geben, auf Borg. cfr. auf Pump.

buffen, büffen, auf-, zsamen 2c. buffen, kräuseln, frisieren; putzen überhaupt (Grimm, Wbch. II, 492,1.). Dé is recht *auf'bufft*! „Stolze Bart-büffer“, P. Abrah. „Den Kopf aufpiffen.“ „Aufgepüffte Weiber“, Selhamer. R.A. Verbüffen, Einem etwas, es ihm beschwerlich machen, verleiden. „Das Leben mit einem Wort ist den Crassis hie und dort wol verbifft“, Balde, Lob der Magern. (s. büffeln).

buffeinen, büffeinen. „Er lag bei mir wie ein hackstock, püffeinet wie ein alter bock“, H. Sachs 1612: IV, III, 9 (1578: IV. III, 4).

Buflardi. „Scurrae, ribaldi, *Buflardi*“, Clm. 5531 (8⁰ XIII.–XIV. sec.), f. 140ᵇ. Cf. Diefenb. 497ᶜ und 522ᵃ Grimm, Wbch. II, 491 f.

---

enbagen, (ä. Sp.) zugegen. „Er mus auch auf daz gut swern, daz es ihm diuplich verstolen sei, ob daz gut enbagen ist; und ist das gut nit enbagen, so mus er in uberwintten mit siben mannen di es wars wizzen.“ „Ez sol auch das vich enbagen sein do er in pei funden hat, daz sol sein der ander ziuch“, Rchtb. v. 1332. Wstr. Btr. VII, 66. 90. (in-wegen oder engagen? s. gegen).

Der Bâg (Baug), (Nptsch.) Zorn, Verdruß, (ahd. diu pâga, rixa, contentio, jurgium; mhd. der bâc. Graff III, 22. BM. I, 78). bâgen, (ä. Sp.; ahd. bâgên, mhd. bâgen, st. u. schw. vb.), zanken, streiten. „Der sus mit imo bâget“, Notk. 100,3. „Daz ir hîwen niene gebiegen“ (daß ihre Weiber nie zankten), Diut. III, 64. vrgl. das. 70: daz gebâge. „Lia und Rachel, swie si geswester waren, so biegen si als die gellen gein einander“, Cgm. 176, f. 143. „Sunder bâgen“, Labr. 521. „Unkiusche ist selten âne nît und ân gebæge und âne „strît“, d. welsche Gast 7204. „Durch Pagens willen“, Horneck. „In Bayrnlant czwen ritter guet wollten darumb nicht kriegen, das ire weiber sich zepiegen“, der Teichner. Vrgl. Castelli, Wbch. 72: bägn, lärmen, zanken“; paduan. bega, rissa. Der Bieger, mhd. biegære, Zänker; „biegar, zaner und trieger“, des Teufels Segi, Barack 426,13358. Zeitschr. III, 16. 102. 109. 340. IV, 67. Vrgl. a. das Folgende.

bægen (bèigng, O.Pf.), begezen (b. W.), laut schreyen, besonders vom Rindvieh gebräuchlich, verächtlich oder scheltend, auch vom Menschen, vornehmlich von Kindern, die ungestüm weinen und schreyen. „puechen, brüllen“; VII Communi: böken, bögelen, brüllen; česk. (steir.) békam, ich brülle, blöke; dänisch böge. Zeitschr. III, 341. Vrgl. blâten, blöken (ahd. blâhan? mhd. blæjen. Graff III, 259. BM. I, 196. Grimm, Wbch. II, 62) u. s. unter Flank. 158

bagezen, s. backeln.

„baiggen“, bieten, versteigern; (cf. goth. bugjan, agſ. bycgan, emere, engl. to buy; auch engl. to vie, wetteifern, überbieten. Vrgl. Schmid, schwäb. Wbch. 58: beugen). „Drauf fängt man an zu baiggen, d. i. Wiesen, Flecken und Äcker, die der Gemeinde gehören, plus offerenti auf ein Jahr zu überlassen . . . Der ander baigget einen halben Batzen weiter, der 3., 4. und 5. baiggen noch mehr“, P. Gansler's Lugenschmid 100, „Man sol die (Roß und Wagen) päygken“, Cgm. 331, f. 6ᵃ. Frisch I, 49 citiert aus Voc. 1482: baygeln, prüfen, taxare, censere. Diefenbach, goth. Wbch. I, 294. 315. „Was auf dem Lande genommen, ist in den Städten verpeugt worden“, v. Lang, acta apostolor. 123 (aus Kr. Lhdl. XVI, 242). In einem Kartenspiel, welches Carl Martius am 20. Sept. 1851 zu Schlehdorf das Bochen nannte, bocht man, indem man in der Zahl der Stiche, die man zu machen verspricht, einander überbietet. (cf. Grimm, Wbch. II, 199: bochen, 2). Es scheint zu beigen (bîgan, baig, bigun) zu gehören. (Grimm Wbch. I, 1372).

Die (der) Baie, Baige, Fenster, Fensterloch in der Mauer (BM. I, 99. Grimm, Wbch. I, 1080. Stalder I, 153: Baye, Beie. Schmid 37. cf. engl. bay-window, franz. baie. Diez, Wbch. 38). „Fuort in an ainen baien, daz si in den söw sächen“, Ettmüller's Züricher Chroniken, p. 54. Vrgl. unten Boy.

baugezen, baugßen, bellen, wie kleine Hunde. Grimm, Wbch. I, 1202: bauzen. cf. Zeitschr. VI, 170.

Der Bâug, Bâuk, (ä. Sp.; ahd. pouc, mhd. bouc, v. biegen. Graff III, 37. BM. I, 177), Spange, Ring. Torques, halspouch; armilla, armpouch; pauga, bougin, dextralia, latae armillae, gl. a. 8. 35. 74 2c. „Manigen bauc roten“, Reimchron. Hievon wol das eigentlich österreichische, aber auch in Bayern nicht unbekannte Bæuglein, Bäugl·, Ring von Teig. Das Mâgen-Bäugl· ist mit gesottnem Magsamen (Mohn), das Nußbäugl· mit Nüssen gefüllt. „Schachtl mit Presburger Beigln“, Eipeldauer Briefe v. 1805. Weinhold, schles. Wbch. 8: das Bäugel, Bêgel, ringförmiges Gebäck. Grimm, Wbch. I, 1742: Beugel. Zeitschr. II, 30. IV, 67. 164. V, 461. Vrgl. MB. VII, Baucueri ex proprie ethimologia lingue nomen sumpserunt, baugo enim apud illos corona dicitur, uer autem uir. s. Baijer.

bêgern, — v (Juden=Wort, verächtlich) sterben, v. hebr. pêger, hinfällig sein; Weigand, oberhess. Intellbl. 1846, p. 296. Welkert, Ged. p. 23. Zeitschr. V, 464; bèkez'n.

Der Beghart, Laienbruder; die Beghine, Begine, Laienschwester. Woher dieser Name kommt, ist noch unausgemittelt; Frisch I, 76. Ducange I, 637. Grimm, Wbch. I, 1295. Vrgl. česk. bekyne, Nonne, Beghine; (kyne ist eine gewöhnliche Motionssylbe). Im Kieler Stadtbuch (zwischen 1264—89), Lucht p. XV u. 8: bekkina. Wackernagel's Wbch.: begein. Wäre der Name in Deutschland entsprungen, etwa am Böhmerwald, wo Matthias v. Kemnat vorzüglich viele solcher Landstreicher kennt, so möchte man an čechisch behar, behaun Läufer (v. behu, bezeti) denken, wovon bekyne statt behkyne (behuty, currens, Begutte). Ueber dieselben s. des Matth. v. Kemnat Chronik, Cbm. 1642, f. 131 ff., wo viele genannt sind (auch Niclas v. der Flüe wird darunter gezählt) und ihr Treiben besprochen wird; ferner: Felix Hämmerlein, Cbm. 1585, f. 1—11. Ryckelii vita S. Beggae. Mosheim, de Beghardis et Beguinabus, Lips. 1790, p. 55. 73—88—92—100. 170. 583. 586. C. Hallmann, Gesch. des Ursprungs der belgischen Beghinen (Berl. 1843). Ueber ihre Lehre im XIV. Jahrh. (fry geist) s. Clm. 4386, f. 89—91: Clementinae lib. V, cap. III. „Si *bagutae* socieris, mox per eam diffameris; linguam fert ut facula", Clm. 5961 (XIV. sec.), Vorsetzblatt. „Si aliqua mulier statum beginarum vel beguttarum de novo assumat, qui est reprobatus, ipso jure facti est excommunicata", Aug. eccl. 176 (sec. XV.), fol. ultimo. „De Beguta quae dixit se libentius comedere pulmentum quam pisces." „De Beguta quae palpavit puero ad membrum et confitebatur confessori dicens: ego palpavi puero nostro ad Quintzen." „De beguta quae confitebatur quomodo comedisset una feria sexta tres slehen." Aug. eccl. 84, f. 362. „Das an vil steten gar vil beginen sint und mainent zu haben ain dritte regel S. Francissen. Ich main sant Franciß wölt das aine nit auf ertrich wäre" 2c. Clm. 4362, f. 156—157. „*Beghardus*, quod movetur: hic *beghardus*, haec *begina*. Isti cohabitant hominibus et solum faciunt ipsis speciale habitum vestium. Iste ordo autem deletus est per Johannem VI. papam, quod ista secta scismata diabolo instigante in sca. matre ecclesia causavit et adhuc causat. Plures illorum peghardorum et peginarum sunt praecursores antichristi" etc., Clm. 5685 (v. 1412), f. 36. Cf. Clm. 12272, sub voce. In des Teufels Segi (Ms. v. 1449) handelt ein Kapitel „Von den Beginan" (Barack p. 188) und eines „Von den Begharten oder willigen armen" (Barack, p. 193). Ihnen, wie auch den Ainsiedeln (das. p. 181) und Waldbrüdern (das. p. 177) ist der Dichter günstig, während Mönche und Pfaffen übel wegkommen. „Beghardus pechkart, begina pechkartin oder swester in n. xpi", Clm. 5877 (v. 1449.), f. 103. „Der Pegawner", Rosenplut, Cgm. 714, f. 327. „Inclusae, *beginae*, conversae seculares" in und um Speier v. 1273 an; Zeuß, Speier p. 13. Vrgl. Zeitschr. IV, 226.

Die Beig, Beigen, (Ammer, Lech) der Haufen von übereinander gelegten Dingen, (ahd. pîga, fem., auch pîgo, msc.; mhd. diu bîge. Graff III, 324. BM. I, 117. II, 470. Grimm, Wbch. I, 1371. 1372. Vrgl. ital. bica, ein Haufen Garben). „Ein peyg mit holcz", Wittenw., d. Ring 35b,40. (p. 152). Holzbeig, Holzstoß. Roßbeig, ein Haufen Roßdreck; Wemdinger Herenproceß v. 1630. Acervus, piga, gl. a. 65; pigo, i. 318. beigen, aufbeigen, (schwäb.) in einen Haufen übereinander legen. Zeitschr. III, 532,64. IV, 70.

beugen (buigng, boigng), wie hochd. biegen, (ahd. pougjan, mhd. bougen; neben piogan, biegen. Graff III, 37. BM. I, 177. Grimm, Wbch. I, 1742 f. (s. Gramm. 294 ff.). Die Beuge, Biegung, (mhd. biuge. BM. I, 177. Grimm, Wbch. I, 1742). Der Ortsname Persenbeug lautet im Munde des Volkes Bösenbeug (ob richtiger? alt: zer bösen biuge); doch begegnet Persenbeug, Persenbeung schon im 11. Jahrh. MB. IV, 288. 294. 307 2c.

Bigunz. Zoll von Wein pro Quart 12, pro Biguntz 1 g. 16, pro Ampffer 6 g. —; Venediger deutscher Kaufleute Zoll=Tarif (sec. XVI. ineunt.), Cgm. 4032, f. 37.

biegen, wie hchd., s. Gramm. 294 ff. Vorbiegen, vorbeugen, eigentl. und figürl. Eine wirzb. Verord. v. 1738 fordert die Landbewohner, der fremden Werber und Menschenrauber wegen, auf zum Wachen und Vorbiegen und Nachfolgen mit gesammter Hand: damit solchen Böswichtern vorgebogen und man ihrer sicher habhaft werden könne. „Ein verbogens machen, consilia alicujus labefactare, pervertere", Prompt. v. 1618.

Die Biegen, pl. (?). „Den Zimmerleuten wegen Rüsstens, Machung Piegen und Mörtltrog" (1613), Cbm. 2224, f. 212 und oft.

„Bogweiler und Tretbretter" zum Fischfangen, sind nach der wirzb. FischerOrd. v. 1766 von Ostern bis Bartholomäi verboten.

bogen, vrb., (ahd. mhd. pogen. Graff III, 37. BM. I, 179. 220. Grimm, Wbch. II, 219). „Sie getâten mich pogen, incurvaverunt me", Notk. 56,7. „pogende, curvus", das. Bogendez Bluet, pogentzblut, bogende Wunden, Bogwunden sind strafrechtliche Ausdrücke die v. 1183 bis 1616 vorkommen, MB. VIII, 519; Münchner Rechtsbrief v. 1294; L.R. v. 1518, Tit. 17, Art. 1.; LR. v. 1616, f. 405. Auer, Münchn. StadtR. p. 155. 280. Heumann, opusc. 238. Vrgl. BM. III, 824. In manchen Stellen (z. B. MB. II, 149. 150. 431) scheint der Ausdruck fliezzend (fließend) dem ältern bogend gleichbedeutend zu seyn. Doch in K. Ludw. Rchtb. Tit. 14, Art. 7 werden „fliezzent pogwunttn" von bloßen „pogwunttn" unterschieden. „Ein bogwund ist die man maiseln und heften mueß und die man gewärlich nit gehailen mag on den arzet", Augsb. StadtB. „Bleibet do ein poge" (in der Schlagwunde), Cgm. 722, f. 52b. Vrgl. franz. playe *orbe*, die als Beule rund ist, also Bogen.

bogen, vrb. „Si gên wider ainander pogen als wärens lantherren und herzogen", Cgm. 714, f. 230. `Ob für bochen, prahlen, trotzen (BM. I, 220. Grimm, Wbch. II, 200,6), oder für das gleichbedeutende mhd. brogen, (BM. I, 261. Grimm, Wbch. II, 396)? Zeitschr. IV, 194. 334.´

Bogen. „In veteres utres, in dy alten pogen oder in alte vas", (ob bulgen? s. d. W.); ZZ. 1803, f. 198.

Der Bogen (Bogng), wie hchd. (ahd. pogo, mhd. boge. Graff III, 39. BM. I, 178. Grimm, Wbch. II, 218). Der bog, des bogen; Cgm. 54, f. 47a. „Mancher jagt ân bogen"; Labr. 421. München: die Arcade; der Larosee=Bogen, Lerchenfeld=Bogen, Münz=Bogen. Untə'n *Bégngə~n*, oder untə' dé *Bégng*. Untə' dé Schrannə~-*bégng*, unter den Arcaden um den Schrannenplatz. s. Lauben. R. A. „Ueber das Bög= 159
lein treten, springen", (für Bügel? wie Bögeleisen für Bügeleisen. Vrgl. Grimm, Wbch. II, 222), figürl. einen Fehltritt, Fehlgriff thun, über die Schnur hauen. ə~n *Bogng* schlagng, (vom Wild, Jagdhunden) von der Richtung ihres Laufes ablenken und auf einem Umweg an dem Stand der Schützen vorüberlaufen; (Baader.) Der Bogen Papier (v. biegen = zusammenlegen, falten, wie span. pliego [cf. Explicit.], neben dem unbestimmten franz. feuille, it. foglio. Vrgl. engl. sheet, dän. u. schwed. ark, mittellat. arcus. „Iste tractatus debet conscribi ad modum portatilem parvum fracti *arcus*", Clm. 12287 (XV. 1438), f. 347. „Super mundum *arcum* papyri posuit" will Dan. Papebrochius [in processu de SS. Virgg. Eischellens., ad diem XVI. Jun. p. 128] in *arcam* verbessern. Auch Conr. Peutinger in seinem Katalog gebraucht arcus in diesem Sinn.

Der Bogner, Bögner, (ä. Sp.) Bogenschütze, Verfertiger von Bogen zum Pfeilschießen. cf. Armbrost.

Der Bogſtall, ſ. oben Bockſtall u. Th. III: der Stall.

Die Bogen-eln, ſ. oben die Elen.

'bogrucket, adj., mit gebogenem Rücken (Grimm, Wbch. II, 220. 222).' „Bogrucket, hinket u. halbblind", H. Sachs 1560: IV, III, 70 (1612: IV, III, 153). „Bog-rucket, decrepitus", Voc. Melber. „Bog- oder bug-rückig, decrepitus", Voc. Archon. f. 60.

Die Bogen, Name zweier Flüßchen, von welchem wol auch der der Ortſchaft und frühern Grafſchaft an der Donau herrührt; Bogana, Ried I, 60, ad 882. MB. XI, 123, ad 865. Förſtem. II, 320. Wien. Jahrb. LII, 201. cf. oben Altach. Vrgl. auch Elbogen (cubitus, loket) in Böhmen an der Eger. Förſtem. II, 466.

bögeln (bégln), wie hchd. bügeln, (Grimm, Wbch. I, 1814: biegeln; II, 219. 496: bögeln, bügeln). Das Bögel-Eiſen, Bügel-Eiſen. R.A. Da iſt's Waſchen und 's Bögeln beyeinander, wie: Es werden zwey Fliegen mit einer Klappe todtgeſchlagen.

Bögel, ſ. Pigel.

Bogonen. Ungriſche Bogonə˜, ungariſche Schweine (Paſſau, ObrM.).

Bograd, Bettbogreta, (Jir., Pinzg.) Bettſtatt. ſ. unten Bongrad u. Th. II: Grêd.

Der Bug, Biegung, Einbiegung, wie hchd. ſ. Bueg.

Der Bug, artemisia, Beifuß. „Artemisia, bug, herba", Monac. Francisc. 248, f. 225. „Prenn in dem herpſt magen (Mohn), roten buggenſamen", Clm. 4395, f. 198. ſ. oben die Buckel.

Der Bugel, „die Klotz-Porte, annulus ferreus sphaeristerii (ſpaniſch: bocas oder argolla)." „Durch den Bugel ſchlahen oder werfen, transmittere globum per annulum." buglen, ludere sphaeris per annulum ferreum. Bugel-Platz, da man mit Klötzern (Kugeln), Kuglin oder Bällen ſpielt", Heniſch, thesaurus v. 1616. Vrgl. holl. beugel, eiſerner Ring, Bügel; beugelbaan, Bügelbahn. Dat kan niet door den beugel, das iſt nicht erlaubt. ſ. Pudel und Bochs.

Der Buggler, Schild; ſ. oben Buckeler. „Scutum, puggler; pelta, clypeus magnus in obsidione, ſetzſchilt", Clm. 5685 (XV. sec., 1412), f. 107.

Der Buger- oder Bugger-Thaler, franzöſiſcher Laubthaler. Dieſer, vom gemeinen Mann ganz ernſt genommenen Benennung liegt vermuthlich das franz. Kraftwort (bougre = boulgre, d. i. Bulgarus; Diez, roman. Wbch. 576. bl'garin, plur. bl'gare; ſerb. bugare, ruſſ. bolgare. Safarjk, staroz. I, 575. Kollar, Ceſtopis 158. Vrgl. Th. III: Schnitterhüpfel.) zu Grunde, das er am Anfang, in der Mitte und am Ende des vorigen Jahrhunderts oft genug zu hören bekam. Die Bulgaren waren meiſt Manichäer, alſo für die kreuzfahrenden Franken Ketzer. Daher nannten dieſe in der Folge auch andere Ketzer so. cf. Ducange: Bulgari. Bouquet, rer. gallicar. script. XVIII, p. 479. „Johannis le roi de Blakie et de *Bougrie* ne s' oblia mie", Ville-Hardouin, c. 210. „A toz ses *Boghres*" (Bulgaren), ibid. c. 204. „Li *bougres* de la terre", Bulgari loci; ibid. c. 256. Johannes li *Bougre*, Gouverneur des Königs Philipp Auguſt. Sein Sohn Nivelon le *Bougre* erſcheint in einer Urkunde v. 1242: Nivelo de Ponte rotundo dictus *Bougre* [Bulgarus]. cf. Radiusiana 15, p. 160. — Du *Staə˜buggərə'*, Schimpfname (b.W.).

Buggeram, Bukeram (mhd. buggeram; mittellateiniſch: boqueramus, franz. boucaran, ital. bucherame. BM. I, 276. Diez, Wbch. 74. Dieſenbach 75ᵇ.), ein aus Ziegenhaaren gewebtes Zeug. „Bocraen, bissus", Diut. II, 203. „Bedeckit niht mit buggeram", daſ. 130. „Selpvar ein wîp . . . ungemâlet, daz ſi niht gebuggerâmet wære", Walther 111,14.

Die Bugetſchen, Bochnitz, ein kleines Weißbrod; ſ. unten Fochenz.

Der Bueg (Buəg), das Gelenk, beſonders das obere der Vorder- oder Hinter-Beine bey Thieren; der ganze Vorder-Schenkel, dem Hinter-Schenkel oder Schlägel entgegengeſetzt, (ahd. puoc, mhd. buoc. Graff III, 40. 41. BM. I, 179. Grimm, Wbch. II, 494). „Die (ſchenkel) kund ich ſô gebiegen, daz ich daz ors mit ſporn ſluoc ze den lanken noch in den buoc dâ hinder eines vingers breit, dâ der ſurzengel iſt geleit", Gregor v. d. Stein 1428. (Vrgl. der bugg, Biegung, Einlenkung; Labr. 452. 453. büegen, vrb., daſ. Valkn. 77; verbüegen, Labr. 6. 312. 327; erbüegen, Valkn. 94; neben biegen, Labr. 108). Das Büeglein (Büəgl·), bey kleinern vierfüßigen Thieren der Vorder-Schenkel; bey Vögeln der Schenkel überhaupt. ə Gansbüəgl. „Friß Brocken mit Halb Zentner Gewicht, verzehr gantz kälberne Büegl", P. Abraham. Gaəsbüəgl, Spottbenennung für Schneider. „In vigilia paschae do er ſach daz man die füll ward rüren und die pügel begiezzen und groz proten ſchraten", Cod. Em. q. 12, f. 81ᵇ; (cf. Th. II: naffezen). In Hormayr's Geſchichte von Tirol S. 151 ſteht ſtatt „*femoralia* prieg, prueck, pruch", fälſchlich: Beine Pieg, Pueg, Pueck. Auch der Zillerthaler nennt ſeine Schenkel: Büəgle. Gl. a. 64: puac. i. 680: buag, armus. ſ. der Buech.

Der Fürbueg, Stück der ehmaligen Pferderüſtung, das um die Vorderbug gieng und den Sattel nicht zurückweichen ließ, (BM. I, 180: daz vürbüege, vürgebüege). „2 fürpig", Wſtr. Btr. V, 168, ad 1580. „Antilena, Bruſtriemen oder Vorbüge am Sattel", Friſius. Antela, furbuge, gl. o. 158. Pectoralis, vorbuge, gl. o. 811. Voc. v. 1419: antella, ein furbaug an dem ſatlpogn, postela, ein hinder püg.

ſich ausbuegen, ausbuechen (ausbuəchə˜), (Baur) ſich den Bueg verrenken. Vrgl. mhd. erbüegen, verbüegen, buglahm machen oder werden. ſ. oben Bueg.

buren, ausbur·n (ein Glas), ſchnell austrinken, ausſtürzen; ſ. oben büchſen.

bugſen (im Scherz ſt. bugſieren, fortbugſieren; Grimm, Wbch. II, 496), fortſchicken. S. Gramm. 1066*. Mei˜ Maəste' hàt mi' '*bugs·t*. Də' Schlesingər is '*bugs·t* wor'n, heißt es in München unter Handwerksburſchen.

Beham, Beheim, ſ. oben Bê-haim.

Das Beihel (Beihhəl), (O.L.) das Beil (ſchweiz. 160
Biəl; ahd. pihal, pîal, pihil, mhd. bîle, bîl. Graff III, 47. BM. I, 124. Grimm, Wbch. I, 1374. 1376. Zeitſchr. VI, 169). Bihal, gl. i. 654, o. 379. 404; bihel, a. 644. o. 82; bigil, a. 31. 644; peihel, Voc. v. 1445. „An biheln und an parten" (der Zimmerleute); Renner 22903. Ein „Wurfbeichl in einen ſtotzen geſchlagen", gezeichnet (als Zahl 51) im Cgm. 4113, f. 164. Das Griesbeih'el, eiſerner Haken an einem langen Stiel, ein Werkzeug zum Fortſchieben des Flötzholzes im Waſſer. ſ. unten Beij-el.

bohezen (bohhəzn), (Alpen) die Tonleiter durchjauchzen, (albeln, jodeln, hauren). Vrgl. Zeitſchr. III, 267,2.

Der Bühel (Bihh·l), im Speſſart das Bühl (auch ſchweiz. das Büəhl), in Eigennamen oft geſchrieben Bichl, Pichl, die Anhöhe, der Hügel, (ahd. puhil, mhd. bühel, msc. Graff III, 41. BM. I, 276. Grimm, Wbch. II, 496). puhil, gl. a. 383: acervus; gl. o. 124. 197. 244: collis. Colles die buohle, buohele, Cgm. 17, f. 94ᵃ. 104ᵇ. Der jetzt nach der Ausſprache geſchriebene Ort Pichl bey Benediktbeuern wurde noch im XV. Jahrhundert Pühel geſchrieben. Singuldsbühel, Singelsbül, Singlſpiel, Name einer Familie (Singlſpieler) und einer Gaſſe in München. Hagsbühel, Hagsbuh, Hagſpiel, Familie in Kempten.

Der Baijer, Bayr (Baər), nach Gramm. 836: des, dem, den, die Baijern; (cf. Graff III, 46. BM. I, 99). In deutſchen Sprachmonumenten findet ſich dieſer Volksname zuerſt unter der Pluralform Peigira, namentlich in einem Münchner Codex (saec. VIII.) aus Weſſobrunn,

wo fol. 60 (gl. o. 339) Istria einmal durch Peigira, das andremal durch Paigira, und Arnoricus durch Peigiro lant gegeben wird. Das in Cassel liegende, nicht minder alte, romanisch-deutsche Glossar stellt etwas ruhmredig die Bayern den Wälschen (Romanis) entgegen. Stulti, sagt es, sunt Romani, sapienti (sic) sunt *Paioari*, tole sint Uualha, spahe sint Peigira. (cf. Eccard Fr. or. I, 441. 855). Grimm in den Abhandl. der Berliner Akademie 1846, p. 445. Hiemit übereinstimmend bietet das Angelsächsische (Chron. saxon. und Orosius, von König Alfred übersetzt,) die Pluralformen Bägeras und Bägdhvare. „A°. 891 Earnulf cyning gefeaht with thæm *rædehere* (Reit-, Fahr-Heer?) ær tha scipu comon mid Eastfrancum and Seaxum and *Bægerum* and hine geflymde", Saxon. chron., Ingram p. 112—3. Grimm I², 641. 777. Die dem Plural Peigira entsprechende Singularform würde seyn Peigiri, ad 824, als Personname Peiri, in Meichelb. Hist. Fris. I, II, 36 u. 245 vorkommend. Grimm III, 421. 425. Oberbayr. Archiv V, 374. Förstem. I, 273 f. Die Gl. o. 120 (sec. X—XII.) haben Bouuarii vel norici, Beiera; Bawarii vel norici, Beiere. Das bey Eoi, orientales der gl. a. 501 (aus Zwetl) stehende peir fehlt in den Münchner Codd. des Salomonischen Glossars. Peiere uuorin ie ci wige gerne, heißt es im Anno-Lied, 319. „Ego *Peiere* trado ad Coenob. S. Galli" . . . (884), Neugart, cod. dipl. Alem. nr. DXLVIII. „Peir der mêre dulde swîre dur Afrîen sîn amîen von Navar", altd. Mus. 333. Was das einfache i dieser ältern Formen betrifft, so ist zu bemerken, daß davon die Isidorische Orthographie-Regel der mittlern Jahrhunderte gilt: i littera inter duas vocales constituta pro duplici habetur. (Priscianus, p. 545. Schneider, lat. Grammat. I, 277. Grimm I², 436). Von der Zeit an, wo das lange i oder das j aufgenommen und für die Lautverbindung ij, dem alten ig entsprechend, die Form y beliebt worden war, (in dem Heidelberger Codex XXIV. von Bruder Berchtolds um 1260 gehaltenen Predigten steht: in dem lande hie ze Beigern), findet sich, bis auf die Adelungische Epoche, in der Regel die Ortho-
161 graphie Bayer, und nicht selten, nach dem Dialekt noch mehr zusammengezogen, Bayr. „Noricus ensis ein swert beigers (beierisc?)," Kaiserchron., Cgm. 37, f. 3; (vrgl. unten bayerisch). „Daz geslaht der bayere di chomen von armenye", Enenkel, Cgm. 11, f. 125. „Bi den funf eselis fusen di di Begere brochtin vbir mer, das dich Hasehart vorzer", Königsb. Cod., Hagen's Grundriß p. 345, (vrgl. unten). Im Cod. Aug. eccl. 84, f. 362ᵇ (sec. XV.) steht unter mehrern blos als Inder zu irgend einem unbekannten Buche mit Facetiae aufgeführten Titeln „Item: quare *pauari* nominantur *payer*. Die, nach Gramm. 836, im Dialekt für beyde Zahlen übliche, ab-hängige '(schwache)' Declination dieses Volksnamens will der schriftdeutsche Sprachgebrauch nur im Plural erlauben. Die alte Sprache entscheidet hierüber nichts, da sie nicht blos Peigira (Nom. plur.), Peigirolant (Genit. plur.), sondern auch Suapa, Walha (Nom. plur.), Suabo-richi (Genit. plur.) sagt, also auch solche Primitive selb-ständig decliniert, die jetzt nicht anders als abhängig flectiert werden können. So viel ist gewiß, daß heutzutag die Singularformen: des Bayers, dem, den Bayer, und noch mehr die Pluralformen: die, der Bayer jedem, seiner Mundart unentfremdeten bayrischen Ohre anstößig sind, und daß dieses uralte Derivatum, dessen vermuthliches Primitiv, als solches, längst verschollen ist, nicht wie die jüngern, noch ganz klaren Derivata Oster-reicher, Schweizer, Tyroler 2c. behandelt werden darf. In einigen Gegenden westlich des Lechs kann man hören und in Linde's polnischem Lexicon lesen die (nach Gramm. 693) überladene Form Bayrer statt Bayer (cf. schwed. Bairære, wie Sachsære. Bajrerne, Bägdvære; Rask, samlede Afhandl. I, 299, 337), wogegen das einfache windische Par, Parez nach der Wiener Aussprache: Bár für Baer, gebildet scheint.

Der Niederlausitzer Serbe nennt jeden Deutschen bawarski; Haupt's Volkslieder, Einleitung. „Prodiga, lasciva Bavaria ludaque" (Ind.: letaque) fallax est hæc (Ind.: non est) subtilis inconstans et (Ind.: sed) socialis; Ob. Alt. 309, f. 375 u. Ind. 134, f. 30 (cf. Mone's Anzeiger VII, 507). „Balthasar Nimitsch Jesuita, Archiducis Ferdinandi concionator aulicus, in celeberrima concione Pentecostes anni 1609 haec verba: *numquid omnes isti Galilaei sunt* non alium habere sensum aiebat quam si quis hodie diceret: nonne omnes isti sunt *obtusi et crassi Bavari?*" Cod. gall. 393, f. 93. Ex chron. msc. monasterii Aulae regiae in Bohemia versus citati in Cgm. 1185, f. 190: „Suuice tutoris manet sic Saxo brevis oris linguae velocis subtilis erat quoque vocis. Saxo recolit os *Bavarus*que loquens boat ut bos exhalans vocem grossam nimis atque ferocem hinc tua vox Saxo redolet Bavaro tanquam Saxo." „Teutonicus miser et rudis est, ut papa salignus, stridula *bavarico* gutture verba liquans", Reinardus Vulpes, libr. IV, 381—82, ed. Mone p. 259. „Est gens adeo suillis et ipsa moribus famosa ut ceteris Germanis comparata *Babari* [barbari dico] nomen ipsi optime convenire nemo non videat. Duobus vitiis plus aliis insignis, inhospitalitate videlicet et furto. Vestitu ut plurimum blavo colore amicitur, ocreis libentius quam caligis calceatur"; Joa. Boemus, de omn. gentium ritibus, 1520, f. LXIV. (s. Th. III: Sautreiber.) „Der site von Beiern ist kommen. Die Beier dicke habent genomen in Osterrîch der herren guot; von Hulbach und von Landeshuot, von Büerding, von Gollenhoven, über mangen steinschroven sint sie dâ her abe gevarn, durch daz si daheime ir guot sparn", S. Helbling I, 444; vrgl. pag. 252. „Lâz Beyer trinken biremôst", das. III, 232. „Die Beier sprechent: sich ûf, nef! uns mac herûf komen sîn Osterweiz und Osterwîn", das. III, 214. „Breidic sam die Beier sî wir mit gevræze", das. XIV, 40. „Beier (Hs. Boyr) und Rînfranken, den ist wol ze danken, daz si niht manecvaldent, ir lantsit (Kleidertracht) behaldent; dar an tuont sie wîslich", das. VIII, 769. „So mange gezzent und getrinkent, daz sie mit den vingern winkent, und mit den zungen lallent und einhalb hinvallent. So mag ein pair sprechen wol, des leip auch magenfreude ist vol: wanne kumst du, molle? da gutes was der volle, da han ich getrunken und gezzen piz ich min selbes han vergezzen", Renner 9626. „Ein anderz han ich auch vernomen, daz beir in ein stat waren komen und lagen in grozzer koste bei einem starken süzzen moste" 2c. 2c., Renner 10208—39 (cf. Wiener Meerfahrt). „Wir tun reht, als ein bair sprach: Wil got, daz wir uf erden leben, so muz er uns daz köstlein geben", das. 13739. „Swaben ir wörter spaltent, die franken ein teil sie valtent, die beire sie zezerrent, die during sie vf sperrent" 2c. 2c., das. 22218. „Ein prîs den wir Beier tragen muoz ich von Wâleisen sagen; die sint tœrscher denne beiersch her unt doch bî manlîcher wer", Wolfram, Parz. 121,7. „Die irren Beier", Türheim im Wilhelm, Cod. Palat. f. 204ᶜ. „Er kan sich deheiner dinge mâzen, er ist ein tœrscher Beier", Nithart LII, 7. (Benecke p. 442. Haupt's Zeitschr. VI, 104). „Bî den vünf eselcs vüezen, die die Beijere brâhten über mer", v. d. Hagen, Ges. Abent. LV, 1326. Weitere alte Sprüche über die Bayern hat W. Wackernagel gesammelt in Haupt's Zeitschr. VI, 255 f. Der Strafbayer, s. Th. II: Quartier. „Gaudet *Bavaria* dafs hat silvestria poma glandes et schlehen vil holczpiren essen dye ciues pfifferling et rottlich vil hirtling et bona protling vil säuw val '(?)' vnd capra vil kelber et aliquas vaccas desgleichen vil sawer vina daz sein in bavaria terra, dorzue vil *payrish rûben* vnd auch grofs huren vnd puben", Poll. 640 [1508 Amberg], Vorderdeckel.

bayerisch, bayrisch (baarisch, schwäb., opf. bàiarisch), adj. Die im inländischen Schriftgebrauch vorzugsweise beliebte kürzere Form bayrisch hat die Analogie der schriftdeutschen Formen feurig, traurig, heurig, englisch, teuflisch u. drgl. statt feuerig, trauerig, heuerig, engelisch, teufelisch für sich. Die Formen baiersch, oder gar baiernsch, sind fremde Provincialismen. Die ältesten

Monumente, in denen das Adjectiv vorkommt, bieten beierisch. Noricus ensis, daz diudit ein swert beierisch, Anno-Lied 304 (vrgl. unten).

Die bayrische Rueben, Steckrübe, brassica napus. Ayn payrisch rueben mueß wird A⁰. 1480 für das jährliche asttalerische Mahl im heil. Geistspital zu München vorgeschrieben; MB. XXI, 239. „Bayrisch rieb zwen metzen", MB. XXII, 698, ad 1575. „Ein alraun, aus einer bayrischen ruben gemacht", H. Sachs 1560: II, IV, 4. cf. Th. III: die Rueb. Das bayrische Pulver, weiße Rüben, zu einer pulverförmigen Masse kleingehackt, um gesäuert und als Zugemüse gegessen zu werden. Der bayrische Taler, Silbermünze, wovon das Stück, nach der A⁰. 1754 von Seite Bayerns zuerst beliebten Vermünzung der feinen Mark cölnisch zu 24 Gulden, 2 fl. 24 kr. gilt. s. Taler. Bayrisch Grätz, ä. Sp., die Hauptstadt von Steyermark, zum Unterschied von Windisch Grätz; vrgl. „tam *Baioarii* quamque Sclaui" bey Ried ad 853. Der bayrische Gulden. In einem Meßbuch der Kirche zu Bant (Oldenburg) heißt es: „Anno MCCCLXXXVIII captus est Edo Wymbken, et Rustringia Ostringia et Wangaria redemerunt eum xiiij M (14000) *Beyerdes* Gulden", Ehrentraut, fries. Archiv I, 119; vrgl. p. 122: „14000 *Beierdis* gulden"; (sollten das bayerische gewesen sein?) Der bayrische Krieg. „Die landsknecht haben mir genommen roß und kü dort in dem beyerischen krieg", H. Sachs 1560: II, IV, 114ᵇ. „Glis ein paerische maus", Clm. 5877 (XV., 1449), f. 118. Der bayrische Stich in der Rahmnähterei; (cf. ital. il bavaro, Weiberhalstuch; s. oben Beffchen). Der bayrische oder Grobwetterwind, (Jir.) der Nordwind. Ohne alle Flexion steht in gewissen Zusammensetzungen bayer statt bayerisch (vom alten Genitiv Plur. Baigarô, Suabô; wie z. B. auch Memminger Mond, Münchner Bier. cf. oben Sp. 123 u. Heliand II, 176). bayrhalb, adv., auf der bayrischen Seite des Inns, Lechs rc. „Ering, Formpach am Yhn, bayrhalb gelegen", Hund, Stb. 43. 125. Der Bayer-Lech zu Augsburg (1638), Cgm. 4905, f. 530. 601 u. 4906, f. 19. Alten- oder Bayer-Otting (Kr. Lhdl. XVII, 239), vermuthlich zum Unterschied von Ottingen im Ries. Bayr-Dießen zum Unterschied von Schwab-Dießen; „in inferiori Diessen de ecclesia S. Nicolai, in superiori Diessen prope Lansperg"; Poll. 131 (1472), Deckel.
162 Bayr-Dillingen (Lori, Lechrain 249) neben Schwab-Dillingen; Payer-halle, Diplom. Admont. v. 1235, Hormayr, Gesch. v. Wien II, 192.; Bayr-Menching (Lori, 311) neben Schwab-M.; Swaben Menchingen, Baiermenchingen (a⁰. 1375), Clm. 4355, f. 29. 44. Bayr-Mülhausen neben Schwab-M.; Bayr-Soyen neben Schwab-Soyen. Dem Gegensatz Schwab- gemäß, ist Bayr hier zunächst als Substant. zu betrachten, und ähnlich dem Ortsnamen Baierrute, MB. XIII, 195, ad 1194. „Mansus *Baierrewt*" (ad 1126 circa), Cod. Trad. des Klosters Ensdorf, in Freyberg's Samml. II, 196 u. 254: Anfangs des XV. Jahrh. ganz zu Holz geheyet, noch 1496 Payrieth geheißen, im LG. Amberg, zwischen Hirschwald u. Wolfpach gelegen. s. unten Reut; Lang, baier. Jahrb. p. 244 (ad 1284). Das Prädikat königlich bayerisch bey Titeln und Aufschriften sollte seiner zweyten Hälfte nach doch wol nur da gebraucht werden, wo eine mögliche Verwechselung mit königlich-preußisch oder sächsisch oder würtembergisch rc. zu vermeiden ist. In andern Fällen möchte das Beywort königlich kurzweg von größerer Würde seyn.

Bayersachs? „Wer snûdet als ein wazzerdahs, so er izzet, als etlicher phliget, und smatzet als ein Baiersahs (Hs. „payr sachs"), wie gar der sich der zuht verwiget", des Tanhauser's Tischzucht, Haupt's Zeitschr. VI, 490,61. Sollte „fars" zu lesen sein? Bei Rauch, script. rer. Austr. I, 198 steht: „vnd smakiczt als ein lachs."

Bayr-Sâumer, die nach Bayern fahren; Sachrang. Waldord. v. 1558, Cbm. Kl. 360, p. 93.

Bayern, Bayrn (Baarn, Baə'n, opf. Bàiə'n, b. W. Bài'n), oder (nach der selbständ. Declinat.) Bayer-, Bayrland, b. W. Bàiə'land (vrgl. Bayerfürst); (nach der abhängigen Declin.) Bayern-, Bayrnland, das Land B. Im XIV. bis ins XVIII. Jahrhundert ist die Form Bayrn die herrschende. N. N. in obern und nidern Bayrn Herzog. „Wie piderb der man (der alt von Leuchtenburkch) wer, sait man noch ze Pairn mer", Ottocar v. Horneck. „Naves de *Bair*", Ofele I, 718; cf. Hormayr's Rede v. 1831, p. 105. Bauaria, Bayrnland, Voc. v. 1419. „Ain Fürst aus Bairnlande ist er aus kunicklicher art geporn. Sunst (so) sint auch alle kunn von disem stamen den got sunder geadelt hat", Lancelot vom See. „Duo sich Beire lant wider in virmaz" . . . „dere geslehte dare quam wjlin ere von Armenie der herin", Anno-Lied XX, 1. 15. (Auch Grimm, Gesch. d. d. Spr. 825, denkt an einstige Berührung der Deutschen mit Armenien, wie sich Armen mit Armin, Irmin berührt.) „Rom, dich hat Bayärlant geschendet", Kaiser-Chronik, Wiener Cod. „An swaben stoisit beierlant zital alsunder wanken und darnah ostirfranken", ibid., Straßb. Cod. Cgm. 578, f. 15ᵇ. 16ᵇ. Anmerk. Allem Anscheine nach stammt dieser deutsche Name Baijer, a. Sp. Baigiri, vor der Assimilation der Vocale vermuthlich Baigari, mit dem lateinischen Bavarus (zusammengezogen aus Baiuuarius, Baioarius) von einer gemeinschaftlichen ältern Form, an welche sich die, auch an andern Völkernamen der Mittelzeit vorkommende Ableitung -arius, -ari gelegt zu haben scheint. Als eine solche werden von unsern Geschichtschreibern insgemein die Boii, *Βοῖοι* der griechischen und römischen Historiker angenommen, und diese Annahme kann wol die deutsche Nationalität der Bayern eben so wenig in Zweifel setzen, als der alte Name Boiohemum die slawische der von uns sogenannten Böhmen. Zu welcher Zeit die im Noricum gebliebenen oder dahin zurückgeströmten Deutschen, vermuthlich nahe Verwandte der weiter südlich gezogenen Longobarden, nach frühern Bewohnern des Landes Baioarii genannt zu werden und sich so zu nennen mögen angefangen haben, ist schwer zu sagen. Leibnitz, in der Vorrede zu seiner Ausgabe des Adlzreitter und Brunner, spricht von einem, in des Rutilius Claudius Munatianus Itinerarium (v. circa 417 n. Chr. Geb.) vorkommenden Bajoarius obstans so bestimmt, daß ich ihm weniger gern ein Versehen, als die Einsicht irgend einer noch unbenutzten Handschrift zutrauen möchte, in welcher dieses Gedicht vollständiger, als in den bisherigen Ausgaben, die vom 2ten Buche nur 64 Verse 163
liefern, enthalten seyn konnte. Nach dieser bestrittenen wäre also die älteste Stelle über die Baioarii die des Jornandes, welcher (lib. de reb. get. c. 55, Cod. Ambros.) sagt: Regio Suevorum habet ab oriente *Baioarios*, was wol von seiner Zeit, also circa 540 zu verstehen ist. Die Gothen ziehen gegen die Sueven. Die Bajobari müssen also mit den Gothen verbündet und ihre Nebenwohner tief unten an der Donau gewesen sein; also Bajobari genannt, schon ehe sie das Noricum bezogen. (Prof. Neumann macht darauf aufmerksam, 13. Merz 1839.) Ad ann. 570 sagt Venantius Fortunatus im Leben des heil. Martin: neque te *Baioarius* obstet, (auffallend ähnlich jener leibnitzischen Stelle). Daß diese Baioarii ehmals Boii geheißen, wird ausdrücklich behauptet im Leben des h. Agilus (c. I. in Resch, annal. Sabion. T. I, p. 497): Directo calle ad *Boias* quos terrae illius incolae *Bodoarios* (Boioarios?) vocant, perveniunt (ohngefähr zum J. 616); und im Leben des h. Eustasius (Mabillon sec. II. Benedict. p. 117; Eckard Franc. orient. I. p. 193): Progressus ergo (Luxovio Eustasius) Warascis praedicat — — — hos ad fidem convertens ad *Boios*, qui nunc *Baioarii* vocantur, tetendit. Bis ohngefähr ins XII. Jahrhundert finden sich abwechselnd die Formen Baiuuarii, Bagoarii, Bauguarii, Baucueri (sieh Bâug), Baucoarii, Baugarenses, Bacuarenses etc. Der Cod. Vatican. Nr. 5000 (sec. XIII.), f. 139 sagt, vermuthlich in erklären sollender Beziehung auf Tacitus German. II, 4: tres fuerunt fratres ex quibus gentes XIII; primus Ermericus genuit Gutes, Gualagutos, Guandalos, Gepidos, Saxones; Ingo genuit Burgundiones, Turingos, Longobardos, *Baioeros;*

Escio Romanos, Brictones, Francos, Alamannos." Cf. Nennius bei Gale I, p. 102. Zeuß p. 75. Grimm's Mythol., Stammtafel p. XXVII. Um das XII. Jahrhundert setzen sich mit Vernachlässigung des i die Formen Bauuarii, Bauuari, Bavari, Bavaria, bavaricus, bavarinus (MB. XI, 300. cf. ecclesia gallic*ana)* rc. fest, aus welchen nicht blos die romanischen, sondern auch die slawischen Nationen ihre Benennungen für Bayern gebildet haben, Vrgl. Gramm. 504.

'(Es folgen hier noch einige nachträgliche Bemerkungen Schmeller's zu diesem Abschnitte, die sich demselben nicht gut einreihen ließen.)'

„A^{0}. 851 Ossa S. Hermetis a Liuphrammo Juvavensi archiepiscopo Româ Juvaviam delata per italica confinia vel *Bagoariae* regionis regna", Clm. 15821, f. 34^{b}. (sec. IX—X). Saga af Sigurdi Jor-Salafara, cap. XIV: of Pannonia oc Svafa oc *Beiara (Beigara, Byiara)*; Heimskringla III, 247. „Themo heron Heinrihe qui cum dignitate thero *beiaro* riche beuuaroda", Gedicht aus einem Cambridger Cod. (sec. X. unter Kaiser Otto I.) in Eccard, Quaternio, f. 50. Peigwar, Grimm I, 641. 777. „Nec non post aliquot spatii tempuscula parvi ipsius (Henrici) juri proceres subjunxerat omnes famose nimium gentis *Baioariorum* ipsum nempe ducem merito faciendo potentem", Hrotsuitha de Oddone I. carmen, Cod. Em. E. 108, f. 141, (Barack p. 321). Im (St. Emeramer?) Necrologium Cod. sec. XI., schmal Folio, in der Wallersteinischen Bibliothek zu Maihingen steht ad X. Kal. Sept. occisio *baioariorum* in poemia. „A^{0}. MCLXXX Fredericus Imp. Hainricum ducem *bairorum* et Saxoniorum ducatu privavit", Cod. Emm. 117, f. 33 (v. Ende des XII. Jahrh.). „In ducatu *Baioriorum*", Clm. 4628, fol. 216. In Froumundi Cod. Boethii de consol. philos. (in Wallerstein-Maihingen) fol. 6^{b} steht zu impunita barbarorum semper avaritia als Randnote: maxima Gothorum, Francorum, Alemannorum, *Baioariorum* adhuc forte gentilium. Clm. 4593 (XI—XII. sec., Lucan. Phars.), fol. 9^{a}: „Nos primi Senonum motus cymbrumque (übergeschrieben: h. f. *bauuarici)* furentem", und fol. 107^{a} (VIII, 385): „Ensis habet vires, et gens quaecunque virorum est, bella gerit gladiis" steht am Rande: „Illi melius pugnant qui ense utuntur sicut Romani et *Bawarii* et Norici." *Baugar*, Diut. I, 340. Über *Baugweri, Baiuvarii*, ags. Bægdvare, Ziuwari, Ansivarii (isl. verjar; v. goth. varjan, ahd. werian, tueri) s. Grimm, Gesch. d. d. Spr. 781. cf. Th. IV: die War. Förstem. II, 268—72. „*Beire* non dicuntur *Bauarii* sed *Boiarii* a *boia* fluvio." Cod. lat. 560, f. 145. „*Baioarii* vnde dicti sint et unde originem traxerint non facile dixerim; verum cum reperiam vetustissimos codices *Baioariam* appellare quam moderni *Bavariam* dicunt, non difficile trahor ut *Baioarios* a *Bois* dictos et gallicam olim fuisse gentem credam. Huic opinioni Strabo V^{to} commentario vires adhibet" etc. etc. Aeneas Sylvius, de rebus gestis Friderici III. Imp., Cod. ZZ. 725, f. 35—36. Zeuß, d. d. Stämme 364—380. Ders., d. Herkunft der Baiern v. den Markomannen, p. 7. 14. Götting. Anz. 1840, p. 1154. Sastrow's Leben I, 405. Dr. K. Roth (Landbötin 1840, nr. 105—114) meint Baias sei die deutsche Benennung für Boii oder das von ihnen verlassene Land im Nord u. Süden der Donau selbst gewesen. Die Gergovia *Boiorum* (Caesar de bello Gall. VII, 9) ist die Stelle des heutigen Buy bei Saint-Pierre-le-Moutier in dem zwischen Loire u. Allier gelegenen Theil des Département de la Nièvre. Allg. Zeit. 1851, Beil. S. 2813. Die manchen Etymologen anfechtenden walach. *Bojaren*, slaw. bojarin, sind aus boljarin (v. bolji, größer, besser) abzuleiten, also Optimates, Magnates. Wiener Jahrb., Bnd. 46, S. 92. *Baguuaria*, Canis. lect. ant. II, 708; *Bagoarii*, ibid. III, 429 etc. . . . „qua rura Boemica primos *Baugariae* fines communi limite tangunt", Gunther. Ligurinus lib. V. *Baurus* superbus; *Baurorum* gens in Ratispona; *Baurorum* dominus, v. d. Hagen, deutsche Gedichte des Mittelalters I: Herzog Ernst, Einleit. p. XI; Odonis (circa 1199) carmen de varia Ernesti Bavariae ducis fortuna, l. I, c. 310, bei Martene III. A Domino Gotefrido *Bauwaro*, Reg. Bav. II, 55, ad 1213. „Wandali quidam populi de Affrica quorum reliquiae fertur ut sint *Pavvarii*", Schlettstädter Glossen, Haupt's Zeitschr. V, 348. Constantinus Porph. de administr. imper., cap. 30: „Chrobati vero tunc temporis habitabant ultra *Bagivariam* (ἐκεῖθεν τῆς Βαγιβαρείας). Dazu der Commentator Bandurius: „Βαγιβαρεία est Slavum vocabulum graece detortum, i. e. Βάβεια ὄρεια, i. e. Babiae montes, slave *Babi gore* videlicet Vetulae et Vetularum montes, quo nomine Carpathiae montes . . . . ab aliquibus nominantur"; cf. Jordan, slaw. Jahrb. 1844, S. 102. Safarjk, Slowanski Starozitnosti, p. 368. Kopitar, Glagolita Cloz. XXX. „Kolosalná socha *Bawarie* w lewici drzí wenec nímz slawné *Baworcíky* korunowati má", Kollár, Cestopis 231. Vrgl. slowen. *Bavariz, -rza*, Bayer; *Bavárka*, Bayerin; *Bavárija*, Bayerland; böhm. *Bawor, Baworan, Baworcan, Baworjk*, Bavarus; *baworsky*, adj.; Baworsko, das Land Bayern; *Bawory*, plur. fem., das Land Bayern (dagegen Bawori, die Bayern). Ob diese Formen blos von bavarus, oder noch vom älteren baioarius, baiuuarius stammen? Baworow, Barau, ein Städtchen (w Prachinsku, im Prachiner Kreis), Sommer VIII, 385. Im XIII. Jahrh. gehörte die Herrschaft Strakonitz dem Geschlechte der Herren *Bawor*. *Bawor* (Bavarus) I., Freiherr, Landgraf und Herr auf Strakonitz, Horaždiowitz, Blatna, Barau (Baworow) und Zedlitz stiftet 1243 ein Convent des Ordens von Jerusalem in Strakonitz. Sommer VIII, 115. 168. Die Bayern, ein episches Volk in den altfranzösischen Dichtungen; Mone, Anzeiger 1835, Sp. 216. Baivier, provenzalischer Eigenname; Diez I^{1}, 283. Baivier, die Bayern; Garin le Loherain (Loherenc), Paris, 1833, Vers 4182. Im Jourdain de Blaivies sagt Eremborc (Vers 408—10): „Ne sui je fille au fort roi d'Aragon et si sui niece au *Baivier* Huidelon (Witelo?) et au viel Häyme et ses fiz de Dordon." „Alemans et Flamens et Englois et *Baiviers*, Haimonskinder, Cod. zu Metz (sec. XIII), Mone's Anz. 1837, Sp. 330. Dux Names de *Baivier*; das. „Loheregne traversent, *Baivère* e Hungerie", Roman de Charlemagne (Francisque Michel) p. 5, v. 101. „Auberis fu *Baiviere* remez", Roman d'Auberi le Bourguignon. „El dose de *babera*, der herzog fon paiern; *babiera*, un *babiereso*, ein paier"; Cod. ital. 261 (1424), f. 39. 40. „Prait rupfen Ellen 50, smahel rupfen E. 33, geschmidtzter zwillich E. 33, paurn zwillich E. 50, Munucher zwillich E. 50, Payere E. 33, Payerine E. 33, Plahenn E.", venetianische Intrada (sec. XIV. ineunt.), Cgm. 4032, f. 1^{b}, cf. 2^{b}. 24^{b}.

beij, bey (bei˜, bá, bə, bo), praep., wie hchd. (ahd. pî, bî, mhd. bî. Graff III, 5. BM. I, 112. Grimm, Wbch. 1346). Dialektisch und alt, statt: durch, mittels. Etwas bey Einem (d. h. durch ihn) sagen laßen, holen laßen, schicken rc. Schicks bei˜'n Bodn; Lass's bə də' Diə'n holn. A^{0}. 1489 verspricht der Fürst, „dem Adel nicht mehr bei den Bütteln zu gebieten, sondern zu schreiben", Kr. Lhdl. XII, 280. „Bey der Post schreiben", ibid. I, 179. V, 221. XIV, 636. Ldtg. v. 1515, 268. 329. „Das laßet uns pey disem poten wißen". Wstr. Btr. V, 45. 207. VI, 335. Statt: mit. „Bey den Worten", mit diesen Worten, Kr. Lhdl. III, 145. Statt: mit, von. „Ain chint, daz si pey irem vorder wirt het." „Meinem töchterlein daz ich bey derselben frawen han"; MB. V, 424. VI, 586. Hund, pass. Statt: zu, in (in Bezug auf Zeit), bey Zeiten, bey der Zeit, bey Lebzeiten; bey kurzen Zeiten, seit kurzer Zeit. Kr. Lhdl. X, 357. Ist erst bey wenig Jahren aufkommen, daß .. LR. v. 1616, f. 564; bey jüngern Zeiten (in neuern Zeiten), Ertl, Prax. aur. p. 22. Vrgl. bey Jahren sein, bejahrt sein. Bî Pontio Pilato, sub; Notk. p. 266. „Plinius sagt, daß bey den zweyen Burgermeistern L. Crasso und C. Cassio Longino auß einem Mägdlein ein Knäblein 164
worden sey." „Wie bey unsern Vätern Keyser Maximilian auf sein Kriegsvolk einen neuwen besondern Namen

bekommen hat, daß mans noch die Landsknecht heißt", Avent. Chr. „Bey jme ist das Schloß abprunnen", Hund, Stb. I, 356. Räumlich: sint pî, adsunt; Notk. p. 265. ə˜Burgə' *bə də' Stàd*, ein angesehener Bürger. — Er is no˜ ə˜ Mà˜ *bə'n Zeug*, bei Manneskraft.

bey, als untrennbare Nachsetz-Partikel, ist an der Ober-Isar üblich in folgenden und ähnlichen Formen, in welchen es immer den Hauptton führt: haəmbəy, zu Hause, nach Hause; herbey, hiəbey, hier, auf dieser Seite; hi˜-bey, dort; ent·nbey, ench·lbey, auf jener Seite, jenseits; herent·n bey, heriss·l bey, auf dieser Seite, dießseits; innəbey, obm bey, unt·n bey, vorn bey, hint·n bey; vrgl. b·innen, niederd. b·oven, engl. beneath, behind.

beygeschirrig (bág·schiəri'), adj., wird von Pferden gesagt, die eingespannt gut neben einander gehen. Davon scheinen Aussprachformen zu seyn: bágschiərli', bádschiərli', Adjectiva, welche man lobend von Kindern gebraucht, die sich für ihr Alter besonders anstellig zeigen. Is gàr ə˜ *pádschiərli's* Nàrrl! Nach Herzog Wilhelms Instruktion für die Hofmeister und Präceptoren, die für seine Söhne Maximilian und Philipp aufgestellt waren, soll Acht gegeben werden, daß bey den jungen Herzogen „nit etwann Päckhsherereу, Schalckhsnarren, Gaugler, Springer oder andere leichtferttige Rott, sonderlich örgerliche trunckhene geistliche Persohnen einen Zutritt gewünnen", Wstr. Btr. III, 156. Matthias Koch in seinem schätzbaren Werke „Wien und die Wiener", 1842, S. 346 setzt zu bagschirli, niedlich, als Beleg: Chronicon Helmsted. 1590 Beigeschirre, ein Lustigmacher. cf. česk. bájati, fabeln; bajka, Fabel, u. unten: patschen, patschiərig; Th. III: Geschirr; vrgl. auch ital. ciera.

Die Beygraft, s. oben bi.

Die Beygürtel (Bágürtl), der Geldgürtel, die Geldkatze, die entweder an die gewöhnliche Bauchgurt befestigt, oder allein getragen wird; (BM. I, 593. Grimm, Wbch. I, 1373. Diefenbach 350). „Solt ein phenning zehen bringen, man saehe einn vür den andern dringen mit ir bîgürteln alle dar", d. welsche Gest 11327. „Kaiser Vitellius ward von jedermann verlassen, gürt ein Beygürtel umb voller Gülden und flohe", Avent. Chron. Pägurtel, marsupium, crumena, Voc. v. 1419 und 1445.

Beyhaft. „Gelegen in chirchperger pey haft und in Bischoffdorfer pfarren vnd in dem Weilhart Gericht", (Innviertel 1414), Cgm. 3941, f. 2ᵇ. 60ᵃ. Es kommt nicht weit davon auf der Karte ein Ober Hafft und Unter Hafft vor und in demselben Cod. f. 2 und 18ᵃ ein Ort Sigertzhaft, Sighartshafft; vrgl. auch das. f. 61ᵇ: „zu Awerpach, ze tal, ze haft, ze Irenprechting"...

Die Beyladen (Bálàdn, Bálà'n), das Beyládlein (Báládl, Bálál), die Beylade, d. h. kleine Lade, die bey, an, oder in einer größern, als z. B. in einer Truhe, einem Kasten, oder auch unter einem Tisch angebracht ist.

beylich, adj. Der Rentmeister S. W. schließt einen Brief an seinen Fürsten i. J. 1488 also: „Ich verhoffe vor St. Erhardstag bey Ew. f. G. zu seyn, Ew. f. G. mich damit beylichen (?) haben", (adproximus esse, v. Lang), Kr. Lhdl. X, 156. Bey einem beylichen, beylichens (bei-n-ə˜n bálingə˜, bə-n-ə˜n bálingə˜, bəm bálingə˜, bálings), beyläufig, ungefähr (Grimm, Wbch. I, 1380). „Das findet man geschriben bey einem beylichen, wann man das noch nicht so gar eigentlich wissen mag", Kr. Lhdl. III, 306. VII, 348. „Die Beichtkinder sollen allain von denen Sünden gefragt werden, welche sie bey ainem beylichen haben möchten", Beichtbuch v. 1579. „Hüner, aus den Gerichten hereingeantwurt, der zal man nicht aigentlich ways, doch bey ainem peylichen angeslagen auf xlᵐ Hennen, ye aine umb v dn, thut an Gelltt viiiᶜ xxx lb lxxx dn." Georg des Reichen Hochzeit v. 1475. „Ein quintlein beym weilichen, Dr. Minderer 1620, p. 135.

Das Beymarch, (Isr.) eine Art Hamster (s. d.), welche nach dem Laufnerischen Haupt-Wassermark geregelt sind und woran man die Höhe des Spiegels der Salzach erkennen kann. Vrgl. Th. II: March.

Die Beysäß, ä. Sp. Bisäz (obsidio). „Welches 165
Jahrs ein Bawmann gepresten leidet, von Beysäß oder andern solchen Sachen" tyr. ref. L.O. v. 1603. s. Saß.

Die Beyschaft (vrgl. oben unter bi), Merkmal, Kennzeichen: „Daran soltu lugen und beschaft nemen" ... „dise zaichen ... das ist ain gut bischaft das es ain hirß sei", Clm. 4373 (v. 1437), f. 117. „Bi der bitschaft so solt du merken", (also wol v- und zu schaffen gehörig); das. 118.

Der Beystall (Báchstall), s. Th. III: Stall.

Der Beyvòrrât (Ertl's praxis aurea, p. 492) peculium. Das Adjectiv beyrætig (bárádi'), das im b. Walde knauserisch, geizig bedeutet, läßt auf eine Form Beyrât mit ähnlicher Bedeutung schließen. s. Rât.

Das Beizeichen, s. oben bi.

Der Beypoß, ä. Sp., artemisia L., Beyfuß; (ahd. pîpôz, mhd. bîbôz. Graff III, 22. BM. I, 115. Grimm III, 372. Myth.² 1161. Wbch. I, 1370: v. bî, bei, und bôzan, stoßen: Zustoß, Würze? Diefenb. 51ᵃ). „Mater herbarum, peypoz", Hübner, Voc. v. 1445. „Sand Johannes Suben (Sunnwend) Gürtl, das do haist peypos", Schul-M. Huber, Ms. von 1477. (Der zweyten Hälfte nach scheint auch Kienpost verwandt).

Die Beij, die Bein (Bei˜, Bá˜, opf. Bi˜), die Biene, (ahd. pîa, mhd. bîe. Graff III, 12. BM. I, 116. Grimm, I³, 96. III, 365. Gesch. d. Spr. 1033. Wbch. I, 1367. 1816. Diefenb. 40ᵇ. Zeitschr. II, 209. VI, 45. 46. 157. 418,18). ə˜ *Bei˜* hàt mi' ghéckt, eine Biene hat mich gestochen. „Die Bein oder Immen, dieses winzige Mettfiederl", P. Abrah. O.Pf. Sp. W. '*Bi˜* u' d·Schàuf u' 'Teich machng 'ən Bauə'n bàl' aərm bàl reich. „Angel der pein", aculeus apis, Voc. von 1445. Das Bei-kar (Bágə, Impm-bágə, O.L.), der Bienenkorb (mhd. bînekar, BM. I, 788). Rechtb. v. 1332. Wstr. Btr. VII, 83. 84; gl. a. 502: pi-char, alveare. peivas, alvearia; Diut. III, 153. Diefenb. 26c. Die Bienbeute, desgl. (Grimm, Wbch. I, 1816. 1818). „Der ber frißt honig aus den binpeuten", H. Sachs 1612: II, II, 221. Das Bin-Sumber (Bi˜sumpə', Regen), desgl. Der Bein-stock (Bá˜stok, Regen), der Bienenstock. Die Bienbäum und Biengärten werden durch die o.pf. Waldord. v. 1694, §. 40 in Schutz genommen. Anm. Gl. o. 433 steht das einfache bîa, apis; gl. a. 495 u. Diut. III, 153 der Nom. oder Acc. plur. pigin; a. 79 der Genit. plur. piano; o. 448 aber auch bian für apis; in Zusammensetzungen steht bini, z. B. binipluomo, binisuga, biniuurz. Vrgl. Gramm. 861 und Grimm I, 675. Labr. 165: diu bîe; Valkn. 134: die binen, plur. „Als ein pîn, daz sirzeste was, daz las er în"; Cgm. 94, St. Ulrichs Leben Vers 213.

Das Beij-el, Beil (Bál), das Beil, (bial, gl. a. 3. cf. Grimm I³, 96). Auffallend wird in wirzb. Verord. v. 1727 und 1736 Beil für die gemeine Holzhacker-Art gebraucht. Das Braitbeil (Braədbál), die Breit-Art. Das Wurfbeil unter dem Gürtel ist (Kr. Lhdl. VII, 237. 238, ad 1468) ein Theil der ältern Kriegsrüstung. beilen, zuebeilen (zuədáln), mit der Breitart ins Feine arbeiten, glatt hauen. Das Beil-Eisen (Báleisn), eine Art Meißel des Tischlers und Zimmermanns mit schräger Schneide; Gehr-Eisen. Es scheint dieses beilen mit einem alten pillon (gl. i. 143: ungapillot, impolitus; cf. gl. o. 327: bilhouwe) zusammengeflossen. s. Beih-el und beilmäßig.

Die Boy (Iller; Bài, aussp. v. baij, baig, baigen), das Gesimse, besonders am Fenster, ein großes Fenster selbst, (s. oben Baige); ä. Sp., Fußklotz für Ge-

fangene (mhd. boije. BM. I, 221. Grimm, Wbch. II, 229. Diefenbach 77c cf. schwed. boja, Fesseln). Im Inventarium des Schloßes Lok, v. 1315, kommt vor „I Poy und VI Ring pro captivis", Meichelbeck, Hist. fris. II, Nr. 232. Iacebat urbe captus miles gravis cathenis in carcerem retrusus *bogis*que strictus arctis . . . Surgens manu *bogam* fert qua pes tenetur unus", Metelli Quirinalia de A⁰. 1060. „In compedibus, in den champen, boien", Cgm. 17, f. 205a. „Ainn swern Poyn von
166 Eisen hies er jm an die pain smiden", (nemlich der Woiwode Ladisla dem Herzog Otto von Bayern), Horneck's Chron. cap. 768.

Bak. bek ꝛc. vrgl. Back. beck. ꝛc. und Bag. beg. ꝛc.

Der Ball (Ball·n), wie hchd. (ahd. pallo, msc., u. palla, fem.; mhd. der bal und balle. Graff III, 93. 94. BM. I, 117. 118. W. Grimm zu Athis und Proph. p. 67,94. Grimm, Wbch. I, 1090, Zeitschr. IV, 7. 68. V, 254,18). ə˜ *Ball·n* Buttə'. cf. unten: der Palm 2). cf. schlaichen, Cgm. 270, f. 206. Ball holen, Büsching's wöchentl. Nachr. I, 71. Das Ballnhaus (Ober-Ammergau, Partenkirchen, Mittenwald) heißen noch jetzt die Häuser, in welchen die mit den ehemaligen Robbfuhren angekommenen Ballen und Güter aufbewahrt wurden, (Rath Her). Das Ballhaus in Ingolstatt diente wol nur zum Ball- und drgl. Spielen. Grimm, Wbch. I, 1092. 1093.

Der Balas, Ballas, Pallast, Art blasser oder auch völlig weißer Rubine von Balasam, einem Lande in Ostindien, wo er zuerst gefunden, franz. balais. BM. I, 79a. „An ain guldin unser Frauenbildt vier pallas und 12 perl." „Den großen Pallast", Kr. Lhdl. III, 119. 191. 201. „Ain klainat (trug der König von Ungarn) darum sein gestanden drey mithel palas, under dem palas stet ain Diemand, als gros als ain grosse Haselnuß", Wstr. Btr. III, 135, ad 1476.

Der Balester, von balestrum, balesterium, balista, die Armbrust. „Es hatte das Rauchwerk zu diesen Zeiten, in welchen man das rauhe Wild nur mit Palästern verfolgte, überhaupt einen hohen Preis", Zirngibl; Wstr. Btr. VIII, 137. cf. Graff III, 103. Diefenb. 66c f. Nach Adelung ist Balester eine Armbrust, welche Kugeln schießt, (Schnäpper). Der Froschbalester schnellt keine Bolzen, sondern nur ein eisernes, wieder zurückziehbares Stängelchen mit pfeilförmiger Spitze auf Frösche ab.

Der Baleyr, Baleyer. Unter diesem Titel wird in Gem. Reg. Chr. IV, 113, ad 1506 der Antonier (=Mönch) Jacob Ziegelmayer aufgeführt, dem wie es scheint, die Antoni-Schwein-Anstalt (s. Antonius) in dem deutschen Bezirk, worin Regensburg und Memmingen lag, als ein „Amt", eine Balley (Ballia, arabisch Walia) übertragen war. „Der maister mach (nach) der pruder rate die balye in seiner hant haben unz ze capitel" . . . „Die maistere und die balier die schuln zesamene chumen zu capitel;" Regel des Spitals zu Jerusalem, Clm. 4620, f. 87. „Die balien und die lant besezzen", das. f. 88 (cf. f. 97—98). Im latein. Texte steht baiulius, baiulia. Vrgl. ital. bailo, balio, frnz. bailli ꝛc.; Diez, Wbch. 97. „Metropolitanus eins gantzen landes oder baly bischoff", Voc. Archon. f. 33.

bálous (bär-lôs? oder bál-lôs? oder beil-lôs?), adj., (Paar, Ilm) 1) von Kindern: nicht warten könnend, ungestüm; schwer zufrieden zu stellen, eigensinnig, verwöhnt, leckerhaft, wählerisch, was „maisterlôs." 2) boshaft, dolosus, böse. bállousé Leut, Bueben, Hunde ꝛc. Das englische parlous (st. perilous? z. B. a parlous boy, Shaksp. King Richard III. act. II.) stimmt mit unserm Worte so sehr überein, daß man nur nicht begreifen könnte, wie es in diese Gegend hätte verpflanzt werden mögen; denn der unerfreuliche Aufenthalt von Marlborough's Soldaten war doch sehr vorübergehend. (Vrgl. Heidi.) Es mag wol eher das ältere beit-los, mhd. bîtelôs, gebitelôs, ungeduldig (v. bîten, warten; s. unten beiten. „Tristan unde Isôt, die gebitelôsen beide, benâmen ouch ir leide und ir triure einander vil", Trist. 12363. BM. I, 174. 175) sein, falls es nicht zu beilen, bellen (s. unten und vrgl. Th. IV: die Weil, weiloz, nach Gramm. 683) gehört. Oder sollte es, analog dem kibârlos, stultus, baridus, unkibaritha, fastidium, der gl. a. 202. 266., eigentlich bärlôs 167
(ungebärdig, vrgl. un-bärd) heißen? Stalder hat in der ersten Bedeutung bethlos, in welcher auch an das alte balla (offa) zu denken wäre. Bal-lôs vom alten ther balo (malitia, nequitia, Otfr. gl.) mit lôs (böse) wäre eine Tautologie, allenfalls nach Gramm. p. 170 zu erklären; mit lôs (expers, frey) würde wol das Gegentheil der jetzigen Bedeutung eintreten, obschon z. B. auch auuizilos, gl. i. 160, amens heißt. Vrgl. goth. balva-vêsei, Bosheit, malitia, und provenz. mal. vas, franz. mauvais, italien. malvagio; Diez, Wbch. 213. — Ein altes boralôs, sehr böse, wie bora-lang, bora-drato, Otfr., steckt wol nicht in bálous. Am nächsten läge das mit beilen (plagen) componierte lôs. „Groß was jr beil, sy trug im neit" (die Krähe dem Löwen), Cgm. 291, f. 35a (vrgl. beilen: der bîl). Vrgl. auch isl. baulvis, bölvîß (v. böl, Böses, Unheil), ad nocendum callidus, arglistig; Harbardsliod 23.

der balo, ahd., nequitia, malitia, malum, pernicies, lues, pestis, Otfr. Gl. passim. (cf. kärnt. bolj, Schmerz, neben bolj, besser, mehr; Jarnik p. 47). balauuig, adj., malitiosus, exosus, perniciosus, pestilens. Graff III, 92. BM. I, 79. Zeitschr. VI, 50: ballstürig, aufsäßig, ungestüm. Davon unter andern Compositis: der Balmund, ahd. mhd., (Graff II, 813. BM. II, 236), malus vel falsus tutor. s. munden (tueri). Verbalmunden Einen, ihn als einen solchen erklären, in den Ruf bringen; überhaupt Einen in übeln Ruf bringen. Nach dem Landrecht Ms. soll der Richter einen Vormund, der sich gegen seine Mündel verfehlt hat, verpalmunden, d. h. ihn aller Vormundschaft und Vogtey für unfähig erklären. „Die myndern prüder haben den kayser Fridrich verpalmundet, do si auf jn sagten, er wer ain sodomita, oder daz er vich verungeraint oder er sey ain ketzer", ibid. s. Bil-wez.

Der Baule', (O. Schw.) Kater. Vrgl. Zeitschr. III, 495. 499: Bolz. V, 52. VI, 53. 483.

Der Bellenbaum, populus alba. Prompt. v. 1618. Zu einer Salbe nimm unter Anderem: „beldenzapfen . . . . süde ez unz die beldenzapfen enbor treibent", Ms. sec. XIV., german. Mus. Grimm, Wbch. I, 1451.

bellen (bəlln, bə̧lln), er billt, hat gebollen, (ahd. pellan, mhd. bellen: bille, bal, bullen, gebollen; Graff III, 91. BM. 125. Grimm, Wbch. I, 1451) und wie hchd. „Oblatraret, ingagan pulli", Diut. II, 326. „Der hunt den diep vil sêre an pal, daz man in hôrte überal", Boner, Emm. D. 58, f. 147 (XXVII, 7). „Die hund pullen den paum an", Cgm. 54, f. 32b. Vrgl. Rîdunc und Billunc, Renner 14647. „Də' Bauə' hàt gschmolln — də' Bumə'l hàt '*bolln*", Lied. Es kommt auch die Aussprache bálln und zwar in Gegenden vor, wo sie auf eine Form beilen (s. unten) zu weisen scheint. Vrgl. auch büllen.

derbellen, verbellen (dəbəlln, vɔbə̧lln), den Fueß, die Hand, sie durch einen falschen, raschen Tritt, durch einen prellenden Stoß taub und unempfindlich machen, worauf gewöhnlich eine Geschwulst, oft ein Geschwür folgt. Nicht oder übel beschlagene Pferde sind dem Verbellen sehr ausgesetzt. (s. BM. I, 118, Grimm, Wbch. III, 715. Zeitschr. III, 41,26. Adelung Art. verbällen). „Ain ros das verpellt hat auf der hert", Cgm. 4543, f. 248. „So ein Roß verpellt hat", Cgm. 4855, f. 14. „Fürs Verböllen (der Pferde). Brich ims eisen ab, schlag jm in die Pallen (?), leg alle tag

Werch mit Wasser drauf bis's hailt", das. f. 72. cf. Cgm. 3727, f. 92. „Von verbelten füssen wirt niemant sines laides busse", Cgm. 717, f. 105b. Der Bellfueß, ein also beschädigter Fuß. Auch das bloße Subst. Bell kommt für dieses Uebel vor, (v. Streber, O.Pf.); də' Báll, (b.W.) die Geschwulst. Zeitschr. IV, 217. 493. Ich denke dabey auf das uuider polla (? relisa fronte) der Gl. i. 556. (Graff III, 91). Indessen ist auch zu erwägen das englische bollen (geschwollen, vermuthlich Particip zum schottischen verb. irreg. to bell), das schwedische bulna (geschwollen seyn oder werden). Der Begriff der Aufgedunsenheit liegt wol auch im ahd. arsbelli, nates, (mhd. arsbelle, afterbelle, mnl. agterbillen. Wem der afterpell pain her für raichent, daz bedäut vil sterk und manhait. Wem der afterpell pain klain sint, daz bedäut ainen liebhaber der frawen", Konr. v. Megenb. 49,5. „Jedoch hât er (der Mensch) afterpell an des sterzes stat und fuort im daz die afterpell daz andern tiern den sterz fuort", das. 117,26. Vrgl. VII Com. arspellen; schles. die Belle, der fleischige Theil der Hüften; Weinhold), im hchd. Ballen und im ahd. bolla (Kissen; Graff III, 96).

bəln (O.Pf.). Sich nei~ bəln, z. B. auf den Tisch, sich bäurisch darauf lehnen. sich pelen, (Nürnb., Hsl.) im Liegen den Leib emporspreizen. (unterpylen, spreutzen, fulcio, Av. Gramm., vielleicht ein Druckfehler statt
168 pylzen; s. pelzen). Ob dieses bəln (welches die Aussprache von bällen, bellen, böllen, buelen seyn kann) etwa zum alten bolon, boln (werfen) gehört? Vrgl. bolen und Graff III, 94: belan.

bellich (bellə', beijə, boijə), Pinzg. (nach dem Salzachkreisblatt v. 1814), häßlich, garstig.

Die Bell, Bellung, mhd., eine heraldische Farbe (?, oder für Pfell, wie mhd. pellil = phellil). „Ain menschen arm in pellung" ... „vnd darüber kreuczlinge in pell, alz ich euch finge, ainen vaimlöffel", M. Beham, Wiener 206,24. 30.

unbollen, mhd. (? = unbewollen, unbefleckt). (Wart besniten) .... „swi er doch was unbollen, îdoch wold er ervollen die ê", Kindh. Jesu, Hahn 80,57 (vrgl. 77,46).

Das Beil wie hchd.; s. Beij-el und Beih-el. Ob mit folgenden Ausdrücken zusammenhangend, ist zweifelhaft.

beilmäßig, adj., (von Schiffen) schadhaft, der Ausbesserung bedürftig und fähig. „Der Umgeher soll insonderheit mit Besichtigung der beilmäßigen Schiffe guten Fleiß brauchen." Wan ein Schiff in der Altach hinrint, vnd wirdet beilmäßig oder gar zerbrochen", „Die freyen sowol als die beilmäßigen Schiff." cf. bülen, mhd. biulen, Labr. 159: „Ze bilde ich ein siule mit armen umbe taste, ob sich diu in mîn herze biule." Das Beilholz, Holz, wodurch ein schadhaftes Schiff ausgebessert wird, wodurch vermuthlich die entstandnen Ritzen oder Löcher verstopft, kalfatert werden. „So auch die Schopper Beilholz einlegen, es sind gleich neue oder alte Schiff, so sollen solche Beilholz allweg das dritte Küpferstall erreichen", Lori, BrgR. 127. 311. 316. 333. 488. Nach Höfer ist das Peil, Holz um das Spundloch zu verstopfen, und verbeilen heißt: ein Faß zuschlagen, verstopfen. Castelli 72: das Bál, ein Holz, womit das Spundloch eines Fasses verstopft wird; á Fafs fá'báln, zuschließen, aufbáln, öffnen." Kärnt. beka, Setzweide; Faßbeil, Jarnik p. 52. Vrgl. „ellie unrehticheit uerpilet — uerschiubet — munt ire, omnis iniquitas oppilabit os suum", Cgm. 17, f. 161b, Ps. 106,42. Grimm I²,389. Wbch. I, 1377. 1379. cf. Adelung. Beilbrief.

beilen (Allgäu, Whrnz) quälen, plagen; (pei~lə~??). Der Beiler, Leutbeiler, Quäler, Peiniger. (Bey Horneck ist Peil proelium; ze peil gehen, kommen, sich ze peil setzen être aux abois, to be at bay; vrgl. bellen und das folgende beilen). Grimm. I, 345 hat bîl actus quo fera capitur vel occiditur; vrgl. das. 389. II, 45. 71. 1021; mhd. der bîl (BM. I, 123. Grimm, Wbch. I, 1376); ze bîle komen, stân, bringen, den bîl brechen rc., Diut. III, 105. 320. Trist. 2765. Ulr. Trist. 3210 (s. v. d. Hagen's Wbch. zu Trist.). Labr. 18. 121. 265. 345. 346. 348. 354. 361. 363. 364. Liedersf. II, 300—305, Vers 245. 277. 317. 399. 407. beilen, mhd. bîlen (BM. I, 123), vrb.; „untz sich der hirzze peylen lat", Suochenwirt X, 28. Vrgl. bálous.

beilen (mhd. bîlen, st. vrb.? BM. I, 123. 125. Grimm, Wbch. I, 292: anbeilen und 1451: bellen), ä. Sp., bellen. „Thettens peyllen und jr zän plecken", H. Sachs 1560: II, IV, 93b. „Der stets peylet wie ein kettenhund", das. 94a. — anbeilen, anbellen. „Die wölf hört ich hewlen, auch theten mich die hund anpewlen", H. Sachs 1612: I, 1007. „Schrey muff muff und peyl mich an" ... „peylt in an" ... peylet wie ein hund", das. II, IV, 173 (1560: II, IV, 85 f.). Vrgl. der Beil, mhd. bîl, unter dem vorhergehenden Worte, und unten büllen.

beilich, beiling, beyläufig; s. bey.

Der Bill, Biel, in der Wasserrise (s. Rise) derjenige Baumstamm, an den sich die übrigen anlegen. Oslöcher sind die in einer Hauptrisen in den Bill- oder Bodenbäumen angebrachten Löcher, durch die der Wust von den Drailingen fallen kann; (Jir).

Die Bilern, Zanbilern, üblicher im Diminut. Bilerlein (Bịlə'l), das Zahnfleisch. Kleinen Kindern schießen die Zanbilə ln ein, d. h. ein hervorbrechender Zahn verursacht eine Geschwulst am Zahnfleisch. Ahd. bilarn, plur. bilarna, bilorna, pilaren, gingivae; gl. a. 12. 362. 626. o. 27. 231,; mhd. biler, bilern. Grimm II, 336. Graff III, 102. BM. I, 124. Grimm, Wbch. II, 24. 514. „Sind im die piller feul", Br. Berthold, Cgm. 1119, f. 18b „Sind die piler faul", Cgm. 632, f. 81. „Bis im die Biller seiner zen blutig und sere werden", Buch d. W. 1485, 14. „So di püchler anvachend zu schrinden", Cgm. 601, f. 108a. „Die adern zwischen der pilar", Cgm. 170, f. 4b. „Item zu den pilern. So die puler swern", Cgm. 4543, f. 119. „Wem die pyler swernt", Clm. 5879, f. 205. „Gingiva bilder", Clm. 4394, f. 175 Vrgl. Diefenb. p. 262—63, Castelli, Wbch. 100: die Büll·n.

Bil-w-ez-, Bilbez-, Bilfez, Bilmez-, in der Zusammensetzung mit Hâr, Zotten, Schedel, Kind rc., ein Ausdruck des Unwillens. Las də' deine *Bilbəz-*, *Bilməz-*, *Bilfe-*Zodn auskämpln, sagt wol die zornige Mutter zum Kinde. I~ dèn *Bilmez*-Sché'l gêt nicks 'nei~. „Lang pilmitzen zoten und fasen" (wachsen in meiner Nasen), H. Sachs 1612: III, III, 30 (1650: III, III, 16). „Ihr har verpilbitzt und zerhudelt", das. I, 1024. II, II, 203. In der Zusammensetzung mit Schnitt bezeichnet es den als Teufels- oder Hexenwerk betrachteten sogenannten Durchschnitt im Getreide. s. Schnitt und -wiß. In Ober-Sachsen hört man nach Rüdiger statt Bil-w-ez- auch Bil-g-en-Schnitt. s. Gramm. 686. verbil-wizt, (Nürnb., Hsl.) „voller Buzen, Unrath." Grimm, Mythol.², 441—45. Wbch. II, 30. Panzer, Beiträge z. d. Mythol. Zeitschr. II, 535. I, 240. „Solent mulieres, cum infantibus pectunt, crinem in pectore collectum ter conspuere, ne malae mulieres eas adeptae aliquid mali hominibus conferant", Zinccius de potest. Daemonum, Aug. eccl. 57, f. 12. „Vaniloquium .i. uppigew red vel pilwort", Sanzenon. 64, f... Anm. Diese Formen führen auf ein Verb. bilwezen, und ein solches könnte zum alten balo, Genit. balauues (malum) gehören, da ä vor l durch die Aussprache oft mit der des i vor l zusammenfällt. Vrgl. isl. bölva, verfluchen.

Das Unbill, ä. Sp., wie hchd. die Unbild. (Graff III, 95. BM. I, 119. 122. Grimm, Myth.², 442, Anm. Wbch. II, 26. Vrgl. agſ. æbyld, injuria, statt æbilhd, v. æbilgan, exacerbare? cf. indessen byld, constantia, byldan, confirmare (to build?); oder bald, audax? R. Schmid, Gesetze d. Agſ. p. 133—135 öfter abilgde). In-

dignatio verbum, ist sovil geredt: das Unbill thut einem
169 das Maul auff", Avent. Chr. 370. „Dir ist allez unbilde leit", S. Helbling II, 893. Aə~n allé U~bɪld·n. à~taə~. Das Wort ist übrigens nicht volksüblich, wol aber billig (holl. billijk, also bil-lich; Grimm, Wbch. II, 27), unbillig; daher unbilligen, (Wrdenf.) misbilligen. „Als waren ir wize vil billich", St. Ulrichs Leben, Cgm. 94, f. 69. 21. Condigne, pilleich; absurde, unpilleich; St. Ulrich 132, f. 55. 68. 77. Umpillich, Diut. III, 94. 95. 100. 106; umbillich, Hugo v. Langenstein (um 1293). Sollte Un-bild zu vergleichen sein mit Weich-bild (= Wic-bild, Ortsrecht, Stadtrecht, Burgfrid)? Wigbile, wichele in (Lucht's) Kieler Stadtbuch p. XXV bedeutet ohngefähr so viel als der êwig gelt (Erbzins) in München. Vendidit pensionem (Gelt, Zins) unius talenti quod dicitur wigbelerecht. Mone's Anzeiger 1830, Sp. 325—26.

billen, wie hchd., d. h. die Mühlsteine schärfen, (Graff III, 95. BM. I, 126. Grimm, Wbch. II, 26 Zeitschr. IV, 488. Davon wol ahd. piladi, pilidi, altſ. bilithi ꝛc., Bild, zunächst: Gehauenes. Grimm, Wbch. II, 8 f.) „Daz er (Hs. ir) ê mæhte billen wazzer uz dem steine", Wernher's Maria 73. „Ein mülstein... kan ich wol gebillen", v. d. Hagen, Ges. Abent. LVI, 105. „Ich küß (? kiuse) mir dar ain mülstain und mach ain kamprad rain, das den stain umbtrait (umdrait), den ain smal den andern brait die (es steht „hie") kan ich wol gebillen", Liedersaal Nr. CXXVII, Vers 105. Vrgl. Cgm. 4915, f. 38. (cf. gl. i. 551: duruh pillon, terebrare, 143: gapillat, politus). Die Billen, die Haue, die hiezu dient, (mhd. daz bil, die Spitzhacke, BM. I, 126; die Bille, Grimm, Wbch. II, 26). An den Lauf „auffen slachen mit einem pille", Heumanni opusc. p. 142. „Des ernstes vlins seins mutes pill hat dik durchhauen und durchslagen, Suchenwirt X, 48. „La mich der chünsten pillen hawen durch getichtes flins", das. XIII, 18. „Mit swacher chünste pillen haw ich in herter flinse want", das. XLI, 56. (Cgm. 1113, f. 98^a). Die Bill der Steinmetzen beschrieben in Mone's Anzeiger 1837, Sp. 96. Der Billentrager (Nürnb., Hsl.) Mühlknecht, unter dessen Aufsicht die Weisgänge stehen. Er muß verstehen, die Mühlsteine zu billen (schärfen). Das Billenmel, s. oben unter bachen.

Der Billbottenhund. Aº. 1717 werden alle passets-chiens-courants „und Billbottenhund", als dem Wilde zu gefährlich, verboten.

Die Bole, Bohle für dickes Brett, ist wol in Franken, aber nicht in Altb. verständlich, wo man dafür: der Laden sagt. Vrgl. Grimm, Wbch. II, 223.

Die Boll, (schwäb., verächtlich) Weibsperson. ən œde Boll, eine widrige Person.

bolen, vrb. In der Regenspurg. Feuerordnung v. 1308 heißt es: „und verbitent meine Herren allez Polen anderthalben danne zu den Feuern." Dieselbe Aº. 1456 verbesserte Ordnung sagt: die Thurner sollen nicht lauten, wann sie Feuer sehen, sondern nur klenken." Ich denke dabey an das dem Klenken oder Anschlagen entsprechende englische to peal. Vrgl. bellen, läuten, schellen (Kilian), oder eher: „nola schelle vel belle", Diut. II, 225. Zeitschr. II, 136; vrgl. II, 72. Gemeiner Reg. Chron. I, 470 erklärt polen durch schießen und leitet davon den Pöller (vrgl. Grimm, Wbch. II, 230) ab, als wäre nur bey einer Brunst durch Schüsse Lärm zu machen erlaubt gewesen. Die in Regensburg Aº. 1343 (a. a. O. II, p. 36) neben Bündeln Pfeile und einer Chotze vorkommenden zwey Pöler sind wol nicht als Böller in unserm Sinn, sondern als sonstige Wurf- oder Stoß-Maschinen zu nehmen. „Mango, eyn boler", Voc. Archon. sec. XV., f. XVII. Zeitschr. IV, 208. V, 53. Im Schloße Waidhofen befanden sich Aº. 1313 II. balistae valde magnae. item II. Wagarmbrust magna, item stat pal-balistae LVII", Meichelb. H. Fr. II, 119. Balista, ein boler oder maurbrächer, Frisius. Indessen werden Donner-Maschinen (truenos), welche mit brennendem Naphta (?) Pfeile, Steine und endlich eiserne Kugeln schoßen, in Conde's Historia de la dominacion de los Arabes en Espan~a II, 209. III, 42. 133 nach arabischen Handschriften schon v. Aº. 1117 an aufgeführt, und Marco Greco soll um 1100 das Knallpulver erfunden haben. (Roger Baco ist Aº. 1290, Berchtold Schwarz nach 1380 gestorben.) „Anno 1371 wird aus Augsburg mit neugegossenen Stücken geschossen." Vrgl. ahd. polôn, wälzen, rollen; mhd. boln, werfen, schleudern (Graff III, 96 BM. I, 118. Zeitschr. III, 41,26. 279,26. 332. III, 335. 493. Grimm, Wbch. II, 223. 230). „Unseriu bein uuurden zebolot dissipata sunt ossa nostra; Notk. 140,7. „Daz knäbli bolat mit stainlin in dz mer", Cgm. 692, f. 81. „Wes han ich silber unde golt gar minen kindern dar gebolt", v. d. Hagen, Ges. Abent. XLIX, 274. „Auf daz wazzer hiez ich sie boln", das. Bnd. II, p. 611, Vers 596. „Des wart des bolens also vil, daz der tag von pfeilen tunkel wart", Wittenw., d. Ring 52^b, 14 (p. 231). „Mit ungelückes bliden ist mir min herz durchbolt", Altswert 135,2. „Der sie (die würfel) schiltet unde von im bolt", Haupt's Zeitschr. VIII, p. 562, V. 386 und Anm. „Ich mag nicht pöllen imer me", sagt Er inguine effoeto zu Ihr; Ring 14^d,7 (p. 58). Vrgl bəl·n.

Das Bolwerk, Bollwerk, s. Th. IV: Werch. „Vallus, zunsteck; vallum ein schutte vel bolwerck mit zunstecken gemacht und ußgefullt", Voc. Melber. Des Capitan Morells Prob Polwerch in der undern Aw bei München (1613) kostete 50 fl.; Cbm. 2224, f. 218. 285. Vrgl. BM. III, 588. Grimm, Wbch. II, 233.

„bolawitz·ln, ein beim Landmann im Viertel Ob. Manh. Berg beliebtes Kartenspiel", Castelli, Wbch. 91. bolunern, paulunern, (Partenkirchen) eine Art Spiel mit Kugeln, die nach einem Ziele geworfen werden.

Der Boller, (Jir.) geschnittener Stier. Vrgl. Grimm, Wbch. II, 232: Bolle.

Der Aufboller, (Regnet) der vorderste Grundpfeiler eines Zaunes, an den sich die übrigen Zaunpfeiler in Winkelform anreihen." Vrgl. bəln. Grimm, Wbch. II, 232: Boller.

'bölen, bülen, rundlich sich erheben, sich aufwerfen, anschwellen; Zeitschr. IV, 493. vrgl. oben bəln.' sich aufbölen. „Dein bawr geh schwanger mit eim fül, dasselb sich in seim bauch auffbül", H. Sachs 1560: V, 355. 356. (1612: V, III, 36. 37. 38). Vrgl. boll, rund, kuglicht (Grimm II, 231) und der Bollen.

Der Bollen (Boln), Dimin. das Böllelein (Bələl·), Kügelchen, kugelförmiger Körper (ahd. bolla, mhd. bolle, fem.; Graff III, 96. BM. I, 119. Grimm, Wbch. II, 231: die Bolle. Zeitschr. III, 41,26. 279,26 IV, 335. 493). Paternoster-Pollen, L.R. v. 1616, 681. „Schirzl (Schürzlein) mit gulden gefrens und hangenden vergulten pelleln geziert", Wstr. Btr. V, 170, ad 1580. Har- oder Lein-Bollen, die Samenbehältnisse des Flachses. „Adula leinhaupt oder poll", Voc. v. 1482. „Ein same 170
heizet coriandron, gelich ist er linpollen", Diemer, Ged. 78,30. „Folliculi vel pelles, bollen vel hulsen", Voc. Melber. Bollen, Zwiebeln (Wien). „Böllen oder Zibelen", Kilchenrecht zu Schüpfen im Entlibuch (1584), Geschfr. III, 192. Beym Frisius sind Bollen, Knospen, wie mhd. „Belaib irgend trostes bolle, den bracht seit sorgen schaur zu ongenachten", Valkn. 28 (p. 176). Die Hirnbolle (ahd. hirnipolla, mhd. hirnbolle; Graff III, 96. BM. I, 119), Hirnschale. „Den sol man slahen an die hirnbollen", v. d. Hagen, Ges. Abent. XLIX, 1143. Mausböllelein (Mausbələ-ln), Excremente der Maus. R.A. Dés is ən andə's Korn, hàt d· Mɪllerin gsagt, hàt auf Mausbələ-ln 'biss·n. Roßbollen, Excremente des Pferdes. In diesem Sinn hat man auch das Verb. bollen. Das Ros bollt. Wiffbollen, (b. W.) Kügelchen von Afterwachs. bollicht, adj., knoticht, knollig.

'Das Bülharz, Bulharz, ä. Sp., eine gewisse Art Harz, Terpentin. Grimm, Wbch. II, 26. 512.' „Bulharz, resina", Cgm. 591, f. 119ª. „Nim luter bülharcz", Ms. 14. sec., german. Mus.

Bülich, Geschwister-bülich, (Rhön) Geschwisterkinder, niedersächs. Bölkenkinder. Vrgl. ahd. pillo, pilla, filiaster, filiastra. Grimm III, 335. Graff III, 332. s. Bott.

bülwächs, obtusus, s. Th. IV: wächs.

Der Bull, Ochs, Stier (Grimm, Wbch. II, 512 f. Zeitschr. III, 495. VI, 82. vrgl. česk. wul, wol). Der Bullstier, (b. W.) Herdstier.

büllen, billen, (Kitzbühel) brüllen (ahd. pullôn, mhd. bullen. Graff III, 91. BM. I, 125. Grimm, Wbch. II, 513; Zeitschr. IV, 498); weinen, heulen; Castelli, Wbch. 100: „bül'n, stark, weinen, so daß dabei Töne gehört werden, heulen." *Bilt* hàt ə' wəi ən Ochs (b. W.; dagegen: də' Hund hàt *bált*). „Wie hort man bullen daz mer von den sturmwinden", S. Helbling XVI, 758. „Ir tagezeit ist newert ach und wee, weinen und pullen immer mee", Scheftl. 284, fol. ult. Vrgl. oben bellen und beilen.

buelen (buəln) wie hchd. buhlen, jedoch wenig volksmäßig. anbuelen Einen, (Nürnb.) ihn lüstern machen. bulen an Einem, (Aschaff.) ihm zusetzen, in den Ohren liegen, daß er dieß oder jenes thue. Buelen ist nit anders das er mit solchen worten pringen wolt, das sy jm gehorsam wär in leiplichen lüsten", Cgm. 632, f. 52. (cf. Gl. a. 162. pulahti, aemulationes). Mhd. der buole (BM. I, 280. Grimm, Wbch. II, 498), 1) Geliebter, Geliebte; 2) Freund, Lieber, wie sich weiland fürstliche Personen, sowohl verwandte als unverwandte, begrüßten; cf. Scherz und Wachter. Buole (maritus), Diut. I, 437. 438. Der Bûl, die Bûlerin, Buch d. W. 1485, f. 109. puoll, amasius, Voc. Archon., f. 58. „Da sant die fraw nach irem puoln", Cgm. 54, f. 44ª „Wilt den buol derwerben dir ze deiner chan"; d. Ring 11ᵈ, 29 (p. 45). „O holder puol" (zu Einer), das. 12ᶜ,10 (p. 48). Die Buelschaft. „Wan das ich oft han gelesen, das pulschaft on arbeit nit mag wesen", Cgm. 439, f. 70ᵇ. buelschiftig (?) Ietzt hat sö dá' *pulschiftig* Ai~si'l á widá' bekert; salzb. Lied. Das Voc. v. 1419 hat schon amasius ein puelär, das v. 1429 amasia bul.

---

bilbizen, s. bil-w-izen.

Die Belchen (Bəlchə~), (Würmsee, Baur) Vogel mit getrennter Schwimmhaut, blauem, spitzigem Schnabel, von oben weißlichter, unten schwärzlichter Farbe, der sich blos von Fischen nährt und als Fastenspeise gegessen wird, Bläßhuhn. Gl. i. 133: fulix, pelicha; 816: fulicae, pelichon. Graff III, 332. Grimm, Wbch. I, 1439. Diefenbach 250ᶜ. „Mit der belchen füezen wirt dem man mazleide buoz", Liedersf. III, 564. Grimm, Mythol.², 1125.

Die Bilchmaus, Bil'maus (Bılmaus), (O.L., Baur) Haselmaus, mus avell. L.; kärnt., steir. polh, der Billich; polshina, Billichloch; Jarnik p. 174. illyr. bjelka, Eichhorn, Grauwerk. Gl. o. 173: glis, gliris, bilech, pilich, pilih. „Glis, pilchmaus", Clm. 5008 (XV. sec.), f. 159. „Nim pilichen- oder maus-gail", Cgm. 4543, f. 169. Graff III, 97. Grimm, Wbch. II, 8. Über den Billichfang der Gottscheer s. Hacquet, Beschreib. der Wenden ꝛc. p. 86.

Der Bolch, ein Fisch, asellus maior; asellus arefactus, Stockfisch, gedorrter Bolch, H. Junii Nomencl. Augsb. 1629, f. 37. „Polypus, bulch" (unter den Fischen), Semansh. 34, f. 202. „Sandel und polichen sind schlecht", H. Sachs 1560: II, II, 111ᵇ (v. gesalzenen Fischen). Grimm, Wbch. II, 229.

bald (bàl'), 1) wie hchd. 2) sobald, wann, wenn. *Bàl'* I will, und nachər erst *bàl'* I màg. „Omne principium grave, bald ainer nur dran kumpt, hat halben weg gewunnen", Avent. Gramm. v. 1517. „Und balt sy ein wenig darvon gessen, so geben sys alsdann Maister vnd gesellen", Wstr. Btr. V, 139, ad 1580. „Balt eine sawer mich ansicht", H. Sachs. „Bald der gulden in kasten klinget, die seel sich auff gen himmel schwinget", H. Sachs 1612: II, I, 171. Compar. bälder (bəle'), bäldest, am bäldesten. „Auf das pöldist, am pöldisten." „Wer bälder kommt der malt bälder", MB. XXV, 529. 533. Bog. Mirak. 157. „Si vuoren so si kunden beldiste dan", Gudrun 846. 1264. Bälder als bald (bəllər àls bàl'), (O.Js.) sehr bald. Das Prompt. v. 1618 sagt adjective: „In kurzer und balder veränderung des glücks." 3) ä. Sp., bald, adj., celer, repentinus, Voc. v. 1445, (goth. balths, ahd. pald, mhd. balt. Graff III, 108. BM. I, 80. Grimm, Wbch. I, 1081), schnell, hurtig; a. Sp., muthig getrost, keck, dreist. vrgl. it. baldo, altfranz. baud: ꝛc.; baudement, bravement, bei Rabelais; Diez, Wbch. 39. Ist -bald in Personennamen schon so frühe auf französ. Weise in -baud übergegangen, daß Hariabaudus, Ginobaudus, Merobaudus dahin gerechnet werden könnten? Vrgl. oben -baudo). (Was den Uebergang der Bedeutung betrifft, vergleiche man schiere, cito. Sollte auf ähnliche Weise das romanische tosto, tôt aus dem deutschen turst-ic-liho, fretus, audax gebildet seyn?) „*Erbaldus* verso sermone *vir audax*", Walafr. Strabo, Canis. ant. lect. VI, 579. „Minne macht, das ein zag mus werden balt", Cgm. 270, f. 124. „In verecundia ze rede palt", Clm. 9537, f. 180; reden ze balt, ze balde red, Clm. 17188, f. 49. 54. Grüene stât der schœne walt, des suln wir nu wesen balt", Ben. 160ª, f. 65ª. „Mercz gruen, junger pfaff khun, junkfraw pald, die drew werden selten in Eren alt", Benedictb. 249, f. 186. „Ist der Mertze grüene und ein tummer pfaffe küene und ein iunge meit ze balt, die werden selten mit eren alt", Renner 12458. (Catharina) „was an guten werken pald und was achtzehen iar alt", Cgm. 478, f. 42. „Bis nicht ze balde und bis auch nicht ze blîde", Labr. 72 (p. 18). „Vil herren hunde: der scine, iener balde", ders. 424 (p. 106). Mhd. balde, baltliche, beltlîche adv. „Tuomit got, so ir baldo magit", Diut. III, 132. „Damit liuf er so balde sam daz tier da ze walde", Diut. III, 59. „Mein pferd was müde worden, ich mocht nicht bald gereiten", Valkn. 97, (p. 190). „Do wolt ich aber nach eilen balde", das. 119 (p. 195). „Wer bald läuft, dem ist gâch", Cgm. 270, f. 76 und 379, f. 39. „Wizzet, wer einen frummen man beltlich niht tar gesehen an, daz der ein valschaft herz hat", Renner 16349. Baltliche, fiducialiter; die balde, fiduciam; Cgm. 17, f. 21ᵇ, Ps. 116 und f. 215ª. Das Adj. -bald, frühe schon umgebildet in -bold, erscheint in vielen Personennamen; Graff III, 112. BM. I, 221. Grimm, Wbch. II, 229. Förstemann I, 202 ff. In der Thierfabel heißt der Esel Baldewîn (Baudouin), „qui bona fiducia fertur"; Grimm, Reinh. CCXLIV. „Der drohte Baldewîn", welscher Gast 13263. erbalden, mhd. vrb., balt werden oder machen, Muth fassen, ermuthigen (BM. I, 82); „Ein wîser herr sol einen man erbalden, der im rætet", d. welsche Gast 13143.

Das Bild (Bıld), wie hchd.; (ahd. pilidi, piladi, pilodi, pilothi; mhd. bilde. Graff III, 97. BM. I, 120. Grimm, Wbch. II, 8. Das isl. bîlæti nach Grimm II, 238. 720 = bîl-æti. Wäre bîlæti wirklich altisländ. und nicht, wie schwed. beläte, neuer, und t = th? Mir scheint bilæti = hchd. bilâzi; cf. lâzen, Gelæz. Das ags. bilic, hchd. pilidi, ndrs. belethe (Grimm, RA. 337) hingegen scheint ein Verbale von bi-lîdan, circumferri, ambire, gleichsam ambitus (cf. Wic-beledhe und Unbild, inconvenientia); oder ist es gleichsam Bei-gang, Beilauf (wie bî-spel); Nachfolge, Nachahmung, imitatio (Christi)? So gehören wol auch *imitari* und *imago* zusammen. Wackernagel, Glossar LIX: von bî und ladôn. Grimm, Gramm. I, 389, nimmt ein vrb. pîlan, peil, pilun, caedere, an; s. Wbch. II, 8 und oben billen). „Vestis polymita, von vil farben oder mit bildern gewürckt"; Jun. Nomencl. 1629, p. 88.

„Ein gut tischlachen und ein hemde, den engelisch næte und bilde sint fremde, wert etswenne als mangen tach, als ienez an dem grôz arbeit lach", Renner 13407 (a⁰. 1313). „Tafelgedecke in Gebild von 3—10 fl., Handtücher in Gebild von 9 Kr. die Elle", ausgeboten von A. Ellenburg, die nach Baltimore durchreiset, auf der Münchner Tuld, im Januar 1842). Zeitschr. IV, 71 f.

ä. Sp. 1) exemplum, exemplar. „Das wir nach dem Bilde unsers lieben Bruder . . dem Gotzhaus N. erlaubet haben", MB. X, 336, ad 1325. „Dabi megen wir nemen pilede", Diut. III, 55. „Nim bilde bî dem offenen sunder", Griesh. Pred. II, 75. „Das si bilde
171 namen, ut exemplum caperent. Ane bilde, beyspiellos; Sermonen, Ms. „Ze bilde ich ein siule mit armen umbe taste", Labr. 159. Das Unbilde, was ohne Beispiel ist, Wunder; Walther v. d. V. 47,24. W. Grimm, gold. Schm. p. 152. Unbilde, Unrecht, s. oben Unbill; vrgl. BM. I, 122. Grimm, Wbch. II, 26. 2) Person. Das Mannsbild. „Nu hân ich nie mannes bilde erkennet", sagt Maria zum Engel; Ald. 111, f. 151. Das Fräuenbild, fräulich Bild. „Vil mächtiger Frawn vnd junkfrawn, der ist bey vierzig Frawnpild gewesen", Clm. 9503, f. 343, ad 1452. „Wie denn der Welser im Durchreiten des Bayrlannds, auch im offen Wirttshaus geschimpffirt hat: Ich als ain Frawenbild schlag mich in Händel, die mir nit gebürn", klagt Kunigunda, die Herzogin, Ldtg. v. 1512, p. 439. „Ir kays. May. Schwesster als ain Frawenbild die jr Tag nit vil in der Welt ze regiern gepflegen hat", ibid. p. 333. 307. „Kain Frawenpild sol pose wort sprechen", MB. XXIV, 239. „In stäter Ainigkait und Gehorsam als fräulichem Bild gegen Ihrem Gemahel gebührt", Ldtg. v. 1515, p. 111. „Es ist ja bekannt, daß die Frauenbilder auch fremde Sprachen erlernt haben", P. Gansler. „Wer die notnüft hört oder sieht und dem Frawenbild nicht zu hilff kombt, soll nach ungnaden gestrafft werden", LR. v. 1518, Tit. 21, Art. 2. „Das Frauenbild soll öffentlich in den Pranger gestellt werden", Kr. Lhdl. XII, 168.

Das Weibsbild (Wei'ssbıld). „Sînen tohtern, den wîbes bilden, Iuten unde Hilden", v. d. Hagen, Ges. Ab. XLIX, 987. Dieser jetzt etwas geringschätzige Ausdruck wurde noch im XVI. Jahrhundert auf vornehme Damen angewendet, z. B. in Kr. Lhdl. XVIII, 354 auf die Wittwe eines Edlen von Rorbach. „Zwey Weibsbild underwunden sich des Reichs", Avent. Chr. Das weiblich Bild, ä. Sp. „Freyheit, Regel und Recht, damit das weiblich Bild von Blödigkait wegen versehen ist", MB. X, 216, ad 1509.

Das Bildlein (Bıldtl, Ob.Isar Bilgkl', Birgkl). 1) Bildchen (von Papier). Bilgl, Heiligenbilder; Rank, Böhmerwald 74. 2) Im Scherz: der Verweis. Dèr hàt ə~ *Bıldtl* 'kriegt. Ein schärferer Verweis heißt: ən aus-g'stochə~s *Bıldtl*.

Der Bildstock, Bildsäule; wirzb. Verord. v. 1691.

bilden, 1) wie hchd. „Der dih scuof unde bildota", Diut. III, 133. „In sînem sinne bilden", Labr. 269; vrgl. 293. 294. Gebildet hemde, s. Preisschuh. 2) ä. Sp., nachahmen. „So hat er den geistlichi (spiritualiter) gebilidot (imitatus est), der durch in wart gicrucigot", Diemer, Ged. 98,24. „Aemulari hazzen vel piliden", Clm. 4606, f. 118b. „Bilden wir die heilicheit so berhtels martiræres", alte Sermonen, Ms. „Den wurm sculen wir biledon", M. m. 172. „Daß kein Uebel ist so groß, es find zu Pilden genoß", Turnier-Reim in Hund's Stb. 3) bilden in Einen ein Ding, es ihm einprägen, es ihn glauben machen. „Solches in die gemeinen Bürger zu bilden", Kr. Lhdl. XIII, 127. 131. „Daz allez haben Wir in unsre hertz gepillbet", MB. XX, 273, ad 1437. Einbilden Einem ein Ding. „Die Prediger sollen dem Volck einbilden, wie der allmächtig Gott durch die Gottslästerung so gröblich beleidigt werde", L.R. v. 1616, f. 700. „Daß jemandt jren frtl. Gnaden ein anders einbilden soll", Ltg. v. 1579. Kr. Lhdl. X, 517. XIV, 531. R. A. sich eine Sache einbilden, sie erwarten, sie durchaus haben wollen. Er *bıld·t* si ə Brâ'l *ei~*. Si *bıld·t* si ə~n Schal *ei~*. Er (sie) meint nun durchaus, er (sie) müsse einen Braten (Shawl) haben. Hàn I' ə~ schö~s Weibə'l, g'hört mei~, und *bıld·* eəm s' kaən anderər *ei~*! „Ich hab mir nichts anders mehr einbilden können, als den Tod."

balfern, (nach Prasch) volvere, unter den Händen herumziehen. Balferwaar, cf. Bafelwaar. (O.Pf.) abbalfern, sanft streicheln. ə~ Katz *bàlfə'n.*

Die, der Balfen (Bàlfə~, Bàlfən), (Inn, Salzach) 172
Felsenstück, das etwas überhängt und eine Art von Schutzdach oder Höhlung bildet; Felsenhöhle; (Kobell: Boiv'n, eine Felsenkuppe). Zeitschr. III, 342. IV, 482. Es reit't iəmàl ə~ *Pàlfən* àbə', es rutscht zuweilen ein Felsenstück herab. „Ein Theil der Gesellschaft flüchtete sich in eine Palfa an der Felsenwand", Schultes, Reisen d. Kärnthen und Steyermark. Locus qui an der palven dicitur; MB. III, 535, ad 1150. In der Schweiz: die Balm, z. B. die Chor-Balm, die Staubbach-Balm, (nach Wyß) eine hervorragende Felsenwand, die nach unten etwas wölbig zurückweicht, und über welche der Pletschenbach (Staubbach) seinen ersten und obersten Fall macht. Wir schritten (fährt er, p. 486 seiner Reise ins Berner Oberland, fort) in die Balm und hielten mit unerkünsteltem Entzücken hinter dem herabstürzenden Gewoge still. Es schien ein wallendes, kunstvoll geflochtenes Netz von Silberdraht herabzuhangen, durch welches wir jenseits der Thalluft die Jungfrau, das Silberhorn und den hintern Eiger in ruhiger Klarheit erblickten." „Rudolfus dictus ze der Balme", Urk. v. 1290 zu St. Urban, Geschfr. II, 168. Basilicam sub *Balma*, quae nunc dicitur Alta petra consecrari fecit, nach Dufresne, Histor. Monast. ad A⁰. 1084; nach demselben kommt Balma (als Höhle) schon in der vita Sti. Romani et Lupecini vor. Dahin gehört wol auch der franzöſ. Orts- und Familien-Name La Baume. Es gehörte demnach dieses Wort mit in die Klasse der vorgermanischen, wie Alben, Bennen, Isar rc. Vrgl. auch Diefenbach, Origg. Europ. p. 239.

Der Balg, wie hchd. (goth. balgs, ahd. palc, mhd. balc. Graff III, 106 f. BM. I, 124. Grimm, Wbch. I, 1084); 1) ä. Sp. die Scheide eines Schwertes u. drgl. „Wer auch dem anderm in siniu venster stezzet mit sinem swerte, ez si mit blozzem swerte oder mit balge der hat die heimsuoche begangen", Augsb. Stadtb. „Swer gespitztiu swert in praiten pälgen trait", ist strafbar; Münch. StadtR., Auer p. 279. 2) lederner Sack (Isr.); vrgl. Bulge. 3) Kind; vrgl. niederſ. blag, Firmenich I, 417. 422 und oft. Grimm, Wbch. II, 60. Hochbalg (= Hodenbalg, scrotum?). „Wem die hochbelg geschwollen sind, das er nicht harmen mag", Cgm. 4877, f. 12. Balgstuck, (Isr.) Jagdbezirk mit nur der kleinen Jagdbarkeit, der einem Privaten angehört und innerhalb der Grenzen eines landesfürstlichen Jagdreviers gelegen ist. ausbälgen, ausbälgnen (ausbàigng, ausbàignge~), einen Balg ausklopfen, einem (Thier oder Menschen) den Balg ausziehen, ihn schinden, ihn ganz um das Seinige bringen. Zeitschr. IV, 67.

balgen, zanken, schelten; vrgl. ahd. pelgan, mhd. belgen, erbelgen, erbelgen, st. u. schw. vrb., anschwellen; aufgebracht sein, zürnen (Graff III, 103. 105. BM. I, 124. 125. Grimm, Wbch. I, 1086. 1447. Zeitschr. II, 468). „Got ist so erbalget von den sünden", Diemer, Ged. 165,12.

Das Bilg-Ay, Bilg-Ayr (Bılg-Aə, Bılg-Aər, Ilz, OPf.; Bill-Aə, b. W.) das Nest-Ey, oder das Ey, welches den Hühnern gelegt wird, damit sie dazulegen. Vrgl. oben unter Aif und Mone's Anzeiger VIII, 495.

Das Bilgmehl. „Als man die Müll gebillet oder gehauet hat, sol man ain Müttl Sprier herabmahlen, und wenn die gar herabgemalen, sol man ain Viertl khorn nehmen, und es in den Stain hineinschütten, so legt es sich widerumb in die Zarg herum, das haißt alsdann das

Bilgmehl", Cgm. 3253, f. 16ᵃ. 4915, f. 39ᵇ. Vrgl. oben billen.

Die Bulgen (Bulgng), Sack, Schlauch von Leder; (Jäger-Spr.) der hohle Leib (ahd. pulga, mhd. bulge. Graff III, 107. BM. I, 124. Grimm, Wbch. I, 1084. II, 512. Zeitschr. III, 19. IV, 67. V, 144,71). 's Kaə'n hàt dické *Bilgén* (Häute; b. W.). Zway par Geldpulgen samt den Schlößln", Landsh. Harnaschkammer v. 1479. „(Die Diebsgesellen) waideten bißweilen den Kauffleuten jhre Bulgen auß, damit sie nit stinckendt würden", Albertin's Gusman, 433. „Des Furiers Bülg mit der Zerung", Freyb., Samml. IV, 279. „Posuerunt corpus S. Castuli in zwo pulgen et posuerunt super asinum", Clm. 16510 (4⁰ XV.), f. 247ᵇ. „Silbergeschirr in ledernen Bulgen und Futtralen aufbewahrt", Gem. Reg. Chr. III, 196. „Um Puling, Pfenningsäcke, Truhen" ꝛc. (zu Geld), Kr. Lhdl. XII, 15. Bulgen zum Wasserschöpfen in Bergwerken; Lori, BergR. 358. Uter, Bulgen, Hbn. Voc. v. 1445. Gl. a. 545: saccus, pulga; i. 573: fiscos, bulge; 823: zaberna, bulga. Vrgl. oben Balg u. mhd. belgen, schwellen. (s. Bülken.)

Bulgar, s. Buger, bougre.

Pulgarn, Ort in Oberösterreich, an der Donau, vielleicht „(locus) qui slavica lingua *Poldigoeri* dicitur." cf. Wiener Jahrb. XL, p. 191.

Der Balken 1) wie hchd., trabs, (ahd. balcho, balco, gl. a. 52. i. 1135. o. 44. mhd. balke. Graff III, 108. BM. I, 79. Grimm, Wbch. I, 1089. Zeitschr. II, 204. 210. III, 261,35. V, 71,65. VI, 50). In dieser Bedeu-
173 tung ist jedoch das Wort in A.B. nicht gemeinüblich, und man braucht dafür lieber Bâum, Bretten, Trâm ꝛc. 2) die Bohle, das Brett, doch nur in einzelnen Fällen. Fenster-Balken, Fenster-Läden (Jaloux-Balken, Jalousieläden); Mist-Balken, Laden oder Bretter auf den Wagen, zum Mistführen; Mül-Balken. Der Balken für Fenstergesims u. Fensterstladen (Garmisch; Rath Her, Baader). Fenster (in den VII Com. u. den deutschen Gemeinden der Valsugana) aus der Zeit, wo man noch kein Glas brauchte. Figürlich die Augenbalken, die Augendeckel, Augenlieder. „Sie ist stets daher gangen mit untergeschlagenen Augen, und gar recht, dann wann man dergestalt die Balcken für die Augen ziecht, so kann der Schauer nit so bald schaden", P. Abraham. Vrgl. agſ. bälc: „bälce oferbrædde", with (a) canopy o'erspread, Caedm. 182,9; auch das roman. balco, balcone, balcon, Diez, Wbch. 39. Grimm, Wbch. I, 1090.

Das Balket, (Ob.Isar) Zaun von Brettern oder Stangen. (Vrgl. schwed. balk, Staketwerk von querliegenden Holzstücken; balka, Gehäge machen).

Der Bülken, (Nord O.Pf.) der Leib. R.A. Einen rechten Bülken haben, breitschulterig, untersetzt seyn. s. Bulgen.

Der Balm (Bàlm, Bàim), der Ball (zum Werfen oder Schlagen).

Balsen, (Pinzgau) Wasser-Münze, mentha aquatica.

Die Bilse, ä. Sp., Bilsenkraut, (ahd. pilisa, mhd. bilse. Graff III, 102. BM. I, 126. Grimm, Wbch. II, 30). Zauberei, um Regen zu bekommen, „cum herba iusquiamo, quae teutonicè bilisa vocatur", Clm. 12205, f. 45. bilsensam, Clm. 14138, f. 204. Diefenb. 312ᶜ.

„Die Bolsen, plur., Büschel von zusammengebundenem Flachs, welche man zum Trocknen aufstellt"; Castelli, Wbch. 91. Vrgl. Bolz.

bülsen, bulsen, pfulsen, stoßen, schlagen (v. lat. pulsare?, franz. pousser); Grimm, Sendschr. an Lachm. p. 56.

Der Bülß, Bülßt, Bülßtling (Bılst, Bılstlin'), der Löcher-Pilz, boletus (ahd. puliz. Graff III, 103. Grimm, Wbch. II, 514). Stain-Bülßtling, boletus subvescus L. Küebülßtling, bol. bovinus L.; gl. a. 31, i. 674. 1129, o. 97: buliz; a. 645: bulis, boletus.

bülstern, turgere, (Grimm, Wbch. II, 514; cf. bolstern). „Bülstert sehr, hört gern sein lob", H. Sachs 1612: I, 854.

Die Balte, Palte, ä. Sp., palla. „Sie faßte das neugeborne Kind in die Palte", Frisch II, 37ᶜ aus Sebald, Breviar. histor. p. 732. cf. ahd. churci bolt, mhd. kurzebolt (Graff III, 113. BM. I, 221) und baltenære, paltenære, „Wallfahrer, Landstreicher im Pilgergewand, mittellat. paltonarius, altfranz. pautoniers, v. mittellat. paldo, Wollenrock (?)"; Wackernagel, Wbch. XXIV. BM. II, 462. cf. Paltena; Rudhart, ä. Gesch. v. B. p. 708—9. plátenná (sukne)? „Palt-rock, palla. Gallis *Palletoc* dicitur. Videtur, inquit Bayfius, *gallica palla* accessisse ad formam nostri *Palletici manicati*"; Kilian. Ist jenes *palletoc* in unserm (1841) *Palletot* (Art Manns-Überrock, hinten ohne Schlitz) wieder auferstanden? Furetière schreibt paletot und erklärt das Wort gerade so wie auch den spanischen paletoque: kurzer Überrock ohne Ermel, hie u. da von Gebirgsbewohnern getragen und ehedem von den Kriegsleuten über die Waffen angelegt. Also was Spencer. Vrgl. Diez, Wbch. 701. Müller, etym. Wbch. d. engl. Spr. 154.

bilwezen, s. bil-w-ezen.

Der Balz, Palz, a. Sp., balteus, cingulum, (ahd. palz. Graff III, 114. Grimm III, 448).

Balzer, ä. Sp., der Schopf, (BM. I, 82). „Cirus, coma, balczer; cincinnus, rufpelhar"; Cgm. 4394, f. 175.

Der Bolz, gewöhnlicher: das Bölzlein (Bəltzl), 1) wie hchd. der Bolzen, ä. Sp. bolz, pulcio, cauterium, (ahd. polz, mhd. bolz. Graff I, 114. BM. I, 118. Grimm, Wbch. II, 234). Bolz- oder Bəltzl-schiess'n. „Inter os et offam, zwischen zil und peltz", Avent. Gramm. „Lâ dich nâch einem bolze drîzig iâr ân widerkomen senden", Labr. 420. „Ille bolcz schwenkat dicit qui male sagittat"; Schlußspruch des Schreibers v. ZZ. 1575, f. 13 (v. J. 1385). „Ex his colligimus daz ein holtz sey ein boltz und ein boltz sey ein holtz", schreibt Joh. Gerß an Petrus von Rosenheim (1432), Windb. 172, f. 311. „Si jaculum penna careat plane quoque ligno, Non prodest, quia non componitur ordine digno. Ich gesach nie guten poltz ân feder und ân holcz"; Cgm. 17562, f. 149. R.A. „Zu pölczen träen, ad normam redigere", Clm. 571 (XVI. sec.), f. 4. 2) (Algäu) die Stütze, Schrank b. R. 141. s. pelzen. 3) ä. Sp.: „Ain versoffener, trunkner Boltz", Bchtb. v. 1579, p. 302; heutzutag Trunkenbold. Ind. 205 (XIV. sec.), f. 116: „non erat trunchenpolt Scs. Oudalricus." Vrgl. oben bald (Grimm II, 229. 235. BM. I, 221. Zeitschr. VI, 96). Bolz-Augen, bolzete Augen, Glotzaugen, (Grimm, Wbch. II, 235). „Der alten Teutschen grosse grauwe brennende Boltzaugen", Avent. „Er sicht im wol gleich, sam trinck er lieber wein den laugen, Er hat je groß poltzet augen", H. Sachs. „Er hätt ein unmäßig großen Kopf, darinn stecketen zwey brennende Poltz-Augen, so groß und so breit, wie ein Dinten-Fäßl", Selhamer. (Vrgl. Voc. v. 1419: angistrium, ein pulczkopf. cf. Diefenbach 35ᵃ). bolzen, vrb. „So jhme die augapffel herfür boltzen als ob sie geschwollen wären", Dr. Minderer 1620, p. 80. Vrgl. unten pulzen.

bolzəgrad, adj., kerzengrad (Grimm II, 236), debout (cf. holl. bout, Bolz. Diez, Wbch. 64).

Bolz, Pfannen-Bolzen, (Ilm) Art Mehlspeise, dem Schmarren ähnlich. In diesem Ausdruck liegt wol noch das ahd. polz (puls. pultis), gl. a. 528. 587. i. 10. 225. o. 144. Graff III, 337. BM. I, 221. Zeitschr. IV, 180. cf. Polster, Polz.

Der Bulzen, ä. Sp., eine gewisse Krankheit der Pferde. Ein Segen „für den pultzen und das haubtgeschein" steht im Cgm. 713, f. 39. 167. Vrgl. Grimm, Wbch. II, 514: der Bülzahn, ä. Sp. bülzan, pülzan, (vrgl. mhd. fulzant, fülzant? BM. III, 848). bülz, pülz, adj. „Ein phärd das pulcz ist, das komet wan sy ein federn oder ertreich (verschlingen?) oder von einem ubrigen lauffen wider den wind"... thue das und das — „es gewinnt wider sein attem und der pauch schlecht im nimer", S. Nicol. 213ª, f. 48.

---

bâmə˜, (opf., b. W., Nrnbrg.) sich ein Ding, es sich zueignen, ausersehen. Dés hà'mər I 'bámt. Dés bámənə'. Gèi mə' kaənər e˜ 's Gái, (sagt der Bursche, auf sein Mädchen deutend), des Wisl· hàn I miə' 'bámt. Etwa gar nach Gramm. 577 aus b·aignen corrumpiert? vrgl. auch baumen (für sich sorgen) und b·amen (bes ohmen) unter âmen. Ritter v. Lang erklärt: „mit Baumstangen als Eigenthum einschließen."

Bámáz·ln, Zitzen, mammae (ObrM.); Bámáseln, Hammer-Purgstall.

va'pámmert, va'pâmert, s. unten verbaint.

174 Bámmə's, Bámess! (b. W. Bâmuss!) heißt es in einem Kinderspiele, wenn einer der Spielenden erhascht wird, wo er dann halten und in den Kreis treten muß", Obrm. Das Bámesəllə-l (= Baum-Asyl? etwa von pädagogisierenden Pfarrern ausgegangen? cf. „Sag nit von Poppenseles newe mære", Ackermann aus Böhmen, Cgm. 579, f. 41. 52. česk. boh pomozi = bopomozi! wohlan! Dobrowsky, Gramm. p. 160. cf. S. Helbling XIV, 29: „popomauz!"). Bey einer Art Versteckspieles kleinerer Kinder wird irgend ein Baum, ein Pfahl, eine Thüre, eine Hausecke zum Bámesəllə-l erkoren. Am B. verbirgt derjenige, den die Reihe, zu suchen, getroffen hat, sein Gesicht, bis sich die übrigen versteckt haben und das Zeichen gegeben wird, daß er suchen dürfe. Wem es nun gelingt, ehe ihn dieser findet und berührt, sich an das B. zu machen, was er mit dem singenden Rufe: Bámesəllə-l à˜grüərt! kund gibt, dem dient es gleichsam zu einem Asyl, und er darf vom Suchenden nicht mehr gehascht werden, (Baur). Vrgl. baumen (sich sicher stellen) u. d. vorige bâmə˜. „Wer fürbäumen will, der faulbäumet gern, ne quaeras mollia, ne contingant dura", Seb. Frank. Ital. chiesa spielen, span. tomar iglesia; Göthe, sämmtl. W. 12⁰, 29. Bnd., S. 259. — Kärnt. perbézališče, Zufluchtsort; Jarnik p. 51 (unter bég, Flucht). Th. Garnett schreibt (9. Merz 1839) aus dem britischen Museum: „A childish game still practised in my native province of Yorkshire: a boy chosen by lot endeavours to touch some one of the party while running to and fro in the play ground. If they can take timely refuge by touching *a piece of wood*, they are safe; but if caught in transitu they must take the chief actors place. The game is called *tiggy*, exactly Stalder's *ziggi*, and *tiggy touchwood*. It has certainly been known in England ever since the immigration of the Angli. I will not undertake to say how much older it may be." s. Th. IV: Zeck.

bàmə˜, (b. W.) einen Dieb, ihn durch geheime Kraft an der Stelle der That festhalten, (= bannen?).

Bammesi (◡◡-), wie hchd. Bombasin; bammesinə˜, adj. „Vestis gossypina xylina ein Klaid von Barchet oder Bomasin", Junius, Nomencl. 1629, p. 87. Vrgl. ital. bambagino, von bambagio, Baumwolle, aus lat. gr. bombyx, Seide, Baumwolle (Plin., hist. nat. XIX). Diez, Wbch. 41. Grimm, Wbch. II, 236. Vilmar, hess. Idiot. 48. s. unten Barchent.

Der Bâum (Bám), die Bœum (Bám, Bámə', s. Gramm. 171 ff. 797), wie hchd., (ahd. poum, mhd. boum. Graff III, 115. BM. I, 227. Grimm., Wbch. I, 1188. Zeitschr. III, 224,14. 226,15. IV, 68. 482. VI, 25 f.). Bei H. Sachs: auf dem baumen (1560: II, IV, 37), stieg auf einen baumen (II, IV, 42), er trat zum baumen (II, IV, 49), jr vier allmal ein baumen trugen (II, IV, 89); daneben aber auch: dem, den baum.

Bâum ist die Grundlage mehrerer Ortsbenennungen. Pyrbaum, Bierbaum, Nußbaum, Weichselbaum, Kerschbaum, Hazzi, Statist. III. b. 497. 580. 586. 492. 714. Hier scheinen wirkliche, einzelne, und zwar Obstbäume, die Veranlassung der Namen gewesen zu seyn. In andern, wie Schrankbaum (ibid. p. 825), erklärt es sich sonst. In Kafterbaum (ibid. 559), Esbäm (ibid. 489. 492. 562. 576. 581. 612) ist es dunkel.

Der Ainbâum, s. unter ain.

Der Tôtenbâum. Dieser schweizerische, schwäbische Name für Sarg erklärt sich ziemlich durch die im Sommer 1845 bei Oberflacht in der Baar (Würtemberg) ausgegrabenen massiven, einige Zentner schweren Särge, die aus dem in der Mitte zerspaltenen u. ausgehohlten Stamm einer Eiche bestehen. Man fand darin neben vermoderten Leichenresten einen gut erhaltenen Bogen, einige Pfeile und ein hölzernes Gefäß mit Haselnüssen. (Nürnb. Corresp. 1846, Nr. 96.) „So ein mönsch gestirpt, so sollend die fründt uf den boum (Sarg) legen von einem mann vier haller und dry schilling, von einer frowen achtzehn haller", Kirchenrecht zu Schüpfen (im Entlibuch) v. 1584, Geschfr. III, 190. Vrgl. holt, dôethholt, Sarg (Wangeroge); Ehrentraut, fries. Archiv I, 363. 372.

Der Bâumgarten (Bá˜gart·n, Bà˜gərt) wie hchd.; pawngarten, MB. XVIII, 206. Wetterau: Bangert. Zeitschr. III, 102. V, 330,2. VI, 504.

Der Bâumhäckel (Bámháckl), 1) picus major (Grimm, Wbch. I, 1192). Er hackt, pickt gerne die Insekten, die sich zwischen Holz und Rinde an den Bäumen aufhalten, heraus. 2) ein Übel an den Beinen oder Händen, wenn sie durch Nässe und Kälte, dann plötzliche Wärme Hautrisse und kleine Schuppen bekommen. Er hàd'n *Bámháckl*, die Haut an den Füßen springt ihm auf. Zeitschr. IV, 55. 213. Das Bâumhäckelkraut, herba meropis. „Daz kraut haizt ze latein herba meropis, daz spricht paumhäckelkraut und haizt in der zaubrær puoch thora und wær nicht guot, daz man ez gemaincleich erkennet, wan ez gênt sloz gegen im auf", Konr. v. Megenberg 380,11. 430,4.

Bámnudel, eine Art Schnittnudel in Schmalz gekocht. (Baader.)

bâumölen, durchprügeln; Simplicis. 1669, 239. Grimm, Wbch. I, 1194.

bâum-walzig, adj., von einem Sägebrett, dessen Ränder nicht zugeschnitten sind.

Der Bâumwercher, ä. Sp., Holzhacker. Der Bâumwit, Brennholz. MB. III, 577, ad 1447 sollen die Paemwericher des Raths und der Sieder der Stadt zu Reichenhall aus ihrem Paembit jährlich entrichten dem Kloster St. Zeno 8 Pfd. dl.

Die Bâumwinde, hedera. „Hedera, paumbint", Ind. 418, f. 156. Diefenb. 194ᶜ. Grimm, Wbch. I, 1196.

Die Bâumwoll (Bá˜wəl), wie hchd. Baumwolle (Grimm, Wbch. I, 1196). „Lana bombacis quae vulgo bovmbolle dicitur quae in agris Apuliae crescit", Clm. 12635 (2⁰ XIII—XIV. sec.), p. 105. Diefenb. 78ᶜ. Bâumwoll-Nudeln, (um Rosenheim) Dampfnudeln, die daselbst größer als anderwärts und sehr locker zu seyn pflegen.

bâumen, adj., a. Sp. (ahd. poumîn, mhd. boumîn; Graff III, 124. Grimm, Wbch. I, 1191), überhaupt ligneus, jetzt nur mehr in Compositis, wie z. B. nußbäumen, kirschbäumen ꝛc. üblich. Gl. i. 927: iochelmo pauminan, loramentum ligneum. „Zwei huser, der eins steinen ist, daz ander boumen"... „daz boumin hus in dem houe hinter dem steinhuse", Zeuß, Speier, p. 1 (ad 1370). Das Baumhaus, ein Gasthaus bei Hamburg, öfter genannt von Gustav Kühne in einer Beilage zur Allg. Ztng., Januar 1846. Poumi nun chirchun, Meichelb. H. Fr. I, II, 355, wol das heutige Baumkirchen. Förstem. II, 192. Der poumina chiricha entspricht die steinina chiricha (Steinkirchen); z. B. Ried I, 107. Wäre Baumburg = boumîna burch? Vrgl. Förstemann II, 191. Grimm, a. a. O.: Bomeneburg = Boineburg. Vilmar, hess. Idiot. 28 f.

bœumen (bámə˜), vrb. act., (Wrdfels) Bäume aus- 175 bringen, aus dem Gebirg führen. Sich bœumen, wie im Hchd., sich groß machen, erheben. dəhèə' *bámə˜*,

(b. W.) stolz einhergehen; wellbámə˜, müßig herumgehen. Zeitschr. III, 230,3. „Bapst Leo VII. wurffe den Geistlichen jren Geitz, Stolz, Überbeumen, Ueberfluß in Kleidern, essen und Trinken rc. für", Avent. Chr. 348. Zu Burzelbaum hat man auch ein Verb. burzlbámə˜.

sich baumen, sich davon machen, sich sicher stellen (vom Wild entlehnt: sich auf einen Baum retten?); für seine Person sorgen. s. Bámməs und bâmə˜. Vrgl. portug. homisiar-se, sich verstecken wegen eines Vergehens; homisio.

bäumen, (schwäb.) unentschlossen seyn.

derbâumen (dəbámə˜), schwäb. verbaumen, vrb. n., von vegetabilischen Körpern, abstehen, verderben, besonders durch Feuchtigkeit. Dà is' s so dämi' (feucht), 's Tuəch (die Leinwand) tuət mə' glatt *dəbámə˜*. Hà˜ d' Stubm èə'st fèrt'n ausbüdnə˜ lâuss'n, und sán' 'Brédə' scho˜ widə' saubə' *dəbámt*. „Ehe das Holz fault und erbaumt", LR. 1616, f. 762. Vrgl. BM. I, 230: erboumen. Dieses bâumen konnte auch vielleicht soviel seyn als be-ämen, b'ämen und würde dann zu am gehören; s. umam. Vrgl. auch verbaint.

Der Behm, Böhme, s. oben Bê-haim.

bimmə˜, beben, zittern. Diese Aussprachform kann's sowol vom alten bibenen als von bidmen seyn, w. m. s. „Die Grundfeste des Erdbodens erbimen; der Erdbim", Bogner Mirakel 20. 259. 331. ain ertbimende, Griesh. Pred. I. Der Bims, (Nürnb., Hsl.) Zorn; bimsig, zornig.

Die Bimaißen (´–◡), (Bimaəss'n, Bimass'n, Biməzn, Bimps'n), die Binse; Castelli, Wbch. 84: Binewiss'n, Biwiss'n. s. Binßen. Juncus, cirpus, pimissen, Hbn. Voc. v. 1445. R. A. Dèr säfft, das '*Bimàiss'n* aus eəm wachs'n mächt'n, b. W. Sollte man diese Sumpfpflanze von dem technischen Umstande benannt haben, daß sie zur Streu für Menschen und Vieh und zu andern Zwecken abgehauen, gemaißen (vrgl. goth. bimaitan, beschneiden; Luc. 1,59) wird? Was läge dann in der ersten Sylbe? Aus dem alten pinuz ist das Wort wol nicht entstanden.

Der Bims, ä. Sp., Bimsstein (ahd. pumiz, mhd. pumz, bimz. Graff III, 337. BM. I, 127. Grimm, Wbch. II, 30). bimsen, vrb., mit Bimsstein reiben, glätten. „Abricht- und Bimsung der weiß märblstainen Platen", Cbm. 2224, f. 190 (v. J. 1613).

Das Bömelein (Bémə-l), Kügelchen, besonders von den Excrementen der Ziegen, Hasen, Mäuse, Ratten u. drgl. Vrgl. Bönlein hinter Bon.

'Der Bombart, Bumhart, ä. Sp., 1) ein Blasinstrument.' „Der ander (Dorfmusikant) treyt ain pumhart", Cgm. 714, f. 226. „Ein krumme bumhartpfeifen", abgebildet im Cgm. 4413, f. 169. Grimm, Wbch. II, 236. 515. '2) ein Geschütz.' „Verslag den pumhart mit ainem herten klotz", Büchsenmeisterei, Cgm. 600, f. 6. Vrgl. Bombe. Zeitschrift IV, 258, II, 2. 24: Bummá; vrgl. das. 43. 251,15. 359,26. 498.

„bomeis'ln, beschlafen"; Castelli, Wbch. 92.

bomhari', zweiter Grad des Rausches.

Bomst, Bimsstein (?). „Pumex pincellus pombst", Clm. 5387, f. III. Vrgl. Diefenb. 435ᵇ. 473ᵃ.

„bâmsti, pelzig, von Wurzeln, meistens vom Rettig gebraucht", Castelli, Wbch. 74.

Bum; áf Bum káffə˜, auf Borg (à bon?) kaufen, (Passau, ObrM.). Vrgl. unten Pump.

Die Ban (Bà˜), ä. Sp., wie hchd. Bahn (mhd. ban, BM. I, 83. Grimm, Wbch. I, 1076). „Nu wöllen wir am platz lassen schütten ein pan und lassen die verschrancken wol" (zum Gesellenstechen). „Ir sind schon etlich auf der pan." „Durch ein fenster ich sah ein wol verschranckte pan"; H. Sachs 1612: II, III, 145. 146. 377. 378. cf. Reitbahn. R. A. auf die Bahn bringen. „Jederman nam die schwenck fur gut so si auf die ban hetten pracht", H. Sachs II, IV, 147.

Die Ban, Baun (Bau˜, Bá˜), (O.L.) die Bohne, besonders die Saubohne, die, in Salzwasser gekocht, sammt den Hülsen (Hos'n) auf den Tisch gebracht wird, weswegen sie daselbst eben so oft Hósbau˜, Hósbá˜ heißt. „Zechen casstenmez arbeiß, fünf mez pan", MB. XV, 470, ad 1337. Im Unterland hört man die Banə˜, und zwar an manchen Orten, meistens diminutivè das Bánə-l. Ahd. pônâ, mhd. bône. Grimm III, 71. Graff III, 127. BM. I, 222. Grimm, Wbch. II, 224. Vrgl. slav. bob; lat. faba = fagba von φαγεῖν; bagba, bagbana, bagbuna = goth. bauna; ebenso lat. fagus, Buche, gr. φακη, Linse, aus φαγεῖν; Grimm, Urspr. d. Spr. 1852, p. 44; über Diphth. p. 51. Gl. o. 203: baona, cicer; gl. a. 675: bonbri, pultes. Die Form Bau˜, Bá˜ neben Banə˜ (Bohne) entspricht gewissermassen der Form Beij neben Biene, s. Beij rc. Vrgl. Gramm. 861. s. auch unter der Bann und das Bönlein.

baneken, baniken, mhd., springen machen, sich bewegen machen; sich Leibesbewegung machen. „Diu ros sol man banichen", Gudrun 1146. „Hin gieng er ze kirchen wider und banht' (= bancte, banekete) ze gote siniu glider mit venigen und mit gebete", v. d. Hagen, Ges. Abent. XLIX, 867. „Di andern giengen als man tuot panichen her und dar; sie schouten und nâmen war, welich vleiz und bedâchtcheit an disen garten was geleit", Kindh. Jesu, Hahn 95,37. „Si begunden al bet alle diu ros banken ûf dem plân", v. d. Hagen, Ges. Abent. XX. 595. Diu banekîe, Erholung, Erlustigung. „Er do worhte die lieben kumpânîe mit stolzer banekîe" (cum amica in lectulo), v. d. Hagen, Ges. Abent. LV, 1044. BM. I, 84. s. unten verbaint.

Der Banir, ä. Sp., Tafelmeister, Truchseß; Cgm. 719, f. 13ᵇ.

Der Bann (Bà˜), wie hchd. (ahd. pan, mhd. ban, 176
Graff III, 124. 126. BM. I, 86. Grimm, RA. 732. Wbch. I, 1113); also 1) das Gebot, d. h. sowohl a) die bloße Kundthuung, als b) der Befehl, und dieser sowohl α) bejahend, als β) verneinend. 2) das Gebotene, a. b. α. β. 3) das Gebiet, 4) die Botmäßigkeit. (Es verhält sich vielleicht Ban auch etymologisch zu bieten, wie z. B. im Schwedischen Bön (Gebet) zu bedja (beten), wenn nicht allenfalls die romanischen Formen bando, bande rc. lieber für Primitiva als für Derivata von unserm Bann wollen gehalten werden, wogegen übrigens die einfachern ban de mariage, arrière-ban rc. sprechen). H. Sachs (1612: IV, III, 23. 24) schreibt bonn und äquivociert mit bonnen (fabae). Des Abts Knecht spricht: „Laßt mir zufriden meinen herrn oder ihr komt in schweren ban." Einer der Räuber: „So wellen wir in dErbeis gan"; H. Sachs 1612: V, III, 4 (1560: V, 340). Ebenso M. Beham, Wiener (1462), 265 f.: „Sy (die Wiener) sprachen: waz istz danne, ob wir sein in dem panne? Wann wir der banen nimer han, so well wir in dy arwaiß gan." Hölzer en van legen oder verbieten, „(sequestrieren)," MB. XV, 457. cf. Leg. Caroli M.: De proprio *in bannum misso*. Der Bluetbann, (3. 4) Gerichtsbarkeit über das Blut. Der Fürbann, 1) ä. Sp., Verkündung (eines vor Gericht unschuldig, oder im Recht Befundenen) in den Schutz des Gerichtes gegen den Kläger oder Angreifer. „Einen ze furpann tun", Rchtb., Ms. v. 1453, c. XVI. XX. MB. II, 495. 500. Ref. LR. pass. Wirzb. L.GerichtsOrd. von 1618: dem purgierten Inzichter seinen Friden bannen. Der Herbann (1), Aufgebot zum Heere. Der Stadtbann (3), das Stadtgebiet. Der Wildbann (2. a. β), Bezirk, in welchem es Unberufenen verboten ist, zu jagen rc. Eine Kirchenbann-Formel s. unter verschießen; über das Betragen gegen die Excommunicati vrgl. Monac. Francisc. 142, f. 74—75. Die Bannâu, das Bannholz, der Bannwald, das Bannwaßer, Au, Holz, Wald, Wasser, worin es jedem andern

als dem Berechtigten verboten ist, zu jagen, Holz zu schlagen, zu fischen ꝛc. „Silvae excommunicatae panholz“, Ind. 426, f. 98ᵇ. Silvas que volgariter dicuntur benholzer“, MB. XXIV, 48, ad 1268. Der Ban-Fasttag, Ban-Feiertag, a. Sp., gebotener Fast- oder Feyertag, B. Winnerl. MB. XXV, 366. M. m. 94. Der Bann-Habern (Bàⁿhàbə'n), Haber, welcher einem Schirmherrn zur Anerkennung seines Vogteyrechtes jährlich entrichtet wird. Der Bannmarkt, die Bannstadt, ehmals: Markt oder Stadt mit einem Magistrate und eigner Jurisdiction innerhalb des Burgfriedens. Bannstatt, LR. 1616, f. 416. „Als der panstat (pantstat) zu Burkehawsen recht ist“, Cgm. 3941, f. 69 (v. J. 1420). MB. VI, 487. Welsch, Reichertshofen p. 113. 190. s. Markt. Die Bannmül, Mühle, in welcher mahlen zu lassen geboten ist, Zwangmühle. Bannpfennig; Münch. StR., Auer p. 94. 95. Bannschatz, s. Schatz. Bannschaub, s. Bonschaub. Bantaiding, a) das für einen bestimmten Bezirk (Ban) an einem angesagten und herkommlichen Tage abgehaltene Gericht; b) Inbegriff der Rechte und Gewohnheiten, nach welchen auf einem solchen Tageding entschieden wurde. Kaltenbäck, österreich. Rechtsbücher des Mittelalters: A. österreich. Pantaidingbücher (Wien, 1845). Der Bannzaun, Zaun, dessen Errichtung und Unterhaltung geboten ist.

bännig, adj., 1) ä. Sp., im Bann befindlich, verbannt; verboten; (mhd. bennec. BM. I, 87. Grimm, Wbch. I, 1118). „Ain Päniger und ächter“, LR. v. 1518: Tit. 8, Art. 5. „Bännig læwt und verächtig læwt“, K. Ludw. Rchtb. „Ich wil itzund meſſ lesen, ir penniger scholt dapei nit wesen“, Cgm. 714, f. 116. Bennig machen ein fischreiches Wasser, es in Bann legen, Andern verbieten, MB. XXIV, 553, ad 1410. 2) (O.L., Baur), unbändig. Zeitschr. IV, 164. V, 183. Gel'! sagt die Mutter zum Kinde, iətz hàst əⁿ màl d'Ruət 'koscht, wàs bist so *beni*. Vrgl. bändig.

bannen, (ä. Sp. Praeterit. bien, habe gebannen), wie hchd. bannen, (Graff III, 124. BM. I, 85. Grimm, Wbch. I, 1115. Zeitschr. IV, 68). „Daz er ez bien und beschwür“, Cgm. 379, f. 176. „Swâ ein orden den andern bennet“, Renner 17083. „An den Sonntagen und anndern gebannen und gebotten Feirtagen“, MB. XXII, 618, ad 1499. „Septuagesima, Suntag der verbunnen zit (zu gunnen? BM. I, 32), der erst suntag der zit die da hat sibenzig tag“, Voc. Melber. „Ich si dir verboten und verbannen“, Labr. 594. „Wann man phligt gericht zu besitzen und das auch nach gerichtsordnung verbannen ist“, XXIII, 669, ad 1499 (zu Bann
177 1). Das (Kriegs-) Recht verbannen (hegen), Fronsperger 1555, f. 74—76. „Do bant sich der Tumprobst hinder geistlich gericht“, Ried 749, ad 1305. „Kain Lay soll umb weltliche Sachen für geistliche Gericht fürgenommen oder bannt (geladen, gefordert) werden“, tyr. L.O. v. 1603. „Auch ist der Amptlewt (Gerichtsdiener) recht, das sie zu dem ehaftigen ding zu obersten oder als oft sein not ist, sullen aynen (m?) Apt bennen alle die die irew erbrecht unwesenlich halten . . ., und es mag die ein Apt darumb pessern und straffen, und ob die Amptlewt daran sewmig weren und nicht fürprechten, die sol ayn apt straffen und püßen“, MB. XXIV, 635, ad 1438. cf. gl. i. 684: bannan, mannire. Leg. Caroli M. bannire.

bannisieren, bandisieren, verbannisieren Einen, ihn verbannen; Grimm, Wbch. I, 1118. „Geringhaltige Münzen pandisieren“ (verbieten), Lori, MzR. II, 326, ad 1621. „Einen von der Pest angesteckten Ort bannisieren, einschließen, außer Verbindung setzen. L.R. von 1616, f. 344.

Der Banner 1) wie hchd. die Fahne, (span. bandera, als Zeichen des Gebietens, Gebots; echar un bando. Diez, Wbch. 41. Vrgl. goth bandvô, Zeichen; gr. βάνδα, signa, als dictio barbarica im Cod. gr. 195, βανδοφόρος, signifer. Bannen ist also bezeichnen. Münch gel. Anzeigen 1839, p. 462); 2) (Nürnb., Hsl.) öffentliche Gant. Banner-Käufel, der den Verkauf bey einer solchen Gant besorgt und der Versiegelung oder gerichtlichen Sperrung beywohnt, weswegen er auch Gerichtsperrer heißt.

„banwizen“, (Ulm; Nürnb., Hsl.) vor Schmerzen wehklagen.

Das Bain, Plur. die Bain und die Bainer (s. Gramm. 140 ff. und 798) 1) der Knochen, 2) seltener: das Bein, la jambe (Graff III, 127. BM. I, 100. Grimm, Wbch. I, 1381). Nach einem bekannten Scherz sagte ein gutbayrischer Bauer zu seinem hochdeutschen Kirchweihgast: Thüəts fei' '*Baə*' nét untə'n Tisch. sunst kimmt də' grouss Hund drübə'! Besorgt zog dieser seine Füße an sich auf die Bank. Gi' mər ən andə's Fleisch, dés is ja əⁿ lautə's *Baə*ⁿ. „Vielleicht so tünds (die Kranken) die bain auff keren“ (sterben), des Teufels Segi, Barack p. 318,10056. Das kleine Bain. „Leo daz zaichen hat die gelider des herczen und daz klain pain in der seiten, und ir klaines paines siechtumb, die geschehent, wen . . .“, Ind. 344, f. 39. Der Baaⁿlkramə', Mensch, der mehr einem Gerippe, als einem Menschen ähnlich sieht; der Tod. Der Bain-Ringler, Beindredsler. Der Bainschrôt, Verletzung eines Knochens. (BM. II, II, 221. Grimm, Wbch. I, 1388: die Beinschröte). „Hat er paynschrot, die sol er pezzern dem klager vnd dem gericht“, K. Ludw. Rechtbuch. „Daz man für di Painschröt zwainzig schilling geit dem Richter und zwainzig schilling dem chlager, Rechtb. von 1332. Bainschrötig, adj., mit verletzten Knochen, bedenklich. Dá Fàll is *baⁿnschradi*' (*bàⁿschrádi*'), das Ding ist bedenklich; Seidl, Flinserln IV, 121. 134. Castelli, Wbch. 75: „banschradi, spissig, bedenklich, hart, wenn etwas nicht recht gelingen will.“ Cgm. 4543, f. 160: paynschrotig u. das. f. 166—68 auch: „wie man ainem sol helfen, der ain fauls pain hat und aytter flüs und alt schaden.“ Das Mittel scheint etwas bedenklich; es kommt auch „weißer Hütrauch“ dabei vor. Das Bein ist in eine Art Kübel zu stellen. Die Kur dauert 18 Wochen. Meinem guten ältern Bruder weiß die heutige Kunst keine Hülfe. Die Bain-Hosen (Baəⁿhosn), (im Gebirg) Strümpfe im Gegensatz der Gesäßhosen d. h. der Beinkleider. Die Bainhosen reichen vom Knie bis zu dem Knöchel, obschon sie entrollt wohl anderthalb Klafter lang sind. Gewöhnlich sind sie von Schafwolle und weiß. Auch um Nürnberg trägt das weibliche Geschlecht solche Bàⁿhus'n, die meistens schwarz sind und zugehäkelt werden. „Wan di crichen hant an gewonhait so di schenen dage sint das si danne lofent ze ainem zil unn dar ûf legent si schwen hæntschuch alder beine (?) hosen alder swas es gielt unn wer der erst zu dem zil kûmet, der nimet es“, Griesh. Pred. I, 168.

Bainweich, Bainweig, cornus sanguinea, (Zir., Werfen).

„Brûchbainlink, tibiale“; Aug. S. Ulr. 50, f. 1. Diefenb. 582ᶜ.

bainig, adj., knochig, knochicht. əⁿ *baəni's* Fleisch, worin viele Knochen sind. grobbainig, von starkem Knochenbau; əⁿ *grobbaənigé* Kuə. bockbainig, starrköpfig, cf. engl. to make bones. bainfest (baəⁿ-fést), 178
sehr fest. baingrändig (baəⁿ-grándi'), adj., (Traunstein) widerspenstig, starrsinnig, besonders von Pferden, welche beißen, so bald man sich der Krippe nähert.

verbainen, mit Horn oder Bain belegen, schäften. Im Harnaschkammer-Inventar v. 1479 ist die Rede von „verpainten Pulverflaschen, von Bürschbüchsen, mit rauhem Hirschbain verbaint u. drgl.

bainen (bàiⁿⁿ, baəⁿⁿ), in Einen hinein, an Einen hinan (eini', neiⁿ, àni', nàⁿ baəⁿn), ihm zusetzen mit Schelten, Corrigieren, Mahnen, Verbieten ꝛc. Kilian: beenen, cavillari; verbeenen, vituperare.

verbaint (vo'baəⁿt, və'bàiⁿt), 1) unempfindlich, thörisch, verstockt. „Vor lauter Bainen wird mancher junge Mensch ganz verbaint.“ „Er läßt ihn erbärmlich schlagen, nichts geht ein, so daß man meint, St. Christophus sey verbeint", A. v. Bucher's s. W. IV, 84. Castelli, Wbch. 121: „fa'bàmma'd", verstockt, festhaltend, physisch und figürlich; z. B. Maini Fiafs· san ma' vor Köld'n fölli' *fa'bàmma'd.* „Dein bständigs Keppeln und Hausen hat 'n Vadern schan so *vä'pamert* g·macht, däfs er auf di' gar nimmer auflost", Lindermayr 147. „Und wann's Deənl no~ so *va'pámmert* (verliebt, beamort?) war", Seidl 1844, p. 265. 341. 2) erpicht; versessen (auf etwas). „Darum sind wir so verbaint auf diese heiligen Bainer" (Reliquien), P. Abraham. 3) O.Pf., soviel als: verwünscht, verflucht — in Fluchformeln. Du *və'bài~ts* Loudə'! Dés is àdə *və bài~t!* das ist doch eine verdammte Sache! Castelli, Wbch. 121: „fa'band", verflucht, verdammt; z. B. „dàs is a *fa'bandi* G·schicht"; manchmal auch: tüchtig; „dàs is a *fa'band* g·schaidta' Kea'l." „... Hänz, was denkst, was thuest, *verbaintä* Vadä!" sagt der Sohn zum rauschigen Vater; Lindermayr 59. Anmerk. Vielleicht gehört dieses bainen und verbaint nicht eben zu Bain (Knochen). Es mahnt in Manchem ans schwed. banna (schelten); cf. panon, exercere, concutere, gl. a. 79. i. 728. (Anm. zu Iwein, Vers 65. BM. I, 222ᵃ; s. oben baneken); vrgl. derbâumen, Baut, benzen, Painlein.

benedicieren ließ man ehmals Kinder, welche trotz gehöriger Pflege nicht zunehmen und gedeihen wollten, auch krankes Vieh. Man schrieb nemlich das Übel den Künsten des Teufels und seiner Bräute, der Hexen, zu. Geistliche, welche bey dem Aberglauben des gemeinen Mannes ihre Rechnung fanden, vorzüglich die Bettel-Mönche waren stark in dieser Art Kuren. Ihre Praxis erstreckte sich sogar auf stockprotestantische Landbezirke. Zeitschr. IV, 70.

Benit, s. Penit.

Die Bennen, das Bennlein (Be~l), oft geschrieben: Bennl, Bendl, Pendl, Bändl, der Korb, Wagenkorb, Sitzkasten auf einem Schlitten; (agſ. bin, Älfric colloqu., engl. binn. Graff III, 126. Grimm, Wbch. I, 1473. II, 36. Zeitschr. III, 524,13. V, 488). Kohlbinne, (Tir.) Wagen, worin 4—5 Säcke Kohlen abgeführt werden können. „Wann einige Unterthanen das Kohl nicht in Säcken sondern in Pennen beyführen wollten." 5 Pennel, als Kohlmaß, machen, nach Lori, ein Fuder oder 4 Säcke aus; ein Sack ist 3 bayr. Ellen lang und 3 weit. „Das Khol in gerechten und ganzen Pennen füren." „Die Kohlpennen eichen und fächten." Lori, BergR. 222. 223. 630. Der Bennlein-Schlitten hat einen bequemen Sitzkasten oder Korb, während man auf dem Renn-Schlitten rittlings sitzen muß. Bänne, (schweiz.) Wagenkasten zum Mist- rc. führen. Benn, (deutschlothring.) Wagenkorb, von Weiden geflochten. *Benna* linguâ gallicâ genus vehiculi appellatur; Festus. cfr. la banne, le banneau. Diez, Wbch. 51. (s. Adelung: Behner, Benne.) Castelli, Wbch. 80 bringt: „benln, etwas auf flachem Boden fortschieben, verwandt mit bahnen" neben: „Ben·lschlid·n, Flechtenschlitten, v. Benne, Korb."

Benno, Personenname, für Bernhard; (Grimm III, 693. Graff III, 127. Förstem. I, 221 f.). Lied auf den h. Benno, s. Mone's Anzeiger II, 78 f.

Der Bin, Collectiv, vom ahd. daz pini, apes (Grimm III, 366. Graff III, 13); s. oben Beij. bienbös, adj., (Spessart) bitterbös, bös (wie eine Biene?); Grimm, Wbch. I, 1818.

Der Binetsch, Spinat, spinacea; Voc. v. 1735. Diefenb. 547ᵃ. „Atriplex binesch vel mûlte, herba", Monac. Francisc. 248, f. 225. Binätsch (verdruckt: Bmätsch), Firmenich II, 420. Grimm, Wbch. II, 35.

Binwerf, mhd., (?). „Adel bî bœser gesellescheste sint bœse binwerf an edelm hefte", Renner 23427. Zu Bein? s. Pinwerf.

179 Die Bongrád, Bo~grád, Schlafstätte in den Hütten der Holzknechte, s. Bankrat u. Grêd; Zeitschr. IV, 494.

Die Bon, Bohne, s. Ban.

Das Bönlein (Bé~l, b. W. Boi~l·), Excrementkügelchen vom Schaf, von der Ziege rc.; vrgl. Bömelein. „In *fabis* caprini fimi", Plin. XIX, 12. Heppe nennt Geban die Losung des Wildes.

Das Bonschaub, Bohnenschaub. „Ich gelaub an ain ponschaub und an ain arbaiswisch", frevelhaftes Credo; Cgm. 632, f. 15ᵇ.

Der Bonlein, (Hsl., Nürnb.) der Bube (Valet) im deutschen Kartenspiel; eigentlich: der Baner, Banner (Grimm, Wbch. I, 1117). „Dem aichelunder nit zu trawen ist, weiln er den herzenachter als ein trumpf bisweilen stechen kan, und das Schellendauß bisweilen in dem göllerischen trumfff hoch oder nider geachtet wird, du sollest nit anschawen den Laubenpaner, so 10 gilt, sondern dein fänl dazu du geschworen", Dr. Minderer 1620, p. 36. I höb má' d· Schell·*nbahná*, dá' Knecht höbt sö' d· Sau, dá' Mitlo 'n Grüənkini', 'n Achtá' dá' Bau'" (Bauer), Stelzhamer 121. Vrgl. Zeitschr. IV, 69. s. Painlein.

bonen, bönen, imbuere; anstreichen, grundieren (= bödenen?). „Unser ding ist fläschen werck, wamit man ein neuwe hültzine fläschen bönet, darnach schmeckt sie allwegen, quo semel imbuta recens servabit odorem testa diu", Joh. Pauli, Sch. u. Ernst, 265ᵇ. Grimm, Wbch. II, 226. Vrgl. Böndl unter Boden.

Die Bün, Büne, 1) (Frank.) die Latte, Zaunlatte, Dachlatte. 2) (Altb.) Boden von Brettern, in einiger Erhöhung über dem eigentlichen Boden, wie hchd. Bühne (mhd. büne, bün; BM. I, 277. Grimm, Wbch. II, 508. Zeitschr. III, 37. 40,4. 499 f. VI, 26. 213. 286.671). „Auf dem Floß eine Bün (e~ Bi~) für Pferde rc. machen." 3) der Oberboden in ländlichen Häusern oder Scheunen. Auf der Bün, wie: auf der Dilen, auf dem Boden. „Vater, swaz so mir geschiht, ich lâze mîner verte niht: ich muoz benamen in die büne"; Helmbr. 363. Die Heubün, Heuboden. Die Schneidbün, wo Stroh zu Häckſel geschnitten wird. Die Schwelkbün des Breuen, Cgm. 3720, f. 71. Das Bünhorn, (O.Pf.) Narr, zum Gespötte auf einer Bühne ausgestellt.

urbunne, s. gunnen.

verbünnen, (?); Cgm. 439, f. 24.

Das Band, wie hchd. Das Bindband, Angebinde, Geschenk. Zeitschr. IV, 204. 488. Dürrband, Leinwandstreifen mit darauf gestrichenem zertheilenden Pflaster. Vrgl. Grimm, Wbch. II, 785: Darrband.

Das Band, die Verwandtschaft vom Kind zu Vater oder Mutter, (Graff III, 136. BM. I, 132,4). Geschwister oder Geschwisteret von zwayen oder von beiden Banden, oder auch zweybändige Geschwisteret sind es sowohl von Seite des Vaters als der Mutter; Geschwister von einem Band aber, oder einbändige Geschwister sind es blos entweder von Seite des Vaters, oder von Seite der Mutter; L.Rcht. v. 1518, Tit. 47, Art. 2.; v. 1616, f. 375. cf. „Von swelher sippe man im gebunden ist", (in welchem Grade man ihm verwandt ist), Augsp. Stdtb.

Das Band, plur. Band, Raif, Ring um ein Faß. Salz enges Bandes, oder weites Bandes, (ä. Sp.) Salz in größern oder kleinern Fäßern, Formen, Scheiben. „Vier pfund Salz weites Pandes, und sechzechen pfund salz enges Pandes", MB. IV, p. 172, ad 1359. „Drew Pfunt weitz Pandes und newn Pfunt enges Pandes Salzes", p. 365, ad 1345. Auch elliptisch: „Ein pfunt weites und vier pfunt chlainez", MB. V, 54. 55. „Vier pfunt salzes des weiten und sechtzehen pfunt des chlainen", MB. XV, 458, ad 1319. So hält (nach Adelung: Band) eine Tonne Butter schmal Band in Hamburg 224, in Bremen aber 220 Pfund; eine Tonne Butter bucked (bauchig, dick) Band aber am erstern Ort 280, an letzterm 300 Pfund.

„In Band und Stecken liegendes, d. h. jure dominii in Besitz genommenes verzäuntes Grundstück. „Holz in Band und Stecken", (Zir.). Vrgl. Zeitschr. V, 505. VI, 118,11.

Band oder Bandgewächse, Halleinische, die für die Saline daselbst reservierten Weidenpflanzungen, (Zir).

Die Bandhack, (Zir.) Zimmerart, Art, womit das Bauholz beschlagen wird.

180 Das Bändlein (Bántl), als Diminutiv besonders üblich, auch da, wo im hchd. Band stehen würde. Das Bántl Vögel besteht aus vier, vom Jäger zusammengebundenen Stücken. R. A. 's *Bändl* bricht, die Geduld geht aus. Is dər endli' 's *Bándl* 'brochə˜, Starrkopf, hast du dich endlich doch eines andern besonnen? Es hat mi' bey'n *Hoəmbándl*, ich bin in großer Verlegenheit, dem augenscheinlichen Verderben nah. Einen bə'n oder à˜n *Bándl* hàbm, ihn nach Belieben leiten, meistern. Vom Bändlein zehren, s. Th. IV: zeren. Du bist ə rechtər *Bándlé*-Kràmər, Allerweltsdiener, unzuverlässiger Mensch; (Baader).

Das Gebände, der Kopfputz, la toca der Frauenpersonen, (ahd. gibenti, mhd. gebende. Graff III, 138. BM. I, 132 ff. Vilmar, hess. Idiot. 25). „Morgengab, End und Gebend, Kleider und was an ihren (des verheirateten Weibes) Leib gehört, folgt ihr als Erbschaft", L.R. v. 1616, f. 202. „Si wolt daz schapel (den jungfräulichen Kopfputz) lâzen und von im tragen wîplîchez gebende" (Kopfputz einer Vermählten), Titurel 10,80. „Des morgens (nach dem Beyliegen) sy ir haubet bant", Parz. 202,25. „Si (Isot) hete âne gebende ein schapel ûf von klê", Trist. 17608. „Sullen am ersten geen alle junkfrauen mit junkfraulichem geczierde ân gependt", eichstett. Fronleichn. Ord., Cod. Fris. 287, f. 7. „Wie si der briute bunden . . . ze jungest bant s' ir selber . . . daz ir dekein gebende zam. wan daz s' ir selber bant", Wather v. d. V. 106,27—30. s. unten binden. „Die jungkfrawen so sy in gehaym ir junkfrawschaft verliesen, dennoch geent sy parhaupt, das si die weltlich êre nit verliesen", Cgm. 632, f. 11½. „Die valschen juncfrawen, die mit gepând als juncfrawen gênt und sich juncfrauwen haizent" . . ., Konr. v. Megenberg 241,13. „Tria sunt ornamenta sponsae, scil. annulus in digito, monile in pectore, *corona in capite*", ZZ. 836. „Sunt accusandae in placitis christianitatis quae sunt devirginatae et tamen *nudo capite* incedunt", ZZ. 964, f. 27b (sec. XIV.). „Si corrupta incessit pro virgine *capite non velato*"; confessarii quaestio, Clm. 9569 (XIII—XIV.), f. 5. cf. Schlaijer. „Mit gewande sam ein wîp was gevazzet im der lîp mit hûben und gebende", v. d. Hagen, Ges. Abent. LV, 1099. „Die sach ich wîz gebende tragen, geflochten („geflochet") klein ze den enden bî den gebenden sint die frauwen wol getân, und stênt in wîplichen an", S. Helbling I, 1174. „Wan slayer und gebend der weib ist ain warzaichen irer leib", (daß sie leibeigen seyen), Cgm. 291, f. 72a. „Die fraw trait darumb gepende auf irem haubt, das man darbey erkenne, das si dem man undertenig sol sein", Cgm. 765, f. 82. „Auch wie von manchen varben jr hauben, slayer und gebend und jr porten gephlentzet stend", Cgm. 291, f. 72a. „Gelbes gebende", Cgm. 632, f. 89½. „An gewant und an gebent" (Prunk treiben), Cgm. 619, f. 367. „Diu ir val hâr ûf gebunden hât. Bî ir manegiu hin zer kirchen gât, diu ir swarzen nac vil hôhe blecken lât; ich wæne daz gebende unglîche stât", Walther v. d. V. 111,19. „Sô wê dir, werlt, wie dirz gebende stât!", das. 122,37. „Nû merkent wie den frouwen ir gebende stât", das. 124,24. „Die Frauen (ausgenommen die so unter einem Jar das erst Mal geheirat) sollen zu den Lautmerungs und Hochzeittagen in ihren alten und ehrbaren Gebenden der püntlein oder kopflein erscheinen und sich der bireth nit gebrauchen", Nürnb. HochzeitOrd. v. 1567, Ms., f. 13a. „Allez mein gewant und gepent", MB. XVIII, 466. 546. „Von pettgewant und andern gewant, pent und was zu meinem leib gehört", ibid. 496. „Mit flodrendem har mit zerrißem pent" (soll eine Genothzüchtigte klagen), Freisinger Rechtbuch des Bischofs Albrecht († 1359), Ms. „Do nam si ir gebende, und windet mit der hende einer aus ir gesinde, hiemit du dir binde, und gib mir deu wat dein, anleg du die mein", Reimchronik bis 1250. „Heidnisch war jhr gebend" (der Frau „Mildigkeit"), H. Sachs 1612: I, 553. „In Kaskan (Gasconien) tragend dy frawen ser setzsam gepennt auf, etlich gemacht als dy pfifferling, etlich an der stirn als dy mansdinger, etlich als die flachun schussel, und sein ungeschaffen schwartz man und weiber, Cgm. 1279, f. 147. Vrgl. unten Bant.

bändeln (bántln), scherzhaft oder verächtlich: mit Binden beschäftigt seyn; figürl. intriguer. Me˜ muəs hàlt aə˜s in's andə' *bántln*, das eine durch das andre zu compensieren suchen. Dé zwaə hàbm àllawál wàs mitənandə' z' *bántln*. anbändeln mit Einem, anbinden, Streit anfangen (Grimm, Wbch. I, 296). „Die Truppen lechzen, mit den Piemontesen wieder „anzubandeln", schreibt ein österreichischer Offizier aus Monza v. 22. Jan. 1849. Allg. Ztg., Beil. p. 410. ə˜ Pàr zsambándln, eine Heirat stiften zwischen zweyen; im Scherz: sie copulieren, einsegnen. Herum bándln, unnöthig und auf kleinliche Art sich beschäftigen; bándlst àllawál əso 'rum. Die Bándlerey, unnütze, kleinliche, nie endende Beschäftigung. verbändeln etwas, es so binden, daß es nicht gleich wieder aufgelöset werden kann; es heimlich bey Seite bringen durch trügende Geschäftigkeit. untereinander bándln, gegen einander aufhetzen. Verbándomántschiern, ungefähr was verbändeln.

'bändig, bendig, bennig, adj., was sich am Bande leiten läßt, (mhd. bendec. BM. I, 134. Grimm, Wbch. I, 1100. 1474. vrgl. unbändig).' „Alt hundt findt bös zu machen bendig", H. Sachs 1560: III, III, 52. „Ein alter hunt ist hart pentig zu machen", Em. D. 58, f. 165. „Funambulus dicitur canis qui potest duci inlaqueo vel in fune, vulgariter ain pendiger hund vel ain laithund", Clm. 5685, (XV. sec., 1418,) f. 52.

verbanden, (Maurer-Sp.) mit Mörtel ausfüllen oder verstreichen.

Der Bandur, auch Sau-Erdapfel, polischer Erdapfel, Polack, eine Art großer Kartoffeln, die, wenn man sie mitten voneinander schneidet, ein rothes Kreuz zeigen. Sie werden meist dem Vieh verfüttert. (česk. bandora, bandurka, auch brambor, solanum tuberosum, Jungman. Brambor aber oder bramborek (cf. gall. brembories, brimborions) oder branného boru (Brandenburg) adkud snad pry přišly, Saubrod, Erdbirn, helianthus tuberosus). Dr. Legis meint der Name komme von den brandenburgischen, im Lager gegen Böhmen liegenden Soldaten, die aus Hunger diese Frucht zuerst gegessen. Bandur ist übrigens ein beym gemeinen Volk in Bayern von den Kriegen des vorigen Jahrhunderts her übel berüchtigter Name, an den sich zunächst „die Crawaten und Schlawacken" reihen. Die Banduren sind in Slavonien das, was in Ungarn die Haiducken der Herrschaften oder der Comitate sind, bewaffnete Dienstleute, welche eine besondre nationelle Livree tragen und immer mit 2 Pistolen und einem langen türkischen Messer (Handschar) bewaffnet sind. Der Banduren- 181
Corporal heißt Harambascha, welches Wort auch einen Räuberanführer bedeutet, so wie Haiduck in Slavonien ein Räuber heißt. Im Jahr 1741 erbot sich der berüchtigte Trenk, 1000 solche Banduren auf seine Kosten in's Feld zu stellen. Die bekannte türkische Musik rührt von diesen Banduren her, die die ersten damit durch Wien und in's Feld rückten. Erneute vaterl. Bl., Wien 1817, Nr. 16, p. 63. Seit 1848—49 wurde, die Comitats-Panduren zu ersetzen, wie für Oesterreich überhaupt, so auch für Ungarn eine Gendarmerie errichtet. Ueber jene Panduren s. Allg. Ztg. 1851, Nr. 253 und 281.

Beund, s. Peunt.

binden, wie hchd. R.A. Das bindt's, das macht die Sache erst ganz, fertig, id est palmarium, Prompt.

v. 1618, (meist ironisch). Einer binden, sich (dat.) binden (vrgl. Einem scheren, twahen), mhd., den Kopfputz, das Gebende (s. oben) anlegen (BM. I, 129). „Lege dich (an?) und bint dir schône, ez mugen wol edel liute sîn", sagt der Mann zum Weibe, da er Jesus, Maria und Joseph nahen sieht; Kindh. Jesu, Hahn p. 87,67. „Fleizchlichen si ir bant und sluch in ir gewant so siz allerbeste hete", das. 88,7. „Ein edeliu, schœne frouwe reine, wol gekleidet unde wol gebunden", Walther v. d. V. 46,10. „Die ir ungebunden under golde riten bî, ich wæne die des hazzes iht wæren vrî", (die „meide", die noch unverehelicht mit ihr, der Vermählten ritten), Gudrun 1702; vrgl. Nibelungen, Lachm. 532,7. 1591,2. „abbinden, mit kurzen Worten sagen", Prompt. v. 1618. anbinden einen Dachstuhl (Zimmerm.-Sp.), hchd. abbinden. anbinden, vrb. n., (bey der Ärnte) Garben binden, was mit dem Bindnagel (Bi~nägl), einem zugespitzten Holze, geschieht. „auffbinden, extollere indignationem, mit Zorn auffbinden, den Zorn heftig erzaigen", Prompt. v. 1618. aufbinden, weis machen, eine Unwahrheit aufheften, (Grimm, Wbch. I, 622,2). „So pinden si (die Pfaffen) ez auf aynem ainfaltigen sam si gerecht sein und unsträflich"; Cgm. 51, f. 5. einbinden, als Pathe dem Tauf- oder Firmkinde ein Geschenk in die Windeln oder in die Firmbinde. Dèn àld'n Ráblə'dugadn hàt mə' mei~ Godl ei~ 'bundt'n. Vrgl. Grimm, Schenken und Geben, p. 15. Wbch. III, 153,2. Zeitschrift IV, 204. cf. „einbant, firmaculum", gl. a. 807. Diefenb. 236b. unterbinden, mhd., verhindern, hemmen; d. welsche Gast 6726. 6731. 6738. Das Unterbind, mhd., Unterscheidung; „diu scham ist daz underpint", distinctio, Teichner, Docen's Misc. II, 231. Hemmung; ân underbint, das. 232; ohne Unterlaß, ohne Rückhalt, eifrig. „Diu warnete ân underbint mit vlîze ir vil lieben kint", Grimm, Reinh. 365,2001 und 378. „Dien got ân underpint", Clm. 5879 (v. 1409), f. 233 f. unten beiten. Vrgl. hinnərbinnə~ in dem pfälz. Lied über die Reise nach Constanz, wo es mit „die Hände auf den Rücken binden, betrügen, bestehlen" erklärt wird: „Bei euch will ich nicks gewinne~, dir könt mich noch *hinnərbinnə~*."

Die Binde, wie hchd. — ? „Dem hete Helmbreht eine kuo genomen von siben binden" (alias: von seinen kinden), Helmbr. 1831.

Der Binder, Faßbinder, Böttcher. „Mit Gunst, i' han än Plodrä than für d' Binder und fürs Gewerbe", Lindermayr 194 f. Zeitschr. IV, 164.

Bönd·l, s. Boden.

Der Bund, wie hchd. (BM. I, 134 f. Grimm, Wbch. II, 516). Der Bund als eine besondere Art zu turnieren; Hect. Mair, Fechtbuch, Cod. iconogr. 393, II, f. 117. 118. Der Bundschueh, 1) Schnürstiefel. BM. II, II, 224. Grimm, Reinh. p. 372,492. Wbch. II, 522. Vilmar, hess. Wbch. 7, (Zeitschr. IV, 55). Idiot. 61. vergl. unten Punt und Th. III: Schueh. „Man trug zu Caroli M. Zeit Bundtschuch. Die Schuch hetten auf beiden Seiten Riemen, dreyer Elbogen lang, die flocht man und schnürt sie umb die bein und leine hosen creuzweis herumb wie ein Getter. Kaiser Cajus zugenannt Caligula d. i. mit dem Bundtschuch. Ir (der Kreuzfahrer) Kreiden war durch das ganz Heer ein Bundtschuch", Avent. Chr. „Graf Eckhart II. von Scheyrn ward zugenannt der Buntschuch, dann er richt zu nacht neben seim Gezelt ein solchen Schuch oder Stifel auf mit drey roten Puntriemen als sein Feldzeichen", Hund, Stmb. I, 134. „Hertzog puntschuech", Altm. I, f. 7a; abgebildet Cbm. 2799, f. 40. „Albertus Magnus a⁰. 1260 eps. Ratisb. sedit anno uno et resignauit episcopatum propter *gentis proterviam* et populi vanitatem. Hunc populus *lègatum calceum* nominabat eo quod ferret legatos calceos sicut mos est praedicatorum fratrum", Clm. 12115, (XV. sec. 4⁰ 1500), f. 268. Die aufständischen Bauern im Breisgau (1525) lassen an ihr „Venlin" einen „Buntschueh" malen, Cgm. 4925, f. 239. „Geselschaft des „Puntschuehs"; „der Puntschueher Haubtmann", das. f. 240. Grimm, RA. 157. 2) ä. Sp., Meuterey, Empörung. „Vom Bundtschuch in der Jüdischheit, in Sicilien 2c." Einen Bundschueh aufwerffen, sich empören, eine Meuterey beginnen. „Es warffen die eigen erkaufften Knecht ein Bundtschuch auff, setzten sich wider das römische Volck." Die Bundschueher, die Meuterer; Avent. Chron. Sollte Bundschueh in dieser Bedeutung eines Vereinigungszeichens nicht etwa näher zusammenhangen mit dem russ. und poln. bunt (Meuterey), buntschuk (Roßschweif)? Der Ausbund, wie hchd. (Grimm, Wbch. I, 840). ə~ Wàgng, ə~ Knehht vo~n *Ausbund*, (b. W.) vorzüglich, ausgezeichnet. Der Einbund 1) was man Einem als Pathen-Geschenk einbindet (s. d. W.); 2) der Einband eines Buchs. 3) (Küchen-Spr.) Masse von Speis-Ingredienzien, die, in eine mit Butter beschmierte Serviette eingebunden, gesotten wird, Pudding. Die Bundnuß, Bündnuß, wie hchd. das Bündniß. fürbündig, D. v. Plieningen, egregius, wie hchd. ausbündig.

---

bang, wie hchd. Der Bang, die Angst, Besorgniß, in der R.A. Bang haben, kainen Bang haben, nicht Bang haben. Bangen, ä. Sp., in die Enge 182
treiben, s. angen. Einen zu etwas noten und bangen, MB. XIV, 1414. In diesem Sinne hört man heutzutage: bengsten; cf. bengsen und benzen.

Das Bánggál, Pánggál, Diminut., (Kitzbühel) Blutwurst. cf. Paunkelein.

Das Bangenet, Bajonet, franz. bayonnette, baïonnette. Also auch ein baskisches (Euscara-) Wort im Munde unseres Volkes; denn die Waffe ist benannt von Bayonne, und boia ona (gute Bay) der Name, den die Basken im 11. Jahrh. dem alten Lapurdum gaben. Ausland 1829, p. 13. Vrgl. Diez, Wbch. 561.

banget, adj., (?) „Prangt ein Weil mit ewerem Triel und panget Goschen, ey wohl schön ausgestrichene Leimklötzlein", Balde, Agathyrsis.

Der Bengel 1) wie hchd. (BM. I, 85. Grimm, Wbch. I, 1471). cf. unter beren. 2) (B. v. Moll) die Drischel des Zillerthalers, ein Zylinder von Ahorn, an dessen einem Ende ein durchgesteckter krummer Stab unbeweglich fest sitzt. bengeln, vrb. n., (ibid.) so dreschen, daß jeder Streich besonders gehört wird, welches bey 6 Dreschern einen 6/8 Takt gibt, im Gegensatz des Trottens, w. m. s.; vrgl. plenkeln.

bengsen, ängstigen, besonders durch Bitten. s. bang und benzen.

Die Bunge, Bachbunge, veronica beccabunga (vrgl. ahd. bungo, mhd. bunge, msc., Knolle. Graff III, 131. BM. I, 277 f. Grimm, Wbch. I, 1061. II, 524). s. unten Punken.

Die Bank oder (nach Gramm. 808. Zeitschr. V, 120, I, 2) Benk, 1) wie hchd. die Bank (ahd. panch, mhd. banc. Graff III, 131. Grimm III, 433. BM. I, 83. Grimm, Wbch. I, 1105. Zeitschr. V, 50); elliptisch: die Fleischbank, Fleischhalle. „Das Fleisch zu Bank vermetzgen", L.R. 1616, f. 507. I~ d' Benk gê~. Der Benkknecht, Metzgerknecht, der blos in der Fleischbank arbeitet, zum Unterschied vom Gæuknecht. Die lange Bank, Sitz der Fräulein bey Hof; Lang, bayr. Gesch. III, 29. Vrgl. Zeitschr. IV, 69. Die Vorbank, Fürbenk, in Bauernhäusern, Bank, welche vor den Tisch und wieder weg gestellt werden kann, zum Unterschied von den an den Wänden befestigten. „Dô saz ich ûf die fürbanc" (im Bade), S. Helbling III, 89. BM. I, 83. Das Füeßbänklein, (O.L.) Fußschämel. 2) Die Bank (der Zimmerleute, Tischler, Böttcher 2c.): großer langer Hobel. Die Rauhbank nimmt das Rauher hinweg, die Fuegbank glättet.

Der Bankart, Bankhart, spurius, außereheliches Kind (Grimm, Wbch. I, 1110. 1111; poln. pekart). „Sô habent si si niht für ireu kint und mainent, diu kindel sein pankhärtel", Konr. v. Megenb. 263,2. „Kein bankhart (im Ehebruch Erzeugter) sol im reich regieren", H. Sachs 1612: II, III, 91. „Du hast ein banckart zu eim sohn", sagt der Pfarrer zu einem verehelichten Bauern, Vater eines Kindes von andrer Weibsperson; H. Sachs 1612: IV, III, 90—91 (1560: IV, III, 41). s. Ruschart.

Die Bankrat, (Jir.) der hintere Theil in einer Holzknechtsölde oder Kopper, an der Fläche, wo die Holzknechte mit den Köpfen anliegen. Die Bettbogreta, (Pinzg.) Bettstätte. s. oben: Bongrad und Th. II: die Gred. Zeitsch. IV, 494.

Die Binßen, Binzen, Binse. (ahd. pinuz, pinoz, mhd. binez, binz. Graff III, 130. BM. I, 137. Grimm III, 370. Wbch. II, 37; Zeitschr. VI, 52. holl. bies, Haupt's Zeitschr. VI, 332,235). „Der binez habet namen fone dero nazi an dero er stât", Notk., Mart. Cap. p. 104. „Uzzer binezze sie worhte eine zeinen", Exod., Cod. Vindob. 2721 (Fundgr. 87,44). Binsz, juncus; kornbintz, calamenta; merbincz, cirpus, papyrus; Clm. 4394, f. 177. „In papirione saharahe vel pinizahe", Clm. 4606 (XI. sec.), f. 97. cf. Diefenb. 411a. cf. Bimaißen.

benschen, vrb., das gewöhnliche tägliche Beten der Juden, (benedicere?); Weigand, oberhess. Intellbl. 1846, p. 296. 'Stern, Lericon der jüd. Geschäfts- und Umgangs-Spr. p. 8: benschen, Segen sprechen, segnen. Anton, Wbch. der Gauner- und Diebssprache p. 19: benschen, beten, segnen.'

Beinstin, Beinstein, ? „Ich meine die faulen beinstein lazheit, die sol nu'gên herein", Renner 15922. „Die vorgenanten peinstîn mak wol des teufels polster sein", das. 15936. „Lazheit die faule pemstîn dringet vil gern mit în", das. 4415.

Das Bant, plur. Bänter, (Inn, Salzach) verächtlicher Ausdruck, auf Personen, besonders weiblichen Geschlechts, angewendet. Du bist ə˜rèchts *Bant*! és Menschər, és *Bentə'*! „Den (anstatt „dem") Trum, den *Band*, den Öselskopf, den Püffel", lauter zärtliche Appositionen zu „dem Vater;" Lindermayr 76. „Hä *Band*, hä Trum!" fährt Er das Weib an, das. 78. „Er ist halt ä *Band* und bleibt ä *Band*, wenn er ä no' neunmal mein Mann wär", das. 148. Castelli, Wbch. 74: das Bånd, eine schlechte Person", und p. 75: „das Bånt, unnützes Zeug, unmoralisches Frauenzimmer." Vrgl. Tobler 34: der Pantli. Grimm, Wbch. I, 1119. Vrgl. Gebände.

bint: sunder bint (bît), ân underbint, s. binden und unten beiten. cf. Firm. I, 102: „moderwint alleen."

Das Bunt, Buntwerk, Pelzwerk; holl. bont (Grimm, Wbch. II, 527,4. 531. vrgl. BM. I, 135). „Daz bette was bedecket, mit samit überstrecket, dâbî mit vêhe und mit bunt"; v. d. Hagen, Ges. Abent. XLIX, 675. 849.

Das Bäntschelein (Bá˜tschə-l), (U.L.) das Kälbchen. Sieh Bätschelein.

Banz (ahd. panz, altſ. bant. Graff III, 139. Grimm II, 214. Gesch. d. d. Spr. 593 ff.), regio, pagus, Gau, in Ortsnamen, als: Brabant (Bracbant, Brachbant), Teisterbant, Tubantes (Twente), Tribantes (Drente); „silva quae dicitur Saewalt sive Suifterbant" (in Frisia), Vita Liudgeri, 26. Martii, Acta SS. p. 632, (Lacomblet, niederrhein Urk. I, p. 2. 3. 6. ferner: Banz, Chotibanz (česk. Chotibuz, Gotebant, Kuschwanz; Safarjk, Staroz 897. 927 f.) Starbenzen, Frisionum pars; Schilter, thes. III, 761. Ein vor 300 Jahren ausdeichtes Dorf Bant in Jeverland, s. Firm. I, 25. Vrgl. auch ahd. elibenzo, alienigena, Otfr. III, 18,14. Diut. II, 341: eleuenz, advena. Niederd. band, bend, holl. beemd, Wiese (Grimm, Gesch. d. d. Spr. 594); Firm. I, 418,88: nom Banden, nach der Wiese; 485,13: om Bende, auf der Wiese; 509,34: em Bönd in der W.; 490,114: „Völ dusend gölde Blömcher stönt en jedder Blomebend" (Blumenwiese). cf. Müller, Aachener Mundart p. 14. Förstemann II, 179. Herm. Müller, lex salica 49.

Baunzen, s. Bauzen.

„Bàinz, vulva"; (Dr. Roth).

bainzig, z'bainzling, (Pegniz, O.Pf.) allein, einzeln. s. ainzig und be.

benzen Einen oder an Einem, ihm durch unaufhörliches Bitten und Betteln, auch Schelten beschwerlich fallen. A˜ diər mues mər àllawál *benzn*. Wiə màgst denn àbə' gàr əso *bentzn*? 'ən létztn Kreuzə' hàt ər eəm no˜'raus '*bentzt*. „Wenn i' *benz·* und beit· (warte), haifst s· mi' an Bobárá, d·ländrischen Bedlleut, sait s·, bobá'n á'" (bedachtlos eilen), Stelzhamer 89. 174. „Du laichst die lewt mit deinen frenzen, du scholt uns nymer also penzen", sagt der Bauer zur Maid beim Tanz, die sich als noch Jungfrau geriert; Rosenplut, Cgm. 714, f. 306. Vrgl. Grimm, Wbch. I, 1478. Zeitschrift IV, 485. V, 124,10 464. VI, 510,101. „Du bist öfter zu Pentzing als Friedberg, öfter ein Hadrian als Friederich", P. Abrah. Vrgl. Angelsächs. ben (supplicatio), bensjan, (flehen); da man jedoch auch bengßen sagt, so möchte benzen zunächst daraus corrumpiert seyn. cf. pedzic', treiben.

Der Benz, (Wstr. Gl.) roher Mensch. „Wann zu Ingolstatt in Bayren, die Studenten aus unarthigen Muthwillen einige Ungelegenheit verursachen, und etwan 163
auf der Gassen die Stain also wetzen, daß ihnen das Feuer zum Augen ausgehet, werden sie auff der Universitet in die Keichen gesetzt, beklagen sich aber dazumahlen nichts mehrers als wegen eines Nachtgespensts, so sie insgemein den Penzen nennen, welches gantz ohne Kopf ist, also soll wahrhaftig manches Orth, Statt, Gemain nichts mehrers schröcken, als wann sie ein Obrigkeit ohne Kopff haben." P. Abrah. cf. Grimm, Mythol. 955. Schilter, thes. III, 99 und unten Pfinz (Berchta).

Der Binzger, (Nürnb. Hsl.) Benennung eines Säufers; (b. W.) Lümmel. Ein Aequivocum, wobey man sowol an den Pinzgauer, als an das Saufen, daß Binßen aus Einem wachsen, denken kann.

Der Binzger, Hund von Rattenfängerart, (Baader); Binscher, (Aschaff.) kleiner Rattenfänger, Pintscher?

Pinzgau, ahd. Pinuz-gouua (also von den Binsen- cf. Streu-lach), Gau an der obern Salzach. Vrgl. Förstemann II, 229 (v. alten Bisontium).

---

bar, (ä.Sp. -ber, -berg, -war, -wer, -werg); die Nachsylbe, wie hchd. (ahd. bâri, mhd. bære, s. Grimm. II, 557, Graff III, 148. BM. I, 147. Grimm, Wbch. I, 1120). mautper, zollper, MB. IX, ad 1503. unvogtber, zinsber, unstewrber, undienstber, MB. XXII, 437, ad 1433. nubilis, hubarg, ZZ. 796, f. 168. erberg, „N. N. und ander erberger Leut genug", MB. passim, z. B. XVII, 166. 167.

bar (bàr), adj., unbedeckt, entblöst (ahd. par, mhd. bar. Graff. III, 151. BM. I, 140. Grimm, Wbch. I, 1055. Zeitschr. III, 261,37). Der heutige Dialekt braucht es in seiner eigentlichen Bedeutung nur noch in adjectivischen Compositis, wie barfueß oder barfueßet, barhäupt oder barhäuptet, barkopf oder barkopfet, barschinkel oder barschinklet. „Lât si am lîbe iht sehen par, daz ist wider zuht gar", welscher Gast 455. „Ein riter sol niht vor vrouwen gên parschinc", das. 458. „Die giengen mit parfuozzen fuezzen", Cgm. 54, f. 9a. Vrgl. Zeitschr. II, 30. 32. 494. IV, 285,173. 270,45. V, 364. VI, 267. 468. In figürlicher Bedeutung hört man z. B. ə˜ báré Lug (offenbare), und, wie im Hchd., bares Geld (dargezähltes). A. Sp. daz bar swert, diu barn chnie u. drgl. Eines dings bar sein, desselben entweder entübrigt oder beraubt seyn. Gl. i. 288. 356. 377. 555. 780: par, nudus. nah pariro scrifte, Notk. 103,5. haubetbâri, calvitium, Notk. 43,1. Die Barfotten, ä. Sp. Barfüßermönche; Hund, Stmb. pass.

bärig, adv., (schwäb.) blos, kaum. Zeitschr. II, 259.

bärlich, ä. Sp., offenbar (BM. I, 141). „Umbe solichen merklichen und bärlichen mangel und gebrechen", Augsp. Metzgerbrief v. 1439. „Ze pärlichen schaden kommen", Augsburg. Stdtb. — Anmerk. Zu diesem bar (nudus) hatte die ahd. Sp. ein Verbum gaparon, detegere, (gl. i. 78. 79. 413) und paran, (i. 766. 809), mhd. enbarn, erbarn, bar machen, entblößen, zeigen. „Der grund (des Meeres) inbart sich", Diemer, Ged. 48,8. 13. 68,6. „Mine gotheit ne irbareta (ne sceinda) ih", Notk. 87,10. „So die sunda irbarot uuerdent in confessione", Notk. 147,5. „Evaginabo, ih erbare, uzziuhe", Cgm. 17, f. 209a. „Diu swert sie erbarten", Wernh. Maria 218. „So begunn ich sie dan lêren den ars des nachtes beren (darzeigen? oder = mhd. enbæren erbæren, enbürn, erbürn, erheben? BM. I, 153 f. entboren) gen des liechten mânes schîn", Joh. v. Nürnberg, varnder schuler, Altd. Wldr. II, 56. Vrgl. BM. I, 141. 142. „Als ich yecz was enparen" (als ich eben gemeldet habe; im Reim auf wâren), oft bei Mich. Beham, Wiener, z. B. 227,20. Vermuthlich gehört auch offenbar, gl. i. 244. 375. 416: offanpar, vielleicht auch liutbar, gl. a. 674. i. 64. 244: publicus, hieher. Graff III, 139 ff. BM. I, 140 ff. Vrgl. æber.

184 bar, in den nachfolgenden Compositis der ä. Sp. ist mir, seiner eigentlichen Bedeutung nach, noch dunkel. Es sticht darin die des Zinsreichens am merklichsten hervor. (M. vrgl. das Barus der Leg. Alamann. Tit. XCVI, §. 2., wo der einem Servus versetzte Schlag nur halb so viel Buße bezahlt, als der einem Barus gegebene). „Was tet der hochgeborn bar, swen er daz wart gewar", Cgm. 717, f. 7b. Vrgl. il baron messer santo Antonio; Decam. VI, 10. (Graff III, 153. II, 741. Grimm, RA. 310. Wbch. I, 1139. BM. I, 91. Diez, Wbch. 45). Das engl. franz. baron ist möglicher Weise das ags. beorn (span. varon), vir, Held. Der Titel Baron ist im Englischen nicht immer eine Adels-, sondern zuweilen auch eine richterliche Auszeichnung; so die Barone des Finanzgerichtes, wie sich die Räthe desselben nennen, ohne daß sie diesen Titel ihrem oder ihrer Frauen Namen vorsetzen dürften. (Berlin. Magaz. f. d. Lit. des Auslands, 1837, S. 568.) Zudem engl. baron of beef, das unzertheilte Lendenstück eines Ochsen vrgl. ital. brano, brandone, provenz. braon, bradon, mhd. das brât und der brâte, engl. brawn (Diez, Wbch. 67. Graff III, 284. BM. I, 233. Grimm. Wbch. II, 308 f.). Ein 250 ℔ schwerer derartiger baron war das Hauptgericht beim Windsorer Hofbanket am Christtag 1842. (Allg. Ztg. v. 30. Dec. 1842, p. 2907). s. Brât.

Das Baramt, s. unter die Bâr.

Barigildus (Graff IV, 193. Grimm. RA. 314.). „Slavi qui *bargildi* vel parochi dicuntur", Fulda, sec. IX. Vrgl. ital. bargello (Ducange: barigildus. Diez, Wbch. 45).

Der Barmann, Parman, daz Parwip, die Parliute. „Alle die sind Parläut (parnlawt, Ms.), die sich von freyer hant zynshäftig habent gemacht." „Nimt ein Parman (parnerman, Ms.) ein freiev frawen, so gehörent di sün nach dem vater vnd di töchter nach der muter", Rechtb. v. 1332. Westr. Btr. VII, 185. „Borlute der sammung ze Halsprun", Reg. bav. 1308, 26. Juni. „Quedam libera femina ex eis, qui dicuntur Parloute tradidit se ad altare St. N. ad censum V denariorum cum omni posteritate sua", MB. II, 354, ad 1190. „Servorum quidam Sancti Quirini quidam de Tegrinse eorum qui Parmanni dicuntur", MB. VI, 58, ad 1100 circa. „Quedam femina Hiziwip nomine, aliquantule libertatis Parwip, nostreque familie, sibi non licita committens, patris legibus secessit et per hoc proprietati se innodaverat", MB. IV, 111, ad 1165. cf. Quedam mulier Leukard nomine . . aliquantule libertatis delegavit se ad altare St. etc., ibid. p. 117. Parling, etwa die Abkömmlinge von Parleuten? „Amissa libertate quam habent Parlinh", MB. I, 34. Der Barschalk, Parschalch, Parschalk. „Et de *Barscalcis* una cum servis", Indic. Arnonis, Canis. lect. II, 491. „Mansos LX inter vestitos et apsos et inter exercitales (Heri-mann? Hari-man, Ari-man, *baron, varon* = Mann) et *barscalcos*", ibid. p. 493. *Barscalci* liberi homines qui cum Wagone (dem Grundbesitzer) conplacitaverunt, ut ecclesiasticam acceperunt terram, de ipsa terra condixerunt facere servicium, arant dies tres in anno et secant dies tres etc. De decimatione liberorum hominum vel *barscalcorum*. Hobas II. *Parscalchorum*. In loco Scahcha *Parscalhos* VII; Meichelb. Hist. Fr. I, II, 91. 255. 468. 504. Ried 67. 97. Auf der letzten, fast unlesbaren Seite des Cod. Fris. 45.... „Interrogationes synodicae resistentium laicorum" scheint Zeile 10 vorne parscalch vorzukommen. De liberis hominibus nostris, qui dicuntur *Parischalchi*. MB. V, 121, ad 1166. Heinricus *Parescalh* de Aspach, ibid. unter den Zeugen. Dietmarus *Parscalch*", MB. II, 367. „Houbas censuales que vulgariter *Parscalches houba* dicuntur", MB. IX, 359, ad 1000 circa. „*Parscalcus* regis", MB. XIII, 309, ad 926. „Tali lege ut caeteri *parservi*", MB. XXVIII, I, 216, ad 986. Hobas possessas cum *parschalchis* vel tributariis qui inde tributa persoluunt", Cod. dipl. Ratisb. 68. 106. Der Aldersbacher Codex der Leg. Baioar. hat statt de colonis: de *parscalchis*, Mederer p. 62. 12. s. V. Bnd. der neuen acad. Abhandlungen p. 391. Hormayr, die Bayern im Morgenlande, p. 34 ff. Rudhart, ält. Gesch. v. Bayern I, 496. 497. 501. Grimm, RA. 310. 314. Ducange, ed. Henschel, t. I, p. 608. Im Salzburgischen ist noch jetzt ein Dorf, das den Namen Barschallen (Barschalken) führt; MB. VIII, 12 ein Ort Parschalches riet und das. X, 134 Parschalkried. Die Bardiu. „Quedam pardiu de Halla", Nachtrag zu den Nachrichten von Juvav. p. 296. Von dieser verschieden die Aigendiu, leibeigene Magd, (Nibelungen, Lachm. 771,4. 781,4). s. Deo, Diu und Schalk.

-bar an Ortsnamen (Gau, Mark?), z. B. Adalhartes-para, Albunes-para, Berchtoldes-para; Neugart I, dissert. III. Graff III, 344. BM. I, 87. Förstemann II, 180. H. Meyer, Canton Zürich, p. 54: Bar, Dorf, alt barra: Baregg, Barburg: cf. ags. bearu, lucus. s. unten die Barre und die Par.

urbar, urbor, adj., zunächst von Grund und Boden, zinsgebend, Lehensabgaben entrichtend; (BM. I, 151). „Dörfer, Güeter und Einöden, so auf Unser Casten urbor seint", HofcammerOrd. v. 1640. Die Urbor, Urbür (Graff III, 157. Grimm III, 482. BM. I, 151. Kilian: voorbær, utilitas, fructus: voorbæren het land, colere agrum, ut fructus reddat; œrbaren, frui. Grimm, Reinh. 290: ôrber, fructus, commodum. holl. orboir, commodum, emolumentum, ususfructus; orboyren, Nutzen ziehen. Diut. II, 224. 225: orber, necesse.), redditus, Ertrag, Rente. „So getan schal (Aufzählung v. Kriegsunbilden) hat vil manic urbür gemachet vil smal, wanne reise unfür hat verderbet mangen man", Renner 6829. „Redditus absoluti quod vulgo sonat urbor et infeodati quod vulgo sonat mannlehen", v. Lang. Dipl. v. 1224. Diefenbach, Celtica p. 13. „Die Herren der Erbgründt haben auch das Recht, daß ihnen von der Vrbühr, d. i. von dem achten theil, welcher der hohen Obrigkeit zusteht, der dritte theil volgen solle", Cgm. 4915, f. 66. „Der Urbürer oder Zehetner, der die landesfürstliche Urba (Urbara) gebühr oder Bergzehend einnimmt und berechnet", das. 60. Das Urbar,
Gut, das Zins oder Lehensabgaben trägt. „Nach Ge- 185
legenheit eines jeden Urbars", Kr. Lhdl. XVIII, 330; cf. X, 356. Am Urbar sitzen, stên; sich ans Urbar setzen, (ein Lehengut übernommen haben, es übernehmen), Urbarsgebrauch p. 44. 46. 53. Das Urbar-buech, Urbarium, das Grundbuch, Salbuch, worin solche Güter verzeichnet sind. Urbarleute, Urbarsleute,

Leute, die als zeit-, als lebenslängliche, oder als Erbpächter solche Güter, besonders die dem Landesfürsten gehörigen, bewirthschaften; MB. VI, 273. Kr. Lhdl. XVIII, 290. (s. oben: Barleute und vrgl. Freyhels). urbaren (? mhd. urborn, als urbor, Steuer, Lehenzins bezahlen; BM. I, 152). „Die Herwîges man die urbornt sêre die gâbe mit ir lîbe" (verdienen, vergelten sie im Kampf), Gudr. 679. „Mit ungfüegem dienste urborte (bewährte) sich ir hant", das. 872. Kr. Lhdl. XIII, 227: sich etwas machen, sammeln (?). „Nachdem viele Landknechte im Fürstenthum hin und wieder urbaren (?) und betteln gehen." beurbaren, vrb., urbar machen, (in obigen Bedeutungen). „Das zu unserm Casstenambt W. beurbarte (zinspflichtige) Zapffenrecht zu N." MB. XVII, 92. Anmerk. Bey Adelung kommt, als mit Urbar gleichbedeutend, auch Urbör, Urbür, und selbst Urbede vor. Wenn dieses von beden (bieten), so können jene von beren (ferre, darbringen; ahd. peran, mhd. bern. Graff III, 139. BM. I, 137. „Diu lant, diu guoten uucher berent", Notk. 88,6. 84,13) gebildet seyn.

urbarig, urberig, adj., plötzlich, unvorgesehen. „Ain urberig Güß", salzb. Tripl. gegen Bayern, Beylage f. 9. „Ain urbarigs Anlauffen;" „keinerley urbarings Zusagens;" „in diesem zufallenden urbarigen Falle", Kr. Lhdl. VI, 120. 136. XVIII, 191. „Des urbaringen abschids", Gevay, Gesandsch. v. 1531—32, p. 37. Urbarigen, urbaring, urbarigs, urbarlich (uə'wəring, uə'wəri'gst, uə'wə'ling, uə'wə'ding), adv., gählings, plötzlich. „Repente, snelleich, urbaring", Hbn. Voc. v. 1445. „Da gienge das Eis uebering", Avent. Chron. „N. N. ist uebering erkhrumbet", Alt-Ötting. Votivtafel. „So er in eine hitz urbäring trunck", Cgm. 632, f. 38. uerbering, subito, Cgm. 136, f. 67. „So wurden sy urblinge uber valn und gelassen an", Mich. Beham, Wiener 212,4. „Urbring er an schneider gedacht", H. Sachs 1560: II, IV, 79. In Gemeiners Reg. Chr. III, p. 804, ad 1491 sagt der Vicedom: „es könne geschehen, daß eine Urbering in der nächsten oder einer der folgenden Nächte nothwendig werde." Gemeiner erklärt das Wort als „eine Alarmirung" des in Regensburg liegenden Kriegsvolkes. Pag. 280 kommt vor: „zu einer urwärigen Warnung ratschlagen" (und sich bereit halten). Trotz der häufigen Schreibung mit b, scheint das Wort doch nach Gramm. 407 ursprünglich urwarig (s. waren) geheißen zu haben; (vrgl. ahd. unwaringun, casu, fortuito; Grimm III, 234. Graff I, 912).

„boarad, trächtig", Castelli, Wbch. 89; also barend nicht berend. Vrgl. Grimm, Wbch. I, 1127: bären.

gebâren, gebæren, bâren, verfahren, handeln, thun, (ahd. gapâran, mhd. gebâren. Graff III, 151. BM. I, 146. Grimm, Wbch. I, 1127. Zeitschrift VI, 280,31. 287,731). „So haben sie mit solcher gewaltsamen tate nicht gefaren noch gebaret als pfands recht ist", MB. XXV, 297. „Thet feindtlichen geparn", D. v. Pliening. „In einem Amt, Geschäft, so oder so gebaren; mit seinem Hab und Gut nach seiner Gelegenheit handeln und gebaren, gut oder übel gebaren und hausen." „Von meuterischen Soldaten soll der zehente aufgehenkt, mit den übrigen aber also gebähret werden, daß sie ohne Standarten dienen, außer dem Quartier liegen rc." Samml. Wirzb. Verord. I. B., p. 133. 153. 172. 183. 285. II, 117. „Nach den jarn muß man gebarn", Clm. 12296, f. 230. „Wie die Geistlichen mit den Kirchstühlen zu gebahren", Ansp. Verord.
186 Simulare, dergleichen parn, Avent. Gramm. „Er baret als wollt er.." „Etliche halten Kaiser Philippum für einen Christen, andre sagen, er habe nur dergleichen gebart", Avent. Chr. Die Gebârung, Gebærung, das Verfahren, Benehmen. „Solche gewinnsüchtige und den Parteyen sehr schäd- und verderbliche Gebährungen der Schriftsteller und Procuratorn,", Wirzb. Verord. v. 1685. Die Gebær (Bár, Bá'), das Verfahren, Benehmen, Thun und Lassen, (also in viel weiterm Sinne, als das hchd. Gebärde üblich ist). Vrgl. Gebärd. „Gesta gepär oder tat", Hbn. Voc. v. 1445. „In aller weis und ber, als obs des Kunigs (David) ernstlicher befelch wer", Ing. Reime v. 1562. Dé Menschinn gfällt mə' wol, hàt recht ə˜ schöné '*Bá*, ihr ganzes Betragen ist anziehend. ə˜ schiəhhé '*Bá*, ein häßliches Thun, oder auch eine häßliche Gewohnheit. Dé hàt ə˜ houhmuətigs '*Bär*. Dé Végáln singənd á'so schö˜ əs wenns é˜' Lá˜ssing wá, waəs nét wiə sollt I das və'stê˜, is rècht ən a'schtləs *Bá*, Gasteiner Adventslied. Er, Sie hàt ə˜ *Nàcht'bá*, pißt in's Bett. Besonders aber versteht man unter *Nàcht'bá* das „Fensterln" der unverheirateten jungen Leute. Er is áffm *Nàcht'bá* gwé'n. Vrgl. bálous. Im Schlußchor einer Bäuerle'schen Wienerposse heißt es: Wollts ein'n Mann, sagt er, seyds fein gscheid, sagt er, nehmts kein'n Alten, sagt er, 's ist kein Freud, sagt er, nehmts kein'n Jungen, sagt er, sind oft schlecht, sagt er, in meiner Paar, sagt er, seyns just recht. S. oben **Amber**laur und Th. III: Sumper. bärig (bári'), sich auffallend gebärdend. (Dr. Unger.) Ungeparikait, insolentia, And. 48, f. 142; ungeperichait vel ungeczogenhait, insolentia, San Zenon. 64, f. . . . ungebirichait, insolentia, Ind. 392, f. 21[a] ungeperichеit, insolentia, Clm. 9537 (XIII. sec.), f. 178; ungepärhait, insolentia, Cgm. 658, f. 209; unpertichait, inabstinentia, Clm. 5945, (XV. sec. 1443), f. 301. — sich *də bärn* (wie: sich brauchen), sich ungebärdig benehmen. Ahd. para gl. i. 1155; gipar gl. i. 736; gipârida, kebârda a. 266. i. 67. 348. 471. 968. 1012. 1155: gestus, habitus, motus naturalis, nutus, signum; mhd. diu bâr, der gebâr, diu bære, daz gebâre, gebære, diu gebære, ungebære. Graff III, 150. BM. I, 145. 148. „Beierisch ist sin gebâr", S. Helbling I, 226. „In suntlichen gebâren", Diut. III, 54. „Allere brote gebâre" (Arten), das. 97. Vrgl. die Parat.

Die Bâr (Bàr, opf. Bâuə'), die Bahre; ahd. pâra, mhd. bâre. Graff III, 150. BM. I, 144. Grimm, Wbch. I, 1079. aufbâren 1) eine Bahre, einen Katafalk beym Gottesdienst für einen Verstorbenen errichten; MB. XX, 694. XXI, 178. 233; auch: Bâr richten. 2) auf die Bahre legen a) einen Todten; (BM. I, 145). „Den toten ritter man do nam und geparten (bahrte ihn) als im wol zam", Cgm. 714, f. 145. „Darnach hat man den Toten in dem Haus aufgepertt", Wstr. Btr. III, 136; ad 1476; b) Brod und Mehl —, welches hie und da dem Mesner in partem salarii gehört.

Das Bâramt zu Chlethaim und Maukhen (Ldgr. Erding), aus einem Freisinger Copialbuch im Reichsarchiv mitgetheilt von Föringer (im Oberbayer. Archiv, 1841, p. 295 ff.), welcher diese Benennung für gleichbedeutend mit Freyamt (s. oben bar, frey), „ein Amt über freie und gefreite Leute", hält. Sollte nicht wegen der Erbschaftsverhandlungen auf diesen Thingen an Bâr (feretrum) zu denken sein? „All unser pawlöwt die zu dem parampt gehören", a. a. O. p. 306. und öfter. „All parampter" (Barâmtler), das. 306. „Ist daz ein parampter stirbt", das. 307 und öfter.

Das Bar, das einzelne Lied der Meistersinger; Wagenseil p. 500—502. 521. Nach Grimm (Meistergesang, S. 77. 193. 194) ist dieses Wort vor dem 16. Jahrh. nicht erhört und stammt etwa vom romanischen Parat (span. parada; s. unten Parat) für Putz, Schmuck, Geräusch. Vrgl. Grimm, Wbch. I, 1121. BM. I, 88. „Auch stimmten die Irlander ihre Harfe so lange bis sie zuletzt einen einpärigen laut von sich gab", F. v. Zesen 1661. cf. engl. the bar, Takt Musiknoten.

„Pardun (wol bar-don?), haltung im gesanck oder don oder form, oder gestalt, tenor"; Vocab. von 1482, Heumanni opusc. p. 460.

„bárduseln Einen, ihn hinter's Licht führen, fein berücken; vielleicht beduseln, duselig machen"; Seidl, Flinserln III, 60,102. (Etwa von pardu = par tout?).

baradacheln (??), fornicari, werde vom gemeinen Volk Oberbayerns häufig bei der Ohrenbeicht gebraucht. (Rath Her.)

Barat, s. Parat.

Das Baret, Bïret (ᴗ -), Hut, Mütze (mittellat. barretum, birretum, ital. berretta, franz. barrette. Diez, Wbch. 51. Grimm, Wbch. I, 1131. II, 38. Diefenbach 74c). „Warumb es ein Ehr und hofflichkeit sein solle, wen einer vor dem andern das pareth abzeucht", — erörtert von Christoph Eckius, Canonicus in Thürnstein, 1593; Cgm. 3804, f. 47. 48. Vrgl. unter Peri.

Das Barfell, (Hauser) Schurzfell der Schmide, Zimmerleute und drgl. (etwa Barm-fell?) „In eim parfell ein handwerchsmann", H. Sachs 1612: I, 1086. Vrgl. Grimm, Wbch. I, 1131. Vrgl. Zeitschr. II, 285,7: Bärnhîter, Hosenträger.

bárádig (⏑́ - ᴗ), (b. W.) geizig. s. bey und rætig.

'Die Barre, Barr, Balken, Schranke, Marke, Schlagbaum (ahd. para, mhd. bar. Graff III, 344. BM. I, 87. Grimm, Wbch. I, 1139 f. cf. ital. barra, franz. barre, barreau, barrière etc. Diez, Wbch. 47).' In der Denkschrift des Bürgermeisters Jörg Katzmair, Cgm. 929, f. 50b, schreibt die Reitmorin einmal: „Nun ist der Beer verschlossen" und gleich darauf „uber die Barr", wo offenbar eine Art Schlagbaum gemeint ist, über welchen auf der Neuburger Brücke die Pferde zu bringen waren. Vrgl. auch die Barr (Parr; s. Wittelsbach), ein Flüßchen, und die Baar, eine Gegend in Würtemberg; (s. die Par). S. oben-bar und Baum.

Der Bair, s. Baij-er.

Der Baur, s. Bau-er. In den Ortsnamen Arenbûr (jetzt Ornbau, RB. IV, 419. 529. 755), Betabûr (bei Mergentheim, jetzt Betwar), Hembûr, Hembauer (jetzt Hemmau, MB. XIII, 212. 220. 255. 279. Gemeiner, Reg. Chr. III, 550. Ried, p. 398), Kutzenbûr (jetzt Kutzberg im Wirzburgischen), Lerbaur (jetzt Lehrberg bei Ansbach), Posbûr, Passbaur (jetzt Postbauer), Rintpur, Rimpur (Rimpar; RB. III, 119. IV, 93. 695) Teisenbaur (RB. IV, 780. MB. XXIV, 252. 476. 662) ꝛc. kann das ahd. pûr, mhd. bûr (M. m. 58. gl. a. 679: betabur, sacellum; 355: puri, tabernacula; bur, cavea, Clm. 5877, (XV. sec. 1449), f. 105. Graff III,
187 18. BM. I, 289 f. Grimm III, 418. Wbch. I, 1175. cf. engl. bower) liegen, von welchem sowohl ahd. pûring (colonus), innaburio, inburro (inquilinus), als auch gipûr und gipûro (mhd. bûr, gebûr, woraus unser Baur. Graff III, 18 f. BM. I, 290. Grimm, Wbch, I, 1176. „Da ward der bischof von Strazzburg erstochen vor Freiburg von ainem gepûren", Kaiserchron., Ms. des german. Mus. Nr. 2733. 4⁰; gebiurisch, adj., bäurisch. „Kaiser Albrecht (I.) was ain gepûrscher man an der person", das. cf. unter Person. mhd. gebûrde, gebiurde, Landschaft; BM. I, 291. Cgm. 17, f. 156a: gebiurde, regiones, und a. m.) stammen mögen. Der alte, aus der Caroling. Zeit bekannte Ort Dripura (Tribur, Cod. dipl. Ratisb. ad 895, Ried 156. cf. Förstemann II, 433) kann ebenfalls hieher gehören. „De Buda ab Attila aedificata codex Estensis (chronici Andreae Danduli) ait: Theutonici interdutum formidantes vocaverunt eam *Ethulbur* (= Etilbûr? Ettilburg? Etzelburg), Hunni vero *Oribundam* usque hodie vocant", Muratori, scriptt. rer. it. XII, f. 6. Montabaur, — diesen Namen (nemlich Mons Tabor) habe Erzbischof Dietrich von Trier im J. 1217 der Burg Humbach oder Himbach gegeben. Friedemann, Mitwirk. d. Arch., 2. Vortr., 1848, S. 22. Vrgl. Beuren.

Der Baur, voluptas, libido. Das gothische baur, voluptas, findet H. Leo (Neue Mittheil. des thür.-sächs. Vereins, hgg. v. Förstemann, Bd. IV, p. 108) noch in dem Volksausdruck kalter Baur (frigida voluptas, Onanie) und warmer Baur (calida voluptas, Päderastie). Ebenso Grimm, Wbch. I, 1175 f. cf. Calembour.

beren, (ich berte, hab gebert), 1) stoßen, stampfen, terere; namentlich in den Salzwerken gebräuchlich vom Einstoßen des ausgesottenen Salzes in die Kufen, in welchen es gedörrt und versendet wird. „Sollen die Pfanhauser die Fueder wol peren und auf jede Schaufel voll Salz mit einem peerkolben einen stoß tun, damit es wol gepert", (Sudordnung von 1489) s. Lori Berg-R. 124. 139. 295. 299. 390. Der Berer, Pfannmeister, der das Salz in die Kufen schlägt; sein Substitut heißt Zueberer. Die Berkuefen, Model vom Fueder, oder leere, kegelförmige Zarge, die man auf den Gupf (spitzen Obertheil) stellt und mit Salz ausbert (vollstoßt). Der Berkolben, hölzerner Kolben, womit man das Salz in die Kufen stoßt, der Ber (Adelung: Bär). Die Berstatt, ein neben der Pfanne ausgezimmerter Platz, auf welchem beym Ausberen die Kufen stehen, und in dessen Mitte ein Graben oder Bertrog geschlagen ist, in welchen das von den „grünen Fuedern" abrinnende Salzwasser geleitet wird. Lori b. Berg-R. 2) drücken, kneten. „Der von adele was geborn, der müse berien daz hore" (zu Ziegeln), Exodus, Cod. Vindob. 2721, (Fundgr. 87,1). „Wol geperter leym der mit porren, mit viel mit saltz, mit papelensafftt wol gepertt sey", Vegetius, Augsb. 1529, Anhang. „Das ertriche, dar ûs her adam wart gebert", Diut. II, 25. „Er (Jesus) bat seine geverten, daz si grüeben unde berten den letten, als er solte sein.... er machte siben vogelein", Kindh. Jesu, Hahn 101,45. „Laim beren (stampfen), geberter Laim", Fwrb. v. 1591. „Item man sull die erd zu den ziegln in der grub mit fünf gengen tretten und in dem stadl als lang pern, daz kain knoll darinn und zach genug sei", Münchner Zunftsätze v. 1420. West. Btr. VI, 144. 145. „Daz Kint Jesus da nider saz, mit siner hant zesamen pert den waichen laim", Br. Philipp's Maria. „Als ain wachs das man bert, werd im sein swertes kling!", Cgm. 379, f. 83 und 270, f. 117. „Per sy (die salbe) als lang zwischen den henden pis das sy gar zach wirt", Cgm. 4543, f. 151. „Per es wol zusamen", das. f. 67. „Hasensmer und dachsensmer undereinander pern unz das es dick werd als ein geperts wachs", Ald. 253, f. 113. „Die sint all durchbert mit schalckeit", Altsw. 214,38. „Beren, kneten", Kilian; bören, kneten", Dr. Minderer. „Bören, mit händen waich machen, malassare", Prompt. v. 1618. Perien, peren, terere, gl. i. 282. 292. 315. 344. 1115. 3) treten, betreten. „Er hat die weiten straze laider ze lange geberte, daz er uf der selben verte von dem tode icht werde beslichen", Tungdalus, hg. v. Hahn, 66,33. „So daz wazzer als ein finter von grozzer kelte wirt gebert", Renner 23856. „Der grasege wec ungebert", Gregor 3065 (was V. 3062: „ein stîc âne huofslac"). „Wâ sie die strâzze berten", Labr. 9. „Wie ez die erde berte", das. 77; cf. 104. 4) (Ilz) schlagen, prügeln. Einen tüchtig abberen. „Laßet mir die alten Braut, ich will jr selber peren die Haut", Lied vom Möringer in Thomanns Weißenhorner Chronik, Ms. „Wate und ouch Hetele hêten ûf helme sô gebert mit den guoten swerten", Gudrun 794. „Daz ich ungefüegen schelken were unde ein iegelîchen bere, der hie ze hove unzühtic sî", Otte m. d. Barte 120. „Ûf in sluoc unde berte der künic", Konr. v. Wirzb., Maßmann I, 145. „Hie vor dô berte man die jungen, die dâ pflâgen frecher zungen", Walther 24,9 (cf. 23,31: „Des sint die ungebatten gar ân êre" — die ungeberten?). „So scholt du im den nacken peren", d. Ring 28c,32 (p. 122). „Mit bengeln und auch knüteln sah ich sy pern vnd nüteln", Mich. Beham, Wiener 174,31. „Wann die jungen mit slegen niemant pert", Renner 14783. „Ach, der den selben schranzen die hût mit stäben berte!" Labr. 316. „Ich wil dich uf den ruggen bern, das dir nie so wee geschach; ein großen trämel er do sach"..., Cgm. 270, f. 64 und 379, f. 26 („pengel" st. trämel). „Ich wil aufs maul jn schmeißen" (schlagen), sagt Hederlein, worauf Hermann: „Wie wenn er aber dich thet beren; er hat als wol zwo hend als du"... H. Sachs 1560: V,

347 (1612: V, III, 18). „Cum sponsa primitus domum ingreditur sponsi, tunc palpat cum manu superliminare, dicens: Ich greiff uber das übertür — mein krieg gee alweg für. Et sic se credit se semper in omnibus victoriam obtinere. Tunc e contrario vir dicit: Ich greiff an die wend, ich per dir den rucgk und die lend." Discipulus (Joh. Herolt) de primo praecepto. Clm, 4700, f. 10. Vrgl. Graff III, 201 f. Grimm IV, 604. BM. I, 143, Grimm, Wbch. I, 1501. II, 228. 240. cf. lat. ferire. česk. peru. Grimm I³, 174 unterscheidet: bere, pulso; bëre, fero; bêre, nassa; ber, bacca; bër, ursus; bêr, verres.

beren das Maul, über eine Person oder Sache, wider eine Person, sich (aus Unzufriedenheit oder Unwillen) über sie herauslassen, aufhalten. „Der Dienst kam ihm freylich hart gnug an, durfte aber nicht im geringsten das Maul beren, wenn er nicht wollt frische Prügelsuppen vom Herrn einnehmen." „Wer von einem ganzen Orden wolt deswegen ungleich reden, weil darunter sich ein oder andere Ungeistliche befinden, der muß vor wol auch über den ganzen Himmel und über die 9 Chör der Englen das Maul beren, es ist ja sogar unter den Englen ein blitzhoffärtiger rebellischer Lucifer gewest." „Wie Job gehört hat, daß seine Kinder vom Hauseinfallen wären erschlagen, hat er sich kein Wörtl merken lassen, als wollt er Gott einreden und wider Ihn das Maul beren." Selhamer. „Die Welt ir maul doch mit jm
188 bert, und alls in arges jm verkert", H. Sachs. „Wie fast ich auf sye (mein Weib) schlûg, dennoch het sye ein maul, daz was weyt, daz pert sie also lang gen mir, zwar ich must ir schweigen", Cgm. 811, f. 49. „Mit guten kneuttelein erperten sy mir das mayll" (: sail), Cgm. 379, f. 142. s. Maul. Die eigentliche Bedeutung dieses beren ist mir nicht klar: sollte es zu boren (erheben, w. m. s.) gehören, oder aus dem ahd. paron (detegere, ostendere, s. bar) stammen, oder als Transitiv zum intransitiven ahd. parren (extensum, tumidum, rigidum esse; Graff III, 155: par, erectus ꝛc.), wovon parrunga (rancor), gehören? In der ä. R.A. Einen um sein Maul bören (z. B. in einem alten Liede: „Junkfraw schwechen wigt mancher ring, verleurt dadurch mancher schilt und schwert, und wirt oft um sein maul gebört") scheint beren die Bedeutung schlagen zu haben. Ebenso Cgm. 713, f. 23. 172. 245: „Spil, darob man schilt und swert und auch dabei umb die meuler bert.

verberen (və'bē'n) die Hand, den Fuß, durch einen Stoß oder Schlag die Hand, durch einen Fehltritt den Fuß so beschädigen, daß eine Geschwulst oder ein Geschwür daraus entsteht, (Ilm). s. verbellen.

geberen, (gebar, geboren), ä. Sp., erzeugen, vom Vater sowohl, als von der Mutter. Auch im Latein *parere* etiam viros dici potest, Nonius. (Sollte nicht die Idee des Darzeigens, in lucem proferre, die frühere seyn? „Quem mater fuderit *pari*", Clm. 9573 XI. sec., f. 38. Vrgl. Grimm IV, 604. Graff III, 139. BM. I, 137. 157. cf. bar, bloß, sichtbar.) „Und also hätte Herzog Johann geboren einen Sohn, Herzog Ernsten, der hatte fürder geboren Herzog Albrechten", Kr. Lhdl. XIV, 204. „Eunuchus der da nicht gepern mag", Semansh. 33, f. 283. „Daß sie das (zehnjährige) Kneblein zu Ihrem Wollust gebracht und also von demselben tragent und schwanger worden, welches doch unerhort ist, daß ein 10jarigs khindt geberen khendte", Chrph. Eckius, 1593, Cgm. 3804, f. 98. „Micipsa gepare auß im Atherbal und Hiemsalem", D. v. Plieningen's Jugurtha, c. V. „Ludwigen unsers lieben geperers", MB. XI, 540, ad 1405. In einer alten Interlinear-Uebersetzung des Donatus heißt der Genitivus der Geperer. cf. Isidor II, 9. Otfr. I, 3. 7; I, 25. 18. Bei H. Sachs (1612: I, 230) findet sich sogar das active Ptc. geberend für geboren werdend. Die Hebamme sagt: „Mit mir das Kindlein sie gebar und alle zeichen sich begaben, die ein geberend kind sol haben." „Von wegen meiner jungfräulichen Er, so er mich entsetzt, und das Kindt mit namen N. das ich nämlich auf Erdt gepürt hab, an mir gemacht hat", Verzeihbrief umb jungfräulich Er, Raitenb. 166, f. 85. Figürl. (Übles) hervorbringen, verursachen. Leng geperen (Weitläufigkeit verursachen), Wirckung geperen, Schaden geperen; Gerichtsord. v. 1520: Tit. 4, Art. I. Tit. 9, Art. 8. Tit. 13, Art. 5. Schwere Nachfolge (d. i. Folgen), Abbruch und Verletzung an den Rechten, Verjährung, Nachtheil, Verhinderung, Unfreundschaft ꝛc. gebären. Kr. Lhdl. passim. „Das dem Holtz merklichen Wüest gebürt (gebirt)", Lori, Lechrain 235.

geboren, adj. (aus dem Ptc.), von vornehmer Abkunft, adelich. (cf. Th. III, unter Geschlächt). Im J. 1422 versprechen die Herzoge der Stadt Donauwöth, ihr einen „gebornen Hauptman" zu bestellen; v. Lang, Ludwig im Bart 111. „Aim geboren man geburt sich nicht an klainem genugen ze lassen", Buch d. W. 1485, f. 19ᵇ. „Geborne Personen", honoratiores, Augsb. Akten von 1656. Beischlag, zur Gesch. der Meistersinger p. 9. Solt ain Pfaltzgraff (zum Landvogt) geben ain gebornen man", Lirer, S. 53, XXVII. „Ein müeterlich geborner Mann" (v. Mutterseite adelich), Chron. in Freyb. Samml. I, 38. „Der Furst sol nemen (als Verwalter seines Hauswesens) ainen geporn alten weisen und frumen man", deutsches Regimen principum, Cod. germ. 425, f. 34. (N. N. N.) „der nam dy ich hie han peteüt, warn all geporn vnd edel leut, hern, riter, kneht vnd wapens gnoß", Mich. Beham, Wiener 63,4. „Sueui non sunt *nati*, sed *semi-nati*", Cod. lat. 560. fol. ult. „Wysoce urození, urození, wysoce ucení Páni a Páni" redet bei der Otewření Městanské Besedy zu Prag, Febr. 1846, Dr. Frič die čechische Versammlung an. cf. Kollar, Cestopis über wohlgeboren. — ungeboren, von niedriger Abkunft (BM. I, 157). „Von swelchem irm freunt geporn oder ungeporn si in fragt", Cgm. 99, f. 52. „Zu hât etewer gesagt daz ich sî ein ungeborn man", Gregor v. d. Stein 2405. „Het im der ungeborne (der rohe Fischer) grôze slege von zorne über sînen rükke geslagen", das. 2657. „Item Otto von Bayrn was gen disem kaiser (Fridrich) versagt von ainem der hieß Egio ain ungeporner man", Cgm. 43, f. 279. „Michel der ungeporn", M. Beham, Wiener 66,26.

berhaft, adj, (ä. Sp.) fruchtbar (BM. I, 140. Grimm, Wbch. I, 1133. 1521). „König Carl (d. Gr.) behielt seine Gemalin Irmogard nicht lang, gab für, sie war unbärhafft, hett ein Mangel, möcht kein Kind bringen", Avent. Chr. „Die ganz Natur und alles war fruchtbar und bärhaft worden." In der ahd. Sp. ist nemlich auch oft das einfache përan (par, poran) und mhd. bërn (bar, geborn) für bringen, hervorbringen zu finden (Graff III, 139. BM. I, 137. Grimm, Wbch. I, 1127). „Unde berent iro uuuochar unseriu gelende, et terra nostra dabit fructum suum", Notk. 84,13. „Recht als der edel sumer fruot früchtig somen peren tuot" ... „das du din sumer frucht tuost ein und sölichen somen daruß pirst, das du vor got gerüemet wirst", Hans Zukunft, Cgm. 379, f. 3. Vrgl. Castelli, Wbch. 78: bea'n, Frucht haben.

'-bäre, ä. Sp., adjectivische Bildungssylbe, wie hchd. -bar tragend, bringend (ahd. bâri, mhd. bære. Grimm II, 557. Graff III, 148. BM. I, 146 f. Grimm, Wbch. I, 1120. cf. oben -bar).' Kindbar, mhd. kintbære, schwanger (Grimm, Wbch. V, 727). „Von des engels worten dîn muoter kindbere wort und belaip idoch verspart der magde guldîn tor", Kindh. Jesu, Hahn 67,17. unbære, mhd., unfruchtbar. „Sâra was umbâre", Diut. III, 64. BM. I, 147.

Die Bärung, Menstruation (?). „Welch fraw ir perung zu lang darbt, zustoß nesseln ꝛc. und leg daz an ir taugen stat, si bechumbt ir zuhant", Clm. 5931, f. 226.

Die Bermuetter (Bermuədə'), 1) wie hchd. Gebärmutter (Grimm, Wbch. I, 1136); 2) die Mutterkrankheit, Hysterik, malum hystericum. Zeitschr. IV, 2. Bey mehrern sogenannten wunderthätigen Gnaden-Bildern sieht

man unter andern wächsernen, ex voto aufgehängten Gestalten von Händen, Füßen und andern leidenden Gliedern hie und da eine krebs- oder krötenähnliche Figur, unter welcher diese Krankheit verstanden wird, vermuthlich weil sie sich wie das Hin- und Herkriechen einer Kröte u. drgl. empfinden läßt. cf. Grimm, Mythol.² 1111—12. „Die N. N. hat die Beermuetter geschlagen", Aufkircher Mirakel. „Hansen Vibergers Tochter hat die Beer-
189 muetter 3 ganzer Tag und Nacht ohne Aufhörn gebissen, bis sie sich mit einer wechsin Beermuetter allher verlobt", Fürstenfelder Mirakel v. 1605. 3) Das Bauchgrimmen, die Kolik. „Andream N. hat die Beermuetter heftig gebissen", ibid. „Für die Beermuetter den mannen zu helffen", Cgm. 3721, f. 71. „Das Weiß auß dem Hiern oder hennendreck geschabt und genossen in ainer milich gesotten und getruncken oder gesäufft ist ain pewärte kunst fur die Permuter vnd greymen im leib allenthalben", ZZ. 880, Deckel. „Wann die Mannspersonen das Grimmen haben, das gemein Volck es per errorem die Beermutter, andre aber, so was Verständigers reden wöllen, und wissen, daß die Mann kein Beermutter haben, den Vatter zu nennen pflegen", Adelholzer Bad-Beschr. 75. Voc. v. 1429 und 1455: colica, permuter oder haffmutter. cf. Diefenbach 131ᵇ. BM. II, 269 und unten: Vatter.

Die Beren, die Trage, das Traggestell; hchd. Bahre (ahd. pâra, mhd. bâre, -ber. Graff III, 150. BM. I, 144 f. Grimm, Wbch. I, 1079); figürlich: Valkn. 24. Labr. 586. Die Bern (Bè'n, Rhön), Gabeldeichsel. Die Tragberen, (tautolog. nach Gramm. p. 170). Die Holzberen, (O.Lech) Gestell über dem Ofen, auf welches man die Holzscheitchen (Kendel) legt, die man für die Leuchte dörren will. Die Radberen (Rà'wárn, um Nürnb.), Art Schubkarren der Maurer. „Eine Radwern mit sammt dem Rade soll kosten 18—20 kr.", bayreuth. Tarord. v. 1644. Die Schiebberen (Schibbərə~, Mit.Mayn), Schubkarren.

Der Bêr oder Bêrn, sack- oder haubenförmiges, kleineres Netz, welches entweder a) an einem Stiel oder an einer Stange befestigt, für sich gebraucht wird, um Fische aus dem Behälter zu heben, oder auch überhaupt zu fangen: ə~ G·haltə'be'nl·, ə~ Tuckbern, Tuckə', Taugber, Tau'bè'l, Taupəl; oder b) denjenigen Theil eines größern Netzes ausmacht, in welchen sich beym Herausziehen des letztern die Fische zu sammeln pflegen; in diesem Fall oft auch die Verhauben genannt (mhd. bêre. BM. I, 105. Grimm, III, 467. Gesch. d. d. Spr. 429. Wbch. I, 1128. 1244. Vrgl. lat. pera). „Fischen âne berren" (: werren), Labr. 239. „Beym Herausziehen soll der Fischer anderthalben Klaffter laungkh vor der Verhauben (d. h. eh die B. komt) still halten, bis die kleinen Fisch aus der Verhauben ausschlieffen", Chiemsee, Fischord. v. 1507. R. A. fischen vor dem Bêr. „Lieber kneht, mir ist leit, daz du vischest vor dem bêr", S. Helbling II, 549. „Ir râtmezzer gar âne sin, sam der vischet vor dem bêr, welt ir volgen mîner lêr", das. IV, 77. „Ich gedenke mir vil guotes, wer mag mir das erwêren? Ich bin so tumb des muotes, daz ich gar ferre vische vor dem bêrn", Valkn. 176. „Wer vor dem pern fischen wil, der mag sein arbait verliesen", Cgm. 270, f. 74ᵇ und 379, f. 37. Der Lohbêrn, kleines Netz, mit dem man das Loh aus dem Ziehloch fischt, (Dr. Sepp).

Bären, (Pf.-Zir.) die in einer Holzknecht-Selden von der Holzdörre (Astl) herabhangenden Rauchzoten.

Der -ber in Aim-ber, Zu-ber, entspricht dem alten par in ein-par, zui-par, d. h. Gefäßen zum Tragen mit einer oder mit zweyen Händen; gl. o. 190. 192 und passim. (ahd. einpar, eimpar, zuipar; mhd. einber, eimber, zûber. Graff III, 149. BM. I, 142. Grimm, Wbch. III, 111). Vrgl. bâr und aimer. Das ahd. Verb. peran (par, poran), ferre (gl. i. 305. 448. 450 ɩc.) selbst, ist schon früh durch tragen verdrängt worden. (mhd. bërn: bir, bar, geborn. Graff III, 139. BM. I, 137.) Zeitschr. II, 96. 122. entberen, (ä. Sp. entbar, entboren) eines Dinges, wie hchd. entbehren (ahd. inpëran, mhd. enbërn: enbir, enbar, enborn. Graff III, 145. BM. I, 155. Grimm, Wbch. III, 192. Vrgl. dän. undväre, entbehren, väre. cf. Einen gewähren lassen, seyn lassen); doch nicht mehr volksüblich und meist durch geräten, w. m. s., ersetzt. „Des wellen wir nicht enberen, ä. Schlußformel in fürstlichen, z. B. K. Ludwigs Befehlen, MB. IV, 478. IX, 160. 187. XIX, 429. „Was sol ich, wenn ich dîn empir", Iwein 1466. „Er hete sîner helfe wol enborn", Iwein 5401. „Sie het der wirtschaft vil wol enborn, daz leben het sie nâhent verlorn", Boner, Emm. D. 58, f. 136 (XV, 37). „Swer geloubet und getoufet wirt, der ist genesen, und der enbirt des glouben, der ist verlorn", Urstende, hg. v. Hahn, 116,70. „Ob man durch leide liebes gar enbære", Labr. 235. „Sît ich enbir der herzentrûten günste", das. 334. „Des ich doch wol enbære", das. 454. „Sich entberen, sich verstecken", Heumann, opusc. 694. „Ich will zu David reiten und kan das nit empern", Ingolst. Reime v. 1562 Die ä. Sp. hatte auch ein Verb. verberen (ahd. firperan, mhd. verbërn: verbir, verbar, verborn. Graff III, 145. BM. I, 157. cf. engl. to forbear) ein Ding, es unterlassen. „Der sih ferberen ne muge der chome zer ê, qui se non continet, nubat"; Notk. 146,8 „Hin gein âbent kam der wirt; diu vrouwe ir tugent nicht verbirt, sie gie gên im ûz her; S. Helbling I, 1021. „Swaz du immer redunt wirst, dar an dû mâge gar verbirst", das. III, 324. „Der tôt, der niemen verbirt", das. VIII, 244. „Swie rîch ein gebûre wær, billîche er rîterschaft verbær, das. 347. „Mîn zuht daz vil wol verbirt", das. 716. „Der kriek wær bezzer vor verborn", Renner 15573. „Das es gar dick und vil beschicht, das ainer, dem man unstæte gicht, von frawen ee geweret wirt, denn ainer, der unstæt verbirt", Cgm. 379, f. 61 (270, f. 130). „Du möchtests lieber hân verboren", das. f. 51ᵇ (f. 91). „Verbirt er sy ze nichtigen, er (selbst) wirdt vernicht", Buch d. W. 1485, f. 35ᵃ. „Zorn der besser wær verboren", Cgm. 717, f. 109. — *dərberen*, entbehren, (Baader). In der Kaiserchronik (Ms., Wien) steht das einfache bern, fast mit der ahd. Präteritumform (Grimm. I², 881) birumês, birut, sumus, estis, vergleichbar (cf. Otfr. II, 7,18 und Graff II, 556. Diut. III, 102: so pirt ir ûz chomen): „In swelcher weil der mensche wirt geborn, deu 190
muez im immer sein erchorn, er muez immer darinne bern, als lang er sol wern." (vrgl. BM. I, 144ᵃ unten).

derberen (?). „Unmuot dert, der zorn derpert und machent flaisch und pain ze hert", d. Ring f. 27ᵈ, 8 (p. 118). Vrgl. erbeeren, Grimm, Wbch. III, 712.

à'bèərn, (b. W.) von Kräften kommen; à'bèərt, abgelebt; — hieher? Vrgl. Grimm I, 12: abbeeren.

Der Ber, des Bern ɩc. wie hchd. Bär, ursus, (ahd. pero, ursus, pirin, ursa, gl. o. 103. 172. 202 ɩc.; daher die männlichen Eigennamen Adalbero ɩc. und die weiblichen Adalbirin, Ratpirn, Engelbirn u. drgl. Ried 19. 51. Cgm. 94, f. 80ᵇ. Clm. 4608, f. 1. mhd. bër. Graff III, 203. BM. I, 103. Grimm, Wbch. I, 1122). R. A. Einen Bern anbinden, (Nürnb., Hsl.) im Wirthshause anschreiben lassen, borgen. Einem einen Bern anbinden, (allgemein) ihm was weis machen. Den Bern treiben, Huren zubringen, kuppeln. „Das ich im treiben hilf den bern", H. Sachs 1612: I, 96 (1558: I, 516). „Ich hab zwischen beiden lieben den beren je trewlich getrieben", sagt die Maid, das. 1612: IV, III, 7. „Bulschaft, werbung, werentreiben", Fürstenzell 55, f. 61. „Pulschaft, berbung, perntreiben", Cgm. 866, f. 34. „Hüt dich vor den berentreibern beschleuß dein haus vor den alten weibern", H. Sachs 1612: IV, III, 62 (1560: IV, III, 28). „Was kosten in nur die alten weiber, die kuplerin und berentreiber", das. 1561: III, III, 71. „Unterleuffel und perentreyberin", Cgm. 632, f. 52. „Hantspiler, zudreger, worfelleger, schulderer, placzmaister, luderer, puben und pübin, berntreiber, spillüt, sprecher, geückeler, item qui literas dictas schiltbryff apponunt valvis vel spargunt — arcendi a communione paschali", Windb. 221, f. 36^{b} (1501, Wien). cf. Grimm, Wbch. I, 1123. 1131. Cf. den Gasteiner Reimspruch von einem münchhausischen Ungethüm von Bären, den der Herr Strasser geschossen, in Muchar's Gastein 141—144. Bärenhäuter; cf. Grimm, Wbch. I, 1128 f. und unten Th. II: Häuter. „Gehe in des Wagenmaisters Quartier und laß dir ein Jauffert Bernhäuter oder Wagenbäch diejenige Wagenschmier bringen, so bei den Naben heraus get", Dr. Minderer 1680, p. 27. Bäreneisen, mhd. berîsen. „Swer aber dâ wil iagen, den mag ein scharpfez berîsen wol verhouwen", Labr. 459. Berenhäuter, v. Lang, bayr. Gesch. III, 20. 277. Grimm, Mythol.^{2} 970. Bärnkraut, (Zir.) Stabwurz, senecio abrotanifolius, L. Bärndazen, (Zir., Zillerthal), Wundklee, antyllis vulneraria, L. Berleich, Ortsbenennung. „Rex Tyrus Mogonciensis natione de quodam oppido videlicet appellatione peregrina Berleich nuncupato" (Berneck?), Cod. ZZ. 390, f. 44. Mone, Anzgr. 1838, Sp. 526, von Pilatus und Judas. Bernlaich in Augsburg (Berlach), Cgm. 574, hinten; nach Henisch p. 293: „ab ursis publica cavea ibi altis"; Grimm, Mythol.^{2} p. 274. Haupt's Zeitschr. VI, 186. cf. Mythol.^{2} p. 270. 271. Berleich als Ort im Bambergischen, Cod. ZZ. 86, sec. XII, f. 44. cf. Förstemann II, 203 und unten Th. II: Lôhe. 2) Der Bêr, das männliche Schwein, der Eber (ahd. pêr, verres, gl. a. 537. i. 684. 1129. 1130. o. 7. 138. mhd. bêr; ags. bâr, plur. bâras, engl. boar, in dän. Volkssprache bor. In einigen Dialekten baier. Grimm III, 326. Graff III, 202. BM. I, 104. Zeitschr. III, 497. Vilmar, hess. Idiot. 31. Grimm, Gesch. d. d. Spr. 36. 695. Wbch. I, 1124. 1368. 1485. Diefenbach 39. Vrgl. bêr zu aper, wie bî zu apis). Sau-bêr, Schwein-bêr. Aprum d. i. einen wilden Bern, Av. Chr. Verres, Schweinpêr, Av. Gramm. Den „ganzen pern" (Zucht-Eber) für den Markt Burkham hatte die Äbtissin und das Nonnen-Convent von Schönfeld zu halten; MB. XVI, 395. Der Solmair zu Langenpreising soll haben in seinem Hof zwen Stier und zwen Perrn, und der Pfarrer ein Stier und ein Perrn", altes Ehhaftbuch, Wstr. Btr. VII, 329. „(Der Hof) helt ain pern den swein", Heidenheimer Salbuch v. 1400, Cbm. 1524, f. 8^{b}. „sol halten ainen peren zu den sweinn", das. f. 10. „Qui in domo sua aprum i. e. berswin nutrit", Mallerst. 33, f. 113^{b}. „Aper, eberswein", Ebersb. 130, f. 162. „Schweine in das Geackerich einschlagen, des Berschlags befugt seyn; Wirzb. Waldord. v. 1721. Vrgl. ahd. berespoto, zizania; Graff III, 81. cf. Haupt's Zeitsch. V, 200: „avena turd vel churspoto", wol eburspoto? „Aper, eberswin", Aug. 5. Ulr. 50, f. 3. „Nim ungesalzens smer von einem perfarkch.", Cgm. 170, f. 5^{b}; s. Th. II: Fark. bêren, vrb., vom weiblichen Schweine, nach dem Eber verlangen, beym Eber seyn.

Die Ber (Bér, Biər, Biə', -bə', -wə'), die Beere. E'wə' (Erdbeere), Taubbə' (Thaubeere), Haə~pə' (Heidelbeere), Weinbá', (Weinbeere; Seidl, Zeitschr. IV, 485). Voc. v. 1419: lörbir, weinpir, prämpir ꝛc. Der Plur. die Ber, (auch in den ältern und neuern wirzb. Verordnungen immer: die Beer, Beere, Traubenbeere) scheint zum alten neutrischen Singular mhd. daz ber, ahd. daz peri, goth. basi (Graff III, 203. BM. I, 104. Grimm III, 375. Wbch. I, 1243. Vrgl. noch mittelrhein. das Bêr und schweiz. das Beri, niederd. die Beese, Firmenich I, 383,26) zu gehören, und aus diesem Plural scheint der, bey diesem Wort ohnehin seltne Singular als Feminin üblich geworden zu seyn, (vrgl. die Mähre von daz mære, die Wange von daz wange, die Ecke von daz ecke cf. Aər, Egk, Scharwach, Sitte, Trümmer, Tücke, Wange, Wappən, Wolken, Zeitung; ital. opera, pecora (Schaf); engl. a means, a news; ferner: Agenda, Legenda, Biblia, Carbonari, Salami, Tantos, der Ulema, v. plur. aalim, sciens. cf. Gramm. §. 882 und Th. III: Geschichte). Der Birkel, (Aschaff.) Beere an der Traube. cf. Hünkel. Die Eber, s. oben E-baum, E-beere und Th. IV: wischen. beren, bereln (bérn, bé'ln, biə'ln), vrb., Beeren abnehmen (zufällig ähnlich kärnt. ber-em, bráti, lesen, klauben, colligere; Jarnik 48). Trauppm à'bérn, Hollə' bérln. Der Vogel frißt oder bert gar oft die Dohnen aus, welche der Vogelfanger mit Beeren behängt, gebert hat. berschwarz, schön schwarz, (besonders vom Auge).

Der Berfrid, Bergfrid, Perchfrid, Perfrid, (ä. Sp.) eine Art Vertheidigungs-Anstalt (mhd. bervrit, bercvrit, berchfride. Graff III, 213. BM. I, 107. Grimm, Wbch. I, 1511. Diefenbach 223.). „Fala est turris lignea pegfrid", Clm. 5877, (XV., 1449), f. 114, „Als die maur mit perkchfriden und mit arkchern besichert und bewart werdent", Übersetzung der Rudolfischen (Friderich'schen) Handfeste für Wien, Cgm. 335, f. 83. Rauch III, 4. „Türne drückent berfride (nominativ) nider", Renner 22923. „Eine Brücke, ein Thor mit Schrenkbäumen und Perfriden versehen", Gem. Reg. Chr. II, 36. 98. gl. o. 155: berfrit, bercfreit vinea. In Speier hießen vordem die Thürme mit Ausgängen durch die äußeren Vorstadtmauern nicht burgedor oder Pforten, sondern Berfride; Zeuß, Speier p. 6. cfr. ital. battifredo, franz. beffroi, altfranz. berfroi, beffroit, Wachtthurm, mittellat. berfredus, belfredus ꝛc. Diez, Wbch. 49. (Verschieden ist das alte parafrid, veredarius; s. Pferd).

Beuren, Beuern, mhd. buren, ahd. burin, ursprüngliches Appellativ, das nur mehr in Eigennamen gewisser Orte übrig ist. Altbeuern, Neubeuern am Inn; Aventin sagt blos: bey Rosenheim und Bewren, dem Geschloß; Benedict-Beuern, ä. Sp. Benedicten-Beuern, oder blos Beuern. De villa *puron*. De *puron* et puhila. De solon" (Soln) ꝛc., Liste der Auswanderer in den Hungerjahren unter Abt Gothelm († 1062), Clm. 4547, (XI. sec.), fol. ultimo. „De *Puholun*. de *Purun*. de *orta*. de choholun. de Sindelesdorf. de Uffilinsdorf. de Hagone", Clm. 4628, f. 32. „Benedicto *buri*" für zu B. Beuern; Ben. 355^{a}. „Hic liber est *Sancti Benedicti in Pawrn*", Ben. 524. „Ludwicus conventualis in *Päuren Sancti Benedicti*" (1420), Ben. 291. „In Sand Benedicten pawrn", das. 287, hinten. Beuern das Dorf ward nach der Hand Lain-grueb genannt, Beuern blos auf das Kloster bezogen; Meichelbeck, chron. B. I, 40. (Abt Narciß zu Beuern, Kr. Lhdl. VIII, 481. Abt Hainreich ze Pawren, MB. XIX, 244, ad 1335); Bern-Beuern;
Kauffbeuern (oder blos Beuren, diu Stat ze Bæu- 191
ren, MB. XXIII, 211 „Gen Swawen Pawrun vnd gen Kepptun", Aug. S. Ulr. 50, f. 35.); Michelbeuern; Ottobeuern, eigentl. Ottenbeuren; Reichersbeuern (Rihherispuira, Münch. Codex des Virgil, f. 237. cf. MB. VI, 162); Beggenbeuern ꝛc. Beur-berg (Päwrperg, Päwlperg) wird wol auch hieher gehören. Anmerk. Beuern, ahd. burin, (MB. VII, 82. ff.) scheint Dativ plural, so wie bura (MB. VII, 88) Nominat. plur. von bûr, s. Baur. Vrgl. Förstemann II, 334 ff.

Das Biret (υ-), s. oben Baret.

'birn: wir birn, ihr birt, bint (st. birnt), mhd. Plural zum hchd. ich bin, du bist (ahd. birumês, birut).' „Vil lîhte wir im holt birn" (sumus), S. Helbling I, 985. „Mit dir wir gesûmet birn", das. I, 1188. „Wie nütze ir dem hûse birt", das. I, 1218. „Ir bint tôt der welt", Grieshaber, Pred. I, 112. „Daz ier von got bint komen", das. II, 19. Vrgl. Grimm I, 962. BM. 127. cf. oben entberen.

Die Birutsch, das Birutsch-Gefärtlein, ehmals übliches, halbgedecktes, vierrädriges Fuhrwerk, dessen Dachtheil sich zurücklegen ließ. „'s *Parutsch* und d'Schimmeln", Seidl, Gedichte (1844), p. 267 und 325.

Das Bier (Biər, Biə', opf. Bêiə'), wie hchd. (ahd. pior, bior; mhd. bier. Graff III, 206. BM. I, 116. Grimm III, 466. Wbch. I, 1821. Vrgl. W. Wackernagel in

Haupt's Zeitschr. VI, 261—280). R. A. Bey'n sauə'n *Biər* zsámkemə˜, auf eine unvermuthete, oft auch unbeliebige Weise zusammenkommen. 's Gris hàbm wiə 's sauə' *Biər*, nicht gesucht oder beliebt seyn. Einer ə˜ *Biər* zàl'n, Eine zə'n *Biər* hàbm, zə'n *Biər* füə'n, ihr erklärter Liebhaber seyn. bierig, adj., von Bier naß, nach Bier riechend, dem Biertrunke ergeben, vom Biere trunken. Heu˜t is nicks z' machə˜ de'mit, er is àll'n *biəri'*, (Baur). biereln, vrb. n., nach Bier riechen, dem Biertrinken ergeben seyn. „Cerevisium dicitur quasi *Cereris vis* in aqua“, Clm. 4598 (XIII. sec.), f. 75. Clm. 13124 (XIV. sec.), f. 131. Clm. 15631 (XIV. sec.), f. 4. „Homines habitantes in locis ubi est *cerevisia* raro incurrunt paralysim vel lepram“, Ind. 355. f. 70. „Abstinendo a vino, medone, *mellita cerevisia*“, Tribur. concil. cap. 7, Aug. eccl. 209, f. 51. „Tres annos abstineat se a carne, vino, medone et *cervisa mellita*“, Concil. Mogunt., Clm. 5541, f. 87b. *Ἰουλιάνου βασιλέως εἰς οἶνον ἀπὸ κριθῆς* epigramma, mihi 35: *ῥά σε Κελτοὶ τῇ πενίῃ βοτρύων τεῦξαν ἀπ' ἀσταχύων.* Vrgl. böhmisch slad, Malz; sladky, süß; sladek, Brauer. Weißes Waizenbier zu brauen war im Herzogthum Bayern dem Landesfürsten allein vorbehalten, weißes Gerstenbier zu sieden, gewissen Familien und Corporationen vergönnt. In frühern ansp. Verord., in Wiltmeister's Amberg. Chr. 254 u. a. O. wird das braune Bier rothes genannt. Geöffnete Archive, 2. Jhg., 2. Heft, S. 97. 103. Frischbier ist in Franken gewöhnlicher, Mittelbier besserer Kofent. „Sie hiez im bringen schier zu dem kâs ein afterbier“ (Nachbier, schlechtes Bier, Kofent), v. d. Hagen, Ges. Abent. XLIX, 414. Grimm, Wbch. I, 186. Salvater-Bier, aus reinem Malz, ohne Hopfen gebraut, stark, aber nur 8 Tage haltbar (vom 2.—9. April). Vrgl. Bock (Aimbock), Gaiß, Greußnig, Öl. „Die plüet („des mirtelpaums“, der Myrtenstaude) legt man gern in pier, daz man auz wazzer und aus roggen oder auz gersten machet“, Konr. v. Megenberg (a⁰. 1349), p. 332,13. „Von dem pier“ (es zu behandeln), Cgm. 4543, f. 233, ad 1505. Das Bierboschen, s. unten Boschen. Der Bierfuchs, (Jir., Abtenau) eine süße Speise. Die Bierglocke; Grimm, Wbch. I, 1824. „Vnd würd ein man noch der pierglocken auf der strazz ân liecht gevangen“, Wiener Stadtr., Cgm. 1113, f. 9a. Der Biernickel, s. Th. II: Nickel. Familiennamen: Gutbier (in München), Dünnebier, Hal(b)bier, Halbir, Halpir. Die Stelle Luc. I, 15 heißt bey Tatian: inti uuîn noh lîd ni trinkit, in der angelsächsischen Uebersetzung aber: and he ne drinced vin ne beor. Auch in andern angels. Stellen und im Beowulf ist dieses Beor als Leit überhaupt, d. i. auch als Meth, Most, Apfelwein u. drgl. zu verstehen. Vrgl. Wackernagel, a. a. O. Gl. a. 405: peorfaz, cadus; der Tegernseer Glossator des Virgil setzt zu acidis sorbis der Georgic. III, 380: i. e. potionibus mit suren pierun. Gl. i. 582: beor, convivium, vrgl. Todtenbier, Leichbier.

Una carrada de ceruisa kommt schon 816 als Abgabe von der Kirche zu Vering vor; Meichelb. H. Fr. I, II, 179. Vrgl. Carls d. G. Capitulare de villis, §. 45. Im Jahr 1293 geschah, was heutzutage wol sehr bedenklich seyn würde: die Herzoge Ludewig und Ott geboten, daß ein ganzes Jahr hindurch im Lande kein Bier gebraut werden sollte, „daz nieman, wie sie sagen, über al unser lant ze Baiern dhein Pier briwen sol hiuer ditz iar“, Ried 653. Da muß es nothwendig noch weit mehr Wein oder weit mehr Liebhaber des Wassers gegeben haben. Anno 1401 mußte in Regensburg, wer 1 Schaff Gersten und ein halb lb. dn. in ein Brauhaus gab, dafür bekommen 8 Eimer süeßes und 6 Eimer häntiges Bier“, Gem. Reg. Chr. II. Auf dem Ldtg. v. 1542 (p. 66. 74)
192 wurde das Märzenbier von Jörgi bis Michaeli die Maß auf 2 Pfenning, und das Winterbier von Michaeli bis wieder Jörgi auf 3 Häller gesetzt. Es wurde dabey bemerkt, es wäre öffentlich, daß vor kurzen Jahren nicht der zehnte Theil Bierbrauer im Land gewest, der doch jetzt ob tausend darinnen gefunden, die all reich und zu Herrn wurden. Das folge allein aus der großen Gewinnung und daß sie kein guts gerechts noch gesundes Bier mehr sötten 2c. Das vor mehr als 300 Jahren! In einem Criminalaktenstücke v. 1772 ff. des Archivs der Gerichtsbehörde zu Leipzig ist bereits unterm 19. Aug. 1770 bairischen Bieres gedacht, das im dasigen Burgkeller verschenkt worden. Blttr. f. literar. Unterhalt. 1844, S. 68. Den Vortheil, wodurch gerade das bayerische Bier so gut wird, glaubt der Verfasser der chemischen Briefe in der allgem. Ztg. (Liebig?) im XXIV. dieser Briefe (außerord. Beil. zu Nr. 169 v. 1844) errathen zu haben.

Der Borzehent, nach Gramm. §. 485 Porzehent (MB. I, 210), Blutzehent, wol von gipor, soboles, stirps, junge Hausthiere (Virgil. Georg. gl. i. 732. 746. Graff III, 157). s. Th. IV: Zehent.

Die Bor, feretrum, Bahre (s. oben Bâr). Die Käsebor, Käsekorb (ahd. chasibora, fiscella; Graff IV, 500). „Ein wagen mit kesborn“, Augsb. Brückenzoll (1282), Cgm. 574, f. 22. Grimm, Wbch. V, 250. s. Th. II: Käs.

Die Bor (Bar, Bàr), oder auch: die Borkirchen, die Borläuben (Bo'làbm), die Emporkirche, der erhobene Platz in der Kirche, zu dem eine Treppe führt (mhd. diu bor, Höhe. Graff III, 158. BM. I, 150. Grimm, Wbch. II, 238. Zeitschr. IV, 180. 208. 494). „Sogar in der Kirche oben auf der Bahr hat einer am verwichenen Kirchweihtag laut aufgeschrien: du Schw., was druckst â so? Schw. Predigt, p. 10. „Auf der por“, Haupt's Zeitschr. VIII, 528,139. „Basilica, porkirche“, Clm. 4350 (XIV. sec.), f. 2b. Die Borkapellen, MB. XXIV, 150; cf. XVIII, 228. Der Borstadel. MB. XVIII, 306, ad 1411 macht der Pächter des dem Closter am Anger zu München gehörigen Hofes zu Wackersau in Tölzer Gericht sich anheischig, darauf zu „zimern ein gut news pawrenhaus mit stuben und chamer, und einen neuen Howstadel und einen newen porstadel.“ Gl. a. 266: por, fastigium.

bor, adv., ä. Sp., verstärkend: sehr, in Zusammensetzungen, meist mit gesetzter oder gedachter Negation (vrgl. Graff III, 158. BM. I, 150 f. Grimm II, 550. 1010. Wbch. II, 238). „Siu ist des strîtes bor gemeit“, Diut. I, 295. „Sie (die Pilger) ligen auf einer chozen, oder auf ir gewant, ist bor vil besser“, Cgm. 736, f. 82, ad 1444. Ebenso: poregrôz, Diut. III, 112; porgut, das. III, 58; bormâre, das. III, 63; pornôt, das. III, 111; poruile, das. III, 71. Gl. i. 245. Vrgl. Zeitschr. II, 96,39: bêrgut. Vrgl. oben boden —.

enbor, empor, in die Höhe, in der Höhe (Graff III, 158. BM. I, 150. Grimm III, 145. Wbch. III, 433. 591). „Daz huob sich stets enbor“ (im Wasser), Dr. Eck. „Swimmet die salbe (in der Milch) ein bor“, öfter so im Arzneibuch, Ms. d. germ. Mus. „Wie trefliche Samlungen empor seyen“, Kr. Lhdl. XIII, 154; gl. a. 345: in pore, excelsus. enbören, empören, erheben (BM. I, 153. Grimm, Wbch. III, 435). „Daz wolchen, daz enbœret sich von der erde“, Griesh. Pred. I, 33. „Auf die zechen enbort si sich“, Cgm. 107, f. 18. „Von dem dîn(en) sin enbœre“, Labr. 39. „Mir ist der muot enbœret, ze kleinen stucken muoz mîn sorg zespannen“, das. 342. cf. 391. „Von worten sacramenta gewinnent craft, die uns czu got enbörent,“ Titurel. „Wie sich durch die ganze Statt ein Geschrey und Jauchzen hatt schnell erhaben und empöret,“ Opitz. „Mit lerman war das volck entbört“, H. Sachs 1612: I, 850. „Könt jhr gedultiglich ân als entbörn von allen leuten die wahrheit hörn, wan sie an euch die laster straffen, das. 1560: III, III, 27 (1612: III, III, 52). „Dem redt er, was er gern hört, mit keinem wort er sich entbört, was der selb lobt, lobt er auch mit“, das. 1612: IV, II, 242. „Das ir noch hewt bey tag als euern feinden underworffen, euch nit dorfft entporn“, (qui ne nuno quidem obnoxiis inimicis exsurgitis), D. v. Plieningen's Jugurtha c. 31. „Und sich der Enden eine Aufruer empört", Kr. Lhdl. XI, 525. Antwerch empören, Sturm-Maschinen aufrichten, Horneck, cap. 312.

abburen, die Wände, sie mit einem Staubbesen, um welchen gewöhnlich Lumpen gewickelt sind, abreiben, (Nürnb., Rath Her). cf. Borwisch (v. bàr oder bór?).

Aufboren, (aufheben?). „Die pruckladen aufporn", Münchner Stadtb., Ms. „Die pruglادn auf parn", Heumanni opusc. 146. Cgm. 27, f. 21. Vrgl. Zeitschr. V, 52. aufpörig, zum Aufstande geneigt, Gem. Reg. Chr. IV, 23, ad 1498. „Die Leute waren aufpörig."

entboren Einen, der mit einem Schwächern auf Mord und Tod ficht, erklärt Gemeiner in der Reg. Chr. IV, 106, ad 1506, für: ihm die Waffen nehmen. Ob = entweren? überbören, (überweisen?). „Wurd er aber überbört mit den Hausgenoßen, daß er ꝛc." F. v. Freyberg's Tegernsee p. 169. (Vrgl. beren das Maul u. Th. IV: überwären). urboren, s. bar: urbar.

boren, 1) wie hchd. bohren (ahd. poran, porôn, mhd. born. Graff III, 205. BM. I, 222. Grimm, Wbch. II, 227). „Scobs est quod de terebello exp. . . . . . thisca lingua urpora dictum", Clm. 17173 (XII.–XIII. sec.), Vorsetzbl. „Ir klainer faß por ist hol." 2) figürl. boren in Einen, Einen antreiben, Einem zusetzen, Einem einprägen. I hà˜ 's *Born* nét aufghört, bis ə' 's tà˜ hàt. *Ani-, einiborn* in Aə˜n. Aə˜n eppəs *einiborn*. „Als nun der König nit ein Wort auß disem Schalck heraußgebohrt", sagt CappHas in der geistl. Schaubühne v. 1683. Vrgl. das engl. to pore. Es könnte indessen in boren 2) noch das alte burian, suscitare, excitare, liegen.

„Borris, borax, auri gluten", Prompt v. 1618. „Chrysocolla nativa, auri sanies, burisß, damit die goldschmid löten", Nomencl. 1629, f. 194. cf. Diefenbach 158. 62^{b}. 79.

193 büren, mir undeutlich in folgenden Stellen, (wenn sie nicht etwa fehlerhaft abgedruckt sind). „Wer die Sägmül innhat der soll den Pach helfen raumen und büren", Lori, LechR. 139. „Wo solch Fueßholz ein tapfere Anzal wär oder gesetzt und gebürt mochten werden", Lori, BergR. 135. Purian ist in der ahd. Sp. erheben, in die Höhe richten; mhd. bürn, erbürn, enbürn (Graff III, 163. 165. BM. I, 153. Grimm III, 390. Wbch. II, 534). „Rad puret sih", Notk. 82,14; „uuirt irburit", extollatur, 71,7. 16; „erbureten", elevatum, 36,35; „purlîh", excelsus, 91,13. 88,27; „burlîchî", eminentia, 62,3; „ih burligota in", exaltavi, 65,17. „Du niderwurfe sie do sie uferburt wurden, dejecisti eos dum allevarentur", Cgm. 17, f. 107^{d}, Ps. 72,18. „Hat sich erbürt und erhaben und ist geflogen", Clm. 5987 (XV. sec.), f. 212^{a}. „Als sich der valckh erpürt von der erd, also wil dich der heilig geist erpüren von allen irdischen dingen", das. 222. „Daz er sîn herz erbüre", Renner 4575. „Er fast so vil est auf sich, daz er sei chaum getragen mag noch enpüren", Cgm. 54, f. 73^{b}. „Er hawt holtz ab und pant ein bürden und enpürt si auf und mocht ir nicht erheben", das. 75^{a}. cf. niederd. bören. „Hei kon s'alleen nich *bören*" (heben, sc. die Kiste), Firmenich I, 174,23. Gl. a. 326 ist purdi pyra, rogus; Voc. v. 1445: purd holz, strues. Vrgl. Burd.

buren, büren, bürden, (ä. Sp.) statt gebühren (ahd. gapurjan, giburian, mhd. gebürn. Graff III, 164. BM. I, 153). „Munß die dann da für pürdet und gib und gæb ist", Cgm. 3941, f. 13^{b} („gepurdet", f. 65^{a}). „Nichtz verchawfen das den grunt anpürt" („das pürt"), ibid. f. 16. 18. „Loblich und ordentlich ... als irem stand zupürdet", Wstr. Btr. V, 42. „Als vil mich angepürt", MB. XXV, 64. „Vier metzen habern die ainem yeden prelaten zu N. haben gepuren (st. geburt? doch ist das alte giburian, evenire, accidere, ein blos umendendes Verb.) auszerichten", MB. X, 178. „Mi' *bürts* it", mich geht es nichts an, (Baader). burlich, gebührlich. „Die von Gumppenberg tatt wol ain uberflüssigs und onzimlichs erpieten, und wäre nicht purlich noch muglich", MB. IX, 315. Ahd. missaburi, fem., fatum, fortuna. „Solantur mesti nunc mea fata (übergeschrieben: missieburi) senis", Froumundi Cod. Boethii (Wallerstein-Maihingen), f. 4.

burren, vrb., brummen, sausen, brausen (ahd. purran, mhd. burren. Graff III, 164. Grimm, Wbch. II, 545. Zeitschr. III, 189,44. IV, 213). „Sein und ze snellez burren muoz man mit fuogen an die mâze dingen", Labr. 486. „Vade, pur dich!" Clm. 4606 (XI. sec.), f. 100, (Exod. 32,7). „Gabst dem alten fluchenden wirt, der nichts den murren thet im haus hin und wider burren, solch kostliche schewren von goldt", H. Sachs 1560: III, I, 239 (1612: III, I, 480). Es burrt schreckbar, der Sturmwind heult entsetzlich. „Geh', *burr* nid, mach iatzt koan Berch mit di Füafs", Wiegenlied, Seidl's Flinserln III, 53. 105: „sprudeln mit dem Munde wie die kleinen Kinder." Die auffliegenden Rebhühner burren. (Der Hund scharrezt am Bain) und am Bain „*buren* d·Kefá" (summen), Stelzhamer 112. „D· Rödá (Spinnräder) ham *burt* und dá Haspel had gkracht", Stelzh. 137. Af der eisə'n Bà˜ *burrt* mə˜ g·schwind dəvo˜, Kaltenbrunner, oberösterr. Jahrb. 1844, S. 226. Vrgl. kärnt. buriti, stürmen; burja, Sturm; Jarnik p. 48.

Bärben, Bärbel (Wá'bm, Wá'wə'l, Wá'w·l, opf. Wâ'wl, s. Gramm. 409), Barbara. „Wärbl gesitt dem Viech", Urk. v. 1523 in Lipowsky's Gesch. d. b. Crim.R. p. 174. (cf. Bäben). Der Barbarazweig, Zweig von einem Kirschbaum, der, um mit seiner Blüte das Christfest feyern zu helfen, drey Wochen vorher, am Barbaratage, abgebrochen und an der Ofenwärme in ein Gefäß mit Wasser gestellt wird.

Die Bärben (Bárbm), Bärm, Barbe, ein Fisch (ahd. der barbo, mhd. barbe. Graff III, 207. BM. I, 88. Grimm, Wbch. I, 1124. Diefenb. 68). „Rutten, Ridling, Bärme ꝛc." Kohlbrenner's Material v. 1782, p. 75.

Barb, Parb oder Warb, (in Hallein) ein gewisses Holzmaß. 6 Warb machen 1 Rachen, 25 Rachen 1 Pfanne; Beylage zu den Salzproceß-Schriften zwischen Bayern und Salzburg, Urk. v. 1431 und Lori, BergR. 39. 34. „Für sechs Barb Wits soll er raitten ain Rahen." „4 Barb Pfisl Widts." (Zu Barn? s. Th. IV: Warb.)

Der Barch, verschnittenes männliches Schwein, magalis (ahd. paruh, paruc, parh; mhd. barch. Graff III, 207. BM. I, 88. Grimm III, 326. Wbch. I, 1125. 1133. Diefenbach 343. Zeitschr. III, 340. 497. 555,38. IV, 27. 216. 313. 483. V, 486. VI, 53).

Der Barchant, Parichant, Barchent, Barchet (Barchəd, Baərchəd), der Barchent (mhd. barkân. BM. I, 193. Grimm, Wbch. I, 1125. cf. česk. barchan, linum xylinum. Jungmann weist auf das mährische barchant für Bankart, weil jenes Gewebe nicht echte Leinwand, sondern mit Baumwolle gemengt. cf. Diredei). Bett-, Fuetter-, Schnuer- ꝛc. Barchet. Im Russischen bedeutet barchat den Sammt. Bombicinus, parchanus, parchanttuech, Voc. v. 1445. „Die parichantziech sullen haben zwo parichant praytt", Passauer Stadtb. „Ut nullus scarlatus aut *barracanos* vel pretiosos burellos, qui Ratisponi fiunt, habeat", Opera S. Bernardi, ed. Mabillon, T. I, p. 543 in notis. „Suevi panni genus faciunt, cujus tela linea est, intextum bombycinum, pargath illud vocantes." ... „faciunt et totum lineum quod Golsch appellant"; Joa. Boemus, de omn. gentium ritibus, 1520, fol. LXI. Münchner „Beschaw-Ordnung auf die schmalen Parchet" v. 1592, Cgm. 1536. „22 eln ist ein parchat, 45 parchat ist 1 farttel" (Nürnb.), Cod. germ. membr. 8. 33. „45 parchat ist ain farttel, 22 eln ist ain parchat", Cgm. 119, f. 8,

sec. XVI. „18 elen ist ain parchant", Clm. 4394 (XV. sec.), f. 181. cf. Tuch. bymáza Papier; bymazéa, Barchent; also bombicinus. Vrgl. oben Bammesi.
194 Der Barchent kommt in der ältern Zeit als beliebter Preis für Wettlaufende vor. Zeitschr. IV, 482. „Ain Barchanttuech guten Gesellen, dem der zum ersten über das Zil kommt, das ander Barchanttuech Frauen und Töchtern, welche ze dem ersten über das Zil komment." „Item die Freylein umb das parchanttuech zu lauffen", Ord. des Rennens im Jarmarkt zu München A^{0}. 1448; dessen am Michaelis=Jahrmarkt zu Augsburg v. 1454, Gem. Reg. Chr. III, 227. „Item denen von München das halbe vom Rennscharlach und parchant bezalt per 13 fl. 5 ß." Hofrechnung v. 1557. Wstr. Btr. III, 72. „Er stampft, er faumbt, als einer schaumbt, der umb den Barchet gloffen", Balde's Agathyrs. „Gilts Barchet oder Loden, daß man so tröstlich rennt?" Khuen's Epithal. R. A. Den Barchet verstên, mit einer Sache umzugehen wissen. In den Barchet reißen, Geld kosten. Allə wál bráv lusti' sá~ und schêi~ dəheə' gêi~, dés reisst ə~ 'n *Baərchət*; (Obrm.). Löcher in den Barchet reißen, schnarchen. Der Barchanter, Barichanter, ä. Sp., Barchentweber; b. L.Ord. v. 1553 und 1616. Es gab deren vor dem 30jährigen Krieg in Augsburg 6000 Meister. P. v. Stetten, K. und Hw. Gesch.

bercht, berht, adj., (ä. Sp.) glänzend, prächtig, herrlich (ahd. beraht; gl. a. 307: perahten, splendescere; 200: perahti, splendor; berehton, clarificare, Tat. 159,8. berht gemahte, clarificati, Cgm. 17, f. 26^{a}. mhd. bereht. Graff III, 209. BM. I, 106. Grimm, Wbch. I, 1491). Der Berchtentag, Berchtenabend, die Berchtennacht, ä. Sp., Tag, Abend, Nacht der Erscheinung Christi (Epiphaniae), sonst auch der oberste Tag genannt. Gl. i. 1000: Giperehtennaht, theophania, apparitio. „An phentag" (Epiphaniae), Ms. v. 1432 in St. Florian, Wiener Jahrb. B. 41, Anz. Bl. S. 27. „Evangelium an dem perhtag, an dem phentag, nach dem prehentag", Cgm. 66 (XIV. sec.), f. 6. 7. cf. Pefana, Befana = Epiphania; Grimm, Mythol.^{2} p. 260. „Des naehsten maentags nach den paerhtentag." „An dem perchten tak." „An dem perhtenabent." MB. XVIII, 30. 84. 86, ad 1297. 1316. „Von dem nehesten Pertentage", Sammler für Tyrol IV, 59, ad 1288. „An dem achten tag ze Perhnachten", in octava epiphaniae. MB. VII, 540, ad 1302. „Wer von sand Ruprechtstag mehr (Salz) seut unz auf die Perichtnächten, der geit (so und so viel Buße)", Reichenhaller Urk. v. 1285. „Suntag nach dem Perchtag", Ried ad 1304. „Sprich dem salme (Jubilate Deo omnis terra) ze perhtnahten", Ald. 111 (v. 1250), f. 57^{b}. „Den (Deus judicium tuum regi da) sprich ze perhtnahten", ibid. f. 65. Castelli, Wbch. 78: „Bearchdách, das Fest der Erscheinung Christi, von berchen, glänzen." Die Bercht. wie die Luz, die Pfinz (Pjatnica, die ital. Befana; Grimm, Mythol.^{2} p. 260) auch die Abundia, der Semper (Simpert?) sind personifizierte Kalendertage. Nach Kohlbrenner's Materialien v. 1782, p. 72 pflegt man in den Gebirgen um Traunstein den Kindern am Vorabend Epiphaniae zu drohen, daß die Berche kommen und ihnen den Bauch aufschneiden werde, wenn sie bös sind. An diesem Tage sey es auch gewöhnlich, fette Kuchen zu backen, und die Knechte sagen, man müsse sich damit den Bauch schmieren, dann werde die Frau Berche mit dem Messer abglitschen. cf. Muchar's Gastein p. 145. Es fällt mir dabey das alte pergita, gl. a. 16. 35. i. 1096: placenta, collyrida, ein. Doch wird diese auch anderwärts vorkommende eingebildete Frau Bercht oder Berchtel (Berscht, Berschtl, Gramm. 631), deren Cultus vielleicht in die vorchristlichen Zeiten unsers Volkes zurückgreift, diesen ihren christlichen Namen wol von jenem veralteten des heil. Dreykönigs-
195 tags erhalten haben, obgleich ihre gefürchtete Herrschaft schon mit der Christnacht anfängt und durch alle Zwölf Nächte fortdauert. cf. Grimm, altd. Wälder III, 43. Mythol.^{2} 250 ff. 751. 864. 920. Panzer, Beitr. z. Mythol. 247. Berchta = die weiße Frau, wie sie noch (1841) sich in hohen Häusern zeigt; Grimm in Haupt's Zeitschr. I, 21. An die „perchten mit der eisren nasen" glauben; Cgm. 478, f. 2. „Die da glaubent an perichten mit der eisnein nasen", Cgm. 1113, f. 117^{b}. cf. Clm. 5387, f. 315—316: superstitiones (can. poen. Theodori). Im augspurgischen „'s Jahr ein Mal" v. 1764 heißt es unterm Monat December: „So ist auch ein schändlich Spotten, daß des Christkindleins zween Vorbothen die Bercht u. Ruprecht müssen seyn, die sich der Zeit auch stellen ein; doch aber auch gar großen Schrecken bey denen Kindern auch gar oft erwecken." „Igleich haus hab ein schreczlein, wer das ert, dem geb es gut und er. auch vint man ettlichs (mensche) das an der pernacht seinen tisch richte", Cgm. 291, f. 141. „Die am ersten jarmonden des abentz ein tisch mit guter speis seczen die nacht den schretelen", Cgm. 234, f. 153^{a}. „So die menschen an der perchnacht der perchk lassen sein essen oder trincken", Cgm. 632, f. 5^{b}. „An der perchnacht der Perckt lassen sten essen oder trincken", Attel 36, f. 58. „Tres illae sorores quas antiqua illa posteritas et antiqua stultitia *Perchtas* vocavit"; gleich vorher: „illae quae a vulgo *Parce* vocantur"; Clm. 14138, f. 203^{b}. „Aliqui etiam rustici in ista nocte quae praeteriit mensulas suas plenas multis rebus quae ad manducandum sunt necessaria conponentes tota nocte sic compositas esse voluerunt, credentes quod hoc illis Kalendae Januariae praestare possent, ut per totum annum continua illorum in tali habundantia perseverent. Ammonendum est fratres, ne aliquis rusticus" etc. cf. Sermonem de Kalendis Januariis sec. IX. in cod. Mag. 6, f. 47—49. Fabricius, Mansi II, p. 147. „Quidam ornant menses (mensas) *perchte*", Ald. 184. f. 175. „Qui (in die nativitatis) praeparant mensam dominae *Perchtae*", Schir. 123, f. . . . und andere abergläubische Handlungen an diesem Tage. „De mulieribus quae cum Diana dicunt se ire de nocte super quasdam bestias"; Clm. 6014, f. 25. „Mulieres quae se credunt cum dyana deae paganorum nocturnis horis et Herodiade et innumera multitudine mulierum equitare super quasdam bestias marium terrarumque multa spatia intempestae noctis pertransire" etc. Mon. Francisc. 255, f. 76. 260, f. 96^{b}. Rebd. 45, f. 222. Poll. 635, f. 116. Semansh. 29, f. 65. San-Nicola 174, f. 30^{b}. Conf. Denis, codd. theolog. II, I, 85. „De mulieribus quae putant se cum dyana noctibus equitare. Item aliud est non obmittendum, quod quaedam mulieres sceleratae retro post Sathan conversae daemonum illusionibus et fantasmatis seductae credunt se et profitentur cum Dyana nocturnis horis dea paganorum vel cum Herodyade et innumera multitudine mulierum equitare super quasdam bestias et multa terrarum spatia „in tempestate" (intempestivae) noctis silentio pertransire ejusque jussionibus obedire velut dominae et ceteris noctibus ad ejus servitium evocari"; Cod. Monac. ZZ. 573; Tractatus de poenitentia capitula 247 complectens, f. 157, cap. 210. Dieselbe Stelle in dem Tractat eines italiänischen (paduanischen?) Rechtslehrers: de sortibus; Monac. Paulan. 13, f. 44. „Qui credit vel affirmat quod mulieres de noctu volitent quo velint, uno anno poeniteat"; Rot. 112, f. 13^{b}. Zinccius (Cod. Aug. eccl. 57, f. 77) citiert Augustinus de spiritu et anima cap. 28: „mulierculae . . . credunt se et profitentur nocturnis horis cum Diana paganorum dea vel cum Herodiade et Minerva et innumera multitudine equitare." „Ut de Astaroth et *Bericht* legitur in legendis SS. Mathaei et Bartholomaei", Ben. 207, f. 23^{b}. „De mulieribus quae putant se cum Diana noctibus equitare", Furstenf. 101, f. 86. „De dea Diana, Herodia vel Minerva. De vetula ad Dianam equitarara in cubella sedente" (von Joh. Nider erzählt), Aug. S. Ulr. 88, f. 110^{b}. „3^{0} videant qui in certis noctibus ut epiphaniae *pericht (Perichte)*, alias dominae *habundiae* vulgariter *phinczen (pfintzn)* oder *sack semper* ponunt cibos vel potus aut sal ut sit isto anno huic domui propitia et largiantur satietatem et

abundantiam unde et *Habundia* vel Sacia vocatur", Thomae de Haselbach exemplarium decalogi, Aug. eccl. 61, f. 16—17. Sanzenon. 80, f. 260. ZZ. 949. Clm. 5897, f. 320. Ald. 228, f. 228[b]. Poll. 165, f. 97. cf. oben der Benz und unten Pfinz. „Si credidisti in pēnates (?) vel fantasias", ZZ. 1834, f. 7[b]. „Qui credunt quod Diana, quae vulgariter dicitur fraw Percht cum exercitu suo de nocte solet ambulare per multa spatia terrarum", Poll. 583, f. 66. „Secundum genus superstitionis est et species idolatriae qui de nocte apperiunt vasa poculorum et ciborum venientibus dominabus *Habundiae* et *Satiae* quae vulgo appellat communi et usitato vocabulo fraw percht sive *Perchtam* cum cohorte sua, ut omnia aperta inveniant ad cibum et ad potum sive ad epulationem pertinentia et sic epulentur et postea habundantius impleant et tribuant . . . multi credunt sacris noctibus inter natalem diem christi et noctem epiphaniae evenire ad domos suas quasdam mulieres quibus praeest *domina Perchta* . . . multi in domibus in noctibus praedictis post coenam dimittunt panem et caseum, lac, carnes, ova, vinum et aquam et hujusmodi super mensas et coclearea, discos, ciphos, cultellos et similia propter visitationem *Perhtae* cum cohorte sua ut eis complaceant . . . ut inde sint eis propitii ad prosperitatem domus et negotiorum rerum temporalium"; Thesaurus Pauperum, Cod. Teg. 434 sub voce superstitio (sec. XV.). „Vetula dixit ad pueros suos: quod domina *Perchta* in curru vehatur maximo strepitu. Exploraturus quidam, an nocte domina *Perchta* re vera comederet sibi apposita, fascinatus et delirus factus." Joh. Nider in formicario II, cap. 3 (And. 32, f. 33): de femina quae se noctu cum Diana et aliis feminis transferri credebat per aëra. (cf. Clm. 5883, f. 193.) Ibidem (f. 34) ex Legenda S. Germani antipod. qui in domo videns sero mensam parari didicit quod propter *bonas mulieres* nocturno tempore illa comedentibus cibaria ponerentur.... David de Augusta de Inquisitione haereticorum (Pauperum de Lugduno) Rogg. 12, f. 212: quod ibi osculentur cattos et ranas et videant Dianam. „Si credet quod dominae et *umbrarii* vadant de nocte et comedant", Clm. 16512 (XV. sec.), f. 187[b]. „Darnauch (nach Thomas von Cantelberg und vor Silvester, also am 30. Dec.) so komet die milte Behte, die nach hat gar ein groß geslehte; die stuk zwene broten an den spiß und briete und machte einen guten friß, und geriet in uff die ahffel fassen und ginge mitte behten uffter den gassen und drug da uff an alles duren und lud ir guten nachgeburen und ir brüder und ir swester. Do kam der heilige Sylvester und braht eine brotwurst in der hende", Namenbuch (Calender) des Konr. v. Dankrotsheim (Strobel p. 123). „Näch wîhen nehten aht tage, den man da heizet ebenwîhe, do man ezzen wolt ze naht do sprach der wirt ze sîme gesinde: Ir sult vast ezzen daz ist mîn bete, daz iuch Berhte niht trete", v. d. Hagen, Ges. Abent. LIV. „Der Steyermärker läßt in der Christnacht etwas von der Speise auf seiner Schüssel mit der lauterklärten Absicht zurück, daß es für die Perstel gehöre, damit sie ihm nichts zu leide thun", Rohrer's Versuch über die Deutschen der österr. Monarchie II, p. 69. Von einer ähnlichen Bewirthung der 4 Elemente am Bächeltag (Weihnachts-Vorabend) ist auch in der Beschreibung des obern Pinzgau p. 51 und bey Hübner (Salzb.L. p. 662) die Rede. In Berchtesgaden stellt man der Frau Berchten über Nacht einen Krapfen auf den Ofen. Auch in Krain werden die Thiere und Elemente gespeiset. Der Popertnik „quia jacet impositus puro *Pert* (Tischtuch, Serviette) per 14 dies in mensa cuivis gustandus panis hoc nomine insignitus et coronae mediae superficiei ambitu ex eadem farina auctus" (Kopitar's Brief v. April 1841). cf. Juleber. „Ignes qui fieri solent in vigilia epiphaniae", Ben. 207, f. 1. 21. Die in der salzb. Waldord. v. 1755 verbotenen Bächl- oder Weihnachtboschen gehören als Berchtl-Boschen wol ebenfalls hieher. Im Pinzgau ziehen (nach Hübner und der Reise durch Oberdeutschland p. 243) in den Rauchnächten bey 100—300 Burschen bey hellem Tage in den possierlichsten Masken, mit Kuhglocken und knallenden Peitschen versehen und mit allen Arten von Gewehren bewaffnet, umher, und dieses nennen sie das Berchten, das Berchtenlaufen oder den Berchtentanz, sich selbst aber die Berchten. S. v. Kürsinger, Ober-Pinzgau 1841, S. 166. 177. „Es ist nicht alle Tag *Bachtag*", wo man vollauf zu essen hat, (Aurb.). Das Berchtenlaufen in Lienz, s. das Land Tirol, Insbr. 1839 (cf. Menzel's Lit. Bl. 1839, p. 408). Auch in andern Gegenden, z. B. in Zürich, ist am Weihnachtsabend das sogenannte Berchteln üblich. „Eine Berchtische Trutten-Phantasey", P. Gansler.

„Hodie (pueri) non ministrant domino, sed diabolo, prius vadunt ad choream quam ad ecclesiam, ante sciunt cantare de *domina Perchta* quam dicere Ave Maria", Clm. 9528, f. 321, sec. XIII, aber p. 329: „Sicut *domina Perchta,* quae, cum deberet intrare cubiculum suum et orare deum in die dominica, vadit huc et illuc sicut musca ostendens vultum pictum et pulchra vestimenta, tendens laqueos ad capiendum animas juvenum." Also wol hier ein Name für jedes luxuriose Weib? „*Domina Perchta* in speculo suo contemplatur faciem suam", ibid. p. 332. „Heinricus vel *Perchta,* qui cantilenam incipiunt, diaconus et diaconissa diaboli dici possunt", ibid. p. 332. cf. Schnitterhüpflein. „Petrus et *Perchta* credunt quod omnibus multum placeat sua cantilena", ibid. p. 342. 354.

-bercht, -bert, Bestandtheil mehrerer alten Personnamen — passim — z. B. allein in der Wirzb. Urk. (M. m. 37): Adalberaht (wol unser Albrecht), Uualtberaht, Liutberaht, Reginberaht, Lantberaht, Helitberaht, Ruotberaht, Folcberaht. Ferner: Berht-her (wie Otac-her, Gisal-her, Gunt-her, Walt-her; cf. Berchter, Rathgeber Rother's, Haupt's Zeitschr. VI, 447) mit dem Ortsnamen Berhthersgadem, Berchtesgaden (ze Berhthersgademe, Cod. s. germ. 42, f. 45. Hainricus praepositus de *Berhthersgademe;* Cod. s. germ. (Teg. 1008), f. 26[a]); Berht-hold (Grimm, Mythol.[2], 257. 884. „Species Bertholdi", eine Art Liqueur im Münch. h. Geistspital-Manual v. 1519, Cod. Bav. f. 24. 31. Eiselein, Sprichw. 68). Förstemann I, 235 ff.

Die Gebärd, Bärd, wie hd. Gebärde (ahd. pârida, mhd. bærde. Graff III, 150. BM. I, 149. Grimm, Wbch. I, 1126. 1491). „Habuisti cum muliere aliquos gestus inordinatos, hetest du ie dehein gebærde mit frouwen diu niht zimlich wær" (si modo non debito jacuerit), Clm. 13584, f. 182. „So dem Vater an schöne, gestalt, weis und Berd ganz gleich war", Avent. Chr. a-bärdig (à-báschti'), (Chiemgau, Inn) ungebärdig, unartig, wunderlich; auch un-bard (u~bascht); (schwäb.) hå~bertig. bärden, berden, sich geberden; Grimm, Wbch. a. a. O. „Nim's und *gebeard* di' it alleweil aso, ziere (weigere) dich nicht"; Baader. Zeitschr. V, 521,26. VI, 280,31. S. gebären. cf. gl. a. 536: tripertiger, trium generum; Graff III, 156: berd, genimen. Vrgl. auch Gebær und Part.

Der Bord, wie hchd., Rand (ahd. port, mhd. bort; Graff III, 213. BM. I, 223. Grimm, Wbch. II, 238). „Crepido lancis aut catini der bort an der schüssel", Nomencl. 1629, p. 122. „Recipe novam ollam, impone clam wintergruen piß an den portt", Clm. 5036, f. 131. 160; (ohne Zweifel Bord). Ob dieses Bord nicht aus ahd. prort (ags. brerd, Joh. 2,7. cf. Graff III, 313. Grimm, Wbch. III, 397) verderbt sein könnte? Vrgl. Born aus Brunn u. s. unten Brord.

Das Bord, Brett; plur. die Börder, (Aschaff.). Grimm, Wbch. II, 239,4.

Das Gebörd, der Schiffsrand. Auf dem Gebörd gehen; über's Gebörd werfen.

Die Burd (Bur'), 1) wie hchd. Bürde; doch selten und mehr figürlich. 2) bey Kühen, die Gebärmutter (cf. die Trage). Die Burd ausdrucken. 3) der Bündel, der Bund. Ahd. purdî, mhd. bürde. Graff III, 162. BM. I, 154. Grimm, Wbch. II, 531. ə˜ *Burd* Har, ein Bund Flachs, ə˜ *Burd* Strô, ə˜ *Burd* Schlüssel, ə˜ *Burd* Gras, so viel nemlich ins Grastuech oder oben auf die Kürben gebunden wird. „Die Bürde (Pfalbürde) soll 100 Stück Weinbergspfähle halten", Wirzb.
196 Verord. v. 1766. Die Greuderpürd, Kreuterpürd, Ld.Ord. v. 1553, f. CXLVIII. Reiserbündel beym Fischfang. s. Greuder. „Die gepurdt (Bürde) Ewrs Gewalts" (Amtes); Raitenb. 166, f. 126.

Das Bürdlein (Bürtl, zu 2), die Secundinae, die Nachgeburt. Das Bürdlein (Bürl, Biə'l), Stutzbürdlein, (zu 3) vorzugsweise: Büschel Reisholz, Reiswelle, anderwärts Bauschen. „8 Schilling Rauchholz oder sogenannte Stutzbürdl", rumford. Suppenanst. für Seelsorger, p. 144. Das Bürl Reise, (Jir.) 120 Stück oder die Hälfte von einer Burre oder Burren (240 Stück oder einem Pfund Reise).

„Das Biə'dl, Bündel von dürrem Reisig. So heißt auch der Eierstock weiblicher Thiere"; Castelli, Wbch. 83.

„Pad und Pürlstuben"; Aurburger Ehaft v. 1653, CbmKl. 332, f. 159.

burden, in Stöße aufrichten, in Bündel binden? s. büren. Voc. v. 1445: pepurden, fascinare. aufburden (zu 1), hchd. aufbürden. sich außburden (zu 2), die Gebärmutter herausdrücken. entburden Einen eines Dinges, ihn dessen entheben, entledigen. Ldtg. v. 1669, 130.

Purdawn (bourdon?), s. unten Tripel.

bürden, vrb., für büren (s. d.), gebühren.

Der Barg, Barch, das männliche verschnittene Schwein (ahd. paruh, mhd. barch, msc.; Graff III, 207. BM. I, 88. Grimm III, 326. Gesch. d. d. Spr. 36. Wbch. I, 1125. 1133. Castelli, Wbch. 89: das Boa'ch. Weinhold, schles. Wbch. 11: der Borg). „Porcus, barg; verres, husbarg", Voc. opt. p. 44. pergein, adj., ä. Sp.; „rain pergein smerb", Cgm. 117, f. 129. „Speck der bergin ist", Clm. 4373 (v. 1437), f. 116. cf. rain.

bergen, (I bergət und I bárg, burg, hab gebergt und geborgen). Ünsə' Muədə' hàt (1796) ə˜ Truhhə˜ i˜'n Zau˜ nei˜ *bergt*, (Cordula, am 21. Octob. 1842). Außer dem, wie im Hchd. üblichen verbergen hört man auch: einbergen, zuebergen, einhüllen, zuhüllen; hinterhin, hinunter ꝛc. bergen, zur Sicherheit hinten hin, hinunter ꝛc. thun. afterbergen, (schwäb.) Obst nachlesen, nachdem es schon geschüttelt worden; ahd. pergan, reponere, recondere (Graff III, 169. BM. I, 158. Grimm, Wbch. I, 1507). verberglich, adv.; „sich verberglich aufhalten irgendwo", Ertl, Prax. a. p. 230. Das Geberg, ä. Sp., Versteck (mhd. daz berc, geberc; BM. I, 159). „Latibulum, hol, geberch", Cgm. 17, f. 28ᵃ. „Bei der stat was ein berch, da heten lewen ir geberch", Kindh. Jesu, Hahn 100,25. — Den Schueh bergen, s. Th. III: Schueh. 's Wégbèrgləs, (b. W.) das Versteckenspiel unter Kindern. Die Windbergen, s. Th. IV: Wind, Windwer.

Der Berg, wie hchd. (ahd. perac, mhd. berc. Graff III, 184. BM. I, 104. Grimm, Wbch. I, 1503). Gegen Berg faren, (auf dem Mayn) stromaufwärts, (zu thal faren, abwärts), wirzb. Verord. v. 1746. Vrgl. franz. à mont, à val. „Dar auf setzet ez (daz aichorn) sich und recket den sterz gegen perg als ainen segel", Konr. v. Megenb. 158,16. *ge˜ Berg* stên (vom Haar). Der Bergler, der Gebirgsbewohner. Zeitschr. IV, 71. VI, 400,4. Der Bergherr, (Lori, Mz.R. I, 246, ad 1559) ein solcher Reichsstand, der eigene Gold- oder Silber-Bergwerke besitzt. cf. Hund, Stb. I, 246. Bergmännlein, s. Sperges, tirol. Bergw. Gesch. p. 71. Der Bergzan, glossopetra, Flurl, Bschr. d. Gr. 193.

Das Birg, nach Gramm. 485 statt Gebirg; (Graff III, 190. BM. I, 105. Grimm, Wbch. II, 38). Schon Avent. Chr.: über das Birg, hergessem des pyrgs (diesseits), herehem pyrgs (jenseits). „Am Bamberger Birg hat es noch heut . . . edelleut, welche gut edel sind an blut und doch nicht sehr vast reich an gut", H. Sachs 1560: IV, III, 59 (1612: IV, III, 130). „Ein alter pfaff trutzig und vermessen ist oben an dem Birg gesessen im flecken Trosafelt genent", das. 1560: IV, III, 90 (1612: IV, III, 193). Das Gämßbirg. Der Birg-Jäger, der Birg-Wind, für Bayern der Südwind. Bei Jirasek: die Birg-Amschel, turdus torquatus; die Birg-Dáchl, corvus pyrrhocorax; der Birg-Fuchs; der Birg-Han, tetrao tetrix; der Birg-Has; der Birg-Heher, corvus caryocatactes, Tannenheher (Baur); das Birg-Henn·l (Birg-Hüenl), tetrao bonasia; die Birg-Lerch, turdus saxatilis; der Birg-Rab, corvus corax; das Birg-Saublüeml, hieracium alpinum; Birg-Sunnenwendblüe, anthemis alpina. Sollte auch in den hchd. Birkhuhn, Birkfuchs ꝛc. das Birk eigentlich aus Birg entstanden seyn? Der Birg-Ochs (Biriochs). Kàn denn aich (ainer) vo˜ dá' Welt á so á *Biriochs* seyn? Stelzhamer 124. Unter Max I. galt zu München das Pfund gemästes Wald- u. Birgochsen-Fleisch 5 Kreuzer. Cgm. 4916, f. 279. Birg-Stutzen sollen (nach Hübner, Fürstenth. Salzburg, S. 868) große, furchtbare Eideren seyn, die das Volk im Gebirge vorhanden glaubt. I˜'n Tàl sticht s· kaan Adə', kaə˜ *Stutz'n* blàst s· à˜, Schosser 75. 173. Im Traun- und Almthal Stutz·n, im Ensthal auch Büffel: eine zweifüßige, armsdicke, 10—20 Zoll lange, stumpfschwanzige Schlange, deren Existenz von den Gelehrten bezweifelt wird. Es war im J. 1848 ein Preis von 10 Ducaten auf das Vorweisen eines Exemplares gesetzt. Diesem Unthier ähnlich wäre der schweizerische Stollenwurm, welcher (nach Wyß, Reise ins Berner Oberland, p. 422) als eine Art von 197
Schlange beschrieben wird, die ganz kurze Füßchen (Stollen) habe, vielleicht aber nur irgend ein bekanntes, nicht hinlänglich und mit abergläubischer Furcht gesehenes Säugethierchen ist. Nach der Meinung eines, von Wyß angeführten Hirten im Gadmenthal gibt es zweyerley Stollenwürmer: weiße mit Krönlein auf dem Haupt und schwarze, die gemeiner und häufiger sind. Vrgl. Grimm, Mythol.[2] p. 650. 1222. birgig, gebirgig; Dukher's salzb. Chr. 5. birgisch, montanus, rusticus; Grimm, Wbch. II, 38. Zeitschr. VI, 65. „Der birgisch Edelman mit dem mönch von Waldsachsen. Am Gebirg (Fichtelgebirg) saß ein edelman", H. Sachs 1560: IV, III, 58. Der Birger, 1) Gebirgsbewohner. „Die Birger nennt man birgisch Knöpf", H. Sachs 1560: IV, III, 92 (1612: IV, III, 198). „Du fauler, grober, birgischer knopff", das. III, III, 8. 2) (b. W.) Ochs mit einem weißen Streifen über den Rücken. Etwa weil dieser Schlag gewöhnlich aus dem österreichischen Gebirge kommt? Im b. W. wird dunkelrothes Hornvieh Schweizer genannt. Vrgl. das folgende.

Das Birgâug, Auge, welches ganz weißgrau oder weißlicht ist, ohne daß sich darin ein Stern unterscheiden läßt. Man trifft solche Augen zuweilen bey Menschen, bey Hunden, vorzüglich aber bey Pferden, und zwar gewöhnlich bey solchen an, die scheckicht sind, oder eine sehr große Blaße haben. Der Landmann hält sie für dauerhafter als die schwarzen; (Baur). Mein Gaul hat á Birkaug; er sieht vortrefflich, auch bei Nacht; (Baader, Mittenwald). Birkaug, Birkling, (b. W.) für Auge überhaupt (verächtlich). (Etwa zu Birke, in Bezug auf das Weiß der Rinde?) Cf. česk. pružák, blaue Taube, welche weiße Streifen über die Flügel hat; wol v. pruh, Strich, Streifen. birgâuget, adj., solche Augen habend. Castelli, Wbch. 83: biaraugi, rothäugig; s. oben Aug. Grimm, Wbch. II, 38. Zeitschr. IV, 66. birgâugeln, bir'äugeln, birgeln, vb. n., die Augen aufreißen, daß auch über dem Sterne das Weiße sichtbar wird, und so stier dreinsehen. cf. niederd. piren, gucken, engl. to peer; Firmenich I, 175,69. Zeitschr. VI, 279,10. (Zu bedenken allenfalls das ahd. purian, purigan, erheben, wornach bürg-ang ꝛc. zu schreiben seyn würde; der Vergleich mit einem entfernten, beschneiten Gebirge wäre doch wol zu gesucht.)

Das Birgl, Birkl, (Ob. Isar) manchmal statt: Bilgkl (Bildchen); also irk statt ilk, und dieß statt ilt. cf. Gramm. 152 und 543.

borgen (bargng, baərgng), 1) wie hchd. (ahd. porakên, porgên, eines Dinges, auf Etwas achten, es schonen: „daz du niemannis ne borgest", Notk. 101,8. „Die mîn nieht ne borgent", das. 141,6. mhd. borgen. Graff III, 176. BM. I, 162. Grimm, IV, 678. Wbch. II, 241). Dêr Schimpf soll əm *bargt* sei~, ich will ihn rächen, (Baader). 2) mhd. Sp., Einem borgen, ihm Nachsicht schenken, ihn schonen: „Swen ich mich wolt entziehen von trûren und mînem herzen borgen", Labr. 301. „Du sollst porgen der zucht dein", Oswald, Cgm. 717, f. 34a (Ettmüller B. 2130). Eines Dinges oder an einem D. borgen, dessen ermangeln, es unterlassen. „Vergizz des argen, recht würchen schüll wir nicht pargen", Cgm. 54, f. 8a. „Scheidet, frowe, mich von sorgen, oder ich muoz an fröiden borgen", Walth. v. d. V. 52,15. 3) zuweilen in der allgemeinen Bedeutung: warten (BM. I, 163b,2). Baərg mə', warte mir. Der Borg, der Erborg. Einem etwas auf den Borg geben. Borgs geben, Münch. St. R., Art. 358. „Mehr als einer zur Zeit des Borgs eignes Vermögen gehabt, soll er nicht aufnehmen", bayreuth. Verord. v. 1743. 1747. Der Borg, Bürg, Bürge; s. Th. IV: 3) weren, b. Der pürgel (Bürge), pürgelschaft, Wiener St.R., Cgm. 1113, f. 50b. 51a (Rauch III, 176); „vergewissen und verpürgeln", das. 54. Der burig, burigl, Bürge; österr. Stadtrechte (gegeben Ens 1212), Kurz II, 253. cf. Graff III, 177.

Die Burg, 1) wie hchd. und nur noch auf Schlößer und schloßähnliche Gebäude älterer Zeit angewendet. In München heißt die an den alten Hof (das ehmalige Schloß) stoßende Gasse noch die Burggaß. Auch wird der Max-Palast mitunter die Marburg genannt. „Sô der wolf müsen gât, unt der valke feveren vât, unt der küner bürge (Raubschlösser?) machet, so ist ir êre geswachet", Vrîdanc 73,16. 2) In den ältesten Denkmälern der deutschen Sprache hat Burg (ahd. purc, puruc; mhd. burc. Graff III, 179. BM. I, 165. Grimm III, 418. Wbch. II, 534. Gesch. d. d. Spr. 700) in der Regel die Bedeutung civitas, πόλις. (Isidor, Otfrid, Tat., Gloss. passim; z. B. gl. i. 254: houpitpurc, metropolis; gl. o. 391: Constantinuses puruc, Constantinopolis, Reganespuruc, Regensburg, Salzpuruc.) „Castellum parvulum quem *burgum* vocant", Veget. de re mil. IV, 10. „After der burg", „fon dere burch", Diut. III, 100. 107. „Christus nam (die Altväter) aus der vorpürig der helle", ZZ. 1573, f. 56b. Purchliute, cives; purcliche strîte, causae civiles, Clm. 4621, f. 63. Man vergleiche die vielen, mit Burg zusammengesetzten Stadtnamen. Die alte Declinationsform bürgi, bürge (Gen. und Dat. sing., Nom., Gen., Acc., plur., Gramm. 808) zeigt sich noch in den Eigennamen (urspr. Dativen) Floßerbürg (castrum Flosse, Lori's Lechrain 12; zu der Floßerburg, MB. XXV, 342) und Sulzbürg (zu der Solzbürg, zu der obern Solzbürg, zu nidern Solzbürg, MB. XXV, 13. 18. 19. 20). In Panzer's Beitr. z. d. Mythol. 1848 begegnen: p. 37 die Birg bei Baierbrunn, p. 40 die Ästerbirg bei Hagenheim, p. 128 die Erenbirg bei Forchheim, p. 132 die Gelbirg bei Heidenheim, p. 150 die Altenbirg bei Hofstetten, p. 186 die Osterbirg bei Bischofsheim. Die Houbirg, der Berg, von dem als höchstem die ganze Gegend den Namen hat, ist selber wol von einer Burg benannt, die, von einem Erdwall („der Schanz") umgeben, als auf demselben einst vorhanden vorausgesetzt

wird. Der Name des Ortes Happurg am Fuß scheint ebenso aus höh und burg gebildet. Wörlein, die Houbirg oder Geschichte der Nürnberger Schweiz (Hersbruck, Lauf, Altdorf ꝛc.), Nürnb. 1838. Unter- u. Ober-Bürg bei Nürnberg. Emilie v. Stadler, geborne von Mannert, auf Neuenbürg, gestorben zu Nürnberg im März 1845. Neuenbürg am Schwarzwald. Eine Scene der badischen Staatsumkehr datiert aus „Neuenbürg, 16 Mai"; Allgem. Zeit. v. 1849, Beil. Nr. 145. Neuenbürg in Würtemberg; Schiller's Album 221. „Auf der alten Bürg" hieß man, was früher auf dem St. Ulrichsberg zwischen der Rusel u. Deggendorf statt der jetzigen Wallfahrtskirche stand. Grueber u. Müller, d. bayr. Wald 223. Vrgl. Lexicon v. Franken, Artikel Bürg. Schloß Bürgen bei Landsberg (OberM.). Siebenbürgen, d. i. zen siben bürgen. „Siben stett die man nennt zu den siben bürgen ligen in ungern zuring umbhär", Kaisersperg's Postille, p. 73. „Hae *septem urbes:* Hermanstat, Cronstat, Nösenstat, Schesburg, Mydwisch, Millenbach, Clausenburg", Georg v. Reichersdorf (a°. 1550), p. 7. In civitate quae dicitur *hermansdorf* in *VII castris*" (Hermannstadt in Siebenbürgen), Monac. Francisc. 320, f. 221, sec. XIV. Vrgl. ags. *Burhga fife*, Ligora ceaster and Lindcylne and Snotingaham swylce Stanford eac and Deoraby (Leicester, Lincoln, Nottingham, Stamford and Derby) . . that folc of *Fifburhgum* . . . tha yldestan thegenas into *Seofon-burgum* (wahrscheinlich ursprünglich sieben) . . . into *Fif-burgum;* Sax. Chron. ad a. 942. 1013. 1015. — Burg scheint ursprünglich das Umgebende, Bergende (Mauer, tûn, tul, gard, grad; vrgl. Wagenburg) und sodann erst das ganze Umgebene bedeutet zu haben. — Ynburg, Inburg (Ingeborg?), s. oben in. Das Burgthor, Bürgthor, Stadtthor, (mhd. burctor, bürgetor. BM. III, 49). „An daz burgutor der stat", Cgm. 5, f. 239d (v. 1362). Das Bürgthor zu Passau. Burgetor als Thor der innern Stadt, des ursprünglich ummauerten Stadtkernes, noch in Speier: das Alte Burgthor, porta muri civitatis, das neue Stadtthor, daz nuwe burgetor, das Rinburgetor, Sant Widen burgetor, porta S. Widonis, Holtz-burgetor, drenckeburgedor; Zeuß, Speier p. 4. 5. cf. Berfrid. In folgenden Bildungen liegt bald die erste, bald die zweite 198
Bedeutung zu Grunde.

Burgdorf, Burtləf, franz. Berthoud; wol von Berthold V. von Zähringen, von dem es 1190 zur Stadt erhoben worden. Haupt's Zeitschr. VI, 158.

Das Burg-geding, Burgding, Purchting, Burtting, Porting, Portigen, (ä. Sp., nach Nr. 2) 1) in Regensburg, Versammlung sämmtlicher Bürger in Angelegenheiten der Stadt, Gem. Chron. I, 322. II, 29. 289. 2) städtischer Bezirk, Burgfrid. Zirngibl, Hainsp. 118; Kr. Lhd. I, 111. III, 331; MB. XXIV, 160. 280. 618; Fink's Nabburg. p. 103; Wiltmeister, Amberg. Chr. 208. 214. s. Ding.

Der Burgfrid, 1) (nach Nr. 1), Statuten über die innere Policey an einem fürstlichen Hofe, z. B. der Burgfrid des Markgrafen zu Bayreuth v. 1698. 2) (nach Nr. 2), das unmittelbare Gebiet einer Stadt- oder Marktgemeinde, das Weichbild. Der Stadt München Burgfrid. s. Frid.

Der Burggrâf, 1) (nach Nr. 1), Schloßpfleger. 2) (nach Nr. 2), Stadtvogt, Stadtrichter. Der Burggrave in Augsburg war Richter in Streitigkeiten, die bey Käufen und Verkäufen, zwischen Ehhalten und Herrschaften ꝛc. vorkamen; gl. a. 672. o. 260: burcgrevo, praetor. s. Grâf. cf. BM. I, 567. Grimm, Wbch. I, 543.

Der Burkart, atriplex hortensis, Gartenmelde; Grimm, Wbch. II, 544. „Atriplex, melden, Burckhart", Clm. 16487, f. 97. Diefenbach p. 58a.

Die Burghuet, (nach 1) das Amt eines Castellanus oder Burgmanns; Ried 520. 751. cf. BM. I, 730. Grimm, Wbch. I, 543.

Burgleute, (nach Nr. 2), ä. Sp., Bürger; gl. a. 437. 278: burcliut, urbanus, civis. s. das folgende: Der Burgman, der Burgsäß, Burgsäz, ä. Sp. (nach Nr. 1; cf. BM. II. 36), Beamter, dem die Obhut einer landesfürstlichen Burg anvertraut war, Castellanus. Hund, Stb. II, 107. „N. N. dy zeit purckhsäzz zw Griespach leiht A⁰. 1423 zu einer Urkunde sein Sigel her", MB. XXI, 469. 453. Kr. Lhdl. IV, 110. „N. N. purgman zum Rotenberg, N. N. purkman zu Turndorf", MB. XXV, 160. 166. Das Burgrecht, Burchrecht, (ä. Sp., nach Nr. 2), Burgerrecht. „Den Burgern (zu Rain) undereinander das Burgkrecht, und den Gesten gegen den Burgern Gastrecht widerfaren lassen", Lori, Lechrain 96. „Soll ewiglich von unsrer stat verboten sein und nimmer kein wonung noch Burgrecht in unser stat gehaben noch gewinnen", Regensburg. Urk. v. 1312. Gem. Chron. I, p. 483. MB. XXIII, 90. 116. Das Burgstall, (nach Nr. 1) Stätte auf welcher ein Schloß steht, gestanden hat oder zu stehen kommen mag, (Hund, histor. Anmerkung). BM. II, II, 558. Grimm, Wbch. I, 544. „Omnes fructus de *Purckstallo* ipsius montis aput Weltenburg, quos inde colligere potuerint ... excepta tamen proprietate ipsius *purckstalli*, quam expresse quoad fundum nobis et nostre ecclesie reservamus", MB. XIII, 380, ad 1291. „Das Purckstal Peysenberg mit seiner Zugehörd", MB. X, 178, ad 1452. „Das purkhstal ze Hirstain", MB. V, 68. „Eschenloch ein altes Burgstal." „Ein alt Gemeur und Burckstal", Hund's Stammenb. I, 21. 44. In MB. XX, 59,
199 ad 1392 ist die Rede von einem Haus und Hofstatt, „daz gelegen ist pey dem purckstall zenächst des Impler's Haus (in München)." „Besachent den büchel (in dem Zürchsee) und daz burgstal; und bevalch der herre dem vogt ain guet vesti da ze machen" (Raperteswil), Ettmüller, zwei Zürcher Chroniken, p. 54. Alte Gl. von 1418 haben suburbana, purckstadel; sonst steht (gl. i. 668. o. 130) für faubourg die Form furiburgi, (nach Nr. 2).

Das Burgmaß. „II mes tuend ain purkmeß oder purckscheffel das hat XVI metzen", Thierhaupt. Urbar v. 1456. Thierh. 67, f. 51, IV. „II purchmetzen magöles"; das. VI. „II metzen von, II metzen linse alles purckmeß"; das. VII.

Der Burger, (nach Nr. 2) wie hchd. der Bürger, (ahd. gl. i. 574: burgari, municeps). Die Burger (nach Gem. Reg. Chr. I, p. 425) in alten Urkunden immer so viel als: innerer und äußerer Rath, vermuthlich elliptisch statt der (z. B. MB. XXIV, 615. 620. 633) vorkommenden vollständigern Formel: die Burger des Rats. „Wir Karel von Awe Meister ze Regenspurch und diu Gemein der burgär", Urk. v. 1290. Hatte jemand eine Feindschaft, so mochte er vor die Burger gehen, und die Burger bedachten sich darüber, ob sie ihm Waffen zu tragen erlauben wollten. Regensb. Statuten v. 1320. „Begriff der Meister des Nachts junge Burgersöhne, die behielt er untz an die burger (d. h. bis zur nächsten Rathssitzung); ibid. 512. „Si sullen auf das gericht sten vnd für di Purger", Rupr. v. Freys. Rechtb. Wstr. Btr. VII, 42. Burgerlich, bürgerlich, adj.; bürgerlicher Handelsmann, Metzger, Schneider ꝛc. d. h. ein solcher, welcher in einer Stadt oder einem Markte das Burgerrecht besitzt und kein bloßer Gäu- oder Landkrämer, Metzger ꝛc. ist. Wer in den Städten Altbayerns ein Recht zu diesem Prädikat hat, unterläßt nicht leicht, es auf seinem Aushängschild anzubringen. Man sagt auch wol: Bürger und Handelsmann, Bürger und Schreinermeister ꝛc. Burgern, verburgern, vrb. act., zum Bürger aufnehmen, machen. „Hiesige verburgerte Fischer, unverburgerte Handwerker", Instruction für die Bueßverordneten in M. v. 1692. Nach der Turnierverordnung von 1481 sollten die geburgerten Edelleut zum Turnier nimmer zugelassen werden, sie hätten denn ihr Burgerschaft zuvor aufgesagt. Hund, Stb. II, 239.

---

barkeln, hin und her schwanken (etwa: wie eine Barke? cf. mhd. barke, v. mittellat., ital. barca, franz. barque; it. barcolare. BM. I, 44. Grimm, Wbch. I, 1133. Diez 44. Zeitschr. III, 341, IV, 216), fallen; sonst tarkeln. Də' Huət is əəm dàni '*barklt*. s. backeln, welches dasselbe bedeutet.

Die Birken (Birkə⁻, Birchə⁻; Castelli, Wbch. 83: Biara; Bsibiara, Hängebirke), wie hchd. Birke (ahd. piricha, mhd. birche, birke. Graff III, 208. BM. I, 167. Grimm, Wbch. II, 39. Zeitschr. VI, 27). „Vibex, pirchen; vibeus, pirchen", Clm. 5877 (XV. sec. 1449), f. 150. Diefenb. 617ᵇ. *biə'chə⁻s* Holz, *biə'chəné* Prüg·l (Passau, OberM.). Birchach, Pirichach, Ort im Innviertel; Cgm. 3941, f. 89—90.

---

barlis? Gibt es ein barlis zu česk. brlawy, zweigesichtig, brlocky, übersichtig, paetus; Krain: berl-eti, schwach sehen; berljar, blödsichtig; Jarnik 168. cf. franz. borgne, Diez, Wbch. 62—63, und s. unten: die Plerr.

Die Birling, Heuschober (mhd. bürline, birline, zu bern; BM. I, 153). „Triefnas saß auf einem birlinch hoch", Ring 57,2. Zeitschr. IV, 213. VI, 290.

Der Barm, ä. Sp., (goth. barms, ahd. param, mhd. barm. Graff III, 154. BM. I, 142. Grimm, Wbch. I, 1134), der Schooß, gremium, sinus (Wstr. Btr. VII, 159. „In sinu, in barme", Cgm. 17, f. 167ᵃ), wird oft auch für Barn gebraucht, w. m. s.

Die Barm, s. Barben. Voc. v. 1429: barm, clunis, piscis.

barmen, (Pegniz, Iller) gedeihen, zunehmen. 's Kind *barmət*. U⁻rechts Goud *barmt* nit. Vrgl. arnen (b·arnen), arten (b·arten). 200

'barmen, jammern, weinen; Zeitschr. IV, 236,28. 483. V, 62,11.' erbarmen, wie hchd., s. arm.

Der Barn, auch Barm (BM. I, 89. Grimm, Wbch. I, 1137. Zeitschr. VI, 12), 1) der Freßtrog, die Futterkrippe. „Welcher kein roß am paren hat, derselbig sol zu fussen laufen", H. Sachs 1560: II, IV, 3. „Thet mir das pferd in paren springen", (bin ich im Elend), das. 5. „Und ist der bann vorlengst gestorben, darmit ich die bawren bracht zum baren", sagt der Pfaff bei H. Sachs 1560: II, IV, 1ᵇ. „Setzt ainer dem andern ein Ros ze pfant, was dem zwischen parns vnd wassers geschicht, daz ist dem geschehn, der ims gesetzt hat", Heumanni opusc. p. 118. Kuebarn, Rosbarn. 2) Raum in der Scheune, wo die Garben zum Dreschen aufbewahrt werden, Banse. „Nidenan an der stat vnder den barmin" (in Buron), Urk. K. Konrads aus Kowotse, 1240 (Lünig XIII, 1250). „Baerm hoys, meta foeni", Kilian. Hö-bärm, niederd., Heuboden; Firmenich I, 496,3. parna, Heuboden (wend. u. steyr.). Der Barnladen, die Barnschalten, die Barmschäl, Scheidewand zwischen diesem Raum und der Dreschtenne. Der Bârmská, Futterstall (Kitzbühel). Kolbarm, Scheune, worin bey Hüttenwerken die Kohlen (das Kol) aufbewahrt werden. cfr. Lori, BergR. XIV, ad 1290; exoneratio salis in Burgo Mulldorf quod vulgariter Berimleide dicitur. Gl. a. 129: paron, coacervare; mhd. barnen, einen Barn machen. „Es was gebarnet für den stein (Fels) dem esel und dem rinde", Kindh. Jesu, Hahn 80,18.

Bern, in der ä. Sprache, wie noch jetzt in den 13 und 7 Gemeinden, Verona. Wackernagel in Haupt's Zeitschr. VI, 156. BM. I, 107. Grimm, Mythol.² p. 888. 630. Zeitschr. I, 228. Freyberg, Samml. IV, 288. „Hainz Ridler mein pruder starb ze Pern in Lamparten" (1372), Gabr. Ridler, f. 16. „Verona, von den Teutschen: Dietrichs Bern genannt, dann Dietrich der Gothenkönig hat in dieser Statt sowol als auch zu Rom Hof gehalten", Hist. der v. Frundsberg. Verona ist ein alte und fürnembste Statt in Langbarten, hat ein eben Feld: Bernerheid genannt, ibid. „Zog von Verona durch Berner Clausen gen Trient", ibid. „Johan von der

Laiter Herr zu Bern und Vinzenz, Kr. Lhdl. V, 162. XVII, 61. Hund, Stb. II, 44. „Blib also zu Venedig, alsdann ritt ich wieder gen Bern“, Veit und Conrad Schwarz von Augsburg Trachtbuch ad 1555. „Spielhaus, Theatron, als noch eins zu Bern in Italien vorhanden ist, das die Teutschen Dietrichs von Bern Haus nennen.“ „C. Plinius secundus von Bern bürtig“, Avent. Chr. „Maniceman ist ze hove gerne; ich wolde aber lieber gên ze Berne (d. h. weit weg), denne ich ein iar ze hofe wer“, Renner 736. Der Schuldner spricht: „Sende dînen boten morgen her wider, so wil ich dich schon weren. Ez kœm aber einer ê von bern“, das. 2083. „Parys, Badauwe, Orlens, Salern, Bolonie, Tholet und auch Bern“, das. 2513. „Ich bin vil lieber hie danne ze Bern“, das. 6696. „Doch swer ein obz truege gen Bern, ez smackte nach sînem stamme gern“, das. 7049. „Kœme einer von Krichen oder von Berne, er würde villeihte noch ê gewert denn iener, dem sie gelobten vert“, das. 15069. „Einsmals Alkinus truncken ward zu Dietrich bären ob dem mal“, H. Sachs 1612: I, 351. „Die Etsch vor Dietrich Beren seer rinnt in das venedische meer“, das. 1560: II, II, 113. „A⁰ dni. CCCCC⁰ umb das selb zit richsnot Dietrich von Bern von dem die puren singend, wie er mit den wemen hab gestritten und mit den helden gefochten. das ist ain tæding, die durch kurtzwil erdaucht ist“, schreibt her hans Hüply a⁰ 1462 in seiner Schweizer Chr., Cgm. 1223, f. 1ᵇ. Das schweizerische Bern dachte man sich in Beziehung auf dieses italienische. „Swaizerland, Swecia; Verona tewsch pern“, steht in Hübner's Voc. v. 1445. „Verona, pern (Italien); Verona, tewtsch pern (Schweiz)“, v. 1466, Semansh. 34, f. 192. „Dem Nürnberger Reisenden Dr. Hieron. Monetarius erzählt der gasconische Bischof Coseranus (1495), die Bewohner von Bearn stammen von den im 8. Jahrh. durch die Villani aus dem Bern der Helvetier vertriebenen Nobiles“, Clm. 431, f. 211.

Der Berner, d. h. Berner Pfenning, denarius veronensis. Im XIV. Jahrhundert machten 12 Berner einen Schilling, 4 Berner einen Vierer, 5 Vierer oder 20 Berner einen Kreuzer, 12 Kreuzer oder 60 Vierer oder 240 Berner ein Pfund, und 5 Pfund oder 60 Kreuzer einen damaligen Gulden, 2 Gulden oder 10 Pfund Berner eine Mark Berner. Samler f. Tyrol I, 115. 451. IV, p. 63 ff. Cgm. 740, f. 12. A⁰. 1257 XLIII talenta veronensium computata sunt pro sexto medio talento dativorum denariorum“, (Meichelb. Chr. B. II, 36). „Wan ir slagt auch dar under falsche muntz und perner“, Cgm. 270, f. 145 (cf. Cgm. 713, f. 96: „und puckler“, Böckler?). „Het der reich halb recht gehân, si hettent im (dem Armen) nit ain berner gelân.“ .. „Sol man denne ain stür geben, so luogend die reichen eben, das sechs zingg ich thue geben, tus ez hett nit, quater drey mus es außrichten; doch mus der zingg helfen quater dreien, daz sie in nit tuont verlaiden und beschreien“, des Teufels Segi, Ms. v. 1449 (Barack p. 280, 8896 ff.). „Auch haben die klein Bernerlin ein ringel umb ir kreutzlin“, Renner 18520. Zeitschr. IV, 331. „Umbe fünf und dreyzzig pfunt Perner gueter und genger Meraner Munze“, MB. VII, 261, ad 1364. „Sieben Pfund Berner Meraner Münz, Lehenbrief für Peter Prosch (1789) p. 222. „Ain Pfunt Perner Meraur Münß“, Meichelb. Hist. Fr. II, Nr. 356ᵇ, ad 1487. „Drey hundert Mark Perner“, Lori, BergR. f. 15. „C. mark perner“, MB. XXIII, 97. cf. Th. II: Mark u. Th. IV: die Zeil, Zalperner.

Die Birn (Biə'n, Bi'n), sing. und plur., die Birne. Die Brodbirnen in Gem. Reg. Chr. III, 203, ad 1422 haben wol mit den spätern, sogenannten Grundbirnen (Kartoffeln) nichts gemein. Die Klâbirn (Kloubə'n,
201 Kloupə'n), gedörrte Birne. Sie machen auf dem Lande mit eine Hauptbescherung des Niklâ (υ-), aus. s Niklâ, Nicolaus. Das Birnwaßer, Brühe von gesottenen gedörrten Birnen. Ahd. pira, bira, pyrum, gl. a. 671. o. 90; pirapoum, pireboum, piriboum, pyrus, o. 86. 436. 177. mhd. bir st. bire, gen. birn st. biren; hier also hchd. wie bayr. die oblique Form in den Nominativ gedrungen. cf. Gramm. 861. Die ursprüngliche Form thut sich noch in der Aussprache Birə˜ (Gramm. 582) kund. (Vrgl. Graff III, 345. BM. I, 137. Grimm, Wbch. II, 40. Zeitschr. IV, 164. 204. 488. V, 64,39. 166,128. 275,4). „Seht, als müzze wir von hinne alle scheiden nach der birn valle; Got gebe, daz wir gar zeitic werden“, Renner 24345.

Birn in alten Frauennamen, s. Ber, ursus, Birin, ursa. cf. Förstemann I, 224.

Der Born, der Brunnen, (Spessart). cf. Grimm, Wbch. II, 243. Zeitschr. III, 127. 250,30. VI, 54.

Der Bersich, perca, Voc. v. 1735. „Perca ag vel bersich“, Voc. optim. p. 46. (gl. o. 106: bersih; 310: berse, porca); s. Berschling.

Die Birs, birsen, s. Birsch.

Bursat, s. Th. IV: Wurschat.

Die Barschen, die Steckrübe, brassica napus, auch bayrische Rueben genannt.

Der Berschkol, (Hauser) brassica oleracea sabellica L., Wirsing, Krauskohl, span. berza.

Der Berschling, Birschling, Birschtling, der Bars oder Börs (ein Flußfisch), perca L. (Graff III, 215. BM. I, 89. Grimm, Wbch. I, 1527). Im ersten Jahre nennen ihn die Fischer Heuerling, im zweyten, wenn seine Rückenfloßen anfangen zu stechen, Stichling, im dritten Rögling. (s. Bersich.)

Die Birsch, Pürsch, Jagd durch Umhersuchen, Schleichen ꝛc. Einzelner im Gegensatz der Jagd auf dem Anstand, durch Treiber, durch Gerichte, Fallen ꝛc., oder jener Art, da der Jäger stehen bleibt und durch einen Hund sich das Wild heran jagen läßt; (mhd. birsen. BM. I, 167. Grimm, Wbch. II, 40. 549. mittellat. bersa, Parkzaun; bersare, altfranz. berser, bercer, jagen; bersaglio, das Schußziel. Diez, Wbch. 565. Vrgl. Adelung h. v., wo bürschen zunächst durch schießen erklärt wird. Landau, Gesch. d. Jagd, p. 87: Birsen, schießen, auf der Jagd, sei es mit Bogen oder Büchse, was die großen Herren lange nur sich selber vorbehielten; andern war nur das Fangen gestattet); die Birschzeit. „Der hund het das lob zum hatz und zu der pirs“, M. Beham, Cgm. 291, f. 25ᵃ. „Durch den pirsch und schlinden speiß“, Diut. II, 82. „Was für Wildpret das Jahr hindurch sowohl auf der Pirsch, als auf den Jagden gefället wird“, wirzb. Verord. v. 1736. I stêə alləwal auf der *Birsch*, trachte immerfort nach. . . Du bist ə˜ rechter *Birscher*, führst immer etwas im Schild, (Baader). birschen, umhergehend, schleichend, lauschend ꝛc. ein Wild aufsuchen, um es zu erlegen; es erlegen. Sich auf so und so viel Schritt auf ein Wild zuehinbirschen, ihm naheschleichen. „Ich kan jagen, birsen, schiezen“, Maneß. Samml. „Siu birsent und iagent“, Diut. II, 148. „Siu birsent und beizent“, das. 149. „Ener iagte, diser birste“, Helmbr. 963. „Der tag was licht und clar, das sie weder pirssen noch porsten des tags nit getorsten, weder reiten noch iagen“, Cgm. 714, f. 109. „Dere birsenten, venantium“; Cgm. 17, f. 134ᵇ. Ps. 90,3. „An deme viredage solt du nit riden iagen varn berzen“, Amb. 3, f. 181. „Der weidman pirschet gar stet ohn verdruß“, H. Sachs 1560: II, IV, 54. „berschen, properare, accelerare“, Kilian; also was jagen. „Von eim hirschen, der thet durch finstern wald her pirschen“, H. Sachs 1560: II, IV, 49ᵃ. „Dem pirschen und dem geiaid“, Cgm. 719, f. 42. „Läute, die der hirt aufpracht mit seinem birssen“, — er war auf einen Baum gestiegen, hatte ein Horn geblasen und Leute zusammengebracht, mit denen er reitend und laufend dem Wolfe nachgejagt“; Cgm. 54, f. 40ᵃ. cf. Labr. 46. 510.

v. d. Hagen's Wbch. zum Tristan. Samml. f. altd. Lit. (1812) p. 44. Holz birschen (abbürschen), es über steile Berghänge hinabrutschen, (Zir.). „Ich fand auch irre hinden verbirset wild ze mâle", Labr. 426. „So ein birsær mûset bî wilde in einer dicke, dar obe mir noch mêr grûset", das. 546. Der Birscher, Bürscher, die Birscherin, Bürscherin, (Zir.) der, die untergeordnetste unter den Dienstboten eines größeren Bauernhofes im Zillerthal und Pinzgau. zambirschen, zusammenräumen. bürschen, (im Gebirge) aufräumen. Koch-Sternfeld, S. u. B. II, 348. „III pirschocher" in Waidhofen (1316); Freys. Salbuch, f. 29b. Im Harnaschhaus-Inventar v. 1479 ist die Rede nicht blos von Pürschstaheln und Pürschbüchsen, sondern auch von Pürschstecken, Pürschstüelen.

Die Bursch, Burscht, (eigentlich die deutsche Aussprache des romanischen Wortes bursa, bourse. Grimm, Wbch. II, 546 ff. Graff III, 206. Zeitschr. II, 552,28. III, 358. 557,84. IV, 238,14. 213. VI, 412,61): 1) Börse, Geldbeutel, s. Bürsch. „Welt ir mit uns zern, so müezt ir burse legen", v. d. Hagen, Ges. Abent, LXIV, 245. 2) Verein von (noch unverheirateten) Leuten, die zusammen aus einer gemeinschaftlichen Börse zehren. 3) jeder Verein von Mannspersonen, in sofern sie unverheiratet sind, oder nicht als Hausväter betrachtet werden. „Eine Bursch Studenten", P. Abrah. „Bursch der Kaufleuten, conventus mercatorum." „Eine Bursch Soldaten, contubernium, Prompt. v. 1618. „Zehen seind alweg unter eim Zelt und in einer Herberg, Bursch und Losament gewesen", Avent. Chr. Die weiland *Bursa bavarica* in Leipzig wurde im J. 1834 zum Umbau für die künftige deutsche Buchhändlerbörse gewählt. Allg. Zeit. v. 17. Mai 1834, außerordentl. Beylage. „Frölich im Wirthshaus kurzweilig überauß war die Handwercksbursch lustig frey gesamblet von handwerck mancherley", H. Sachs 1560: IV, III, 58 (1612: IV, III, 128). Die Ruderbursch, die lose Schiffbursch, so gibt Krämer 1680 in seinem verständigen Werke über die italienische Derivation die Ausdrücke ciurma, ciurmaglia. Die naß
202 Bursch, (Saufgesellschaft), beym P. Abraham. „Geh nit zu armer bursch zu gast, so du dein speiß nit bey dir hast", Henisch. „Den Zechleuten, so im Wirthshauß ohnedas ein verwegne trunckne Bursch war", Dukhers salzb. Chronik p. 236. Im Zillerthal wird das Wort Bursch als Collectivum für alle ledige Mannspersonen der Gemeinde gebraucht. Gits denn kaə haəlouss *Burschə* nét? Und gəl' mei˜ liəbé *Bursch*, schau wiə das Schlégál duscht! so wendet sich der Zugschlägelsänger zu der ganzen mitniederziehenden Gesellschaft, s. Gramm. p. 526. Sonst ist das Wort ziemlich veraltet.

Die Bürsch, Bürschen, Bürschten wird hie und da für das sonst nicht landläufige Börse gehört; gl. i. 673: cassidile, purssa.

Das Gebürsch, 'Bürsch, in Nürnb. Metzger-Sprache: das Eingeweide. (Faselbursch, Nachgeburt, secundinae; Henisch). Der Bürschner, der das Eingeweide vom Schlachtvieh säubert und verkauft. (Vermuthlich ist dabei auf das Sackähnliche der Gedärme ꝛc. gesehen).

Der Bursch, Burscht, des, dem, den, die Burschen, wie hchd. der Bursche (des Bursches, die Bursche), (nach Gramm. 832) jeder Einzelne, welcher Mitglied einer Bursch ist, oder seyn könnte; noch im Prompt. v. 1618 steht dafür Burschgesell. Daß „Gerwich vf seinen lieben burschgesellen Theobaldum stößt", Brusch, Gesch. v. Waldsassen, Cgm. 4410, f. 4. Ein Bettelbrief der Bursgesellen in deutschen Reimen und eine Littera bursalium (latein.) im Cgm. 4284, f. 194. „Ich waiß ein frisch geschlechte, das sint die bursenknechte (Studenten) .... o du freyes bursenleben, ich lob dich für den gral", Cgm. 379, f. 129. Grimm, Wbch. II, 550. Regulae *bursales* (metricae), ZZ. 728, f. 189. Im b. Wald hat man von diesem „der Bursch" neuerdings ein Collectivum: das Burschet gebildet. 's gung *Burschət*, die jungen Leute einer Gemeinde. 's hàts neəməd thà˜ wàs dés *Burschət*, I kenn s' ó (ja) dé Schliffəln! Rank, aus dem Böhmerwald, 1843, p. 107. Kánt dés jungé *Burschət* dəhàimət blèbm, wenn's wàs à'sétzt? das. p. 246.

burschen, burschten, den lustigen Bruder spielen, mitmachen. „Von freunden und von guten Gselln, die alle mit jm purschen wöln", H. Sachs 1560: II, IV, 57. Grimm, Wbch. II, 550.

bürschen, Bürscher, s. oben die Birsch.

Burschat, s. Th. IV: Wurschat.

Der Borst (Bou'scht, Baə'scht), (OberL.) Collectivum für: Borsten; schlechtes, borstenförmiges Moor-Gras oder Heu, (ahd. porst, pl. porstir; mhd. borst, msc. und ntr., pl. borster. Graff III, 215. BM. I, 222. Grimm III, 410. Wbch. II, 246). Das Borst, die Börster, Hormayr's Wien V. B., CLXIV. „Die Pörster von den schweinen gehoren uns zu", Scheirer Dienstord. v. 1500, f. 15. Geiz börster (Geisborsten), Renner 24449. „Aufragendez hâr sam die schwein pörst" („sweinporsten", Pfeiffer), Konr. v. Megenberg 43.6. „Nim die borster oder daz har der saw", Cgm. 3724, f. 21b. „Sawberst, setae suillae", Voc. v. 1618. „Der jgel pörster scharf und spitzig deut: eigner nutz sticht umb sich hitzig", H. Sachs 1612: I, 672. Stell deiné Bèərschtər ét so übərschi, stelle deine Haare nicht so sehr in die Höhe, (Baader). R.A. də' *Bou'scht* stêt eəm ei˜ d' Höhh, er ist erbittert. (Bey dieser Form Bou'scht scheint der Oberländer an sein Bä'scht, Bart, zu denken). Der (die? plur.) Börster (Bèrschtə'), die Borste(n), (Baur). Die Borsten (Bour't·n), die Borste (aus dem plur. von der Borst; cf. ahd. borsta, bursta). börsten, sich aufbörsten, die Rückenhaare emporsträuben. borstig, adj.; (Kinder) „schlüchtisch, perstet, on alles lob", H. Sachs 1612: III, I, 489 (1560: III, I, 243). widerbörstig (Nordfranken), widerspenstig, widrig.

Der Borster (Baərschtə'), (opf.) Borstorfer Apfel, in B. Maschanzker. Grimm, Wbch. II, 245. 246. Schon das Wbch. des Schweizers Frisius v. 1556 hat: „Mordianum, Burstorffer."

Die Bürsten (Bürschtn, 'Bürdn), 1) die Bürste; 2) Collectivum von Borsten, Gestrupp von Haaren an Thieren, und im Scherz oder Spott auch Collectivum für die Haare am menschlichen Haupte. Wart I nim di' glei' bey de' *Bürschtn!* 3) mit Sumpfgras bewachsenes Rasenstück, das im Wasser oder in sumpfigen Gründen einzeln emporsteht, Horst. BM. I, 223. Grimm, Wbch. II, 551. Castelli, Wbch. 83: Das Bia'schtling, das Gras mit steifen, halbrunden, spitzigen Blättern, womit ganze Hänge des Alpengebirges bedeckt sind, auf welchen man ohne Steigeisen nicht wandeln kann." s. Borzen. bürsten, bürstnen, bürsteln, 1) wie hchd. bürsten; 2) saufen. Grimm, Wbch. II, 552,3.

Die Bürsten, (nach Gramm. 680) gemeine Aussprache für Börse.

Die Bürsten, (Pegniz) der Börs (Fisch); s. Berschling.

Das Bürstwerch (Birtwerch), (Ilm) das feinere 203
Werch, das bey'm zweyten Hecheln abfällt, das Mittelwerch. bürsten, a-bürsten (birdə˜, àbirstlə˜, àbirdə˜), adj. Oder sollte à-birt mit dem angelsächsischen a-brǣda (stupa, von abrædan, stringere; cf. bruttan bey Otfrid I, 5,17) zusammenhangen? Vrgl. auch a-champi, a-uuirchi, a-suuinga, alles schon in der alten Sprache für Werch.

---

barten, ausreichen, hinlänglich seyn; Zeitschr. II, 391,10. III, 272,26. 532,82. VI, 329,228. s. arten.

Der Bart (Bärd, Inn, Salz. Bä'scht), 1) wie hchd. 2) das Kinn, (auch vom weiblichen Geschlecht). Graff

III, 211. BM. I, 89. Grimm, Wbch. I, 1141. Zeitschr. IV, 69. česk. brada. „Clericus nec comam nutriat nec barbam, sed radat", Cod. Aug. eccl. 160ª, f. 182. „Nota quod sacerdotes radunt barbam ut per innocentiam puri videantur. sed religiosi plus radunt pilos ad ostendendum quod plus mundum debent fugere quam seculares", San-Zeno 38, f. . . . Im Cod. Pal. Manh. 77 (Cim. A. 3) sec. XII. (aus einem Kloster) f. 210: „oratio ad clericum faciendum. (. . . cujus hodie comam capitis pro divino amore deposuimus . . .). ad *barbam tondendam* . . . super famulum tuum ill. juvenili aetatis decore laetantem et primis auspiciis ad tondendum".. Cf. Cod. Aug. eccl. 213, f. 220. 221. und 217, f. 28. „Conversus, parthengst", Cgm. 1129, f. 70. „Conversus, pardtpruder", Cgm. 1130, f. 59. „Ir pert haben s (die hoffärtigen Bauern) abgeschniten recht nach den pehemischen siten", (also früher sollten sie den Bart unversehrt lassen), Cgm. 714, f. 229—230. Schembart, Schalbart, Hagebart, larva; BM. I, 90. Vollbart, wie sie seit ein paar Jahren wieder Mode sind (1850). Die Bàrthaubm, Haube der Weibspersonen, die unterm Kinn gebunden wird, Nachthaube.

Bart. Bey der Gewinnung des Erzes durch Feuersetzen im Bodenmaiß zündet der Bergmann das quer vor Ort aufgestellte Holz mit sogenannten Bärten an. Flurl, Beschreibung d. G. 269.

Der Baumbart, (Gbrg.) lichen filamentosus, besonders die bartige Fadenflechte, lichen barbatus L. Grimm, Wbch. I, 1190.

Der Bärtling, (ä. Sp.; mhd. bertinc. BM. I, 90. Grimm, Wbch. I, 1145) Layenbruder in Klöstern; barbatus, MB. III, 336. 342 passim. „Herzog Thessel mußt ein Bärtling oder Bruder werden." „Conrad von Hornstein, ein Pärdling entführt heimlich das Heilthumb gen Andechs." Avent. Chr. 324. 473. cf. v. Lang, Ludwig im Bart p. 170.

Das Bärtlein (Bártl), Vorbindtüchlein für Kinder, Serviette, Bafettlein (w. s.).

Der Bartwisch, Kehrwisch (Grimm, Wbch. I, 1146. II, 247). cf. Borwisch, abburen.

Die Barten, (Frank., Schwab.) das Beil; ahd. parta, mhd. barte. Graff III, 212. BM. I, 90. Grimm II, 228. III, 442. Wbch. I, 1143.). „Des muot besniten wær sô mit der barten", Labr. 397. Die Fleischbarten. Das Hackbärtlein. „Die von Kammer führen die Parten im Schild;" Hund I, 238. 251. Parthen, securis utrinque habens aciem, Av. Gramm.; parten, dolabrum; helmparten, cassidolabrum, Voc. v. 1445. Partaune, v. Lang, b. Jahrb. 276, ad 1293. s. unten Partaune. „Hellnparten und Seitenwern", Wstr. Btr. V, 187. BM. I, 91. Langbard, (nach Hormayr, 7 Communi) Lanze. Spitzbarten. „Ir Bawern das geht mich nicht an, ob ir gleich seyt zwen eisenfresser, tragt Spitzbarten und lange Messer", H. Sachs. Wurfbarten. „Hans v. T. wurde von einem Bauern mit einem (?) Wurfpart niedergeworfen", Gem. Reg. Chr. IV, 347, ad 1518. H. Sachs 1612: II, IV, 182.

Bártlmê, Bártl, Bartholomäus. R.A. Laurenzi tuət 'Biə'n sàlzn, *Bártlmê* schmàlzn. Wissen, wo Bartl den Most holt; cf. Grimm, Wbch. I, 1145. Zeitschr. III, 315. 354. VI, 330,417. 450. 456. s. Th. II: Most. 'Barthəlome machen (aus dem Brod), vom Brod die Rinde essen und die Brosame liegen lassen.' „Welich gest nit gern bezalen und uß dem käs machen schalen und bartholome uß dem brot, derselben gest ich gern gerot", Thierh. 77, fol. ult. Gaəsbártl, ungeschickter Mensch. Das hennebergische Wort: der Bartel für Mütze, Haube, Pelzhaube, scheint aus dem alten Baretlein zusammengezogen.

Das Bartenbirg, Bartelgebirg, Bartelbirg (ä. Sp.), die Apenninen. „Das Bartelgebirg fahet an vom französischen Gebirg und streckt sich in Brutia bis an das sicilisch Meer und hat nebenzu viel Berg und Thäler wie Gret an eim Vischrücken." „Rückt über das Parthenbirg der Statt Rom zu." „Theten sie den ersten Zug über den Wasserfluß Pfad (Padus) und Parthen- und Welschgebirg;" Av. Chron. Hist. der von Frundsperg. „An die lant stosset Tuschkan, daz mit namen ende hat alz daz bartinbirge gat", Rud. v. Montfort, Weltchron., Cgm. 578, f. 17ª. „Rex Grimoaldus pər *Alpem Bardonis* Tusciam ingreditur." „Rex Luit- 204
prandus in summa *Bardonis alpe* monasterium, quod Bercetum dicitur, aedificavit", Paul Warnefrid de gest. Langobard. lib. V, c. 27. VI, c. 58. „Par *Monbardon* s'en sont outre passé", Ami et Amile 2475. Isl. Munbard, s. Haupt's Zeitschr. I, 396. Gl. i. 808. 813: Appenninus, partun perg. Graff III, 190. (Landulfus) „ortus fuit ex *Bardorum* (l. Balthorum) stemmate clarissimo", Muratori, rer. it. scr. II, III, 286. Du Méril 272.

Der Bertram, Berchtram, eine Pflanze, anthemis pyrethrum, (aus pyrethrum umgebildet. Graff III, 349. BM. I, 106. Grimm, Myth. [2] 1163. Wbch. I, 1491. 1528. Diefenbach 437ª).

Das A'-birt, Werch, s. Bürst.

Der Borten (Bórt'n, Bourt'n, Baə't'n), Dim. Börtlein (Bèrtl), 1) wie hchd. die Borte; (ahd. porto, mhd. borte, msc. Graff III, 213. BM. I, 223. Grimm, Wbch. II, 246). 2) Band, Bändel. Der Här-borten, (Ober-Isar) Haarband. „Einen rothen golden beschlagenen Borten" vermacht Martha, Frau von Abensberg Graf Hansens Schwester, Jungfrau Elsbeten, Kr. Lhdl. VIII, 419. „Dô greif nâch eime gürtel diu hêrliche meit, eime starchen borten, den s umb ir sîten truoc", Nibelung., Lachm. 587. smirma; porte, liniprartum, geprortet"; Diut. III, 151. Die Nonnen mußten „näen oder porten dringen oder wirken an der ram", Cgm. 717, f. 98. cf. W. Grimm zu Konrad's gold. Schmiede p. 150,350. börteln, mit Borten besetzen; einbörteln, m. B. einfassen.

Die Burt, Purt, ä. Sp., Geburt, (ahd. purt, mhd. burt. Graff III, 159. BM. I, 154. Grimm, Wbch. II, 552). „Die vier unser frawentag zu der purd, zu der chündung, zu der liechtmesse und zu der schidung", Cgm. 3941, f. 201. „Ein ygleichen man, den man beklagt, der sol antwurtten nach seiner Purt, daz ist nach seinem recht, vnd nit des klagers recht", L.R., Ms. v. 1453. „Von Christ Purd", MB. IV, 467, ad 1328. „Als man zalt von Gotspurde (1339)", MB. XXIV, 85. bürtig st. gebürtig; Prompt. v. 1618. „Cuius oriundus (übergeschr. imburdich) sis patrie", Froumundi Cod. Boethii (Wallerst.-Maihingen), f. 9. Daher das auch hchd. eben-bürtig. cf. Burd.

Bertsch, Pertsch, Familienname; cf. kärnt. bir-izh, berzh (zh = česk č), Gerichtsdiener; Jarnik p. 49.

bärzen (bártz n), hervorstehen machen, hervordrängen. Si' bártz'n, sich brüsten, den Bauch, die Brust hervorstrecken. Zeitschr. IV, 69. 485. V, 39,55. 'ən Nápp'l *ausbártz'n*, den Nabel herausdrücken, (was besonders bey noch zarten Kindern durch heftiges Schreyen leicht geschieht). Einem d·Augng ausbártz'n, ihm die Augen ausdrücken bey Raufereyen der rohesten Art. parzen, (Ilr.) drücken; hölzeren Keile gegen einander treiben. Aus 5 lerchenen Drehlingen werden 28 Parzkeile gemacht. Parzach, parzig Holz, verbeizte oder beschädigte Nadelholzsträuche, Krummholzstrauch. s. unten Borzen, Borzach. VII Com. perzen, pearzen, heben, alzare; bearz-aisen, Hebel, lieva, manovella. Das Wort scheint als ein Verb. auf -ezen (Gramm. 1069) zum ahd. parran (extensum, tumidum, rigidum esse) zu gehören und mit dem folgenden borzen, factitiv börzen, identisch zu sein. Cf. Graff III, 155. 191. BM. I, 92. Grimm, Wbch. II, 247. 555: borzen, burzen. Vrgl. unten: Porz.

„Bartz, caparis", Voc. optim. p. 48 (zwischen cinomomum und cerasus); „tamariscus, bartz", ibid. p. 53. Diefenbach p. 98a u. 572c. Vrgl. Grimm, Wbch. I, 1146: Barzenkraut, 1539: Berz, II, 42: Birz.

Der Berzel, auch Börzel, Bürzel, 1) uropygium, Steiß; der Berzel, (Aschaff.) Steiß; Menschenkoth in Form einer spitzen Wurst. Grimm, Wbch. I. 1539. II, 41. 247. 554. Diefenbach 630b. cf. Borzen. BM. I, 153: bürel. 2) eine gewisse Krankheit, namentlich der Pferde; Grimm II, 553. „Infirmitas generalis vulgo Pertzel grassabatur", Clem. Sender. Chronogr. in Placidi Braun notit. de Codd. Ms. Aug. I, 9. „1387 do kam ain wetag, den hies man den burczel", Cbm. 2035, f. 83. Mone's Anzeiger VI, 257. „Bürzel oder ungenant" (Wurm am Pferd), Cgm. 964, f. 138. „Recept für den Börtzel", Cgm. 444, f. 8. „Das der Persel (bei den Pferden) dreyerley ist", Cgm. 289, f. 134 und 824, f. 8. „Dreyerlai Pirtzel" (Übel am Pferd), Cgm. 384, f. 117. „Der Pirsel ist dreierlay" (Pferdarznei), Cod. Emm. h. 3 (Cgm. 174), Vorsetzbl. „Es seint dreier Burtzel, der erst hebt sich vornen an der Nasen . . . der ander Wurm ist zwischen dem khnie und der Huef . . . der dritt hebt an dem zagel", Roßarzney, Cgm. 4855, f. 70. „Contra purczil et vermem equorum", Ind. 355, f. 275b.

borzen (bo'tz'n), 1) hervorstehen. „Der bauch jr immer fürher pürtzt", H. Sachs. 2) hervorstehen machen, hervordrängen. Die Augen borzen. Bortzauget, adj., (b. W). „Borzen, in die Höhe heben", Reinw., wirzb. Vrgl. nach Gramm. 1069 das ahd. purian (erheben), bor (sursum) und das vorhergehende bärzen.

Der Borzen (Baərz'n, Ba'tz'n, Bou'z'n), hervor und auseinander stehender Körper. Scher-Borz'n, Scher-Ba'tz'n, Maulwurfshügel. Mos-Borz'n, Erdhügelchen im Moorgrunde, Horst, Bürste. Zeitschr. IV, 208. 335. Reis-Borz'n, Baərz'n (O.Ammer), Reiswelle. „Porzholz ... Acht Schöber Pairzen", Lori, Lechrain. 416. Meich. Chr. B. II, 350. 416. 217. „Einen Schober Portzen abzuhackhen und aufzubinden 3 Kr.", Augsb. Tax von 1637, Cgm. 4905, f. 445. Grimm, Wbch. II, 247. Der *Bjätzel* (Bürzel), Haarknoten, wenn die Haare zusammengebunden und um eine Haarnadel gewunden sind, (Weihers; Dr. K. Roth). „Der pürczel", Zeichen im Fußtritt des Hirsches; Clm. 4373 (v. 1437), 117. Vrgl. Grimm, Wbch. II, 553: Burzc. „Burzen, Spottname eines klein gebliebenen Menschen. Dö *Burzen* dö znichti". Kaltenbrunner 128. VII Com. Burzprügel, kleiner Mensch, pimmeo. Das Borzach, Buschwerk; zu Buschholz verkrüppeltes Holz, das hochstämmig seyn sollte. „Parzach,
205 Staudach und Lätschach", salzb. Wald-O. 37. 56. borzig, buschicht, verkrüppelt. „Die Örtler bei Schwarzwäld so nitt fruchtbar Holz gegen der Höch tragen, sondern allein Löckach und parzig Holz der ennden wächst", ebendaselbst. s. oben bärzen: Parzach.

burzeln, wie hchd. (Grimm, Wbch. II, 555); ä. Sp. bürzen, bürzeln. „Tanzen, rayen, springen, purtzlen", Cgm. 658, f. 211½. „De choreis et curiosis gressibus. i. tanzen. raien. springen. puerzeln", Clm. 9537, f. 181, sec. XIV. „Ein kalb zum brunnen lof, schawet hinein, sich überpürczt und hin ein in den brunnen stürzt", H. Sachs 1560: II, IV, 67. „Auch klopft mit seinen füßen er unden an das brunnen gescher, unbsint er zu weit überpürtzet und hinein in den brunnen stürtzet", das. 126b. urbürczling vallen, Cgm. 519, f. 53a. Der Burzelbaum, wie hchd. (Grimm, Wbch. II, 554. Zeitschrift III, 173,72. IV, 8.214), auch Burzigoogl (Baader). burzelbæumen (burzlbámə~), vrb., einen Burzelbaum schlagen. cf. bæumen.

Die Burzelhenn, (Hauser) Henne ohne Schweif. (s. Buttelhenn und Buzelhenn). Burzweg, adv., (Hauser) ganz weg. s. wurzweg.

Burzigákln oder Burzigáugəlár, plur., (B. v. Moll, Zillerthal) Frühlingssafran, crocus vernus L.

Die Bas (Bàs), gewöhnlicher: die Bäsel (Bás'l), zuweilen: die Basen (Bàs'n) die Base, (ahd. pasa; mhd. base. Graff III, 215. BM. I, 92. Zeitschr. III, 185,48 VI, 113,1. Grimm, Wbch. I, 1147. niederd. Wase, Wäätsche. Das čech. teta, gr. τηθίς, in Form und Bedeutung das franz. tante? Wie aber engl. aunt? Diez, Wbch. 731). Im Scherz: die Birkenbäsel (Biəke~-bás'l), die Ruthe (für Kinder; wol keine Anspielung auf das schwed. basa, die Ruthe geben). Bàs Jörg, (schwäb.) ein weibischer Mann. Cf. mhd. baseman (BM. II, 35): „Ein herre sînen knappen bat, der mohte wol ein baseman (Hs. „Pazman") sîn", S. Helbling XV, 259; — wol = Feigling? Nach J. Grimm (daselbst p. 282) ein österreich. Eigenname. Básl, jede Verheiratete, besonders eine alte; Básəlé, jedes noch unreife Mädchen, (Baader). Knie-Básl, (Jir.) Geliebte. Cf. ahd. „Compositae, cesamungesazte gebahsete", Cgm. 17, f. 208a, Ps. 143,12; (h ist oft eingesetzt in diesem Coder). anbäseln (à~bás'ln) Eine, sie als Base betrachten, anreden, behandeln.

„*baseln, båseln*, sich wälzen, wie die Hühner, Zeisige rc. rc., wenn sie sich mit aufgesträubten Federn in den Sand legen, ihn mit den Füßen über sich auswerfen, oder sich die Augen daran streichen; baseln, (paseln, puseln), trippeln, Höfer I, 61. Und d'Vögə-ln (nach dem Regen) fliəgng und hupf'n z'sam kraupət und və'-rupft und *baseln si'* und butz'n si', bis s'alls auf gleich habm 'zupft", Seidl, Flinserln 1839, II, 60. 90.

Basler. „Kunst mit schwert, spieß, Basler rc. zu fechten", Cgm. 558, f. 125. 131. Die Menzendorfer „sach man grimmelechen tretten, sam die zieren siessen mit baslern und auch spiessen", d. Ring, f. 48c,34 (p. 214).

„Basseln", (im oberösterr. Mühlkreis) Liedchen beim Tanz. cf. baseln.

baß (bàs, nur mehr hie und da vor und in dem Gebirg üblich), beßer, mehr; (ahd. paz, mhd. baz. Graff III, 219. BM. I, 93. Grimm III, 591. Wbch. I, 1153. Wiə weidə' zə'n Deənál, wiə *bàs* dás 's mi' gfreut. *Bàs* auffə', weiter herauf; baß auffi, baß abi, baß umi, baß her, Lied von 1704. auf baß, höher. „Und sprach zu dem Heinzen: auf baß, du wirst dein messer im laib abbrechen. cf. ahd. hina baz, ultra, Notk. p. 260. BM. I, 94. Das ahd. herapaziro, mediocris (Graff IV, 1015) erinnert an das „nicht weit her" seyn. Fürbàs, fürschibàs, weiter vor, weiter voran; ä. Sp. fürbaz, a modo, ultra. Auf „Hans Kürbes" reimt: „hörent fürbes" (also ⏑́ ⏑) bei Mich. Beham, Wiener 180,2. Der Fürbàs oder Fürschibàs als Subst. in der R.A.: au'm Fürbàs oder Fürschibàs à~trágng oder hausn, auf, für die Zukunft sparen, hausen. In der ä. Sp. ist dieses baß weit häufiger: „Und secht, da steht der schön Prophet, der alles baß, als wir versteht", geistl. SchauB. v. 1683. „Alexander Severus hat das Griechisch baß gekündt, denn das Latein." „Mir gefällt nichts baß, denn daß die Leut zu Rom auch müßen' sterben." „Wer baß mocht, der thet baß und schub den andern in den Sack." Avent. Chr. *dest pass*, (Jir.) desto mehr. Grimm, Wbch. I, 1156,4. Man findet in der ältern Sprache zuweilen baßer. „Je baser si räffa, je baser must schmiern." der, die, das bässest, beste, (Reut im Winkel). Furbazzer (s. furbaz), MB. XX, 95, ad 1401. fürbaser, fernerhin; Urk. v. 1445 am Clm. 19487. „Ich wolt wetten das du hetst sieder kaum zehen bäum gfalt und umbgeschlagen. Auffbaß! thet Knecht Heinz zu jm sagen. Der Pawer sprach: jr sind kaum vier. Auff baß! der Heintz jm antwort schier." H. Sachs 1560: II, IV, 87. „Ain jegleich tier, daz zwai hörner hât . . . hât zwên pâuch: ainen oven . . . und den andern hinderpaz (Hs. hindenpaß"), Konr. v. Megenberg 115,22. Vrgl. Zeitschr. IV, 483. V, 252,3. Bey Gemeiner, Reg. Chr. IV, 354 steht der doppelte Comparativ: baßfailer st. wohlfeiler. baß vailer, wohlfeiler, Cgm. 620, f. 113. am baßvailesten, h. Geistspital, Ms. v. 1519, f. 42. s. beßer u. Gramm. 896. bâzên, besser werden; Tat. 55,7.

unbaß. Du bist gor so *unboss*, bist gar nicht zufrieden, (Baader). s. Grimm, Wbch. 1155,1. 1156,4.

Der Baßhart. Die Nasen messen „mit zirkel, baßhart und triangel“, H. Sachs 1612: I, 1067. s. Zeitschrift I, 95.

Die Baißber, Baisselber (Baəslbier, Baəz·lbér), **berberis vulgaris**, Sauerdornbeere, Berberbeere. „Nim der roten per dy da an dem paisselpawm wachsent, haißen paisselber“, Cgm. 170, f. 2^b. Paisselpirholtz, Cgm. 136, f. 2^a. maissol per, Cgm. 4118. f. 143. „Paiselbeer, crispinus, oxyacantha, Prompt. v. 1618; (um München) auch die B. des Schlingbaums, viburnum lantana. baißberen, baißelberen (baəslbiərə˜), adj., von Sauerdorn. cf. Bitz·lbér.

baißen (baəss·n), baizen (baətz·n), (vom alten Praeterit. baiß, baiz des Verbum beißen, s. Gramm. 956. Cgm. 4543, Clm. 5879 statt baizen, macerare, immer paissen, wie mhd. beizen. BM. I, 192. Graff III, 230. Grimm, Wbch. I, 1401 und 1410), beißen machen. 1) etwas durch eine scharfe Flüssigkeit zerbeißen, mürbe machen lassen; „Gebeizzet uuas sin (Alexanders) brunne (Panzer) in eines wurmes bluote“, Diemer, Ged. 209,10. baizen, die Milch mit Kälbermagen sauer machen. Auch figürlich: I' bin *boazt*, durch Prüfungen mürbe, klug geworden. Iətz lassmer'n hàlt əweil *boaz·n*, in der Klemme stecken, (Baader). 2) einen
206 Hund, Falken ein Wild beißen machen, den Hund, Falken auf das Wild baißen, baizen, d. h. hetzen; und metonymisch: ein Thier baißen, baizen, d. h. hetzen, jagen. „Siu birsent u. beizent“, Diut. II, 149. „Daz sie mit solchen valken baizzen“ (: raissen), Valkn. 51. „Du wollest durch tagalt baizzen“ (: kraissen), das. 67. cf. 68. 105. 129. 169. 182. „Man beize, man iage, man schieze“, Labr. 43. „Hosieren, tanzen, singen, iagen, fischen, beizen“, das. 455. „Da heißet es wol: haben wir keine sperber, so baitzen wir mit Eulen“, P. Procopius. Die Gänse mit dem Hund aus dem Klee hinaus baizen (aussi baətzn), Dtgr. „Das Hetzen und Paissen in den weiten Feldern soll ihnen unverboten seyn.“ „S. Maj. haben zu St. Leonhard gepaißt.“ Kr. Lhdl. XIV, 496. XVI, 272. XVIII, 104. (Vrgl. Lex Alam. Cl. acceptor qui aucam vel gruem *mordet*). „Depopulatores agrorum sc. verwüster segetum similiter et vinetorum et aliorum fructuum sicut paysser“, Clm. 4428, f. 123. Figürlich: hetzen, erbittern, erzürnen. Irritare, paissen, Voc. v. 1419. „Thet den vatter heftig verbeitzen auf seinen sun“, H. Sachs 1560: II, III, 122. (Psam.) „durch miet und gab das volck verreytzt, auf die eilf fursten hart verbeytzt“, das. 124. „Der Lew war gar erbaisset, und sprang auf den künen Mann“, Ing. Reime v. 1562. Auf eine Person oder Sache baißen, erpicht seyn. 3) das Vieh beißen machen, weiden lassen; Grimm, Wbch. I, 1402,3. abbeizen, verbeizen, abweiden; s. oben Iglboschen. 4) die Pferde beißen, weiden lassen, daher: absteigen, (ahd. arbaizjan, mhd. erbeizen. Graff III, 230. BM. I, 193. Grimm, Wbch. III, 714). „Er sprach, wes ich da hielte, und erbaist zu mir uf die erde nider“, Valkn. 39. „In zugab wol der (dieser, Leviathan) haißet, den von dem himmel hochfart paysset“ (stürzet, baisse?), Cod. Moll-Oldenbourg; cf. Asp. 49, f. 127. s. unten beißen, erbeißen.

Die Baiß, Baiz, 1) das Mürbemachen durch eine beißende Flüssigkeit; diese Flüssigkeit. (Gl. i. 825: confectio, peiza). Die Poas, (Ir) Beize; Poasmili', gestöckelte Milch. cf. oben baizen. Baəz wäsch·n, (Sterzing) eine gewisse (welche?) Art zu waschen. Die Teuchenbaiz, stehendes Wasser, worin Brunnröhren naß gehalten werden. 2) das Hetzen, die Hatz, Jagd; die Begierde, auf etwas loszugehen. „Swaz vogel uf der beize was“, v. d. Hagen, Ges. Abent. I, p. 470. „Hertzog Hans wartet der Paiß aus, jm war wol mit der Baiß“, Avent. Chr. 3) die Lockspeise, Salzlecke, Sulze für das Wild. 4) Biß, Verwundung (mhd. der bîz, neben biz). „Jaspis guot fur allerslahte wrmbaize“ (Schlangenbisse), Clm. 536 (XII. sec.), f. 82. Die Baize, (Oberschwaben) Vertiefung hinter den Kegeln, in welcher die Kugel liegen bleibt, (figürl. zu 1). R. A. In der Baiz seyn, in äußerster Verlegenheit. Einen in die Baiz nemen, ihn in die Enge treiben. ə˜ Baiz auf eine Person oder Sache haben, Lust, Begierde haben, darauf loszugehen, darauf erpicht, erbittert seyn. Dés is ə˜ Baəz für di', das kommt dir erwünscht, gelegen.

baißig, baizig, adj., (b. W.) erpicht, erbittert, aufgebracht; (mhd. bîzic. BM. I, 193. Grimm, Wbch. I, 1402). „Wie Gott den Menschen auf seine Gnaden könne baissig machen“, Pred. v. 1687. Mach 'ng Hund nét *bàissi*, sunst fàllt ə' di à˜. Eitz hàst mi' *bàissi'* gmacht, und êitze màg I gràd gaə' nimmə'. bássi' sein, ärgerlich sein, (Nürnb., Rath Her). „Baissig machen, irritare“, Prompt. v. 1618. zuəbaəssig, ungeduldig, begierig. Der Baißel (Bàissl), zornmüthiges, reizbares Kind.

baißelsirig, (Baur) empfindlich, reizbar. s. aißelsirig.

ausbaißen, ausbaizen Einen, ihn ausstechen, verdrängen, (Grimm, Wbch. I, 829,3). I *batz'n aus*, beiße (treibe) ihn aus; Kartsch I, 53.

überbaißen, überbaizen, auch verbaißen, verbaizen den Schmerz, ihn verbeißen, mit Gewalt übertragen, ohne zu wehklagen oder um Hilfe zu rufen. I hà' nét gmaə˜t, dás I·s *übə'baəss·n* kà˜, so wê hàts mə' 'tà˜. ə˜ Krankət *übə'baəss·n* (übə'baəz·n), sie überstehen oder vielmehr überwinden, ohne den Arzt zu brauchen, (was auf dem Lande häufigst der Fall ist). əs is *überbaəzt*, es ist vergessen, (Baader). əs werd no' ə˜ Wál hergê˜, bis mə' d·Merzerrungə˜schaft·n *və'baəzt* hàbm, klagten die Gewerbsleute zu München im J. 1850. I˜'n Wintə' wird ghoəzt, das mə' 'Kǫlt·n *və'baəzt*, Kaltenbrunner 163. „All hab ich söllent einest im jar maußen zwischen sant Walpurgen tag und s. Jacobstag . . . man mag auch die mauß des summers wol verbaissen und verhaben“, Büchlein v. Baißen (Inc. c. a. 1497), Anfang des dritten Büchleins. „Die drey wachsenden ding“ bei H. Sachs 1560: II, IV, 95^b: „Das dritt ist, wer seins gemachs sol gehn . . . und das selbig verpeißen wil . . . so wechst er ye langer ye großer . . . leßt sich nicht überposen das er pfercht in hemmat und hosen.“ „Der Ablaß konfortiert die Seele, die Widerwärtigkeiten dieses Lebens glücklicher überbaißen zu können.“ Porziunkulabüchl. In der Frankfurter Ausgabe v. 1566 des Aventin (Chron. f. 86) steht überbößen: „Achtzehn Jar auffeinander haben die Römer nicht viel sterns gehabt, doch nit verzagt noch nachgelassen, haben das Unglück mit hartem gewalt überbößt.“ „Ein junger Mann muß etwa viermal verderben, eh er das glück über böset und recht saufen lernet“, Seb. Franck, Spr. W. 1601. S. 299. „Man muß das Unglück überbösen“, das. 307. cf. Grimm, Wbch. I, 834: ausbosen, II, 256: bosen.

baißreiten ein Pferd, es, wenn es lange gestanden hat, hin und her reiten, damit es nicht überständig werde, (Baur, O.L.). Vrgl. ags. bætan frenare (to bridle from betan). Die rebus spectata juventus (Aen. VIII, 151) heißt gl. i. 790: gipeiztiu. cf. Th. III: spaßreiten.

schnê-baißeln, feine Hagelkörnchen werfen, wie gewöhnlich im März und April. Die größeren heißen Riseln (s. Th. III). poisseln hörte ich für dieses schnê-baißeln im Bade Gastein während der August-Wintertage des J. 1849. (Wol v. Pois, ein Bißchen? s. d.). „Wenn·s rengt und wenn·s schneiwt und wenn·s *schnê-baəss·ln* tuət, und wenn·s su˜st kaə˜ Buəbm git, sán' 'Grastorfə' guət.

bausen, hervorragen, schwellen. Grimm, Wbch. I, 1200. „Sind die augen klein und herfür bausent in dem haubt“, Konr. v. Megenberg, f. 26^b. „Wer sein augäpfel herfür bausent hat“, das. f. 27^b. „Wem die dyehen herfür pausent", f. 29^{b}. „Sein pauch ist finbel und bauset herfür", das. 31^{a} (Pfeiffer schreibt pauzen = mhd. bûzen: 44,12. 45,1. 49,5. 51,20; auch 43,21 und 51,27). „Das die (brüst) herfür bußen und aus dem haubtloch lußen", Cgm. 379, f. 87. (Hat sie) „zwischen irew bain ain ruchw fud gesletzet vast gebremt umb den krais, vast gebust und vorn offen", das. Vrgl. bauschen und Hauptloch.

207 Das Beßlein (Béssl, um Erding), die weiße Rübe; ahd. bieza, bioza, beta (Graff III, 233. Diefenb. 72^{b}). s. Bießen und Bätzlein.

Der Besen, Besem (Bêsn; Besamben, Zir)., wie hchd. (ahd. pesamo, mhd. beseme. Graff III, 218. BM. I, 108. Grimm, Wbch. I, 1614. Zeitschr. IV, 71. 343). „Ze liebem kinde gehœrent beseme grôze", Labr. 253. „Ir besem ist diu minne, damit sie schande von den êren schaltet", das. 251. „Die sect Gazariorum d. i. der Unholden, die bey der nacht faren vff besame, Uffengabeln, katzen, bocken und uff andern dingen", Matth. v. Kemnat, Cbm. 1642, f. 133^{a}. Unter dem besem sein; Besem slag; Wiener St. R., Art. Schuol, Cgm. 335, f. 76—77. „Kehrt das Haus mit Besam aus", Pred. v. 1687. „Mit Besamben zusammenköhren", salzb. Forst-Ord. von 1713. *Besengablüh* (Zir.), gelbes, Schneehahnenfuß, ranunculusni valis; weißes, ranunculus alpestris, r. glacialis, r. platanifolius. Der Palm-Besen, (Baur, O.L.), Büschel von kleinen Zweigen der Palmweide, nach Art eines Besens zusammengebunden, die, an einen dünnen Stab gesteckt, am Palmsonntag zur Weihe getragen werden. Dimin. das Bêsl', Muəsbêsl, Kóchbêsl ꝛc. beseln, einbeseln, vrb.; Məl ei~bês·ln. ausbesemen, (Allgäu, Kinderspr.) fig., fortschaffen, ausjagen, abweisen.

beßer, 1) wie hchd. (ahd. peziro, bezziro, mhd. bezzer. Graff III, 220. BM. I, 94. Grimm, Wbch. I, 1644). 2) mehr. Beßer her, beßer hin, beßer hinauf, beßer hinab, u. drgl. cf. baß. „Je länger je beßer verderben", (je länger, je mehr), MB. X, 342. Dés érgə't mi' no~ *bésser*. Nachər is s álləwál *béssə'* 'kemə~, sagte eine Frau, welche dem Arzt von ihrer Krankheit erzählte, anstatt: dann ist der Schmerz immer größer geworden. R.A. Auf der Beßerhand seyn, (von Kranken) besser werden.

beßern (béssə'n), 1) wie hchd. (ahd. pezirôn, mhd. bezzern. Graff III, 223. BM. I, 95. Grimm, Wbch. I, 1647). 2) vermehren, erhöhen. Der Verkäufer verlangt vom Käufer, daß er sein Anbot beßere, oder sich beßere. Du muəst *di'* no~ gueting *béssə'n*, bis mə' zsámkemə~, bis wir Handels eins werden. Béssə' di'! heißt es bey manchem Kartenspiel, d. i. verdopple den Einsatz. Ein Gebeßertes (Béssə'ts, nemlich Spiel) ist eine solche Partie, wo Einige oder Alle den Einsatz noch ein oder mehrere Male geben mußten. Übə'n Lô~ muə' mə~-r-á·no~ə~ *Béssərum* gébm, (b. W.) d. i. Brod, Mehl oder Früchte. 3) (Franken) den Boden beßern, ihn düngen; die Beßerung, Düngung. 4) ä. Sp., büßen. „Ainen peßern nach genaden an leib und gut." „Darnach sol man in beßern nach genaden und nicht gar verderben", MB. II, 111, ad 1400. XVIII, 94, ad 1317. „Den ungeratn peck, der puzz nicht fürchtet, will man an dem leib pezzern und straffen, und wen derselbn peckhn einr dreistund puzzwirdig wirt, den legt man hintz dem schergn, biz der rat ainr pezzrung oberain kumpt", Münchn. Magist. Verord. v. 1468. Wstr. Btr. VI, 148. Einbeßern, zur Fortführung einer Wirthschaft ꝛc. von seinem Vermögen zusetzen, einbüßen. Fertn hàbm 'Traədkipperer bráv gwungə~, huiə' künnə's widər éppəs *ei~-béssə'n*. Wál I dà bi~, hàn I scho~ zwaənzg Guldə~ *ei~béssə't*. Sei~ Gsundheit *ei~béssə'n*. s. baß und Bueß.

beißen, wie hchd. (ahd. pîzan, mhd. bîzen, Prät. beiz, ä. Sp. baiß. Graff III, 228. BM. I, 192. Grimm, Wbch. I, 1399). 's hàt mi' 'Bermuədə' *'bissn*, ländliche R.A., ich habe die Kolik. s. Bermuetter. Gebissen heißt (nach Waller) ein Rind, von dem ohne sichtliche Ursache eine Gliedmaße, nach und nach der ganze Körper in Brand übergeht, (nach B. v. Moll, im Zillerthal) eine Kuh, an deren Euter man bemerkt, daß es auf einmal gewaltig aufschwillt, sich dabey entzündet, ganz roth wird und hart anzufühlen ist. Man hält den Biß von gemei- 208
nen, von Spitz- oder von Schermäusen, selbst von Eidexen, Zaunkönigen und Wieseln für die Ursache dieses Uebels. Daselbst nennt man Beißwürm die Vipern, von welchen die Kühe nicht selten in die Euter gebissen werden. „So ainen ain spinn peysst, recipe" . . . Clm. 5036, f. 152. cf. hecken. R.A. Etwas beißen künnen, viel davon essen, trinken, überhaupt genießen; fig. es meistern können. 's Biər kü~mə' *beiss'n*, das waəst ja von ê, Pinzgauer Wallfahrter. Mègst əs *beiss'n*, ironisch: nicht wahr, das wäre dir gelegen. Die allgemeinere Bedeutung des Essens, Genießens zeigt sich auch in Biß. s. unten: Anbiß, Imbiß und Zuebiß.

beißen, ä. Sp., kämpfen. Enterben konnte (nach dem reform. L.R. v. 1518, Tit. 49, Art. 5) der Vater einen Sohn, „so der Sun ain Katzenritter wære oder desgleichen sich understanden hette, mit andern Thiern zu peyßen und zu fechten." cf. baißen (hetzen).

anbeißen, ä. Sp., frühstücken (Grimm, Wbch. I, 292). „Bis sy den wagenknechten zw morgen anzepeyssen gibt", Scheirer D. O. von 1500, f. 39. „An der aschermitwochen beißen sie fruo an", Cgm. 234, f. 126. Ao. 1581 ist das h. Abendmahl verboten „allen den die nicht nüechter sinndt und anpissen oder etwas getrunckenn habenn", Cgm. 4359, f. 35.

ausbeißen. „Das Ausbeissen der Steinkohlen. Wir haben die Steinkohlen bey Gmund an eben der Ostseite zu Tage ausbeissen gesehen", v. Schrank, bayrische Reise p. 199. Dieser technische Ausdruck kann nicht wol mit der gewöhnlichen Bedeutung des Verb. beißen vereinbart werden. cf. Grimm, Wbch. I, 829,4. Das Promptuar. v. 1618 hat: umb sich beist die krankheit, das übl ꝛc., serpet hoc malum longius.

enbeißen, ä. Sp., etwas zu sich nehmen, essen, trinken (ahd. inpîzan, mhd. enbîzen, eines Dinges. Graff III, 229. BM. I, 194. Grimm, Wbch. III, 446). „Jesus gie eines samztages in eines fürsten hauz der pharyseorum enbizzen", Cgm. 66, f. 57. „Aines dages braht man jm arwaiß, und e daz er ir ye enpaiß, sprach er, er het ir ain genug", M. Beham. Wiener 128,30. „Er aß nur kraut vnd haber prei, kains flaisch er selten da enpaiß", das. 386,14. „Ich hân alhie gebrâten ein kost, diu weideliuten sol behagen, sprach er ze mir, ich wæn daz du noch faste, du solt alhie enbîzen", Labr. 271. „Urteil sullen die schöpfen vastende vinden. Wer enbissen ist und spricht uber menschen leip, der wirt schuldig an dem menschen", Schwabenspiegel, Cgm. 553, f. 33^{b}. „Wir sein enbizzen und du rastest noch", das Jüdel, Hahn 130,76. „Ir sult enbeizen mit mir", Kindh. Jesu, Hahn 89,12. 96,29.

sich verbeißen, (von angeschossenen Enten) unters Wasser gehn, daß man sie nicht finden kann, (Heppe). Vrgl. die R.A. Ins Gras beißen, mordre la terre, la poussière; Grimm, Wbch. I, 1399. Wackernagel in Haupt's Zeitschr. VI, 289. s. oben baißen). „Ich peißet nider zu dem wunnicleichen weib und pat sy zu mir sitzen", M. Beham, Cgm. 291, f. 180. „Sie erbeizten an die heide", Gudr. 781,4. „Do erbeist er zu der erden, herr Saul, der Weigandt", Ingolst. Reim von 1562. Diese Ausdrücke ähneln wol dem Sinne nach dem alten irpeizan, descendere (gl. i. 213. 242. 367), allein nicht der Form nach; denn sie müßten ai (aə) statt ei haben. Cf. Kilian: „beeten, descendere." „Als hi daer quam, hi beette tehant ende hieft dat ors bi den breidel genomen", (Blommaert,) oudvlaemsche Gedichten I, 23,1917. 121.

Der Beiß, (O.L., Baur) Hautausschlag von kleinen Bläschen, die ein empfindliches Jucken und Beißen verursachen; die Beißen (Reut im Winkel). „Vor dem Beis weder Tag noch Nacht Ruhe haben", Beschr. des heilb. Hailbrunnens 90. Voc. v. 1429: morphea, müselsucht vel pis. Der Kindbeiß, ä. Sp., pediculus. „Pediculus haizt aigencleich ain füezling. daz ist ain leuteswürml oder ain kintpeiz", Konr. v. Megenberg 305,16; die kintpeizen, das. 114,14.

Der Beißbeiß (⏑–) Schreckwort für Kinder; vrgl. gl. i. 110: manpizzo, ambro.

Der Beiß. Nach ansp. Verordn. von 1735—1738 über Schweinszucht, sollen die Gemeinden zur Haltung schöner Beisen oder Eber angehalten werden.

Der Anbeiß (A~beis), Appeis, (Schliersee) Art Bars oder Börs, perca fluviatilis. s. Appeis, unter Ap.

Der Beißer, (nach v. Delling) dicker, meist gekrümmter Prügel, mit dem die Aufleger bey Salzzügen dem Schiffseile, und andre Arbeiter den Lasten auf der Erde durch Unterschieben forthelfen; (nach Nicolai's östr. Idiot.) Hebebaum, Hebel; Castelli, Wbch. 72.

Die Beiß, Kraut, Kohl; Grimm, Wbch. I, 1399. Diefenbach 72b. „Beta, beiz, remisch chol", Clm. 5877, (XV. sec., 1449), f. 103. s. Bießen.

Das „Beisl", so nannte mir Kaltenbäck 1839 in Wiens Vorstädten diese und jene Kneipe. Castelli, Wbch. 279.

bisen, bisern, (vom Rindvieh) wie toll hin und her laufen mit aufgestelltem Schwanze; es geschieht dieses
209 besonders bey großer Hitze, wenn die sogenannten Nisser, eine Art Bremsen (gl. a 655. o. 112: biseuurm oester), sich an die Haut desselben setzen und stechen. R.A. Es stet im (ir) an, wie einer alten Kue das Bisen. „Das rot hoch wildpret darf man schießen. die oben auf den baumen umb piesen", H. Sachs 1612: I, 854. ə~ Bisfluigng, (b. W.) bissige Person. cf. „bisen, zerren", (Tir., Lechthal); Staffler I, 111. „bîseln, sich üppig bewegen", (schles., Weinhold). Ik bieẞede furt (rannte fort; Waldeck), Firmenich I, 328,78. Ahd. pisôn, mhd. bisen. Graff III, 216. BM. I, 168. Grimm, RA. 610. Reinh. Fuchs p. 373,531: bismânôt. Wbch. II, 3. 46. holl. biezen. Zu vergleichen etwa das böhm. bezeti, poln. biedz (laufen). Kärnt. besljáti, besati (s = česk. z), fliehen, wie das v. Mücken geplagte Hornvieh; Jarnik, unter beg (Flucht), p. 51. česk. běs, (Hunds-) Wuth; Teufel; běsny wüthend; běsněni, das Wüthen; Kollar, Cestopis 223. Kopitar: carn. bisljam, sbisljam a bódem, pungo. Krainisch bislám kann wol von beshim sein, (Kopitar). Vrgl. Zeitschr. II, 125. IV, 164. 204. 488,7. V, 51. 66,80. 144,49. 485. VI, 27. 431,111.

Der Bisant, Aurochs; Hund, Stb. I, 40; bison, tis; griech. βίσων. In der ahd. Sp. ist uuisunt, mhd. uuisent, bubalus (Graff I, 1078. Grimm, Gesch. d. d. Spr. 429. BM. III, 771). Vielleicht identisch mit dem alten Mannsnamen Uuirunt, Wirnt.

Der Bisant, mhd. eine byzantinische Goldmünze (BM. I, 167). „Videt inter alios denarios *bisantium* aureum, parvum et multum pulchrum et rotundum", Clm. 9528, p. 368, sec. XIII. „Dem Priester für die Seelmesse geben ainen peysant und ain phait und ain niwe pruch nach des hanses gewonhait", Hospitaliter zu Jerusalem, Clm. 4670, f. 81. 82.

Die Bise, der Beiswind, Nordwind, boreas, auch Ostwind, eurus (ahd. pîsa, mhd. bîse. Graff III, 216. BM. I, 168. Grimm III, 390. Wbch. I, 1398. Diez, Wbch. 54). „Eurus das ist bysa in dütsche", sec. XIV., Mone's Anzeiger VIII, Sp. 405. „Eurus, bisa", Diut. II, 116.

Biseß, Bisez, ä. Sp., obsidio; s. Th. III: sitzen.

bis! sey! (L.G. Weilheim, Werdenfels). *Bis* hauslə! (zum weinenden, schreyenden Kind) sey still, sey ordentlich! „Halt still, pys frum und mach mit", A⁰. 1517, Lipowsky, Gesch. d. b. Crimminalrechts p, 175. „Gegrüezet pis Maria!" — ave Maria: Scheftlar. 229, fol. ult. „Maria bis gegrüeßet! dein zartleich hochgelobter nam vor allen dingen süeßet", Münch. v. Salzburg, Ave Maria, Cgm. 715, f. 133. „Gott pis gelobt ewigleich!", Clm. 511, f. 86, sec. XIV. „O Maria, biß bei meinem tod!" läßt die Chronik in Freyb. Samml. I, 112 den sterbenden K. Ludwig sagen. „Maria pis uns genädig", an der Martins Kirche in Landshut. „Bis uns Gott willkommen!" ältere Begrüßungsformel. „Da bis her, und lege dich eine Weil unter den Baum, und sperre das Maul auf", Handw. Ceremonial p. 196. 702. Bis sorgfältig, fac cogites, D. v. Plieningen. s. Gramm. p. 356. Grimm, Wbch. II, 41.

biß, adv., bis (mhd. biz. BM. I, 191. Grimm, Wbch. II, 42. Das schwed. till och med deutet bestimmter an, wie weit, als das bloße bis). pizher; pizdaz; MB. XVII, 317. 318 und passim. „Leinet er sich biz er bequam", Wigalois 5796. Vermuthlich aus bi daz zusammengezogen, cf. Otfr. I, 22,53. Graff III, 12. 232. „Bedaz der videlære die rede do volsprach", Nibelungen, Lachm. 2111. cf. unz, hinz.

Der Biß (Bis), wie hchd.

Der Anbiß, Frühstück oder Zwischenmahl. (Graff III, 229. 231. BM. I, 193. Grimm, Wbch. I, 296). „Ob ein Gast kein Mahl ißt, sondern eine Richt oder zwo als zu einem Anbiß", Kr. Lhdl. XVI, 411. Voc. v. 1429: jentaculum, morgenprot, anpis. Der Inbiß, Imbiß (Immis, Immes; Frank., Schwab.), Zwischenmahl, goûter; in der Schweiz: das Mittagsmahl. (mhd. daz und der imbîz, imbiz. Graff III, 231. BM. I, 194. Grimm, Reinh. p. 105,175). „So du machest einen imbeiz oder ze ezzen", Cgm. 66, f. 58. 59. „Der sterbe werot von morgen hinz enbis", Griesh. Pred. II, 28. „Hat sinen snittern ainen imbis berait . . . und wolt den enbis den snittern bringen", das. 109. Z'Imbiß (z'imməs) eßen. Daher auch substantive das Z'imməs. „Das Zimes war müchleinet worn", H. Sachs. Kero: thaz imbiz, refectio, (cf. gl. a. 392. 446: gustare, inpizzan). s. Th. IV: das Zimmes. Der Urbiß (am Apfel; was man vorweg beißt? vrgl. Uräß.), ä. Sp.; „arulla, urpiz", Semansh. 34, f. 205. Diefenb. 52b. Vrgl. Knie-biß und Bitz. Der Zuebiß, was zum Trunke oder zu flüßigen Speisen an festen genossen wird, z. B. Lebzelten zu Honig, Kuchen zu Brantewein, Käse zu Butter oder zu Rahm. „Butter in Rahm gebrockt und Speck zuegebißen ist ein fettes Essen", Pangauer Sprichw. 's Vorəməs (= Vor-Imbiß), Frühstück, (Sterzing).

Der Bißen, wie hchd. (ahd. pizzo mhd. bizze. Graff III, 230. BM. I, 193. Grimm, Wbch. II, 47. 48. 50). Das Bißlein (Bissl, Bissə-l, Bissál). Nét ə~ *Bissl*, kaə~ *Bissl*, nicht das Mindeste, nicht im Geringsten. Zeitschr. IV, 204. V, 470. 106,9.

Der „Bißen, cuneus", Keil, Onom. v. 1735. „Den Stain in der Büchsen mit Bissen von aichenholz verbissen", Anhang zum Vegetius, Augsb. 1529.

Das Biß, (Gramm. 485) das Gebiß. Grimm, Wbch. II, 49. ə~ rèchts *Bis*, bissige Person. aufbißen, einbißen (ein Pferd), ihm das Gebiß abnehmen, anlegen.

Bißgurre, ein kleiner Fisch, cobitis fossilis, Wetterfisch; auch Beißger, Beißker, Steinbeißger (Grimm, Wbch. I, 1402 f. II, 50. „Die Pißgurn auch nie recht gut zu essen wurn", H. Sachs 1560: II, II, 111b. Fig. eine zänkische Person; Castelli, Wbch. 85.

bißig, adj., beißig, böswillig, zänkisch. Grimm, Wbch. II, 48.

Die Bießen, Bießten, beta cicla L., weißer Mangold, Mangelkraut, eine Art Rübe (Rahne), von welcher blos die Blätter in der Küche verbraucht werden, und die man an einigen Orten (z. B. im Zillerthal) namentlich: 210
grüns Kraut, auch wol Kol, Bießkol, Beißkol

nennt. Niedersächs. Beete, womit vielleicht das hie und da übliche Béssl, Bätzl für weiße Rübe zusammenhängt; ahd. bioza, bieza, beta; mhd. bieze (Graff III, 233, BM. I, 117. Grimm, Wbch. I, 1245); kärnt. pesa, Mangold, pésje, Rothrübe; Jarnik p. 59. „Zu zwiualn pflantzen und biessen", Scheirer DienstO. von 1500, f. 38. „Recipe die herczpletter von rotten und weißen piessen zwischen unser frauen tag", Clm. 5036 (XV. sec.), f. 161. „Im Hornung. Enten und gens soltu meiden und Biessen, wiltu nit kumer leiden", Inderst. 91, f. 169. „Beta, beischöl", Ind. 418, f. 138. „Beta, bizchrut" Clm. 17403, f. 25. Bießen wurcz, Cgm. 4543, f. 87. „Beta, biezz vel mangolt; betacius (hortus), piezzgart;" Clm. 5685, (XV. sec., 1412), f. 42. Diefenbach 72b. s. oben die Beiß und unten Bischof. Der Bießgarten, (Ilm) Gemüßgarten.

erbießen, Prät. erboß (?), s. erbrießen.

Biskotten (Bischko'n), biscotto, biscuit, Zwieback (vom Zuckerbäcker). „Ein Stingelein Piskotenbrod", Lob- und Trauer-Rede auf Max von Panzel. „Das Himmelreich ist gleich, sagt Christus der Herr, einem Saurteig und nicht einem süssen Biscotten-Teig", P. Abrah. Grimm, Wbch. II, 46. Diez, Wbch. 57. s. unten Bischotten.

bœs (bês, opf. bèis), 1) wie hchd. böse (ahd., noch selten: pôsi, mhd. bœse. Graff III, 216. BM. I, 224. Grimm, Wbch. II, 248. Zeitschr. IV, 208. Ob pôsi deutschen Ursprungs? Grimm I³, 100). 2) Mitunter kommt das Wort noch in seiner ältesten Bedeutung, nemlich für untüchtig, schlecht, nichtswerth, vor. ə˜ bös's Meßer, das nicht schneidet. O.Pf. ə˜ bèis's Bêiə', schlechtes Bier. So MB. XII, 167: Und zwai tagwer wizmatz für das hew weder aus dem pesten noch aus dem pösten." „Ein böser Man", d. i. ein feiger (κακός), Iwein. „Man gert ie mer des besten dan des bœsten", Labr. 565. „Als vil der chas ye edler (elter?) ist, als vil er ye pöser (ungesunder) ist" Cgm. 4543, f. 199. „Daz er gerohte mit bosen tuchelinen gewindelt werden", alte Predigten, Ms. Vrgl. Notk. Ps. 23: pôsin, infirmum; 77,66: posheit, vanitatem; gl. i. 569: giposi, hebes; 533: gebosiu, frivola; 967: giposer, ineptus, inutilis; gl. a. 57. 212. 525. 528. 570. 695: bosa, giposi, gebose, nugae, naeniae; gl. i. 669: bosiling, nugax. Hiernach würde unser jetziges Posse mit bœs zu vergleichen kommen. cfr. Bössen (verkrüppelter Baum). Indessen scheint Otfrids (Epilog. 280) thiu bosa und bosheiti (IV, 4,66) in schlimmerem Sinne genommen.

Die Bœsdiern, (Pinzgau), Bésdirn (⏑ ́), unverheiratete Weibsperson, Jungfrau; vermuthlich als Gegensatz der bey Avent. (Chr. f. 507), Hund (Stmb. II, 375) und Andern sogenannten gueten Diern. (cf. Schmid, schwäb. Wbch. p. 246); oder = Best-Dirn? Vrgl. „De nocte ibat cum mulieribns, quae vulgariter dicuntur *res bonae*", Poll. 46, f. 32b.

bœslich (bêslə'), (Ob. Loisach) in böser Absicht: I hà's nét *bêslə'* 'tà˜; (Ob. Inn), übel, schlimm, arg: Dà is mə' rècht *bêslə'* gschegng. Di Theurung hat 's Land recht *bösle'* hergnummə˜. əs hàt mə' *bösle* 'trámt. Dà hàn ə mə' *bêislə'* 'tà˜ (b. W.). Vrgl. BM. I, 225. Grimm, Wbch. II, 260. Zeitschr. IV, 484.

bœslustig. „Daß sie (die beeden Brüder) niemands mehr gegen einander in Unwill noch Unfreundschaft, wie Staufer böslustiglich gethan, bringen soll", Ldtg. von 1516, p. 352.

bösen, bösern (bous'n, bousə'n), (Chiemgâu) zornig seyn, werden. Schau, wiə-r-ə' *bouse't* widə'.

verbösen, a. Sp. (zu Nr. 2; mhd. verbœsen. BM. I, 226. Graff III, 217. Grimm, Wbch. II, 256), in schlechten, unbrauchbaren Zustand versetzen, beschädigen. „Ein hantvest ganz unverbost, und an allen stetten ungemaligt." „Brief und urchunde ganz unverpast", MB. V, 42. 62. Gl. o. 259. 269: verbösen, enervare, emollire; a. 9: ih ferboson, depravor. Voc. v. 1429: pöseren, depravare.

Die Bôshait (Boussət), Zorn, Haß; Bosheit. Sie Boshait! Sie Boshait, Sie porzellanene! Ausdruck, womit minder geistreiche Personen des Mittelstan- 211
des scherzhafte Galanterien von Personen andern Geschlechtes zu erwidern pflegen. cf. gl. i. 5. 48: giposheiti, nugae. Bey Notker, Ps. 23 heißt (nach Nr. 2) in bosheite, in vano.

-boß (-bous), -bas, -bis, in: Kniebos, Kniəbous, Kniebas, s. Knie. Grimm, Wbch. II, 267.

Die, der Bößen (Bosn, Boussn), Büschel geriffelten Flachses, (bey Adelung: das Bündel). Sechzig Bößen machen eine Schœt (Schêid). bößeln, anbœßeln (bouss'ln, à˜bêssln, à˜bêissln), den rohen Flachs, um ihn in die Rœz und wieder heraus zu thun, in Büschel binden. Grimm, Wbch. II, 265,4. cf. gl. i. 12: stipula lini, bozon, und franz. botte (de foin etc.) Graff III, 233. BM. I, 230. Grimm, Wbch. II, 268. Zeitschr. IV, 494. Vilmar, hess. Idiot. 48. Brem. niedersf. Wbch. I, 124: en Boot Flaß.

Der (das?) Bösmitz, stupa; Grimm, Wbch. II, 261. „Den flachs vnd bösmitz zeuh auch aus, riffel jn vnd mach püschel drauß", H. Sachs 1612: I, 855 (1558: I, 424).

Der Boß, Boßen, kurzer Stiefel, Bundstiefel. (Grimm, Wbch. II, 268. Diefenbach 154c. „Boßen, ocreae humiliores neque ad genu omnino pertingentes, cujusmodi sunt eorum qui religionis erga Compostellam aut alio longius peregrinantur", Henisch 1616. „Posz oder schuch, der hoch und oben weit ist, obstrigilis", Voc. v. 1482. „Cothurnus, Stifel biß an den waden, Pößle", Frisius. „Bosscuch, coturnus", gl. a. 805. „Sumelichen zwain siechen zwene pozschw", Regel des Spitals zu Jerusalem, Clm. 4620, f. 84. 95. „Und wolt meinen knechten schneiden zu Possen und lakaisch schu", H. Sachs 1612: I, 1007. Vermuthlich das romanische botta. „Contentus duobus *bottis* hiemalibus", MB. XIII, 141. 181. „Coturnus, bote", Diut. II, 209. cf. Diez, Wbch. 64.

Das Bößl. „Die Cureten trugen Söckel oder Pantoffel und Peßl", Avent. Chr. Durch eine Kleiderordnung von 1626 (Westr. Btr. IX, p. 295) werden „die Cardewonischen Schueh und mit Seiden abgestöpte weiße Bößl, auch Stöcklschueh von Gold gänzlich verboten, hingegen die Schueh- und Weiberpäßl vom gemainen Lederwerk ohne Rahmen" zu tragen und zu gebrauchen erlaubt.

Der Boß, Mühlknecht ꝛc., s. Poß.

Der Bössen, (Ilm) verkrüppelter Baum; cf. Butt, Böz, bœs 2. und Argen.

bößen (bouss'n), stoßen, klopfen, schlagen, bläuen (ahd. pôzan, mhd. bôzen. Graff III, 232. BM. I, 190. Grimm, Mythol.² 475. Wbch. II, 268. Kilian: booten. Vrgl. Zeitschr. II, 84,18. III. 394,36. IV, 483. V, 52. 160. 531. II, 4. VI, 51). Beym Schmárákeln einen Kegel herausbößen. „Bozzen oder scheiben mit chugeln", Gem. Reg. Chr. II, 189. „Kuglen und bossen macht ungeräten lewt", Cgm. 270, f. 75 und 379, f. 38. „Also wil sich yeder dem andern genößen, er gewins mit kegeln oder pössen", Cgm. 713, f. 238. cf. scheiben. An die Thür bößen. „Da diu helle nu sach, daz unser herre zwiero hat gebôzot (an der Thür) do sprach si: . . . wer ist dirre êrin kunech?", Griesh. Pred. II, 148. „Daz ist der zarte got, dem solt du zehant vrolichen ûftuon, daz er iht lange mueze bœzen an der tür dinez herzen", das. I, 139. „Do quam bozzend an die tür Nathan", Cgm. 578, f. 214. Der Kerl *boußt* im Haus rum. Der Wind hat die ganze Nacht *geboußt*, (Aschaffenburg). „Man hörte . . . ûf sumber sêre bôzen" (tympanisare), Gudr. 1572. Obst, Aichel, Ber ꝛc. bößen, abbößen (vom Baum schlagen). Einen Korb, einen Sack ausbößen. Schäub bößen, Garben, eh sie noch aufgelöset sind, überdreschen. „Mit dröschen und bossende", Schilter zu Jac. v. Königshofen p. 758. „Ob ich etwenne korn ûf dem tenne mit drischelen ûzgebiez („ausgepieß"), od ob ich stecken ie gestiez", M. Helmbrecht 317. Einen recht herbößen, abprügeln. „Die pruoch die zugens ym do ab . . . und pößten seinen hintern hin an eim paum", d. Ring 36ᵇ (156,5). „Die Weiber würden mich sonst arsbosen und etwan in d Halsscheißen stoßen", sagt Eulenspiegel bei H. Sachs 1560: V, 370. Grimm, Wbch. I, 566. „Auf daß ich hab vorm narren rhu vom schlagen, rauffen und küboßen", sagt die Frau bei H. Sachs 1560: V, 407. Gl. a. 359: paozenti, tundentes; i. 27: contuderis, pozzist. Der Bößel, was Bläuel. Bluel oder poßel, metellus, Voc. von 1482. Vrgl. Adelungs Poß-ekel (Schmidhammer). Gl. a. 521. 565: steinbozil, lapidicinus. Grimm, Wbch. II, 268. cf. Böschhei, Fallhammer; Firm. I, 501,75. „Spiler, raßler, topler, waler, bosser und kugler unrecht treiben"; d. Teufels Segi (Barack 425,13321). „Mutuantes ad tales ludos, kugler, böser, waler, kegler et huiusmodi", Clm. 4428, f. 123. „Geflügelt bößkugel sie hetten", H. Sachs 1612; I, 1041. „Stein (Hagel) als die poschugel", Cgm. 259, f. 126ᵃ. „Wart geschossen ain püchsen stain als groß sam ain poßkugel", M. Beham, Wiener 378,28. „Mit sinen boußelrunnen Büke" (kugelrunden Bauche), Minden, Firmenich I, 257,70.

Der Anbôß (A˙~bous), der Ambos (ahd. anapôz, mhd. anebôz. Graff III, 232. BM. I, 191. Grimm, Wbch. I, 277). anapoz, incus; gl. a. 383. 564; anpaas, MB. XXV, 371. Anpost, Lori, Brg. 477. Vrgl. mhd. anehou, BM. I, 722.

Der Beybôß, Beypôß, Beifuß, s. oben beij.

Der Kniebôß, s. Knie.

Der Tennbôß (Tennbous, b. W.), Körner, welche beym Abladen des Getreides auf die Tenne fallen. s. unter Tenn.

Der Busant, Busart, Falke, (BM. I, 285. Grimm, Wbch. II, 576). „Dem reiger nach der busant gerne mûset", Walkn. 84.

busereinen, stinken; Grimm, Wbch. II, 569: „Die ist bucklet, so bin ich hincket, sie busereint, so bin ich stincket", sagt der Teufel von sich und seiner Frau, H. Sachs 1560: V, 343 (1612: V, III, 10). s. oben: -einen.

'Der Buseron, (?); Grimm, Wbch. II, 569: mendax, ital. bugiardone? oder concubinus?' „Stack voll hurischer lieb, war ein wuchrer und buseron", H. Sachs 1560: IV, III, 91 (1612: IV, III, 196). Diez, Wbch. 76.

überbößen, s. überbaißen.

bussen, küssen, (schwed. pussa, engl. to buß; Danzig: possen; mlat. basiare, it. baciare, fr. baiser. Ma *bossa* unica sare, die Mutter küßt ihre Kinder, indostanisch, s. Rüdiger, N. Zwchs. p. 64. Grimm, Wbch. II, 570. Zeitschr. III, 171. IV, 499. V, 254,60. VI, 527,4,4. Diez, Wbch. 35. cf. Firmenich I, 365. 442. 455: niederd. büssen, bützen, küssen; 365. 437: Bützke, Küßchen; 92,37: Puß). Das Busslein (Bussl), Busselein (Bussə-l), der Kuß; Art süßen Backwerks (Baur). ə
212 *Zwicke~-Bussə-l*, schon von Tibullus (II, 5.) erklärt: natusquae parenti oscula comprensis auribus eripiet. busseln, (bussə-ln), vrb. iterativ. „Magdalena wasch die Füß Jesu mit Thränen. So lang die Welt stehet, hat nie ein Weib ein solche saubere Wösch zugericht. Sie kust und bust die Füß und macht, daß das bussen und büssen eines werden", P. Abraham. „Habt ihr vergessen so vieler tausend Busserl, so ihr von denen mütterlichen Leffzen habt eingenommen?" idem, p. 175. Das Busshändlein. Einer Person ə~ *Busshäntl* gebm, seine Hand, die man vorher inwendig geküßt hat, derselben darreichen, (von Kindern).

Der Buesen, 1) wie hchd. Busen, sinus (ahd. puosam, puosum; mhd. buosem, buosen. Graff III, 218. BM. I, 280. Grimm, Wbch. II, 563. gl. a. 83. 269: buasum); doch in dieser Bedeutung nicht ganz gemeinüblich, (b. W. Bous'n); 2) die, den Leib oder irgend einen Theil desselben fest umgreifende Einfassung eines Kleidungsstückes, bey Adelung: Preis, Preise, Prise, ourlet. Zeitschr. IV, 102,10. 498. Der Halsbuesen am Hemd; Hemdkragen. Der Hosenbuesen, der Bund oder Gürtel am obern Ende des Beinkleides; das Büeslein, am Ende des Hemdärmels. „Der buosem was gerizzen wît gein der semehe (dem hemede? Haupt: dem smocke, interula; Grimm III, 447) vor, dâ inne slöblîch truoc enbor zwei hiufel (Hs. heufel; Wangen und Hüften? Hübel, Hüfel, Häuflein = Brüste) „tratz" eben gedræt. Der dâ zwischen sehen bæt von Zwetel einen münich guot, er gewünne zuo der werlde muot", S. Helbling I, 1108. Früher heißt es von der Schönen: „Si het zwei antlütze ob einander wol getân." Vrgl. Büeßlen unter Klaid. „Er kauft ir ein puosen süeßes prot", Cgm. 379, f. 157. '(Hieher? oder zum vorigen Artikel? s. Bußlein.)' R.A. „Du (Reuter) manchem hast in busen blasen, das jhme aus drang der angstschweis" (auf der Straße berauben), H. Sachs 1612: II, IV, 9. IV, III, 124. „Sie hat mich gar lang thun fatzen; ich hoff aber, das gspött werd jhr in busen rinnen" (wieder bezahlt, gerochen werden), das. 1560: V, 367 (1612: V, III, 62). cf. Grimm, Wbch. II, 566, c. einbüeseln, mit einem Buesen oder Büeslein versehen. Diese Bedeutung ist nicht recht mit der von Buesen (sinus) zu vereinbaren; sollte es als Bueßen zum alten bozzo, buzzon, bozon (gl. a. 19. 684: sarcio), Otfrids (IV, 28,7) giboson (assuere) gehören?

Die Bueß (Buəss, opf. Bouss), wie hchd. Buße (goth. bôta, ahd. puoza, puoz; mhd. buoze, buoz. Graff III, 227. BM. I, 281. Grimm IV, 245. Wbch. II, 570). Ueber der jetzigen theologischen und juridischen Bedeutung (1. poenitentia und 2. poena) ist die frühere 3. der Beßerung (emendatio, satisfactio, Vergeltung, ποινή) etwas in den Hintergrund getreten. „Nott und arbait leidest in diser stunde, es wirt dir aber schier buß", Cgm. 312, f. 30ᵇ. Einen buoz tuon eines dinges, mhd., ihn v. etwas befreien, ihm von etwas helfen. „Slach mir dem abe den vuoz, tuo mir disen der hende buoz", Helmbr. 1032. vrgl. büeßen. Zu 2) das Bueßambt, die Bueßstuben, der Bueßmaister, die Bueßverordneten oder Büeßner, ehm. bürgerliche Gewerbs- und Policeybehörde in München. „Offen pußwurdige sünd, crimina clericorum", Ried 936. Zu 3) bueßwirdig, der Ausbesserung benöthigt, schadhaft (von Gebäuden, Straßen u. drgl). Bueßwirdigkeit, Baufälligkeit. Bueßwertig Sigel, MB. XXIV, 675. pueßwertig, Cgm. 71, f. 5ᵇ. (Bueßwirdig Brot, Wstr. Btr. VI, 147, gehört wol zu 2.) Die Einbueß, Zuebueß, Einbuße, Zubuße: was man vom schon Errungenen zusetzt, verbraucht. Der Einbueßpfenning, Geld zum allmählichen Daranhetzen, Zusetzen.

büeßen, 1) beßern, ausbeßern. e~ Lucken büeßen, eine Lücke ausbeßern, ausfüllen; meist fig. Bei Otfrid sih buazan, sich beßern, emendare se, (die wahre) Buße thun. ä. Sp., etwas Gebrochenes, Zerrissenes büeßen. büezə~, (Bregenzer Wald, St. Gallen, Aargau) flicken. Wider pueßen, restaurire, Voc. von 1445; gl. i. 1136: puozo sarcio. „Buozzende iriu netz", Cgm. 64, f. 44. „So versût und büesset sin hosen selb ain arme man, was gat daz graf Engen an?" Cgm. 717, f. 105. „Flicket und verbüßet sein hosen selbs ein arm man, was get das den kaiser an", Cgm. 714, f. 80. Der Altbuzzer, Schuhflicker, Augsb. Stdtb. Der altpuozzer, el strazzaruol, Voc. v. 1424. (s. Butzen). Eines dinges büezen, mhd., von etwas befreien (= buoz tuon eines D.). „Ob man dir zu dem vuoze der einen hende buoze", Helmbr. 1322. 2) stil-

len — die Lust (d. h. das Verlangen), ä. Sp.: das Laid, den Durst, den Hunger, den Siechtum ꝛc. (gleichsam ihr, ihm genugthun). „Er büst den Fürwitz und schaut was drinn steckt", Selhamer. „Die magt solt du schauwen, dein lait mit ir gebuzen", Reimchronik. „Den Hunger
213 mit Brod büeßen", Avent. Chr. „Ein Arzt, der das Zipper in Händ und Füßen mit rechter bewerter Kunst kund büßen", altes Lied. Bey Otfr. will Christus (Joh. 4) dem Hauptmann thia gilouba (den Glauben) buazen. 3) ersetzen, vergelten; poenas luere, (wie hchd.). R. A. Der, die, das is 'zàlt und '*büəsst*. 4) ersetzen machen, vergelten machen, bestrafen, mulctare. Einen um so und so viel (Geld) büeßen.

einbüeßen, Geld und Gut zusetzen (zubüßen) und es dabey verlieren, s. Adelung. Dahin die elliptischen Redensarten: Einbüeßen bey Jemand mit etwas, d. h. seine Gunst verscherzen, die Gunst einbüßen. Sagt mər eəm ə˜ Wártl, so *büəsst* mər *ei˜!* sagt man ihm ein Wörtchen, so wird er ungehalten auf Einen. Bey diər hát mə' glei' *ei˜-'büəsst*, du bist sehr empfindlich. 's Mádl hàt *ei˜-'büəsst* (supple: die jungfräuliche Ehre), es ist geschwängert worden, O.L.

verbüeßen etwas, Einem oder gegen Einen, dafür Strafe von ihm leiden. „Alle Dieberey steht der fürstlichen Obrigkeit zu verbüßen zu." „Die Verbüeßung in dem Gehorsam", (bürgerliche Gefängnißstrafe), Wrzb. Verord. von 1700. Der Verbueß, die Buße, Strafe, Geldstrafe. Bayreuth. Ord. v. Bus und Frevel v. 1586.

---

bäscheln (báschln, bástln), kleine Schnitz- oder Schreiner- und Dreher-Arbeiten machen, ohne eben ein dergleichen Handwerker zu seyn. Er muəs àlləwál éppəs *z'báschln* hábm. ə˜ Báschler, Báschlerey. „Ich, ain wercke deiner händ, das du von dem laim des ertrichs, du schopfer aller ding, geformieret hast, welches du mit painen und mit andern (audern, Adern?) zusamen pästlet hast", Gebet, Cgm. 4593 (sec. XV.), f. 164. Cf. Grimm, Wbch. I, 1152. s. Poß und pöseln.

`Der Bausch, die auswärts schwellende Fläche (entgegen der Bogen, die Einbiegung, das Fehlende); Grimm, Wbch. I, 1198,7.´ R. A. in Bausch und Bogen, `im Ganzen, mit Allem, was etwa auf der einen Seite zu viel, auf der andern zu wenig ist.´ Daher: Bauschal-Summe, ein Ungeheuer der Canzleysprache, wie Austrägal-Instanz. In Kaiser Franz Joseph's Verfassung vom 4. März 1849: „§. 50. Die Mitglieder des Unterhauses erhalten für jede Session ein Entschädigungs-Pauschale."

Der Bauschen, 1) die Reiswelle, der Reiserbündel. Bauschen hacken, Reiswellen machen. Bauschholz, Bauschenholz. 2) jede wulst-, busch- oder büschelformige Masse. Vrgl. BM. I, 285. Grimm, Wbch. I, 1198. Zeitschr. III, 539,95.

Das Bäuschlein, 1) (bey Fischen) das Eingeweide nach Absonderung der Gedärme und des Rogens oder der Milch. 2) das zusammengelegte leinene Läppchen, das auf Wunden gelegt zu werden pflegt. 3) wulstiger Theil an Kleidern. „Die Peischl (des Leibls der h. Margaret) sind mit weißem Schlair außzogen." „Leinene heubl mit pämbwullenen ausgesteterten pöschln und dinnen schlaür überzogen." „Rosen machen, beusch überziehen, falsche perl anneen." Anordnung für die Fronleichnams-Procession von 1580 in Wstr. Btr. V, p. 105. 164. 170. Grimm, Wbch. I, 1199.

sich bauschen, sich busch- oder wulstförmig ausdehnen, einen größern, als den nothwendigen Raum einnehmen. Grimm, Wbch. I, 1199. s. oben bausen. bauschen, vrb. act., in einen Bauschen zusammenlegen.
214 Faßraiffe bauschen. Sich in den Mantel einbauschen. Das Gebäusch, Verbindung von elastischen Dingen, wobey sie einen größern, als den nöthigen Raum einnehmen.

bauschen, (nordfränk.) schlagen, klopfen, prügeln. Grimm, Wbch. I, 1199. Castelli, Wbch. 85: bisch'n, bitsch'n, anstoßen, anprellen. „In deinen smertzen peinige mich, in deinen slegen bäsche mich", Cgm. 73, f. 57a. abbauschen, (b. W.) mit Einem, mit ihm abbrechen; s. unten: pauschen. Die Garben ausbauschen, sie vorläufig abdreschen. Vrgl. mhd. bûzen, biezen und bûschen, bieschen, stoßen, schlagen; der bûz, biuz und der bûsch, Schlag, Stoß. BM. I, 109 und 285. „Dicke reit der ritter ûz und slûc der vrouwen einen pûz" (Beule?), Haupt's Zeitschr. VII, 112,106. „Daz er dem kinde hât gegeben als ungevüege biusche", Otte mit d. Barte 137, Hahn p. 96. s. bößen und buschen.

Der Bischof, (ä. Sp. Bischolf) 1) wie hchd. (ahd. piscof, biscof; mhd. bischof. Graff III, 353. BM. I, 167. Grimm, Wbch. II, 46). piscouf, Notk. 64,4; piscuoffen, sacerdotum, das. 63,10. Dem Bischoffdorf (fol. 13. 26b. 68b. 69. 110. 136; einmal Bischolfdorf, fol. 68b) des Cgm. 3941 (von circa 1450) entspricht auf der Karte des Innviertels v. Probst (1783) Bischldorf. Ist dieser jetzige Name richtig, so weist er augenscheinlich auf ein früheres Bischolfsdorf. Auch im Cod. Pass. 6, f. 1 steht Bischolfsdorf. cf. Bischlshofen im Salzachthal; Bischhausen (Biscofeshuson) bei Göttingen. Förstemann II, 246 f. 2) „den 2 bischouen oder calefaktorn in baiden pfarren hie zum Niclas 2 fl. ordinari", Münchner Hofrechnung v. 1584 in Westenr. Btr. III, 93. Das Bischtuem (Bischtəm), dem ahd. piscoftuom entsprechender als das hchd. Bisthum (mhd. bistuom; BM. I, 168. cf. Graff III, 354. Grimm, Wbch. II, 48). pisceduome, sacerdotio, Notk. 73,3. pischtuom, Diut. III, 44. Bisctuom sîn enpfahe ein anderer, episcopatum ejus accipiat alter", Cgm. 17, f. 163, Ps. 108,7.

Bischof(?) „Bleta .i. leta (lies beta?), pischolff est herba", Clm. 5877 (XV. sec., 1449), f. 104. s. oben Bießen (bis-chol).

Bischotten, Pischotten; Cgm. 444, f. 6; d. i. biscotti, biscuits, plur. Schiffszwieback. s. oben Biskotten und vrgl. Zeitschr. II, 507. 510,3.

Der Boschen, das Böschlein, (O.Isar) einjähriges Schaf. (cf. schwäb. Botschel, Schwein).

Der Boschen, 1) der einzelne Busch oder Strauch, besonders vom Nadelholz (mhd. der bosche, neben busch. BM. I, 223. Grimm, Wbch. II, 248. 556. Zeitschr. IV, 321. cf. mittellat. boscus, buscus, ital. bosco, franz. bois, bûche etc. Diez, Wbch. 63). „Fasciculus posche oder puschel", Clm. 4350 (XIV. sec.), f. 1b. „Froske di sluffen uz den posken" (Pfützen?), Diemer 38,13. Der Táx-Boschen, Strauch von Nadelholz. Der Bier-Boschen. Dés is ə˜ Wiərtshaus, wál ə˜ *Biərbosch'n* aussə' henkt. „Caupo qui *ramum viridem* ad alliciendum in manu portat", Monac. Augustin. 84, f. 12 (1460). „Rehd (recht) als der strôwîn schoûb (strô-wînschoub?) vor dem wînhûse", Haupt's Zeitschr. VI, 531. A^0. 1595 wurden zu Görlitz statt der Bierboschen („cacumina pinorum") zur Schonung der Fichtenwälder Bierkegel eingeführt; Hoffmann, script. rer. Lusat. I, II, 59. Cod. Poll. 796, f. 135. Zeitschr. IV, 214. Der Boschen-Zaun, Zaun von jungen Fichten, lebendiger Zaun. Um die Einöden im Eigelwald (zwischen dem Inn und der Alza) sieht man lauter solche Zäune, die der Gegend einen eignen freundlichen Charakter geben, obschon sie in den Augen des Landwirths manches Nachtheilige haben. „Des helf dir der got, der Hern Moyses erschain in ainem prennenten poschen", der Juden ait in Ruprecht's von Freysing RechtBch. von 1332; Wstr. Btr. VII, 159; cf. p. 241 und dessen Glossar: punten. s. unten: der Buschen. Die Boschen oder das Boschach, das Gebüsch. ausboschen einen Wald, in demselben das junge Buschwerk, den jungen Nadelholzanflug aushauen, ausstocken; salzb. WaldO. 51. 53. 2) (Baur) der Quasten. boschet, buschicht; quastenförmig.

Das Böschlein, (Zimmermanns Sp.) hölzerner Trag- oder Heft-Nagel; (Hsr.).

Der Busch, der Buschen, wie hchd. Busch. (Graff III, 218. BM. I, 223. Grimm, über Diphthonge, S. 12: busch = bûw-isc, wie goth. bagms, Baum, zu bagvan, bauan, facere. Wbch. II, 556. cf. Boschen. „Den got der Moysi erschain in ainem prinnenden puschen", Judeneid, Ind. 406, f. 155, sec. XIV.

Der Buschen, der Büschel, buschförmige Verbindung von Dingen. Der Buschen Garn enthält im Passauischen 30 Strehne; der Buschen Reife für Salzfässer 120 Stück. Der Buschen Bänder, Beichtzettel, Eisenstangen, Spæne ꝛc. Der Büschel Stroh, Heu, Gras. Namentlich wird unter Buschen oder Büschel ein Strauß von Blumen, auch wol eine einzelne Blume oder Pflanze verstanden. Dés is ə˜ schönə' *Busch·n*, ə˜ schönə' *Büschl*, Buə', dèr schméckt laut! Zeitschr. III, 524,17. Das Buschach, ä. Sp., Gebüsch; BM. I, 224. „Rubetum, buschach", Voc., Cgm. 3895. va'busch·n, (Zir.) verdecken, zudecken.

buschen, (O.Pf.) schlagen, daß es dumpf tönt; dumpf tönen, krachen. s. bauschen und boßen.

Der Bast, 1) wie hchd. (Graff III, 219. BM. I, 92. Grimm, Wbch. I, 1148). R. A. niht ein bast (Grimm III, 728). „Er ist nieht eines pastes (Strickes?) wert", sagt die Schöne von Einem, der nicht das Kreuz nimmt, im Leich v. dem heil. Grabe: Glm. 4570 (XII. sec.), f. 240b. 2) (Straubing) Art Linde, Bast-Ilme, Bast-Ulme. Lind-
215 bast (Popowitsch), tillet, tilleul. „50 Stück Linden, Ruschen und Pasten", Baumgartner's Beschr. v. Neustadt a. D. p. 123. besten, gebesten, mhd., binden, schnüren; BM. I, 92. Grimm in Haupt's Zeitschr. VIII, 11.

bästig (báschti'), adj., (von Rüben, Rettigen u. drgl.) zähe, saftlos. Das Fleisch ist heut bástzähh, (b. W.).

bástánt, (spanisch bastante, cf. griech. βαστῶ, trage, halte; ertrage, vermag. Diez, Wbch. 48 f.), hinreichend. „Weil dein letztes schreyen am creutz bastant und kräfftig genug gewest sind, die härte Steinfelsen zu zersprengen", Guevara verdeutscht 1603. „Bastand, gleich; bastand thou˜, gleich thun", Nptsch.

'Die Bastei, ital. bastia (Diez, Wbch. 48. Grimm, Wbch. I, 1151), Bollwerck.' „Es stund ain postem (postein?) in dem graben, dy der budek waz jnnen haben", M. Beham, Wiener 119,2; vor der pastein", das. 119,14. „Pastein, schrekzäun und leczen worn sy gar schan pesеczen", das. 379,27. „Z dem selben vels waz ain pastain oder taber gehawen, zu starker wer gepawen", das. 394,31.

Der Basthart, Bastert, Baster, wie hchd. Bastard (BM. I, 93. Grimm, Wbch. I, 1150. Diez, Wbch. 49). Der Baschger, (Ob. Schwab., Aurb.) Bastard, z. B. von Vögeln.

Der, die, das Beßte, wie hchd. (goth. batista, ahd. pezzisto, mhd. bezziste, beste. Graff III, 219. BM. I, 95. Grimm, Wbch. I, 1659). ä. gerichtliche R. A. die besten und ältesten, 5. 7. oder 9 der ehrbarsten und ältesten Männer, auf deren Aussage bey Augenscheinen und Kundschaften man compromittierte, Kr. Lhdl. III, 312, ad 1448. s. Altist. Dés is vo˜ *də' bést·n* (sc. Seite oder Sorte? wie: von dər rár·n). Das Beßte, der beste, erste unter den, bey einem Wettschießen, Kegeln oder überhaupt bey einem Wettspiele gesetzten Preisen. R. A. Das Best kriegen, den Vorzug erhalten, allen andern vorgehen. Etwas zum Beßten geben, eig. es als Preis für Alle, die darum spielen wollen, aussetzen; fig. wie hchd. (Grimm, Wbch. I, 1661,12). Vrgl. Einen zum Beßten haben. (s. baß, beßer).

Die Bestie, wie hchd. (Grimm, Wbch. I, 1677); doch in der Mundart etwas milder. Du *Bèschté* du! ə˜ *Bèschté* Deen·l! ə˜ *Bèschté* wil I' hàiss·n, we˜ ·s nét waer is, (OberM.). Zeitschr. V, 103,6.

Der Biest (Biəs, Biəscht), die erste dicke, unreine Milch von der Kuh unmittelbar nach dem Kälbern, Biest-Milch bey Adelung; gl. i. 120. 127. 702. 1077: piost, piest, colostrum. (Graff III, 219. BM. I, 117. Grimm, Wbch. II, 3. Diefenbach 133c. Zeitschr. III, 496. V, 487); „kärnt. mlésva, erste Milch, Bienst oder Pieß", Jarnik p. 183. Der Faumbiest. „Vil räudige schaff, so der vermainte haidnische got Jupiter, als er seine häfen versäumet, unter dem faumbiäst aus der kuchel geworffen", Dr. Minderer, Augsb. 1620, p. 16.

biesten, biesen (biəsnə˜, biəstnə˜), ausbiesten, die Biest-Milch wegmelken. Der Biest-Käs, das Biest-Knédl, b. W. Biestwáckà, Art Backwerk, welches aus dem Biest bereitet wird, und wozu man sich an einigen Orten, als zu einem Leckerbissen, gegenseitig einlädt; (s. Briester).

busteln, s. unter Poß: poßeln, posteln. unbustəle, (b. W.) ungeschickt, plump; still dé no˜ néd gaə' so *unbustələ*. cf. bäscheln.

(Vrgl. Bad. bed. ꝛc.)

„Batengel, trissago, quercula, chamaedris." Voc. v. 1735. Grimm, Wbch. I, 1157: batenikel. Diefenbach 92b. 478b. 598b.

b'atten, (eigentlich niederdeutsch) nützen, helfen (BM. I, 93. Grimm, Wbch. I, 1158. Zeitschr. II, 391,10. III, 272,26. 532,82. VI, 51. 260, I). Unser oberdeutsches batten ist wol nur Aussprache von barten, b·arten (s. arten). əs *batt* it, es hilft nicht, (Baader). Mhd. batelôs, hülflos. „Dô diu sêle ir vogit verlôs, dô wart si sô batelôs, si gestunt in manigen riuwen", Tungdalus, Hahn p. 54,69. cf. Heliand, Glossar: gibada. Zeitschrift II, 305.

battern, oft schlagen; schlägeln. Die Hühner, Gänse battern mit den Flügeln. Einen fort-, hinaus-, herum-, durchbattern, d. h. prügeln. Vrgl. kärnt. prékladi, das Gepatter, d. i. die Tenndecke. Zeitschr. II, 286,56.

baiten (bàidn, baədn), (vrgl. beiten nach Gramm. 956), warten, erwarten (ahd. beitôn, mhd. beiten. Graff III, 64. 65. BM. I, 102. 174. Grimm, Wbch. I, 1403. Zeitschr. VI, 43). *Bàit* ə˜ weng! (Eichst.) warte ein wenig. „Darauf sol man im paiten", erwarten, zuwarten, bis er bezahle, M. Stdt. RchtB., Ms. v. 1453, f. XI. „Paitt er im des", Wstr. Btr. VII, 173, ad 1332. „Umb dieselben gedult söllent sy nit lon hoffen noch baitten in dem ewigen leben." „So ist der Mensch 216
lanfmütig, der von langem baitten nit destermynder hoffet." „Sie baitet daz si sin warniem." — „Daz übel erlöschen ê daz wachß, und des dingß merung ist nit ze baitten", Christlicher Unterricht, Ms. v. 1447. Labr. 34. Balkn. 88. *fürbeiten* Einem, ihm aufpassen, auflauern, (Reut im Winkel). Langbeitikeit, beharrliche Geduld; Wackern. Leseb. 857,16. Er *beitet* (wohnt; cf. ital. dimora, franz. demeure) da und da, (Botzen). Anmerk. Die alte Sprache hat peiton für exspectare — und davon verschieden ein peitan (bey Kero 40), beitjan, poscere, sonst compellere, cogere, urgere, conari. Sollten am Ende die verschiedenen: pittan (rogare), peton (adorare), peitan (poscere, urgere) und bitan neben beiton (exspectare), dann gl. i. 561: peita, fastidium, doch aus einer Quelle fließen? „Beiti ingangan, compelle intrare", Tat. 125. „Seht, wie iuch der bâbest mit des tievels stricken beitet" (= bîten macht), Walther v. d. V. 33,2. Vrgl. česk. bádam, incito, pobidnu, pobizym, urgeo, cogo; bjda, Noth, bidny, nöthig, elend. (Vrgl. belangen, verlangen; sain, senen). Mir kommt dabey die gl. a. 270: unpata edo arcahot, lentus vel segnis, und was Jornandes cap. 17 von den Gepiden sagt, zu Sinn.

Die Bet, Bett, ä. Sp. (ahd. peta, mhd. bete. Graff III, 57. BM. I, 171. Grimm, Wbch. I, 1696. 1700. 1221), die Bitte. Wer kein Siegel hatte, um es an eine Urkunde zu hängen, pflegte einen andern zu bitten, daß dieser sein Siegel, ihm und seinen Erben ohne Nachtheil, herleihe. Die Zeugen dieser „Bet oder Gebet umb daz insigel“ mußten zu End der Urkunde namentlich angeführt werden. „Nichts möcht theurer verkaufft werden, denn um Bett, sagte Kaiser Julian, es sey eim frommen ehrbarn Mann vil schwärer bettlen und umb ein Ding bitten, denn Gold ausgeben“, Avent. Chr. „Von genaden und peth begen“, MB. XVIII, 490. „Von Bete wegen und nicht von Rechtswegen“, Kr. Lhdl. V, 348. „Jemandts zu lieb oder von bettswegen“, LR. 1616, f. 515. „So sollte Herzog Albrecht kein Steuer oder Hilffgeld weder aus bete noch sonst einnehmen“, Kr. Lhdl. IX, 92. 98. „Fleißige Bete“ der Herzoge N. N. um Hilfe zur Aussteurung ihrer Schwester, an die Landstände ergangen 1463, Kr. Lhdl. V, 94 ꝛc. Diu gebet (sing.), Cgm. 717, f. 75. 84. Die landesfürstlichen ursprünglichen Beten haben sich in manchem Lande, trotz des milden Namens in strenge Forderungen oder Zwangs-Abgaben umgewandelt. „Die von den Gütern schuldige Beet und Steuer“, Wirzb. Verord. v. 1623. Die Nachbeet, Nachsteuer, ibid. v. 1771. Vrgl. „Wenn di pett der herren für ain pott gehabt stärchleich wirt“, alte Übersetzung des Enser StadtR. v. 1212, im Original: „peticio namque dominorum pro mandato habetur.“ „Da sprachen die Juden alle geleich: ez ist nicht bet, ez ist gebot“, Jüdel, Hahn 132,44. „Der Herren bitten ist gebieten“, Seb. Frank.

'verbeten, als Bede entrichten.' „Hans N. sol verbeden xxxi libr. vnd iij ßl. vnd sin hofreide ist an die bede geleit“, Clm. 12253 (sec. XV.), Hinterdeckel (über Gebühren zu Bischofsheim?).

'betlich, adj. u. adv., ä. Sp., bittlich, was (wie) sich zu bitten ziemt (mhd. betelich. BM. I, 171. Grimm, Wbch. I, 1704); entgegen: unbetlich, umbetlich.' „Wil ich iuch bitten einer betelîchen bete“, Flore 7102 (cf. Grimm IV, 646). „Der missewende kan ich an bet wol enbern, daz ich ihtes welle gern, dem schad won oder schande bei, davons umbeteleich sei. Er schol von schulden sein gewert, der so betlich gert, da sich diu von schaident, die die bet laident“, Heinrich's v. d. Türlein Krone (Cod. Vindob. 2779, f. 134c) in Wolf's Lais ꝛc. p. 381. „Daz wir uns neigen genedenclige (genedichliche) gegen der betlichen begirde“, Urk. v. 1283, 1299 im Geschichtsfreund I, 62. 68. „Wes man petleichen begert an in, des verzech er nicht“, Ottokar v. Horneck, cap. 640. „Der keyser wil ewch petlicher sach gewern und wes ir pitt auf disen tag“, Rosenplüt, Cgm. 714, f. 297. „Betlîch ersiuftig riuwe“, Labr. 3. „Unbetlîch bet kan selbe sich entweren“, das. „Swer unbetelîchen gert, der hât sich selben gar entwert“, Grimm, Reinh. p. 333, 1137. „Wer solde den andern biten umb seines lieben chindes tot; ez ist harte umbetlich“, Jüdel, Hahn 132,43.

beten, betten (bètt'n), wie hchd. beten (ahd. petôn, mhd. beten. Graff III, 58. BM. I, 172. Grimm, Wbch. I, 1696). „Dem scholtu peten“, Cgm. 99, f. 64. bettend (bèttə~d), ob.schwab., (Jr.) bèttig, ein lobendes Prädicat von Personen, die man oft und viel beten sieht. Trêst s· God, is gàr ə~ frumms *bèttə~ds* Leid (Leut) gwé'n; (Baur). „Der N. N. Köchinn, gar ein froms zichtigs wohlbettendes schöns Mensch“, Anord. zur Fronleich. Proceff. v. 1580. Wstr. Btr. V, p. 124. „Ein frommer und wol-betender Student“, Selhamer. Abbetten, Einem das Leben ('s Lébm *à'bètt'n*). Nach einem, hoffentlich veralteten, Wahne konnte man einen Menschen durch gewisse, gegen ihn gerichtete und oft gesprochene Gebete in kurzer Zeit ums Leben bringen. Sp. W. Wol g'arbət't is dopp'lt *'bèt't*, noch eindringender, als das spanische: A Dios rogando y con el mazo dando. R.A. Háli oder richti' wiə *'bèt't*, ausgemacht und richtig. Des is *'bètt't* und amen, d. h. richtig, abgethan.
217 Ahd. ist petôn sowol orare, als adorare, wofür wir anbeten sagen. (Vrgl. Gramm. 957 und treten). angebetten statt angebetet; Predigten, Salzb. 1678. Vrgl. Grimm, Wbch. I, 294.

Das Gebet (Gébêd, in der Zusammensetzung blos 'Bêd, wie hchd. Das 'Bêdbuəch, Bê'puəch, Gebetbuch. Die 'Bêdzeit, die Zeit des anbrechenden, wie des sinkenden Tages, wo zum Gebete geläutet wird. Von aənə' *Bêdzeit* zə dər andə'n. 'Bêdleit'n, zum Gebete läuten. Vor, nàch *Bê'leit'n*. Die Bet-fart, Procession, Avent. Chr. Der Bethart. „Er is á recht *bethá'd* (betet gern) und glaubt àn oan God“, Kartsch I, 108. Die Bêdnoppl, (verächtlich) Betschwester. Die Betschwester, (Straubing) was anderwärts Seel-Nonne. Auch die Nonnen im Ridlerkloster, im Sluder Selhaus in München nannten sich Betschwestern. MB. XIX, 195 und passim; XXI, 320. Der Bèttə' (Lavarone: *Bêdle*, rosario), äußeres Requisit, welches der gemeine Katholik zum Beten braucht, nemlich das Paternoster oder der Rosenkranz. „Daß in Hibernia ein wundersamer Baum gewachsen, welcher anstatt der Früchte lauter Better und Rosenkränz getragen“, P. Abraham. Das Vorbèttə'l am Paternoster besteht aus 2 größern und 3 kleinern Kügelchen und dem Zeichen des Credo. Räthsel: Was ist mitten im Glauben? Antwort das Bèttə'schnüə'l; weil nemlich die Paternosterschnur auch durch das Ringelchen geht, welches das zu betende Credo (den Glauben) vorstellt. „Kehrt den Betten fleißig um“, Tir. Kirchtag, 1819, p. 66. „Für d· Muada' a Kreuz und a *Bet'n* dazua“, Kartsch I, 68. „Umbs Hälßlein weiß thut sie mit Fleiß ein Betterlein anhenken“, Lied v. 1637: die Teütsch Franzosin Insbruck. „Doretde (Dorothea) Pfil het gen ein krallis bäti“, Zuger Kirchenrechn. v. 1500 circa im Gesch. Fr. II, 107. Zeitschr. IV, 71. 485. Der Bettermacher, Betterer, Paternostermacher. Das Better-Ringlein, Paternosterkügelchen. Man vrgl. auch: Päterlein (Pátə'l'). Statt: der Better hat P. Abraham auch die Form: die Betten. Hübner führt in der Stadt Mühldorf eine Bettenhandlung an.

betteln (bêdln, bê'ln), wie hchd. (ahd. petalôn, mhd. betelen. Graff III, 60. BM. I, 172. Grimm, Wbch. I, 1729). Einen abbetteln (à'bê'ln), anbetteln (à~bê'ln), etwas von ihm erbetteln. R.A. Iətz gê! odər I *bêdl·* di' à~! gleichbedeutend mit jener: iətz gê und las di' pappm.

Der Bettel (Bêdl), das Erbettelte, (Grimm, Wbch. I, 802). „Alda mußten bettlen die edlen Mann und Frauwen, die voran reich und mechtig waren gewesen, die mußten jetzt den Bettel freßen“, Avent. Chr. 275. R.A. Es ist (oder: wäre) grad, als wenn man einen Bettelbueben in die Hell wirft (oder: wurf)“, es reicht bey weitem nicht aus. Grimm, Wbch. I, 1727. Die Bettelfuer, Frohnfuhr, durch welche des Gehens unfähige Bettler oder Landstreicher ꝛc. von Dorf zu Dorf transportiert werden. Grimm, das.

Der Bettelmann (Bédlmà~), 1) wie hchd. Bettler. Cf. Math. v. Kemnat (Cbm. 1642, f. 29—31) über die Species starker, betrügerischer Bettler. 2) U.L., Semmelmuß. 'ən *Bedlmà~* is I gern. Die Bettelmanns-Umkèr, schlechte Herberge. „Die en der Hukken (Ecke) op'r *Bedelmannsömkiär* wont“, Firmenich I, 420,79 (Reviges). Af də' *Bedl-Umkeə'*, (OberM.) am Bettelstab. Dà is ·s auf də' *Bed'l-Ei~keə'*, (b. W.) dieses Hauswesen ist ganz herabgekommen. bettelmännisch, auf Bettlerart. Sp. W. Bèssə' *bêd'lmánnisch* g'fàr'n àls éd'lmánnisch 'gangə~. Der Bettelsammet, Plüsch. Grimm, Wbch. I, 1731.

Das Bett (Bétt), wie hchd., (ahd. petti, mhd. bette. Graff III, 49. BM. I, 109. Grimm, Wbch. I, 1722). Das Gebett, das Gebitt ('Bid), s. Bitt.

Bettgêer, so heißen bey den ärmern Wohnungsinhabern in München die einzelnen Personen, an welche 218
sie ihre entbehrlichen Winkel, Kammern oder Zimmer mit Betten vermiethen.

Bettris, ä. Sp. (ahd. pettiriso, mhd. betterise. Graff II, 541. BM. II, 727. Grimm I, 1738), clinicus, qui de lecto surgere non potest, Voc. v. 1429.

„Er ward bethriß", Hund. Stb. II, 398. „Glaichsucht, Contractur und ander Mängel der ganz und gar liger-haften und bethrisen", Adelholzer Badbeschr. Vrgl. Lüneb. Chron. (Eccard, corp. hist. I, 1391): „En rike vrawe dio hadde gewesen bedderedech ses jar, dat sio erer lede nene gewalt ne hadde."

Bettzaierle, (schwäb., Baron Leoprechting) Trude.

Die Bettziech (Béttziəch), der äußere Ueberzug über das Deckbett (ahd. pettiziecha, mhd. bettezieche. Graff V, 625. BM. III, 874. Grimm, Wbch. I, 1740). s. Inlaß, Inguß. N. A. Hàlt di' nét auf, àldé *Bett-ziəch*, oft mit dem Beysatz: morgng wirst gwaschn! d. h. sey unbekümmert, gieb dich zufrieden.

Für Bett im Acker und Garten (ahd. petti, areolae; Clm. 4606, f. 125, Cantic. V, 13. Grimm I³, 216. Graff III, 51. BM. I, 111. Grimm, Wbch. I, 1245. 1723,3), welches im Hochdeutschen, wol ohne Grund, oft Beet gesprochen und geschrieben wird, steht in der geistlichen Schaubühn v. 1683 Bethling.

Die Kind- oder Kindelbett, das Kindbett (BM. I, 111. Grimm, Wbch. V, 727. 729). in *'Kindbett* kemə˜, niederkommen. „Schankung in die Kindbeth", L.R. v. 1616, f. 658. „Daß etwan einer seinem weib in die Kindelbeth wein oder bier einlegt", ibid. 530. „Chüm uns zu staten, fraw, durch deiner heiligen chin-delpett willen", Litaney, Cgm. 841, f. 3. Anmerk. Dieser Ausdruck scheint seines Genus wegen von Bett verschieden, und zunächst eine Ableitung von betten (aufbetten), ahd. petôn (sternere, gl. i. 380) zu seyn.

'Die Gebette, ä. Sp., Bettgenossin, Gattin (BM. I, 111).' „Gewunnen ein wip ze einer vrowen unde zeiner gebetten", Diemer, Ged. 19,29. „Gab Rebeccam Isaac ze gebetten", Diut. III, 68.

beiten (beidn, bei'n), ich hab gebitten ('bidn) und gebeitet (beit·t), (ahd. pîtan, biidhan, mhd. bîten, Präterit. ich beit. Graff III, 62. BM. I, 173. Grimm, Wbch I, 1403; vrgl. oben baiten), warten, 1) über-haupt (Passau). Därfst no˜ ə' vier Wochə˜ *bei'n*, bis d· schnei'n kàst, man darf noch wol vier Wochen zu-warten, bis man ärnten kann, (Chiemgau). „Kaspá beit, Kaspá' beit!" Stelzhamer 29. cf. unter benzen. Labr. 60. 146. 151. 213. 347. 469. 493. In dem „schönen, newen lied, wie der Kaiser im Jahr 1546 vor Ingolstadt widern Landgrauen von Hessen zu veldt gelegen" heißt es: Der Kaiser die gantzen Schantz ausrêit, der püchsenmaister nit länger pêit, er thet gar dapffer schiessen. Da sprach der landgraff zum Scherl zhand, wer verschießen leut Eer und land, nit länger wöln wir beitten. „Schlug da-selbst sein Gelager, wolt alda des Keisers erbeiten." „Erschracken hart, wollten sein nicht erbeiten", Avent. Chr. „Wer des winters ane ban über veld mus reiten, der sol des tags erbeiten", Cgm. 270, f. 74 und 379, f. 37. 2) in specie: auf die Bezahlung warten, borgen. Gèə, sei so guot und *beit* mər ə˜n Guldə˜. „Had nòt zahlt, wer iəhm borigt had und öbbás *bid·n*", Stelzhamer 130. „Kain Mensch had iəhm Ghêr göbn, kain Kellnárin *b·bid·n*", das. 131. Dés sol dər *bit·n* sei˜, deshalb werde ich mich noch rächen an dir, (Baader). „Ein Creditor sagte zu seinem Debitor, er solle fein hau-sen, daß er ihne zahlen könne, darauf der Debitor geant-wortet, er Creditor solle fein auch hausen, daß er ihm noch beutten könne", Notata des von Bodmann, Ms. v. 1716. Der Münchner Magistrat verordnet A⁰. 1420 (Westenrieder Btr. VI, 157): „es sul dhein leitgeb dheinen Knabn noch dhainen jungn Mann, der nit Frawn hat, auf sein phant noch trew tewrer peiten noch geben dann vmb XII. dn." Eine Waare verbeiten, sie auf Credit geben; Salzakte von 1515. Kr. Lhdl. VII, 247. IX, 406.
219 139. Nicht mündigen ɪc. soll „mehrers nit dann umb 5 Gulden gebitten werden", LR. v. 1616, f. 535. „Verbittene anhellige Schuld", Kr. Lhdl. XIII, p. 17. Die Beit (Beid), das Beiten, Warten, der Aufschub, Verzug (ahd. pita, mhd. bîte). Labr. 377. 586. Es hat Beit, es pressiert nicht. Auf Beit reden, (schwb.) sich gegen den Angeredeten der persönlichen Fürwörter enthalten. s. Bit. beitlos, bálous, ungestüm; s. oben S. 227. Anmerk. Sunder bint im zwölfjährigen Mönchlein Z. 17 u. 179 wird von Franz Pfeiffer (Münch. Gel. Anz. 1843, Sp. 222) als verderbt aus sunder bît erklärt, welches das. Z. 223 steht, ohngefähr wie sît zu sint geworden sei. Dabei wird aus Konrad's v. Wirzb. troj. Krieg beigebracht: âne zwîvels underbint, ân aller sorgen underbint, daz er sîn kint gab in den tôt ân underbint. Vrgl. dagegen: „Des nim ich war an lewten, die nu sint, wenn yn fraw minne under-wint nicht leg so strenklichen an", Konr. v. Wirzb., Herzmäre, gegen das Ende; Cgm. 714, f. 160 oder 161. „Wan hônischen underbunt (Var. haemischiu urbunt) erzeiget sîn herze und sîn munt", v. d. Hagen, Ges. Abent. XLIX, 229. s. oben binden: unterbinden.

beuten, außbeuten, verbeuten, ä. Sp., ver-theilen (aus dem niedersächs. bûten eingedrungen; dän. bytte, udbytte. BM. I, 190. Grimm, Wbch. I, 1753. cf. česk. bitugi, Beute theilen, bitun˜k, Theilung der Beute, neben bitwa, Kampf, bitet, Schläger, Streiter). „Das Gut ward unter die Soldner verpeut", praeda militibus divisa, D. v. Plieningen's Sallust. „Alle Käm-merling haben den keiserlichen Hausrat unter sich ge-beutet und darnach davon geflohen." „Die Römer haben den Juden (im eroberten Jerusalem) Knaben und Mägd-lein verbeutet." „Beraubt die Kirchen, beutet alles unter die Knechte." „Solten die geistlichen Güter den Not-türftigen austheilen und außbeuten." Avent. Chr. „Sie hätten allerley erobert, dasselbe unter sich selbst ge-theilt, gebeutet und der K. Maj. nichts geschickt", Kr. Lhdl. XI, 289. „Nembt ewers vaters hab und gut, in drey gleich theil ausbeuten thut, daß ewer jedem werd ein theyl", H. Sachs. B. LdsOrd. v. 1553, fol. XIV sollen die herrenlosen Kriegsknechte in Verhaft genommen, wegen allenfällsiger Mishandlung der Leute gestraft vnd auf das wenigste ir hab und gut angenommen, gebeut, und sie mit eyden vnd burgschafften nach notturfft verbunden wer-den. Die Beut, die Vertheilung (?). „Was in solchen Kriegen gewonnen wird, das an die Peut gehörte, da-mit sollt es beederseit gehalten werden, wie Beutrecht im Lande zu Bayrn ist", Gem. Reg. Chr. III, 555, ad 1475. Daher: Beute im jetzt gewöhnlichen Sinn? (Vrgl. die Butinae, leg. Rip. als Vermarkungszeichen und gl. i. 685. cf. Graff III, 87). „Ein bergwerck gieng mir an, groß ausbeut ich gewan", H. Sachs 1560: II, II, 67.

'Die Beute (ahd. biutta, mhd. biute. Graff III, 327. BM. I, 189. Grimm, Wbch. I, 1750. 1816. 1818), 1) Backtrog, Mulde; 2) Bienenkorb.' „Der Beer frißt hóng aus den binpeuten", H. Sachs 1560: II, II, 109ª.

Der Beutel (Bei'dl), 1) in der gem. Sprache, zu-nächst das Scrotum von Thieren und Menschen; verächt-lich: Mannsperson (wie schweiz. Säckel). Du *Beutel*, du! Der *Beutel* da... 2) wie hchd. (ahd. pûtil, mhd. biutel. Graff III, 86. BM. I, 190. Grimm, Wbch. I, 1750); cf. „Sa bourse feut faicte de la couille d'ung oriflant" (Elephanten-Beutel), Gargantua.

beuteln (bei'ln), 1) erschüttern, schütteln (mhd. biu-teln. BM. I, 190. Grimm, Wbch. I, 1752. Zeitschr. III, 185,18. 187,26). Obəs vo˜n Bám *bei'ln*, Obst vom Baum schütteln. I˜'n Fà'n hàt sés 'runtə' *'bei'lt*, durch die Erschütterung beym Fahren ist es vom Wagen ge-fallen. Maə˜-st, I därfs gràd ausn Yərbəl 'raus *bei'ln?* glaubst du, ich brauche es nur aus dem Ärmel zu schüt-teln? 'ən Kopf *bei'ln*, den Kopf schütteln. „Der Dokter hatn Kopf beutelt, der ander hatn noch ärger beutelt, drauf habns alle samtn Kopf beutelt und Consilium ghalten", Eipeldauer Br. Du maə˜-st I hàb ·s; I hàb ·s áfə' nét, I las mi' *ausbeidln*. Wart, I *bei'l* di' glei'! so drohen Erwachsene gegen Knaben, an deren Haaren sie das Recht des Stärkern üben wollen. I hà' mi' gràd *bei'l·n* müəss·n. əs hàt mi' àlln *'bei'lt*, es hat mich ordent-lich ein Schauder überlaufen. 's Fiəbə' *bei'lt* mi', das

Fieber schüttelt mich; es wird daher auch zum Bei'lmà˜, Bê'lmà˜, (mit Bettelmann, Bê'lmà˜ äquivok), personificiert. Mə' màg eəm sàgng wàs mə' wįll, er *bei'lt* si gràd, er *bei'lt* s von eəm wiə də' Hund d Flêhh, was man ihm auch sage, es verfängt bey ihm nicht, er schüttelt sich nur, und läßt es gut seyn. Der Beutler, Schopfbeutler, das Schütteln an den Haaren; Castelli, Wbch. 72. 249. „In də' Schuəl àls ə˜ Bue' hàn I Schlé' 'kriəgt scho˜ gnuə', gaə' vįl *Beudlə'* bei'n Schopf, gáng mə' gaə' nicks i˜'n Kopf", Castelli 1828, p. 105. „Und was gäbäds für Leut, that's net *Schopfbeutla'* gebn?" Kartsch II, 88. 2) schlottern; Falten bilden (von zu weiten Kleidern). „Zů ungefugten oder weiten schůchen spricht ain schůster: was ler stet peyttelet nit", Cgm.
220 809, f. 17. 3) wie hchd., d. h. das Mehl durch den Mühlbeutel oder das Beuteltuch stäuben. Tarantarisare pewteln, Voc. v. 1419 und 1445. „Von aim Scheffl rogkn ze pewtln drey pfenning (soll gegeben werden) und der pewtler sol selb seinen päwtl dazu habn", Münchn. Mag. Verord. v. 1407. Ehmals wurde das Beuteln von der Hand, und erst später durch das Mühlwerk verrichtet. v. Sutner, Gewerbe in M. Anton, G. d. d. L.W. III, 257. N. histor. Abh. der A., II. B., 534. „So die peytlmül nit geet, sol der Pfister das Mel selber pewteln", Scheirer, Dienstord. v. 1500, f. 16. Durch die ältere bayreuth. PoliceyOrd. werden den Müllern die Beutelmühlen untersagt. Anmerk. Daß die 3te Bedeutung die frühere sey und das Verb. überhaupt von Beutel herstamme, ist minder glaublich, als das Umgekehrte. An das angels. beatan engl. to beat zu denken, verbietet indessen das t, welches zum ß geworden seyn müßte. Diesem entspricht bößen.

Die Bit, Bitt (Bid), 1) das Warten, der Aufschub, Verzug (ahd. pita, nicht pîta, mhd. bite. Graff III, 64. BM. I, 175. Grimm, Wbch. II, 50). əs hàd *Bid*, es hat gute Weile. „Gott übereilt euch gewißlich nit, ihr habt nur allzulange Bit", geistl. SchauB. v. 1683. „Sachen, die nicht Bitt haben wollen", Kr. Lhdl. V. 44. 2) das Borgen, die Borg. Auf die Bitt (au' *'Bid)* geben, reichen, nehmen. „Entlehnest vil auf Borg und Bitt, machst groß Geltschuld und zalst Jr nit", H. Sachs. „Swenn er dann dasselb gut verkauffen will, das mag er gebn ze pit oder umb berait pfenning", Münchn. Urk. v. 1370. Wstr. Btr. VI, 112. Cf. mhd. ungebite, impatientia; Bitrolf 7943. Grimm III, 482. BM. I, 175. gepitichait, gepitikait, abstinentia; unpitikait, ungepitichait, ungepitikeit, inabstinentia (in edendo et bibendo), insolentia; Cgm. 658, f. 211¾. 214½. Clm. 9537, f. 180. 184 und 17188, f. 49. 54. San Zenon. 64. Rebd. 25, f. 209. And. 48, f. 144. s. beiten und Beit.

Das Bit, (schwäb.) die klebrige Materie. „Beidenthalben neben den soln ward jn (den Drecken) das pitt ausgedrungen", Cgm. 270, f. 211. „Exentera gepütt" (de partibus piscium specialibus), Semansh. 34, f. 203. Diefenbach 216ª. s. Bätz.

Das Gebitt ('Bid, 'Biəd, Biədl'), Collectiv von Bette, (O.Pf.) ən Obergebitt, Untergebitt, ə˜ Gebitt Bett (ə˜ 'Biədl' Bétt). Tota lectuaria, leg. Alam. XV, 29. Auch Anton braucht in seiner Geschichte der deutschen Landwirthschaft p. 254 zur Uebersetzung des barbar. lat. lectum parandum den oberlausitzischen Ausdruck: ein Gebett Bette (alles was zu einem vollständigen Bette gehört). „Ist daz weib frey, sy mueß doch sein (des unfreyen mannes) genozz sein, als sy an sein gepet get", L.Rcht., Ms. 1453.

bitten (bidn, bi'n), Condit. I bát, bittət; Sup. (O.L.) gebeten (bédn, bé'n), und (U.L.) gebittet ('bitt't), wie hchd. (ahd. pittan, mhd. bitten. Graff III, 51. BM. I, 168. Grimm, Wbch. II, 51). „Daz mir der munt stêt offen und stân ouch als ich sî daher gebeten" (gezaubert?), Labr. 91. R. A. Sey gebeten (sey 'bédn), und gib mir das oder das, (O.L., b.W.), statt: sey so gut. Etwas bitten, ä. Sp., darum bitten, es fordern. „Es sol kain richter noch schreiber, noch Castnär, noch scherig noch kain ir diener in dem landt kain fuder pitten noch sämmen, si sollen kainerlay korn pitten noch sämmen, und sollen auch kain nachtfeld auf dem lande haben, wan vmb ir pfening", Rchtb., Ms. v. 1453, cap. XXI, f. XXXV. L.R. v. 1518: Tit. 1, Art. 7.

Der Bittel, ä. Sp., 1) Freyer, Werber um eine Frau (ahd. pitil, mhd. bitel. Graff III, 56. BM. I, 171. Grimm, Wbch. II. 51). Pittel, Cgm. 54, f. 43ᵇ; Pitel, Hbn. Voc. v. 1445; pitil, gl. a. 529, procus. „Zwiu sol der rîchen witewen lât, ân daz sie dest mê bitel hât", Helbl. VI, 188; cf. Löt. „Des glaub du boser ditell, ich darf nit solcher pitell", Cgm. 714, f. 327. „So gieng sy herauz zu den pitteln" (Freyern, die um sie warben), Cgm. 54, f. 43ᵇ. Diefenb. 462ª. 2) Gerichtsdiener, Büttel (s. d.). „Bedellus, pitel", Clm. 5387, f. III. s. die Bet.

Das Gebitt, die Bitte, Gesuch; Wunsch, Sehnsucht. „I' wissət á' sunst grad kaə˜ *Gebid*, wo s mə' nét zsamə˜ gêt", Seidl, Flinserln 1839, II, 47. 94. „I' häd ə˜ gàr ə˜ sche˜s *Gébid*", das. III, 58. „Dà hilft kaə˜ *Gébid*", das. IV, 60. „Du kennst mei˜ *Gebitt*", das. 3. Ausg., p. 37. 217.

bitter, 1) wie hchd. (Graff III, 88. BM. I, 176. 221
Grimm, Wbch. II, 53; vrgl. händig), 2) als Adv. (Inn, Salzach) sehr, viel. bitter gern (sehr gern), bitter schœn (sehr schön), bitter süeß (recht süß), bitter vil, bitter wenig, bitter bœs. Castelli, Wbch. 85: bittá'schên, bittá'siaſs. Ehrentraut, fries. Arch. I, 24: bittersaum, sehr schön, bitternet, sehr schön, bittergêrn, bitterliûəf (Wangeroog). Er lasst di' *bittə'* grüəssn. Es rengt gàr so *bittə'*. Dé gstricktn Haubm, wóschn brauchə˜t s' so *bittə'*, man muß sie so oft waschen. Wá' nét *bittə'!* Grimm, Wbch. II, 54,2. Nicht das Bitterste, (Wien) nicht das Mindeste, (etwa zu butt, putt, klein; cf. klaə˜). Grimm, Wbch. II, 55,4. Bitter lachen, sehr lachen; bitter wainen, bitterlich weinen. Dieses gradbezeichnende bitter kann mit dem empfindungbezeichnenden bitter ein und dasselbe Wort seyn, ohne daß also eine andre Wurzel dafür anzunehmen wäre. Bezieht sich doch auch sehr auf einen körperlichen Zustand, (nemlich: verwundet, empfindlich).

Die (das?) Biet, Weinkelter, torculare; nach Popowitsch: Boden der Weinkelter; (cf. goth. biuds, ahd. piot, piet, mensa. Graff III, 76. BM. I, 189. Grimm, Wbch. II, 3. s. unten Beune bei Peunt). „Möste sogleich nach der Einheimsung vor dem Bieth auskaltern", Wrzb. Herbst. Instr. v. 1746. Das lat. Biota wird als ein potig oder ein stantt erklärt im Voc. Ms. Teg. v. 1455, als ein stantner oder zwiörigs väßlin, im Voc. v. 1429. Die Gegenbiet, (Popow.) große, der Biet gegenüberstehende, wasserhaltige Tonne. Das Biethaus (noch jetzt Biədhäus'l). „Ein Wind- oder Biethaus bey Winzer", Gem. Reg. Chr. IV, 172, ad 1511. „Schlugen dem Zeb den Grind ab bey einem Biethaus", Avent. Chr. (Lib. Judic. VII, 25). Das Bietkar, „da man wein aus preßt, lacus", Avent. Gramm.

bieten (biedn, biə'n), I biətət und but; hab geboten (bodn), und die Composita, im Allg. wie hchd. (goth. biudan, ahd. piotan, mhd. bieten. Graff III, 68. BM. I, 181. Grimm, Wbch. II, 221). Zu bemerken sind hier etwa folgende Anwendungen: 1) bey gewissen Kartenspielen (z. B. Färbeln, Trischáken), provocare, ponere, deponere, wie das Onomast. v. 1735 sagt; das Gegentheil v. päßen. R. A. iatz is's *'bodn*, jetzt ist's gelungen, vielleicht vom Kartenspiele hergenommen, wo derjenige, dem gute Blätter fallen, nachbietet, auch wohl ruft: iatz is *'bodn!* ... aft is's schan *'boten*..., schon gut, recht; Lindermayr 63. s. das Bot, alle Bot. 2) (in der Bedeutung: darreichen), aufbieten, in die Höhe halten. „Mit aufgepotnen vingern sweren", MB. IX, 292. 260. 254. Erbieten Einem, darreichen; es erbieten, BM. I, 185. Grimm, Wbch. III, 723. „Hat er mirs wol zu tisch erbotten, so hab ich dafür

seltsam zotten gerissen mit kurzweiligen sachen", H. Sachs 1612: II, II, 84. „Er gewinnet einen nît dâ bî, daz einem andern man sî baz denn im erboten". d. welsche Gast 5967. „Ob man in's nit wol derpot", Cgm. 714, f. 226. Mhd. auch: ez eime bieten, ez eime wol bieten. „Seu ist dein amm und peut dirs wol", thut dir gütlich; d. Ring 19b,43 (p. 79) und öfter. Ehre bieten, ehrbieten, ehrerbieten; ehrbietig, ehrerbietig ꝛc. Grimm, Wbch. III, 53 f. 67. „Aus schuldiger Erenbiede", Bogenbergmirakel 42. 3) (O.L.) sagen lassen (durch einen dritten), Einem zuebieten, daß . . . A'bə'-, àbi-, auffə'-, auffi˜-, einə'-, eini˜-, 'num-, 'rum-, ꝛc. bieten, daß . . .; I muəs auf Télz *biədn*, das d· Muədə' gstarbm is. „Es haben etlich Prediger-Mönch mir zugebotten und gedräuwet, wöllen mich gen Rom laden, hab ich Ihnen wider zugebotten, sie sollen zu mir kommen", Avent. Chron. Vorred. s. der Bote, der Büttel. 4) befehlen, gebieten. Abbieten (à'biə'n) Einem, ihm befehlen, abzulassen von etwas. I hàb eəm àlləweil *à'bo'n*, àfər ə' hàts nét nàch'gébm. Aufbieten (au'biə'n) Einem, ihm befehlen, etwas zu thun, einschärfen. *Biət* eəm fei˜ guəting *auf!* Hàb iər gwàlti' *au' 'bo'n*, dass s· Acht geit. Cf. „also, daß die Jäger oder Schergen Hochzeit oder Convivia haben, so legen und bieten sie auf die armen Leut Hennen, Eyer, Schmalz." Kr. Lhdl. IX, 228. Ausbieten Einem; Grimm, Wbch. I, 831,2. hà' eəm *ausboten*, habe ihm mein Haus verboten, (Baader). Fürbieten (fürbiə'n)
222 Einem, ihm befehlen, vor Gericht zu erscheinen. „Wem für gericht poten wirt, der sol pey zeit dafür chomen", Ruprecht v. Freys. Rchtb., Ms. Frid bieten, (zur Verhütung von Raufhändeln ꝛc.). „Wie man in grossen versamlungen frid pieten und berüffen soll. Wir ordnen und wöllen, das füran auf allen Hochzeitn, Jarmärcktn, Kirchtägn und Tänzn, auch bey allen andern versamlungen des Volcks durch unser auch der Hochmarch und ander Gerichtsherrn Ambtleut von erst, nemlich alsbald der Gotsdienst volbracht ist, mit ganzem ernst frid zehalten geboten, auch des zu ainem anzaigen von stund an ain fendlein offenlich aufgesteckt werden, dabey ain jeder, ob er gleich erstlich bey dem berüffen des fridpots nit wär geweßt, den frid erkennen und sich deshalben der unwissenhait nit entschuldigen möge. Dasselb Fendlin soll auch, alslang dieselben Kirchtag, Jahrmärckt, Hochzeit oder Tanz wern, stecken beleiben", b. Land-Recht v. 1553. Das Recht bieten Einem, es mit ihm auf einen Rechtsstreit, Proceß ankommen lassen; L.R. v. 1616, f. 297. „Trag d Schuld wer wöll: ich biet mich drauß, Gott sprech mich ledig und mein Haus", sagt Pilatus im Passionsspiel von 1683. Mißbieten. „Durch Göttslästern und Schwören der Gottheit und allmächtigkeit Gottes Mißbietung oder Verminderung thun", L.R. v. 1616, f. 694. verbieten eine Person oder Sache mit dem Rechten, mit Recht, mit Gericht, auf Recht, zu Recht, sie mit (gerichtlichem) Arrest belegen, interdicere, arrestare. LR. v. 1518: Tit. 8, Art. 6; Tit. 31, Art. 5; Tit. 33, Art. 3; Tit. 41, Art. 2. LR. v. 1616, f. 281. 285. „Ein igleich man oder fraw, di purger sint, die verpietent einen igleichen man oder ein frawen vm ir gelt wol in der stat, wan sie herin chomment", Ruprecht v. Freis. Rchtb. Westenr. Beytr. VII, 164. „Wer den verpoten man, der vmb gult in das bot chumpt, behallet mit wißen", Passauer StadtRchtb., Ms. fol. 12. „Ich Jacob hirt, ain frey Landrichter in der grafschaft ze mauerstetten, verkund, daz den offen und verboten Richter Bärtellen v. Paul niemand sol husen noch hofen", MB. VI, 625. Ein gut vmb gelt verpieten, es Schulden wegen in Beschlag nehmen. „Swer ainem gast berait gelt verpewt daz seinem wirt, dazselb gelt sol stille ligen iar und Tag", M. StadtRcht., Ms.

unbietig, (O.L.) mißmuthig.

urbietig, verbietig, adj. und adv., erbötig, willig, bereitwillig. „Auf welches ansprechen die Frauen allemal gar willig und urpietig gewesen", Wstr. Btr. V, 106, ad 1580. „Die weylen er aber gehört, das der Acker von dem Gotshaus Lehen, wære er urbittig den zu empfahen", MB. X, 364. „Dieß Creuz hat mir Gott aufgelegt, so will ich es gern und urbietig tragen. O gütigster Herr, dir seye unendlich gedanckt umb disen so urbietigen Todt", P. Abraham. „Sey er willig und verbietig, dero begehren zu befürdern", ibid. Gl. i. 95: urbot, oblatio.

Das Gebiet ('Biət), 1) wie hchd. (Grimm, Wbch. 223
II, 3,3.) „Die Bieter" im Gericht Dachau, s. bei Krenner, Land-, Hofmarchs- u. Dorfgerichte I, p. 61 ff. 2) Bezirk, in welchem ein Gerichtsdiener (Gerichtsbote, oder Büttel) zu bieten hat. So war das ehmalige Gericht Kling in 8 Gebiete eingetheilt; (Hazzi, Statist. III, b. 601). Das innere '*Biət*, das daussigé '*Biət* im Landgericht Vilsbiburg. „Wann ein Paur oder Söldner in seim (des Ambtmanns d. i. Gerichtsdieners) Biet stirbt, ist der best Rogk des Ambtmanns", Welsch, Reichertshofen p. 184. 186. „Bis an Genaher Piet", Lori, Lechrain 119. „In des Dachauer Schergen Pieth", Hellersberg, Gerichtsb. und Scharw. p. 122. 124. „Lustrum, funf gepiet iar; indictio, funfzehen gepiet iar", Aug. eccl. 10, f. 36.

Die (?) Biete (cf. niederd. Boot, isl. bâtr, cymba, ags. bât, Sämund.: beit oder beitr. Grimm I3, 458. Wbch. II, 4. 237). „Prora, vorder biet; puppis, hinder biet", Voc. optim. p. 31.

-bot in Merbot ꝛc. s. oben -baudo, Sp. 209.

Der Bot, wie hchd. Bote, Fem. die Bötinn (Bédin) (ahd. poto, mhd. bote. Graff III, 80. BM. I, 183. Grimm, Wbch. II, 271). „In êre sant Peters und aller boten", Clm. 4616, f. 53. s. Zwelfbot. Boten-gên, Boten-läuffen, botenweis gên, sich als Boten brauchen lassen. „Das Bottenlauffen ist gleichwohl ein Scharwerch", L.R. v. 1616, f. 304. Der Postbot. „Die Postboterey von Augsburg gen München", Kr. Lhdl. XIV, 492. 626. R. A. Er hat si' in d· Ruə gsetzt und is ə˜ *Bot* wor'n. Der Dienstbot (Grimm, Wbch. II, 1123) s. unten der Bott. Das Botenbrôd, Lohn für eine gebrachte Nachricht; die Nachricht selbst. (BM. I, 264. Grimm, Wbch. II, 274). „Predigon petinbrot allero geschephido, paedicare evangelium omni creaturae", Notk., Ps. 29,10. „Man petenprot das dy kunigin ein jungen sun hat, gaudet homo *pane nuntiale* intimans reginam filium peperisse", Windb. 204, f. 165a. „Sed *panem missi* penes hanc volo prima mereri", Ruodlieb IX, 16. „*ευαγγελια*, daz bötten-brot", Clm. 4414, f. 19b. „Evangelium, bottenbrot", Nomencl. v. 1629, p. 157. „Roß und auch gut klaider gab er im ze petten brot", Hugdietrich, Haupt's Ztschr. IV, 427,226. „Gebet vns das petten prott, edler kunig frum: fraw Hiltpurg, ewr frawe, hat einen schönen sun", das. 426,219. 220. „Er gäb vielleicht ein petten-prot das sein (der Noth) noch dristunt mer wär", Cgm. 270, f. 71b (Cgm. 379, f. 35: bottenbrot). Peten-prot, Cgm. 719, f. 29b. „Das fällig bettennbrot", Cgm. 3891, f. 151b (1487). In den Bogner Mirakeln 270. 298: Böttenprot; auch das Voc. v. 1429 hat mercepotus, leykauf, pettenprot. Er waiß ain Bottenbrot, Reime v. 1562. In Auerbach's Schwarzwälder Dorfgeschichten (1843), S. 238 sagt Emmerenz in diesem Sinn: „Nu, Bas, was krieg i denn für e **Bäcke**brod?" und bei Firmenich II, 415 (Memmingen) steht: „'s *Meatabrod* (?) sag i grad a, mei Frau ischt in d'Kindbett komma." Der Botenbroter, der eine Nachricht bringt. „Da sprach der hertzog david zu dem bottenbrotter", ibid. (?) zu lib. Reg. II, c. I, v. 4 u. c. IV, v. 10; c. XVIII, v. 27. Der Botenmeister, bey der ehmaligen wirzb. bayreuth. ꝛc. Regierung ein eigner Beamter, der die verschiednen Canzley-Aus- und Einläufe, durch die Post und durch die Boten, zu besorgen hatte, Expeditor. Samml. wirzb. Verord. II, p. 680 ff., III, 158. 480. bayreuth. Canzley-Ordnung v. 1723 u. 1746. Der Frônbot, s. Frôn.

Das Bot, But, (von bieten, im Spiele: daransetzen), eine Partie im Spiel, besonders im Kartenspiel. Zeitschr. IV, 208. 494. ə˜ *Bod* spịln. Wiəvịl *Bod* hàbmə' gspịlt? zwaə, drui, vier ꝛc. *Bod.* Daher die R. A. alle Bot (àllébod), 1) jedes Mal, eigentlich so oft man will, so oft man sich darauf einlassen will, toties quoties. Der Hans wirft 'n Michel alle Bot, d. h. so oft es Michel im Ringen mit ihm aufnehmen will. Alle Bod ist in dieser Bedeutung auch auf dem Harz und sonst in Norddeutschland (Firmenich I, 143,22. Mittelmark: allebott; I, 309,16, Paderborn: ollboth) gebräuchlich. Vrgl. Zeitschr. IV, 208. V, 49. 422,24. Grimm, Wbch. I, 215. II, 271,1. cf. engl. bout, Streich, Mal. 2) oft, cf. a botta, (VII Communi) bisweilen. Zeitschr. I, 292,35.

Das Bot, der Preis, den der Käufer für eine Waare gegen den Verkaufenden ausspricht. Grimm, Wbch. II, 271. Bàl' mər ə˜n Judn no˜ ə *Bod* auf sei˜ Wàr légt, bringt mə' n nimme' vo˜ n Leib. Der Verkäufer bietet die Waare, der Käufer legt ə˜ Bot drauf. Auf's Fleisch leg ich gar kain Bot (ich esse es nicht gar gerne; Baader). Das Unbot, zu geringes Gebot.

Das Bot für die Obrigkeit, das Fürbot, die Citation. Zeitschr. V, 422,24. Das Abbot, (von abbieten), das Verbot. Das Aufbot, (von aufbieten), der Auftrag. Das Fridbot, Vermahnung zur Ruhe; ein Fridbot einlegen. Das Verbot, der Beschlag, der Sequester. „Ein Guet in Verbot legen", Kr. Lhdl.
224 I, 211. Das Widerbot, ä. Sp., die Aufkündigung des guten Vernehmens, Fehde-Erklärung, Gem. Reg. Chr. II, 413.

botmäßig, unterthan, adj. „Daz sol man in gepieten ob sy potmäzzig sind", wenn man ihnen etwas zu gebieten hat; K. Ludwig's Rechtbuch, Ms. Grimm, Wbch. II, 277.

Die Bottig, (nach Gramm. 850) Bottigen (Bottigng, Botting, Boding), der Bottich (ahd. potacha, mhd. boteche. Graff III, 86. BM. I, 227. Grimm, Wbch. II, 279). Biərboding, Trankboding, Maeschboding, Wassə'boding ꝛc. „Biota, ein potig oder ain stantt", Voc. Ms. Tegerns. de anno 1455; biota ein stantnär, Cgm. 656, f. 115. Diefenb. 74^{c}. potacha, dolium, gl. i. 126; potega, cauuella, o. 190; potegun, dolia, o. 224. Nach Ruprecht's v. Fr. RechtB. v. 1332 (Westenr. Btr. VII, p. 172 ff.) kann ein Herr seinen ungetreuen Knecht, wenn er ihn nicht in eiserne Bande legen will, zur Strafe „vnder ein potigen stürtzen, (dev underlät sei di drey vinger sweb ob der erd), einen chæs vnd einen laip oben dar auf den poden legen vnd einen napf mit wazzer oben darauf setzen, und (kann) in also lazzen ligen untz an den dritten tag, so sol er im dann wazzer vnd prot hinunder geben sein notdurft." „Diogenes was so arm, daz er nur ein potigen hiet zu einem haus", Cgm. 54, f. 14^{b}. „Da machet er ein groz potigen und füllet die mit pech", das. f. 58^{b}. „Vier potigen voller goldes", das. f. 61^{a}, „Die erst potig", das. f. 62. „Diogenes der in der potigen sas", Cgm. 272, f. 161^{b} und 580, f. 140^{a}. Die Boding, Bogenberg p. 171. Zeitschr. V, 463: Bûting. „Meiden sweinen fleisch und potigen kraut", Cgm. 4543, f. 99. Potingchrawt, s. Sulzrueben.

Der Bottich (Bodi', Hemdstoß, Passau; OberM.), (Göschl) der Leib oder Unterstock eines Weiberhemdes. Ehmals der Leib überhaupt (besonders mit Ausschluß der Gliedmaßen), the body. (cf. Kopf, ehmals Trinkgefäß. Ahd. potah, mhd. botech. Graff III, 85. BM. I, 226. Grimm III, 397. Gesch. d. d. Spr. 1010. Wbch. II, 278. Zeitschr. IV, 494). Potahha, corpora; podeh, cadaver; potacha, cadavera, gl. i. 490. 739; o. 346. „Dinero scalcho botecha, morticinia servorum tuorum", Notk. 78,2. „An kristenlichez houbet seh wir den pfaffen botich gên", S. Helbling II, 833. „Got in verwâze, der niden machet groziu bein und oben treit den botech klein", das. II, 1490. „Der botich vierstnnt ist so grôz, den liez er ê gewandes blôz", das. VIII, 745. „Lauzz auf der patich" (die rothe Linie weist dabey auf die Mitte des Armes des Aderlaßmännleins) fur dez magen vnd der seiten wetagen", Aug. eccl. 76, f. . . (v. 1399). „Ein totter bottich (ist Kopf mit Brust) an einem Bratspieß als Zeichen für 82; Cgm. 4413, f. 167. „Des kinds bottich" (ohne Kopf), Dr. Eck (1542). „Vom Capaun ist mir, jr lieben, der gstümmelt pöttig überblieben", H. Sachs 1560: II, IV, 97. „Und namen mein sel aus meinem pottich", alte Fabel. „Si enizzet deheines botiches nicht", (von keinem Leichnam); alte Pred. „A°. 1388 kam in Regensburg ein Kind zur Welt, das auf einem Potich zwey Köpfe und zwey Hälse hatte", Gem. Reg. Chr. II, 255. Im Wackius findet man „Pedacher oder Pedicher als „ein beyrisch Wort" angeführt, „das sie gemeiniglich von dem todten oder entseelten Leib sagen." Diese Form sieht aus wie ein neutrumförmiger Plural von Podich. Bey Zaupser liest man als ob.pfälz. den Ausdruck Becht für Körper. Castelli, Wbch. 79. 90: „Der Bedi, Bödi, Unterleib, Rumpf." Jir. Podig, Rumpf, Leib ohne Kopf (Pinzg.); Podoch, der Hintere. Vrgl. Zeitschr. IV, 214. V, 72,75: der Butten, Leib, Magen, Bauch.

Der Bott, Thier von, in seiner Art kleiner, unvollkommener Gestalt. Mosbotten, eine Art am Donaumoos vorkommender kleiner Kühe und Pferde. s. Butt und Poß. Anmerk. Bey Hübner, Beschr. des Erzst. Salzb. p. 688 heißt es in einem Pinzgauerliede: „Die Böthl thüen bey mir das ganze Jahr dräschen." Sollten hier, da man im Tirol Boder sagt für Kinder, — z. B. es sind (in der Familie) so und so viel Boder da —, Kinder gemeint seyn? Um Hopfgarten sind „Poder" kleine Knaben, Hbn. 749. „Die *Poter* dahamn, die Pfeife auf dem Maul", Pusterthaler Lied, tirol. nat. Calender v. 1826, S. 101. cf. Boyer (?), Bube, junger Mensch, Koch-Sternfeld, S. u. B. II, 349. Diese Ausdrücke und das Geschwister-Bülich der Rhöngegend für Geschwisterkinder, als Diminutiv Plur. etwa aus Butt zu erklären, würden ein Wort Bott, Butt für kleine Person, junge Person (dem ital. putto, putta entsprechend) vermuthen lassen; (cf. unten Butt u. Zeitschr. II, 512,20). Auch das Bot im hchd. Dienstbot ist noch nicht genügend erklärt; (vrgl. oben Bote und daneben krain. pósel, gen. posla, Dienstbote, v. slati, mittere. Kopitar, 1839). „In I˜vieschtl hab'n dö Baua'n leicht lacha... dö *Both'n* leicht z'habn"; und doch gleich darauf: „wannst nöt mit'n *Dienstbothnan* gar so viel Gscherr hietst", v. Kürsinger, Ober-Pinzgau, 1841, S. 174. „I' ha' z'nachst all mein *Bothnan* auf Liechtmöss'n auf-g'sagt, weils' ma' von Percht'nschaun z'lang nit hoamkemma sand", das. S. 177.

Die Butten, die Butte, Bütte (ahd. putin, putina, mhd. büte, bütte, büten. Graff III, 87. BM. I, 286. Grimm, Wbch. II, 579. Zeitschr. III, 189,47); Rücken-Traggefäß, 1) für nasse oder zerfließende Sachen, in diesem Falle von Böttcher-Arbeit oder von Blech, wie z. B. die Schmalzbutten der ehmaligen Bettelmönche; „Herbst- und Weinbutten sollen 2 Eimer und 2 225
Achtel halten, welche letztere wegen des sich ereignenden Buttenschwandes zugegeben werden", Wirzb. Verord. v. 1776; 2) für trockne Waaren, und von Kistlerarbeit: die Täntlerbutten, Krämerbutten u. drgl. Die (liebe, kleine, böse ꝛc.) Butten, hört man zuweilen in Bezug auf kleine Mädchen. (cf. venezian: puta). R. A. ə˜ ganzé *Butt'n* voll, viel. D' Hand vo˜ də' *Butt'n*, əs sán' Wei˜bérln drinn! manum de tabula! Zeitschr. III, 189,47. cf. Pütten.

Der Büttner (Büdne', Bi'nə'), Bütterer (Bidərə'), (Frank., O.Pf.) wie hchd. Böttcher, wofür in A. B. Binder, Schäffler oder Küefer üblich ist. Buttelschaffen, adv., nach Art einer Butte; buttlschaffen tragen, auf dem Rücken tragen, wie eine Butte.

'Die Butte, Hagebutte, rosa canina (Grimm, Wbch. II, 580).' „Butten (=?) oder holtzrosen, rosa silvestris", Clm. 16487, f. 193.

Der Buttel, (München) cylinderförmiges Glas mit einer Handhabe, ohne Deckel.

Das Gebütt, s. oben das Bit.

Der Bütterich, Bütrich (Büdərə'), das Bütterläglein (Bidə'lágl), Fäßchen für 3 bis 6 Maß Flüssigkeiten zum Handgebrauch, z. B. zum Daraustrinken bey Feldarbeiten (ahd. putirih, mhd. buterich; agſ. buteric. Graff III, 86—87. 90. BM. I, 286. Grimm, Wbch. II, 577). „In Bittrichen und Lutterkriegen wurde das heilsame Wasser geholt", Ottinger Mirakel. „Grozze vas, ponzen oder puterich", von Sutner's Münch. Gewerb-Pol. cf. MB. XIX, 239. Ein Vorrath von Briefschaften und Papieren soll, damit ihnen beym Transport über Land kein Schaden zugehe, „in ainen Pütrich verschlagen werden", Schreiben Herzog Wilhelms von 1425. Gl. a. 689. i. 245. 638 ꝛc. butrich, uter. „Utres, puttustir vel putirich", Clm. 4606, f. 144. Uter, pütrich, Clm. 5685 (1412), f. 84. Fragm. Ms. (Roth): putreich „In utrem, in einen balch, buterih", Cgm. 17, f. 113b. Ps. 77,13. „Er hies das weib on alle peit in denselben püttrich saichen, damit wollt er den pfaffen laichen", Cgm. 270, f. 335b. (Der ursprüngliche Schlauch, span. bota, ist wol später zum Böttchergefäß geworden.)

Der Butter und der Buttern (Buttə', Budə', Budə'n), die Butter (Graff III, 89. BM. I, 286. Grimm, III, 463. Gesch. d. d. Spr. 999. 1002. 1013. Wbch. II, 582. cf. Anderson, Nachr. über Island 1747, f. 109). Das die vor diesem Wort klingt bayrischen Ohren sehr befremdend; doch war wol auch das alte butra (gl. o. 147 für butyrum) ein Feminin. Die Vocab. v. 1419 und 1445 haben ebenfalls Butern für butyrum. „Er pot in puterin", Diemer, Ged. 16,27. „Seud die in gesalczner (Pfeiffer: ungesalzner) puteren, die nur von rindermilch kumpt", Konr. v. Megenberg f. 199b (Pfeiffer 340,1); '„ungesalzen puteren", das. 377,5; „mit putern und mit honig", das. 407,1; mit ungesalzner puttern", das. 417,32.' Der bayr. Oberländer sagt gewöhnlich Schmàlzbudə'n, und noch lieber blos Schmàlz, wo er dann das Budə'schmàlz (vrgl. Voc. v. 1429: Butterschmalz, butyrum) vom g'lassnə˜ Schmàlz unterscheidet. „Schmalz, butern, was man wil", Mich. Beham in d. Samml. f. altd. Lit. 61. „Frisch puttersmalz", Cgm. 601, f. 100b. Zeitschr. IV, 499. Im Inchenhof. Mirakelbüchlein steht: „Die Mutter verlobt das grindköpfige Mägdlein mit einem Pötterlein Schmalz." Ob dieses Pötterlein hieher gehöre, weiß ich nicht, indessen wird auch der Budə'n oft weniger in Bezug auf die Materie selbst, als auf eine gewisse Portion oder Form derselben genommen. (Vrgl. butteln, buttern.) Kreuzbutter, (Wien) Butter, in der heiligen Woche gemacht. Großes Butterfaß, (Jr.) gelbe Seeblume, nymphaea lutea L. Buttersterl, (Jr.) die durchlöcherte, unten am Butter-Rührstab befestigte Scheibe. bütterln, vrb., nach roher Butter schmecken oder riechen.

butteln, buttern (budə'n), rütteln, hin und her werfen. Grimm, Wbch. II, 581. „Depso knetthen, tayg und hujusmodi unter den Händen pydern", Avent. Gramm. Pollitriduare, bütteln; Voc. v. 1419. Hennebergisch: Einen fortbuttern, ihn forttreiben. Vrgl. beuteln. Das Butterglas (Budə'glas), paternoster-
226 förmiges Glas von besonderer Form, auf den Tafeln üblich, um die an den Salat zu gießende Portion Essig und Öl darin zu rütteln und untereinander zu mengen, (Baur). butteltrüeb (buttltrêib), (Nptsch.) von Flüssigkeiten, trüb vom Aufrühren.

Der Büttel (Bidl), (O.Pf., Frank.) der Gerichtsbote (ahd. putil, mhd. bütel. Graff III, 82. BM. I, 184. Grimm, Wbch. II, 581. cf. ital. bidello, franz. bédeau = Bedell = Pedell. Diez, Wbch. 54). (In Altbayr. Amtmann, Scherg). „Unser Landsknecht oder Pübel", wirzb. ZentOrd. v. 1670. „Welcher ein Jar wär ein püttel und putt für recht", Cgm. 713, f. 20. „Die Stat hat auch einen Pütel, der von haus ze haus gepeytet, (Rechtb. v. 1332, Wstr. Btr. VII, 48); gl. i. 233. 241. o. 55: butil, praeco. Der Gebütel, Meraner Stdtbch. in Haupt's Zeitschr. VI, 427—28.

Der Butt, Person, Thier oder Pflanze von kleiner, kurzer, dicker Gestalt; cf. niederſ. but. (Grimm, Wbch. II, 579. Zeitschr. II, 512,20.) s. Buzel. (cf. un bout d' homme ꝛc.) Der Wechselbutt, Wechselbalg, (opf.) durch Zauber verwechseltes Kind, das nicht groß wird. Grimm, Mythol.[2] 437. Der Butt, die Kaulquabbe, gobius capitatus, (Regensburg). s. Bott.

Der Büttling, junges, halbjähriges Kalb; Zeitschr. IV, 318. Haut eines solchen Kalbes. Kohlenbrenner's Material. von 1782, p. 90. Wstr. Btr. V, p. 299. Bidling, Knirps von Person, (salzb., Hocheder).

Das Buttlein (Buttlə˜), (Nürnb.) junges Huhn (cf. kärnt. puta, Henne; Jarnik p. 58). Zeitschr. II, 512,20. III, 142. VI, 131,10. Hieher, und nicht zum entfernten lateinischen pullus, gehört wol auch der oberpfälzische Lockruf gegen Hühner: budl, budl! pul, pul!

butterwinzing (budə'winzi), sehr klein.

> Hintə' mei˜n Nachbə'n sei˜n Stádái·
> Sitzt ə˜ klaə˜s *budə'winzi's* Mádái,
> Spinnt mit ə˜n *budə'winzigng* Rádái
> o˜ *budə' - budə'winzi's* Fádái.

buttet, adj., 1) von kurzer, dicker Gestalt. ə˜ *buttəts* Deənl. 2) von jungen Vögeln: noch unbefiedert, nackt, (vrgl. blutt). verbutten, im Wachsthum zurückbleiben, verkrüppeln. cf. Grimm, Wbch. II, 587: buttig.

Die Buttelhenn (Budlhenn, Bu'lhenn), (Obrm.) Henne ohne Schweif (was Keilarsch, s. d.). Castelli, Wbch. 98: „das Buda'hendl, ein Huhn, welches keinen Schweif hat; auch der Buda'hähn, von buda'n, begatten", (vogeln; beschlafen). Zeitschr. IV, 318. Die Buttelkue (Budlkou, Bu'lkou), (idem) der Ficht- oder Tannzapfen. s. Buzelhenn und Buzelkue.

Das Bätschelein (Bètschə-l), (U.Don.) Kälbchen. s. Bätz und Bäntschelein. Botschl, Bock, (Ammergau; Rath Her). Botschelé, Botsch, Botsch! Lockruf an Ziegen, (Baader). cf. Grimm, Wbch. II, 578: butschen, stoßen.

'Der Betschelier, Beschelier, â. Sp. (BM. I, 109; vrgl. ital. baccalare, baccelliere, franz. bachelier, span. bachiller. Diez 34), junger Ritter, Knappe.' „Ir sit ein armer betschelier", S. Helbling II, 1316. „Du vil armer betschalier", das. VII, 1044. „Tertii sunt, qui volunt concupisci ut iuvenes *bachschellarii*, qui ornant se crinibus, vestibus, mitris", Clm. 4782a (XV. sec.), f. 165.

„Butsch, Most von Obstfrüchten, sicera." Onom. v. 1737.

Die Butschen, die Bütschen (Bidschn), kleines, mit einer Handhabe und einem Deckel versehenes Gefäß in Form eines abgestutzten Kegels, das bey zahlreichem Hausgesinde als ein wohlfeiles, haltbares und ergiebiges Trinkgeschirr gebraucht wird. Onom. v. 1735: capis, capedo. Vrgl. betschka (böhm.), botschka (ruſſ.), Kufe, Faß. Ehmals nannte man Bütschen auch eine Art Gefäß, in welchem, von den Salzstätten aus, das Salz 227
verführt wurde, Lori, b. BergR. Die Putschen-Bart. Den Putschengang erlauben. ibid. „Daz si alle Jar zwen Asch mit Putschen oder mit weiten Saltz verfüren sullen", MB. IX, 145, ad a. 1319. „Mit Putschen oder mit weiten Salz", ibid. p. 160. „An Puthsezen oder an chleinen Saltz", ibid. p. 169. „Mit Putzen

das Salz fieren", MB. II, 257. „Der tail gen Oting ist XX putschen vnd funf scheiben fur ain putschen", Cgm. 544, f. 56ª. (Salz) „es sein pützen chrötel oder scheiben", Münch. Stdtb., Auer p. 81. Nach Adelung (v. Pütsche) geben im Salzburgischen 40 Pütschen auf einen Asch (Salzschiff) und 80 Pütschen machen 60 Scheiben.

(Bav. bev. ꝛc. sieh unter: Baf. bef. ꝛc.)

Das Bowidl, Zwetschgenmus; Castelli, Wbch. 92.

(Vrgl. baß. beß. ꝛc. bat. bet. ꝛc.)

„Batzan ist leder, daz gemachet ist ûz schaffes vellen. Sy (die Schuster) hant den list, daz sy ez machent fordewan glich;" Konr. v. Ammenhausen, Schachzabelb., Cgm. 1111, f. 110.

Der Batzen (mittellat. bacio, bacius, bacenus. Grimm, Wbch. I, 1159. Cf. el bezzo, ehmals im Venetianischen la metà di un soldo; *nè bezzo nè bagatin;* neppur un quattrino; nol val un *bezzo*, d. h. nichts. Plur. *bezzi*, Geld im Allgemeinen). (ä. Sp.) der Rollenbatzen, (schwäb. Rollə˜batzə˜, nach bayr. Aussprache geschrieben: Rollobatzen; tirol. Lechthal o = ə: Ommo, Leiblo; Staffler I, p. 111), kleiner, in Costnitz, Kempten, Isny, Zürich, Bern, Lucern, Solothurn geschlagener silberner Dickpfenning. Der Costnizer, Kempter, Isner soll gelten: a⁰. 1506—1513 4 Etschkreuzer oder 14 dn. schwarz, geht in Bayern aber nur zu 13 dn. schwarzer Münze, Lori MzR. I, 113. 117. 138. 151; der Zürcher, Berner, Lucerner ꝛc. zu 12 dn. schwarz, Kr. Lhdl. XVI, 252. XVIII, 198. 281. A⁰. 1520 sind eine Menge theils ungerechte (zu geringe), theils falsche solche Batzen und Halbbatzen im Umlauf, Lori, Mz.R. I, 157. 160. A⁰ 1534 cursiert der Constanzer, Augspurger, Passauer, Eichstetter, Stadt-Regensburger Batzen zu 13½ dn. schwarz', der Leuchtenberger, Bischof-Regenspurger, Öttinger, Nördlinger Batzen zu 13 dn. schwarz, ibid. I, 185. A⁰. 1640—1660 sind vorzüglich bayrische, salzburgische, würtenbergische, nürnbergische, augspurgische und regenspurgische Halbbatzen im Umlauf, ibid. II, 456. A⁰. 1669 (Lori Mz.R. III, f. 59) wird festgesetzt, daß aus der cöln. Mark fein Silber 208¾, also aus dem Loth 13¹/₆₄ Stück Batzen oder Vierkreuzerer geprägt werden sollen. Die gemischte Mark enthielt 8 Loth Silber und 8 Loth Kupferzusatz. An Halbbatzen gab die aus 7½ Loth fein Silber und 8½ Loth Kupfer gemischte Mark cöln. 199⁷/₃₂ Stücke. Es wird dabey der Halbbatzen auf 10 Pfennige gesetzt; die, von da an, neu und zu diesem Werth geprägten Stücke aber kommen unter dem Namen Landmünzen in Umlauf; Lori, Mz.R.
228 III, 132. 189. 190. 242. (s. Landmünz). A⁰. 1760 werden in Bayern alle neuen, allenfalls zum Vorschein kommenden Batzen gänzlich außer Kurs gesetzt; Lori, Mz.R. III, 395. Durch eine wirzb. Verord. von 1764 wird der wirzb. (Marien-) Batzen auf 5 Kreuzer bestimmt. Der Rüəblərbatz'n, von dem Salzburger Erzbischof Leonhard von Keutschach (1495—1518) mit seinem Familienwappen, einer Rübe, gemünzt. Cf. unten: das Bätzlein 2. und Theil III: die Rueb.

Heutzutage ist der Batzen in Bayern keine Species, sondern nur mehr eine Rechnungs-Münze von 4 Kreuzern. Gewisse Markt-Artikel, z. B. die Eyer, werden nach Batzen verkauft. Statt „zwey Kreuzer" sagt man lieber ə˜ Halbbatzen. Batzen wird in mehrern Redensarten für Geld überhaupt genommen. Buə'! der hàd *Batzn! Bàtz'n* und Màx'n g'nua' hàbm, Geld genug; Seidl, Flinserln III, 83. 102. Wenn 'Kuə ə˜n *Batz'n* gilt, d. h. niemals. In der Kindersprache heißt jedes Stück Geld, besonders ein solches, das man als Schmuck anhängt, überhaupt jedes geldähnliche Anhängsel von Metall ə˜ Bátzə˜l. cf. Pacem. batzen, vrb., zahlen. R.A. In d' Halbbatzen daher machen, albernes Zeug schwätzen. Halbbatzen schwitzen. „Denn uns gewißlich der halb Batz gar stehe, (?), Sigl, Münchn. Geißeln, hg. v. Stöger, p. 150. Das Batzen-Häuslein, geringes Land-Wirthshaus. Castelli, Wbch. 77: Batz'nhäusl, ein schlecht gebautes Haus. Grimm, Wbch. I, 1160.

Der Batzen, Klumpen von weicher Materie (Grimm, Wbch. I, 1160), als: Laim-Batzen, Mel-Batzen, Aiter-Batzen, Rotz-Batzen, Speiw-Batzen „Mein lieber Leimpatz, was wird aus dir werden, ein hafen, ein schüssel?" P. Procopius. „Nim ain patzen oder khugel taigs", Cgm. 4126 (v. 1538), f. 23. Cf. westpreuß. *Patze*, Lehmstück, von poln. paczyna, getrockneter Lehm. Das Gebätz, der Bätz (Báz; Bâuz?), weiche, klebrige Materie, besonders die innern, weichen Theile zerquetschter Thier- oder Pflanzenkörper. I druck di' dás də' de' *Báz* ausgêt. Er hàt ə˜n Wurm də'trédn, dás eəm də' *Báz* 'rausgangə'-r-is. Er frisst, dás eəm də' *Báz* àbə' rinnt. Dé Biə'n is taəgi' gwé'n, iəz hán I s' zə-n-ə˜n *Báz* də druckt. cf. Hetschə˜-betsch, zu Brey zerkochtes Obst. əso hàt ə' g'fréss'n, dás eəm 's *Bötz* (Bétz) aə'r g'runnən ist übər's Maul. I' hà˜eəm aəné 'gébm, dás eəm glei' 's *Bötz* aussə' g'spritzt ist, (Baader). cf. Bit: Gebütt; Pötzig. Vrgl. auch brem. nds. Wbch. III, 301: Peddik. „Das sich der prechen des gepetz (? Erbsünde) hat angehebt von weibes letz", Cgm. 291, f. 72ª.

bätzig (bázi'), weich und klebrig. Dés Deənl is no˜ àlln *bázi'* (gleichsam noch nicht trocken von der Geburt), und hàt scho˜ ə˜n Kerl. Auch vom schmutzigen Wetter: Heu˜t is s *bázi* drauss; daher das Sprichwort: Is dər erst Schnê ə˜ Ládschi, so is də' gantz Wintə' *bázi'*.

bätzen, (bázz'n), vrb., (cf. ahd. bauuizôn? fovere? Graff III, 4). Herumbázz'n, in etwas Schmierigem herumlangen, herumgreifen. Die Bázzərey. Də'-bázz'n, z'bázz'n zerdrücken, zerquetschen. ə˜n Wurm, ə˜n Käfer, ə˜n Apfel, ə˜ Biə'n, u. drgl. z'bázz'n.

bätzeln (bázln), vrb. n., Medicinen, besonders Hausmittel brauchen. Wenn me˜ gsund sey˜ will, muəs mə˜ nét àllewál *bázln*.

Batzen, plur., = Tatzen, Schläge auf die Hand. „Hà˜ *Batz'n* gnuə' 'kriegt, leicht 's Tàgs ə˜ pàr màl, hà˜ 'n Schuəlmaəste' g'hárəbt, hà˜ èəm Gift g'macht und Gàll", Luber's Napfezer in Kaltenbrunner's oberösterreichischem Jahrb. 1844, S. 155. Karton spil'n um *Hirnbátz'ln* (Fipse, Schneller mit dem Finger auf die Stirn); s. Patzen und Th. II: Hirn.

Der Batzen, Handwerksbatzen, Benennung eines Handwerksgesellen von Seite der Feder- oder Degenherren, insofern diese ein ungeziemendes Groß- und Breitthun eines solchen zurückweisen wollen. Vrgl. Borzen und Broz, Handwerksbroz.

batzet, adj. massiv, derb, patzig. sich *batzət* machen, sich breit machen, dick thun, prahlen; cf. brotzig. Doppelsinnig braucht das Wort batzet der Bauer, der bey Marcellin Sturm zum Freyer seiner Tochter sagt: „Zwölf 229
tausend Gulden zal I Enk glei baar auf dem Heiratstag, meinaid, da kriegst ə˜ batzets Wei'." ə˜ *patzəté* Lug, eine derbe Lüge. „Und da ihn Christus sein Maister gefraget, wo er seye gewesen? hat er gleich ein patzete Lug auß dem Ermbl gschütt, sprechend, er habe einen Krancken besucht", P. Abrah. „Das Maul auf im Beichtstuhl! heraus mit den Groschen oder grossen Sünden! heraus mit den Batzen oder batzeten Missethaten!" idem. „Du sack, deck die patzet mautzen zu" sagt Einer zu der unsichtigen, nacketen Hausmagd bei H. Sachs 1560: II, IV, 119ᵇ. „Dà ligt ə˜ schöne, liebe Frau

und *batzelt* (ganz?) wiə natüə'li; və'goldt und gmåln", Pangkofer 1846, p. 186.

Das Bätzlein (Bátzl·), 1) kleiner Batzen (in dieses Wortes verschiednen Bedeutungen), namentlich: kleines, festes Mehlklöschen, wie solche in der Bátzlsuppm aufgetischt werden. Unsrer Magd Náni von Vilseck, die sich in die Wange gebissen, hat sich an dieser im Munde ə˜ Bátzl gebildet, das ihr beim Kauen immer unter die Zähne gekommen. Dr. Tuček hat es ihr ausgeschnitten, (18. October 1845). Einige Kirschen und dergleichen, die Kindern verkauft werden. Unter gemeinern Personen: Perle oder Edelstein, als Anhängsel in Gold oder Silber gefaßt. Etwa ursprünglich nur scherzhaft von den salzburgischen, mit einer Rübe bezeichneten Batzen; s. oben und Th. III: die Rueb. 2) (O.Don.) die weiße Rübe (vielleicht das ags. bete, beta; Firmenich I, 62,15: Beeten, Rüben). Hálm-Bátzl, Gweisch-Bátzl, Dịln-Bátzl, (vrgl. Bieß).

Der Bätz (Bètz), das Bätzlein (Bètzl, Bètzə-l), Schaf, Schäfchen; vrgl. Batschelein. Néstbetzlə, (Nürnb.) jüngstes (letztes) Kind einer Ehe s. Th. II: das Nest. Bätzenstich, die Zeit, wo Schafe geschlachtet werden, (Noptisch).

„Bätzel", (wirzb., Reinw.) dünne Unterhaube für Kinder. Bätze, (Henneberg.) schlechte Haube. Castelli, Wbch. 71: „die Badſ·n, eine Haube in verächtlichem Sinne; Báz·n, Schlafhaube, weiche Mütze. „Er hat sei˜ grüáni *Báz·n* über d'Stirn g·schobm", Seidl, Flinserln III, 85. 103.

baizen (baətz·n), die Baiz (Baəz), baizig, s. baißen, Baiß, baißig. „Er nimmt d· Blåb·n in d· *Báz*" („in die Beize, schießt auf sie), Seidl, Flinserln IV, 123.

Der Bauzen (Bau˜z·n), 1) knollige Teigform, als Mehlspeise üblich, z. B. Budə'bau˜z·n. Das Apfel-Bäuzlein (Baə˜zl·), zerschnittene Äpfel, mit Teig in Schmalz geröstet. 2) verächtlich: jede misrathene, aus Teig geformte Speise; 3) Art kurzer, dicker Rüben; 4) knolliger, im Wachsthum zurückgebliebener Mensch. s. Batzen.

'Der Beuzel, Geschwulst, Beule; Grimm, Wbch. I, 1755. cf. 590,2, c. 591.' „Do hat er ainen beuzel gleich ob dem knoden (am Fuß) gehabt als groß als ain hennen ay" . . . (auf den Uberschlag mit Kunigund-Kraut) „ist im der beuzel über nacht hingangen", Hier. Harder von Uberkingen (1584), Cod. iconogr. 3, f. 68.

Die Bitze, Baumgarten; Vilmar, hess. Wbch. p. 5 f. (hess. Zeitschr. IV, 53 f.). Grimm, Wbch. II, 58. 281. 591. Später hat Vilmar die alte Form bizzuma gefunden. 'Vilmar, hess. Idiot. 38 f.' s. unten: Pitzaun.

„Biz, die Brustwarze; Biza'ln, pl., die Frauenbrüste;" Castelli, Wbch. 85. cf. Butz.

Piz, (Tir.) Höhe mit einem schmalen Pfad; Kärnt. stegna, ider Triebweg, in Kärnten auch Pützing genannt; Jarnik 208. cf. Kniebiß.

bitzeln, 1) stechen, einen stechenden Geschmack haben. (Grimm, Wbch. II, 58. 592). Ein Bitzeln empfindet man auch in den Extremitäten, als Zehen, Fingern, besonders wenn man aus heftiger Kälte schnell in die Wärme kommt. D· Fingə' *bitzln* mər ålln. Die körperliche Empfindung, die oft den Zorn begleitet, drückt man ebenfalls durch das Verb. bitzeln und das Subst. der Bitzel aus. „Es kitzelt und bitzelt mich für und für", klagt ein Mägdlein 1572. əs *bitz·lt* ålls in miər vor Zorn. əs steigt mə' də' *Bitz·l* auf. əs steigt eəm də' *Bitz·l*. əs wird mə' də' *Bitzl* steigə˜d. voə' lautə *Bitz·l*. Castelli 1828, p. 68. 204. Wbch. 84. Grimm, Wbch. II, 58. Cf. ital. la bizza, Zorn; bizzarro, zornig; Diez, Wbch. 57. bitzelig (bizli'), zornig, störrisch; Kaltenbrunner 42. bitzelecht, bitzelend (bitzələt), adj., stechend. „Salliter, so pützelecht auff der Zungen", Frwrbch. „Ist er (Salpeter) räß, bitter und gesalzen, so ist er nit gut; ist er aber bitzenlich und süeßlecht, so ist er gut", Cgm. 4902, f. 7 (v. J. 1429). Grimm, Wbch. II, 58. 2) bitzeln, ein wenig versuchen, paullatim degustare", Prompt. von 1618. 3) zerstückeln (mit Schneide- und Stechwerkzeugen), schnippeln; Grimm, a. a. O. Də' Buə *bitz·lt* 'n ganz·n Tåg, eə' mous ə˜ Schreinə' wèə'n. *Bitz·l* nét əso 'rum mit 'n Broud, iſs ·s eini! ObrM. s. bützeln.

Bitz·lbér, berberis vulgaris, (Baader); s. Baißelbeer.

Der Botzen (Bózn, Bouzn; s. Borzen, Batzen und Butzen), 1) Klümpchen weicher Materie. ə˜ *Boz·n* Laəm, Mẹl, Taəg; ə˜ Roz*bozn*, ən Aətə'*bozn*. 2) Keim, Knospe. ə˜ Hollə'*boz·n*. Kaə˜ Gråsə-l, kaə˜ *Bétzə-l*, Reizenbeck I, 48. Bózət, adj., voller Klümpchen. Wenn 'Köchin 'Brüə nèt rècht ei˜brennt, so wird s· *bozət*. „Schan so trozád und *bozád* (voller Knospen) sán d· Bám . . . „und springt gáhlings d· *Botz·n* áf, is dö Blüə da;" Stelzhammer 18.

bötzen. Wenn·s dich nur recht *pötzt* (verdrießt?), alter Schibbl! b. Landbote 1848, p. 1468. cf. Bitz, bitzeln. 'Vrgl. auch unter Butz.'

Der Butz, 1) die Larve; verlarvte, vermummte Person; Unhold (ahd. puzo, puzio, mhd. butze. Graff III, 233. 356. BM. I, 286. Grimm III, 675. 694. Mythol² 474. 956. Wbch. II, 588. 591. 595. Wackernagel, Wbch. buze, winterbutz. cf. brem. niedersf. Wbch. I, 175: Butke, Popanz. cf. Lotz). „Mînen nâhgebûren dunke ich verre baz getân: si sehent mich niht mêr an in butzen wîs, als si wîlent tâten", Walther 28,36. „Den butzen (im Wald) vorcht er klaine", Titurel (Druck) 129. „Mich solte nieman schrecken mit dem Butzen", Labr. 357. „Kobolte und botzen", Cgm. 2, f. 58ᵇ. „Die den tod als ein butzenmann fliehen", Seb. Franck. „Eigner Nutz ein böser butz, das. Də' *Buzl* kimt! Wart, I' las glei' 'ən *Buzl* einə! (b. W.), Drohung gegen Kinder. Fasnacht-Butz (Selhamer), der Buzmann, Buzibercht, Kobold, Knecht Ruprecht. „Der Putz würde uns über Berg und Thäler tragen", Beschreib. des O.Pinzg. (1786) p. 53. Der Butz in der Dürrenbach-au; von Kürsinger, Ober-Pinzg. (1841) S. 115—117. „Es gang da' dawechst („fast") örga als wann di' da' *Putz* i˜ da' Dünbach-Au z·load mach·n (erschrecken) thát"; das. S. 4. 176. „I˜ dá Krimm·l bán Wassa'fall hamts· a Häusl hinbaut fü d·Heanleut . . . und Wögzoaga' üba' dö Platt·n, dafs dö' neama in d·Mösa va'gehn magst und dafs dí' da' Lindwurm net frisst oda' da' *Putz* da'wischt; hiatz sag·ns· ga', dafs a z·nachst als brinnenda' Fack oda' Ranzen an Hea'n davo˜ g·jagt hat", das. 177. „Hans. Ja, ja, Mascht (Martin), dá *Putz* thuat wohl richtig antiəwant an Tuck;" das. 177. Der, die Booz, (Zweibrücken) Vogelscheuche. R.A. Er hàt sei˜n *Buz·n* dəvo˜ trägng, hat sich dabey gut bedacht, (b. W.). 'Wol besser zu Butzen, Klumpen, Masse; s. unten.' 2) lustiger Streich, Posse. „Das war ein Buz", Häsln., Nürnb. Under treuen schein so macht jr uns ein butz", Lied, Cbm. 1585, f. 234. Auderputz, s. oben, Sp. 37. Duribuccius vʳ (vocatur?) anderbutz (?), qui nunquam vult os aperire quasi imflexibilem habens buccam; Clm. 12271, f. 50 (12270, f. 84). Diefenbach 193ᵇ. Grimm, Wbch. I, 1044. Über das langobardische Walapauz s. Grimm, Gesch. d. d. Spr. p. 695. „betzen" (wol bötzen?) Einen, ihm Furcht einjagen, ihn in alle Winkel treiben, (Aschaffenb., Kittel). sich verbuzzen, sich vermummen, verbergen; Grimm, Wbch. 230
II, 592,2. „Wie der bader mit seinem werckzeug sich verbutzen möcht in solchem furm, das er seh gleich eim wilden wurm", H. Sachs 1560: IV, III, 77 (1612: IV. III, 167). „Hat sich die Herzogin Dorothea Sibylla in ein ausländisches Pauerweib adder sonst anders verpuzzet", Denkw. der Herz. Dor. Sibylla von Liegnitz und Brieg († 1625), p. 57. butzbergen, Versteckens spielen. Der Butzwinkel, latebra, Avent. Gramm. „Suech-

ten alle Putzwinkel aus", Avent. Chr. butzlinster, stockfinster.

Der Butz, der Butzel, Person oder Thier von kleiner Gestalt. Pusio, pusilin; Diut. II, 331. Graff III, 352. Diefenb. 474b. Grimm. Wbch. II, 591. Buz, buz! (schwäb.) Lockruf zu Schweinen. Buzəlé, junge Schweine, (Kinderwort; Rath Her). s. Bützlein, Butt. Butz-Igel, Scherzwort zu kleinen Personen, besonders Kindern. Butzel-War, kleine Menschen, Thiere, Sachen.

Die Butzkue, die Butzelkue, Fichten- oder Tannzapfen, sieh Buttelkue.

Die Butzelhenn, Henne ohne Schweif. s. Buttelhenn.

„butzen, turgere; buczendig, turgidus, Voc. v. 1419." Vrgl. borzen.

Der Butzen, was Botzen und Batzen, das ist: Klümpchen verdichteter weicher Materie, z. B. Eiters, Nasenschleimes (BM. I, 287. Grimm, Wbch. II, 589,2) „Das erwaicht di Pützlein in der Nase", Cgm. 601, f, 97. Der Butzen, Klumpen, Masse. „Der Mensch ein Fleischbutz und verderbter Leimenklotz", Seb. Franck. Der Butzen (an einer brennenden Kerze, an einem brennenden Span), der verkohlte, wegzuputzende Theil. Der Butzen (an einem Apfel, einer Birne), das uneßbare Ueberbleibsel des Blumenkelches; das ganze Kerngehäuse. Cf. česk. pupček (pup, pupek, Nebel; pupen, Knospe), Butz am Obst, der Theil, wo die Blüte gewesen; Tham. R.A. Mit Butzen und Stingel (oder Stiel). Der Hag-butzen, die Hagebutte. Die Butzenscheiben, (Nürnb.) runde Fensterscheibe, mit einer schlackenartigen Erhöhung in der Mitte. Der Butzen, (O.L.) was Muzen und Musel, d. i. Abschnitt oder Schrot von einem Baumstamm. Der Butzen, (Nürnb., Hsl.) dichtes, trübes Gewölk. Der Aprilen-butzen, (idem) vorübergehender Sturm; der Schnê-butzen, (idem) Schneewolke; (Aschaffenb.) Schneeflocke. Der Butzen, eine Masse, Haufen. Menge; ə˜ *Butzə˜* Strô, Leut etc.; ə˜ *Butzə˜* Menschə˜, ein Haufen Leute, (Aschaffenb.). R.A. (Nürnb., Hsl.) das kostet ə˜n *Buzn*, das kostet ein Stück Geld. Er hàt sei˜n *Buz'n* dəvo˜ trágng, hat sich dabey gut bedacht, (b. W.); vrgl. oben unter der Butz.

Der E-bütz, (Allgäu) Abfall oder Ungenießbares von Obst oder Gemüse.

Birn-bützl, s. Buech-schwamm.

Das Gebütze; „gebuzze, exta"; Diut. III, 148. BM. I, 287. cf. Bit, Gepütt.

Das Gebützich, (Nürnb., Hsl.), Abfall von kleinen, unnützen Stücken, Abschnitzeln; (b. W.) 's A'bützlət, 's Wégkəbützlət. (s. Pötzig).

Das Bützlein (Büzl, Bitzl), das Abschnittlein, Stücklein (O.Pf. Ilz), ein Geringes, Weniges. ə˜ *Bitzl* Liəcht, ə˜ Ruəbm-*Bitzl*. „Der selb werd (Insel im Inn) ist hingeronnen, und abgangen, daz sein gar ein Büzel ist gebliben", MB. IV, 173, ad 1381. „Wurd die neu Münß nichts oder gar byzel besser, dann die yezig swartz", Lori, Mz.R. I, 92, ad 1460. s. der Butz. Anmerk. Diese Form *bitzl* könnte sich auch, dem Bißl parallel, noch vom alten Biz (Biß) erhalten haben, was indessen unwahrscheinlich ist.

bützeln (*bitzln*), schnitzeln, allerley kleine Schnitzelarbeit machen; s. bitzeln, bäseln, bäscheln. Er muəs àllewál wàs *z'bützln* hàbm. „Pitzelholz ist dasjenige harte Holz in Altbayern, welches die sogenannten Pitzelarbeiter oder Pitzler zur Anfertigung von Holzschuhen, Schaufeln, Rechen u. drgl. verbrauchen", Majer's Forst- und Jagd-Zeitschrift. Hazzi, Statist. IV, 134. Verbüzzeln, zerschneiden in kleine, unbrauchbare Stücke; verschneiden, d. h. nicht recht schneiden. Der Schneider 231
verbüzzelt ein Kleid, wenn er es verpfuscht. Das Onom. v. 1735 hat: Kleider-Butzer, Flicker, interpolator, sarcinator, refector." Vrgl. bueßen.

derbutzeln, verbutzeln (də'buzln, və'buzln), faltig machen, zerkrümmen, in Unordnung bringen etwas Glattes, z. B. gebügelte Wäsche, Papier ꝛc. engl. to puzzle. cf. derpudln, derwutzeln.

Dritte oder Bla= ꝛc. Abtheilung,

d. i.

Wörter, in deren Stammsylbe die Consonantenverbindung Bl dem Vocal vorangeht.

Es ist fortwährend die entsprechende Abtheilung Pl zu vergleichen. In vielen dialektischen Formen ist das b vor l blos die corrumpierte Vorsylbe be; diese sind daher unter L zu suchen.

---

bl æ e n (blá·n, blá˜n, blánə˜, opf. blèiə˜), 1) wie hchd. blähen (ahd. plâjan, mhd. blæjen. Graff III, 234. BM. I, 196. Grimm, Wbch. II, 61. s. blächeln und blâsen). Der Strom blæt sich, er schwillt an. Der Imb (Bienenschwarm) blæt sich, er legt sich vor dem Korbe stark an. „Und als das fewr in dem ofen pran, die magd zu schlaffen do began, und senckt sich nider in die aschen, die ließ pleen die vntern taschen"; Rosenplut, Spiegel mit dem Pech, Gießener Hs. (Weigand; cf. Cgm. 713, f. 54b: „Vnd ließ do plecken ire rawe taschen", 'Keller, Fastnachtsp. III, 1176'). Eine Person blæt sich, a) sie ist bemüht, sich ein Ansehen zu geben; b) (Gebrg.) sie zeigt sich verdrüßlich, schmollt. 2) blasen, um zu schmelzen; durch Gebläse schmelzen. Erz blæen, verblähen, verbleyen. Eisen, Stähel blæen, d. h. durch Schmelzen bereiten, machen. Gl. a. 509: giblaio, conflo; i. 847: kiplataz chalp, vitulum conflatilem; 937: kip,laida, conflatorium, sufflatorium.

Zu 1): der Blæ=hals (Werdenfels) dicker Hals. Die Blæ, die Waßerblæ, (Lori, Brg.R. 319. 923. 486) Anschwellung des Stroms, wodurch die Schifffahrt unsicher wird. Der Blæpfenning, Wartgeld, das den Salz=Schiffleuten, welche unsichern Wassers halber feyern müssen, ausbezahlt wird. Der Blâ-winkel, Winkel, in den sich der Schmollende zurückzieht, (Baader).

Zu 2): der Blæ=ofen, Schmelz=Ofen, Hoch=Ofen. Das Blæhaus, die Blæ=hütten, das Blæ=werk, Schmelzwerk, „flatus ferri", Lori, BergR. 148. 282.
232 289; diplom. Anhang zu den Nachrichten von Juvav. p. 132. Der Blæer, Blæmaister; „Pleyer", Schmelzmeister, ibid. 435; „Pläär" ad 1250 circa, Lori, Mz.R. I, 11; cf. Abele, seltſ. Grchtsh. II. Th., Cas. XI; Reise durch Oberdeutschland I, p. 143. Auch blaichmalen (s. unten Blaich), eigentlich *blâhmâlen*, in Schmelz malen, gehört hieher. verblähen (mhd. verblæjen; BM. I, 196). Alle sünde in mînem lohen sint also schiere verblohen" (geschmolzen); Diut. III, 17 (vrgl. BM. I, 211a). Die R.A. Dés kàn I nét *blá˜n*, das geht über meine Kräfte, — könnte zu Nr. 2 gehören.

bläen, blöken, balare (Graff III, 259. BM. I, 196b. Grimm, Wbch. II, 62). „Ein lamp in deheins gebûren hove enblæt, gans enschrît, noch huon enkræt", S. Helbling I, 578. „Der lieber plint wer denn er kunt gesehen und gerner ein alte geiß hort plehen denn harpfen", Cgm. 713, f. 19. „Und die reichen die armen versmehen, und der bawern ward spotten und sie anplehen", Cgm. 713, f. 27. 136. 173. cf. bläßen.

blâu, blâw (bláu, blà, blàb); —Diminut. blæwlicht (bláwlət, bláwələt); Augment. blitz=blâu (Zeitschrift V, 189) — wie hchd. blau (ahd. plâo, — plâwer, plâwiu, plâwaz, flavus, a. um — mhd. blâ. Graff III, 238. BM. I, 195. Grimm, Wbch. II, 81). pla (und gra), MB. VII, 236; plab, flavus, Voc. von 1445. „Bla sol gerecht erzeigen die stæte ân allez wenken", Labr. 246. R.A. Einem was oder ein Blâues vormachen, ihm etwas vorlügen, (cf. vorblauschen). Du wirst, sagt P. Abraham, zu hof sehen lauter Maler; aber nur solche, die Einem was Blaues für die Augen machen. Zu vergleichen auch die französische R.A. faire des contes *bleus*. Si no es, que fuese ese palacio del sol *mentira azul* de las gentes, heißt es in Calderon's „Peor está que estaba." Zeitschr. VI, 69. 468,7. V, 262. Der blâue Montag, s. Mæntag. blau machen, am Montag oder auch andern Wochentagen nicht an der Arbeit, sondern im Wirthshaus sitzen, (Rath Her). Zeitschr. III, 355. IV, 206.

blâuen, blâwen, blau seyn. Der Himmel blâut. abblâwen (à'blàwm), die blaue Farbe von sich lassen, abfärben. bläuen, blauen, blau färben; Grimm, Wbch. II, 83. Castelli, Wbch. 87: *bleb·n*, d· Wösch *bleb·n*. blæueln, blæweln (bláw·ln, blêw·ln, bláiw·ln), bläulich machen die Wäsche, indem man blaue Farbe unter die Stärke mischt; fig. betrügen.

Das Blåwa'l, die Blaumeise, Castelli, Wbch. 87; (scherzh.) ein blau Uniformierter; Firmenich II, 735: Bloberl (Blàwə-l).

Blawellen, (Gebirg), ajuga pyramidalis et reptans L., Gulden=Günsel.

Der Blaufuß, falco lanarius; mhd. blâvuoz. BM. III, 446. Grimm, Wbch. II, 84. Valkn. 23. 25. 64. 67. 81. 82. 85. 126.

'Der Blômeiser, eine gewisse Münze.' „Er nähte jeden Blomeiser in seine Kleider", Simplicissimus (1669), p. 287.

bleuen, bleuwen (bloiə˜, bluiə˜; s. Gramm. 312. 313. 934, VII.): ich bleuet, hab gebleut; ä. Sp. ich blâw, blôw, han geblâwen, geblôwen; (ahd. pliuwan, plou, pluwan; mhd. bliuwen, blou, geblûwen. Graff III, 257. BM. I, 211. Grimm, Wbch. II, 111. Zeitschr. II, 413,26: bläuen, Bläuwling. IV, 42. 207. 490. V, 178,113. VI, 412,56.), klopfen, schlagen, bläuen (das hchd. bläuen scheint nach Gramm. 957. 991 vom Supin. geblauen gebildet), engl. to blow. Die Wasch, den Flachs bleuen, klopfen. „Bi dem muost du niuwen, dehsen, swingen, bliuwen und dar zuo die ruoben graben", Helmbrecht 1360 . . . . „sollen den flachs in die Mülin zu dem Plewel und wider geplewen davon piß auf das schloß füeren", des Tigews Röttenperg Urbar (1544). Die Plewmülin; das. — „Nâch der verte bliuwen (vom Hund, wie slâhen, bern). Labr. 126. Valkn. 120. „Stokchfisch zu pleuen 30 khr.", Cgm. 3942, f. 11 (v. J. 1630). „Huren und stockfisch ungeblewt die nutzen weder vich noch lewt", H. Sachs 1612: II, II, 47. Fudbleuer (Futployer), Spottname der Welser; s. Fud. Eine Person bleuen, ab-, durch-, der-bleuen. Wenmə' hàlt 's Wei' nét *bloit*, is's gràd ə's wenn 's Kraut nét soidt, Volkslied. „Slahen, plewn, messerzucken", MB. XXIV, 647, ad 1441. „Der tôre liez daz getwergelîn wol zerblûwen von im gân", Ulr. Tristan 2583. R.A. Einem etwas um die Oren bleuen, es ihm zu verstehen geben, wiederholt sagen. „Cato bleuwt stätigs dem Raht umb die Ohren, man sollt die Statt Carthago zerstören. Was man im umb die Oren bleuwt, er kehret sich gar nichts daran. Dergleichen bleuwt hübschlich um die Ohren dem jungen Keiser Valentiniano obgenannter Symmachus", Avent. Chron.

Der Bleu, Bleuel (Bloi, Blui, Bloiəl, Bluiəl), breites Holz, womit man die Wäsche ausklopft (ahd. pliuwil, mhd. bliuwel. Graff III, 259. BM. I, 211. Grimm, Wbch. II, 111. Zeitschrift IV, 490). Gl. i. 113: uueskin pluil, fullonis vectis; plewl, Voc. v. 1441; bluel oder possel, metellus, Voc. v. 1482. „Contus, instrumentum muliebre, ein pluitok", Clm. 12271, f. 38 u. 12276, f.... Diefenb. 148b. Um Nürnb. (Hsl.), eine Art Baum-Wanze, die in ihrer Form einem Waschbläuel ähnelt. Die Flachsbleu, (Nptsch.) Flachsschwinge.

Die Bleuet, Plauet, Pleuet, ä. Sp., trockne oder
233 unblutige Schläge. „Trockne Schläge (Pleuet) und Scheltworte unterlagen einem Wandel von 3 Schilling", Fink's Geschichte des Vizdomamts Nabburg, p. 91 u. 92 Die Harbleuet, das Flachsschwingen. „Die czu den tantzen geent und an die harpleuät, das si daselbs gesehen diern und frawen", Cgm. 632, f. 52.

Der Bliand, Bliant, s. hinter blind.

blüen (bliə-ə˜), wie hchd. blühen (ahd. pluohan, pluojan, pluon; mhd. blüejen, blüen. Graff III, 239. BM. I, 215. Grimm, Wbch. II, 154). Der (Würm-) See blüət, wenn sich auf der Fläche viele von Grund aufsteigende Bläschen zeigen, worauf erst die Renken sich oben einstellen. „D' Well'n machə˜ Grüəbə-ln und 's Wassə' tuət *blüən*: 's braucht widə' sei˜ Opfər- i' wir' mi' nìt iə'n", Seidl, Flinserln3, 43.

Die Blüe (Bliə), O.Isar, Blue (Bluə), daneben: der und die Blüet, ä. Sp. (ahd. pluot, mhd. bluot. Graff III, 241. BM. I, 217. Grimm, Wbch. II, 154. 176. Zeitschr. IV, 207. 492. VI, 266,31), 1) die Blüthe. Schlêhhə˜ *Blüə*, Blüthe vom Schlehdorn. 's Korn stêt i˜ də' *Blüə*. „Da sein plü ist" (sonst plüd), Clm. 4373 (1437), f. 111. „In plu" (gereimt auf „frû"), Cgm. 291, f. 179b. Die plüed, Cgm. 588, f. 168. Konr. v. Megenb. f. 52b und öfter; die blüed, Labr. 165. 173. 183. „Der may mit seiner fruchtbern plüd", Cgm. 270, f. 167b. „Daz der paum nicht plüed praecht", Cgm. 54, f. 15b. „Manic baum ist blüde und laubes vol, des stam inne ist doch kernes hol", Renner 21725. „Laub plued und frucht", San-Zenon. 115, f. 223. Der plœd, Cgm. 87, f. 32b und 73, f. 21a. „Palma ist slechtichlich ovf geriht, gezirt mit vil esten, schön an dem plœd, süezz an der frucht", Clm. 9604 (XIV. sec.), f. 82. Der Blüəknopf, die Blüthenknospe. Öpfflplüe, rubicula, Voc. v. 1419. Sp.W. Aprilblüe, wenig Müe; Mayblüe, vil Müe, d. h. wenn die Obstbäume schon im April blühen, so geräth das Obst seltner, als wenn sie erst im May blühen. 2) die Blüthezeit. Ei˜ də˜ Hollə'*blüə* werd 's Broud gern gràw. 3) die weißen Flecken an den Fingernägeln. Die Himelblüə, (Baur) der Regenbogen. (Hier spielt Blüə in die Bedeutung des Farbigen hinüber).

Die Schnêblüed, s. Th. III: Schnê. blüeweiß, blüeriselweiß, schnêblüeriselweiß, schön, rein weiß.

---

bleiben, wie hchd., s. leiben und laiben.

Der Blach, des Blachen, (Eichstett) der Wallach, der verschnittene Hengst. (Vermuthlich verderbte Aussprache von Wallach.)

blach, adj., flach (BM. I, 195. Grimm, Wbch. II, 58.) „Daz (Tuch?) was in der gerwe (grewe) blach, S. Helbl. I, 315. cf. BM. I, 481.

blachmalen, s. blaichmailen.

bläc̈heln (bláhh·ln), vermuthlich ein Intensiv von blœen, (wie wächeln von wœen). Sich anbläc̈heln mit einem Getränk. Rècht voll à˜ *'blách·lt* sey˜, vollgesoffen. Der Bläc̈hel (Biərbláchl), (Bier-) Säufer; großer, fetter Mensch, (Baader).

Das Siechbläc̈hlein, (beym Prediger Selhamer) Schönpflästerchen (?).

blaich (blaəhh, blaəkh), adj., bleich. Cf. Graff III, 243 ff. BM. I, 205. Grimm, Wbch. II, 96 f. Zeitschr. II, 204. 209,2. V, 190. blaichen (blaəchə˜, blaəkhə˜), vrb. act., bleichen. ?? Ille recipiens festanicas (uest. ?) perdit domum vr· plaichen uff der dil...?? Aug. eccl. 84, f. 362. Die Blaich (Blaəch, Blaəkh), die Bleiche. Die Blaikerin, (Zillerthal; von Moll) Dirne, der das Bleichen der Hausleinwand obliegt. s. a. die Blaicken. s. bleichen.

blaichmailen. A0. 1479 kommen im Landsh. Harnaschhaus Leibgürtel und Schwertscheiden, mit plaichmailten Silber beschlagen. vor. Dieses Verb. ist ohne Zweifel eins mit dem alten blahmâlon (Willeram I, 11), wozu gl. i. 219 das Subst. blahmâli opus plumarium. (Graff II, 715 f. BM. II, 23. Grimm, Wbch. II, 59). „Plumario, plahmale vel garihtemo", Clm. 4606, (XI. sec.), f. 98 (Exod. 26). „Einen naff swaren da an stûnden guldine plahe (plahe) male", Diemer, Ged. 194,25. „Was von rotem golde mit blamale verblencket", Titurel. cf. gl. a. 252 (electrum, aurum et argentum) incoctum vel crudum, unkisotan edo pleihendi plao. „Das Plachmal ist nichts anders als das silber, welches durch den schwefel in eine solche gestalt verkhert worden", vom Gold- und Silberscheiden, Cgm. 4121. „In (Stammberger's) Porcellanfabrik, Rosenau bei Passau, werden mehrere tüchtige Dreher und Blaumaler aufgenommen;" Nürnb. Corresp. 1846, S. 1290. s. oben blœen, zu 2.

Das Blech (Bléhh), 1) wie hchd. (Graff III, 243. 234
BM. I, 203. Grimm, Wbch. II, 85). 2) im Scherze: Geld, (vielleicht von den ehmaligen Bracteaten; nach Geßner's Mithridates p. 73 sind auf Rotwelsch Blechlein, Kreuzer). 3) Geschirr aus Blech. 4) Saum an einem Kleide, (s. Belege, Bleg). cf. Grimm, Wbch. II, 88. Das Rotzblech, Schmuzblech, Rotz, Schmutz, der sich um ein Kleid saumartig angelegt.

blechen, 1) mit flacher Hand schlagen. 2) im Scherz: Blech (d. i. Geld) hergeben; ausblechen. Grimm, Wbch. II, 86. Zeitschr. III, 394,44. IV, 206.

blechen, blechzen, glänzen, strahlen, corruscare. fulgere (Graff III, 244. 245. BM. I, 206. 207. 208. Grimm, Mythol.2 162. Wbch. II, 113. 118. Zeitschr. IV, 206. 492). Blechesindo, corruscando; Notk. 76,19. „Er haizet donron und blechzon", Griesh. Pred. I, 151, Der Blechz, Blitz. „Als daz blechtzen vf get von dem ursprung der sunne sicut fulgur exit ab oriente", Cgm. 66, (XIII.—XIV. sec.), f. 43a. s. blecken.

bleichen, vrb. ntr., bleich werden (mhd. blîchen, bleich, geblichen. Graff III, 243. BM. I, 205.

Grimm, Wbch. II, 97). entbleichen, erbleichen. „Gelidusque per ima cucurrit ossa tremor. Virg. Er ist aller endtblichen", Monac. Augustin. 283, f. 14. Grimm, Wbch. III, 498. verblichen?? Balkn. 23. s. blaich.

Der Bloch, plur. die Blöcher, Block, Sägblock, (O.Pf., Franken). cf. Graff III, 246. BM. I, 211. Grimm, Wbch. II, 135.

Der Blacker, (Nürnb.) der Fehler, das Versehen. Vrgl. Grimm, Wbch. II, 59. 60. Blacker, Blackert; Zeitschr. VI, 52. Vilmar, hess. Idiot. 39.

bläckeln (bláckln), (mit einem andern Endlaut: blätteln), alt riechen oder schmecken (vom Fleisch). cf. ä. Sp. plag, phlag, pflag, cadaver; mhd. pflac. BM. II, 499.

bläcken. „Ist das Feuer auf dem Lande, so bläcket der Thürmer mit dem Horn", alte Feuerord. von Neustadt a. d. Aisch. Von Ziegen und Schafen: meckern (Baader; wol das gewöhnliche blöcken, blöken). Balare, bleckizen; Semansh. 34, f. 210b. Diefenb. 66a. Grimm, Wbch. II, 59. 62. 88. 137. 143: bläcken, bläken, blecken, blöcken, blöken. Zeitschrift II, 432,120. III, 230,1. VI, 53.

Die Blaicken (Blaəkh, Blaəkhə~, Blaəkhng, O.L.), Stelle eines Berghangs, an welcher sich die Dammerde losgerissen hat und gesunken ist, so daß an demselben der Sand oder das nackte Gestein zum Vorschein kommt. „*Bloaka* so hál wiə Glàs", (hier begrast), Schlosser 92. blaickig, adj.; „blaickiger Grund", salzb. Waldord. von 1659. Die Abblaickung, die Entblößung von Erde, der Erdfall. Man vergleiche theils blaich, theils (nach Gramm. 149) blecken, (Blankes, Weißes entblößen).

Die Blecken (Blèckə~), 1) großes Pflanzenblatt, besonders von einer Art Ampfer (rumex), die eines der vorzüglichsten Wiesenunkräuter ausmacht. (Vrgl. in dieser Bedeutung das ahd. pletacha lapathum. Graff III, 254. Zeitschr. IV, 492). „Wasser von den grossen huefplecken wurzen, da dy grossen kleven an hencken", Cgm. 4543, f. 66. Die Kolblecken, Krautblecken, Sêblecken (am Schliersee, das Blatt der Nymphaea alba et lutea; cf. im Voc. v. 1429: seblat, nenufar) ꝛc. 2) verächtlich: die Zunge. blecken, 1) die Blätter abnehmen; ab-, ausblecken den Kol, das Kraut. 2) die Zungen blecken, die Zunge hervorstrecken. Einen ausblecken, ihn durch Hervorstrecken der Zunge verspotten. Der Blecker, verächtlich, die Zunge. Vrgl. das folgende Wort.

blecken, schimmern, zum Vorschein kommen lassen, entblößen. (Vrgl. das vorige blaick und blaich und das alte blechen corruscare, fulgere, womit unser blicken zusammenhängt. Graff III, 245. BM. I, 207. Grimm, Wbch. II, 86. Zeitschr. IV, 206. 396. 490. V, 336. Vrgl. niederl. blijken, patere; het blijkt, liquet; doen blijken, palam facere; Urk. v. 1710: bleek, schien). „Die Zänd blecken." „Die Zung blecken, rausblecken." „Die Schenkel blecken", H. Sachs. „Er (Herzog Otto von Landshut) enplecht das haubt überal, und zaigt do es was kal", Horneck, Chron. c. 760. „Wer sich plaket oder enplost gen den pegund er schiessen", M. Beham, Wiener 99,24. „... traten gen disen fräwlin her, dy hindern sy enplagten, gegen in sy dy ragten", das. 193,13. „Die kunnen ir schande wol bedecken und ein kleine unzuht enblecken eins andern", Renner 22545. „Als ich den fûz enblecket von dem gêren", Labr. 350. „Zwo finsternus in disem jare: die erst, so sich die meid entpleckt und sich under den knecht streckt", Einblattdruck. Im Wigalois, Vers 4890, erscheint dieß Verb. als Neutrum: „Ez was ir lip ze wâre, swâ er blahte, alsam ein snê." „Diu was des landes frouwe;
235 als von dem süezen touwe diu rôse ûz ir belgelîn blecket niuwen werden schîn, der beide wîz ist unde rôt", Parei-

val 188,12. Die zeni plechen lazen; Diut. III, 59. „Cham sach in (sînen vater Noe) blekchen . . . under den beinen blekchen", das. 61. „Manegiu hin zer kirchen gât, diu ir swarzen nac vil höhe blecken lât", Walther 111,20. Laß obnan auß blecken und thu sie halb unbedecken die weißen prüsten", räth der Teufel dem schönen Weib; des Teufels Segi, Wallerst. Codex, Barack p. 56,1685a. s. Düttel, Hauptloch. „Narrenmesser, hûrenprûst sicht man pleken oft umbsûst", Ring 54,39. „Wer altes gewandt an hat, den sihet man hin und her plecken", Cgm. 632, f. 97. „Das er da ploß erblecket ward und an das crewcz gestrecket", Cgm. 714, f. 194. Unter dem blechenten stain der MB. (XI, 148. 151. 139) ist vielleicht der heutzutagige Weißenstein bey Regen zu verstehen. Der Bleckarsch, (B. v. Moll, Zillerthal), die Mehlschwalbe (mit weißem Bürzel), hirundo urbica L. Grimm, Wbch. II, 86. Zeitschr. VI, 53. Um Coblenz ist bleck bloß, in den VII Communi blecket blank, rein.

Der Blick, der Augenblick (Aumblik), 1) wie hchd. (Graff III, 244. BM. I, 206. Grimm, Wbch. II, 113. 118). Einer ze blick gen, ihr den Hof machen; Cgm. 270, f. 288b. 294a. Der Blicker, Blick; ə~n *Blicke* taə~. Der anplicke, das Gesicht, vultus; Alt. Hoh. 11. 79. 83. 84. blicklich, augenblicklich, plötzlich; Bogner Mirakel 293. `2) schnell schießender Lichtstrahl, Blitz.' Bliche, fulgura; Cgm. 17, f. 141b, Ps. 96,4. Blikke, Diemer, Ged. 39,24. Der blick von himel blitzte", Labr. 497. „Dâ von daz nâch dem liehtblicke kumt der donerslac dicke, dâ von ist man ân vorhte niht, swenne man den liehtblic siht", der welsche Gast 13239. Wetterblick, fulgur; Voc. Melber. Fulgur blichschos; Aug. S. Ulr. 50, f. 2b. „Ein plickschos (fulmen) slûg jn", Cgm. 273, f. 83. blicken; blickezen, blickzen, bleckzen, blitzen (Graff III, 246. BM. I, 208. Grimm, Wbch. II, 118); der Bleckiz, ä. Sp., Blitz. Fulgur, plekitz; ZZ. 1803, f. 198. „Chainerlai weter plekitz oder toner mag im nicht geschaden", Cgm. 170, f. 11a. Fulgura (Imperativ) corruscationem, bleckeze die blichezunge", Cgm. 17, f. 199b, Ps. 143,6. „Corruscationes, bleckezunge, lohozunge", das. 112b, Ps. 76,19. „Ob der doner zaller vrist slûege, swennez bleczend ist, sô vorhte man in aver baz dan man tuot", d. welsche Gast 13244. „Disen salme (Benedic, anima mea, Domino) sprich, so du donren oder blickzen horest", Ald. 111 (v. 1250), f. 95. „Donrslag und plekchiz" zu Wien 1437, Cgm. 317, f. 141a. Von plektzen und son donrslegen (a fulgure) erlos uns", Cgm. 101, f. 49. cf. blechen, blechzen.

blickenblacken, mhd., schwätzen, plaudern; (vrgl. zartenzerteln). „Lâz dîn blickenblacken. Dir ist als Hiltvlacken; swaz diu ze einem mâle began, daz hie ir vierzic wochen an", S. Helbling III, 317.

Der Block, wie hchd. (s. Bloch). BM. I, 211. Grimm, Wbch. II, 135. 137. „Über die Blöcke werfen soll der Schulmeister im Unwillen die Kinder nicht", (Schulmeister-Ord. v. 1480, Fink's Geschichte des Vizdomamts Nabburg p. 125). blockət, adj., wie ein Block, plump. „Die Kufen soll man gleich, und nicht eine plocket die andere klein und geschmeidig arbeiten", Lori, Brg.R. 395. „Der Teufel, der uns plumpe und plockete Menschen so übel tractiert", Selhamer. „Plocketen Verstands seyn", idem. „Blockende Arbeit, impolitum et rude opus", Prompt. v. 1618. Der Peter Blöckel (Pêdə' Bléckl), irgend jemand, wie im Spanischen: fulano oder mengano. „Wenn den Prediger die Memorie verläßt, mag er ein Exempel zum Besten geben, denn während man von Peter Plöckl erzählt, findet man den abgerissenen Faden wieder", A. v. Bucher's Mönchsbriefe 212.

Blückel, (Augsburg) Fensterladen. Im Schwed. heißt Lucka, nieders. Lucht dasselbe.

Der Blâdem, ä. Sp., Blähung (v. blæen; BM. I, 196). „Oren chlingent etwenne von einem grozzen pladem.“ „Get ein pladem in ir umbe.“ Cgm. 724, . 181. 182. 190.

Die Bleide, Steinschleuder (mhd. blîde. BM. I, 209. Grimm, Wbch. II, 99). „Laytern, mäntel und auch pleyden“, d. Ring 57,22 (p. 254). „Des wurdens werffent mit der pleyden; die stayn gestekten in dem gras“; das. 57ᵇ,28 (p. 255). s. Bolen und Pleuder.

'blîde, mhd. adj., froh; freundlich, artig, sittsam (ahd. plîdi. Graff III, 249. BM. I, 208. Zeitschr. I, 277,13. II, 309. III, 25. IV, 421. 434,20.' „Bis niht ze balde und bis ouch nicht ze blîde“, Labr. 72. „Dem blîden und dem frechen“, das. 88. „Es war mer denn ich begerte, sprach ich, von der blîden“, Valkn. 59. „Blewdig und züchtig sei dein wille“, Cgm. 714, f. 9.

blœd (blêid, bloid, blèəd), adj., 1) wie hchd.; Zeitschrift II, 77,27. 2) ä. Sp., gebrechlich, schwach (an Leib oder Geist; ahd. plôdi, mhd. blœde. Graff III, 251. BM. I, 212. Grimm, Wbch. II, 138. Zeitschr. IV, 490. V, 144,68. 480. VI, 27). „Goar so *bládi* (blöde, flachköpfige) dölean˜kadi Dålabåtsch·n“, Seidl, Flinserln III, 60. 103. „Wisset auch, daß Wir bisher gar fast blöd und krank gewesen“, Kr. Lhdl. IV, 63. Die Blœdikait des Leibes, Kränklichkeit; Kr. Lhdl. III, 248. V, 224. 254. „Man sol fastmüßer den frawen bestellen, einer yeclichen nach ir notturft und ploidigkeit“, MB. XVIII, 501, ad 1459. „Tranckh zu der frawen pledigkait dienstlich, so sis nit haben“, Cgm. 3723, f. 184. „So ain frau jr pledigkhait nit hat“, Cgm. 3725, f. 175. „So den frawen jr plödigkait verstanden ist“, das. f. 184. „Rautenblüe wasser mindert den frauen ir bledigkhait, die es zu vast haben“, Cgm. 4570, f. 43.

blöden, (Erlangen) einen Baum seiner Früchte entleeren. 's. Blatt, blatten.'

---

blaufen, plaufen, („plâffen“) = belaufen? s. laufen.

blefern, (b. W.) in langsamen Zügen trinken, schlürfen. cf. leppern.

'blüffen (?). blüpfling, adv., plötzlich (Grimm, Wbch. II, 169).' vrblipfling, subito; Voc. Melber. cf. verblüffen.

---

blaug, adj., (Allgäu, nach dem Salzachkreisblatt v. 1814 auch Zillerthal), schüchtern, scheu; ä. Sp. bleug (ahd. pliuc, mhd. blûc, bliuc. Graff III, 247. BM. I, 214. Grimm, Wbch. II, 113. Zeitschr. IV, 4. 206. VI, 412,60.) Otfr. II, 4,38: blûgo, adv., timide, diffidenter. „De pusillanimitate, vone wenichmuote, bluoge;“ Cgm. 17, f. 82, Ps. 54,9. „Swer got liep hat, den kust (kiest?) man taugen an senften geberden und bleugen augen“, Renner 4556. „Do meide waren in pleugen siten und sich lange liezzen biten, do waren hubsch leute wert“, das. 12597. züchtig, blewg; Cgm. 379, f. 53 und 270, f. 93. Heumanni opusc. p. 437: plûg. „Swanne ich bî der schœnen bin, sô wirde ich blûc, von schamen rôt“, Gottfried v. Straßb. Minnelieder I, 3. „Die meit (Maria), die bluclich zu dem engel sprach“, Renner 12031. bläugen, verbläugen, ä. Sp., in Furcht setzen. Zeitschr. VI, 287,695. 412,60. „So alle Menschen durch den Brand und Mord erschreckt und verpleigt“, Diet. v. Plieningen's Catilina, c. 43. Hieher gehört wol auch aus Gem. Reg. Chr. IV, 440: unerpleicht, ohne Scheu. Schwed. blyg, scheu, blygas, sich scheuen.

Die Blâhen (Blàhhən, Blàhhə˜, Blà'ə˜, Blâuə˜, Blà-w-ə˜; mhd. blahe; isl. blæja. BM. I, 195. Grimm, Wbch. II, 61. Adelung, nach Gramm. 861: Plahne, Plane). 1) Ober=Inn: weites, aus verschlungenen Stricken gemachtes Netz, das zum Einfassen von Heu, Gras, Laub u. drgl. gebraucht wird. 2) grobes Leintuch von der Art derjenigen, die auf der Jagd zum Umstellen einer Waldpartie dienen. Der Blahenknecht, 236
Blahenwagen, Knecht, Wagen, zu dieser Gattung Jagdzeuges bestimmt. (Man vergleiche in diesen beyden Bedeutungen des latein. plagae.) 3) Stück grober Leinwand überhaupt, oder in Bezug auf dessen verschiedenartigen Gebrauch. Ein plahen Zwilich, Passauer Recht=Buch, MB. Die Blahen, über Wägen oder Schiffe gespannt, dient als Decke gegen Regen und Sonne. Gekörntes Salz pflegt seit Jahrhunderten durch die Sœumer von den Sudwerken aus in Blahen verführt und daraus im Kleinen verkauft zu werden. Plahen=Salz. Rchtb., Ms. v. 1332. Wstr. Btr. V, 288. Augsb. Stdtb., Freyb. 17. Kr. Lhdl. II, 235. „Waz chorns zu markt kumbt in plahen“, Cgm. 544, f. 50. Cesk. plachta, Betttuch; Segel; Charte (mappa). Kärnt. plahuta, Leintuch; plahta, Decke, Matte, Zwilch; Jarnik 174. Toliko pomága shláhta koli'kos stara plahta, so viel vermag Verwandtschaft als eine alte Plahe. Kutzplach (Kötz=blahe?), s. Th. II.

Die Blahenjoppen (Blàhə˜joppm), einfacher Kittel (Joppe) von grauem Loden, der bis an die Knie reicht und die jungen Bursche im Gebirg viel besser kleidet, als der im Flachland übliche Bauernrock, in welchem noch die genialen Conceptionen von Ludwig des vierzehnten Hofschneidern zu spuken scheinen. Blahenwascher, so wird an der O.Isar im Scherz ein Ehemann genannt, dem man die Unfruchtbarkeit des Weibes zur Last legt. (Blahen ist hier wol als Bettuch zu verstehen; videantur R. R. P. P. Perez et Sanchez.) cf. isl. blæja; blæu=brymi. Grimm III, 448. Zeitschr. III, 89. IV, 205. Gl. a. 5. 650: blacha, cetramentum, welches nach gl. i. 128 hieher zu gehören scheint. Plahenvâch, mhd.; BM. I, 196. Ich wollte, „daz im (dem geadelten Bauer) sîn rennegewant, sô er ûf den bûhurt rant, würd ein altez plahenvâch, und im allez liefe nach ein fül, in der gewære, daz ros sîn muoter wære, wir solden alle schrîen: Lât, helt, daz vüle dîen!“ („teien“); S. Helbling VIII, 325.

blähen, anblähen, s. blä=en.

'Der Blamensier, eine Art Speise (aus franz. blanc-manger, ital. bramangiare, Ragout, Potage; mhd. blâmensier. BM. I, 196. Grimm, Wbch. II, 62).' „Wilt du machen einen blamensier“, Kochkunst in einem Wirzb. Cod. zu München. „Der welle machen einen blamenser, der neme dicke mandelmilch und huner brüste gecçyset“, das. „Ein blamensir gemacht von gecçysten hunern an der brust“, das. „Ein gestockter blamensier“, das. cf. zaisen und Piron.

blimi, blámi! ey Possen! es ist nicht dem also!

Der Bluem, Bluemen (Bluəm, Bluəmə˜, Blaəm, Blaəmə˜), Graswuchs, Ertrag an Gras oder Heu (goth. blôma, ahd. pluono, mhd. bluome, msc. Graff III, 241. BM. I, 216. Grimm III, 375. Wbch. II, 1571. Zeitschr. IV, 206). „Damit unsere Underthonen, wann unsere Weldt verhackht, des Pluembs in den Maißen zu genießen haben. Damit ainichen Underthonen sein Albm mit dem Pluemb erweidtert werden“, salzb. Waldordnung v. 1592. „Der pluom so uff den obgenanten güettern wachset“, Lucerner Urk. v. 1487 im Gesch. Fr. III, 272. Bluemen verstifften, Grasgründe vermiethen, (Allgäu; Schrank, b. R. p. 140). Den Bluem besuechen, Vieh auf die Weide treiben. „Ein gemein, so sonst der Ende aus Gerechtigkeit und altem herkomen den Bluemen besucht hätte“, Neuburg. Forstord. von 1690, fol. III. Der Bluemenbesuech, Bluembesuech (Blaəmbsuəch, opf. Bloumbsouch), die Viehtrift, das Recht, Vieh irgendwo zu weiden, der Weideplatz, (Bayrhammer, Erinnerung an die Gründung der Gemeinden durch das nutzbare Eigenthum der Staatswaldungen p. 10. Grimm, RA. p. 521). „An Grund und Boden, Alben, Bluemmenbesuechen, Waidungen und Holzschlagen", MB. VII, 326, ad 1554. „Indessen durchwanderte Franz, der Meister der sieben Künste den Parnaß und Blumenbesuch der bischöflichen Musen", Ant. Nagel's Augustin Geiler. cf. plomo, germen, gl. a. 268. 312. Bluem-etz, (Tir.) Weide; cf. Etz.

Die Bluem, Bluemen (Blaəm, Blaəmə˜), Dimin. das Blüemlein, Blüemelein (Bläəml·, Bläəmə-l, Bläəmál), die Blume (ahd. plôma, pluoma, mhd. bluome, fem. Graff III, 241. BM. I, 216. Grimm, Wbch. II, 158). Blèəmə-ln brocke˜, Blumen pflücken. Fig. Freithof-Blüemelein, graue Haare. Schau,
237 schau! schliəffə˜t d· Freidhofblèəməln á' scho˜ fürə' bey diər! Blüemelein im Gesicht oder sonst auf der Haut, Eiterbläschen, Ausschlag, Krätze, (isl. blina, pustula, agſ. blegene, engl. blain, holl. bleine, dän. blegn; vrgl. schwed. blema, blemma. Grimm I^3, 432. Wbch. II, 160,10).

'Die Blume, Jungfrauschaft; Menstruation Grimm, Wbch. II, 159,6.' „Welchew fraw ir rosen oder pluemen nicht gehaben mag", Cgm. 170, f. 6^b. 'entblüemen, deflorare; Grimm III, 501.' „Der mit sünden enplümet hat seinen magtum", Cgm. 54, f. 23^a.

verblüemeln (və'bleəməln) etwas, es besser erscheinen machen, als es ist, verblümen, verstellen, verbergen. Dèr wjll sei˜ àldé Sprach *və'bleəməln.* „Gott sicht nit allein das wahre und bloſſe, sondern auch das verblümlete. Ihr Sünder, ihr könnt eure Stückl nit besser verblümlen, als mit den Rosen des heil. Rosenkrantz", P. Abraham.

blüemeln (bleəməln), (U.Donau) weinen, (wol irgend eine ironische Anspielung).

---

blimpseln, blinseln, ſ. Gramm. 562. „Kärnt. ſameshàti, verblemezen" (die Augen zudrücken?), Jarnik p. 72. Zeitschr. IV, 490. V, 268,3,11.

'blan, aufgedunsen, geschwollen; Grimm, Wbch. II, 64.' „Stötig oder blaan, unfolgſam", (Tir., Lechthal), Staffler I, 111—112.

'blan, ä. Sp., wohlan; Zeitschr. V, 376. VI, 85. 374.'

blenæugeln (blenäggln, Gastein), mit den Augen blinzeln, (niedersächsisch plinkogen, cf. blenken). Blienäugeln, oculi ludibundi, Prompt. von 1618. Vrgl. allenfalls das ahd. plehinoug, lippus (gl. i. 21. 200. 840. 1125); auch das Voc. v. 1419 hat: lippus ein schilcher. Vrgl. J. Grimm in Haupt's Zeitschr. VII, 458 f. und dazu VIII, 384. Graff I, 123. Zeitschr. III, 556,43. Im Henneberg. ist bliemen, überzwerch sehen.

---

blanden, a. Sp., mischen (ein Getränk), einschenken (goth. blandan, ahd. plantan. Graff III, 254. BM. I, 197. Grimm IV, 336. Reinh. 279. Wackernagel in Haupt's Zeitschr. VI, 262); gewöhnlich mit der Negationspartikel verbunden: enblanden; Einem niht enblanden, ihm nichts einschenken, nicht zu trinken geben, Durst und Entbehrung auferlegen, mühselig werden laßen. „Si begunden ir lait enblanden den ougen und den handen", Kindh. Jesu 92,34. „Er sprach ze den wîganden: Ir solt iuz hiute enblanden! sît hôhes muotes unde vrechs! S. Helbl. VII, 524. „Man was in (animabus) vaste enblanden, von hande warf man sei ze handen; da wurden si enphangen mit glüenden zangen", Tungdalus 54,24.

blenden, wie hchd. (ahd. plentan, mhd. blenden, Prät. blante. Graff III, 257. BM. I, 210. Grimm, Wbch. II, 104). „In den zeiten planten (blendeten?) die unger irn küng Peter", Kaiserchron., Msc. des germ. Muſ. 2733. „Wan er (der Hirsch) den vordern fuß mit dem hindern plendt, wan er mit dem hindern für den vordern tritt", Cgm. 4373 (v. 1437), f. 117. In Gemeiner's Regensp. Chron. III, 459, ad 1470 heißt es: „Nachdem K. der Jude geistlich und weltlich geblendet (genarret) hat: so soll er dem freyen Mann übergeben werden, damit ihn derselb in den Wack des Wassers versenke und darinn blende, bis er vom Leben komme zum Tode." „Danckt jm mit geplenten worten", Buch d. W. 1485, 163. erblenden (Graff III, 257. BM. I, 210. Grimm, Wbch. III, 730). „Allez daz da plint geborn wirt daz mag man erblenten mit dem chrawt daz da heizzet ochsenzunge", Fürstenſ. 121, f. 177^b.

blind, adj., 1) wie hchd. (goth. blinds, ahd. plint, mhd. blint. Graff III, 255. BM. I, 209. Grimm, Wbch. II, 119); 2) zuweilen auch für einäugig gebraucht. R.A. Blin'ər Hefs! (Dr. Kittel; cf. Grimm, Wbch. II, 121,9. Vilmar, heſſ. Idiot. 42 f.). Zeitschr. IV, 206. V, 415, II, 13. 181. 190. Einen blind machen, ihn berücken. Ein Ding blind machen, es heimlich auf die Seite schaffen, entwenden. ə˜n *Blind'n* ən Aug austrédn, unversehens in den Koth von Menschen oder Thieren treten. Vrgl. „Manig treck von mir geletzt wart, das er die augen sein verlos", Cgm. 270, f. 211^b. „He tret sinn Bestevaderſch Aug uut", Firmenich I, 406,346 (Meurs). Den (die) Blinden führen, heimlich zuführen, zustecken (Grimm, Wbch. II, 124,19). „Da ich dir kundt die blinden führen", sagt die Magd zur versoffenen Frau, H. Sachs 1612: I, 966. „Ir habt allmal ein sonder richt, wo euch dieselb auch klecket nicht, so laßt jr euch den blinden fürn, ein acht eyer darzu einrürn", daſ. I, 1029. „Sie läßt sich daheim die blinden führn in häfen, krügen, heimelich", daſ. 1049. „Darzu thut sie auch geren tragen heimlich küß, bolster und leilach aus, die versetzt sie in dem wirthshaus, läßt täglich führen jhr den blinden", daſ. V, III, 92. blindlisch, blindlings, Bogn. Mir. 335. diebblind. „Helmbreht der diep-blinde schiet von Gotelinde", (er wurde zur Strafe als Dieb geblendet), Maier Helmbr. 1706. „Den dieb-blinden Helmbreht brâht ein stap unde ein kneht heim in sînes vater hûs", daſ. 1707. „Hin gie der dieb- („deube") blinde", daſ. 1814. cf. regin-blint, von Geburt (Natur) blind. Die Blindfällung (in der Mauer), Blende, Vertiefung; Burghauſ. Feuer-Ord. v. 1779. „Kleine Blindfählungen sollen in die Stölle um Lichter dahin zu stellen gemacht werden", Heumanni opusc. p. 693. „Zwo plindtfeldungen" ausgemauert (1613), Cbm. 2224, f. 204.

Der Bliand, Bliant, ein seidener Stoff (mhd. blîât, blîalt; BM. I, 205). „Byssus iacinctus, bliand", Semansh. 34, f. 198. Diefenb. 75^b.

---

blank, adj., wie hchd. (BM. I, 196. Grimm II, 64). „Weißer danne blanck reiche vedern harmein" Vitrolf 1164. „Daz ferwet blank diu cleider", Labr. 244. „Gedinge blank sich meilet", daſ. 553. Die Blenke, helle, weiße Farbe, Glanz. „Mîn blenke diu muoz brünen", daſ. 234. 249. „Equus „abidus" vel pallidus, blancros", ZZ. 796, f. 170. Zeitschr. IV, 165. V, 189. 51.

blenken, blenkezen, blinkezen, 1) von blanken oder glänzenden Gegenständen: flimmern, schimmern, blinken (Grimm II, 107. Zeitschr. IV, 262. II, 8. 490. VI, 53.). „So plenchet ofte der sunnen glast auz den wolchen", Cgm. 87, f. 112. „D·Sunn· àbə' schaut di' (du Bächlein) hàlt á' gaə' z·gèə'n à˜ und *bleə˜kəzt* und guckt wo ə· durch 'Blädln nà˜ kà˜", Seidl, Flinserln (1839) II, 51. Castelli, Wbch. 87. 2) man blinkezt mit den Augen, indem man sie wiederholt und schnell öffnet und schließt und dadurch einen Wink giebt. Zeitschr. V, 159. VI, 27. Der Augenblenker, das Augenblenkerlein, der Augenblick (Chiemgau). Vrgl. blenæugeln.

Die Blinze, Plinze, (Altenburg) ein in der Pfanne von Eiern, Mehl und Butter bereitetes Gebäck. cf. russ. wlinisch, kleiner Pfannkuchen. W. Bernhardi in Jordan's slaw. Jahrb. 1844, S. 29. Kärnt. mlinz, Scharrenblättchen, Blinze; Jarnik p. 63. Grimm, Wbch. II, 128: der Blinz. Adelung: die Plinse.

blinzen, blinzeln, blinsen, wie hchd. (Grimm, Wbch. II, 128). Castelli. Wbch. 87: bleãns'ln. „Und wánn i' ə˜n *Bleə˜slə'* hà' künnə˜ de'hasch'n, waə's mə nét liəbər àls drei volli Flasch'n?“ Castelli, Ged. (1828) p. 92.

---

blüpfling, s. blüffen.

---

blärren, s. plärren.

„Der Blerrer, (Nürnb., Hsl.), offener, freyer Platz, den jedermann übersehen kann.“

---

blâsen (blàs'n, opf. blausn; I bliəs, I blàset; I hà' 'blàs'n, I hà' 'blàs't), 1) wie hchd. (ahd. plâsan, mhd. blâsen. Graff III, 236. BM I, 200. Grimm, Wbch. II, 68). Labr. 180. 312. 317. 318; vrgl. 320. 2) stark Athem holen, schnauben; fig. zornig, unwillig seyn. s. Blâst. R. A. Einem in den Beutel blâsen, ihn mit Geld bestechen. Trüebsal blâsen, in betrübten Umständen seyn. 'In's Büchslein blâsen, ä. Sp., sich schminken; Geld blechen, Strafe zahlen; Grimm, Wbch. II, 69,2. 476,4. 479.' „Wie sie plosen in das büchslein und die varb streichen ane“, (die sich zierenden, schminkenden Weiber), Cgm. 291, f. 71b. 'Einem in den Busen blâsen; Grimm, Wbch. II, 566,c: eine Kugel auf den Leib schießen?' „Sich mit Raub auf dem Spessart nehrn, welches doch nur zusteht mit ehrn dem frommen Adel aller massen, den Kauffleuten in Busen blasen, daß jhn die Gülden herauß stieben, H. Sachs 1560: IV, III, 67 (1612: IV,
238 III, 147). Einem etwas abblâsen, es ihm ausreden, machen, daß ers aufgebe; so: Einem das Gejaid abblâsen, praepedimentum objicere, Prompt. v. 1618. Etwas über's Haus aus blâsen, es für unanwendbar, für unwerth aller Aufmerksamkeit halten. „Aber alles wurd gring in Wind geschlagen und über alle Dächer hinausgeblasen“, Selhamer. Zeitschr. IV, 205. VI, 279,1.

Der Blasbalg, Bofist, lycoperdon bovista L.; vrgl. Grimm, Wbch. II, 218.

Die Blasen, für das hchd. Blase (ahd. blâsa, mhd. blâse. Graff III, 234. BM. I, 200. Grimm, Wbch. II, 67) ist ungewöhnlich. Man braucht lieber den Ausdruck: die Blättern (Blàdə'n). „Als dy plaz (Harnblase) vol wirt“... „von der plasen“, Ind. 344, f. 69. „Die fraw versagt im aller ding wan er was jm pewtel gering und er nit het aus zu spannen die sy nur lieb het zu mannen, die im pewtel waren swær und gar selten ir plasen was lær“, Rosenplut, d. Edelmann mit d. Hasgeier, (Gießener Hs.).

Blási, Blásl, 1) Blasius; 2) im Scherz: der Wind; 3) ein kleiner Rausch. Bláseln, ei˜bláseln. Die Ceremonie des Einbláselns, welche am St. Blasius-Tag in den katholischen Kirchen statt hat, besteht darin, daß der Geistliche jeder Person, die deshalb zu ihm hintritt, unter einer gewissen Gebetformel zwey brennende, übers Kreuz gelegte Wachskerzen unter das Kinn hält. Nach einem alten und weit verbreiteten Glauben bleibt man dadurch vor dem Halsweh sicher. Guarde el Sen˜or tus espaldas, y mi garganta San Blas, sagt der spanische Dichter Quevedo mit Anspielung auf denselben. „Sand Blasen wasser“, Grimm, Mythol.[1] XLVII, 20. „Die vers Blasien: . . . per orationem servi tui *Blasii*“, Clm. 4616, f. 52. „Oratio ad S. Blasium . . . liberare digneris famulum tuum N. ab infirmitatibus gulae, gutturis et uvulae et aliorum membrorum suorum“, Ben. 275, f. 219. „Mensuratio luminis *Blasii* consecrati“, (Aberglauben), Monac. Francisc. 142, f. 46. Grimm, Wbch. II, 71.

Die Blassen, opf. die Blaschen, weißer Fleck oder Streif an der Stirne der Pferde, Ochsen &c. (schwed. bläse, engl. the plaze, niedersächs. Blisse. cf. česk. blazen. Graff III, 257: blas ros. BM. I, 200a u. 200b. Grimm, Wbch. II, 67. 71. Zeitschr. VI, 229), beym Adelung: Blässe, die Stirne überhaupt von Thieren sowohl, als, verächtlich, auch von Menschen (Firmenich I, 317,185. 352,19: Blesse, Blässe. cf. česk. ples, Platte, Glatze); auch wol die Stirn-Seite von Gebäuden. „Einem pferdt ainen plassen oder stern zu machen“, Cgm. 4855, f. 61. „Plassen, sinciput“, Prompt. v. 1618. „Der kleine David hat den großen Lümmel Goliath mit einem Stein an die Blassen getroffen“, P. Abraham. „Er warff im von der blaße zwen löcke wunnesam“, Heldenbuch f. 116. „Sie hab manchen seufzer gelassen unden und oben von ir plassen '(oder = geblasen?)' vor heißer lieb die in jr prent“; H. Sachs 1560: II, IV, 30. Dan siət gràd '*Blaschn* və˜ mei˜n Hauss' hèə'. blasset, blaschet, adj., der einen weißen Streif über den Vorderkopf hat. ə˜ *blaschətər* Ochs. Der Blaß, der Blässel (Blássl), Pferd oder Rind, das einen weißen Streif an der Stirne hat. Zeitschr. I, 252. II, 209. IV, 491. 113,69. VI, 232. „Blassen he, Blassen he!“ heißt es in dem von Mich. Haydn componierten Hohenauer-Geschrey. „Blaß, balius equus“, Prompt. v. 1618; gl. o. 101: blass. Das Blässlein (Blássl), fulica atra L., das Bläßhuhn, schwarzes Wasserhuhn mit einer weißen Haut über dem Schnabel, (Grimm, Wbch. II, 71). Sein Blut ist kalt, und das Fleisch, welches fischartig schmeckt, bey den Katholiken Fastenspeise. Von der Blássl-Jagd am Ausfluß des zugefrornen Starenberger Sees schreibt Westenrieder, sie sey eine fürstliche Ergötzung, nach einer alten Schrift im Schloß Starnberg habe Churfürst Max Emanuel einmal von Morgen bis Mittag 224 derselben erlegt. Besch. d. St.Sees p. 140.

bläßen (blèssn, O.L.), vom Schaf: blöcken, engl. to bleat; gl. a. 205. 400: plazan, balare; i. 748. 981: plazunga, plezunga, balatio. Graff III, 259. BM. I, 203. Grimm, Wbch. II, 73: bläßen. „Hörst du nicht den ochsen blässen, der da seinen herrn erkennt“, alte Pred. „Schweres plesen ist dan sein sit“ (jammern? seufzen?), Cgm. 479, f. 75b. Castelli, Wbch. 86: bläds'n, laut weinen, plärren. Zeitschr. III, 341. Cf. bläen, blehen.

blesnieren, den Schild, ä. Sp., ihn ausmalen, blasonner (Diez, Wbch. 57). Hermann v. Sachsenh. im altd. Mus. I, 613. BM. I, 201.

Blessach. „Auf dö halsbrecherischö Bergmahda, wo nix als Palf'n und *Blessach* (Felsen und beweglicher Schiefer) ist“, v. Kürsinger, OberPinzg. 1841, S. 174. Zeitschr. III, 340.

bliseln, (Pegnitz) leise sprechen. Sie hàbm lang mitənandə' '*bliəslt.* Vrgl. brœseln.

blôsentrucken (blâus'ntruckə˜), ganz trocken. Ist 239
nach Gramm. 624 wol eins mit brôsentrucken.

blôß (blòus, blaəs), adj. und adv., wie hchd. bloß (mhd. blôz, Nibel. Lachm. 1888. 2186. BM. I, 212. Grimm, Wbch. II, 144). *Blous* ni˜cks, wêi ni˜cks is, (b. W.) ganz und gar nichts. Zeitschr. IV, 206. VI, 399,2. „Do von der gast nun entweichen must ainen schrit. des wolt er zu den blossen aller hohen wirden sich nun gesellen“, Titurel, Incun. s. a0. (614), f. 231b. 'Einen blôßen legen, eine Blöße geben; Grimm, Wbch. II, 147,b.' „Da werd ich legen einen plossen, mein bulen wird komen an tag“ (sagt die ungetreue Ehefrau),

H. Sachs 1560: II, IV, 24. „Zu hof war bei Maximilian ein hoflich kurzweiliger man, der mit sein schwencken legt kein blosen; der hieß mit nam Contz von der Rosen", das. 1560: IV, III, 81 (1612: IV, III, 175). „Den maister od die fraw an ein bloßen setzen", im Stiche laßen; Wertinger GerichtsOrd. v. 1568, Cgm. 3256, f. 52 (vrgl. unter Tür). blößig, blœßig, adv., nur, blos. blößwörtig, adv., bloß; s. Th. IV: Wort. blößen (blaess·n), von kleinen Kindern: bloß, fratt werden, (Baur, O.L.). sich blœßen, sich entblößen. Fig. I kà˜ mi' net *blèiss·n*, ich kann mich nicht (von Geld) entblößen. Der Blößling (Blêisslen'), b. W., schwerfälliger Mensch. 's Blâusràd, (b. W.) das nicht mit Eisenschienen beschlagen ist. Zeitschr. V, 506.

Die Blaschen, s. die Blassen.

blaschen, bleschen, (O.Pf.) schlagen, fallen, daß es schallt; erschallen von einem Schlag, Fall, oder wiederholten Schlägen, Fällen; regnen, in's Wasser schlagen, daß es bläscht. Vrgl. Grimm, Wbch. II, 108 f. BM. II, 522. Zeitschr. IV, 42. 491. „Änten bleschen, Kaindl I, 289. Eyer und Milch durcheinander bleschen, mit dem Löffel schlagen, rühren. Mit der Zunge bleschen, schmatzen. Mit dem Krugdeckel bleschen, (damit man wieder einschenke). 'Die Blesche, Schlag.' „Sie gaben einander bleschen, das 's tuschet als das blei", Heselloher; Grimm, a. a. O. Die Bleschkannen, zinnene Kanne, mit einem Deckel zum Bleschen. Plöschen, cantari genus; Prasch. Einen tüchtig də'bleschn, abprügeln. Die Hexen ausblaschen, am Walpurgis-Abend mit der Geisel knallen, um, nach einem alten Wahn, die Hexen zu vertreiben. Das Hexen-austuschen, durch Knallen mit großen künstlichen Peitschen in der Nacht zum Pfingstsonntag, beschrieben in Rank's „Aus dem Böhmerwalde", Leipzig 1843, S. 76. (Vrgl. allenfalls gl. a. 323: plestan, plaudere; i. 148. 156: anaplesten, ingruere. Graff III, 238. BM. I, 204).

bläschet, adj., aufgedunsen. Die Bléschen, (b. W.) dicke Weibsperson.

blauschen, milder Ausdruck für lügen. Castelli, Wbch. 87: blausch·n, schwätzen, viel und Unsinn reden. Zeitschr. IV, 333. 548,19. Tham.: „plâcam, ati, plauschen, plaudern." „Wàs d· denkst is e˜ Bosheit, wàs d· *blauschst* is də'lógng", Seidl, Flinserln 1839: II, 31. „Gê, Buə', laßmə's tanz·n und schleichmər uns z·Haus und *blauschmər* uns untə' vier Augng əmàl aus", das. 34. Etwas daherblauschen, Einen anblauschen, ihn belügen, anlügen. Einem was vorblauschen, vorlügen. Der Blausch. Auf də' Hausbank is hàlt für ə˜n *Blausch* scho˜ vil z·kàlt", Seidl, a. a. O. 35. Blisch-Blausch, Gerede, Geschwätz; s. Plârament. cf. blâu.

bleschen, s. blaschen.

bloschet, adj. 'Kearsch wèə'n scho˜ *bloschad*, „röthlich" (meint Obrm.).

Der Blâst, das Blasen, Aufblasen, die Aufgeblasenheit; fig. der Stolz, der Unwille (ahd. plâst, mhd. blâst. Graff III, 237. BM. I, 201. Grimm, Wbch. II, 71). „Das Wembingerbad ist gut gegen Wind und Blöst", Calender von 1673. Plast, sufflatio; gl. bibl. von 1418. plâst, flatus, gl. i. 896; anaplaast, spiramen, 907. blâstig, aufgeblasen, aufgebläht, dickleibig; unwillig (mhd. blœstic). Nach der Instruction für die, von Herzog Wilhelm 1584 über seine Söhne Max und Philipp aufgestellten Hofmeister, sollen diese das „Gemüeth (der jungen Herzoge) von Erhebung, Stoltz, Übermuth, von Zorn, Unwillen, Neydt, Plastig weiß und aller Unzichtigkeit mit Fleiß und Bescheidenheit, auch wo vonnöthen, durch gebührenden ernst und mit Hilf der Ruetten abhalten", Wstr. Btr. III, 158. bauchblästig, bauchbläſsig, (Wirzb. Verord. v. 1709) von Pferden: herzschlächtig, „wobey die Seiten, Bauch und Lenden wegen aufgeschwollener Lunge und verstopfter Luftröhre im Athemholen gleich einem Blasbalg auf, und gleich wieder zusammen gehen." Die Blästigkeit. „Die auder an der vordern haut des zagels laz für die plestikeit und ungestüemkeit des leibes", Aug. eccl. 76, f. 116 (1399). blâsten, pflâsten, (Frank.) blaustern, stark Athem holen, schnauben (mhd. blâsteren); fig. verdrüßlich seyn, schmollen.

Das Blatt (Blàd), plur. die Blatt, die Blätter 240
(Bléde'), Dim. das Blättlein, Blättelein (Blàdl, Blàdə·l), wie hchd. blättleindünn (blàdldin), dünn, wie ein Blättchen. Zeitschr. III, 417,391. Das Hufblatt. „Der daz hufplat hab, der nem berthram, pheffer, salz, orgament, ruten, pulver ez zesamne und blase ez durch ein ror in daz hufplat", Clm. 4595, f. 39. cf. die Hób. „Lagana, flada vel blatemuos", Clm. 4606 (XI. sec.), f. 99. 115. BM. II, 240. Graff II, 871: platamuos. blätteln (blàdln), blättern. umblätteln, sich blätteln, (Küchenspr.) sich in dünne Blättchen spalten, ablösen, wie das Fleisch des Stockfisches, des Hechtes ꝛc. Zeitschr. IV, 205.

blätteln, die Leute, (Augsb.) sie tadeln.

blätteln (blàttln), (vom Fleisch) anfangen, nach Fäulniß zu riechen oder zu schmecken, (cf. bläckln, und das franz. blet, halbverfault; fruits blets).

einblätteln, sich, wie die Schnecken, (Hauser).

blättern (blédə'n), O.L., vom Schaf: blöcken; engl. to bleat. Zeitschr. IV, 144,343. s. bläßen.

blätten, die Brodlaibe, sie, eh man sie zum Backen in den Ofen schießt, mit Wasser bestreichen, (beglätten? wie blaət·n statt beglatten?).

Das Blätt, (Geblätte?), Gold-B., Silber-B., leonisches B., schwarzes B., Lahn oder dünngeschlagenes Gold oder Silber.

Die Blâtter, Blâttern (Blàdə', Blàdə'n), das Blœtterlein (Blàdə'l·), 1) wie hchd. Blatter. 2) die Blase, in allen Bedeutungen dieses hochdeutschen, im Dialekt ungangbaren Wortes; (ahd. plâtara, mhd. blâtere, Blase. Graff III, 235. BM. I, 203. Grimm, Wbch. II, 77. Zeitschr. IV, 205,490). Zu 1) die Kindsblattern, Pocken. Die Schâffblättern, Kindspocken, welche, statt mit Eiter, mit Wasser angefüllt sind. Der Blâttermann (Blàdə'mà˜), in der Kindersprache: die Pocken-Krankheit. blâttermâset, blâttersteppig (blàdə'màsət, blàdə'-stéppi'), pockennarbig. Zeitschr. V, 481. blâttern (blàdə'n), vrb., die Kindspocken haben. Wenn gewisse Spitäler, z. B. in Landshut, Augsburg, noch Blâtterhäuser genannt werden, so ist dieß wol von ihrer frühern Bestimmung für Personen, die mit der Venusseuche, ehmals auch unter dem Namen der Blâttern, la grosse vérole, bekannt, oder ähnlichen Übeln behaftet waren. Zu 2) die Saich- oder Urin-Blâtter in Menschen und Thieren. ə˜ Saublàdə' (Schweinsblase) ist der beliebteste und wohlfeilste Geldbeutel des Landmanns. Blatrun, vesicae, gl. i. 217; platern, vesica, Voc. v. 1445. Die krankhafte Bluetblättern im Mastdarm des Rindviehs. Die Schwimmblätter in Fischen. Die Hausenblätter, Hausenblase. Die Blätter, das Blœtterlein im Gesicht und sonst auf der menschlichen Haut, Bläschen. Endlich werden Weibspersonen auf eine gemeine und geringschätzige Art Blättern (Blàdə'n) genannt; (vrgl. Plunzen).

blaiten (blaətt·n), statt beglaiten, nach Gramm 485; s. laiten.

blutt, bluttig, bluttet, bloß, entblößt (Grimm, Wbch. II, 152. 194. Zeitschr. III, 176,28. IV, 102,8. cf. ital. biotto, mailänd. biott; Diez, Wbch. 55). „Sidt bludte meytlin wurden wert" (Seb. Brandt), Em. A. 53, f. 106. s. unten Fud und Th. III: serten. I' bin ganz *blutt*, ganz ohne Geld und irgend Anderes, (Baader). Ein Kartenblatt eines Spielenden ist blutt, wenn er kein anders von derselben Farbe hat. Die Berge sind bluttet, d. h. von Schnee, von Holz entblößt. Ganz junge Vögel sind bluttig (unbefidert); blutt, implu-
241 mis, involucris, Prompt. v. 1618. „Dein haubt wirt plut und yttel kal", Cgm. 379, f. 3. Bluttarsch, Nacktarsch, (Baader). „Besser Rockenbrot als der hinder blot", Henisch. „Die jungen rappen, als lang sy blut sint, so werdent sy nit gespiset", Christenlehre, Ms. v. 1447. Anmerk. Dieses Wort gehört unter die wenigen, welche der Veränderung des ursprünglichen t in z und ß entgangen sind.

Das Bluet, 1) Blut (ahd. pluot, mhd. bluot. Graff III, 252. BM. I, 218. Grimm, Wbch. II, 170. Zeitschr. V, 6). R. A. 's *Bluət* rinnt zsamm, hàt də Schneidə' gsagt, hàt 'n Gaəsbok i~ də' Muəltə'n à'gstochə~, d. h. Verwandte verlassen sich einander nicht. 2) beym Rindvieh: die Blutkrankheit, Blutanhäufung im Mastdarm, (wirz. Verord. v. 1742) das Übergeblüt. Das hailige Bluet (háli' Bluəd), das Altars-Sakrament. Zeitschr. IV, 207. (O.L., nach von Delling) *də' háli' Bluətstàg*, der Fronleichnamstag. Der Bluetling. „Alle son und töchtern so von jm und seinem Gemahel erwachsen und herkommen sind von der swertseiten und rechte Blutling sind", Stammbuch der Herren zu der Sulzbürg und der Herren vom Wolfstein, Cgm. 3432, f. 6b. 22b. Der Bluethund, s. Hund. Das Bluetkraut, Schölkraut, chelidonium. Die Bluetwurz, (B. von Moll, Zillerthal) geum montanum L. Der Bluetwülfel, s. Th. IV: Wülfel. Bluetruns, Bluetris, bluetrünstig, bluetrisig. s. Runs, risen. blüeten (blüətn), bluten; sich ökonomisch weh thun, (b. W.); cfr. Grimm, Wbch. II, 178,4. Der *Blüətər*, was Fretter (s. d.); *plütar*, pigolone, der, nie zufrieden, immer klagt, (VII Com.). Zeitschr. IV, 207.

Die Blätschen (Blédsch·n), 1) großes und breites Pflanzenblatt; Zeitschr. III, 11,22. IV, 492. (s. Bläcken und Blätzen.) Die Cabes-, Kölh- oder Kraut-Blätschen, Kohlblatt. Die Fabes-Blätschen, Blatt des rumex alpinus L., (Alpen-Ampfers). Die Bach-blätschen, Huefblätschen, Zundelblätschen, Blatt des Bastard-Huflattichs (tussilago hybrida L.), worein die Älpler die Butterkugeln wickeln. 2) ein unförmlich breites Ding überhaupt; verächtlich: die Zunge. Réck *'Blédsch'n* raus! Blätschlis-Kapp, rundes, ledernes Käppchen ohne Schild, wie ein Krautblatt; Auerbach's Schwarzwälder Gesch. I, 380. Cf. ahd. bletecha (Graff III, 254. Sein flügel blocze?, Valkn. 45). Kärnt. pljosk, Fläche; pljozha, Krautblatt, Plotsche; Jarnik 174.

blutschen, eine schwere Zunge haben, im Reden anstoßen.

Die Blätzen, das Blätzlein, das breite Blatt von gewissen Pflanzen; s. Blätschen und Bläcken. Das Hailblätzlein, (Gbrg.) das wechselblättrige Milzkraut (chrysoplenium alternifolium L.); es wird zur Heilung von Wunden gebraucht. sich bletzen, sich ausbreiten. „Wer plerigen an dem schinpain hat, die swierig sint, geswelnt oder sich placzent", Progel's Ms., f. 132a.

'bletzen, klatschen, schwatzen;' balare, pletzen, Clm. 5877 (XV., 1449), f. 103. Das Gebletz, mhd., Geschwätz; BM. I, 203. „Er sait von siner (des Berchæres) üffart und geblætzes dannoch mê", Urstende, Hahn 120,80. „Er lerne diu buoch nâch unser ê unt tue sich seines geblæzes abe", Kindh. Jesu, Hahn 101,84.

blitzen, 1) wie hchd. (Grimm III, 392. Wbch. II, 129. Wol vom ahd. blechezen bey Notk. 143,6 et passim. Welscher Gast 13244: bleczen. s. oben Blick). 2) (Rhein), von vierfüßigen Thieren: hinten ausschlagen (Grimm, Wbch. II, 133). „Gumppen oder plitzen alz die pferde, quadrupedare", Voc. theuton., Nuremb. 1482, Bl. n iija. „Plitzen oder gumppen als die pferde, quadrupedare", das. Bl. z iijb. 3) (Kitzbühel), gern trinken. Der Blitzen, ä. Sp., Blitz; Buch d. W. 1485, f. 14. Konr. v. Megenb. 91,13. 28. 31. 93,8. blitz, eine den übeln Sinn verstärkende Vorsylbe. blitzblâu, (blizbläwé Mylch, schlechte, blaue; wetterau. bleətzəblô. Zeitschrift I, 141,12. III, 130. cf. grau); blitzdumm; blitzliederlich, (Bucher's s. W. IV, 106). Cf. ags. vlite-scene, pulcher, splendidus; Caedm. Zeitschr. V, 6. Der Blitzkerl, die Blitzher, Blitz-H—. ꝛc.

blötzen (bláuzə~), (Ob.Schwab.) schmollen.

Der Blötzen. „Erythrinus, rubellio (piscis), Rotfeder, Blötzen", H. Junii Nomencl., Augsb. 1629, f. 38. Grimm, Wbch. II, 153: Blotze. Diefenb. 501b.

Vierte oder Bra= ꝛc. Abtheilung,

d. h.

Wörter, in deren Stammsylbe dem Vocal die Consonanten=Verbindung Br vorangeht.

Es ist fortwährend die entsprechende Abtheilung Pr zu vergleichen. In manchen dialektischen Wörtern ist das B vor dem r nur die Vorsylbe b e. Diese sind daher unter R zu suchen.

---

242 Die Brâ, Brâw, „das Brach“, ä. Sp., eigentlich: die Braue, nemlich der an der Stirne über dem Aug befindliche Haarstreifen (goth. brahv, ahd. prâwa, prâ, mhd. brâwe, brâ; isl. brûn, supercilium, plur. bryn; engl. the brow; russisch browa. Graff III, 315. BM. I, 230. Grimm I^3, 470. 472. III, 402. Wbch. I, 788. 804. II, 321). Das Voc. v. 1445 unterscheidet: palpebra augenglid, cilium augenbra, supercilium wintbra. Dagegen haben die bibl. Glossen von 1418 palpebrae, prae. In den gl. i. 223. 695. o. 26. 298 sind wintprauua, uberbrauun, oparaprauua, oparun prâ, supercilia; dagegen i. 623. 680. o. 25. 187. 229: prauua, ougbrauua, slagibrauua, palpebra. ougbrâ, palpebrae; Cgm. 17, f. 21^a, Ps. 10,5. Cf. Tat. 78: zi thero brauuu thes berges. Das Voc. v. 1429 hat intercilium, undru prau. Im Iwein heißt es: „sein augen tieff, die wintpra lank.“ Eine Altöttinger Votivtafel stellt einen Verunglückten dar, dem „ein Pfeil oben durch das Augprach in den Augapfel gangen.“ Meinen augbrachten, palpebris; Cgm. 136, f. 192. „Sy het zwai glimpfige augpraghen clein, als het man sy gestrichen mit einem schairffen pensel dar“, Mich. Beham, Cgm. 291, f. 171^b. „Die warczen vertreiben und die posen pran in augen ... wenn du ainem dy augprag welst nemen“ (durch Corrosive), Cgm. 170, f. 4^a. Es scheinen hier, nach einer auch in andern Sprachen vorkommenden Verwechslung dieser Begriffe, bald die Haare an der Stirne, bald die an den Enden der Augenlieder oder die Wimpern (wintprâ), bald sogar die Augenlieder selbst verstanden zu seyn. Die oberländ. Form A'bə', tautologisch âugng-ábə' (VII Comm. öpren, apria; krain. óberve, plur.; Kopitar) ist aus Âugbrâ, wie Wimper aus Wintprâ entstanden. Die heutzutag im Dialekt übliche Pluralform: die Brám, Augbrám, Wi˜-prám, Wịlprám, auch zuweilen im Singular das Brám, schon Voc. v. 1419 präm, sowol für die Haare an der Stirne, als die an den Augenliedern, ist (nach Gramm. 576. 577; Anm. 850. 861) vermuthlich aus der Pluralform Brâwen, wie das hochdeutsche Braune aus der Form Brân des, oft auch abhängig declinierten Brâ, Brâw, entstanden. „Ir bran waren proun und smal“, Br. Philipp's Maria.

brâwenden, brâwenken (bràwent·n, bràwenkng),
243 vrb., in der R. A. sich nicht bràwenden, bràwenken, (sich nicht im geringsten bewegen —) heißt wol eigentlich: nicht einmal eine Braue, eine Wimper (wintbrâ, Wendebraue?) bewegen. *Pràwend* di' nét! rühre oder mucke dich nicht, untersteh dich nicht! ne bouge pas! Lou di net *bràwent·n*, das d·mə' zo'n Spilleut·n gêist, (b. W.). Ganz analog sagt man in derselben Bedeutung, nach der Form Brám, in der O.Pf.: sich nicht verbrämen, verbrämsen. *Və'brám* di' nét, rühre dich ja nicht. Der Brâwender, das Brâwenderlein, der Brâwenker, das Brâwenkerlein, die geringste Bewegung; vrgl. der Mucker (mit den Augen). Der Brâslac, mhd., Schlag mit den Wimpern, Augenblick; BM. II, II, 382. „Sô chumt der iungiste tach alsô schiere sô ein brâ=slach“, Diemer, Ged. 287,9.

Der Brei, s. Breij.

breuen (broiə˜, broi·n, bruiə˜, brui·n; ahd. priuwan, mhd. briuwen, Prät. brou; isl. brugga, schwed. brygga. Graff III, 316. BM. I, 260. Grimm, über ausgefallene Diphth. 25. Wbch. II, 321. Wackernagel in Haupt's Zeitschr. VI, 262), (Bier) brauen; gewöhnlicher hört man (Bier) sieden. Die frühere Bedeutung war wol conficere überhaupt, (cf. gerwen). „Liute unde lant diu möhten mit genâden sîn, wan zwei vil kleiniu wortelîn: mîn unde dîn. diu briuwent michel wunder ûf der erde“, Gottfr. v. Straßb., Minnelied IV. „Ich weste wol sein brewen“ (Thun u. Treiben, Vorhaben), Valkn. 100. „Man vindt auch bôse, schelke, die falschait in herzen kundent brewen“, das. 61. „Er mag wol iâmer brewen, wem er (der Falke) ist entflogen“, das. 47. Vrgl. Grimm, Reinh., S. 279 f. Zeitschr. III, 191,75. Die, das Breu, was auf einmal gebraut wird, der Sud Bier, das Gebräu, Gebräude (mhd. diu briuwe; BM. I, 261). „Von jeder Bräu Bier“, Lori, BergR. 530. „Sollen die Visierer bey allen Bierbräuern alle Bräu besichtigen“, Kr. Lhdl. XIII, 339. „ij aymer praw“, Thierhaupt. Urbar v. 1456, Thierh. 67, f. 51, VI. Der Breu (Broi, Brui, Brái; mhd. der briuwe) des, dem, den, die Breuen, der Brauer, Bierbrauer. Caupo, briwe, Aug. S. Ulr. 50, f. 1. Der Sternbreu. Bei dem Maytumult 1844 zu München war es besonders auf die „Sternbreuen“ (adeliche Brauereibesitzer) abgesehen. Die Breuschaft, Brauerey. Die hochd. Formen brauen, Brauer scheinen zunächst vom Supinum gebrauen des ehmals umlautend conjugierten Verbum briuwen gebildet. „Das gebrauen Bier“, Ldtg. v. 1543, p. 128. In einer wirzb. Verord. v. 1747 wird das Wein= oder Mostbrauen oder Anschmieren scharf verpönt. cf. Th. IV: Wirz.

Der Bro, Eisbro, s. unten: das Brod.

'Die Brü, wie hchd. Brühe (mhd. brüeje. BM. I, 267. Grimm, Wbch. II, 423).' R. A. Ich hätt' die Brüə davon, s. unten Broche, bräuten und Brief und vrgl. Grimm, Wbch. II, 423,3. Zeitschr. V, 237.

brüən, sengen, brühen. Vrgl. brütten. Kein Fleischhacker in Wien soll „pruesweīn oder prueseitten vnder den penckn schröten" (ad 1364), Cgm. 1113, f. 38b. s. unten Brüechbauch u. vrgl. Grimm, Wbch. II, 426: Brüling.

„Der Bruheh", (Nürnb., Hsl.); den Bruheh herauslaßen, der Galle, dem Zorne Luft machen, schreyen, lärmen. Vrgl. Zeitschr. III, 267. Glossar zu Grübel's Ged. III, 274. Grimm, Wbch. II, 424.

Die Brâch (Bràh, Brâuh), wie hchd. die Brache, d. h. das Umbrechen des Bodens nach der Arnte (ahd. prâcha, mhd. brâche. Graff III, 268. BM. I, 244. Grimm, Gesch. d. d. Spr. 61. Wbch. II, 282. Zeitschr. VI, 28. 280,19); gl. o. 142: brâcha, brachunga, proscissio. In der R. A. brâch ligen, ist brâch vermuthlich eine Ellipse statt: zur Brâch, für die Brâch. Auf ähnliche Weise sind die Composita Brâchfeld ꝛc. zu verstehen. In der Brache bereiten und sammeln sich die der Pflanze nöthigen Alkalien wieder; cf. Liebig, organ. Chemie, 1840. Lit. Blatt zum Morgenbl. 1841, S. 154 f. Eine Hochschwangere soll über kein Brachfeld gehen, (Abergl., Rorbach).

brâchen (bràhhə~, brâuhhə~), wie hchd., d. h. einen Acker nach der letzten Arnte das erste Mal wieder pflügen. Dieses Pflügen, auch Brâchackern genannt, geschieht gewöhnlich um Johannis, das Zwybrâchen oder 2te Pflügen um Bartholomä, das Drybrâchen oder Bauen, Zuebauen (bey Adelung: Auftreiben) um Mariä Geburt. Wo viermal gepflügt wird, wie an der Donau, fängt das Brâchen schon vor Johannis an. Einen Weinberg rau-brachen, dann zwi-brachen; wirzb. Verord. v. 1746. Gl. i. 271. 321: brachon, scindere, proscindere. „*Brachare iterum*", Neugart, cod. diplom. alam. no. XL (wo es als ein Wort falsch erklärt wird). „Sancta Maria, mersterne, morgenrôt, anger ungebrâchôt (ungebaut). Cod. Mellicens., Pez, Thes. I, I, 416. Fundgr. II, 143,5. Der Brâchet, die Zeit, wo gebracht wird; der Brâchmân, der Brachmonat; gl. a. 773:
244 brachat, iunius mensis. „An Sand Peters tage vor usgendem Brachode" (1344), Lucerner Urk., Gesch.Fr. III, 255. Zeitschr. III, 460. Die Brâchwurzel, triticum repens L.

Brachner (?). „Dy da hand alt schüsseln vail, teller, heven und hauen (haven?) sail vnd prachner (auch „Pragner") schefflin pinder" (Pfragner?), Mich. Beham, Wiener 50,16.

brauchen und die Composita, im Allgemeinen wie hchd., (ahd. prûchan, mhd. brûchen. Graff III, 279. BM. I, 265. Grimm, Wbch. II, 265. Conjunctiv: rhein. Ich bräucht', schwäb. I' brücht'; Firmen. II, 465,31. Cf. agſ. Prät. breác, Beow. 2974. Luc. 1,8. Beda 1,25). Oft elliptisch statt: Arzneymittel brauchen. Er *braucht* àlleweil. Für's Väderl muəst *brauchä*, Lindermayr 173. Das Maul brauchen, im schlimmen Sinne: viel oder heftig sprechen. aufbrauchen, das Geld, das Vermögen: es verzehren, zu Ende bringen. Er hàt sei~ Sächl' àll's *auf'braucht*. „Ein hungeriger fuchse het vil gepruchse (= gebrûches?), das im zurann an seiner speis", Cgm. 291, f. 176b.

sich brauchen, sich umthun, anstrengen, sich oder andern zu schaffen machen. Ehmals in gutem Sinne: Sich dapffer brauchen, praebere se virum impigrum, Prompt. v. 1618. „Sich lenken unde prûchen", Suchenwirt XI, 281. „Bey diesem Sturm haben sich insonderheit gebraucht die Haupleute N. N." (sich hervorgethan). „Sie haben sich fünf Wochen lang mit täglichen Scharmützeln gegen den Feinden gebraucht", Historie der von Frundsperg; vrgl. die Anm. bey biderben. Heutzutage ist dieser Ausdruck nur mehr im schlimmen Sinne, besonders vom Streiten, Zanken, Widerbellen mit Worten üblich. Heu~t *braucht* sə si' widə'! Glei' wiədá' wá' má' 's Ráfá recht, wann i' ná mehrá *brauá* mecht, Stelzhamer 94 und 174: „braua, brauchen; tropisch: überwältigen." R. A. Sich *brauchə~*, wie də' Jáckl ám Todbett, sich durchaus nicht drein geben wollen. (Vrgl. gl. i. 631: uuidargibruht, obstinatio; a. 35. 73: uuidarbruhtic, obstinatus, cervicatus; uuiderbruchte, repugnantiae, Notk. 59,13. „Ich was dir widerbruchtic ie", Tungdalus, Hahn 44,57. „Die mir widerpruchtich wellent sin", Diemer, Ged. 166,23. „Welhes augen an der rœten dem feur geleichent, daz ist ain gruntprœsez mensch und gar widerprüechig („widerprechtig") oder ungefölgig", Konr. v. Megenb. 44,5. Vrgl. BM. I, 244 f. (unter brechen).

sich gebrauchen eines Dings, sich dessen bedienen, es brauchen, sich damit abgeben. „Wiewol auch die Handwercksleut, zu ihrer gemainen Nahrung sich kauffens und verkauffens gebrauchen müßen", L.R. v. 1616, f. 207. unverbrauchig. „Sollen und wollen alle dise articul würkhlich fest vnd vnuerbrauchig halten vnd volziehen Bey Khayl. vnd churfl. wirten vnd worten", Recess. v. 1647. Vrgl. unten: ahd. prouchan, redigere, flectere. Sollte das adj. und adv. unverbrüchlich von der ältern Form verbrûchen (verbrauchen) genommen seyn? Notker sagt: „mine ougen sint verbruchet" (geschwächt). überbrauchig (?). „Nû bî disen zîten sint diu liute so chunstich und so genuge überbruchich, daz nieman niht erdenchen chan, dâ ne welle ir ieglicher an sîne chunst lazzen sehen", Urstende, Hahn. 103,26. BM. I, 244.

Der Brauch, der Gebrauch, die Gewohnheit. R. A. Dà is's də' *Brauch*, oder is's nét də' *Brauch*, dás . . ., da ist es Sitte, üblich, oder nicht Sitte, nicht üblich. Wiə 's də' *Brauch* is, wie es Sitte ist, wie sichs geziemt, comme il faut. Der Unbrauch. In Unbrauch kommen, außer Gebrauch kommen, LR. v. 1616, f. 827. „Eine Dienstbarkeit erlischt durch Unbrauch", ibid. 317. bräuchig, gebräuchlich, L.R. v. 1616, 820. 299. Zeitschr. IV, 209. Anmerk. Gl. a. 166 kommt pruchi als Adject. vor: pruchi uuesan, prodesse; dazu würde nicht übel stimmen 218: callidus (maliciosus) ungapruhhi; 593: iners ungipruchi (falls so statt ungiprachi, welches Graff hat, gelesen werden dürfte); vrgl. biderben, die Anmerk.

'brauchen, ä. Sp., neigen, beugen, (ahd. prouchan, redigere, flectere, mhd. brouchen. Graff III, 282. BM. I, 265a). fibroihter, flexus, Willeram I, 9 (Hoffm. XI, 4. 15). keproganer pim, incurvatus sum, Kero, reg. Bened. cap. VII. gibruocan an bôme, Heliand 167,15. (cf. Grimm zu Andr. und Elene, p. 161, 1029). unbrouhlich, inflexibilis, Diut. III, 130. Notk. p. 261. „Mîn herze muoz ich brouchen", flectere, redigere; Wernher's Maria 94. „Mit gebrauhten chnien angebeten", Cgm. 101, f. 152. „Ze deheinem antwîche moht er diu lider gebrouchen", Servatius 3185, Haupt's Zeitschr. V, 171. „Halsadere diu herte nih ne wirt gelenchet, gebrouchet, cervix dura non flectitur; Cgm. 17, f. 146a, oratio 3a ad ps. 100. Cf. Wackernagel: prauhôn. Vrgl. unten: brüechen u. brocken.

Abbrauchen. „Die Kufen, sollen gleiche Abbrauchen haben, damit die Kuffen-Tauflen in gleichen Form brochen oder bogen werden, und da ein morbe oder faule Tauflen unter dem Abbrauchen, welche das Bie- 245
gen nicht erleiden mag, fürkomt, soll man solche in die Kuffen nicht einlegen", Lori, BergR., f. 395. Der Brauchraif an Salzkufen; das Normal für die übrigen Reife zu den Salzfäßern in Hallein. „Länge der Taufeln vom obern Rand bis zum Brauch . . . daß der Brauchreif von innenher in den Kuffen-brauch eingesetzet." . . Receß zwischen Bayern u. Salzb v. 4. Febr. 1781, Art. 19. Aretin's Staatsverträge, S. 464. 465. „Brustreiffe, (Zir.) die mittleren Reife an den Salzfäßern. Als noch die alten Küefen bestanden haben, hieß man diese Reife Brauchreiffe." cf. oben Brachner.

brechen, glänzen; s. unten brehen.

1) brechen (bréchə˜, bréchng; I brách, I bréchət, hab gebrochen) und die Composita, wie hchd. (ahd. prechan, mhd. brechen. Graff III, 262. BM. I, 239. Grimm, Wbch. II, 342). Schnê brechen, durch noch nicht betretenen Schnee gehen, analog dem hchd. Bahn brechen. zerstören, vernichten. Cf. agſ. brecan, brâcjan. „Næfde se here (thæra Deniscena) Angel-cyn ealles for swide *gebrocod*, ac hie wæron micele swidor *gebrocode* mid ceapes cwilde and monna, — the enemy had not entirley *destroyed* the English nation; but they were much more *weakened* by the disease of cattle and of men“, Sax. Chron. ad 897, Ingram p. 121. „Dy wüll bricht sy“, es iſt ihnen brecheriſch“; Monac. August. 84, f. 66ª. „Tha gebræde he hine seocne and ongan he hine *brecan* to spiwenne“, ibid. ad 1003. anbrechen Hêu, (Jachna) es ausbreiten, aus den Haufen wieder auseinander ſchlagen, damit es völlig trocken werde. Das Âbrechel, Âprechel, der Âbrich, ſ. oben der Âprach. də'bréchə˜, və'bréchə˜, brechen, zerbrechen. verbrechen, mhd., zerſtören, vernichten; BM. I, 246. „Etlich (fart) was verbrochen“, Labr. 25 (cf. daſ. 31: die brüche ſint durchgrunde). „Dô ich die fart ze walde von ienem felde brâchte, mit einem rîſe balde ich ſie verbrach . . . ſwer diſen bruch erſæhe, daz mich die fürbaz einen hengen liezen“, Labr. 69. verbrechen die Hand, (wirzb. kaiſ. Landgerichtsord. v. 1618, 3ter Th.) von Witwen oder Witwern, ſich wieder verehlichen. „Vor, nach verbrochner Hand.“ „Die Handverbrechung.“ Den Hirſch verbrechen; Sedelius, Cgm. 4304ª, f. 53. 54ª. 58. zebrechen (z·bréchə˜), 1) wie hchd. zerbrechen, 2) im Scherz von Weibsperſonen: in das Wochenbett kommen, 3) (v. Moll, Zillerthal) von Kühen: von zu vielem Gras- und Kleefreſſen voll werden und bis zum Berſten anſchwellen.

2) brechen (brèchə˜) den Har (Flachs); cf. catal. bregar el cánem o lli. Grimm, Wbch. II, 351. I brèch, du brèchst, er brècht . . . I brèchət·, I hà' 'brècht. Im Oberland hört man auch brechen (brèchng) nach der umlautenden Conjugation. Am Ob.Lech verſteht man unter Brechen das erſte Abſtoßen der Flachsſtengel; anderwärts, wo dieſe Operation „Rollen oder Murkeln“ heißt, iſt Brechen das Zerſtoßen der übrigen, feinern Theilchen. Die Brech-Grueben, Brech-Stuben ꝛc. Die Brechen (Brèchə˜, Brèchng), 1) das Werkzeug zum Flachsbrechen, (cf. Zeitſchr. IV, 495). 2) ehmals: eine Vorrichtung, in welcher Perſonen, die ſich gewiſſe Vergehungen gegen die Sittenpolicey hatten zu Schulden kommen laſſen, zur Strafe, der öffentlichen Beſchämung ausgeſtellt wurden. „In der Prechen ſtehen.“ „Durch Fürſtellung in die Prechen ſtraffen.“ Akten v. 1500. „Wegen eines einfachen Ehbruchs ſollen Unvermögliche nach 1 monatlicher Gefängniß bey Waſſer und Brod drey Sonntag nach einander bey nächſtgelegener Pfarrkirchen mit einer brennenden Kerzen, wegen eines doppelten aber außerdem mit entblößten Armen und habender Ruthen in Eyſen oder in den Brecher für die Kirche geſtellt werden“, L.R. 1616, f. 702. Cod. crim. v. 1751: 1 Th., 5 C., §. 1. „Wan ein Pfleger in einer Hofmarch von alters hero den Kirchſatz hat, ſo wöllen ſie alßdann gleich weitter greiffen, und die Prechen vor den Kirchen aufſetzen“, 15tes Adelsgravamen am Ldtg. v. 1605. Cf. Th. II: Ebrecher-Kreuz. Nach bayreuth. Verordd. v. 1662—88 werden Gotteslästerer und Abergläubiſche öffentlich an die Prechen geſtellt. Cf. ZZ. 1878, f. 17. „Die Breche bey denen Kirchthüren für Ehebrecher“ kommt noch vor in Meidinger's Landshut v. 1785, p. 232. „Das h. sacrament iſt verbotten allen, dy aigen gelauben oder ſetz an ſich nemen, auch dy offenlich vor der kirchen ſten mit eyſen ringen“, Pfarrliche Verkündigung im Eichſtett. Bisth. circa 1470, Clm. 5439, f. 39. Ein alter hochnothpeinlicher Tarif (in Guggenberger's Criminalproceſſen p. 380. 387) beſagt: „Jemand in die Prechen zu ſchließen, Ruthen und Kerzen in die Hand zu geben, auch die Armb zu entblöſſen — gebührt dem Ambknecht 4 ß. Dem Scharfrichter gebührt, eine Perſon mit dem Rad hinzurichten 3 fl.; für das Hinausführen 1 fl. 8 kr. 4 hl.; für Strick 246
und Handſchuh 34 kr. 2 hl.; für das Stoßrad und Prechen 3 Schilling-Thaler oder 3 fl. 25 kr. 4 hl.; aufſs Rad zu legen 1 fl. 8 kr. 4 hl. Wann die Prechen den Tag zuvor geſchlagen wird, ſo muß die Nacht hindurch gewacht werden.“ In dem letzteren Falle bezeichnet die Prechen eine Vorrichtung zum Abſtoßen, Brechen der Beine, wie in der folgenden Stelle die Brechhölzer. „Den zu Rädernden auf die mit eiſennägeln verſtetten Prechhölzer niederlegen“; Druck v. 1663. Anderwärts werden in der Schergen-Sprache eiſerne Bracelets Brezel genannt, und es iſt möglich, daß beide Wörter auf ein mittellat. brachellus, bracellus zurückzuführen ſind. Das čechiſche trlice, fem., iſt ſowol Breche zum Flachs, als Block, Klotz, woran Verbrecher geſchloſſen werden.

3) „Den dy gicht pricht, der ſtoß poley“ ꝛc., Cgm. 4667, f. 2ᵇ. Vrgl. hchd. gichtbrüchig u. BM. I, 240ᵇ.

4) ſich brechen von einem Ding, ſich losreißen; Grimm, Wbch. II, 350, III, 3. „Der iünglinch erzaigt ir chain zaichen der lieb und prach ſich von ir“ (wie Joſeph von Potiphars Weib), Cgm. 54, f. 55ᵇ.

5) ſich brechen über (für = vor) Einen, ſich erheben; Grimm, Wbch. II, 350, III, 1. „Wer ſich dünket vil über ſeins gleich ſich brechen will“, H. Sachs 1612: I, 1079. „Jch han geſunt mit der hoffart, das ich mich gebrochen han über ander lewt mit meinem gemuet, mit meinem gepard, mit meinen ſitten, mit meinen worten und wercken“, Ebersb. 167, f. 346.

6) „brechen ſich nach einem Ding, affectare et affectari.“ Avent. Gramm. „Dagegen der gemeyn Adl darauf nit zu puchen noch ſich dem mehrern Adel gleich zu prechen“, Hund's Sammbch., Vorrede. „Bauren die ſich dem adel prechent nach“, Wolff, hiſtor. Volkslieder 197. „Die aglaſter auch ſich oft prichet nach menſchen ſprach, daz macht der hunger“, Renner 3688. „Sie machent ir leben in ſelber ſwer, ſwenne ſie ſich brechent nach den dingen, die ſie mügen, noch künnen volbringen“, daſ. 16574. Vrgl. Bracht u. brüchig.

7) ſich brechen, 'ſich ändern, wechſeln (Grimm, Wbch. II, 350, III, 5)'; die erſten Zähne verlieren, (Hauſer).

8) brechen, vrb. n., ä. Sp., gebrechen, fehlen, ermangeln, fehlſchlagen, ſich verfehlen (Grimm, Wbch. II, 346,29. Zeitſchr. IV, 210). „Ey liebe nachbewrin, was hat jhm brochen“ (gefehlt), H. Sachs 1560: III, III, 83. „Mir bricht doch nichts und iſt mir wol“, daſ. 1612: IV, III, 34. „Er an dem harm wol ſehen kan, was meinem bawren brechen thut“, daſ. 1560: V, 354 (1612: V, III, 34). „Di geprochen habent an der laiſtvng“, die ermangelt haben, in perſönlicher Bürgſchaft zu erſcheinen, Rchtbch. v. 1332. Weſt. Btr. VII, 167. Der hat geſtochen vnd iſt im der Stich gebrochen, (le coup lui a manqué), Talhofer's Fechtbuch, auch im Fechtbuch Cgm. 582 passim. Brechen an Einem, ihn im Stich laſſen, ſich gegen ihn verfehlen, Jng. Reime v. 1562. „Jch hân an im gebrochen“, Labr. 521. cf. 447 (?). 500. 523. 524. „Ainen manen darnach, als der ſiechmaiſter gebrochen het“, einen Monat, nachdem der S. ſich verfehlt hat, MB. XXIV, 343. „Der gebrochene Theil“, der ſich im Fehler befindet, Kr. Lhdl. III, 66. Der Brechen, der Mangel, das Gebrechen, die Seuche. „Mit des edeln und veſten meines herrn N. N. aigen anhangendem inſigel prechenhalb (wegen Mangel, in Ermangelung) des meinen“, MB. II, 247, ad a. 1438. Kr. Lhdl. II, 169. V, 162. Landtsprechen (als Schauer, Unergibigkeit, Brand, Seuche ꝛc.), calamitas publica, MB. passim. Lues, prechen, gemainer prechen, Peſt, Avent. Gramm. „Starben an dem Prechen“, Hund, Stmb. II, 268. „Mein man der iſt tot an dem brechen“, . . „tet groß forcht ob dem brechen hon“, H. Sachs 1560: IV, III, 64 (1612: IV, III, 141). Das Brechhaus, Krankenhaus, Siechhaus, z. B. in Landsberg, in München Aº. 1613. Brechhaus oder Lazareth zu Augsburg (1620); Dr. Minderer, p. 82.

entbrechen, ä. Sp., (wie das franz. faillir oder manquer, z. B. j'ai failli mourir oder j'ai manqué de m., ich bin dem Tod entgangen), einer Anklage entgehen, indem man sie von sich abwehrt, sich rechtfertigt. (BM. I, 245. Grimm, Wbch. III, 501.) cf. enbresten, BM. I, 257 u. Anm. zum Iwein 2842, p. 295. Einem Kläger umb eine Sache mit dem Rechten enbrechen, deshalb vor Gericht gegen ihn losgesprochen werden. Einem mit dem Aid, mit Laugnen embrechen, wenn dieses mittels eines Eides oder durch Läugnen erzweckt wird. L.R. v. 1518: 14,5. 31,3. 43,9. „Laugnete aber der Beklagte, soll es der Kläger mit zweyen beweisen; entgegen, wenn der Beklagt entbräch, so soll ihm vom Kläger sein Schaden erstattet werden.“ „Embräch aber der Antwurter, soll der Kläger dem Antwurter und dem Gericht Abtrag thun“, b. LandRecht, Tit. 47., Art. 1. 7. 8. entbrochen, von der Anklage befreyt, gerechtfertigt, los
247 und ledig. „Darumb soll der, der bezalt hat, entbrochen, quitt, looß und ledig sein gein der Herrschaft,“ MB. II, 164, ad an. 1440. XXV, 346. „Welcher nun nit volgt meinem rat, gen den will ich embrochen sein“, Theurdank, cap. 110.

Das Brechen, Gebrechen, Mangel, Fehler. „Ander menschen prechen kennet ich mer dan die meinen“, Cgm. 4597, f. 95. Das Gebrechen, die Beschwerde, das Gravamen in der ä. Landtagsprache. „Herzog Christophs Gebrechen, wider Herzog A. gebraucht, eingelegt, überantwortet“, Kr. Lhdl. IX, 79. Unter den ehmaligen Wirzburgischen Centralämtern kommt auch ein Regierungs-Gebrechenamt vor; Samml. wirzb. Verord. II, p. 605. 680. Das Gebrechen, das Verbrechen. Halsgebrechen, Criminal-Verbrechen; Flurl's Beschr. d. G. p. 464. „Ich wæn der Stæten marter sî der Unstæten truglichez brechen“ (oder = schwatzen? vrgl. mhd. brehten, rufen; BM. I, 243. 246), Labr. 447. cf. 500. s. Bruch, 2.

Der Brôche (Brôchə~), jüd.-deutsch, der jüdische Segenspruch (hebr. berachach, Segen, v. barach, die Kniee beugen). Es is kein Brôche dran, es taugt nichts. Den Broche von etwas haben, iron., keinen Vortheil dabey sehen. Weigand, oberhess. Intell.Bl. 1847, Nr. 70. Cf. Brief.

broches, brauches, zornig; s. broges.

Der Bruch (Bruhh), außer den auch hochd. Bedeutungen: die in der Mühle enthülseten, gebrochenen Getreidekörner. Haber-, Gersten-, Korn- ꝛc. Bruch.

2) der Bruch, Gebruch, (sieh brechen 8 u. vrgl. BM. I, 244. Grimm, Wbch. II, 409,16). a) Entgang, Gebrechen, Beeinträchtigung. „Auf daß Niemanden an Vorsprechern Mangel oder Bruch beschehe“, Kr. Lhdl. VII, 425. „Ob daz ewig liecht chainen (d. h. einen) pruch gewunn von chainerlay sach“, MB. XIX, 19, ad 1349. cf. Labr. 5. 6. 18. 119. 492. 502. 522. 523. 524. Der Jäger soll die Hand voller Brüch haben; Fouilloux, Jagdbuch, f. 50. b) die Unterlassungs-Schuld, Hinderung, der Anstand. „Der, an dem der Bruch ist“, Kr. Lhdl. I, 14. „Daß ihr nun erkennen werdet, daß je kein Bruch Unsrer Erledigung an Uns seyn solle, (d. h. daß ich nichts unterlasse, um befreyt zu werden). . .“ Die Verhandlungen hatten keinen Erfolg und „es seye der Gebruch am meisten an dem gewesen, daß . . .“ (es habe an dem erwunden, es sey der Fehler, die Schuld darin gelegen, daß . . .), ibid. III, 157. 171. „Daß das ihrer halben keinen Bruch hätte, sondern dazu helfeten“, ibid. IV, 41. „Daß die Verhandlungen zu einem gütlichen Vergleich bisher nie Fürgang, sondern allweg Gebruch meines lieben Bruders halben und nicht mein gehabt haben“, ibid. V, 129. „K. Maj. wolle Uns deshalb keinen Gebruch noch Unfleiß zumessen“, ibid. IX, 365. „An unserer Gerechtsame Bruch und Präjudiz leiden“, Ldtg. v. 1669, 88. A⁰. 1438 klagt der Stand der Prälaten, daß ihnen Bruch geschieht und geschehen ist an ihren Privilegien und Freyheiten ꝛc. Kr. Lhdl. II, 87. cf. X, 272. c) Es wird oder geschieht mir Bruch am oder im Rechten, in einer Anklage, Appellation, einem Zeugniß . . . d. h. ich bin nicht im Stande, sie oder es durchzuführen, ich bin der verlierende Theil, mein Gegner entbricht mir. LR. v. 1518: 9,13; 19,4; 23,1; 25,3; 26,6; 27,1; 40,8. In Talhofer's Fecht-Buch kommt Bruch als Ausparierung, Hintertreibung eines beabsichtigten Fechtstreichs vor. cf. Primisser's Suchenwirt XVIII, 30: „nach pruches schal.“

Der Abbruch, 1) wie hchd. Ein Haus auf den Abbruch (um es abzubrechen) kaufen, verkaufen. 2) ä. Sp., Entwurf zu einem Vergleich. „Da machten Wir, Herzog 248
Heinrich, einen Abbruch mit unserm Oheim und seiner Schwester“, Kr. Lhdl. III, 115. 118. 120.

Der Unterbruch, die Unterbrechung, discontinuatio; L.R. von 1616, f. 317. „An underpruche und auffschiebung“, MB. XVIII, 290, ad 1406. cf. BM. I, 246. unterbrüchlich, adj. Item Gejaid halben . . . steht unterbrüchlich weiter davon zu reden (gelegenheitlich?), Kr. Lhdl. XIII, 249.

Das Bruchsalz, das aus lauter Trümmern von gebrochnen Salzfudern oder Salzstöcken besteht; Lori, Berg-Recht 141.

brüchig, wie hchd., mit einem Bruch behaftet. R.A. Sich brüchig heben, schreyen; von einem Ackerfelde (O.L.): durch mehrere unfruchtbare Stellen unterbrochen (Baur); ə~ *brüchi's* Land. „brüchig, abbrüchig werden, von seinem Ehegemahl — durch Ehebruch oder durch Weglaufen“, Ansp. Ehegerichtsord. Vrgl. brechen, 8. ausbrüchig, lautbrüchig, ruchbar, lautbar; wirzb. Verord. v. 1747. Vrgl. brechen, 6. gichtbrüchig ist wol nach brechen 8 (besser 3) zu erklären. verbrüchig, adj., eines Fehlers, Vergehens schuldig. „Jemand in einem Stücke verbrüchig oder strafbar betretten“, opf. Waldord. v. 1694. widerbrüchig, adj., contumax, widerprüchig. Semansh. 33, f. 280. s. brechen, 4.

Der Bruech, Moor, Sumpf (ahd. pruoh, mhd. bruoch, holl. broek. Graff III, 271. BM. I, 270. Zeitschr. IV, 165. 210. Grimm, Wbch. II, 410). „Mit baren füezen ungeschuoch streich er walt unde bruoch“, Gregor 2596. (In Juli u. August) „sol man sich hüten vor den bosen vischen, sunderlich vor den vischen dy in den prühen (Brüchen? Mooren) gevangen werdent“, Ind. 344, f. 24ᵇ. „'n deep *Brook* (Bruch, niedriges, feuchtes Land) un Muur an'n Ratzeberger See“, Firmenich I, 71. Brôcmen (lat. Broc-manni) = Morseton. Broc-seton, jetzt Broxten, im Osnabrückischen. Grimm, Urk. (sec. XII—XIII), p. 8. *Wàgnbruəch* (Wàg-bruəch?) wird ein See und das mit ihm zusammenhangende Moor genannt; auch trägt die ganze umliegende, aus Wiesen u. Waldung bestehende Gegend denselben Namen. Bruəch wird ein mehrere hundert Tagwerk umfassendes Wismət genannt, durch das ein sich in den Mooren des Bärmensees verlierender Bach (Bruəch-bach) rinnt, (Baader, Werdenfels). cf. Brüel.

Die Bruech, ä. Sp., eine Art Hosen, (ahd. pruoh, mhd. bruoch. Graff III, 277. BM. I, 270. Zeitschr. IV, 212. Grimm III, 449. 450. Wbch. II, 410. Diefenb. 80ᵃ. Gen. u. dat. sing., nom. u. acc. plur. wol bruohhi: die Bruech, der Brüech, pl. die Brüech, wie agſ. brôc, pl. brêc, engl. breeches, schwed. brok, dän. brog, niederd. brook, Firmenich I, 65, Hamburg. cf. catal. braga, les bragas; Diez 65). „Hosen, Niderkleid, Bruch, femoralia“, Onom. v. 1735. „Ut vitam redimas, Schuch, Bruch et omnia vendas“, Albertin's Gußman de Alfarache p. 53. „Sotocalze, Unterhosen, Unterbrüch“, Kramer's Derivat. Im übersetzten Puterbey heißt es f. 100: „Die newen Apostel wöllen mit kindermachen in himmel kommen, sie haben das Evangelium im Maul, den Teufel im Herzen, den Geist in der Bruech.“ „Großer Arß, groß Bruch“, Seb. Frank. „Liget er (der Beichtvater) auf der frawen beth sein brüch“, Joh. Pauli 233.

„Weil du die Schuech gebutzt (hast) mit einer Bruech", P. Werlinus, Seonens. (1646), Cgm. 3637, f. 1024. Umb die bruch kempfen... Welliches sol die Bruch antragen (Herr seyn im Haus, Er oder Sie), H. Sachs 1560: II, IV, 27—29. „Die Bruch die wil ich da aufhencken", sagt Er; „Nun ich die bruch gewunnen han", sagt Sie. „Der Bauer zoch ab sein bruch samt dem geseß", das. 68. „Der pfaff stund, hett kein bruch nicht an", das. 79ᵇ. „Ich will mich auf die bruch nur dieren, wan ich hab vor bei all mein tagen kein plobe bruch nie angetragen". das. III, III, 16ᵃ. „Die fraw hat bruch, taschen und messer, des bleib ich herr im haus", sagt Sie; das. 68. „Ich hab in die hosen und bruch geschissen, hengs an hals und wisch maul dran" (Luther zum Teufel), Clm. 943, f. 185. „Zuckh den zers aus der pruech", ZZ. 2072, p. 358 (s. Zers). „Träyt dein weib die pruoch, sey wirt dein hagel und dein fluoch", d. Ring 31ᵈ,22 (p. 136). „Sey scholt ein bruoche lausen", das. 33ᵈ,37 (p. 145). „Des was der helt so gar behuot mit seiner eisenpruoch vil guot", das. 53ᵈ,37 (p. 239). „Das sich ander frawen jres suns Ninia nit gepräuchten, erdacht Semiramis die allererst die niderclaide die man prüch nennen ist vnd verschloß darein alle frawen die in jrem sale waren", Cgm. 213, f. 31. „Bruoch anlegen, braccare", Voc. Archon. f. 67. Ein pruech, femorale, Voc. v. 1419; bruchgurte, lumbale, succinctorium, Voc. v. 1429. „Bracile, zona quae est in braca, pruchgürtel", Clm. 5685 (XV. 1412), f. 48. cf. Diefenb. 80ᵃ. „Tibiale, brůchbainlink", Aug. S. Ulr. 50, f. 1ᵃ. cf. Diefenb. 582ᶜ. „Braca, brůch. bracile, bruchgurtel. tibiale, brůchbainlink"; Clm. 4350 (XIV. sec.), f. 1. bruoh, linbruoh, diohbruoh, lumbare, femorale, gl. passim; pruohhah, balteus, gl. a. 67, i. 944, Tat., Kero. „Rehtunga ist bruohh finero lumblo", justitia cingulum lumborum ejus, Isidor. Bey Tatian hingegen (Matth. 3,4) ist bruoh (zona) ein Masculinum. Die Urbedeutung ist wol die noch in der Schweiz vorkommende, nemlich die eines Linnens, das man (z. B. beym Baden) sich um die Hüften bindet, oder das Wiegenkindern um den Unterleib gewunden wird. Hemd und Bruech als leinene Leibwäsche finden sich in den alten Stellen meist vereint. „Diu frouwe nam ein sactuoch, sie sneit im hemde und bruoch, daz doch an eime stücke erschein, unz enmitten an sîn blankez bein", Parzival 127,2. cf. 588,15. „Siben ellen ze hemd und ze bruch, das sol sein ruphein tuch", lautet K. Carls Phaht (Gesetz) in der K. Chronik. „Die prudere schullen haben driu hemede und drei prüche und ainen roch, aine cappen, driu tuch an seinen pette und daz vierde ain sac ainer gerninen (?), ain jopel, zwene mentel, einen mit ainer veder den andern ane, und hosen von leinen und von wolle", Regel des Spitals zu Jerusalem, Clm. 4620, f. 90. Vrgl. Camsil est pannus de puro lino compositus, habens in longitudine octo ulnas et in latitudine duas, quae femoralia tenentur feminae hominum nostrorum suere . . Eckard, rer. franc. II, 905, Not. X. Noch jetzt tragen unsre Land-
249 leute meistens leinene, weiße oder schwarzgefärbte Beinkleider. Das Wort Bruech ist durch Hosen (Strümpfe) hypokoristisch verdrängt worden. S. a. die folgenden Artikel Brüechler und Bruechen.

Der Brüechler, Kleinhändler mit Leinwand, Garn und, wenigstens in München, auch mit Käse; '(„auch mit K." in Schmeller's 2. Handexemplar gestrichen und über „Garn" geschrieben: „gemachten leinenen ꝛc.").' Grimm, Wbch. II, 413. „Elspet dew cholpechin dew pruechlerin" (1392), Münchner Gerichtsbuch f. 24ᵇ. In einer Hofrechnung von 1468 heißt es: „item Fritz prüechler für XXXII. elln rupfen zu vogltüechern 1 lb. 12 dn." Wstr. Btr. V, 204. Über dem Zeugen Ovlso steht ṗchel (prüechel?), Clm. 17420, f. 53ᵃ; aber es heißt Ovlso „quidam *ministerialis*", also kein gemeiner. „Alle prüchler und leinweber", Münchner Handwerkssätze (sec. XIV.?), f. 50. A⁰. 1618 und 1633 waren 3, A⁰. 1649 6 Brüechler in München. In Burgholzer's Beschreibung von München p. 106 werden zwischen den Strumpfstrickern und Knopfmachern, als Handwerker, die sich mit Verfertigung einfacher Kleidung beschäftigen, auch 12 „Briechler" aufgeführt; so finden sich bey der ehmaligen kurfürstl. Hauskammerey „Priechler, Taschner, Madrazenmacher und andre Handwerker." Waren vielleicht diese Leinwandhändler früher zugleich Verfertiger (Schneider) von „Brüechen?" Vrgl. Leinhösler.

Die Bruəch, das Riemenwerk über dem Hintertheil eines Zugpferdes. Bruəch·nring.

Brüechbauch (?). „Porcus qui dicitur pruepauch . . . prwechpauch", Clm. 11006 (sec. XIV.), f. 3ᵇ. s. oben Pruefwein und vrgl. Zeitschr. VI, 13: Brüling.

Die Bruechen (Bruəchng), das Brüechelein (Brüəchel), (Baukunst) das Häng-Eisen, zwischen dessen beiden schenkelartigen (durchlöcherten) Schienen einen Balken ꝛc. hängt; bey einem Flaschenzug, das eiserne Gehäuse, zwischen dessen beiden Schenkeln die Rollen laufen; bresc. braga. „Dem Schmidt umb prüech und khlampern ... umb 12 prüechl, schleuder ꝛc." (1614), Clm. 2225, f. 220. Vrgl. Grimm, Andr. u. Elene p. 161,1029. cf. Bruech.

Broichen, Schlingen von Hanf, (Aurbacher, bayr. also Breuchen). cf. oben brauchen und Bruəch.

brüechen (brêichng), (Hsr., O.Pf.), „die Heuleitern auf einem Wagen mittels Stricken und Ketten befestigen." „Ab ainem gebrochten (oder: gebrachten?) weinwagen ain kanden wein herausnehmen", Lauinger Ordn. v. 1568, Cgm. 3256, f. 37ᵇ. Vrgl. allenfalls die Bruechen, brauchen, ruechen, und gl. a. 166: kiprouchit, redactus. Also wol bröuchen.

Die Brächsen (Bräcksn), eine Art säbelähnlicher Hippe, (s. Schnaiter); verächtlich: Schwert; (Jir.) Praren, Handhacke. Zeitschrift IV, 495. Nach Heppe im b. OL. auch für Hand; (cf. Bratzen, Zeitschr. III, 187,23. IV, 209. 335. VI, 29. Grimm, Wbch. II, 313). „Der Steurer soll zum Schöf einen nagelsack, darinnen zwen neuger, ein Hacken, ein Hammer, ein Prären, ein klampfertäschl, nägl, zweck und Reiben — hergeben"; Salzburg. Schiffordnung, Lori, BergR. 496. „Preren, ein Schwert", Wackius 1713. Waidbrächsen, Hirschfänger (?). „Scharpffe Waffen, als Püren, Schwert, Messer, Prachsen, Dolchen, Degen ꝛc." LR. 1616, f. 401. „Mein Prären wie ein schersach schneid", sagt Heinz Hederlein, H. Sachs 1560: V, 347 (1612: V, III, 18). „Nachdem sach der Tötsch an der stet, das er sein Breren nicht mehr het, sonder lag noch unten im Brunnen", das. 1560: II, IV, 127ᵃ.

Drauf wusch er ihnen d' Häcksn
Und trücknets ab gar schön,
Der Peder nahm die Bräcksn,
Wollt mit in'n Gartn gehn. Volkslied: der Ölberg.

„St. Michael wird da seyn mit der feurigen Praren in der Hand", Predigt. In der Kleiderordnung von 1626 sind verboten die „mit Silber beschlagene Dolchen, Prären und Wöhren", West. Btr. IX, 295. Im Scherz: krumbe Brächsen, kleine, krummbeinige Person.

Der Brächser, (Werdenfels) eine Art Hausknecht in 250
den Wirthshäusern, zur Aushilfe für die Fuhrleute bestimmt; Stellvertreter im Allgemeinen, (auch in Tirol; Baader). In Schwaben: Einer, der einen Kartenspieler, so lange dieser zu spielen verhindert ist, ersetzt. In München gestorben „Jacob Winckelmann, Mauthbrarer", Landbote v. 3. Decemb. 1842. Cf. česk. pražma; auch engl. a *proxy* the „person substituted", schwerlich aus procuracy, wie Johnson meint. Braxar, Mann, der großen Fuhrwägen in engen Passagen vorausgeht und die entgegen kommenden an der geeigneten Stelle zum Ausweichen auffordert; (Rath Her, Ammergau). praxen, sich bey einem Fuhrmann aushilfsweise als Fuhrknecht (Praxer) gebrauchen laßen; (Jir.).

Der, die Brächsen (Bräcksn), der Brassen, (Adelung: ein Flußfisch), cyprinus brama L. auch sparus L., franz. la brême (ahd. brahsina, mhd. brahsem. Graff III, 283. BM. I, 232. Grimm, Wbch. II, 283). „Ein gebratner Prären", Albertin's Guevara. „Praren, Prarenlaich", MB. VIII, Nr. LXXXII, ad an. 1441. „Brachsam, cyprinus latus", Prompt. v. 1618. Gl. a. 17: brahsema, o. 387: brahse, phoca. „Spintula, prächs, fundula, grundel, tincta, karpff", am Hinterdeckel des Clm. 17225. „*Prahsina*, Labs, Charpho, Tinco, Barbatulus, Orvo", Ruodlieb XIII, 14 (p. 183).

brichsnen, krachen (v. Schießen und Scheißen).

Der Bracht, ä. Sp., der Schall, Lärm (ahd. praht, mhd. braht. Graff III, 269. BM. I, 243. Zeitschr. IV, 494. Grimm, Wbch. II, 283). Dâ nâch er in ane warf einen slâf vile starch, daz er von neheinem brahte erwachen ne mahte", Diut. III, 49. „Diu wechselrede und der bracht wart gehoret herfür", Urstende, Hahn 124,41. „Was solchen Leuten in das Maul kompt, das plauderns mit großem Bracht herauß", Avent. Chr. 370. „Die liute liezen alle ir braht." „Dâ was michel jâmer vor, und von klage grôzer braht", Wigalois 4413. 5228. „Die vogele huoben aber ir süezen braht", Jwein 682. Gl. a. 348. 351. i. 618. 753. 760: praht, strepitus, fremitus, tumultus. 2) wie hchd. die Pracht, jedoch im Dialekt noch mehr mit dem misbilligenden Nebenbegriff des Lärm- und Aufsehenmachens. prächtlich, fastuosus. „Prächtliche Wort, ampullae", Prompt. v. 1618. „Sigmund von Pappenhaim ein geschickter Mann, doch etwas brächtlich", Hunds Stmmb. II, 171. vrgl. brechen und laut.

brächten (bráchtn), sprechen, reden, (ahd. prahtan, mhd. brehten. Graff III, 269. BM. I, 243. Zeitschrift IV, 494. Grimm, Wbch. II, 286. cf. poln. predzic, westpreuß. brazen, schwatzen; sieh brechen, bretscheln). Einen anbrächten, anreden. „Má'n und *Brácht·n*." Und dә' Joseph fangt '*Brácht·n* à˜ und saət . . . Er hàt durch Dolmetschə' mit eə˜ '*brácht*. Göschl, Genesis 39,10. 40,11. 42,23. Was hêr· i' für ä *Prächt?* (Gebrächt, Gerede), Lindermayr 72. „Dâ was ein hazzelôser bracht; ir brächten schuof sich in der stat (war der Art), als si nâch hulden rungen", Urstende, Hahn 119,16. „Manger frauwen ist übel gelungen, die gen iren wirten prehten wolten mêre denne sie ze reht solten", Renner 12820. „Vil lûte er brahten began", Diemer, Ged. 248,1. Das ist waar, was ich jetzt prächten werde", Abele, s. Grchtsh. I, 407. 904. Man braucht indessen dieses Wort gerne mit einem misbilligenden Nebenbegriff, so daß es gar oft so viel heißt, als groß sprechen, viel schwätzen. „Er speht, er breht, er snip und snappe!" Haupt's Zeitschr. VIII, 568,592. „Saßen eines mitten tages zesamen und prächten miteinander", Cgm. 54, f. 87ª. „Ich han dicke zu frevelliche gebrechtet in mime zorne", Beichtformel (XIII. sec.), Clm. 213, f. 188. „Wie laut sie spächt, wie ser sey pracht! Ring 20ᵇ,38 (p. 84). 'Das Gebrächte, Lärm, Geschrei (mhd. gebrehte).' „Waz bedeutt des nachts daz lang geprecht", Hoffmann, Fundgr. I, 334. 'Der Überbracht, Überbrächt, übermäßiger Lärm, Überschreien (mhd. überbraht, überbrecht; BM. I, 243). „Man kümt mit stillen hunden wilde nâhen, so ez von überbrachte sich fremden muoz und von den liuten gâhen", Labr. 70. „Daz si mit überbrœchte nieman geirren mœchte", Urstende, Hahn 121,67. Der Brächter (Bráchtə'), der Großsprecher, Schwätzer; gl. a. 83. 444. 593: prahtan, garrire; gl. i. 768: prahten, fremere. Zeitschr. VI, 42.

brechteln, zankend viel Worte machen, (St. Florian). „Geh, heng dein närrisch *Prechteln*, heng aimàl, ös is Zeit, dein dunä'schlächti's Techteln", Lindermayr 59.

lautbrächt, ä. Sp., offenbar, laut. „Jedoch so ware daz geruchte von Cirtha nit gantz lautprächt." „Sobald solche Meer zu Cirtha lautprechtig wurden," D. v. Plieningen's Jugurtha.

rôt-brecht, rôt-brechtig, (Ries) von rother Gesichtsfarbe. Vrgl. bercht.

Der Brechttag, s. Berchttag.

Gebrecht (?). Die Reime von 1562 geben lib. Reg. I, c. IX, v. 21: „Nun bin ich von Benjamin gar ain klaines geschlecht, darzu bin ich der jungste under Jacobs gebrecht."

Brichze (?). „Höltzin instrument als pfeiffen, baugen, bussaunen und brichczen", Cgm. 328, f. 130ª.

Der Brack, das Bräcklein (Bráckl, Bráckə'l), das 251
Männchen von gewissen Thieren, besonders vom Hunde, (ahd. pracho, mhd. bracke. Graff III, 277. BM. I, 231. Zeitschr. IV, 54. VI, 54. Grimm, Wbch. II, 289); Gegensatz: der Mätz. „Als einen iungen bracken", Labr. 24. „Sîn bracke hât des wunden al ze vil genozen", das. 547. Der *Brächl*, Jagdhund; Castelli, Wbch. 92. Der Katzen-Brack, (Nürnb., O.Pf.) der Kater. Və'léibt wêi ə˜ *Katze-Brack*. Die Bewohner des b. W. machen sich nichts daraus, dem Priester, der sie bey der Taufe um das Geschlecht des Kindes frägt, zu antworten: „es ist ein Mätzel oder ein *Bräckel*", Hazzi, Stat. IV, 259. „Ir (der Ungetreuen) preckelein die zarten (sollen) erwürten in ir schoz", Cgm. 714, f. 89. cf. Zeitschr. VI, 54. Die Bräckinn, das Weibchen vom Hunde. „Ein breckin zeinem hunde sprach: Ich gân vol junger hunde", Boner's Fabel XII, 1. „Foeta canis, volle Breckin", Prompt. v. 1618. Bey Selhamer I, 263 fordert eine arme Wittwe von ihrem Widerpart das ihm geliehene Geld zurück. Dieser schwört aber, daß er ihr nichts schuldig sey, und sie wird von ihm „als eine andre unverschämte Brackin geschändt und geschmäht." Gl. i. 651: brehcha, canilla; o. 555: brechin, licisca. cf. franz. braque.

Brack, Bráckəl, unformige oder sehr beleibte Person, auch Ding, (Baader). Der *Brakl*, ein dicker Mann. (Ober-Ammergau, Rath Her).

bracken, (Nußhard's Passau, p. 45), brechen (den Flachs). Grimm, Wbch. II, 290.

bräcken (bráckə˜), klopfen, schlagen mit etwas Breitem, z. B. mit der flachen Hand (auf den Hintern), bracken, Streiche geben; ausbracken, einem Kind den Schilling geben, (Wien); Zeitschr. IV, 43,13. VI, 115,31. „Si hàd '*bráckt* mei˜ Kuə" (getätschelt), Castelli. 1828, p. 82. 's Schwarzblättl hat sein kloans Köpferl draht und mit dö Flüg·ln *brákt*", Kartsch I, 159. „Und doss's hellert dur' d· Fensta' hom s· olli z·glei' *brakt*" (stark geklatscht), Firmenich II, 730,89. Das Fleisch bräcken, daß es mürbe wird. Der Bräcker (Bráckə'), Schlag mit der flachen Hand. „Er muß oft von dem ungeduldigen Kindsweib ein Präcker ausstehen", P. Abraham. bräckeln (bráck·ln), mit platten Steinchen (Bräckelern) nach einem Ziele werfen; sieh plätteln und prächen, präcken. (Zu vrgl. gl. i. 561: preccun, fragitidas, lamina).

Das Gebräck ('Bráck), (b. W.) z. B. Hopfen-, Bromber-, Holber-*Brák*, die breiten Blätter dieser Pflanzen. (cf. Blêckə˜).

bracket, adj., dickbackig, pausbackig; dickleibig überhaupt. Die gl. o. 230 haben das Subst. braccon, malae. Weigand (Synonyme, 2. Ausg.) glaubt Backen aus ahd. bracho (gl. Fuld. 20) entstanden, von brechen (mit den Zähnen). cf. Grimm, Gesch. d. d. Spr. 314. Wbch. II, 290. Der „Bräksmolles", (Nürnb., Hsl.), unförmlicher, dicker, dummer Mensch. Zeitschrift III, 471.

Brickel, s. Bickel. Zeitschr. VI, 363.

briecken, eigentlich brieggen (brieggə˜), (O.Allgäu) mit verzerrtem Gesichte weinen, verächtlich: weinen; (cf. gl. i. 1156: prieken machon, ora torquere, Gesichter schneiden). cf. Graff III, 364. BM. I, 248. Grimm, Wbch. II, 382. s. unten briegen.

Die Brockə-ln, plur., Kohlsprossen, Art Blumenkohl; ital. broccoli, franz. broques de choux. Diez, Wbch. 70.

brocken, 1) wie hchd. Aufbrocken, einbrocken, zuebrocken; figürlich: vil einbrocken bey einer Sache, viel zusetzen, viel verlieren. 2) abbrechen, pflücken. (Graff III, 269. BM. I, 245. Zeitschr. III, 523,43. IV, 211. VI, 272,IV. Grimm, Wbch. II, 393. 394. Von gebrochen, ohngefähr wie schnaiten von schnaid; s. Gramm. §. 956ᵃ.) Dieses brocken hat, gegen brechen gehalten, etwas Niederdeutsches, wie auch der hchd. Brocken. „Er habet gebrochot starche bogen", confregit; Notk. 75,4. „Novus fructus sicut cerasa, poma, pira an dem man gar pald den prokchen ist", San-Zenon 115, f. 170ᵇ. „Soll ich, Magdalena, so kurze Zeit die Rosen brocken der zeitlichen Wollüsten und alsdann ewig die Dörner kosten." „Die Kinder der Propheten waren der Mainung als brockten sie das beste Kraut, unter dessen warens lauter bittere Cologuinten", P. Abrah. Bläəmeln *brockə˜*, Hopfə˜ *brockə˜*, Schlêhh *brockə˜*, Zwèschn *brockə˜*, Schwámə'ling *brockə˜*. „Pech procken", salzburg. Waldordnung. herumbrocken (umə-
252 brockə˜), figürlich: nicht vom Fleck, nicht vorwärts kommen, zaudern.

Die Bruck, eigentlich Brugg, und die Bruggen, 1) wie hchd. die Brücke; (ahd. prucha, prucca; mhd. brücke. Graff III, 281. BM. I, 266. Grimm, Wbch. II, 414. gl. i. 795: pontem, pruccun). 2) eine breite Liegestatt von Brettern am Ofen und an einer Seitenwand der ländlichen Wohnstube. Sie wird benutzt für fremde Gäste, oder wenn zur Winterszeit jemand im Hause krank wird. Der Raum unter ihr ist gewöhnlich dem Hühnervolk angewiesen: Ofenbruck, Hennenbruck; vrgl. Britschen. „Frouwe Jaſite ûf einer höhen brücke saz, daz nie dehein brücke baz von betten wart geslihtet, mit tepichen wol berihtet", Wigalois 7469. „Zu Haus hab er ain franke Muetter auf der Bruck ligen", Lipowski, Gesch. des b. Criminalrechts p. 175, Urk. von 1517. Brucke heißt nach dem Voc. domest. der VII communi Stiege. Das *Brückla*, (Wirzb., Bamb.) hölzerne Bank, die statt auf Füßen auf senkrechten Brettern steht. Die Schuster*bruck*, Werkstatt. „Brukflaisch, das häutige, aderige Halsfleisch vom Ochsen, in Blut gedünstet", Castelli, Wbch. 96. „Bruchhai, pontenarius"; Clm. 4350 (XIV. sec.), f. 2ᵇ. Der Prugkhedl, verschieden vom Landgerichter und vom adelichen Hintersassen; Ottinger Ehehaft, Clm. 3238, f. 59. 74. 85. 94. Bruckscheit, Unterlage für das Brennholz im Ofen. brucken, vrb., belegen den Boden eines Stalles, einen Weg durch Sumpfgründe, oder eine Brücke mit Querhölzern oder Prügeln. Zeitschr. IV, 165. „Eine stræze, diu was gebrücket über daz mos", Wigalois 6768. A⁰. 1348 wurde bey Processionen die noch ungepflasterte Stadt gebrucknet, Gem. Reg. Chr. Vrgl. poln. bruk (das Pflaster), brukowac (pflastern). Vielleicht ist das Subst. Bruck vom Verbum, und nicht dieses von jenem genommen. Im Henneberg. ist Brücke der bretterne Fußboden. Der Bruckater, Pruggater, (Lori, Berg.R. p. 509) einer der gemeinen Schiffleute, „die auf den Brucken des Schiffs stehn, vorn nauziehen und steuern helfen."

Brucke (Bodenwöhr) Getreidmaß, welches 4 Metzen hält.

(Vrgl. Brat. bret. ꝛc.)

Der Brâdem, (Gramm. 670: Bràppm), hchd. Brodem, Dampf, (ahd. prâdam, mhd. brâdem, bradem. Graff III, 299. BM. I, 232. Grimm, Wbch. II, 291. Zeitschr. V, 178,137). „Swaz edelen smac von arte birt, der daz allez in ein gaden zesamnestiez, der bradem geleichet disem gesmache nicht", Urstende, Hahn 126,17. „Die bosen praden von dem magen", Cgm. 24, f. 25. brâdemen (bràppmə˜), dampfen. Gl. a. 690: brâdemo, vaporo; i. 553: brâdam, flatus. „Das gepreden des fewers", vapor (?) ignis; Cgm. 509, f. 337ʒ.

Bradalm (?) „Ä sodl kreint ä' fort, ä sodl wötzt ä' d' Gosch'n, I' wir än ötli mal in d' *Bradalm* (Maul?) einitrosch'n" (auf's Maul geschlagen?), klagt die Frau des Versoffenen, Lindermayr 73.

Bredulti, (Nürnb., Hsl.). In der Bredulti seyn, in die Bredulti kommen, franz. être en bredouille, in Verlegenheit seyn. Die Bredull im Ballspiel, Eckchens, die Mitte zwischen den Ecken, (Aschaff.). Bredrull, (Wien, Kopitar). cf. Brischl.

Breid, Preid, s. Brigida.

Das Brôd (Broud, Braəd), 1) wie hchd. (ahd. prôt, mhd. brôt. Graff III, 291. BM. I, 263. Grimm, Wbch. II, 399. Zeitschr. IV, 473 ff. Vilmar, hess. Idiot. 55 f.). Das Morgenbrôd oder Neunébroud, das Abendbrôd oder Dreybrod, ein kleines Zwischenmahl der Arbeiter auf dem Lande, zu diesen Stunden genossen. Das Brôd eßen, dieses Mahl halten. Die Brôdzeit, etwa eine halbe Stunde Zeit, zu diesem Mahl bestimmt. Das Brôd und (?) Schmalz (Broudəschmàlz), U.L., das Butterbrod. Das Schmalzbrôd, O.L., Brodschnitten, in Butter gesotten. Dem Klain-brôd (Kloabraəd) nachgehn, betteln; v. Kürsinger, Ob.Pinzgau (1841), S. 174. „Torta chuech, vorprot, czelten", Semansh. 34, f. 197. ə˜ broudi's Flêisch (trockenes); ə˜ Broudstückl zum Sauermachen. Vrgl. Personennamen: Luterbrot (Gesch. Fr. II, 79), Goßenbrot, Gutbrot, Truckenbrot, Weißbrot. brôdtrucken, (Nptsch.) ganz trocken. Der Brôdbauer, ehmals ein solcher 253
Bauer, der den Fronboten (Gerichtsdiener), wenn dieser in seinem Geschäfte über Land gieng, zu speisen oder zu beherbergen hatte. L.R. v. 1616, f. 430. Kr. Lhdl. IX, 237. XVII, 69. Dasselbe sind wol (Kr. Lhdl. IX, 227) die Brodmaister. Der Brôdsâmen, die Samenkörner des Trifolium melilotus caerulea, welche roh oder gesotten unter den Brodtaig gemischt, oder außen darauf gestreut werden, (Baur). Die Brôdkügelein, plur., Koriander.

'brœden, vrb., Brod verschaffen, mit Brod versehen. BM. I, 264. Grimm, Wbch. II, 403.' „Wir suln uns alle brœden, den zabelwurm tœten", S. Helbl. III, 247. BM. I, 264.

gebrœdet, gebrödt, adj., im Brode eines Andern stehend, insofern man nemlich von demselben genährt und unterhalten wird, span. panyaguado; auch von den Herren, welche jemanden Brod geben. Gebrödte Diener, gebrödte Ehehalten, gebrödte Knecht; Landesordnung von 1553. „Ain jeder metzger und sein protgesind." „Gebrödte Herren", Polic.-Ord. Tit. 3, Art. 5. Cf. beym Adelung: Brötling und Brötung. Grimm, RA. 318.

Das Brod (Bród), 1) die Brühe, z. B. von gekochten Würsten, von gesottnen Kirschen, Zwetschgen u. drgl.; (U.Don.) besonders: abgesottenes Viehfutter; (ital. brodo, franz. brouet, engl. the broth. ahd. prod; gl. a. 521. 585. i. 278: prod, jus. Graff III; 291. Diez, Wbch. 71. Grimm, Wbch. II, 395); b. W. fig. der Schweiß. I bi˜ gloffə˜, das mə' s *Bród* runtə' rinnt. A great brothe of sweet, ein heftiger Schweiß; Jamieson's schott. Wbch. „Sewd im ein alt hûn mit wenig mastick und gib im daz prod ze trincken." „Ain prod von ainem alten hûn", Ind. 344, f. 67. 68. „Ir (der rueben) prod getrunkchen hilft zu der lungel", Clm. 5931, f. 203. 2) zähes Gemenge von festen und flüssigen Substanzen. Fischbrod, b. W., Fischlaich. Frosch-*broud* (b. W.). Kalkbrod, Laimbrod, (Lori, BergRecht) Masse, womit die Ritzen der Salzpfanne während des Siedens verstopft werden. „Es wird nemlich (p. 391) über das rinnende Ort eine leere Perkufen gestürzt und folgends das Kalchprot oben hineingeschüttet". Cf. isländ. Brad, klebrige Materie, womit die Schiffe überzogen werden, span. la brea, franz. le bray, (cf. Diez, Wbch. 66). Mistbrod, die Jauche einer Düngerpfütze; Castelli, Wbch. 201. Schnêbrod, Schneeklumpen, von Wasser durchdrungen. In Flüßen schwimmt Schnêbrod. Vrgl. in Jamiesons schott. Wbch. Snaw-bru, Snaw-broo, und das isländ. breda, liquefacere, brædna, liquescere. Das Brodeis, (Zips; cf. Grimm, Wbch. II, 396. Zeitschr. IV, 195: Prût); es brodeist, (Zips) das Wasser ist im Anfang des Gefrierens. Aschaffenb.: der Eis-bro. brodig, adj., voll Schweiß, schmutzig; schwammig vor Fett (b. W.); ə~ *bródi's* Weibsbild; ə~ *bródige* Sau. brodeln, brudeln, 1) tönen und qualmen wie kochendes Wasser. (In der Hölle) „wo's bridelt und *brodelt*, wo's lechätzt und strodelt“, Stelzh. 117. cf. brinnə~-r-und bràd·n in der Höll. 2) nach unangenehmer Wärme riechen (Nürnb., Her). 3) mit Flüssigkeiten, besonders kochenden, zu thun haben; verächtlich: brühen, kochen, waschen. „Auskern und wintel waschen, sudeln und prudeln in der aschen“, Cgm. 713, f. 162. Bierbrudler, (im Scherz) Bierbrauer. Weine brudeln, sie mischen, mengen. Cf. westpreuß. „bruddeln, mischen; poln. brud.“ 4) ein Dampfbad nehmen, schwitzen; schottisch: to brothe. Cf. wangersch brótнî, dampfen; du brúтнest, er brótнit; Ehrentraut, fries. Arch. I, 51. Brud·lhaubm, (b. W., neben Pud·lhaubm), Pelzkappe. 5) vom andern Geschlecht: die Reinigung (le brouillamini) haben. 6) säumen, langsam sein; auch: langsam urinieren; Castelli, Wbch. „Ins Freyé, és Leudln! i~ 'n Freyn dà is ·s schö~, dà wird enk scho~'s Pfnott·n und *Brodeln* və'gê~“, (zögern, sich träg herumschleppen), Seidl, Flinserln (1839) II, 2. 91. „Wan mə~ so lang umə *brodelt*, so və'raukt aə~n 'bésté Schneid“, das. 57. s. brütten u. pfnotten. Der Brudel, das Brudeln, Qualmen; die Brüh; der Qualm. s. Brütt. Der Brudler, Fehler; im Stricken einen Brudler machen. cf. Zeitschr. II, 229. Brodelmaister. (Peter Haiden) „brodelmaister und der schalkait vollaister“, M. Beham, Wiener 209,7.

'bröde, (ahd. prôdi, mhd. brœde. Graff III, 292. BM. I, 261. vrgl. nhd. blöde, Grimm, Wbch. II, 138), schwach, hinfällig;' Castelli, Wbch. 95: brodi, morsch, zerbrechlich.

Der Brueder (Bruədə'), wie hchd. Bruder, (s. Gramm. 836; goth. brôthar, ahd. pruodar, mhd. bruoder. Graff III, 300. BM. I, 271. Grimm, Wbch. II, 417). „Die Brüder, so hieß man damals (unter K. Ludwig dem Bayern) das Fußvolck, wie jetzt die Landsknecht“, Avent. Chr. 530. 531. R.A. Nicks *Bruədər* i~'n Gspil! da wird keine persönliche Rücksicht genommen. Das Stainbrüederlein (Staə~briədə'l·), Bruder beym steinernen Bierkrug, Trinkbruder. Də' klaə~ Bruədə', im obsc. Scherz, muto. Der lampartisch Brueder, mola in der Gebärmutter; s. Lamparter. Der unainige Brueder, (Zir., Pongau). die kleine Wachsblume, cerinthe minor L. Brueder Piro. „Plumalis avis, wir heißen jn zu teutsch prüder Piro nach seiner stimm“, Konr. v. Megenb. f. 126. cf. Nemnich II, 790: oriolus galbusa.

254 Das Brueder-Haus, der Brueder-Hof, Haus, Hof, zu einem Kloster oder einer frommen Stiftung für arme Brüder in Christo gehörig. Bruderhaus bey St. Johannes zu Passau (1616), Clm. 11206, f. 4. Das Bruder- oder Pilgerhaus, Meichelb. H. Fr., Nr. 364. „Nem aber der Richter Guot für seinen Tot, des sol der Richter des Gotshaus geschol sein, sam er es genomen hiet aus einem Bruederhof“, MB. VI, 377, ad 1318. cf. MB. XVIII, 570. XXI, 380. „Die bisher zu bemerktem Stüfft (Freising) gehörig Schwaig clain oder (von ähnlicher Bestimmung?) Brueder-Schleißhaimb genant, auf dem Gfüll bey München gelegen“, Meichelb., Hist. Fris. II, Nr. 399, ad 1597. Die Brudermette. „Suntag nacht nach brudermetten“, Cgm. 544, f. 55b. Der Bruederschueh. In MB. III, p. 191, ad an. 1304 u. II, p. 465, ad an. 1301 bedingen sich adeliche Wohlthäter von Klöstern zween pruderschuh, die ihnen von diesen jährlich sollen gereicht werden. MB. III, p. 515, ad an. 200 verspricht man auf diese Weise duos calceos cum caligis zu liefern. Also wol Schuhe, wie sie die Brüder, d. h. die Klostergeistlichen, tragen. 'Vrgl. Anzeiger f. K. d. d. Vorzeit, 1861, Sp. 359 ff.' Scherz hat die Erklärung: pes vel mensura fratrum copiosior. Die Bruederschaft, geistliche Bruderschaft; fraternitates que Bruderschefft vulgariter nominantur, per quas animarum saluti consulitur, Ried ad 1280; die gesammten Gastwirthe eines Ortes. „Die bruderschaft von dir haben enphangen, den lis disen salm“ (Laetatus sum in his), Ald. 111 (v. 1250), f. 120. „Sprich den salm (Ecce quam bonum) von dem du die bruderschaft habest enphangen“, das. f. 124. *Bruderschaftmándár*, (Bruderschaftsmänner), Ochsenzunge, anchusa officinalis, (Zir., Zillerthal). Zeitschr. IV, 212.

---

braf (B. bráf, O.Pf. brâf), adj., 1) wie hchd. brav; (Grimm, Wbch. II, 339. Diez, Wbch. 67. cf. lat. bravium). 2) brauchbar, tüchtig. ə~ *bráfs* Rössl·, ə~ *bráfs* Haus, ə~ *bráfs* G·wand. Zeitschr. V, 190. 505. (Nach Adelung sollen die Bayern brav auch für straff, steif brauchen, wofür ich keine Erfahrung habe). Sp.W. Die *bráfm* Leut hàt də' Hund 'tà~, d. h. sie sind selten. *Bráf* màg I' nét sei~, *bráf* scheifst də' Hund. Oft wird *bráf* in verneinenden oder zurechtweisenden Sätzen als bekräftigendes Adverb. verwendet. Er hát mə's aufdringə~ wəlln, àbər I hàb eəms *bráf* nét à'gnâmə~. Hans sagt: Auf dèn Bám sitznt zwe~ Vögl. Peter fällt zurechtweisend ein: əs sitznt scho~ *bráv* drey obm, (der Accent bleibt auf drey). Gàr *bráf* (υ -), ja doch, franz. si fait. Hans sagt: Du bist heu~t nét in də' Prédi' gwé'n! Peter versetzt: Gà' *bráf!* Du bist á *bráf* 'kemə~, d. h. nicht. Die Bräfe, (schwäb. *Brêfé*), Bräfen (b. *Bráfm*), die Bravheit, Brauchbarkeit. Die Unbräfe, vorzügliche Güte.

Der Brief (Briəf; ahd. brief, briaf, mhd. brief. Graff III, 301. BM. I, 247. Grimm, Wbch. II, 379. 1) wie hchd. 2) jedes Geschriebene, besonders eine gerichtliche Schrift, Urkunde, Instrument. „Pilatus schraib einen brief (titulum) vnd leit in uf daz chreutz“, Joh. XIX, 19, Cgm. 66, f. 31. „Do der brief was gereit“, (die Tafel, worauf Gregor's Herkommen zu lesen), Gregor auf d. St. 595. 3) jedes Blatt Papier, es sey beschrieben oder bemalt, oder auch nicht; (cf. Zeitschr. IV, 210. 496). Der Rockenbrief, das buntgemalte oder geflochtene Papier, das auf dem Spinnrocken um den Flachs gesteckt wird, damit er zusammen halte. Ein Brief Tabak, (Päckchen). Ein 255
Brief Nädeln oder Glufen, ein Blatt Papier, in welchem die Nadeln oder Stecknadeln zum Verkauf reihenweise festgesteckt sind; so ein Brief enthält 100—300 Nadeln. Briefgarn, s. Göthe's sämmtl. Schr. (Cotta, in 12°), 23. Bndchn., S. 53. Besonders werden die Kartenblätter Briefe genannt, (cf. Zeitschr. VI, 85). „Herr Hans Paul gib Karten auß, mir auch noch zwey Brieff. Maister Egidi gib die Karten aus, mir geht noch ein Brieff ab. Bruder Ferdinand, ich glaub du hast um ein Brieff zu wenig. Diese Brieff gedunken mir zu seyn wie die Brieff Uriä“, P. Abrah. Den Bodenbrief herunter daumeln, ein Spielterminus: sich das untere Kartenblatt betrügerisch zumischen. R.A. Kainen Brieff von etwas haben, keine Versicherung darüber haben, es nicht gewiß wissen. Ironisch: Ainen Brief, den Brief, die Brief von etwas haben, einen (verbrieften) Vortheil, Nutzen davon haben, darnach fragen. I häd di *Briəf* vo~n Tanz·n! ich mag nicht tanzen, was frag ich nach dem Tanzen. Vrgl. I' hèit di Bröu dəvo~; s. Brüe, auch Bröche~. Zeitschr. V, 237. „Da hab ich einen Brief von der Ehre Gottes“, sagt der Gestreng Herr in Bucher's Charfreyt. Proc., Vorrede. Was der Brief vermag, eigentlich: auf soviel die Urkunde lautet. Schlemmen, trinken, essen, spielen ꝛc. was der Brief vermag, d. h. unmäßig. Viel Brief, wenig Gerechtigkeit, jus summum saepe summa malitia est, Avent. Gramm. „Und ob zwar einige des Spangenbergs Erzehlungen . . . weil so gar keine au-

torität dabey angezeigt wird, da doch ein Brieflein, wie wir in Sprichwort reden, wol dabey stunde, gantz in Zweifel ziehen", Wagenseil, de civitate Noriberg, p. 509. „Doch stat der brief hewr als vern und thut ſ (die Kellerin, Köchin) villeicht baid (sowohl den Pfarrer als den Kaplan) geweren", des Teufels Segi, (cf. Barack 137,4297). Der Briefdrucker, Xylograph. Der Briefmâler, „qui versicolores in chartis pigmentis colorat imagines", Prompt. v. 1618; der Illuminist, Schachtelmaler, (s. v. Sutner, über die Verfassung der ältern städtischen Gewerbs-Policey in München. Denis, Bücherkunde I, 89. 138). . . „Nicht allein die Brieflmahler, sondern alle andern Künstler, Bildhauer, Beinschneider, Kupferstecher ɪc." Selhamer. „Buchbinder, Pergamenter, Gstattlmacher und Briefmaler", Anordnung zur Fronleichn. Proceſſ. von 1580. Der Brieftrager, 1) wie hchd. 2) (Baur) was Reftrager, Hausierer. s. Ref. briefen, gerichtlich aufſchreiben, Briefe aufrichten (mhd. brieven, niederschreiben; BM. I, 248. Diemer, Ged. 42,29. 43,4. „Hie nach ist von sancta trinitate ein ander vesper gebrievet", Nonnenbrevier, sec. XIII., Ald. 110, f. 244b). Ein Gut verbriefen, Capitalien verbriefen, eine gerichtliche Handlung verbriefen, protocollieren. „Mit guldînen buochstaben gesmelzet ûf den jachant ein epitafium man vant gebrievet von ir tôde hie", Wigalois 8257. „Die gotis riter werdint gebrieft an deme buche der lebintigin." „Do was alliu werlte gebrievet ze zinse", alte Predigt. Die Brieferey, die Verschreibung; das Protocoll über geschloßne Verträge. Eine Brieferey aufrichten, eine Verschreibung machen. Eine Sammlung von Formeln für Anfang und Schluß von Briefen heißt Clm. 6009 (XVI. sec. 1526) f. 170—178: Teutsch Briffung. (ahd. prief, pagina, pitacium, liber; mhd. den brief, titulum, Cgm. 17, f. 9a; mhd. der brieve, Cgm. 552, f. 172 und 553, f. 84. prievan, describere; prieuâri, notarius; giprieuida, descriptio. „Explicit *brevis* Pauli ad Romanos" etc., Cod. Fris. 29, sec. VIII—IX.).

„Brief, cirtis, piscis", Voc. von 1419. Diefenbach 123c.

Die Breəf·n. Iətz schau, wàs deər für ə˜ *Breəf·n* (saures Gesicht) macht; Baader.

bröfeln (brêfln), (verächtlich) reden; unverständlich reden, entweder zu geschwind, oder zu langsam, oder zu leise. Mècht əə˜n 'Geduld ausgê˜, bis ə's 'raus *brêflt*, wàs ə' wıll. Vrgl. Grimm, Myth.2, 1174. cf. pröbeln, (U.Pf.) grämlich daher reden, zanken; *brœfäil* objurgo (Lavaron. D. 165); prövle (dänisch), langweilig
256 reden; broppeln, brappeln, (bey Scherz) praecipitanter loqui; česk. bubtam, breptam (von bre bre), ich stammle, murmle; brebentugi, brentiti.

Bruof (?). „Durch die porten kom liechter engel ain brůf", (gereimt auf „schůf", — Schaar?), Cgm. 717, f. 115½.

brüefen, ä.Sp. (mhd. brüeven, prüeven, BM. II, I, 536; aus be-rüeven, von ruova? Wackernagel in Haupt's Zeitschr. VI, 150, erkennen. „Ich brüeft mich selbs für einen zagen", Minnejagd 314, Liedersſ. II, 302. Labr. 383. 419. 68. Valkn. 161. s. prüefen.

Die Bruft, (Baur) die Brunft, Brunst (bey Hirschen). brufti', adj.

---

bragen, Felle oder Häute strecken, (Hauser); auch hchd. bei Kürschnern. Grimm, Wbch. II, 292.

„Bragedin lorica, Panzer", Onom. v. 1735. Grimm, Wbch. II, 292: Brägendin. Diefenbach 336b. Diez, Wbch. 70.

Bregant, ital. brigante, franz. brigand; (Diez, Wbch. 69). „Ze payden taylen kamen dar von sakman und preganten schar", (Scharen v. briganti), Ring 48d,34, p. 215). Vrgl. Preganter.

bregeln (brêgln), ein Geräusch machen, wie etwas, das brät oder gelind aufkocht; gelind braten oder kochen; beym Athemziehen raſſeln, strodeln; schwätzen, murren; (Grimm, Wbch. II, 291. 353. Zeitschr. III, 253,280. IV, 210. cf. Helmbr. 1398: „So schrîet mir mîn pfanne"). Lass d' Suppm ə˜ wéni' *aufbrêgln*. 's Dämpfleisch *bregelt* i˜n Têgl. „prägeln frigere", Onom. v. 1735; frixum, gebregelt, Voc. Melber (Diefenb. 248b); pastillus, gebregelt kuch, ibid. Kärnt. zvréti, prägeln, rösten; zvirati, praſeln, raſeln im Sieden; Jarnik 215. Das Breglət, dickgekochte Hollunder- oder Heidelbeeren. Er *brêglt* scho˜, er raſſelt schon, wird bald sterben. Sie *brêglt* àlləweil furt, sie brummt, schwatzt, zankt immer fort. ən àltə' Brêglə', Murrkopf. „Schmeicher, loter, bregler sint des teufels swegler", Renner 1158. BM. I, 235.

Das Bregen, Hirn (BM. I, 235. Grimm, Wbch. II, 353. Zeitschr. VI, 54), begegnet in einem bestimmt bayrischen Mscr., Cgm. 592, f. 37½: „Welcher man chain chind gemachen möcht, der sol nemen daz bregen von einem sperken und sein gailen und daz bregen von ainer chran"; (f. 5a ist bregen ausgestrichen und durch „hirn" ersetzt).

Brigida = Preid; Cgm. 1113, f. 34b, ad 1356.

briegen, weinen (Graff III, 281. 364. BM. I, 248. Zeitschr. III, 342. 533,94. IV, 210. V, 258,35. 332. VI, 413,67. Grimm, Wbch. II, 382). „Ut histrionibus mos est .i. anterarin qui ora torquendo .i. **prieken** machondo ridiculos motus .i. spîlelîche gebârda spectantibus praestant", (Notker?), Clm. 4621, f. 74. S. oben briecken.

briegezen, (Hrsl.) langsam sein. cf. brogezen.

sich brogeln, groß thun, sich prahlen. Zeitschr. III, 300. Dé *brogelt* si' mit iərə'n Kránzl, I wollt iər scho˜ wàs andə's sàgng! Bey Horneck, Teichner, Suchenwirt und Andern kommt noch das einfache brogen vor (mhd. brogen. BM. I, 261. Zeitschr. III, 300. Grimm, Wbch. II, 396). „Sprich ich, daz er hab gelogen, der wil mich mutwillielich brogen", Renner 15317. „Ich sihe noch mangen hoh progen, der doch gar lützel milte hat", das. 18791. „Swie sere wir brangen und brogen", das. 24014. „So broget der hin, der her", Cgm. 632, f. 97. „Wa baner gen baner brogt und her gen her mit huffen zogt", Cgm. 270, f. 112 (379, f. 77). cf. prugeln unter robeln, Gerodel. „Wann die fraw gen kirchen gat, so mueß der pater noster vor progen."

brogeln, (O.Pf.) hin und her gießen; vrgl. brodeln.

brogezen, zaudern; Kaltenbr. 68. cf. briegezen.

bröges, (jüd.-deutsch, Wetterau) verdroſſen, aufgebracht, v. hebr. be, b' (in) u. rôges (Zorn). Weigand, im oberheſſ. Intellbl. 1846, p. 300. (Der Hafner) haut vur *Brauches* 'brummt" (vor Ärger), G. Arnold, der Hof·n (Nürnb. Mundart) in Braun und Schneider's fliegenden Blättern, Bnd. XV (1852), S. 103.

---

brehen, brechen, ä. Sp., strahlen, glänzen, briller (BM. I, 235. Grimm, Wbch. II, 353). „Ir zwien himelisch und edel gestain, Maria und Johannes, ir zwai groſſew liecht vertribent mit ewerm brechenden liecht vnd schyn die finsterin unser sünd", Ind. 122, f. 26. „Daz liecht und der schein der da prechet von der sunn Jesu Christi", Cgm. 54, f. 15a. „Der rosen und ires mundes prehen" (reimt auf „sehen"), Cgm. 714, f. 60. „Der sunnen brechen", Labr. 22. Pa 76: brehen. „Sein spilend brechend angesicht mir kunde sorgen stœren", Valkn. 13. — „Der wein tuet aim auf der zungen prehn (reimt auf „iehn", jehen, sagen) als sam er gemacht sey von lauterm Gwürz", Sterzinger Osterſp., Mscr. (Gehört dies Beispiel hieher? vrgl. pricken).

Der Brehentag, s. Berchttag und Brechttag, dies epiphaniae. „An dem Brehentag", MB. XVIII, 262, ad 1401. Zwischen dem Ebenweich und dem brehentag", MB. XXI, 412, ad 1352. „A⁰. dni. MCCCLXXXIII an dem Prehen abent", Cgm. 3941, f. 36.

Der Breijen, gewöhnlich zusammengezogen Brein (Brei˜, eine, nach Gramm. 839, aus dem ahd. prî-o, prî-e, puls, gl. a. 529. 587. i. 654. 1132. 1135, entstandene Form. Daneben ahd. prî; ebenso mhd. brî neben brîe, gen. brîen. Graff III, 261. BM. I, 239. Grimm III, 462 behauptet: brî, gen. brîwes; cf. I³, 96. 175. Wbch. II, 353), 1) hchd. der Brey; doch in diesem allgemeinen Sinne nicht sehr volksüblich, und gewöhnlich durch Mues oder Papp ersetzt. 2) die Körner der Hirse (panicum miliaceum L.), des Buchweizens (polygonum fagopyrum L.), zuweilen auch die des Habers (avena L.), die, auf der Mühle enthülset und zu Brey gekocht, eine beliebte Speise sind, Grütze. Das Voc. von
257 1419 hat prein einmal für milium und einmal für puls überhaupt. „Swenne ein tôre brîen hât, son ruochet er wie daz rîche stât", Freidank 83,27 (übersetzt von H. Borowsky im Casopis čestheho Museum XX, S. 131: Hlupák, když swau kaši má, málo wám o wlasti dobro dbá). „Von dem mûse und von dem brîn", v. d. Hagen, Ges. Abent. XLIX, 398. „Dîn muoter durch die wochen kan guoten brîen (Hs. prein) kochen", Helmbr. 454. „Man schuof in zeiner lîpnar vleisch unde krût, gerstbrîn" S. Helbling VIII, 881. „Dort stêt pfenech unde hirs; wie möht ir gevarn wirs, bræht ir in niht in den keller mîn? Ich iz dâ heim vil gerne brîn", das. I, 623. „Esto pulmentum, quia non est laesio dentum: wer pös zeen hat, der eß prein", Monac. Augustin. 283, f. 45. „Wär sam der Ryn ein flus von Malmasien, sie gult nit einen heller, man kocht sie den geburen in den bryen", Gedicht: der Ehrenthron, im Cod. Pal. 313, Mone's badisches Archiv I, 81. „Uz hirse man den prien tût", Diut. III, 57. „An dem vaschangtag so wersent (versait) sy prein an die dillen, velt er herab, so stirbt er (der Hauswirth) des iars", Grimm, Mythol. XLVI. „Newen (stampfe ihn, den Ziegel) also chlein sam chleinen prein" (accus.), Furstenf. 121, f. 173. „In chorn, in prain", Cgm. 63, f. 45½. „Kasha (gekochter Brein) mati nasha", ein krainisches Sprichwort; Kopitar (1889). Də' Giə'stbrei˜ (b. W.) Gerstengrütze. Der Haberbrein, Hafergrütze; Haidenbrein, Grütze von Buchweizen oder Haidekorn; in Hübners Voc. v. 1445: Wasserpreynn, polenta. Hirsbrein, oder Brein vorzugsweise, Hirsegrütze, Hirse. Eine Schüssel Brein (Hirsbrey) darf bey keinem ordentlich bestellten Kirchweih-Mahle fehlen. Kaə˜ Kir'tə'-r-oné *Brei˜*, sagt das Sprichwort. „Es sollen auch alle Paurn und Hüeber zum Kirchtag wie vor alter ainem pader das kirchtagprot sambt dem kirchtagbrein nach jren Eeren geben und heimsuechen", Rorbacher Bad. Ehaft. „Saffran, zu gilbn den kirchtagbrey", H. Sachs 1560: V, 348 (1612: V, III, 19). Auf der Hochzeit Georg des Reichen a⁰. 1475 giengen VI Schaff Hyrspreynn auf, das Schaff zu X lb. dn. (Wstr. Btr. II, 212). „Phenich prein oder hirsprein", Cgm. 589, f. 157ᵇ. Der Haiden- und besonders Hirsbrein scheinen ehmals in B. häufiger gebaut worden zu seyn. Die Hirsegrüzze kommt in dem liber censualis des Klosters St. Ulrich häufig vor. MB. XXII, 131 ff. Bey dem sogenannten Sammeln der Amtleute (Gerichtsdiener) in den Häusern der Unterthanen war der Brein mit eine Hauptsache. Kr. Lhdl. V, 337. Die Breinbeunt, (Isr.) Schlag in einer Erlenau, der, ehe man ihn wieder dem Anflug überläßt, abgebrannt, umgerissen und zum Anbau von Hirse benutzt wird. Sollte das alte Bregarten, Breugarten (MB. IV, 168. Lori's Lechrain f. 317) für Küchengarten mit diesem Brein, Brey zusammenhangen? Die Breinschranne, s. Th. III: Schranne, Die zwey *Brei˜*- (Kirchweih-) Schrannen in München; Intell. Bl. v. 1794, p. 282. Die Breinscheuh. s. Th. III: scheuh und Grimm, Mythol.² 445. Die Breinstampf, Stampfmühle zum Enthülsen der Hirse rc. Von der Ähnlichkeit: der Vogelbrein, plantago major et media L.; der wilde Brein, grüner Fench, panicum viride. R.A. Wiə də' Vog'l i˜'n *Brei˜*, lustig und guter Dinge. „Im Gmoanhaus durt gib i' mein *Brein*, so guat i's va'steh, imma' drein", Kartsch II, 171. „Wenn man übls von Leuten redt, so schütt ich halt auch meinen Brein dazu", Cgm. 4504, f. 162. Sp.W. Wer 's Schmàlz hàt, tuət's à˜'n *Brei˜*, wer's nét hàt, dèr last's sey˜.

„Prein, ardor linguae, inflammatio linguae", Prompt. von 1618. „Mittl für die Prein auf der Zungen", Cgm. 3723, f. 53. 54. s. Breim.

Der Brill, beryllus; BM. I, 106. Grimm, Wbch. II, 382. „Adamas und amatisten, brill und christall", Cgm. 1113, f. 86ᵇ. „Schiemerstu, so setze den beryll auf, si caecutias sume conspicillum", Apherdian p. 14. (Im Himmel) „erunt omnia corpora perspectiva sicut unus respiceret in *parillum* per quam videtur et legitur etiam parva scriptura", San-Zenon. 115, f. 230. Der Berill, Barylle als Brennglas bei Konr. v. Megenberg (Pfeiffer 436,10. ff.). Brennglas, perillen; Cgm. 851, f. 104 (v. 1402). Über Dr. Hartlieb's Zauber-Beryll s. Grimm, Mythol. LXIV.

Brill. „Der dy kule hat und im sein prill (?) groß geschwollen", Cgm. 4667, f. 63.

Die Brillen (Brılln), wie hchd. Brille. „So will ich beschwern durch die prillen den teufel", H. Sachs 1560: II, IV, 20. Eulenspiegel als Brillenmacher, das. 1559: II, IV, 45—46 (1560: II, IV, 60. 1612: II, IV, 118): „Die alten Pfaffen so noch leben vnd die alten Münnich darneben haben jr Horas vnd Gebet so lang getrieben frü vnd spet, das sie es als können außwendig, dürffen keiner Prillen behendig." Bei Seb. Frank, d. Sp.W. (1601), f. 335 sagt ein Abenteurer auf der Straße zum Bischof von Trier, er sey ein Barillenmacher und könne keine Arbeit finden, „denn die alten Mönch und Pfaffen, so der barillen bedörften, können jr gebet außen" . . . „Zu stewr an drei par augenglesern", Altenhohenau (1520), Cgm. 697, f. 220. Der „Brillenreißer, Possenreißer", Prompt. von 1618. „Saniones, die Narren beim Spil, Brillenreißer", Nomencl. 1629, p. 250. „Nit allein war ich sein Schalcksnarr und Brillenreisser, sondern auch sein Kupler", Albertin's Gusman von Alf. p. 147. Grimm, Wbch. II, 383.

„brollad, wohlbeleibt, fett"; Castelli, Wbch. 96.

Der Brüel (Briəl), ein fast nur mehr hie und da als Eigenname von Wiesen, Feldern, Wäldern und Ortschaften (z. B. MB. XXI, 182. XXIII, 489. 608. Ried 67. Bruel bey München, b. Annalen, 1833, S. 414) vorkommendes, ursprüngliches Appellativum, das mit Bruech (Sumpf, Moor, s. oben; cf. niederd. broek, brog-il. „In dem bruoch", Turnei von Nantheȥ 124, Maßmann's Denkm. p. 145) verwandt seyn mag — wenn es überhaupt der deutschen Sprache mehr als einer andern angehört. Man vrgl. das franz. breuil, ital. broilo, broglio, und das brogilus der carolingischen Capitularien: „lucos nostros quos vulgus *brogilos* vocat", c. de villis. (Graff III, 282. BM. I, 167. Grimm, Wbch. II, 426. Diez, Wbch. 71. Wagenseil, de civit. Norimb. p. 111). Brüel, ein niedriger, sumpfiger, mit Gebüsch bewachsener Platz, (Isr. cf. Zeitschr. IV, 210); in der Wetterau als Eigenname von tief gelegenen Wiesen, (cf. oberhess. der Brunkel, Blunker, sumpfiger Wies- und Feldboden; Weigand. Vilmar, hess. Id. 58.); stehendes Wasser von geringem Umfang, wie es besonders im Gebirg zum Baden benutzt wird; auch figürl.: Dà hàst ja ə˜n ganz'n *Bruəl* vaər dir, hast viel von Speise oder Getränk verschüttet; ə˜ *Bruəlé* machə˜, Belustigung der Kinder an fließendem Wasser, (Baader). Als angelsächsisch gibt Lye broel durch vivarium, hortus cervorum. „Pratum dictum der Bruel", RB. IV, 481, ad 1291. Broil, Baring p. 488, ad 1300. „Uffen dem schœnen bruele was menger hande frœden spil", Eggenlied, Laßb. CCXIX. „Des gotzhaus S. Ulrich (zu Augsburg) anger genant der brül (1406), Clm. 4323, Deckelbl. „Der prül under dem dorffe" (Husing), Heidenheimer Salbuch (1400), Cbm. 1524, f. 18b. „Ein carthaus im Beyerlande bei Regenspurg gar weit erkannt ... darin ein alter bruder was ... er gieng zunechst in Wald der Prül genant", H. Sachs 1560: II, IV, 69. Die Brül (die vordere und die hintere) in den Wiener Bergen bei Medling. A⁰. 1458 kauft N. „fünf Tagwerch Mad und Briel (Sumpfwiese?) zu N."; Edelstettische Chron., Finauer, Bibl. III, 173. „Wenn der Otter in einen Dimpfel oder Brühl einsteigt", Heppe. „Und sitzint uf die schemel der gîtekeit gestüeles und ûf ir schanden brüeles", Diut. II, 138. Cf. Firmenich I, 160,87: Breddel, Sumpf, Morast (?).

---

258 Das Brâm (Brám), 1) die Braue (Augbrám, Wi~prám, Augenbraue, Wimper, s. Brâ und vrgl. Grimm, Wbch. II, 292). 2) haarige Einfassung, Sammet- oder Pelzstreifen am Rande eines Kleidungsstückes, Gebräme BM. I, 238. Grimm, Wbch. II, 293. Zeitschr. IV, 495). Der *Brám* Kopfbedeckung der Weiber aus Fischotterfell; 's *Brámlé*, desgleichen der Männer, (Baader). „Ein Präm von weißem Hermlein um den guldin Rogk der Künigin", Wstr. Btr. III, 132. „Neben anderem thäten an dem undern Brämb des Klaids 366 guldene Schellen hangen;" P. Abrah.

brämen (brámə~) ein Klaid mit Sammt, Pelz u. drgl., oder: Sammt, Pelz ꝛc. auf ein Klaid brämen. Kr. Lhdl. XVI, 407. Ein Klaid ꝛc. einbrämen. Der Brámə', der Kürschner, (Reut im Winkel). sich anbrämen (à~brámə~), auch wol sich anbräunen, von mußartigen Speisen: sich an's Geschirr ankochen. Man sagt auch: Eine Schwangerschaft brámt oder bräu~t si' à~. Ein Wetter (Gewitter) brámt oder bräu~t si' à~, wenn sich der Gesichtskreis an seinem Rande allmählich zu Gewitterwolken verdüstert. Am Bodensee hat man in diesem Sinn (für Wetterwolken) auch ein Substantiv die Bräm. „Der Sturm hat immer seine Vorzeichen: ein weißgrauer Nebel steigt auf (Brähme in der Schiffersprache)" ... G. Schwab, d. Bodensee, 1827, S. 300. (Vrgl. Brâ, aber auch breuen, brauen, und das alte râmen.)

sich verbrämen, (O.Pf.) in der ironischen R.A. zu einem Trägen: *və'brám* di' nà~ nét! bewege dich nur nicht; s. Brâ-wenden.

Die Brœmber (Brá~be', Brá~wə'), die Brombeere. Voc. v. 1445: pranper, morabatus; gl. o. 16: brambere, mora sylvatica. Die Brœmberstauden, (Av. Gramm. prantperstauden), rubus. Die ahd. und mhd. Sp. hat in diesem Sinn das einfache brâm (ahd. der prâmo und die prâmâ, mhd. der brâme. Graff III, 304. BM. I, 232. Zeitschr. IV, 212. 416,62. Grimm, Wbch. II, 293. cf. schwed. biörn-bär). „Die bloßen bain unsüße zerkratzten im die bramen", Titurel. „Wie mich doch kratzen scharfes schalkes brâmen", Labr. 93. „Der wonet in den brâmen und in wüestem gemiure", Diut. II, 137. Daz holz von den prâm, da die pronper auf wachsent", Cgm. 592, f. 39. Der wil sich als ein genslein in brâmen in dorn der werlde vahen", Renner 3815. Gl. a. 150: brama, rubum; 492: praama vepres; i. 732: pramun, rubos, o. 16: bramloub, rumicedo. „Inter vepres, da pranper an wachsent, prâmâch oder stawdach, zaufîach", Monac. Francisc. 134, f. 136. Konr. v. Megenb. 330,25. 404,16. „brondorn, paliurus", Voc. Melber; '(Hieher? Diefenbach p. 406c).' Prammhenne, (Jir.) Auerhenne. Vrgl. allenfalls Bremstall.

Die Brem und die Bremen (Bremə~), die Bremse (ahd. premo, tabanus, asilus, oestrus; mhd. breme. Graff III, 303. BM. I, 238. Zeitschr. IV, 495. Grimm, Wbch. II, 302. 293,3). „Culex haizt ain prem", Konr. v. Megenberg 299,9. „Isidorus spricht, daz der prem daz lieht liep hab", das. 299,15. „Diu vliege ist, wirt der sumer heiz, der füenfte vogel, den ich weiz. Der bremen hôchgezît zergât, sô der ougest ende hât", Clm. 4660, f. 110 (Freidank 145,23. 146,7). Bremə~stümpf (O.L. sind Strümpfe, die nicht über die Knöchel hinab und übe die Knie hinauf reichen und gleichsam die Waden vor den Bremsen schützen. Die blinde Brem, die Regenbremse, tabanus pluvialis L. R.A. Einen anläuffen, anrennen wia ə~ *blindé Brem*, d. h. keck, ohne Scheu, blindlings.

Das Bremstall, Gehölz oder Waldort, das sich in der Nähe eines Weideplatzes oder einer Ortschaft befindet und dem Vieh zum Schutze vor zu großer Hitze und lästigem Ungeziefer dient. cf. Grimm, Wbch. II, 364. In einer Urkunde von 1515 (Nr. 372 von Meichelbeck's Hist. Fris. II, II.) heißt es: „Item ain Holtz zu N. . . . item ain klains Prännstl." Vrgl. allenfalls Brämber und Brünst.

bremmern, die Erze aufziehen, (Hauser). cf. Grimm, Wbch. II, 363.

Die Breim. „Den N. hat die Breim angestoßen, daß er schier nichts mehr hat gnüssen können", Auffircher Mirakel p. 41. 73. Prein, ardor linguae, inflammatio linguae, Prompt. v. 1618. „Für dj preun", Cgm. 3969, f. 60. „Für ungerisch Krankhait und Preim". Cgm. 3721, f. 266. Allem Anscheine nach das hchd. Bräune, 259
böhm. Prym. Rat für die prewnin", ZZ. 2060, (sec. XV, 1492), f. 182. 's Kind hàt 'n *Brei~*, (b. W.) die häutige Bräune. s. Sp. 354: Prein.

brummen, wie hchd. (aus ahd. preman, mhd. brimmen, Prät. bram, Ptc. gebrummen. Graff III, 303. BM. I, 248. Grimm, Wbch. II, 384. 428. Zeitschr. III, 458. „Furor brimmunge", Clm. 17308, f. 41). Der Brummer 1) (Nürnb.) Anfang der Trunkenheit; 2) Kreisel, Topf, turbo; 3) „der groß brummer, hypate; der klain brummer, parhypate" (Saiten), Nomencl. 1629, p. 165. cf. Grimm, Wbch. II, 429. 430. Də' Və'waltə' hàt si' *Brummə'ln* g'schnid'n, (b. W.) hat seinen Vortheil nicht vergessen, in seinen Sack gehauset. Bei'n Klöster áfhébm hàt ə' èəm bráv*Brummə-ln* g'schnid'n, (ObrM.) unerlaubten Gewinn gezogen. Vrgl. sich seine Pfeifen schneiden. brummeln, murren. 'Aldé *Brumelsuppm*, (zu Personen). Zeitschr. II, 464. III, 301. 530,5. Vrgl. brinnen, 2.

Die Bremse, wie hchd. (ahd. primissa, mhd. bremse. Graff III, 304. BM. I, 238. II, 530. Grimm, Wbch. II, 363): 1) = Breme; 2) Maulkorb, Klemme. „Ich bin behafft (fest gehalten) mit bremessen und mit zangen", Valfn. 178. Lessing, hg. v. Maltzahn, XII 2,261.

bremsen, (Nord. opf.), im Schmalz rösten, braten. Erdäpfel bremsen. Cf. Zeitschr. IV, 495. 210.

brimseln, brimpseln, nach Brand riechen; brennen, stechen wie Krampf in den Gliedern; fig. heiratslustig seyn. Der Brimsel, der Brandgeruch; Angebranntes am Geschirr.

---

bränen, in der Brunft sein, (Hauser). cf. Grimm, Wbch. II, 292: brähnen, aprum appetere.

braun (brau~), wie hchd. (ahd. prûn, mhd. brûn. Graff III, 311. BM. I, 267. 268. Grimm, Wbch. II, 323 ff.). R.A. Dés is mə' z' *brau~*, das ist mir zu bunt, das geht zu weit, so viel ertrag ich nicht, laß ich mir nicht gefallen. Es Einem zu braun machen, sich gegen jemand zu viel herausnehmen, sich mehr erlauben, als er sich will gefallen lassen, es gar zu arg machen. „Ein Wirth, welcher den Gästen mit der weissen Kreide es gar zu braun machte.“ „Ihr hoffertigen Weiber macht euch nur mit fremden Anstrich roth, der Teufel wird es euch zu seiner Zeit braun genug machen.“ P. Abrah. „'n Hánöfferl und Däuberl *geht's* so *braun* (sie sind so eifrig, so sehr in Arbeit, in Noth) ba'n Nöstá baun“, Stelzh. 24. 174.

Die Bräune, mhd. briune, braune Hautfarbe. Die brûne, das brûne, mhd., die weibliche Scham; BM. I, 268. „Unt si (Sigune) begunde enkleiden ir gedreten brustel blanch unt niht die brûnen“, Titurel, Roth's Bruchst. (1843), S. 32. (cf. Hahn's Titurel, S. 373,3774). „Im gap dar diu künegîn ir hemde, blanc sîdîn, als ez ir blenke ruorte; ez ruorte etwaz brûnes an ir huf“, Titurel, Lachm. S. 404,81,4. „Ez machet ir læslich gekœs dem (den) alten hengest lochet zœs, so er von dem brûnen („prune“) gêt“, S. Helbl. I, 139. Vrgl. v. d. Hagen, Ges. Abent. III, 24 (der weiße Rosendorn), 120 bis 125: (Diu vut sprach) mîn briune mir ouch niht übel stât. Ein ietlich ding man loben sol nâch sîner varwe, stât si im wol. Ich sol sîn brûn und darzuo rûch, wol gevlezzet an dem bûch breit, zuo dem nellen dick und hô.“ Nîthart's Krenzelîn (v. d. Hagen's M.S. III, 206. Diut. II, 258): „Keiner bluomen ist so vil sam der brûnen dâ . . . Sælic si daz engerlîn, dâ die bluomen springen!“ (cf. Docen im altd. Museum I, I, 189. Heinr. v. Frîberg's Tristan 3782. Haupt's Zeitschr. VI, 92. s. auch Th. II: Kamp und Th. IV: Wis). „Uni unam negans *brunam* florulam, nec pallentem nec habentem maculam, casti floris coeli roris emulam, vas auratum, aromatum virgulam“, Carm. Bur. nr. 154,2. Cf. v. d. Hagen's Ges. Abent. LVIII (Bnd. III, 114) 133 und 137: „der rôsen gertel . . . . rôsenbüschelîn.“

Der Bräunel (Brei~l), 1) braunes Pferd. Nach Wiltmeister (Amberg. Chron. p. 134) wurde, wie im Ingolstädter Zeughaus K. Gustav Adolfs Schimmel, so im Amberger, der Bräunl ausgestopft aufbewahrt, welcher den, der böhmischen Krone zueilenden Churf. Friedrich V. von der Pfalz, von Heidelberg aus, in einem Futter bis Amberg getragen hatte, nach welchem treuen Dienst er todt zusammen stürzte. 2) figürl. das braune Bier. Dèn hàt do' *Brei~l* gschlägng.

Braunellen, (Gebirg, Jir.) 1) die schwarze Stendelwurz, satyrium nigrum L.; schweiz. Brändeli. 2) prunella vulgaris.

Das Braunellerl, (Jir.) motacilla sylvia; Grimm, Wbch. II, 326.

braunen, vrb. braun werden, (mhd. brûnen). bräunen, vrb., braun machen, (mhd. briunen; BM. I, 208. Grimm, Wbch. II, 326). „Mîn blenke diu můz brûnen“ Labr. 234. abbräunen, besonders: weichgekochtes Fleisch, ihm ein braunes Ansehen geben. (Küchen-Sprache). Vrgl. brämen.

brennen (brennə~, I brennət, hab 'brennt; cf. Brandwein), wie hchd. brennen, aber nur in der transitiven Bedeutung urere üblich (ahd. brennen, mhd. brennen. Graff III, 306. BM. I, 253. Grimm, Wbch. II, 365). Für die intransitive ardere, uri hat der Dialekt das Umlautverb. brinnen. Die Strafe des Brennens durch die Backen — oder durch die Zän kommt in ältern Rechtsschriften, erstere noch ad 1722 in Guggenberger's Processen p. 387 vor. Grimm, RA. 709.

„Nares truncate, quidquid sit et oris, utrimque,
Ut stent horribiles omni sine tegmine dentes,
Ut nullum libeat, posthac mihi basia quo det,
In *crucis* atque modum me *comburatis* in altum
Per *geminas buccas* rosa ceu tenus hac rutilantes.“

Ruodlieb VI, 79 ff., p. 170. „Meinst ich hab dein tochter nit kendt, die man hat durch die backen brendt“, sagt Eine zur Andern, H. Sachs 1560: III, III, 13b. „So thut man mich durch backen brennen oder trag nur etwan den schandstein“, sagt die Kupplerin, H. Sachs 1560: IV, III, 31. „4. Nov. 1539 ist (zu Regensburg) ein Weib mit Diebstal betreten, hernach auf den Pranger gestellt worden. Man hat ihr die Ohren abschneiden wollen, waren ihr aber zuvor zu München abgeschnitten. Da wollt man sie durch die Backhen brennen, war vor auch zu Dachau geschehen. Da strich man sie mit Ruthen aus;“ Tanner's Kalender, Msc., f. 689 (aus A. R. — Raselius?). „3. Aug. 1634 ist dem N. N. ein galgen an Backhen gebrennt worden“, Augsb. Chron., Cgm. 4905, p. 156.

Hier einige vom Hchd. abweichende, meist figürliche Bedeutungen. Die Kugel des Schützen brennt die Scheibe oder eine Abtheilung derselben, wenn sie blos am Rande 260
trifft. Sich brennen, sich irren, behaupten, was nicht Stich hält. „Ehmals war der gemeine Brauch, mit der Feuerprob unter die Wahrheit zu kommen, wann Eine laugnete, daß sie die Ehe gebrochen; heutzutag wurd sich manche brennen“, P. Abrah. cf. Zeitschr. IV, 210. Sich einen Thaler ɔc. nicht in die Hand brennen laßen, sich nicht scheuen, einen Thaler ɔc. daranzusetzen, zu opfern. Eine Person abbrennen, a) ihr Haus und Hof abbrennen, (in diesem Sinn in Kr. Lhdl. II, 61 blos: brennen, daher: Brenner st. Mordbrenner); b) sie in die moralische Nothwendigkeit setzen, eine Gabe zu reichen. Das Tuech anbrennen, die Leinwand mit heißem Wasser anbrühen, um sie dann zu sechteln. Eine Person anbrennen, sie um eine milde Gabe bitten; sie verwirrt im Kopfe, berauscht, verliebt machen; sie um's Jungfernkränzchen bringen, u. drgl. angebrennt (à~'brennt) seyn, in allen diesen Bedeutungen. Eine Person aufbrennen wegen etwas, sie angeben, anklagen. Ausbrennen, von Bäumen: durch ihren Schatten eine Wiesen- oder Ackerstelle unfruchtbar machen. durchbrennen, heimlich durchgehen, échapper. Grimm, Wbch. II, 1593,2,c. einbrennen, (schwäb.) einheizen. Mêl einbrennen, Mehl, mit Butter oder Fett vermischt, über dem Feuer braun oder gelb brennen. Speisen einbrennen, sie mit also bereitetem Mehle begießen. Das Einbrennet, die Einbrenn, Mehl zum Einbrennen, eingebranntes Mehl. Zeitschr. IV, 210. Die Einbrenn- oder Brennsupp besteht aus siedendem, in eine Pfanne auf viel Einbrenn gegossenem Wasser. brennkalt, sehr kalt; s. unten brinn-. Der Brenner, st. Brand an Früchten und Pflanzen, uredo; Voc. v. 1618 und Onom. v. 1735.

Brenner (?). „Letzener und brenner lernend auch dieselben mer“ (mär); es ist von Evangeliern und Letznern die Rede, in des Teufels Segi 4590 ff. (Barack p. 147: Letzener und ouch kolner“ — mit der Variante: „Letzner und och accoliti.“ Ducange I, 57: „*Acolyti, acoluthi* . . famuli ecclesiastici, qui vilioribus ecclesiae ministeriis deputantur, ut cereis deferendis“ etc. „*Accolitus* . . . lycht dreger, kertzen trager, brender“, Diefenbach 8a). cf. Brender.

Der Brein, s. Breiß-en und Breim.

1. brinnen, ich brinn, ich brann (I bránn), ich hab gebrunnen ('brunnə~), brennen, d. h. ardere, in Brand stehen, angezündet seyn; (ahd. prinnan, mhd. brinnen. Graff III, 305. BM. I, 252. Grimm, Wbch. II, 391. s. brennen.) „Brinnen und braten“ (in der Hell), schon Cgm. 714 (sec. XV.), f. 271. „Sorg ist als gůt für minnen, als wasser ist für prinnen“, Cgm. 379, f. 95. „Daz mût und herze brinnen“, Labr. 245; „als ez allez brünne“, das. 113. 164. Der Spân, das Holz ɔc. hat oder (seltner) ist nicht guet gebrunnen. Von der heil. Magdalena sagt P. Abraham: „Wie ein Scheitt, welches auf einer Seiten brinnt, auf der andern aber Wasser heraustreibt, hat sie im Herzen gebrunnen, aus den Augen ist Wasser gerunnen.“ „Das Anbrunnen hailet der Kern vom Galapfel, ambusta sedat nux galae;“ Prompt. v. 1618. „Mein Herr Brueder, du kennst mich wol, das ich mir nichts anbrinnen lasse“, (gerathe nicht leicht in Argwohn? cf. Grimm, Wbch. II, 300); Erzherzogin

Maria an ihren Bruder, Herzog Wilhelm (1597), Zeitschrift f. B. 1816, 10. 36.

aufbrinnen, 1) in Brand, in Flammen, figürlich: in Zorn, gerathen; 2) wird es vom Abbrennen des Pulvers blos auf der Pfanne eines Feuergewehres gebraucht. *əs is mər au'brunnə˜*. ausbrinnen. „Bey jhm (zu seiner Zeit) ist das Schloß Velburg außbrunnen", Hund, Stb. II, 263. *Nächt'n hàt d' Sunn schö˜ aus'brunnə˜*, gestern war ein schöner Sonnen-Untergang. einbrinnen; *əs hàt ít ei˜brunnə˜, də' Schus hàt və'sagt*, das Zündkraut ist abgebrannt; Baader. erbrinnen, verbrinnen, exardescere, inardescere, Prompt. v. 1618.

brinn-rôt, brenn-roth, sehr roth. brinn-gelw (*bri˜gel'*), (Nptsch.) sehr gelb. brinn-eiferig, sehr eiferig. brinn-heiß; *ə˜ brin-haəssə' Kafê*. brinnig, brennend. brinnig haiß, praefervidus, Prompt. v. 1618. Zeitschr. IV, 211.

261 2. brinnen, in der R.A. herumgehen wie ein brinnender Lew sicut leo rugiens, ist wol das alte prinnen, rugire, Voc. v. 1419; brennen, rugire, Voc. v. 1429; prennen, Notk. Ps. 56,5: fremere. Vrgl. dagegen Grimm, Wbch. II, 383: brimmen; auch ahd. prieman, fremere; des louuen bremen, fremitus, Notk. 57,7; mhd. brimmen, Prät. bram, Ptc. gebrummen; Graff III, 303. BM. I, 248. s. brummen.

Der Brunnen (*Brunnə˜*), 1) wie hchd. (goth. brunna, ahd. prunno, mhd. brunne, von prinnan, ardere, wie sôt von siodan und engl. well v. wellan, fervere. Graff III, 310. BM. I, 268. Grimm III, 387. 466. Mythol.² 550. Wbch. II, 433). 2) Quellwasser, Trinkwasser. O.Pf. *hol ə˜n Brunnə˜*, hole Trinkwasser. „Schol vasten ze prunnen und ze prote", „jejunet in pane et aqua", Regel des Spitals zu Jerusalem, Clm. 4620, f. 75. 76 ꝛc. „Sied ez in eime brunnen" . . . werme reinen brunnen", Kochkunst im Wirzb. Cod. Zeitschrift III, 462. Der Hailbrunnen, Wasser von einer Heilquelle. „Der künec Artûs nam in die hant daz becke, dêr dâ hangen vant, und schuof ez vol des brunnen", Iwein 2531. (cf. Otfr. II, 14,26: brunno). Der *Weihhbrunnə˜*, das Weihwasser. Den weichprun sprengen, MB. XIX, 443, ad 1391. Das Brunnkick, Wasserquelle. *Dà is 's àlləweil nàs, dà is ə˜ Brunnkick*. Der Dachbrunnen, Behältniß für das vom Dach gesammelte Regenwasser in Gegenden, wo es wenige Kick-Brunnen gibt, (Baur). „Ein grueben mit laim herausgeschlagen wie ein Dachbrunnen", Probst Valentin's zu Weiarn Hausbuch, Cgm. 3720, f. 12. Der Galgbrunnen, Ziehbrunnen; BM. I, 269. Der Scharbrunnen, Cisterne; s. Th. III: Schar 2. „In Britannia insula . . . locus vocabulo *Winbrunno* quod latine interpretatum *vini fons* dici potest", Radulfi vita S. Leobae († 790), Clm. 4608, f. 196. 3) der Urin. „Die Puls greifen und den Brunn beschauen", Selhammer. „Non minctum retine, deinen brun solt du nicht haben lang", ZZ. 2072, p. 266. „Diu plâse oder diu plâter ist ain vaz des harmprunnens", Konr. v. Megenberg 34,11. Den prunn vachen, schauen; prunglas; Clm. 5931, (XV. sec.) f. 199. Kinderspr. *ə˜n Brunnə˜, ə˜Brünnə-l' mache˜*. brunnen, brünnen, mingere (b. W. *brunnl'n*. Grimm, Wbch. II, 435: brünneln). „Allez gefügel mangelt der plâsen, wan si prunnent niht, dar umb, daz ir fäuhten sich verkêrt in der vedern nâtûr", Konr. v. Megenb. 34,24. (s. brunzen). R.A. In den Brunnen fallen, (zu Grunde gehen). „Unter Romulus Augustulus ist das römische Reich im Nidergang gar in Brunn gefallen", Av. Chr. Der Brunnerer, der Brunnengräber. Die Brunnader, ahd. brunâdara, manationes aquarum, Notk. 77,44. Graff I, 157. BM. I, 10. Grimm, Wbch. II, 432. 'Die Brunnfart, Brunnenreise, (Grimm, Wbch. II, 435)'; Altsw. 148,38. 149,22.

Keßprun (?). „Die östereicher mit irer keßprwn und die flaschen alzeit an dem satelpogen", Cgm. 52, f. 149ᵇ. s. Käs.

brunzen (eigentlich: brunnezen; s. Brunn), wie hchd. (BM. I, 270. Grimm, Wbch. II, 441. Zeitschr. IV, 497). „Welheu junkfraw daz wazzer trinkt, ist si noch magt, sô geschicht ir nichts, ist si aber niht maget, so beprunzt si sich zehant", Konr. v. Megenb. 447,29. Von Kindern sagt man auch: brünzeln. Der Brunz, urina; B. d. W. 1485, 90. Das Brunzet, der Urin. Alter Schnêbrunzer, alter Geck.

'Der Brunat, ein feines, dunkelfarbes Gewebe, (BM. I, 268).' „Fritschâl brûnât, vêhe veder", Helmbr. 1345.

Die Brünne, Panzer, (ahd. brunnia, brunna, mhd. brünne. Graff III, 312. BM. I, 270. Grimm, Wbch. II, 435).

Der Brand, 1) wie hchd. (Graff III, 309. BM. I, 253. Grimm, Wbch. II, 294). 2) Platz, der durch Brand ausgereutet worden ist, Neubruch. Brand, Bräntlé, auf hohem Bergrücken liegender Wiesplatz, nur einmädig, (Baader). „Ûf einem brande hört ich die hunde erleschen", Labr. 130; vrgl. 131. 406. 508. „In dem fronwalde, in den pranden und an gerütten da hand si (die hirsen) vil wandels", Clm. (1437) 4373, f. 116. 3) Schwert, ital. il brando. „Wol gevazzet was der brant", S. Helbl. I, 333. „De duobus gladiis dictis *brant* 1 den.", Rauch, rer. austr. script. II, p. 108. Roquefort, gloss. I, 179ᵃ. Diez, Wbch. 67. 4) fig. der Rausch, die Betrunkenheit. Zeitschr. IV, 208. 5) Terminus im Kartenspiel, der eine bestimmte Anzahl Stiche bezeichnet, zu denen man sich anheischig macht. R.A. Einem ein Brändlein (Bräntl) schüren, ihm Verdruß, Unheil bereiten. „Im ein präntl schüren", Cgm. 632, f. 35½.

Der Brandbrief, 1) offenes Schreiben, wodurch einem durch Brand Verunglückten erlaubt wird, um Entschädigungs-Beyträge zu bitten; 2) Schreiben, wodurch das Abbrennen von Haus und Hof angedroht wird. 3) Verordnung, zu Anfang des XV. Jahrhunderts von den Fürsten Bayerns und ihrer Landschaft gemeinsam gegen Brenner, Diebe und Räuber erlassen. Kr. Lhdl. IV, 97. 100.

Der Brandmetzger, beeidigter Metzger, ohne dessen Beyziehung auf dem platten Land, besonders bey herrschendem Lungenbrande und andern Seuchen, kein Stück Vieh geschlachtet werden durfte, und der außer dieser gesundheitspolicevlichen Aufsicht auch zur Anzeige des jedesmal zu entrichtenden Fleischaufschlages verpflichtet war. Mandat von 1760.

Das Brandreiterl, Schwarzkehlchen, motacilla phoenicurus L., (Jir.).

Das Brandschmalz, Schmalz, in welchem schon 262
einmal eine Speise gebacken worden ist. Zeitschr. IV, 495.

Der Brandtaig, Taig aus feinem Mehl, mit Eyern angemacht, um verschiedene Mehlspeisen, z. B. Brandnudeln, Brandschmarren, Apfelküchel ꝛc. mit oder ohne Schmalz daraus zu backen. *Mürb wie ə˜ Brandtaeg*.

Der Brandvogel, (HhE.) das Rothkehlchen.

Der Brandwein (*Brandwei˜*), 1) wie hchd. Brannte-wein (Grimm, Wbch. II, 305. cf. Beckmann, Beitr. z. Gesch. d. Erfind. I, 33. Sprengel, Gesch. d. geogr. Entd. I, 189). Im Anhang zum Vegetius (Augsb. 1529) noch geprannter oder prennter Wein, und das Particip vollständig decliniert. „Was tugent der geprant wein hab", (als Universalmittel), Ind. 344, f. 21. „Dy tugent des gepranten wein", Cgm. 4543, f. 67. Branten Wein (acc.), H. Sachs IV, III, 71. 94. 2) fig. der Verweis. *ə˜n Brandwei˜, ə˜n trugkə˜n Brandwei˜ kriəgng*.

Der Brandzaun, s. Th. IV: Zaun.

Hildebrand, verbascum nigrum L.; Himmelbrand, verbascum thapsus L.

Das Röthbrändelein (Roudbrántə-l·), das Rothschwänzchen. Zeitschr. IV, 54. 209.

brändeln (bránt·ln), 1) nach Brand riechen; Zeitschrift II, 459. III, 304. IV, 495. 2) (salzb. nach dem Journal von und für Deutschland) Gold machen.

brändeln oder stichbrändeln, eine Art Kartenspiel spielen, wobey man eine Anzahl Stiche ansagt, die man machen will.

Der Abbrändler (à'brántlə'), Einer, dem sein Haus &c. abgebrannt ist; Sammler für abgebrannte Kirchen oder Häuser. (Seit Einführung einer allgemeinen Brandassekuranz seltener vorkommend).

Die Brend, (Henisch) das Vesperbrod, Merenda, s. Merent. Gehört hieher etwa das unterkärnt. brenteln, Abendbesuche abstatten? Kärnt. vesuvati (von vès, Dorf), dorfen, gasseln, brennteln; vesnija, Buhlschaft; Jarnik p. 45. Zeitschr. III, 470.

„Der Brender, acolitus, ceroferarius", Voc. optim. p. 36. s. oben Brenner.

---

bringen (bringə˜), ich bræcht (brácht) oder I bringət, hab gebrâcht (bràcht, brà'd; Chiemgau: brungə˜; I' ha' *brungə˜*, Canton Bern), wie hchd. (ahd. prinkan, pringan; ward brungan, Tat. 79; mhd. bringen; Ptc. prungen, Diut. III, 112. Graff III, 192. BM. I, 248. Grimm, Wbch. II, 384. Einige besondere Bedeutungen sind folgende: Ein Kind bringen, ohne, wie im Hchd., den Beysatz: zur Welt.

Holz bringen, es aus dem Hochgebirge herabschaffen, was entweder durch Laiten (Führen auf Wagen und Schlitten) oder durch Risen (Herabschießen auf Risen) oder durch Klausen (Fortschaffen mittels der Wasserklausen) u. drgl. geschieht. bringlich; „ain Wald, ain Waldort ist bringlich, nicht bringlich;" Salzb. ForstOrd. 59. 77.

bringen, (ehmals) vor Gericht beweisen, beybringen. „Daß das war sey, das sie seine aygen sint und nicht des Klosters, das will N. bringen mit ainem Wechselbrief und mit ainem Khaufbrief", MB. VIII, 288, ad a. 1487. „Er sol auch nutz und gewer pringen iar und tag mit zwain mannen", durch zwey Zeugen beweisen, Rupr. v. Freys. Rechtb. „Spricht sy (femina violata), daz sy magt (virgo) sey gewesen, daz mus sy pringen mit dem gwand, das sy zenagst an irem leib hab tragen . . . ." ibid.

es Einem bringen, Einem zutrinken, Einem seine Freundschaft bezeugen, indem man ihm den Krug, das Glas &c., aus welchem man selber trinkt, mit der Einladung zuweiset, daß auch er aus demselben trinke, Bescheid thue (Grimm IV, 337. Wbch. 386,6. Zeitschr. IV, 211. 496. Vrgl. *Na twau ruku*, Auguste! d. h. připi'jim, abys pak ty po mně pil, opět na ruku jiného až do posledniho we společnosti. Takowy' obyčej w Polště. Zap, zrcadlo I, 106.) *Bring* də's! schallt es im Wirthshause dem Neueintretenden aus dem Munde der
263 Bekannten entgegen, die schon bey ihrem Kruge sitzen und denselben freundschaftlich darbieten. Den Gegentrunk ausschlagen darf man bey dem bayrischen Bauern so wenig, als beym aragonischen das Rauchen aus dem Cigarro, den er aus seinem Munde treuherzig darreicht, wenn man nicht will, daß er sich beleidigt finde, was übrigens mit von Nebenumständen abhängt. Vermuthlich haben die Franzosen, Italiäner und Spanier ihr bringue, brinde, brindis, brindisi (Diez, Wbch. 390) deutschen Kriegsknechten abgehorcht. „Hospiti vel alteri eum locum, in quo bibitur, subeunti potum quotquot habent assurgunt et porrecto poculo ad combibendum officiosissime hortantur. Inimicus arbitratur, qui saepius invitatus non praetenta causa compotare recusat; caede nonnunquam et multo sanguine hoc dedecus expiatur", sagt Joannes Boemus von den Sachsen (de omnium gentium ritibus, 1520, f. LVII). Cf. Schmid, schwäb. Wbch. 98.

'ungebracht, ungestaltet, unförmlich (?); Schmid, schwäb. Wbch. 88. Vrgl. Diut. I, 382: „Von deme unbrahten hoveman."' „A Baur ist zwor a *u˜brochts* Thier, doch Gottes Kind so guət wie mir", Weizmann III, 59.

aufbringen, abbringen, etwas Neues einführen, etwas Altes aufhören lassen, außer Übung bringen. I *bring* nicks *à'*, I *bring* nicks *au'*, wiə I's funnə˜ hà', so las I's. Weil s 'Traəd so thoir is, wolln 'Bauə'n d· Samstə'-Nudln *à'bringə˜*. Einem etwas aufbringen, irgend eine (gewöhnlich nachtheilige und falsche) Notiz über Jemand in Umlauf bringen. Dés is gràd ən *au'-bràchts* Wés·n.

einbringen, zubringen, genießen. Hást 'ən Kirdə' guəd *ei˜-'brà'l?* 's Mittàgéssn *ei˜-bringə˜*. Etwas einzubringen haben, etwas zu gut haben. Hàst ə˜ Trinkgəld *ei˜zbringə˜*, ich bleibe dir ein Trinkgeld schuldig. (Drohend:) du hàst wàs *ei˜zbringə˜!* ä. Sp. ain Urtail und Peen einbringen, ein Strafurtheil exequieren. Herzog Ludwig von Ingolstadt sprach: „er achte nicht was man (gegen ihn) urtail, es lig doch alles an dem einbringen", Gem. Reg. Chron. III, 44. 45. 48.

hinbringen. „Gewaltige hinbringære („hinpringer") machent ze rihtære den landesfürsten gar entwiht", S. Helbl. II, 1277.

verbringen (vo'bringə˜), meist in schlimmem Verstande, agere, to perform, aufführen, hören und sehen lassen, halten. ə˜n Lärm, ə' Méttn *vo'bringə˜*. Cf. ahd. „Furebringit unmezliche lutun", MM. 162. „Wer alda (zu Andechs) sein Andacht verbracht, wer entledigt von aller Schuld und Pein", Av. Chr. „Der P. R. D. Decanus verbringt beym Eingraben ein solches Laidgsang, daß er vermög demselben stündlich zu einem hohen Domprobsten qualificirt wäre", des Pfarrers Tröstngott Testament, Bucher's s. W. IV. *fürənand* oder *fürənandə' bringə˜*, vorbringen, ordnen, schlichten, abthun. „Ains fürs ander bringen, recte atque ordine facere", Prompt. v. 1618.

Die Zubringerin. „Zwpringerin, foventes fornicationem in domibus suis", Ebersb. 124, f. 172.

Die Brenk, (Aschaff., Rheinpfalz) offenes, niedriges Gefäß. Grimm, Wbch. II, 304: die Branke, Brenke; das Bränklein, 364: das Brenkel. Das Brenklein, (schwäb.) hölzerner Futtertrog für Geflügel. (Vrgl. Brenten).

Die Brunst und (nach Gramm. 808) die Brünst, die Brunst (ahd. prunst, mhd. brunst. Graff III, 310 ff. BM. I, 253. Zeitschr. III, 462. Grimm, Wbch. II, 437). Die Brünst, Name mehrerer Wälder im b. W., wie anderwärts Brand; ein berühmter, fruchtbarer Bezirk von 20 Ortschaften im Landgericht Leutershausen; s. Lexikon v. Franken: Brünst. „In Hadwarsdorf et *Brunst*", Reg. Boic. II, 129 (1222). IV, 191 (1282). V, 23 (1302). cf. Asang (Th. III: sengen) und Bremstall. brünstig, inbrünstig, 1) wie hchd. 2) ä. Sp., leicht, gerne brennend. „brünstiger Salpeter, inbrünstige Kohlen", Fwrbch. v. 1591.

Die Brenten, 1) der Bottich, die Kufe, das Schaff, a) als Stellfaß zu verschiednen Diensten gebraucht; die Färb-, Kraut-, Waßer- &c. Brenten; fig. dicke

264 Weibsperson; b) als bestimmtes Maß, besonders für Getreide, dienend. Cf. ital. brenta. Grimm, Wbch. II, 371. Zeitschr. III, 332. 464. IV, 495. V, 104,46. 488. „Bey einem Schrannenstand von 1400 Schäffeln kann mit 11 Brenten ordentlich noch gearbeitet werden", Fridel's Landsberg p. 79. „Der Müller soll zwey obrigkeitlich gebrante Brenten, eine auf ein Schäffel, die andre auf einen Metzen haben", Wagner, C. u. C. B. II, 74. „Ez sullen die mulnær prentten vnd andreu mazze haben in iren mulen, da man daz choren anschutt", Rchtb. v. 1332. Wstr. Btr. VII, 100. „Ich hett drey prenttenn melbs auff meinem haupt, tria canistra farinae", Genes. 40,16. Cgm. 502, f. 10½. 2) nach Prasch: lange Kegelbahn. 3) „Die brent, fritillus, alveus lusorius, der Trachter, dardurch man die würffel wirfft, wenn man in die brenten spilt", Henisch. „Ein spilbränten, ein brätspil", Frisius. „Der Scholder, als mit allerley würfflen, in den Brendten und Trachter", L.R. v. 1616, f. 570. „Hocken immer bey denen Kegelplätzen und auf denen Brenthen", Reiner's Tändelm. „Verbotne Spile der Würffel, Karten, Prennten und andre Glücksspiele", Isengrein's Beichtbuch p. 702. R. A. Einen in der Brenten stecken laßen, im Stiche lassen, Avent. Chron.

'Die Brente, Tatze (Grimm, Wbch. II, 304: Brante; vrgl. Branke).' „Mit einer Prenten" (v. Bären), Görres, Hausbuch I, 95. „Brentella, galliricum", (Pflanze); Voc. opt. p. 50. Diefenb. 256c.

---

brinzen, brinzeln, brenzeln, nach Brand riechen (Grimm, Wbch. II, 372. cf. Zeitschr. IV, 211). Fucare, prünseln, Voc. v. 1419. s. brimseln.

'Die Bronze, eine Metallmischung, Erz;' ital. bronzo, franz. bronze; krain. bron, bronz, m., Metall, Erz; Jarnik 168. Grimm, Wbch. II, 397. Diez, Wbch. 72.

brunzen, s. Brunn.

---

brippeln, bröpeln, (Franken) vom Laut der Speisen, wenn sie anfangen zu kochen; unvernehmlich reden, knurren, brummen. s. bröfeln. Die Brippelhaar, (Grabfeld, nach Reinw.) emporstehende Härchen unter dem Hauptthaar, aus denen der gemeine Mann einen zänkischen Charakter weißsagt.

Der Broppm, (b. W.). s. Brodem.

---

bropseln, brozeln, brodeln, (Dr. Kittel); s. brêsln, bruzeln.

---

brieren, ûfbrieren (?). „Als ich danne wirde vol, von mir wirt ûf gebrieren: lâzâ rumbelieren!" S. Helbl. XIII, 129. gebriren = gebrisen? fragt (Haupt's Zeitschr. IV, 281) Jac. Grimm. s. unten breisen. BM. I, 255. cf. Th. IV: Zobelein.

'Der Brort, Rand, wie hchd. Bord (ahd. prort. Graff III, 313. Grimm, Wbch. II, 397).' „Lege die brieflein auf den prort eines peckens", Cgm. 289, f. 125b. „Leg die brieflach all auf den bart ain' (ainer? ains?) kökin (?Keckbrunn? ains Bekin?) das vol wassers sey", Clm. 4373, f. 112. „Halt den kopf (scyphum) nicht bei dem prart", Cgm. 72, f. 33b. „Margo, circumferentia, brart", Onomasticon v. 1466, Semansh. 34, f. 192. „Margo, circumferentia, b'rott, brort", Onom. v. 1475, Clm. 5832, f. 361. Diefenb. 349b. s. Sp. 272: Bord.

---

braseln, praseln im Sieden, (cf. Grimm, Wbch. II, 306: brasseln, braschein; 308: brasteln, brasten); vrgl. bregeln u. unten brêsln.

brausen, 1) wie hchd. (mhd. brûsen. BM. I, 271. Grimm, Wbch. II, 328). 2) prassen. „Da ihr Streng Herr Veralter in Wohlleben brauset, der Unterthan aber schier vor Hunger stirbt", P. Abraham. cf. In Saus und Braus leben.

Die Brausber, (O.Pf.) Preiselbeere, rothe Heidelbeere, vaccinium vitis idaea L. Cf. česk. „brusina, brusnice, Grandenbeere"; Tham. (Cf. brus, Wetz- u. Schleifstein; brusnia, Schleiftrog, Grant, alveolus.)

breseln. „Und bål's ə~mål *breselt*, nachə' *breselt's* ə~n Schnê; wegng meinə' liebm Resel gê I' so weit hêə'"; Pöttmer.

Bresil (Brisịl, ᴗ -), die rothen Späne von Fernambuk- oder Brasilienholz zum Eierfärben (b. W., Baader). „Omnes panni bruneti de *brisilio* colorantur", Cod. Ald. 44, f. 110 (sec. XIII). „Buliatur rawsch aut folia *prisilii*", Ind. 355, f. 198a. b. cf. Diefenb. 457a. Grimm, Wbch. II, 372. i~n *Brisịl* sitz'n, in Verlegenheit seyn (b. W.). Castelli, Wbch. 95: „die Brisihl, Elend, Unglück, Verlegenheit, z. B. Ih bin biazd stärk in da' *Brisihl*." Cf. Brebulti. Anmerk. Brasil v. brasa, glühende Kohle (Diez, Wbch. 66), der das dunkle Roth des Brasilholzes ähnlich. Grimm, Wbch. II, 372.

Der Bresil (Brisịl), ᴗ -), Art Tabak zum Schnupfen, besonders im b. Walde und in der ob. Pfalz beliebt. s. Schmälzler. Der Bresilstingel, Stengel von solchem Tabak, von welchem in obigen Gegenden der Schnupfer mit einem Reibeislein, das er bey sich führt, Nasevoll für Nasevoll abreibt. Nicks Taback, lautə' *Brisịl!* — scherzhaftes Verneinungssprüchlein. Anmerk. Diese Art Tabak (sagt mir Tabakhändler Groß, 13. Dec. 1843) kommt aus Brasilien (du Bresil) und wird von Bahia aus in Rollen, mit Häuten und Palmblättern umwunden, fast als Ballast versendet.

'breisen, schnüren, heften, Zeitschr. III, 401,17 (mhd. brîsen. BM. I, 255. Grimm, Wbch. II, 355).' Das Breisen (sich schnüren) der vornehmen Weiber wird arg gescholten in des Teufels Segi (Ms. v. 1449), Barack 12073 ff. s. unten preisen.

„Der Preiß und die Preißin an einander gehangen", Cgm. 585, f. 115b. 116. Cf. Brasch.

Das Bresillə, (Nürnb., Rath Her) eine besondere Art Kalbsbraten. Brisolen, (Augsb.) Carbonade. Cf. Brües.

Der Brösem (Brous'm, Brous'n), das Brœslein, 265
Brœsemlein, Brœs'melein (Brêisl', Brêsl', Brêsə-l, Brêsmə-l), die Brosame, Brodkrume (ahd. prosamâ, prosmâ, fem.; mhd. brosme. Graff III, 315. BM. I, 262. Grimm, Wbch. II, 398. Zeitschr. IV, 212. 496. Cf. wangersch bros, zerreiblich, wenn das nicht für brôthi steht. „His (Oswaldes) handa findon on Bebbanburh ungebrosnode", uncorrupted, Saxon. Chron., Ingram p. 37). Gl. a. 71: prosamo; Otfr. brosmo; gl. i. 676. o. 146: brosma. „So spricht etlicher, so man totten oder erhencken wil, gib mir ain prossem her, das ich ân gotes leichnam nicht sterb, oder ain erd", Br. Berthold, Cgm. 1119, f. 33b. „Si (die Bauern, die den Maier Helmbrecht aufzuknüpfen im Begriff,) liezen sîne bîhte den müedinc dô sprechen. Einer begunde brechen ein brosemen von der erden. Dem vil gar unwerden gap er si zeiner stiuwer für daz hellefiuwer, und hiengen in an einen boum", Helmbr. 1905. cf. BM. I, 262. Kaə~ Brêsl', Brêsmə-l, Herzbrêsə-l, nicht ein Bischen, nicht das Mindeste, ital. non mica, mica, franz. pas une miette. Tisch-brous'n, im Scherz: ein liebendes Pärchen, (Reut im Winkel). brœselmürbe, sehr mürbe; Castelli 94: brês'l-moa'b. „ə~ *bröselmarbs* Herzə-l vo'bröselt si' bald", Seidl, Flins.³ 86. brösem- oder brœslein-trucken (brousn- oder brêsl'truckə~), trocken wie Brodkrume. brösmet, brôset, brœslet, brosamähnlich, bröckelicht. brœseln (brêis'ln, brês'ln), in Brosamen zerbröckeln, zerreiben; fig. in kleinen, winzigen Absätzen, Portionen nehmen, geben, thun. (Grimm,

Wbch. II, 399. Zeitſchr. III, 424,3). Dà hàts éps braucht, bis ər ə˜ Pàr Pfenning *her'brêslt* hàt. Du *brêslst* abər um, bis d˙ weidə' kimmst. Einbroſmen, infriare, zerbroſmen, frangere in micas, Voc. v. 1618.

brêsln (brœßeln?), brodeln, gelinde kochen (Appenzell: brislə˜, brüslə˜; cf. franz. brusler, brûler. Tobler, 15. Sept. 1845); cf. Zeitſchr. III, 424,3. IV, 410,89. 496; (Straubing) weinen. ſ. braſeln, bruzeln und braſteln.

'Breßling, ſ. Pröbſtling.'

Die Broß, Broßt, die Sproſſe, Knoſpe, Blüthenknoſpe (ahd. proz, mhd. broz. Graff III, 369. BM. I, 260. Grimm, Wbch. II, 399). „Germen, zweid vel broz", Cgm. 665, f. 3. „Germen ... (?) vel proſſz", Oberalt. 228. „Man nimbt ſemf wol geſoffen (geſtoßen?) und dy praſen von dem prantwaiczen" (das ö hier gewöhnlich a), Clm. 5931, f. 224. „Brozz. prôß, preſſer auswerffen", ſproſſen, Cgm. 289, f. 124ᵃ. 125ᵇ. (Zur „Papelſalben") „nim papelbaums próz ain pfunt ... ain pfunt papel prozzes", Ms. mihi. „Im Merzen ſalat von holderbroß eßen iſt geſund", Cgm. 3720, f. 3. albrein broſt, Cgm. 4543, f. 145. „Man nimpt dy proczen (Pfeiffer: probſen) oder dy knorgerlin die zu laub ſolten ſein worden" (v. der Pappel), Konr. v. Megenb., f. 199, (Pfeiffer 339,34). „Als die brôß (Pf. probs) ... wenn die bäum des erſten broßent (Pf. probſent), ee ſy lauber gewinnen", daſ. f. 205 (Pf. 348,21). „Vorbroß, rebeuglin, gemma", Voc. Archon. f. 47. Alberbroß, Alberbroßt, junge Sproſſen der Alber (Pappel), die zur grünen Bettlerſalbe, zu Pomaden ꝛc. gebraucht werden. „Gaißbroß in den Wäldern zu hauen iſt verboten", (junge Zweige für die Ziegen). Broßholz, junge Zweige v. Laubholzbäumen, (Jir.). Gl. i. 215. 310. 339. 714: proz, gemma, grossus; a. 651: gebroz, cithisis. broßen, broßten (agſ. breotan), ſproſſen, hervorbrechen, Voc. v. 1445; brozen, germinare, Voc. Melber; „prozzen unde plûn", Diut III, 96. „Fabel, ſchwenck u. ſtampaney, doch alle unzucht außgeſchloſſen, daraus ſchandt und ergernuß broſſen", H. Sachs 1560: II, II, 52; (cf. ſpan. brotar, franz. broust, brouter; Diez, Wbch. 72. Mhd. briezen, Prät. brôz, Ptc. gebrozzen; BM. I, 261). „Schier wart der ſmac ſo grôz, daz mir mîn chraft zwiſpild erbrôz, (ſich mehrte; die Hſ. erpoz), Urſtende 126,1. „Swer mit rume ſich vf preuzzet vnd worte âne witze vil vz geuzzet, ob des ſchalles niemant geneuzzet", Renner 17756. „Mai hat wunniglichen entproſſen berg und tal." „Das hat zwar wol erproſſen dem edlen Bayrenland", Khuen, florilegium Marianum, p. 9.

brosəln sich, ſich prahlen, (b. W.).

Die und das Brües (Briəs), Dim. das Brüeslein (Briəsl˙), (Metzg. u. Küch.Spr.), die Bruſtdrüſe, das Brüſtchen, Bröschen, das feinſte, milchweiße Fleiſch, welches ſich an der Lunge und am Halſe eines Rindes, Lammes ꝛc. befindet; (das gebrüz?). Caſtelli, Wbch. 95: das Bris, Brisl. Cf. čeſk. prs, Bruſt.

bruſeln. Aº. 1392 erfroren die Weine an den Bergen, daß ſie roth wurden, „und pruslaten als ob ſie beſengt wären mit Feuer", Gem. Reg. Chr.

---

braſcheln, bräſcheln (brásch˙ln), praſſeln, wie erhitztes Schmalz oder Fett; brodeln, wie etwas, das geſotten oder gekocht wird (Zeitſchr. IV, 269. 335). „Küchenfüller und Praßler" werden in Avent. Chr. f. 217 die Sudelköche betitelt. Vrgl. braſteln.

Der Braſch, des Braſchen, (Hund, Stammb. I, 254. II, 44. 180) der Leithund. Cgm. 585, f. 115ᵇ. 116: Praſch, Praß; ſ. oben Sp. 364: Preiß.

Die Bräſchel (Bráschl), dicke, mehr als wohl beleibte Perſon weiblichen Geſchlechts. Zeitſchr. III, 342.

braſchet, broſchet, aufgedunſen, dick. „Die Maria, welche (in der Fronleichnams-Proceſſion) auf dem Gewilch in triumpho färt, ſoll (nach Lic. Müller's Anordnung v. 1580) eine ſchene zarte diemietige ſitſame Junkhfrau ſeyn, (wie Sy dann do mans haben khann, all ſeyn ſollen), und auch ein gar ſchenes weis gelflets langes Har haben, und nit faiſt oder proſchet, ſonder fein ein wenig geſpendelet und wohlgebildet ſeyn", Wſtr. Btr. V, 111. Grêdl, du hàst ə˜ *braschets* Gsicht, Há˜! dás 266
mə' bey dir kaə˜ Nàsn nét sicht! Volkslied. Bruschius Egranus in Monasteriorum germ. Chronologia, p. 260, proavum suum Bruschelium quasi obesulum dictum esse affirmat.

Die Bräſchen (Brásch˙n), Kohlenſtaub. Braſchen, die zerbrochenen, kleinen Kohlen, (Jir.). ſ. Bräſten.

Brásch˙n, ein von Stroh oder Baſt geflochtener Tragkorb; Caſtelli, Wbch. 94.

Brauſchen (?), 'Geſchwulſt, Beule (mhd. diu brûſche, BM. I, 271. Grimm, Wbch. II, 328: die Brauſche. Zeitſchr. V, 52).' Cf. čeſk. prauh, Schwiele; prauha, Strieme; prauzek, Striemchen.

Der Brieschel, (Nord O.Pf.) Sammlung von allerley Eßwaaren, die von jungen Burſchen zu gewiſſen Zeiten in allen Häuſern eines Dorfes gemacht und bey Sang und Klang und Tanz gemeinſchaftlich verzehrt wird. Der Brieschelbrey, Brey aus allerley Ingredienzien.

„Brüſch, ruscus", Voc. optim. p. 49; 'Mäuſedorn, Dieſenb. 504ᵇ.'

---

braſteln, brazeln, 1) praſſeln, wie brennendes Holz oder Stroh, wie Äpfel, Birnen, Nüſſe ꝛc., die in Menge vom Baum fallen; kniſtern, knittern, wie erhitztes Schmalz oder Fett, wie Salz auf glühenden Kohlen; gl. a. 101. i. 6. 118. 533. 555. 709. 785: praſton, crepitare, strepere, resonare; praſtod, sonor, fragor, strepitus (ahd. praſtôn, mhd. braſten, braſteln, von breſten, brechen. Graff III, 274. BM. I, 256. Grimm, Wbch. II, 306. 308. 313. ſ. braſcheln). „Ein tummer braſtelt in ſeinem zorn als unter einem haven rôſche dorn", Renner 13980. „Daz herz mit krachen braſtelt", Labr. 483. „Mei˜ Muət is və'brunnə˜, mei˜ Freud is və'wát, und mei˜ muətwilli's Herzl *və'bráselt* si' stát", Seidl, Flinſerln[3] 77. „Brazeln wie Feuer, worein Naſſes geworfen wird", Dr. Minderer, 1620, p. 103. „Brinnt es denne ſchon on ſpringen vnd daz es nit überſich praßelt als der ſaltz in ain fűr wirfft", Cgm. 4902 (v. 1429), f. 6. „Sach aus dem perg ein feur fahren mit großem ſchall und praßlen", Clm. (1504) 5037, f. 153. „Dulcius armorum fragor (die praczlung) omni carmine tinnit", Bern. Gustensis, Clm. 4652, f. 43.

braſteln, broſteln, broſſeln, 2) eilfertig thun (ohne Noth und Zweck); andere läſtiger Weiſe zur Eile antreiben, preſſieren. Vermuthlich zunächſt den, mit einem ſolchen Thun verbundenen Lärm, Bracht, Braſt, andeutend. Auch ſogar bey brechen, breſten, ſcheint der fragor als Urmerkmal aufgefaßt zu ſeyn. Vrgl. mehrere andere Wurzeln dieſer Abtheilung.

Der Braſt, (ä. Sp.) Lärm, Menge, Pracht; (Grimm, Wbch. II, 307. Zeitſchr. II, 468. Das ſchwed. bråte würde auf Braß führen. cf. gapriſelt, hinlänglich, überflüſſig; VII Com.); „ə˜ hàrigər *Brast* Krähabüschela", Firmenich II, 449,38. „Von Gäſtlensperg die Gäſtl kommen mit groſſem Präſtl", Turnier-Reim bey Hund. (Frank.) (läſtige) Menge, Maſſe, Plunder, Ueberfluß. (Aſchaff., Rhein) Kummer, Gram; pl. Braſter. Grimm, Wbch. II, 308.

Die Bräſten (Bräscht'n, Brásch'n), zerbrochene, zerbröckelte Kohlen, Kohlenſtaub. ſ. breſten.

breſten (briſte, braſt, gebroſten), (ä. Sp.) brechen, frangi; gebrechen, fehlen (Graff III, 271. BM. I, 256. Grimm, Wbch. II, 373). „Wurf er den wagen umb oder priſt im ain ächs oder laitern, da das vas von priſt. gebroſten, mit einem Bruch behaftet; ſ. Schneidarzt. „Es ſei denn, daz die wunten wider aufpreſten", Rchtb. v. 1332, Ms. ˋausgebroſten, mit Ausſchlag behaftet.ˊ „Wer ein mensch zig (zeihe) das nur außgeproſten wer, es wer ausſetzig, damit wer es und all ſein freund geläſtert. Der auch ein auſſetzigkait zu ainer ausgeproſten machte, das wer auch ein großer ſchad und davon wurden anderleut unrain", Br. Berthold, Cgm. 1119, f. 40ª, Pfeiffer 111,27 ff. entbreſten, Einem, ä. Sp., ihm entkommen, ſich vor ihm retten (BM. I, 257. cf. agſ. he heom ætbærſt, er entkam ihm; N. and N. uneade ætburſton, entkamen mit Noth; Sax. Chron., Ingram p. 235. 239 und oft ſo). „Si begund mich anzevallen, vor den piderlewten allen das ich kaum von ir enpraſt", Teichner. „Der valke ſluog ir (der Gänſe) eine hie, daz ſi im küme enbraſt under des gevallen ronen aſt", Parcival 282,17. Entbreſten, Einem einer Sache vor Gericht, wurde von dem Beklagten oder Antwurter geſagt, wenn er ſich der Anklage, Inzicht entſchlug und ſich rechtfertigte (cf. agſ. geſwicnan, v. geſwîcan, deficere; z. B. Leg. Inae c. XV). „Daz der erſam gaiſtlich Herr Herr Hanns der Apt ze N. und aller Convent daſelben enbroſten ſint Jorgen von Erſing der Anchlag", MB. IX, 184. „Und enpriſt man dem, dem er es da empholhen
267 hat, ſo iſt man im auch enproſten", Rupr. v. Freyſ., Rchtb.; Wſtr. Btr. VII, 144. entbroſten, emproſten, ledig, frey. „Ein gemut, der ſorg emproſten", Heniſch. gebreſten, mangeln, fehlen, Labr. 177. 329.

Der Breſten, Breſſen, der Bruch; das Gebrechen, der Mangel (Zeitſchr. IV, 495). „Stet ir der maiſter ân laugen vmb di choſt, do ſi (die dirne) gicht, do ſi preſten (Mangel) an hab, mugen daz zwen piderb man geſprechen, daz es ein preſt ſei, ſo mag ſi wol urlaup haben." Rupr. v. Freyſ., Rchtb., Wſtr. Btr. VII, 168. „Ein brſtenlich gebreſte", Labr. 147. Vichpreſten, Viehſeuche; Acten aus dem Anfang des 18. Jahrhundert. breſthaft, mit Leibesgebrechen behaftet. „In Erwägung merklicher Gepreſtenheit des Bauersmanns", Kr. Lhdl. XVIII, 58. ſ. auch der Bruſt (Bruch).

ˋBreſtling, ſ. Pröbſtling.ˊ

Der Brieſter (Küəbriəstəˊ), Kuchen von der erſten Milch, Bieſt-Milch, einer Kuh. O.Pf. nach Zpſ. Küepeter; dieſe Milch heißt im Isl. abriſter.

ˋbreuſtern, brieſtern, anſchwellen (? mhd. briuſtern; BM. I, 260).ˊ „Diu henne von ir hüben ſiht den ſchate ſtrûben, von zorne ſchütt ſie ir gevider, ſô briuſtert („preuſtert") ſich der ſchate hinwider", S. Helbling II, 1244. Grimm II, 40. Wbch. II, 448: brüſten. cf. Hêl. 132,15: bruſtjan, frondescere.

broſten; „pullulare, proſten", Semansh. 34, f. 211². ſ. broßen.

Der Bruſt, von breſten, ä. Sp., was Bruch, w. m. ſ. (Graff III, 275. BM. I, 256 f. Grimm, Wbch. II, 447,2). Wolkenpruſt, (Adlholzer Bad-Beſchr.) Wolkenbruch. Wolkenbruſt (es ſteht „prunſt"), Cbm. 2035, f. 81. (cf. Leg. Baiuu. et Alam. palcpruſt, ruptura pellis). „Es geſchiht mir Bruſt in einem Gerichtshandel", ich verliere, werde als der Schuldige erkannt. „Und fleuſt der, dem der pruſt geſchehen iſt, LX und dreu pfunt gen dem gericht", Wſtr. Btr. VII, 80.

Die Bruſt, (nach Gramm. 808: die Brûſt, sing. und plur.), 1) wie hchd. (goth. brusts, ahd. pruſt, mhd. bruſt; von briotan, broßen, hervorbrechen. cf. Brûs. Graff III, 276. BM. I, 272. Grimm, Wbch. II, 443. Goth. u. altſ. immer im Plural, alſo die beiden Brüſte). „Ûz der brüſte", Labr. 495. „Er prant dich mit vackelfeur dein prüſtel finwel" (Dorothea), Windb. 109, f. 243ª. 2) (b. W.) das Mieder. Das Brüſtlein, Brüſtl, Stück der ehmaligen Panzer-Bekleidung; Verzeichniß der Landsh. Harnaſchkammer von 1479.

Der Bruſtfleck, 1) (bey Männern) Weſte, Gilet; (bey Weibern) Bruſtlatz, Vorſtecklatz (Grimm, Wbch. II, 448). Fig. ə˜ guədəˊ *Brustflék*, gute Bruſt, gute Körperbeſchaffenheit. R. A. ə˜ guəts Gwissn is ə˜ warməˊ *Brustflék*. Leibbruſtfleck. Vrgl. niederd. Brooſtdook, (Hannover) Firmenich I, 199,62. 2) ehmals: Sammlung von Sätzen, über welche diſputiert ward, und die man, in Quart oder Octav gedruckt, unter dem Titel: Theses, Positiones etc. denen in die Hände gab, die an Diſputationen Theil nehmen wollten oder ſollten", A. v. Bucher's ſämmtliche Werke II, 253. „Theologiſcher Bruſtfleck mit dem Titel: Elenchus materiarum disputabilium etc." „Rationale Mariale oder Marianiſcher Bruſtfleck", v. P. Stainmayr. Gl. i. 1145 (nach andern prieſterlichen Kleidungsſtücken) rationale, pruſtflech. Hieronymus ad Fabianum: Rationale dicitur genus vestis, apud Hebraeos Sohan, graece λόγιον, nos Rationale possumus appellare, pannus est brevior ex auro, habens magnitudinem palmi per quadrum et duplex, ne facile rumpatur. Der Titel einer alten Liturgie iſt Rationale sacerdotum, und dieſe Bedeutung des deutſchen Wortes ſcheint auf einer ähnlichen Figur zu beruhen.

„bruſten, raufen, auch anfangen, Miene machen, zu raufen", Caſtelli, Wbch. 97; als jeniſcher Ausdruck aufgeführt p. 279. ˋVrgl. Grimm, Wbch. II, 448: ſich brüſten und oben breuſtern.ˊ

---

bräten (bràdn, opf. bràudn); ich brätet (bràdət), 268
hab gebräten (bràdn), wie hchd. (ahd. prâtan, mhd. bräten. Graff III, 284. BM. I, 233. Grimm, Wbch. II, 310). Der Bräten (Bràdn, Bràudn), gewöhnlicher, das Brætlein (Brádl), der Braten (ahd. prâto, mhd. bräte); zuweilen: das Gebrätene, das 'Bräten (s 'Bràdn), oder ain Gebratenes, 'Brätens ('Bràtə˜s). „Kaiſer Karl d. Gr. iſt den Erzten etwas gram geweſen, daß ſie jm das Braten, das er am liebſten hat geſſen, verbotten", Avent. Chron. Geſottenes und Gebrätenes (Gso'ns und Brà'ns). Die Brätensbrüe (Bràdə˜sbrüə), Brühe am Braten. „Die Gugumer ſaind geſotten guet auf die bratisbrüeh", Bodmann's Notata. Der Bräter (Bràdəˊ), 1) der da brät. Der Brætleinbräter (Brá'lbràdəˊ), der Fleiſch zum Verkaufe brät. 2) die Vorrichtung zum Braten, beſonders der Bratenwender, welcher bald ə˜ Huət-, bald ə˜ Fédəˊ-, bald ə˜ Gwicht-*Brädər* iſt. Der gemeine Haufe in München nennt auch die Maſchine, wodurch Kinder und wol auch Erwachſene auf Sitzen, die gewöhnlich die Geſtalt von Pferden oder Wagen haben, zur Ergetzung im Kreiſe herumgedreht werden, einen Bräter, und denkt dabey zunächſt an den Huet-bräter in der Küche. Indeſſen rührt dieſe Benennung wol daher, daß in München eine ſolche Maſchine, vor andern, auf dem ſogenannten Prater, einem ſeit etlichen Jahren zum Vergnügungsorte umgeſchaffenen Inſelchen der Iſar errichtet wurde. Dieſer Münchner Prater iſt übrigens nur eine Sedezausgabe des Wieneriſchen, ſo wie dieſer ſelbſt ſeinen Namen vom Prado in Madrid erhalten haben mag. ˋSo heißt auch bei Eupen und wol noch an anderen Orten ein Luſtwäldchen der Prater.ˊ „Wenn't schneeyd eess neecks äg'ne (im) *Praater*", Firmenich I, 499,3. 3) im Scherz: eine ſchlechte Taſchenuhr. 4) (Gebirg) der Topfen, nemlich der käſige Stoff, welcher ſich von abgerahmter, ſaurer Milch nach und nach ſelbſt zuſammenſetzt, wenn ſie lange genug in einem mäßigen Wärmegrad neben Feuer oder am Ofen erhalten wird. (Vrgl. Brod.) Der Brätmetzger. „N. N. Schwein- u. Brattmetzer", „N. N.

„Brattmetzger" (zu Augsburg, 1647), Cgm. 4906, f. 182. 457.

Der Brätling (Brá'ling, Brê'ling), agaricus lactifluus L. Zeitschr. IV, 165. VI, 372.

Das Bræt (Brád), Fleisch im Gegensatz der Haut, der Knochen, der Sehnen und des Fettes; das Fleischige; niedersächs. das Mett; engl. the brawn (ahd. prât, mhd. brât. Graff III, 284. BM. I. 233. Zeitschr. IV, 209. Grimm, Wbch. II, 308.) „Die lutherischen Werber", sagt der Herr Pfarrer in Bucher's Kinderlehre, p. 54, „haben mich herpleschst jämmerlich, bist nicht geweiht dahinten, habns gsagt und hinein ghaut ins Brat." „Das Brät oder Kalb im Holz, pulpa, carnosum in arbore"; „Brät, die Waden an des Menschen Schenkeln", Henisch. „Caro (prosen, pret, smoln) piscium, pomorum", Avent. Gramm. „Ob die wunde gang durch haut und durch brotten", Scherz. „Der schräpffer tůt aim (in dem Bad) hauen, man oder frauen, durch hût (Barack: pluot) und brâten, solz ioch nimer wol geraten", des Teufels Segi, Ms. (Barack p. 324,10234). „Ist der pfeil in dem prât so schneid ym zw und nim heraus mit einer pfailczangen und waissels und pflasters", Cgm. 170, f. 3b. „Der Pferden, Eslen und Cameelen Präth ist trucken und hart zu verdawen", Pred. v. 1678. „Sänd d' Händ und d' Füess no' ganz, stehn 'Bain no' föst in *Brät?*" Lindermayr 57. „Brât und lide im tâten wê", Parcival 215,27. Den wart dâ gâlûnt ir prât mit treten und mit kiulen", das. 75,6. Das Gebræt. „Nym visch und thue die grât und die schüeppen davon und hack daz geprât gar clain", Rot 132, f. 143a. „Pflaster zu den geschossenen schäden, die in das gebrât gen, die das gebain nit beriern", Cgm. 3725, f. 243. Lumbus, niernbrat; musculus, mußbrat; pulpa, bretigs fleisch", Onomastic. (s. a. 2°), f. 10. 11. 13. „Mausbrot, musculus", Voc. Archon. (sec. XV). „Pale sunt dorsi leva dexteraque eminentia membra, ruckpraten", ZZ. 796, f. 169a. „Nâch dem rugkes prâten (ruckprâten)", Rückgrat, Helmbrecht 178. „Lumbus, schlawbrat; musculus, musbrat", Clm. 4394, f. 175—6. „Hochrucken, Schlachpratten u. das Abprät umb 3 fl." . . „Pradtwurst allain von schweinem prät gemacht", Münchner Fleischord. v. 1529. Cf. Diefenb. 405c. *Wackbräde*, d. i. Wadenbræt, Wade. Firmen. I, 476,153. Zeitschr. VI, 54. Cf. provenz. bradon, braon, engl. baron (s. oben Sp. 253: bar, Baron). Wenn das engl. beefsteak von einem dem isländ. steikia (braten) entsprechenden Verbum stammt, so verhält sich beefsteak (Fleisch ohne Knochen) zu beef überhaupt, wie unser Brât zu Fleisch überhaupt, (also auch solchem mit Knochen). In dem Ausdruck: Wildbræt (Wǐl'prád, hchd. Wildpret), welcher übrigens in der Weidmannssprache einen weitern Um-
269 fang der Bedeutung gewonnen, hat sich dieses Wort auch anderwärts erhalten. Merkwürdig ist, daß auch im Englischen the brawn zunächst von einer Art Wildbret gebraucht wird. Bradde, testiculus; Kilian. Die Brætwurst (Brádwurst), Wurst aus kleingehacktem Fleische (Brád) gemacht, Mettwurst, im Gegensatz der Blut- u. drgl. Wurst. Die Brætwürste werden entweder geräuchert (g'sәlhht), oder sind zum Braten bestimmt, in welchem Falle sie dann Brätwürste heißen. Es ist also jede Brädwurst ә~ Brádwurst, aber nicht umgekehrt. brætig (brádi'), adj.; ә~ *brádi's* Fleisch. Wàs is dә' liәbәr, ә~ fètts odәr ә~ *brádis?* „Bei einer wittib hier (im belagerten Augsburg, Jan. 1635) starbe in dem Quartier ein soldat, sie schnitte alsbalden das brettige fleisch von seinem leib, kochte und gab es ihren kindern zu essen", Cgm. 4905, p. 218. „IIII stadelvrisceling die wurstprätig sind", Urbar v. 1456, Thierh. 67, f. 51, VI. ә~ Brádlgosch'n, weites Maul, (b. W.). Sloucpratig, s. Th. III: Schlâug. MB. VII, 436, ad an. 1180 kommen vor: II porci unus valens XXX nummos et alius sloucpratiger . . . . Unus porcus maturus et alius slocpratiger (cf. II porci, unus maturus et alius minor, p. 444; V porci unus maturus et alius bonus et tres minores ad visitationem, p. 447; altero anno datur porcus bonus scilicet slathswin); gl. o. 147. 406: sloucprato vel scubilinc, inductilis, eine Art Wurst, als Schübling am Bodensee noch jetzt bekannt, vermuthlich was unsre Brætwurst. Anmerk. Die Gl. i. 1133 hat: „prat pulpam, carnem malam (mollem?), vel caro particulatim divisa" (wie in der Brætwurst), und Notk. 80,17 steht: „fone fleisc pratis gidrungeni, de pinguedine carnium." Es ist die Frage, ob dieses prat ein Wort sey mit dem, in den Gl. passim vorkommenden prâte (assatura). Zu vermuthen ist es wenigstens; denn gl. o. 294 kommt brado auch für sura vor. In den alten: diehbrâto (gl. a. 687), lentiprâto, prustprâto, ruggibrâto (gl. o. 30) kann der Begriff pulpa wol erst aus dem sehr praktischen eines bratbaren Fleisches hervorgegangen seyn. Vrgl. bratschet.

bräteln, (um Nürnb., Hsl.) plaudern, klatschen. s. braiten. Im Holländischen ist das Primitiv praten in diesem Sinne üblich. Zeitschr. III, 132. VI, 363. 431,115. 519,1. Grimm, Wbch. II, 291. Da gêt á *Prätlerei* vor, das geht auf eine Prellerei aus, (Wien); 'hieher?'

brait (braәd, opf. bràit), Comp. braiter (bräәdә', opf. bràitә'), Sup. braitest (bräәdәst, opf. bràitәst), adj., breit (goth. braids, ahd. preit, mhd. breit. Graff III, 294—98. BM. I, 236. Grimm, Wbch. II, 356). (Mancher Maler) „malet die braiten (berhten?) frawen (die Madonna), die er doch nimmer tuot schawen" (weil er nicht in den Himmel kommen wird); des Teufels Segi, Ms. (Barack p. 349,11028). Vom Braәt'n hernehmen, vom Ersparten; „von Brad'n löb'n", von seinem Capital leben; Castelli, Wbch. 93. s. berait und unten a~braәt'n. Die Braiten (Bräәd'n, Braәdn, Bräәdi~, Braәding), die Breite.

Die Braiten (Braәtt'n), Braitung, Braiting, 1) Ebene, Grimm, Wbch. II, 358,5. „Zwei pette akhers, die gelegen sint in der preitige zwissen den zwein dörffern", Sälgen Porten, Urk. v. 1342. Cf. La Brà (alt Braida), Platz in Verona. 2) Acker, der bey einem ansehnlichen Verhältniß seiner Breite zur Länge, eine größere Fläche (bis 10, 12, 15 Morgen) einnimmt. „De agris qui vocantur Prayten", MB. XIII, 361, ad 1220. „Auz meiner praiten, die da haizzet die pachprait", XVIII, 193. „Die praitting, der VII juchart sein, gibt dheinen zehend", u. drgl., Heidenheimer Salbuch (1400), Cbm. 1524, f. 18. cf. gl. o. 245: gebreite, area; gl. a. 269: kipreitta, grumerus, grumolus, als Synonym von ager. Der Braiting, Braitling (Braәdi~, Braәdlin'), 1) dicke, breite Person; 2) Art Apfel, den man auch Braitarsch, Braitarschling nennt; 3) die Kröte, rana bufo L.; gl. a. 614: preita, rubeta (cf. Graff III, 364. Diefenb. 501c). „Die glaubent an die heupretigen, an chroten, an alpen", Cgm. 1113, f. 117b. Baurath Panzer denkt bei Breite (Kröte) an die Frau Breide; s. Grimm, Myth.^{2} 250. 347. 4) ä. Sp. (Gem. Reg. Chr. III, 565), eine Art Brod oder Kuchen (ahd. preitinc. Graff III, 295. BM. I, 237. Diefenb. 439b. Grimm, Wbch. II, 359,6). gl. o. i. 281, Voc. v. 1445, Clm. 5387, f. V: praiting, placenta. „Speck den man weicht mit den praitigen" (Osterfladen?), Grimm, Myth. XLVI, 6. „Laganum, praytling, fladen", Clm. 5877 (v. 1449), f. 123.

braiten (braәtt'n), 1) wie hchd. breiten (goth. braidjan, ahd. preitan, mhd. breiten. Graff III, 296. BM. I, 237. Grimm, Wbch. II, 359. Den Mist, Flachs, das Heu ꝛc. braәtt'n, á~braәtt'n; (cf. gl. i. 454. 457. 462: preitan, seminare, fundere). 2) das Maul braiten, auch braitmaulen, schmollen, widerbellen, 270
murren; cf. das folgende Wort. 3) sich braiten, sich breit machen, ein Ansehen geben, (b. W.). Sei~ Sach (Vermögen) a~braәt'n, verthun, (Baader). 'Vrgl. oben: von *Brad'n* löb'n.'

braiten. (Fwrb. v. 1591) „Leg dein Ohr auf die Erden, und so man unter dir grabet (miniert), so hörst du es braitten." Dieses Braiten ist wol der Ausdruck eines Geräusches. (Vrgl. Bracht, brätteln.)

Die Braut und (nach Gramm. 808) die Bräut, wie hchd. (Öfter hört man indessen beym gemeinen Volke die Höchzeiterinn.) Ahd. prût, sponsa, Diut. II, 349: prût, pacta (cf. unt=prût, contractus; s. unten: unt=prût. Graff III, 288) und daneben brûta (gl. a. 525. 467) nurus (mhd. brût. Graff III, 293. BM. I, 273. Grimm, Wbch. III, 330. Zeitschr. II, 399,6); mhd. auch für Beischläferin, Kebsweib. Hartmuot sagt: „Wer hienge mich dar umbe, ob ich iuch mir gewünne z'einer briute?" Gudrun erwidert: „Daz hieze ich missetân.... daz daz Hagenen künne in Hartmuotes lande kebese wære"; Gudrun 1029. 1030. Cf. česk. newěsta, Braut; newěstka, Hure. Der Bräutigam, auch der Bräutger (schon Augsp. Stdtb., Ms. von 1276; Bräu'kər, Bräu'kəl), Bräutigam; (beym gemeinen Volke öfter: der Hōchzeiter), ahd. prûtigomo; mhd. briutegome (Graff IV, 201. BM. I, 554. Grimm, Wbch. II, 335), auch der briutegunt, des briutegundes (Griesh., Pred. I, 131. II, 22), der briutegebe, des briutegeben; BM. I, 507. Cgm. 630, f. 76. „Cristus, der der Er und präutgeb ist der sel"... „daz wir nicht einen andern präutgeben uns nemen"; auch: „die sel ist Cristi gepräut", (Braut, Cgm. 54, f. 6b. 10a. 43b. 44b. 68a), Braitgang (Gastein), britjamer, sponsus (Voc. Melber). „Mein *Breuckä* geht mä' duri"; „aft bist ä *Breuckä*, den allsand anschaut"; Lindermayr 33. 120. „Der prawtig, el sposo", venez.=dtsch. Voc. v. 1424, f. 38a. „Superstitiones circa sponsum et sponsam" in Clm. 17523 (XV. 8⁰), f. 132b, s. Th. II unter Hochzeit. Die Bräutschaft, der Brautstand. „Er, Sie starb in der Breutschaft", Hund's Stb. pass. In den Compositis ist vorzugsweise die Form Bräut üblich, z. B. Bräutbad, Bräutbett, Bräutfüerer, Bräutgürtel, Bräutkranz, Bräutring, Bräutrock, Bräutschueh, Bräutstuol, Bräuttisch, Bräutvolk. L.R. v. 1616, f. 562. 563. Kuen's Epithalam. Marianum. Die Bräutläuft, Brautlauf, als Eheverlöbniß (ahd. brûtlouft, plur. prûtloufti; mhd. brûlouft, brûtlouf. Graff IV, 1120. BM. I, 1047. Grimm, Wbch. II, 337. 338. Zeitschr. II, 24,12. III, 273,18.), ist jetzt bey uns nicht mehr volksüblich, kommt aber noch in der b. Landesordnung von 1553 vor. „Sträflich sind auch die große hochzeit und preutleuf halten", Münchner Rathsmandat v. 1553. *Brauttàlə*, 2—4 Kronthaler, die der Bräutigam der Braut in die Hand drückt (gleichsam als arrha); Rank, Böhmerwald 49. Brâtmäschl, Schwester des Bräutigams (s. Th. II: Naschel); Brâtwèsə', Bruder der Braut (s. Th. IV: weisen, a); Brâtvàdə', Taufpathe des Bräutigams; Brâtmuədə', Taufpathin der Braut; das. 63. Vrgl. Plumpf, Daber, Heiratstag, Stuelfest. 2) die Braut (Thüringen) Topf mit thönernem Bogenhenkel, Suppe darin zu tragen. 3) kärnt. tuljeva, Rupfen, d. i. grobes Gespinnst, gewöhnlich Braut genannt"; Jarnik p. 106.

'bräuten, brauten, Hochzeit, Beilager halten; coire, stuprare, (mhd. briuten, BM. I, 274).' „Wie Etzel mit Chriemhilt brûte", Fragm. Heidelb. f. 14, nach Vers 6356 der Nibelungen. „Ewr tochter hat sich lazzen prawtten umb ir notdurft und speis", Cgm. 54, f. 83a. „Alhait gieng in meinem acker frawten, do wolstu sie über iren danck prawten", Rosenplut, Cgm. 714, f. 323. „Wan ich sie geprawt hab", Cgm. 714, f. 36. „Waren beide (sowohl der Mann, wie die Frau, die sich da zufällig trafen) braudenshalben dahin (auf den Thurm) komen", Erfurter Chron., Cgm. 4908, f. 35b. 366a. „Der nit bruten mag (der nit by wibe an dem bette mag wol) nim bibers hoden in pfeffer, so machtu wol", Ms. des germ. Mus. 2733. „Wer nit prawten mag" (impotens), Cgm. 725, f. 146. „Der nit prautten (?) mag, kem in ain kloster", Ben. 209, Vorschußbl. Nach der Wildshuter Ehehaft (Cbm. 3238, f. 122, cf. f. 146) kann der Pfleger einem zahlungsunfähigen zur Geldbuße Verurtheilten den Ofen einschlagen, oder aber, wo kein Ofen, kann er dessen Hausfrau prautten; will er's nicht, thuts der Gerichtschreiber; will's dieser nicht, soll sie dem Amtmann verfallen sein. (Wer wird aber keinen Ofen und doch eine Frau haben!) Anmerk. Ob das holländ. bruijen im Sinn von heien (w. m. s., cf. Zeitschr. VI, 55) von bruid zu unserm bräuten gehört? Cf. breuten in Schmid's westerwäld. Idiotikon, S. 37 f., wo es wol dem franz. foutre, span. goder (Diez, Wbch. 645), slaw. ge pem (bem) entspricht. Warmund: brûden, foppen.

Das Brett (Bréd, opf. Briəd), plur. die Bretter (Brédə'), Dim. das Brettlein (Brédl, Bré'l·, Brédə-l, Brédȧl, opf. Briədl), wie hchd. (ahd. pret, mhd. bret. Graff III, 289. BM. I, 238. Grimm, Wbch. II, 374. Vrgl. Brittlein). Dauben aufs Brett machen, (nach den Jahrringen); s. Span. Das Brett, statt: Leichenbrett. R.A. Auf dem Brett lîgen, eine Leiche seyn. Brettlein rutschen (brédlrutsch·n), im Scherz, sterben, (vom Leichenbrett ins Grab gelassen werden). Das Brettlein, Wagenbrettlein, Brettchen hinten an der Kutsche. Brettlein hupfen (brédlhupfə~), ein Bedienter seyn. Einen beym Bret bezalen, ä. Sp., mit gleicher Münze, d. h. sich rächen. Bezal jn beim bret, par pari referto", Joh. Pinicianus v. 1532. „Dacht, wie er die Römer wieder beim bret bezalet"... „die Gemeinen in Rom zalten die Vornemen beym bret." „Jetz und zalt sie (die Juden) Gott bey dem bret", Av. Chr. Zum Bret bringen, treiben, d. h. zum Gehorsam. „Was widerspennig war, bracht er zum Bret." „Kaiser Julian hett Groß Teutschland gedempft und zum brät bracht." „Markgraf Rudolf straffet die Böhemen und bracht sie wieder zum breth." Avent. Chr., Selhamer. Aff auf dem Brettlein, Brettlein=Aff (Bré'laff, Briəlaff), unwillige Benennung v. Kindern, die sich ungeschickt benehmen, (Th. Mjr.). Das Eßbrettlein (E'ssbrédȧl·), Gebirg: hölzerner Teller zum Essen. Das Tatzenbrettlein (Tatz·nbrédl·), Instrument, womit weiland die Schulmonarchen ihre Schüler zur Strafe auf die flache Hand oder gar auf die zusammengehaltenen Fingerspitzen zu schlagen pflegten. Vrgl. Ferl.

Die (der, b. W.) Bretten (Brèttn), 1) der Balken, 271
Querbalken über einer Stube oder einem Stockwerke. 2) der über solchen Balken liegende, also obere Boden eines Hauses oder einer Scheune (cf. Graff III, 289. 290. BM. I, 238). Au' də' *Brèttn* am, auf dem Boden oben. „N. N. ist von einer Pretten herabgefallen", Lechfelder und Inchenhofer Mirakel. „Im stadel er auf die breten stieg, darauf klettert er hin und wider", H. Sachs 1560: II, IV, 86. Brettenmehl. „Nimb ein pretten melb und rest in einem schmalz." „Nemt halb lezelten melb und halb pretten melb", Cgm. 4126, f. 28. 29. Brettloch! wenn beim Versteckspielen einer der Versteckten entdeckt ist, (Baader). Der Brettensteiger, Schlafwandler. „Warum fallen die Lunatici oder Brettensteiger von einem Ort herunter, wenn man sie beym Namen nennt?" Odilo Schreger. Gl. o. 413: bretton, trabs; gl. i. 775, o. 190. 196: gipretta, trabes; a. 488 und passim: gipret, trabes.

'bretten, stringere, rapere, terrere, (ahd. prettan, mhd. bretten, Prät. brat, Ptc. gebrotten. Graff III, 287. 288. BM. I, 259. 275. Grimm, Wbch. II, 378)'; erprottan, raptus, verzückt, Grimm II, 39. Mythol.² 1037. Die hinnepritten, henpretigen, Verzückten, s. Th. IV unter Bilwiß. „Daz also lange ein vrouwe ie hinenpriten sî gewesen", Cod. Heidelb. 341, f. 360. (Wackernagel in Haupt's Zeitschr. VI, 192 denkt an das Todtenreich in Britannien.) Cf. unt=prut. Dieses britten, gebrotten selbst ist wol nur Dialekt vom altſ. bregdan (Hel. 35,10), agſ. bregdan, (engl. to braid), isl. bregda. Cf. Beowulf 41. Grimm I, 898. 916. 918. 919. „Bàl' I *brett* ódə' má~ ódə' wàsdəwɪll tuə, ja, kám werk I'en Eicht, druckt's mə' d'Augnghébəl zuə", Luber's Napfezer in Kaltenbrunner's oberöstr. Jahrb. 1844, S. 156, mit der Note: „das nicht bebaute Feld mit der Egge umreißen." s. unten brotten. „Die mit falslichen dingen bose rede breten", Docen, Misc. II, 306 unten. In des Teufels Segi, Ms. v. 1449, steht ein Artikel „Von snöden (swachen) antwerken", darunter: „Abbretten neczen und klammen setzen und spulan und wollslahen" (Variante: „Als bretten, netz und kamben setzen"; Barack S. 401).

'breiden, texere, nectere, plectere, pandere (ahd. prîdan, mhd. brîden. Graff III, 286 f. 290. BM. I, 258. Grimm, Wbch. II, 355.' niederſ., holl. breiden, breijen, stricken, flechten; Wangeroge: brûd, stricken, Ehrentraut I, 53. cf. ital. brodar, franz. broder, engl. to broider; dagegen Diez 61). „Von edeler sîden wol gebriten", Trist. 667. „Und was sîn kopf (Helmschmuck) gar tiur gebriden von sîden swarz", Konr. v. Wirzb., altd. Wälder III, 81. Kleid von Seide „mit golde gebriten", Maßmann, Denkm. I, 139. 141. cf. W. Grimm zur gold. Schmiede p. 151,353.

Das Brittlein, Brittl, das Brettlein; technisch, besonders das schmale Brettchen, über welches bey Fischern und Jägern die Netze gestrickt werden, damit die Maschen einerley und die vorgeschriebene Weite bekommen: Strickbrett, Strickstock, Strickmaß, Lehre, Lehrmaß, Brittlmaß, (wirzb. Fischerord. v. 1766) das Stäblein. Man findet dieses Prittlmaß abgebildet in der b. Landtsordnung, Ausgabe v. 1553, f. 153 — wo es freylich mehr einem Stäblein als einem Brettlein ähnlich sieht — weswegen auch das alte brittan pandere, texere, gl. i. 104: kapruttun, contexuerunt; 534: dei kiprottanun, texta, sc. retia, Prud. H., ante cibum, v. 47; 575. 583: forabritunga, praetexta), angelſ. bredan, („ic brede me max" ich stricke mir Netze, Maschen), engl. to braid, zu bedenken kommt; (s. breiden und unt-prut). „Die Maschen (der Netze) sollen an der Weit geleich sein dem Eisenpritl, so wir unserm Vischmaister yberantworten haben lassen." „Die Perhauben sollen über das Pritl gebunden werden." „Die Fischer sollen irn Vischzeug, besonnder die Reischn über die rechten gewonndlichen Pritl, so mit dem Bayrnlanndt verzaichnet, und unserm Vischmaister geantwort sindt, bindten." „Welcher Vischzeug nit den rechtn Punt het nach Anzaigen der mergemelten Eisenpritl", Chiemsee, Fischord. v. 1507. L.Rcht. v. 1616. Kr. Lhdl. II, 221. VIII, 398. XIII, 140. Cf. isl. ridill, typus macularum retis; ahd. britele, Cgm. 17, f. 173ª. XIII Com.: pritela, pritelle, pretle, Brettchen, Schiene, Schindel. Graff III, 290. BM. I, 259. Grimm, Wbch. II, 392.

Der Brittel, Zügel, frenum (ahd. britil, mhd. britel. Graff III, 299. BM. I, 259. Grimm II, 985. 986. III, 454. Wbch. II, 354 f. 392. cf. ital. brida, franz. bride; Diez, Wbch. 69). „An dem chambrittele unde sus brittele, in chamo et freno", Cgm. 17, f. 49ᵇ, Ps. 31,14. XIII Com.: pritel, britel, briglia. 'briteln, vrb., zäumen, zügeln (ahd. pritolôn, mhd. britelen. Graff III, 299. BM. I, 259. Grimm, Wbch. II, 391).' „Damit du die üppigen gail deines lebens pritelst und zæmest", Cgm. 54, f. 22ª.

Der Bri'l, Mistjauche, die auf die Wiese ausgegossen wird, (Passau, ObrM.).

Die Britten, der Obertheil, Rücken des Fußes. Die Pantalons müssen bis auf die Britten gehen. „Das Kind hat den rechten Fuß krump, mit den Zehen und Britten herein vnd mit den Ballen hinauswärts mit sich auf die Welt gebracht," Altötting. Historie. Das alte preta (gl. o. 187. 200), palma, ist wol hieher nicht passend; cf. Grimm III, 403.

Die Britten (?).
„Ich bin ain schalck in miner schmiten,
ich schmiden ain wäffen mit der britten,
das gib ich auch hin für stählin;
damit bring ich ain umb dz sin",
heißt es über dem letzten von etlichen xylographischen Spottbildern über allerley Betrüger, mir v. Stöger jun. gezeigt am 20. Jan. 1840. Der Schmid hat in der linken Hand einen Hammer, mit der rechten hält er an einer Zange eine Art Art über den Amboß. Dieselben Blätter finde ich (10. April) in Naumann's Bibliothek-Journal Serapeum, Nr. 5 von T. O. Weigel in Leipzig, als von ihm in Bayern aufgefunden, angegeben.

brotten, brütten ein Feld, es vor dem Pflügen mit der Ege überfahren, (Baur, Zpf.). Wol zu bretten (ahd. prettan, agſ. bregdan; s. oben), stringere, gehörig. Cf. Grimm, Mythol.² 1037.

brütten, sieden, kochen, abbrühen, (Grimm, Wbch. II, 454: brüteln; s. brudeln). Würst brütten. Das Brütt (Britt), die Brühe, Wurstbrütt, Wurstsuppe. Figürlich: der Schweiß, das Blut. Láffə˜, das aə˜ 's *Britt* àbə rinnt. Aə˜n auf d· Fotz·n schlägng, das eəm 's *Britt* oder di roud Suppm àbə'rinnt. (s. Brod).

brueten, brüeten (bruədn, bruə'n, brüətt·n, opf. brou'ə˜), 1) wie hchd. brüten. (ahd. pruotan, fovere; mhd. brüeten. Graff III, 285. BM. I, 267. Grimm, Wbch. II, 454). „Foveas nos mysticis dapibus, bruotest unsih", Cgm. 17, f. 156,ᵇ, Ps. 104, oratio. „Bruoten unde scirmen also unsih diu uuolla bruotet", Notk. 147,5. 2) figürl. sich übel befinden, ohne eigentlich 272 zu wissen, weswegen, was oft vor einer ausbrechenden Krankheit statt findet; vom Wetter sagt man: es bruetet, wenn es sich allmählig zum Regnen anlassen will; Zeitschr. II, 535,90. 539. — unschlüssig, langsam, unausrichtsam seyn. Die Bruet, die Brut, der junge Holzanflug im Wald. Das Bruet, Fischbrut; Heumann, opusc. 695. Der vischbruot, Cgm. 3253, f. 11 (zweimal). Das prwte, Äste und Laub, so der Maulberbaum bey den Wurzen austreibt, Cgm. 289, f. 124ᵇ. „Das prut käset und gewinnet wurczen", Belzbuch, Clm. 4373 (v. 1437), f. 111. Die Brüetel (Brêidl), b. W., die brütende Henne, Gans ꝛc.; Person,' die sich gern warm hält. Der Bruətər, der immer daheim sitzt. bruetig, a) zum Brüten geneigt, im Brüten begriffen. ə˜ *bruətigé* Henn. b) vom Wetter: sehr schwül. (HhE.). c) Allgäu: R. A. də˜ *brüətigə˜* Hongər háu˜, sehr hungrig seyn.

---

bratschig, bratschet, brotschet, (B. Franken) breit, gequetscht, aufgedunsen, dick; ə˜ *bràtschəts* Gsicht. „Volle Gsichter wie der Mon, protschet wie gemalte Engel."... „Der Trojam angezündt, war protschet, wie ich find", Balde's Lob der Magern. „Ain schens, weiß, bratschets herrlin", Freyb. Samml. IV, 317. cf. Zeitschrift III, 342. Vrgl. braschet und Brät (pulpa).

brêtscheln, schwätzen; eppəs *àbəbrêtscheln*. cf. brächten und britschen.

Bretschen. Zeitschr. IV, 209. „Ain prawn silbrein tuch ist XXIII prettschen, und ain rott silbrein tuech hatt XXIII prettschen vnd ain rott XVIIII prettl", Beschr. der Hochzeit Georg des Reichen von 1475. Wstr. Btr. II, p. 204. „XV prätschen grün samit per II ducaton faut XX ducaton" etc. (aus Botzen), Tegernseer Robat, 1500—1520. Cbm. 22, f. I. Die Prätschen werden zwischen Elen und Werckklaftern als Maß aufgeführt in der tyr. ref. L.O. v. 1603. cf. ital. braccio. Höfer hat Pretschen für Fußsohle.

britschen, breit und mit einem klatschenden Laute auffallen; so auffallen machen, sey es einen festen oder einen flüssigen Körper; klatschen, d. h. ausschwätzen; nord-engl. to brit (divulgare). Grimm, Wbch. II, 393. BM. I, 261: brizzeln. Ein Kind mit der Hand auf den Hintern britschen, (das Prompt. von 1618 sagt: lata ferula clunes caedere); engl. to breech daselbe; aber v. breech, der Steiß, breeches, Hosen. britschen, farzen, (Zips). Mit der Hand in einer Flüßigkeit herum britschen, britscheln. Weine durcheinander britschen, britscheln (mischen), Wstr. Btr. VI, 159 schon ad 1420. cf. břečka, dünne Brühe, Jauche. Regnen, daß es britscht, britschelt. **De feminis: mingere.** pritschnaß, pritschelnaß, adj., sehr naß.

Die Britschen, 1) wie hchd. (Grimm, Wbch. II, 393. Brem. ndrs. Wbch. 141: Britze. Zeitschr. IV, 180. 211. 496); also **a)** Werkzeug zum Schlagen, das breit und mit klatschendem Laute auffällt. Die Britschen des Hanswurstes. Die Mistbritschen, womit der Düngerhaufen glatt gebritscht wird. R. A. „Gegen Einen das alte Britschlein brauchen", sein Argument gegen ihn selbst brauchen, Selhamer. „Du bist den schützen ein guter zaler, nichts hast gwonnen in den zwei tagen, drumb hat man dir die pritschen gschlagen und dir dein kerben mit erschwungen und spotweis dir darzu gesungen; solche kunst sei bei dir nit new gwinnst almal das nechst nach der sew", sagt die Frau zum Mann, der nichts getroffen; H. Sachs 1560: V, 361 (1612: V, III, 48). „Wer begert das man im thu all tag, und er doch danck und lon versag, ist wol, das man im die Britschen schlag", S. Brant, Narrensch., der LIX. Narr. „Und zu Pareis man gibt im preis, wan er kan geigen und was er wil gesanges vil, man sol im sweigen er kan hovirn in süßer weis zum vederspil mit pritschen vnd der leyrn", M. Beham, v. schlechten Singern, Cgm. 291, f. 38^{b}. b) hölzerne Ruhestätte; fläm. brits. c) die unter den großen Frachtwagen beweglich angebrachte hölzerne Kufe, worin der Fuhrmann sein Gepäck aufbewahrt; cf. poln. bryczka, Dimin. v. bryka, großer Wagen; westpreuß. Britschke, Carriol. d) Hütte aus Holz, ans Haus angebaut, Holz, Streu u. drgl. zu bewahren. 2) Schlag mit der flachen Hand. 3) **feminal**: im niedrigen Scherz: **femina**. Das **Britschigunka'l**, feminal; **britschigäga'ln**, beschlafen; Castelli, Wbch. 95. cf. Th. II: Gunkəs.

Der Britschenmaister, (Nürnbg., Hsl.). Pritschenbagkelein, ehmals bey Schützen-Gesellschaften eine Art Diener, welchem unter anderm auf dem Schießplatze die Policey über lästige Gaffer und muthwillige Buben übertragen war, und der gewöhnlich im Costüme eines Hanswurstes und mit der Britsche in der Hand seine, auf solche Art niemanden anstößige, und durch die Waffe des Lächerlichen verstärkte Amtsgewalt übte. Vielleicht traf ursprünglich seine Britsche auch diejenigen Schützen, die die Scheibe verfehlten. Bey Gelegenheit machte er seinen
273 Schützen-Gönnern und andern Honoratioren Gratulations-Verse. Noch findet man in München hie und da dergleichen Schöpfungen des letzten Britschenmaisters **Fundus Reputius**, die der Göttin Cloacina zufällig entgangen sind. Vrgl. Wiltmeister, Amberg. Chr. 146. In Wien gab es gar „Kaiserlicher Majestät Pritschenmaister und Hofpoeten." Pritschenmaister, **tympanista pygaeus**, Prompt. v. 1618.

Der Britscher, Britschner. „Spechloter, priczschner, purczler, gaugkler", **Ransh.** 128, f. 139. „Hantspiller, zutrager, wünscher, raicher leichter wurffel, gedencker wurffel, suocher, scholdrer, placzmaister, auftrager(?), luederer, vbersetzer, perntreiber, pfeifer, fidler, lautenslaher, paucker, geiger, sprecher, singer, sneller, springer, tanzer, ringer, prützschner, pürzler, gauckler vnd dy specklotter", **Rogg.** 28, f. 146.

Bilderbritscher, so hießen, eh die Guckkasten üblich wurden, jene Personen, welche auf den Märkten allerley Abbildungen von merkwürdigen Personen, Städten, Ereignissen ꝛc. öffentlich aushiengen, während der Erklärung mit einem Brettchen darauf hindeuteten (hinbritschten), und dadurch das gemeine Volk anlockten, dem sie dann nebst den Bildern allerley Medicamente und Universalmittel, die sie bey sich führten, anpriesen und verkauften. Baur. Der Stadelbritscher, (um Nürnb., Hsl.) Mann, der die Stadel- oder Dreschtennen aus Lehm und Sinter eben macht, indem er mit einer brett-ähnlichen Maschine darauf schlägt.

Der **Britschənellə'**, **il pulcinello**, Hanswurst im Marionetten-Spiel. Hier scheint sich ein deutsches Wort mit einem italienischen zu einem dritten verschmolzen zu haben, das keines von beyden mehr ist. **Britschənllə'-G'spil**, **Britschənellə'-Mànnl**, Marionetten-Spiel, -Männchen.

---

brav, s. braf.

Der Brevier. „Umb einen truckten preuier II R. gulden" (1514), Altenhohenau, Cgm. 697, f. 147.

Das Brevipulver(?), weiland v. den Capucinern zu Tamswag im Lungau fabriziert, (Jir.).

---

brazeln, s. brasteln.

bretzellen, bretschellen (**prezəll'n**, **predschəll'n**, v-), schreyend, unordentlich, ohne Sinn vortragen, reden; **éppəs dəher** *prezəll'n*. Cf. Zeitschr. IV, 335. Der Brezeller, der also vorträgt; ein solcher Vortrag.

Die Bretzen, schwäb. Bretzgen (**Brézn**, **Brètzgə~**), 1) wie hchd. die Brezel (ahd. prezita, prezitella, mhd. prezile. Graff III, 317. BM. I, 239. Grimm, Wbch. II, 378. 379: Bretschel, Bretstel, Bretzel, Bretze. Cf. ital. **bracciatello**, **bracciatella**; ohne Zweifel von der Form in einander geschlungener Arme). „**Torta**, ein zelten; **collirida**, preczen", Wallerst. 32, f. 303—304. „**Collirida**, prezta"; Gl. argentin., Haupt's altd. Bl. 352. Diefenb. 132^{c}. 160^{a}. Salz- oder Fasten-Bretzen, sehr stark mit Salz überstreut, sind in der Fastenzeit beliebt. Am ersten May wurden ehmals in München, zum heil. Geist, die sogenannten Wallerbretzen (Wadlerbretzen; cf. Münchner Tagblatt v. 1803, 30. April) gebacken. Es ritt an diesem Tage morgens 5 Uhr ein Mann auf einem Schimmel durch die Straßen und rief in jeder: **Gêts zu'n háli'n Geist, wo mə~ d'** *Wallə'brézn* **ausgeit.** „Aus des Wadler Brezenspend", Pfründnermanual, **Ms.** v. 1519, f. 25. 26. s. Th. IV: wallen. Das Bretzenhechtlein, (KüchenSp.) kleiner Hecht, welcher unzertheilt und zusammengebogen (wie eine Brezel) in die Schüssel gelegt wird. 2) Art Viereck von ohngefähr 6 Zoll langen Stäben, in welches ein jeder von zwey Trägern eines vollen Sackes unter diesem mit der einen Hand eingreift. 3) Ring zu einer Art Zaun, aus Weiden geflochten. Scherzh. R. A. Bretzen bachen, 274
Zaunringe am Feuer drehen und flechten. 4) die Bretzen am Kummet, in welche das Leitseil befestigt ist, — Kummetbretzen. 5) Eiserne Bretzen, eine Art Bande. Bog. Mir. 209. 6) Silberne Bretzen (Agraffen), womit die kurischen Schönen ihr Umschlagtuch auf der Brust befestigen. Ausland, 1838, p. 756. Vrgl. Brechen. (Gl. **a.** 34. 650. **i.** 245. 825. **o.** 145: brezita, brezitella, **crustula**, **collyrida**; **gl. i.** 245: pricellun, **similam frixam**).

Der Broz, des, dem, den, die Brozen, 1) die Kröte, **rana bufo L.** „Spileten mit Natern, Brotzen und schlangen", (1551), Cgm. 4681, f. 6. 2) verächtlich: der Handwerksbursche, (vergleich Batzen); **ə~ Handwerksbroz.** Cf. Grimm, Wbch. II, 407. s. oben Broß. brozenmäßig reden, sich betragen u. drgl. Der Brozenmäler, Sudler.

brozen, die Augen brozen, sie aufreißen. Das Maul brozen, es auseinander ziehen. Das Brozmaul, brozmaulen, brotzen, schmollen; brotzig, adj., (Aschaff.). prutzen, trotzen; Firmenich I, 327. 328. (Waldeck). Vilmar, hess. Idiot. 57. Der Brozwinkel. sich brozen, sich aufblähen, stolz thun. Grimm, Wbch. II, 407. Zeitschr. V, 39,55. VI, 13. 29. 463,67. Vrgl. barzen. brotzig, aufgebläht, pralerisch.

brozen, die am Hintergestelle des Frachtwagens hangenden hölzernen Balken mit den nach der Breite der hintern Radfelgen gemachten Einschnitten durch eine Winde an die Räder drücken, zuebrozen, oder sie wieder wegbringen, abbrozen; (Baader). Der Broz, Karren mit zwei Rädern, (Terragnuolo), ital. baroccio, biroccio. Diez, Wbch. 56. Cf. bremsen, auch protzen in der Artillerie und Protzwagen. brozen, (Hsr.) Böller abschießen.

brozeln, (Nürnb., opf., Hsl.) leise widerbellen, murren, auch zanken. (Grimm, Mythol.[2] 1174. Wbch. II, 407. Zeitschr. IV, 129.26). Die Brozelsuppen, Suppe aus zu Brei verkochtem Brode, (Rath Her); der Verweis, das Auszanken. Vrgl. schwed. pruta.

bruzeln, verbruzeln, vrb. n., braten, verbraten, verkochen. Cf. ital. bruciare, franz. brusler, brûler, (Diez, Wbch. 73). Vilmar, hess. Idiot. 57. Zeitschr. III, 424,3. s. bruseln, brægeln, brazeln.

P.

(Wegen des orthographischen Schwankens zwischen P und B sind immer auch die Reihen des vorhergehenden Buchstaben B zu vergleichen.)

Fünfte oder Pa- ꝛc. Abtheilung,

d. h.

Wörter, deren Stammsylbe mit einem P, ohne einen unmittelbar darauf folgenden andern Consonanten, anfängt.

Pè-pè (◡-), Nomen der Kindersprache für ekelhafte Dinge. *Pèpè machə˜*, *pèpə-ln*, cacare.

Pabel, Pabelstauden, viburnum lantana, (Jir.).

Pabel (?). „Das dach ist auf dem palas von saffir liechter wen ein glas, mit pabel schon gezirt leitt an einander strich weitt die pabeln von den stern gan“, in Priester Johanns Land, Cgm. 1113, f. 91ª.

275 Die Páblátschen, Bühne, Schaugerüst aus Brettern, Britsche; verächtlich: jedes unförmliche hölzerne Gebäude. (Grimm, Wbch. III, 199. Zeitschr. II, 245. 247. III, 502. Schles. Boblâtsche, Altan, hölzerner Gang; Bude; Weinhold 11ª). „Da haben wir aber nur auf der Pablatschen stehn dürfen, die (im Saal rund um den Tisch) aufgeschlagen war“, Eipeldauer Briefe. „Ich setzte mich nieder auf die Pablatschen“, (Britsche im Gefängniß), Oswald Casperl. *Dés is àbər ə˜ Pábəlátsch übərənandə'! Dés is ə˜ Páblátschn von ə˜n Kastn.* In Obersachsen sagt man dafür, nach Rüdiger, Popelätsche. Am Rhein ist die Pablatsch ein Entresol-Zimmer; pawlacz im Böhmischen ein Balkon, pawlatschka, ein Gang in einem Schiff; česk. pawlač, f., offener Gang; pawláčka, Erker. Kopitar: pá-wlaka, powlaka, circum-tractio, Gang innerhalb des Zimmers, etwa in der mittleren Höhe desselben. „Tu pred hradem w sire luce wzvysi na pawlači krasne sediese kniez s starostami, sedie knieni s zemankami i Ludise s dievicemi Ludise a Lubor.“ Kralodworsk, rukopis. Vrgl. allenfalls mit Pablatsch, als Britsche, das alt- und neu-griechische παῦλα, Ruhe, Rast.

Der Pâb-st (Pabscht, Pàbscht, Paubscht), wie hchd. (ahd., mhd. bâbes, bâbest. Graff III, 322. BM. I, 74. Grimm, Reinh. p. 283,2720. 372. Haupt's Zeitschr. II, 449. VI, 409. Diez, Wbch. 250. gl. o. 36: babist). „*Papa* dicitur ab interjectione admirantis *pape*, quia suae dignitatis auctoritas valde est admiranda, vel dicitur *papa* quasi pater patrum“, Clm. 11459 (sec. XV. 2º), f. 271.

Papa, si rem tangimus, nomen habet a re:
quicquid agunt alii solus vult papare. Ben. 160ª, f. 10ª. „Papa, babst. Cedit papa pape non cedunt munera pape“, Voc. optim. p. 35. Der Päbstler. Am Landtag v. 1508 beschweren sich die Prälaten über die Cortisanen und Päbstler; Kr. Lhdl. XVII, 134. Dieses waren solche Geistliche, die von der Corte romana oder dem Papste, vermöge der, aus den falschen Decretalen hervorgegangenen päbstlichen Reservationen zum Nachtheil der Eingebornen mit Dom- oder andern Stiftspräbenden belehnt wurden. MB. XX, 695, ad 1495 findet sich ein Exspectativ-Brief ad quodvis beneficium unter 25 Mark Silbers jährlichen Einkommens in den Stiften Freysing und Augsburg, gegeben vom Pabst einem Genuesischen Geistlichen, qui scriptor et cubicularius ac continuus comensalis des heil. Vaters war. Die Pabstey, papatus; Voc. v. 1419 u. 1449. „In dem zweliftisten jar unser pabstey“ (1401), Cgm. 3941, f. 202. „In der ersten Indiction der pabstey des allerheiligsten in got vaters und Herrn Herrn Eugeny des vierden“, MB. XXIV, 634, ad 1438.

Der Pâb-st, d. i. Bövist = Fist, Bauchwind (s. unten feisten). „Herr Lehrer, der N. hat einen Bapst gethan!“ riefen 1839 zu Kösching dem eben dorthin gekommenen Beiner die Schulkinder zu. Cf. Pfoser.

„Pabinhenckel, merops“, Clm. 5931 (sec. XV.), f. 206. ˋVrgl. bömheckel, poumheckel, merops, bei Diefenbach 358ᶜ.ˊ

ˋDas Pacem, der Friedenskuß bei der Messe, (mhd. pâcem, pâce, paece, petz, betz. BM. II, 457. 473. Zeitschr. II, 449: peetze).ˊ „De *pace*. Post hoc *osculum pacis* amicis porrigimus antequam communicemus, quod Innocentius papa instituit“ etc. Aug. eccl. 112, f. 156. cf. Clm. 5127 (sec. XII.), f. 61ᵇ. 62. Clm. 16105ª, f. 9: de pacis osculo. „Quaeritur quare in missa mortuorum *pax* non datur“, Monac. Francisc. 184, f. 134. San-Zenon. 110, f. 178. cf. Clm. 717, f. 382. Das Pacem in der Messe den Andächtigen zum

Küssen gereicht: Cgm. 638, f. 52³/₄. Das pacz in der Messe als Surrogat der Communion der Layen: Cgm. 851, f. 175. Abergläubische Verwendung des Pacem: Fürstenf. 121, f. 154ᵇ. „So man das pacem gibt", Cgm. 833, f. 159. „Wenn man noch das bâts git", Cgm. 379, f. 47. „Hat ir gemacht ein agnus dei und ein pacem", Cgm. 697, f. 137. „Ein guldin pacem creutz" zu Mariastein, Cgm. 1525, f. 40ᵇ. „So nim daz päzze von dem ersten, dem is der priester geit", Fürstenf. 121, f. 154ᵇ. „Die fraw sprach: ich muß gan (in die Messe), die Alte sprach: ir hant noch alle zeit, wann man joch das pacem geit und man das chram danen tut, allerst so wirt die meß gut", Cgm. 270, f. 87ᵃ. Mit ablas lesen, kirchenschwenzen, mit pacem küssen, heilthumb schawen" ꝛc. H. Sachs 1612: II, I, 169. In der Schuelmaister-Ordnung de anno 1563 heißt es: „deßgleichen alls ain Zeitheer ain pöser prauch bey Inen (den Schulmeistern) eingerißsen, das man den khindern vmb gellt und gegen anderer liebung Zaichen gegeben (die man pacem genannt) umb das man dem khindt oder Schueler nicht gethan, welches ain pacem furzezaigen unnd herzegeben gehebt, ob es gleich ain Correction oder straff verdiennt hat. Dise Pacem sollen hinfüran genntzlich abgeschafft sein, und welcher hinfüran dieselben mer ausgibt, den will ain Ersamer Rath ungestrafft nit lassen", Wstr. Btr. V, 233. Pacem in der Schuel, tessera immunitatis; Prompt. von 1618. Cf. Renner 17442: „Guten sin er ofte erstecket, swer urlaup gibt und ofte fride schulern, der zeuhet untugenden smide." Dieselbe Sache hieß auch Privilegium, s. A. Bucher's s. Schriften, V. Band, p. 141; span. el parce.

Das Pech (Péhh), wie hchd. (ahd. peh, beh, mhd. bech. Graff III, 322. BM. I, 96. Grimm III, 394. Wbch. I, 1213). R. A. Pech geben, die Flucht ergreifen. Es hält, es geht ꝛc. âls wie 's *Péch*, d. h. sehr fest, sehr stark. Dàs is má' *Péch*, ist mir gleichgültig, ist ohne Werth für mich, Seidl, Flinserln IV, 42. 134. „Wàs fràg I' um 'Bergəln, um d' Wassə'ln, um d' Stég, sán' àllé nét dé rècht'n, sán' àllé zsam *Péch*." Seidl, Flins.³, S. 110. Figürl. (Studenten-Ausdruck): Übel; cf. im französischen argot: *ciguë* (Schierling) = desappointement, desagrément. Castelli, Wbch. 90: „Böchfog'l, Mensch, von dem wir glauben er bringe uns Unglück, guignon." Vrgl. Zeitschr. III, 186,2. IV, 217. Die Pechgallen, Harzausfluß aus Balken, Brettern ꝛc. pechgallig, adj. Der Pechlaim, zähe, kalte, unfruchtbare Thonerde; pechlaimig, adj. Də' Bodn is *péhhlaəmi*'. Das Pechmännlein, (Kinderspr.) die Schläf-
276 rigkeit, die gleichsam die Augen zupicht. 's *Péhhmánnl'* kimt də' scho˜, lég di' nidə'. Das Pechöl, schwarze, aus Pech gesottene Wagenschmiere. pechölen (péchəln, ◡–), solche Schmiere sieden. Der Pechöler, Pechölerer, 1) der solche Schmiere siedet, 2) der damit hausiert. Die Pechwelle. „Von der helle unde von der heizen bechwelle", Diemer, Ged. 303,27. cf. BM. III, 674. Das Peilenpech (?). „Ain virdung peylnpech", Cgm. 4543, f. 152. Das Vogelpech, Katzenpech, (b. W.) Gummi, das aus Kirschen- und Pflaumenbäumen fließt.

pechschwarz, pechfinster, wol nur aus der alten Bedeutung von bech (= Hölle, Otfr., Maßmann's Denkm. I, 142. Grimm III, 394. Graff III, 322. BM. I, 96) erklärlich. 'Vrgl. Peckelhafen.'

pecheln, 1) nach Pech riechen, 2) harzen, pechen, die Fichtenbäume anhauen, um das herausfließende Harz zu gewinnen, welches dann zu verschiedenem Gebrauch geläutert und eingesotten wird.

Der Pecher. MB. XXIII, 533, ad 1465 kommen vor: fünf Pecher Groß, ye acht Pfenning für ain Pecher zu zälen. Vrgl. Böhaimisch und Grosch.

'pichen, wie hchd. (Grimm, Wbch. I, 1808. Zeitschr. IV, 217). R. A. naß pichen.' „Swer nach gotes minne wil werben, der lazze die werlde in im sterben; tût er des niht, so pichet er naz"; Renner 17126.

pochen, poggeln, (schwäb.) Art Hazardspiel mit Karten. „Zu Nachte gehet es ans Puchen unde Würfeln", Denkwürdigk. der Herzogin Dorothea Sibilla v. Liegnitz († 1625), Anhang. p. 21. Die Trümpfe dabei hießen Puch. s. Boch.

puchen, wie hchd., pochen, stampfen (mhd. bochen. BM. I, 220. Grimm, Wbch. II, 199). puchen, puchten, sich trotzig aufblähen; auf éppas *puchə˜*. Mit einem puchə˜, den Trotzigen, Beleidigten gegen ihn spielen, schmollen. aufpuchen, aufpuchten, sich trotzig auflehnen, erpostulieren. (cfr. russ. пуха, Aufgeblasenheit, Stolz). 'Der Poch, 1) einmaliges Pochen; 2) Prahlerei, Stolz, Trotz (Grimm, Wbch. II, 199. Zeitschr. IV, 334. 194).' „Ich wolt jhr auch mit kirschenholz vertreiben disen poch und stoltz", H. Sachs 1560: IV, III, 38 (1612: IV, III, 84).

fürpuchen, (voreilen, zuvorkommen, vorbeugen?). „Sollen den Räubern auf den Straßen, Stegen u. Altwegen stracks nacheilen oder fürpuchen, wie sie dann zur Eroberung der Thäter für gut ansehen würde", Kr. Lhdl. XVII, 142. 145. XVIII, 390.

überpuchen, übertreffen. „Und hetten die Könige einen ehrlichen nützen Krieg miteinander, wollt einer den andern überpochen mit der Mennig und Wehrt der Bücher", Avent. Chr.

Pechsen, plur. (O.Pf.), Bècks'n (b. W.), Kerne von Kirschen, Pflaumen, nemlich die knöcherne Einfassung des Keə'ns; cf. böhm. pecka (ausgesprochen petzka), polnisch pestka, kärnt. pizhka, pizhiza (Jarnik 182). In einem Vocab. v. 1477 (Heumann, opusc. p. 445) kommt vor: affamentum, tumentum, dornpechse; '(d. i. dornbuchse = Dornbusch, affumentum, dumetum; s. Diefenbach 16ᶜ u. 192ᵇ).'

'pochseln, bochseln, stark pochen; dumpfes Getöse von sich geben, (Grimm, Wbch. II, 200).' „Do was der haiden klaide hert; secht das von dem selben gfert (Schwertschlag) das leder pochslent (schallend, rasselnd) ward so fast, man hort es uber zehen rast", Ring 54ᶜ,32.

'Das Pechtle, Bechtle, Splitter (s. oben Bocht u. vrgl. Köhler, vier Dialoge v. H. Sachs, S. 101: 45,11).' „Das er auch züg dem nechsten sein auß seinem aug das pechtle klein", H. Sachs 1560: V, 381 (1612: V, III, 91).

„Puchta" (Franken, nach dem Journ. v. u. f. D.; v. Lang), Puchti (nach dem Hrn. Collegen Puchta), was auf der geschmolznen Butter oben schwimmt. Buchta-y, fem., Art Mehlspeise, Buchte (polnisch Mehlklump, Teig auf Brod). K. Baworům knedljkům řjkagj buchty, ginde toliko pečenému těstu na pekáči, (Jungmann). Buchta, česk., Art Kuchen und Mehlspeise; Stoß mit der Faust. (Vrgl. allenfalls das böhmische pausteti, pustiti, poln. puszczac, zergehen lassen, schmelzen; auch kärnt. puh, Schwall, puhati, schnauben, blasen, puhor, Wasserblase; Jarnik p. 59.

Der Pack, das Päcklein, wie hchd. Packleut, Päcklein-Leut (Páckl-leut), Leute ohne Heimat, welche das Ihrige auf dem Rücken mit sich herumtragen; Bettelleute. Das Päckleinmensch (Páckl-mensch), Weibsperson obiger Art; Hure. abpacken (à'packə˜) mit Einem, den Umgang mit ihm aufgeben. *Pack à'* mit dèn Menschn, sunst sètzt ə' di à˜. päckeln, heimlich thun. Wàs hàbts denn allewál z' *päckeln*, (Baader).

packschirrig, s. schirren: Geschirr, auch patschierig u. oben Sp. 225: beygeschirrig.

päckeln (páckln), verlegen, faul riechen. cf. bläckeln und pfnäckeln, auch appenzell. bäckələ˜ für tabakeln, nach Tabak riechen oder schmecken, (Tobler S. 32ᵃ).

Die Pauken, 1) wie hchd. die Pauke (mhd. pûke, bûke; cf. ahd. pouchan, mhd. bouchen, ntr., Wink, Zeichen, Wunder; altſ. bôcan, agſ. beacen, engl. to beck, to beckon. Alſo niederdeutſch geblieben ſtatt Bäuchen, wie Laken ſt. Lachen. Graff III, 44. BM. I, 227. II, 541. Grimm, Wbch. I, 1186. „Significationem, zeichenunge, bouchenunge“, Cgm. 17, f. 88ᵇ, Pſ. 59,6. „Jr enſehent denne zaichen unde bouchen“... „grôziu bouchen“, Griesh. Pred. I, 136. 149). „Mit ſchreien, ruffen, lutem, dan (don), auch puken und drumeten“, M. Beham, Wiener 178,7. Hiə'paukng, ſ. Her. Roßpauken, ſ. Roß. 2) Beule. „N. iſt mit forchtſamen Pauggen und einer ſchmerzhaften Geſchwulſt behaftet geweſen“, Altötting. Hiſtor. v. 1698.

277 pèkeln, (Kinderwort), cacare. 'Vrgl. oben: Pè-pè.'

Peck, (Zips) kleine Kieſelſteine zum Peckſpielen (Steintäppeln). Vilmar, heſſ. Idiot. 295.

Der Peckel (Pèckl und Péckl) oder der Pecken, 1) das Gebrechen, der Mangel oder Fehler, ital. la pecca, ſpan. peca, portug. pego (Diez, Wbch. 256). „Eva hat uns allen ein grobe Letz gelaſſen, Maria hat uns wieder allen Peckhl vertriben“, Selhamer. Der Apfel hàt ə˜n *Pèckl*, iſt verletzt, wird ſich nicht halten, ſondern zu faulen anfangen. Aə˜n ə˜n *Pèckng* oder *Pèckl* à˜hänggə˜, einem ein Leibesübel anhängen. 2) (Hoiß, Weilheim) der Ekel, das Grauen. Haſt du dir einen Pecken 'nein 'geſſen? Mueßt dir einen Bek·n (Grauſen) hineineſſen? peckeln, kränkeln; engliſch to peak. Der Peckler, der immer kränkelt. peckelhaft (péckIháfti'), krankhaft; dem Leibe nach, mangelhaft, tadelhaft. Muəßt ə˜ Wál *bekln, beklhaft*, ə˜ *Bekle'* weə'n, (OberM.).

Peckelhafen. K. H. v. Lang (im Jahresbericht des hiſtor. Ver. f. d. Rezatkreis, 1831, p. 32) weiß von einem ſchwäbiſchen Peckelhafen (ſlaw. pekeletz) für Höllhafen. 'Vrgl. oben: pechſchwarz.'

peckſiern, *pécksiə'n*, (b. Wald), etwas Unrechtes thun; vermuthlich von peccieren, peccare. „Uber alle ſo an ſelben Orten pecciren oder verbrechen, hat der Salzmair die Obrigkeit“, Lori, BergR. LXXIII.

picken, kleben, haften, wie Pech. Dés *pickt*, das hält, iſt feſtgepicht. Die Augen picken mir zue, ſie ſind mir wie zuſammengepicht. pickig, adj. Das Gepick ('Pick), klebrige Materie, Schmutz. Dà is' s no˜ ə˜ lautə's *Pick*.

Der Pick, in der R.A. einen Pick auf jemand haben, d. h. Luſt, ihm etwas Unangenehmes wieder zu vergelten, ſich an ihm zu rächen, Groll, rancune. Vilmar, heſſ. Idiot. 301. „Kaiſer Karl IV. aber, der auf Baiern in Specie einen Verſchmach und groben Pick hatte“, ad an. 1631, Wſtr. Btr. I, p. 180. Vrgl. auch die Form: erpicht, verpicht ſeyn (auf etwas), und gl. i. 38. 31: anapichan, impetere. Zeitſchr. IV, 488. 217.

„pickchwichel, molloceum“ (?), Clm. 5877 (v. 1449), f. 127. 'Vrgl. Diefenbach 365ᵃ: molacrum.'

Die Pocke, (Aſchaff. P-hochə), Blatter, Blaſe, Geſchwür; cf. BM. I, 524. Grimm, Wbch. II, 204.

Pockafentzel, ſ. Fánkə-l.

Pockenſchin. „Bisso, pockenſchin; coccus, roſin; Teg. 439, fol. primo. ſ. oben Sp. 207: Buckſchin.

„Poekel.“ Im Schloß Lok bewahrte man unter andern Waffen aº. 1317 „bellas iiii magnas quarum tantum due sunt coriate, it. iiii Spanbench et i cum cita, item iiii *Poekel* et ii magnas faretras“, Meichelbeck, Hist. Fris. II, Nr. 232. Cf. Vilmar, heſſ. Idiot. 305.

„Puck, Par, Bojis s. v. crepitus ventris“, Wackius.

Paurel, *Baun˜xel (Bau˜ckəl)*, kleiner, putziger Kerl. „Sei guad, du liabs *Bauxerl*“, Seidl, Flinſerln III, 53. 103. 'Caſtelli, Wbch. 77: „Der Baudarl, Spottname für einen kleinen, dicken Menſchen, auch Baurl.“'

Der Pact (Pack'), 1) (opf.), der Pacht. 2) der Vertrag. Mit'n Tuifəl ə˜n *Pack* hàbm.

Paudel (?). „Ein paudel kan zeſamen locken mere toren und torinne denne vier glocken“, Renner 6625.

Das Podagram, Podigràb, das Podagra. „Bachus der Vater, Venus die Mutter, Zorn die Hebamm erzeugen das Podagram“; Landbote, 1847, S. 53. podagramiſch, podagrosus; Prompt. v. 1618. „Ungeacht er, graf Jörg, als ein achtzigjäriger blinder, podagramiſcher Herr mit Sr. f. Gn. einen ſtarcken Trunk thon“, Hund's Stb. I, 99.

Podwarn, Potwarn. „Ler uns potwarn und ſtraffunge (contumelias) gedulticlichen tragen“, Cgm. 101, f. 23. botwaren, ſchmähen; Hofmann, Fundgr. I, 361. BM. I, 227. II, 526. Cf. ſlaw., poln. Podwoda, Zwangsfuhr, Vorſpann, angaria.

Der Pudel, 1) wie hchd. d. h. a) Art Hund, b) Fehler beym Kegelſpiel (aus franz. boule = Bu-l, Budl? wie Bodol·n = bowl. Gramm. 527. Cf. poln. pudlo, Fehlſchuß, Fehler im Spiel); '3) Fehler überhaupt;' „Mit de Collecte hett he (der Schulmeiſter) syn Daage keenen *Pudel* maakt, aſs anderswo oft geschiecht“, Firmenich I, 198 (Hannover). Vilmar, heſſ. Idiot. 307.

Die Pudel, langes Brett in einer Kegelbahn, auf welchem die geworfene Kugel fortrollen muß, bis ſie die Kegel erreicht; Kegelbahn mit einem ſolchen Brett (Wien: Buttl; Caſtelli 99: Budl; ſ. oben Sp. 212: Budel). Dá Pál hàt '*Pud·l* zum Keg·lscheibm g'recht·ln (herrichten) lass·n“, Seidl, Ged. (1844), S. 268. Flinſerln III, 90. 104. Pudel-Ban, P.-Platz, P.-Statt, entgegengeſetzt einer Kegelbahn auf Langaus; (cf. jeu de longue boule, de courte boule, Langſchub, Kurzſchub). Die Stoßpudel, tragbare Kegelbahn, ungefähr nach Art einer Billardtafel, auf welcher eine elfenbeinene 278
Kugel mit einem Stock geſtoßen wird. Daher: pudeln (pudln, pu'ln), vrb. n., auf einem Pudelplatz Kegel ſchieben; überhaupt: Kegel ſchieben. Anmerk. Vielleicht iſt dieſes Pudel, nach umgekehrter Ausſprach-Analogie von Gramm. 440, nichts anders als Bugel, d. h. der Bügel oder eiſerne Ring, durch welchen man etwa ehmals die Kugel zu ſchieben hatte, und welcher in der Folge vom Brette weggeblieben ſeyn mag. ſ. Bugel, Bugelplatz in Heniſch's Theſaurus. Wirklich pflegte noch vor 30, 40 Jahren das Brett erſt in einiger Entfernung vom Stande des Spielers anzufangen und nur bis ohngefähr über die Hälfte der Bahn zu reichen, bis endlich die, damals ſogenannte, Salzburger-Pudel die gewöhnlichere wurde. ſ. oben Budel.

2. die Pudel, lange Tafel in einem Kaufmannsgewölbe, auf welcher die Waaren vorgelegt werden. In Wien: die Pud·l, großer Kaſten, den die Kaufleute mitten im Gewölbe vor ſich haben. Pud·lramer, ein diebiſcher Kaufmannsdiener. Vrgl. Caſtelli, Wbch. 99 u. ſ. oben Bude. „budel, loculus“, gl. o. 343. cf. weſtpreußiſch Pudel, poln. pudlo, Schachtel; ſchwed. bod, fem., (Handels-)Laden, Bude; brem. nieder. Wbch. I, 106: Bödel.

Das Pudel, Halspudel, Dim. *Pudə-l*, (Baur), eine ehmals bey weiblichen Perſonen bürgerlichen Standes übliche Art Halsbekleidung, die aus mehrern kleinen, zottichten oder krauſen, neben und über einander liegenden Bändchen beſtand. Die Pudelhauben, Pudelmütze (Adelung), männliche Kopfbedeckung, von außen mit Lämmerfell überzogen. pudelrauh, haarig, zottig. „Mein Brueder ist pudlrauch", Göschl, Genes. 27, 11.

pudeln, *də'budln*, herum-, zsam*pudln*, in den Händen herumwerfen, rollen, wälzen, nicht schonend behandeln. Einen pudeln, hudeln und pudeln, ihn hart halten, zu schlechten Arbeiten verwenden. (Man denkt bey diesem Ausdruck an Pudel, den Hund). Zeitschr. IV, 336. pudeln, Kegel schieben, s. die Pudel 1; im Kegelspiel fehlen, s. der Pudel.

pidern, püdern (?). „Leg jn in ein ungepiderten hafen", Progel's Msc., Arzneybuch, f. 114b.

Pafett·l, s. Bafettlein.

Die Pafesen, eine Art großen Schildes, die zum Theil noch einige Zeit nach Einführung der Feuergewehre üblich war, il pavese, el paves, le pavois, (vermuthlich von einem vrb. pavesare schirmen. Die Bedeckung der Seiten einer Galeere hieß pavesata, pavesade. Grimm, Wbch. I, 1075. Nach Ferrari's Vermuthung von Pavia benannt, wo sie verfertigt wurden, Diez, Wbch. 256; s. unten pafeis. Vrgl. česk. paweza, Schild; pawezka, Diminutiv; pawezník, Schildträger, Schildmacher. Kopitar: krain. povésniti, zudecken, z. B. einen Schmetterling mit dem Hut). El *pavese*, der sturmschilt; venez. deutsch. Voc. v. 1424, f. 26b. „Antile, tarschen oder pafesen", Fragm. onomastici, am innern Hinterdeckel von Cgm. 4479. „*Καςέλλωμα*, castellamentum, pars navis, ubi clypeos suspendebant milites. *Pavesade* nostri vocabant;" Ducange, gloss. graec., col. 602. „Vier Pauesen, vier Handtpögen", Wstr. Btr. III, 139. vrgl. Kr. Lhdl. VII, 9 ff., ad 1450, X, 15. 16, ad 1471. „Lainend auf seiner Pavesen." „Mit Schild und Pafesen." „Ein guldene Pavesen . . ." Avent. Chr. pass. „Der hiet ein pavesen, die schirmt in vor den geschossen", Ring 57b,12. s. Th. IV: Waphesen. Dieses kriegerische Wort lebt noch in der friedlichen Sprache der Küche, wo es ein Paar schildförmige, mit dazwischenliegendem Kalbshirn oder auch Zwetschgen und andern Dingen gebackene Semmelschnitten bedeutet. Castelli, Wbch. 90: „Bofös·n, Semmelschnitten, mit Hirn gefüllt, von dem franz. bavaises herrührend. Das Bofös·nkama'l, scherzh., der Hirnschädel." R. A. Pavesen im Kopf haben, d. h. das, womit meistens die Pavesen gefüllt werden, nemlich: Gehirn, und folglich: Verstand. „Bist halt ä seltsams Ding, än artligi *Pavösen*, sagt Hois zu dem in der Stadt scheuen Riepl, Lindermayr 141. Der Pafesner. Im Jahre 1491 dient ein Böhme dem h. Herzog Albrecht mit einer Rotte Kriegsvolk von 32 Reitern und 600 Fußknechten. Es soll unter solcher Anzahl der Fußknechte der zehnte ein Pafesner seyn. Für ein Pferd (Reiter) bekommt er alle Wochen 1 Pfund
279 Münchner Pf., für einen Pafesner 1 Gulden, für einen Schützen einen halben Gulden rh.; Kr. Lhdl. X, 461. „Pafeser, Schirmer", Avent. Chr. 80. 254. „Er was ain pavesner, ain wilder pfaff und mesner", M. Beham, Wiener 93,12. „Prafösener, scutatus", Vegetius von 1529, I, cap. IV.

Pavey, Paveis, Pavia, (cf. BM. II, 470).
„Nonne meus Severinus inani jure peremptus
Carcere Papiae (vulgo *pafeis*) non patienda tulit."
Ind. 384, f. 71. Sollte daher die Küchen-Erfindung ihren Namen haben.

Paflär. „Wer mit verboten Wer lauft auf die Straß von einem Spieß oder Hacken oder Paflär oder mit einem Scheit", F. v. Freyberg's Tegernsee p. 170. „Paslär, pugio", Voc. v. 1419. Kilian im Append. baseler. Cgm. 558, f. 127. 131. 133: basler. „Un baxelar, ein paslar", Voc. Venez.-todesco von 1460, Cod. it. 362, f. 20. Baselspeer, Tschudi 229a. 459b. Grimm, RA. 68. cf. Das Basler Wapen, Baselstab. Waflärstraß (?) zu Regensburg; MB. XXVII, 81.

pofeln, quallen, in Menge hervorbrechen; s. boppeln. „Wö (warum) d· Nöbeln (nebulae) so dick *anabofeln*, däss s d· Wind nöt kinnän wöckäschofeln", Lindermayr 191. „Wia so d· Leut . . . *zsamabofeln* übrall her", Seidl, Finserln IV, 88 (3. Ausg. 167). 'Castelli, Wbch. 90: bofln, wimmeln; sich vielfältig bewegen.'

Der Pofel, 1) lästige Menge von Dingen, e˜ ganzə˜ *Pof·l* Ess·n. 2) bey Kaufleuten: alte, verlegene, ungangbare Waare, Ausschuß, (Castelli, Wbch. 90: der Bofl, Gewirr, Gewimmel, große Menge; auch schlechte, verlegene Waare. Zeitschr. IV, 70. 494. cf. engl. bawble, Tand, Kinderspielzeug, Nichtswerthes). 3) drittes Heu, (Botzen): Heu, Grummet, Pofel und Nachpofel. „Der unaufhörliche Regen verdarb das zweite Grummet (Pofl)", Allgem. Ztng. von 1846, Beil., S. 2463, Arikel v. der Eisack. Zeitschr. IV, 335. 494. verpofeln, abliegen, schadhaft werden; 'zu Pofel machen,' schadhaft machen, verderben. „Ein war lag hin, die ander her, als ob es auff dem Sewmarkt (Nürnb. Trödelmarkt) wer, Unfleißig, on all ordinantz, unscheinlich und verpafelt gantz." H. Sachs. „Die mucken thund mir vil verpaffeln", sagt der Krämer von seiner Waare, H. Sachs 1560: II, IV, 4. „So bald die döcken, der riter S. Georg, oder ein anders kramat ist verbafelt, schmutzig und besudelt worden", Cgm. 4576 (v. 1591), f. 7.

Das Pofel, Pöfel, bey D. v. Pliening, für populus, (welches nach Prof. Schmidt zu Stettin, in Höfer's Zeitschr. f. W. d. Spr. III, 172, redupliciert ist aus *πολ-ύς*: die Vielen). „Das remisch Pöfel, populus romanus. Das gemain pöfel, vulgus. pöflichen, publice." 'Der (das) Povel, Bofel, die Volksmenge, Leute (BM. I, 230. Zeitschr. IV, 335. Grimm, Wbch. II, 218).' „Da wart geladen die menig des volkhs und dahin chom ein grozer povel . . ." „Daz muz bei der nacht geschehen, daz sein der pofel nicht inne werd", Cgm. 54, f. 52a. 61b. „Daz ander bövel slief", v. d. Hagen, Ges. Abent. LV, 719. Das Gepöfel, Gepofel, Pofelvolk. „Umb mich kam das gepöfel ark, das alles wollt mein freunde sein", H. Sachs 1612: II, II, 43. „Darumb leg ich allen meinen fleiß, wie ich die gaistlichen bescheiß, wan tun ich den obligen, so lat im das gebofel leicht angesigen", sagt der Teufel im Gedicht: des Teufels Segi, Wallerst. Hs. v. 1449 (cf. Barack p. 94: 2857 ff.). „Propter ista 4 (fidem, obedientiam, opera christiana et patientiam) cernitis solum in regno coelorum d' *povelvolck* (nicht lantherren, freien, graven etc.). Nota quod etiam mercatores et milites sunt d' *povelvolck*", Monac. Augustin. 84, f. 67b. Heutzutage hört man: der Pöfel (Péfl) im Sinn des hchd. Pöbel; (də' gmài˜ *Pibl*, b. W.).

pofen, båf·n, den Speichel aus dem Mund fließen lassen, geifern; der Pofer; (Baader). Zeitschr. IV, 67.

---

verpeugen, aus Kr. Lhdl. XVI, 242 citiert in Lang's Acta apostolorum 123 und durch „sich im Kleinen vertheilen" erklärt.

„Pigel" (nach Scherz) Pech. Pighel, VII Com. (Dalpozzo 380); ital. pegola, Pech. Die tyrol. Waldordnung von 1719 verbietet p. 82 das Lörgatbohren, Pechgewinnen und Piglbrennen oder (p. 103. 108) das Pügel- und Aschenbrennen.

„Bögel, Wetterstock." „Graosmächtige Vögel floig·n um bá dá Nacht, kohlnschwarz wie-r-a *Bögel*, wann's dunnert und kracht." Stelzhamer 70. 174.

Päl, Ortsname, ehedem Pöwl. „Numerus ecclesiarum in decanatu *Poewl*. Diezzen. Raistingen cum Selvin. Hönshoven. Pyrrenbach. Vnnenhösen c. duabus filiis. Witoldsoven apud Wülenpach. havsen. Wilhaim c. Wůlenpach. Scti. Ypoliti. Pollingen. Odratingen ... ebrolvingen. hugolfingen cum filia ... Staffense c. IV filiabus. hŏhindorf. Wihse ... rŏchse (Riegsee?). ŏtlingen cum tŏttingen. walt'mspach. vffindorf (Iffeldorf?). *Pŏwl* decanus ex officio nihil dat. Pœisenberc camerarius similiter nihil et purrensis parochia. marhpach. Zaizmaningen." Cod. Benedictobur., Clm. 4563 (sec. XIII.) f. 1.

pálieren, statt polieren, (Grimm, Wbch. I, 1088). „Edle Stein palliren", Lori, Berg.R. 431. „Schleiff- und Pallier-mühlen", Paritii Regensb. 144. „paliern, polire", Prompt. v. 1618. „Das pflaster diser bruck allein war von pallirtem marbelstein", H. Sachs 1612: I, 348. Kilian: paléren. Buch d. W. 1485, f. 12. gepalieret, feingebildet. „Die krauchen schickent ir schar, sam ain gepalierte ritterschaft tuot gegen den feinden", Konr. v. Megenberg f. 112ᵇ (Pfeiffer 190,25). „Gepaleret (alias gepallieret) wîp, der selden zwîg", Altswert 8,31. (cf. BM. II, 461: palîure). „Er will ain balierter Lateiner sein", Dr. Eck, 1542. Der Pálịər, bey den Maurern, Zimmerleuten und einigen andern zünftigen Arbeitern, derjenige Obergesell oder Kunstverständige, der nach der Anordnung des Bauherrn oder des Baumeisters über die, bey einem Bau verwendeten Arbeiter oder eine Partie derselben die Aufsicht führt. Ober-Palier, Unter-Palier. Brunn-, Maurer-, Stainmetz-, Zimmer-Palier. In der Landsordnung v. 1553, p. 161. 162. 165 kommt statt Palier vor: Perlir. Ainem Perlir, wann er den Maister vertritt sollen) zwen und dreißig pfenning, aber sonst nit mer, dann dreißig pfenning (als Taglohn gegeben werden). Erhält er zu essen, so bezieht er 10 Pfenning weniger Lohn. Palierer, polio, Prompt. v. 1618. „Peter Keckh zimmerperlir"... „Perlier", Cbm. 2224 (v. 1613), f. 136. 222.

Der Palandran, (ital. palandrano, span. balandran und palandra), Art Reisemantel, Regenmantel, Reitmantel mit weiten Ärmeln (cf. Graff III, 331. BM. II, 458. 461). In Bucher's Charfreit. Action „eilt Neptunus mit einem Comandostab hin und wieder im Palandran"; nach der Sündflut „hängt er sein Paladran auf", wischt sich ab und läßt sich einen Trunk schmecken.

Der und das Palast, ä. Sp., wie hchd. (mhd. der und daz palas, v. lat. palatium. BM. II, 459). „Gydo gieng an daz palast und chlopfet an daz tor", Cgm. 54, f. 76ᵃ.

Pallun (?). „Rennen über die Pallun", Cgm. 929 (v. 1568), f. 59.

Pàln- (oder Póln?) Kittel, kurzes Oberkleid der Weibspersonen um Dachau ꝛc. cf. Paltrock.

„Paylhartz oder gloriet", Clm. 5036, f. 136ᵇ. cf. Pülharz u. Grimm, Wbch. II, 512.

Peil, s. oben beilmäßig. „Der sporer, der di wein bewaret oben an den peilen mit eisenen panten" (1392), Freyb. Samml. II, 118. cf. BM. II, 518: daz pil, Spundloch. verpîlen, verpeilen. „Verpilet, verschiubet, oppilabit", Cgm. 17, f. 161ᵇ.

Der Pil-gram, Pilgrim, 1) der Pilger, (ital. pelegrino, peregrinus; ahd. piligrim, mhd. bilgerîn, bilgerîm. Graff III, 333. BM. I, 125. Grimm, Wbch. II, 26. Diez, Wbch. 257). Gèəst fürschi, du alter *Pilger!* zu alten, lahmen Pferden, (Baader). 2) eine Art Falke, falco peregrinus. „Er fleugt für ander falken, recht als ein bilgram thut für ein sackers", Valkn. 11. 25. cf. 93. „Des tout der pilgrîm valke niht", Haupt's Zeitschr. VIII, 557,231. Ein Pilgeramb-Haus
280 in Mittenwald, zur Beherbergung von Pilgern und armen Leuten, unter Aufsicht eines Bilgeramb-Maisters, gestiftet aᵒ. 1488; Meichelb. H. Fr. II, Nr. 363. 364. Gl. a. 193. 246: piligrim, peregrinus.

Der Polák (υ-), 1) wie hchd. der Pole (mhd. Pôlân, Pœlân, Polen, das Land, und der Pole, BM. II, 524. „Ein Pôlân ald (oder) ein Riuze", Wather v. d. V. 81,2. „Ein ars von Polan und ein peyerische fut daran", Cgm. 713, f. 47. Polonus, Polan; Voc. v. 1419. Clm. 5877, v. 1449, f. 134). 2) (O.Pf.), Art Kartoffel, (vielleicht wie das nürnbergische Botáck'n aus dem spanischen patata entstanden; vrgl. indessen auch Bandur). Zeitschr. V, 465. 3) (Frank., Rhein.), Überrest eines Trunkes im Glase. Muß sehr verbreitet seyn, denn auch im dänischen Epos Peder Paars 4 B., 5te Ges. steht die witzige Ermunterung: „Stik af! i dette land man lider kein Polakker!" polakieren, prellen, (Hammer-Purgstall). Castelli, Wbch. 91: „Jemanden bollak'n, auch bollakia'n, ihn hinter's Licht führen; Jemanden einen Bollak'n geb'n, ihm Schläge auf den Hintern geben. Bollak'n-streich, ein dummer Streich"

polisch, 1) polnisch, 2) seltsam, sonderbar. Das kommt mir polisch vor. Cf. dän. polisk, verschmitzt.

Poland (?). „Als ain rosenplat, das sein poland hat zertan und schier herfür beginnet gan des morgens in dem tawe", Cgm. 714, f. 148. Cf. der Bollen.

politisch, 1) wie hchd. 2) policiert, höflich, fein. „Ein unpolitischer Bauer, ein politischer Hofmaister", Selhamer. 3) policeylich: „politische Strafen", Ldtg. v. 1612, f. 369; „politische Ordnung", wirzb. Verord. v. 1646. Die Policey, 1) wie hchd. 2) die Politik. „Des Machiavelli Policey", Selhamer. 3) die Höflichkeit. „Ein grober ungeschlachter Baur, der sauber nichts von der Policey ergriffen." „Kraft der Policey-Regeln, soll man einem jeden seinen gebürlichen Respect ertheilen." .. „Wann dieß ein Policey ist, was muß dann ein Grobianismus seyn?" Selhamer. Nach ebendemselben wurde zu Ingolstadt schon in den 1680ger Jahren allen Polizeykunden zum heilsamen Schrecken auf offentlicher Schaubühne der steinene Gast vorgestellt, in welchem (statt des spätern Don Juan) ein Graf Leontio mit seinem politischen Hofmeister Machiavell bey lebendigem Leibe vom Teufel geholt wird.

pollern, beunruhigen, hudeln. cf. Grimm, Wbch. II, 233. s. poltern.

Der Poll. „Wenn der Waiz gilt 5 ß., so soll die Semel haben 7 Mark, und der Polle 8 Mark", Gem. Reg. Chr. II, 181, ad 1376. „Welich pekch pächt pollen für semeln", (wird gestraft), Traunsteiner Freyheitsbrief von 1375. Wenn nicht IV, 91, ad 1504 obiger Chronik der Poll bestimmt als Mehlgattung vorkäme, und im zweyten Beyspiel die Ausdrücke pollen und semeln Adjective seyn könnten, wäre es erlaubt, zu vermuthen, daß der Poll ursprünglich eine Brodform bedeutet habe. Wien: die weiße Poll, dritte Art Waizenmehl; die schwarze Poll, vierte Art Pollmehl. Vrgl. Bollen. Im Hchd. ist nur die Zusammensetzung Pollmehl (Grimm, Wbch. II, 233) üblich. *ə~pollmelbənə* Wekng. Dés Broud *pollmǝlbə-lət*, (b. W.). pollen, vrb., Pollmehl machen.

Die Polle, Bolle, ein Gefäß, auch als Maß gebraucht, Kanne, (Grimm, Wbch. II, 231. Zeitschr. IV, 498. BM. I, 119). „Unum potum vini wawarici mensurae dictae *Poll*", Lang, Reg. B. IV, 775 (ad 1280, Stadtamhof).

Polleder, junges Pferd, Füllen, (Hammer-Purgstall); ital. poledro, pouledro, (Diez, Wbch. 269).

Die Politten (Palitt'n, Palickng), kurzes schriftliches Zeichen, Zeugniß, Billet. (s. Adelung: Politze, ital. polizza, span. póliza, franz. poulet. Diez, Wbch. 269. Aber unser Politten ist wol nichts anderes als ital. bolletta, bollettino, span. boleta, boletin, franz. bulletin; Diez, Wbch. 59. Seit Juli 1842 nennt Hr. v. Roth auch die akademischen Berichte in den Gelehrten Anzeigen bulle-

tins! Sie mahnen in schuldiger Weise an die berüchtigten Bulletins de la grande armée). Thör-Politten, Maut-Politten, (Kr. Lhdl. V, 208, ad 1466), Quartier-Politten. „Die Salzfuhrleute sollen Warzeichen oder Policken nemen", Lori, b. BergR. p. 145. „*Polizza, police*, celtici prisci oris eine Faltze, parvula ac tenuis sed diserta mercantium plica, minutula charta quae ad multa atque magna obliget et hostire jubeat";
281 Jul. Herman von der Hardt, epistola de germana *Polizzae* origine, Helmst. 1704, 4. p. 2. sq.

Pul, Pul! So wird in der O.Pf. den Hühnern gelockt. Das Pullál, Pulleil (Jir.), (Kinder-Sp.) das Huhn. Zeitschr. IV, 498. s. Butt, Buttlein.

'Das (der) Pülharz, Terpentin (Grimm, Wbch. II, 512: gleichsam Harz in Pillen, Büllelein, kleine Kügelein).' „Nim ain vierdung pulhartzes", Clm. 4373 (v. 1437), 113. „Das wachs und den pulhartz seud durainander", Cgm. 4543, f. 87. s. oben Paylhartz.

Der Palm (Pàlm, Pàjm), '1) ä. Sp., der Palmbaum (mhd. der palme; BM. II, 461).' „Ich staig an den palm und pegraif sein frucht, ascendi in palmam et apprehendi fructum ejus", ZZ. 1573, f. 56. 2) Palmzweig. „Sein swert in ainen palm macht er."... „Sein swert aus dem palm prach der küene man", Wolfdietrich 396,2. 447,1., in Haupt's Zeitschr. IV, 447. 453. BM. II, 461,3. Cf. der Ball (Ball'n). 3) Büschel von Zweigen der Palmweide, der Stechpalme, des Sebenbaums, der Mistel u. drgl., welcher am Palm-Sonntag in der Kirche geweiht, und nicht nur bey den gottesdienstlichen Ceremonien dieses Tages gebraucht, sondern von den Kirchgängern auch nach Hause getragen und als eine Art Haus-Segen das Jahr hindurch aufbewahrt wird. Nach einem altererbten Wahne ist eine Partikel von so einem Palm, während eines Hochgewitters in's Feuer des häuslichen Herdes geworfen, der sicherste Blitzableiter. Einer freundlichen ländlichen Sitte gemäß wird der Palm, der für jedes Haus bestimmt ist, von der jüngern Personen desselben an einem langen Stabe in die Kirche und wieder nach Hause getragen und bis zum Ostertag im Gemüsegärtlein aufgestellt. An diesem Tag wetteifern dann sämmtliche Hausgenossen, nach beendigtem Gottesdienst zuerst nach Hause zu kommen und das Gärtlein zu erreichen; denn es kommt darauf an, den Palm nun vollends in's Haus zu bringen, und sich dadurch das Vorrecht auf eine Extraportion vom Osterlamm zu erwerben, das gewöhnlich in geweihtem geräucherten Schweinefleisch, Meerrettig und rothen Eyern besteht. Cf. Rank, aus d. Böhmerwalde. 1843, S. 137. Grimm, Mythol. XLVII, 10—12. „Qui in die palmarum deglutiunt palmam benedictam vel imponunt eam in aures", Clm. 17523, f. 132. „Qui comedunt palmam consecratam", Monac. Francisc. 142, f. 86. „Den palm sol der prueder an herrn fasnacht prennen zu aschen der geweicht solt werden am aschermittwoch", Tegerns. Cerem., Cgm. 1148, f. 5b. ə~ geweihhts *Palmzäpflé* essen, schützt vor'm Fieber; (Baader). „Quidam dicunt viginti *palmatas*, i. e. plagas cum palma factas, valere pro uno die (jejunii in pane et aqua)"; de redemptione jejunii, ordo de poenitentia, Clm. 5387, f. 322b. Palm, Pälmlein (Pálml, Páibl) ist übrigens auch als Bezeichnung der Knospen des Weinstocks und als Benennung der wolligen Blüteknospen der Weiden, Erlen, Haseln u. drgl. üblich, und scheint insofern ein deutsches Primitivum zu seyn. Abgesehen von diesem Umstand, könnte man glauben, daß im winterlichen Norden, wo nicht, wie in Süd-Italien und Süd-Spanien zu den Palmsonntags-Ceremonien die wahre Palme zu Gebote steht, der Name und die Bedeutung derselben auf denjenigen einheimischen Baum, der um diese Jahreszeit eben am weitesten vorgerückt zu seyn pflegt, übergetragen worden sey. Ehmals wurde von München jährlich ein Courier nach Mailand geschickt, um (wahre) Palmen und Oliven zur Charwoche zu holen. (Hofrechnung v. 1599 in Wstr. Btrg. III, p. 118). Der Palmesel, hölzerner Esel, der noch vor ein paar Jahrzehenden am Palmsonntag in feyerlicher Procession herumgeführt wurde. Daher mehrere Redensarten; z. B. Er laßt sich alle Jâr nur ainmal sehn, wie der Palmesel. Er, sie ist aufgeputzt, wie der Palmesel acht Tag vor Östern, — wie's Rößlein am Palmtag. Von Einem, der am Palmsonntag nicht irgend ein neues Kleidungsstück an hat, heißt es, es sch — ße ihn der Palmesel an.

Palmpelzl, s. pelzen u. Th. III: Sefelbaum.

Pilsach. Dr. K. Roth zeigt (d. 11. März 1849) eine Urkunde v. 1292, das oberpfälzische Kloster Seligen-Pforten angehend, wo als Zeuge ein Gotfridus de *Pilbsach* erscheint, (etwa zu den jetzigen Senft-Pilsach gehörig?). cf. Bilwiz.

Der Puls, (ä. Sp.) pulsus, pulsatio campanarum. „Nota quod *campana* in *Nola* Campaniae est inventa per *pulsum* campanarum fideles convocantur etc. San-Zeno 38, f. . . Als öffentliche Freudenbezeugung haben 282
die Regensburger a°. 1519 unter anderm „eine ganze Stund einen Puls mit dem Geläute geläutet", Gem. Reg. Chr. IV, 379. „Post *pulsum* capitularem, cum *pulsu* campanarum", MB. XXV, Nr. 102. Benedicti P. indulgentia pro orantibus ad *pulsum* salutationis angelicae, von 1724.

Die Puls, der Puls. „Einem die Puls (vielleicht ist Âder zu supplieren) greiffen." Mhd. der puls, pulst (BM. II, 541). „Die von heizer natur sind, die haben einen grozzen pulsen, snellen und langen." „Den pulsen greiffen." Aber auch: „der pulzz, den pulzz." Ind. 344, f. 74. pulslos, ohne Pulsschlag; scheintodt. Pulslosigkeit, Scheintod. Wirzb. Verord. v. 1788 über das Verfahren der Zent bey Pulslosen.

'Der Polster (ahd. polstar, mhd. bolster. Graff III, 113. BM. I, 221. Grimm, Wbch. II, 234).' „Cothurnus, polsterschuch", Clm. 4350 (XIV. sec.), f. 1.

Der Polster, eine Art Speise, schon Cgm. 1013 (v. 1610). Air-, Apfel-, Mel- ꝛc. Polster. cf. Bolz, Polz.

'Palte, ä. Sp., ein langer, grober Rock, (BM. II, 462. Ducange V, 44c: Paltrok; cf. III, 194a: Faldones)', mittellat. paltena; cf. niederd. Palte, Lappen, dän. pjalt, Lumpen (Zeitschr. VI, 362: plätt), česk. platno, Leinwand, (Kollár, Cestopis 225). „Et leit sick en Bur en *Paltrock* sni'en", Volkslied (Aschersleben, Elberfeld), Firmenich I, 170. 426 (wo es mit „Faltenrock" erklärt wird; cf. ibid. 159,77: Poolrock, Faltenrock). „Ein ellen zinspalten", Rauch II, 1. 113. II, 66. cf. Rudhart, älteste Gesch. v. Bayern 703—9. Dronke, traditiones Fuld. Münch. gel. Anz. 1842, Sp. 362. Vrgl. „Auch muste sein mit pfelle und mit paltikein der wagen schon behangen", Renner 22607. 'Der paltenaere, palteniere, mhd., Wallfahrer; Landstreicher im Pilgergewand; mittellat. paltonarius, ital. paltone, paltoniere, altfranz. pautonier; BM. II, 462. Ducange V, 44b. Diez, Wbch. 421.' Der Paltenêre im Passionsspiel von Muri (Kurz, Beiträge I, 227) scheint ein Juwelier. Pilatus sagt zu ihm: Paltener, heiz ufslan dinen chran (Kram) gereite."

Poltl, Leopold, (oberbayr., Rath Her. Zeitschr. V, 471. VI, 457); Name, der gerne großen Metzger- oder Fanghunden gegeben wird. Pfarrkirche zu St. Pölten (St. Leopold) in Weilheim. St. Pölten, Stadt in Österreich; davon: Pöltingære. „Ein roc... gesniten ... ûz einem Pöltingære", Tuch von St. Pölten; S. Helbl. I, 314 u. S. 252. „Wirt mir niht scharlach unde zobel, ez wirt mir eins gebûren hobel von eim guoten Pöltingære", das. XIII, 181. sich bolten, lebolten (leopolden?), sich ausnehmen, nicht mitmachen beim Spiel; Castelli, Wbch. 91.

Der Poltrak, kleine Münze, (Hammer-Purgstall); cf. slaw. pol, halb?

poltern, poldern, pollern, vrb. act., ä. Sp., beunruhigen (Grimm, Wbch. II, 230. 233). „Wilde Röcken, die paldreten die Leut über die Maß sehr." „Sie wolten frey und von andern Leuten ungepoltert seyn." „Kaiser Maximiniani rauch poldret gemüt", Avent. Chron. „Wer die Kost erspart, will sich nicht am Hofe pollern lassen." Gem. Reg. Chr. IV, 398. überpoltern, überwältigen. „Diese Kriegsweiber (Amazonen) übervolterten in Asien Land und Leut und etwan viel Stett. . ." „Theodosius hat die Goten und Haunen überpoldert." Avent. Chr. „Furiosus, bollerer; insultare, mit einer bolderung anlauffen"; Voc. Melber. Die Polternacht, (Ansb.) Mahl u. Tanz, im Hause eines Neuvermählten für das junge Volk gehalten, das die Braut zu begrüßen kommt; (v. Lang).

Das Pulver, 1) wie hchd. (BM. II, 541). „Büchsenpulver"; „Knollenpulver." „Wie man ain anzünd oder loß pulver machen sol"; Cgm. 4902 (v. 1429), f. 17. „Das allerbest kol, das iemand gehaben mag zu zundpulver", das. f. 9. s. auch unter Büchsen. Pulvern, Steine, große Eichenblöcke rc., sie mit Schießpulver sprengen; zanken, keifen. pulverlen (pulfə-ln), nach Schießpulver, (im Scherz) nach Bauchwinden riechen.

2) Pulver, auf dem Land: Gewürze, das zerstoßen oder gepulvert ist. pulvern, mit Gewürzen bestreuen. Pulver Juckjuck, (im Scherz) Arsenik oder anders Giftpulver; (Baur).

3) Pulver, Streu von Laub und Moos für das Vieh. Pulver machen, rechen, scharren, im Walde Streu zusammenrechen. cf. Molt. Bayrisches Pulver, weiße Rüben, zu einer breyförmigen Masse kleingehackt, welche gesäuert als Zugemüse gegessen wird.

Der Pelz (b. Pəlz, opf. Pəllez), 1) wie hchd. Pelz (ahd. pelliz, belliz, mhd. belliz, bellez; v. lat. pellicea, cf. ital. pelliccia, franz. pelisse. Graff III, 336. BM. I, 102. Diez, Wbch. 257. Grimm, Wbch. I, 1456). „Mit einem pellez härmin", Wigalois 701; Pelliz, Gem. Reg. Chr. III, 682. „Pellizze von wiltwerche", Regel des Spitals zu Jerusalem, Clm. 4620, f. 75. 2) beym Geflügel: vor Kälte oder wegen Übelbefinden aufgesträubtes Gefieder. D' Henn macht' ə˜n *Pəlz*. 3) bey Rüben, Rettigen u. drgl.; Schwammigkeit, fehlerhafte Porosität ihrer innern Substanz. 4) von Gliedern des menschlichen Leibes: vorübergehende krampfhafte Fühllosigkeit. pelzig (pəlzi'), adj., in der 3ten und 4ten Bedeutung. verpelzen (vo'pəlz'n), pelzig werden (in der 3ten Bedeutung). Vrgl. Bell, verbellen, (bellezen?). Der Pelzámert'l, Klaubauf, (Nürnb., Rath Her).

pelzen (pəlzn), setzen, pflanzen (Graff III, 114. 336. BM. I, 103. Grimm, Wbch. I, 1456. Zeitschr. IV, 217. 485). „Er mues im ander pavm hinwider pelzen",
283 Rchtb. v. 1332, f. 78. „Keine wilden Stämme, sondern schon gebelzte und zu 5—6 Schuh hoch gewachsene", wirzb. Verord. v. 1753, an den Landstraßen Obstbäume zu setzen. „Insere, inbelce" (legem tuam), Cgm. 17, f. 64b, Ps. 39, oratio. „Insero, ich pelzo", gl. Argentin., Haupt, altd. Bl. 351. „Sero, seen. peltzen; adsero, dranpeltzen", Avent. Gramm. „Pelczt darein allerlay pawm", bibl. Gloss., Ms. v. 1418. „Ûf Tristan den werden liez der künic ûzerkorn (Marke) pelzen einen rôsendorn . . . und einen grüenen wînreben liez er ûf Isôten pelzen", Heinrich's Tristan 6824. „Peltzmaister, hortulani", Avent. Gramm. Im Scherz sagt man

es auch vom Menschen für gignere. Dà hàt ər ə˜ pàr Buəbm *her'pəlzt*, nicks ráră's! pelzen, abpelzen (à'pəltzn), 1) mit einem Propfreis besetzen. Dés Bámə-l hàbi *à'pəlzt*, an dieses Bäumchen hab ich ein Impfreis gesetzt. „Das puch palladius wie man pelzen sol", Ald. 206, f. 139—150. Kunst zu pelzen, Clm. 4373 (v. 1437), f. 107—112. Peleznuß, Impfung. „Aristotiles in seinem belczbuch", das., f. 110. 2) flicken, (b. W.). 'Pfaəd *à'pəlz'n;* 's Gwand *də'pəlz'n;* aə˜n *Pəlz* (Fleck) áfm an'ə'n áffi sétzn. Vrgl. Zeitschr. IV, 2. s. pletzen. Der Pelzer, 1) ä. Sp., der den Baumgarten pflegt. 2) junges, neugesetztes oder zu setzendes Stämmchen; Stämmchen, auf welches ein Impfreis gesetzt ist. „Die fraw nam die hackchen und slûg ain iungen peltzer (den paum, den ir man newlichen gepelzt hat) ab und macht daraus ein feur", Cgm. 54, f. 59b. „Was Ursach seye, daß die Beltzer, so vorhero als Zweigl abwerts gebrochen worden, nur in die Dicke wachsen; so sie aber auffwerts abgenommen worden, in die Höhe nachmahlens wachsen?" P. Abraham. 'Pelzel, Reis, Zweig.' „Leg geweihte Palm-Pelzl und Sevelholz ins Wasser", Portiunc.-Büchl. Pirapalzinga, Palzing, Ort bey Freising; Meichelb. Nr. 1077. Grimm, Gesch. d. d. Spr. 22. Förstemann II, 177 f. Der Pelzgarten, Meichelb. H. Fr. II, Nr. 392. „Pomarium, peltzgarten", Clm. 571 (v 1514), f. 31. Die Pelzkersch, prunus cerasus insititius. Die Pelzer-Schuel, Baumschule; Kuen's Epith. Mar. „Wilde Opffel- und Biern-Stöck zu Belzstöcken dienlich", L.R. 1616, f. 741. „Der erst bis sechst pelczsitt", Art zu impfen; Cgm. 407, f. 81. 467, f. 86. 588, f. 249.

pelzen (pəlz'n), v. a., Einen, ihm eins versetzen, ihn treffen, es sey mit einem Schlag, Wurf oder Schuß; engl. to pelt. BM. II, 471. „Sithens thou hast him bete and with thy staff *ypilt*" „And sithen in gode office the king hath alle them *ypilt*", gesetzt; Chaucer, ed. 1721, f. 599. 48.

unterpelzen (untə pəlz'n), unterpülzen, einen Baum, ein Haus, etwas darunter setzen, ihn, es unterstützen. „Subnixa, unterpilczet", Teg. 439, f. primo. „Ich fürcht, das Haus fall gar ein, wie wol wir es stets unterpülzen", H. Sachs 1560: III, III, 81. „Wann das Bös mit dem guten vermäntelt und underpilzt ist", Puterbey. „Pilzung der althan im frauenzimmerhöfl", Cbm. 2224 (v. 1613), f. 215. s. belen, pfalzen und Bolz, auch Th. III: schlaudern.

„Polzmuos, pultes", Clm. 4606 (XI. sec.), f. 102. s. Bolz.

pulzen, ä. Sp., hervorquellen, sich hervordrängen, (ahd. ûzarpulzan, ebullire; ûzpulza, ebullitus, Merigarto 121. Graff III, 115. Grimm, Wbch. I, 926: auspolzen). „Sô dir iezuo alse zorn sî, daz dir daz herze her ûz welle pulzen vor ungestüemekeit", Br. Berthold, Pfeiffer 277,24 (Kling p. 78). „Wiltû einen slahen oder wunden vor zorne, daz dir rehte daz herze bulzende her ûz welle", das. 54,34 (Kl. p. 123). s. Bolzaug. pulzig, adj. „Das pulzige knorrigte Holz", v. Lang, b. Gesch. II, 109.

Der Pulzen, s. Bulzen.

Das Paiment, der Paymant, (Lori, Mz.R. I, f. 26, ad 1395. III, 85, ad 1670 ff. Gem. Reg. Chr. II, 365) die Art der Zahlung bis zum Eintritt einer beschlossenen Außercourssetzung von Münzen, ital. il pagamento, franz. le payement. Brem.-niedersf. Wbch. III, 282: „Pagement, Pagiment, Pagenmünte, Payement, Bruchsilber: das Geld, so man auf eine geringhaltige Münze legen muß, um es voll zu machen; klein Geld." Kilian: „Payement, minuta pecunia." In der Münze: allerley zusammengeschmolzene Silberstücke. Cf. BM. II, 458: Pagement.

'Pîment, Bîment, ä. Sp., Gewürz, Spezerei (v. lat. pigmentum; ahd. pîmenta, pîminza; mhd. pigmente, pîmente. Graff III, 337. BM. II, 517. cf. Grimm, Wbch. II, 30: Biminze, melissa).'

pomáli, pomádi, pomadig (auch westpreußisch), sachte; čech. pomálu, pomále. 'Castelli 92: „bomali, langsam, nach und nach, auch: ruhig, stille und vorsichtig." Zeitschr. II, 432,110. V, 476.'

Die Pummnudel, (Lg. Weilheim) kugelförmige, mit Hefen gegohrene Mehlspeise, anderwärts: auf'gangəné, oder Hèpfə˜- oder Dampfnudel.

pummwitzig, (nach Klein) lose, aberwitzig. 'Castelli 100: bumlwizi, muthwillig. Grimm, Wbch. II, 516. Zeitschr. IV, 337.' „Ob er also verbickelt (verwickelt) sei gewesen in posen begiern das er als tobig pumelwitzigt worden ist", Cgm. 632, f. 43.

Der Pummel, (O.Pf.) der Bulle, Bullochs, Herdstier, Zuchtstier. Cf. Rank, Böhmerwald p. 128.

Der Pummer, der Pummerl, der Pommer, eine Art Hundes. In Aschaffenburg ist der Bummer ein kleiner Hund mit langem Haar und spitzem Kopf. Zeitschr. IV, 165. Dèn hàd də' *Pumə'l* 'biss·n, er hat das Podagra, (Rath Her). „'s *Pummə'l* hàt mi' 'biss·n", sagt mir (12. Juni 1839) der Bibliothekdiener Schupp, den ich fragte, warum er hinke. (Er hat das Podagra.) Pummerisch sauffen, sehr stark und viel trinken. „Den Willkom leerte er ohne einzigen Schnaufer, continuierte auch mit denen pommerischen Gsegn-Gott so lang bis er sich nüchter gesoffen"; P. Gansler, ad 1696. „Pomerania provincia ex ipsa nominis etymologia qualitatem sui situs indicare videtur; nam *ponie* lingua Sclavorum *juxta* sonat vel *circa* . . ., *more* autem *mare;* inde Pomerania quasi Pomerzania i. e. juxta vel circa mare sita." Vita S. Ottonis, ZZ. 846, f. 39.

---

284 Das Pämpelein (Pámpə-l·), kleines rundes Ding, z. B. Erdäpfel-Pámpə-l, Frucht-Apfel des solanum tuberosum; kleines, nicht ausgezeitigtes Äpfelchen oder Birnchen.

Der Pámpə-l, Pimpə-l, (Baur) a) Harlekin, Hanswurst; b) Eichelbube im Kartenspiel, s. Pamphili. In Gem. Reg. Chr. 301, ad 1393 kommen als verboten vor: „alle Spil mit Würfeln, mit Kugeln, mit Charten, mit Pimperlen." c) (KinderSp.) die Harnröhre. Der Pamperletsch, (verächtlich) Kinderpuppe.

pampern, pempern, pimpern, pumpern, vrb., drücken den durch Stoßen, Klopfen, Fallen ꝛc. verursachten Schall aus, je nachdem er heller oder dumpfer, stärker oder schwächer klingt (Zeitschr. VI, 131,9). Der Pamperer, Pemperer, Pemperling, Pimperer, Pumperer, ein solcher Schall. pumperhert, (Baur) so hart, daß es pumpert, wenn man daran stößt oder schlägt. Die Pumper-Metten, das Singen der Metten (Matutin) am Mittwoch, Donnerstag und Freytag der Charwoche in der Kirche, bey dessen Schluß mit einer hölzernen sogenannten Rätschn gepumpert wird. In A. Nagel's Bürger Aufruhr von Landshut p. 10. sagt der Schneider zu Ulrich Fütrer, dem Stadtschreiber: „Stadtschreiber, du liest die Bibel, Gottes Wort, was will der dreyspitzige Leuchter in der Pumpermetten, warum löschte der Küster eine Wachskerze nach der andern so sparsam aus, und donnerte und hagelte am Ende so grimmig und schreckbar als ob auch er alle müßigen Pfaffen zum Land hinausjagen wollte? Fütrer: Schneider, sahst du so wenig bey so vielen Wachskerzen, sie klapperten und papperten dir's doch deutsch genug in die Ohren. Dieses Schmettern bedeutet das Leiden unschuldiger Leute, und das Zähnklappern der Schurken, wann sie Gott, wie der Meßner die Lichtputzen, beym Schopf nimmt." In Rechnungen von 1655 und 1693 (Haas's Geschichte von Höchstadt ꝛc. II, p. 311) kommt auch ein Posten für die Person vor, die in der Ostermetten den

Teufel agiert; (s. Rumpelmetten). Der Pumper-Mittwoch (Pumpə'mitgə), Mittwoch in der Charwoche, (Göschl). Der Pumpernickel, 1) kleines dickes Kind oder Persönchen. Vrgl. pumpet. 2) ein Volkslied, das ehmals unter diesem Namen bekannt und da, wo es lustig zugieng, sehr beliebt gewesen zu seyn scheint, (cfr. Wetzstain). „Singen höre ich zwar, aber nichts aus Davids Psalmen; den lüderlichen Pumpernickel hört man, und dazu läutet man mit allen s. v. Sauglocken", A. Bucher's s. W. IV, 63. R. A. Wo's də' Brauhh is, légt mə˜ 'Kuə ins Bétt und singt 'n *Pumpə'nikl* in də' Kirchə˜, ländlich, sittlich. Vrgl. Grimm, Wbch. II, 236. Zeitschr. VI, 169,47.

Pompelspeise. „Von etlicher Pompelspeise, als Kraut, linset, ruben", Cgm. 729, f. 107.

Die Pumpel, feminal. „Faladeri, Rizelstein, schwarz Pimperle, weiße Bein", Cgm. 3658, f. 12. cf. Mutz. pumpelthöricht, (Hsl., Nürnb.) mit dem furor uterinus behaftet. Zeitschr. IV, 498. V, 459. 462. VI, 330. 385. BM. II, 542.

anpumpen, (Nürnberg) borgen, (viell. figürlich, wie: bey jemand anklopfen). Der Bump, Borg. Auf 285
den Pump, auf Pump oder Pumpis nehmen, zu leihen nehmen. (cf. Bum, Buff.) „Pumpes. In Pumpes gehn", (O.Pf., nach Klein) in eine Gesellschaft, in ein Kränzchen gehen.

pumpə'g'sund; Castelli, Ged. (1828), S. 221: I' bi˜ *pumpag'sund.*

Pumpəs, Bumpəs, Schläge, (chinesische bambus! Allgem. Ztg. 1840, p. 375). Grimm, Wbch. II, 515. s. pumsen.

pumpet, adj., untersetzt von Körperbau. „Schö˜ rumpət, schö˜ *pumpət,* wiə Häslnuss-Kern . . . ."

„Die Dicke und die Stumpete,
Die Kurze und die Pumpete,
Die müssen gut gehalten seyn,
Sonst trocknens mißrabel ein." s. Pumpf.

---

pampfen, stopfen, schoppen. Sich anpampfen, vollpampfen (mit Speisen, besonders von Mehl). Thuə di no˜ widə' récht *àpampfə˜*, dás d· di' kám rüə'n kà˜st! Sich einpampfen in viele Kleider. Der Pampf, allzudicker Brey oder dicke, misrathene Brühe. Zeitschr. IV, 215. 482. Der Pampfili, Pamphili (– ⏑́ ⏑), 1) Mensch, der sich gern vollstopft; fauler, gefräßiger Bengel. (Obrm.) 2) der Eichel-Ober in der Spielkarte. „Der Absalon ist durch einen Aichbaum um's Leben kommen, aber daß viel andere umb ihr Leben, absonderlich aber umb ihr Lebens-Mittl kommen, ist nit Ursach der Aichbaum, wol aber der Aichel-Ober, den man sonst zu mehrern Ehren den Pamphilium nennt", P. Abraham; poln. panfil. s. Pámpə-l.

Der Pumpf. „Was schlagst mich schon wieder, grober Pumpf?" sagt Hans zu Lippl in der Charfr. Proc. pumpfgrob, sehr grob, lümmelhaft. pumpfaəst; „vier *pumpfaəsté* Rössə-ln", Seidl, Flins., 3. Ausg., p. 19. Die Pumpfhosen, weite, faltige Beinkleider, wie sie noch bey den Bauern im Egerlande üblich sind. Die Pumpfnasen, dicke, breite, unförmliche Nase; (s. pumpet).

Der Pamff, Pamffen, 1) verächtlich, Bauch, Dickbauch, ital. pancia, span. panza, franz. panse, lat. pantices (Diez, Wbch. 249); 2) fig. dickes Kind, Kind überhaupt (ital. bambino? cf. Diez, Wbch. 41). Zeitschr. IV, 482. Cf. Grimm, Wbch. I, 1095: Bambs. Castelli, Wbch. 74: Bàms. Si hàts nét nàch 'gébm bis s· əmàl ə˜n *Bamsən* də'fragt hàt, bis sie geschwängert worden ist. O és *Bamsən!* (zu Kindern), o ihr Bälge! Der

Pems, (Hauser) Wanst, Dickbauch. Pemstin. „Lazheit die faule pemstin dringet vil gern mit in in", Renner 4415. s. oben Bemstin. Bey Hallager ist bamse (norweg., Tellemark) männlicher Bär; isl. bángi, bángsi, ursus. Vrgl. Panss und Pänzlein.

Der Pemsel, 1) wie hchd. Pinsel (BM. II, 520. Zeitschr. V, 396, III, 12). „Die Jugend wird den Eltern keine Zierd bringen, wann sie nit wol mit dem bürckenen Streich-Pembsel auff die Leibfarb anhalten", P. Abraham. Schon das Voc. v. 1429 hat pamssel, penicellum. 2) im Scherz: Haarzopf. Der hat ə˜n rècht n *Pems·l.* 3) grober, einfältiger Mensch. pemseln, viel trinken.

pumsen, dumpf tönen; schlagen, fallen, anrennen, daß es dumpf tönet. cf. Grimm, Wbch. II, 515. „So man auf dem alten Freithof zu Öttingen fahrt oder reitet, thut es nit anderst als auf einem Kellergewölb pumbsen", die 3 elenden Heiligen. I bi˜ nidə'gfälln, dás ·s *pumpst* hàt. Dà bin I *à˜pummt à˜pumst,* da bin ich
286 angerannt, fig. da bin ich übel angekommen, das hab ich schlecht errathen. *A˜pumst,* Herr Pfarrə', das ist nicht dem also, wie Sie meinen. Dé is *à˜-'pummt,* (ist schwanger worden). pumsig, pumpsig, adj., wird von einer Person gesagt, die aus Miswillen kurze, trotzige Antworten gibt. Heu˜t bist gàr *bumpsi'.* Zeitschr. IV, 337.

Der Erdpumser, (Eichstdt.) Kartoffel, solanum tuberosum L. Bummen, Kartoffel, (Baader; von pomme oder Bombe?).

„Pambst, pumex, pumicellus", Semansb. 34, f. 196. cf. Diefenb. 473a.

'Das Panel, ä. Sp., ein Theil des Sattels, das Sattelkissen (San-Marte, Waffenkunde p. 231: „ein Polster unter dem Sattel, um den Druck des hölzernen Sattelgestells auf den Rücken der Pferde abzuwenden." cf. engl. pannel, altfranz. panel. BM. II, 462).' „Dem Sattler von ainem newen paner zu machen und zu füllen viij ℛ" (zwischen Halfter und „Kuß", Kissen), Scheirer Dienstordn. v. 1500, f. 51.

Das Panier, 1) wie hchd. (mhd. banier, panier, nach franz. bannière, ital. bandiera. BM. I, 85. Grimm, Wbch. I, 1105. 1116. Diez, Wbch. 41. s. Th. II, unter Kreuz: panthera). 2) (bayreuth. Polic.-Verordd.) das Markt-Fähnlein, während dessen Aufgestecktseyn kein Vorkäufer oder Häckler einkaufen darf; 3) der Pänär, Panar, (Pánər), der Zehner im Kartenspiel, (Zillerthal); Tiroler Kirchtag (1819), p. 35. 43. Grimm, Wbch. a. a. O. Zeitschr. IV, 69. s. Schaub, Wisch.

Der „Panizer." In Wiltmaister's Amberg. Chron. p. 130. 132 kommen als Schiffleute, zwischen den ersten Fahrern und den Drittmännern, die Panizer.

'Das Penit, der Penitzucker, saccharum tortum, saccharum penidium, i. e. clarificatum et in bacillos redactum, zu Stangen eingedickter Honig; franz. pénide. BM. I, 103: benît; II, 471: peneit. Grimm, Wbch. I, 1471.' „Gewunden Zucker, d. i. Zuckerpenit", Cgm. 601, f. 108.

Der Peinlein, (Franken) der Henkersknecht (gl. a. 409: bano, carnifex; isl. bani, *φονεύς;* cf. ital. il boja, Henker, franz. boye, bourreau, Rabelais. Graff III, 125). „So man des Peinleins bey der peinlichen Rechtfertigung nothdürftig wäre", brand. culmb. reform. peinl. Halsgerichtsord., Art. 266. 268. Eine Selbstmörderin (a°. 1597) „durch den Painlein begraben", Haas, Gesch. v. Höchstadt II, 306.

Die Pein (Pei˜), 1) wie hchd. (ahd. pîna, mhd. pîne, aus lat. poena. Graff III, 339. BM. II, 519). 2) (Klbck.) Furcht, Angst, Kümmerniß. peinen (pei˜n), wie benzen, d. h. antreiben, plagen, quälen (ahd. pînon, mhd. pînen. Graff III, 340. BM. II, 519; pînen, niti, Diut. II, 224). „Bàl's di' nét freut, i màg di' nét pei˜n, hast du dei˜n freyə˜ Wılln, und I den mei˜n. sich peinen, sich anstrengen, sehr bestreben. „Sîn herze sich doch pînet ûf triuwe und ûf güete", Wigalois 2849. peinlich (pei˜lə), b. W., zudringlich. Thou no˜ nét so *pei˜-lə!* Der Peiniger, Henker, (BM. II, 520). „Inter illos, quibus sepultura in loco sacro denegatur, sunt lictores, vulgariter peyniger, haher, qui in tali officio decedunt", San-Zenon. 85, f. . ., hinten.

Der Pinutz, (6 Ämter) schwarzer Kornwurm; kleiner unansehnlicher Mensch. cf. niedersi. pint, mentula. BM. II, 520.

Pinwerf (?). „Una clava cum argenteo pinwerf" in Waidhofen (1316), Freysinger Salbuch, f. 29b. Cf. BM. III, 740. s. Binwerf.

Der Pön, die (angedrohte) Strafe. „Bey der Pön des Brandes", Kr. Lhdl. V, 76. verpönen etwas, eine Strafe darauf setzen. Einen Spruch, eine Schuld verpönen, eine Strafe auf Nichtvollzug desselben, Nichtzahlung derselben setzen, Kr. Lhdl. III, 143. XVIII, 357. pönfällig, straffällig, Kr. Lhdl. XI, 374.

Ponesser (?), Näscher (?), Cgm. 444, f. 3. 7.

„Pungel, mhd., rostrum porcinum" (herba); Ind. 418, f. 149. Diefenb. 500c. BM. I, 278. s. Punkes.

Das Paunkelein (Pau˜kə-l), fingerförmige, gewöhnlich mit Quark (Topfen) vermengte und in Schmalz geröstete Teigmasse, als eine beliebte Mehlspeise bekannt. cf. ital. pinco (penis)? Paunks·l, Paunzl, (Jir.) dicker Mensch. punzet, dick. s. oben Bánggál u. unten punket.

Der Beank, grober Mensch; Kaltenbr. 74. Castelli, Wbch. 78.

Die Pinken (Pinkng), die Blatter-Narbe. pinkət, adj., blatternarbig. ə˜ *binkətə'* Ofə˜knè'l, der oben von der Brathitze Narben oder Binken hat. (Pingen sind sonst Vertiefungen, die von eingefallenen Bergbauten herrühren; s. Adelung u. Grimm, Wbch. II, 35: Binge.) Cf. krain. pikast, maserig; pikez, subst.

Der Pienk (Pe˜ək), 1) der Bergfink, fringilla mon- 287
tifringilla L. (ahd. fincho, finco, mhd. vinke. Graff III, 527. BM. III, 323. Grimm, Wbch. III, 1663. cf. česk. pěnkawa, ital. pincione, franz. pinçon. Diez, Wbch. 265). Fink und Pe˜ək sind wol eine und dieselbe Nachahmung des einfachen Lautes dieses Vogels. Cf. Seidl, Flinserln (1839) II, 63. 91. 106: „Wann I' eəm (dem Zeissə-l) 's Türl aufg·macht hàb, is·s *peə˜kə˜d* für'əzáchslt", zwitschernd hervorgetrippelt. 2) übelgewachsene oder verkrüppelte Person, Bestie oder Pflanze; s. Pünkel, Pünken.

Der Pünkel, vorragender, erhobener Theil; bauschige Masse, Bund, Bündel; fig. Person, besonders Knabe oder Mädchen von gedrungenem, kurzem und dickem Körperbau (cf. Zeitschr. IV, 488. V, 254,50: Pinkl, Geschwulst ꝛc. IV, 213. V, 52. 160: Bunke, Bunker, Jungen. Grimm, Wbch. II, 525: Bunkel). Der Herzpünkel, die Brust. 'Vrgl. unten punken und mhd. punken, punkeln, schlagen. „Du herzepungelst und pochest", Ls. II, 183. BM. II, 544. Grimm, Wbch. II, 525).' Cf. goth. puggs, Geldbeutel. Auf den Herzpünkel schlagen. Də' *Herz·pünkl* tuət mə' wê. Im Scherz: mei˜, dei˜, sei˜ *Herzpünk·l,* mein, dein, sein Liebling. Der Wanderpünkel, Wanderbündel. „Der H. Corbinianus, Bischoff zu Freysing, raiste auff ein Zeit nacher Rom, underwegs aber bey einem dicken Wald, hat ein wilder Beer sein Pferdt angefallen und selbiges zerrissen. Wer will anjetzo unsere Rantzen und Binckel tragen, sagt Ansericus, der Diener, zu dem H. Bischoff, das

Pferdt ist hin. Anserice, sprach der H. Corbinianus, laß dir derenthalben keine graue Haar wachsen, gehe hin, leg alle unsre Wanderbinkel auf den Beeren, schaffe ihm, er solle anstatt des Pferdts dieselbige nacher Rom tragen, welches auch also geschehen", P. Abraham.

Die Punken (Punkng) und Puntn, die Erdrübe, brassica napobrassica, (Rttm.); beym Höfer: Pjenken.

Der Punkes, (Augsb.) kleingeschrotene Rüben, (Rüben-Kraut). (cfr. gl. o. 14: pungo, favata; mhd. bunge; Graff III, 131. 341. BM. I, 277. Grimm, Wbch. II, 524). s. Pungel.

Der Pünken, (b.W.) Astwurzel im Stamm. Pünkenloch, Astloch. Dә' Buә is ә~ rèchtә' *Pink·ng*, ә~ féstә' *Pinkl.* punket, adj., knollig, knotig; von Menschen: klein, höckericht, kurz und dick. „Von keinem bünkend und holzschläglischen, sondern von einem hochadlichen Stammenbaum", Bog. Mirakel. Schö~ kurz und schö~ dick und schö~ *pungәt* um d·Mitt· und schö~ hoch auf'm Màgng, ә'so will I' s· hàbm. Gastein, Ms. vernußpünkelt, schlecht, übel gewachsen.

punken, vrb., pauken, stoßen, klopfen; (verächtlich) dreschen. „Inpulsus eversus sum ut caderem, ich ward gepunket und gestossen, daz ich viel", Clm. 17552, f. 228[b]. Cf. kärnt. bunkati, stoßen, schlagen; Jarnik p. 52. BM. I, 137. II, 543.

Der Punkt, des Punkten, häufig Punt, Punten (mittellat. punct*us;* z. B. „punct*us* bonorum ecclesiae et religionis", Cbm. 1822[a], S. 525. „Primus punct*us* est iste: omne datum." . . Clm. 14107, XV. sec.), wie hchd. (mhd. punt, punct. BM. II, 544). Der Todtschlager „sol aus der stat sein zehn jar und darnach als lang hinz er mit des rates urlaub und in pünden (Punkten?), die si daruber gesprechent, herein chömen", Münch. StR., Auer p. 89. Punctum consalvum! (Gonsalv?), all ist's!

Der Panff, der Dickbauch, la panza, sieh (nach Gramm. 562) Pamff. Grimm, Wbch. I, 1119: Bansch.

Der Pensel, s. Pemsel (nach Gramm. 562).

Panschadi. „Du wilt nur zu der pewrin naschen, und wenn wir pawren dich erhaschen, sing wir dir denn Panschadi wol", sagt der Bauer zum Pfaffen, H. Sachs 1560: II, IV, 1[b].

---

banstig, (Wien) vollgestopft; á *banstiger* Radi, pelziger Rettig. Castelli, Wbch. 74: bàmsti. cf. Bamff und BM. II, 462: pamsen.

'Der Pantel, ä. Sp., Panther; BM. II, 462.' Ein pantel hât vil hôher tugent wîse", Labr. 88.

'Der Pantoffel, wie hchd. (ital. pantófola, pantúfola, franz. pantoufle; Diez, Wbch. 250).' „Pantoffel, pediteca", Clm. 4394, f. 178.

Die Peunt (Pái~t, Poi~t, Pui~t, Puit, Paә~t), Grundstück, das, ohne ein Garten zu seyn, dem Gemeinde-Viehtrieb verschlossen werden kann, oder worauf das Recht liegt, es eingefriedigt oder nicht eingefriedigt, ohne Rücksicht auf die, außerhalb zu befolgende Zelgen-Abwechselung, zu jeder beliebigen Art Ackerfrüchte, oder, was sehr oft geschieht, blos zu Gras zu benutzen. Hie und da, besonders im Oberland, werden auch die, blos für die Dauer eines Sommers im Bräch- (Trât-) Feld zum Anbau von Flachs, Erdäpfeln, Rüben &c. eingezäunten Äcker oder Äckercomplexe Peunten genannt. Man nennt daselbst den, in seinen Theilen (Flächtn und Stecken) transportabeln Zaun um solch einen Acker einen Ruepetsau~, was vermuthlich aus Rueb-Peunt-Zaun zusammengezogen ist. MB. IX, 583, ad an. 1246: quendam hortum qui vulgo Peunt dicitur; V, 342, ad 288
1252: cum prato quod dicitur Nezzelpeunt; XI, 79, ad 1270: cum prato quod dicitur in der peunt; III, 566, ad 1273: prata tria vulgariter dicta peunt; VIII, 242, ad 1346: Hofstett, Garten oder peuntl und wismad; XXII, 334, ad 1359: mit hofstett, mit Biunden; VI, 391, ad 1415: unam *Pewntam* de tribus jugeribus prope curiam ipsorum; XIX, 135, ad 1439: mein aigen Krautpeunt, der vierzig äcker sind anainander gelegen zu München; III, 576, ad 1447: ain Peuntl . . ain peunten. „Agris Onoldesbacensis civitatis quos incolae Selbunt (Selbbiunt?) nominant", RB. II, 177, ad 1228. Filuhonbiunte, RB. I, 9. „Advocatos in Bilchinbuinde" (Bilchband), RB. III 241. Suinisbiund, Pfalspiunt; RB. IV, 179. 431. Die E-beund, (Rorbach) die das Gartenrecht hat. „Eine wînbiunte, vineam", Cgm. 17, f. 120[a], Ps 79,9. „In heibistes (hiwisces?) biunta", MM. 36, a[o]. 779; 205. Eheuerpeunt, S. Helbl. I, 177 und p. 252, s. Drauch. „Die Pointen und Baumgärten verfriden", Kr. Lhdl. VII, 411. 512. Kärnt. „ogra, ograda, ogréjà, eingezäunte Wiese, im kärnt. Deutsch die Painte genannt"; Jarnik 225. Peunt in Ortschaftsnamen, z. B. Eberspeunt, Luckenpeunt, früher Uckenpeunt (Hund, Stb. II, 219), Bochinpiunt, Ried ad 866. Baindt im Schussenthal bey Weingarten in Schwaben, gestiftet 1230 von Konrad Schenk von Winterstetten, Bountum. „Verena am feld abbatissa Monasterii in Bund ordinis Cisterciensis", in einem Missale, das uns (13. April 1842) zum Kauf geboten wird, als Urheberin genannt. Gl. o. 197: piunte, clausuras. biunda, tab. Laureshem. 'Die Peunt in Nürnberg, das städtische Bauamt, ein altes Gebäude mit großem Hofraum.' „Das Kriegsamt und die Beunt sind der Losungsstuben ärgste Feind", Nürnb. Sprichw. (s. Losung). „Ein has und ein hund auf einer peunt, die werden gar selten gute freunt", Cgm. 713, f. 14. 25. Vrgl. das englische pound, septum, umzäunter Platz für das Vieh, und das angelsächsische pyndan, includere, wozu das Verb. peunten stimmt, welches in der Salzachgegend (Hübner's Beschr. des F. S. p. 145) vorkommt. „Zu Harb und Rueben einpoindten", Wasserb. Ehaft f. 8. Ahd. biunda, piunta, mhd. biunt, mittellat. biunda. Graff III, 342. BM. I, 180. Grimm, 1[3], 192; über Diphth. p. 11 (bigunda; cf. isl. byggia, agſ. biggend, v. bauan, bagvan); Wbch. I, 1747. II, 31. Diefenbach, goth. Wbch. I, 300. Castelli, Wbch. 90: die Boent·n, ein abgeschlossener Bezirk, auch ein umzäuntes Feld. Zeitschr. IV, 202. 485. Niederd. beslotene Bonne, eingehegte Ackerstücke; Kindl., Münst. Beitr. I, 190. Firmenich I: Band, Bend, Bönd, Wiese. Wetterau: die Beune (Beund); verschieden von die Beune (Gießen: Beud), Backtisch, Tisch in der Backstube, auf dem geknetet &c. wird, besonders aber der Backtrog, was Weigand auf Biet (goth. biuds, ahd. piot) zurückführt. Oberhess. Intell. Bl. 1845, 208. s. oben die Biet. 'Vrgl. Vilmar, Idiot. f. Kurhessen p. 34: die Beute, Beckertisch; p. 35: die Biede, Bretterboden; p. 37: die Binde, Peunt.'

Punten, Erdpunten, s. Punken.

Punt, s. Punkt.

Punt. „Lumina minora que Punt vulgariter nominantur, quorum videlicet Punt quodlibet duas libras cere in pondere retinebit", Ried 568, ad 1280. Wol Bund. BM. I, 134—35. „Mutat den punt (die Eitle), ut non ipsa cognoscatur", Monac. Augustin. 84, f. 3[a].

pechpuntet, (O.Pf.) braun- oder schwarz-gefleckt. Auch im Dänischen sagt man bunted statt bunt. Könnte dieses, im Ganzen neuere Wort bunt nicht vom lat. punctus, punctatus hergenommen seyn? Vrgl. BM. I, 135. Grimm, Wbch. II, 525. Firmenich I, 87: „bunte Jopen, bunte Schörten", (Insel Rügen); p. 446: „bonkte Blader risen", bunte Blätter fallen, (Burscheid). „Olifante, some swart, some bont", (reimt auf cont, kund); Jac. v. Maerl., Alexander 98[c]. Bunt über

Eck (Ecks) zugehn, s. über und Eck. Grimm, Wbch. III, 23,5.

päntschen (pántschn), schlagen, besonders Kinder mit der flachen Hand auf den Hintern — mit mütterlicher, wenn auch strafender, Zärtlichkeit (Zeitschr. IV, 215. VI, 410,44. Vrgl. Grimm, Wbch. I, 1119). Der Pántsch. Du liəbə' *Pántsch!* zärtliche Benennung, die sich wol Verliebte einander geben. Das Nackə˜-*Bántschə-l,* liebes kleines, nacktes Kind.

2) päntschen (pántschn), durcheinander mengen (Speise oder Trank); besonders: Bier mit Wasser vermischen; sieh: mantschen (Zeitschr. V, 465. VI, 173). Der Pántsch, das Gemeng. ə˜n *Pántsch* à˜machə˜, ein Gemengsel von Speisen. um ə˜n *Pántsch*, (O.Schwaben) um eine Kleinigkeit (kaufen, verkaufen).

„Puntsch, alluta“, Poll. 801, f. 2. 'cf. Diefenbach 26[b]: aluta, puntschuch, ꝛc.'

Der Panz, Panzen, Ponz, Ponzen, Punz, Punzen, das Faß, an einigen Orten jedoch nur ein solches, das 2 Eimer und etwas darüber hält (BM. II, 544. Grimm, Wbch. II, 531. Zeitschr. III, 464. 523,83. IV, 215. 482. VI, 55). Biər-, Wei˜-, Obəs- ꝛc. *Panzn.* „In Vassen oder in ponzen“, Ingolst. StR. bey Heumann, opusc. 156. „Ein Panzn Kalk macht 4 Metzen, und 6 Panzen machen eine Mutt“, Wstr. Btr. V, 274. „Von dem Necker Pontzen (Faß mit Neckar-Wein) durften die unterchauffel nemen 11 dn. vnd von dem osteruazz (Faß mit Osterreicher) vi dn.“; Münchner Policey-Verordnung v. 1370. Wstr. Btr. VI, 115. „Win in ganzen bontzen geben . . . ist der bontze geamet . .“, Augsb. Stadtb. „Ponzen mit obes“, MB. XVIII, p. 501, ad 1459.
289 XXI, 183. „Wann sie ihre Punzen und Faß nit eichen“, Lori, Lechr. 368. 370. „Für ir alte runzen gît sie (die reiche Wittwe) im (dem jungen Manne) silberpunzen“, S. Helbl. VI, 192. Das Panzenstechen, ein Fischerspiel auf dem Würmsee. Es wird nemlich im See ein Faß oder Panzen, der über und über mit Reifen beschlagen ist, mittels einer Stange so befestigt, daß er auf derselben leicht umzudrehen ist. Die Fischer stehen auf der hintern Spitze ihres Kahnes (Ainbaums), mit einer Stange in der Hand, und werden von einem Ruderer, der sich im Vordertheil befindet, mit aller Gewalt nach dem Faß hin und vorüber getrieben. Entweder glitscht nun die Stange, mit welcher der Fischer nach dem Faß stößt, an den Seiten desselben ab, oder, wenn er selbes in der Mitte faßt, und die Kräfte nicht hat, es durchzustoßen, so fällt er rückwärts in den See. Dieß wird von den Nachfolgenden so lange fortgetrieben, bis der Panzen durchstoßen ist. Dieß soll, wenn der Ainbäume viele zusammenkommen, ein sehr belustigendes Schauspiel seyn. Westr. Beschr. des Würmsees. Panzenschöpf, s. Th. III: die Schöpf.

Das Pänzlein (Pánzl). Das Wassə'pánzl, O.L., Wasserbehältniß, auch Trinkgeschirr für die Feldarbeiter, (s. Bütterich). Figürl. Der hàt ə˜ hübsch's *Pánzl* vor əəm, hat einen Dickbauch. „Herr Allweilgast, Hans Leberwurst, die von Speckrinden glanzen, Marr Laßnitnach, Fritz Löschdendurst, gut dicke faiste Bantzen“, Balde, Lob der Magern. „Ohne Gerechtigkeit ist kein gutes Regiment. So werden auch solche Regimentirer nicht lange dauern können; gählings wirds heißen: Fort von Panzen“, Selhamer. Vrgl. oben Pamss und Panss. BM. II, 463. Grimm, Wbch. I, 1196: Baunzen.

Ponzrio, Rausch.

Das Panzier, Panzir, Panzer, ä. Sp., wie heutzutage der Panzer: eigentlich wol das Geflecht aus kleinen Ringen, Maschen (mailles) von Eisendraht, das man zum Schutz gegen Hieb und Stich über den Leib oder Theile desselben anzog (mhd. daz panzier, mittellat. panceria, ital. panciera. BM. II, 463. Diez, Wbch. 249). In alten Harnasch-Inventarien ist die Rede nicht blos von Panzerhemeden, sondern auch von Panzer-Flecken, Lätzen, Schurzen, Schuehen, Krägen, Ermeln ꝛc. „Ain alts liechts Pantzer“, Landshut. Harnaschkammer von 1562. „Dem Salburch umb ain panzir, das er meinem gn. Herrn gemacht, VIIII guld. rh. XXXII dn.“ ad 1468; Wstr. Btr. V, 204. „Schinier, Banzier, gurrit, blaten, waembeis“, Augsb. Stdtb. „Seitz Fraunberger soll den Herrn Niclas von Abensperg mit eim Tolchen unden durch das Panzer hineingewunnen und erstochen haben“, Hund's Stb. II, 83. „Mit 2 panzrärn wol vertigen“, Ried 845. 859. Sollte hieher gehören das Panzer in folg. Stellen? „Die Briefe, so wir in einem Panzer hinab schicken, sollt ihr in der Stauffer Truhen thun“, Kr. Lhdl. IX, 43. „Einen Vater-Mörder soll man vermauren zu einem weg und heizzen versmiden an ein Pantzern . . .“ Rechtbuch v. 1332, Wstr. Btr. VII, 38.

penzen, s. benzen.

Der Punzen, 1) sieh Panzen, Ponzen. 2) kurze 290
und dicke Person oder Sache. Dé hát ə˜ pár Enzio˜-*Punz'n*, (Obr.L.) von einer stark bebrüsteten Weibsperson. 3) vulva, (Jir.). 4) Pflaume, (Jir.). punzet, adj., kurz und dick, klein. Zeitschr. III, 523,83. IV, 213.

Páp, páp, Naturausdruck der Kinder fast aller Sprachen für die Bewegung der Lippen und des Mundes, folglich für das Essen, für die Speise und für den Mund. Der Pápp, Päppe, die Päppm, 's Päppə-l, (Kinderspr.) Brod. päppen (päppm), essen (BM. II, 463). „Der Mann suzelt so lang an der Pippen, bis Weib und Kinder nichts zu päppen haben“, Reiner. päppeln (päppln), zärtlich, sorgfältig umgehen mit Schwachen, (Kindern oder Kranken), sie pflegen (BM., a. a. O.). Der kneht mac dir heimlich sîn, dem dû pepelst dâmit“ (mit dem Topfen), S. Helbl. I, 1195. „Du pepelst mir reht sam dînem kinde“, das. XV, 422. Mit einem Kinde oder einem Kranken päppln, 'rumpäppln, ihn ei˜-päpp'ln, sorgfältig bedecken, warm halten, ihn wieder z'ám-, wieder aufpäppln, ihm durch sorgfältige Pflege wieder aufhelfen. Ein Kind vo'päpp'ln, es durch überzärtliche Pflege zu Grunde richten. ə˜ Ding vo'päpp'ln, es aus lauter Sorgfalt verlegen, und nicht wieder finden. Vrgl. unten verpoppeln. Der Päppeler, mhd. pepelære, Fütterer (?). „Du bist der beste pepelær; ich gæbe niht umb zwên minnær dînen getriuwen lîp“, sagt die Frau zum einfältigen Mann; S. Helbl. I, 1084. Die Päppm, der Mund, besonders ein durch Weinen oder Verdruß verzogener Mund mit vorgedrängten Lippen. ə˜ *Päppm* machə˜, ein verdrießliches Gesicht machen. „'ən Buəbm z'rinnt vélli' '*Pappm,*“ er sperrt vor Erstaunen das Maul auf; Seidl, Flins. IV, 120. 134.

Der Papp, die Pappe, der Mehlbrey, Kleister (Grimm, Wbch. I, 1120). pappen, vrb. act. u. ntr., befestigen (mit Pappe); befestigt seyn, kleben. R.A. Iətz gê und lass di' *pappm!* zu Einem, der etwas seine Kräfte Uebersteigendes beginnt, oder etwas Unstatthaftes, Uebelberechnetes auf die Bahn bringt. pappicht (pappəd), klebend, klebrig, kleisterig.

„Papagallus vocatur sitich“, (1460) Monac. Augustin. 84, f. 54[a]. BM. II, 463: papegân. cf. Diez, Wbch. 251.

Die Papel, mhd., schlechte Münze; BM. I, 87.

Der Pappenheimer, (Nürnb., Hsl.) Arbeiter, der bei Nacht die heimlichen Gemächer ausräumt und den Unrath — nicht etwa in ein Dünger-Depot — sondern in die Pegniz führt. 'Schon im 14. Jahrh.; s. Siebenkees, Materialien II, 680. Zeitschr. VI, 418,3.'

päpezen. „In der Kirchen hertzklopfen, päpazen, becken, singen, schreyen . . .“, Avent. Chr. 18.

pappeln, pappelen, pappern, vrb. ntr. u. act., (scherzweise oder verächtlich) reden, schwätzen, ausschwätzen

(Grimm, Wbch. I, 1120). Der *Pappə-l*, der Papagey; der Schwätzer. „**Vir bonus eo quod ipse aliqua praetendit signa sanctitatis deridetur et** *papelhardus* **vocatur**“, ZZ. 1805, f. 157. Zeitschr. V, 374. 476.

Die Pappel, 1) wie hchd., also **populus L.** und **malva L.** (in diesem Sinne ahd. papilla, papula. Graff III, 321. BM. II, 463. Grimm, Wbch. I, 1120). 2) **viburnum lantana L.** 3) (Hrslm.) die Betonien-Rose. „**Bôbl**“ (wol **Páppl** oder **Póppl**), Pfingstrose; Rank, Böhmerwald p. 61. **Só roud wer'n wêi ə˜** *Pópl*, (b. W.). cf. česk. piwoňka. Die Melker-Pappel, (B. v. Moll, Zillerthal) **trollius europaeus L.**

Das Papier (opf. **Papêie′**; Rhön: der **Bàpêiər**) wie hchd. (BM. II, 463). Die dermal Pachnersche Papierfabrik in der Au bey München erhielt schon 1347 von K. Ludwig ein Privileg. „So hat er (Herzog Heinrich) in seiner hanndt die papiren zetel gehabt“ (ad 1433). „Des von Cöln und der stat zu Dorpmund brief auf pergamen, des hern Hainrich und des Saniczeller brief auf Papir“ (ad 1435); Freyb. Samml. I, 361. 370. 371. v. Lang, Gesch. v. Bayreuth III, 301. „**Papirus**, bapeir“, Voc. Archon. f. 38. Neben ravensburgischem, bernischem (? veronesischem) und Venediger Papier kommt um 1504 auch Landshuter Papier (das Rieß zu 1 fl.)
291 vor. Gem Reg. Chr. IV, 97. Der Papierer, Papierfabricant. Der Papierergesell. papieren, adj. **Du bist ə˜ laəmigə′**, *papiərənə′* **Kerl.**

papiereln (**papiə′ln**) Einen, ihn zum besten haben; (Friseur-Ausdruck?). **Iəz gängə˜ S·, Si Gschmáhhə-l; mèchtn S· mi' nét** *papiə′ln!?* „Es ist mein Ernst, ich papierle Sie nicht“, Bericht über die Stephanspredigt, p. 18. Im Spanischen sagt man mit derselben Bedeutung dar *papilla* (v. papa).

Die Pápotschen (**Pàwótsch·n**, b. W.), Stubenschuhe ohne Absätze und ohne Band oder Schnallen. Ungar. **Paputs** (lies **Paputsch**), neugriech. *παπούτζια*, Schuhe, türk. pabutschi, venez. **papuzze**.

Der **Peipəs**, (Neustadt a. d. Aisch) Beyfuß; „peipoz, **artemisia**“, **Teg.** 782. s. oben Sp. 226: Beypoß.

Die Pipen (**Pippm**), Röhre mit einem Drehhahn, die, um die Flüßigkeit herauszulassen, an ein Faß gesteckt wird; im Spott: die Tabakspfeife, (Baader; wol nur die niederdeutsche Form unsers Wortes Pfeiffe, engl. pipe, als Röhre — wie auch Actie für Action, Kauffahrteyschiff, Orlogschiff, Boot u. a. m. vom Niederdeutschen in's Hochdeutsche gekommen — 'ital. **pipa**, franz. **pipe**, Pfeife; Diez, Wbch. 266. Zeitschr. IV. 488.′ Vrgl. Pfiff und Hänlein). Voc. von 1429: **clepsidra**, zapf, han **vel** bipp. „Ein silbrins Vas das hett vier pippen“, Wstr. Btr. III, 143, ad 1476. „Du bist Muetter, du bist Fraw, raich der Brüste Zuckerpipen“, Bogner Mirakel 75. Das *Pipə-l* (Kindersprache), die Harnröhre. Das Pipenholz, (salzb.) die Eibe, **taxus baccata**, wird zu den großen Soolenpipen verwendet, (Zir.).

Der Pipsack, Bauch, Wanst. **Fréss·n tout ə′, dás èəm də′** *Pippsàck* **áfspringə˜ mècht**, (ObrM.)

Das Pip-Stuck, der Pip-Han, Pip-Gockel (**Pi'gockl**), Pip-Kopp, die Pip-Henn (**Pi'henn**), der Piper, das welsche Huhn, der w. Hahn, die w. Henne. „Pipphenn, **meleagris**“, Onom. v. 1735 (von der Pipe, Pfeife, auf der Nase?) R.A. Rôt werden wie ein Piper, (vor Unwillen). Zeitschr. II, 85,29. III, 266,2,1. s. auch unter Unger.

Die Poppen (**Poppm**), Dimin. das Pöppelein (**Bépə-l, Pébə-l**), Kügelchen, Knoten, Bläschen, Körnchen, Stäubchen, von vielen, die sich nebeneinander zeigen. Zeitschr. IV, 493. cf. česk. pup, Nabel; pupen, poupe, m., Knospe, Blase auf der Haut; bublina, Bläschen). *Bépərlən,* aus dem Grunde einer Flüßigkeit aufsteigende Bläschen: auch Hitzblätterchen, (Baader). **Sei˜ Gsicht is vollə′** *Poppm, Péppə-ln*, Hitzblätterchen, Finnen u. drgl. **Samə˜** *Pépə-ln*, z. B. im Hopfen. *Mauspépə-ln*, Excremente der Maus; (vrgl. Bömelein). „Peperle, **flocci, flocculi**“, Prompt. v. 1618. pöppelicht (**pépələd, pébələd**), voll kleiner Bläschen, Körnchen, Stäubchen. Vrgl. poppeln.

Der Pöpel (**Pipp·l, Piəppl**), (Frank., O.Pf.) der verhärtete Nasenschleim. (Zeitschr. II, 236. IV, 493). Der Pöpelfreßer, Geizhals, der sogar an Schnupftüchern spart.

Der Pöpel, Hullepöpel, (Frank.) vermummte, dicht eingehüllte Person, (Sprichw. Wer im Winter nicht sein will ein Pöpel, der kann im Sommer seyn ein Kröpel); Popanz, der die Kinder schreckt (cf. Grimm, Mythol.^{2} 473); dunkle Wolke. einpöpeln sich, einhüllen, einmummeln.

Der „Pöperl“, (O.Pf.) der Henkersknecht.

Der „Pöperlsalat“, Art Wintersalat, **caerophyllum bulbosum L.**

poppeln, boppeln (?). „**Qui eos qui faciunt bonum deridet et prohibet ex contemptu cum deliberatione et dicunt:** waz boppelt dirre etc.“ **Clm.** 13126 (**sec. XIV.** 8^0), f. 119^b. 'Vrgl. pappeln.′

verpoppeln. „Si (die Pfaffen) singent ir tagzeit niht; wolt Got, daz si si spræchen mit andâht und süngen niht werltleicher lieder. So singt der ainen Frawenlop, der ainen Marner, der ainen starken Poppen. Der poppen ist sô vil worden, daz si der gotshäuser guot und êr verpoppelnt“, Konr. v. Megenberg, f. 115^b. '(Pfeiffer 197,12 und 583. 761: „auf einfältige, nichtswürdige Weise durchbringen.“′ Poppen, plur., Märchen. „Was der verlogen Historienschreiber für Boppen geschossin hat“, Dr. Eck's Linh.-Käser. Vrgl. Haupt's Zeitschr. **VIII**, 347. 'BM. II, 525. Germania V, 345).′ Vrgl. oben Sp. 398 **Páp: vo′pápp·ln.**

poppeln, pofeln, pobeln, quallen, wirbeln, in Menge da seyn oder vorkommen. Das Waßer poppelt im Sieden auf. Der Rauch poppelt aus dem Ofen, aus dem Kamin. „Ein prunn, der hiet siben pächlein, die aufpopelten“, **Cgm.** 54, f. 64^a. Der Poppel, Pofel, Pobel, das Ge′pöppel, der Rauchwirbel, die Menge. popplicht, popplet, pobelet, voll, gedrängt voll. s. pfopfern und vrgl. Zeitschr. II, 84,18. Grimm, Wbch. II, 198. 457.

poppern, pöppern, (Altmühl, Pegniz) sich schnell 292
und oft wiederholt bewegen; mit Zittern sprechen; vor Aerger zittern. boba′n, bedachtlos eilen. „**Wann i' benz· und beit, heisst s· mi' án Bobárá; d· ländrischen Bedlleut, sait s·,** *bobá̃n* **á;**“ Stelzhamer p. 89. 174. Vrgl. Grimm, Wbch. II, 199. 457. Zeitschrift II, 84,18. V, 160.

'poppeln, poppern, pöpperln, schnell und oft nach einander schwach klopfen, (Zeitschr. II, 84,18).′ **Wenn's rengt, so** *pepə-lt·s* **aufm Dach**, (b. W.).

poppə-ln, puppə·ln, (KinderSp.) schlafen, in der Wiege liegen. Das **Buppə-l**, das Bett. Vrgl. die **Pop**, Puppe. Zeitschr. IV, 335. 493. VI, 130,1.

popizen, pupizen, ein liederliches Leben führen. 'vergeuden, verprassen; Köhler, vier Dialoge v. H. Sachs p. 97. Zeitschr. VI, 96).′ „Ließ mein weib ir popizen mit schurz, pelz, rocken und schauben“ „Mit kleidern popitzt sie hin und her“, H. Sachs 1612: I, 1049. 1055. „Arglistig, popitzend, verlogen“, das. I, 102. (Weiber,) „die mit den kleidern furwitzen und hinter den mannern popitzen“, das. 1612: IV, III, 97 (1560: IV, III, 44). popitzig, adj. „Mit jr kleidung ist sie fürwitzig, fanterewschig und sehr popitzig“, das. I, 905. s. bueb-izen.

---

pupfen, (Baur) trotzen, schmollen. „Den eltern nit widersprechen, noch aufpupfen wider sy“, **Cgm.** 632, f. 28 (s. pfupfezen unter pfuh).

Die Par, a. Sp. Parr, Barr (= barre? cf. ahd. paro, gen. parawes; agſ. bearo, gen. bearves, isl. barri, nemus. Grimm, Mythol.[2] 59. ſ. oben Sp. 254: -bar an Ortsnamen). Die Parr, der Fluß, Cbm. 52, f... „Prope *Parram* fluvium", Cod. c. pict. 7c, (Clm. 1740), f. 12ª. Die Baar (Landſchaft) am Schwarzwald: Albunes para; Grimm, R.A. 496. Förſtemann II, 180 ff. 210. „Der clainer hof zue Parre", Thierhaupt. Salbuch von 1456, Thierh. 67, f. 51, I. Arnoldus de *Parr* (ad 1287); Joannes Diettinger plebanus in *Parr* (1457); Weihenst. 121, f. 16ᵇ. Vrgl. Birlinger, d. alemanniſche Sprache rechts des Rheins (1868), S. 14 ff. u. 201 ff. Schloß Kaltenberg am Urſprung der Paar hält Pfarrer Dellinger zu Weßling (oberbayeriſches Archiv XI, 381 ff.) auf ſchon römiſchen Bau geſetzt.

Das Par (Pàr, Paə'), das Pärlein (Párl, Pá'l), das Paar (Graff III, 344. BM. II, 464. Grimm, Wbch. I, 1122). z' Par und z' Par, paarweiſe. Sprüchlein: Buəbm, gêts *z' Pàr* und *z' Pàr*, Spitzbuə', du gêst mit miər — hàt də' Schuəlmaəstə' gsagt. ſich *párln*, ſich paarweiſe zuſammenſtellen, (Baader). „Man ſicht ſy lauffen und paren auf dem anger hin und her", Cgm. 270, f. 205ᵇ. „par-lauffen, cursu certare", Prompt. v. 1618. (cf. Grimm, Wbch. I, 1134 u. 1140,3: barlaufen, Barrelaufen. ſ. laufen). „Barlouffung und wettlouffung" Voc. Melber v. spectaculum. „De baere iaeghen, cursu certare; baere, baerenſpel, ludus gymnicus, certamen currendi"; Kilian. einpäreln (ei˜párln), mit Schnellkügelchen oder Schuſſern ſpielen, ſo daß der Umſtand, ob von mehrern miteinander nach einer Grube geworfenen eine gerade oder ungerade Zahl, Paar oder Unpaar, in ſelbe fallen, das Gewinnen oder Verlieren beſtimmt; ort und eben ſpielen, engl. to play at even and odd. cf. Zeitſchr. IV, 216 u. 8. Daſſelbe Spiel heißt in andern Gegenden, z. B. um Paſſau, auch paſchen (vermuthlich eigentlich pa'ſchen, welches Wort ebenfalls von paar gebildet ſeyn mag; vielleicht gehört ſelbſt auch paſchen (würfeln) hieher. Der Parer, jeder der vier Kegel, die paarweiſe vor und hinter der Reihe ſtehen, in welcher der König iſt. Die vördern, die hintern Parer.

Das Paradeis, Paradies, (mhd. paradîſe, pardîſe; BM. II, 464). „Mîns herzen paradîſel", Labr. 691. In Speier „unter dem paradiz zum dume" feil zu halten, verboten im XIV. Jahrh. „Das Vorzeichen (porticus) der Domkirchen, das groß Paradeiß (auch porticus? parvis; Diez, Wbch. 703) geheißen" bei Simonis; Zeuß, Speier p. 10.

Das Paralis, paralysis, Gicht; cf. Diefenb. 412ª u. ſ. Parlîs. „Wen auch das paralis ſchleht, daz er niht gereden mag"; Konr. v. Megenb. f. 214 (Pfeiffer p. 364,7; ebenſo: 127,16. 209,7. 230,4. 409,31).

Die Paramenter, plur., sacer ornatus, sacrae vestes, Onom. v. 1735, (entſprechend dem daraus überſetzten ahd. garauui, gigarauui; Graff IV, 241—43). „Preparament, praeparamentum, Meßgewant", Voc. v. 1419. „Indutus igitur candidissimis *praeparamentis*" (ad celebrandum missam), Clm. 5128 (sec. XIV.), f. 30.

Die Parat, ä. Sp. (vom lat. paratus), Bereitſchaft, Zurüſtung, Darlegung 1) von Speiſe und Trank. „Wer parat welle lernen, der var in diſe tavernen"; Diut. I, 316. 2) von Kleidung: Staat, Putz, Prunk, Aufzug (vrgl. hchd. Parade). „Sich zieren mit ubrigen claidern, mit parat und andern unſchamlichen dingen"; Cgm. 770, f. 88. „Sodleich ſunden und parat"; „beſunder ſiten und parat"; „gebar und parat"; Cgm. 632, f. 10ª. „So der menſch bei dem gotzdienſt iſt ungeſitt und ungeſtüm und hin und her gagert und die andern irret mit ſeinem paraten; Cgm. 632, f. 26ᵃ. Vrgl. das Bar u. gebären. 3) von Geld; parata pecunia, cf. berait. Von dem folgenden Worte verſchieden, doch in der Bedeutung ſich berührend.

Die Parat, ä. Sp., Wechſel, Tauſch, Betrug, Liſt (BM. II, 461: pârât; mittelniederl. baraet, Grimm, Reinh. p. 270,483; altfranz. barate, ital. baratto, Diez 43). „Er (der Lügner) machet pârât vil damit"; S. Helbl. II, 384. „Da eniſt niht dehain parat bei", Urſtende, Hahn 121,4. „Der Monnich auf die Canzel tratt und macht ſein gleißneriſch Parat", H. Sachs 1560: IV, III, 83 (1612: IV, III, 181). „Ich wolt euch gern ain parat ſehen lan" (im Schirmen oder Fechten), Roſenplut, Cgm. 714, f. 299ᵇ. „Landfarer, der mangerlay Geradikchait und Parat kunde", Freyb. Samml. II, 149. ſ. oben Sp. 256: das Bar.

Paris, die Stadt, mhd. Pârîs; BM. II, 465. „Parisius, Paris", -Semansh. 34, f. 192. „Ein pfaffe weis der was zeſchul datz Pareis", Waldſaſſ. Chron., Cbm. 91, f. 11ᵇ. „Manger hin ze Paris vert, der wenik lernet und vil verzert. So hat er doch Paris geſehen." Renner 13392. Einem *Paris* zaəgng, ihn rücklings, indem man ihm die Daumen unter die Ohren ſetzt, emporheben. „Man pflegt wol ſcherzend zu einem Kinde zu ſagen: Kum, îk wul di Brümme sjô lait (ich will dich Bremen ſehen laſſen), und ihm dabei den Hals recht feſt zu drücken. Dann ruft wol die Mutter: Quaerk mî dait bên nich!" (erſticke mir das Kind nicht), Wangeroog, Ehrentraut, frieſ. Archiv I, 63.

„Parisrot, Paraßrot." „Paraßrot oder Scharlachflocken" werden aº. 1456 in Regenſpurg zur Verfälſchung des Safrans gebraucht. Gem. Reg. Chr. III, 244. „Der Maler ſoll kayn Röſel oder parys rot für Lack geben", Malerſätz von 1420. Wſtr. Btr. VI, 160. „Parisrot zu machen", Cgm. 821, f. 26. Das Voc. v. 1429 gibt malo granatum durch parisapffel. „Parysöpffel, Hönig und Imber", Dr. Eck (1542).

Pariſer-Jahre. „Jene Herrſchaften ſind freylich beſſer daran, denen die Kinder ihrer Unterthanen die ſogenannten drey Pariſer-Jahre ausdienen müſſen. Zum Glück der Menſchheit gibt es nur wenige Herrſchaften, die dieſe Gattung von Leibeigenſchaft noch ausüben." Gedanken über die Verbeſſerung der Landescultur in Baiern (v. Rottmanner?) in Wſtr. Btr. I, p. 243 (v J. 1788). Iſt vielleicht: Pariſer-Jahre ein Druckfehler ſtatt: Waiſel-Jahre, welche daſſelbe bedeuten; ſ. Folgen und Werth der ſtänd. Freiheit in B. p. 75. Es hatten nemlich im Herzogthum Bayern die Juriſdictions- und Hof- 293
marksherren jure speciali hergebracht, daß ſich ihre „Unterthanen" bey ihnen vor andern, ſowohl zum Schloßund Hofbau, als andern anſtändigen Dienſten, in der Hofmark um gebräuchlichen Lohn wenigſtens auf einige Jahre zu verdingen verbunden waren. Cod. Max. civ. p. 5, c. 6, §. 2, Anmerk. Lit. d.

Pârîſîs, mhd., eine Pariſer Münze, parisiensis; BM. II, 465. „Zehen pfunt guoter pârîſîſe", Grimm, Reinh. p. 335,1187 u. p. 375.

parieren, gehorchen, (wol aus dem Lateiniſchen).

parrieren, mhd., färben, distinguere; BM. II, 466. Lachm. zu Parziv. 6.

Paróckə˜, Perücke (v. franz. perruque, ital. perruca, parruca, ſpan. peluca; Diez, Wbch. 264. Zeitſchr. III, 555,14. Alſo wol von pelo, wallach. pjer, das Haar; l geht in r über: mjer, malum, Apfel; mier, mel; phir, filum). Si is (oder hàt tanzt ꝛc. wiə) *parockəwinni*, (etwa: mit dem furor uterinus behaftet?).

Pardaun, ä. Sp., genus fistulae; Friſch I, 62. 119. II, 39. Cf. ital. bordone, franz. bourdon; Diez 62. Ducange I, 810ᵇ. „Parda ein pardawn seu tormentum" (lies trometen? vrgl. BM. II, 465. Diefenbach 413ª), Clm. 5877 (v. 1449), f. 131.

Die Peri, (in einer Proceſſionsanordnung v. 1580) Binde? „Die Fendrich . . mit Iren ſameten landsknecht khlaidern, gulden khetten, mit gold gezierten pareten oder hüetten, auch mit iren schenen peri, seitenwöhren oder dögen mit silber beschlagen", Westr. Btr. V, p. 175. „Der Stattoberrichter, mit seiner schwarz und gelb daffetene Peri und Regiment in der Handt", ibid. p. 174. „Die zünften, und bey 300 personen, so die Stangen und kertzen tragen, alle in weiß gekhlaidet mit roten peri oder pünden und mit Kränzen auf dem Haupt", ibid. p. 153. „15 gleichgekleidete (der Stadt von München) Diener, welche anhaben: weisse leinbatine wamesser schwartze Galeotten Hoßen, vnd rot oder leibfarb Stimpf, gleiche Hüet und gelbe Federn darauf ein yegkhlicher ein leibfarbe zendline peri, und schwarz wulline mantl mit sametin vberschlägl . .", ibid. p. 142. Cf. česk. peřj, n., collective: Federn; z. B. peřj na helmě, crista galeae.

Das Perickel, in D. v. Plieningen's geteutschtem Sallust, regelmäßig für periculum. Kilian: perijckel; VII Com.: der prigel.

Der, das Piron, (Lgrcht. Teisendorf) die Fleischgabel, Gabel zum Essen; ital. il pirone, neugriechisch *τὸ πηροῦνι*. „Daz du beraitest vil frů den gůten liuten und mir ein piromanig'; ih wil enbeizzen mit in" (dejeûner à la fourchette!!? vrgl. Sp. 326: Blamensier = blanc-manger), Kindh. Jesu, Hahn p. 89,11.

Das Pir, Pyr, Stadt-Pyr, so nennt man in Augsburg das Bild eines Tannzapfens, wie ein solches von Stein a⁰. 1467 beym Bau der Ulrichskirche ausgegraben worden und als Wappen der Stadt angenommen ist. Auch auf dem Grabmale Hadrians, der Engelsburg, in Rom befand sich als Knopf ein ungeheurer Pinien-Zapfen von Erz, der jetzt im Garten des Vaticans steht. Die Pinie war ein Sinnbild der Zeugung und Erneuung; (von der Hagen, Briefe aus Rom).

empor, s. bor.

Der Porri, Pori, Lauch, allium porrum L. „Porrum, por alias lanchspor est humidum et calidum", (lies: lauchspor?);' Ind. 355, f. 142ᵃ.

pur, als adj. und adv., das lat. purus, sehr volksüblich geworden. Pur aus lauterer Bosheit, oder: aus lauterer purer Bosheit. Die purlautere Wârhait. Zeitschr. VI, 443. II, 85,32.

Die Parch (?). „Die Parch mins plutes", Heumann, opusc. 437.

'Der Parchen, Zaun, Planke; Zeitschr. IV, 179. (Graff III, 348. BM. II, 465. 493).' „Über den Parchen in den Garten stegen" (klettern), sagt der Schlesier Valten Gierth (circa 1620); Koch, Denkw. der H. Dorothea Sibylla v. Brieg, p. 48,53.

---

pardu (υ-), adv., über alle Gewalt, durchaus, trotz alles Widerspruchs oder Hindernisses. Er hat's *pardù* hàbm wǝll'n. Franz. par tout? Cf. das amsterdamische und friesische perdoes, hals over hoofd (über Hals und Kopf). Halvertsma p. 24 seiner Anmerkungen zu dieser Amsterdamer Sprachprobe (1845) denkt an franz. perdu, ital. perduto, auch an pordios! pardieu!

Die Purgier (υ-), (beym gemeinen Manne) jedes Infusum oder Decoctum einer Arzney, wenn es auch keine abführenden Eigenschaften hat. Die Purgatz, purgatio, im Prompt. v. 1618.

'Das Parlîs, Parleis, Perlis, paralysis, Gicht (Zeitschr. IV, 5. VI, 6. s. oben Sp. 401: Paralis).' „Das parlis flecht dich", Clm. 17076 (XIV. sec. 4⁰), Deckel. Das Parleiß, ZZ. 2060, f. 185.

parlen, (Nürnb., Hsln.) heimlich widerbellen. „Er parlt wider." 'Cf. BM. II, 466: der parl, Wortwechsel.'

'Das Parlament, ä. Sp., Besprechung, Rede (BM. II, 466).' „Sein parlament so huob er an", Ring 17ᶜ, 21. „Wer schulern nu wil wol declineine, der sende mit in nach gutem weine und lere sie denne ein argument oder ein ander parlament, mit dem sie sich gar selber triegen und umb geizwollen wöllen kriegen", Renner 17528. s. Plarrament.

Das Parlatorium, der Gang, da den Conventbrüdern erlaubt wird, mit einander zu reden; Klosterbrand zu St. Urban (1513), Geschfr. III, 177.

'Der Perlach, Perleich, Perlachberg, Perlachstieg, Namen v. Örtlichkeiten in Augsburg.' Graff III, 345. „Cur me *Perlegiam* dicant: si forte requiris, Quod *periit legio* hic *perlegiam* vocitant": Clm. 716, f. 302. 303. „Albertus de Rechberg ad Praeposituram ecclesiae sci. Petri in *Perlacco* vocatus ab episcopo Petro", (1445); And. 69, f. 70ᵃ. Auch in Cöln heißt eine Örtlichkeit „auf dem Berlich." s. der Lôh.

Perlatschen, (Nürnberg) plumpe Art von Socken; Schuhe oder Quartier-Pantoffeln von Kälberhaaren. cf. Grimm, Wbch. I, 1134. Zeitschr. II, 235.

Das Perl, Fischperl, die Perle, (ahd. perala, 294
berala; mhd. berle; Graff III, 347. BM. I, 106. Diez, Wbch. 258. Aus griech. *βήρυλλος*; Grimm, Gesch. d. d. Spr. 233). „Die margariten oder die fein berlin", Konr. v. Megenb. f. 145ᵇ (Pfeiffer 248,32: veinn perl; vrgl. 249,20. 255,17. 18). Im b. Wald gibt es mehrere Bäche, aus welchen Perlen gefischt werden, Perlbäche. cf. Grueber u. Müller, bayr. Wald p. 77—79. Lexikon v. Franken I, 288. 360. Der Perlbesuech (die Perlenfischerey) ist ein landesfürstliches Regal; Cbm. 1822ᵃ, S. 400—408. „Die Landsassen sollen sich des Berlbsuechs nicht anmaßen." „Heimbliche Berlklauber sind exemplarisch zu strafen"; Hof-Cammer-Ordnung v. 1640. In Lic. Müller's Fronleichnamszug-Ordnung von 1580 hat „die Margaret ein underschirzl an . . . mit weissen fischperlen versetzt; das oberschirzl ist mit sittiggrinen und gottfarben röslen und gestikhten fischperlen geziert", Wstr. Btr. V, p. 169. 170. perlen, mhd. berlen, schmücken, (BM. I, 107). „Wizzet daz die erst werlt niht so schon was geberlt mit mangem höfelichem site", Renner 22701.

perlikǝ perlokǝ, (Baur) bald da, bald dort hin. Cf. Grimm, Wbch. I, 1525.

Perlis, s. Parlis.

Das Perment, Pirment, Parmint, Permit, Pirmat, Pirmit, Pirmeit, ä. Sp. passim., das Pergament; (mhd. permint, permît, pergmît; Graff III, 349. BM. II, 471. Diez, Wbch. 703. vrgl. auch Buechfell). „Ha peream, quam *perimit* patria sordis huius sumant indicia." Carm. Bur. 80,5 (Die Note auf S. 260 ist von des Herausgebers Stellvertreter bei der Correctur.) „Forpex diu scher, da die schůler daz pirmit mit snident", Aug. S. Ulr. 50 (Clm. XIV., 4350) f. 2ᵃ. „Pergamenum vel carta, pirmit", ibid. Pirmet, Cgm. 714, f. 62. „Und wær das firmament als ein perment, daran möcht man nit beschreiben die große der minsten freud des himelreich", S. Ulr. 132, f. 53. „Der mensche wirt geporn kunstlos sam ein permet geschorn", Ring 24ᵈ, 2. „Bermet gekouft zu gesangbüechern by hundert hütten 22 gl. 20 ß. . . ." „ein bermetten (Ablaß) brief", Zuger Kirchenrechn. v. 1500 circa; Gesch. Fr. II, 100. „Man vint mer wiegen vnd beschizzner winteln in den pfarrhöfen dann mettenpücher und pirmethäut", Cgm. 54, f. 5ᵃ. permentin, pirmentin, pirmentein, pirmenten, adj., v. Pergament. „Gelost aus X pergamenen heuten 1 fl. R.", Altenhohenau (1514), Cgm. 697, f. 147. pirmenten, vrb. (?). Ein plaufůz gepirmentet (?) des fliegen bringt nit luft", Valkn. 85,1. Der Permenter, Pirmenter,

Pirmeider, Pirmiter, Pergamentbereiter, Pergamenter.

Der Parnoß, jüdischer Vorsteher. „Die Parnossen der Judengemeinde zu Regensburg", Gem. Chr. II, 318. Ein angeblicher Jeckof Ben Saddi, bestellter Land-Rabbiner in Bayerland, auch Ober-Barnossa zu München, beschreibt a⁰. 1744 in orientalischer Manier den Krieg der Franzosen mit der Königin Theresia zu Ungarn. Im Rezatkreis-Blatt von 1812 findet sich p. 1005 eine gerichtliche von einem N. N. Kreis-Barnos unterzeichnete Ausschreibung. Vrgl. česk. přednost, Vorzug. Wolili za přednosta p. hrab. Thiena. Pražté Nowiny, 11. Ledna 1846. Přednosta Besedy pan Dr. Frič; ibid. 1. Unora 1846. Farnosse im brem.-niederd. Wbch. I, 440 u. V, 371 von Far (Furchen?)-genosse oder Anrainer ist ganz was anderes.

Die Parsen, Parschen. In Lic. Müllers Anordnung zum Fronleichnamszug von 1580 (Wstr. Btr. V, 172) hat der Ritter St. Georg „1 Überzug von Silberm Tuech über sein Parsen, mit silberm gfrens und Karmesin seidenen Dolln und silbern Nezl überzogen; hernach folgt (p. 159) ein Schiltjung auch in ainem Silberen stukh und die parsen mit Silberen Stukh überzogen mit sambt einem rot und weiß seidenen fanen." Herzog Johannes, der Bischof, führte a⁰. 1520 bey der Kaiserkrönung „zu Ach ein Küriß, einen schwarzsammetnen, der Hofmeister atlasene Parschen, Spieß, Hauben, Armzeug und Kniebuckel", Gem. Reg. Chr. IV, 397. In dem Verzeichniß der Landshuter Harnischkammer von 1562 kommt vor: „ain ganzer geetzter Khüriß mit ain wappenrock, ain ganze Stächel Parschn mit aller Ihrer Zugehör mit Silber beschlagen unden und oben und ain kholbn. Item ain bschlagener stahlener Sattl am samaten Zaun und ain altes Halstuech, alles zur Parschen gehörig. Item sieben Pankl darauf die liderne Parschn gstandn."

Der Pers, Baumwollenzeug (Cattun, Coton), mit Farben bedruckt. Perszakken, Linnen; Journal „De Vriend des Vaderlands", VIII. Th., n⁰. 6, p. 485.

295 persen, adj., aus Baumwollenzeug, kattunen. Kilian: peersch, caeruleus, cyaneus, molochinus. Etwa vom franz. pers, mittellat. persicus, blau, blaugefärbt. „*Pers* de Prouvins, couleur et étoffe bleu foncé de Provins. *Pers* d'Ypre, couleur et étoffes de laine bleu foncé d'Ypres"; Chapelet, proverbes et dictons populaires... aux XIII. et XIV. siècles, p. 96. 97. „La mia gonella del *perso*", Decam. VIII, 2. Ducange V, 217ᶜ. Diez, Wbch. 259. Mes deniers me semblent pers (perdus), quant je pour vous robes de *pers*, de camelot ou de brunette, de vert ou d' escarlatte achette, sagt der Ehmann zur Frau Gemahlinn im Roman de la Rose (sec. XIII.) V, 9500. Oder vom niederd. Pers, Presse, persen, pressen (Diut. II, 206); also: gedruckt. Oder gar von der Pers, des Persen, Persa („Sprach der Persen." Buch der Weisen 1485. „*Persia*, persen", das Land; Semansh. 34, f. 193), wie Damast, Mousselin; wenigstens ist engl. persian derselbe Zeug; franz. persienne.

Der Perseverant, Peseverant, Perzifant, ä. Sp., wie franz. le poursuivant, Unterherold, portug. arautos e *passavantes*, engl. pursuivant, (mhd. parzivant, persevant, persent. BM. II, 469. 472). „Kaiser Hadrianus kundt einen jeglichen baß bei seinem Namen nennen, denn die Herolden und Peseverant, die in einem Register alle kayserische Diener, des ganzen römischen Reichs Amptleute, Ritter und Knechte beschriben hetten, u. herab dem Kaiser musten lesen",... Avent. Chr. „Hat K. Majestät einen Parzifant hienach geschickt, der solle ihn (Herzog Ruprecht) heute Nacht zu Wörth citieren", Kr. Lhdl. XIV, 635.

Die Person (Perscho˜), wie hchd. (mhd. persône. BM. II, 472). Noch heißt, wie ehmals, der Plural gewöhnlich Person st. Personen. Zwo Person, MB. XVIII, 113, ad 1325. Wiə vil sán' God? Aə˜ God und drey *Perscho˜*. (s. Gramm. 806). „Albrecht der erst . . . was ain gepurscher man an der person und het nur ain aug und ainen virwirdischen anplik, er was gar geitig nach gut", Kaiserchron., Ms. des germ. Mus. 2733. (Cgm. 55, f. 71 hat: „waz ain gepawrischer man... ainen unwirdischen amplik.") „Adolf grauf von Nassaw.. der was ain starker wol gepersont man. Er aus (aß) geren wol, davon sang man von im: dem kung Adolf stat sein mut nach ainer füll als ainem jungen welf;" das.

Der Parscherlukh, (Feurbch. v. 1591) Art Kanone, die 40 Pfd. Eisen schoß.

Purschitz, Ort in der Oberpfalz, leitet Brenner (Gesch. v. Waldsassen, S. 312) richtig von po řice, am Fluß, ab. Vrgl. Poříce zu Prag und ähnliches auch zu Passau; s. unten Parz.

Parte.

Parte geben, Part geben, Nachricht geben. „Sollen sie durch Schreiben davon yedem Parte geben", Ldtg. v. 1669: 109. 180. „Bey ihrer Ankunft in Wien werden sie dem Hofrath G. hievon gleich Parte zu geben haben . . ." Lori, Mz.R. III, 74, ad 1670; bayreut. Verordd. Dieses noch jetzt in Wien übliche Wort ist aus der ehmals am dortigen Hof beliebten spanischen Sprache entlehnt, in welcher man denselben Begriff durch dar *parte* ausdrückt.

a parte (à párté, àpa'schté), besonders, extra (Grimm, Wbch. I, 532. Zeitschr. V, 258,24. 403,93), davon das Adjectiv apartig (àpárti', àpá'schti), besonder, eigen (gewöhnlich ironisch, d. h. in übler Bedeutung); Vrgl. indessen auch â-bärdig unter baren. s. Partiten.

Halbpart! (Hàl'párt!) ruft Hans, sowie er seinen Begleiter Michel etwas Gefundenes aufheben sieht. Durch diesen Ausruf wird ein rechtsgiltiger Anspruch auf den Mitbesitz des Gefundenen begründet, wie ehmals die Großen der Erde durch eine aufgesteckte Fahne ein Recht auf halbe Welttheile begründeten. (*Κοινὸς Ἑρμῆς*).

'Partecken, plur., Gaben, Almosen an Geld und Speisen, die sich die Schüler vor den Thüren ersangen, (v. lat. particum = partitum, Ducange).' „Wer er (Guiscardus) doch gewest ein edelman! (Aber) erstlich er nach Partecken loff", sagt der Fürst Concretus (Tancred?) bei H. Sachs 1612: I, 242. „Ich hab mir vil Partecken ersungen; auch ist mir worden drey Heller darbey und ein kalt stück fleisch oder zwey und ein Hafen mit sawrem Kraut, das wil ich schmieren in mein Hawt; wo mir dasselb nit wil erklecken, keil ich darzu nein vier Partecken und thu darnach zum Brunnen gehn, thu darauff ein trunck oder zwen", sagt der Bachant, H. Sachs 1578; IV, III, 3. „Lauff auch herumb nach den Partecken die gantz Statt auß, all winckl vnd ecken", das. „Sonder fund den Parteckensack.. darinn stack der Hafen mit Krawt, der hett geklappert also laut, auch ein Partecken oder sechs, zwey stück fleisch vnd auch ein stück Wecks", das. IV, III, 4. 'Vrgl. Schade, Satiren u. Pasquille II, 334, Anmerk. zu 141,5. Ayrer's Dramen, hgg. v. Keller, V, 3318,30 u. 3322,10.'

Die Partei, 1) wie hchd. (mhd. diu parte, part, Theil, Antheil; Abtheilung; diu partîe, Partei; BM. II, 466. 467). „Das sein (des Labrers) sel werde funden auf der part des rechten tailes", Valkn. 171. 2) jede der einzelnen Personen oder der Personen-Verbindungen, nach denen irgend eine Sache oder irgend ein Geschäft getheilt wird. In einem Haus wohnen so und so viel Parteien, d. h. so und so viel einzelne Indivi-

296 thuen oder Personen-Verbindungen, von denen der Hausherr die Miethe zieht. Sobald die Post angekommen ist, müssen die Briefe und Pakete an die Parteien ausgetragen werden. Ehmals war jedes der verschiednen Ämter der verschiednen churfürstlichen Hofstäbe in mehrere „Partheyen" eingetheilt, deren jede ihren „Partheyherrn" an der Spitze hatte. Das „Hofcapellenambt" z. B. zählte drey Partheyen: 1te, die Hofgeistlichkeit, Partheyherr, der erste Hofcaplan; 2te, „Hof-Musique", Partheyherr, der Capellmeister; 3te, Hofcapelle, Partheyherr, der erste Caplan. Das Jägeramt begriff drey Partheyen, nemlich: 1) die „hohe Wildjäger"; 2) die „Reißjägerey"; 3) Falknerey. Das „Cammererbedienstenambt" hatte 4 Partheyen: 1) die guldene Schlüßl; 2) die silbere Schlüßl; 3) die blaue Schlüßl; 4) die eiserne Schlüßl." „Die kleinen Stabsparteyen, als Regiments-Quartiermeister, Auditoren und Regiments-Feldscherer, haben 1500 fl. Heiratscaution zu leisten", wirzb. Verord. v. 1778. Am 6. Juni 1634 „sind 200 Tragoner (von Augsburg) unter dem Commando des Capitan Tyll auf Parthey gezogen", (haben einen Streifzug gethan), Cgm. 4905, p. 121. Am 1. Nov. „gienge eine Parthey zu 200 starckh auß", das. 193. Die beiderseitigen Armeen „ließen täglich Partheien auf einander gehen", Cgm. 4906, f. 126. s. Partiten.

'Der Widerpart, Gegenpartei; Widerstand, Feindschaft; Gegner (mhd. diu widerparte, der widerpart; BM. II, 467).' „An gerechteclichem orden bistu ein widerpart gên rechter minne", Labr. 419. „O wê der widerparte!" das. 149.

partieren, verpartiren, handeln, verhandeln, durch Hausieren an Mann bringen, auf unerlaubte Weise bey Seite schaffen (vrgl. BM. II, 465: partieren, betrügen). „Wer nu kan zwitzern wider zwitziern, velschlichen trusiren vnd partieren vnd mit zwein zungen sneiden kan, den heizzet man einen weisen man", Renner 21684. Zeitschr. IV, 179. „Strafen gegen diesen der Bösen Münzen Einführern, Partierern, und fremder Münzen Austheylern ...." Lori, Mz.R. II, 13, ad 1566. Munition oder Proviant verpartieren, ist streng verpönt durch den Artikelsbrief der Reichsvölker von 1734.

Partiten, Partiken, Partitereyen, plur., Intriguen, Ränke. Kilian: perte, prate, fallacia; pertigh, fallax. Castelli, Wbch. 77: *Ba'tit'n* machen, betrügen, Betrügereien einfädeln. „Wie der Zachäus Partiten gemacht, und aus frembden Häuten hüpsche braite Riemen geschnitten, hat es ihm ein Freud gebracht." „Partitenmacher, der kann und waiß a parte etwas zu gewinnen; von a parte kommen die Partiten her", P. Abraham. „Du wirst zu Hof sehen lauter Soldaten, aber nur solche, die Partheyen, oder ich hab gefahlt, Parthitereyen wissen zu führen", idem. „Ob die Canzleybedienten mit den Advocaten und Parteyen nicht allerhandt Parthitereyen spillen thun", (Interrogatorium bey einer Visitation der Regierung Straubing mit 69 wohlbemessnen Fragen). „Ainer hieß Lorenz Schönperger, ain partekenfresser was er", Mich. Beham 6,16. 36,13.

Die und das Parteisen, ä. Sp., für la pertuisane, la partigiana, Partisane, (Diez, Wbch. 259). „Schicket das Haupt Marentii an einer Parteisen." „Nigro und Albino wurden die Häupter abgeschlagen und an einem Partheisen herumbgetragen", Avent. Chr.

Die Porten, die Pforte (ahd. porta, mhd. porte. Graff III, 349. BM. II, 525. Zeitschr. V, 276,9). Die guldein porten, die lind porten (an den Frauen), Konr. v. Megenb. f. 227. 249. Die Klôster-Porten, Himmels-Porten u. drgl. 'Der Portner, Pförtner, Thürhüter, (mhd. portenære)'. Du hülzenə' *Portnə'!* zu Einem, der nicht vom Fleck zu bringen ist. Der Portior (⏑–), wie franz. portier. s. Porze.

porteren (– ́⏑), adj., von einem ehmals beliebten damastähnlichen, geblümten Seidenzeug, (Porter, Parter ⏑–) „Ich bemerkte an dem Bräumeister ein grünes porterenes Leibstückl", Meidinger's Land- und Hoftäge in B. XXIX. XXX. ə˜ pèrterrə˜s Leibl, (b. W.)

„Portz, thail, portio, pars", Prompt. v. 1618. Der Paərzi, (b. W.). „Werfen jhm ein wurst an ein backen, ein portz in's Maul", Seb. Frank, Spr.W. 1601, p. 142. poorzen, niederd., in Portionen trinken; Firmenich I, 534,23. Vrgl. sich putzen (pó'tzn?).

Die Porze, ä. Sp., Pforte. „Also flois Octavianus eerstwerf die portze Jani", Cgm. 691, f. 20. Noch niederd. Pörz, Pöz, Firmenich I, 456. 461. 471; (Köln). Zeitschr. II, 449. Vrgl. Grimm, Reinh. p. 372,503 und s. unten Pforzeich.

Der Pörzel; Grimm, Mythol. CXXXVII: pirczil s. oben Sp. 285: Berzel.

'Der (das?) Parz.' „Unser l. Frau an (auf?) dem Parz" in Passau; — etwa zu Pořice, Flußgegend in Prag, gehörig? (s. oben Sp. 406: Purschitz). Schöller (Beschreib. v. Passau, 1847) läßt das Bild und den Namen aus Ungarn kommen.

Purzel-Kraut, Portulak. Gl. o. 419: purcelan, 297 portulaca. Portilaca, purcil; Clm. 4583, f. 47. „Portulaca ·i· andragus alias pes puli ·i· portulet oder pörtzel"; altes Fragment. Graff III, 351. BM. II, 545. Grimm, Wbch. II, 247. 554. Diefenb. 449ᵃ. 14ᵃ.

'Pasing, Ortsname, (Förstem. II, 186).' Cf. „Aet Basingum (at Basing) tha Deniscan sige namon", (aº 871) Saxon. Chron., Ingram 100.

Paßâu (Passə, Póssə), die Stadt. ad *Batava* (castra), in *Batavis* (castris); Eugipp. vita Severini c. 6, ad 451; gl. i. 814. o. 127. 391: Bazouua. Vrgl. Haupt's Zeitschr. VII, 473. Paßâuer (⏑ ́⏑)-Tölpel, ungeheurer Kopf einer steinernen Bildsäule, die ehmals auf einer Kirchenfronte gestanden und bey einem Brand herabgestürzt war, welcher Kopf unter diesem Namen in einem Wirthshaus zu Passau aufbewahrt wird; dann Spottname, der, ich weiß nicht, aus welchem Grunde, den aus Passau Gebürtigen oft zu Theil wird. „Dölppeln von Passau", Gesellsch. am Isarstrom v. 1704, S. 37. Bey Adelung ist angeführt der weiße und gelbe größe Paßâuer, als eine Art des Salates oder Laktukes. Die Paßauer Kunst, nach Sagen des 17. Jahrhunderts hieb- und schußfest machende Zettelchen mit allerley Figuren, welche zuerst im Jahr 1610 ein Scharfrichter in Passau den daselbst für Kaiser Rudolph II. ausgerüsteten Soldaten zum Verschlucken verkauft haben soll. In einem Brief Göthe's an Zelter (V, 332) wird eine 1612 zu Passau erschienene Praxis cabulae nigrae Doctoris Jo. Faustii erwähnt. — „Passauner '(hieher?)' oder sonst süßer wein", Cgm. 601, f. 100.

zu Paſſ, adv., wird nicht blos im Niederdeutschen und den verwandten nördlichern Sprachen, wie Adelung meint, sondern auch in der bayrischen Volkssprache gebraucht. (Ein veroberdeutschtes und so abermals heimgekommenes te bat? Zeitschr. II, 391,10. III, 282,96. 431,209. V, 166,123. 525,630. s. oben Sp. 300: batten und Zeitschr. III, 272,26. 532,82. VI, 51. Vrgl. Dait itten is *fon pas*, das Essen ist comme il faut, Wangerog; Ehrentraut, fries. Arch. I, 63). Mit jemand, mit etwas *z'pass* kemə˜, mit jemand, mit etwas zurecht kommen; guəd *z'pass* sey˜ mit Einem, mit jemand in gutem Verständniß seyn. „Wol zu paß, oder gesund, übl zu paß, oder kranck", Prompt. von 1618. Grimm, Wbch. I, 1156,4. — wasserpaß, (Jir.) horizontal.

'Passamen, Borte oder Besatz an Kleidern, Posament, (ital. passamano, franz. passement; Diez, Wbch. 254).' „Mit schnüren oder Passämän verbrämen", Karnt. Pol. Ord. 1578, f. 14.

sich pâſs'n, erschüttert werden, (Pinzg.).

pässen, O.Pf. pástn, wie hchd. passen, d. h. warten, lauern (Zeitschr. III, 190,62. IV, 216. cf. schwed. passa, warten; convenire, sich schicken. česk. pasu, pásti, hüten; pasu po někom, ich lauere auf jemand; pasu se, ich weide, fresse auf der Weide, pascor. „Mad᷉ari oči na nás pásli", Kollár, Cestopis p. 3. opasi, m., pozornost, attentio). Die adelichen Geistlichen wählen einen, „der vor im pusch hat gepast und albeg das recht hat gehaßt, und machen aus im ein thumherren", Cgm. 713, f. 234. fürpässen, Einem aufpässen, vorpässen, ihm den Weg abpässen u. drgl. Den Fuchs verpässen, oder blos fuchspässen, (Jgr.Sp.) auf dessen Hervorkommen warten. Das Fuchspassend. Aufm *Fuchspássə᷉d* sey᷉. Beym Kartenspiel pássn, zuəpássn. ə᷉ pássə᷉ds, zuəpássə᷉ds, oder ə᷉ pássts, zuə'pásst's Sptl. Das *Pássn* haben; der Corporal vom *Pássn*. 'Die Passe, Paß, 1) das Aufpassen, Lauern; Zeitschr. IV, 216.' 2) (Pseud. Jir.), eine bestimmte Zahl Holzknechte. Wo zwei Passen sind (eine Risenpaß oder Hackpaß ꝛc.) ist überall ein Paßführer, der der Passe vorsteht. R.A. Auf də' *Páss*· stên, seyn, lauern, warten auf etwas. Etwas verpässen, sich verpässen, durch Warten, Passen versäumen.

„Paslär, pugio", s. Paslär

'Der Paßbart, Pastbart, Postbart, ä.Sp., Passeport, Reisepaß, (ital. passaporto, franz. passeport; Zeitschr. IV, 216).' „Missio honesta wann man einem sein ehrlich Paßport gibt", Nomencl. von 1629, p. 143. (Ich curtisan) gib Eim an den teufel ein pastbarten", H. Sachs 1612: II, II, 17. „Weil du hast ein gut bostparten, von Rom pebstlichen gewalt . . . ." das. II, IV, 232 (1560: II, IV, 117).

Der „Passerer, der Scharfrichter und seine Gesellen", Wstr. Gloss.

Der Passion, Passio Christi; das feyerliche Andenken an dieselbe; die dramatische Vorstellung derselben; (cf. Devrient, das Passions-Schauspiel in Oberammergau und seine Bedeutung für die neue Zeit, 1850; Allgemeine Zeitung, Sept. 1850, v. Ed. Devrient. Morgenblatt 1850, Nr. 165—76, wo das Aufhören geweissagt wird). „Ich werde bald den bittern Kelch meines Passions müssen trinken", P. Abrah. In einer Hofrechnung von 1583 (Wstr. Btr. III, 91.) heißt es: „Item den Spielleuthen, so der jungen herrschaft den Passion gespielt, 6 fl." „Ein Alphabet künstlicher, weder jenes dessen sich der gebrauchet, welcher den ganzen Passion auf einen Reichsthaller geschriben", P. Abrah.

pausen, 1) aufschwellen, sich ausdehnen; 2) (Baader), großthun, Geld aufgehen lassen, besonders beym Zechen. Vrgl. bausen und pfausen. Nach der Paus, in Fülle. „Da wolltens schlemmen nach der pauß", H. Sachs 1560: II, IV, 80. Der Bauer sagt: . . . „Nem den Malsack hin und faß mir einen Saff Saff ein"; der Krämer: „Man geit den saffran nit nach der pauß, man wigt jn nach dem quintlein aus", das. 1560: V, 350 (1612: V, III, 24). „Der kranke hustet und wirft aus groß flammen nach der pauß", das. 1612: V, III, 35. „Mein holtz das kauff ich nach der pauß", (im Kleinen?), Lied v. dem Hausrat, 1525; Görres, Volksl. 146. „Sie suchen aus wol nach der Paus all Falten und all Schrunden", Lied v. 1618. „Die Wirt tragen den Bauren den Wein und Bier nach der pauß auf, Beyten und Borgen jhnen, und schreiben so lang mit zwyfacher Krei-
298 den, bis der Bawr durch den Wirth überheut, jhm seine Güter eingezogen und sambt Weib und Kindt an den Bettelstab getriben wird", Albertin's Gusman 465.

„Das Piessel von 6 Kreuzer oder 5 Schilling, quinarius; dopple tes Biessel von 12 Kreuzer oder 10 Schilling, denarius argenteus", Onom. v. 1735. (franz. pièce?). Grimm, Wbch. II, 563: Büsel.

piseln, pissen. 'Cf. it. pisciare, franz. pisser; Diez, Wbch. 267.'

Die Posatz. „Felleisen und Posatzen..., Trühen und Posatzen der Prälaten, Edelleute und wirklichen Räthe sind von der Visitation frey", Lori, Mz.R. III, 202. 203, ad 1693. „Das Almosen muß aus eignen Säckel, nicht aber aus fremden Pussatzen genommen werden. ." Die Teuffeln stunden hauffenweiß herum, und hätt ein jeder große Säck und Bussatzen voller Sünd und Laster bey ihm", Selhamer. „Hat der Richter unterwegs die Pusazen sambt dem Geld und Registern von dem Pferd verloren", Notat des Abts von St. Zeno in seinem Calender v. 1678. (La besace? Diez, Wbch. 57).

Die Posaune, mhd. busîne, busûne; altfr. buisine, boisine; dän. basun. BM. 1, 285. Grimm, Wbch. II, 556.

Der Poß, (Nürnb., Hsl.), Mühlknecht, welcher geringere Arbeiten verrichtet. Der große Poß ist der, welchem die bessern, der klaine Poß der, welchem die schlechtern Arbeiten zufallen. poßeln, pößeln, posteln, pöseln, pöscheln, kleine Arbeiten verrichten. „Wenn er (der reich Hecker) was zu pösseln het, winckt er dem armen gfattern schlecht, mußt allmal sein sein Trüttelknecht", H. Sachs 1560: V, 373. (1612: V, III, 75). „Erst wird ich dem altreißen zu theil, der beßtelt an mir allenthalben", sagt die Roßhaut bei H. Sachs 1612: I, 1010. „Ich pins ain stolczer schmid, ich pößell auch vast und wol", sagt der Schmid als Brautwerber bei Rosenplut, Cgm. 714, f. 328. Die Poßel-Arbeit, die in allerley Kleinigkeiten besteht, darf von den Gesellen der Gassen-Handwerker, ohne Zuziehung eines Meisters, in ihrer freyen Zwischenzeit verfertigt werden. „Sonst braucht die Steckenknecht der Profoß auch zu aller Boßelarbeit", Fronsperger (1555), f. LXVa. Der Poßel, der Poßler, Postler, der sich zu allerley geringen Arbeiten gebrauchen läßt, z. B. bey den Bäckern, Müllern; nach Truckenbrod und Häslein: Taglöhner im heil. Geistspital zu Nürnberg. „Boßeler, Haustrampl, mediastinus", Prompt. von 1618. „Mediastinus, Haußknecht der alle Boselarbait thun muß", Nomencl. 1629, p. 245. Der Poßolt; BM. I, 226. Die geschwängerte Magd sagt: „Ich lag siech und was kranck, knecht Heinrich trug mich auf die panck und that mir den heimlichen possolt, darumb bin ich im von hertzen holt", Cgm. 439, f. 64. Die Ausdrücke: der Poß, der Poßel, die Poß, die Poßel, den noch im Italienischen ohne üble Nebenbedeutung vorkommenden Ausdrücken il putto, la putta (der Junge, der Knabe, Geselle, das Mädchen; Diez, Wbch. 274) entsprechend, scheinen in Rücksicht der Bedeutung dieselben Uebergänge erfahren zu haben, wie Knecht und Magd, w. W. m. s. „Ist er ein gut Gesell und ein guter Boßz?" frägt Geiler von Kaisersb. von einem Jungen, der Doctor werden will. ə᷉ *Posslé*, Canton Appenzell, ein kleiner Knabe. „Ich armer Boß (Mensch, Kerl) bin ganz verirrt", Werlinus zu Seon (1646), Cgm. 3647, f. 694. „Du bist mir wol ein wilder poß, meinst nit wir habend ouch philosophos", Acolastus, Comödie von dem verlornen Sun (Zürich, 1535), Actus II, sc. I. „Der trummelschlager, ein feistes pössel, der schlug die trummel auf eim kessel", H. Sachs 1612: I, 1090. „Wurden die schmiedknecht verdrossen... Nun hetten sie ein jungen Bossen, der war gewesen ein kriegsman", das. 1560: II, IV, 82 (1612: II, IV, 166). Der Poß, Poßel ist gegen die übrigen eigentlichen Knechte, was hie und da der Bueb, die Poßel gegen die eigentlichen Mägde oder Dirnen, was hie und da das Mädl oder Deənl. (Vrgl. allenfalls auch Bösdiern.) In einer St. Emeramer Kloster-Rechnung v. 1345 (Wstr. Btr. VIII, 147) heißt der letzte Knecht eines Bauhofes der Pozchnecht. S. a. bäscheln 'u. vrgl. oben, Sp. 294: bößen, stoßen, klopfen;' ferner: goth. ana-busns, v. biudan, Befehl, Auftrag; agſ. bysen, norma, praeceptum, byseg, occupatio; engl. busy, schwed. pyssla, knaupeln, geschäftig thun um Einen, ihn pflegen, dän. pusle, kleingeschäftig sein (vrgl. G'schäft, g'schäfti' von schaffen, gebieten); holl. beuzelen, tändeln, Märchen, Possen erzählen (also eigentlich auf's Reden bezüglich);

ital. bisogno (bisogna wie lat. *opus* est), franz. besoin. BM. I, 230. Grimm II, 157. 158. Gesch. d. d. Spr. 364. Zeitschr. II, 234. IV, 483. Wbch. II, 267 f. Diez, Wbch. 321. Vrgl. auch kärnt. posel, Dienstbote, von slati, po-slati, schicken, („slapot, Abgesandter; vrgl. im Mittelalter Walpotones"); poselski, adj., in Steiermark auch das Geschäft; daher posluvati, sich beschäftigen; Jarnik p. 122.

Der Possen, Streich, (BM. II, 525. Grimm, Wbch. II, 261. cf. schweiz. Butsch, dän. puds; česk. posunek, -nku, gestus, Gebärde, v. po-sunu; sunu, -auti, sauwam, -ati, schieben, movere. s. oben bôs). „Ich wil dir auch ein bossen reißen", H. Sachs 1560: III, III, 23. „Ich wil jm gehn den possen reissen", das. 1612: IV, III, 37.

possieren; vrgl. Grimm, Wbch. II, 261,2. 262,3. 266. „Den 4 Zimerleuten, so im forst die 4 Bau aichen geschlagen auch im Forst possirt und damit ieder 3 tag zugebracht", (1613), Cbm. 2224, f. 137.

Die Pois, 1) (BergwerkSp.) die Pose, ein Zeitraum von vier Stunden Arbeit, oder die Hälfte einer Schicht; Lori, Berg-R. 206. 218. 445. 454. (Etwa das alte beym Horneck vorkommende Paws, Rast, metonymisch für die Zeit genommen, welche, bis man ausruht, fortgearbeitet wird. „Knehte, schütt ûf âne pûs (Reim auf „hûs") gerste, habern, weize, korn." S. Helbl. I, 617. Vrgl.
299 Ausspann, Einsetz). Zu bedenken kommt auch das peisa der gl. i. 710. 816 für das pensa der Virg. Georgic. I, 390. 2) (O.L.) die Weile. ə˜ wol'tane (wóitəné) *Pois*, eine ziemliche Weile. ə˜ *Poisl*, ein Weilchen; auch wol ein Bischen überhaupt. Zeitschr. IV, 81. V, 106,9. VI, 37,1. Beit ə˜ *Pois!* wart ein Weilchen; vour ə˜ *Pois*, vor einer Weile; in dickn *Poisn*, oft; *poisnweis*, von Zeit zu Zeit, bisweilen. 'Nürnb. ə˜ Piesəntlá, bei den Goldschlägern: eine bestimmte Anzahl von Schlägen (72—104) auf die gefüllte Form. Kieser, Beitr. z. Gewerbestat. Bayerns p. 47 (aus d. Kunst- u. Gewerbebl. für das Königreich Bayern, 1867).' Cf. niederd. Püß, Peöse, Pause, Firmenich I, 63. 341; Pühsgen, Weilchen, das. 515; drei Dag on en Pôs, drei Tage und einen halben, das. 406; Mormets-Puas, Zeit vor dem Frühstück; das. 418. holl. poos, fem.

„Puselke, Puselkle, Puzelküh, Samengehäuse des Nadelholzes, (Zapfen, Zutschen, Kienäpfel)", Heppe. Grimm, Wbch. II, 563. „In den Monaten Novemb., Decemb., Jan., Febr. oder März soll man die Zapfen, Zützen oder Puselklee vom Nadelholz, sonderlich den Bürhen (Föhren) oder Ziegen abblatten und einfangen, und in einer warmen Stube aufschütten", Ob.Pfalz. Kohlordnung von 1694. Lori p. 560. cf. Neuburger Forstordnung v. 1690, fol. IX.

Das Piscin (? cf. BM. II, 520. Die stupp, tücher ꝛc. womit das Oley (der letzten Olung) abgewischt worden, soll die custerin verbrennen, „die aschen in daz piscin werfen", Alt. Hoh. 11, f. 71ᵇ.

---

paschen, wie patschen (s. d.)' Das's frey *pascht*, patscht, (Reut im Winkel).

paschen, 1) ein Spiel der Knaben mit Schussern. Der Spieler nimmt nämlich 2, 4 oder 6 derselben in die Hand, und sein Gegner legt ihm dieselbe Zahl zu. Nun wirft ersterer die Kugeln in ein Grübchen in der Erde; bleibt eine gerade Zahl, z. B. 2, 4, 6 ꝛc. in dem Grübchen, so hat er gewonnen, und die Kugeln, welche ihm sein Gegner zugelegt hat, sind sein; ist die Zahl im Grübchen ungleich, z. B. 1, 3, 5 ꝛc. so hat er verloren, und der Gegner nimmt seine und des Spielers Schusser. (Hrslm. s. par und einpäreln). 2) mit Würfeln spielen. Der Pasch, plur. die Päsche (Pásch'), der Würfel. Da der Pasch im übrigen Deutschland ein Wurf ist, bey welchem auf zwey, drey Würfeln überall gleichviel Augen obenauf zu liegen kommen, und da das Würfeln anderwärts auch doppeln (engl. to double, schwed. dobbla) genannt wird, so mag den Formen paschen und Pasch das Wort par zu Grunde liegen und das r ausgestoßen seyn. Das Onom. von 1735 erklärt Basch durch jactus decretorius. Grimm, Wbch. I, 1147.

abpaschen, sich wegbegeben, (Zir.); s. abpauschen.

auspaschen, einpaschen Waaren, sie verbotner Weise über die Grenze bringen, passer. s. pauschen.

Paischerl; „trinket dan ein paischerl", (beischerl?), Helbl. I, 1014. s. unten Schar.

pauschen, untersich pauschen, puschen, als z. B. Geld ꝛc., es unterschlagen, es wider Pflicht und Recht in die eigne Tasche fallen lassen; Selhamer. päuscheln und mäuscheln, päuscheln und täuscheln, allerley kleine Mittel gebrauchen, um in Handel und Wandel zu etwas zu kommen.

abpauschen, abposchen, unvermerkt aufhören, abbrechen, sich heimlich davon machen. Kurz *à'bausch'n*, ohne viel Umstände abbrechen. Mit séchəné Leudn muəs mər *à'bausch'n*, dé aə˜n kaə˜n Nutz'n bringə˜. Der is *à'boscht*, hat sich fort gemacht. Beym Horneck ist pausen, still liegen, pausare; und boßen heißt in der Gaunersprache schweigen. Doch mögen obige Ausdrücke als Figuren zu Bausch und Bosch und Busch gehören. In Obersachsen heißt buschen verbotner Weise davon, z. B. aus der Schule, gehen, faire l'école *buissonnière*.

peischen (pabschə˜, pähschə˜), Wetterau: in der Hand wägen, nach Weigand (oberheff. Intellbl. 1845, S. 244) von pesare. Alberus: ich peyß, *penso*, tento manibus. 'Vrgl. Vilmar, Idiot. v. Kurhessen, S. 296: pêsen, pæsen, pôsen.'

einpüschen Kinder, sie in den Schlaf bringen, pausare, (Wakius p. 75.); vom Laut psch! psch! Grimm, 300
Wbch. III, 154: einbischen, (vrgl. II, 46. 48: bischen, bisten). Cf. Wetterau: pfêschen, gütlich thun; Weigand, oberhess. Intellbl. 1845, S. 304. Vilmar S. 36; Idiot. v. Kurhessen 296. 297. 298: pêsen, pêschen, pfeisen, pfêschen. (Sollte in pfuschen das Heimliche der unberechtigten Arbeit angedeutet seyn?).

Der Pastbart, Postbart, s. Paßbart.

Die Pastêten (Pastê'n, Paschtê'n, ᴗ–), Pastete. R.A. *Pastê'ln* machə˜, mit schöner Manier etwas zu seinem Vortheil einleiten. Vrgl. Zeitschr. IV, 216.

Der Pästniz (Besniz), (Nürnb., Hsl.), der Pästling, Pásteck, (A.B.) die sogenannte weibliche, eigentlich aber männliche Hanfpflanze, cannabis sativa mas L.; böhm. poskonná konopě, poskonnice, poln. płoskon˜.

pissten, psst! psst! rufen, Grimm, Wbch. II, 48. Zeitschr. V, 255,81. „Hà˜əmàl ə˜ weni' *pist'n* hör'n hintə' də' Staud'n; wenn I widər ə˜ weni' *pist'n* heər, glei' gèə I schaugng." Baader.

Die Pistole, wie hchd.; česk. pistol, nach Palacky von pistala, Rohr. 'Vrgl. dagegen Diez, Wbch. 267.'

Die Post, 1) wie hchd., it. la posta von positis equis (Diez, Wbch. 270), welches noch Av. Chr. v. 1566, f. 134 tautologisch erklärt: es waren auch von Rom in alle Lande Post gelegt, damit zuhand urkundt und erkannt möcht werden, was in einem jeden Land geschach." I schick də's schaə˜ mit də' *Post*, d. h. du bekommst es gar nicht, (Baader). „Der Postbot, cursor, veredarius", Onom. v. 1735. s. Bot. 2) die Nachricht. „Als ich war in meinem schloß, da kam mir ein elende boß, wie das mein edle braut schon kumb", H. Sachs I, 258. „Ich hab heut durch ein post vernommen unser herr könig wird heut kommen", das. IV, II, 30. Einem Post thun, Einen benachrichtigen. „Buə', bàl'st mi' nimmə' mägst, aft *thuestmə'* fei˜ *'Post.* 'ən Botn den zàl I scho˜, 'ás's di' gà nicksn kost't. Də' Kulfürst (Kurfürst) hâut *Poss einə' 'thou˜*, schol mə' schuə˜ widər ə˜ Steuə' gébm, so drückte sich einmal ziemlich undiplomatisch ein oberpfälzischer Bauer aus. Posten oder Pöstlein tragen, Botschaften, Nachrichten, Briefchen rc. hin und her tragen, (besonders zwischen zwey Verliebten). Pöstltrager, Zwischenträger. pösteln, Reden hin und wieder tragen, heimlich ausmachen. Wàs habts denn àlləwál *z'pösteln*. *Pöstlən* machen; untərənandər *à'pöstəln*, (Baader). ausposten, (Nürnberg) ausforschen, auskundschaften. postieren, mit der Post reisen, schnell reisen. A°. 1511 versichert Kaiser Maximilian die Stände, daß er, Geschwindigkeit halber, sich Postierensweise, postierweise zum Reichstag begeben werde. Gem. Reg. Chr. IV, 171. 283. „Die Sonnen postiert mit ihren Feuerflammenden Pferdten von einem Himmelszeichen zu dem andern", P. Abrah. „Uns geburt z'postiern (zu laufen) all stund ain meil", Sterzinger Osterspiel, 1526, Ms. Der Postierer, Reisender mit der Post. Bey österr. Stellen und Ämtern heißt postieren: auf die Post geben.

Post, (Münzkunst), ain Post ist 300 Mark Silber. (s. Thun). Lori, Mz.R. I, 90, ad 1460.

Posten, plur., in's Schießgewehr zu laden, (span. posta); s. Pfosten.

„Postpast, impomenta", Prompt. v. 1618, Nachtisch, span. postres.

Postelat, „43 Gulden ungerisch und 43 rheinisch, darin sind 6 Postelaten und in Münz 101 Pfd. rh. Pf." Kr. Lhdl. II, 152.

Postillatio. „Modus praedicandi antiquissimus dicitur *postillatio* et est terminorum praedicabilium absque divisione et distinctione mystica expositio et componitur a praepositione *post* atque a pronomine *illa*, inde postillo, as, are, deinde postillatio. Ut in exemplo: Hystoria: Erat quidam Romanorum imperator qui habebat filium unicum, cui desponsavit filiam regis Aethiopum. *Postillatio* istius: Imperator est Deus pater, filius est Christus, filia regis Aethiopum est anima humilis", ZZ. 1566 (v. 1475), f. 1. „*Postillare* textum sacrae scripturae *postillas* facere super bibliam", Voc. Melber, v. glosa. Cf. franz. apostille; Diez, Wbch. 270.

Postur für Positur; ə stattléché *Postur*.

unpustələ, (= unpostierlich?) ungeschickt.

Die Pataken (Pàtáckng), (Pegniz, Rednitz; auch Werdenfels, Baader), die Kartoffel; vermuthlich verderbt aus dem spanischen patata (Diez, Wbch. 519), engl. potato, dän. schwed. potato u. jordpäron, jordäble, Zeitschr. VI, 266,41. cfr. Policken, Particken st. Politten, Partiten.

301 Päter, Dimin. Pæterlein (Pátə'l), durchlöchertes, ungefärbtes oder gefärbtes Glas-Kügelchen. Diese Pæterlein werden zu Paternostern, weiblichen Halszierden oder anderm Spielwerk an Schnüre gefaßt. Zu Herzogau bey Waldmünchen und in der Warmen Steinach am Fichtelgebirg sind *Päterl*-Hütten, in welchen solche *Páterln* und Glasknöpfe verfertigt werden, die bis Preußen, Schlesien und Holland und von da bis China gehen. Tausend *Páterln*, an eine Schnur gefaßt, machen eine Maschen aus. Päterkrämer. Einen schmähen wie einen Paterkramer, (schwb.) d. i. sehr.

Auch das ganze Paternoster kommt unter dem Namen Pater vor. „Nahm demnach sein Pater in die Hand, backlet sein Stuben auf und ab und plaperet den Rosenkranz herab", Selhamer. Der Patermacher (Mauthord. v. 1765), der Päterleinmacher, (Nürnberg) Paternostermacher. In Altb. ist der gewöhnlichste Ausdruck für dieses Requisit: Bèttə' (s. oben Sp. 302), welches allerdings aus Pater und Beter zusammengeflossen seyn kann. Paternoster selbst ist in diesem Sinne unüblich. Dagegen wird ein Wirbel am menschlichen Rückgrat in der gemeinen Sprache ein Paternoster genannt. Dés Pflastə' muəst au'n dritt'n *Patə'nostər* auflégng.

-pato, -poto in den ahd. Namen Gundpato, Meripoto rc. s. oben, Sp. 209 baudo, bado.

Die Patten, (Nürnb.) die Lefze. Langued'oc, pot, Lippe.

Patrin. „3 Patrin mit schilden, 3 Patrin mit spießen, alsdann 3 Lageien", Aufzug v. 1571, Zeitschr. f. Bayern, 1816, IV, 66.

Die Patron, 1) wie hchd. Patrone. 2) (Promptuar. v. 1618) „Patron für die gemäle, typus exemplar." patroniern, coloribus imagines inficere, coloribus ex forma illinere; (bezieht sich vermuthlich auf die Formen, les patrons, bey der Cattundruckerey).

Die Patrolle franz. la patrouille, span. patrulla, ital. pattuglia, (Diez, Wbch. 255); böhm. patrola, patřitel, Schauer, Auf- und Nachseher.

Der Pauternickel, (im Grabfeld) Pfannkuchen.

Pêter (Pêdə', opf. Pèidə'), der Name, wie hchd. Einem den Peter Puff singen, ihn schlagen; H. Sachs 1560: IV, III, 19. Vrgl. Zeitschr. III, 1. 316. 372. VI, 131,13. Der Pêterl, 1) Dimin. des Namens. 2) (Wstr. gl.) was Hainzel, Nachbier. 3) Petersilie, (auch Peterling, Peterzimel, Cgm. 4543, f. 120. 138; gl. o. 97: betirlin, petroselinum). Vrgl. Graff III, 329. BM. II, 472. Zeitschr. VI, 266,41. 418,12. *Pèitərləfläsch*, (Nürnb.) Rindfleisch mit einem aus der jungen Wurzel und dem Kraut der Petersilie bereiteten Gemüse. 4) 's *Pèitərlə*, (Nürnb., Rath Her) penis eines Knaben. *Pedər* und Pauli, im Scherz, die weiblichen Brüste. Petersbart, (B. v. Moll, Zillerthal; Schrank, R. n. d. Gbrg., Kesselberg), Geum montanum L., beliebter Hutstrauß der Älpler; der gefiederte Same der Waldrebe, (Jir.). Der Petersschlüßel, (ibid.), Osmunda lunaria L.; Mondskraut, (Jir.) Zeitschr. III, 461. Das Peterskraut, (Baur, O.) gemeines Mutterkraut. Peterskopf. Man wickelt eine Schnur um eine Art Spindel, zieht dann gählings die Schnur herab, wodurch die Spindel in eine lange wirbelnde Bewegung gesetzt wird, (ObrM.). Peterlspiel. Eines Abends (1782) macht Peter Prosch in Straßburg, vom Prinzen Max von Zweybrücken (nachmals König) zu sich eingeladen, das Peterlspiel. Der Oberst Kaiserling wollte es auch probieren; weil ihm aber das Feuer zu nahe an die Nase kam, vergaß er auf das Blasen und verbrannte sich seine Wuckeln und Augenbrauen", Peter Prosch (1789), p. 304. Vrgl. Zeitschr. V, 302: Petermännchen. 'Petermann, ein gewisser Zeug. Zeitschr. VI, 421,11. u. vrgl. Grimm, Wbch. I, 1366: Beiderwand. Vilmar, kurhess. Idiot. 29. „Die Weibspersonen kleiden sich in sogenannten Petermann."

Die Petecken, Pedecken, ital. le petecchie, Flecken beym Fleckfieber.

Der Pètter, Pathe, (Weihers; Prof. Karl Roth); mhd. phettære, phetter, BM. II, 493.

Die Pitanz, Pytantz, Pytantia, ä. Sp. (wie noch ital., span. in den Klöstern, von pitar, Rationen zutheilen, la pietanza, pitanza, franz. pitance; Diez, Wbch. 263. Cf. Ducange V, 246: *pictantia*, von picta, moneta quaedam comitum Pictavensium; franz. pite. Raynouard, lexique roman: *pitanse*, *pitance*, bombance, distribution de vivres. Vrgl. česk. pitati, nähren; davon: pjce (st. pitia), Futter, pitamy, zahm; Dobrowsky, Gramm. 28). Piatanza, (venezian., Bocrio) vivanda, cibo, in Klöstern. „Lo suo (ihr) visaggio altero mi si mostra piacente per *pietanza*", Tomaso di Saxo da Messina, Poesie dei rè Suevi in Sicilia e dei loro cortigiani in der Bibliothek des Stuttgarter literar. Ver., Bnd. V, 64), die Portion, besonders eine reichlichere oder bessere, womit sich die frommen Herren an gestifteten Jahrtägen ihrer Gönner und bey ähnlichen Anläßen etwas zu Gute thaten. „Und der Convent oder Prior sollen an yglichem Jartag vnd zu yglicher Quattember den Priestern geben jr yeglichen, jungen vnd altenn die den orden anhabenn, ain pietanz, namlichen jr yeglichem ein chopf weins ain stuck visch vnd ain Semel", MB. XV, 340, ad an. 1447. „Tali adjecta conditione, ut fratribus Monasterii sin-

gulis annis tertio die post annunciationem beate Marie de pensione praefate domus ordinaria consolatio seu
302 *pytancia* tribuatur", MB. IX, 587, ad an. 1263. XXIII, 99. „Viertzig pfenning dem Pfarrer zu Aicha järlich in die Pietanz", MB. XXII, 706, ad 1577. „Die prudere schullent lazen an deme samztage diez bedürfen mit urlobe vnd driu mal schullen sie sundern siezzen vnd pitancie haben", Regel des Spitals zu Jerusalem, Clm. 4620, f. 90. „Swer abr habe pitancie gewant, der schol nicht nemen gewant von dem covente", (vestimenta), ibid. f. 95. „N. N. von N. Pytanzer", als einer der beamteten Mönche (zwischen dem Großkeller und Unterkeller) von St. Urban (1513), Gesch. Fr. III, 185. *Pittanciarius*, (Klosteramt), Cbm. 25, f. 9. 10. 'Cf. Ducange V, 247: *pictantiarius*, *pitancerius*; Roquefort II, 358: *pitancier*.'

Potitzen. Kärnt. potiza aus povitiza (von povi-ti, einwickeln), Flade, Potitzen, (Art Wurstspeise, in das Netzfell eingewickelt), Jarnik p. 6.

Die Pütten, ehmals Sinkwerk, aus welchem man die Sulze durch eigene Schöpfwerke heraufhob, (Jir.) Cf. putatorium von puteus, Brunnen, ital. pozzo, franz. puits; Diez, Wbch. 271. Schüttpütte, senkrecht abgeteufter Schacht, wodurch der Säuberberg (unbrauchbarer Letten) in den untern Berg hinabgestürzt wird, (Jir.). Püttenholz, im Dürnberg 4 Schuh 2 Zoll lange, 8 Zoll breite und 2 Zoll dicke Hölzer zu Wasserkästen, (Jir.).

„putten, eviscerare, exenterare; das Geputt, exentera", Voc. v. 1445. „Gewid oder gebuet oder gewaid", exentra, Voc. v. 1419. cf. ital. budello, franz. budel, boyau; Diez, Wbch. 75.

---

patschen, einen durch dieses Wort gewissermaßen nachgeahmten Laut von sich geben oder hervorbringen. Mit der Gaisel patschen, (opf.) knallen. „Küssen, daß's patscht!" Mit der Hand patschen, einpatschen, (durch Handschlag bekräftigen). Durch Patschen niederdrücken; ə˜ zesamengepatschte Hauben. Mit den Füßen patschen im Schlamm, Koth; ungeschickt, unvorsichtig gehen; sich ungeschickt, unvorsichtig benehmen überhaupt, fehlen. Hàst scho˜ widə' *'patscht!?* (gefehlt). Etwas verpatschen, durch Unvorsichtigkeit verderben. (Im Reden) etwas auspatschen, herauspatschen, sich verpatschen, dreinpatschen ꝛc. Vrgl. Zeitschr. VI, 131,12. 516. 527,4. 528,15. Der Patschgori, gedankenloser Schwätzer. Patschgackel. Der Patsch, 1) Schlag mit der Hand, mit dem Fuß ꝛc. 2) auch Reih oder Stich, der Ort einer Rise, wo sie eine Wendung oder eine Reib macht, oder wo sich zwei Risen mit einander vereinigen; (Pf. Jir.). 3) Ding, das sich platt zusammenpatschen läßt; (ansp.) der Sauglappen, Schnuller, Zuller. 4) ungeschickter Streich. Einen Patsch, einen Patscher tuen, eine Ungeschicklichkeit begehen. 5) der Patsch, der Patschi (Pàdschi), der Patscher, (im freundlichen, belehrenden Ton), der ungeschickte Mensch; ə˜ guədə' *Patschə'*, wie franz. un bon homme. Die Patscherey, ungeschicktes Benehmen. patschet, adj., ungeschickt. Die Patschen, der Patscher, (verächtlich) der Fuß; der Schuh, Filzschuh; Pantoffel, (Jir.). Das Pätschelein (Pátschə-l), das Patschhändchen, kleines Händchen. patschiərig, patschiərlig, possierlich, besonders von Kindern. Is gàr ə' *patschiərli* Büəbə-l, (es steht ihm alles wohl an). „Bagschierlich, possierlich, niedlich, gefügig", Seidl, Flinserln III, 31. 101. Zeitschr. III, 9. 11. IV, 217. s. beygeschirrig, packschirrig.

Das Petschaft, ä. Sp. petscheit, mhd. petschat; cf. česk. pečet, f., sigillum; pečetiti, siegeln. BM. II, 472. „Versigelt mit meinem, herrn Wernhartz des Granns pettschaft" (1407), Cgm. 3941, f. 172. Petschaft, Cgm. 544, f. 54ª. Daz petscheit, Münchner Handwerksätze, (sec. XIV.), Cod. civit. Monac. Petscheid, Cgm. 22, f. 68. „Breve quod papa sigillat cum annulo, mit sinem bitsche", Voc. Melber.

Die Peitschen, 1) wie hchd. Peitsche; (česk. bič, Verb. bičati; wol zu bigi, bit, bjti, schlagen). 2) (Schimpfname) Hure; schwäb. Feitschen. Du Malefitz *Peitschn!* (cf. Karbätschen und slav. piczka).

Das Pottschatholz, auch Knoppenholz, verkrüppelte Nadelholzbüsche, Kollerbüsche, (Jir.).

„putschen an Einen, allidere, incursare in aliquem", Prompt. von 1618.

Das Putschendl, semissis, sembella, valet unum nummulum cum semisse", Prompt. v. 1618. „Pitschl˜ oder örtl˜", Cgm. 692, f. 184. „4 putschelin = 1 katherin", Cgm. 740, f. 12. Cf. ital. patacca; kärnt. boshjàk (sh = česk. ž), die geringste Münze; Jarnik p. 51. Bey Höfer II, 359 ist das Putschänlein ein böhmisches Münzstück, deren 180 auf den Gulden gehen. R.A. Nicht ein Putschänl werth seyn. Castelli, Wbch. 99: I gib kan *Budschanl* dàfiə'. „Dein˜ Traiheit dö schlägst so hoch ån˜ und håst håld no dəana koan˜ Månn; geh b·hålt da dein˜ Traiheit, i brauch nix von dir, I gab koan˜ *Botschahn˜l* dafür;" Seidl, Flinserln IV, 29. Vrgl. die pitxols bei Muntaner, Cap. 117.

Das Budschur'l, feminal; Castelli, Wbch. 99.

---

patzen, 1) (Hrlm.) schlagen, als vrb. n., Hinpatzen, niderpatzen, hinschlagen, niederschlagen, d. h. hin-, niederfallen. Gib acht, dás d· nét hi˜*patzst!* 303
daß du nicht niederschlägst. 2) vrb. act., Ungeziefer (Flöhe ꝛc.) tödten, (Zips). Vrgl. Zeitschr. V, 178,113. Der Patzer, das Niederschlagen, der Laut der dabey gehört wird. Dés hàt ə˜n *Patzə'* 'tà˜. Die Patzen (Hrlm.) der Schlag auf die Hand mit der Patzenferl (ferula des Schulmeisters); sonst die Tatzen. Castelli, Wbch. 77. s. oben Batzen. Das Hirnpätzlein (Hiə'npátzl·), der Fips, Schlag an die Stirn mit einem Finger, der vom Daumen abgeschnellt wird. „*'Bätz·nlipl*, Spottname für einen ungeschickten Menschen"; Castelli, Wbch. 77.' „Padera, m., Sacker, Potzenlippel", Tham, Wbch. (1818).

Die Pazeiden, Pazein, südtyrolisches Getränkmaß, als Theil der Üxn; tyr. L.O. v. 1603. „7 Yrn und 8 Pazein Vergerner von Tramin hieher geführt", schreibt der Abt von St. Zeno in seinen Calender von 1668. „VI maß ist ain patzey, XII patzey faciunt urnam", (Tegernsee, 1520), Cbm. C. 22, f. 261. 4½ Maß = eine Pazeide (bacceda), 55 Maß = eine Yhrn, (Meran); Steub p. 321. BM. III, 417. Zeitschr. IV, 217. V, 488.

Der (?) Pitzaun. Herzog Heinrich besitzt in Reichenhall „ain Pitzaun in dem Prüel, ain Pitzaun daz sand Lienhard." „Des N. N. Tail Landes, genannt auf den Pyzaunn", bayr. Replic gegen Salb., Beyl. Nr. 62 und 65. M. Lori, Brg.R. 3. Sieh Bizuni (clausum, septum), unter Zaun.

Der Pitzling, (Parnass. boic. I, p. 18) „ein Fisch im Ammersee ohne Schuppen und schier ohne Gräten, der wie Sälbling schmeckt."

Potz statt Kotz = Gott's, Gottes; Grimm, Wbch. II, 279. Zeitschr. II, 503. III, 346. Vrgl. das alte pochs (Cgm. 632, f. 14. 35) und sieh unten dasti, schelten, schweren. Cod. Attel. 16, sermo 142. Oder hängt Botz als eigenes etwa Gott (boček) bedeutendes Wort mit Butz, Gespenst, zusammen? Die älteren ital. Schwur- und Ausrufformeln: pota de dona Sena, pota de Sier Dante! pota de San Gambaro! pota del zufi! pota de mi! glaubt Bocrio aus dem deutschen Potz genommen. Pota, potta ist übrigens cunnus. „Ja pocz hinkender gans! das was allwegen gern sein (Herzog Albrechts) swur . . . ." „Er sprach: pocz hinkender gancz!" M. Beham, Wiener 332,1. 30.

Der Potzenhut, „ein Eunuchus, auch Frauenhut. Das erstre Wort hat Luther gemacht, um den Ton des Wortes nachzuahmen, womit man, wie er sagt, das bezeichnet, wovon sie Frauen heißen"; Lessing, XI, 2,270.

Das Pötzig, (Franken) der Unrath. „Das Pötzig oder Kehrig", „aller Abraum und Pötzig", (wirzb. Verordd.); der Abgang bey den Salinen; gebrannter Gyps, mit dem einige Bauern die Felder düngen, obschon das Sprichwort geht: „Pötzig macht reiche Eltern und arme Kinder." „Allerhand genist oder bözich", Dr. Minderer p. 117. s. Gebützich und Böz.

putzen, 1) wie hchd. (BM. I, 287. Grimm, Wbch. II, 592 ff.). Das (gedroschene) Getreid, den Leinsamen ꝛc. putzen, d. i. durch das Sieb, die Windmühle ꝛc. reinigen. 2) sich putzen, sich abputzen, wie: seine Pfeife schneiden. Der hàt si *'putzt*, der hat seinen Vortheil gezogen. „Meine Frau putzt sich zuerst mit der Milch ab, und ich soll hernach diese nemliche Abputzmilch zum Coffee nehmen", die Coffeejungfern; cf. büeßen und Porz. 3) bey der Obrigkeit anzeigen. Der Putz, der Angeber, Stichauf. 4) Einen ausputzen, ihm einen Verweis geben. Der Putzer, Verweis. (Vrgl. Reinwald's hennebergisches: Einen pötzen, gepötzt werden, übel ankommen, für seinen Vorwitz recht bestraft, gebüeßt werden). verputzen Geld und Gut, durchbringen, verschwenden; (von Kühen) unreife oder todte Kälber werfen, (Baader). cf. einbüeßen. Putzi, kleine, nette Person. Bleibst allǝwál ǝ˜ so ǝ˜ *Putzi*, (Baader). 'Vrgl. mhd. der butze, daz bützel (BM. I, 286. 287. Grimm, Wbch. II, 588. 591. Zeitschr. II, 512,20. IV, 180. 214).' Die Putzschær (Putschár), wie hchd. Putzscheere, Lichtputze, Lichtscheere; im fig. Scherz: Gespann mit drey Pferden; cf. Essigkrueg; (Ob. Salzach), Schimpfwort gegen Weibspersonen. putzweg (◡-u.-◡) rein weg, mit Stumpf und Stiel weg. (Grimm, Wbch. II, 597). Einem das Örwäschlein, den Kopf ꝛc. putzweg hauen, ein Ding putzweg læugnen. Der Maister Putzweg, im Scherz: der Scharfrichter. (cf. purus *putus*).

'Die Pütze, Bütze, Grube, Brunnen, ahd. puzza, mhd. bütze, (v. lat. puteus; Graff III, 355. BM. I, 287. II, 545. Zeitschr. II, 450. III, 272,2,2. IV, 214. vrgl. III, 561: pàut).' „In puteum, in die buzce, gruobe", Cgm. 17, f. 83ª. pützen, vrb., schöpfen. „Ich lâz in wazzer bützen („putzen"), sô wil ich sîn guot nützen", sagt die böse Frau; S. Helbling I, 988.

Sechste oder Pfa- ꝛc. Abtheilung,

d. h.

Wörter, deren Stammsylbe mit der Lautverbindung Pf anfängt.

(Es sind, nach den entsprechenden Reihen, zu vergleichen die Abtheilungen Pa und Fa.)

---

pfî, fî, pfû, pfuch! wie hchd. pfui! (Grimm, III, 304. BM. II, 495. 514: pfiu! ꝛc. cf. Vrgl. lat. fuge!). „Cum quis dicit phiv dich (phu dich) notans dæmonem, mox dæmon a temptatione cogitationum cessat", Jacob. de Paradiso, Teg. 378, f. 1. 19ᵇ.
„Dum se curvat anus velut anser sibilat anus,
urtica fetidum tergebat vetula culum,
protulit haec verba quod dæmon esset in herba
pfiu dz kreutel, Clm. 4408, f. 149ᵇ. „Nû pfiu dich, dû snûdær!" S. Helbling I, 1208. „Pfniu („pfneu"), pfniu hin wider, herre mîn;" das. 1128. „Pfuch sich in ir hûte!" sie sollten sich in ihre Haut hinein schämen; des Teufels Segi, Barack 9738, '(vrgl. 10663).' Pfuch sich ymer mere! wend sie umb (von) bûben kaufen ere, das. 8019, '(Barack: pfuch si).' „Pfhu, pfhe dich!" Cgm. 713, f. 75ᵇ. „No pfuch dich werlt, du schanden vaz." Diut. III, 11. verpfîen, vrb. Den herren ich verphîe, der sô zegelîchen tuo", S. Helbl. XV, 72. „Under diu ougen si im speibten, als manigen weis verpheiten", Urstende, Hahn 106,19. „De execratione, uone der meinrede, uerphiunge, uerwazzenunge", Cgm. 17, f. 87ᵇ.

---

304 Der Pfâb, s. Pfâw. Pfabesblätschen, s. Fabesblätschen.

Die Pfeben, (Nürnb., Hsl.), cucurbita pepo, cucumis melo; gl. o. 464: bebinun, pepones; sonst hat die ahd. Sp. pfedemo, pepo (gl. o. 17. 97. i. 176), mhd. pfedeme (Graff III, 321. BM. II, 486), welchem ein jetziges Pfe'm entsprechen würde, womit übrigens nach Gramm. 576 die Aussprache Pfebm zusammenfällt. „Melones phädn", Ind. 418, f. 157. „Melones, pheden", Clm. 5931, f. 202. „Sehs phedemen", Diemer, Ged. 26,14. „pfeden, cucurbita", Clm. 4374 (sec. XV.), f. 118.

Die P-hochǝ˜, (Aschaff.) Pocke, Blatter, Blase. Geschwür. Vrgl. Pfuckǝ˜.

phochsneiden, Beutel schneiden; „phochsneiden, diupheit", deutsche Sermones nulli parcentes 1279, in Haupt's Zeitschr. II, 81. Nach Karajan = phahtsnîden; BM. II, 2, 439.

pfuchezen, s. pfuh.

Die Pfâcht, (ä. Sp.) das Gesetz, die Satzung, wie das mittellat. pactus; z. B. *Pactus* legis Salicae etc. Charles phaht, Capitularia Caroli M. in der Kaiser-Chronik. Graff III, 325. BM. II, 475. Zeitschr. III, 305). „Ez ist auch geschriben wol an der phaht (im Gesetze), ob manz tuon sol", welscher Gast 5614. „Die phaht man verkêren mac: man tuot ez ouch alle tac", das. 9171.

pfachten, verpfachten, ä. Sp., 1) pachten, verpachten (BM. II, 476). Durch ein kaiserliches Mandat von 1689 wird den Reichsständen verboten, das Münzregale „weder an christen noch juden zu verpfachten", Lori, Mz.R. III, f. 188. s. unten fächten und vrgl. Zeitschr. IV, 218: pfátschen. 2) pfachten, pfächten, verpfachten, prüfen, abmessen, abwägen, ob etwas der

Satzung gemäß sey; eichen, visieren (BM. II, 476. Zeitschrift IV, 218. 485). „Gewichte, Ellen und Maß beschawen und pfächten.“ „Item von erst verpfacht man und mull und puch ij schaff traids . . . da huben si daz prot auff und verpfachten eȥ mit der Wag“, Ms. cf. Ried 494. Fig. Eine Sache pfächten, sie überlegen, bedenken, L.O. von 1553, 136. 146. L.R. v. 1616, 622. 639. Bregenzer Wald: pfäten. Vrgl. auch: fachen.

Die Pfuckə˜, (Weihers) Pocke, Blatter; s. oben P-hochə˜.

Der Pfad dürfte außer der Zusammensetzung: Fueßpfad in Bayern selten gehört werden. P. Abrah. braucht Fußpfad statt Fußstapfe, Spur (ahd. pad, phad, mhd. phat, pfat, msc. u. ntr.; Grimm III, 396. Graff IV, 326. BM. II, 484). Daȥ phat, Cgm. 87, f. 70. „Trit in das pfad unsers herrn“, Cgm. 638, f. 101½. „Daȥ er ginch in daȥ phat, daȥ uns allen offen stat“, (starb), Waldſ. Chron., Cgm. 91, f. 10ᵇ. ‘Der phadehawche, phadehuche, phadehucke, ä. Sp., Wegelagerer, Strassenräuber; (vrgl. hauchen. BM. II, 485).’ „Allen dyben, röwbern, mördern, phadehawchen, mortprennern“, Clm. 12011, f. 68ᵇ. pfädig, adj., (Frank.), ist der Weg, wenn er nach anhaltendem übeln Wetter wieder trocken und gangbar geworden. ‘pfeden, pheden, Pfad machen, bahnen.’ „Do vand ich in dem taw gepfeten ein steig, der was gar smal getreden“, Cgm. 713, f. 223. ‘pfadeln, waten.’ „Darein (in den Brunnen) er thet ein lauten plumpf und pfadelt lang im wasser tief, bis er den brunn eymer ergrieff.“ H. Sachs 1560: II, IV, 127ᵃ. „Si hat meins herzen see und teich durchpfadelt und durchtawchet“, Cgm. 714, f. 180.

Der Pfâd, (Avent. Chron.) der Pofluß; gl. o. 118: Pfât, Padus. BM. II, 485. Vrgl. Pfäter.

Die Pfaid, das Hemd, s. Pfait.

Pfedemen, Pfeden, Pfäden, s. Pfeben.

Der Pfederer, s. Pfeterer.

---

305 Der Pfaff, ä. Sp., der Geistliche (πάπας, papa, Vater; goth. papa, ahd. phaffo, pfaffo, mhd. pfaffe; Graff III, 329. BM. II, 473. ahd. bâbes, bâbest aus griech. πάπας, roman. li papes; pfaffo aus lat. papa. Rud. v. Raumer's Einwirkung des Christenthums auf d. ahd. Spr., p. 297, nach Hittorp's Walafrid. Strabus de rebus ecclesiast. c. 7, col. 667. ‘Vrgl. v. Raumer in Haupt's Zeitschr. VI, 408 f.’ s. oben Pâb-ſt), besonders der mit der Seelsorge beschäfftigte, der Weltgeistliche. „Παπάς jam inde a Chalcedonensis concilii temporibus omnis sacerdos qui monachus non est“, Goar, Graecorum euchologium. Ducange, glossar. graec. „Sigibertus rex Domno et patri Desiderio *papae*“, Überschriften auf Briefen an den Bischof Desiderius von Cahors. Canis. ant. lect. tom. V, pars II, p. 541 etc. „Venerabili *pape* Augustino“ schreibt Hieronymus, Clm. 15809 (sec. XII.), f. 113. „De pape delet mit dem bruder unde nicht die monick“, Sachsenspiegel I, 25, Homeyer p. 36. „Uzen man in (St. Ulrich) für einen pfaffen het und innen an eines muniches stet“, Cgm. 94, f. 40ᵇ, Vers 446 f. „Die Pütrich Sêlschwestern sullen weder Pfaffen, Münich noch Brüder in ir Haus lazzen gen“, MB. XIX, 249. „Ein misse umbe alle munche, eine umbe alle phaphen“, Clm. 9591 (XIII. sec. 4⁰), f. 96. „Ir wurd seltan kainer zum munch oder zum pfaffen mocht er sein ding iendert baß schaffen“, des Teufels Segi (Barack p. 138,4314). „Die bischoffe mit den pfaffen“ (in ehrendem Sinn: episcopi cum clericis), Clm. 4366, f. 125ᵇ, ad 1451. „Da er (der pfaffe) es (sweren) durch recht kun sol vor seinem techant“, Ludwig's Rechtbuch in Heumann's opusc. p. 117. Conflictus monachi et clerici, Clm. 4397, f. 115—118. „Wir N. gebieten allen unsern Pfaffen in unsern Töchneyen (Dekaneyen)“, Lori, Lechrain f. 67. „Die leyen“, sagt Bruder Joannes Pauli ad 1519, „haßen die pfaffen, so haßen die pfaffen die münch, wan die münch eßen sovil eyer, und die pfaffen sovil hüner. Machen die münch den pfaffen die hüner teuer, so machen die pfaffen den münchen die eyer teuer.“ Auf ähnliche Weise unterscheidet Br. Berchtolt (Pfeiffer p. 142,29 f. 143,31; Kling p. 34. 36) die Pfaffen („die die cristenheit leren sollen“) von den geistlichen Lüten (Ordensgeistlichen). M. m. 71: „pfaffon iouh leigun, clericos ac laicos“; gl. i. 391: in phaphono gisemine, in cleris (scil. in clericorum conventu; Epist. Petr. I., 5, 3); gl. o. 38: phaffo, clericus; phaffenuuib, presbytera; o. 338: paflinc, clericellus. „Ich pfaff johans Windsbach der Anthonyer von Frisingen“, fängt ein Originalschuldschein von 1390 an; Schelhorniana 2. ‘(Cgm. 4965,1).’ „Sol den ein glanzer pfafe verdringen“, Labr. 456. „Unheile ist mir beschaffen, oder eȥ hât nie phaffe wâr gelesen“, das. 367. „Dy layen sind der pfaffen veind vnd frewen sich, wo sy den pfaffen ichtz mügen abgeprechen“, Mgr. Pragensis Engelschalck, responsum de decimis, Inderst. 161, f. 100. Im Cgm. 54, f. 4ᵇ, 5ᵃ werden den Pfaffen starke Stücke aufgemutzt. Das. f. 59 von einer jungen Frau, „die lieber læg pei einem stoch dann pei irem alten man“, und die darum „trost“ haben will von einem andern, am liebsten „von einem pfaffen dirre stat, wann er getar die haimlichait nicht gemelden.“ Vor dem Sprüchlein: „Hœr und sich und verswig, also mit gemach beleib“ werden gewarnt „die jungen prediger und pfaffen, die nu nicht getürren noch wellen die warhait sagen von den herren und von der obristen pfaffhait und auch von in selben; sunder allain si wellen gemach haben und frid und wollust; das f. 44ᵇ. „Wann yetzund niemand als unchäusch ist und sint als die gelerten (clerici?) und die pfaffen und verderbent auch die reichen mit sampt den armen“, das. 62. „Ich sprich auch, daȥ der esel vorn, dâ er kranck (schwach) ist, ain kräuz tregt auf dem ruck und hinten dâ er die niern tregt, dâ ist er starch. alsô tuo wir üppigen pfaffen: da wir daȥ kräuz solten tragen mit vasten und mit beten und mit allem götleichen dienst, dâ sei wir laider kranch; aber dâ wir unkäusch und alle unfuor trägen, dâ sei wir starch“, Konr. v. Megenberg, f. 74ᵃ (Pfeiffer p. 121,2). Vrgl. unten Pfarr. Dieses kurze und stattliche Wort scheint erst um die Zeit der Reformation seine ursprüngliche, würdevolle Bedeutung verloren zu haben. Doch bemerkt schon Aventin in seiner Chronik, der Name Pfaff sey ein „unehrliches und Schmachwort.“ „Wer da? Pfaff. Lassen passiren“; Olmütz, Schweden 1650. ZZ. 727, f. 294. Die vielen mit Pfaff zusammengesetzten Ortsnamen stammen alle aus der Zeit, wo dieses Wort noch in seiner guten Bedeutung üblich war. Pfaffenmünster, ecclesia clericorum; z. B. bey Straubing; Hund, Metropolis Salisb. (Gewold). Vrgl. Munchsmünster, ecclesia monachorum, bey Ingolstadt. Der Fürpfaff, der Chor- oder Pfarr-Vicarius (?). Auf einem a⁰. 1410 zu St. Ulrich in Augsburg gestifteten Jahrtag soll gegeben werden zu der Vigil zu Presenz „ainem ieclichen abt 12 dn., einem ieclichen Luitpriester 1 ß. haller, und ainem ieclichen Fürpfaffen 1 ß. haller, und ainem ieclichen schulmaister 1 ß haller; auf einem a⁰. 1428 gestifteten: „ainem iegslichen Luitpriester 8 dn. und ainem fürpfaffen 4 dn., das sie des nachts bey der Vigil, und ze morgens bey der selmeß seyen“; auf einem a⁰. 1431 gestifteten: „ainem Luitpriester 12 dn., und ainem fürpfaffen 8 dn.“; MB. XXIII, 318. 375. 391. „Daȥ tier (bomachus) bedäut die guoten vorpfaffen („feürpfaffen“ = fürpfaffen), die über die andern gesetzet sind“, Konr. v. Megenberg f. 75ᵇ (Pfeiffer p. 124,2 u. p. 771: vorpfaff, archipresbyter). „Plebanus, liu(t)priester; vice plebanus, zûphaphe . . . ., clericus, phaphe“, Aug. S. Ulr. 50

(Clm. 4350, XIV. sec.), f. 1b. Die Pfaffhait, ä. Sp., die Geistlichkeit, besonders die Weltgeistlichkeit, ordo clericorum; BM. II, 474. Ebersb. 145, f. 303. „Gib unserm vater dem babst und aller pfafhait rechtz leben", Cgm. 136, f. 293. 296. „Alle Pfaffhait in unserm land zu Bayrn"; MB. II, 144. „Ainer oder mer unser'r pfaffhait, es wären Dechant, Kirchherr oder Vicari", MB. XV, 565. Meichelb. Chr. Ben. II, 117. 118; Ried 801. „Clerus, papscap", Diut. II, 206. Die Pfäffin; vrgl. BM. II, 474. „Von ainer pfeffin", Mich. Beham, Cgm. 291, f. 26a u. 173a. „Sol die pfäffin des tüfels sîn, so ist der pfaff voran min . . ." Lauß im mit siner kellerin wol sin, er ist dennocht mit allen rechten min", sagt der Teufel in des Teufels Segi (Barack p. 378 f. 11920. 11951), wo ein eigener Artikel „von den pfaffen weiben" handelt. Offen pfeffinne, s. offen Fraue. pfäfflich, adj., ä. Sp., geistlich, besonders weltgeistlich. Pfaflichen namen haben, Diut. III, 120. „papeleke, litterate", Diut. II, 222. „Das unser pfaffhait beschwärt sei in iren pfäfflichen rechten, eren und freyhaiten", MB. XV, 563. XIX, 119 und passim; einem Geistlichen anständig. Der Caplan der von den Pötschnern auf einen Altar der St. Peterskirche zu München gestifteten Messe, „soll dem Dechant gehorsamb sein mit singen, lesen, kör gen und mit andern sachen die der Kirchen notdirfftig erlich und pfäfflich sein", MB. XIX, 119, ad 1431. Der zur ewigen Messe für die unglückliche Agnes Bernauerinn gestiftete Caplan
306 soll „sich pfäfflich und priesterlichen halten", Ried, 1010, ad 1436. (Wenn ein Laye einen Geistlichen, mit dem er des Nachts auf der Straße in Streit geräth, todtschlägt, so soll er ihn nicht höher büßen, als einen Layen), „daz ist darumb gesetzet, daz er nicht phæfleichen get, wan igleich pfaf des nachtes gemach sol haben und nicht also auf die strazze gen sol", Rechtbuch v. 1332. „Wer do twinget pfafling lewt zu taiding vor einem werltlichen richter", Furstenf. 138, f. 91. Der Pfaffenbrief; „pfaffbrief, formata", zwischen chirographus und epistola missiva; Furstenzell. 44, f. 23. „Chirographus, hantvest; formata, pfaffenbrief"; Semansh. 34, f. 195. Diefenbach p. 243a. Das Pfaffenkäpplein (Pfaffə~käppl), 1) eigentl. 2) fig. die Frucht des Spindelbaums, evonymus europaeus L. (von der Gestalt der Samenkapsel); der Baum selbst. Die Pfaffenköchinn, 1) eigentl. 2) libellula grandis L. die Wasserjungfer, der Schillebold. Das Pfaffen-Rœrlein (Pfaffə~rèə'l), leontondon taraxacum L. „Pfaffenblatten, teraxacon, dens leonis", (herba), leontodon taraxacum; Ind. 355, f. 191b. Pfaffenhoden, s. Hoden. Der Pfaffen-Schnitz, das Pfaffenschnitzlein, das Brustschnittchen von gebratenem Geflügel; portio canonica, Onom. v. 1735. Der Pfaffenzeug, Art Zeuges aus Kameelgarn mit kleinen erhoben eingewebten Blumen. Hazzi, Statist. IV, 109. 111. pfaffen, vrb.; heiraten und nicht pfaffen, wird von außerehlicher Geschlechtsverbindung gesagt, (Lex. v. B.).

Der Pfaff, 1) (Nptsch.) Abröhricht vom Hopfen. 2) „Ulum federsel vel pfaff", Cgm. 649, f. 556b. 3) der kaminartige hölzerne Einsatz in einer Sauergrube (des Gerbers); Dr. Sepp. 4) ein Haufen Getreidegarben auf dem Felde, um einen Pfahl aufgestellt und durch andre nach unten gestürzte gedeckt (Männ'l); Baader.

Der Pfeffer (Pfèffə'), 1) wie hchd. (ahd. peffar, pheffar, mhd. pheffer, pfeffer, aus lat. piper; Graff III, 330. BM. II, 486). Ein Pfund Pfeffer, zwey weiße Handschuh und ein weißes Stäblein überreichte ehmals dem Magistrat von München derjenige Kaufmann, der der erste zur Dult (Messe) am Thore ankam. Und so spielte bey allen ähnlichen Ehrengeschenken der Handelsleute der Pfeffer eine Hauptrolle. cf. Gem. Reg. Chron. Die Nürnberger wurden im 15. Jahrhundert und noch später, wegen ihres Handels, von Fürsten und Rittern nur die Pfeffersäcke genannt. R.A. Wo der Pfeffer wächst; s. Cgm. 1113, f. 86b, 87: Gedicht von Priester Johanns Land. 2) (Schwab., Frank.) eine stark mit Pfeffer gewürzte Brühe, (span. el pebre), besonders an Kopf, Füßen, Eingeweide und Blut von Gänsen und Hasen; diese Theile von Gänsen und Hasen selbst, in Altb. das Junge. „Cappaun in einer gelben prüe, wildprätt in einem pfeffer", ad 1476, Wstr. Btr. III, 139. „Sultz, pfeffer, eingemacht, sawr und süß", H. Sachs. Hieher wol die R.A.: „da ligt der Has im Pfeffer." Zeitschr. IV, 111,56. 218.

Pfeffern, 1) wie hchd. (ahd. pfefferôn, mhd. pfefferen, condire überhaupt; Diut. III, 71. 73). 2) in Schwaben, O.Pfalz und einigen Gegenden von Franken, was in Altbayern Kindeln, Aufkindeln, und in andern Gegenden von Franken Fitzeln. Zeitschr. II, 254. IV, 42. Am unschuldigen Kindleintag (Pfeffertag, Pfefferleinstag, Fitzleinstag) pflegen die kleinen und wol auch großen Jungen bey den kleinen und großen Mädchen herumzugehen und sie mit einem Rüthchen von Wacholder u. drgl. auf die Finger oder um die Beine zu schlagen; in der O.Pf. mit dem Spruch: Is də' *Pféffé* rass, wǫllts·n lêisn á'? wofür denn ein kleines Douceur zu reichen ist, das vielleicht ursprünglich ein Pfefferzelten seyn mußte, (schon gl. i. 723: pheforceltun, liba). „Das Pfeffern am unschuldigen Kindleinstag" verboten in einer ältern bayreuther Polic. Ord. Am Neujahrstag ist in der O.Pf. 307
die Reihe zu pfeffern an den Mädchen. cf. das far il verde der Römer und Römerinnen; Gubitz, Gesellschafter v. 1819, Nr. 181. Der Pfefferritt des Baugedings zu Döcking und Heidenheim; Lexikon v. Franken I, 610. 611. Der Pfeffervogel, (Regensburg, Popowitsch) der Seidenschwanz, bombicilla.

pfeiffen, 1) wie hchd., mit dem Munde, mit einer Pfeife (Graff III, 330. BM. II, 493). 2) auf einer Flöte, oder besonders: Klarinette spielen. Anpfeiffen, aufpfeiffen. R.A. Den Mäusen pfeiffen, müßig seyn, oder etwas unnöthiges, unnützes thun. 3) hypokoristisch: cacare. I *pfeif* də drei~! In d· Hosn *pfeiffə~*. Zeitschr. III, 400, III, 2. V, 40,110. 460. Hieher gehört vielleicht (besser wol aus ahd. fifalter, fifaltra, mhd. vîvalter; Graff III, 515. BM. III, 231. Zeitschr. IV, 54. V, 228): die Pfeifmutter, (salzb., Hübner), sonst auch Krautscheißer genannt, papilio brassicae L., Schmetterling überhaupt.

Die Pfeiffen, wie hchd. Pfeife; (ahd. phîfa und phîfara, mhd. pfîfe, mittellat. pipa; Graff III, 330. BM. II, 494). 's *Pfeiffə-l*, membrum virile.

Der Pfeiffer, der Pfeiffer zur Trommel; ehmals ein jeder, der ein Blase-Instrument spielte; Musicant überhaupt; (gl. i. 929: phifari, tibicen). Der Fangpfeiffer, der von sich selbst, ohne Lehrmeister, das Pfeiffen, Clarinetblasen ꝛc. gelernt hat. Der Pfeifferstuel, ä. Sp., der Platz, auf welchem die Spielleute zum Tanz aufspielten. Das Pfeiffergericht, s. Wagenseil, de civit. Norimb. p. 276.

„Das Pfeufholz." Für ein Pfeufholz v. 10—13 Schuh Länge muß 6 Pfenn. Zoll gegeben werden; wirzb. Verord. v. 1784 über die Verzollung der Holländerbäume.

Der Pfiff, 1) wie hchd. 2) die Hälfte des kleinsten unter den in Wirthshäusern gewöhnlichen Getränkmaßen, also in Bayern des Seidels oder der halben Maß, anderwärts des Schoppens. 1 Viertel = 2 Kändl, 1 Kändl = 2 Mäßl, 1 Mäßl = 2 Pfiff; (Salzb.). Castelli, Wbch. 81: „der Bfif, der achte Theil einer Maß, die Hälfte eines Seitls." (Vrgl. Pipen und Hänlein). Es ligt etwas Verächtliches in dieser Benennung, sowie in der benannten Portion, welche sich in der Regel freylich nur ein durst- oder geldarmer Trinker aufstellen läßt. In Bier ist sie vollends etwas unerhörtes. 3) Pfif, Tabakspfeife; Stelzh. 180. 4) was Pfifferling 2. ə~n *Pfif* sollst davo~ hābm.

Der Pfifferling, 1) Pfefferling, agaricus piperatus L. „Fungus, schwanz (? undeutlich; wol „schwam") . . . vel pfeiffer", Cgm. 649, f. 594. „Pfifferling hulzen oder von glas . . ., die an den wenden hangen, helfen den frawen zu dem prangen, darmit sie jhre goller gletten", H. Sachs 1560: IV, III, 94 (1612: IV, III, 203). BM. II, 494. 2) ein werthloses, unbedeutendes Ding; thierisches Excrement, (vrgl. pfeiffen). 'Castelli, Wbch. 81. Vrgl. Zeitschr. III, 14. IV, 158.' Der Pfifferstil, Stiel eines solchen Schwammes; im höchsten Grad werthloses Ding.

„Der Pfifitz." „Er hat den Pfiffitz", ist zornig; Seb. Frank.

---

pfih! pfich! naturnachahmender Laut. pfichezen, pfigezen, pfickezen, vrb. Die Maus *pfigəzt.* s. d. folgende. s. oben pfi.

pfuh! pfuch! naturnachahmender Laut. pfu-zen, pfuchezen, pfugezen, pfuckezen, pfupfezen, (fränk.) pfuffen, in ein Geräusch ausbrechen, welches der Laut pfu! pfuch! onomatopoetisch bezeichnet, pfuchzen, pfutzen, auch niesen. s. oben pfi u. vrgl. Zeitschr. V, 383. IV, 218. 487. BM. II, 516. Die Katz pfugezt gegen den Hund. Ein dicker fetter Mensch pfugezt nach einer starken Anstrengung. Wer sich auch des lauten Lachens erwehrt, kann doch oft das Pfugezen nicht unterdrücken. Wenn Pulver von der Pfanne abbrennt, so pfugezt es. „Das glühende Eisen pflegt vom geringsten Wassertropfen zu pfupfezen", P. Abrah. Wiə I mein˜ Dudlər aussə' juchez, bàld mit miə' red und bàld *pfuchez*", Seidl, Flins. (1844) 135. Der
306 Pfuchezer, Pfugezer, ein einmaliges solches zischendes Geräusch. 's Pulvə', 'Katz ꝛc. hàt ə˜n *Pfugəzə'* thà˜. cf. das vorhergehende, und gl. i. 556: den phehun, fremitum (maris).

„Der Pfuchäne, der Äne unsers Änis", (Henisch), Ur-Urgroß-Vater.

---

pfachsent (?? wie ahd. buza st. Pfütze) s. bahsen und sachsen.

Der Pfâl, wie hchd. Pfahl (Graff III, 331. BM. II, 476); doch in Altb. meist durch Stecken ersetzt. „Wie man einen pfaul in ainem waug verprennen mag, wie tieff er staut", Cgm. 4902 (v. 1429), f. 28. „Swer auch kein phol hin heim treit", plur. pfel; Wirzb. Sätze v. 1343. „Die Forstpfähle sollen 6 Schuh, die gemeinen Weinbergspfähle 5 Schuh 6 Zoll lang seyn: und da die sogenannten Knechtspfähle oder auch die Schwartenpfähle dieses Maaß gewöhnlich nicht haben, so sind sie zu verkaufen verboten. wirzb. Verord. v. 1776, die Weinbergspfähle betreffend. Vrgl. Hackenpfeil, dessen letzter Bestandtheil vielleicht aus dem wenig vorkommenden Pfal verderbt ist.

Der Pfâl, nackte, wol 8 bis 20 Lachter hoch über das übrige, weichere und daher verwitterte Gestein hervorragende, aus Quarz bestehende Felsenwand, die sich vom Morgen nach Abend mehr als 8 Stunden weit auf dem höchsten Rücken der mittleren Granitberge des bayrischen Waldes hinzieht, hie und da, bey einem Durchmesser von 4, eine Höhe von 8—20 Klafter erreicht, und von mehrern Bächen, besonders aber durch den schwarzen Regen gewaltsam durchbrochen und als ein auffallendes Naturschauspiel jener Gegend merkwürdig ist. s. Flurl, Beschreib. der b. u. opf. Gebirge, p. 309. Hazzi, Stat. IV, 254. Walther, topische Geogr. v. Bayern (1844), S. 152 f. Pfal, Pfalhecken, Pfalrain, Pfalranken heißen indessen auch die sonst unter dem Namen der Teufelsmauer, *Vallum* Hadriani, bekannten Reste römischer Verschanzungen, welche sich, nach Buchner und Dr. A. Maier, Denkschriften der Akad. VIII. B., von der Donau bey Kelheim an, über Altmanstein, Kipfenberg, Pfahldorf, Arkershofen, Gundersbach, Gunzenhausen ꝛc. bis an die schwäbische Alb verfolgen lassen. „Es wachsen Föhren auf den Pfal- und Kiesfeldern, Wachholderstauden gleichfalls auf dem Pfal", Hazzi, Stat. IV, 230. „Kaiser Probus hat eine Landwehr gemacht von der Altmül biß an den Neckar, hebt bei Pfering an der Donauw an, gehet durch Kesting herauff biß gen Nassenfels, von dem an die Altmül, weiter an den Neckar, heißen die Römer Vallatum; jetzt nennts der gemein Mann auff dem Pfall oder auff dem Pfahl", Avent. Chr. 129. 152. 233. „Die Vorhölzer zwischen des Pfalls und der von Hönheim Gründen", Kr. Lhdl. XVII, 169, ad 1508. Auch bey Mänching (alt Mäntichinga) kommt ein Pfal vor; Welsch, Reicherzhofen 176. Ein Pfal auch diesseits der Donau, die Gerichte Voburg und Reichertshofen scheidend; oberbayr. Archiv V, 15—17. s. auch Lexicon von Franken IV, 329 ff.: Pfahl. Vrgl. ferner: Pfalspiunt (LG. Kipfenberg), RB. IV, 431, ad 1289. Phalnheim, Cgm. 4854, I^b. III^b. 104. (Daselbst auch ein Baldersheim.) Ein Pfahlgraben begegnet auch in der Wetterau, von welchem Alberus a^o. 1550 (im Buch von Tugend und Weisheit. 25. Fabel) sagt: „Rings umher (den Feldberg) ligt ein großer wald, darumb die alten heyden haben bei zehn meyl umbhergegraben . . . Den graben man noch sehen kan, er wird genennt von jederman der Polgrab, und zur lincken hand reicht er bis in das Hessenland, zur rechten hand bis an den Rhein; das kan ein langer Polgrab sein. Derselbig grab vergeht nun sehr, die weil man seiner acht nit mehr." Cf. Dieffenbach, Urgeschichte der Wetterau. Jac. Grimm denkt an seinen neuen Gott Phol; Merseburger Ged. (1842). 'Mythol.^{2} 205—9.' „Über Phol ist schon allzuviel an tag gekommen und dazu in Baiern, daß man wieder zweifeln möchte. Außer Pholesouwa (und Pholesbrunno, wobei mich M.'s Vorwitz sehr geärgert hat), auch Photespiunt und Pholingen. Ihnen werden noch ander Örter einfallen, und das Wort muß auf allen Fall in Ihr Wörterbuch gestellt werden"; Brief J. Grimm's aus Berlin vom 29. Aug. 1842. cf. Münchn. Gel. Anz. 1842, Nr. 95. Schmitz in Panzer's Beitr. z. Mythol. p. 371. Spukgeschichten s. in d. Eos 1819, S. 171 f.

Der Pfâlburger, der außerhalb der Stadtmauer wohnt;' BM. I, 166. Vrgl. franz. faubourg (= Falburg? cf. Velburg, s. Fälboden. Nach Ménage ist faubourg = fauxb. = faulsb. = forsb. Aus vor würde schwerlich franz. fau... geworden seyn. Diez, Wbch. 628).

Der Pfel, der Pfeller, (ä. Sp.) Art kostbarern Zeuges (ahd. phellol, mhd. phelle, phellel, pheller ꝛc., aus pallium, palliolum; Graff III, 333. BM. II, 487). „Ist daz ewer sünd sind als ein roter pfel, so werdent sy wiß als der schnê", Augsp. Ms. v. 1447 (Augsp. Kreisbibliothek, 4° Par. „Underricht in christlichem glauben." Anfang: „Welcher oren hab zu hören der sol wol und eben mercken . . ." Ende: „Explicit hoc opus per me Petrum Willen de Nwburg in vig^a corp. chr. 1447"). „Ain underzogen guldin tuech, erbern lüten zu ainem pfeller", MB. XXIII, 342, ad 1413. „Auch muste sein mit pfelle und mit paltikein der wagen wol behangen", Renner 22607. „Die jungfrawen wellen wir (der Soldan) klaiden mit pfellen", Schlehd. 13, f. 214^b, ad 1434. „Mit pfelle vnd sameit", Cgm. 64, f. 49. „Die iuden die sazton got uf sin houpt ain dürnin krôn und sclouften in aine rôte vêli alder in ainen rôten mantel", Griesh. Pred. II, 62. „Bringent balde her ain vêle und scloufent mînen sun darin", das. 78. „Purpura, pheller, samet", Voc. von 1429; gl. o. 309
phellola, pallia. „Purpura, ostrum, cocus, pfellol-tuoch", Voc. optim. p. 26. pfellein, mhd. phellîn, adj. „Ir wat diu was phellein", Tungdalus, Hahn 60,12. 62,24. „Da wurden bette ingetragen mit phellein ziechen", Kindh. Jesu, Hahn 94,72. „Do dir die iuden die pfällein wat anlegten", Cgm. 73, f. 65^b. Es kommt phellol in der ahd. Sp. als kostbarer, unter anderm auch als Seidenzeug von allen Farben vor, (gl.

a. 49. 672. 683. i. 138). „Nam soli thesauri ecclesiarum CPolis in auro, argento, gemmis et lapidibus pretiosis et pannis sericis id est *palliis* sufficere possint omnibus mundi ecclesiis“, Epistola imperatoris Constantinopol. ad Rudbertum Flandrensium comitem, Clm. 5374, f. 116. Descriptio pecunie et librorum que in monasterio S. Benedicti (Benedictbeuern) debent fieri: Superhumerales VIII, albae X, V zonae coccinee stole. XIII casule. IX *phalliones* et due casule linee. manuplianones VIII. pallia altariorum III *phalliones* et fautergulae“, Clm. 4566 (IX.—X. sec.), f. 1. cf. das Phelonion, griechisch-katholischer Priestermantel. Vrgl. das franz. le paile, 'altfranz. pali, ital. palio (Diez, Wbch. 249);' schwed. Päll, agſ. pæll. „Malcolm and Margaretha geafom (tham cyninge Philippus of Francrice) . . . manega gersama . . . on scinnan mid pælle betogen . . . and on pællon“, in skins ornamented with purple, in palls; Saxon. chron. ad 1074.

Der Pfeller (Pfellə', Pfálə', Pfájə'), (O.L.) der Seidelbast, Daphne mezereum. Etwa, in Absicht auf die Farbe der Blüten, zum vorigen Wort gehörig?

Die Pfellen, (Lech, Iller) die Pfrille, cyprinus phoxynus. „Bdella, Pfellen, Pfrillen“; H. Junii Nomencl. 1629, p. 37. Diefenb. 70b. BM. II, 491.

Der Pfeil (Pfál), wie hchd. (ahd. mhd. phîl, pfîl; Graff III, 332. BM. II, 494). Hauspfeil. Zehen tausend Hauspfeile werden a⁰. 1468 für Herzog Ludwig von den Schmiden zu Regenspurg, je ein Tausend um 1 Pfd. reg. dl., gekauft. Ein Landshuter Schmid will das Tausend Pfeil-Eisen um vierthalb Pfund Pfenn. machen; Kr. Lhdl. VII, 243. 235. Der Hakenpfeil (bey der Floßfahrt); s. Hacken und Pfal. In einer Stadt-Bamberger Rechnung für angeschaffte Waffen von 1435 kommen neben Pfeilschmiden auch Pfeilsticker vor. Einmal heißt es: „Item 6000 Pfeile angeschaftet, 2000 abgestabet, 2000 gefidert.“ „Haec (ein Recept) magister Hainricus *Pfeylschmidt*“, Clm. 5036 (sec. XV.), f. 131. „Pheilzangen“ muß der Wundarzt haben; Cgm. 170, f. 3b (s. oben Sp. 369: das Bræt).

Die Pfeilmuətter, (Kitzbühel) Schmetterling; s. pfeiffen, Fàlmottə' und Fei-falter.

Phol, s. oben Pfâl.

'Pfülstoßerin (?).' „Dieselb poß pfülstosserein“, Cgm. 714, f. 213.

Die Pfulgen, das Kissen, Kopfkissen; V. Gansler. Der Pfülben (Pfülbm; Erlangen); der Pülv (Aschaffenb.). Ahd. phulwo, phulwi, mhd. phulwe, von lat. pulvinar. Graff III, 336. BM. II, 516. Zeitschr. III, 303.

---

pfalten, behalten; s. Gramm. §. 404 und p. 488. Vrgl. Zeitschr. VI, 148: pfelfen.

Die Pfalz, ä. Sp. Pfalnze, Pfalenze (ahd. phalanza, palinza, mhd. phalenze, pfalenze, phalze, palaz; Graff III, 334. BM. II, 476). 1) ä. Sp., palatium, vorzüglich als Amtsgebäude, Amtswohnung (wie z. B. noch das *Palais* de justice in Paris; portug. o paço), praetorium, aula, (Otfr. IV, 20,3. gl. i. 741. 914). Diu pfallentz in Augsb. (Stadtb.; MB. XXIII, 101), noch heutzutage unter dem Namen Pfalz bekannt. Die Pfalz (Gemeindehaus der Juden) zu Regensburg; Gem. Reg. Chr. IV, 378, ad 1519. Die Pfalz, (Schloß oder Burg) im Rheine bey Kaub, auf einem Kupferstich in Coblenz benannt le *palatinat*. „In der ewigen palatzen“, Cgm. 43, oberdeutsches Gebetbuch, sec. XV. „Se casere gaderode unarimedlice fyrde ongean Baldewine of Brycge thurh that that he bræc tha palentan æt Neomagon“ (Rimeguen). Sax. chron. ad 1049. 2) das in so einer Pfalz ausgeübte Amt, praetura. Schon gl. o. 338 heißt es: Francorum lingua eodem verbo significatur et edificium et officium, cum dicitur palenze. Aventin (Chr. 304) sagt: „Das Hofmeisteramt, oder, wie mans jetzt nennt, die Pfalz.“ Der Pfalzgrâf, ä. Sp. (z. B. MB. XVIII, 21. XXII, 643) pfalnzgraf, pfalenzgraf, ahd. phalinzgrauo, der in so einer Pfalz aufgestellte Praetor, Landpfleger, Landrichter. Gl. a. 599: palazgrauiun, magistratus; o. 50: phalinzgrauo, palatinus; 335: palenzgreue, comes palatinus (cf. gl. i. 914: falanzstual, tribunal). Vrgl. Bolenze, Pölz, RB. II, 141; auch Solanza, Sulz (s. d., Th. III). Vor allen bekannt sind die, in ihrem Amtslehen erblich gewordenen Pfalzgrâfen am Rhein. 3) das einem Pfalzgrafen ursprünglich (gleichsam als Besoldung) zum Lehen gegebene Land; namentlich die Pfalz am Rhein. Der Altbayer versteht unter Pfalz zunächst die obere Pfalz. Dieses letztere Land, welches noch jetzt Spuren von niederdeutscher (s. unten flemisch u. vrgl. 'die niederd.' Flaß, Flachs; Moud, Mudde, Unrath; Odel, Jauche; lêi, übel; magleicht; mischgen; zwischgen) und selbst auch slavischer Bevölkerung trägt, war bis in's 12. Jahrhundert, als ein Theil des sogenannten Nordgaus, der Spielraum von mehr als einem Duzend geistlicher und weltlicher Dynasten. („*Bavaria* provincia Germanie superioris, ab oriente habens Austriam, a meridie Carinthiam, ab occidente Alemanniam, ab aquilone *Thuringiam*“; Clm. 19487, sec. XV., fol. 70.). Im J. 1329 wurde es den Herren der bis dahin allein sogenann- 310
ten Pfalz (am Rheine) überwiesen, und wegen dieser Verbindung ebenfalls Pfalz, und zwar Pfalz in Bayern, oder zum Unterschied von der untern oder rheinischen, obere Pfalz genannt, bis es im Jahr 1628 durch Tractate an Bayern gelangte. Sie wird zum Unterschied der später, nemlich a⁰. 1505, auf ähnliche Art entstandenen jungen Pfalz oder Pfalz Neuburg, oft auch die alte Pfalz genannt. v. Lang (Baierns Gauen, Nürnb. 1830, p. 122 und Baierns alte Grafschaften und Gebiete, Nürnb. 1831, p. 199) sagt am ersten Orte: „*Slavia*, *Regio Slavorum*: so hieß anfänglich nach zertrümmertem Thüringischen Reich der ganze District südlich vom Main bei Schwarzach bis an die thüringische Saale, woraus erst später und allmählich durch Gründung des Christenthums und Erneuerung der fränkischen Macht über die vorgerückten Slawen die Gauen des Grabfeldes und des Rednitzgaues gebildet worden. Am längsten slawisch und ganz ohne Gauverfassung blieb der District der Capitel Wunsidel und Eger“ u. s. w.; am zweiten Orte: „Was früher *Slavia*, *Regio Slavorum* hieß, bestehend aus dem alten Capitel Eger, namentlich der Wunsidler Amtshauptmannschaft des ehemaligen Fürstenthums Baireut mit Selb, Kirchenlamitz, Hohenberg, M. Leuten, Thierstein, Thiersheim, Weißenstadt, Arzberg, Wunsidel, Redwitz, sodann den baierischen Gebieten Waldsassen, Mitterteich, Waltershofen, Türschenreut, Neuhaus, Bernau, und dann außerhalb den jetzigen baierischen Gränzen Eger, Asch u. s. w. wurde sehr zeitig von den Vohburgern zu ihrer ostfränkischen Markgrafschaft mit erworben, und einer Vohburgischen Tochter Adelheid, Gemahlin K. Friedrich's I, 1149 mitgegeben, welche man die Markgräfin von Cheb, d. i. auf böhmisch Eger, hieß, woraus hernach der Misverstand eine Markgräfin von Cleve gemacht.“ Cf. Palacky, ahlédka we staročeském místopisu. Časopis česk. Museum XX, p. 61. „Freund, die obere Pfalz nimmt sich besonders aus in der Laune und Kurzweil. Die Erdäpfel sind ihr, was der Haber den Pferden ist. Sie gumpt, wiehert, spitzt die Ohren, da das träge Baiern seinen Paß geht“; A. Nagel's Brief an Drechsel, 1785. Der Pfälzer, Pfäller, (Pfälzə', Pfálzlə', im Spott: Pfälz-Tapp), in Altbayern, zunächst der Ober-Pfälzer. Sollte es, was ich

übrigens in Abrede stelle, Grund haben, daß der Ober-Pfälzer bey seinem undankbaren Boden im Durchschnitt betriebsamer und nachdenkender, aber auch verschloßner und eigennütziger sey, als der Bayer: so wäre besonders der letztere Umstand nur mit ein Beweis, daß die Schicksale eines Volkes nicht ohne bedeutenden Einfluß auf seinen Karakter bleiben. Bey einem Völklein das, der Willkür so vieler und so oft wechselnder Herren heimgegeben, noch dazu von allen Kriegsübeln doppelt getroffen wurde, das auf das Machtgebot seiner Fürsten binnen hundert Jahren bald lutherisch, bald calvinisch, bald wieder gut catholisch werden mußte, das also im Öffentlichen wenig Halt finden konnte, wäre es wol verzeihlich gewesen, wenn sich ein Jeder mit mistrauischem Blick in sich selbst zurückgezogen und sich gewöhnt hätte, so viel als möglich nur für sich und die nächsten Seinigen zu leben. — Leider zeigt sich in diesen Tagen (Anfangs 1849) sehr wahr, was ein Artikel der Allg. Ztg. v. 11. März, S. 1066, von den Bayern und wol auch Ober-Pfälzern urtheilt.

Der Pfälzer, Pfälzerbäum, (Berchtesgaden, nach Schrank und Moll, nat. hist. Briefe) der Apfelbaum.

pfalzen, unterpfalzen, (Fwrb.) unterstützen; (cf. pelzen, fulcire). Zeitschr. IV, 485. „Man soll im Zeughaus den großen Hauptstukhen die Aert (Achsen) undterpfaltzen, damit die Reder nit gar auf der Erden steen." „Ain haus mit paumen unterpfalzen."

pfalzen, (Jägerspr.) wie hchd. falzen; (Zeitschr. IV, 160. Grimm, Wbch. III, 1303,3. 1304). 'Der Pfalz, hchd. die Falz.' Si schlagt mə glei' sechs Aər ins Schmalz und dás I béssə' wer' zu'n *Pfälz*. Lied: der Wildschütz.

---

pfimpfet. „Darmit (mit dem h. Georg im Ofen) sein Opffel und sein bieren briet in der Kachel und darbey saß, wermt sich, welch pfimpffet er aß"; H. Sachs 1560: IV, III, 90 (1612: IV, III, 194).

Die Pfannen (Pfanne˜), 1) die Pfanne; (ahd. phanna, panna, fanna, mhd. phanne, pfanne. Graff III, 338. BM. II, 476. gl. a. 112: phanna, sarten; chezzel unde phanbe, Augsb. Stdtb.). „Pugnaturi in sartagine [in der pfannen]", Hect. Mair Fechtb., Turnier; Cod. inconogr. 393 II, f. 119. Das pfannenrennen, das. f. 120. Der Pfannschaben (Pfannschàbm), der Schaben (eine Art Kuchen von Brodtaig), welcher in der Pfanne, statt im Backofen gebacken wird. Der Pfannzelten, Art Pfannkuchen. „Pfannzelt, artocrea, krapff", Voc. v. 1429. s. Zelten. R.A. Von der Pfann her, noch ganz warm, fig. eben vollendet. 2) (im Halleinischen Salz-Sudwesen), 60 (Wiener) Klafter Brennholz. Es macht daselbst der Rachen 4 Klafter oder 4 Rachel, so daß die Pfann aus 15 Rachen oder 60 (Waldord. v. 1592: 64) Racheln besteht, die in die 5580 Klötze (Dreylinge) von 3 Schuh 4 Zoll Länge betragen. „Daß der Wit (Holz) zu den Sueden im Hallein im fünften Schuh soll abseyn und soll ein Pfandt Wits an drey Stucken (Stößen) gegeben werden", Lori, BergR. p. 39. „Für fünf Pfund Pfenning
311 ein Pfan Widts und für 80 Pfening ein Rachen", ibid.
Bei der Saline zu Hallein ist die Pfanne, welche aus 60 Salinen-Brennholzklaftern in Drehlingen (Klötzen) besteht, nach dem Klube in Raachen und Warben eingetheilt. Bei den Kammergut-Salinen wird die Pfanne, welche aus 120 Klaftern (Raummaß) besteht, eingetheilt in 6 Stangen, die Stange in 8 Raahl (Ráhhl?) und das Raahl enthält 2½ Klafter.

Das Pfännlein (Pfánnl', Pfándl), die Pfanne, d. i. halbkugelförmige Vertiefung, in welcher sich ein Gelenk des thierischen Körpers oder der Zapfen eines Rades, z. B. in einer Mühle, bewegt. Da' Fuəs is aus'n *Pfánl'*, is widər ins *Pfánl* ei˜gschnappt. Wenn də' Millə' '*Pfánl'n* nit fleissi' ei˜schmirwt, so kunnt d'Mil leicht brinnə˜d wer'n. Das *Pfánl'*-Schmalz, Schmalz, zum Einschmieren der Pfännlein, besonders an den Kammrädern der Mühlen gebraucht. Es wird von den Müllern beym Reinigen der Pfännlein gewöhnlich in's Feuer geworfen, weil sie glauben, übelwollende Personen könnten mittels solches Schmalzes die Mühle behexen und zu Schaden bringen. Nur an sehr vertraute Personen geben sie es ab. Es gilt nemlich beym gemeinen Mann für ein Specificum gegen die englische Krankheit der Kinder. (Baur). s. Schmalz. R.A. Ein Pfännlein machen, von Kindern: den Mund zum Weinen verziehen. Vrgl. Zeitschr. IV, 111.

Pfannenstil, parus monticola, 'parus caudatus, Schwanzmeise; Nemnich II, 868.'

Der Pfännling (Pfá˜lin'), (Obrg.) Art Kuchen von Mehl, Topfen und Wasser. Das Pfänzlein (Pfánzl'), Art dicken Kuchens, oft aus kleingehackten Ueberbleibseln von Fleisch und andern Ingredienzien, der bald in der Pfanne, bald im Tiegel (Tegel, Stellhafen) oder in der Röhre gekocht wird. (Fleisch-, Leber-, Nieren-, Nudel-, Eyer-, Apfel- ꝛc.) *Pfänzl.* „Placenta, phanzelt", Clm. 4350 (sec. XIV.), f. 2. Graff III, 339. BM. II, 482. Diefenb. 439ᵇ. „Ein schleglmilich in einem gölten, darnach ein kraut, darauf ein pfänzl schweinen fleisch", h. Geiststpital, Ms. von 1519, f. 24. Ob hieher zu rechnen das phacelat, pfaccelat, pfalat, eine Speise in der Osterwoche, des liber culinae ecclesiae Argentoratensis des XIII. Jahrh. (Mone's Anzeiger 1838, Sp. 4)? Anmerk. Eine Salz-Pfanne heißt (MB. III, 536. 564, ad 1150) *patella* salis. — Unsre Pfanne scheint ein Contractum aus phatena (patena; gl. o. 46) zu seyn. '(„vix!" Jac. Grimm.)'

'Der Pfenich, ä. Sp. (ahd. fenich, mhd. phenich, phenech, fench, aus lat. panicum; Graff III, 526. BM. II, 491. III, 297. Diefenb. 409: panicum, pannichium), Buchweizen, Heidel.' „Phenichprein oder hirsprein", Cgm. 589, f. 157ᵇ.

Der Pfenning (ahd. phantinc, pfentinc, phending, pending, penthing, mhd. phenninc, phenning, phennic; Graff III, 342 ff. BM. II, 491).

1) in engerer Bedeutung: heutzutage ein kupfernes Münzstück, welches den Werth eines Viertelskreuzers repräsentiert und im Handel und Wandel bey Berichtigung der Viertelsbrüche vom Kreuzer gebraucht wird.

Von diesem heutzutagigen kupfernen, nach dem Kreuzer regulierten und blos repräsentierenden Pfenning ist wohl zu unterscheiden der ältere, von der spätern Kreuzer-Rechnung unabhängige, silberne Pfenning, wovon man 12 Stücke unter dem Namen eines kurzen, 30 Stücke unter dem eines langen Schillings, 240 Stücke aber unter dem eines Pfundes zusammenfaßte, so daß alle, auch die größten Summen Silbergeldes bey Pfenningen (dn. d. h. denarii) oder Schillingen (ß. d. h. solidi) und Pfunden (lb. d. h. librae) von Pfenningen benannt wurden. „Denarius vel numus phennik, obulus helblinch, ortuncium ort, Veronensis berner, solidus schillinch"; Clm. 4350 (XIV. sec.), f. 2. Dieser silberne Pfenning hatte nach Zeiten und Orten verschiedene Werthe. Es hatte (nach Zirngibl, in Wstr. Btr. VIII, 5. 26. 32. 48. 53. 70. 83. 90. 104. Lori's Mz.R. I, 11. 21. 24. 26. Eccard, Fr. or. I, 558. 671) unter den Carolingen und auf der Münzstätte zu Cöln bis in's 14., auf der von Regenspurg bis in's 11.
Jahrhundert der Denarius bonus oder sterlingus das 312
Gewicht eines Zehntel Lothes an feinem Silber. Es wurden also ursprünglich aus dem Loth fein Silber gemünzt 10 dn. Doch schon in Mitte des 12. Jahrhunderts gehen 30 Regenspurger Pfenninge, statt der ehmaligen 12, auf den Solidus oder Schilling (d. i. auf 12/10 Loth) also auf das Loth feines Silber 25 dn. Die Ausschrotung von circa 25 Pfenningen aus 1 Loth fein Silber, mit dem Zusatz von 1/3 Kupfer, dauerte in Regenspurg be-

stimmt bis in's 14. Jahrh. fort. Diese Regenspurger Pfenninge, welche „auf weiß" geprägt wurden, findet man in Urkunden immer ausdrücklich unterschieden von den durch die bayrischen Fürsten in München, Landshut, Otting, Straubing, Cham, Ingoldstadt, Amberg ꝛc. und zwar „auf schwarz" geprägten Pfenningen. „Die waybel sullent furbieten umb ainen weyssen pfenning"; Augsb. StB., Cgm. 559, f. 146. Beschuldigung eines Beamten oder Geistlichen in Berchtersgaden und der Gegend: „mutuavit ratisbonenses et tempore solutionis habere voluit Wiennenses"; Monac. Francisc. 159 (sec. XIV.), Deckelblatt.

Solcher bayrischen oder schwarzen Pfenninge sind (nach Lori's Mz.R. I, f. 15. 19. 20. 21. 24. 26. 28. 29. 34. 38. 42. 64. 74. 121. 254. 263. II, 71) aus 1 Loth fein Silber mit eben so viel, oder noch mehr Zusatz von Kupfer, a°. 1307 Münchner und Landshuter 30; a°. 1373 Münchner und Oettinger 40; a°. 1390 bis 1391 Amberger, Münchner, Ottinger 50; a°. 1395 Münchner 54; a°. 1400—1406 Münchner, Landshuter 60—64; a°. 1435 Münchner 72; a°. 1454—1458 Münchner, Landshuter 74—80; a°. 1460 Münchner 94; a°. 1506—1559 Münchner 150 Stücke circa geprägt worden.

Der Regenspurger Pfenning galt a°.1253 2 1/2 Landshuter Pf. (Avent. Chr. f. 464. Wstr. Btr. VIII, 72); a°. 1299—1352 1 1/2 Münchner Pf. (Wstr. Btr. VIII, 115); a°. 1351 5 Augsburger Haller (MB. XXII, 318); a°. 1361 4 gut Haller (MB. XXIV, 114); a°. 1388—1390 5/3 bis 2 1/2 Amberger Pf. (Gem. Reg. Chron. II, 247. 289); a°. 1391 2 Münchner oder Ottinger Pf.; a°. 1395 2 Wiener Pf. (MB. XXI, 443. Gem. Reg. Chr. II, 279); a°. 1404 2 Wiener oder Münchner, oder Ingolstädter, oder Landshuter Pf. (MB. XV, 423); a° 1515 2 1/2 Münchner oder schwarze Pf. (Ldtag. v. 1515 und 1516, p. 216. 370); a°. 1535 gilt der weiße Doppelpfenning 5 Haller (Lori, Mz.R. I, 196); a°. 1542, 1559 der Weiß- oder Albpfenning oder Albus 2 1/2 Kreuzer (Lori, Mz.R. I, 225. 256). Der Bernerpfenning muß zu Ende des 15. Jahrhunderts, wenn damals 20 derselben, wie 3 1/2 schwarze, auf den Kreuzer giengen, 7/40 des damaligen schwarzen bayrischen Pfennings gewesen seyn.

„X lb. alter Regenspurger dn. die machten die Zeit wol XVIII gulden ungr.", a°. 1331; Gabriel Ridler's Chronik, f. 1. Ebenda f. 23 in der Almosenstiftungsurkunde des Martein Ridler von 1449 wird angeschlagen: das halb schäffel waitzen um 3 schilling pfen., ein sack rogken um ein halb pfund pfen., ein schäffel gersten um 80 pfen., ein sack habern um 60 pfen., ein metzen öl um 60 pfen.

Da eine Gold-Münze von festgesetztem Gehalt und Gewicht, rheinischer Gulden genannt, die bey größern Zahlungen als Species diente, auch gerne als Maßstab zur Bestimmung des oft wechselnden Werthes der Silber-Münzen oder Pfenninge gebraucht wurde, und wenn es richtig ist (s. Gulden), daß jener ursprüngliche
313 Gulden dem spätern Goldgulden, und dieser dem jetzigen halben Mard'or oder 1/3 Carld'or entspricht, so läßt sich ungefähr berechnen, auf welchen Werth jede Art der ehemaligen Pfenninge in den verschiednen Zeiten nach unserm jetzigen Gelde anzuschlagen sey. Für den Gulden rheinisch gab man an schwarzer Münze (nach Wstr. Btr. VIII, 117; Lori, Mz.R. I, 23. 30. 33. 58. 61. 62. 87. 92. 93. 144. 243; MB. XIX, 160; Kr. Lhdl. II, 126. 130. 144. 154. III, 310. V, 351. XVI, 251) a°. 1358: 3 ß. 11 dn. (d. i. 101 dn.) Augspurger; a°. 1391: 4 ß. (d. i. 120 dn.) Münchner; a°. 1406: 4 1/2 ß. (d. i. 135 dn.) Landshuter; a°. 1434: 4 ß. 20 dn. (d. i. 140 dn.) Amberger; a°. 1454—1464: 5 ß. 20—25 dn. (d. i. 170—175 dn.); a°. 1469: 6—7 ß. (d. i. 180—210 dn.); a°. 1475—1507: 7 ß. (d. i. 210 dn.); a°. 1510—1559: 7—8 ß. 12 dn. (d. i. 210—252 dn.).

In dieser Schlußzeit des Rechnens nach Pfenningen, und Schillingen und Pfunden von Pfenningen kamen also 210 Stücke auf den Gulden, oder 3 1/2 auf den Kreuzer als sechzigsten Theil des Guldens, d. i. des damaligen Goldstückes dieses Namens, oder des in dieser Epoche üblich werdenden, dem damaligen Werthe des Goldstückes entsprechenden Silberstückes; (s. Gulden, Guldner, Thaler). Auch der, seit circa 1600 nach dem fingierten Gulden regulierte und einem 240stel desselben gleichgesetzte Pfenning wurde anfangs, z. B. a°. 1623, 1669 (Lori, Mz.R. II, 345. III, 58. 59) noch, und zwar so, daß 235—240 Stücke auf das cöln. Loth fein kamen, aus Silber geprägt. Die Ausmünzung ganz kupferner Pfenninge, die zwar misbräuchlich schon a°. 1621 vorgekommen war, wurde erst auf dem Augsburger Münzprobationstag von 1761 förmlich beschlossen; doch sollten aus 1 cöln. Loth Kupfer nicht mehr als 6 1/2 einfache, 15 halbe, und 2 23/32 doppelte Pfenningstücke geschlagen werden. Lori, Mz.R. II, 321. 332—34. 345. III, 58. 59. 358. 372. 441. 454.

Da in alten Salbüchern und verschiednen, noch aus der ältern in die jetzige Zeit herabgreifenden Anordnungen manche Summe von Zinsen, Gülten, Geldstrafen u. drgl. nach Pfenningen und Schillingen und Pfunden von Pfenningen benannt ist, so kommt es oft darauf an, diese ehmaligen Pfenninge nach unsern jetzigen zu berechnen. Unsrer jetzigen Pfenninge gehn 4, jener ältern (schwarzen oder bayrischen) 3 1/2 auf den Kreuzer; es wäre also in dieser Hinsicht 1 jetziger Pfenning soviel als 7/8 des ehmaligen und dieser 1 1/7 von jenem. Der Schilling (schwarzer) Pfenninge würde auf 8 kr. 2 2/7 dn., das Pfund auf 1 fl. 8 kr. 2 2/7 dn. jetziger Münze kommen. Wirklich finde ich in Wstr. Btr. VI, 207, in Kohlbrenner's Materialien von 1782, p. 63, in Wagner's Civil- und Cameralbeamten I. Th., p. 242 ff., in Hazzi's Statist. IIb, 129. 134: daß bey Ämtern das Pfund Pfenn. schwarz zu 1 fl. 8 kr. 2 dn., der Schilling zu 314
8 kr. 2 1/4 dn., der alte Pfenning zu 1 17/120 des jetzigen berechnet wird. Allein dabey ist wol auf den Umstand nicht Bedacht genommen, daß damals nur 10 bis 12 Gulden aus der feinen Mark Silber gemünzt wurden, während ihrer jetzt aus demselben Quantum Silbers 24 geschlagen werden. Lori, Mz.R. II, 10. 225. III, 373. Der im 16. Jahrhundert den eigentlichen (Gold-) Gulden repräsentierende (Silber-) Gulden ist nach und nach zum Conventionsthaler von 2 fl. 24 kr. geworden. Wenn der Regenspurger Pfenning in ähnlichen Fällen (nach Zirngibl in Wstr. Btr. VIII, 94. 147 und Gemeiner in der Regenspurger Chronik I, 496, vrgl. III, 270) zu 2 6/7 jetzigen Pfenningen, der Schilling Regensp. zu 21 kr. 1 5/7 dn., das Pfund R. zu 2 fl. 51 kr. 1 5/7 dn. jetziger Münze angenommen wird, so scheint dabey ebenfalls darauf gesehen zu seyn, daß ehmals 84 Regenspurger, wie nun 240 jetzige Pfenninge, einen Gulden ausmachten, nicht aber darauf, daß der ehmalige Gulden und der jetzige nur dem Namen nach einander gleich sind. Vrgl. in Wstr. Btr. VI. p. 277 ff. die kohlbrennerische, nach dem Feingehalt verschiedner alten Pfenninge entworfene Valvationstabelle; auch Kohlbrenner, Beiträge (1783), p. 79 ff.: Evaluation über alte dn. u. das. p. 34 ff. 59 ff.: Münzquanta von 1539 auf jetzige Geldwerthe reduciert.

Den Werth eines carolingischen Denars à 7 Kreuzer rh. setzt Rudhart (ält. Gesch. v. Bayern, p. 634. 719), wegen des damals 20mal höheren Preises des Silbers, gleich jetzigen 2 fl. 20 kr.; also ein damaliger Denar = einem jetzigen Bayerthaler, ein Solidus = 12 Bayerthalern.

Merkwürdig die Ausdrücke: „Zehen Schilling der langen Regenspurger pfening die man Amberger haizzet und nennet", MB. XVIII, 246, ad 1391; „52 pfunt Regenspurger pfenning der Stat werung zu Amberg", MB. XXIV, 138, ad 1381; 143, ad 1394; 156, ad 1428; „siben schilling Regenspurger pfenning der stat werung zu Regenspurck", MB. XXIV, 217, ad 1450; „27 Pfd. Regenspurger pfenning swartzer müntz", ibid. 253, ad 1464. Das heißt wol: den Werth von so und so viel Regenspurger Pfenningen in Pfenningen, die zu Amberg, Regenspurg oder, die schwarz geprägt sind.

2) in allgemeinerer Bedeutung: geprägtes, gemünztes Stück Metalles überhaupt, nummus, moneta, médaille. Es kann in diesem Sinne von goldenen, silbernen, kupfernen, messingenen, eisernen ꝛc. Pfenningen die Rede seyn. Vrgl. Zeitschr. IV, 486. „Es war auch da ein guldenen Pfenning, tausend Ducaten wehrt, den hetten vor Jaren die Rodiser Herrn dem Babst geschenkt", Histor. der von Freundsperg. „Ein gulden Pfenning für X groß silbern pfenning", Schwabenspiegel, c. 299. Unter Aventins Nachlaße fanden sich „2 silbere Pfenning, gelten 5 fl.; Item mer 2 silbere Pfenning, gelten 1 fl.; item 20 fl. an dicken Pfenningen, der einer 20 Kreuzer gilt", Zeitschr. Eos von 1819, Beylage Nr. 26. Der messingene Abläß-Pfenning. Das Weib läßt dem todten Mann den Gnadenpfenning mit der Kette nehmen; Ben. 298, f. 257. „1 R. gulden hat man in raitpfenning gefunden in der Stift" (Altenhohenau, ad 1512), Cgm. 697, f. 142b. Der Richtpfenning. „Der Reichsthaler soll bey seinem innern Gehalt sowohl als dem äußern Werth der 90 Kreuzer verbleiben und der Fuß und Richtpfenning aller übrigen im Reich gangbaren Münzen seyn", ad 1669. „Die collner Mark fein Silber, vom Thaler an bis zu
315 dem Groschen, als dessen Richtpfenning inclusive, soll zu 20 fl. ausgemünzt werden", ad 1753, Lori, Mz.R. III, 49. 352.

Pfenning in dieser ursprünglichen allgemeinen Bedeutung ist der Stock, an welchem sich verschiedene andere ältere und neuere Benennungen für bestimmtere Münzsorten aus bloßen Zusätzen oder Epitheten, die sich nach und nach zu selbstständigen Ausdrücken ablösten und erhoben, gebildet haben. So z. B. a) von der Materie, der Gulden (d. i. goldene) Pfenning, das urspr. Adjectiv zum Substantiv erhoben: der Gulden; b) von dem Orte der Vermünzung: der Berner (Veronensis), der Haller (Hallensis), der Münchner, der Regenspurger, der Wiener ꝛc. (scil. Pfenning); c) von der Gestalt: der groß Pfenning, denarius *grossus;* — substantivisch: der Groß, der Grosch; d) von der Farbe: der Weiß Pfenning, denarius albus, der Albus. e) vom Gepräge: der Kreuzer Pfenning, oder blos der Kreuzer. Nach der Materie und dem Ort der Ausmünzung ist benannt der gulden Florenzer, oder Ducaten-, der gulden rheinisch, der gulden ungarisch (supple: Pfenning); von der Gestalt und dem Münzort hat den Namen: der böhmisch Groß (supple: Pfenning); der Dreyer, Vierer, Sechser ꝛc. (supple: Grosch oder Groß-Pfenning); von dem Werth und der Gestalt: der Gulden-Grosch, Guldner-Grosch, wo vom Gulden nicht weiter die Materie, sondern blos der Werth in Betracht kommt; von dem Werth, der Gestalt und der Münzstätte: der Joachimsthaler Gulden-Grosch- (supple Pfenning), wovon in Folge der Zeit die einzige Bestimmung Thaler als selbstständiges Wort übrig geblieben ist. (Man sehe diese verschiedenen Ausdrücke.) 'Truckener phenninc, s. trucken.'

Wie in einigen romanischen Sprachen (man bedenke das spanische dinero, das italienische danaro, denaro, Diez, Wbch. 121, selbst das russische den'gi) das lat. denarius zum Ausdruck für Geld überhaupt geworden ist, so kommt auch Pfenninge (dänisch plur. penger, böhmisch penize) in dieser Ausdehnung vor. „Dum fortuna perit, nullus amicus erit: sag man was man wöll, nit mer pfenning nit mer gesell", Clm. 4394 (sec. XV.), f. 192b. „Daz er weder silber noch pfenning hab", (d. h. weder ungemünztes noch gemünztes Silber), Münchner Stadtrechtbuch, Ms. v. 1453. „Sein wir der phenning, die umb die vier höf choment, gänzlich bericht", MB. XXIII, 38. „Ze pheningen bringen", zu Geld machen, MB. X, 267. „Schmalz, Käse, Eyer, Ochsen, Küh und was dann Pfenning gilt", Kr. Lhdl. VI, 31. „Umb den Pfenning, da ein Gut verkauft wird", L.R. v. 1518: 26, 8. „Wär auch ob die gesworn vierer inndert fünden prot, das unredleich untrewleich ze clain gepachen wär, und domit den lewtn ir pfenig nicht vergoltn wird . ." Münchner Peckhensätz von 1468. Wstr. Btr. VI, p. 150. „Satzmeister setzen über Wein, Brod, Fleisch, Bier, daß jederman sein guter Pfenning vergolten werde", Kr. Lhdl. V, 74. Daher die Adjec- 316
tive: a) pfenningguet, geldeswerth, sein Geld werth, werth, was es vom Neuen gekostet, ganz. (Das Klaid, ist noch pfenningguet. D' Schuəhh sán' no~ *pfennin'guət.)* b) pfenningvergeltlich, sein Geld werth. Pfennigvergeltliches Bier sollen die Bräuer liefern. Der Pfenningmeister. „Johann Weidinger fürstl. Hofcammerrath und Pfenningmaister zu Passau", (1667); Clm. 11206, f. 4.

Der (das) Pfennwert (Pfə~wərt, Pfemərt, Pfe~fərt), 1) was einen Pfenning werth ist; (BM. III, 603. W. Grimm, über Freidank, p. 82). „Brantwein zu Haller- und Pfennwert hingeben", Ld.Ord. von 1616. „Jedem ain pfenbert prots . . ." „mit zwayn pfenbert brots zu opfer gen . . . ." „zwayr pfenwert semblen opfern", MB. XIX, 162. 349. Daz phenniwert, denariata; Schwabensp., Laßberg §. 202. 247. Mallerst. 33, f. 113. „Swer mel stilt iiij phenewert, in valorem iiij denariorum", das. Laßb. §. 249. Mallerst. f. 119. „*Denariata* vini", MB. XXIV, 58. So Joh. Gews (Wien): *obulatum* panis, vini etc. Poll. 451, f. 56. 2) was Pfenninge, d. i. Geld überhaupt werth ist, Verkaufsartikel, Waare, (franz. denrée von obigem denariata; Diez, Wbch. 121). Vilmar, kurhess. Idiot. 298. „Die Bäcker sollen dem gemeinen Mann immerfort getreue Pfämbter bachen", Gem. Reg. Chr. II, 252. „Und darf kein Bauer seine feilen Pfennwerthen in den Häusern verkaufen", Baumgartner's Neustadt a. d. Donau. „Underthanen sollen Jre faile pfenwerd Irer herrschaft anpieten", Landsord. v. 1553. „Daß man einen redlichen Pfenwerth in Städten und Märkten finde", Kr. Lhdl. I, 169. „Dat niemand, die pennewerde vercoopt, en sal . . .", Brüsseler Stadtordn. v. 1360. „Frawen so sy ayer chauffen, zeln etlich acht oder sechs pfenwerd an den mantel, vnd sprechen, si haben nur vier oder fünf pfenwerd genomen", Cgm. 632, f. 46. „Ich gib gut pfenwert, gute Eln, bin trew in rechnen und in zäln", H. Sachs. „Essende Pfenwerth", Eßwaaren. „Kelber, Schaf, Lember, Schmalz, Obs und andere essende Pfennwert", b. Landsord. v. 1553, f. 68. „Eßt gleich das pfenwert oder mal", H. Sachs 1612: III, I, 475. „Der arm zog bei eim jarkoch ein und asse daz pfenbert allein", das. 1560: II, IV, 116 (1612: II, IV, 232). „Im Wirthshaus nach dem Pfennwerth zehren", sich einzelne Speisen ꝛc. reichen lassen und für dieselben bezahlen. Der Wirth soll den Gast fragen, „ob er das Mal oder Pfenwerth zehren wöll." Will dieser nach dem Pfennwerth zehren, „so soll ihm der Wirth dasselbe geben, und was er essen und trinken wöll fragen, auch darauf die Zehrung unterschiedlich und nicht in Pausch gemacht werden", alte Pol.O. Das Mithalten am Mahl des Hauswirthes (table d'hôte), war wol ehmals in Bayern allgemeiner als jetzt, wo es nur noch bey gebildeten Gastwirthen in größern Städten üblich ist. Freylich bey der Unbehilflichkeit manches Wirthes und der Vornehmheit manches Gastes ist es gerathener, für jedes Maul ein besonderes Tischchen zu decken. Ein sprechendes Bild indessen unsrer Geselligkeit und unsers Gemeinsinns. Pfenwerthhandel, Pfenwerthschreiber, am Eisenwerk zu Bergen; s. Lori p. 437. „Bessere Pfennwerth", bey gleicher Güte, wohlfeiler zu verkaufende Artikel; Kr. Lhdl. IX, 236.

Der Unpfennwert, was unter oder über einem billigen Geldwerthe ist; salzb. Replic. gegen B. v. 1761, Beyl. f. 14. pfenwerten, pfenferten (pfe˜fərt·n), vrb., (Nürnberg, Hsl.) im Kleinen kaufen oder verkaufen. 'Pfenferei, (Nürnb.) Kleinhandel; Zeitschr. VI, 96.' s. auch Th. IV: werd u. Th. II: Haller.

R. A. Mə˜ kunnt nit *Pfenning* sàgng, im Nu. Anmerk. Daß Pfenning aus Pfending, Pfanthinc entstanden ist, zeigen die ältesten hochd. Sprach-
317 monumente. Gl. a. 240, nach dem Pariser Text: Dinarius pondus est XXIII, scaz edo pfantinc ist dri anti zuuainzuc, nach dem St. Galler: Dinarius pondus est XXIII, scaz edho phendico dri indi zuueinzuc.. (Meinte der Verfasser des urspr. latein. Textes vielleicht die 23¼ Gran, die nach dem Capitulare von 797 ein Silber-Denar zu halten hatte? Das „moneta non amplius habeat in libra pensante nisi viginti duos solidos" des frühern Capitulare von Metz paßt auf keinen Fall.) Gl. a. 426: pfentinc, denarius; a. 608: pfentinc, minas; i. 905: fendingum, nummis; pénthing, pending, Otfrid III, 14,91; pfending, Tatian cap. 99. (Matth. 18, 28). Goldast führt (Al. rer. scr.. I, 255) aus einem alten, vermuthlich den Gl. a. 167—494 analogen Glossar, damals in Freher's Besitz, später etwa mit dessen Bibliothek nach Straßburg gekommen, eine Stelle an, die also heißen soll: „nummi percussi silihha duruchslagen das ist pfantius." Dieser Stelle entsprechend, steht gl. a. 310, nach dem Pariser Text: „numisma siliha. denarius", nach dem St. Galler: „numisma lih. nummi silihha. percussa thuruhslagan." Der alte Münchner Codex (Emmeram CLXXI), Liber Synonymorum, hat: Nummisma figura quae in nummo fit vel nummi percussura id est denarius, woraus wol alle jene Stellen corrumpiert sind. Statt Freher's pfantius wird zu lesen seyn pfantinc. Zwey andre Stellen aus Freher's Exemplar, das vom St. Galler und Reichenauer verschieden gewesen seyn muß, sind bey ihm De re monetaria (Adelung voce Schilling) angeführt. Cf. Gl. a. 310. 319. 350. „XIII pund pendinga", Kemble, Dipl. I, 310 — 12. Ist eine Vermuthung über die historisch erste Bedeutung des Wortes Pfenning und eine Zurückführung desselben auf ein anderes, noch bestehendes Wort von bestimmtem Sinne erlaubt, so führt dieses Pfanthing zunächst auf das freylich ebenfalls dunkle phant, Pfand. Der Pfenning (d. h. das gemünzte Stück edeln Metalles, wenn diese Bedeutung als die ursprüngliche des Wortes angenommen werden darf), wie griff er in den ursprünglichen Tauschhandel eines Volkes anders ein, denn als bequemes, Sachen auslösendes, und durch sie auszulösendes Pfand? cf. Grimm I, 390. „Ân phenning und ân phant niemànt zu dem wein sol gan, der sich kumers well erlan", Cgm. 379, f. 39 (Cgm. 270, f. 75).

Die Pfinne (büchisch penn, kleiner, spitziger, hölzerner Nagel, Dr. Roth; mhd. phinne, lat. pinna; BM. II, 495. Grimm, Wbch. III, 1665), 1) Nagel. „Darnâch nam er phinnen unde liez alle ire wunden vornuwen unde offenen", Herm. v. Fritzlar 12,30. 2) wie hchd. Finne (s. d. W.). „Lepram, phinne", Ald. 176, f. 133b. „Contra pfynn porcorum Recipe de una camisia tincta menstruo et lava in aqua et funde illam aquam super cibum porcorum" etc., Ind. 355, f. 53. „Pfinne, marcor, rancor; pfintgrub, sentina", Voc. 1482. Diefenb. 349a. 484a. 527b. pfinnig, adj., finnig. „Muscidus est schimlig, rancidus pfingig, pendulum saiger", Clm. 15319 (sec. XV. 2⁰), f. 117. „Das Weib sich pfinnig an thet röthen", wurde brennroth vor Zorn; H. Sachs 1560: IV, III, 43 (1612: IV, III, 96). finnegh, cimbrisch, unrein, unlauter, impuro, immundo. Pinnig heißt im Algäu eine Kuh, welche, obschon rindersüchtig, weder zum Kälbern, noch Mästen sich eignet. (Bildhauer Eberhard durch Aurbacher, 22. Febr. 1832.)

Das Pfand, wie hchd., plur. die Pfänder, (mhd. daz pfant, plur. diu pfant. Graff III, 341. BM. II, 477. cf. lat. pignoris (gen.), ital. pegno; apanhar, fassen, ergreifen). „An dem end leg ich dir zum kampf ein pfand", sagt Ritter Galmi, indem er „sein kutten in die schranken wirft", H. Sachs 1560: II, III, 77. So warf man zum Pfand, daß man sich stellen werde, den Handschuh hin. Cf. Diut. II, 223: pant, memoriale, (nach pensen, meditari). Eßendes Pfand, Vieh und was sonst, zu Pfande genommen oder gegeben, genährt werden muß. Schrein-Pfand, (ä. Sp.) leblose bewegliche Gegenstände, die zu Pfande genommen werden. „Antwortet man Einem Schreinpfand, nemlich die man tragen oder führen kan, welche nit essende Pfand sein", Reform. des b. Landrechts. cf. MB. II, p. 100. Das Fürpfand, Furphand, ein voraus gegebenes Pfand, Unterpfand, Hypothek. „Und darüber ze besser gewisheit haben wir jm ze Furphant gesetzt unser aigen datz Hard", MB. II, 21; cfr. p. 5. „Daß jm der (Hof), als ain verschriben Fürpfandt, mit gerichtshande solte eingeantwurt werden", MB. IX, 308. „Aus einem Gut (worauf man rechtliche Ansprüche macht) Fürpfant nemen; Einem daraus Fürpfant ertailen, geben", die dann der 318
bisherige darum angesprochene Besitzer vor Gericht „auszunemen" und „die Clag zu verantworten" hatte; MB. XXV, 244. 246. 'Die Pfandlöse, mhd. pfantlœse, pfantlôse, Auslösung eines versetzten Pfandes, Lösegeld; BM. II, 1035.' „Ich würde nimer alsô bœs, iu allen gæb ich phantlœs", S. Helbling IV, 872. „Si habentz alvergolten ein, dä zuo phantlœse gegeben", das. XV, 177. „Er het des tieres hût gern gehaben ze pfantloz", Minnejagd 411, Liedersaal II. Der Pfandschâub (Pfandschàb), ein Strohwisch, der, an Wegen, Wiesen, Feldern, Hölzern aufgestellt, vor dem Betreten derselben warnt, und das Recht gibt, die Uebertreter zu pfänden.

pfänden, Einen, wie hchd., d. h. ihm ein Pfand nehmen (BM. II, 481). „Ê wolt ich sterben, ê ich ez mit solchen pfanden pfendet", Labr. 352. Einen eines Dinges pfenden, (in der ä. poet. Sprache) ihn dessen berauben. Etwas pfänden, es zum Pfand nehmen. ə˜ Stuck Vihh *pfent·n, ei˜pfent·n*, es als Pfand vom Feld hereinnehmen; Baur. pfändlich, adj., (unerlaubt?); „die Steuer- und Rechnungsbücher der Stadt an einen andern Ort zu führen, wäre pfändlich, schwer und bedenklich", Gem. Reg. Chr. III, 835. (cfr. Ried 651: „daz man ander pfantles(?) damit übrich werde)." pfandmäßig, zum Pfande geeignet. Unentbehrlicher Hausrath ist nicht pfandmäßig. Der Pfänder (Pfentə), der von Obrigkeits wegen Pfänder nimmt; verpflichteter Aufseher und Angeber. „Wir wollen auch daz die burger ze Munchen und stat iren pfennter haben", K. Ludwigs Rechtsb. „Städt und Märkt, die jr Pfenter haben, sollen sie füran auch haben", L.R. v. 1518: 28,2. 1ster landst. Freyheitsbrief; Mederer's Ingolstadt p. 33. 34; Lori, Lechrain 66. „Der Städte Amberg und Sulzbach Pfenter hatten auf den Eisenhämmern herumzufahren und das Werkeisen zu wägen, ob es nicht gegen die Uebereinkunft zu schwer geschmiedet sey", Lori, Brg.R. f. 75, ad 1464. In Nürnberg nannte man ehmals die Policeydiener Pfänder (Hsl.). „Syndicus i. e. Pfander", Wagenseil, de civit. Norimberg. p. 198. „Censor, Pfänder", ibid. 380.

pfindig, adj., finnig; Wstr. Btr. VI, 152. s. pfinnig.

Das Pfund, wie hchd. (Graff III, 342. BM. 516. Cf. holl. pont, punt, Geld; pontenier, Geldtasche, franz. pautonnière; Willems, belg. Mus. VI, 103). a) Gewicht dieses Namens überhaupt.

b) Pfund Geldes. Nach der ältern caroling. Münz-Einrichtung hielt ein Pfund Silber, da die Hälfte einer jeden der 12 Unzen 10 Denarien oder Pfenninge gab, 240 Pfenninge. „30 dn. machen ain schilling, 8 β machen ain pfund, 240 dn. machen auch ain pfund", Clm. 4394, f. 181 (sec. XV.). Cf. MB. V, 334. XXIII, 676. XXIV, 126. Außer diesem gewöhnlichen Pfunde (Regenspurger, Münchner, Berner ꝛc. ꝛc. Pfenninge) zu

240 Stücken kommen aber auch (MB. XXIII, p. 545, 596, ad 1469—1479) Pfunde zu 60 Pfenningen, in Michelfelder Urk. v. 1451—1486 (MB. XXV, 244. 306. 438) Pfunde zu 30 Pfenningen vor. (Es muß dabey die Verschiedenheit der Pfenninge erwogen werden; s. Pfenning). „Pfund, libra, „varie valet pro loco, viginti solidos id est nummulos 240 vel 30 numulos vel bacios 12 ꝛc.", Prompt. v. 1618. A^{0}. 1478: XII β. dn. schwarz gleich 3 halbe ℔ dn.; Cgm. 753, f. 117. In einer ansp. Handlohnsord. v. 1697 werden 8 Pfund Geld 1 fl. 15 kr. rhein. gleichgesetzt, also 1 Pfd. Geld gleich 9³/8 Kreuzer. Nach einer Stelle in B. v. Molls naturhist. Briefen II, 46 scheint im Zillerthal ein Pfund Geld 12 Kreuzer zu betragen; (s. Pfunder). Hbn. 733. Zeitschr. IV, 331. „Gold oder Pfunde" heißt a^{0}. 1148 (Kr. Lhdl. III, 310) Gold oder Silbermünzen. Eine wirzb. Verord. v. 1745 will, daß die Beamten die, nach dem zeitherigen Brauch zu führen habenden Rech-
319 nungen auf Gulden (Gold), Pfund und Pfenning (Münze) noch bis auf anderweite Verordnung fortstellen, dabey aber deren Betrag auf Gulden und gute Kreuzer zugleich resolvieren sollen. „Soviel Pfund als Mund" heißt es bey einer Erschaft oder successio in capita; Sammlung wirzb. Verord. II, 258. Das Rauchpfund, das Pfund Pfenninge, oder überhaupt der Betrag, von jedem, der eignen Rauch (Herd) besitzt, als Abgabe zu entrichten; Samml. wirzb. Verord. II, 18. 87. 233.

c) Zahl von 240 Stücken jeder Art von Dingen. ain Pfd. ayer, (cf. dimidia libra ovorum; MB. XXIV, 392, ad 1347); 1 Pfd. Bäum, Kr. Lhdl. X, 357; 1 Pfd. Bröd, 1 Pfd. Semmeln, Kr. Lhdl. IV, 35. Kohlbrenner's Beytr. p. 64; 1 Pfd. Dreyling; 1 Pfd. Krautköpf; 1 Pfd. Nuß, Meichelb. H. F. II, Nr. 358; 1 Pfd. Kufdaufeln, Hazzi, Statist. IV, 130; 1 Pfd. Raiff; 1 Pfd. Schin, Kr. Lhdl. II, 228. Gem. Reg. Chr. II, 395; 1 Pfund Rahen Holz, oder elliptisch blos 1 Pfund Holz, 240 Rahen oder 120 Reichenhaller und Traunsteiner Klaftern; 1 Pfund Manstüdel Holz, 240 Manstüdel oder 480 dergleichen Klaftern; 1 Pfund Fueder Salz, oder blos 1 Pfund Salz, 240 sogenannte Salzfuder oder Stöcke. (Ein Pfund dieser Art wiegt, das Gewicht eines Fuders zu 120—136 Pfd. angenommen, über die 28,000 Pfunde des gewöhnlichen Sprachgebrauchs); Lori, Brg.R. Flurl, Beschreib. d. G. MB. XVII, 43. 1 Pfund Bifang, 240 schmale Ackerbeete; Zirngibl., Hainsp. 125. „Ein halbes pfunt trinchen", 120 kleine Getränkmaße, die einen Eimer ausmachten, (s. Pfunder); Gem. Reg. Chr. II, 77. „Das siben pfundige geschir des webers messen mit dem eisenstab", Cgm. 544, f. 55^{a}. „Ain halb ℔ galuai, ain halb ℔ scheiben (salcz)", Cgm. 544, f. 55^{b}. 290, f. 87. „240 schin ist ain libr. eisen", Cgm. 119 (sec. XVI.), f. 8^{b}. 240 Stück Sträbaum, 240 Stück Faschinen; Cgm. 2941, f. 116. Im Clm. 14032 (sec. XIV.), f. 265 und 284 steht oben: „num' folia (!) huius libri est una *libra* et 40 iiij omnibus computatis"; es hat nemlich 284 = 240 + 44 Blätter. „Das Pfund Salmenholz sind 100 Klafter und 2 Klafter Überzahl wegen den Callo", (calo, Schwand); Pseud.-Jir.

pfündig, adj., ein Pfund schwer.

Der Pfunder, Pfundtner, ein ehmals in Tyrol übliches Münzstück, ein Pfund oder 240 Berner- (Pfenninge), oder (da 20 solcher Pfenninge auf einen Kreuzer giengen) 12 Kreuzer geltend, la livra, la lira. A^{0}. 1550 werden in B. „die neuen päbstischen, pononischen und modenischen, auch andere welsche Pfundtner (lire), die man bisher für 12 Kreuzer ausgegeben hat", auf 10 Kreuzer herabgesetzt. Lori, Mz.R. I, 191. 232. 255. Sammler f. Tyrol IV, 65. In von Sutner's Gewerbspolic. v. München (Abhd. der Akad. v. 1813, f. 2) kommt der Pfunder als Getränkmaß vor. Es kostete zu einer gewißen Zeit der halbe Pfunder bayrischen Weines oder Methes 1 dn. Auer, Münchn. St.R. p. 286,7 soll man „den niwen wein des pesten welschweins den halben pfunder umb zwen pfenning, des pesten osterweins, Recherweins und Elleslozzers den halben pfunder umb einen dn." geben.' „Der halb pfunder wälschwein II dn.", Cgm. 544, f. 57^{b}. Sollte dieser halbe Pfunder den 120sten Theil des Eimers oder soviel als ein Trinken besagt haben? (s. Pfund). auspfunden, pfundweise verkaufen. Də' Schweizə' hàt au'n N.N.ə' Mark' 80 Káslaə' glei' àls ganzə və'käfft und hàt gràd mer 20 Laə' *auspfunt·n* dèrffə˜.

Die Pfingsten, das bekannte, „liebliche Fest" (ahd. fimfchusti, mhd. pfingesten; Graff III, 337. 520. 543. BM. II, 494; aus lat. griech. pentecoste. Agſ. „on pentecoste-mæsse-dæge, on pentecostenes-mæsse-dæge, on pentecoste-dæg; Sax. Chron. ad 973. (Cesk. letnice, f. pl., bezeichnend v. leto, Sommer). Fast im ganzen Land ist es gewöhnlich, daß am Pfingsttag die Kühe, durch die Hirten mit Blumen bekränzt, von der Weide nach Hause kehren, daß aber diejenige, welche diesen Tag am spätesten 320
zur Herde gekommen war, nicht von Blumen oder Zweigen, sondern von Stroh einen Kranz trägt, dem faulen Knecht oder der faulen Dirne zum Spott, die später als die übrigen aufgestanden und fertig geworden war. Hieraus erklärt sich die R. A. schlâfen bis auf Pfingsten, oder bis·s hə̬llliəcht *Pfingstn* wird, statt: sehr lange. Über verschiedene andere Volksgebräuche zu Pfingsten, als: in der Nacht vor dem Pfingstsonntag die Hecksen austuschen, das Hausgeräthe heimlich fortschleppen und das Vieh aus den Ställen treiben; das Pfingstlrennen am Pfingstmontag zu Pferd, u. a. m. Vrgl. Rank, aus dem Böhmerwald (1843), p. 76—81—86. Grimm, Mythol. 746. Panzer, Beitr. z. Mythol. 235. R. A. „Zu Pfingsten auffm Eis, ad graecas calendas", Prompt. v. 1618. „Zu pfingsten auf dem eis", Cgm. 312, f. 109. Die vier Pfingsttage, (ä. Sp.) der Pfingstsonntag mit den 3 darauf folgenden Tagen. „Erichtags in den 4 Pfingsttagen", Zirngibl, Hsp. p. 483, ad 1394. In einigen Gegenden des b. Oberlandes werden (per nefas) noch jetzt die Ostern und Pfingsten 4 Tage lang, also auch noch der Oster- und Pfingst-Mittwoch gefeyert. (Baur).

Der Pfingstling, Pfingstel, Pfingst-Hänsl oder Jäckl, Pfingst-Lümmel, (in Unterösterreich: Pfingstkini', Pfingstkönig; Seidl, Flinserln III, 83. 96. 118. (1844:) 271. 326. Zeitschr. IV, 486. Vilmar, kurhess. Idiot. 299: Pfingstmännchen), an einigen Orten der Strohmann oder die ausgestopfte Menschenfigur, welche am Pfingstmontag von den jungen Leuten in Procession herumgetragen, und in der Nacht gewöhnlich vor dem Hause, worin die faulste Dirne wohnt, abgestellt, oder auch rittlings auf die Dachfirste desselben gesetzt wird. Hie und da wird die, an diesem Tag am spätesten zur Herde getriebene Kuh auserwählt, um den Pfingstling darauf zu setzen, und ihn der Dirne, welche die Kuh zu besorgen hatte, als Bräutigam processionaliter zuzuführen. Wieder an andern Orten muß sich der am spätesten zurechtgekommene Bursche in eigner Person als Pfingstlümmel oder Pfingstling und, wo ein Teich oder ein Bach u. drgl. ist, als Waßervogel producieren. Er reitet, wenn der Nachmittag-Gottesdienst vorbey ist, in der Mitte seiner Kameraden in den nächsten Wald, wo er um und um mit Laub und Zweigen oder Schilf eingebunden wird. Dann wird im Triumph das Dorf durchritten, und alles, was junge Beine hat, folgt dem Zug zum Teich oder Bach, wo der Pfingstlümmel oder Waßervogel vom Pferd herab feyerlich ins Waßer geworfen wird. Nun folgt eine Collekte von Eyern, Butter, Schmalz, auch Geld, wovon man ein gemeinschaftliches Abendmahl mit Sang und Klang und Tanz im Wirthshaus veranstaltet. Zunächst auf die Collekte (den Samtrügel) scheint es abgesehen zu seyn mit dem Hans und der Gredel auf'm Rad (ausgestopften Figuren, welche, an den entgegengesetzten Enden eines umlaufenden Rads befestigt, sich wie zum Tanzen die Hände reichen), die am Pfingstmontag unter allerley Sprüchen von Trüppchen reitender Bauernbursche herumgeführt werden, und sich ehmals sogar in der Stadt München producierten. s. Grêtel, Samtrügel und Wasservogel. Vrgl. Zeitschr. VI, 233. Pinkster Blome zu Werfen im Tecklenburgischen bei Firmenich I, 359. Die Dodola in Servien s. Lehmann, Magazin f. d. Lit. des Ausl., 1840, p. 601. Boué, Turquie d'Europe II, 500.

---

pfent, adj. und adv. (Ausspr. v. behende; s. Gramm. 404), `1) wie hchd., hurtig, schnell; 2) nahe, eng, festgeschlossen; 3) figürl. derb, fest. Zeitschr. III, 341. IV, 218. 486. V, 104,29. 447.´ „Gleim, *pfent*, dräng, eng, knapp, fest"; Staffler, Tirol I, 110. Vrgl. Sp. 425: pfalten, pfelfen und unten: pfüət·n.

`„pfánzi', graziös in der Kleidung; neckisch in Haltung und Geberde; Kaltenbrunner (1845) p. 211.´ „Wiə s· tanzt und springt und dəbei so *pfánzi*' tuət", Reizenbeck I, 152. Ja 'Diənlə sán' Diənlə mit wiə-r-one Pfaəd, bàld dántschi', bàld *pfántschi*', dés is ən àlds Gsaəd", Pangkofer (1846) VII. Vrgl. fänzig.

321 Das Pfänzlein (Pfánzl), Art Kuchen; (s. Pfanne).

Pfinz, (Werfen, Hübner p. 345) spätiger Eisenstein. Cf. Adelung: Flins.

Der Pfinztag (Pfinztə', Pfinstə', Pfinschtə'), der Donnerstag, als der fünfte Tag in der Woche (cf. Th. IV: Woche), vom Sabbat (Samstag) an gezählt, quinta sabbati, in der römischen Kirchensprache feria quinta, portugiesisch auch im gemeinen Leben quinta feira. (Zeitschr. IV, 486. VI, 26). Cf. Eos v. 1819, Kunstbeilage Nr. VIII. „Omnis hebdomada in sabbatum et in primam et in seeundam et in tertiam et quartam et quintam et sextam sabbati dividitur, quam ethnici in idolorum et elementorum nominibus appellant"; Hieronymus, sermo de sabbato sancto paschae, Cod. Mag. 1, f. 1. „Nam ebdomada a populo dei ita computabatur: prima sabbati, secunda sabbati . . . (bis) septima sabbati vel sabbatum." . . „Verum gentiles cum observationem a populo Israhel ebdomadas ediscerent, mox hanc in laudem suorum deflexere deorum . . . eisque utique *monstris* suos dies quibus et errantia sidera consecrantes"; ZZ. 632 (v. 809), f. 86b. „*Ferias* vero habere clerum primus papa Silvester edocuit et primam quidem die qua et lux in principio facta est et xpi resurrectio celebrata dominicam appellavit, deinde secundam feriam, tertiam feriam . . . sextam feriam, sabbatum ex suo retinuit, nihil veritus grammaticorum ferulas, qui sunt Kal., nonas et idus ita etiam ferias plurali tantum numero proferendas esse censuerunt". ibid. f. 87a. „Qui vovent nere colum in feria quinta, hoc sapit in venerationem Jovis idoli, cujus festum quinta feria colebatur"; Thomas de Haselb., decalog. 2do praecepto, Aug. eccl. 61, f. 23. Auch bey den Neugriechen heißt dieser Tag der Fünfte, *ἡ πέμπτη* (*πέφτη*), wozu sich unser Pfinz wie das allgemeindeutsche Pfingsten zu *πεντηκοστή* verhält. Auch die slavischen Sprachen benennen die Wochentage nach der Zahl; aber merkwürdig ist es, daß sie vom Sonntag (diesen ausschließend) zu zählen anfangen, so daß ihr anderer Tag (ruſſ. wtornik, poln. wtorek) mit der feria tertia (der *τρίτη* der Neugriechen, der terceira feira der Portugiesen), ihr fünfter Tag (russisch: pjatnitza, poln. piatek, böhm. patek, ungarisch pentek) mit der feria sexta oder dem Freytag zusammenfällt. Bey ihnen ist also der Sonntag, welchen die Christen als Wiedererstehungstag ihres Religions-Stifters statt des wahren jüdischen Sabbats feyern, wirklich der siebente Tag. (Wie die Christen den Sonntag, so feiern die Juden den Samstag, die Moslem den Freitag, die Yesiden in Armenien den Donnerstag. Moriz Wagner, über die Yesiden, in der Allg. Ztg. 1851, Beil., S. 5820.) Die Slaven, überhaupt später zum Christenthum übergetreten, scheinen nach, wie die Griechen, Römer, Gothen ꝛc. vor der förmlichen Übersetzung des Sabbats auf den Sonntag, die Tage der Woche bezeichnet und benannt zu haben, daher sich denn bey diesen, neben der christlichen Kirchenbenennung auch noch die, wol aus Egypten herstammenden ältern Benennungen nach den damaligen 7 Planeten erhalten haben. Die religio hebdomadis, den meisten alten Völkern (auch bey den alten Peruanern; Ersch, Encyclop., Art. Calender) gemein, ist übrigens ohne Zweifel aus der Beobachtung der Mondsviertel hervorgegangen. Die deutsche Wochentagbenennung ist ein seltsames Gemisch. Vrgl. Grimm, Mythol.² 111 ff. In Sonn- und Mondtag reine sogenannte Planetennamen. Im angels. Tivesdaeg, engl. Tuesday (Dienstag), im a. sachs. Wodnesdaeg, nordischen Odensdag (Mittwoch), in Donnerstag (nord. Thorsdag), in Freytag scheinen die Planetennamen, als Namen von römischen Göttern, in die der ihnen nach ihren Attributen ähnlichsten deutschen übersetzt zu seyn. Der Samstag (Sambaztag, bey Ulphila Sabbato-dag-s) stammt durchs Lateinische vom Hebräischen, während er im A. Sachs. u. Englischen ein förmlicher Dies Saturni, (Saeternesdaeg, Saturday) geblieben, im Isländischen aber zum thvottudagr, laugardagr, schwed. lögerdag, lördag (Wasch- oder Badetag) geworden ist. Den bayrischen Eri-Tag (s. d. W.) getraue ich mir, wenn die Herstammung vom griechischen *Ἄρεος* (*ἡμέρα*) durch die hier supponierte des Pfinztages (cf. Grâf, mittellat. grafio, `v. griech. *γράφειν*´ und das carmulum, seditio, der lex. Baiuvar. II, 3, ostslav. kramóla, seditio, v. griechischen *χάρμη*, Waffengeschrey. `Pertz, Monum. German. vol. XV, p. 282. s. unten Th. II: Urleug´) und durch byzantinischen Einfluß auf das Noricum nach Zerstörung des ostgothischen Reiches nicht einiger Maßen begründet wird, nicht zu deuten. (Constantin d. Gr. trennte Illyrien u. Noricum von der römischen Statthalterschaft und zog sie unmittelbar zur orientalischen. Allg. Ztg. 1841, Beil. S. 1308. Nach der Constantinischen Reichseintheilung zählten die beiden Rhätien zur Präfectur Italien und zur Diöcese Italien, während das angrenzende Noricum wol zur Präfectur Italien, aber zur Diöcese Illyrien gehörte." Rudhart, älteste Gesch. v. Bayern, B. 81. 191. Augsburg zu Aquileja? ibid. 658.) Der Mittwoch (-Tag) als feria quarta unter sieben trägt seinen Namen mit mehrerem Rechte, als der gleichbedeutende slawische
freda, welcher der 3te unter 7 ist. (Er ist unter den 5 322
unnumerierten Tagen der mittlere, indem am Eingang der Sonntag, am Ausgang der alte Sambaztag als Schlußsäulen für sich stehen. Kopitar.) Merkwürdig scheint, daß auch im Isländischen die feriae 3a., 4a. und 5a. nach ihrem Platz in der Reihe: Thridjudagr, Mitvikudagr und Femtudagr (unser Pfinztag) genannt werden. Da indessen diese Namen nach der Zahl nicht durchgehends und ausschließlich Platz gegriffen haben, so glaubt Lagerbring (Svea-Rikes Historia, D. 1, cap. 14, §. 6), daß die Wochen-Rechnung bey den alten Schweden schon vor dem Christenthum üblich gewesen. Die Mönche würden sonst ohne Zweifel die kirchlichen Ausdrücke erster, zweyter ꝛc. Tag (prima, secunda etc. feria) eingeführt haben, wie z. B. auch Kero diese Ausdrücke in der Regula B. cap. XIII. übersetzt. Das kann gar wol der Fall seyn, denn die Nordländer hatten bey ihrem starken Verkehr mit dem übrigen Europa, ehe sie sich das Christenthum selbst gefallen ließen, der christlichen Äußerlichkeiten manche, z. B. eine Art Taufe, das Kreuzzeichen u. s. f. angenommen. Im Windberger Psalter, Cgm. 17, (v. 1178) (wie mich Vollmer am 14. Sept. 1839 bemerken läßt), f. 121a, Ps. 80 (vrgl. S. 383 der Ausgabe v. Graff) steht über quinta sabbati (sc. feria post sabbatum) „an der funften" und darneben „[des phincintages] des samztages." Vollmer denkt an Pinta (goth. Eigenname; Zeuß p. 80); aber phincin könnte auch *πέμπτης* vor-

stellen. „Dunrestac oder phinztac", Prediger Bertholt von Regensburg († 1272) nach dem Heidelberger Cod. XXIV, von 1370. „O we wer hieß in ie pfinztag!" ders., Cgm. 632, f. 84. Vrgl. Kling p. 128 und Pfeiffer p. 57: „Nâch dem selben (fünften) sternen heizet ouch der fünfte tac in latînischer zungen oder sprâche und franzischer sprâche und in welscher sprâche. Hie ze lande heizet er niendert nâch dem sternen umb ein einigez hâr, wan der sterne heizet Jovis oder Jupiter. . . . Unde dâ von solte ouch der fünfte tac nâch dem fünften sternen heizen hie ze tiutschem lande als in andern landen. . . Nû heizet er dunrestac oder phinztac. Wie gelîch daz ist Jovis oder Jupiter!"' „Jovis hot den phinztage", Cod. Aldersp., CbmC. 4, Nr. 190, f. 10ᵇ. Pfinztag, Pfinztag, Urk. v. 1290—6, bey Ried 639; MB. XVIII, f. 23. 64. XXIV, 335; Cgm. 532 (v. 1369), f. 95. 97. 102. 104. 107. 111; „des Pfinztags vor den Pfinzgsten", MB. VII, 159, ad 1313; „an Pfinztag vor dem heiligen Pfinztag", MB. XVII, 141, ad 1380; Weihenpfinztag, jeudi saint; Seefelder Historie v. 1599. s. Weih. „Feria quinta, dunerstag vel pfinstag", Voc. v. 1429. „Ez sint vier tag in der wochen, die heiliger sint, dan die andern, daz ist der Pfinztag, freytag, sambztag, suntag", Rchtbch., Ms. v. 1453. „Ist der kristtag an dem pfinztag, so wird der wintter gemain, der lenz windig und der summer guet, und vos korn wirt und vil obs wirt." „Donnert es des phinztages (zuerst), so wirt grozzev hoffart", Furstenf. 121, f. 168ᵇ. „Evang. des phinztages nach dem pfingest tag", Cgm. 66 (sec. XIII—XIV.), f. 38ᵇ. Vrgl. schweiz. (Wallis) Frontag für Donnerstag und s. Th. IV, wüeten: Wittag. „Der ander Pfinztag nach dem pfingstag so ist gotzleichnamstag im langen antlas", Ms. v. 1477. „Betten 3 pfinztagnacht XV pater noster", (Aberglaube) Cgm. 632, f. 6ᵇ. Der Antlâß-Pfinztag, der Speis-Pfinztag, der Gründonnerstag. Der unsinnig Pfinztag, der letzte Donnerstag vor Fasten, le jeudi gras, il berlingaccio, el jueves de las comadres; (Zeitschr. V, 226). An diesem Tage wurden ehedem in München und wol auch anderwärts die Wahnsinnigen (des h. Geist-Spitales) kalt gebadet. Unter dem pfingsttäglichen Umbgang, welchem, nach der Instruction für die bürgerlichen Obrigkeiten in Städten und Märkten v. 1748, Rath und Burgerschaft in specie mit Andacht beywohnen soll, ist wol ein donnerstäglicher gemeint, wie z. B. die vom Herzog Ludwig im Bart a⁰. 1432 in der Frauenkirche zu Ingolstadt, und der von Tichtel in der Frauenkirche zu München gestiftete. (Burgholzer's Münch. p. 153; Mederer's Ingolstadt p. 115). „Olim quaeque *quinta dies* pari celebritate observabatur (ac dominica): sed ne idolatris gentibus, quae Jovi hac die feriabant, non nihil condonaretur, abrogata rursus. fiebat tam singulis dominicis diebus quam *quintis feriis* ante missae inceptionem per ecclesiarum circuitum a clero et populo solemnis processio atque aquae benedictae per sacerdotem aspersio. Agapitus instituit in hac in memoriam Christi *ascensionis*, in illa gloriosae resurrectionis"; Jo. Boemus, de omnium gentium ritibus (1520), f. XXXIXᵇ. Das Pfinztelein (Finztál, Finztáj). So nennen im b. OberL. die Mägde auf echt robinsonische Weise die jungen Kühe, die am Pfinztag geboren sind.

Die Pfinze, Pfinz, Personification des (christlichen) Tagnamens Pfinztag; (cf. Bercht von Berchttag, Luz von Lucientag, Semper von Simpert? ə˜ Fasnacht, Rauchnacht als Person, Maske). „Dominae Habundiae vulgariter Phinzen." „Der Berchten, der Pfinczen aut Sacksemper", ZZ. 949. Clm. 5897, f. 320. s. Sp. 269 ff. bercht. So die Epiphania in Rom und Florenz in die Geschenkbringerin Befana personifiziert, (s. Gebnacht). Patnitza, das russische Wort für Freitag, woraus die gemeinen Leute eine Heilige gemacht haben. Es ist einmal angenommen, sagt die „geistliche Regulation", daß die Leute nicht am Freitag arbeiten, sondern einen Feiertag machen, daß Patnitza zornig sey auf diejenigen, die ihr Fest nicht halten. In einer Gegend von Klein-Reußen führt man an einem gewissen Festtag eine Frauensperson mit fliegenden Haaren unter dem Namen Patnitza herum und stellt mit ihr eine Kirchenprocession an. Joh. Glenking, Gebräuche der griech. Kirche, (deutsch 1773), p. 398. cf. Dobrowsky's Gesch. der b. Sprache p. 72. Kopitar's Recension v. Strahl's gelehrtem Rußland. Grimm's Mythol.² 248. Auch den Walachen sind die Wochentage heilige Mutter: swinta maica Vinire, Freitag; swinta maica Mercuri, Mittwoch. Arthur Schott im „Ausland", 1849, Nr. 231.

Die Pihnz oder Pihnzern, verächtlich Empfindsame. pihnzen, vrb.; Nadler 286.

Pfinzing, Pfünzing, Geschlechtsname: = Pfinzing.

Der Pfonzer, Pfunzer, (Nürnberg. Hsl.) zugespitzter Knüttel, der bey dem, sonst Schmeerpickeln genannten Spiele in die Erde geworfen, bey dem Tribeln aber, wo er kürzer und dünner zu seyn pflegt, auf die Spitze geschlagen wird, damit er in die Höhe springe. 323
pfonzern, fonzern, pfunzern, die genannten Spiele treiben, s. pfutschen, u. vrgl. die romanischen: punto, pointu, poindre von punctus, pungere.

---

pfopfet, adj., (Cochel) untersetzt von Statur.

pfopfern, (wirzb.) im Sieden aufwallen, sprudeln; s. popeln. Das Herz pfopfert mir, bebt mir. Zeitschrift II, 84,13.

pfupfen, pfupfezen, schmollen; s. pfuh!

Die Pfarr, im provinciellen Schriftgebrauch gewöhnlicher die Pfarrey, wie hchd. die Pfarre (ahd. pharra, mhd. pharre, aus mittellat. parochia, griech. παροικία. Graff III, 345. BM. II, 483. Diefenb. 414ᵃ). „Drîe vindet man ir (der Gerechten) kûme, als ez nû stêt, in drîn und drîzzic pharren", Labr. 218. „Swelch pfaffe pfrunde hat und zwu pfarre", Renner 10790. „Parochia, pharre; parochialis, pharman", Clm. 4350 (sec. XIV.), f. 1ᵇ. De paroechiis, Clm. 15821 (sec. IX—X), f. 65ᵇ wird verwiesen auf Canones Chalced. cap. 18. 21. 24. Carthag. cap. 8. 30. „Plebaria, pharrey", Clm. 5877 (v. 1449), f. 134. Zeitschr. II, 400,27. VI, 527,5. V, 103,15. Die Zuepfarr, Zuepfarrkirchen; der Zuepfarrer; Ried 966. 1030. Der Pfarrherr, Pfarrer (letzteres wol aus pfar-herr entstanden). Der pfarher von Kalenberg; Druckfragm. Vrgl. Wackernagel, Leseb. 947,20 ff. und Wbch. Pharrære, pherrære, pherner, mhd., Pfarrer; BM. II, 484. Wetterau: der Pfärrner, „Pärrner"; nieders. Parner; Rheinpfalz: Parre, (Nadler). Cgm. 713, f. 64. 175: pfarner. „Lutpriester, pferrer, parrochialis", Voc. Melber. parrechære, parrochianus vel subjectus; gl. i. 281. 'Der Pfarrmann, ä. Sp., 1) Pfarrer; 2) Mitglied einer Pfarrgemeinde; BM. II, 44. Diefenb. 414ᵃ. „Parochialis, pharman", Aug. S. Ulr. 50, f. 1ᵇ. Cgm. 3941 öfter und plur. pfarrleut. „Es sol auch dem pfarrer noch seinen gesellen dhain pfarrman noch zechman in chainerlai weis dhainer widerred in der kirichen vnder augen sten", Cgm. 3941, f. 173 (vrgl. oben Sp. 49: das Aug und Th. III: die Schem). pfarren, in die Pfarre gehören; Lex. v. Franken I, 11. 21 ꝛc.; BM. II, 493. 'pfärrig, adj., zu einer Pfarre gehörig.' „Das Dorf ist gen Vordhaimb pfärrig", Benno Mir. v. 1697.

Der Pfarr, (porrum?); Diefenbach 448ᵇ. „Pfarr mit honig hailt das haubt geswer." „Pfarrsaft mit gaisgall." . . „pharn oder plantago saft", Cgm. 4543, f. 125ᵇ. 133.

'Der Pfarre, ä. Sp., wie hchd. Farre, Stier, (ahd. far, phar, farro, mhd. var, varre. Graff III, 663. BM. III, 236).'

pfarren (?). „Wolst du mit andern belgen pfarren, bin ich dir denn nit weibs genug?" sagt die Eifersüchtige zum Mann; H. Sachs 1560: III, III, 8. Vrgl. unten: Pflug.

pferen. „Verführ- auch Bewahr- und Pferung der auf der Rott vertrauten Güter", Lori, Lechrain 545; (etwa nach Gramm. 404 und 447. 672 das alte beherten, bewahren?)

„phergaich, phergaicher" (?). Aug. eccl. 160^a (sec. X.), fol. ult.

'pfurren, brummen, zanken; heftig rennen, toben; BM. II, 517. Zeitschr. III, 189,44. VI, 510. Castelli, Wbch. 82: bfnurn.' So oft si' 's Mál áftuət, so *pfurrt* und quatscht sei˜ Hintə'n á'; Pangkofer (1846), S. 197. pfurrig, adj., brummig, zornig, (tir. Lechthal); Staffler I, 112. s. pfnurren.

Der Pferch wie hchd. '(ahd. pharrich, farrich, pferrich, mhd. pherrich, pferch; mittellat. parcus, parricus; agſ. pearroc; ital. parco; franz. parc. Graff III, 346. 349. BM. II, 493. Diez, Wbch. 252. Zeitschr. IV, 218).'

Das Pferd (Pfá', OPf.), wie hchd. (ahd. parafrid, parefrit, pherfrit, pherit ꝛc.; mhd. phærît, pfärit, pfert; Graff III, 347. BM. II, 482. Diefenb. 406^b. 413^a. Zeitschr. IV, 306. V, 268,4,2). In AltB. braucht der gemeine Landmann dafür lieber Ros, sowie in andern Gegenden Gaul üblicher ist: er hält sich in so ferne an das eigentlich deutsche, alte Wort; denn Gaul ist wol später aus caballus und Pferd (mhd. pfærit, zur Reise, Jagd, für Frauen) etwa aus dem mittellat. paraveredus, parafretus (leg. Baiuv. I, 13; MB. VII, 86: parafredus. Grimm III, 328. 1^3, 131; cf. peord, das. I, 126. 247. 334. pfage, das. I, 397. 462 ff. u. brem.-niederſ. Wbch.: Page. 'Cf. ital. palafreno,' franz. palefroi; Diez, Wbch. 249. engl. palfrey; Kemble, cod. diplom. LIV, a^0. 823: parafrithi, plur. Bey Wernher und Horneck in einer andern Verstümmelung: ravit, raveit. s. Th. III: Raveit u. vrgl. BM. II, 584) gebildet. „*Palefredus* est equus. vnde sunt versus:

Si non excuteret saepe de nocte capistrum,
si non ejiceret dorso graviore ministrum,
non esset melior *palafredus* donec ad Istrum";

Polling 182. (Woher diese Verse?) Gl. o. 102 heißt es: „paredrus (ferfrit, pherfrit) est vilis equus"; davon wäre nicht mehr weit zu phærit, pherit, der ältern Form von Pferd. Die gl. i. 673. 1125 haben veredarius, parafrid; veredarii, barafridara; a. 669: paredrus, parfrit. „Parbredum, barefed", gl. in fragm. Monac. „Veredarius, pharefrid", Clm. 17194, f. 220^b. „Palefredus, phærit", Cgm. 649, f. 584. „Roſs und phärit", Cgm. 379, f. 82. 270, f. 117. „Equa, veltphert", Clm. 4350 (sec. XIV.), f. 2^b. „Paredrus, berfrit", Clm. 12658 (sec. XIII. 8^0), f. 230^a. „Paredrus, parefret, Diut. II, 237; niederd. perert, equus; das. 213. Cf. gl. o. 204: greshoppaercod, locusta" (Heupferd?). Das pfärft bey Ried 651, ad 1293, läge, wenn es echt ist, dem alten pherfrit noch um ein gutes näher. Pfærfrit, Haupt, altd. Bl. II, 195; pferft, S. Helbling, cod. Viennensis. Cf. W. Wackernagel, Vocab. optim. p. 7. „Sehseu schullen der pherift sein", Schwabenspiegel, Cgm. 23 (sec. XIII.–XIV.), f. 33^a. „Setzt ainer aim ain pfærft ze pfant", Münch. StR., Art. 94, (Auer p. 38). „Ein vrouwe sol sich, daz geloubet, kêren gegen des pherftes houbet, swenn si rîtet", w. Gast 422. „Daz sie in gerehten diu pferift", S. Helbling IV, 391. „Zwei pferift vie ich an", das. 397. „Sô er von dem pfert wet", das. XIII, 186. „Sô lât diu pherift hinne", das. XV, 326. „Er hat diu pherift heime gesant", das. 379. „Der bischolf von Gürke vlôs mêr pferift ân wer dan allez ungerischez her", das. 523. „Ez sî schâf oder lamp, pherft, rinder unde swîn, daz sol allez unser sîn", das. 787. „Und saz von dem pfärft", Cgm. 54, f. 29^a. „Da wirt mir wol und meinem pfæft (so!) we", das. f. 41^b. Voc. v. 1429 hat, der oberpfälz. Aussprache angemessener, die Form phard. „In dem stall pey dem pfer", (im Reim auf „tochter"), Cgm. 714, f. 352. Das pfer, (gereimt auf: „Was es wer"), H. Sachs 1612: I, 1079. In den Rechnungen v. 1392 (Freyberg, Samml. II, 115. 153—54) kosten Pferde (meist für Dienstleute) nur 1—12 ℔, „ein grozz Ros" aber 69 ℔ 60 dn. Reg.

Pforschen, s. Pfoschen.

---

pfärzen (pfárzn, fá'zn), in Fett oder Schmalz rösten; engl. to fry, franz. frire, (Diez, Wbch. 637). s. färzen.

Die Pforzeich, porticus, (mhd. phorzich; BM. II, 514.; vrgl. pforte); s. Vorzeichen.

---

pfausen, pfausten, blasend, schnaubend athmen, schwer athmen vor Leibesdicke, φυσᾶν; schwäb. schmollen, trotzen. anpfausen. „Die wind, die mein schifflein anpfausen und darauf stürmen zue"; Iconogr. 428^a. Zeitschr. II, 319,8. „Der Pfauser Leben bald vergeht, 324
kein Jud wird vil drauf leyhen", Balde's Agathyrsis. s. pfustern.

„pfeisen, sibilare, stridere", Prompt. von 1618. 'Vilmar, kurheſſ. Idiot. 297. anpfeisen, assibilare; Grimm, Wbch. I, 420. Zeitschr. IV, 218: pfêsern, pfêstern, braten.'

pfiesig, adj. „Maseran oder Maygran wasser . . . die pfisigen menschen macht es weit umb die prust dz er ringer wirt", Cgm. 4570, f. 44. „Wär die Amme blaich und phisig", Cgm. 601, f. 103^a. 'Cf. phthisis.'

Die Pfiesel, Pfieselkammer, Pfieselstatt, (in den Salzsudwerken) Gemach, in welchem durch einen stark geheizten Ofen das in die Berkueffen gestoßne ausgesottene Salz auf eignen Gerüsten gedörrt und gehärtet (gepfieselt) wird. (Lori, Brg.R. 15. 124. 138. 644. Kohlbrenner's Material. v. 1782, p. 50). Phiesal, phesal, phiesil, pfiesel (gl. a. 528. 575. 670. o. 133. 189) pyrale, pisale, pisle, woraus noch das friesische Pisel (wangerogisch: pîzel, Ehrentraut I, 66. 71. 190. Brem.-niederſ. Wbch. III, 323: Pisel. Zeitschr. III, 281,76. Firmenich I, 38: Pesel, großes Zimmer ohne Ofen. Kilian: pisel, pysel, culina), franz. poesle, poêle, Ofenstube, heizbare Stube (Graff III, 347. 352. Grimm III, 429. BM. II, 493. Diez, Wbch. 706 f. Vrgl. pinso, pisto, pistor; Bäckerstube. cf. Haupt's Zeitschr. VII, 399.) „Epicausterium i. e. *pisale*", (als lat. Wort), Froumundi Cod. Boethii (in Wallerstein-Maihingen), f. 9. „Benedictio in Caminata vel *pisali*", Cod. Fries. O. N. 2, f. 136^b. O. M. 1, f. 244. „Du muost mînen phiesel heizen unde selbe schürn die brende", Gudrun (Vollmer) 996,4. (vrgl. 1008,2). „Si wolt nimmer werden vro, er enchœm in ir phiesel sa", altd. Wälder III, 282. Das Phieselgadem, Ofenstube, heizbares Gemach; BM. I, 456. „Sô dû dich ofte gerne in deme pfieselgademe liezest vinden", Gudr. (Vollm.) 1064,4. „In ir pfieselgademe sol ir deheiniu niht belîben", das. 1298,4.

Pföseln, plur., (Werdenfels) wollene Rollstrümpfe; s. Hosen ꝛc. Zeitschr. IV, 331. Vrgl. das alte pfose marsupium (ahd. phoso, mhd. phose, msc.; Graff III, 352. BM. II, 514. cf. franz. poche. Diez, Wbch. 707). „Ich gedacht si gebe mir licht straich noch mer denn blawer hosen", (also sehr viele); „ich stieß mein pfyffen in mein phosen und kert von dannen truncklich", Cgm. 379, f. 41^b u. 270, f. 81. s. unten, Sp. 445: Pfotschen.

Pfosen, Pfösal, Diminut., Quaste; (Gastein, Mesnil).

Pfosen, (schwäb.) Pflaumen.

pföss·n, (Kitzbühel) stehlen.

Der Pfoser, crepitus ventris, Fist; ə˜n *Pfoser* lass'n. cf. Pabst.

pfüsig (?). „Echan heißt ein Ecke. Der fisch ist halb pfüsig", Konr. v. Megenberg, f. 148. 'Bei Pfeiffer, p. 251,6: „Echinus haizt ain ech. der visch ist halpfüezig", u. p. 629: „halbfüezig", adj., „semipedalis", — einen halben Fuß lang; (vrgl. p. 121,20. 263,29. 439,16 511 u. 528).'

---

pfeeschen (peeschə˜, Wetterau), gütlich thun (sich oder Einem). 'Vilmar, kurheß. Idiot. p. 296. 298: pêsen, pêschen, pîschen, pfêschen, besänftigen, schmeicheln. cf. pfeisen.'

Der Pfosch, Luder, dem Bären gelegt. Landau p. 211.

Die Pfoschen (Nürnberg, Hsl.), 1) die Scherrübe, Steckrübe, brassica napus (nach Dr. Kittel in Erlangen: Erdbotschen; s. d. W.). Aus der Vergleichung mit Barschen und bayrische Rueben möchte man hier eigentlich Pforschen (Pfo'schn) und eine Verwandtschaft aller drey Ausdrücke vermuthen. 2) (b. W.) kurze Stiefel.

pfuschen. åhbfusch'n, schnell abbrennen, schnell verglimmen; Castelli, Wbch. 39. cf. „Pupugerunt phusiton vel stuzzun", Clm. 4606 (sec. XI.), f. 153.

Die Pfister, die Bäckerey, besonders bey einer Communität, einem Kloster, Hof ꝛc. (Graff III, 354. BM. II, 495). So heißt in München die Hofbäckerey noch immer die Pfister. Pfisterbrod, Pfistersemmel, Brod, Semmel von dieser Bäckerey. Kaə˜ Béck gibt kaə˜ Brod mer her, und auf də' *Pfistə'* stän'ə˜ d' Leut à˜ bis zu'n Hofgràbm 'nauf, (a⁰. 1817). „Holz zu der Pfister", MB. II, 465, ad 1301. gl. o. 415: phistira; 5. 131. 143. 376: phistrin, phistreia, phistrina, pistrinum. Der Pfister, Pfisterer, Pfisterbeck, Pfistermaister, der Meister so einer Bäckerey. „Jäger, Fischer, Pfister vnd drgl.", LR. v. 1616, f. 657. Gl. a. 671. i. 215: phister, pistor. „Ein phister und ein scenche"; Diut. III, 95. 96. 97.

Der Pfosten, 2—4 Zoll dickes Brett, Bohle. „Holzpfosten oder Rämlinge", Mauthord. v. 1765. Das Voc. v. 1419 hat für superliminare „der obrost phosch." Der Pfosten, Posten, plur. die Pfosten, Posten, Stücke von Bleykugeln zum Schießen, franz. postes; größte Art von Bleyschrot. cf. span. hacer la carne *postas*, das Fleisch in Stücke zerhauen.

pfustern, (b. W.) flüstern. s. pfausen.

(Vrgl. Pfad. pfed ꝛc.)

Die Pfäter (Pfádə'), Flüßchen, das unter Regensburg in die Donau fällt; Ortschaft an dieser Mündung,
325 locus juxta fluvium Phater, Ried ad 1174. Der Name ähnelt sehr der alten deutschen Form Phat für Padus (Po). BM. II, 485. Die Pfäter-Rueben (Pfádə'-, Gvättə'-R.), Steckrübe, brassica napus. Diese Art Rüben sollen in dieser Gegend anfangs am häufigsten gebaut und, getrocknet, von da verführt worden seyn.

Die Pfait (Pfaid, Pfàid, Pfaəd, Pfuəd), 1) noch hie und da, z. B. am Inn: Rock, Mannsrock (Graff III, 327. BM. II, 487. Zeitschr. VI, 26. 38,40. cf. W. Wackernagel in Haupt's Zeitschr. VI, 297: goth. paida, altf. pêda, griech. βαίτη. Beow. 4510: pad. Grimm, Reinh. S. XXV. W. Grimm, exhortatio etc. p. 38—39). ən aəchəné *Pfaəd*, Rock von bräunlich grauem Loden.

„D' Wẹlt is mir iətz ganz vo'laəd't,
Wịll no˜ liebər ə˜ Klostə'pfaəd (Kutte), Volkslied.

Die Joppenpfait, Jacke. „Hans N. hat sich anhero mit einer Joppenpfait versprochen", Votivtafel in Altenötting. Die Rockpfait der Reftträger ist ein Ueberzug von Leinwand und ohne Ärmel, den sie über dem Rock tragen. „Wirt dem knecht sein gewant oder sein phaid, ob er ain aygens hiet, in seines herrn dienst genommen, daz sol im der her gelten", L.R. Ms. v. 1453. „Newporne kinder wickeln in pfaytten der vätter", (Aberglaube), Cgm. 632, f. 7ᵃ. „Legt er die pfayten am ewichen an am morgen, so sol er den selbigen tag kein gelücke haben. Etlich maint, so man die pfayten am ewichen anlegt, so sol mans nit vermainen", das. f. 8ᵇ. „Swangere, die sich mit snüren einziechen in pfaitten oder mit gürteln und das kind zwingen", das. 31¾. „Ein mantel, ein pfaitten und ein slair", Cgm. 632, f. 86. „Sey hiet es unter sich getan in daz phayt, daz ward ir naß", d. Ring 38ᵃ,38. „In einem phät", das. 47ᵈ,31. „Die ringlett pfhaytt", Aufschrift einer Nidhart'schen Tanzmelodie in v. d. Hagen's Minnes. IV, 850. „Ein vorhtig kint, daz beunsûbert sin pfeit ê daz bat wirt bereit", S. Helbling IX, 119. „Isôt nam ir pfeitel; ir wîzen bein, ir linden begunde sie darin winden", Heinr. Trist. 698. „Doch het er niur ein pfeitel an", das. 5690. „Als ainer ain linds phaitell tregt", San-Zenon. 115, f. 233. „Phaitel, saracile", Diut. III, 148. Ulphila übersetzt (Matthäus V, 40) das griechische χιτών mit paida: „Jah thamma wiljandin paida theina niman, aflet imma jah wastja." Nach der Kleiderord. von 1500 durften Bauersleute „auf keiner Pfaid weder Gold, Silber noch seidenes Geschlinge" tragen, Kr. Lhdl. IX, 428. 443; sie sollten (p. 428) „die gesunkten, (p. 443) die geschmückten Pfaiden" von ihnen thun. Durch diese und durch die „Tanzpfaite oder Summerpfaite" der Regensburgischen Kleiderord. von 1485 sind wol kaum Hemden gemeint. Keine Frauenperson durfte mehr als drey Summerpfaite haben, und keine mit aller Zugehör über 8 Gulden (d. i. Goldgulden) werth seyn. Zu den andern Pfaiten, den Badpfaiten, Halspfaiten, Schürzen, Hemden ꝛc. durfte man nicht bessere Leinwat anschneiden, denn die Elle zu 4 Groschen", Gem. Reg. Chr. III, 682. 683. Das Chrisampfaitlein (Kris'npfaədl), (O.L.) das Taufhemdchen. „Marquart des Herzogs Pfaidenmaister", Amberg. Act v. 1382. 2) die Leibpfait oder schlechthin Pfait, das Hemd. Də' Baur und də' Hund håbmmə's Mensch ét və'gunnt; hà's scho˜ ghabt à˜ də' *Pfaəd*, håbmmə's widə' və'jaə'd. Spr. W. 'Gwonət is ən eisə'né *Pfaəd*, wer s' auszuihht, thuət si' laəd. In Tirol ist Pfaid ein Hemd, Hemd aber eine Jacke; Tir. Kirchtag 1819, p. 70. Halskittel nobis (Krainern) oshpêtlj (Halspfaidl?), jinterfat (Unterpfaid?); Kopitar. Castelli, Wbch. 81: die Bfad, das Hemd; Bfadla', ein Krämer, der mit Leinwäsche handelt. Der Pfaitler, (Wien) Hemdmacher, Händler mit Hemden, Strümpfen, Hauben u. drgl. cf. Brüechler. „Der Pfaitlerin von Regenspurg vmb silbr einew entl", 1392; Freib. Samml. II, 126. „Umb ein stückl leinbat V fl. rh. meinem gnädigen Hern zu leibpfaitten", Hofrech. v. 1468. Wstr. Btr. V, 205. „Leinbath ausgeben hausarmen Menschen zu pfoitten", MB. XXI, 235, ad 1478. „Camisia, phayd oder hemd", Voc. v. 1455; Subuciula, phait, Gloss. v. 1418; pheit, camisa, gl. o. 190. „Is d' *Brautpfaid* schan ang'frimt?" Lindermayr 115. Die Dutten-Pfait, (U.Isar) Vorhemdchen des weiblichen Geschlechts. s. Dutten. Bey den Rotthalerinnen heißt nur dasjenige Hemd, welches sie unter dem feinern Ober- 326
hemde tragen, Pfaid; Hazzi, Statist. III, 1134. Die Pinzgauerinnen nennen ihr gröberes, kurzärmeliges Unterhemd die „Glenkapfoad." cfr. Klenen. So wie Pfait ehmals ein Kleid überhaupt bedeutete, und in einigen Gegenden noch ein Oberkleid bedeutet, so bezeichnete ehdem auch unser Wort Hemd ein Oberkleid, und so sind sich auch camisa, chemise (Hemd und Mantel) und Kamisol (Jacke) verwandt. Der Gebrauch der waschbaren, gesunden leinenen Bekleidung unmittelbar am Leibe, welche man nun ausschließlich mit dem Wort Hemd bezeichnet, dürfte überhaupt nicht viele Jahrhunderte zurückgehn. Das häufige Baden unsrer Vorfahren läßt fast vermuthen, daß

sie nur Wolle auf dem Leib getragen haben. Wir baden nun seltener, wechseln aber desto öfter unsre Leibwäsche. Sieh das folgende:

enpfetten, entkleiden, exuere; (alte Uebersetzung der Regula St. Benedicti cap. 58, von H. Pez im Kloster Aspach vorgefunden). E. H. 169,12. „Tristan gienc ze bette, vil schiere er sich enphette", Heinr. Trist. 662. „Si vüerte in an ein bette, und jach daz er enpfette sich", das. 4904. „Er hette sich enpfettet; im was ouch wol gebettet"; das. 3083. „Do must er enpfeten sich", Cgm. 270, f. 283a. „Sîn phärt wart enphettet, im selben wol gebettet von swester und von muoter", M. Helmbrecht 843. Pfait (altsächs. pêda) und davon enpfetten leitet Grimm (Gramm. I, 397) aus dem Finnischen ab, in welchem, nach Iuslenius p. 254, paita ebenfalls ein leinenes Hemd bedeute. Vrgl. brem.-niederſ. Wbch. III, 303: peit, sauber u. nett gekleidet. BM. II, 487. S. auch Pfad.

'Der Pfeterer, ä. Sp.; Wurfmaschine, (ahd. phetarâri, mhd. pheterære, peterære, v. lat. petraria. Graff III, 328. BM. II, 493. Diefenbach 429b).' „Balista, phederære", Cgm. 850, f. 99. pfetteln, wiederholt fisten, (Baader); VII Com. feteren.

Die Pfetten, (Ansp. Verordd.) Querbalken, der einen obern Boden oder den Dachstuhl eines Gebäudes trägt, Fette; vrgl. Bretten.

Pfott, (Fitsch) Schimpfwort gegen Weibspersonen. Gèə, du *Pfott!* Vrgl. Zeitschr. IV, 331. 343. VI, 528,6.

pfüət·n, behüten; s. Gramm. 404. Der Pfiə'god (⏑ –), der Abschiedsgruß. Zeitschr. V, 438. 505.

---

pfitschen, Verbum von der lautnachahmenden Partikel pfitsch! pfitz! Wasser in Schuhen pfitscht bey jedem Tritte; s. pfutsch und Pfitz. Vrgl. Zeitschr. IV, 486: pfätschen; 219: pfitschen. Der Pfitschə-Pfeil, Pfeil zum Schießen mit dem Baläster. „Wál de' Herrgot áf d·Welt seine *Pfitzipfál* richt·t", Kaltenbrunner 140. 'Castelli, Wbch. 81. Zeitschr. IV, 219. II, 236.'

Die Pfotschen, Pfuetschen, verächtlich: Pfote, Hand; (b. W.) Pfoutsch·n, Fuß, Strumpf; vrgl. oben, Sp. 442: Pföseln.

pfutsch! Ausdruck schneller, augenblicklicher Bewegung. pfutschen, pfutscheln, 1) etwas in aller Hast verrichten. (Vielleicht ließe sich das allgemeine Pfuschen hieher ziehen). 2) (Franken), Waßer, Schlamm, Koth pfutscht unter dem Tritt oder Druck. pfutschnaß; Zeitschr. V, 187. Der Pfutsch, (Aschaff.) die Pfütsch, Näße, Koth, Schmutz auf dem Boden. pfütschtropfnaß. s. pfitschen. Vrgl. Zeitschr. III, 272,14. 121. IV, 331. 487. VI, 304.

„Pfütschen, Hirtlein-Spil, cindalismus i. lusus puerorum paxillos adigentium in pinguem humum et adactos aliis adactis prosternentium", Onom. v. 1735. Vrgl. Schmer-Pickeln und Pfunzern.

Der Pfâw (Pfâb, opf. Pfâub), des Pfawen (Pfâbm, opf. Pfâubm), der Pfau (ahd. phâwo, phâo, aus lat. pavo, mhd. phâwe, pfâ, genit. phâwes. Graff III, 355. BM. II, 485. Zeitschr. IV, 236,3. 3. 485). gl. a. 270: phauuo. „Sind vil Pfaben wild worden", 327
Dukher's salz. Chron. 91. Die Pfâwin, das Pf.-Weibchen. Bey ünsə'n Pfarrə' hàbms· ə˜n *Pfàwm* und zwu *Pfàwənə˜*. „Pavus, ein pfab; pava, ein pfäbinn". Voc. v. 1419. Der Pfâuenschwanz. „Dieser Zeit sah man am Himmel ein großen Cometen, so der gemeine Mann Pfauwenschwanz nennet", Avent. Chr. „Cometa est stella crinita, ein pfawenschwantz", Clm. 4424 (Aug. S. Ulr. 124), f. 72, ad 1532. Der Pfâuenspiegel. „Si urina mulieris fuerit clara et alba vnd scheint als ein phafenspiegel (muß heißen pfaben- (Pfauen-) spiegel; cf. f. 11a) oder als ein äntrachhals u. erscheint ein antlitz in dem harm als in einem spiegel, das wetewt das dy fraw ist swanger worden", Cgm. 170, f. 9a. Der Pfawfischt, Bovist. Pfawenfischt (um Blut zu stillen); Dr. Minderer (1620) p. 193. 197.

---

pfitzen, vrb., (schwäb.) Laut-Ausdruck, der wie pfitschen, pfutschen zugleich die mit solch einem Laut vorgehende Bewegung bezeichnet. Der Pfitz, (schwäb.) Subst. davon. Alle Pfitz, alle Augenblicke. (Vrgl. alle Straich, alle Bot, alle Büff). Der Aijerpfitz (Aərpfiz, U.Don.), Eyer im Schmalz; vermuthlich vom Pfitzen des heißen Schmalzes beym Daranschütten der zerklopften Eyer.

pfitzern, (Ansp.) in ein Lachen ausbrechen, dessen Laut man zu verhalten sucht.

pfitzen, pfitschen, (Franken) kneipen, pizzicare; Aschaff. pfätzen, zwicken, kneipen; schweiz. pfetzen; niederd. petzen, Firmenich I, 538 (mhd. pfetzen, aus mittellat. petia, Stück, Fetzen; franz. pièce. BM. II, 493. Diez, Wbch. 268. 260). „phezzis (kitzelst) daz fleisch", Wackern. Leseb. 178. cf. Henneberg: Eine Schulstunde pfitzen, sie versäumen, umgehen.

„Pfozzenschneider", ä. Sp., Beutelschneider; Gem. Reg. Chr. II, 113, ad 1359. A. Sp. pfose, marsupium, dän. pose; s. oben Pföseln.

Die Pfütze, wie hchd. (ahd. puzza, puzzi, mhd. phütze, v. lat. puteus. Graff III, 355. BM. II, 517); s. oben Pütze.

Siebente oder Pfla= 2c. Abtheilung,

d. h.

Wörter, deren Stammsylbe mit der Consonantenverbindung Pfl anfängt.

(Zu vergleichen die Abtheilungen Pla und Fla.)

---

pflechsen, (Ansp.) keuchen, mit Mühe Athem holen.

'Die Pflicht, ä. Sp., 1) Gemeinschaft, Umgang, Verkehr; 2) Fürsorge, Obhut; 3) Art u. Weise. (Graff III, 358 f. BM. II, 506 ff.)' Cf. span. pleito, pregto, Verpflichtung; Cod. hisp. m. 6, f. 28. Diez, Wbch. 261. s. pflegen. Zu 1: „Aequales stultis in verbis esse feruntur. Ich wæn und traw sein nicht, si haben mit den toren pflicht" (Umgang). San-Nicola 232, f. 70b. „Mit toren hat ein tummer pfliht", (zu thun, Umgang), Renner 15903. „Der teufel hat mit ir pflicht, (zu thun); v. d. Hagen, Ges. Abent. II, 609. „Kunst hat mit allen sünden pflicht, zeuhet ir den zaum ir meister niht", Renner 17636. „Min herze hat mit seneclichem senen pflichte", Labr. 299. Zu 2: „Got lät den gerechten menschen nicht aus seiner vaterlichen pflicht", Cgm. 270, f. 349. „Der Samaritan het sein (des Wunden) pflicht oder sarg", curam ejus egit, San-Zenon, 115, f. 147. „Hab sein pflicht", curam illius habe. „Het in in seiner pflicht", curam eius habuit, Clm. 9728, f. 190. „Daz erbteil hab dein muoter in ir pflicht", (Pflege, Verwahrung), Cgm. 54, f. 28a. Zu 3: „Vil marter teten sie ir an in mancher handlai pflichten", (Manieren), M. Beham, Wiener 272,26. — Vrgl. holl. Laat ons geene pligtplégingen (Complimente) maken! sich pflihten, vrb., dienstlich sich verbinden; BM. II, 510. „Ich wil mich pflichten zů im", Labr. 118.

Die Pflicht, (Aschaff.) Vordertheil eines Ruderschelches, auf welchem die Schiffer stehen. „Prora, plihta, pflichta", gl. o. 162. Grimm III, 438. Graff III, 360. Wangersch pliúcht; Ehrentraut I, 65.

Pfladermül, s. Flader.

pflodern, vom unsichern Flug, besonders junger Vögel; (Baader). Zeitschr. V, 4. Vrgl. hchd. flattern; s. flödern.

pflödern. Schneegepflöder, st. Schneegestöber. Calender von 1668. s. plodern.

pfludern, 1) (s. pludern). Die Dampfnudeln pfludern, wenn sie in der zugedeckten Pfanne sieden. 2) s. fludern.

---

328 pflegen, (alt. Prät. pflag, Part. gepflegen), wie hchd. (ahd. plegan, phlegan, mhd. pflegen; ags. plegan, ludere; engl. to play. Graff III, 356. BM. II, 497. Wackernagel, Wbch.). „Es wäre denn, das der Vater auch solcher Verrichtungen gepflegen hätte", LR. v. 1518, T. 49, Gr. 5. „Die fronpoten sollen der säcz pflegen, (sie beobachten); Cgm. 544, f. 52. „Vier pfleger der säcz", (Aufseher, Vierer); Cgm. 290, f. 83. „Haus und Hof, da Einer pflegen hat (pflegt?) zu wohnen", Kr. Hld. XII, 151. „Aioth und Sangar haben der Juden gepflegt (sie regiert) achtzig Jar", Av. Chr. „Bis sicher, daz der wol gefert und wurt im tausend iar als der tag, des man gester mit frewden pflag (er wird selig, kommt in den Himmel), häufige Formel in des Tüfels Segi, Ms. v. 1449. Einer frawen pflegen und gewinnen, coire cum illa; Rechtb. bei Heumann, opusc. 82. verpflegen, ä. Sp., 1) aufgeben; 2) versichern; BM. II, 505 f. Grimm IV, 659. cf. alts. plegan, engl. to pledge, verantworten, gut stehen, garantieren. 1) Ez ist hiute der dritte tac, daz ich der werlde verpflac und allez nâch der wilde gie"; Gregor v. d. St. 2792. 2) „Da ne wart, des wil ich iu verpflegen, niht vil erbeizet under wegen", (man war hastig im Heimreiten); das. 2365. „Nû wil ich dir für wâr verpflegen, daz ich dir nû erwirbe, daz sî"...; das. 1296. Vrgl. oben Pflicht u. Zeitschr. IV, 219.

Die Pfleg (Pflég), (alt. plur. die Pflege), a) wie hchd. b) die administrative Verwaltung eines Gutes, eines Landbezirkes 2c. Kr. Lhdl. V, 167. 178. 289. Das ehmal. Herzogthum Bayern war in Pflegen oder Pflegämter eingetheilt. Meistens war die Pflege (Administration) mit der gerichtlichen Verwaltung vereinigt. „Ist wol nit ain klaine purd", sagt der Verfasser der „layschen Anzaigung" von 1531, „neben den Pflegen auch gerichtlich Verwaltung ze habn. Darumb wo die Pflegen on die Gericht erlangt werden, darbey mögen die, so wöllen, wol in mer rhue und in mynder arbait leben." Im Repertor. Bavariae von 1778 kommt wirklich in mehrern Pfleggerichten neben dem Pfleger ein Landrichter vor. Dieser wurde von jenem gleichsam erst in Dienst genommen. Kr. Lhdl. VII, 507. XIII, 304. XVI, 291. Ehmals, da man öffentliche Ämter wie Pfründen betrachtete und als solche verschenkte, verhandelte oder vererbte, gab es in B. eine Anzahl Pflegen, welche in gewissen adelichen Familien erblich waren, oder doch nur an adeliche Personen vergeben werden durften, und Hauptpflegen genannt wurden. Zirngibl, Hsp. 42. So heißt es z. B. in Baumgartner's Neustadt a. D. p. 51: „Nach Ignatz Freyherrn von Heidon's Tode 1728, folgt ihm in der Pflege seine Tochter Anna, vermählt mit F. Grafen von Rambaldi, starb 1755; dessen hinterlaßne Wittwe ist also jetzt Inhaberinn der Pflege." (So werden nach einer wirzb. Verord. von 1755 die adelichen Beamten den verrechnenden und beyde den Zentgrafen entgegengestellt; und jene sollen bey Centsessionen, obschon dieser das Directorium führt, den Vorsitz haben). Da sich indessen mit den Pflegen die Tüchtigkeit, sie zu verwalten, nicht immer erkaufen, ererben oder erheiraten ließ, so mußten sogenannte Land-Richter, Pflegs-Verwalter, Pflegs-Commissari oder Pflegs-Verweser den beschwerlichen Theil so eines Postens über sich nehmen. Vrgl. Zirngibl, Probstey Hainspach p. 37, Anm. zu einer Urk. v. 1401. Die Pflegey Bendern, Benedurum, im Gebiet von Vaduz (val-dulcis) am Rhein; Bergmann, Walser 40.

Der Pfleger, a) wie hchd. b) ehmals namentlich der Vorsteher eines Pflegamts, Pfleggerichtes, was jetzt: Landrichter. Adelicher Hauptpfleger, (s. Pflege). „Thuə 'ən Plegə'n 's Konzèpt və'ruckə˜, das si uns nét gàr ə'so druckə˜, 'plagt sánd mə' gnuə', dés waəst ja von ê", beten die Pinzg. Wallfahrter. c) Aufseher oder Verwalter eines landesfürstlichen oder
329 eines adelichen Sitzes oder Schlosses. Die Aufsicht über die landesfürstlichen Schlösser ist sogenannten Burgpflegern anvertraut. Burgpfleger in der k. Residenz, bey Herzog Max ꝛc. Im Landgericht Biburg, und namentlich in den Ortschaften Bschächtelsöd, Geretsfurt und Samberg, heißen manche Häuser, die ehmals adeliche Sedel waren, noch jetzt beym Pfleger, weil ihre Besitzer ehmals die Verwaltung derselben hatten. Vor einigen Behausungen dieser Art, die selbst nur ärmliche Selden sind, soll noch Stock und Halseisen zu sehen seyn, und reichere Bauern sollen dem Besitzer, wenn er darauf besteht, frohnweise das Holz in die Küche tragen müssen. Der Hailigen-Pfleger oder Zech-Pfleger, Verwalter des Vermögens eines Altars, einer Kirche. MB. XXIV, 573. Reitschulpfleger in München. pflegern, vrb., vor den Pfleger, d. h. vor Gericht fordern. 'Die Gepflogenheit, Gewohnheit, Herkommen, Brauch.' „Die ungarischen Gerichte urtheilten über Wesseleny und Kossucz (die durch Reden u. Schritte die Majestät beleidigt hatten) nach vorgelegener häufiger früherer Gepflogenheit, die in Ungarn das positive Gesetz suppliert, wo es abgeht." Allg. Ztg. 1840, p. 775 f.

pfleglich, gewöhnlich? „Die pfleglich bey S. Gnaden gewesen", Kr. Lhdl. XIV, 445. Die Pflegnuss, Pflenuss. „Wir sollen denselben hof in unser Pflenusse haben", MB. XVIII, 114, ad 1325.

Der Pflueg, wie hchd. (ahd. mhd. phluoc. Graff III, 359. Grimm III, 414. BW. II, 512. Grimm, Gesch. d. d. Spr. p. 55 f. Cf. česk. pluh, Pflug, popluži, Ackerland; bresc. piò, Pflug). „Wolstu mit andern pubin fahrn und mit in ziehen in dem pflug, bin ich dir den nicht weibs genug?" H. Sachs, 1560: II, IV, 32. cf. arez barons, arez! „Harte eben gienc sîn pfluoc", Grimm, Reinh. p. 104.18 Der von Schwerz († 11. Febr. 1844) in Würtemberg eingeführte verbesserte Pflug sollte nach Antrag von Schwerz's Nachfolger als Leiter des Instituts zu Hohenheim, Freiherrn von Ellrichshausen — geradezu selbst Schwerz genannt werden. Allg. Ztg. 1844, S. 446. S. oben Sp. 109: Unger. Vrgl. über die Familiennamen Hassenpflug, Scheuchenpflug, Zwickenpflug Grimm II, 961. — Das Pfluget. Es soll auch noch laut den alten Spruchbriefen „auf ein Pfluget weit" nicht zu dem See gemähet werden; Kochelseeische Fischordn. v. 1765, (Fr. Auer). Vrgl. Zeitschrift IV, 219.

Der Pfluegschüler. „Ad rusticellos vulgariter pflugschuler", ZZ. 1817, f. 153.

'Der Pflehe, mhd., Pflegling (?).' „Genâd edle, süeze, reine, gebiut du mir dîm phlehen. Jâ bin ich dîn alleine, wenn ich bin nicht wan niur mîn selbes lêhen." Labr. 720. (Ich habe für „deinen" der Hs. gewagt „dîm" zu setzen, mir pflehe als Pflegling denkend. 'Oder wäre „dîn phlehen" = pflegen zu ändern?')

---

pflückeln, pflöckern, (Franken) mit sorgfältiger Zärtlichkeit pflegen, bedienen, z. B. eine alte, eine kranke Person.

'Der Pflaum, ä. Sp., Fluß, (mhd. pflûm, pflûme, pfloum, vlûm. Grimm III, 384. BM. II, 511. cf. lat. flumen.)' „Dâ ze einer site ein grôzer vflûm ran", Gudr. 720. „Bî einem breiten pflûme", das. 1096. „Swaz ze vliezen geschiht in einem phlûm, ist ez unreine, ez wirt den bachen ouch gemeine", d. welsche Gast 1729. „Es habent erhebt die phlaum ir fluzz, elevaverunt flumina fluctus suos", Cgm. 87, f. 13b. Gotes phlaum, flumen dei; ibid. f. 85b. „Aus meiner art entspringet ain pawm, daraus rinnent zwen pflaum, der ain fleußet gen orient, der ander gegen occident", Clm. 4729 (sec. XV.), f. 132.

Der Pflaum (Pflám), die Flaumfeder; lockerer Schaum, z. B. vom Bier (mhd. diu pflûme; lat. pluma. Graff III, 360. BM. II, 512). Hàst ittəmàl ə˜n Bàrt, no˜ gràd ən étlə *Pflámlen;* (Baader). Zeitschr. III, 531,16. pflaumig (pflámi') locker, (von Mehlspeisen). „Butter pflaumig abtreiben." pflámrogl, leicht und locker wie Flaum.

Die Pflaumen, für das hchd. Pflaume (ahd. prûma, mhd. phlûme; lat. prunum. Graff III, 367. BM. I, 229. II, 511. Zeitschr. IV, 68.), ist im b. gemeinen Dialekt nicht üblich. Man sagt lieber Zwetschgen. Das Pfläumlein (Pfláml'), (in der städtischen Küchensp.) Zwetschge, die des Steines und der Haut entledigt, etwas getrocknet und dann in ein Gefäß gepreßt worden ist. Verschieden von der bloßen dürren oder gedörrten Zwetschgen.

'Der Pflumpf, dumpfer Schall, (Zeitschr. IV, 219). s. Plumpf.' „Sie fiel, in den sumpf thet sie ein lauten pflumpf", H. Sachs 1560: V, 397. 'pflumpfen, vrb., mit dumpfem Getöse niederfallen. Der Pflumpfsack, s. Zeitschr. a. a. O.'

---

pflenen, (verächtlich) weinen; s. flenen. Zeitschr. IV, 111,60. 219.

Die Pflanzen, O. L., im gemeinen Leben zunächst der junge Weißkohl, eh er einen Kopf zu bilden anfängt. Pflanzen bauen, den Samen von Weißkohl säen. Pflanzen aussetzen. Im hchd. allgemeinern Verstande ist daher bey uns der Ausdruck Pflanze, der augenscheinlich aus dem Latein herrührt (ahd. phlanza, mhd. pflanze. Graff III, 361. BM. II, 496), weniger volksmäßig als Kraut, Gewächs. Auch in der alten Sp. (gl. a. 648. i. 1010) kommt phlanza in der speciellen Bedeutung cepa vor. „Wie sich der may hett so gantz erczaigt mit menger plumen pflantz", Cgm. 270, f. 138a.

pflanzen, vrb., 1) wie hchd. Dem is 's Ràckə'n (das viele Arbeiten) schaə˜ *ei˜pflanzt* (schon angeboren). I will əəm's schaə˜ *ei˜pflanz'n*, dás ər aufmerkt, ihn dazu bringen durch Strenge; (Baader). 2) „Ihre Haar pflanzen sie in die Locken", Neiner's Tändelmarkt. „Gepflantzt har, caesaries culta", Buch d. W. 1485, f. 8b. „Caput exquisite redimitum, gepflantzt", Voc. Melber. cf. engl. to flaunt.

sich pflänzeln, sich zieren, putzen, schmücken; ä. Sp. pflänzen, pflenzen. „Auch ire haubter sein gephlenzt, mit krautern, laub vnd gras gekrenzt, wie sich die weiber phlentzen zu chirchen, straßen, tenczen"; Cgm. 291, f. 71. „Auch wie von manchen varben jr hauben, slayer und gebend und ir porten gephlentzett stend"; Cgm. 291, f. 72a. „Dà sán's *aufpflänzlt* und frisiərt als wenn s' glei' auf d' Redutt gen wollten", Eipeldauer Br. Castelli, Wbch. 82. „Eltern, die jhre 330
Kinder zu aller Hoffart abrichten, zu allen Bulen aufpflänzeln", Selhamer. „Das Gotteshaus ist kein Haus wo die Jezabel sich soll aufpflänzlen." P. Abraham. Die Pflänzlerin, Weibsperson, die sich gerne ziert und schmückt; verzärtelte, zur Arbeit untüchtige Person. Die Pflänzlerey. Vergleich allenfalls gl. i. 786, wo

aus Aeneid. VII, 526 (aera fulgent sole) lacessita durch giflanztiu gegeben wird.

pflienzen, vrb., scheu thun, sich sträuben, sich zieren (?). „Die Rosse fiengen an, zu pflienzen und abscheulich zu schwitzen, der Hund zog den Schweif ein", Bericht über die Stephans-Predigt p. 9.

---

pflüpflich, plötzlich; H. Sachs 1612: I, 646. s. unten: plüpflich.

---

pflurschen, (Eichstedt) schnell athmen, keuchen.

---

pfluschen; vrgl. oben Sp. 443: pfuschen. aufpfluschen, aufflackern. „Wenn's *aufpfluscht*", Seidl, Flins. (1844) 138. abpfluschen, abbrennen, erlöschen. 's Faia' is *à'pfluscht*.

---

pflästen, s. blasen, blasten.

'Das Pflaster, 1) wie hchd. (ahd. phlastar, mhd. phlaster, aus lat. emplastrum, mittellat. plastrum. Graff III, 362. BM. II, 496. Diefenb. 201[b]. 440[c]. Diez, Wbch. 261).' „Pavimento phlastir vel estirih", Clm. 4606 (XI. sec.), f. 102. 2) Schimpfwort für Mädchen.

pflastern, 1) wie hchd. Regensburgs Hauptstraßen wurden 1403 zuerst gepflastert. Gem. Chron. II, 88. 358. Nach der Münch. Bauord. v. 1489, Art. 19. 20 (Auer, St.R. p. 208) bestand hier zu dieser Zeit das Pflaster wol längst. „A⁰. 1368 stratae sunt plateae in Nüremberg"; ZZ. 751, f. 206. 207. Pflaster in Salzburg, s. Stadtord. v. 1524, f. 62. 2) im Scherz: auf dem Boden knien oder sitzen.

Der Pfliterling, (Selhamer) Zärtling, Schwächling, Zierling.

Die Pflieten, ä. Sp., phlebotomus. 'Diefenb. 239: fleta. Ahd. fliedima, mhd. vliedeme; Graff III, 772. BM. II, 341. s. unten: Flieden.

Die Pfloten, (verächtlich) die Hand.

---

pflätschen, pflätscheln, einen Schall verursachen, wie breit, platt auffallendes Wasser; platzen, plätschern; wie ein Platzregen niederfallen, stark regnen; im Wasser oder Kothe herumarbeiten, herumwaten. „Hans schwimmend und mit Händ und Füß pflätschelnd", Charfr. Proc. 193. „Der heil. Geist qui ferebatur super aquas, der so hinpflätschelt übers Wasser, wie ein Wasserhühnl", Bucher's s. W. IV, 77. pflätschet, adj., O.Pf., regnerisch, naß, kothig. pflätschnaß, ganz, durch und durch naß.

Die Pflätschen, breites Blatt; s. Blätschen. pflätschet, (Wrdfls.) breit (vom Gesicht); pflàtschet, breit, flach; Baader. Zeitschr. IV, 4: Pflotsch.

pflotscheln. Castelli, Wbch. 82: „bflodschln, Jemanden, ihn foppen, aufziehen, ironisch loben."

Das Pflez, Pflötz, (Augsb.) was Flez (s. d.). Zeitschr. VI, 174.

Der Pflitzenpfeil, s. pfitschen und flitschen.

Achte oder Pfna- rc. Abtheilung.

---

pfnechen, schnell athmen, keuchen, πνεῖν (ahd. fnehan, mhd. phnehen, ich phnihe, Prät. phnach, Ptc. gephnehen. Graff III, 781 f. BM. II, 513. Zeitschr. III, 459. IV, 220. 487). Gl. a. 123. i. 707: fnehan, anhelare. „Er leget' sich nider unde pfnach", v. d. Hagen, Ges. Abent. II, 343.

pfnuchezen, pfuchzen, besonders beym Verhalten des lauten Lachens.

---

pfnäckeln, riechen, stinken. „Das Fleisch pfnácklt." Dà *pfnàcklt's*. Vrgl. Zeitschr. IV, 219: der Pfnàgg'n, Kothballen.

---

331 pfnokezen, athmen. „Er packt 'n Kerl bei'm Krag'n, dáss á' nit *pfnopfáz'n* kann", Seidl, Flins. (1839) I, 75. 91. (1844) 254.

---

pfnurren, brummen, schnurren, wie ein umlaufendes Spinnrad; (Hrslm.). D' schwarz' Katz' *pfnurt* 'n an, Seidl, Flins. (1844) 258. Castelli, Wbch. 82: „bfnurn, brummen; die Bfnur'n, ein Kreisel mit einem Loche, welcher schnurrt, wenn er gedreht wird." Vrgl. BM. II, 514. „Tumor mentis, aufpfnurrung", Cgm. 3985, f. 2. „Nach mangen ferten snurren mîn herz albâ begunde. Widerzucken, phnurren ich ez mit dem seile faste kunde" (vom Jagdhunde); Labr. 55. s. oben pfurren.

---

pfnausen, pfnästen, schnauben, besonders durch die Nase, wie Viele im Schlafe thun; vor Wohlbeleibtheit schwer athmen; (mhd. phnûse, phnâse; BM. II, 513). „Ich waen er sich umb sus niht pfnûs", S. Helbling VIII, 457. „Als er einest bey nächtlicher Weil in dem warmen Federbeth pfnauste", P. Abraham. Dèr *pfnaust* widə', àls wenn ə' də'stickə˜ wollt. „Drum habens (das Christkindlein), daß s warm is worn, anpfnaust der Esel und das Rind." Der Pfnauser, Pfnausner, Pfnaster, dicker, fetter, unbehilflicher Mensch. Henneberg. pfnüschen, niesen; schweiz. der Pfnüsel, le rhum. Zeitschr. IV, 245,41. III, 127. „Die pfnutz, singultus"; Voc. Archon. (sec. XV.), f. XI. Diefenb. 537[a].

---

pfnaischen den Jagdhund, das Wild; Heppe 231. 145. cf. česk. wnada, Lockspeise; wnaditi, locken, reizen.

---

pfnasten, s. pfnausen.

Der Pfnast, die Luft vom Blasen, πνεῦμα, angels. fnäst. „Aus dem Blasbalg geht der Pfnast." Gl. a. 67. 428. 591: fnaasteot anhelat; f. 115: fnes, singultus; fneskezzan singultire. Graff III, 782: fnaston. BM. II, 513: phnâsen, (pfneisten, pfnaisten? česk. wnada). Zeitschr. IV, 245,41. 487.

---

pfnotten, pfnotzen, durch die Nase hauchen, schnauben, besonders, wenn man den Unwillen über eine

Person in ihrer Gegenwart zurückzuhalten sucht, und verdrüßlich schweiget; schmollen, pochen. Kärnt. mutati, schweigen, pfnotten; Jarnik p. 67. cf. maudern. „Dalila hält noch eifriger an, endlich zeigt sie einen Verschmach, hängt das Maul, fangt an zu pfnotten, schauet den Samson nit mehr an", P. Abraham. „Rumet balde daz gewant, den belz und die kutten; vil sere sie im (Fragm. „ein") pfnutten und begunden in faste stoßen"; Wilh. v. O. III, Cgm. 231, f. 213. „Ich geliche sîn gepfnœte ze einer saten tûben, diu mit vollem kropfe ûf einem kornkasten stât"; Nîthart, Haupt's Zeitschrift VI, 106. „In's Freié, és Leutln, i˜ 'n Frei·n dà is·s schö˜ dà wiə'd enk scho˜ 's *Pfnoten* und 's Brodln və'gé˜"; Seidl, Flinserln (3. Ausgabe) 26. 's *Pfnotwinkə-l*; das. p. 152 — 154. Die Pfnudtgoschen, welche im Judas des P. Abraham I, p. 45 vorkommt, könnte wol, wenn dabey kein Druckfehler statt hat, als Stamm-Mutter der sehr bekannten Pfundgoschen betrachtet werden.

pfnuttern, unterdrückt lachen; Staffler's Tirol I, 109.

Neunte oder Pfra- ꝛc. Abtheilung.

Der Pfragner, Kleinhändler, s. Fragner u. oben, Sp. 337: Brachner.

'Pfrille, ä. Sp., ein Fisch; afforus;' oberl. Frille. Graff III, 366. BM. II, 515.

Der Pfreim, (O.L.) der Reif, gefrorne Feuchtigkeit; vermuthlich (wie pfrait von berait) aus bereimen; s. Reim.

Der Pfriem, wie hchd. (mhd. phrieme. Grimm III, 453. BM. II, 515). 'Der (?) Phrimme, ä. Sp., ein Kraut.' Graff III, 366 f.: phrimma, mirica. BM. II, 515. Diefenb. 358ᵇ. Das Prompt. von 1618 hat außerdem Pfriem „fürs Haar" discriminale, acus crinalis, „für d' schaittl." durchpfriemen, vrb.

pfromig, (schwäb.) fett, von Fett triefend. Der pfromig Freytag, der vor Aschermittwoch. Vrgl. Pfruemd und s. Th. II: Chrom.

sich pfrüəmə˜, sich berühmen, prahlen; s. Gramm. 404.

Die Pfrüemd, prebenda; Wiltmeister, Amberg. Chr.
332 592. „Auf das man nicht ewige Pfrumbden aus dem Allmusen mache", opf. Polic. Ord. von 1657. s. Pfruend.

'Die Pfreimt, Flüßchen in der Oberpfalz.' „Megenhardus de *Phrimede*", MB. XXIV, 33. Die Pfreimt kommt vom Přimda oder Pfraumberg in Böhmen, geht durch den Pfreimt- oder Freintsch-Weiher, über welchen die Grenze läuft. Sommer's Pilsner Kreis p. 164. 167. Vom Dachfirst des ersten Hauses in Pfraumberg (dem von Maierhofen Kommenden links) geht das Wasser einerseits der Auhawa, Mies u. Elbe, andrerseits der Pfreimt, Nab, Donau zu.

Pfrienen. „Felder mit Pfrienen oder türkisch Klee bestellt", wirzb. Landbau-Tabelle von 1771.

Die Pfruend, Pfrüendt, wie hchd. Pfründe, d. h. Nahrungs-Mittel, welche vertragmäßig gereicht werden, Praebenda (ahd. phruenta, phruonda, mhd. phruonde, pfrüende. Graff III, 367. BM. II, 515. Nach Wackern., Wbch. 426 v. lat. prandium?). Pfrende und pfronde, Aug. Jes. 16, f. 7. Trocne Pfründe, Bier und Brod, (Katharinen Burgerspital in Regensburg). „Aderlozphruent (zwier in den tag wein) und chuchenphruent", MB. XII, 166, ad 1325. „Daz si von aller ir pfrümt, di hi zu füeren haben zu ir chloster keinen zol geben sullen", MB. V, 43, ad 1318. „Herzog Albrecht III. gar ayn parmherziger gütiger Herr gab vielen armen Edelleuten dy Hoffpfreuendt", Wstr. Btr. IV, 206. „Und kaufft ein Pfreindt auf 3 Personen in das Kloster Pfaffenwerth im Khiemsee", heißt es von Herrn Hansen von Trennbach, dem bayr. Dichter aus dem XIV. Jahrh. (in Wstr. hist. Calender 1787, p. 278); „wen ihn nit lust zu des Probst Tisch zu gen, so mußt man ihm sein Pfriendt, Speiß und Trank in sein Zimmer geben." Kr. Lhdl. XIII, 184 beschweren sich die Prälaten „fast, wegen der Jäger und Falkner, die sich bey den Klöstern mit Essen und Trinken nicht genügen wollen, und sich fast grob halten, und die Pfründt, so gewöhnlich die geistlichen Personen bey den Gotteshäusern in Wein, Fleisch und Fischen zu gut nehmen, daran wollen sie nicht genügig seyn." 'Die Nôtpfrüend, nöthige Nahrung; BM. II, 515 f.' Die münch nunnen und pfaffen . . . si soltend ir notpfrund wol gehebt han und das übrig durch got geben han, des Teufels Segi, (vrgl. Barack 13584). Die Hirtenpfrüend, (Nürnb.) Beytrag an Getreid, Eyern, den der Hirt von den Gemeindegliedern zieht. Auf dem Lande heißt Pfrüend besonders die Nahrung von Seite der Kinder, welche sich Eltern ausbedingen, wenn sie denselben das Hauswesen übergeben, oder, wie man sagt, in den Austrag kommen, wo man sie dann Austrägler oder Pfrüendner nennt. Auf die Pfrüend stên, das Hauswesen übergeben, ein Pfründner werden. Auf der Pfrüend seyn bey Jemand, vertragmäßig von Jemand ernährt werden. Einpfrüenden, Einen, ihn in den Genuß einer Pfründe setzen. verpfrüenden, Einen, ihn durch vertragsmäßige Reichnisse erhalten, ernähren; ihn abpfrüenden, wenn dieß bis zu seinem Tode geschieht. (Otfr. II, 4,32: pruonton). sich *'rum pfreənd·n*, sich durch Almosen fortbringen. Wàs *pfreəndəsi* (zögerst du) denn àllewál əso? Baader.

---

pfreng, gepfreng, adj., eng, drang. „Pfrenge und harte Ligerstatt", Sigl, Münchner Geisel 78. „Die schuech di sint im vil zû eng, das macht die großen knarren pfreng"; Heseloher, Cgm. 379, f. 158. pfrengen, in die Enge bringen, durch etwas enges pressen; drücken, beschweren (goth. pragga, mhd. phrengen. BM. II, 515. Zeitschr. IV, 331). eini *pfrengə˜*, hinein zwengen, drücken; ObrM. Castelli, Wbch. 82. (Brem.-niederf. Wbch. III, 359: prangen. cf. Pranger, niederd. Form statt Pfranger). „Die Schlange pfrengt sich zwischen Steine und streift ihre Haut ab." „Die Schuh pfrengen mich." „Damit kainer auß der Ordnung ging, sondern hart gepfrengt bey jrem Fänli bliben, uti cum signis frequentes incederent," D. v. Plieningen, Jugurtha 45. fig.
Fabius (cunctator) pfrengt den Hanibal mehr, dann 333
wann er sich mit jm geschlagen hett", Av. Chr. „Daz ir si vmb solich voderung furbaz nimmer mer irret noch

pfrenget", MB. III, 200, ad 1315. „Jhsus ain wyte des gepfrengten gaistes." „Wann ich wird dazu gepfrenget von miner durftigkait . . . Pfrenger der armen", Ms. v. 1447. Pfrenger, (Pf. Jir.) der eingeschröckte (mit Schrägzaun einzäunte) Ort, in welchen (welchem) das Vieh eingemärkt (markiert) wird. „Oppressio, pfrennung (pfrengung) des nagsten"; Cgm. 3985, f. 3. 6. Die Pfrengnus, die pfrangsal, pfranchsal, die Beschwerung, Nöthigung, MB. IX, 123, ad 1311. XXIV, 422. Mederer, Ingolstadt 30.

Der Pfrentner. „Ein pfrentner korn, zwen pfrentner korn dem Hüter geben"; Rorbacher Ehehaft.

Der Pfripflar, Schwächling; (Ammergau, Rath Her).

pfropfen, 1) wie hchd., also inserere (Graff III, 366. BM. II, 515). Doch hört man im gemeinen Leben öfter pelzen; in Bezug auf Gefäße: stopfeln. Der Pfropf, schon gl. i. 653: phrofa, propago; a. 685: fropfris, surculus. „Si erdenete scuzlinge ire unze zuo dem mere unde unze zuo dem wazzere prouen ire, extendit palmites suos usque ad mare et usque ad flumen propagines ejus", Cgm. 17, f. 120^d, Windb. Pf. 79,12. In Bezug auf Gefäße ist volksüblicher: Stopsel, Zapfen. 2) (Nürnb., Hsl.), Einem einen heimtückischen Stoß (Pfropf) beybringen.

---

pfrait (pfraət), (O.Salz.) (nach Gramm. 404, durch die Aussprache aus berait, bereit, fertig, entstanden). Bist scho˜ *pfraəd* mit der Arbet? phrait, paratus, Voc. v. 1429.

Der Pfreiter, st. Bereiter, Gem. Reg. Chr. IV, 437.

Pfrit (?). „Haptsegen, ögensegen, phritsegen, wundensegen", Clm. 4721, f. 198^b. cf. fratt.

Zehnte oder Pla= ꝛc. Abtheilung,

d. h.

Wörter, deren Stammsylbe mit der Consonantenverbindung Pl anfängt.

Die Plachen, Stück grober Leinwand; s. Blah=en. Zeitschr. IV, 205. Grimm, Wbch. II, 61.

Der Placken, (Aschaff.) Fleck, Bletz; vrb. verplacken, flicken; BM. II, 521. Grimm, Wbch. II. 59. 60.

placken, etwas hinwerfen, daß es kleben bleibt; Firmenich I, 535,64. „So hat er's Glasl, wie ein Bauernfünfer auf'n Tisch hin plackt", Eipeldauer Brief. (s. Adelung 3 placken).

Pläckes, Aschaff., bayr. Tatzen, (ferulae) plagae.

Die Plick, plica? In der a^0. 1514 geschehnen Vidimierung der alten Freyheitbriefe heißt es beym 24ten, 25sten, 26sten, 29sten Briefe „auf der plick des briefs der linckn seitn stet geschriben . . ."

Das Plictri, (nach Westr. Gloss.) abgeschmacktes Blendwerk; engl. humbug, span. embeleco (v. arab. embellek, dumm machen). „blictrum, plictrum, jest von pier, spuma cervisie", Voc. v. 1482. „Blictrum, schlegelmilich"; Aug. eccl. 10, f. 35. „Blictrire iesen als bier oder mett", Voc. Hugvicii 335. Tobler, Sprachsch. p. 284. Diefenb. 77^a. „Olla bulit, vinum biblit, cervisia blictrit", Ben. 293, f. 65^b. „Daß die gnädige Frau kein Blictri geglaubt hat . . ." „Utrum terminus *Blictri* sit significativus, sieh in der alten Jesuiten Philosophie." „Da die Mönchsarmuth ohnehin nur ein Blictrik ist." A. v. Bucher's s. W. II, 488. III, 23. Das ist nur Blictri, (Nürnb.) nur zum Scheine; Weigand.

---

334 plaudern, plodern, 1) plaudern. „Ein vornehme Dama hatte ein abgerichte Alstern, welche sehr lächerlich schwätzen konnte, unnd gar vil Sachen dieser teutsche Papperl nachbloderte", P. Abrah. „blodern, convolvere verba, crepare", Prompt. v. 1618. BM. II, 523. Grimm, Wbch. II, 60. 141. Zeitschr. V, 521, II, 25. Der Ploderer, die Plodern, (um Passau) der Schwätzer, die Schwätzerin. „Mit Gunst, i will än *Prodrä* (Spruch) thain: Was ist halt nöt ä Bindä'"; Lindermayr 194. Der Plodersaam, s. Th. III: Sâmen. plöderig, (Pinzgau) beredt, plauderhaft. ´2) rauschen, prasseln; Zeitschr. II, 92,52. VI, 27.´ ploddern, (Aschaff.) cacare, mit viel Wind und dünnem Koth. „Ez were rehte umbe eine ertrunchene sele sam da ein wib in eime ba... sezze, der ein knop entfüre, als der uzer dem patm.... plutert, also plutert des mensen sele uzzer dem wazzer"; Cgm. 19, f. 75^a. s. unten: pludern.

Das Plauderment, Plodərəment, die Plauderey. „Hätte der Adam, während die Eva ihr Plauderment verbracht hat, im Paradies die Fensterscheiben gezählt: so wären wir noch alle dorten beysammen", A. Bucher's s. W. IV, 104.

„Pleuder." „Feuerkugeln aus Pleudern oder Böllern oder Schlingen werffen", Fwrb. Ms. v. 1591. Vermuthlich was Bleide, ahd. blida, tormentum (s. d. W.). „Si warffen an die mauer mit irem bleyen stain", heißt es in den Ingolst. Reimen v. 1562. „Pleiden und geschütz", Cgm. 713, f. 53. ´(Hieher?:)´ „Dort geht ein fraw, die duncket mich sei geschmückt auf den Finkenstrich mit großen Pleiden scharpfem gebendt", sagt die Kuplerin bei H. Sachs 1560: IV, III, 18^b (1612: IV, III, 39).

´ploden, ploaden, (VII. Com.) streiten, processieren, (franz. plaider, engl. to plead, aus mittellat. placitare, plaitare. Diez, Wbch. 261. Zeitschr. 144,343.)´ Die Plode, Ploade, Rechtshandel, Proceß; Vertrag, (altfranzösisch plaid, Wackernagel, Wbch.; ´span. pleito, ital. piato, aus lat. placitum´).

plodern, pludern, von Kleidern, nicht anschließen, Falten werfen. 'Grimm, Wbch. II, 141. 140. Zeitschr. IV, 4. 409,48. V, 364. VI, 27: plodern, flattern. Castelli, Wbch. 88.' D·Hosn hàbm sunst *plodə'n* müessn; àbər iatzund ligns· à~, dás ə~ Flohh kám oné Bárzn A'dəm schöpfə~ kà~. Volkslied: der Calender. Lindermayr 160. „Hoc animo qui sunt deteriores fiunt rogati Wan man den bauren bit, so blodern im die hosen," Monac. Augustin. 283, f. 50. s. pludern. Ploderhosen, Pluderhosen, weite, faltige Beinkleider, wie sie ehmals üblich waren. Noch werden sie von den Bauern in der Gegend von Eger getragen. poln. pludry. sich aufplodern, (nordfränk.) von Kindern: sich von der Decke, Hülle frey machen. Schneegeplöder, st. Gestöber; Calender v. 1668. s. a. pflödern, plaudern u. vrgl. blœd und das alte ploden, dissolvere, gl. a. 260. 233.

pludern, flattern mit mühsamem Flügelschlage, einen Laut von sich geben, wie eine Flüssigkeit beym Ausgießen aus einem engmündigen Geschirre. Der Pluderer, 1) ein solcher Laut, 2) Geschirr mit großem Bauch und engem Halse; s. a. plodern und plettern.

---

plâgen, wie hchd. (mhd. plâgen; Graff III, 359. BM. II, 521); OPf. plaugng, schwäb. plàgə~ (reimt auf fràgə~, Weizmann 132); oft auch plàbm. „Der mi *plàbt* und sekirt." „Für mei~ *Plàbm* und mei~ Müə", Wagner, salzb. Ges. 34. 37.

Der Plampel, Plempel, schlechtes Bier, schlechtes Getränk. Zeitschr. III, 12. IV, 333. „So wenig gute Geister macht das erst Plempelbier, so wenig kann ein Faister auch beym Malvasier zierlich die Harppfen schlagen", Balde, Lob der Magern. (s. Lampel). plempeln, plempern, viel und oft trinken. verplempern, s. Adelung: verplämpern.

Der Plumpf, Plumps, 1) der Schall von etwas, das hoch herab und breit auffällt. plumpfen, pflumpsen, breit und mit dumpfem Schall auffallen. Zeitschr. IV, 410,72. 492. V, 465. s. oben Plumpf. 2) der Theil des Eheverlöbnisses oder der Stuhlfeste, welcher bey
335 wohlbesetztem Tische begangen wird. „Das war jr Schenck, Plumpf und Stulfest", Avent. Chr. 32. „Kindlmal und Plumpf", Kr. Lhdl. XIII, 144. 145. „Der bat mich zum plumpf", Cgm. 954, f. 51, de a⁰. 1551. „Erchtag 14. 8ber 1608 hat Anna Kochin mit Michael Vegelmüller, Malern, ihren Plumpf gehalten." Tagebuch des Pfarrers Barth. Lutz zu Kelheim, von 1608; Cbm. 3245, f. 36b. (45a). 50b.

Der Plan, (Franken) Platz im Dorfe, wo im Freyen getanzt ꝛc. wird; cf. Platz. Zeitschr. V, 116,4. II, 275,14. „Die jungen Bäume werden zum Planzêichen bey Kirchweihen gebraucht", wirzb. Verbot von 1787, junge Waldbäume abzuhauen. Die Plá~, plur., Ebenen auf dem Hochgebirge; Schosser 34. cf. česk. plaň, Ebene. Graff III, 254. BM. II, 521.

Die Plan (Plà~), Legeplatz in der Scheune oberhalb des Viertels oder der Banse; oberer Boden, auf den das eingebrachte Getreide, Heu ꝛc. gelegt wird. „Catharina N. zaigt an, daß sie ab einer Plan ein Ripp abgefallen", Aufkircher Mirakel. Die Blohna, das zweite Stockwerk des Heustadels, (Ammergau, Rath Her). Die Obplan, die oberste Heulege.

Der Planet, wie hchd. (BM. II, 522). R.A. Einem die Planeten lesen, 1) (bayreuth. PoliceyOrd. Voc. v. 1618) ihm die Nativität stellen, wahrsagen. Im Cgm. 291, f. 20—23 werden von Mich. Beham dem jungen Herzog Albrecht (IV) von Baiern die Planeten (in den zwelf astrologischen Häusern) gelesen. „Ob man sich oder sein Vieh nit habe ansegnen oder den Planeten lesen lassen", Beichteramen, Cgm. 4606, f. 235. „So man dir (Unkeuscher) die Planeten lesen sollte, so müste man von der Venus anfangen", P. Abrah. 2) ihm Verweise geben.

Pliening, Ortsname; s. Haupt's Zeitschr. VII, 458. VIII, 384. Förstemann II, 253.

Der Plunder, (ehmals überhaupt, und hie und da noch jetzt, im guten Sinne gebräuchlich), 1) das Gepäcke, die Habseligkeiten. „Plunder, supellex", Prompt. v. 1618. „Bagage, Plunder, impedimenta, sarcinae", Onom. von 1735. „Maulesel, Roß und Vih, so mit Plunder geladen." „Ließ alda sein Plunder und Droß", Avent. Chr. „Wir schullen unser wagen laden mit plunder und mit härnesch", Ring 56c,28. „Die deck und auch die (den) plunder warf ich oft her und hin" (im Bett), Cgm. 713, f. 138. 214. Cgm. 379, f. 16. S. Pauli (II. ad Timoth. 4,13) penulam (das raismentelin), libros, membranas nennt der Augsburger Prediger (Cod. Ind. 405, f. 60) „ein armes plinderlin." BM. II, 524. Grimm, Wbch. II, 167. Der Plunderwagen, Wagen mit Gepäck, Bagage-Wagen. Unter den Beschwerdepunkten des Landtages von 1579 kommen auch die Plunderwägen vor, die vom Hofe auf Reisen in großer Anzahl nachgeführt würden. Namentlich wird unter diesem Ausdrucke hie und da der anderswo sogenannte Kammer- oder Kuchelwagen einer Braut verstanden. 2) das Fortziehen mit Sack und Pack. „Ein leichter Plunder in die Höll hinunder, facilis descensus Averni", P. Abrah. „Wer mer wil verzeren denn sein pflug mag ereren, das ist nit wunder, ob er geet in plunder"; Clm. 4394, f. 194b. „Wer mer verzert dan im got beschert, ist nicht ein wunder, ob er get in plunder. Qui plus consumit quam sua bursa recondit, non admiretur, si paupertate gravetur"; Windb. 204, f. 172a. Vrgl. poln. plon, -u, Beute, Raub; auch ital. roba, span. ropa. Diez, Wbch. 292.

plündern, 1) (Gebirg) mit Gepäck und Habseligkeiten fortziehen, ausziehen aus einer Wohnung. Er hat in das und das Haus geplündert, ist dahin gezogen. Grimm, Wbch. II, 169. Zeitschr. V, 254,53. 2) wie hchd. Auch dieses plündern (Sackmann machen, saccager) mag als ursprünglicher Soldatenausdruck das spätere Gehässige erst im Munde des Bürgers und Bauers erhalten haben. Er wart so gar anplundert und auch veraubet also ser, daz er doch gar het nichten mer", M. Beham, Wiener (1462) 111,7. Geplünderte Pfleg-Gerichte nannte man solche, in denen die bedeutendsten Unterthanen, ja ganze Hofmarken der landesfürstlichen Gerichtsbarkeit entzogen, und unter die von adelichen Privaten gestellt waren. Hazzi, Statist. II, 527.

Die Planken (Plankə~, Plankng), Zaun oder Verschlag von Brettern. Die Plankensäulen ('Plankə~sáln), der hölzerne Ständer (Pfahl), an welchem in einem Bretter-Zaun die Bretter befestigt werden. planken, 336
einplanken, einschließen, besonders mit einer Wand, einem Zaun von Brettern. „Circumvallaverunt palis peracutis ligneis quod in vulgari planken dicitur", Chron. Mattsee bey L. Hübner. „Munire, beplanken", Voc. v. 1419. „Belegern, beplanken", Voc. v. 1482. Vrgl. ital. palanca, planca, span. plancha, franz. planche (Diez, Wbch. 261), niedersächs. Planke, schwed. planka für Brett. BM. I, 200. II, 522.

planken, (Baur) schwätzen, ausplaudern. Die Plank, Person, die gerne ausplaudert, Plaudertasche. s. plenkeln u. plantschen.

plenkeln, 1) wiederholt erklingen oder erschallen machen, besonders: wiederholt und ohne Zweck schießen, (Adelung: placken); L.R. v. 1616, f. 776. 'Vrgl. erblenken, ä. Sp., vrb. neutr., erschallen, bellen.' „Do hort ich erblencken Lieben (den Hund) mit lûter stimme", Liedersaal, Nr. CXXVI, V. 234. 2) schleudern, werfen, treffen. BM. II, 197. Scherz I, 164. „Do geriet si verdrießen des costen vnd des blenckendes wider und für", Königshofen's Chronik, bei Schilter p. 142. 203; Cgm. 567, f. 145. „Wie die Metzger in der Faßnacht den Jäckel oder einen Hund zu schutzen, hin und wieder zu werfen, zu blencklen und zu peinigen pflegen", Albertin's Gusman p. 94. 3) mit dem Plenkel dreschen. plenkeln, nur zu 2 bis 3 Personen dreschen; dés is ə~ *Plənklərey*, es geht nicht vorwärts mit der Arbeit, (Baader).

Der Plenkel. 1) der Schwengel in einer Glocke. „Der Plenkel in der Probstenglocke im St. Martinsthurm zu Landshut wiegt $14\frac{1}{4}$ Cent. Meidinger p. 143. 2) O.L. ein $3\frac{1}{2}$ Schuh langer Cylinder vom Durchmesser der gewöhnlichen Drischel. An dem einen Ende desselben ist ein eben so langer, ohngefähr wie eine Pflugsterze gebogener Stiel unbeweglich festgemacht. Beym Dreschen mit diesem Plenkel bleibt kein Streich ohne Wirkung, was beym Dreschen mit der gewöhnlichen Flegeldrischel so häufig der Fall ist. (Baur). s. Bengeln. Castelli, Wbch. 87: „der Blenkl heißt ein Ding, welches ungeschickt zu handhaben ist." Zeitschr. IV, 490.

Der Plenkinger. (?). „Ich sucht herfür pilsen salben und allz mein geret und machet ein langer plenkinger (effusio seminis?), da wurden mir die hoden ganz ler"; der Parbirer (obscön), Cgm. 713, f. 149.

---

aus-pläntern eine Waldung, einzelweise, ohne Plan und Ordnung darin Holz hauen. „Vermeidet das Auspläntern und Ausplätzen eurer Waldungen" Bauernztg. 1819, Nr. 34. „Bei Fehmel- (plenterweisem) Waldbetrieb ist von der Forstpoliceibehörde die höchste Zahl des einzutreibenden Weidviehes zu bestimmen"; Artikel 43 des Forstgesetzes von 1851. Allgem. Ztg. v. 29. Dec. 1851. (cf. engl. to blander).

Der Plenten, (Gebirg) 1) Muß aus Buchweizenmehl, ital. polenta. Polenta macht man also: nim gersten V ℔, linsen III ℔, Coriandersames t (1/2) ℔, geweicht salz XX ℔ (?!) . . ", Clm. 5931, f. 203. Vrgl. oben: polzmuos. 2) Buchweizen, polygonum fagopyrum. Grimm, Wbch. II, 104. Zeitschr. IV, 333. 490.

---

plantschen etwas, es ausplaudern. Die Plantsch, Plaudertasche; die Plantscherey. s. planken.

Die Plantschen Golds, Silbers rc., palacra, lamina, argentum pastillatum", Prompt. von 1618. span. la plancha. Grimm, Wbch. II, 66. 107.

Plenz (?). „Suberi ein plencz est piscis", Clm. 5877 (v. 1449), f. 118.

Die Plunzen, 1) (b.W.) die Urinblase. Sau-*plunz'n*, Schweinsblase. 2) Wurst von Blut und Speckstückchen; Wurst, deren Inhalt hauptsächlich aus Blut besteht; Schweinsmagen, mit Blut gefüllt. „Wie ə~ Plunzn, wo alles drinn durcheinander gschnitten ist", Eipeldauer. „Hàb mər ə~ *Plunzn* 'kàfft, dé hát mi sákrisch zràfft", rc. Volkslied. „Er ist ein lautere Plunß, homo mollis, ignavus", Prompt. v. 1618. 3) verächtlich: Weibsperson. ə~ b'saechté *Plunz'n*. cf. Lunzen. plunzet, adj. schlapp, schwerfällig. plunzenvoll. „Dort frisst und sauft di' *plunzenvoll*", Lindermayr 185. Cf. westpreuß. Pluz, Plauz, eßbare Eingeweide; poln. pluca, Lunge; dän. polse, pyls, Wurst. Grimm, Wbch. II, 169. Zeitschr. IV, 492. Vrgl. auch des Victorius blonen (strotzen) nach Gramm. 1069.

Der Plunzer, (Regensburg) Steinflasche zu Bier rc. 337
s. Plutzer.

'plappern, blappern, plaudern; Grimm, Wbch. II, 66.' Lämpern, blaibern, (Lungau) auf der Gasse plaudern, (Zir.). cf. Graff III, 242. Zeitschr. IV, 485. 73. 523. III, 299.

Der Plappharter, Plaphart, Plappert, ein ehmaliger, ursprünglich ausländischer Dickpfenning oder Grosch (Grimm, Wbch. II, 66: Blaphart, 60: Blaffert; niederd. Blaffet, Blawfert, Firmenich I, 450. 484. Zeitschr. V, 51). Es galt in Bayern „ain allter Plappharter oder beheimischer Groß" a^0. 1448 bis 1460 7 dn. schwarz, (Kr. Lhdl. III, 310. Lori, Mz.R. I, 74); a^0. 1487: der gute Plaphart 10 dn., der Kreuzplaphart 9 dn. schwarz, (Kr. Lhdl. VIII, 511); a^0. 1506 (Lori, Mz.R. I, f. 102. 104. 113) berechnet sich der neu behamisch Plaphart, der $2\frac{1}{2}$ Kreuzer gilt, zu $8\frac{44}{85}$ dn. schwarz; der Kreuz-Plaphart, Kreuzerplaphart zu 10 dn. schwarz; der gestempft behaimisch, der beste, der mittere und der letzer, zu $10\frac{1}{2}$ dn. schwarz; der Beheimisch in der Gemein (96 Stück aus $8\frac{1}{2}$ Loth 2 ql. fein Silber) zu $9\frac{3}{32}$ dn. schwarz; der Maylander Schlangen-Plaphart zu $10\frac{1}{2}$ dn. schwarz; der Grossen- (Groschen-) Plaphart mit dem Stock und Kreuz, item der Pern sand Vincenty zu 70 dn. schwarz; a^0. 1533 (Lori ibid. f. 166) hat man Plapharte zu 3 Kreuzern; a^0. 1539 (Lori ibid. f. 217) kommen Münchner, Salzburger, Regenspurger und Montforter Plapharte vor, 94 Stück aus 7 Loth 3 Ql. 3 dn. fein Silber geprägt; a^0. 1542 (Lori ibid. 225) sollen 25 fränkisch Zehner oder Rappen-Plapharte 15 Batzen gelten. „Bruder Tetzel schry: alsbald der Plappert in der Truhen klüng, von stund an führ die Seel gen Himmel", Avent. Chron. Das Prompt. v. 1618 hat: „Blappart, tres cruciferi"; das Onom. v. 1735, „Blappert dipondius, valor est II. assium." „Blaffært nummus superficie planâ nulla signatus nota, a blaf, planus"; Kilian.

---

plipf, plapf. „Enplipfes und enplapfes (Hs. enplips und enplaps) daz lant alles gêt wand iz niemen understêt", S. Helbling III, 364.

'plüpflich, urplüpflich, plupfling, plötzlich; (Grimm, Wbch. II, 169). s. pflüpflich.' „Das fewr verzert(e) urplupfling alle ding", Cgm. 3633, f. 13. „Den spund er urplüpfling aufzucket", H. Sachs 1560: V, 390 (1612: V, III, 108).

'plärren, blärren, plêren, blöken, schreien; laut weinen; mhd. blêren. BM. I, 204. Zeitschr. III, 42,27. IV, 323. 332. 358,6. 491. V, 51. VI, 53. Grimm, Wbch. II, 66. 108.'

'Das Plärament, Gerede, Lärm, Geschrei, Geplärr; Zeitschr. IV, 410,30. 537, IV, 10. V, 178,148. s. Parlament. ä *Plärament* und ä G'sais machen; Seidl, Flinsern III, 91. 119. „Is da dös *Plärament* ä G'schloss und wem g'hört's an?" fragt Riepl in der Stadt, Lindermayr 141. Castelli, Wbch. 86.

Der Plerren, breite, andersfärbige Stelle an einer Fläche, besonders an der menschlichen Haut, sie mag nun von einer Verletzung herrühren, oder nicht, (Grimm, Wbch. II, 66. 108: die Blarre, Blerre. cf. blennorhöe, *βλεννόῤῥοια*?). „Platern, plergen und vberbain", M. Beham, Wiener 12,11. „Reiber, raber, pinder der plergen", das. 30,7. „Plergenbinder", das. 9,7. „Pös platern und plergen", Ind. 418, f. 116 et passim. Dy plerigen, Progel's Ms. f. 132ª. „Zu den posen offen plergn an den fueßen mit löchern", Cgm. 731, f. 113. „Von den plergen an dem libe", f. 216. s. Flärren u. Vilmar, kurhess. Idiot. 303: der Plärze.

Die Plerr, das Geplerr, Nebel vor den Augen, Dunkelheit, Nachtnebel, la berlue, il barlume (Diez, Wbch. 565. Zeitschr. III, 556,43. V, 159, vrgl. oben Sp. 278 barlis). „Aorasia vel aurisia, daz geplerre vor den augen, dum e. g. quis quaerit quod in manu tenet", Voc. Melber. Diefenb. 39c. „Ditz haißt ain geplerr (?) und chompt der vogel in das flerr (lerr), er wirt villeicht gevangen"; Cgm. 270, f. 76 und 379, f. 39. „Praestigiae, pler vor den augen", Avent. Gram. 1517. „Dem gemeinen Volck mögen die Münch und Pfaffen wol ein Geplerr vor den augen machen" Avent. Chr. „Ich main er hab gehabt das blerr, das er des hirten tochter hat genommen", H. Sachs 1612: I, 251. „Villeicht habt jhr das bler", das. 1612: III, III, 78 (1560; III, III, 40). „Der bauer mit dem plerr", das. 1612: IV, III, 233. „Mein nachbawrin, was ist das Plerr? (Antwort:)... wer frü aufsteht und vor der morgenröt ausgeht, dem überzeucht der nebel sein augen, das si scharf zu sehen nicht taugen, sonder das sie jm zwifach wern; was er ansicht nahent und ferrn, das dünket jn alles zwei sein. (D. Bauer:) So ist warlich in augen mein heut frü gewesen auch das Plerr: mich deucht, wie der pfaff, unser herr, leg bei meim weib in meinem bett." Das. IV, III, 27. Grimm, Mythol.[2] 1113. „Den Feinden ein gespenst oder Plärr machen vor den Augen, wo wenig Geschütz ist, daß sie vermeinen, es sey vill vorhanden", Fwrbch. v. 1591. „Siehst du's denn nicht, ich glaub, du hast die Pleer. Der Teufel macht ihnen ein eitles Plerr vor die Augen", Selhamer. „Große herren, großes Plerren, in die ferne sehen nicht", Poißl 1683, Cgm. 4055, f. 46. (cf. to blear the sight, das Gesicht verdunkeln; dän. plire, schwed. plira, blinzeln). Dö *Blehr* hâb'n, nicht recht sehen; Castelli, Wbch. 87. Das Voc. v. 1429 hat: „Assistere, peystaun, plarren, gaffen."

Der Plursch, ä. Sp., wie hchd. Plüsch, franz. velours (Diez, Wbch. 743: villosus); cf. engl. plush, franz. peluche, ital. peluccio, peluzzo, (Diez, Wbch. 701: v. pilus).

'plasmieren, mhd. blasenieren, ein Wappen nach den Regeln der Kunst ausmalen oder auslegen; franz. blasonner. BM. I, 201. Diez, Wbch. 57.' „Das wappen stet dort wol geziert und adenlich geplasmiert", Cgm. 713, f. 321.

Der Plaus, 1) der Applaus. Wird gewöhnlich ironisch genommen, also: verspottendes Loben, Lachen, Klatschen, Zischen. Einem ə⁻n *Plaus* machen. Der Käufer
338 pflegt dem, der ihm eine Waare viel zu theuer, der Verkäufer dem, der ihm dafür auffallend wenig bietet, einen Plaus zu machen. „Ihr seid ein Narr mit euren Haus, es macht öng jederman ə⁻n *Plaus* . . ." „Ridebo et ego subsannabo, mit beiden Händen will ich zusammenschlagen und euch einen Plaus machen", A. Bucher. „Unyberwindlich durchleichtigstes haus, lasse dem Spotter sein hönischen Plaus", Anfang eines Liedes auf Kaiser Karl VII., Cbm. 2628, I, i. 2) Lärm, Gerede überhaupt. „Wenns täglich grad so Kirchtag wär, so habns ein Plaus." „Das wär dein Red, das wär dein Plaus.." Bucher.

Der Pläsch, Lahn, zu dünnem Blech geplatteter Gold-, Silber- oder Messing-Draht; mhd. plischel. „Ich gibe mîn weize, mînen wîn lieber umbe silber „plieshel" danne ich imz geb na pischel: (böhm. napi' se, trink!..? Haupt) daz ist ein übel zabelwort", S. Helbling XV, 431. BM. II, 523. 'Castelli, Wbch. 86: der Blasch ein Draht, der durch die Plattmühle zu einem sehr dünnen Blech bearbeitet wurde; poln. plaski, flach. Höfer II, 338. cf. Zeitschr. V, 465: Pletzker.'

'Die Pleschen, größeres Geschwür, Beule, (s. oben, Sp. 331: blaschen, bleschen, schlagen; die Blesche, Schlag; bläschet, aufgedunsen, und 333: Blätschen).' „Du machst ä Gähn (Funken) zun Foir, ä Krözen (Ausschlag)' zun rá *Pleschen*" (du machst alles größer, übler); Lindermayr 97.

Die Plöschen, canthari genus; Prasch. s. bleschen.

'plasten, ä. Sp., platzen, losstürzen.' „Darumb entweicht er (der Falke) dem geyren, so er auf jn plasten (Pfeiffer: platzen) und vallen will", Konr. v. Megenb. 133b (Pfeiffer 230,10). Vgl. platzen.

Das Platt, (Nürnb., Hsl.), Teller, flache Schüssel, le plat; Grimm, Wbch. II, 76,9. Diez, Wbch. 262. Zeitschrift IV, 111,55. 205. 333.

Die Platten, 1) nackte, leere Bodenfläche. „Platten und leere Plätz" im Wald. „Kohl-platten", wo Kohlen gebrannt werden; wirzb. Verord. v. 1668. 1721. Die Platten, flacher Vorsprung am Felsen. Plàttəlé, grüner runder Rasenplatz vor oder hinter einem Haus; Baader. Zeitschr. IV, 333. Die Platten am menschlichen Haupte, der obere Theil desselben, die Scheitel, der Wirbel (Graff III, 249. BM. II, 202. Zeitschr. III, 370,35). Auf də' *Platt'n* tuəts mə wê; auf '*Platt'n* is mə gfälln; besonders eine geschorene Platte, wie die bey kath. Geistlichen. R.A. dem Pfarrer die Platten scheren, ihn am Zehend verkürzen. „Ich mus mich zwar hüten vor jhm, solt er (der Mesner) mir ein platten schern, die bauern wurden mirs gunnen gern", sagt der Pfarrer, H. Sachs 1560: IV, III, 47 (1612: IV, III, 103). Für „abprügeln" ist diese RA. wol auch genommen in der Erfurter Chronik (Cgm. 4908, f. 246a 475), wo es von Luther der ao. 1521 auf Sonntag Quasi modo in Erfurt bey den Augustinern auf das Thema: „Habt Friede!" gepredigt habe, heißt: „Er hatte villeicht Sorge seine (ehemaligen) fratres würden kommen oder andere und würden ihm die Platten bescheren." Er habe übrigens so heftig gepredigt, daß die Porkirche davon eingefallen sey (gekracht habe). Darauf folgte das sogenannte Pfaffenstürmen daselbst, (f. 247. 478). Sp.W. D' Həll is mit *Pfaffə⁻plättl'n* 'pflastə't. Wol von der Farbe des Oberkopfes sind benannt: das Rothplättlein (Roudplättl), der Rothhänfling, linaria rubra L.; das Schwarzplättlein (Schwarzplätl), eine Art Linaria, die häufig in Käfigen gehalten wird. 2) plattes Stück Stein, Metall, die Platte; 'mhd. ein Stück der Rüstung, Brustharnisch; (San-Marte, Waffenkunde p. 51).' „Das kain Stain (aus dem Acker) mer geprochen wert, dan es wär, ob es sich begab ungevärlich, wan man darinne ackert, ob ain plat (Steinplatte?) irret oder enget, die mag man wol heraus prechen mit ainer eisen Stanzen", MB. X, 191. 'Der Plattner, mhd. blatenære (BM. II, 202. 203), 1) der Plattenträger, Pfaffe; 2) der Plattenschmied. „Pfaffen fürsten habent vil mer sorgen umb werltlich platner denne umb geistlich blatner", Renner 2426. Das Plättlein (Plättl), flaches Steinchen. plätteln (plättln), mit flachen Steinen nach einem Ziel werfen. Dieses, der Starz genannt, ist irgend ein zum Umwerfen aufgestellter Gegenstand, auf dessen obere Fläche die von den Spielern eingesetzten Pfenninge ꝛc. gelegt werden. Wer den Starz umwirft, gewinnt alle diejenigen Pfenninge, die, mit der Kehrseite nach oben, am Boden zu liegen gekommen sind. „Das kint platet mit den steinen", Cgm. 631, f. 35. Das Prompt. v. 1618. hat: Platten schießen, petere scopum jaciendis lapidibus; das Onom. von 1735: „Schieß-Blatten, discus lusorius." Zem blatte schiezen oder blatten, mhd., 'nach der Scheibe schießen; Ulr. Tristan 550 (nach v. d. Hagen; anders BM. I, 201b und Grimm, Wbch. II, 75,4).' Die Plättel, (Reut im Winkel) dumme Weibsperson. Die Stirnplatten. In einem Theil von Franken und der

O.Pfalz ziehen die Ochsen nicht je zwey an einem gemeinschaftlichen Joch, sondern jeder schiebt für sich mittels einer Art Bogen oder Platte, die ihm an der Stirn angelegt und durch Stricke mit der Last verbunden ist. Sie ist gewöhnlich mit Kupferblech beschlagen, und wird sehr sauber gehalten. In Oberbayern ziehen die Ochsen mit den Vorderbügen, indem man ihnen eine Art Kumete anlegt, wie den Pferden. Der Plattfueß, 'mhd. platvuoz, Breitfuß, eine Art sagenhafter, mißgestalteter Menschen; BM. III, 446.' Haupt's Zeitschr. VII, 278. 289. 290. Grimm's Mythol.[1] 255.

Die Plätten, plattes Schiff. Die Postplätten, Art Jachtschiff auf der Donau. Die Spitzplätten,
339 (Lori, BergR.) breites Salzschiff mit ebenem Boden und spitzem Vordertheil. Die Stockplätten, Urfarplätten, die Fähre. Grimm, Wbch. II, 109.

Das Plätti, (im Scherz) Geld. Iez zàln s' bráv Burgundə' Wei~ und gebm no~ *Blätti* drà~; Lied, das alte Testament. Dèr hàt kaə~ *Pletti*. Vermuthlich von dem placic, zaplatit (bezahlen), zaplata (Bezahlung) der slawonischen oder polnischen Soldaten hergenommen. 'Castelli, Wbch. 86: das Blatti.' Indessen dürfte dieses platit wie das spanische plata (Silber), auf Platte zurückzuführen seyn, in welcher Form die edlen Metalle zuerst als Geld erschienen. Auch das ital. piastra (Piaster) gehört wol dahin.

Platenigen, Plateniglen, (Gebirg) die Schlüsselblume, primula.

pletegehn, auch wohl flöten gehn, (Wetterau) sich aus dem Staube machen; nach Weigand, oberhess. Intellbl. 1846, p. 296, vom hebr. plêtah, Flucht, Entkommen. Vrgl. Grimm, Wbch. III, 1824. Zeitschr. IV, 131,62. 144. V, 56. Vilmar, kurhess. Idiot. 106.

plettern (plédə'n), wiederholt schlagen mit etwas Breitem, besonders mit der flachen Hand. Einen ab-, durch-, her-plédə'n. Das Huhn, die Gans plédə't sich (durch wiederholte Flügelschläge) aus. Der Båberl (Papagei) „*bledd'd um* als wár á' b'sess'n, dàs má' glaubed, er muás sterb'n", Kartsch I, 110. Vrgl. Zeitschr. IV, 42. 205. 539. VI, 27: plädern. cf. pludern, Pflote, pflätschen.

Der Pletterer, Pfletterer, (Werdenfels) Schimpfbenennung eines unreinlichen Menschen. s. pflätsch. Die Pflettern, (Ries) die Diarrhöe.

Die Ploten, Pfloten, Pflotschen, unförmliche, breite Hand, Pfote.

Der Plàtschári (⏑–⏑), Hut mit großen, breiten Rändern; verächtlich: jeder Hut. Die Plàtschà'n (⏑–), unförmlich breite Sache.

---

platzen, Ausdruck für den Schall bei einer plötzlichen Bewegung und für diese selbst. (BM. I, 203. II, 522. Grimm, Wbch. II, 81. Vrgl. II, 109: bletschen. Zeitschrift III, 552,19. IV, 333. V, 178,113: platschen). Die Weiße *platzt*, wenn das Gebind voll ist; der Säuhirt *platzt* mit der Geischel; de Güll *platz*, die Pferde hauen; Lüs *platz*, Flüe *platz*, Läuse, Flöhe knicken; (Dr. K. Roth). Schlagen, daß es platzt, (Schweinfurt). „Hierauf platzte N. gen Boden", P. Gansler. „Ungefuge nider in ein vart ez platzet", Labr. 58. „Bald ich ûf in blatzte"; das. 345. „Sind die wolf ûf in geblatzet", das. 514. (s. oben plasten.) „Umb dieselbige Zeit platzet über die Donauw Chiniva oder Chnephi König der Goten." „Seine Ritter und Knecht platzten in die Feind." „Da das die Bayern ersahen, brachen sie auff auß irer Wagenburg, platzten die Römer an." „Unerfarne ungeniete Leut platzen alle Ding liederlich an." „Der Teufel ist des öbersten himmlischen Kaisers Scherg, Anplatzer, Hencker und Züchtiger." Av. Chr. plätschen (plàtschə~), regnen; Plàtschregen, (Dr. Kittel); Zeitschr. IV, 333. platzen, plärren, schreien; laut weinen; Castelli, Wbch. 86. Zeitschr. VI, 27. 340. „Auwê und auwê! helfts mər áf! hàn I' *plätzt*", Luber's Napsezer in Kaltenbrunner, oberösterr. Jahrbuch 1844, S. 154. cf. blätzen. anplätzen, (Tir.) 1) mit dem Waldhammer bezeichnen, anderwärts: abpflitschen, anlaschen, anschalmen; 2) einen neuen Kohlplatz errichten. Der Platz, Platzer (Franken), 1) der Knall; 2) Schlag, besonders auf den Hintern, als ehmalige Schulstrafe. platz, ictus; Kolocz. 122. Der Platzriemen, Ochsenziemer. fürplätzig, adj., voreilig, übereilt. „Seyd nicht fürplätzig mit Worten", Gem. Reg. Chr. III, 816.

Der Platz (Pläz), wie hchd.; in opf., fränk. Dörfern namentlich der Platz oder Plan zum Tanzen unter freyem Himmel, Dorfplatz, wo der Maybaum steht; der Tanz selbst. Den Platz aufführen, am Kirchweihfest u. drgl. in feyerlichem Zug sich auf den Tanzplatz begeben. Die Platzburschen, Platzmaidlein sind besonders erwählte und geputzte Tänzer und Tänzerinnen. Der Platzkäuffer, der von der Gemeinde-Obrigkeit den Platz, d. h. die Erlaubniß, auf dem Dorfplatz zu tanzen, erkauft hat. Öttinger (bey Ingolstadt) Ehaft von 1577.
Der Plazmaister, der von den jungen Burschen als 340
solcher aus ihrem Mittel erwählt ist, regelt und ordnet den Tanz, holt die Mädchen in's Wirthshaus, wirbt Tänzer ꝛc. Am Tag nach dem Tanz sammelt er im Dorfe das Tanzgeld, Kuchen u. drgl., wobey ihn seine Gehilfen, die zwey Platzknechte, und die (3) Musikanten begleiten, die in jedem Hause drey Raihen aufspielen. (s. Scholder.) Nach Hübner wurde ehmals auch im Salzburger Gebirg der Vortänzer bey Hochzeiten Platzmaister genannt. „Herr Götz, ir schult herfür treten, die frawen haben euch all gepeten, das ir der Platzmaister hie seit . . . wer tantzen wil, dem gebt ain reyen . . .", Rosenplut, Cgm. 714, f. 407. „Zu den kirchtägen soll man dem Taferner (zu Schierling) geben von allen plätzen XII dn. zu jedem kirchtag", Cgm. 1535, f. 6b. „Daz alle pletz (da die toppler und die freyhart zuowart habent) verpotten sein", Wiener Stdtb., Cgm. 1113, f. 15. „Velum hic sumitur pro panno depicto et tegit theatrum, vulg. platz", Clm. 5685 (v. 1412), f. 57. Kugelplatz, Scholderplatz, Truckenplatz (wo Truck gespielt wird?), Münch. Stdtb., Cgm. 22, Artikel 341 (Cgm. 290, Art. 339; Cgm. 514, Art. 336; Cgm. 546, Art. 337). Auer p. 133: „Man verpeut all trunchen (trunchhen, trincken, aber auch trucken, drucken) plætz mit spil . . . und swelcher leitgeb zwir verleust, der sol ungeschenckt sein pis zuo der næchsten Chattemper." cf. unten: trucken und Truckspil. In einer deutschen Mnemonik des XV. Jahrh. (Cod. Monac. ch. 20) steht: Ratknecht, Frauenwirt, Platzmaister, Rauber, Henker. In einer Münchner Urk. v. 1433 (Wstr. Btr. VI, 184) heißt es: „Ez sol auch nu hinfür ewigclichen der zichtiger noch niemandt anndr kheinen plaz haben noch aufwerffen weder in der Statt noch ausserthalb in der Statt Burckfrid weder in iarmerckhten noch sost ze anndern Zeitten in khein weis." Ist hier vielleicht ein Platz für Hazardspiele zu verstehen, welche zu halten ehmals dem Scharfrichter erlaubt war? Ein Tanzplatz wol kaum. Hieher vielleicht auch die Stelle: „Es sind auch all plätz auf truckchem land verboten"; Traunsteiner Freybrief in Westenrieder's Glossar, p. XXX. (cf. „amphiteatrum, lauben oder placzen", Voc. v. 1445). Vilmar, kurhess. Idiot. 303.

Der Platz, Plätzen, ein flacher Kuchen, Fladen, (poln. placek, placka); der Ayerplatz. Das Plätzlein (Plèzl), namentlich: eine Art Semmel, welche oben gesalzen und platt ist.

Der Pletz, der Pletzen (Plètz'n), dünnes Ding oder Stück von einem Ding, Fleck (Graff III, 363. BM. I, 204. Grimm, Wbch. II, 109. Zeitschr. IV, 491. cf. ags. bletsian, segnen, signare). a) ə~ *Plètz'n* von einem Rettig, einer Rübe, einem Apfel u. drgl., ein Schnittchen. b) ə~ *Plètz'n*, Schorf- oder anderer Fleck auf der Haut. „Pletz auffm Haupt, area", Prompt. von 1618. Cf. isl. blettr, macula, naevus; c) besonders ein Fleck

Tuches, Zeuges; plat-s, Ulphilas, Matth. 9, 16: ἐπίβλημα. Gl. i. 597: plez tuoches. gl. a. 116. i. 479. o. 77: plezzo, assumentum, pitacium, scheda. cf. Brem. niederſ. Wbch. III, 287: Palte, Lappen. ʻd) feminal.ʼ „Hin wider sprach sey zuo dem plecz", d. Ring 11^b,27; (synonym mit mucz u. fucz; ſ. d. W.).

pletzen (plètz'n), einen Fleck (Pletzen) auf ein Kleid pletzen, ſetzen, flicken, (auch flicken iſt von Fleck). „Den Fleck nebens Loch pletzen." Einen Bâum, einen Rettig anpletzen, ein plattes Stück davon weg ſchneiden, hauen ꝛc. Fig. Einen anpletzen, (ſchwäb.) ihm etwas weiß machen. cf. gl. a. 5. 33. o. 63: zesamineblezzare, compilator. Im Wigalois, Vers 4613 iſt „ein boum ûf einen anger gebletzet", (wird wol heißen ſollen gebelzet). ʻ(cf. BM. I, 204^b u. ſ. oben, Sp. 389: pelzen).ʼ geplez (?), Nîthart II, 7; cf. BM. I, 203.

plitzlich, urplitzlich, plötzlich. Altötting. Hiſtori v. 1698. cf. blitzſchnell. Grimm, Wbch. II, 134.

Die Plotzen, (Nürnb.) kurzer, breiter Säbel; verächtlich: jeder Säbel. (Grimm III, 465. RA. 764. Mythol.[2] 33. Wbch. II, 153. Zeitſchr. IV, 491. Cf. goth. blôtan, ahd. pluozan, opfern. BM. I, 219 f.). „Der kerner greiſt an den plotzen", H. Sachs 1560: II, IV, 4. „Mit dem ſein plotzen er auszug", daſ. 79. „Schlag her, biſt du keck, aller kötzen, ſo haw ich in dich mit der blötzen gleich wie in einen krawtſtengel", daſ. III, III, 10^b. „Plâczel, cultellus magnus vel brevis", Cgm. 665, f. 2. „Und trait ä schan än *Pletzer* (Säbel) an dä Seit, Lindermayr 89. Kärnt. pretoſek, der Pletzer, um Nadelholzäſte zur Streu aufzuhacken; Jarnik p. 108. Vilmar, kurheſſ. Idiot. 304: Plötzer, Meſſer.

plotzen, (ſchwäb.) Butter ausrühren. Grimm, Wbch. II, 153: blotzen, ſchlagen, hauen. „Sein (des Falken), flügel bloze hoch und wit zu der bruſte", ʻ(hieher?)ʼ, Walkner 45. ʻVrgl. platzen.ʼ

Plotzen, (?). „Item ain Centen Plotzen gibt ain Plotzen"; der Zoll zu Altenmarkt a⁰. 1450, MB. II, 257. ʻVrgl. mhd. der ploz, ploze, eine Fiſchart, Plöz; BM. II, 523.ʼ

Der Plutzer, der Kürbis, die Melone, (melo, pluczer, Voc. v. 1445; pepones, plutzern, Clm. 16487, f. 96. čeſk. plucar, msc., Pfebe); ausgehöhlter Kürbis, der als Flaſche dient, ſpan. calabaza; ſteinene Flaſche, wie die von Selters und ähnliche. „Die habn ſich ein Plutzer Bier geben laſſen", Eipeldauer Br. „Morlackin 341
ein Fäßchen (Plutzer) mit Wein in der Hand"; Hacquet, Beſchreib. der Wenden ꝛc. p. 128. Grimm, Wbch. II, 198. Zeitſchr. VI, 253. III, 295. „Trink än ötli *Plutzer* Most", Lindermayr 177. Plutzer-Waßer, Mineral-Waſſer in (Selterſer u. drgl.) Krügen. Bei Caſtelli, Wbch. 89, auch: Fehler, Verſehen; ə˜n *Blutzə'* machen. Cf. čeſk. blud, Irrthum; blauditi, irren. Zeitſchr. VI, 253, III.

Eilfte oder Pra- ꝛc. Abtheilung,

d. i.

Wörter, deren Stammſylbe mit der Conſonantenverbindung Pr anfängt.

Das Prä, der Vorzug, (*prae* aliis). (Pinzgau) ein Präraufer, ein vorzüglicher Raufer. ə˜ *Prê*-Kuə, -Ochs etc. „Das iſt ſchon á *Prä*-Saul'n", ſagt Martin rühmend vom Monument zu Stuhlfelden. Dá Gruntna baut á *Prä*-Haus"; v. Kürſinger's Ober-Pinzgau, 1841, S. 175. 176. Das Prä haben. „Schalcksnarren und Fuchsſchwänzer, die haben bey Hof das Prä", Moſcheroſch. „Dan es gehe ein ſolches lamendiern yber S. durchl. Armada und zumahl die Häubter, darunder der Obriſt Grotte das Prä habe", Denkwürdigkeiten, den 30jährigen Krieg betr., Weſtenr. Btr. VIII, 150.

ʻDie Preamel, Priamel, Vorſpiel, Einleitung, (aus mittellat. praeambulum, mhd. prêambel. BM. II, 530).ʼ „Der Sprecher wunſcht uns allen ein gut new jar und machet ein ſeltzam preammeln und darnach er ohn alles ſtammeln fieng an . . ." H. Sachs 1560: IV, III, 58 (1612: IV, III, 128).

Der Prei-el, Prei-ol, Pri-ol; die Prei-elin, Prio-lin, (ä. Sp.) der Prior, die Priorin einer geiſtlichen Gemeinde. „Herre Chunrat der preiol", Chr. B. II, 61. „Ein iedeu preyelin, priolin", MB. XVIII, 288. „Der prîol von Florenz", d. Ring 46^d, 5. 9. BM. II, 532.

Der Preuer, der Heimpreuer, Hantpreyer, (ä. Sp.) eine Klaſſe von Arbeitern in den oberpfälziſchen Hammerſchmieden. „Einem Heimpreuer, der ein gannze Schin würckt", Lori, Brg.R. p. 68. „Dem Heimpreuer der Kolen darſchütt", ibid. „Es iſt auch ein yeder Hantpreyer ſollichen Deuchel allen zu zaichen ſchuldig", ibid. p. 77.

Die Prob (Pro'), wie hchd. Probe. Es (d. h. des Dinges, Gramm. 728) Prob haben, in demſelben bewährt erfunden werden, ſeyn. Es Prob machen, deſſen Probe machen, darüber den Beweis führen. Kȧ˜st mə' 's Pro' machə˜, dás I 's tȧ˜ hȧ'? ſich proben, O.L., ſich erproben, əs hȧd si *'probt*. Die Probier, die Probe.

probitzen (?). Der kardinâl ze Rôme „er provîſt (Hſ. „probitzt") nicht gên eim pfunt der kleinen pfenninge; ſi dünkent in ze ringe. der im die grôzen vürleit, al ſîn ſünd er im vergît („vergeit") ân riuwe und âne buoze", S. Helbling VII, 1022. BM. II, 536.

Der Prôbſt, wie hchd. (ä. Sp. probeſt, provoſt, wie Profoß vom lat. praepositus. Graff III, 363. BM. I, 261.). Cgm. 3941, f. 101, ad 1420 circa. Der Holz-Prôbſt, Holzaufſeher; Mandat v. 1730. Der Kaſten-Prôbſt, Aufgeſtellter über den landesfürſtlichen Getreidkaſten, Kr. Lhdl. XI, 457. Der Kirch-Prôbſt oder

Zech-Pröbst, Glied einer Kirchengemeinde, dem die Aufsicht über das Vermögen der Kirche anvertraut ist. L.R. v. 1616, f. 490. „Kirchpräst an Meran“, Urk. v. 1446, (Dr. Roth). „Von den pröbsten der prelaten und lantherren“, (die diese in der Stadt haben), Münch. St.R., Auer p. 187. Der Siechenpröbst, Aufseher
342 eines Siechenhauses. Der Wein-Pröbst, Aufseher über den Weinbau (um Donaustauf), Ldtg. von 1515, p. 73.

Der Pröbstling, große Erdbeere; ein dicker, fetter Mensch; Castelli, Wbch. 96. 'Vrgl. BM. I, 238: bresteline. Grimm, Wbch. II, 374. Zeitschr. IV, 165: Breßling.'

---

præchen, präcken, prägen. (Graff III, 268. BM. II, 529). „Munz prechhen“, Hund's Stb. II, 405. Das Gepräch, Gepræcht, Präch, Præcht (Prácht), das Gepräge. „Pfenning mit dem Prækch, daz si ietzunt habent“ Ried 900. „Das Gepräch nicht verändern“, Lori, Mz.R. I, 19. 22. Das brech, numisma; Cgm. 690, f. 179b. „Si slûgen mancher hande brech, Mich. Beham, Samml. f. altd. Lit. p. 46. Die h. Dreieinigkeit: „drei münz, drei prech und ain metall“, Cgm. 714, f. 282. „Der helbling hat zwai geprǟch“, (die 10 Gebote Gottes mit 10 Helblingen verglichen), Monac. Augustîn. 84, f. 66b. „Do man daz præch sach an auf den pfenningen“, v. d. Hagen, Gesabent. II, 582. „Swenn der helle münzer quetzet sein gebrech, daz uzzen schein silber, und innen was unrein“, Renner 4134. „Treuwe und gelaube haben ein gebrech in der schrift, dem manic plech wird von kuppfer angeslagen“, das. 18496. „Die münze und auch venecier hant schön gebrech“, das. 18517. „Da (im Herzen) beleibt sein gebræche, sam der in gehertes wachs ain insigel trucket“, Valkn. 29. Cf. bregin, fragitidae; Diut. II, 327). „Das Prächt gebrecht und ergraben“, Vidimierung von 1514 der alten Freiheitsbriefe. (Gl. a. 71: fibrachun, caelaturis, 404: kaprahtaz, sculptum, celatum; i. 84: kaprâchit, impressa; 722. 899. 908: kiprahtiu ꝛc. signata. ꝛc. cf. Haupt's Zeitschr. VI, 327,79). Hieher kann gehören der Ausdruck Bräckwerffen (Brággwerffə˜) für ein Kinderspiel, wobey ein Pfenning oder eine Münze von den Spielenden der Reihe nach gegen eine Wand geworfen, und wenn sie so fällt, daß die Kehrseite aufwärts sieht, dem Werfenden zu Theil wird.

'Pracht, s. Bracht.'

'Der Prickel, Stachel; BM. II, 531. Diefenb. 553a. Zeitschr. II, 449. VI, 363.' „Stimulus prickchel“, Semansh. 34, f. 201.

Die Practik, Prattig, Pratti, Pràtti, Pratteng, der Calender; eigentlich: der hundertjährige, die Practica (BM. II, 529. Zeitschr. III, 299. 530,3). „Bey Menschen gedenken sind die Herzoge in Bayern von Maximilian überzogen worden, aber eh dann es geschehen, hat sie der Lichtenberger gewarnt und in seiner Practicken malen lassen, wie sich der Löw verkriech vor dem Adler im Wald.“ Seb. Frank, Spr.W. 1601, S. 130.

Die Predig (Prédi'), Predigt, (ahd. prediga, pridiga, mhd. bredige. Graff III, 364. BM. I, 234). „Ob sie mit ir getâte bewærten ir predigâte“, St. Ulrichs Leben, Cgm. 94, f. 50. „Mangez spricht: ach, wie ain guot predig der herr heut tet! sô frâg ich: waz hât er gesait? ez antwürt: wærleich, ich enwaiz!“ Konr. v. Megenberg, Pfeiffer 118,24. „Du ketzer bist zu Predig gewesen“, H. Sachs 1560: III, III, 80. Zu Regensburg „septem episcopi septem diebus praedicaverunt in Colle Victoriae in facie tentorii regis Caroli M. . . . qui locus usque in praesentem diem uf der predige nuncupatur“, Clm. 903, f. 51a. In einer Regensburger Urkunde von zwischen 1290—1293 kommt als Zeuge vor: „her Rvedger vf der Pridige“, Reichsstift. Archiv, 10. Fasc. 10,21,1. (Dr. K. Roth's Abschrift). Zeitschr. IV, 496. Der Predigstuel, die Kanzel. 'predigen, vrb., (ahd. mhd. bredigen, bredien);' brediente r, praedicans; bredige, gechunde, adnunciem; Cgm. 17, f. 10a. 18a, Ps. 9,14. Zeitschr. II, 463. 'Der Prediger, wie hchd. (mhd. bredigære, bredjer. BM. I, 235).' „Ihr müßt heint mit dem Prediger eßen“, (mit dem Weib, das zankt); H. Sachs V, 361.

„Bredige, pruritus“, böse Lust (?); Cgm. 736, f. 49.

Der Prädikant, eine Maske, wie sie im Fasching bei Tage herumlaufen und besonders den Mädchen zusetzen und diesen mit einer Ruthe auf die Finger schlagen, wenn sie ihnen auf ihre Fragen nicht die gehörige Antwort geben. Ihnen schreien die Kinder zu: „Prädicant, scheiss ə˜ d· Hand und geə damit ə˜ 's Unterland!“ (Baader, welcher glaubt, dies beziehe sich noch auf Versuche lutherischer Prädicanten der Vorzeit).

---

profitieren, 1) (ä. Sp.), von der Lehrkanzel herab vortragen, profiteri, wie heutzutage docieren, von docere. Von profiteri der Professor, wie von docere der Doctor. „Aventinus hat in Wien die gelehrten Leut als Conrad Celtes, Johann Stabius, Joh. Cuspinianus ꝛc. nicht allein profitiern gehört, sondern auch deren Freundschaft zu bekommen sich beflissen“, Aventin's Leben. Vrgl. Zeitschr. II, 449. 2) das franz. profiter. 3) Aussprache von providieren (providere); w. m. s. Proveit, Profit (?); Fronsperger 1555, f. XLa. Profiterlein, Lichtknecht; holl. profytertje. Zeitschr. V, 295. Cf. Diez, Wbch. 274.

Die Prophezei, Dr. Eck; mhd. prophêtie, prophecîe, BM. II, 536.

'prüefen, 1) wie hchd. (mhd. prüeven, brüeven. BM. II, 536.). 2) ä. Sp. warnehmen, sehen, hören, erkennen.' „Animadvertere, vernemen, prüefen“, Semansh. 34, f. 210. „Herzog A. ward von mäniglich gar hoch gehalten, das mag man wol brieffen in dem . . .“, Chronik bei Freyberg I, 182 und sonst häufig. „Solch Lieb geht nur in worten hin, im werck ich jhr nit brüffen bin“, H. Sachs 1560: III, III, 82. s. oben brüefen.

Preganter oder Waibl in Spanien, abgebildet Cod. iconogr. 342, f. 26. 'Vrgl. mittellat. brigantes, leichtes Fußvolk; Diez, Wbch. 69.' Vrgl. Breganten.

Der Prügel, wie hchd. (Graff III, 364. BM. I, 287. Grimm III, 470. Wbch. II, 382); namentlich aber jeder von den Theilen, in welche ein Baumast zu Brennholz gehauen worden. Ein Stöß, ein Fueder Prügel. Prügel richten, sie ordentlich aufschichten. 2) (zwischen Inn und Salzach) ein abgehauener, entasteter, wol auch abgeschälter Baumstamm, wie sie aus den Waldungen des Oberlandes in Form von Flößen herabgeführt werden. Sie dienen als Bauholz, oder um zu Brettern gesägt zu werden. 3) Isar westwärts: rundes Drittel-, Viertel- ꝛc. Stück eines solchen Baumstammes, das auf Flüßen fortgeschwemmt (getriftet) wird; Tölzer-Prügel. Beim Bürger-Bräu in Tölz als Wahrzeichen ein zum Trinkgeschirr ausgehöhlter Tölzerprügel. 4) Stange grob geschmiedetes Eisen (zum Verkauf). Flurl 138. Der Schieß-Prügel, im Nürnb. Zeughaus, besteht (nach Truckenbrod) aus einem dicken hölzernen Stock, in welchem vier eiserne Läufe befestigt sind, um mit Lunten abgefeuert zu werden. Verächtlich nennt man jedes Feuergewehr einen Schieß-Prügel. Nach der Fronleichn. Proceß. Ordn. von 1580 hat der 343
Ritter St. Georg „I versilberten Kiresbrigl mit ainem roten creutz“, Westenr. Btr. V, 172. 5) Prügel, Prügelkipf, b. W., Brodwecken.

prügeln, 1) wie hchd. Der Prügelvater, der Prügelknecht, im Innsbrucker Zuchthaus; Peter Prosch (1789) p. 150. Über die schon alten geistreichen Erfindungen der Berliner Justiz, den Prügeltisch' oder -stuhl und für weibliche Personen den Zwangstuhl s. Allg. Zeitung 1844, S. 1496. 2) Hunde prügeln, ihnen einen Prügel anhängen. Es wurde a°. 1493 dem Landmann genädiglich gestattet, mittels eines Hundes das herrschaftliche Wildpret abzuwehren, doch mußte er diesen jährlich, vom Auffahrtstag bis St. Johannstag zu Sunnwenden, prügeln, damit er den Kälbern nicht Schaden thue", Kr. Lhdl. IX, 239. Ldtg. v. 1579. Vrgl. Samml. wirzb. Verord. I, 216. 226. 658. 3) Brücken, Wege rc. prügeln oder ausprügeln, sie mit Stammstücken, Ästen, Knütteln oder Prügeln belegen. Die Prügelbruck, der Prügelweg.

'Der Prell, Schreier.' „Swer so getanen preln die warheit seit, dem wöllen sie sîn leben nemen", Renner 7003.

Die Prell, (Allgäu), rinderlustige Kuh. 'Vrgl. Grimm, Wbch. II, 362. 396: brellen, brollen, bröllen, brüllen.'

Die Preim, Prim, (ä. Sp.) prima horarum canonicarum, 6 Uhr Morgens (BM. II, 531). „Nach der Preim, under der Preim", MB. XVIII, 314. 446, ad 1412. 1447. Das *Prei~glöckl* in Wien. s. Nôn.

Die Preim, s. oben, Sp. 356: Breim. „Für ungerisch Krankhait und Preim", Cgm. 3721, f. 266.

Die Primiz, Priminz (⏑-), primitiae, nämlich das erste Meßopfer eines neugeweihten katholischen Priesters, der in dieser Beziehung Primiziant heißt. Zeitschrift IV, 336. 495.

Der Pramft, (Lori, BergR.) Seite der Salzpfanne. (Ranft?).

Die Prims, Primbs, Primbsten, 1) O.L., die Binse, Seebinse. Sie werden zu Streu für das Vieh gemäht; (Schliersee). „Gute Seegräserey als Prims-, Sachrang-, Rohr- und Katzenzagel-Kraut, Materialien v. 1782, p. 76. 2) in der Adelholzer Badbeschr. p. 61. 86 sind die Primbßen gepülverte Badsteine. Vrgl. unten Beutelprinz.

prangen, 1) geschmückt, geziert seyn, besonders bey feyerlichen Anläßen, Hochzeiten, beym Herabfahren mit dem Vieh von den Alpen, (s. Baders Reise, I, p. 38. Sammler für Tyrol II, 1, p. 91. Avent. Chr. v. 1566, f. 460). Wird vorzüglich von den Mädchen gesagt, welche, mit dem jungfräulichen Kranz (dem Krâ~l) und allerley Blumen und Bändern geziert, die Fronleichnams-Procession begleiten. Einen prangen, ihn auf den Pranger stellen, (b. W.) Die Prangbüchs, (im Salzburgischen) eine Art Böller, bey der Fronleichnams-Procession zu gebrauchen. Der Prangtag, Prangertag, der Fronleichnams-Tag. Pranggras, Rohrstengel, Schilf, vermuthlich, weil in einigen Gegenden am Prangtag die Gassen, durch welche die Procession geht, damit bestreut werden. Man vergleiche das franz. joncher von den joncs, welche bey Festen gestreut wurden. Über das Belegen und Bestreuen mit grünen Binsen s. San-Marte „Arthurssage (nach Lady Guest) p. 100. St. Pelage I, 453." Herr Amanien . . . gab den jungen Leuten seines Hofhalts Unterricht in der Kunst zu lieben „in einem Saale wol mit Binsen bestreuet." Die Pariser Studenten lagerten in den Hörsälen auf Stroh. 'Vrgl. BM. I, 137: binz.' 2) (Nürnb., Hsl.) von Kindbetterinnen, die letzte Woche über: Besuche (Prangvisiten) annehmen. Prangt sie schon? nimmt sie schon Wochenbesuche an? 3) prangen, prangezen, prang'ßen, sich zieren (im übeln Sinne), aus Ziererey nicht zugreifen, nicht vorwärts kommen rc. zaudern, langsam seyn und thun: ummə' prangs'n. Prangser, Zauderer. Das Geprängls. Baader. „Einen Pranger eßen", vor der Mahlzeit etwas essen, um während derselben sich zieren zu können; Henisch. Der Prangß, O.Pf., Ziererey, unnöthige Ceremonie. Die Prangkuchen, culinae ad meram ostentationem compositae, der Nürnberger Hausfrauen; Wagenseil, Norimb. 61. „Incessus, geprännk; Cgm. 3985, f. 1. pränkisch. „Nit stolz ober- 344
mütig und pränkisch", H. Sachs. Das Voc. v. 1419 hat: mediastinus, ein pranger (?). Vrgl. BM. I, 233. II, 529. Grimm, Wbch. II, 303. Das hchd. Pranger (Schandpfahl) gehört wol kaum hieher, sondern ist niederdeutsche Form statt Pfranger (s. oben pfreng; vrgl. BM. a. a. O. Grimm, Wbch. II, 304). Cf. česk. praneř und planeř; poln. prag, praga, prega, pregierz. s. auch Sp. 339: brechen, 2. „Allen den tag lag er (der Übertreter) gefangen und des morgens satzt man in in einen pranger"; Cgm. 54, f. 58ª.

Das Pränstl, s. Bremstal.

Der Prinz, 1) wie hchd. '(BM. II, 532; franz. prince, ital. prenze, aus lat. princeps; Diez, Wbch. 710).' „Chunig Mechtfrid (Konrad's Sohn, Manfred) der selb hieß. Princz was sein ander nam . . . der chunig Prince . . . der Princze, des Princzen", Ottocar p. 17. 18 ff. „Wære abr in botschaft eteliches princin oder des maisters von über mer gevarn auzer lande", Regel des Spitals zu Jerusalem, verdeutscht, Clm. 4620 (sec. XIII.—XIV.), f. 98. Prinzen, türkische oder arabische, wurden gewisse Bettler genannt; (Jir.). „Liederliche Vaganten, Steig- u. Wallfahrtsbettler, ausländische Musikanten, Asiatische Prinzen, welsche Mönche, Bärentreiber und Schattenspieler, Komödianten, Gaukler, Tänzer, abgedankte Soldaten, Convertiten, Studenten und Schreiber"; Bettelmandat v. 1770. Der Thurnerprinz, in den bayrischen Städtchen: der Prinzipal oder Dirigens der Stadtmusikanten, welche gewöhnlich Thurner genannt werden, weil sie zu gewissen Zeiten und bey gewissen Feyerlichkeiten sich vom Thurme herab mit Blasen hören lassen. cf. Wiltmeister, Amb. Chr. 144. Auch bey den Jägern heißt der Meister: Lehrprincipal oder Lehrprinz. Beutelprinz, Klümpchen, das sich im Mühlbeutel festhängt. Vrgl. oben Prims, 2.

„Princenere, primicerius"; Gl. o. 335. 'Cf. altfr. princier; Diez, Wbch. 710. Diefenbach 459ᵇ.'

Die Principi (⏑´⏑), vor dem 19. Jahrhundert auf den bayrischen lateinischen Schulen: die unterste oder Anfängerclasse, Principia studiorum. Auf die Prinzipi folgte die Rudiment (Rudimenta), dann die Grammatik, die Syntax, die Poesie und die Rhetorik. „Von der Principie an", Wiltmeister, Amberg. Chr. 176. „Daß die Kinder allerley Raupenstuck vor der Principi erlernen", P. Gansler. Der Prinzipist, angehender Latein-Schüler.

'Proquella (?).' „In *proquellis* leben", Burkard Waldis, neue lit. Anz. II, 139; '(d. verlorne Sohn, hg. v. Höfer, 521 u. p. 181).'

'Der Praß, Schmaus, Schlemmerei; Grimm, Wbch. II, 305. 307.' „Leben im Praß, im Fraß", Dr. Eck. prasseln, crepitare; mhd. brazeln. BM. I, 234. Grimm, Wbch. II, 306.

'Der Praus, mhd. prûs, Lärm, Tumult; Zank, Streit. Jeroschin, hg. v. Pfeiffer, p. 207. BM. I, 271. II, 541. Grimm, Wbch. II, 327.' „So wirt ir (der Magd, die es mit dem Herrn hält) die fraw gram und laufft mit ir zu prause, als lang bis si s bringt aus dem hause", Cgm. 439, f. 65.

„Die Presenz, sacri nummi praesentibus erogati." „Man hat Presenz außgeben." „Presenzer, qui sacris adsistentes honorariis nummis donat", Prompt. v. 1618. Vrgl. BM. II, 535: prîsant, prîsent. Diez, Wbch. 277.

pressen, 1) wie hdch. (ahd. pressôn, mhd. pressen. Graff III, 368. BM. II, 531. Cf. agſ. brittan, brettan). 2) Har pressen, Flachs brechen. `3) bedrängen.´ „Nicht gut ist trew prechen an einem gewaltigen, der da einen mag gepreʒʒen und getöten", Cgm. 54, f. 22ᵇ. 4) (Franken) zur schuldigen Zahlung zwingen, exequieren.

Die Preß, 1) wie hchd. 2) der durch Pressen erhaltene Most. „Die erste Preß oder der Vorlauf, die letzte Preß oder Nachdruck", ansp. Verord. v. 1708 über die Weinlese. `3) gedrängter Haufe, Menge, Schaar, Procession.´ „Die komen alle dar gezoget in wünnenclicher presse", Otte in d. Barte 37, Hahn p. 93—94. 4) (Franken) die Execution. R.A. In der Preß seyn, in großem Gedränge, in Verlegenheit, Angst, in der Klemme, span. estar de priesa. Auf die Preß freßen, d. h. ohne Maß. Der Presser, Preßreiter, der Executions-Mann, der auf Execution geschickte Soldat; zudringlicher Mensch überhaupt. „Einem, wegen unbezahlter Schatzung, Steuer, Beeth ꝛc. Soldaten und Presser einlegen", wirzb. Verord. v. 1720. In A. v. Bucher's sämmtlichen Werken III, 102 werden die Collectoren der P. P. Dominicaner mit Preßreitern verglichen. (Dieses Preß scheint vom ital. span. presa, franz. prise, von prendere, prendre aus prehendere, genommen, s. Preis). (Cf. „quod Atto Episcopus eorum hereditatem injuste haberet per *pressam*, Meichelb. H. Fr. I., Instr. Nr. 124; „injuste haberet per *prisem*", ibid. Nr. 125; „rapuit cum fortia contra lege", ibid. 181). „*Pressores*, indagatores", Gl. o. 60.

Die Presôn, Presaun, la prison `(mhd. prisûn. BM. II, 535. cf. Diez, Wbch. 273), Gefängniß.´ „Presuna, presawn", Clm. 5877 (v. 1449), f. 135. Prisawn, Cgm. 714, f. 193. (Diefenbach 458ᵃ. (Nürnb., Hsl.), Verwahrungs-Ort der Irren, Irren-Haus.

Die, das Pressel, Pergament-Streifen, an welchen
345 man bey alten Urkunden und Briefen das Siegel hängte (?). Voc. v. 1429: pressula, phressel. Diefenbach 457ᵇ. Der neunte landständische Freihaitbrief „hat zwai und funfzigk an pergamenene pressel anhangende insigl, grien in gelb war gedruckt, und stet. auf gemeltenn preseln nach ordnung geschrieben . . (z. B.) auf dem letsten pressel: Dietrich Stauffer." Beym 6. Brief „an ainer pergamenenen pressel ain anhangent insigl." „Beym 21. Brief hangt an aim halben pressel peter Camerawer . . . bey den vordersten Sigeln (sind) drey pressellöcher ledig." Vidimierung und Transsumierung der alten Freyheitsbriefe a⁰. 1514. cf. Ldtg. v. 1514, p. 779. „Sigillis de cera rubea in *pressulis* pergamenis pendentibus", Meichelbeck, Hist. Fris. II, Nr. 328. „Brieff an pergamen, schrifften, sigeln und pressen ganz gerecht und unvermailigt", MB. XXV, 325. Vrgl. span. presilla.

Der Preis, wie hchd. R.A. Preis machen etwas, es sich zueignen, besonders: gewaltsam. Parallel die R.A. Preis geben etwas. (Vermuthlich zum franz. prise gehörig; vrgl. Preß).

`Das Preis, Breis. 1) Einfassung, z. B. der Hemdärmel; 2) Ziegel, Backstein, als Einfassung einer Mauer, eines Daches ꝛc. BM. I, 255. Grimm, Wbch. II, 355. Zeitschr. III, 401,17.´ „Der zetrant ir den brîs", Docen, Misc. II, 205. „Glockelin diu chlungen wol von breise mit der aller besten weise"; Tungdalus, hg. v. Hahn, 63,21. „9525 Maurstein und 3000 Preiß", Residenzbau (1613), Cbm. 2224, f. 47. „Den langen Gang bei der Stattmaur mit neuen preisen gedeckht, aber Ir. Drchl. abehn wollen das selbige wider aufgehebt und dagegen alte Preiß aufgelegt werden" (1614), Cbm. 2225, f. 175.

preisen, `einfaßen,´ schnüren, `(mhd. brîse, Prät. breis, Ptc. gebrisen. BM. I, 255. Grimm, Wbch. II, 355 f. I, 299. 701. Zeitschr. III, 401,17. s. oben Sp. 364: breisen).´ Die Schueh, das Mieder ꝛc. ein-, auf- ꝛc. preisen. „Da bucket sich herr Abner den schuch aufzupreisen", Ing. Reime v. 1562. `Der Preisschueh, Breisschueh, mhd. prîsschuoch (BM. II, 2, 224. s. unten Schueh).´ „Si legten an hosen und preischuoh", Cgm. 719, f. 39. „Doch wen ich dz her Adam hete lützel geren an siner wete, prischuhe, hosen, gebildet hemde waren im biz an sin ende fremde", Renner 22712. „Ist er doch ein pryeschoch (gereimt auf roc, wol roch, Rock) bî sînem vater" (v. seinem Vater her), S. Helbling II, 1480; vrgl. Haupt, Zeitschr. IV, 82, Anm. „Daz tier (waʒʒerpfärt) hât gespalten füez und hât preischüehel als ain rint", Konr. v. Megenberg, Pfeiffer 237,1. Vrgl. Grimm II, 355,3: der Streif zwischen Fleisch und Horn. Diefenbach 541ᵃ: sotular. „Smeichen ist ir (der Gitikeit) ermelpreiserin", Renner 4628.

Preußen (Práis'n), nicht von po-ruß, da sich das slaw. po nie vor Namen lebender Wesen legt, (in welchem Falle u- statt hat), sondern vom lithauischen Prúsas (sing.), Prúsai (plur.), Prúsu zeme. Im altpreußischen Catechismus, hg. v. Nesselmann, kommt das Adj. prusiskan (Accus.) vor. C. V. Jüngst, volksthüml. Benennungen im Königreich Preußen, 1848. „*Pruteni* et pagani non sunt gladio cogendi ad fidem sed praedicatione" sagen die ketzerischen Leonistae!! Ald. 184, f. 58 (sec. XIV.).

Die Prîs; ə͂ stolzé u. drgl. Pris, von unbedeutenden stolzen Weibspersonen, (Franken, auch München; Rath Her). Zeitschr. III, 401,17.

prießen (preußet, proß, geprossen), s. brießen unter Broß.

Der Prosonet, (in Albertin's verdeutschtem Guevara von 1603) proxeneta. „Partitenmacher, Unterkäuffer oder Prosoneten."

Der Prosot (v-), Prosotter, fette, dicke (Manns-) Person. „Was, sprachen die Glieder, in der Verschwörung gegen den Bauch, sollen wir uns nur diesem Prosoten zu guten, dieser Wampen zu lieb so grob herumfröten?" Selhamer. prosottern, stolz thun, sich aufblähen; Baader. Cf. česk. prašák, Schweinhirt, prasátko, (v. prose, Schwein), u. oben Praß, `auch breustern und breißen.´

Präuspieg, „Met, Bier und Präuspieg", Seifrids Urk. p. 412. v. Lang, Ludw. im Bart p. 24. 278. Preusink, Facetiae facetiarum (1640, 595 Seiten), p. 61. In ähnlicher Bedeutung kommt in einer dänischen Urk. v. 1537 das Wort Prysping vor. Vrgl. indessen Greußing.

`Der Priester, wie hchd. (aus griech.-lat. presbyter; Graff III, 369. BM. II, 531. Diez, Wbch. 272). „Item also hat Niclas der alt Schrenk und Gabriel Ridler den altar verliechen herren Chunrad einem kurzen priester." „Item darnach hat aber Niclas d. a. Sch. u. G. R. den altar verliechen herren herman einem langen priester", (vielleicht: deren einer erst seit kurzem, der andere schon seit langem — Priester war); Ridler's Chronik f. 1ᵇ. „Gif preost ewenan forlæte and odre nime, anathema sit"; northumbrisches Priestergesetz §. 35, R. Schmid, Gesetze d. Angelsachsen p. 195. Der Schulpriester. Auf dem zweiten Blatt oben des im April 1849 dem Antiquar zu Augsburg Butsch gehörigen (Hailsbrunner?) Codex sec. XII. mit dem Leben des Silvester papa, Gregorius M., Dionysius, Aidanus, Maximinus Trev., Simeon Trev.,

Nicetius Trev., Hildulfus, Magnus steht: „Alle sand Jacoprossen Schulpriester."

Der Pretudi, pausbackiger Junge, (b. W.). s. Th. II: Letudi.

Unt-prut (der leg. Baiuu., Mederer p. 276. ˋPertz, Monum. vol. XV, p. 334ˊ) zu vergleichen mit dem un-prutti der gl. i. 67. 400, wo bey rescisso contractu steht „kahaloteru odo kaeiscoteru unprûtti des man dana uona deru chirichun mit unrehtu farchaufta ôdo pinâm", gl. i. 521, wol fehlerhaft: „farslizzane utprutti", und mit dem alten Verb. intprettan (gl. i. 68. 400), distrahere, arprettan (a. 77), stringere, ziprettan (gl. i. 779), distringere. „Irprutta siê, conturbavit eos", Notk. 17,15. cf. 9,20. 30,11. „Diu gescoz ne prutten dih, ne te terreant", das. 54,23; dia bruti, terrorem, 58,11; brutti, terrores, 87,18; prutina, terrores, 34,16; dine brutina, terrores tui, 87,17; in hina ir brutteni muotis, in excessu mentis, 41,10. 93,16.; prutelih, terribilis, 75,13. Graff III, 287 ff. Grimm, RA 597. 605. BM. I, 259. 274 f. Cf. oben, Sp. 372 u. 374: bretten und brotten.

Preẓ (?). „Vier schäffl preẓ vnd 1 schäffl waitzens Mel", Tegerns. Notiz v. 1527, in Obernberg's Denkw. der Burgen Miesbach u. Waldenb. p. 13.

---

heidi pritsch! fort! pack dich! ohne Zweifel das čechische gdi pryč, geh fort! weg! Grimm, Wbch. II, 392 f. Castelli, Wbch. 94. s. Th. II: heidi.

Die Pritschen, s. Britschen.

ˋDas Privêt, Abtritt, (franz. privé, aus mittellat. privatum. BM. II, 535. Keller, Fastnachtsp. p. 172. 184. 373. 540. 792).ˊ „Das er in ein Sprachhaus oder in ein Prophei, wie mans denn nennet, fiel"; Joh. Pauli 247ᵇ. „Erst weist sie in zu irem priffet" (priffat)? Cgm. 713, f. 9ᵇ.

Die Proviant, hchd. der Proviant. „Was auß der Erden wachst und graint, ist euch zur Proviant vermaint", geistl. Schaub. v. 1683. „An der Proviant
346 war großer Mangel." . . „Mußten die Proviant auff den Saumrossen nachführen", Avent. Chr. „Ad *providendam* fratrum", Meichelb. Hist. Fris. II, 188. III, 464, ad 1091. s. Provision.

providieren (profitiə'n) einen Kranken, ihn mit den Sterbsacramenten versehen, (providere).

Die Provision, Profison, a) (ä. Sp.) das Leibgeding, der Ruhegehalt, die Pension, selbst die Apanage einer Fürstenperson. Kr. Lhdl. VIII, 498. IX, 109. 110. 118. 203. Wstr. Btr. IV, 199. MB. XXIII, 518. Gem. Reg. Chr. II, 270. Hund, Stb. I, 55. II, 38. (Vrgl. providenda unter Proviant). b) heutzutage: eine kümmerliche Pension, wie sie verunglückten oder invaliden Soldaten zuzufallen pflegt. Der Provisioner, Provisoner, Provosoner, (Profəsáneˊ), a) (ä. Sp.) pensionierter Civil- oder Militär-Beamter, selbst ein Fürst. Sammler f. Tyrol II. B., 241. Wstr. Btr. III, 117. IV, 199. Kr. Lhdl. XIV, 53. 58. „N. N. des Königs von Hispania Obrist und Provisaner", Hund's Stb. II, 117. „Unsre Klöster, Hofmarchsherrn und Provisoner", Mandat gegen die Gartierer v. 1565. Auf dem Landtag von 1543 bitten die Prälaten, ihren Klöstern ferner keine fürstlichen Provisoner mehr zuzuweisen, (keinen Panisbrief mehr auf sie auszustellen). b) heutzutage: ein Pensionist der geringsten Klasse, wie solche hie und da den Thor- oder Nachtwächter- und drgl. Dienste versehen; Mensch, der von einer Gemeinde ernährt werden muß; Faullenzer, Taugenichts. „Ein Provisoner, der von gemeinen Stadtseckel erhalten wird, beneficiarius", Onom. v. 1735. In Wien: Professoner, Glied einer Familie, das wegen Gebrechen sich zu erhalten unfähig ist und daher von der Familie erhalten wird.

Der Prozeß, wie hchd. Die Prozeß, a) (ä. Sp.) die Procession. „Die Proceß am Pfinztag", Donnerstagsprocession, Mederer's Ingolst. p. 115. „De processione septiformi . . . in ecclesiis gallicanis consuetudo habetur, quod *draco* quidam cum longa cauda et inflata pena palea" etc. . . San-Nicol. 182, f. 5 (sec. XIV.). BM. II, 536: diu processîe. b) der feyerliche Leichenzug. „Wann der Verstorbene ohne Proceß zu Grab getragen wird", Land- und Polic.-Ord. v. 1616. Die Proceß-Klag, eben dasselbe. Hazzi, Statist. III, 343.

Der Psalter, Paternoster oder sogenannter Rosenkranz mit 15 Absätzen, sowie das durch denselben gezählte Gebet, das den Layenbrüdern der Mönche so viel galt, als wenn sie das ganze psalterium Davidicum abgebetet hätten. Graff III, 370. BM. II, 541.

ˋDer Psittich (aus griech.-lat. psittacusˊ; ahd. psitich, Graff III, 370; mhd. sitech, sitich; BM. II, II, 328. Diefenbach 470ᵃ), Papagey; s. Th. III: Sittich.ˊ

C

sieh G und K.

D.

(Wegen des orthographischen Schwankens zwischen D und T ist fortwährend der, darum gleich nach dem Buchstaben D eingerückte, Buchstabe T zu vergleichen.)

Zwölfte oder Da= 2c. Abtheilung,

d. i.

Wörter, deren Stammsylbe mit einem D, ohne einen unmittelbar darauffolgenden andern Consonanten, anfängt.

---

347 (Man vrgl. Dah, deh, 2c. Daw, dew, 2c.)

Dá-dá (υ-), Ausruf der Kinder bey dem, was ihnen gefällt, adj. und subst. (Gramm. 1023). Das Ding ist dádá. Das ist ein schönes Dádá, Dádá-l, Dádádə-l. Grimm. Wbch. II, 649,5. Zeitschr. II, 92,38. IV, 338.

dâ-dâ (υ–́), gegen Hunde. Der Dâdâ (υ-), (Kinderwort) der Hund. Grimm, Wbch. II, 649,5. Kopitar: ta=tâ! ruft auch der Krainer dem kleineren Hunde, der entfernt ist und kommen soll. Der Bauern=Dada, bäuerischer Mensch, im Gegensatz des feinern Städters. „Nit so *doh*“, nicht auf den Kopf gefallen, auch dreist, (Rheinpfalz), Nadler 280.

Dâ (dà, opf. dâu), adv. wie hchd. Dâ scheint aus dem ältern dar, dem alten thara, wie ê aus êr entstanden (goth. thar, ahd. dâr, thâr. Graff V, 53. 59. BM. I, 303 ff. Grimm III, 171 ff. Wbch. II, 646 ff.). Auch mag sich das alte, mehr auf Zeit und Folge gehende thuo, duo, do, (bernerisch du; VII Com. dua. Zeitschrift VI, 402,7. Bitrolf 1013. 2452. 2488: dů im Reim auf frů u. tů. Graff V, 65. Grimm I, 331. 346. I³, 197. III, 168—170. Wbch. II, 656. BM. I, 374) darein verloren haben. In unbetonter Stellung, wo das Wort im Dialekt blos də lautet, kann nach Gramm. 634 eben so gut dar als dâ zu Grunde liegend gedacht werden. „Vater unser der da bist“, Cgm. 163. Dàdə, gleichsam dardar, eben da. „Dz hat zwen visch und 5 gerstene prot, aber was ergibts under so vill dad?“ Sterzinger Ostersp. v. 1526, Ms. daden (dà-n?), da, im Reim auf „laden“; das. dadöd, dadöst, dadant·n, s. unten dort. Dudə, du da. Dudə di! he, du! Dəbey, dəmit, dəvo˜, dəzuə, 1) wie hchd., von Sachen: dabey, damit 2c. 2) von Personen. Wo — dəbey, wo — dəmit 2c. volksübliche, jede weitere Flexion ersparende Ver-
348 bindungen statt bey, mit 2c. welchem, welcher, welchen; z. B. das Haus, der Mann, wo I dəbey gstandn bi˜. Dà-l, dà-n, dort, damals. (s. Gramm. 749.) Dafern, wofern; so da mer, um so mehr (fränk. Canzleysp.; vrgl. Gramm. 759). Da dest, eben erst; s. desti. dahin (dəhi˜), nachgerade; s. hin. davontwegen (dəvantwégng), davonthalben (dəvanthàlbm, dəvansthàlbm), deswegen, aus diesem Grund. Vor Vocalen wird da in adverbial. Compositis, wie folgende, gern zu d apocopiert: d·auss, d·ausst, d·auss·n, da außen, draußen; d·inn·, d·innə˜, da innen, drinnen; d·en·t, da ent, jenseits, drüben; d·obm, d·am, dam, da oben, droben; d·unt, da unten, drunten. Vrgl. Zeitschr. IV, 337 f. 546, II, 10. VI, 325,52. 329,205. 340.

daze, daz· ('ətz), Präpos. 1) zu (wo diese hchd. Präpos. auf einen Terminus in quo, nicht aber auf einen in quem weiset), engl. at. Datz Munichen, daz· Pfaffenhoven, ('ətz Müngə˜, 'ətz Pfa'hofə˜), wie: at London. „Swaz guotes an uns ist, daz haben wir genomen daze der vollicheit siner güte“. Amb. 2, f. 45[a]. „dancz osten“. . . „die siechen dancz Sand Nycla“ 2c., Regensb. (Nieder=Münster) Urk. v. 1343. „az riutte“, Meichelb. n⁰. LIX; Grimm, R.A. 524. („daz gut datz Kruckenweg . . . datz Kirfenholz; Lang 4, 238 (1283). Feudum dictum daz dem Razenhove; Lang 4, 442 (1290).“ Jac. Grimm.)' BM. 1, 305. Grimm, Wbch. II, 650,7. 2) ä. Sp. bey. Datz im, datz in, bey ihm, bei ihnen; dacz hof, bey Hofe; datz den Juden, bey den Juden; datz dem wein, beym Weine. „Da ze Gote undertigen“, bey Gott fürbitten. „Datz dem nakh auzziehen“, beym Nacken herausziehen, Rchtb. v. 1332. „Datz unsern trewen“, auf unser Treu und Glauben, MB. IV, 481. Vrgl. hinz·.

der, die, das **da=ige**, (ä. Sp.) der, die, das jenige. „Kain gnad beweysen den daygen, die vergezzen oder undankper sind“, Ofele, r. B. scr. I, 379. der, die, das daig, Cgm. 787, f. 125. „Der sol sein weweisen mit im selb dritten erbern weisen mannen oder mit dem gericht des wassers oder des fewrein eißens, also daz er im ains der daigen erwell“, ita quod unum *istorum* sibi eligat, alte Übersetz. des Enser StdtR. „Des daygen ezzen“, Cgm. 131, f. 24. „Sicut unum ex istis als ains aus den daigen“, Clm. 9728, f. 191. „Von an Austerög·n lasst si' koa˜ *Dàiga* b·sudln“, von Kürsinger's Ober=Pinzgau, 1841, S. 175. „G·wiss zwoatausend *daigö* Leut·“, das. 176. Vrgl. dasig.

dâuen, dæuen, dæuwen, gewöhnlichst verdâuen (dá'n, dá˜n, vo'dá˜n, vo'dáwm), wie hchd. verdauen. (ahd. cadauuan, douuan, fardeuuan, digerere; mhd. döuwen. Graff V, 233. BM. I, 386. Grimm, Wbch. II, 838. Cf. česk. daw, pressura; dáwjm, drücken, würgen, vomere. Zeitschr. II, 553,116. V, 481). „Das wir eßen deuet sich im magen“, Ortolph. „Der unten auß mag wol dewen“, (einen guten Stuhlgang hat),

Ms. „Wer zu rechter zeit seinen prunnen hat und unten mag wol aus geteuen", Cgm. 713, f. 181. „So der magen nit getäen mug", Cgm. 4543, f. 134. abdæuen, verdauen; Grimm, Wbch. I, 19. „abdauwen, digerere"; Voc. Melber. „Ey so komb, leg dich bald nieder, das du den wein abdewest wider, eh du erkalst, undewest dich", sagt die listige Bäuerin, H. Sachs 1560: II, IV, 24. undæuen, undeuen werden, (Nürnb., Hsl. u. ä. Sp.; z. B. Av. Gramm., Ortolph) sich erbrechen. „So die schwangern Frawen groß grauen haben und sehr sich undäwen." „Das sacrament ist verbotten allen den, dy sich undätten, wann aber das abnympt, so sol man in das geben", pfarrliche Verkündigung im Eisteter Bisthum (v. 1470 circa), Clm. 5439, f. 39. „Da dy leber es nit zw gutem pluet mag machen mit jrer dew", (Verdauung), Cgm. 4543, f. 134. „Zw der undew, ad vomitum", San-Zenon. 115, f. 212. „Die undeu, vomitus." dauig, däuig, adj., verdaulich. „Man sol pflegen aller dawiger speis", Ind. 344, f. 96. „Waz in dem magen nicht dedät ist, daz wirt däwig und chumpt wol und sanft von jm", Monac. Francisc. 184, f. 137. undæuig, adj., (vom Magen) schwer verdauend, (von Speisen) schwer zu verdauen. Adelholzer Bad. Beschr. „Cibus ad concoquendum facilis, dæwige ringe speiß; cibus gravis, undæwig", H. Junii Nomencl. 1629, p. 43. „Macht wol dawig daz ungedeuig essen", Monac. Francisc. 184, f. 137. „Wenn einer ein untaubigen magen hat", Cgm. 4209, f. 24. Mißdäuwige (unverdauliche) Sachen; Mißdäuungen, cruditates; Dr. Minderer p. 125. 127. Das Dæu-Eßen (Dá-E'ss'n), leicht verdauliche Speise, (HhE.). Die Däuung, die Verdauung. Es scheint bey diesem Wort besonders auf die Wiederfortschaffung der genossenen Speisen gesehen zu seyn. Das egereret (viscera) der Paralip. II, 21, 19 wird gl. i. 260 durch firdouuiti gegeben.

dauen, thauen (s. d. W.). „Der christall ist von wasser chomen, es muß aber ein gut deüwint sein, der in wider ze wasser precht", Br. Berchtold, Cgm. 1119, f. 63ª.

dauen, Corduan färben, (Hauser, niedersl. für tauen; cf. Th. IV: Zauer). Grimm, Wbch. II, 839.

dauen, entgelten; mhd. douwen. BM. I, 386. Cf. deichen.

däuwen; „abdöuwen, nach (beinahe) verwesen bin ich vil dicke gewesen"; (doch nicht von dowjan, mori?). 'Vrgl. ahd. tôwjan, mhd. töuwen, mit dem Tode ringen, sterben; Graff V, 329. BM. III, 62. s. unten: tôt.'

Das Dê-l, Dê-lé, agnus Dei; s. Sp. 53: Agnus Dei 'u. vrgl. Vilmar's hess. Idiot. p. 478: Deichen.'

dé-wə't, dé-wəscht, dé-cht, (Ob.Inn), dennoch. Mahnt der ersten Hälfte nach an das alte, gleichbedeutende diuuuidaru, thiuuuideru, M. M. 13. gl. a. 147. 235. Kero ꝛc. (Vrgl. dé aus dem alten Instrumentalis diu von daz; deste, desto, aus des dé. Graff V, 30. Grimm III, 175. 594. Wbch. II, 1032. 1034. BM. I, 316,15. 16. „deste merun helfa", desto größere Hilfe, acc.; Notk. 59,12. testo namero, 89,1). Cf. Th. IV: Wort, der worten, daz.

deien, saugen; säugen (goth. daddjan, ahd. tâhan, lactare; mhd. dîen. Graff V, 284. Grimm, Gesch. d. d. Spr. 1001. BM. I, 309: degen, (nicht verstanden). III, 35: tigen. Cf. dän. dægge, säugen; schwed. dilam, Säugelamm; VII Com. taien, saugen; tetten, säugen; ill. doio, melke; poln. doie, česk. dog-iti; griech. *ταιά*, Amme; aber *ταίς* Lebensmittel, *ταιζω*, füttern). „Lactentem, den sugenten, tigente", Cgm. 17, f. 214ª. 'Haupt's Zeitschr. VIII, 133.' „Daz si daz chint tigen lie", Wernh. Mar. 182. „Lât, helt, daz vüle dîen" („Hs. teien"), S. Helbl. VIII, 330; cf. II, 1247 und p. 260. „Dy brustel die uns den herren generet und gedett haben", Cgm. 638, f. 34 (764, f. 133). „Die frau thet oder saugt das kind", Cgm. 690, f. 38ᵇ. „Daillämbl, füzel", (Dei-, Saug-?); Heumann, opusc. 694. „'s *Dähkalb* hab·ms· hingöb·n, steht d·Gurren ällain", Lindermayr 165. s. degen, deigen, deijen, duzeln u. Dutten.

Deo, Dio, (a. Sp.) eine nicht seltene Endung männlicher Personnamen, z. B. Meichelb., H. Fris. I, II: Cotedeo 135. 315, Engildeo 200, Hamadeo 146, Herideo 126, Lopadeo 307, Peradeo 120, Regindeo 249, Rimideo 309, Sigideo 187. 326, Sindeo 120, Undeo 206. 208 ꝛc., Uuinideo 368, Uuolfdeo 230; bei Ried I, 14: Isandeo. Rudhart, ä. Gesch. v. B. 499—501: Aldio (-onis?). Goldast, r. a. II, I, 113: Arideo.- Saxon chron., Ingram p. 34: Angeltheow wæs Offing. Die in Ortsnamen noch bewahrten Reste dieses Elementes sind meistens ganz unkenntlich geworden. Deoinga, Ober-Ding und Nider-Ding im LG. Erding. Föringer in d. Münch. Gel. Anz. 1843, Sp. 80. Undeosdorf (Meichelb. H. F. II, I, 37. MB. X, 234. 240. 246. 250) ist allmählich zu Undensdorf, endlich gar zu Indersdorf geworden. „Ulricus praepositus in *ẽndistorf*" (1371), Clm. 5509ᶜ, f. 10; schon sec. XV. (cod. Ind. 427, Vorderdeckel) einmal *ẽnderzzdorff*. Ingolstadt, nach 1512 MB. XVI, 353. 363: Ingoldstat, hieß urspr. wol Ingoldeoesstat. Eck, wider ein Judenbüchlin, Ingoldstadt 1532. In den Thellemarken in Norwegen auch ein Ort Ingolstad; Ausland 1841, p. 1016. Ingoltesperg, Hund I, 47. Sinzhausen ist vermuthlich das alte Sindeoeshusir (Meichelb. Hist. Fr. I, II, 120. 142 ꝛc.), Arding das alte Ardeoingas, ibid. 119. Von diesem Deo, dem gothischen thius (famulus), hat sich das Feminin Diu (goth. thiuui, famula, ancilla. ahd. diu, diwa; mhd. diu. Graff V, 87. 88. BM. I, 368. Grimm, Wbch. II, 1109. 1113) länger, und nicht blos in Eigennamen, wie z. B. Cotesdiu (Meich. H. F. I, I, 103. I, II, 349) erhalten. Otfr. I, 2,2. I, 5,65 und 70. II, 14,90. III, 10,30. gl. i. 123. 648. o. 198. M. m. 126. „Sinero thiuui, ancillae suae", Tat. 4,5. „Diu iuh frîe getuot nals téuue", Notk., Ps. 33,12. „Ih pin gotes diu, ancilla domini", ibid. 85,16. „Dinero diuue sun, filium ancillae tuae", ibid. u. 115,16 und p. 267; diu diu, ibid. 122,2. die diu, Diut. III, 66; von ire diuwe agar, das. 64; sinera diuuua, das. 138; dine diwe Mariam unde Martam, das. II, 298. „Bi miner deuwe ich in han" (den Sohn), Diemer, Ged. 18,11; „under den scalchen unde under den diuwen", das. 27,17; „sine scalche unde sine diuwe", das. 28,4. „Der in (den Stein ametistus) treit, der wirt geminnet von den edelen urowen unte wirdet fersmahet von den diuwen", Clm. 536 (v. 1143), f. 83. „Gebietet uber mein leip, darzu chint und weip, iwer aigen chneht und iwer diu, des en iche wir nieman wan von iu", Kindh. Jesu, hg. v. Hahn, 94,63. Wernher's Maria p. 68. 172. 227. Die pardiu (ancilla libera, in d. Nachtr. z. d. Nachr. v. Juvavia, p. 296) scheint der eigan diu (Otfr. I, 2,2; noch Nibelungen, Vers 3368. 3326, Lachm. 771,4. 781,4) entgegen zu stehen, so wie die Hiltediu (in Nagel's Notitiae p. 3) dem Hiltescalch entspricht. Mit deo hatte die alte Sprache verschiedene Composita, z. B. deolih (humilis, supplex, Kero, gl. a. 37), die deoheit (humilitas, idem), die-namo (persona ministri, gl. i. 520), dioreif, jugum (Graff II, 496) ꝛc., von welchen das Adject. diomuati (humilis, Kero; gl. a. 137. 171 ꝛc. noch in Wernher's Maria, p. 189. Mit micheler deumûte", sbst., Diut. III, 67. s. unten Diemuet) in unserm Substantiv De-mut, das Verb. theonon (bey Kero 34: humiliare, gl. a. 609: subjicere) in unserm dienen, die theorna noch in unserm Diern fortlebt. (S. a. Dèənl, u. vrgl. gl. a. 234: thuruh theo, subjectus; 318. 346: untartheo, subjectus).

die, als Artikel, lautet vor Adjectiven di. Di andə', di schö˜, di guət, di andə'n, di schö˜·n, di guət·n... Vor Substantiven, die nicht mit Schlaglauten anfangen, lautet es d· D·Arbət, d·Frau, d·Hand ꝛc. Vor Substantiven, die mit Schlaglauten beginnen, verschmilzt es mit dem jedesmaligen Schlaglaut. 'Brukg, 'Dock, 'Gans, 'Kappm, 'Pfeiffm, 'Tat, 'Zungə~. s. Gramm. 449. Die als Demonstrativ lautet diə, opf. dêi, noch gewöhnlicher in B. dé. s. Gramm. 294 ff. 746 ff. Für die als Nom. u. Acc. plur. neutr. des Demonstrativs hört man in der O.Pf. deiə. Sollte diese Form nach Gramm. 785. 798 etwa gar als die-er zu erklären seyn?

dô, s. oben unter dâ.

Du, pron. 1) wie hchd. (Graff V, 78. BM. I, 402. Grimm, Wbch. II, 1463 ff. Zeitschr. I, 290,6. II, 75,11, 190,11. III, 47,1. IV, 570,100. VI, 516,12. dau-zen u. engl. thou weisen auf dû.) „Beim tag ist stäts die du, die du, ich hett kein viertheil stund kein rhu", sagt die Magd zur viel befehlenden Frau, H. Sachs 1612: I, 1030. 2) man (franz. on); z. B. in der N. A. *Du* maə~st, aus is's, d. h. sehr, sehr stark, adv. S. Gramm. p. 187 u. 195. duizen, du-h-izen (duhhəzn, duchzen, schwäb., fränk. dau-zen; vrgl. Zeitschr. IV, 100), dutzen (BM. I, 401. Grimm, Wbch. II, 1775). „Daz ich die priester han getuiczt in schimpf oder in ernst", Beichtformel, Clm. 5989 (XV. sec.), f. 200. „Wer den herrn tautzt und irzt den knecht", Cgm. 713, f. 29. De locutione in singulari *tibizando*, Clm. 224 (XV.—XVI. sec.), f. 236. Kansh. 125, f. 59b. Auf dem Landtage v. 1506 beschwert sich der „mehrere" Adel gegen den „gemainen", daß die Mitglieder dieses letztern sie und ihre Söhne und Freunde freventlich dutzen. Kr. Lhdl. XV, 402. Vrgl. Grimm IV, 298—317. Wbch. II, 1464 ff. Zeitschr. IV, 346. *Duchəz*-Bruədə', -Schwéstə' vo~ miər.

(Vrgl. Dap, dep. ɪc.)

Die Dabernatschen (aus d'Affarizen, s. oben Sp. 42; slaw.?), Alpen-Johannisbeere, ribes alpinum.

350 dâuben (dábm), stillen, zähmen, z. B. den Schmerz (goth. gadaubjan, hebetare, ahd. daubôn, mhd. touben. Graff V, 96. BM. I, 53. Grimm, Wbch. I, 137. II, 19. 830. Zeitschr. I, II, 342. IV, 338. Leo IV, 98: daufr, daubs, taub, abgestorben, tristis; goth. divans, morti obnoxius, v. (?) divan, dau ɪc.; dauths, mortuus, v. davjan; dûfa, Taube, Todtenvogel). „Daz der unzame gedoubet uuerde", Notk., Ps. 31,10. „Durch die gedult gelirnen wie wir unsik sculen gedoubon", Nortpert de virtt., Cod. Monac. 237. Gl. a. 513. 553. i. 70. 84. 108. 564. 742. 1147: doupon domare, redigere. „Getritet si dir daz höbet, sa si dich gedôbet", Diut. III, 52. 53. „Den rihtære er tiwer bat, daz er den chradem toupte und im ze reden erloupte", Urstende, Hahn 109,36. „Damit er die hellischen fürsten tawbt", Cgm. 714, f. 283. „Ich main fürwor, du wellst mich dauben" (foppen?), Haupt's Zeitschr. VIII, 531,43. Ick wet ock, wat en brav Kerl *beteiben* kan", Heppe 254. „Sobald ám a~ Has übern Weg rennt, den Tag thuet nix glöka und tauben (? 'hieher?'), Schoffer 16. Zeitschr. III, 342. IV, 338: dâb. Vrgl. dâuen, demmen, tâub u. Zauber.

Der Deub (Doib, Duib), und: der Dieb (b. Diəb, opf. Dêib, s. Gramm. 296), goth. thiubs, ahd. diup, diop, mhd. diep, diup (Graff V, 97. BM. I, 324. Grimm, Wbch. II, 1085), der Dieb, genau unterschieden von

die Deub (Doib, Duib), ä. Sp. die deuf, dewf, ahd. diuba, mhd. diube, diufe, diuve (Graff V, 98. BM. I, 325. Grimm, Wbch. II, 1036. 1090. Zeitschr. IV, 165.), das Gestohlne, der Diebstahl. Was die Alberinn von der Butter, die sie ihrem Bauern bringen muß, für ihren eignen Gebrauch verwendet, nennt sie 'Doib, (H. Aschau). „Swer sich an roup verlâzen wil und an diuve", w. Gast 7254. „Hinz den du dich der diube versehest", die du des Diebstahls verdächtig hältst; Clm. 536, f. 89. „Wilent was dübe sünde und schande; nu ist ez worden ein klukheit, swer sin dübe kan verheln", Renner 7122. 28. „Diu diuf auf den diup schieben", . . „Di diup werdent gevangen, di diuf wirt begriffen", Rechtb. v. 1332. Wstr. Btr. VII, 71. 72. 77. 181. 63. 66. 70. 83. „Wo unser richter des Deübes innen wirdt, es sei man oder weib", — „und soll auch die teüf des guetes sein über sechs schilling", . . des löbl. Hauses und Fürstenthumbs Bairn Freiheiten, a°. 1514. Das Gericht über die vier Dinge, „die an den tot gent", als „dewf, totschlag, notnunft und straßraub", behielten sich die b. Fürsten vor. cfr. Kr. Lhdl. II, 173. IX, 318. Zeitschr. IV, 165. s. Deuf.

deuben (doibm, duibm), vrb. a. u. n., (HhE.) stehlen; (Otfr. githiuban. Graff III, 98. BM. I, 325: diuben, dieben. Grimm, Wbch. II, 1091). „Krankez alter kan sich zu im dieben", Labr. 232. (Nürnb., Hsl.) Bäume, die nahe an Feldern stehen, deuben, d. h. nehmen, diesen den Sonnenschein und Regen. Vrgl. auch taub. ä. Sp. deublich, diuplich, diebischer Weise. cf. BM. I, 325. Grimm, Wbch. II, 1092. doipisch, diebisch, (Neut im Winkel). „Diupleich verstolen", auf diebische Weise entwendet, Wstr. Btr. VII, 66. Furto, dieplichen; gl. bibl. v. 1418. „Diuphaftigez gut", entwendetes Gut, ibid. p. 71; die diuphait, die diebische Handlung, der Diebstahl, ibid. p. 66. 68; thiubheit, furta; M. m. 8. s. dieblichen.

dibbern, diwwern (wetterau. Juden; von hebr. dibêr, reden), etwas angelegentlich besprechen; Weigand, oberhess. Intellbl. 1846, p. 296.

Der Dieb, 1) wie hchd. „Hielt jn fest und schrei: diebio!" „Halt auf, halt auf, o dibio!" H. Sachs 1560: II, IV, 65b. 76b. Grimm, Wbch. II, 1092. (s. Deub). 2) (in unbeleidigendem Scherz) junger Mensch, Mann überhaupt. Zu vrgl. das alte scef-thiup, tiro; gl. i. 77. Oder sollte in dieser Bedeutung noch das alte Deo, angelsächs. theow (famulus, puer) durchschimmern? Graff V, 97. Vrgl. Grimm's Reinh. p. 275,1419 und den ags. Eigennamen Frid-theof. Der Diebsdaumen. Von dem Einhängen des Diebsdaumens, (d. h. eines Daumens von einem gehängten Diebe) in die Bierfäffer, als einem sträflichen Aberglauben, ist die Rede in der Anm. 3, Cod. Mar. Civ. p. 2, c. 8, §. 23. Vrgl. Grimm, Wbch. II, 1094. 'dieblichen, adv., diebischer, verstohlener Weise, heimlich.' „Das er dieblichen mein kind in seinem haus mocht schenden." „Sicium sie dieblichen ermördet han", H. Sachs (Virginia) 1612: I, 233: 'diebeisen, diebsen, Dieb schelten. „Ey was darf er mich denn diebeisen, dieweil ich bin so fromb als er", H. Sachs 1560: IV, III, 27b (1612: IV, II, 60). „Swer den andern bediupset oder diep heizet", Dinkelsbühler Statuten, Haupt's Zeitschr. VII, 96. Cf. Einen hueren, sacken. diebsen (dêibsn, Nürnb.) stehlen. diebstehlen. „Hvad jeg ikke paa egen Haand kon opfinde, det skal jeg tyvstiæle fra alle de Poeter som jeg kiender", sagt Frau Larnen in Hauch's Slottet ved Rhinen (1845) II, 291. „Swa hit him theofstolen wære", R. Schmid, Gesetze d. Angels. p. 201. Cf. Dieb-stahl, ags. stal (allein). Grimm, Wbch. II, 1097.

„doba'n Jemanden, ihn zu Paaren treiben, mit Gewalt fügsam machen"; Castelli, Wbch. 111. 'Vrgl. BM. III, 19: teben und s. oben dâuben.'

dobel, dobelt, (Inn) doppel, doppelt. Der Dobelzaun, Zaun von schrägstehenden Holzspalten, durch welche einzelne Stecken in entgegengesetzter Richtung geschlungen sind. dobeln, was doppeln.

Der Dobriz (?). „Zu gefülten kuchen nim dez dobriz und zuslahe den mit eiern", Kochbuch im Wirzb. Cod. (nach Maurer-Constant's Abschrift 1844); 'Bibliothek des lit. Ver. zu Stuttg. IX, 5,13.' s. Topenitz.

Der Dübel, s. Düpel.

(Vrgl. Dah, deh. ꝛc.)

351 Das Dach (Dàhh), Dimin. Dächlein (Dách·l), wie hchd. (Graff V, 103. BM. I, 293. Grimm, Wbch. II, 660). Dach machen, (Isr.) Schindeln machen. Das Grabendach, italienisches Dach, wie sie in Städten am Ober=Inn und an der Salzach üblich sind. Hazzi, Statist. III, 6. 866. Das Regendach, Sunnendach, Regendächlein, Sunnendächlein (Rengdáchl·, Sunnə˜-dáchl·), der Regenschirm, Sonnenschirm. Dachbrunnen, s. Brunnen. Dachhas, s. Has. Zeitschrift IV, 338.

von Dach, adv., von oben her. Grimm, Wbch. II, 662,8. „Seu wurden schirment her von tach mit iren swingen ungemach", Ring 40,13. „Von Tach ab, superne", Voc. v. 1618. In Talhoffer's Fechtbuch ist der Schlag von Tach oder der Fry how von Tach ein Schwerthieb, zu welchem man frey über dem Kopf ausholt, ital. tirar di fico. „Es sol keiner sein hand niderheben damit das Schwein mit seinem Rüssel darein lauffe, sondern die hand in aller höh haben und jm den Fang also von tach geben", Fouillour's Jägerbuch. „Vor Lieb, o Jesu, bin ich schwach, mein Hertz das flammt und brinnt von Dach", Kathol. Gesangbuch; München 1660. Və˜ *Dach* aufspringə˜, frey in die Höhe springen, vor Freude, Ärger ꝛc. (Werdenfels). R.A. Uebers Dach ausblasen, übers Dach schmitzen, verächtlich wegwerfen, ganz und gar nicht achten. Zeitschrift IV, 338. Die Dácherey, Dachwerk. Der Dachstuel, 1) wie hchd. 2) fig. der Kopf, der Verstand; es fált eəm i˜n *Dàhhstuəl.*

=dachet, Adjectivform, blâwdachet, rôtdachet ꝛc., (von zahmen Tauben) blaue, rothe ꝛc. Flügel habend.

Der Dechant (Dèchə˜t, Déchət), wie hchd. Dechant und Dekan (ahd. techant, mhd. dechân, dechent. Graff V, 123. BM. I, 309. Grimm, Wbch. II, 880. Zeitschr. III, 458. IV, 341). „Tegan", MB. XXII, 303. Optio, degan, techant, (optiones dicti quod sint electi), gl. i. 435. 986. Die Dechney, die Dekaney. „In der Töchney.." „In unsern Töchneyen", Lori, LechRain f. 67. techney, decania; Voc. v. 1419. Vrgl. Zeitschr. III, 458. IV, 340.

Das Dechant, der Decher, ä. Sp., la dizaine. (Grimm, Wbch. II, 880: Dechant, Dechen, Decher. cf. Zeitschr. V, 298). „Bi dem tächer verchouffen", (immer 10 Stücke zusammen); Augsb. Stdtb. „Weder Stuck= noch Dechant oder duzend weis", wirzb. Verord. v. 1699. „Umb ein tucher venedigischer scheiben X fl.", Scheirer DienstO. v. 1500, f. 53. cf. gl. i. 834: techamon, addecimare.

Dechel, s. unten Dehel.

dècheln, mit Schussern (aus Thon: Täheln, Tèhhl·n) spielen, (Tölz; Dr. Sepp, 20. Dec. 1846). Frisch I, 92. 181 aus dem Voc. von 1482 führt an: „Kleibelpain oder dachtel, womit die kinder klewbeln (globulis ludere) oder Pickelkot, sordisa, sorpes." s. Tahen u. Dachtel.

deichen (deihhə˜), (bey Grimm I, 937 als älteres Ablautverb. ich tîche (poenas do), têich, getichen, womit Stalders deuen nicht recht vereinbar ist), büßen; vergüten, ersetzen. „däuchen, (Hauser) büßen, Schaden haben (BM. III, 33. Grimm IV, 335. Wbch. II, 906). Wàs d· mə' z·brichst odə' və'liərst, muəst mə' du *deihhə˜*. „teichen, büßen, ich kann nicht teichen, tädingen", Prasch. „Unkosten der Wahl, woran der Electus eine Zeytlang zu deyen hat", Landst. Grav. v. 1579. „Die geistlichen Herrn die da teichen (büßen? oder: *degunt* sub regula B.?) under der regel sand Wenedick zu Schliers", Öfele, rer. b. sc. I, 379, ad 1378. Swer mirz mit den vînden hiute hilfet tîchen" („deichen"), Gudrun (Vollm.) 1389,3. Das er vil clainer sucht muß deichen und chrankhait, dy da mit im werden wunn" (wohnen?), M. Beham, Nativitätstellung f. Herzog Albrecht IV. v. B., Cgm. 291, f. 22^a. „Ich bin unsanft erstrichen und hân daz wol ertichen, ob ich iu iht hân vor gelogen", Grimm, Reinh. 306, 414 und p. 371. „Wemmers (wenn wir's) wider *verdäuen* (vergelten) könnet", Auerbach, Schwarzw. Dorfgesch. S. 47. cf. mhd. douwen, entgelten, büßen; BM. I, 386. Vrgl. auch deihen, digen.

„deichen, hereinteuchen, lento, tardo passu incedere", Prompt. v. 1618. (BM. III, 34,3. Grimm IV, 335 f. Wbch. II. 906. Zeitschr. III, 189,43. IV, 442. Tobler, Sprachsch. 137). „*Tauch'* leisli bei! (schleiche; Wirzb.), Firmenich II, 410. „Alsgmachs sicht ma' naus ins Werkhaus *deicha* d·Maurer", (Memmingen), das. 415. „Zu hand sie aus dem walde schlichen und umb den kreis hin und her tichen mit einem ungstümmen wesen", H. Sachs 1560: II, IV, 64^a. „Der pfaff gegen dem pawren tich, vermeint es wer die pewerin, wolt sie umbfangen in seim sinn", das. 65^b. sieh dicheln, dichseln und dauken.

Die Deichelgarbe? „Löhn=, Mehn=, Deichel= 352
noch Aussetzgarben", Landrecht, Tit. 28, Art. 6. Etwa zu Dehel?

dicheln, (Franken) leise gehen, schleichen. Vrgl. deichen, dauken u. dichseln.

Das Diech (opf. Dêihh, b. Diehh, Gebirg nach Gramm. 450: Iəhh), plur. Diech und Diecher. 1) das Dickbein, d. h. das Bein vom Knie aufwärts; (ahd. dheoh, dioh, femur et femora vel coxae, Isid. und gl. pass. mhd. diech. Graff V, 118. BM. I, 324. Grimm, Wbch. II, 1098. Zeitschr. IV, 342.). „Er was siech an leib, an henden und an diech", v. d. Hagen, Ges.A., B. II, 586. „Smal hende, der lip was krank, langer lip, daz mittel teil was groz, der diecher gesach ich nie irn genoz", Altswert 122,28. „Wassersüchtige Leuth, welchen der Bauch auf das Gediech hinabsinket und liget", Dr. Minderer 1620, p. 220. „Jeder krannich allein hat nur ein tiech und nur ein pein", H. Sachs 1560: II, IV, 112^b. 2) Hauptast eines Baumes. Der Diechling, Dieling, Theil des Harnisches, der die Oberschenkel deckte. Gem. Reg. Chr. IV, 38. Meidinger's Land= und Hoftäge p. 358. 365. 368.

doch (dó'), wie hchd. (Graff V, 68. BM. I, 375. Grimm III. 176. Wbch. II, 1200). Noch üblicher sind, nach Verschiedenheit der Gegenden, folgende zum Theil dunkle Formen: dècht, déwə't, dennə', dengen, dengəscht ꝛc.

duchezen, s. du.

Der Dachs, des, dem, den, die Dachsen, das Dächslein (Dáchsl·), wie hchd. (Graff V, 123. BM. I, 299. Grimm, Wbch. II, 666). Der Dächsel (Dáchsl), 1) der Dachshund. 2) Person, die mit einwärtsgebogenen Beinen, wie ein solcher Hund, einhergeht; Straəf·dachs. dächseln (dáchs·ln), krummbeinig einhergehen. R.A. Sich wie ein Dachs weren, sich auf's Äußerste wehren.

Die Dachsel? „Wann aine die dachsel oder ain groß geschwer hat", Incun. s. a. 81. 8^0 hinten.

Die Dächsen (Dácks·n), plur. 1) Äste und Zweige, besonders von Fichten und Tannen, auch wol von Föhren, Lerchen, Eiben (taxus) und Wacholdersträuchen, also von allem Nadelholz. Diese Zweige werden in manchen Gegenden von den gefällten sowohl, als den noch stehenden Bäumen gewonnen, und, als künftiges Düngmittel, zu Streu für das Vieh, (mit dem Schnaiter, oder dem Kræuel, oder der Heben, oder dem Dächsmeßer, klein gehackt oder geschnitten. L.R. v. 1616, f. 740. „3 fueder Dären gehackt", 1614, Cbm. 2225, f. 115. „Nimb Eyben Tären, hacks klain", Probst Valentin zu Weiarn, Cgm. 3720, f. 2. Zeitschrift IV, 339. Die Kerdächsen, Nadelzweige, als Besen verwendet. „Uf einer dehsen rîten", Grimm, Mythol^2. p. 1000. s. unten

Dechse. Der Dächsbâum, Nadelbaum. Der Dächsboschen, Dächskoppen, Nadelstrauch. Das Dächsach, Dächsicht (Dáckse, Dácksət), Nadelgehölz. „Das Daxach an den Baumen zum Einstreuen abzuschlagen soll höher nit beschehen als ein man mit einer art oder Beihel über sich langen mag", ad 1551, Cbm. Kl. 359, p. 164. „Solches Ort (das Tara oder Maria-Tara bey Adltzhausen Dachauer Landgerichts) hatte schon anvor den Namen Tara, wegen eines Schattenreichen Wäldl daselbst, so von meisten Taren-Bäum bestunde (dann die Feuchten oder Künholtz sie allda also zu nennen pflegen)." P. Abraham's gack, gack, gack, gack, d. i. Beschr. der berühmten Wallfahrt Maria-Stern in Tara, p. 27. Taren, Tarbaum, (Jir.) pinus abies (Du Roi), Weißtanne; Tarach, wie Astach (s. d. W.). Man hört Dächsen auch zuweilen 2) in der Bedeutung von Nadelbäumen überhaupt: Sâm-Dächsen (Samdepen, Lori, BergR. 190, ad 1525, wol zu lesen: Samderen), Scherm-Dächsen — und 3) in der der bloßen Baumnadeln. Dächsen scharren, scherren, heugen, abgefallene Tangeln zusammenrechen. Am Lech ist die Form
353 Das und Däs (wie Sas = Sachs, Wes = Weichs; s. Gramm. 431) in collectiver Bedeutung üblich; das Dâs (Allgäu); Dohs (Bergmann, Bregenzerwäld.), zum Streuen gehacktes Nadelholz. Desberger (mein Freund, der Mathematiker) wol was Darenberger (der Poet Carl Fernau). Das schwäb. Das, Des entspricht dem paduanischen, brescianischen la dasa, desa, auch daza; VII Com. dèsa (s = s^ch; wie bosso = VII C. büs = Buchs); vrb. *dasà*, schnaiten, dibruscare. *dächsen*, (Allgäu) Nadelzweige zu Streu klein hacken. abdachsen Einen (Erlangen), abdáxeln, ihn wegschaffen, abschaffen. „Chunrad der Tachsær", 1302, MB. III, 186. Firmenich I, 395,67 werden Täxkes (Meurs) erklärt als Zweige von Tarbäumen." Könnten sie nicht natürlicher Täckskes, d. h. Zweiglein überhaupt seyn, von Tack, Zweig (holl. tak, dimin. takje; takkebosch, Reisigbündel. Zeitschr. V, 298). Es könnte etwa diese niederd. Form Täckskes roh in's Bayrische gerathen sein wie Pipe und wie in's Hochd. Boot, Tonne, Torf u. drgl. Vrgl. auch fueren, füttern, und Fasnacht als kölnische Aussprache von Fastnacht. Allein das schwäbische Das, Däs macht diese Vermuthung unstatthaft. Wäre die Bedeutung 3) erweislich die ursprüngliche, so könnte man nach Gramm. 450 an das Element ag, ags, aks (für etwas Spitziges) denken; die Bedeutung 2) erinnert an die, freylich mehr im Gebirg vorkommende *Taxus* baccata; nach der Bedeutung 1) könnte in Erwägung des landwirthschaftlichen Ab- und Kleinhauens dieser Zweige auf dechsen (dieß scheint mir das rechte; 1837) und Dechsel gedacht werden; nemlich: Dächsen das zu Hauende und Dechsel das hauende Werkzeug. Vrgl. böhm., krain. tesati, dechsen, behauen, putare; odtasiti, abhauen. Jarnik, Etymologicon (1832) p. 108: pretosek, der Pletzer, um Nadelholzäste zur Streu aufzuhacken; das. p. 168 beym Worte brin-a, Nadelholzäste, gem. Tassen, Tassach genannt.

Die und der Dechsel, 1) wie hchd. die Deichsel, eine Art Art der Wagner und andrer Handwerker (ahd. dehsala, dehsla, ascia, gl. i. 281. 325. o. 266. mhd. dehse, dehsel. Graff V, 124. BM. I, 311. Grimm, Wbch. II, 881. Zeitschr. IV. 445. V, 526,545. VI, 142,55). „In ascia, in dere dehslen", Cgm. 17, f. 108^a, Ps. 73,7. „Ascia, dihsela", Clm. 4606, f. 119. sniten vel skehso (??) dolaverunt (lapides pretiosos), Clm. 4606, f. 112. Reg. III, 5,18. Graff VI, 552. Cf. česk. tesati, hauen; tesla, tesák, Zimmerart, Dechsel; teslo, Hobel. s. auch Dusack. dechseln, vrb., mit der D. bearbeiten. 2) der Dechsel, in der Mühle: Stück Eisen, zu oberst des Mühleisens, das in den obern Stein eingreift und denselben in Bewegung setzt, (Voch). „Der Texel soll nit zu hoch gericht werden, damit sich viel Mels verbergen mag." „Vor Aufschüttung aines Getraids sollen die Müller den Texel und Zargen mit Grischen anfüllen", tyrol. Mühlord. von 1603. Dehsla, ferrum confertorium, gl. o. 415. cf. gl. a. 23. o. 386. dehsisin, ferrum confertorium (des Webers?); s. dochsen.

'Die Dechse, mhd. dehse, der eingebundene Flachs am Rocken, (BM. I, 330), Spinnrocken; niederd. Diesse (brem.-niederd. Wbch. V, 284. Zeitschr. VI, 56. 215.).' „Daz ein wîp ein chalp rite, oder rit ûf einer dehsen, ode ûf einem hûspesem", Grimm, Mythol.² p. 1000. 1038. (s. oben Dächsen). „Wirt ir den der bal geschlaicht, das sy lauffen muß jr dachsen, man sicht jr her das büchlin wachsen", Cgm. 270, f. 206. „Du bœse dehselrit!" sagt die Frau zur Magd; S. Helbling I, 1197. „De Finger tüögen ut'n *Dießen* de fienen Spiers Flafs", Firmenich I, 272. Am Nordharz sagt man, wenn während der zwölf Tage sich noch Flachs auf der Diesse findet, so komme die Håksche und zerzause ihn. Haupt, Zeitschr. V, 377.

dechsen, s. dochsen.

Die Deichs, die Deichsen und die Deichsel, (Nptsch. Deissel, B. nach Gramm. 450 auch die Eichsn, oder Eichsl), die Deichsel, (ahd. dîhsila, temo, mhd. dîhsel. Graff V, 124. BM. I, 331. Grimm, III, 455. Mythol.² 687. 693. 750. Wbch. II, 908. Zeitschr. V, 40,74). „Den Wagen mit der Deichs renken", obliquo temone plaustrum flectere, Prompt. von 1618. Cf. Dechsel und hess. Gêschel, Geischel, 1) Geisel, 2) Deichsel; Vilmar, kurhess. Idiot. 127. deichseln, Richtung geben (einem Wagen oder sonst einem Gegenstande); Baader.

dichseln, dixeln, leise gehen, vorsichtig handeln. Dichsler, der geheimnißvoll und umsichtig einer Sache nachgeht, (Baader). Zeitschr. IV, 113,6. 342. 347. cf. dicheln, Tuck.

dochsen. „Gedorter", (nach Schrank, b. N. 142, im Allgäu. Um Füssen nur als allgäuerisch bekannt; 25. Septbr. 1831. Der Hauptmännin Weiß, einer Allgäuerin, unbekannt; 2. October 1831), geschwungener Flachs. „Disiu blou, disiu dahs, disiu hachelte vlahs" Iwein (1843) 6203 und p. 334. Grimm I, 939 hat, nach Benecke, dehsen für linum frangere als ein starkes (ablautendes) Verb. BM. I, 330: dehsen (dihse, dahs, gedohsen), den Flachs schwingen, brechen. „Bî dem muost du niuwen, dehsen, swingen, bliuwen", M. Helmbr. 1360. Dâ hôrte ich eine swingen: wan si dahs, wan si dahs, si dahs, si dahs", Gottfr. v. Neifen, hg. v. Haupt 45,25. „Die Stifftsleut in Stefans Röttenperger pfarr ꝛc. sollen (im Schloß) den in der mülin geplewenen flachs verhelfen schwingen, dechsen und bis an die hechell beraitten", Röttenberger. Urbar v. 1544, S. 221. 223. s. bleuen. (Christ) „lag vor esel und vor ohsen, über yn so was gedossen (gedohsen) das hew vor kaltem winde demselben stallgesinde", Cgm. 714, f. 200. s. die Dechse. Das Dechsscheit, mhd. dehsschît (BM. II, II, 165), die Flachsschwinge. Ze Nördeling kein dehsschît hât dâ niemen alsô breit", (als das Schwert); Wolfr. Willehalm, Lachmann 295,16.

doren, (Jir.) stützig, tückisch, verschlagen. doren gehn, langsam, aber doch ergibig, anhaltend, gemeßnen Schritts.

Der, das Dâcht, 1) wie hchd. Docht (ahd. mhd. daz tâht. Graff IV, 379. BM. III, 11. Grimm. Wbch. II, 668. Zeitschr. IV, 338. VI, 415,96); '2) Schnur, Seil.' „Minen rat sult ir haben: ir sult in sci. Johannis evgan^ste namen ein daht zu iwerem manne (mazze?) mezzen oben von dem hovpte unze vf die meisten zehen, so daß erge, so sult ir ivch dermit gvrten vnn in dristunde...."; Bemerkung einer Nonne am Ende des Psalters, Ald. 111 (v. 1250), f. 147. „Item die swangern frawen messent ain dacht noch sand Sixt pild" ꝛc. Grimm, Mythol. XLVIII, 31; cf. 230 (2. Aufl. 380). Daucht, Feuerwerkbuch v. 1429, Cgm. 4902, f. 25. s. Dahen.

dachte, gedacht, älteres Präterit. von decken.

dâchte, gedâcht, Präterit. zu denken, in der gemeinen Sprache nicht gangbar und durch denkət, denkt ersetzt. Jedoch bei Lindermayr 111: Zum Toixl! han i *dacht*, i acker schon in Feldern; 112: Ta' und Nacht hàn i an's Treindl *dacht;* 135: Han i mä' *dacht*, wär i wög vo˜ den Löb·n. (Vrgl. Graff V, 150. BM. I, 341. Grimm, Wbch. II, 927).

Die Andâcht, 1) wie hchd. (Graff V, 163. BM. I, 350 f. Grimm. Wbch. I, 302 f.). 2) Die ä. Sp. nahm das Wort in allgemeinerm Sinne. „Wer hat 500 fl. rh., der soll geben einen halben Gulden rh. Welcher also 1000 fl. hat, der soll geben einen ganzen Gulden. Wer aber über die 1000 hat, der soll über einen ganzen Gulden geben, so viel sein Andacht ist", (so viel er billig findet?), Kr. Lhdl. IX, 352. „Wer eine frauwe in der andaht anesieht, daz er gerne sunde mit ir tete", eâ mente, Br. Berhtolt p. 93. „Quicumque mulierem in dem willen und andacht ansiecht, quod libenter dormiret cum ea", Monac. Augustin. 84, f. 66b. So wird nach einer alten Beichtformel (M. m. 113) auch in unrehtere anadahti gesündigt. „Devotio, andacht, pro an dach 1⁰ quasi sine tecto, quia detegit secreta et peccata sua, 2⁰. quasi angedencken", Monac. Francisc. 187, f. 46b. andächtig, wie hchd. Gl. i. 759. 1046: anadahtig intentus überhaupt. „Do rûft in Eustachius und fragt sy. Die legten im auz ir chinthait wes sy andæchtig (memores) wærn", Cgm. 54, f. 87a.

Die Undacht, Amnestie; allgemein Undacht, F. v. Zesen.

'Der Bedacht, das Bedenken, die Bedenkzeit.' Christoph Hörl hat den 21 Marcii bedacht begert bis auf sambstag, und anheut den 24 Marcii seinen betacht eröffnet", Münchner Burgerverhör wegen Communio sub utraque, 1571, nr. 69, Cgm. 4901.

Die Gedachtnuß. Kunst der Gedauchtnuß, ars memorativa, von Dr. Hartlieb, Heinrich, Nicolaus im Clm. 4729, f. 113—28.

354 onbedächtlich reden, (bey D. v. Plieningen) ohne sich vorzubereiten, ex tempore.

'gedächtig, ä. Sp., merkend, sich erinnernd.' „Wer nicht gedachtig ist, der trinck Venichelwasser, so wirt er gedachtig", Clm. 5905 (v. 1479), f. 54.

ingedæchtig, indächtig, ä. Sp., eingedenk. „Das wir der sach indächtig wärn", Wstr. Btr. V, 45. „Das unnser noch wol achzehen inngedächtig sein", ibid. VII, 332.

verdâcht, part. praet. (von verdenken; w. m. s.), 1) beargwohnt. „Daz ich in allen meinen leben dhain verdachten oder versprochen prediger zu mir gelazzen hab", läßt sich der Ketzerrichter (besonders über die Waldenser im Bisth. Passau), Petrus, provincial. ord. Coelestinor., schwören; Clm. 5338, f. 247. verdacht werden oder sein, beargwohnt werden, im Verdacht seyn. Des Fridbruchs verdacht, sich im Verdacht befindend, den Landfrieden gebrochen zu haben. „Dan die Parthey wurde verdacht, ain pöse sach zu haben", Ref. Gerichtsordnung von 1520. „Wer in den sachen verdacht oder verwant gewesen", MB. XII, 260. „Zwischen ir und aller doruntter verdacht und verwant", MB. XI, 280 ꝛc. „Der verdachten Missethat nicht bekänntlich seyn", die zugemuthete M. nicht bekennen; Halsg. Ord. verdächtig, verdächtlich, adj., beargwohnend, und auch: beargwohnt. Ein verdächtiger Kerl, (geiler, wollüstiger); ein verdächtigs (obscönes) Lied; (Nürnb., Rath Her). Verdächtlichait, der Verdacht in beyden Richtungen, obige Ref. Gerichtsord. Tit. V, 9. Gesatz. verdacht, 2) vorbedacht, überlegt, bedächtlich. Mit verdachtem Mut, mit Vorbedacht; MB. passim. „Tyberius hat baß auß unverdachtem mut geredt, denn so er sich lang darauf bedacht hat", Avent. Chr. 169. Aus Zorn und unverdachtem Mut, unüberlegt, unabsichtlich. Kr. Lhdl. I, 170. verdächtlich, verdichtlich, adv., bedächtlich, wohl überdacht. MB. II, 92, ad 1461.

wêitáchti', adj.; ə˜ *wêitáchtigé* Rampfel, habsüchtige Person; Obrmr.

Die Dachtel, Schlag an den Kopf, Ohrfeige. cf. dècheln. Zeitschr. IV, 43. 165.338. Grimm, Wbch. II, 669. dachteln, vrb. act., mit solchen Schlägen bedienen.

Das Dächtelmächtel, der Wirrwarr, das Durcheinander; česk. tlachy = machy, Schwätzerey. Zeitschr. IV, 444. „Brav beten macht weit berühmter als das große tumultuose Techtlmechtl der Welt", Lob- und Trauerrede auf Max von Panzel. „Gibt es unter den Frauen allerley Tächtlmächtl, Tritschtratschl, Zank u. Hader", A. v. Bucher, s. W. III, 46.

Die Bedäuchtung. „Und dieselben brief mit aller ir laut und bedäuchtung kreftigen und bestäten wir", Meichelb. H. F. II, II, 193. Vermuthlich fehlerhaft st. Bedeutung; sieh übrigens unter dunken die Form däucht. Das Voc. von 1429 hat: bedaucht, imaginatio.

dècht, dècht·n (Partikel), denk' ich, mein' ich; denn doch, dennoch, doch. Wịllst nét, so las ə di' *decht·n* glei' weck und nim ən andré. I hà' ja *decht* àllmàl dei˜·n Wịlln no' gmacht. Vrgl. denn noch, (de˜'cht?). Zeitschr. II, 243. 338,3. III, 18. 105. 173,149. 321. 399,5. IV, 329. 340. V, 103,6. VI, 256,31. 503,1. 528,10. Cf. ahd. sosa erdudahitamun, ut tandem; gl. i. 762, Aeneid. II, 536 (531). hitamun, demum, novissime; gl. i. 961. 1005. 1107. Graff IV, 696.

dechteln (ei˜dèchtln, b. W. dedln, ei˜deidln, VII Com. dechseln. Zeitschr. III, 193,122. 458. IV, 340. Grimm, Wbch. II, 881), vrb. act., netzen, einfeuchten, einweichen. Die Wäsch eindechteln, einweichen. „... Welcher also thorrecht verliebt war, daß er der Wöscherin vil Geld gespendirt, wann sie ihme das Wasser überbracht, worin der Leinwath-Zeug dieser seiner Madam getächtlet worden", P. Abrah. Ein aus Trockenheit rinnendes Böttchergeschirr eindechteln oder eindeideln, die 355
Theile desselben mit oder im Wasser wieder so anschwellen machen, daß es nicht weiter rinne. „Eindechteln, einfeuchten", Prasch. Imbuo, deteln; Avent. Gramm. v. 1517. „Geh, heng dein närrisch Prechteln, heng aimal, ös is Zeit, dein dundä'schlachti's *Techteln*", sagt der Sohn zum versoffenen Vater; Lindermayr 59. cf. deihen.

gedicht, gedücht, adv., 1) dicht, drang, (von deihen? BM. I, 329. Grimm, Wbch. II, 1055). „Und das loch soll ain decklein haben sein gedücht darauf gedräeet", Feuerb., Ms. v. 1591. '2) häufig, oft = mhd. dicke; BM. a. a. O.).' „Ich bin sneller unde lîhter und loufe ouch gedîhter", sagt der Fuchs zum Krebs, Haupt's Zeitschr. I, 398.

Dichten, 1) wie hchd., doch wenig volksmäßig. 2) nachsinnen, nachdenken. Dichten und Denken. Dichten wie der Karpf im Vogelhäuslein. 3) ersinnen, fingere (ahd. tictôn, tihtôn, dihtôn, mhd. tihten; aus lat. dictare. Zeitschr. III, 175,275. Graff V, 379. BM. III, 35. Grimm, Wbch. II, 1057 ff.' dictare, dictieren, schreiben lassen; selber schreiben. Cantilenas et laudes *dictare;* s. loben. Cf. česk. dychtéti, aspirare, trachten; ags. dihtan, to dispose, diht, disposing. Als cimbrisch wird mir ein dicken für dichten, formen, angegeben. Wie, wenn unserm dichten nicht dictare, sondern das goth. deigan, πλάσσειν, digans, ὀστράκινος, gadik, plasma, zu Grunde läge. Grimm II, 47. III, 461). „Erstlichen fieng er an zu tychten", primo fingere (coepit), D. v. Plieningen, Catilina c. 47. „Frag: worauz lernetman brief dichten? Antw.: auz der Rhetorica kunst", deutsche Rhetorica in Frag und Antwort, Clm. 4749 (XV. sec.), f. 145. „Sastu *ditar* una lettera, scritor, chonstu ein briff tichten, schreiben? „La lettera che tu a schrito e ben ditada, der briff den du hast geschriben ist wol gethicht"; Nomencl.

veneziano-tedescho (v. 1424), f. 21ª. 64. „Lehenbrief, pesser gedicht", Raitenbuch 166, f. 145. „Ditze buch dihte ein meister, der hiez Bartholomæus", Arzneybuch, Cgm. 92. „Ich han durch ruem dicke getichtet und gesprechen, dez man me wart geargert danne gebessert", Beichtformel (sec. XIII.), Clm. 213, f. 187. tihten, Labr. 337. 385. 454. 464. Walkn. 170. Das Gedicht, 1) wie hchd., 2) jedes Geistesproduct, namentlich das schriftliche Werk. BM. III, 36. „Bewarte ertzney fur den gemainen lewtsterben, genomen auß den pesten gerichten der maister Galieni, Avicenne, Ypocratis", San-Nicol. 226, f. 185. „Ain ander gedicht (Aufsatz, Formular) umb dewberei entragen nach zu schicken", (eines Steckbriefs nach einem Diebe), Raitenbuch 166, f. 89. — „Würchen mit seyden und mit gold, darnach in der tichte (?) würchen an der ram und auch darauf entwerfen payde wilde und zam", d. h. Thiere darauf sticken, Hugdietrich, Haupt's Zeitschr. IV, 410,84. „Lauf I *im Diecht* (in Gedanken) so hinter ər drein", (Stuttgart) Firmenich II, 443,54. 3) das blos Ersonnene, dem Thatsächlichen entgegengesetzt. „Es ist eine Geschicht und kein Gedicht", P. Abrah. Freyberger in seinem hohlen Gedicht. Kr. Lhdl. XVIII, 244. 246. Der Dichter, 1) wie hchd., doch nicht recht volksmäßig. 2) Verfasser überhaupt, wie das mittellat. dictator. Schriftdichter werden in der ältern Bayreut. Polic. Ord. die Verfasser von Bitt- und Rechtsschriften genannt. So läßt Br. Berhtolt (Kling p. 179, Pfeiffer p. 167,30) den heil. Paulus im Kerker Briefe dichten (componere): „Unde dô er dâ gevangen wart und dô er ûz dem kerker niht enmohte, dô tihtete er dannoch brieve in dem kerker und, sante die in die kristenheit." 3) der etwas blos ersinnt erdichtet. „Wolf Freyberger und seine Tichter", Kr. Lhdl. XVIII, 250.

Der Docht, s. oben Dacht.

Der Doichtl, (b. W.) grober Mensch.

'beducht, s. bedufft.'

---

dackte, dachte, gedackt, gedacht, (ä. Sp.) deckte, gedeckt. „Stadel mit zygel gedakt", MB. XVII, 155. „Zwelff verdagktt henngst, die all in brawn damasthgkch beschnitten (gekleidet) waren", Wstr. Btr. II, 143. Grimm's Reinh. p. 442,303: verdact, phaleratus. Ein verdackter, verdeckter Becher, „picarius cum coopertura", MB. XXIII, 519, ad 1458. Wstr. Btr. II, 200.

daucken, (Franken) schleichen. Der Däucker, Schleicher. Grimm, Wbch. II, 831. cf. deichen und täugen.

decken, und die Composita, wie hchd. (Graff V, 99. BM. I, 294. Grimm, Wbch. II, 888. Zeitschr. V, 53). deckeln Einen, tüchtig prügeln, (Wetterau). abdecken Einen, ihn mit Schlägen behandeln. „Die Patrouille soll Nachtschwärmer mit Schlägen wohl abdecken", wirzb. Verord. v. 1668. (Allgäu) erschlagen, ermorden. eindecken das Dach, es decken. Grimm, Wbch. I, 19. entdecken das Haupt, es entblößen; wirzb. Kirchenord. von 1693. zuedecken Einen, ihn schlagen, abprügeln; beschädigen, ins Unglück bringen; (Prompt. v. 1618) betrunken machen. Zeitschr. IV, 48. 340. (Decken in dieser 2. Bedeutung ist vielleicht eines ganz andern Stammes, als das gewöhnliche decken. Vrgl. dochsen, dachteln). Die Zuedeck, die Decke, Bettdecke. Grimm, Wbch. II, 832. Zeitschr. V, 133,19. 468. „In dem dechesale, in velamento; Cgm. 17, f. 91ᵇ.

dick, 1) wie hchd. (Graff V, 111. BM. I, 323. Grimm, Wbch. II, 1073. 1080. 1082. Zeitschr. II, 547,27. 552,79. IV, 425,31. VI, 412,57. 468). alleß dick (*àlss dick*, v-), adv., in dichtem Haufen, gedrängt, häufig.
356 Də' Kramə' hàt heu~t *àlss dick* z'taə~ bey sei~n Stand, əs stengə~t àllewál *àlss dick* Leut dəbey. R.A. Dick eingên. Heu~-t *gets* mə' *dick ei~*, heute habe ich viel zu thun. dick thoan, (Tir.) aus Muthwillen kleine Entwendungen auf Obstbäumen 2c machen. 2) ä. Sp., oft. („dick, saepe, a tangendo", Heumann, Opusc.). Dick und oft, frequenter; Avent. Gramm. (Der Vater und die Mutter mögen) „zu Irer tochter inn das Closter gen so dick jne das lieb ist", MB. XVII, 76, ad 1495. Das Wort lebt noch heutzutage im Allgaü. Er statzget so dick er's Maul ufthuet, (er stottert so oft er das Maul aufthut). Die Formen dickbenannt, dickbemeldt, dickmals, zu dicken Malen statt: oftbenannt 2c. kommen noch bis zum XIX. Jahrhundert im Canzleystyl vor. Cf. ital. spesse volte, spesso von spissus. Diez, Wbch. 327. Die Dicke, ä. Sp., Dickicht (des Waldes) Labr. 458. 460. 546. BM. I, 323. Dickisch, (Nürnberg; Nicol. Reise, 18 B.) abundanter; (Hsl.) dickische Haushaltung, verschwenderische. ə~ *dickischə'* Bürsch, (b. W.) wohl untersetzt. dickisch, adv., (Tyrol) oft. åndiklad, etwas fett; Castelli, Wbch. 50. „Wégng deər liebm *à~dicklət·n* Hèx." „Guət·n Muəring, liəbs, schö~s *à~ dicklət·s* Weib", Castelli (1828) p. 189. 206. Vrgl. Grimm, Wbch. I, 315: andicken.

Der Dickel, das Dickə-l, 1) in gemeiner Spr. Benedictus. 2) scherzweise: dicke Manns-Person.

Die Docken (Dockng oder Dockə~), Dim. Dockelein (Dockə-l), besser Tocke, Tockelein (ahd. tocha, mhd. tocke; Graff V, 364. BM. III, 45. Grimm, Wbch. II, 1208 ff. Zeitschr. VI, 131,17. II, 76,3,11. IV, 446.). 1) wie hchd. die Docke; d. h. Stück Holz, Klotz, Zapfen; 2) Spiel-Puppe, (niedersächs. in diesem Sinn ebenfalls Tokke). Voc. von 1445: puppa, tocken. Gl. a. 16. 52. 670. 672. o. 79: tocha puppa, simulacrum puellarum. „Pupa est ludus puellarum, tochke", Clm. 5008 (XV. sec.), f. 171. „Sicut pueri qui gaudent de pictis vr. töcklen", Clm. 5684 (XV. sec.), f. 160. „Er dructez kint wol gevar als ein tockn an sîne brust", Parzival 395,23. Sît daz wir niht wan tocken hân", das. 372,18. „Mîner tohter tocke ist unnâch schœne", Willeh. 33,24. „Nu heiz mir gewinnen mîn schrîn vollen tocken", Titurel 30,2. „Muoz ich si behalten bî den tocken? das. 64,3. „Der tocken wol mit im ze spilen wære", Labr. 351. „Auf harnasch, pavesen und schilt so wart vil riterlich gezilt, mit schüssen, slegen, stichen groß was gar ain überlauter toß, si spilten nit der tocken; ain zager wär erschrocken"; M. Beham, Wiener 301,3. Cf. spilen. „Er rîtet zû den vinden bloz sam ein sumertocke, niht wan in einem rocke; S. Helbling I, 850. Und wæren sie doch alle schœne wünscheltokchen", Labr. 694. „Und ain allter Jud hatt getragen ain eingewyckeltte tocken und vorn daran ain guldins plech, da tätten die Juden die tocken auff und wollten sie der kunigin ze cüssen haben geben, Sy wollt aber nichtt", Wstr. Btr. III, 128, ad 1476. Geputzt wie ə~ *Dockə~*. *dockə-l-nett*, oder dockisch, gar nett und zierlich. dockelen, zieren, putzen. Das Waßer-Dockelein, (O.Pf.) die Nymphaca alba oder lutea; (Rttm.) die Lá (?)-Docken, die Zeitlose. Grimm, Wbch. II, 1212,5. Cf. ags. ea-docca, aquarum ductus; '(Grimm, Wbch. II, 1207; vrgl. 1491: Ducke)'; engl. waterdock, nymphaea, lapathum aquaticum.

Die Docken, (salzb., Lungau), Haufe von über einander gelegten Feldfrüchten. 8—10 Garben über einander machen eine Docken, 100 Docken einen Schober, welcher hier in fruchtbaren Jahren höchstens 2 Metzen gibt. Das Getraid in Docken stellen. Kärnt. rastavka, Töckel, d, i. aneinander gestellte Garben; Jarnik p. 129. docken, aufdocken (Rttm.), in Büscheln aufrecht stellen, besonders den Flachs, damit er nach der Röste austrocknen könne. Grimm, Wbch. II, 1212,4.

Das Dockelein, kleiner, zopfartig geflochtener Büschel feinen Flachses; (Nürnb., Hsln.). Dockeleinsflachs, feiner Flachs. Grimm, Wbch. II, 1212,4. Zeitschr. II, 206. V, 54.

Das Döcklein? „Nim ain töklein safrans als groß als ain ay“; Cgm. 1543, f. 213.

Der Dock, Geflecht von schmalen Streifen aus dünnem Gold- oder Silberblatt, die mit Seidenfäden durchzogen sind (Grimm, Wbch. II, 1208. Das niederd. Duck für Tuch?). „Sechzehntens: soll empfangen die Mutter Gottes vom guten Rath 6 neue Maibüschl von Gold- und Silber-Dock“, Pfarrer Tröstengotts Testament, Bucher's s. W. IV, 281. „Zween hilzine Engl, welche die Kron ab unnser frauen in einer guldin pind oder dokh halten.“ „Mit golten pünden von dokh.“ „Zwey von guldem dokh gemachte Sternhiet mit langen spizen und radiis, 1 von guldem Stukh ausgeschnites underschirzl, mit Silbern dokh eingefaßt und guet Silbern schnierln premt von Seidenstikher arbeit als von harschniern, Gulden und Silbern dokh gestikhteu rösln“,
357 Anord. zur Fronleichnams-Procession von 1580. Wstr. Btr. V, p. 124. 160. 164. 169. „Die Kron von Tag (von dock?) und dazu den großen Palast (Palas)“, Kr. Lhdl. III, 119. 194. 201. 206. (s. auch Tag). „Klaidt in gulden, silbern tückh“, 1568; Cgm. 929, f. 59 ꝛc. Cf. spanisch toca, schwed. dok.

Die Docken in der Altmühl zu fangen, ist durch die ansp. Fischord. v. 1735 verboten. Grimm, Wbch. II, 1208. 1491. s. Dück.

dockezen (dogezn), klopfen, wie das Herz; innerlich zucken, wie ein Geschwür; schwanken, wie Moorgrund, über welchen man geht. „Mein Kopf hàt *dogazd* schon àls wia“, Kartsch II, 29. Castelli, Wbch. 111: „dogaz·n, zucken, zittern, pulsiren.“ „Wie wart daz pfat getreten an dem tokzen“ („tocgzen“), S. Helbling XV, 235. „Dâ hât niemen pferift vor, wir tokzen dâ ze vuoze“, das. XV, 329. „Herre, ich hân dheinen muot, daz ich vertogzen wel mîn guot“, das. XV, 410. Vrgl. BM. III, 45. Zeitschr. III, 341. Der Dockezer, einmaliges Pochen, Zucken, Schwanken. Das Voc. v. 1429 hat tockeln, palpare (palpitare?).

Die Dockelmaus, statt Duckmaus (BM. III, 278: tockelmûsen, vrb.; der tockelmûser. Grimm, Wbch. II, 1491. 1495: Duckmäuser. Zeitschr. IV, 347. 359,19. V, 125). „Ir tockelmûsen, des si pflac“, Liedersf. I, 513,155. v. d. Hagen, Ges. Abent. LVII, 155. „Er wollt mit der Sprach nicht heraus, duckt sich als wie ein Dockelmaus“, sagt Cayphas von Christus im Passionsspiel von 1683. s. mausen.

ducken, drücken, niederdrücken, zusammendrücken; untertauchen (mhd. tücken; BM. III, 126. Grimm, Wbch. II, 1488. 1491: ducken, duckeln. Zeitschr. III, 189,43. IV, 359,19. 347. VI, 411,47). Der Hahn duckt die Henn, (tritt sie). (Vrgl. ducksen). sich ducken, wie hchd. „Tukh dich unter daz wazzer“, Cgm. 54, f. 81b. *Duck di'*, mei~ Səl, es kimt ə~ Platzreng! (Spruch vor einem tüchtigen Trunk). Sich anducken an Jemand, anschmiegen, fest andrücken. Das Duckántl, die Tauchente. „Ein Jungfrau soll seyn, wie ein Duckándtl, so bald solches der Leuth ansichtig wird, so duckt es sich unter das Wasser“, P. Abraham. „Mergulus, tuchkäntel“, Asp. 49, f. 21a. Grimm, Wbch. III, 1495. Diefenbach 358a. duck machen, den Kopf sinken lassen, (Hauser). duckeln, gebeugt einhergehen; s. a. dockezen. Der Ducker, Art von Fischgarn, das man untertaucht und nach einiger Zeit wieder herauszieht, L.O. v. 1553, f. 150. Grimm, Wbch. II, 1491. s. der Bêr.

Der Duck, ä. Sp., 1) hastige Bewegung, wie Wanc; heftiger Stoß, Streich, ictus, motus; 2) der Tück (bey Adelung), die Tücke (aus dem Plural gebildet, wie die Binse, Borste, Esche, Gräte, Sitte, Thräne, Zähre aus mhd. der binez, borst, asch, grât, site, trahen, zaher, und die Ähre, Beere, Mähre, Rippe, Spreu, Spur, Waffe, Wette, Wolke aus mhd. daz eher, ber, mære, rippe, spriu, spor, wâfen, wette, wolchen. Wackernagel in Haupt's Zeitschr. VI, 16**), heimtückischer Streich, Possen, Neckerey. (BM. III, 126. Grimm I3, 155. 159. Reinh. p. 109,910.

Wbch. II, 1489. 1497,3. W. Grimm, über Freidank p. 81. Zeitschr. III, 406,82. IV, 456. V, 255,73. 299. Wetterau: der Ducks. cf. isl. tyckr, injuria). „Des snellen blickes (Blitzes) tuk“, Diut III, 7. „Diu frou (bona, discreta uxor) gît niemen tuc gein ir“; S. Helbling I, 1378. „Ein ieglich tuc hat sîn gebærde“, w. Gast 920. „Den kneht begreif sîn alter tuc“, S. Helbling VIII, 1233. „Billich solt ich lâzen sîn die mînen jungen tücke“; das. IX, 44. „Hat sie den tuck bei jhr getragen und den verborgen also gar“, H. Sachs 1560: II, IV, 10. „Würdst du mir auch ein tuck beweisen“, das. II, IV, 40. „Wie böse sîn der manne tück, dennocht han sy das gelück, das man in das zem besten redet“, Cgm. 379, f. 80 (270, f. 115). „Wann der Esel etwa ein Dukh beweisen oder ausreissen wolt“, Wstr. Btr. V, 123, ad 1580. Einem ə~n *Duck* taə~, oder plur. *Dück* taə~, ihm heimlich einen Possen spielen. Göschl. Tuck, üble Gewohnheit, (Gastein, Mesnil). tuckig, tuckisch, adj.; „raptio, gach oder tuchkich; momentaneus, tuckisch“, And. 48, f. 143a. „gech vel tuchich“, Clm. 9537 (sec. XIII), f. 178. „raptio i. e. gehe vel tugkig; gæch, tuchichait. Qui motus si fuerit verbis dicitur festinus i. e. gach, si vero fuerit factis dicitur momentaneus tuckig“, Rebd. 25, f. 208. Aug. eccl. 112, f. 6b. „Raptio i. e. gech vel tuchich est subitaneus motus in verba obiecta, si fuerit verbis dicitur festinus, gehe, si fuerit factis dicitur momentaneus i. e. tuchich“, Mss. Doc. C. 73. „raptio gäch vel tuchich, momentaneus“, Oberalt. 37, f. 176 ff. Ben. 278, f. 59. Clm. 17188 (XIV. sec.), f. 51. „Sah sie mich also tückisch an“, H. Sachs 1560: II, IV, 10. „Einen tückisch übereilen“, das. II, IV, 40. Vrgl. Grimm, Wbch. II, 1495. 1497.

duckeln, (Franken) mit heimlichem Betrug umgehen. verduckeln, verheimlichen. „Wann s· hárb is, thuət s·pfnotten dö ewigste Läng· und 's *Tückeln* und 's Protzmäuln g·hört zsam in oan G·heng“, Kaltenbrunner (1845) p. 120.

Tuckenhendel. „Ain krawt mit roten plumlein haissend tuckenhendel“; Ind. 418, f. 183.

Der Duckstecken, . . „die seittenwheer oder dukhsteekhen unnd Deegen sollen (im Zeughaus) von den harnischen khaumb ainer hanndt Praitt von Einannder hanngen“, Münchner Fewerbuch, Ms. v. 1591.

Die Duckət, Duchət, das Deckbett, Decke, mit Federn, Flaumen u. drgl. gefüllt. Cf. česk. duchna, fem., Oberbett, Federbett. Grimm, Wbch. II, 1488 f. Hintə' də' *Duckət*, unter dem Deckbett. „Im Heyrathen muß man die Tugend, nicht die Tuchet betrachten“, P. Abraham.

Der Dück, est certa species piscium in Danubio; P. Abraham. Grimm, Wbch. II, 1491. s. Docken.

---

ducksen, 1) heimtückisch seyn. 2) (Hsr.) scortari. Grimm, Wbch. II, 1497. s. ducken.

(Vrgl. Dat, det, ꝛc.)

dedeln, deideln, feucht machen, s. dechteln. Bey v. Delling ist dedeln: nach Fäulniß oder eingeschloßner 358
Luft riechen. Vrgl. nach Gramm. 446: dellen.

Der Didel (Di'l), in den Compositis: Latidel (Latti'l, -◡◡), Happerdidel (Häppə'di'l, ´◡◡◡), Dideltapp (vrgl. niedersächs. Dudeldop) ist immer ein verstandloser und deswegen entweder unbesonnen oder schläfrig sich benehmender Mensch. (Vrgl. Thærel, Dottel und Tapp).

diedeln, s. tæreln.

dudeln (du'ln), vrb. n., auf einer Flöte, Pfeife, einem Horn u. drgl. (schlecht) blasen, (Grimm, Wbch. II, 1497. 1498. Zeitschr. IV, 441 f. Vrgl. russisch: dujo, dudyo, ich blase, duda Pfeife; daher auch: duch und dufcha, Geist und Seele); eine mit großen Intervallen wechselnde Melodie so singen, daß, mit Ausnahme der Mittelstimme, nur immer Brust- und Kopfstimme gehört werden; Seidl, Flinserln IV, 65. 67. 138. 3. Ausgabe p. 28. 295. „Wiə i mein *Dudlá* aufsá juchatz.“ Verächtlich: weinen, (b. W.). zututeln, ohrenblasen, s. dutteln. Fozdudeln, (b. W., im Scherz) küssen; s. Foz. Die Dudel, verächtlich: Pfeife, Flöte. „Die tambarin, pfeiffen, dulein, driangl, geigl, peufhl, lautten, quintern und zittern“, Wstr. Btr. V, 137, ad 1580.

dud·l-fett, dudə-l fett, 'sehr fett. Die Dud·l, kleines, dickes Frauenzimmer; Castelli, Wbch. 117. Zeitschrift III, 315. Cf. Dur-l.'

dudern, stottern, stammeln; Baader. Grimm, Wbch. II, 1499.

Die Daufel, die Daufen, breites, dünnes Holz, Brett. Grimm, Wbch. II, 829. 844: Daube, Daufel, Dauge. česk. duha, dužina. Cf. Grimm, Reinh. p. 288,3831. Diez, Wbch. 125: ital. doga, franz. douve. Zeitschr. IV, 444. V, 364. „Qui extrahunt unam *tugam* de vase vini“, Monac. Augustin. 79, f. 56b. (Vrgl. Tâfel.) „Daufeln oder Schaufeln an Wasserrädern“, Wagner Civ. und Cam. Beamte II, 103. Die Kuefdaufel, oder Daufel *κατ' ἐξοχήν*, die Faßdaube, Daube. Taufelgeschirr, Böttchergeschirr, Böttcherarbeit. Daufelholz, Kuefdaufelholz, Daufenholz, zu Faßdauben gespaltenes oder spaltbares Holz. Mauthord. v. 1765. „Der Bischof (Bruno von Würzburg) fiel auff ein Badwannen auf die Tauffeln. . . .“ Avent. Chr. f. 396. Mehldaufe, (Tir.) Mehlgefäß der Älpler.

deffeln, (Zpf. Ms.) oft schlagen, klopfen; b. W. deifeln. Də' Buə' *tefflt* 'ən ganzn Tàg. Castelli, Wbch. 108: defln, lallen wie Kinder. Grimm, Wbch. II, 894.

Die Deuf, Diuf, ä. Sp., der Diebstahl, das gestohlene Gut. Beyspiele sieh unter Deub. deufig, diufig, adj. „Ob sie (die Dienstboten) diufich sint seines guts“, (wenn sie ihren Meister bestehlen), Rupr. v. Fr. Rechtb. Wstr. VII, 169. Diufmail. Einem Dieb den Tod anthun, oder „ander diufmail anlegen“, Wstr. Btr. VII, 83.

Doof. „Es wächst kein Futter auf den Mooren (bei Fladungen), sondern nur das Moos (die Einwohner heisen es Doof) wird bisweilen abgemähet, getrocknet und damit dem Vieh eingestreut“, Lex. v. Franken II, 146.

---

diffteln, nachdenken, sinnen, rechnen, ausdiffteln etwas. Grimm, Wbch. II, 1149. s. tüpfeln.

bedufft, adj., niedergeschlagen, traurig. (cf. Niedersf. Wrtbch. beducht, besorgt, bange. Grimm, Reinh. 269,84: bedocht, in Angst, verlegen; holl. beduchten, besorgen; Beduchtheid, Besorgniß; geducht, Furcht erweckend. „Se hocke ietzert *bedught* (bedächtig, zahm) uf em Stuhl“, Firmenich II, 12,161. Betucht, d. h. stille seyn; rotwelsche Gramm. v. 1755. Weigand, oberhess. Intellbl. 1847, nr. 70 hat betûchə˜, still in sich gekehrt, bedacht; vom hbr. batûach, Ptc. präs. von batach, vertrauen, ruhig und sicher seyn. 'Vilmar, kurhess. Idiot. 33: betûcht 1) sicheres Vermögens, wohlstehend; 2) stille, schweigsam, bedrückt. Grimm, Wbch. I, 1740. Zeitschr. VI, 221. 411,47.'

duften, düfteln, vrb. n., von Flüssigkeiten: in
359 Gestalt eines feinen Dunstes hervorbrechen, nässeln; von Wunden u. drgl.: Feuchtigkeit ausdünsten. Grimm, Wbch. II, 1503.

Der Anduft, Duft, gefrorner Dunst, der sich im Winter an die Bäume und andre Körper hängt. „Wie der walt in tuften stat“, Maneß. Samml. Gl. i. 313: duft, gelu. Graff V, 132. BM. III, 127. Grimm, Wbch. II, 1500. Zeitschr. III, 375.

Duft, bromus mollis, weiche Trespe, (Tir.).

(Vrgl. Dack, deck ꝛc.)

dagen, gedagen, ä. Sp., schweigen (Graff V, 98. BM. I, 297. Zeitschr. IV, 338. V, 53). „Daz du mir gancze warheit sagst und nichcz bergest oder betagst“, (oder von decken?); M. Beham, Wiener 278,27. „Ich furcht, das es euch verdrossen hab; so mocht ich doch ie nicht betagen, ich muß euch von der lieben sagen“; Cgm. 714, f. 62. „So ains ain veint hat, es chumbt yn gar hart an, das er yn nur an sol sechenn, gedagen '(geschweige)' das er ym etwas seins guts darczue gäb“, San-Zenon. 115, f. 207. „Wir auch stiller gedagen“, Rot. 113, f. 325. „Durch das will ichs verdagen“, Valkn. 181. Noch in Aemilii Reimen von 1562 gebraucht, aber schon damals in einer Note durch „schweigen“ erklärt. „Ich müst still gedagen.“ . . „Ir solt still gedagen“. . „anderleut die gedagen.“ . . Auch Höfer hat noch die R. A. es ist im Herbst schon kalt, (zu) gedagen erst im Winter. Castelli, Wbch. 103: dågn, schweigen; gedågn, geschweige; fa'dågd, verschlagen, in sich gekehrt. Vrgl. betagen und tâugen.

Die Dauge am Faß, s. Daufel.

degen, deigen, säugen. „So iz die amme degete“, Diut. I, 359. s. deien.

Der Degen, 1) (altf. thegan, ahd. degan, mhd. degen. Graff V, 119. BM. I, 309. Grimm, Wbch. II, 895), in der ä. u. a. Sp. ungefähr so wie Knecht gebraucht, also für masculus, puer, famulus, miles, bellator, vir fortis. „Es sein Degenkint oder Dirn (Knaben oder Mädchen)“, MB. IX, 173, ad 1335. Ein Degenkind ward für rechtmäßig gehalten, wenn es nicht über 42 Wochen nach des Vaters Tode, ein Maidkind, wenn es nicht über 41 Wochen darnach zur Welt gekommen. L.R. Ms. v. 1453. „Nehein degenkint genas“ vor des Herodes Wuth; Wernher's Maria. „Sied es in degenkind harm“, Cgm. 4543, f. 177. „Milich von ainer frawen prust, dy ein degenkindt saugt“, ZZ. 2072, p. 371. „Verstůnt, daz ez ein degen chint was“, Cgm. 54, f. 32a. „Si trůg bei irem man ein schonez degen chint“, das. 41a. „Von der underschaid, diu ist in der muoter leib zwischen dem degenkind und dem diernkind“; „under den menschen werdent mêr dirnkint geporn dann degenkint“; Konr. v. Megenberg f. 23. 108b (Pfeiffer 38,17. 183,3). „Wer lang ein reiner Degen bliebe, ward (bey den alten Teutschen) am höchsten gepreißt“, Avent. Chr. f. 23. In Wernher's Maria wird Joseph ein reiner Brutdegen genannt. „Magt, jungfrau oder degen, virgo“, Voc. v. 1482. „Multi witiber et viduae, multi degen et virgines“, Monac. Francisc. 274, f. 10. „Francz Ridler meins vater pruder starb 1362, wart wol XL iar alt und ist gestorben als ein rayner degen und junckfraw was“; Gabr. Ridler f. 15. „Nimbt si (das Eheweib zum concubitus) ainen pfaffen, der noch degen ist, si tůt adulterium sacrilegium et stuprum“; Cgm. 630, f. 56a. „O Johannes, säliger degen vnd sunder freind unsers herrn Jhesu xpi“; Ind. 122, f. 26. Bey Otfr. V, 20,43 steht der hêrero (senior, Herr) dem thegan (junior, Knecht) entgegen. Noch in den biblischen Reimen des Professor P. Aemilius von Ingolstadt de 1562 kommt der nibelungische Degen öfters vor. „Ein degen also khüne, frisch, frey, gantz unverzeit, sein guts schwert gewalticklichen durch stachelringen schneid.“ (Vrgl. der Ding). „Judith was ein degenin“, Renner 12291. 'Die Degenheit, Mannhaftigkeit, Tapferkeit; Graff V, 121. BM. I, 310. Grimm, Wbch. II, 900. „Rauben ist rum und degenheit, unkeusch ist ere und hübscheit“, Renner 17046. Das alte Collectivum githigini (famulitium, Otfr. pass.) von thegan kommt noch vor ad 1387, MB. XXIII, 264, wo bemerkt wird, daß die Hausgenossen oder Grundholden des augsb. Closters St. Ulrich, im Algäu der getygen zway bilden, „aines nempt man femnater Tygen oder Getygen, daz annder hayßet Greggenhofer Tygen.“ „Under al disem gedigene („gedinge“)

so ist dehein bote niht so guoter", Gudrun 1154. „Wan das arm gedigen (die Hirten) tuot übel essen und gezligen", des Teufels Segi, Barack 401,12611. „Die andern lat man ligen, daz arm gedigen" (auf dem Schlachtfelde); das. Vrgl. unter das Häupt: Häuptloch; auch das Gäu: Tigew. 2) der Degen (Dégng), wie hchd. (BM. I, 309. Grimm, Wbch. II, 896. Diez, Wbch. 120. Die älteste Stelle bei Rosenplut, gefunden v. Weigand, 'Synon. Nr. 457 u. Nachtrag'). Hängt wahrscheinlich mit la daga, la dague der romanischen Sprachen zusammen, obschon diese den eigentlichen Degen durch Ableitungen von einem barbarlat. spata geben. Cf. česk. dyka, Dolch.

deigen, saugen; s. oben deien. „Frawe von hymel, rainiv maria, chum uns zehilf in allen unsern noten durch dines suns iesus cristes willen, der dich vor alliv wip hat erwelt in sin muter unt allen dige frawen", Clm. 13588 (XIII, sec. 12⁰), fol. ult. '(Hieher? oder zu dige, digen?)'

Das Gedigen, Tigen, 1) ä. Sp., Collectiv von Degen (Knecht, famulus), w. m. s. 2) (etwa nur fehlerhafte Schreibweise statt Geding, Ding?). „Ein vriez aigen nutz an di march diu dez selb aigen von ander levt
360 aigen gesondert hat, daz der Chunschaft wol gewizzen ist von altem Gedigen her", MB. XVIII, 18, ad 1295. Das Purtigen statt Burggeding", Kr. Lhdl. I, 220.

'dige, adj., ä. Sp., wie hchd. gediegen (s. deihen u. d. folg. gedigen).' ə˜ degə˜, einen guten, tüchtigen, (Königsb.) Firmenich I, 103,2. Cf. BM. I, 329: undige, widerdige; auch ahd. dechisto (Hildebr., vrgl. Wackernagel's Wbch.) und schwed. täck, angenehm, niedlich. Zeitschr. II, 540,117. IV, 132,80. s. taugen.

gedigen, digen, adj., getrocknet, geräuchert; (BM. I, 330. Grimm, Wbch. II, 1149). s. deihen.

Die Gedigenheit. „Summa cum festinatione curratur cum gravitate tamen, und doch mit gedigenheit eilen", Reg. S. Benedicti, c. 43. Hohenwart 11, f. 157ᵇ.

'digen, flehen, anflehen (altſ. thiggian, ahd. digjan, mhd. digen, dän. tigge; Graff V, 114. BM. I, 328. Grimm, Wbch. II, 1149).' „Daz . . . des dige wir ce dir", Clm. 9513, Vers 178. „Aaron unde er digeten", Diemer, Ged. 62,21. „Da man an got cerehte diget", Kindh. Jesu, Hahn 71,37. „Swer nu niht an in gediget, der ditz wunder hat getan", das. 91,4 Diemer 122,2. „Do die herren (die drei Könige) wolden varn, do bat siu der chunic herodes . . . so si daz chint funden, daz si imz solten chunden, er solt ouch digen an", (er müsse es auch anbeten), Anegenge, Hahn 33,6. „Almusen pfaffen und leien pfligt, erbe und eigen ez überdigt" (?'wol überdît = überdîhet: pflît; s. deihen. BM. I, 330ᵇ'), Renner 2401. „Deprecationem meam, flege, dige, bete mîne", Cgm. 17, f. 14ᵃ. „Supplices, digeliche, flegliche", ibid. 17ᵃ. 'Underdige, Fürbitte; BM. I, 329. underdigen, vrb., fürbitten; häufig in underdingen umgedeutet: s. dingen.'

Diglitz, '(Dolch? Grimm, Wbch. II, 1150).' „Degen, hammer, digliz, pleykugel, wurfhacken", Will's Gesch. von Altdorf, S. 347. „Degen, Tiliz", Walch, Geraer Statuten v. 1487. Schleizer Statuten.

Das Doggə-l, (Eichstdt.) Hündchen; engl. little dog. Vrgl. unten dàh.

Doggel, Winterschuh, (Kitzbühel).

Der Doggəs, (Franken) podex; Wetterau: Douckes (Judenwort, das Untere. Weigand, oberhess. Intell.-Bl., 1836); Vilmar, kurhess. Idiot. 75: Dôkes.

Der Doglhopf, (Dtgr.) Dolhopf (Baur), was Gogelhopf, und vermuthlich nur eine kindische Aussprache dieses Wortes. cf. Tail: Hennə˜taəl.

(Vrgl. Da, de, ꝛc. Dach, dech, ꝛc.)

dàh dàh! Erkennungszuruf der Jäger. cf. Huss dàhh dàhh! Der Dåch, Hund, (Kitzbühel). Grimm, Wbch. II, 648,5. 671.

Die, auch der Dähel (Dáhhəl), Diminut. das Dáhhə-l, Dáchál, 1) die Dohle (welches hchd. Wort aus Dahel zusammengezogen ist: ahd. tâha, mhd. tâhe, tâhele. Graff V, 364. BM. III, 11. Grimm III, 362. Wbch. II, 695. 1219. Zeitschr. IV, 55. 338. VI, 413,71), corvus monedula L., schweiz. die Dähi oder Däfi, ital. taccola (Diez, Wbch. 441). Die Birgdáhhel, corvus pyrrhocorax L., die Bergdohle, schwz. Bergdähi oder Bergdäfi. R. A. Stehlen wie ə˜ *Dáhh·l.* Die Stink-Dähen oder Dähel, Baumwanze, (Stainkirchen). Gl. a. 34. 649. o. 410: daha; Voc. v. 1445 und 1618: Dahen. „Ez was ein purger ze Rom, der hirt ein tahen, die redet tæutichleich, waz sie hort oder sach . . . do daz die tah vernam . . . du gelaubst deiner verlůchten (verfluchten? verlogenen?) tahen . . . mein tah leugt nicht", Cgm. 54, f. 59ᵃ. Gesta Romanor., hg. v. Keller, 114. „La pola die thach", Nomencl. veneziano todesco (1424), f. 33ᵇ. Der Vocabularius theutonicus von 1482 hat: dach oder dula, was auf kurzes (nicht langes! Grimm, I³, 131) a wiese; aber u kann für â, ou stehen; (Weigand). 2) fig. Koch- oder Metzgerknecht, welcher ohne Dienst herumzieht, oder nur zuweilen sich in einen ordentlichen Dienst begibt, um sein Handwerk zu treiben, (Wstr. Gl.). Cf. Castelli, Wbch. 102: der Dacha (Dáhə), die Dohle; auch Kinder.

Der Dahen (Dàhhə˜), der Docht; s. oben Dacht.

dauhen (dauhhə˜, dau'ə˜, dau˜n, dau˜), drücken. andauhen, drücken durch Ansetzen eines Hebels oder der Schifferstange (der Schalten) oder des Ruders u. drgl. Dauhh à˜! dauhhts à˜! à˜dauhht! Schiffer-Commando. „Hagenauer, schlaget ein, alles Geschlecht der Schiffknecht, schnalzt zusammen, schreit und sprecht: Ho ho ho reidt an, reidt an, hohoho dauch an, dauch an, Jodl dauch an, Jodl dauch an! Ho dauch an, mein Steuermann!" geistliches Schiffslied in dem Bogenberger Mirakelbuch von 1679. „*Thau ô˜, thau ô˜*, mei liaba Schifmô˜! host ja nét *ô˜thaut,* hob dä scho zuag·schaut"; Pangkofer (1864) 64. auf-dauhen, mit einem Hebel aufwärts drücken. ausdauhen Einem die Augen, sie ihm beym Raufen ausdrücken. Vrgl. „Dem ich daz ouge ûz drücke" sagt Maier Helmbrecht 1243 (13. Jahrh.; Haupt's Zeitschr. IV, 363); also schon ein alter Brauch. Z· A'lbm óbm is·s lusti', taəns· Kás *austauhhə˜*, und *I tauhhət* geə'n d·Sennin, wenn·s á' də Brauhh wá'. davondauhen, entschlüpfen. derdauhen Einen, ihn mit angestrengtem Laufe ereilen. Dər A. hàt 'n B. nimmə' *də dauhht.* gegendauchen, (Lori, Brg R.) „die Schiffzillen gegendauchen", d. h. gegen den Strom fortdrücken, schieben. „Die leut hindauchen", (zu Boden drücken, schlagen?), Heseloher. nàchdauhen, vrb. n., durch Drücken, Schieben nachhelfen, z. B. einem Wagen; eine schnelle Bewegung nach irgend einem Orte oder Gegenstand machen. „(Die Jäger) hàbm 's Büchsàl wegkeit, (ich) hà˜ gschwind *nachi'dauhht*, hà˜ 's Büchsàl 361
zsamm'klaubt", Wildschützenlied. „Böckisch wellwir umbhin ranczen. Jans, nit strawch und schon mir meiner schranczen! Dawch schön, nach dawch, dawch! dawch. Jensel, dawch!" (obscön); Oswald v. Wolkenstein (s. Th. III: ranzen; vrgl. Ausgabe von Beda Weber p. 166). „Thaw nach, solts abgehn, es wär schad", recht so! (?); H. Sachs 1560: II, IV, 16. niderdauhen, niederdrücken, und zwar nicht blos, wie beym auch hochdeutschen tauchen, in eine Flüssigkeit. überdauhen eine Krankheit; Karajan (13. Juni 1839). umdauhen, z. B. einen Pflock, Zaun ꝛc. umdrücken, niederdrücken. „Mit der Zülln umdauchen", das Schiff wenden; Lori, Brg. R. f. 309. zedauhen (z·dauhe˜, z·daun), zerdrücken, durch Drücken zerbrechen. R. A. Einen dauhen, ihn bezwingen, meistern. Die Dauhen, jedes Holz, dessen man sich als eines Hebels zum Dauhen bedient. 'daucht

voll, gedrängt voll; Firmenich II, 735 (Oberösterr.). Ahd. dûhan, mhd. diuhen; Graff V, 117. 368. BM. I, 372. Grimm, Wbch. II, 1037: deuhen, dauhen. Zeitschr. III, 189,43. Vrgl. Weinhold, schles. Wbch. 14: deuchen, rasch laufen, rennen. Grimm, Wbch. II, 1036. duhan, premere, gl. i. 735. „Crist dhes crucis zeihhan chidhuhit in iro andinum, (Christus signaculum crucis exprimit in frontibus eorum), Isidor IX, 37. „Ih scenkon dir gepimenteten uuin unte most uzzen roten epfelen geduhtan." „Die dorna ne mugun die lilion beduhan.".. „Des lichamen gelusti beduchan (comprimere)", Williram, Cantic. cant. II, 2. III, 8. VIII, 2. Farduhit, expressit, gl. a. 435; farduhit vim, opprimor, a. 398. i. 886. 902; i. 607: (mensuram bonam et) confertam geduhit; prosternunt (equi sepes), nidarduhtun, gl. i. 550; cf. Notk. Ps. 61, 4: niderseduohtemo zune, maceriae pulsae. Farduhida, pressura, gl. i. 858; anaduht, impetus, gl. i. 381; aneduht, Cgm. 17, f. 72^a; Psalt. Windb.; thuht, impetus, Williram. Br. Berhtolt, Pfeiffer p. 216,35 (Kling 422): „Und dar umbe sô müezet ir den angel tiuhen, als ir daz hünic dâ sûget." „Kund ich die slihte rûhen und die bosen dûhen, daz ir unrecht hochfart wurd genaiget", Titurel, 5. Strophe. „Wie man ainem dy achsel sol einrichten .... so nim ain stang ... er leg den siechen arm auf die stang ... (du) zuck den stul (auf dem er dabey sitzen muß) und dauch den arm gegen der stangen."... Cgm. 4543, f. 170. „Nim daz saf, daz man da duhit uzzer dem grunen haneffsamin", Diut. II, 270. „Tauch den saft durch ein tuch", Cgm. 170, f. 2^b. „Dauch den harm wider auß dem tuch", Progel's Ms., Arzneybuch, f. 105^b. „Dauch das wasser wol daraws mit eynem streychepsen", Ebersb. 167, fol. ultimo. „Dauch den wein daraus" (durch das Tuch), Clm. 4373 (v. 1473), 113. Sodann „briuwet man daz frut, daz man die grusen daruz muge geduhen ... also muzen wir die grusen fleischlicher gelust uz uns duhen", Cgm. 100, f. 55^a. „Do wart daz heilige cruce in die ê geduhet vaste", Diemer, Ged. 51,27. „In daz wazzer er (Moses) die este duhte", das. 51,11; vrgl. 59,3: „was in die varewe gedunkot." „Dise zwene sint gar gedûht in ein kæskar" (gleichen einander vollkommen), v. d. Hagen, Ges. Abent. XLIX, 316. Vrgl. Grimm, Reinh. 371,454. 288,3831. 448. Cf. goth. daujan; ags. thywan, („cnapa thywende oran", puer *minans* boves, Aelfr. Coll.); niedersl. douen, duwen; holl. duwen, douwen, (Kilian) stoßen, drücken, stecken; douw, Stoß, Druck. „By deze woorden duwde hy eenige gouden Napoleons in de hand van den jongen boer", H. Conscience's Avondstonden (Rikke tikke tak) p. 182. „We mänch goht Stüverche wood inne jitz widder en de Häng *gedaut*", Firmenich I, 455,372 (Köln). „Se *dauten* em Geld en de Häng", das. 512,65. „*Deu* doo meer der Naache" (den Nachen), hilf mir etwas nach (beym Spiel), das. 470,469 f. vrgl. däue, drücken; deut, (er) drückt; zodöch, zudrückt; das. 473,49. 514,65. 69. cesf. dáwim, drücken, würgen; daw, Druck, Gedränge. Wenn unser hchd. tauchen (w. m. s.) mit diesem duhan ein Wort seyn sollte (ingidûhtiu, immersa, gl. i. 545), so hat es sich in seiner Bedeutung auf eine auffallende Weise beschränkt.

'dehein, dechein, dekein, ä. Sp., irgend ein; kein. Graff I, 320. BM. I, 421. Grimm III, 40. Wbch. V, 457.'

Der Dehel (Dèhhel, Gramm. 495), ä. Sp. der Dehem, die Mast oder Fütterung, namentlich der Schweine durch die Früchte der Eiche und Buche, besonders insofern sie sie selbst aufsuchen; diese Früchte; das Recht, sie durch oder für die Schweine zu sammeln (BM. I, 310 f. Grimm, Wbch. II, 880). „Ciricsceatt and toll and tace i. e. swinsceade", Kemble, Cod. diplom. I, XXXV. A^o. 1140—1146 Engilbertus episcopus Bambergensis tribuit monasterio Michelveld Tehemen in possessionibus (nemoribus) suis, MB. XXV, 104. 572. Usus glandium qui dicitur Dehem, Urk. v. 1296 bey Haltaus. (cf. Meichelbeck T. V, Dec. 35. Wehn. O. Pr. Bes. Speid). Dichmans (st. Dehemens) Geld, ibid. *Glandaticum*, pretium pro facultate pascendi porcos in glandaria silva; Neugart no. 179, ad 813 (I, 151). Ducange III, 529. „Wo in den Wälden Techel oder Äß geriet", ad 1498, Meichelb. Chr. Ben. II, 189. „Das die Landleut, so Dechel oder ackerram haben, Irer gelegenhait nach, Viech darein kauffen und wider darab treiben mügen", LOrd. v. 1553, 3s B., 6r. Tit., 5 Art. „Das die Außlender, so im Land Bständgäcker oder Dechel haben, den halben thail Waydduichs im Land lassen und verkauffen sollen", ibid. Art. 6. „Schweine an den Dechel treiben, an den Dechel laufen lassen", L.R. v. 1616, f. 733. „Giebt es (im Forst Dürnbuch) ein an Eicheln und Bücheln fruchtbares Jahr, so wird um Galli in der benachbarten Gegend der Techel ausgeschrieben, sodann an einem bestimmten Tag die angetriebenen Schweine nach ihren Kennzeichen ins Protocoll eingetragen und mit einem Zeichen gebrandmarkt; die bleiben dann im Forste, 362
so lang es etwas aufzuzehren giebt, haben 3—4 Tagwerker als Hüter, und man zahlt, eingeschlossen 5 kr. Hutlohn, wochentlich für das größte Schwein 12 kr., für das mittlere 10, für das kleinste 8 kr.", Baumgartner's Beschreib. v. Neustadt a. D. p. 80. In einem Holz den Dechel genießen oder haben, d. h. das Recht, seine Schweine zur Mastung darein zu treiben. „Geiaid, Holzschleg, Dechel rc." Hund, Stmmb. I, 67. „Der Dehl oder Aichlgelt", alte Acten. Im Jahr 1453 beschweren sich am Landtag die Edelleute im Landgericht Schwaben, daß ihren armen Leuten (nach der heutigen Feudalterminologie: Unterthanen) von den Überreitern das Dechelschütten verwehrt werde; K. Lthl. I, 239. Das in Deel zusammengezogene Dehel wird, nach Heppe's wohlredendem Jäger, auch von dem in die Waldmast eingefähmten Schweine selbst gebraucht. Die Deel-tugt des brem.-niedersf. Wbchs. V, 125: „was ein Bauer an Schweinen nach seines Hofes Umständen durchhalten kann, die Schweine mögen auf seiner Diele fallen, oder zugekauft werden", wird daselbst von Deele, Diele, Tenne abgeleitet. Die Form Dehem findet sich in einer rheinischen Urk. v. 1766 in Diem, in einer andern bey Haltaus in Dom zusammengezogen. (Vrgl. demmen.) In einer Zweybrücker Urkunde von 1390 bey Bachmann „Über Archive", p. 288 kommt die Form Dehtem, in der obigen von 1766 Dechtum vor, die entweder nach Gramm. 680, oder etwa nach 693 aus einer tautologischen Verbindung von Deh und Dehm erklärt werden könnte. Vrgl. das niederd. Ochtum, brem.-ndrf. Wbch. II, 901. III, 254 f. Grimm III, 641.

'Hier hat Schmeller ohne weitere Beziehung die öfter besprochene Stelle mit dem „seltsamen" thegaton nachgetragen': „Hic (Luibertus, ein schwerverwundeter Sachse) magno cum moerore se in castrum recepit, ex quo post aliquot dies mulier aegrotum humeris clam in sylvam Sytheri, quae fuit *thegaton* sacra, nocte portavit." Pertz, monum. II, 377, ad annum 779. Grimm, Mythol.² p. 64 meint, der Aufzeichner habe aus Macrob's somn. Scip. I, 2 den Ausdruck τ'ἀγαθόν (summus et princeps omnium deorum) hier im Sinne gehabt. 'Vrgl. auch Haupt's Zeitschr. IX, 192.' 'In gleicher Weise stehen hier die folgenden Verse aus S. Helbling VII, 716 (Haupt's Zeitschr. IV, 148)': „Ich was ein apt in der gebær samz himelrîch mîn eigen wær. ze vesper und ze complêt ich dicke wol getrunken hêt und verslief die mettîn durch gemach von guotem wîn. über daz gebot ich, daz alle liute tohten mich" (?? vorhten? frägt Haupt).

deheln, mästen. „Von einer faist- oder abgedehleten Schwein 30 kr."; Aufschlag-Mandat von 1700. dehelet, dechelet (nach Gramm. 485 wol: gedehelet), (Wackius) fett. J. E. Kaindl II, 296 giebt dechelich durch teig, mürb, lind, pulposus.

Sollte die Wurzel Deh zum alten Präteritum dêh (altsächs. thêh, angelsächsisch thah, gothisch thaih) des Verbum gedeihen gehören, so daß das Wort nach Gramm. 956 zunächst das Gedeihen machen, Mästen, wenn nicht, wie das alte framdehsmo, profectus, gl. i. 346,

Notker's diehsem (Ps. LIII, 2. 4. CIII, 13: „von dinero wercho diehsemen" zum Verb. diehen st. dîhen gehörig), die Frucht selbst, bedeutete? (Vrgl. Ackeram, Geäcker, Äckerich). Indessen läge der Form, nicht der Bedeutung nach, näher, und ist insofern zu beachten das alte techamon, addecimare, gl. i. 834. Grimm III, 641. R.A. 523. Cf. „Quien falla (findet) puercos agenos en su monte (Gehölz) en tiempo de la lande (Eicheln) . . . tomar ende el *dizimo*. De los porcos que pascen la lande, de que an a dar *dizmo*." Fuero juzgo, Cod. hisp. Monac. 6, f. 62.

gedeihen, erdeihen, 1) wie hchd. gedeihen, (zunehmen, wachsen). 2) kommen, gerathen (in einen Zustand). Cf. ahd. dîhan, mhd. dîhen, Prät. dêch, Ptc. gedigen; Graff V, 105. BM. I, 329. Grimm, Wbch. II, 909 f. Mythol.² 750: goth. theihs. Zeitschr. IV, 340. V, 528, 640. „An den Bettelstab gedeyhen", H. Sachs. Br. Berhtolt p. 338 (Kling, Pfeiffer 191,21): „So muost du halt selbe ofte unde dicke ze bôsheite gedîhen unde zem almuosen." „Wær er ze leide gedigen", Gregor v. d. St. 2169. Ich vorcht, unter die penck sei ich ze iüngst gedigen", Cgm. 439, f. 24^b. Dies und jenes und „des nachts im petd am ruck ligen, die arbeit ist all auf die meyd getigen", Cgm. 713, f. 162. „Slecht er jn also, das man jn tragen mus, oder das er in daz pett erdeicht von den slegen", Rechtb., Ms. von 1332. Wstr. Btr. VII, 47. Gl. i. 551: deh do in chuski, transit in severum. Einem gedeihen, ihm zu Theil werden, im Guten oder Übeln; gelingen, gerathen, anschlagen. „Fröd ist im ze lait gedigen", Liedersaal Nr. CXXV, 369. „Ein Recht, das uns jetzt nimmer gedeyen mag..." „Das ihnen alles abgeschlagen war
363 und bisher nicht gedeyen hat mögen", Kr. Lhdl. I, 213. III, 136. „Grypho wer gern im Regiment und gleichem Gewalt gewesen, aber es wolt jm niht gedeihen", Avent. Chr. f. 320. „Wir haben nichts höheres und lieberes begehrt, dann . . ., hat uns aber über langwieriger Geduld leider nicht erdeihen mögen", Ldtg. v. 1515, p. 112. „Daß es den Preuen gar zu unstatten und hinderung jres verschleuß gedeyhen sollt", Ldtg. v. 1612. Herzog Ludwig fragt (in Gem. Reg. Chr. III, 325, ad 1460), „was ihm gedeihen solle um die unziemlichen Worte, die ihm Markgraf Albrecht zugemessen", (d. h. welche Genugthuung er dafür haben werde?). Vrgl. deichen (büßen).

deihen, Part. prät. gedeicht und gedigen, vrb. n., austrocknen und dadurch dichter werden, in einen engern Raum zusammen gehen. Cf. Graff V, 107. BM. I, 330. Grimm, Wbch. II, 1149. Das auf den Boden gegossene Wasser is *ei~'deihht* (Baur, Ob.L.); cf. dechteln. An aufgeklaffertem Holz ist das Deihen sehr bemerkbar. „Damit das Salz wol erkalt oder erdeue", Lori, BergR., Sudord. v. 1489. „Gesalzne und aufgedeichte Fisch . .", Land und Polizeyord. 4. B., 5. Tit., 4. Art. (geselchte). „Das die aufgeschnitten lebs (der Wunde) zegedeychen vnd dem schmerzen stillen", Cgm. 3724, f. 29^b. „Nim driu tail wassers und getigner milch ain tail und siude daz bis walle", Heilmittelbuch v. 1400, Gießener Hs., f. 121^a; (Weigand). Im Scherz: Meine Wirthschaft ist, oder ich bin ei~deihht, zu Grunde gegangen. „Die schmalzig kuchen ist gediegen, der keller ist schier gar versiegen", sagt der Bettelmönch, H. Sachs 1560: II, IV, 4^b. . . . . „daz ir vier iar von mir nâmt die iwer nar sîn bin ich iæmerlich gedigen" (ausgezehrt), klagt das Land Österreich dem König Rudolf, S. Helbling V, 9. Sie (die bösen Binder) land das holz nit als lang ligen, biß das es wol mug werden gedigen" des Teufels Segi, Barack 352,11114. „Solidum, getigen, non rarum", Voc. Melber. Vrgl. Diefenb. 484. „Die dürre bain, vom Faulen rain ob sie zwar ausgetigen." „Unser war auch Pythagoras so dürr als wär er tigen." Balde's Lob der Magern. Digene Wurst, geräucherte. „Tigen oder geselcht Fleisch", Adelholzer Bad-Beschr. „Pulpa digen flaisch vel grissig flaisch", Clm. 4394, f. 176. Nur swarz brot ausgedaret gedigen flaisch verschmarret", M. Beham, Wiener 128,22. „Visch, weder grun, noch digen, noch praten", Cgm. 544, f. 47^b. „Digne Renken", s. Renck. „Digen weinper, passulae", Ind. 344, f. 14. „Digen Birn, Fleisch, Hammen", Prompt. von 1618. „Es leßt sich kein feichten oder tennen Holz und aichenholz an einander leimen, weil eins gedigen und hart, das ander lung und weich ist", Henisch. *Dá*-Rüəb·ln, *Deihh*-Ruəbm, getrocknete und gedörrte bayrische Rüben, (brassica napus). Cf. Zeitschr. IV, 132,80: dæge.

Der Deuhel, Deuchel, Deuel, Deul, Deil, Theil, (Strbr.) Klumpen Roheisen, der im Frischherd eingeschmolzen wird, und aus welchem man immer das Bessere (Anlauf-Eisen) heraus zieht, während er im Herde bleibt. Deuchel oder Deuleisen, Eisen, wie es aus dem Frischfeuer kommt. „Den Deuchel zu Schynn schmiden lassen." „Von jeglichem Cenntner Deyels." „Weder Deuchel- noch ander Eisen", Lori, Berg-Recht p. 75, ad 1464. Es scheint doch nicht, daß dieses Deuhel so viel sey als Theil (von der Ganzen oder der Gans, gueuse), wie Adelung dafürhält. Sollte es, nach Gramm. 238 und 247, gar zu gedeihen gehören? 'Vrgl. Tüll.'

'Der Deuchel, Deichel, Röhre; s. Teuchel.'

---

deijen, saugen, s. oben deien.

(Vrgl. Dack, deck, ꝛc. und Dag, deg, ꝛc.) 364

Der Doktor (Doktə'), wie hchd.; in der gemeinen Sprache besonders der Arzt; (Grimm, Wbch. II, 1215 ff.). doktern, 1) den Doktor spielen. Də' Schində' vo~ Au *doktə't* scho~ längər als dreiss'g Jàr. 2) den Arzt brauchen. 3) Medizin nehmen. Er *doktə't* scho~ lang. Er *doktə't* auf Trau~staə~ 'nei~; er *doktə't* überàll rum, er braucht einen Arzt oder Medicinen aus Traunstein oder von verschiedenen Orten her. Sei~ Və'mögng *və'doktə'n*.

'Der Dukaten, eine gewisse Goldmünze, (Grimm, Wbch. II, 1487).' „1 Ducaten = 24 Grosch = 81 chreuzer"; Cgm. 740, f. 12. 'Die Dicketunn, eine gewisse Silbermünze; franz. ducaton, holl. dukaton, engl. ducatoon. Zeitschr. IV, 139,8. Vilmar, kurhess. Idiot. p. 71.'

Die Dalen (Dàln, Dàjn; Dr. Kittel: Dalle~, Wetterau: Däll'; Kilian: Delle), die Vertiefung, besonders eine fehlerhafte, die durch einen Schlag, Stoß, Druck, Fall in einem Körper entstanden ist; (Graff V, 397. Grimm, Wbch. II, 699. Zeitschr. II, 239. 511,9. 551,17. VI, 174). Er hát si' ə~ *Dàln* i~'n Kopf gfàlln, dás mər ə~n Fingə' 'nei~légng kà~. Dàllheim, Dàlheim, Dàlem, Ortsname. „Man sollte Dàlheim schreiben; denn es liegt auch in einer Vertiefung, nach einer fränkischen Spracheigenheit Dalle"; Lex. v. Franken I, 570. s. Duelen.

'Dale, pinus silvestris; Grimm, Wbch. II, 697.' Vrgl. -dal in Mantel, Kienföhre, (s. d. W.).

„dalen, reden oder thun wie kleine Kinder", Wakius. „Alte Leute muß man dalen lassen", Agricola, Sprichw. „Er dalet wie eine alte Hetz, wer mag hören sein unnütz geschwetz", H. Sachs 1560: V, 364. Vrgl. Dillədellə und das ahd. dualon, errare. (Grimm, Wbch. II, 696. Zeitschr. II, 41. III, 418,534. IV, 188. V, 472).

və'daləmántschiə'n, vrb. act., heimlich verthun, bey Seite schaffen. (Das dala und dalamasca, welches in alten Glossen, z. B. a. 521. i. 1078 als larva, monstrum vorkommt, hat wol hiemit nichts zu schaffen. Kilian: talmasche, larva; talmaschen, larvam induere. Graff

V, 397. Vrgl. unter drei: der Dreißigste u. Th. II: Mascara.) Litterae *talamascae*, in Chiffern Geschriebenes; Furetière, v. masque. Cf. tälstrich, (Zips) dämmerlich.

Der Daləwátsch, (Baur) Kinnladen-Geschwulst. Cf. unten Thanawässel u. Th. II: Kálləwátsch.

Der Dalles, (Wetterau, Juden) Armuth, größte Dürftigkeit, von hebr. dallôth, plur. von dallah, Armuth, aus dalal, schwach, gering seyn; Weigand, oberhessisch. Intellbl. 1846, S. 300. 'Anders (v. Dalles, das Todtenkleid) bei Vilmar, kurheſſ. Idiot. p. 65.'

dalest, s. talanc.

Der Daul, (schwäb.) Zweifel, Ekel, Mitleiden. „I hett' də' dapfer g'nommá, koin *Daulá*-n-an dər (dir) g'hett", Ekel, Abneigung; Firmenich II, 412,32 (Stuttgart). daulen, vrb. „D'Kuchemagd, dui hat mə' *dault*" (gedauert); Firmen. II, 435,21 (Ulm). „Sobald einer (Inficierter) anfang taulen, trawrig und verdrossen, matte und erschlagen in den glidern werd"; Dr. Minderer 1620, p. 80. „Du Tauli, barde", Popowitsch, Ms. (Wien 9541). vrgl. tauren, (zu bedenken gl. a. 93: dancdallon, meditari; a. 534. i. 448: tuala, mora, taedium, tualon, passim, morari). Vrgl. Graff V, 548. BM. III, 159 ff. Zeitschr. I, 135,14. Grimm, Wbch. II, 844. s. twalen.

dell, s. dill und undill. „Wär ich witzig, so hieß ich nit der Tell", Etterlin, Tschudi, Schiller, Tell, Act. III, Sc. 3.

dellen, (Inn, Salz., Gastein), dampfen, qualmen. „Dà bofelt und *dellt* er und raukt ganze Tag", Kaltenbrunner 102. Der Dell, Dampf, Qualm. 'Castelli, Wbch. 109: der Dell, dumpfe, eingeschlossene Luft. Zeitschrift III, 193,122.' s. Delm und dedeln.

Das Dellicżl. „Item ein cleines Dellicżl, ain Raispetl darinn"; glaubwürdige Copey Herrn Aventins seligen nachgelassen Güter von 1534. Zeitschr. Eos, 1819, Beylage Nr. 26.

dilläzeln, vrb. n., (HhG.) zwecklos tändeln, (cf. Graff V, 397: tallaczjan, tändeln. Adelung, voce tändeln). Der Dilläzel, wer mit Vernachlässigung der Pflichtgeschäfte sich mit Tändeleyen abgibt.

Der Dill, Feldkohl, brassica campestris, auch raphanus raphanistrum L. Dillkraut, Dillruben, (Zir.) brassica campestris. Opf. N.A. də' Genəral Tilli stèit staərk in'n Fəld. Verschieden von diesem Unkraut ist wol Adelungs die Dille, und das tilli, anethum, der Gl. o. 179. Tat. cap. 141. tüll cariola, Voc. von 1429. „Anethum haizzt till", Ind. 344, f. 93. anetum tilla", Clm. 4606, f. 145. „Absinthium dulce dyllen, hochkraut"; Clm. 16487, f. 97. „anetum agreste, wilder dyllen", ibid. Diefenbach 34b. Graff V, 400. BM. III, 37. Grimm, Wbch. II, 1150.

dill, düll, düld, betäubt, verblüfft, verwirrt. „Də' Hänsl is *düll* und deut't: ja!" (sprachlos), Kaltenbrunner, oberöstr. Jahrb. 1844, S. 223; dessen Gedichte 291. Castelli, Wbch. 117: düld, betäubt. Vrgl. unten: undill, Dilltapp, Dillədellə.

déleə~kəd, linkisch, ungeschickt, plump. „Goar so bládi, *dölean~kadi* Dålabåtschən", „flachköpfige", Seidl, Flinserln III, 60. 107. „Ein Dillenk, balbus; dillenket, adj.; Popowitsch, Ms. (Wien 9541). „Bleibt ə~ zau~stárə' *Dilleng*, kimt də' nio vo~ də' Stell", Wagner, salzb. Ges. 71. Grimm, Wbch. II, 1151.

Der Dillədellə, Delləmellə, (fränk., schwäb.) einfältiger Tropf. Cf. Grimm, Wbch. II, 1150 f.: Dildelle, Dilmann, Diltap. Zeitschr. III, 418. Vrgl. dalen.

365 Der Dillhelm, (Nürnb., Hsl.) Dickkopf.

Der Dilltapp, läppischer Mensch; s. Dideltapp. „Was wolltest du denn des Diltappen?" H. Sachs. „Billich heist man in den diltappen, sein wort und werck ist als diltepvisch; H. Sachs 1560: II, IV, 30. Hans Tiltap, nom. propr., Cgm. 154, f. 40b. „Tiltap, ineptus", Prompt. v. 1618. „Senecio ein Tilltapp"; H. Junii Nomencl., Augsb. 1629, p. 9. In Fichard's Frankfurter Archiv III, 284 heißt ein plump tanzender Bauernbursche ein dieledappe; (Weigand). Grimm, Wbch. II, 1151. Vrgl. Grimm in Haupt's Zeitschrift VII, 467 f. über dilde (malitiosus?), dän. fordilld, affectatio. „Für die geschwulst des diltapen und beider knöpf die daran hangent" (veretrum cum testiculis?). „Dem sein diltapp geschwollen und voll löcher ist"; Cgm. 734, f. 158.

„verdilldammen" Einen, ihn verkleinern, herabsetzen, als einfältigen Tropfen (Dilltappen?) darstellen, (Nürnb., Hsl.).

undill, undell, adj., (oberer Inn; Unterinnthal, Staffler I, 114) ungeschickt. Das un scheint hier blos zu verstärken (vielleicht wie in untoif, sehr tief). Grimm, Reinh. 108,796: ungetelle, plump, ungeschickt, täppisch. BM. III, 28. Cf. agſ. dealle: dugedum dealle, Caedm. 1843; æscum dealle, ohne Speere, der Speere müßig.

Die Dilen (Dıln), der und das Dil (Dr. Kittel), 1) wie hchd. Diele, (Brett), ahd. dil, dili, dilo, mhd. der und diu dil, diu dille. Graff V, 133. BM. I, 331. Grimm, Wbch. II, 1099 ff. Cf. holl. Deel, etwa zu Del, holl. Däle, Tanne, wie Tenn zu Tanne. Zeitschr. VI, 56. 144,11. IV, 343. „Sie wolt zu im gekrochen sin über ain dilen, der was schmal"; Cgm. 379, f. 175 f. „Dem notzuchtiger soll man den hals abstossen mit ainem tilln"; Kärnt. Landhandfeste v. 1414, Cgm. 704, f. 6a. „Under im ein dyle zubrach" (auf der Brücke); Tandarios, Cgm. 577, f. 213a. '2) Planke, Wand.' „Tille, planca; Diut. III, 150. „Tabulata, getil"; Kaisersh. 142, f. 310b. „Ward zu dem gestech auf dem weinmarkt ein lannges gethill aufgerichtet, über welches dill der könig (Max 1.) und herren mer dann hundert spieß zerbrochen haben"; Jac. Fugger, Cgm. 896, f. 192a. Vrgl. das Tüll. „Sie mögen auch Dielln auf ihren Sägmühlen schneiden..", Lori, BergR. f. 605, opf. ad 1733. Till, assa dicitur lignum latum et dilatum; Voc. v. 1429. In diesen Bedeutungen kommt das Wort übrigens in A.Bayern wenig vor, desto öfter aber in folgender, davon abgeleiteter: 3) die (Bretter-) Decke über einem Gemach, welche für einen darüber befindlichen Raum den Boden bildet; der Raum unterm Dach eines Hauses, Dachboden. „Wo sowohl die Fußböden als auch die Thilln oder Decken von Holz sind", Freys. Feuerord. von 1719. „Grad anrühren darf mans Diendl, so hebts die Musik schon hinauf bis an die Dihlen, da lachen dann die Stadtleuth, wenn die kurzen Kittel so auf die Höhe flügen, und haben eine Freud dran"; Portiunc. Büchl. Auf də' *Dıln* drobm, auf dem Dachboden oben. „Ze hant er uf die dille gie", Märe von einem Wirt, Mss. Doc. C. 43, f. 15. „Raap barc si (die Männer) ufen ir dillen", Diemer, Ged. 63,14. „Das sy nit liecht tragen auf die düllen", Scheirer, Dienstord. von 1500, f. 38. „Daz badevolc sie heten unverdrozzen die diln wol begozzen, gewaschen schôn die benke", S. Helbling III, 28. „Do muost ich uf die dillen", das. III, 58. „Suchet ein Korb auf der dillen..." „hat sich auf der dillen gehencket..." „mit dem sie auf die dillen stieg" H. Sachs 1560: II, IV, 68. „Du Narr, was machstu auf der dillen..." „so find ich meinen man da sitzen in einem korb hie auf der dillen", das. III, III, 43. Vrgl. auch unter Breiʒen. Dıln-Bátzln, (Baur) Schnittchen von Stoppel-Rüben, auf dem Boden über einer geheizten Stube getrocknet. Die Katzndiln, Altänchen zunächst am Giebel eines oberländischen Bauernhauses. Die Raum-Dilen, Boden über der Dreschtenne; O.L. Dilla, (VII Comm. nach Gr. Strnbrg) Heuboden. s. Gaden. „Dieling, Ziegelstadel oder Trockenstadel" in Bogenhausen; (Juli 1834). „Der dilnfloß, tabulatum trabium", Cgm. 572, f. 49. Der dillestein, die Grundfeste, Fundament; W. Grimm, gold. Schmiede p. 145,32. BM. II, II, 614. dillen, vrb., dielen, mit Dielen versehen; BM. I, 331. „So kann ich auch ein haus dillen", Cgm. 713, f. 129. Tillen, lacunar, laquear; Tile, asser; vertilen, assare; Voc. v. 1618. „Ein kleinez rüetelîn, daz ob iu stecke in dem diln oder in der want", Br Berhtolt 216, (Pfeiffer p. 35,6). Gl. a. 17. 670. o. 45: dilo, pluteus; a. 528. 575: dil, planca, ima pars navis; i. 145: dhridhilli, tristega, tricamerata; i. 561: dillun, aream; i. 812: gidillota, instraverat (pontes, Aeneid. XII, 675). (Vrgl. Düll, welches indessen auf ein altes tulli und einen ganz andern Stamm weiset).

dolen, verdolen, ä. Sp., tolerare, dulden (goth. thulan, ahd. dolen, mhd. doln. Graff V, 133. BM. I, 377. Grimm, Wbch. II, 1227 f.). Hbn. Voc. v. 1445 und pass. Progel's Ms., f. 105[b]. „Ich gedacht, ach got wer (wær) die red verdolt! und west nicht, was ich antworten solt"; Cgm. 713, f. 211. Mit Wasser waschen „so er allerhaissest mag verdollen"; Cgm. 4543, f. 173. dolwarm, adj., leidlich heiß; Cgm. 592, f. 19. 20.

'Der, die Dol, Dole, Dolen' (Aschaff. der Toul, plur. Têil), Röhre, unterirdischer Abzugskanal, '(ahd. dola, mhd. tol. Graff V, 133. BM. III, 46. Grimm, Wbch. II, 1226. Zeitschr. II, 511,9. III, 252,141.).' „Do wart sie gnaden als übervol, als von der drivalt ein tol sie gar und gar durflüzze", Diut. III, 20. s. Duelen und Tülle.

Der Dol, (Schrank's b. Reise p. 99), der Kaulkopf, Mühlkopp, Cottus gobio. s. Dolp.

Doletsch·n, (Obrm.) mislungenes Machwerk. Dé Schouh sán' lautə'ne *Doletsch·n.*

Die Dolle; mhd. kamerdolle, Kammerfrau; BM. I, 380.

Die Dollbirne; Grimm, Wbch. II, 1222. „Ein nasen kolbet und knollet, gleich einer dolbirn"; H. Sachs 1612: III, III, 29 (1560: III, III, 15).

Der Dollfueß, (Baur) Dickfuß, Fuß mit bleibender Geschwulst. (Grimm, Wbch. II, 1228. Zeitschr. IV, 344. V, 336. „Im Pfefferser-Bad werden curirt Dolschenkl, offen Blatter, Beulen ꝛc." Calender v. 1673. dollfuessət, adj. „Weilen N. auf beden Fiessen krump und dolfuesset, kann er nicht (in's Closter) aufgenommen werden"; Notat des Abts von St. Zeno in obigem Calender.

366 Der Dollen, s. Dolden. „Dollen oder holländischer Klee", wirzb. Landbautabelle von 1771.

Der Dollhopf, (Baur, U.) Art Mehlspeise. s. Dogl- und Goglhopf.

ui dullə, dullə! opf., Ausruf der Verwunderung.

dullatzen, laut jauchzen. „Då *dullatzt·s:* Juhê!" Seidl, Flins. IV, 78. 138. Vrgl. toll.

Die Duelen (Dueln), plur. Düelen (Dieln, opf. Dəln), Vertiefung an einem Körper, besonders eine durch Beschädigung entstandene (Grimm, Wbch II, 1509. Zeitschr. II, 239. 511,9. III, 251,141. VI, 174). „Doch das ein Diellein in dem Prett seye", Feurb, Ms. v. 1591. 's Kupfe' kriəgt glei' *Düeln.* Vo~ də' hart'n Arbet kriəgt mə' *Düəln* (Schrunden) ei~ d· Händt. „Má~ Haus stêt e~ də' *Dəln* und 's dei~ áf də' Hêhh" (b. W.). Cf. das alte Tolinze, Tölz (wie Phalinza = Pfalz). Fig. Einem ə~ Dəln anhängen, (Hsln.) ihn am Leibe, am guten Namen beschädigen. Gl. a. 223: tuolla. i. 1159: tuillilin, vallicula; cf. a. 202: toalle, barathrum. S. auch Dalen.

---

delben, ä. Sp., graben (ahd. bitelban, begraben, mhd. telben; Graff V, 420. BM. III, 37. Grimm, Wbch. II, 700. 915. česk. dlabati). „Ich dalpet nach dem wurzelin, mit grozem lust beiz ich darin", Altsw. 77,1. „Ja wern si halb betolben, das mocht in besser sin"; Altsw. 241,6. „Der ist begraben und verdolben", Geiler bey Eiselein 63. s. Dolp.

Der Dolch, des, dem, den, die Dolchen, ä. Sp., wie hchd. der Dolch, des Dolches, (Grimm, Wbch. II, 1222. Cf. agſ. dolc, Wunde; dolhvund, Judith 107). „Ein edler Khnab zu Fues der hat .... 1 vergultes Rapir mit weißsameten schaid, 1 solchen Dolchen. 2 Dolchen; Wstr. Btr. V, 168. 169. Hund, Avent. ꝛc.

Der Dolden (Dolln, Dojn), Dimin. das Dəllə-l, die buschige Krone eines Baumes; die Quaste, (ahd. toldo, mhd. tolde. Graff V, 401. BM. III, 46. Grimm III, 412. Wbch. II, 1224 und 1227). Der baum naigte sich ... er lie sine tolden wider erde sweben", Kindh. Jesu, Hahn 84,30. „Der (walt) můz ze iungeste siner tolden werden bloz", Diemer, Ged. 86,28. „Irdischen dingen wider streben, klimmen auf den tolden der gothait; Cgm. 379, f. 94. „Wir aßen ampher und die slechen, wir riben wenig aus den tolden, das wir vor hunger eßen scholden"; Peter v. Retz, Schlacht von Schiltarn (Nicopolis, 1396), Cgm. 1113, f. 77[a]. „Es soll jeder den Dolden und Est (der gefällten Bäume) aufhauen", Lori, Lechrain f. 418. „2 schnier mit rot und weisseidin Dolln; 1 Herrn Spies daran ein Doln mit rotseidem gefrens"; Anord. zur Fronleichn. Proceff. v. 1580. Wstr. Btr. V, 168 ff. „Du wunschelreises tolde!" sagt im Titurel der zärtliche Tschionatulander zu Sigunen. Mit Wurz und Dol ausreißen, (funditus); Obr.M. „Mein Töldrian", (mentula?); Cgm. 714, f. 291.

Die Duld, 1) a. Sp., solemnitas, die Feyer, das Fest, (goth. dulths, ahd. tuld, mhd. dult. Graff V, 360. 421. BM. I, 403. Grimm, Gramm. III, 521, Gesch. d. d. Spr. 72. 509. 797 f. Wbch. II, 1509 f. Goth. thulan, ahd. dolên, mhd. doln, dulden, paßt nicht zu dulths; es würde goth. thulds fordern. Dietrich, in Haupt's Zeitschr. V, 225, denkt sich dazu ein Ablautverb. dwilan, dwal, dwolan, morari, aufhören, feiern. Wackernagel im Wörterb. zum Lesebuch, Sp. CIII: „dult, Kirchenfest, 299,34. Mit ausdeutender Beziehung auf dulten. Sant Görgen dult, lat. passio S. Georgii u. dgl." — Cf. dulths, fem., bey Ulphilas: Marc. 15,6. Luc. 2,41. 42. Joh. 6,4. 7,2. 8. 10. 11. 14. 37. 12,12. 20. 13,29. Col. 2,16; als msc. Matth. 27,15: an dulth than hvarjanoh). At dulth paska, τῇ ἑορτῇ τοῦ πάσχα (Luc. 2,41), sagt Ulphilas im 4. Jahrh., was im Windb. Psalter vom 12. Jahrhund. Osterduld heißt. „Ez nahent der hilig tag der dulte di da heizzet ostern", Cgm. 66 (sec. XIII.—XIV), f. 28[b]. „Es nahet der heilig tag der dulte di da heizet ostern", Cgm. 64 (XV. sec.), f. 28. Das einfache tuld, plur. tuldi, findet sich Kero 13. 14. gl. a. 111. 344. 659. i. 469. „Comprimamus omnes solemnitates domini, tîlegeien alle gotes tulte", Notk. 73,8. 18. „Machont dir dulte, diem festum agunt tibi"; ibid. 75,11. „Diem festum, tach dult"; Cgm. 17, f. 111[a]. „Daz ist diu tult des heiligin tagis", haec est celebratio sacri diei; Gl. W. Rêtuldi als exequiae, Leichenfeyer, steht gl. i. 551; Duldhitac, Duldetag, Tuldtag als Festtag, gl. a. 202. 212. 344. i. 102. M. m. 113. Notk. Ps. 80,4: „an iûuuermo mâren duldetage, in insigni die solemnitatis vestrae"; aber gleich drauf: „zeichenhaft tultitago, insignis dies solemnitatis. Hattemer II, 290. u. s. w. Wernhers Maria p. 49. 53. In folgenden Stellen ist bald das allgemeine Kirchenfest irgend eines oder einer Heiligen, bald insonderheit ein örtliches, als z. B. Kirchweihe, Altarweihe, Patrocinium u. drgl. gemeint. „Beata Felicitas cujus hodie natalitia (gl. i. 461: tuldi) celebramus", Homil. III. Gregorii M., Ingolst. Ausg. p. 20. „Swelhes heiligen dulte si, den machte (machtu?) damit (mit dem Psalm Beati immaculati) eren", Ald. 111 (v. 1250), f. 111. „Vor sant Martins dult zweiger tage", (9. Novbr.), Urk. des Klosters Wettingen v. J. 1252; Kopp, Urkunden zur Gesch.

d. eidgenoss. Bunds p. 2. „Ze sant Martis tult, zi sant Hylarien dult und zi sant Walpurg dult", Engelb. Hofrecht (Engelberg im XII. u. XIII. Jahrh. S. 13. 14), Grimm's Weisth. I, 2. „In der gekrœnden matrer tult, an s. Martins tult, an s. Brictien tult, an s. Clemens tult, an s. Chrisogonus tult, an s. Katherinen tult, an der heiligen Agricole und Vitalis tult, an eines ald me zwelfbotten tult, an eins martrer tult, an einer magt tult" (scheint unterschieden von: „an eines martrers hochzit, an einer magt hochzit", f. 39[a]) u. drgl. m. für lat. in festo, beständig im Cgm. 168, f. 2. 31—32. 34[b]. 38[b]. „Zwischen unser Frawen Tult und sand Michelstag", MB. IX, 597, ad 1296. „Auf dem hofe ze Cheverloh an sand Gilgentag als Tult da ist", MB. VIII, 543, ad 1325, was ebendaselbst 545 heißt: „ze Cheverloch an sant Egidien abent und an seinem tag so Kirweich ist." „Für Steur ze sand Anders Tuld driu phund, ze sand Görien Tuld zway pfunt", MB. VII, 167, ad 1334. „Were aber das er bresten vindet an dem gelte, das es mit gerichtet ist dem conuente ze den ziten, so man es richten sol, das ist ze sant Andres tult . . ." Urk. der Abtey Engelberg (Eingloberg) vom 12. Heumon. 1307; Kopp, Geschichtsfr. I, 42. „Zu der altarweich und Dult daz man nennet Patrocinij." MB.
367 XIX, 75. Cgm. 544, f. 55, auch Cgm. 290. „An Sant Jacobstag an dem anger an dem rechten tultmargt", Verord. aus dem Anfang des 14. Jahrh., (s. v. Sutner, Gew. Münchens, hist. Abhd. der A. 1813, II, p. 541). Durch diese Stelle wird vollends unhaltbar was Lang und Blondeau im 1. Heft ihrer historischen Nachrichten p. 130 behaupten, und Westenrieder in s. Beschreib. von München p. 271 anführt, nemlich: „Als a[0]. 1481 (also zu Ende des 15. Jahrh.) Pabst Bonifacius IX. der Kirchen zu St. Jacob auf dem Anger zu München, vermittels eines Indulti den Ablaß Portiuncula wegen der auf den Berg Andechs gefunden und in das Clarisserinen Closter Anger transferirten heil. Reliquien bis auf die Octav S. Jacobi erstreckt gehabt, und zu Gewinnung dessen sich ein unzehlige Menge des Volks daselbst eingefunden, auch täglich öffentlicher Mark gewesen, so ist endlich ein privilegirter Jahrmarkt dardurch aufkommen, und hergebracht worden, also, daß man solchen von dem Indulto angefangen in Teutscher Sprach Münchner Jacobi-Dult zu nennen." „Zuo sant Michels tult", Münch. St.R., Auer p. 95. „Volkomene gnad zu München", a[0]. 1392; Chron. bey Freyb. I, 171. s. Th. II: Gnad. „Es hat unser h. vater der babst ein gnad und antlaz geben in unser closter gen Anger, die selb gnad alle jar einget und ist an dem achtenden tag nach S. Jacobs", MB. XVIII, 269, ad 1402. Die früher allgemeinere Bedeutung des Wortes scheint noch jetzt manchmal durchzuschimmern:

Z· 'Albm obm is 's lusti',
Is går ållewål *Duld* . . .
Wenn s Dienål kae˜ Iungfrau is,
Bin I nét schuld.

Dés ist e˜ *Tuld!* (ein Spaß, Jucks; Ammergau, Rath Her). Die 3 goldnen Samstagnächte oder Dulden, die zu Aigen am Inn, dem Viehpatron St. Lienhard zu Ehren, gefeyert werden. Landw. Wochenbl. v. 1823, S. 166. „Man fragt dort nit, wie vil er mit Dultprätl, Bratwürst gessen", Balde, Lob der Magern.

2) heutzutage: Jahrmarkt, der ursprünglich durch irgend ein örtliches Fest veranlaßt ist, oder noch jetzt mit einem solchen in Verbindung steht. (In Mexico ist noch heute in jedem Dorf mit der Messe zugleich Markt. Allg. Ztg. Beil. 1850, S. 5577.) Die Jacobi- oder Sommer-Duld und die heil. Dreykönig- oder Winter-Duld in München. Die Veitsduld zu Freysing. Die Johanni- und die Nicolaiduld zu Pfaffenhofen; die drey Dulden zu Amberg. „Ich will ihnen in Botzen dult ein neu schankung verehren", der Dominicaner Muntz in einer Predigt zu Botzen 1591; Cgm. 4576, f. 8. So ist im Spanischen feria, ital. fiera, franz. foire (Jahrmarkt) vom lat. feriae, barb. lat. feria (Feyertag) entstanden; (Diez, Wbch. 145). Das opf. Kirchweih und Kirchtag, das nordd. Kirmeß (Kirch-Messe), das hochd. Messe („VIII. Kal. Aug. quo *missa* beati Jacobi apostoli celebratur", Kemble ad 864. Ze sant Johans messe ze sungihten", alias: „ze sunwenden"; Kopp. s. Th. II: Messe) beruhen auf einem ähnlichen Uebergang der Bedeutung. A[0]. 1373 giebt Herzog Stephan der Stadt Landsperg ein freye Dult und einen zollfreyen Jahrmarkt. Lori, Lechrain f. 72. „Es schol auch der richter umb und umb in einer meil schenchen verpieten auf dem gäw, an alain auff den Tulden", (eine Meile um die Stadt soll nur an Kirchweihfesten ausgeschenkt werden); Traunsteiner Stadtord. von 1375. MB. XVII, 198, ad 1475 geschieht Erwähnung „der dreyr tulttag zw Hochenwart mit nomen zw Sant Jorgentag, zw Sant Peters und Paulstag und zu sant Marteinstag"; p. 205, ad 1477 heißen sie iarmarckttäg. „Das chain gewandhinsneider hie chain gewant versneiden 368
sol, dan zw den rechten tullden und margten", Freys. Stdtb. Ms. v. 1359. 3) a) Waare die man zum Verkauf auf eine Duld (Jahrmarkt) bringt. Dés is heue' mei˜ ganzé *Duld*, I hàb net mere' mitschléppm mögng, sagt der Krämer oder Kaufmann. b) Waare, die man auf einer Duld für sich oder andre kauft. Männer, die zu leben wissen, pflegen ihren Ehehälften, Eltern ihren Kindern, Liebhaber ihren Geliebten, Herrschaften ihren Dienstboten eine Duld zu kaufen. „Dem Richter zu einer dult 6 fl., dem schreiber zu einer dult 2 fl. verehret", Jesuitenrechnung v. 1630; Cgm. 3942, f. 43. Im Cgm. 463, f. 6 werden die Buchstaben des Wortes dult (chramat, kramat) geistlich ausgelegt. „Zu ainer kirweich kaft ein fraind dem andern ain kramat", so soll die Seele Gott ein Kramet kaufen. „Dise monung, die ich zu ainer loblichen gab uud dulde schick und gib, wan ich nit pessers hab, versmahent nit . . ." „Mit dem plumlein vnd würczlein die ich euch sende für die dulde mugt jr ewr sel purgieren." Cgm. 4597 (v. 1455), f. 96. 97.

dulden, ä. Sp., celebrare, feyerlich begehen (goth. dulthjan, ἑορτάζειν, I. Corinth. 5,8; ahd. tuldan, mhd. dulden. Graff V, 421. BM. I, 403). „Quarta decima luna dulde wir Christene unseren ostertach", Windb. Psalter, Ms. saec. XII.; Cgm. 17, f. 3[a]. „Daz ich den heiligen sunnundag nieht so getuldet han so ich scolt", M m. 94. Notk. 107,27. „Tultit die heiligiu chunft unsers herren", alte Predigten, Ms. Monac. „Dirre tach, den ir hiute dultet unde figert, der ist ein vil herre tach, want wir hiute begen der zwelfboten zwaier tult, s. Philips und s. Jacobs", Predigten des Wiener Cod. rec. MMLVI; Hofmann's Fundgr. I, 78. „Drie manode volle tulten si mit vröden die sigenunft. Do bi tult tage alle chomen uz"; Diemer, Ged. 180,8.9. tuldan, agere (diem festum), gl. i. 357—376, (6 mal); tuldante karehida, celebrantes exequias, 843; Kero 17. 44: tuldan, celebrare; 58: tultlih, solemnis.

Die Geduld, 1) wie hchd. 2) eine Art zu fischen. In der wirzb. Fischerord. von 1556 (nicht mehr aber in der von 1766) heißt es: „Nachdem etliche Fischer die Gerechtigkeit der Geduld kaufsweise an sich gebracht haben, derselben Gerechtigkeit der Geduld mögen sie sich in ihren Wehren und nicht weiter gebrauchen."

---

dalfern (dàlfe'n; sieh auch duttern, dalken, dulken), auf eine fehlerhafte Art sprechen, indem man gleichsam die Worte alle auf einmal herauswirft und dadurch unverständlich wird; verächtlich: sprechen. „Wenn der Ministrant das Confiteor verdalfert", (schlecht oder falsch daher sagt), A. Bucher's s. W. IV, 57. Zeitschr. IV, 341.

Die Dulgenz, (Gemeiner Reg. Chr. III, 496, ad 1471) Ablaßbrief, Indulgentia.

---

dalken, 1) mit oder in teigiger, klebriger Materie herum arbeiten (Grimm, Wbch. II, 699. 916. Zeitschr. III, 403,21. III, 131. IV, 338. 443). „Unser frawen mueßen die kue melcken und auch dy kes zusamen telcken“, Rosenplut, Cgm. 714, f. 291. „Vil wend den taig talgen an der h. sampstag nacht“, H. Vintler; Grimm, Mythol. LVI. verdalken, verschmieren, beklecksen. 2) in Verrichtung einer Sache ungeschickt seyn. verdalken, durch Ungeschicklichkeit verderben. dalkend, dalket (dàlkəd), teigig, klebrig, zähe; ungeschickt. dalkig, (Aschaff.) z. B. Brod, Hefəklöſs, nicht locker und nicht unwässerig genug. Der Dalk, des, dem, den, die Dalken, die ungeschickte Person. Kärnt. zmok, Tölpel, Talk; Jarnik 215. Zeitschr. V, 465. VI, 174. Der Dalken, a) teigige, klebrige Materie. Abgeschmalzne Dalken liebt der Steyermärker als Frühstück. Cf. kärnt. wdolek, flacher Kuchen; Jungmann: wdolek vulgo et dolek (genit. dolku); wdolek lity, gegossene Talke, Kuchen, wdolek waleny, gewalkte Talke. In Bayern wird nur eine zu teigig ausgefallene Mehlspeise verächtlich ə˜ *Dàlkng* genannt. D' Nudln sán' ə˜ lauterə' *Dàlkng* worn. R. A. Aus dèrə' Pastêt'n wird ə˜ *Dàlkng*, daraus wird nichts, das gelingt nicht. Si sán' aə˜ Herz und aə˜ *Dàlkng*, d. h. die innigsten Freunde. b) Klecks von Tinte oder Farbe. Zeitschr. IV, 338. 443. Dalkepapier, Fließpapier.

dalken, dolken, dulken, dolkezen, dulkezen, fehlerhaft sprechen, indem man von Zeit zu Zeit ein Wort nur nach großer Anstrengung der Organe hervor-
369 zubringen vermag; im Sprechen den Speichel von sich spritzen, mit vollem Munde sprechen; verächtlich: sprechen überhaupt; (Grimm, Wbch. II, 699). „So lang s' deutsch redt, so stoßt s' mit keiner Zungen an; aber sobald s' französisch redt, so dalkt s', vielleicht ist aber das so ein dalkete Sprach“, Eipeldauer Briefe. „Er hat dalckhezt und die Wort übereinander geworfen wie ein Garnhaspel“; P. Abraham. „Auch sey dermalen seine Zung gar zu schwär und dalcket“; derselbe. E'ppəs dəher *dàlkng*, drei˜ *dàlkng*. dalkend, dalket (dàlkəd), adj.

Dalmanc; „dalmatica, talmanch“ (in der Kirche); Clm. 4350 (XIV. sec.), f. 2b.

Der Delm (Dəlm), Qualm, Betäubung, (s. Dell); nach Gramm. 620 das alte duualm. delmig, delmisch, qualmisch, betäubt, toll (Graff V, 552. BM. III, 160. Grimm, Wbch. II, 1229. 1232: Dolm, Tolm. Zeitschr. III, 193,122. IV, 238,14). „Da will ich jm den geben ein ein tolm in einem süßen wein“... „bringt das glas mit tolm“... „wenn er denn vom tholm auferwacht“ . . . „das tolmdranck“; H. Sachs 1560: III, III, 60b. 61b. 62b.

Der Dolmätsch (Dolmátsch), wie hchd. Dolmetscher (BM. III, 46. Grimm, Wbch. II, 1231). D. v. Plieningen: Tulmatsch. Leonh. Hefft(er), Cgm. 3959, f. 19 (v. J. 1535). „Interpretari, tulmätschen“, Clm. 5387 (v. 1450), f. XIX. Cf. česk. tlumač.

Der Dolp, ein Fisch (Grimm, Wbch. II, 1232. cf. ahd. delban, fodere, wozu lat. talpa; s. oben delben). „Fundula grundel, capo tolpe“, Aug. S. Ulr. 50, f. 2b. „Capo tolpe“, Clm. 4350 (XIV. sec.), f. 2b. „Concha est genus piscis i. e. mültolp“, Clm. 5685 (v. 1412), f. 52. Cf. Diefenbach 99b. „Im Jenner hast mich zu verstôn, dôs dir die Ordnung weist gar schôn, zu fangen die Lachsferchen fein Rutt, Höcht, Dolpen und Bachfisch gemein.“ (Gereimte Fischer-Regel unter dem ersten von 12 sich ähnlichen Gemälden im Schloß Possenhofen am Würmsee). Vermuthlich was der Dol (w. m. s.). Dol, Dolm, Breitkopf, Fisch, der sich besonders in hellem Quellwasser unter den Steinen aufhält; (Baader). Zeitschrift IV, 53.

„dolstá'n, weich, teigig sein. Der Dölstá'ling, weicher, gefrorener Apfel; dölstárát, weich“; Castelli, Wbch. 111. s. dostig.

Die Dám, la dame, im Munde des Volkes meist verächtlich oder ironisch gebraucht, wie's denn auch der Mádám oft nicht besser geht. Grimm, Wbch. II, 702. Aufdámə˜, 1) wie hchd. aufdamen im Damenspiel. 2) fig. Einem aufdámə˜, ihn in die Enge treiben, ihm zusetzen. S. a. Daumen.

dámi dámi! Ausruf der Verwunderung. Vielleicht Ellipse von irgend einer mit: daß mich (dá'mi') anfangenden Betheuerungs-Formel. cf. dásti (daß dich!). Sprüchlein: *Dámi*, *dámi*, schlagt də' Tàttá d' Mámi!

dámə-l, dámál! dámi, lámi! dámál lê lê! so lockt man den Schafen. Das Dámə-l, das Schaf, das Lämmchen, (Pinzgau).

„Der Dammel, der Liebste eines Bauern-Mädchens“, (Nürnb., Hsl.); ami?

dámisch, s. täumisch. Grimm, Wbch. II, 704. 703.

Der Damask, Damast, il damasco, von der Stadt Damaskus so genannt. Damasken, adj. Grimm, Wbch. II, 701. „Damascus, Damasten“, (Stadt); Semansh. 34, f. 192. Ganz verschieden davon ist der Dáməss (– ᴗ), eine Art Unterfutterzeuges.

'Der Damm, wie hchd. (BM. III, 12. Grimm, Wbch. II, 706). dämmen, ä. Sp. temmen, einengen, bezähmen.' „Veint mit veinten temmen schol ein man, der sich wil rechen wol“; d. Ring 48,35 (p. 212). „Den wil ich temmen (tödten?) also bald“; das. 20c,18 (p. 85). „Ich vind, daz all gvangen man mag man temmen (occidere?) ze der geschicht, ob man sich für wârs versicht, daz ir leben schaden tät“, das. 51,16 (p. 225). Grimm, Wbch. II, 700. Zeitschr. IV, 341. s. unten demmen. verdammen, dämmen; Labr. 503—4. BM. III, 12.

„Das Gedäm erhall in Himel“, strepitus armorum ad coelum ferri (coepit), D. v. Plieningen's Jugurtha, cap. 60. „Si seind auch in dem dām dort niden in dem wedl, er hat ain loch im schedl“, Heseloher. „Und sprang bald in des waßers tham“, H. Sachs 1612: I, 980. „Der Jud Jossel sagte aus, es sey bey der Marter des gemordeten Christenkindes in solches Geschrey und Thäm gewesen, daß er nicht gründlich angeben könne, ob die 370
Marter mit Nadeln oder mit Messern geschehen sey“, Gem. Reg. Chr. III, 574, ad 1476. s. dammern, Däum.

verdammen, wie hchd., und noch im b. Canzleystil des 18. Jahrh. für verurtheilen überhaupt (ahd. damnôn, mhd. damnen; Graff V, 143. BM. I, 299. Grimm, Wbch. II, 707). Einen in die Unkösten verdammen. „Ketzer und öffentliche Wucherer, ob sie gleich desselben noch nit verdambt worden“, L.R. v. 1616, f. 344. Daher vermuthlich die R. A.: Das ist deine verdammte Schuldigkeit, d. h. eine dir von Rechtswegen auferlegte Pflicht, und nichts weniger als eine bloße, freye Gefälligkeit von deiner Seite. (ahd. firdamnôn; noch Voc. v. 1429: verdampnen). s. verdumen.

dammern, dampern, (O.Pf.) klopfen, mit den Fingern tippen (mhd. temern, BM. III, 29. Grimm, Wbch. II, 710: dämmern. Zeitschr. III, 525,26. IV, 338. 443. 445. VI, 13. 115,27). „Hammern und Dammern“, P. Gansler. „Da ward getengelt und getemmert, und auf Helm gehämmert“, Horneck cap. 531. 'dammeln (dám'ln), demmeln, dimmeln, dümmeln, klopfen, hämmern, schlagen, lärmen.' „Und hàn *dimmelt* an d' Thürn, ázwann's brinnát in Haus“; Stelzhamer 71. „Und *dámált* had öbbás am G'sims; I schau — Jessás 's alt Mándl — um á Braod“, das. 131. „Steht dá' Taod vor da' Thür *dámált an*“, das. 158. „*Tümeln* will I drein, als wenn dä' Feind da wär'“, Loipperl, der eine Büchse hat, bei Jodels Hochzeit; Lindermayr 121. „Flux höràt I *timmeln* und schoissen“, das. 133. Das Getemmer, ä. Sp. (mhd. getemere; BM. III, 29. Grimm, Wbch. II, 700.), Getöse, Lärm. „Mit zangen und mit hamer triben si ain groß getämer“, Oswald, Cgm. 719, f. 33a (Ettmüller, Vers 2078). „Des tämers des ward gnuog und vil“, d. Ring 8b,34 (p. 29). „Des ward den andern allen daz tämer missevallen; seu hietin gerner gschlaffen“, das. 10,36 (p. 37). „Ir tämer ward so ungeheur“; das. 54b,14 (p. 241). „Der schlosser schwingenhamer was auch in disem tamer“ (Rumor); Mich. Beham, Wiener 14,7. „Pirbamer, der wart mit dem getamer gevangen in demselben gsloß“, das. 293,27. „(Sie) ging hin sunder tammer selbander in die kamer“; Altswert 216,17.

verdammeln, s. täumeln.

Der Daumen, Daum (Dámə˜, Dám), der Daum; (ahd. dûmo, genit. dûmin; gl. i. 502; mhd. dûme. Graff V, 140. BM. I, 403. Grimm, Wbch. II, 845. Zeitschr. IV, 239,7,3). R. A. Dà get mə' də' *Dámə˜* für, oder Dà kà˜st mər au'm *Dámə˜* reidn, daraus wird nichts, ich will nicht. (Durch diese R. A. wird eigentlich nur der Gestus des Feigezeigens erklärt, den sie gewöhnlich begleitet; s. Feigen). Den Daumen rüeren, Geld ausgeben, zahlen. Zeitschr. IV, 143,380. Den Daumen rüeren können, (Tir.) bei Kasse seyn. Auf den Daumen kaufen, (Tir.) auf Credit. Einen kranken Daumen (d. i. kein Geld) haben. Einen mit ə˜n féstn *Dámə˜* bitten, ihn mit Geld bestechen. Daher vermuthlich der Ausdruck: Einem aufdámen, ihn durch Bestechung blind machen. Die R. A. Hält 'n *Dámə˜* fést, das I ə˜ Glück hàb, scheint auf einen alten Aberglauben gegründet. Grimm, Wbch. II, 848,3.

Die Daum-Elen, (Lori, Brg.R.) die Länge eines halben Ellbogens; nach Wstr. gl.: eine halbe Elle. Grimm, Wbch. II, 851. Die Daumel ist abgebildet im Cgm. 1203, f. 138. „Setz deinen Arm auf den Ellenpogen gerad übersich, das haist man ain daumel und ist etwas wenigs mer als ain halbe Wienisch elln“; das. „vii Dawmelln vnd ain Spann ist ain Perkklaffter“, Lori, Brg.R. f. 60. Nach der salzämtischen Holzmäßerey machen 18 Daumel ein Rachen, 30 Rachen 1 Schilling, 8 Schilling ein Pfund.“ Flurl, Bschrbg. d. Gbrg. p. 141. „Soll vij liecht (zur gulden Meß) haben yechlichz als ein dawm ellen“; Clm. 9744, f. 288. (Cf. gl. a. 122: uncia, thummali; isl. thumal-alin, ulna a cubitu ad pollicem. Graff II, 716). „Zweier gedumter eln lanc“ sind die Pygmäen nach dem Straßb. Codex der Weltchronik. „Wan er (der arbor paradisi) ist sô schœn, daz seineu pleter an der leng ain daumeln habent und an der prait ain halb daumeln“, Konr. v. Megenberg 313,2. „Daz päumel (mirtelpaum, myrtus) wechset zwair daumeln lang oder dreir“, das. 332,1. u. öfter. „All (als?) vil pogeneln mit dem daumen von dem örtrich biß an den himel 309375“; Cgm. 379, f. 215. Vrgl. oben, Sp. 60: Elen. „Ainen aichinen stab, der ainer daem ellen lang ist“; Heumann, opusc. p. 233. „Da Moyses sach des rises zweng, zwainczig daum eln was sein leng“, Mich. Beham, Cgm. 291, f. 131a.

Das Daum-Maß im Leinwandkeller zu München, nach welchem bey der Elle ein Daumenbreit zugemessen wird.

Der Daumnagel. Den Daumnagel mit öl sengen, segen (segnen?), Aberglauben; Cgm. 234, f. 153 und 523, f. 233.

Der Daumring, ä. Sp. „Der kayserlichen Majestät dawmring in gelb wags eingedrugkt“, MB. XI, 487, ad 1497. „Mit Urkund des Briefes, den Wir ihnen geben mit der edeln ꝛc. N. N. eignen fürgedruckten Insiegeln und Daumringen verfertiget“, Kr. Lhdl. XV, 14. „Es sey bey allen Kaisern und Königen löblich herbracht, daß sy in großen dapffern sachen jr bestättigung den Canzlern oder den Siglern allein nit beuelchen haben wollen, sonndern jre Daumring, die sy täglich an jren fingern getragen, zuerukh auf das Sigl gedrukht und unten zu ende des briefs jr handzaichen geschriben“, Ldtg. von 1514, p. 149. Grimm, Wbch. II, 852.

Der Däumling (Däumeling, Dáməlin'), 1) die Daumfessel, Daumschraube, das Daumeisen. 2) der (nicht Hand-, sondern blos) Daum- oder Fingerschuh; 3) der Kipfstecken am Wagen, (Hauser). Hans Däumeling, sehr kleiner Mensch. Ein altes, sehr beliebtes Märchen fängt also an: Es is ə˜ Màl ə˜ Bauə' gwé'n, und dêr 371
hàd ə˜n Su˜ ghàd, und der hàd *Hans* haess'n und is nét grêssə' gwé'n, àls ə˜ starkə' *Dámə˜*. „Den hat sein Vater, wenn er zur Arbeit fuhr, ins Ohr seines Ackergaules gesetzt, von welchem Standpunkt aus er seine mancherley Schwänke u. Abenteuer gespielt“; H. v. Lang, Memoiren I, 34. Zeitschr. IV, 358,7. Grimm, Wbch. II, 850 f. Mythol.2, 420.

däumeln (dáməln), mit Daumschrauben foltern und quälen; mit Daumeisen fesseln, binden. Grimm, Wbch. II, 851.

Der Daum, Daumb, Taum, was zum Feststopfen dient, le tapon, tampon; (Grimm, Wbch. II, 844 f. Diez, Wbch. 341). „Ladt erstlich die khugel fein sauber aus dem stukh und den Daumb oder fürschlaag, der auf dem Pulfer ist“, Feuerbuch v. 1591, Ms. „Wan du dein Stukh also Ladest, so thue alweegen ain Daumb Heye auf das Pulfer, unnd dann die khugel darauf“. . . „wann du mit deinem Stückh über Lanndt sollest rhaisen, so ladt auch ain Heye das ist ain Daumb auf die khugel, auf das die khugel nicht herauß khünde khommen.“ „Zeuch mit dem Daumbziecher den Daumb heraus.“ „Wan khraut Lott und der Daumb in der Püren ist.“ „Seetz ain Daumbstöeckhlein auf.“ „Deine zween Daumb.“ ibid.

daumen, verdaumben, stopfen, feststopfen, verstopfen, taper. „Ladt die Püren und verdaumb die khugel mit alten Hadern, Heye oder Stroo gar woll.“ „Daumb die khugel fein mit ainem Sayl, das mit War zuvor gewüret seye“; obiges Feuerbuch. „Ain wand für dein augen, ain schloß für deinen mund, laß deine oren verdamen, so wird dein sel gesund“, Cgm. 809, f. 51.

Dâum (Dâm, Dám), Dampf, Qualm; (goth. dauns, ahd. daum, toum, mhd. toum. Graff V, 140. BM. III, 60. Grimm, Wbch. II, 844. Zeitschr. III, 193,122. IV, 340. Gesch. d. d. Spr. 1022 vergleicht griech. θυμός. Sollte ags. stêm, steam, engl. steam, holl. stoom — also = stoum —, Dampf, dazu stimmen?). Castelli, Wbch. 103: der Daim, Dunst, (Druckfehler: Durst. s. Tschischka in den Beitr. z. Landesk. Oesterreichs u. d. E. II, 172).' „Astriza unt wichpom habent ouch süzen toum“, Diut. III, 48. „Get ir der toum in daz houbet“, Cgm. 92, f. 3. Vrgl. unten täumisch. Daum, vapor, gl. a. 121. 390; fumus, 259. Doamwint, (VII Comm.) dicke, warme Luft. dæumen (dämen, dámə˜), dæumeln (dämeln, dámln), qualmen, dünsten; nach dumpfer, feuchter Luft riechen (ahd. daumjan, toumjan, mhd. toumen. Graff V, 141. BM. III, 60. Grimm, Wbch. II, 851. Zeitschr. IV, 340. II, 244). Dà *dámts*. Doumon, vaporare, gl. a. 690; vaporabat, doumta, gl. i. 545. dämen, anlaufen (wie Glas, Spiegel ꝛc.). Cf. isl. thama, egelidari. dämalanten, (Gastein, Mesnil) nach Däm, Feuchtigkeit, schmecken oder riechen.

dæumig (dämig, dámi'), qualmicht, dumpfig, feucht. „Der Domachtl, der Dampf in einer Stube, wo Öl oder Unschlitt brennt“; Castelli, Wbch. 112.

Daumengen, (Tir.) wilde Bohnen. Grimm, Wbch. II, 852.

demmen, dämen, bezähmen, nieder-, zurück-halten, hemmen. Dämen, domare; Voc. v. 1618. „Demen, zemen, maystern, niderdrucken“, Av. Gram. „Alle Irrung niederzudrucken und zu dämmen“, Kr. Lhdl. III, 56. Demmen und hemmen. Solle nit dein unschuldigs Bluet demmen und löschen dise Gluet“, geistl. Schaub. v. 1683. Gl. a. 434: fartemnan, extrudere; i. 548: pitemman, occupare. Graff V, 423. Vrgl. oben der

Damm; dann Zeitschr. V, 37,112: dommen; tummeln (domare equos) und dâuben.

demmen, prassen, schwelgen (Grimm, Wbch. II, 709. Zeitschr. IV, 341). Temmen und schlemmen; Av. Chr. „Mit Fullerey das sein verdempt." „Prassen und schlemmen, huren, spielen, feyren und temmen", H. Sachs. Der Demmel, Demmer. „Haəsst glei': və'suffnə' *Demməl!*" Volkslied. „Er wär ein Schlemmer und Demmer", P. Abraham. Vrgl. Dámpes, Dampf (Rausch).

„Demut, Demant, adamas"; Nomencl. 1629, p. 199.

Dimmerlstag, s. Nimmerlstag.

Die Diemuet (De~əmuəd), 1) wie hchd. die Demuth (von Seite Niederer gegen Obere); mit einem misbilligenden, verächtlichen Beywort: bucklete Diemuet. 2) die Herablassung (von Seite Oberer gegen Niedere). „Demut der Hauptleut." „Herzog Ludwig im Bart war ein
372 demüthiger Fürst gegen den Armen, aber gegen andern Fürsten etwas stolz", Av. Chr. 76. 514. „In êre siner deumüte, daz er (Gott) durch uns geruhte geborn werden", Clm. 4616, f. 53. 'Auch als weiblicher Eigenname ist Diemuot gebräuchlich; vrgl. Förstemann I, 1157.' „Ich Nycla der Nötleich, mein hawsfraw Diemuet vnd all vnser eriben", Innviertel, 1385; Cgm. 3941, f. 41. Ich Hainrich von Tesenhawsen, mein hawsfraw Diemuet, 1389, das. 56b. „Von Diemuten der Grebnerin", das. 234. „Fridrich der Mawrer vnd Diemut sein hawsfrau", das. 242. S. das Primitiv Deo (davon: ahd. deomuotî, mhd. diemüete, diemuot, dêmuot, fem. Graff II, 697. BM. II, 259. Grimm, Wbch. II, 920) und dienen.

Der Dominê, der Pater, (im Reim auf „nit wê"); Cgm. 379, f. 108. 109. Grimm, Wbch. II, 1235.

dumə~, (cfr. Gramm. §. 613) düngen. Der Dumə~d, Dumet, oder blos der Dum, der Dünger. Zeitschrift III, 100. Schon Wackius 1713 hat die Form Dumet. S. Dung.

verdumen, verurtheilen, verdammen, '(mhd. vertüemen, von ahd. tuomjan, mhd. tüemen, vor Gericht ziehen; aus goth. dôms, ahd. tuom, Urtheil, Gericht. Graff V, 334 ff. BM. III, 133. s. unten abtüem).' „Wie er (der im Grab gelegene) auch den bösen geist do sech in aller seinr gestalt, das er besorget, gots gewallt würd genczlich in verdümen do"; H. Folz. „Dem er gar hoch sein gnadbrief rümbt, wie er könt werden nicht verthuembt, sonder het gewis das ewig leben"; H. Sachs 1560: II, IV, 117a.

dumm, wie hchd. (goth. dumbs, ahd. tumb, mhd. tump. Graff V, 425. BM. III, 129. Grimm, Wbch. II, 1510. Zeitschr. IV, 441). In der mittlern Sprache kommt es oft in milderm Sinne für blos unbesonnen, vermessen vor. „König Pipin in Gasconien, der ein unrüwiger, thummer und vnbesunnener Fürst war", Av. Chr. f. 341. Im hchd. dummdreist (Grimm, Wbch. II, 1515) ist wol dieses die eigentliche Bedeutung der ersten Hälfte. Cf. ä. Sp. tumpmilt, prodigus, And. 48, f. 144. Ind. 392, f. 23; tum milt, Cgm. 658, f. 24¾. BM. II, 171. ahd. tum, tumb, hebes, brutus; tumplih, absurdus. Kero giebt 6,4 das lat. obmutui durch ertumbeta, (cfr. Ulphilas Matth. 9, 33 und „den tumben det er sprekenten", Georgs L.). Gl. i. (Numeri, 14, 44) steht auf contenebrati, 1014 auf dementasset: pitumpta; gl. o. 281: dumbicen, desipere. Das End-b (p) der alten Sprache hat der Reim noch erhalten im Sprüchlein: Wie krümpə wie *dümpə'* (cavete a signatis). Dummbach, Zeitschr. VI, 120,61.

'dummeln, dümmeln, dummern, dumm (abgestumpft, unkräftig verdorben; Grimm, Wbch. II, 1511,8) werden oder riechen und schmecken. Zeitschr. III, 193.' „Altes tümmeltes getraidt, erstickte mehl", Dr. Minderer p. 64. Vrgl. dimper, dumper.

verdummeln, verwirrt, sinnlos, dumm machen. BM. III, 130: vertumben, betumbeln. „Das sie vertummelt waren und flohen hin und her." „Die meng des volcks also groß war vertummelt gar seer." „O du vertummelter Hayd", sagt David zu Goliath; Reime v. 1562. „Gott soll mich schlagen mit Vertümlung des Herzens", Judeneid, in der Samml. bayreuth. Verordd. Cf. schwed. domna, betäubt werden, erstarren. S. a. täumeln und tummeln.

---

dämpern, s. dammern.

Der Dámpəs, der Rausch, die Trunkenheit. Das Prompt. v. 1618 hat „Tämpes, stolidus, stupidus, stupor." Zeitschr. III, 103. Vrgl. Dampf u. demmen.

dimper, dumper, 1) dumpf. „timper, fusca vox, coccus sonus", Prompt. v. 1618. 2) düster, dunkel; (ahd. timbar, timber; timberriû uuolchen, Notk. mhd. timber, timmer. Graff V, 428. BM. III, 37. Grimm, Gesch. d. d. Spr. 336. Wbch. II, 1152. 1522. Zeitschr. III, 532,65. IV, 99. 445. VI, 31). „Ich wünsch auch, das im nicht erschel an dem geiaid sein horn, vnd es den hal hab verlorn, das es werde timmer vnd das er gesehe nimmer wildes wenig noch vil", Cgm. 270, f. 119 u. 379, f. 85. „Die Nachtlampe des Canzlers, dumper wie seine Stirn", Nagel's Bürgeraufr. von Landshut, p. 120. „Die Diamand seynd tumpere Glasscherben gegen ihren Augen." „Wenn ein tumperer Nebl in ein schön glanzende Wolcken verkehrt wird"; P. Abraham. „Wann's *dumpə'* wird, grechtelst di' zsam . . . und dusmé is's wor'n"; Kaltenbrunner, oberösterr. Jahrb. 1844, S. 222. bedumpen, dumpfig, finster; Firmenich I, 338,19. Die Dumper, Dumperé, Dumpern, die Düsterheit, Dämmerung, (Notk. 17,10: caligo, timberi). 'dumpern, finster werden, dämmern.' „Überall *dumpert's*", (ist's dunkel), Reizenbeck I, 132. verdumpern, verdüstern, verdunkeln, (Notker 68,24: iro ougen betimbereen, obscurentur oculi eorum). „Seine von hohem Alter bereits vertumperte Augen", P. Abraham. cfr. gl. i. contenebrati, pitumpta; gl. a. 74: demar, crepusculum. 'Vrgl. hchd. dämmerig, dämmern, Dämmerung u. Zeitschr. IV, 330,16.'

Der Dümpel, Dünkel, (Ir.).

'dümpeln, dumpeln, dummeln, stoßen, rühren, umrühren; Grimm, Wbch. II, 1522. Die Dümpel, feminal und (verächtl.) femina.' Mei~ *Dumpə-l*, is gschert. „Schaw die nackende tümpel, was sie über ir scham gespannen hat!" Buch d. W. 1485, p. 72. 'Dumpelfaß, Rührfaß; Grimm III, 1522.' „Des Birgsöhners (als Purgazbereiters) Apotech ist ein Melckkübel, und sein Mörser ein Dumpelfaß"; Dr. Minderer, 1620, p. 54. fig. feminal. „Und sy hat ein beschyssen dümpellvas daniden bei irem ars", Cgm. 714, f. 291. 'Die Dumpelmilch, Buttermilch; Grimm, Wbch. II, 1522. „Lac serosum, Riermilch, Dumpelmilch"; H. Junii Nomencl., Augsb. 1629, p. 53. Zeitschr. IV, 441. 'Vrgl. der Dumpf, Dümpfel u. tummeln.

dumpətiə't, dumpətiərli', (Kitzbühel) wohlauf.

Der Dampf, 1) wie hchd. (Graff V, 141. BM. I, 331. Grimm, Wbch. II, 714. Unsern Grimm, Gesch. d. d. Spr. 231 f., führt Dampf auf skr. tap, calere, cremare, tepere, slav. teply, tepidus; auf τάφος, ursprünglich = bustum, τέφρα, cinis, templum, heilige Brandstätte, die alte Tanfana). 2) verächtlich: der Athem. Aə~n druckə~, dás eəm də' *Dampf* ausgêt.
Der Dampf der Pferde ist schwerer Athem, Engbrüstig- 373
keit. „Für dem Dampf am Hertzen, das ainem der Attmb schwär ist", Cgm. 3721, f. 44. „Swer den tamphen habe (alias: temphich sei); Furstenf. 121, f. 170. Grimm, Wbch. II, 715,7. Zeitschr. V, 53. VI, 58. sieh unten dempfen. 3) Betrunkenheit. „Die Himmelträger bey der Fronleichnamprozession erhalten ein Tämpfl und Müthl auf Kosten der Stadtkammer, (1427)"; Eos

1832, p. 376. Zeitschr. IV, 341. V, 69,50. (vrgl. Dämpes). Unklar ist das Wort in Phrasen, wie folgende: „Arbeiten möchten sie nichts, aber ganze *Dámpff* voll Fréss'n sollte man ihnen vorsetzen", (b. W., Obrm.). S. dämpfen. Einem ə˜n *Dampf* anthun, einen Possen, Schabernack spielen. „Weil ich hiebevor demselben ort vil Dampfs angethan"; Simpliciss. v. 1683, p. 396 (v. 1669, p. 355). Grimm, Wbch. II, 715,8. s. dempfen (würgen). Im Dampf bleiben, zu Grunde gehen, zu nichte werden. „Treg sich dann zu, das ain Pfarrer oder Anndere Priester nach Irem absterben was vbrigs hinderlassen, So reissen und bringen es die weltlichen nachgesetzten Oberigkhaiten inn Ere Hanndt, lassen derselben Creditores, erben unnd anndere, dennen es Billich zustennde, hinnach lauffen, geben Inen für Bericht vill dag vnnd für beschaidt Gerichtz Cöfften vnnd anders hoch genueg Bezallen, unndt wierdet die sach so lanng aufgezogen, bis offtmals die gantz verlassenschaft jm dampff bleibt", Landständ. Gravamina v. 1579, Ms. Die Dampf-Nudel, in städtischen Küchen aus Weizenmehl mit Hefen bereitet, und auswärts als bayrische National-Leibspeise berufen, heißt im Lande selbst gewöhnlich: Aufgegangene (auf'gangənė) Nudel. Die gemeinere, eigentliche Dampfnudel wird aus Roggenmehl mit Sauerteig gemacht. S. Dempf-Nudel.

Das Dämpflein (Dámpfl), der Sauerteig. Wien: Sauerdämpfl, Sauerteig. Zeitschr. IV, 194. 's *Dámpfel* gêt, der Teig gährt; fig. es ist eine Schwangerschaft erfolgt. andämpfeln, mit Sauerteig anmachen, säuern, einsäuern; figürl. schwängern. 's Broud mues nàch'ng *A˜dámpfln* gê˜ (gähren).

dempfen, 1) wie hchd. dampfen und dämpfen. Zeitschrift IV, 341. VI, 418,19. \`2) schlemmen, schwelgen. Grimm, Wbch. II, 717.´ „Dempfen, im Luder ligen, compotare, epulari", Prompt. v. 1618. „Sein Vermögen verdämpffen", ibid. s. demmen. Der Dempfsack, ä. Sp., Magen. „Allez, daz unser erbeit zesamen bringet naht und tach, das swendet aleine dein tempfsach", Renner 9711. 9759 (der tempfelsach). 22775. Dempftal, scherzh., der Bauch. „Den slunden dinet manic missetat, vnd ist sin reich doch so gar smal von durchlazze abe gen dempftal"; das. 10097. 3) an Engbrüstigkeit leiden, ersticken. Grimm, Wbch. II, 716,2. „Seit dem han I 's *Dempfen* und 's Keuchen und 's Kempfen, 's Herz togäzt und d' Löbern schnurpft ein." Lindermayr 174. \`4) ä. Sp., dumpf, düster, stumpf werden.´ „Ze förben das hirn, so werdent di augen lautter, noch timphent nicht die sinn"; Altm. 26, f. 186b (1340 circa). \`BM. I, 331: dimpfe (dampf, gedumpfen), dampfe, rauche.´ „Riechen er began als ein hus das da timpfet und wirt enzündet an", Rosengarten 2055.

Der Dempf, Speise von gedämpftem, (gedünstetem, gestoftem, etuviertem) Obst; z. B. Äpfeldempf. VII Comuni: timpfel-prant, geschmort („gedempft") Fleisch.

Die Dempf-Nudel, U.L. Nudel in Form eines Laibleins, mit Sauerteig angemacht und in Milch gekocht, entgegengesetzt der mit Hefen angemachten oder Gerbennudel. (Baur).

dempfen Einen, (ä. Sp.) ihm den Athem benehmen, ihn würgen, ersticken. (Gl. a. 347: temphit, suffocat; Tat., Matth. 18,28: thamfta inan, suffocabat eum; ardemphan, firtemfan, pidemphan, gl. pass., sugillare, necare; ardempant daz wort, suffocant verbum", Matth. 13,22. Wiener Fragm. Cf. Zeitschr. VI, 58. „Bedamfter Husten", wirzb. Verord. v. 1709. „Wider dem husten und dem tampfen", Cgm. 592, f. 31b. Verdempffen Einem das Waßer, des er zu einem Mühlwerk benöthigt ist, es ihm entziehen, MB. XXV, 441. 443. dempfig, drückend warm, schwül (s. töbig); von Pferden: engbrüstig. Sieh oben: Dampf anthun. Die Dempftur, ∪ -, Dämpfung musicalischer Instrumente.

Der Dumpf, öfter: der Dümpfel, besonders tiefe Stelle in fließendem oder auch in stehendem Wasser. (Graff V, 428. BM. III, 130. Grimm, Wbch. II, 1523. 1525. Mythol.[1], p. 419. Zeitschr. IV, 190. 441). Der Raddumpf, Tiefe, welche das von allen Fludern mit Gewalt schießende Wasser ausspült, (Popowitsch). Die Stelle, wo sich bey Passau der Inn in die Donau ergießt, und wo 374
sich die Lendstatt befindet, ist bey den Schiffern schon seit undenklichen Zeiten unter dem Namen des Dümpfels bekannt; (s. Lori, Brg.Rcht.). „In einen túmpfel grundlos", H. Sachs 1612: II, II, 198. „Puteus aquarum viventium, ein tumphel der lebendigen wasser", Clm. 12723 (v. 1417), f. 79. Gl. a. 398: tumphilo, gurges; tümpfel, gurges, sturm, Voc. v. 1445; poln. topiel. „Caribdis, eyn dumpfel", Voc. Melber. Englisch: a dimple (Grübchen) in a lady's face.

Der Dumpfel, Dümpfel, (Nürnb., Hsl., Schllr.) gefüllter Schweins-Magen; Blutwurst; dicker Mensch. s. unten Düpfling (welches im Original Dümpfling heißt).

---

dan-hin (dàni, dà˜hi, dà˜i, ́ ∪), adv., im frühern oberd. Schriftgebrauch, hin-dan, hinweg, weg. Gê *dàni*, tuə s *dà˜i*, geh weg, thue es weg. „Weyt hindan (weit davon) ist für den schüß gut", Thewrdank. hindankomen, wegkommen, Kr. Lhdl. XVIII, 227. hindan setzen, seponere; Lori, Brg.R. 272. „Hindan von den liuten verre"; Wernher's Maria p. 22. Mehrere hieher gehörige Stellen sieh bey Adelung, welcher sein, dem voran entgegengesetztes hintan unter letzterm Artickel mit hin-dan vermengt. Die ahd. Sp. hat als Zusammensetzungs-Partikel mit Verben und Substantiven das einfache dana (thana duan, thana slahan, thana snidan; thana faran, thana gangan; dana neman, dana cheren, thana trip ꝛc.); als selbstständiges Adverb aber (nach der Analogie von uf-ana, uz-ana, in-ana ꝛc.) dan-ana, apocopiert dana-an (Kero), thanan, contrahiert danna, dannan für hino, inde, (noch lebendig im auch hchd. von dannen) und relativ für unde. (Graff V, 42 f. 50. BM. I, 302. Grimm III, 173. Wbch. II, 746). nà' danə˜, (b. W.) nach u. nach. vo˜ də danə˜, (O.Pf., b. W.) weg, fort. Sollte dieses thana noch der gothische Accus. für hunc seyn? Es ließe sich wenigstens diese Adverbialform als eine Ellipse für thana wig denken, so wie gegentheils in den Formeln: weg, nord. bort statt brot, braut, ital. via, das bloße, Weg bedeutende Substantiv geblieben ist. Die unter an versuchte Auflösung in d'an fällt damit weg.

dann (in der mehr gebildeten oder geschriebenen Mundart), 1) wie hchd. 2) für denn, (nam, quam ꝛc.), an welchen Gebrauch sich gewissermaßen auch der relative des alten dan, thanne für quum, cum, quia anschließt. Graff V, 44. BM. I, 300. Grimm III, 167. Wbch. II, 740. Zeitschr. III, 226,5. V, 267,2,1. Es hatte dies auf die Zeit weisende Element wol dieselbe Entstehungsart, wie das vorige, auf den Raum oder Weg hindeutende. dann, distributiv statt und bey Zahlen: „Vier dan dreizzig meil von der Stat", Wstr. Btr. VI, 112, ad 1370. immerdann (immə'dà˜; Baur. O.L.), immerdar, immerzu. dannoch, \`ä. Sp., damals noch, noch zu der Zeit (Graff V, 50. BM. I, 301. Grimm, Wbch. II, 748); dannoch, ad huc; Cgm. 553, f. 103. dannocht, Labr. 426. 502. Grimm, Wbch. III, 749. dannichst, noch; Cgm. 1279, f. 175a. Vrgl. annoch ('annoch?), Grimm, Wbch. I, 418. s. dennoch.

Dähne, (Zir.) Dämmerung.

Das Dänlein (Dánl), cervus dama, das Damwildpret, Dämlein, Damthier (Grimm, Wbch. II, 702. 703. 706); česk. daněk, daněl. Landau (Beitr. z. Gesch. d. Jagd, p. 264) glaubt das Danwild (Dähnen, Dehn) nach dem Lande der Dänen benannt, woher es zuerst (im XVI. Jahrh.) bezogen worden. Der Dänlbok, Dambock, Damhirsch, il damo, le daim (Diez, Wbch. 605); Tannbock, ansp. Verord. v. 1772. „Unter

die niedere Jagd gehören Thändl, Rehe, Füchse, Haasen und Dachsen", Wagner, Civ. u. Cam. Beamt. II, p.
375 269. „Wenn euer Sohn einen Jäger abgibt, und mehrer Dienl als Denl in's Netz bringt . .", P. Abrah. „Donl, dendl, platoceros, habet lata cornua, Alpes mittunt", Avent. Gram. „Damula, demzel"; Asp. 49, f. 8b. Die a. Sp. (gl. a. 426. 512. 653. i. 1167 ꝛc.) hat taamo, tâm, tamili. Graff V, 422. BM. III, 12.

Der Dánlmå? „Und dá' *Dánlmå* hàt a dö Tremá"; Kartsch II, 105.

Der Daun (Baur), Doan, Daən (Zillerth., Tir.), die große Hanfnessel, galeopsis tetrahit L. cfr. allenfalls Voc. v. 1420: du=dystel, lacticella.

daun·ln und maun·ln, langsam seyn; Hammer=Purgst., Wiener Jahrb. CXX, 111. Castelli, Wbch. 199. 'Der Daundálaun, ein langsamer Mensch; Castelli, Wbch. 106. Tschischka 174.' „Dä' Kellnä' wär ä nichtigs Ding, ä *Daundelaun* di Kellnering", Lindermayr 194. s. Tau~dərlau?

'dênen, wie hchd. dehnen (ahd. denjan, mhd. denen. Graff V, 144. BM. I, 311. Grimm, Wbch. II, 902).' *dé~ln, ummədé~ln*, „dehnen, trainieren, sich der Arbeit entziehen"; ObrM.

denn, wie hchd. (Graff V, 44. BM. I, 300. Grimm III, 167. 281. Wbch. 945), und auch für das hchd. dann verwendet. I trink' nét, *denn* (außer) əs dürst' mi', (ObrM.). Kaə Schlàg umesunst, *denn* ə' get də'nébm. Vrgl. Zeitschr. IV, 553,1. Grimm, Wbch. II, 746,6 u. 949,3. R.A. Wàs *denn*, (-ᴗ)? ey freylich, das versteht sich.

Dennoch, dennocht, (dennə', dennəcht, dennə't, dennəst, dengə~, dengət, dengəst, denigə~, dengə'n, denichə~, de~cht, decht; Kaltenbrunner: deant, deə~t; Stelzhamer: dert; Reizenbeck: dernt; r = ə. Zeitschrift I, 290,9. III, 173,149. 184,12. 186,54. 239,93. IV, 340), dennoch, denn doch. „Das Gernhaben, meine lieben Leut, das ist schan *dert* á rechte Freud"; Stelzhamer 85. „Ha, scham di' *dert*"!, das. 108. „Awa' freun thuət mi' *dert*", das. 120. In der Komödie von 1720—40 im Cgm. 3805, f. 148—155: dient, dennoch. dennig, Cgm. 1279, f. 135a. D. v. Plieningen hat für doch, dennoch in der Regel dannocht. „Aber damit dannacht ir kain Ungelimpf zugelegt wurdt", MB. IX, 309, ad 1497. Die a. Sp. hatte, umgekehrt, noh thanne; s. dan.

Der Dener, s. die Dern.

Das Deənl, Deə~l, Deənə-l, Deonál, (Gram. 885) neben dem, nicht ebenso allenthalben landüblichen Mädl, der gewöhnliche Ausdruck für Mädchen (s. Diern); obschon nach Gram. 550 fast eher eine ursprüngliche Form ohne r zu suchen wäre, jedenfalls, wie das angels. theov=en, thyv=en und selbst das alte thiorna, aus Diu (w. m. s.) gebildet. Doch ist wegen des folgenden Deinl auch das angels. thinen (ein Fem. zu Degen) zu vergleichen. cf. Magedîn unter Magd.

Das Deinl (Dei~l), geringschätziger Ausdruck für junge Weibspersonen, die für das äußere Ansehen, das sie haben oder sich geben wollen, zu wenig eigentliche Brauchbarkeit besitzen. Nach Gramm. 142 könnte die eigentliche Form auch Dainlein seyn. „Mein kugelrunds *Daindl* föllt ma' glei' um án Hals", Stelzhamer 116. Cf. Cgm. 74, f. 136: „Wan diu sel diu frawe ist und daz vleisch diu dein ist." „Hin zu meiner geminnten Dau", Cgm. 291, f. 61a. Castelli, Wbch. 117: das Duan, eine Weibsperson im verächtlichen Sinne; z. B. a z'wida's *Duan*. Vrgl. Dänl, Deenl und Dönlein.

dienen, (deənə~, deə~n, opf. dêin), wie hchd. (ahd. deonôn, dionôn, mhd. dienen. Graff V, 91. BM. I, 368. Grimm IV, 615. Wbch. II, 1103. s. Deo).

dienen und eindienen, als Feudal=Abgabe entrichten. Getreid, Butter, Schmalz, Hühner ꝛc. ꝛc. dienen oder eindienen. Die Fischer zu Regenstauf „dienten Fische auf den Tisch" der dasigen fürstlichen Schlösser; Kr. Lhdl. I, 236. Wol nur in solchem Sinne sagt der Österreicher, daß die Henne ihr Ey dient (legt). „Maini Hend·ln fàngan schon àn z' *deaná*", Castelli, Wbch. 107. Zeitschr. V, 512,19. „In Bayern gibt es Bauern, denen widter andtere Bauern Kuchelgefäll und andters eindienen müssen. Wan diese eindienent, so sitzt der einnembende Bauer mit einem zu diesem act expreße gewidmeten sameten Heubel auf seiner Bankh in der stuben, umb den Herrn recht zu spillen", Notata des v. Bodman, Ms. v. 1716. Ein überdientes Guet, das mit zu vielen Feudalabgaben belastet ist. Urbargebrauch p. 29.

aufdienen, (HhE.) wie im Hchd. aufwarten. Grimm, Wbch. I, 633. Dà kàn I nét *aufdeənə~*, hierüber kann ich nicht Bescheid, Nachricht geben; vielleicht urspr. statt: dar auf kann ich nicht dienen. s. Gramm. 1015. Cf. MB. X, 157: „Und sol man den Herrn des selben tags dienen mit Wein und mit Kost", d. h. ihnen aufwarten.

bedient seyn, (Ldtg. v. 1669, p. 76. 172. 233) 376
im Dienste Höherer, namentlich des Landesherrn stehen, bedienstet, angestellt seyn. Der Bediente, 1) wie hchd. 2) ä. Sp., der Angestellte im Staatsdienst, der Bedienstete. Grimm, Wbch. I, 1231 f.

„erdienen, serviendo parare", Prompt. von 1618. „In der Woche Kunegundis hat M. Martein mit Abbrechung der Synagog erdient sechs Tag", Regensb. Baurechnung v. 1519. Grimm, Wbch. III, 772.

verdienen, 1) wie hchd. 2) ä. Sp. a) als Lehenhold einem Lehenherrn ein Gut verdienen, ihm davon die betreffenden Abgaben (Gülten) entrichten, es verzinsen. „Swelich Pawr auf ainem gut sitzt, das er ainem Heren verdienen muß", B. L.R. Ms. cf. Ref. L.Rcht. von 1588, fol. 113. MB. X, 162. „Der Freystifter reversierte sich, den Hof jährlich zu verdienen, d. i. die Gilt davon zu geben", Zirngibl, Hainspach p. 287. b) in Bezug auf die Reichnisse (Gülten, Zinsen) selbst, sie geben, entrichten, verabreichen, (eindienen, dienen). „Darnach sol ewichleich alliu Jar an meinen Jartag dem Convent verdient werden ain Pfunt Pfenning", MB. IX, 204, ad 1369. „Alliu vogtrecht der egenanten Hof, die uns ze Niuwenburg auf unsern Kasten verdient worden", MB. IX, 174, ad 1336. „Item mehr gnäd. Herr, will uns der Jägermeister nicht vergönnen, die Krammetsvögel zu fangen, die man doch Ew. gnaden nicht verdient hat, weder zu dem Schloß noch anderswo", Kr. Lhdl. I, 225. Verdiente Fischwaßer, d. h. solche, von welchen Lehenabgaben zu reichen sind; Kr. Lhdl. I, 399. 3) verdienen um Einen etwas, (ä. Sp.) Einem für etwas durch Gegendienste erkenntlich seyn, es ihm abdienen. „Komt uns zu sonderem Gefallen freundlich zu verdienen." „Steht um Ew. freundlich zu verdienen . ." Will ich um Ew. mit meinen willigen und unterthänigen diensten verdienen", häufige Schlußformel in Kr. Lhdl. S. auch um.

Der Dienrock, die Dienalbe (für Ministranten) erscheinen unter dem Meßgewand in Thierhaupten: „zwen rot seidin dienrogk, zwo weiß dienalben"; Thierh. 67, f. 53b.

Der Dienst (Deə~st, opf. Dêi~st), 1) wie hchd. (ahd. theonost, dionost, mhd. dienest, dienst; meist msc., doch auch neutr. Graff V, 93. BM. I, 371. Grimm, Wbch. II, 1115). „Daz gotes dinst", Ald. 111 (von 1250), f. 8. In den Dienst füeren (Deə~schtfüə'n), (O.L., Baur) einen Dienstboten beym Eintritt in einen neuen Dienst begleiten und gleichsam aufführen. Wer dieses thut, hilft dann den bey solcher Gelegenheit üblicher Weise aufgetischten Einstand=Réz'l verzehren und bekommt den Einstand=Laib zum Geschenke. Deshalb nimmt

der Dienstbote meistens hausarme Leute zum Dienst-füeren. 2) Feudalabgabe in Naturalien, was nemlich gedient, eingedient werden muß, Gült. Der Getraiddienst, der Kuchel- oder klaine Dienst ꝛc. „Die Bewohner des b. Oberlandes sind durch schwere Schmalzdienste niedergedrückt. Mancher Einzelne muß 2 bis 6 Zentner eindienen", Hazzi, Statist. Dienste dienen, Dienste eindienen, Dienste verdienen, (solche Abgaben entrichten). MB. XIII, 404. Kr. Lhdl.
377 I, 235. Dienstgetraid, Dienstschmalz, auf solche Art gereichtes Getreide, Schmalz. In Reichenhall bezeichnet Dienst (?) auch die Strebemauer an einer unsichern Hauptmauer.

Dienstl? „Dy adern oben auff dem frawen dyenstl dy ist gůt ze lassen... für die geschwulst des gemächtez", Clm. 5637 (XV. sec.), f. 62.

Der Überdienst, nach v. Lang in einer Aiblinger Urk. v. 1476, wie es scheint: Afterpacht.

Der Dienstmann, ä. Sp., adelicher 'Diener eines Fürsten,' ministerialis (Graff II, 745. BM. II, 36 ff. Grimm, Wbch. II, 1130). Vürsten, graven, dienstman, riter, bûren, S. Helbling VIII, 346 ff. „Swer sich dan wil nemen an, daz er si ein dienstman, und kům ein einschilt riter ist, daz müet mich, also helf mir Krist; das. 578.

dienstlich (deə~stlə), diensthaft, adj. und adv., dienlich, tauglich; dienstfertig, dienstbereit, gefällig. Grimm, Wbch. II, 1127 ff. „Die anndergeborn Son seind dem Erstgebornen allzeit underthenig und dienstlich gewesen", Ldtg. v. 1514. Unterdienstlich, officiose, addicte, Prompt. v. 1618. Unterdienstlich, und nicht unterthänig, empfehlen sich auf dem Landtag von 1669 (p. 104. 105) die Ritter- und Adelspersonen ohne niedere Gerichtsbarkeit den in den größern Landtagsausschuß Erkiesten.

„Dönlein, Dönmagen", (v. Truckenbrod, Nürnb.) einfältiger Mensch, den jeder narren kann. cf. Deinl.

'Der Donat, Donatbruder im Kloster. „*Donati*, laici qui sese et bona sua monasteriis donabant et offerebant", (dah. auch: *oblati*); Du Cange, ed. Henschel, II, 924.' „Die laybrueder, oblat oder donat in dem closter" (St. Ulrich). „*Fratres donati* sacerdotes vel clerici . . . Donatbrüeder." „Si quis deo inspirante *clericus* vel *laicus* se monasterio tradere et pro *fratre donato* offerre voluerit"; Clm. 4428, f. 48—58. „Die novitzen, darnach dy converßen und donaten" im Kloster Tegernsee (1505), Cgm. 1148, f 16^a. Die Donatin. „Obiit schwester Helena peürin Donatin und profeß dises gotshauß (Mariastain) im schwedischen krieg" (unterschieden von „chorfrawe und profeß", „chorswester vnd profeß", conversin, profeß), Cgm. 1525, f. 20. 22 und öfter.

donen, vrb. n., (Nürnb., Hsl.) strotzen, '1) angespannt, aufgeschwollen sein (ahd. donen, donjan, mhd. donen. Graff V, 146. BM. I, 381. Haupt's Zeitschr. V, 182 zu überdon bei Servatius 1672. 3420. Grimm, Wbch. II, 1220 f. Zeitschr. III, 283,107. IV, 166).' „Eßen daß man dohnt." Der Mensch dont vor Wut; ein federnstrotzendes Bette dont. Weinhold, schles. Wbch. 15. „Vor donen mochte brechen miner triuwen snûre", Labr. 284. 73. „Daz in (den Frauen) die adern donen, Ald. 253, f. 124. Ebersb. 79, f. 204. Cgm. 317, f. 12. Clm. 5931, f. 240 (s. auch Th. III: schaffen, Geschäfft). „Manger lag donent als ein voller sac", Renner 10493. „Wil unser leip von fülle donen", das. 9815. '2) streben, verlangen nach (zuo) etwas.' „So ih wæne, daz ih zuo dere warheite done, din getougenez urteile getribet mih der vone", Clm. 9513, Vers 135. 'Die Don, Gedon, ä. Sp., Spannung; Beschwerde, Zwang (BM. I, 380. vrgl. Grimm, Wbch. II, 1220).' „Verwellent sich in den nasenlöchern, das si kain don atem mugen gehaben", Ald. 253, f. 104. Vrgl. Zeitschr. VI, 13. „Den rossen mit sporen gedon tůn", Suchenwirt IV, 480; figürlich: das. XX, 91. XL, 76. Vrgl. hess. die Dône, der Haupttragbalken in Gebäuden; Vilmar, hess. Wbch. 11. kurhess. Idiot. 75. cf. Graff V, 146: thona, palmes. s. unten getân: Übertân. „Sie gezalton alliu miniu bein — so harto doneta ih, (so sehr war ich ausgestreckt)", Notker, Psalm XXI, 18. Donitiu, protensos, gl. i. 1059; vrgl. auch gl. o. 293: done, nervus, und das hchd. Dohne (tendicula). Vrgl. Zeitschr. IV, 272,123. VI, 57. 288,770: niederd. dûne, donne, voll, gedrängt.

donen, danen (da~n, daə~n), (opf.) donnern, (Zeitschr. IV, 343). (Doch wol nicht blos Corruption von donnern; s. dorren, darren und dundern. Daə~schtə, Donnerstag, kann indessen die Aussprache vom ältern Donrstag, MB. XXV, 468. 477, seyn.) Der wüetig Dornstag, s. Th. IV: Wuet und vrgl. Dornsperg neben Donrsperg. donnern (ahd. donarôn, mhd. donren, dunren. Graff V, 149. 150. 361. BM. I, 383. Grimm, Wbch. II, 1246). Donirn und futtern (fluchen), ObrM. Der Donnerstein, Schwefelkies, dessen Entstehung man den Gewitterwolken zuschreibt; Grimm, Wbch. II, 1253 f. „Ös zimt mi ä recht stark, er hat än *Dunä'stain;* denn gwis ist's, däs iəhm nit grad öppäs weh kan thain", sagt des Versoffenen Weib. Im Hosensack habe sie bey ihm gefunden: ä Grill, ä Spinnering (Spinne), drei Gaishaar — und just drei —, vierblättligi zwen Klee, — leicht das kain Toiflerey?" Lindermayr 72. Die Donnərbluəm, Feuerlilie, lilium bulbiferum, (Lungau, Zir.). 'Der Donnerstrahl, Blitzstrahl, Donnerkeil, (Graff VI, 752. BM. II, II, 672. Grimm, Mythol.² 163. Wbch. II, 1254).' „Ez kom ein dunrstrâl brinnend ûf der ferte", Labr. 497. Was der erste Donner im Jahr, je nachdem er auf einen Wochentag fällt bedeute, s. Furstenf. 121, f. 167.

Der Dôn, ä. Sp., wie hchd. Ton (zu lat. tonus, wie deutsch zu teut. . und wie τενῶ, τείνω, tendo, zu denen, spannen — die Saite, Kehle —, τόνος, Spannung. BM. I, 381), Labr. 111. 112: dôn, gedœne. 2) Weise, Lied, Gesang; (holl. deun, Lied, Gesang, Arie; deunen, singen). Nachtegal, sing einen don. „Ir wort, ir dœne sint ze kranc wider den alten meistersanc", S. Helbling II, 1329. də' Daun, schwingende (?) Töne, die beim Anfang eines Tanzes gesungen werden, (Scherer?). 3) Art und Weise überhaupt. „Als man zwêne ritter sol zieren harte schône in einem slehten dône", Konr. von Wirzb., Engelhard, hg. v. Haupt, 4702, (wie 4680: „gezieret wol nâch prîse in einer slehten wîse"); vrgl. pag. 272. Cf. niederd. Döneken, Schwank, Dönekenbook, Schnurrenbuch; Firmenich I, 175. 177. 229 (Braunschw.). Zeitschr. V, 415,15. VI, 19. 56. dœnen, wie hchd. tönen; singen. Die nahtigal die dœnet sieß Cgm. 714, f. 2. „Eines herren hunde hört ich huglich her dœnen", Labr. 322. „Die dœnent ûf ein hœnel", spielen auf ein Gehön (Gewinsel), S. Helbling II, 1404. „Ein finger ungedœnet, das. 1441. „Wein, der schön in dem glas erscheint und wol der gehörn nach donat" (? tönet?), Buch d. W. 1485: 160^b.

Die Dünen, Düninge, ä. Sp., der Schlaf am Kopf; s. Tünne.

Die Duenâu (Daəne), Gramm. 374; in Wien: Dánə, Seidl, Flins.³ 40: dö alti Dáná), die Donau, (ahd. tuonouua, gl. i. 570. 733. o. 118); mhd. Tuonouwe. Graff V, 433. BM. III, 149. Grimm I³, 464. III, 385: isl. dîna für Dyna, Danubius. Förstem. II, 409). „Danubius Germaniae fluvius vocari fertur *amnium* copia, quibus magis augetur"; Isidor, orig. Ind. 367, f. 140^a. Die Benennung Dunkəbodn, nicht selten, einer falschen Etymologie zulieb, gesprochen und geschrieben Dunkelboden, unter welcher die fruchtbare Ebene um Straubing bekannt ist, ist wol nichts anders als eine Zusammensetzung mit dem ältern Tunka (Avent. Chr., Appian's Landtafel), Tunkgau (Kr. Lhdl. II, 235), Tunnkgaw (1417, Cgm. 3941, f. 73^b), Thunegaw (Hund, Stamb. 336), dem alten Duonochgouui (Ried ad 1010), Tuonokeuui (ad 974), Tuonogeuui (ad 878), Tonahgeuui (ad 866), Donahgouui (ad 815), d. h. Donau=gäu. Im Cod. Aug. eccl. 39, f. 2 erscheint als augsburgischer Canonicus (?) ein Ovdalrich de *Tovnegov* (wol von einem Ort ähnliches Namens). In den Miracula S. Udalrici (hinter der Vita, 1595, 4⁰, S. 148) heißt es: de oppidulo *Toningewe (Tuningewe*, Thingau?) in pago Keltenstein (worin Füßen, Oberdorf ꝛc.). ſ. Förſtem. II, 410. — Donau, gewöhnlicher Name großer Hunde.

Die Dendlroſen (Deə'nl, d. h. Dörnlein,=Roſen; Gaſtein, Weinberger), (B. v. Moll) die Alpenroſe, rhododendron ferrugineum und hirsutum. L.

dundern (dundə'n, opf. dun'ə'n), donnern. (ſ. oben donen und Zeitſchr. III, 224,5. 485. IV, 262,11. V, 98, IV.) Der Dunder (Dundə', opf. Dun'ə'), 1) der Donner, engl. the thunder. Scheltformeln: bey'n *Dundə'* 'nei˜! 's *Dundə's!* 's *Dundə's* eini˜ á'! Zeitſchr. II, 503. IV, 258, II, 2. V, 114,5. 138,22. VI, 409,32. 2) nichtswerthe, ärgerliche Sache. dunderiſch, dunderſchlächtig (dundə'schláchti'), Schelt=Epitheta wie: verflucht, verdammt. Zeitſchr. IV, 441. Du *dundərisch's* Luedə', *dundə'schláchtigé* Dinginn! S. a. danen und darren.

---

dengeln, (beſſer tengeln) wie hchd. (Graff V, 434. BM. III, 30. Grimm, Wbch. II, 925). Der Landmann dengelt ſeine Sichel und ſeine Senſe; der Schmid dengelt die Pflugſcharen (Wagenſen, Wagenſun) der Bauern, und dafür bezieht er von dieſen, wenn er
378 ein Ehaftſchmid iſt, jährlich das ſogenannte Dengelkorn (Portion Getreides). cf. Zirngibl, Hainſpach 122. 124. Eine ähnliche Ehaft=Reichniß ſcheint das räthſelhafte Wort tangell in MB. XV, 347 anzudeuten. Auch das Caſtriren der Stiere, Widder ꝛc. durch Klopfen der Hoden heißt dengeln. Praſch: „dengeln, castrare jumenta.“ ſtampfen. „Er tengete gras und ſtoubte melm, hin reit er gein dem mortwal“; Heinr. Triſtan 3296. Der Dengel, (Hauſer) die Schneide, die Schärfe einer Senſe, Sichel, eines Pflugſeches. „Ein neuer Wagenſohn 12 kr., ein Zechdengel 1 kr.“ Baumgart. Neuſtadt a. D. p. 137. Zeitſchr. IV, 339. Drei˜ schau˜n wiə ə˜ *Deng'lhammə'*, ſtarr, gedankenlos. Dengel, (thüring., Dr. Braun) Schmutzſchleppe am (Frauen=) Kleide; ſich bedengeln. Zeitſchr. III, 344. Gl. i. 1119 ſteht tangol für martellus, gl. o. 58 tangelare für malleator; wol gleiches Stammes mit dem ſchwediſchen dänga (ſchlagen).

dengə˜, dengəst, dengə'n, dennoch; ſ. denn.

dingen (gedingt, ſeltner: gebungen, welches auch in der a. Sp. nicht vorkommt. Graff V, 186. BM. I, 336. Grimm, Wbch. II, 1169. „Der Mißkredit engliſcher Frachtſchiffe wurde ſo ſehr geſteigert . . ., daß engliſche Großhändler ſelbſt die Zuſendung der Waaren in fremden Schiffen ausbedangen.“ Allgem. Ztg. 1844, S. 1691. Cf. agſ. thingan, davon gethungan, gravis, geehrt; isl. thungr, gravis. Vrgl. Heliand. Grimm II, 37. Muſpilli 67) und die Compoſita, im Ganzen wie hchd.; alſo: verabreden, feſtſetzen, beſtimmen. D' Ursch hàt si' zu'n Maərbauə'n *rə'dingt*, hát iər ə˜ Pàr Schuəh und ə˜ hár-w-ə˜s Hemed *zuə'dingt*, und hát si' *aus'dingt*, dás s' haəmdärf, bàl' iərə' Muədə' hintəri kimt. andingen, an jemand verdingen, (locare), dem Dingen (conducere) entgegengeſetzt. „Einem Werckmann geyeu oder ander Werck andingen . . .“ „Wenn der andinger zu ſchaden kombt“, L.Rcht. v. 1588, f. 135. aufdingen Einen, als Lerner, Lehrling bey einem Handwerk, (ihn förmlich annehmen). hindingen, an jemand verdingen, verſtiften, locare, beſtellen, dem Dingen conducere entgegengeſetzt. Ehalten hindingen. Der Hindinger, der Verdinger, Verſtifter, locator. ſ. Andinger. Unter dem Namen der Hindingerinnen gibt es in einigen Städten, z. B. in München, eigens verpflichtete Frauen, welche die dienſtloſen und dienſtſuchenden Mägde bey ſich aufnehmen und ihnen Dienſthäuſer verſchaffen, ſie verdingen, wofür ihnen vom ſogenannten Haftgelde ehmals (ſ. Wſtr. Btr. IX, 318) der 3. Theil, jetzt wohl das Ganze gebührt. cf. Wſtr. Btr. XI, 321; L.R. v. 1616, f. 660. 'unterdingen, durch Dingen abwenden, aufhalten, (oft verwechſelt mit unterdigen; ſ. digen).' „Ich underdinge (?) der herren zorn“, d. welſche Gaſt 2125 u. Rückert's Anmerk. dazu, p. 548 f.

2) dingen, andingen, zuedingen, ein Recht, ä. Sp., eine Zuſammenkunft, Sitzung verabreden oder anberaumen, um Rechtsſachen zu entſcheiden. „N. N. kam für mich in angedingten Rechten mit Vorſprechen.“ „Der begert in zugetingten Rechten auf die clag nach Schrannen gewonhait.“ „Der clagbot redt in zugetingten Rechten alſo.“ Einem einen Anweiſer zudingen (beſtellen). MB. XIII, 449. Metonymiſch: eindingen (ei˜dingə˜) eine Klag, eine Schuldforderung, einen Spruch, bey Gericht vorbringen. „Daz jr dawider nicht tut, noch yemand dawider ze tun geſtattet, ſunder ſolch välle von den, die es vber füren, uns eindinget, und dieſelben darumb zu ſtunden in gut gewißheit nemet“, MB. XV, 499, ad 1426.

3) dingen eine Sach für einen höhern Richter, (ä. Sp.) eine Rechtsſache vor ihn ziehen, bringen. „Swas daz puech hat, daz ſol niemant dingen, (was 379
nach dem Rechtbuch entſchieden werden kann, ſoll nicht weiter gezogen werden), Rchtb., Ms. von 1453. Aine Urtail, auch ainer Urtail dingen, von einem Urtheil apellieren. „Dingt die Urtl für Ew. frtl. Gnaden“, (layſche Anzaigung v. 1531). „Wer ainer Urtail dingt gein hof, der ſol ſweren, das er's durch kain lengerung der Urtail nichte ding“, Münchner Stdtb., Ms. v. 1453. „Da dinget St. Paul gen Rom für den Kaiſer Nero“, Av. Chr. „Appelirn, das man im Fürſtenthumb Bayrn nennt dingen“, Gerichts.Ord. von 1588, f. 67. Vrgl. MB. IX, 52. 290. XIII, 440. Wſtr. Btr. VII, 183. 184. Kr. Lhdl. I, 174. Gl. i. 385. 560: gidingo, appello (Caesarem, ad Christum).

4) Hier ſchließt ſich einigermaßen an das ältere thingên (zu einer Perſon oder Sache. Graff V, 186), ſich verlaſſen, hoffen, trachten. Otfr. I, 16,19. I, 17,50. III, 1,24. V, 20,109, welcher jedoch, wie es ſcheint, thingôn (colloqui) davon unterſcheidet.

5) abdingen, nach weiterer Metonymie, ä. Sp., abmachen, entſcheiden. „Wan die armen zu Recht geuodert werdent und den mit Wandel gevallen ſint, ſo ſtent alle wandel nach der acht mäner rat auf dem aigen. da ſullen diſelben Wandel abgedungen werden auf dem aigen und nicht ferer gezogen werden weder zu kainer veſt noch Tauern“, MB. II, 110, ad 1466 und p. 19, ad 1360. Vrgl. Otfr. V, 20,36: ſo truhtin iz githingot, und das thingare im Edict. Rotharis.

Geding, Ding, a) die Verabredung, die Abrede. Hàst àllewál ə˜ *Geding*, machſt ſo viel Lärm darüber, läſſeſt die Sache nicht ausgehen, (Baader). Zeitſchr. V, 255,74. Das Heiratsgeding, der Ehecontrakt. Der Gedingzettel, ſchriftlicher Contract, z. B. mit Bauleuten. Cf. čeſk. kdyně, Geding=Arbeit, bedungene Tagesarbeit. b) das Verabredete, Feſtgeſetzte. Das Leibgeding, Leibding, Leibthum (Lei'tum, Leitəm), was einer Perſon an Gut ꝛc. für den Reſt ihres Lebens ausbedungen iſt, pactum vitale, vitalitium. (cf. Leib und Austrag). „Wie wir die Schloſſ Geltolfing und Lichteneck von Hanſen Sattelbogen ſeligen um ein Leibthum gekauft“, Kr. Lhdl. X, 548. ə˜n *Lei'tem* sey, (von einem Leibgeding leben), wird meiſtens von alten Bauersleuten geſagt, die nach Uebergabe ihrer Güter an ihre Erben von gewiſſen ausgenommenen, ausbedungenen Stücken oder Reichniſſen leben. „21 Neben= oder Leibthum=Häuſer und 21 Leibthums= oder Inwohner=Familien“, Deſtouches, O.Pf. I, 154. Lau=

terungshäuser, idem, ibid. p. 150. Leithomsniesser, Leithomhäusel, Wagner, Civ. u. Cr. Beamter I, 331. 332. Das Dingholz oder Rechtholz, Holz, welches gegen einen gewissen Geldbetrag oder auch wegen Gilt- und Zehend-Abreichung den Unterthanen abgegeben werden muß. Heppe, wohlred. Jäger. Dings nemen, dings geben (ä. Sp. und z. B. noch in Appenzell), auf Borg nehmen, 'entlehnen; auf Borg geben, darleihen.' „Herre, ich han dem menschen dinges geben den kopf, vnd an dem verlôs er also vil"; Grieshaber, Pred. II, 70 f. „Also tůnt och sumeliche liute, die roubont und wucheront und ferkoufont und gent dingez"; das. 72. „Swenne si mit unreht gůt samenont, ez si mit wůcher, ez si mit dinges gebende", das. 87. Äffen, tören, triegen und hoflichen liegen und daby niemant dinges geben", Cgm. 270, f. 106 und 379, f. 67. Nu tůnd s' alle dinges geben . . . sol ir ainer dem andern ain monet baiten, er tůt im daz vierden tail hocher raiten", des Teufels Segi, Ms. v. 1449, (Barack p. 285,9023). Gegen die Dingesgeber eifert sehr der Prediger Br. Berhtolt, Cgm. 1119, f. 51a,
380 (Kling p. 418. 433; Pfeiffer p. 438,30. 73). c) die verabredete, festgesetzte, anberaumte Tagfahrt, Tagsatzung, Versammlung in Gerichts- oder Verwaltungsangelegenheiten; das Gericht; der Gerichtsbezirk. A. Sp. dinc, githingi, mallum, conventus, passim. Graff V, 176. BM. I, 333. Grimm, Wbch. II, 1165. „Placitum cum rusticanis quod dinch vocatur", MB. XXII, 18, ad 1131. cf. Placitum Christianitatis omnibus diebus dominicis per sex hebdomadas habendum im Cod. 964, f. 27. „Du sluoge dinen vater, du gienge hinz gedinge mit bluotenden dinen handen", Segen im Clm. 4595, f. 39 (vrgl. unter Schueh). s. auch Th. II, Gäu: Tigew. „Die in drey unterschiedliche also genante Geding durch eben so viele Ströme getheilte Stadt Passau", Cäsar Aquilin. 2. B., p. 677. „In den dreyen gedingen enhalb der inpruckh, ze Ilz und ze Anger", Pass. Stdtb. Ms. In den drein tingen (Gerichten) zu Passau, Cgm. 308, f. 66^b. 67^b. 73^a. Vrgl. das im März 1841 wieder zu Ehren gebrachte Dreiding (Art Ehaftding) im preußischen Schlesien. Das Bauding, Baugeding; s. Bau. Das Burgding, Bürgerversammlung; Burgfried; s. Burg. Das Ehaftding, s. E. Das êrber Ding, das êrberg Ding, das erberg Geding, die versammelten Rechtsprecher oder Notabeln; s. erbar. MB. XXI, 460. 546. 547. „An offener Schrann vor dem richter und dem erbergen Ding", Pass. Rchtb. Das Fürgeding. „Fürgeding u. Nacharbait" beim Residenzbau, Accord-Arbeit; der Fürgedinger (1613, 1614), Cgm. 2224, f. 173 und 2225, f. 153. Das Rechtsgeding. „Man hielt über mich Rechtsgeding, ich konnte aber nicht erfahren, was darinn beschlossen worden"; Peter Prosch (1789), p. 146. Das Wachtgeding, in Regensburg eine jährliche Versammlung am 3. Pfingstfeyertage, wo sich die Bürger unter dem Vorsitz der Wachtherren und der Assistenz von 5 Vierzigern aus jeder Wacht ihre Freyheiten und Pflichten vorlesen lassen und beschwören. (Kaiser's Regensburg, p. 23). Vrgl. Wacht. dingflüchtig, adj., sich durch die Flucht dem Gerichte oder der Erfüllung eines Vertrags entziehend. Das Dinghaus, dinchhus, (ä. Sp.) das Amthaus, Gerichtshaus. Münchner Policey.Ord. v. 1370. Wstr. Btr. VI, 110. Uf daz Dinckhus (zu Augsburg); MB. XXIII, 78, ad 1350. Der Dingstuel, der Richterstuhl; MB. IX, 70. „Ich N. Häring an der Zeit Lannd- und Stattrichter zu Päl und Weilhaimb bekenn öffentlich . . . daß ich anheut Mittwoch, daran Sand Barbara die heilig Jungfrau gewesen ist ano MCCCCXCIII. Jar zu weillhaimb an offener Landtschranen und Dingstuell gesessen bin, anstatt und mit vollem Gwald des durchleichtigen . . . . meines genedigen Herrn, und den stab in der hand gehabt hann, auch bey mir den geschwornen Gerichtschreiber mit dem Buech — da kam für mich und das offen Gericht des erbar N. N. . . . „Die rietter furten in innerthalb des hoves an den dingstvl", milites praesidis suscipientes Jesum in praetorium, Matth. XXVII, 27; Cgm. 66, f. 27. Ez was fru vnd gingen si niht hintz dem geding, daz si iht würden vermaint", das. p. 31. (Zu dingen 3): das Geding, die Dingnus, die Appellation. „Von ainem Geding gen hof zu verschließen drey schilling Pfenning", (Gerichtstaxe nach dem L.Rcht. v. 1553, f. 25) Ref. GerichtsOrd. v. 1588, f. 67. „Von Dingnussen oder Waigerungen", Khraisser's Compend. jur. bav. p. 28; salzb. BergwerkOrd. v. 1532, p. 38. „Item von des Gedings wegen, das man von unsern Hofgerichten thut, ist unsre Meynung, daß man das nicht wehren solle", Kr. Lhdl. I, 174. (Zu dingen 4): das geding, das gedingen, mhd. auch: der gedinge, die Hoffnung. „Als wir hintz got hoffenung und gedingen haben", MB. XXIV, 128, ad 1374. „Durch gedingen des ewigen lones", 346, ad 1310. „Den armen ist nie mer gegeben dann guet geding und übel leben", Cgm. 811, f. 43. „Confide, fili, sun, hab ein gedingen", Clm. 9728, f. 192. „Die drey götlichen tugent dz ist gelaub, geding und götliche minn", Christenlehre, Ms. v. 1447. BM. I, 339. Labr. 25. 145. 151. 226. 244. 265. 275. 423. 463. Balkn. 73.

Das Ding, wie hchd. (Graff V, 176. BM. I, 332. 381
Grimm, Wbch. II, 1152 ff.). Nicht inconsequent wäre das Wort, insoferne es blos etwas, worüber die Rede war, ist, oder seyn kann, bedeutet (I *tou* ə˜ *Ding und* gêi áf Mi˜chə˜-r-áffi), mit dem vorigen dingen (bey Otfrid thingôn, loqui, colloqui) zusammenzustellen. Zu vergleichen auch das alte tuom (unser thum im Herzogthum, Reichthum ꝛc.) mit tuom (judicium), das alte tag in siechtag (Krankheit) u. drgl. mit tag in Landtag, Reichstag, das romanische cosa, chose mit causa (re-s). s. Wicht. Jarnik p. 43 leitet česk. věshzh (wäre mit böhmischen Buchstaben wěč), die Sache, v. alten vét, Rede (wohin auch s-vét, Mitrede, Rath) ab. cf. česk. wece, ait? Vrgl. goth. waiht-s von einem Verb. das „reden" bedeutet; (cf. ahd. ir-wahanan, erwähnen), wie maht von mugan.

Der, die, das Ding; ding, dingig, dinget, adj. u. adv.; dingen, dingeln, dingern, dingigen, vrb., Stellvertreter jedes Substantivs, Adjectivs, Adverbs oder Verbums, das Einem in der Lebhaftigkeit des vertraulichern Gesprächs nicht gleich beyfällt. Vrgl. Jamieson's schottisches to ding und das schwed. tingest ꝛc.

Der Ding, achtungslose Benennung einer Mannsperson, gewöhnlich mit irgend einem spottenden oder verächtlichen Beywort verbunden. Du bist ə˜ gschupftə' narrətə', grobə', bállousə', gspássigə' ꝛc. *Ding*. Sollte diese Form aus dem alten Degen (cf. Gr. §. 579. 580) den Lauten und der Bedeutung nach corrumpiert seyn? Die Dinginn, Dingin wird eben so für Personen des weiblichen Geschlechts gebraucht. Há˜ nárrisché *Dinginn!* Zeitschr. II, 85,36. Der Dinghárt·l, (v. Delling) widerwärtiger Mensch, der gegen andere äußerst ungefällig ist. Mit dèn *Dinghártl* màg I nicks z·taə˜ hàbm. Vielleicht, nach Gramm. p. 516, der alte Name Degenhart.

Das Ding, genitale; Grimm, Wbch. II, 1164,11. „Diu äffinn hât ain ding sam ain weip und der aff ainz sam ain hunt", Konr. v. Megenberg, Pfeiffer 159,10.

Das Dingəs, (b. W.) das Anwesen, Besitzthum. cf. Otfr. III, 26,52: eiginaz githingi. Cf. Zeitschr. V, 63,30.

ding, dingen, (Gramm. 809), als Genitiv Plural entspricht der romanischen Adverbial-Endung -mente. Ainziger ding, singulatim, Lori, BergR. f. 558; aller ding (àllə'ding, opf.), durchaus, gänzlich, Avent. Chr. „So sehe er es doch nicht aller dinge vor guht an", F. v. Zesen. „Der anspruch allerdinge ledig", Heumann, opusc. p. 104. Grimm, Wbch. I, 221 f. unbegerter ding, ungeforderter ding, L.R. von

1616, f. 550. 683. tapfer ding (tapferer?), Wstr. Btr. V, 140. — Aller dingen, giltiger dingen, platter dingen, schweigender dingen, schlechter dingen, passim. Daraus die neuern ganz ungrammatikalischen: allerdings, platterdings, schlechterdings 2c. Das bayrische Adverb gueting (guəting, guətəm) für ziemlich, (z. B. *guəting* vil, *guəting* stark, drey Mass· *guəting*, d. h. wohlgemessen), müßte, um hieher gerechnet werden zu dürfen, aus gueter Ding verhunzt seyn, was sehr zweifelhaft ist. dingálát, adv., gut, zweckmäßig, (Ammergau, Rath Her). In den Dingen, daß .., mit dem Umstande, daß ..; Gem. Reg. Chr. III, 158.

Das Unding, wie hchd.; böses Ding, das man nicht beym eigentlichen Namen nennen will. „Daz chein undinch an den luten geschehe von bösem Fleische", Augsb. Stdtb. Vrgl. untüem.

Der, das Dinglich, (Nürnb., Hsl.) Weißzeug, als Hemden, Tischtücher, Bettüberzüge. Die zweyte Hälfte ließe an Lachen, Laken denken; doch begegnet Dinglich in diesem Sinne schon bei H. Sachs (1612: I, 1025. 1035) und ist wol blos nach Geldlich (das. 1043), Gewändlich (das. 583) zu beurtheilen. Grimm, Wbch. II, 1175. Das Ermels*deink* (Ärmelding), Jacke; (Prof. K. Roth aus Lütter, L.G. Weihers).

382 dungen, düngen, (Graff V, 434. BM. III, 130. Grimm, Wbch. II, 1531). „Rigare, tungen, irriguus, getungt", Hbn. Voc. v. 1445. Semansh. 34, f. 211. „N. sol keinen mist von dem hof in dy wingarten tüngen", Cgm. 4854, f. 107 (Franken, sec. XV.). „Ob der mair den myst gedunckt hab" auf andre als seiner Herrschaft Gründe. „Hyet er aber den myst auf andrew güter gedungt, so gieng die herschaft mit der sichel hinach"; Baustift-Ordn., Cgm. 549, f. 55. „Ob er den mist auf ander acker getingt hab"; Baustift-Art., Thierh. 67, f. 51, XI. „Und tungite (dâ) die erdin mit (der) rêveigin bluote", Athis und Prophilias, Lacomblet I, 24 (Grimm p. 100,74. u. p. 62). „Bis tincto cocco, zuiro kiduncot", gl. i. 680. Ausdungen, (O.L.) den Dünger aus dem Stalle unmittelbar auf das Land führen und dort aufhäufen. Der Dung, der Dungət, 1) der Dünger, (ahd. tunga, agſ. und engl. dung; Grimm, Wbch. II, 1530 f. s. unten: die Dunk. Vrgl. auch das rügensche Dang, dän. tang, nordfries. thong, Seegras, als Dung verwendet. Zeitschr. III, 34). gl. o. 141. 246: tunga, tungunga, stercoratio. Kilian: dunghe. „Heu, Streu, Tungent" 2c. „Ausführung des Tungets", L.Recht v. 1616: 288. 302. 2) die Arbeit, die Zeit des Düngens. „Im Dunget." cf. Dumə~. Dungmahd, s. Anger.

Der Dank (goth. thanks, ahd. mhd. danc. Graff V, 167. BM. I, 351. Grimm, Wbch. II, 727 ff.), 1) wie hchd. Zwischen dieser und der folgenden Bedeutung liegt ein Unterschied, dem ähnlich, der auch beym griech. χαρις u. dem lat. gratia statt hat, je nachdem sie auf den Geber oder den Empfänger angewendet werden. 2) der Wille, der Gefallen. „Thaz was allaz thiner thank", Otfr. IV, 1, 49. In danke, gratus, a, um, gl. a. 364. i. 15. Otfr. V, 25,18. Dankes (genit. absol. als Adv.) gerne. meines, deines 2c. Dankes (cf. gl. i. 598. Otf. III, 3,23) mea tua etc. sponte. „Das sy dhein vogt nicht haben suln nur den sy jn aigens dancks erwelent", MB. VII, 333. Mines danches, gratis, sine pretio; gl. i. 598. Undankes (noch jetzt opf. u~danks), ungerne, ohne daß man es wollte. əs is *u~danks* gschèə, malgré moi, ingratiis meis accidit. „Ez waer jm lait und er hiet es undanchs getan", Rchtb. Ms. v. 1332. Wstr. Btr. VII, 44. „Danches oder undanches, oder swie so ich die sunte gefrumete", alte Beichtformel, Ms. Undanches, ingratiis, gl. a. 1056. Otfr. III, 25,34. IV, 1,36. undanks, unversehens, (Isr.). ä. Sp. ân (ohne) oder sunder, oder über oder unter meinen, deinen 2c. Dank, ohne oder gegen meinen, deinen 2c. Willen. „Ân danck an die prucken rinnen." wider Dank. „Er sey under seinen Danck an die wur gerunnen", Münchn. Stdt.B. Ms. „Wider könig. wider aller rechte dank und willen zum tod verurtheilen", Fr. v. Zesen. Die einfache Form übe'dank kommt noch jetzt vor. Gl. i. 352 auch im Plural danchun, gratiis. Daher die noch jetzt gangbare Formel: Einem etwas zu Dank machen, thun. Die folgenden Ausdrücke können sowol zu 1 als 2 gezogen werden. Etwas zu Dank nemen oder haben, ä. Sp., es sich wohlgefällig seyn lassen. „Das haben Ire Gnaden persönlichen zu gnedigen dannkh angenommen"; Ldtg. v. 1514, p. 171. „Wolt irs zu dank haben", ist es euch recht; Cgm. 714, f. 38. Mhd. mir ist (wirdet) in danc oder endanc, ich begnüge mich, bin zufrieden mit etwas; BM. I, 354b. „Do hine uber lanch so sol got sin in danch, ube wir zeinem pfaffen chomen", Diut. III, 56. „Der kneht stund uf, im was endanc, ich rumte ouch die selben banc, do ich was gesezzen" (im Bade), S. Helbling III, 262. danknâm, danknæm, danknæmig, adj., gratus. BM. II, 370. Grimm, Wbch. II, 738. „Darin erzaigst du Uns danknam Wohlgefallen", MB. XVI, 58. „Daran beweiset ihr Uns sondern, danknehmigen gefallen", Kr. Lhdl. V, 90. 242. Undanknam, ingratus. undanchnamiu ingrata (mens), Cgm. 17, f. 138b. undancnæme, d. welsche Gast 14406. „Daz wir nicht undanknam sein solcher Freuntschaft, die er Uns erzaigt hat", MB. XXI, 71, ad 1412. Dankmuetig, dankbar, wirzb. Verord. von 1629. 3) Preis bei einem Wettstreite. Grimm, Wbch. II, 731,9. Die Dönk ausgeben nach einem Rennen (1571), Zeitschr. f. Bayern, 1806, IV, 68.

danken und die Composita, im Allgemeinen wie hchd. (ahd. danchôn, mhd. danken. Graff V, 170. BM. I, 358. Grimm, Wbch. II, 734). Sp.W. Wer u~bid·n ei~ d· Arwət gêt, gêt *u~'dankt* dəvo~. Der Dankdə'god, die Formel Danke dir Gott als Sub- 383
stantiv. Hà' mi' vịl gschèrt und hà' zlèst kaə~n *Dankdə'god* 'kriəgt. abdanken (a'dankə~), ausdanken. Es dankt ab oder aus der Hochzeitlader durch einen besondern Spruch im älterlichen Hause der Braut, wenn diese es feyerlich verläßt, um in ein anderes zu heiraten, dann, eh die geladenen Hochzeitgäste vom Mahl aufstehen. s. Hazzi's Statistik I, p. 410. Auch nach dem traurigern Vermählungsfeste mit der kühlen Erde, nach Leichenbegängnissen, wird feyerlich abgedankt.

Der Bedank, (ä. Sp.) Bedenkzeit.

Der Gedanken (Gédanggə~), plur. die Gedänken (Gédänggə~), wie hchd. Gedanke (ahd. gidanc, mhd. gedanc. Graff V, 165. BM. I, 354; auch der gedanke, Labr. 160; gedankes gefider, Labr. 378; plur. gedenke, Labr. 111. 142. 372. 347. 517). Übel gedenke, werk und wort erbeut uf uns der teufel hort", Renner 20345. „All gedänch chomen von dem hertzen. davon ist daz, wo chain gedanch ist, da ist auch chain hertz"; Cgm. 54, f. 37b. „Repulsio suggestionis, vertreibung böser gedänck", Cgm. 3985, f. 9. „Cum vidisset cogitationes eorum, als er erchant het ir gedänck", Clm. 9728, f. 192. R.A. Du bist gràd ə~ *Gedankə~* von ə~n Menschn, du bist nur ein Schatten, nur erst eine Idee und keine Wirklichkeit von einem Menschen. „Und der Hosenknopf — mein Faust wär grad ein Gedanken dagegen — wie ein Batzenlaib, so groß war er gwiß", Portiunkulabüchlein, 67. ə~ Buə' wiə-r-ə~ *Gedankə~*, wiə-r-ə guədə Stund, (ObrM.). Dər Schuss ist mər à'gangə~ wiə *Gedankng*, wie ich's gewünscht, (Baader). ungédanks (ohne daß ich's dachte, wollte) is ·s mər aussə' g'rumpl·t, (ObrM.)

in danken (in dankə~d, en dengə~, endeng), adv., (Rotthal). *In dankə~d* mècht ə' scho~ bàl' kemə~, nach meiner Rechnung, wie ich denke, konnte er schon bald kommen.

denken (ich denket, ich dächte; gedenkt, 'denkt, immer statt: gedacht; habeton gedenchet, Notk. 57,10. Graff V, 150. BM. I, 341. Grimm, Wbch. II, 927. Zeitschr. I, 135. IV, 546, I. 341. V, 111,46. 121,33. 517, I, 29) und die Composita, im Allgemeinen wie hchd. I *denk mə'*, du *denkst də'*, er *denkt eəm*, si *denkt iər* ꝛc., ich denke bey mir selbst, du denkst bey dir selbst ꝛc. I *dènk mə'* hàld, əs werd a' nét êwi' dauə'n. Si *denke-r-eəne˜* hàld eənə'n Taəl.

denken, (als vrb. act.) etwas denken, statt: in der Erinnerung an etwas gedenken, sich dessen erinnern, es erlebt haben. Grimm, Wbch. II, 929,6. 930,11. Zeitschrift V, 120, I, 4. *Denkst* du dei˜-n E˜l seli no˜? erinnerst du dich noch deines verstorbenen Ahnherrn? I *denk* 'ən Carl Theodor nimmə', ich kann mich an den Kurfürsten C. Th. nicht erinnern, oder auch: ich habe zu jener Zeit noch nicht gelebt. „Man vint manigen arm man, der zechen fürsten denchen chan", der Teichner. Lang denken, viel erlebt haben, bey Jahren seyn. Hàlts Maul, wenn Leut rédn, die *lengə' denkə˜*, wàs du!

denken (als verb. impers. mit dem Subject im Dativ), im Gedächtniß seyn. Es denkt mir, dir ꝛc. ich, erinnere mich, du erinnerst dich. Grimm, Wbch. II, 938,22. Zeitschr. V, 138,13. *Denkts* də' no˜, wiə d' Isə'bruckng ei˜'gfàlln is? Mei˜'n E˜l *denkts* no˜, dás eəm sei˜ Vàdə' vo˜ də' Sendtlingə' Bauə'nschlacht vo'zəlt hàt. unfürdenklich oder unverdenklich, woran sich kein jetzt Lebender mehr erinnert.

denken, gedenken Einen oder Einem (Verstorbenen), beym Gottesdienst durch Ablesung seines Namens seiner gedenken. Das Gedenken (der Verstorbenen) dauert in größern Pfarreyen oft über eine Viertelstunde. In Regensburg wurde es schon a⁰. 1441 sogar von Obrigkeit wegen beschränkt; (Gem. Chr. III, 110). Cgm. 3941, f. 72ᵇ. 88. „Wer dem Verstorbenen will denken lassen,
384 der soll das Verkündgeld zahlen, Wagner, C. u. C. Beamt. II, 133. Die Gedenknuß, Gedächtniß. Dem verstorbenen N. N. zu einem selgeræt und gedenchnuzze; MB. XVII, 44, ad 1342.

'denken, gedenken Einem eines Dinges, ihm etwas zudenken, bestimmen; BM. I, 343ᵇ,7. 348,7,ᶜ. Grimm, Wbch. II, 937,20.' „Ein declachen man ouch niht brahte, sinem nachkomen er des gedahte"; St. Ulrich's Leben, Cgm. 94, f. 67.

sich etwas eindenken, wie einbilden. Grimm, Wbch. III, 161. I hà' mə' s scho˜ *ei˜'denkt*; (Baur, O.L.). Die Ellipse denk wol (⏑–) von: ich denke wol, ja, ich denke, wird häufig als Adverbium gebraucht. Zeitschr. IV, 118,22.

'erdenken etwas; BM. I, 346. Grimm, Wbch. III, 758.' „Und si paide (die Verehelichten) erdachten (?) ir tag mit einander mit frœuden und mit sælden", Cgm. 54, f. 48ᵃ.

indenk, (Gem. Regensb. Chr. III, 393. 461) eingedenk, erinnerlich. „Das Unß auch wohl inndenk ist", Bayreuth. Privileg. v. 1457.

'überdenken, ä. Sp., außer Acht lassen, vergessen. BM. I, 348.' „Ich mein die stæten alle, die . . . ir triuwe durch niemen wellent überdenken", Labr. 5. sich überdenken, nicht recht bedenken, sich vergessen. „Ob sich ouch überdenket ein wild", das. 460.

verdenken an etwas, ä. Sp., daran denken. Daran geruchet genediglich verdenchen, (das geruhet gnädiglich zu bedenken); die von Regenspurg a⁰. 1319 an König Friedrich von Osterreich, (Gemeiner).

'verdenken, sich erinnern. BM. I, 348.' „Lenger denn yemann verdencken möchte." „Daß dhein mönsch verdenchen möge." Sempacher Urk. v. 1471 u. 1492 im Gesch. Fr. III, 269. 273. unvordenklich wol daraus entstellt.

verdenken Einen, übel von ihm denken, ihn beargwohnen; BM. I, 348. Ich bin nicht zu verdenken, wenn ich... „Man muß mich nicht verdenken, als wollt ich den Geistlichen viel predigen", Selhamer. I kà˜ di' nét *vo'denkə˜*, wenn st ədiəmàl bös wirst. Im Obersächsischen sagt man noch z. B. die Frau verdenkt den Mann mit der Magd. Das Particip verdacht steht unter Dacht. Einem etwas verdenken, wie hchd. Das Verdenken, praesumtio, Verdacht, Argwohn. „Daß die Weisung (der Beweis) dem aufgelegt werde, wider den ein Verdenken oder Verwähnen sey, auf Latein genannt Präsumtion"; Kr. Lhdl. XI, 412. „Ein Verdenken (Praesumtio) bezahlter Schuld", ibid. p. 414. cf. gl. a. 208. 229. 349: firthencan, contemnere; angelsächs. forthencan, übel denken.

denk, besser tenk, adj., link; (mhd. tenc. BM. III, 29. Grimm I, 748 nimmt tenke, also ahd. tenki, goth. dankeis, an. Gesch. d. d. Spr. 990. Diefenbach, goth. Wbch. II, 74. H. Müller, lex Salica 246. Hammer Purgstall im 120. Bnd. der Wiener Jahrb., S. 123: „ist das rein persische Wort tenk, d. i. die linke Hand." Cf. Tobler 133: tengg, langsam. Zeitschr. IV, 341. VI, 30). Dieses noch sehr geläufige, der Donausprache eigenthümliche Wort (tengk, tengg) kommt schon in Rupr. von Freys. Rechtbuch von 1332 (Wstr. Btr. VII, 92) vor: „Un sol man jm di tenken hant hintter den Ruck pinten." „Daz sy nicht gůt, daz man den tenggen schůch leg an vor dem gerechten des morgens frů", H. Vintler, Grimm's Mythol. LIV. „Der denk aspect des mons", Cgm. 597, f. 76—101. „Von dem zeswen oren hin unz an daz tenke", Helmbr. 87. „Dextera zesewa, sinistra ein tenkew han", ZZ. 796, f. 169. „Der durch das eisnein tor (Unter-Donau) wil varen, der hab sich auf die tenkken hant und lug auf des wassers rant". Peter Retz, Schlacht bei Schiltarn (Nicopolis), 1396; Cgm. 1113, f. 76ᵃ. „Ich pin so faul und so træg und ob ich læg unter einem dachtropfen und truff auf mich, so liez ich mir die dachtropfen die augen auzslahen, e daz ich mich immer umbchert an die rechten oder an die tenken seiten", Gesta Romanorum, Cgm. 54, f. 4ᵇ. „Dein rechte hant, dein tenckche hant", Cgm. 3900, f. 66. „Seinew tenkkew hant vnder meinem haupp", Clm. 12723 (v. 1417), f. 77. „An sinem tenken beine wünsch ich in lam", Labr. 306, Pᵇ. „Die rehte hant sluoc sie im ab: nim in die tenken dînen stab", S. Helbling VII, 1042. „Auf und ab z'der tenchen seiten siez der man" (als Reiter), Ring 50,30 (p. 221). „Kêrte die tenken sîten dar", v. d. Hagen, Ges. Abent. XLIX, 561. „Ein gesell des schachers, der dem herrn an der tennckenn seitten hieng", Cgm. 71, f. 9. denke hand, Cgm. 32, f. 13ᵃ. 638, f. 43. „Eher dich nicht weder an die rechten seiten noch an die tenkgen", Cgm. 54, f. 4ᵇ. 12ᵃ. 42ᵃ; „daz gerecht aug und daz tengk aug", das. 4ᵇ. 22ᵃ; „zu der tengken seiten", das. 42ᵃ. 45ᵃ. 72ᵇ—73ᵃ;" daz tengk or", f. 37ᵇ; auch: „daz gelengk or", f. 37ᵃ. „Auf die lencken seiten", Ind. 344, f. 62 und oft (u. immer so). Clm. 5879 meist tenk, zuweilen auch lenk. 'Konr. v. Megenberg: tenk, denk und lenk; s. Pfeiffer p. 590. 663. 735.' (Cf. lat. lingua aus dingua, goth. tuggo; lat. levir, 'griech. δαήρ,' ahd. zeihur). „Do du wilt schlaffen gan, vach den schlaf an der rechten seiten an; aber an der tencken mit sinnen solt du in werden verpringen"; Clm. 25072, f. 259. In der Beschreibung der Hochzeit des K. Matthias von Ungarn de a⁰. 1476 (Wstr. III, 130. 131) heißt es: „Und die Kunigin ist dem Kunig an der Tenngken seitten gestanden . . ." „und der Kunig stuend dem bischoff zue der rechten seitten und sy zu der Tenngken." In des Schulmeisters Hueber Aderlaß-Regeln, Ms. v. 1477, lieset man: „Ir solt wißen und mergken, das man in dem lentzen vnd in dem sumer auf der rechten hant und auf dem rechten arm und an der rechten seiten, in dem herbst und in dem wintter sol man lassen auf der tencken seitenn an dem tencken arm und an der tenken hant." „Zur dencken hant", sagt ein Finsinger Bauer bey H. Sachs

1560: IV, III, 24 (1612: IV, III, 55). „Sinistra, tenkhant", Voc. von 1419. „Dahin weiset mich der waltman ein stich zu der tencken hant." Iwain (599). Sinistrorsum, denckseitig; Voc. v. 1445. Glincker oder lincker oder tenker, sinister; Voc. v. 1482. „Auf der denken Hand", Kr. Lhdl. XVII, 170, ad 1508. Denkerhand, auf der linken Hand, (adv.) zur Linken. denk, denks, (adv.) links, mit der linken Hand. Denk scheiben,
385 denk schießen, dabey auf dem linken Backen anschlagen. denkisch, (adj. u. adv.) linkisch, verkehrt; (Cf. Th. II: gäbisch, franz. gauche. 'Dagegen Diez, Wbch. 640'). Er thuət àlls *denkisch*, d. h. mit der linken Hand. Du hàst dei˜ Hemet *denkisch* à˜, d. h. verkehrt, die innere Seite nach außen. Die denkisch Seiten. „Cricos mag ain denkfuoz haizen . . . daz ist ain mertier . . . ez hât auch den rehten fuoz klain und den denken groz", Konr. v. Megenberg, f. 136[b], Pfeiffer p. 233,23 ff. Der Denkəwátsch, bey dem die linke Hand geschickter ist, als die Rechte. s. Th. II: linkewatsch. In den VII Comuni sagt man, nach Grf. Sternberg's Reise durch Tyrol p. 154, statt: linke Hand, schenke Hand, wozu das ital. (venezianische) zanco nahe stimmt. Cf. das alte slink, link (VII Com.), ital. sjink; auch ital. schencire, gauchir, biaiser, schencio, schief, (Diez, Wbch. 435). Als bloße Aussprache statt glink (dlink, dink nach Gram. 475. 544) darf denk bey seinem respectabeln Alter wol kaum angesehen werden. Cf. gl. a. 160: tenchan, volvere.

Der Dinkel, wie hchd. (Graff V, 196. BM. I, 360. Grimm, Wbch. II, 1178. 1539), d. i. triticum spelta L. (gl. a. 20. o. 402: dinchil, spelta; o. 98: dinkil, siligo; thaz corn thinkiles, Tat. Joh. 12,24). Gewöhnlicher wird jedoch diese Frucht Fesen genannt, so lange sie in den Hülsen (Fesen) steckt, und Kern, sobald sie enthülset ist. Antesperg's Gramm. v. 1749, p. 371 erklärt Dinkel durch Spreu; die gl. i. 567 haben maguderim, dinchil. dinkeln, (Chryph. Schmid) die grüne Saat des Getreides abgipfeln. Vrgl. Grimm, Wbch. a. a. O. Die Ulmer Schnellpost schreibt im Mai des Nothjahres 1847 zu tröstender Aussicht unter anderm: „schon mußten mehrere Felder gedinkelt werden und ebenso wurde schon Klee gemäht." Also was färben.

dunken, wie hchd. dünken (ahd. dunchan, mhd. dunken. Graff V, 172. BM. I, 359. Grimm, Wbch. II, 1546). „Laß dunken macht den Tanz gut"; Seb. Frank. əs *dunkt* mi'; hàt mi' *dunkt*, und auch əs *dunkt* mə'. (So auch bey Otfrid bald mit Accus. III, 13,19; III, 19,6; V, 6,39; Prol. 54) bald mit Dat. (III, 13,26; III, 19,6; gl. i. 240: „suasso mir gidunchet" und „swaz mich pidunchit.") Von dunken ist (wie dachte von denken, brachte von bringen) das Präterit. dauchte (ä. Sp. dûhta, dûhte, Otfr. Prol. 54; III, 13,19), später nach apocopiertem e (cf. Gramm. 959) daucht, däucht. Diesem Präteritum ist in neuerer Zeit, wie nach Gramm. 928 den ursp. Präteriten kann, mag, waiß rc., zwar nicht in unsern Dialekten, die Ehre widerfahren, ebenfalls als Präsens gebraucht und, vom Altmeister Adelung selbst, mit einem Infinitiv däuchten ausgestattet zu werden. Mich. Beham, Wiener 18,2: daucht sich saur, daucht sich gemait, (sonst: stalt sich saur). Der Gutdünkel. „Nach eigenem Gutdünkel", Puschmann, d. Meistersinger.

'Der Dunk, ä. Sp., das Bedünken, (mhd. dunc. BM. I, 359. Grimm, Wbch. II, 1532).' „In dem dunck" (in momento?); Cgm. 631, f. 95.

dunken, vrb. n., nicken mit dem Kopfe, wenn man sitzend einschlummert; cf. ducken und dunzeln. Castelli, Wbch. 118: „dunk'n, mit dem Kopfe nicken, wenn einen der Schlaf überwältigt." Hàt z'napfez'n à˜g'fangt und z'*dung'n*", Castelli, 1828, p. 173. 'Vrgl. hchd. tunken (ahd. dunkôn; Graff V, 195. BM. III, 131).'

Die Dunk, (Augsb.) der Keller, das unterirdische Gemach, worin die Weber ihre Werkstätte zu haben pflegen; (ahd. mhd. tunc. Graff V, 433. 436: tunculla, gurges. BM. III, 130. Grimm, Wbch. II, 1532. s. oben Dung, Tung, ahd. tunga, agſ. dung, Dünger, womit der Wärme wegen zu Winterszeit die unterirdischen, weiland nicht blos Webern dienlichen Räume bedeckt worden. W. Wackernagel in Haupt's Zeitschr. VII, 128 ff.) „Der Schmid bey den Funcken, der Weber bey der Duncken", P. Abrah. „In dem so unseligen Dunck" (der Hölle), vier letzste Ding, München 1658 (vom Jesuiten Engelberger). Der Dunk-Esel, der Kelleresel, die Kellerassel, oniscuIus. „Asellus. versatur in fenestris, Dunckesel"; H. Junii Nomencl., Augsb. 1629, f. 40. Grimm, Wbch. II, 1551. „Geneceum, habitatio textoris subterranea, vlgr. tunk"; Clm. 5685 (v. 1412), f. 96. Gl. a. 24: genez tunc, geneceum; dagegen gl. i. 826 gesondert genz, genecium (gynaceum), und tunc, ypoge (hypogeum); i. 136. 673. 1169. o. 327: tunch, textrina, vel textrinum; o. 133: hêrtunc, apogeum.

dunkel, (Schlierach) dünkel, Comp. dünkler, dünklest, wie hchd. (Graff V, 434. BM. III, 131. Grimm, Wbch. II. 1533 ff.). „In ein duncker ellende"; „die danckere stille"; Cgm. 99, f. 22. 27. 33. Die Dunkel, die Dunklé, Dünklé, Subst., Dunkelheit. Grimm, Wbch. II, 1540. Zeitschr. III, 111. IV, 166. Der Dunkelboden, s. Duenau.

---

densen, dinsen, ziehen; s. das folgende Wort.

Die Dünsel (Dinssl, Dimpsl), bey der Floßfahrt auf der Isar und Loisach, eine dünne Stange (gewöhnlich ein Buchenschößling), mit einem aus Wieden geflochtenen Ring (Dünselhals) an jedem Ende, welche, gleichsam 386
als starres Seil, zum Fassen des Lendsteckens (Pfahles am Ufer) und Befestigen des Floßes an denselben dient. „Wær auer, daz ieman ze gevœrd ein lentstechen auszug, und liezz dem flosman seinen flos auf daz wazzer, oder der dew dunsel abslüg, da si angelent sint", Rchtb. v. 1332 in Wstr. Btr. VII, p. 103). Die Dünselstang, elastische Stange, welche an einem Holzfloß, der in einem See u. drgl. längs dem Ufer von Pferden fortgezogen wird, im rechten Winkel mit dessen Richtung befestigt ist, und an deren, dem Ufer zugekehrten Ende die Stricke angemacht sind, an welchen die Pferde ziehen. BM. I, 361. Grimm, Wbch. II, 1558. Dieses Wort hat wol mit dem lat. tonsilla („phall vel hack daran man das schiff henckt", v. „tonsus, schalt", wie das Voc. von 1429 erklärt) nichts zu schaffen, und scheint eine Ableitung vom alten dinsan, trahere, mhd. dinsen, Prät. dans, Ptc. gedunsen. Graff V, 196. BM. I, 360. Grimm, Wbch. II, 1179. 954. Lütter, LG. Weihers, Fulda rc.: dens, Infin.; dons, Prät.; gedonsə˜, Partic., mühsam ziehen; (neben zieh, mühelos z.); Professor Karl Roth. (Tat. 139. 236,7. Notk. Ps. 10,2. 72,1: dero zuogedunsenen, synagoge; 89,7: dinset dih, ducet te. Isidor 9, 4: ardhinsan, chidinsan, rapere, contrahere; ardhans, extraxit; gl. a. 403: ardunsaniu, convulsa, i. 581: fordunsan, raptus; 638: afterthunsun, detrahebant; 648: thunsi, extraxisti; 1173: nidirkidinsin, deducere, wovon auch das Verb. danson, trahere, gl. i. 351. 361. 427. gedansoter, tractatus, Diut. III, 147, 'und das Subst. der duns, tractus:' gahes dunses, repente, Notk. Grimm III, 128). „Swie vil man hie getinse grozir horde zesamen... daz můz doch hie beliben", Diut. II, 153. „Als er (Otte) in (den Kaiser) bî dem barte dans, daz kinne wart ime unt der vlans vil hâres dâ beroubet", Otte mit d. Barte 270, Hahn p. 100. „Alsam der grœze visch den man drî tage in sînem lîbe dans", Konr. v. Wirzb., gold. Schm. 1627. „Nah im dans er diu beine", altd. Wälder III, 216. „Sie in die stat gedinsen", (portare); Schilter zu Jac. v. Königshoven 251. S. auch Th. II, unter leis. „Si begund in tensen und tragen von den andern (Tänzern) auf ain gras", Cgm. 714, f. 121. „Theten mich beim har umbdensen", H. Sachs 1612: I, 575. „Sich ich schleichend her densen den tod mit

seiner sensen"; das. I, 200. II, II, 211. „Und ließ ein scharfschneidende sensen radscheiblich auf der erd herdensen", das. I, 207. „Der wird . . . huner und gens behuten, daß s' kein wolf hindens, es sey denn er selber darbey", das. 1560: V, 412. 'Der Dens (?), das Gedense, ä. Sp., Zug, Gedränge, Haufe.' So kumend denne hünr und gens recht ain gantz dens", des Teufels Segi, Ms. v. 1449; Barack p. 297,9393: ain gros tens. „Die risen lieffend her mit irem gedens, recht sam die wolf in ander gens", d. Ring 53^c,35. Grimm, Reinh. p. 374,753. „Die frendh machen ein lang gedens", H. Sachs 1612: I, 853. „In solchem gedens, da fiel mir ein..."; das. 1560: III, III, 45. Vrgl. Vilmar, kurhess. Idiot. 73.

'dinster, ä. Sp., dunkel, düster,' (Wackern., Wbch. XCVI. BM. I, 361. Zeitschr. III, 99. 104. IV, 343. Vilmar, kurhess. Idiot. 73). Die Dinsternisse, Finsterniß, (Düsterniß?); Grave Rudolf^2 23,10. Grimm, Wbch. II, 1179. Vrgl. düster.

Der Dunst und die Derivata, wie hchd. (Graff V, 430. BM. I, 403. Grimm, Wbch. II, 1559). Dunsteln, dünsteln (dunssln, dünzln), ausdünsten, leicht schwitzen. Gê, Liəbə-l, *dunzl* no˜ ə˜ bissə-l aus, sagt die sorgfältige Mutter zum Kinde, das noch ein Bischen in der Bettwärme bleiben soll.

dünstern. In einer wirzb. Verord. von 1736 wird geklagt über „schlecht, übelgefegt auch dünsterend" Korn auf den Amtsböden.

---

dadanten, dort dabei, (Thalgau, Jir.). 'Wol aus dà-dà-ent·n (= dà-drent·n)? vrgl. Zeitschr. V, 220 u. IV, 337 f.'

Der Däntsch, Däntschen, (Nptsch.) Backwerk aus Mehl, Eyern, Schmalz und Milch; Leckerbissen; engl. a dainty; anderwärts in Franken: Überbleibsel von der ausgelaßnen Butter. Grimm, Wbch. II, 750. däntscheln (dántschln), sich mit dem Backen, Kochen von Leckereyen abgeben, köcheln; (Nptsch., Obrm. Grimm, Wbch. II, 750. Zeitschr. II, 403,21. *Dántschə-lst* allə-wál ummər und bringst do' nicks áfn Tisch! Verdäntschen, (Nptsch.) verlecken, verfressen, verschwenden.

däntschig (dántschi'), adj. u. adv., (von Mädchen und kleinen Kindern) niedlich, artig, graziös. Grimm, Wbch. II, 750. „Und daß das Johanneßl (bey der Procession) leicht um ein Gulden Leckerl gefressen hat, daß er aber gar so däntschig gewesen ist", Charfreytags-Procession p. 98. So *dántschi'* wiə mei˜ Annəkádl is kaə˜ andə's Mádl. Volkslied. Dés is ïatz e' *dántschi*'s Gscháfftə-l! Das Däntschelein (Dántschə-l), schottisch: a dandy, nettes Persönchen. Vrgl. Donzel.

Der Dinzeltag (Dinssl-, Dimpsl-, Dinstl-Tàg, schwäb. nach Gr. 246: Denzltag), Tag der jährlichen Versammlung einer Zunftgenossenschaft, wo unter Leitung
387 der gewählten Vorstände (Vierer, Altgesellen rc.) die Angelegenheiten der Zunftgemeinde (z. B. die Aufnahme neuer Meister, die Verhängung von Handwerksstrafen, Freysagung von Lehrlingen, Entrichtung der Beyträge zur Lade u. drgl.) besprochen und abgethan werden. Hie und da wird dieser Tag mit einem religiösen Akte (dem gemeinsamen Anhören eines Meßamtes, vrgl. Burgholzer's Beschreibung von München p. 107) eröffnet, fast überall aber mit einem gemeinsamen Mahle und fröhlichem Tanze beschlossen; Handwerksjahrtag. Grimm, Wbch. II, 1183. Zeitschr. IV, 343. Das Prompt. v. 1618 hat Dintzltag, dies genialis. Der Bauern Dinzeltag, s. Th. IV, Wochen: Werkwochen. Beda Weber in seinem „Tirol und die Reformation" schreibt nach Höfler in den Gel. Anzeigen 1842, Sp. 413: Tingltag. Z· Mühlbach, da send dö Knapp·n ban *Dinzl* (Jahrtag der Zünfte); v. Kürsinger's Pinzgau (1841), S. 176. Cf. niederd. Dinsedag, Dienstag? dinzeln (schwäb. denzeln), vrb. Im Augsburgischen 's Jahr ein Mal von 1764 heißt es unterm Monat September: „Auch thut man, wie ich hör und seh, des Jahrs einmal dem Geld recht weh, da vil Handwerker kostbar däntzlen. Und ob die Jungfern ihre Kränzlen allzeit heimbringen unverletzt, bleibt hier die Antwort ausgesetzt." Woher dieser Ausdruck stamme, muß, aus Mangel älterer Belege, hier gleichwol die Antwort ebenfalls ausgesetzt bleiben. Das Tänzlein hat wenig Wahrscheinlichkeit für sich. Sollte das Wort ein niedersächsischer Fremdling seyn? Dann könnte man sich's allenfalls als Dönse-, Dörnse-, d. h. Stubentag (cf. Dürnitz und schweizerisch die Stubeten) denken. Friesisch Dörnsk, Wohnstube; Pisel, Hinterstube; Clement in Herrig's Archiv X, 273. „Hans Peder Laborenz wœr ganz flidig (fleißig) in däi *Dönz*" (Stube, Wohnstube); Lüneb. Heide, Firmen. I, 208. Vilmar, kurhess. Idiot. 76. Zeitschr. III, 281,63. „Un söllen ji àdder ju Kinner mål wier wat van *Dönt* häbben", erklärt Firmenich I, 277,15 (Bielefeld) als „Hochzeit, überhaupt jede Gasterei, wobei Musik und Geld gegeben wird." Zeitschr. VI, 57.

Die Donzel, Dunzel, (wetterau.) kleineres, munteres Mädchen, nach Weigand (oberhess. Intell.Bl. 1845, S. 325) von franz. donzelle, ital. donzella, dominicella, damicella, span. doncella, engl. damsel. Diez, Wbch. 127. Grimm, Wbch. II, 1566.

dunzeln (dunzə-l·n, b. W.), schlummern. *Dunzel* di' 'idər, (zu Kindern) leg dich schlafen; (Baader). s. lunzen.

„tunzen, fornicari"; VII Comuni.

Deposition. Akademische Deposition, ehmals eine Art Hänseln neu eintretender Studenten. Dazu brauchte man den Hut mit Hörnern, den Bachantenzahn, Paternoster, Beil und Hobel, Kamm, Scheere, Scheermesser, Ohrlöffel. Radiusiana II, letztes Druckstück.

doppeln, 1) wie hchd. 2) mit frischen Sohlen versehen, besohlen. Grimm, Wbch. II, 1267,3. Zeitschr. IV, 344. 166. Stiefel, Schuhe doppeln, Strümpf doppeln. „Mit Tantzen thut man wahrhaftig die Schuch nit dopplen. P. Abrah.

Doppelsoldner, s. Th. III: Soldner. Grimm, Wbch. II, 1271.

doppeln, Würfel- oder andre gefährliche Spiele treiben, (mhd. topeln. BM. III, 48. Grimm, Wbch. II, 1268. Zeitschr. III, 552,32. IV, 344. dän. doble. Etwa wie paschen von par-schen. Wackernagel, Wbch.), ist wenigstens in AltB. nicht mehr gangbar; es kommt in der bayreuth. Polic.Ord. v. 1746, Tit. 6. 18 vor. „Toplan, walen und spilan, der tůt in (den Wirth) kains besilan", des Teufels Segi, Ms. v. 1449, (Barack p. 407,12795: toban). verdoppeln, mhd. vertopeln, im Würfelspiel verlieren. „Das ir vertopelt, was ir mugt haben", Cgm. 714, f. 352. dopp, (Weihers; Dr. K. Roth) mit Steinchen spielen, wie unter Mädchen üblich.

Der Doppel, ä. Sp. (mhd. topel. BM. III, 48. Grimm, Wbch. II, 1260), das Würfelspiel. „So get der gern zu dem tanz, der zu dem wein, der zu dem topel"; Br. Berhtold, Cgm. 1119, f. 62. Vrgl. Maßmann's Eraclius 572. Niederd. Doppelsteen, Würfel; Firmenich I, 446,86. Grimm, Wbch. II, 1272. Cf. portug. tópa, ein Kinderspiel mit einem osso de quatro faces; Barboza, Diccionario de Ant^o. de Moraes silva.

Der Doppich, (Aschaff.) Kreisel. 'Vrgl. mhd. topf; BM. III, 48.'

'Das Döppelein (?). Wol zu der Doppel, eine Scheidemünze (Grimm, Wbch. II, 1260,3. Zeitschr. IV, 143,374), zu ziehen. Oder zu obigem Doppel, Würfel, oder zum folgenden Dübel?' „Ich mus setzen mein döppellein, darmit ich löß den puelen mein; wan du pist mein, so pin ich dein, du bist mit raiffen gezieret vein und tust mir sanft am göderlein und juckst mich auf dem züngelein: nu schmeug dich, kopf, du must herein." In einem Trinklied von 1495 (Clm. 5023, f. 37), anfangend: „Trink und gib mir, laß umher gan." 'Vrgl. auch Grimm, Wbch. II, 1258. 1567: Dop, Doppe, Düppen, Topf, Gefäß. Zeitschr. III, 260,18. 272,10. VI, 430,46.'

Der Düpel, 1) wie hchd. der Döbel, d. h. der Pflock oder Zapfen, der irgendwo eingefügt wird, besonders der hölzerne Nagel, der in ein jedes von zwey neben und an einander zu befestigenden Brettern greift; Klotz, z. B. von Thon, den man bey Öfen in die Rauchröhre stellt, um die Wärme nicht unbenützt weggehn zu lassen, (Ofendüpel; Baader); Klotz von einem Menschen, Dummkopf; verächtlich: Hut, (Baader). Graff V, 352. BM. III, 125. Grimm, Wbch. II, 1198. 1567. Wilh. Grimm, über Freidank p. 66. ə˜ Düpel Har, ein Kloben Flachs. „Hunärt *Dippel* Haar", Lindermayr 74. Vrgl. Zeitschr. VI, 488. 'Den Dürel schlagen, ein Kinderspiel.' Dés Krächs·ln und Fàll·n und dés Heuzen und Jàgng, und wer zəllət·s wiə vịl mə˜ s *Ün Dübeln* hàm g·schlàgng", (als Knaben zu Enns), Kaltenbrunner, oberösterr. Jahrb. 1844, S. 244. „Vorhte und schame sint eren tübel" (Halte), Renner 16607. „dibeln, vrb., nach etwas begierig trachten; z. B. auf á Mádl *dibln*"; Castelli, Wbch. 109. Vrgl. Zeitschr. IV, 44. Der Düppelboden, Dippelboden, der Döbelboden, Zimmerdecke, insoferne sie aus lauter, durch Döbel miteinander verbundenen, Balken besteht. „Da werden s' halt zum Dippelboden lauter alte Bamer genommen haben . . ." „In Angsten, daß ihnen bey der Nacht der Dippelboden auf d Nasen fallt . . ." Eipeldauer Briefe. „I˜n *Diblbod·n* abər in də' Mitt·n, dà is ə˜ Loch", Castelli, 1848, p. 142. Grimm, Wbch. II, 1199. cf. gl. i. 219: tupili, 531: fitubila, incastratura; Clm. 4606, f. 98: incastratura tubila vel nuo. Die-
388 fenbach 291a. Vrgl. Tobel. Das Voc. von 1429 hat „tuppel vel morser stossel, triterium." 2) (Obrm.) die Beule; (salzb. Jl. v. u. s. D.) Geschwulst. Cf. schwed. tufva, dän. tue (alt thufa), Erhöhung, Hause. Grimm, Wbch. II, 1199. 1567. ə˜ Gelsen Düpel, Mückenbeule. „Die Händ seyn mit Beul und Tiplen überhäufft wie im April die Wiesen mit Scheerhäuffen", P. Abrah. „Ein großer Dippl oder Geschwär am Leib auffahrend", AltOtting. Histor. „Gschwären, Gflechten, Düppel, Grind ꝛc." Adelholzer Badbeschr. „Voller Eyß, Lähmdüppel ꝛc., Dr. Minderer 1620, p. 61; Lähmbeulen, das. p. 64. '3) „ein alberner, unempfindlicher Mensch, ein Klotz von einem Menschen, ein Dummkopf"; Grimm, Wbch. II, 1199,5. 1567,2.' „Die fraw was ein düppel", Buch d. W. 1485, f. 26a. Düppelbaren, „den Narren bohren?" Grimm, Wbch. II, 1184. „Schandzeichen, als da seynd das Maul und Nasenrupffen, das Dippelbaren, das Eselstechen ꝛc." Abele, seltsam. Grchtshdl. I, p. 257. düppel, adj., (schwäb.) dumm, blöde.

„Die Duplet, amphithetum, ain schal auf der andern. Mailendische duplet, crystalli duae conglutinatae et cinnabari tinctae", Prompt. von 1618. Die Stadt Waldmünchen verehrt a^0. 1615 dem durchreisenden Pfalzgrafen Fridrich ein Duplet per 60 fl. Wiltmeister Chr. 254. „Ein par silberne Duplet", Simplicis. v. 1683, p. 390. Grimm, Wbch. II, 1258. 1566.

Der Dupfling (?). „Ein wälscher Dupflingmann, so etlich Dupfling aus dem wälschen Land gebracht 20 fl.", Hofrechnung von 1560, Wstr. hist. Calend. v. 1788, p. 185. Vrgl. oben Dumpfel 'und Frisch I, 212a: Dupfeng, eine Art Gürtel.'

Deps, Rausch, (Jir.). 'Vrgl. Dámpəs.'

dar (daə'), mit Verben verbunden, im Süden der Donau nicht, desto mehr aber im Norden volksüblich. gêi *daə'*, läff *daə'*! geh hin, lauf hin! thou's *daə'*! thu oder gib es hin! Vrgl. die bey Adelung (v. dar) aus dem Theurdank angeführten Beyspiele (ahd. thara, dara, mhd. dare, dar. Graff V, 59. BM. I, 307. Grimm, Wbch. II, 750). Die eine Linie der Seckendorf hieß: Aber=dar, die andere: Gut=End. (v. Lang.) Dar tuen (daə' tou˜, b. W.), weiter trachten, sich beeilen, anstrengen. dar kêren, Vorkehrung treffen (etwas zu thun, z. B. Salz zu sieden), Lori, B.R. In der alten Sprache galt dar, dara, allein stehend, für unser jetziges, vermuthlich daraus entstandenes dâ (quo, quâ, hic, huc), welches dar statt da noch in der Zusammensetzung mit Präpositionen vorschlägt, wo es tonlos und wenn ein Consonant folgt, zu də', schwäb. dər, wenn ein Vocal folgt, zu d·r wird, (Grimm, Wbch. II, 654,16. Zeitschr. I, 124. II, 244. III, 128. 136. V, 362. VI, 130,6. darbey (də'bey), darmit (də'mid), darnach (də'nàhh; darnah, gl. i. 553), darseider (də'seidə', Otfr. tharsidor, hernach, drauf), darvor, (də'vour, Otfr. tharfora), darwider (də'widə'; gl. a. 123: thara uuidri), darzue (də'zuə; Otfr. tharazua); daran (d·rà˜, Otfr. tharana), darauf (d·rauf), darauß (d·raus, Otfr. tharuze), darin, darein (d·rin, d·rei˜, Otfr. tharin) ꝛc. Die Zusammensetzungen: də'bey, də'mit, də'zuə; də'für ꝛc. werden auch auf Personen bezogen: bey, mit, zu ihm, ihr, ihnen; für ihn, sie. R.A. drauf und ab (drau' und à'), aus allen Kräften, so viel man vermag. Das Darangeld, Drangeld (Drà˜gəld), das Angeld, die Angabe, das Handgeld, Geld, das zur Bestätigung eines geschlossenen Kaufes oder Vertrags von Seite des Zahlpflichtigen vorläufig gegeben wird, arrha. Drum und dran seyn, etwas zu 389
thun, darin begriffen, in voller Arbeit seyn.

darbleiben, beinahe; s. Th. II: beleiben.

undâre, s. unten u˜-derə.

Die Dár, (Baur, Obrmr.) der Taglohn ohne Kost und ohne Trunk. Die Maurer und Zimmerleute arbeiten auf də' *Dár* oder nàhh də' *Dár*, wenn sie keine Verpflegung, sondern den ausbedungenen Arbeitslohn blos in Gelde erhalten und sich selbst verpflegen. Dieser Ausdruck ist vielleicht nur die Corrumpierung des lat. Diarium. Vrgl. übrigens die Anmerkung zu biderben.

darren, dorren, wie hchd. dorren. därren, derren, dörren (dárn, dè'n, diə'n), wie hchd. dörren. Graff V, 199 ff. BM. I, 322. Grimm, Wbch. II, 787. 1301 f. Därr=Rüeblein (Dár-Rüəbln), gedörrte Steckrüben. 'Die Darr, Darrsucht, Schwindsucht, Auszehrung. Grimm, Wbch. II, 786.' Dürr flaisch is nicht zu vil das nicht die darr mit dir spil", Cgm. 170, f. 13b. Zeitschr. IV, 441. Die Därr (Dár), die Dörrung, Ort des Dörrens, die Darre. Grimm, Wbch. II, 786. Zeitschr. IV, 441. „(Der fluoch), der mich hat erderret, und mine wambe besperret", klagt Anna in Wernher's Maria. Gl. i. 318 ꝛc.: derren, siccare; darta, siccavit; gidarter, siccatus; i. 105: tharran, siccare.

dauren, bedauren, s. tauren.

dauren (dauə'n), wie hchd. dauern (durare; mhd. dûren. BM. I, 406. Grimm, Wbch. II, 840); ausharren. „Si muosten angestlichen bî in dâ tûren", Gudrun 728,4. „Swer aber mit gedulte nâch ir (der Fart) tûret", Labr. 266. „Ich kan sîn lenger nicht entûren", das. 401. Vrgl. Zeitschr. III, 280,50. daurig (dauri'), andauernd. Sp.W. ə˜ sauə's Broud, ə˜ *dauri's* Broud. erdauren, 1) dauerhaft machen (?). „Einen Frieden erdauern und unauflöslich machen", Gem. Reg. Chr. I, 270. 2) erforschen, erwägen. „Die Anträge vielfach erdauern", (Glarus). Grimm, Wbch. III, 746.

der (als Artikel: də', als Demonstrativum, dèr, dêr, dèər, dèə'), s. Gramm. 746 ff. Vrgl. Graff V, 3 ff. BM. I, 312 ff. Grimm, Wbch. II, 954 ff. 'Bemerke in der älteren Sprache den Gebrauch des Artikels 1) in Anreden (Grimm, Wbch. II, 979,10)': Herr der wirt, Herr der münch, genediger Herr der Perchtolt; Cgm. 714, f. 290. „Wolgeborner günstiger Her der Landvogt", schreiben aus Ensisheim des Erzherzogs von Österreich Statthalter Regenten und Räte im Obern Elsaß an den Obersten Hauptmann und Landvogt Wilhelm zu Rappoltstein (12. April 1525); Cgm. 4925, f. 254. '2) vor Eigennamen (Grimm, Wbch. II, 998,39)': „Der Ingratus umbswaift sich mit dem sail und der Gydo zoch in her aus", Cgm. 54, f. 77ª. Sonst begegnet nicht leicht der Artikel vor Eigennamen. '3) zur Einleitung von Bedingungssätzen: „wenn man", namentlich bei Vergleichungen: als der = wie wenn einer, wie wenn man, (BM. I, 320ᵇ,14 Grimm, Wbch. II, 972).' „Nâch sünden nieman runge, der uns ze sünden twunge", Freidank 33,6 „Es enwart nie kain saitte so süeze, der in richtet auf ain dürrez scheit, er erstumbet." Cgm. 746, f. 129. „Ich waene, der im mit tusend steben werte, daz im diu fart doch nieman möcht erleiden", Labr. 76. „Lîb und gût, diu sêle, diu êre, daz leben, daz gê und lige ze schanze, der sich der minne rechte wil ergeben", das. 253. „Ez schat niht der witzig wirt", Konr. v. Megenb. f. 175ᵇ, Pfeiffer 299,25. „Er prunn vor mager der jn anzündt", sagen die Juden von Christus, da er sein Fleisch zu essen bietet, im Sterzinger Osterspiel von 1526, Ms. „Als der mit schapfen guß"; Cgm. 746, f. 129. „Also tuot man die buren bestroffen, recht als der ain gans tuot roffen", des Teufels Segi, Barack 252,7996. „Praßelt es als der salz in ein für wirft", Cgm. 4902, f. 6. „Treib es vast under einander als der wachs pert", Rot 132, f. 144. „Das Miltz wird ie zu zeitten so hörtt in dem Menschen als ain stain und krachet laut, das man es scheinbarlichen höret, als der spen abpreche"; Cgm. 4570, f. 38ᵇ. „Als der sich mit alten hosen deckt", (als ob man), H. Sachs 1612: I, 1033. „Als der sich deck mit alten hosen", das. V, III, 144.

der (də') Partikel. Wer, wie, was, wo, wann der well (də' wəll), oder auch: und der well (und də' wəll), wer, wie ꝛc. da wolle; wer, wie ꝛc. immer. Tuə me *wiə də will*, wie (was) man auch thue. So im Windberg. Psalter, Cgm. 17, sec. XII.: die der, qui; f. 13ª. „Ir der teilt die erde, qui judicatis terram", f. 10ᵇ. „Der der nidertrorte", ros qui descendit, f. 189ᵇ, Ps. 132,3. „Salige alle die der getriwent an imo, beati omnes qui confidunt in eo." „Alle die der redent die luge, omnes qui locuntur mendacium." „Alle ir der wurchit die unrehticheit, omnes qui operamini iniquitatem." „Salmsinget dem herren der der buwet." „Der der schephare ist himeles unte der erde." „Der gotes sun, der der ie was", Clm. 4636, f. 107. In diesen Fällen kann die Partikel der im Hchd. durch da vom alten dar (Graff V, 58. BM. I, 304, I, 1,ª. Grimm, Wbch. II, 647,4. Zeitschr. III, 250,13. 278,8), Tatian thie thar, thaz thar (der da, das da), in folgendem und ähnlichen aber durch das Pronom. dir gegeben werden: Dés is *der* ə˜ Schəlm.

der- (də'), tonloses Präfix vor Verben, welches meistens dem er zuweilen auch dem zer des Hochdeutschen, dem dis (twis, tus, lat. dis-, griech. *δυς-*; wol zu duo, *δυω*; vrgl. enzwei) des Ulfila entspricht, (Gramm. 630. 1059. Vrgl. Graff V, 203. BM. I, 312. Grimm II, 819. 1019. Wbch. II, 1011. Zeitschr. I, 123. II, 244. 400,19. III, 104. 135. 394,21. 449. V, 133,10. 338. 422. 467. VI, 131,7. cf. Firmenich I, 507,41: derschreiwen; 111,15: taschlåge). Derdrucken, derfaren, derschlagen, derstechen (erdrücken und zerdrücken, erfahren und zerfahren, erschlagen und zerschlagen, erstechen und zerstechen). Derhœren, derlauben, derwelen, ausderwelen ꝛc. ꝛc. erhören, erlauben, erwählen, auserwählen. Diese Form kommt übrigens auch im frühern Schriftgebrauche vor. „Mir liebt mein liebstes lieb mer dann derdrinken in dem mer", Rosenplut, Cgm. 714, f. 339. „Wil loben unsern puln also wol das und die niemant abderfreyen sol", das. „Ging hintz allen den kirchen, di ich derraichen mocht", Cgm. 99, f. 43. dergetzen, derzaigt, derparm dich, derleucht, das. 136. 155. 158. 166. ausderbeltz (auserwähltes), Cgm. 607, f. 157½. derwegen st. erwegen, verwegen (w. m. s.). Derfaren, derbarmen, Voc. v. 1419. Derdrucken, derschlagen, derstechen, Avent. Gramm. „Derstechen;" „da wart im der tailt;" „behabet u. derlanget mit dem rechten", MB. XXIV, 98. 482. 499, ad 1352. Derfriesen, Gem. Reg. Chr. II, 293, ad 1392. Derlauben, underlaubt, Lori, Lechrain 140. 390
141. Derlosen, derwerben, derslug, dervert, derzogen, Renner 19350. 20314. 20329. 20945. 24276. Ja derwarp, ist derstorben; do derbeizte, Nibelungen. Judicatis, derteilt (st. des sonstigen erteilt), Windberg. Psalter, Ms. saec. XII. Diut. III, 5 ff. begegnet auch: dempfach, dentslief, dentwern neben dersach, dergienck. Manchmal hat das Präfix: der (də') eine eigne intendierende Kraft, ähnlich dem Präfix ge besonders der ältern Sprache. Das er wol derweisen mag (st. geweisen), MB. XXIV, 234. Er lasst əəm nicks *də'sagng*, was man ihm auch sage, er achtet nicht darauf. Dés kàn I nét *də'machə˜*, *də'taə˜*, das kann ich trotz aller Anstrengung nicht zu Stande bringen, thun. Kà˜st widə' nét *â'də'kemə˜*, kannst du wieder nicht abkommen, fertig werden. I muəs mi' *də'läffə˜*, *də'schau˜n* ꝛc., ich kann mir nicht genug laufen, schauen ꝛc. Sich *dərarbətn*, *də'prügeln* ꝛc., mit Anstrengung arbeiten, prügeln ꝛc. „Das man die ganze Nacht kain Aug nét *zuədə'macht*", Tirol. Kirchtag 56. „A˜ bissl á˜ Troàdl, dass d' das Maul durchi*dá'bringst*", Kürsinger's Ober-Pinzgau 1841, S. 173. Vrgl. Cgm. 4611, f. 10: „Salve festa dies also heilig ist diser tag dz in niemandts erloben mag." Möglich, daß dieses der denn doch nur die, schon in alter Zeit tonlos gewordene Partikel dar ist, (oder durh, dur, durch? 'Vrgl. Zeitschr. VI, 119,36).' Wenigstens haben die Partikeln her und hin in der Verbindung mit Verben zum Theil eine ähnliche Bedeutung.

derlich, (hessisch) ungewohnt, unangenehm, seltsam, wunderlich, auffallend. Vilmar, Probe e. hess. Wbchs. 11; kurhess. Idiot. p. 70. cf. der Tôr.

dereinst, st. der tag eins; s. ain.

u˜-derə, (salzb., Thalgau), nichtswerth, schlecht (mhd. undære, adj., undâre, adv., unpassend, unansehnlich, gering, gar nicht; mürrisch, unfreundlich; BM. I, 308. Graff V, 198. Grimm I, 340. II, 31. 625: ags. thǣslic = *λοος*; unthǣslic, ahd. undaralîh, impar, obliquus, ineptus). „Din reht helfet dir undâre" (wenig), heißt es in Wernher's Maria p. 153. „Zehant man im ze ezzen gap ein vil undære rihte", v. d. Hagen, Ges. Abent. XLIX, 331. „Swer hie wirt gevangen, jâ lâzent sie den lœsen harte undâre" (schwerlich); Gudrun 1383,4. „Er wart doch undâre enpfangen", Iwein 2247 (vrgl. die Anmerk. zu dieser Stelle). „Du gebâres zuo undâre", Reinhart, S. 29,115 u. S. 105. „Daz wir niht ansehen die alten werlt mit iren under newen sünden, die alle tag new werden", Cgm. 54, f. 80ᵇ; '(hieher? vrgl. oben unter und uter.)' Zeitschr. III, 342. dæren, dêren, ä. Sp., etwas umherziehen, tändeln; BM. I, 308. „Diu sanch, diu spranch, diu tanzot, diu derot, diu lachot", Griesh. Pred. II, XVIII, 104ᵇ ff. „Singen und springen, und tanzon und treten und dêron", das. 131. 'Cf. tœren, auch dieren und Zeitschr. III, 342: dœr. IV, 195: tären.' undaralih, vilis, egens; gl. a. 175. 186. 290. 368; i. 448. cf. unêr, biderb und un-teur.

dernen (= deənen, dienen?). „Es hilft nix und *dernt* nit, wannst no' a'so trillst." „Es *dernd* di net", (fruchtet dir nicht), Schosser 68. 133 (der auch sonst r für ə setzt). 'Vrgl. Seidl, Ged. 1844, p. 294: dà' Derná (Dearná), Diener, Gerichtsdiener.'

'derren, schädigen, plagen.' (Vilmar, Probe e. hess. Wbchs. 11 hält dieses Wort für derjen, laedere kurhess. Idiot. p. 70. Cf. darren, dürr. BM. I, 322. Grimm, Wbch. II, 787 f.). „Kanst du mîn herze derren", (im Reim auf „sperren"), Labr. 176. „Wenn mir min herre iht leides tût, so sprich ich, daz der teufel var im in die platten und in gar zerreizze und zezerre, wes er on schult mich derre", Renner 4703. „Noch derre tein vbel vnkeusch weip vil mere irs frummen wirtes leip", das. 12924.

'dieren, sich, sich um etwas bemühen, heranmachen, artig benehmen; Grimm, Wbch. II, 1134. Zeitschr. V, 299: tœren (vrgl. dœren und tœren)'. „Wir essen gut öpfel und birn und thun uns in den krapffen thiern", H. Sachs 1612: I, 951. „Der weidman in den wälden teglich refieret und auf allerley wild sich dieret", das. 1560: II, IV, 54 (1612: II, IV, 108). „Mit frewden thet er sich heim thiern" (sich heim begeben, eilig), das. 88 (1612: II, IV, 179). „Ich will mich auf die bruch nur dieren... auf das ich nur die bruch gewin", das. 1560: III, III, 16. „Im lant mus ich mich weit umbdiern, im winter mus ich hart erfriern", sagt der Freihartsknab 1560: IV, III, 62 (1612: IV, III, 136). „Ein verdorbner, verlogner wirt, der sich in aller schalckheit diert mit seltsam abgeriebnen rencken", das. 64 (140). „Faul Fritz sich weidlich diert im wein", das. 68 (148). „Der sich mit arbait diret", das. 76 (165). „Wenn der Gramma (Gaul) stund ob dem haberkasten, so rœrt und diert er sich am basten", das. 97. „Darzu het er (der Schuster) ein altes weib, die sich auch thet mit arbeit thiern mit leder schwerzen, beißen und schmirn", das. 1560: V, 400 (1612: V, III, 128). s. andieteln.

dirre, dirr, (ä. Sp.) statt diser, (s. Gramm. 747). BM. I, 366. Grimm, Wbch. II, 1135. Zeitschr. V, 366. Dirr sach, MB. XXIII, 217. Dirre unde der, dieser und jener. Ähnliche Zusammenziehungen sind: erre st. erer; „bi der erren frowen", MB. XXII, 274. XXIII, 163; irre st. irer. MB. XVIII, 109; merre st. merer; die merr volg, mit der merren volg; anderr st. anderer; erberr st. erberer; unserr st. unserer, MB. XXIII, 89. 147. 172. So ist selbst unser Substantiv Herr als Zusammenziehung von hêriro, hêrer (senior) zu erweisen.

Der Dirədey, s. Dirdendey.

doren, daren, dorren (Jir.; vielleicht aus dem alten thonaron contrahiert; cf. die Dern), donnern, Der Darer, der Donner, d. h. ein einzelner Donnerschlag. A'ber iətz hàts ə~n Darə' 'thà~! „Fulmen, torschlag", Clm. 5662, f. 97. „Fulmen, dorschlag", Clm. 5387 (v. 1450), f. 1. durnschlag, Konr. v. Megenb. f. 93^{a}, (Pfeiffer 91,14. 31 ff.: donr, tonr). „So du den tonr horest", Clm. 4616, f. 52. Hiezu stimmt der skandinavische Name des alten Donnergottes, Thor, (ebenso contrah.: altnord. Thorr = Thonr, Thonar. Grimm III, 353. Mythol.^{2} 151. Zeitschr. III, 224,5).

Die Dor-Rösen (Dour-rous·n), (Baur) rosa alpina L.

Dör-Rûbl, (Jir.) cyclamen europaeum. s. oben Därr-Rüeblein.

Die Durədê, Durədê·l, die und das Durl, Du'l, (als corrumpierter Taufname) Dorothea; (als spott- und scherzhaftes Appellativum, welches mit der Form: Thor, Thöràl, thöricht, zusammenzuspielen scheint), jede Weibsperson. ə kropfəté, wampəté, narrəté rc. *Du'l* oder *Durədê-l*, ə~ *Du'l* vo~ Háching. Dés gstraaecht *Du'l* denkt niə übə' d' Násn 'naus. Zeitschr. IV, 441. VI, 457. Cf. oben *dudə-l*-fett, *du'l*-fett, (zu Dutte, Tuttel?).

„Dürgenlant, Thuringia. Dürck, Turingus"; Clm. 5877 (v. 1445), f. 149.

dürr, adj. 1) wie hchd., (goth. thaursus, ahd. thurri, durri, mhd. dürre. Graff V, 200. BM. I, 322. Grimm, Wbch. II, 1735. Cf. schwäb. abdornen, dürre werden = goth. thaursnan); dürres Fleisch, geräuchertes. 2) mager, im Gegensatz des Gemästeten. „Die dürre Schweine mag man aus dem Lande wohl vertreiben und verkaufen", Kr. Lhdl. XVI, 353. ə~ krach-
dürrə' Mensch. Die Dörrsucht, Dürrsucht, Schwind- 391
sucht, Auszehrung. Das Dürrband, zertheilendes Pflaster. Grimm II, 785. 1741. „Mit dören benden", Cgm. 4535, f. 77. „Die Dörrbänder taugen allein im Anfang der Verletzung eines glidmassens, so ohne verwundung geschehen, — so aber die geschwlst sich allberait erhebt hat, sein die Dörrbänder kein nutz: zu deme so haissen sie nicht Dörrbandt, sonder Terbanth"; Dr. Minderer, Kriegsarznei 1620, p. 53. „Mit Therbanthen", das. p. 55. Die Dürr, (München) Kämmerlein, das unmittelbar ob einem Backofen angebracht ist. Die Durr, Winddurr, Baum, der auf dem Stamm abgestorben und dürr geworden ist. Die Dürr stêt, die Rôn ligt. (cf. dän. vindtörre, an der Luft trocknen); uuintthurri, cacula; gl. a. 223. 413. Das Durach, Dürrach, Collectiv-Substantiv davon; salzb. Waldord. 34. 45. 46. Durr, Dürr, Durach, Dürrach, dürres Holz, abgestandene Bäume, (Jir.). Zeitschr. IV, 441.

dürren, (ä. Sp.) audere; s. türren.

---

darben (darbm), wie hchd., (goth. tharban, ahd. tharbên, darbên, mhd. darben, eines Dinges, es entbehren. Graff V, 214. BM. I, 364. Grimm, Wbch. II, 767. Haupt's Zeitschr. VII, 452 ff. Gesch. d. d. Spr. 328. Cf. böhm. treba, adv., nöthig, rc.). Die alten Predigten, Ms. monac., haben: sich eines Dinges darben, sich dessen enthalten. „Daz sie sich darbete der kirchin vierzech tag." Cf. gl. a. 246: tharpo, egens, alienus, u. vrgl. derb (dürr, trocken) und biderben (brauchen).

derb, adj., (Baur, O.L.) dürr, trocken, mager. (Graff V, 220. BM. I, 322. 361. Grimm, Wbch. II, 1012). ə~ *dèrbs* Körnl·. Eine Person schaugt so *dèrb* her, is so *dèrb*, dás d nicks àls Haut und Baə~ sigst. Einem derb die Wahrheit sagen, d. h. tüchtig, rechtschaffen.

(ab-)derben, (darb ab, durb ab, abgedorben), dürr werden, abstehen, zunächst von Pflanzen, (BM. I, 365). Də' Bám *dirwt à'*, is *à''dârwm*. 'bederben, ä. Sp., perdere, consumere, verderben; Grimm, Wbch. II, 1224.' Cf. niederd. bediarw, leise; Firmenich I, 248,25. bidiarben, adv., traurig, leidend; das. 276,170. 278,54. Üblicher und, wie im Hchd., von umfassenderer Anwendung ist das Compositum verderben (və'derbm und və'dérbm, jene Form meist umlautend und neutrisch: I və'dirb, I və'dárb oder və'durb, I bi~ və'darbm; diese meist unumlautend und activ: I və'dérb, I və'dérbət, I hà' və'dérbt). „Pulver daz verdarwen ist", Cgm. 600, f. 4. „Ein los gebærde liebet under ougen, so riterlichez werben verdirbet", Labr. 197. ə~ Bauər, ə~ Wirt, ə~ Handwerkər, ə Kaufmà~ rc. *və'dirbt*, wenn seine Wirthschaft zu Grunde geht. Ein verdorbener (və'darbmə') Bauer, Wirth, Kaufmann rc. ist einer, der Bankrut gemacht hat. „Ob der mair in der Zeit verdürb", Heumann, opusc. 93. „Wem des verderbten gut werden soll", das. 145. A°. 1451 in Wunsidel ein Spital gestiftet für 12 Biderleut, die in Ehren verdorben"; v. Lang, Gesch. I, 17. ä. Sp. verderben, sterben. „Ob ich außerhalp lants verdirbe" . . „wan wir verderben inderhalp lants", MB. VII, 147, ad 1289. „Nidervallen und verderben da ze stete", Wernher's Maria. verderben Einen, ä. Sp., ihn umbringen. Einen mit dem rechten verderben, (ihn hinrichten). L.Rcht., Ms. v. 1453, f. VI. „Deabling, etwas, was nicht emporkommen will, eine Pflanze, welche nicht wächst, ein Mensch, der nicht größer wird, ein Taig, der nicht aufgeht"; Castelli, Wbch. 107.

2) derb, (ä. Sp.) vom Brode: nicht mit Sauerteig bereitet, ungesäuert (Graff V, 220. BM. I, 322. 405. Grimm III, 462. Wbch. II, 1012,1). „Die iuden begent mit derbem brote die osterdulde", Windb. Psalter (gl. a. 388. 505. 543; i. 218. 221: derb, azymus). „Ain

derbez brot und ain vaz mit wazzer", Griesh. Pred. I, 164; „dez derben brotes", das. 165. Es scheint auch hier der Begriff des Trocknen, Gedörrten (sc. Kuchens) zu Grunde zu liegen. Die eigentlich zu Levitic. 2,14 gehörige Glosse i. 8 hat torres, derpaz.

392 3) derb, (Ilm) fehlerhaft feucht. ə˜ *dèrbs* Broud; ə˜ *dèrbé* Mauə', ə˜ *dèrbə'* Kəllə'. „Dy rueben verdeut all undarbe fauchtikait und rohe chost", Clm. 5931, f. 203. Anmerk. Schwer ist es, diese, zum Theil sich widersprechenden Bedeutungen zu vereinbaren. Indessen scheinen die Formen derben, derb als Ableitungen zu den Formen darr, dorr, dürr zu gehören, wie denn auch dürfen (audere) aus dem ältern dürren entstanden ist. Sollte etwa Otfrid's irthuesben (I, 17,52. II, 12,72. IV, 26,23) und firduesben (IV, 1,4. V, 7,34) occidere, perdere, hier mit eine Rücksicht verdienen.

biderben (´‿˘), (ä. Sp.) gebrauchen, benutzen. (Graff V, 219. BM. I, 362. Grimm, Wbch. I, 1813). „Lihet ein man dem andern sinen Karren oder sinen wagen umb lon, daz sol er biderben an gevärde, brichet erz daruber, so ist er ienen nichtes schuldig, als er bereit, daz erz ane gevärde gebiderbet habe", Augsp. Stdtb. „biderbt (pidert, pidret) er es", Münch. St.R., Art. 94. „So si is piderbent und is ungwar lant stan", L.Rcht., Ms. v. 1332. Wstr. Btr. VII, 170. „Die wile er ez (daz phert) beberbet, quam diu utitur", Schwabensp., Laßb. 258. Mallerst. 33, f. 120. „Misch und piderbz" . . . „und also widerbs . . ." „also widerben"; Arzneibuch, Cgm. 3724, f. 35. 37. 56. „Leder aschen, die die gurtler piderbent", das. f. 45. „Behaltz denn und biderbs, wenn sein not sei", das. 46. „Der hafen sol unpidert sein, das nichts vor darin gesoten sei", Cgm. 4543, f. 61 (ad 1505, Windberg). „So sol der riter an guoten dingen sîn swert gebiderben", d. welsche Gast 8673. „So ist Sacrificium allichen brot unde win, daz die ewarte do ehaltichliche ze ire nuzce biderbten", Gloss. im Windberg. Psalter, Ms. aus dem 12. Jahrhundert. (ahd. piderban, piderpan, pidirpan, expedire alicui, proficere, utile esse, Kero. Cgm. 17, f. 97^b. 176^b. gl. passim. bitherbison einemo, ihm nützlich seyn; Tat. 172. „Wir abebiderben (abutimur) dere gedulde", Cgm. 17, f. 146. 'verbiderben, ä. Sp., aufgebrauchen, verzehren; BM. I, 362.' „Da ne wirdet verbiderbit daz scâf noch diu geiz, ze deme dienste ne wirdet erslagen stier noch bock", Clm. 9513, Vers 246. „Hie verbiderbit sih der lib unce er gare verderbit", das. Vers 61. „So er dy ercznei verpidert (verbraucht hat) so mach aber ain andre; Cgm. 4543, f. 139. biderb, (´‿, Gramm. 212), adj., (ä. Sp.) von Sachen: brauchbar, nützlich; von Personen: brauchbar, tüchtig, rechtschaffen, welche letztere Bedeutung sich noch heutzutage in der corrumpierten hchd. Form bieder erhalten hat; (ahd. piderbi, pidarbi Kero, Otfr., Tat., gl. passim, utilis, solers; umpiderbi, inutilis, infructuosus, vanus, fatuus, mollis; bidarbî, biderbî, bidirpi, biderbida, subst. fem., usus, Kero 36,10; utilitas, fructus, munus. unpidarpi, otium, superstitio. mhd. biderbe. Graff V, 215. BM. I, 361. Grimm, Wbch. II, 1810. Wilh. Grimm, Athis und Prophilias, p. 68 f. Cf. schwed. tarf, Durft, tarfva, bedürfen, zu goth. thurban, ahd. durfan; dagegen schwed. djerf, dreist, aber auch töras, audere, zu ahd. turran. Safařjk, Starož. 902, wo er den Namen der Bodrici, Obotriten, erklärt, nimt bedr oder bodr, vigil, strenuus, als Wurzel an und meint, auch das deutsche bieder sey daraus hergenommen!) Noch das Voc. von 1445 hat unbederb, improbus. „Blude und unbederb", spauroso & cattivo"; Cod. ital. 362, f. 82, ad 1460. „Wüste nüt denn guots von Im und das er ein biderb man were", Lucerner Urk. v. 1404, Gesch. Fr. III, 261. Biderb lewt, MB. XVIII, 556, ad 1471. Der Bidermann (Bidə mà˜), wie hchd. Biedermann (BM. II, 35. Grimm, RA. 294. Wbch. I, 1812). Schon Br. Berchtolt sagt (Kling p. 297. Pfeiffer p. 399,14): Ez ist ein frankez lop, sô man sprichet: er ist zer werlte ein biderman; daz ist also vil gesprochen, als dâ man sprichet: dû rechter wuocherer!" „Swie man ain besser pulver machen sol ainem byderman auf sein schlos oder stat", Cgm. 4902 (v. 1429), f. 9. „Den Jartag mit alle dew und dann zu eins yesleichen pidermanns jartag gehört ausrichten", gewöhnliche Formel in Cgm. 3941 (v. 1468), f. 105. u. sonst. Das Biderweib; Grimm, Wbch. I, 1813. „Wunsam ist ein man, der ein biderbeib hat"; Cgm. 579, f. 50^b. Bidermännisch, auf Biedermannes Art; Lori, Lechrain 420. Grimm, Wbch. I, 1813. Anmerk. Ich glaube, daß dieses biderben und biderb mit darben, darf, bedürfen zusammenhange, ungefähr wie vom Wort brauchen die Bedeutung nöthig haben, haben müssen mit der Bedeutung benutzen. Ein Biderman wäre demnach eigentlich un homme comme *il faut.* Vrgl. schollen, müeßen. Indessen scheint biderben und derb selbst Ableitung von einer einfachern Form ohne b. Sollte diese im alten, dem umbidarbi ähnlich bedeutenden undaralih liegen? s. un=der und vrgl. allenfalls türren (audere). Über tar (audeo) wäre sogar an das alte taron, terien (nocere) zu denken.

„derchen, (Franken) im Bette liegen, ohne zu schlafen. Der Dercher, Faullenzer." Wenn dieser Ausdruck 393 eigentlich bedeutete: sich stellen, als schlafe man, so würde das alte terchnan (dissimulare, palliare; gl. i. 12 mal. Dieses wol von tarch, ags. deorc, tenebrosus, engl. dark. Graff V, 455. BM. III, 31: terken, dunkel machen) zu beachten seyn. Vrgl. auch trechen. Grimm Wbch. II, 1276. Zeitschr. IV, 341.

durch, Präpos. wie hchd. (goth. thairh; ahd. durah, thuruh, duruh, durah, durih, durec, durc, duri, dure, dur; mhd. durch, dur; Graff V, 221 f. BM. I, 404. Grimm, Wbch. II, 1568). Dialekt und ä. Sp.: durch Gottes Willen (də' Gods wịlln), um Gottes Willen. Zeitschr. VI, 119,36-44. BM. I, 404. Grimm, Wbch. II, 1574,3. „Dasselbig gelt sol er armen leuten durch gotzwillen geben", MB. XXI, 219. Ich bitt dich durch Gottes Barmherzigkait willen (də' Gottəs Barmh. wịlln). „Daz Got mensch worden ist durch deinen willen", um deinetwillen; Wstr. Btr. V, 60. Durch Genaden (də' Gnadn), aus (bloßer) Gnade, nicht von Rechts wegen. „Durch Trew", aus Vertrauen; Münchner StdtB. „Durch gemainen Frum", gemeinen Nutzens wegen; Mederer's Ingolst. 28. durchan (MB. XV, 347) stäts, immerfort. Grimm, Wbch. II, 1582. durch ein, adv., Gegensatz von durchaus. Grimm, Wbch. II, 1602. „Versuch dein Stuck (die Seele der Kanone) ob es durch ein gleich sei bis an den Boden", Fwrbch. von 1591. Der Durcheinand (Durchənand), (O.L.) Wirrwarr, Mischmasch. durch her (durchə', -‿) her durch; durch hin (durchi, -‿) hindurch. Grimm, Wbch. II, 1627. 1628. durchhin tuen (durchi thaə˜), verthun, heimlich umbringen. Sein Vermögen durchi thaə˜, verschleudern, verprassen. Einen durchi taə˜, ihn umbringen. Dé hàt iərə' Kind *durchi tà˜*.

durchlâßen Einen, ihn durch die Hechel ziehen, bekritteln, verläumden. Die Durchschlachten, Masern; Grimm, Wbch. II, 1667. s. Urschlacht, Durchschlacht. durchschlechts, adv., ä. Sp., schlechthin, durchaus. Grimm, Wbch. II, 1671. „Recht und redlich durchschlechts und unwiderrufflich verkauffen", MB. VII, 292, ad 1471.

dur=nächtig, adj., durnächtiglichen, adv., ä. Sp. (ahd. duruhnoht, adj., durahnohto, adv., z. B. Kero VI, 11. VII, 196 cf. Otfr. I, 11,54. gl. i. 371. 463. 476. 861. du habest fedurnochtet, perfecisti; sih ze gedurnohtonne; Notk. 73,14. 17), vollkommen, gänzlich. Graff II, 1021. BM. II, 356. s. Anmerk. bey genueg. „Daz wir lauterleichen und turnœchtichleichen sein freunt sein werden", MB. III, 186. „Nun was küng Rudolf also gar vermert über tütschiu land, wie dürnächtig, wie wis und wie frum er wær", Kaiserchron., Ms. sec. XIV. „Ut sis humilis et durnächtig. Ut quicquid oras, facias ita dur-nächticklich, ac si Deus tibi praesens esset", Monac. Augustin. 84 (v. 1460), f. 70. Sollte hier das n wie in lichnamo ein bloßes Einschiebsel seyn?

durchel, ä. Sp. pertusus; gl. v. 1418 (ahd. durihil, durhil, mhd. dürkel. Graff V, 224. BM. I, 405). (Ein haus) „ganz schitter, durckel und zerkloben", H. Sachs 1560: III, III, 37b. Der als lang in einem küstal seß, unz im ein maus sein zagel abfreß und im ped hoden turckel piß", Cgm. 713, f. 160. „Ob die Syrey am Mund wär und gar durchl bis auf die zenn", Cgm. 3721, f. 120. „Unguentum zu hirnwunden und wenn eß durchel (offen) wer", Clm. 5033, f. 134. „Den daz hirnvel durchel ist", Cgm. 4543, f. 178. „Das klein Gedärm wird leicht dürchel", Ortolph. „Dürchl machn, extenuare; dürchlot hölern, perforare"; Voc. v. 1419. „Oder ob er wunt wirt durch das haupt das jm die hirnschal durchel wirt, das haizzen alz verchwunden", Rupr. v. Fr. Rechtb., Ms. cfr. Wstr. Btr. VII, 27. „Er prant dich mit fackelfeur dein prustel sinwel und deines leibes claine vel durchel gar uncz gen dem herzen", Dorothea, Windb. 109, f. 243. „Er samment ein grozz gelt und legt ez in einen dürchel sakh", Cgm. 54, f. 75b. „Rauch, übel weip, dürkel dach fugent manic ungemach", Renner 20291. „Senacherip, des treuwe was dürkel als ein sip", das. 20506. „Den stein der trophe dürkel macht, dicke vallent, nicht mit kraft", d. w. Gast 1921. „Des wart seit durchel ir schar", (durchlöchert, verdünnt), Reimchronik bis 1250, Ms. „Des ist mir dürkel als ein zûn mîn herze von jâmers sniten", Parzival 178,4. Gl. i. 450: durihhil, pertusus; i. 311 steht bey pertusum durahlohhen als ältere, durchil als neuere Erklärung. Durchelenberg, Ortsname, wie Mont-pertuis, (Dürnkolbach bey Frontenhausen?). Lang, b. Jahrb. ad 1205. Förstemann II, 1387. dürcheln, ä. Sp., durchbohren. Graff V, 224, BM. I, 406. Grimm, Wbch. II, 1603. „Nim ayner schwarczen hennen ay und dürchl das an ainem ort ein wenig und laß das weiß als heraus", Teg. 1691, fol. ult0. „Ein großer Saphir gedürchelt am Ort", Gem. Reg. Chr. III, 167, ad 1447. „Von schlagen ist er vil frat und vil durchelt", Margret Ebnerinn. dürchen, vrb., ? „sternere." „Sein (des Smaragds) vesteu gestalt ist, daz er sleht sei, wan sô er gedürcht ist, sô ist er dunkel"; Konr. v. Megenberg, Pfeiffer 459,17 und 549. 595.

---

394 Der Dirdendey, Diradey, Dirledey, Dirmadey, Dermentey, Dirdumdey, Dirtmedey, Dilmedey, 1) grober Zeug, halb aus Flachs und halb aus Wolle bereitet, (BM. I, 366. Grimm, Wbch. II, 1184. Cf. holl. tireteyn, linostema, burellum). „Linostema, tirtay", ZZ. 1514 (v. 1377), f. 206. „2 paar Delledey (?), Cgm. 3942, f. 22b. „Burellum, dirdenday, duch das von wullin und leinin ist." Voc. v. 1429. „Und nachdem sich die Leinweber an etlichen Orten understanden, denen so Diradey gemacht, verhinderung zuzefügen, und Wir aber bericht seynd, das solche Arbait dem gmainen Man zu der beklaidung vast dienstlich und nutzlich: So ordnen Wir, welcher fürohin die bemelten Diradey auf Harras weiß machen will, der sol daran unverirrt und unverhindert gelassen werden", L.Ord. v. 1553, f. 129. L.R. v. 1616, f. 613; Verfall des b. Lodenhandels, p. 11; bayreuth. Feilschaften Tar. v. 1644. Vrgl. den gewürfelten Tartan der Bergschotten, woraus ihr Kilt gemacht wird.

„Robes faictes par grant maistrise
de baulx draps de soye ou de laine
d'escarlate, de *tyretaine*." Jean de Meun.

2) (Nptsch., Hsl.) Gemisch aus Sommerkorn und Gerste. 3) jedes Gemisch; Zwitterwesen jeder Art:

Is kaə˜ Jungfrau, is kaə˜ Wei',
is ə˜ rèchtə' *Dirədei.*

Cf. carniol. Direndaj, lärmendes Umhertoben. Kopitar.

---

därfen (dèrffə'), dörfen, dürfen, (I dèrf, du dèrfst rc. miər dèrffə˜. I dèrfət oder durft oder durffət; I hà' dèrft oder dèrffə˜, s. Gramm. 928. 963) mit regiertem nackten Infinitiv, wie hchd. dürfen, d. h. bedürfen, nöthig haben. (Graff V, 205. BM. I, 362. Grimm, Gesch. d. Spr. 902. Wbch. II, 1721 ff. 773. Haupt's Zeitschr. VII, 452). Du *dèrfst* nà˜ sàgng (brauchst nur zu sagen): Hèrz was wịllst. Betrogng hàt ə' mi'; iətz *dèrf* I no˜ dəzuə stịll sey˜ (muß ich noch dazu still seyn), wen I nét bráf də'schlàgng sey˜ wịll. In der ä. Sp. wurde auch bedärfen in demselben Sinne mit dem nackten Infinitiv verbunden. „Da bedarf Ew. Gnad nicht um sorgen." „So bedarfst du keine Leibhütte mit dir führen", Kr. Lhdl. VII, 241. IX, 139. „Bedarftest sye nicht pindten", Feurb. v. 1591. 2) (ä. Sp.) wie hchd. bedürfen. „Opus est mihi pecunia, darff gelt." „Quid verbis opus multis, was darffs vil wart", Av. Gramm. „Gott darff unser Lügen nicht. Was darffs mehr Klagens", Passions-Spiel von 1683. „Zu Verschreibungen unter 24 Pfd. dn. dürffen die Prelaten ihrer Convent jnsigel nit", L.R. v. 1588. (a. Sp. thurfan; s. Durft). 3) wie hchd. dürfen, d. h. Freyheit, Erlaubniß haben. I *dèrf* taə˜, wàs I màg. In der ä. Sp. findet sich auch bedärfen in diesem Sinne mit dem nackten Infinitiv construiert. „Und bedärffen die armen Leute sonst in keine andere, dann in dieselben Tafernen gehen", Kr. Lhdl. XIII, ad 1499. Hier schließt sich an die hchd. Bedeutung: können, mögen. Es dürfte mir leicht zuviel werden. 4) ä. Sp., sich die Erlaubniß, Freyheit selbst nehmen, sich unterstehen, getrauen, audere. „Ja da Inen ein Prelatt einredt, geben sy nichts darumb, 395
dürffen jnen unnder Augen unverhollen sagen, sy seien nit der Prelaten, sonnder fürstliche Diener", Gravamina des Prelaten-Standes von 1579. „Der spanische Poet Martialis ist so unverschämbt gewesen, daß er sagen dörffen, ob er schon grob im schreiben, sey er doch frumb im leben", übersetzter Putherbey, München 1581. „Solches erfahren sie in der Beicht und dörffens denn wol öffentlich voll und trunken, auch wenn sie nüchtern sind, sagen", Avent. Chr. f. 370. „Das der, so appellirt, auß Forcht vor dem Richter nit erscheinen dörfft", Ref. GerichtsOrd. v. 1588, f. 67. Im Parnass. boicus v. 1723 II, p. 299 heißt es: „vor das Wort därfen, audere, wird zierlicher gebraucht: sich unterziehen, erkühnen, erfrechen." In diesem letztern Sinn ist dárfen noch jetzt in der Schweiz allgemein gebräuchlich. Übrigens war in der ä. Sp. das Wort in der 4ten Bedeutung nicht üblich. Man hatte dafür ein eigenes, von durfan verschiedenes Vrb. türren (w. m. s. Goth. daursan: ik dars; Wangeroog duren: ik dur, ich darf; verschieden von goth. thaurban: ik tharf, Wangeroog thuren: ik thur, ich bedarf. Ehrentraut, fries. Arch. I, 29. 35. 36). Dieses kann nach und nach die Formen von dürfen angenommen haben; obschon sich der Übergang der Bedeutungen auch sonst erklären läßt. Vergl. müeßen.

'Darfner, ein Getreidemaß.' VIIII darffner habern, I darffner korn, II darffner waiczen, XV darffner habern"; Note v. 1498 um Isen, Cgm. 525, f. 7¼.

Das Dorf (Dórf, Dârf, opf. Dárf), wie hchd. (Ulphila, Nehem. V, 16: thaurp, ἀγρός; ahd. thorf, dorf; Tat. 25. 180: thorph; mhd. dorf, vicus, villa. Graff V, 224. BM. I, 383. Grimm III, 418. Wbch. II, 1276. Leo, rectitudines p. 36—42). Dorf immer für villa im Evang. sec. XIII., Cgm. 64. „Hâte gechoufet ein dorf vile guot, er muose daz bescouwen", Fortsetzung v. Diut. III, 112. Cf. isl. thorp, dän. torv, Markt; schwed. torp, kleines Gut eines Frohnbauers (also noch nahe der goth. Bedeutung); torpare, Käthner, Kotsaß. Vrgl. auch isl. torg, Markt, at torga, consumere, vendere, und kärnt. terg, Markt, Marktflecken. Jarnik p. 196 sagt am Schluß von tergati (reißen, abbrocken, pflücken): „Nicht unwahrscheinlich gehört das obige Terg, der Markt, hieher von der beim Handelschließen noch heute weit verbreiteten Gewohnheit des Händeschlages und Reißens (tergati).“ Ins Dorf gên, (opf., b. W.) auf Besuch aus dem Hause gehn; vrgl. Haimgart. Der Schweizer sagt: Ze Dorf gên. Vrgl. krainisch: v'vas iti, oder hoditi, oder priti, auf Besuch gehen (*ἀδιάφορον*), vasvàti, dörfeln, fensterln, kiltgängeln (Sünde); Kopitar. Kärntisch: vês, Dorf; „vesuvati, auf die Buhlschaft ausgehen, dorfen, gasseln, brenntelnˮ, Jarnik p. 45. Besitzungen ze Dorf, zu Dorf, als Gegensatz der Besitzungen ze Feld, zu Feld, sind Wohn- oder Wirthschaftsgebäude, Hofraiten u. drgl.

Die Durft, (ä. Sp.) das Bedürfniß (Graff V, 208. BM. I, 363. Grimm, Wbch. II, 1730). „Daß wir durch etliche unsre Durfft haben abgenommen ein Closteur ab der Pfaffheit gut“, Urk. v. 1323. (ahd. thuruft ist mir, opus est mihi). dürftig, bedürftig, wie hchd. bedürftigen, nöthig haben. „Zu einem fürstlichen Besingniß a⁰. 1522 werden Prälaten betürfftigt“, Chron. Ben. II, 201. (Kero: duruftigon, indigere). Der Dürftling, verkrüppeltes, nur schwächlich und krankhaft fortbestehendes Wesen, es sey Mensch oder Thier oder vegetabiles Produkt; (b. W.) insonderheit eine mißwachsene Zwetschge oder Schlehe. Grimm, Wbch. II, 1732. Die Nôtdurft, wie hchd. (der Bedarf, der Mangel); ehmals auch das bey einer Angelegenheit oder Rechtssache Nöthige, dazu Gehörige. „Aus allen Sachen und Notdurften reden.“ Bey jemand seine Notdurft werben, seine Angelegenheit betreiben. In Proceßsachen seine Notturft oder die Notdurft vorbringen, handeln, d. h. die nöthigen Klagen, Einwendungen, Erläuterungen ꝛc. vorbringen. „Einem die Notturft in recht handeln“, sein Anwalt seyn; L.Rcht. v. 1588, f. 23. „Es seindt offt die Arme Leith so einfeltig oder so erschrockhen, daß Sie jr Notturfft fürzuebringen, nit verstandts oder herz genueg haben“. . . Ldtg. v. 1612, p. 244. „Ad
396 producendum omnia, das ist, al jr sach vnd notturft in Gericht einzepringen“, Gerichtsord. v. 1588, f. 36. „Die an diese Gant-Masse einen Anspruch haben, werden sub poena praeclusi zu Beobachtung ihrer gesetzlichen Nothdurften an den bestimmten Tagen aufgefordert“, Stadtgericht Kempten, vom 4. April 1817. Der Policeybeamte, welcher einmal einen Landmann übel anließ, weil dieser auf die Frage, wozu er in die Stadt gekommen sey, geantwortet hatte: Herr, blos um meine Notdurft zu verrichten, war vermuthlich nur mit einer gewissen ganz andern Bedeutung dieses Ausdrucks bekannt. „Nach Turnier's Notdurft und Gepürniß“, Hund's Stammbuch. notdürftig, adj., notdürftiglich, adv., ä.Sp., mit den nöthigen Förmlichkeiten versehen. „Eine Urkunde, einen Verschreib- oder Verzichtbrief notdürftiglich ausfertigen“, Kr. Lhdl. III, 195. I, 198. „Notdürftige Quittung nehmen“, ibid. V, 312. notdurftig, adj., ä. Sp., bedürftig, bedürfend. „So vill du notturftig bist“, (so viel du bedarfst), Fwrbch. v. 1591. Die Undurft, auch: die Undarft, (Baur) das Gegentheil von Notdurft; Nichtbedarf. Ze undarften, ohne Nothdurft, zwecklos. Z' *undurften* vo'schlengə˜, ohne Noth verschleudern. „Da werden in euch (Mägden) prascheln ganze Zentner Butter und Schmalz, Fetten und Öl, das dem Herrn ist gestohlen, abgetragen zu Undarften verzehret und verkauft worden“, Fastenerempel v. 1778, Nr. 2, p. 35. Unthurft ist es mir, (ich bedarf dessen nicht), Otfr. II, 4,80.

Der Dárkel, gewöhnlicher Dèrgl, Dèərgl (b. W.), jede Speise aus Mehl, Eyern ꝛc., die zu weich ausgefallen und so misrathen ist, selbst Brod, das nicht gegohren hat, oder nicht genug ausgebacken ist, (Baur). dárkeln, schmieren, mengen. Wås *dárkelst* schaə˜ widər? (Baader). Zeitschr. III, 342. IV, 339.

Der Darm, wie hchd.; fig.: Ding, das im Verhältniß zur Breite oder Dicke allzulang ist; lange, magere Person. Graff V, 226. BM. I, 308. Grimm, Wbch. II, 779. Eine ähnliche Figur mag auch in den beyden folgenden Compositis statt haben: der Arsdarm (A'rschdarm), der letzte, (s. Ars); der Wêdarm, Mensch, der keinen Schmerz ertragen kann; Knicker, Filz. Brem.-niederſ. Wbch. V, 346: Een-darm, Schimpfwort auf einen dürren, schmächtigen Menschen, der gleichsam nur einen Darm im Leibe hat. ê˜dermig, adj., mager, dürr. „Du *ê˜dermiger* Schmirlâgel, menst də, 'Kû sei åch ə˜ Vogəl“, (pfälz. Schimpfwort). Grimm, Wbch. III, 161. Der Zwidarm, Mensch, der von zwey Dingen, von denen er eigentlich eines seyn sollte, weder das eine noch das andere ist, oder recht ist; Grenzbewohner, Zwitter, Hermaphrodit. In diesem letzten Sinn hat das Voc. v. 1482: zwidorn; gl. a. 572: zwitarn, nothus; o. 458: zuitharm, hibris. Graff V, 730. Das Darmvergifft, (Rttm.) Gedärmentzündung; (Baur) Darmgicht bey Pferden; (HhC.) Bauchgrimmen.

därmig, dermig, (Nürnb., Hsl.) armselig, schwächlich, (eine Figur von Darm?).

Das Dormenter, ä. Sp., dormindre, gl. o. 133, dormitorium. BM. I, 384. Grimm, Wbch. II, 1287. Dormiter, Mone's Anzeiger VIII, 489. „Uf dem tormiten“, Gesch. Fr. II, 122. „Ob die Nonne siech und ab dem toranten ist und an irem wesundern gemach sein muß, so sol die kustrein bei ir zu nachtz ein liecht brennen lassen biß daz sie sich wider auf ir torant legt“; Frauen-Chiemseer Orig.-Urk. v. 1396 im Reichs-Archiv. Cf. Dürniz.

Die Dèrn, Dèərn, plur. Dèərnə˜ (von Dorn? der Plural als Sing. femin; cf. Duck), verhärtete Haut, Schwiele. Grimm, Wbch. II, 1022. 786. Dər aərm Bauə' mou aərbət'n, das ər àllewál d'Hent voll *Deərnə*-r- und Schrunt'n hàt.

Die Dern (Deə'n), Maulschelle; Castelli, Wbch. 108: Dearn, ein Schlag hinter die Ohren. Zeitschr. IV, 50,2. Grimm, Wbch. II, 786: die Därre. „Wia-n-I dèn gstrengə˜ Heə'n ən unsichtbaəré *Deə'n* gébet bei'n Strei'n mit'n aə'mə Leu'n“, Castelli 1828, p. 85. „Nàchə' hàt mə˜ scho˜ häli' ə˜ *Dern* i˜'n G'sicht drinnət, dás mə˜ zeitlébms àllé fimf Fingə' vo˜ 'n Schwaərz'n seinə' Hand ei˜brentə mittragt“; Seidl, Flinserln 1839: II, 80 f. 92. R.A. Einem ə˜ Dern anhängen, ihm eine Maulschelle geben, oder fig.: ihn zu 397
Schaden bringen (wobey freylich an das alte derian, schaden, gedacht werden könnte), ist wol Aventin's thern, welcher in seiner Gramm. sagt: „vola, inquit Festus, est vestigium medii pedis concavum, thern am fues, sed et palma manus dicitur“, und dieses Dern selbst scheint (wie doren aus thonaron) aus dem ältern tenr, Voc. v. 1482, dem alten tenar, tenra, hir, vola (gl. a. 538. i. 822. 1108. Graff V, 437. BM. III, 30) entstanden, welches merkwürdiger Weise zugleich dem ungarischen tenyer, dem gaelischen dearna und griechischen *θέναρ* entspricht. „Der dener, la palma de la mano“; Nomencl. veneziano-todesco v. 1424, f. 7ᵃ. „Ciromancia nach der hennde vnd nach des teners kreissen hubsche warsagerin“, Cgm. 579, f. 50ᵃ. „Man setzt die (Schröpf-) köpf mit vollem tener auf die enckel“. Calender v. 1483, Cgm. 120. „Kum aber das pluet aus der nasen, so salb den tener mit dem verprunnen laym“, Cgm. 4543, f. 141. „Vola, hir, terrn“; Clm. 5387, f. 11ᵇ. „Vola, medietas palmae, vel ir, quod Graeci tenar dicunt“; Clm. 13002 (v. 1158, fol. max.). Pugnus faust, palma tener, pollex daum“, Aug. S. Ulr. 50, f. 1. Diefenb. 628ᵃ. Cf. kärnt. česk. dlan, die flache Hand; Jarnik 187. Grimm, Gesch. d. d. Spr. 1026.

Das Dirnlein (Diə'nl, Diə'l), die Dirnleinber (Diə'lbér), auch: die Dirliz, die Kornelkirsche; čest. dřjn, dřjnka; Jarnik 188: dren, drenina, drenek. Grimm, Wbch. II, 1184: die Dirle, Dirliz. „Dé *Dirndeln* sán' süəſs, rècht schwaərzé klaəné, àbə' weit süəſsə' sán' no~ dé Derndeln maən· I", Seidl, Flinserln 1839: III, 12. Clm. 4350 (sec. XIV), f. 2: „curnum direnzen, curnus direnzen paum." Der Dirnleinbâum (Diə'lbám), cornus mascula L. Gl. i. 85: tirnpáuma, cornea sylva. Graff V, 458. Diefenb. 152^b.

Die Diern (Diən) und die Dirn (Di'n, opf. Diə'n, nicht Dêiən), a) Magd in einer Bauernwirthſchaft, dem Knecht gegenüber. Es haben die Ausdrücke Diə'n und Knehht in dieser Bedeutung eine Art von Würde, die ihrer altadelichen Abstammung und dem nützlichen Stand, den sie bezeichnen, gleich sehr entsprechend ist. In einer Bauernwirthschaft gibt es gewöhnlich mehrere Diə'nə~. Die vornehmste ist die Obər- oder Maəstə'diə'n, hie und da auch Baudiə'n oder Maərdiə'n genannt, dann kommt die Mittə'-diə'n, hierauf die Dritteldiə'n (a^0. 1660: „schlechte Dirn)." Nach dem Ehhalten-Mandat von 1660 erhielt die Oberdirn 5—6, die Mitterdiern 4—5, die schlechte Diern 2—3 fl. jährlichen Lohn. Heutzutage verhält sich dies freylich anders. Gl. o. 54: dîrna, dulia, ancilla, famula. Herm. v. Fritzlar 112,8 sagt: „Ein dirne heizet, di umme suſt dinet oder uffe gnade; aber ein maget heizet, di umme lon dinet und umme koſt." b) in einigen Gegenden: unverheiratetes Mädchen überhaupt; so ist im Pinzgau die Bœsdiern (Besdirn, ◡ ́; Gastein), vermuthlich als Gegensatz der noch bey Hund und Aventin ironisch sogenannten guten Diern, eine Jungfrau, in welchem Sinne bey Otfr. thiarna, bey Tatian thiorna üblich ist. Gl. a. 209: theorna, virgo, womit freylich ibid. 144: thiorna, puerpera, nicht recht zu vereinen ist; (ahd. diorna, dierna, aus diuwarna, s. oben Diu; mhd. dierne, dirne, diern, dirn; Graff V, 90. BM. I, 368. Grimm, Wbch. II, 1185. Zeitschr. II, 541,143. III, 197,42. IV, 537. III, 3. VI, 114,11). „Nim epich und prenn den und hab in ainer für die nasen, die iech das ſi sey ein diern, und ist ſi nicht ein diren, so besaycht sy sich zu hant", Clm. 5879, f. 208. „Er hab jm selb den bachen gstoln und geben seiner guten dirn", H. Sachs 1560: III, III, 58^a. „Wolf und Sigmund von Wolfſtain haben übel gehauset, mit guten diernen alles anworden", Hund, St.B. II, 375. „Is a Jah', daſs ma' a Meltz (Dirn) hoamla gschlengascht hat (aus dem Dienst gegangen ist), weil's ma' dö *Bösdirn* („Tochter") gar an arms Hautl (verstandesschwach) mit lauta Schrefln und Hoagaschtn liedala gmacht hiet, aft han i frala 'n Golta' zogng", sagt der Bauer in v. Kürſinger's Ober-Pinzgau 1841, S. 174. „Laßt ihr offt ä böse Dürn, die no wär im Glaubm catholisch und vor Lieb nur melancholisch, mit ihrn Lother d Raiß nit wirrn, offt ein frischer glammer Jucker, wann man fragät bständt ers trucker, obs nit treibt der ainzig Zweck d Hurerey vom Glaubm abweck", Spottlied auf die ausgewanderten Salzburger, 1. Jan. 1732, im Band H. Ref. 2^0. 10^m. In den VII Communi kommt Steufdiern für Stieftochter vor. In MB. IX, 158. 173, ad 1328 heißt es: „Allen seinen chinden, si sein knecht oder dyrn" . . . „es sein Degenkint oder Dirn", d. h. Knaben oder Mädchen. Wernher nennt in seinem Gedichte die Jungfrau Maria „aller dirnkinde beste." Gl. o. 36: dirna, puella.

Das Diernlein (Diə'nl, gewöhnlicher: Deənl, Deə~l, zärtlich: Deənə-l, Deənál, Deənái), a) in einer ländlichen Wirthschaft die jüngste und letzte der Dienstmägde, dem Bueben gegenüber. Dem Diendl gebührte, nach dem angeführten Mandat von 1660, 1½ bis 2 fl. jährlicher Lohn. b) unverheiratete Weibsperson überhaupt, insoferne sie, als jünger, dem ältern Mensch gegenüber steht, also wie hchd. Mädchen, welches sich zu Magd (a. Sp. magad) eben so verhält. Grimm, Wbch. II, 1188. Zeitschr. III, 180,2. VI, 272. II, 4. „Infantulus, ein knechtlein, infantula, ein diernlein", Voc. v. 1419. 398
Juvencula, diernl, Voc. v. 1445. „Juvencula, dyerndl", Semansh. 34 (v. 1466), f. 193. „Ein diernlîn von aht jârn." „Ir sult von einander legen diu knehtelîn und diu diernlîn," Br. Berhtolt; Kling 218, Pfeiffer 36,2. „Wenn der Sohn einen Jäger abgibt und mehrer Dienl als Denl (Damhirschchen) ins Netz bringt, wer ist daran schuldig? die Eltern", P. Abraham. Auch im mährischen Kuhländchen: das Diendl, (Meinert's Fyelgie). Vrgl. Deanl, Deo, Diu, und wegen eines parallelen Übergangs der Bedeutungen die Artikel Bueb, Knab, Knecht und Magd.

Der Dorn (Dou'n, Daə'n), plur. die Dörn, Dœrn (Dé'n), wie hchd. (goth. thaurnus, ahd. u. mhd. dorn. Graff V, 226. BM. I, 384. Grimm, Wbch. II, 1287). Das Dornach, Dorngebüsch; Cgm. 790, f. 107. BM. I, 385. Das Gedürne, s. unter Turnei. Der Dorndrœl (Dou'ndrá-l), auch Dorn-krœl (Dou'nkrá-l), 1) der Neuntödter, Dorndreher, Lanius; gl. a. 23. 519. 560: dorndrail, furfarius. Dornkrèl, Lanius spinitorquus, (Zir.). BM. I, 400. Haupt's Zeitschr. VI, 333. Grimm, Wbch. II, 1294. 1299. Zeitschr. III, 54. 2) Gemeiner's Regensb. Chr. IV, 273, ad 1515: Art eines Geschützes; „Dornndrädl." Dörnkuchel, Dornapfel, Hetschepetsch, Hagebutte. (Zir.). Dörnlrôse, Alpenrose; s. oben Dor-Rôsen. Cf. „Serpentis obturantis aures suas, nateren beturnenter oren ire", Cgm. 17, f. 86^a, Pſ. 57,4. (Hieher? Vrgl. Graff V, 459.)

durnacht, durnächtig, ä. Sp., perfectus, vollkommen. s. Sp. 536 unter durch.

Die Dürniz, (ä. Sp.) an Höfen, in Schlössern und Klöstern: Speisesaal, Tafelzimmer, Gaststube. Graff V, 459. BM. I, 406. Grimm, Wbch. II, 1734. Zeitschr. III, 30. 37. 42,31. „Dirniz, triclinium palatinum, aulicum, coenatio palatina seu aulica", Prompt. v. 1618. Beym Münchner Hofsilberkammeramt wurden ehmals unter den Bedienten „Schneller auf der Dirniz", „Abspüler bey der Dirniz" aufgeführt. Vrgl. auch die Edelknaben-Instruction, Ms. v. 1717. Die Erzbischöfe von Salzburg hatten in ihrem Obersthofmarschalstab einen Türnizmaister. Im Landshuter Wochenblatt von 1815 (54) ist die Rede von Hofdiensten mit der Hofpfründe „aus dem Zehrgaden der Diernitz." Die Dürnitzgasse in Anspach. „Die Tyrnizen seyen vol (von Hofbedienten)" heißt es am Münchner Landtag von 1514, (p. 479). Bey dem Leichenmahl des a^0. 1508 verstorbenen Herzog Albert IV. wird „in der Türnitz auf XXIV Tisch gesetzt der gemain Adel", Wstr. Btr. II, 249. Für die Gesandten werden am Hofe zu Landshut a^0. 1503 in der untern Türnitz 67 Tische zugerichtet; Kr. Lhdl. XIV, 5. A^0. 1326 erbauten die Pfalzgrafen in Amberg auch ein neues Schloß und ein große gewölbte Türnitz, welche auf 5 steinenen Säulen stunde"; Wiltmeister p. 112. 121. 123. „Geschehen a^0. 1490 zu Amberg im Schlosse, der Stuben darin Herzog Georg die Zeit war, ob der Türnitz", Kr. Lhdl. X, 266. „Die königl. Commissarien waren 1498 versammelt im großen Türniz im Bischofhof zu Regensburg"; Gem. Reg. Chr. IV, 21. „Zwen Brüder, die sich einander gelaidiget haben zu Wald in der Thürnitz", Hund, St.B. I, 347. „Die 4 Jungfrauen (welche bey der Fronleichnams-Procession in München heilige Personen vorstellen sollen) beruest man alzeit am Antlasabent zum Nachtmal hinein in die Neufest und sie ligen dieselbige Nacht dinnen im Dirniz- oder Frauenzimmer"; Wstr. Btr. V, 126, ad 1580. „In der durnczen", Freyberg, Samml. II, 109. 110. 121. 126. Im Lexicon von Bayern ist die Rede von einer Türnizstube mit 11 Betten für mehrere Soldaten in einem Thurm von Hohen-Salzburg . . item von der neuen Türniz- oder Mirabell-Caserne. Auch ein Theil des 399
Schlosses zu Burghausen ist unter dem Namen der Dürnitz bekannt. „In die Türniz des Schloß", Chron. in Freyb. Samml. I, 78. Eine neue Türniz und eine alte Türniz in dem Schloß zu Freising; das. I, 184.

Cgm. 994, f. 232. „In majorem stubam castri vulgariter turnitz", V. Arnpeck, Chron. Bav. V, cap. 35 in Pez, anecd. „In dem großen Rathszimmer Dürnitz genannt", Kurz, Friedrich IV, II, 81. „Zu dischen auf der Türniz" (1613); Cbm. 2224, f. 96. „Ernhold geh in die thürnütz nein, und laß all drometer kummen", H. Sachs II, III, 85. „Wil mit dir in die thürnitz gehen, das frümal nemen alle zween", das. 144. „Ich wil hinein die thürnitz gan", das. 156. „Geh yetzt hinab in die hoffstuben und dürnitz", das. 1560: II, IV, 128. „Des (weil es wieder Frühling) mag ich auch zu hof nit bleiben, mein zeit in der thurnitz vertreiben, sonder ich wil ein weil spazieren", sagt der Neidhardt bei H. Sachs 1560: IV, III, 49 (1612: IV, III, 109). Der reuterische Edelmann spricht: „Ich wil nauf in die thürnitz und nauß schauen auf alle straß, ob ich nicht seh für uns etwas", das. V, 340 (1612: V, III, 5). „Da er lag in einem steinen gemach bei der Dortzen" (auf der Wartburg), Hofmann v. Sontra, thüring. Chron., Cgm. 1012, f. 73[b]. „Von stehin ymme gegettir vor der dortzen", (dornzen, Rathsstube), Nordhäuser Eynunge, 3. B., Art. 62; Förstemann, Mittheil. VI, 4, p. 21. 35. „A°. 1510 führten sie „Er Heinrich Kellner's Knecht in die neue Dorntzen vor die Räthe"... „Sie stießen Er Heinrich Treugeleben in die Temnitz (f. 54: Demlicz), versuchten (folterten) ihn dieselbige Nacht ganz hart, führten ihn darnach in das Pardiß, da sie ihn wohl zugerichtet hatten." . . „Giengen diejenigen so Er Heinrich Kellnern zuvor ersucht (peinlich examiniert) hatten zu ihm in die schwartze Dornitze"; Erfurter Chronik, Cgm. 4908, f. 54—55. 179—180. 186. 394—95. 397. 400. (Es sind drei verschiedene Abschriften; nur in der letzten, neuesten steht Dornitze, wo in den frühern stobe oder stube.) Die Voc. v. 1429 und 1455 haben estuarium, durnitz oder padstuben, (vrgl. auch Aretin's Beytr. IX, p. 1101); Voc. Ms. v. 1445, 1468: durnitz, aestuarium; gl. o. 413: caumata, turniza. „Estuarium, stuba, türnicz, padstuben", Clm. 5877 (von 1449), f. 113. „Aestuarium, dürniczen", Fürstenzell 44, f. 21. „Ein thurneetz zeelt", Tegernseer 1617; Cgm. 3682, f. 242. (Aestuarium, — wggefault) turniczen, Clm. 5387, f. II[b]. Vom Dörren des Flachses „auf Dornczen oder beym Feuer" spricht Anton in seiner Geschichte der d. Landwirthsch. III, 284. „Dwarneiz, Stube (Dornizen, Dörnsse, alicubi)", Vocabular der Lüneburger Slawen, Leibnitz, collectan. etym. I, 351. Der Nomenclator latino-saxonic. v. 1582 hat Dörntze für Stube und handelt von Disch- und Dornsen-Gerede (Geräthe). Im bremisch-niedersächsischen Wörterbuch wird Dörnse als noch jetzt für Stube üblich aufgeführt. Haupt's Zeitschr. III, 89 (aus der pommerschen Kirchenordnung v. 1535): dörntze, conclave, in Lisch's meklenb. Jahrb. V, 34 durch ein slawisches drewonice, Herdstätte, von drewo, Holz, erklärt. Cf. česk. dřewnice, Holzlege, Holzkammer, Holzstube; vrgl. ahd. cheminata von slaw. kamen, Stein. Cf. Leo in Raumer's hist. Taschenb. VIII. Jhrg., 1837, S. 196. In einem südslawischen Dialekt soll das, in Linde's Wörterbuch nicht zu findende, tornoz einen Speisetisch bedeuten (böhm. trnož, Tischgestell, Tischfuß, wo nož' eine Ableitung von noha, Fuß; trnož, abacus, (Dahm) Tischgestell, Dreyfuß?, wie podnož, suppedaneum, scabellum), woraus sich die Türniz, allenfalls als Ellipse statt die Türnizstube, erklären ließe. Dürfte indessen, ohngefähr nach Gramm. 450, schon für die a. Sp. eine Verschmelzung des weibl. Artikels mit dem oft wie h lautenden g des russischen, vom Verb. gorjt (brennen) abgeleiteten gornitza (Stube) zu t oder d angenommen werden, so würden die Erklärungen aestuarium, caumata und das gleichbedeutende Pfiesel, von pyrale, für die Ableitung von diesem gornitza sprechen. Gorniza, Fremdenstube in sibirischen Bauernhäusern; Ausland 1851, Nr. 11. Gornitza, coenaculum, ανωγεον; superior locus, δῶμα, Act. 10,9. Dobrowsky, institut. 102. Vrgl. Krmnice, Speisesaal, von Krm, Speise. Jungm. Wrtbch. hat hornice, f., (rus.) horny swětnice, Oberzimmer. česk. hořjm, hořeti, brennen, d. h. brinnen; (cf. hřegi, hřjti, hřáti, wärmen. Cf. Stube, gizba, izba, istba. Safařjk, Starož 906. Städte im wendischen Distrikt: Bergen, slow. Tjörska (Gorska) und Klenze (a°. 1004: Claniki), slow. Klonska. Im Leitmeritzer Kreis ein Städtchen Trnice, Trmice, Tyrnice, Tirmiz. Am linken Ufer der Saale bei Calbe und Bernburg ein Tornitz.

Der Dorpel, Dörpel, Dürpel, 1) die Thürschwelle '(d. i. Thürpfahl; Grimm III, 432. Wbch. II, 1301. 1735. Zeitschr. IV, 128,19. 284,106. V, 40,103. 238).' 2) (Nürnb., Hsl.) der Raum oder die Stube zunächst über dem Backofen bey den Bäckern. Vrgl. dörren.

Die Dorsen, Dorschen, Dorsten (Daərschn, Do'tschn), der Strunk oder Stengel (il torso) vom Kohl, besonders der eßbare von der brassica, oleracea napobrassica, Erdkohlrabi. ahd. torso, mhd. torse, msc. Graff V, 459. BM. III, 52. Grimm, Wbch. II, 1304. Dé Birn sen' rèchte *Daərst'n*, hart, ungenießbar; Baader. Vrgl. Türschen, Viehmangold, (Jir.); Tuschen, Krautrüben, (Gastein, Mesnil). Cf. česk. turjn. Das Voc. von 1482 hat Krautsdors oder Kag, maguderis, während das von 1419 blos maguder, ein krawtstingl, das von 1429 hingegen maguderis, krautzkag hat. krut dors, maguderis; Clm. 4394, f. 177. torsecht köl, maguderis; Voc. optimus p. 50. Vrgl. Punken. Verwandt ist vielleicht turso, repaturso, ruopitorso, wodurch die gl. i. 60. 373. 559. 618. 784 das lateinische thyrsus. geben. Cf. Diez, Wbch. 349. Diefenbach 343[c]. 585[c] und s. Turs.

'Der Dorsch, eine Schellfischart; Grimm, Wbch. II, 1303. Diefenbach 95[b].' „De piscibus et monstris marinis: canis, dorsch"; Semansh. 34, f. 202.

Dorst, Trost (?). „Ainen gotzdienst volpringen got ze lob und zw dorst vnd in dem dienst Marie virginis und ym und allen seinen vorfodern ze Hylf und ze dorst lemptigen und toten." MB. XXI, 457, ad 1413. cf. Trost.

Der Durst (Durt, opf. Dürscht), wie hchd. (Graff V, 202. BM. 1, 322. Grimm, Wbch. II, 1747). „Die (Kinder-) Krankheit genant Durstig", Cgm. 601, f. 105[a].

durstig, audax, s. turstig.

---

dort, dorten (opf. duə't, duə'n), wie hchd. dort, auch mit der Bedeutung damals; (ahd. darot, dorot, doret, deret; mhd. dort, dart, dert. Graff V, 65. BM. I, 385. Grimm, Wbch. II, 1304—7. Grimm I³, 153 meint, dort könne aus dërt (dirt) und dert (dart) erklärt werden). Notk. 84,9. 110,8. 114,8: „hier — doret." In A.B. ist dà-n, dà-l (von dâ-den, dâ-del?) üblicher. daded, dadöst, dadötten (aus dört?), zuvor; döstig, vor kurzem; (Jir.). s. oben da. 'alldort, alldorten, verstärktes dort; Grimm, Wbch. I, 216.' „Wie er all dorte stat, der sich gen ewch genaiget hat als der ainhurn an die magt", Cgm. 379, f. 48 u. 270, f. 88.

Der Dort, Durt (Durd, Durdn, Dorst, Durscht, b. W. Duə'), an einigen Orten die Trespe, bromus secalinus; an andern der Taumel-Lolch, lolium temulentum L. (ahd. mhd. turd; Graff V, 457. BM. III, 149. Grimm, Wbch. II, 1304). „Dorth oder andres Unkraut", Bogenb. Mirakel 144. Hêliand 77,23: durth. gl. a. 400
371: turd, zizania; 543: turd, avena, 704: turda, avenae (Georgic. I, 154). Clm. 5873 (XV. sec.), f. 238: lolium, turd. Diefenbach 335[c].

Das, (Lech) was anderwärts Dächsen; s. d. W.

daß ('s; Bamberg: 'əs, 'əs Náglə, das Neiglein; 'əs Geld, das Geld; Firmenich II, 402), als Neutrum des

Artikels, wie hchd. das, (goth. thata; ahd. thaz, daz; mhd. daz. Graff V, 3 ff. BM. I, 342 ff. Grimm, Wbch. II, 954 ff.); auch substantivisch gebraucht (BM. I, 315,10. Grimm III, 535. Wbch. II, 966,i). „Hoffart, zorn, neit und haz gebent rehten dingen ein daz (= Schlag, Maulschelle?) und wizzen doch wol daz sie liegent"; Renner 7303. „Wanne wir sehen etswenne mezzen ein dink dreistunt oder baz, dem man dennoch gibt ein daz"; das. 9299. Dass·l, dass·n, Demonstrativ, dieses oder auch jenes. Zeitschr. VI, 30. S. Gramm. 749 und deß.

daß (dás, 'ás, 'əs, dá', 'á'; cf. schwed. at, Grimm III, 164, Note), als Conjunction (Graff V, 39 ff. BM. I, 321. Grimm, Wbch. II, 811 ff.), a) wie hchd. b) schließt sich als allgemeinste Conjunction, in der Rede des Volkes, gern andern Conjunctionen erklärend an, oder vertritt deren Stelle; (cf. Chaucer: hwy that, which that. Grimm, Wbch. II, 824,19. Zeitschr. II, 190,5. V, 517, I, 36. VI, 38,36.). Wàs oder wiə dás, z·wé oder wàrum dás, oder blos dás, warum? Dàrum dás, oder blos dás, darum, weil. Wàs *dás* d· denn nét isst? *A*'·-r-ə' denn nét trinkt? warum ißest du denn nicht, trinkt er denn nicht? *Dás* d·mi' denn àllawál à~schaugst? warum schaust du mich denn immer an? Dés is, *dás* I nét màg, weil ich nicht mag. *Dás* ·s mi' nét freut, dés zwégng heirət I no~ nét, weil michs nicht freut, heurath ich noch nicht. Nàhhdem *dás*, nachdem; in dem *dás*, dər weil *dás*, während, dum. Wenn ə' di' màg und *dá*'-r-ə' di' gern hàt, d. h. und wenn er dich gern hat. I mècht wiss·n, wiə gros *dás* ər is, wie groß er ist. 'Bemerke auch die Wendung': *Dás* ə' mi' nét gschlàgng hàt, dés andər àlls, 'es fehlte nicht viel, daß er mich auch geschlagen hätte.' „*Dás* er sie nöt mit Füeslen von sich gstoßen hat, das anda' alles", Sohnland Schubaur, Vermächtniß an Bayerns König und Volk, 1834, S. 236. Auch statt des Pronomen relativum und zwar verschiedner Casus wird das unveränderliche dás gesetzt. Dà gibts Gábəsköpff, *dás* əəne' séchs Pfund wégt, d. h. Kohlköpfe, deren einer . . . I kenn scho~ Leut á', *dás* rechtschaffə~ sán', d. h. auch Leute, welche . . . Wo sán' dé Leut, *dás* mə~ gàr nicks bös·s nàchsàgng kunnt, d. h. denen man gar nichts Übels nachreden könnte. In Verbindung mit dem persönl. Pronomen: Dés is ə~ Mà~, *dásts* əəm àlls aufs Wort glábm därffts, dem ihr alles aufs Wort glauben dürft. „Dein lupffer, das man die khugel darmit heraus lupffet", statt: mit welchem, Fwrbch. Ms. v. 1591. Nach blos gedachtem: das glaub ich, das will ich meinen. Hans sagt: əs is guəd, wenn . . . . Peter erwidert: ja, *dás* ·s guəd is! S. a. dásti.

'dasig, adj., ejus loci, regionis; Grimm, Wbch. II, 809; auch für: dergleichen, der Art (s. oben da: daig).' Die dasig, haec; Cgm. 379, f. 102b. „Das dassig volck ist kommen von dem geschlecht der dassigen, die sant thomas tötteten", Cgm. 696, f. 261.

'Die Dâse, ä. Sp., Hexe, Unholde; BM. I, 308. Grimm, Wbch. II, 806.' Mythol.² p. 1013 f.

dæsig (dási', dásti'), adj. u. adv., kleinlaut, eingezogen, demüthig, zahm, unterwürfig, geduldig; wird gewöhnlich in Bezug auf ein vorhergehendes, hochfahrendes, wildes, unbändiges Betragen gebraucht. (cf. ahd. tusig, mhd. dæsec, dâsec. Graff V, 460. BM. I, 309. Grimm, Wbch. II, 809. Zeitschr. III, 104, 228,14. IV, 338. 408,16. VI, 511. Cf. isl. das, languor, lassitudo; dasaz, dæsa. Brem.-niederſ. Wbch. V, 29: täsig, zahm. niederl. dasen, delirare; Grimm, Reinh. p. 289). *Dási* wer'n, zahm werden, zum Kreuz kriechen. Aə~n *dási*' machə~, oder *dásigə~*, *dásingə~*. 's Unglück hàt ·n *dásti*' gmacht, hat ihn gewitzigt. „Heuriger Most, so man ihme nit Lufft lässet, sprengt oft den Faßboden aus, da er aber ein alter Wein wird, da ist er um ein gutes dässiger und frömmer", P. Abraham. „Dasige Tauben", den wilden entgegengesetzt; Huber's Pred. „täsig und fridlich werden" (a⁰. 1577); Cod. germ. 148, f. 45b. „Dum un dösig", Dönekenbok p. 68. 217. 238. Cfr. dosen, dausig, destig, dusig und allenfalls gl. a. 202: tusic, stultus, hebes; 244: kadusticon (?), exprobrare.

Das „Daserl", (Schllr.) ungeschickte Weibsperson. 'Grimm, Wbch. II, 807: die Dasel; 809: daselig, däsig, albern, unklug. Vrgl. die Dâse.' cf. dæsig, dosen, Dostel.

'Der Dassart, Daßhart, Dasthart, ä. Sp., eine Art Zirkel?' „Das ich sein Nasen im bewer mit dem dassart und dem Triangel". . . „Mißt jm die Nasen mit dem daßhart"; H. Sachs 1560: III, III, 15 (1612: III, III, 28. 29). 'Dagegen heißt es das. (1570): I, 530: „Dem wirdt man messen eben gleich mit Zirckel, Baßhart und Tryangel" (vrgl. Zeitschr. I, 35. 38. 95), wofür jedoch in dem älteren Einzeldrucke dieses Schwanks „Mit Zirckel, daßthart und driangel" steht, was auf das bey Frisch II, 363b (vrgl. Adelung: Taster) verzeichnete „Taster-Zirkel, ein Zirkel mit eingebogenen Füßen, den Diameter einer Kugel zu messen", führen könnte.'

dausig, (Schllr., O.Pf.) stille, gehorsam. 401

Der U~daus, (Allgäu) Mensch, der nicht gehorcht. Vrgl. däsig, dusig.

'Das Daus, die Zahl Zwey im Karten- u. Würfelspiel, (ahd. mhd. dûs, tûs. Graff. V, 229. BM. I, 406. III, 153. Grimm, Wbch. II, 853 ff.)'; s. Aß und Taus. „Sie warf ein taus und ein drei". . . „ein katter und ein ses", Cgm. 713, f. 79—80.

deß (dés), 1) demonstrativ. neutr., wie hchd. dieses, das, (a. Sp. dez, diz; gl. a. 133: noh thizi noh thaz, neutrum; i. 755. 889. M. m. 123: dezi, dezzi, hoc. „Dizce leben", Clm. 9513, Vers 55. Cf. Graff V, 72. 77. BM. I, 367. Grimm, Wbch. II, 1135. 2) relativ. Dessəl', *dés* I maə~, jenes, welches ich meine. (Gl. i. 758: dez, quod.) Déssl, dieses, oder auch: jenes da, oder dort. s. Gramm. 747 und dez. Zeitschr. III, 176,4.

deswegen (désswégng, déssətwégng, déstwégng), 1) wie hchd. deswegen. 2) (Obrm.) demohngeachtet, dennoch. I bi~ *désstwégng* bey'n Tantz gwe'n, wenn glei' . . . . „Lieb·n kints enk *döstwögn*, nur thaits es in Ehr·n", Stelzhamer 145.

dədêsn, dədêstn, dədêst, desti, dədêt (∪-), adv., (O.L.) eben erst. Das gleichbedeutende altitalienische testè, vor kurzem, hat, wol zufällig, Aehnlichkeit mit dieser mir noch dunkeln Form. '(„est=erst?" Jac. Grimm).' „Io per me niuna conoscenza haveva di voi se non *testè*", Boccaccio, Giorn. 2a, nov. V. „O signor mio questa che novità è ista notte", sagt die Königin Theudelinde zu Agiulf, „uoi ui partiste pur *testè* da me, è oltre l'usato modo di me hauete preso piacere cosi tosto da capo ritornate"; Boccacc. nov. XXII. Cf. tot ades, noch, jetzt (?); Villehardouin, cap. 177. tantost. Diez, Wbch. 350. 121. 134.

Die Desen, s. Desten.

„dess·n, schwer ziehen, schleppen"; Castelli, Wbch. 109. BM. I, 372: diesen. Vrgl. Zeitschr. VI, 13: dasen.

Die Deise, (Weihers; Dr. K. Roth) das hölzerne Gerüst über dem Ofenthurme, auf welches Stecken, Flinten, Ruthen gelegt werden. Grimm, Wbch. II, 914. Zeitschrift II, 340. vrgl. oben, Sp. 155 u. Zeitschr. IV, 64: Äsen; VI, 360: Öße.

Das „Deiselbrod, Deistelbrod", (Franken) das Abendbrod der Landarbeiter. Vrgl. allenfalls Desen u. Destl. Grimm, Wbch. II, 914.

deislen, ä. Sp., schröpfen. „Deislen oder schröpfen", Dr. Minderer p. 146. Cf. ventausen, scarificare. Diefenbach 517a.

'Der Deisam, Deisem, ä. Sp., (fränk.-henneb. Dæs·n), Sauerteig', (ahd. deismo, mhd. deisme. Graff V, 232 f. BM. I, 311. 'Grimm, Wbch. II, 913 f. Zeitschrift II, 286,64. 239. 319,10. IV, 194).'

Deiß, Matthäus, (Memmingen). Zua Deilsa, zu Matthäus; Firmenich II, 415. Zeitschr. IV, 110,47.

'Die Deisel, ä. Sp., das Wiesel;' Henisch: Deissel. Grimm, Wbch. II, 914.

dis, dis! Ruf an junge Hühner oder Enten. Das Disə-l, Hühnchen.

diser, e, es, hchd. dieser, e, es, fehlt in unsern Dialekten, dafür wird der, die, das demonstrative gebraucht; (s. d. Wörter und deß). Die alten Monumente auch unserer Gegenden zeigen theser oder deser, desiu, diz; (s. dirre). Graff V, 72 ff. BM. I, 366 f. Grimm, Wbch. II, 1134 ff. Wackernagel, Wbch.: theisu, dei=su; thei ursprünglich Dual; vrgl. bei=de. Mich. Beham, Wiener (1462), braucht für dise, plur., die Form dis: „Dis hofleut . . . dis vir, do ich han genant . . . all dis fraiser . . . dis hy auß lieffen oft hin an", 243,32. 251,30. 266,30. 314,13. Vrgl. „Diz (eos) die den hailigen gaist hant enphangen", Griesh. Pred. I, 57; „alle diz naht", das. 63; „diziu armiu witwe", das. 71; „alliu diziu welte", das. 137; „alle diz welte", das. 137. 138. „in diz welte", das. 137. 138. Gl. a. 305 wird iste durch theser gegeben, und ich glaube, auch im Canton Bern diser bestimmt für jener gehört zu haben. MB. XXV. kommt häufig der Genitiv dits für dises (z. B. Briefes) vor. 'Man beachte auch die ältere Wortstellung': „Diser des N. brief", MB. XI, 337. Avent. Chr. 77. 106. 257. 282. 341. 474.

disig, adj., ä. Sp. „Er tott sein aigne sel und auch des disigen" (des andern); Cgm. 632, f. 14b.

'dießen, ä. Sp. (Prät. dôß, Ptc. gedossen), 1) ertönen, schallen, rauschen (ahd. diuzan, diozan, mhd. diezen. Graff V, 235. BM. I, 372 f.); 2) hervortreten, schwellen.' „Ein prunn so schön entsprenzet uß herten velsen toß", Cgm. 439, f. 24. „Min orn die machestu mir tiesen", Mich. Beham. Samml. f. altd. Lit. 73. „Sicut crassitudo terrae erupta est (dozzen ist) super terram", Cgm. 17, f. 197a. „Der wirt hin und her gedeuset, biz er leip und sele verleuset", Renner 3633. „Er (der Trunk) machet, daz daz hirn deuset"; das. 9408. „Wer dyessent und zerplät schläff hat bei den oren und groß adern, der ist zornig von natur", Konr. v. Megenberg f. 28a (Pfeiffer 46,26). „Der natern atem ist so schedlich, daz er einer new geschnitten gerten rinden, die man zu irem mund (habt), macht aufdiezsent zu pläterlin", das. f. 160b. (Pfeiffer 275,12).

dôßen (dous'n, daəs'n), (nach Gramm. 991 vom vorigen dießen), ertönen, rauschen wie dichter Hagel, dichter Regen, wie stürzende Wasserbäche; fig. den Zorn auslassen; toben. Vrgl. Graff V, 229. BM. I, 386. Zeitschr. IV, 344. Gl. i. 569: dozzon, intonare. Der Dôß, ä. Sp., das Tönen, Rauschen obiger Art. „Mit lautem Knall und Doß", H. Sachs. Dôz, fragor, doza, mugitus; gl. i. 549. 565. „Fone manigero wazzero dozze", Notker. Der Doos, Wasserfall der Wiesent, nachdem sie die Aufseeß aufgenommen. „Unterhalb der steinern Brücken beim Doß", Wagenseil, de civ. Norimb., p. 276. Das Gedôß (Gédês, opf. Gedèis), am Mittelrhein noch Gedöz, wie hchd. Getöse. 'Der Dieß, ä. Sp. (mhd. diez; BM. I, 373), vorspringender Fels.' „Ueber mengen schroffen diessen sach ich die wellen ringen", Altsw. 131,9. Zeitschr. IV, 109,42. 'Der Duß, ä. Sp. (mhd. duz; BM. I, 373), Schall, Geräusch.' „Mochten sie (die geitigen) der wolken guz, des luftes duz, der sterne glast, der sunnen schein ein haben und vor uns sperren ein, sie tetenz gern", Renner 21216. „So trinker werden ane güzze, so tunt in so sanft die dûzze die vf diezzent in den oren, daz sie sitzent als die toren", das. 10273. Vom Primitiv dießen sind wol noch die Eigennamen Dießbach (z. B. ein Wasserfall bey Lofer), Dießen, Iller=Dissen, Illertissen, (in der Vita S. Uodalrici: „in campo oppidi quod dicitur *Tussa*"; Pertz, Monum., scr. IV, 400. Förstem. II, 1420), u. drgl.

dosen, sich stille verhalten, es sey nun, um aufzuhorchen, oder nachzusinnen, oder indem man schlummert u. drgl., daher auch: horchen, nachdenken, schlummern, entschlummern. BM. I, 386. Grimm, Wbch. II, 1310. Zeitschr. IV, 344. „Ich wil auch mit dir helfen dosen", (heimlich horchen und losen); H. Sachs 1612: IV, 30,20. „Indem ich also sitz und dos", Wagenseil, de civit. Norimb. p. 474. 'verdosen, überhören, unbeachtet lassen, übertäuben; BM. a. a. O.' „Niemant sol do von got kosen, do er die rede im hort verdosen, do beleibt sin lere gar ane dank", Renner 5854. „Der were aleine ein gut geselle, der von dem teufel und von der helle ofte vor sinen gesellen koste und dirre werlde glantz verdoste", das. 10297. „Swie tugentlich iemant vor im koset, er des sprüche doch verdoset", das. 16193. „Daz ensol nieman verdosen", das. 19133. „Gebete den teufel gar verdoset", das. 20598. S. dusen.

dos=ôret, (Eichstädt) harthörig, taub. Vrgl. dôßen, dosen und (nach Gramm. 630 Anm., 951 Anm.) tôr.

dösen, ä. Sp., corrumpere; Graff V, 229. BM. I, 386. Cf. dusen.

duseln, prügeln, (Zir., Pinzg.). Grimm, Wbch. II, 1759. Zeitschr. IV, 442.

dusen, duseln, oder dußen (?), stille seyn; (Hauser) im Bett dem Schweiß abwarten, schlummern; dämmern; schwindlich seyn (ahd. tuzjan, mhd. tûzen. Graff V, 463. BM. I, 386. III, 155. Grimm, Wbch. II, 1309 f.: Dös, dösen; 1758. 1760: duseln, dusen; vrgl. I, 1235. 1241. Zeitschr. I, 252. III, 228,14. 302. 532,76. 533,111. IV, 344. cf. schott. to dozen, to daze, schwindlig machen; isl. dotta, nictare, dott, dormitatio; dän. dose; holl. dut, levis somnus, dutten, somniare. Grimm II, 39). „Diu stim was im verdust, das er nit reden kunt", Altsw. 209,28. ei~-dusln, einschlummern. 'däuseln, taumeln; vrgl. Grimm, Wbch. II, 914: deisen. „Daß er von der Maulschelle auf das Bette hindäuselte", Fr. v. Zesen. Es liegen hier vermuthlig verschiedene Stämme zu Grunde. Vrgl. dosen und das vrb. act. duzan Otfrid's (I, 11,41, einschläfern?), auch tuschen (verheimlichen).

dus, dusam, dusig, dusmig, adj. (Baur), mild, 402
stille, matt, d. h. nicht glänzend. ə~ *dusə'* Tàg; *dusé* Fenstə'scheibm; ə~ *dusə'* Mensch. „Es war in den zwey Wintern (der Pestjahre 1519 und 1520) nie kalt, nur neblig und dusnig", Gem. Reg. Chr. IV, 404. „Dusam a Duft (vapor) unde duster", Prasch. „Dußmig, nubilus; dußmigs Wetter", Prompt. v. 1618. „Wie der tod mit düsmigem glenster hin ein den sal stig durch ein fenster"; H. Sachs 1612: I, 206. „Er sah mich schlafrig an . . . sah ganz düsmicher art", das. 1071. „Má~ Gmüət wird so *dusmə'*, so gschreckt und zau~matt", Wagner, salzb. Ges. 79. „Wann's dumpə' wird, grechtelst di' zsam. Und *dusmé* is' s worn", Kaltenbrunner, oberöstr. Jahrb. 1844, S. 222. Sei *duslə*, sey ruhig, (zu kleinen Kindern); Baader. dusen, dämmernd, (Zir., Pinzg.); dusen werden, dämmern; dusenauget, mit halboffenen Augen, (Gastein, Mesnil). „Ich stund ein wil gar tisem hinder einem buschlin clein", Altsw. 131,35. Vrgl. Grimm, Wbch. II, 1756. 1759. 1760 f. Zeitschr. III, 302.

Der Dusel, Düsel, (Hauser) Dampf, Qualm; (Aurburg, nach Hazzi) das Fieber beym Menschen; Typhus; grassierende Krankheit, Grippe (Gastein, Mesnil). Dər *Dusl* (Fieber) hàt huir vil Leut ghétt; Baader. Duselé, Fieber minder gefährlicher Art. Vrgl. niederd. Düsel, Schwindel; Firmenich I, 218,50. Zeitschr. IV, 344. s. unten Torzel. (Salzb., nach Zschokke) eine Viehkrankheit; (Echstdt.) üble Laune, Spleen; (v. Delling) düsterer Himmel; (VII Comm.) Staubregen; Zeitschr. IV, 344: düseln. (Nürnb., Hsl.), Contusion, Schade; Grimm, Wbch. II, 1756 f. düsig, diesig, adj. (Nürnb., Hsl.; Nicolai's Reis. 1 B.) schwindlig; Graff V, 439. Grimm, Wbch. II, 1760 f. Zeitschr. III, 228,14. 'Der Dise, ä. Sp.,? (hieher?)' „Miselsieche und betrisen ... chrumb wazzersüchtige und disen", Urstende. Hahn 123,70. BM. I, 366. 'Cf. phthisis?' Vrgl. dîsig, mürrisch (Zeitschr. III. 281,69. 424,6. IV, 129,21), dostig und dusen.

Der Dusel, ein Nachtgeist, der nächtlicher Weile die Häuser beschleicht und kleine Kinder daraus wegraubt. Muchar's Gastein 145. Grimm, Mythol.[2] 487. Wbch. II, 1758. Der Audorfer Düsel; Hr. v. Finster. 'Vrgl. BM. III, 154: tuster.'

'Die Dusel, Ohrfeige; Grimm, Wbch. II, 1758.' „Sie wolt dem pawrn ein dusel geben", H. Sachs 1560: II, IV, 68[b].

Der, die Dusacken, Dussak, Tissek, ehmals übliche Art Waffen (Grimm, Wbch. II, 1189. 1756. Zeitschrift IV, 109,42. Cf. česk. tesati, asciare, behauen, zimmern; tesař, Zimmermann; tesák, Haumesser; tesaček, Dolch. s. oben Dechsel und Zeitschr. V, 526,545). „Des Samsonis seine Dusäcken ist ein Eselskinnbacken gewest", P. Abrah. „V. Dusegkhn", Harnasch-Inventar v. 1562. Unter des friedliebenden Aventin's hinterlassenen Effekten wird nach dem Verzeichniß von 1534 (Eos 1819, Beylage Nr. 26) auch ein Tisseken aufgeführt. „Mir ist mein Disackn ausgeschossen, der also rumpelt nab die stiegen", ... „Ich wil suchen den Disacken", H. Sachs 1612: IV, III, 7. 8. Eines freysechters fechtweren, namlich schwerter und hulzene tusæggen" ... ad an. 1577, Hier. Harder von Überkingen, Cod. iconogr. 3, f. 169. „Mit einer tatzakn oder fauststäglel", Fr. v. Zesen. Das Prompt. v. 1618 hat: im Dusäcken fechten, rudibus depugnare. Vrgl. Dusinck, armilla; glossar. sec. XV. (in Hofmann's Besitz). Diefenb. 49[b]. s. oben Duckstecken.

Die Dausch, (Franken, Schwaben) Schweinsmutter. Grimm, Wbch. II, 855.

Der Doschen, Duschen, (Dimin. das Döschə-l), der Busch, d. h. alles was sich buschicht ausbreitet, z. B. das Ende eines dichtbelaubten Zweiges, ein Blumenstrauß, zusammenhängende Zimmerholz-Späne, eine Quaste aus Fäden oder Schnüren u. drgl. (Grimm, Wbch. II, 1309. Zeitschr. III, 344. VI, 30. Cf. česk. dosek, Diminut., Strohbüschel, von doch). S. Dosten und Dotsch. doschət, adj., buschicht. Die Hortensiabluəm is *doschət*. „Ein toschächtes dickes Blümlein"; Dr. Minderer. Doschət angekleidet seyn, d. h. mit vielen Kleidern, die übereinander liegen. Das Doschicht (Doschət), Collectiv. für die Blätter an den Rüben. „Gabiß u. ruben abhawen, ausziehen, abtosen und sneyden", Scheyrer Dienstordn. v. 1500, f. 45.

Der Düschel, (Nordfranken), im Scherz: der Mund; der Schmatz, Kuß.

---

diskəriərn, dischkriə'n, sehr volksüblich für: einen Diskurs führen, reden, sprechen, discurrere.

„Discolus, ein pöser schüler", Semansh. 33, f. 281. „*Discolus* vel *discolis* est incompositus vel turbulentus", Clm. 5008 (XV. sec.), f. 154. „*Discolis* .i. malis" (zu einer Lectio am Sonntag Jubilate, wo also das latein. Wort vorkommt); ZZ. 1803, f. 198. „Visus (B. M. de V.) non torvus neque *discolus* nec malitiosus"; ZZ. 1878, f. 38. „Sane etiam *discolo* domino debitum reddere debemus, ita tamen, ut Deo debitum suum non denegemus, quippe ut potius mori quam ei in aliquo adversari ab aliqua potestate seculari cogamur"; Aug. eccl. 153 (sec. X.), f. 158[b]. In Luzern heißt noch (Häffliger, schweiz. Volkslieder 1813, p. 217) Diskolori die domus discolorum, ein Gebäude neben dem Seminar daselbst, wo strafbare Geistliche eingesperrt und zur Buße angehalten werden. Vrgl. Diefenbach 184[c]. Diez, Wbch. 124: discolo, mürrisch, vom griech. δύσκολος.

---

dásti, - υ, Ausruf der Verwunderung, vermuthlich eine Ellipse statt: daß dich... *Dásti, dásti!* ey *dásti!* das ist aber schön! „*Dästi, dästi!* stöckhen nit die Löcher so voller Rappen" (d. i. Benedictiner), sagt der auf dem Nonberg zu Salzburg Ao. 1666 aus der Schwester Maria Johanna Erntraut Däberin getriebene Teufel, der auf des Beichtvaters Geheiß das Crucifix küssen muß; Cgm. 4498, f. 56. Grimm, Wbch. II, 824,17.

Der Dástiputz, scherzhafte Benennung eines Säbels oder Degens. Etwa eine Ellipse von einer R. A. wie: daß dich potz Velten! u. drgl. S. Th. III, unter schelten: pochs leber! pochs jamer!

Die Dastel, (U.L., Baur), die Assel, der Kellerwurm.

Der Dest, Rob, bis zur Robdicke Eingesottenes von Früchten, Marmelade; Quittendest. „Er tapt a' in Mist, in d' *Tesen* 'nein", Kartsch I, 117. Castelli, Wbch. 109: der Dest, jede dicke, zähe Materie; der Destaling, Geifer. Grimm, Wbch. II, 1031,4 ff. Zeitschr. IV, 342.

Die Dêstn, das Dêstl, hölzernes Gefäß zu Wasser, Milch, Salz, Mehl, Schmalz, Käse u. drgl.; bey Adelung Döste, wovon auch unsre Formen nach Gramm. 680 403
corrumpiert scheinen. 'Vrgl. Grimm, Wbch. II, 1028: Dese; 1310: Döse. Zeitschr. II, 239. IV, 342. V, 489. VI, 373. Wol verschieden davon ist das dem romanischen testa (Diez, Wbch. 345) entstammte: der Test für Tiegel 2c.' Lori, Brg.R. f. 265 kommen im Plural Test (zum Silberbrennen) vor. Notk. Ps. 20,9: „also daz testîsen in demo fiure." Graff I, 490. BM. III, 33. Grimm, Wbch. II, 1030 f.: der Dest, Test. Zeitschrift III, 427,58.

deste, dester, wie hchd. desto. Grimm, Wbch. II, 1032 ff. — desto besser wol zunächst aus niedersächs. des to bat (Firmenich I, 173,11: Braunschweig), falsch statt des thiu (also eher do). Cf. schwed. ju mera — desto gladære; Mellin, Kolarflickan p. 47. 'Graff V, 30 f. BM. I, 316,16. Grimm III, 175. 594. 595. IV, 753.'

desti, dədest, eben erst, vor kurzem. S. des n.

'Die Distel, wie hchd. (ahd. distil, msc., distula, fem.; mhd. der distel. Graff V, 232. BM. I, 367. Grimm III, 372. Wbch. II, 1192).' Fedistel, labrum Veneris, cardo Mariae; 'ahd. mhd. vêchdistel. Graff und BM. a. a. O. Grimm, Wbch. 1193.' Saudistel, endivia; Ind. 344, f. 12[b]. 'Vrgl. ebendas. u. Diefenbach 202[a].'

Der Dost, (Nordfranken) Moos, muscus. Grimm Wbch. II, 1311. Zeitschr. II, 287,88. Cf. Graff V, 232 dost, Mist.

döstig (deschti'), (OL., Baur) a) vom Boden: schwer, zäh, nicht locker oder trocken genug. ə˜ *deschti's* Land. Də' Bo'n is no˜ *deschti* vo˜ 'n Reng. Cf. Castelli, Wbch. 111: dolsta'n, weich, teigig sein; dölstarat. b) vom Menschen: deschti' vor Hitze, vor Traurigkeit, d. h. matt, niedergeschlagen. Cf. isl. dæstr, labore defessus. In der Bedeutung a) liegt ziemlich nahe das alte dost, coenum, gl. a. 210. i. 125. o. 203. Graff V, 232.

Der Dosten, der Busch, d. h. was sich buschig ausbreitet, (s. Doschen und Dotsch); ansp. Strauß, Blumenstrauß. BM. I, 386. Grimm, Wbch. II, 1311. Zeitschrift V, 299. dostig, döstig, buschig ausgebreitet, aufgedunsen, aufgeblasen; allzufett, (vrgl. döstig). Grimm, Wbch. II, 1311 f. doschti', aufgebläht und dabei krankhaft aussehend, (Baader); cf. Doschen. Castelli, Wbch. 112: dosti', aufgedunsen. Daher: aufgedost (aufgedostet?), aufgebläht, (Hauser). Vrgl. dusel.

'Der Doste, Dosten, origanum vulgare, silvestre, (ahd. dosto, dosta, mhd. doste; Graff V, 232. BM. I, 386. Grimm, Wbch. II, 1311. Diefenbach 400[c].)' Doste und dorant; Grimm, Mythol.[2] 1164. s. Tosse.

Der Dostel, (salzb. u. kärnth. Gebirg; b. W. Dästl) Blödsinniger (Fer, Drottel) von der lustigen Art. Dost·l, (Jr.) phlegmatischer Mensch; dästlet, adj., (b. W.); si is ə˜ weng *dástlet* und sitzt àllewál e˜'n Asch'n, (Aschengred·l). Cf. dosen, Daserl.

Dästel, (Kitzbühel) Winterschuh.

düſter, (Zweibrücken: dûschter), 'adj. u. adv., wie hchd. (zu ahd. dinſter, mhd. dinſter; BM. I, 361. Grimm, Wbch. II, 1761.' Die dinſterniſſe, Finſterniß, Düſterniß; Grave Rudolf, 2. Ausg., 23,10). düſterlich, adv. „Die eul ſchreit gar teüſterlich", '(ſchrecklich, ſchauerlich)', Konr. v. Megenberg f. 121ᵇ (Pfeiffer 208,25: tüſterleichen).

Das Datum, wie hchd. Sein Datum ſetzen auf etwas, Abſicht haben; Seb. Franck. Grimm, Wbch. II, 828. „An des veindes ziehen und halten künden die Khriegsverſtandigen ſpüren, worauf ſein Datum ſteet oder was er vermuetlich zu thuen iſt", Fwrbch. Ms. v. 1591. dáto, jetzt, bis jetzt. I kà˜ *dato* no˜ nicks vo'sprèchə˜. əs is *dáto* no˜ àlləweil guət 'gangə˜. „In Frankreich wird dato niemand decapitiert, der nicht von Adel iſt"; Anm. zum b. Crim. Cod. p. 22. datieren; Grimm, Wbch. II, 825. Einen fort=, hinaus rc. datieren, fortweiſen.

deuten Einem auf etwas, es ihm zeigen, weiſen (ahd. mhd. diuten. Graff V, 130. BM. I, 327. Grimm, Wbch. II, 1038). Er hàt si' verirrt, *deut* əəm aufn rèchtn Wég 'naus! Einem deuten, ihm ein Zeichen geben. Mit den Augen, mit dem Kopf rc. deuten. R. A. Einem mit dem Holzſchlägel deuten, ihn auf eine derbe Art von etwas verſtändigen. Er rédt nicks und *deut't* nicks, d. h. er ſteht, ſitzt rc. ſtumm und unbeweglich da. A. Sp. für: bedeuten. „Noricus ensis, daz diudit ein ſuert beieriſch", (diudit, ein Activ mit paſſiver Bedeutung, wie altſ. gibiudit; ez bedûtet ebenfalls im Grunde ein Medium: wird verdeutſcht); Annolied 304. Notk. 89,13. 91,1. „Waz diu rede tutte", alte Pred. auslegen, erklären; „uuileſt du mile diuten after ſite duſent"; Notk. 89,5. „Exponere, dieden", Diut. II, 214, neben ditſch, teutonicum, daſ. 230. Ausdeuten, auslegen, erklären (ſchwed. tyda, vrgl. deutſchen). Grimm, Wbch. I, 844. ə˜ Márl, ə˜n Trám *ausdeut'n*. „Das Wörtl Frau, wann es noch mit einem einzigen Buchſtaben bereichet wird, nemblichen mit einem s, alsdann hat es die rechte Außdeutung, das haiſt fraus", P. Abraham. bedeuten, wie hchd. Grimm, Wbch. I, 1225 f. Etwas, nichts bedeuten, von Bedeutung, Wirkung ſeyn oder nicht. Dei˜ Arbət *bedeut't* nicks. A'lls mei˜ Rédn *bedeut't* nicks, d. h. man kehrt ſich nicht daran. Wenn man den bœſen Bueben gleich einſperrt, wàs *bedeut't* 's, (was nützt es)? In Wernher's
404 Maria p. 9 iſt bediuten auslegen, interpretari, verdeutſchen, auslegen. „Daz im (dem Nabuchodonoſor) Daniel diu wort leſe und daz er im ſi och betûte", Griesh. Pred. II, 43. „Wand ich guoten willen han, ze bediuten ein buoch, ob ich kan", St. Ulrich's Leben 28. „Diu wart ich ſo bediute durch ungelêrte liute", daſ. 570. „Daz ich recht und unrecht der dutſchen lute nach gotis hulden muze bedute", Vorr. zum Sachſenſpiegel, (cf. „daz erz an dûtiſch wante"), Homeyer, 2. Ausg., p. 21. 22. „Nu ſei wir alſo arm an tawſcher ſprach, das wir nicht wol bedewten mügen was tewczſch ſpricht stipendia"; Ebersb. 58, f. 109ᵇ. andeuten, anzeigen; Grimm, Wbch. I, 1226,6. „Der Herr Mediator (ſchwediſche Bevollmächtigte am Riswyker Congreß) hat uns, denen fränk= und ſchwäbiſchen Plenipotentiariis beditten, daß er mit uns a part zu reden hette", Cgm. 3615, f. 44ᵇ. Hermann v. Fritzlar ſagt p. 33,12: „Wan hete Johannes icht höher gedûtiret, alle die werlt enkunde in nit verſtanden han." Der Deuter, a) das Zeichen, das man mit der Hand, oder irgend einem Theil des Körpers jemand gibt, und welches wol auch in einem Schlag oder Stoß beſtehen kann. Gib əəm ə˜n *Deutər* auffi! b) Stift, mit dem das Kind im Buche die Buchſtaben oder Wörter nachweiſet. Zeitſchr. IV, 50,1. deutlich, wie hchd.; daneben auch deutig („deutiger vortragen", Tirol. Kirchtag, 1819, p. 78) 'u. ahd. zi diuta, mhd. ze diute, adv. (Graff V, 131. BM. I, 327, vom Subſt. diute msc. u. neutr., Auslegung, Erklärung), deutlich und zu Deutſch; (Grimm, Wbch. II, 1038).' „Ander wîſe liute, die iu ze wîſer tiute kunden geſagen", Rud. v. Montfort, Docen's Miſc. II, 154. Die blûmen der heiligen ſchrift, die uns Sant Auguſtin, Ambroſius, ſant Bernhart vnd gregorius vor gotes licham han geſtreut, die wil ich legen vz ze teut"; Cgm. 100, f. 10. Grimm's Frau Aventiure, S. 10 unten. In Wernher's Maria p. 42. 203 für deutlich, adv.: ze dute. Hingegen heißt es p. 14: Joachim chiut ze diute preparatio domini; p. 99: Capharnaum chiut ze diute villa speciosa. Das Münchner Ms. alter Predigten hat in dieſem Sinn ebenfalls ze tute: „Diu Wort ſprechent ze tute alſo." „Nu ir daz latin habit uernomen, nu uernemet ze dute dabi, waz di ſelbe rede ſi"; Diut. I, 305. „Der diz bûch gemachet hat ze dûte", Ulrich's Leben, Cgm. 94, f. 75. „Nu ſchreibe wirz ze diute durch die ungelerten liute", Anegenge, hg. v. Hahn, 41,62. „Swer dz allez wolte pringen ze deute (aus dem Latein oder Hebräiſchen), der machte im freunde und veinde heute"; Renner 5975. „Des ſchreibt uns Sant Paulus ze deute" (deutlich), daſ. 14418. „ze tiute verſtân", Diut. II, 136. „Friunt, ſage mir ze diute, wie nennent dich die liute", frägt Kaiſer Maximian den Pantaleon; Konr. v. Wirzburg, Haupt's Zeitſchr. VI, 241,1719. „Ich wil iu gerne ſagen ze diute eine rede"; Diemer, Ged. 127,3. 144,9. „Chirurgus dat ſprikt to Dude ein Handwarker", Warmund, ſaſſiſch Döneken=Bôk 215. Cf. holl. diets mâken (Einem etwas), weis machen, einreden. Im Windb. Pſalter f. 158 wird bemerkt: „Scandalum iſt ein fromedez wort, nehat eigines gediutes niht, alſo gnugiu wort endriu, dei anegenges unde geſlahtes nihne habent, nihwan dazme ſi diuten muoz nah anderen worten, dei darumbe ſtent." Dieſes alte Subſt. iſt wol eins mit dem angelſächſ. getheod, (on ure getheode, auf unſre Sprache. „Etwa von agſ. ge=theav, theav, mos, Sitte, githau, engl. thew; wie Notk. Pſ. 2,6: in unſera uuîs. „Tha Finnas him thuhte and tha Beormas ſpræcon neah ân geđeode", ihm, dem Ohthere dünkte, daß die Finnen und Bermen eine verwandte Sprache redeten; Alfred's Oroſius, p. 22). Ob und in wie ferne daſſelbe mit Otfrids, 11 mal auf liuti und liuto gereimten, dunkeln githiuti und githiuto, deſſen Gegenſatz ungithiuti gl. a. 203 durch barbarus gegeben iſt, und dem gothiſchen thiuth, εὖ („Beatus Tutilo, qui olim vulgo St. Gütli", Metzler in Canis. ant. lect., t. V, part. II, p. 764) zuſammenhange, oder gar mit dem alten thiuda, dheoda, Diota, Diet (gens, Leute) verwandt ſey, muß durch tieferes Studium der alten Sprache entſchieden werden. Grimm, Geſch. d. d. Spr. p. 789—792. Vrgl. deutſch.

„andieteln, anreizen." „Die ſchönen Baumfrüchte haben mich angedietelt", Schuller. So iſt hier wol die Ausſprache von antœreln, welches im Munde des Oberpfälzers nach Gramm. 354. 301. 446. 632 faſt eben ſo lautet, wie ein allenfallſiges andieteln lauten würde, — verhochdeutſcht. — ſich melden (von Krankheiten).

Die Diet, (ä. Sp.) die Nation, das Volk; (goth. thiuda; ahd. diot, diota; Iſidor dheoda: dheodun endi liudi, gentes et populi; Tat. thiota; liûte diêto, populus gentium, Notk. 17,48; mhd. diet, msc. u. ntr. Graff V, 124. BM. I, 325. Grimm III, 472. 474. Wbch. II, 1144. Goth. thiuda, agſ. theod, aus thiv=ida? von thius, agſ. theov, servus; — alſo gleichſam familitium. Grimm, Berliner Jahrb. 1842, Sp. 796. Cf. theovjan, servire, Prät. theovde; getheodan, copulare, sociare. Wlach. njem, Geſchlecht, njemz ein Deutſcher, — alſo Überſetzung; cf. im Magyar. edel). Bey Otfrid ſteht thiot I, 1, 85 als Maſcul. u. Neutrum. Dazu ſtimmt das Neutrum Undiet, welches der Biſchof von Regensburg a⁰. 1423 in einem Ablaßbrief zum Beſten der Kreuzfahrer gegen die Huſſiten als Schimpfbenennung dieſer letztern gebraucht. „Das Undiet des verdammten Volks der Huſſen und Wicleſiten .... wider das, mit dem Undiet ſtreiten .. das Undiet vertilgen, zu dem Undiet gelangen"; Gem. Reg. Chr. II, 459. „Beiern, ung=

ern und beheim mit andern ir undieten" (Barbari) sucht Markgraf Leupolt in Österreich feindlich heim; Prologus in fundationes Zwetlenses. „Gentes et populi, die diete unde die liute", Cgm. 17, f. 9b, Ps. 2,1. Alliu diet, vor aller diet, von maniger diet; Labr. 158. 279. 322. „Zu menschlicher diet", Cgm. 54, f. 74a. „Mein erwelte Diet und mein gemintez volk"; Heumann, opusc. 418. Er schluog umb, daz von einem schlag ein michel diet vor im gelag", Ring 40c,13. „Swer borgt sin gût ungewisser diet, der singt vil ofte daz klageliet", Renner 6199. „Man hort von herren auch etwenn wort, die wilent von niemanne wurden gehort denn vor gar verschemter diet, die man von frummen leuten schiet", das. 13682. (Das Wort diet scheint um diese Zeit, 1313, bereits eine verächtliche Bedeutung gehabt zu haben.) „Die nicht durch miet hoffiern weibes diet", Cgm. 714, f. 176. io dute! cf. oberpf. ui Leut!

„Gens sine capite mag keinen nit geschaffen,
Imperium vacat sapite sy habent kein haubt dy pfaffen,
Per quod scisma vertitur under kristen gediete."

Cod. Memm. 12 (sec. XV.), f. 119. Diet in einigen alten Zusammensetzungen bedeutete soviel als publicus. 'Der Dietschalc, ä. Sp., Erzschalk; BM. II, II, 76.' „Ich sprach: swîc, verwluochter balc, du bist ein rechter dietschalc"; S. Helbling IX, 123. 'Ebenso: Dietdegen, Dietzage, BM. I, 309. III, 835; Dietarzt, Grimm, Wbch. II, 1145.' Die Dietprucce, Dietprucca, an der Wirm, südlich vom Wirmsee; MB. VII, 90, ad 1056. Clm. 11726 (XV. sec.), f. 214. Dietfurt (noch als Ortsname üblich; Förstemann II, 1375. Cf. Saxon. Chron. ad 952: „on thære byrig deotforda", in the town of Detford); Dietkirchen (ebenso); der Diotuueg, wirzb. Grenzbeschr., M. m. 34—38. Der Dietweg, in der Ackerbeschreibung zu Adelnhofen (Franken) öfter, Cgm. 4854, f. I et passim; vielleicht im Gegensatz zu Viheweg, ibid. f. XL, XLb. Vrgl. Förstemann II, 1374 ff. In Speier: Dietstraß und Dietbrück (nach der Hand: Diep-, Diebsbrücke); Zeuß, Speier S. 19. Auch in Personennamen (vrgl. Förstemann I, 1157—95. Grimm, Reinh. CCXLV). Diepolt, Ridunk sint böse kristen, wenne sie mit den leuten ezzen u. dinstes u. treuwen schier vergezzen"; Renner 14381. Ich weiß nicht, ob damit zusammenhängt das folgende:

Der Diethaufen (Dêithâffm), (Nürnberg) Maß
405 für Getreide und Mehl, welches den 4. Theil einer Metze oder den 32. eines Malters ausmacht, und sich wieder in 2 Diethäuflein (Dêithaüfflə) abtheilt. Gehört vielleicht eher zu Tâtt (loculus). Grimm, Wbch. II, 1146. s. Th. II: der Haufen und das Mäß. „De occupatione aliorum redituum vel locorum .i. bedieten"; Clm. 9537, f. 180.

Dietrich (Diədrich). Von dem, aus dem historischen (Gothenkönig) Theodorich entstandenen, Dietrich von Bern der mitteldeutschen Poesie bemerkt Avent. in seiner Chronik f. 293: „Unser leut singen und sagen noch viel von Im, man findt nicht bald ein alten Künig, der dem gemeinen Mann bey uns so bekannt sey, von dem sie so vil wissen zu sagen." Vrgl. Grimm, über eine Urk. p. 19—20. Bnd. II: die Mœr.

'Der Dieterich, Dietrich, Nachschlüssel, Diebsschlüssel; Grimm, Wbch. II, 1145.' Wangersch.: dîrk, mit einem Dietrich öffnen; Ehrentraut, fries. Archiv I, 60. Vrgl. franz. monseigneur (allgem. Ztng. 1852, Beilage, S. 1725); dann ital. grimaldello, bresc. gariboldel, sgaribordel.

Der Dottern (Dodə'n, nach Gramm. 840 vom ahd. tuturo, gl. 538; totero, totro, o. 147. 318; mhd. toter, doter. Graff V, 384. BM. III, 52. Grimm, Wbch. II, 1313 über Diphth. p. 41), 1) der Dotter (im Ey). „Daz ai hat . . . ainen rotin tutirn unde in deme tutirn lit daz hûnli"; Cod. Carlsruh. sec. XIII. in Mone's Anz. IV, 368. „Von eim gepratem tutereie." „Gib im zezzen tutereier", Cgm. 724 (XV. sec.), f. 193. 2) der Leindotter; Grimm, Wbch. II, 1314. dotterlind (dudə'lind), weich wie Eyerdotter. Gl. o. 428 ist auch centri (Genitiv) durch dodron gegeben. Auch Br. Berhtolt vergleicht (Kling p. 287. Pfeiffer 392,26) die Erde mit einem Ey und sagt: „daz wîze alumbe den tottern, daz sint die lüfte." „Toterkrawt, cuscuta", Clm. 4374 (sec. XV.), f. 121. Vrgl. Grimm, Wbch. II, 1314. Diefenbach 104c.

Der Dutten, (nach Gramm. 839 vom ahd. msc. tutto; z. B. gl. i. 290. o. 200. 452, 'neben dem fem. tutta, tutti; mhd. diu tutte. Graff V, 381. BM. III, 154. Grimm III, 406. Wbch. II, 1197. 1768. Zeitschr. II, 210,9. IV, 442.' Von goth. daddjan, lactare; Holzmann in den Heidelb. Jahrb. 1835, p. 863. Grimm, Gesch. d. Spr. 404), auch die Dutten (b. W.), a) die weibliche Brust von Menschen und Thieren, mammilla. „Amazones ist auf unsre Sprach on Brüst und on Dutten." „Die Göttinn mit den vil Dutten" (zu Ephesus); Av. Chr. „Hättest du (Kind) den dutten in dem mund, es hulff dich nicht an disser stund", Cgm. 270, f. 196. „Da der tutt hert ist", Cgm. 729, f. 137. 'Das Düttlein, Düttel, Diminutiv, Brust, Brustwarze, (ahd. tutili, mhd. tüttelîn, tüttel. Graff V, 382. BM. III, 154. Grimm, Wbch. II, 1771).' „Si sprach zu im: sich chint, und zaigt im die prüstel und tütel"; Cgm. 54, f. 55a (Keller, Gesta Rom. p. 106). „Daz ainhorn begond ire tüttel saugen", das. f. 66b. (Keller p. 129). „Die stet (stent) mit weitem pûsem, daz in ir tüttel und ir achsel plekchent, daz si pei alten zeiten bekchten und sich schampten", das. f. 80a (Keller 158). „Daz tüttel aus dem puosem sprang", Ring 39b,40. s. Hauptloch. Frawen schon und augen plick, tütlein hört und örs dick, mündlein schon und wänglein rot pringen manigen in grosse nott"; ZZ. 1809, f. 77. Die Duttengrêtel, im Scherz: wohl mit Brüsten ausgestattete Person. Der Duttenhund, junger Hund, der noch saugt. R.A. Es so gut haben, wie ə~ *Duttnhund.* Der Duttenknopf, metallener Hohlknopf, in Form einer Zitze. 'Der Duttenkolbe, auch Deutenkolbe, Deutelkolbe, Deitelkolbe, Rohrkolbe, (ahd tutilcholbo; Graff IV, 393. V, 382. BM. I, 858. Grimm, Wbch. II, 1038. 1772. Diefenbach 585c: thyrsus).' Deitelkolben, Rohrkolben, auch Dodde; Henisch. Grimm, Wbch. II, 1218. Die Duttenpfait, Hemd des weiblichen Geschlechts, das nicht weit über die Brüste herabreicht. Der Dutten-Riem, Riemen, das Mieder zu schnüren. b) Saugegefäß für kleine Kinder, das ihnen die Mutterbrust ersetzen soll. ain-, zwi-, dri-duttet, (besonders von Thieren), eine, zwey, drey Zitzen habend, an welchen gemolken oder gesogen werden kann. dutten, dutteln, Diminut. düttelen, an der Brust saugen. BM. III, 154. Grimm, Wbch. II, 1771. Zeitsch. II, 210,9. IV, 442. zuedütteln, ä. Sp., schmeicheln. (BM. u. Grimm, a. a. O. — Eher zu tüten? s. d.). Zututlen Einem, ihm sagen, was er gern hört. Cgm. 788, f. 254. „Zututteln, palpo"; Teg. 419, Deckel. „Adulari zuetütteln", Clm. 5877 (v. J. 1449), f. 98. „Die vierdt frembd sünd ist das zuetuttlen", Cgm. 1142, f. 115b. „Keiser Constantinus ließ jm gern zutütlen, glaubt gern was man Im einblies." Av. Chr. Der Zuedüttler, Zuditler, Orenditler, Schmeichler. „Herodes glaubet zu vil den Zutütlern", Av. Chr. „Die Zududler haben ire Herren lieb, doch stehlen sie als vil als andere Dieb", v. Lang, b. Gesch. I, 193. Cf. dutzeln und deijen, auch fotzdudeln.

Die Dutten, die Papierdüte; die Geldrolle, (wirzb. Verord. von 1705 und 1779). Grimm, Wbch. II, 1770,2. 1037. Cf. česk. duty, hohl, v. dugim, blasen.

duttern (dudə'n), fehlerhaft sprechen, indem man den Mund zu wenig öffnet, und dabey die Worte zu leise und zu schnell hervorstößt. Cf. dulfern, dulken.

---

datschen, dätschen, detschen, dotschen, drücken, niederdrücken (etwas Weiches); 'mit flacher Hand schlagen. Grimm, Wbch. II, 825.' detschen, beohrfeigen, (Tir.). Cf. gl. i. 555: „dahhazta (flamma crepans) volat (in faciem).“ Graff V, 123. Der Datsch, die *Detsch'n*, Schlag mit der flachen Hand; Detsch'n kriegen. Castelli, Wbch. 108: der Dedsch, der letzte Druck, Garaus; die Dedsch'n, ein Schlag auf den Kopf. Der Dátsch, (Aschaff.) der letzte Fang beym Fankelen (s. d. W. u. Grimm, Wbch. II, 826: Datschelspiel). detschnen Einen; Kartsch I, 58. Vrgl. Zeitschr. III, 9: tetsch. IV, 8. 342. Der Datsch, Detsch, Dotsch', Datschen, Dotschen, Brey von Äpfeln, Birnen, Kartoffeln u. drgl. auch Backwerk von Mehl mit solchen Ingredienzen, besonders wenn es etwas teigig und zusammengedrückt ausfällt. Zeitschr. III, 11,10. 133. 343. V, 258,33. Erd-
406 äpfeldotsch, Apfeldatschen, Zweschendatschen rc. Der Pfanndatsch, (O.Pf.) was in B. Mehl-Schmarren. Germanorum coena: Posidonius in Athenaeo, Deipnosoph. Δ 187 (157) e. Der Dätsch, Butterschaum, (Lütters; K. Roth), s. oben: der Däntsch. Kuedätsch, Kuhfladen; Vorarlberg: der Dascha, Excrement des Hornviehs; Vonbun p. 83. (das ahd. deisc, fimus, stercus ist hiemit wol nicht zu vergleichen: „stercoris teiskis“, sec. XI. Clm. 4606, f. 113. Graff V, 231. BM. I, 311). datschet, detschet, adj, (vom Backwerk) zusammengedrückt, nicht erhoben genug; weich, weichlich. ə~ *datschəté* Näsn. 'datscheln, dätscheln, streicheln, weichlich behandeln. Grimm, Wbch. II, 825. Zeitschr. III, 132. 134. IV, 339. VI, 120,71.' və ditsch'ln und və'dätsch'ln, (b. W.) verlumpen, aufbrauchen; s. Th. III: die Schwalben.

Die Dátschn, Wolldátsch, (der betonte Theil des Wortes Kardätsche, franz. cardasse), der Kamm zum Wollkrämpeln. (O.L.) dátschen, vrb. act., kardätschen, Wolle krämpeln. Zeitschr. IV, 339.

deutsch (deidsch, doidsch, duidsch), wie hchd. (ahd. diutisc, mhd. diutisch, diusch, tiutisch, tiusch. Graff V, 130. BM. I, 326. Grimm, Wbch. II, 1043. Zeitschr. IV, 489. 342). „Manic diusch wort“, Gregor v. d. St. 1454. Sünde ist: „lesen teucze puch, die valsch und unnutz sind“, Br. Berhtolt, Cgm. 1119, f. 11^{a}. „Sprich ein wort teuttischen (im Reim auf „wischen“), Maier Helmbr. 766; (vrgl. das. 1768: angesigen . . . . . einen dürftigen). „Germania, du edel dutsche nation“, Manung wider die Türken, v. J. 1554. (tiutsch zu deutsch wie tusunt zu dausent, goth. thusundi, noch ahd. dusunt, holl. duysent. Cf. Bachlechner in der Eos v. 1819, Nr. 9 u. 10, über teutsch und deutsch). Noch ist's unserm gemeinen Mann lediglich die Sprache, was einen Deutschen ausmacht. deutsch seyn, deutsch verstehen oder sprechen. I və stê di scho~, bi~ ja *deutsch*. Miər hàbm e~n Franzosn i~n Qua'tiər, der is *deutsch*. Kà~st əs leicht də'fràgng, əs is ja *deutsch*, man spricht ja deutsch. Einem etwas deutsch, deutscher machen, (HhE.) es ihm erklären. Dés muəst mə' *deutschə'* machn. deutschen, ausdeutschen, verständlich machen, erklären, auslegen. „Daß den Ambtleuthen des Fürstenthumbs Bayrn dieselbig Pflicht bas geteutscht werde“, Ldtg. v. 1514, p. 500. „Solche Schraufworte wollen sich auf eine Fehde und Verwahrung ziehen, mögen auch wol für keine gedeutscht werden“, Kr. Lhdl. IX, 65. „Nun wolle er zu besserm Verstand den Artikel deutschen, ibid. XIV, 275. „Bestimmen und bedeuschen, ibid. p. 66. Dés muəst mə' bésser *ausdeutschen.* Teutonizare, bedeuten; Canis. ant. lect. II, 138. cf. hoffen. Zeitschrift IV, 342. 489. deutschlich, adv., ä. Sp., deutlich. „Deutschlich und mit claren lanngen Worten“, Ltg. v. 1514: 266. „Vulgariter, gemainlich, dutschlich“, Voc. v. 1429. „Duidelyk zyn is eignlyk duitsch zyn dat is het volk eigen; zynde duud of diet volk; waervan ook bedieden“; Willems, belg. Mus. I, 7. „Ein ungefueger Schampenois der kunde vil baz franzois danne swi ich franzois spreche; seht waz ich an den reche den ich dit mær bedüten sol deme ceme ein tudisch sprache wol min teutz ist etwo so crum“, Wilhelm v. Orense, II. Th., Casparson 127^{a}. Gl. i. 789: diutischemo, teutonico (ad Aeneid. VII, 741); o. 429: thiudisca liudi, Germania; Notk. Ps. 28: in diuscun, (Wigalois: en tiutschen; Graffs Diutiska I, 209: in dutischen), in lingua germanica; diutischin sprechen, germanice loqui, Annolied 317. (XX). Vrgl. Grimm III, 142. 145. 149. 154. 155. 530. s. Th. IV: die Zungen. „Dirre manot ne hat uolle zale ne weder dere tage noh dere lune nihwan ie an deme vierten iare, daz heizzet in diutisken scaltiar“; Cgm. 17, Cod. Windb., f. 2^{a}: Kalender, Februar. „Jubilum daz chiut rehte in diutisken iu unde iuwe zunge“, das. f. 139^{b}. „Nu sol ich es euh in dutisken berichten“, Diemer, Ged. 183,12. „Caradrion qui *da.* dicitur lerica“, Clm. 5116 (sec. XI.—XII. 2°), f. 80^{b}. „Migale quod *de.* dicitur haramo“, Walafr. Strabo in Levitic. 'Mhd. die diutsche, tiusche (sc. zunge), die deutsche Sprache.' „Swer strîfelt sîne tiusche wol mit der welhsche“, d. w. Gast. 41. Ob ich an der tiusche misse spriche, ez ensol niht dunken wunderliche, wan ich vil gar ein walich bin: man wirt es an mîner tiusche inn“, das. 67—70. „Mîn buoch heizt der welhisch gast, wan ich bin an der tiusche gast“, das. 4682. „Daz sprich gar in der teutsch“, Cgm. 101, f. 99 (?). 142. „Der kranwitpaum haizt in meiner müeterleichen däutsch ain wechalter“, Konr. v. Megenberg, Cod. germ. membr. in 4° nr. 8, f. 140^{b}, col. b (Pfeiffer 325,24). „In grober stumpl teutsch, Ulr. Fütrer, Cgm. 1, f. 150^{b} (Cgm. 225, f. 13. Cgm. 227, f. 2). „Diziu wort diu ich für han gelait in der latine . . . sprechent entüsczen also“, Griesh. Pred. I, 38. 43. „Diziu wort . . . sprechent ze der tüzsche also“; das. 63. Vrgl. Grimm, Wbch. II, 1047,5. Zeitschrift III, 462. „Nach der schlechten teutsch“ (a°. 1513), Cgm. 1143, f. 3^{a}. „Deu uuort teutunt sich in der tuchs (tuths?) alsus“, Predigt (XIII. sec.), Clm. 12657, f. 35. cf. On manig theodisc, in mancher Sprache, d. h. vulgari; Bosworth. „Daz ich muge wandelen mit tutiskeme munde der latinisken zungen“, Exodus, Cod. Vindob. 2721. '(Hoffmann's Fundgr. II, 85,11. Vrgl. Diemer, Genesis und Exodus nach der Milstäter Hs. I, 119,10: daz ich muge wandilon mit tutischem munde latinische zunge.)' „Mit dutisker rede“, Wernher's Maria p. 7 „mit dutischer Zungen“, Diutiska I, p. 304. „Jesus daz chiut in divtscher zunge hailant“, Anegenge, Hahn 31,36. „Sit diz buoch in selchir frist in buochischun und in tuschun ist nach maistirlichir kunst gescribin“, Engelberg-Sarner Hs. der lateinischen und verdeutschten Benedictinerregel, v. 1267—1276. Versuch einer Darst. des Stifts Engelberg p. 96. „Die ungelêrten liute“, sagt Bruder Berhtolt von Regensburg († 1272), „die sulent den glouben in tiutsche lernen und die gelêrten in buochischem“; Kling p. 230 (Pfeifer 44,4). So sticht fast überall der Begriff popularis, vulgaris, λαϊκός (vrgl. Diet und deutlich, Anmerkung) hervor. Cf. Grimm IV, 441. „Pirminius (locutus) utraque lingua romana scilicet et Francorum“; Windb. 44, f. 117^{b}. „Griseldis historia translata de *vulgari* in *litteralem* sermonem a Fr. Petrarcha“; Cod. Fris. 179, f. 148. „Em lingoagem“, in's Portugiesische, ist des Nürnbergers Hieronymus Monetarius Brief an K. Johann II. (1493) von Alvaro da Torre übersetzt. Inc. sine a°. 4°. Die Stellen, in welchen vom 7. Jahrh. an das latinisierte theotiscus vorkommt, sind gesammelt bey Rühs über des Tacitus Germania, S. 105 ff., womit man auch die Artikel theotiscus und thiois bey Dufresne vergleiche. „Gotthi qui et Guttoni... nostrum h. e. *theotiscum* sermonem habuerunt“, Walafr. Strabo, de rebus eccl., c. 8. „Rudolfus de Habspurg hic statuit hymnos (?) fieri in *theutunico*“, Windb. 180, f. 4^{b}. In der Noth „Laicos puerum debito modo baptizasse et formam verborum integre protulisse in *teutonico* vel in romano“; Clm. 5990 (XII. sec.), f. 1. *Theuticâ* linguâ haereditas à proavis derelicta alt vodal dicitur", Vita S. Ulrici (c. 990), Cod. Emm. 118, f. 2. (cf. oben ꝛtd). „Bigens est qui ex parentibus duarum gentium natus est, sicut a patre *theotu* et ex matre gallica", Clm. 5008 (sec. XV.), f. 149. Diut. II, 190: thuitisce; 318: deutisce; 230: teutonicum ditsch. „Almanus ein deyczker"; Semansh. 20, f. 148. „Almanus dewczman, Almannia dewczelant, almanicam, dewcz sprach"; Clm. 5877 (v. J. 1449), f. 99. 147. „Grant joie mainent *Thiois* et *Alemant*" (Nieder- u. Oberdeutsche, Hochdeutsche), Garin le Loherain 15187. Mone, Untersuch. z. Gesch. d. teutschen Heldensage, p. 243. Barrois in der Vorrede zu Raimbert's Ogier de Danemarche X, XXVI, XLIII unterscheidet zwischen thyois (flämisch, niederdeutsch) und tudesque (ober- oder hochdeutsch). Jacob v. Maerlant († 1300): dietsch niederländisch, hingegen duuts hochdeutsch; 328. „Toringe estoit adonc nommée la terre qui ore est nommée *Tiesche terre*", Jonckbloet II, 478. „Op unsem Grunde ligt dat Winfeld, wor unse Vörfaren de Fiende, de dat *düdisge* Hik (das deutsche Gebiet) verwösten wullen, so slogen, dat se dat Upstaan vergaten", (Westfalen), Firmenich I, 258b. Cleasby versichert, daß bey den Nordamerikanern der Ausdruck Dutch noch jetzt die gesammten Deutschen bedeutet. Sie nennen die Holländer Low-dutch; — dieß vielleicht noch aus der Zeit, wo die ersten Auswanderungen statt hatten, das Wort also auch in England noch so galt. Düdesh niederdeutsch, hôchdüdesh, hochdeutsch; Dönekenbôk S. V, 29. 133. 181. 207; Düdishland, 139. „Germania Nidertewtschlandt"; Semansh. 34, f. 192. „Der Obertütschheit eidgnoßschafft, superioris Germaniae confoederatio", Albert v. Bonstetten (1485), Clm. 4006. f. Th. II: die Hait. Cf. vad. ridere in galesco, ital. ridere alla todesca, cio è piagnere; Patriarchi. „Llevaba puesto un tudesco en felpo todo afforado"; Rom. del Cid IX. Neugriech. Τουντέσκοι. Daß das Τεύτονες, Teutones oder Teutoni der Alten mit unserm Worte identisch sey, ist noch nicht so ausgemacht, als es scheint. „Processerunt a Theodoâ gigante a quo *Theodonici* nuncupantur"; Altm. 1, f. 5a. Vrgl. Grimm, Gesch. d. d. Spr. 790 ff. Safařjk, Staroz. I, 258. 259. 260, läßt von Teutones oder Thiuda diutisk ꝛc. kommen. Kralodw. rukopis: „J pride cuzi (fremd) ufilno w diedinu, i cuzimi slowi zapowida." Durch němec [„nemec"] gibt die Prager Mater verborum (sec. XIII.) barbarus, tardus, obtunsus, imperitus, stolidus etc. etc. Safařjk u. Palaczky, die ältesten Denkm. d. böhm. Spr. (1840), p. 218. Safařjk in Staroz. I, 358 nimmt für němci entweder an ein von den Celten zu den Slawen gekommenes Nemeti (Speirer), oder weniger gern als němy (stumm) ein bei Nestor zu lesendes njem (andern Geschlechts). Deutscher Kuckuck, deutscher Käfer (německy braha) heiße der Deutsche spottweise in Böhmen, sagt Kohl, hundert Tage ꝛc. I, 39. Kowany němec, I, 292. „Verpolte, vertschechte und vermadjarte Deutsche"; allgem. Ztng. 1847, Juni, S. 1327.

Der Deutsch (b. W. Duitsch), euphemistisch für Teufel; Zeitschrift I, 298,2,5. III, 252,243. wêi dә *Duitsch.* Pfui Deutsch! cf. Teickſel u. Teufel.

Dotschen, s. Dorsen.

Der Dotsch, Dötsch, 1) s. Datsch. 2) fette Person; plumper, unbehülflicher, ungeschickter Mensch. Grimm, Wbch. II, 1313; vrgl. 1315: Dotz. Zeitschr. IV, 342.
407 344. „Was für ein Dotsch ist dieser Mann, ach wär er etwas ringer! o faister Dotsch! was solle dich das Schmeer und Speck, hoch übersich geschwollen, am Leib nutzen"; Balde, Lob der Magern. „Ich wil dem Dötschen ein krug einstecken, das ers haus thu ein weil versorgen"; H. Sachs 1560: III, III, 42. „Ein Tilltapp war Götze genannt, ein tötsch an vernunft und verstand"; das. II, IV, 99. dotschet, dötschet, adj. „Grob, ungeschickt, tölpet und tötschet"; H. Sachs 1560: II, IV, 83b (1612: II, IV, 169). S. Dost.

Der Dötsch, (fränk.) was auf der geschmolznen Butter oben schwimmt. s. Datsch, Dätsch.

andötschen (à˜-détschn), vrb. n., (München) mit Schussern (Schnellkügelchen) spielen; (cf. einrückeln, antoben). Der Datscher, Andötscher (à˜détschә), der Schusser, das Schnellkügelchen. 1000 gemeine Datscher 24 Kr., 1000 marmorne D. 52 Kr., 1000 sogenannte Pecker oder Großkugeln 4 fl. 30 Kr. in den salzburgischen Kugel- oder Schussermühlen (um 1791), deren Product nach allen Ländern, als Ballast bis Indien, gieng; (Jir.). In der Türkey (?) auch zu Estrichen verwendet, sagt mir Graf Schafgotsch. Die Dutschen, (Zips) Schusserloch im Boden. Zeitschr. IV, 8. 339. S. Datsch, Dotz.

Der Dütsch, verächtlich, der Hut. Ká˜st dei˜n *Dütsch* nét âbә thaә˜, du Flégl, wenn ünse Herrgod vә beygêt?! Die Dütschen, Dütschkappen, (b. W. Detschkappm, Detsch'n) Schlag auf den Kopf, Ohrfeige. Dötschkappen, Wolff, histor. Volkslieder 252. Grimm, Wbch. II, 1313. Vrgl. datschen, dotschen und taschen, tuschen.

(Vrgl. daß, deß, ꝛc.)

daz, sieh da und ze.

Der Däz, (salzb.) der Aufschlag. Grimm, Wbch. II, 829. Castelli, Wbch. 107: „der Daz, Abgabe von Getränken; der Daza, Trankſteuer-Einnehmer." Grimm, Mythol. L. LI. „Den Fleischdäz abschaffen", Dukher's salzb. Chron. 325. „Die Tez und Aufschläg", Lori, Lechrain f. 200, ad 1469. „Meutte, Zolle, Teze", MB. XVI, 63. „Gabella sive *datia* quam nos Ungeld vocamus", Andreas presbyt. Ratisb.

„daizig", adj. „Seind die Stain schmirbig oder daizig vor Hitz, das es nit Kiell malen thut"; alte Mühlbeschauord.

dez (détz), (b. W.) dieses, (ahd. diz, dizi; mhd. diz, dize. Graff V, 72. BM. I, 366 f. Grimm I, 796. Wbch. II, 1135). „O wê waz sol dize sin", Cgm. 44, f. 83⅔. „Er tuo daz oder dize", (gereimt auf „size"); Labr. 291. S. deß und Gramm. p. 19, Note. diz, dits kommt in der ä. Sp. als Genitiv masc. statt dieses vor; vrgl. diser.

Der Dotz, Dotzschußer, (schwäb.) Schnellkügelchen, Schusser. Zeitschr. IV, 339. S. andötschen, dutzen und dößen.

dutzen, 1) wie hchd. s. du. 2) (Schwab., Franken) stoßen (mit einem Kopf an den andern), arietare. Grimm, Wbch. II, 1773: dutzen und der Dutz, Stoß, Beule; Dutzbock. S. Dotz.

verdutzt, adj., außer Fassung gebracht, erstaunt, erschrocken, (mhd. tützen, betützen, zum Schweigen bringen, außer Fassung bringen; hintergehen; zu tuzen, still sein, u. tiuzen, still machen. Graff V, 463. BM. III, 155. Grimm I3, 159; über Diphth. p. 41. Wbch. I, 1241 u. II, 858). s. täuschen. Cf. gl. a. 593: tutisôt, horrescit. betützen, consternare, circumvenire. „Er az vil mæzlichen, und tet den gelîchen, als er fleisch genutzte, sînen gemazzen er betuzte", St. Ulrich's Leben (Cgm. 94, f. 40), Vers 451. „Wel frouwe ein bœsen man hat, der zuo minnende ist unnütze, wie sie den betuze, daz erloube ich ir also, daz sie sich sin erlo und mit eime geilere, der büezet ir die swere", Müller's Samml. III, XXXI, Vers 78. Aschaffenburg: ein verdutztes Kleid, verpfuschtes, zu kurz oder zu eng ausgefallenes.

Der Dütze, (Weihers; Dr. K. Roth) das Euter; plur. die Dütze, mamillae. dützen, vrb., saugen. Dé Motter lässt ür Kêind *dütz.* Vilmar, kurhess. Idiot. 81 f. s. oben, Sp. 554: der Dutten.

Der Dutzel, Dützel, der Zuckerbeutel oder das Sauglæppchen für Kinder, (Zulp, Nutscher, Schnuller, Schlotzer, Noller, Luller ꝛc.); die Mutterbrust. Dutzelfett, dick und fett. duzeln, düzeln, am Sauglappen saugen; saugen überhaupt, (cf. dutten, dutteln). Graff V, 237. 463. Grimm, Wbch. II, 1773. s. deijen (goth. daddjan).

Dreyzehnte oder Dra= ꝛc. Abtheilung,

d. h.

Wörter, deren Stammsylbe mit Dr anfängt.

---

408 dræen (opf. drèjə˜, b. drá·n, drá˜·n, drá˜nə˜, Gramm. 1068), wie hchd. drehen, (ahd. drâjan, drâhan; ih drâita, drâta; kidrâit, kidrâhit, mhd. dræjen, dræn. Graff V, 238. BM. I, 387. Grimm, Wbch. II, 1361. Zeitschr. V, 270,6,5. Im Mhd. lautet das Part. Prät., nach einer Mittheilung Hahn's an Pfeiffer, auch gedrân: gedrân als ein kerze, als ein kugel, ir kinne; Lanz 7122).

Ietz hàb I no˜ séchs Kreuzə',
dé ghörn mei˜ und dei˜,
drá di', Wáwə'l, *drá* di'
və'suffə˜ müəss'n s· sei˜; Tanzreim.

aufwirbeln. „Daz die siwervanken drâten ûz den schilden"; Gudrun 361,3. (Vrgl. „aus der farwate trûg der ecke haiß fewr rot"; Vitrolf 650.). Wie Schneegestöber „alsô dræten die schüzze von den henden", das. 861,3. Figürlich wird dræen mit seinen Compositis auch von mancher andern Bewegung gebraucht, die eben kein Drehen ist. Sich dræen, sich aus Furcht, Betroffenheit, Beschämung ꝛc. heimlich wegmachen, sich ziehen. Grimm, Wbch. II, 1363c. Dèr hàt si' àbə' *drát*, wie ə' dés ghört hàt. Buə', dèr kà˜drá˜n! (fressen)! Bain dræen, erklärt durch P. Abraham: Am Sonntag hat er gestohlen, am Montag hat er geraubt, am Erchtag hat er Beschores gemacht, am Mittwoch hat er Bain treyet, ꝛc. „Huy, sag an, bist du ein Prophet, wer hat dir diese Maultasch treht", heißt es im Passionsspiel von 1683. sich abdræen, sich heimlicher und nicht ganz redlicher Weise bey Seite machen, aus einem Handel ziehen. abgedræt (à'drát), verschlagen, verschmitzt. R.A. *à'drát* wie ə˜ Kuəstrik. andræen (à˜drá·n), Andere in Streit, Zank verwickeln. Einen à˜drá·n, (Jr.) mit einem Händel anfangen. Dèr is für nicks guəd, als no˜ gràd allwál zu'n *A˜drá·n*. 's *A˜drá·n* vo'stêt ər ausbündi'; Lchn. „Die von Burgund und Lothringen ꝛc. seyn in allen Aufrhuren zwischen Deutschland und Frankreich, auffzudrehen (?) auf welcher seiten man verlustig ist, seyn sie allweg die ersten in der sachen", Av. Chr. f. 16. verdræen Einem etwas, fig. milder Ausdruck für: entwenden. verdræt (vo'dràd), verdreht, verkehrt, bösartig. ə˜ vo'drádə' Ká'l. ·Gwánti' və'drádi'' adv., auf verkehrte Weise. R.A. Quintəvo'drádi machen, verdrehen, verwickeln (eine Sache), damit ein Andrer nicht daraus kommen könne.

dræeln (drá·ln, drá·dln, drá˜ln), Diminutiv und Iterativform von dræen. Zeitschr. II, 245. IV, 344. Də' Zwirm *drá·lt*, *drá˜lt si'*. Und *drá·lt* à˜'n Fingə' dreymàl 'en Fozring; Marc. Sturm. Und zu'n Ummə'*drádln* (tanzen) fált s mə' nie à˜'n Mádln! Dræ-lings, drælings um und um (dráli˜s, drális um-
409 mədum), adv., im Kreise herum. Ein anderes Iterativ zunächst von dræhen ist dræhseln, dràchseln. S. drächs. Der Dræel (Drá·l, Drá˜l, Drádl), der Dræeler (Drálə', Drá˜lə', Drádlə'), Ding, das sich dreht oder drehen läßt, z. B. Windfahne, Kreisel, Knopfform mit durchgestecktem Hölzchen, Würfel zum Umdrillen, u. drgl. Zeitschr. IV, 344. I bi˜ gràd e˜n *Drál* (Gewirr von Menschen) eini kemə˜; (b. W.). In ə˜n *Dri-l-Drá-l* (Gewirr, Gedränge) hineinkommen; (ObrM.) Hei˜t gêt mə˜ nicks zsam, bi˜ àllewál e˜n *Dri·l drá·l* von Gedanken. s. Trendel. Dorndræel, Dorndreher, (s. unter Dorn). Jarnik p. 205: „sraka, Elster; srakipar, slakopar, Dorndreil." Das Dræeln (Trädeln) oder den Dräher, als ein Glücksspiel, findet man neben dem Paschen seit dem L.R. v. 1616 (f. 570) durch wiederholte Mandate verboten. Ein ähnliches Verbot traf die Trädler oder Leyerer auf den Märkten, (vermuthlich vom Umdrehen ihrer Instrumente so betitelt). Mandat von 1654. Der Dráling, Holzblock; s. Dreyling. Dræling, ungespaltner, runder Holzklotz, wie sie geflötzt werden: Edelwit=Dræling, zu Lichtspänen und Fackeln; Brennwit=Dr.; Kuef=Dr.; ganz=, halb=, drittel=, viertelspännige Dræling, d. h. von 15, 10, 6, 4 Zoll im kleinsten Durchmesser; (Jr.). Dràling=Märker oder Marken, die eingekerbt werden: Fleck □, der Grüm oder Krinl II, Ganser △ (Jr.). 18 Kalkzuger geben einen Drahling, d. i. eine lange Truhe, worin der Kalk an seine Bestimmung abgeführt wird; (Jr.). s. auch unter Bärzen: Parzkeile. Zunächst vom primitivern dræn sind wol folgende Substantiva: der Dræel, Drà·l, die spiralförmig gezogene Rinne im Innern eines Gewehrlaufes; halber, dreyviertel= oder ganzer Dræel; Wirbel, Strudel im Wasser; „kaə˜ Nachtigall hàt so ə˜n *D·räll*" (Stimme=Wirbeln), Kaltenbr. 18; Noth, Gedränge, Verlegenheit; „sag ä mal, wie stehst 'n Vadern bei, wie hilfst iəhm aus'n *Trall?*" Lindermayr 75. Qualm, Brodem; Betäubung; ə˜ ganzə' *Drà-l* (z. B. von Gestank); Zillerthal: blödsinniger Mensch. Der Drâ·t (Dràd, Droud, opf. Dràud), hchd. der Draht. drât, adv., ä. Sp., alsbald, sogleich; s. d. W.

drauen, (Weihers, Dr. Karl Roth) das Wasser von gekochten Erdäpfeln aus dem Topfe mit vorgehaltenem Deckel ablaufen lassen; dé E'deppel *drau*, (trausen?). Vilmar, kurhess. Idiot. p. 77 f.: „Waßer, welches über die in der Seihe befindlichen Gegenstände (z. B. Gemüse) geschüttet worden, in den unter der Seihe befindlichen Seihkorb ablaufen lassen."

dräen, ä. Sp., duften, riechen (ahd. drâhjan, mhd. dræhen; Graff V, 252. BM. I, 386). „Er riuchet unde dræhet vür den balsem", Konr. v. Wirzb., gold. Schmiede 192; vrgl. das. 819. 1321. 1440. „Den smack... der von dem pantier. drehit", Diut. II, 147. „Unser herre hat uns fümf sinne gegeben: den oren horen, den augen sehen, der kele ir smak, der nasen ir drehen, Renner 9595. 9600. Der drâst, **fragrantia.** „Lât ez einen süezen drast"; Diut. II, 146. Grimm, Sendschr. an Lachm. 54,650. drâho, ahd. adv., Cantic. canticor. 7,13. 4,16.

Die Drey, ä. Sp., Nadel; s. Drihe.

drei, drey, im Masc. u. Fem.; im Neutr. dreu (dréu, driu, droi, drui; opf. drá, dráiə; ä. Sp. driu. s. Gramm. 246 ff. 772. 773) drey (ahd. drî, driô-driu; mhd. drî, driu; Genitiv drîer, Dativ drîen, drîn. Graff V, 240. BM. I, 388. Grimm, Wbch. II, 1369). „tria kenemmida", Diut. III, 138. 139. „Als die mærlær sagent, wenn man dem dracken ain haupt abslüeg, sô wüehsen im dreu an die stat", Konr. v. Megenberg 273,21. „driu hemede und drei prüche", (s. unter die Bruech). „Welcher dunchet dich da der drier (horum trium) der di barmherzikhait hab erzaiget"; Cgm. 66, f. 55. Der priester tailt die oblat endrew, Cgm. 632, f. 80. (s. a. dri). Im Werdenfelsischen ist drey ein bescheidener Ausdruck für einige, mehrere, wie man sonst wol sagt: ə˜ Par. „Da schickt dir die Mutter drei Äpfel, drey Birn", HhE. Sp. W. Drey sind frey, 3 Stücke Obst, Rüben u. drgl. mag ein Vorübergehender wohl nehmen. Grimm, RA. 209. dries, mhd. adv., dreimal; BM. I, 390. drien, vrb.; BM. I, 389^b. „Der widerlouf sich drîet", Labr. 446. 562.

Das Dreybrôd bey den Arbeitern auf dem Lande ein nachmittagiges Zwischenmahl, welches dem vormittagigen Neunebrôd entspricht. In Bucher's Vorspiel zur Passionsaction setzen sich die Arbeiter an der Arche zum Dreybrod nieder, wobey der Bauherr Noe ärgerlich ausruft: „Um sieben, neune, eilfe, drey, das ist mein Aid eine Fresserey fast gar in einem Continuo!"

Der Dreyer, wie hchd. Grimm, Wbch. II, 1377. Ehmalige wirzburgische Münze, deren 3 Stücke einen Schillinger ausmachten. Es gab Dreyer, die auf beyden, und solche, die nur auf einer Seite geprägt waren. Wirzburgische Münztabelle v. 1765. Samml. wirzb. Verordnungen II, p. 800. 816. Der Dreyer, (Hazzi, Statist. 240. Baur), Gemenge von dreyerley Getreidarten, welches im O.L. angebaut zu werden pflegt. S. a. Dreyling.

Der Dreyling, 1) (O.L.) Gemenge von dreyerley Getreidarten, welches angebaut wird. 2) Ehmaliges opf. Getreidmaß. Grimm, Wbch. II, 1386,4. In Neumarkt giengen an Waizen, Korn und Kern 3 Dreylinge auf den dortigen Metzen, an Gerste und Haber giengen 4 Dreylinge auf den rauhen Metzen. In Freystatt und Pyrbaum wurden an Gerste und Haber 3 Drey-
410 ling auf den rauhen Metzen gerechnet. 3) ä. Sp., Weinmaß von 18 Eimern (Wstr. Btr. VI, 212; nach Adelung von 30 Eimern). Grimm, Wbch. II, 1386,5. „32 aymer (Wein) machen ain fûder, 24 aymer machen ain dreyling, 12 aymer machen ain halben dreyling", Clm. 4394 (XV. sec.), f. 181. „Dreissig Dreiling Wein von Österreich", MB. II, 248. „Zwen Dreyling Osterweins", MB. VI, 248, ad 1329. „Einen Treiling payrisch Weins", MB. XIV, 334, ad 1422. A^0. 1585 „hat (bey einer Mummerey) Johannes Gerl, latteinischer Schullmaister allhie (zu Wasserburg), die Person Bachi verträtten, auf einem treyllingfass gesessen, darinn Leuth gewest" (und das auf einem Schlitten von 4 Pferden gezogen wurde), Wstr. Btr. I, 151. „Was si des egenanten Weins nicht fürent mit Fudern das Ir si dan laßet mit dreyling füren", MB. II, 240, ad 1362. cf. Kr. Lhdl. IV, p. 35. L.Ord. v. 1553, fol. 86. „Auf der Hohen-Schul zu Everting werden järlich etlich vil Treyling Wein ausgeleert", sagt Hund, St.B. I, 99. 4) Der Dreyling (Dráling), (Flurl, Bschrbg. d. b. Gbrg. 141. Lori, BergR.), runder, ungespaltener Holzblock von beynahe 6 Schuh Länge zum Gebrauch der Salzwerke. Grimm, Wbch. II, 1386,7. Die Kuefdreylinge sind 4 Werkschuh lang. Nach Mejers Forstzeitschrift ist der Dreyling ein Baumstamm von 12—14 Zoll, der Halbdreyling von 8—9 Zoll Durchmesser am untern Ende. Ein füdriger Baum soll zu 45, ein halbfüdriger zu 36, ein Dreyling zu 27 Schuh abgelangt werden; ansp. Verord. v. 1740. Nach der tyrol. Waldord. v. 1719 kann „ein Dreyling wehrhülzig, halbhülzig oder noch geringer seyn", so daß ihrer 1, 2 oder gar 3 auf ein Wehrholz gerechnet werden. A^0. 1598 hat das Wasser den Rechen zu Hallein zerrissen, das Holz so dick verschwemmt, daß eine Katz mit trucknen Füßen über die Salzach auf den Treiligen gehen konnte", Dukher's salzb. Chron. 276. Anmerk. Es ist zweifelhaft, ob dieses Dráling eben zu drey gehöre. (Hübner, F. Salzb. p. 372 schreibt, mit Hinsicht auf das Drehen der runden Klötze, Drehling; s. oben dräeln.). Cf. unten -ter, goth. triu, agf. treov, Holz, Baum. Im Italienischen des südtyrolischen Fleimserthales heißt ein Sägeklotz von einem gewissen Umfang **trallo**; (Samml. f. Tyrol III, 70).

drey-ßig (dreiss·g, dreissgé), wie hchd. dreißig (ahd. drîzuc, mhd. drîzec. Graff V, 241. BM. I, 390. Grimm, Wbch. II, 1392. Vrgl. Gramm. 38. 232. 659. 688. 773 und Zig). Der Dreyßiger (Dreissgə', Dimin. das Dreissge'l), 1) kleines Maß für Mehl, Salz u. drgl., welches den 32. Theil des Metzens ausmacht. „Das Mehl zu Dreißgern kauffen", Ldtg. v. 1612, p. 215. XXX dreyßgerlach thuntj metzen augspurg."; Cgm. 154, f. 67, ad 1499. 2) eine Art Rosenkranz oder Paternoster, welches statt aus 5 nur aus 3 Absätzen besteht. „Wer am St. Brigitta-Rosenkrantz oder Psalter oder Dreissger andächtig betten wird, gewinnet von jedem Gran oder Ringel 500 Jahr Ablaß." Landshuter Druck von 1692. „O Seelen-Dreißger, weit heiliger als selbst der sakramentalische Dreißger!" Kinderlehr a. d. L. 64.

Der Dreißigste (Dreissgist), namentlich 1) der dreißigste Tag nach der Beerdigung eines Verstorbenen (dies tricesimus depositionis; s. Hund Metropol. Salisb. 411
II, p. 241. MB. III, 341. „Unz an den dreizgisten", Wstr. Btr. VII, 121.), an welchem ehmals der letzte Seelengottesdienst für denselben gehalten zu werden pflegte. (Gründe im Cod. Monac. Franscisc. 184, f. 133. San-Zenon. 110, f. 178. Clm. 9690, XIV. sec., f. 289. „Und schol man singen dreizich tage messe um seine sele darnach so der dreizigeste begangen wirt; Clm. 4620, f. 80); heutzutage der letzte Seelengottesdienst, er werde nun mit der gewöhnlich damit verbundenen Schmauserey und Spende aus der Erbschaftsmasse eben am dreißigsten Tage gehalten, oder nicht. M. s. Land- u. Policei-Ordnung von 1616, 3. B., 6. Th., 16. Art. Grimm, Wbch. II, 1394. In A. v. Bucher's s. Werken IV, 213 ist meisterlich dargestellt der Dreyßigst für den verstorbenen Herrn Pfarrer Tröstngott, — besonders was die wichtige Partie der Hinterlassenschaftsverhandlung und der Mahlzeit betrifft. „Unt bit die brieste(re), daz si die sele dines friuntes dem almahtigen gote beuelhen mit uollemo ambahte alsame da men den lichnamen der erde beualch. Daz tu an dem sibenten unt zu jegelichemo drizegisten"; Haupt's Zeitschr. VII, 138. Nach einer Stiftung von 1310 soll das Kloster Castel „aller iärchlichen dri drisik mit sele messen, des Stifters sele ze trost, wegen (begên)", MB. XXIV, 346. „Ut nullus presbyterorum, quando ad anniversarium diem vel XXX. III aut VII alicujus defuncti ad collectam presbyteri conveniunt, se inebriare praesumat nec precari in honore sanctorum vel ipsius animae bibere, aut alios ad bibendum cogere vel se aliena precatione ingurgitare, nec plausus et risus inconditos et fabulas inanes ibi referre aut cantare praesumat, nec turpia joca cum urso vel tornatricibus ante se facere permittat nec larvas daemonum, quas vulgo talamascas dicunt, ibi anteferre consentiat, quia hoc diabolicum est et a sacris canonibus prohibitum est, sed cum honestate et religione p(r)andeat"; Synod. Wormat. an. 868, Cod.

Aug. eccl. 151, f. 62 (153, f. 111). Cf. talamasca unter *və'daləmant*schiə'n u. Tötenmâl. Theodulphi (flor. 821) carmen de *talamasca* eleg.: „Pusio personae cum vultum obducit inanem.“ Mabillon, analect. tom. I, edit. 1675, p. 376 (edit. 1723, p. 411[a]). Vrgl. Besingnuss, Erst, Sibent, Leichentrunk, Totenmâl ꝛc. 2) der Dreißigst, der Dreißger, die ganze Zeit von einem bestimmten Ersten bis zum dreißigsten Tag, Zeit von dreißig Tagen, namentlich vom 15. August bis zum 15. Septbr., oder vielmehr „von unser frauen tag der erren bis unser frauen tag der lezten“, oder „zwischen den zwain Messen unser Frauen“, d. h. von Mariä Himmelfahrt bis zu Mariä Geburt, welche auch insgemein der Frauendreißigst genannt wird. Innerhalb dieser Tage pflegen schon seit 1683 die frommen Münchner nach der Kirche des benachbarten Ramerstorf zu wallfahrten, sowie sie vom 12. Septbr. bis zum 12. Oktober oder in dem sogenannten Anna-Dreißigst die St. Anna-Kirchen zu Harlaching oder auf dem Lehel besuchen. „A⁰. 1725 ist ein so nasser Sommer gwest, ist gar Vill Hey, Drayt und Ops geraten, aber gar hart hat mans einbracht, der ganze treisigst ist allweil regenwetter gewest“, Burgholzer's Wegweiser, p. 369. „Spieler, die sich auf einen Neuner mehr freuen, als auf den heil. Dreißigst“, P. Gansler. Dreißigst-Ayer (Dreissgist-Aər) sind Eyer, die zwischen Mariä Himmelfahrt und Mariä Geburt gelegt worden. Sie eignen sich vorzüglich zum Aufbewahren im Winter und werden im Frühjahr gerne zum Ausbrüten untergelegt. Dreyßigst-Schlêh, Dorn-Schlehen, um diese Zeit gesammelt und vorzüglich in ihrer Art. Vrgl. Herzkreuzchen von Steinböcken, zwischen Unser lieben Frauen Dreißigst gefällt, werden um 1662 für besonders heilsam gehalten; (von Moll, naturh. Briefe übers Zillerthal II, p. 66). Zum Sammeln von wirksamen Kräutern, z. B. der Baldrianwurzel gegen kranke Kuh-Euter, sind, nach dem Glauben der Zillerthaler, nur die 3 Sonntage zwischen den Frauentagen (d. h. zwischen Mariä Himmelfahrt und Mariä Geburt) und zwar Morgens bey Sonnenaufgang geeignet. ibid. „Die (wechalter) per schol man prechen zwischen unser frawn tac ze wurtzweihe und als vnser frauwe geporn wart“; Clm. 17188, f. 100.

dreizehen, dreuzehen (dreize~hə~, druize~hə~),
412 nach Gr. 232. 773 dreuzehne, wie hchd. dreyzehn. R.A. Allé *Dreyzehné* treibm, alle möglichen Schlingeleyen oder Liederlichkeiten treiben. Dreyzehn wird überhaupt für die ominöseste von den ungeraden Zahlen gehalten; sie ist des Teufels Duzend. cf. Auf der Ungräd rumgên.

dri-, in der Zusammensetzung, für drey, wie zwi für zwey. Dribrâchen, zum dritten Mal pflügen; Grimm, Wbch. II, 1407. dridrillen, das Quadrille-Spiel zu dreyen spielen; driegket, dreyeckig; dridoppelt, tergeminus, sechsfach Es springt der Gaißbock über'n Bach, brockt mir drei dridoppelte blitzblawe Braunberblätter ab; das ist mir ein braver Mann, der mir die drei dridoppelte blitzblawe Braubeerblätter nennen kan.“ Loses Blatt im Notizenbuch v. 1701, Cgm. 1806. drifach, drifachig (L.R. v. 1616, f. 497), drifáchti' (O.L.) dreyfach; der Drifueß, Dreyfuß, Gestell mit 3 Füßen; drihornet, adj., tricornis; drijærig (drijári'), dreyjährig; der Drilich, s. Drilch; der Drischâmel (Drischáməl), Woll- oder Leinenzeug, mit 3 Schemeln gewebt, (Baur); der Drischlag, 1) (O.Pf.), Takt, den der Tanzende mit den Füßen stampft; 2) Prompt. von 1618: „mollioris gradus equus“; „equus tripedarius“, ibid. 3) Art Zeug, grober „Federit“, Mauthord. v. 1765. Zwillich und Drischlag zu Mehlsäcken für Erich's Walzmühle. 4) Seihegeschirr, Durchschlag; triwäden, (Würzb.) den Weinberg zum dritten Mal brechen oder hacken. (Bey Adelung heißt das dritte Pflügen eines Ackers das Auftreiben; cf. auch arbaiten).

der, die, das dritte, wie hchd. Der Drittferg, Floßknecht, der nach dem Floßmaister und dem rechten Fergen kommt. Der Drittmann, plur. Drittmänner, in Wiltmaisters Amberg. Chr. 130. 132 unter den Schiffleuten nach den Fahrern und Kehrern, dann nach den Panizern aufgeführt.

Das Drittel, 1) wie hchd. 2) bey Wettspielen: der, die dritte in der Reihe. (Vrgl. Gramm. 569 Anm.). Das Wagendrittel, kärnt. branovlek; Jarnik p. 161. drittelärnen oder dritteln, zum dritten Mal pflügen. Das Drittelfeld, (Planeck) wol nicht von Treten, sondern genau, was das niedersächs. Dreesch, Drusk (cf. Graff V, 242: drisc, ternus): das ungebrachte dritte Feld nach der Dreifelderwirthschaft. s. Driesch. Der Drittelknecht, Drittler, die Dritteldiern, Drittlerinn, unverheiratete Person, die als dritter Knecht oder als dritte Dirne, d. h. nach dem Ober- und dem Mitterknecht, und nach der Ober- und der Mitterdirn, in einer Bauernwirthschaft dienet. Der Trüttelknecht bei H. Sachs, s. unten: Drüppelknecht. Im J. 1792 bekam im L.G. Dachau ein Drittelknecht 25 bis 29 fl., eine Dritteldirne 14 bis 16 fl. Jahrlohn, Hemder, Schuhe, Schmeer, Leinwand, Extra Schmalznudeln ꝛc. mit eingerechnet. Wstr. Btr. IV, 402. Analog nennt man im Scherz Drittelschreiber den dritten Schreiber bey einem Amte. „Fast eben so denket der Herr Oberschreiber, der Mittelschreiber, der Drittelschreiber, der Achtelschreiber, der Schreiberjung und der Praktikant.“ Fasten-Exempel von 1778: I. p. 24. Der Drittellehner, nach Wstr. Gloss. ein Grund oder Lehenhold, der seine Stift und Gült nur alle 3 Jahre zu entrichten hat.

dröen (drouə~, drâuə~) und drœen (drë'n, drèi'n, drèiə~), wie hchd. drohen, ahd. drouuan, drauuan, drouwan, drawjan; mhd. dröuwen, drœn. Graff V, 245. BM. I, 399. Grimm, Wbch. II, 1343. Zeitschr. IV, 346. „Mit slegen weckt man sîn gerüerde, sîn wâz mit stanc, und sîn gebærde mit grôzem drôn“, d. w. Gast 9507. drôlich, adv. Einem drôlich sein, (Ldtg. v. 1669). „Sich gegen jemand dröhlich halten“, Ref. L.R. von 413
1580, fol. 115. „Drölich austretten und jemand bevehden und notthätigen, gehört zu den Vizdum-Wändeln“, Erclärte Landsfreyheit.

'Dröe.? cf. Grimm, Wbch. II, 1342: Dräu.' „Die 4 Tagwerch Wismad im Mos hat A. H. vom Mosrichter zu Schrobenhausen auf sein thröe der Schergstuben empfangen“; Cod. bav. 1631, f. 57[b]. 58.

brüen, drühen, druhen, (schweiz.) gedeihen. Stalder I, 311. Cf. frz. dru, dicht, dick; Diez, Wbch. 128. Grimm, Wbch. 1456. Zeitschr. IV, 6. Vrgl. auch mhd. druo, Frucht; BM. I, 401. Grimm I, 358. I³, 170 (= truog v. tragen).

'Die Drauche, Falle, um wilde Thiere zu fangen, Fuchs- oder Wolfseisen, (mhd. drûche, drûch, drû. Graff V, 254. BM. I, 401. Grimm, Wbch. II, 1342.' W. Grimm, Athis und Prophilias 71,147. Cf. Heliand: driogan, capere, decipere. Notk. 78,11: diu druoh; 78,11 und 101,20: dero gedruhoton, gedruoton, compeditorum). „E daz ich lange in selher drû beklemmet wære als ich bin nû“, Walther v. d. V. 76,18. „Hetst du mir niht geholfen uz der drû“, (bredouille); v. d. Hagen, Ges. Abent. LXIV, 486. „Si quis cum laqueis et cum pedica quam vulgo drûch dicimus silvestria animalia ceperit“; Pax jurata a duce Friderico et a multis comitibus episcopo Augustano et Eistetensi ep., Cod. aug. eccl. 39 (sec. XII.), f. 71. Cf. česk. truky, plur., Bande, Fesseln. s. der Trog u. die Truhen.

Der Drauch? „Er ist sô schentlich gestalt, oben sam neyger drauch. Wâ im rücke unde bûch in der cheuer peunt sî, des sinnes bin ich leider frî“; S. Helbling I, 175.

Der Drächsel, jetzt gewöhnlicher Drächsler (Dräcksle~), der Dreher, Drechsler, (ahd. drâhsil, mhd. dræhsel. Graff V, 239. BM. I, 387). „Laß dier bey ainem Dräerel fein ain Rhagettlmodel dräen“,

Fwrbch. von 1591. „Drächßl, tornio; baindrächsl, ostotoreuta“, Prompt. v. 1618. drächseln (dráksln), vrb., drechseln. Grimm, Wbch. II, 1351. R.A. Einer ein Kind drächseln (Jir.). „Es trärlet sich ein wolcken auf, der wind jagts starck zusamb“; Pred. v. 1678. Cf. ahd. drasli (thrasli), toreuma, gl. i. 1119; drason, volvere, (davon drächseln, wie Wachs von uuassi?); Graff V, 239. 252. abgedrächselt (à'"dràckslt), was, abgedräet (à'"drá-t), d. h. verschlagen, schlau. Dèr Buə' is wiə *à'dràcks·lt*, wiə *aus'dràchs·lt*, beweglich, lebhaft. verdrächselt (və'drácks·lt), verdreht, bösartig, wunderlich.

„Den Drexl in einen ieden Genger nach dem Zürkhl und Richtscheit einhauen“, soll der Müller nach einer alten Mühlordnung. (Drehling, Dreher oder Loch für denselben; oder Dechsel?)

Der Drack, Drache, (ahd. tracho, mhd. trache, tracke. Graff V, 504. BM. III, 67. Zeitschr. IV, 345. V, 54. Grimm, Wbch. II, 1315). „Durch dy prukchen der Teyfer (Tiber) ze Ram (Rom) runen vil natern und chroten und tracken, und unter in allen ran gar ein großer trakch“, (davon Pest und Proceß in die Martii etc. vrgl. unter gaimitzen und segnen); San-Zenon. 115, f. 269. Schimpfbenennungen: Bauerndrack, Schlaudrack, (gefräßige Person). „Grobstein- (Kragstein?) Drackl zur Stellung der Lichter in ein Mauer machen“, Burghauf. Feuer-Ord. v. 1779. Das Drachen- oder Lindwurm-Stechen am Fronleichnamstag zu Furt und Neukirchen im b. W., (ObrM.).

Der Dreck, wie hchd. (ahd. mhd. drec. Graff V, 253. BM. I, 388. Grimm, Wbch. II, 1352. gl. a. 524: drech). „Leg dein haupt in einen treck, so wirt es nicht voll milben dir“; Cgm. 270, f. 83 (Cgm. 379, f. 43: „in einen zek“). Wo də' Schmàlhans Kuchlmaəster is, dà wiə'st klaənè *Dréckə-ln* scheiss·n, (ObrM.). Dieses Wort spielt, wie das entsprechende andrer Zungen, im Munde des gemeinen Mannes eine große Rolle. Zeitschrift IV, 345. V, 373. Es kommt sogar als Ausdruck der Liebkosung vor: o du *Dréckə-l·* du! Eine besondere Potenz der Geringschätzung liegt in der Formel: du bist 'en *Drék* sei~ *Drék*. Du bist 'ən *Drék* sá~ Gsəll, (b. W.) zu einem Prahler. Bə'n *Drék* dəhaəm sei~, in übeln Umständen. Der Schmalzdrek, (HhE.) was beym Butter-Auslassen zurückbleibt, engl. the dregs. (schwäb. Drug, Treber, Trester, Drusen).

drucken (drucke~, druckng), vrb., wie hchd., drücken und drucken, (ahd., doch nicht sehr häufig, druchan, neben drukjan, Prät. druhta; mhd. drücken, Prät. dructe, druhte. Graff V, 253. BM. I, 400. Grimm, Wbch. II, 1442. Zeitschr. IV, 346). R.A. Dieß und jenes druckt mich, d. h. es thut mir weh, es haben, es leiden zu müssen, oder: es thut mir weh, es nicht zu haben, es entbehren zu müssen. Das Prompt. von 1618 hat drucken für gemmare, treiben, ausschlagen (von Bäumen); sich drucken, continere se in occulto, contrahere se. Figürlich: Die Begünstiger und Helfer unkeuscher Werke, „die sind mer schuldig wen di es drukchent auch die es mit habent . . .“ „Lüsterne Weiber, die drükchenleichen suechent“; Cgm. 1113, f. 120.a.b. '(Vielleicht: es drucken = verheimlichen; drükchenleichen = heimlich? vrgl. sich drucken und unterdrücken.)' Mundartlich ist das oberdeutsch gebliebene technische drucken (ein Buch) auch in drücken (gereimt auf „schicken“) verändert: Firmenich I, 173,30. Der Drucker, die Druckerinn, a) wie hchd. b) Person, die auf dem Lande herumreiset und den Bäuerinnen nach allerley Mustern die Leinwand druckt. sich ausdrucken, vom Vieh, auch wol von Menschen: den Mastdarm herausdrücken. „Pressurae dere bedruchede“, Cgm. 17, f. 31a, Ps. 17, oratio. ein·drucken, wiederkäuen, (Baader); s. trucken: itrucken. verdrucken Einen, ihn

verdrängen. „Dadurch sie (die Löwler) uns gern unsre fürstliche Obrigkeit und hergebrachte Hofgerichtszwänge ringern, verdrucken, und sich daraus ziehen wollten“; Kr. Lhdl. XI, 34. verdrucken, (Prompt. von 1618) dissimulare silentio acceptam injuriam.

'drucksen s. trucksen.'

Der Drôdel, (Weihers; Dr. K. Roth) Faden des Zettels, welche nicht verwebt, sondern vom Tuche geschnitten und als Bindfaden verwendet werden; Fransen eines lumpigen Weiberrocks. cf. ahd. trado, trada, mhd. trade, Saum des Gewandes; Graff V, 524. BM. III, 67. Grimm, Wbch. II, 1326.

---

drähen, s. dræen.

'Die Drîhe, mhd., später Dreye, Nadel zum Sticken oder Bortenwirken; BM. I, 391.' „Si entwirfet unde stricket vil spæh, noch baz dan spelten und drîhen“, Wolfr. Titurel, Lachm. 91,4. 137,2. drîhen, mhd. vrb., sticken.

Die Dral. „Biz daz sie komen zu der Dral, diu daz ze Troige rinnet; daz swert daz was so lieht gemal, reht sam ein rubin brinnet“, Laßberg's Ecken ûzfart LXXII (Wilkina-Saga, cap. 40: Trey).

Drá-l, Dràling, s. drä-en. 414

Dreiling, s. drei.

Der Drilich, Drilch, Drill, wie hchd. Drillich. (Graff V, 241. BM. I, 390. Grimm, Wbch. II, 1412. Es ist dieß Subst. aus dem alten Adj. drilih, trilex (gl. i. 766) entstanden, welches wie zuilih, bilex, und einlih, simplex (gl. o. 73) gebildet ist; s. drilichen, drilchen, drilen, adj., von Drillich.

Der Drill, was Dill, d. h. Raphanus Raphanistron L.

'drillen, drehen, abrunden, (mhd. drillen, Ptc. gedrollen; BM. I, 391. Grimm, Wbch. II, 1410). gedrollen, gedroll, ä. Sp., adj. (ursprünglich Partic.), prall, gerundet; vrgl. hchd. drall. Zeitschr. V, 329,223.' „Mich wundert . . . wâ sô mæzigez wîp næme alsô schœnen lîp, sô veizt und sô gedrollen; dû hâst rehte verwollen als ein mûzersprinze“, sagt der Bauer im Bett zur heimlich vollgefressenen Frau; S. Helbling I, 1074. „Ir hüflein zart gedrollen“, Suchenwirt XXV, 174 (Cgm. 270, f. 127b. In Butsch's Blatt wird dieses Gedicht „Frau Abenteur“ einem Trenbeck zugeschrieben. 'Vrgl. d. deutschen Handschriften der k. Hof- u. Staatsbibl. zu München, p. 567,60: Hans Trenbeckh'). „Swenn sy in an die prüstel twank, die stunden hoch gedret, nach harm plank, so chom es zwar in paiden wol ze massen, und er mit der hant zetal ab gein den hüflin straiffet, so was sy als ein hermlein weis und slecht, das nicht linder chunt gesein und doch dabei gedrollen und geraiffet“, Lohengrin, Butsch's Mscr. (1. Decbr. 1849), Görres' Ausg. S. 79, Str. 313; '(Rückert S. 84,3130).' „Wie sy vor trug zwen sinwel knöpf, spitzlich gedrät, recht als dy töpf, gedrollen auf des herczen bulst“, Oswald v. Wolkenstein, hg. v. Weber, p. 157, (LII, 2,5). „Gedroll als ain kertze über die hüffe hin ze tal“; Hug-Dietrich, Haupt's Zeitschr. IV, 401,2. 440,338. Ges. Abent. II, 287. s. trillen und Troll. Der Driller, Drehkreuz.

drilchen, drolchen, (Hauser, b. W.) im Spinnen die Fäden ungleich drehen. s. Trollen (trolchen).

---

dremmen, s. trema.

Der Driem (Dreəm), Triem, Driemling, collective, die gedrehten Endfäden des Aufzuges am Webstuhle, welche undurchschossen oder ohne Eintrag bleiben, das Weber-Drem. (Wol kein Contractum aus dem Traben, fimbriae, der gl. o. 246. 278.) „Licium sunt fila, quibus textores telam ligant, driemen“; Clm. 5008 (XV. sec.), f. 162. *Drümen, Drimo,* cerro; VII Comm.

Dromeltier, dromedarius; Semansh. 34, f. 201. BM. III, 113. Grimm, Wbch. II, 1432. Diefenbach 191b.

'Der Drommeter, Drummeter (Druméttə'), ä. Spr., Trompeter.' „Pfeif, *Drumöttä,* rühr di', Paukä'“, Lindermayr 127. Trummeter, Trummer; M. Beham, Wiener, 376,8. 378,32. BM. III, 122. s. Trummel.

Die Drommetterinn, (Feurbuch v. 1591) eine Art Geschütz, welches 90 Pfund Eisen schoß.

---

draineln, langsam seyn, zaudern, zögern; zaineln und draineln (s. saineln). O du mei˜ Zoi˜l, hå˜, wou zoi˜lst und *troi˜lst* ållewål umme?“, ObrM. 'Castelli, Wbch. 113: *drånln.*'

Drienlinger. „Nim ain pratnen apffl, den man haist Weinlinger oder ain Drienlinger“; Cgm. 3721, f. 48.

---

gedrang, drang, adj. u. adv., (Obrg.) gedränge, gedrängt, fest, eng, (BM. I, 395b. Grimm, Wbch. II, 1335). 's Miədə' schö˜ *drang,* nét zkurz und nét zlang. „D' Metzgə' greiffə˜ sovil *drang*“, Lied der Sendin.

Der Drang, ä. Sp., Gewaltthätigkeit, Gewalt. „Dessen sind die Hauptleute nicht begnügig gewesen, sondern sich für mein Schloß Flügelsberg gelagert, dasselbe mit Drang erobert“, Kr. Lhdl. XI, 104. „Die Amptleut des Fürsten thaten dem von Wildenrod so großen überdrang, das jr vil davon entrinnen mußten“, Av. Chr. 'Stuhldrang, Stuhlzwang, Durchfall; Grimm, Wbch. II, 1335,7.' „Ist guet für allen getrang in dem leib und für das darmgicht“, Cgm. 4570, f. 38.

bedrangen Einen zu etwas, zwingen; Grimm, Wbch. I, 1236. „Straf derjenigen, die Jemand zu Geschäften (Testamenten) betrangen“, wirzb. Landgerichtsord. v. 1618. ə˜ *bédrangts* Leut, b. W. Zeitschr. IV, 345. Drangsal, Gewaltthätigkeit. bedrangsalen, gewaltthätig behandeln; drangsalieren; Grimm, Wbch. II, 1340. „Juden zu bedrangsalen, sie mit Steinen zu werfen oder mit andern Drangsalen zu verfolgen, ist verboten“, wirzb. Verord. v. 1666. 1692. s. Tránggin.

dringen, a) wie hchd. (Graff V, 261. BM. I, 393. Grimm, Wbch. II, 1413). Einen zu etwas dringen, ä. Sp., ihn dazu zwingen; Mederer, Ingolst. 73. „Daß niemand getrungen werden sol ain fleisch zu nemen“, L.O. v. 1553, f. 138. b) Borten dringen. Die Nonnen mußten „näen oder porten dringen oder wirken an der ram“; Cgm. 717, f. 98.

---

verdreinsgen, (Augsb.) heimlich verkaufen.

'Der Drüppel, Scheltwort; Grimm, Wbch. II, 1456.' „Warumb hast denn, du grober drüppel, mit rach angriffen das weib“, sagt unser Herrgott zum Schneider; H. Sachs 1560: V, 381.

Der Drüppeldienst. „Hab dir vil drüpeldienst gethan“; H. Sachs 1612: V, III, 75 (1560: V, 374). Gleich vorher steht: Trüttelknecht.

Der Drüppelknecht. „Er war einfeltig fromb und schlecht, all mal gewest ir drüppelknecht“; Hans Sachs I, 527. „Ich kund umbsonst sein narr nicht sein, bin lang gewest sein drüppelknecht, auf alle sättel jhm gerecht“, das. 1612: II, II, 84 (1560: II, IV, 48). s. Trumpelknecht.

Dreyßig, s. drei.

Die Driese, (Aschaff.) eine Art Kranich zum Ausladen der Schiffe.

verdrießen, (es verdruß, hat verdroßen), wie hchd. (ahd. irdriuzan, mhd. bedriezen, erdriezen, verdriezen. Graff V, 247. BM. I, 396 f. Grimm, Wbch. II, 1409. III, 778. Cf. schwed. trött, müde, überdrüßig; vrb. trötta, tröttna). „Das verdroß dem Haus Bayrn“, Dukher's salzb. Chr. 131. Der Verdrieß, Widerdrieß, ä. Sp., Verdruß. (Gl. i. 69. 402: urdrioz, molestia). „Warumb thustu mir den widerdries, cur facis mihi hoc impedimentum“, Windb. 204, f. 164b. s. Verdruß. Der Driəs, mhd. driez. „Tuə dər ə˜n *Driis* à˜“, thu dir Gewalt an, zwinge dich; Seidl, Flins., 3. Ausg., 203. 295. Castelli, Wbch. 114: „*Drias* ånlegn, plagen, ungestüm begehren.“ „Valken warten, süchen, ze fuez ist das verdrozzen“, Valkn. 53. verdroßen eines Dings, überdrüssig. „Zu gutem Leben begierig unnd hingegen der Arbeit verdrossen“, Dükher's salzb. Chron. 214. unverdroßen, auch im Hochd. mich bedrießet, erdrießet (eines Dinges), ä. Sp. „Ir heimilich (der Thiere Zudringlichkeit) in (Joseph) harte bedroz“, Kindh. Jesu, hg. v. Hahn, 83,38. „Daz si do der arbait wart bedriezend“, Griesh. Pred. II, 123. Anmerk. Sollte auf die ursprünglichste Bedeutung von irdriuzan aus dem vielleicht davon abgeleiteten drozan (gl. i. 320. 331. 343), protrahere, zu schließen seyn? Graff V, 250. Vrgl. gedrußen, aufgedrußen, (Aschaff.) angeschwollen, aufgetrieben; ein gedrußenes Gesicht. cf. bevilen, belangen. Vrgl. auch Troß, Nachzug.

Das Drosach (Drosə). Von Mehlklößen, die im 415
Sieden auseinander gefallen, sagt man, sie seyen lauto' *Drosə* geworden, (Baur). Gl. i. 291: faeces, trosach; i. 304: vinacia, lura, getros; a. 538: vinacia, uuindrosun. Dieses Wort ist nach Gramm. 680 wahrscheinlich eins mit dem Collectiv Drostərət (was bey'm Abkochen zu Boden fällt, was nach dem Auspressen übrig bleibt): Drostərə', Dréstərə'; ə˜ Knedldréstərə', ə˜ Dréstə-l-Suppm, (b. W.). Castelli, Wbch. 116: „das Droslad, Droslwea'ch, das Dicke einer Suppe, welches sich von der eingekochten Speise ablöst und am Boden bleibt.“ Ulphila hat drausn für Krume, Abfall, mica, vermuthlich von seinem, auch althchd. Ablautverb. driusan, fallen. Wie das gleichbedeutende ahd. trusana, truosana, truosina, faex, amurca (gl. i. 119. 130. 277. 291), mhd. truosen der Form nach damit vereinbar sey, weiß ich nicht. (Graff V, 546. BM. III, 123. Grimm, Wbch. II, 1461. Zeitschr. IV, 346. Vrgl. engl. dross). Notk. 74,9: foller truosenon. Vrgl. Trester.

Der Droß (Drosst), (b. W.) a) der Schlund; die Kehle (ahd. droza, mhd. der und diu drozze, des drozzen. Graff V, 250. BM. I, 398. Grimm, Wbch. II, 1438. Zeitschr. IV, 346. Cf. engl. throat). „Hat mich beym Trost genommen und zamtruckt und gewürgt“, Proceß eines Hrn. Pfarrers mit seinem Caplan', p. 34. „Glutia, drozze; gurgulio, atemdroze“; Diut. III, 148. „In gutture, in chelen, drozzen“; Cgm. 17, f. 205a, Ps. 149,6. „Ein offens grab ist ir drozz“ (guttur); Cgm. 87, f. 66. „Leviathans drozze“, Wernh. Maria 107. „Nu wol mich miner drozze, waz da dinges durch vert, daz mir den lip vor zadel nert“, S. Helbling I, 412. s. Drüßel. b) die Fetthaut unter'm Kinn. ə˜n rècht'n *Drosst* kriegng. Vrgl. in dieser Bedeutung gl. i. 702: drozenter, uvidus, pinguis; Virg. Eclog. X, 20.

Die Droßel (Drossl, Drostl), die Kehle, die Gurgel; Fettwulst oder Wamme unter dem Kinne (Grimm, Wbch. II, 1435 f.). Gl. i. 561: (figürlich) tuba, droza; 822: drozza, frumen. S. a. Droß und Drüßel. droßeln, würgen. s. Rank, aus d. Böhmerwald, 1843, S. 135. Einen droßeln, ihn beglückwünschend um den Hals fassen. hinunter droßeln ꝛc. Dė'drossln, erdroßeln. Der Drósslring, welcher beym Glückwünschen übergeben zu werden pflegt.

Der Drüßel, (b. W.) der Schlund; (mhd. der drüzzel. BM. I, 398. Grimm, Wbch. II, 1435). „Stach dem wildswein den drüzzel ab", Cgm. 54, f. 57^b. Schuib in deinen trüssel groß clampen als ein saw"; Cgm. 270, f. 176^a. „Der hals, der drüßel und die kel", Cgm. 700, f. 86. „Ir drüzzel der ist sô dræte", daß sie keinen andern zum Wort kommen lassen, Walther v. d. V. 103,34. Frauenlob's Würgendrüssel don", Mss. Docen. C. 9 und 15 (s. Droß). Der Sperendrüßel, trockne Mehlspeise, die zu Kraut gegessen wird; sie spert (trocknet) gleichsam den Schlund aus. „Suffocabat eum, druckt in nider oder drisselt"; Mett. 36, fol. penult. „Tortoribus vr. den drüslern oder den straffern"; ZZ. 851.

`Drüssel, Drüschel, Drütschel, s. Trütschel.´

überdrüß, adj., (Nürnb.) überdrüßig; s. urdruz.

Der Verdruß, 1) wie hchd. 2) Ueberdruß. „Weil er (ihr Gemahl) nicht mannlich war, hat sie seiner ein Verdruß bekommen und sich an Ludovicum gehängt." „A^0. 1341 ist ein solche Menge Karpfen die Donau heraufgestiegen, daß man im Kauffen und Essen ein Verdruß darob gehabt", Dukher, salzb. Chr. 188. 191. 3) im Scherz: der Höcker. Er hàt ə~n *Vė'drus*, ə~n klaə~n *Vė'drus*. Diese Bedeutung ist wol eher eine Figur (cf. Verschmah), als daß das Wort mit dem ulphilaischen usdrust-s zusammenhienge. Der Unverdruß, (O.Loisach) Verdruß. „Machst üns nichs àls lautər *U~vərdrufs*", (Baader). Der Widerdruß, Widerdrieß, (a. Sp.). „Widerdruß thun Einem.." „Zu Widerdrieß der Bettelmünchen . . ." Avent. Chr. s. oben: verdrießen.

Die Drues, ä. Sp., plur. die Drües, heutzutag sing. u. plur. die Druesen, Drüesen, 1) die Druse, 2) ä. Sp., das Geschwür, die Pestbeule; (ahd. drôs, druos, druosi; mhd. druos, druose. Graff V, 263. BM. I, 401. Grimm, Wbch. II, 1458). „Das gehe jhn drüß ins maul an!" ein Fluch bei H. Sachs 1560: II, IV, 13. „Pestilenz, Drüß und Beul", Avent. Chr. „Mit gesweren der trüß, daz ist pestilentz", Wstr. Btr. V, 55. Ein drues, apostema; Voc. v. 1419. „Die Drüs zu erkennen und zu heilen"; Clm. 17296, f. 77. „Arzney für den gebrechen der drüz", (auch Anzeichen ꝛc.) . . . „flechtum daz nu XLII jar gewert hat" . . . „an den (oder: bei den) heidrüsen", ad inguina; Clm. 17296, f. 77. 84. In der a. Sp. sind hegadruosi inguina, verenda; zitdruos (gl. i. 678) impetigo.

`Die Drüswurz, millemorbia; BM. III, 829. Grimm, Wbch. II, 1463. Diefenbach 361$^b$.´ „Druswurz, naurella", `(l. maurella; Diefenb. 352^b);´ Clm. 5931, f. 202.

---

416 Das Gedräsch ('Drásch), 1) was auf einmal gedroschen wird, (Lech); `auch: der Drasch, Drusch (s. unten); Grimm, Wbch. II, 1340. 1460.´ „Die Ergebnisse mehrerer hier schon vorgenommenen Drasche sind erfreulich"; Rotweil, 10. Aug. 1844. 2) Gassenkoth, durch das Herumtreten oder Fahren in Regen oder Schnee zu Morast aufgelöst; 3) Geschwätz, Geplauder; üble Nachrede. Grimm, Wbch. II, 1340: der Drasch, Dräsch. Heu~t is ə~ *'Drásch* draussn, is nét z'ferchtn, dás mə~ si' ə~ Blàdė' gêt. R. A. In 's *'Drásch* kemə~, 1) in die Patsche kommen, 2) ins Gerede kommen, in übeln Ruf gerathen. s. trätschen. dräschig (dráschi'), adj., (von der Straße) kothig, schmutzig, naß. ə~ *dráschi's* Wédė', schmuziges Wetter. Sp. W. Is dər erst Schnê ə~ Dátschi, is dė' ganz Wintė' *dráschi*. dräschen, dräscheln (drásch'n), im Koth herumtreten; plaudern, ausschwätzen. (s. Adelung: dräuschen). Zeitschr. II, 467: drische, drösche, schwatzen. III, 343. IV, 345.

dreschen (I dréschət, I drásch, I drusch; hab gedroschen und gedrescht). 1) wie hchd. 2) schlagen; Einen ausdreschen, ausprügeln. Hàt iər mit dė' Hackə~ s Hiė'n *ei~'droschn*, (die Hirnschale eingeschlagen). Zeitschr. III, 365,5. IV, 345. 3) verächtlich: treten, gehen. Durch den Morast, durch's Koth dreschen. Der drescht überall durch. hindreschen, abedreschen, vom Laufen des Hundes; Labr. 117. 118. 164. cf. beren, bliuwen, slahen. 4) eine (verbotne) Art zu fischen; wirzb. Fischerord. v. 1766. Vrgl. Graff V, 264. BM. I, 396. Grimm, Wbch. II, 1400 ff. Der Drescher (Dréschė'), 1) wie hchd. 2) (Otgr.), Flachs, welcher gedroschen werden muß, um den Samen von sich zu geben. 3) eine langbeinige Spinne; `Weberknecht, Krebsspinne, phalangium opilio L.´ Das Prompt. v. 1618 hat: der Trescher im kopff, crapula. Grimm, Wbch. II, 1404. Ahd. drescunge, tribulatio; Cgm. 17, f. 35^b. Bist ə~ rechtər *Drásch*, frissest viel, (Baader).

Die Drischel, wie hchd. (ahd. driscil, driscila, mhd. drischel, fem. Graff V, 265. BM. I, 396. Grimm, Wbch. II, 1421. Zeitschr. VI, 30). Behemische Trischel, abgebildet neben den Landsknechtspießen im Cod. iconogr. Monac. 221, f. 18. Die Drischel-Lege (Drischllégg), (Rotthal) Mahl, das ein Bauer, so wie sein Getreide alles gedroschen ist, der Nachbarschaft zum besten gibt. Anderwärts heißt dieses Mahl: die Drischelhenke, der Dreschwein, (Hauser); das Drischlwirgat (s. d.).

drischeln, (U.Baur) obenhin dreschen, leicht überdreschen die Garben, um die reifsten und besten Körner als Vorsprung zum Aussäen zu erhalten.

`drischaken, drischäken, zuschlagen, durchprügeln´, (vom böhmischen drzak, Stiel am Dreschflegel; Heutze). Grimm, Wbch. II, 1420. Zeitschr. III, 190,66. IV, 44. V, 178,113. 459. 456. 473.

drischedeln (- ⏑́ ⏑), vrb. *'rum drischêdln*, geschäftlos und doch mit dem Anschein von Geschäftigkeit umhergehen. „Dèr Sprinzginkə-l thuət 'n ganzn Tàg *'rumdrischêdln*." cf. das Folgende.

Das Drischäufel, (Nürnb.), Trischeiml (b. W.), der Drischübel (Inn), die Thürschwelle; (ahd. driscûfili, driscûfli, mhd. drischûvel. Graff V, 266. BM. I, 396. Grimm II, 332. Wbch. II, 1420. Zeitschrift V, 370). „drischufel", Augsb. Stdt.B. Treschibl oder Thürtritt, Thürschwelle; Trischibl an steilen Straßen querüber angelegte kleine Rinnen, das Wasser abzuleiten; (Zir.). „Legs under ain druschubl", Cgm. 3723, f. 152. „Postis drüsschübel oder hintter tür"; Clm. 5877 (v. 1449), f. 134. Eine Erklärung durch Tritt-schäufelein (s. d.) und drgl. ist kaum zuläßig, da die Form driscufli, driscufil, driscupil schon in der ahd. Sp. (z. B. a. 197. 289. 393; i. 522. 721. 980; o. 42. 132. 196. 259) vorkommt; angelsächs. therscold, threscvald, therscvald (cf. scaff-old), engl. threshold. Holl. Drempel, Dorpel, s. Sp. 544.

driesch, adj., niederd. drusk (brem.-niedersächs. Wbch. I, 263), ungebracht. s. Drittelfeld. Der (das) Driesch, unangebautes Land (Osnabrück); wol vom alten drîsk, ternus (Graff V, 242), vermöge der Dreifelderwirthschaft. Grimm, Wbch. II, 1408. Zeitschr. I, 115. VI, 13.

Die Dröschel (Dràschl, Drousch'l, Draəsch'l, Drouschtl; Dim. Dráschə-l, Drèischə-l), die Drossel (Graff V, 265. BM. I, 399. Grimm, Wbch. II, 1435: Drossel, Droschel, Drostel. Zeitschr. IV, 346. cf. kärnt. drosdek, Jarnik p. 188).

„Dulce pelora sonat dicunt quam nomine *droscam*,
Sed fugiente die illa quiete silet."

Clm. 19413 (X. sec.), f. 113^b. Brux. 5657. Burmanni antholog. II, 423. Denis, codd. theol. II, I, 562. `Cf.

Diefenbach 422^{a}: Pellona i. turdella, trostel, troschel; nov. glossar. (1867), p. 285: pelora auis troschel.' Gl. i. 775: turdela, drôscha, o. 110. 169 rc. drosca, droschela, drosgila.

Die Droschel, (Zweybr.) Johannisbeere, groseille; cf. Grosel.

Der Drusch, das einmalige Abdreschen; das zu Dreschende; das Gedroschene; s. oben Drasch u. Grimm, Wbch. II, 1460.

Der Drâst, mhd., Duft, Geruch; s. oben dræhen.

'drästig?', dräschtig, voll. Heut is 's *dräschtig* im Wirthshaus; (Jir.).

Drist, Haufen von Scheitern, Garben, Stroh rc.; VII Com. drista. Zeitschr. IV, 346. „Tristen holcz strues vel holczhauffen"; Vocab. incip. teut. ante lat., Bl. ggij^{b}. s. Tristen.

Der Drost, s. Droß.

Die Drostel, s. Drôschel.

Das Drostərət, s. Drosach.

Der Drât, wie hchd. (Graff V, 239. BM. I, 387. Grimm II, 233. Wbch. II, 1327). gl. a. 20. 56: drât, spacus. s. dræ-en.

417 drât, drot, adv., (ä. Sp.) bald, alsbald, ohne Verzug (ahd. drâti, adj., vehemens, rapidus; drâti, subst., impetus, torrens; drâto, adv., oppido, valde; mhd. drâte, adj. u. adv., Graff V, 256. BM. I, 387. Grimm, Wbch. II, 1340. Zeitschr. VI, 57. holl. dra, aldra. Vrgl. dræeln). „Swelch man gît und gît drât, wizzt daz er zwir gegeben hât", d. w. Gast 14277. „So clag ich daz du dicke gerunnen hâst in draten unkunden giezzen", Labr. 292; die drâten leckerîe, das. 437. „Kein weter noch drât wazzer mich nimmer dâ verirret"; das. 512. „So sprach zu mir gedrâte (alsbald) der alt in êren greise"; Valkn. 155. „Si (die Geliebte) macht mich jung, si macht mich alt, trawrig, fro und schnell und drot, mein antlütz verbt si gel und rot"; Cgm. 714, f. 172. „So im der puls nit ze drat noch ze lanksam get"; Ind. 344, f. 65. „Ye drater sich der harm verwandelt, ye (um so) drater der mensch gesunt wirt"; das. f. 70. Am Schluß des Cod. Poll. 142 steht: „Deo gratias lauff drot si uis comedere hausprot." „Als drot ein man ein vaz verschencht, daz er danne daz ungelt zehant geben schol", Gem. Reg. Chr. II, 79, ad 1354. „Geligent deu holtz an der pruck, so sol si der flosman drot darab gwinnen", Rchtb. v. 1332. Wstr. Btr. VII, 103. „Gesundbrun bin Ich genandt war Kaiser Maximilian wol bekandt . . . Gott mich also beschaffen hatt, gesegne uns das Wasser dratt", Inschrift von 1547 über dem sogenannten Gesundbrunnen zu Augsburg. „Der hochfertig mensch . . . welet im drotter auz wonen (?) ye paz in sünten entzunt werden"; Cgm. 54, f. 4^{b}.

dritt . . ., sieh dri.

„Drötze", Sudel, Mistbrühe, Jauche; (Prof. K. Roth aus Lütter, LG. Weihers). Vilmar, kurhess. Idiot. p. 418: die Trotze. 'Vrgl. Miststrütz'n, Mistjauche; (Koburg).'

urdrüz (Eichstedt), urdruz, urdrutzig (b. W.), überdrüßig, verdrüßlich. Gl. a. 91: urdruzzig, molestus; mhd. urdriuze, urdrütze, adj.; der urdruz, die urdrütze, sbst. Graff V, 249 f. BM. I, 398. „Solt ich gar mein swære und mein kummer klagen, urdrutz es mangem wære"; Valkn. 181. „Swer ohsen mit warmem wazzer weschet, des magen urdrütze ez im erleschet", Renner 19333. „Si wer nun urdrütz der beiwonung der Tötlichen", Avent. Chr. Vrgl. oben verdrießen, Verdruß und ur.

'dwâlen, ä. Sp., verweilen, zögern; (ahd. twâlon, mhd. twâlen, v. starken Verbum twelan, tweln. Graff V, 551. BM. III, 161. Grimm, Wbch. I, 1776).' „tualet, vertualet, demorabitur"; Cgm. 17, f. 40^{a}. 45^{b}. 'Die twâla, twâle, Aufenthalt, Verzug.' Protrahit ingratas impia vita moras (duala)", Froumundi cod. Boethii (Wallerst.-Maihingen), f. 4. s. Th. IV: gezwolen.

---

dwerch, s. twerch, zwerch.

T.

(Wegen des orthographischen Schwankens zwischen t und d ist fortlaufend der Buchstabe D zu vergleichen.)

Vierzehnte oder Ta= rc. Abtheilung,

d. i.

Wörter, deren Stammsylbe mit einem T, ohne einen unmittelbar darauffolgenden andern Consonanten, anfängt.

---

418 talang, tolung, s. Tag.

'Die Taje, Alpenhütte; Zeitschr. IV, 329. 442. VI, 256,1.' Kain infang, gereut, Prenndtleger, Tayen, Käser noch Alben machen"; tirol. Waldordn. v. 1551, Cgm. 1203, f. 60. Bergmann, d. Walser p. 97: die Teja, (wol teccia oder tegia = tectum?); tirol. Langez=tei, Küe=tei rc.

Das und der Tâu, der Thau, ahd. tou, ntr.; (Isid. dher dau; gl. pass. tau, dou; mhd. daz tou; niederd. daauw, ags. deaw, engl. dew, isl. dögg, schwed. dagg. Graff V, 346. Grimm I^3, 119. III, 388. BM. III, 52). R. A. D· Liəb is wiə 's *Tau*, si fállt auf ə˜ Ros·n, wiə auf ə˜n Küəflàdn, quisquis amat ranam, ranam putat esse Dianam. Dieses Ding is ə˜ *küələ' Tau* gegen jenes, d. h. hält gar keine Vergleichung da=mit aus. Unsə' Fuiər is ə˜ *küəls Tau* gégng 'ən hə̣l-lisch·n Fuiə'. cfr. Bucher's s. W. IV, 74. Deiné Ochs·n sán' schö˜, àbə' gégng die meiningə˜ wár·n s· kaə˜ *küələ' Tau*. „Diu scheltwort als heizze, diu waren ir sam daz touwe", heißt es in Wernher's Maria. „Der engel machot in (den drei Kindern, die mit Daniel waren) den aitoven als kalt reht als ainen küelen wint und als ain tov", Griesh. Pred. II, 86. „Für die tunkel der augen vach das taw zu metten zeit"; Cgm. 4543, f. 82. touwec, mhd. adj.; „als ein touweg niuwe rôse", Labr. 689 (P.a 76). Der Himmeltau, (Obrg.) schwar=zes Mannagras, Bluthirse, „wilder Brein", panicum sanguinale L. „Magen, Merl, Linsen, Himmeltau und dergleichen", Kärtn. Zehendord. v. 1577. Sollte das taudragil, thaudregil in den baiuuar. u. alamann. Gesetzen, claudus ut pes eius ros tangat, mit dem tau=mado, pernio, gemursa, der gl. a. 585. o. 421 zusammen=hangen? (vgl. goth. thragjan, griech. τρέχειν. Grimm, RA. 94. 630. Schilter zu Jac. v. Königshofen p. 684. tâuen (gl. i. 1051: touuon) wie hchd. thauen, rorare.

thauen, aufthauen, vom Wetter: lau werden, (regelari), ist in B. weniger volksmäßig als läunen, aufläunen, (s. lâu). Mit diesem Primitivum thauen (gl. i. 555: doantaz is, tepens glacies; angels. thav=jan, engl. to thaw) scheint indessen zu vergleichen unser tobeln, w. m. s. (Nein! Es sollte richtiger dauen geschrieben werden, dem ags. th entsprechend. Vrgl. Grimm I, 252, Anmerk. I^3, 323. 479. BM. I, 299. Gesch. d. d. Spr. 231 f. Joh. Oldermann zu Helmstadt, 1721, schreibt richtig: dauen, Dauwetter, Cgm. 4185). s. dâuen.

thauen, drücken; s. dauhen.

tauer, teuer, s. taur, teur.

Der Te, Thee. R. A. Einem seinen Te geben, ihn tüchtig abprügeln. Castelli, Wbch. 108: „der Deh, ein Verweis; I' hàb eəm ən *Tê* geb·n; auch ein Ansatz einer Krankheit." „Nicks als Schlé' und Keiərei und vo˜n Richtər ə˜n *Tê*", („Deh", also nicht T-he), Ca=stelli, Ged. 1828, p. 106. „We Mäncher kritt dann singen (seinen) *Thé*", Köln, Firmenich I, 468,400.

Die Teja, s. Taje.

ti! (Unterdonau) Zuruf an das Birg=Hornvieh, wenn 419
es nach der rechten Seite gehen oder ziehen soll. Wenn es links gehen soll, sagt man zo! Anderwärts hört man in ersterm Falle hott, hòtti (υ -), und es ist hievon das ti wol blos die betonte Sylbe. Gewöhnlich wird noch der antreibende Ruf: wi! oder wi-ò (υ -) beygesetzt. Hòtti! wi-o! ti! wio! tiwo!

tue=en, tuen, (b. nach Gramm. 374: taə˜, nach welcher Aussprache sich schon ad 1449 MB. XVII, 249, ad 1504 Wstr. Btr. II, 236, im Reim auf Gmain, und ad 1683 in einem Passionsspiel, auf wain reimend, thain für thuen geschrieben findet. — „Das wir seinen willen taynen, das wir unser sündt bebaynen", Andr. Schwäbl, Dechant zu St. Zeno, 1518; San-Zeno. 25, fol. ult. — „Das aə statt ue vor n auch umlautend: miər, si teənd, teənə˜, sogar: és teəts. „Wie sol ich meinen dingen than"; H. Sachs 1560: III, III, 40^a; — opf. tou˜; s. Gramm. 949 und die Artikel tât und getân. Zeitschr. VI, 266,11. 405,13. I thuar und thuar I bey Weizmann III, 26. 117. 123. 152. 161.), im Allgem. wie hchd. thun. (Graff V, 284. BM. III, 134. Ahd. tuom aus tet=uom, ded=om = δίδ-ωμι, wie do aus dedo rc.; Grimm, Gesch. d. d. Spr. 884. Vrgl. zauen, goth. tau=jan, und über dessen Identität mit duon: Grimm, über Diphthonge; Gesch. d. d. Spr. 891). „Haben gar kein geruhte stund, nicht weiß ich wie im wer zu thund", '(wie mhd. ze tuonde = ze tuone; Grimm IV, 105. 113)'; H. Sachs 1560: II, IV, 26^b. Unsern Mundarten ist tuen, wie der engl. Sprache ihr do, ein Hilfsverbum, wodurch sie sich gerne die eigne Conjugation der übrigen Verba ersparen, ein Gebrauch, wovon sich Spuren schon im Gothischen finden, s. Gramm. 979 und vrgl. Grimm I, 1041. Hungə'n *tuət* mi' nét, ábə' dürst'n, (was im Hchd. mit Verben nicht gleich kurz ausgedrückt werden kann). Die á. u. a. Sp. brauchte duan, duen in manchen Fällen, wo die neuere schaffen oder machen und andre dergl. Ausdrücke verwenden muß. Vrgl. Grimm IV, 594—596. Zeitschr. IV, 455 f. Für schaffen (creare); z. B. Isid. 3,13. 32; 4,13: „in dhemu eristin chiteda got himil endi ærdha." Otfr. IV, 16,7. Für machen; z. B. Otfr. II, 4,44: „steina zi brote duan", IV, 19,36: ein „mit steinon gidanoz" Haus, III, 21,18: „uuort zi lichame gidanaz", verbum caro factum; Tat. Matth. 17,4: „tuomes hier driio selida;" Otfr. III, 24,78: „then blinton deta sehentan;" Tat. Matth. 5,36: ein Haar „uuizaz duon." So noch Diut. III, 78: „vil skiere er einen sun an ire tete." Labr. 624 (Pa 11): „tůt z kriuze für diu ôren, wô man die bœsen nennet." Clm. 9513, Vers 273. 275: „eiere unde chæse ne tuont si da (im Himmel) gesoten noh gebraten"; „si ne tuont einiz noh daz andere uf deme harste gerostet." MB. XV, 491, ad 1395: „Einen eines Dings gewaltig tuen"; (s. wolgetan, unter getan). Vrgl. auch: „Ist yemant der da wider iht sprichet, so sprechet der herre hat ir (der Eselin) ze tun", (hat sie nöthig, opus est), Matth., Cgm. 532 (XIV. sec.), f. 61. Für veranlaßen, laßen, mit regiertem Infinitiv; Tat. Matth. 5,45: ther the sunnan ufgangen tuot ubar guote inti ubar ubile; ibid. 5,32: tuot sia farligan. So noch in der spätern Sp. „Als E. F. Gnaden mir haben thun schreiben", Kr. Lhdl. V, 323. „Haben wir unser Insigel an den Brief thun hencken", ibid. 164. L.Ord. v. 1553, f. 18. Nach Adelung noch jetzt im Holländ. und Niedersächs.: Einen gehen thun, gehen lassen; machen thun, machen lassen, franz. faire faire. Vrgl. Labr. 469: unmůt tůt sorgen und ouch alten." Für machen, verursachen, geben, mit regiertem Substantiv; Otfr. IV, 6,30. IV, 7,19. IV, 18,19: angust duan, drost duan Einem, wie noch im Hchd. Leid thun Einem, und im Dialekt: And tuen, Zorn tuen Einem. əs *tuət* mə' Zou'n auf di', dás d . . . „Sin antwerc tet im ofte warm", Barlaam u. Jos. 253,2.

Unter andern veralteten oder provinciellen Verwendungen dieses Verbes hier noch folgende:

„Tuo wol (lebe wohl), ez ist rîtens zît", v. d. Hagen, Ges. Abent. II, 300.

Das Wort tuen Einem oder für Einen, á. Sp., für ihn das Wort führen. „Her Jörig vom Stain tätt dem kunig und kunigin das wortt", Wstr. Btr. III, 134,
420 ad 1516. „Themistocles ließ den Dolmätschen des Königs Xerres zu todt schlagen, darumb daß er für gantz unbillich hielt, daß ejn geborner Griech solt frembden Barbarischen leuten, seinem Vatterland zu nachtheil das Wort thun", Puterbey, Münch. 1531, f. 64.

es Einem tuen, oder an-tuen, ihn beheren, bezaubern. əs is eəm *'tà~* wor'n. Maə~n tuəst gràd, əs is də' *'tà~*, man meint, man sey verhext, es gehe nicht mit rechten Dingen zu.

Einem für etwas tuen, ihm von einem Übel helfen. Də' Doktə' hàt eəm fürs Schwind'n *'tà~*. Wart, I wyll də' scho~ dafür *taə~*, ich will schon machen, daß du es bleiben lassest.

'einer Sache tuen (mit Advb.), á. Sp., damit umgehen, verfahren.' Tue im also, fac ita. „Wie ich im tu, so wil es sich doch nicht schicken recht", Cgm. 589, Vorsetzblatt. „Dem tů recht alsam" (ebenso), Cgm. 717, f. 107.

zu einer Sache tuen, á. Sp., in einer Sache dazuthun, helfen, abhelfen. „Wolle dann Sein K. Gnad zu solchem thun . .", Kr. Lhd. III, 134. „Zu solcher Rauberey Wir allweg gern gethan und die mit unsrer Landschaft gewendet hatten", ibid. II, 92. „Stehet dessen ab, oder ich will dazu thun . . ." (quos ego . . . ,), Gem. Reg. Chr. III, 169.

tuen, vrb. n. u. recip., (Gbrg.) sich verfügen, sich begeben. Heu~t *thuə* I ə~'s Pinzgə à'hi, heut reise ich ins Pinzgau hinab. Cf. agſ. „Foron tha up be Temese oð thæt hie gedydon æt Sæverne", then they advanced upward by the Thames till they arrived near the Severn; Saxon. chron., Ingram p. 118. „Foron an streces dæges and nihtes, thæt hie gedydon on anre westre ceastre on Wirhealum"; ibid. p. 119. 120. 121. „Hie gedydon æt Bedan-forda", they came to Bedford; ibid. p. 135. Zeitschr. VI, 510. „Sich anhaim thun." „Sich aus dem land thun," O.Pf. L.Ord. v. 1657, p. 568. Kr. Lhdl. IX, 76. „Daß sich die Ehhalten aus ihren Diensten nit thun sollen", Ldtg. v. 1543, p. 178. sich zu jemand thun, á. Sp., mit jemand in einen Bund treten. Kr. Lhdl. V, 144. „Also haben Wir uns zu dem hochgeb. Fürsten N. gethan und thun uns zu ihm", ibid. 319.

tuen, taugen, (Landg. Miesbach); əs *thuət* nicks, es taugt nichts. Cf. schott. to dow. Zeitschr. IV, 455.

tuen, 1) cacare. 2) Aə~n (scilicet: crepitum ventris) *taə~*. Zeitschr. III, 521,56. III, 455. Es gibt ein eignes, nicht eben feines, Gesellschaftslied mit Solo und Chor, in welchem durch und durch das Verbum thun herrscht, und beständig in eine der eben angeführten Bedeutungen hinüber zu spielen droht. Bey Einem austuen, oder: in den Bach tuen, oder: sich vertuen, seine Gunst verlieren. cf. sch—ßen.

tuen, geben. *Tuə* her! gib her. Im Niedersächs.: Thu mir das Buch, reiche mir das Buch her, (Adlg.). „*Du* mir dîn Hunn", gib mir deine Hand, (Helgoland); Firmen. I, 9. „Een golden Ring hebb' ick häm *dahn*", hab ich ihm gegeben, (ostfries.); das. 16. Die Bedeutungen von dare und thuen spielen seltsam durch einander, wie schon Avent. in s. Gramm. bemerkt: „dare malum, pyberey thuen, schaden; dare operam, fleiß thuen." Bey Tat. Matth. 6,2. 3. ist Elemosinam tuon, Almosen geben, franz. faire l'aumône; bey Otfr. III, 25,11: fristi duan, concedere moram. á. Sp., zahlen, entrichten, geben, eindienen. „Wie Im Conr. Flaischman zwainzig Gulden ze thun schuldig", layische Anzaigung v. 1531. „Die Schuld so K. M. ihm zu thun gewesen", Kr. Lhdl. XIV, 587. „Von den Fürsten und andern denen ich zu thun bin", (schuldig bin), ibid. XVIII, 297. „Doch sol der Mayr zu dem Geschloß W. thun 421
mit aller Eehaft als annder Gut", MB. X, 569, ad 1490. „So vil er Im seins Lohns zu thun ist", L.R. v. 1616, f. 337.

abtuen (à'taə~), a) abgeben, einen Ertrag oder Gewinn geben. Mei~ Arbət *tuət* nicks *à'*. əs *tuət* nét də' Müə *à'*, es verlohnt sich nicht der Mühe. Huiə' *tuəts* kaə~ Obəs à', heuer gibts kein Obst. b) Einem den (ihm verursachten) Schaden abthun, ersetzen. c) sich eines Dings abthun, es aufgeben, sich davon frey machen; Prompt. von 1618. d) Einen herabthun ('rà'taə~), seine Ehre, seinen guten Namen verkleinern. R.A. Es Einem 'rà'taə~, nemlich das Kràchsl· (s. d. W.), oder: sie Einem àbə'taə~, nemlich die Spielhahnfedern (s. d. W.), d. h. ihm Meister werden, ihn überwältigen.

sich auftuen (au'thaə~), a) sich groß machen; b) vom Himmel: sich entwölken. c) sich oder Einem ə~n guəten Tàg *auftaə~*, sich (Einem) ə~ Kreuz, ə~ Plág *auftaə~* mit . . ., sich einen guten Tag bereiten, eine Plage aufbürden. „Einem eine Freud aufthun", afferre delectationem alicui; Prompt. v. 1618. „Einem vil leides aufthuen"; „sich den tod aufthuen", (sich selbst umbringen); Cgm. 632, f. 38.

sich austuen, sich ausgeben. „Die sich nicht für knecht oder diener halten, sondern als wenn sie für Ihr selbst Personen handelten, sich außthuen", Ldtg. v. 1612. „Der sich austhut", jactans, gloriabundus; Prompt. v. 1618.

darthun, (Obrmr.) sich beeilen. *Tou daə'*, das d· widə' haəm kimst.

durchitaə˜ Einen, ihn umbringen, bey Seite schaffen. Hab und Gut durchitaə˜, es verschwenden.

eintuen ein Gut, a) es an sich bringen; zur Bewirthschaftung übernehmen. „Wenn der Grundherr das Gut nicht selbst einthun wollte, ob dann ein Mayr mit Consens zu stellen oder nicht", Wagner's Civ. L. C. B. I, 293. Ein Gut auf der Gant einthun, es auf einer gerichtlichen Versteigerung übernehmen, kaufen; L.R. v. 1616: 91. 292. 454. In Albertin's Guevara thut ein alter Mann ein Weib ein, (heiratet es). Das Prompt. v. 1618 hat: einthun, vindicare sibi, accipere mancipio. b) Einem eintuen, oder: es Einem eintuen, ihm gleichkommen, es ihm gleich thun. „Es machts wohl einer bisweilen dem Hanswurſten ehrlich nach, aber ein thut ihn keiner", Portiunculabüchlein, p. 67. Dèn kà˜-s kaənər *ei˜taə˜ !* c) eintuen, vrb. act., (O. Baur) begraben.

nidertuen, (Jägersp.) erlegen, das Wild niederlegen.

sich umtuen, sich von einem Orte zum andern begeben; sich bemühen, sich zu schaffen machen, sich beeilen. es *tuət si'* nicks *um*, sagt der Jäger, wenn sich im Walde kein Wild regt. Si *tuət si'* èppəs rechts *um*, sie macht sich viel zu schaffen in ihrem Hauswesen. „Du därfst *di' umtaə˜*, wennst no˜ wàs kriəgng wyllst.

422 umtuerisch, adj., fleißig, expedit, sich viel zu schaffen machend.

untertuen, vrb. act., zu Grunde richten; verschwenden.

Das Getue, verächtlich: das Benehmen, Betragen.

Das Tue-n, 1) das Thun, das Benehmen, Betragen, der Umgang. Cf. schwed. don, ntr., Geräthe, Geschirr; don, Pferdgeschirr, Silen; åkdon, Fuhrwerk; elddon, Feuerzeug; ꝛc. Zeitschr. IV, 456.

Bist ə˜ hübsch Deənl, bist ə˜ fei˜s Deənl,
A'bə' mei˜ Deənl bist nét,
Hàst ə˜ hübsch *Taə˜*, hàst ə˜ fei˜s *Taə˜*,
Abə' mei˜ *Taə˜* hàst nét.
ən àlbərisch Grásál
Wáchst aussə' bey'n Staə˜,
Und ən àlbərisch Deənál
Hàt sovil fei˜s *Taə˜*.

Dés is ə˜ nárrischs *Taə˜*! Dés is kaə˜ *Taə˜* für ə˜ gscheids Leud. ən àrtlé's *Taə˜* vò'bringə˜, sich wunderlich benehmen. Mit diər is abə' dengət gàr kaə˜ *Taə˜*, mit dir ist denn doch einmal nichts zu machen. Guət *Taə˜* hàbm, es leicht haben. Taənərei, (b. W.). Dés wá' mər ə˜ *Taənərei*, ein Gethu, Gezier, (ObrM.). 's Tou˜, (Wetterau) die fallende Sucht, (Weigand im oberheſſ. Intellbl. 1846, p. 102). (Vrgl. auch Tau˜derlau˜). 2) ä. Sp., das Erbgut; Hund, St.B. II, 69. In großem Thuen seyn, in großem Besitz, großen Ämtern ꝛc.; ibid. I, 247. Das Tueend, Tueends (Tounə˜d, Touə˜ds, Nptsch.), das Anwesen, das Gut. Eə' hàut ə˜ schêi˜s *Tâunəds.* 3) (Münzkunst), „ain Thun ist 24 Post und ain Post ist 300 Mark Silber", Lori, Mz.R. I, f. 90.

vertuenlich, vertuenisch, adj., verschwenderisch, unhäuslich; L.R. von 1616, f. 262. 534. Wirzburg. Lgrchtord. v. 1618.

vertuenitzen, verschwenden. „Wie du thust vil Geldes verthunizen mit allerlei deinem popizen", sagt der Mann zur Frau, H. Sachs 1560: V, 361 (1612: V, III, 49).

tân ('tà˜), Partic., gethan; ungetân, sogetân, vertân, wolgetân ꝛc., s. unten getân.

Der Tabak (Towâk, ᴗ –. In Appenzell blos: Back, Tabak; backa, bäckela, Tabak rauchen; Tobler p. 32), wie hchd. Den Tabak und seinen Gebrauch haben wir nicht aus Persien und China, wo er schon früher, aus einheimischen Arten gewonnen, üblich war, sondern aus Amerika überliefert erhalten. Z(uccarini?) in der Beilage z. Allg. Ztg. 1847, S. 437. Nach Alfred Demersay in seinen Études économiques sur l'Amérique méridionale (Paris, 1851) war's der Cordelier P. André Thevet aus Angoulême, der auf und mit einer Expedition des Malteser Ritters Villegagnon nach Brasilien (1555) das Kraut kennen lernte, das die Eingebornen Petun nannten und in Form von Cigaren rauchten, und der's nach Frankreich gebracht. Jean Nicot sieur de Villemain, französischer Gesandter zu Lissabon, bekam es aus einer dortigen Officin, als aus Florida gekommen, und pflanzte es. Moniteur universel, 1851, 18. Déc., p. 3122. Im J. 1559 von Hernandez de Toledo zuerst nach Europa (Portugal und Spanien) eingeführt, kam der Tabak von Lissabon durch den französischen Gesandten nach Paris, wo Catharina von Medicis zuerst schnupfte. Blätter f. litt. Unterh. 1835, p. 1310. Dr. Minderer in seinem Kriegsarzneybüchlein von 1620 weiß nichts von Rauch- oder Schnupftabak; aber p. 172 braucht er eine Pflanze Tabaca zu einer Salbe. Noch P. Abraham (Jud. d. Erzsch. III, 106) will „den Unform" des Tabakschnupfens aus Chor und Kirchen verbannt wissen, einer Bulle des Pabstes Urban VIII. von 1650 zu Folge, in welcher bey Strafe der Excommunication verboten wird, „den Tabak in der Kirchen und Chor zu nehmen." Jac. Balde: contra abusum tabaci satyra ad Aemil. Alois. Guevaram. Ingolst. 1657. „Tobak schnupfen, essen und trinkhen, dadurch die natürliche Empfängniß hindern, oder gar abtreiben"; Supplik der Gerichte Kufstein, Rattenberg und Kitzbühel an die Landstände von 1665; Cgm. 1197, f. 93—95. De *tabacco* occultè illato, 1772; Monac. Francisc. 330, p. 162. Das Tobaklaufet, Art Wettlauf der jungen Leute. Nach dem ersten Herumlaufen um die Rennbahn muß jeder Wettlaufende sich Tabak schneiden, die Pfeife stopfen, Feuer schlagen und anzünden. Wer beym zweyten Herumlaufen mit brennender Pfeife zuerst ans Ziel kommt, ist Sieger. Tobak trinken, schmauchen; s. trinken. Im Gebirge ist das Tabakkeuen (koiə˜, kuiə˜) sehr üblich. Außer dem Schnupfen und Kauen des Tabaks war ehmals in der besten Pariser Gesellschaft noch eine dritte Methode, dieses Kraut ohne Verbrennen zu genießen, üblich. In dem Traité de la civilité qui se pratique en France parmi les honnêtes gens v. 1700 heißt es p. 58: „Il ne faut pas prendre 423
de tabac en poudre, ni en mâcher, ni s'en mettre des feuilles dans le nez, si la personne qualifiée, qui est en droit d'en prendre devant nous, ne nous en présentoit familièrement." s. a. Brisil, Schmälzler. tobák·ln, vrb., nach Tabak riechen oder schmecken.

Der Tabin, Tobin, ä. Sp., gewässerter Taft, franz. le tabin, ital. il tabino, portug. tabi, tafetá grosso ondado, engl. the tabby. Grimm, Wbch. II, 1200. „Unsrer Bürgerinnen und Bürgerstöchter in Städten und Märkten soll keine hinfür keinen Sammt, Atlas, Damast, Tabin oder Scharlach zu Röcken oder Schauben oder Unterröcken oder Mänteln tragen", Entwurf einer Policeyordnung gegen Kleiderpracht ꝛc. v. 1501. Kr. Lhdl. XIV, 326. cf. ibid. XVI, p. 407. tobinen, adj., von gewässertem Taft. „Ein edler Khnab mit einem ganz Silberen dobinen Klaidt", . . „hat ein weiß silberen dobinen Huet". . . „hat ein weiß Silberen dobines reckhl . . .", Wstr. Btr. V, 159. 169. 172. „Sie tragt ein stattlichen rothtobinen Rock", P. Abraham.

Die Tabern, s. Tafern.

„Daber", (Zpf. Ms., passauisch), ehliches Verlöbniß; s. Stuelfest.

tábliərn, sich umme-, sich aus-, (b. W.) sich lustig machen, (besonders im Wirthshaus), muthwillig springen, sich satt springen, tanzen.

Der Tabor, Táber, (Hfr.) in österreichischen Städten der Name verschiedner Gebäude, die gemeiniglich am Ende des Hauptorts oder in kleiner Entfernung davon liegen. „Fuhrleut, die über'n Tabor und über d' Brucken hinausfahrn haben"; Eipeldauer Brief. Böhmisch und ungarisch tábor, Lager, Wagenburg, also in jedem Fall eine Art von Befestigung. „Item am pfinztag hat man gehabt zu ofen ain große Processen aus allen Klöstern und kirchen darumb das die türgken die täber vor Sandro haben gewunnen und vil seins Volcks erschlagen"; Wstr. Btr. III, ad 1476. „Als a^0. 1492 die Stadt Regensburg und der Täber daselbst von den kaiserlichen Anwälten in Besitz genommen war"; Gem. Reg. Chr. III, 794. IV, 347. „Die Gutensteiner fuhren fort, das Haus Weichs wie einen Täber zu befestigen"; ad 1518. ... „Ruckten in Armenien, machten alda einen Thäber." „Die Böhemen machten In vor den Wälden einen festen Tabor, darzu man nur in einem ort und in einer engen gassen mochte kommen." „Herzog Albrecht ruckt urplötzlich für den Täbar Neunhausen, Paulsen Zenger zugehörig, gewan denselbigen, fieng 500 Gesellen darin;" Av. Chr. f. 49. 355. 527. „Auß halb an diser prukn (über die Donau bey Wien) da stund ain taber vest und gut, was der prukn gemacht zuhut, mit guten leuten wol pesecht", (also Brückenkopf) M. Beham, Wiener 141,16. „Auß der vest ort so zugen sy zu diser prüken . . . da lag ain taber"; das. 295,10. „Zdem selben vels waz ain pastain oder taber gehawen, zu starker wer gepawen", das. 395,1. Die Täberer, Vertheidiger des Tabors; das.

Taberhölln, (Werfen, Zir.) solanum tuberosum.

'Der (?)' Taiber, Haus einer Kupplerin, wo auch Huren und Buben sich einfinden, meist mit folgendem „und hurenecken" bei Hans Sachs: „Das schier stecken all gassen voll thaiber und unehrlicher weiber", 1612: I, 96. „In die taiber und hurenecken zu den iltesbelgen und schlepsecken", das. 466. „Bald ich ertapp ein gutte gspiln, so thu ich jhr denn heimlich ziln zun kupplerin und taiberecken", das. 615. „Eins nachts ich vor eim fenster ston, da hort ich reden funf person, in einem taiber geschach das nun"; das. 1038. Ebenso das. 1050. Cf. Grimm, Wbch. II, 913: Deipel, Frauenwirthin.

tâub (táb), 1) wie hchd., doch in dieser Bedeutung in A.B. wenig üblich, und durch töret ersetzt, (goth. daubs, ahd. toub, mhd. toup. Graff V, 351. BM. III, 60. Grimm, Gesch. d. d. Spr. 336. Zeitschr. III, 342. IV, 338. touber, surdus, gl. o. 34; Otfr. III, 9,7; Tat. Matth. 11,5). 2) a) O.L., zunächst vom Vieh: matt, still, niedergeschlagen; b) Nürnb., Hsl., vom Menschen: dumm. 3) (schwb., rhein.) wütend, zornig; (schweiz.) tâub (zornig) werden, Einen tâub machen. „Dis valschen Wiener tauben", (furiosi); M. Beham, Wiener 264,28. 'tâuben, betâuben, tâub machen.' „Ein man mac sich wol selben tauben, der einen esel wil herpfen leren und sogetan leute bekeren", Renner 23547. Er sol sich auch mit worten tauben und einer ietlichen sich erzeigen, sam er allein sei ir eigen"; Cgm. 439, f. 58^b. „Wann zaber niemen schaden kan, der nit gelaben hat dar an, wer aber dez gelaubet, der wirt da van petaubet", M. Beham, Wiener 103,20. „Den valschen schalk vil swachen diser unglaub vil ser petaubt, daz er der urstend nit gelaubt"; das. 4,4. „Ir juden, wie seit ir petaubt", M. Beham, Cgm. 291, f. 114^a. tâubig, adj. „Mich dunkt du seist ein tabigs hirn"; d. Ring 19,19. In den Bedeutungen 2 und 3 vrgl. dauben, tæpig und toben. Die R. A. des Voc. von 1618: „Tauben im Kopf, cerebrosus, ingenium abruptum,
424 inquietum" gehört vermuthlich eher hieher, zu Nr. 3, als zu Tauben (columba).

Der Taubel, s. tauchen: Tauchber.

Die Tauben (Taubm, Nürnb. Tábm), 1) wie hchd. Taube, (ahd. dûba, tûba, mhd. tûbe. Graff V, 350. BM. III, 124). Der Tauberer, die Täubinn. Zeitschrift V, 461. 53. 54. 2) beym Eisschießen, einem beliebten Winterbelustigungsspiele, einer der etwa faustgroßen zwey Steine, die am untern und obern Ende der Eisbahm als Ziel, auf welches man hinschießt, niedergelegt werden. Cf. isl. thûfa, Erdklumpen; mhd. duwen, glomus; Diut. II, 216. '(Vielleicht ist „cluwen" zu lesen; s. Diefenbach 266^a.)' Im Chiemgau (auch Castelli, Wbch. 106) bey Jägern und Holzknechten die kleineren Steine, welche sie zur Bezeichnung der Wege auf größere Felsstücke legen. „Tauben im Kopf", s. tâub. Der Täubner. „Ein täubner, vogler ich auch bin", H. Sachs 1612: II, II, 12. Mit dûba, dûpa ist wol verwandt der horcdubil, horadupil, onocrotalus, (die Rohrdommel?) der a. Sp. (Graff V, 351. 424. BM. III, 125. Diefenbach 396^b).

Die Taub-ber (Tauppiə', Tau'wə'), auch Taubenber, die blaue Heidelbeere, vaccinium myrtillus L. Sie ist eine Lieblingsspeise der Wildtauben. Die Gl. o. 90 hat dubbere, mora. (Graff III, 205. BM. I, 104. Diefenb. 367^b). Bey Adelung heißt eine Art Himbeere: Thau-Beere.

Der Täubling, Täuberling, Name einiger eßbaren Arten der Blätterpilze mit vertieftem Hute, z. B. agaricus integer, fuscus, deliciosus (Herrn-Taubling oder Hirschling), cantharellus, lazarus (Türkentäubling), Frauen-, Graubock-, Rain- ꝛc. Täubling.

Der Tebich (Tébich, Téwi'), wie hchd. Teppich; (gl. o. 399: tepicha, tapetia; sonst dem tapes, -tis, entsprechender, gl. pass. teppidi, teppit, deppit. Graff V, 347. BM. III, 30. Diefenb. 572. Diez, Wbch. 341). „Die pfenninge leite (er) uf ein tepit"; Cgm. 1111, f. 159^b. „Fraw ir sult drey ritter an ainen tebich malen, und drey ritter darunder wolbehut." . „Dy Fraw sprach und zeigt an den tebich, Gelobt mir vor den rittern dy Ee frölich!" MB. XII, 92.

Der oder das Tobel, (schweiz. das Tobel, plur. die Töbler; Diminut. das Töbelé, Töbeli; Tobler p. 140) 1) (U.L. nach Meier's Forstzeitschrift, 1814, IV, p. 45) kleine, thalähnliche Vertiefung am Abhang eines Berges; (Wstr. Btr. IV, p. 64) ein von einer Seite mit einem Wald geschloßnes Thal, Waldthal; Schlucht, ravin. (cf. „Thal, welches sich zum Tobel verengt", Wyß, Reise ins Berner Oberland. ahd. tobal, vallis; gl. o.: tobel, profunditas sylvae inter montes; gitubili, convallis; Notk. Ps. 59,3. 103,10.; vrgl. auch tupili, incastratura, unter Düppel. Graff V, 352. BM. III, 44. Grimm, Wbch. II, 1197. Zeitschr. III, 219,24. IV, 446. 544. VI, 257,81. cf. česk. debř.) Am 11. Aug. 1844 brach über einem 24 Schuh tiefen Dobel zwischen Kempten und Aich der Steg, als eben 16 Spaziergänger sich mitten darauf befanden. Augsb. Abendztg. 2) (Schmutzer), oder Platz neben einem Acker oder einer Wiese, der zuweilen auch gemäht wird; Rain zwischen Feldern. „Kraft Revisions-Sigl vom 1ten Jul. 1771 sollen Burger, welche mit eignen Grundstücken nicht versehen, weder auf jhrer Mitburger, viel weniger auf anderer Bauern Reinen, Vorhäuptern und Doblen zu grasen sich unterstehen", Wagner's Civ. u. C. Beamt. II, 228. „Wismad im purckfrid auf dem innern Tobl bey Wasseburg", Altenhochenauer Rechn. v. 1518, Cgm. 697, f. 180. 183. „Hoff, Velld, Wismad, Holzwachs, Gärtten und Töbl", MB. IV. 200, ad 1488. „Feld, wayd, töbel, wismat", MB. XXI, 544, ad 1467.

antoben, (Bpf., O.Pf.), mit Schnellkügelchen (Schussern) spielen.

toben (tobm, toppm), a) wie hchd., (ahd. topôn, insanire, delirare; mhd. toben. Graff V, 348. BM. III, 47. Zeitschr. II, 239. IV, 446). „töbig, furens; tobsucht, mania", Voc. v. 1429. „In furore, in heizmuote, tobeheite, wuote"; Cgm. 17, f. 13^b. „Entiana ist gût den tobentigen"; Cod. Oenopont. 652. Mone's Anz. 1838, Sp. 610. „So müzzen di wip haupttewig werden"; Fürstenf. 121, f. 178^b. b) oft sticht besonders 425
der Begriff des Pochens, Klopfens hervor. Das Herz

tobt. Ein Geschwür tobt innerlich. „Do dich Maria an dem chräutze toben sach"; Cgm. 73, f. 167ᵇ. Vrgl. tâub und tobeln.

Die Töbe. „Defect und Mängel der Lungen, als Döbe und Völle umb die Brust", (tabes?); Adelholzer Badbeschr. „Für die teb und für dy huesten", Cgm. 4543, f. 13. töbig, tübig, adj., (Nürnbrg., O.Pf.) schwindsüchtig. „Welcher umb die Brust völlig und döbig"; Adelholz. Badreime. „Diamargariton ist gůt den hertzschlächtigen, den tebigen oder tämpfigen"; Cgm. 170, f. 1ᵃ. Die Töbigkeit, (Schllr.) die Abzehrung. „tewen, hebeo"; Voc. arch. v. 1487, f. 69. s. tobeln, 1).

1) tobeln, töbeln (tébln), nach eingeschlossener dumpfer, feuchter Luft riechen, dadurch verderben. Vrgl. BM. III, 126: tübele. „ertoblen, sich verligen, obsolere", Avent. Gramm. „Den ertobleten und verschimleten in finsterniß das liecht wider schaffen", Avent. Chr. 3. töbig, (b. W.) feucht. Zeitschr. II, 30: dôbrich, schwül. IV, 338: dâb, feucht. 446. Vrgl. Töbe und gl. a. 173. 203. 258. 399: artopet, anus, fatuus; artopent, brutescunt (von einem, mit topôn nicht identischen und gerade das Gegentheil bezeichnenden topên?)

2) tobeln, tubeln, dampfen, qualmen. 1) der Tobel (Tubel, Tuəbəl), das Getubel, (Nürnb., O.Pf.) warmer Dampf, Qualm. Zeitschr. II, 32. IV, 446. VI, 174. Das Töbelein (Tübə-l), 1) Dimin. vom obigen. 2) im Scherz: Betrunkenheit; (vrgl. Dampf). 3) berauschendes Unkraut, das unter der Gerste wächst. Zeitschrift IV, 188: Töbich. Grimm II, 1197. Zu vergleichen vielleicht das slaw. teply (warm).

ˋDer Tœber, ä. Sp., Spielmann, besonders auf einem Blasinstrumente; BM. III, 45.ˊ „Töber, gîger, tanzer, singer und spilliute, als nu sint ze den brutlouften", Griesh. Pred. II, 20. 21.

tobern Einen, „ihn zu Baaren treiben, ihn mit Gewalt fügsam machen"; Castelli, Wbch. 111. So in Wien: Gelt, ich hab dich tobert (bezwungen)? Er laßt sich nicht tobern (ziehen; obern?). ˋVrgl. mhd. touben, zähmen; BM. III, 53 u. oben dauben.ˊ

---

tauchen, 1) s. dauh-en (drücken). Das Schiff dauchen, es beladen; — umdauchen, es umwenden und absahren; (Jir.). 2) wie hchd. (Graff V, 368. BM. I, 127. In der a. Sp. finden sich in dieser Bedeutung wol die Verbalia tuhhil, tuhhari, mergulus, aber selten das Verb., außer etwa gl. i. 545: ingidûhtiu, immersa, und 1053 dem, wie ein Ablautverb aussehenden intuhhun (induhtun?), innatabant. Diese Formen können aber zu einem im Maneſſ. Cod. II, 200 b. vorkommenden Infinitiv tiuhen gehören. Vrgl. Raut, betauren u. tief). betauchen, ä. Sp., untertauchen, (BM. I, 127. Grimm, Wbch. I, 1696). „Giez wazzer uf, daz si (die Gans im Topf) betuche", Kochbuch, Wirzb. Cod., 42. Recept (Bibl. d. lit. Ver. zu Stuttg., IX. Publ., p. 16). eintauchen, durch Betrug zu Schaden bringen; vielleicht zu tauchen 1). Der Tauch, „die Ladung eines Schiffs mit Bruchstein, so beynahe 3 Cubickläfter ausmacht"; Cgm. 2941, f. 123. Der Tauch, Eintauch, die Tunke. Der Tauchber, das Tau'berl·, Taupl, das Tauchgarn, Fischernetz, das beym Fischen unter das Wasser getaucht und mit einem Male herausgezogen wird; „gewaltig großer Hamen, der wie ein Wagbalken an einem in den Fluß (Donau) gerammten Baumstamm leicht auf und nieder bewegt werden kann"; Kohl, hundert Tage, II, 98. s. Ber. „Pern, weyter vnd taubel vnd mit wew der fisch gevangen mag werden"; Scheirer Dienstordn. f. 21. „Die in der Statt zu Schongo gesessen sind, die sullent nicht in dem Lech vischen, dann mit einem Taupel", Lori, Lechrain 137.

Der Tauchstein, Toff- oder Tuffstein. „1 Klafter Duft- oder Tauchsteine kostet hier (in Tölz) 3 fl.", Wſtr. Btr. V, 300. gl. a. 687: ducstein, tofus; niedersächsisch dukstein. Graff V, 350. BM. II, II, 616. Grimm, Wbch. II, 831. 1497. W. Wackernagel in Haupt's Zeitschr. VII, 131.

Das Techer, decas, decas pellium, niederd. Deker. BM. III, 19. Grimm I³, 136. Wbch. II, 880. Augsb. Stdtbch. 30. 31.

Der Teich, 1) (o.pf.; österr. Teicht; Zeitschr. VI, 272, III), wie hchd. (eigentlich: der Damm, der ein fließendes Wasser aufhält u. aufhäuft, einfängt; franz. la digue. Im Schwedischen u. Dänischen wird dagegen damm auch für den Weiher selbst gebraucht. Graff V, 116. BM. III, 33. Grimm, Wbch. II, 904); in A.B. ist dafür Weier üblicher. (Das dich, gurges der gl. o. 118. 241 widerstrebt in etwas dieser Bedeutung). In Ortsnamen: „Iste sunt ville, quarum decime de parochia Tursenreuth in usu, nostre ecclesie reducte. Chantraw, Pleissen, Volcholdsmul, *Mitterteich*, *Oberteich*, Leubgast, Grüne, ambo Stercz majus et minus, Chrebsengesizze", zu Waldsaſſen; Cbm. 91, f. 38. cf. Türschenreut. 2) s. Teuch.

Der, (das?) Teuch, die Teuchten, Vertiefung, 426
Niederung im Gelände (terrain); Aurbacher: das Teich, kleiner Thalgrund. D· Stráss gêt durch '*Táichng*. (O.Pf.) D· Fəldə' ligng i˜n *Táich*. Béssər i˜n *Táich*, mehr in der Vertiefung. Kloster Deichen; Lex. v. Franken I, 8. „Durch ein gepirg viel er zu teich", Mich. Beham, Cgm. 291, f. 179ᵃ. „Wan die Herren den Underthanen jre Gründt werden einnemen und werden Teucht darauß machen"; Cgm. 1172, f. 149ᵃ. 151ᵇ. „Bey dem Dorf Waßkhowiz ist ein Deuchtl, da wird mer bluet dann wasser heraus rinnen; das. 154ᵃ. Teucht und Weyer; Cgm. 1176, f. 18ᵇ. Cgm. 3722, f. 137—165 (v. J. 1601) schreibt immer: der Teicht oder Teucht. Teuchtgraben, Cgm. 1177, f. 65ᵇ. Anmerk. Dieses Wort kann der Aussprache nach (Gramm. 238 und 247) eins seyn mit Teich, welches, etwa vom angelſ. diccan, engl. to dig (graben) gebildet, in Niederdeutschland auch für den durch Graben entstandenen Erdaufwurf oder Damm gilt; indessen schien es mir einem, dem ältern tiuhen (demergere, s. tauchen) entsprechenden Verb. teuchen (vrgl. nach Gramm. 418 teuf) näher zu liegen. „Das da hie vor finster wart, das han ich alles sampt erlücht, das sich menger in mir vertücht, das er in mein gepotte stat", sagt die Liebe bei Suchenwirt; Cgm. 270, f. 70 u. 379, f. 33ᵇ.

Die Teuchen, Teuchel (Dáihhə˜, Dáigə˜, Dáihhəl), Röhre zu Wasserleitungen, gewöhnlich aus Föhrenstämmen bestehend, die dem Kern nach ausgebohrt sind, franz. tuyau (cf. tegula, Neugart I, 485, ad 890. Diez, Wbch. 361. Vrgl. ital. doccia ꝛc.; das. 125. Grimm, Wbch. II, 1036). Aquaeductus, düchel; Rogg. 19, f. 14a fine. „Aquaeductus ein dole, ein waßerduche"; Voc. Melber; (vrgl. Grimm, Wbch. II, 1491: Ducke). cf. Dol. Teuchenbaiz, s. oben die Baiß. teucheln, röhreln, pfeifeln, d. h. propfen, indem man die Rinde, welche man von einem guten Zweige abgeschoben, an einen Wildling von gleicher Dicke steckt, dem man im Augenblick vorher seine Rinde abgezogen, fr. enter en tuyau.

Das Tuech (b. Tuəhh, opf. Touhh), das eigentliche Tuch (drap), aber auch jede Art von Leinwand (toile), (a. Sp. der duoh. Graff V, 365. BM. III, 131. Zeitschrift IV, 455). Rupfə˜s *Tuəch*, hárwə˜s *Tuəch*, Leinwand von Werch, von Flachs. „Von einem flächsein Tuch, das sechzigk Ellen hat, zwen Pfennyng, und von einem rupfein Tuch einen pfenning" nahm die Stadt Pfaffenhofen zu Zoll im J. 1497; MB. X, 576. „Leinene Tücher", wirzb. Verord. v. 1663. „Von gewandmaß: 22 tůch ist ain sam gwantz, 24 elen machen ain tůch, 45 parchant ist ain fardal, 18 elen ist ain parchant"; Clm. 4394 (XV. sec.), f. 181. „Vier vierling habern, zway tuech hew, vier hüener"; Diessener Verkaufsurk. über Güter in Kärnten (1476); Clm. 5509[a], f. 118[b]. „Et si nisi unum *pannum* plenum *de graminibus* ancilla ex iussu dominae recepisset“... (Grastuech), Discipulus (Joa. Herolt) de IX peccatis alienis; Clm. 4700, f. 84. Das Getüech. (Collectiv; Zweibrücken: Gətiich), Leinwandzeug, Weißzeug, die Getüechkammer, bey Hofe in München. guettüechen, adj., ehmals beym gemeinen Manne vorzugsweise von hellscharlachrothem Tuche gebraucht. ə˜ *guədtüəchənə'* Brustflék. Ironisch, von einem liederlichen Menschen: Dés is aənə' vo˜ dé *Guədtüəchənə˜*, hchd. ein liederliches Tuch, span. un mal trapillo. „Manutergia parva vel tochlach“; And. 116[d], fol. penult. „Ein weyß tuechleich wirt palt vermailigt“; Cgm. 632, f. 15[b]. „Frawen mit den gelben tuchlachen“, Cgm. 632, f. 97. Das Hôchzeit-Tüechlein (Hou'zət-Tüəchl), Schnupftüchlein, welches an einigen Orten als Ehrengeschenk dem einsegnenden Geistlichen, dem Brautführer, der Kränzeljungfrau, den Geschwistern der Braut ꝛc. gereicht zu werden pflegt. Das Klagtüechlein, weißes Tuch, das auf dem Lande zwischen dem Inn und der Salzach von Weibspersonen über den Kopf gelegt wird, wenn sie um einen Verstorbenen trauern. s. Klage. Das Kopf- oder Häupten-Tüechlein (Häppm-Tüəchl), weiß-linnenes, dreyeckiges Tüchlein, welches so um den Kopf gebunden wird, daß zwey Zipfel am Nacken niederhangen. Ein Kopfputz des weiblichen Geschlechtes im Unterlande, welcher hübschen und selbst nur leidlichen Gesichtchen nicht weniger vortheilhaft läßt, als den Französinnen einiger Provinzen ihre coëffure en marmotte. Der Tuecher, Tuechler, (ä. Sp.) Tuchmacher; Tuchhändler. Der Tüəchlknecht, (Baur) Jagdzeug-Diener. (cf. Gejaidtuchlerknechte, Wstr. Beschreib. v. München p. 88).

---

427 Tächsen, s. Dächsen.

Das Tichter, (Franken) Kindeskind, (v. Diech, femur, Schenkel. Grimm, RA. 470. 472. Wbch. II, 1099. Zeitschr. III, 407,168. Vilmar, hess. Idiot. 71). „Kindskinder, die wir Tichter nennen“ nachgehende Kindskinder als Urtichter, Großurtichter.“ „Das testierende Tichter“, wirzb. Landgerichts-Ord. von 1618. Samml. wirzb. Verord. I, p. 141. 157. „Swer milte wære, der wær ein tor, het er niht gûtes gewunnen vor, daz uf sin tiehter tusent iar erbet“; Renner 1066. „Ich wil lern miniu kint und min tihter ein bezzer ding“; das. 4581.

tochte, älteres Präteritum von taugen; (Graff V, 371. BM. III, 54); w. m. s. tüchtig, wie hchd.

Der Dako, queue im Billardspiel; Castelli, Wbch. 104.

abtäckeln Einen, im Scherz: ihn herab oder wegbringen, wegschaffen. Castelli, Wbch. 103: „dak·n, schmeichelnd mit sich fortziehen; I håb 'n Hund mit mia' fort*dakd*.“ „Di' fort*täckt* vom Haus, das wár ə schlechts Stückl“; Reitzenbeck II, 28. Schau! hàt s də' Sèppl nét nàch'gébm, bis ə' 'n Karl no˜ *àbitáck·lt* hàt (in der Schule vom ersten Platze). ə˜n Beamt'n *à'táck·ln*, absetzen. Iətz is dər 'A'poleon *àbitáck·lt*, əs wer'n ən no˜ scho˜ gàr *à'táck·ln* (occidere), hieß es im Jahre 1814.

Der Táck·l, Táckłə'. ən àldə' *Tácklə'*, alter Mann, der sich noch immer fortbemüht (im Gehen, im Arbeiten ꝛc.).

tackeln, tágəln, Castelli, Wbch. 103: dág·ln, beschmieren, besudeln.

täcken (táckng), O.Pf., im Scherz oder verächtlich, statt sprechen. Cf. BM. III, 10: tackeln. Si hàbm lang '*táckt* mi'nannə'. (Henneberg. teken, weitschweifig und confus reden). Vrgl. tägen.

Die Tacken (Tackng), Tauken, Tocken, Decke, von Baumzweigen, Bast oder Stroh geflochten; (Graff V, 364. Grimm, Wbch. II, 670. Zeitschr. V, 459). Gl. a. 14. 666 ꝛc.: tacha, matta. „Matta, plecta, matt oder tocken“, Voc. v. 1445. „Ir vletze daz ê was belait mit tæken bî dem fiure, dâ stracten nu vil tiure phelle vnde dar vnder tepich“; Kindh. Jesu, Hahn 94,11. „Die Hasen mit Hürdt oder taugken fangen“, L.Ord. von 1553, f. 124. „Es sol ain yeglicher Mülner ob der stayg weder tägken, Hürdt noch pretter noch nichts haben, da das Mel auffallen mög“, Ref. L.Rcht., Tit. XI, Art. 7. „Der Eiskeller mit ungarischen Daken ausgeschlagen und das Eis selbst mit Daken belegt“; Kohl, hundert Tage in Östreich, II, 226. Das Täckenthor in München, (13. Jahrh.); Krenner, akad. Abhandl. v. 1813, p. 144. Im Promptuarium J. Piniciani v. 1532 ist taeckenmilch, juncata, ital. giuncata, franz. jonchée oder joncade, eine Art Milchspeise, in einer aus Binsen geflochtenen Käsform bereitet.

dauken, (Aschaff.) leise schleichen. Er ist an mir vorbey gedaukt. Cf. Cgm. 291, f. 282[a], Mich. Beham: „Und nach dem ersten slauf do hort man ain herpauken. in taugenleichen tauken dy vnger sunder lip haimleichen als dy diep vber den sal waren sleichen.“ Vrgl. BM. III, 54[a]: touc.

vertockern, zum Fex oder Cretin werden, nach Kohl (hundert Tage in Östr.) in Steiermark.

Töckel, Tockelmûsen, s. Docken.

Tockel, Dockl, (Oberaudorf) der Überschuh. Cf. Zuckel.

Judentockel, s. Jud.

Der Tuck, s. oben Duck.

Tacksen, s. Dächsen. Teicksel, s. Teufel.

Der Tact (Tack), wie hchd. R.A. 'ən *Tack* drei˜ gébm, drein reden, sich einmischen.

(Vrgl. Tat, tet, ꝛc.)

Der Tadel, (ä. Sp.) Mangel, Gebrechen, Fehler, Flecken. „Der geringste Leibstadl ist denen Eltern verdrüßlich, und sucht man Augen-Arzt, Zahn-Arzt, Ohren-Arzt, Nasen-Arzt ꝛc. solches Übel zu wenden“; P. Abraham. „Wenn die kind aiß haben, so sol man den tadel nit aufreissen“; Cgm. 601, f. 112[a]. „Ob der Brief Mail oder Tadel gewunn oder het“; MB. V, 187, ad 1371. „Sie huben im sein Tadel an Seel und Leib auf. 428
Andern jre Tädel fürrucken. Wir Menschen sind all gebrechlich und voller Tadel, und wer die Tadel hasset, hasset auch die Menschen“; Avent. Chr. f. 54. 150. 191. Als Tadel an Dienstboten wird im Rechtb. v. 1332 aufgeführt: Auzsetzichait und Lem. „Einen Tadel an einer erkauften Sache finden, an einem solchen Tadel schaden haben.“ „Wer ain gût hingeit in tadel und spricht, daz ez gewiß sey, er wiß kain tadel daran“; Wstr. Btr. VII, 164. Wenn I ə˜ Wägnə' wá' und machət ə˜n Wägng, wenn's Rá'l vóll *Tá'l* wá', tát I nicks sàgng. „So Einer dem andern ein Roß verkauft, so soll er ihm das für rechtfertig der vier Tädel halben gewähren, nemlich geraubt, gestohlen, ritzig, räudig oder herzschlächtig“; Kr. Lhdl. XII, 157. So gedenkt Br. Berhtolt (Pfeiffer p. 415,19. 21. 24. Kling p. 359) der vier Tetelin (Pf. tætelin), die er einer, gelbe Bänder tragenden Frau zutraue. tadeln (tà'ln), wie hchd., d. h. für fehlerhaft, mangelhaft erklären. Die Vorbeygehenden abtadeln (à'tà'ln), sie mustern, durch die Hechel ziehn. ä. Sp. tadelhaftig, mangelhaft, fehlerhaft, bresthaft. Durch die h. Reliquien wurden „vil menschen von irn tadlhafftigen vrechen erlöst“; Schlierser Chr. bey Öfele I, 380. Anmerk. In der ahd. Sp. findet sich tadel nicht; es erscheint erst in der späteren mittel-

hochdeutschen Periode (BM. III, 10) und ist vielleicht eine aus der ältesten Sprache ganz crudè erhaltene Nebenform von Zadel (ahd. zadal, mhd. zadel. Graff V, 639. BM. III, 833. Grimm III, 508. Zeitschr. IV, 442). s. Th. IV: Zadel.

tadern, schwatzen; s. tattern.

Das Taiding, Tading, Teiding, auch wol die Taidung, (contrahiert aus dem ahd. tagading, mhd. tagedinc, tegedinc, teidinc, induciae, placitum, einem Compositum aus Tag und Ding, welche beyde Artikel man nachsehe; vrgl. auch Gramm. 470. Graff V, 184. BM. I, 334. Zeitschr. IV, 501: Tædig. IV, 195. 322), ä. Sp., die Anberaumung eines Tages zu einer, besonders gerichtlichen Verhandlung, die „Tagsfahrt"; die Verhandlung, Gerichtshandlung; der Vertrag. „Zu Taiding reiten", MB. V, 221. „Taiding haben, halten" ꝛc.; das witer taiding, das Bau-Tading, Ehaft-Tading", L.R. Ms. von 1453. MB. II, 510. 522. 525. VIII, 262. X, 370. „Auf allen Tägen und Thaidingen .. verrichtete Sach und Thaidung zerbrechen", Kr. Lhdl. II, 121. VII, 281. „Der gerihtes wære bereit driu lantteidinc in dem jâr und lieze diu hofteidinc gar und setzte lantrihtære!" S. Helbling II, 757. (Ich sagte ihm) „wie mir ergangen wære... und alle teding"; Valkn. 144. Bantaiding, s. der Bann. Gaißtaiding, s. Th. II: die Gaiß. Das Taidings-Viertel, s. Viertel und Forderwein.

taidingen, tadingen, taidigen, theidingen; theidigen, tätigen, ä. Sp., einen Tag anberaumen, eine Taiding halten; verhandeln, unterhandeln; ausmachen (mhd. tagedingen, tegedingen, teidingen tædingen. BM. I, 335). „Sein Eidem theidiget in der Sach .." Av. Chr. „Als mein gn. Herr mit Herzog Kristoff taidigt" . . . „Als sein gnad taigt vnd vertragen ward mit seiner gnaden prueder"; Wstr. Btr. V, 202. 205. „Ew. fürstl. Gnaden sollen sich nichts mehr weichen noch thaidingen lassen, sondern verharren und nicht hinder sich thaidingen", Kr. Lhdl. XIV, 634. Zips: tädigen, zanken, wortwechseln. sich taidigen (mit Einem wegen einer Sache), übereinkommen. Zirngibl, Hainspach, p. 465, ad 1404. Einen Schuldigen thaidigen, ihn gerichtlich behandeln, strafen. Kr. Lhdl. VII, 282. opf. L.O. v. 1657, p. XVI, u. p. 452. Einen Gerichtshandel, Gerichtswandel oder Fre-
429 vel taidigen, abtädigen, vertädigen, abmachen, richten, strafen, büßen; LR. v. 1616, f. 411. „Die Vizthumwändel sollen durch die Rentmaister und des Landsfürsten Räthe abgethätiget werden", Erclärte L.Fr. I. B., 15. Art.

abtaidingen 1) mit Einem, sich mit ihm abfinden. „Es haben etlich Karrenleut mit dem Pfleger abthaidingen und Geld geben müssen, daß er sie fahren hat lassen", Kr. Lhdl. II, 235. 2) eine Sache, sie verhandeln, abmachen.

betheidigen einen Vertrag, ihn aufrichten, schließen. Die Ehebetheidigung, die Heiratsabrede, Sponsalien; wirzb. Lgrchtsord. v. 1618.

eintaidingen, einthätigen, (Ries) vereinen, versöhnen, Frieden stiften.

ertheidingen, erthätigen. „Die Handlung und Erthätigung der Einsatzung oder Einkindschaft"; wirzb. L.O. v. 1618.

Die Narrentheidung gewöhnlich blos: Narrə͂dei, Narrenhandel, Possen. s. Taiderey.

ä. Sp. nöttaidingen, nottädigen, noththeidigen, noththätigen Einen, ihn zu einem Versprechen oder Vertrag zwingen, gewaltthätig behandeln. Einer der Vitzdum-Wändel war: „Tröhlich austretten, oder jemand bevehden oder noththätigen", Erkl. L.Frht. I. Th., Art. 16. Kr. Lhdl. XVI, 109. „Austretter, Notheidiger und Bschödiger, Mörder, Straßräuber", ꝛc. L.O. v. 1553, VI. B., Tit. 11, Art. 1. „An aller notaydinck"; MB. V, 485.

untertaidingen, unterthaidigen, untertheidingen, unterhandeln, vermitteln. Der Unterthaidinger, Vermittler, Unterhändler; Kr. Lhdl. IV, 79. V, 140.

vertaidingen, verthätigen, verthädigen, wie hchd. vertheidigen. „Seine angefochtene Ehr verthätigen"; P. Abrah.

Der Taidinger, Thaidiger, der Verhandelnde, Unterhändler, Vermittler, (gl. o. 275: tægedinger, placitator). „Der Sach sint teidinger gewesen N. N. . . ." MB. XIII, 414. Der Mittaidiger, MB. XXV, 409.

Die Taiderey. „Der haidnischen Maister list, spitz Weg und Theiderey"; Av. Chr.

Der Tôd (Toud, Taəd), 1) wie hchd. der Tod (goth. dauthus, ahd. tôd, mhd. tôt. Graff V, 339—42. BM. III, 63. Grimm, Mythol. 799² ff. Zeitschr. V, 171,170. 330,306 138,23. sieh unten auch tôt, adj.), 2) die Wirkung statt der Ursache: der Fleugentôd, Maustôd, Fliegenschwamm, Mausgift; im Scherz: Weibertôd, Mann, dem schon mehrere Eheweiber gestorben sind. ä. R.A. Einem etwas „zu Tode", auch „zu totem Kauff" verkauffen, d. h. auf ewige Zeiten; MB. XXV, 498. 264. 306. 329. 438. Heutztg. R.A. Es ist ze Tôd wâr, ganz gewiß wahr. Cf. Ulr. Tristan 1963: „Doch weiz iz wârez als den tôt." I bi͂ z' *Tôd frô*. Das Tod-austreiben zu Mittfasten, am Sonntag Lätare oder Todensonntag, beschrieben von Joa. Boemus, de omn. gentium ritibus, 1520, fol. LIX. s. Büsching's wöch. Nachr. I, 183. 185. S. Franck, Weltbuch 133. Grimm, Mythol.² 727. u. vrgl. Th. II: das Jägkelschutzen unter Jägkel. Die Todgans, der Todkäs, Gans, Käs, bey einem Todfall zu reichen. MB. XXIII, 321, ad 1410 giltet ein Hof .. „zwu Gens, 430
vier tot Gens, ie fur ain dry pfenning, vier hünr, hundert ayer, vier kes vnd äht tot kes, ie für ainen zwen pfenning." Die Todlaib, (ä. Sp.) was bey dem Tode zurückgelassen wird. s. laiben. „Homicidium i. e. todreche"; Clm. 9537 (sec. XIII), f. 179. todschlachtig, s. -schlächtig.

todə͂, (Bregenzerwald) ableben, absterben.

tœdlich, tœtlich, adj., (ä. Sp.) mortalis, sterblich, todesgefährlich. totliche Sünd, ä. Sp., Todsünde. „Nach seiner Lieb tödtlichen Abgang"; Lori, BergR. f. 147. „Demnach und wir uns erkennen totlich"; MB. IX, 296, ad 1480. „Und Wir Hertzog Albrecht aus menschlicher Natur uns tötlich erkennen"; Kr. Lhdl. XV, 373. „Die schweren und tödtlichen Läuf des gemeinen Sterbens (nemlich der Pest von 1496, verursachten, daß wir) etwa lange unsre Unterthanen der Landschaft unsers Fürstenthums ohne sonderer grosser Sorge der Tödtlichkeit (Mortalität) zusammen nicht berufen mochten"; Kr. Lhdl. IX, 361. untötlich, bey Av. Chr. immer für: unsterblich. „Sie sagten, die Sêl wer untötlich. Untötliche Götter, untötliche Gedechtnuß." s. tôt.

tödern, (Franken) zu Grunde richten.

Der Todler, picus cinereus; flieg. Blatt v. 1644.

Tudl, Ottilia.

Die Tâfel (Tàfəl, Dim. Táfə'l), a) wie hchd. Tisch. Nach Gramm. 861 sagt die laysche Anzaigung von 1531 noch: „Auf ein tisch oder tafeln"; Schreibtafel (ahd. tavala, tavla, acc. tavalun, tabulun; mhd. tavele, tavel, acc. die taveln, dat. an der tavel; Gregor v. St. 547. 575. 596. 869. 1479. 1573. 2105. 2147. 2155. 2907. Graff V, 391. BM. III, 18). b) (was das lat. tabula, span. tabla), ein Brett, besonders ein solches, worauf etwas gezeichnet oder gemalt ist; jedes eingerahmte

Gemälde, tableau, πίναξ. Buə' dèr hàt schöné Tàfəln i˜ sei˜m Zimmə'. „Käufe um Tafeln" (in die Kirchen); Kr. Lhdl. VIII, 531. „Der Maler Gabriel Angler macht die Tafel für den Fronaltar der Münchner Frauenkirche, MB. XX, 279. Mari-*Táfə'l*, Name eines bekannten Walfahrtsortes im obern Österreich; Spottbenennung gegen Weibspersonen. Das Votiv-*táfə'l*, kleines Gemälde, ex voto aufgehängt. Appians Landtafel, d. h. Karte. Die bayrische Landtafel, ehmalige Landes-Hauptmatrikel. 'c) eine hölzerne Tafel, Brett, woran nach katholischem Ritus bei gewissen Gelegenheiten geschlagen wird, um statt zu läuten ein Zeichen damit zu geben.' „So im (ihr) die sel ausget, so schlecht man die tafel fast mit vil schlegen"; Kaisersh. 155, f. 200. „Wenn ein swester genzlich ze dem tode nehet, sol die tauel geslagen werden mit emssigen slegen"; Alt. Hoh. 11, f. 74. „Wen sie sehen, dz die swester dem tode nehet, denn sullen sie die taueln anderweit slahen"; das. f. 77. „Man levtt nit dy glocken, sonder mit der tafl"; Tegernseer Cerem., Cgm. 1148, f. 16ª. 'täfern, vrb., mit der Tafel das Zeichen geben;' statt Läutens auf ein Holz schlagen, rätschen (in der Charwoche). täfern, läuten, „mit der hülczen tafel"; Cgm. 1148, f. 15ª.ᵇ. „Täfert man zum tisch" „Zu der angst (am Gründonnerstag) täfert man dem volck mit ainer tafl zu allen engeln." „Darnach tafert man mit der tafl umb den creuzgang." „Nach dem curß täfert der acolythus gan chor." „Zu der terß täfert man ain halbs quartal vor viij. (Am Charsamstag) „zu der sert täfert man ij quartal vor viij. dyses täfern ist das lest, darumb sol der prueder dy tafeln all wider aufheben und an sein stat legen"; das. f. 14ᵇ. 15ª. 16ª. 17ᵇ. 18ᵇ. Die Bandtäfel, (O.Pf., gegen Eger) Sohle von Holz (Tafel) mit einem daran angebrachten Leder (Band, Lasche), den Fuß durchzustecken. Cf. isl. tapla, f. So ist vermuthlich auch, der Sache und dem Namen nach, der Pantoffel entstanden, der in Nürnberg wirklich nur Toffel, im Schwed. toffla heißt.

tæfeln (táfln), austæfeln, vertæfeln, wie hchd., (ahd. taualôn). „teferen, opere intestino vestire parietes"; Voc. 1629, p. 107. „tefer, coassatio"; das. p. 111. Diefenb. 128ᶜ. Grimm, Wbch. II, 673: däffeln. Das Tæfelbrett, Brett von nur 3/4 Zoll Dicke. (Vrgl. Truhenbrett, Falzbrett, Rämling ꝛc.) Das Täfelwerk, das Getäfel, (a. Sp. gitauili). Einen abtæfeln, (Nürnb., Hsl., auch B.) ihn schildern (in schlimmem Sinne).

Die Tafern (◡-, Tabern, Tavern, Tauern, Tauer, Voc. v. 1429: taffer; MB. XXV, 354: Tef-
431 fer), Schenke, Trinkstube, Trinkhaus, taberna. Graff V, 395. BM. III, 19. „Daz wir nicht beleiben in der tafern (leithaus) dirre werlt"; Cgm. 54, f. 51ª. „Laß dich nicht erfaren fru in der taffern, das hört ich zumal ungern"; Cgm. 714, f. 235. Es übten in ältern Zeiten die Herren des Landes, Fürsten, Klöster, Edelleute und Städte allein das Recht, an ihre Unterthanen Wein oder Bier auszuschenken, d. h. Tafernen zu halten, die sie entweder durch eigne Diener (Tafernäre, Taferner; Zirngibl, Hainsp. 324. MB. X, 370) betrieben, oder Andern in Pacht gaben. Cf. Cgm. 3941, f. 93. 94, ad 1416—17. Die berüchtigten spanischen Wirthshäuser sind noch jetzt fast lauter blos gepachtete Tafernen. Entschuldigung genug für sie. Die bayrischen sind zum Glück schon meistens erbrechtliches Nutzeigenthum. Doch gibt es, und selbst in der Nähe der Hauptstadt, noch blos freystiftische, ja blos gepachtete, in welchen man sich die spanischen ziemlich wohl vergegenwärtigen kann. Die größtentheils landständischen, also mitgesetzgebenden Eigner solcher Wirthschaften ermangelten nicht, sie durch das sogenannte Tafernrecht, d. h. durch den Zwang zu unterstützen, der den respectiven Untergebenen auferlegt wurde, in keiner andern als eben ihres Herrn Tafern Verlöbnisse, Hochzeiten, Tauf- und Todten-Mahle zu halten. Cf. Monac. Augustin. 84, f. 69ª: die Bauern zu Michaeli für schlechten Wein zahlen lassen, ob sie ihn getrunken haben, oder nicht, (1460). Also berechtigte Wirthshäuser hießen und heißen zum Theil noch êhafte oder Ê-Tafernen, und ihnen zu lieb suchte schon die alte landständische Gesetzgebung die Errichtung neuer Tafernen möglichst zu erschweren. Kr. Lhdl. VII, 496; XI, 456; I, 234. Reform. LR. Tit. XII, Art. 1. „An dem gurtel, den er vmbtreit, da sullent sluzzel hangen an, bi disen drin dingen do sol man mercken daz er betütet wol einen tabernere; Cgm. 1111, f. 143ᵇ, Conr. v. Ammenhusen, Schachzabel. Der Êtaferner des Klosters Nidermünster zu Schierling hatte auch eine Art Gerichtsbarkeit in Marktsachen, (1444); Cgm. 1535. Heutzutage versteht man gewöhnlich unter dem veraltenden bloßen Tafern schon so viel, als ehmals unter Êtafern, und braucht es fast nur mehr in rechtlicher Beziehung. Die Tafern-Gerechtigkeit, das Wirths-Recht, jus cauponae seu hospitalitatis. Der Tafernwirth. Die Tafernitz, ä. Sp., tabernitium. „So erlauben wir einem erberen man, der sein werd ist, ein tafernitz nur zu vier ürn", Wiener StdtR., Privileg v. 1369, Cgm. 1113, f. 26ᵇ (bey Rauch III, 112: „der sein wirt ist, ein tafern"). „Fürt er herauz welhischen wein, von einer thafernicz geit er XXIIII dn."; das. 35ª. Offene Tafern halten, a) eigentlich. b) figürl. das Haus ist ən offenẽ *Tafern*, es wird nicht gehörig geschlossen und unter Aufsicht gehalten. Dé hàt ən offənẽ *Tafern*, sagt der gemeine Mann von einer Städterinn, die ihm zu viel von ihrem Busen sehen zu lassen scheint. Anmerk. Die Form Tabern mit der Betonung ◡- und unverändertem T (gl. i. 1025: tauernun, tabernas; 350: tauernari, caupo, tabernarius; tavirnare, caupo, Clm. 4606, f. 126. Diefenbach 571ª) muß übrigens viel später in die deutsche Sprache herübergenommen worden seyn, als die elsäßische Form Zabern (-◡) von der alten Ortsbenennung Tabernae. „Zu den dreyen Tauern, im Latein ad tres Tabernas, ist jetzt Zabern", Avent. Chr. 255. Vrgl. Tâfel und Zabel, Tadel und Zadel, wie auch Taur und Tabor.

tâuffen (táffə˜), 1) wie hchd. taufen (goth. daupjan; ahd. doufan, toufan: ih doufu, doufta; mhd. toufen. Graff V, 385. BM. III, 58). abtâuffen, frâutauffen, jæhtâuffen ein Kind, es vorläufig taufen, nothtaufen. 2) in etwas eintauchen überhaupt und dadurch benetzen oder überziehen. „Die Khugel in zerlaßnem Schwebel und Pech taufen . . sie mit Schwebel und Hartz taufen", Feurb. von 1591. Der Tâuff (Táff), das Tauffacrament; das Tauföl oder Wasser. Christenlehr-Frage: Wie viel sind Sakrament? Antwort: Sieben; das erste, der Tauf, ꝛc. „Ihre (der Bierzäpfler 432
und Gäuwirthe) Figur repräsentiert (in Bucher's Charfreit. Proc. p. 24) „den Tauff." „Das heil. Sacrament des Tauffs"; wirzb. Kirchenord. von 1693. „Den 24. May hab ich den Tauf geweiht", schreibt der Abt von St. Zeno in seinen Calender von 1670, was er in andern Jahrgängen benedictio fontis baptismalis nennt. Zauberey treiben mit Wasser als von dem gesegenten geweichten tauff, Dr. Hartlieb, Grimm's Mythol. LXI. Die Tæuff (Táff), die Taufhandlung. Die Neutauff, Chrisamtauff, erste Taufhandlung, welche mit dem, zu Ostern oder Pfingsten neugeweihten Taufwasser vorgenommen wird. In der mhd. Sp. wird auf ähnliche Weise der touf von diu töufe, toufe (BM. III, 57. 58) unterschieden; die ahd. Sp. hat ther douf (Otfr. I, 23,35. I, 26,1), diu tauf, Genit. dera tauffi (M. m. 18. 27); thiu dauffi, (gl. a. 203, i. 466); auch diu doufa (M. m. 113. 118), diu touft (Notk. 73,13), wie es scheint, ohne Unterschied der Bedeutung. Graff V, 386 f. Sand Johann der gotztawffer, s. Gott. Die taufferisch Sect (Wiedertäufer), Chaftord. (sec. XVI. —XVII.), Ms. Tâuffkirchen kommt als Ortsname ziemlich oft vor. Sollten die Kirchen solcher Orte noch aus der Zeit herrühren, wo man nach dem Beyspiele Christi die Taufe noch an Erwachsenen und durch wirkliches Untertauchen vollzog und eigene, kleinere Kirchen, die in der Mitte wie ein Brunnen vertieft waren, hiezu

bestimmt hatte. Solcher, durch eine eigne runde oder achteckige Form ausgezeichneter Taufkirchen, finden sich (nach von der Hagen's Briefen aus Rom: IV, 202. 227. 293) viele in Italien. (Zu vergleichen die ecclesiae baptismales seu oracula in den Legg. Pipini regis Italiae, Tit. XIX). Bis Ende sec. X. wurden die Kinder eines gewissen Bezirkes in eigens dazu bestimmten Kirchen zusammen getauft, zweymal des Jahres, zu Ostern und Pfingsten; (v. Lang). Baptismum publicum constitutis temporibus per II vices in anno fiat. in pasca, in pencosten; post Decreta synodi Niuhingae habitae, Clm. 4639, f. 65. „Ut (clerici) sciant tempora legitima ad baptizandum in anno i. e. sabbato sancto Paschae... aliud sabbato sancto pentecosten"; Aug. eccl. 151 (sec. IX.), f. 7ª. Cod. Fris. O. M. L., f. 32 ff. (unter Bischof Egilbertus, 1007—1033): „In pascha baptizandi", (mehrere auf einmal, also wol nicht eben Neugeborene) Formeln und Vorschriften. „Infantes baptizati minores in brachiis dextris habeantur, *majores* vero *ponant pedem* super pedem dextrum patroni sui", (Firmung); ibid. f. 113. Gemeinsames Taufen „quarta hebdom. in XL^ma^"; Aug. eccl. 209 (sec. XII.), f. 155 ff. Bey Pez, thes. anecd. III, f. 740, kann in einer capella baptismalis getauft, begraben ꝛc. werden; aber das placitum christianitatis und die justicia ecclesiastica gehört ad plebesanam ecclesiam.

Tauferserl. „Der hât den Tûfersær (den von Taufers in Tirol) vertriben; vor dem wær iu niht beliben... sîn kündikeit was manicvalt. Swaz kündiclîch was gestalt, mezzer oder schærel, daz hiez wir Tûfersærel („Tauferserl", die Hs.): alsô sint in Ôsterrîch die liute leider merklich"; S. Helbling VI, 116 in Haupt's Zeitschr. IV, 126; vrgl. p. 268.

Der Teufel (Toifəl, Tuifəl, per euphemismum: Deihhəl, Deigl, Deixl, Deitsch in pfuy Deitsch! s. der Deutsch und vrgl. Zeitschr. II, 504. III, 252,~243~. VI, 272,~19~), wie hchd., (ahd. diufal, diufol, diubil, tiuval, tiual, aus griech.-lat. diabolus, mhd. tiuvel, tievel. Graff V, 392. BM. III, 42. Grimm, Mythol.² 936—982. Cf. goth. theihvo, Donner! Tiefel im Cgm. 136, f. 41. 112ᵇ. 154½. 292). Nach dem Codex jur. bavar. criminal. de a⁰. 1751, 1. Th., 7. Cap., 7. §. wurde „öffentlich oder heimliche Bündnuß oder fleischliche Vermischung mit dem Teufel, oder dessen Anbettung" mit dem Feuer oder lebendiger Verbrennung gestraft. Clm. 929, f. 229, Jesuit. „Nach gemeiner Aussag der Heren sollen sie ab dem teuflischen Beyschlaf kalten Saamen empfinden", Anmerk. des hochgelahrten Freyherrn v. Kreitmayr. „Daß der Teuffl sich auch mit anderwerts auffgefangnen Manns-Saamen, weil er ein Geist ist, und mit angenommenen Leib sich gar wol mit Weibßbildern vergehen kann, ist nur gar zu gewiß aus dem Delrio und andern". Selhamer. 'Besondere Namen des Unholds oder Teufels sind': Fasolt, Mermeut (s. Th. III: Schaur), Titmillus u. a. m. „*Titmillus* daemon qui colligit minutias et partes psalmorum quae elabuntur de ore psallentium monachorum per incuriam"; Clm. 5009 (sec. XV.), f. 143. Grimm, Mythol.² 602. Als Beyspiele der vielen R.A. in denen der Teufel seine Rolle hat, nur folgende: den Teufel auf freyem Feld fangen, entschlossen, beherzt seyn. Den Teufel bey seiner Großmuetter oder bey der Her verklagen. cf. Grimm, Mythol.² 959. Gradweg, wie der Teufel den Bauern holt. Teufel tauschen, beym Tausche nichts Besseres bekommen. Einem den Teufel im Gläslein zaigen, ihm die Hölle recht heiß machen. (Über den Teufel im Gläslein, zu Kaisersheim in der Kirche aufgehangen von dem dortigen Bruder N., der ihn zu Stams aus einer Tochter des Herzogs von Kärnten getrieben, ist Mehreres zu lesen im Cgm. 1998, Art. Kaisersheim). Um vil Teufel nicht, um alles in der Welt nicht. Das hat den Teufel gesêhen, das ist ein äußerst schwieriges, schlimmes Ding. Das müeßt
433 der Teufel seyn, da müßte der Teufel mit im Spiele seyn. Dés is 'ən *Teufel* sei˜ Ofə˜, Stangə˜ ꝛc., d. h. schlecht, nichtswürdig. Dés is 'ən *Teufel* z'schlècht. „Mə˜ muəs 'ən *Teufel* á' ə˜ Liəchtl aufstéckə˜" mahnt an die Jesiden; s. Allgem. Ztg. 1852, Beil. 3. „Der tewfel seinen boten sendet, dô er nit mag komen"; Walfn. 128. Der Feuerteufel oder Speiwteufel, 1) Pulver, mit Wasser angefeuchtet und in ein Klümpchen zusammengeknetet, welches, wenn es angezündet wird, Funken sprühend sich langsam verzehrt, (eine Knaben-Unterhaltung); 2) wer einem Andern böse Gedanken und Anschläge eingibt (einspeit). Der Fleugenteufel, Fliegengift; starker Mensch (von dessen Schlag, Stoß oder Wurf Andere wie Fliegen zusammenfallen). teufelhäftig, teufelmäßig (toiflháfti', tuiflmássi'), teuflisch, außerordentlich, im bösen und wol auch im guten Sinn. t—g schiə'li', schœn, grôß, klain ꝛc. t—g arbeiten, bêten (überaus andächtig). teufelwinnig, mhd. tiufelwinnec, adj., vom Teufel besessen. tiuelwinnig, Cgm. 632, f. 97. Graff I, 881. BM. III, 714. Grimm, Mythol.² 968. Der Teufelsmätterer, (Nptsch.) Hartriegel, cornus sanguinea L. Teufels Hosenbänder, Teufelszwirn, Waldrebe, clematis vitalba, (Zir., Gastein, Golling).

teufeln (tuifln, euphem. teixln), Verb. für verschiedene, allenfalls aus dem Subst. zu erklärende Akte, wobey jedoch andre Wurzeln zu Grunde liegen können. Einen ab-, aus-, fort-, her-, rum ꝛc. teufeln oder teixln, d. h. schlagen, prügeln. anteufeln, anreizen, aufwiegeln. R.A. dás's *tuifəlt*, *teixlt!* das's àlls *tuifelt!* frisch weg, lustig. „Tanzen, springen . . . das's *tuifelt.*" Er hàt gheirət't, dás's *teixlt* hàt.

teuff (téuf, toif, tuif), tief, (sieh Gramm. 296. 921 γ). „Daz dem teuffen Pfannhaus", Lori, BergR. f. 4. „Ist das wasser teuffer worden; teufferes wasser", salzb. Replicschrift gegen Bayern v. 1761, Beylage Nr. Die Teuffen, Teuff (Toiffé, Tuiffé), die Tiefe. „Die Teuff und recht naufart des Wassers", Vertrag über die Salzaschiffahrt von 1431. Gl. a. 127: tiufin, baratrum; 197. i. 217. 295. Otfr. III, 7,~49~. Tat.Matth. 18,~6~: profundum. s. tieff. Teuffenbeck, M. Reichersb. 485. Noch eine Familie Täuffenbach; Fütrer p. 505. Tewfwag. „Die fleischhackher suln haben slahwag un khain tewfwag", alte Münchner Magistr. Verord. von 1427. Wstr. Btr. VI, 152. Doch wol nicht zu Deuf (w. m. s.) gehörig.

tieff (tiəf, tiəft, opf. têif, têift), wie hchd. tief; (Otfr. V, 6,~2~. diaf, adj.; III, 3,~28~. III, 7,~35~. V, 23,~266~: diofo, adv.); s. deuff, welches nicht minder üblich ist. Graff V, 387. BM. III, 34. Obstinatio, virtieffen; Clm. 9537, f. 180.

toff, tofft, toffig, tüffig, adv., (um Münch., auch schwäb.) heftig, hurtig, stark. Dà gêts *toffi*, (z. B. das Wasser), da fließt es schnell, stark. Dèn niətmə' *toffi*', den prügeln wir tüchtig ab. Då wird au'm Tanzplatz a *toff*'r Landla' gstrampft", Kartsch II, 30. Castelli, Wbch. 111: „doff, pfiffig, zu Allem aufgelegt, Alles mitmachend", p. 279 als jenischer Ausdruck gegeben. Vrgl. niederd. düftig (tüchtig?), heftig; Firmenich I, 292,~39~ (Münster). deftig, stark. das. 176,~28~ (Braunschweig); stolz, vornehm, ansehnlich, vortrefflich; das. 65,~22~ (Hamburg). düfenlichen (fechten ꝛc.); Rosengarten 1710. 2157. Cf. sskr. tup, tutôpa; griech. τύπτω, τέτυπα; slaw. tepati; holl. doffen, schlagen, stoßen; 'mhd. tüften; BM. III, 127.' „Gar oft ich tafft in solchem wan und lig in dem senenden rigel", Cgm. 714, f. 75ª; '(hieher?).' Cf. gl. i. 106: urtoffi, temeritas. Mit Otfrid's dufar, acerbus, durus (II, 22,~29~. IV, 31,~6~) oder dem kithuftithot, exprobrat, exacerbat, der gl. a. 244 ist wol kein Zusammenhang. Cf. Graff V, 385: toffi u. 422: urtolfe.

Der Toffel, Pantoffel.

Der Tuff, Tuffstain, Tuft, Tuftstain, (a. Sp. tubstein, tufstein, tupstein. Graff V, 350.

385. BM. II, II, 616. Grimm, Wbch. II, 1199. 1497. Zeitschr. IV, 456), der Tof, Toffstein (bey Adelung), franz. le tuf, lat. tophus. s. Tauchstain und Tugstain. Der Nageltuff, Nagelfluh, breccie, (Flurl, Beschrbg. d. Gbrg. 22). tufften, adj. „Den weyer im neuen garten mit tufften gewächs einzefangen, hat N. und N. jeder ein fueder dergleichen gewächß zum Muster hereingeschickt aus dem Müllthal“ (Abmstain, Dietramszell); Cbm. 2225, f. 71. Tufften stürtz, gwenger und solstuckh zu den fenstern, (1613); Cbm. 2224, f. 191. Tufftene tridt (Stufen) rc. das.

'Der Tuffer, ein Loch in der Erde unter einer Mauer, welches gegraben wurde, um den Einsturz derselben zu bewirken; BM. III, 133.' Frisch II, 394ª. Ottokar 427ᵇ. Die zît er dô brinnen sach ein fiur in dem tuofær (tuoffer) vor dem luoc; daz was im swær“; S. Helbling I, 718.

---

434 Der Tag (Tàg, Tà', tonlos in Compositis: də'), plur. die Täg (L. Tág, St. Têg, mitunter auch Tag, (Tàg), wie hchd. eig. und fig. (goth. dags, ahd. tag, mhd. tac. Graff V, 353. BM. III, 2. Dag verschieden von lat. dies; doch dieses verschwistert mit Deus, Zeus, sub *diu*, Tiu, Ziu; sanskr. dju, dies, Dêvas; lett. dews, slaw. den, dies. Grimm, Mythol.² 697).

Der zu einer Unterredung, Verhandlung, Zusammenkunft angesetzte Tag; die Unterredung, Zusammenkunft, persönliche Unterhandlung selbst, sie mag nun blos einen oder mehrere und viele Tage dauern. „Einen Tag ansetzen“, „einen Tag halten“, „einen Tag laisten“. Kr. Lhdl. III, 277. IV, 140. Taglaistung, comitiorum celebratio; Prompt. v. 1618. „Irgendwo beyeinander zu Tag seyn“, Kr. Lhdl. I, 17. Zu einem Tag kommen. „Ohne End von dem Tag abscheiden“, unverrichteter Sache auseinander gehen, Kr. Lhdl. III, 155. „Etwas zu Frieden und Tagen bringen“, (zu einem Vergleich bringen); Kr. Lhdl. II, 119. Der Heiratstag, das Eheverlöbniß, (b. W., Fichtelgebirg). Der Hoftag, Verhör vor dem Hofgericht; Hofrathsordnung v. 1624. So der Landtag, Reichstag, Gräfentag, Churfürstentag rc. s. tägen und Taiding. Als fatale Tage werden im Cod. Ald. 253, f. 114 angegeben: der 1. April, 1. August und 31. December. „An dem urtägleichen tag“ (jüngsten Tag), Suchenwirt, Cgm. 1113, f. 97ª; '(bei Primisser Nr. XXXIX, 165: „an dem urtaleichen tag“, urteillichen, d. i. am Tage des jüngsten Gerichtes; BM. III, 2ᵇ. 23ᵇ).'

Noch im b. Militär-Reglement von 1754 kommt das deutsche Tag in der Bedeutung des heutzutage bey der b. Armee allgemein gangbaren oder vielmehr geradebrechten franz. jour (die Jour, 'aus: être *du jour*') vor. „Es hat allezeit 1 General-Lieutenant, 1 General-Major, und 1 Brigade-Major den Tag“, wie wir jetzt sagen: hat die Jour. „Der General-Major vom Tag“, du jour (jetzt: von der Jour). „Die Officiere vom Tag“; a. a. O. p. 231. 232. 244. 253. Vrgl. Zeitschr. V, 143,4.

ä. Sp. Ze seinen Tagen kommen, 1) mündig, majorenn werden. In der Beylage Lit. F. zur churbayr. Ded., das Landgericht und Herrschaft Hirschberg betreffend, heißt es: „mag der Landrichter selbs das Gericht nicht besitzen, so soll er einen freyen Herrn an sein statt setzen, der zu seinen Tagen kommen sey, (d. i. 24 Jahr alt sey). Grimm, d. RA. p. 412. 414. 416. 'betaget, ein gewisses Alter habend; BM. III, 10.' Si ist der jâre wol betaget, vol wahsen und schœne genuoc“ (Isôt diu wîzgehande), mannbar; Heinr. Trist. 3870. Vrgl. Zeitschr. III, 250,64. 419,574. IV, 276,3. 2) durch Alter gleichsam wieder unmündig werden. „Wenn der man zu seinen tagen chömen ist. Sümleich läwt iechent, so der man sybentzyg jar alt ist, so hab er sein recht tag seines alters. Das ist nicht. Wir ertzewgen mit dem Salter wol und mit ander geschrift, daz der man zu seinen rechten tagen kömen ist, als er achtzigk jar alt ist“; L.Recht. Ms. v. 1453. „Zacharias und Elsbet waren beidiu chomen ze ir tagen“, Evangel. sec. XIII. Aus dieser 2. Bedeutung ist wol das hchd. Adj. betagt, (getagt, Ried 936) zu erklären.

Mein, dein rc. Tag, d. h. das Fest meines, deines rc. Namenspatrons, mein, dein Namenstag. Dèn is sei~ *Tàg* zwaəmàl i~ əenə' Wóchə~, der bildet sich was ein. Einer den Tag ansingen, ausrufen, (von jungen Burschen) an ihrem Namensfeste, ehe es noch tagt, vor ihrem Haus ein geistlich Lied, gewöhnlich zu Ehren ihrer Namenspatronin, singen; (Baader). Den Tag anläuten (auf dem Lande), oder anblasen (z. B. vom Petersthurm in München; nach MB. XIX, 152, schon a⁰. 1448), an festtäglichen Morgen vor dem gewöhnlichen Ave ein besonderes Zeichen geben. R.A. täglichs Tags (tegli's Tàgs), einen Tag wie den andern, alle Tage. (Nptsch.) Tàgəztàg, von Tag zu Tage. 435
„Zestag“, (Teisendorf, nach Hübner p. 151), eines Tags, an einem ungewissen Tag; cf. ibid. p. 251 das ebenso erklärte: „am änstag.“ Zu Tagen (ä. Sp.), nächstens? „Und mag hute oder zu tagen einiges Recht darwider angezeigt werden“, Kr. Lhdl. XIV, 302. „Er hoffte daz hute oder zu tagen mit luten zu erweisen, den daz wissentlich were“, MB. XXIV, 640. 'talanc (aus tac lanc), verderbt in tolang, tolung, taling, talast, ä. Sp., den Tag hindurch, von nun an, jetzt. Grimm III, 99. Wbch. II, 698. Zeitschr. III, 31. BM. I, 931.' „Des geniuzestû tâlanc“ (tolanck) S. Helbling I, 1205. „Was wöll wir tolung diser mær?“ Cgm. 714, f. 82. „Ir künt mich tolung (nie?) herawß treiben“, (fehlt wol die Negation); das. f. 135. „Nu wil ich tolung rwen than, bis ich in aber funden han“; das. f. 220. „Ir scholt nun tolung davon traben“; das. f. 332. „Das ich nu solt tolung alle tag für den münch traben und zelten“, Rosenplut; das. 332. „Meiner linsen schult ir tolast enpeyssen“, (sollt ihr nie beißen, kosten), sagt die Linsenfrau zum spottenden Käufer; das. f. 405. „Der wirt mit zorn sprach: wiltu mich nit tolast laßen ein?“ Cgm. 713, f. 115. s. Grimm, Wbch. II, 697: dalest. „Wan man ain dolung nit gerainen mocht“ (1392), Freyb. Samml. II, 105 (s. Th. III: der Rain). „Daz ich hoffe, ez verste ein iglicher und wir alle nu dalanf gruntlichen wol und furbaz ie lenger ie baz“; Gunther Münzmeister von Bamberg zu Nürnberg; Clm. 46, f. 49ᵇ. „Ich glaub, er sy nun talung auf dem beg, e crezo chel sia in via *anchome*“; Nomencl. veneziano-todesco, Ms. v. 1424, f. 93. „Du hast mich ye wol plagt und kröst nundaling fast auf dreißig jar“; H. Sachs 1560: II, IV, 29. „Kund doch nirgend kain arbait haben nundaling in das dritte Jar“; das. 1559: II, IV, 46. (1612: II, IV, 119). „Dät well wi *dolleng* („heute“) höpe“ (hoffen), Helgoland, Firmenich I, 8. „He is *dalling* (dallje) en Queesenkopp“ (er ist heute eigensinnig), Hildesheim, das. 185,21. Vrgl. jârlanc: „Der winter wil ons jaerlanc mee dwingen“; Willems, oudvlæmsche Lieder, p. 22. 'nachtlang, ä. Sp., diese Nacht (hindurch); BM. I, 931.' „Gench nahtlanc ze dînem hûs“, Kaiserchron. 10748. „Juwer dink stat nahtlank wol“; v. d. Hagen, Ges. Abent. LII, 37. über Tag, den Tag über, immer; täglich; BM. III, 2. H. Sachs 1612: I, 466. 1056. II, II, 79. 122. II, IV, 109. III, III, 115. 116. „Das jhn die reichen burger vast all über tag luden zu gast“; das. 1560: II, IV, 79ª. „War mit ich über tag geh umb“; das. III, III, 8. „Auffs langst uber zween tag“; das. III, III, 75.

'Die Tagalt, ä. Sp., Spiel, Scherz, Zeitvertreib (aus tag und altî; Graff I, 197. BM. III, 10).' „Josep und sîn gesinde wâren der tagalt ungewon“; Kindh. Jesu, Hahn 83,7. „Ob durch tagalt ein keiser jagen wolte“; Labr. 64. Tagalt wil haben schaden oder frumen; das. 240. Erdenken und erfinden tagalt vil und weidelicher sache"; das. 351. „Dîn tagalt wær wilt morden, das. 419. „Die tagalt ich wol lîde"; das. 432. „Waz da tagalt möchte machen"; das. 443. „Durch tagalt wolt ich gerne mit einer schiehen hinden schelklich rîten lerne; das. 491. „Fürwâr ich wolt ân Triuwen nicht jagen, noch bei keiner tagalt wesen"; das. 567. „Wolt er durch tagalt valken sehen fliegen"; Valkn. 50. „Sol im sein tagalt unbeschalket bleiben"; das. 65. „Seit daz du nit wilt lazen, du wollest durch tagalt baizzen"; das. 67. „Die sich der tagalt nit lôn verdrießen"; das. 129. „Also treibend (die Pfaffen) am feyrtag die tagalt und ist die sund zwisalt"; des Teufels Segi, Wallerstein. Cod. „Kurzweil treiben mit pirssen, paizzen, mit jagen und waz zu tagalt gehort, MB. VII, 238, ad 1332 (Ettal). „Man weret den seinen mit habichen und anderer tagalt ir waidwerk zu treiben", (1392); Freyb. Samml. II, 106. „tagalten ist dicke guot, swerz niht mit unmâze tuot"; d. w. Gast 10389. — „Man vindt noch mangen tagalter getrewen"; Valkn. 61. Das tagalter gehaissen wurd ich von schulden nimmer"; das. 105.

Das Tagbau (⏑-), (Hbn. Salzb. p. 152) Ackermaß, ohngefähr so viel als man mit 4 Pferden des Tages bestellen kann, oder 40,000 Quadratschuh. Nach V. v. Moll, im Zillerthal, nie weniger als 55,000 □Schuh; hingegen gibt es deren von mehr als 70,000 □Schuhen. Das Tagbau = 40,000 □Fuß; das alte Tagbau 60,000 (Jir.). Das Tagding, Tägeding, ä. Sp., s. Taiding. Die Tagfart, Tagsfahrt, anberaumte, besonders gerichtliche Zusammenkunft, Verhandlung. Der Tàgshand·l, Proceß, (b. W.). Der und das Taglôn (Tàglə˜), der Taglohn. s Tàglə-r-árbətn, um den Taglohn arbeiten. Der Tàglə' (Nptsch.), der Taglöhner; jeder, der zur Miethe wohnt. Das Tagmâd (Taməd, Lech. Zeitschr. IV, 322), so viel Wiesgrund, als an einem Tag gemäht werden mag. s. Adelung: Demat. Grimm, Wbch. II, 918: (v. deo). Die Tagwaid, ä. Sp., Tagreise, s. Waid. Tagwan, tagewenden, s. Wan. Das Tagwerk (Tà'werch, Tà'wer', Tà'wə'. Zeitschr. VI, 468. V, 39,28. 363). 1) wie hchd. Tagewerk, (gl. a. 512: dagawerch, „diarria"). Das Tagwerk oder im Tagwerk arbeiten, um den Taglohn, als Taglöhner arbeiten. 2) Wiesen- oder auch Feld- und Wald-Fläche von 40,000 Geviertschuhen, Forstord. von 1616, Art. 82. MB. XI, 366, schon ad 1289. Vrgl. mittellat. dieta: „Quinque dietas prati prope Kutzholz et unam dietam prope Mastaw . . . unam dietam agri prope Wundreb", Waldsass. Urbar, Cbm. 91, f. 59. Ducange II, 850. Diefenbach 180c. 3) was Heiratstag, Stuelfest, Eheverlöbniß. L.R. von 1616, f. 567.

`tagen, ä. Sp. betagen, vrb. act. u. ntr. a) wie hchd.´ „Das wil ich Got von himel klagen, das ie solt der tag betagen (daß je der Tag angebrochen), der uns so vil unrechtes bracht"; Cgm. 379, f. 80 (270, f. 115). „Er slief unz ez hôhe wart betaget"; Helmbr. 1047. Cf. schwed. det blir dager, es taget; „dagern (das Tageslicht) i en gulaktig färg bröt sig igenom den rörliga wattenkolonnen"; Kolarflicka 148. Vrgl. ahd. tagarod; Wackernagel, Wbch. b) zu Tage kommen, erscheinen, sich zeigen. „Wer von versagen wil verzagen, dem mag wol nimmer lieb betagen; man müß gestunden yeder zeit, vergâhen dicke schâden geit"; Cgm. 379, f. 45 (270, f. 85). „Bezzer lant nie betaget in der grœze sam Ôsterrîch, ân daz die liute unordenlich lebent"; S. Helbling II, 56. c) den Tag zubringen, bleiben. „Neinâ, herre, (sagt der abgewiesene, um Nachtherberge flehende Blinde) lât mich betagen, ich wil iu sagen, wie ich bin genennet"; Helmbr. 1733. d) tagen, tägen (tágng), einen Tag bestimmen, anberaumen; Diut. II, 205: citare, dagen. e) auf einen bestimmten Tag zusammen kommen; verhandeln, unterhandeln. Tägen mit Einem, placitare, pacisci, convenire. f) besonders: (U.L., b. W.) einen Rechtshandel vornehmen, einen Rechtsstreit führen, processieren, dicere causam; (b. W.) streiten, zanken überhaupt; (Chemiker Fuchs zu Neuberghausen beym Kaffee, 9. May 1847). Austágng, ə˜ Sach au'i tágng so lange fortprocessieren, bis die Sache erledigt wird. „Es thäte nicht Noth, daß er da mit seinen Unterthanen tagte, die er selbst zu strafen habe, und sonst niemand", Kr. Lhdl. XI, 464. „Hett als lang geklagt und getägt, das man Im solt zu antwurtt komen", MB. XIII, 417, ad 1398. „Und was wir wider das alles mit dem Herrn zu F. wolten rechten, tägen oder fürkomen", MB. IX, 282, ad 1455. XXV, 56. „Als sy nächst vmb die Sachen vor meines gnädigen Herrn Räten getegt hetten", ibid. 46, ad 1455. „Was wir mit im des guts wegen rechtoten, kriegten oder tägtten", MB. XXII, 428. g) (Nptsch., O.Pf.), sprechen, plaudern, besonders im Geheim. Wàs hàuts mitənan'ə' *'tákt?* Mə˜ hàut schou˜ lang davə˜ *tákt*, man hat längst davon gesprochen. „Nun wollen wir nit länger tägen, sondern dein Alte lassen mit ru", H. Sachs 1612: I, 1064. h) tagen, betagen, vertagen Einen, ä. Sp., ihm einen Tag bestimmen, an welchem er sich zu stellen, einzustellen hat. „Einen be- 436
tagen auf Recht", Ried 912. „Einen für die Schrannen betagen . .", „Streitige Lehenleut für iren Herrn betagen." „Die sol man betagen für iren herren und sol jn der tak geben", B. L.Rcht., Ms. v. 1453. „Ob ainer aufs Clagers anrueffen ervordert und vertägt wirdet", Ref. L.Rcht. „Man scholt in betegen hinz Munchen in ir Closter für ir maisterschaft", MB. XVIII, 679, ad 1357. Einen oder Einem fürtagen (vorladen), M. St.R., Art. 3. „Einem tagen auf das nächst tâding", das. Art. 87. sich betägen auf seinen Gewêren, MB. X, 551. 552 (eine Erscheinung vor Gericht mit seinem Gewährsmann provocieren?). Einen Gefangenen betagen, ihn entlassen nach abgenommener Verpflichtung, sich an einem bestimmten Tage an einem bestimmten Orte selbst zu stellen, ad dies revertendi dimittere. „Doch daß die ehrbaren Gefangenen nach Fürstenkrieg-Gewohnheit und nicht anders gehalten und betagt werden", Kr. Lhdl. II, 31. . . „Ist Kunz von Auffess von Herzog Christophs Dienern gefangen, und gen Aichach geführt worden und da in Herberg betaget" . . ibid. VII, 453. 455. 456. „Die mit Gewalt in die Dörfer und Häuser einfallen, mordeten, brennten, raubten oder jemand fiengen, mit ihnen wegführten, anbänden oder betagten", ibid. XVII, 148. „Die Inwohner zu morden, zu berauben, zu brennen, zu fangen, hinzuführen, zu schätzen, zu benöthigen oder zu betagen", ibid. XVIII, 398. „Auch sollen die beiderseitigen Gefangenen bis Thomä betagt werden, die ehrbaren auf gewöhnliches Gelübde, Bürger und Bauern auf Burgschaft", Gem. Reg. Chr. III, 349, ad 1461. IV, 48. „Die eroberten oder nidergeworffen Beschädiger und ublthäter sollen die Ambtleüt kainswegs betägen noch ledig lassen, sonder fenglich zu recht annemen", L.Ord. v. 1553, f. 193; v. 1616, f. 724. cf. Kr. Lhdl. VII, 456. . . „Wo dieselben Herrschaften solche Thäter zu peinlicher Strafe nicht gefanglich annehmen und einlegen wollten, sondern sie zu betagen und in Gelübde zu verstricken vermeinten", Kr. Lhdl. XVIII, 400. i) betagen Einem etwas, ä. Sp., `es ihm an den Tag geben, kundgeben, mittheilen´; zutheilen, bescheren. „Sichstu pey einander steen zween oder drey, so lauff hinzu, los was si sagen und haiß dir auch die sach betagen"; Cgm. 270, f. 176b. „Dem chaiser Augusto wer Ern vil betagt", Hornek. „O meit! o sueze, reine meit! o meit von der uns ist beteit selde und ewiger freuden trôst"; Renner 13055.

Der -tag, des -tagen, in den Compositis: Saumtag, Siechtag, Wêtag, (Versäumniß, Krankheit, Schmerz), erklären sich nicht ganz leicht aus obigem Tag. `Vrgl. mhd. der tage, des tagen (in Compositis); BM. III, 2. 5: lebetage. 7: siechtage. 8: wêtage.´ „Mîn tage (die Niederkunft) unverre lît", Gregor 342 `(Lachmann: tac).´ „Dô im der mitter tage `(Lachm.: tac)´ quam"; das. 937. „Sins herzen ruwetage zerstoren", Br. Berhtolt 70 (Pfeiffer 272,22). „Man sol jm sein Saumtag ablegen"... „den Saumtagen püʒʒen", die Versäumniß vergüten, Ms. v. 1332. Wstr. Btr. VII, 29. MB. V, 482. „Den lebetagen sin", vitam suam", Lachmann's Auswahl 204. „Beserung des siechtagen, crisis"; Voc. v. 1429. „Der den Wehtagen nicht mer leiden mocht", Avent. Chr. Die heutzutage im Dialekt übliche Form: der Wêdeng, Wêding, Wêdung (schon in Avent. Chron. f. 265: Wehtung), Wêdəm ist wol, nach Gramm. 579. 613. 614, aus Wêtagen zusammengezogen. Vrgl. Grimm II, 490. „Aqua vitae wendet den siechtung . . . mer wendet es den wehtung der Zeen"; Cgm. 4570, f. 49. Wôltage, ndrd. wêldage, Wohlleben. „Woltage seind fehrlicher zu tragen den böstage"; Seb. Frank. Stalltage, s. Th. III: stallen. Wackernagel's Wbch.: irretac, Irrthum. niedersächs. Krankedage, Rikedage. (Reichthum); Dönekenbök 180. „He hadde rikedage noug" (Reichthum genug), Braunschw., Firmenich I, 178,13. Ahd. nachottago, nuditas, mhd. nacketage; Graff V, 359. BM. III, 6. Braüntag, festoccia; VII Com. Zicktag, s. zicken. -tag in Personennamen, s. Graff V, 362. Förstemann I, 324. Grimm, Mythol.^{2} 202.

437 Tag. „Kron von Tag", — weil die Steine à jour gefaßt (?); v. Lang, Ludwig im Bart. s. Dock.

Taga, in ältesten Urkunden das Flüßchen Alg, (Caplan Heiß, 25. Oct. 1842); Förstemann II, 58: Alzissa. Vrgl. Tagahartinga, Tacherting; Förstemann II, 400.

Der Taig (Taəg), wie hchd. Teig; (Graff V, 377. BM. III, 19). Taəgaff! Schimpfname gegen einen feigen oder unbehülflichen Menschen. taig (taəg, taə'), adj., von Obst (besonders Birnen, Mispeln): weich, klebrig durch innerliche Auflösung, welche der faulen Gährung vorangeht. taigig, taiget (taəggəd), hchd. teigicht. langweilig, träg; noch unentwickelt an Wesen oder Geist, (Baader). gedeiger, (Zips) mürber, nachgibiger.

tâugen, adj. u. adv., ä. Sp., heimlich (Graff V, 373 ff. BM. III, 58 ff. gl. a: 147. i. 466: tougno; Tat. tougolo; Otfr. gitougno, clam, occultè, tacitè). „Das er seine wort so taugen nicht mochte getaugen"; MB. XII, 92. „Enzian an die taugen stat der frawn mit ein chleister (Klystier) gelassen, das pringt von in die aftern gepurd"; Clm. 5931 (XV. sec.), f. 201. 204. 223. „Die (fraw) bestreich sich (damit) umb den navel und die taugen stat"; das. f. 206. „Des mannes taugen stat"; das. f. 211. „Ich wünsche in mînem herzen, daz güter frouwen ougen wol sæhen âne smerzen in aller minne gernder herzen tougen"; Labr. 441. (Die Wiener) „gar taugenlichen vor den rat zusamen giengen fru und spat"; M. Beham, Wiener, 22,11. „Das roß erschlûg man ze hand, das man es togenlichen schand"; Cgm. 270, f. 65 (379, f. 28). „Ich lûgt in zû gar tougenlich"; das. f. 69 (f. 33). 'Das Täugen, ä. Sp., Heimlichkeit, Geheimniß; BM. III, 59.' „Das taugen der taugenn Aristoteles", secretum secretorum; Clm. 17188 (XIV. sec.), f. 97. „Bentonica (?) als ain phlaster auff das taugen gelait"; Clm. 5931, f. 211. „In den haimlichen däugen des ewigen lebens"; Ind. 122, f. 26. „Sand Johannes in dem puech der taugen"; Clm. 5987 (XV. sec.), f. 208. „Das puch der taugeneye"; Cgm. 291, f. 70^a. Die Täugenhait, archanum, mysterium, (in der a. Sp. auch tougani, touganessi). „Indem zu zeiten wider den gewöhnlichen Lauff der Natur auß göttlicher Taugenheit große und wunderwerckliche Zeichen erscheinen", der heil. Berg Ander, p. 72. Bey Tatian II, 11: tougilon, als Verb., occultare. Bergmann, Walser p. 97: töga, adj. u. adv., gebückt und schweigend; töga, vertögen, sich heimlich wohin verlaufen. „Dein ruk der wirt dir ußgebogen (im Alter), dein leib der begint dir tögen (?) und gegen der erden nîgen, ê du den hin wirst sîgen"; Cgm. 379, f. 3.

taugen, wie hchd. In den Ingolst. Reimen v. 1562 kommt noch das, unter die ursprünglichen Präteritumformen von Gramm. 928 gehörige tâug (valet) vor: „On eßen nyemand taug." S. Grimm I, 882. 962. Gesch. d. d. Spr. p. 906. Graff V, 369. BM. III, 54: Praes. Ind. touc, Conj. tüge; Praet. Ind. tohte, Conj. töhte. „Ezzen taug ân trinken niht, trinken hât mit ezzen pflihṫ"; Renner 9806. „Warheit taug gen hof nicht mer"; Cgm. 713, f. 228. „Granus hat auf dem kopf ein aug, der fisch gar nicht zu essen taug"; H. Sachs 1612: II, II, 224. „So taug er zu keim boten nicht"; das. 1560: V, 406. (1612: V, III, 140). „Daug diser beltz zu waschen noch?"... „Da bring ich einn, schaut ob er tüg"; das. 1560: V, 368 (1612: V, III, 63. 64). Dreitägiger Fisch (sc. Gast) taug auf kainn Tisch; Seb. Frank, 1601, p. 14. „Was töchte ein man, er thett dan menlich"; Clm. 12296, f. 225. 'Österreichisch taub·n (= taug·ng).' „Drum han i án Schatz, der má' go' nöt wol *taubt*"; Stelzhamer 58. 182. „Af'n Then *taubt*·s 'n Ratzen und Spitzmäusen rund"; das. 69. taugət, adj. „Vo˜ weithæə' vo˜ g·nauget sán' s· kemə˜ af d· Frei; əəm is kaanə' *tauget*"; Pangkofer p. 180. taugbar, taugsam, wie hchd. tauglich, dienlich. Cf. a. Sp. dechisto? deganô dechisto (niederd., Hildebr.); agſ. dohtig: „Hacon se dohtig eorl", the doughty earl; Sax. Chron. 1030; niederd. dêg (Zeitschr. II, 540,117. IV, 132,80. V, 53. VI, 57): „So kann eck mi ə *degə* (gut, tüchtig) Pannkock backə", Königsberg, Firmenich I, 103. s. oben dige. Vrgl. Tugend, tochte und tüchtig.

Der Tegel (opf. Tigl), Thon, Lehm; Geschirr, Tiegel (Graff V, 378. BM. III, 19. Grimm III, 380. I^3, 188. Zeitschr. III, 344). „Also der tegel, tanquam testa", . . . „sone demo fiure irhartet der tegel", Notk., Psalm XXI, 16. „Tegel- oder Scherbenliecht", Mandat wider Aberglauben (v. 1746). „Der (Ader-) lasser jhn mit dem laßdegel brennt", H. Sachs 1560: IV, III, 88 (1612: IV, III, 190). tegeln, 1) austegeln, vertegeln, mit Lehm verstreichen. Einen Dachbrunnen austegeln, ihn mit Wänden aus sehr fest gestampftem Lehm versehen. 2) überhaupt in oder mit zäher Materie herumschmieren, klecksen, englisch to daggle; fig. eine schlechte Hand schreiben. Castelli, Wbch. 103: der Dägl, Töpferthon; dagln (tákəln?), beschmieren, besudeln. „Hä˜ gnapfəzt und '*dáglt* und 'Tint·n və'schütt" (in der Schule), Luber's Napfezer in Kaltenbrunner's oberöstr. Jahrb. 1844, S. 155. „Iətzt *dägeln* s· bald än Nöbel drein (in den Kalender), bald truckä und bald nafs"; Lindermayr 157. „Daß untüchtige Maler das schönste Porcelain mit ihrer ungestalten Tägleren verwildern"; Härtl v. Hartenstein, Cgm. 3750, f. 72. Grimm, Wbch. II, 895. Zeitschr. III, 344. IV, 444. Dieses tegeln (auch tägln und dekln) gehört vielleicht näher zum Stammwort von Tegel selbst; s. Tahen.

tigen, saugen; s. deien.

tigen, bitten, flehen; undertigen, fürbitten (vrgl. unter daze); s. oben digen.

Das Tigew, s. Th. II: das Gäu.

Die Tugend (Tugə'd, Tuhhəd), 1) wie hchd. (ahd. tugad, tugunt; mhd. tugent. Graff V, 371. BM. III, 55. Notk. 62,3: tugend, sonst dugeda, adj. dugedig: 64,13. 61,10); doch mehr der Büchersprache eigen. 2) Eigenschaft. Dés is ə˜ schiəhhé *Tugə˜d*, eine häßliche Eigenschaft. Zeitschr. IV, 456. 'tugentlich, adj., tüchtig; BM. III, 56.' „Das . . . gesotten und getruncken purgirt tugentlich"; Cgm. 4543, f. 53. tugenthaft, ä. Sp., laudabilis, honestus; s. Grimm in Haupt's Zeitschr. VI, 186 f. s. taugen.

Der Tugstain, s. Tauchstain und Tuff. „Salpeter suchen bei brüchen der tugstain oder sunst in stainhulwen"; Cgm. 4902, f. 8 (v. J. 1429).

Der Tâhen (Tàhhə, Nürnb. Tâ'ə˜), opf. Tâhel (Tàl'), der Thon, (goth. thahô, fem., πηλός, Röm. 9,21; ahd. diu dâhâ, mhd. dâhe. Graff V, 104. BM. I, 299. Grimm III, 380. Wbch. II, 677. Castelli, Wbch. 103: der Dågl, Dögl. s. Gramm. 498. 499). „Wein mit andern Sachen als Tahen, Milch, Salz und Eyern zu temporieren, war verboten", Gem. Reg. Chr. III, 188, ad 1450. „Tah oder lett oder mergel", Voc. v. 1482. Glis, tahel, Voc. v. 1445. Glis, thahel, Semansh. 34, f. 192. Testa, ein daha; Cgm. 17, f. 35b. Ps. 21,16. Dah, daha, argilla, gl. o. 267. 351; daha, testa, gl. a. 489. i. 276; dahun, testae i. 328. 905; dahiner, testaceus, fictilis, a. 597. 686. i. 234 ꝛc. „Also daz uaz der dahen zebrichest du sie", sicut vas figuli; Windb. Ps. II, 9. cf. Tegel. Eisentahen, (um Passau) Graphit mit Eisenocker vermengt, gleichsam Eisenthon; Flurl, Bschr. d. G. p. 305. Mauthtarif von 1819). „Das haubt von golt, der pauch glockspeis, der fuez eysentachen"; Cgm. 414, f. 120. Tèhhl, Schusser aus Thon: tèhheln, damit spielen; (cf. Th. II: Marmel). s. dècheln.

Die Teuhel, Brunnteuhel, s. Teuchen.

---

438 Der Tâl, (OPf., Wldsass.), Hafnerthon; s. Tâhen.

Das Tal (Tàl, Tàj; Dimin. 's Tálé, plur. Tálən; Baader), wie hchd. (Graff V, 396. BM. III, 11. Zeitschr. IV, 443. Grimm III, 395; seltener auch masc.: „ther nol then dal rinnan", Otfr. I, 23,23). ze tal, gegen tal, gen tal, adv., abwärts, (altfranz. a val); (am Rhein und Mayn) gegen tal, zu tal faren, auf dem Fluß, was an der Donau: naufaren. Dort: der Talweg, was hier: die Naufart: (s. Au). talicht, adj., „Ein talächt ort, darein sich feuchtigkeiten senken"; Dr. Minderer 1620, p. 28. Der Thölderer, (Passeier) Thalbewohner; Staffler's Tirol I, 117.

Der Taler (Tâlə', Tàlə'), wie hchd. Thaler. Dieses Wort ist durch eine fünffache Ellipse aus der ursprünglichen Bezeichnung: Joachimsthaler Gulden-Grosch-Pfenning entstanden. „Dem gab er einen Jochimsthaler, daß er wer der sackpfeiff ein zaler"; H. Sachs 1560: V, 410. (Siehe: Pfenning, Groschen, Gulden, Guldener). Aus den in Lori's bayrischem Münzrecht vorkommenden Urkunden ergibt sich, daß der Thaler ursprünglich (a⁰. 1535 circa) einen rheinischen Gulden oder 60 Kreuzer Münze gelten sollte. Er stieg aber von a⁰. 1538 bis 1564 auf 64, 68, 72 Kreuzer Münze; (I, f. 210. 219. II, f. 2. 21). Cf. Kohlbrenner, Beiträge ꝛc. 1783, p. 34 ff. 52 ff. 59 ff. 79 ff. „Medius spricht: Ach, ich muß heut zwölf gulden han, oder in den schuldthurn gan. Lucius gibt jhm thaler und spricht: Mein Freund, ich wil selb sein dein zaler; da hast du gleich eilfthalben thaler"; H. Sachs, der halb Freund (geschrieben im J. 1551), 1612: II, II, 80. Durch den Reichstagsabschied von 1566 (II, f. 10. III, f. 58) wurde die Prägung von Thalern zu 68 Kreuzern, je 8 Stücke aus 14 Loth 4 Grän cöln. fein Silber, unter dem Namen Reichsthaler angeordnet. Dieser Reichsthaler galt a⁰. 1594 an Münze statt 1 fl. 8 kr. bereits 1 fl. 20 kr.; 1609: 1 fl. 24 kr.; 1615: 1 fl. 28 kr.; in den Kriegsjahren 1620—1622: 2 fl. 20 kr., 2 fl. 40 kr., 3 fl. 15 kr., 7 fl. 45 kr., ja sogar 10 bis 11 Gulden, (II, f. 162. 250. 279. 305. 321. 327. 331. 341. 344. 449). Das Prompt. v. 1618 sagt: „Thaler, decurtatum a Jochamsthaler, est cruciferorum 72." (Über dieses seltsame Steigen und Fallen von 1609 bis 1623 enthält Cgm. 3720 hinten eine gestochene Tabelle „der lachend und wainend Münzlegat" mit Kupfer und Reimen, welche einem Democrit und Heraclit in den Mund gelegt sind.) Er galt v. 1623 bis 1678 abwechselnd 1 fl. 30 kr., 1 fl. 12 kr., 1 fl. 36 kr., 1 fl. 45 kr. A⁰. 1693 bis 1737 stand er auf 2 fl., a⁰. 1750 auf 2 fl. 8 kr.; (II, f. 345. 350. 425. III, f. 41. 49. 53. 111. 128. 130. 204. 223. 231. 235. 295. 321. 330. 339. 342). Nach der bayerisch-österreichischen Convention v. 1753, die feine Mark Silber cöln. zu 20 fl. zu vermünzen, trat der, von da an sogenannte Conventionsthaler in die Stelle des Reichsthalers, welcher als Species in den obern Reichslanden aufhörte. Es wurden dieser Conventionsthaler zu 2 fl., je 10 Stücke aus der cöln. Mark zu 13 Loth 6 Gran fein Silbers geprägt. Aus der, nach Widerrufung dieser Convention von bayrischer Seite a⁰. 1754, vorgenommenen Vermünzung der cöln. Mark Silber zu 24 fl. gieng der 2 fl. 24 kr. geltende, im gemeinen Leben vorzugsweise sogenannte bayrische Thaler oder der Conventionsthaler nach dem 24 fl. Fuße hervor, der in den Jahren 1759—1765 im Lande momentan auf 2 fl. 30 kr. bis 2 fl. 36 kr. gesetzt wurde; (III, f. 355. 363. 376. 383. 385. 391. 396. 402. 451. 456). 24 fl. 32$\frac{8}{17}$ kr. betrug die feine Mark im Kronthalerfuß. Die Beylage Nr. 202 der Allgem. Ztng. 1830 spricht von einem 24$\frac{3}{5}$ oder Kronthaler-Münzfuß; Hermann ebendaselbst vom 9. Juny bis 6. July 1837 vom 24$\frac{1}{2}$ oder Kronthalerfuß. Dadurch, daß die österreichischen sogen. Kron- oder Brabanterthaler, die nach dem 24 fl. Fuß nur 2 fl. 38$\frac{2}{5}$ kr. werth wären, zu 2 fl. 42 kr. in Curs gebracht und in demselben Nominalwerth auch bayrische ꝛc. Kronthaler geschlagen worden sind, hat sich der 24 fl. Fuß practisch zum 24$\frac{54}{100}$ Fuß verschlimmert. Vrgl. Allgem. Zeitung 1833, Nr. 210 ff. (July u. Aug.). Im April 1837 bricht endlich über diese Münz-Übertreibungen die Selbststrafe ein; (s. Käsperl). In Guggenberger's Criminalprocessen von 1722, p. 384. 387 wird der damalige Betrag von 8 Schillingen oder 1 Pfund Pfenning, nemlich 1 fl. 8 kr. 4 hl., ein Schilling-Thaler genannt. Champagner-Thaler, — so nennen (1842) die Münchner den neuen Münzconventionsthaler (= 2 preuß. Thaler = 3 fl. 30 kr.), weil eben die Bouteille Champagner auf diesem Preise steht; (vrgl. Käsperl).

'talang, tolang, tolung; s. Tag.'

Die Tale, Dohle; s. Dâhel. „Eglester, kroen, raben, tallen horen wir nahen bi uns kallen"; Renner 19431.

talieren, umhertalieren, (b. W.) müßig gehen, 439
herumgehen. Vermuthlich mit dem Nebenbegriff des Hausierens in Zusammenhang mit folgendem:

Der Talierer, Tälerer, Händler mit 'Talieren, Tälern oder Schnittwaaren (von tagliare? Diez, Wbch. 339. BM. III, 12., franz. tailleur, Gewantschneider; vrgl. Schneider). „Es sol auch niemant mit tälern noch mit kromgewant vor der kirchen sten. Doch mugen dy tellrer ir kromgewant am hals tragen am marckt und anderthalben in der stat"; Gesatz der Handwerkerzünfte zu München (um 1346), Cgm. 544, f. 52b. „Doch mügen die tälirkramer die kramgewant an dem hals wol tragen"; alias: „ez sol auch niemant mit taliern oder mit kramgewant an dem hals tragen"; Münch. St.R., Auer, p. 166. „Und welcher kramer, talierer oder taliererin oder partirer noch partirerin das oberfur", Passauer Rchtbch. Ms., f. 57. A⁰. 1386 thut Herzog Stephan den „Gwandtschneidern, Lodern, Kramern und Taliern zu Landsberg die Gnad, als sie auch daz München haben, daß kein Fremder Tuch nach der Ellen schneiden und verkaufen soll, dann allein saumskaufs und ganz Tuechs weis", Lori, Lechrain f. 84. „Ein krantz prislichen guldin gleſt uf des helmes krone; darin gestecket schone vergulter gyres vedern vil; daran gehangen ane zil von golde wunnenklich talier, der minnen zeichen, ein slogier vlouk ob des gyres vedern"; Joh. v. Michelsperg, Ritterfahrt, v. d. Hagen's Germania II, p. 93.

Das Täller (Tállə'), der Teller, vom italienischen il tagliere, franz. tailloir, languedoc. tailladou; zunächst ein hölzernes Brett, um die Speisen darauf zu schneiden, (tagliare, tailler, nach Non. Marcell. schon in der lateinischen Bauernsprache taleare, intertaleare. Diez, Wbch. 339). „tellerium, lista, tälir", Voc. v. 1445; madagabundum, ein tälirpret; discus, täller", Voc. v. 1419 u. 1429; poln. talerz. Daz deiler, Cgm. 311, f. 35a. R. A. Aufs Täller reden Einem, assentari.

„Daß einige von uns (P. P. Franciscanern) in den Häusern herumschleichen, und den Leuten, welche sich wider die höchsten Neuerungen bey ihnen beklagen, auf das Teller reden“; Lob und Ehren Rede des heil. Stephan, p. 58. „Ein fraw czirt sich mit schönem gbant, der worten, daz sy in auf ir täler ziech“; Cgm. 632, f. 52. Tällerflaisch (Tállə'fleisch), noch nicht gar gesottenes Rindfleisch, das man vor dem Mittagsmahl zu essen pflegt. Das Tällerlâufend (Tállə'laffə˜d), eine Art, wett zu laufen, wobey jeder Preiswerber, mit einem hölzernen, frey auf den Kopf gestellten Teller und mit einer Anzahl runder Rüben u. drgl. auf dem Teller, das Ziel zuerst zu erreichen sucht. Der Tällertanz. „Im Nachspill wurde von 2 Bauernknechten der hilzerne Dellerdanz gemacht, deren jeder 2 an Händen, 2 an Ellenbogen oder Armben, 2 an kniehen und ains am Hündtern attackirt hatten und allezeit in den Hauptcadenzen die an gleichen ortn gebundtene zusammenschlagten;“ Notata des F. v. Bodman, Ms. v. 1709.

Der, das Taəl, (O.L.) Futter für das Geflügel, aus Kleyen und Topfen bestehend. Im Pinzg. ist nach Hbn. Nachthoal so viel als Abendessen; (Tail?).

Der Tail (Taəl, Dàj, opf. Tàl, tonlos t·l), 1) wie hchd. der Theil. Man sagte ehemals, wie noch in der Schweiz, auch in der Contraction: der Dritt·t·l, Viert·t·l ꝛc. Lori, Brg.R., f. 272. „Partes salis in Halle duo scil. achtail in . . . et tertiam partem unius niuntailes in loco qui dr. hovbtacchere“; Cod. trad. Diess. Clm. 5509 c, f. 36. 2) ä. Sp., die Theilung, polnisch dzial. „Und haben auch die neun Mann, die den obgeschriebenen Theil gemacht haben, unser jeglichem einen Zettel gegeben.“ „Und ob Wir uns veränderten, es wäre mit Theil oder wie das geschähe“, Kr. Lhdl. II, 11. VI, 66. „In viertzehen tagen sol der tail geschehen“, Wstr. Btr. VII, 163, ad 1332. tails, e˜ Taəl, ə˜n Taəl, einige; ə˜ *Taəl* sán' davo˜ gloffə˜, und ə˜n *Taəl* sán' dà 'blibm. cf. Pars in frusta secant (viscera) verubusque trementia figunt, littore
440 ahena locant alii, flammasque ministrant. Grimm III, 75. 140. BM. III, 20. ə˜ *Taəl* Ourt, ə˜ *Taəl* Örtə'n, an einigen Orten, einiger Orten. əs *Tâl* Leut sán' grundfólèsch; əs *Tâl* Èpfl sán' wurmi'. e˜ *Taəls* Wörtə' waəs I nét; ə˜ *guəts Taəl* Nu'ln sánd übə''blibm; en *ən Taəls* Ortə'n is kaə˜ Schnê; (ObrM.). s. unten: das Tail. „Bey theils Städt und Märckten, daß theils Rathsfreunde in ein Horn blasen“, Instruction für die bürg. Obrigk. in Städten und Märkten v. 1748. tailsam (taəlsam), adj., theilbar; e˜ *taəlsams* Fleisch, woraus viele Theile gemacht werden können. BM. III, 28. 3) der Antheil. An dem Tail stên. Umb den Tail werfen. „Wer ainen tail fuert und der auch darumb geworfen hat nach dem salz, der sol den tail verstewren“; Cgm. 544, f. 55. 56.

Der Nâchtail, Vortail, Vort·l (Vourtl), plur. Vört·l, 1) wie hchd. Nachtheil, Vortheil. „Ainicher nachtl oder ungehorsam“; Ehaftordn., Mss. sec. XVI. Der Mannsvortl, was bey Erbtheilungen die Söhne der Edelleute vor den Töchtern voraus, d. h. mehr bekamen, Weixer, Dissert. Der Herrnvortl, (auf der Münchner Schießstatt) das, was als Preis auf jene Scheibe gesetzt ist, die im Rang nach der Haupt- und vor der Glückscheibe kommt. gl. a. 203: foratailà, bravium. 2) Der Vortl, der Kunstgriff. Handwerksvörtl. R.A. əs is ə˜ *Vört·l* dəbey, es kann nicht so leicht gethan werden. Den Vortl haben, wißen, Einem die Vörtl zaigen. vernâchtailen, vervortailen, übervortailen (übə'vortln), in Nachtheil setzen, benachtheiligen; bevortheilen. „Daß die Kinder nit zu fast vernachthailt und vervorthailt werden.“ „So durch Abschelen der Rinden vil stehend Holz vernachtheilt wird“, L.R. von 1616: 217. 743. vortailig, auf seinen Vortheil bedacht, interessiert. „Bauern, die so aigennützig und vortailig sind, daß sie . . .“, L.R. v. 1616, f. 734. „Vorthailig, iniquus. Sie sein vortheilig zusammen gelassen, inique pacisci;“ Prompt. v. 1618. Ein „vârtâlischə'“ Mensch, der seinen Vortheil versteht und wahrnimmt, (b. W., ObrM.); etwa doch aus „fatal“ entstellt. „Gerecht und onfortailig“; Buch d. W. 1485, f. 161.

Das Tail. ə˜ schö˜s *Taəl*, ə˜ guəts *Taəl*. Vrgl. oben der Tail. Dé Gans hàt *ə˜ schö˜s Taəl* Fètt·n. Si hàt *ə˜ guəts Taəl* vo˜ də' Mịli' vo'schütt·t. Dés *Taəl*, 's andə' *Taəl*, dieses, jenes Ende (z. B. von einer Stange, einem Strick ꝛc.). Das Tail allgemein in den Bildungen: das Dritt·tail, Viert·tail ꝛc., Dritt·l, Viərt·l ꝛc. Das Zwêitêil, zwey Drittel des elterlichen Vermögens, die nach der wirzb. Landgerichtsord. v. 1618, 3ter Thl., Titel 29, den Kindern als Pflichttheil oder Legitima zukommen.

tailen (taəl·n, opf. táln), wie hchd. theilen, (ahd. teilan, mhd. teilen. Graff V, 407. BM. III, 24).

getailt, zertailt, (16. Jhrh.) von Kleidungsstücken: so ausgeschnitten, daß durch die Öffnungen ein andersfarbiges Unterfutter zum Vorschein kam (?). BM. III, 25ª. Noch die tyrolische Polic. Ord. von 1603 will, daß die Bauersleute ihre Kleider unverprambt, unzerthailt und unzerschnitten gebrauchen und tragen“ sollen, daß jedoch den Kriegsleuten „ihre zerschnittene Hosen und Wammas“ zu tragen unverboten sey. „Was man den Schneidern von einem getheilten Paar Hosen geben soll.“ Kr. Lhdl. XVI, 408. In Gem. Reg. Chr. IV, 340, ad 1518 wird über die Juden geklagt, daß man sie „in getailten Klaidern wie die Landsknecht sehe einhertreten“, ibid. 178, ad 1511 dürfen in Amberg fremde Huter nicht zogen Hüt, noch Kalhüt getailt fail haben. Des ehrlichen Armen Sohn „wil weder hacken noch rüten und wil sich mit wücher began und tregt nu getailt hosen an“, des Teufels Segi. Barack 9085ª. „Vestis discolor, gethailt klaid von vil farben“; Jun. Nomencl. 1629, p. 88. In dem Buch der Weisheit (Ulm, 1485), Bl. XLIIII ist „ain getailt claid“ halb weiß, halb schwarz. Die Amtsdiener der schweizerischen Abgeordneten tragen noch solche zweyfarbige Livreen. — Quaere de cantationibus in choreis, de quaestionibus lascivis, von fragen oder getailten (??); Clm. 17188, f. 55. Der Tailer, 1) wie hchd. Theiler. 2) Lori, Brg.R., f. 274. 275: der Theil, Antheil. Vrgl. Gramm. 1049.

die Sinne tailen, ä. Sp. „Er sol die synne recht taylen, so wirt er gewis“; Cgm. 234, f. 124½ (Cgm. 523, f. 209½).

Einem etwas tailen, ä. Sp., ihm die Wahl lassen; Haupt's Zeitschr. II, 542. BM. III, 25ᵇ,5; 'auch: Einem ein spil teilen; das. 26ª.' „Der habe ein geteiltez spil, einweder . . ., oder . . .“, er habe die Alternative; Wirzb. Sätze von 1343, §. XXXIII. „Vindet er ein glîch geteiltez spil“; Gregor v. d. St. 1860. „Ein ungeteiltez spil“, ungleiche Theilung, Wette, Sache; Vrîdanc 102,24 und Anm. Klage 1696 (Lachm. 806). Cgm. 270, f. 116ᵇ. „Wenn ein weib kempffen soll mit einem starken manne, man dailt es geleich danne: ain weib ist ein halber mann“; Apollonius v. Tyrlant, Gothaer Hs.; Jacobs u. Ukert, Beitr. III, 125. „Die sunnen sol man in (den Kämpfern) mit teilen geleiche“, Cgm. 553, f. 86 ff. Laßb. Schwabensp. p. 38. Cf. isl. at deila eitt vid einn, certare de aliqua re cum aliquo; Vafthrud. 224, '(Lüning 55. Haupt's Zeitschrift VI, 316).' Cf. česk. děliti, theilen, neben dělati, thun.

chrieg taylen, (Voc. v. 1445) sequestrare, d. h. 441
einen Streit, eine Streitsache entscheiden, Schiedrichter seyn. BM. III, 24ᵇ,1,c.

ertailen, 1) wie hchd. ertheilen. 2) ä. Sp. a) etwas Einem, es ihm durch richterlichen Spruch zutheilen, (ahd. irteilan, mhd. erteilen. Graff V, 411. BM. III, 26 f.). Einem die Gerichtsschäden, Gerichtskosten ertailen, ihn in die Gerichtskosten verurtheilen; Gerichtsord. v. 1588, f. 42. 51. (cf. Otfr. II, 12,84; III, 17,10; IV,

20,32; V, 20,64.) b) etwas auf Einen ertailen. Ein gewett auf Einen ertailen, ihn zu einer Schadloshaltung verurtheilen; L.R. Ms. c) Einen ertailen. „Wo der Clager sein Clag nicht bewise, so solte der Antworter an alle entgelt ledig ertailt werden", MB. XXV, 460. erteile mich, herro, judica me, domine; ir derteilt die erde, qui judicatis terram, Psalter, Windberg. Ms. (saec. XI.), Cgm. 17, f. 10^b. „zi tode nan irdeilta", Otfr. IV, 19,69. d) Zum Rechten, ze Recht ertailen, zu Recht erkennen; MB. IX, 172. 237. 262. s. Urtail.

fürtailen Einem etwas, ä. Sp., ihn dazu verurtheilen. „Man sol jn die drey wal fürtailen, daz haiße eisen, oder in den wallenden keßel zu greiffen, oder mit ainem kamph sich ze wern"; L.R., Ms. v. 1453. Notker hat öfters ubartailan für judicare; z. B. 71,1. 100,6 ꝛc. Graff V, 410.

Die Urtail, Urtl, ä. Sp., das Urtheil. „Hört er hin nach ein vrtail, die in gerechter dunckt, dann die seine"; Heumann, opusc. p. 58. 59. Die Rechtsprecher der Urtail anfragen, (sie um ihr Urtheil fragen), mußte der Richter nach der Gerichtsord. v. 1520. „Frag du als pfleger und rechter richter erstlich den Gerichtsschreiber der Urtl an"; laysche Anzaigung v. 1531. Ain vrtail vinden, als Rechtsprecher oder Schöffe sein Urtheil aussprechen. „Wer vor dem gericht ainer vrtail gefragt wirt und er ir nicht vinden kan, der sol swern zu den heiligen, daz er ir nicht wiß, was darüber recht sey; ez ist vil manig man, der nicht wissen kan, was vmb ain ygleich ding recht sey"; Rchtb. Ms. v. 1453, Artikel: „der ain vrtail vor gericht nicht vinden mag." cf. Rechtsprecher. „San eine urteil man ime vant"; St. Ulr. Leben, Cgm. 94, f. 65. „Disen salme sprich den livten die ze vrteil schulen rihten"; Ald. 111 (v. 1250), f. 33. „Dinget die Urtl für Ewr. Frtl. Gnaden"; laysche Anzaig. Die unterredliche oder Beyurtail, sententia interlocutoria; die Endurtail, sententia definitiva; alte Gerichtsord. Gl. i. 398: diu urteil, definitio. Otfr. hat thaz urdeili.

urtailen, wie hchd. urtheilen. Es ist dieses Verb. erst aus dem Subst. Urtail, wie dieses aus dem Verb. ertailen (erdeilan), gebildet. Die bey Verben unbetonte Vorsylbe er, ir gieng vor Nominalformen in das betonte ur über, oder blieb vielmehr bey diesem. Vrgl. ent neben ant, be neben bi, ze neben zue, u. s. f.

vertailen Einen, ä. Sp., ihn verdammen, verurtheilen. „Daz si voderten Barrabam vnd Jesum vertailten" (perderent), Matth. XXVII, 20; Cgm. 66, f. 24. „De injustis emendis ·i· wandeln sive vertailen"; Rebd. 25, f. 209. „Er het ainen vertailten (verdammten) müt", v. d. Hagen, Ges. Abent. II, 631. „Disen êren, den verteilen"; Diut. II, 151. Einem etwas, ä. Sp., es ihm durch richterlichen Spruch aberkennen, ihn verurtheilen, es zu verlieren. Einem haut und har vertailen, ihn zum Abscheren der Haare und zu Schlägen, ihn zu einer Leibesstrafe verurtheilen. Einem
442 den leib, das lehen vertailen, ihn verurtheilen, das Leben, das Lehen zu verlieren; LR. Ms. v. 1453.

'widertailen Einem etwas, ä. Sp., es ihm absprechen; BM. III, 28.' „Swelch pruder den andern ersliuge („erslvige"), dem widertaile wir sin criuce"; Regel des Spitals zu Jerusalem, Clm. 4620, f. 104.

Das Teller, s. Täller.

Das Tolentinbrod, Art Brodes, das in Bezug auf eine Legende vom heil. Nicolaus von Tolentin ehmals durch die Augustiner Mönche gebacken, geweiht und den Starkgläubigen als Mittel für Allerley ausgetheilt zu werden pflegte. Nachrichten von Klostersachen p. 67. A. v. Bucher's s. Werke III, 13. 235. cf. Cgm. 4300, f. 100.

toll, adj., u. adv., 1) wie hchd. (ahd. mhd. tol. Graff V, 401. BM. III, 159. Grimm, Wbch. II, 1228. tole, prurientes, stulti, gl. i. 110. o. 194; tulisca, stulta, M. m. 80). 2) (Allgäu) zum Verwundern gut, stark, schön, brav. Zeitschr. III. 91. 224,8. 320. 332. IV, 446. VI, 197. „Ein tolles Frauenzimmer, ein toller Prediger, eine tolle Predig, eine tolle Generalbeicht ꝛc. ist bey P. Selhamer jedes ein Ausbund seiner Art. In ähnlichem Sinne werden anderwärts auch die Adjective wüetig, grausam, unmöglich ꝛc. verwendet. dulláz·n, laut jauchzen. „Drei Wochə˜ (als Termin zur Hochzeit) sán' kemə˜, dà *dullázt·s:* Juhê!" Seidl, Flins., 3. Ausg. p. 150. „Der narr tulwatzst (schwätzt?) er wais selbs nit was"; Cgm. 714, f. 349. Vrgl. Zeitschr. II, 403,38: tollochen u. Grimm, Wbch. II, 1229: dollieren, dollisieren.

Tu-l, Tudl, Ottilia; Popowitsch, Wiener Ms. 9541.

Das Tüll, Wand oder Zaun von Brettern um einen Hof, Garten, Jagdpark ꝛc. (mhd. daz tülle. BM. III, 127. Grimm, Wbch. II, 1099. Zeitschr. IV, 456. Cf. isl. thollr, Baum, Balken; thellfæsten, Noahs Arche, bey Cädmon). Früher scheint ein Tüll auch mit zur Befestigung von Schlössern und Städten gehört zu haben, wo es vielleicht nicht gerade eine Bretterwand war. Die Gl. bibl. v. 1418 geben maceria durch tüll. Das Voc. v. 1429 hat „antemurale tüll vel vorstat"; Kilian: Doel, agger. „Es si mur oder want, zune oder tulle"; Augsb. Stdtb. „Die Stat umbfangen und bevestnen mit Graben, mit Tullen, mit Mewr, mit Fur, mit Vestung"; Mederer, Ingolst. p. 56, ad 1362. So: ein Tüll um München, Wstr. Btr. VI, 107, ad 1370. cf. MB. V, 417. VI, 317. „Das Tüll umb unser sloz zu Aibling", MB. IX, 301, ad 1482. „Hat diu stat mûr, die sol man uf die erde brechen, hat siu tülle, man tût daz selbe"; schwäb. LR., Laßberg §. 137^c, S. 66. „Machtend ein tul umb die vorstat." „Zundent den tul nu ain"; Reimchron. des Appenzeller Kriegs 41. 39. „Von dem Tulle, das geen der Strasse stund", Nürnb. Urk. von 1394, Heumann, opusc. 322. „Aufsetzung des hochen Dills oder planckhen an der Schwabinger gassen", (wol des Residenzbaues wegen); Cbm. 2224 (v. J. 1613), f. 209. „Daz si an etlichen orten hülzin getüll widergemachot (um Rapperswil); Ettmüller, 2 Züricher Chroniken p. 85. Cf. Engelhard, hg. v. Haupt, p. 252. eintüllen, umtüllen, vertüllen, vrb. Vrgl. Dilen.

'Die Tülle, ä. Sp. das Tülle, Röhre, womit die Schneide des Pfeils auf dem Schaft befestigt wird; BM. III, 127. Vrgl. Grimm, Wbch. II, 1150.' Die Beschwörung „contra vermes" im Cod. Teg. 524, zweitletztes Blatt: „Gang uz nesso . . . vona demo felle in diz tulli", wo die altsächs. im Cod. Vindob. 259 sagt: „fan thera hud . . . an thesa strala." „Wiltu ain isnin tülle oder tür hertten, daz zu ainem huspfeil geschmidet ist, so nim isenkraut" (verbena); Cgm. 4902 (v. J. 1429), f. 30. „Wildew hertenn ein eysenew tüll das zw einem hauspfeil geschmidet ist" . . . „dann so tüll es wider"; Cgm. 399, f. 48.

„telchornen, telcharnen", vrb. Ein Regenspurger Rathsbefehl v. 1308 verbietet alle Telcharnär mit Ausnahme der Bäcker und derer von St. Emeram, welche den heiligen telchornt. Gem. Chron. I, p. 468. Die um Weihnachten beschenkten Bäcker und Telcharner kommen fast in jeder St. Emeramischen Rechnung bis auf das Jahr 1340 vor. So heißt es z. B. zum Jahr 1326: den Telcharnern in Nat. L. dn. Wstr. Btr. IX, 247. Gemeiner vermuthet in diesem Telc-horn ein Horn, wie es die Hirten um Regensburg zu blasen pflegen. Telkorn ist die Aufschrift eines, einem alten Druck entnommenen Nithartischen Tanzliedes; v. d. Hagen, Minnes. III, 280. IV, 851. Cf. Taghorn (Tach-horn?), Nachthorn in Hofmann's Fundgr. I, 331. 332; windisch Horn (s. Th. IV: der Wind). Tuckhoarn, ein Blasinstrument, (Gotschee). česk. keydař, Sackpfeifer. „Les trompettes *cornoient l'eauë*", Rabelais I, V.

Toldrian, (mentula?). „Das machet mein Toldrian", sagt Berchtold der Münch bei Rosenplut, Cgm. 714, f. 291. Vrgl. der Dolden.

Die Tuld, s. Duld und Messe. Münchner gel. Anzeigen, 1842, Sp. 88.

Talmasche, s. Sp. 498 f. u. vrgl. Diez, Wbch. 220.

Die Talpen (?), Pfote (Oberpf.); česk. tlápa, schweiz. Tàppə˜. 'Vrgl. Grimm, Wbch. II, 700: dalpen, schwerfällig gehen. Cf. delben.'

Der Tolpatsch (-υ), 1) Tölpel. Zeitschr. IV, 443. 2) dem gemeinen Manne auch ein solcher österreichischer Soldat, der (als Ungar oder Slave 2c.) nicht recht deutsch versteht und spricht. . . . „Haben jhne drey bewaffnete Tolbatzen feindlich überfallen", Alt-Ötting. Histor. v. 1698. 3) großer, plumper, unförmlicher Schuh.

Der Tölpel, 1) wie hchd. (mhd. dörper, dörpel, v. dorf, ungebildeter, ungeschickter Mensch. BM. I, 383. Zeitschr. IV, 447. Vrgl. Grimm, Wbch. II: 1232. Dölp.' česk. tulpa). „Wie ist der torpel also wäch in seinem hohen hût"; Heseloher. „Ein thumer torpell", (also dorpel); Cgm. 714, f. 304. Dieses Epithetum wird, aus welcher Ursache, ist unbekannt, besonders gerne den
443 Passauern zugetheilt. „Die Dölpel von Passau, welche zwar hoch daran seyn, doch an den Thürn kein Spitz abgeben"; P. Gansler a°. 1696. Das Compositum Paßauer-Tölpel wird indessen als Appellativum auch für andre, als gerade Passauer gebraucht. Der Tölpelthaler. „Wenn mein Advocat kaum ein Schrifft von einem halben Bogen auffsetzt, so begehrt er schon ein Dutzet Dölpelthaler"; P. Abrah. Nach der Steuerinstruction von 1588 §. 33 sollen „die offentlich verrueffen Münzen als Tölpeltaler und drgl. nit genommen werden." Bei P. Gansler p. 162 wird auch ein Knauser ein Dölpelthaler betitelt. 2) „Er sprach den Segen des heil. Pirmins und Wendelins wider den Tölpel oder Gehirnbrand der Thiere über ihn"; A. Bucher's s. W. V, 225. ä. R.A. Einen über den Tölpel werfen, ihn übervortheilen, übertölpeln. Die gl. i. 32 in tolpatun, in praecipti, paßt wol nicht hieher.

Tölz, Ortsname, (genit. Tolzz; Münch. StR., Auer p. 181); Tolinze, MB. IV, 757. cf. Tolenze, Dolnitz, ibid. 301; Safařjk's Dolenci; Starož. p. 896. „Winulorum provincia eorum qui *Tholenzi* sive Redarii dicuntur", Helmold, chron. Slav. II, 2. 5. „Die geölten suppen musten dy pawren in sich schluppen; ein delczser kuchen darczw, der macht in in dem pawch groß unrw"; Spruch v. der Fastenspeise, Rot 113, f. 324. Cf. kärnt. „mazovt, Telze, Flade, vom gepreßten Dotter u. s. w."; Jarnik p. 13. Der Tölz, ein Felsenblock bei Muggendorf, der auf zwei anderen ruht und einen Durchgang bildet.

Tam, Dam, Anton; (Pinzg., Jir.).

Tamə, Thomas. Iətz kimt's ɘəm wiə'n *Tamə˜* (Taməl) d· Schmàlzsuppm. „Spruch auf die Thomasnacht", s. Segen.

Der Tammer, Tämmer, das Getammer, Lärm; s. dammern.

täumisch (támisch), täumlig (támli'), taumelig, schwindlicht, nicht recht bey Sinnen; toll, unverständig. Graff V, 424. BM. III, 128. Grimm, Wbch. II, 704: dämisch; Zeitschr. IV, 340. V, 465. 478. VI, 272,52. s. oben Däum. „Du tämische unsäld!" Schimpfwort, Cgm. 632, f. 35 (sec. XV.). „Schwirmens voll, daumisch, sinnloß, viehisch toll", Mart. Schottens Spruch von dem Wein. „Wen dir das haupt we tut oder temisch ist"; Clm. 4394, f. 153b. Dés is ə˜ Lärm, dà mècht aənə *támisch* wer'n. *Támisch* dəher ge˜ wiə ə˜ Bsuffənə'. ə˜ *támisché* Réd, Fràg 2c. Er is kloan *támisch* (sehr zornig). '(„tamisch. Leoprechting 36. 50. 54. 56." Jac. Grimm.)' Täumisch machen, 1) Fische, u. drgl., um sie dann leichter zu fangen, toll machen; schottisch: to dammish. 2) Personen hintergehen, betrügen; Sachen insgeheim sich zueignen, entwenden. Der hàt mə' mei˜ Méssə' *támisch* gmacht, es mir entwendet. Vrgl. döämlich, dämisch; Däömelhans, alberner Mensch; Dämelack, Tölpel; Firmenich I, 143,21. 133,6. 153,2.

täumeln, (Obrm.) 1) was täumisch machen. 2) Einen täumeln, ihn übervortheilen, betrügen. Etwas täumeln, vertäumeln, verdummeln, (Nrnbrg.) es heimlich bey Seite schaffen, entwenden. „So mache dich in die schreibstuben. Da verdeumel etlich scharmützel, an großer meng da spürt mans lützel"; H. Sachs. „Ich hett wol acht gülden gesamblet, heimlich hinter mein man verdamlet"; ders. 1612: II, II, 67. 'ən Bodnbriəf runtə' *taümeln*, im Kartenspiel sich betrügerischer Weise das untere Blatt zumischen, (Zps. Ms.). Gl. i. 371: tûmon, circuire, Maccab. II, 6. 7; 561: tumon, furere et rotari; 565: tumodi, vertigo; 791: tumari, salius; o. 348: tumere, histrio. Graff V, 424. BM. III, 128. cf. ital. tomare, fr. tomber, isl. tumba, cadere. Ob die zweyte Bedeutung (betrügen) 2c. blos eine Figur der ersten, ist zweifelhaft. Uebrigens findet sich bei Notker, Psalm. XIV, 3 der tum (freylich nicht tûm) für dolus, und gl. i. 533 tumiga für callida.

Die Temnitze, Demlitz, Kerker, (Erfurt). s. Dürnitz.

Der Tum, ä. Sp. Thumb, (ahd. mhd. tuom; Graff V, 140. BM. III, 133. Grimm III, 427. Wbch. II, 1233. vom lat. domus. gl. a. 536. i. 409. 639), der Dom. „Widen und stifften in unser l. Frauen Kirchen ze Mattikoven ein Samung genant Collegium oder halber Tumb weltlicher Korherrn", MB. V, 525, ad 1436. 444
Aventin nennt z. B. auch den Dianatempel zu Ephesus einen Thumb. Der Tumherr, canonicus. Dazu in der ä. Sp. auch Tumbfrauen, canonicae regulares; Voc. von 1445. Canonicae regulares, tuem frawn; Semansh. 34, f. 194. Clm. 5387, f. III. Tumfraw, canonica secularis; Voc. von 1429. Conradus canonicus de alta *Domo;* MB. XIII, ad 1167. Tumpreposītus; Clm. 9557, f. 161, ad 1302. Wenn das Schloß Thumstauf, wie es nach den ältesten Urkunden und noch jetzt in der Volkssprache, vielleicht wegen seines frühern Verhältnisses zum Regensburger Domstift (Thum), heißt, in neuern bayrischen Schriften Donaustauf genannt wurde, so mochte diese angebliche Namenserneuerung bey dem bekannten Territorialstreit wegen dieser Herrschaft seine guten Gründe haben.

Der und das -tuem (tuəm, tum, dəm), die Bildungssylbe, wie hchd. -thum, ä. Sp. thumb, ahd. tuom, goth. dôms, Sinn, Urtheil, Gericht (Graff V, 334. BM. III, 133. Grimm II, 41. 452). „Den cristentûm enphahen"; Jüdel, hg. v. Hahn, 134,9. Daz reichtûm; Buch d. W. 1485, f. 17.

abtüem (à'deəm), untüem (u˜deəm), adj. und adv., (O.L.) ungewöhnlich, auffallend (meistens im schlimmen Sinne), unziemlich. BM. III, 133: âtüeme. „Und sint die (liute) als abœme und als blœd, daz si mit ainander küm mugen reden"; Griesh. Pred. I, 152; cf. das. II, p. XVII der Vorrede. ən *à'deəmə'* Mensch, ən *à'deəmé* Réd; *à'deəm* schreyə˜, láffm, d. h. sehr. Noyisch schreibt: „einthümerle, sehr, überaus; grous einthümmerle, ungeheuer groß." Aber auch das einfache thumm führt er in ähnlicher Bedeutung an: „Heuer gi'ts thumm Erbirn, heuer gibts sehr viel Erdäpfel." Häslein hat „grostümerlich, sehr groß." Cf. ein Dummer voll Leut, (Zips) ein Haufe. dummern, poltern, Getöse machen; s. dammeln, dimmeln und vrgl. BM. III, 128. Nahe liegt das hchd. Subst. Ungethüm, west-gothländisch Udöme („Ungethüm, ein Gespenst. Scheraeus leitet es von domus; daher ungedom, unhäuslich, unheimlich, wo sich nicht domen, hausen, heimen läßt." Lessing's Schr., hg. v. Maltzahn, XI, 2,275), womit gl. a. 95 tuamlih, moralis, zu vergleichen wäre, und unser Adject. könnte nach Gramm. 485 auch ungetuem geschrieben werden. Indessen das nürnb. einfache tum würde besser zu Notkers tuom, tuomheit, magnificentia, tuomen, magnificare, stimmen; (Graff V, 337). cf. mhd. tüemen, ahd. tuomjan, judicare, magnificare. „Wan si mit dienste dise vrist in schame gedüemet ist", Exod. XXI, 7—11, Cod. Pal. 321, f. 105d. Vilmar, Rudolf v. Ems, p. 25. s. oben verdumen. Grimm I,3 199. sich ûftüemen, mhd., se efferre; Grimm I3, 199. „Swelch münch sich seiner freunde rüemet und sich selber mit lob vftüemet"; Renner 3213. „Wil er sich damit vftüemen als die sich grozzer freunde rüemen"; das. 13384. „Swer sich langer kriege rüemet und von vil wundern sich vf tüemet"; das. 17595. „Valsche ere mit lobe sich vf tüemet; das. 21471.

tummeln, wie hchd. (cf. ahd. tûmilôn, tûmôn, rotari; mhd. tûmen, tûmeln. Graff V, 424. BM. III, 128. Grimm, Wbch. II, 1516. Diez, Wbch. 346 f. Zeitschr. V, 415, II, 10. cf. dumpeln). „Wart so gelenke, daz er tumelt und sprank von der tavel uf die bank"; v. d. Hagen, Ges. Abent. LI, 153. „Alexander war ein solcher Held, der tummeln kunte eine ganze Welt"; P. Procopius, catechismale, Herbstth. 406. „Wou *tummelst* denn 'ən ganz'n Tag ummə', du *Tümmlə* du? (b. W.). *tummel di*" eile! Zeitschr. I, 285, II, 4. IV, 251,22. „Wan mə' no˜əso *tümmelt* (drängt, treibt) und no˜əso benzt"; Kaltenbrunner 133. „Dä'wart's nit, däſs i' schrei; sag ja, eh däſs i' *dimmel*", (? fluche, bös werde, Gewalt brauche); Lindermayr S. 28. cf. dimmeln und tummelitzen. Zeitschr. VI, 115,27. 528. Nach der Bedeutung domare, condocefacere equos (Prompt. v. 1618), heißt in Volkmers Plan von München de a0. 1613 die Reitschule das Tummelhaus. Der Tummelstall machte eine Parthey des Oberststallmeisterstabes aus. Dazu gehörten „der Scozzon oder Unterbereiter, der Reitschuelpfleger und die Tummelknechte." „Im J. 1587 ein Dumblplatz bei unsers Herrn Thor . . . detto hinter der Neuvest"; Cbm. 2095. Der Tummelplatz, von der Vertheilung eximierter Gemeinplatz, hauptsächlich zum Bespringen der Kühe bestimmt, (Obrm.). Grimm, Wbch. II, 1518. Der Tummel, wie hchd.; Rausch, (Baader); Zeitschr. III, 279,23. VII Com.: der Tümmel, Getümmel, Donner; tümmeln, schlagen, hinfallen, donnern und blitzen. Zeitschr. IV, 457. cf. Th. II: Kartummel. *tümlád*, adj. „Und will i' aft *tümlád* und zagháfti' wer'n"; Kaltenbrunner 100. „Und soll i' recht *tümlád* vor Lusti'keit wer'n"; das. 131. Cf. fluctibus, den dümen, Exod. XIV, 27. Cgm. 690, f. 159.

tummelieren, bey Selhamer, ein wildes, liederliches Leben führen.

tummelitzen, O.Pf., fluchen.

Tombingi (?). „Qui volunt concupisci ut juvenes *tombingi* (oder *tembingi*) vel *strazchragen*, qui ornant se vestimentis, mitris, calceis . . . ut placeant mulieribus et sic faciunt mulieres"; Asp. 19, f. 100.

Der Tempel, wie hchd. (ahd. daz tempil). R.A. Zum Tempel aus jagen, laufen ꝛc. d. h. hinaus, fort. (Vielleicht in Bezug auf Johann. II, 15).

'tempern, temperieren, ä. Sp., gehörig mischen, einrichten, zurichten, temperare;' engl. to temper, franz. tremper. Graff V, 427. BM. III, 29. Diez, Wbch. 738. „Der übelen vorhte ist über al getempert mit bitterre gall"; d. welsche Gast 5310. Die Feder sagt (das. 12231 ff.) zum Schreiber: „Du hâst versliʒʒen mînen munt, wan du mich mêr dan zehen stunt zem tage phlîst tempern unde snîden. Diu temperîe, Mischung. „Grüen, wîz, rôt, blâ, gel und swarz gemenget: mit solcher temperîe was wald, heide, anger, ouwe und feld gesprenget"; Labr. 56. „Ez hât sô manig süeze temperîe; das. 175. Jeglîchiu farwe besunder und ouch ir temperîe; das. 250. „Für Lusten hielt ich Mâze ze einer temperîe"; das. 309. „Temperîe von slegen; das. 399. (Liebe mit leide gemenget) „diu temperîe ist in mîn herz gesprenget"; das. 476. „Glasmalerfarbe... wan du die machen wilt, dazu nim 2 lot kopphereschen und 1 lot grün glas . . . und das ist die temperyrung"; Nürnb. Hs. (sec. XVI.), Mannert p. 113.

Die Timpen (Timpm; s. Gramm. 562), wie hchd. Tinte. Schon das Voc. v. 1429 hat mehrmals dimpt, dimpten für Tinte. „Ain schriber on timpten, ain pock on part, die koppund all in ain art"; Cgm. 379, f. 212. Diefenbach 57c. 291a. s. a. Tinken.

---

getân ('tà˜), 1) Particip. präterit. von tuen; w. 445
m. s. 2) in einigen Bildungen ist es mehr zum Adjectiv und Subst. geworden, wo es denn mitunter sogar als tonloses tə˜ gehört und oft wie die Ausgänge auf e' (er) behandelt wird.

angetân (à˜gétà˜), (b. W.) angenehm.

sogetân, sog'tan, so'tan, sottan, sotten, sotten, söttel, sötter (séttl, séttə˜), also beschaffen, solcher Art, solch. sô getân, Notk. 10,13. „Umb ain satan sumb geltz, mit sotterer beschaidenhait", MB. XXIV, 353. 597. Zeitschr. II, 85,31. 238. III, 98. 329. 332. 452. 526,6. IV, 253,97. 456. „Qualitas, sogetanheit"; Clm. 17243, f. 211.

Der Übertân, Leinwand, die über den Körper eines Verstorbenen gethan wird. „Umdan oder tuch darinne man die toten begrebt"; Voc. v. 1482. „Da hab ich das Kind widerumb aus dem Gräble lassen erheben, auch den Überthan und Tücher aufschneiden"; Lori, Lechrain f. 458. „Die engel brâhten im ein überdon", Servatius 1672. „Ab im zart er den überdon"; Servatius 3420. Nach Haupt (Zeitschr. V, 182) zu donen, extendere. BM. I, 381. „Memento mori quia omnes habemus den überdon auf dem haupt", (1460), Monac. Augustin. 84, f. 67b. (Clm. 8384). cf. gl.a. 638: „sudarium, sweizduch vel überdono."

ungetan (schwäb. u˜tau˜), nicht wohl beschaffen, häßlich, widrig. BM. III, 143. „Den vil ungetânen man." „Wer hât mich her gegeben sô rehte ungetanen", Iwein 934. 3579. (Vrgl. uttə'-winzi, sehr klein und Untât). 'Vrgl. oben Sp. 97 unter un: die Au˜də und füge hinzu: „Dohl ist in Westfranken ein gewölbter, unterirdischer Kanal, und Ant hau eine gemauerte, schachtförmige Einflußöffnung in den Dohl"; Kittel, die Bau-Ornamente an monumentalen Gebäuden der Stadt Aschaffenburg, 17. Lief. (1868), S. 6.'

Der Untertan, des, dem, den, die Untertanen, wie hchd. der Unterthan, des Unterthanes. Graff V, 319 f. BM. III, 145. „Alla in untertana, omnes illis subjectos"; M. m. 72. „Die imo untertanen, ibid. 116. „Die sich selbe reichent und ir undertane-besweichent mit ungefuger stiure"; Tungdalus, hg. v. Hahn, 57,53. Es macht indessen nach dem provinciellen, wie mir scheint, hierin etwas zu servilen Sprachgebrauch außer dem Verhältniß zum Staatsoberhaupt auch die Pflichtigkeit gegen einen andern bloßen Gerichts-, Lehens-, Zehend- u. drgl. Herrn zum Untertanen eines solchen. Noch im Jahr 1817 kündigte gar eine gerichtliche Ausschreibung in den Zeitungen an, daß so und so viel dem Herrn B. v. N. eigenthümlich gehörige grundzinsbare Unterthanen plus licitando versteigert werden würden. Dieser, für die Renten die Personen setzende juristische Tropus wird wol seit a0. 1818 in Abgang gekommen seyn. Von unwidersprechlichsten Rechts wegen sind wol Jedermans Beine seine Untertanen. Meiné *Untə˜-tanə˜* wə̧lln mə' nimmə' pâriə'n, ich kann nicht mehr gehen. untertänig tuen oder machen, untergeben, (ä. Sp. auch von Sachen). „Wan dier ein Pöller oder Mörßner unnderthenig gemacht wiertt, den du regieren und schießen sollest"; Fewrbuch, Ms. von 1591. „Einem ein pfant, ein Gut, eine Gerechtikait undertanig machen oder tun", in seine Gewalt geben. Rchtb. Ms. v. 1453, cap. XVI. MB. XXV, 246.

vertân, ä. Sp. verschwenderisch; (ahd. firtaner, iu, az, perditus; diê firtânen, Notk., Ps. 10,3. Graff V, 321 f. BM. III, 146). Bey Hund (St.B. II, 114) wird ein Hainrich von N. der verthon Hainz genannt.

Der Widertan, s. Th. IV: wider.

446 wiegetan, wietan (wéttl), wie beschaffen, welcher Art, welch. „In wietaner weis", MB. XIX, 73. Zeitschrift IV, 456. „Qualitas, wiegetanichait"; Clm. 5387, f. XIV^b. BM. III, 144. Diefenbach 476^c.

wolgetan, woltan (woltə˜), 1) wohl beschaffen, artig, hübsch. 2) O.L., ziemlich. ə˜ *woltəné* Pois, eine ziemliche Weile. *woltə˜* lang, gros ꝛc., ziemlich lang, groß ꝛc. s. Th. IV: wol. 3) zugethan, geneigt. Einem wolgetà˜ seyn; ObrM. 'Diu wolgetæne, subst. fem., die Schönheit; BM. III, 143.' „Güete bî der wolgetæne"; Walther v. d. V. 86,5.

Der Tan, ä. Sp. 1) der Wald; (mhd. der tan; Grimm III, 347. 424. BM. III, 13. Ob zu agſ. engl. den, denn, ntr., cubile, lustrum, gehörig? Kemble, cod. diplom. I, XLI. XLII. 216. 361. II, 65. 73—74. 75). „Nu hört der vögel singen zu der stimm in wilden Than erklingen", Hans Sachs. (cf. Nibelungen 856,4. 875,3. 883,3). „Za demo minnirin tan"; Meichelbeck Nr. 582. Figürlich: „Nit ser von dem finstern than, do daz har gen tal wechst"; burlesk. Kalender und Aderlaßsp., Einblattdruck (1480). „Erhebt sich ain zaichen in dem tan pey den gemechten, so ist der leber vergifft"; Poll. 185, f. 1^b (1520). Noch ist Than der Eigenname verschiedner Ortschaften. Es gibt in Altb. einen Ort Hochentan, (also der Tan). '2) der Boden, (vrgl. der Tenn, die Tenne, area)' „Damit so waren s˜ alle da in einem stadel auf dem tan"; Ring 43^a,6. „Lappenhauser sturmvan vielent nider auf den tan"; das. 56^a,8. In den Ingolst. Reimen von 1562 heißt: in den than, auf den than wol soviel als: nieder zu Boden. „Jr waren gar vil gefallen, gestorben in den than. Gott der Herr schickt ain Engel zu Saul in den than. Es fielen vil der Hayden vor jm wol in den than. Auf's leilach thet sie weitzen zu derren in dem than. Sy hetten die ain mauer schon gworffen in den than."

Die Tannen (Tannə˜), die Tanne; (ahd. tanna, mhd. tanne. Graff V, 428. BM. III, 13. Grimm III, 369). Das Tannach (Tannə', Tannət), Franken, Tännig, der Tannen- oder überhaupt Nadelwald. Der Tännling, (Ilz) die Tanne. „Der beschriebene Tännling", Novelle von Adalb. Stifter im Rheinischen Taschenbuch auf 1846. Das Voc. von 1429 gibt agaricus durch Dannenswam; Diefenbach 17^a. Tannenwedel, s. Th. IV: der Wâdel. „Formeta filia regis de *Piniforo* (!) in wulgari Dennmarck"; Legenda S. Simperti, Clm. 4353, f. 26 (sec. XV.).

Der Tannhäuser, ein fabelhafter Ritter, von dessen Abenteuern im Venusberge in frühern Jahrhunderten (s. Zeitschr. Curiositäten I, 545. 547. II, 473. III, 436. IV, 269. Grimm, Mythol.² 888. 1230. RB. I, 367, ad 1195: Tanehausen, Lex. v. Franken I, 574: Dannhausen) viel erzählt und gesungen worden ist. Aventin (Chr. 45) macht ihn zu einem, von den Griechen Thanauses genannten, König der Gothen, der vor der Zerstörung Trojas mit den teutschen Kriegsfrauen Asien und Syrien bis an Egypten durchzogen habe, und setzt bey: „von obgenanntem Helden und Herrn, dem Danheuser und seiner Reiß singen und sagen noch vil unsre Teutschen, man heißt noch die alten Meistergeseng von jm sprichwortsweis der alt Danheuser." Bey dieser Gelegenheit macht der gute Aventin einen Ausfall auf „etliche alte Römer (Reimer? „Jhr hôhen rîmære"; Reinmar, Minnes. II, 131^a. Ruemære, ruomære, Prahler?), vorauß Wolfram von Eschenbach, den Eluser (Elingsor) und Schaber ꝛc., die um den Frauen wohl zu dienen, der alten Teutschen herrn und fürsten thaten, Reiß und Chronica in Bulerey verkehrt haben", und daß alles „aus Lieb umb der Frauen und Jungfrauen willen" geschehen sey. „Eandem canis cantilenam, singst gleich den alten danhauser", Av. Gramm. „Her Donheuser bin ich genandt, mein nam der ist gar weit erkandt; auß Franckelandt was ich geborn"; das Hoffgesindt Veneris, H. Sachs 1612 (1560): III, III, 1 ff. Die Ars memorandi im Cgm. 4413, f. 176 zeigt einen Knieenden mit der Aufschrift: „Tanhauser .i. teuffel."

'Der Tanawässel, Tanawäschel, Tanawezel; Name einer katarrhalischen Seuche (Influenza, Grippe) im 14.—16. Jahrhundert; Weinhold in Zacher's Zeitschr. I, 22 ff.' „De fluxu qui dicitur thanawässel. Iste fluxus est reumaticus et venit ex fluentia aëris et ex reumatibus; Ind. 355, f. 67. 88: albicius (cf. Diefenbach 25^c: alopicia) als Äußerung dieses fluxus. (böhmisch? kaum. Cf. Dalewatsch. 'Vielleicht zu der Waisel, Wazel, Schlund, gehörig? s. Th. IV.').

Der Tau˜dərlau˜, nichtswerthe Sache; was durch stäte Gleichförmigkeit Überdruß erregt, (Baader). s. Tänterling; oder sollte dieß auch in A.B. verbreitete Wort ein schwäbisches (oberpf., nürnb.) Tau˜odə' lau˜, Tuə˜dər lau˜, (tuen oder lân, thun oder lassen) seyn? s. Daundálaun.

Der Tenn und der Tennen (Tennə˜), die Tenne, (ahd. daz tenni, mhd. diu und daz tenne. Graff V, 427. BM. III, 30. Nach Grimm III, 417 von tanna, Tanne, wie wenn ursprünglich Bretterboden gemeint. Die Dreschtenne ist im Salzburgischen meist von Holz; Jir. Vrgl. Dilen von Del; s. oben), d. h. ursprünglich: der festgestampfte, ebene Lehmboden, und sodann auch: der Bretterboden, entweder a) in der Scheuer, auf welchem gedroschen wird, (der Stadeltennen, Stá'ltennə˜, der im O.L. nach dem Orte, den er in der Scheuer einnimmt, bald ein First-, bald ein Kreuz- oder Zwerch-, bald ein Heu-, bald ein Ás-Tennen ist), oder b) im Gang eines Hauses, von der Hausthüre 447
zu der Stube, Küche, Kammer ꝛc., (der Haustennen, das Flötz oder die Hausflur). „Auff dem Acker bey dem Pflueg, auf dem Dehnen bey der Drischl", P. Abrah. (Pavimentum, tenne, gl. bibl. v. 1418). „Ein han und eine henne giengen an einen tenne"; altd. Wälder III, 230. „An den tenne", auf den Hausgang; Cgm. 99, f. 55. „Daz velt wart so hert z'ainem tenne gemacht"; Horneck p. 269. „Zwo leghennen, die besten, so ich hab am tennen"; H. Sachs 1612: II, IV, 32. „Unsers nachbawrs sew mit hauffen mir täglich an den tennen laufen"; das. 39. „Die weil die pewrin aus dem stall den esel an den tennen zug"; das. 134. (1560: II, IV, 65). Der malztennen, Cgm. 3720, f. 71. Der Tennenbôß (Tennə˜bous), h. W.; das Tennenreisel, Tènnengreiseret, was beym Abladen des Getreides auf die Tenne fällt (reiset) und hernach besonders ausgedroschen (gebôßt) wird. („Weisth. I, 304. 307." Jac. Grimm.)' Höfers: Tennlbos („Winter-Mahlzeit unter guten Freunden") ist doch wol nichts anders als das Mahl, das anderswo nach vollendetem Ausdreschen des jährigen Getreidvorrathes unter dem Namen des Drischelhenkets gehalten wird. „Der Dendlbås, eine Mahlzeit, wobei man die Trinkgeschirre (Teni, Tina) zusammenzustoßen (bässen) pflegt; im engern Sinne das Eßfest, welches man den Arbeitsleuten nach dem Dreschen zum besten gibt"; Seidl, Flinserln III, 84. 106. (Apfel-Strudel) bei kaə˜n or'ndlingə˜ *Dendlbas* fálts"; Seidl, 3. Ausg., p. 205. Die Tennenbruck, (O.L.) die als schiefe Ebene gezimmerte Auffahrt in die Scheuer. Der Tennenmaister, (HhE.) der Vordrescher oder Scheuerknecht. tennen, als Verb., im neuen Titurel: „daz gewelb sleht oben getennet." BM. III, 30.

'Der Tenor, Weise, Lied (von ital. tenore)'. „Die vogel sungen mit suẞer stim so hert tenur" (Reim: Natur), Cgm. 379, f. 53 (270, f. 92). tenorieren, vrb. „Die frauen begunden zu singen ein hoflied, die ein der andern tenorirt, darüber die ander dischandirt mit quinten und mit quarten"; Cgm. 379, f. 56b.

Toni, Antonius, Antonia; auch Tönnig, Tennig, Tönning, Tenning. Zeitschr. III, 552,29. IV, 155. V, 116,23. 471. VI, 451. 460. 461. Tönlschwein, s. Antonius.

'Die Tünne, Tinne, Dünne, Düninge, ä. Sp., der Schlaf am Kopf, Stirne, (ahd. tinna, mhd. tinne, tunne. Graff V, 429. BM. III, 38. 131. Grimm, Wbch. II, 1582. Zeitschr. III, 16. IV, 445. V, 54. VI, 58.' schwed. tinning). Temporibus, tunewengen, Cgm. 17, f. 188a, Ps. 131,5. „Diu hât an ier tinnon gescriben dez lâmbeliz namen", Griesh. Pred. II, 2. „An der tinnen" (an den Schläfen); Diemer, Ged. 54,14. „Im (ihm) slaffen(t) dy tünnen paidenthalben den oren", Ald. 253, f. 104. Clm. 5879, f. 208. „Slahent diu naslocher in die tinne beidenthalben bei den oren", Furstenf. 121, f. 174. „Der hat weit und braite tinne", Furstenf. 138, f. 280b. „Man sol ir öle streichen in die tunne", Cgm. 724, f. 205. „Sie schmirbt ihren Mann an den Tynen, daß er nit erwachen mög", (Rath Her, aus dem werdenfelsischen Herenproceß v. 1589. 28. April 1849).

tuen, s. tue-en.

Der Tand, plur. die Tand, Tent, (ä. Sp.) albernes Geschwätz, Narrenpossen; (mhd. tant; BM. III, 13. Zeitschr. VI, 487). „Yederman der sait sein tant"; Ring 19b,26. „Daz sey scholt bewären iren dant"; das. 34a,2. „Der alten keczern (keczerin) tant"; das. 45d,14. „Das het ich für ein mær und ducht mich sin ein dant"; Altsw. 226,9. „Das dunkt mich als ein dant gen diser werden frawen"; das. 249,34. „Sweig, die red ist ain tant!" Cgm. 379, f. 54 (270, f. 94). „Münchentand, alte Weibertend." „Vil schwetzen und lange thändt hersagen", Avent. Chr. „Doch hielt sie es als für dantmer"; H. Sachs 1560: II, IV, 100b. „Tandmer, Geschwätz", Prompt. v. 1618. In Gem. Regensb. Chron. heißt es ad 1388: „Meine Herren haben verboten all Tännt, daß niemand im Tännt gehe heimlich oder öffentlich, weder Pfaff noch Lay, oder man wills für schädlich halten." Ad 1458: „in der Faßnachtzeit ließ man einen Bierbrauer von Stadtamhof mit seinen 8 Knechten Tännt gehen." Ad 1473: „es wurde in der Faßnachtzeit aller Tand eingestellt." Also wol Faßnachtpossen. Die Tanderey, Tantrey, (Aventin, Gramm.), Albernheit, Posse; mhd. tenterîe; BM. III, 13. Zeitschr. IV, 443. „Solcher tanderey glauben . . ." Avent. Chr. . Gl. i. 155: tantaron, delirare; Graff V, 437. Unserne liegt das gleichbedeutende spanische tontear, so wie die Subst. tonteria, tontada, tontunas der Tanderey und dem Tand entsprechen.

tändeln (tántln), wie hchd. cf. ahd. tantaron, delirare; Graff V, 437. „Der tendelt mit den kinden, iste verba applausiva loquitur"; Windb. 204, f. 165b. Das Tändelzeug (Tántlzoig), in der crotischen Terminologie des O.L., der weibliche Busen. „Dà weihht's aə˜stə-r-əmàl d' Frau à˜, wie s'n à˜schàugt; zaəgt eəm iər *Tántlzoig* und sagt: gi'mər ən Eyál und . . .", Genesis cap. 39, v. 7. (Vrgl. tänteln, welches näher zu liegen scheint, als Tand).

Tandern, Ortsname; Tannara, Meichelb. Hist. Fris. I, II, p. 320, ad 843. Tannaren, Freyb. Samml. II, 324, ad 1160. III, 193. 433. 465. Vrgl. Förstemann II, 1357; (zu tanna, abies?).

Tink (?). „Man sach reiten vnd lawffen haiden vil ein michel dinch, di viellen ab des periges tinch vber die hoch stainwant"; Cgm. 1113, f. 76b.

Die Tinken (Tinkng), die Dinte. Tinkng-Pulvə', Tinkng-Zeug (Tintenfaß), Tinkng-Schlècker, (im Scherz: Schreiber). „. . Item um Papier, Wachstinken, Pergament . . ." Kr. Lhdl. VII, 215, ad 1465. „Atramentum, atrament; tinca, tinck; incausterium, tinckenvas;" Semansh. 34, f. 196. Incaustum, tinch; Clm. 4350 (sec. XIV.), f. 2b. „Attramento, attarminza; attramentarium, tinctihorn; atramentum, tinctun"; Clm. 4606, f. 137. 138. 153. cf. Cod. Em. 8°. 5, f. 102. Incaustrum, dinckn; incausterium, dinckenhorn, Voc. v. 1455; tinca, tinck, incausterium, tinckenvas, Voc. v. 1445. Voc. optimus p. 28: incaustum, sepia, tingta. Vrgl. Diefenbach 57c. 291a. b. 584b. „Er bützt ir den herzritten mit allen sinen sitten und tuot ir ain brief dafür schriben; da nidnan an irem libe tuot er vast und stark born mit der fedren in das tintenhorn"; des Teufels Segi, Barack 245,7759. Die ahd. Sp. (z. B. 448
gl. a. 9. 508. 543. 629) hat vollständiger tincta, dincta; mhd. tincte, tinte; (Graff V, 437. BM. III, 38. Grimm, Wbch. II, 1179. v. lat. tingere). Vrgl. Timpt unter Timpen.

Tantenberg. cf. span. tonto. Stupidus in monte; Grimm, Marcell. Burdig. 29. 'Vrgl. mhd. Affenberc, Gouchesberc; W. Grimm zu Freid. 82,9.' „Hin gên dem Tantenberge so wil ez danne fliehen"; Labr. 457. Des Tantenberges dicke hât jäger vil betrogen"; das. 458. „Der Tantenberg ist wunneclich ze schouwen. Swer aber dâ wil jagen, den mag ein scharpfez berîsen („ein scharpfer dorn") wol verhouwen"; das. 459.

'Der Tántəs, (Tántləs, Baader), der Spielpfenning, Rechenpfenning. Wirzb. Verord. v. 1733. Es ist dieses Wort nichts anders, als das gleichbedeutende spanische tanto (cf. portug. tento, calculus, Rechensteinchen. Zeitschrift II, 245. 247), im natürlich weit öfter vorkommenden Plural tantos aufgefaßt, (wie man z. B. in unsern Tagen hört und liest: ein Cortes, ein Carbonari), und erinnert nebst einigen andern Ausdrücken, wie z. B. garbo, matador, hombre, gastos secretos (menus plaisirs), ayo, parte geben, media noche, carambola, entrada, olla podrida, casaca, der Hartschier, ꝛc. an die Zeit, wo an den meisten Höfen des lieben deutschen Landes die spanische Sprache nicht minder beliebt war, als es jetzt die französische ist. Das span. Verbum tantear (schätzen) scheint mit dem folgenden tántln übereinzukommen.

Der Täntler (Tántlə', die Tántlərinn), eine Person, welche auf öffentlichen Ganten und Versteigerungen die Sachen schätzt, tariert, d. h. auf das quanto, en quanto, encant? das tanto bestimmt, (spanisch: tantea), und zunftmäßig berechtigt ist, was ihm ansteht, zu ersteigern, um es öffentlich wieder zu verkaufen, was anderwärts a) Schätzer, Schätzler, b) Trödler. „Dise zwen warn tendler, auch waren vier gewendler"; M. Beham, Wiener, 14,18. „Fragner, tendler und öler", das. 30,8. „Krämer, Freymärker oder Tändler"; Scherer gegen Utzinger, 1589, p. 110. Nach v. Sutner waren in München a°. 1618 2, a°. 1649 5 Täntler. A°. 1783 gab es (nach Wstr. Bschrb. p. 101) in München 6 Tantlergerechtigkeiten. Burgholzer p. 114 zählt 46 Däntler, und darunter 4 geschworne Schätzer bey Licitationen. „Was durch geschworne Täntler und Täntlerinn zum failen Verkauf öffentlich umbgetragen wird", L.R. v. 1616, f. 233. Täntlerin, so schleichen (Garnstränge?) auch Parchet fail haben; Münchner Beschaw-Ordn. v. 1592, Cbm. 1536, f. 13. 17. Der Täntelmarkt, Trödelmarkt, wo die Täntler ihre Waaren (Täntelwaaren) öffentlich verkaufen; im Spott oder Scherz: vielerley Dinge, die ohne Ordnung umherliegen. Das Voc. v. 1419 hat: tendeta, tändlmart. Im Cod. ZZ. 715 (Aulus Gellius), fol. ultimo heißt es:

„Emptus est hic liber a me Joh. Fuchsmann doctore auf dem täntlmarkt zu Wien umb 18 Kr. 3 ₰ die S. Appollonie 1499"; aber im Cod. ZZ. 714 (Senecae tragoediae), fol. ult. steht: „Comparatus hic liber Wienne super *Tendetta* die S. Apollonie que erat 9. Februarii per me Joh. Fuchsman D. 18 cruciferis 3 ₰ anno 1499." tänteln (tántln), das Geschäft des Täntlers treiben, trödeln. Zeitschr. IV, 443. Bey Wackius (a⁰. 1713): „tenteln, kleine Sachen gegeneinander tauschen." Hier würde sich allenfalls selbst das hchd. tändeln anschließen, welches zur ältern Bedeutung von Tand (Narrengeschwätz) minder zu passen scheint, als zur neuern hchd. (nichtswerthe Kleinigkeit, im Dialekt, Tántə'ling). Vrgl. auch Tau˜də'lau˜.

vertanten(?). „So tuot er ims vertanten und mit luginan vergwanten"; des Teufels Segi, Barack 272, 8641. 'Vrgl. Tand.'

Der Tantmann (?) „Item Christophen, des von Eichstedt Tantmann, nach unsers gnädigen Herrn mündlichem Geschäft im Harnischhaus gegeben 1 Gl. rhein." Kr. Lhdl. VII, 208, ad 1465. „Der Bayer (von Schrobenhausen, welcher in der Fastenzeit alte Kalbsköpfe feil hielt) stund gleich wie ein Dantmann darbey"; H. Sachs 1560: II, IV, 61 (1612: II, IV, 125). „Si sprach: Nu prüf ich aber baß, das du bist gar ain tantmann"; Cgm. 270, f. 82ᵇ (379, f. 42). s. Tand.

tenten(?). „Ein plaufûz gepirmentet des fliegen bringet nit luft, wan erlich man getentet"; Valkn. 85.

tentieren, versuchen, unternehmen, besonders um dadurch zu erwerben, zu gewinnen. êitz kà˜mə˜ nicks mèiə' *tentiə'n*. hentiə'n und *tentiə'n*, (b. W.).

Die Tinten, wie hchd. Dinte; s. a. Tinken und Timpen.

Der Tinterl, „rein wienerisches Wort, der patito nicht nur der Frauen, sondern der ganzen Welt"; Hammer-Purgstall, Wiener Jahrb. d. Lit., 120. Bnd., p. 111.

tuntrig, tuntricht, (schles.) dumm; Weinhold, schles. Wbch. 101.

---

tanzen, wie hchd. Das Wort scheint in der deutschen Sprache nicht alt zu seyn. Wohl findet sich gl. o. 59.
449 348: tanzare coraula, denzere symphoniacus; aber in noch ältern Denkmälern ist saltare, so viel ich weiß, nirgends durch ein dem tanzen entsprechendes Wort gegeben. Tatian hat Matth. 11,17 und Mark. 6,22: salzon, das saltjan (für Luc. 7, 32) der angels. Übersetzung, welche übrigens auch fricjan und tumbjan hat. Ulphilas giebt es durch plinsjan, (poln. plà˜sacj, böhm. plesati. „Plinsjan ist uns höchst wichtig. Gothi pro sua dialecto e *pla* = *plén* fecere *plin*; nos postea rhinismum omisimus, sed nostra radix est *plên*, non *plin*"; Kopitar, Brief von 1841. Vrgl. „Mustend den reihen planzen", Münch's Aletheya 168). Das alte danson, trahere (gl. i. 351. 361. 427. s. Dünsel) widerstrebt durch seine Bedeutung. '(Vrgl. dagegen Grimm II, 35, nr. 396. Diez, Wbch. 121. BM. III, 13.)' Die bibl. Glossen v. 1418 geben applaudebant durch „tanztend mit den hennden." Diut. II, 227: „plaudere, dansen; plausus, dansinge"; aber 230: „tripudiare, dansen". (Cf. česk. ples, m., sowohl Tanz, als Händeklatschen.) „Turnieren, tanzen, tiostieren"; S. Helbling XV, 54. „Tripudiare, danczen vor freuden", Voc. Melber. Der Tanz. 1551 24. Februarii hat der Henßlin vnd Jörglen den welschen tanz gesprungen vnd der Henßlin vnd Thomanlin den vorrayen gehapt"; Notat des Abts Leonhard zu Fürstenfeld, wol noch auf Kaisersheim, wo er früher, bezüglich; Cod. Furstenf. 168, Vorsetzbl. Zeitschr. IV, 443. R. A. An den Tanz gên, an's Werk, besonders in Kampf und Streit. Mir ist's ain Tanz, mir ist es gleich. Der hat seine extrigen Tänz, Eigenheiten. „Gelobtänz, die da geschehen auf der gassen"; Cgm. 632, f. 21½. Der Sautanz, Mahl, wobey meist Schweinefleisch aufgetragen wird. Cf. schwed. kalf-dans, Kuchen von der Biestmilch. Schickentanz, ein Teufel. „Diabolus in medio choreae qui vocabatur Schickentanz"; Monac. Augustin. 84, f. 6ᵇ. Clm. 83, Br. Berchtold. „Est iste diabolus vulgariter vocatus Schickhendantz. Hic diabolus recipit te in potestatem suam cum accedis ad choream"; Christanni Spraug Sanzenoneis sermo de chorea, Clm. 16501 (a. 1492), f. 428. Das Tanzhaus, eignes für die öffentlichen Hochzeittänze bestimmtes Haus, in Städten und Märkten hie und da noch jetzt bestehend, (Wstr. Btr. V, 290. Wiltmeister Amberg. Chr. 144. 583. Mederer's Ingolstadt p. 84. Hazzi, Statist II, 364). „In einem Raht- oder Tanzhaus", sagt Aventin, „hub Samson die Säulen umb." „Nach diesem dürfen auch die ehrenreiche Hochzeitgäst hinausgehen auf das öffentliche Tanzhaus, sie dürfen ein Tanz thun, zwey oder drey", Hochzeitspruch. Hazzi, Statist. I, 425. Im Oberlande haben sehr viele Land-Wirthshäuser ihr eigenes Tanzhaus, nemlich eine abgesondert stehende Wagen-Remise, deren oberes, mit Brettern verschlagenes Stockwerk den Tanzplatz bildet. Päbstlicher Ablaßbrief, ertheilt „Hainrico am Tanczstadel laico Pataviensi eiusque uxori Catharinae"; Clm. 16467 (2⁰ a. 1456), Deckelbl. „Ego Fridricus dictus Tanzmaister de Parstorf"; Clm. 17420, f. 57ᵃ. (MB. X, 417: dictus Taichmaister). Vrgl. die Artikel: Platz, Trümmertanz, Fueßein-, Huettanz, Langaus, aufmachen, die siben Sprüng, Schar, Schnitterhüpfel, Spilmann ꝛc. Daß es ehedem beym Tanzen, selbst in Städten, oft nicht säuberlicher zugegangen sey, als jetzt noch auf dem Lande, zeigt z. B. das Amberger Stadtbuch von 1554, welches einmal sagt: „An den Abendtänzen sol sich ein jeder des Umbschwingens, Umbdrehens oder Umbwerffens (= Umdrehens; s. Th. IV: werfen) der Maid oder Tenzerin und auch in blossen Hosen und Wammes zu tanzen genzlich enthalten."

„teinzig" nennt, in einem altb. Liede, der vor dem Kammerfenster stehende Liebhaber seine spröde, ihn abweisende Schöne. Dagegen soll, nach Brandenburg, „Teinzel" um Wunsiedel einen Kuß bedeuten, und „teinzə" ein Schmeichelwort gegen Kinder seyn.

---

tâppen (tappm), 1) wie hchd. Zeitschr. I, 299,4, 8. IV, 103,11. 443. cf. tapsen; Zeitschr. II, 402,21. VI, 276,57. Grimm, Wbch. II, 750. 2) figürl. sich plump, ungeschickt benehmen, eine Ungeschicklichkeit begehen. Häst scho˜ widə' '*tappt!*' „Ins Mueß tappen, involare in aliquid"; Prompt. von 1618. Der Tapp ins Mues, (Augsb.) ungeschickter Mensch. vertappen. Du *vertappst* àbə' dö' àlls, verunschickst alles, lässest die beste Gelegenheit vorübergehn; (Baader). s. unten və'täpp·ln, verlegen, und vrgl. schwed. tappa, borttappa, dän. tabe, verlieren (von thappa?). antæppig, zuetæppig, zuetæppisch (à˜táppi', zuətáppi'), adj., nach 450
Bedeutung 1): der, die, das sich gerne an jede Person, an jede Sache macht; insinuant, zudringlich; antappig, gerne zugreifend, (Jir.). „Wannst net so *andeppád* wärst, häst ja scho˜ langst á' ə˜n Schàtz"; Reizenbeck I, 91. „Wie sich die Mannßbilder gegen den Weibern zutäppisch machen sollen", Puterbey de a⁰. 1581. tappet (tâppət), nach Bedeutung 2): ungeschickt, plump. täppig, täppet, täppisch (táppi', táppət, táppisch), taumelig, schwindlich, toll. Die Kuə wird *táppi'*, bekommt die Drehkrankheit. Die vom Tod erweckten „gênt recht als si täbt sein", sie erhalten erst später Gehör, Gefühl ꝛc.; Cgm. 531, f. 62. „Tæpischiu mære künne wir sagen dar nach uz der Karndenære sprach"; S. Helbling XIV, 44. Ein Collegialrath, der im Verhörsprotocoll von einer tapeten Lisel gelesen, trug in der Session über eine Tapêten-Lisel vor. BM. III, 14. Zeitschr. V, 443. (Es ist mir indessen zweifelhaft, ob diese Formen wirklich zu tâppen gehören, welches eine weit mildere Bedeutung hat; vrgl. tâub). Der Tapp, Dideltapp, Tapps, Tapper, Dim. das Tappe-

lein, Tapperlein (Táppə'l), ungeschickte, einfältige Person. Kaltenbrunner 129: Dabel, Daberl (also a = à); Wagner, salzb. Ges. 44: Dèpp. Zeitschr. II, 402,21. III, 134. 142. IV, 443. V, 298. VI, 29. 323. Die Tappen, der Tapper (Opf. Taupm; schweiz. Tàpə˜), verächtlich: Fuß oder Hand. Grimm I[3], 168. BM. III, 14: tâpe, pes animalis; Turn. v. Nanteiz 94,3. Zeitschrift I, 299,4. 8. IV, 443.

täppeln (táppln, táppə-ln), wird, als Frequ. u. Dim., von wiederholten kleinen Bewegungen der Hände und Füße gesagt. Zeitschr. III, 132. IV, 443. Grimm, Wbch. II, 750. Dés is ə˜ rèchtə' *Tápplə'*, dèr *táppə-lt* nicks àls à˜ dé Weibətn ummə'. — Eine Sache və'táppln, sie in unordentlicher Geschäftigkeit verlegen. Im Haus umətáppln, herum trippeln. Staintäppeln (Staə˜tápp·ln), von 5 auf den Boden hingeworfenen Steinen (Täppelern) einen in die Höhe schnellen, und während dem Steigen und Fallen desselben, von den am Boden liegenden zuerst einen, dann zwey, dann drey und endlich alle vier in die Hand fassen, mit welcher nun auch der emporgeschnellte, ehe er noch den Boden erreicht, wieder aufgefangen wird. Ein unschuldiges Spiel der Jugend, besonders der weiblichen, auf dem Lande. Bei H. v. Lang (Memoiren, Th. I, S. 35) Tätschelspiel (Zeitschr. IV, 8 u. vrgl. II, 239: tätschen), wo es aber darauf ankommt, auf diese Art Steinchen vom Haufen des Mitspielenden zu gewinnen. Vrgl. fankelen, (Aschaff.). Zeitschr. IV, 443. Ernst Meier, Kinderreime S. 145.

Der Tapp, (der, dem, den, die Tappen), runder Korb aus Weidenruthen, Breitschienenkorb. Der Dideltapp, 1) was das obige Tapp; BM. III, 14. Grimm, Wbch. II, 1151. 2) Gefäß, in welches die Milch zum Rahmen gegossen wird, (Th. Mjr. Schrobenhausen). Vrgl. Grimm, Wbch. II, 1151: Diltopf, Diltop. (Dop ist im Niedersächsischen ein Deckel, eine Schale; Pipendop, Eydop. Grimm, Wbch. II, 1258.)

Der Tappen, Portion, Theil; ital. tappa. Dà hàst dei˜n *Tappm!* ən iədə' kriəgt sei˜n *Tappm*. Der vo'stêit si' áf sei˜n *Tappm*, (ObrM.) auf seinen Vortheil. Wirst ə˜n schö˜n *Tappm* dəvo˜ hàbm! Muəs á mei˜ *Tappm* dəzuə taə˜, drein reden. Diesen Ausdruck haben wir wol zunächst von dem französischen Militärworte étape, welches seit mehr als einem Jahrhundert oft genug in bayrische Ohren geklungen hat. Das ad Mand. S. C. Majest. ppr. ergangene Reglement auf das 1708 hybernale sagt: die Verpflegung der Miliz besteht, „sowol für die logirt als durchmarschirende Truppen in Abreichung der gewönlichen Estappen, welche in 1 Pfd. Fleisch, einer österreichischen Maß (bayerisch fast 1 1/2 Maß) Bier und 2 Pfd. Brod" besteht. Estape als Portion ist übrigens nur eine Figur von Estape als Legstatt, Niederlage, aus welcher solche Portionen ausgegeben werden, und ein Wort mit dem niederdeutschen Stapel, oberdeutsch Staffel; (Diez, Wbch. 624). (Auf den Alpen des Cantons Bern ist ein Staffel, was auf den bayrischen ein Geläger, Läger.)

Der Tapphart, Mantel, (mittellat. tabardum, tapardum, mittelgriech. ταμπάριον; ital. tabarro, span. port. tabardo, franz. tabard, engl. tapard, Waffenrock. Ducange VI, 476. Diez, Wbch. 338). „Er leit im (dem Pfaffen) ain grossen tapphart an"; des Teufels Segi, Barack 133,4163. „Darumb leit er (der Pfaffe) ain langen tapphart an . . . darin tuot er hin und her swenken"; das. 141,4431. BM. III, 14: tapfart. Wackern. Wbch.: daphart; BM. I, 303. Diefenbach 570[b]. Zeitschr. II, 239. V, 275,5. 520,8.

Der Tepp, täppischer Mensch; adj. teppət; (Ilr.). s. oben Tapp, täppig.

Der Teppich, s. Tebich.

Der Tüppə, „Dippe", (Aschaff.) Topf (w. m. s.).

451 toppen, vrb. n., klopfen, schlagen, sich schnell bewegen; cf. česk. tepu, schlagen. Das Herz toppt, das Geschwür toppt. „Vnd seyfen im die oren und dopfent im"; Fragm. v. Bartholomaei Practica aus Ind. 128. s. toben.

Topenitz (?). „Stob topenitz (topentz?) milich und allerlai suppen"; Cgm. 1142, f. 96[a]. s. Dobriz.

---

tapfer, 1) wie hchd. 2) ä. Sp., gravis, gewichtig, wichtig, bedeutend, ansehnlich; kühn; fest. Graff V, 594. Grimm II, 136. BM. III, 14. (Vrgl. slav. dobre, dobry mit doba, rechte Zeit?). Nach der Erclärung der Landsfreyheit von 1508 hatte der Fürst die Ämter „mit tapffern, edeln geschickten lanndleuten, so Bairn", zu besetzen. „tapfere Worte", Kr. Lhdl.; „ein tapferer Handel", ibid. XIV, 27. „tapfere Ursachen", ibid. XI, 250. „tapfere Anzahl", Lori, Brg.R. 135. „Eine tapfere Botschaft", ibid. XIV, 89. „Tapfere und erschießliche Landsteuer", ibid. XVI, 241. 267. XVIII, 25. „Daß uns nicht allein eine solche tapfere, sondern ain viel mindere Summe (zu zahlen) beschwerlich", ibid. XVIII, 46. „Treffliche und tapfere Summe", ibid. XVI, 243. „Mord, Straßenraub oder sonst eine tapfere Vergewältigung", ibid. XVII, 141. „Etwas Dapfers erheurathen", Hund, St.B. „Nicht geringe, sondern tapfere Stuck, die aus der Kirchen können gestohlen werden, als Monstranzen, Kelche rc." Anm. zu Cod. crim. B. p. 51. „Ponderosus virtutibus, dapffer in tugenden"; Voc. Melber. „Fidus trew, gravis, dapffer"; Clm. 4424, f. 86, ad 1532. „Etlich der tapfersten swestern sollen dem priester in daz siechaus nach volgen"; Alt. Hoh. 11, f. 64. „Diu prüstel schüllent an den juncfrawen klain sein und tapfer"; Konr. v. Megenberg, Pfeiffer 25,5. Cgm. 427, f. 47. „Ist daz, daz der harn einen dicken krais all umb in dem glas (hat), so ist daz plut dapfer vnd sich" (siech?); Monac. Aug. 181, f. 98. „So ist daz haupte tapher temphig und geswind"; Clm. 5879, f. 192. Der Körper „tepferer (stärker, vollkommener) und die Gesichtsfarb bräuner"; Tirol. Kirchtag, 1819, p. 88. tapferding, adv., tüchtig. „Einen tapferding ausvilzen", Wstr. Btr. V, 140. Die Tapferkeit, 1) wie hchd. 2) ä. Sp., Wirksamkeit, Kräftigkeit, Stärke. „Tapferkeit der Stimm"; Predigt über die 4 letzten Dinge. „Die Tapferkeit (entscheidende Maßregel) die S. M. gegen Herzog R. fürgenommen hätten"; Kr. Lhdl. XI, 658. Gravitate, veritate, dapferhait, Avent. Gram. Gravitas, dapfferkeit; Voc. Melber. „Das ich euch blos und nacket sech (sagt Paris zu Venus), das nicht das urtheil sei zu gech, sonder mit dapfferkeit beschech"; H. Sachs 1612: II, II, 30. tapferlich, adv., auf eine treffende Weise; Kr. Lhdl. IX, 364. XI, 32. 493. Graviter agere, dapfferlich; Voc. Melber. Das Psalterium von Windberg. Ms. saec. XII. hat: „in liute tapherem, in populo gravi." „Getapheret ist ober mih hant din, gravata est super me manus tua." cf. gl. i. 461: taphriu gravida, 1021: taphere mole. (Im Voc. v. 1482 liest man tapfer werden maturescere, tapfern maturare. Voc. Melber: maturus, dapffer.

Der Topf, in der hchd. Bedeutung, ist dem gemeinen Manne Altbayerns wenig geläufig. Er braucht dafür Hafen (w. m. s.). topf-eben, (Dachau) genau eben, horizontal. Topf, Kreisel, (Baader); wie ahd. mhd. topf, Schale, Deckel, Kreisel; niederd. top, dop; mitteld. das düppen, döpfen. Graff V, 385. BM. III, 48. Grimm II. 48. Wbch. II, 1258. 1567. Zeitschrift II, 276,16. III, 260,18. 272,10. V, 167,138. 365. VI, 430,46. s. oben Tapp und Tüppe. Cf. altfranz. tupin: „De bonne vie bonne foi, de bonne terre bon tupin", (von tofus; Ducange); Anjou. Roquefort II, 669[a]. Diez, Wbch. 786. „Wollt ich auch machen ein grossen tuppen voll (Salbe) wie Medea"; Ulr. Fütrer, Cgm. 247, f. 16[b].

Der Topf, (O.L., Baur), 1) das Loch an der Grundrinne eines Weihers, 2) der darein fallende Zapfen, 3) die ganze Vorrichtung sammt den Docken oder Stützbalken.

„Die von Thierhaubten dürfen fischen in den Töpfen und verfallnen Wassern, welche vom Lech, wann er in seiner natürlichen gemainen höch ist, kainen Eingang oder Ausgang Wassers haben", Lori, Lechrain f. 390. „Zu Grundrinnen u. Döpfen", (1613); Cbm. 2224, f. 177. 178.

Der Topfen, der Quark, d. i. die feste Substanz von saurer Milch nach Absonderung der Molken (Sauern). Zeitschr. IV, 448: Tránterer. „Ich sihe (sihe?) daz kæsewazzer wol; daz ist guoter topfen vol"; S. Helbling I, 1192. BM. III, 49. Grimm, Gesch. d. d. Spr. 1007, f. 1013. „Episerum, topfen"; Voc. v. 1445. Der Spinat-Topfen, (Küchensp.) Saft, aus Spinat gepreßt und dick gekocht. Der Topfenkäs. Die Topfen-Nudel, das Topfen-Paunkelein, Nudel von Mehl-
452 teig, welchem Topfen beygemengt. So giebt es Topfenküechel, T.-Strudel, T.-Strizel, einen T.-Rezel, T.-Schmarren rc. Das Topfenwaßer, Molken von saurer Milch.

tupfen, im Allgem. wie hchd. (Graff V, 391. 384). Auf dem platten Lande in specie: ein Kind tupfen, ihm die Kuhpocken einimpfen. eintupfen, zur Bekräftigung einer Sache in die Hand (eines Andern) einschlagen. (Vrgl. topp! franz. tope! span. topo! von den Verben toper, topar: topo y tengo, tope et tinge. Weigand, Synon. III, Nr. 1890. Cf. Halbertsma, Anmerkung zu Lennep's Proeve van Platamsterdamsch, 1845, p. 19—21. zesamentupfen, einen Anschlag miteinander machen. „Die Nacht brach an, wo man zusamengedupft", d. h. die man verabredet hatte; Selhamer. (Das Prompt. von 1618 hat: dupffen libare digitis, zusammendupffen sacramento dexterarum obstringere fidem suam punctis digitorum). „Ich tupf (es steht „tufft") mit dir umb daz geding: wir geben dir umb jn 30 silbrin dn., damit sey diser kauf verart"; Sterzinger Passionsspiel von 1500. In den Huet tupfen, sich zusammen verschwören; Allgäu, Schrank. b. R. „*In's Hüətle dupft* und zsämma g'schwoara"; Weizmann III, 139. Grimm, RA. 151. Der Tupfen, Dim. das Tüpfel, der Punkt, das Fleckchen; bey Adelung: der Düpfel. (gl. i. 551: notas, tophun). R. A. Dés is gràd ə˜ *Tüpfl·* aufs i, ist lange nicht hinreichend. tüpfeln, mit Punkten und Fleckchen versehen, nachsinnen und rechnen; éppəs *austüpf·ln*, etwas ersinnen, ausdenken. z'samtüpf·ln, mit großer Sorgfalt zusammen, zu Stande bringen; (Baader). 'tupft, 'tüpfelt, adj., punktiert, gefleckt. ə˜ *'tüpf·ltə'* Tanzbodn, Boden, von den Schuhnägeln der Tänzer gezeichnet; blatternarbiges Gesicht. Der Tupfer, a) wer da tupft, in specie der Impfarzt, (Th. Mjr.). Is scho˜ vieré, und də' *Tupfər* is no˜ nét dà, hàt si' gwis bey'n Pfarrə' vo'suffə˜! b) das, woran man tupft. Der Tupfer am Schießgewehr. Kám hàn I *ei˜tupft* (den Tupfer am Scheibenstutzen zusammengedrückt, gespannt) g'hétt, schlagt mər dər *Tupfer* aus, un' patsch ist dər Schus wéck; (Baader). R. A. An den Tupfer kommen. „So muß der Pfarrer, bey dem ein Bauer klagt, daß sein Weib zu früh Kindsmutter geworden ist, etwa sagen: Vielleicht seid ihr auch schon zu früh an den Tupfer kommen", A. v. Bucher's Mönchsbriefe 220. Du *Tüpflə'* muəst àlləwál *tüpf·ln!* (b. W.) von Weibersüchtigen. c) der Tupf oder Punkt. Den Tupfə' (in der Zielscheibe) rausschiəssn.

---

tüpschen, (Aschaff.) stillen (den Hunger, das Feuer, den Zorn rc.). cf. tuschen.

Ich tar, (ä. Sp.) audeo. s. türren.

'Der Tarant, Tarent, tarantula, Scorpion. BM. III, 16. Diefenbach 520ᵇ.' Der tarent, scorpio; Cgm. 397, f. 29.

'Der Tarraß, Terraß, Erdaufwurf, Wall; Bollwerk, Barricade; erhöheter, freier Platz, Erker, Altan (mittellat. terratia, terrassia, franz. terrasse; mhd. der, daz terrâz. BM. III, 32. Adelung: der Tarraß, die Terrasse).' „Die vrouwin, die dâ sâzin an venstirn, an terrâzin"; Athis und Proph., Lacomblet I, 17; W. Grimm 114,20 u. Anm. p. 71. „Dô chomen si uf ein terraz; sein selbes einez (ein Kind) da vergaz und viel z'tode herabe"; Kindh. Jesu, Hahn 98,56. „Sy namen holczer, preter, vaß und schuten und machten tarras"; Mich. Beham, Wiener 72,27. „Sy heten vor diser vesten ain tarras (Barrikade) ober in en bor, under dem liefsens an daz tor; mit laden, pretern, fleken pegunden sy sich decken"; das. 314,27. „Gutte bolwerck und Tarras zu machen." „Zu Bolwerck und tärrassen"; Anhang zum Vegetius, Augsb. 1529. vertarrassen, vrb. „Ainer trug stain, der ander holcz, der drit vertarrast luken und der vird halff scherm ruken"; M. Beham, Wiener 124,14. „Also vertarraseten wir (im verdächtigen Wirthshaus) unser kammerthür"; Cgm. 954 (v. J. 1551), f. 51. „In einem alten ausgepranten schlos und kemmat mit guten Mauren vertarreßen sich" (1525) die von Churfürst Ludwig von der Pfalz verfolgten Bauern bey Engelstat in Franken; Cgm. 4925, f. 222.

Die Taraßbüchsen, die Darar, nach dem Münchner Fewrbch. (Ms. v. 1591) eine Art Kanone, aus der man steinene Kugeln oder Feuerkugeln mit Schlägen warf. „Es sollen", heißt es daselbst, „im Zeughaus rechts stehen die Pöller, oder Mörßner, die scharpfen Mezen, und die Karthaunen, links aber die Dararenen, Notschlangen und Feldschlangen. „Zwei Tarraßbüchsen und zwey Hackenbüchsen", Gem. Reg. Chr. III, 401. Nach dem böhm. taras (Bollwerk) wol zum Festungsgeschütz gehörig. s. Tarraß.

Der Tauren, (nach der Ausspr. gewöhnlicher) Tauern, in den norischen Alpen: hoher Berg, über den ein betretener Weg oder gar eine Straße führt. Ein Appellativ, das erst durch Verbindung mit irgend einem Orts- 453
namen zum Nom. propr. wird. „Sich daz mer auflainet vierzig ellen über all perg und tawr"; Maßmann, Denkm. I, 9. (Cf. kärnt. tur, Auerochs; ture, plur., Benennung des Tauerngebirges; turje, coll., stark ableitige Hügel; Jarnik p. 107. Vrgl. das. 190: tovor, Saum, Last; tovoriti, saumen; tovornik, Saumer, Lastbeförderer, in Untersteier; tovornati, im Zillierkreise: ausschenken, Wirthshaus halten). Mons Turo, Urk., Muchar, Gastein p. 45. „Über die Gebirge von Felben geht auch der Felbertauern (ist hier die Straße selbst gemeint?) der nach Tyrol führt", Beschr. des Ober-Pinzg. 77. Der Krimler, Rauriser rc. T. Das Tauernhaus, der Tauernwirth. übertäurisch, adj., jenseits des Tauern wohnend, liegend. Der Täurer, Übertäurer.

Tauri(?), Tauer, plur. Theuer. „Zu Frauenreut die Salzpfanne sammt Zugehör, die 2 Taurien oder Salzbehältnisse", Hazzi, Stat. III, 1055. Im Salzvertrag v. 1564 verspricht der Probst von Berchtesgaden „sich mit Pfieslen, Theuern und Behaltnissen dermaßen zu versehen, damit, in der Noth ein Wochensud oder etliche zu behalten, nicht Mangel erschiene oder die Sud dardurch verhindert werde"; Lori, Brg.R. f. 292. Die Saline von Hall (in Tyrol) hieß ursprünglich Tauer. Die Grafschaft Thauer; v. Lang, b. Jahrb. 12.

tauren, tauern, vrb., als Nebenform zu teuren (w. m. s.) entwickelt, (vrgl. trauen neben treu, tauchen neben tiuhen, rauen neben reuen, Raut neben reuten u. drgl.), darf wol zur Erklärung folgender Formen angenommen werden: a) betauren, wie hchd. bauern; (BM. III, 41. Grimm, Wbch. II, 842. I, 1220. Vrgl. Gregor 3145: „Dô si in sô tiwer sähen klagen"). Du betaurst mich, du dauerst mich, d. h. du bist mir theuer, werth, und es thut mir leid, (vielleicht eigentlich nach b): es macht mir Gedanken), daß es dir übel geht. əs *bétaurt* mi', dás 's so gangə˜ hàt. Einen betauren, wie hchd., ihn bedauern. „Lieze si der zahere nieht betûren"; Diut. III, 55. „Davon ich schaden vil betawer"; Suchenw. XXIV, 33. „Mich betaurt, das unser macht so gar kein acht hat auf den feind"; P. Werlinus, Seonensis (1646), Cgm. 3637, f. 840. betauren; Leben des h. Benno, München 1697, S. 13. Die Betaurnuß, das Bedauern, Mitleid. b) taurlich (taurlə, Allgäu), adv.; in *Tauə'n*, adverbialiter, (O.L.) nach meiner Vermuthung, wahrscheinlich. Vrgl. in Danken. ə˜n *Tauə'n* hàbm, eine Vermuthung, einen Verdacht haben. ertauren eine Sache, sie erwägen; s. dauren.

-ter, in Zusammensetzungen, als Spur eines alten, Holz oder Baum bedeutenden Wortes (goth. triu, angelsächsisch treov, engl. tree, schwed. trä, slaw. drewo, bretagnisch derven, griech. *δόρυ* und *δρῦς*. Graff V, 440. BM. III, 30 f. Grimm II, 529 ff. III, 368. 370. Wbch. II, 1012. Cf. Dreyling, Träling). sieh Zieder, Ziehholz am Pflug (gl. i. 1120: zeotar, prodeilus; zieter, prodeilus; Diut. III, 149. Diefenb. 462b) und die alten, zum Theil noch vorkommenden Strauch- und Baumnamen affolter (affaldra, malus. Grimm, Wbch. I, 185), Hiefalter (hiufaltar, tribulus), Holunder (holuntar, sambucus; gl. o. 178), Maßolter (mazzaltra, acer), pessoldra (gl. o. 462: sentex; cf. Paisselber), Recolter (gl. o. 15: juniperus), Wacholder (uuechalter, juniperus; gl. i. 251) ꝛc. Tobler 156: Trüeter, treille, Spalierbaum. Kilian: Appel-tere, Mispel-tere, Notel-tere, Holentere, Eglen-tere ꝛc. „Ain Alphalter pier oder aichpaumb"; Cgm. 3723, f. 183. „Holzaffalter pletter", „von wilden affaltern"; Cgm. 821, f. 232. 234.

Der Têriak, Theriak; s. Triâkel.

'Die Terre, mhd. (v. franz. terre, lat. terra), Erde, Land; BM. III, 32.' „Sælig si diu terre, alda ir lieber fûz die erde rüeret"; Labr. 92. „Dort an dem Schalkes walde sicht man von manger terre wilt fliehen dar"; das. 311. „Fâcht Helfen ab und Triuwen, fürgrîfet in ein terre"; das. 405.

teur (toir, tuir; toiə', tuiə'; b. W. tèr), Comparat. teurer, teuriger, teurist, teurigist, adj., 1) wie hchd. theuer. 2) gut, besser, best (überhaupt); ahd. tiuri, mhd. tiure, (Graff V, 449. BM. III, 39). Is kaə˜ *teurə* Semməl mer dà? (HhE.). Du bist á' net *teurer* àls I, (nicht besser). „An einer arbeit daz tewrist vnd daz pest tun", M. Stdt.Rchtb., Ms. v. 1453, f. VI. „Wolt ein dienstman sein lehen nicht nidern, so must ers ainem leihen, der als tewer wær gewesen sam iener", Wstr. Btr. VII, 130, ad 1320. „Hercules der aller theuwerst
454 Held." „Wie es einem strengen Kriegsmann u. theuwren Hauptmann gebürt;" Hist. der von Frundsberg. „Es wär teurer, wenn er sein Haus verkaufete", (besser); salzb. Thalgau. Er wird teuriger, (Zps. Ms.) er wird besser, d. h. er geneset wieder. əs wird *térə'*, (Regen) es wird besser. Uns gêt's iətz *teuə'* schlecht, sehr schlecht, (ObrM.; wird táiə' gesprochen, verschieden von toiə', carus). So teur als vierzig, d. h. nach der Schätzung ohngefähr vierzig. Ze teurist, (Lech) sogar. ônteur, unteur, nicht gut, schlecht. . . „Es seye zwischen Ciborio und Ruben ein sündhafter, ein onteuer, ein zanckischer und ohngesegneter Ehestand gewesen"; P. Abraham. Vrgl. un-derə und beim Horneck: mich nimt eines dinges unteur, finde es auffallend, schlecht. Titurel: „wie sy doch nam sollicher kost untewre." Diut. III, 108: „waz tûr nam in des." 'BM. III, 40b: diu tûr, untûr.' Das Teuerwerden, ä.Sp., die Verbesserung des Zustandes, Aufnahme. „Die der unsern Land und Leute Schaden und Verderben lieber sehen möchten, dann Einigkeit und Theuerwerden", Kr. Lhdl. VI, 160. V, 275. „Als der hochgeborne . . . Herzog Christoph angesehn und betrachtet hat, sein selbst und unser aller Gebrüder auch unserer Land und Leute Ehre Nutz und Frommen zu Theuerwerden, Besserung und guten Stand"; ibid. V, 380. Die Teure, die Theurung, der hohe Preis. „Die hochbeschwerlich Thewre der Zehrung." LR. von 1616, f. 548. Die Überteure, die Uberteurin, Überteurung, ä. Sp., der Mehrwerth (z. B. eines Pfandes über die Summe, für welche es eingesetzt ist; Wstr. Btr. VII, 143), Mehrertrag, Ueberschuß nach den zu machenden Abzügen, Mehreinnahme. BM. III, 40. „Und ob daz wære, daz iht an pfanten, diu man ûf vrîen niht verkoufte kein übertiure (Mehrerlös) belibe über daz gelt dar umbe er diu pfant verkoufte . . . sô sol er die übertiure des geltes legen hintz einem gemeinen piderben burger an Merân, und sol dâ ligen als lange unz daz der ûz kumt, dem diu übertiure des geltes billîch werden sol"; Meraner StdtR. v. 1317 in Haupt's Zeitschr. VI, 418 f. „Elam das ist als vil gesprochen als ein ubertewr, das sind die als gros sund tund, die hoch uber ander sund raichent", Br. Berhtolt; Cgm. 1119, f. 38 (Kling p. 383. Pfeiffer 205,18). „Die Übertiurung derselben Aecker", was sie nemlich über die daraufliegenden „zwelf und neun Schilling ze Selgeret" werth sind oder ertragen. MB. X, 496, ad 1340. „Ubertewrung auf der hueb ze Simling" betr. Urk. v. 1417, Innviertel, Cgm. 3941, f. 15. 64a. 75a. 82b. 101. „Ich N. han verchaufft alle meiniu Recht u. Übertewrung, die ich gehabt han auf den zwain Hausern . . ."; MB. IX, 241. „Was an der benannten Sum gelts und gült über solche Wochenmeß überbleibt, umb dij selbigen übertewr sol ain abtissin prot kauffen"; MB. XVII, 208, ad 1478. „Die Oberteure, der Ubertewrn", MB. XVIII, 189. (cf. MB. IX, 414. Kr. Lhdl. I, 48. VII, 137. 212. IX, 420 Gem. Reg. Chr. I, 516). „Die Überteuer des Scherms im Bergbau", der Überschuß, Überrest; Lori, BergR. f. 208. verteuerlich, adj., was da vertheuert. „Schädlicher Vor- und vertheuerlicher Aufkauf"; wirzb. Verord. v. 1696. teuren, beteuren (betoiə'n, betuiə'n), (HhE.) schätzen, im Werth anschlagen, tarieren. 's Haus is auf 600 fl. *betuiert.* „Der Urbarsleute Vermögen betheuern", Kr. Lhdl. IX, 420. „Was er für den schaden tewrt"; Heumann, opusc. p. 74 (72). „Sölch holtz soll beteurt und geschätzt werden"; Ref. L.Rcht., Tit. 35, Art. 4. „So sol derselb vberfarer solchen Iren schaden abtun und gelten, wie si den auf jren ayd beteurn mögen", ibid. Tit. 36, Art. 2. „Die Thurner von Newpewrn seind wol hoch zu tewrn", Turnier-Reim in Hunds Stammenbuch. (cf. diuren, Otfr. I, 11,51. II, 12,2). 'mhd. tiuren, tiure machen; Graff V, 453. BM. III, 41.' „Waz ze hochgemüete mich mag stiuren, daz müeze von dir werden und ouch von allen wîben sich mir tiuren"; Labr. 718). 'betiuren, betûren, mhd. zu kostbar, zu viel dünken; BM. III, 41.' „Toget dir mein rat, mich sol des nit betewren . . . mein kranker leip mit hilfe dich sol stewren"; Valkn. 41.
„Wir wellen uns kain kostung noch arbait betewrn 455
(dauern, reuen, zu viel seyn?) lassen", Acten von 1504. Vrgl. tauren. „Slechte unbeteuerte Wort", (bloße, durch keinen Eid bekräftigte Aussage), MB. XXIV, 736. Teuerbrunn, Ortsname; Lex. von Franken I, 196.

Das Tirol. So heißt dem b. Flachländer nicht blos das politisch sogenannte Tirol, sondern auch das daran grenzende bayrische Gebiet oder, wie es ehmals hieß, das Land vor dem Gebirg, von welchem noch vor wenigen Generationen die Ämter Kufstein, Rattenberg und Kitzbühel einen Theil ausmachten. Troler, Tiroler, wofür häufig spottweise Kropfər gesagt wird; (Baader); *Tiroler*, Küəholer, és Glábmstreiter, és Posthausráber, és Hungə'leidə', Reime der Mittenwalder, die sich noch auf die im J. 1809 daselbst verübten Plünderungen beziehen; (Baader).

Das Tier (Tiər, opf. Têiə'), plur. oft Thierer, selbst bey D. v. Pleiningen, wie hchd. (ahd. tior, teor, mhd. tier. Graff V, 447. BM. III, 34. Grimm III, 359. Gesch. d. d. Spr. 28). Das Untier, (Lori, Lechrain f. 492), der zur Fortpflanzung unterhaltene Stier, Hengst, Eber oder Widder, vermuthlich per euphemismum, um das Ding nicht bey seinem rechten Namen zu nennen, wie man z. B. in Lothringen auch den Wolf aus Furcht, er möchte ein lupus in fabula werden, nur das Unthier nennt. „Vier gefreyte Thier (Wider, Stier, Vollros und Schweinper); Cbm. Kl. 167, p. 264. 274. 295. Das Getierz, Gethier, Thier, (Dr. Roth). Der Planet Venus „haizt auch der tierstern, darumb, daz diu wilden tier dann her für gênt auz den wälden und auz den hölrn und ir waid dann suochent"; Konr. v. Megenberg, Pfeiffer 62,13.

Der Tôr, der Tôrl (To'l), üblicher das Diminutiv. das Tœrlein (Tèrál), 1) (Gebirg), der Taubstumme. „Die götzen habent auch oren, sie gehorent als die toren"; Reimchronik bis 1250. „Jesus sprach: tor vnd stumme, ich gebeut dir, var uz im", Matth., Cgm. 66 (XIII.—XIV. sec.), f. 56b. „Fur dar nach uz im vnd wart gestalt alz ein tor"; das. f. 57. „Hauswurzsaft geus dem toren in dy oren; hasengall mit weibsgespunn, amaysprut ist dem toren gut in dy oren zw dem gehören"; Cgm. 4543, f. 126. 127. 2) wie hchd. der Thor; doch unvolksüblich. BM. III, 50. Grimm, Gesch. d. d. Sprache 598. tôret (tourət, taərət, turət), tœrisch, 1) taub, gehörlos, übelhörig; figürl. „si ist unwillig, ungehorsam und burret (wol bonnert?) gegn mir und sonst gegn jederman"; H. Sachs. „Joseph war törisch gegen das Klaffen von Putiphar's Weib"; Genesis 39,8. „Wir sind stocktörisch gegen sein Bitten gewesen"; ibid. 42,21. „Na, Jagerl (Jakob) bist da? sagt da' *derisch* (gehörlose) Miklo" (Nicolaus); Stelzhamer 120. 176. cf. oben derlich. „Ratich vertriebt dy torischhait aus den orn"; Cgm. 4543, f. 206. 2) ä. Sp., unsinnig. „A°. 1384 ward eine junge vornehme Frau von einem toraten Bauern erstochen", Gem. Reg. Chr. p. 216. „Daz unter allen tyeren nicht törischer tyer ist dann der mensch"; Cgm. 54, f. 51b. Zeitschr. IV, 445. tœren (tèrn, tárn), (U.L., Baur) rennen und springen, wie das Rindvieh, wenn es toll wird und biset, (m. s. d. W. und vrgl. bœren, dieren. 'Küə hams *Tárn* à˜gfangt und hánt àll ei˜ s Holz 'nei˜gloffə˜. „Tôren, dementare; tôrlich, dementer"; Voc. von 1429. cf. turren. Der Weibertörer (Weibə'tèrə'), Mannsperson, die den Weibspersonen nachläuft, Weibernarr. antôren (à˜turn), anrennen, ungeschickt ankommen. tœren, betœren, mhd., zum tôren machen, betäuben; vrgl. tâub. „Die wile iz (daz ore) des werltlichen geludemes doz betoret"; Clm. 9513, Vers 310. „Unnutzez claffen . . . daz mich vil dicke tœret"; Labr. 158. „Ân sehen und ân hœren... hûb ich in solchem tœren"; Labr. 347. „Waz des, ob si mich tœret... lâze mich sîn iren tôren"; Labr. 662. sich tœreln (tiə'ln), auf närrische, lustige Weise herumspringen. də' Hund *tiə'lt* si'. antœreln (à˜tiə'ln, opf. aə˜tèiə'lə˜), in Versuchung führen. Dés *tiə'lt* mi' nét à˜. əs (ein Übel, eine Krankheit) hâut mi' *aə˜tèiə'lət*. „diedeln, reizen, sich melden", (Hauser). Eine sich andiəlende Lungenentzündung, (Obermyr.). cf. Th. II, Natur: an-natürlen. sich austœreln, einmal recht nach Herzenslust toll seyn, sich herumtummeln. Heu˜t gen I sə'n Tanz, das ə mi' widər ə màl rècht *ástiə'ln* kà˜. (Vrgl. Sp. 532: u˜-derə; dos-oret u. bosen).

Torant, s. Dormenter.

Das Tor (Tour, Taər, opf. Tauə'), im Plural zuweilen Tôrer, wie hchd. Thor, (goth. daur, ahd. dor, tor, mhd. tor. Graff V, 447. BM. III, 49. Grimm I, 366. III, 430). Portas obstruere, die therer vermachen", Clm. 571 (v. J. 1514), f. 28.

Die Tür, das Türlein (Tirl, Ti'l, Tiə'l), die Thür, (ahd. turi, tura; dio turî, wie das lat. fores, ein Plural. Graff V, 445. Grimm III, 430. tur, sing., Notk. 73,8. mhd. tür; BM. III, 49). R.A. Hinter der Tür Urlaub nehmen, ohne Urlaub, Abschied weggehen, von Dienstboten, die so ihre Maister und Frauen an ain Bloßen setzen; Wertinger Gerichtsordn. v. 1568, Cgm. 3256, f. 52. Das Hosen-Türlein (Hos'n-ti'l),
der Latz im Beinkleid, Hosenlatz. „Türlin an der nasen", 456
bey Br. Berhtolt, Nasenlöcher. Das Übertür, superliminare. „Cum sponsa primitus domum ingreditur sponsi, tunc palpat cum manu superliminare dicens: Ich gryff über das übertür, mein krieg ge alwege für, — et sic credunt se semper in omnibus victoriam obtinere. Tunc ejus vir dicit: Ich gryff an die wend, ich ver dir den rück und die lend"; Joh. Herold, Monac. Francisc. 142, f. 46—47. Vrgl. oben unter beren und Clm. 11430, f. 17: „Ich griff uff dar vbe thür das myn griff ge alle wege für." „Setz nur die seel auf t'überthür und sag uns nichts mehr davon", laß die Seele fahren, gut seyn; H. Sachs 1560: III, I, 261. 'Cf. Dirpel, Schwelle; Zeitschr. IV, 284,106. V, 40,103. 238.' Der Türnagel, s. Th. II: Nagel. türangeln Einen, ihn sehr in die Enge treiben, (Aschaff.). 'Vilmar, hess. Idiot. 412 (Zeitschr. II, 469): „gleichsam zwischen Thür und Angel bringen." Vrgl. dagegen Zeitschr. III, 367,47 und Grimm, Wbch. II, 1567: dürangeln = durrängeln, durchprügeln.' „Geh nur . . . eh das ich dich dürengel"; H. Sachs 1612: II, II, 55. „Wolten den sprecher da türengeln, erzausen und mit feusten vengeln"; das. IV, III, 128 (1560: IV, III, 58).

'Der Düring, ä. Sp., der Thüringer.' „Melancolia haizent die Dürgen râsen"; Konr. v. Megenberg, Pfeiffer 400,6. Des krautes ist in Dürgen (Thüringen) vil umb Ertfurt"; das. 419,28. 453,9. Graff V, 204. BM. I, 406. Thüringen, s. unter Pfalz. Durinkheim = Türkheim; RB. IV, 744. Durengenstat, Döringstadt bei Lichtenfels; ibid. III, 117. Förstemann II, 1416 ff.

'turren, taumeln, stürzen; BM. III, 153.' „Swen die törper als die hummel snurrent an dem reien und als die böcke gein ein ander turrent", Nîthart, Hagen's Minnes. III, 225, Nr. XLV. „Der wolf im einer thet in brunnen schnurren, hergegen der fuchs herauf was thurrn"; H. Sachs 1560: II, IV, 33.

türren, (ä. Sp.) audere; (goth. gadaursan, ahd. giturran, gidurran, mhd. turren, geturren. Graff V, 441. BM. III, 15. Grimm II, 1743. Zeitschr. VI, 412,59). Ich tar, gethar, audeo; ich torste, getorste, turste, ausus sum; wie mhd. K. Ludw. Rechtb. bey Heumann hat gewöhnlich noch er tar, aber p. 141 schon er törst. „Wer auch mit seinem Übergenossen icht ze schaffen het, den er vor Forchten nit gethar beklagen"; L.R. v. 1588. „Alsô tar ich nicht sprechen"; Labr. 284. „Tar ich ez nicht berûfen"; das. 320. Durch des reiches stet ân zol niemant tar gefaren"; Cgm. 270, f. 72 (379, f. 36). „Wie wol es niemandt reden thar"; H. Sachs 1560: III, III, 40b. „Drei ganzer Jar darumb ich nicht werben thar umb sie"; das. 1612: IV, III, 3. Dieses Verb. ist nach und nach ganz in die Formen des ursprünglich davon ganz verschiedenen dürfen (w. m. s.) übergegangen. Dürr seyn, audere; Voc. von 1429. Vrgl. torsch, turstig; un-der und biderb.

Die Torkel, (Bodensee) die Weinpresse, Kelter, (ahd. torcla, torcula, genit. torcalun, torcular, prelum. Notk. daz torcul, des torclis; mhd. diu torkul, torkel. Graff V, 456. BM. III, 52). „Nu stunt sein wat sam einem torculære (Kelterer) . . . daz er die torculen eine hete"; Anegenge, Hahn 39,75. 77. torken, vrb.; „wein außtorcken, brisare"; Voc. Archon. f. 67. törkelen, mit Weinproben im Torkel ꝛc. bewirthen, (Meran); Steub, drei Sommer in Tirol p. 324. Zeitschrift IV, 447.

torkeln (târkln, târgln), vrb. n., taumeln, „torculi instar circumagi prae ebrietate", Prasch. Zeitschr. II, 239. III, 132. 283,110. IV, 188. 447. V, 91. 461. Vrgl. BM. III, 149: turc. Zeitschr. II, 239. III, 132. 283,110. IV, 447. V, 91. 461. (s. auch b. Adelung torkeln). Vo' lautə' Rausch *tarklt* ə' so hin und her. Der Torkler, taumelnde Person; einzelne Bewegung des Taumelns. ə˜n *Tarklə'* taə˜n oder machə˜. zuetorkeln, (Nptsch.) zuschieben, zuschanzen. 's is 'n ə'so *zou'torglt* worn.

Der Türk, wie hchd. In einer Hs. der Kaiserchronik bis 1314 (german. Mus. 2733, XIV. sec.) begegnet der plur. Torken, auch wol Troken. Der Türken, Türkel, (v. Hazzi, Hoiß) türkischer Weizen, Mais. ə˜ Land (Acker) *Türkng*; ə˜ Sàk *Türkng*; ə˜ Pfann voll *Türkng*, (gekocht). Fris ə˜n *Türk'nwidler* (harte, trockne Maisspeise), der verstopft der 's L . . . recht, (Baader). Vrgl. Tatel und Haiden. Der Türkel, gewöhnlicher Hundsname, wie Láckl, Meláckl, Wáckál ꝛc. 'Der Turkman, mhd. turkeman, ein türkisches oder arabisches Pferd; BM. III, 150.' „Der maister mach zu seinem leibe haben ain ros, ainen turcman und ain maul, ainen vallierer und drei shiltgesellen, . . . drei dirre shuln ezzen mit den turcopeln . . ."; Regel des Spitals zu Jerusalem, Clm. 4620, f. 90. cf. Ducange: Turcomannus, Turco-pulus. BM. III, 150: turkopel.

'Die Türkeltaube, Turteltaube; Diefenb. 603^{a} (cf. BM. III, 125).' Türckeltaub, turtur; Voc. von 1432, Cgm. 685. „Bleib stet an deim puln gut, als das türckeltewlein thut: wen das sein puln verleust, kain anders es sich erkeust, und trinckt dan aus eim trüben pach, das es damit ner sein ungemach, es fleugt auf ein dürrn ast und ist aller freuden ain gast"; Cgm. 714, f. (2). 10.

Der Termin, 1) wie hchd. 2) „Geistlichen Mendicanten soll ohne schriftliche Erlaubniß der Landtermin nicht gestattet werden"; wirzb. Verord. v. 1742. Dje Termeney, Bezirk, innerhalb dessen jemand Amtsgeschäfte zu versehen, besonders aber ein Bettelkloster das Recht, Almosen zu sammeln (zu terminieren), hatte. „Terminey und Gezirck"; Wagenseil, de civit. Norimb. p. 540. „Wenn der Amtspfleger auf der Terminey war . . ." „Prediger, die mit einer alten Leyren auf der ganzen Termeney herumfahren." „Buhlbrüder, so in der Finster auf die wilde Termeney auslaufen und da und dort fensterln." Selhamer. s. Tirnter. „Schuldheiß und Meister des gesammten zünftigen Kupferschmidhandwerks fränkischer Terminey", wirzb. Verord. v. 1770.

tirmen, tirmen Einem etwas, (schwb.) es ihm bestimmen, widmen; 'mhd. termen, tirmen, terminare, 1) begrenzen, bestimmen; widmen, weihen. 2) formen, bilden, schaffen. Vrgl. BM. III, 31. Grimm, Wbch. II, 1184 f.' „Consecrare vel dirmen daz sacrament. confiere, dirmen, segenen; corpus Christi conficitur, wirt recht gebacken gemacht, zu wegen bracht, gedirmt. accedit sacerdos in canone consecrationem, gibt sich uff die dirmung und segen corpus xpi"; Voc. Melberi. „Ich han mich alher gedirmt in disen walt so wilden"; Altsw. 144,19. „Das im Sacrament des altars nach der priesterlichen Consecration oder Türmung... der ware und ganze Christus", zeigt Johan Fabri, Bischove zu Wien, 1539; Denis, codd. theol. I, II, 2038. „Der mensch, der von des teufels wegen gevallen ist, der ist getirmet von chrancher und von prücheger matery", plasmatus est; Cgm. 54, f. 3^{a}. „Der mensch ist getirmet von den vier elementen"; Cgm. 54, f. 47^{b}. „Also ist der mensch getirmet von dem layme und von den vier elementen"; das. 71^{a}. „der mensch von laym getirmet"; das. 78^{a}. „Got der den menschen von laym getirmet hat"; das. 81^{b}. „In dem paradis do tyrmet uns got. Ir seit in dem paradis nit getirmet (condere, constituere). Got eur tirmer hasse euch", spricht der Witwer zum Tod. „Aller element tirmer." Cgm. 579, f. 40^{a}. 45^{b}. 49^{a}. 54. „So ist doch nicht die selb tiermung oder natur an dir und an ir, non tamen eadem complexio vitae (in der kranken Mutter wie im Vater); Cgm. 54, f. 2. 3^{a}. '(„Über termen, terminare, consecrare: Lücke in den theol. Studien, Jahrg. 1831, p. 117—125." Jac. Grimm.)'

Der Turmel, der Wirbel, Schwindel. BM. III, 151. Grimm, Wbch. II, 1733 f. Zeitschr. III, 100. 284,110. IV, 268,4. 457. V, 478. „in turbilis uuis, ut turbo"; Notk. p. 262. „Vertigo, durmel"; Voc. Melber. türmeln, im Kreise herumwirbeln, schwindeln. „Wem dürmelt und we ist in den oren"; Clm. 5931, f. 241. türmig, türmisch, türmlich, tormlich, adj., 1) schwindlig, betäubt. „Daz ein ytlicher fleischman hie im dorff kain tormichs vich nit slahen sol, noch stechen kain kalv, das nit xxi tag alt ist"; Ensdorfer Gerichtsord. v. circa 1470, MB. XXIV, 236. 2) türmig, türmisch, wild, ungestüm, zornig. „Wann i' aft hári' wir' und *türmisch* áf sie schau"; Stelzhamer 89. „dürmig, impetuosus", Voc. von 1429. „Lauter rauhe, harte, türmische, scharpffe, unglimpfliche Gesellen", P. Abrah. türmisch, adv. *Türmisch* drei˜ schaugng. „Mit der linken Hand streiche ich türmisch 457
meinen Bart, die Stirn ist gerunzelt, die Augen blitzen Rache", Favian. Hirschaviensis.

'tarnen, ternen, ä. Sp., verhüllen, verbergen (ahd. tarnjan, mhd. tarnen, ternen. Graff V, 458. BM. III, 16).' Der versteckte Hase „luogt sô wiltlich her für, swaz er habe verbernt? umbe sust er sich nicht ternt"; S. Helbling III, 378. Castelli, Wbch. 110: „doarna, verhüllen, umnebeln.

Der Tirnter, Tirenter, (Gem. Reg. Chr. III, 25. 26, ad 1431) ein Platz im Umfang des Klosters St. Emeram unweit St. Randolfs Gruft, an einem abgelegenen Orte. (Nach Scherz: Tirmter a termino loci an der äußersten Mauer des Klosters). „Terminus, termpt"; Diut. II, 230. s. Terminey.

Das Torney, Turnay, ä. Sp., le tournoy, das Turnier; (mhd. der turnei. BM. III, 151. Diez, Wbch. 348). Der turnay, Cbm. 91, f. 8. 9. Vrgl. Cgm. 54, f. 3 (Gesta Romanor. hg. v. Keller p. 5. 6). Cod. iconogr. 393, II (P. Hector Mair, Fechtb.), f. 94 ff. Turneis-hauben, -grait, -ros, (ad 1392); Freyb. Samml. II, 94. 144. „Die von Sattlbogen seind oft nachgezogen dem löblichen Thurnay mit großer Costung und Geschray"; Turnier-Reim bey Hund. Gegen das Torney, Tornieren, Springen und Tanzen, die Torneyer und Tänzer laßt sich Br. Berhtolt oft hart aus. „Tormentum, (torneamentum?) tornayschimpf", Voc. v. 1429. tornieren, turnieren, 1) (ä. Sp.) einem Turnier beywohnen. 2) (Nptsch, b. W.) herumrennen, lärmen. Auch Br. Berhtolts tornieren ist wol schon so zu verstehen. *Turnier* net su! No˜ du *To'niərə'*, wâu *to'niə'st* denn ummər 'ən ganz'n Tà'! Vrgl. ahd. turnjan, mhd. turnen, vertere. Graff V, 459. „Wio sansto er (auriga in circo) fier ros sament turnet"; Notk., Ps. 39,5. „Für die viend (feind) sol man turnen die zün die da geachtert sind"; Cgm. 270, f. 73^{b} (379, f. 36). „In der welte gedurne" (s. unter dem folg. Wort) 'ist wol besser als Collectivum von der Dorn zu verstehen: das Dorngesträuch; vrgl. gold. Schm. 258. BM. I, 385.' Der Turnierer, (ä. Sp., Hund's St. B. pass.) Adelicher, der ein Turnier geritten hat, bey einem Turnier zugelassen worden ist. A^{0}. 1507 werden dem gemeinen bayrischen Adel, oder „der gemeinen Ritterschaft des Adels als Widerpart gegenübergestellt die Grafen, Herren, Ritter und Turnierer"; Kr. Lhdl. XVI, 84. ff. 2) Scheltbenennung eines Menschen, der viel rennt, lärmt.

Der Turn (Tu'n, Tuə'n), der Thurm. (gl. o. 342 steht wol turn; allein Notker hat turre turris, turrin turribus, Tatian tura, turris, turra turrim; es bleibt also sowol das End-n als das m noch zu erklären. Graff V, 447. BM. III, 151. Grimm III, 430 isl. turn; agſ. ture. „Cyng Heanrig (a^{0}. 1100) let gebringon thone biscop Rannulf into tham ture on Lundene", into the tower; Saxon. Chron., Ingram p. 320. Diut. III, 62. 63: turn. Diemer, Ged. 15,13.21: einen turn, deme turne. Plural: turne u. türne. Zwelf turne; Cgm. 9513, Vers 81. „Türne (accus.?)

drückent berfride nider"; Renner 22923. „Siu buwent hohe turne in der welte geburne"; Diut. II, 149. Einen torn mûren, Br. Berhtolt p. 167 (Pfeiffer 160,19). cf. Grimm, Mythol.^{2} 1097. „Bekenn nur nicht, bewahr unser Ehr, wann diser stucklein sind noch mehr; thet man uns mit dem han erdappen, der Thúren solt wol nach uns schnappen und mir beide Ohren abbeißen" sagt Schleckmetz, die Diebin; H. Sachs 1560: **II, IV**, 13. türnen, vrb., thürmen, turribus cingere; Grimm I^3, 160. Der Turner, der Thürmer, (sowol Thurmwächter, als Thurmbläser), der besonders an größern Ortschaften geübt seyn muß, vom Thurme herab allerley Zeichen mit dem Horn oder der Trompete zu geben. In vielen Städten hat der Thurner mehrere Thurnergesellen, mit welchen er als Thurner-Prinz gewöhnlich das ex officio musikalische Personal der Gemeinde vorstellt. Schon ad 1517 erklärt Aventin das lateinische cornicines durch turner. A^0. 1506 zahlte die Münchner Stadtkammer „3 Pfd. 4 ßl. dl. beyden Thurnern von dreyen Wochen zu blasen in der Landschaft"; Kr. Lhdl. XV, 408. Das L.R. v. 1616 (f. 682) verbietet den Thurnern, durchreisende Fremde anzublasen. Durch ein Mandat von 1671 wurde den Thurnern und Stadtpfeiffern im Advent das herumziehen, oder das neue Jahr anzublasen verbotten." Geschieht noch heutzutage. „2 Turnergesellen zu Pferd, welche mit Sortindln in den Trompeten mitleidigst blasen", Karfreytags-Procession p. 17. „Thurner und Spielleut"; wirzb. Verord. von 1704.

458 Das Turnspiel, als Hazardspiel, wird verboten nach einem Generale v. 1772. „Dreher-, Trieb-, Thurn- und Reitterspiel." Thurmspiel, (Münchner Policey-Anzeiger v. April 1822). Gehört vermuthlich zu turnen, tourner. In Baden sah ich es von Benazet im Großen betreiben, (17. Aug. 1843).

beturnen, obtuare, '(hieher?)'; s. unter der Dorn.

'Der Turneis, Turnis, ä. Sp., grossus Turonensis, Turnose, eine alte französische Silbermünze; (mhd. tornois; BM. III, 52).' „Turonensis, ein tornüss"; Clm. 5877 (v. J. 1449), f. 148. „Turonensis, thurnasch"; Semansh. 34, f. 199. „Die kurtzen wort .., die gebuchstabt sten an den vil swern (swæren) silbrinen turneiseren"; Renner 18513. „Einen alten silbernen Thurnis geben" für eine Ohrfeige zur Buße; H. Sachs 1560: V, 387 (1612: V, III, 102). 'Vilmar, hess. Idiot. 419.'

torsch, (ä. Sp.) kühn, verwegen. „Von dem Artikel ist keiner so torsch, öffentlich davon zu reden", Gem. Reg. Chr. III, 667. s. türren, turstig.

Das Türschenöl, (Lex. v. B. I, p. 7) Steinöl aus den Stinksteinlagen des b. Achenthales.

Türschenreut, Ortsname '(in der Oberpfalz, Schmellers Geburtsort),' nach Gramm. 651 aus Türsenreut entstanden, und in neuer Zeit oft ganz widersinnig geschrieben Tirschenreith. „Praedium nostrum Tursenreut"; Hund, St.B. II, 26, ad 1217 Türsenreut, Ried 649, ad 1292. (Von drsny, rauh, oder von drsčeny, Besitzung, meint der slavisiernde Pfarrer Brenner in seiner Geschichte von Waldsassen, 1837, S. 15.) Die älteste Form war ohne Zweifel Tursinriut (sollte mit D = th anfangen. cf. Dorsen) vom ersten Ansiedler Turso, welcher Name in der alten Sprache auch als Appellativum für Riese vorkommt. Davon ist wol verschieden das Duris, genit. Durises, wodurch gl. i. 749 ad Virg. Georgic. IV, 519 Dis, Ditis gegeben wird. (Gl. Sletst. 329,169: Ditis, durisis), welches Duris übrigens ohne Zweifel noch im schweizerischen Türst (wilder Jäger) fortlebt. (Grimm I^3, 84: ahd. durs, gigas, — goth. thaurs? — für duris? mhd. türse. Graff V, 228. BM. III, 153. Grimm, Mythol.^{2} 487. 872. Dal Pozzo, Sette Com. p. 22. Kilian: droes, gigas. cf. Mone's Anz. 1837, Sp. 357. Cf. isl. thuss, ags. thyrs, finnisch tursas.) „Schmellero suo S.! Tibi notificandum esse puto, me heri in *Dursinrûte* fuisse, nempe sub Heinrico I., episcopo ratisponensi (1132 — 1155). Tuus Roth." (4. April 1849.) „Osterei für Nachbar Schmeller, weiland Rou'n-André-l! a) Parrochianus de *dursinrûte*, um 1150. (Bischof Heinerich I. zu Regensburg, † am 10. Mai 1155, siegelte die Urkunde, welche von einem Mönche zu Waltsassen ungemein schön und deutlich geschrieben ward.). b) in parrochia sua *tursinruth* dicta, nach 1186; (außen steht: de parrochiano in *thursinrûth*). c) concambium prediorum in sewarn et in *tursinrûth*, 1218. (henricus, dictus comes de orthinberg . . . reuersi de partibus transmarinis . . . Determinatum aput wartberg iiij. Non. nov.). d) decimas totius predii *Tvrsenrivt*, 1219. e) in parrochia *Tvrsenrîvt*, 1242." (8. April 1849. 'Zwei Originalzettel von der Hand des Dr. Karl Roth in München.') Marchio Diepaldus pro remedio animae uxoris suae Chunigundis tradit monasterio duas villas univocas sc. Wernherisrûit. Testes Altmannus de Sigenburch. Gebehardus de Liûkenberge. Cûnradus de Biburch. Berhtold de Scamhobeten. Ovdalricus de Lumma et frater eius pilgrimus. Ovdalricus de liebensteinen et frater eius Adalbero. Adalbertus dapifer et fratres eius Cunradus et Ovdalscalchus. Otto officialis parrochianus de egire, parrochus de Gûndereben. parrochus de phidele (Beutel). parrochus de *dûrsinrûit.* parrochus de radewize et alii plures. Urk. n^0. 238, unter dem Regensburger Bischof H(einrich; 1132—1155). Waldsassener Urkunde (v. 1186): Privilegium equ. Cûnradi ratisb. de parrochiano in *Tursinruth.* Waldsass. Urk. (v. 1275) des Heroldus officialis quondam in *Tûrsenreut* super curia eius in ipsa villa, in qua fuit residens, Waldsassensibns vendita. Urk. v. 1286: Plebanus de *Thûrsenreute* (Hainricus de Libenstain) vendit ad Waltsachsen villas in Theichelberch. Urk. v. 1297: Chunrad plebanus de *Tursenreut.* Hainricus officialis de *Tursenreut.* „*Tursenreuth* villa quator duntaxat curiarum" (circa 1214); Oefele, script. I, 66. „Sub abbate 4to Gerlaco (1138—1163) *Thursonis novales*, vulgo *Thursenreuttum*, hodie egregium oppidum ac propter adjacentes amplissimos lacus natura loci munitissimum, tum vero pagus tantum Sigefridi episcopi Spirensis ac Godefridi fratrum ac Comitum de Leiningen erat, qui dederunt abbatiae Walds. pagum Hosteich antiquitus Niderteichum dictum. Postea *Thursenreuttum* in manus dominorum de Hartenberg et tandem Rabothonis ac Henrici Comitum de Ortenberg pervenit, a quibus permutationis jure accessit monasterio"; Bruschius, monast. Germ. chronol. p. 247.

„Inter ut est geminas Constantia pulchra paludes
Ingentes sita, ... ita *Thursonis* ipsum
Excisum nemus est lacubus confine duobus";

ibid. p. penult. „Intendens nocturnum in curia que sita est in *Tursenreuth* habere"; Cbm. 91, f. 26^{b}. Septimus abbas Hermannus piscinam in *Tursenreuth* fecit"; ibid. f. 28^{b}. „XVII^{us}. abbas Waldsass. Joannes dictus Grûbel oppidum in *Tursenreuth* muro et turri inferiori vallavit et castrum ibidem ex novo primus aedificavit"; ibid. f. 31^{b}. (cf. Oefele, l. c. I, 69). „XVIII^{us} (abbas Waldsass.) Franciscus Kubol castrum in *Tursenreuth* per ignem combustum reparavit"; ibid. f. 32. Cf. Bruschius p. 254. 264. 265. „Hec sunt ville, quarum decime ad parochiam *Tursenreuth* et ad usum plebani ibidem pertinebunt: *Tursenreuth*, Lonsiz, Minus Klenaw, Majus Klenaw, Swaichhof, Grûne. Cyrkenreuth, Linberch, Dobirkaw, Dymarsreuth"; ibid. f. 36. cf. oben, Sp. 582, unter Teich. Conradus plebanus de *Tursenreuth* dictus Gruel"; RB. V, 28 (1322, 2. Julii). Tursenreut, Matth. v. Kemnat, Cbm. 1642, f. 122^{b}.

„Forte habitabat in his alius truculentior oris
Cyclops, qui dictus nomine Thyrsis erat.
Thyrsis erat dictus, Seveldia rura colebat
Hîc ubi prodigium cernitur uspue sacrum."

Christoph. Guil. Putschius ab Haching Tyrolensis, de Haymone gygante et origine monasterii Wilthinensis 1571; fliegendes Blatt von 1601. '(Mone, Untersuch. z. Gesch. d. t. Heldensage, p. 289).' Der Riese Haymo, Adelgers Sohn, Erbauer des Stifts Wilten bey Inspruck, erlegt nach der Sage vorher einen riesenhaften Gegner Namens Thyrsus bey Thürsenbach. Zeitschrift IV, 446. „Ein andrer ris der Türs genant zu Seefelt wonung het da noch das heylthum ruht und steht, und ist auchs Ort (wo er erschlagen wurde) von Thürschn gnant"; Andr. Spängler 1634. s. National-Calender f. Tyrol u. Vorarlberg 1821, S. 32. Vrgl. Tursental: „Wisent et *Tursental*", Ried 224, ad 1115. „*Turssental* et Wisent", ibid. ad 1132. „Georgii Haverii *Turschenreuttensis* puerilia grammatices" als Druckwerk im Catalog von Tegernsee; CbmC. 24, f. 127. Laurentius Hochwart *(Thyrsirutanus?)*. cf. Oefele, scriptt. I, 149. Thoman Türsenruitter, Kürsner zu Regensburg 1487 bey Freyb. Samml. III, 75. „Hugo der Turse", Kl. Zwetl, Stiftungsbuch, v. Frast. '(Fontes rer. Austriac. III, 725).' „Hiltiboldus *Turso* de Gunzeburch"; MB. XXII, 48. „Johans der Turse von Rauheneck", in einem Entscheid Rudolfs Herzogs zu Österreich v. 1358; Cgm. 1113, f. 31[b]. „Merten Thurso von der Roßnaw mit seinen gewerken", 1498, Cgm. 561, f. 73, und „her Jorg Turso" auf dem Deckel des Buches. „Lienhart Türß zu Gräfenberg", 1464; Urk. des Reichsarchivs. Dorsch, Dursch, Dürsch, nicht ungewöhnliche Familiennamen. Tursa, daemonia; Notk. Ps. 17,32. Daz mære von dem tursen (Cyclopen, Riesen); altd. Wld. III, 178. Nach der Erzählung vom Delphin und dem Kinde, das er reiten ließ, bemerkt Konr. v. Megenberg: „Nu sprechent manig zuo mir, daz diu wunder lugen sein, und hœrent doch von türsen und von recken die grœsten lugen die ich ie gehört"; Cgm. 589, f. 75 (Pfeiffer 236,23). „Maniger hort gern mær von tursen und recken", Konr. v. Megenberg, deutsch Spera, Cgm. 328, f. 97. „Wider die die lieber horen turssen mær dan die warhait"; Konr. v. Megenb., Diemer in den Sitzungsber., Bnd. VII, 87 f. „Nu wizzent gemain läut niht, wâ von ez küm (daz daz ertreich pidemt in etsleichen landen). dar umb tichtent alteu weip, die sich vil weishait an nement, ez sei ain grôzer visch, der haiz celebrant, dar auf stê daz ertreich, und hab seinen sterz in dem mund: wenn sich der weg oder umbkêr, sô pidem daz ertreich. daz ist ain türsenmær und ist niht wâr"; ders., Pfeiffer 107,22. „Ein hauptloser dürsen", Cgm. 714, f. 15[a]. „Sie horten lieber ein mære von einem dürsen sagen"; Altsw. 129,13. „Er war eim türsten gnûg gewesen"; Ring 55[b], 14. In Boner's Fabeln frißt der Torsch die 12 Riesen, einen nach dem andern. — Grimm, Gesch. d. d. Spr. 298, glaubt Thusnelda, bey Strabo Θουςνέλδα, aus Thursinhilda geflossen; cf. Mythol.[2] 488. — Am 6. April 1850 kommt Roth eigens, mir zu sagen, Hr. Vollmer habe den Fund gemacht: thusundi, tausend, bestehe aus thurshund, Riesen-Hundert. — Waren die vielen Tuchmacher '(in Türschenreut)' auch ursprünglich Vläminge? vrgl. unten flämisch.

---

turstig, geturstig, adj., (ä. Sp.) verwegen, kühn, frech, frevelhaft, temerarius, 'vom Subst. Durst (mhd. diu turst, geturst, ahd. gaturst, Kühnheit, Verwegenheit. Graff V, 443. BM. III, 16. Grimm, Wbch. II, 1746), wovon auch ein neues Verbum dürsten, audere (Grimm, Wbch. II, 1749).' „Wider die reichstatt sein die fürsten, ein stat ist wider die ander dürsten"; H. Sachs 1560: III, I, 251. „audere, durstig sein", Avent. Gramm. „Eine That durstig verüben", mit überlegtem, frevlem Muth; Akten von 1550. „durstig werden", sich beygehen lassen, sich erfrechen; MB. XIII, 357 und 358 (spätere Übersetzung einer Urk. von 1140). „So die kinder mit fräuel, gewaltsam jr Eltern schlagen und gedürstig hand anlegen;" Ref. L.Rcht. v. 1588, f. 156. „Habe so dürstig einander angegriffen, daß etliche zu Roß und Fuß erlegt worden"; Hist. der von Frundsberg. „Wyder dy türstigen türrer" (audaces); Cgm. 340, f. 27. „Er ist ein schöner junger fürst, freundlich, holdselig und gedürst"; H. Sachs 1560: IV, III, 53. Gedürstigkait, praesumptio; gl. bibl. von 1418. „Mit freuelicher durstikait (ausu temerario); Meichelb. Chron. Ben. II, 133. MB. VII, 208; Hist. Fris. II, II, 175. „Der dritte sak ist gtürstikait" (es steht: gtinstikait); Ring 30[c],2. s. türren, torsch.

Tartufola, ital., Trüffel. Zeitschr. IV, 444. In Valentini's Kreuterbuch 1719: Tartuflen für Kartoffeln, die also aus dem Süden zu uns gekommen; (Weigand's Brief v. 5. Novbr. 1846). s. Diez, Wbch. 360 f.

Der Tort, vom franz. tort, ital. torto, Unrecht,? Diez, Wbch. 349. Einem etwas zum Tort thun. Cf. činit někomu něco na wzdory. wzdora, f., Trotz.

'Die Tartsche, ein kleinerer Schild, (mhd. tarsche, tarze; Grimm III, 445. BM. III, 16 f. mittellat. targa, targia, altfranz. targe; Diez, Wbch. 342).' cf. česk. terč, Zielscheibe; Schild.

Der Terz, (Gebirg) Ochs der als dreyjährig (nach einem Jahr; Gastein, Mesnil) verschnitten worden ist, zum Unterschied vom Spinner, welcher als Saugkalb diese Operation erlitten hat. Terzen, entmannte Stiere, die, als sie a) 3 Wochen, b) 1 Jahr, c) 3 bis 4 Jahr alt gewesen, entmannt worden; Jir. „Item hab ich 4 Terz auf des Schiders Alben kheren lassen", Notat des Abts v. St. Zeno in s. Calender v. 1672. „Wie má afa um mein kloan Dea'schz („jungen Stier") scho richti' san g'wesn"; v. Kürsinger's Ober-Pinzgau 1841, S. 175. Bleibst ȧllǝwäl so ǝ˜ *Derz'n* (kleiner Kerl), willst gar it wachs'n, (Baader). Zeitschr. IV, 160. 445.

Der Terz, Terzel, ein weiblicher Falke, '(BM. III, 32: der terze, daz terzel, mhd. eine Art kleiner Falken);' bey Friedrich II, tertiolus, franz. terçonnal, tiercelet; Landau 328. Diez, Wbch. 345. Der Tercz (zwischen Blafuez und Sparber); Asp. 49, f. 128. Der Terzel, Valkn. 25. 48. „Ich het mir selber auserkoren ein felklin, das mir wol gefelet ob allen falckentertzen"; Cgm. 379, f. 116.

Die Terz, tertia horarum canonicarum, 9 Uhr Morgens; BM. III, 32. s. Non.

Die Tortzen, gewundene Fackel, Pechfackel; ital. il torchio, franz. la torche, span. antorcha. BM. III, 52. Diez, Wbch. 348. Zeitschr. III, 284. „Der heil. Dominicus ist seiner Mutter, als sie mit ihm schwanger ging, als ein Hund erschienen, mit einer brennenden Torze in der Gosche"; A. v. Bucher's s. Schriften II, 370.

Der Torzel (Daǝ'tzl), heftiger, fieberhafter Katarrh; (Schweinheim bey Aschaffenburg).

Das Taus, ä. Sp., die Zwei im Würfelspiel; ahd. dûs, mhd. tûs, dûs. Graff V, 229. BM. III, 153. Grimm, Wbch. II, 853 f. Zeitschr. V, 54. s. Aß.

Tausend (tausǝ˜d), wie hchd. (goth. thusundi, fem., ahd. dûsunt, tûsunt, ntr., mhd. tûsent. Grimm, 459
Gesch. d. d. Spr. 253. 552. Graff V, 230. BM. III, 154. Vrgl. unter Türschenreut). Clm. 11962 (8⁰ XVI. sec.), f. 106 steht: zwo tausent. „Got geb dir das tausendt oder den ryten, oder ein poß jar" (Schelte u. Fluch); Cgm. 632, f. 15[a]. Zeitschr. III, 251,127. Ein Tausend Holz, ohngefähr 10 Kubikklafter. "30400 Tausend Holz"; Koch Sternfeld, S. u. B. II, 195. „Wie vil der wald Tausend Holcz oder Fueder kol abgeb"; Cgm. 1203, f. 97[a]. ǝn ȧlds *Tausǝ˜d* besteht bey den Holzarbeitern an der Ober-Isar in 30 Klaftern. Vermuthlich irgend eine Beziehung auf den alten Unterschied zwischen dem großen oder Duodecimaltausend = 10 × 12 × 10, und dem kleinen oder gewöhnlichen. Vrgl. Hun-

bert und Zwelf. Das Groß (Hundert?) = 12 × 12. „Miles tauſentig (?); Clm. 5877 (v. J. 1449), f. 127. Mille artifex, Tauſendkünſtler, ſ. Th. II: Mille.

'Das Taſſel, ä. Sp., Mantelſpange, (mhd. taſſel, mittellat. tassellus, altfranz. tassiel; BM. III, 17. Diez 343).' Monilia, taſſel; Clm. 12654 (XIV. sec.), f. 24b.

Teiß, Matthäus, ſ. Deiß. Zeitſchr. IV, 110,47.

„teſſeln, plaudere manibus“, Av. Gram. ſ. täſcheln.

-tiſſen in den Ortsnamen Illertiſſen, Rißtiſſen, ſ. Sp. 547 unter dößen.

tießen ſ. oben, Sp. 547: dießen. „Etlicher (Dreck) was zertoſſen von ſeien (Säuen) und von beren“, Cgm. 270, f. 211a. „Für die zedoſſenheit und für die geſwer des pauchs“, Cgm. 317, f. 71a.

'Der Toſſe, ä. Sp., origanum vulgare; ſ. Doſte.' „Origanum, toſin, herba“, (čechiſch?); Ind. 355, f. 145a.

Die Taſchen, 1) wie hchd. Taſche (ahd. taſca, genitiv. taſcun; mhd. taſche; ital. tasca. Graff V, 460. BM. III, 17. Diez, Wbch. 343. Grimm, Geſch. d. d. Spr. 554. 985). „Ob dem lære wirt ſin taſchen“, Labr. 399. „Habt jhr ewr zuſagung vergeſſen, wolt jhr ewr maul machen zu einer taſchen?“; H. Sachs 1560: III, III, 76. ä. Sp.: aus der Taſchen ſpielen, Taſchenſpielerkünſte machen. „Unter dem Nachteſſen hat der N. aus der Taſchen geſpült“, Notat des Abts v. St. Zeno in ſ. Calender v. 1672. In die Taſchen mæen (ei˜ d' *Tasch'n* mà'n), zu einem Schlage Gras, Haber u. drgl. noch einen hinzumähen. Eine Art zu mähen, bey welcher der Mäher nicht, wie bey der gewöhnlichen, wieder zurückgeht, um vorne anzufangen, ſondern ſich nur umkehrt und in entgegengeſetzter Richtung zurück mäht. Faſt möcht ich dabey an die Gl. i. 413: „ingitaſch passim“ (Grimm III, 144. Graff V, 460. 712) denken. taſchenhalb, Grimm, Mythol. LXI. 657. 1083.[2] Geſch. d. d. Spr. 985. 2) (Baur) Hülſe von Erbſen, Linſen u. drgl. Vrgl. Zeitſchr. V, 298. 3) die weiblichen Theile, zunächſt bey Thieren; weibliches Schwein; im niedern Scherz: weibliche Perſon; ebenſo: der Taſchenmacher, Vater von lauter Töchtern. „Sy ſanck fur den ofen in die aſchen und ließ do plecken ire rawe taſchen“, Roſenplut, Cgm. 713, f. 54. „Dy fraw (mit der Mola behaftet) ſied ſewurcz in wein und tues in irs rauchs taſchel“; Cgm. 170, f. 6b. 4) platter Dachziegel, Dachplatte, Plattziegel, lang 1 Schuh 5 Zoll, breit 8 Zoll, dick 1 Zoll; Wagner, Civ. u. Cam. Beamt. 180. „Mit bleyen Taſchen und Schindeln überdecket“, Avent. Chr. f. 28.

taſchen, täſcheln, tätſcheln, taſten, berühren; mit einem gewiſſen Klatſch-Laut auffallen, treffen, (vrgl. dößen, tiſchen, tuſchen, datſchen, und isl. detta? ſchwed. daſka. Grimm, Wbch. II, 825 f. Zeitſchr. IV, 43. 444). „Es iſt den Faßnachtläufern verboten, auf der Gaſſe und in den Häuſern die Leut anzutaſchen“, Weixer, Diſſert. p. 137. D' Muədə' tuət 's Kind *tásch'ln*, (ſanft ſchlagen).

Bey'n Mo˜-schei˜ schleihh I ummə',
schaug obs kaə˜ Gámsál geit;
und thuə I aə˜'s də'hasch'n,
so thuə I's zsamə˜*tasch'n*, ſagt der Wildſchütz

in einem Volksliede. palpitare, täſcheln, regen; Voc. v. 1445. əs rèngt, dás' s *táschlt*, es regnet, daß es plätſchert. „täſchlen, poppysmare“, Prompt. v. 1618. Die Taſchen, das Täſchlein (Táschl'), klatſchender Schlag; Werkzeug zum Schlagen. Die Maultaſchen. Die Fliegentaſchen, Fliegenklappe. Guter Taſcher, guter Menſch, (Jir.). 'Vrgl. BM. III, 17: taſch.'

Die Kuetaſchen, der Kuhfladen. cf. ahd. doſt, Miſt (Graff V, 232) und ſ. Datſch. „Wen man auch einen teſchern oder zwene oder kuchelech ſinen kinden mit dem brote bringet, was die wegen als vil ſol dem pfiſter abe gen an dem gewihte“; Wirzb. Sätze v. 1343, im Artikel v. heimbackenen Brot, §. 78.

„ſich ertaiſchen“, (Wunſidel) ſich erzürnen. cf. toſen (ſtille ſeyn).

tauſchen, wie hchd. mhd. tûſchen, factitiv. zu tûzen, ſchweigen. BM. III, 156. 'Der Tauſch (mhd. tûſch, heimliches Weſen, Betrug; BM. III, 156) wie hchd. Ytel von Weſternach der elter zu Trübenhofen geſeſſen thut „einen ſtatten ewigen und imer werenden tuſche und wechſel etlicher gute“ mit dem Kloſter Wettenhuſen; Urk. v. 1444 im allgem. Archiv, (Dr. Roth, 15. Februar 1851). Daz getiuſche, mhd., Täuſchung, Betrug. „N. ain tauſſer, pankhart, wicht unrain, er lacht in an und gab in hin, vorn leckt ern, hinden kraczt er in, er ſagt aim gut vor augen und verriet in vil taugen“; M. Beham, Wiener 44,18. Hoftuſcher, Renner 17212. täuſchig. „Mit jr kleidung iſt ſie fürwitzig, fantertewſchig und ſehr popitzig“, (ſie will bald dieß, bald das); H. Sachs 1558: I, 449 (1612: I, 905). täuſcheln und mäuſcheln, heimlich Kleinigkeiten vertauſchen.

täuſchen, unvolksüblich; ſieh indeſſen tuſchen. In Wernher's Maria 176 tuſken, vrb.; bey Br. Berhtolt 460
getüſche, Subſt. „Es iſt nit ein gediuſch als hie die juden ſprechen“; Altſw. 236,6. „Dennocht iſt ein menſche keuſch, treybt es ander kain geteuſch dann allaine bei der ee“; Ring 31,34. Cf. betutzen Einem, ihn täuſchen; St. Ulrich 451. betützen, Müller III, 31b; ahd. tutiſôn, Graff V, 382. ſ. oben bedutzen, 'täuſchen, heimlich thun, ſchleichen.' Arnolt was geworffen in das waſſer, dennoch tayſchet er heraus und lieff in des mulners haus“; Ring 40,29. cf. tuſchen.

Der Tiſch, wie hchd. (ahd. diſc. Capitulare de villis: discus für mensa. gl. i. 165. 923 wird tiſc für ferculum geſetzt. mhd. tiſch. Graff V, 461. BM. III, 38. Grimm III, 433). Brodtiſch, Fleiſchtiſch, Schneidtiſch, ä. Sp., Tiſch und überhaupt Ort, wo Brod, Fleiſch, Schnittwaaren verkauft werden, Brodbank, Fleiſchbank ꝛc. Welſch, Reichertshofen 191. Ze tiſche ſtên, Augsb. Stdtb., Freyb. 32. (O.L.) Bey einer Hochzeit ſo und ſo viel Tiſche haben, d. h. ſo und ſo vielmal zehn Hochzeitgäſte. séchs *Tisch* ei˜dingə˜, ein Hochzeitmahl zu 6 Tiſchen oder 60 Perſonen beſtellen. Den Tiſch rucken, (O.Pf.) acht Tage nach der Hochzeit wieder ein fröhliches Mahl geben mit Muſik und Tanz. Das Tiſchlach (Tischlə'), (Ob.Ammer) Tiſchtuch (ahd. diſcalahan, mhd. tiſchlachen; BM. I, 925). (Zu diſc mag wol auch das alte diſco, alumnus, discipulus, gehören).

„tiſchen“, (Breyer, Ob.Allgäu) gierig nach etwas haſchen. Kinder tiſchen nach Obſt und Nüſſen, die unter ſie geworfen werden. (Vrgl. taſchen, tuſchen).

tiſchtaſcheln, vom Laute der Schwalben. „Die Schwalben tiſchtaſcheln;“ Charfreyt. Proceſſ. 182.

Der Tuſch, zum Zeichnen, hchd. die Tuſche.

tuſchen, 1) mit dumpfem Klatſchlaute ertönen, erſchallen. „Schau wiə das Schlégál *tuscht*,
schau wiə das Schlégál gällt
i˜'n Bèərgngən und i˜n Wàld!“ Zugſchlägelgeſang. 'erſchallen machen, lärmen.' 's Hècks'n-*ástusch'n* oder Hècks'n-*tusch'n* mit Peitſchen (Pátsch'n) im Böhmerwald (Rank, S. 76), was in der OPf. Heren-ausplásch'n. Der Pátsch'n-*tusch*, Schnall mit der Geiſel; Rank, S. 127. Der Tuſchhafen, (Zillerthal; Jir. Duſchlafen) große Kuhglocke. Zeitſchr. V, 105,5. Der Tuſch, a) Begrüßung, Compliment mit Trompeten- und Paukenſchall; (ungar. tus, ſlaw. tus, signum laetitiae ad sonitum musicum; Dankovſki 943. cf. engl. toaſt? 'Müller, etymol. Wbch. d. engl. Spr. p. 472'). Einem ə˜n *Tusch* machə˜, ihn mit Trompeten- (und Pauken-) Schall bekomplimentieren. b) leerer Schall; ein Nichts. R. A. Dà is mər ə˜ schönə' *Tusch* (ſoviel als nichts) übə'blibm. Was tuə-w-I mit dèn *Tusch*? (mit dieſem Bettel). cf. Döß, ä. Sp. (mhd. der dôz, horndôz, duz, Schall, Geräuſch; BM. I, 373. ſ. oben der Duß). „Buſune

gaben dusses klag", Parziv. cap. 22. „Do losten si dem duzze"; Trist. 17167. cf. niders. tut, tuten; Diut. II, 206. 209. 2) schlagen, stoßen, klopfen. Mit də' Gaəsl *tusch'n*. əs rengt das 's *tuscht*, (b. W.). „Si gaben ainander bleschen, das 's tuschet als das Blei"; Heselloher. Zeitschr. IV, 457. „Tuschet mit den Händen zusamen", Bogner Mirakel. „tuschen, abklopfen, ausklopfen", Wackius. Böcke tuschen mit dem Kopfe zusammen. Die Tuschen, der Tuscher, der Schlag. 3) dreintappen, dreinplatzen, Ungeschicklichkeiten begehen. tuschet, adj., ungeschickt. Der Tuscher, ungeschickter Mensch. 'Vrgl. dotschen, dutzen.' Das Tuschholz, das aus den im Boden gelassenen Stöcken gewonnen wird, die man ausholzt; (Dr. Sepp).

tuschen, vertuschen, 1) verheimlichen. Bey einem Brande tuschen, d. h. ihn heimlich zu löschen suchen, ehe Feuerlärm auskommt. Das Prompt von 1618 hat: tuschen, seditionem comprimere; russ. tuschit; česk. dusim, dusiti, (den Athem) hemmen, ersticken, dämpfen; udusugi, desgl. Zeitschr. IV, 457. Vrgl. dusen, dosen u. tüpschen. 2) tuschen, (Schllr.) mit der Karte betrügen. Vrgl. täuschen.

Der Test, ä. Sp., 1) Tiegel, Topf (v. lat. testa; BM. III, 33. Diez, Wbch. 345. Grimm II, 1030. Zeitschrift III, 427,58). „Du solt frummen dacz einem hafener einen rosen hût mit einem test"; Fürstenf. 121, f. 173 u. öfter. „Seud den in ainem test"; Cgm. 4543, f. 171. s. Dêst'n. 2) Kopf. „Auf den test", Cgm. 714, f. 231.

'Die Tjost, Just, ä. Sp., ritterlicher Zweikampf mit dem Speer (ital. giusta, franz. joûte, altfranz. joste, juste; BM. III, 43. Diez, Wbch. 176.' Cf. dän. dyst, — en, plur. — er). „So daz sie an den siten gelægen mund an mündel, brust an bruste, ob von der tiost ein beinel wurd verrenket"; Labr. 328. „Er fert gar vintlichen her und fiert ritterlich sein sper, den sporen er nicht vergisset, die tyost er herrlich misset"...; Cgm. 379, f. 76 u. 270, f. 111 („die tuscht er redlich misset"). Daraus wol misverstanden im Cod. bav. 91 („de fundatione monasterii Waldsassen"), f. 8b: „Wer ist der ritter weis, der also edelleichen tût in turnay und auch cze iust" (gereimt auf „gelust") und f. 9: „In schied von der girde chain (gein?) menleicher zeiust noch werltleicher lust." Im entsprechenden Latein (ibid. Cbm. 91, f. 1) heißt es in der Beschreibung des torneamentum: ... „Marchio (Diepoldus de Voheburg) ... dirumpens aciem propriam et vibrans hastam in adversam digestorum militiam viriliter provocabat. Sed ex adversa acie Gerwicus miles, cuius hasta in bello nunquam est aversa, etiam digestorum gloriam affectans praecipitavit se viriliter principis in occursum." Sollte tiost (giosta, giusta, jouste, joste, juste; jouster, jouter) aus digesta (τζιούστρα) entstanden seyn? Oder ist das Ganze nur Misverständniß des Waldsassischen Mönches?

Tust (?). „Das nicht volkommen vol mit so herzlichem lust und begierlichem thust meine geticht herfließen"; H. Sachs 1560: II, IV, 130. 'Vrgl. Tjost.'

'Das Tuster, ä. Sp., ein gespenstisches Wesen; BM. III, 154.' „Daz schretel" wird gescholten „daz böse tuster ungeslaht" in Haupt's Zeitschr. VI, 180 u. v. d. Hagen's Ges., Abent. LXV, 225. 'Vrgl. der Dusel.'

(Vrgl. Tad, ted, ꝛc.)

461 Die Tât, (zu tuen, w. m. s.), wie hchd. die That; (ahd. mhd. tât; gen. und plur. tæte. Graff V, 326. BM. III, 146). „In den tetin der aposteln", in actis apostolorum; Cgm. 636 passim. Die Aigentât, ä. Sp., eigenmächtige Handlung. aigentætig, adj. und adv. „Mit Gewalt und aigentætig wider Recht etwas thun", Ertel, Prax. aur. 41. Die Getât, ä. Sp., (mhd. diu getât, gen. u. plur. getæte): 1) That, im guten Sinn. „Mit allen worten, werkhen, räten und getäten", Lori, Lechrain f. 181. „Wie ez dem (dem falschen Kaiser Friedrich II.) ergieng, daz vint man in den getæten künig Rudolf (in Gestis Rudolphi I., — also hat es wol ein solches Buch gegeben); Kaiserchronik, Ms. des german. Mus. 2733; desgl. Cgm. 91. 2) gewöhnlicher: That im schlimmen Sinne. Kr. Lhdl. X, 12. Einem „durch gewaltsam gethaten, mit Brand, Nothschatzung u. drgl. Beschädigung thun", L.R. v. 1616, f. 721. „Wo man einem man mit der getat, hanttat, hantgetat (auf der That) begreifft", Rchtb. Ms. v. 1332 u. 1453. Die a. Sp. hatte das hübsche Compositum gatâtracha historia, gatâtrachâri historiographus. Die Guettât (mhd. guottât, guotât, gen. u. plur. guottæte) a) wie hchd. Wohlthat, Beneficium. „Mit sonder guottât", MB. XVIII, 77 nach Gramm. 808. „Der gûtete vergâzen si"; Griesh. Pred. II, 123. „Alle gutttet" (beneficia), Cgm. 101, f. 108. „Betrachtungen uber die XVIII guttät gotes", Cgm. 4596, f. 156. guettât, bona, divitiæ, Vollkommenheiten; Cgm. 632, f. 35. Graff V, 334. BM. III, 147. b) Ding, das Einem wohl bekommt. I˜n Wintər is's ə˜ rèchtè *Guəttat* um ə˜ warms Stübə-l! (gl. i. 419: guottat, profectus; 332: guottati, divitiae). s. Th. II guet: Guətət. Die Maintât, ä. Sp., crimen, facinus. Die Miss-tât, (ahd. missitât, mhd. missetât. Graff V, 332. BM. III, 148), hchd. Missethat. Misstætig, eines Vergehens oder Verbrechens schuldig. „Huren, Kuplerinnen und ander mißthätige Personen", Ertel, Prax. aur. I. 380. wirzb. Verord. v. 1668, 1670. Die Untât, 1) wie hchd., Unthat, maleficium, flagitium; Otfr. öfters. „Daz sich von untât verre gâhet"; Labr. 98. „Triuwe begât untât an deheinen sachen"; das. 101. 2) die Makel, deformitas. (Vrgl. ungetân). gl. i. 245. 352: untât, macula. Graff V, 330. BM. III, 148. „Würm flewgen oder spinnen oder welcherlay hant untat daz sey, daz der wunden schad sey", Wundsegen, Ebersb. 120, f. 137. „Das waßer kotig und unfletig, gantz trüb und schmecket gar unthetig"; H. Sachs 1560: IV, III, 88 (1612: IV, III, 189). Gewöhnlicher ist jetzt das Diminutiv Untætelein (U˜tádə-l), auch bey Adelung Unthätchen. Dés weibəts Leut is so saubə', dás kaə˜ *U˜tádə-l* drá˜ is. So schö˜ wárs Traəd, dás mə' kaə˜ U˜*tádə-l* drinnə˜ findn kunnt. Zeitschr. V, 403,71. Vrgl. oben, Sp. 36: Unáderl. Die Urtât, (ä. Sp.) der Vollzug, das Factum. „Wir N. N. geben den N. N. cheuffleichen zu chauffen in krafft ditz brieffs zu urtat (zu rechter urtot, zu urtete) das Gut N." MB. XVII, 373, ad 1482. XXII, 634. 710. 726. XXV, 212. 306. 352. 375. 428. Zu urtatt verchaufen; Heidenheimer Salbuch 1400, f. 80. (Vrgl. auch: zu tot, zu totem kauff). urtätlich, adj. u. adv., auf dem Wege der Vollziehung, de facto. „Wan die Weibserben der erbstuck ohne vorgehende erkhandtnus Uhrtätlich entsetzt oder sonsten turbirt werden", Ltg. v. 1605, p. 252. zutätig, unzutätig. „Edler und zûtetiger leib" entgegengesetzt dem „unzûtetigen"; Monac. Francisc. 275, f. 207. Viertæter, ä. Sp., s. unter vier. „Defraudatores, fürtæter"; ZZ. 964, f. 27. cf. BM. III, 149.

Die Tâtt, Tâtten (Tätt, Taut), (Ammersee und Lech) das Fach; Dimin. Tættlein (Tädl). Die Fesentätt'n, Gerstentätt'n, das Fach in der Scheuer für Fesen, Gerste. ə˜ *Tättl* in ə˜ Truhhə˜, in ə˜n Kast'n; „tätle loculus, valvulus, nidulus", Prompt. v. 1618. „Kasten zur Registratur mit 63 Tatten, mit 15 Tatten", 1613; Cbm. 2224, f. 225. Vrgl. Diethauffen (Tætthauffen, nach Gramm. 133 u. 301, Tèithaffm?). „Diu naselöcher und daz undertât", Br. Berhtolt, Kling p. 306 (Pfeiffer p. 404,29). „interfinium, nascruppel vel underdautt"; Voc. v. 1429. BM. III, 148.

Der Tatter, ä. Sp., der Tartar, (besser Tatar). 462
„Brustbild eines Rätzen oder Tattern", Hund, St.B. I, 55. „Slafênen und Tatânen", Br. Berhtolt, Kling

p. 16 (Pfeiffer p. 365,34). „Valsch kristen sint vil erger, grimmer, swinder und vil kerger denn iuden, tatan oder heiden"; Renner 21641, Zeitschr. IV, 288,442. VI, 373.

Der Tattel (Tàdl), Tatter oder das Tattelkorn, Heidekorn, zuerst durch die Züge der Tataren („Heiden") nach Europa verpflanzt. Menzel's Lit. Bl. 1841, S. 176 (Hammer-Purgstall, Gesch. d. gold. Horde in Kiptschak). Haas, Gesch. v. Höchstadt II, 305, ad 1427. MB. XVI, 503, ad 1478 sollen „einem Pfarrer zu Bobenhausen sechs metzen Tattelkorns (vom Kloster N. Schonfeld 4, vom Früemeßer zu Bobenhausen 2 Metzen) geraicht werden." Polnisch tatarka. Vrgl. Türkel, Haidel und blé sarrazin. Cf. Grimm, Wbch. II, 825.

Der Tátt, Tátten Táttl, Táttá (– ᴗ), (Kinder-Sprache) Vater. Cf. česk. děd, Ahnherr. də' Himməl*táttn*, 's Himməl*táttə-l*, der liebe Gott. Lus! də' *Himməltáttl* grei˜t! sagt man zu Kindern, wanns donnert. Scherzweise pflegt man jeden alten Mann einen Táttl zu nennen. „Noe, der alt Tättl", „ein alter und lieber Tätl mit namen Simeon", . . „daß er (Herzog Ludwig der Strenge) als ein junger Fürst mit 26 Jahren schlaffen gangen, aber zu Morgens als ein sechtzigjähriger Tätl gantz eißgrau aufgestanden." . . P. Abraham. Oefter bezeichnet dieser Ausdruck, und zwar mehr spottend als scherzend, einen kindischen alten Mann. tätteln, sich kindisch, wie ein kindischer Alter benehmen. Grimm, Wbch. II, 827. 914. Zeitschr. II, 172,17. III, 98. 334. IV, 272,101.

tattern, dertattern (tâdərn, də'tâdən), zittern vor Frost, vor Furcht; erschrecken, außer Fassung gerathen, verblüfft werden. Cf. schwed. darra, zittern. Grimm, Wbch. II, 828. 1315. Zeitschr. III, 214,13. 327. IV, 329. Er is àlln *də'tadə't*, hàt si' kaə˜ Wort z'rédn 'traut. „Alle vier Element ertattern ab der Ankunft des Menschen Sohn", Selhamer. „Die Apostel schryen einest mit ertatterter Stimm im gefährlich wankenden Schiff: Domine etc." „Wer ein böses Gewissen hat, dem thatert die Brust, wie ein Müllbeutel, wann er nur ein Schatten an der Wand sihet", P. Abraham. Der Tatter, Tatterer (Tâdə', Tâdərə'), das Zittern (vor Kälte, vor Schrecken). 'ən *Tâdə'* kriəgng, in Schrecken und Muthlosigkeit gerathen. Der Tattermann (Tàdə'mà˜), 1) Kobold; Grimm, Mythol.[2] 470 f. Wbch. II, 827 f. Zeitschr. III, 327. IV, 52. 339. VI, 487. „Vnd einer siht den andern an als kobolt hern taterman"; Renner 10277. „Abgote und taterman"; das. 10843. „Von tatermennelinen vnd von tatermannen" (Turnierer). „Got möhte wol lachen, möhte ez sîn, swen sîn tatermennelin so wunderlich vf erden leben . . .; das. 11525. „Er mâlet einen taterman" (ûf den tisch); Haupt's Zeitschr. VIII, 566,545. tatermenlein, Cgm. 714, f. 16. 2) Scheuche auf dem Felde, die durch ihr Zittern im Winde die Hasen, Vögel u. drgl. erschreckt und abhält; ein Furchthans. Der Tatterletsch, Tätterletsch (Tâdə'lêtsch, Têdə'lêtsch), Person, Thier ohne selbstständige Kraft; fig. Mehlspeise, die, statt aufgegangen zu seyn, in sich zusammen gesessen ist. (Vrgl. Tœteling unter tôt).

tattern (tàdə'n), schwätzen. Grimm, Wbch. II, 828. H. Sachs: tadern; 1612: I, 1081. II, II, 116. Das Getatter, Geschwätze. cf. tuttern.

teten, lactare, s. deien, Dutten, andieteln.

„Titmillus daemon"; Clm. 5009 (XV. sec.), f. 143. „Fragmina verborum *Cithiphillus* colligit horum"; Clm. 5037 (XVI., 1602), f. 284. Cf. andre Mss. des Gedichtes: „Canonicas horas si devote legis, oras."

Titus. Um 1801, als die Zöpfe abgeschnitten wurden, gab es dafür lauter Titusköpfe.

Titulus mensae für einen angehenden Priester; deutsches Formular, Raitenb. 166, f. 159. Graff V, 383.

Der Totel (Todl), (HhE.) aberwitzige, unweltläufige Person. Ist vielleicht das, nach Gramm. 672. 632 unrichtig verhochdeutschte To'l (Tôrel); vrgl. andieteln. Zeitschr. IV, 157. tottelt, adj., dumm, einfältig, (tirol.).

tôt (toud, taəd), adj., oder vielmehr nach Gramm. 959 das Particip. präterit. vom ahd. towjan, tôuuan (z. B. gl. i. 84: samo so touuante, moribunda; 797: mori; mhd. töuwen, touwen. Graff V, 339. BM. III, 62. Grimm I, 886. II, 233. goth. divan: divans, mortalis, II. Corinth. V, 4. „Si hiet Hartmuot gelâzen in dem bluote touwen; Gudr. 806). Das Participale sticht noch hervor in der folgenden R. A.: tôt seyn, ä. Sp., gestorben seyn. „In cruci bislagan, toot endi bigraban", sagt ein altes Credo; M. m. 9. „Daz er 463
(Christus) durch sinen willen tod ist;" Christenlehre v. 1447. „Von N. find ich nichts, wird jung todt seyn." „N. N. ist in der Wiegen todt, ist ledig todt, ist in der Breutschaft todt, ist ohne Kind todt ꝛc."; Hund, Stammb. „Der sey im Sterben am Prechen tod", (sey an der Pest gestorben); Lipowsky Gesch. d. b. Crim. R. 174. „Umb vich, daz am schelm tot ist", Wstr. Btr. VI, 93. „Desselben tags ist der Walhen Esel tot", ibid. III, 134. tôt ligen, ä. Sp., sterben; (noch in Werdenfels). „Ich bin vor Hungers krefte gar schier gelegen tot"; Aemilii Reime v. 1562. „Der ân erben und ân geschäft tot leit", L.R. Ms. v. 1453. „Item an dem heiligen Abent ist ain köstlicher Busawner tod gelegen", Wstr. Btr. III, 134. „Den 3ten Juli ist das Sadlros tod gelegen", Notat des Abts v. St. Zeno in seinem Calender v. 1678. „Daz die mäus todt ligen", Recept; Cgm. 4539, f. 23. Hänsel (als angehender Soldat): Leicht werds in Fruəling schan von mir dö Zeiting hab'n . . ., Treinschel: däsd' *təadg'lögn* bist! Lindermayr 34. „In Gottsnam! wann's *təadg'lögn* muəſs seyn"; das. 174. Otfried hat in diesem Sinne dot uuerthan. ain Tôteß (ə˜ Tods, ə˜ Touds, ə˜ Taəds, scilic. ä. Sp. ein tôtez mensche), eine Leiche, ein Leichnam, „Cadavere toatz" nach Marco Pezzo in den VII Comuni. Grueber u. Müller, der bayr. Wald, 63. Allgem. Zeitung 1851, Beil. 199, p. 3178. Das Tôtenbret, Brett von der Form und Länge des Deckelbrettes am Sarge, mit daraufgezeichneten Anfangsbuchstaben des Namens des Verstorbenen, das an den Grabhügel gelehnt, oder auf einen zum Dorf führenden Fußpfad gelegt wird, damit die Darübergehenden sich der armen Seele erinnern und für sie beten mögen. Tôtenblüe, (Jir.) wilder Jasmin, philadelphus coronarius. Das Tôtenbrôd, der Tôtenwegk, Brodlaib, Wecken, so in einigen Gegenden beym letzten Gottesdienst für einen Verstorbenen allen, die dabey zum Opfer gehen, gereicht wird. „In panibus funeralibus qui Totenbeck appellantur", MB. X, 567, ad 1489. Das Tôtenmâl, die Tôtensuppen, der Tôtentrunk, das Tôtenbier, (niederd. Graffbeer, Begräbniß-Schmaus; „Nu wörr 'n grôt *Graffbeer* anricht", Eutin; Firmenich I, 44,30), Mahl, welches hie und da auf dem Lande nach dem letzten Gottesdienst für einen Verstorbenen, entweder von sämmtlichen Personen, welche demselben als Verwandte oder dazu Erbetene beygewohnt haben, im Wirthshause, oder nur von einigen der nächsten Verwandten des Verstorbenen, die von ferne herbeygekommen sind, in dessen Hause eingenommen wird. Nach dem Mahl, (das eines Vermöglichern kommt leicht auf 80 bis 100 fl. zu stehen), knien sämmtliche Anwesende auf den Boden nieder, und beten laut für den Verstorbenen, der nun, wie sie sagen „schö˜ hinteri gricht worn is." cf. Dreyssigst. „Als übermäßiger Posten bey dem Beerdigungs-Aufwand wird 3tens angesehen: das Todenmahl und noch vielmehr die Speisen, welche man einiger Orten auf das Grab zu legen pflegt", Wagner's Civ. u. Cam. Beamt. II, p. 137. „Homicidium, totschlag vel totrechte"; Sanzenon. 64, f. . . Der Tôtenschuh, s. Grimm, Mythol.[2] 795. Der Tôten-Sonntag, (Nürnb., Hsl.) „Sonntag Lätare, wo ehehin die Gözen hinausgetragen wurden." „An diesem Sonntag gehen noch die sogenannten Toden-Mägdlein herum, die eine Docke auf dem Arme tragen, und ein sehr altes Lied auffallend monotonisch absingen. Es fängt an: Heut ist

464 mitten Fasta, wol ist das! wir tragn den Tod ins Wassa, wol ist das!" S. a. der Tôd. Die Verse des Predigers (Cod. Monac. Augustin. 84, f. 5, v. J. 1460):

„Du solt nach güt streben,
du macht wol noch lang leben.

Worauf mors a tergo:

„Du gedenckst verr von mir,
ich pin aber allzeit nahent dir" — sind wol aus einem Tötentanz.

tœteln (tê'ln), Todtengeruch an sich haben, verbreiten.

tôt, auch tôtschlächtig (toudschlächti') und tœtig (têdi'), adj., figürl., nicht lebhaft genug, schwach, kränklich, abgelebt. (Das goth. us-dauds, σπουδαῖος und us-daudjan, σπουδάζειν, scheint vermöge des us- der Gegensatz. cf. isl. dodi, languor; doda, languefacere; dodna, languefieri; dodinn, languidus; dodalegr, languidulus; — verschieden von daud ꝛc.) Der Tœtling, Tœteling (der Têdling, Tê'ling, Têdəling), träger, schwacher, wehleidiger, lebenssatter, langweiliger Mensch; gfrou'nə' *Têdəlin'*, Mensch, der keine Kälte ertragen kann. Vrgl. Tatterletsch unter Tattern.

tœten (têt'n) heißt in der Sprache des gemeinen Haufens eigentlich: platzen machen, faire crever. (Läus-, Flœh-, Nuß- tœten), so zwar, daß für Kinder, die das erste Mal das Gebot: du sollst nicht tödten vernehmen, nicht selten die Erklärung nöthig ist, daß hier nicht vom Umbringen jener lästigen Thierchen die Rede sey. Daß die deutsche Sprache seit mehrern Jahrhunderten das alte bequeme Neutrum tôen, tôwen fallen, und dafür sterben hat aufkommen lassen, würde sich hinlänglich rechtfertigen, wenn gezeigt werden könnte, daß auch jenes Primitiv nach und nach zu der Bedeutung des heutzutagigen Crepierens herabgesunken sey. Das Feuer, einen brennenden Schwamm u. drgl. töten, abtöten, löschen, jedoch zunächst nicht durch Wasser, sondern indem die brennende Materie zusammengedrückt, zugedeckt, oder mit Asche und dergleichen bestreut wird. „Lueg das du das chöchsilber recht tödest mit dem loröl"; Cgm. 4543, f. 67. Den Wurm töten, die beym gemeinen Volke unter diesem Namen bekannte Fingerkrankheit heilen, was nach hundertfältiger landbekannten Erfahrung von gewissen Personen durch bloßes Zusammendrücken des kranken Fingers bewirkt werden soll. ertödten, bey D. v. Plieningen und andern ältern Schriftstellern in der Regel statt tödten. dərtodtət, gestorben, (Jir.). toden, tödten; Diut. III, 127.

Der Tott (Tod, opf. Tud, Tuəd); cas. obliq. Totten (To'n, Tu'n), Fem. die Totten oder die Tott, der, die Pathe, pater, mater spiritualis; (ahd. toto, msc., tota, fem.; mhd. tote. Graff V, 381. BM. III, 52. Grimm, Wbch. II, 1312. Mythol. 814.[2] Zeitschr. III, 90. 459. IV, 447. VI, 132,19). Tauftott, Firmtott. Walafrid Strabo (de rebus eccles. c. 7) führt als eigene deutsche Ausdrücke für genitor und genitrix atto und ama, todo und toda an. Gl. o. 23: toto adpater, tota admater. Adpater tot, admater totin; Aug. S. Ulr. 88, f. 143. Die a. Sp. declinierte das Mascul. toto, totin, totin, totun; das Femin. tota, totun, totun, totun. Daher nach Gramm. 799. 808 im altbayr. Dialekt das beumlautete Masculinum der Tött (des Tötten), der Töttel (Déd, Dé'l), und das unbeumlautete die Tott (der Totten), die Tottel, die Totten (Dod, Do'l, Do'n). Vrgl. Än'l und En'l, Göttel und Gotten. Filiolus, dotlin; filiola, dötta; compater, gefater; commater, gefättra; Cgm. 649, f. 538; 653, f. 338; 655, f. 349. „Contemptus patrum, versmähung der toten oder göttenn"; Cgm. 3985, f. 4. Nach Br. Berhtolt p. 230 (Pfeiffer 44,5—12) „solten des kindes totten daz kint den glouben und daz pater noster lêren, so ez siben jâr alt würde. Sie sullent sprechen ze
465 sînem vater oder muoter: gevater, ir sult mir mînen totten (also hier das Kind) daz pater noster und den glouben lêren, oder ir lât in zuo mir gên, sô lêre ich ez. Ist aber daz kint sin totte niht lêret, sô soltu ez selber lêren." „Ez si sin mak oder sin gevatter oder sin tote . . . . iren toten", augsb. Stdtb. „Man liset ze Rôme an der phaht, ein kint gevâhe in sîner jugent von sînem toten eine tugent. Ein edel ritter was mîn tot: sælic sî der selbe got; von dem ich so edel bin"; M. Helmbrecht 482. „Über mînes toten sât sach ich in eines rîten"; das. 1132. 1138. „Von dem erbet mich daz an unde ouch von dem toten mîn"; das. 1379. „Daz der gast des kindes tot würde"; Renner 23670. „1485 adi 18. Febrer in Portugal in der stat Albassavas in S. Salvators kirch nach der tagmeß wart ritter geschlagen Martin Beham von Nurmberg von der hand des großm. Konig Hern Johannsen des andern, und sein totten darzu was der Konig selb, der jm umbgurtet sein schwert, und der herzog von Begia der ander dot, der im umbgurtet den rechten sporn, und der dritt dode der grave Christoffel de Melo gurtet im den linken sporn und der virt dott was der Graf F. M. M. der dem ritter den Renhut (capacete de ferro) auffsetzet und jn wapnet"; alter Zettel, abgedruckt in Murr's Geschichte Martin Behaim's, S. 131, (für unecht erklärt von Mendo Trigozo in den Memorias de litteratura portugueza, tom. VIII, p. 377). Das Todengeld, der Todenbeutel", Wiltmaister p. 631. Grimm, Wbch. II, 1313.

„Tottern, cuscuta" (Pflanze?); Clm. 16487, f. 103. 'Diefenbach 104c: cassutha, cuscuta, podagra lini, tother, tottern ꝛc. Grimm, Wbch. II, 1314.'

tut mêm (◡-), oder tut mem schos (◡◡-), das, dem gemeinen Mann sehr geläufig gewordene, französische tout de même. tutswitt, das, den ungeduldigen französischen Gästen in den Kriegsjahren dieses und des vorigen Jahrh. abgelernte tout de suite! (ungesäumt!) Zeitschr. II, 278,14. Vrgl. heidi und osent.

tüten, (Franken) vom Wächter oder Thürmer: ins Horn stoßen; vom Hirten: ins Kühhorn blasen; (goth. thiutan, thudjan?, thut-haurnjan. Grimm, Wbch. II, 1767. Zeitschr. II, 279,88. III, 543,6. IV, 358,19. V, 525,627). Das Tüthorn, Posthorn. Das Tüthörnlein, Art Eyerbrod (von der Form). zuetütteln, adulari; zuetütler, adulator, Cgm. 632, f. 32; s. oben unter der Dutten u. vrgl. Haupt's Zeitschr. V, 165. VIII, 555,179 ff. Grimm, Wbch. II, 1771.

tutern, stottern, s. dudern und vrgl. tottlen, (Westrich), Firmenich II, 9,69.

Das Tütlein, das Tüttel, der Punkt. Zeitschr. IV, 236,30. „Daß nicht umb ein har und tüttel fehlet"; Av. Chr. (Nordfranken) nét ə˜ *Tüttələ*, nicht das Mindeste. Vrgl. der Dutten.

Tätschen, (Meichelb. Hist. Fr. II, II, f. 148) vermuthlich statt Tärtschen, Tartsche.

Der Teutsch, s. Deutsch u. Teufel.

titscheln, tätscheln, s. dätscheln.

Die Tütschen, (Nürnb.) die Salse oder Sauce.

Die Tatzen, Tatze; verächtlich: Hand; Schlag mit einem Stock oder Brettchen (dem Tatznbrettl) auf die flache Hand, (eine ehmalige Strafe der Kinder in Schulen). Zeitschr. III, 197,144. IV, 444. cf. taschen. Das Tätzlein (Tätzl), Tätzlein, Händchen; Hemdspitze, Hemdkrause, Manschette.

„Wenn außenher schon alles fein,
und Spitz und Tatzeln 'bögelt sein;
is werchi doch der Unterstok,
mə˜ sichts nit untern Unterrok."

„1 schens schleires Kres mit guet Silbern perlln und geflinder und solche däzln", Wstr. Btr. V, ad 1580.

Die Tatz, das Tätzle, (Frank., Ries) ital. la taccia, franz. tache, Flecken im Gesicht oder auf der Haut überhaupt; (Diez, Wbch. 338). Kain rôths *Tätzlə* habə˜, blaß seyn. tatzet, blatter-narbicht.

Die **Tátz**, **Tátzə**, das **Tátzl**, ital. **la tazza**, jetzt auf franz. Weise lieber Tasse; (Diez, Wbch. 344. Zeitschrift IV, 444). „Die Tatzien aus dero er getrunken", P. Abraham. Das **Untə'tátzl**, **la soucoupe**, Untersatz einer Tasse. Die **Kaffêtátz**, Blech, worauf Caffee serviert wird.

tiz (**tiəz**, nach Gramm. 722: iz mit vorangefügtem t der 2ten Pers. Plur. der Verba, wie im Krainischdeutschen teß statt eß, im Schwedischen ni statt i; nach isl. thit, ihr beide, besser diz. Nordoberpfalz), ihr. *tiəz*
466 **sát**, ihr seid, *tiəz* **hâut**, ihr habt; **sát** *tiəz*, **hâut** *tiəz*, oder **sátiəz**, **hâutiəz**, oder **sátz**, **hâutz**, seid ihr, habt ihr? s. iz und eß.

'Der Tuzian; Diefenbach 600[c]: **tucia**, **tutia**, hutterauch. Frisch II, 395: Tutzi.' „1 lot tucian ye pläber ye pfeffer. tu den tucian in ain peck, laß in wol trucken und dürr werden an der sunnen, stoß in subtil in ainem mörser", — ein Augenwasser zu machen, wozu 1 Maß Malvasier gehört; Clm. 5036, f. 157 f. „Nim iiij lot tucian, glüe in zu 8 oder 9 mal"; das. f. 179.

Tla . . und Tna . . . als Anfänge von Wörtern sind nach Gramm. 475. 518 bloße örtliche Aussprache statt Gla und Gna oder Kla und Kna.

Fünfzehnte oder Tra= ꝛc. Abtheilung,

d. h.

Wörter, in deren Stammsylbe die Consonanten=Verbindung Tr dem Vocale vorangeht.

(Zu vergleichen die Abtheilung Dra.)

Der **Trä-ling**, s. Sp. 561: Dreiling und Sp. 617: =ter.

trauen (**trauə˜**, **trau˜**, **trau˜n**), 1) wie hchd., (goth. trauan, ahd. trûwên, mhd. trûwen, triuwen. Graff V, 468. BM. III, 109. trewen für trauen reimt auf rewen, ernewen, brewen, Valkn. 41. 43. 100. Vrgl. unter treu). Sp. W. „Trau wol reit't's Pferd weg, ja wol gar den, der drauf sitzt." „Getrow wol den hengst hinreit", v. d. Hagen, Ges. Abent. II, 281. s. unter 4). „Trawa (=traw=â? s. oben Sp. 1: —â), der sach mich bas bericht!" sagt der Rabbi (jüdisch?) bei H. Sachs 1612: I, 84. 2) sich trauen, wie hchd., sich getrauen, unterstehen. **I** *trau˜ me'* **nét**, ich habe nicht den Muth; scherzweise: ich habe nicht Lust. '3) trauen Einem eines Dinges, es ihm zutrauen.' „Ich hiet dirs sein nicht getraut", hatte es dir nicht zugetraut; Clm. 5624 (**XIV. sec.**, 1390), f. 119. 4) glauben, vermuthen, denken; eines Dinges: „Ich trauwet sein niht ditz sint vier wort die mit übel mer hant pfliht denn mit gute"; Renner 24078. „So der schade geschiht, sô spricht man: Ich getrût sîn niht"; S. Helbling XV, 510. „Getrutsîn niht (Hs. Getrauzen niht) reit den hengst hin"; das. 512. Wænich unde Trûwesniht diu habent mit den tôren pfliht"; Freidank 116,1. W. Grimm, über Freidank p. 73. „Das Schloß heißt wol mit recht Trausnitz" (sagt König Friedrich von Österreich) „ich habe sein je nicht getrauwt, das ich solt dermaßen daher gefangen geführt werden"; Av. Chr. „**Fridericus ductus in Trawsnicz prope Nappurgam dixit:** es haist wol Trawsnicz, ich het des nit getraut datz ich do her sol gefangen wern"; Clm. 721 (v. 1454), f. 92[b]. Bey Hund, St. B. I, 259 u. II, 381 heißt deutlicher sowol das Schloß bey Pfreimt, als das ob Landshut: Trausnit, und bey Ried 597. 890: Trausniht, Trausnicht. „Konig Ludwig sante den hertzog Friderich von Osterrich by synem vitzdum Wigelin geyn Truwesnicht", Cgm. 327, f. 154. Trawsennicht, Ald. 161, f. 57[a]. „Notel gemacht und geschriben ze Trausnicht an der Mitwochen vor dem suntag so man singet Letare" (13. Merz 1325), Vertrag zwischen Ludwig und Friedrich in Kurz: Östreich unter Friedr. d. Sch. p. 488. 489. 493. (Woher das jetzige nitz? cf. Traußnichts, Chron. in Freyb. Samml. I, 100. Trawsnitz, Clm. 903, f. 107[a]). Etwas nicht entrauen, es nicht vermuthen, darauf nicht gefaßt seyn. **Dés häd I nét** *ə˜traut*, *untraut* . . oder: **Déssn häd ə** *mi'* **nét** *entraut*. „**Eh-n-is** *umtrau*", eh ich michs versehe; Stelzhamer 189.

„Malchus stuend am nächsten darneben,
er hätt es gar nit entraut,
dem hàt ər aəné aufs Dàch auffigébm
und s Orwáschl wurz wegkə˜ghaut."

In dieser R.A. hat sich, allem Anscheine nach, noch die alte Verneinungs=Partikel en (w. m. s.) erhalten. „Ern truwet niht, daz er solde sterben." „Wan er entraut nimmer genesen", Iwain. „Doch'n truwet si der geschicht niht." „Des entruwet (oder des'n truwet) der junge riter niht", Wigalois. unentraut, adv., unvermuthet. „Wider alles Entrauen", Altötting. Hist. v. 1698. Der Trauen, ä. Sp., das Vertrauen von Seite Anderer, der Credit; Treu und Glauben. „Item es hat auch mancher fromme Bidermann in einer Stadt oder Markt etliche Kinder und nicht viel Hab und Güter, sondern einen guten Trauen, noch dann bringt er sie alle zu Ehren; das beschähe nicht, wo sein Unvermögen gar an Tag gelegt würde", Kr. Lhdl. XVIII, 72, 467
ad 1510. „Ehrbaren Wandels, Trauen und Glaubens seyn", Ldtg. von 1542, p. 99. „Bey Trauen und Glauben bestätigen", L.R. v. 1616: Tit. 10, Art. 18. „Trawen und glauben halten"; Av. Chr. antrauen, a) wie hchd. b) anvertrauen. *Trau* **mə' 'n** *à˜*, **I bring də' 'n gwis widə'.** Hrlm. getrauen, a) wie hchd. b) Einem etwas, ä. Sp., es ihm anvertrauen. „Sind wir geursacht, ihnen unsere Städte und Schlösser auch nicht zu getrauen", Kr. Lhdl. X, 440.

c) eines Dings, ä. Sp., es zuversichtlich hoffen, erwarten, (schott. to trow). „Ob aber das gütlich nit gesein möcht, so getrawen sy, es sol mit Recht erkannt werden", MB. IX, 42. „Und ob erkant wurd, des er nicht getrawet, das solche seine gerechtigkait um die Sach nicht genug wer, yedoch so getrawt er, es sollt dabey erkannt werden, daß er . . ." MB. IX, 47, ad 1455. „Er höret niemant der Im in Antwort käm, und getrawet, er hiet genug gewartt", MB. III, 580, ad 1460. Das Getrauen, (ä. Sp.) der Glaube, das Vertrauen, die Erwartung. „Nachdem Wir in unzweifentlichen Getrauen gewest sind, daß . . ." „Wann obgemeldte Landschaft solchens ein vollkomnes Getrauen hat", Kr. Lhdl. III, 235. V, 125. „Nu haben wir einen andern vogt erwelt, do wir ein besunder Getrawen zu haben", MB. VI, 446, ad 1412. „Praesumptio, vbergetrawn"; Ind. 392, f. 21ª. Clm. 17188 (XIV. sec.), f. 50. vertrauen, a) wie hchd. b) eines Dings oder etwas, (ä. Sp.) es vermuthen, erwarten, besorgen. „Als sie es gar nicht vertrauwten. unvo'traut, unerwarteter Weise, unentraut; Stelzhamer 11. Einem etwas vertrauen, es von dessen Seite vermuthen, besorgen, erwarten; Av. Chr. f. 15. 499. sich vertrauen, sich getrauen. „Drum han-i már aft á kain Frag mehr *vo'traut*", nicht mehr getraut zu fragen; Stelzhamer 136. s. auch treu, treuen, vertreuen.

trausam, adj.; ə˜ *trausams* Leut, Person, die andern gerne Zutrauen schenkt; dagegen: ə˜ *treusamə'* Knecht, der treulich dient, (ObrM.). Kärnt. up-ati, hoffen; upliv, hoffend; sa-upliv, vertrauend; nesaupliv, untrausam; nesauplivost, Untrausamkeit; Jarnik p. 28.

treu, adj., wie hchd. (goth. triggvs, ahd. triuuui, mhd. triuwe; Graff V, 464. BM. III, 106. Zeitschr. V, 194). In folgenden ältern Formeln steht wol Treues, Treuens elliptisch als substantivischer Genitiv statt: treues Mannes, treuen Mannes, (vrgl. Gr. 829. 832). „Wir Friderich Herzog in Österich . . . verjehen, daz wir uns underwunden haben, in trewes Mannes hant, unsers lieben herren Kunig Ludwigs von Rom wirtinne, chinder, lut und gut ꝛc." Urk. v. 1325, Wstr. Btr. V, 240. „Ein Ding in Eines Trewes Hand, in Eines Trewens Hand, zu Eines oder Mehrerer Trewens Handen geben, befelhen, niderlegen ꝛc." „Einem ein Ding zu seinen Trewenshanden emphelchen, zu Trewes handen legen, Einem etwas in trews hant ze behalten geben." Rchtb., Ms. v. 1423. Münch. Stdtbch. L.R. v. 1588, v. 1616. MB. II, 74. XV, 402. Gem. Reg. Chr. III, 113. cf. span. portug. entregar, einhändigen; span. la entrega; portug. entregue, eingehändigt. Auch: Einem etwas zu treuer Hand, zu getreuen Handen, auf die treue Hand, d. h. zum Aufbewahren, Verwalten, Verrechnen, kurz: ihm als einem Curator ꝛc. übergeben, ejus fidei committere. „Hast dus geben zu trewen handen; H. Sachs 1560: III, III, 39. „Einem ein Gut, ein Lêhen ꝛc. in Trewshande tragen, es einstweilen für ihn innehaben, verwalten. MB. XXV, 18. Alles auf die treue Hand haben, so
468 nennen die Mägde das Verhältniß, wenn ihnen die Frau das Einkaufgeld ohne Rechnung gibt; (Eipeld. Br.). Der Treuhandler, dem etwas auf die treue Hand übergeben ist. „Inzwischen das Land als ein Treuhandler regieren", Dükher's salzb. Chron. 154. (In Haltaus's Glossar ist die Form Träwheller, statt Träwhelder, Treuhälter, als ein allegorisches Drei-Heller aufgeführt und erklärt). Gl. a. 362: kitriuuualiton, fidejussores. Der Trewstrager, Curator. s. Trager. „So die Knaben die 14 Jar und die Maidlein 12 Jar erraicht und die Vormünder (tutores) darauf Rechnung getan haben, so söllen darnach dieselben Vormünder, füran Curatores d. i. Trewstrager und Versorger sein, bis die Kinder 18 Jar jres alters volkömenlich erraichen", Ref. L.R. v. 1580, f. 161. L.R. v. 1616: Tit. 5, Art. 5. „Haab und güeter", worüber ein Testament (Geschäft) vorliegt", sollen den Geschäfftigern, Trewstragern und außrichtern sölchs geschäfts überantwortet werden", Ref. L.Rcht. v. 1580, f. 167. treulich (troilə', truilə'), adj., nach Pflicht und Schuldigkeit. Gál's God (vergelt es Gott) *truilə!* Dank də' God *truilə!* „Vergealts Gott *truili* z'tausedmol!" Weizmann III, 173. Bitt enk rècht *truilə* um ə˜ bisslé Almuəs'n, (Baader). getreu, adj., a) wie hchd. b) ä. Sp., wahrhaft, engl. true. „Nun ist uns solche Ew. Gnaden Irre ein getreues Leid", Kr. Lhdl. VI, 125. Sanct Getreu, St. Fides. „In sant Getruwen ere." „Dis zeichen tet sancte Getruwe an irme Gotzhuse zu Sletzstat"; Mone's Anz. 1838, Sp. 581.

Die Treu (Tréu, Troi, Trui), 1) wie hchd. Treue, (goth. triggva, ahd. triuuua, mhd. triuwe). Triuwe heißt einer von des Labrer's Hunden. Besondere R.A. Einem alle Treu antuen, ihm alle Treue erweisen, d. h. alle mögliche Sorgfalt und Rücksicht für ihn haben. „Das si in ir trew und hilff tun", Wstr. Btr. VI, 171. 175. „Einem vil vatterlicher trew thun", Chron. bey Freyb. I, 116. „Do gelaistet ir kain ir freunt kain trew nimer"; Cgm. 99, f. 40. „Die nœchste Treu ist sich der Mensch selber schuldig", das Hemd ist näher als der Rock. „Ich hätte nicht vil verlangt; wenn er mir nur ein Bröcklein gegeben hätte, so hätte mir die Treu wol gethan." „Meine Eltern schicken mir einen Grueß, tuət mə' dennət *'Troi* wol. „Trinck und gib mir das ist ein guette trew von dir"; Fris. 515, f. 1. Als man (in der Luitásch) eine alte ehrenwerthe Person auf ihrem Todbett glücklich pries, daß sie als reine Jungfrau sterbe, erwiederte sie: Ischt wol wàr, àber dé *Truiə* hátt mər hált dècht á wol 'tà˜. (Baader.). „Die Advocaten sollen mit gantzen und rechten Trewen ihrer Parteien Sache meinen", L.R. v. 1616. „Daz ainer sein viech ainem lieh durch trewe und durch lieb, ân lon"; Heumann, opusc. 77. „Dat dede he binnen truwen"; Lüneburg. Chron., Eccard, corp. hist. med. aevi I, 1403. „Si wândon es were in triuwon, do was ez in valsch und in grôzen untriuwon"; Griesh. Pred. II, 32. Mit steten truwen ymmer an end"; Brev. Mosburg., hinten. „Chom chunich philipps gen Babenberch und slug in der pfallentzgraf von Witlinspach in gûten triwen, (d. h. ohne ihm abgesagt zu haben, hinterlistig); Chron. bis 1314, Cgm. 55, f. 65. „Ein gut über sein trewe hintragen", es treulos entwenden, Wstr. Btr. VII, 173. „Einem etwas auf sein Trew, hinz seinen Treuen geben oder befelhen. „Scalchen und diuwen bevalch er daz vihe ze triuwen"; Diut. III, 81. „Ich sag dirs in dein trew", vertraue es dir an; Cgm. 632, f. 15. 16. (s. oben Treues Hand). 2) die Zusage, das Wort, das ein Ehrenmann, mit oder ohne Bekräftigung durch Handschlag, von sich gibt. „Suam fidem interponere, glauben und trawen geben"; Clm. 571 (XVI. sec., 1514), f. 34. Ich gib Einem eines Dings Treu, die Treu oder meine Treu. Auff meine Treu oder Treuen; bey meiner Treu; elliptisch: meiner Treu; ä. Sp. daz meiner Treu, datz meinen Trewn, auf mein Ehrenwort. „Ich han des guoten (?) tretten" (= trewen?); S. Helbling I, 1315. „Daz hab ûf den triuwen mîn"; das. IX, 125. „Nu wie verleust man die augen trewn mit dem zeug"; Cgm. 54, f. 52ᵇ. Die Handtreu von sich geben, (Handschlag); ä. Sp.: mit handgebenden Trewen, (mit Handschlag), Wstr. Btr. VI, 143. (1411). 145. Hieronymus von Stauf betheuert auf die peinliche Frage, mit dem Ausruf: daß mir Gott die Treu geb! Ldtg. von 1516, p. 336. Die Aftertreue. „Swer ze holz get spirren so der sne zergat, und sûchet sinen gûten vriunt, do er cheinen hat, und chaufet ungesehens vil unde haltet gar verlorniu spil und dienet einem bœsen man daz ân lon beleibet, dem wirt wol aftertriwe '(wol für „afterriuwe"? vrgl. BM. II, 753)' chunt ob erz die lenge tribet"; Clm. 4612 (XIII. sec.), f. 46. Die Mißtrew, Prompt. v. 1618: diffidentia, infidelitas. abtreuen, Abschied nehmen? „Ich wolt, daß man schier thet abtrewen (gereimt auf „dewen", verdauen), daß nur das bad

het gar ein end"; H. Sachs 1560: V, 340 (1612: V, III, 5). 'abgetreuen?' „So abgetreyt er, so er ain creatur etwas aigent das allein got zuegehort"; Cgm. 632, f. 6. betreuen, vrb. act.: Einen betreuen, pflegen, ihm alle Liebe, Treue und Sorgfalt angedeihen lassen. „Ihm ist auch von Jugend auf von dem von
469 Abensberg glaublich zugesagt, ihn als seinen Sohn zu betreuen (anzuerkennen, oder: im Testament gleich als seinen Sohn zu bedenken?) Kr. Lhdl. VIII, 416, ad 1485. „Betrewung (Verschreibung?) der Morgengab", tyrol. L.O. v. 1603. vertreuen, vrb. act. Voc. v. 1445: vertrewen, verluben, despondere, (also wie jetzt trauen, antrauen). „Der priester der dise praut vertrewt"; Cgm. 346, f. 1b. Treuheit, Treue, (Wien).

'Der Triakel, Triakes, ä. Sp., Theriak, (mhd. drîakel, trîakel; BM. I, 391. nürnb. das Driâkelá. Zeitschr. II, 416,155. Diefenb. 585b. triackers, driockel ɪc.),' tyriaca (von einer Schlange Tyrus; Büsching, wöchentl. Nachr. III, 404). „An disem totten Möre wirt auch gefangen die vergüffte schlang Thyrus genannt davon der tiriaca zu deutsch tryackers gemachet und komen ist", Tucher's Reise nach Jerusalem, Cgm. 24, f. 21—22. Vom Gebrauch desselben in der Pest s. Scheftl. 296, f. 84. „Triaggers, tiriaca", Voc. v. 1429. Der Driakers, Cgm. 4543, f. 200. Der Triackels, Triackers bey Ortolph. „Triakes, theriaca; Triakeskrämer, medicus circumforaneus"; Prompt. von 1618. „Triacksman, medicus circumforaneus", Nomencl. v. 1629, p. 233.

Der Tro, Nebel; es hat 'n *Tro* kait, einen schädlichen Nebel geworfen; (Zir.). cf. Trân und Tror.

---

traben, wie hchd. (mhd. drabe, drave; BM. I, 388. Grimm, Wbch. II, 1326). „Iuwer meidem gie nie enzelt, er dravete unde schüfte; manec herze von iu süfte"; Helmbr. 1781. „Da cham ein ritter hergetraft, zugetraft"; Cgm. 270, f. 160a. 278a. „Manec tier vreisam mit im drabten dare sân"; Grimm, Reinh. 67,1190. 110 und XXXIX. s. trappen. Der (das) Trabharnisch. „Zway alte schwarze trabharnisch, das ain hat ain khragn und ain par armzeug, das ander ain par Handschuech"; Meidinger's Land- und Hoftage in Baiern (Harnaschhaus zu Landshut) p. 368. „An allen enden hieng trabharnisch an wenden"; H. Sachs 1612: I, 552. Grimm, Wbch. II, 1327: Drafharnisch. „Drafzeug" findet Herr Oberleut. Zenker in einer Urkunde, wo von Rüstungen die Rede ist.

träbig (tráwi', U.Don.) R.A. əs gêt mə' *tráwi'* ei˜, ich bin sehr beschäftigt, emsig; Zeitschr. IV, 548,11. cf. əs got mə' dick ei˜. „Und dö Bám sán so *tráwi'*, mécht'n liebá' schan blüehn"; Stelzhamer 17. 182. „Oft wenn mä' d'Sach so gar *träbi'* ist kemmä, han i mä 'dacht: wär' i wög vä den Löben", Lindermayr 135. „A' bei'n Hàfnər is's *trábi'*", stehen viele Käufer; Reizenbeck I, 93. „Wann i voll Unmueß bin und vollá' *Trábikeit*"; Stelzhamer 89. cf. schwb. und schwz. traballen, sich abmühen, travailler. (cf. Diez, Wbch. 852 f. dän. travlt, emsig, geschäftig, eilfertig; travle, eilen, emsig seyn; engl. to travel, reisen; vrgl. oben Sp. 136: arbaiten, auch agſ. deorfan, arbeiten, Älfric colloqu. Grimm I, 245. engl. to trouble, kaum von turbare). e˜n *Tráwáli* ummegé˜, im Zeitvertreib, müßig gehen; umme *tráwálln*, herumschlenzen, (b. W., OhrM.).

Der Trabant, wie hchd. (cf. perf. der-ban, von: der, Thür, und ban, Hüter? böhm. drab, Soldat zu Fuß, Häscher; wallachisch: dorobanz, Trabanten der Bojaren, auch Gendarmerie). „Drabanten vil der bœsen die findt man hie und dort"; Altsw. 254,18. „Trabanten, impedimenta"; Vegetius von 1529, lib. III, cap. 6. „Morden, stürmen, treuwe prechen sint des zornes drabeknehte"; Renner 14110.

Die Trabenei. „Das köstlich klaid deßgleichen wir in unser trabenei nit haben", sagt der König, Buch der Weisen, 1485, f. 144. Cf. BM. I, 388: drappenîe, Garderobe u. III, 84: trapperîe.

Der Traib, (nach Gramm. 1037, VI, von treiben. BM. III, 89: der trîp. cf. agſ. drâf, engl. drove; Grimm, RA. XVIII), ä. Sp., der Viehtrieb. „Den trayb, viechwayd und besuech", MB. XXIII, 535, ad 1466. „Si sullen auch haben jr viechtraib", MB. XXV, 195, ad 1427.

Das Getraib, (ä. Sp.) Handelsartikel, victuale; (v. Sutner's Gewerbe von München, hist. Abhdl. der Akad. v. 1813, II, p. 479 u. 506). „Es sol nieman chaufen in der stat vor seiner tür oder uf dem weg zu der stat, das er an der stat wil hingeben, getraib, daz sint smalz, chæs, hüner, ayer, rub, visch, gens, wiltpret." „Swaz die chewffel chauffent getraibes uf dem lande." „Dhainerlay getraib chauffen." (s. vertreiben).

Der Traub, Todtensarg; (Passau, ObrM.).

Der Trauben, die Traube, (ahd. der drûbo, mhd. der trûbe. Grimm III, 413. Graff V, 251. BM. III, 118). „Dem kaiser Fridrichen (II.) ward vergeben (ze Pull vor Bare) an einem weintruben. Daz geschach also. da er nach dem bad in ainen baumgarten gegangen was, da het ain sein artzat vergift an den truben geschriben, da er an der reben hieng. den raicht im der artzat ze essen, wan er gar lustlich gestalt was, wan er auch des kaisers gewonhait wol west daz er sich nach dem bad gern auzz" (= âß, oder = âzte, da in solchen Fällen das t in dieser Hs. meist weggeblieben); Kaiserchron. Ms. XIV. sec., german. Mus. Nr. 2733. „Brich den Trauben und laß die Dörner stehen", Puterbey, Druck v. 1581. s. Traupen.

Die Trebern (Trébə'n), plur., bey Adelung: Träber, plur., die Hülsen vom ausgebrauten Malz; Residuum von ausgepreßten oder ausgekochten Dingen, (Graff V, 481. BM. III, 85). Das Trebrach, Collectivum, (Zillerthal) die feste Substanz, die beym Absieden des Käswassers von saurer Milch zu Boden fällt. Gl. a. 679. 731: treber, siliqua (cf. Lucas XV, 16); i. 824: senecie. Diefenbach 526b. 534a. „Siliqua, cibus porcorum, treber"; Clm. 5008 (XV. sec.), f. 175. Kilian: drabbe, faex.

treiben (treibm), Prät. trib (ä. Sp. traib, Gramm. 926. 942), Partic. getriben, wie hchd. (ahd. trîban, treib, triban; Graff V, 481. BM. III, 86. Zeitschr. IV, 448 f.); s. a. Trab, Trib, getriben und Trift. In Bezug auf ein Fuhrwerk sagt man von Abhängen des Terräns, daß sie treiben. Dà mues mə˜ ei˜spérrn (den Hemmschuh anwenden), dà *treibts* z'stark. Schef treiben, (Zir. treiben), Schiffe mittels Pferde stromaufwärts ziehen; Lori, BergR. f. 318. „Man draf tha scipu to Lunden"; Sax. chron. 1066, Ingram p. 259. Der Schestreiber, Pferdebesitzer, der sich zu diesem Geschäfte brauchen läßt; der die angespannten Pferde lenkt, (Zir.). Treiber, der Salzziehpferde hält, (Zir.). s. Trift. Der Gegentrieb, Fahrt stromaufwärts, (Zir.). 'Die Treibe, Diarrhöe, Kolik; BM. III, 89: trîbe.' „Von der Treiben. Diu treibe ist maneger slahte. Ein treibe ist so diu spise und daz trinchen auzget unverdowet"; Cgm. 724, f. 190. „Dy triben ze wenden", ein (ärztliches) Mittel, Furstenf. 121, f. 169b. treiben, Art zu fischen. „Item piscatoribus non licebit habere retia que dicuntur Schrotnetz, non artem illam, que vulgariter dicitur treiben, exercere. MB. XI, 246,
ad 1271. treiben, gähren, schäumen, sich blähen. Dés 470
Biər hàt gàr ét '*tribm*, wie mə˜s au'gspünd't hàt. Dés Biər *treibt* àbə', is ə˜ lauterə' Faəm. 's Biər hàt d' Fläsch'n *z'tribm*, *dətribm*, (im Gähren zersprengt). Daher: der Trib, Sauerteig. Butter u. drgl. abtreiben, (Küchen-Spr.) sich blähen machen, bis zum Pflaumigwerden schlagen oder rühren; *à'tribmé* Knédl'n. antreiben Einen, ihn zum Besten haben, (Zir.). Cf. mhd. trîben: „diser rede ist iu niht nôt, daz ir mich alsô trîbent", (verieren, zum Besten haben); v. d. Hagen,

Ges. Abent. LXIV, 1954. 1958. auftreiben, umtreiben Einen, ihm das Handwerk legen, (ehmalige Handwerksstrafe). „Es soll keiner den andern weder schmähen noch auff und umtreiben, noch unredlich machen." „Es soll auch derjenig, so geschmächt worden, keineswegs auffgetriben, sondern bey seinem Handwerch gelassen und die Handwerchsgesellen mit und neben jme zu arbeiten schuldig seyn", L.R. v. 1616, f. 611. 609. kais. Polic. Verord. v. 1732, §. V. austreiben den Platz, eine alte Kohlstätte wieder zurichten, (Jir.) untertreiben, 1) hintertreiben; 2) zu Grunde richten. widertreiben. „Ein Testament anfechten und widertreiben", wirzb. Lgr. Ord. von 1618. vertreiben, a) wie hchd. „Nim hin du vertreibst jn wol" (den Pfenning, bringst ihn an, obwohl er verdächtig), Sterzinger Passionsspiel v. 1500. b) ä. Sp., verkaufen. „Chaufmanschaft von der hant vertreiben", Waaren im Kleinen verkaufen, Münchner Rathsverordn. v. 1370. Wstr. Btr. VI, 112. 113. Münch. StR. Art. 368. Cgm. 544, f. 51. „Was er aus seinem Keller Weins vertreibet und ausschenket"; MB. II, 148, ad 1392. (s. Getraib). Vrgl. „Wagenleut oder samer die von Venedig chaufmanschaft treiben oder wein"; Cgm. 632, f. 20¾. zuetreiben, wie hchd.; auf dem Land in specie: zu dem männlichen Thiere treiben ein weibliches, das nach der Begattung verlangt. Hast dei˜ Kuə scho˜ *zuə'tribm*? Der Zuetreiber, Hurenprocurator; vrgl. Avent. Chr. Br. Berhtolt, Kling 313, Pfeiffer 25,14.

Der Trib (Tri'), a) wie hchd. Trieb. R.A. Etwas im Trib haben, ihm nachjagen, nachstreben. b) der Weidgang, das Weidrecht. „Trib und Trat, Wun und Waid", oft vorkommende Formel älterer Urkunden. Der Tribgraben, die Tribsaulen, Graben, Säule als Grenzmarke des Weidrechtes; Lori, Lechrain f. 480. c) der Sauerteig. d) le tourniquet, d. i. beweglicher Zeiger über einem mit Nummern beschriebenen oder mit Kartenblättern bemalten (Griffelsinger Kirchweih 1834, 7. September) Brette, womit man ehmals zu spielen pflegte. Wem der Zeiger nach dem Umtreiben (Umdrehen) über einer höhern Zahl stehen blieb, der hatte gewonnen. Im Mandat vom 7. Januar 1772 wird schärfstens verboten „das Dreher-, Trieb-, Turn- und Reitterspiel, wie auch der Glückshafen und das Riemenstechen." Der Abtrieb, der Einstand, Näherkauf, welcher darin besteht, „daß ein Käufer von des Verkäufers nähern Verwandten, Consorten und Nachbarn angelangt wird, gegen Ersatz seiner bereits gemachten Auslagen, zu ihren Gunsten vom Kaufe abzustehen." Wagner's Civ. u. Cam. Beamte I, 317. Ahd. tribesal. „Ex omni tribulatione uone alleme tribesale", Cgm. 17, f. 82ª.

getriben ('tribm), adj., a) partic. praet. von treiben. b) in specie (von Wegen): ausgetreten, durch vieles Gehen kennbar, gebahnt, ὁδὸς τετριμμένη. Cf. „einen pfat treiben", (bahnen), Suchenwirt. „Der weg (zur Hölle) ist nit verkrumpt sunder gar flecht und wol getriben", Clm. 5833 (2⁰ XV. sec.), f. 69. abgetriben (á'tribm), adj., schlau, verschmitzt, durchtrieben. durchtriben, mit allen Hunden gehetzt, (Wackernagel).

471 Tribeln, Knabenspiel, wobey mit einem Stecken oder Prügel auf das Ende eines andern kürzern Steckens geschlagen wird, um diesen (den Tribel) in die Luft zu prellen. V. Conr. Schwarz von Augsp. Zeitschr. IV, 107,33. cf. pfunzern und Keraus. Gl. i. 784 wird turbo (Aeneid. VII, 378) neben andern deutschen Synonymen auch durch zuotripil gegeben. Der Wetribel, ä. Sp.: „Wer üt gaistlich wil sin, den hat man als ain swin, und ist des artz und der münch spot; wer sich gentzlich wil keren zuo got und wan er nun nit ist gesell, so muoz er liden meng ungesell und ir aller wetribel wesen"; des Teufels Segi, (von Klosterleuten), Barack 150,4712. Cf. Th. IV: Wê. Das Triebelgericht, judicium mellicidarum; Ler. v. Franken I, 559. Grimm, RA. 833. 'Frisch II, 387ᵇ.' Der Tribler, Nudelwalger; tribeln, platt drücken, (Baader).

austribeln, (v. Delling) was auswalzen. Austribelte Nudeln.

tribulieren, necken, zum Besten haben, aufziehen. Zeitschr. II, 568,59. III, 252,276. 278,3. 419,570. IV, 449. 'Cf. ahd. trebanôn; Graff V, 481.' Diê mih trébenont, tribulantium me"; Notk. 26,12.

trüeb, trüebig (triəb, opf. trêib), wie hchd. trübe, (ahd. truobi, turbidus; mhd. trüebe. Graff V, 488. BM. III, 119). trüeben (triəbm, opf. trêibm), wie hchd., d. h. trübe machen. Die Küe *trüəb'n*, wenn sie plötzlich von der Milch fallen, blutrothen Harn lassen und nicht fressen, (was gewöhnlich von zu nassem Futter kommen soll); Baader. 'auftrüeben, wenn es durch Aufrührung des Bodensatzes geschieht. betrüeben, 1) figürl., wie hchd. 2) ä. Sp., eigentlich: beunruhigen, in Bewegung setzen, agitare, turbare. „Wir N. beklagen uns, wie Seine Gnad, der Herzog Hansen v. N. betrübe und entsetze an seiner Vogtey und beschwere ihm die Seinen wider Recht und Billigkeit." Kr. Lhdl. XI, 112. „Betrübten alle Gegenden", beunruhigten sie als Feinde; Chron. bey Freyb. I, 120. betrüebt (bétriəbt), 1) figürl., wie hchd. betrübt. 2) agitatus, turbatus daemonio, besessen. So hatte auch das alte truoban eine stärkere Bedeutung; gl. a. 360 wird sogar turbo, inis, durch truobi gegeben. Die Trüebsal wie hchd. (a. Sp. truobisal). Scherzh. R.A. *Triəbsàl* blàsn, in Angst und Kummer seyn und dabey stille sitzen. „I wissət uns zwaə A'mtln, aə˜s dir und aə˜s für mi': du müəssətst fleissi' Grilln fangə˜ und *Trüəbsàl* blàsət I"; Seidl, Flinserln, 3. Ausg., p. 15. „Perturbatione, betrübsal", Clm. 5177 (XV. sec.), f. 207.

(Vrgl. Trah, treh, ꝛc.)

trechen (mhd. triche, trach, getrochen. Grimm I, 939. Graff V, 503 f. BM. III, 90: ziehen, schieben. Cf. niederd. trecken, ziehen; Firmenich I, passim. Zeitschrift II, 203. 541,138. 551,11. ꝛc. VI, 529,19. s. trucken. Wangerog: tôricke, Prät. rôk, Partic. ricken, plattd. tôrâken, Abends am Herd die Kohlen zusammenlegen und mit Asche beschütten; Ehrentraut, fries. Archiv I, 39. Sollte das niederd. tô als t geblieben sein? Cf. engl. to rake the fire. Pfeiffer's Mystiker I, 567. s. unten Th. III: rechen, 2), '1) ziehen, schieben.' „Also trechent si unreht gût zesament"; Griesh. Pred. I, 70. „Er trachtet niuwan wie er vil gûtes über an ander muge getrechen"; das. II, 65. Vrgl. Grimm in Haupt's Zeitschr. V, 238 f. „Der mich in disen kumber trach"; Benecke, Minnel. 130. „Rosen wil ich brechen und vil leidens uff sy trechen", Suso's Leben. Cgm. 819, f. 239. 2) (schwb.) die Glut auf dem Herde mit Asche bedecken. „Mit aschen vertrochen und verdeckt", Prompt. v. 1618. „Da lag die katz bim fuer das was getrochen"; Cgm. 568, f. 246. „Ich mues das fuir trechen zu"; Cgm. 568, f. 258¼. „Ein zugetrochen fuir"; Cgm. 444, f. 172. betrechen, Jac. v. Königshofen bey Schilter p. 276. „betrochen koln, cineres sopiti", Voc. Melber. Prudent. contra Symmach. II, 966. Grimm, Mythol. LVI: prant betrechen. Geiler von Kaisersb. sagt figürlich: „Vertrochne und heimliche liebe, die inwendig verborgen ist." „Mit der glimenden glût, diu im doch naht und tak betrochen in dem herzen lak"; Trist. 19052. „Diu rede wart betrochen"; v. d. Hagen, Ges. Abent. I, 458. „Davon ist min hoher mût mit leide gar betrochen", Benecke, Minnel. 130. Gl. i. 571: reposto (igne), pitrohhanemo; gl. i. 793 ad Aeneid. VIII, 542: sopitas (ignibus aras), gidrehanetun. Gl. i. 563 steht: pigrescat (pruna canis favillis), dreha; vapor senescens, drehanenter. rehananta, tepentes, gl. i. 548. Henisch hat Dracht, acervus cinerum in quo favilla. cf. Grimm, Wbch. II, 1326. Zeitschr. II, 561,30: Dräch, Drächel. Drüchel. Von einem ähnlichen Subst. ist wol auch die Form eintruchten, in der Bedeutung des einfachen trechen. (Ob verwandt mit dem alten terchnan, palliare; s. derchen?)

„truchbainigs fleisch“ zu verkaufen verboten; Wertingen 1568, Cgm. 3256, f. 49.

Der Truchsæß (Trucksätz, Trucksäss), wie hchd. Truchseß, namentlich eine Art Tischdiener, deren eine gewisse Anzahl beym k. Oberhofmeisterstab angestellt ist. Grimm II, 452. 519. RA. 316. „Der pfaltzgraf von Rein ist des reichs drugsatz, der sol dem künig die ersten schüssel dragen.“ „Welich dienstherren aigen läwt mügen
472 gehaben mit drugsatzen“, L.R., Ms. von 1453. Da Truchsäß meist in Verbindung mit Schenke vorkommt, so möchte man auf den ersten Anblick jenen als den Besorger des trocknen (truchenen), wie diesen des nassen Tisches, erklären; allein das alte Adj. truchan und das entschiedene truhsazo, discophorus, der gl. a. (6 mal) lassen sich nicht vereinen. Ein truh für discus oder dapes kommt wieder nicht vor, (vrgl. allenfalls Trog). Man möchte also beynahe aus dem trutsaz (gl. a. 7) und dem truhtsazze (a. 504), druchzazo (a. 653), trohodseze, discoforus (a. 825) auf ein noch älteres, dem altnordischen drott-seti (major domus, Drost) entsprechendes und also ursprünglich ein anders Amt andeutendes truht-sazo rathen; (s. Truht unter Trechtein). Wirklich heißt es noch im Iwain: „Die Fraw ir Drucksazzen bat, daz er ir rede tete.“ Ich bin trucksaß hie ze hus“, (major domus?). „Drey drucksäzzen“, Cgm. 521 (v. 1457), f. 99. Graff VI, 304: truhtsâzo, truhsâzo. BM. II, II, 341: truhtsæze, truhsæze. Grimm, Wbch. II, 1437: Drost. Richthofen 694. „Hellesac der sazte nider die fremden unde die kunden; ze truhsæzen wart er funden“; Helmbr. 1544. „Ich wæne ieglîcher æze swaz im sîn truhsæze von küchen dar trüege“; das. 1562. „truchtsezzerinne, dapifera“; Clm. 16029 (4⁰ XIV. sec.), f. 76^b. „Drussete, dapifer“; Diut. II, 210. Cf. urtructe, sobrii; Mm. 81.

---

trachten, 1) wie hchd. 2) ä. Sp., ersinnen, (ahd. trahtôn, meditari, bey Kero gewöhnlich für tractare gesetzt. „uuaz ir in uuege trachtotut“, Tat. 94. Graff V, 513. BM. III, 81). Reut im Winkel: *Trâcht* ə˜mål wó-st-əs nét kå˜st, besinne dich. Iatz hån I aə˜s *də'trâcht·t*, hab ich mich auf eins (Lied) besonnen. Wenn I's *trâcht*, wenn ichs recht bedenke. Iatz hån I gråd då enkə' Taə˜n *à'tracht*, aft hån I gråd gschwind då ə˜ Liədl drauf gmacht. „Hastu die red getracht, oder hat dichs Herr Joab zu mir sagen gemacht? . . .“ „Ich hab euch lieber Herre ain Exempel gemacht auff Absalon sun Maacha hab ich das als getracht.“ „Nun hetten es die Hayden aber aines ertracht, und hetten ainen Kunig under Jnen gemacht“, Ingolst. Reime von 1562. „Ez ist so vil der edeln spîse, daz ez nieman ertrachten kan“, Br. Berhtolt 237 (Pfeiffer 220,21). „Sô der mund lachet, unde daz herze trachtet vor laide und von sorgen“, Iwain (Benecke 4416: krachet). „Fantasiare, trachten“, Voc. v. 1445. Semansh. 34, f. 210. „Wer von unsers herren marter trachten wöl“, (betrachten) Cgm. 4594, f. 92. Die Tracht, Erwägung, Überlegung; Streben. „Curam habe de bono nomine, du solt tracht haben, das du gewinnest ein guten namen“; Cgm. 1113, f. 92^b. „ertrachten, fingere; ertracht ding, figmentum“; Voc. Melber. trachten eines Dinges, auf etwas denken, darnach streben. „Han ez nie gesehen weder sun noch tag. Dieweil ich mein genûg han, so tracht ich sein nicht“; Cgm. 54, f. 41^a. „Si trachten nichtz (nichtes?) nach dem gôtlichen gût“; das. 49^b. Èppəs *trocht'n*, z. B. ə˜ Gwândte, ə˜ Lei˜wət, ə˜ Bét, auch ə˜ Kind, sowie áf èppəs *trocht'n*. Weə-r-é˜ də' Gügəd (Jugend) áf ninks *trocht't*, deə' håt en Iltə' ninks. *Trochts* no˜ dráf, dafsts firté weə'ts. Die Aintracht, die Zwitracht und -trächt, sing. u. plur. (s. Gramm. 808. 803), wie hchd. Eintracht und Zwietracht. BM. III, 79. Grimm, Wbch. III, 323. cf. unten tragen: über ein tragen. „Zwitrâcht, jrrung und spänn“, Kr. Lhdl. V, 163. Zwitrâcht, seditio; gl. a. 731. „Gott ist ein Gott des Frids nit des Zwitrachts; Seb. Frank.

„Als oft der mensch die da swär trachtig sind und mit einander zurnen die er versinnen mochte, versaumet zu versinnen“, Furstenf. 138, f. 86. betrachten, vrb. act., a) wie hchd. b) ä. Sp., besorgen, procurare; bereiten, machinari. „So darf er das jar wenig in das haus betrachten“; Cgm. 713, f. 25. 158. „Ich pin in den eren Sandt Wolfgang gemacht, Abt Wolfgang Haberl zu Mansee hat mich petracht“, Umschrift am schönen, gothischen, metallenen Brunnen bey der Kirche zu St. Wolfgang, v. 1515. „Dem Land zu Bayern möchte Unrath und Verderben betrachtet werden, gleich als wol durch etliche Inländer als Ausländer“, Kr. Lhdl. V, 145. „Als man dem förgen zu Grienwaldt ain züllen trachten müessen“, 1613; Cbm. 2224, f. 294. eintrachten. „Jetzt wollen sie sehen, wie sie mit diesem Geld wieder einen Vorrath an Wolle eintrachten möchten“, Verfall des bayr. Lodenhandels, p. 24. s. unten tröchten. beträchtlich, bedauerlich, jämmerlich, (Achenthal). fürträchtig, adj., (Nptsch.) für die Zukunft sorgend, vorsichtig, vorsätzlich. „Fleißig, genaw, klug und fürtrechtig“, H. Sachs. „Wan er (Theodo) vast fürtrechtig und grosanschlegig was“, Ul. Fütrer's Chron., Ms. „Item was bey der Nacht beschieht mit freventlicher Hand, Schlägen und Blut vergießen, verdächtlich und fürträchtig- 473
lich“, Kr. Lhdl. VII, 321. „fürträchtikait, providentia“, And. 48, f. 146. Clm. 9537, f. 183. „Die götlich fürtrachtung“, Buch d. W. 1485, f. 134. BM. III, 83. Das Geträcht, ä. Sp., Betrachtung, Ueberlegung; Trachten, Streben; BM. III, 83. „Und als ich stund in den gedrechten, welche straßen ich wolt eingahn“, H. Sachs. Otfr. thaz gedrahti neben thiu drahta, meditatio; mhd. daz getrehte neben diu trahte. BM. III, 83. „Do ich sas in dem getrecht“; Cgm. 270, f. 93^a. „Da ich nun gieng in dem getreht“, M. Beham, Wiener 326,20. „Der Francz vom Hag het sein getreht wie er das Gsloß abstelen mecht: das. 348,20. „Wie sie (die Köche) sich besachen, daz sie klein getrahte zu hoher spise machen“; Wirzb. Coder der Münchner Universität. „Swer uf bœse kündikeit allez sîn getrehte leit, der wirt selten heilich man“; Renner 3178. „Swem liebt ze sere der werlde gut, dem pringet der teufel in sinen mut ofte so werltlich getrechte dz er glauben niht kan rehte swaz man im von der heiligen schrift vorseit“; das. 13196. „Swinde getrechte wirt nimmer gut, ez krenket hirn und swendet blut; das. 23333. „Erluhte min gedrehte“; Cgm. 100, f. 11. „Er was ze allen zîten in dem getrehta, wie er gote gedienen mehte.“ „Er hæte in sinem getrehte . . .“, St. Oswalt, Cgm. 719, f. 1$^{a.\,b.}$ (Ettm. 31. 55). niderträchtig (nidə'trächti'), herablassend, populär. BM. III, 79. Ünsə' Landrichtər is går ə˜ *nidə trächtigə'* Herr. „Es ist ein kleines Werklein, haltet aber viel in sich. Es ist niderträchtig geschriben, aber wohl gegründet“; Meichelbeck, Dedication seiner kleinen Freysing. Chronik. „Der junge Graf und nachherige heilige Bischof Benno, bietete seinem kranken Lehrer in aller Demuth und Niderträchtigkeit die Speisen an. Willst du christliche Seel zu grosser Vollkommenheit schreiten, so bewerbe dich um hurtige Füß, welche der demütigen Niderträchtigkeit und niderträchtigen Demut nacheilen“; 6. Benno-Jubelpredigt v. 1723.

Die Tracht und die Trächt (Trächt, sing. u. plur., Gramm. 803. 808). 1) wie hchd. BM. III, 78. „Was für unnütze Trächt erdenkt man nicht an Mänteln?“ Selhamer. „In alt ritterlicher Trächt“, Bogner Mirakel 15. 2) das Aufgetragene (Essen), Gericht. „Ferculum, trahte oder richte“; Clm. 4350 (XIV. sec.), f. 2^a. BM. III, 79. 3) die Schwangerschaft. Zeitschr. IV, 447. ə˜ guədé, ə˜ bösé *Tracht* håbm. „Ir wewen was dester me daz ez was ir erste tracht“; Cgm. 231, f. 203. „Weil sie in der Trächt einen Lust zu ainem Flaisch gehabt“; Benno-Mirakel von 1697. Die Kindtracht. Deu erwarb mit im einen sun und der chint tracht starb seu“; Cgm. 54, f. 13^b. BM. III, 78. „Des (englischen Grußes) erfraht die minnekliche (Maria) sere do div kintracht ir wart vor genennet; nu han ich nie mannes bilde erkennet"; Ald. 117, f. 151. Die Eintracht, (salzb. Lg. Hüttenstein, Hbn.) Zufluß eines kleinern Baches in einen größern; (Jir.) Einmündung eines Baches in einen anderen. Cf. tragen: über ein tragen. Die Kirchträcht (Kir'trácht, Ki'trácht), bey Ried 516, ad 1270, das Kirchgeträcht, was an Brod, Fleisch, Eyern u. drgl. bey gewissen Anläßen als Opfer zur Kirche getragen wird. „Nota: quilibet christianus tenetur offerre quinque vicibus parochiae suae propriae sc. in nativitate Christi, in resurrectione, in festo pentecostes, in dedicatione" (mit Begründung aus dem alten Testament), Clm. 12713 (2° XV. sec., 1418), f. 286. Die Kreuztracht, (Salzach, Inn) das Kirchspiel. BM. III, 78—79. „Siechsdorfer Kreuzträcht"; ex voto von 1725 auf Maria-Eck. mißträchtig, adj., infertilis; mißträchtiges Jår.

'Der Tracht, ä. Sp., Seufzer.' „Als manech trahte du durch got lâst"; Griesh. Pred. II, 54 u. XXXI: „also benannt von dem Theile der heil. Messe, welcher Tractus heißt." s. Tract.

Der Trachter, Trächter, der Trichter; (ahd. trahtâri, mhd. trahter. Graff V, 520. BM. III, 83. Diefenbach 591a. gl. o. 150. 321: tractarius, trechtere, 405: tractari). „Trachter fürs Würfelspiel, fritillus, turricula", Voc. v. 1618. Der Nürnberger-Trachter, den manche Eltern den Lehrern ihrer Kinder zumuthen. 'Vrgl. Fränk. Kurier, 1863, Nr. 160 u. 161.'

Der Trechtin, Trechtein, Herr (Gott), (ahd. truhtîn, mhd. trehtîn, trahtîn. Graff V, 517. BM. III, 122), kommt noch in den Ingolst. Reimen von 1562 öfters vor: „So sagt unser Trechtlein." „Dir hilft doch alle Male Unser lieber trechtein." „Er sprach: o lieber Herrgott, Du ainiger Trechtein." „Ir sult ouch wizen wie uns min trehtin wider ladet so wir son im mit suntlichem gevert streben"; Clm. 9611 (XIII. sec.), f. I. „Des helf mir selb unser trochtein", Clm. 4595 (XIV. sec.), f. 39. cf. unter: der Mân. „Des helff mir diu genade dein gegen vnserm sirzzen trechteyn"; Cgm. 73, f. 56b. Docen's Misc. II, 285. „Sand Mauricius mit den gesellen dein setz uns zw dem weinstokch des lebentigen trakchtein"; San-Nicola 232, f. 60. Anmerk. Das alte truhtîn ist wol von einem alten truht, familia, contubernium (Graff V, 517. BM. III, 121. „Do quam her heim mit grozer trucht." „Alerius und sin jungvrowe wurden zu samene geleit mit grozer trucht und mit grozen êren"; Herman v. Fritzlar 161,34. 163,15. Pfeiffer setzt p. 448 bey aus dem Stuttgarter Jeroschin, f. 31d: „den sin der heidenischen trucht vernam man da wol one tolk"; 'cf. Pfeiffer's Jeroschin 8a. 15d. 31d. 34b. 36a. 43d. 45b. 54a. 61c. 63c. 73c. 83d. 161d. u. p. 235.' Noch kommt das Trucht in der Schweiz als Gesindel vor), vrgl. Grimm II, 365; und damit mag zusammenhangen sowol das ulphilaische gadrauhts, miles, (cf. Tacitus, Germ. VII.), als das alte truhtigomo (gl. i. 525: pronubus) und truhtinc (gl. a. 100. i. 235. 810: paranymphus, procus, cf. Leg. Aistulphi, Tit. III, §. 1. und Lex salic., Tit. 14, §. 10). Cf. Saxon Chron., Ingram p. 43: „Godefrihte muneces tha wolden drohtien here lif on ankerſetle", would lead their life in retirement. s. a. Truchtel, Truchseß u. truden.

tróchten, (b. W.) von Hausthieren: läufig seyn. D· Sau hàt eə'st gfá'lt und êitzə *trócht* s' scho~ widə'. Daneben hört man aber auch, wol im Scherz (?), auf Personen angewendet, Redensarten wie folgende: Há' Deənl, wós bist denn so dick? hàst dər éppə gaər ə~
474 Kind '*trócht*? Der örtlichen Aussprache nach, wo auch das a nicht wie à, sondern wie ó lautet, kann das Wort zu trachten gehören; indessen ist vielleicht auch Truchtel zu vergleichen.

truchten, s. trechen.

Die Truchtel, auch Truechtel, achtungslose Benennung einer Weibsperson, besonders wenn sie dick und besser zum Kinderbringen als Arbeiten zu brauchen ist; (schon bey Prasch). Zeitschr. IV, 447. Vrgl. allenfalls auch tröchten und die Anm. bey Trechtin.

„Truchter." „Vom Abhawen der Hopfenstangen, Latten und Truchtern", Neuburger Forstord. 1690, f. 18.

---

tráckieren, (Rttm.) plagen, necken, (v. tractieren?).

träckeln (trákln, tréckln), vrb. n., herumziehn, nicht fertig werden mit etwas, fr. trainer, lambiner, faufiler; schott. to traik, engl. to draggle, (cf. Müller, etymol. Wbch. d. engl. Sp. I, 312). Zeitschr. III, 48,26. *Träcklst* 'n ganzn Tàhh ə'so ummər und arbətst kaə~n Handstraə' nicks. verträckeln, verziehen, durch herumziehen verlieren. Vrgl. træg und niederd. trecken (unter trechen), česk. trhati, trahere.

„Trackelstecken, wo die Geländer befestigt sind", (Pf.-Jir.).

'Der Triakes, Triakel, s. unter Tri-.'

trucken (truckə~, O.L. truchə~), 1) wie hchd. trocken, (ahd. truchan, trukan; mhd. trucken. Graff V, 512. BM. III, 119. Zeitschr. IV, 105,27. 225. 308. 450. VI, 65. Vilmar, hess. Idiot. p. 417). In einigen technischen Bedeutungen ist trucken dem flüßigen entgegengesetzt: trucken Guet, truckene War, Handels-Waaren, die in Ballen v. drgl. und nicht als Flüssigkeiten in Fässern verführt werden. „Truckhne Kaufmannswaaren und Güeter auf der Art führen", Ldtg. von 1605, p. 330. „Was von trucken Gut nach Landsperg komt", Lori, Lechrain f. 171, ad 1457. „Pallen, zentnergut, trucken oder annder gut", MB. IX, ad 1503. Der Truckenlader, der trockene Waaren verpackt, auf- und abladet, im Gegensatz des Faßziehers oder Wein-Emerers (zünftige Gewerbe in München). Truckenlader und Salzlader; Feuerord. von 1751. Vrgl. Truhen. Die truckne Mâlzeit, die Speisen, im Gegensatz des Getränkes; L.R. v. 1616, f. 550. Der truckne Gastgeb, Wirth, der das Recht hat, Gäste zu speisen und zu beherbergen, im Gegensatz des bloßen Schenkwirthes. Nach dem L.R. v. 1616, f. 537 sollte „kein truckner Gastgeb auffm Landt, dadurch den Stätt und Märkten auch den rechten Geutaferuen mit Beherbergen der Fuehrleut und andern gemainen Volcks vil Nachthail zugefügt ist, füran gestatt werden." Truckene Schläg, Frevel, in der ä. Rechtssprache, solche Schläge oder körperliche Verletzungen, durch welche kein Blut fließt. O.Pf. L.R. v. 1657: Tit. IV, §. VII. Fink's Nabburg p. 91. Wstr. Btr. VI, 94, ad 1370. Ähnliches bedeutet wol auch das im Augsburger Stadtbuch vorkommende „zu Einem (An- 475
geklagten) richten mit truckner hand." trucken, adv. ohne weiters, ganz und gar, platterdings. êitz is 's *truckə~* gaə', I wıll ni~ks meə' hö'n. Glei' hàlt me' *druckə~*'s Mál, sü~st lêist d· àiné! 'Af Jacobi hàt d· Leərchə~ *druckə~-r-* ágfhört sə'n singə~. Obrm. Mit dieser Bedeutung also, als purus putus, scheint das Wort auch als Adjectiv in folgenden Stellen zu nehmen zu seyn. „Item zwen höf, dient ved truckens geld, (d. h. keine Naturalien), MB. X. p. 165, ad 1433. „Zehen phunt truckner phenning", (Augsb.), Cgm. 574, f. 87. „Es sint auch all pläez (s. Platz) auf trukchem land verboten", (auf dem platten Lande?), Traunsteiner Stdtord. von 1375 in Kohlbr. Materialien v. 1782, p. 61. „Es sint all truckenpläz verboten", (wo Truck gespielt wird? s. den folg. Art.), Münch. Stdtb., Cgm. 22, Art. 341; Cgm. 290, Art. 339; Cgm. 544, Art. 336; Cgm. 546, Art. 337. (Auer, Art. 343: trinken pläz). cf. „Mit trockenen Worten." Die Trückene, Trockenheit. truckenen, trückenen, trückeln (truckə~n, trückə~n, trucknə~, trücknə~), trocknen, sowol trocken werden, als machen; (ahd. truchanan, trukanjan; mhd. trückenen. Graff V, 512. BM. III, 119. Zeitschr. V, 462). Einen von den drei Theilen der Oblate legt der

Meßpriester „an die trüchente (? — 'hieher?') auf die paten"; Cgm. 632, f. 81.

Das Truckspil, eine ältere Art Billard, (wie das im Schloß zu Harmatingen, das in der Bibliothek der Augustiner zu Tauß), ital. il *trucco*, span. juego de *trucos*, *trudiculorum* ludus, franz. *truc*, galet, Beilke, (Diez, Wbch. 360. cf. *trucco di terra*, *trucco a tavola*, Martens, Italien p. 582—583). „De ludo *Trocorum*", Dialogus, Clm. 6008 (XVI. sec., 1518), f. 160. „Non placet his cerea, sed nummus, non stylus imo talorum iactus, non *trocus* imo globus"; Eberard. Bethun. Labirintus II, 294. Leyser p. 839. 'Cf. Ducange: *trocha*, *trochus*.' Holl. trok, Billard, trokken, Billard spielen, trokbal, trekbal, Billardkugel, (cf. trek, Zug, Streich, und niederd., altholl. trekken, ablaut. Vrb., ziehen; s. unter trechen). Cf. Trok statt Tork, Türke, (s. d. W.). Grimm, Wbch. II, 1452: Druckspiel, Drucktafel.

trucken, vrb. n., ziehen, rücken, (besonders vom Kriegsvolk). Zeitschr. IV, 450. „Wann aber die Feind nicht nachtruckten." „Die Teutschen und Italianer haben nachtruckt." „Sie haben weder essen noch trincken und keiner ruw pflegen, sondern dem erlangten Sieg nachtrucken, und die ganze Statt Rom jenseyt der Tyber auch einnemmen wöllen." Hist. der v. Frundsp. abtrucken (à'truckə˜), vrb. n. u. recip., abziehen, sich wegbegeben; sterben. Dèr hàt *si' à''truckt*, hat sich heimlich davon gemacht. Der Abtruck ('A'druk), das Absterben. „3tens hat dem Verstorbenen bey seinem Abtruck nicht der Pfarrer zu Neukirchen, sondern der zu Braunau die die Heil. Sacramenta administriert", Weixer, Dissert. XXI, Pars II. Dés hàt eəm 'ən '*A'druk* (den letzten Stoß) 'gébm. Vrgl. Grimm, Wbch. I, 21.

trucken, opf. trocken, im Reden anstoßen, mit Mühe seine Gedanken aussprechen; ängstlich und allzubedächtlich verfahren und daher wenig vorwärts kommen; karg, filzig seyn. Der Trucker, Mensch, der sich nicht recht auszusprechen im Stande ist, Ludeltrucker; langweiliger, ängstlicher Arbeiter; karger Filz, Nudeltrucker. (Ist dieses trucken etwa zusammengezogen aus dem folgenden itrucken?). Cf. schwed. dröja, zögern. Zeitschr. II, 465. 541,138. III, 48,26. V, 40,85.

itrucken (idruckə˜, e˜druckə˜; ei˜druckng, Baader), wiederkauen. Zeitschr. IV, 173. VI, 15. 331. 'Kuə tuət *i˜truckə˜*. Der Itruck (Itruck, Iədruk, I˜truck, E˜truk, Hi˜truk), das Wiederkauen. „Alle tier die indruckent die yezzernt sich gar vil vnd behelffent sich mit dem indrucken", Cgm. 249, f. 264ᵇ. „Sô nement si ez (daz ezzen) dann her wider und kewent ez dann anderwaid, und daz haizt ydrucken", Konr. v. Megenberg, Pfeiffer 13,31 und öfter (s. Pfeiffer's Glossar p. 640). „Rumen, Nidruck; framen, Eindruck"; Clm. 4394, f. 175. „Indruck des vyhes oder giel", rumen, Voc. v. 1482. „Dannenhero sie den enthymomatischen Inndruck inner im Kopff ruminieren müssen"; Dr. Minderer p. 42. Willeram: itdrukken; gl. a. 18. 678: itrucho; 678: idrucho, rumino; hingegen a. 107: iturucbit, ruminat, und i. 108: itúrúchant, ruminant, was auf den Stamm rucken weiset. s. oben, Sp. 176: it, wieder und Th. III: rucken. Cf. urtructe, sobrii, mm. 81. Vrgl. dän. tygge dröv, wiederkauen: dröv tyggen, das Wiederkauen; schwed. idisla. Graff II, 435. BM. II, I, 782. Haupt's Zeitschr. VIII, 236.

Der Tracks, (Baur) Becomplimentierung mit Trompeten- und Paukenschall, was Tusch, (w. m. s.). „Trompeten und Pauken haben dem heil. Stephan Trar
476 über Trar geblasen und geschlagen", A. Bucher's s. W. IV, 24.

trucksen, (Franken) zögern, zu keinem Entschluß kommen können, hinterhaltisch seyn. Zeitschr. III, 48,26. 134. V, 40,85. Grimm, Wbch. II, 1451: drucksen.

Vilmar, hess. Idiot. 78. Der Truckser, cunctator. (Als truckezen zu trucken?).

Der Trackt. „Seit dem 9. Jahrhundert ungefähr wurden die Gradual-Responsorien noch mehr abgekürzt, ja auf einen Vers beschränkt und, statt der öfteren Wiederholung derselben, bei feierlichen Messen das Alleluja oder der Tractus gesungen"; Wolf, Lais, Sequenzen und Leiche, p. 97 u. 284,112. „*Tractus* est cantus ecclesiastici species", Ducange; (z. B. im Missale Clm. 4548, f. 280. Clm. 16105ᵃ, f. 1). „Hoc differt responsorium, cui Chorus respondet. et tractum, cui nemo"; Amalarius, lib. IV, c. 12. „Hoc est inter alleluia et tractum quod alleluja laetitiam sive laudem domino, tractus uero aliquando tribulationem aliquando laetitiam sonat"; Clm. 16105ᵃ, f. 2. „Tractus tristitiam et laetitiam significantes duorum sunt tantummodo troporum" ꝛc.; Clm. 4654, f. 72. „Tractus d. i. ein gesang mit iamerigen noten den singt man nach dem gradual"; Cgm. 851, f. 107. „So (in der h. Messe) der Trackt gesungen oder gesprochen wirt, so sprich" (folgendes Gebet); Cgm. 833, f. 144. s. Tracht.

(Vrgl. Trat, tret, ꝛc.)

Der und das Getraid ('Traəd, Traə', opf. Tràid; Plur. Tràidər, Traədə'), Frank. das Getraidich, wie hchd. das Getreide. Zeitschr. IV, 553,21. V, 254,49. VI, 134,37. 322,324. Də' guəd *Traed*, schweres Getreide. Ei˜'n *Traəd* gê˜, (o.Isar) in der Woche vor Weihnachten Getreide betteln gehn. „Den Traid", Traunst. St.O. v. 1375. „Allen traid", MB. V, 520. „Heuriger und fertiger Getraid", Kr. Lhdl. IV, 94. „Das der Getraid in hohem Werd gewest und noch ist", L.O. v. 1553, f. 56. s. Th. IV: zerlich, b. Münch. StB. Art. 119. Getraid ist nach Gramm. 908 contrahiert aus dem ältern gitregide, welches gl. a. 682. 684, o. 141. 245 für substantia, supellex und possessio, und bey ältern Autoren für Kost, Lebensmittel überhaupt gesetzt ist. „Possessio, getregd"; ZZ. 796, f. 180ᵃ. Vrgl. sich betragen (sich verköstigen) und füeren (nutrire) neben füeren (vehere). In allgemeinerer Bedeutung und zunächst von tragen gebildet, braucht das Wort der Schweizer Frisius, wenn er sagt: „Pilulae et galbuli et cachryes, das Getreydt oder Zapffen, so etlich böum näbend der Frucht habend, als die Hasel und des Nußbaums Zapffen."

Die Trau'l, Trou'l, ə˜ Treidál, „tappete" Weibsperson, (wol v. Gertraud; ObrM.).

Trédə'n, triədə'n, və'trédə'n, (U.L.) von flüssigen oder beynahe flüssigen Dingen: sie in zusammenhangendern Tropfen fallen lassen. də'trédə'n, durch Tr. verunreinigen. Hàt dé ganz Stubm *də'triədə't*. 'Kuə hàt d' Füəss hint àlln *də'triədə't*. Mir scheint dieß nur eine besondre Aussprache von trœren, dessen ren nach dem œ, wie nach au, in ərn, ə'n und endlich, nach umgekehrter Analogie von Gramm. 442, in də'n ausgewichen ist. Vrgl. auch trielen und trendeln.

Die Trud, Drud. Nach dem Wahne des großen Haufens: eine von jener Art Hexen oder Unholdinnen, deren besondre Liebhaberey es ist, sich schlafenden Personen in allerley furchtbaren Gestalten recht breit und schwer auf die Brust zu setzen und ihnen die ängstliche Empfindung zu verursachen, die man anderswo den Alp oder das Alpdrücken nennt. Dieser an sich gleichgültige Wahn hatte früher das Bedenkliche, daß der gemeine Mann nicht selten bestimmte, besonders ältere Weibspersonen aus seiner Umgebung für Truden zu halten, und als solche anzufeinden beliebte. BM. III, 124. Grimm, Mythol.² 394. 989. 993. Wbch. II, 1453. Zeitschr. III, 191,74. IV, 451. Cf. isl. thrúdr, thrúda, virgo; Grimm I³, 470. Agſ. dry, magus, dryas, malefici, bei Lye. „Gif thær (an dem Feld) hvilt ungedefe thing on gedon bed or

drh odde on lyblace" (durch Bezauberung); Nyerup, symb. 147. Kommt das Wort auch im Niederdeutschen vor? Könnte es ein crud ins Hochd. gekommenes niederd. trûd, traut, seyn? Vrgl. auch gl. Sletstad. (Haupt's Zeitschr. V, 347): „in vetula, in dero varentun trugidi" (zusammengezogen in trud? wie ahd. gitragidi in getreide, Getraide). Gl. i 1033: „mara truta, scitropodes" (σκυθρωπότης), neben dem agſ. „märe, incuba", gl. i. 195. `Diefenb. 124c: chytropus und 293b.' Goth. trudan, treten; česk. trudjm, plagen, quälen; trud, Plage, Quälerey; auch Ansprung, Ausschlag an der Haut, (vrgl. Bilmes, Wildnes). Clm. 903, f. 235 (Andreae presbyteri manu propria): „Phyaltes trut, phallanx turba, wallatio plintegsankch, murio fatuus, fusus priczhsen." Cod. Memm. 2, Vocabularius: „Incubus trutt oder der alp der die frauen reitt." „Si credit se mulierem in nocte premere i. e. *trutam*"; Monac. Francisc. 135, f. 250b, Summa confessorum. „Dicit autor de pulsibus et phs quod ista aggravatio nihil aliud est nisi gravitas sanguinis . . . quod vulgo sermone appellamus dy druckk, sed simplices pervertunt et vocant dy drutt"; Thesaurus pauperum, Cod. Teg. 434, voce Superstitio, 6m genus. „Alfaltes (ephialtes) q. dicitur trûten", Ald. 184, f. 75. Diefenbach p. 205c. „Ist zu mir auch einmal eine gekommen", (sagt ein Pater Capuciner in Bucher's Karfreytagsprocession p. 139), „und hats gwagt und hat sich schon hinauf glegt ghabt auf
477 mich nach aller Schwern. Ich merks aber, rumpl auf, und gleich I. N. R. I., und nach dem Weyhbrunkrüegl tapt. Witsch, ists draus gwesen; ich schrei ihr nach: Komm um ein Glehhet (d. i. um was zu leihen), und mache mein Praeceptum (die Beschwörung) dazu. Brav ists kommen den andern Tag zu der Porten, und hat nur um ein Wasserkrüegl gebethn. Ich hab aber den Portner schon informirt, und der hat ihr hernach s Wasserkrüegl brav um den Kopf herumgeben. Ist ihr recht geschehn dem Fetzn. Was hat sie im Kloster zthun und mich zu drucken? Ist unsre Körzlerinn gewesen, tröſts Gott, wenns ztrösten ist." „Die dem tewfel etwas opfern vnd dem schrätlein oder der trut rote schühel"; Cgm. 632, f. 5b. „Wurd jhm etwa ein hinckend pferd oder thet im ein ku verseihen, so thet ers als die druthen zeihen"; H. Sachs 1560: II, IV, 63a. Sechs Truten, H. Sachs 1560: IV, III, 60 (1612: IV, III, 132); vrgl. Th. II: die Nôn. Das Truden-Ayr, ungewöhnlich kleines Ey, das manchmal von einer Henne gelegt wird. Nach dem Volksglauben kommt es von einer Trud, die das größere dafür weggenommen. Man wirft ein solches Ey über das Hausdach, damit sich die Trud zerfalle. Trudenbeutel, (Nürnb.) der Bovist, lycoperdon bovista L. Der Trudenblüebâum, (Nürnb.) prunus padus L., Elsebeerbaum. Der Trudenfueß, das Trudenkreuz, Figur von zwey in einander verschränkten gleichseitigen Dreyecken, welche, am Fußgestelle der Bettstatt angebracht, die Truden verscheucht und allerley andre geheime Tugenden an sich hat, (Alpkreuz, Alpfuß). „Ez sin auch alle gewihte nuwe gemaht und gezeichent mit eime trutenfuzze"; Wirzb. Sätze von 1343, §. LXV, LXXV. Die Trudennacht, (OPf., Nürnb.) die Nacht vom ersten May, Walpurgisnacht, in welcher die Truden und Hexen auf den Kreuzwegen ꝛc. ihre Kränzchen halten. Das junge Volk auf dem Lande pflegt bey diesem Anlaß auf dem Kuhhorn tutend und mit der Geisel schnalzend die Unholden auszuplaschen. In dem Lied von dem Bauern, der statt des ärztlich verordneten Corianders einen Calender zu Leibe nimmt, heißt es:

„Eitz kumt ǝ' zǝ dǝ' *Trudn-nàhht*,
dêi frisst dǝ' Mà~ suǝ 'nei~:
dâu werd êitz manchǝ bravǝ Frau
in dèn sei~n Màgng sey~.
Dèn, gláb I, is sei~ Goschn gwést,
(das I êitz gràd su sàgh),
wêi dêi sen' gfà'n ei~ und aus,
als wêi ǝ' Tábmschlàgh."

Der Truder, Trudner, Truderer, Unhold männlichen Geschlechts, Hexenmeister. Es scheint eine, vielleicht mit Tacit. Germ. VIII. zusammenhangende, eigene Galanterie darin zu liegen, daß die Primitive Trud und Hex gerade weiblichen Geschlechts, und die männlichen Formen Truder, Hexenmeister erst durch Ableitung daraus entstanden sind. Auch Ulphila gibt δαιμόνιον bey Matthäus immer durch das Feminin. unhulthô. Und so muß selbst der Teufel eine Großmutter haben. Adelung's, freylich besser zu der beliebten Zusammenstellung des Wortes mit den angeblichen Druiden der alten Deutschen passendes, Masc. der Drud, des Druden ist 478
wenigstens mir nicht zu Ohren gekommen. Sechs in der Pfortenmauer der Kirche des Klosters Spainshart befestigte Statuen hält Hartmann Schedel (um 1500) für Druiden. Clm. 716, f. 298.

truden, vrb. n., so hab ich bey Eichstädt von Kindern das Spiel nennen hören, bey dem sich die Streiter zweyer, in einiger Entfernung von einander stehenden Parteyen gegenseitig zu Gefangenen zu machen suchen, indem die Regel gilt, daß sich jeder, welcher in dem zwischen beyden Parteyen befindlichen Raum von einem Gegner berührt wird, der den Standpunkt seiner Partey später, als er jenen der seinigen, verlassen hat, sich diesem ergeben muß, und wo es also darauf ankommt, daß jeder in Gefahr schwebende von einem später auslaufenden von der befreundeten Partey gleichsam entsetzt werde. Cf. trut (= truht?) agmen; Grimm III, 473. ?truchten, in Schaaren laufen? s. Trechtin. česk. trud, Strapaze; truditi, plagen, strapazieren. Goth. thrôthjan, γυμνάζειν (vrgl. isl. ithrott, throttr, schwed. idrott) würde druǝden geben.

trudeln, sich viel zu schaffen machen, nicht vorwärts kommen; viel schwätzen; (Baader). Zeitschr. VI, 46.

---

trâuffen (tráffǝ), traufen, träufeln, tröpfeln; ahd. troufjan, mhd. troufen; Graff V, 530. BM. III, 102. gl. i. 8. 470: troufon, destillare. s. unten trieffen). ǝn *Ei~ tráffts* oder ǝ~ *Tráff*-Suppm, Trauf-Suppe. ǝ~ *Tráf*-Rétzl, eingetaufter Schmarren, (Baur). ǝ~ *Tráff*-Wei~, Wein, der aus dem Hahne in das untergesetzte Geschirr abträuft und den man in Städten zum Kochen besonders kauft. *Tráf*-Unsled, *Tráf*-Wachs, (gl. i. 538: troufuuahs). Die, das Tráf, die Traufe; BM. III, 102. R. A. Einen unters *Tráf* stellen, ihn in schlimme Händel bringen. Jäger-Sp.: unter'n *Tráf*, zwischen Holz und Feld. „Daz träf, daz ab seinem stadel vellet, dasselb träf und tropfstal", MB. XIX, 66, ad 1394. „Träff, stillae, stillicidium, Prompt. v. 1618. Gl. a. 509. 550: trouf, compluvium. getræufft ('tráfft), adj., (Otgr.) blödsinnig. Er is *'tráfft*, er ist ein Tölpel, Tropf.

treffant, hebräisch treffa (υ –; 'trèhfe, auch treife, unrein, verboten; unsicher, verdächtig; unredlich erworben, gestohlen. Thiele, d. jüd. Gauner, p. 317. v. Train, Chochemer Loschen, p. 235. Anton, Wörterbuch der Gauner- und Diebsspr. p. 66)', nicht nach vorgeschriebener Form geschlachtet, eigentlich: zerrissen. Nach Gemeiner's Chron. II, 182. 235 werden a°. 1376 zu Regensburg die Metzger gestraft, „die pfinnige Farche, eine Sau mit Tutten und einen trefanten Ochsen" zu schlagen und willens gewesen . . . „Das treffant Fleisch" (der Juden), sagt eine Regensb. Verord. ibid., „soll hie deßhalb der Spang ligen auf der Bruck." Und eine Münchner Verord. v. 1426 (Wstr. Btr. VI, 153) bestimmt: „Es sullen di Juden ir besunder Fleischpenk haben und ir besundern Fleischhacker, und waz treffant wirt, daz sul man vail habn under ir Fleischpank und anderhalb nit." Cf. Trifantes. „Fleisch der juden, es wäre trieffend oder nit", Cgm. 544, f. 45b. Jeder Jude der treffgefallenes Fleisch genießt, verfällt (in Galizien) in eine Strafe von einem Gulden C. M. für das Pfund. Allg. Ztg. 1846, Beil. S. 730. s. koscher.

treffen, (I tráff, hab troffe˜), 1) wie hchd. (Graff V, 525. BM. III, 90. Cf. ahd. drefan, tendere; Otfr. I, 14,16: ni dráfun tharasun, non contendebant eo ire. Grimm IV, 136. cf. ahd. ni — drof, non adeo, und goth. thrafstjan. s. triefen). 2) (Nptsch.) figür. bestechen; (s. Triff). 'Das Treffen, Zusammentreffen, entscheidender Schlag; BM. III, 91: der und daz tref. „Der . . . romisch kunig Maximilian rit zu Mörenburg auf die ban (1491, Weihnachten). das erst treffen theten her schenck Christoph von Lauenburg (?) und der romisch kunig Maximilian . . . das ander rennen theten N. N. . . . das erst gestech . . . das ander (dritt rc.) treffen . . . im gestech . . .“; Cod. iconogr. 398, f. 19. 20. 31. 32—36. „Ich wæne daz dich daz rechte treffen rüere“; Labr. 285. trefflich, treffenlich, treffentlich, adj. und adv., (ä. Sp.) geeignet, entsprechend, conveniens, geziemend, ziemlich, bedeutend, vorzüg-
479 lich, (treffend, triftig). „So wollen Wir euch unsre treffliche Antwort in Schrift wissen lassen“, Kr. Lhdl. IV, 62. cf. III, 148. „Die weil der heil. Vater der Pabst jedem insonderheit treffentlich geschrieben hat“, ibid. VIII, 376. „Dean S. Gnaden sey von den Landleuten trefflich darum ersucht“, ibid. IX, 433. „Wan Wir von Stund an unsre ehrbare und treffliche Botschaft zu euch thun“, ibid. IV, 65. „Und auf Dionisi soll die Gesellschaft wieder treflich hier zusammenkommen“, ibid. VI, 100. cf. III, 126. „Damit noch treflichen die Sachen vor Hand würden genommen“, ibid. III, 127. „So möchten wir trefflich aus den Sachen reden“, ibid. IV, 45. cf. III, 238. 274. „Zween oder drey eurer Räthe treflichen“, III, 116. „Von der Ritterschaft und von den Städten treflichen“, III, 128. „Und schickten unsre Räthe treffentlich . .“ „Unsre völlige und treffliche Landschaft . .“ „Eure treffliche Räthe“, III, 181. „Daß die Städte zween treffliche ihres Raths mit vollem Gewalt schicken“, VI, 48. „Uns mit Trefflichen vor Rath vereint“, VIII, 510. „Durch etliche die Trefflichsten unsrer Landleute“, V, 131. „In etlicher der Trefflichsten Pfarrleute Beywesen“, VIII, 530. „Bey jedem trefflichen Dorf sollen Obleute und Hauptleute gesetzt werden“, XVII, 147. „Wo die Führer nicht vorhanden, die andern Trefflichsten in Dörfern“, XVII, 145. „Gereisig und Fußvolk in trefflicher Anzahl“, XV, 49. „. . Uns merkliche Warnung zugekommen, wie treffliche Sammlungen in der Nähe unsers Fürstenthums empor seyen, in Meynung Uns zu beschädigen“, XIII, 154. „Treffliche und tapfere Summe“, XVI, 243. „So wissen wir auch ein solches treffliches Geld so eilend nicht aufzubringen“, VIII, 426. „Die alten Teutschen haben nichts treffenlichs angehebt, dann wann der Man neuw oder voll ist worden“, Avent. Chr. antreffen (à˜-tréffə˜), 1) wie hchd. 2) betreffen. əs trifft di' à˜. „Sprüche, die unsern Bundbrief antreffend sind“, Kr. Lhdl. IV, 79. auftreffen, zutreffen, sich ereignen, der Fall seyn. əs *trifft* oft *au'*, dás I nét dəhaəm bi˜, Baur. fürtreffen Einem, vorzüglicher seyn als derselbe, praepollere, praestare; Prompt. v. 1618. „Hirschen, Beern, Lux, Wolff, Wildkatzen oder andere Thier, so andern Thieren etwas fürtreffen, . . .“ Gejaidtsord. v. 1616. BM. III, 91: vertreffen, übertreffen. „Der vertriffet alle wurzen“; Diut. II, 146. fürtrefflich, vorzüglich, beträchtlich. „Die meisten und fürtrefflichsten Grundherrn“, L.R. v. 1616: Tit. 25, Art. 5. „Fürtreffliche Thier, als große Hirschen, Bern, Lux, Wolf, wilde Katzen“, Gejaidsord. v. 1616, Art. 8. „Ein fürtrefflicher und hochwichtiger Weinaufschlag“, Lbtg. v. 1542. übertrefflich. „Daß die Summe übertrefflich groß und schwer ist“, Kr. Lhl. VIII, 422.

Der Triff, entscheidender Streich, Schlag, Treff; mhd. der und daz tref; BM. III, 91. Zeitschr. IV, 448. Der hát ə˜n *Trif* 'kriəgt, dás ə's Aufste˜ və'géssn
480 hàt. Dèr hàt sei˜n *Trif.* (Cf. isländ. drepa, percutere, tödten). Der Trifauf, (Baur) das Ohngefähr. s. auftreffen.

trifeln, 1) drehen, (cf. dän. trevl, Faser, Fiber, ausgezupfter Zwirn oder Draht; trefle, fasern, auszupfen. Firmenich I, 306: riveln; Wangerog: ûtrivel, Charpie zupfen. česk. třepim, Gewobenes auftrennen. Zeitschr. III, 343); bey Adelung: driefeln (Grimm, Wbch. I, 634: aufdrieseln, 635: aufdröseln, 766: auftröseln. „Deine Briefe . . ., die ich wie eine bunt gewirkte Schnur auftrößle, um den schönen Reichthum, den sie enthalten, zu ordnen“; Göthe an Bettina, 7. Juli 1808. Zeitschr. III, 283,106). Einen Strick, ein Sail ab-, auf-, zertrifeln, durch Umdrehen auflösen. „Alt Hadern, zertriflete Saill rc.“; Fwrbch. von 1591. Frag: Was ist des Menschen Trau und Glaub? Echo: Laub; Laub, so durch des Windes Schall und Hall, hin und her getrieffelt wird“, Abele, seltſ. Grchtsh. auftrifeln etwas, (fig.) es durch Nachspüren, durch Wenden, Betrachten nach allen Seiten auffinden. Fig. „In dieser gemeinen öfters getrillten und getriefelten Materi“, Abele, a. a. O. „Er gibts Trifeln nicht nach, bis er etwas zum Zanken findet.“ „Er trifelt immer wieder Dinge auf, die schon längst und besser vergessen sind, der Trifler, der!“ Th. Mjr. „Es wurd ee aufgetriffelt“, Cgm. 714, f. 240. „Vil geltsäck hab ich mit den zänen aufgetrifelt“; H. Sachs 1612: I, 1075. Cf. Grimm, Wbch. I, 764: auftrifeln und auftrifen. 'antrifeln, andrehen, anspinnen; vrgl. Grimm, Wbch. I, 316. 506.' „Es wird sich noch antrifeln ein hader bei dem trutz und tratz“; H. Sachs I, 1066. „Er triefelt wegen einer Kleinigkeit einen kostbaren Proceß an“, Ertel, prax. aur. I, 311. 448. 2) geifernd reden, stottern, ausplaudern, (engl. to drivel; niedersächs. driven, plaudern; „drijven, ausplaudern“, Kilian).

treə˜f·ln, unverständlich sprechen; zögern; (Baader). antrefeln, großsprechen, (Zir.).

„Trifantes, elogium, textum malorum gestorum, quam notoriam dicunt“; Prompt. v. 1618. Vrgl. oben treffant. „Kumbt einsmals der kaiser her, ich hoff es werden ander mer (mær), dann wirt mans trofantes lesen jr seid auch im spil gewesen, jr freia“; Lied gegen die Wucherer und Lutherischen, Cbm. 1585, f. 322, (s. unter freij). 'troffieren, truffieren; cf. ital. truffare, einen zum Besten haben; Diez, Wbch. 360. „Wer no kan zwitzern wider zwitziern, velschlichen trufiren vnd partieren vnd mit zwein zungen sneiden kan, den heizzet man einen weisen man“; Renner 21684. „Do si erkant der troffieren, die den zarten frawen hoffieren“; Cgm. 270, f. 164; cf. Cgm. 713, f. 94. „Nunquam in hospitio te *truffis* debes dare, sed opera scolastica debes pertractare. Wen du kumpst auß der schûl hinhaim, so soltu mit trofiern nit umb gaun“; Clm. 4409, f. 27b.

trieffen, (Frank., opf.) wie hchd.; (a. Sp. triufan, stillare; sollte Otfrid's ni drof (nicht sehr, gar nicht, nicht im mindesten; Graff V, 527. 529. Grimm III, 730) weniger eine Ableitung von triufan, als von seinem drefan seyn? s. treffen und vrgl. trefflich. Der Trief, Dachtrief, (wirzb. Stadtbaurecht v. 1774), die Traufe. s. träuffen und Tropf.

„Träffs, cisania“, (zizania, Trespe?), Voc. v. 1429. BM. III, 85. Diefenbach 635c.

Die Trift, Holztrift, das Fort-treibèn, Schwemmen oder Flößen des im Gebirg geschlagenen Holzes auf Bächen und Flüssen, (westpreuß. die Traft, Holzfloß; poln. trafta oder tratwa); s. treiben, Holz triften, (Zir.). Zeitschr. IV, 449. Eine solche Trift hat z. B. statt auf der Saale bis Reichenhall und auf der Traun bis Traunstein, auf der Isar bis München, auf der Ammer bis Dachau. Die Isar-Trift geht jedes Jahr im Frühling vor sich, und während der letzten Zeit ihrer Dauer ist das Fahren mit Flößen eingestellt. Die daherschwimmenden Blöcke (Prügel) werden in München mit-

tels des sogenannten Holzrechens oder Abrechers aus dem Hauptstrom in einen Nebencanal und so in den sogenannten Holzgarten geleitet. Ueber dieses Geschäft ist ein eigenes königliches Triftamt gesetzt. Zum Triften (Fortschwemmen und Fortstoßen) der Blöcke werden unter Aufsicht des Triftmaisters oder Triftcommissärs von Station zu Station besondre Triftarbeiter, Triftknechte, Trifter angestellt, die bey den Salinentriften förmlich in Scharen eingetheilt sind. cf. Risen, Klausen und s. Flurl, Beschr. d. G. p. 45. Das Holztriften ist auch eine Unterhaltung der Gebirgsbursche, bey welcher einige die Klötze vorstellen
481 und durch eine lange Reihe fest ineinander geschlungener Hände von Paar zu Paar fort geschwungen werden; (Jir.). Triftschwand, Trift-Calo, Abgang, Verlust, der sich beym Flößen des Holzes ergibt; (Jir.). Triftschicht; Triftangeschäft, (Pf.-Jir.)

trüftern, hin und her werfen, z. B. Butter in der Hand oder in einer Mulde, um sie zu ründen und zu formen. triftern, z. B. den Haber in der Schwinge. Die Nudeln in der Rei˜n *auftriftern*, aufschudln, daß sie locker werden; ObrM. Fig. „Die Sach ward so lang unter jnen getriffert, bis sie endlich einhellig beschlossen, . ." Abele, s. Grchtsh. „Man schreits aus, man schreibts aus (was man nemlich am Nebenmenschen als Mangel aufgefunden hat), man lifftertś, man trifftertś . . ." P. Abraham. Gl. i. 234: excuteret (atque purgaret frumenta) truphtreti; mhd. trüfteln, Pfeiffer's Glossar zu Konr. v. Megenberg p. 739. cf. dän. dröfte und sieh tristern.

---

tragen, (I tràg, du trâgst, er trâgt; ob.Isar I tràg, du trä'st, trá'st, er trä't, trát) und die Composita, im Allgemeinen wie hchd., (ahd. tragan, mhd. tragen; goth. u. agſ. dragan, ziehen, trahere; engl. to drag und to draw. Wäre die Bedeutung ziehen in die des Tragens übergegangen? Graff V, 492. BM. III, 67. Grimm II, 11. IV, 604. Zeitschr. IV, 447). Als mehr dem Dialekt oder der ä. Sp. angehörige Formen und Bedeutungen folgende: Die Trag, der Tragsack, (Nptsch.) bey Hausthieren: die Gebärmutter, der Uterus, (zu tragen, hôch tragen, schwanger, hoch schwanger seyn, zunächst von Thieren). Die Tragen (Trägng), die Trage. ə˜ Truhhə˜-*trägng*, s. Truhen; ə˜ *Rädlträgng*, (U.) Schubkarren. Die Traget, (Eichstdt., Ansp.) so viel auf einmal getragen werden kann, Bürde; ansp. Verord. v. 1697. 1764. ə˜ *Träget* Gräs. Zeitschr. III, 135. IV, 447. VI, 162. An diese Form reiht sich zunächst die Tracht, w. m. s. Der Trager, Trägler, der die geringen Waaren, mit denen er handelt vom Land auf den Markt, oder von einem Land ins andre, oder von Haus zu Hause zu tragen pflegt, wie z. B. die Aərtrâglə, die ehmaligen Hausierer mit geistlichen Büchlein, die Händler mit welschen Früchten, (Fruchttrager, Fruchttrâglə). Der Sacktrager, Weintrager, ehmals in den Städten, z. B. in Jngolstadt, Augsburg, zünftige Lastträger und zugleich Stadtwächter. „Losa! Heinrich! (der was sîn seltragære) sag mînem kelnære daz er daz vleisch salze und des weizes malze, daz ich dâheime finde bier"; S. Helbling I, 806. 's. Th. III: Selknecht.' Der Trager, getreuer Trager, Treustrager, Trager in treues Hand, (Allgäu u. ä. Sp.) der Curator, Gewährleister, Vertreter. BM. III, 76. MB. XVIII, 40 erklärt sich Herzog Rudolf als Trager und Schermär eines Hofes, den die Closterfrauen am Anger in seine Hant gekauft haben. „Mein Chirchen ze Perchtingen, diu mein rechtes lehen ist gewesen von dem vesten Ritter Herrn Heinrichen dem Perchtinger, und der erwerg Priester Herr Chunrat v. H. mein Trager ist gewesen, dem ich si in Triues Hant als einem getreuen Trager enpfolhen han", Rchtb. Ms. v. 1453, cap. XVI, f. XXXI. MB. X, 132. 133, ad 1362. „Wir Ludweich . . . verjehen . . ., daz N. N. den Hof zu N. vor uns aufgaben dem Closter Furstenvelt zu München, und wann si unser seint von dem Leibe, gaben si uns dem Closter ze Trager desselben Hofes, des wir auch Trager sein 482
und wesen wellen in aller Weis als Tragers Recht ist", MB. IX, 154, ad 1325. „Lienhard Harasser ist der sundersiechen trager", Cgm. 154, f. 11. „N. N. N. als Trager und Gerhabere (der Kinder des N. N.), MB. XVII, 453, ad 1512. „N. in hac parte gerulus quod vulgariter Tragær dicitur", Ried 737. „Vormunder, Gerhaber u. Trager", L.R. v. 1616, f. 383. cf. MB. XVIII, 33. Wstr. Btr. II, 94. Der Mittrager, Mitvormund. Die Trag, die Tragney, (Allgäu) Vormundschaft. Kemptensche Tragney-Ordnung von 1799. Tragney-Gelder, Pupillengelder. Tragney-Rechnung. Die Trags-Pflicht. Der Trag- oder Tragney-Befohlene, das Trag-Kind, der Trag-Sohn, die Trag-Tochter. s. Treu. Vrgl. Cgm. 713, f. 27. 129: „Ein rat vnd ein gemein, wann die alle gleich tragen überein." 'Vrgl. überein tragen.'

Einen tragen, übertragen, (ä. Sp.) deferieren, denuncieren. „Dieweil wir vom Rath als die Regenten der Stadt Regensburg in die Kön. Mjstt. getragen sind, als solten wir durch unsre Regiment Schaden und Verderben bringen . . ." „Jn Unwarheit übertragen werden", Gem. Reg. Chr. IV, 21. 230. s. unten: austragen und vertragen.

abtragen, 1) wie hchd.; in specie: aus dem Neste nehmen. Iətz légng d· Hennə˜ bráv, hà˜ heu˜t scho˜ zéhhə˜-r-Aər *à'trägng*. Jungé Vég·l *à'trägng*. 2) wird besonders von Personen gesagt, die aus dem Hause, dem sie dienen, heimlich allerley kleine Eß- und andere Bedürfnisse wegtragen. Grimm, Wbch. I, 141. Dirnen, die eigene Kinder haben, tragen gern ab. „Ungerecht Gut, soll denen, so es abtragen worden, wieder zugestellt werden", Selhamer. „Der abtregt ainer gmayn", qui reipublicae furatur", Avent. Gramm. Der Abtrag. 1) Entwendung obiger Art; Schaden, lucrum cessans überhaupt. Grimm, Wbch. I, 140. „Auf der Mühl soll aller Abtrag vermieden und deswegen, so viel möglich ungeheuratte Knecht gehalten werden", Mühlordnung, Ms. Ein Wirthshaus thut dem andern Abtrag. 2) Abtragung einer Schuld, Schadloshaltung, Entschädigung. „Abtrag, Vergütung"; Jir. Der ehmalige oberpfälzische Landsäßenabtrag war (nach Obernberg's Freyheiten des o.pf. landsässisch. Adels p. 94) „ein gewisser Recompens, 10 Procent vom Werth der erkauften adelichen Güter, für die von der Landesherrschafft erhaltene Landsässerey und derselben Freyheit, geleistet von ungefreyten Besitzern gewesener Landsäßengüter."

antragen, a) wie hchd. b) das geschnittene Getreide auf die Strohbänder zusammentragen, um es in Garben zu binden, Abschneiden, binden und antragen", Welsch, Reichertshofen, p. 195. s. an (auf). „Die vil span trueg ye lützel an, nudam se curet hæc quæ mulier net"; Fris. 515, f. 1. Windb. 204, f. 170. D· Sach, 'sGwand, 's Geldl *o˜trägng* (sparen, schonen).

auftragen, a) wie hchd. b) die unter den Namen Kirchtracht (s. d. W.) üblichen Opfergaben reichen, auf (den Altar) tragen. Ei˜ dén Darff müəss·nt 'Bauə'n 's Jär viərmàl *au'trägng*; Baur. c) älterer Turnierterminus. „N. hat auf dem Thurnier zu Zürich auftragen mit N. N." „Aufftrug man die Helm 483
allzumal am Montag in ein weiten Saal, samt ihren Cleinoten voran. Theten die acht und zwanzig Person ordentlich und fleißig besichtigen, die Mißhandler thet man vernichtigen", H. Sachs, Thurniers Historia. Der Aufträger, (Gem. Reg. Chr. p. 463. 508) Aufwärter in einem Wirthshaus, Kellner.

außtragen, 1) wie hchd. 2) entscheiden, (z. B. MB. II, 19). Grimm, Wbch. I, 1001,4. „Die Sach mit Waffen austragen", Duther's salzb. Chr. 99. Daher der Austrag, die Entscheidung. „Nach Austrag der Sachen." austräglich, austragentlich, entscheidend. „Als dann möchte austräglicher von Hinlegung der

Sachen gehandelt werden", Kr. Lhdl. XIV, 516. „Aber Uns ist auf dießmal kein endlich noch austragentliche Antwort darum von ihnen geworden"; a. a. O. I, 153. „Daß euch unsre Hilfe ohne der Landschaft Beystehung nicht austräglich wäre"; a. a. O. IV, 80. R. A. Dés *tragt si'* ə'so *aus*, oder: dés *tragt si'* von eəm səl' *aus* — oder (mit einer scherzhaften Anspielung auf die gewöhnliche Bedeutung des Wortes tragen) dés *tragt si'* am Buckl *aus*, das versteht sich von selbst. Vrgl. den latinisierten Ausdruck Austregal=Instanz. 3) sich ein Ding austragen, vrb. act., es sich ausbedingen. Dás d' fei˜ morgng kimst, dés *tràg* ə mə' bsundə's *aus*. Es wird insonderheit von der Verhandlung gebraucht, durch welche sich betagte Landleute, wenn sie ihre Wirthschaft einem Kinde oder einem Fremden übergeben, für den Rest ihres Lebens gewisse Nutznießungen, als Wohnung, Kost, Kleidung und drgl., ausbedingen. Der Austrag, obige Verhandlung sowohl, als die ausbedungenen Nutznießungen, und der Zustand solcher Leute, denen sie zukommen. (Im Ries figürlich: Ich mag kainen Austrag mit dir haben, mag nichts mit dir zu thun haben). An, auf, in dem Austrag seyn. Der Austrägler, die Austräglerin, Leute, die auf solche Weise ihre Wirthschaft an Andre übergeben haben. Das Austrag=Häusl, Austrag=Stübl, Nebenhäuschen oder Stube, so zur Wohnung ausbedungen. 4) austragen die Leute, sich über Andrer Leute Fehler und persönliche Angelegenheiten mit Schadenfreude unterhalten, medisieren. Vrgl. Grimm, Wbch. I, 1001,2. s. oben tragen. 5) ausmachen, so und so viel betragen, Ertrag abwerfen. „Der Unterschid tragt kainen Gulden aus." Grimm, Wbch. I, 1001,5.

„Und s Deənl is weit wégk, und wer schaugt mə' denn drau',
und kaə˜n extə'nə˜ Hüətə'buəbm dèn *tragts* mə' nit *aus*."

6) „Es soll kein Richter keinen Burger um einerley Schuld
oder Handlung zusperren oder austragen (auspfänden?),
sondern soll jm darin vorbieten vor Recht." „Der Schult=
484 heiß soll den Bann austragen (?) auf seine eigne Ko=
sten", Gem. Reg. Chr. II, 112. 188.

betragen, 1) wie hchd. 2) sich oder Einen eines Dings betragen, (ä. Sp.) sich oder ihn damit beköstigen; sich damit behelfen, begnügen. Grimm, Wbch. I, 1708. BM. III, 77. Der arme Edelmann nimmt eines reichen Bauers Tochter „er betreit sich dester baz"; S. Helbling VIII, 375. „Sich mag ein waidman kaum allain betragen"; Valkn. 169. „Siu traget sich mit diu si mach"; Diut. III, 36. „Die erde můst tu ezzen al din leben můzest tu dich so tragen"; das. 52. „Des chrutes můst du dich tragen"; das. 54. Ortnit, hg. v. Ettmüller p. 104,16,4 und p. 111. „Man tragt in solcher Menge auf, daß auch der Türke Scanderbeg, welcher alle Tag einen ganzen gebrattenen Hammel verzehrt, mit einer Schüßl sich konnt betragen", P. Abraham. „Der Geldanlage für die Nachtselde sollten sich unsere gnädige Herren betragen, und ihre Jäger und Hunde selbst ausrichten." „Uns selbst fürsehen, verkosten, ausrichten und betragen"; Kr. Lhdl. V, 307. 328. „Man litte kein Hurerey nicht, mußt sich ein jeder eines Weibs betragen." Av. Chr. „Triplik: der Klager betrage sich ein für alle mal der klaren vom Beklagten selbsten bekänntlichen Verbindniß", Abele, seltſ. Ger. H. I, 177. Die Betragnuß, Verköstigung. „Narung und Betragnuß haben"; Augsb. Stdtb. Hieher gehört vermuthlich das, als blos umendendes Verb von dragan verschiedene: sih gidragon bey Otfr. IV, 12,50. Vrgl. auch Getraid (ahd. getragidi, mhd. getregede, getreide; Graff V, 501. BM. III, 77. s. oben Sp. 648). „Abe gescozze und ab iagede nam er (Ismael) sin getragede"; Diut. III, 66. 3) sieh betrâgen unter træg.

eintragen, vrb. act., 1) wie hchd. 2) ä. Sp., Eintrag thun, beeinträchtigen. „Und mein vatter het das gutt darnach wol bei xxx jaren inn, das im nyemant nichtz dareintragen mocht", MB. XII, 253, ad 1448.

fürtragen, a) wie hchd. vortragen. b) für die Zukunft herbeyschaffen. Du hàst də scho˜ bráv *für 'tràgng*. cf. fürträchtig. c) Einen fürtragen, ä. Sp., ihm nützen, helfen, dienlich seyn. „Spricht yemand, er hab von ainer herrschaft Erbrecht oder Leybgeding auf einem gut, und die mit nütz und gwer besessen, das sol Ine nit fürtragen, er hab dan brief darumb", Ref. L.Rcht. v. 1583: Tit. 34, Art. 8. „Dawider sie nit schützen und schirmen oder fürtragen soll eynig tröstung, sicherheit, freyheit oder gleidt", L.Rcht. v. 1553, f. 11. „Wann sie dem Grundherrn einen Anfall oder andere Verehrung gegeben hätten, welches sie zur Behauptung einer Gerechtigkeit nichts fürtragen kann", L.Rcht. von 1616: Tit. 21, Art. 13. „Seynd unehliche Kinder gleichwohl legitimirt, so tragt sie doch die Legitimation in Erbschaften nicht vor", ibid. Tit. 39, Art. 3. „Ez treit dich nit vil für", Br. Berhtolt 45 (Pfeiffer 149,11). „Es bringt dir keinen Vortrag"; Bennoleben v. 1697, p. 13. fürträglich, vorträglich, nützlich, behilflich, dienlich.

hintragen, fort=, wegtragen; (Rupr. v. Freys. Rchtbch. Wstr. Btr. VII, p. 172. 173. 234) entführen, vertragen, entwenden: „Ist daz ein Her seinen chnecht sendet nach gut, daz wirt im geantwortt, er trætt es hin, und pringt es dem hern nicht, aftmalen erwischet in der her, und væcht in vm daz gut, daz er im entragen (enpfürt) hat, so . . ." „Detz recht habent alle, di also ungetrewlich gut hintragent, daz man jn antwortt." „Des tragent sie ir diener hin", damit, mit Anderer Gut, verköstigen sie ihre Diener; S. Helbling II, 109.

hôchtragen (houchtràgng), adj., (Nptsch.) hoch=
müthig, stolz, schwed. högdragen. „Diesen hochtrag= 485
nen und blitzhoffärtigen Spaniol", Selhamer.

übertragen, a) wie hchd. b) (Wrdfls., technisch) heimlich als Contrebande über die Grenze tragen, bringen. Der Übertrager, Contrebandier. c) Einen übertragen, ihn unterstützen, ihm helfen. „Das die kinder irew eltern solten übertragen (sustentare) und helfen"; Cgm. 543; f. 1. Cf. „Vater und muter in dem alter nern"; Cgm. 1141, f. 203. d) Einen eines Dings übertragen, ihn dessen überheben, damit verschonen; Gem. Reg. Chron. ad 1319. BM. III, 74,c. „Die weisen sol man fragen, die närrischen ybertragen"; Ald. 345. s. vertragen. übertragen, adj., (von Kleidern) nicht mehr neu, schon öfter getragen; (fig. von Menschen) nicht mehr jung, ohne eigentlich bejahrt zu seyn. ən *übə'tràgngs* Mensch. Tuət kám ə˜ guəd dé Heirət: èr is scho˜ *übə'tràgng*, und si is no˜ so jung. Cf. „getragena gutenna, deae grandaevae"; Notk. Capella 49. „Vbertrag haben, communicare; convenire. Vbertrag, conventio"; Voc. Melber.

'überein tragen, ä. Sp., übereinstimmen, eines Sinnes sein, (entgegen: enzwei tragen); BM. III, 68ª. Davon: Aintracht, s. oben. „Wen s· alle tragend überain, so ist alles ir leben rain, wen aber die swestern den streit hend und wenig umb die můter gend und nit tragend über ain, so ist alles ir tůn clain vor dem almechtigen got"; des Teufels Segi, Barack p. 187,5901.

vertragen, 1) wie hchd. 2) Einem etwas, es ihm hingehen lassen, vergeben, verzeihen. Reime v. 1562. Prompt. v. 1618. „Wir wîp bedurfen alle tag, daz man uns tumbe rede vertrage", Iwein 7680. „Daz sterker schol dem kränkern vertragen"; Konr. v. Megenberg, Pfeiffer 126,12. Waz der leo gevangner vindet, den vertregt er auch"; das. 143,20. „Der falk vertregt klain den andern vogeln"; das. 188,9. „Ain iegleich raubent vogel vertregt seinem geslâht"; das. 208,6. BM. III, 75,d. „Wiltu denne der stat niht fertragen durh der fiumfzech willen"; Griesh. Pred. II, 40. Daher zunächst: verträglich, indulgens. 3) vertragen Einen, ihn in (übeln) Ruf bringen; Prompt. v. 1618. s. oben tragen und austragen. 4) Einen einer Sache vertragen, (ä. Sp.) ihn derselben überheben, entübrigen, mit derselben verschonen. „Ob Ihr uns Forderung von unsers Vettern Guts wegen nicht vertragen wolltet", Kr. Lhdl. I, 180. „Item von des Zolls wegen sind wir gefreyet, des ledig und vertragen zu seyn", a. a. O. II, 185. . . „Man wäre Krieges in den Sachen wohl vertragen gewest", a. a. O. III, 69. „Item so nehmen die Rentmeister und Landschreiber in ihrem Umreiten viel Volkes mit ihnen, dessen sie wohl vertragen wären", a. a. O. XIII, 14. „Das die (der?) Scharwerch von Uns, und unsern Pflegern vertragen sein sollen", MB. X, 558. „Das si der Stift und Gult vertragen sein solten", MB. XII, 258, ad 1464. „Wes du wilt vertragen sein von den menschen, des solt du sy auch vertragen, und was du wilt das man dir tue, das solt du auch tun"; Cgm. 4597, f. 78ᵇ. s. übertragen. 5) sich vertragen, (Baur, v. Fürer) einen Vertrag errichten. Heu˜t sán's scho˜ zo˜'n Gricht gangə˜, dás sə si' və'tràgng tèən'. „Ob die Sach vertragen sey oder nit: ist die vertragen, so darff es weitter khains vertrags mehr, als wären baid Fürsten noch unvertragen", Ldtg. v. 1514, p. 384. 393.

'zertragen, auseinander tragen; BM. III, 75.' „Der die nôt zertrüege (dissiparet?), die wir in dem lande begên"; S. Helbl. XV, 582. sich zertragen (si' ztràgng), in Zwist gerathen, einander feind werden. BM. III, 75. I ha˜ mi' mit mei˜n Bruədə'n *ztràgng*. Dé zwaə hàbm si mitenandə' *ztràgng*. „Die Schwäger zertrugen sich miteinander", Avent. Chr. f. 248. „Die lewt hetzen, daz sie sich zw tragen mit einander oder morden"; Fürstenf. 138, f. 120. „Welche (swester) sich mit der andern zutrug oder frevelîche oder scheltwort redte", Eichstett. Nonnen-Instruction v. 1453, Fris. 287, f. 25.

'zemmetragen, zusammentragen, vereinigen.' Zementragerin, Kupplerin; Ring 12,19 (p. 46). 17ᵇ,9 (p. 69).

'Der Tragmunt, ä. Sp., eine Art langer und schneller Schiffe; BM. III, 80—81.' Grimm III, 437: isl. drômundr, griech. δρόμων.

Der Trágátsch (-◡) (Werdenfels), Gestell-Schubkarren. Cf. česky: trakař, vehiculum trusatile, Schubkarren. Ital. trachine; „Hat man auf etlichen Wägen und Trageschn Tapetzerey, Bethumbhheng ꝛc. heraus geordnet"; ital. Reise v. 1565, Freyb. Samml. IV, 305.

træg, adj., wie hchd. träge, doch minder volksüblich als faul; (ahd. trâgi, mhd. træge. Graff V, 502. BM. III, 79. Zeitschr. V, 171,168). Subst. diu træge: „durch keinerleie træge lâz ichz nimmer"; Labr. 638. beträgen. Mich beträget eines Dings, ä. Sp., ich bin zu träg dazu, piget, taedet me ejus; (BM. III, 80. Grimm IV, 232). „Ich dâcht, mich sol des nicht betrâgen"; Labr. 181. „Daz dich der (frâge) icht betrâge"; das. 235. „Mit andern chinden spilen des en beträgt in (Jesum) nie"; Kindh. Jesu, Hahn 98,53. „Do begonde in der werlte betrâgen deme himelrîche sêre lâgen"; Cgm. 94, f. 64ᵇ. „. . . pis in dy stat zu Brauge (Prag) der rais in nit betrauge", Mich. Beham, Wiener 146,30. „Was ich dir freud mit eren mag gefüegen, des wil mich („ich") nit betrâgen", Valkn. 175. „So beträget den, daz er ein pater noster spreche, so beträget sumelîchen ze kirchen ze gende ꝛc." Br. Berhtolt 194½ (Pfeiffer 102,7-11). „Anders muoste sie beviln und betrâgen mîner ûzverte, (meine Wegreise möchte
486 ihr sonst Langeweile verursachen), Wernher's Maria 96. „Lat euch nicht beträgen", Horneck. Gl. a. 489: artraket, taedet; i. 929: nolas dih trâgees, non te trices. Vrgl. träckeln.

Der Tregel, (Anspach) Collekte, zu welcher die Schullehrer (und Geistlichen) zu gewissen Zeiten durch ein altes Herkommen berechtigt sind; (ahd. tregil, mhd. tregel, Träger; Graff V, 500. BM. III, 76. Ich bins der sorgen tregel", Valkn. 78). „Ibi comeditur de mensa domini fercula sibi singula merita bonorum. propter hoc vocatur ain tregilat"; Clm. 12520 (XIII. —XIV. sec. 8⁰), f. 253ᵇ. Der Samtregel, Collecte von Eyern, Butter ꝛc., welche am Pfingsttag die Hirten- und Pferde-Jungen von Mosach und Neuhausen, bey Gelegenheit eines possierlich-feyerlichen Herumreitens in diesen Dörfern und im Lustschloß Nymphenburg, zu machen pflegen. Man nennt die Jungen, die diesem Aufzug beywohnen, Santrigl-Buəbm, und Santrigl-Spruch die Verse, welche ihr Anführer vor jedem Hause hersagt. Ganz so das Pfingstlrennen am Pfingstmontag, das Rank („Aus dem Böhmerwald, 1843, p. 81—86) beschreibt. Dort ist der Spruch:

> Bèrén, schâts âssə' dur d· Fenzə'schèbm,
> kints és dó haərrheərzé blèbm?
> hrèd·nt ums Hâs oné Sàdl und Wàiə' —
> tádə˜t Enk hruiə˜, há˜ts?, Kèichəl und `Aiə'?"

Vrgl. oben, Sp. 436: Pfingstling, Th. III: Samtregel und sant: Santrock. Gl. a. 523: samentregel; i. 336: samtrigel, sametregil, samitrûgil, symbolum. Daz samentrugile dere boten, symbolum apostolorum, Windb. Psalter, Cgm. 17, f. 218ᵇ. Haupt's Zeitschr. VIII, 141. Graff V, 501. BM. III, 76.

triegen, betriegen (betriəgng, opf. betrêigng) und treugen, betreugen (betroigng, betruigng). Ich betrog, Condit. ich betrug oder betrieget; ich habe betrogen, wie hchd. trügen, betrügen; (mhd. triegen, goth. driugan, στρατεύειν; ags. dreogan, isl. drygia, exercere, agere, pati; ahd. triugan, triogan, pitriugan, fallere, was vor machen; cf. laichen. Graff V, 505. BM. III, 103. Grimm II, 24. Wbch. I, 1714 f.). Triege, einer von des Labrer's Hunden. Der Betrieg, (ä. Sp.) Betrug. Grimm, Wbch. I, 1714. Lori, BergR. f. 172. gl. i. 620: gedreog, fallacia. Der getroc, mhd., Betrug, Blendwerk; Graff V, 510. BM. III, 106. „Fantasma, getrog"; Mett. 36, f. ultimo. „Ob ir getroge" (Götzenbilder), Kindh. Jesu 90,55. 'Die Trügenisse, ä. Sp. (BM. III, 105).' „Got behüt uns vor der drügnüs des pösen geists", Clm. 4757 (XV. sec.), f. 184. betrogen, 1) wie hchd. 2) gerne betrügend; Gramm. 994. Dés is ə˜ *bétrogngə* Leut, eine betrügerische Person. gl. i. 1143: pitroganer, fallax. „Mir was werltliche froide lieb durch ir betrogene suzecheit", Beichtformel v. 1289, Clm. 213, f. 187. Einem ein Ding abe ertriegen. „Sô hâst du im sîn guot abe erlogen und ertrogen", Br. Berhtolt 91 (Pfeiffer 285,11.) „Swenne du unreht gût nimest daz du ieman hast abertrogen", Griesh. Pred. I, 101. 102.

Der Trog, wie hchd., (ahd. trog, troc, troch, troh; mhd. troc. Graff V, 504. BM. III, 112 f. gl. passim: alveus; gl. a. 430: in trofe, in catino; vrgl. Truchsäß); Diminut. das Tröglein, Trüglein, (ahd. trugili, alveolus). Zeitschr. III, 531,48. „Zu Babylon war ein böser Geist in ein guldes Trüglein gebannt", Av. Chr. Anmerk. Dieses Trog, hat (wie z. B. der Korb, die Kürben) eine nahe Verwandtschaft mit Truhen, in dessen Bedeutung bey uns das Diminut. Trüglein, wie in der Schweiz das Primitiv selbst (z. B. Gelttrog), hinüberspielt. Wir unterscheiden den Trog hauptsächlich dadurch von der Truhen, daß jener in der Regel aus einem Stück (Baumstamm, Stein ꝛc.) gehauen oder ausgehöhlt ist. Erwägt man z. B. das englische trunk, das schweizerische Tôten-bâum (für Sarg): so möchte man so Trog als Truhen als verwilderte Formen von einem noch ältern Wort, das Baum bedeutete, ansehen, (vrgl. ter. cf. „fuoz druh, compes; BM. I, 401. s. oben Sp. 564: Drauche u. vrgl. Baum). „Der vivera aftertrühel ist sô eng als ain nadelœr und darumb mag si an der stat nicht zuo gevâhen (concipere) sam andreu tier. si gevæht zuo mit dem munde"; Konr. v. Megenb. f. 166 (Pfeiffer 285,32 und 556: „meatus digestibilis"). s. Truhen. Selbst das griechische δρύτη, δροίτη scheint zu δρῦς zu gehören. Zu vergleichen würde dann auch kommen der deutsche Name der Cornus sanguinea L. in der a. Sp. hartrugili. (Graff V, 501. BM. III, 121).

„trögeln", (schwäb.) mit Behaglichkeit viel Wein trinken. Getrögel.

Der Trougemunt (Wackernagel, Wbch. 532), Tragemunt, mhd., 'Dolmetsch, Dragoman, interpres, (von arab. targ'omân, Ausleger; mittellat. dragumanus, drogamundus, ital. dragomanno und turcimanno, span. dragoman u. trujaman, franz. drogman u. trucheman, truchement, engl. dragoman, drogman und truchman. BM. III, 80 f. Diez, Wbch. 127. Grimm, Wbch. 1327. Müller, etym. Wbch. d. engl. Spr. I, 313).'

(Vrgl. Trach, trech, ꝛc.)

487 Die Träher, plur., (Albertin's Guevara, vielleicht nach der Ausspr. statt Trähen geschrieben), die Thränen (ahd. trahan, mhd. trahen, pl. trahene, trehene. Graff V, 511. BM. III, 81). „Da wurden jre augen mit treheren bespreit", Reime v. 1562. „Dô si der trehene empfunden", der arme Heinrich 481. „Denne sint sine trehenen sine spise", Cgm. 99, f. 22. „Der pitterleichen træhern…" „gib mir zwey fliezzend augen nutzer træhener", Cgm. 73, f. 58ᵃ. 59ᵇ. „Bittere Thrächer ausgießen"; Clm. 5037 (XVI. sec., 1504), f. 233. „Trächer, lacrima", Clm. 4394, f. 175. „Ich giuze ir bluotes manigen trahen" (Tropfen), Otte m. d. B. 318. 586. Gl. a. 659. o. 117. 240: drahan, drahen, gutta; o. 25. Notk. 79,7; 95,7: drahine, lacrime. s. Træne.

Die Truhen, Truhel (Truhhən, Truhhə˜, Truhhng, OL. Truhh), Dim. das Trühlein, Trühelein (Trühhəl, Trühhə-l, Trühhál, Trügál), ein auf seiner Länge ruhendes Behältniß, gemeiniglich aus Brettern zusammengesetzt, entweder ohne Deckel, oder mit Deckel und Schloß versehen: Lade, Kiste, Koffer, lat. arca. Zeitschr. III, 531,48. V, 461. 509. VI, 31. (ahd. truha, capsella, pyxis, sarcophagus, tumba, mhd. truhe; mittellat. truca. „In quadam drucula", And. 5, f. 33ᵇ. Graff V, 511. BM. III, 121. Verschieden von druch, boga, manica, compes, decipula. s. oben Sp. 564 Vrgl. auch Trog). Eine gemaine Truhen, gemeinschaftliche Geldcasse, Kr. Lhdl. V, 172. „Haben Ew. fürstl. Gnaden der Enden eine Truhen aufgeschlagen und der aufgebotenen Mannschaft eine Lieferung gegeben", Kr. Lhdl. XI, 550. „*Truce* depicte ad privilegia", Meichelb. H. Fr. II, II, 148. „Der slangen aftertrühel" (Arsch?), Konr. v. Megenberg 285,32; (s. unter Trog). Die Bärtruhen oder Tôtentruhen, der Sarg. „Geborn wer'n — du lustigs Elend! und Sterbm — o du traurigs Vərgnüəgng! D·Wiəgng is ən um'kêrté *Truchel*, '*Truchel* ən umkêrté Wiəgng", Seidl, Flinserln, 3 Ausg., 85. „Da stundt die Partruchen auf ainem schwartzen unverdeckhten Wagen", Wstr. Btr. II, 225, ad 1503. Die Fisch-Truhen, Geld-T., Getraid-T., Gewand-T., Mel-T. Die Rädleintruhen (Rádltruhhə˜, auch Scheibtruhhə˜), ein solches Behältniß, das als Schubkarren eingerichtet und zu gebrauchen ist. „Stallmistici, welche auf Karren, auf Wagen, auf Rädeltruhen Mist und Unflat ausgeführt . ." P. Abrah. Die Sêl-Truhen, der Katafalk bey Todtenämtern. Die Spilleut-Truhen, umgestürzte Getraid-Truhen, welche auf ländlichen Tanzsälen die Bühne und den Resonanzboden für das Orchester bildet. Die Strôtruhen (Stroutruhh), Vorrichtung zum Häckselschneiden, Gesottstuhl, Schneidstuhl. Die Tischtruhen (Tischtruhh), (Baur, O.) die Tischlade. Die Wagentruhen, Bretter, auf einem Wagen und an den Kipfen desselben so befestigt, daß sie ein solches, zum Verführen geschicktes Behältniß bilden. Dahin gehören vor allen die zierlichen und buntbemalten Leə˜hardstruhhən, in welchen auf den sogenannten Lienhardsfahrten des Oberlandes die ländlichen Schönen einherprangen. s. Leonhard. Dann (si licet componere) die freylich viel minder lieblich anzuschauenden, aber außerordentlich nützlichen Adeltruhen, in welchen (im Chiemgau) die befruchtende Mistjauche (s. Adel) auf Wiesen und Felder geführt wird; die Trebertruhen der Bräuer; die Truhen, in welchen z. B. die Passauerbauern ihre Porcellanerde oder ihren Eisentahen nach Obernzell zu führen pflegen. Beym Marstall in München hat man Truhen, die zwischen zwey hintereinander her gehende Pferde oder Maulthiere aufgehangen 488 werden, „Eseltruchen", Inventar v. 1479. R.A. Ein Geschäft auf oder in die lange Truhen legen, es verschieben; Voc. v. 1618. Das Truhenbrett, Brett von 5/4 Zoll Dicke und 18 Zoll Breite, während das Tâfelbret 3/4, das gemaine Brett 1, das Falzbrett 7/4 und der Rämling 2 Zoll Dicke hat. Wagner, Civil- u. Cam. Beamt. II, 182. Der Truhenlader, Truchenlader. So findet man, da die Ausdrücke Truhen und trucken (trocken) in der Aussprache truchə˜ zusammenfallen, nicht selten die Benennung Truckenlader geschrieben. Oft ladet der Truckenlader auch wirklich Truhen auf. Die Truhentragen, Trage mit einem Behältniß für weiche oder flüssige Dinge, z. B. Mörtel. Der Trühleintrager. „Sogenannte Brief- oder Trüheltrager, so von denen Beamten und Amtleuten die Amtsschreiben und Zettel hin und wiederbringen", Gen. Instruct. im Scharwerchs-Rechn.-Wesen v. 1756.

Die Trallatsch, (Aschaff.) Plaudertasche.

trillen (trįlln), plagen, vexieren; ehmals, nach Praschius, wie noch in der Schweiz, milites in armis exercere. Vrgl. oben, Sp. 566: drillen, drehen, abrunden, schwellen. „Das ir die aitterchnollen hetten da aus getrollen", Cgm. 270, f. 212ᵃ. BM. I, 391. 'Grimm, Wbch. II, 1410. Zeitschr. IV, 346. Vrgl. trollen und trüllen.' „Bauerntriller, vexator rusticorum", Prasch. Der Triller, das Drill- oder Drehhäuschen, ehmals hie und da auf dem Marktplatze aufgestellt, um Personen zur Strafe darein zu sperren. „Feld- und Gartendiebe, Gassenbettler ꝛc. sollen in den Triller gesteckt werden", wirzb. Verord. v. 1700, 1720, 1741. Vilmar, hess. Idiot. 416.

trillieren. „Die stimme trillieren, so man sol singen gotes lob", ist sündhaft; Br. Berhtold, Cgm. 632, f. 91 u. 1119, f. 11ᵃ. Cf. Zeitschr. III, 406. IV, 449.

trielen (triəln, b. W. trąln), verwirren, das Gehirn angreifen. Sich abtrielen. Tuə di' nét gàr ə'so *à'triəln.* Einen vertrielen, ihn außer Fassung bringen, verwirrt machen. Vo' lautə Schrackə˜ bin I àlln *də'triəlt* gwe'n. Tâu nét alləwál so àni bài˜n én eəm, sü˜st móchst.'n no˜ gà˜z *dətrąlt*, b. W.

trielen, vrb., (Augsb.) verzetteln, überm Essen verschütten; geifern; Grimm, Wbch. II, 1408. cf. schwed. drälla und Zeitschr. IV, 449. Vrgl. trédə'n und trören.

Der Triel (Triəl; Triəj), die Lippe, Unterlippe, Mund überhaupt, doch mehr im verächtlichen Sinn; BM. III, 90. Grimm, Wbch. II, 1408. Zeitschr. III, 95. V, 333. (s. Adelung: Trollmaul; b. W. der Trielfoz); VII Comuni: das Tril, pl. Trildar, Lippe. „Hàt mit dé Lèfzn ə˜n *Trüll* gmacht"; Seidl 1844, p. 265. 'ən *Triəl* henkə˜, oder: 'ən *Triəl* henkə˜ lassn, das Maul hängen, d. h. innerliches Mißvergnügen mehr durch ein gewisses unwillkürliches Hangenlassen der Unterlippe, als durch Worte kund geben. Kám dás mər eəm ə˜ Wörtl sagt, glei' last ər 'ən *Triəl* henggə˜! „Der Engl wįll kochə˜, də' Pedə' wįll schlèckə˜, nimt dər Engl ə˜n Stèckə˜, schlagt 'n Pedə'n au'n *Triəl*, dás də' Pedər übə'n Herd 'na' fiəl." Kinder-Reim. Schon Nithart braucht das Wort, und zwar mit einem sehr 489 poetischen Epithetum: „ir rosenvarwer triel." S. Troller.

trollen, (v. Delling) mit kurzen, eiligen Schritten gehen; (cf. Graff V, 530. Grimm, Wbch. II, 1429,5. Zeitschr. III, 41,17. 280,46. IV, 456. VI, 489). Der Trolltag, (Fichtelberg) der dritte Tag nach der Hochzeit, wo alle Gäste nach Hause gehn, (sich trollen). Zeitschr. II, 569. Der Trollgast; Grimm, Wbch. II, 1430. 1456. „Terge, sede, ede, trulgast, et cito recede. Terge, sede, comede, trulgast, subitoque recede“ (1493), Clm. 4408, f. 149. Der Troll, der gewohnte Gang, Trott, alte Gewohnheit. R.A. aus 'n *Troll* kemə~, aus dem gewohnten Gang kommen, den Faden verlieren. (Auch in Westgothland ist trall in dieser Bedeutung üblich. Han haller sin trall, il va son train). Cf. Renner 1365: „Do kom der gebaur ein getralle uz einem leithause gegangen“, (ein Haufen?). BM. III, 83. Vrgl. der Trollen.

Der Troll, `1) gespenstisches Ungethüm, isl. tröll.' Wackern. Wbch. `BM. III, 113. Grimm, Mythol.^{2} 956. 993. Wbch. II, 1428,6.' 2) (Nürnb., Hsl.) grober, starker Kerl. BM. a. a. O. Zeitschr. II, 569. „Do mit schlueg er den trollen wol nider nach der schwer“... „Herbei so frei, wer trollisch sei“; Hesselloher. „Schaw zu der groben acker drollen“ (genit. plur.), H. Sachs 1560: III, III, 26. Grimm, Wbch. II, 1427,5. 1428. I, 175. 1183.

Der Trollen (Trolln, Trojn; Dim. das Trəllə-l), die Troddel, Quaste. Grimm, Wbch. II, 1427,2. „Lang Drollen, ziert mit Edelstein, hengt sie an jhre Ohren“; Lied von 1637: die Teütsch Französinn. Hopfə~*trolln*, Hopfenkätzchen. „Es tregt oft ein gute Reb ein wintertrollen“; Seb. Frank. „Ich hab gewartet, daß mein Weingarten Trauben brächt, aber er hat wilde Trollen (labruscas) gebracht“; Pred. von 1678, Jes. c. 5,2. Bey den Webern heißen Trollen die Fäden von dem am Ende abgeschnittenen Gewirk, woran der Aufzug des künftigen Gewebes geknüpft wird. Die Spinnerin, wenn sie den Faden ungleich spinnt, bringt Trollen (dickere Theile) in denselben, ja sie vertrollt oder vertrolcht oft einen ganzen Sträng oder Spulen. Beim Spinnen bräf *Trolln* einé loussn. *trolche* oder *trilche*, spinnen, (verächtlich). Grimm, Wbch. II, 1428,1.2. „'s gringladö Haar âne Wutzl und *Droll*“, Stelzh. 140. trollet, adj., quast-ähnlich, buschicht zusammengeballt. Grimm, Wbch. III, 1430,1.

Der Troller, (Nürnb., Hsl.) fleischiges Unterkinn. Grimm, Wbch. II, 1429 f. In Jebauzky's Branntweinbrennerey (Prag) wird von einem Ochsen gesagt, er müsse eine vorn bis an die Knie herabhangende Haut oder lang herabhangenden Triel haben. (Vrgl. Triel).

`trüllen, mhd., bezaubern, betrügen; kuppeln, (BM. III, 113. Diez, Wbch. 741. Pfeiffer's German. X, 201. Vrgl. der Troll und Grimm, Wbch. II, 1429,7. 1430. s. trielen.)' „Schelten, trüllen, triegen, effen, gumpeln unde liegen“; Haupt's Zeitschr. VIII, 579. betrüllen, decipere. „Daz mære iuch niht betrüllet“, Helmbr. 60. „Sus het er widernüllet daz er was betrüllet“, v. d. Hagen, Ges. Abent. XLVII, 82. „Ain jung wip sal auch haben ain chneht oder ain diern getrilliert vnd auch fiern in laterye wol betagt“; Cgm. 270, f. 105 (379, f. 66). BM. III, 113. antrüllen; Br. Berhtold, Pfeiffer 56,29.

Die Trüllerin, Kupplerin; BM. a. a. O. „Die trüllerin und die posen heut auf dem graben, die jr sel zu hallarn gebent“, Br. Bercht., Cgm. 1119, f. 38. 632, f. 116. cf. Kling 383—84. Pfeiffer 207,29. 208,6). Die trüllerin des tieffels jaghunt, die dem tiefel mer sel antwurtent denn ir aines sel“; das. f. 52^b. `Vrgl. Kling 126. 225. 395. 420. 427. 454. Pfeiffer 56,29. 40,24. 132,39. 213,10. 335,31.' „Trüllerin dantes malum consilium et docent alios zaubern“; Monac. Augustin 84, f. 67^b. „Istae sunt dy pösen hewt auf dem graben quae animam pro uno obulo interficiunt, propriam animam et alienam; o unflat, nu gestet dy sel got so vil, geist du si pro uno obulo, o diaboli jaghunt, kuplerin“; ibid.

`trüllen, ä. Sp., spielen; cf. Grimm. Wbch. II, 1411,8. Zeitschr. VI, 489'. auftrüllen, „Den lüller hieß man trüllen auf“; Ring 8^d,11 (p. 31). Davon:

Der Trüller. „Pertschi zuo dem trüller schre: laß dar von und pfeiff nicht me!“ Ring 39^c,13 (p. 171). Der Trüller, ä. Sp., penis? „Ars nach der natur gat, wan im der truller auf stat“, ars imitatur naturam...; Cgm. 379, f. 171.

Der Trâm, Trâum (Traum, Trám), der Balken, trabs; BM. I, 391. Grimm, Wbch. II, 1332. Zeitschr. III, 89. 192,85. IV, 447. V, 116,16. VI, 346. Cf. Trov, Müller u. Weitz, Aachener Mundart p. 249. Voc. von 1445: trawm. „Nach der sterki hebe den tramen“, Ring 28^d,5 (p. 122). „Daz er ain tram aus dem agen mach, trabem faciat de festuca“, Clm. 5130, f. 208. „Wirf den tram von den augen“, Cgm. 66, f. 51. „Ein trome ist grozzer denne ein püne“, Renner 8417. „Wann was sihest du den agen in dem auge deynes brûders vnd sihest nit den trom in deinem aug“, Matth. 7, Augsb. Bibel v. 1507.

`Der Traminer, eine Tyroler Weinsorte.' „Geuß daran guten wein, traminer ist der pest“; Clm. 5036 (XV. sec.), f. 160.

Der Traim, (Aurbach) die Blüte. „Das Korn hat vertraimt“, verblüht.

Der Trâum (Trám), wie hchd. (ahd. droum, troum, mhd. troum. Graff V, 531. BM. III, 117. Grimm, Mythol.^{2} 1098. Gesch. d. d. Spr. 327. Cf. ags. dream, alts. drôm zu driugan, dreogan, betriegen? wie ags. team, Zucht, progenies, frenum zu ziehen, zeugen; seam, som, soum zu siuwan, suere; fleam zu fleon, fliehen). `träumen (ahd. troumjan, mhd. troumen. Graff V, 531. BM. III, 118).' „Wie im was getrovmt“; Griesh. Pred. I, 98. „Mir ist getrovmet“, das. II, 112. Schweiz. 's *isch* mər *introumt*. Zeitschr. IV, 448. trämhäpat (υ-υ), perturbatus, ineptè et praeposterè respondens; Popowitsch, Ms. (Wien, 9541). „Du hàst mi' ganz *trámháppət* (träumerisch) gmacht mit dei~n G'sang“, sagt Mathies zur Rosel, Seidl, 3. Ausg., p. 239. „Lafs ámal dein *trámháppərts* Wesen“, Reitzenbeck II, 123. Do vá'gifs i' auf Olls wiə-r-á *trámhápəts* (traumhäuptiges, schlaftrunkenes) Kind“, Firmenich II, 729. Vrgl. Zeitschrift V, 464: drèhaupet.

Der Tremel, Tremeling, Stangenstück, das als Hebel dienen kann; Knüttel, Prügel; fig. massive Person; (ahd. dremil, tremil, mhd. tremel. Graff V, 531. BM. I, 391. Grimm, Wbch. II, 1399. Zeitschr. III, 192,85. IV, 447. V, 116,16. VI, 173). „Ein großen trämel er do sach“; Cgm. 270, f. 64; (cf. Cgm. 379, f. 26: ein gr. pengel). „Wâ nu dremel, stangen, spies“, Nithart f. 108. „Mit Heebdremblen und Heebeisen“, Feurb. v. 1591. Ulrich von Reychenthal beschreibt in seinem „Concilium zu Constanz“ als Augenzeuge den Zug, in welchem der Pabst Martinus nach seiner Weihe aus dem Münster nach Hause ritt. „Der Bapst saß mit der Kron und mit ganzem seinem Habit auf ein weißes Pferd, das was mit rotem verdecket. Und gienge unser Herr der Künig (Sigmund) ze Fuß dar und nayget sich auf seine Knie und nam das pferd zu einer seyten bey dem Zaum, und (hett) ein tremel in der Hand und weret dem Volk.“ Ein altes Recht der sogenannten römischen Kaiser, des Pabstes Steckenknechte zu seyn; s. Romualdi Salernitani chronicon in Script. rer. Ital., Tom. VII, p. 231. „Wo sich ein mensch kert m `(hin? nu?)' zu got das ist vast der lut spot, es sy ein gotztremel worden“, Cgm. 1020, f. 47$^b$. Haupt's Zeitschr. VII, 77. Dremil gl. a. 580: trabeum, 670: pessulum; 536: drempil trabeum; i. 782, ad Aeneid. VII, 188: trempile, trabeâ. `(„tremil und trempil ganz ver-

schieden; trabea = toga." Jac. Grimm.)' „Dremele, vectes"; Cgm. 17, f. 160ª, Pf. 106,16. tremeln, vrb., mit einem Tremel, überhaupt mit Gewalt arbeiten,
490 stoßen, schieben, schlagen; zsammə˜treməln, einitreməln, də'treməln, ꝛc. Einen Kegel antremeln, einen Kegel stark anschieben. Daher fig. Jemand antremeln (à˜treməln), ihn entschieden, barsch oder grob angehen, anreden, in die Enge treiben. Einen um Geld antremeln.

tremmen, (Hauser) wegstreichen.

'Das (die, plur.?) Tremá, Zittern, Angst; (cf. mhd. tremen, dubitare vel vacillare; BM. III, 91.' ital. tremare? altſ. thrimman? alſo dremmen). „Offenherzég sagt vol *Trema* 's Reh wàs untə'wegs eəm untə'kemə˜, ſalzb. Flachlandlieder, 1845, p. 50. „Kriəgt də' Gsəi (Geſell) ə˜ gwàitégs *Trema*" (Angſt), daſ. p. 57. „Und da' Danlmå håt a dö *Trema*", (zittert?), Kartſch II, 105.

Der Triem (Treəm), Triemling, ſ. Driem.

Das Trumm, plur. die Trümmer (Graff V, 260. 530. BM. I, 391. Zeitſchr. VI, 121,91. 20. cf. isl. drumbr, m., caudex, truncus, stipes; niederſ. drom), 1) Stück eines zerbrochnen Ganzen. (Im Hochdeutſchen kann davon nur der Plural Trümmer mit Würde gebraucht werden. Dieſer wird ſogar zuweilen als Singular femin. genommen und daraus ein neuer Plural die Trümmern gebildet, wie: die Ecke, die Mähre, die Legende, die Geſte. cf. Gramm. 832). R.A. Die Trümmer ſind an ihn geſprungen, der Schaden, den er Andern bereitete, hat ihn ſelbſt getroffen. 2) Theil eines größern Ganzen, ohne den Nebenbegriff des Zerbrechens. a) Ackerbeet (Bifang), deſſen Länge nur einen Theil oder Theile der übrigen beträgt. „Agri culti xii cubitos, quod vulgo Holzellen vocatur, que mensura a viris prudentibus trutinata conputata est ad sex agros (Bifäng, Äcker im oberländiſchen Sinn) et quatuor partes quod vulgariter dicitur Trumer", MB. III, 511, ad 1200. „Ein drümel und gerel feldts", XXIV, 703. „Der Feldbau enthielt 118 Piſang und 7 Trümmer (Bifang=Stücke oder aliquote Theile)" Zirngibl, Hſpch. p. 475. „Ödgarten iſt ein Grund oder Boden, der nur alle 3—4 oder 6 Jahre ohne Düngung oder ohne Cultur in Piſang oder Trümmer oder kleine Bette durch den Pflug bebaubar gemacht wird", über die Natural und kleinen Zehend in B. p. 33. b) Theil von einem Tuch oder Webſtück. „Man ſol hundert Ellen zu dem loden (ganzen Stück) würchen und daz der (von dieſen 100 Ellen) drey Schilling (3 mal 30 Ellen) beraitet werden und 50 Ellen zu dem Drum, und das der (dieſer 50 Ellen) 45 bereid werden . . ." von Sutner, Gewerbe von München. Abh. d. b. Ak. v. 1813, II, p. 493 u. 494. „Wer ganze Tuch verkauffet oder als vil Drümer verſneydet, die ein Tuch bringend . . ." „Was ſolicher Tücher iſt ganz oder Trümer", MB. X, 576, ad 1497. c) Theil von einem Baumſtamm. „An ganzem Holz werden von Lenggries nach Tölz geflößt ſo und ſo viel lange Bäume, ſo und ſo viel Schnittſchrötte, ſo und ſo viel Buchenblöcke, und ſo und ſo viel Fichtentrümmer, von welchen letztern 26 auf ein Geſtrick zu 5 Klaftern, gerechnet werden", Wſtr. Btr. V, 308. Kegeltrümmer ſind ſolche Balken einer Holzwand, welche nicht von einem Ende derſelben bis zum andern, ſondern nur bis zu einem Fenſter oder von einem Fenſter zum andern gehen. d) Theil von einem Fiſchernetz. Bey den
491 Fiſchern am Würmſee beſteht eine ganze Segen aus 3 Trümmern, jedes von 45 Klaftern Länge. Von den Stangen aus, die nicht weit vom Ufer im See aufgeſteckt ſind, darf man, um ſogenannte Bodenzüge zu machen, nur 2 Trümmer, alſo 90 Klafter weit in den See fahren. Bey den Abendzügen iſt dieß Maß auf 3 Trümmer oder 145 Klafter ausgedehnt. Wſtr., Bſchrbg. des W.See, p. 135. Daher an den oberländiſchen Seen Trum als Entfernungsmaß überhaupt. ə˜ *Trum*, ə˜ guəts *Trumm*·, ə˜ ganz·s *Trumm* näher, ferner ꝛc., (wie man ſagt: ein Stück, ein ziemliches Stück). Auf kaə˜ *Trum* zuəhi, weit davon. 3) zuſammenhängendes Ganzes, ohne Bezug auf ein größeres. ə˜ ganzs *Trum* Brod, Fleiſch ꝛc. ə˜ *Trum* von ə˜n Thiər, von ə˜n Mensch·n ꝛc. ən *Untrumm*, großes Stück, (Gaſtein, Mesnil). ən *Enttrum*, ein Thier, Menſch ꝛc. von großem körperlichen Umfang. Dés Mensch is ə˜ réchts *Trum*, dieſe Weibsperſon iſt recht corpulent; auch wol nichtswürdig.

D· Sendinnə˜ sánd lautə' *Trümmə*',
wers nét gsêng hàt, dér glábts nimmə'. Lied.

Im Pinzg. nennt man, nach Hübner, eine alte Stute: ein Trum. 4) das Ende, das Endſtück, Ort. „Anegenge oder drwm oder mittel teil", Diut. II, 133. „Er iſt ewichlichen ân anegenge und âne drum", Kindh. Jeſu 79,22. „Die hofart hat weder drum noch end (noch ort)", Cgm. 714, f. 228. 229. Das Trumm eines Fadens, Strickes ꝛc. Das Trumm verlieren, vom Trumm kommen, beym Spinnen das eine Ende des abgeriſſenen Fadens nicht gleich wieder bemerken, fig. aus dem Zuſammenhang der Gedanken oder Reden kommen. Zum Trumm kommen, fig., ſich wieder faſſen. „Mir felt ein Drumm", Docen's Miſc. II, 241. R.A. An mir, dir ꝛc. gêt das Trumm aus, mich trifft das Üble einer Sache. Ein oder kain Trum hergên ſehen, von einer Arbeit, einem Bemühen, ein oder kein Ende vor ſich ſehen. „Capharnaum an des meres drum", Wernher's Maria 99. Gl. a. 182 giebt a stirpe durch fona dhrume. Das Trum, „das vordere Ort in dem Salzſchiff", Lori, BergR. Der Trümler, Steurer auf dem Salzſchiff untenhin, d. i. von Lauffen nach St. Nicola, weil er im Trum das Schiff regiert, (ſ. 322).

Der Trümmertanz, (Unterdonau, Baur, Nſſdrfr.), ein Kirchweihtanz unter freyem Himmel, bey dem die Tanzpaare auf grünem Plan einen großen Kreis bilden, in welchem ein jedes ſeine Tour ganz allein herummacht und den Beyfall des zuſchauenden Kranzes vor Andern zu verdienen ſtrebt. In die Trümmer gên, dieſen Tanz halten. Der Name rührt vielleicht daher, daß in dieſem Tanz kein Tutti, ſondern lauter Solos von einzelnen Paaren vorkommen. Wahrſcheinlich ſteht er in Beziehung auf den bey Neocorus (hgg. v. Dahlmann, I, 177) erwähnten ditmarſchen Trymmeken=Tanz. S. v. Liliencron in Haupt's Zeitſchr. VI, 80. 81. Ein Trümken=Dantz begegnet auch in Uhland's Volksliedern I, 309. 1012.

zertrümmern, gerichtlicher Ausdruck für das Vertheilen von Gründen, die als ein Ganzes zu einem Gut gehört haben, unter mehrere Eigenthümer. Einen Hof zertrümmern. Durch eine Bayreuth. Verord. v. 1746 wird in ähnlicher Bedeutung das Zertrümmern der Wohnhäuſer unterſagt.

trumeln, (wie turmeln) taumeln, ſich drehen, ſchwindeln. Grimm, Wbch. II, 1457: drumeln, drumelich. Zeitſchr. IV, 268,4. 544. V, 54. 63,29. 478. ſ. Trumſel.

Die Trummel, noch im Prompt. von 1618: die 492
Trumm (Trummen), wie hchd. Trommel. (Sollte Trummel, nach Gramm. p. 123, aus den obliquen Caſus des alten trumba, tuba, entſtanden ſeyn? isl. trumba, tympanum. Graff V, 532. BM. III, 122. Diez, Wbch. 356. Zeitſchr. V, 63,29). „Sie ne liezen blaſen die trummen", Grave Rudolf, 2. Ausg., 20,6. Cf. poln. traba, troba, čeſk. truba, trauba, Rohr, Trompete. Die Rohrdommel (ardea stellaris, buteo) heißt däniſch deutlicher rördrum. Iſt drum Trommel? trummeln, 1) wie hchd. trommeln. Der wil trumeln, iener wil gîgen", Hugo v. Trimberg, Docen's Miſc. II, 294. 2) (b. W.) vom Täuber, was kudern. 3) (U.L.) erotiſcher Hypokorismus. Herr! I hà' 'n *trumm·ln* lass·n — ſoll ſich einmal ein Mädchen reumüthig vor dem Prieſter angeklagt haben, der aber, die R.A. nicht verſtehend, ihr troſtreich bemerkt habe, das Trummeln ſey ja keine Sünde. (Ähnliches erzählt Reichsrath v. Niethammer, mein Nachbar beym Zwangloſen=Mahl, 14. März 1846.)

'Der Trumlierer, Trompeter; BM. III, 122.' „So musten zwen pusauner oder zwen trumlierer vor der tür aufpusaunen", Cgm. 54, f. 50ª. 'Das Trumscheit, Monochord. BM. II, II, 165.' „Trumelscheit, viella"; Inc. s. a. 8⁰. 1966, hinten, Ms. „Trummelschit, monocordium", Inc. s. a. 8⁰. 1980ᶜ. „Sie liebt mir für alles trumelscheyt", (ironisch), Cgm. 714, f. 339ᵇ. 'Das Trummeisen, Maultrommel.' Crembala ein Trumm, Trummeisen das man zwischen die zän fast und mit dem finger schlecht"; Nomencl. 1629, p. 165.

'Der Trummel, ä. Sp., Lärm?' (Im Wirthshaus) „treibt er (der Pfaff) seins trumels vil mit wurfel und karten spil", Cgm. 714, f. 34.

'Der Trumpendei, eine gewisse Tanzart, wie Hoppaldei (Hoppelrei, BM. II, 655. Haupt's Zeitschr. VI, 81); vrgl. oben Trümmertanz.' „Der mit einer langen schalmey pfeift uns ainen trumpendei", Cgm. 714, f. 228.

'Der Trumpelknecht, s. oben Sp. 567: Drüppelknecht.' „Weil er war fromb, einfeltig, schlecht, mußt er nur sein jr trumppelknecht", H. Sachs 1560: II, IV, 102 (1612: II, IV, 204). 'Vrgl. Trumsel.'

Der Trumpf, 1) wie hchd. Dà ist iətz Dréck *Trumpf*, (schwäb.) da steht es schlecht, ist nichts mehr zu machen, (Rath Her). Zeitschr. IV, 451. 'Cf. BM. III, 122: der trumpfe, Schlag, etwas Verdrießliches.' 2) Klotz von einem Menschen, Tölpel. trumpfen, 1) wie hchd. '2) laufen; BM. III, 122, nach Frisch II, 392ᶜ; vrgl. trollen.' forttrumpfen, fortgehen. Unter den Auswandernden „stöhlt (stellt) sy do khain ainzigs laidig, trumpfen fort ohn Laid so fraidig", Spottlied auf die auswand. Salzburger, 1. Jenner 1732, (im Band H. Ref. 2⁰, 10ᵐ). Zeitschr. V, 485. VI, 402,6. cf. Vilmar, hess. Idiot. 418: Trümper. 3) sich tölpelhaft, ungeschickt benehmen. trumpfend, trumpfet, adj., ungeschickt.

---

trumseln, taumeln; schläfrig, schwindelig, betrunken seyn; (plattd. drummeln, schlummern, dormire; russ. dremam, dormio; cf. drôm, somnium. Grimm, Wbch. II, 1457: drumeln. Zeitschr. III, 372. IV, 451). Der Trumsel, Taumel, Schläfrigkeit, Trunkenheit, Schwindel; schläfrige Person; '(cf. BM. I, 392: der drumsel, Prügel; III, 122: die trumpel, unzüchtiges Weib; vrgl. trummeln).' trumslich, taumelig, schlaftrunken. S. trumeln und türmeln.

'Der Trân, ä. Sp., Lauf, Strom, Fluth; BM. III, 95;' (zu dræjen, drêhen; s. oben. Dr. Roth denkt an ein altniederd. driunan, holl. dreunen, dröhnen; also wie Dießbach. 26. März 1849. Vrgl. Zeitschr. V, 63,32. VI, 47). „Des meres tran", das die Lande umlaufende und trennende (s. trinnen) Meer; Haupt's Zeitschr. VII, 146. „Swer swimmet wider wazzers trân", das. 274. „Si füren über des meres tran", Wolfdietrich, das. IV, 432,273. „Die fürt er von dannen über des wilden meres tran", das. 446,392. „Ich wil noch der junkfrowen über des meres tran; wer mir nu helfen welle, der bereite sich von dan", Otnit, hg. v. Mone, Vers 75; (im Glossar: tran, m., Strom). „Ob im wolt laisten der werd man daz er im het verhaissen auf des meres tron", Oswald, Cgm. 719, f. 52ª, (Ettmüller, Vers 3163, hat trân). Das „dran" über „torrens" im Prudentius, Cod. Em. E. 18, f. 38ª, ist drati zu lesen.

'Der Trân, rinnende Flüssigkeit (wol mit dem vorigen Worte zu mhd. trahen, trân, vrgl. oben Träher, Träne), namentlich: 1) ausbratendes Fett, (vrgl. hchd. Thran). „Stopf (stupfe) mit einem messer die haut, das der tron (des zu bratenden Aales) herdurch müg", Konr. v. Megenberg f. 143ᵇ; '(Pfeiffer 244,33 liest: trör; vrgl. dessen Glossar p. 738).' 2) (ob der Ens) Mehlthau; cf. Trô und Trôr. Um Waldmünchen hatte man am 28. Juli 1851 die Besorgniß, daß während der Sonnenfinsterniß ein giftiger Thau, „Thrän" genannt, fallen und dem Vieh im Freien schaden werde"; Landbote 1851, S. 1051. 'tronen, fließen (aus älterem trânen?).' „Tront das plut gar vast, so nim ein gluends eisen und var über die adern", Cgm. 170, f. 3ᵇ.

Die Træne, minder volksüblich als Zæher. Jenes hchd. Wort ist wol ursprünglich der alte Plural trâhni, bey Notker trâne, lacrymae, aus Træhen, w. m. s. D' Stubm machst ma' mit *Thränerling* voll, sagt sie zum Tabakrauchenden. „Picea, threnbovm vel fiechta", Thierh. 45, fol. antepenult. tränezen (zunächst von Trâhen, gutta), s. trenzen.

traineln, s. trendeln.

Die Traun (Trau~), Name verschiedener Flüßchen, welche aus den östlichen Alpen entspringen. Die weiße, rôte Traun, die Sê-Traun. Das Travenstain der MB. III, 565, ad 1273 läßt vermuthen, daß Traun (nach Gramm. 850. 878) eigentlich der Dativ von einem Nominativ sey, mit dem sowohl die Drau, als die Trave identisch seyn mag.

Die, das Treinl (Trei~l), 1) Abkürzung von Catrein, Catreinl, Catharina. 2) verächtliche Benennung einer unerfahrnen Weibsperson. Wiə mècht I so ə~ jungs *Trei~l* heirətn!

Trinis, (böhm.? albicus). „Contra dolorem digitorum qui vulgʳ. dʳ. trinis", Ind. 355, f. 123ª. „Contra vermem qui vulgʳ. dʳ. trinis", ibid. f. 123ᵇ.

'trinnen, mhd. st. Verb. (Prät. ich tran, wir trunnen; Ptc. getrunnen), fortgehen, auseinander gehen, laufen, (Graff V, 533; vrgl. II, 515. 522. BM. III, 95.' W. Wackernagel in Haupt's Zeitschr. VII, 145—146. Hchd. trennen, factitiv. trinnen; cf. franz. partir, depart). „Wir müzen uns schaiden nu lieber man . . . unde uns diu naht so fluchtechlichen tran", Cod. c. pict. 73, f. 14ª. „Die ir herren waren strunnen" . . . „die sint ire herren strunnen", (trunnen?); Diemer, Ged. p. 350,19. 28. en-trinnen, undertrinnen, ä. Sp., entlaufen, unterlaufen; Kasp. Heldenb. 220ª.

trünnig, abtrünnig. BM. III, 96. „Von trünnigen Schuldnern", Nürnb. 1564, Cod. bav. 3314, f. 77. „Er were sein flüchtiger und trünnger man", MB. XXIV, 669, ad 1449. „Er mus ymmer ain abentrünner sein", L.R. v. 1453. Gl. a. 701: abtrünnär; i. 626. 675: abtrunniger, apostata; a. 104: antrunno, profugus. Grimm I, 940 kennt hiezu ein älteres Subst. trunne, agmen, grex, Schwarm, der sich getrennt von einem Ganzen; '(mhd. trünne. BM. III, 95).' Abtrunn, als Sünde bei Br. Berhtold, Cgm. 1119, f. 11ª. BM. a. a. O.: diu abetrünne, Abfall, Apostasie. Näher scheint trennen zu liegen, wodurch sich auch das einfache trünnig erklärt. In fraissamer drunege (scissione?), Diut. I, 353. BM. III, 96. Vrgl. das heri-sliz der caroling. Gesetze.

---

trendeln, die Gerste, sie in der Mühle abstoßen, rändeln; tyrol. L.O. 1603. Zeitschr. IV, 449. (cf. drinden, pulsare? praet. drant, Grimm. I, 940. BM. I, 393: drinden, schwellen. Vrgl. das. III, 86: trendeln, wirbeln.

trendeln (treə~ln, b. W. trài~ln), sich mit unnöthi- 493
gen Kleinigkeiten abgeben und dadurch nicht vorwärts, vom Fleck kommen; schwäb. trodeln (cf. tredern), zaudern, (bey Adelung: trändeln). Niederd. trenteln. „Tau (eile) dech on *trentel* su lang nit"; Firmenich I, 439,13. „De Moond de steht on *trenteli*"; das. 485,17. „Zau dich gätt, *Träntler!*" das. 477,219. Zeitschr. II, 279,91. III, 48,26. Der Treə~l, Treə~lə', b. W. Trài~l, Mensch, der nie fertig wird. ə~ *Weibə'treə~l*,

der gerne unter Weibern hockt. Das Buebentriendelein, (Nürnb.) Mädchen, das gerne den Mannspersonen nachläuft. Brod-Triendl, weißes Milchbrod; Popowitsch, Ms. (Wien, 9541). Der Trendelmarkt; b. Landtag v. 1588, Cgm. 4711, p. 184. 186. „Forum pomercale, scrutarium, trentelmarckt", (Druckfehler?), Nomencl. 1629, p. 189. Diefenbach 244^c. Ob. gl. a. 293: trennilon, peragrare, und i. 784: trennila, turbo, Aeneid. VII, 378, oder etwa treno, fucus, zu vergleichen? Graff V, 534. BM. III, 85 f.: diu trendel, Kreisel, Kugel; trendeln, wirbeln. Vrgl. oben, Sp. 560: Dræel. „Du hast doch sonst getanzt wie ein Trenderle", (Kreisel), Auerbach's Schwarzwälder Dorfgeschichten 1843, S. 423. „Nâch trendeln (treneln) mâze was ir (der Burg) berc: swâ sie verre sach der tumbe, er wând sie liefe alumbe. der bürge man noch hiute giht, daz gein ir sturmes hôrte niht", Parzival 508,2; (wie ein Kreisel. San-Marte I, Sp. 353 und Simrock II, 84 denken an Schraube). Cf. ags. trændel, engl. to trendle, trundle. A^0. 1110: „se mona acwanc that nader ne leoht ne trændel ne nan thing of him wæs gesæwen", neither light nor orb; Saxon. chron., Ingram p. 331. Zeitschr. II, 123. VI, 20.

trenfeln (treə~f·ln), s. trifeln.

Die Tránggin, (Kitzbühel; Zir.) unbescheidene Weibsperson. cf. Drang.

Das Trank, (Frank.) Trankich, b. W. Trankə', wie hchd. der Trank, und zwar in specie das Getränk fürs Vieh, mit grobem Mehl oder Kleyen bereitet. Auch gl. a. 299: daz dranh. Zeitschr. IV, 450. „O du süßes tranck des laides über die sünd die speis und das tranck"; Cgm. 4597, f. 111. Graff V, 538. BM. III, 93. ə~ *Tránkl*, wie franz. potion, poison.

trenken, a) wie hchd. tränken; 'leimtrenken, öltrenken, vrb., mit Leim, Öl tränken. „Öltrencks mit öl, mit paumwoll"; Cgm. 821, f. 100. 104^a. 108^b. „Leimtrencks bis, iterum", (selbst im Latein); das. f. 114. Die Leimtrenk. „Recipe leimtrenck et crocum", das. f. 92. (ahd. trankjan, trenkjan, Prät. tranchta; mhd. trenken, trancte. Graff V, 540. BM. III, 94). b) Das Wasser trenkt in einen Acker; ein Acker ist eingetrenkt. Ein Schiff trenkt sich, wird getrenkt, (Donau) läuft voll Wasser, kommt in Gefahr unterzugehen. Cf. scef-soufi. „Alle Wasser-Enger von der Schwalmstein-Mül bis auf Dallfürchen seint (bey dem Hochwasser der Isar a^0. 1739) eingetränckt gewesen, als wanns ein See gewesen wer", (Burgholzer's München p. 369). Einem etwas eintrenken, fühlen lassen; schon im Rosengarten 2145. Grimm, Wbch. III, 326 f. Einen Grund ertrenken, (MB. XXV, 359. 383. 403. 456), ihn zum Weiher machen, unter Wasser setzen; gl. i. 540: imbuit, artrenchit. c) Unkräuter, Bäume trenken auf einem Acker, einer Wisen, wenn sie den Wachsthum der Feldfrüchte, des Grases hindern. „Aichen und Buechen, andrer gestalt zu schlagen sol nit erlaubt sein, weder wann sie auf Wisen und Äckern trencketen", K.R. v. 1616, f. 741. Ertel, prax. aur. I, 571. Das Unkraut (der Jätt) dertrenkt das Getraid. „Mancher Acker ist vom Jätt ganz dertrenkt", (Loisach). d) angetrenkt (à~'trenkt), adj., (HhE.) wird von einem Seile im Gegensatz von ausgetrocknet gebraucht.

trinken, 1) mit den Compositis wie hchd., (ahd. trinchan; mhd. trinken. Graff V, 533. BM. III, 91). 2) (im Gebirg) Taback trinken für schmauchen. ə~ Pfeiffə-l *trinkhn*. Species zum Trincktaback (1670), ZZ. 2100, p. 92. In hessischen Blättern, daraus im Nürnb. Korrespondent, 1846, S. 750 f. ist ein im J. 1653 vor löblichem Landgerichte zu Umstadt aufgenommenes Protocoll abgedruckt über eine Beschwerde, die zwei Bürger über einen dritten erhoben, der im Wirthshause zu ihrem großen Verdruß immerdar „Taback getruncken und darmit einen so großen Rauch und gestanck in der stuben gemacht, daß sie dafür nicht wohl hätten bleiben können", den sie endlich zur Thür hinausgeworfen hätten, weshalb er sie aber Dieb und Schölmen gescholten. 'Vrgl. Vilmar, hess. Idiot. p. 416.' „Nachdem er die Tabackpfeiffen angesetzt und angefangen zu trincken", Altöttinger Historie v. 1698. „Das Tobacktrincken der Holzmaister und deren Knecht", salzb. Waldord. v. 1713. Ldtg. v. 1669 heißt es p. 226, 287: „Weihlen die bisher wegen des schedlichen Tabackh-Trinkhens ausgefertigte churfrtl. Mandata wenig fructificiert; als haben jr churfrtl. Drtl. auf den Vorschlag der Landschaft auf ieden Centen des bessern (Tabaks) 10 fl., des schlechtern halb sovil Grenzmaut gelegt." „Er seye fünf wälsche Meil under dem Wasser geschwummen und beynebens drey Pfeiffen Tabac under dem Wasser ausgetrunken", P. Abraham.

„Alle Herren Tabacktrinker,
auch sogar die in der Stadt,
rauchen jetzt all einen Stinker,
weil man keinen guten hat", Zirndorfer Tabaklied.

Jacobi Balde, die truckene Trunckenheit, angeführt in einem Tegernseer Catalog, CbmC. 24, f. 221^a. R. A. trinken lâßen Einen, ihm eine übertriebene Rech- 494
nung machen, ihn in Unkosten bringen, ihm den Beutel schröpfen. Trenkfack, Trenker, (Zir.) 1) junges, zur Mastung bestimmtes Schwein, das auf der Alpe vorzüglich mit Jutten (Molke) gefüttert wird. 2) kränkliches Kind, das zur Erholung auf die Alpe gegeben wird.

'antrinken; Grimm, Wbch. I, 507.' „So nimt (Rebecca) ier schaf ab ier achsel und sprach ze im (Eliezer): herre, trinche an!", Griesh. Pred. I, 133. *Trink à~!*

ertrinken (də'trinkə~), a) wie hchd. BM. III, 92. Grimm, Wbch. III, 1034. b) von Schiffen: untergehen. Nota de juribus in Lauffen, salzb. Replicschrift gegen Bayern v. 1761, Beyl. 37. Vrgl. gl. a. 427: scefsauffi, naufragus. Der bäurischen Köchinn dertrinken die aufgegangenen, die Dampf-, die Schmalz-Nudeln, wenn sie sich zu sehr mit Milch oder Schmalz ansaugen, und daher von innen, statt locker und trocken zu seyn, naß und fest erscheinen.

nâcheinander trinken, (von Mehrern) aus einem Geschirre trinken. Muəs I ə~n iədən sei~ Biər bsundə's bringə~, odə' *trinkts* glei' *nâchənandə'*? frägt die Kellnerinn im Wirthshaus die Gäste, die sich zusammen an einen Tisch setzen. Über das Verderbniß der jetzigen Zeit klagend, sagte ein eisgrauer Dorfwirth unter anderm: Wiə-r-I gheirət hà~, hàn I, wenn I àllé Tisch· voll Leut· ghàt hà~, kaə~ Duzə~d Krüəg 'braucht. Hàt àll·s *nàchənandə' 'trunkə~*, wàs àn aə~n Tisch gséss·n is, és müəsst nà~ ə~ Frem'ə' dəbey gséss·n sey~, aus ə~n frém'ən Ourt, den s· nét 'kennt hiət·n. Iətz fircht·t si' scho~ ən~iədər, ə' kimt um ə~ Trünkə-l· z· kurz. Lamartine findet das catalanisch Trinken auch beym Drusenfürsten Emir Beschir. Allg. Zeit. 1835, außerord. Blge. v. 28. May. Auch der Indier in Pondichery gießt das Getränk aus einiger Entfernung in den Mund, ohne daß ihn das Gefäß berührt. Ausland, 1837, p. 1043.

vertrinken, vrb. act., a) wie hchd. b) Einen vertrinken, auf desselben Kosten trinken. Einen Verstorbenen vertrinken, bey seiner Leichenfeyer auf Rechnung der Hinterlassenschaft eine Mahlzeit halten. s. Totenmâl, Dreißigst, Totentrunk, Leichenbier. Die Sichel, die Gabel vertrinken, s. Sichel, Gabel. „Die armen Leute verzehren und vertrinken", auf Kosten der Unterthanen in den Wirthshäusern essen und trinken. Dieses pflegte ehmals bey verschiednen Gelegenheiten von Seite der Schergen und Beamten zu geschehen, obschon es wiederholt verboten wurde. Besonders hatte „das Vertrinken der armen Leute" statt, wenn sie vor Amt gefordert wurden, wo sie denn den sogenannten Forderwein zu zahlen hatten, eine Zumuthung, welche um so näher lag, als gar oft in den Tafernen amtiert und Recht gesprochen wurde. s. Kr.

Lhdl. I, 235. II, 173. VII, 61. 358. 386. 491. IX, 234. 303. 431. XII, 184. XIII, 42. ref. LR. v. 1588: Tit. 1, Art. 6.

Das Zuetrinken (boire d'aultant bey Rabelais, préface) findet man in Verhandlungen des 15. u. 16. Jahrhunderts als ein gefährliches und stark verpöntes Laster aufgeführt. „Welcher turniersgenoß zu halbem oder ganzem zuetrinckt, mit dem sol und mag man umb das ros turnieren", Turnier-Vertrag v. Heilbronn, 1485; Cgm. 961, f. 116. „A⁰. 1542 tranken etliche Roßteuscher zu München einander ein Glas über das andere zu. Der erst sprach: mir thut ein Zahn weh, der nächst sagt: thu ihn heraus. . . Zur Strafe mußt der Züchtiger ihrer jedem etlich Zähn ausreißen"; Sanftl, Catal. II, 960. „Schaffen und gebieten ernstlich (so heißt es z. B. in Kr. Lhdl. IX, 437) daß füro keiner, wer der sey, dem andern auf sein Begehren oder Ansinnung keinen Zutrunk thue, auch den nimmer bringe, und das weder in Schimpf noch Ernst von dem anderen gewarte." Wer solches Zutrinken Anderer sieht und nicht anzeigt, soll nach derselben Bestimmung, wie der „Zutrinker" selbst bestraft werden. „Wir verbieten auch (heißt es a. a. O. weiter) alle Gewette, die einer dem andern fürschlägt oder anbietet,
495 als er möge eine Anzahl Weines oder andern Getränkes nicht trinken", bey Vermeidung der auf die Zutrinker gesetzten Strafen. (cfr. Kr. Lhdl. XIII, p. 185. 266. 330. L.Ord. v. 1553, f. 179. L.R. v. 1616, f. 550). Aventin sagt in seiner Chron. f. 333, „vom Kaiser Carl sey sundere satzung über das Zutrinken und ander bös breuch vorhanden." Es ist, sagt Selhamer 1690, bey uns versoffenen Teutschen schon so weit kommen, daß der soviel nimmer gelten will, der nicht alle Gesundheiten, die man großen Herren, Obrigkeiten und guten Freunden ausbringen mag, munter und hurtig entrichten kann. Der heil. Ambrosius hat diß an uns Teutschen längst vermerkt. Bibamus, läßt er sie sagen, pro salute Imperatorum, et qui non biberit, reus sit indevotionis, videtur enim non amare Imperatorem, qui pro salute ejus non strenue biberit. „Alle die sich miteinander vnderwinden gleich ze trinken als die Polan tůn"; Furstenf. 138, f. 99. Arten des Zutrinkens (Vullentrinkens) und eigene Namen dafür s. in Kantzow's pommer. Chronik (hg. v. Medem) p. 270 ff.

Der, das Trinken, 1) ä. Sp., das Getränke, der Trunk. „Die Gest (Fremden) mügen noch sulln (in München) dhainerlay gewant bey der elln versneidn noch dhain trinckn bey dem mazz verschencken", Wstr. Btr. VI, 113, ad 1370. „Desselben vaßes oder ponzen trincken", v. Sutner's Gewerb. v. München. „Unser tafernær sol haben dreyerlayr trincken", MB. X, 396. Gl. a. 162: trinchan inti prot, bibere et panem. 2) eine gewisse Portion Getränkes, namentlich eine halbe Maß. Zeitschr. IV, 450. „Der Chopf (1/60 oder 1/64 des Eimers) halber ist genant ein Trinchen, desselben gên ein halb Pfund (also 120) an den Eimer"; Regensb. Umgeldord. v. 1354. Gem. Chr. II, 77. „III trinckn lantmaß ist ain achterin, XXXII achterin ist ain Suer, 64 lantmaß ist ain Suer"; Tegernsee 1520. „III trincken lantmaß ist ain achtrin in Austria, XXXII achtrin ist ain emer"; CbmC. 22, f. 261. „Man sol den Kriechel und Romaner schenken ein ganzez trinchen vmb zwene zweinziger, Malfasier umb drî zweinziger"; StdtR. v. Meran v. 1317 in Haupt's Zeitschr. VI, 417. „Wir schullen jm auch geben ze hocher zeit einen trinchen weins"; MB. XII, 167, ad 1325. „Poculi, trincheneß", Cgm. 17, f. 18ᵃ, Ps. 22, oratio. „Accipiant singulas *biberes* et panem", Meichelb. Hist. Fris. I, II, f. 22, ad an. 1000. In der tyrol. L.O. v. 1603 ist das Trinkel ein bestimmtes kleines Maß. Die „Trincklkandel."

Die Trinkstuben, unsern Voreltern in größern Städten ungefähr das, was uns, ihren deutschen Söhnen, die so betitelten Ressources, Harmonien und Casinos sind. Es fanden sich die Trinkstuben gerne in bezeichnender Nachbarlichkeit bey den Amts-, Raths- und Versammlungs-Stuben. „Gemainer Statt Trinkhstuben." „Nach gemachtem Ausschuß, als man mit den Consultationibus langsam umbgangen, seynd die vbrige in otio stehende Ständt verursacht worden, selbst auch auf der Trinckhstuben zusammen zu kommen und ihre Conferenzien anzustöllen", (Landtag v. 1669?), Cbm. 1822ᵃ, p. 125. 'Zeitschr. f. d. Kulturgesch., hg. v. Müller und Falke, Bnd. II, 239. 619. 719. 777.' Noch kennt man in München ein Haus am ehmaligen Landschaftsgebäude unter dem Namen der Trinkstuben, in Wstr. Bschrb. (von 1785) als Wein-, in Burgholzer's Wegweiser (von 1796) als Caffeehaus bemerkt. Von ihr gieng ehmals aus die Fronleichnamsprocession und manche andre, weniger heilig geachtete Burgerlust. So findet sich dieser Name und ein Theil der Sache noch in Amberg (Wiltmeister 143), in Salzburg, Ingolstadt (Mederer p. 60. 217) ꝛc. „Auf den Trinkstuben soll das (sonst stark verpönte) Spielen, wie von alters her beschehen ist, erlaubt und unverboten seyn", Kr. Lhdl. XII, 436. LR. v. 1616, f. 699. „Von 1434 an läßt Herzog Ernst den Burgern zu Landsperg ierlichen in ir Trinckhstuben 496
auf Weihnechten zur Ehrung geben drey Goldfärchen aus dem Würmsee", Lori, Lechrain f. 133. Das Prompt. v. 1618 gibt Trinkstuben durch coenatio publica. Man vergleiche den Rathskeller in fränkischen und sächsischen Städten.

Der Trinkwein, (Franken) Getränk des gemeinen Mannes aus den mit Wasser begossenen und nochmals gekelterten Trestern; Nachwein, Lauer. Zeitschr. III, 12. Vilmar, hess. Idiot. 417.

Der Trunk, wie hchd. Zeitschr. IV, 450. Der Êrtrunk, Ehrentrunk, s. Êr. Der schwedische Trunk. „A⁰. 1643 haben die Schwedische Soldaten einem Burger, der nicht sagen wollen, wo die Kirchen-Sachen verborgen, die Hände auf den Rucken gebunden und jhme durch aufgesprissenen Mund einen Schwedischen Trunk (wie mans nennet) in einer solchen Übermaß zweymahl auff einander eingegeben, daß er hätte zerschnellen sollen", Altöttinger Histor. v. 1718. „Den knecht legten sie gebunden auf die erde, steckten ihm ein sperrholz ins maul und schütteten ihm einen melkkübel voll garstig mistlachenwasser in leib, das nanten sie einen schwedischen Trunk", Simplic., 4. Cap. Bogenberg. Mirakel ad 1645, p. 279. Selhamer, ad 1696. Cgm. 1001, f. 317. Grueber u. Adalb. Müller, d. bayr. Wald, p. 41. cf. Abele s. Grchtsh. I, cas. XXXVI. Der Hundstrunk. „Einen Hundstrunk haben, largius bibisse, ebriolum esse", Voc. v. 1618. Der Trœstertrunk, (wirzb. Leichenord. v. 1785) bey Sterbfällen üblich. Der Übertrunk, einen Übertrunk tuen, einen Übertrunk haben, gelinder Ausdruck für: zu viel trinken, zu viel getrunken haben. Gl. i. 266: upertrinchan, vino aestuare; a. 357: upartrunchan, temulentus; a. 218: upartrunchani, ebrietas.

---

trensen, trenzen, (b. W., vom Rind) traurige Töne von sich geben, aus Sehnsucht nach dem Stalle, der Herde, dem entrissenen Jungen u. s. w.; (Jgr.-Spr., vom Hirsch) schwach und abgesetzt schreyen. Bergmann's Walser p. 92: drinschä. „Dás so a Tåg *vo'tränscht* und trauri' is", Kartsch II, 13. „Trinsare", vom Bären; Ruodlieb III, 96. „Augurium, vogeltrensen; auriolus, wettertrensen"; Poll. 668, f. 166. „Vogeltrensen, augurium; wetertrensen, auriolus"; Cgm. 3985, f. 4. „Vogelgesang. wetertrenssen. unhold. pilbeyß", ZZ. 960, f. 4. „Der halb hetst heint im bett kein rhu, gedrenst gleich wie ein alte khu, hast schier kristen die ganzen nacht", sagt die Bäurin zum Mann, dem im Bauch nicht recht; H. Sachs: 1560: V, 353 (1612: V, III, 32). Zeitschr. IV, 449.

---

transchieren, vrb. act., wie hchd.; fig. kritisieren, durch die Hechel ziehen. „Wenn lang der Prediger in der

Fruh die Leuth ein paarmal lachend macht, wenn er die Stadtleuth transchirt und ihnen brav Klamperln anhängt; es ist freylich etwas, aber er ist halt doch nicht der recht Hanswurst", Portiunculabüchlein p. 67. „Schalksnarren, die ihren eignen Herrn transchieren und dessen Imperfection auf die Bahn bringen", P. Gansler. Cf. M. Helmbrecht, V. 1010: Er ist gefüege (heutzutage bey Hof), swer den man mit guoter rede versniden kan."

Die Trenschen (Tréə˜schn, Trèə˜dschn), verächtlich, der Mund; breites, verzogenes, verdrüßliches Maul. (cf. Triel und träntschen, auch das isländische tryni, rostrum). Wàs machst denn ietz für ə˜ *Dréə˜schn?*
Zwaə schnéweissé Täubəln, zwaə Flidscháj blàwé;
Mei˜ Schàzáj is zou'ni', henkt 's *Dreə˜schàj* àbi.

Treinsch, (Jir.) Catharina. Kaltenbrunner: Treinschl. Vrgl. Zeitschr. III, 373. IV, 156. VI, 452. 461. Vilmar, hess. Idiot. 416. s. Trêne.

Der Tràntərə', (Gebirg) Art schlechten Topfens oder Quarks, aus Rührmilch und Käsewasser gesotten. Zeitschr. IV, 448. Die Tràntərə'-Hütten, (Jachnau) Alpenhütte. (Vrgl. rennen, coagulare).

497 „Trantban." „Dieselbe (Rede) in 5 Theile getheilt, dazu in mancherley Drantban eingeführt, um die Sache damit zu verdunkeln", Kr. Lhdl. XIV, 288. Etwa zu trändeln (zaudern) und Bahn, also soviel als Ambages, Umschweif. Das. p. 264 heißt es: „denn wiewohl das von Gott geredet, so wäre es doch gemeint auf eine andere Bahn, als im alten Testament . . ." Cf. hessisch: der Trant, Schritt, Gang, Gewohnheit; Vilmar, Wbch. 46 f. hess. Idiot. 414. Firmenich I, 418,76: „Suä geit et dann no'm aulen *Trant*", (Neviges). Trant, m., holländ., gewohnter Gang, Schlendrian. trantelen, trippeln. Vrgl. Zeitschr. V, 299: die Trâne, Geleise.

trenteln, zaudern, s. trendeln.

---

träntschen (tràntsch·n), verunreinigen, beklecksen; plaudern, ausplaudern. verträntschen, verschütten, verzetteln. Die Zeit verträntschen, sie unnütz verwenden. Zeitschr. III, 134. 343. 547,9. IV, 345. 448: tränschen, trantschen, träschen, tratschen. Der Träntsch (Tràntsch), Klecks, Unreinlichkeit; schlechte Speise. Die Träntsch, unausrichtsame oder auch plauderhafte Weibsperson. Die Trene, (Wetterau) langsame Person; (= Trîne, Katharine; Vilmar, hess. Idiot. 416); cf. Drænpeter, Zeitschr. III, 1. Vrgl. Trenschen, trenzen und trätschen.

---

trenzen, tropfenweise fallen oder fallen lassen. Das Kind trenzt beym Essen, wenn es von den Speisen oder Getränken darneben fallen läßt. Zeitschr. IV, 449. Etwas oder sich abtrenzen, antrenzen, vertrenzen. Der, die Alte, das Kind trenzt, wenn ihm der Geifer vom Munde herab tröpfelt. So trenzen die Pferde, die Hunde, wenn sie schäumen. Das Trenzbärtlein, Geiferläppchen. Zwischen Inn und Salzach trenzt man vorzugsweise, wenn Tropfen (Thränen; s. d. W. cf. schweiz. ə˜ Thränolé Wein u. drgl.) dem Auge entquellen. Dieses Thränzen entspricht genau dem lat. lacrymari, welches nicht immer zugleich ein (hörbares) Plorare ist. „Lacrymandum est, non plorandum", Seneca. Siehe Träne.

Bey'n Tausend wenns thátn wégk nemə˜ mei˜n Lenzn,
I müessət mi' ja hàlbət z· tód *trenzn!*

2) fig., nicht in gehörigem Zusammenhange, sondern mit unnöthigen Absätzen und Zögerungen sprechen, oder sonst etwas thun. Schmätz frisch vo˜ də' Brust, *trenz* nét so dəher! Daher-, furt-, herum-*trenzen*, zaudernd, langsam daher-, fort-, herum machen, arbeiten, gehen ꝛc. Die Zeit vertrenzen. Der Trenzer, 1) der da trenzt, geifert, schäumt; der da zögert, langsam etwas thut. Vrgl. BM. III, 86: trensel. 2) der (getrenzte) Tropfen. Vrgl. Zeitschr. V, 489: Treanza.

'Der Trunze, Trunzûn, ä. Sp., Splitter, abgebrochenes Stück, namentlich der Lanze, (BM. III, 122. cf. franz. tronçon, ital. torso; Diez, Wbch. 349).' „Si schuzzen starke schefte, vil trunzen dâ zebrach", Gudrun 1398,2.

(Vrgl. Trab, treb, ꝛc.)

Der Trapierer, ä. Sp., traperius, draperius, qui curam traporum i. e. vestimentorum habuit. „Nach dem grozen chumtiure so wart er (der) trisoler, nach dem trisoler so was der spitaler oder almusner, darnach der trapirer, under dem was swas trapenie was des coventes und des spitals"; Regel des Spitals zu Jerusalem, Clm. 4620, f. 92. BM. III, 84. s. oben, Sp. 639 f.: die Trabenei.

Der Trapp, der Trab, Trott. trappen, traben, trotten, stark auftreten. Daher das Iterativ träppeln, treppeln, trippeln, mit kurzen, kleinen Schritten eilfertig gehen, einen kurzen, kleinen Trott reiten. Der Träppelweg, Treppelweg, Weg am Rand der Donau, wo die Pferde gehen, von welchen Schiffe stromaufwärts gezogen werden. Er muß nach Forstverordnungen in waldigen Gegenden auf eine Breite von drey Klaftern 498
in abgeräumtem Zustand erhalten werden. Das Träppelein (Tráppə-l, Tráppál), blödsinnige Person. „Das ist ein acker trap dicunt cives de agricola inter eos veniente"; Clm. 12296, f. 217. BM. III, 84. Cf. kärnt. triap, trep, Tölpel; trjapa, trepa, Kretine; Jarnik p. 193. Dé is ə˜ glatts *Tráppál.* Die Trappen (Trappm), (O.Inn) die Stufe, verschieden vom hochd. (nicht volksmäßigen) Treppe, welches immer mehrere Stufen anzeigt; BM. III, 84. Zeitschr. III, 261,33. VI, 144,13. (Ries) Thürschwelle. s. oben, Sp. 544: Dürpel u. Zeitschrift IV, 128,19. V, 238. Trappeln, (HhE.) Fußeisen. Einem *á Tráppäl légng*, eine Falle; Tirol. Kirchtag 1819, p. 48. Zeitschr. IV, 448.

„Trapp, racemus, scapus, ramulus, unde acini dependent", „Drapp am trauben", Prompt. v. 1618. Graff V, 251. Diefenb. 482b.

Der Trauppen (Trauppm), die Traube, d. h. ein Ganzes von mehrern, eng zusammenhangenden, einzelnen Dingen; (ahd. der drûpo, des drûpin, trûbo; mhd. der trûbe. Graff V, 251. BM. III, 118). ə˜ ganzə' *Trauppm* Bér, Hàslnuss, Kersch, Impm (Bienen, die sich in einen Klumpen zusammen gesetzt). ə˜ *Wei˜-trauppm*, oder schlechthin ə˜ *Trauppm.* Blàwé *Traüppəlár*, (von Moll, Zillerthal) Traubenhyazinthen, hyacinthus botryoides L. Das Träupplein (Träuppəl), Diminut., ə˜ *Traüppəl* Weichs·ln, ə˜ ganzs *Traüppəl* Zwèschn ꝛc. ə˜ *Wei˜traüppəl.* trauppet, adj., aus mehrern einzelnen, aneinander hangenden Dingen bestehend. Zeitschr. IV, 450. Weibspersonen sind *trauppət* à˜g·légt, wenn sie viele Röcke über einander angezogen haben. träuppelweis, adv., in kleinen, für sich ungenügenden Abtheilungen, Portionen, Häufchen, nicht auf einmal und im Ganzen.

„trepeln, trepidare", Praschius. cf. träppeln.

Der Trippel, Trippeltakt. „Das erst Liedl geht in Trippel und haißt: Selig seind die Armen. Das andre geht etwas traurigs und haißt: Selig seind die da wainen und Laid tragen", P. Abraham. „Hort man ze walde mangen suzzen tripel und purdawnen vil, warumb solt ich newr schweigen?" Cgm. 379, f. 100.

Der Tripp, Tripp-Sammet, Art Sammet aus Wolle, in einen leinenen Grund geschlagen. Ltg. v. 1612. p. 415. Grimm, Wbch. II, 1420.

Der Trippschueh. Die Margaret, welche in der Fronleichnams-Procession von 1580 „an ainer rot seiden pünden den lindwurmb fürt", hat an „ain weis lideres par Tripschuech." Wstr. Btr. V, 170. Nach dem Hamburger deutschen Beobachter Nr. 653 von 1818 (oder 1817) sind Trippen Schuhe halb von Leder und halb von Holz.

Der Trupp, üblicher das Trüpplein (Trüppəl), Haufe Thiere oder Menschen. ə˜ *Trüppl·* Kində', Gens', Rehh ꝛc. 'Mhd. der tropel, Trupp, Haufe; BM. III, 114. Zeitschr. IV, 479.' Cf. goth. thaurp, Dorf, lat. turba, 'ital., span., portug. tropa, tropel; ital. truppa, franz. troupe, troupeau; Diez, Wbch. 357.' „2. Jul. 1634 setzten etlich Troppen Reiter übern Lech"; Cgm. 4905, p. 132. trüppelweis, truppweise.

---

træupfen, träupfezen (tráρfə˜, tráρfəz·n), träufeln, tröpfeln; (Graff V, 529. BM. III, 103. Zeitschr. V, 254,59). s. trâuffen. Die Träupf-Suppen. Die und das Träupf, die Traufe.

tropfen, a) wie hchd. b) (HhE.) von einzelnen Äpfeln oder Birnen: fallen. tropfezen, tröpfeln; (trophizan, trophezan, gl. i. 325. 569. Graff V, 529. BM. III, 103).

Der Tropfen, 1) wie hchd., (ahd. tropho, tropfo, des trophin; mhd. der tropfe. Graff V, 529. BM. III, 103). Wien: ein brillanter Tropfen, Ohrgehänge. tröpfling, tropfenweise, guttatim. „So ainer tröpf-
499 ling harmbt"; Cgm. 3721, f. 94. tröpfelweis, tropfenweise; in kleinen ungenügenden Abtheilungen, (s. trüppelweis). „Es reiten noch zu einitz immer fremde Leute und Pfälzische zu tröpfelweis", Kr. Lhdl. XIV, 47. Cf. „in stillicidiis, in tropheungen", Cgm. 17, f. 94^a. Graff V, 529: trophizunga. (ni)tropfe, nihil (franz. ne-goutte), das otfridische drof (s. oben, Sp. 652. Grimm III, 730 f.); altd. Gespräche der Pariser Hs. 7641. W. Grimm, Nachtr. S.' 17. Vrgl. auch wol unser Scheltwort Tropf, (česk. traup, trup, truncus, Dummkopf; cadaver). Der Tropf, Dachtropf, die Traufe. „Ob ich læg unter ainem dachtropfen und trüff auf mich"; Cgm. 54, f. 4^b. s. unten Trupf. Das Tropfstal, (Wstr. Btr. VI, 132. 133) Raum zur Dachtraufe, subgrunda, subgrundarium; Traufrecht. BM. II, II, 559. Zeitschr. IV, 450. „Kumpt er innerhalb des trupfstals"; . . . „dem wirte under des trupfstal er kumpt"; Meraner StdtR., Haupt's Zeitschr. VI, 429, XXI. Das Tropf- oder Träpfhäuslein, (um Nürnb., Hsl.) Haus, zu welchem nur soviel Grund und Boden gehört, als weit die Dachtraufe geht. „Von einem Hof 30 fl., von einem Gut 15 fl., von einem Tropfhäuslein 6 fl."; ansp. Handlohns Verord. von 1768. v. Lang, b. Gesch. III, 226. Der Träpfhäusler, Besitzer eines solchen Häusleins, Koffate, Köbler, Leerhäusler.

Der „Tropfen oder Slag, apoplexia", Voc. von 1445. 'Zeitschr. VI, 6: Gicht; cf. franz. goutte; Diez, Wbch. 179.' „Lucium schlug der Tropff und der Schlag und starb durch die Gewalt Gottes", Av. Chr.

Die Trupf, Dachtraufe; (mhd. trüpfe; BM. III, 103. Graff V, 529). Amberg. Bauord. v. 1552. „Heben sich dann aus der trüpffen"; H. Sachs 1560: II, IV, 11. Grimm, Wbch. II, 1457.

Der (das) Treps, (um Nürnb., Hsl.) die Trespe, lolium; Cgm. 837, f. 107. 108. s. Träffs.

Trippstrill. Hans fragt: Wo gehst hin? Michel antwortet unwillig: Auf Trippstrill, d. h. du brauchst es nicht zu wissen. „Und wenn Ihr auch (quoique) von Trippstrill wäret", Auerbach's Schwarzw. Dorfgesch. S. 521. Vrgl. Peter Blöckel und Wurmansquick. 'Grimm, Wbch. II, 1420: „Man antwortet Kindern, Einfältigen und Unbescheidenen, wenn man einen Ort nicht weiß, oder nicht nennen will, auf die Frage: wo? z'Tripstrill; Schmid 139. Dripsdrill, m., Spottname für einen Menschen, der sich albern und blöd benimmt. In Preußen ist Drepsdrell Spottname für einen Unvorsichtigen."' Tripstrill ist nach dem Lexicon von Schwaben (Ulm, 1801) ein abgegangener Marktflecken bei Bönnigheim am Fuß des Michelsbergs im Herzogthum Wirtemberg, erbaut ums J. 278 unter K. Probus von einem römischen Hauptmann Trepho, der auch die Herrschaft Magenheim gegründet, die Kapelle auf dem Michelsberge und die Städte Bönnigheim und Brakenheim gebaut. Dieser Trepho benannte den Ort nach seinem und seiner Gemahlin Truilla Namen Trephonistruilla, woraus Tripstrill entstanden. Auf dem Michelsberg errichtete der Heidenbekehrer Bonifacius, ein Stift der h. Katharina zu Ehren. Trippstrill wurde von Ruprecht von der Pfalz im Städtekrieg zerstört und ist zerstört geblieben. In Klunzinger's Geschichte des Zabergaus I, 74 ff. II, 122) wird auch das „famose Trippstrill" behandelt. Vrgl. Cgm. 270, f. 202^b: „Gen Trutentrül must du fragen, da sicht man chrumme naslöcher tragen." 'In Koburg heißt die Antwort auf eine ungelegene Frage wo?: „Zu *Trippstrüll*, wu di Gens Haarbeut·l trog·n.' Firmenich I, 475,207 (Köln): „Hä hät zo befelle zo *Trippstrill*, wo Nümmes (niemand) en es."

Trairas, Teufel? „Darumb wöl wir sie schicken schier zumb trayras zu dem sauren bier", H. Sachs 1560: III, III, 14^b (1612: III, III, 27). 'Vrgl. BM. III, 83: der trairos, ein gewisses Lied.'

traurig, 1) wie hchd. 2) verzagt, muthlos, verdrossen; Cgm. 632, f. 25. 3) erbärmlich, schlecht. ə˜ *traurigə'* Soldat, ꝛc. Vrgl. barmherzig. Graff V, 543. BM. III, 124. Die Traur (Trauə'), trauren (trauə'n), wie hchd. nach ähnlicher Aussprachverderbniß: Trauer, trauern, (ahd. trûrên, Otfr. V, 9,14, gl. i. 806. o. 261; sonst eben nicht häufig. Tatian gibt tristis durch gitruobter, und selbst Notker braucht lieber unfro als trureg). Cf. goth. driusan, fallen; 'Grimm in Haupt's Zeitschr. VII, 456.'

trôren, (ä. Sp.) triefen; (ahd. trôrjan, mhd. trôren. Graff V, 545. Grimm III, 388. 495. Gesch. d. d. Spr. 1026. BM. III, 114. cf. goth. driusan. Vrgl. trédə'n). „Also daz tou des berges derder nidertrorte, sicut ros Hermon qui descendit", Windb. Psalter, Cgm. 17, f. 189^b, Ps. 132,3. „Schlecht ein man ein lerchint oder stôzzet es, daz im deu nas trorent wirt", (Blut triefet), Rchtb. v. 1332. Gl. i. 535: (deciduo imbre) pluit (arbor onus suum) tremefacta, trorit giscuttar. „Waz von touwe niderdrert (nider trôrt) den blůmen"; Labr. 686 (P^a 73). „Der riffe iz ne froret, der wint iz ab ne troret" (das Obst im Paradies), Diut. III, 47. „Wart betroret mit der erde", (begraben), Diut. III, 89.

Daz Tror, cruor, (angels. dreore, altnord. dreyri, ahd. mhd. tror, msc. u. ntr. Graff V, 545. BM. III, 114. 'Pfeiffer's Glossar zu Konr. v. Megenb. p. 594. 738.' s. oben Sp. 665: Trân und Sp. 639 Tro). „Alz daz honig die bîgen uzem trore mugen vinden", Wernher's Maria 47. „Ez kümt auch ze stunden in dem sumer, daz hönig vellet von den lüften auf die paum und auf daz gras, und fliegent die peinen (Bienen) dar auf und sament daz. daz haizt man trôr"; Konr. v. Megenb. 87,22 ff. „Sprichet auer si (femina constuprata) daz sie magt (virgo) gewesen sei, daz mus si pringen (beweisen) mit dem gewant, daz si ze nächst an ir leip tragen hat, hat daz tror (Blutstropfen) inerthalb der gürtel, do mach (mag) die frawe wol auf bereden, daz er ir daz vergozzen hab von seiner notnüft, und sol man jn denn lebentigen begraben"; Rchtb. v. 1332. Cf. unten: rêren, verrêren. „Lagdanum, himelslad oder himeltror", Ebersb. 130, f. 162^b. „Ainz haizt ze latein ladanum und mag ze däutsch haizen himelslad oder himeltrôr, reht sam daz vorder hiez honigtrôr. daz himeltrôr vellt auch nider sam daz honigtrôr", (aber nicht in unsern Landen); Konr. v. Megenb. 88,33 ff. 155,6. Honigtrôr, Honigthau; das. 88,34. 89,8. 90,19. trorig, adj., bluttriefend, blutig. „Habent sich (bey der Aus- 500 stellung eines Ermordeten zum sogenannten Bahrgericht über seinen vermeintlichen Mörder) die wunten verchert, daz si trorich sint"; ibidem 187. Wstr. Btr. VII, 47. 92. „Aloe frisch gepulvert saubert dy trorigen wunden"; Clm. 5931 (4^{0} XV, sec.), f. 200. 204.

Der Traß, (beym Ingolstadter Festungsbau) gepülverter Stein, im Wasserbau zu Mörtel dienend. Adelung: Tarraß; holländ. tiras.

trasen, träsen, heftig schnauben, (Grimm, Wbch. II, 1406. cf. česk. třes, Zittern; třesu, třjsti, zittern). „Gabaßchraut ist gut den rossen dy hertzschlechtig sind oder für das träsen"; ZZ. 2072, p. 364. „Tw im (für den heschicz) messtupp in dy nasen mach in also trasen"; Cgm. 170, f. 6^{a}. „Verhab im (dem kranken Pferde) di naslöcher vntz ez drœz", (niese? oder scheiße? BM. I, 386), Roßarzn., Nachsetzbl. im Cgm. 174. „Er lie hin trasen" (daz ors), laufen '(?)'; Grimm IV, 641.

Tres, Tresl, Theresia, (Zir.).

'Der Trisol, Trisel, das Trisur, ä. Sp., der Schatz, die Schatzkammer, (ahd. treso, triso; mhd. trese, trise, tresem, tresen, von franz. trésor = griech., lat. thesaurus; Graff V, 544. Grimm III, 452. BM. III, 86. Diez, Wbch. 738. 'Diefenbach 580^{c}. Der Trisoler, Trisler, Schatzmeister, trésorier. „Des himels trysel, der engel cleynot"; Cgm. 713, f. 132. Trisol, Schatzkammer; trisoler, Schatzmeister; Clm. 4620, f. 79. 92. Trisol, thesaurus; Buch d. W. 1485, f. 7. Trisel, Trisler; Altsw. 234,11. Das Trisur, Simplicissimus v. 1669, p. 395. Die Trysoley, 'mhd. trisekamere, tresekamere, trisehûs; BM. I, 782 f. 739.' Triffera (triffera?), treffei, Voc. Archon. f. 47. „Thesaurizemus wir scazcen, trisen", Cgm. 17, f. 63^{a}, Ps. 38, oratio. 'Vrgl. Vilmar, hess. Idiot. p. 78: Dresen. Zeitschr. V, 54.

Das Triset, das Trisenet. „Der Mörend beschluß war jr Wein und Brot mit Triset." „Ein silberne Schal mit Wein und Brod überschütt, mit einem Triset, das ist, mit Zucker und allerley Specerei vnder einander." Albertin's Gusmann p. 478.

Der Troß, 1) wie hchd. d. h. das Gepäcke, die Bagage; die dazu verordneten Knechte, le train. „Der Plunder und Droß"; Av. Chr. f. 39. 94. 340. 375. Kilian: „tros, collectio." 2) nach Gramm. 832: jeder einzelne zur Bagage gehörige Knecht. „Drossen, die bei dem hauffen bleiben", (ironisch), Cgm. 3635, f. 56. „20,000 lauter gute Kriegsleut on den troßen", Avent. Chr. „Gartende Trossen, Stationierer und Bettler. Woferr hinfürters in unsern landen einer oder mehr Trossen auff den Gart betreten, sollen sie ohne einigen langen Umbstendt an den nächsten Baumb gehenkt werden", Mandat von 1608. 3) o.Pf., träger, ungesitteter Mensch. Vrgl. Trôsch. Der Troßer, Troßler, ä. Sp., Troßknecht; BM. III, 115: trosser, trossierer. Freyb. Samml. IV, 279: drosser. Vilmar, hess. Idiot. 417. „Droßler, Geuffler, Kaufleute und anders volcks, so dem Heer nachzohe." „Droßer und Ganser." „Etlich jung Droßer und Buben." Avent. Chr. Ldtg. v. 1514, p. 183, 184, 188 wird unter den fürstlichen Stallbedienten nach den Knechten und Pueben ein Drosser aufgeführt. trossieren, herumtrossieren, (b. W.) verächtlich: herumziehen, herumgehen, der Liederlichkeit nachgehen. BM. III, 115: trossen, packen. Diut. II, 230: „trossare, torsen; trossa, gepac vel torsel." Diefenbach p. 599^{a}. Der Troßierer, die Troßiererinn. No˜, *Trossiərərin*, wo *trossiərst* denn ummə' 'n ganz'n Täg!? (Das Wort ist wol romanischen Ursprungs; das gidrozan, protrahere, gl. i. 320. 331. 343 paßt schwerlich hieher). Cf. mittellat. trossa, trossare, franz. trousse, trousseau, trousser ꝛc., Diez, Wbch. 347; doch vrgl. isl. thraut, defeci, thraut, res arctae; agſ. threat, turba, coetus, threatan, urgere, verdrießen.

„Micel muneca threat", a throng of monks; Saxon. chron. ad 973. Grimm I^{3}, 475. III, 473.

---

trischaken, s. drischaken; cf. česk. strašaky.

Die Trôsch, Trôschel (Traəsch, b. W. Trâusch, Trâusch'l), 1) verächtlich: Weibsperson. Zeitschr. VI, 173. ə˜ faulé, plumpé, grobé *Traəsch*. Vrgl. Troß. 2) Baum, der keine Frucht trägt. Die gl. i. 112 haben für glis, idis (Klette) throsc. Graff V, 265. Diefenbach 265^{b}.

Die Trusch, die Aalraupe, gadus lota L.

Das Getrüsch, ä. Sp. „Daz sich iht ein getrœsch hœb von den liuten, ne tumultus fieret in populo", Matth. 26,5; Cgm. 66 (XIV. sec.), f. 22. 'Cf. Troß.'

Traister? „Der selb tragser und traister sprach zu dem harnaschmaister"; Mich. Beham, Wiener 327,29.

„Trest, magma, das Dick, so überbleibt, wann was ist außgetrucket", Prompt. von 1618. Hievon mag das üblichere Trester, schon gl. a. 64. i. 288. 300. 965 trestir, der Plural seyn; Graff V, 547. BM. III, 86. Zeitschr. VI, 30. 44.

trestern (?). „Das Berchtenlaufen, das Trestern und der Dreyschlag", (das Zweite nicht näher erklärt; eine Art zu tanzen der Berchten); v. Kürsinger, Ob.Pinzgau, S. 4. 166. „Alt und Jung weidet sich an den Sprüngen der Tresterer, freuet sich über die Berchten und belachet den Hanswurst", das. Trestern, eine Art Tanzes, (Zir., Pinzg.). 'Vrgl. tristern.'

tristen, tristern, trischen, (O.L.) aufrichten, in einen Haufen oder Stoß aufschlichten, aufschobern, aufschocken. BM. III, 86. Bergheu, Seeschilfrohr zur Streu, u. drgl. um eine Stange, die in den Boden festgesteckt
und Trischstangen, Triststecken genannt wird, kegel- 501
oder vielmehr eyförmig aufhäufen, festtreten und oben mit einem runden Stück Rasen bedecken, um es so im Freyen aufzubewahren; Holz in Klaftern und Stöße setzen. Zeitschr. IV, 346. Die Tristen, Trischen, der Haufen, Schober, Fehm, Stoß; Holz- oder Wittristen, Holzstoß, Scheiterhaufen. Heu-, Strô-, Gerœrtristen. s. oben, Sp. 571: Drist. VII Com. drista, Dalpozzo 388; (also besser: Drist). Kärnt. s-vis-li, plur., die Holztriste; Jarnik p. 45. „Auf den Tretplatzen (Tennen) sieht man noch ganze Lager von Tristen (Getreidehaufen). Bericht aus Temeswar, allg. Ztng. 1843, 15. April. 'Frisch II, 388^{b}: „Tristen, ein Schober Heu; auftristen, Pict., aufhäufen, von dresser, drizzare"; Diez, Wbch. 292.'

tristern Rüben oder Rettige, (U.L.) sie in dünne Schnittchen schneiden, mit Salz bestreut, zwischen zwey Schüsselchen hin und her werfen, und so zum Essen bereiten. „Wer warm wasser vast klopfet und trüstelt mit öl, das ist den müden gelidern gar gut", Konr. v. Megenberg f. 197^{b}. '(Pfeiffer p. 336,11 liest: trüftelt; vrgl. dessen Glossar p. 739.)' Cf. trüftern, wovon tristə'n vermuthlich nur verderbte Aussprache ist. Nach Weigand's Mittheilung ist tristern nicht wol verderbt aus trüftern; denn: „trustern, vannare, id est ventilare pabulum aut frumentum vel schwingen"; (Vocabul. incip. teut. ante lat. fol. gg. iiij^{b}). In der Wetterau trostern (o läßt ein u voraussetzen) = was „hoppeln" (s. Th. II). Auf einem über holperiges Steinpflaster dahinrollenden Bauernwagen z. B. trostert man. Ein Kind, das man auf dem Knie reiten läßt, indem man die Ferse auf und ab bewegt, trostert." 'Vrgl. Vilmar, hess. Idiot. p. 417. Diefenbach p. 606^{b}.'

Der Trôst (Troust, Traəst), 1) wie hchd. (ahd. mhd. trôst. Graff V, 474. BM. III, 501). 2) ä. Sp., das Vertrauen, die Zuversicht, der Muth. Zeitschr. V, 98. III, 29. „Trost haben, Vertrauen haben", Av. Gramm. „Wann wir keinen bessern Mittler nicht wissen, dann euch, zu dem wir dann einen besondern Trost haben", Kr. Lhdl. IV, 14. Gl. i. 751. 763. 797: trôst, spes. ä. R.A.

Einen Trost halten, sich einen Trost tuen, wie man auch sagte: Einen gueten Muet halten, haben, sich Eines gütlich thun, (MB. II, 478. XVIII, 43. 44. 46). Wenn Fromme der Vorzeit sich in Klöstern Jahrtäge stifteten, sorgten sie gewöhnlich auch, daß an solchen Tagen der Convent einen besondern Trost an Wein, Fischen u. drgl. haben sollte. (Vrgl. den im Wirzburgischen bey Leichenbegängnissen üblichen Trösterstrunk u. Zeitschr. IV, 34. 361,42. Vilmar, heſſ. Idiot. 417). Bin sünsten ä trutziga' Dieb, do' han i vä' *Treast* (Freude) müəſsen flená, und bricht mä' 's Herz no' alli Hieb", Lindermayr 133. „Hàb'n var *Treast* (Freude beym Mahl) oft zaná müəſsen"; daſ. 160. 3) die Ermuthigung, Hilfe durch Rath und That; Succurs im Kriege. „Thun das alles auf euern Trost, Hilf, Rath und Zusagen . . ." „Ob ihr der Landschaft solchen Trost, Hilf, Rath und Zusagen gethan oder nicht." „Er wäre in unsers Herrn des Königs Frieden und Trostung gefangen worden", Kr. Lhdl. III, 168. 213. Vrgl. das in truste dominica der Lex salic. Tit. XLIV, 4 und Decret. Hlothar. von 595. „Ein Stuck von der Krippen, darein die Jungfräuliche Kindbetterin Maria, den neugebohrnen Christum eingelegt, mütterlichen Trost gethan", Wagenseil, de civit. Norimberg. p. 230.

trosten, getrosten, vrb. n., (ä. Sp.) sich getrauen, das Vertrauen haben; Avent. Gramm. Trost er erweisen mit seinem Aid, das . . . MB. XXV, 198. „Getrost er mit seinem Rechten dafür kommen, das sol er genießen"; Lori, BergR. f. 76. 'Cf. torste, getorste, Prät. von türren; ſ. oben Sp. 620.'

trœsten, auftrœsten (trêst'n, trêistn, troist'n, trèəstn) Einen, wie hchd. trösten, (ahd. trôstjan, mhd. trœsten. Graff V, 476. BM. III, 116). R.A. den Gevatter trœsten, (Fichtelberg) bey'm Gevatterbitten in Bier und Branntwein Gesundheiten ausbringen. Sich trösten eines Dings, ä. Sp., sich darauf verlassen, steifen. „Tröst sich seiner Mechtikait"; Av. Chr. tröstlich (troustlə'), voll guten Muthes, muthvoll; „sich in Kriegsleufenn unnd nöetten als ein fraidiger Mann fröelich und trostlich halten", Frwrb. v. 1591. tröstlich eßen, (b. W.) sich's schmecken lassen trœstlich, guten Muth machend, wohl schmeckend. „Wein, brot, vische und ander sache die in tröstlich sint", MB. XVIII, 15, ad 1293. Anmerk. Sollte trosten und die Composita in der Bedeutung andere zu einem andern Stamm gehören? Vrgl. gl. i. 576: drustit, sublidit; cf. Scheller h. v.; gl. a. 387: gatrustlihho, audenter, und
502 turren, torste.

———

(Vrgl. Trad, tred, ꝛc.)

Die Trat (Tràd), jener Theil einer Feldflur, welcher nach der, wie man aus dem nachfolgenden Citate sieht, schon seit wenigstens 600 Jahren landüblichen Dreyfelder-Wirthschaft jedes Jahr unbebaut und dem Viehtrieb offen bleibt, das Brächfeld, die Brache; (ahd. trata, mhd. trate, trat, Tritt, Spur; Weg, Trift; Brache. Graff V, 522. Grimm III, 395 f. Gesch. d. d. Spr. 62. BM. III, 101. Zeitschr. IV, 202. 448. isl. tröð, pl. tradir, pascua; schwed. trœde, trœdesgærde. Das gleichbedeutende, in den Monuments de Namur (Reiffenberg I, 582) vorkommende tri, tries, trieu und das niederd. Verb. drieschen (ſ. oben, Sp. 570) gehören wol nicht hieher). „Des hirzes trât", Fährte; Tristan 17427. „In tertio anno quando campi sine semine jacent, quod vulgo dicitur trat", MB. XII, 416, ad 1269. „De agris multis qui dicuntur Drat tota decima plebano in Pframbach" (1302); Clm. 9557, f. 161. „In walden, ûf dem brande, an wazzer, ûf den trâten"; Labr. 503. „Wan disev stat Munchen auf hertem podem leit vnd davon můz man die äcker vast mysten vnd tungen vnd mag der paw dew arbait nicht vergeben. vnd davon verdirbt manig erber man. Darumb sint mein herren die purger ze rat worden, daz si di velder die zu der stat gehœrnt nach dreyer erber man rat in drew wellent tailen. vnd swa die drey man die velder mit marchstecken auznement vnd tailen haizent ze dem pawe vnd ze der trat, da sol man dew valtor anhengen vnd mit zœunen befriden. vnd fürbaz ymmermer süllen danne dev velder als ander velder gewonhait vnd recht ist, ze dem pawe vnd ze der dratt ligen"; Münchner Satzung von 1333; Cod. germ. 284, fol. 61ᵇ. Münch. StdtB., Auer 120. cf. Drittelfeld. „Ob der mair icht hab rüben oder wicken gesät auf die trat", Cgm. 549, f. 56. „Wun und waid, trib und trat", eine in den MB. oft genug vorkommende Formel. Die Hel-troden am Burgholz bei Leuchtenberg; Panzer, Mythol. 101. Kärnt. ledina, d. i. ljadina, öde Tratte, aufgelassener Acker; ledinzhiza, eine Trattenblume; Jarnik p. 84. Trata, Wiese, Tratte; daſ. 194. In Trat ligen (tràd ligng), von Äckern: der Viehtrift offen stehen; Lori, Lechrain, f. 141. Das in conculcationem (pecoris) bey Isaias V, 5. u. VII, 25 ist gl. i. 265. 267 durch in trata gegeben. Gl. a. 584: trata, compascuus ager. Vrgl. Tret. trätten (trätt'n), jedes Jahr abwechselnd den dritten Theil der Ackergründe brach liegen lassen. Innə' s Wàlds tüəns' scho˜ leicht zwəlf Jàr nimmə' *trätt'n*, (Baur, in Harmating). traten, ä. Sp., Vieh auf die Weide treiben. „Do suln si getraten sin"; deutsche Urk. v. 25. Juli 1240 im Reichsarchiv zu München, von Lang im Hermes v. 1828, 1. Heft.

'Antraten (?).' „Der ain fauls pain hat und aytterflüs und alt schaden, chreussen, fistulam und antraten", Cgm. 4543, f. 166.

'traut, adj., lieb, werth, (ahd. mhd. trût; Graff V, 471. BM. III, 111).' Trût —, ſ. Grimm, Sendschreiben an Lachmann 66. „Von siner trût műter miner vrowen S. Marien"; Griesh. Pred. II, 143. 146. „Der vil trûte" (Hund), Labr. 102. Diu trût, trût, sunder-trût; daſ. 81. 171. 689. „Hilf Lieb, hilf Zart, hilf Triutel", (Trûtel, Trautel); daſ. 468. Traut'l, (Wien, österr. Bauern) die Kröte. triutelich, trûtlich, mhd., lieblich. „Ach wie ain form, wie ain wib, wie ain trûtlicher lib!" Cgm. 270, f. 103 (379, f. 64). 'treuten, träuten, ä. Sp., lieben, liebkosen; Beischlaf pflegen, (mhd. triuten; BM. III, 112).' „Swenn man daz kint geslagen hât, man sol ez triuten niht ze drât", d. w. Gast 13480. „Er (der Esel) gieng hin für den hêrren stân; ein vuoz leit er im ûf sîn knie, mit dem andern er in umbe vie, er begonde in sêre triuten", Boner XX, 39. „Si . . . die ich triute", („trawte" reimt auf „hewte"), Labr. 648 (Pᵃ 35). „Tantam delectationem habes tangendo cum manibus cattam tuam, dir ist als wol damit das du dein katzen mit der hant trewtest", Monac. Augustin. 84, f. 67. „Ich kam zu burgern und den kaufleuten, die theten mich im anfang dreuten", sagt Frau Wahrheit bei H. Sachs 1560: III, III, 26. „Ob dich ein man felschlichen ye wolt trewten, vor dem bewar dich junkfraw rain"; Cgm. 811, f. 56. „So hab wir auch die schönsten frawn, die träwtt wir virstund in dem iar", Priester Johanns Land, Cgm. 1113, f. 89ᵇ. „Ja solte ich heint bei euch ligen, ich wolte euch treuten also schon, ich wolte es euch zu achtmaln thun"; Cgm. 713, f. 43. ſ. unten trût.

'traten, gewöhnlich entrâten, mhd., fürchten (ahd. an-trâten, in-trâtan; agſ. ondrædan, altſ. an-drâdan, engl. to dread.' Graff V, 522—23. II, 460. BM. III, 84. Grimm, Wbch. III, 580. cf. ant-ſizan; Graff VI, 288). „Der werlt unstetikeit, dine saltu nicht in tratin"; Haupt's Zeitschr. IV, 300,567; (Kehrein, Proben I, 29 erklärt: rathlos werden).

'traten, traden, laufen, eilen?' (zu treten oder zu drât, ſ. Sp. 571?). „Saczten sich nider zu jm auff den pank für den laden in schnellichem traden", M. Beham, Wiener 325,26. „Der probst von Perchtolczgaden kam auch auff schnellem traden", daſ. 336,4.

treten (trédn, I trid, er tritt; I tràd; I bi˜ oder hà' trédn, trétt'n; I trèttət, I bi˜ und I hà' 'trètt't; ahd.

st. Verb. tritan, mhd. treten: ich trite, trat, getreten; daneben: schw. Verb. ahd. trettôn, mhd. treten, tretten, conculcare, Graff V, 520. 521. BM. III, 96. 101. Wart getrettot, du trettost, Notk. 17,10. Diut. II, 337: proterit, fortratta. Griesh. Pred. I, 143: „der rande gegen Eliodoro und trattet den unter sich. 'Von einem Infin. tratten?'). 1) wie hchd. treten. „Cecidit secus viam et conculcatum est, vil zu nagsten weg und ward zetrett"; San-Zenon. 115, f. 100. „Let enman sin korn ute stan als alle lüde ir korn inne hebbet, wert it ime gevret oder getret (d. i. getredet), man ne giltes ime nicht", Sachsensp. II, 48. „Wer wuntt oder getrett ist"; Cgm. 3723, f. 192. „Do fiell ain sam pey dem weg vnd ward getrotten", Clm. 12392 (4⁰ XV. sec., 1478), f. 35ᵇ. s. trotten. „Ein getretner rat über den fuchs", (ein zu seinem Verderben angelegter Handel?), Buch d. W. 1485, p. 161. 2) ä. Sp., tanzen. „So seit alle des gebeten, daz wir treten aber ein abenttenzel nach der gîgen", Nithart. „Tanzen und treten", Br. Berhtolt, 407. (Pfeiffer 515,6). „Treten unde springen." Rosenplut, Cgm. 714, f. 301 ff. Ring 38ᵈ,14. „Auctor summae vict. et vit. loquens de quodam genere choreae quod vulgariter vocatur tretten intrantes choream et cantantes in chorea vocat moniales diaboli", (Joh. Gews), Clm. 16164 (2⁰ 1461), f. 139. „Ze Kraine sî wir des gebeten, daz wir windischen treten nâch der blaterpfifen" („plotter pheyffen"), S. Helbling XIV, 48. „Den virley treten, f. 117"; Docen. BM. III, 327. Das Tret, (Gebirg) Platz um die Viehhütte einer Alpe, wo gewöhnlich das Vieh zur Melkzeit versammelt wird; mehr ebener Weideplatz, im Gegensatz steilerer Weideplätze, (die Alberin auf dem Läubenstain ob Aschau). Der Tret, pl. die Treten, (Muchar's Gastein p. 132) Stall neben dem Kaser, entweder mit diesem unter einem Dach, oder abgesondert. Der Tret dient dazu, das Vieh während der Mahlzeit einzustellen, oder demselben zur Nachtzeit oder bey nasser Witterung trockenen Unterstand zu verschaffen: retraite, welches aus dem Altceltischen ins Gallische übergegangen sey, meint Muchar. „45 Kasen, welche in 6 Tretten (Plätze, wo mehrere Kasen beysammenstehen) abgetheilt sind", (Pinzgau), Hübner 654. Das Reiter Trett; das. 656. Cf. il tretto, i tretti bey Schio; 'cimbr. Wbch. 179ᵃ.' Trett, (Jir.) a) Platz auf der Alp, wo die Sennhütte und Viehschirme stehen; b) Viehschirm. Der Trettmist, (Jir.) Dünger, der auf der Alp in Formen gebracht und, wenn gefroren, auf die Güter herabgebracht wird. Vrgl. Zeitschrift IV, 448. (Schrank und Moll, nat. hist. Briefe p. 81. Hübner's Bschrbg. v. Salzb. p. 376. Koch-Sternfeld, Gesch. von Berchtesgaden III, 133). Vrgl. Trat. Die Tretten (?). „Den Zimmerleuten für Machung Tretten zu Raumung des Grabens auf dem Dumblplatz" (1613), Cbm. 2224, f. 219. „Wegen Schrägen, Dretten und Mörtltrog machens"; Clm. 2225, f. 185. Der Treter (Trédə'), a) die Vorrichtung am Spinnrad und am Strohschneidstuhl, welche durch Treten in Bewegung gesetzt wird. S. Trittel. b) ä. Sp. 1) Tänzer. Saltator, sprengere vel dretere, gl. o. 59. 2) Art Tanzes. „Mußten die Leut allerley Täntz und Lieder lernen, den Drötter, Fyerltanz und Reyen", Avent. Chr. 34. Treteltantz; Clm. 17243, f. 90. cf. trotten.

abtreten (à'tré'n), 1) wie hchd. 2) a. Sp., einer Handlung, sie aufgeben, unterlassen. „Des Bierschenkens abtretten", L.R. v. 1616, f. 529. Grimm, Wbch. I, 143. 'Der Abtritt, 1) das Weggehen, Beiseitegehen.' Einen Abtritt nehmen, ä. Sp., abtreten. Daher: 2) secessus, Privet. „Auf den neuen Gang für den haimblichen Abtridt", (1613); Cbm. 2224, f. 228.

503 antreten, 1) wie hchd. antreten. 2) O.L., sich etwas einen Dorn u. drgl.) in den Fuß treten. I hà' *à˜trètt·t.* Auch das Prompt. v. 1618 hat: an (nicht auf) einen Nagel tretten, latentem clavum calcare.

austreten, 1) wie hchd. 2) ä. Sp., sich gewaltthätig der Obrigkeit entziehen und wol gar entgegenstellen; sich eigenmächtig rächen. Grimm, Wbch. I, 1004,6. Der Austretter, der Austritt, Kr. Lhd. I, 173. II, 98. VIII, 500. L.O. v. 1553, f. 189. 190. „Si wâren niender ûz getreten (hatten nichts Unrechtes gethan), ir zuht stuont an der mâze zil", Wigalois 9248. Wider Ignaz und Augusta Mosbach von Oberweier, die ohne Erlaubniß das Land verlassen und sich in New-York niedergelassen haben, soll nach der (badischen) Landesconstitution als wider ausgetretene Unterthanen verfahren werden. Lahr, 20. Jan. 1845.

betreten etwas, es ausfindig machen, antreffen, (BM. III, 98. Grimm, Wbch. I, 1713,4). „Gestolnes Gut soll man berechten in dem Gericht, darinnen man es betretten", L.R. von 1616. Die Betrettung, Einfriedung, Sicherstellung (?). „Den armen Leuten werden ihre Zäune und Hecken niedergebrochen und ihre Hunde genommen, damit das Wildprät seine Nahrung nehmen und erreichen und der Arme seines Gutes, das ihn härtiglich ankommt, gar keine Betrettung haben (suarum rerum tutamen quaerere; berettung?) mag", Kr. Lhdl. XIII, 21. 35.

'vertreten Einen eines Dinges mit etwas, für einen in einer Sache mit etwas eintreten, gut stehen, haften; vrgl. BM. III, 99ᵇ,4.' „Und sol der gůt machen, daz er in des gelts vertret", Münch. StB., Art. 18. „Die sol er im mit der gewerschaft vertreten"; das. Art. 168.

Der Tret, Treit (?). „Welches ros den tret (auch treit) hat"; Cgm. 824, f. 8. 9.

Der Tritt (Trid), wie hchd. (BM. III, 100). R.A. Kainen Tritt wird figürlich oft gebraucht wie das franz. ne — pas. Dés Kind schlaft heu˜t *kaə˜n Trid.* Des Tritts, (schwäb.) eben erst, soeben. Hennentrittlein, Falten in der Haut um die äußern Augenwinkel bey ältern Personen. Der Trittel (Tridl), O.L., was (U.L.) Treter a), w. m. s. tritteln (tridln), trippeln; tirol. tretteln. Zeitschr. IV, 449. Der Trittling (Tridlin'), hinten abgetretener Schuh, schlechter Pantoffel. Der Antritt ('A˜-trid), die Stufe am Altar; die Stufe vor einer Hausthüre; der Trittschemel. Der Zutritt. „Es wird eine Sommerwohnung mit Zutritt verlassen", (mit Vorhaus). 'Das Trittschäufelein, die Thürschwelle. (Umdeutung des alten driscufil; s. oben Sp. 570: Drischäufel).' „Wo man einer het verholn unterm tritscheuffelein eingraben, daß sie darvon das geschoß solt haben", H. Sachs 1560: V, 354 (1612: V, III, 33). „So die frowen ze kemenaten gen, vor der tür solt du sten und solt du den zesen fuzz setzen auf daz drischovel"; Fürstenf. 121, f. 187ᵇ. „Limen, swell; postes, trůschvbl"; Fürstenzell 44, f. 21. „Limen, dristapfel", Clm. 5685, f. 38. Diefenb. 330ᵃ. 449ᶜ. Frisch II, 388ᶜ. Zeitschr. II, 245. III, 344.

Der Triet, das Trisenet, le trisenet. „Triet, panis escharites imbutus vino", Prompt. von 1618. „Triet, Strizelen, Zeltl 2c." Hailbrunner Badbeschr. „Sal condimentarius, ein Driet alias tragea; tragemarotheca, ein stattel zů einer Driet"; H. Junii Nomencl. 1629, p. 50. Vrgl. Grimm, Wbch. II, 1409 (aus Henisch). „Ein gepatz prot mit einem troyet", Cgm. 170, f. 8ᵃ. Carn. triet, a tribus ingredientibus: gebähte Semmel, guter Malvasier und Zucker; Kopitar. Diefenb. 591ᶜ. BM. I, 391: „drieide, cidus, succus."

trotten, a) wie hchd. b) (v. Moll, Zillerthal) so dreschen, daß die in einer Reihe stehenden Drescher zusammen immer einen Streich, und den andern die Gegenüberstehenden machen; im Gegensatz des Bengelns, wo jeder Streich jedes Einzelnen besonders gehört wird. c) (O.L. Baur) wild dreschen. Die Trotter, plur., (HhE.) die Gewaltstreiche beym Aufhören zu dreschen. ə˜n *Trotler* machen, wenn alle Drescher zugleich auf's Korn schlagen, gewöhnlich zu Ende der Dreschzeit eines Tages;

(Baader). 'd) ä. Sp., = treten, tanzen; BM. III, 117. „Des mag ich ainen tanz nit getroten", (reimt auf „Schotten"), Rosenplut, Cgm. 714, f. 303. „Chorisantibus in diebus sacris et specialiter trotter"; San-Nicol. 173, f. 3. s. oben treten.

trotteln, (Prasch) hausieren.

Der Trottel, (österr.) Blödsinniger; Castelli, Wbch. 116: Drottl, ein Cretin. Von der kaiserlichen Theaterloge sagten die witzigen Wiener unter Ferdinand, sie sey wie weiland mit Fransen, jetzt mit Trotteln besetzt; (Frl. Mohr, Jun. 1847).

'trût, ä. Sp., traut, lieb; s. traut.' verdruten, desponsare; drut kemmerlin, trut bet, thalamus: Voc. Melber.

---

trätschen, trätscheln (trátsch'n, trátsch'ln; Weihers: dreitschen, Dr. K. Roth), im Nassen, Kothigen herumtreten; plaudern, schwätzen; ausplaudern. Vrgl. träntschen. Das Getratsch. Hei˜t ist wol ə˜ *Gedratsch* dauss, schneenasses Wetter; (Baader, am 16. April 1847). Vilmar, hess. Idiot. 415. s. dräschen u. Zeitschrift II, 238. 467. III, 547,9. 343.

tritscheln, a) Fiste lassen; cf. gl. o.: trizstuol lasanus; (Graff VI, 664. Diefenbach 319). Cf. niederd. drijten, pedere, cacare; isl. drita. Am Niederrhein (nach Hrn. Wihls Versicherung): drîßen, ich habe gedrißen; subst. Driß. driten, drieten, cacare; dritt, drieß, cacat; dreet, cacavit; Dryt, Dreck, engl. dirt; Firmenich I, 288,20. 403,183. 405,275. 407,420. 432,27. 458,48. Zeitschr. V, 280,4. „Ên Bûr, de nicht en wêt van decreto efte codice schêt efte drêt, (weder Scheiß noch Dreck), sagt der Doctor in Claws Bur; hg. v. Höfer p. 46,683. 100,683. Trizstuol zeigt, daß dieses Wort auch oberdeutsch gewesen. „Verhab im (dem kranken Pferde) di naslöcher vntz ez dræz (niese oder scheiße?), Roßarznei, Nachsetzbl. im Cgm. 174. s. trasen. b) sagen, ausplaudern, was man geheim halten sollte. *Tritschlerinn!* muəst àlls *tritschln?* Der Tritschler, a) Fist, b) Schwätzer.

Der Trutsch, (Lungau, Jir.) Blödsinniger, Fer.

Das Trutschelein (Trutschə-l, Trutschál), zärtliche Benennung einer lieben Person, besonders eines Kindes. 'Cf. BM. III, 124: trutschel, kokette Gebärde.' „Der munt ir stæte lachet, lœslîch si do machet trutschel mit den ougen lieplich unde tougen. dâ sie ir friunde wesse, den warf sie lîht zwei esse; der andern schanze wær ze vil, dâ man zühte hüeten wil"; S. Helbling I, 1119. „Wil du mein holder Drütschel sein?" H. Sachs 1560: II, IV, 30b. „Sing das new liedla vom holder trüschel und morgen Stern"; H. Sachs 1612: III, III, 13 (1560: III, III, 7b steht: „vom holder trüschel"). 'Cf. Hollerstock und Grimm, Wbch. II, 1463: Drüsserlin, aus dem Ambraser Liederbuch: „Du edles Drüsserlein, du bist mein morgensterne." Vilmar, hess. Idiot. 79.' Dicken's (Boz') Frau, die ausgezeichnet hübsch seyn soll in dem Genre, das man im südlichen Bayern Trutschele nennt. Bericht aus Pennsylvanien über die dortige Fêtirung dieses dort gastierenden Dichters; allg. Ztng. 1842, Beilage vom 30. März. cf. trutzig.

'trütscheln, mhd., im Brette spielen; BM. III, 124.' „Der lernet trütscheln umb win mit bretspil vnd mit krichlein"; Renner 16733. „Trütscheln, bozzen vnd scheiben gebent nu schulern freien mut";" das. 17531. Vrgl. Zeitschr. IV, 9: Drüsch.

504 trätzen (trátzn), vrb. act., Einen, ihn necken, unwillig oder zornig machen, indem man ihm das, was er wünscht, vorenthält, oder es ihm nur deswegen nahe bringt, um es ihm wieder zu entziehen. (BM. III, 85. Grimm III, 304—305. Zeitschr. IV, 448. cf. isl. at threta). „tratzen, dretzen, lacesso, irrito", Avent. Gramm. Kində' muəs mə' nit vịl *trátzn*, sunst wer'n s· gern boshaft. Gê, du kà˜st nicks wàs d· Leud *trátzn!* R. A. Die Nôt trätzen (d· Noud *trátz'n*), in Noth und Elend groß thun, oder gutes Muthes seyn. *trätzət*, adj., gerne neckend. ə˜ *trátzə'də'* Ding, Einer, der andre gerne trätzt. tratz, adj., trotzig; BM. III, 84. „Gibst du, herre, in ere vnd gût, so wöllent si haben tratzen mût", Renner 915. „Swer sich danne tröstet tratzes mutes"; das. 1002. „Vnsriv kint, di noch nv vil tratzer sint gen vns, denne wir gen vnsern alten"; das. 1024. „Nv dunket sich manger also tratz...", das. 11478. „Daz machet allez tratzer mut"; das. 11484. „Wir sehen ofte, daz cleiniv kint an der strazzen tratzer sind denne gewahsen levte hie vor"; das. 12565. „Mit tratzem mût"; Cgm. 572, f. 35. „Sathan: der tyefel haißet widersaz, also der neydig ist gar tracz", Asp. 47, f. 127. „Trätzig, tretzlich", Gem. Reg. Chr. III, 45, ad 1434. „Pertinaciter, trätzlich"; Monac. Francisc. 134, f. 131. Buebenträtzerlein, (Nürnb., Hsl.) „ehmals die bey Mädchen an den Schläfen herein zu Gesicht gekämmten kurzen Haare." cf. tratzmutig, Aretin's Beytr. IX, p. 1101. Der Trätz (Tráz); BM. III, 84: der traz. „Sie gebarte als ob sie sprœche tratz allem dem", Heinr. Trist. 4468. Einem etwas *z' Tráz* thun, d. h. um ihn zu necken, zu ärgern. „Den veinden da zu tratze", Suchenwirt XX, 186. XXI, 18. Bey D. v. Pleiningen's Jugurtha c. 34 steht „unverschampter Tratz" für impudentia.

trutzen, wie hchd. trotzen. trutzen mit Einem, ihm kein freundlich Wort geben. (Zips: trozen, rathen; ertrozen, errathen.) Der Trutz, Trotz; BM. III, 85. *z' Truz*, zum Trotz. Zu Schutz und Trutz, offensive et defensive. „Aus einem blossen Stutz und Trutz gegen ihre Geistlichen", Zehendrecht. Die Trutzfeder, (O.L.) Spielhahnfeder, die der rauflustige Bursche als eine öffentliche Herausforderung für jeden, der es mit ihm aufnehmen will, auf den Hut steckt. Hat er deren zwey oder drey, so gilt dieß als ein Zeichen, daß er's mit zweyen oder dreyen zugleich aufzunehmen bereit sey. R. A. Sie (diese Feder) Einem herabtuen, ihm Meister werden. Das Trutzgesänglein, (U.L.) Art Schnitterhüpflein, das zugleich ein Spottliedchen auf Andere ist, und daher meist Ursache zu Raufereyen und Schlägereyen wird. Zeitschr. VI, 206. So gibt es, besonders für Heimgehende aus dem Wirthshause, auch ein Trutzjuchezen, ein herausforderndes Jauchzen. Der Trutzel, (salzb., Hbn.) Schäferhund, canis domesticus L. Castelli, Wbch. 116. Das Trutzerlein, Bartbüschel am Kinn (?). Das Cavalier-Creuz (Kreuz, das ein Cavalier in der Kirche schlägt) wird bey Selhamer folgender Maßen beschrieben: „Erstlich, so streicht er sein Haarschopf in die Höh; alsdann dreht er sein Knebelbart auf beede Seiten hinaus; drittens so druckt er das Trutzerl wol hinab, daß kein Börstl in die Höh stehen mag." trutzig, 1) wie hchd. trotzig (cf. isl. throttugr, von throttr, vigor, Kraft). 2) (O.Isar) nett, zierlich, artig, mignon. ə˜ *trutzi's* Méssə'l, (vrgl. Trutschelein). Zeitschr. IV, 107,33. M. m. 123 heißt es: alle gotes holdin sculin trucigo (confidenter oder constanter? Nach Diut. III, 119 zu lesen „emicigo") anastên dere leczen unde demo kebete."

Das Tschaperle, (O. Schw.) nette Person oder Sache.

Tschismə˜, (das also ausgesprochene ungarische 505
tsizma; türk. tschisme), (kurze) Stiefel.

---

twahen, ahd. mhd.; s. zwagen.

Twalm, mhd.; s. Qualm.

'twelen, entwelen, ä. Sp., sich aufhalten, verweilen, (ahd. tweljan, mhd. tweln, twellen; Graff V, 549. BM. III, 160); zurückhalten, berauben.' „Elias und Enoch di lebent paid noch und wurden ni entwelt ires libes und ires gûtes, sam mûzzest du, N., nimmer entwelt werden dins leibes und dines gûtes. amen"; Clm. 17051 (2°. XI. sec.), Hinterdeckel, am Ende des Tobiassegens. 'Cf. ahd. twâlôn, mhd. twâlen, sich aufhalten, verweilen, zögern; Graff V, 551. BM. III, 161. „Demorabitur, uertualet sih, wonet"; Cgm. 17, f. 40ª, Pf. 24,13. Domorabitur, tualet; das. f. 45ᵇ. 'Als ablautendes Verb': „Wâ diu toube entwiele", (im Reim auf „geviele", caderet aqua); Anegenge, Hahn 24.50.

twingen, mhd.; s. zwingen.

tweren, s. zweren.

twerch, mhd.; s. Zwerch. Der Dwerchbach, (Zir., ä. Verordn.) Querbach in die Salzach.

Twerg, s. Zwerg.

E.

Die Wörter, deren Stammsylbe mit E anfängt, suche man in der ersten oder Vocal-Abtheilung Sp. 1 — 182.

F.

506 (Wegen des frühern orthographischen Schwankens zwischen F und V ist fortlaufend der, darum gleich nach F eingerückte Buchstabe V zu vergleichen. Verwandte finden sich auch unter Pf).

Sechzehnte oder Fa- ꝛc. Abtheilung,

d. i.

Wörter, deren Stammsylbe mit F, ohne unmittelbar darauffolgenden andern Consonanten, anfängt.

(Vrgl. Fah, feh, ꝛc. Faw, few, ꝛc.)

fâ-en (fá·n, fèiə˜), sieben durch ein feineres Sieb, hchd. fegen (ahd. fowjan; Graff III, 727. BM. III, 280. Grimm, Wbch. III, 1238. 1412; hchd. fegen: g = w = h, wie XIII Com., während VII Com.: feben). „Man nimbt ein neue gebrendte dowakhypfeiffen, zerstesst solche in einen Merschj und thue es hernach so subtill feben als wie ein Mell und strehe dieselbige auf die fleckh", (die man aus Kleidern bringen will); Notata des Freyherrn v. Bodman, Ms. v. 1700. „Mel sol nicht durch sib aufs Mäßl gefebt werden", tyrol. L.O. v. 1603. „Cribrare, väen", Voc. v. 1445. Gl. i. 303: vouuita, cribravit. Der ursprünglich die Stammsylbe schließende Consonant erscheint (nach Gramm. 496, Note) bald als w (b), bald als j, bald als g. Cf. femel.

Der Feifalter, der Schmetterling; (ahd. vivaltra, gl. a. 526. 573. i. 1074; vivoldra, o. 210; veifal-ter, Voc. v. 1419 und 1445; mhd. vîvalter. isl. fidrildi, schwed. fjäril für fjädril. Grimm I³, 509. Graff III, 727. BM. III, 231. Grimm, Gesch. d. d. Spr. 864. Wbch. III, 1440. Diefenbach 410ᶜ. Zeitschr. V, 216. 228. VI, 77). „Ein schöner Feifalter fliegt mit der Procession", A. v. Bucher's sämmtl. Schriften II, 285. Die erste, an sich jetzt bedeutungslose Sylbe, die, so sehr die Bedeutung annehmbar wäre, auf keine Weise zu fêh (pictus) stimmt, wird durch die Aussprache oft in Feur, manchmal in Pfeif, gewöhnlicher in Fein, zuweilen in Wein, hie und da auch in Bein umgesetzt: Fáiə'fàltə', Pfeiffàltə', (angels. Fif-falde), Fei˜fàltə', Wei˜fàltə', Bei˜fàltə'. Ob am Ende gar aus dem latein. papilio? „Papilio parvum est volatile quod gallice dicitur pepeilon", Heinr. v. Hessen, Asp. 14, f. 116. Kilian: pepel, papilio, wol also = feif alter. cf. Povel, Perickel, Pfisel. „Papiliones vulgo feiualtern"; Ind. 384, f. 69ª am Rande. „Papilio est vermiculus qui membranulis quibusdam volat, ein veivalter", Gutolfus, Clm. 5008 (XV. sec.), f. 170. Man hört auch Zwifalter (schon gl. a. 669: zuifaltra). Das italienische farfalla mag gleichfalls hieher gehören; Diez, Wbch. 139. s. Feif- und Falter.

'fiu, ä. Spr., Ausruf des Eckels, fi! pfui! (mhd. fîâ, fîe, fî, phi, vhiu, phæch, pfuch, pfech; BM. II, I, 495. Grimm III, 304. Wbch. III, 1611).' „Fiv daz er ie wart geborn!" Leich von dem heil. Grabe, Clm. 4570 (XII. sec.), f. 240ᵇ.

Der Fabə-l, a) Fabian; Castelli, Wbch. 121: „Der *Fabian* blågt mi, der Hunger quält mich." b) Mensch, der gern einfältiges Zeug schwatzt, Fabelhans, fabulo. 507

Fabesblätschen, Pfabes-, Foibis-, Foisſ-blêtz·n, Fabisen, Foisſen, (Zir.) die Blätter des Rumex alpinus L. Zeitschr. V, 223.

Die Fibel, in AltB. unüblich, dafür Nämenbüechlein. Jedoch hat das Voc. v. 1419: „Abecedarium, ein ABC oder ein Fibel.“ Grimm, Wbch. III, 1611 f. BM. III, 305. Wer mag, mag über Fibel an den nordischen Fimbul-tyr, Erfinder der Runen, denken.

fibern, fippern, zittern, sich schnell hin und her bewegen. Besonders wird dieser Ausdruck von der schnellen convulsivischen Bewegung der Lippen oder der Augen gebraucht. Fibern vor Zorn, vor Begierde. Mit den Augen fippern. Eine Sache anfibern, sie mit Anstrengung betrachten. „Auf seinen Lippen fipperten Thränen“, Pfr. Nagel's August. Geiler. Die Sterne fippern, strahlen mit zitterndem Glanze, vibrant. „Fippern, labiis tremere“, Praschius. Vrgl. Grimm, Wbch. III, 1612. 1671.

Das Fach, pl. die Fach (b. W.), die Abtheilung, wie hchd., jedoch in einigen besonderlichen Anwendungen. Grimm, Wbch. III, 1218 ff. BM. III, 200. So bestehen die Holzrisen im Gebirge aus einem oder mehrern Fachen, d. i. Strecken von ungefähr 25 Schuh Länge. In Avent. Chronik heißt es: „ist alle Tag ein Fach an der Stadtmauer 125 Schritt weit verbracht worden“, „hat ein jeglicher Herr und Edelmann ein Fach (der Mauer) um Regensburg nach seinem Vermügen bauen lassen.“ In O.Schwaben heißt die Wasserschwelle in Flüssen (cataracta artificialis) ein Fach. Daher Fachbaum; vrgl. Bach, Gegenvach in MB. IX, 300. s. unter fâhen. Nach der Ansp. Fischord. v. 1735 sollen alle Reiß und Leichtfachen in der Altmühl abgethan werden. „Stille noch offenbare, stricke netze noch ander venckvache, der bin ich frey“; Titurel XXIII, 104. „Phares genannt, die weil er das Gefach des mütterlichen Leibes zerrissen“; Hieber's Pred. „Ein palmat seyden hembde ... sant Pangraczien hayltumb drin versigelt was; es was von hundert vachen; darin er vil dick genas“, Wolfdietrich, Haupt's Zeitschr. IV, 441,349. Blahenvach, s. oben: Blahenjoppe und vrgl. Grimm, Wbch. III, 1220,7. Vächdistel, Dr. Minderer, p. 91; (zu fêh; vrgl. Grimm, Wbch. III, 1386).

-fach, adj., wie hchd.; ainfach, zwifach ꝛc. s. -fächtig und fah-en.

fachen, fächten, pfächten, abeichen, visieren; (s. Pfacht u. fächten). „Das neue Maß gegen dem rechten Bergmaß fachen, fächten“, Lori, BergR. 62. 145. 181. 222. Der Fachstab, virgula stereometrica.

Das Fêichen, (ä. Sp., Augsb. Stdtbch.) betrügerisch gebackenes Brod (ahd. feihan, mhd. veichen, ntr., Arglist, Betrug; Graff III, 440. BM. III, 289). „Swelher lêie brot daz ist, anders danne als davor geschriben stat, daz haizzet daz Veichen.. Swelher becke daz Veichen bachet, daz sol der burggrafe hinz im rihten mit der schuphen.“ Gl. a. 340: „anu feihhan“, sine dolo; 287: feihanom, dolis; a. 239. 271: faihan, feihanîc, dolosus, subdolus; o. 463: feihnot, manticulat. cf. du fêichenes (simulationis) nîet ne rûochest“, Willeram; Tat. 126. 153,4. (Vrgl. faicken, focken, Fock).

Féchel, Föchel, s. unten Fél.

Die (?) Fochenz (Fochəz), (Memmingen) „weißes Kreuzerbrod von Kern oder Mittelmehl, nach einer alten Sage zuerst bey einer gewissen Hungersnoth gebacken und
508 an die zusammenberufenen (vocatos) Stadtarmen ausgetheilt“, R. Küchle. Kitzbühel: Vochnz, Osterbrod; VII Com.: Vóchenza, Bógghenza, Vócheza, Osterkuchen; serb. bjela pogatsa, weißes Brod; Vuk I, nr. 273. Grimm, Gesch. d. d. Spr. 21. česk. bochníček, Laibchen; Zips: Bochnitzchen, kleines Brod, Milchsemmel. Dieser Ausdruck ist wol das ahd. (gl. a. 511. 521. 551; i. 221. 826; o. 260. 403) fohhenza, fochinza, genit. -un, crustula, lagana, collyrida torta, elisa; mhd. vochenze. Graff III, 441. BM. III, 357. Grimm, Wbch. III, 1863. V, 332. „Grustula, vochize“, zwischen „tortella, prez“ und „simila, semel“, Clm. 4350 (XIV. sec.), f. 2ª. „Fogatzen“, Cgm. 1229, f. 151ᵇ. „Crustula, vochicze“, Aug. S. Ulr. 50, f. 2ª. „Collyridas, uochenz“, Clm. 6028 (XII. sec.), f. 45ᵇ. „Er (Abraham) hiez saram wurchen dri uochenzen“, Diut. III, 65. „Sie buoch ein bochniz wîz alsam der snê“, v. d. Hagen, Ges. Abent. LXI, 95. „Sy (die Belagerten) machten muln in puchsen stain und warn dy mit der hend umb drein, wan da was noch ain wenig draits, leicht auff zwai vesser voller waicz, dar aue sy mel worn machen und auch bugetschen pachen“, M. Beham, Wiener 127,5. „Wolt wir dan prot so gab man uns mel gewegen nach dem pfund, do goß wir ein wasser on vnd machten ein fogatzon und tettens in ein heissun aschan“, Reise in Spanien, Cgm. 1279 (sec. XV.), f. 151. Ein großes Brod (Pogazha), am Ende eines krainischen Hochzeitmahles aufgetragen. Hacquet, Abbild. u. Beschreib. der Slawen ꝛc. p. 27. Vrgl. ital. focaccia, span. hogaza, franz. fouasse, vom mittellatein. focatia. Diez, Wbch. 148.

Der Fucher, (Nürnb., Hsl.) der Fächer; cf. anfachen, fächeln. Zeitschr. IV, 168. Der Bocher, Art Blasbalg im Bergwesen, „um guet und frisch luft auf ein unfrisch ort zu bringen“. abgebildet Cgm. 1203, f. 150. Bocherpueben, das. f. 123. BM. III, 357. Grimm, Wbch. III, 1863. IV, 330, auch 358: Fucht.

fuchezen, (Hauser) funkeln. s. fuchteln.

Der Fachs (ahd. mhd. fahs, vahs, msc.; Graff III, 446 f. BM. III, 212. Grimm, RA. 283. Wbch. III, 1225), coma, caesaries, ist für sich veraltet und kommt fast nur noch vor in der Zusammensetzung. Bregenzer Wald: Vahs, Vas, Haar. „Ir vahs was in zerfüeret von merzischen winden“, Gudrun 1218,3. „Alsdann nimbt man ein Ferl ungeblaichte leinwath, thuet das bluet in die leinwath hinein“, loser Zettel in Cgm. 1806. „Se steorra the mon on boc-leden cometa hæt, sume men quedad on Englisc that hit sy fearede steorra“, Sax. chron. ad 891. cf. ad 1066, 1097, 1106, 1110, 1114. Der Feuerfachs, Pferd, Hund, Mensch mit rothen Haaren; bey den Blumisten: eine Art feuerfarber Tulpe. Grimm, Wbch. III, 1590. Er sieht aus wie ein Feuerfachs, (hat rothe Haare; ist sehr roth im Gesichte, glüht). Auf ähnliche Weise sagte die ahd. Sp. valavahso, flavus; mihhilfahso, crinitus (gl. i. 747. 757. 1125).

Die Fachsen, plur., spaßhafte Einfälle; Possen. (Grimm, Wbch. III, 1225. 1385. Zeitschr. II, 341. V, 227. cf. Fasnacht, verieren und oben, Sp. 198: bahsen, componere). Gê! dés sán' *Facks'n!* Fachsen machen, der Fachsenmacher. „Ein Audifachs, Erzfachsenmacher, wie Auvogel“; ObrM. s. oben, Sp. 3 und 37.

fechsen, fechsenen, einfechsen, einfechsnen, in die Scheuer bringen (die Feldfrüchte, den Zehend u. drgl.). Grimm, Wbch. III, 1225. Zeitschr. VI, 180. cf. agſ. feccan, engl. to fetch. „Wir schicken weiser des brieffs N. N. hin ein an die Etsch von wegen unser wein und gult ze vessigen“, Raitenb. 166, f. 150. Die Fechsung, a) der Akt des Einbringens; b) das Eingebrachte, die Ärnte. „Dieß Jahr ist die Fechsung reichlich gewesen.“ Vrgl. fâhen, fessen und fanden. abfaren, faren, (Tir.) von den Rüben, ehe sie aus der Erde gezogen werden, die Blätter abnehmen. Vrgl. hchd. Fächser und Grimm, Wbch. III, 1225.

Der Fuchs, (nach der 1ten und nach der 2ten Declinationsart; opf. Fuə's), eigentl. u. fig. wie hchd. (ahd. mhd. fuhs, vuhs; plur. vuhse, Notk. 62,11. Graff III, 431. BM. III, 360. Grimm I³, 84. 158. Wbch. IV, 330). s. Föhinn. R.A. Fuchs machen oder kriegen, (Kitzbühel) mit dem Fußwerk stecken bleiben. Die Füchse kochen, (Metting) es liegen auf dem Walde Nebelmassen, die wie Rauch aussehen u. Regen verkünden. Zeitschr. V, 335. An die im Bergbau üblichen fig. Redensarten: den Fuchs schleppen, einen Fuchs schießen ꝛc.

(Grimm, Wbch. IV, 333. 334) reiht sich das oberländische Fuchs in der Bedeutung eines Haufens Flößholzes, das sich in einem Winkel des Triftwassers gesammelt hat, und nicht weiter fortschwimmt. Grimm, Wbch. IV, 340,19. (Vrgl. das Verb. fuchsen 1). „Auf der ganzen Strecke (des Holzschlages) hin liegen (gefällte) Tannenstämme, ihre grünen Äste sind verdorrt und haben das brennend rothe Ansehen eines Fuchsfelles gewonnen, daher sie in der Holzsprache auch Füchse heißen"; Adalb. Stifter: „der beschriebene Tännling", im Rheinischen Taschenbuch auf 1846. Fuchs, (Jir.) Heu, das, vom Liegen im Regen verdorben, roth zu werden beginnt. fuchswild, fuchsteufelswild, sehr unwillig, zornig. Zeitschr. III, 131. 185,42. 193,142. V, 469. Der Füchsling, Handschuh von Fuchspelz. Der Klötzenfuchs, (im Salzburg.) Art Speise aus Klötzen; Rösl. füchsen, adj. „Caspar H. kürsner hat meinem genädigen herrn zbo füechssen schauben gemacht", alte Rechnung Wstr. Btr. V, 204. cf. bà-fixe~ oben Sp. 183 und 193. fuchset, (Baur) fuchsfarbig. fuchsen, vrb., 1) (Jachnau, vom Zugvieh) nicht mehr ziehen wollen. 2) allgemein: fuchsen, füchseln, gelinder Ausdruck für: stehlen, im Spiel betrügen, engl. to fudge, (cf. Fock). Grimm, Wbch. IV, 343,1,c. 342,1,a. 361. Zeitschr. III, 132. IV, 262: fuckeln. V, 126,45. 335. Der Pfennigfuchser, der Geizhals, Knicker. Zeitschr. V, 335. 3) fuchsen Einen, ihn als Herr u. Meister hart behandeln. Grimm, Wbch. IV, 343,2,a. Zeitschr. III, 185,42. 4) obsc. Grimm, Wbch. IV, 343,1,a. g·fixt, schlau, abgetrieben. „Wer halt rund *g·fixt* is und d· Vörthel recht weiss", Lindermayr 165. Die Füchselsuppen, (Baur.O.) Ausspeisung der Armen bey Hochzeiten. Der Fuchsschwanz, s. Halm.

---

fachten, fächten, abfächten, (Jir.) abeichen (die Maße); s. oben pfachten und fachen. Grimm, Wbch. III, 1226. 1390. „Merck ob die wunden seicht oder tief sey, darnach facht sy mit ainem eysen das darzw gehoret", Cgm. 4543, f. 160. „Der Kilchherr soll ye am funften jar ein fäcki haben und soll alle mäß fäcken mit unser gn. herren von Lucern fecki oder mäß, und welchesn mäß ungerecht funden wurde" 2c., Kilchenrecht zu Schüpfen (im Entlichbuch) v. 1584; Gesch. Fr. III, 198. „Burgermeister und Statrichter alhie haben (a⁰. 1422) zu Müll und vachhaws siben Fachten (Versuche? Partien?) von allerlay Chorn guete, mittere und slechte gethan und volbracht . . . und sein das die siben Vachten", (wie viel Mehl jedes von den sieben Malen die Müller vom Schaff geliefert und wie viel die Bäcker davon gebacken), Salzb. Stdtord. 1524, f. 65. '(Hieher? oder zu Facht = Fach? vrgl. Grimm, Wbch. III, 1226.)'

-fächtig (-fachti'), (O.L.) statt: -fach. zwifáchti', drifáchti', zweyfach, dreyfach. Grimm, Wbch. III, 1226. „Doppelt und dreyfachtig", wirzb. Verord. v. 1696.

fechten (fēcht·n); ich fēchtət· und fácht; ich habe g·fēcht·t und g·fochtn), 1) wie hchd. (ahd. fehtan, mhd. vehten: ich vihte, vacht, gevochten. cf. lat. pugnare und fûst, pugnus, aus fuhst? Graff III, 442. BM. III, 310. Grimm, Wbch. III, 1387. Zeitschr. V, 227). „1409 facht der Marschalck und Hächsenacker mit ainander am Weinmarck" (zu Augsburg), Cgm. 3989, f. 8. cf. Hector Mayr's Fechtbuch. „Der im koczen zabelt und focht", bewegte sich viel mit Händen und Füßen; Folz. „Chauffet ein man wein ze vächten also datz aws ge oder aws demselben wein wern sol", Wiener St.R., Cgm. 1113, f. 56ᵇ. „Chaufft ain man ain wein zu fächtn also das er auf denselben wein wern sol", Rauch III, 182. 2) (Obrg.) trachten, streben. Einem Ding nachfechten.
509 „Die Poeten fechten der Warheit nit nach", Puterbey. „Obschon die Herzogen von Bayrn der Graffschaft Tyrol fast nachfachten", Hund, St.B. I, 79. 299. verfechten, bestreiten, in Abrede stellen. „So könte A. nicht verfechten, daß B. billig handle", Kr. Lhdl. XIV, 239. widerfechten ein Ding, es bestreiten, dagegen seyn; Lori, Lechrain 267. fechtbar, streitbar; Avent. Chr. 130. „Furnemer fechter von Nurnberg, so Kammeysen gehaissen", von Dr. Minderer zu Augsburg (1620) geheilt; Dr. Minderer's Kriegsarzney p. 207. „An der vechter büch", Macchabæorum, Griesh. Pred. I, 18. 143. „Herzog Albrecht von Bayern badt a⁰. 1577 zu Uberchingen im Sauerbrunnen. Do zu mal lag ain freyfechter aldo zu Uberchingen", Hieron. Harder, Cod. iconogr. 3, f. 169. H. Sachs 1612: I, 824 „Fechtspruch, ankunft und freyheit der kunst." „Agonia, todfechtung", Semansb. 34, f. 203. Die Fecht, ä. Sp., was wir gewöhnlich durch Fehde bezeichnen. In der ahd. Sp. war fehta, genit. fehtun, agon, pugna (gl. a. 126. 178, i. 809, Kero I, 10; cf. Otfr. I, 20,4. Graff III, 445. BM. III, 312), und damit scheint man später das dunklere, mit Feind (w. m. s.) zusamenhangende Feh-de (faida, inimicitia, der alten Gesetze) sich erklärt und verschmolzen zu haben. s. Feh-d. „Si huben eine vechte (gereimt auf „rechte") und lebten mit grimme", Tungdalus, Hahn 47,26. „Also gelac diu vêde, daz si sich kusten bêde", Haupt's Zeitschr. VII, 126,605. R. A. Es stinkt in der Fechtschuel, die Sache geht schief, entspricht der Ankündigung oder Erwartung nicht, (Grimm, Wbch. III, 1392). Diese R. A., so wie auch der Ausdruck fechten gehen, wodurch Handwerksbursche das Sammeln eines milden Zehrpfennings bezeichnen, stammt vermuthlich noch aus der Zeit, wo, namentlich in Nürnberg und Breslau, eigne Fechterspiele und Fechtschulen für Handwerker bestunden, zu denen diese hin und her reisten. s. Büsching's wöchentl. Nachr. III, S. 305—335. Grimm, Wbch. III, 1388,4. Vrgl. „I fought my way towards England", Vicar of Wakefield, Cap. 20.

Die Feichten (Feicht·n, Feid·n), die Fichte, (statt Fiechte, s. unten, aus ahd. feohtâ, fiehtâ — wie Licht aus ahd. lioht — mhd. viehte, neben ahd. fiuhtâ = Feucht; cf. Feuchtwang, Pinopolis, Phiuhtuuang; Förstem. II, 505. Graff III, 451. BM. III, 306. Grimm, Wbch. III, 1579. 1612. Zeitschr. III, 461. IV, 68. VI, 179). VII Communi Fáicht, Feuchta. „56 Klafter Feichtholz", Baumgartner's Neustadt p. 123. feichten (feichtə~, fei'də~), adj., von der Fichte. *feichtənè* Nést, Fichtenäste; *fei'də~* Gáhhtn, (Alzach) Gerten, Ruthen von der Fichte. s. Fiecht. „Feichtplatter, hemorroides", Ortolph; wol was sonst Feigblatter, Feigwarze heißt. „Für das feicht nim zentaur und wermut", Cgm. 4543, f. 143. s. unten: das Feig.

à-fichti', adj., (von Kleidern) abgetragen, schlecht. (Doch kaum in Zusammenhang zu bringen mit dem alten farfehon, consumere, der gl. i. 841. 906.)

Die Fiechten (Fêichtn), (O.Pf., Franken) die Fichte. (Nach Gramm. 121, Anm.) der Fiechtelberg, Fiechtelsê; das Fiechtach, Fiechtig, Fichtenwald. „Ein loh genant das fiechtech, gesychtech (bey Altdorf), neu. lit. Anz. II, 510 (ad 1427). cf. Förstemann II, 504. Picta, viecht; Semansb. 34, f. 204. Cf. agſ. Peohta, Picti! Voc. v. 1419: Viecht, pinus; gl. o. 88: fie(h)ta, pinus. Diefenbach 436. „Pinus haizt ain viecht. Von der viechten", Konr. v. Megenberg 338,33. 34. s. Feichten.

fuchtig, adj., unwillig, übellaunig, zornig; Grimm, Wbch. IV, 360; (cf. isl. fiuka, vento ferri). Castelli, Wbch. 133. „Hei~t bin I hält *fuchti*', hei~t bin I hält schiəhh", Seidl, Flinserln 1839, II, 19. 94. Zeitschr. V, 465. V, 511. Einen fuchtig machen.

fuchteln, a) wie hchd. b) rasch hin und her fahren; Grimm, Wbch. IV, 359. 360. Zeitschr. IV, 262. III, 10. „Das er hinwut so tief, als lang er zwislet was, und sich im schnee abfuchteln kund"; H. Sachs 1560: II, IV, 43. Mit dem Licht rumfuchteln. Der Fuchtelmann, der Irrwisch; Grimm, a. a. O. Vrgl. fuchezen. „Die Fuchtel, a) wie hchd. b) flüchtige, leichtsinnige Weibsperson; (Jir.) verächtlich: altes Weib. Grimm, Wbch. IV, 359,5. Vilmar, heſſ. Idiot. 111. Fuchtler,

(Jir.) unvorsichtiger Mensch; Grimm, Wbch. IV, 360. fuchtlerisch, unüberlegt, unbesonnen, rasch.

Der Fack, (O.Isar) ein schon erwachseneres Ferkel, was anderwärts der Frischling; (Grimm, Wbch. III, 1227. Zeitschr. II, 340. III, 322. 498. 521,22. IV, 158. 313. V, 224). Aus dem Fáckáj wird ein Frischáj, aus
510 diesem ein Fack und aus dem Fackə˜ endlich ein Ber oder eine Lôs. s. Farch. „Zwen Spanfacken", Cgm. 714, f. 295. „Sterbrinder und Pettfacken", tir. LO. v. 1606, f. 70. 71.

fackeln, herumfackeln, (Nürnb., Hsl.), langsam zu Werke gehen, zaudern. Grimm, Wbch. IV, 1228. Castelli, Wbch. 128. Zeitschr. III, 132. 218. „Rorea gafaclida, arundinem quassatam", Matth. XII, 20; Wiener Fragment.

faicken, (schwäb.) scherzen, schäkern. Vrgl. focken und Feichen.

feckeln (fèckáln), (Obmr.) in kleine Stücke schneiden; *z'fèckáln, herfèckáln.* (cf. flecken, schwed. fläcka, zertheilen, und Gramm. 544.)

Die Feckinn, Fegkinn (Fègginn), der Fecks, Fegks (Fèggs), (Gebirg) die, der Blödsinnige, la crétine, le crétin. Grimm, Wbch. III, 1225. 1473. 1611. Zeitschr. II, 341. III, 186,5. Diese unglücklichen, manchem Gebirgsthale eigenen Kreaturen sind gewöhnlich auch taubstumm. In diesem Worte verhält sich das Mascufin zum Feminin wie Fuchs zu Föhinn, Lapps zu Lappinn, Tapps zu Tappinn. Grimm II, 275. Vrgl. fieckisch und Fegglin.

ficken, figken, kurze, rasche Bewegungen hin und her machen; Grimm, Wbch. IV, 1617 f. kärnt. ofhverkati, abpeitschen, abficken, gew. ficken; fhverkez, ein Schmiß, gew. ein Ficker; fhverkovje, das Geschmeiß, gew. Gefick; Jarnik 213. Mit den Augen ficken, die Augenlieder schnell auf und ab bewegen. Ein Thier mit der Ruthe, Peitsche figken, ihm einen kurzen Streich (Figker) damit versetzen. Zeitschr. III, 365,13. IV, 44. V, 230. An etwas figken, figkeln, daran reiben. Etwas ab-, auf- ꝛc. figken, figkeln, durch Hinundherbewegen machen, daß es ab-, auf- ꝛc. gehe. R.A. Das figkt mich nicht an, statt: das ficht mich nicht an. figkeln, verächtlich: die Geige spielen, fiedeln. Der Figkelbogen, Fiedelbogen. „Figela, fidel; figellator, fidelär", Voc. v. 1445. Das Gefick, herumlaufendes Gesindel, (wie Bagage, Pack). „Stubenmädeln, Kammerhennen, Köche, Frisierer, Kammerdiener, Barbierer und wie das Gefick alles heißt", Fabian. Hirschav. „I wurd mə' so ə˜ *Gfickát* (Gesindel) ziègln ins Haus"; Reitzenbeck II, 65. Das Gefick, (Jir.) Kleinvieh: Schafe, Ziegen, Schweine, (etwa zu fihu, pecus). Im Brand ob'n, beim Durchgang is' sGoals*g'viehkert* schon", Schosser 120. „So lasst oan des *G'fickat* (die Flöhe) koa Rast und koan Frid"; Lied. Die Fickmül, (beym Adelung: Zwickmühle), im Mühlenspiel eine solche Stellung der Steine, wo man durch Öffnung der einen Mühle, (d. h. dreyer Steine, die in gerader Linie stehen) immer die andere schließen kann; vermuthlich vom Ficken, (hin und her fahren); Ausweg, Ausflucht nach zweyen Seiten. Dés is ə˜ guədé *Fickmül,* d. h. eine solche Lage, die keine andre als eine vortheilhafte Alternative zuläßt. Castelli, Wbch. 127.

Parva tabella capit ternos utrinque lapillos,

In qua vicisse, est continuasse suos, sagt Ovid Trist. II, 481 von einem ähnlichen Spiele.

Die Ficken, (salzb. Gbrg.) Vogelwicke; vicia cracca L.

Die Ficken, Opf. R.A. etwas in der Ficken haben, d. h. im Vorbehalt. (Ficke heißt im Niedersächsischen Tasche). Grimm, Wbch. III, 1616 f. Zeitschr. III, 42,35. V, 55.

fiəkisch, adj., (Th. Mjr., Schrobenhausen) menschenscheu, furchtsam. Sp.W. Aufn Aənödn gibts fètté Rindər und *fiəkisché* Kində'. feickisch, kleinmüthig; Vocab. teut. bey Lessing. Cf. Grimm, Reinh. 288,4020: vocken, fugere. holl. vaak, Schlafsucht. Vrgl. faig und Feckinn.

Die Focken, (Altorf) die Grube, die die Kinder in die Erde machen, wenn sie mit Schussern oder Schnellkügelchen spielen wollen.

g'fockət; (cf. Fa'ck, Fark). „Was anderwärts Kuppe, Koppe, heißt hierzu Land Kopf und Köpfl. Ein Berg, der viele solche Höcker auf seinem Rücken aufweist, wird ein „g'focketer" Berg benannt, woher wahrscheinlich der Name des Fockensteins (an der Isar) eher rührt als von Vogtenstein"; Walther, top. Geogr. v. B. (1844), S. 312.

„Fock." So nennen die o.pf. Hammerschmide ihr gestohlenes Eisen. Vrgl. Fèichen und fuchsen. 511

focken, fogken, (OPf.) was in B. foppen. Dá' *Gfocktö*, der Gefoppte; Selhamer 65. cf. schwäbisch faicken, henneberg. facken, süß thun, tändeln, schmeicheln. Grimm, Wbch. III, 1864 f. Zeitschr. II, 404,2. 552,30. VI, 279,13. s. foppen.

fuckern, s. fuggern.

(Vrgl. Fat, fet, ꝛc.)

Der Fadem, Faden (Fà'm, Fà'n), 1) wie hchd. Faden, (ahd. fadum, fadam; mhd. vadem, vaden. Graff III, 451. BM. III, 201. Grimm, Wbch. III, 1230. Zeitschr. V, 55. 223). „Als ein farm, den man durch ein lechel zeucht", San-Zenon. 115, f. 228. „D'Fischə-ln täən' drunt mit dé *F'ádnə˜* si' spiln"; „Dei Treu is mei˜ Ankə', mei˜ *Fàd'n* dei˜ Liəb˜", Seidl, Flins., 3. Ausg., 42. 44. Zwirnsfaden. 2) das große, wol armdicke Seil, an welchem die Salzschiffe von (30—40) Pferden gegen den Strom gezogen werden; (Lori, BergR.). Jó'l gib Acht, das di' də' *Fà'n* nét schnácklt! so ruft wol ein Schiffsknecht dem andern zu, daß er sich hüte, von diesem Seil ergriffen zu werden; (Zaupser). Gefaden, Zaun, der die Zelgen scheidet; Henisch, Pictorius; goth. fatha, sepes. BM. III, 201. s. Zaun. an-, einfädemen (à˜-, ei˜fá'mə˜), an-, einfädnen (à˜-, ei˜fádnə˜), an-, einfädeln, (ahd. fadiman, mhd. vedemen. Graff III, 452. BM. III, 201. Grimm, Wbch. III, 1230. Zeitschr. VI, 402,6). Es ist bemerkenswerth, daß gl. i. 685 das affatimire der Leg. Ripuar. durch zi gifadimanne gegeben wird. Zu bedenken allenfalls auch das dunkle Behm. 'fáma, laufen, eilen.' (Vom Mond) wann má' geht, geht ár á, wann má' steht, steht ár á, und jáwohl dáls á' sámt (säumt), wənn ains nu áso *fámt*", wenn eins noch so sehr läuft. Stelzhamer 138; „laufen, wie an einem Faden gezogen", erklärt der Dichter das Wort p. 176. „Der dort *fámt* übers Fel(d)"; das. 144.

Der Faud, Faut, (MB. XXIV, 609, ad 1432 öfters) der Vogt, advocatus; Grimm, Wbch. III, 1385. „Dem gotshuse einen Faud setzen, geben." „Der Fautherr", Geöff. Arch. 1823: VI, 108. s. Vogt.

Die Fede, Fed, die Bürgschaft, Versicherung, die Versicherungs-Urkunde, ital. la fede, spanisch. fé, engl. faith. cf. Graff III, 450. Vilmar, hess. Idiot. p. 100. „Die Packgüter ohne sondere Urkunden oder Fede zu verführen, soll ninderst gestattet werden", Lori, Münzrecht I, p. 120, ad 1525. „Gerichtliches Zeugniß, daß man aus einer gesunden Luft herkomme, genannt Fehde", Baumgartner's Neustadt a. d. D. 108. „Im Winter, da die maisten Vögel ohne Fede oder Passaport in andere Länder gewandert", P. Abraham. „Paßbrief und Fede", „Urkund und Fede", wirzb. Verord. v. 1713. sich verfeden, eidliche oder schriftliche Versicherung von sich geben. Vrgl. auch Feh-de und Fechte.

Die Feder und die Federn (Fédə'n), sing. u. plur., wie hchd. (ahd. fedara, mhd. vedere, veder. Graff III, 448. BM. III, 287. Grimm, Wbch. III, 1392). 'Federn lesen, schmeicheln ꝛc.; BM. I, 1009. Grimm, Wbch. III, 1394. 1404. Zeitschr. III, 432,272. V, 422,37.' „Wen er den Knechten zu waich ist und mer liebkoset, alz die veder lesent tund ez sei von willen oder von be- t'igwen (?)", Furstenf. 138, f. 86. Die Jacobifedern, plur., im Scherz: Stroh, als Lager. Die Sunnen- feder, ä. Sp., der Sonnenfächer aus Straußfedern. Khuen's Epithalamium Marianum von 1659 gibt der Braut „ein Schiltlein oder Sonnenfeder" in die Hand, indem es sagt: „Nur ainer, den die Stralen im Sommer braun gemacht, den d' Sonnen schwarz gemahlen, hat
512 solchen Fund ertracht, daß er die Straußenfeder so fein zusamben bund, bisweilen auch aus Leder ein Schildlein also rund." Diese Sonnenfeder war, scheint es, für die Damen jener Zeit, was für die jetzigen der weit wirk- samere Sonnenschirm aus Seidenzeug. Meichelb. H. F. II, I, 119, ad 1313 kommen vor „Il favella de *pennis* pavonum." 'Der Fedrach, ä. Sp., Federn, Gefider, Flügel, (ahd. fedarah, mhd. vedrach. Graff III, 448. BM. III, 287).' „Ascella, fedrah vel ôchsna, Levit. I, 17; Clm. 4606, f. 101. „Sine fedrach beidiu", Diut. III, 39. Das Federbett. „Wyll 's Deə˜l scho˜ ə˜n Mà˜, hàt no˜ kaə˜ *Fédə'l-Bétt*", b. W. Die Fe- dergersten, Gerste, deren Körner mit ihren Grannen abstehen und so eine Feder bilden, hordeum zeocriton L. Der Federhabern, Hafer, dessen Rispe einseitig ist, avena orientalis L. Der Federitt, Federich, vpf. Federick, Art geköperter, oft blaugestreifter Leinwand, welche wegen ihrer Dichtheit besonders zu Unterbett-Ziechen oder Federgefäßen gebraucht wird. Grimm, Wbch. III, 1401. Zeitschr. IV, 194. s. unten, Th. III: der Ritt. Castelli, Wbch. 131: „der Födarit, Bettzeug; die Fö- darit, das Inbelt, welches mit Federn angefüllt ist." In der Zips: Bettritten, der Sack zu Federbetten. „Die Mütter schliffen für ihre Töchter, die sie noch unter ihrem Herzen trugen, schon den Flaum zum Brautbett, und manche spann den Federich bei dem Mondschein, das Nachtlicht zu ersparen"; Nagel's Aug. Geiler. „Lange Hosen von Federitten"; verschiedne Steckbriefe. „Die Wände (der Kabinette) waren blau in blau auf Fede- ritt gemalen", Wstr. Beschr. d. Würmsee p. 31. „Loden, Federridt, Bettparchet ꝛc." Landtag von 1612, p. 100. „Federrit idem quod Zwilch", Prompt. von 1618. „Federit, Trilch, mit dren Tritten oder Schämlin ge- webet, tela trilix, quae tam densa est, ut pennas con- tentas inhibeat", Henisch. „Federribt, zimentum, deck- bett", Voc. v. 1429. „Culcitrum golcter (wol goltter), pulmatuum balster, pirrus focz, pluceus ved'ric (oder ved'rit)"; wo? „Golcitrum golter, plumatium bolster, byrrus fozze, protoplodium strosach, pluteus ved'rihc", Aug. S. Ulr. 50, f. 2. „Pluteus vederriht (vederrihc?), am Bette, nach „protoplodium, strosach"; Clm. 4350 (XIV. sec.), f. 2. „1 elen haustůch oder spinet gestat XVI dn., similiter gulch oder ain halber federit pro(?) Galler zwilch ain el gestat ain ort", Clm. 4394, f. 181. „1 ellen federritt zu würchen III dn.", Scheirer Dienstord. von 1500, f. 50. federritten, adj. „Ein federrittenes Tischtuch", Inventar v. 1756. Ohne älteren Beleg ge- traue ich mir das Wort nicht als Entstellung aus Feder- Wat (s. Th. IV: Wât. BM. III, 778. Grimm, Wbch. III, 1409 f.) zu erklären. Die Trutzfeder, s. Trutz und Grimm, Wbch. III, 1395,4. Zeitschr. III, 525,13. V, 227. Federthaler, Laubthaler. „Federweiler, plumarius interpolator dici posset", Prompt. v. 1618. Grimm, Wbch. III, 1410. Das Federweiß, 1) (L.G. Lauf) der Feldspat, (v. den federartigen Fasern). 2) das Prompt. v. 1618 hat: „Federweiß, pliant, salamander- har, amiantus, asbestus." Grimm, Wbch. III, 1410. 3) Am Mittelrhein heißt Federweiß der neue, vom Gähren weiß aussehende Wein. Diu veder der mhd. Sp. (z. B. Benecke's Wigalois 807. 2409. 8904. 10518. BM. III, 287ª, 2: flaumiges Pelzwerk) als Unterfutter in Kleidern, entspricht der altfranzösischen penne. Diez, Wbch. 702. „Du muost an legen scharlach dar under ist ein niuwe veder", v. d. Hagen, Ges. Abent. XLIX, 967. „Die prudere schullen haben ... zwene mentel, einen mit ainer veder (Unterfutter), den andern âne", Regel des Spitals zur Jerusalem, Clm. 4620, f. 90 (vrgl. unter: die Bruech, Sp. 343). Le manteau n'avoit *penne vaire* . . . Et lui souvienne de la roë, que le paon fait de sa queuë, face aussi du mantel la seuë, si que la *penne vaire* ou grise, ou telle qu'on y·aura mise, tout le gent corps en appert montre . ." Roman de la rose. „Plumarius, fidenstiker", Voc. Melber. ausfederlen (ausfédə'l·n), mit einer Feder reinigen, z. B. das Zünd- loch eines Schießgewehres. fiderig, adj., Federn an sich habend. Der Vogel wird fiderig, bekommt Federn; das Kleid ist fiderig, es hängen Federn daran. Grimm, Wbch. III, 1401. 1627. fidern ein Bett, (Nürnb., Hsl.) die Bettfedern reinigen, waschen, einfüllen ꝛc. „Fegt das zin oder fidert bett", H. Sachs 1612: I, 1030. Grimm, Wbch. 1626. BM. III, 288. Die Fid'erinn (Fi- dererinn), die Weibsperson, welche diesem Geschäfte präsidiert und Klauberinnen, Zupferinnen und 513
Durchschlagerinnen unter sich hat. gefidert, deplumatum (ohne Federn), Voc. Melber. Das Ge- fider, das Gefieder. Labr. 378. Balfn. 9. 14. 62. 98. 103. 107. 114. 116. 123. „Der nam den himel für sein tach und die strasse für daz gefider" (Federbett), Ring 33c,9. Das Ingefider, die Füllung eines Feder- bettes. Das I˜gfider, Bettgefäß, Federich (ObrM., b. W.), auch Fiderich, (Straubing, Passau) Federâtn (ObrM.). ä. Sp., Pfeile fidern (in Gem. Reg. Chr. II, 166 ist geädert wol ein Druckfehler statt gevidert); gl. o. 156: fiderinc, amentum (am Pfeil). „Phi- deringe, amenta", Cgm. 572, f. 7. Diefenbach 30ª. Grimm, Wbch. III, 1626.

fédl·n, (Inn) aus einer Wohnung in die andere ziehen, ausziehen. Kitzbühel: fédeln, heimlich tauschen. Der *Fédl-*, *Fidl-*Wägng, Wagen mit der Ausfertigung der Braut, Kammerwagen. s. ferzen.

„Das Feidtl" (?). „Daß etliche von Adel ihre Unterthanen mit den Anfall und Abfahrtgebühren über- nehmen und sogar das bey etlich österreichischen Landsassen gewöhnliche Feidtl in Uebungen bringen und ihren un- derthauen für die Versicherung des Heiratguts 5 und mehr procent abfordern", Mandat vom April 1616. cf. Fait.

Das (der) Feid'l, Fei'l, Feidə-l, schlechtes Messer. Ta- schen-Feidl, a) Taschenmesser. „Wenn á tanzt hàt, hàt á' si' wie á halb zuagmachter *Tasch'nfeitl* über dö Axl von seiner Tanzerin glegt"; Reitzenbeck I, 177. Kärnt. britviza, das Gürtelmesserchen, der Taschen- veidel; Jarnik p. 49. b) Schimpfbenennung eines zaghaften, mntlosen Menschen. Vielleicht eine Verschmel- zung dieses Wortes und Begriffs mit dem Taufnamen Veit, Veidl. c) (b. W.) Bier-Bütsche.

'Die Fidel, wie hchd. Fiedel (ahd. fidulâ, mhd. videle, von mittellat. fidula, vidula, vitula. Graff III, 451. BM. III, 305. Grimm, Wbch. III, 1623. Zeitschr. II, 551,12. V, 521. II, 14. VI, 114,11).' „Cytharis, auff der fidel", ZZ. 1803, f. 191b. s. Rotten.

fiderig, fidern ꝛc., s. Feder.

'Fiderling, gefiederter Pfeil, Bolz; Grimm, Wbch. III, 1626.' „Engelmeyer spricht: Und wen der Neidhart kommen thu, so reib ich bald auf alle ding und schmitz jhn inn ein Fiderling (durchprügle ihn?), das sein seel mus im gras umhupfen", H. Sachs 1560: IV, III, 51b (1612: IV, III, 113). „Im Fiderling bauen", im Accord bauen. Augsb. (Fürderlich?)

fôdig (faudi'), adj., eine vermuthliche Aussprach- Entstellung, deren richtige Form ich nicht zu errathen weiß, wenn nicht etwa nach Gramm. 113. 378 und 633 das alte frâd, efficax, und fruat, prudens (ahd. fruot, mhd. vruot. Graff III, 820. BM. III, 389. Grimm, Wbch. IV, 328) zu bedenken kommt. a) A.B., karg, filzig.

Zeitschr. II, 343. Dés is ə˜ *foudi's* Leud, fürcht't, əs muəs mit'n Brockə˜-r-i˜'n Mál vəhungə'n. (Bey Henisch ist frod, karg, genau). b) (am Sand) fähig, geschickt. Bist niət so *faudi*, dés z' tou˜? Grimm, Wbch. III, 1363: fätig, habilis, dolosus, versutus, u. 1367: faudeln.

Die Födel (Féəl, plur. Félə˜), 1) (Allgäu, Land) das Mädchen, die Tochter. Buəbən und *Félə˜*, Knaben und Mädchen. ə˜ tollé *Fél*, eine wohlgewachsene, muntere und sonst beyfallswürdige Person. „Timotheus und Simphorian der tut das füdel früge uffston“, Kalender des Konr. v. Dankrotsheim, Strobel p. 117. Vrgl. das folgende und Grimm, Wbch. IV, 363 f. Zeitschr. IV, 133,92. (wall. fjete, Mädchen, fillette? franz. fille oder a. Sp. funt-*fillol*, Taufkind, paduan. fiola, liegen ab, türk. feta seu feten, puellus, fetat, puella; dän. pige, Mädchen, pog, Knabe; paduan. putelo, putela. Ob ital. putto, putta einem lateinischen, etwa mit puer, puella zusammenhangenden Thema und somit einem deutschen foth . . . entspräche? Diez, Wbch. 275 f.). S. unten Föhhəl. '2) unzüchtige, ausschweifende Weibsperson;' Grimm, a. a. O. „Keusch und rain sein vnd aller falschen Vettlen müßig gehen.“ „Schlimme Vettlen oder Hurengesind“; Dr. Minderer, Augsb. 1620, p. 36. 38. 'Vrgl. hchd. Vettel.'

Die Fud, plur. Füd, 1) feminal. (Sollte t haben am Ende; mhd. vut. Vrgl. schwed. födslen, von isl. föda, gignere, parere, altf. fuodan, parturire; isl. fud, ntr. cunnus, vulva, fydill, msc., mentula, penis; agf. foth; BM. III, 448. 443. Grimm, Wbch. IV, 362 ff. fud = put-idus? s. Fotzen. cf. ital. la potta, figura, figa, fregna, faggiana, castagna. mhd. ûfbast, giel, goldel, grân ꝛc.; BM. I, 92. 511. 552. 565). „Cunnus fud, vulva focz“, Onomast., Inc. s. a. (vor 1474) 2⁰, 1239, f. 15. Cgm. 649, f. 534. Cgm. 653, f. 332. Cgm. 655, f. 344. Cgm. 687, f. 15. „Tentigo der hofman in der fud“, Cgm. 662, f. 115. „Fuduz, Utz Eckstein, vulva“, bei Lessing, hg. v. Maltzahn (1857), XI, 2,264. „Cunnus fut, labrum futlap. Nec Dryades nec nos videamus labra Dianae.“ Voc. optim. p. 12. „Futuere, ego credo vulgare fud inde venire quasi pfuy, pfuy dich“, Brack, Voc. Archon. v. 1487, f. 49. „*Cunnus* ab antiquo verbo *cuinno*, is, re, .i. sordeo“, Vocabularii etymolog. fragm. am Hinterdeckel von Clm. 5389. „Was ist die welt? nur die fut und das gelt“, Cgm. 4360, f. 187. „Fut inuncta confundit secula cuncta“, Asp. 40. „Jam in re vera fudt est turpissima pera, confundit monachum turpissima fudt mulierum“, Clm. 9724 (2⁰ XV. sec., 1430), f. . . . (ad calcem sermonum Antonii Parmensis). „Man mag sich nüz erdencken daz sich tieffer müg gesencken in meinez herczen grund und mût als ain gûtu fud tût“, Cod. Dresd. 68, v. d. Hagen, Grundriß 338. „Ez wart nie so schœnez wip und hete si der vut niht, ir schœne wære gar en wiht“, d. weiße Rosendorn, v. d. Hagen's Ges. Abent. III, 25,138—140. „Ein weib nach wunsch hübsch als ich sag sol haben ein haubt hoflich nach brag, zway prystlein rund nach österreich, ein peuchlein rain nach frankreich, zwai weisse füessel von dem rein, von bayrn sol dy fut sein und ein grosser ars von schwaben“, Clm. 388, f. 173ᵃ; („von B. soll der sitten sein!“ Eschenburg, Denkm. p. 398). Cgm. 379, f. 218 u. 713, f. 47. Eiselein p. 86. Das Lob der Fud (Fud-Hymne) s. Cgm. 379, f. 86—87 u. 270, f. 121. „Da lag ein groz wunder an, daz da haisset weibes schame, fud ist ir name, die was braiter dann ain bernhut“, Wilh. v. Or. III, Cgm. 231, f. 191. „Schön frawn augen plickh, fut hays vnd ars dickh, mundlein rein und wenglein rot pringt manigen in großew not“, Clm. 11782, f. 22; cf. f. 51. „Ein weitz loch und ain clainer nagel, ain groß fut und ain klainer zagel, die ding fugen nicht zusamen“; Cgm. 270, f. 85.

„Ein ay ist ain mundt vol, das ist ains
ein prüstlin ist ain handt vol, der sind zwai
ein weib ist ein arm vol, der sind drew
ein ars ist ein schos vol, der sind vierw
ein fud ist ein nymmer vol der sind funfew“;

Cgm. 379, f. 95. „Fut und hunt, die haben ain weiten slunt. Wiewol sye sint vol dennoch ist in mit dem genesche wol“; Cgm. 821, f. 34ᵃ. 102. „Wan man jn junge höner bringt, so sprechent sy: plib herhaim als die fud pey meinem pain“, H. Vintler; Grimm, Mythol.¹ LIV. cf. Mutz. „Seyd man plozz füd sart und machet ritter ân part und weyhet pfaffen ungelert (ungelart), seyd hat sich dy werlt verchert (verchart)“, Cgm. 4611, f. 54. „Fecisti quod quaedam mulieres facere solent . . . quae se conjungunt quasi coire debeant et possint et conjungunt invicem *puerperia* et sic confricando pruritum illarum extinguere desiderant.“ „Fecisti quod quaedam mulieres facere solent, tollunt piscem vivum et mittunt in *puerperium* suum . . . tam diu eum ibi tenentes donec fuerit mortuus et decocto pisce vel assato maritis suis ad comedendum tradunt ut plus in amorem earum exardescant“, Theodori canones poenitent.; Clm. 5387, f. 319. 5652, f. 369. 14138, f. 207. Burchardi Wormatiens. decretor. libro XIX, Clm. 5801ᶜ (sec. XII.), f. 158—159. Ducange, ed. Henschel, tom. V, p. 506ᶜ. „Das zaichen tund die wolf und die fuchs und die hasen, welches hoden hat das saicht auß der fart, aber welches ain fud hat das saicht in die vart“, Clm. 4373 (v. 1437), f. 119. 2) (und zwar auf dem platten Lande, wie das analoge Wort für Mannsperson, meistens ohne Arg gebraucht) femina. Zeitschr. VI, 208. Das Gefüdach (Gfüdə', b. W.), Collectiv für Weibspersonen. 3) O.L., wegwerfende Benennung einer Person des männlichen Geschlechts. Cf. niederl. vode, Lump, Lumpenkerl; Grimm, Reinhart p. 278,1948. Zeitschr. VI, 39,46. „Ey schlag sie selbert umb die Ohren, wie magst so gar ein füttin sein“, sagt der Nachbar zum Mann, der seinem Weib die Bruech anlegt, sich zu ihrem Sklaven macht“, H. Sachs 1560: II, IV, 29. Die Heə˜fud, Mensch, der gleich weint. Der Hundsfud, feiger Mensch, niederträchtiger Mensch, Hundsfott. Grimm, Wbch. IV, 363. Zeitschr. V, 408,53. VI, 38,46. cf. česk. kep, 1) vulva; 2) schlechter Kerl. s. Hund. Das Hundsfüdlein, ehmals beym andern Geschlecht eine nachläßig aufgedrehte Haarlocke. hundsfüttisch, adj. „Er thut sich gar hundsfüttisch stellen und ganz verzagt“, H. Sachs 1560: III, I, 262. Fudbleuer (Futployer) werden in Österreich die Welser im Spott genannt, „quippe qui junicibus vulvam palma verberant ut turgescat sicque imponunt emptoribus, jam enixam fuisse vitulos“, Popowitsch, Ms. (Wien, Nr. 9541). So heißen die Salzburger Stierwascher, die Monseeer Haberfisler, die Lambacher Stiglhupfer, die Steyrer Krokodilstecher, die Linzer Karpfentränker von dummen Streichen, die man ihnen zuschreibt. Die Fudhosen, in den 60—70ger Jahren des vorigen Jahrhunderts, Männer-Hosen, die vom Bunde an bis zwischen die Beine mit einer Reihe von Knöpfen zugeknöpft wurden. Neueste Mode 1837. 'Der Fudnoll, Füdnol, Füdelnol, ä. Sp., mons Veneris; BM. II, I, 406. III, 448. Grimm, Wbch. IV, 331.' „Miner ougen wünne greif er an den füdenol“, Nithart 47,3. „Der fudtnoll“, Aufschrift einer Neidhardischen Tanzmelodie; v. d. Hagen's Minnes. IV, 851. III, 271—272. fudig, adj., etwas Verächtliches bezeichnend. fudnacket, (Nürnb., Hsl.) mutternackt. „Thut sie doch selbs so ermklich leben, das sie schier gar futnacket geht“, H. Sachs 1560: II, IV, 13. fudneidig, 514
derber Ausdruck für eifersüchtig. Vrgl. Födel.

Das Füdlein 1) vulvula; 2) (Fidlé, schwäb.) podex. Grimm, Wbch. IV, 370. Zeitschr. III, 262,70. 400, IV, 13. IV, 12. 470,29. V, 235. 63,31. 75. 76. 140,2,22. „Für die Vilzleyse: Swer di azze oder di ravden habe, der siede salbey ꝛc. vnd pade damit sin füdelin so müzze es sauber sein“, (am Rand steht: „ad pudenda“), Furstenf. 121, f. 172ᵇ. Cf. česk. pjzda, πυγή und vulva. „(Kafurnia) die den kunig die hinder schamme lie sehen“, (den Popo wies), Schwabensp., Laßberg §. 245. „Cum iam sis suberrata *culo* (st. cunno) femineo", Fichard, Archiv III, 20. **Fidlə~fitzər, der den Fölen nacherlöfft.**

Futquing (?). „**Portulaca, herba stulta,** burtzelkraut, burgel, futquing", Clm. 16487, f. 100.

Fudel. Spanfudel, (Wien) Kienholz, welches arme Leute statt Licht brennen.

Das Fueder (**Fuədə', opf. Foudə'**), 1) wie hchd. Fuder. 2 Masse Salzes, die, aus der Sudpfanne kommend, in ein hölzernes Gefäß (die sogenannte Berkueffen) fest eingestoßen worden ist, und davon die Form eines consistenten Kegels erhalten hat, Salzstock. BM. III, 443. Grimm, Wbch. IV, 364 ff. Das noch naße, rohe oder grüene Fueder wird in den Pfieseln (Dörr- oder Härt-Stuben) getrocknet und gehärtet, wo es dann als weißes, graues oder schwarzes, bloßes, nacketes Fueder ohne Gefäß mit unterlegtem Stroh verführt wird. Das getrocknete reiche (d. h. Reichenhaller) Fueder wiegt 54—60 Pfund, das Berchtesgadner und Halleiner aber bis an die 115 Pfund. Kirchfueder hießen die Fuder, die an das Gotteshaus St. Zeno für die geistliche Erlaubniß, an Festtagen fortsieden zu dürfen, entrichtet wurden. Lori, BergR. Materialien von 1782. Gespöttertes Fueder, mit Spänen und Reifen verwahrter Salzstock. Setzfueder, s. Hallfart. Trogfueder, Asenfueder, je nachdem sie im Bertrog oder auf der Asen eingestoßen worden sind; s. Asen und Beren. Nach einer ältern Aufschrift in Tegernsee macht 1 „Pfann Salz 125 Füterlein, 2½ Futerlein ein Scheiben." Die Voc. von 1419 und 1492 haben „Fuder **cuppa,** Kueff." „**Cita** salzschibe oder salczfůder", Aug. S. Ulr. 50, f. 2 (Clm. 4350, XIV. sec., f. 2ª). 'Castelli, Wbch. 133: das Fuda'l, ein hölzernes Maß für das Salz. **Cf. Sax. chron. ad an.** 852: „He sceolde gifan ilca gear into the minstre Medeshamstede (Medhamsted) fixtiga foðra wuda and twelf fodur græfan (Kohlen) and ser fodur gearda", (peat, Art Torfes).

Der Feifalter (wol doch Feif-, Pfeif-falter oder halter. **Monte Rosa:** fifun-trager, weil der Leib ohne Flügel einer Pfeife ähnlich), s. Fei-falter.

'Die (der) Feifel, Feufel, Feibel, eine Drüsenkrankheit der Pferde. BM. III, 333: vîvel. Grimm, Wbch. III, 1432 f. 1609.' „Mich hat begauckelt wol der teuffel; die alt kuplerin hat die feuffel; die redt mir so süß zu den sachen, sie mocht ein munchen tanzend machen", sagt der Mann; H. Sachs 1560: IV, III, 20 (1612: IV, III, 44).

Fifel (?); (Pseud.-Jir.) Mitterfifl, a) Mittergrieß an Flüssen (Kiesbänke); b) Ridl im Walde. Schroffen heißen Mitterriedl oder Mittersißl (? -fißl? -fifl?).

„Fäg, Fäh", (Forstmeister B. v. Mettingh) ein oberpfälzischer Ausdruck für die splintartigen, jüngern Holzschichten, besonders an den Föhren. (Cf. holl. vaag, f., Blüte des Lebens, Mannbarkeit.) Heppe hat in demselben Sinne Fäig. Vrgl. allenfalls fêh und Höfer's Fachholz (Gehölz von jungen Tannen und Föhren; Grimm, Wbch. III, 1224. Zeitschr. V, 223). Die gl. i. 702: „**Fach in sylvis**" ist verdächtig.

'fag, ä. Sp., zufrieden, willfährig; BM. III, 201: vage, gevage; Graff III, 419.' Cf. ahd. gafehan, **gaudere;** fagôn, **satisfacere;** faginôn, **gaudere;** fagar, adj., goth. fagr, gut, schön; Graff III, 417. 420; mhd. vagen, willfahren. „Dem tiuele uageten"; Diut. III, 59.

faig (**faəg, faə'**), adj., a) (Hrslm.) furchtsam, schüchtern; vrgl. das hchd. feig. Grimm, Wbch. III, 1442,4. Zeitschr. V, 34,44 (?). **Də' Buə' is no~** *faə'*, der Junge ist noch schüchtern. Vrgl. **fieckisch.** 2) ä. Sp., dem Tode geweiht, heimgefallen, nahe, (ahd. feigi, mhd. veige, altſ. fêgi, isl. feigr, holländ. veeg, schottisch fey. Graff III, 432. BM. III, 289. Grimm, Mythol.² 816. 821. Wbch. III, 1442. Zeitschr. III, 46. IV, 288,386. vrgl. das schwed. Fegd für **fatum**). „Unz der man niht veige ist, so ernert in vil kleiner list", Iwein 1299. „Wer vor dem Bett steht, ist oft feiger als der Kranke, der darauf liegt", Henisch. „Ist der harm wenig und ist swartz, so ist der mensch vaig und ist tötlich"; Cgm. 4543, f. 111. „Ist des harn luczel und ist dazselbe swartz sicherlich, so ist der mensch veige", Ald. 253, f. 102ᵇ. „Herre, wer trew dir erczayge, ich rat, hintz dem pis vös vnd vaige", (hier also in andrem Sinn); Cod. Moll-Oldenbourg, mit Udalr. de Campo lilior. Der Faigtag, ä. Sp., Todestag; BM. III, 7. „Ez můz sein rechter vaigtag werden"; Cgm. 719, f. 43. 'überfaigen, vrb.; BM. III, 290.' „Sein gesellen hat er überfaigt, wann er will so findt geschwaigt", Heselloher, Cgm. 379, f. 161. 'Vrgl. fegen.'

fegen (**fégng**), 1) wie hchd. 2) (OPf., Frank.) das 515
ausgedroschene Korn mit dem Sieb oder durch die Fegmühle, Windmühle reinigen. „Den Habern fleißig fegen und schwingen", Lori, BergR. 357. Hieher gehört das auch beym Adelung aufgeführte Nomen: die Fege, Kornfege (Sieb). Fegen und fæen sind Formen eines Stammes. Das Gefeg, (Nptsch.) bey Kühen, die Nachgeburt. Da dieselbe Sache anderwärts die Säubern heißt, so gehört das Wort vermuthlich zur allgemeinen Bedeutung des Verbum fegen, nemlich: säubern, reinigen. Das Fegich, Fegicht, was durchs Fegen abgesondert wird. Zeitschr. VI, 43. 'Das Fegefeuer, Fegfeuer, wie hchd. (BM. III, 333. Grimm, Wbch. III, 1412).' „Er gibet och alle tage vride in dem lande des fegefiures"; Griesh. Pred. I, 135. „Daz sein (des Abgeschiedenen) fegefiwr dester minder wert", Clm. 4623 (XIII. —XIV. sec.), f. 74. 'ausfaigen, verfaigen, ausfegen, verwerfen; vrgl. Grimm, Wbch. III, 1413: feigen, ußfeigen, **eruderare, rudera eijcere.**' „Dy schnöden laster velke von allen schelken außgevaigt ir (der Kaiserin) vil vnwird haben erzaigt", M. Beham. Wiener 191,18. „Von disen schelken so vervaigt"; das. 193,28. „Sein poßhait dy er (der Holzer) vor maln offt mit valschait so vervaiget dem kaiser het erzaiget", das. 223,31. Vrgl. faig: überfaigen.

fegen (**fégng**), opf., zanken. Grimm, Wbch. III, 1414,12. Die Fegen, der Fegteufel, zänkische Person, Grimm, a. a. O. 1417. Das Gefeg, die Uneinigkeit, das Gezänk. Es kann dieses Wort, als eine bloße Figur, mit dem vorigen identisch seyn. Doch weiset die Bedeutung eher auf einen Zusammenhang mit Feh, w. m. s.

'fegern, rasch hin und her fahren.' „fegerln und feiln, mit einem kleinen und halbstumpfen Messer schneiden"; Firmenich II, 729,58. Zeitschr. V, 228: fêgln.

Fegglin. „**Faliscus venter, ventriculus fartus,** Bluthund, Fegglin"; H. Junii Nomencl., Augsb. 1629, p. 48. Vrgl. unter Vogel.

Das Feig, (Werdenfels) die rothe Ruhr, **dysenteria.** Bey Ortolph hilft ein Pflaster aus Nesselasche für „das Veick." „Für das Fig in dem ars", Cgm. 384, f. 50. „Für daz veich", Furstenf. 121, f. 171ᵇ. „Das blutende vig, das fliessende vig", Hämorrhoiden, Mone's Anz. VIII, 410 (sec. XV.). „Der rote siechtům und daz vîc (reimt auf „hellestîc") macht iuch bleich unde gel"; S. Helbling II, 1190. „Die faulen küten geprant und gepulvert sint guot für den siehtuom, der der krebs haizt, und ist den läuten an dem aftern und haizent in etleich daz veig", Konr. v. Megenberg f. 188ᵇ, Pfeiffer 320,35. „Aber ir (der Nessel) sâm und ir asch, der ain pflaster dar auz macht, daz hilft für das veich", das. 423,20. „Das ist gut wer dy feych in dem leib hat das sint platern in dem waytdarm", Cgm. 170, f. 1ᵇ. „Leg ez uber daz veyg in dem arsloch", Ind. 344, f. 92ᵇ. „**Emorrois,** das rot gfig", Clm. 4394, f. 153. 177. „Das gfeig", Feigwarzen, Hieron. Harder (1600), Cod. iconogr. 3, f. 171. „Der daz blut vich hab", Clm. 4595, f. 39ᵇ. „**Emorrodie** hayzzen veygplater", Ind. 344, f. 84ᵇ. „Prunkrezzsaft vertreibt dy veigpůchel der ez dar über leyt", das. 93b. „Vigwerzen", hämorrhoidale Geschwüre, Mone's Anz. VIII, 410. (Michaeler zum Iwain bemerkt das Ferch als tyrolerischen Ausdruck für die rothe Ruhr. Sollte Feig nur die örtliche Aussprache von Ferch seyn?). Vrgl. die auch hchd. Feigblatter, Feigwarze; Grimm, Wbch. III, 1443. 1446.

Die Feigen (Feigng), 1) wie hchd. Feige, (ahd. fîga, gen. fîgun, mhd. vîge; Graff III, 427. BM. III, 309. Grimm, Wbch. III, 1443). „Der feigenmunt orden", (Feigennascher), Gedicht v. 1432, Cgm. 444, f. 3—7. 2) feminal, ital. la fica. Grimm, Wbch. III, 1444,4. 3) der Daumen, bey geschlossener Faust zwischen Zeige- und Mittelfinger durchgesteckt. Grimm, Wbch. III, 1444,2. Man zaigt die Feigen, d. h. hält die also gestaltete Faust demjenigen vor, dessen Zumuthungen man mit Hohn zurückweisen will. Im Italienischen heißt sowohl das Vorhalten dieser Figur, als das Ausstrecken des Mittelfingers (digitus infamis), far le fiche, und es scheint beiden Gesten eine Obscönität zu Grunde zu liegen. Vrgl. Liebrecht in v. d. Hagen's Germania VII, 183 ff. neugriech. *γειλοκοπῶ*, von *γεῖλος*, cunnus. Der Spanier sagt dar higas. Kilian: vijghe, Mittelfinger, verpus; de vijghe setten oder gheven. Eine solche Feigen, unterm Tische oder sonst heimlich gemacht, ja selbst das Tragen einer aus Korallen gebildeten derley Figur an Rosenkränzen oder an dem Miedergeschnür des schönen Geschlechtes gilt hie und da als Talisman gegen das Beheren und andre Dinge. „Raus Jungfern mit der korallenen Feigen, mit den silbernen Weintrauben aus euern silbernen Brustschnüren" . . . „Faßt sich mein Urscherl grad den schönen Rosenkranz mit der korallenen Feigen und dem Walburgafläschl an", A. v. Bucher. „Er zeigt ihr die Feigen nach Gewonheit der Walhen, da sie den Taumen durch zwen Finger stoßen", Joh. Pauli, bei Lessing, (hg. v. Maltzahn, Bnd. XI, 2,263 Vrgl. Grimm, Wbch. a. a. O.). Zeitschr. V, 228: es Einem feigen; 255,93. Auch von Kleidungsstücken, an denen ein kleiner Theil fehlerhaft-wulstig vorsteht, wird gesagt, daß sie ə~ *Feigng* machen. Die Holzfeigen, gedörrte Holzbirne. Die Lettfeigen, feige Memme. Du bist ə~ *Lèttfeigng!* — és seits *Lèttfeigngə~!* „Lötfeigen, excors", Prompt. von 1618. Doch wol kaum contrahiert aus Lèck d' *Feigng*.

Die Feigwurz, ficaria ranunculoides. Für verwitterte, vom Sturm in die Luft geführte Wurzel-Knöllchen dieser Frühlings-Wucherpflanze hält ein Correspondent vom Bodensee (in der Allgem. Ztng. 1848, Beil. vom 15. July) den in den Cantonen St. Gallen und Thurgau metzenweise gesammelten sogenannten Kartoffelregen.

„Figalen, das ist blumwerck; wies die schreiner auff die tisch für ein zierd machen, voluta", Prompt. v. 1618. Henisch 1616. Cf. „Puechlen der Fialen gerechtikait von Mathias Rorizer Thumbmaister zu Regenspurg", gedruckt 1486. (Olmüller, der Erbauer der Pfarrkirche in der Au, hat es in Abschrift. Neu herausgeg. v. Reichensperger; Trier 1845.). Figalen (v. ficus?) seyen geblümte Pfeiler (Steinhauerarbeit) und Gegensatz der Weinberg (d. i. die Windberge, Weinperge. Graff III, 174. BM. I, 162)', sagt mir Sulp. Boisserée, 8. Novbr. 1844. Isl. fiöl, fem., dän. fiæl, fiel, schwed. fiål heißt ein Brett, asser, tabula, planca, scandula, (daher: fialabud, Bretterbude, fiala-golf, Bretterboden), auch planities; daher: Fialir, plur., ein District Norwegens.

figeln, was fickeln.

Die Figur, a) wie hchd. (BM. III, 309. Grimm, Wbch. III, 1629 f.). b) das Standbild, besonders eines
516 Heiligen; ein solches Bild, auch eine Gruppe von solchen Bildern, die bey Processionen herumgetragen wird; Nische von Mauerwerk auf dem Felde oder an Wegen, in welcher Heiligen-Bilder aufgestellt sind. „Ein Fahrweg neben einer gemauerten Figur", Zirngibl, Hainspach p. 399. Es gab eine Zeit, wo man das Land aufzuklären glaubte, wenn man alle Kapellen, Figuren, Martersäulen und Kreuze niederreißen ließ. (Synodus Augustana 1452. De prohibitione concursus populi ad speciales imagines: . . . „ne idolatria committatur"; Aug. S. Ulr. 66, f. . . . Braun IV, p. 165.) Man sieht jetzt ein, daß man beym Dache angefangen habe, das Gebäude der Aufklärung zu gründen. Der Hang zum Bilderdienst, denn darauf läuft es, was auch die Theorie sagen mag, in der Praxis meistens hinaus, ist so alt, als das Menschengeschlecht und eine so schöne Schwachheit, daß mit ihrer Heilung mehr verloren, als gewonnen wird. Nicht ausgetilgt, sondern geleitet sollte dieser Hang werden von oben herab, Aufsicht sollte gehalten werden auf alle Bildschnitzer und Bildmaler und Mesner auch des platten Landes, daß nicht geschmacklose, ja wohl gar abscheuliche Fratzengesichter und unförmliche Kleiderpuppen die andächtige Phantasie des gemeinen Mannes für alles Schönere und Edlere verderben. Freylich will man bemerkt haben, daß der große Hause vor Gestalten, welche menschlich aussehen, weniger Andacht und Inbrunst fühle, als vor ganz unförmlichen Umrissen und Klötzen. Castelli, Wbch. p. 127: „Figur braucht der Österreicher fast immer nur, um eine sehr schlechte Weibsperson anzudeuten."

füegen, 1) wie hchd. fügen, (ahd. fuogan, fuogjan; mhd. vüegen. Graff III, 421. BM. III, 441. Grimm, Wbch. IV, 384 ff.). 2) (ä. Sp.) sich begeben, sich verfügen. „Er (der Fürst) wolle von Stund an hinüber an die Donau und Lech fügen" . . . . „er wolle von einem Schloß, Stadt und Markt zu dem andern auch fügen, und sich seines Erbes unterziehen", Kr. Lhdl. III, 289. 3) sich fügen, sich schicken, passen. Dèr Rok *füəgt* mə' béssər àls dèr. Der Fug, Schicklichkeit, Paßlichkeit, Gelegenheit, (mhd. der vuoc und diu vuoge; BM. III, 437. 439). „Der Fug (occasio) hat vornen haar, hinden ist er glatzend"; Seb. Frank. „O wê, mit welcher fûge mag ich mich von dir ziehen?" Labr. 452. 453. „Er sprach ze mir durch fûgen", das. 30. Die Fuge wie hchd. „Klein fûge künnen sûchen rouch, wazzer, swer sin fähet", (rimas); Labr. 144. füeglich, gefüeg (g'fiəg), adj., füglich, schicklich, bequem, passend. „Uf ein gefûge mîle"; Labr. 543. „Gefûgez ende", das. 249. „Agilitas, subtilitas, snelchait, gefüegheit", Clm. 9612 (XIV. sec.), f. 207. ungefüeg (u~gfiəg), unziemlich, unbequem. unfüegen, vrb., Unfug treiben; wirzb. Verord. v. 1579.

Die Fügerin, Füglerin, ä. Sp., Kupplerin, (v. füegen); Grimm, Wbch. IV, 383. 393. s. unten Vogel, vogeln. „Fügelon, fornicationem promovere; fûglerin; lena"; gl. Augiens., Mone's Anz. VIII, 397.

Fugger, Name des bekannten Augsburger Geschlechtes. Grimm, Wbch. IV, 394 f. R.A. Es machen, wie's Fuggers Hund. Dieser war darauf abgerichtet, das für seines Herrn Küche bestimmte Fleisch Tag für Tag in einem Korbe von der Fleischbank nach Hause zu tragen. Weit entfernt, je selbst etwas von dem ihm Anvertrauten anzurühren, wußte er auch seine lüsternen Kameraden immer in gehöriger Entfernung zu halten. Eines Tages aber fielen sie mit großer Uebermacht über ihn und seine Bürde her. Als er sah, daß alles Heulen und Beißen nichts mehr verschlug und seine Würste und Braten eine unrettbare Beute der hungerigen Gesellen waren, besann er sich nicht länger und — hielt eben auch mit. Joh. Pauli p. 348. Luther's Tischreden f. 59. Die holländische R.A. een rijke Fokker, ein reicher Mann, ist doch auch wol nur von den Fuggern her entstanden. (holl. fokken heißt ziehen, aufziehen, zeugen.) „De ducatu Wirtembergensi nisi *Fuccarus* aliquis intercidat actum est", schreibt Joa. Reuchlin an Humelbergius, IIII id. sextiles 1519. fuggern, (schwäb. Frank.), Handelschaft treiben; schachern, tauschen; auch fuckern, fuckeln. Grimm, Wbch. IV, 361. 362. 395. Zeitschr. IV, 262. Der Fucker, Großhändler, Wucherer. „Da muß man den Fucker und dergleichen Gesellschaften einen Zaum ins Maul legen. Dann ich verstehe nicht, wie 100 fl.

des Jahrs 20 fl., ja ein fl. den andern erwerben könne"; Luther an d. teutschen Adel, fol. penultimo. Die Fuggerey, (ä. Sp.) eine Handlungsgesellschaft; jetzt trägt diesen Namen noch ein abgeschloßnes Ganzes von kleinen Häusern in Augsburg, von den Fuggern zu Wohnungen für arme Einwohner (ihre Fabrikarbeiter; v. Lang) ge=
517 stiftet. Selbst im Don Quixote kommt Fúcar als eine Art Appellativ für einen Reichen vor. Nach Suaning (Christiernus II, p. 201) schickt Bischof Georg von Lund a^{0}. 1520 in Geldsachen nach Holland ad N. N. ditissimos argentarios seu *Fokeros*. Les *Fourques* d' Augsbourg; Kabelais G I, VIII.

---

fâhen (fàhhə˜, fâuhhə˜, O.L.), fangen, (wovon gewöhnlich die Präterit=Formen genommen werden); ahd. fâhan, mhd. vâhen; Graff III, 386. BM. III, 201. Grimm, Wbch. III, 1236. Zeitschr. VI, 38,29). Fisch·, Vég·l *fâhhə˜*. „Dá' Mötzgá' *fáht* d·Köchin und dráht s· ötlige Mol in dá' Stubn umádum", Stelzhamer 103. „Sintemalen das das haupt ist ein anfang des menschen so sollen wir an das menschen haup an peginen ze fahen", mit dem Haupte anfangen, Cgm. 4543, f. 109. „Ez sei mit name, vohen oder andern dingen", MB. IX, 244. „Alle die ze der ê vâhent", Griesh. Pred. II, 18. „Ein Mos zu einem Weier auffachen, einfachen, einfahen", Meichelb. Chr. B. II, 164. MB. XXV, 232. Cf. Fach an der Rednitz; Lexikon von Franken II, 115. Es auffahen einem Redner, ä. Sp., ihn aufhalten, ihm das Wort nehmen (?). „Swer auer ainen vorsprechen nimt, der stamelt an der red gen einen gereten man, dem sol man nicht auf vahen, ob er verzicht an der red, und doch von got die sinne hat, daz er zu dem rechten wol chan; verzicht er auer drey stunt (dreimal), so mag man ims wol aufvahen, und mag auch ienen wol ze schaden chomen, des wart er spricht", Rupr. von Freys. Rchtb., Wstr. Btr. VII, 178. „Ja mogen sie die gemeind auffahen (einfrieden) die abwärts gelegen ist neben der stadt engern", Urk. v. 1410, v. Herzog Stephan v. Ingolstadt der Stadt Rain ertheilt; (Baader). də'pfàhhə˜, empfangen. „Die Braut wird bey ihrem Einzug in den Wohnort des Bräutigams mit Schüssen, Musik ꝛc. *də'pfàhht*. Er hàt mi' *də'pfàhht*, durch Handgeben begrüßt. verfâhen, in Empfang nehmen. „Bindet ein man sein gut, das im beraupt oder verstolen ist, in eines mannes gewalt, das sol er vervahen", Rchtb. v. 1332, Wstr. VII, 61. Verfahen einen Bau in einem Bergwerk. Das Verfach=Buech, worin die von Einzelnen empfangenen Gruben verzeichnet sind. Lori, BergR. 5. 106. 235. zufahen, concipere. „Die murên (muraena) gevæht zuo von der slangen"; Konr. v. Megenb. p. 254,20.

fæhig, 1) wie hchd. Grimm, Wbch. III, 1238. 2) ä. Sp., empfangend, theilhaft. „Falls einer der (zwen) Söhn stürbe, daß der Überbleibend der zwen Becher fähig seyn soll", (sie erhalten soll); Vermächtnißurk. in Spieß archiv. Nebenarbeiten II, 30. „Er soll keiner Erbschaft oder Gabe fähig oder habhaft werden", Kr. Lhdl. XVII, 347. „Municipia waren Mitburger zu Rom in dem, daß sie allen Emptern und ehrn daselbst phehig und Mitgenossen waren", Avent. Chr. 135. engfæhig, weitfæhig, wenig, viel fassend, umfassend; dem Umfang nach eng oder weit. (s. fängig und fach). entpfahig werden eines Dinges, es empfangen; Buch d. W. 1485, p. 170.

Die Feh, Vech, (ä. Sp.) die Feindschaft; (mhd. diu vêhe; BM. III, 286. Grimm, Wbch. III, 1236. 1418). „Chain rach, vech noch veintschaft", „Vehtat", MB. VII, 284; XII, 346, ad 1172; Gem. Reg. Chr. IV, 344. Gl. i. 1179: gifeh, feidosus; 214: givehan, odiosum; 323: vehest, figidos, zelaveris. ə˜ *Fêhhteufel*, b. W.; cf. Grimm, Wbch. III, 1417. fehen, ä. Sp., (ahd. fêhjan, fêhen, mhd. vêhen; Graff III, 384. BM. III, 286. Grimm, Wbch. III, 1386. 1418), hassen. „Zelaveris, hazzest vel vêhist", Clm. 4606, f. 118. „Ist daz siz (den gestohlnen Kuß) für swære hât und vêhet mich dur mîne missetât", Reimar, Lachmanns Walther p. 208. Die Fehd, Fechd, (ä. Sp., z. B. bey Hund; ahd. fêhida, mhd. vêhede, vêde; Graff III, 384 f. BM. III, 286. Grimm, RA. 288. Reinh. 279,2177. Wbch. III, 1417), die Fehde; M. m. 114: gifehida; alte Gesetze: *faida*, inimicitia. „Ob dehein unser burger tot gevehte oder ander deheine hat wider deheinen gast oder uzman", im Latein: ut quicumque civium nostrorum ab hospitibus extraneis lesus capitales inimicitias aut alias quascumque ad aliquem ipsorum habuerit", Lucerner Strafbestimmung von 1252, Gesch. Fr. I, 182. „Si enim propter *faida* se dicit non posse suam poenitentiam observare" . . ., Aug. eccl. 151, f. 72. 'fêch, adj. (ä. Sp.; ahd. fêh, mhd. vêch, vê, gevêch. Graff III, 384. BM. III, 285. Grimm, Wbch. III, 1386), feind, feindselig.' „Er (Joseph) wande si (Maria) wer im ze vêch (gevêch?) durch daz er si unrehte zêh", Kindh. Jesu, Hahn 73,25. Fehden, befehden (mhd. vêheden; BM. III, 287. Grimm, Wbch. III, 1418); der Fehder, vehdlich „Solche Betroher, Vehder oder ausgetrettene Landzwinger, die ihrer Wiederpartey und 518
andern Landsinwohnern mit mündlicher Betrohung und Vehdsbrief Brand, Rothschatzung und Beschwerung zufügen"; OPf. L.R. v. 1657. „Einen mit Absag und vehdelicher That gewaltiglich angreifen", L.R. v. 1616. Kr. Lhdl. XVI, 308. Die Urfehd, Urfeh, die eidliche Versicherung oder Caution, sich wegen erlittener Strafe oder Gewaltthat nicht zu rächen, ein Land, woraus man verwiesen wird, nicht wieder zu betreten u. drgl., welche ehmals üblich, und deren Bruch durch schwere Strafen verpönt war. Kreitmayr Anm. zum Cod. crim. v. 1751, p. 130. 197. 267. Kr. Lhdl. II, 113. VII, 429. X, 173. XVI, 7. „Die Uruehe, urvech", Meichelb. H. Fr. II, II, 106, ad 1283. MB. XXIII, 483. „Cautio quae vulgariter urbeh dicitur", RB. IV, 171, ad 1282. „Von form ainer urfechd", Cgm. 3886, f. 280. „So han ich (Hans von Asch) gesworen ain vrfecht ainen gelerten ayd zu got", Deckelblatt am Cod. Raitenbuch. 41, Clm. 12241. „Darumb alle willeklich und unbetwungenlich vrucht gesworn haben", Urk. vom 12. Aug. 1351 im Staatsarchiv zu Lucern, (Kopp) Gesch. Fr. I, 78. Cf. agſ. swerjan adas unfæhda, Leg. Inae 28. R. Schmid, d. Gesetze der Angelsachsen p. 23. Grimm, RA. 907. BM. III, 286. „Daz er daz urvehete (?) so geben und pestete", (die Hs. zu Wien: daß er das verrüchete), M. Beham, Wiener p. 342,4. sich verurfehden, eine solche Versicherung von sich geben. Vrgl. Fede, fegen und Feind.

fêh (fehh, fêi), adj., farbig, besonders mehrfarbig, varius; doch nur in gewissen Anwendungen und jetzt gewöhnlich als Substantiv gebraucht; (ahd. fêh, mhd. vêch; Graff III, 425. BM. III, 285. Grimm, Reinh. p. CCXXXVIII. Wbch. III, 1386. Zeitschr. III, 393,4. V, 63,25. 227 f. VI, 515,10. Cf. slav. pjeg", griech. *ποικίλος*; franz. pie. Sollte varius durch das ital. vajo zu vêch geworden seyn?). Im Werdenfelsischen ist der Feh (supple: Zeug) ein doppelt gestreifter zu Bettüberzügen. Sonst wird der Ausdruck gewöhnlich auf Pelzwerk bezogen. „Eine fehe Kürschen", Amberger Akt v. 1382. „Vehe hüte", Br. Berhtolt p. 293, '(Pfeiffer p. 396,30: mit wæhen hüeten).' „Röcke mit Vehem underzogen", Münchner Verord. v. 1405. „(Daz aichorn) wenne ez gar liehtgrâw ist, so ist ez vêch, wan daz vêch tierl ist der selben nâtûr, ân daz ez ain ander varb hât; doch ist ez alzeit unden weiz", Konr. v. Megenberg f. 95, Pfeiffer p. 158,9; cf. 206,18: vêh aichorn. Figürlich: wechselnd; Walther v. d. V. 80,1: „Swes muot mir ist sô vêch gezieret", varius. Die Feh (vermuthlich zu supplieren: Maus; mhd. daz vêch, BM. III, 285 f.), mus varius, mus ponticus, und ihr Fell. „Edles Gefill, als Zobell, Marder, Vechen, Hermelin", Kr. Lhdl. XIII, 319. „Capucium ex pellibus *variorum* vulgariter de *veho* suffultum" wird dem Probst von Pollingen a^{0}. 1421 von Rom aus zu tragen erlaubt; MB. X, 222. „Ich mach kürsen von Bech und velez von aim rech“, sagt der Kürsner bey Rosenplut, Cgm. 714, f. 329. Cf. ahd. fêhî, mhd. vêhe, fem., Buntheit, (Graff III, 426. BM. III, 285). „Umbeheltiu mit fehi, circumamicta varietate; Notk. 44,10. Das Fêh-fuetter. Die Fêh-hauben, Haube mit Grauwerk verbrämt, (Pegnitz); Grimm, Wbch. III, 1418. 'Der Fêh-rücken, das Rückentheil von feinem Pelzwerk, wie die Fêh-wamme, das Bauchtheil.' „Ein Pelzwerk mit Blaufuchs ausgeschlagen und mit Fiegrücken gefüttert“, Münch. Polic. Anz. 1828, 16. Nvbr. 'Die Fêch, distel, Fêhdistel, Mariendistel, carduus Marianus (Graff III, 426. V, 235. BM. I, 367: der vêchdistel. Grimm, Wbch. III, 1386).' „Mayendistl oder Unserfrauendistl oder Vehendistlwasser ist guet den khinden fur das stechen und das gesegnet“, Cgm. 4570, f. 44. s. oben, Sp. 685: Vächdistel. 'Die Fêchwis, Fehwis, die fehe Wiese, Fehenwiese bei Landshut, auf der a⁰. 1322 eine Schlacht vorgefallen seyn soll; s. Th. IV: die Wis.' „Cui (Friderico) Ludwicus cum paucis occurrit inter Muldorf et Otting (?) bey der vehen wisn bello inito Frid. occubuit“, Clm. 721, f. 92b. „In campo qui dicitur auf der vehen wisen“, Clm. 903, f. 107. „Apud Emphing auff der Vegenwiesen“, Thomas v. Haselbach Chr. Austr., Clm. 722, f. 86b. „Zu Ampfingen auf der Fähenwis“, Chron. in Freyb. Samml. I, 66. 99. „Der streyt beschach yn neyden pottn pey dem dorn'sberg auff der fächtwisz“, Cgm. 379, f. 201a. „Vur dem Dornberge (Derenberge)“ heißt es in der Chronik Cgm. 327, f. 154 und 158 von dem Orte dieser Schlacht bei Mühldorf. „In Payren oberthalben Lanneczhuet auf der gikeluehen wisen“, Rauch, scr. rer. Austr. II, 309. Aus dem supponierten Subst. Feh ein weiteres Adjectiv fehen; Grimm, Wbch. III, 1418. „Fehene erzene Egglhauben“, Kleiderord. v. 1626. Gl. o. 202: feeh, varius; i. 331: pictus; a. 98: multicolor; o. 403. 414: fehiz lahhin, fehlahhan, stragulum; gl. i. 553: givehit, tinguit (undas; cfr. „wäter wäldreore fâh“ aqua caesorum sanguine tincta im Beowulf); gl. i. 205. o. 101: fizzilveh (fitiluec) ros, equus petilus qui albos pedes habet; („fetulae“, Paulus Diac. de g. Longob. I, 24: equae quibus crurum tenus pedes albi sunt; mhd. vizzelvêch, BM. III, 285. Grimm, Wbch. III, 1695. „Ûf blanken râvîten; dehein ander varwe sihe ich dâ, swarz, vizzel vêch, rôt noch grâ“, S. Helbling VII, 352. s. unten: die Fést·ln). gl. o. 72: giggilveh; (Br. Berhtolt 293: gickelvêhe multicolor; Pfeiffer 396,29: gickelvêch. Cf. Th. IV: die Wis). 'alstervêch, mhd., bunt wie eine Elster; BM. III, 285.' „Die liut wol halv sint alstervêch“, S. Helbling VIII, 386.

Die Feihel (Feihhəl), die Feile; (ahd. fîhala, fîhila, fîgila; mhd. viheln, vîgele, vîle. Graff III, 433. BM. III, 315. Grimm, Wbch. III, 1445. 1448). „Wan ain Schlosser ain feichel hauet“, Fwrb. Gl. a. 13: figala; i. 937: fihala. feiheln (feihhəln), feilen; gl. a. 12. 434: figilon, fiihlon.

Die Föhinn, das Weibchen vom Fuchs; (goth. fauhô, ahd. fohâ, mhd. vohe. Graff III, 431. BM. III, 360. Grimm, Reinh. p. XXV., Wbch. III, 1863. engl. vixen. Cf. fohâ — fuhs, wie Feckin zu Fecks). „Vöhin, vulpecula“, Voc. v. 1419 und 1482. Foha, vulpecula (neben fuhs, vulpes), gl. a. 583. o. 103. 172. 304. Auch bey Willeram 2,15 und Tatian 51,2 und 92 („quedet dero fohun“, Luc. 13,32) steht voha als Fem. für vulpes. Diu vohe, gen. der vohen, vulpes; Diut. III, 32. „Sô gar ein kundig fohe sich dunket so geschide, und doch ze ferre mûset von dem lohe“ („loche“), Labr. 432; cf. 430. „Vulpecula, voch“; Cgm. 649, f. 585a. „Vulpecula, föch“; ZZ. 796, f. 170a. „Vulpes vuhs, vulpecula voch“, Aug. S. Ulr. 50, f. 3. 'Fohenfist (vrgl. Bofist, Hundsfist, Krähenfist, Wolfsfist ꝛc.).' „Vochenvist, jancus“ (herba), Cod. Teg. 782. Fohenfist, Clm. 4119, f. 369. „Vahenzend (wenn richtig gelesen), dentes molares vel genuini“, ZZ. 796, f. 168. '(Hieher? Vrgl. Diefenbach 365b: dens molaris, und 260b: d. genuinus. Grimm, Wbch. III, 1226. 1238: Fachzahn, Fahezahn. Zeitschr. II, 340. V, 223. 103,4. Vohendrüzze, Vohenstrauß, (Ortsname); cf. Förstemann II, 513. Vrgl. angels. threat, Trupp, Schwarm. Fochloch (VII Comm.), Fuchsloch und Name einer Enge im Val di Porro; Büsching's Mag. VI, 83. Nach Heppe ist bey den Jägern die Fähe das Weibchen aller vier- 519
füßigen Raubthiere. Grimm, Wbch. III, 1236.

'Das Föhel, Mädchen (Grimm, Wbch. IV, 363: Fübel, und 1869: Fohle.' s. Sp. 693: Födel, dann unten Fé-l und vrgl. Zeitschr. V, 228. 332. niederd. Fön, Zeitschr. IV, 133,92).' Allgäu: die Föhhəl, Mädchen, Tochter. „Föchel“ schreibt Auerbach um Füßen; im westlichen Allgäu Sputel, im Bregenzer Wald Schmelge. Cf. isl. pîka, virgo; schwed. piga, dän. pige; finnisch pijat, Mädchen; pojat, Söhne. Berlin. Magazin f. d. Lit. des Ausl. 1836, p. 584. Heliand, Cott. 9,22: fehmia, femina. Helgoland (fries.) Faichen, Magd.

---

fâlen (fáln), wie hchd. fehlen, (wol richtiger feilen, wie holl. feilen, fehlen, feil, alt faal, der Fehler, unter den vermuthlich undeutschen Worten, während veilen, feil bieten, veil, feil, veilig, sicher, gefahrlos, mit v geschrieben wird. Titurel: vâlen. Mhd. vælen. BM. III, 214. Grimm, Mythol.² 944. Wbch. III, 1422. Zeitschr. IV, 167. V, 224. VI, 179. „Fälen, errare“, Prompt. v. 1618. „. . So er fället . .“ Lori, MzR. 134, ad 1507. „Im vælt sein alte weis“, Suchenwirt 36,80. „Der aller vilest kan, der leugt und faillet aller maist wider got“, Ring 20d,38 (p. 86). R. A. əs *fált* əəm, es ist nicht richtig (im Kopfe) mit ihm. əs *fált* iər, sie hat die Menstruation; oder auch: sie ist schwanger. *fál'n* tuəts! es brennt; Dr. Sepp, '(hieher?).' əs *fált* mə' nét, ich irre mich nicht. *Fált* nicks, əs *fált* si' nicks, es ist wie sichs gebührt, c'est comme il faut. „Gott ist zwar gütig, fält sich nicht“, geistl. Schaub. Zeitschrift III, 214,21. V, 407,39. VI, 224. Au battre *faut* l'amour, wenn man die Frau schlägt, nimmt ab die Liebe. fáliər'n, fehlen, ital. fallare, paduan. falare, mhd. failieren, fâlieren, franz. faillir; BM. III, 215. Diez, Wbch. 188. Zeitsch. III, 214.21. Es *fáliərt* ein Gulden. Die Uhr *fáliərt* um ə˜ hàlbé Stund, (Hauser). Bey Bildung dieses Wortes sind sich wol das bayr. fál-ən und das fremde, zwar vielleicht ursprünglich damit verwandte fall-ieren einander auf halbem Wege entgegen gekommen. gefælen, verfælen, fehlen, nicht treffen; BM. III, 215. „Daz er (der Schießende) halt ymmer gefæl oder er treff daz pildel“; Cgm. 54, f. 81b. „Ich sich wol warumb es (ihr, vos) gevält habt und ganczleich nichez dertäilt“; Ring 22b,26 (p. 93). „Des Eggen er verfaylet do und traff hern Ruolanden so“, das. 54a,42. (p. 240). „Doch muge wir vervælen daz wirf niht nemen“; d. welsche Gast 8365. „Daz kan kûme immer vervælen ezn getrôste nâch diemuot“, Pfeiffer's Mystiker I, 338,23 u. 539. „'s *Fáin* is wiə 's *Fàin* kaə˜ Kunst, rennt di' aə˜s nidə'“, Lieder in d. Mundart des salzb. Flachlands, 1845, p. 58. Der Fäler (Fále'), wie hchd. der Fehler. fál (fál), adj., wie hchd. fehl, irr, irrig. Vrgl. Grimm, Wbch. III, 1420,3. 1421,4. „Das war auch fehl mit disen dingen“ (das half auch nichts), H. Sachs 1560: IV, III, 97 (1612: IV, III, 209). Zeitschrift V, 224. . . „Derselbe Grund wäre fehl . .“ Kr. Lhdl. XI, 368. fálgê˜, fehlgehen. Der Fál, error, ital. il fallo. „Der Fál ist nit mein, noxâ careo. Es hat ein Fál, id vitii res habet. Voller Fál, mendosus“; Prompt. von 1618. Titurel: vâle, defectus; BM. III, 215. Zeitschr. VI, 42. 179. fälig (fáli), adj., irre, gefehlt, im Fehler, schuldig, fehlerhaft. „Daz ist weit fälig, mer dann um ain Quintet auff 1 Mark“, Lori, MünzR. I, 89. Sich fälig wißen, sich im Fehler wissen, sich eines Fehlers, einer Schuld bewußt seyn.

I waəs mi' nét *fáli'*. Einen Recruten fälig schauen, (*fáli'* schau~n), ihn bey der ärztlichen Besichtigung dienstuntauglich finden. In mehrern Anwendungen trifft dieses fälig jedoch mit fällig (causâ cadens) zusammen. (Cf. „An irrung vnd hindernüß vnd ân all infell", Salzb. Urk. v. 1474, Clm. 4756. *Fáli'* sei~, im Fehler, schuldig, strafbar seyn. Einen (bey der amtlichen Besichtigung) *fáli'* schau~n, im Fehler oder strafbar finden; fig. ihn ums Geld bringen. Einen Hausbesitzer bey der Feuerbeschau *fáli'* schau~n. „Einen im Ehbruch fellig erfinden" . . . . „Zum dritten Mal fellig seyn"; L.R. v. 1616, f. 531. 702. Das Prompt. v. 1618 hat: ein fälige sach haben, periclitari causa; fäliger weg, iter ambiguum.

Der Fâlant, mhd. vâlant, Teufel; Grimm, Mythol.^{2} 943 f. s. Valant.

Der Fälbach (Fálbà'), das Fälwaßer, (Ob.Isar) Nebenarm eines fließenden Wassers, der manchmal ganz trocken liegt. Vrgl. Altwaßer, Altach. Der Fälboden (Fálbodn), mit Bretterstücken und Schutt ausgefüllter Zwischenboden in obern Stockwerken gemauerter Häuser. Er hindert bey auskommendem Feuer das zu schnelle Hinauf= oder Herabgreifen der Flamme. Die Fälrippe, Fleisch zwischen zwey Rippen. Vrgl. Grimm, Wbch. III, 1430.

Die Fál-mottə', (Ob.Isar) papilio. s. Fei=falter u. Sp. 425: Pfeilmuətter.

Der Falladeinar, Schmetterling, (Ammergau, Rath Her).

fallen (faln; I fiəl, fiələt, und falət; g'fuəl statt gefiele, wie luəsə st. ließe; Kaltenbr. 100. 84. 148. 185. Graff III, 454. BM. III, 217. Grimm, Wbch. III, 1277) verhält sich mit den Compositis im Ganzen wie im Hchd.
520 Folgende, meist veraltete Anwendungen mögen als weniger oder nicht auch hchd. hier zu bemerken seyn. „Eine Schuld, eine zuerkannte Strafe ist gefallen und ab", wird als nicht statthaft erklärt; L.R. v. 1616, f. 230. 438. fallen, erfallen laßen eine Sache auf sich, schuldig erkannt werden, causâ labi. Davon: „die Fallung", Kr. Lhdl. II, 29. Einem fallen, gefallen, ihm zutheil werden. „Wein der uns zu unsern Tail felt", MB. II, 60. „So sol derselben gilt fallen dem Pfarrer 7 Pfd. dl., so sollen dan den zwayen Herren gefallen 12 Pfd. dl.", MB. V, 189. „Pipino gefiel Gasconien", Av. Chr. „Die beste Nutzung von den Schafen, so im dritten Jahr gefellt", L.R. v. 1616, f. 597. gl. i. 258: givìel, obtigit. Von Krankheiten, in die man unversehens fällt, sagt man, daß sie auf Einen fallen (HhC.). Auf aə~mál isch's *auf mi' gfálln.*

abfallen, 1) absteigen. „Also vil (fiel) herr Zalos ab im Pallast", stieg ab, kehrte zu; Leb v. Rosmidal, Cgm. 1279, f. 133^b. 2) aus dem Gedächtniß kommen, ausfallen; Grimm, Wbch. III, 37. Hà~ dər éppəs vo'zəl'n wøll'n; iətz is 's mə' widər *à'gfálln.* unabfällig, adj. „Ich bin in unabfelligen angedencken", sagt der Uebersetzer von Guevara's Sendschreiben. ausfallen, (von jungen Gänschen, Hühnern ꝛc.) aus dem Eye kommen, Grimm, Wbch. III, 854,2; (von äußern Theilen des menschlichen Körpers) Schwären bekommen, ausfahren. Is mə' 's Mál *ausgfálln.* Das Prompt. v. 1618 hat: außfallen, scabie occupari. „N.N. ist heftig ausgefallen gewest", St. Leonhard's Mirakel v. 1605. derfallen sich (si' də'fálln), sich zu Tode fallen, durch Fallen zu Grunde gehen. Hàt si' ə~ Maurə' *də'fálln.*

gefallen, a) wie hchd. b) ä. Sp., als Theil, Loos zufallen; s. oben fallen. (Seit wann ist gefallen placere, für mhd. lîchen, engl. to like, und lieben Einem üblich? Vrgl. ahd. gafallan, convenire; Graff III, 456. BM. III, 219, III. IV.) „Meines, deines ꝛc. Gefallens", nach Belieben. „Hanns v. G. mit den langen Ohren, hat, wann man jhm zu Tantz gemacht,* die Ohren seines Gefallens künden rüren", Hund, St.B. II, 117. gefällig, 1) wie hchd. passend, angenehm; BM. III, 225. „Wizzet ir iender hie bî eine stat, diu gevellic sî, einen wilden stein ode ein hol"; Gregor v. St. 2800. (Zum Kreuze) „erwelt er im ein gevelligez wite", Cgm. 74, f. 137. „Daz di Juden funden einen gevellechlichen rat, wie si ir missetat mit gefugen dingen dahten", Urstende, Hahn 117,56. 2) (bayreuth. Verord.) von Tagen, Festen: fallend, einfallend, treffend. „Auf die Woche, welche vor der Ascher-Mitwoche gefällig..." „Da der Georgentag an einem Sonntag gefällig wäre..." verfallen. Einem etwas zur Bueß verfallen haben oder seyn. „Da soll der Wirth den Wein oder den Werth dafür seiner Obrigkeit verfallen haben", L.R. von 1616, f. 402. 531. 539. 556. verfallen (və'falln), (vom Obste) durch Fallen beschädigt werden. Der Gesang, die Stimme, die Musik verfällt sich, verhallt ohne Wirkung. Einem jungen Sänger verfällt die Stimme, er mutiert (die Sopran- oder Altstimme in den männlichen Tenor oder Baß). Todes verfallen, auch blos: verfallen, mit Tode abgehen, wirzb. Lgr.Ordn. v. 1618. Münchner Polic. Anzeiger v. 1825, f. 647. zefallen (z'falln), zerfallen. Im Scherz, von Schwangern: entbunden werden. R.A. Einen ausmachen zum Z'fall'n, ihn tüchtig ausschelten.

Der Fall, im Ganzen wie hchd. „Die siben Fall" (nicht Fälle) Christi am Ölberg, (München). In der kirchlichen Abendandacht an den Fastendienstagen, Ölberg genannt, werden „die drey Fall" gesungen. R.A. Zu Fällen kommen, zu valle kommen, ä.Sp., der Fall seyn. „Als offt das zu vällen oder zu schulden kompt." 521
„So offt es zu vellen kombt." „Als offt das tzu valle kömpt"; MB. XXIII, 473. 660, ad 1446. XXIV, 181. Der Fall, das Hinsterben des Viehes, Viehfall; hinsterbendes Vieh; s. Unfall. „Das zum kleinern Fall gehörige Vieh, als Kälber, Schweine, Hunde, Katzen"; wirzb. Verord. v. 1788. Der Fallmeister, Abdecker. (Vrgl. Gefill). Der Fall, Feudal-Terminus: a) Veränderung, die sich bey einem Lehengute zuträgt, indem es an einen andern Lehenträger übergeht, entweder durch Kauf, Tausch, Miethe ꝛc. (lebendige Fälle), oder durch Tod (Sterbefälle); b) das bey solchen Fällen dem Lehensherrn gebührende Reichniß. BM. III, 221 f. Ein Gut, das „in lebendigen Fällen zum fünfzehnten Gulden, und in Sterbefällen zum zwanzigsten Gulden Handlohn reicht", Ansbacher Ldg. Ausschreibung v. 1818. „Der Ort Bemberg reichet zu allen im Leben und Sterben vorkommenden Fällen den 15ten Gulden zum Handlohn", Ansp. Decret von 1684. Der Fall κατ' ἐξοχήν, oder der Leibfall, der Todfall, ein Theil der Erbschaft nach dem Tode eines Leibeigenen oder Lehenträgers dem Herrn desselben fällig, z. B. das beste Haupt Vieh im Stall, das beste Kleid u. drgl. „Jus capitale quod vulgo val (oder auch totval) dicitur"; MB. VI, p. 445. XI, p. 534. 535. 537. Der Anfall (laudemium), welcher bey jedem Uebergang eines blos nutzeigenen oder Lehen-Gutes an einen andern Besitzer dem Grund- oder Obereigenthümer (nach jus bav. t. 21) mit 5 pC. vom Schätzungswerth entrichtet werden muß. BM. III, 222. Grimm, Wbch. I, 323. „Der Anfall, (welchen man, so oft eine Veränderung geschieht, auch wenn der mit des Grundherrn Consens getroffene Contract gleich wiederum zurück gehet, zu bezahlen schuldig), ist von dem Hundert fünf Gulden, es wär dann ein wenigers herkommen, wo auch neben dem Anfall die Abfahrt gebräuchig, mag dieselbe auch genommen werden", LandR. T. 21, A. 21. Der Baufall, die Baufälle, Bauschaden, (Gerichtssprache); Grimm, Wbch. I, 1185. Baufallsschätzung. Baufälle wenden, Bau führen, bauen. „Guter die in Pawfell kommen", MB. VII, 314, ad 1503. s. bauen. Der Durchfall, wie hchd.; Grimm, Wbch. II, 1605. Fränkische R.A. den Durchfall haben, ein wenig im Kopfe verrückt seyn. durchfällig werden (*durchfəlli'* wern), (Baur) den Durchfall bekommen. durchfallen, wie hchd.; Grimm,

Wbch. II, 1605. „Also fiel der gut Herr (der Examinand im Examen) durch den Korb", Joh. Pauli 66. Der Einfall, (ä. Sp.) rechtlicher Eingriff. „Der Verkäufer steht dem Käufer gut für all rechtlich Einfäll, krieg, ansprach und irrung, die diesem am Erkauften beschehen möchten . ." MB. XIX, 393. 371. 98. 72, ad 1400. „Ob in daran kainerlay pruch, irrung oder einvallen geschehen", MB. XX, 214. eingefällig (ei~-gfəlli'), adj., (Baur) was gerne in etwas einfällt, oder über etwas herfällt. `Der Erdfall, ä. Sp., Verwundung, Todschlag; Grimm, Wbch. III, 767. erdfällig, adj. „Swer den andern vrevenlich ald übellich ertvellik machet", in terram prostraverit; Lucerner Urk. v. 1252, Gesch. Fr. I, 182. Der Niderfall, `(Franken) ländliches Fest am Schlusse der Getreide- (auch Hopfen-) Ernte, wenn die letzten Ähren auf dem Felde gefallen sind. Schmid, schwäb. Wbch. p. 273: Niederfallet (Schw. Hall). Vrgl. Th. II, henken: Flegelhenket.´ Weingartsleuten ist der Bauherr bey den Arbeiten im Weinberg weder einen Trunk noch Brod, viel weniger einen Niederfall zu geben schuldig", wirzb. Häckertaxe
522 v. 1746. Der Unfall `(mhd. der unval, ungeval, daz ungevelle; BM. III, 222. 224) 1) wie hchd.´ „O we dir armen, waz ungevalles dich rüret!" Walfn. 145. „Durch lieb, durch laid, durch hail, durch ungefelle"; das. 156. „Ich denck wol der unfal rait dich das du wol hetst so weng als ich", H. Sachs 1560: II, IV, 13. Das Ungefell, Misgeschick, Unfall; Buch d. W. 1485: 94. 2) in specie die Seuche im Vieh, der Viehfall. „Ist der Unfall under der Schäfferey gewest." „Hat der Unfall unter den Rossen aufgehört", St. Leonhard's Mirakel v. 1605. verfallen. (Wer Schwert zuckt) „der ist dem unterrichter verfallen XII dn. (oder ℔) aus und XII ℔ ein"; Werdenfels, Ehaftbüchl v. 1431. Der Zuefall, Beytritt, Beyfall, Beystimmung. „Die Richter sollen kein sonder partey in gericht oder anhang oder Zuefall suechen oder machen", Gerichtsord. von 1588, §. 3. „Daß alsdann die drey einen Zufall thun sollen, und wo der mehrer Theil hinfiel, daß das vollzogen werden sollte", Kr. Lhdl. IX, 205.

Das Fallend (s Fàllə~d), (Gem. Reg. Chr. IV, 267) das Gefallend, gewöhnlicher: das Hinfallend, (scil. Übel, Wêh); Inchenhofer Mirakelbuch: der Fallend (scil. Siechthum), die fallende Sucht, Epilepsie. BM. III, 217, I, 1. Grimm, Wbch. III, 1286 u. 1268: Falbel. Zeitschr. V, 224. Vilmar, hess. Idiot. 98 f. „Welich mensch under siben jaren ist, ißt derselbig der mistel, so berürt in der vallient (wol Siechtag; vrgl. unten: Valant) nymer mer", Cgm. 4543, f. 79.

Die Fallen (ahd. falla, mhd. valle; Graff III, 464. BM. III, 223. Grimm, Wbch. III, 1277), 1) Falle. ə~ *Mausfàll'n.* 2) Laden vor einem Fenster, der von oben nach unten zufällt; Fallthüre. ə~ *Kələ'fàll'n.*

Der Fallhag, Gefällhag, Gefällzaun, (Jr.) Zaun um absturzgefährliche Stellen an Weideplätzen.

Das Falltor, das, der Falter (Fàltə'), Zaunthor über Fahrwege, das von selbst zufällt, besonders ein solches wodurch der eingezäunte Bezirk um ein Dorf von dem freyen Felde außerhalb desselben wegen des Weideviehes abgeschlossen werden kann. Bey Dörfern, die eine geschlossene Hofmark bildeten, durften ehmals die Beamten des Landesfürsten oft nur bis an das Falter kommen, um einen Criminalverbrecher, wie ihn der Hofmarksrichter dahin lieferte, d. h. bis auf die Gürtel (s. Gürtel) ausgezogen, oder auch „mit einem seiden oder zwirinen faden an die Falterseul gebunden", in Empfang zu nehmen. s. MB. II, p. 99, ad 1400. „Den oder die, die die mißtat begangen habent, antwarten heraus für daz valltor", MB. XV, 452, ad 1296. „Das valltor gein dem aichach sol machen wer den acker vor demselben valltor inne hat", MB. XIII, p. 434, ad 1418. „Vor dem valletor" (zu Ebenhausen), MB. XVIII, 121, ad 1328. BM. III, 49. Grimm, Wbch. III, 1290. 1302. Vrgl. Vellhurd unter Hurd.

fällig `(ahd. fellig, mhd. vellec; Graff III, 465. BM. III, 225. Grimm, Wbch. III, 1288), 1) fallend, zum Fallen geneigt oder geeignet;´ ə~ *gféllige* Albm, (Aschau) wo das Vieh leicht in Gefahr ist, von Felsen zu fallen. 2) causâ cadens. „Dem clager der schuld mit urteil vellig werden, d. h. auf die Klage des Gläubigers gerichtlich als Schuldner erkannt werden", MB. XXIII, 669, ad 1499. „Einen in den Unkosten fällig erkennen, oder ertailen." . . „Wird sein Gegenthail in die Gerichtskosten fällig erkennt" (verurtheilt) . . L.R. v. 1616, f. 472. 690. „Ist jeder Verbrecher fällig, 10 Pfd. Goldes zu bezahlen", Kr. Lhdl. X, 335. (Vrgl. fälig). Die Fälligkait eines Bau- (Pacht-) Rechtes, ä. Sp., Verwirkung desselben. `anfällig, ansteckend; Grimm, Wbch. I, 324.´ Anfellig ist die Pestilenz; Dr. Rosenpusch zu München, Ind. 344, f. 95.

fällen, fellen, wie hchd., doch minder volksüblich. Eine Weibsperson fellen, verfellen, (schwäb.) sie zu Falle bringen. „Daz sich sô maneger flîzet, wâ er ein schœnez wîp vervelle", Walther v. d. V. 34,8. „Ein junckfraw verfellen, devirginare", Voc. Melber. „Fällung oder Schwächung einer Tragtochter", Kemptensche Tragneyord. v. 1799, p. 32. BM. III, 226. verfällen, verfellen, einen vornehmen Uebelthäter, ihn mit verbundenen Augen auf ein überschnellendes Brett führen, und so in eine Grube oder einen Brunnen werfen, — ehmals vorkommende Art der Todesstrafe. Ertel, Prax. 523
aur. I, 382. Kreitmayr, Anm. zum Cod. crim. „Ab einem hohen steine sih selben ervalte" (Herodes), Wernher's Maria p. 223. Gl. i. 466. 901: pifellan, sternere, obruere. Die Blindfällung, (Burghaus. Feuerordnung v. 1779) Vertiefung, Blende, Nische in einer Mauer. „Blindfählungen, kleine, sollen in die Stölle, um Lichter dahin zu stellen, gemacht werden", Heumann, opusc. p. 693. Münchn. StR., Auer S. CXIV. Blindfällung, Blindfüllung, Blindfällen; Acten v. 1780—1790. Blindfeldung, Bauordn. v. 158*, Art. 73. „Der duvel blintfellung unter die großen Wymberg", Baurechn. v. 1508. `Vrgl. Grimm, Wbch. II, 120: blind (5) und III, 1491: Feldung.´ Vrgl. Fensterfüllung. Cf. „Also der nahtram in den hus gefellen, sicut nycticorax in parietibus", Notk. 101,6. Graff, Windb. Psalmen p. 466 Anmerk. Doch: „uuantstoriden, parietinae; Notk. 101,7. Graff VI, 710. BM. III, 224. Diefenbach 413b. Blindfenster, Amb. Bauordn. v. 1552, Art. 9. Blindborne eines Abzuggrabens, regards d'un égout; niederrhein. Curier v. 3. Jan. 1841. Blaufällungen, s. Kreitmayr, Anm. z. Cod. crimin. II, c. 2, §. 16, nr. 6.

Der Fällbaum. „Der Fellbaum zun hehern ist gut", H. Sachs I, 855.

`Das Fällschloß, Fellschloß, die Fälle, Felln, Thürklinke, die das Schloß niederdrückt, fällt, (mhd. velsloz; BM. 412. Grimm, Wbch. III, 1499. Zeitschr. V, 235. Diefenbach 431b).´ „Pessulum rigel vel felsschloz", Fürstenf. 44, f. 21. „Pessulum felschlos", Clm. 5685 (XV. sec., 1412), f. 33. „Pessula, velslozz", ch 22, 257a. „El sacador, daz felsloz", Voc. Venez.-thodesc., Ms. v. 1424, f. 12. „Kam zů des alten suns tor, da was ein schone loube vor und ein türlin eneben, daz velsloz ruort er eben und bat sich in lazen", v. d. Hagen, Ges. Abent. XLIX, 214. s. unten Vellschloßer und Th. III: Schloß.

fällern", (Gbrg.; féllə'n, Reut im Winkel) Holz den Berg herabkollern, herabrollen.

fal, falh, falw, falb, fahl; (ahd. falo, falauuer, iu, az, mhd. val, valwer; daher nhd. fahl und falb. Graff III, 468. BM. III, 213. Grimm, Wbch. III, 1239. 1267. Zeitschr. VI, 179. s. Gramm. 686 u. vrgl. Felben). Der Falh, der Fälhel (Fàlch, Fàlchl), Pferd, (b. W.) Ochs von fahler Farbe. Der Veihel-Falh. Zeitschr. III, 463: Falba; IV, 160. VI, 179. 232. fàlchət, die Farbe eines solchen fahlen Thieres an sich habend. Zeitschr. III, 458. Das Falw-Wild, Fal-wild, (B. v. M., Zillerthal), Falbwild, Fallwild, (Zir.), der Steinbock, capra ibex. Die Falw-gaiß, Falb-gaiß, das Weibchen davon. Der Falwild-Zem, das membrum vom Steinbock, gilt daselbst als probates Heilmittel wider die Unfruchtbarkeit der Kühe. „Was massen das Falb-Stain-unndt alles andere lauffendt, stiebundt und fliegundt Willtpreth allhie im Zillerstal sogar verödt", Bericht v. 1561.

Der Fal-w-isch, Loderasche, wollichte Rußflocke, die aus der Flamme auffliegt, favilla (ahd. falawiska, mhd. diu valwische, velwesche, der valwisch. Graff III, 495. BM. III, 213 f. Grimm, Wbch. III, 1291: Falmisch. Cf. ital. falavesca, paduan. faliva, falivetta, portug. faisca, aus lat. favilla. Diez, Wbch. 136 f.). „Als klain und als lüzzel danne ain ainegiu felwesche erschûzi enmitten in dem groze(n) mere", Griesh. Pred. I, 28. „Reht als lüzel ain ainegiu felwesche alder ain ainegiu ganaist erschiuzet enmiten in dem mêr", das. II, 73. cf. Murg. „Sicut favilla in medio maris, sic omnis iniquitas in misericordia. Es spricht der guet Sand Augustin das alle dy sund die von adams zeiten ye geschachen daz die all peyeinander wären als chlain und als luczel dan ain felwisch (es steht „selbisch") enmitten auf dem mär wär", Clm. 5987 (XV. sec.), f. 207. „Ersterben und ze valwiske werden", Wernher's Maria 222. Einem solchen Falwisch wurde a^{0}. 1820 der Brand des berchtesgadischen Salzgebäude zugeschrieben, wie die Zerstörung Reichenhalls den 8. Novbr. 1834. Otfr. V, 20,27; gl. a. 80. o. 138. 140. 197. 247: falauuiska, favilla; a. 257: falauuiskonti, flagrantia. Snorraedda: fölski, als masc., favilla. „Favilla, valwisch", ZZ. 796, f. 180. „Favilla, usel vel fälsch", Cgm. 649, f. 552. „Favilla, felwerschen", Voc. optim. p. 19. Diefenbach 227^{c} f.

fail (faəl, opf. fàl), wie hchd. feil, d. h. verkäuflich, käuflich; (ahd. fali, feli, feili, mhd. veile. Graff III, 495. BM. III, 291. Grimm, Wbch. III, 1446). „Faile Pfennwerte", Waaren, Verkaufsgegenstände. „Von allem failn ding, es sei wein oder prot oder ander ding", MB. IX, 170. „Failer Brantwein", L.R. von 1553, f. 96. Etwas fail thuen, zu failem kauff halten, es verkäuflich halten, feil haben. L.R. v. 1553, f. 137; v. 1616: 546. Fail käufen, (Allgäu) trödeln. Failkœuffler, Trödler. „In failem werth verkauffen, failen kauff geben", (wohlfeil). Kr. Lhdl. V, 74. L.R. v. 1616: 620. Das Failbad, Bad, welches man gegen Bezahlung brauchen konnte; MB. V, 66, ad 1381. Der Failbeck, Bäcker, der Brod zum Feilhaben bäckt, MB. XXIII, 229, ad 1378. wolfail (wolfəl, wolfl, opf. wulfl), Comparat. wolfailer (wəlflə', wəlfligə'), wolfailest (wəlflist, wəlfligist), wohlfeil. s. Th. IV, wol. baßvailer, wohlfeiler; Cgm. 620, f. 113^{b}. Die Wolfaili, Wolfailé, Wolfailen (Wolflé, Wəlf'l·n), die Wohlfeilheit. BM. III, 291. Die Failschaft (Fàəlschàft), das was feil ist, verkäuflicher Artikel; der ganze Vorrath an Waare, die verkauft werden soll. failen, failsen, anfailsen eine Waare, schwäb. failzen (fài'zə˜, fàə'zə˜), nach dem Preise derselben fragen; einen Preis darauf bieten; gl. i. 312: giveilota, adpretiatus sum., BM. III, 292: veilsen. Grimm, Wbch. III, 1450. 1451. anfailen, ausfailen, feilbieten; L.R. v. 1616,
524 f. 63. Grimm, Wbch. I, 329. R. A. Aə˜n aəné oder ə˜ pàr *à˜faəln*, Einem Maulschellen antragen. Das Anfailungsrecht, kraft dessen ehmals die Hofmarksherren ihre Grundholden zwingen konnten, das Vieh, Schmalz u. drgl., welches sie verkaufen wollten, zuerst ihnen, der Herrschaft, anzufailen (zum Kauf anzubieten). Ueber den Werth und die Folgen der ständischen Freyheiten in Bayern 1797, p. 75 und 76.

faul (fál), adj. 1) wie hchd. (goth. fuls, ahd. fûl, mhd. vûl; Graff III, 494. BM. III, 435 f. Grimm, Wbch. III, 1367. Zeitschr. II, 317. IV, 29. 286,407). 2) die gewöhnlichere provincielle Bedeutung dieses Wortes ist: träg, dann schläfrig, und zwar letzteres ohne misbilligenden Nebenbegriff. Zeitschr. V, 227. Wenn I *fál* wer', so ge I i˜s Bétt. 3) unrecht, schlecht, φαῦλος, schwed. ful. „Wo der Büchsenmaister merkhen kan, das auf seiner Seiten oder Partei die Sachen faul stüenden..." Fwrbch. Ms. v. 1591. „Mein Herr (der Herzog) der etwas faul was", (fränklich); Freyb. Samml. II, 115 (1392). Die Faulkait (Fálkət, opf. Fulkət), die Trägheit. Grimm, Wbch. III, 1376. „Wiltu der Faulkait hulden", H. Sachs 1560: IV, III, 75. (1612: IV, III, 164). fäulig (fáli'), in Fäulniß begriffen; (mhd. vûlîch; BM. 435. Grimm, Wbch. III, 1375). Dər Apf'l fangt à˜, *fáli*' z· wer'n. „Schadhaft und faulschlechtig Holtz", Lori, Lechrain f. 417. faulwirig, verzärtelt. „Wo man sich mit fleiß vor hitz und kelt verbauwet, würden faulwirig leut, die nichts leiden möchten", Avent. Chr.

faulen (fáln, gfált), durch die faule Gährung, durch Fäulung aufgelöst werden; (ahd. fûlên, mhd. vûlen; Graff III, 495. BM. III, 435. Grimm, Wbch. III, 1374). Erfaulen, verfaulen; L.R. v. 1616, f. 763. Grimm, Wbch. III, 795. BM. III, 435. gefault wird gerne statt des hchd. faul gebraucht. *gfaults* Holz; ə˜ *gfaulte'* Zan; ən *à˜gfaultər* Apfel. fäulen, in Fäulniß bringen; (ahd. fûlan, mhd. viulen; Graff III, 495. BM. III, 435. Grimm, Wbch. III, 796. 1374. Zeitschr. V, 227). „Daz viuwer brinnt, diu erge vüeget, wie si erviule daz guot.... daz viuwer allez brennen solde swaz erge samen und viulen wolde", d. welsche Gast 13763. 13768. 13773. „Der Hel vnd all ratmaister do solten enthauptet worden sein, dar nach dy andern all mit ain erfeult, hungers gesterbet, ertrenket vnd verderbet", M. Beham, Wiener 253,19. „Damit seinem Nachpern sein Thill oder Zaun nicht gefeylt werd", Münchner Bauord. v. 1489. „Daz das ayter die wunden nit feul", Ortolph. „Er hab im das weib bült, jhn im turn erfeult"; Dr. Eck (1542). Wan die fewchtikait den lufft vast fawlt", Dr. Rosenputsch, Pestilenzregeln, Ind. 344, f. 95. Die Fäul, Fäulé, Fäulen (Fál, Fáln), die Fäule, Fäulniß. Zeitschr. III, 111. „Die fawl des luffts." „Das wert der fawl des luffts"; Dr. Rosenpusch, Pestilenzregeln, Ind. 344, f. 95. Eine Gilt ꝛc. reichen von einer Behausung ꝛc. ohne daß „stuir, krieg, prant, schaur, hagl, wint, veil, waßer ꝛc." dessen überheb; MB. XVII, 274. XVIII, 134. „Wir sollen auch das Haus besorgen vor Väwl, vor Waßer und vor Wint", MB. IX, 206, ad 1370. „Daß die gebeu der althäne ein schedlich werch sey, nit allein denen heußern, darob sie gemacht werden, sie ein gewisse Feyl bringen", Münchner Bauord. v. 1489. Die Faulber (Fâlbə'), Vogelbeere, (b. W.). Zeitschr. V, 227. Castelli, Wbch. 123. Vrgl. Grimm, Wbch. III, 1372: die Frucht des Faulbaums. Der Faulturn (Fálturn), verlornes Gefängniß in alten Schlößern, (Burgverlies), wo die Gefangenen lebendig verfaulen sollten. fauleinen, faulei˜n (◡–), (OPf., Nürnberg), fálə-ln (B.), nach Fäulniß riechen. faul-enzen, wie hchd. Grimm, Wbch. III, 1374. Der Faulenzer, 1) wie hchd. Grimm, a. a. O. 2) Buch mit Tabellen von im voraus berechneten Preisen der am öftesten vorkommenden Gegenstände nach der Folge der Quantitäten; Faulknecht, comptes faites.

Die Fé-l, (Allgäu) das Mädchen. „Filiolus, filiola, phillol; compater, geuater", Voc. optim. p. 14. Diefenbach 235^{a}. Cf. lat. puella, auch filia, ital. figlia, franz. fille. „Ah ah fi bin bon aa a ni per a onna, ah fi bin bon aa i *fée* toha; — il fait bien bon aller la nuit par la lune, il fait bien bon aller les filles trouver", (Val de Bagne); Fröbel, Reise in d. pennin. Alpen p. 171 f. Vrgl. schwed. fli-ka, (versetzt?). S. Födel, Föhel, Föhinn u. Fülchen.

'fèlig, (niederdeutsch; mhd. vêlec, veilec, BM. III, 295. Vilmar, hess. Idiot. 100.) außer Gefahr, sicher; holl. veilig. „Des Düvels bin ik *felig* jo", (Braunschweig), Firmenich I, 178,45.

Das Fell (Fəll), wie hchd. (goth. fill, ahd. fel, mhd. vel. Graff III, 469. BM. III, 293. Grimm, Wbch. III, 1494 f. Zeitschr. III, 368,3.). Das Buchfell, Pergament, s. Sp. 197. Grimm, Wbch. III, 1498,6. Das Barfell, Schurzfell, s. Sp. 257. Fellschoß (?). „Die augen sind verwachsen mit veelschossen“, Cgm. 630, f. 76. 'Hieher? vrgl. Grimm, Wbch. III, 1495,1).' Der Felltrager, der mit Fellen hausiert, Wirzb. Verord. v. 1615. fellelen (fəllə-l·n), nach dem Felle riechen. Dés Làmpəl is z·lang nét aus'zogng wo'n, tuət 's Fleisch scho˜ *fəllə-l·n.* s. Gefill.

Der Spottfeller, s. Th. III: Spott.

525 feilen (fáln), wie hchd. Die Feilen (Fäln), die Feile. Kärnt. pilja, Feile, altslav. Säge; Jarnik p. 53. Der Feilenhauer, 1) wie hchd. 2) (OPf.) der Geisterbanner. s. feiheln.

Feilen-bach, (Fulinpah, XI. sec.) bei Brannenburg (Oberbayer. Archiv 1843, S. 387); Feilen-forst. Cf. Wal, Schlachtfeld, (vielleicht ehmals anstoßend). Förstemann, Namenbuch II, 538. Wilenpach in Clm. 17420, f. . . ist wol Vilenpach, Veilenpach, wie auch f. 53ª Vauchen geschrieben ist Wauchen. Cf. ibid. f. 54ᵇ: Holzhusen bei der Wila“ (aqua).

fillen, ä. Sp., schinden; peitschen (ahd. fillan, mhd. villen. Graff III, 470. BM. III, 294. Grimm, Wbch. III, 1631, Zeitschr. III, 365,14. V, 55. VI, 207. Vilmar, hess. Idiot. 102. Zu Fell, wie häuten zu Haut. Cf. frnz. affoler, span. desollar, von desfollar. Fuero juzgo, cod. hispan. monac. 6, f. 26. 28: „desfulenle la fruente laydamente“; „desfuelele la fruente“. Diez, Wbch. p. 148 f. 484). *fillin*, abdecken, schinden, (Hauser). 'n *affgefillte* (abgeschundene, abgedeckte) Mehré“, Firmenich I, 271,29, (Lippe). „Geistliche richter sollen den Gotteslästerer villen und schern von der kirchen gewalt“, B. Berhtolt 62 (Pfeiffer 267,15: vor der kirchen gew.). „Der gepieter gebot seinen dienern daz si in schünten oder filten“, Cgm. 54, f. 11ª. „Wer nit zabel, wenn man das hew gabel, der mueß in dem abrillen sein kue villen“, Monac. Francisc. 184, Vorderdeckel. „Schmerschneider und kaczenviller“, M. Beham, Wiener 312,1. Cfr. Haut und Har abslahen.

Die (?) Fill, (schwäb.) Hautwunde vom Drücken oder Quetschen. Cf. Zeitschr. V, 481: Fêl. aißelfillig, (B.) eine von einem Geschwür wunde Haut habend. cf. mhd. madevillec, bei Hermann v. Fritzlar 41,34. BM. III, 294, Gl. i. 708. 728: villun, verbera und verbere; i. 543: villata, flagra; villate, flagella, Cgm. 17, f. 49ᵇ, 54ᵇ. villât nemen bey Br. Berhtolt, sich geiseln, geiseln lassen, BM. III, 295: diu villât, Geiselung, Züchtigung; diu ville, Strafe. „Iz was iur fille“, Diut. III, 110.

Altfil, s. Sp. 72: altelos.

Das Gefill (Gfıl), Collectiv von Fell, wirzb. Verord. v. 1572, 1665. „Die Ungern zinsen dem großen Herzog der Moskowiten järlich etlich Gefüll“, Avent. Chr. „Einkauff des Gefülls, Leders und der Häut“, Polic. Ord. „Schmalz, Unschlitt, Gefilde und anders“, Kr. Lhdl. V, 72. „Marder ein schnelles thierlein wild tregt auch gar ein köstlich gefild“, H. Sachs 1612: II, II, 221.

Das Gefill (G·fıll), Recht eines Abdeckers auf das gefallene Vieh; Bezirk, innerhalb welchem er dieses Recht hat; (Baur). Der N.er Abdecker hat zu N. das *Gfıll.* Er hat ein weites *Gfıll.* Das Dorf N. liegt in seinem *Gfıll.* Da die Aussprache Gfıll nach Gramm. 72. 537. 539 mit Gfəll, zusammentrifft, so will ich nicht entscheiden, ob dieses Wort zum Collectiv Gefille (von Fell), oder zum alten fillen (schinden), oder zu Gefild, oder ob es zu Gefälle (von fallen) gehöre.

Filliz, der Namen Felicitas; Nadler, pfälz. Ged. 281.

Der Fol, des, dem, den, die Folen, das Hengstfüllen (goth. fula, ahd. volo, mhd. vol; Graff III, 476. BM. III, 366. Grimm III, 325. 328. Wbch. III, 1868. Zeitschr. III, 432,257. 493. IV, 160. V, 528,617. Cf. gr. $\pi\tilde{\omega}\lambda o\varsigma$, lat. pullus). „Ainen gewachsen Volen“, MB. VI, 300. „Recht als ein fol gebunden an der hefte“, Labr. 456. „Wir mußten all zu fußen gan, man sach vil manchen werden man reiten auff seiner muter voln“, M. Beham, Wiener 203,31; 'zu Fuß gehen. Vgl. Heinr. Tristan 2192.' Die Follmirch, (Jir.) Rösselstute. Gehört hieher: „die Preisinger sollen nach Tegernsee ein Vollen dienen?“ Hund, St.B. II, 238. cfr. F. v. Freyberg's Tegernsee 221 ff., wo nichts von Pferden vorkommt. Folo, puledrus; gl. pass. ful, pullum (asinae), ZZ. 1803, f. 190. Vrgl. die Fülchen, das Stutfüllen, und das Füllen, sowohl Hengst- als Stutfüllen.

'Das Ful, ä. Sp., mhd. vul, wildes Schwein; BM. III, 434. Grimm, Gesch. d. d. Spr. 36.' Das Urful, Eber; Schwabensp., hg. v. Wackernagel p. 315, (Laßberg 204). Das Halbful, Halbschwein, Nibel. 878,3. Dieses Wort hat Grimm, Mythol.² 948 auf den Namen des Gottes Phol bezogen.

füllen (fıln), wie hchd. Die Füll, ä. Sp., Völlerey. „Mer leut sterbent von überiger füll dann von dem schwert.“ „Vil besser füll ist von übrigem trincken, denn von überigem essen“, Ortolph. Die Fülle (in der Küche), oft im Kochbuch des Wirzburger Codex, '(Biblioth. des lit. Ver. zu Stuttg., Publ. IX.).' Die Auffüll, die Auffüllung. s. voll.

Das Füllen (Fıln), Dim. Füllelein (Fıllə-l), wie hchd. (ahd. fulin, fulhin, fuli, mhd. vüli, vüln; Graff III, 476. BM. III, 366. Grimm, Wbch. IV, 480 f. Zeitschr. IV, 160). Dô unkäuscht das fül (Hs. „das fülhe“) mit seiner muoter“, Konr. v. Megenberg f. 83ᵇ, Pfeiffer 137,20. S. Helbling VIII, 327. 330 (s. oben, Sp. 326, unter Blahenvâch). Vrgl. Fol und Fülchen. fülleln (fıllə-ln), vom Pferde: Junge werfen. Zeitschr. III, 463. IV, 307.

füelen (fiəln), wie hchd. fühlen, (ahd. fualan, fuolan, mhd. vüelen; Graff III, 476. BM. III, 433 f. Grimm IV, 662. Wbch. IV, 405 ff.), doch weit minder volksüblich als die gleichbedeutenden: empfinden, spüren, greifen. (Vrgl. aißel-fillig).

'falb, adj., blaßgelb; s. oben, Sp. 706: fal.'

Der Felber (Fəlwə'), die Weide (salix alba), besonders die hochstämmige, die jedoch zuweilen als Felber-Baum von der Felber-Stauden unterschieden wird; (ahd. felawâri, felwâri; mhd. velwære, velwer. Graff III, 518. BM. III, 296 f. Grimm, Wbch. III, 1474. Diefenb. 508ᵇ. Zeitschr. III, 174,246. V, 229). Diu velwe, ahd. felawa, felwa, mhd. velwe, Weide. Kärnt. verba, die Weide, gem. Felfer, Jarnik 162; česk. wrba, wrbny; böhmisch, Fellern, bey Budweis). Der felber, durch den felben, zu ainem jungen felbenbaum; felbrein (adj.) stöck, ain felbin nagel; Cgm. 289, f. 121—124. Velber und weiden; Cgm. 631, f. 106½. „Titir, brauche die Zwerchschwigel, du Menalcas 's Felber-Gschrey“, Bogn. Mirakel. „Bis auf ein Fellerstauden oberhalb steg“, MB. V, p. 451, ad 1481. „Der het Velär gestegkt zwischen beideu gut“, 526
MB. X, p. 543. 545, ad 1445. „Auf den ersten Felber“, ibid. p. 307, ad 1455. „Do hungent si ir harpfen an die velber“, Cgm. 632, f. 60. „Accidia comparatur salicibus vʳ. fäller qui sunt infructuosi, solum umbram faciunt“, Dieſs. 184, f. 195. Felbern, Wrbice, böhmisches Dorf im Prachinerkreis; Sommer VIII, 284. R. A. Mit Einem umgehen, wie die Bauern mit dem Felberbaum. „Die Felberbaum“, sagt P. Abraham, „werden nur einmal im Jahr gestutzt, aber die armen Unterthanen werden von mancher harten Herrschaft fast alle Tage gestutzt.“ „Wildu ein schon har machen . . . so nim Velberplüe und brenn das aus und wasch dich mit dem wasser“, Cgm. 4543, f. 208. felbrein, felbrin, adj., mhd. velwerîn. Grimm, Wbch. III, 1474. „Ve-

slach das loch (im Baum) mit ainem velbrin nagel", Baumzucht, Clm. 4373 (v. 1437), f. 108. Das Felberkraut. „Sanacion (sanecion?) haist rode schell oder velberchraut", Clm. 5931, f. 224. Ulinus, eyn felber; Voc. Archon. f. 55. Diefenbach 625ᵃ f. Salix, felâr; Mallerst. 32, f. 329ᵇ. Salix, felber, Avent. Gram. Gl. o. 260. 268: velwe, salix; i. 713: velarin, siler; Notk. Ps. 136,2: salices, feleuua. Vrgl. Fal.

Der Felber (Fəlwə'), Felbel, Velpel, sammtartiges Gewebe von Seide und Garn. span. felba. cf. engl. velvet, Sammet; franz. velours, v. lat. villosus. Müller, etym. Wbch. d. engl. Spr. 511. Diez, Wbch. 743. Zeitschr. VI, 265,25. Einem den Felbel antreiben, den Hut in den Kopf schlagen, (Zuccarini, 3. Sept. 1838).

Das Fülblein. „Rupfen mir mein federn aus weil ich ein fülblein an mir hab", sagt die Eule bey H. Sachs 1612: I, 1040.

---

falchen, opf., zusammenlegen, falten. Die Haut falcht sich. (cf. Die Stirn ist ein Modell von einem gefälckelten Judenkröß; P. Abraham.)

Die Fülchen, (Fɪlchə˜), 1) weibliches Füllen; junges Mutterpferd, das noch nicht geboren hat, (BM. III, 366: vuliche, ahd. fulihha. Die Endung -ihha glaubt Grimm, Reinh. p. 272. 370, im niederländ. -igghe zu erkennen). „Ain 2 jerige Filch", Wstr. Btr. VI, 425. Gl. o. 188. 456: puledra, fulihha; pultrinus, fulchin; Clm. 4350 (XIV. sec.), f. 3. s. Th. II: die Merhen. Cf. Anton's Gesch. d. d. L.W. I, 191. 2) im Scherz: Mädchen, schott. a filly; schwed. flicka. Cf. Volgel st. Vogel; Cod. Ben. 160, f. 58ᵇ. 61ᵇ. Äquivok zwischen Mädchen und Vogel? Vrgl. Fél.

Die Falde, s. Falte.

Das Feld (Fəld, Fəl', opf. Fəld), wie hchd. (ahd. feld, mhd. velt; Graff III, 515. BM. III, 295. Grimm, Wbch. III, 1474 ff.). In der Bedeutung einer Zelge, einer Art, sagt man: das summerige, das wintrige und das Trät- oder Bräch-Feld, (Sommer-, Winter- und Brachfeld). „Ein guet ze Prunning des auf iedem veld ain lant ist", Cgm. 3941, f. 222ᵃ. s. unten feldiglichen. ä. R.A. In ein Feld ziehen, kommen, richten, (Kr. Lhdl. VII, 237. VIII, 518) statt: ins Feld, d. h. gegen den Feind. Sich zu Feld legen oder schlagen; Chron. in Freyb. Samml. I, 42. 44. 150. „Machet ein Feld für Augsburg", (wie franz. camp), das. p. 57. 116. Grimm, Wbch. III, 1477,8, a. b. Zeitschr. V, 372,11. Bey Gem. Reg. Chr. III, 222 trägt der Kaiser auf dem Reichstag darauf an, „im Monat April 1455 ein großes, mächtiges Feld wohlgezeugt und vorhergesehen in der Nähe bey den Türken zu machen." Schon in sehr alten Ortsnamen steht der Beysatz Feld dem Beysatz Holz entgegen. Feldkirchen, Holzkirchen; Feldmoching, Holzmoching, (Meichelb. Hist. Fr. I, II, 264). Das Riffelfeld (Riff·lfəl'), (Baur) der Riffelkamm. Der Feldhüeter, 1) der Flurschütze. 2) beym Kegelspiele mit 9 Kegeln: jeder der 2 äußersten Seitenkegel. Der Feldner. Aᴼ. 1325 erlaubt Herzog Heinrich dem Abt und Kloster Formbach „einzenemen ein stüfft oder ein Steur von allen iren Leuten in Scherdinger oder Griespecker Gerichten, es seyen Erber, Holdner, Huber, Feldner, wie si genant sind, si haben verschribne recht oder nicht"; MB. IV, 164. Die Feldung, der Feldbezirk. „Wan ir Veldung gesät ligt" .... „An Ottinger Bach und Veldung . . ." Mederer's Ingolstadt 73, ad 1384. Veldung, Feld im Wappen, (Hund's St.B.), wie Waldung, Stallung u. drgl. Blindfeldung, s. oben, Sp. 706: fällen, Blindfällung. feldiglichen, adv. „Gepel hat iij große lannter jnn, zwey velldichleichen und das dritt ausm veld", Cgm. 3941, f. 218ᵇ. „N. hat veldikleichen ein halb juchart ackers", Cgm. 154, f. 41ᵃ.

Das Gefilde (s Gfɪl'), wie hchd. „Die Unholden werfen das pulver in den Wind, der weht es in die Frucht des Felds davon wirt das Gefilde unfruchtbar", Matth. v. Kemnat, Cbm. 1642, f. 134. Dieser Ausdruck kommt als Eigenname verschiedner Gegenden vor, wo er den Mangel oder vielmehr das Freyseyn von Wald oder von Berg und Thal auszudrücken scheint; (ahd. gafildi, mhd. gevilde; Graff III, 516. BM. III, 296. Cf. isl. norw. fiôl, fem., plur. fialir, planities, tabula). So heißt die nackte Fläche, östlich von München gegen den Ebersberger Forst zu: auf'm *Gfɪl'*; Hazzi, Statist. III, p. 193. 434. 461. 462. In Appian's Landtafel steht bey 527
Feldmoching die Bezeichnung „am Geful", womit vermuthlich auch die erste Hälfte dieses Dorfnamens zusammenhängt. „Das sogenannte Gefäll" zwischen Freising und München; Volkmann, über Steuerperäquation p. 39. „Die unfruchtbare Ebene um die Mosach, die man von Grüneck her Gefiel nennt", Hazzi, Statist. III, 62. 64. „Die Schwaig, clain oder brueder Schleißhaimb genant, auff dem Gfüll bey München gelegen", Meichelb. Hist. Fr. II, II, 368, ad 1597. „Zwen hof gelegen zu Röderling in Dachauer Gericht auf dem Geuilld", Urk. der St. Peterskirche in München von 1405. „Des jungen Martin's Viet auf dem Gefild", (Gericht Dachau, darin: Menzing, Awbing, Freymann), Krenner's Land-, Hofm.- und Dorfgerichte, p. 62, ad 1442. Ein Waldbezirk zwischen Endelhausen und Oberbiberg im Landg. Wolfratshausen heißt das weit· *Gfɪl'*. „Auch nemlich sullen, noch wellen wir von allen irn Gütern auf dem Gefilld gelegen, dhain vogtey nemen noch begern"; so reversieren sich die Gebrüder von Tor als Advocati des Klosters Beurberg (aᴼ. 1445); MB. VI, p. 456. „Officium (Rentamt über das) Gevilde"; Tegerns. Urbar. (bey F. v. Freyberg 162). „Nider an daz kefilde", Notk., Ps. 35, 7. „Ubir wilt gevilde"; Diut. II, 148. „Er schûhte âne mâze die liute und die strâze und daz blôze gevilde: allez gegen der wilde sô rihte der arme sîne wege"; Gregor v. d. St. 2591. „Daz schif dô zuo dem stade stiez — in eine grôze wilde. Dâ was dehein gevilde, niuwan berge und tal, mit starchen boumen über al bewahsen und vervallen", heißt es im Wigalois 5869. „Wie die vest stenden stein vnd hochgewachsen paume in dem wilden gefilde", Cgm. 579, f. 42. „Dô chert er (Placidus) dem hirsen nach in einem wilden walt der ein wildez gevild hiet", Cgm. 54, f. 84ᵃ. „An disem walde ich sûchte manig geriute wilde, ob indert wild gerûchte durch die weide sûchen daz gevilde", Labr. 26. „Den walt und daz gefilde", das. 112. „In walde oder ûf gefilde", das. 210. „An daz gemirk peheymer lant an so grozzez gevilde daz nicht dann ieger in der wilde zogten nach irem gewinnen", Reimchronik v. Waldsassen, Cbm. 91, f. 14ᵇ. „Do hiesse Paris sein volk enwek varen hinder ain gepirge do sy nyemant mocht gesehen vor paumen und auch vor gevilde der hohen felsen", Cgm. 570, f. 22. In Ober-Sachsen heißt Gefild eine mehr erhobene Gegend im Gegensatz von Niederungen. Cf. isl. fiall, ntr., mons, dän. fjäld. Im böhmischen Waldgebirg (in der Hwozd) heißt der mächtigste Ausläufer des Gebirgskamms nach Norden: der Hochfiederet oder Gefilderberg oder Hochgefield"; Sommer, der Prachinerkreis p. 237. „Innergefild, Dorf von 43 Häusern auf der Höhe des ausgebreiteten Bergrückens zwischen dem Antigl und Ranklau in einer großen Waldlichtung zerstreut. Außergefild, Dorf von 68 Häusern auf derselben freyen Hochebene. Die alte Säumstraße aus Bayern nach Bergreichenstein, der goldene Steig genannt, geht hier durch", das. p. 272. 336. 339. Der Gefildner (Gfɪl'nə), Bewohner der Mosachgegend. gefildnerisch gên (g'fɪl'nərisch gê˜), sich nach Art der Bewohnerinnen dieser Gegend tragen. Vrgl. gl. i. 45. 852. 880: frauildi, campestria.

feldsprächen, ä. Sp., fieberhaft irrereden, ins weite Feld hinein schwätzen; sbst. die Feldrede. Grimm's Reinh. p. 106,631. Wbch. III, 1487.

---

falgen, falgnen, zum zweyten oder dritten Male pflügen, hchd. felgen, schott. to faulch, engl. to fallow, brachen; (ahd. falgjan, felgan, mhd. velgen. Graff III, 499. BM. III, 295. Grimm, Wbch. III, 1493. Zeitschr. IV, 105,25. Cf. česk. plegi, pleti, jäten; plaz, Pflughaupt; plazym, kriechen machen, schleifen, schleppen; plazym-se, kriechen). Den Mist einfalgen, s. Th. III: Sichel. Die Falg, Falget, 1) diese Arbeit. In der Falg ackern. 2) Brachland, das zum zweyten Mal gepflügt ist. In die Falg bauen, auf ein also gepflügtes Land bauen, säen. Der Falg-Habern. Henisch hat: rauvelchen, prima opera arare; slevelchen, iterare. Das Voc. v. 1482: falgen, ackern, untereren, subarare.

fälg, opportunus, (Bregenz. Wald); cf. falgjan. 'Nach Bergmann's Mittheilung = fällig, günstig fallend, vrgl. lat. occasio v. casus. BM. III, 225: gevellec.' „In valgo, in opportunitatibus"; Notk., Ps. 9,10. Vrgl. auch bevilgen.

„falgetauschen", (Nürnb., Hsl.) permutare.

Die Felgen (Fəlgng), 1) wie hchd. Felge (ahd. felga. Graff III, 504 f. Grimm, Wbch. III, 1493). 2) Hohleisen zum Wurstmachen. felgenen. ə̃ Ràd à'fəlgngə̃, à̃fəlgngə̃, neue Felgen daran machen.

folgen (folgng), wie hchd. (ahd. folgên, mhd. volgen; Graff III, 507. BM. III, 367. Grimm, Wbch. III, 1875). volgen, gevolgen, verfolgen, ä. Sp., verabfolgt werden. „Davon solle dem Pfleger, der die beschaw helt, gevolgen zwen Schilling Pfenning", L.O. v. 1553, fol. XXIII. „Das der acker dem kloster als ein aigen gut verfolgen, zusteen, sein und bleiben sol..."
528 „Aus gnaden sollen dem N. die drey pfunt Pfenning geben werden und verfolgen", MB. X, p. 364. 365. folgen, verfolgen, (nach der ehmaligen Gerichtsordnung) das Abstimmen der geschwornen Beysitzer, so wie der Reihe nach die Frage an sie kam, wo gewöhnlich mehrere einem einmal ausgesprochenen Urtheil beystimmten, folgten: beystimmen, sequi, assectari. „Es sol der Richter offenbar fragen an dem ring, und sollen auch die läwt offenbar volgen an dem ring, die man da vragt; und get die urtail enzwai, daz iedweder vorsprechen gevolgt wirt, und daz man nu aufhabt, wer di merer menig hab, und habt einer auf der nicht gevragt ist, der ist mainaid". Rchtb. v. 1332. Wstr. VII, 155. „Des wart vmb und vmb vor erbern ritern und chnechten gevolget", MB. IX, p. 143, ad 1319. „Und ee du wilt einen Menschen erzürnen, so übergibst du ee Gott und die Gerechtigkeit, gyhst ee (im Rat): Ich folgs, ich folgs; und get der vor und du härnoch bis zur ewigen Verdamptniß", Geil. v. Kais. „Fragt ain richter vrtail ainen man und er ertailt, was er kan, ir (dieser Urtail) volget leicht drey man oder mer, und ain ander dabey vindet ain ander urtail, der volgt auch drey oder mer, welche dan die merer volg hat, der hat die vrtail behabt", Rchtb. Ms. von 1453. „Des oder da haben Im die anndern Rat all verfolgt auf ir aid", MB. IX, 290. MB. XIII, 440. 452. Die Volge, Volig, (cfr. Urtail), die Abstimmung zur Fassung des Urtheils. „De injustis emendis wandel, sententiis vrtail, assentationibus volg"; Clm. 9537, f. 180. „De injustis assentationibus volg", Clm. 17188, f. 54. „De injustis sententiis .i. volgen", Ind. 392, f. 23ª. „De injustis assentationibus .i. volge", Rebd. 25, f. 209. „Mit allen unrechten urtailern, unrechten urteilvolgern und mit allen jähern in praetorio", Monac. Francisc. 247, f. 11. Volg und urtail geben, als Gerichtsbeysitzer seine Stimme geben, Gem. Reg. Chr. II, 112. „Als mir volig und urtail sait", MB. X, 259, ad 1298. „Da gab Frag, volig und das Recht", MB. X, 267. 1378. „Ye sol die mynner volg der merärn volgen", (die Minorität der Majorität nachgeben), Rchtb. Ms. v. 1453. „Volge und schefwart", s. Th. III: das Schiff. erfolgen, ä. Sp., consequi, exsequi. BM. III, 367 f. Grimm, Wbch. III, 803. „Captare, adipisci, erfolgen"; Voc. Melber. „Das er sölch gezeugen oder Ir sag in gemelter Zeyt nit hab mögen ervolgen, und möglichen Vleiß gethan hab", LR. v. 1588, f. 35. „Erfolg tûn einer Verordnung, einem Gesetz", ihm nachkommen. LR. v. 1616, f. 556. Der Nachfolg, il corteo, corteggio, (Krämer's Nomencl.). verfolgen Einem einer Sache halber eines gütlichen Tages, auf eine gütliche Abrede mit ihm zusammentreten, Kr. Lhdl. VI, 104. 140. folgends, (Feurbuch, Ms. v. 1591) was das jetzige vollends. „Das schon erschellte Gemeur volgennds zue fellen". folgsam, adv., folglich.

'folg, adj. ? .' „Den weiben nie unwerders ward denn ein alter volger tegen der nicht enkan der liebe pflegen"; Cgm. 270, f. 68. '(Vielleicht „volcdegen"? vrgl. BM. I, 310.)'

---

befelhen, befalh, befolhen, 1) wie hchd. befehlen, ahd. pifelahan, mhd. bevelhen: Präs. bevilhe, Prät. bevalch, Ptc. bevolhen. Graff III, 501. BM. III, 315 f. Grimm, Wbch. I, 1253. 1257). 2) ä. Sp., commendare, übergeben, übertragen. In deine Hand befilch ich meinen Geist. „Ob jemand dem Andern etwas zu getrewer Hand bevilcht.." „Ein yeder er sey Clager oder Antwurter, mag seinen Gewalt vor Gericht einem andern bevelhen oder übergeben". L.R. v. 1588. „Zogen in jr Hauptmanschaft jnen vom 529
römischen Regiment befohlen"... „Ich befehl es einem andern zu erforschen", Avent. Chr. „Wer gut verchauft, das im gepfolchen wirt hinzegeben", St. RchtB. v. 1453. sich befelhen, befelchen (béfəlhhə̃, béfəln), sich empfehlen, recommendare. I *befəl* mi', *befəl* mi' gàr schö̃. Mə' *bfəlhht* si', (man empfiehlt sich). „Thue E. F. W. mich unnderthenig bevelchen", Wstr. Btr. V, 231, ad 1561. „Mich hiemit bevelchenndt", Wstr. Btr. VII, 254. Der Befelh, Befelch, Béfəlch, 1) wie hchd. der Befehl, Auftrag. 2) ä. Sp., die Uebertragung. „Ein Gut in Bevelch haben". 3) die Empfehlung. ə̃n schö̃n *Béfəlhh* võ meĩn Vattə'n. 'empfelhen, BM. III, 316. Grimm, Wbch. III, 424.' Nach dem Benedictbeurer Rituale (Clm. 4757, f. 228, XV. sec.) „fiat (bei der priesterlichen Trauung) compositio manuum ambarum dicendo ad utrumque, ad sponsum: Quis vocaris? Resp. N. N., ich enpfilch dir N., als unser herr enpfalch sein liebe muter Sandt Johansen; ad sponsam: N., ich enphilh dir N. als unser herr an dem krewtz enpfalch sant Johansen sein muter". „Ich glaub daz er der erd enpfolchen ward", Credo, Clm. 4779 (XV. sec.), f. 1. Der Empfehl, die Empfehlung.

befelhen (der Erde), ä. Sp., begraben, condere; (goth. filhan, ahd. felahan, pifelahan, mhd. bevelhen; Graff III, 501. BM. III, 315. Grimm, Wbch. I, 1253). „Beuolehen uuirdit, creditur" (sc. tumbae), Diut. II, 318. „Abraham choufte ir (der Sara) ein grab und beualech si scone", Diut. III, 67. „Pevelchet den toten", M. m. 125. Pivelchari, pollinctor; gl. i. 294. „Piveliharí, pollinctores"; Clm. 4606, f. 138. 'Die Befilde, ä. Sp., Begräbnis; BM. III, 316. „Done was nehein lip ze siner (Moses) pivilde niwar di engel von himele", Diemer, Ged. 67,14. „Ze der bevilde solt man wesen milde mit opfer und mit selgeræt", S. Helbling VII, 77. „Daz si di salben an minen leip gestrichen hat, daz tet si durch min bevelle", (ad sepeliendum me; Matth. XXVI, 12). „Ze einem bevell der bilgreim", (in sepulturam peregrinorum; Matth. XXVII, 7); Cgm. 66, f. 22. 23. 25. 26. s. bevilgen.

Der Falk, Falch, 1) wie hchd. (ahd. falcho, faluho, mhd. valke; ital. falcone, frnz. faucon, aus lat. falco, Graff III, 498. BM. III, 216. Grimm, Wbch. III, 1269). „Ein stricher valke", Valkn. 30. Gerfalken, stainfalken; das. 25. 2) (Fwrb., Ms. v. 1591) Büchse, d h. Kanone, die 75 Pfd. Eisen schoß. Die

Falkhaun, das Falkheunlein, Falkhonettel; Grimm, Wbch. III, 1270. ä. R.A. Den Falken streichen, sich einschmeicheln, sich überall zumachen. Avent. Chron. 247. Vermuthlich von der Falkoniererey genommen. 'Der Falkner, mhd. valkenære, falconarius, fauconier; BM. III, 216. Grimm, Wbch. III, 1271.' Valkn. 39. 97. 98. „Den Zimmerleuten für besserung in den Gärtten und in der undern Aw, auch beim Jäni Falckhner, (1613), Cbm. 2224, f. 214—15. „Den Canner zu den Raigern beim Jäni Falckhner auf 126 Claffter lang zu graben", (1614), Cbm. 2225, f. 158. Ueber die fürstlichen Falkner, Jäger- und Falkenknechte, die sich gerne in den Klöstern und Pfarrhöfen einquartierten oder doch raffraischierten, hatten die Herren Prälaten oft und viel zu klagen. Kr. Lhdl. VII, 416. 387. Grimm (Gesch. d. d. Spr. 46. 821) hält die Falkenjagd für eine den Griechen und Römern unbekannte Art des Weidwerks.

'Der Felm, ä. Sp., stupor; isl. felmr, metus; Grimm, Wbch. III, 1499.' „Ez bracht mir wunderlichen velm", Altswert 21,29.

'Der (das) Fulment, ä. Sp., (mhd. fullemunt, aus lat. fulmentum, für fulcimentum, und fundamentum umgebildet; BM. III, 435).' „Do was des tempels fulemunt mit wende, mit dach enweck gefürt", Renner 7829. „Fulmunt, fulcimentum", Voc. Melber. „Der Fulment, fundamentum", (1417). Diefenbach 252.

à˜fellnə˜ Stiefel, Strümpfe, sie vorschuhen, ansocken, (b. W.).

Die und der Felsen (Fəlsn, Staə˜fəlsn), wie hchd. der Fels, (ahd. felis, z. B. gl. a. 203; bey Otfr. III, 24,65 auch felisa als fem.; mhd. der vels, des velses, dem velse; Renner 23494. 23506. „Auff einem felse", B. d. W. 1485: 123. Graff III, 497. BM. III, 295. Grimm, Wbch. III, 1499 ff. Vrgl. Firmenich I, 420. 421: om Fäil, am Felsen? om stekse Fäilschen, am steilen Felsen. cf. isl. fjall. 'Cf. mittellat. falesia, frnz. falaise, falise; Diez, Wbch. 627.' „Falsiciam misit in suum proprium", Hormayr's Werke II, 62; er verlegte den Fels, Wartthurm, auf seinen eigenen Grund; v. Lang). Lori, Lechrain f. 60 wird den Burgern in Donauwörth erlaubt, „die Vels (saxum oder saxa?), die sie vormals gebrochen haben, fürbaß zu brechen und damit ihr Statt zu bessern". felsen, adj., von Stein. „Felsene Kugeln schießen", (Fwrb. Ms. v. 1591).

falsch (fàlsch, fàisch), 1) wie hchd. (mhd. valsch, v. lat. falsus. Graff III, 517. BM. III, 227. Grimm, Wbch. III, 1291. Zeitschr. V, 224). 2) (Franken) unwillig, bös. Zeitschr. III, 278,11. Falsch werden; Einen falsch machen. RA. Einen falschen Blick haben, schielen. Der Falsch, (ehmalige Gerichts-Sprache) das Falsum, der Betrug. „So gevärlicher falsch und betrug bei dem Mülner gefunden würde", LR. v. 1588. „Den valsch weren", Betrügereyen verhüten, Urk. v. 1259. Gem. p. 381. „In dem Laster des Falschs". „Keinerley Falsch oder Unrecht brauchen"; Khraisser, Comp. juris bav. p. 377. 628. Die Fəlschət, Falschheit, (b. W.). 'falschhaft, adj., mit Falsch behaftet; BM. III, 229.' „Ein falschaft herz", Renner 16350 und öfter. fälschen, felschen, ä. Sp., Lügen strafen, des Gegentheils überweisen; BM. III, 229. Damit velschen wir die khetzer", Rchtb. v. 1332. Br. Berhtolt p. 60. (Pfeiffer 266,11). Gl. i. 317: gifalscot uuerdis, confutaberis; 770: ni gifalsco nec refello. Das Adjectiv selbst, in der ahd. Sp., ist mir nicht erinnerlich; es steht gewöhnlich luggi für das lat. falsus.

530 Die Felschen, Felsten, (Fəlstn; Frank., b. W.) der Drücker an der Thür. (Etwa mit valza, decipula, der gl. i. 280 zu vergleichen?) 'Vrgl. oben, Sp. 705: das Fällschloß, die Felln.'

falten (fàltn, fàitn; I fiəlt und fàltət, I hà˜ gfàltn), wie hchd. (goth. falthan, Prät. faifalth; ahd. faldan, Prät. fiald; mhd. valten, Prät. vielt. Graff III, 513. BM. III, 230. Grimm, Wbch. III, 1300). „Ir hend sie zu einander fielt", Cgm. 714, f. 160. Die Falten, 1) Falte, Runzel; '2) ä. Sp. (mhd. valte, valde; BM. III, 231. Grimm, Wbch. III. 1299,4:), Gefach, Schrein, Tasche, die sich falten, schließen, entfalten und öffnen.' „Si het noch in den valden ein röckelîn behalden", Helmbr. 165. „Und habe wir gar gehebe valten, in den wir alten krief (Streit) behalten", Renner 14205. 14208. àltə-*Fàlt'n*, altes Weib, (b. W.). R.A. „Mi' hàt's rècht bei də' *Fàlt'n*, ich bin sehr im Gedränge (v. Geschäften)", Castelli (1828) p. 195. gfàltət, gfàltərət, faltig, voll Falten. ainfalt, adj., ä. Sp., simplex. Daher noch a) die Ainfalt (Aə˜fàlt), welches fig. auch für eine einfältige sowohl Weibs- als Mannsperson gebraucht wird. b) ainfältig, ainfeltig (aə˜fàlti, aə˜fəlti'), 1) wie hchd. einfältig. Bi˜sched ən *àì˜fàlti's* Bauə'nleud. 2) ä. Sp. „Ez sol kain lodweber kain tuch ziugen wann von ainvaltiger wolle . . ." (als blos von Wolle). „Ez sol nieman gziuk sin, wann ainvaltige burgær und niht uzlute", (als blos Bürger). „Danne ainvaltigen habern", (als blos Haber), Augsb. Stdtb. Um's *àì˜fàltè* Ess'n sàns mə' neidi', (b. W.); ə˜ *àì˜fàltigə'* Zwəlfə' nur ein Zwölfer, (b. W.). Im Canton Bern hört man ə˜faltig als adv. für nun einmal. zwifalt, (ä. Sp.) duplex; jetzt zwifältig. Die Zwifalt, ä. Sp., das Zweifache, Doppelte. „Gestolenes mit der Zwifalt vergelten", LR. v. 1616, f. 330. drifalt, (a. Sp.) triplex. managfalt, (a. Sp.) multiplex; jetzt manigfaltig. Daher noch der Flußname: die Mangfalt, früher Manachvalta; cf. die Zwifalt in Schwaben. „MLXXXVIII cenobium quod vocatur Zwivilda in primo fundatum est", Clm. 4394 (XV. sec.), f. 187. „In Suevia apud villam quae vocatur Zwifaltach", Canis. antiqu. lect. V, II, 670. Förstemann II, 1594. Henricus a Zwifaltach, prior Ochsenhusanus, (Canisius).

Der Feifalter (Fei˜fàltə, Feurfàlter, Bei˜fàlter, Wei˜fàlter, Zwi-fàlter, Pfeiffàlter), auch Faltervogel, der Schmetterling. Grimm, Wbch. III, 1302. Zeitschr. IV, 54. „Papilio, veyvalter", Mallerst. 32, f. 300. Falter ist eine allgemeine Benennung für die geflügelten Insekten, die ihre bestäubten Flügel zusammenfalten können, (Lepidoptera). Eine Art dieser Falter heißt man von der Gestalt der Flügel; Fächerfalter (pterophorus L.). S. a. Fei-falter.

Die Filteln (?). „Salvawasser vertreibt die firay und die filteln und die masen", Clm. 5931, f. 224.

'Die Fulter, ä. Sp., Folter, (mhd. vulter; BM. III, 436. Grimm, Wbch. III, 1885. Diez, Wbch. 269. Diefenb. 588b.).' Der könig die königin strecken hieß das sie klaglich an der vulter starb", H. Sachs 1560: II, III, 142. Fulter-feßlin, (Folterfäßlein), culleus; Voc Archon. f. 43. Diefenb. 161c.

falzen (im Präterit. zuweilen ich fielz, im Sup. gefalzen), wie hchd., d. h. umlegen, übereinander, ineinander legen; (mhd. valze, vielz, gevalzen; Graff III, 518. BM. III, 234. Grimm, Wbch. III, 1303 f.). Der Falz, 1) die Fuge; BM. III, 234. Grimm, Wbch. III, 1302. 1303. „Manic man get uf eren valze hoh en bor als ob er walze, dem rehte ere doch nie wart bekant", Renner 928. '2) mhd. das durch einen Falz zusammengefügte zweischneidige Schwert.' Grimm III, 442. valz, lamina ensis; Wilh. v. Oranse III. '3) das Begatten der Vögel, namentlich der Auerhähne; Grimm Wbch. III, 1303,3. Zeitschr. V, 224.' „Ich hân bi mangem valze gehalten wol durch hœren", Labr. 212. Die Falze, plica; s. Sp. 386 f.: Politten. Das Falzbrett,

5/4 Zoll dickes Brett, das einen Falz leidet. „Ein gemeines Brett kostete a⁰ 1794 in Tölz 6–7 kr., ein Falzbrett 14–16 kr. Ein großer Schnittbaum gibt 10 Falz= bis 11 gemeine Bretter", Wstr. Btr. V, p. 271. 273. s. Laden. Der Falzboden, Boden mit überfalzten Brettern. fälzeln (fálz'ln), Diminutivform von falzen. Gl. i. 789 sind falcati (enses) durch gifalztiu (gebogene?) erklärt und o. 324 ist anevalz incus.

Der Filz (Fılz), wie hchd. (ahd. filz, mhd. vilz; Graff III, 519. BM. III, 316 f. Grimm, Wbch. III, 1631 f. Diez, Wbch. 142. cf. *velsa* de agnellis, Vlies? nach Mone's Anzeiger 1838, Sp. 8.). Ausfilzen (für auszanken, heruntermachen ꝛc., cf. cesk. plísnim, ausschelten. Grimm, Wbch. I, 856. III, 797. 1635,4); der Filz, Filzer (für Verweis; Grimm, Wbch. III, 1633,6. 1635) ist vermuthlich vom Filzen der Hutmacher hergenommen, wie man auch sagt: Einen strigeln, kämpeln ꝛc. (In den VII Comm. ist der Filzar ein weiter Kamm.) Zeitschr. V, 230. VI, 24. 289. Castelli, Wbch. 133: Fülz, unausgelassenes Schweinfett. gevilzt Schuech, calcei viltiati, kommen als jährliche Recognitions=Reichnisse in den ältern Urkunden (z. B. MB. IX, 503. XII, 316) häufig vor. „Daz ain islich sieche in dem spitale (zu Jerusalem) hab ainen velli, in sich ze legene vnde zwene gevilzte schuch ze gehende zu seiner notdurft und hinwider vnd ain wullen hütelin' Clm. 4620, f. 83. Gl. pass. filz, sagum, viltrum; a. 577: filzfulle, sagapeta; sceltifilz, scalvistros. Die Filzlaus, BM. I, 1055. Grimm, Wbch. III, 16[illegible] Philczlaus, gurgulio", Persii satir. IV, 3[illegible] Clm. 728, f. 8ᵃ. Das Filzkraut, cuscuta europaea, (Jir.); Grimm, Wbch. III, 1637.

531 Die Filzen (Fılzn) und der Filz, (b. Oberland) Moos oder Moorgrund, mit Gesträuch, besonders mit sogenannten Filzkoppen, einer Art Legföhre, bewachsen. Zeitschr. V, 230. Die Murnauerfilzen ist verschieden vom Murnauermoos. „Es hält die Kolberfilze, die mit der Aiblinger Elmoserfilze zusammenhängt, gegen 3000 Tagwerk"; Hazzi, Statistik. 'Im Böhmerwald heißen die Torfmoore Filze u. Auen, z. B. Seeau, Habichau, Seefilz, Judenfilz, Zwergbirkenfilz; zuweilen Loh: Schleißloh, Brenteloh; Allgem. Ztng. 1855, p. 3145. (Jac. Grimm.)' cf. the filth, schott. filsch, Adelung Pelz, franz. pelouse, dichtes Moos auf Wiesgründen. Diez, Wbch. 704. filzig (fılzi'), adj., 1) aus Filz= oder Moorgrund bestehend. „Ein Ort, so möstig, filzig und rauch ist", alte Forstord., Art. 10. 2) voll Filzen. ə˜ *filzigé* Gégngə˜d. Der Filzler (Fılzlə'), Ansiedler an so einer Filze. Diese Colonisten sind gewöhnlich schon von Haus aus so arme Teufel, daß sie gerade um so weniger im Stande sind, die Bösartigkeit des Bodens zu überwinden. Möchten lieber einmal patriotische Große einen Ruhm darin suchen, ganz auf eigne Kosten dem Vaterlande aus solchen Wüsten Paradiese zu erschaffen.

Der Filzbauer, Filzgebauer, '(von Schmeller hieher, bei BM. I, 291 und Grimm, Wbch. III, 1632,4. 1634. 1635 wol besser zu „der Filz", als Schelte, gestellt: Bauer, der den groben, rauhen Filz trägt, ungeschliffener Kerl).' „Ich höre wol, daz du von natur bist als ein krieger viltzgebur, seit du ungern iht anders tust denn daz du tun betwungen must", sagt der willige Esel zum unwilligen; Renner 6024. „Manic viltz gebaur sprichet sinem wibe daheime vil bösiu wort"; das. 11395. „Du bist sinne und witze ein slaur, worte und werke ein viltzgebaur", das. 12195. „Ob ein weip zart ist von nature und ein unertig viltz gebure unzühticlich ir walten wil", das. 12955.

faimen (faəmə˜), 1) schäumen; (ahd. feimjan, mhd. veimen; Graff III, 519. BM. III, 317. Grimm, Wbch. III, 1451. 1377. Zeitschr. II, 340.). 's Ros *faəmt*. 's B[illegible] *faəmt*, es ausfaimen laßen. „Du *faimst* nä gra[illegible]msinst", sagt Greth zum Mann, der ihr droht; Lindermayr 81. Cf. oben, Sp. 690: fáma, laufen, eilen. 2) den Schaum wegnehmen, wegfaßen. In dieser Bedeutung ist jedoch gewöhnlicher das Compositum abfaimen (à'faəmə˜; Grimm, Wbch. III, 38); d' Suppm *à'faəmə˜*. „Den Kessel verfaimen", Fwrbch. Der Faim (Faəm), der Schaum; (ahd. feim, faim, mhd. veim; Graff III, 519. BM. III, 317. Grimm, Wbch. III, 1377. 1450. Zeitschr. II, 340. V, 223.). „Lafs heun' a bisse' aufgeb[illegible] z'Mittog beim Essen, 's hat án *Foam*", (ich habe große Hoffnung?); Pangkofer 191. Cf. schles. Fäum, Fêm, pl. Fêmen, Fettaugen auf der Brühe; Weinhold Wbch. 19ᵃ. Grimm, Gesch. d. d. Spr. 1001 f. [illegible]mig (faəmi'), voll Schaum, schäumend; *faəmi'* [illegible]wirln, zu Schaum abquirlen, z. B. Milchrahm. Der Abfaim (A'faəm), das Abfaimet (A'faəməd, A'gfaəməd), das was abgeschöpft wird, die Unreinigkeit nemlich, welche sich beym Kochen einer Flüssigkeit auf der Oberfläche zeigt; fig. ein Auswurf, ein ausgezeichnet böser Mensch; Grimm, Wbch. I, 38. 856. Dés is ə˜ rèchtər *'A'faəm*, ən *à'gfaəmtər* Spitzbuə', auch hochd. ein abgefaimter (ausgeschämter? desvergonzado; cf. isl. feim, pudor) Spitzbube, Betrüger ꝛc. „Dy schelk, dy da sind gevaimpt, ab allen schelken abgeschaimpt", M. Beham, Wiener, 49,20. „Von den wienern vil öden, gevampt ab allen schnöden", das. 136,19. „Gen disen schelken, dy do warn gefampt ab allen schelken da", das. 145,4. „Daz sy sein geschaimpt vnd oben vber ab gevaimpt von aln schelken erläsen", das. 207,2. „Von allen schelken warn sy [illegible]", das. 312,18. Der Merfaim, Meerschaum, (eigentlich eine Art Speckstein aus dem Orient). „Du sihest ein schlechte rauche Muschl, ein knoverte Mißgeburt des Wassers, ein harten Meerfaimb", P. Abrah. Der Waldfaim, (nach von Moll im Zillerthal) Schaum, der sich beym Kochen der Molke ansetzt. Gl. a. 264. i. 543. 546: veiman, fremere, spumas egerere; i. 546. 618. 737. o. 148: veim, spuma, repurgium; i. 708: uzfeimon, despumare.

femeln, vrb. 1) was fummeln. 2) (Baur) aus Früchten, die auf dem Felde stehen, die reifen herauslesen, herausscheiden, z. B. die eher reifenden männlichen Stengel des Hanfes. Diese sind es eigentlich, die, vor der Erkennung des wahren Geschlechtes bey den Pflanzen, blos weil sie kleiner und zärter sind, für Weibchen angesehen wurden, und vom latein. femella den Namen Femel, Fimmel erhielten, der somit auch dem, in der 532
Bedeutung allgemeiner genommenen, Verb. femmeln zu Grunde liegt. Grimm, Wbch. III, 1638. 1639. Zeitschr. II, 78,6. IV, 167. Femelweiser Waldbetrieb, s. Sp. 459: plentern.

Die Feme, Fehme, mir aus bayrischen Urkunden, obschon manchmal von den westphälischen Gerichten die Rede ist, nicht erinnerlich. In dem Bruchstück von Atys und Prophilias (in Graffs Diutiska I, p. 17) kommt Veme als Strafe, supplicium vor. Denselben Sinn hat es in dem Bruchstück der Susanna im Bade (neues vaterländ. Archiv, Lüneburg 1824, 3tes Heft): „Daz ich mich der schande scheme, und lide ane schult die veme". Die veme dulden", vom Glauben 1857. „Vor die faim laden", Münch. Rathsakten v. 1430. 1431; Eos 1832, p. 832. „Man sul kain brief über die faymb nicht geben", Cgm. 26, f. 99ᵃ. „Mit der fem frag", Cgm. 705, f. 3ᵇ. femen, vb. „Ze dinge si sie vemeten", vom Glauben 1397. verfemen. „Vervolgen und verfaimen"; „verfaimen und verfüren"; Cgm. 705, f. 92. „Wer auch ainen verfaimte der mecht (mit? nicht?) recht uberwunden ist"; das. 4ᵃ.). Cf. Faim. Holl. veem, fem. u. ntr., Vehme; Zunft, Bruderschaft. Nach Richthofen 732 vom latein. fama. BM. III, 297. Grimm, Wbch. III, 1516 f. Herm. Müller, lex salica 3—4. Hormayr's Wien, Bnd. II, Urkundenbuch nr. 93, (zwey Münchner betreffend, 1441). Dr. Bernh. Thiersch (zu

Dortmund): Vervehmung des Herzogs Heinrichs des Reichen von Bayern, aus neuentdeckten Urkunden, (Essen, 1835; scharf recensiert von P. Wigand in d. Jenaer Lit. Ztng. 1836, nr. 30 ff.). Johannes Boemus (de omnium gentium ritibus, 1520, fol. LVII) nennt dieses Judicium Westvalense: judicium *vetitum*. „*Feimerus*, judicium occultum, cum noxius indicta plectitur, a Carolo Magno olim ob Westphallorum duritiam institutum; occultus judex, latrunculator secretus . . . Erasmus facit huius mentionem Adag. areopagita taciturnior“, Therouenne, Clm. 10812, f. 352. Vemer, Scharfrichter. BM. III, 297. Grimm, Wbch. III, 1517. „Do bat si den vemer der ir daz houbit solde abeslahen“, Herm. v. Fritzlar 88,38. 89,15. 157,1. „Artikel der faimer“, Cgm. 705, f. 6b. „Gerhart der faim“, das. f. 30. „Gerhart der faimer“, Cgm. 475, f. 27. „Was fämern wär“, Cgm. 705, f. 6b. „faimrechig erkante artikel, verson . . .“, das. f. 28b. 55a. Die Femstatt, Richtstätte. „Do her von der vemestat gieng“, Herm. v. Fritzlar 12,18. „Man fürte si an di vemestat und sluc ir abe daz houbit“, das. 65,1. 156,40. 175,29. BM. II, II, 602. Grimm, Wbch. III, 1518. S. Wigand's Archiv f. Westphal. I. B., IV. St., p. 113.

„Fémèl“, was in der Dämmerung geschieht, auch die Dämmerung selbst; z. B. Im Femeln muß man fischen; es ist schon femel (etwas dunkel); Dr. Kittel (Aschaffenb.). Cf. VII Com.: Mal, Abend.

femmern, femmezen, fempezen, fimmern, fimmezen, flimmern, funkeln; fempizen, flinmern, (Jir.). BM. III, 317. Grimm, Wbch. III, 1517. Zeitschr. II, 341. V, 230.

Der „Feimer, funda, reticulum, rete, jaculum“, Prompt. v. 1618. BM. III, 317 f. Grimm, Wbch. III, 1451.

Die Fummel, a) Art Lederfeile bey den Schuhmachern; b) feminal; verächtlich: femina. fummeln, mit der Lederfeile hin und her fahren; verächtlich: an etwas reiben, nagen, langsam essen. Weigand, Wbch. I, 375. Vilmar, hess. Idiot. 112. Zeitschr. III, 132. V, 57. VI, 14. Cf. schwed. fumla, (umher) tappen.

Der Fanen (Fanə~, s. Gramm. 839), plur. die Fanen und Fänen; auch der Fan (Fà~), plur. die Fän (Fé~), Dim. Fänlein (Fá~l·), 1) wie hchd. die Fahne; (ahd. der fano, des fanin, mhd. der vane, des vanen; cf. gr. πῆνος, lat. pannus. Graff III, 520. BM. III, 234. Grimm, Wbch. III, 1241. Zeitschr. II, 343). „Dieser Fahnen, der hier oben außgesteckt, ist der türkische Hauptfahnen von der Capital-Vestung Belgrad, den unser durchl. Churfürst mit eigner Hand erobert“, sagt P. Gelasius Hieber in seiner Benno-Jubelpredigt, gehalten a⁰. 1723 in der Frauenkirche zu München. (Befindet sich noch jetzt zur Stelle, s. v. Scherer's akadem. Rede vom 12. Okt. 1825). In den Kirchen findet man immer mehrere Fahnen aufgestellt, welche denen der römischen Legionen ähnlich sind und bey feyerlichen Processionen vorangetragen werden. Es gibt Männerfanen, Weiberfanen ꝛc. Besonders sind die Dorfsfanen zu bemerken, die bey Kreuzgängen aus einem Dorf ins andre, oder wol gar an entfernte Wallfahrtsorte gebraucht werden, und an möglichst lange Stangen (Fanstangen) befestigt sind. Es wetteifern die Gemeinden förmlich um die Ehre, den höchsten Fan zu haben. Solche ungeheure Fanstangen, auf Kosten andächtiger Kirchspiele von unten bis oben mit Wachs umwunden, sieht man an mancher Wunderstätte, z. B. in der Kirche zu Bogen, ex voto aufgestellt. ə~ Fà~stang, (im Scherz) ein langer Mensch. Der Fanenstifel, an einem um die Schulter gehängten Riemen befestigt, um das untere Ende der Fahnenstange zum Tragen darin ruhen zu lassen. Das Fänlein, (ä. Sp.) Fähnlein, als Vereinigungszeichen eines Haufens Kriegsleute; Haufe Kriegsleute; Compagnie, Bataillon. In der von Frundsberg Historie kommen Fänlein von 500 Landsknechten vor. „3, 4 ꝛc. Fahnen Fußvolk“, Cgm. 4906, f. 159. Der Fänleinwebel, Feldwebel einer Amberger Bürger-Compagnie a⁰. 1552, Destouches OPf. III, 79. Der 533
Fänlein-Füerer (Fá~lfiərə'), der Anführer, Rädelsführer; schon in Avent. Chr. und bey D. v. Plieningen: Fendlifürer, duces multitudinum. R.A. Das Fänlein haben, unter Andern in irgend einem Stücke der Vorzüglichste seyn. Dèr hàt 's *Fá~l*. Vielleicht vom Kriegsfänlein, oder etwa auch von dem Fänlein hergenommen, welches, mit Thalern behängt, bey Wettrennen u. drgl. als Preis gegeben wird. „Man wais wol wer den fannen fyert und wer bisher das schiff regiert und wers von erst hat gfangen an damit geprracht in gmainen Man. Jr freia“; Lied gegen die Wucherer u. Ketzer, Cbm. 1585, f. 322. Die Formel, mit der „der obrist Feldhauptmann dem Fendrich St. Georgen-Fannen besilcht“ steht bei Fickler (sec. XVI.), Cgm. 1306, f. 36; cf. 40. 41. Das Kirchtag- oder Kirchweih-Fänlein (Kirdə'fá~l). Dieses wird von dem Thurme einer Kirche, deren Weihefest gefeyert wird, die ganze Kirchweihwoche hindurch ausgehängt. Was heutzutage als ein sonst bedeutungsloses bloßes Freudensignal betrachtet wird, war früher das bey großen Volkszusammenkünften übliche Warnungszeichen zur Haltung des Landfriedens. L.O. v. 1553, f. 173. L.R. v. 1616, f. 572. s. (Frid) bieten. Der Landfanen, Fahne, um die sich in früherer Zeit die aufgebotene Mannschaft eines Land-Bezirkes versammelte; Haufe (Bataillon, Compagnie) Landwehr oder Landsturm. Destouches O.Pf. II, 71. Der Landfänler, Landfändler (Mandat v. 1663) der Landwehrmann. Die Stadt Augsburg hielt während der Blockierung von 1634—35 vier Stadtfahnen, die nach der Capitulation abgedankt wurden; Cgm. 4905, f. 302. Der Rennfanen, s. Th. III: rennen. Der Rainfan, ahd. reinivano, mhd. reinevane (Graff II, 527. BM. III, 235), Rainfarn, tanacetum. „Tanacetum, rainvan“, Cgm. 592, f. 39. 40. Diefenbach 572c. Der Fänrich, Fändrich, Fähnrich, Fahnenträger, (mhd. vanære, venre; BM. III, 236. Grimm, Wbch. III, 1241. 1243. 1309). „Volget mînem vanre“ (venre, venr, Horant), Gudrun 1111,4. 521,4. „Ein tœrscher vener vüeget daz, daz ein her möht tuon baz“, d. w. Gast 6653. Daraus erst Fenr-ich? Fänderich, Fronsperger 1555, f. XL. XLIX; mit rechter, linker Hand, Mund ꝛc. die Fahne zu halten; das. XLIV. Das Fänlin von 400 Knechten; das. XLVII. 2) im Scherz oder verächtlich: Halstuch, Schnupftuch, Schürze und ähnliche Kleidungsstücke des andern Geschlechts. Der Fanenstat, Kleiderstaat, der zwar in die Augen fällt, aber keinen Werth hat. Die Bedeutung eines Tuches, Zeuges (πῆνος, pannus, frnz. pan, panneau, Fläche; Diez, Wbch. 702) ist wol die früheste des Wortes. Das ἐπίβλημα ῥάκους ἀγνάφου bey Marc. II, 21 gibt Ulphilas durch „plat fanins niujis“, und so ist fano gl. i. 128: linteolus, 841: theristrum, 932: scido (sindon? Diefenbach 536b); cf. das involvat in fanone der Lex alamann., tit. 85. Mit näherer Bestimmung ist halsfano, gl. i. 1126: collarium; hantfano, a. 46. 49. i. 432. o. 47. 254: mantile, mappa, mappula, planeta; lentifano, i. 940: lumbare; oucfano, i. 543: sudarium; prustfano, i. 21: rationale, (s. Brustfleck); sumarfano, a. 116: aestivum pallium; suueizfano, a. 602: sudarium; tischfano, i. 125: mappula; und von allen diesen verschieden der Gund- (d. h. Streit-) Fano, vexillum, welcher mit dem Gundfanari (gl. i. 1126: antesignanus) noch in den italienischen gonfalone und gonfaloniere fortlebt. Cod. ital. 154, f. 53 noch gonfanone, gonfanoniere in Florenz seit 1292. Diez, Wbch. 177 f. In der französ. Heraldik bezeichnet gonfanon eine dreyspaltige Kirchenfahne, vexillum ecclesiasticum; Primisser's Suchenwirt p. 236. Cf. agſ. gudfana „Thær wæs se gudfana genumen the hi (tha Deniscan) ræfen heton“, Sax. chron. ad an. 878. Die segelbom mit jren fanen ablaßen, vela demittere;

der windfane, segelfane, velum; Herzog Ernst, Cgm. 572, f. 38. 39. Der Handfane, ä. Sp., Handtuch. „Alb, stol, manipel und hantfang“ des Meßpriesters, Ch. 17, 197. „Der hantvan“ in der Messe, Cgm. 632, f. 79. „So thuet der briester den manipolum genandt handtfan an den gelinken arm“, Cgm. 1125, f. 13^b. „Der hantvan bezaichet diu dimutichait unsers herren“, Clm. 4623 (XII. — XIII. sec.), f. 74. „Unter den Reliquien des Clm. Pal. Manh. 341 erscheint ein hantfan Udalrici, einer Gregorii. Vrgl. Graff III, 521 f. BM. III, 235 f. 3) der Fan, Fanen, Landfanen, verächtlich: Weibsperson, die im Lande herumschwärmt, Soldatenhure. Grimm, Wbch. III, 1242,5. 4) der Fan, die niederhangende Haut am Halse des Rindviehes, Halswamme, der Triel. Grimm, Wbch. III, 1242,6.

'vərfánern, verkaufen, vendere; mhd. venden, vendern, vervendern, BM. III, 297. s. unten Fand, fänden. „I muəss di' *vo'fánern* („verhandeln, vertauschen, vendre“) odá' lossən allain“, Stelzhamer 59. 182.

Die Fanellen, (B. v. Moll), der Hänfling, fringilla cannabina L.

Fene(?). Da hat man Schwung und Fene (auch Fenum), da ist man frei, ungebunden, kann sich gehen lassen, (Lechrain, Baron Leoprechting); venia? Vrgl. mhd. diu venje, venige, fußfälliges Gebet zu Gott, venia = indulgentia; BM. III, 298.'

fein (fei˜), adj., 1) wie hchd. (ahd. fînlîho, adv., mhd. fîn; Graff III, 523. BM. III, 317. Grimm, Wbch. III, 1452). 2) vom Wetter: hell, heiter. Es ist fein, es ist schön Wetter, (Landg. Weilheim, Allgäu). ə˜ *feinə'* Täg. 3) von Personen: hübsch, artig, galant. ə˜ *fei˜s* Mensch, ə˜ *feinə'* Buə'.

Und s Kreistə'l is s Bétt, in də' Mitt ə˜ Grüəbál,
Und di *feinigist'n* Buəbm, sán' di Holzə'büəbál.

534 Adelung führt die Bedeutung dünn, subtil als zweite an, da sie vielmehr die erste zu seyn scheint. Die Bedeutung schön, artig, niedlich läßt sich in vielen Sprachen als hervorgegangen aus der Bedeutung klein nachweisen. „Smaragl vein“, Cgm. 1113, f. 89. „Ich gedacht an die werd fin“ (werthe feine), Altswert 12,22. „So ich gedacht an die werden vin“, das. 8,13. „Ir lieplich wandel ist so fin“, das. 10,10. „Formositas lidmässigkait, pulchritudo schonin oder hüpschin, decorositas zierlichait, speciositas feyny oder genämikait“ (ad 1459), Staingad. 35, f. 177. BM. III, 317: diu fîne; Grimm, Wbch. III, 1463. feinen, vrb., erhellen, schön machen; Suchenwirt. BM. III, 317. Grimm, Wbch. III, 1463. durchfeinet, adj., mit Schönheit u. Anmuth begabt; Grimm, Wbch. II, 1607. „Ein jedlicher Heiling scheinet recht wie die schön sunnen klar, durchsichtig und rain durchfeinet, gulden sein jr schöne har“, Andreas Schwäbel zu St. Zeno (1518), San-Zenon. 25, fol. penult. Das Wort fein, wozu mir aus der ahd. Sp. blos fînlîho (gl. i. 216), tenere, erinnerlich ist, kommt übrigens nicht blos in allen germanischen, sondern auch in allen romanischen Sprachen, und in diesen sogar früher vor. Im hochschottischen und irischen Rest des Galischen ist fion (nach Shaw's dictionary) small, little, few.

fein (fei˜), adv., 1) dient in Verbindung mit einem ausdrücklich gesetzten oder stillschweigend verstandenen Verbum, welches in ersterm Fall allemal die schärfere Betonung erhält, eine Art von Wunsch auszudrücken. Grimm, Wbch. III, 1455 ff. Zeitschr. V, 228. 517, II, 23. 183. Kim *fei*, daß du ja kommst! Mach *fei˜* lüfti', daß du dich ja sputest! Dás d· əs *fəi˜* nét və'liərst, daß du es ja nicht etwa verlierst! Gi' mə' *fei˜* ə˜ gross Stuck, daß du mir ja ein großes Stück gibst! „Daz wil ich minen freunden clagen und wil eu vein nimmer vertragen, als ich biz her getan han“, droht die Frau dem Mann, Renner 12898. 2) (O.L.) mit dem Hauptton, vor Adjectiven und Adverbien: ziemlich. Du kimst *fei˜* spät. *Fei˜* kàlt is·s. Də' Buə kà˜ scho˜ *fei˜* stark zuəschlägng. Vrgl. feindlich.

Die Finanz, ä. Sp., Wucherey, Kniff in Geldgeschäften, Geldgeschäft. In Sattler's Phraseologey von 1631 sind Finanz, Schinderey und Wucher Synonyma. „Die Hauptleut beschissen auch jre Knecht hüpschlich mit vil Finanzen umb den Sold.“ . . . „Ob ein Hauptmann durch Finanz einen Knecht betriegen wollt, mußt er Harr und den Kopf lassen. . .“ Avent. Chr. „Auff Wucher, Fürkauff und Finantz“, H. Sachs. „Den kaufman heißt die bose Welt einen Finantzer, den kremer einen alefantzer“, H. Sachs 1560: IV, III, 57. „Wer sich in alle Finantz und Alefánz legt, der kann Finantz mit Alefantz ableinen“, Henisch. finanzen, vrb., ä. Sp., wuchern, durch Kniffe sich Geld verschaffen; Geld negozieren. Die Finanzerey. „Zur Abstellung der von den Regenspurgern mit dem Salz treibenden Finanzerey“, Salzakten v. 1622. Das Prompt. v. 1618 hat „Finantzer, aeruscator, der allenthalb Geld auffnimbt; Finanzerey treiben, aera seu pecunias undique colligere praestigiis et fallaciis“ Das Wort ist augenscheinlich romanischen Ursprungs, und in diesen Sprachen nie mit so schiefen Nebenbegriffen genommen worden; mittellat. finantia (praestatio publica), womit noch das englische fine, Strafgeld, Lehengeld, mulcta, to fine multare, zusammenstimmt; (Diez, Wbch. 145. Müller, etymol. Wbch. d. engl. Spr. 377. 378. Grimm, Wbch. III, 1639. Zeitschr. V, 231. VI, 272,11,42).

'Die Finne, tuber, scrophula, Blatter, (BM. III, 323. Grimm, Wbch. 1665 f. Diefenbach 346^a. 349^a).' finnecht, adj., finnicht, finnig. Zeitschr. V, 231. VI, 207. „Swer finneht und rudig fleisch veil hat“, Wirzb. Sätze v. 1343, §. 73. s. Pfinne.

'Finner(?).' Otto der Finner, Otto *Finnius*, (Bruder Ludwigs des Romer, ad 1373); Aventin (bayr. Chronik 1566: 506^b und Annales 1627: 490) mit der Randglosse: „i. e. ain rechte Fene, i. e. ignavus.“

Der Fön, (Werdenfels) Südwind; auch schweizerisch; (v. lat. favonius. Grimm, Mythol.^{2} p. 600. Wbch. III, 1869. Zeitschr. III, 209,73. V, 332. Muchar's Gastein p. 37. Cf. goth. funa und fon, ignis, isl. funi). Sollte das „za uuniuuinte“, ad auram, der gl. a. 394 (Graff I, 624) Beachtung verdienen? Grimm, Wbch. III, 1869. „Ventus typhonicus, phonno“, Clm. 4606, f. 152. gl. i. 386. „Diu fönne ist warm und bringit den regen“, Mone's Anzeiger VIII, 504. Cf. Diut. III, 145: uenrer, focarius. Diefenbach 241^a. Der Fön im Bündnerischen Romanisch favuogn, also wol doch favonius. Allgem. Ztng. 1846, S. 1420. Über den Fön s. d. Beilage zur Allgem. Ztng. 1847, S. 1281 ff. Es war der Föhn, der am heißen Sonntag (18. Juli 1841) über meinem Kopf toste in den Fichten des Perlacherwaldes, am Bodensee haushohe Wellen weit ins Land hinaus wälzte, doch die 500 Lustfahrer des Dampfers Ludwig mit Todesängsten abkommen ließ. Nachrichten aus Italien von demselben Tage sollen zeigen, ob dieser Föhn eine Fortsetzung des Scirocco sey. An demselben Tage hatte man in Wien 29, in Berlin 28 Grad R. im Schatten. In Coblenz wurde gegen 3 Uhr die Schiffbrücke fortgerissen. In Paris Südoststurm mit Blitz und Donner, der Bäume ausriß und Felder nieder blies (cf. Gazette de France v. 24. July). In Gundelfingen wurden gegen 2 Uhr drey bedeutende, von Süd nach Nord gehende Erdstöße wahrgenommen; in Murten die 365 Jahr alte Sieges-Linde umgerissen, ebenso die tausendjährige Eiche zu Dagobertshausen bei Marburg und die Luthers-Linde bei Steinbach. Allg. Ztng. 1841, S. 1831. „Neapel, 11. Aug. Der Scirocco vom 17. July hat fast überall die Vegetation, namentlich die Trauben ausgedorrt“; (Allg. Ztng. 1841, S. 1868). Brauchte also 12 Zeitstunden bis über die Alpen. Cf. Gazette de France v. 9. October 1841.

Der Fand, plur. die Fände, Fändt (Fánt·), der Ertrag, besonders an Erzeugnissen von Grund und Boden, im Gegensatz der Ränte (Gelderträgnisse, Renten). Graff III, 520. BM. III, 236. Grimm, Reinh. p. 376, 1499. Den Fand an Getraide, Heu, Grumet u. drgl. einfechsen, das abgeärntete Getreid, Heu ꝛc. heimbringen. „Im fall er beede fändt heue und grumet ohne schaden einfechsen würdt“, ad 1609, Cbm. 3245, f. 50. Der auf den Halmen stehende Fand, das noch unabgeärntete Getreide. „Die Fändt auf den Gründten ver-
535 kaufen“, (eh sie geschnitten, gemäht ꝛc. sind), L.O. v. 1553, f. 78. Gründe „ligen in den Fänden“, sind angebaut, MB. XVII, 266. „So die Vännt ab den Feldern und Wisen kommen, sollen si (zur Viehweide) wider aufgetan werden“, MB. IX, 306; cf. 268. „Mit herlichem vande cherten si uz dem lande“, Diemer, Ged. 43,10. „Daz hebreiskiu diet mit allem ire vande für heim ze lande“, Exodus, Cod. Vindob. 2721. `(Hoffmann's Fundgr. 90,27).´ „. . . firmamente (gehen?) die planeten ir vente“ (rente?); Eustachius, Roth's Fragm. `(Hieher?).´ In folgenden Stellen ist Fand wol soviel als Geld, Geldbetrag. (Man vrgl. das franz. fonds, das holländ. venten, im Kleinen verkaufen; s. Sp. 721: vərfánern.) „Das die gemain Burgerschaft zum Hällein von wegen des theuren Kueffholz und Staigerung der Arbaiterlohn den Fand auf ein Halbfahrt oder Scheibfahrt nicht mehr erschwingen, noch ihre Häuser und Salzgemäch erhalten mögen, denen aus der Noth ein Besserung auf den Fand beschehen muß“; Salzakt v. 1556. „In unser Freyung soll unser Phleger zum Hällein allain Salz hingeben und Verkaufen und die Vennt darauf einnemen, damit er das Hällein zu verlegen hab.“ „Ein Burger (bey dem nicht ganz bezahltes Salz zum Verschleiß eingesetzt ist) soll sich nicht untersteen, auf dasselbe Vennt einzunehmen, sonder die sollen in unser Pfleg getragen und durch unsern Pfleger ausgeben werden, doch soll derselb unser Pfleger darinn die Beschaidenhait haben, daß er den Burgern, die erkaufts oder abgelösts Salz haben, vor andern Salz hinaus freye, auch zu seinen Zeiten jn darauf die Venndt gebe“; Ord. des Salzausgangs zum Hallein v. 1515. Lori, Brg.R. 152. Ränte und Fände; Ränt und Fänt, (Ránt und Fánt), Geld- und Natural-Erträgnisse. „Maut, Zöll, Rennt und Fendt einnehmen“, Avent. Chr. „Mit allen Eren, Rechten, Zinsen, Gilten, Stiften, Nutzen, Gesuchen, Ränten und Vänten ein Gut übergeben, besitzen ꝛc., passim in Urkunden, z. B. MB. IV, 200. XV, 353. XVII, 458. Kr. Lhdl. III, 296. XIII, 10. XVII, 133. „Zol, fent, rent, steur“ ꝛc., Dr. Eck, 1542. „Also heten sy kain gevend(??), sy mochten auch nit machen end in disem kriegen und zwitracht“, Mich. Beham, Wiener 330,26. `(Hieher? s. unten Fant).´ Witfend, s. Th. IV: der Witt.

fanden, fänden (fánt·n), Natural-Erträgnisse beziehen. Den Zehend fänden. „Die erste Garbe fändet der Pfarrherr, die zwote das Kloster“. . . „Es fandet der Altarist die sechste Garbe“, Zirngibl, Hainspach 347. 407. „Den weinzehent mügen si selbs vannten“, MB. XIII, 463. (cf. MB. IV, 356, Zeile 16, eine corrupte Stelle). ränten und fänden (ránt·n und fánt·n, auch hört man wol ránkng und fánkng) mit einem Gut, Geld und Natural-Erträgnisse davon beziehen, damit schalten und walten. „Ein guet innehaben, nutzen, gebrauchen, räntten, fäntten, verkummern, versetzen, verkauffen, damit thun und lassen, als mit seinem aigen hab und gut“, in Urk. passim, z. B. MB. XVII, 395. 414. Meichelb. Chr. B. II, 202.

fanden, (b. Gerichts-Sprache) auf jemand fahnden, darauf ausgehen, jemand zu fangen, zu verhaften, ihn aufsuchen; (ahd. fantôn; Graff III, 539. BM. III, 320. Grimm, Reinh. 275,1453. Wbch. III, 1241. Castelli, Wbch. 123 bringt: „Fan. Jemanden in d' *Fan* nehma, ihn zur Verantwortung ziehen. Jemanden bai da' *Fan* dawisch·n, ihn noch zu rechter Zeit einholen und festhalten“). „Alle Behörden werden requirirt, auf die entwichenen Verbrecher fahnden, und sie im Betretungsfall wohlverwahrt einliefern zu lassen“, Allgem. Intelligenz- 536
blatt 1818, 10te Beylage. „Berlin 30. Jan. Vor einigen Tagen ist vom Ministerium des Innern an alle Policeibehörden des Königreichs der Befehl ergangen, auf den Dichter Herwegh zu fahnden, wenn er sich in dem dißseitigen Lande betreten läßt“; Allgem. Ztng. 1844, S. 334. Nicht lange darauf wurde auch auf den Dichter Freiligrath gefahndet. „Lahr, 11. April. (Einem Flugblatt von K. Heinzen wird nachgeforscht.) Zugleich vernimmt man, daß auf den Dichter Hoffmann von Fallersleben gefahndet werde, der, obgleich man nirgends eine Spur von ihm hat, mit jener Verbreitung in Verbindung gebracht wird.“ Allgem. Ztng. 1847, S. 852. (Dieser Artikel in folgenden Nummern widerrufen.) Der Terminus ist also allen gutdeutschen Policeymännern geläufig und hängt etwa gar noch mit dem uraltsächsischen fáthjan zusammen; s. Glossar zum Heliand. (Gl. a. 335: fanton, rimare). `erfanden, erfenden, ä. Sp., explorare. BM. III, 320.´ „Ir sit in gebenten, unze wir daz irfenden, ube daz war si“, Diut. III, 102.

feind (fei~d), adj., feindlich gesinnt, gehässig, (goth. fijands, ahd. fîant, fîent, mhd. vîant, vîent, vînt. Graff III, 380. BM. III, 304 f. Grimm, Wbch. III, 1458,2). Dem gueten Bier bin I nét *fei~d*. „Das ich (niemanden) dester veinter sull sein“, MB. VII, 272. B. Aemilius hat in seiner Uebersetzuug des Buchs der Könige (Ingolstadt 1562) nach der Analogie von lieb gewinnen Einen, die R.A. feind gewinnen Einen. „Er gewann sy feindt von herzen“ . . . „Er gewann sy vil feinder, dann er jr vor lieb was . . .“ Castelli, Wbch. 231: „spinådafeind, so sehr feindselig wie Spinnen und Nattern“; (vrgl. jedoch das. p. 235 stinkådafahl, sehr faul, neben stinkfahl).

Der Feind (Fei~d), 1) wie hchd. 2) der Haß, Groll, (Nptsch). „Einen Feind auf Einen haben.“ 3) (in der Sprache der Flößer auf der Isar) eine gefährliche Stelle im Fahrwasser. Dà und dà hàt·s ə~n *Fei~d*. R.A. Arbeiten wie ein Feind, d. h. mit Anstrengung, (s. feindlich).

feindlich (fei~dli', fei~dlə', fei~lə', fei~'l·), feindlichen (fei~'lin'), adv., angestrengt, vehementer, sehr; (Zeitschr. II, 341. IV, 102,9. V, 183. 228. Grimm, Wbch. III, 1461. Cf. dän. fynd, Kraft, Nachdruck; fyndig. Altslawisch sélo, slowenisch slo, sehr, überaus; slo hud, sehr schlimm, slo dober, sehr gut. „Selbst beim Übergange in die kärntn. deutsche Mundart erhielt es sich im Wörtchen feindla, feindlich, st. sehr, an welchem die leichte Verwechselung des sélo mit slo ersichtlich ist.“ Jarnik p. 115 f. Ich verstehe das nicht. `Vergleiche: „sla, slo, ist als Adjectiv zwar nicht mehr gebräuchlich, wofür jetzt hud (schlimm, böse); jedoch hat es sich in Zusammensetzungen noch erhalten;“ ebendas. p. 115).´ Es rengt *fei~dlə'*, (es regnet stark). Dés tuət mə' rècht *fei~'li'* wê. Tumml· di' fei~ *fei~dlə'!* spute dich ja recht! I bedank mi' gàr *fei~l·*. Dés gfällt mə' nét gàr *fei~lə*. Dés gfreut mi' nét gàr *fei'lin'*. I reis mi' nét *fei~li'* drum. „AsWindle gar et *foindli* schleicht her mit leichtem Trit, es streichlat 's Bueble froindli“, Weizman III, 51. „Ich sich Herr, das noch ainer gar feindtlich ainher gaht . . .“ Ing. Reime v. 1562, ad lib. Reg. II, c. 18, v. 26. „Daß diß mein Buech böß (schecht), will ich nit feindlich streitten“, Puterbey. „Wir haben feyntlich gepraßet nur auf den bencken und recktent die füeß zu dem fenster auß, als vol waren wir“, De fide concubinarum in sacerdotes. „Er bleygt (bläht) sich vientlichen.“ „Ein Dieb am Galgen sicht über sich und ligent jm die Ougen wyt vor dem kopff und glottern jm vientlichen und ist vientlichen zerschwollen“, Geiler von Kaiserspérg. „Wo sichst du yezendan menschen also flyßig ernsthaftig sein und vigentlich fechten nach ewigen güttern, daz sye jnen gewalt anthund?“ idem. „16. Jun. 1634 setzte es auß dem Forbus'schen Regiment ein freundtlich (? st. feintlich, stark) ausreissen ab", Cgm. 4905, p. 128. „Si tünt alsi si töt sîn, doch si viantliche leben", Diut. III, 32. „So veintlich eilten seu im nach", Ring 24c,19; (freilich auch „feindlich"; es wird aber „sehr" gemeint seyn). (cf. gl. i. 771: fiantlihiu, **aemula**, und unten die Anmerkung.)

feindsälig (fei~tsáli'), 1) wie hchd. feindselig. 2) Selhamer: angestrengt, (was feindlich). „Bald bricht dem Weber da und dort der Faden ab, den er knüpfen muß, bald verlauft sich der Spul, den er mit feindseliger Mühe wieder einrichten soll", S. feinzig.

verfeinden sich mit Einem, ihn sich zum Feinde machen. In der Bedeutung „anfeinden", wie dieses Verb. beym Adelung aufgeführt ist, kommt es meines Wissens in Oberdeutschland nicht vor. Anmerk. Feind (feijend, das alte fîant) ist ein deutliches Particip vom alten fîen (odisse; z. B. Kero 2, 41; 4, 47. 55; gl. i. 616). Verwandt sind ohne Zweifel mit diesem fîen die Formen figidon (aemulari, zelare, gl. i. 323. 379) und phigida (periculum, gl. i. 443). Vrgl. Feh, Feh-d.

537 finden (fint'n, finnə~); I fánd, I fund, I findət; ich hab funden (funt'n, funnə~, z. B. schon Hund II, 19. cf. Graff IV, 30. 31) und gefunden (gfunt'n, gfunnə~), wie hchd. (goth. finthan, ahd. findan, mhd. vinden. Graff III, 529. BM. III, 318. Grimm, Wbch. III, 1641 ff. Zeitschr. V, 231. VI, 250,11). „Daz ward gegraben und ward funden", Cgm. 54, f. 61b. 66b. Aine Urtail finden, ä. Sp., ein Urtheil fassen, schöpfen. (Vrgl. česk. nalezti o čem, ein Urtheil über etwas finden, d. h. fällen; nalez, Urtheil, richterliches Erkenntniß. cf. Urtail, Folg, Rechtsprecher). „Stent sol man ein vrtail verwerffen, sitzent sol man sy vinden", Rchtb., Ms. von 1453. „Der Rat erfand (beschloß) durch Stimmenmehrheit", Gem. Reg. Chr. II, 304. Die Erfindung, Decret, Beschluß, (holl. vonnis, Urtel), besonders in Bergwerkssachen. „Des Eggelzanns '(Eggelzains?)' erfindungen", 1408, Cgm. 1202, f. 1. „Erfindungen von kunig Maximilian auf den Falckenstain", 1490; das. f. 4 rc. und 1201, f. 1. „Sinodum und besamlungen auch ratschleg halten ..., darinnen erfindungen und ordnung aufrichten auch was yederzeit erclärt worden darumben brief und verschreibungen fertigen, welche nach einander zusamen in ein Buch geschriben, das wird die erfindung gehaissen oder genent", 1556, Cgm. 1203, f. 7a. Bey Br. Berhtolt, p. 229 (Pfeiffer 43,24): ein liet finden, ein bescheidener, dem der romanischen Dichter (trouvères, trouvadours) entsprechender, Ausdruck für: ein Lied dichten. „In rechter maß gefunden", gedichtet, versificiert (von latein. ins Deutsche übersetzten geistl. Liedern); ein Tegernseer Poet (sec. XV.), Cgm. 858, f. 131. 141. BM. III, 319. Grimm, Wbch. III, 1644,4. dəpfinnə~, empfinden. empfinden, 1) wie hchd. (Im Schottischen entspricht schon das einfache to find dem englischen to feel). BM. III, 319. Grimm, Wbch. III, 426 ff. 2) ä. Sp., in weiterer Bedeutung: wahrnehmen, bemerken, finden, erfahren überhaupt. „Wann wir eigentlich empfinden, daß man des Rechtens und Fridens nicht achten und halten will" ... „desgleichen Wir in allen Händeln von ihnen nie anders empfunden haben, dann eitel Fromkeit .." Kr. Lhdl. II, 55. 85. „Mochte sich Ew. G. dessen erfahren an etlichen Pflegern, so Ew. G. zu Falkenstein gehabt hat, die nun wohl empfunden haben, wie es gestaltet ist zu Falkenstein", ibid. 191. „Als die Landschaft empfand, daß der Bestand nicht beschehen wollte .." III, 148. „Wobey sie Gnade von Uns empfinden würden, ..." IX, 331. „Also, daß wir einen gnädigen Herrn an Sr. Majestät empfinden", XV, 60. „Infindida, compassionem", Notk. Ps. 33,20. „Adinventionum bevintnusside", Cgm. 17,43b, Ps. 27,4. 'cf. BM. III, 320: ervintnüsede.'

findig, adj., zu finden, befindlich. „Bei St. Heimeran zu Regenspurg ist findig, wie König Ludwig etliche

Gieter .... gegeben"; die erloschenen und noch blühenden altadelichen bayr. Familien, p. 212. „Es ist davon kein Aktenstück findig", Kr. Lhdl. I, 12. „N. N. in seiner eignen Behausung findig", Ldtg. v. 1669: 34. abfindig, nicht zu finden. „Setzten sich auf Postroß und machten sich abfindig und unsichtbar", Albertin's Gusman p. 428. einfindig. „N. N. in der N.schen Behausung einfindig", Ldtg. v. 1669: 33. „Bey vilen Historicis einfündig", Bogn. Mir.

Die Findel, (Nürnb.) das Findelhaus. Die Knabenfindel, die Mädchenfindel. 'Das Fundkind, ä. Sp., mhd. vuntkint, Findling.' „Daz ich ein funtkint bin", Gregor v. d. St. 1239; daneben: „von einem funden kinde", das. 1227. Daz fundelchint, Cgm. 89, f. 51.

„Vindelmuet", Belohnung dem Finder versprochen; Aibl. Urk. v. 1437, v. Lang. '(Findelmiete?).'

Der Fund, plur. die Fünde (Findt), a) wie hchd. BM. III, 320. Zeitschr. V, 231. „Die Fund und Schätze sollen der Herrschaft zustehen." Kr. Lhdl. VII, 449. b) 'Kunstgriff, Schlich,' Kniff, Ränke, Rechtsränke. „Herzog Ecbert erdacht ein geschwinden Fund, damit er den Kaiser aus der Belagerung brechte", Avent. Chr. 435. A0. 1451 (MB. XXIV, 675) leiht der Abt zu Castel 250 Gulden vom Juden Seligman zu Freyenstadt, und verspricht, sie vertragmäßig wieder heimzuzahlen; gegen diese Bezahlung wolle er (der Abt) sich „mit nichtsnit behelffen, beschirmen noch befriden, hintansetzend new fünde oder alltt fünde, wie man die erdencken möcht." ... Alle böße fünde und arglist ausgeslossen", ibid. 538
p. 741; cf. 718. Dèr hát *Fündt* i~n Kopf! „Findet minne niuwe fünde" Labr. 298. 243. 437. „Die fünde sind noch leider unerfunden", das. 376. „Mit schelklichen falschen fünden", das. 525. „Kluge fünde und spæhe sprüche sind mir tewre", Walkn. 183. cf. das. 40: „Mir ist gar not deins rats und guter freunde" (fünde?). „Newe vunde", als Sünde. „Hast icht newer vünde auf sunten ervunden", ZZ. 604, f. 42. 43. „So er new fündt herfürpringt in klaydern und andern dingen", Beichtspiegel, Cgm. 866, f. 3b. 6b. „Ich klaub aus mancherley spitzfünd", sagt der Phantast, H. Sachs 1560: IV, III, 64 (1612: IV, III, 140). „Mit scharfen spitzfünden ... nachgründen", das. IV, 1,252. erfündeln, ä. Sp., erforschen, erspähen; mhd. vündeln. BM. III, 321. Grimm, Wbch. III, 814. „So solt jr dan fleissiglich in diemutigem grund ewer leben, red, werchk, willen, gedänck erfündeln, und ob jr euch in etlichen stucken strafpar findet, das solt jr mit ainem riebigen (riuwigen? reuigen) zuter(?) raynigen", Cgm. 4597, f. 99.

---

fünf (fimf; nach subst. neutr. fimfé, opf. fimfə; s. Gramm. 231. 232) wie hchd. (goth. fimf, ahd. fimf, finf, mhd. vünf; Graff III, 541. BM. III, 436. Grimm, Gesch. d. d. Spr. 239. 242). Der Fünfer (Fimfə'), das Zahlzeichen 5, besonders aber unter den, des gewöhnlichen schriftlichen Rechnens unkundigen Landleuten das römische V. Daher die R. A. ən U (d. h. V) für ən X (und umgekehrt) machə~, d. h. betrügen. Zeitschr. V, 230.

Der beliebte Spottausdruck Bauernfünfer dürfte vielleicht Bezug haben auf die ältern Schrannengerichte, bey welchen wenigstens „fünf erber man", oder „fünf Biderman", oder „fünf gesworner gelewmter man", als geschworne Rechtsprecher saßen, die auf dem Lande aus Bauern genommen wurden. cf. MB. X, p. 552, ad 1461. VI, 564, ad 1298; p. 252, ad 1358; p. 130. MB. XIII, p. 417, ad 1398; 441, ad 1437. XXIII, 226, ad 1378. „Da sol der Richter an der schrannen fünf nemen die pesten die da sein des tags", Ingolst. Stdtbch., Art. 74, bey Heumann, opusc. p. 162. In der „layischen Anzaigung" von 1531 heißt es in Beziehung hierauf: „Bedeucht mich nit pöß, man liesse den armen Pawrsman bey seiner veldarbeyt, darzu er on zweifel nutzer und geschickter wäre, dann zum urtelnsprechen, sonderlich in peinlichen sachen, da es leib und leben andrift." fünfen das Bäckerbrod, es als altbacken bezeichnen. v. Sutner, Abh. d. A. v. 1813, f. 480. Dieses geschah vielleicht durch Einschneidung eines V. „Man sol dhain prot pachen in dem namen das man es fünfen oder dreien gebe", Cgm. 144, f. 44. Heutzutage werden die verkäuflichen Brodlaibe und Wecken an so vielen Orten leicht angeschnitten, als sie Tage alt sind, wornach sich der Preis richtet. Oder gab es ein Policeygericht von Fünfen, wie in Nürnberg (wo noch heute der Name „Fünferhaus" besteht) viele derley Sachen unter den „Herren Fünfen" oder „Herren in der Fünf" stunden? Wagenseil, de civit. Norimb. p. 197: „De quinque-viris"; das. p. 262: „Quinque-virale judicium". . . „etliche erbare, tügliche Männer, von und aus ihrem Rath, so die Fünff genandt." fünffängeln (fimfángln), das Kartenspiel, Färbeln genannt, mit 5 Kartenblättern spielen. funfzehen (fufze˜hə˜, fuchze˜hə˜, – ᴗ ᴗ), wie hchd. fünfzehen. Der Funfzehner (Fufze˜nə', ᴗ – ᴗ), Münzstück im Nennwerth von 15 Kreuzern, von Max Emanuel aº. 1691 zuerst geprägt. (Lori, MzR. III, f. 191.) funfzig (fufzg, fuchzg), fünfzig.

---

fangen (fangə˜; fiəng und fangət; gfangə˜ und gfangt), mit den Compositis wie hchd., (ahd. fangan und fangon, mhd. vangen; Graff III, 414. BM. III, 201. 210 ff. Grimm, Wbch. III, 1311 f. Zeitschr. VI, 170,128. s. oben fahen). Hier mögen indessen folgende Formen und Bedeutungen eine Stelle verdienen. Ätem fangen (ə˜n 'A'n *fangə˜*), mühsam Athem holen, Athem schöpfen. „Atten fahen, spiritum suspendere", Av. Gramm. (spiritu suspenso spirare?). Auf dem Landtag von 1501 (Kr. Lhdl. XIII, 170. 248. 286) verlangt der Adel, daß die fürstl. Rentmeister und Landschreiber die Edelleute dergestalt, als wol geschehen sey, nicht fangen; worauf vom Fürsten beschlossen wird: „Wir wollen keinen Edelman annehmen lassen, dann umb Diebstahl, Mörderey, Rauberey 2c." Hier brauchen die Kläger für gefangen setzen den gehässigsten, der Fürst den mildesten
539 Ausdruck. Einen hinausfangen (aussi fangə˜), ihn hinauskriegen, vor die Thüre hinauswerfen, schleppen. Das Promptuarium von 1618 verweist bey fangen am Geburtstag auf binden am Geburtstag, welches erklärt wird durch: natali suo aliquem nectere, amica vincula injicere, natalitio serto honorare, obligare; celebrare munusculo natalem. R. A. Einem aəné *fangə˜*, d. h. eine Ohrfeige geben. „Flabbiines! (Narr!) strack *fang'n ich d'r ênen!*" (sc. Schlag, Ohrfeige), Firmenich I, 509,42 (um Firmenich und Lechenich). Die Vergleichung mit dem schwed. „Fâ en nagot" (einem etwas überreichen) paßt wol nicht hieher. Fangəmánnl spɀln, eine Art Haschespieles der Kinder.

Der Fang, a) wie hchd. BM. III, 209. Grimm, Wbch. III, 1310 f. b) im Bergbau: Grube, die ein Gewerke empfangen hat. „Grub oder Fang." „Feng fahen, treiben und arbeiten", Lori, BergR. 350. 351. 354. „Ab jeden Fang oder geworfenen Schurf 3 dl. zum Hofkastenamt", Wiltmeister 602. c) Feldfrüchte. „Alle Fenng und Frücht, die auf den Gründen wachsen", Amberger Rechtb. s. fengen. d) OPf., Schwank, Posse, Spaß. 'Allə'hand *Fáng* treiben. cf. Fánkə-l u. Fánt.

Die Fang, Mädchen, das, ohne Beruf, auf alle Reden Anderer aufmerksam ist und sie sich merkt. Dés is ə˜ rèchtə́ *Fang*, vour dèrə' dèrf mə' si in Acht nemə˜.

Der Fanggulden, das Fanggeld, nach der wirzb. Centordnung v. 1670, dem Centgrafen und Landknecht für die Einbringung eines Delinquenten bewilligt. Damit hängt etwa zusammen die R. A. Es ist nicht alle Tag Fangtag, (Nopitsch). „Es ist alle Tag Jagtag, aber nicht alle Tag Fahtag, non semper feriet quodcunque minabitur arcus"; Henisch. Grimm, Wbch. III, 1315. Der Fangpfeifer, Fanggeiger 2c., (Eichstädt) Einer, der das Clarinettblasen, das Geigen von sich selbst gelernt hat, und der dabey nicht nach Noten, sondern blos nach dem Gehöre spielt.

-fängig, adj.; einfängig, „der Kaiser selber haltete gar ein einfängig und einzogne Hofhaltung", Bogn. Mirakel; engfängig, einen engen, weitfängig, einen weiten Raum einschließend. s. -fähig. BM. III, 211.

'fänglich, adj., ä. Sp., gefangen; Grimm III, 1316. Zusammensetzungen s. BM. III, 211.' „antfanchlichiz, acceptabile"; Cgm. 17, f. 45ª, Ps. 28, oratio. BM. III, 211: enpfenclich.

Die Fängnuß, die Gefängnuß, die Gefangenschaft; das Gefängniß. BM. III, 211. Grimm, Wbch. III, 1316. fängnussen, befängnussen Einen, ihn gefangen setzen; Kr. Lhdl. VII, 453. Lori, BergR. 369. L.R. v. 1616.

anfangen, begehen (eine strafwürdige Handlung). Wàs hàt dèr *à˜gfangt*, dás mə˜n ei˜füərt? Dé hàt scho˜ widər *à˜gfangt*, (sich schwängern lassen). Der Anfängler ('A˜fánglə'), (Baur) der Urheber, Veranlasser. Grimm, Wbch. III, 326.

anfangen, anfengen, wie hchd. Iətz *fangts* z'rengə˜-r-*à˜*. ä. Sp. (Grimm, Wbch. III, 326), 1) anfangen, ein Lehengut zu bewirthschaften, ein Lehengut übernehmen. 2) die in diesem Fall schuldige Gebühr an den Grundherrn (die Anfart, Anlait, den Anfall, das Laudemium) entrichten. „So sol dy Fraw von newen anvengen, oder ire Kinder, ist daz sie dem Guet gewaltig mag sein", MB. II, 513. Der Anfang, das 540
Laudemium. „Totväl oder Anveng", MB. II, 489.

auffangen, ä. Sp., so viel als einfangen, einfriedigen, durch einen Zaun oder Graben einschließen. „Trate und gemain ze angern auffangen." „Einen Weg auffangen", MB. VIII, p. 274. 278. „Ohne Bewilligung der Grundherrn und der Gemein soll von Richtern, Castnern 2c. kein Gemeingrund aufgefangen werden"; LandR. Tit. 25, Art. 6. Der Auffang. „Es gelangt uns auch verner an, das sich kurzer Zeit her, jr vil understen, in den zehentbaren Brach- oder Tradfeldern ansehliche grosse Auffeng ze machen, und dieselben mit Rüben oder Kraut, Prein, Haidn 2c. zu besamen . . . sie sollen davon den Zehent raichen", b. Landord. von 1553, f. CXVI. „Die Forstmeister sollen keinen Auffang erlauben an den Enden, da Holz wachsen möchte", Kr. Lhdl. XVIII, 334.

ausfangen, (OPf., Nürnb.). Beym Umpflügen eines Feldes werden mittels des Pfluges die beyden Abhänge von jedem schmalen Ackerbeet (Bifang) so weggeschnitten, daß nur die Mitte desselben als ein Rain übrig bleibt. Diesen Rain nun durch den mitten durchgehenden Pflug rechts und links werfen, so daß zu beyden Seiten neue Bifänge entstehen, während da, wo vorher ein Bifang war, eine Furche wird, heißt ausfangen. Es gibt dieser Ausdruck zugleich über die Zusammensetzung des Wortes Bifang einiges Licht. (cf Biacker, MB. XXIII, 438, u. Notk. 77,9: „si fiengen ze uuige.") „Von einem Tagwerk zu ackern, sammt abrainen und ausfangen, 1 fl." Aº. 1747, Wiltmeister 572.

Der Bifang, plur. die Bifäng (⊥ᴗ, Bifeng, Bifing, Bifin', Bifən, Bifling; um Nürnberg Bi˜fang), der Balken, Ackerbalken, d. i., die, beym wiederholten Hin- und Herfahren mit dem Pflug, mittels des Pflugmessers und der Pflugschar losgeschnittnen Streifen Erde, welche, durch das Streichbrett gegen und übereinander geworfen, eine Erhabenheit (mehr oder weniger schmales Beet) zwischen zwey Vertiefungen (Furchen) bilden. BM. III, 210. Grimm, Wbch. II, 8. I, 1249. 1370. Castelli, Wbch. 84: Bifång. „Kärnt. ogón, Büfing, Ackerbett; in Oberkärnten rasklad", Jarnik p. 140; „ráſklad, Ackerbeet, Biffing, oberkärnt.", das. p. 234. Die Bifänge im b. Flachland bestehen gewöhnlich aus vier solcher Erdstreifen (Strängen). Ein Acker mit Bifängen hat daher

sehr viele Furchen, in denen übrigens selten so schönes und dichtes Getreide wächst, als auf den Bifängen. Vor dem Gebirg hingegen werden 6, 8, 14, 20 und mehr Stränge an einander geworfen, ohne eine Furche dazwischen zu lassen. Diese breitern Beete werden hier auch nicht mehr Bifänge, sondern Äcker genannt. s. Acker. „Die gewöhnlichen Beete sind die 8furchigen; jedoch werden auf einzelnen schweren und nassen Äckern auch die in hiesiger Gegend gebräuchlichen 4furchigen Beete (Bifangs) angewandt. Die von vielen ökonomischen Schriftstellern so sehr verschrieenen Bifangs gewähren gewiß auf nassem und seichtem Boden mannichfache Vortheile.“ St. Veit bei Neumarkt a. d. Rott. Lexikon v. Franken I, 160: „die Pistang (?) der ehemaligen Äcker.“ Im Bambergischen heißen die schmalen Ackerbeete, wendische Beete; (s. Th. IV: Wind, Winden). Nach Kollar (Ausland, 1843, S. 685) heißen die in Deutschland sogenannten wendischen Beeten im Slawischen Zahony. (Doch ist diese Stelle an sich oder nur in Dr. Widenmann's Übersetzung unklar.) Cestopis 22. 28. 134. 243. 248; p. 219: „na celé Tyrolské cestě nikde runůw cili slawjanských záhonůw (wendische Beete) zočiti sme nemohli tak jako w hornich Wlachách a potom zase w Bawořích a w Rakausích.“ In der östreich. ä. Sp. bey Kurz bedeutet Bifang so viel als Burgfrid. Nach dem Ehehaftbuch der Hofmark Greilspach von 1561 (Geschichte der ständischen Gerichtsbarkeit I, p. 233) sollen „beede Sedlmair und ein jeder besonders bis zu der Auffart Christi ein halb Pfund (d. i. 120) Pifang, ein einspäniger Bauer sechzig und ein Söldner fünfzehn Pifang järlich zur Waid ligen lassen.“ 1 Pfd. Pifange, d. h. 240 Bifänge, in einer bey Zirngibl (Probstey
541 Hainspach p. 125) ad an. 1649 citierten Urkunde. Ein Schilling Pifange, d. h. 30 Bifänge, bey demselben, p. 218 und 347. „Gemäß der ältesten Widtumsbeschreibung de a⁰. 1599 enthält der Pfarr Widtum zu Hainspach 67 Schilling und 5 Piefang. Gemäß des ältesten Urbarbüchels de a⁰. 1661 enthält er in allen drey Feldern 40 Schilling Piefang oder 20 Einsätze und Juchart; gemäß endlich einer legalen Beschreibung de a⁰. 1726 etwa 48 Schilling und 11½ Tagwerk Wiesen“; idem p. 347. „Et cuilibet hube XII jugera deputarentur, et quodlibet jugerum haberet XII pivange“, MB. XI, 33, ad 1247. „Agrum habentem XX pivang“, ibid. p. 374, ad 1298. „N. recepit in feodo VIII pivang in Iserhoven“, ibid. p. 323, ad 1406. „Wer den acker vor demselben valltor inn hat, XX pinfang neben des hofs“, MB. XIII, 434, ad 1418. „In dem ersten (Feld) ligen siben Pyfanng, in dem andern veld dreyzehen Pyfang, in dem dritten veld fünff Pyfang, MB. V, 81, ad 1438. „Mer sechsthalben Pifang hinder dem dorf“, MB. X, 210. „Der äcker ist überal ain und sibentzig piuang.“ „Mein Acker, des an ainen dreißich vifang ist.“ „Zwölff piffing ackers.“ „Ain acker, langer und kurtzer. vier und virtzig vinfeng, (Schamhaupten), MB. XVII, 124. 175. 190. 274. 401. 423. MB. XVIII, 200 und passim. So findet man in Urkunden häufig die Äcker nach der Zahl ihrer Bifänge bestimmt, deren Länge indessen äußerst verschieden seyn kann. Es gibt deren von wenigen Schritten, aber auch welche, die über eine Viertel-Stunde Wegs reichen. Allein, da gewöhnlich in den Feldfluren mehrere gleichlange Äcker neben einander liegen, so kommt es bey einzelnen oft nur darauf an, ihre Breite zu benennen. In einigen Gegenden, z. B. an der Ilz, werden vorzugsweise die Kraut-, Kartoffel- und Flachsbeete Bifänge genannt. Es ist vielleicht dieß, nemlich die eines breiten, durch Furchen eingefangenen (befangenen) Beetes die frühere Bedeutung des Wortes. Gl. i. 160. 613: pifanc, septum; aber i. 616. 1142 auch summa, symbolum. Vrgl. bi und ausfangen.

einfangen, a) gefangen nehmen (flüchtige oder widersetzliche Verbrecher); ə˜n Raubər, ə˜n Diəb *ei˜fangə˜*. „Si in eum manus iniecerit quod infanc dicunt“, Leg. Baiuu. IV, 3. b) einen Acker oder Grasplatz mit einem Graben oder Zaun umgeben, um ihn so, z. B. dem gemeinen Viehtrieb, zu entziehen. BM. III, 210. „So ainer agkher oder äunger will einfenngen, der sol gegen seinem Nachpern anderthalb werchschuch ligen laßen“, Münchner Magist. Ord. v. 1489. Der Einfang, 1) ein eingefriedigtes Stück, besonders im Brachfeld, welches sonst den Herden zu Trieb und Trad offen steht; niedersächs. eine Koppel, franz. un clos, enclos. BM. III, 210. Klee in Einfängen bauen. Der Innfang, (Ilr.) abgezäunte Waldweide. 2) der Zaun selbst. „Wird jemand beklagt, er hab von der Gemein was eingefangen, und bestehet es, der soll den Einfang wiederum hinweg- 542
raumen“, L.R. 25. Tit., 5. Art. c) von trächtigen Kühen: vor dem Kalben Milch in das Euter absetzen, (Baur). 'Kuə' werd bàl' kälbə'n, si *fangt* scho˜ *ei˜*.

'erfangen, (dərfangə˜), erhaschen, erreichen.' „I˜ də' Höhh wollt· I sei˜, hàt mi' allwál drum blangt, und iətz bin I halt óbm und dà hàn I 's *də'fangt*,' Reizenbeck I, 28.

fürfangen, (ä. Sp.) praeoccupare. Der Fürfang, praeoccupatio. BM. III, 211. „Ist ez (das entwendete Gut) under zwelf Schilling, so gehöret nach dem Rechtbuch v. 1332 und auch nach der spätern Malefizproceßordnung (Tit. VII, Art. 5) „dem richter der zehente pfenning ze fürfanck; ist ez vber zwelf Schilling, gehören dem richter sechs und dreißig Pfennig ze Fürfang.“ „Dem richter seinen Fürfang geben“; Kr. Lhdl. VII, 312. XVI, 23. 24. Gem. Reg. Chr. III, 333. Furivangon (gl. a. 391. i. 253) anticipare, praeoccupare.

'Der Neufang; BM. III, 210.' Anfänger. „Adventitius neufang vel novitius“, Aug. eccl. 10, f. 36. „Der ietzig Gerichtschreiber alls ein Neufengl werde der Märcher diß Orts nit vil bericht haben“; alte Grenzbeschreibung.

überfangen Einen, indem man ein Gebäude, einen Zaun auf dessen Grund und Boden ausdehnt, welchen man sich durch solch einen Übervanch widerrechtlich zueignet. Rechtb. v. 1332, Wstr. Bt. VII, p. 79. 106. 107. Gl. i. 75: uparvang, invasio. BM. III, 210. sich überfangen, beym Trinken, des Flüssigen zu viel in den Hals bekommen und dadurch zu einer Art Husten gereizt werden. Der Überfang, (Baur) ein krankhafter Zustand des Rindviehes. Der naße Überfang besteht in einer Art von Unverdaulichkeit, wobey der Bauch aufgetrieben ist, der truckene oder lære in einer Art Scorbut, wo das Vieh lockere Zähne bekommt, nicht mehr recht fressen kann, sehr mager wird ꝛc.

verfangen, Wirkung thun, Erfolg haben; BM. III, 208, VI. verfänglich, wirksam, von Erfolg; BM. III, 211. Kr. Lhdl. IV, 136. X, 285. Gem. Reg. Chr. II, 332. Der Verfang; ône Verfang, ohne Erfolg, Wirkung. b) sich verfangen etwas zu leisten, sich anheischig machen; BM. III, 208, I, 3. MB. II, 420, ad 1445. c) 'Einen verfangen eines Dinges, ihm etwas abnehmen, seine Stelle vertreten; BM. III, 208, III.' „Wiltu daz diu vrouwe der dienste niht entuo, so soltu sie vervâhen der dienste ze aller stunde“, (für sie thun?), Gudrun 1061. d) Etwas verfangen, es faßen, aufnehmen. „Mit genaigtem haupt er ginch, in spot man im daz vervinch“, Waldsaßener Chronik, Cbm. 91, f. 10ᵇ. es als verbindlichen Vertrag schriftlich verfassen; BM. III, 208, II. Gem. Reg. Chr. III, 691.

Der Wildfang, Park, Wildbahn, Witfang, s. Th. IV: Wild. BM. III, 211.

'zuefangen, zugreifen, zulangen; BM. III, 202, I, 2, b. „Zů dem můse er fie“, machte sich daran, Diut. III, 107 (Hoffmann's Fundgr. II, 66,42).' Der Zuefang, (schwäb.) Sauerteig, Hefen.

fengen, (ich hab gefengt), (Natural-Erträgnisse) beziehen, einbringen. (Vrgl. Fang, fänden, fechsen ꝛc. und Gramm. 948.) Den Zehend fengen. „Es soll in ains Zehentherrn freien Wahl und willen steen, seinen Zehent auf dem Feld, im Stadel oder in den Sack ze fengen"; L.O. v. 1553, f. 115. L.R. v. 1616, f. 325. 252. „Frücht, Zinß, Gült oder Nutzungen zu gebürlicher Zeit fengen oder einbringen", obig. L.O., f. 54. „Wann der Bauersmann nit so vil Früchten als er aussäet, wieder einfänget, so hält mans vor ain unfruchtbars Jahr", Urbarsgebrauch p. 104. (Ja wohl!). Metonymisch: Einen Grund, einen Acker fengen, ihn abärnten. Ertel, prax. aur. I, 670.

Der Feng, Fengg, (Montafun) wilder Mann; á Fenggi, *Fenggá*-mantschi. s. Vonbun's Volkssagen aus d. Vorarlberg (1847): *Fengga*-g'schichta; 'dess. Sagen Vorarlberg's (1858) p. 3—12.' s. unten Fánkə-l u. vrgl. magyar. Fene: mi a Fene! was der Teufel! Fene wigyen el! der Teufel hole dich! Finnisch: päne, Hund; Ausland 1847, Nr. 299.

Der Finger, wie hchd. (goth. figgrs, ahd. finkar, fingar, mhd. vinger. Graff III, 527. BM. III, 321. Grimm, Wbch. III, 1650. Zeitschr. V, 231). R.A. Der, die besinnt sich alle Finger '(Fingers)' lang anders, alle Augenblicke. Der eilft vinger, á. Sp., penis; BM. III, 321. Grimm, Wbch. III, 110. 1651. „Das alter nimt dem eilften finger sein leng"; Cgm. 713, f. 10. 162. „Praeputium: nata illa virilis digiti pellicula quae in lege praecidi jussa est", Clm. 17210 (XII.—XIII. sec. 4⁰), f. 8ª. á. R.A. „So sull wir daz guet gleich mit einander von in tailen als zwen vinger, und mügen si dann mit irem tail tun und
543 schaffen waz si wellent"; MB. XV, 301, ad 1367. Das Fingerlein (Fingə'l), der Fingerling, a) der Fingerring; (mhd. daz vingerîde, vingerîn, vingerlîn, vingerl, gevinger; BM. III, 321 f. Grimm, Wbch. III, 1657: Fingereibe; 1658: Fingerl, Fingerlein). „Alsô verlôs mîn vrouwe ir vingerîde" (vingerîde? cf. mhd. geswisterîde, Geschwistert; s. Th. III: Schwester, Geschwester), Nithart, Ben. Beitr. 382,4. Grimm I³, 176. VII Com. *Garingarde*. „Daz vingerl het die chraft wer daz het an dem vinger der het gunst von den leuten". Cgm. 54, f. 27ᵇ. „Do spilten si der vingerlîn", Büsching, w. Nachr. IV, 181. „Daz gifingir er nam abe siner hant wolgetan", Diut. III, 100 (Fundgr. II, 61,11). „Die adern zwischen des chlayn vingers und des vingerleinvingers" (Ringfingers), Cgm. 170, f. 4ᵇ. b) der (nicht Hand-, sondern blos) Finger-Schuh. Grimm, Wbch. III, 1659. „Ydes par gestrickter hantschu sol gantz mit den fingerling eingeworcht sein", Münchn. Hantschugeschawer sätz, Ms. civitat. Vrgl. Däumling, Fäustling. fingerlen (fingə'ln), die Finger spielen lassen. Grimm, Wbch. III, 1659. vervingerln, subarrhare, Voc. v. 1445 (wol, indem ein Fingerlein gegeben wird). Semansh. 34, f. 211. Der Fingerhuet; davon der Fingerhueter, Fingerhutmacher. Grimm, Wbch. III, 1658. A⁰. 1618—1649 gab es in München „2 bürgerliche Fingerhutter", v. Sutner. Die Fingernudel, Art ländlicher Mehlspeise von fingerähnlicher Form; (s. Nudel).

Der Fanken, gewöhnlicher: das Fänkelein (Fánkə-l), das Fünkchen, (mhd. der vanke; BM. III, 212. Grimm, Wbch. III, 1317. Zeitschr. III, 405,41. Cf. portug. fona, Funke, Sprühfunke; Diez, Wbch. 492. 's. Funke und Fön'). əs is kaə˜ *Fánkə-l* Fuiə' dà. „Heize viures vanken", Labr. 513. „Favilla, fankh vel üsel", Cgm. 666, f. 196. fänkizen (fánkəzn), funkeln; Grimm, Wbch. III, 1318. Vrgl. Zeitschr. III, 405. IV, 411: fankeln, fänkeln. Zu diesen Formen finden sich im Titurel (Hahn p. 4,31) die primitivern vanken und venken (BM. III, 212): „Der tauff die sele blencket hoch über snewes varbe; wirt minnenfeur gevencket (entzündet), darin mit rechtem glauben all begarbe, darczu gebinge sunder czweifels wancken: hiemit (d. h. mit Glauben, Liebe und Hoffnung) sich dann lucernet die sele hoch über all der sunne vancken." Vrgl. Vilmar, kurhess. Idiot. 91: empfengen, empengen, anpängen, inpinken, anzünden; sich empfengen, sich entzünden, angehen, vom Feuer. „Triutet ein man ein wîp, sich enpfenget al sîn lîp", Vrîdank 100,6 u. Anm. p. 361. BM. III, 212ª. Grimm, Wbch. III, 422 f. S. a. Flank.

Der Fánkə-l, auch Spádi-, Spári-, Spiri-Fánkə-l, im Scherz: der böse Feind, der Teufel; (Grimm, Wbch. III, 1317. Castelli, Wbch. 123. Zeitschr. V, 225. 342). ə˜ Buə' wiə də' *Fánkə-l*, wiə ə˜ Stous*fánkə-l*, ein böser Bube. „Der Fenckerly vnd Bockafentzel send gesella czwen, o heiliger Gott, kum ze hilf den cristen vor irem einplassen und hitz (hüet sie?) doch". Cgm. 809, f. 17. s. Feng. Gehört dieses Wort nicht mit zu den vorhergehenden, so ist es mit dem schwed. Fan (Teufel, aus isl. fiandi; Grimm, Mythol.² p. 941), dem altsächsischen fanton (tentare) zu vergleichen. Noch wahrscheinlicher ist es als ein Hypokorismus von Fant, Fäntel (w. m. s.), Spádi-*Fánt l*, valet de pique im Kartenspiel, genommen. In diesem Fall möchte auch das alte Vâlant (Teufel; Grimm, Myth.² 943) mit dem spanischen Volante (Ausläufer, Kalefactor) zusammenhangen.

anfänkelen (à˜fánkə-ln), anreizen, in Versuchung führen. Es *fánkə-lt* mi' à˜, es reizt mich an, tentat me, macht mir Lust, Begierde. Er hàt 'Bie'n wéggmaust, sı hàbmən gàr z'stark *à-gfánkə-lt*. Er hàt mi' àllwál *a˜gfánkə-lt*, I hàn əm àbe nét à˜gébm, sagt wol ein ehrliebendes Mädchen, von einem Verführer redend. Cf. Castelli, Wbch. 126: feank'n, sich begatten. Dieser Ausdruck mag vom vorhergehenden Fánkə-l, in so fern dieses den Versucher par excellence bedeutet, hergenommen seyn, wenn nicht beyde in der figürlichen Bedeutung des in Funken, in Brand Setzens, Entzündens zum obigen Fanken (Funke) gehören. Nahe liegt indessen (nk statt nt) auch das alte fanton, tentare.

fankelen, (Aschaff.) was in Bayern Staintäppeln.

'fankeln, fänkeln, funkeln; s. Fanken.'

fánkáln, (b. W.) anfangen zu schneyen.

Der Funken, wie hchd. Funke; (ahd. funcho, mhd. vunke; Graff III, 527. Grimm III, 352. BM. III, 436; vrgl. Fanken). R.A. Einen Funken haben von einer Sache, anfangen, ihr auf die Spur zu kommen. Der Funkentag, Funkensonntag, (am Lech und in Schwaben) der erste Sonntag in der Fasten, an welchem die Jugend auf dem Lande im Freyen Feuer anzumachen 544
und um dieselben zu tanzen, auch wol glühend gemachte Scheiben von Holz in die Luft zu schleudern und daraus wahrzusagen pflegt. (Vrgl. Scheibentreiben u. Hutzelsonntag). s. auch Grimm, Mythol.² 583 ff. 594. Tobler, Appenzell. Sprachschatz p. 207: Funkasonntig. Firmenich I, 348: das Soester „Riut, riut, Sunnenfuegel!" am 21. Februar. Am Vorabend der Calendae Martiae, mit denen die alten Römer das Jahr begannen, also am 28. oder 29. Februar, oder auch am 1. Merz selber, zünden die Knaben der VII Communi auf einer Anhöhe einen Haufen Holz oder Stroh an und springen mit Schellen in der Hand herum, ziehen wol auch durch die Gassen und schreien: „Merzo, Merzo! du pist da, schella schella küme, de kapütsen saint garivet", oder: „Marzo, auf sterzo, de vieni, o Marzo!" Was die Bauern der Romagna an diesem Tag thun und singen, s. in Lehmann's Magazin f. d. Lit. des Auslands, 1841, S. 34; was die im Engadin, s. ebendas. 1850, S. 252; was die griechischen Albanesen, ebenda 1840, S. 601. Cf. altfranz. le dimanche des *brandons*, le jour du behourdi, behourt, le jour des grands feux, des Valentins, „le premier dimanche de carême, parce qu'on allumait des feux ce jour-là"; Roquefort, glossaire I, 179. Im Canton Waadt werden am jour des brandons auf den Bergen die schaffairon, Scheiterhaufen, angezündet und umtanzt. Lehmann's Magazin 1852, S. 101. funken, (Nptsch.) glänzen, funkeln. əs hàut gâuə' stark *gfunkt*. Voc. v. 1429: funcken, scintillare. funkenneu, funken-nagel-neu, funkelneu. Zeitschr. V, 63,33.

186. 469. fünkeln, funkezen, fünkezen, funkeln. Zeitschr. IV, 245,54. 'anfünken, entzünden, anregen.' „Daß sich was solches anzufüncken pflegt" (ein Übel, ein Verderbniß), P. Procopius, Catechismale, Herbstth. 287. Das Gefunk. In dem Kleiderordnungs-Entwurf v. 1501 ist es verboten, „einigerley Gefunk von Gold oder Perlen auf den Hüten noch sonst zu tragen." „Es so unnothdürftige Köstlichkeit an Kleidern auch an Gefunken, Häftlein, Ketten, Ringen u. a." vermieden werden. „Die Bauernweiber und Töchter sollen kein Steichel oder Schleyer, darinn Gold zu Leisten getragen, gewirkt oder genäht ist, oder aber gefunkelt, ihnen nicht zuständig, tragen", Kr. Lhdl. XIII, 320. 321. 325. „Vermis Funkel der vernunft vel der wurm der da nagt conscientiam in inferno", Voc. Melber.

---

funsig, (Sterzing) eilig, schleunig; s. unten fänzig u. vrgl. ahd. funs, pronus, promtus (Graff III, 543 f.). Zeitschr. V, 281,9 a.

Fünsing, Finsing, ein Dorf bei Ismanning; s. Th. IV: Weilhaim. (Anno quo Tassilo dux tonsuratur) quadam die in magna aeris serenitate diversa genera lignorum cadebant ex aere in campum juxta ficum *Funsinga*", ZZ. 1571, f. 21. „Funsiger, stultus", Voc. teut. bei Lessing (Maltzahn, Bnd. XI, 2,264). „Thu auch nit als die Funsiger thun, wen man in ain krebs furlegt, so fliehen sie, und davon in dem Funsiger landt so findt man kayn krebs", Predigt im Cgm. 837, f. 77. Denen von Funsingen schreibt H. Sachs vorzugsweise dumme Streiche zu. „Der krebs die Funsinger pawrn verprennt, wird von ihn das unziffer gnent; H. Sachs 1560: II, IV, 57b. „Es ligt ein dorf in beyerland, dasselbig Funsing ist genant"; das. 88. „Und wo noch heut zu diser frist ein mensch toll und unbesunnen ist, tölpet, ungschickt, so spricht man der ist gar ein rechter Funsinger"; das. 250. 252. Baurath v. Panzer über die drei Funsinger Jungfrauen, (23. Dec. 1844). In Panzer's Beitrag z. d. Mythol. 1848, S. 47: der Krebsberg bei Finsing.

Das Fenster (Fenschtə', opf. Fenzə'), wie hchd. (ahd. fenstar, mhd. venster, v. lat. fenestra. Graff III, 544. BM. III, 298. Grimm, Wbch. III, 1519). „Der alten fenster ains ⑧" (als Figur für 80 gezeichnet), Cgm. 4413, f. 167. R. A. Bläwé *Fenstə'* devo~ trägng, (d. h. blaue Augen), blau geschlagen werden, tüchtige Schläge bekommen. Bey Ortolph heißen die Nasenlöcher nasvenster. „Ir (der nezzel) sâm offent vast daz verschoppen in den nasvenstern", Konr. v. Megenb. 423,23. „Abyssus abyssum invocat in voce cataractarum tuarum, der wach den wach ladet in der stimme uenstere diner" (wazzerdurho diner), Cgm. 17, f. 67a, Ps. 41,11. „Fenestra de tela, f. de vedro, glasfenster, leinwatfenster", Voc. venez.-todesco, unter Kirche. Über den schon im 4. Jahrhundert vorkommenden Gebrauch des Glases zu Fenstern, s. Kaltenbäck, österr. Zeitschr. f. Gesch.- u. Staatskunde, 1836, Nr. 15—18, wo auch über Glasmaler. cf. Th. III: Schliem. Cod. ital. 362, f. 27. „Durch die venstersteine erglasten in die helme", Gudr. 1396. BM. II, II, 616. Das Kammerfenster, auf dem Lande vorzüglich das Fenster an der Kammer, worin ein unverheirathetes, mannbares Mädchen schläft, sie sey nun die Dirne oder die Tochter vom Hause. An diesem Fenster seufzen die noch unerhörten ländlichen Liebhaber, freuen sich ihres Glückes die erhörten, jammern und verzweifeln oder trotzen und schelten die verschmähten. Ans oder unters Kammerfenster gên, oder kurzweg: fenstern, fensterlen (fenstə'ln), (Fichtelgebirg: schnurren, schweiz. chilt gehen, chiltə~, schwäb. fugen, Kärnten: brenteln, Vogesen: schwammen), des Abends oder Nachts ein Mädchen besuchen, welches meistens in allen Ehren — geschieht. (Vrgl. Gäßlein). Grimm, Wbch. III, 1525,2. „Ich gieng nach lieb gägengang, als ich vor dick hett gethan. Da ich bekam als man sol stan zu liebs fenster an ain wand, ain clunsen ich da vand", Cgm. 270, f. 103b. Cf. Th. II: hören. „Der jhr zu nacht gefenstert het", H. Sachs 1612: I, 1068. „Weil du jhr alle nacht thust fenstern", das. III, III, 12. anfenstern, (Zir.) des Nachts an der Geliebten Fenster klopfen. „Hast du die Fastenzeit durch nicht gefensterlet?" fragte ein Beichtvater einen ehrlichen Bauernknecht. „Ach nein, Herr Pater, die Zeit ist gar zu heilig; aber nach Ostern, wills Gott, wirds wieder angehen!" Schreger's Zeitvertreiber. „Daß die Hausväter ihren Kindern und Ehalten das Außlauffen und daß nächtliche Fensterln fürterhin nit gestatten", Mandat v. 1635. In der Bayreut. Polic. Ord. v. 1746 wird der bey Handwerkspurschen und Dienstboten eingerissene schändliche Gebrauch, das Fenstern genannt, bey 5 fl. Strafe verboten. „In einem gewissen Hertzogthumb ist bey den gemeinen Baurengesellen das Buelen, welches sie das Fensterl tauffen, also gemein, daß sie mehrmahlen bey nächtlicher Weil auch im rauchisten Winter über etliche Stund gehen, ein halbe Nacht den Kopff zum Fenster hinein halten und offt ganze Eiszöpff unter der Nasen ziglen; ein teuflisch Peristasis, wo Hitz und Kälten in einem Losament!" P. Abraham.

„Wenn öng der Schörg beim Fensterl findt, 545
so schreibt er auf d' Verhör euer Sündt,
da könnt ihr dann brav zahlen müssen
oder im Stock und Geigen büßen."

„Der Obmann führt auf einem Heuwagen die Fensterl-Register von 3 Jahren", Charfr. Proc. p. 46. 199. wegfenstern den vor dem Fenster stehenden Liebhaber, ihn schnöde abfertigen, (Nürnb., Hsl.). RA. Das Kuefenster treffen, (vermuthlich in ironischem Gegensatz des Kammerfensters), fehlschießen, irren, den Zweck verfehlen. „Haillosen Buechschreibern", sagt Puterbey, „soll man das Kuefenster zaigen", (sie vertreiben). „Wenn die mâler beschetigung oder vensterwerch mâlen wellent, sô setzent si weiz klâr varb zuo swarzer", Konr. v. Megenberg 79,6; (Pfeiffer p. 757 f. vermuthet „vinsterwerch").

finster (opf. finzə'), wie hchd. (ahd. finstar, mhd. vinster; Graff III, 544. BM. III, 323 f. Grimm, Wbch. III, 1666). Finstere Waid. „Trib der Hirt das Vich in ain finstre Waid, on der merern Nachbaurn rat, geschicht ichts schaden darin, den sol der Herter zu widerkhern schuldig seyn", LR. v. 1588, f. 109. Heumann, opusc. p. 220. (Weide im Wald, im Gegensatz der Feld- oder Flurweide; oder Weide in finsterm, d. h. Nadelholze, als Gegensatz des lichten oder Laubholzes?). cf. Waid. 'finsterlich, finsterlingen, adv., im Finstern; BM. III, 324. Grimm, Wbch. III, 1669.' „Ich mus finsterlich euch hinauf bringen", H. Sachs 1612: IV, III, 7. „Ich wæne manz vinsterlingen tuot", Ulr. Tristan 429. Die Finster oder Finstere, die Finsterheit, Nacht,- (ahd. finstarî, finistri; mhd. vinster, vinstri, auch vinsterîn, vinstrîn. Graff III, 546. BM. III, 324. Grimm, Wbch. III, 1668. Reinh. 113,1713. Sendschr. an Lachm. p. 54. Kero: finstrii, tenebrae; Otfr. IV, 33,12: thaz finstar). Zeitschr. II, 90,6. Auf 1422 prophezeit M. Johann „ein vinster der sunnen u. ein finster des mans", Clm. 903, f. 221. „Ein Pfand nit lenger zu behalten denn drey finster und zwo liechten, oder drey liechten und zwo finster", Ottinger Ehast v. 1560, f. 69. 107. In der Finster, im Finstern. Finsterstern, cabo Finisterre; s. Th. III: Stern u. vrgl. Zeitschr. I, 228 f.

Der Fant, Fantel, das Fäntelein, (Nürnb., Hsl.; Weihers: Feng), junger Mensch, Junge, (Grimm, Wbch. III, 1318. 1527. Vilmar, kurhess. Idiot. 101); krainisch: fant, Knabe. Der Spádi-fäntl, ital. il fante di spade, franz. le valet de pique. fantlicht, fantlet, nach Art eines jungen Menschen, unbedachtsam, stutzermäßig. Das Wort stimmt zunächst zum italienischen fante, welches seinerseits eine Abkürzung des spanischen infante (Junge, Fußknecht) zu seyn scheint, und dem Collectiv infanteria, fanteria (Fußvolk) zu Grunde liegt. (Diez, Wbch. p. 401. Cod. ital. 261, v. J. 1424, f. 38b: el fante, der chnecht. la fante, die dirn. li fenti, die chnecht".) Minder wahrscheinlich ist mir ein Zusammenhang unsers Wortes mit dem fendo, fendel, fuozfendo (pedes, pedester, pedisequus) der ahd. Sp. (z. B. Tat. Matth. 14, 13; gl. a. 527; i. 569. 613. 667. 787. 850. 852. 1134. Graff III, 540.), 'mhd. der vende, Fußgänger, besonders der Bauer im Schachspiel (BM. III, 297. Grimm, Wbch. III, 1318. 1320. 1527. Der vent, des venden im Schachspiel, Petersb. Hs. des Ammenhausen, heißt in der Münchner. Cgm. 1111: vendel). „Dez wirt gesprochen manigen schach mit venden vnd mit alten", Suchenwirt XIX, 20 u. p. 360. „Des gap er umb ein venden dâ ze mâle beidiu roch", Grimm, Reinh. 350,1618. 351,1628. „Si wolden mir den venden vor ziehen mit listen", v. d. Hagen, Ges. Abent. XLIX, 958. „Eyn fend (im Schachspiel) calculus", Voc. Archon. f. 43. „Sie reitten fentlich furz, die knie habens herobn", Cgm. 1279, f. 155. Vrgl. Fánkə-l und fänzig.

Die Fanten, plur., (v. Delling) Possen, Grillen. cf. Fand, Fäng, Fánk'n und Fánkə-l.

fantertäuschig, s. Sp. 628: tauschen u. Grimm, Wbch. III, 1320.

'Der Fanz, Fenz, Diminut. das Fänzelein, nebulo, nequam; BM. III, 236. Grimm, Wbch. III, 1320. 1321; vrgl. auch I, 203 ff.: Alfanz. Vilmar, kurhess. Idiot. 99.' „Jr vindet jungiu vänzelîn, diu mugen lîhte eins andern sîn", (wie weiland das Kind Eiszapf), deutsche Sermones nulli parcentes, v. Karajan in Haupt's Zeitschr. III, 82,1311. Der Unfanz, (Aurbacher) unartiger Mensch. 'Das Gefänze, (hieher? s. oben Sp. 723: Fand).' „Er (Herzog Albrecht) war genczlich verlassen fun allen fursten vnd herren nun. Lust in nit vast wider gen Win, so dorfft er auch gen Steir nit hin. Auch het er ab der Ensse dem land nit vil gevensse", Mich. Beham, Wiener p. 324,9. „Also heten sy kain gevend, sy mochten auch nit machen end in diesem kriegen und zwitrecht", das. 330 26. Bockafenzel, s. oben, Sp. 732: Fánkə-l.

fänzig (fänzi', gfanzi', pfánzi, fenzig), galant, artig, munter; (cf. dän. peen, pœn, fein, sauber, niedlich, besonders in Kleidung. Grimm, Wbch. III, 1321. 1527). „Doch zewcht sich ewer man jetz glentzig in seiner Kleidung, hurtig und fentzig, mehr dann in seinen jungen Tagen", H. Sachs 1558: I, 451. „Zeuch mich doch gar fentzig von leib", H. Sachs 1560: II, IV, 30b. „Fenzige Huren", Simpliciss. 1669, p. 177. unfanzig, (schwäb.) ungezogen. „aldfäntsch, nach dem alten Sitten", Cgm. 692, f. 62. Wenn das unten folgende feinzig als feind-s-ig zu erklären wäre, so würde sich dieses fänzig an Fant reihen lassen. Zum alten funs, promptus (Graff III, 543 f. „Al daz folc funs uuas", Tat. 129. 181,6. s. oben funsig), wovon die nomina propr. Alfuns (Meichelb. H. F. I, II, 293), Herefuns („Quidam faber *Hereuuns* vocatus in civitate Augusta", Welseri opp. p. 578. Em. F. 118, f. 47: Hereuunsus; f. 52: Hereu'unt. Clm. 332, f. 286 fehlt der Name. Cgm. 751, f. 56b; 402, f. 39; 568, f. 174: Heremus), Sigifuns, rc. (Förstemann I, 448. Zeitschr. VI, 458), gehört es sicher nicht.

fanzeln, (Wien) naschen. Fanzel, Brey. 'Vrgl. Höfer I, 197: fanzen, kindisch thun, (Grimm, Wbch. III. 1321), u. II, 321: das Pfánzel, ein weiches, lockeres, aufgedunsenes Gebäck; auch pfánzig seyn. s. fenzen.

fánzeln an Einem, (O.Pf.) forschen. ausfänzeln Einen.

faunzen (fau˜z'n) Einen, ihm Faustſtöße ins Ge-
546 sicht, besonders unter die Nase versetzen. Grimm, Wbch. III, 1378. Zeitschr. II, 341. IV, 44. 167. Buə', dèn hàb I *gfau˜zt*, dás eəm Hörn und Sehng və'gangə˜-r-is. Die Faunzen (Fau˜z'n), solch ein Fauststoß. „Fañura, fañora, derbe Ohrfeige, Watsche, Fauze, Dachtel"; Tham, böhm. Wbch. Vrgl. Faust und Fotz.

abgefaunzt (à'g'fau˜zt), verächtlich: abgenutzt. ən *à'gfau˜zts* Gwand, abgeschabene, schlechte Kleider. *à'gfau˜zté* Nu'ln, (ObrM.), abgeschnullte Nudeln. „Sich um etwas raufen, wie die Hunde um einen abgefaunzten Knochen an der Schinderthür", Bucher's s. W. IV, 105. „Neunəneu˜z'g so *à'gfau˜zté* Thiər machə˜ hundə't Huərn aus", Nahterinnen-Lied.

fenzeln (feə˜zln; cf. fézln) Einen, ihn zum Besten haben, sich über ihn lustig machen, besonders durch ironisches Loben. (Vrgl. Grimm, Wbch. I, 204. III, 1320. Zeitschr. II, 341. III, 135. u. BM. III, 306: mhd. vienen, zum Besten haben, betrügen; also wol fienzeln. „Ein bœsiu lât ir manigen dienen, des entuot ein reiniu niht, diu hât mit einer liebe vphlicht; swelh vrowe wil mêr, diu chan mit lôse vienen", Reimar v. Zweter, v. d. Hagen's Minnes. II, 187b. „Lop ist dicke wan ein vienen unde ein valschez liepchosen", Pfeiffer's Mystiker p. 322,20. Grimm 13, 186: „viene, fraus, ludibrium; Minnes. II, 145b. Ottoc. 368a. 431a. vienen, illudere; Ottoc. 673a"). „Enkə' Speə˜zln, enkə' *Feə˜zln* kimt mə' heu˜t gràd rècht i˜'n Màgng, sagt in einem bekannten Liede das Bauernmädchen zum Stadtherrn. „Dein *vernzáds* Wäsen bringt dá' überall her Feind" (=veənzáds), Reitzenbeck II, 147. Das Gefenz (Gfeə˜z), die Ironie, der Spott. Diut. II, 215: vensen, fingere. Gl. i. 297: canavenzon, cavillari; 548: g'anavinzod cavillum mimicum; (cf. i. 469. 475: zi giuuinzanne, ad lacerandos). Graff III, 548.

feinzig (fei˜zi, fei˜zə), a) feindselig, mürrisch. „Hàt mi' máchti' *fei˜zi*' à˜gfaə'n", (Göschl). b) (hie und da) was feindlich, d. h. angestrengt, sehr. S. Feind und die Note zu fänzig.

Die Funzen, dunkles Licht, Öllicht; Castelli, Wbch. 134. schles. die Funze, dünnes Licht, schlechtes Lämpchen; Weinhold, Wbch. 24b. Zeitschr. II, 318. III, 131. Kuhländchen: Fonz, Lampe. 's. Fön u. Funke.'

(Vrgl. Fab, feb, rc.)

fippern, zittern; sieh fibern.

foppen Einen, ihn locken mit der Absicht, ihn zu hintergehen, zu betrügen, lächerlich zu machen; ihn anführen; (vrgl. stimmen). Grimm, Wbch. III, 1887. Einem etwas abfoppen. Einen heraus, hinein, hin und her foppen. „Des Teufels sein einiger Gedanke ist, dich zu foppen", P. Abrah. Scherzh. R.A. Er hàts nét nach'gébm, bis ə' mər ə˜ Pàr *à'gfoppt* (ein Paar Ohrfeigen abgelockt) hàt. föppeln (fépp'ln), durch ironische Reden zum Besten haben, aufziehen. Sich foppen mit Einem, (Selhamer) Späſſe, Possen mit ihm treiben. „Wie foppt er sich, ut ludos facit", Prompt v. 1618. sich foppen, (Gbrg.) sich pralen. Der Fopper, Praler. s. focken.

---

fipsen, fipseln, sich begatten; Castelli, Wbch. 128.

Der Farr, Farre, Stier, taurus, (ahd. far, gen. farres, plur. farrî, ferri, neben seltenem farro; mhd. var, gen. varres, neben varre, varren. Graff III, 663. BM. III, 236. Grimm, Gesch. d. d. Spr. 32: aus fars; vrgl. fersa, vacca. Grimm, Wbch. III, 1333. Zeitschr. II, 512,18).

faren (farn, fà'n, faə'n); Präterit. ich fuer, ich füer (fuər, fiər) und ich faret (fàrət); Particip. gefaren (gfà'n, gfaə'n), mit den Compositis, im Ganzen

wie das hchd. fahren, (ahd. faran, mhd. varn; Graff III, 548. BM. III, 242 ff. Grimm, Wbch. III, 1247 ff.), welches a) zunächst von leblosen oder denselben gleichgeachteten Dingen, b) von Thieren und Menschen, ohne Bezug auf deren materielles Gehen, Kriechen, Fliegen,
547 Schwimmen ꝛc., in der allgemeinen Bedeutung des Sich begebens gebraucht wird. Folgende Eigenheiten mögen hier zu bemerken seyn:

a) faren etwas (zu Wagen oder Schiff), statt füeren, ist dem Dialekt fremd. Der Fuhrmann, Schiffer ꝛc. füert, und nicht, wie im Hochdeutschen, fährt ein Ding. Doch ist im b. W. durchgängig faren üblich statt füeren; z. B. Bàl' I 's Tràid und 's Groumət ei~gfà'n hà~, nachət *fàr* I à' Straubénn aussi (ObrM.). R.A. Einem übe- d· Haubm fàrn, oder: Einem grob mit fàrn, ihm grob kommen, (ObrM.). s. Fuer. derfaren (də'fà'n), zu todt fahren, durch Fahren zu Grund richten. verfaren, im Fahren verlieren. Hàt mə' də' Kne't zwe~ Lànə' *və'fà'n.* 'Der Far, Fahrende; wie nhd. Vorfahr, (ahd. faro, mhd. var; Graff III, 574. BM. III, 250. Grimm, Wbch. III, 1244).' Die Nachtfar, lamia; Grimm, Mythol.^{2} 1010. cf. 1109. BM. III, 250. Aberglauben „an dy nachtvarn, an dy pilweisen", Cgm. 478, f. 2. s. Nacht. 'Die Far, â. Sp., Fahrt, Reise, Weg; BM. III, 250^{a}.' „Hie nâch gedâhte er einer var (Reise) ze Rôme", St. Ulrich 1076. 1161. 'Das Far, die Fähre, Ort der Überfahrt; BM. III, 250^{b}.' Die Einfar (MB. XXV, 76), Einfahrt. Die Überfar, „portum in utraqua parte ripe Yni fluminis di (?) uburphar vulgariter dictum", MB. III, 421, ad 1140. Das Urfar (U'fə~, Uə'fə'), der Platz, wo man über einen Fluß zu fahren pflegt; der Landeplatz (portus) zu jeder Seite des Wassers; das Ufer. „Ad portum, urfar"; Avent. Gramm. „Das Urfahr an der Nab zu Ettershausen", Kr. Lhdl. XI, 106. „Von einem urvar ze Isergemind . . . dasselb urvar . . . das urvar ze Winzer . . ." MB. XV, 44 ff. „Das Urfar unter Eglsperg, das Urfar zu Dambach an der Donau", als Ertrag gebendes Lehen oder Eigenthum, bey Hund, St.B. II, 8. 37. „Stat vel urvar portus", Diut. III, 146. Urfar des meres", Cgm. 328, f. 101^{b}. „Er zaiget in auch nürte alle urvar und fürte", M. Beham, Wiener p. 152,8. „Nit i~'n Schif, nit au'm Wassə', auf kaə~n *Anufə'plàtz*, Anuferplatz, Engstelle zur Überfahrt über das Wasser", Seidl's Flins., 3. Ausg., p. 42. 286. Der Urfarer (U'fərə', Uəfərə'), Fährmann, Mann, der für Geld über den Fluß führt. „Auch von der Verger und Urfarer wegen in der Illtzstat", Pass. Stdtb., Ms. Kr. Lhdl. X, 471. s. feren, fergen. Urfar, Urfarn ist der Name mehrerer an Flüssen und Seen liegender Ortschaften; Hazzi, Statist. III, b, 576. 742. 755. 823. Gl. i. 716: far portus; i. 629. 1064: urfar portus; a. 99: urfarum portibus. „Gestatt oder anfar oder urfar littus", Voc. v. 1482. Das angels. ofer, ofor (ofres, ofre, margo, ripa, littus; niedrs. ever. Firmenich I, 158,56: *Oiwer*, Ufer; Magdeburg), mag von on und ferian, oder faran gebildet seyn. Grimm II, 790. Graff III, 574. BM. III, 250. Adelung stellt in seinem Wörterbuch, Art. Ufer, mit Unrecht das dänische Aabred, ein Compositum von Aa (Fluß) und Brädd (Bord, Rand), der Ableitung jenes hchd. Wortes von Urfar entgegen.

b) faren, gehen, ziehen, zunächst dem Kommen entgegengesetzt. gàn Alben faren, auffaren; von Alben faren, abfaren, mit dem Vieh auf die Alpe, von der Alpe ziehen. Zeitschr. V, 225. Auch der einzelne Bursche fàrt gàn 'Albm, um da sein Liebchen zu besuchen.

Heiret·n màg I nét, tuat mə' nét gfàlln,
will liebə' hübsch lédi' bleibm, und *fàr* frisch *gàn 'Albm.*

Mit einer Kue ze'm Stier faren, zuefaren. Das Prompt. v. 1618 hat: „mit den säuen außfaren, exigere sues pastum". Aus einem Orte (Markt, Stadt) faren, ausfaren, daraus wegziehen; MB. VI, 605. Auf ain Guet faren, auffaren, anfaren; von ainem Guet faren, abfaren, als Pächter, Mayer auf ein Gut ziehen, um es zu bewirthschaften; davon abziehen. abfaren (? das Holz, oder: mit dem Holz), es aus den Schlägen wegschaffen, was im Gebirg meist auf Holzrutschen oder Risen geschieht; die Holzfällung in einem Walde beendigen; (Jir). Die Anfart, die Abfart, 1) obiger Akt. 2) die dabey dem Grundherrn zu entrichtende Geldsumme, (laudemium, relevium), Kr. Lhdl. XI, 462. 466. 467. MB. IV, 392. LR. v. 1616, f. 293. 299. Das Faren auf ein Gut, von einem Gut
liegt vermuthlich den Ausdrücken: der Vorfar, der Nach- 548
far (Gramm. 835. MB. VI, 411: Vorfahrer, Nachfahrer) zu Grunde. Das farende Guet, bona mobilia, die farende Hab (im Gegensatz der ligenden) das mobiliare. cf. Graff III, 573. „Ligent·z oder varent·z, geent·z und steent·z"... „alle vartew hab"... „varentz gut"; MB. V, 199. X, 122. LR. von 1616, f. 58. „Buelschaft ist ein farende Hab, heunt lieb, morgen schabab", Henisch. Gl. i. 426. 429: varanter scaz mobilia, unvaranta scaza immobilia. Die Farnuss, das bewegliche Eigenthum, mobiliare. Haus- und Baumannsfarnuss. „Unter Hausfahrnuß sollen nit alle bewegliche Sachen, sondern allein der Hausrath als Leinwand, Bettgewand, Zinn und Kupfer-Geschirr ꝛc. item essende Speiß ꝛc. verstanden werden", LR., Tit. 1, Art. 2. Die Baumannsfahrnuss begreift unter sich die sämmtlichen zum Ackerbau gehörigen Werkzeuge und Geräthschaften, auch das Vieh, welches insonderheit durch den Ausdruck: lebendige Baumannsfarniss bezeichnet wird. (s. Baumann). abfaren mit einer Person oder Sache, fig. mit ihr kurz abbrechen, sie beseitigen. Buə', wàs àber I *à'gfàrn* bi~ dəmit! entfaren, empfaren, enpfaren, ehmals von leibeigenen Leuten gesagt, die sich aus dem Bereich ihrer Herrschaft in einen Marktflecken oder eine Stadt begaben, welche bürgerliche Freyheiten genoß. Gegen dieses Entfaren suchten sich die Leibherren angelegentlich zu verwahren; z. B. MB. VI, p. 434 muß ein Leibeigener des Gotzhauses ze Päwrberch diesem durch eine Urkunde versprechen, „daz er im nicht empfaren will, weder in Märgt noch in Stet, noch halt hinder dhain anderew herschaft." Sich empfaren, sich mit wonung enpfaren. MB. VIII, p. 212 „sind die Gotteshaus Lut, die sich in dem Markt zu Dießen zu marklicher wonung empfaren, dem gotshaus (nichts destoweniger) zu täglichen werken gebunden. Einen enpharen, empfaren; MB. VI, p. 605: „Daz nyeman ir aigen Liute ze burger nemen und enpharn soll". MB. VIII, 212: „Datz niemand des gottshauß Lut in dem Mark zu Dyezen zu marklicher wonung gefaren mög", (Druckfehler für empfahen?). Vrgl. MB. VI, 605. färige Habe, (Allgäu) was farende Habe.

c) verfaren, 'an etwas vorbei fahren, es umgehen; BM. III, 249.' „Wie er Got gebe den zol, den er dikke het vervaren", Waldsass. Chron., Cbm. 91, f. 10. Todes verfaren, mit Tode abgehen; wirzb. Lgrchtsord. v. 1618. „Man meinte, sie werde große Schwäch, und zustreichenden Ohnmachten halber gleich verfahren", Adelholz. Bad. Beschr. 77. „Wann ein Leibeigner Todes verfährt", Ertel, prax. aur. I, 491. „Was Pfaffen ververt, und was die gutes hinder In lassent", MB. X, 365, ad 1317.

d) erfaren. Das Prompt. v. 1618 hat: „lung und leber ist ihm erfaren, pulmo et hepar diffluxerunt, diffusa sunt, frustillatim comminuta". zefaren (z'fà'n),
zerfahren (von dem was im Kochen beysammen bleiben 549
soll), auseinander fahren. ə~ *z'fàrné* Suppm, Suppe mit absichtlich zum Zefaren gebrachten Bestandtheilen. (ahd. zifaran, zefaran, mhd. zevarn, zervarn, vergehen; BM. III, 249).

e) der Farer, rasche Bewegung. ə~n *Fàrə'* machə~. Zeitschr. V, 225.

erfaren, zusammenfahren vor Schrecken, erschreckt werden. „Ez wære ein wolgemuot man ervaret von der arbeit solhes kumbers, den si leit“, Iwein 5787. „Doch wâren si unerfaret“, (unerschrocken); das. 4622. 6288. ʿ(Besser mit Benecke „erværet“, „unerværet“, vom folgenden Stammworte: die Fâr, fâren, w. m. s. Vergl. Anm. zum Iwein 3250. BM. III, 268. 269. Ebenso die hier folgenden Stellen).ʾ erferen, vrb. trans., erschrecken, schrecken, dän. forfærde, niedersächs. vorveeren, franz. effarer; ʿ(cf. dagegen BM. III, 268 f. Grimm, Wbch. III, 791. Diez, Wbch. 613).ʾ erfert, (Nordfranken) erschreckt, betäubt. „Durch das so mag mich niemandt des erferen“, Titurel. „Ir falscher müt iuch færlichen erfæret“, Labr. 409. „Recht sam ein stricher valke, der bei den leuten erst erfæret wære“, Valkn. 30. „Von hertzen grunde mich daz beswert, daz der tot uns alle dervert“, Renner 20945. „Unsinnige minne oder wertliches gutes gewinne die beide gar unlange werent und an dem ende dich ervèrent“, das. 21396. Vrgl. Grimm, Wbch. a. a. O. „Lampe weset nicht vorveret. So begunde syk seer to vorveeren. He wart kone, vrolich un unvorverd“, Reinke de Voss. „Et Ams (des Abends) *verveere* de Lie (erschreckte er die Leute)“, Firmenich I, 159,64, (Magdeburg). „De Schouster stait *forfeerd* (erschrocken)“, das. 179,42 (Braunschweig). ʿVilmar, kurhess. Idiot. 98. Zeitschr. V, 38,11. 366. s. unten fâren.ʾ in einander faren, zusammenfahren vor Schrecken.

f) faren, sich benehmen, betragen, tragen. BM. III, 244,2. Grimm, Wbch. III, 1253,12. hôch faren, daher die Hôchfart (Hoffert, Hou'fərt). „Pfäfflichen, priesterlichen varen“, sich wie ein Geistlicher tragen, betragen; Rchtb., Ms. v. 1332. R. A. Faren künnen, nicht faren künnen mit Einem, mit einander, sich vertragen. gefaren, ä. Sp., wie in der jetzigen: verfahren. „Daß sie mit den Pfanden gefahren, wie Recht und Landsbrauch ist“, L.R. v. 1616, f. 427. s. Fuer.

g) derfaren (də'fâ'n), 1) wie hchd. erfahren. ʿä. Sp., farend durchziehen, durchreisen; BM. III, 247. II, 1. Grimm, Wbch. III, 788,3. 2) durch Faren erreichen, kennen lernen, erforschen; BM. III, 247. Grimm, Wbch. III, 789.ʾ „Tria faciunt hominem sapientem: puecher lesen, vill land erfaren und vil geschechen ding hören“, Clm. 12274, Vorderdeckel. „Wo ich den tummisten fund, dem solt ich den apfel geben. Nu han ich vil land und reich auzervarn und han nie einen so tœrischen ervarn als ewch“; Cgm. 54, f. 51b. „Der sie mit allem winkelmâz erfüere“, Labr. 284. sich erfaren eines Dinges oder um ein Ding, ab oder an Einem, sich darnach bey Einem erkundigen. „K. Constantius glaubt gern was man im einbließ, eh er sich der sach recht erfuhr“, Av. Chr. „Des möcht jhr Euch an ihm erfahren, ab jr erfaren“, Kr. Lhdl. II, 191. Sammler f. T. II, 228. „Sich um etwas ervaren, sich worin ervaren“, MB. IV, 467. Kr. Lhdl. III, 39. V, 64. „Indagare, ervaren; perscrutari, ervarschen“, Voc. v. 1445. Der Erfarer, Auskundschafter, Inquirent. „Von welchen Zygäunern man ain lautter anzaigen hat, daß sie Erfarer, Speher und Kundschafter der Christenhait seyen“, Buch der gem. Landbot v. 1516. Kr. Lhdl. XVI, 187. Die Erfarung, Erkundigung, Inquisition; Aussage kundiger, alter Leute; Krenner, über Lands-, Hofmarks- u. Dorfgerichte I, 55. 56. 57. „In burgerlichen Sachen, wo schriftlich gehandlet wird, sollen die Erfahrungen von Amtswegen unterlassen, oder wo nit schriftlich gehandlet wird, und sich die Parteien selbst auf die Erfahrung beruffen, vorgenommen werden“, Summar. Proces, Tit. 7, Art. 21. (cf. Notk. Ps. 116,3. gl. a. 553. i. 442: irvaran, deprehendere; i. 22. 765. 921: varan, lustrare, rimari). ʿ3) intrans., zugehen, sich zutragen.ʾ „Sag wie ist es erfarn“, (zugegangen); Valkn. 41.

ʿh) unterfaren, dazwischen fahren, verhindern; BM. III, 249.ʾ „Daz hât dîn vater underdvarn“, Helmbr. 1353. „Da sullen unser ambtleut zuwarten, das alweg underfaren und understeen“; 6. Freiheitsbrief, Cbm. 2325, f. 22b.

ʿi) widerfaren, begegnen, vorkommen, zu Theil werden; BM. III, 249.ʾ „Mir widerfûr (begegnete, das Wild) bi ziten dar nach ich henget“, Labr. 210. „Daz im die (valschen) phenninge widervarn (zugekommen) sin âne geværde“, Augsb. Sdtb., Freyb. p. 66.

ainfärig, (Werdenfels) einfältig, simplex. (Zu faren f) oder gar zum alten einferi, gl. a. 305. 324. o. 201: uno latere, pervicax, intentiosus, und mit diesem zu fera, latus, regio, gl. a. 222. 319: in ferônolihha, undique, gehörig? Graff III, 579.)

fâren eines Dinges, (Henisch) darauf Acht haben, warten, lauern, insidiari; (ahd. fârên, mhd. vâren; 550
Graff III, 575. 577. 588. BM. III, 269 ff. Grimm, Wbch. III, 1256 f. s. oben: faren, e). „Des balges fâren“, Labr. 433. „Keines kleinen vogels fâren“, das. 528. „Nieman mag des gefâren“, das. 524. „Darnach varet er (Judas) der zit daz er in verchovft“, Matth. XXVI, 16: quaerebat tempus; Cgm. 66, f. 22. „Das er leckerlichen chan und schon gen ir geparen vnd wol der zeit chan faren wa sie im lauffet in die rem“, Cgm. 270, f. 148b. „Der Zeit faren und warnemen, consulere tempori.“ „Er faaret der Gelegenheit, mit dem König zu reden.“ „Seiner Ehren faaren.“ Vorarlberg: „es *fôri* ('es fâr ich), das hoffe, erwarte ich“; „de Bueba *fôren* mi (fâren mîn) scho lang“; Franz Vonbun in Bergmann's Walsern, S. 107. 108. Zeitschr. III, 531,41. IV, 251,29. V, 235. Otfr. III, 4,10: „Thes uuarun farenti, thaz sih thaz unazar ruarti“; das. III, 14,45. 106; III, 22,60 ꝛc. „Persequentibus, den ahtenten, varenten“; „persequatur, æhte, være“, Cgm. 17, f. 14b. 15a. „Der Drache, der iro (*αὐτῆς*) varet, M. m. 168. „Do ne wolde er ir nicht vâren“, Wigalois 8560. „Manic hunt vil wol gebâret, der doch der liute vâret“, Freidank 138,10. Clm. 4660, f. 110.

Die Fâr, ä. Sp., Hinterhalt, Hinterlist, dolus; Gefahr; (ahd. fâra, mhd. der vâr und diu vâre; Graff III, 575. BM. III, 265. Grimm, Wbch. III, 1244. Nach Grimm, RA. 624 im Ablautsverhältniß mit firina, goth. fairina. Löbe, Wbch. 201, stellt ebenfalls damit zusammen: firina, fairina, *μομφή, αἰτία;* fairinôn, *μωμᾶσθαι*, beschuldigen). „Wider alle vara des leidigin viantes“, Gebet Otloh's. „Sine vara“, MB. XVI, 181 (bey Otfrid ꝛc. fâra). „Der bote müg unsern vînden sagen, daz wir rîten in ze vâr“, S. Helbling VII, 191. „Daz ir vînde wæren ze velde komen in ze vâr; das. 515. „Gesegen dich vor allem vâr der, den ein maget reine gebar“, das. X, 86. „Ob ich haßes oder var an im mocht werden in“, Horneck cap. 209. „Die var sterbens und verderbens, Act v. 1504. ʿfærig, færlich, adj.; færlich, færlichen, adv.; Graff III, 577. BM. III, 268. 271. Grimm, Wbch. III, 1260. 1261. „Vil vêrige und vil rêze wolfe“, Griesh. Pred. I, 80. „Recht als ain veriger hund beißt manigs das ander mit dem mund“, Cgm. 379, f. 9. Vrgl. unten fering, feringen. „Værlichez birsen muz ich underkumen“, Labr. 46; „værlich gezucket“, das. 326. „Daz ich im kœme værlichen nimer nahen“, das. 303. 417.

Die und das Gefâr, Gefær (Gfâr), 1) die Hinterlist, böse Absicht, dolus, hinterlistiger Vortheil; (mhd. diu und daz gevære, gevâre; BM. III, 267). „Er kobert mit gevære“, Labr. 454. „Gefahr und Laicherey.“ Av. Chr. „Die Beamten sollen unter dem Schein des Vorkauffs kain gfar suchen, noch ainichen Fürkauff treiben“. . . „Mit den Zehentgarben kein Gfar oder Betrug brauchen“. . . „Ob sich ein Zehentherr Gefars oder Betrugs zu besorgen het“, L.O. v. 1553, f. 66. 115. „. . daß dasselbige neue Buch in keinem Gefähr, sondern der Meynung gemacht sey, daß . . .“ Kr. Lhdl. VII, 442. Einen geværs zeihen, ihn der Hinterlist, der Parteilichkeit beschuldigen; LR., Ms. v. 1332. „Weil ich lig in höchster gefer" (: her), H. Sachs 1612: I, 621. „So hilf ich dir aus dem gefehr", das. II, IV, 40. „Doch sagt, komb ich in kein gefehr?" das. IV, III, 74. 's *Gfár*, Aberglaube, Vorurtheil, Bedenken; Schosser 16. ân Gefær, ôn Gefær, a) ä. Sp., ohne böse Absicht, ohne Hinterlist. Labr. 45. 109. 211: ân gevære. „ân gevær schaiden", ohne Parteilichkeit einen Streit schlichten; L.R., Ms. v. 1332. „Daz er an gevar gevaren sey und under seinen danck auf die Wur gerunnen", daß er nicht absichtlich mit dem Floß aufgefahren sey; Münchn. Stdtb., Ms. v. 1423. „A⁰. 1327 am St. Valentinstag (man kundte nit wissen, ob es vhngefehr oder mit gefahr geschehen wer) gieng zu Mitternacht ein groß Fewr auf in der Statt München, verbrannt wol der dritte Theil der Statt", Av. Chr. b) ân gefær, ôngefâr (o˜gfár, u˜gfár, opf. âu˜gfár), ân alleß gefær, (an als gefer, Av. Gramm. MB. XV, 471; *à˜ àll·s gfár* oder gar blos *àllsgfár)*, ohne alle (weder böse noch gute) Absicht, unversehens, zufälliger Weise, ohngefähr. „Wann i *ollsgfähr*, ehst haimkimmst, in d'Ewikeit mue", Stelzhamer 43. alsgfahr, zufällig, (Tir.). Zeitschr. IV, 61. V, 225. Cf. gl. a. 213. 214. 245. 261: fârlihho, fârunga, fâringun, subito, repente; gl. a. 313: fâra, oppido. Hardacnut færinga feoll to thære eordan mid egeslicum anginne", suddenly with a tremendous struggle, Sax. chron. ad 1042. „Das du mich fâring bissest nicht", Cgm. 379, f. 41ᵇ. 270, f. 81. „Detractor est sicut canis der veyſſt feringen", Clm. 4776 (XV. sec.), f. 57. „Er (Joab) rufft in (Abner) auf ein orte, veringen er in morte", Mich. Beham, Wiener 51,16. „Sweih lauzzender übel hunt sich flizzet, daz er die leute veringen pizzet", Renner 13227. 'Vrgl. oben færig ꝛc.' Vrgl. Graff III, 578. BM. III, 271. 2) die Gefâr (Gfàr), a) wie hchd. Gefahr. b) N. A. əs is oder əs hàt ə˜ *Gfàr*, ob .. d. h. es ist ungewiß, es ist nicht sicher, ob ... əs is ə *Gfàr*, wàs ə' kimt, er wird wohl kaum kommen.

> Wenn st ə˜ frischə' Buə' bist,
> Lös mə' d Schuəhbándtln auf,
> Si sánd freylə' ganz mar,
> Ob st də' traust, is ə˜ *Gfàr*.

əs is (oder wie im Hchd.: əs hàt) kaə˜ *Gfàr*, dás ...
551 əs is ə˜ leichté *Gfàr*, es hat nichts zu bedeuten, es ist kein Nachtheil dabey. A. sagt: Hà˜s və'géssn, dás ə də' dés mitgnamə˜ hiət, wàs ə də' və'sprochə˜ hà˜. B. erwiedert: Is ə˜ leichté *Gfàr*, bringst əs hàlt ən andə's Màl. Die Gefærde, der Hinterhalt, die Hinterlist, böse Absicht, dolus. BM. III, 271. Labr. 207. „Kainen haimlichen Verstand noch Pact und Geverde brauchen", L.O. v. 1553. ân gefærde, ôn gefærde, ohne Hinterlist, ohne Absicht. „Was ungevärd vergessen wird", MB. II, 433. „Ich wunsch dir fraw ân alles gefert alles das dein hertz begert des soltu sein von mir gewert", Cgm. 379, f. 138ᵇ. „vngeferd, insperato; on all geferd e. g. venit"; Voc. Melber. Die Formel: „alles getreulich und ohne Gefährde" steht oft am Schluße der verfänglichsten Gerichts-Instrumente. Den Eid für Gefährde schwören, nemlich bey Anfang eines Processes schwören, daß man dafür achte, eine gerechte Sache zu haben, daß man immer nur die Wahrheit aussagen und den Streit weder gefährlicher, d. h. hinterlistiger Weise verlängern, noch jemand bestechen ꝛc. wolle. S. Gerichtsord. Tit. V, Art. 17.

gefær, gefærig, adj., hinterlistig, auflauernd, (Nptsch., Hsl.); gefährlich. „Mich dunckt die sach sei gar gefer", H. Sachs 1612: II, III, 89. Einem Menschen gefär sein, ihm zu schaden, beyzukommen suchen. „Einem gevar und feint sein", MB. X, 123. „Die Teufel sind deiner Seel gefahr", geistl. Schaubühne. Einem Dinge gefær sein, darauf erpicht seyn. Die Katze ist dem Speck gefær. Der Junge ist dem Studieren nicht gefär. (Selhamer). Vilmar, kurhess. Idiot. 98. Gl. a. 239. i. 545. 1061: fârig, dolosus, infestus.

'erfæren, derfæren, erferen, in Gefahr bringen; erschrecken, s. oben, Sp. 739: faren, e.' erfært, erfert = engl. afraid?

gefæren, færden, gefærden, hinterlistig übervortheilen, anführen. „Lueg auf die lug das d· nit werdst gfährt", Joh. Rasch von Pechlarn (1584), Cgm. 4372, f. 64. „Dadurch dann die Besteeholzer gefârt und betrogen werden", salzb. Waldordn. 8. „Die Leut gefehrn", Carol. poen. c. „Triegen, liegen, gefären, ꝛc." Av. Chr. gefærlich, hinterlistig, betrüglich, dolosus. „Quocunque modo quis geuärlich confessus est et non simpliciter", Clm. 4428, f. 126. „Schreiberlohn vom Blatt, da die zeilen und wort nit geverlich zu weit von einander geschriben stehen." „Was gfärlichs oder betrüglichs handeln." „Einen Articl zu seinem Vorthel ganz geverlicher Weise misbrauchen", Landsordnung f. 29. 50. 116. „geværlich schaiden", d. h. parteiisch, Wstr. Btr. VII, p. 45. ungefærlich, ôngefärlich, ohne böse Absicht. „Die red han ich im zorn getan vngevarlich", Rechtb. v. 1423. „Allez trewlichen und ongeverlichen", Wstr. Btr. VI, p. 185. „Nach erkhantnus der gesworn unterkäffl und ains ungevarlichen sneiders", ibid. p. 186. Die Gefærlichkeit, dolus; Ref. L.R., Tit. XI, Art. 2. ungefârsam, (Wien) ohne Gefahr.

-far, adj., -farbig. aschə˜far, ros·nfar ꝛc. cf. gl. a. 12: musfar; 150: rosfaro; 297: misfaro. Graff III, 700. BM. III, 237 ff. Grimm, Wbch. III, 1321. s. Farb.

Fer = Frau, s. d. W. u. Ver.

Der Ferer, „Färer", (wirzb. Verord. v. 1702), der Fährmann. Gl. i. 654: ferari, remex, wie Ferg (w. m. s.) vom alten ferian, rudern, schiffen. Graff III, 587. BM. III, 251.

Ferä, (?). „Um Danysi steht no' d' *Ferä*, um Wolfgängi d' Ruəbn und d' Mehrä" (im Acker). Lindermayr 159.

„Ferebinsen", (Franken), Ackerwinden, convolvulus arvensis.

Die Ferel (Fè'l), ferula, mit der man ehmals in den Schulen den Kindern Schläge auf die Hand gab. 552
Die Batzn*fé'l*. Gl. i.: feralun, ferulae; (cf. schwed. färla, Ruthe). Graff III, 678: ferala.

'Das Ferlein, Färlein, Ferlin, Ferl, ä. Sp., Färklein (s. unten), Ferkel. Grimm, Wbch. III, 1332. 1532.'

ferr, (ä. Sp.) a) adv. procul, fern (goth. fairra, ahd. ferro, mhd. verre, ver; Graff III, 1540. BM. III, 299 f. Grimm, Wbch. III, 1527. 1532. 1540. 1543. Zeitschr. IV, 271,19. „nah und ferr", wo ferr (wofern), als ferre (in so fern), Avent. (cf. Tat. fer fon, verro fon, procul a; gl. a. 182: fer ist, abest; a. 133: noh ferro, nec procul). In Lori's BergR. 10 steht nicht ferre für: nicht weiter. „Es ist mir lieb für alles gold, die weil ich leb so muß es weren, hewr lieber vil den veren, vor veren noch lieber hewr", Cgm. 379, f. 35 (270, f. 72). s. fern, fert und Zeitschr. III, 219,23. IV, 325: fert. b) adj. Der ferre sand Jacob, (der entferntere Wallfahrtsort dieses Namens, nemlich Santiago de Compostela in Galicien); Avent. Chr. 9. 141. Der ferre S. Leonhard, (der zu Inchenhofen), Mirakelbuch v. 1605. Von ferren, (Avent.) von weitem. c) Subst. die Ferre, Weite. „Nach Ferre des Wegs", L.R. v. 1616, f. 41. „Nach Gelegenheit der Ferre der Ort", Salzakten. In der ahd. Sp. neben fer, ferro auch ferron (Otfr.), ferrana (gl. a. 195). 'ferren, ä. Sp., fernen, entfernen; (Graff III, 661. BM. III, 301. Grimm, Wbch. III, 1542). „Ez (das Wild) hât nû fürgewunnen und verret sich mir verre", Labr. 550. verno (gl. i. 432) für procul, (cf. verror, eminus, i. 432). Ich weiß nicht, wie das jetzige auch hchd. fern, von fern ꝛc. zu erklären seyn wird. s. fern. ferrenan, a longe (Notk.

137,6). ferrlen (fèrl'n, fè'ln, ferálo), in der Ferne sichtbar seyn: gleißen, flimmern. Schau, dort *fèrlt* èppəs her. 's Kreuz aufm Thurn *fèrlt* rècht schö˜ her. So sagt man, nach Adelung, von einer Person, die sich in der Ferne besser ausnimmt, als in der Nähe, sie ferne, sie ferne gut.

feiren (feiə'n), wie hchd. feyern, (ahd. fîrôn, mhd. vîren, v. latein. feriari; Graff III, 666. BM. III, 326. Grimm, Wbch. III, 1436). „Ut (Clerici) sciant tempora feriandi per annum i. e." (folgen die damals üblichen Feiertage), Cod. Aug. eccl. 151 (sec. IX.), f. 7ª. 52ᵇ. Von Schiff- und Floßleuten heißt es, daß sie blæ-feiern, güßfeiern, nebelfeiern, waßerfeiern, windfeiern, wenn sie wegen angeschwollenen Stromes, wegen zu dichten und anhaltenden Nebels, wegen widrigen Windes nicht fahren können. Auch die Bergknappen müssen bisweilen windfeiern. Das Windfeiergeld, Entschädigung der Schiffleute für die Zeit, wo sie Windes wegen still liegen müssen. Lori, BergR. Acten des Laufener Schiffgerichts. Im Allgäu sagt man „zinkfeierlen" für: müßig herumgehen. „Firont ir des fehtennes, lazzent mih fehten", Notk. 45,11. feirend (feirə˜d) und gefeiret (gfeirət), 1) feyernd. 2) (von Arbeitsleuten, Dienstboten ꝛc.) sich ohne Dienst, ohne Arbeit befindend. Zeitschr. IV, 185. V, 228. 3) (von Möbeln, Utensilien ꝛc.) unbenutzt. ə˜ *feyrə˜ds* Zimmə', ə˜ *feyrə˜ds* Bétt, ə˜ *feyrə˜ds* Méssə', ə˜ *feyrə˜ds* Gəld; ebenso: ə˜ *gfeiə'te* Köchin, ə˜ *gfeiə'ts* Bett, ə˜ *gfeiə'ts* Geld, (ObrM.). „Dà füə't ə' s· in de *gfeiə't* Stubm", (die bessere, unbenutzte), Pangkofer (1818), S. 294. Grimm, Wbch. III, 1437. 1464: feired, feirig. Die Feir, Feier (ahd. fîra, mhd. vîre; Graff III, 665. BM. III, 325. Grimm, Wbch. III, 1433), für sich jetzt unvolksüblich. „Das vierd (pot). pehalt die veir von Chöln uncz gen Speir chan dir niemant geraten bas", Cgm. 1113, f. 96ᵇ. Vrgl. Zeitschr. VI, 179. „St. Michelstag war ein Bannfeyer", d. h. ein gebotner Feyertag. virrbrechen, gegen das vierte Gebot handeln; Ind. 426, f. 99. „Der Feyerbruch", Gem. Reg. Chr. III, 851. Der 29. December heißt in Kr. Lhdl. XIV, 120: „St. Thomastag in Feyern", (in feriis?). Der Feiràbend. *Feiràbmd* lass'n, (O.L.) Feyerabend machen, aufhören zu arbeiten. Zeitschr. V, 125,9. 228. Die Feirnacht, (ältere Verord. MB. XXV, 327. 328) Abend vor einem Feyertag, Feyerabend. Der Feirtag (Feirtə'), die Feirtage (d·Feirtə') sind vorzugsweise die zu Weihnachten, Ostern und Pfingsten. Zeitschr. V, 228. Ei˜ d· *Feyrtə'* gê˜, an solchen Festen Besuche machen, besonders in andern Ortschaften. Kim fei˜ ei˜ d· *Feyrtə'!* D· Mày*feyrtə'*, der 1. und 3. May. Im b. W. heißt es im Scherz von einem Müßiggänger: Dés is ə rèchtə' *Feirtà'*. ə˜ Gsicht, ə˜ Nàs'n, wiə ə˜ *Feirtə* i˜'n Bauə'n-
553 Calendə', d. h. roth. Der *Feirtə'hàls*, die Luftröhre. R. A. D· *Feirtə'gurg'l* aufreiss'n, mit stärkern Zügen, als gewöhnlich, trinken. Die Feirweil, s. Th. IV: die Weil.

Das Feur (Fáir, Foir, Fuir; Fáiə', Foiə', Fuiə'), wie hchd. das Feuer, (ahd. fiur, mhd. viur, viuwer, viwer; Graff III, 674. BM. III, 331. Grimm, Mythol.² 567 ff. Wbch. III, 1581. Zeitschr. V, 336, VI, 180). Sp. W. Feur und Strô, ist kains des andern frô, d. h. Vertraulichkeit zwischen Personen verschiednen Geschlechts ist gefährlich. Das Geloh-Feur, das Rothlauf. s. Loh. „Das hellisch Feur, der Magensiechtumb, der in Latein ignis positus heißt"; Ortolph. Das Nôtfeuer, mhd. nôtfiur; s. Grimm, Mythol.² 570 ff. BM. III, 332 f. Im Kirchenschatzverzeichnisse des Cod. Weihensteph. 21 (unter Abt Meginhard I., 1116—38): „una crystallus cum qua ignis acquirendus est a Sole in parasceve". s. unten Feurweih. Das Wildfeur, der Blitz. „Da schlug das Wildfeuwr vom Himmel herab in das Dorf", Av. Chr. „Für das Wildtfeur so ainen das getroffen", Cgm. 3721, f. 116. „Atywde thæt wilde fyr de nan man ærer nan oder swylce ne gemunde", Sax. Chron. ad 1032. Isl. villieldr, s. Uhland's Sagenforschung I, 69. Vrgl. BM. III, 332ᵇ. Grimm, Mythol.² 163. 570 ff. Zeitschr. V, 171,170. V, 336. Der Feurbaum, (Isr.) der in der Jugend vom Blitz getroffen worden und von der Wurzel nach dem Stamm hinauf an der Rinde mit erhabenen Ringen umgeben ist. Die Feurbeschau, s. Beschau. „Die Feurglocken läuten, oder den Hoßauß", LR. v. 1616, f. 698; (cfr. englisch curfew-bell). Grimm, Wbch. III, 1593. Das Feurkraut, (Isr.) gelbes wildes, sempervivum globiferum; rothes wildes, semperv. montanum. Vrgl. Grimm, Wbch. III, 1595. „Die Feurspatzen, eine Art Mehlspeise; s. Spatz. Feurstumpen. Mit fiur stumpen nageln", Cgm. 419, f. 229. Der Feurteufel, zusammengeknetetes Pulver zum Anzünden. Grimm, Wbch. III, 1606. Die Feurweih. „Man schlecht ain fewr auß ainem feurstain zu der fewrweich" am Charsamstag, Tegernseer Cerem. v. 1505, Cgm. 1148, f. 18. feurig (foiri, fuiri), wie hchd. (ä. Sp., nach Gramm. 1029: fiurin, gl. i. 84; Br. Berhtold: „Des Helyas wagen der fiurin was". Graff III, 677. BM. III, 333. Grimm, Wbch. III, 1594. „Daz fewrein eisen", Enser StdtR. v. 1212. Der feurig Mann (fuiri Mà˜), das Irrlicht. Aus Graf L. Reichenbach's „Od" zu erklären; Allgem. Ztng. 1852, Beil., S. 1771 f. feuren (foiə'n, fuiə'n), anfeuren, in Brand setzen, (Graff III. 677. BM. III, 333. Grimm, Wbch. III, 1597 ff. Zeitschr. V, 336.). Də' Schlàg *fuiə't* mə' no˜, thut mir noch sehr weh, (b. W.). Vrgl. Zeitschr. V, 229. „Graf A. v. Bogen feuwert das Kloster Aspach an, brennetß aus"; Av. Chr. „A⁰. 1460 schlug das Wetter in den Raththurn (zu München) und anfoyret sich . . der Knopf fiel herab mit sambt den gefeurten Zinnen . . . gefeurte Traumb (brennende Balken); Wstr. Btr. V, 193. (gl. i. 903: fiuret, ignescit). 'gefeurter Wein; Grimm, Wbch. III, 1598,2. „Gefewrten Elsaser (Wein) darzu sie trunken", H. Sachs 1560: V, 396. 1612: V, III, 121). Ahd. ar- (ir-) fiuran, castrare, (Tat. 100. Matth. 19,12. Diut. II, 337. cf. gl. i. 348: uruûres vel urfiures, spadonis) ist wol ein entfeuren; doch agſ. fyran, castrare. Graff III, 668. Der Feurer (Fuirər), unterster Holzknecht, der in der Sölden (Sölln) das Feuer besorgen, Wasser tragen ꝛc. muß. feurizen, feur·zen (foiə'z'n, fuiə'z'n), Feuer sprühen; prickeln, wie z. B. die Hände nach einem Schlage; zanken. „Habnt si' schon förti' zum *Foiräz'n* (Feuern, Schießen) gmacht", Lindermayr 131. „'s Gsicht tuət eəm *feurəz'n* və' lautər Ungeduld", Seidl (1844) p. 269. Grimm, Wbch. III, 1609. 1611. Feur-io! (Fuirio! ⏑ ⏑ ⏑), Feur-aus! Lärmruf bey ausgebrochenem Feuer. Grimm, Wbch. III, 1594.

Firholzen, Ortsname, 'gewöhnlich Fürholzen;' cf. goth. fairguni, Berg, Gebirge; agſ. firgen-holt, firgen-stream, firgen-bucca; Beovulf 106. ? Vigaun ob Hallein an der Salzach. 'Vrgl. Förstemann II, 500. 535.'

Der Foreis, Foreiser, s. Th. III: raisen.

Die For·l, der Förling, (Frank.) die Föhre; s. Forchen.

Die Furi, das lat. furia. Dés is ə˜ waré *Furi!* In aenə' *Furi* is s· dəher grennt. Zeitschr. V, 337. cf. Fuer.

„furieren, einfurieren, apud hospitem collocare quem", Prompt. v. 1618; einquartieren. „Seyen einfuriert worden, divisi in hospitia". Einfurierer (ibid.), der Furierer, designator diversoriorum, unser jetziger Fourier. „Zue Roueréit seien wir zeittlich ankhommen u. unser gn. Herr In das Schloß, das übrig gſindt aber Im Stättlein furiert worden", Freyb. IV, 286. 288. s. Th. III: Schütz.

für (fir), praepos., 1) wie hchd., (ahd. furi, mhd. vür; Graff III, 616. BM. III, 374.), gewissermaßen eine Umlautform von vor (goth. faura, faur; ahd. fora; mhd. vor; Graff III, 612. BM. III, 372.). Diese Beumlautung der Praepos. vor, wo sie ausschließend den Accusativ regiert, erinnert einigermaßen an jene der neutr. Verba, wo sie transitiv werden, d. h. einen Accusativ wirken. 2) statt des hchd. mit dem Accus. construierten vor. Für den Künig (fir'n Kini') kommen, gehen ꝛc.; für die Tür stellen, werfen ꝛc.; für die Stadt hinaus gehen ꝛc., *für* Wiən à'hi, vor Wien hinab; für die Hunde werfen ꝛc. 3) im Sinne von hchd. „als"; BM. III, 377. *Für* (als) ə˜n Bruiknecht dêi˜n; *für* ə˜ Kéchén ei˜stê˜, (ObrM.). Vrgl. Zeitschr. V, 164,103.

für, adv., 1) vor. 's Haus stêt *für*. Dà gêt də' də' Untə'rok *für*. hinterfürig, adj. Hinterfür (hintə'fir-◡⏑), adv., verkehrt, unrichtig. Er rédt *hintə'fir*, tuət alls *hintə'für*. „Das hynder herfyr,
554 hysteron proteron", Av. Gramm. 2) vorüber, vorbey. Zeitschr. II, 343. V, 337. D· Isə' rinnt z· Müngə˜ *für*. Da gêt unsə' Nachbə' *für;* schrey əәm, wenn e' nét scho˜ *für* is. 'Kirch is scho˜ *für*, (der Gottesdienst ist vorbey). Də' Wintə' wird bàl' *für* sei˜. Die ahd. Sp. hatte zu ihrem furi einen Comparativ furiro und einen Superlativ furisto (Graff III, 621. 622), welcher noch als erstorbene Reliquie in unserm Fürst lebt.

Fast alle Wörter, die im Hochdeutschen die Vorsylbe vor haben, werden im Dialekt auch mit der Vorsylbe für (ahd. furi) gebraucht. Als Beyspiele werden hier einige aufgeführt. Manche derselben sind in ihrem Ganzen Dialekt-Ausdrücke, und man wolle sie auch unter ihren Stammsylben nachschlagen. füran (firà˜-◡), voran! füraínander kommen, bringen ꝛc., d. h. in Ordnung. Der Fürbann, Verkündung in des Gerichtes Schutz vor einem Angreifer; s. Bann. Die Fürbank, tragbare Bank, vor den Tisch zu stellen, (da indessen dieselbe Art im Grabfeld Fuhrbank heißt, könnte das Wort eher zu füeren gehören). fürbâß, voran, vorwärts, (furbas, a modo, amplius; Voc. v. 1419). fürbieten, vor Gericht bescheiden; das Fürbot. fürbringen. BM. III, 251. „Hab der pfarrer hincz den zechlewten icht ze sprechen von der heiligen guet wegen, da sol er sew umb für pringen", Cgm. 3941, f. 173. Das Fürdenken, Fürgedenken, hominum memoria. fürdenklich; unfürdenklich, immemorialis. Das Fürding, Fürgeding, Vorausgeding, Vorgeding. „Fürgeding und Nacharbait" beim Hof- (Residenz-) Bau zu München (1613), Clm. 2224, f 173. Der Fürdrat, Fürgrat, Vordrat, in Verordd. des 17. Jhrh., Art Zeuges. cf. Fedritt. „Handwerksleute, Knechte und Mägde sollen sich am inländischen Tuche, Leder, Harras, Vordrate begnügen lassen", Bayreut. Polic. Ord. (cfr. „Leinwadt, Vorstat (?) Arres, Parchet", tyr. LO. v. 1603). s. Viergrad. Das Füreßen, Vorspeise, s. Eßen. fürfangen, vorläufig in Empfang nehmen; der Fürfang. fürfaren (im Rechten), verfahren, gerichtlich fortfahren, procedere. Der Fürfleck, Art Schürze, s. Fleck. Der Fürfueß, der Vorfuß. für˜gê˜, vor Gericht gehen; s. fürstên. Der Fürgriff, s. Griff. fürhalten, vorhalten. Das Fürhäs, Theile des Hasen, die nicht mit gebraten werden. fürher (-◡, fürhə', für'ə'), hervor (gegen den, der spricht). *fürə'* kemə˜, hervorkommen, zum Vorschein kommen. Si' *fürə'* thaə˜, sich hervorthun. fürhergên (fürə'ge˜), wird besonders von den Frauen gesagt, wenn sie nach dem Wochenbett zuerst wieder zur Kirche kommen, und vom Geistlichen förmlich eingeführt, fürher gesegnet (fürə'gsengt) werden. Dieses Fürə'gə˜ (aus dem Wochenbett) ist dem Hinterhin-kemen (Hinterikemə˜, in die Wochen kommen) entgegengesetzt. Vornehmere lassen sich zu Hause im Bett fürə'gsengə˜, eh sie überhaupt ausgehen. fürhin (-◡, fürhi˜, fürchi, füri'), vor, nach einem Orte, der vom Sprechenden entfernt ist; vornehin. gê *füri'*. Zeitschr. IV, 258,18. V, 104,11. 337. fürkäuffen, vorkaufen. Zeitschr. VI, 160. Die Fürläuben, äußerer Gang um ein oberes Stockwerk. Das Fürleder, Oberleder, Schurzfell. Die Fürleg, vorgelegter Baum oder Block. fürlieb nemen, vorlieb nehmen; cf. schwed. hålla (taga) til goda. fürnêm, vornehm, trefflich; fürnêmlich, praecipue. Der Fürsâum, Grasfleck vor einem Acker. fürsehen kommt 555
im LR. v. 1616 meistens wie das jetzige, durch Enttonung des für und vor (s. unten) daraus entstandene versehen vor. „Wir sollen füran unsere Ambt mit Landleuten, so Bayrn, und nit mit Außlendern fürsehen vnd besetzen", f. 407, (eigentlich de a⁰. 1553). fürsehen, vorgesehen, L.R. v. 1616, f. 13. 32. 36; versehen (Partic. praet.), Ertel, prax. aur. I, 408. unfürsehen, unvorgesehen, L.R. 281. unfürsehens, unversehens, L.R. 304. Ldtg. v. 1669: 364.

fürsich (-◡, fürsi', fürschi', fürschling), vor sich hin, vorwärts. Zeitschr. II, 85,35. III, 40.,23. V, 337. əs gét nicks *fürschi*. „fürsich, antrorsum", Voc. v. 1419. „Wer got! reit für dich; la muzige rede beliben", sagt Joseph zu Maria auf dem Wege nach Bethlehem; Kindh. Jesu, Hahn 75,77. fürsichbâß (fürschibàs), vorwärts; Baur. au'm *Fürschibàs* haus·n, für die Zukunft hausen, sparen, wirthschaften. fürständig, adj., vorzuziehen. „Daß fürständiger sein sollt, wenn"... Ldtg. v. 1612, f. 258. Der Fürstecker, Miederlatz, der vor die Brust gesteckt wird. fürstên, vor Gericht stehen. „Fürtæter, defraudatores"; ZZ. 964, f. 27. BM. III, 149: viertæter; auch I, 623: vierhalter und 640: vierhartære, Betrüger. Cf. ahd. firina, goth. fairina, fem., Schuld, crimen; Graff III, 679. firindadig, adj.; „flagitiosis (firindadigen) avibus", Froumundi cod. Boethii (Wallerstein-Maihingen), f. 6ᵇ. s. unten: viertæten. fürtreffen Einem, vorzüglicher, ihm vorzuziehen seyn, LR. 1616, f. 780. fürtrefflich, adj. Das Fürtuech (Fürtəch, Fürtə'), die Schürze. Zeitschr. III, 110. 140. V, 254,54. 258,35. fürüber, vorüber; (im Ries) gegenüber, vis-a-vis, e fronte. fürwerden, zu Grunde gehn, Lori BrgR. f. 502; gewöhnlicher sagt man mit Enttonung der Vorsylbe: verwerden. „Jeder Tail sagt, daß (im Gefecht) seiner Feind am maisten für worden", Gem. Reg. Chr. III, 356. 435. Der Fürwitz, Vorwitz. Indessen ist mir wahrscheinlicher, daß hier ein anderes Element als für statthabe. So gut sich die Form Für-witz, Vor-witz aus sich selbst erklärt, so ist mir doch aus der a. Sp. kein furi- oder fora-uuiz ..., sondern in wol einem Duzend Stellen nur firiuuiz ... (Notk. Ps. 8,9 u. a. O. hat indessen schon fúruuiz ... fúreuuizlih), angels. firwit, erinnerlich. Ausgl. i. 512: viriuuizi, portenta; a. 303: firiuuizlih, mirificum; a. 73: firiuuizigerni, curiositas, erhellt Bedeutungsverwandtschaft mit Wunder, Wunder nehmen, dem schweizerischen gewunderig, wunderfitzig, curiosus. Bey Otfr. III, 20,41: thes uuas sie (eos) firiuuizzi, wie: uuas sie es uuntar, es nahm sie Wunder, und III, 18,4 steht firiuuizzi für verwundert. Das firiuuizzo meista des Wessobrunner Gebets wäre vielleicht zu geben durch: der Wunder größtes. Cf. isl. firna, mirari; firn, ntr., prodigium. Graff I, 1008. BM. III, 793. 794: daz firwiz, die firwitze. „Virwitze wirt selten immer gût, wenne er hat nimmer steten mût", Renner 1890. s. Th. IV: der Witz. Noch in den Schriften der Isargesellschaft v. 1702, 3. Bd., p. 2. 11. 15. 27: „Etwas Fürwitziges und Denkwürdiges." „Die Fürwitzigkeiten des Alterthums von der Isarrevier." Sieh auch die Formen Fürwitz, Verfürwitzen unter Witz. Das Fürwitzel, die Kornelkirsche, Hornkirsche, Hörnlein, Hörlitz, Tierlein, Tierliz. Prasch hat: „Fürwitzel, ribes", (wol aus Ribizl); das Voc. v. 1419: „haybüczelpawm, cornus." Füə'wizl, (b. W.) was anderwärts ə˜ Schiffl bey den Lebzeltern, die kleinste Form Lebkuchen.

was für, wie hchd. Was gibst du mir für einen Bescheid, Lohn, für ein Zeichen, d. h. zum Bescheid, Lohn, Zeichen. s. Grimm IV, 883—885. Vrgl. česty: co gest to za muže, was ist das für ein Mann. Co to za wes? frägt Kollar (im Cestopis p. 27) in Dobrawa

Der, die, das waßfürige, welcher, e, es (von den in Rede stehenden Dingen)?

'fer=, ver=, ein in näherer Verbindung abgeschwächtes für oder vor, wie schon mhd. verguot st. vür guot, verübel st. vür übel, u. a. m. Zeitschr. III, 225,12. V, 337.' „Daz tar ich sprechen niht verwâr", Heinr. Trist. 4579. „Man handel mich vertöten", das. 6332. „Wan er wil iuch reht fürgan und ferkomen in der stat ze galilea", Griesh. Pred. II, 138. „Daz die sünder ferkoment und fergant die wisen und die gelichsenere in dem himelriche; das. 139.

556 Die Fuer (Fuər, opf. Fouə'), 1) wie hchd. Fuhr, (ahd. fuora, mhd. vuore; Graff III, 597. BM. III, 263). 2) (bey den Anwohnern der Isar) der Floß. cf. faren a). fuerfaren, mit einem Wagen fahren. Die Fuerfart, der Fuerferter. „Die vier Fuerferter, welche geen Mülldorf mit dem Salz faren", Lori, BergR. f. 31, ad 1442.

Die Wildfuer, Bezirk, in welchem das Wild seinen freyen Gang und Spielraum hat; Wildgang, Wildgaße, Wildfuhre. (Otfr. fuara, itio, ambulatio, via). „Daß im Fürstenthumb so vbermessig (viel Wild) gehait und hiezu an sehr vill orten neue Wiltfuern aufgericht worden seyen, daraus dann ervolgt, das man den armen Vnnderthannen Ire Zein und Fridt mit gewalt eingerissen oder doch abgehackt und verstimblet", landständ. Gravamina v. 1579. „Auch in den Awen der Wildfür söllen sy söllich waidwerch meyden", Erclär. d. Ldsfr. v. 1508. Kr. Lhdl. XVII, 70. „Daß die Wildfuhr nicht wegen dürftigen Fraß und Unterstand beschränkt werde", Wagner, C. u. E. Beamt. II, 246. „An den Orten, da das Holz auf den Wäldern gesümmert wird, auch das Gipflholtz ligen bleibt, kann kein jung Holtz aufwachsen, viel weniger die Wildtfuehr zuenehmen", L.R. v. 1616, f. 760. 761. cf. 787. „Ob der Wildschütz in der besten Wildfuhr, in der Sultz oder aber nur im äußern Holtz gejagt", Ertel, p. a. I, 408. In der Schenkung, die Churfürst Fridrich von der Pfalz zum neuen Jahr 1556 seiner Gemahlinn Dorothea macht, wird ihr auch zugewiesen die Wildfur aus dem Rosengarten bey Worms, in den deutschen Gedichten des XIII. Jahrh. oft benannt. s. faren b).

gefüer, gefüerig (gfiəri), adj., bequem, tauglich, passend. ə~ *gfiəri's* Méssə'. „Bis gefürig an der kost, an dem wein und an dem most; won daz übrig schaden tut", d. Ring 31,13. Ahd. gifuori, cafôri, commodus, aptus; gifuoro, adv., commode, apte; thaz gifuori, commodum, alkifuari, supellectile; alliu kifuari, utensilia; (cf. engl. comforts). Graff III, 600 ff. BM. III, 265: gevüere, adj., passend, bequem, nützlich; daz gevüere, ungevüere. Zeitschr. V, 336. gefüeren, vrb.; əs *g'fuərt* mə', (Reut im Winkel) es paßt mir, schickt sich mir. s. das folgende.

Die Fuer (Fuər, opf. Fouə'), zu faren f. 1) das Benehmen, Betragen, die Aufführung, der Anzug; (ahd. fuora, mhd. vuore; Graff III, 597 ff. 601 ff. BM. III, 263. Zeitschr. IV, 168. V, 336). „Mir ist sîn hôhiu fuor wol kunt", Walther 20,13. „Ich erkenne al ir fuore", das. 31,14. „Waz gougelfuore ist daz!", das. 31,29. „Wart mir ie herren vuore kunt", Gregor 3383. „Ân winkelmaz, ân snüere vil mangez wirt verhouwen in geselleclîcher füre", Labr. 283. „Der schalkes für fürwalket", das. 431. „Noch erger dann ein heiden sich manger lât in snœder füre schouwen", das. 623. 'fuern, derfuern, handhaben, zu Stande bringen: Zeitschr. V, 336.' „Der alten Fuer und Leben", Horneck. „Daz in sîn fuore machet wert", die Winsbeckin. Heutzutage wird dieses Wort gewöhnlich im übeln Verstande gebraucht: ə~ *Fuər*, ə~ tollé *Fuər*, ən Erz*fuer*, ə~ rèchté *Fuər* hàbm, Skandal, Unwesen treiben. s. unten: das Gefert. 2) Person, besonders weibliche, die durch ihr ungebührliches, unsittsames Betragen, ihren Anzug ꝛc. auffällt. 'Daz gevüere, mhd.; BM. III, 265.' Ehr und Gefier', S. Frank. Die Unfuer (U~fuər), üble Aufführung, Skandal; (Graff III, 602. BM. III, 263 f. 265). „Ob sie icht Umfurn oder Unzucht begiengen", Lori, BergR. f. 90. „Ob ain sun seinem vater sein guet mer dann halbs vertuet mit unfuer", L.R., Ms. v. 1453. cf. Wstr. Btr. VII, p. 115. „Wirdstu ain unfuor anfahen, si quicquam hic turbae coeperis." Graphaei Terentius. „Ir fraz, ir luderer und ir spiler und ir tenzer ir tribet uwer unfure mit nieman ietzunt", Br. Berht. 272, (Pfeiffer p. 244,8). „Ich enwen niht daz kein unfur si, da si ein ander unfur bi", Renner 11212. ungefüer, ungefüerig, (salzb. abfæerig), unfüerlich, ungefüert, adj., unschicklich, ungesittet; mhd. unvuorec, ungevüerec, (BM. III, 264. 265. Vrgl. Zeitschr. V, 336: gefüerig, bequem). „An aller siner werdikeit wart er von kinde nie unvuorc (Hs. vnfuerht). grâf Ruodolf von Havechbuorc (Hs. Hauchpuerche), alsô ist der helt genant", S. Helbling VIII, 1155. Der Custos zu Hof wird (Ldtg. v. 1514, p. 187) „gecapitelt seins ungefüren Wesens halber mit den Weibern und Prandtwein." . . . „Wann nu jr fürstl. gnad in jrem hertzen solchem spil und unfirlichem leben veindt sein", Wstr. Btr. VI, 179. „. . . sich huten vor trunckenheit und vor allem ungefurten leben . . ." MB. VII, 238. abfüerig, (Zir.) albern, sonderbar, läppisch, (Goldeck); auch abfertig. ən *à'féschti's* G'lafs, sonderbares Benehmen, (Kitzbühel). s. unten: unfertig (abfertig). — Cf. Si spilten des fures mit im vnd sprungen uber in und slugen in mit den feysten", (die Juden Christum); Cgm. 835, f. 270.

Die Fuer, die Nahrung, besonders fürs Vieh, das 557
Futter; (Graff III, 597 f. BM. III, 263,2). (Fremdes) Vieh (den Winter über) in die Fuer nemen, auf der Fuer, in der Fuer haben. Die Fuer von Andern kaufen; L.R. v. 1616, f. 596. „Waidgeld, Fuhrgeld, Graszins", (Zir.). Die Haberfuer, Fütterung mit Haber; ibid. f. 511. 'Die Hundsfuer Hundefütterung.' Hundsfuergeld, ehmalige Giebigkeit zu St. Martin im Innviertel, (Graf Arco = Valley). Die Kuefuer. „Vier und dreißig pfenning für ein chufuer und chlaine weiset", Cgm. 3941, f. 18. Die Wildfuer, s. oben u. Vogelbeerbaum. Die Winterfuer, die Fütterung den Winter über. . . . „Geit der der winterfuer nicht . . (giebt dieser für die Winterfütterung nichts). L.R., Ms. v. 1332. Wstr. Btr. VII, 174, §. 67. Nach Geiger's Topographie von Immenstadt ist im Allgäu eine Winterfuer so viel Besitzungen an Grasäckern und Wiesen, daß eine Kuh durch den Winter davon gefüttert werden kann. füerig, adj., nahrhaft, sättigend, ergiebig (von Speisen). fueren, füeren, füttern, durch Futter (im Gegensatz der Waide) ernähren; ahd. fuorôn, mhd. vuoren; Graff III, 599. BM. III, 264. Kläu=Vih, Ochsen, Schäffe fueren. aussi-furn, bis zum Austreiben füttern, (b.W.). „Es soll niemand merer Vieh auf die gemain Waid schlagen, dann er über Winter (doch das er die Fuer von Andern nit kauffe) von seinem Guet füeren mög"; L.O. v. 1553. L.R. v. 1616, f. 596. „Es soll Einer nicht mehr Vichs den Summer haben, dann er den Winter aus gefüert hat", Lori, Lechrain 142. „Swer rinder hinlât, daz man si den winter für . . ." Rchtb. Ms. v. 1332. „Pascitur wirt gefurt inter lilia", Cantic. canticor., Clm. 4776 (XV. sec., 1412), f. 57. „Ich wil fürn meine schauffel, ego pascuam oves meas", das. 62. „Ruckin koren, waiczenkorn und dinckel fürend den menschen bas, wann keinerley ander korn", Ortolph. „Einiger vatter füret bas siben kinder durch ein gatter, dan siben kinder einen vatter", d. Ring 20c,30. „Weib und kinder füren", das. 22b,35. Gl. i. 536. 537: fuora pastus, alimonia, 337: vuorot pascit, o. 144: fuorsal alimentum. Vrgl. Getraid und das franz. fourrage.

füeren (fiərn, fiə'n, opf. fèiə'n), wie hchd. führen, (ahd. fuoran, fuaran, fuorjan; mhd. vüeren.

Graff III, 589. BM. III, 259). Holz, Stroh, Einen, der aufsitzt, ꝛc. füeren, hchd. es, ihn fahren. Dagegen in den niederdeutschen Dialekten füren für fahren, indem man aufgesessen ist. Das alte farn gieng auf „sich vom Orte bewegen" überhaupt und ist im Hchd. unpassend als Activ gebraucht. Das niederd. füren (fōrjan) scheint zunächst auf das „gehen (faran) machen" der Zugthiere, das bayrische metonymisch auf die Last zu gehen. R. A. ə˜ **Mádl** *füə'n*, elliptisch, statt: es zum Tanze führen. füeren eine Waare, wie im Hchd., d. h. damit versehen seyn, damit handeln. Der Buechfüerer, ehmals, was jetzt Buchhändler. Der Kunstfüerer, ehmals, was jetzt Kunsthändler. Im Jahr 1618 waren in München 3, a°. 1636 u. 1649 zween bürgerliche Buchführer, a°. 1618, 1633 vier dergleichen Kunstführer vorhanden, (v. Sutner). Die bürgerlichen Bierfüerer in München haben den Namen vom materiellen hin und her Führen der Bierfässer. Wagner, C. u. C. Beamt. II, 64.

abfüeren (à'fiə'n), 1) wie hchd. abführen. 2) (Inn, Salzach) die Milch abfüeren, den Rahm, die Sahne von derselben abnehmen, welches gewöhnlich mit einem eignen hölzernen Messer, dem „Firschtl" geschieht. 3) durch Fahren abnutzen, (einen Wagen, ein Schiff abfüeren); vrgl. Lori, BergR. 493. 497. 4) fig., wie das franzö-
558 sische routiner, besonders im schlimmen Sinn. abgefüert (à'gfiərt), routiniert, geübt, abgerichtet, roué. Auf alle Laster und Schelmereyen abgefüert seyn. „Ich ward in kurzer Zeit ein abgeführter Bettler", Albertin's Gusman von Alfarache. „Abgefiert, listig und geschwinde Köpf", Avent. Chr. „Ein Schuster, der Stat Amiens Thorwärter, hette ein sehr bösen in allerhand Boßheit abgefüerten Buben"; summarischer Inhalt einer Jesuitischen Comi-tragödie von 1604. Opitz rühmt irgendwo seiner Sylvia „geile Höflichkeit und abgeführten Sinn." Vrgl. Frisch 401: abvieren, in quadrum redigere. „Abgefiert wie Burghauser würfel", Seb. Frank, Sprichw. (1601) f. 282. Also genau entsprechend dem böhm. čtwerák: 1) listiger, 2) possenreißerischer, 3) böser Mensch, homo quadratus. s. Th. III: der Schweräck. Grimm, Wbch. I, 42 weist auf ahd. gifiaran (Graff III, 669 f.) von fiara, goth. fêra, latus, hin. Vrgl. Grimm, Wbch. I, 48. 1627.

anfüeren, betrügen; Grimm, Wbch. I, 335,3. an den Stumpen füeren, s. Th. III: der Stumpen. „Betrogen und angefürt" (1525), Cgm. 4925, f. 239. „Das er sie so felschlich umbfüren (betrügen) thut", Cgm. 439, f. 62b.

auffüeren, 1) wie hchd. aufführen. Grimm, Wbch. I, 648. Die Landsträß (mit Sand) auffüeren, Sand darauf führen. Den Tanz auffüeren, vorantanzen. Sich auffüeren wird sowohl vom Betragen, als von der Kleidung gesagt. Sich prächtig, oder scharf auffüeren, schöne Kleider tragen. („Pfaffleich claider anfueren", L.R., Ms. v. 1453. Vrgl. faren und Fuer). Städtische R. A. **Dés Stuck kà˜ nét** *aufg'füərt* **wer'n**, das kann nicht statt haben, nicht zugegeben werden, (vom Theater hergenommen).

einführen Einen, ihn in Haft setzen, auf das Policeyamt führen. **Də' Schá˜dárm hàt'n** *ei˜g'füərt.*

hinterführen Einen, ihn hinter's Licht führen, anführen, betrügen; wirzb. Verord. v. 1665.

überfüeren, 1) wie hchd. überführen. 2) Eine überführte Chaise wird zum Verkauf ausgeboten im Münchner Policey-Anzeiger von 1821, p. 779. Wien: ein überführter Wagen, ein eingefahrener. überfüerig, adj. „Wurde jemands hier über überfihrig gefunden", (das Gebot überfahrend), Münchner Verordn. sec. XVI.

verfüeren 1) die Maut, den Zoll, ä. Spr., den Zoll defraudieren. „Der Castner soll denienigen, so die Zöll verfüehren, die Güetter für verworcht einziehen", ältere Instruction, Ms. Ein verfüertes Guet, von welchem durch Defraudation der Zoll nicht entrichtet worden ist; Gem. Reg. Chr. II, 157. 158. 2) einen Lärm, einen Tumult, eine Wirtschaft. Cf. Das du (Fasolt) das wetter verfirst mir vnd meinen nachpaurn an schaden", Wettersegen, Cgm. 734, f. 208. BM. III, 262,5. 3) zerstören, verheeren; BM. III, 262,8. „Der künig het urleug mit dem künig von Egipto und verfůrt allez sein reich. Cgm. 54, f. 26b. cf. Unfuer.

zefüeren (zfiərn), durch Fahren zu Grunde richten; in Verwirrung bringen, zerstören überhaupt. (Vrgl. Fuer). „Ist daz daz haus zefurt (zerstört) wirt", MB. XVIII, 58. (gl. i. 374: zifuaran, dejicere).

Der Füerer. 1) In der Verordnung über die fränkischen Kreistruppen von 1756 wird nach dem Feldwaibel und vor dem Fourier und Corporal auch ein Führer eingereiht, (Sergeant?). „Feldwäbl, Führer und Furier der Soldateska", Abt v. St. Zeno in s. Calender von 1668. Bey Fronsperger (1555), fol. XLI, XLVI, LI geht der Fürer vor dem Furier und nach den zween gemeinen Waibeln, also ohngefähr was Corporal. Die Führer ziehen allweg vor der Ordnung her. Sie werden vom gemeinen Mann monatlich gewählt, wie die zwei gemeinen Waibel, und haben „zween Söld" monatlich wie diese. Verschieden sind wieder die Rottmaister über eine Rott von 10 Knechten oder von 6 Doppelsöldnern; (das. LV). 2) Mitvorsteher einer Handwerks- oder einer Dorfgemeinde. s. Vierer.

Die Farb, Farw, Far, (s. Gramm. 686): 1) wie hchd. Farbe, (ahd. farauua, mhd. varwe, var; Graff III, 703. BM. III, 240. 241. Grimm, Wbch. III, 1321. Zeitschr. V, 225). Der varwe underscheid (bediutung, visamente), s. Labr. 242—250. (Valkn. 9. 124 steht fraw statt farw). 2) das Ansehen überhaupt, der Anschein. Diese zweite mag die frühere Bedeutung des Wortes gewesen seyn; (von faran?). Isidor III, 29. V, 11: scalches farauua, gotes farauua, forma servi, similitudo dei. Die Kaiserchronik sagt: Ein engel er bey 559
im sach gesendet von himel dar in menschenbild var. R. A. Aus oder von der Farb reden, unverblümt und frey über das Wesen einer Sache sprechen. „Unsere Ehemänner lachen fein darzu, wenn jre weiber die aller leichtfertigsten Bossen hören, lesen, und munder von der Farb reden künden", Puterb. Heraus mit der Farb! Aufforderung an den, der nicht recht mit der Sprache heraus will. Diese R. A. sind vielleicht vom Kartenspiel hergenommen. In folgenden sticht die 2te Bedeutung merklich vor. Jetzt hat das Ding ə˜ **andré** *Farb*, ein anders Aussehen. „Mit der Farb, er sey bereits einer schwachen Complexion", (unter dem Vorwand); P. Abraham. Einer Sache ein Färblein (ə˜ *Färbl)* anstreichen, ihr einen bessern Anschein geben, sie beschönigen. „Das Geld streicht allen Lastern ein Färblein an"; Kr. Lhdl. X, 440. XV, 60.

-farb, farw, far, adj., -farbig; (ahd. faro, gen. farawes, mhd. var, gen. varwes; Graff III, 700. BM. III, 237. Grimm, Wbch. III, 1321). Nach der Bedeutung 1): aschenfarb, bluetfarb, rôsenfarb, schwarzfarb, (Avent. Chr. 194), weißfarb ꝛc. „Schmal zen weiß und lang, die weißverber dewchten wenn ain newgevallner schnee"; Cgm. 714, f. 184. abfarb (à'far), abfärbig. Zeitschr. V, 225. „Hievor schinend si blaich und afar". „Ir sind so blaich und afar, ir sond iwer selbs nemen war"; des Teufels Segi, Barack 2354. 4858. 10339. 10524. „Er wirt abvär, ungestalt, plaich", Cgm. 317, f. 99a. 'ebenvar, mhd., von gleicher Farbe, BM. III, 237;' ahd. eban-uaro, concolor; Em. G. 121, f. 226. Nach der Bedeutung 2): aussehend, gestaltet. „Mit vremden wâfen alsô far, daz in dâ niemen erkande", Iwein 6892.

färben (**fárbm, fárbmə˜; VII Comm. färmen**), 1) wie hchd. (ahd. farauuan, mhd. varwen, Prät. varte; „daz bluot varte, missevarte bette und bettelachen"; Trist. 15199. 15201. Graff III, 704. BM. III, 242. Grimm, Wbch. III, 1325. Zeitschr. V, 225). „Wär värwen nit erdacht, hoffart wurd nit sovil volbracht", d. Teufels Segi, Artikel von den Gewandferwern, Barack 13090. „Ich will der Juden bôshait nicht verben", Konr. v. Megenberg, (Pfeiffer 112,28: schönfärben, beschönigen). ə˜ g'fárbts G'sicht, künstlich gefärbtes; ə˜ g'fârbts G'sicht, von natürlicher, gesunder Farbe, (ObrM.). 2) vom Rindvieh: Blut harnen. färbeln (fárbəln), 1) eine Art, Karte zu spielen, bey welcher nur zusammensehende Farben gelten und kein Trumpf gemacht wird. Grimm, Wbch. III, 1325. Zeitschr. V, 225. Eine besondre Abart dieses Spieles heißt wildfärbeln, anderwärts schâfkopfen. 2) ärgern. „Dés Ding hàt mi' g'fàrbəlt und innə'li' 'kränkt", Castelli (1828) p. 182. 242 u. Wbch. 124.

furben, fürben, ä. Sp. fegen, putzen; im Bregenzerwald: fürba, mit dem Besen auskehren; Vorarlberg, Bergmann's Walser 92. Tobler, Appenz. Sprachsch. XXXV und 201; (ahd. furban, furbjan, mhd. vürben. Graff III, 680. BM. III, 446. Cf. ital. forbire, franz. fourbir; engl. furbish; Diez 150. Müller, etym. Wbch. d. engl. Spr. 419).' „Repurgatum, erfurbtes", Cgm. 17, f. 22b. „Johan hilf lauf hilf Gerdrawten kamer ir fürben", Ob. Alt. 181, f. 153. firmben, abfirmben; die Stain von einer abgebrochenen Mauer abfirmen; Fürm- u. Mauerhammer; Cbm. 2224 (v. J. 1613), f. 266 u. 2225 (v. J. 1614), f. 154. 156. 157. 242. Kärnt. trébiti, fürsen, d. i. im Frühjahre die Äcker, die Brachen von Steinen, die Wiesen von Maulwurfhaufen reinigen; Jarnik 192. „Der mensch sol den leib fürben, d. i. zu stul gen, sein prunnen tun, sich reuspen rc"; Ortolph. „Daz läublin fürben", den Abtritt putzen, Augsb. Stdtb. Uns ze furwen (von den Sünden), Winnerl. gl. „Er sprichet der gotes sun der hab alle unser sünde ab uns gefurwet. sich wie rain er müse sin do er dich von dinen sünden moht gefürwen", Griesh. Pred. I, 131. „Der wart denne gefürwet und gelütert von aller der unrainekait diu an im waz", das. II, 119. „Diu nider vurbe", der Stuhlgang; Cgm. 724, f. 190. „Die Firm" vom Raiger, Cgm. 821, f. 146; (hieher?) „Purgatz oder furbung", Cgm. 4543, f. 54. Zeitschr. V, 231: das Firm. 'Die Sternfürbe, Sternschnuppe; BM. III, 447.' „Wan ez velt oft ain flamm her ab von den lüften auf die erden, sam si vall von ainem stern, und haizent ez die laien die sternfürb", Konr. v. Megenberg, Pfeiffer 77,2; vrgl. S. 775. Privetfürber in Nürnberg; Gatterer, ökon. Magazin II, 566. Vrgl. Th. III: Sprâch, Sprâchhûs. Der Swertfurbe, Schwertfeger; MB. VI, 148. Das Fürbeisen. „Sacastrum mediante quo cerdones purgant cutes, fürbeisen"; Clm. 5685 (XV. sec., 1412), f. 53.

Das Farch, (ä. Sp.) Schwein, s. Fark.

Das Ferch, (nach Michaelis in Tyrol) die rothe Ruhr, (s. Feig). Henisch erklärt das Wort 1) als „ein Hupffen, Fipern, palpitatio, qualis in membris interdum sentitur et saepe in palpebris, vita in musculis"; 2) als „Herzblatt, diaphragma." „Saltus, das ferch", Nomencl. v. 1629, p. 203. „Für das förich", Arzneybuch, Ms. Progel's, f. 110b. 111b: das fliessent förich, das dürr förich. Castelli, Wbch. p. 126: „das Fear, das Fipern der Haut an einer Stelle, gemeiniglich an den Augenliedern; 's Fear håb'n." Zeitschr. V, 229. In der ahd. Sp. ist thaz ferah, vita, anima; (mhd. daz verch; Graff III, 682. BM. III, 302 f. Grimm, Wbch. III, 1527 f. cf. goth. fairhvus, ahd. firihô-barn). „Ich trage alhie sînen lîp und sînes verhes sâmen", (bin von ihm schwanger), Parcival 109,27. „Er was sin verch und sin kint", Helmbr. 1777. „Ich wæn daz vröudenverch si im (dem Herzen) verschröten", Labr. 363. „Dem was der freuden grund bis uf das ferch versniten", Altswert 205,5. Die Ferchader. „Verchader pulsatilis vena"; gl. Augiens., Mone's Anz. VIII, 397. Die Ferchwunde, (ä. Sp.) tödliche Wunde. „Waz nu vörchwunden sey, daz lazz wir euch wizzen, daz ist in dem waden underhalb des chnies, und ist ein dev maus oberhalb des engelpogen, und ist ein dem ruttepraten, also daz man im lungel und leber sicht, und ist, ob er wunt wirt vor an den pauch, daz im daz gewaide auz get, oder 560
durch daz haupt, daz im die hierenschal durchel wirt, daz haizzet allez vörchwunden"; Rechtb., Ms. v. 1332. Wstr. Btr. VII, p. 27. „Mit verchwunden totlich verwunt", Mich. Beham, Wiener 370,1. „Pr. nr. gegen die 7 verchwunden der sele"; Cgm. 88 (XIII. sec. 8°), f. 1. In den Nibelungen Cgm. 37, f. 38a: „do sprach der verkunde (verchunde)", Lachmann 930. 932. 937: der verchwunde.

Die Forchen, Förchen (Farchə˜, Fèrchə˜), die Föhre oder Kiefer, pinus sylvestris L. (ahd. foraha, forha, mhd. vorhe; Graff III, 678. BM. III, 384. Grimm, Wbch. III, 1869 f. 1888. 1896. Zeitschr. IV, 68. VI, 180. 272,IV. Cf. isl. fura, schwed. furo, furu, engl. fir; slaw. bora. Panu Hynkowi ze Swamberka a na Boru; Archiv Cesky III, 392 (595). cf. Catharina von Bore. Kärnt. bora, Föhre („Farche"); Borle, plur., Ortsname, Föhrlach; Borovlje, plur., Ortsn., Ferlach; Jarnik p. 48. Gl. a. 528, o. 88: foraha, picea). fôrchen, förchen, adj., von Föhrenholz. ə˜ fèrchener Asch'n, Asche von Föhrenholz. Das Forchach, Förchach (Fârchə', Farchət), das Föhrengehölz (ahd. forahahi. cf. MB. XXIV, 680: Forich). „R. Vörhl ab dem Varhach", (1467. 1495); Cod. Attel. f. 113a. 140. „Da er (Valerius) funftausend ob dem Förch (nom. propr.?) erschlagen", H. Sachs 1560: II, III, 55 (Mucius Scävola). „Am Farchach bei Wolferzhausen 150 stäm farchen zu wasserdeichen", (1614); Cbm. 2225, f. 113. Grimm, Wbch. III, 1888.

Die Förchen, Förchel, Förch, die Forelle, (ahd. forahana, forhana, forhina, tructa, gl. a. 649. 697, o. 106. 182; mhd. vorhen. Graff III, 678. BM. III, 384. Grimm, Wbch. III, 1896. Zeitschr. IV, 52); der Föreh („dá Ferä", Wagner, salzb. Gesang. 17). „Die Lachsferch, Seeferch", Lachsforelle, Schrank's N. i. d. G. p. 130. „Diese Lachsferch ist a°. 1797 im Obersee gefangen worden, hat gewogen 29 Pfd."; Gemälde in St. Bartholomä. „Visch oder Vörcheweier, Vörchefisch", Meichelb. Chron. Ben. II, 213. „Piscium aridorum videlicit Vorhen... Goldfärchen.., Farchen .." Lori, Lechrain 39. 133. 384. „Forhen das ist ein furstlich speis. Rotforhen sind auch gute fisch"; H. Sachs 1560: II, II, 111. „Vorhen (trutas) ze carplawnen (??)", Vorschrift, Ind. 355, f. 250.

Die Furch (Furh, Fur'), plur. Fürch, wie hchd. die Furche, (ahd. furuh, furah, aratiuncula, mhd. furch. Graff III, 684. BM. III, 447. Zeitschr. V, 56. Durch vier Furchen, oder das zweimalige Hin- und zweimalige Herfahren mit der Pflugschar, entsteht in der O.Pfalz und im bayr. Flachlande das schmale Beet oder der Bifang; durch 4, 6, 8, 10, 12, 14 bis 20 Furchen aber im Oberlande das breite Beet, dort Acker genannt. R. A. In die erste, andere, dritte, vierte Furch bauen, einen Acker besäen, nachdem er vorher 1, 2, 3, 4 mal umgepflügt worden. fürchig, ain-, zway-, drey rc. fürchig, (aə˜-, zwaə-, drey-für'i'), eine, zwey, drey rc. Furchen enthaltend. (cf. gl. i. 564: trifuriher, trisulcus). Die Schrôtfurch, s. Th. III: schrôten. Der Geforche, Gevore, ä. Sp., Angrenzer: Roth, Obermoschler Urk., IX* VII. p. 39—40. anfürchen (a˜für'n) einen Acker, durch jeden Bifang desselben die zwei ersten Furchen ziehen, was anrainen, (w. m. f.). ausfürchen, ausfürcheln, einen Bifang völlig zertheilen, so daß an seiner Stelle eine Furche entsteht, was ausfangen.

Die Forcht (Fârcht), die Furcht, (goth. faurhtei, ahd. forahta, Genit. forahtun, forhta, mhd.

vorhte; Graff III, 685. BM. III, 384). forchtig, förchtig, geförchtig, geförchtlich (opf. färchti, fá'chti'), mhd. vorhtec, vorhtlich, furchtsam und furchtbar. „Daz tier (damma, damula) ist vorhtig und kranch", Konr. v. Megenb., Pfeiffer 133,5. forchtsam, förchtsam, mhd. vorhtesam, vorhtsam, furchtsam und furchtbar. „O Mutter bett! ein schwarzer häßlicher forchtsamer Mann nimbt mich bey den Füßen . . ." „Die forchtsame Krankheit des Hinfallends." „Ist mit forchtsamen Pauggen und einer schmerzhaften Geschwulst beladen gewesen," Altött. Hist. „Under dem Dach wars forchtsam des Erdbibens halb", Av. Chr. „Sinen vianden vorhtsam", Leg. v. St. Aegidius.

förchten (fèrchtn, welches der gemeine Dialekt conjugiert: I fircht, mir (wir) ferchtn, I fárcht, furcht
561 (timerem), I hà' gforchtn, gfarchtn, ganz wie fechten und flechten. Katzmair, Cgm. 929, f. 37^b. Oberbayr. Archiv VIII, 26), wie hchd. fürchten (goth. faurhtjan, ahd. forahtan, mhd. vürhten; Graff III, 689. BM. III, 386. Zeitschr. II, 461. 496. 556,10. III, 177,62. IV, 238,2). „Dö Kiná hamt 'n '*fürcht*", die Kinder haben ihn gefürchtet; Stelzhamer 128. „Er was genenne und erkant, ervorhten wunderlîche in al dem künigrîche, Trist. 13099.

Fardal. „25 parchant ist ain fardal"; s. Tuech und Viertel. 'Vrgl. das Fardel, ä. Sp., Last, Bürde, Bündel; ital. fardello, franz. fardeau. BM. III, 272. Grimm, Wbch. III, 1331 f. Diez, Wbch. 139. s. auch Fart, Färtlein u. Pordel.'

fordern (fo'də'n), wie hchd., (ahd. fordarôn, vorderôn, bey Willir. III, 1: quaerere, mhd. vordern. Graff III, 634. BM. III, 381. Grimm, Wbch. III, 1865. 1890). „Cieo, vadern, fyrvadern", Av. Gram. Der Forder- oder Fürderbrief, das Vorladungsschreiben. Das Fordergelt, der Forderwein (s. Th. IV: Wein), das Forderviertel, die Forderkandel, ehmalige Accidenz, den Gerichtspersonen von den vorgeforderten Parteyen zu entrichten; (s. Viertel), Welsch, Reicherzhofen 183. Vorderhabe. „Ogne hâst du vriunt noch vorderhabe", Gregor auf d. St. 1499, '(Lachmann u. Bech: „vorder habe", ansehnliches, bedeutendes Vermögen. BM. III, 380. Vrgl. unten: vörder).'

fördern (fê'də'n), befördern, fürdern (fü'də'n), wie hchd. fördern, (ahd. fordoron, Otfr. III, 18,41. 42. V, 19,54; mhd. vürdern. Graff III, 635. 637. BM. III, 382 f. Grimm, Wbch. III, 1893). Das Hauswesen besü'dən, (b. W.) fürs Hauswesen sorgen. „Jemands Frommen fürdern", Khraisser Comp. p. 67. „Wie ein Herr sein Diener von jm furdert", (in Ehren entläßt); Formulare von Furdernuß, Furderungbriefen, (Attestaten, Pässen); Raitenbuch 166, f. 88. 157; andere Formeln: das. 45. 116. 121. 122. 128. 134. 150. 151. Dagegen: „Gefangen(e) zu vordern", (requirere); das. f. 138. „Faveo, favi, fautum, fudern", Avent. Gram. Promovere, füdern; Voc. v. 1445. „Wir N. N. entbieten allen unsern Stötten un Mergten unser Füdrung und alles gut." Meichelb. Chron. Ben. II, 77. Man lernt hier die bayrische Auslassung des r als eine sehr alte Schwachheit kennen, die von Freunden des sogenannten Wohllauts sogar für einige hochdeutsche Wörter in Vorschlag gebracht worden ist. Sie schreiben z. B. befödern, fodern. Der Fürderbrief, Fürderungsbrief, ä. Sp., compassus mutui litterae, Compaßbrief, lit. requisitoriales, remissoriales; Gerichtsord. v. 1520. Kr. Lhdl. II, 69. Cf. česk. list fedrowní, Paßport. (s. a. vörder).

Die Farfelsuppen, Suppe, in welche das stark zerquirlte Weiße von Eyern geträuft worden; (BM. III, 273. Grimm, Wbch. III, 1332. Zeitschr. IV, 331). „Ein schüzzel tief und breit vol varveln („vorveln") truoc sie dar . . . dicke sniten stiez er drin . . . vrouwe, die varveln sint guot, ezzens hân ich ninder muot", S. Helbling I, 1032. 1036. Hofmann's Sumerlaten 49,77: „pultes, varvelen." Im Onom. Clm. 5387, f. VI, zwischen veru und cola (Küchensachen), steht: „pila, foruel." „Puls est genus ciborum varueln vel ein sawffen", Gutolfus, Clm. 5008 (XV. sec.), f. 170.

Der Ferg (Férg, Fiərg), des, dem, den, die Fergen (Férgng, Fiərgng), Führer eines Schiffes oder Floßes oder einer Fähre; Schiffmann, Floßmann, Fährmann; (ahd. ferio, ferigo, fero, von ferian, navigare; mhd. verje, verge, ver; Graff III, 588. BM. III, 251. Grimm, Wbch. III, 1332. 1529. 1530; s. feren). Unter den Fergen auf den Flößen gibt es rechte Fergen, die auf den Floßmaister folgen, und nach diesem und jenen kommen die sogenannten Drittfergen, unter welchen der Steurer steht. „Vert ein flozman auf dem wazzer oder ein schefman, und vert er ein deu prukk und tut er da schaden, den muz er dem prukhay gelten. Daz ist darumb gesetzet, daz nieman einen bösen vergen aufstellen sol", Wstr. Btr. VII, 103, ad 1332. „Ez ist weder schefman noch flosman nicht heher gevunten, ze gelten dem prukchay seinen schaden (für den an einer Brücke verursachten Schaden zu zahlen), den di vertigum di er da furt, ist aver des schadens minre, so geit auch im der verge minre", Wstr. Btr. VII, 103. „Item der chamrær soll Floßleyt und vergen gewinnen, di Jar und Tag gevarn sind, mit den unsers Herrn von Sewen gut versorgt sei", MB. II, 165, ad 1440. „Der 562
Verg an dem Urvar ze Winzer", MB. XV, 50, ad 1337. „Der Förg zu Sünzing hat unser Gebot verachtet, und die übergeführt, die uns beschädigt haben", Kr. Lhdl. X, 519. „Der Thumdechaney von Augspurg Verg zu Lechhausen", Lori, Lechrain, f. 421, ad 1588. Der Ausferg, Schiffer, der das Halleinersalz heraus bis Laufen liefert. Der Nauferg, Führer eines Schiffes stromabwärts; namentlich der das Salz von Laufen bis Passau führt, (Lori, BergR.). Das Erbnaufergenamt war ehmals ein adeliches Erbamt des Erzstifts Salzburg. „Das Schiff- und Vergenambt zue Lauffen." Von einem minder reichen, aber edlern Donaufergen als der, mit dem der Nibelunge Hagen (Nibel. Liet, 25 Avent.) zu thun hatte, erzählt J. E. Fürst's Bauernzeitung aus Frauendorf, 1819, Nr. 16. Zum, beym, im Fergen oder (nach Gramm. 326) Förgen ist übrigens eine mit ihrer Veranlassung, oder nun ohne sie, hie und da vorkommende Ortsbenennung. Hazzi's Statist. III, 7, p. 755. 742. Selbst die uralte, schon im 8. Jahrh. vorkommende curtis regia Veringa (Meichelb. Hist. Fr. I, I, 49. 151. 171. 337. I, II, 178. 229. 249. Da saß Otta, K. Ludwigs des Kindes Mutter; Wien. Jahrb. LII, 155) findet sich in Urkunden des 14. Jahrh. in Vergen renoviert. „Zwischen Nidernvergen und Ismaning", Hist. Fris. II, I, 133, ad 1319. cf. MB. XVIII, 254, ad 1398. XX, 84. 136. Die Färg, die Fähre; der Färger, Fährmann; (Dr. Kittel). Grimm, Wbch. III, 1332.

fergeln an Etwas, daran hin und her fahren, fegen, reiben, wetzen, schneiden. Etwas ab-, auf- rc. fergeln. Grimm, Wbch. III, 1529. Fig. An Einem fergeln, nicht ablassen, ihn mit Fragen, Bitten, Anreizungen, Verdrüßlichkeiten zu belästigen. In der ahd. Sp. ist fergôn (einan eines thinges), es von ihm verlangen, ihn darum bitten, (Otfr. praef. 31; I, 7,25; III, 24,18 rc. Notk. 61,9. Graff III, 681. BM. III, 303. Grimm, Wbch. III, 1530. ungifergot, gratis, Tat. 170,6). Vielleicht ist dieses die erste, und jenes die zweyte, figürliche Bedeutung.

Der Fergger, s. fertig: Fertiger.

Firgen, Virgen = Fairguni? vrgl. Förstem. II, 500. Thal- und Landgericht Virgen in Tirol; Cgm. 1196, f. 131.

Der Fark (Fa'ck), (O.L.) halbgewachsenes männliches Schwein. á *Fa'ck* oda' á Ranz'n, männliches oder weibliches Schwein. Jung Veh, Kalver, Lammer, *Varken* (Oldenburg), Firmenich I, 223,31. Sp. W. Wia də' *Fa'ck*, so d· *Fa'ckln*. Der Baər*fa'ck*, nationaler Spottname des Tyrolers für den Bayern. „Sterb-Rinder und Pett-Facken", tyr. L.O. v. 1603. „Eins farhen gallen", Ortolph. „Chainen stich vorchin". . . „nit mer verchen, dann XVII swein", Wstr. Btr. VI, 151. 154. „Von cheinem varhe", Augsb. Stdtb., Freyb. 18. „Von ainem varche einen helbelinc, von zwain klainen verhern einen helblinch"; das. 24. „Ich en wais was den verchern ist verren, ich hör sie gar vast ferren", Cgm. 714, f. 72. „Wenn das varch ein aug verleuset, sô stirbt es sneller dan sust", Konr. v. Megenb., Pfeiffer 122,10. „Der varchmuoter (Pfeiffer: värhermuoter) êrstez värhel („verlin") ist klainer und krenker (schwächer) wan diu andern. wenne si vil värhel hât, so ist ir milich gar lauter"; das. 121,31. „Sô diu verhermuoter gebirt, sô gibt si daz êrst prüstlein („tütlin") irm sun und niht der tohter; das. 122,11. „Nim ungesalzens smer von einem perfarkch", Cgm. 170, f. 5ᵇ. „Dar zu zwen span facken die verdrück wir wol in unser packen", Rosenplut, Cgm. 714, f. 295. Förfteig, Ortsname, wie Gasteig = Gaiß-steig. S. auch oben, Sp. 96: -inn. Varch, porcus, Voc. v. 1419; paerfarh, ferrat, gl. o. 189; spenevarh, porcum lactantem, gl. a. 584. Oefter kömmt in der ahd. Sp. der Plural farihir, farhir, farher, ferher, porcelli, vor (z. B. gl. a. 527. i. 765. o. 135. 189. 382. 416), welcher auf ein, wol für Schwein überhaupt geltendes Neutrum (farh, farah, mhd. varch, varc; Graff III, 681. BM. III, 272. Grimm III, 329. Gesch. d. d. Spr. 36. 37. Wbch. III, 1331 u. 1227: Fack. Zeitschr. V, 224) weiset.

Das Färklein (Fárkl, Fá'ckl, Fárktl·), Färchlein (Fár'l, Fá'l·), junges Schwein, Ferkel; Dintenklecks; (mhd. värhelîn, värhel; BM. III, 272. Grimm, Wbch. III, 1332. 1530 f. Zeitschr. V, 69,48. VI, 207. 430,77). „Ich must nur mit den varchlein essen", Cgm. 719, f. 28. „Verkauft II junge feckelein vmb lxx dn.", Altenhohenau (1518), Cgm. 697, f. 187. „Gelost aus III jungen sweinlein V β XVIII dn"; das. „Zwiu sol in der wan daz verl?", S. Helbling I, 1015. „Swein, die junge varl habent", Rchtb., Ms. v. 1453. „Porcellus, värnl", Voc. von 1445. Porcus, vak; porcellus, väklin; Clm. 5685 (XV. sec., 1412), f. 19. Castelli, Wbch. p. 121: das *Fad·l*, auch Nudscha*fad·l* u. p. 172: Hudscha*fad·l*. Zeitschr. II, 340. V, 486. Sp. W. Kindər und *Fáckl·n* hàbm ållawál láré Sáckl·n. „Feister
563 als die weiße Sau, welche dreißig in der Au Fecklen gehabt", Balde's Lob der Magern. Das Span-Färklein (Spà˜fáckl·), Span-Ferkel, Ferkel, das noch saugt. Gl. o. 7. 100: farheli, porcellus; spunifarhili, nefrendes. Diefenb. 377. färkeln (fáckln, fá'ln), ferkeln, Junge werfen.

Farco? „Pater de celo libera hunc famulum dei a uermo (a verino, a verme?) malo cancro talpo *farcone* et ab omnibus vermibus malis", Segenformel, Clm. 4622, f. 1. Vrgl. Th. II: Nisser.

Das Ferkel, 1) Heiligenbild, Figur, die in einer Procession auf der Achsel herumgetragen wird, ferculum. 2) Ferkl, Vorrichtung, um Heu von steilen Berghalden an zwei Tragriemen heimzutragen, (Jir.); Fer'lstecken, der über die Bürde geschlagen wird als Wiesbaum. Zeitschrift V, 229.

'Die Furke, mhd., Gabel, gabelförmiger Zweig, lat. furca; Graff III, 685. BM. III, 447. Grimm, Wbch. III, 1897. Zeitschr. III, 42,28. 281,59. IV, 321. V, 56. 337. VI, 208.' „Truog ein fuorggen, damit er gab wunden drei in einem stich"; Ring 48ᵈ 4. „Der Leybinger mit seiner furggen Reussen, hayden und auch Turggen stach er all in einem stich"; das. 54ᶜ,34.

furkeln, vpf., hin und her fahren mit Etwas, z. B. mit einem Licht. „Der torwärtel viel den hovrochten an und furklocht (furkelte) den stolvenzen hin und her", Cgm. 54, f. 70ᵇ (Keller, gesta Romanor. p. 137). Cf. „fercodon (rowed) tha scipo eft to Lundene"; Saxon. chron. ad 1009. Vrgl. Zeitschr. III, 365,13.

Die Furkel, a) (Salzach, Inn) Gabel-Stecken, welcher dient, Querstangen zu halten. Zaunfurkel; (b. W.) ə˜ *Rècha˜furkl*, zweyzackiger Birkenstamm, zu Rechenhandhaben dienlich. b) verächtlich: Weibsperson.

'Ferl, s. Ferlein, Färklein.'

Der Farm, die Fähre über einen Fluß. Graff III, 574. Grimm, Wbch. III, 1332. „Farm fehlt bei Frisch. Das Vocabul. teut. erklärt es durch cymba, nomen navis, ampla et haud profunda"; Lessing (Maltzahn XI, 2,263). In Schlesien Pram; Weinhold, Wbch. 72 f. Cf. griech. πέραμα; česk. prám, Dimin. pramice. Der Farm, Stellfarm, Anhangfarm, Eingangfarm, (Jir.). „Von des Farms wegen", MB. XII, 261. XI, 442. XV, 50.

ferm, adj. u. adv., vollkommen, gewandt. ə˜ *fèrmə'* Buə', ə˜ *fèrms* Mensch. ə˜ Sach *fèrm* və'sté˜. In dieser Bedeutung ist das romanische ferme sehr volksmäßig geworden.

firmen, firmeln, confirmare; (ahd. firmon, mhd. firmen, fest machen, bestätigen; Graff III, 695. BM. III, 327. Grimm, Wbch. III, 1532. 1674. in firmonne, gl. i. 468. 473). Die Firm, die Firmung, Firmelung, confirmatio. Der *Firm*-Téd oder Géd, die *Firm*-Tod oder Godl (Pathe, Pathinn) füərt 's Kind zu də' *Firm*, bind·t eəm (in den Bisthümern, wo es üblich ist, dem Firmlinge nach erhaltener Salbung eine weiße Binde, das Firmbindlein, um die Stirne zu binden) d· *Firm* um. Vrgl. wirzb. Verord. v. 1700, 1741, den Luxus mit der Firmbinde betreffend. 'verfirmen, zu fest machen? BM. III, 327.' „So wie diu fart si verfirmet von grôzer minne hitze, der brand ez (das Herz) lützel schirmet"; Labr. 571.

firmə˜ die Rüben, (b. W.) sie oben und unten beschneiden. cf. häupteln, häuzeln; s. auch fürben u. vrgl. Grimm, Wbch. III, 1674: abfirmen.

Die Firm, s. oben, Sp. 751: fürben.

Die Firmarîe, Krankenstube, (infirmaria); Regel des Spitals zu Jerusalem, Clm. 4620, f. 86. BM. III, 327. Vilmar, kurhess. Idiot. 102: Firmanei.

Der Furm, plur. die Fürm, die Form, das Ansehen, die Art; (Graff III, 695. BM. III, 387: diu forme. Grimm, Wbch. III, 1897. Zeitschr. V, 337). „Kurtz und lang auf allerley fürm . .", H. Sachs. „Das verkünden Wir Ew. G. auf den Form." Kr. Lhdl. VI, 130. Vom Betragen einer Person wird der Furm gewöhnlich im schlimmen Sinne und gleichbedeutend mit der Unfurm (U˜furm) genommen. Dés is àbər ə˜ *Furm!* ə˜ wüəstə' *Furm!* Du hàst ə˜n schö˜n *Furm* à˜ diər! (ironisch). G·wön de' do' dèn *U˜furm* à'. Dés sán' lautər *U˜fürm*. Die Unform, (in Rechtsverhandlungen) unrichtige Form, Unförmlichkeit. Gerichtsordn. v. 1520. R. A. əs hàt ə˜n *Furm*, əs hàt kaə˜n *Furm*, dás . . . ., oder zum . . ., er hat einen Anschein, es hat keinen Anschein. . . . I wétt, əs rengt bàl', əs hàt àlln *Furm* dəzuə. əs hàt no˜ gà' kaə˜n *Furm* zu·n Schö˜wer'n. furmen, formen. gfurmt, wohl geformt, gestaltet, artig; ə˜ *gfurmts* Méssə'. *Gfirmt* bist, àbə' *gfurmt* no˜ nét, hört man wol sagen zu unartigen Kindern. abfurmen, (Praschius) probrose describere, wie man auch sagt: Einen herstellen, Einen vom Fuß bis zum Kopf herstellen, (abmalen im schlimmen Sinne).

Der Farn, Farm (Fà'n, Fà'm), das Farnkraut. 564
(ahd. farn und farm, filix, mhd. varn, varm; Graff III, 694. 695. BM. III, 272. Grimm, I, 390, Note. Mythol.² 1160. Wbch. III, 1332. 1333. 1334). „Falce

rubos filicemque (übergeschrieben: „farn vel uuifta“) resecat“, Froumundi cod. Boethii (in Wallerst.-Maihingen), f. 21. Farm, Farmach, (Ilr.) polypodium filex mas et femina; hohes Gras in den Schlägen überhaupt, das zum Einstreuen dient). Der Federfarn, polypodium filix mas L. Daz varmach (MB. XXII, 334. 337) als Name einer Waldpartie entspricht dem farmahi, filictum, der gl. i. 732. 1132. Vrgl. Farmach, Schloß zwischen dem Chiem- und Sim-See.

fern, wie hchd.; s. ferr.

fern (fè'n), adv., im vorigen Jahre; (s. ferten). fernig, ferndig, ä. Sp. fern, firn, adj., vom vorigen Jahre, annotinus (goth. fairnis, ahd. firni, mhd. virne; Graff III, 662. BM. III, 302. Grimm, Wbch. III, 1535. 1538. 1675 f. Zeitschr. III, 219,23. 496. IV, 325). „Vil gesünder sei der virne (Wein), doch trinkent torn den neuwen gerne“, Renner 1883. „Wann ich bin auch ein armer wirt, dem selten iht virnes über wirt“; das. 5554. „Von reinem virnem weine“, nicht von neuem Most; das. 17274. Die Schönheit der Natur „solde uns alle virne(?) vnd darzů wise machen“, Diut. II, 156. „Aus stüchen neuen und fürnen“, Wolff, histor. Volkslieder p. 703. „Firner Wein“, Wirzb. Verord. v. 1701. Ferner, firner Schnê, oder gewöhnlicher elliptisch blos: der Ferner, Firner, Schnee, vom vorigen oder von vorigen Wintern liegen geblieben; Berg, mit solchem Schnee bedeckt, im Hochgebirg. Grimm, Wbch. III, 1676. „Fullo, virnbuezzer“ (Altbüßer?); Voc. optim. p. 26. Etwa hieher die Familiennamen Fürnkorn (Fabrikant aus Weingarten, Ende Juli 1849 unter den Fremden zu München), Fürnkäs, Fürnrohr, Fürnstein (der Naturdichter zu Falkenau in Böhmen) ꝛc. Vilmar, kurhess. Idiot. 102 f. Tér férnerigo ôstertag, pascha annotinum, des Meister Ruodepert von St. Gallen (Goldast, scr. rer. alam. v. 1730: II, 65) ist vielleicht, was gl. a. 600 ferzit, pascuale, heißt. Vrgl. gl. a. 217. i. 1154: firni, antiquus; a. 223. 363: arfirnet, vetustus; Ulphila gibt Matth. 9,16: ἐπὶ ἱματίῳ παλαιῷ durch: ana snagan fairnjana. Notk. 101,25: „Alle erfirnent sie also uuat, veterascent sicut vestimentum.“ „Fram tregit fona finemo horte niuuui ioh firni“, Matth. 23,52; Wiener Fragm. „Vocabula antiqua .i. firniu vel firuuorfeniu“, Clm. 4621, f. 71. Noch entfernter liegt das alte forn, dudum, olim (Tat. 65,2. gl. a. 285. 419. 467. i. 512), fornic, priscus, canus (gl. a. 204. 217. 326. 399); schwed. forn, antiquè, antiquitus. Graff III, 627.

Die Fársch, Fá'sch', franz. la farce, das Füllsel, z. B. gehacktes Kalbs-, Hühner- und Taubenfleisch ꝛc., womit eine Pastete ꝛc. gefüllt wird; Kalbsfarsch, Hüenerfarsch, Wildfarsch. Farschieren (fá'schiərn), füllen, franz. farcir, lat. farcire. s. färzen.

Die Fersen, Fersten, Fersch'n, Ferscht'n, wie hchd. Ferse (goth. fairzna, ahd. fersana, fersina, fersna, mhd. versen. Graff III, 699. BM. III, 304. Grimm, Wbch. III, 1543. VII Com.: Versenga, Vearschenga. Zeitschr. V, 229). 'Das Fersengeld; Grimm, Wbch. III, 1546.' „Si gaben versen gelt cum devicti fuerunt conversi sunt in fugam“, Windb. 204, f. 164, ad 1460.

Die Forsch, das französische force, sehr volksüblich geworden. Zeitschr. II, 423,121. III, 272,21. 284,116. IV, 262,12. V, 332.

forschen (forschn, farschn), wie hchd.; (ahd. forscôn, mhd. vorschen; Graff III, 697. BM. III, 388. Grimm, Wbch. IV, 1). erforschen; „eruorsket er, requiret“; Cgm. 17, f. 20ª, Ps. 10,13. Einen ervorschen, ihn in Erfahrung bringen; Heumann, opusc. p. 109. Davon das Iterativ förscheln (fèrschln, fárschln), ausförscheln Einen. Grimm, Wbch. I, 860. IV, 1. „Percunctatorem fugito, die Förscheler soll man fliehen“; Monac. Augustin. 283, f. 24. Die Forsch, Nachforsch, ä. Sp.: 1) die Erkundigung, Nachforschung. „In forsco, in quaestione“, Notk. 77,49. „Acht und Forsch auf etwas haben“, L.O. v. 1553, B. V, Art. 3. „Nachforsch halten auf eine Person“, gerichtlich inquirieren, Malefiz-Procesord. Tit. II, Art. 1. „Geschworne alte kuntschaft mit fleissiger vorsch erfarn und verhörn“, MB. XXIII, 227, ad 1378. 2) gerichtlich bewilligte Frist zu einer Erkundigung. „Darnach soll man ihnen forsch geben Jahr und Tag“, L.R., Ms. v. 1453, cap. XVI.

fürschi, s. fürsich.

Der First, a) wie hchd. die Firste, (ahd. ther first, culmen, mhd. der virst; Graff III, 698. BM. III, 327. Grimm, Wbch. III, 1677. Zeitschr. V, 55. 231). b) figürl. ein Gebäude überhaupt. Séchs *First* sán' à'brunnə~. Der Firstbâum, derjenige lange Zimmerbaum des Dachstuhles, an welchem die Dachsparren oben zusammen laufen. Die Firstsaulen, eine der hölzernen Säulen im Dachstuhl, welche zunächst den Firstbaum tragen. Si eam columnam, a qua culmen sustentatur, quam firstsul vocant, (eiecerit), cum XII sol. conponat“, Leges Baiuu. t. X, c. VII. Der Firstwein, Firsttrunk, Trunk, welcher den Bauleuten vom Bau- 565
herrn gereicht wird, wenn sie den Dachstuhl aufgesetzt haben, das Hebmal. In der Landsord. v. 1553 (f. 165) werden die Bauherren der Schuldigkeit enthoben, „ainichen Grundbschluß oder Fürstwein oder ichts dafür zu geben.“

Der Forst (Forscht, Faərscht, Fourscht, Four't; plur. Förſt statt Forste; Ilr.), Eigenname verschiedner großer Waldungen, gewöhnlich solcher, die dem Landesfürsten, geistlichen Corporationen oder großen Landsaßen gehören oder gehörten. Der Ebersperger, Scheyrer, Geisenfelder ꝛc. Forst. „Sylva que dicitur vorst“, MB. IV, 408, ad 1141. „Undergang (Compromiß) betreff. die holtzmarch zwischen der zwaier först des gotzhuss ze Wessezprunnen und des Closters ze Diessen“ (v. 1341), Clm. 5510, f. 2. forsten, förſten, fürsten, verförſten, 1) einen Waldgrund, barb. lat. forestare, die sogenannte förstliche Obrigkeit (jus forestale) darüber in Anspruch nehmen, den Bann darauf legen. „Wäld, die dem Stift verforst seyn oder werden. . .“ Lori BergR. 189. 191. Samml. der salzb. Forstord. p. 45. 124. „Swer aber vert mit wizzen in ein gefürsts holtz, do des fürsten pan auf leit“, Rchtb., Ms. v. 1332, Wstr. Btr. VII, 76. 2) forsten, förſten, (v. den Unterthanen) an bestimmten Tagen beim Forstamt jährlich die Bewilligung zur Holzabgabe nachsuchen; (Ilr.). einforsten Einen in einen Wald, ihm ein Recht auf Holzgenuß u. drgl. in demselben, ertheilen. forstig, adj., (von Gründen) zu einem Forst gehörig. Die Forstigkeit. „Der Neuöttinger Forst dehnte sich ehmals mit seiner Forstigkeit zwischen alle Feldgründe der Nachbarn aus“, Hazzi, Statist. III, 785. Der Forster, Forstner, der Förster (ahd. forstâri, mhd. vorstære; Graff III, 699. BM. III, 384. Grimm, Wbch. IV, 5). Der vorster (in einem Häuslein in dem Wald), Cgm. 54, f. 31ᵇ. Der Forstmeister, BM. III, 384. „Einen vorstmeister klugen vant ich an dem gesûche“, Labr. 30. (cf. Gervinus II, 226). Die Forstey, Forstrevier, Försterey; Anspach. Verord. Anmerk. Wenigstens eben so alt als das Capitulare de villis von 797, wo forestes und forestarii vorkommen, ist wol die gl. i. 839, wo haruc (der spätere Bannforst; Grimm, RA. 247, — vielleicht die Quelle zu der Hercynia sylva und dem Ἑρκύνιος δρυμός der Alten; Grimm, Gesch. d. d. Spr. 349. 115. 232. Caesar, b. gall. VI, 24. Aristoteles, Meteorol. I, 13) noch neben forst für nemus steht; gl. a. 468. 483: forst, nemus, saltus; a. 532: forstare, saltuarius. Graff III, 698 f. BM. III, 383. Grimm, Wbch. IV, 3. 'Cf. ital. foresta, franz. forêt'; engl. foreign, ital. forestiere. Diez, Wbch. 150 f.

Der Fürst (Firscht', Firt), wie hchd.; (ahd. furisto, Superlat. von furi, für, im Allgemeinen: der Vorderste, primus, davon furistuom, sowohl initium als principatus; mhd. vürste. Graff III, 622—27. BM. III, 378). Der Fürstenweg, Weg, blos durch und für den Landesfürsten zum Behuf der Jagden u. drgl. unterhalten, und besonders da, wo er über Privatgründe geht, für jeden Andern gesperrt. „Die Unkosten, so auf die Fürstenwegs-Reparationen ergehen, sind in Kastenrechnungen per Ausgab zu stellen", General Instruct. v. 1756. Die Jagd- oder Fürstenstraße in der Gegend von Neuburg a. d. Donau; Allgem. Ztg. 1842, Beil. S. 1646.

fürst, adv. u. praep., (Augsb. Stdtb.) ut primum, sobald als, von — an; franz. dès que; (wie erst). „Daz er ähter niendert kainen vride hat fürst er in die ähte kumt..." „fürst daz ez gechundet wirt..." „fürst man complete gelutet." „fürst ein man einen win ufgetut, so sol er in für sich uz lan gan. . . ." „Vierzehen naht fürst den tak (vom Tage an), daz der win uzget." 'Vrgl. Augsb. Stadtrecht v. 1276 in Freyberg's Samml. teutscher Rechtsalterthümer I. Hoffmann's Fundgr. I, 370 u. BM. III, 378.' „Fürst den tach do gedorft in nieman mer gevragen", Griesh. Pred. I, 119.

Die Fart, wie hchd. die Fahrt (Graff III, 579 f. BM. III, 251. Grimm, Wbch. III, 1263). Folgende Formen und Bedeutungen sind als minder hchd. zu bemerken. 1) Weg; Rinnsal eines Stromes. „Ich wil michs vlîzen hart, daz ich kome in sîne vart"; w. Gast 348. „Wen si sol ir vürhten hart, daz si niht kome in
566 ir vart", das. 820. Die Naufârt, Thalweg eines Flusses, der mit Schiffen oder Flößen befahren wird; siehe Au. 2) 'Weg, Fußspur, namentlich des Wildes, Fährte'; cf. Lauf. „Ich kêrt von sîner ferte", Labr. 29. Die fart verbrechen (das. 25. 69), bouwen (das. 221), in die fart grîfen (das. 42); cf. das. 72. 74. 75 ff. BM. III, 252,4. Grimm, Wbch. III, 1264,6. „Nu hüete wol der verte" (N. H. W. D. V.) auf dem Brackenseil im Titurel; Guardivias, Guardavias, Name des Hundes; Lachmann's Wolfram p. 415, Str. 143,4 u. p. XXVIII. Sci vias, ein Buch der h. Hildegard. Mone's Quellen I, 226. 3) die Fart, was auf einmal geführt wird. Zeitschr. V, 225. Die Hallfart, Ladung Salz, die von Hallein aus auf der Salzach verschifft wird, bestehend in 186 Kufen. Das Færtlein (Färtl), ein Wagen voll Heu, Holz, Streu, Mist u. drgl., so viel ohngefähr zwey Pferde oder Ochsen bequem ziehen mögen; (nach B. v. Moll, im Zillerthal) eine Ladung Waldstreu, die ein Mann auf seinem Rücken heimträgt. „45 parchat ist ain farttel, 22 eln ist ain parchat", Cgm. 119 (sec. XVI.), f. 8ᵇ. s. oben Fardal. 4) die Fart, fig. (ä. Sp.), das Mal (vicis, vici, vicem, vice; cf. goth. sinth, isl. sinn, dän. tredsins tyve = 60; schwed. gång, holl. faart, vaart? Grimm III, 230 ff. Wbch. III, 1265,10. BM. III, 252ᵇ). „Montanus verbot die ander Ehe, wer mehr denn ein fahrt heiratet, . . ." „Samson erschlug Ir (der Philister) ein fart tausend nur mit einem Eselskinn." „Führten das Vieh hinweg, auff einer Fahrt wol anderthalb tausend Haubtvihes", Av. Chr. „Einfart, semel (cf. schwed. engång); ein ander fart, alias; nye kain fart, nunquam." Avent. Gram. „Er sol im auch zwirent lassen, ain fart under der zungen bayd audern, die andern fart auff der rechten hand zu der hauptadern"; Clm. 4395, f. 191—92. „Daß dem Antwort noch ein fart verkündet werden solle, daß . . .", Kr. Lhdl. XII, 86. „Von ainer ieden fart", MB. XXIV, 237. „acht fort", (XIII und VII Comm.) achtmal. „Von dem stal er allevart sinen tail"; „der diu ougen sînez herzen allevart offen het"; „so ist si doch allevart stête an dem hailigen gelouben unsers herren"; „daz ich allevart bin komen iergelich"; Griesh. Pred. I, 47. 53. 67. 81. BM. III, 252ᵇ. Vrgl. die Tagfart, der gerichtlich anberaumte Zeitpunkt, Tag, Termin. An der Fart, auf der Fart, zu der Fart, (beym Theurdank) stante (oder vielmehr eunte) pede. 'Mit der Fart, bei der Gelegenheit'; auf der Stelle, sogleich. „Do hiezz in der kayser mit der vart enchöpfen"; Cgm. 54, f. 18ᵃ. „Und mit der vart vachten si miteinander"; das. 67ᵇ. So ward er gesunt mit der vart"; das. 70ᵇ. 5) die Fart, fig. lebhafte, muthwillige Person; (Werdenfels) si is ə' lautəré *Fart*. Die wilde Fart, der wilde Jäger, Hexen, Gespenster. Zeitschr. V, 225.

Die Fürfart, ä. Sp. 1) das Vorbeyfahren. 2) Abgabe für die Erlaubniß, mit Schiffen an gewissen Ortschaften vorüberzufahren, jus transitus, passagium, furfura; Scherz. „Absque vectigali et eo quod dicitur fürfart", ad ann. 1198, MB. XII, 369. 392. IV, 152. XI, 442.

Die Hinfart (das Absterben, Sterben) einer Schwester. Dabey gegenwärtig seyn rc. Alt. Hoh. 11, f. 89. BM. III, 254.

Die Hôchfart, 'Hoffahrt, Übermuth; BM. III, 252.' Graff III, 583. 586.

Die Kirchfart, Wallfahrt, (s. Kirch). BM. III, 253. Kirchfart faren, MB. V, 52. Achfart, Romfart, Wallfahrt nach Aachen, nach Rom; Öfele I, 616. MB. II, 235. s. Ach. Betfart, Gaiselfart. kirchferten (kir'fért'n, kiə'fiərt'n), wallfahrten. kirchferten gên, wallfahrten gehen. Der Kirchferter. Grimm, Wbch. V, 815 f. Zeitschr. V, 226.

Die Nâchfart (Nà'fàrt), die Nachfolge, Succession; (cf. Nâchfar und Vorfar). BM. III, 255. R. A. Einem die Nachfart laßen, ihm im Testamente nichts vermachen, als die einstige Nachfolge; Baur.

Die Näufart, das Schiffen secundo flumine; die Gegenfart, das adverso flumine; s. Äu. BM. III, 254.

Die Widerfart, ä. Sp., Zurückkunft. BM. III, 255.

Die Fert, (s. Gramm. 808) 1) wie hchd. die Fährte. Grimm, Wbch. III, 1266. 1547. 2) ä. Sp., fig. die Art und Weise. „Gleicher Färte", gleicher Weise; Lori, BergR. 156. (cf. „Das war jr Gefört", ihre Gewohnheit, Geiler v. Kaisersp.).

Der Gefert (Gfért, Gfiərt), wie hchd. der Gefährte, (ahd. giferto; Graff III, 585. R. A. Kainen Geferten haben, nicht seines gleichen haben. 567

Das Gefert (Gfért, Gfiərt, Gfiərk), '1) ä. Sp., Fahrt, Weg, Reise; BM. III, 255 f.' Daz geverte, iter; Cgm. 17, f. 9ᵇ, Ps. 1,6. „Daz du gût geverte hast", gib ein Almosen „in êre des heiligen weges den got hince himele vür, daz alle dine wege gerihtet werden vridelich . . . daz si (die heil. drei Könige) an din wech laiten des hailes und gût geverte machen", Clm. 4616, f. 52. „Wie und wo wirt (nach dem Tode) min geverte?" S. Helbling XII, 40. cf. agf. gefera, geferscip. 's *Gfirt*, (b. W.) das Geleite. Gi' mə 's *Gfirt*, begleite mich. 2) 'ä. Sp., Ziel u. Zweck, Art u. Weise des Fahrens, der Reise.' „Herodes bat si (die heil. drei Könige) heimliche zu im komen durch mære, waz ir geverte wære", Kindh. Jesu, Hahn 81,65. „Do nam ich der ritter war und markte ir geverte (Benehmen) gar", Helmbr. 920. „Urloup nam er zu dem vater, hie drabete er durch den gater; solt ich allez sin geverte sagen, daz enwürde in drîn tagen nimer gar volsprochen", das. 649. „Den salm (Quam bonus Israel Deus) sprich den hûrern, daz si got von so getanem geverte bechere": Ald. 111 (v. 1250), f. 66. „Es sint wol tawsent jar das ain purk hin zergie, drum sint die tewfel gern hie und haben hie ir gefert", (treiben ihren Spuk), Cgm. 714, f. 123. Schlecht und recht ist mein gefert", Cgm. 439, f. 76. „Die zart die hat so rainen mut, so weiplich gut gefert", Cgm. 379, f. 53 (270, f. 93). „Kain snegg ie so træg wart als er ist mit seim gefert, sein ebenalt der ist im hert recht als ain sidin tuechlin", Cgm. 379, f. 69. Sein Gefert treiben, schwäb.; auch in „Des von Wirtemberk puch", hgg. v. Keller, Vers 431. Vrgl. Sp. 747: die Fuer. 3) Beygeschmack, den ein Wein an sich hat. 4) das Fuhrwerk zu Lande. „Wie ungleiche Gefährt einander weichen sollen;“ L.R. v. 1616, f. 331. Besonders ein Fuhrwerk zum Fahren von Personen, Kutsche, und vorzugsweise: Chaise. 5) das Fuhrwerk zu Wasser, Floß auf der Isar. Wstr. Btr. V, 272. (cf. Meichelb. Chr. Ben. II, 149). Gl. i. 119. 705: ferid, remigium, navigium. 6) am Spinnrad: die Vorrichtung, woran die Spule läuft. Das Ris-gefert, die Anstalt einer sogenannten Holz-Rise; Richtung derselben, (Isr.). Lori, BrgR. 433.

Das Nötgefert, gefährliche Stelle in der Stromrinne, die nur im äußersten Nothfall befahren wird; (Isr.).

fertig (férti', fiərti), 1) wie hchd. (ahd. fartîc, fertîc, mhd. vertec; Graff III, 585. BM. III, 258. Grimm, Wbch. III, 1548), zum Gehen geschickt oder bereit. Wild du den frauen oft zu dienst werden, so nimb knabenkrautwurz . . . so wirst du dieselb nacht vertig (paratus) so oft du wilt“, Cgm. 3723, f. 150. „Der nit stuel mag gehaben, der schlindt iij pfefferkern oder sibene, der wirt viertig“, Cgm. 4543, f. 50. 2) gangbar. cf. Notk. thurhfertig pervius.

nâchfertig, nachläßig, unachtsam. „Das Kind hat auß Nachfährtigkeit der Magd einen Nagel geschlickt . . .“, Altöttinger Histor.

ringfertig, geringfertig, adj., 1) leicht, mit Leichtigkeit im Gehen; Zeitschr. V, 226. BM. III, 257. „Damit er desto ringfertiger fortlaufen möge“, Gusman von Alfarache. 2) gringferti', (b. W.) schwächlich, gering, schlecht.

unfertig (u˜fiərti'), 1) ungangbar. Graff III, 585. Aussə 'n Holz is də' Wég *u˜fiərti'*. unfertige Jagdrevier (impracticable), Kr. Lhdl. XVI, 40. 41. (cf. „von Ungefährte wegen“, aus Unwegsamkeit; Kr. Lhdl. XVI, 40. 41). E˜ 'n Wóld is hóld ən *u˜firtigə'* Bódn, àlls vóll *U˜fiərt*. ən *u˜fiərti's* Dingəs, (b. W.). BM. III, 256. 2) von Frauen: menstruierend; „Mittel zu der unfertigen Haimblichkait“, Progel's Arznenbuch, Ms., Cgm. 4426, f. 3. 99. 10. 3) Gegentheil von rechtfertig (justus). Zeitschr. V, 226. „Unfertig gut und Raub der Kirchen“, Historie der von Freundsperg. unvertige Frauen, Lustdirnen; Kohlbrenner's Material. p. 61. s. Sp. 748, Fuer: abfüerig.

wegfertig, auf dem Wege, auf der Reise begriffen; BM. III, 259. „Er sey wegfertig seiner Sachen halb zum Kaiser“, Kr. Lhdl. X, 277. „Frembde und wegfertige Postierer“, tyrol. Polic. Ord. v. 1603.

fertigen, fortschaffen, führen, spedieren: (cf. BM. III, 259. Grimm, Wbch. III, 1552). Salz ausfertigen, es von Hallein auf der Salzach bis Laufen führen. Der Fertiger, Speditor. Salzfertiger, Salzspeditor; Lori, BergR. Ein Fertiger, der das Salz auf Schiffen wider das Wasser gen Regenspurg führt; Kr. Lhdl. II, 227. Vrgl. Gem. Reg. Chr. III, 234. „Urnarium, lavatrina, ein Wasserstain, Fergger darauf man spület“, Nomencl. 1629, p. 104. Verglĕhen fertigen, ausfertigen; Lori, BergR. 92. 247. vertigen Einen vor Gericht, ihn vor Gericht stellen. s. rechtfertigen. Einen vmb ein Inzicht vertigen, L.R. Ms. v. 1453, f. V. „Wer die Gemein anfertiget und ladet vor andere gericht“, Regenspurg. Urk. v. 1312. Gem. Chr. I, 483.

durchfertigen, laxare, purgieren, Voc. v. 1445.

rechtfertigen, 1) wie hchd. 2) processieren. s. Recht.

verfertigen, 1) wie hchd. 2) abfertigen „Demnach wären drey verfertiget worden, zu S. Gnaden gen München zu reiten“, Kr. Lhdl. XI, 308.

fert, ferten (fèrtn), adv., voriges Jahr, im vergangenen Jahr; (Graff III, 661. BM. III, 302. Grimm, Wbch. III, 1547. Zeitschr. III, 219,23. IV, 189. VI, 179. „Es nam in dem jare fert des landes vrouwe einen man“, Iwein 4054. „Ich waiß wol: dri und vier ist siben hewr als fert“, (Reim: wert); Cgm. 270, f. 75. 379, f. 38. vorferten, vor zwey Jahren. fertig, 568
firtig (fèrdi'), adj., vom vorigen Jahre, vorjährig, vorigjährig. ə˜ *fèrdigə'* Wei˜, *fèrdi's* Obəs. „Sagts von dem fertigen Schne, ist länngst hin, acta agis“; Avent. Gram. „Daz ir dehein maltz nuwes noch virdiges meltzent“, Regensp. Urk. v. 1317, Gemeiner. „Den jarnutz paydeu vierding und heuring . .“ (fertigen und heurigen), MB. XXIII, 98, ad 1352. S. fern, welches wol die ältere und unentstelltere Form ist. Fert ist aus fernt entstanden und verhält sich zu fern ohngefähr wie ent, enten zu en und wie vont, vonten zu von. Vrgl. Grimm I, 390. goth. fairrathro = mhd. vert, goth. fairra = mhd. verre.

Die Fortûne. mhd., Glück, Geschick; BM. III, 389. „Durch wild fortun din segel kan meisterlichem rudeln“, Altswert 204,9. „Von fortun des mers mochten si nicht landen“, Clm. 9503, f. 343, ad 1452.

furt (b. furt, fu'tt, fuscht, opf. fuə't), wie hchd. fort. Zeitschr. V, 287,19. „Er zog furt“; Avent. Chr. (Fort ist wol vom alten fora, furt vom alten furi, wie vont von von gebildet. Vrgl. Grimm II, 730. III, 208. Wbch. IV, 7. BM. III, 380). 'forder, furder, förder, fürder, syncop. fuder, füder, adv., ä. Sp., (räumlich) weiter fort, weg; (zeitlich) fortan, hinfort, (ahd. fordar, furdir, mhd. vürder; Graff III, 636. BM. III, 382. Grimm, Wbch. III, 1889).' „Er hat den tod verdient, man sol in fuder tun von der mit (Mitte) unser schar“, Cgm. 54, f. 76ᵃ.

Der Furt, (Lechfeld. Mirakel 204. Benno-Mirak. 1697), die Furt (ahd. mhd. der furt, vurt; Graff III, 586. BM. III, 447. Grimm III, 422. 426: Suînôfurt, Schweinfurt; plur. Furtî, Fürth). So heißt es auch in der alten wirzb. Grenzbeschr.: „in den steininon furt.“ „Die durch den furt hintrungen“ (bei Pasing), Monac. Aug. 181, f. 105ᵇ. „Durch den Furt des Wassers“, Chron. in Freyb. Samml. I, 150. „Den satel manger trenket der fürte (plur.) dar an süchet“, Labr. 429. „Wo də' Stoſsbàch éppə' Lucken grissn hàt i˜'n *Furt*“, Nothweg, nicht allgemein berechtigter Weg; Schosser 49. „Deinthalben müßt ich gen Fürt wandern, wo ich hett einen sinn wie du“, ich müßte von Haus und Hof — fort, sagt die Frau zum liederlichen Mann; H. Sachs 1560: V, 361. Cf. „My se snad hle po jejich krwi a prachu zde brodi'me“, wir waten hier vielleicht noch über ihrem Blut und Staub (nemlich der im J. 630 von den Bayern verrätherisch erschlagenen zehntausend vor den Hunen hieher entflohenen Slawen), sagt Kollar (Cestopis p. 223. cf. 230) zu seinen Reisegenossen. s. Gelehrte Anzeigen 1843, Sp. 957.

---

färzen (fárz'n), (Zps., Ms.; Isr.) rösten, bähen. Brod fárz'n. 2) farcire, (s. färsch'n).

farzen, furzen, in der ä. Sp. ein Ablautverb., ahd. ferzan, mhd. ferzen (cf. lat. pedo aus perdo, podex aus pordex, griech. πόρδαξ. BM. III, 328. Grimm, Wbch. III, 1335. 1554): ich firze, pedo, (gl. a. 527. i. 656), ich farz, hân geforzen. „Afterrüwe ist ferzens geselle“, Diut. I, 324. Der Farzer, Furz. Das Nunnenfürzlein, Art feinen Gebäckes, in Nonnenklöstern üblich; kleine Kügelchen von Pfefferkuchenteige, Pfeffernüßchen; crepitus monialis in der 47sten Epistola obscurorum virorum (v. 1537), pet de nonne; s. Lessing, hg. v. Maltzahn, XI, 2. (Vrgl. Fárscb).

Der Fasen, gewöhnlicher das Fäselein (Fásə-l), Fäserchen, Härchen, Bischen, le brin; (ahd. faso, msc., und fasa, fem.; mhd. vase. Graff III, 705. BM. III, 330. Grimm, Wbch. III, 1336. 1337,2. 1339. Zeitschr. II, 78,13. III, 327. 522,11). Kaə˜ *Fásə'l*, kein Bischen. Gl. a. 657. o. 246. 266: „fason, fasen, fimbriae.“ Gl. i. 535 (Prud. h. ante cib. V, 63): „giuasoti, coma (oleris)." „So rür ich tougelichen dar die vasen sines gewandes an", Uistende, Hahn 109,86. „Wan du wilt unsichtig sein, so zeuch ab all die klaider dein das du an dir behalts kein fasen", H. Sachs 1560: II, IV, 120. „Auch wachsen mir in meiner nasen lang pilmitzen, zoten und fasen"; das. III, III, 16. „Das wir anbhielten kein trocken fasen, das. V, 339. „Bleibt nich ein trockner Faß", Bogenberg p. 168. Mache dir ein schadensälblein so du mit fäslen einlegen kanst", Dr. Minderet p. 168. „Fätzen oder Fasen", das. 180. „Bis das die rube (als Alraun) vil vasen wirt han", Cgm. 291, f. 141. „Das man das feur bedeckt behalt mit feseln und mit aschen", Konr. v. Megenberg. f. 43 a u. b. '(Hieher? Bei Pfeiffer 70,17: „daz man ez behelt und beschirmt mit üeseln und mit luftigem aschen; vrgl. 70,32 und verbessere: üseln, wie p. 752. s. oben, Sp. 165: Üsel).' Die Fäslein-Rueben (Fás·l-Ruəbm), die Steck-Rübe, (Gfáttə'-R., baərische R.), brassica napus L. Wahrscheinlich von den vielen Wurzelfasern also genannt. Nach einer gewissen Bauernregel wird der Winter um so strenger, je mehr Fäserchen im vorhergehenden Herbste diese Rüben haben. 'fasen, faseln, Fasen bilden, Wurzeln schlagen, gedeihen, sich fortpflanzen. Grimm, Wbch. III, 1338,1. Zeitschr. IV, 167.' „Ungrisch affaltern wachsent nit von peltznuß. wan si undnan bei den wurzen bei vasent das selb setzt man an ain ander stat"; Clm. 4373 (v. 1437), f. 110b. 2) zupfen, zausen. „Baumwoll, die fein gevaslet ist", Fewrb. 'Der Fasel, ä. Sp., männliches Zuchtthier, (ahd. fasal, mhd. vasel; Graff III, 374. BM. III, 330. Grimm, Wbch. III, 1337. Zeitschr. II, 341. IV, 308: Fåseluss, Zuchtochs; vrgl. II, 341). Das Unfasel, ä. Sp., böse Frucht, Nachkommenschaft; BM. III, 330.' „. . . sîn kint, got machez krump und blint! ich mein daz selbe unvasel"; S. Helbling XV, 201. 'fesel, adj., fruchtbar, trächtig; BM. III, 330.' „Darzuo esile umbare joch fesile", Diut. III, 83. Vrgl. Grimm, Wbch. III, 1340: fäsig. Vrgl. Fesen.

Die Fäsel (Fás·l), (Baur, zwischen Ammer und Ob.Lech) die Haferrispe. fäseln (fás·ln), Rispen bekommen, die Rispen aus dem Halme hervortreiben.

fäseln die Getreidkörner, sie fähen, durch ein feines Sieb schlagen, (Hauser). Cf. ahd. fasôn, Graff III, 705.

fäsig, (Lech) klein; dünnstehend, rarus. „Der Waizen stêt ganz fäsig." Zeitschr. V, 226.

Der Fas-Han, das Fas-Huen, ä. Sp., der Fasan; Wstr. Btr. III, 140. Voc. v. 1419; gl. o. 170: vasihuon, phasianus. BM. III, 273. Grimm, Wbch. III, 1336.

Die Fasnacht, Fasenacht (Fàsnàhht, Fàsénàhht,
569 Fàsinàd), 1) was (nach Adelung) die Fastnacht. „Umbe die vasnaht", MB. XXIII, 22, ad 1295. „Am freytag nach der vasenacht", MB. XII, 474, ad 1363. „An sant Valenteinstag vor der uasnacht, vor der tumben wüetten vasnacht", Meichelb. Chron. Ben. II, 75. „Diu koufwîp ze Tolenstein an der vasnaht nie baz gestriten", Parzival 409,8. „Allen toren were niht swere daz alle tage vasnaht were", Renner 6660. „Das vasennacht schimpp uns nit verschart", Münch v. Salzburg, Cgm. 628, f. 252a. Ein Lied von der vaßnacht im Cgm. 811, f. 40. „Wir wönt gegen diser vasenacht frisch und fro beliben." „Gegen diser vasenacht weend wir sin vol andacht"; Lieder einer Stuttgarter Hs. (theol. et phil. no. 190). Mone's Anzeiger VII, 284. „An afftermentag ze der Vassnacht"; „an afftermentag der diu Fassnacht ist", Vita Margar. Ebner 15. 81. Cgm. 558, f. 109. 116. 123. „Das die vasnacht ie dester wezzer ist, so man aller meist fremdichait darinne übet und treibet", Cancellarius (Caroli IV.) scribit duci . . . de Marchonissa (Margaretha Maultasch); Böhmer in Haupt's Zeitschr. VI, 28. „Ain mensch begert ainer fasnacht von got", (mystisch fromm), Cgm. 4845, f. 6. „Es ist nit alleweg vastabent", fängt ein Lied von 1477 an, das nach Docen zu Ende der Meinung'schen Hs. des Sachsenspiegels (Meusel's hist. lit. bibl. Magazin VII, S. 166. Hagen's Grundriß S. 515) steht. „Zwai hunrr ze vaznacht", S. Nicola, Clm. 16113 (sec. XIV.), f. 35. „Uff die rechten vachßnacht", schwäb. Schuldurkunde, als Pergam.-Nachsetzblatt im Cod. aug. civ. 53, (sehr sorgfältig u. correct geschrieben). „Vaßnacht. Honorius et similiter Fulgentius describunt dy vastnacht per picturam videl. mulierem vagam velatam facie coronam de foliis salicis in capite habentem in dextera manu habentem sceptrum harundineum et in sinistra pavonem indutam veste varii coloris et in curru ductam per universum mundum et omnes plateas cum 4 equis, unum quodque habet suam pulcram misticationem", Note (sec. XV.) am Hinterdeckel des Cod. Mallerst. 16. „Der vasnacht und vasten recht spil", Rosenplut, Cgm. 714, f. 333 (und so immer „fasnacht"). „Gesprech mit der Faßnacht", H. Sachs 1612: I, 1074. „Bis auf die nechste fassenacht", das. 1092. „Fraw faßnacht", das. II, II, 18. „Und als nun kam die fasenacht", das. 1560: II, IV, 86b (1612: II, IV, 174). „Nun begab sich vor Fasenacht", das. V, 374 (1612: V, III, 75). „Es was ein man in vasnacht weis datz got het er grossen preiß unerchant dem ganzen lande einer iunchfrawen wol erchant. Hi rikmi possunt poni pro themate in *festo larvarum* . . . ex quibus potest sumi una allegoria de dno. nro. J. Chr. qui tamquam sub *larva humanitatis* apparuit in hoc mundo", Clm. 14167 (sec. XV. 2⁰), Vorderdeckel. „Mutantes habitum die in der fasnacht gend", Clm. 11724 (sec. XV., 1461), f. 35. Bey Seb. Frank „in der Faßnacht gehen, nichts reden." Am nächsten eritage nach aller manne vasnacht", Reg. B. IV, 711, ad 1300. „An der pfaffen vasnacht", Urk. v. 1360. „Herren vasnacht" (v. 1369), Cgm. 532, f. 90. 91. „Zwischen wichennachten und der alten vasnacht", Cgm. 397, f. 24. „Uff sunnentag vor der pfaffen vasnach" (1439), Gesch. Fr. III, 264. „Die tag die zwischen dem heiligen tag ze beinnachten sind und der manne vasnacht", Clm. 5879 (sec. XV, 1409), f. 225; vorher: „zwischen weinnachten und der alten vasnacht." „1405 am mentag vor der jungen vasenacht" (26. Merz). „1415 uf den nechsten zistag nach der alten vasnacht" (19. Febr.); Kopp, Samml. eidgen. Abschiede p. 44. 46. „Gaistlicher Vasnachtkrapffen", Mone's Anzeiger V, 212. Cgm. 841, f. 220 u. 843, f. 108b. Vaschnachttancz (1463), Ind. 355, f. 230b. „Eyn faßnachtwagen carpentum vel currus triumphalis", Voc. Archon. f. 32. cf. Fastmues, Fastwochen. „Sermo de *absolutis* (alias: *dissolutis) diebus*", Clm. 5661 (sec. XIV.), f. 34—36. „Tabula Heinrici composita a⁰ 1188 ad inveniendam dominicam *depositionis carnium*" (Esto mihi), Seon 3, f. 88. Cf. span. carnestolendas, ital. carnevale, span., franz. carnaval, portug. entrudo, dia de entrudo, vrb. entrudar, altspan. antruido, antruejo, die drei Tage vor Aschermittwoch, von introitus (? ?); Seckendorf. Diez, Wbch. 393. 487. Die beynahe durchgängige Form Fas statt Fast der ältern Urkunden (MB. XXV, 227. 290 gar vasennacht) erregt einigen Zweifel gegen die gewöhnliche Ableitung dieses Wortes vom Substant. die Faste (Genit. der Fasten) oder auch vom Verb. fasten. BM. III, 330; dagegen II, 301 f. III, 278 f. und Grimm, Wbch. III, 1353 f. Zeitschr. III, 460. V, 226. 133, II, 9. VI, 13. „Carnisprivium dicitur vulgariter vasnacht, potest etiam dici vas noctis ein vas der nacht et hoc propter immunditiam et spurcitiem hominum fatuorum se non solum his diebus sed etiam noctibus involventes et animam maculantes. Fulgentius imaginem Carnisprivii ita depingit . . .", Rebd. 22 (sec. XV.), f. 249. cf. Thierh. 102, f. 47. Auch schwäbisch, rheinpfälzisch nie Faschtnacht, sondern Fasnacht; (Biberach: Fafsnet, Firmenich II, 427,58; fuldaisch: Foaset; Dr. Roth). Nadler (pfälz. Ged. p. 281): „Faßnacht auch Fastnacht". „Jede rheinische Stadtchronik berichtet von dem Fastelovend"; Allgem. Ztng. 1843, S. 510. Vrgl. Firmenich I, 118,1.: Fastelauwen

(Marienwerder), 383,37. 74: Vastelovend (Kleve), 114,53: Fāstnacht (Ermland), 206,1: Fāstnacht (Celle); aber 60,50 u. 64,1: Faßlabend (Hamburg), 400,2: Fasselowend (Meurs), 507,42: Foasnoacht (Eifel), 455,389: de Faaß, die Fastenzeit (Köln). Sollte das Fastnachtspectakel von da, wo es noch jetzt am lebendigsten ist, von Köln ausgegangen seyn und mit ihm auch die kölnische Aussprache des Wortes sich verbreitet haben, wie auch der Zeug Kölsch, Golsch auch bei uns ganz nach jener Mundart (kölsch für kölnisch) benannt wird. Selbst die Form Faschang stimmt zum kölnischen Théklatschang (Thee-Klatsch; Firmenich I, 465,294. Oder wäre das Collation? Cf. Dächsen = niederd. Täckskes, wogegen jedoch das schwäb. Dās streitet. s. oben, Sp. 482 f.). Cf. dän. schwed. fastenat, fastelavn. Cf. isl. fas, arrogantia; schwed. fasa, erschrecken, Grauen empfinden machen, u. subst. fasa. Mone (gall. Sprache p. 97) gibt als belgisch fad, wälsch fad, verhüllt, verkleidet, maskiert, und leitet davon fada, Fee. — česk. bášen˜ (= bá-šen˜, wie vj-šen˜ von věg), fabula, poema; bági, fabulor, bágka, fabula. Vrgl. ferner ital., span., portug. farsa, franz. farce, Posse, farsar, verkleiden, maskieren (Diez, Wbch. 139 f.); also: Fa'snacht, Fa'sgang? Vrgl. auch Fachsen (oben, Sp. 686) und Gramm. p. 87. 88. (Das uasonter vestigans der gl. i. 812, ad Aeneid. XII, 557, paßt wol nicht hieher. Cf. ahd. fasôn, quaerere. Notk. 100,6; eruazen, rimari, gl. i. 815.) 2) personificiert. Hans Sachs II, II, 18: Fraw Faßnacht. Wenn eine Magd vor dem Faschingstage ihren Rocken nicht ganz abgesponnen hat, so kommt die Fàsinàd darüber, und zaust ihn ganz auseinder. Daher die R. A. ə˜ rèchté *Fàsinàd*, Weibsperson mit zerrauften Haaren. Fasnacht, (Garmisch) maskierte Person. Vrgl. Bercht und Pfinz. s. Fasching.

Fasolt, ein wettermachender Geist, Sturmriese; Grimm, Mythol.[2] p. 602. 218. 494. 497. 1230 f. „Ich peut dir Fasolt, daß du das Wetter verfirst mir und meinen nachpaurn ân schaden", Wettersegen, Cgm. 734, f. 208.

faßen, 1) wie hchd. fassen (ahd. fazôn, mhd. vazzen; Graff III, 732. BM. III, 283. Grimm, Wbch. III, 1340). Brod, Holz, Schuhe ꝛc. faßen (Militär-Sp.) Kärnt. „sagrabti, ergreifen (gewöhnl. befassen; sagrablenje, das Ergreifen, (Befassen)"; Jarnik p. 222. s. unten fessen. 2) Einen Wagen, ein Schiff, einen Floß ꝛc. faßen, beladen, laden; ein Fueder Heu faßen, aufladen. „Dröschen, Mähn und Mist *auffaßen*, Lindermayr 178. „Er uazzote sine olbenten mit sinen guaten", Diut. III, 81. „Dei ros man uns fazzote mit weiz iouch mit prote", das. 104. „Jacob fazzote al daz er hete ûf ros und esele", Cod. Vindob. 2721. cf. Zeitschr. V, 226. „Der lær wage sol dem gevasten weichen", Rchtb. von 1332, Wstr. Btr. VII, 104. Der Faßer, Auflader. „Ainem Mißtfaisser oder Praiter", Wstr. Btr. IX, 314. Das Gefäß (Gfáss), 1) die Vorrichtung zum Beladen. 2) die Ladung eines Flosses auf der Isar mit Kalk, Gips, Kohlen ꝛc. „Ein mittlerer Kohlenhaufe gibt ohngefähr 3 Floßgefäße", Wstr. Btr. V, 275. „20 Flöß Holz sambt vill Gefässen Güps", Meichelb. Chron. Ben. II, 251. „Einem Flösser zur Strafe Gestrick und Gefäß nehmen", L.R. v. 1616, f. 755. 759. 761. „Chainerlay geuässt", Cgm. 22, f. 62ᵇ. 544, f. 49ᵃ. 290, f. 79. Gefäße, (am Rhein) Schiffe und Fahrzeuge; Münchn. polit. Ztng. 1837, S. 1396. Cf. česk. fasunk, (Fassung, Lastwagen): poln. wasag, „die Fasung, Korbwagen"; Bandtke. Zeitschr. V, 226. Auch in den VII und XIII Comm.: fassen (laden), „Vääs" (Last). Gl. i. 113. 536: fazzon, beladen, beschweren; a. 532. i. 386: fazza, sarcina, onus. 3) überziehen, nicht blos mit Metall u. drgl., sondern auch mit Farben; bemalen, anstreichen. Einen Altar faßen, hölzerne Spielsachen, Figuren ꝛc. faßen, (sie bemalen). Der Faßer, Faßmäler, der Übermaler, Anstreicher, Vergolder. 4) mit Kleidern, Waffen ꝛc. versehen. Cf. isl. fata, bekleiden, anziehen. „Wa mit son wir uns fassen", Grieshaber, Pred. I, 105. „Swer vazzet oder mazet einen durftigen in êre Sant Erasmen . . .", Clm. 4616 (XIII. sec.), f. 52. „Ir sult den nachenten vazzen . . ." „mit diseme gewande hat mich Martinus gevazzet . ." Winnerl. gl. „Zi themo selben uuige begondun sie sih fazzon", Otfr. IV, 16,15. Nach dem Artikelsbrief der Reichsvölker v. 1672 u. 1734, Art. XI. soll ein jeder mit seinem Oberrock oder Mantel gefaßt seyn. Ob die figürliche R. A. sich faßen, sich gefaßt halten, machen, etwa zunächst hieher gehört, (accinctum, procinctum esse)? R. A. Guet eingefaßt seyn (in einer Kunst oder Wissenschaft), wohl darin bewandert seyn. verfaßen, 1) ä. Sp., etwas in Schrifft oder Geschrifft, es schriftlich aufsetzen; daher elliptisch das neuere verfassen (eine Schrift, ein Buch). 2) ä. Sp., bereiten, versehen, ausrüsten. Doch gewöhnlich nur in der R. A.: verfaßt seyn mit etwas, damit versehen seyn; Hailbr. Badbeschr. 99; Fwrbuch., Ms. von 1591; 570
salzburgische Forstordnung. s. oben faßen 4).

Das Faß (Fàs), das Fäßlein (Fässl), wie hchd. (ahd. faz, mhd. vaz; Graff III, 727 f. BM. III, 280. Grimm, Wbch. III, 1358. Zeitschr. V, 226). Wenn diese Ausdrücke gewisse Maße bezeichnen, so ist das Faß vom Fäßlein so bestimmt und technisch unterschieden, als das Schaff vom Schäffel. Das Faß Salz z. B. wiegt sporco 450 Pfund, das Fäßlein 150; so daß dieses genau der dritte Theil von jenem ist. S. Wstr. Btr. V, 287. Das Impfaß, (Unt. Don.) der Bienenkorb. So brauchte die a. Sp. ihr faz in viel weiterer Ausdehnung, so wie wir jetzt Gefäß. Bey Otfr. III, 7,59 ist ein Korb ein faz; die Laterne hieß liohtfaz, und selbst die Bibliothek poahfaz (gl. a. 204). „Leicht mir der keyser zeug und vas (Werkzeug?) da zû die darzû füglichen sein, so wil ich im daz hemd beraiten", Cgm. 54, f. 36ᵃ. „Di furisten, swa si riten oder faren daz si hieten vier vasen" (?), Cgm. 176, f. 59ᵇ. R.A. Vom Schergenfäßlein, vom Fasse mit besserm Bier, Wein ꝛc. Aus einem andern Faß gên, d. h. in einem andern Ton, nach einer andern Manier zu sprechen oder zu handeln. Bis dato háb I in Güətn mit diər grédt, wen abə' dés nicks hılft, nà' werds bál' aus ə˜n andə'n Fàs ge˜. Der Faßer, (Zillerthal) Faßbinder. Zeitschr. V, 226.

'faisieren, ä. Sp., zurecht machen, schmücken (roman., v. lat. factus; BM. III. 292: feitieren).' „Den grîsen ze bade wîsen und da feisieren (vaisieren) schon", v. d. Hagen, Ges. Abent. XLIX, 663.

Die Faisse, s. Faist.

Fausen, plur., was Flausen (cf. Gram. 544), Einbildungen, nichtige. Grimm, Wbch. III, 1378. „Glossen und Fausen machen über etwas", P. Gansler. „Casuistische Fausen", A. v. B. f. W. I, 236. „Phantasten, welche seltzame Fausen, wunderliche Einbildungen, hypochondrische Grillen im Hirn hatten". „Schlaffausen, Narrenstupp ꝛc." P. Abraham. Du kimst schan me in d' *Fausen*", Lindermayr 61. Cf. franz. vausenottes, (Metz) „la cérémonie de crier le valantin, futur époux, celui, qu'on désignait à une fille le jour des brandons, ou premier dimanche de carême"; Roquefort, glossaire de la langue Romane, t. II, p. 690. 682.

Die Fesen, der Balg, welcher das Getreidekorn umgiebt, und welcher, abgesondert, Spreu heißt; (ahd. fesa, mhd. vese; Graff III, 705; cf. IV, 177. I, 737. BM. III, 329. Grimm, Wbch. III, 1554. Zeitschr. II, 341. III, 522,11. V, 229. 415,24.). „Stipulam, den halm, die uesen", Cgm. 17, f. 209ᵃ. Kornfesen, Waizfesen. Kaə˜ *Fēsə-l*, nicht das Geringste. „Nicht ein vesen", gar nicht; Labr. 186. Balkn. 117. „Ich wig ez als ein fesen", Labr. 224. Die festuca bey Matth. 7,3. 4. heißt im Tatian fesa; gl. a. 15. i. 509. 687. 886: fesa, ptisana, siliqua. „Umb dein hofirn gäb ich nicht als chlain, als umb ein Vesen" sagt der Bauer zum Ritter in einem alten Lied auf einem Bücherdeckel (Rechtb. Ruprecht's von Freys.). ausfeseln, (b. W.) enthülsen;

z'feseln, zerfasern. ('Wol eher zu der oder die Fase, Fasel, Fesel, Faser; BM. III, 330. Grimm, Wbch. III, 1554. Dazu auch: das Feslein, Feslach, ä. Sp., Fäserlein, Gefaser'. „Fibrae, capillamenta, œderlin, zeserlin oder feßlin an den wurtzen", H. Junii Nomencl. v. 1629, p. 64. „Ain baumwol oder feslach von tuchlen" auf die Wunde legen; Clm. 5036, f. 140. s. oben: Fasen). „So kumpt ain weib ins korn die lat er veslan sneiden, daz er mug sein uppikait mit ir treiben", des Teufels Segi, Artikel „von Eschayen", (Barack p. 395,12428: fislan); — 'hieher?'

Der Fesen, Dinkel oder Spelt (triticum spelta), so lange die Körner in der Hülse stecken. Graff III, 706. BM. III, 329. Grimm, Wbch. III, 1555. „Swer vesen gärbet (enthülset) und si (fem. oder plur.?) uz der mül füren wil", Augsb. Stdtb. A⁰. 1385 werden in München auf einen „Mutt Vesen" vier Pfenning Ungeld gelegt. Wstr. Betr. VI, 172.

Der Fêsen, (Rimberg) eine Krankheit des Schweines. Cf. Grimm, Wbch. III, 1555: „Fese, eine Geschwulst der Lefzen des Pferds".

Das *Fêsl*, (b. W.) Kuchen; ə˜ Zwèschpm-, ən Épfl-*Fêsl*.

'Die Fessel, 1) wie hchd. 2) der untere Theil des thierischen Fußes; BM. III, 284,2. Grimm, Wbch. III, 1556,2. 1691.' „Bind im ein snur vest zu dem vissel", S. Nicol. 231ᵃ, f. 46. s. Festeln.

'Die Fesser, ä. Sp., wie hchd. Fessel (ahd. fezarâ, fezzerâ, mhd. vezzer; Graff III, 737. BM. III, 285. Grimm, Wbch. III, 1558).' „Fesern, boge", cod. ital. 362 (v. 1460), f. 14. s. oben, Sp. 226: Boy. Cf. Th. III: Schindfeisel.

fessen, ä. Sp., heimführen, einärnten. „Daß er sein Korn haim fes", Lori, Lechrain 141. „Ach mein Gott (sagt der Bauer in Abele's seltſ. Grchtshd. I. Th., cas. 104), zu schätzen hab ich vor der Fössung nichts mehr". „Wer den zehent veßet", MB. XV, 490. „Pawn, stifften, störn, veßen, nüzen, ꝛc." MB. V, 82. „Der Lesmaister will den Wein vessen (vindemiare, M. v. Freyberg's Tegernsee, p. 169. „Und als der cheufel daz verchauffet so vessent er die pfenning in und schaffet damit seinen frumen", Wiener StR., Cgm. 1113, f. 53ᵃ. Rauch III, 173. vezzen, Cgm. 1113, f. 34ᵃ. „Di vessenst du zesamen vnd wermest sev als eine henne irev chindel", Cgm. 101, f. 107. Einen diener vessenen, vessen, conducere, in Dienst nehmen; Stadt Wiener Decret von 1356; Rauch III, 81. 82. („He's married a may, and he's fessen her hame", er hat geheiratet ein Mädchen, und er hat sie geholet heim; altschott. Ballade). fessen gehört vermuthlich nach Gramm. 431 zu
571 fechsen. Man vrgl. auch das (Brod, Fleisch, Geld ꝛc.) Fassen beym Militär. s. oben faßen.

feiseln (fei˜sln), feisteln, ganz fein und dünn regnen oder schneyen; regnen und schneyen durcheinander. Erlangen: fisern, fein regnen. Zeitschr. VI, 14. Grimm, Wbch. III, 1465, auch 1378: fäuserlen u. 1691: fisseln. feiseln, feiseleinen (feislei˜n, ᴗ -, Nürnb., Hsl.), nach der Feuchtigkeit eines Kellers oder Gewölbes riechen. Grimm, Wbch. III, 1465. Zeitschr. V, 57.

Der Feuser, ä. Sp., Schlag (?). Vrgl. Zeitschr. III, 365,12. „Wo ich hinein geh int wirtsheuser, so wird mir offt ans ohr ein fewser", sagt der Hüppeler bey H. Sachs 1560: IV, III, 62. (1612: IV, III, 137).

fiseln, vrb. n., mit Vorsylben act., kleine Bewegungen machen, 1) mit den Fingern; Grimm, Wbch. III, 1690. Zeitschr. VI, 402,6. isl. fitla (also fißeln). Cf. česk. psáti (piši), schreiben. i˜'n Hàr'n *fis'ln;* ə˜n Rous'nkranz *à'fis'ln*, (die Paternosterkügelchen in kleinen Bewegungen fortschieben); ə˜n Knopf (Knoten) *auffis'ln;* Arwəss *ausfis'ln.* 2) mit dem Munde oder den Zähnen. ə˜ Baə˜ *à'fis'ln;* s Aəchbèrnl' *fis'lt* ə˜ Nuss *aus*. „Ich was nie so fiech, ich viselet in ein ohsendiech für ein kleinen gensevuoz", S. Helbling I, 430. Cf. Zeitschr. III, 522,11. 3) überhaupt. e˜ *Fis'larwət*, Arbeit, wobei nur kleine Bewegungen erforderlich sind. 'rum-, dəher- ꝛc. *fis'ln*, wegen solcher kleinen Bewegungen nicht weiter, nicht vorwärts kommen; Baur. Der Fisel, Lausfisel, (Nürnb., Hsl.) Knicker. Das Gefisel (isl. fitl, also Fißel). a) die Handlung des Fiselns, b) quisquiliae. '(Hieher?)': „Da hilfet dekein fîsel (reimt: gîsel) gein dem helle wirte", Martina 591, Wackernagel's Lesebuch 758 u. Wbch. BM. III, 330: Lüge, Ausflucht, Scherz? Cf. viseyetent (nichtig) beym Claws Bür Vers 68 u. 938 u. Höfer's Anmerk. dazu p. 78 u. zu B. Waldis, d. verlor. Sohn, p. 219; auch dessen Zeitschrift f. W. d. Spr. III, 212 f. Vrgl. Zeitschr. V, 415,24. In dieser Bedeutung steht auch gl. i. 273. 307: gavissahi, givessahi. cf. feiseln, fuseln.

Der Fisel, Ochsenfisel, der Ochsenziemer, das Membrum des Ochsen. BM. III, 330. Grimm, Wbch. III, 1690. niederd. Pesel, also Fisel statt Pfisel, wie Fragner st. Pfragner. cf. Pinsel, penicillus, penis; niederd. Pisel, mit ausgestoßnem n vor s? Firmenich I, 453: Oos*episel)*. Gedörrt galt es ehmals als ein vorzüglich probates Erziehungsmittel, und gilt als ein solches wol noch jetzt bey gemächlichen Erziehern und Lehrmeistern jeder Art; cf. den Anonymus de gestis Caroli M. (Canisii lect. ant. I, 367). „Paraphonista levato peniculo ictum ei, nisi caneret, minabatur". 2) das männliche Glied. „Libenter heißt ein Pfaffenfisel, semper ein Wolfsmagen", deutscher Rabelais, 4. Cap., bei Lessing, hg. v. Maltzahn, XI, 2,264. „Si und ander frouwen begunde betalle schouwen zwischen beinn sîn viselîn", Parzival 112,25. Voc. von 1482: „Fisel oder Zisel, genitale; Zers oder zumpff oder fisel, penis, mentula". fiseln, abfiseln, mit dem Ochsenfisel schlagen; züchtigen; abstrafen bey Gericht, ein aequivocum mit abfiseln, abnagen. Vrgl. den Reimspruch des b. W.: Fis'lgunkəs, fis'lgunkəs, wird d Hochzət bàl' wer'n, ꝛc. (s. Mäschel). Anfang eines Liedes (sec. XVII.): „Ey du gueter Füsigunges", Cgm. 3658, f. 9. Grimm, Wbch. III, 1690. Zeitschr. VI, 68. Vrgl. Th. II: Gunkəs u. oben, Sp. 375, die Britschen: Britschigunka'l.

Die Fisolen, (ᴗ - ᴗ) bey Gärtnern und Gartenliebhabern, phaseoli scandentes, phaseolus vulgaris L. Zwergfisolen, phaseoli erecti, phaseolus nanus. Grimm, Wbch. III, 1340: Fasolen. Zeitschr. VI, 28.

'Der Fieß, callidus hostis, diabolus; Grimm, Wbch. III, 1628 f. Graff III, 737. BM. III, 308: „gewaltiger Held".' „Der dritt Wenzel Meißner hieß, auch ain kecker und küner fieß", Mich. Beham, Wiener, 53,26. „Hört, ir herren d fiessen, die porten schült ir schliessen", Ring 8ᵇ,26. „Do waz er gflohen sam ein fieß, das. 10ᵇ,12. „Der hieß Popphart von Appenczel ein fieß von art", das. 33ᵇ,35. „Secht, do vecht er sam ein fieß", das. 40ᵃ,32. „Machtig was ir eyllen auf die von Nissingen die fießen", das. 40ᶜ,29. „Die sach man grimmelechen tretten, sam die zieren fießen", das. 48ᶜ,33. „Er ist ein fieß vil wol derkant, her Pagenzan von Sweiczerland", das. 49ᵇ,22. Halt euch sam die zieren fießen! Laßt euch schießens nicht verdrießen! das. 52ᵃ,11. „Die zieren fieß von Sweyczerland", das. 54ᶜ,23. „Siben blibend an dem spieß, die huob er auf der selbig fieß", das. 55ᵇ,11. „Des stachens her mit iren spißen in der Lappenhauser fießen", das. 55ᵈ,44.

'Der Fosse, ä. Sp., Taugenichts, Faulenzer, Lump; Grimm, Wbch. IV, 42.' (Ihn), den stinkenden, lausigen Fossen" (verächtlich für: den Bachanten). „Gott geb dem Fossen alle Frantzen und das er am galgen erworg", H. Sachs 1560: IV, III, 4.

Foisen, Huflattich, (Gastein, Mesnil). s. oben: Fabes-blätschen.

Foisen (Falsen? Feusen?), der Ruheplatz des Viehs um den Kaser; (Pseud.-Zir.).

fuseln, mit Kleinigkeiten beschäftigt seyn, tändeln; übereilt und schlecht arbeiten; geschäftig und eilig seyn, ohne doch zu einem Zweck zu kommen. cf. dän. fuus, eilig, übereilt; vrb. fuse (zu funs? s. funsig). Zeitschr. V, 337. Im Schreiben fuseln, kleine und unleserliche Züge machen. ə˜ *gfus·lté* Schrift. Die Fusel, weibliche Person, die bey aller Geschäftigkeit nichts ausrichtet; altes Weib. Dé *Fusl* və'deə˜t 's Essn nét mit iərə' *Fusləréy*. Der Fusler, Mädlein=Fusler, der gerne mit Mädchen herumtändelt. Die Fusleren, zwecklos geschäftige oder nachläßige Art, eine Sache zu behandeln. Zeitschr. V, 337. S. feiseln, fiseln.

Der Fusel, schlechter Branntwein; schlechter Tabak. Das Wort mag zum vorigen gehören.

„gefusicht, dick, fett"; (Allgäu, Schrank b. N.)

Der Fueß (Fuəs, opf. Fous), wie hchd. Fuß, (goth. fôtus, ahd. fuoʒ, mhd. vuoʒ; Graff III, 733. BM. III, 444. Zeitschr. V, 336). Zu fußen gahn; H. Sachs 1612: III, III, 38. 39. (1560: III, III, 20). „Die rîter suln gên ze vüezen", d. w. Gast 6453. Ze fûzen iagen; Labr. 179. „Daz pferd an mîner hende zoch ich und lief ze füezen", das. 180. „Ze fuzzen nach im laufen"; Balkn. 35. „Ze fuez ich nach im laufe", das. 52. 53. „Kam zu fussen gegangen", Cgm. 714, f. 96. „Gieng heim zů Fueßen", Chron. bey Freyb. I, 143. Vrgl. BM. III, 444^b. *z' gleich'n Füəss'n* springen ꝛc. „Jetzt hatt ich wiederum ein Weib und wir hauseten zu gleichen Füssen miteinander fort", Peter Prosch (1789) p. 222. 'Der sibente Fueß, Verstand.' „Swer für ein ploch hat einen stock und siht für einen man einen bock, der hat den sibenden fuz verlorn", sagt die Frau zum geäfften Gemahl, Renner 12178. Das Sacrament verboten . . . „allen zewberynnen vnd dy lewte mit worten uffgewynnen wen yn daz höwt czen adir öwgen we thun dy da sprechen fengendsen adir sy habn den sœbenden fuz verlorn . . .", Clm. 12011, f. 68 (vrgl. Th. IV: Zäuber). Das Füeßlein (Fiəssl·), 1) das Füßchen; 2) die Fußsohle (Rottm.); 3) in der Architektur:
572 der Sokel; 4) was unten Fueßtruhe vor der Bettstätte. ä. RA. flüchtigen, fraidigen Fueß setzen oder stellen, sich aus dem Staub machen, durchgehen. Ertel Prax. aur. I, 385. 483. Avent. Chr. 32. Füeß· machen Einem, ihn zur Eile antreiben. Die Fueßarbait, (bey den Webern) Zeug, welcher mit mehr als 2 Schemeln (im Grad) gewoben wird. fueßein (fuəsei˜, ◡-) tanzen. So nennt man auf dem Lande die erst in neuerer Zeit in Aufnahme gekommene sittengefährdende Art, mit gegeneinander verschränkten Füßen und wechselseitig anliegenden Leibern zu walzen. Fueßraum, s. Raum. „Fuezzel (Fuezzol?), pedagium"; Cgm. 668,5. cf. Diefenbach p. 419. Der Fueßstapfen, wie hchd. Im Fueßstapfen, e vestigio, sogleich. Gerichtsordnung v. 1588, f. 33. Die Fueßtruh, kleine Truhe, die den Landleuten des Oberlandes als Schemel dient, um in ihre sehr hohen Betten hinaufzusteigen. barfueß, barfueßet, (Rhön: barwəs, wie Driwəs, Dreifuß, Füərwəs, Vorfuß; Vilmar, kurheff. Idiot. 112), adj., wie hchd. barfuß, barfüßig; 'niederd. barvoet, barfot, Grimm, Wbch. I, 1132.' „Der parfot bruder Johan Paul", H. Sachs 1612: I, 1052. s. oben, Sp. 252: bar. Der Barfueß, Barfuez, des, dem, den, die Barfueßen, ä. Sp., der Barfüßer=Mönch. „An swaebinger gazzen gen den Parfuzzen", MB. XIX, 245, ad 1365. einfuozer, ahd. adj., einfüßig; Notk. Ps. 35,12. Graff III, 736. „Ez saz zwifûz auf drifûz und het ainen fûz, do chom vierfûz und nam zwifûz ainen fûz, do zucht zwifûz drifûz und warf vierfûz daz er ainen fûz liez. Unus calceator sedebat super sede sua et habebat stivalem, tunc venit canis et recepit, tunc calceator arripuit sedem et projecit canem qui demisit stivalem", Predigt an die Königin und Beginen zu Kunigsveld (an d. Reuß=Limat), Andreae Ratisb. manu propria in Clm. 903, f. 225^b. weißfueßet, (salzb. Pangau) albern. „Schöns Dienerl, du hast weiße Füeß, du redst ja gar viel ztoll", Hbn. 394. 418. Kunt weidə' nét sàgng, das Aəné wár schö˜; taənt oft dé merə'n so *weisfuəsət* gen. Es kimt enk halt allmàl der *Weisfuəset* drein. Lied: Kleidertracht. sich fueßen, eilen im Gehen. Der muəs si' *fuəssn*, wenn ə' heu˜t no˜ haəm kemə˜ wyll. (Vrgl. schwed. fösa, antreiben, verjagen, isl. fysa, was jedoch zu fus, alt funs, promptus, gehört; cf. sp. Al=funs, Sigi=funs und oben, Sp. 733: funsig. cf. Zeitschr. V, 336. füeßeln, die Füße schnell oder spielend bewegen; besonders: mit einer Person des andern Geschlechts mittels der Füße unterm Tisch ein heimliches Verständniß unterhalten, (vrgl. Tungdalus, hg. v. Hahn 45,87: „Wa sint nu die bliche die du tæt mit den ougen wider einander tougen, deines tretens uf den fuz"); an den Füßen übel riechen. Das, die Fueßet, die Fueßen, der untere oder Fußtheil des Bettes. Zə də' *Fuəssət* oder *Fuəss'n*.

Die Fàsch, la farce, s. Farsch.

Der Faschang (Fasching, Faschin'. Grimm, Wbch. III, 1336. Wien: „Fasching von fascia, einhüllen, wie Redoute von ridotta." Im Wiener Cod. 342, f. 111 leitet Franciscus de Retza (Retz) Vaschung von vach schant oder vach schank, vach scham! Denis I, II, 1342—43. s. oben Sp. 763: Fasnacht. In Hammer=Purgstall's Gallerie I, II, S. 147,178 schreibt im J. 1642 ein Hans Heinrich Dapp: „der Farschung" und: „den Farschung ausleschen." Wie, wenn am Ende das r wesentlich wäre? Cf. ital. farsa, franz. farce; Diez, Wbch. 139, f. 289). 1) die Faßnacht. „Faschang dem Richter ain huen", altes Reichenhaller Urbar. „Man sol auch für den nägsten vaschang kain tuech nicht mit der ellen verchauffen wan pey dem rock", ad 1283, Paß. Stdtbch. Ms. „Reservatis III visitationibus (wisöde) pulloque vascaneo", RB. IV, 605, ad 1295. „Dy welt zu dem faschang den tancz richt", Cisiojanus (1391), Ind. 349, f. 9^b. „Ich hab heint nicht geschlaffen durch des Vaschangs wegen, totam noctem deduxi insomnem propter briviale", Windb. 204, f. 164^a. „An dem vassangtag", Wiener Cod. bibl. graec. 39/63 (sec. XIV.), f. 133^a. „In *vaschange* non induetur mulier veste virili nec vir veste feminea, abhominabilis enim est apud deum qui facit hoc. Deuteronom. 21." Clm. 11882 (XV. sec., 1418. 4^0), f. 31. „1440 an dem fasangtag", Friedrichs IV. v. Östreich Memorandenbuch bei Chmel. Fasangtag, der Tag vor Aschermittwoch (1440), Analecta Vindob. II. Mss. Docen. B. b. 11. „Carnisprivium, vaschanck", Clm. 5877 (XV. sec., 1449), f. 164. „Siquis tempore *vascālagi* aut alio tempore vertens vestes in aliam formam . . . peccet", (nochmal: tempore *vascanlagi*). „Collecta ex Sermone Johannis Gaws quem fecit in ecclesia S. Jacobi Wienne tempore *vascangali* (hier wol recht) a^0. 1431"; Poll. 437, f. 161, (Poll. 451, f. 43 steht „carnisprivialis"). Der Verfasser des Tractats de avaritia et ejus filiabus in Clm. 4695 sagt (de ludo) fol. 37: „Vidi in Herbipoli cum ibi essem transactis fere decem annis vel forte jam XI est in illo tempore *vashangali* $\overline{vn}$ quidem ibi ludens ad cartas ludum vocatum imperatoris cum blasphemaret Deum et beatam virginem captus fuit... dispositione dni. episcopi dni. Gotfridi ultimo supplicio adjudicatus", (? Gotfrid IV. Schenk v. Limburg, † 1455). „Currente tempore *vaschangi*... quadam nocte *vaschangi* proxime elapsi" (Salzb., 1486), ZZ. 2142, f. 3. „Dicet nunc aliquis Lieber herr wie suln wir dan die tzeit verzern oder was manns ist der vaschang?" „Oho vaschang haec verba pueruli concinunt et proclamant in plateis per ea gaudium cordis sui manifestantes etc. oho est dictio gaudiosa et est interjectio gaudii. Vaschang vero est dictio composita ex duobus corruptis et videlicet tm' sū vasten anfang", Teg. 1615, f. 442. „An dem vaschangtag"; Grimm, Mythol. XLVI. Auch als Personname: „Hainr. der alt faschang hat gechawft ein lant . . .", Cgm. 3941 (v. J. 1404), f. 218b. Də' *Fâschén* = Carneval; Rank, Böhmerwald, S. 112:

Wèə' kánt sé i~n *Fâschén* də'kennə~?
áu, d· Mànnə~ und d· Boubmə~ sán' Naərn.
Segts durt·n ə~n Máschkərə hrennə~?
und heərts és ds Nacht bauss·n und schaərn?
Durt springə~ts vaə' 'Tüə' hi~ und kèə'nt,
durt hupfə~ts vol Zris um und mèə'nt,
durt segt mə~ dur d· Fenzə'schèbm hréckə~
ə~ Laərfəgfris dés uis mècht schréckə~.
Ui Hosnə~-r-und Kidln, 'ən Taifl z·schlècht,
sán' dó' fuər ə~n Maschkərə no~ rècht.

Hans: Habts in dä *faisten Nacht* (Fasnacht? oder drei König?)
Nöt dö drey Kinignsprüch beyn Stern recht stadli gmacht?
Hänsel: Und hoir erst habm mä' gspilt 'n Wintä und 'n Summä.
Gretscherl: Und kimt, wenns Gotts Will ist, dä *Fasching* widä umä,
So spiln mä'n (wol Winter und Sommer) no ämal."

Lindermayr p. 23. Die ambrosianischen Gebräuche und Ritus, hauptsächlich bestehend „w prodlauženi masopustu čili fašanku o čtyři dny w Medulaně", so daß am Aschermittwoch aus der Umgegend und wol weiter her alles nach Mailand kommt, um vier Tage lang zu „fašankowati"; Kollar, Cestopis p. 171 f. 2) jede tolle Belustigung; im salzb. Thalgau sogar jeder Tanz. 3) überfröhliche, närrische Person. S. Fasnacht.

Der Faisch (Faəsch), s. Faißt.

'fésch, fösch (Wien: wol = fe·sch, fö·sch für frisch? s. Grimm, Wbch. IV, 204. Zeitschr. II, 423,121. Vrgl. auch III, 99. IV, 262,12 und V, 334. Nach Lexer, kärnt. Wbch. 94, vom mhd. vêch.), adj., munter, frisch, tüchtig.' „Heunt gibt's a Fress·n, a *fösch·s* (festes?) und an Tanz", Kartsch II, 25.

Der Fisch (Rheinpfalz: Fusch) wie hchd. (goth. fisks, ahd. fisc, mhd. visch; Graff III, 708. BM. III, 328. Grimm, Wbch. III, 1679. Zeitschr. V, 231). R. A. Her mei~ *Fisch* (⏑-⏑)! Mit diesem Ausruf pflegt man eine Sache als die Seinige zu erklären, und darnach zu langen. „Reinez leben und süzze andaht, swelch münch der zweir nicht hat, der ist niht visch biz an den grat", Renner 3079. cf. BM. III, 328. Grimm, Wbch. III, 1680,4. s. Grât. Halp visch, halb man ist visch, noch man, halp pfaffe, halb leye ist pfaffe, noch man", Renner 17899. „Nicht Fleisch, nicht Fisch"; Grimm III, 1680,5. Das Fischlin, ä. Sp. „Wenn ains das fischlin hat", (ein Schaden am Leibe); Cgm. 3726, f. 58. 59.

fischen, vrb., wie hchd. „Vor dem bêren fischen"; Valkn. 176. s. oben, Sp. 261: der Bêr. Der Fischer, wie hchd. Nach einer policeylichen Bestimmung im Wiener StR. (Cgm. 1113, f. 12b. Rauch III, p. 56) sollen die Fischer, so lange sie grüne Fische feil haben, barhaupt stehen, „darumb daz si ab dem marcht dester paz eilen und den leuten dester bezzern chauf geben." 'Der Fischerabschlag, Abschlag im Preise nach Art der Fischer. Grimm, Wbch. III, 1685: Fischerschlag.' „Des ersten soltu aischen vil und ob dir des nicht werden mag so tue ain vischerabschlag bis du in hindergangst", Cgm. 379, f. 66 (270, f. 104).

Die Fischenz (-⏑), piscatio, das Recht zu fischen, (Graff III, 710. BM. III, 329. Grimm, Wbch. III, 1683. Zeitschr. V, 231). „Das Fischen auf dem Altwasser gebührt demjenigen, welcher die Fischenz auf dem Hauptwasser hat", L.R. v.1616, f. 329. „Die Fischenz in der Ammer, auf der Goldach, in dem Lech, in der Ylach", ꝛc. (z. B. MB. II, 56. VII, 312. 319. XVIII, 315. 662. 666. Lori, LechR. 228. 236. 248. 272). Vischetz, Chron. des Appenzell. Kriegs p. 12. Otfr. II, 7,76. V, 13,1 hat thaz fisgizzi, zu welchem und zu piscatio sich Fischenz wie das ältere Pfalenz zu Palaz, palatium, verhält. Uebrigens findet sich MB. 573
IX, 57 auch die Form Fischnutz und VII, 319 vischenutz. Sollten dieses Druckfehler seyn? Vrgl. Nutz. fischig. Nach einer ansp. Verord. v. 1643 soll von jedem Weiher angegeben werden, „in wie viel Stunden oder Tag er fischig gemacht werden könne." Der Fischervogel, das Fischermännlein, eine Art Wasserschwalbe, Fischmöve, Sterna hirundo L. „Wird nicht mêr kalt, sind die Fischervögel schon da", so hört man in München wol sagen, wenn sich zu Ende des Winters diese Vögel zu Tausenden am Canal des englischen Gartens unter dem Wasserfall versammeln. Vrgl. Belchen, Geyr und Hainzel. „Fischmunch, premonstratensis", Voc. v. 1419. Die Fischwaid, Fischfang; BM. III, 553. Grimm, Wbch. III, 1689. „Vischwaidt an und auf dem hauptwaßer der Achen", Bericht des Pflegers von Reichenhall, 1584. s. Th. IV: die Waid. Apfel-Fischlein, (Küchensprache) Spältchen von rohen Aepfeln, mit dünnem Teige überzogen und in Schmalz gebacken; Baur. fischeinen (Nürnb.), fischeln, fischelen, (B.) nach Fisch riechen, fischenzen. Grimm III, 1682.

---

fispern, fispeln, fispelen, kleine, schnelle Bewegungen, ein zischendes Geräusch machen. Grimm, Wbch. III, 1691. Zeitschr. III, 133. 282,99. 302. V, 231. 462. VI, 14. 402,6. Mit den Fingern, mit dem Munde fispeln . . „Den Kreuzweg abfispeln", Flugblatt, die österliche Beicht. Verwandt ist vielleicht das Adjectiv. busper (Oberrhein), musper (w. m. s.) und wusper (Iller, Lech) für lebhaft, rührig. Cf. ital. (Siena) vispo. Diez, Wbch. 374.

Das Fisperlein (Fischpə-l), 1) zusammengerolltes Papier- oder Kartenblatt, welches mit zerknicktem Pulver gefüllt und von den Knaben zur Kurzweil angezündet wird. Der Name ist vermuthlich von dem zischenden Geräusch oder dem Hin- und Herfahren genommen, unter welchem die Explosion vor sich geht. 2) lebhaftes, schnippisches Mädchen; (hvisper, Ihre's Dialekt-Lexic.). „Der Mann ist alleweil hin und her, wie ein Visperl", Charfr. Proc. p. 194.

---

fast, comp. fester, (ä. Sp. faster), adv. '1) ä. Sp., fest.' „Halt hinten vast, töchterlein", Clm. 5685, f. 47b. 'Gewöhnlicher verstärkend: 2)' (Klbck. Weilheim) sehr (wie noch hchd.: nicht so fast dieses als jenes meine ich, statt: nicht so sehr, nicht so wohl). Zeitschr. V, 183. VI, 280,54. 405,13. 408,24. 529,21. Si rengk' *fast*, es regnet stark. Er ist *fast* krank. „Da schwuer er so hoch und vast, das . . .", Clm. 5037 (v. 1507), f. 154. „Gut edel an blut, doch nicht sehr vast reich an gut", H. Sachs 1560: IV, III, 59. „Der ertrinkende arbeitet sich fast." „Er eilet als fast er kundte . ." „St. Severin hat fast zu Passauw und Quintzen und zu Wien in Oesterreich gewohnt." „Herzog Heinrich ist fast gnaw auf das Gut gewesen", Avent. Chr. v. 1566, f. 513. „Zu fast ringern", zu sehr verringern, L.R. v. 1616, f. 292. schrey fester (Nvtsch.), schrey stärker. „Mich wundert sêr, daz laster ist worden êr; noch wundert mich vaster, daz êr ist worden laster", Cgm. 51, f. 109. „Wil mir lonen mit schanden und mit laster mein unhail noch vil vaster", Cgm. 379, f. 25b (270, f. 63). „Ich furcht fester die lebendigen denn die toden", Nomencl. veneziano-todesco v. 1424, f. 14a. „So der mensch ie verrer ist von got, so sol er ie vester ruffen hintz got", Cgm. 632, f. 67. „Die kriechisch nezzel prent vester wan diu gemein nezzel", Konr. v. Megenberg 423,15. „Mir thut ye lenger vester grawen", H. Sachs 1560: IV, III, 45 (1612: IV, III, 100). Auch die ä. Sp. unterschied faste, als Adverb von dem Adjectiv feste, jenes lautete in der ahd. Sp. fasto dieses fasti, (cfr. Gramm. 799. Graff III, 711. 714. BM. III, 274. Grimm, Wbch. III, 1348). S. fest.

fasten, wie hchd. (goth. fastan, ahd. fastên, mhd. vasten; Graff III, 726. BM. III, 278. Grimm, Wbch. III, 1351 f. Zeitschr. V, 226. Bei Ulphila steht fastan auch für τηρεῖν, also überhaupt: halten, festhalten). Einen vasten, mhd., büßen; W. Grimm, über Freidank p. 71. Die Fasten, wie im Hchd., wo dieses Wort, ebenfalls nach Gramm. 851 und 860, schon im Nomin. Sing. die Flexion en hat; (ahd. fasta, genit. fastun, observantia, jejunium, zum Ulphilaischen fastan, obser-
574 vare, gehörig; mhd. vaste. Graff III, 725. BM. III, 277. Grimm, Wbch. III, 1350). „Emßiges fastun", Cgm. 463, f. 179 und öfters. Frau Faste, s. Grimm, Mythol.² 742). Die vier Tag in der Fasten, ä. Sp., der Aschermittwoch und die drey nachfolgenden Tage. MB. X, 148. XVIII, 549. Av. Chr. 396. „Pfinztag an den vier tagen angender fasten, feria quinta post diem cinerum", Kr. Lhdl. XVIII, 294. Die Frönfasten, d. h. jede der 4 besondern dreytägigen Fasten (quatuor tempora, zusammengezogen Quatember), welcher vom Pabst Gelasius a⁰. 494 wegen der, auf diese 4 Zeiten festgesetzten Weihung der Priester allen Gläubigen auferlegt und im Concil v. 1095 bestätigt worden sind. Die Jarfasten. „Comes Siboto pro homicidio carranam (persolvit), quinque vero Jarvasten (illi) sunt remisse", MB. VII, 503, ad 1164. Das Fastmues, ä. Sp., Früchte von Oelpflanzen, Hülsenfrüchte und Gemüse. „Hoc est vastmus, quod datur ecclesie de prediis", z. B. „VIII metrete papaveris, I modius fabe et pise", MB. XI, 42. „Um etliche Vastmeß und Gewürz", Kr. Lhdl. VII, 210. Gem. Reg. Chr. II, 133. In frühern Zeiten wurde diese Fastenzeit so streng gehalten, daß man nichts, was von gewissen Thierarten herkam, nicht einmal Eyer und Butter, genoß, und auch in Bayern, wo doch kein Oelbaum fortkommt, blos von Oel aß, bis 1480 der Pabst Sixtus IV. die Befreyung von Oelspeisen ertheilte. Länger dauerte die gänzliche Enthaltung von allen Fleischspeisen. „Daz ich van vasttag ni gehalten han dye vier chotemper und dye heiligen XL tag daz ich ayer vnd milch daran gessen han", Beichtspiegel, Cod. Ebersb. 124, f. 174. „Ayer in der vasten smeckent ot pas dan ein geolte suppen", Cgm. 632, f. 38. Von dem Fasten der gottlosen Wiener sagt Mich. Beham (1462), Wiener 223,4: „Schmalz, milch, aier menglicher aß." Die Fastwoche. „In der ersten vastwochen"; Clm. 9503, f. 343. Fasten-Exempel, (vor einigen Jahrzehenden) nachmittägige Predigten während der Fastenzeit, in welchen gewöhnlich Exempel (Legenden) von buß- oder unbußfertigen Leuten und die daraus fließenden Lehren vorgetragen wurden. Fastenvögel, solche Wasservögel, welche von Katholiken auch an Fasttagen gegessen werden dürfen, z. B. die verschiednen Arten der Fulica.

Fástidi, (Werdenfels) Verdruß, (zunächst wol vom ital. fastidio, fastidiare, woraus auch das franz. fâcherie, fâcher zusammengezogen scheint. Diez, Wbch. 140. Zeitschr. V, 227). „Die Fasten macht Fastidi, Fastidi macht die Fasten", P. Abraham.

faißt, faißtig (faəsst, faəss, faəscht, faəschti), wie hchd. feist, (ahd. feizit, feizt, mhd. veizet, veizt; Graff III, 738. BM. III, 293. Grimm, Wbch. III, 1467. Cf. kärnt. pitati, mästen; Jarnik p. 58). ə˜n *enzfaəsti's* Fláisch. Die Faißté, die Faißten (Fèəst'n), Subst. (ahd. feiziti, feizti, mhd. veizete, veizte). „1) Wie man ainen hirsen suchen sol in der faisse, in der rechten faisse." „2) Wie man ainen hirsen suchen soll in der prunst." „Des hirssen glose das ist ze der faisse schlemig"; Clm. 4373 (v. 1437), f. 116. 118. „Den hircz in der faisi suechen", (schweiz.); Cgm. 558, f. 136. BM. IV, 293. Grimm, Wbch. III, 1472 u. vrgl. das folgende Wort.

Der Faist (?) (Faəscht, Faəsch), (in der JägerSp.) was sonst der Schweiß, d. h. das Blut, besonders des Hirsches, (Grimm, Wbch. III, 1465: der Feisch). „Der Hirzfaist . . . Weil die Hunde schon sich pfnasten im cinnober-edlen Faist", Bogner-Mirakel. „Dachsenfaisch oder Blut", Dr. Minderer (1610) p. 97. faisten (faəschtn, faəschnə˜, faəschn), schweißen, d. h. bluten. Sich verfaisten (və'faəschtn), sich verbluten. Die Hirschfaist, Hirschjad. Dukh. salzb. Chr. 330. „Bey ainer Hirschfaißt ainen gueten starckhen drunckh oder Grasmal halten." Aus Abgang älterer Belege kann ich nicht bestimmen, ob diese Formen mit dem vorigen faißt innerlich zusammenhangen. Vielleicht muß Faisch angenommen werden.

Die Faust (Fauscht, Fau˜st), wie hchd. (ahd. fûst, mhd. vûst; Graff III, 726. BM. III, 448. Grimm, Wbch. III, 1378. Cf. česk. pěst). fausten (fau˜stn,
nach Gramm. 657: fau˜z'n), fäusteln (fäu˜s'ln, fäu˜z'ln) 575
Einen, ihn mit Fauststößen bedienen; (gl. a. 215. i. 1172: fuston, colaphizare. Graff III, 727. Grimm, Wbch. III, 1382). Feynstlin, pugillus; Voc. Archon. sec. XV. Diefenbach 471b. „Ich hân dâ heime verlân mîne viustelinge und mînen huot", v. d. Hagen, Ges. Abent. LXI, 75. Der Fäustling (Faüsling, Fäu˜stlin'), Handschuh, der für alle Finger nur ein Behältniß hat, Fausthandschuh. Gl. a. 524. o. 76. 332: fustiling, wantus, (span. guante, franz. gant; Diez, Wbch. 187), muffula; Diefenb. 632a. 369c. Graff III, 726. BM. III, 448. Grimm, Wbch. III, 1383 f. Zeitschr. V, 463.

„Gib mə' di zwe˜ *Faüstling* gràd her vo˜ də' Went,
i will dəmit machə˜ ə˜n Ioseph ə˜ Präsent,
das ə' si' kà˜ d· Hent wármə˜ drà˜;
wiə bàl' wárs net gschehng, es də'frur dər àlt Mà˜",

Lied, die Hirten in der Weihnacht. Im Zillerthal sind nach v. Moll die Fäustlinge eine Art Handschuhe von Leder, die nur den hintern Theil der Hand, nicht aber die Finger decken, und bestimmt sind, die Hand zu sichern, wenn man mit Seilen stark zu ziehen hat. Fäustling nennt man auch die Mehlklöße oder Knödel. Die Faustbüchs, ä. Sp., Pistole; auch Fäustling, Cgm. 889, f. 479 (v. 1568). „Fausthammer, Faustkolben", alte Harnisch-Inventarien. Grimm, Wbch. III, 1383. Der Faustring, an einigen Orten, was Fotzring, w. m. s.

fest (féscht, fésst), 1) wie hchd. (ahd. fasti, mhd. veste; Graff III, 711. BM. III, 273. Grimm, Wbch. III, 1558; vrgl. fast). 'Die Feste, ahd. fastî, festî, mhd. veste; firmamentum, Graff III, 716. BM. III, 274 f. Grimm, Wbch. III, 1563.' „In dem zaichen libra gût weg anfahen und ko(f)manschaft ze varend gen dem tail der welt der da haisset occident oder feste", Clm. 5640 (XIV. sec., 1370), f. 85b. 'Th. IV: West. 2) (nach einem alten Wahne) von Kugeln nicht verwundbar. „Yber dises hat mein Obrist meines Leutenants gedacht, daß er ein greulichen Schuß hette, und mitten uf den bauch, ist selbiger ganz blau, unnd wo die Kugel hingetroffen, ist selbiges orth ganz schwarz, als ein Trommelboden, ist also vösst und hat eine teufelskhunst." „Haben die Schanz mit Sturm genommen, wo lauter Franzosen und alle gefrorn oder vesst gewesen, welche wür alle todt geschlagen." Des Obersten Aug. v. Fritsch Tagebuch über den 30jährigen Krieg. Wstr. Btr. IV, 156. 168. In dem 1734 wieder publicierten Artikelsbrief der Reichsvölker Art. IV. ist noch eine Strafe gegen die Festmacher ausgesprochen. D· *Fésti'kàit* auftaə˜, diesen Zauber benehmen. „Vor der Tortur wurden ehmals so Männern wie Weibern am ganzen Leibe, auch an den verborgensten Theilen, die Haare abgeschoren, weil man glaubte, daß die sogenannte Festigkeit eben in den Haaren ihren Sitz habe", A. Zaupser, über einige P. des Criminalrechts, p. 12. 3) ehmals ein Ehren-Prädicat, wie jetzt wolgeborn, woledelgeborn u. drgl., als Substantiv und Adjectiv gebraucht. „Der Herr Richter, der Herr Burgermaister Vest, oder des Herrn Burgermaisters Vest." „Gott grüß des Herrn Vest! Kann ich zu des Herrn Vest kommen", Abele, s. Gerichtsh. I, cas. CIV. „Ackher, so Sein (des fürstlichen bayrischen Camerraths) Feßt mir gefreith und geaignet hat, vermög seiner Feßt frey und aigen brieffs . ." Meichelb. Hist. Fr.

II, II, 363, ad 1563. „Wo aber ewr Vestigkait etwa des wegs ritt . .“ schreibt „Narcissus Abbte ze Benedicten vewrn dem edlen Vesten Christophen Pienznauer“, Meichelb. Chr. Ben. II, 192. Das Prompt. von
576 1618 hat „vester Juncker, strenuus dominus; ewer vest, strenuitas tua.“

bainfest, bâumfest (baə˜fést, bámfest), sehr fest. Hàt's *bámfést* 'glábt. handfest, adj., 1) wie hchd. 2) gerichtliche R. A. Einen handfest machen, wie ä. Sp. Einen handhaft machen, ihn festnehmen, festsetzen. nagelfest. Die Nagelfest. „Ein Haus mit allen Nagelfesten verkaufen.“

festen, festigen, ä. Sp., festnehmen, verhaften. Gem. Reg. Chr. II, 178. 284. „Swo unser richter des deubes inne wirt . . . den sol er vesten vnd sol man im den antwurten als er mit gurtel ist umbvangen . . . den man, den er da vestent“, K. Otten Handfeste von 15. Juni 1311, Regensb. Niedermünst. Urk. Vrgl. die Frônfest, das Gerichts- oder öffentliche Gefängniß.

festen, festnen, bekräftigen, confirmieren, (ahd. festan und festinon, mhd. vesten, vestenen; Graff III, 719. 720. BM. III, 276. 277. Grimm, Wbch. III, 1563 f.). Der Pfarrer festet ein Paar, das sich verlobt hat, indem er den öffentlichen Sponsalienakt darüber vornimmt. Sich festen laßen. (Vrgl. angelsächs. wiffäst, vom Manne: verheiratet; schwed. fästa sig en qwinna, sich verloben; fästning, Verlobung; fästman, fästmö, der Verlobte, die Verlobte). „Dô vestent man die schœnen dem recken an der stunt“, Gudrun 665. „Diu maget was gevestent einem man“, Anegenge p. 30,69. Auch mhd. bevestenen, enpfestenen, festigen; BM., a. a. O. „Eine maget diu bevestent was“, Anegenge p. 30,81. „Dem (Herwig) bin ich bevestent, ich lobete in ze einem man“, sagt dessen Verlobte Gudrun, Gudrun 770. „Daz man mich bevestent einem künege hât mit vil stæten eiden ze eime êlîchen wîbe“, das. 1043. „Die sel die in der tauff ist enpfestent und gegeben ze ainer präut Jesu Christo“, Cgm. 54, f. 44b. „Ich wil dich mir zu einer prœwt enpfesten“, das. f. 34b. „Ein ieglicher prelat der enpfestent ist der cristenhait“, das. 20a. „Der dritt sprach: ich han ein weib enphessent vnd darumb mag ich nit komen“, Clm. 12392 (XV. sec., 1478), f. 81. „Do wart unser vrowe enpfestenet vnd gemahelet ainem gûten manne der hiez Joseph“, Ms. Butsch. „Zwiling ist gût iunckfrawen und wituwen ze freyn, aber nicht ze vestigen“; „die ee ze vestigen“; Scheftl. 246, f. 88a. 88b. „Forma juramenti sponsalium. Ich Concz gelob Mæczen die hie zegegen staut ze nemend zû der E inre jaur frist oder me, eß wende den der tod oder eehaftu not odas '(sic! oder?)' das ein Ee billich wenden '(mac)' das bitt ich mir gott ze helffent vnd die halligen“, ('hailigen'; 1450, Giengen), Thierh. 104, f. 188. Vrgl. Grimm, RA. 433. Dieses Festen wird gewöhnlich durch ein Mahl gefeyert, welches der Festwein heißt. Schon das Augsb. Stdtb. sagt: wann sich under reichen und armen hie heilach beschechnt, so sol nieman deheinen vestwein geben.“ Auch ein sonstiger Kauf oder Handel wird wol durch einen Festwein besiegelt. Die Feste, Fest, die Bekräftigung, Confirmation, Firma. Die Handfeste, Bekräftigung a) durch Handschlag, namentlich (opf.) das feyerliche Ehverlöbniß; das dabey übliche Mahl. „Ze der veste und ze pette und ze pade sol man haben ietweders tails niur sechs frawen daz sint zwelf frawen“, Münch. StR., Auer 282. „Das ain Wirth kain Handfesten über 16 Personen, kain Hochzeit über 40 Personen setzen und halten soll“, Hanbacher Ehehaftrecht; geöffn. Arch. I. B., 371. „Hochzeit und Vestigung halten“, Amberg. StadtR. b) Bekräftigung durch eigenhändige Unterschrift, Firma; Urkunde mit solcher Unterschrift. BM. III, 275. „Ein hantfeste schrîben, daz ich sî in der âcht und in dem banne“, Labr. 205. „Die große handvest (magna charta) von Kunig Otten von Hungern“, landständ. Freybriefe. handfesten, vrb. Vormünder sollen der Mündel Gerechtigkeit verthädigen und handfesten“, wirzb. Lg.Ord. v. 1618. Die Stuelfeste (Stuəlfést), a) das feyerliche Ehverlöbniß vor dem Pfarrer, (vrgl. Stuel für Stand: Brautstuel, Wittibstuel); b) das bey dieser Gelegenheit übliche Mahl. Ldtg. v. 1669 (S. 363. 344) kommt in Zusammenhang mit Stuelfest auch Seelfest vor. „Thails Landständt hätten jhren Hoffmarchsunderthonen verbotten, ihre Hochzeiten, Stuel- und Seelfest in denen Landgerichtern zu halten.“ Das Seelfest ist vermuthlich das sonst sogenannte Todtenmahl, der Dreißigst-Schmaus. „Swer ein man ist, der kramer sin wil, der mak daz wol sin ane schaden, da in niemen nöten sol noch enmac keiner stulveste (?), wan als er von im selbe gern tun wil“, Augsb. Stdtb.

Die Feste, die Vest, ä. Sp., das Schloß, die Burg; (ahd. festi, festin, mhd. diu veste, gen. vesten, praesidium, arx; Graff III, 716. BM. III, 275,3. Grimm, Wbch. III, 1563,2). „Da sollen dieselben Wandel abgedungen werden auf dem aigen vnd nicht ferer gezogen werden weder zu kainer vest noch Tauern“, MB. II, 110. Kr. Lhdl. II, 6. „A⁰. 1327 verbrannt wol der Dritttheil der Statt (München), St. Peterskirche, auch das Thal und die alt Feste“, Avent. Chr. 494. Schon a⁰. 1400 (Lipowsky, Gesch. des b. Criminalrechts, p. 151) kommt ein Gebäude in München, vermuthlich der jetzige alte Hof, unter dem Namen der alten Vest vor, zum Unterschied von der neuen Vest, die (nach Burgholzer's Wegweiser p. 83 und Andern) auf einem Theil des gegenwärtigen Zeughausplatzes gestanden hat. Wstr. Btr. V, 126. VI, 195. s. München unter der Vierherzog-Regierung, p. 17. Die ehmalige Residenz der Regenten war die Ludwigsburg (alter Hof), zu dessen dem h. Lorenz gewidmeten Kirche Ludwig d. B. 1324 das Chor erbauen ließ (A⁰. 1816 abgetragen). Dem Herzog Albert IV war die Burg zu klein, daher er im J. 1469 an Unsers Herrn Thor (Schwabinger Thor) die neue Veste erbauen ließ, die größer, geräumiger und schöner war. Den alten Hof benutzte er zur Unterbringung der Collegien und seiner Bibliothek. Max I. ließ indessen zur neuen Veste hin eine Residenz im J. 1606 nach Peter Candids Zeichnungen und Plänen stattlich bauen, die eine der herrlichsten Residenzen wäre, hätten nicht die Feuersbrünste in den Jahren 1679, 1729 und 1750 die neue Veste eingeäschert und selbst einen Theil der Residenz abgebrannt. . . . Am Hofgarten ließ im J. 1779 Carl Theodor die Gemäldegallerie, dann den großen Bibliotheksaal im ehmaligen Jesuitencollegium erbauen. A. Baumgartner im Hübschmannischen Calender v. 1819, p. 30. 31. „In der Hofbaurechnung v. 1589 wird von der Kirchen zu Altenhof Meldung gethan, und gleich darauf von der Neuvest. Es scheint also damals der alte Hof nicht mehr die Neuvest genannt worden zu seyn“, C. v. Lippert, Cgm. 2095, f. 4. 1571 wird der Neupau an der Schwabinger gassen von der Neuvest unterschieden. 1580 lange Stuben und Capellen in der Neuvest. 1589 Herzog Wilhelm Capellen in der Neuvest. 1589 in der Neufest ein Zimmer der Herzogin und eine Türniz. 1592 Zwinger in der Neuvest an dem Pallhaus. Rundthurn in der Neuvest bei der Apotheken. Rundel in der Neuvest. 1612 der Thurn in der Neuvest abgebrochen, wie auch Zimmer und die Stiegen zum Saal; dagegen wurde in der Neuvest eine andere gemacht. Ausbesserung des Gemälwerks auf dem Saal in der Neuvest so wegen des neuen Gepäus verletzt. Das Tach am hohen Stock der Neuvest abgetragen. Cbm. 2095. Im Plan von München v. 1613 (Bav. 2⁰. 893) ist der Platz, worauf jetzt die Residenz und das Zeughaus stehen, tabula rasa; aber gegen die jetzige Mühle unter der Seidenhauscaserne geht, ehe die beiden Bäche sich vereinigen, eine Brücke und ein Thor heraus, Neu-Vest Thor genannt. Residenzbau-Rechnung (Abbrechung) von 1613, Cbm. 2224, f. 5: „ain fensterstöckhl so in der capellen in der Neuvesst gestanden, dardurch man hinab auf den Saal sehen künden“; f. 74: „4 Baum zum Zimmer in der Neuvesst“; f. 82b: „zum Gader beim gartten hinder der Neuvesst"; f. 83. 106: „zur deckung des kupferdachs in der Neuvesst"; f. 83^{b}: „zu der Plankhen hinder der Neuvesst"; f. 84: „zum Zimmer auf dem neuen gang in der Neuvesst"; f. 95: „zum neuen thurn in der Neuvesst"; f. 113: „zum Custos zu Altenhof"; f. 114: „auf die Thürniz zu Altenhof." Öfters, z. B. f. 243 f., steht: „in der Residenz und Neuvesst. Cbm. 2225 (v. 1614), f. 201: „im alten Neuveststockh, wo die Edlkhnaben sein . . . in dem ermelten stockh in denen losamenten wo das frauenzimmer"; f. 223: „von den fensterstöckhen im verenderten Neuveststockh, wo die Capellen ist." Aus den Baurechnungen v. 1613—14 ergibt sich, daß von dem, was früher Neuvesst geheißen, Vieles geblieben, Vieles nur verändert worden ist. Fol. 149^{b} steht: „Dise heuser sein merern thails abgeprochen und zur Residenz verpaut worden: Marlrainerisch 1, Eisenreichisch 1, Doctor Mermanns 1/2, Mairin wittib 1/2, Seidls 1, Zieglers 1, Stainmetz an der stattmaur 1, h. Saurs und Stophl gartners 1, h. Seidls hinder der Maur 1/2 = 7 1/2 hauß." „Es hat zu Regenspurg zwo Feste gehabt ... die künigliche und des Kaisers Fest"; Av. Chr. „Das Slos, die neue Vesst genannt, zu Ingolstadt", a^{0}. 1516; Mederer p. 174. Die Burg in Wien heißt bey M. Beham, Wiener 242,26. 29 und öfter: dy vest, in dy vest, aus der vesten. Die Vest ze Burkhawsen, die Vest ze Uttendorf, die Vest ob Olstatt, jetzt Ruine, im 12. Jahrh. castrum Scouunburg (Schaumburg), Cgm. 3941 (sec. XV.), f. 224 und öfter. Meichelb. Chron. Ben. 80. 81. Clm. 4614, f. 143. Die alt Vest bey Fürth u. Zirndorf. Die Veste zu Nürnberg; Wagenseil, de civitat. Norimberg. p. 98. Die Befestung; Grimm, Wbch. I, 1258. „Von Erbauung der werlichen Befestungen", Cgm. 3675.

Die Festeln (Fést-ln) am Pferdefuß, s. oben, Sp. 767: Fessel u. vrgl. Grimm, Wbch. III, 1556,2 u. 1691: Fissel, 1692: Fißloch; (cf. isl. fit, mhd. vizzelich, vizzeloch, BM. III, 334 u. 285, auch oben, Sp. 701: fizzilveh). Bàl 'Sunn und Mà~ árschling gêt, 's Rós auf'n Féstln stêt, und də' Schnèck Bá-wel spint, aft liəb ə di gschwind.

Die Fest·lgrueben, (Ober-Inn) Grube oder Vertiefung im Herde, wo die Glut von einer Kochzeit zur andern eingetrechtet wird. Den Aschen in die *Fést·l-gruəbm eiféstʼn.* Prugger von Pruggheim erinnert dabey an die Vesta der Römer. Samml. f. Tyr. III. B., 1 St., p. 36.

feisten, fisten, stille Gedärmwinde gehen lassen, (feysen, bumbisare, Voc. v. 1419; fisten, pedere, Voc. v. 1429; engl. to fizzle. BM. III, 331. Grimm, Wbch. III, 1465: feisen, 1466: feisten, 1692: fisten. Zeitschr. II, 341. III, 7. V, 63,30. 104,58). Der Feist, Fist, 1) Gedärmwind, (engl. the fizz, franz. la vesse). 2) der Staubpilz, lycoperdon bovista L., auch Feistbeutel, Gagenfist, Krafist, Blindfist. BM. III, 331. Grimm, Wbch. III, 1465. 1691. s. oben, Sp. 378: Pâb·st. feisteln, fisteln, nach Fisten riechen. fistlæulicht (fistláwlət), lauwarm wie ein Fist.

„Füst", (Wunsiedel) das runde, dem spitzen entgegengesetzte Ende eines Eyes.

(Vrgl. Fad, fed, ꝛc.)

Die Fäter-, Gefäter-Rueben (Fátə'-, Gfátə'-, Gfedə'-Ruəbm), die Schab- oder Steckrübe, brassica napus L. (s. Pfäter).

Fait-Pfenninge kommen bey Hund, St.B. I, 304 als eine Art Abgabe vor. Ob etwa zu Pfait gehörig? Wenigstens steht feitidi, gl. o. 383. 343, als sarcile. Oder zu Voit, = Voigt, Vogt? (v. Lang, Jahrb. 328: Vogt-Pfenninge). Vrgl. Feidtl.

'Der Fettich, ä. Sp., wie hchd. Fittich (ahd. fedah, fetah; mhd. vetach, vetech, vetich. Graff III, 449. BM. III, 288. Grimm, Wbch. III, 1574. 1693. Zeitschr. III, 192,104).' „Nim sin (des Geirs) adern (Nerve) in den Vetachen", Cbm. 4595, f. 39. „Ala, vettache", Clm. 4350 (XIV. sec.), f. 3. „Der vogel (habich) fleht seinen kint mit den vetachen und twinget si ze vliegen nâch dem raub", Konr. v. Megenberg 170,10. „Von den fetigen, alis", Buch d. W. (1485) 113; „under sein fettig, sub alas", das. 181.

fett, adj., wie hchd., wohin es aus dem Niederd. eingedrungen (statt ahd. feizit, s. oben faißt), agf. fætt, Luc. 15,23. 30. Vrgl. Grimm, Wbch. III, 1570. Das Fett, wie hchd. R. A. Sei~ *Fètt* kriəgng, seinen Verweis, seine Strafe. Wart, du kriəgst scho~ dei~ *Fètt!* Grimm, Wbch. III, 1572.

fötlen (?). „Die Müller sollen nicht fötlen in ihren Gstidern damit das Brut (der Fische) nicht ausgerödet wird", Heumann, opusc. p. 695.

Die Fut, s. Fud.

futtern, fluchen (Jir.), 'fluchen u. schelten, fluchend lärmen, (wol für fuddern, fudern, aus franz. foudre = lat. fulgur, Bliz; Diez, Wbch. 633. Grimm, Wbch. IV, 369. Zeitschr. II, 279,3. 343. V, 337. VI, 415,96.' Vilmar, kurhess. Idiot. 112).' futti, adj., verflucht.

Das Fuetter (Fuədə', opf. Foutə'), wie hchd. Futter, (ahd. fuotar). R. A. Einem das Fuetterlein höher hängen, legen, anfangen, ihn strenger zu halten.

fuettern, füettern (fuəttə'n, fiedə'n, opf. fêittə'n), 1) wie hchd. füttern, (ahd. fuatiran, fuotran, mhd. vüetern, vuotern, und auch ohne Ableitungssylbe blos fuotan, vuoten, alere, nutrire, fovere. Graff III, 380. 378. BM. III, 443. Zeitschr. IV, 132,82. 421). 2) (opf.) sättigen, ergeben. Dés Èss'n *fêittə't* niət. Dem Vih einfuettern, ihm Futter vorlegen. 3) füettern einen Graben, ihn von innen mit Mauerwerk bekleiden; Wstr. Btr. VI, 195. Inschriften an den Pfarr- 578
kirchen zu Fridberg, Aichach und Schrobenhausen. „Das schloß Angers hat einen gefüterten graben", Cgm. 1279, f. 143^{b}. Das Fuetterkorn bey den Unterthanen zu sammeln, wird den Pflegern, Richtern, Thorwärteln, Amtmännern verboten. Kr. Lhdl. V, 327. Der Fuetterer, (O.L.) Knecht, der das Vieh füttert und besorgt; „der Holz, Stroh ꝛc. verkaufft in minuto", Heumann, opusc. 696. Münch. St. R., das. 153. Er kommt in der Ehhaltenord. v. 1499 nach dem Baumann, dem Mitterknecht und dem Menknecht; erhält wie der Menknecht 2 Pfd. dn. oder 2 Gulden rhn. Lohn. Mei~ Schàz is ə~ *Fuədərə'*, sitzt untə' də' Kuə . . . Lied. (ahd. fuotarari, wozu gl. a. 183. i. 1117. 1148 das Femin. fuotareidi, nutrix, gleichsam Nähr-Mutter (goth. aithei), dem fuotarchind (gl. i. 1111: alumnus) gegenüber; mhd. vuoterære, vüeterære. Graff III, 380. BM. III, 443). „Ezzend pfant daz dem füetrær geben", Münch. StB., Art. 59. „Alle die habern veil haben, es sin füterer oder die leistende pfert haben", Wirzb. Sätze v. 1343, §. LXIII. Der Fuetrer (der mit Haber ꝛc. handelt) sollen in Wienn nur mehr 60 seyn . . . „die mögen fuetern und das füeterrecht haben", Cgm. 1113, f. 27$^{a. b}$. Decret Albrechts u. Leupolts v. 1368. Rauch III, 106. „Ainer hieß Kindler Cunrat, ain futerer", Mich. Beham, Wiener p. 17,27. „Der Futerer Sigmunde", das. 179,26. Ulrich Füetrer (Fütrer) in München. „Die Fueterey, pabulum; „von der fueterey und Baß verhindert werden", „pabulatione et comeatu prohiberi"; Clm. 571 (XVI. sec., 1514), f. 29. Die Futterey, fourrage; Chron. bey Freyb. I, 163. Huiə' hàt 's Kaə'n, 's Obst und d' Fèitreid und alls zsam ei~gschlägng, ist gediehen; (ObrM.). Fourrage hat sich der gemeine Mann in die Fuədrásché (∪-∪) verdeutlicht. Diez, Wbch. 148.

Das Fuetteral (Fuədəràl), wie hchd. Futteral; (goth. fôdr, ahd. fuotar, mhd. vuoter; Graff III, 379. BM. III, 444). R. A. Ein Fuetteral über alle Narren u. drgl., d. i. ein Ausbund von Narren. gl. i. 822: fuoter, theca; o. 343: griffelfuoder, stilotheca; futär vel futral, futrum, Voc. v. 1419. Stao˜fuədər, hölzernes Behältniß des Mähers für den Wetzstein, (Ammergau, Rath Her). 'f. Kumpf.'

Die Fätschen (Fádschn), 1) das breite Band, womit kleine Kinder umwickelt werden, Wickelband; (BM. III, 273: diu vasch, lat. fascia. Grimm, Wbch. 1336. 1363. 1569: Fasche, Fäsche, Fatsche, Fätsche, Fetsche. Zeitschr. IV, 321). „Einem Kind etwas in die Fatschen verehren", f. einbinden. Das Fádschn-Kind, das Wickelkind. fätschen, wickeln mit dem Wickelband; ei˜fádschnə˜, ausfádschnə˜. Grimm, Wbch. III, 175. 176. (Es mag seyn, daß die süddeutschen Mütter das Wort fätschen von den italienischen oder gar lateinischen gelernt haben, welche dieselbe, der Gesundheit und Körper-Entwicklung der Kinder keineswegs vortheilhafte Sache fascia und fasciare nennen. Doch giebt schon Ulphilas das κειρίαις bey Joh. XI, 44 durch faskjam. Uebrigens ist in der ahd. Sp. fasca cataplasma, emplastrum, und fascon cataplasmare). Einen fêschen, (Thüringen, Emil Braun) ihn pflegen, ihm gütlich thun. Vrgl. Grimm, Wbch. III, 1363: der Fätschel. 2) Im Gebirg ist die Fádschn oder Bauchfádschn ein Gürtel, den die Mannsleute um den Bauch tragen, und der auch Bauchgurt genannt wird. Er besteht aus einem breiten Streifen Leder, welcher gewöhnlich bunt ausgenäht, mit Nägelchen zierlich beschlagen und ein wesentlicher Theil des bäuerlichen Staates ist. Auf ähnliche Art hat auch der Bauer in den spanischen Provinzen Valencia und Catalonien seine bunte Faxa, die er sich vielfach um den Leib wickelt. 3) die Fêtsch·n, (b. W.) Hut mit herabhangender Krempe.

fetschen sich, (Hauser) sich fortpacken. Grimm, Wbch. III, 1363. 1569. 1693: fatschen, fätschen, fetschen, fitschen. Fetsch dich! apage! H. Sachs 1612: II, II, 84. „Bald mus ich aus eim dorf mich fetschen", bawrn ir hund an mich hetschen; das. II, IV, 10. So wil ich darvon fetschen mich", das. II, IV, 66 (1560: II, IV, 32). „Fetsch dich, du unflat du gelber", das. III, III, 52 (1560: III, III, 27). „fätschen, hin und her fätschen, concursare, circum compita currere", Prompt. v. 1618. Vrgl. fitschen, futschen und fetzen.

fitscheln, fitschelfätscheln, hin und her plaudern, in utramque partem garrire. Nürnb. Avent. Chr. Prompt. v. 1618. „Das Fitschen und Fätschen einer Frau", Abele, f. Gesch. Das Fitschə-l, scherzhafte Benennung eines jungen, lebhaften Mädchens; (cf. Flitschelein). Vrgl. Grimm, Wbch. III, 1693: fitscheln, fitschen. Zeitschr. II, 341. IV, 167.

futschen, (von Kindern) mit dem Hintern auf dem Boden rutschen.

---

579 Der Fávor (υ–), Strauß von Gold- oder Silberdrat, Lahn, Seidenstücken ꝛc. mit wahren oder falschen Edelsteinen besetzt, welchen die männlichen und weiblichen Closter-Candidaten, sobald sie in ein Kloster aufgenommen waren, zum Zeichen dieser Gunst und Gnade zu tragen pflegten, bis sie die weltliche Kleidung förmlich auszogen. Grimm, Wbch. III, 1385. Noch kommen diese Favore vor bey Hochzeiten, bey Primizen der Geistlichen. Auch Handwerker pflegen an ihrem sogenannten Dinzeltag, oder wenn sie auf Reisen gehen, solche Sträuße zu tragen. A. v. Bucher's f. W. V, 214. Jac. Grimm, Schenken und Geben, S. 14, Note. In England bezeichnet favour die Hochzeitsbinde. Allgem. Ztng. 1840, p. 377 f. über die Hochzeit der Königin Victoria von England (10. Febr.).

---

fæw-en, f. fæ-en.

'Faren, f. Fachsen und Fatzen.'

Der Fer, f. Feckinn.

'fir, adj., wie hchd. Grimm, Wbch. III, 1696 f.;' schlau, (von ahd. fizus? wie Her von hazusa. f. oben, Sp. 768: Fieß. cf. isl. fyr).

Fatz (?). „Wan der (Planet Mars) in seinem eygen facz ist, so hiczt er der menschen hercz", Konr. v. Megenberg f. 35ᵃ; '(Pfeiffer 57,27 liest: satz).'

fatzen, rösten, sieh farzen.

fatzen, als vrb. n., scherzhaft, possenhaft reden oder handeln; als vrb. act., durch scherz- und possenhafte Reden oder Handlungen jemand zum Besten haben oder ärgern. Grimm, Wbch. III, 1363 ff.: fatzen, fätzen ꝛc. cf. Kilian: fateren, nugari. Vilmar, kurhess. Idiot. 99. Der kà˜ nicks àls *fatzn!* „Mein Fraw thut mich trutzen und tratzen, so thu ich sie herwieder fatzen", H. Sachs. Das Prompt v. 1618 hat: „fatzen, cavillari, ich fatz mich selb, scurror ego ipse mihi." 'Die Fatzung, cavillatio, Verspottung; Grimm, Wbch. III, 1366.' Am Weich Pfinztag wurde aº. 1514 zu Botzen gespielt „das Abendmal und Vatzung Christi" als Partien eines Passionsspiels, (Ms. zu Sterzing). Der Fatznarr, Fatzvogel, Fatzbrueder, Possenreißer. fatznärrisch, adj., possenhaft, burlesk. Fatzreden, Fatzpossen. Henisch hat Gefätz, altercatio. Sollte hieher gehören das „in ubergefazidi" (Sündigen) der alten Beichtformel bey Eccard Fr. or. II, 938. Graff III, 733. Grimm, Wbch. III, 1365.

Das Fazilett, Fazinett (- υ ⏑́, Fazənetl, Fazətl), das Schnupftuch, das Handtuch, Tellertuch, auch das Vorhängtüchlein der Kinder. Grimm, Wbch. III, 1218. 1226. 1365. Nach der Anordnung für die Fronleichnams-Procession von 1580 (Wstr. Btr. V, 117) soll sich ein jeder der Pharaonen „ein schöns groß mit roter seiden und golt aufgenetes Fazinetl für ein umbgeschlagen Kres umb den Hals machen, und da sie trinkhen wellen, soll man Inen ein Tischfazinetl fürmachen, damit Sy sich nicht begieſſen." „Im Closter Ander ist ein halbes Tüchel oder Facilet, womit der Herr J. in dem Garten sein heiligstes Angesicht abgewischt." „Trukhene Castanien (werden) in Facinett eingewickelt" (auf den Tisch gegeben). „Eine Dame veriren mit dem Facinett, so man ihr haimblich genommen." Notata des Freyh. v. Bodman, Ms. v. 1709. „Er wund mich in ein Facilet, oft greif er ob er mich noch het", H. Sachs. „Nero hieng ein Hauptuch oder Facilet für die Augen", Avent. Chr. Prasch hat Fetzentüchlein für Schnupftuch. Fazilet mag wol zunächst vom italienischen Fazzoletto 580
entlehnt seyn. Indessen hat das Voc. v. 1482: fatzolin oder fazeunlein, der Nomencl. v. 1629, p. 94: mucinium, fatzelin, p. 119: mantile, χειρόμακτρον, tischfazelin, und schon die gl. a. 15. 23. 669. o. 400 bieten: fazitragala, fezcetragela, feztregela, fescetraga für (und vermuthlich aus) faciterglum. Diefenbach 348ᵃ. 369ᵇ.

Der Fetzel, Höllfetzl, (Selhamer) Teufel; böser, nichtswürdiger Mensch. Grimm, Wbch. III, 1576. „Mancher zieht der hohen Schul zu als ein züchtiger, goldfrommer Engel, und kommt wieder nach Haus als ein lästerlicher Fetzl." „Der Mensch kommt seinem Nebenmenschen oft wie ein Gott vor, oft aber wie ein lebendiger Fetzl." „Wenn ein Mann für sein Weib ein lästerlichen Höllfetzl bekommt. . ." „Was iehn speibt der Fezl ein das soll evangelisch seyn", Spottlied auf die ausgewanderten Salzburger (1732) im Band Hist. Ref. 2º. 10. Vrgl. fatzen und Fasold.

„fetzen (fétz·n) den Garten, ihn spritzen." XIII Com.: fetzen, pissen. Zeitschr. V, 230.

fetzen (fétz'n), (Salzach, Inn) die Wohnung, den Wohnort verändern. fötzen, ausfetzen, déménager, (Gastein, Mesnil). s. Flank und fletzen.

fetzen (fètz'n), 1) verächtlich: hauen, schneiden, trennen. Grimm, Wbch. III, 1576. „Als er uns aufsaget die letzen ich main wir wolten jn fetzen, das jn der leer hinfur verdrieß", sagen die Juden in einem Sterzinger Passionsspiel (von 1500 circa). (Die gl. a. 107: avurgifazzun reciderunt, i. 983: gifaz excidit würden, wenn recido, excido gemeint sind, ein altes Ablautverb fezzan vermuthen lassen. Vrgl. a. fitzen u. fetschen). '2) mischen.' „Wenn die wein gefetzt sein mit gemecht"; Cgm. 714, f. 279. Der Fetzen (Fètz'n), 1) ein ab- oder zugeschnittenes Stück, besonders von Tuch, Leinwand u. drgl., namentlich die Schürze, Vortuch (Gastein, Mesnil). Grimm, Wbch. III, 1575. BM. III, 304. Zeitschr. V, 230. VI, 179. (cf. ahd. fiza, Graff III, 733). Im Ries sind Fetzen Kleider überhaupt: Suntings-*Fètzə˜*, Alltags-*Fètzə˜*, (vrgl. faßen, alt vazzen, bekleiden). 2) jedes, besonders ein durch Zerreißen oder schlechtes Schneiden, Hauen entstandenes Stück; großes unförmliches Ding überhaupt. ə˜ Fetzenkerl, ə˜ Fetzenmensch, Bursche, Mädchen von großem Körper; im Nürnbergischen sogar: ə˜ Fetzen Êr, ə˜ Fetzen Freud, (große Ehre, Freude). Zeitschr. I, 141,13. II, 276,15. III, 176,12. V, 9. VI, 265,17. 389 f. 3) Hure der gemeinsten Art.

fitzelfech, adj., s. oben, Sp. 701: fêh 'u. vrgl. BM. III, 285 u. Grimm, Wbch. III, 1695.'

'fitzen, telam ordiri; BM. III, 333. Grimm, Wbch. III, 1695,1.' „Wir wölf können nicht weben, schneiden noch fitzen, nicht zimren, mawren noch bildschnitzen"; H. Sachs 1560: V, 405. Vrgl. schles. fitzen, eine bestimmte Anzahl Fäden, eine Fitze, sondern u. umbinden; verfitzen, die Fäden des Garns verwirren; der Fitz, verwirrter Faden; Weinhold, Wbch. 21. Fitze (Gebind Garn), so wird im Lomme-Ordbog das dän. fed übersetzt. Grimm, Wbch. III, 1695. Vilmar, kurhess. Idiot. 103. Seidenfitzer, ein Handwerk, H. Sachs 1560: II, II, 114.

fitzen, mit der Ruthe hauen, (Zeitschr. II, 276,24. III, 214,16. V, 116,19. VI, 207. 402^{b}. Grimm, Wbch. III, 1696,3. Cf. Peitsche, slaw. bič, von bigi, bjti, schlagen; b = f, wie in bor = Föhre, blecha = Floh. Vrgl. fetzen). fizeln, im ehm. Bayreutischen, was in der obern Pfalz pfeffern. „Daß die Kinder nicht mehr am Neuen-Jahrstage zum Betteln und sogenannten fitzeln herumlaufen sollen"; Verord. v. 1731. Der Fizelstag, der unschuldige Kindleinstag. Grimm, Wbch. III, 1695. Das Fizeln oder Pfeffern ist bey Protestanten wie bey Katholiken üblich. Es werden die Erwachsnen gewöhnlich von Kindern, manchmal auch von andern Erwachsnen, besonders Eheleute und Verwandte oder Bekannte, von einander gefizelt, d. h. mit grünen Rüthchen oder mit Buchsbaum-, Rosmarin-, Lorbeer- und andern grünenden Zweigen um einen sogenannten Fizelslôn an Geld oder Eßwaaren auf die Hände geschlagen, mit den Worten: Schmeckt der Pfeffer gut? oder: Ist das Pfefferləs-Brod gut? Ists gesalzen, ists geschmalzen? Vornehmer als das persönliche Fizeln ist die Uebersendung einer schönen
581 Fizelsruthe. (Zu bedenken scheint auch die gl. a. 191: fizzeot, ambit, die wol nicht zu fizisan, callere, gehört). stickelfitzen, s. Th. III: der Stickel.

Das Fizl·, (München) rundes, mürbes Eyerbrod; = Fützle, von der Gestalt; s. das folg. die Fotzen, Fut u. vrgl. Th. II: das Mugel u. mencla (mentla?) beym Ruodlieb IV, 86, p. 162 u. p. 233; 's Aerwéckl, vice versa de feminali. S. auch Th. II: das Maulein; Kissingen: Maultasch (Máltasch). Vermuthlich ein mit der Sache aus der Rheinpfalz eingewandertes Wort. Fötzchen, so erklärt Franc^{o} Hernandez, histor. plantar. Novae Hispaniae, lib. V, cap. 1. den Namen pomme d'amour, pomum amoris, für den tomate (mericanisch tomatl) daraus, daß dieser „rugosis quibusdam eminentiis incondite extuberantibus non modo muliebre pudendum referat sed hæmorroidas quoque et quidquid in feminis horridum et obscenum potest videri." Cabrera, diccionario, p. 664. Diez, Wbch. 539.

Der Fotz (Fóz), das Maul bey Thieren und (auf dem Lande, nicht immer im verächtlichen Sinne) der Mund bey Menschen. Grimm, Wbch. IV, 44 f. Zeitschr. V, 332. 466. Wiə, Vàdə', sagte ein Sohn zum Vater, dà hàst ə˜ Hàr ə˜ dei˜·n Rüəss·l . . . Wart Schliffl, fiel dieser zurechtweisend ein, muəsst du dei˜·s Vàdə's *Fóz* ə˜n Rüəss·l haəss·n? 'ən *Fóz* hänggə˜; ə˜n *Fóz* machə˜, das Maul hängen. 'ən *Foz* hàlt'n, das Maul halten. Si' 'ən *Foz* vo'brennə˜, das Maul verbrennen, eig. u. fig. Der Fozbeißer, saures, herbes Getränk. fozdudeln, im Scherze: küssen; (b. W.). Rath Her will von einem Beamten, der lang in der OPf. gewesen, gehört haben, auf Tanzplätzen daselbst werde in der Pause zwischen einem Tanz und dem andern das Licht gelöscht, die Pärchen gäben sich gegenseitig die Zungen und berührten sich die geheimen Theile. Das heiße fozdudeln. (July 1850.) Der Fozhobel, die Pansflöte, welche beym Blasen an den Lippen hin und her geführt wird, (U.L.); Mundharmonica, (Ob.-Audorf). Zeitschr. VI, 152. Das Fozmaul, 1) (Metzger-Sprache) das Eßbare am Rindsmaul; 2) Scabiosa arvensis L. Der Wagenfoz, die Hachel am Wagengestelle, in welche die Deichsel eingefügt wird. houchfotzət. mit aufgeworfenen Lippen. zwifotzət, adj., (b. W.) zweydeutig.

Die Fotzen, 1) das Maul von Thieren und (immer verächtlich) von Menschen; (Grimm, Wbch. III, 42 ff. Zeitschr. II, 342. cf. česk. pysk, Lefze). Wart, I gib dər əné auf d' *Fótz'n!* Kà˜st dei˜ *Fotzn* nét hàltn? 2) ein Schlag auf das Maul, Maulschelle; (cf. česk. facka, Maulschelle; fackugi, ich maulschelliere). Hälts Mál, odər I gibdər ə˜ *Fotzn!* oder recht kräftig: I gib dər ə˜ *Fotz'n*, dás 's Mál hänkə˜ bleibt. 3) feminal, doch in diesem materiellen obscönen Sinne wenig volksüblich. (Brem.-niedersf. Wbch. I, 444: Fot, Fotse. Firmenich I, 402,161. 403,181. 405,275. 407,298. 421: Fott, der Steiß, Hintere; Meurs. Zeitschr. V, 63,31. 75 f. cf. ital. la potta, s. oben, Sp. 416: Potz). „Licet proprie differant labium et labrum, quod labra sint inferioris, sc. *vulvae*, labia superioris, sc. *oris*, tamen saepe unum ponitur pro alio indifferenter", Clm. 12271 (2^{0}. XV. sec.), f. 90^{b}. „Mäczel zů der fuczen sprach", Ring 11^{b},7. „Wer sucht klain fotzen bei großen ersen"; Cgm. 713, f. 77. Ja Hundsfotzen! Formel, eine Zumuthung schnöde abzuweisen. Zeitschr. V, 408,53. VI, 39,46. 86. 4) fig. femina. In diesem, beym großen Haufen sehr beliebten Gebrauche fast eben so wenig anstößig als das analoge Schw—z. „Pfew der schnöden votzen von mir bei andern fotzen", Cgm. 252, f. 133^{a}. Das Fötzlein (Fétzl), jüngere Weibsperson. Iətz schau mə' dés *Fétzl* à˜! „Er: Geh, leih már á Buſserl, du *Fötzerl*, du süəſss. Sie: Heut is má' nöt gustáli, moring, Mathies. Er am Schluß: Denn ollmol is öbbas, is's dös nöt, is's das, und ás macht má' das *Fötzerl* mán *Fotz* hald nie naſs", Stelzhamer 61. Zeitschr. V, 332. Vrgl. oben: das Fizl. 'Die Fetzât (? Hieher? = Fößet? cf. oben Sp. 693: Fud, feminal, u. Füdlein, podex, und das niederd. Fot, der Hintere. Wol besser zu fetzen, fitzen, hauen, streichen, wie Fetzer, podex; Grimm, Wbch. III, 1577 und 1365).' „An die strâze ich ûz gie, dâ sâzen dise, dâ sâzen die, ieslich alsô sie funden stat an ir rehten vezzât: alsô nennt manz in dem gôu; ir herren, daz iuch got gevrôu, der daz wort geschriben siht, hab mich für gebûren niht"; S. Helbling IV, 548; nach Haupt, Zeitschr. IV, 266: „clunis; vrgl. franz. fesse." 'BM. III, 304: vezzât (= Feßât).' Futzenbart, Ring 44^{b},18. Der Fotzenhut, (Rath Her) Mann; '(mit verächtlichem Nebenbegriff, als Schimpfname gebraucht; s. oben, Sp. 416: Pozenhut).' Über einer Hausthür zu Wildenroth stehe: „Was baust du denn, du Fozenhuet, wenn d' nit waist, was es kosten thuet." Grimm, Wbch. IV, 45: ein weinerlicher Knabe; untüchtiger Mann, Hahnrei. Der Fotz·nhüəter, (b. W.) Betrüger; fǫtz·nhêitərisch, adj., betrügerisch. bou-fitzig, adj., läufig, (Dr. Kittel).

fozen, foznen Einen, ihn mit der Faust auf den Mund schlagen; (s. faun-zen). Zeitschr. IV, 45. V, 332. Der Fozring (Fózring), der Stoßring, Schlagring, starker Fingerring von Messing oder Silber mit einem massiven Knopf. Der Fozring spielt bey den Kraftäußerungen der bayrischen Bravos eine bedeutende Rolle.

ə˜ Büchsál zu'n Schiəssn,
ə˜n *Fózring* zu'n Schlàgng,
und ə˜ Deənál zu'n Liəbm
muəs ə˜ frischə' Buə' hàbm.

fozeln, fözeln (fézln), durch scherzhafte, besonders aber beißende, ironische Reden jemand zum Besten haben, aufziehen, foppen. Grimm, Wbch. IV, 45. V, 332. 338. Du brauchst mi' nét lang *zfézln!* Du kà˜st nicks als d·Leut *fézln!* Er kà˜'s *Fézln* nét grà'n, bis mər éəm d· *Fotzn* bráv də'dréscht. Eine gewisse lebende Etymologie, die sich im bayrischen, wie in jedem Sprachgebrauch kund thut, behandelt das Wort fézln, als wenn es geradezu von Foz, Fotzn (Maul) herkäme. Indessen ist auch fenzeln, frozeln und fazen zu vergleichen. Cf. isl. fiatla, frustra agere.

fozeln, (Nürnb., Hsl.) langsam seyn, schläfrig arbei- 582
ten; auf dem Billard: verzagt abstoßen.

Siebenzehnte oder Fla- ꝛc. Abtheilung.

flæen, flæehen, flæjen, flæwen (s. Gramm. 686. flá˜n, fláhhə˜, flájə˜, flèjə˜), flauen (Hauser), flegen (Zips), im Wasser hin und her bewegen; schwenken, waschen; (ahd. flawan, flewan; mhd. vlewen, vlöuwen, vlæjen; Graff III, 740. BM. III, 335. 336. Grimm, Wbch. III, 1710. 1738. 1773. Cf. česk. plavati, veraltet plu-ti, schwimmen; plaviti, schwemmen; Jarnik p. 54). gl. a. 246: arflauuên, eluere; Tat. 19,4: fleuujan, lavare). „Daz man ez (daz sale, schmutzige, Hemd) muz flæen", Cgm. 54, f. 44b. „Schon geflæt gerainigt wol", das. 10b. „Jeglicher christen mensch der geflæt ist mit der säligen tauf", das. 40b. „Der da geflæt ist mit der tauff", das. 47a. „Die rew flæt si von unflat", das. 57a. „Christus hat uns geflät in seiner tauff", Cgm. 346, f. 2a. „Das Gsind nit fleißig flayh und zwag", H. Sachs 1560: IV, III, 77 (1612: IV, III, 167). abflæen, Grimm, Wbch. I, 41 f.: abflauen, -flehen, -flöhen. „Die sünd werden abgeflæet", Cgm. 54, . 22b. ausflân, auswaschen; Jir. Die Abflæung. „Dy abfleyung der hent, lotio post mensam", ZZ. 2072, p. 264. „Dy abfleyung der hent pringt dir zwen nütz behent", Clm. 25072, f. 264. Die Flælauge. „Nimb aus der flayhlaugen die würtz". H. Sachs 1560: IV, III, 77 (1612: IV, III, 167). Flälaug, Titel einer polemischen Schrift Gretser's. Cf. niederd. fliien, flyen, ordnen, putzen; Zeitschr. V, 56. VI, 14. Vrgl. Flât, Unflât; flætig.

flæ-eln, flæheln (flá-ln, fládl·n, fláhh·ln), in der Luft hin und her bewegen, wehen. Heu˜t tuət də' Wind d·Wésch rècht *ausflá-l·n.* Las di' vo˜'n Wind *durchflá-l·n.* Einen hinausflæ-eln (aussi*flá-l·n)*, im Scherz: ihn hinauswerfen, (daß dabey die Kleider wehen).

Die Flæ-en, Flæ-w-en (Flá-n, Flájə˜, Fláiwm, Flám), die leichten Einfassungen der Haberkörner, die beym Dreschen mit abfallen und durch die Handwindmühle von denselben gesondert werden; hie und da dienen sie als Füllung von Polstern und Betten; ähnliche in der Luft wehende, sich gern an Kleider ꝛc. ansetzende leichte Körperchen. Die Form Fláwm spielt mit dem bekanntern, auch hchd. Flaum (Flám) zusammen. Fleibm, Am, Spreu, (Gastein, Mesnil). Krain. plève, plur., Flaiden; plati, Getreid abbälgern, sieben, (Jarnik p. 53. 55); česk. pléwa, Spreu. „Die fleiden vom Prein, die fleuden vom habern, gersten, khorn, waiczen" zum Anbrühen für Schweine; Probst Valentin's zu Weiarn Hausbuch, Cgm. 3720, f. 12. „əs wann s· Hàbə'*fleim* fráss·n hàbnt 'Blássln umg·stirt und g·uresst i˜n Fuədə'", Wagner, salzb. Ges. 98. Das Augngflá˜l, (Inn, Salz.) die Augenwimper.

Das Flæ-molterlein (Flaimoltə'l, Baur), der Schmetterling, schwäb. Fletisch. Vrgl. Fálmolter.

Flëe? „Dem wucherer baut man große flëe die man in der alten ëe all vortreib auß der gemein", Cgm. 713, f. 238.

flejen, (Wetterau) schön thun, schmeicheln; holl. vleijen. BM. III, 341: vlîen, vlîhen.

Die Fliə-staə˜n, (v ⁻ Passau), Friə-staə˜n (Nied. Altaich), Fliəstaənə (Obrm. Fliəs-Daənə?), bald geschrieben Flierstain, bald Fliesstain, ein gedecktes Schiff für Passagiere, welches zwischen Vilshofen und Passau und Engelhardszell in bestimmten Wochentagen regelmäßig die Donau ab- und, von einem Pferde gezogen, aufwärts geht. Vermuthlich liegt dieser, wie es scheint, sehr corrupten Benennung, deren Genus feminin. und jambische Betonung zu bemerken ist, irgend ein Person- oder Orts-Eigenname zu Grunde. Trägt doch auch das Canonenboot Nr. 1. der neuen „Deutschen Kriegsflotte" einen mit „Stain" gebildeten Namen; es ist nach unserm Wendelstein getauft. Allgem. Ztng. 1849, 22. December. s. Th. III: der Stain.

---

flach (flàhh), flau, träge; BM. III, 334: vlac. Grimm, Wbch. III, 1704: flack; 1734. s. unten: flacken.

Du windischə' Fink,
zu'n Schlaffə˜ bist flink,
zu'n Zàln dà bist *flàhh*,
wál st· kaə˜ Gǝld nimmə' hàst.

Auch im Iwein ist flach flaccidus, '(Iwein 449: „Das antlütze dürre, vlach"; vrgl. BM. III, 334: vlach).'

flach, adj,, wie hchd. (ahd. flah, mhd. vlach; 583
Graff III, 755. BM. III, 334. Grimm, Wbch. III, 1698). Das Flächlein (Fláchl·), flacher Stein, den man so über eine Wasserfläche wirft, daß er auf selber forthüpfe. flächeln (flách·ln), sich mit solchem Werfen unterhalten, ricocheter. Vrgl. Flácht u. Zeitschr. IV, 44: flach·ln, schlagen.

Das Fláchl, Fláchə-l, im Scherz: Kleidungsstück des weiblichen Geschlechts, besonders Halstuch, Schnupftuch u. drgl. „Wagt oft aəné àll iər Sáchl· auf ə˜ Neumodé-*Fláchl·*." Ausgabe Lindermayr's von 1822, S. 160: „Wagt oft ainä all sei Sächel auf än noiä Modi*flächel*." Vrgl. flä=en.

fluechen (fluəchə˜, opf. flouchng), 1) wie hchd., (ahd. fluohhon, mhd. vluochen; Graff III, 759. BM. III, 355. Grimm, Wbch. III, 1828 f.); (Franken) zanken. So gilt zum Widerspiel das bayr. schelten für fluchen.

Der Flachs (opf. Flaə's), wie hchd. (ahd. flahs, mhd. vlahs; Graff III, 771. BM. III, 335. Grimm, Wbch. III, 1700. Zeitschr. II, 279,63. VI, 171). In A.B. ist volksüblicher der Har.

Die Flächsen (Fläcks·n), die Flächse, (Grimm, Wbch. III, 1701,5. 1702. 1738). aufflächsen, auf=flächsnen (au'fläcks·n, au'fläcksnə˜), (vom Metzger=hunde) das Rind, das er treibt, in die Flächsen der Hinterbeine kneipen, ohne es zu beißen. *Au'fläcks·n* und nét bálln soll ein guter Metzgerhund. Die Flachs=âder, die Sehne, der Nerv, (Grimm, Wbch. III, 1702. cf. Flaisch, altſ. flesc, agſ. flæsc). „Ließ jm, damit er nimmer schreiben möcht, die Flachsader an den Fingern abschneiden", Av. Chr.

Die Flácht, Fláchtn, 1) (O.L.) 5—6 Schuh hohe, 3—6 Zoll breite, 1—2 Zoll dicke Holzspalte. Der Flácht- oder Fláchtn-Zaun, Zaun aus Fl. bestehend. 2) bey den Isarflößern: Sand= oder Griesfläche, die nur wenig von Wasser bedeckt, und daher wegen des Auf=fahrens gefährlich ist. Cf. πλάχα. fláchti', adj. ſ. flach nach Gramm. 680.

Das Flächtelein (Fláchtə-l), kleines Glasgeschirr, flacon. ə˜ *Flácht·ə˜l* Brandwei˜. ſ. Fläckelein.

flechten (flècht·n), 1) wie hchd. (goth. flaihtan, ahd. flehtan, mhd. vlehten; Graff III, 770. BM. III, 341. Grimm, Wbch. III, 1738 ff.). R. A. Sich in fremde Händel flechten. „Die Gelehrten flochten sich in die Räth und Amptleut, liefen dem Hof nach, machten sich überall zu"; Avent. Chr. Gê hi˜ und las də' *flechtn* (so kimst morgng i˜n Zopf)! sagt man zu einer Person, die im Aerger oder Verdruß fortrennt. 2) im Scherz: Einen flechten, ihn schlagen, prügeln. Vermuthlich fig. wie man auch sagt: Einen flecken, flicken. 'Die Flechte, lichen, mentagra, eine Hautkrankheit, (ahd. flehtâ, mhd. vlehte; Grimm, Wbch. III, 1738).' „Ad removendum flechtem R. menginburcz vnd schab die vnd sneyd kleyne sniczlin vnd stöcz in einen möser vnd thue essich vnd salcz zusamen vnd salb sich damit wie dick du wil"; Clm. 4634, f. 152.

Die Flichtern, (nach B. v. Moll, Zillerthal) die Blätter von der weißen Rübe (brassica rapa L.). Das Geflichter (Gflichtə', Ilm, Paar), Collectiv davon. Vrgl. Gefletter. 's *Gflichtər* is ə˜ guəts Milchfuədə'.

Die Flucht, wie hchd. (ahd. fluht, mhd. vluht; Graff III, 767. BM. III, 346. Grimm, Wbch. III, 1831. Zeitschr. V, 233). In die Flucht gên, sich in die Flucht begeben. 'Die Flucht geben, fliehen; BM. III, 346. Grimm, Wbch. III, 1831,c.' „Dy lewt gaben dy flucht in das veld" (1152 beym Brand in Regen=spurg), ZZ. 1598, f. 16. „Die heten die vallenden suht, die heten zuo im gröze fluht", St. Ulrich's Leben 1093. Cgm. 94, f. 60. Die Kueflucht, ſ. Th. III, Schnê: Schnêflucht. Die Werflucht, ä. Sp., Flucht, auf der man sich zur Wehr setzt. Der zu Ver=haftende „gäbe sich in solche Wehrflucht, daß man ihn mit Schlägen müßte erobern", Kr. Lhdl. XVII, 144. flüchtig, wie hchd. flüchtig gên, kemen, ist der
584 volksübliche gewöhnlichere Ausdruck für fliehen. flüch=tigen Fueß setzen, sich in die Flucht begeben; Grimm, Wbch. III, 1834,3. Sich flüchtigen (flichtingə˜), sich flüchten; Grimm, Wbch. III, 1835. 'Das Fluchtsal, die Flüchtung, Flucht, (mhd. vlühtesal, vluhtsal; BM. III, 347. Grimm, Wbch. III, 1835). „Wo der misse handelt hat hinfleucht, da sol er nicht fride haben, weder ein ains burgers haus noch uber al in der stat sol er chain fluchtsal haben, und der richter sol in heraus nemen wo er ein fliucht", Cod. urb. Monac. VI, Art. 29.

Die Flucht, a. Sp., statt Fluet, (wie Veicht st. Veit). Die Sinflucht, cataclysmus, Voc. v. 1429. Auch gl. a. 183: flohat neben float, fluvius. (Vrgl. Gramm. 434).

Die Flucht, Flotte; Fr. v. Zesen (?) 1661. Krieges=flucht.

'Der Flack, die Flacke, Stück, Fetzen (?); vrgl. Fleck u. hchd. Flagge, auch niederd. Placke, BM. II, 521.' Krautflacken, eine Art Fischnetz; ſ. Th. II: das Kräuter=; BM. III, 338: die vlecke. Das Flackenkraut einzetteln; Scheirer Dienstord. v. J. 1500, Cgm. 698, f. 11. ſ. Th. IV: zetteln.

flacken, von Menschen oder Thieren, verächtlich: liegen; (Grimm, Wbch. 1705,3: flacken, faul daliegen. Zeitschr. III, 19. V, 231. Vrgl. oben: flach, adj. faul, träge). Der *flackt* 'n ganzn Tàg auf də' Bernhaut. Sich flacken, verächtlich: sich legen. *Flack di'* nà˜ widə' hi˜, du Faulenzə'! 'Der (?) Flack, fauler, träger Mensch.' „Ich bin ain narr und bin ain lapp und ain esel und ain trapp und darzů ain rechte flack", Heseloher vrgl. Th. III: sappen. Hiltvlack, weiblicher Name ſ. oben, Sp. 324: blickenblacken.

fläckisch, unflätig, unreinlich. Zeitschr. V, 231.

Das Fläckelein (Fláckə-l, Fláckələ), das Fläsch=lein, le flacon; (Werdenfels) der vierte Theil einer Ge=tränkmaß. Im Scherz: jedes kleinere Trinkgeschirr. ə *Fláckələ* Bier, Wei˜. Vrgl. Flächtelein.

flecken (fléckə˜), 1) Flecken, d. h. Makeln verur=sachen, (Grimm, Wbch. III, 1744,3); an den Flecken (Masern), auch wol Blattern darniederliegen. Hàt ə' scho˜ *gfléckt*. 2) von der Stelle kommen, vom Fleck kommen, von statten gehn; Grimm, Wbch. III, 1744,2. BM. III, 337. Zeitschr. VI, 171. OPf. əs *fleckt* niət, es will nicht von statten gehn. 3) (in Pinzgau; Zir.) spotten. Fleck, Fleckrede, Spottrede. 4) derflecken, zerflecken, zerstückeln, zerreißen, zerschneiden. „Haben die Störche zu kleinen Flecklein zerflecket", Avent. Chr. 318. (Vrgl. schwed. fläcka, zertheilen). flecket, ge=flecket (fléckət, gfléckət; Gramm. 235), gefleckt, (ahd. flechot, flechohti, mhd. vleckeht; BM. III, 338. Grimm, Wbch. III, 1744 f.). fleckeln, (von Schießfreun=den) statt auf die Scheibe, blos auf einen schwarzen Flecken an einer Wand ꝛc. schießen, *fléckl·* schiəss·n. „fleckeln, um den besten Schuß schießen"; Kobell, 1852, p. 123.

Der Fleck (Flék), 1) wie hchd. (ahd. flech und flecho, mhd. vlec und vlecke; Graff III, 757. BM. III, 337. 338. Grimm III, 419. Wbch. III, 1740 f. 1743. Zeitschr. II, 475). Der Haubenfleck, Miederfleck, Stück Zeuges zu einer Haube, einem Mieder. Der Fleck, Fürfleck, Vorfleck, Art schmaler, schlechterer Weiber=schürze, Schürze der Handwerker. Zeitschr. VI, 419,4. Der Brustfleck, die Weste, das Gilet der Land= und Bürgers=leute. Graff III, 757. BM. III, 337. Grimm, Wbch. II, 448. Der Leibbrustfleck, das Leibchen der Weibspersonen dieser Klassen. (Vrgl. Brustfleck). Kuttelflecke, auch blos Flecke (Kudlfléck·, Fléck·), zerschnittne Kaldaunen. BM. III, 337. Grimm, Wbch. III, 1741,3. cf. poln. flak, pl. flaki, Eingeweide, Kaldaunen. '2) Stück Holz, Brett.' „Mit laden, pretern, fleken begunden sy sich decken, daz in kein waffen schaden mocht", M. Beham, Wiener 314,29; (vrgl. oben, Sp. 615: Tarraß). Flecken, Pfosten, 5 Zoll dick, zu Tennenböden, (Zir., Pangau). Zeitschr. II, 342. V, 232. 3) b. W. die Flé-ckng, der Kuchen; Ayerfleck, Osterfleck. (Vrgl. Bletz). Fléck·n, Brode, einem großen Teller gleich, nicht über 1½ Zoll dick und mit Lebzelten, Mandeln und Wein=

beeren bedeckt, zur Kirchweih gebacken. Rank, aus dem Böhmerwald, 1843, S. 118. Die Flecklein-Suppen (Flécklsuppm) enthält zerschnittenen Teigkuchen. 3) der Flecken. Weiße, rôte, blâue Flecke (Fléck·). Der Tintenfleck, der Fleck im Gewand. Der Schandfleck. Der Marktfleck (Markflék), großes Dorf, das in früherer Zeit die Berechtigung erlangte, einen oder mehrere Jahr- oder Wochen-Märkte zu halten und bürgerliche Gewerbe zu treiben; hochd. der Flecken, Marktflecken; (Grimm, Wbch. III, 1741,4. 1743,3. Der niederd. Claws
585 bûr sagt V. 896: „stede unde vlecken"). In Bayern sagt man in dieser Bedeutung nie blos der Fleck oder Flecken, wohl aber der Markt. „Der Markt Rosenheim, der Markt Dachau. Städte und Märkte."

flicken, 1) wie hchd. „Die schuch geflicket", Cgm. 632, f. 96. 2) ein wenig schlagen; verwunden. Ein Kind auf den A—sch flicken. Grimm, Wbch. III, 1776,7. Zeitschr. IV, 44,31. 3) Einen, Eine flicken, Kameradschaft mit ihm, mit ihr haben. Grimm, Wbch. III, 1776,7. Sich bey Einem zuflicken, (ObrM.) sich manierlich aufdringen, schmarotzen. „Dy zuflicker gar oft loben dy lewt und spotten ir hinderwärtig, Adulatores alludunt plerumque forma laudis", Windb. 204, f. 166b.

Die Flocken, Flucken, (Baur) langes, faltiges Oberkleid einiger Mönchsorden, (franz. froc.; Diez, Wbch. 637. Graff III, 764. Grimm, Wbch. III, 1811,4). „Der Ehrenrock, Harnisch und Flock in Krieg und Fried mich klaydet", (virilis aetas togâ et sago inclaruit), sagt der General Tilly in der Altöttinger Historie von 1698, p. 56.

Das Flockenkraut, süßes Kraut als Speise, (Ammergau, Rath Her). Zeitschr. V, 232.

flucken, ä. Sp. „Fluctuare, vacillare, flucken", Semansh. 34, f. 212. „Volitans, fluchezente", Cgm. 17, f. 212b. 'Vrgl. ahd. flogazjan, mhd. vlogzen, vlokzen, flattern; Graff III, 763. BM. III, 345. s. unten: flogezen.'

Die Flucken (Fluckə˜), Federn; schlechtes Bett; liederliche Weibsperson. Du Fluckə-lusti, Obmr.

Die Flucken-Nudel (Fluckə˜nu'l), kleine Nudel aus zuerst gesottenem und hernach in Schmalz gebackenem Teige; (Baur).

Die Fluckmaus (?). „In ungepauten engen geßlein slaich got der sun hierbab zu yr (BMO) ein und auß und nam von ir an sich sein fluckmaus", Cgm. 713, f. 134. Vrgl. Zeitschr. I, 256: flugmaußen.

'Der Flader, Ahorn, sowohl der Baum selbst, als sein Holz; BM. III, 334: vlederîn, adj. Grimm, Wbch. III, 1708 f. Diefenbach 193b. 246c. Zeitschr. V, 231. VI, 175.' „Gulden seulen gemacht von flader", H. Sachs 1560: III, III, 72b. „Craterem magnum de *fladro* et scyphum unum de *fladro*" schenkt Abt Albert (von Smidmüln) 1357 seinem Kloster St. Emeram; Cod. Em. A. 3. Sanftl II, 1262. „Daz heft (des Messers) was klein flederîn", S. Helbling I, 494. „Fladerbaum, Fladerholz, moluscum crispans lignum; fläderine Tisch, pantherinae mensae", Prompt. v. 1618; (Masernholz, Masholder?). Dagegen hat das Voc. v. 1419: „Fladerbaum, fraxinus; flädrein, fraxineus." s. Floderbirk.

flaudern, flattern; flackern, lodern, (mhd. vlôdern, vlûdern; BM. III, 353. Grimm, Wbch. III, 1812). s. flodern. 's feichtə˜ Hólz *və'flaudə't* g'schwind (b. W.). flauderend (flaudərə˜d), flauderisch, geflauderisch, flatternd, lose ausgebreitet; flatterhaft. Die Flaudern, (b. W.) die leichte Hülse vom Haber, (s. Flæen). „Palea spreudern oder flewden", ZZ. 1803, f. 190. „Von allerlei Ole als Hanif-, Magen-, Büchel- und andern Ole anzeschlahen und ze beraiten sollen die Mulner nehmen von iedem Metzen Korner 10 ₰, doch daß alles Gut zusamt den fleden denen die es ze beraiten geben, wider werden soll", Mühlordn. cf. Fladermühl? s. unten: flodern, Fluder. Die fleiden vom Prein, die fleuden vom habern ꝛc. s. oben: Flæen. „Squama, eisenfeil vel flaudrach", Cgm. 653, f. 375. Grimm, Wbch. III, 1735: das Flaudach, Hammerschlag. cf. Flandern.

fledern, flattern, mit den Flügeln schlagen, (mhd. vlederen; BM. III, 338. Grimm, Wbch. III, 1717. I, 39). Sich ausfledern. Fig. Einen ab-, durch- ꝛc. fledern, ihn prügeln. (cfr. gl. 1165: fledironter, discinctus; Graff III, 773). Die Fledermaus, 1) wie hchd.; BM. II, 277 f. Grimm, Wbch. III, 1745 f. 2) Steckbrief, einem Handwerksgesellen vom Handwerks-Convent nachgesendet. 3) gerichtliche Vorladung. Der Flederreucher (?). „Auguria, Zeichen der Vögel, Gäns und Flederreucher", Av. Chr. 727; (Fleder-raiger?).

fledig, flidig, niederd. (Köln, Aachen), garstig, häßlich; Firmenich I, 457,11. 467,372. 489,78. 492,66. Zeitschr. II, 553,124. III, 271,3. V, 183. 522. s. unten: flætig.

Die Flieden, Flied (Fliə'n, Fliə'), das Fliedlein (Fliə'l), das Laßeisen, die Fliete; (ahd. fliedima, phlebotomus, mhd. vliedeme; Graff III, 360. 772. BM. III, 341. Grimm, Wbch. III, 1745. 1777 f. 1797. 1805: Flede, Fliede, Fliedeisen, Fliedel, Fliedme, Fliete, Flitte. Zeitschr. V, 166,131. 520,4. s. oben, Sp. 452: Pflieten). „Der aderlasser schol mit dem fliedem gar gewis sein", Cgm. 170, f. 4b. „Dieser Kopf soll gesatzt seyn an schrapfenfliedl und soll bedecken nachat den ganzen pauch", Aderlaßbuch, Ms. v. 1477. „Fliedeisen, scalpellum", Prompt. v. 1618.

Der Flödel, wol für Flegel? „Halt's Maul, du grober *Flöd·l*", Lindermayr 26.

flodern, flattern; lodern. s. flaudern; b. W. was flæen. Eine Genothzüchtigte soll klagen „mit prochen leib, mit flodrentem har, mit zerrissen pende", Rchtb., Ms. v. 1453. floderend (flodərə˜d), floderisch, geflodrisch, flatternd, flatterhaft. Der Rabe stellt sich todt „mit geflodriztem swanz", Cgm. 254, f. 4. Die Floderbirk, (Baur, O.L.) die Espe. s. Flader. Der Floderkragen gehört zur Tracht der Engel in der Fronleichn.-Proceff. v. 1581; Wstr. Btr. V, 179. 'Die Flodermül, „Mühle, die nicht Lauf und Zarge hat"; Frisch I, 279a. BM. II, 28.' „Es sullen auch alle mül in läuffen gien, wann man von den flodermülen großen schadn nympt", Heumann, opusc. 142. cf. Fluder. Die Flodersense (Lungau), Blattersense (Zillerth.), Sense mit einer Vorrichtung von Leinwand zum Mähen von Getreide; (Jir.). Der Floderwind, veränderlicher Wind. s. fludern.

Die Fluder, 1) das Gerinne, hchd. das Gefluder. 586
Das Fluder, im Berg- und Mühlenbau: breites, mit zwei Spundstücken versehenes Gerinne, durch welches das Wasser laufen kann; (Krünitz). BM. III, 35,3. Grimm, Wbch. III, 1836 f. Zeitschr. V, 331. VI, 430,25. Der Fluderbaum, der Fach- oder Spundbaum vor einem Mühlgerinne. Die Fälfluder, Schleuße. 2) Bäume, zu einem langen Floß verbunden, um so auf dem Wasser (besonders dem Regen) fortgeschafft zu werden; Holzfloß; ein Floß, aus Salinenbauholzstämmen verschiedener Dimensionen zusammengesetzt, (Pf.-Jir.). Die 36 Fluderherren in Kötzting hatten das ausschließende Recht, solches Holz auf dem Regen nach Regensburg zu bringen. Hazzi, Statist. IV, 297. (Gl. a. 109: fludar, rates; cfr. i. 826: fluder, connexe, und i. 525. 1175: fluctira, consita palmarum plecta. Graff III, 754).

fludern, vrb., rinnen machen, flößen, flötzen; Holz aus den Bergen mittels der Wetterbäche in die beständigen Bäche und Flüsse, und auf diesen weiter fortschwemmen. Grimm, Wbch. III, 1837. „Durch den Ammersee wird das Triftholz mit ordentlichen gemachten Geschären gefludert", N. phil. Abhl. der Academie VI, 181. Fluderbæum, Fluderholz, geflößtes, geschwemmtes Holz, Triftholz; Dienstholz, welches die Unterthanen aus ihren eignen Holzungen jährlich an ihre Grundherrschaften einzuliefern (zu fludern) haben, (Jir.). „Wo Einer Fluderbäume oder Kuefholz auf dem Wasser (Regen) flotzt", Kr. Lhdl. X, 357. „Die weilen bishero ein große Anzahl Holz durch das Fludern auffm Wasser verführt worden", Neuburg. Forstord. v. 1690, f. XXII. Der Fluderer, Holzflößer, besonders auf dem Regen, der Nab, Pfreimt ꝛc., welcher das Bau- und anderes Langholz flößt; (Jir.). Die Fluderey, das Flößgeschäft. Gem. Reg. Chr. II, 44. Das G·flüda', Ableitung eines Wassers in ein Gewerk; Castelli, Wbch. 138.

Die Fludermül, Handmühle zum Getreideputzen; (Jir.). s. Flodermül.

fludern, pfludern, flattern, mühsam fliegen. Grimm, Wbch. III, 1837. 1862. cf. Zeitschr. III, 260,27. 521,6. V, 331. VI, 14. Fledermäuse (Zeitschr. IV, 54), Hühner, junge Vögel *fludə'n.* „O ihr verwirrte Nachtkefer, wie fludert ihr so unbehutsam um ein scheinendes Liecht", P. Abraham. fludergering. Dés Gánsl is nó˜ *fludə'gring,* (b. W.). fluderrauh heißen Vögel im Nest, wenn sie zum Ausfliegen reif sind. Das Gefluder, Geflatter; eig. u. fig. „Uhrketten, Dosen, Ohrwaschlgh̄enk und so Gfluderzeug", Eipeldauer Br. ə˜ Weibə'*gfludə'.*

gefludert, (vom Winde) lau, flau. Gêt də' Wind so *gfludə't,* glaub, əs rengt bàl'. s. Floderwind.

Fludern, plur., eine pflaumenähnliche Frucht, Kriechen, Prünellen, (Wien). Castelli, Wbch. 130: die Fluda'n, eine Art gelber, auch rother, länglicher Pflaumen. „I hà˜ sauré Mli' g·soff'n und *Fludə'n* gessn də'zuə", Castelli, 1828, p. 219. Grimm, Wbch. III, 1837.

Fludach (?). „Scirpus est juncus magnus fludach" (??); Monac. Francisc. 173, f. 197[b]; cf. Mallerst. 32, f. 298 circa.

„Der Fluderer, Zundersammler", (am untern Lech).

---

flaugezen, flackern, lodern. (cfr. gl. a. 196. 221. 334: flogaron, flagrare. Fluchezente, volitans; Cgm. 17, f. 212[b], Deuteron. 32,11. Graff III, 763. 768).

Der Flegel (Flég·l), wie hchd. (ahd. flegil, flegila, mhd. vlegel, Graff III, 769. BM. III, 338. Grimm, Wbch. III, 1747). flegeln, abflegeln die Garben, sie vorläufig mit der Drischel abklopfen, eh sie aufgelöst und ausgebreitet werden. BM. u. Grimm, a. a. O.

Das Fleigerlein, Fleigertüchlein, von der Geliebten mit Blut getränkt, das der Liebende als Heiligthum bey sich trägt in einer Lade. Cod. Pal. 313, f. 121. Gervinus, Gesch. d. N. Lit. II, 220. „Lunulae, monlin, fleigerlin in sertis virginum", Voc. Melber. Diefenbach 339[c].

fliegen (fliəgng), fleugen (floigng, fluigng; s. Gramm. 934, VII.) wie hchd. (ahd. fliogan, mhd. vliegen; Graff III, 761. BM. III, 342. Grimm, Wbch. III, 1780); fig. sich über Andere erheben, hochfahrend, hochfährtig seyn. Wiə àbə' dé *fliəgt*‽ ! tuət iər nout! R. A. Einem eine (d. i. Maulschelle) abfliegen lâßen (versetzen). ausfliegen (von Küchengewächsen), anfangen in Stengel aufzuschießen. ən *ausgflogna'* Salat, Karfiol ꝛc.

587 Die Fliegen (Fliəgng) und die Fleugen (Floigng, Fluigng), die Fliege, (ahd. flioga, fliuga, genit. fliugun, mhd. vliege; Graff III, 762. BM. III, 343. Grimm, Wbch. III, 1778. 1773. Zeitschr. VI, 180). Der Fliegenbaum, fraxinus excelsior, (Majer's Forstzeitschrift), Esche (Jir.). Der Fliegenschütz, (Wien) Holzfuhrmann; 'Castelli, Wbch. 130: ein Landkutscher, Miethkutscher.'

'flogezen, ä. Sp., flattern, (ahd. flogazjan, mhd. vlogzen, vlokzen; Graff III, 763. BM. III, 345. s. oben flucken).' „Ez (das Herz) flogtzete („flogezte") von begirde, sam ez gevider hette"; Valkn. 123.

Der Flug, wie hchd. Vrgl. Zeitschr. III, 278,6. R. A. *in ə˜n Flug, ənə˜n Flug, i˜'n Flug,* sogleich, flugs. 'flugs, adv. genit., im Flug, eilig; BM. III, 344. Grimm, Wbch. III, 1830. 1836. 1847. 1848. Compar. flugser. „Wil gleich dest flüchser hinein laufen", H. Sachs 1560: III, III, 43[a]. Vrgl. Zeitschr. II, 179,61. III, 556,40. V, 414,8. 520,7.

Die Flüg, a) der Flügel. Zeitschr. V, 331. ə˜ *Flüg* von ərə Gans. Hund, StB. hat bald zwo, bald zwen Flüg. b) Klavier von flügelähnlicher Gestalt; ə˜ Weənə' *Flüg.* c) verächtlich: der Arm. Zeitschr. V, 331. I nim di' glei' bə də' *Flüg.* Nimm s· bo də' *Flü'* und reiss s· heə', we˜ s· nét heə' will, (ObrM.). „Bey der Flüg nemen, rapere sublimem brachio", Voc. v. 1618. d) verächtliche, liederliche Weibsperson. Dés is ə˜ rèchté *Flüg,* (Diminut.) ə˜ rèchts *Flügl.* Das Geflüg, das Geflügel.

Der Flügel, wie hchd. Vrgl. Zeitschr. III, 354. flügeln, (Jäger-Sp.) am Flügel verwunden. Grimm, Wbch. III, 1844,3. R. A. Einen *aussiflüg·ln,* ihn beyn *Flüg·l* (Arm) nehmen und nicht eben säuberlich zur Thür hinaus führen.

(Vrgl. Fla, fle, ꝛc. und Flach, flech, ꝛc.)

'flêhen, wie hchd. (goth. thlaihan, ahd. flehan, flehôn; mhd. vlêhen, vlêgen, vlên; Graff III, 755. BM. III, 338. Grimm, Wbch. III, 1749.' cf. placare?). Die Flêhe, ä. Sp. das Flehen, die dringende Bitte. „Deprecationem meam, flege, dege, bete mîne", Cgm. 17, f. 14[a]. „Der bischof gund aber biten den abt mit guten siten und mit sulcher flehe, daz er sich sein verzehe", (daß der Abt den Gerweich entließe), Waldsass. Chron., Cbm. 91, f. 13[b]. „Durch sein große fleh und bit", H. Sachs 1560: V, 362 (1612: V, III, 52). flêhlich, adj. „Supplices, degeliche, flegliche", Cgm. 17, f. 17[a].

fliehen (fliəhhə˜) und fleuhen (floihhə˜, fluihhə˜), 1) wie hchd. fliehen, (ahd. fliohan, mhd. vliehen; Graff III, 764. BM. III, 345. Grimm, Wbch. III, 1788 f.). In diesem Sinne ist das Wort indessen nicht sehr volksmäßig; s. Flucht und flüchtig. 2) von Brettern und Schreinerwerk: durch Eintrocknung, Einziehung aus den Fugen gehen. s. flœhen.

flœhen, flœhenen (flêhhə˜, flêhhnə˜), flüchten, fliehend fortschaffen, (mhd. vlœhen, vlœhenen; BM. III, 346. Grimm, Wbch. III, 1814. 1815: flöhen, flöhnen; 1751: flehen. Zeitschr. V, 232). Sich flœhen. Hab und Guet flœhen. „Fugata nocte, geflohter, uerjagter dere naht", Cgm. 17, f. 134[b]. „Mein man ist an den willen kumen das er mich flöhen wil von dir", Cgm. 714, f. 150. „Man hat was kostlichs geflökt", Klosterbrand St. Urban 1513, Gesch. Fr. III, 180. „Wer icht guets flöcht in di stat", Kohlbrenner's Material. p. 61. „So seindt auch (a⁰. 1632) vil thonen golts werth, alß von khirchengietern und anderen sachen (vor den Schweden) von Minchen geflehet worden", Wstr. Btr. VII, 308. „Um Rettung und Ausflehens willens." . . . „Die ausgefleheten Sachen", Bayreuther und Culmbacher Feuerord.

'entflœhen, enpflöhen, ä. Sp., durch die Flucht entziehen; fliehen machen; BM. III, 346.' „Der sin ist gar entflœhet zwâr allen mînen sinnen", Labr. 36. cf. 321. „Amor bei zeit die sinne mir enpflöhet, und rät mir darnach werben das über mich ze hoch was gehöhet", Valkn. 7. „Daß wir weder unser lip noch guot der stat nüt enpflechen sun" (sollen), Lucerner Urk. v. 1344, Gesch. Fr. III, 253. 'verflœhen, verflœhnen, in die Flucht treiben, verscheuchen.' „Ir reudige schefflach wer hat euch so verflent, das Ir furwitz efflach euer hirten stim nit kent", Lied, Cbm. 1585, f. 323[b].

Der Flôh (Flohh, Flouhh, schwäb. Flaəch, opf. Flâuhh, Flâug), wie hchd.; (ahd. flôh, mhd. vlôch; Graff III, 760. BM. III, 353. Grimm, Wbch. III, 1812 f. Zeitschr. V, 129,13. 331. gl. a. 529. 576. o. 420. 450:

floh, phloach, flooh). R. A. ə˜ *Flohh* i˜ də' Mɪlisuppm, wird im Scherz von einer weißangekleideten magern Brünette gesagt; spanisch: **una mosca en leche.** In Gedanken stecken, wie der Hund in Flæhen. Wittenweiler im Ring 38,1 hat die floh (wie auch daz zeit, daz phait statt „die"; schweizerisch. 'Ebenso Boner 48,1 ff.'). Das Flôhkraut, **salvia glutinosa L.** (Berchtesgaden). flôhen, flæhen, Flöhe fangen. „Ein hund flocht dem andern, **mutuum muli scabunt**", Avent. Gramm.

'Die Fluh, Felswand, Fels, (ahd. fluoh, fluah, mhd. vluo; Graff III, 769. BM. III, 355. Grimm, Wbch. III, 1849 f.).' „Zu Schofhawsen ligt manig flûch versencket in den lauffen", Cgm. 714, f. 76. „Ze Schaufhusen lit mang fluech versenkt in den tiefen laufe", **Cgm. 317, f. 104ᵇ.**

---

588 Der und die Flammen (Flamə˜), die Flamme; BM. III, 336. Grimm, Wbch. IV, 1711. 1712. „Daz dich der flamme nit verbrenne", Cgm. 4902 (v. 1429), f. 9. „Unkunst mir laider seet in mein hertz iren samen und hat auch laider iren flamen gezogen für die augen mein", Cgm. 714, f. 190. „Von welchem Rauch, alsbald Frau Venus nur ein wenig daran bläst, ein solcher Flammen auffschlegt, der sich nit mer leschen last"; Puterbey. „Arzt: Sag, hust der kranck und würffet auß? Antw.: Ja, ja groß flammen nach der pauß und hustet oft unten und oben"; H. Sachs 1560: V, 354 (1612: V, III, 35). „Das ist ein nasser hader gewesen, ich wil gleich da mit einem besen zoten und flammen dannen kehrn", sagt Eulenspiegel, H. Sachs 1560: V, 370 (1612: V, III, 67). zerflammen. „Drumb ist mein gewand also zerschlissen, auch ich so gar zerflammet bin", H. Sachs 1560: III, III, 26. flemseln, (Aschaff.) nach Flamme oder Rauch riechen, (von Speisen). Vrgl. Grimm, Wbch. III, 1721: flämmzen.

flämmen (flámmə˜) Einen, ihn betrügen, übervortheilen; Grimm, Wbch. III, 1715. cf. engl. to flam.

Der flaum, ahd., Flucht; 'isl. flaum, ags. fleam;' Graff III, 768. Cf. „Charite is chased and flemed out of londe", Frere Dawe, Bodl. Ms., Digby 41. cf. Pierce Ploughman, preface XLIX. Vrgl. Grimm, Wbch. III, 1815: Flömel.

flemisch, 'flämisch, 1) flamländisch, flandrisch; BM. III, 336.' „Sô ist er niht âne der vlæmischen hövescheit", Nîthart, Ben. Beitr. III, 5, p. 311 (Haupt p. 54, 36). 2) (b. W., im Untern Wald; Prof. Kopp) zornig. Flemisch werden. Auch als Epithetum zu Zorn: ə˜ *flemischer* Zorn, großer Zorn. 2) (Frank.) mürrisch, verdrießlich; (Zips) schadenfroh; (niederſ.) grob, plump. „Der Bûr sag ön *flämisch* an", Dönekenbôk 184. Gust. Köhler (im Neuen Lausitz. Magazin, 1840, S. 325) leitet die dortigen Ausdrücke: ein flämsches Gesicht, flämscher Kerl, flämschen von der trotzigen Art der um 1150 nach Görlitz eingewanderten Tuchmacher her. 'Vrgl. Weinhold, schles. Wbch. p. 21. Zeitschr. IV, 167. Grimm, Wbch. III, 1711.' flemisch, adv., (Aschaff.) sehr, z. B. fl. essen, schlagen. vlæmen, mhd., nach Art der Flamländer sprechen. „Mit siner rede er vlæmet", Nîthart, Ben. Beitr. III, 5, p. 311, (Haupt p. 82,2).

Der Flemmer, Flemmerer, (Baur) Verweis. Der hàt ə˜n rèchtn *Flemmərə'* 'kriegt.

Der Flimmer, s. Flinder. „Die Bierschenke geht in Muggendorf der Reihe nach herum; der, den sie trifft, hat den Flimmer", (ein Bierschenkzeichen); Köppel's Briefe über Ansbach und Baireut. Vrgl. Zeitschr. IV, 167: Flemmel, **gramen tremulum.** Grimm, Wbch. III, 1768.

flimmern, (im Grabfeld) verliebt seyn. Vrgl. Zeitschr. VI, 208: flîmern, streicheln; V, 422,37: fliemstrîken.

'Der Flieme, was die Flieden (w. m. s.); BM. III, 341. Grimm, Gesch. d. d. Spr. 871.' „Er zerbicket im sin houbet mit einem vliemen gar", Pf. Amîs 2345.

Das Flanl; Augen*flanl*, (Zir.) Augenwimper. cf. flæen, flandern.

Das Flenetl, Flenntl. „Man hat mir erzählet" (sagt Ludewig in seiner **Germania princeps**, Abth. **IV**, S. 280), daß der letztverstorbene Kaiser (Carl **VII.**), als er einsmal zu Frankfurt im Briefschreiben begriffen gewesen, zu dem bey ihm stehenden Grafen v. B. gesagt: er solle ihm doch das Flenetl hergeben. Der Graf aber, welcher nicht gewußt, was das bedeute, habe daher gefragt, was Ihro Majestät befählen? da denn der Kaiser sich gewundert, daß er kein Deutsch verstände, und das Federmesser, welches man nemlich in Bayern so nennet, selbst gelanget. (s. v. Delling's Idioticon). Auch Adelung voce Federmesser bemerkt, vielleicht aus derselben Quelle, daß man dafür in Bayern Flentel sage. — Mir ist weder Flentel noch Schrifträl im Leben vorgekommen. Vrgl. allenfalls Flieden, Fliədl.

flenen (flen'n, flenə˜, auch wol pflenə˜), meistens im verächtlichen Sinne: weinen. I *fle˜*, du *fle˜st*, er *fle˜t;* I hà *gfle˜t.* Grimm, Wbch. III, 1768. Zeitschr. I, 285,1. 17. II, 84,13. 32. III, 418,456. VI, 341. Vilmar, kurhess. Idiot. p. 105: flennen (Prät. flânte, Ptc. geflânt), weinen und lachen; cf. greinen. Vrgl. flenschen.

Der Fleiner, (schwäb.) eine Art Apfel; Firmenich II, 435,32. 436,1. Etwa genannt nach dem „Heiligenpfleger zu Wadawies" Fleiner; das. 441. 445,33.

---

flandern, fländern, hin und her bewegen, wehen, ziehen; Grimm, Wbch. III, 1722. Zeitschr. II, 51. V, 878. weg, fort, auseinander ꝛc. fländern. Das Fländerlein (Flándə'l·), flatterhaftes Mädchen. Daher wol die R. A. Mädchen aus Flandern; Grimm, Wbch., a. a. O. Vrgl. flä=en.

Flandern, Rußflocken? „Daß die Kaminfeger in den Kaminen nur den Ruß oder Flandern abzukehren pflegen, das Pech aber hangen lassen"; Wiltmeister 556. Vrgl. Fal=wisch. Bey Henisch sind „Flanden Gneist, die vom glühenden Eisen springen." „Eisenflandach, **squama;** Voc. Archon. f. 39. Grimm, Wbch. III, 1721 und 1735: Flaudach. Diefenbach 549. cf. Flaudern.

flindern, flinderln, 1) flattern; s. flandern. 589
„Do flindert die gloß (die der Müller von des Sohnes, eines Studenten, **Codex juris** weggehauen) umb und umb zerstreuet in der Mühl herumb"; H. Sachs 1560: II, III, 105. 2) (opf.) flimmern, funkeln. əs *flində'lt* mə' vor'n Aughən. Grimm, Wbch. III, 1800. Zeitschr. VI, 132,28. 133.

Der Flinder, das Flinderlein, das Geflinder, 1) der Flitter. „Mit goldem und silberm geflünder ziert", Wstr. Btr. V, 172. Die Flinderleins=Hauben (Pegniz). „Item das Geschirr (Fischzeug), daran man die Flinderl oder Ring hengt und zu Schwaben ain offen Sail genent wirdet, sol verbotten seyn"; L.Rcht. v. 1553, f. 148. 2) „Der Flinder, (Nürnb., Hsl.) grünes Waldbüschlein, welches in Landstädtchen, wo jeder Bürger Bier zu brauen pflegt, vor dem Hause desjenigen herausgehängt wird, den die Reihe trifft, die Woche durch Biergäste zu setzen. Von diesem sagt man: „Er hat den Flinder", „man geht zu ihm in den Flinder." Dieses Waldbüschlein ist wol nur ein wohlfeileres Surrogat des Zeichens von Silberflittern, das man in altbayrischen Städten an Bierhäusern bemerkt. Grimm, Wbch. III, 1799. Zeitschr. II, 46. 217. VI, 132,28. 133.

'Der Flunder, ein gewisser platter Seefisch, eine Art Scholle; Grimm, Wbch. III, 1799 und 1851: Flinder,

Flunder.´ „Flangundula, medius piscis, flunder", Semansh. 34, f. 202. Diefenb. 237. BM. III, 355.

Der Flank, (Chiemsee) der Funke; Grimm, Wbch. III, 1722. (Es verhält sich dieses Flank zu Fank, wie Flunken zu Funken, und das l scheint in den Verbindungen bl, fl, gl. ꝛc. schon früh durch eine kindlich-bequeme Aussprache manchmal ausgelassen, dagegen aber auch zuweilen nach b, f, g ꝛc. eingeschoben worden zu seyn. Man bedenke: Flittich und Fittich, Flausen und Fausen; Spint und Splint, pflätscheln und pfätscheln, fetzen und fletzen, Gufen und Glufen, blutt und butt, schlecht und sche't, fimmern und flimmern, flenzeln und fenzeln, Flitschelein und Fitschelein, flänzeln und fänzig, flispeln und fispeln).

flanken, flänkeln (flánk·ln), flankieren, 1) v. n., die Flügel, die Arme schwingen; sich hangend bewegen; verächtlich: gehen. Daher flanken, herum flänkeln; Grimm, Wbch. III, 1723. Zeitschr. V, 129,9. 232. 2) v. a., bewegen, ziehen, schleppen mit dem Nebenbegriff des Hin- und Herwehens, Schwankens. „St. Melchə', der *flánk·lt* di Fà˜stang voraus", Lied: die heil. Dreykönige. Einen weg, fort, naus flänkeln.

Der Flank, Flänkel, die Flank, Flanken, männliche, weibliche Person mit lumpichtem, verwahrlostem Anzug. Grimm, Wbch. III, 1722. Zeitschr. II, 342. V, 39,20. 232. ə˜ Z·ris*flank*. Die Flank, Flanken, herumziehende liederliche Weibsperson. Der Flanken, Flänken (Flankng, Flenkng), das Stück, 1) mit dem Nebenbegriff des Niederhangens und Schwankens; der Fetzen. „Dein Gedanken seynd wie Flanken, welche spilen hin und her", Bogner Mirak. Der Hund hat dem Weib einen ganzen Flanken aus dem Rock gerissen.. Ein Flanken Rotz, Spaichel, ein Flanken Flaisch. 2) jedes Stück; ein Flänken Land, Stück Landes. Der Flänkel, (Prasch) der Flügel. Der Flänkeling, Fetzen, Flocke. ə˜ *Flenkəlin*' Roz, Spaəchəl, Schnê u. drgl. ə˜ *Flankərl, Schnêflankərl*, Flocke; Kartsch II, 191. Flankart. In alten Harnisch-Inventarien bey Meidinger kommen so und so viel „Par Flannckhart",
590 als zu Panzern oder Küraßen gehörige Theile vor. „Mer ain par herrnflankhen." Grimm, Wbch. III, 1722 f.

Die Flinken (Flinkng), die Flinte; Grimm, Wbch. III, 1801. BM. III, 342. „Ein Student gienge zur kühlen Abendszeit mit keinem anderen Gespann als mit der gespannten Flinken spazieren"; P. Abraham.

`flinken, flinkern, blinken, glänzen, schimmern; Grimm, Wbch. III, 1801.´ „Die Sonne mit ihren flinkernden Strahlen, durch ihren flinkernden Glanz", F. v. Zesen. Zeitschr. VI, 132,28. 133.

Der Flunken (Flunkng), (Würmsee) der Funke; (s. Flank). Grimm, Wbch. III, 1851: „flunkern, scintillare, flimmern, funkeln." Cf. Suchenwirt XXV, 194: „Jr mündel feuers flamen flukt" (: gedrukt). Cf. Zeitschr. III, 278,6.

Der Flans, s. flenschen.

Der Flins, (nach Flurl's Bschrb. d. Gbrg. p. 305, bey Passau) Graphit; nach J. S. v. Gruner (s. Alben) in der Sprache der Brunnengräber, Maurer und Bauleute um München: die unter dem Kieslager dieser Gegend liegende neueste Sandsteinformation. „Und soll dîn herze steinîn sîn, rehte herte als ein flins", Br. Berhtolt 231 (Pfeiffer 44,38). „Sein hercz was vester dann ein flins", M. Beham, Wiener 59,14. „Daz der meide kindes blut niht kan erweichen dinen mut und dines herten hertzen flinse", Renner 18752. „Nu nemen wir den vlins" (Stein echites), Cgm. 54, f. 72ª. flinsig, adj. „Er sol mit augen regen feuhten sin flinsic hertze", Renner 20623. Gl. a. 435. i. 79. 373. 777: flins, silex, lapis. Graff III, 773. BM. III, 342. Grimm III, 379. Wbch. III, 1801.

flinseln, flimmern; blinzeln. Das Flinselein (Flinsə-l), das Flitterchen; unser lieben Frauen Haar, briza media L.

---

flenschen (fleə˜sch·n), das Gesicht verzerren, sey es zum Weinen oder zum höhnischen Lachen; (Parzival: flenzen). „'s Brumeln und 's Keppeln und 's *Flienschen* und 's Zanä, 's Grübeln und 's Nendln muſs weit seyn vä danä", Lindermayr 115. Zeitschr. II, 32. sich flenzen, den Mund verziehen. Vilmar, kurhess. Idiot. p. 106. Zeitschr. II, 30. 32. 342. cf. greinen und flennen. Die Flenschen (Fleə˜sch·n, Fleə˜dschn), das verzerrte, verzogene Gesicht; verächtlich: das Gesicht, das Maul. Der Flanschen, die Flunsch, (schles.) der Mund, namentlich der breite, verzerrte; Weinhold, schles. Wbch. 21. 22. Grimm, Wbch. III, 1851: Fluns, flunschen. Cf. mhd. der vlans, Diminutiv: das vlensel, der verzogene Mund; BM. III, 336 f. Grimm, Wbch. III, 1723. Cf. dinsen unter Dunsel u. Grimm, Wbch. III, 1802: flinsen. „Möht ir gerüeret hân den flans"... Die Mutter „schob" dem Kinde „ir tuttengrensel in sin flensel", Parzival 247,28. 113,7. „Als ein tummez genselin so keuwet sie daz flenselin, daz ez muz roten ane sinen dank", Renner 12447.

Die Flinten (Flint·n, Flinkng), die Flinte. Grimm, Wbch. III, 1802. Das Flintentragen kommt neben dem Eselreiten und Pfahlstehen als militärische Strafe vor in den wirzb. Kriegsartikeln v. 1743.

Flenntl, s. Flenetl.

---

flintschen, flinstern, freundlich ansehen; Heumann, opusc. 695. s. flenzeln.

---

flänzeln, (Rhein) sich zieren, putzen. s. pflänzeln und fänzig.

flenzeln, flenseln, (fleə˜z·ln, fleə˜s·ln), süßlich, zärtlich und affectiert sprechen. Grimm, Wbch. III, 1724: flansen. (cf. fenzeln).

Die Flarr, die Flärren (Flèrn, Flè'n), Sache oder Figur, von welcher man das Breite, Platte verächtlich bezeichnen will; (cf. Fladen, Plätz, Plärre); breite, unförmliche Wunde oder Narbe von einer Wunde; entzündete Stelle an der Haut. (BM. III, 337: vlarre. Grimm, Wbch. III, 1724. 1770. Zeitschr. II, 342. IV, 2. 415,52. cf. Firmenich I, 179: Flarre, Lippe, Maul. Vilmar, kurhess. Idiot. 104. 106. Ganzé *Flärrn* auf 'n Bod·n machə˜, z. B. von Flüssigkeiten, die man verschüttet, d. h. ganze Lachen, Flecken. „Flarr, area, areola, vulnus amplum", Prompt. v. 1618. „Chumpt der vogel in das flerr (in das lerr; Reim: Geplerr), er wirt villeicht gevangen"; Cgm. 270, f. 76 u. 379, f. 39. `flarren, 1) heulen, weinen; Grimm, Wbch. III, 1725.´ Castelli, Wbch. 129: fleə'n. 2) flarren, (vom Vieh) pissen; Grimm, a. a. O. 3. cf. lurschen.

Die Flier (Fliə'), die Fliete oder das Laßeisen der Veterinäre, Wasenmeister ꝛc. „Phlebotomus, phlier", 591
Voc. Hüb. v. 1445. s. Flieden.

Der Flor, wie hchd. Grimm, Wbch. III, 1816. Beym Landvolk wird unter Flor zunächst eine schwarze Halsbinde von Flor verstanden. flören (flèrə˜), adj., von Flor; Grimm, Wbch. III, 1817: floren. flöreln, (Hauser) sich zitternd, wie ein Flor, bewegen; dunkel vorschweben.

`flôren, florieren, vb. a., schmücken (mit Blumen, v. lat. florere, zu der Flôr, mhd. diu vlôre, vlorîe, Blume, Blüte; BM. III, 354. Grimm, Wbch. III, 1817. 1818).´ „Baz gewâfent denne Feirefiz, den ein edeliu küneginne het ûʒ geflôret durch die minne", S. Helbling III, 152. „Gesâht ir in dem meien walt mit wîʒer blüete [ie baʒ] geflôrt", das. VII, 379. Das Wort almagalan „kom aim grôʒen sündær für in seim slâf mit wol geflorierten buochstaben", Konr. v. Megenberg p. 271,29. „Ein schneweißer tauber mit schimreten gefider sauber, mit gold artlich darein florieret", H. Sachs 1560: II, IV, 46. florieren, florisieren; Illuminierbuch, Cgm. 821, f. 18. 23. 26. s. Th. III: Rubrick.

Der Floren, der Florenzer, ä. Sp., der in Florenz geschlagene guldene Pfenning, elliptisch: Florenzer Gulden. (Hbn. Voc. v. 1445. Hund's Anmerk.). Grimm, Wbch. III, 1817. Nach dem lat. Florinus nannte man dieses Goldstück Floren, Florin. „Florenus, gulden vel florencer", Clm. 5877 (v. 1449), f. 117. „Pfenning guldin, die da haißen Florin", Horneck. Neugriechisch noch τὸ φλουρί, der Dukaten. Dieser Name Florin blieb auch dem spätern silbernen sogenannten Gulden, und die Anfangsbuchstaben fl. sind noch heutzutage das Zeichen für den jetzigen, blos in der Rechnung üblichen Gulden; (s. Gulden). Auf ähnliche Weise haben sich die Zeichen dn (denarius) und lb (libra) erhalten. Das Prompt. v. 1618 sagt: „Floren, decurtatum a Florenzer Gulden, florenus olim aureus nunc argenteus, unde Germanis Gulden."

Der Fluer (Flur, Franken), die Fluer (Flouə', O.Pf.), wie hchd. die Flur, (ahd. mhd. vluor; BM. III, 356. Grimm, Wbch. III, 1851 f. gl. a. 683: fluor, seges). „Der man lebt seit, biʒ manic flur in dem lande wart abgesniten", Renner 23691. „Der wint durch kornes fluor töbelichen geswanc", Konr. v. Wirzburg, Maßmann I, 145. „Git der (der Reiche) got eine sangen von sime breiten flure", Cgm. 100, f. 109. „Den ochsen in den flor slagen", MB. XVIII, 694. In Altbayern ist das Wort unbekannt; man braucht dafür Feld oder Esch. Der Sommerflur, Winterflur. Boden, solum, area, pavimentum. Cf. Sax. chron. a⁰. 978: „ealle tha yldestan Angel-cynnes witan feollon æt Cælne of anre up-floran" (from an upperfloor). Die Flurhayen, Flurwächter; Heidenheimer Ehehaft im Salbuch v. 1400, f. 80. cf. Hay. Der Flur-Ritt, jährliche Procession um die Felder; wirzb. Kirchenord. v. 1693. flürlich, flurweise. Die Felder sind alle Jahr flürlich zu bauen", ansp. Verordn. v. 1705. „Der hof gibt 1 metz korn ꝛc. flurlich von 1½ Morgen akers uff dem Dausenthaug gelegen", Cgm. 4854, f. 87ᵇ. Der Fluerer (Flourə'), 1) Feldhüter, Flurschütze, Eschhay; 2) Wasenmeister, Abdecker. Grimm, Wbch. III, 1852. Zeitschr. II, 276,38. 431,46. „N. N. Stadtflurer zu Eichstedt", Ausschreibung Mitte April 1836. flueren (flouə'n), die Flur bewachen.

„Flasir am schuch, liripipium"; Lessing, hg. v. Maltzahn, XI, 2, p. 264. BM. III, 337. Diefenbach 324ᶜ.

flausen, s. flôsen (nach Gramm. 330. 336).

Der Fleiß (Fleis, opf. Fleissg), wie hchd.; (ahd. flîʒ, mhd. vlîʒ; Graff III, 780. BM. III, 352. Grimm, Wbch. III, 1763). Mit Fleiß, am Lech: ze Fleiß (z' Fleiss), zum Fleiß, absichtlich, de industria. „Thuəst əs deinə' Muədə' z' Fleiß", Reitzenbeck II, 83. z' Flès, mit Fleiß; Rank, Böhmer Wald p. 268. ä. Sp., Einen mit Fleiß bitten, (sehr). „Begehren Wir von euch mit ernstlichem Fleiß", Kr. Lhdl. II, 69. VI, 49. „Man ir also zvleize phlac", Kindh. Jesu, Hahn p. 95,61. Sich fleißen, sich befleißen, beeilen, (ahd. flîʒan, mhd. vlîʒen). fleißig, 'ä. Sp. mit Genit. der Sache; BM. III, 352; Grimm, Wbch. III, 1767.' „Der iüngling was der botschaft vleizzich", Cgm. 54, f. 33ᵃ. Ironisch: Er hats fleißig vergessen. ä. Sp. Einen fleißig, fleißiglich bitten, d. h. inständig; Kr. Lhdl. II, 85. sich fleißigen, wie hchd.; opf. fleis·gen.

Grimm, Wbch III, 1767. 'geflißen, ptc. als adj.' So g'fliss'n bin I scho˜, ich bin im Stande, es ist mir möglich, das zu thun ꝛc.; ObrM. 'verfleißen, ä. Sp., mhd. vervlîzen, Sorgfalt oder Eifer an etwas wenden; BM. III, 352.' „Als ain podenloser sack, den niemant erfullen mag, der unden ist zerissen, also bistu pfaff verflissen", (zerslissen?); Cgm. 714, f. 33.

fliesen, vliesen, (ä. Sp.) statt verliesen, verlieren. Der Flust, Vlust, statt Verlust. s. ver und liesen.

fließen (fliəss'n, opf. flêiss'n), auch fleußen floiss'n, fluiss'n), 1) wie hchd. (ahd. fliozan, mhd. vliezen; Graff III, 740. BM. III, 347. Grimm, Wbch. III, 1793). 2) von weiblichen Personen: den Blutfluß haben. Si is fliəssə˜d wor'n, si fliəst, hàt gfloss'n. 3) vom fließenden Wasser fortgetragen werden. „Nachdem das Söhnlein, welches bey Bruck in die Ammer gefallen, 592
bey hundert Schritt weit geflossen, hat man es wieder für todter herausgezogen", P. Abraham. (s. flôß und flœßen).

Fliesstain, s. oben, Sp. 784: Fliə-staə˜n und Th. III: Stain.

flôsen (flausn), (Nürnb., Hsl.) lügen, Schwänke machen. Die Flosen (Flausn), Schwänke, unrichtiges Vorgeben. (Gl. a. 258: flosari, caflaosari, falsiloquax, mendax; 323: kiflosida, prestigia; i. 619: kiflos, susurratio, fallacia. Cf. Ulfilas, I. Corinth. 13,4: flauteith, περπερεύεται). Grimm, Wbch. III, 1737: Flause. Zeitschr. II, 342. III, 133. IV, 547,1. V, 232. VI, 260, III.

floß, adj., (salzb., Hübner), flott; lose, ledig, nicht fest. floß stricken, lose stricken. Flàs, seicht, (Gastein, Mesnil). Zeitschr. V, 232. „Tepiditas, floßhait, animi torpor"; And. 48, f. 146.

Der Flôß, Fluß, Strom; Lache von ausgegossenem Wasser, von Pisse ꝛc. Graff III, 753. BM. III, 349. Grimm, Wbch. III, 1818. „Der flôʒ, der von Urganes wunden flôʒ", Tristan 16067. Die flos, Metzger-Sp., Cgm. 22, f. 59. s Kind hàt ə˜n ganzn Flous au'm Bodn gmacht. „Abgenommenes Hirschgeweyh, so einen großen Floß zusamb geblut", D. Agricola Ambergensis, Beschreibung des Hirsches. 'Die Floßgalle, eine Krankheit des Pferdes am Fuße; BM. III, 459. Grimm, Wbch. III, 1822.' „Vlôzgallen, beinwahs („peinwachst") unde spat", (Pferdefehler); S. Helbling VII, 746.

Der Flôß (Flos, Flous, Flaəs), wie hchd. das Floß oder auch fem. die Flöße, d. i. verbundene Baumstämme, welche zu Bauholz auf den Flüssen aus den Gebirgen herabgeführt werden, und nebenbey meistentheils auch als Fahrzeug zur Transportierung verschiedner Gegenstände dienen. „Floz, strues lignorum", Clm. 17401 (v. J. 1226), f. 13ᵇ und 17420, f. 63ᵇ. Cod. c. pict. 7ᶜ, f. 12. „Quando struem lignorum hoc est flovs in aqua deducimus", Raitenhaslach 1338, Cbm. 5, f. 3ᵇ. MB. XVII, p. 7, ad ann. 1244: „Congeries lignorum, qui vulgariter Flözze nuncupantur." (cf. Flozscef; gl. a. 478. i. 386. 1054. o. 160: scapha, barca). Nach der alten Forstordnung Art. 65. (L.R. v. 1616, f. 764) soll ein Tragfloß über 20 Tragbäume (jeden wenigstens von 38 Schuh Länge) und eine Breite von 17 Schuh haben. Ein Schnittfloß (von Sägbäumen und Brettern) soll höchstens 12 Schnittbäume (von wenigstens 30 Schuh Länge) und obige Breite (nach dem, unterm Isarthor in München eingehauenen Stangenmaß) haben. Arten von Flößen sind: das Gestrick, der Waldschragen ꝛc. s. Wstr. Btr. V, 272. An der Enz im Schwarzwald ist der Floß, Floz = Flößung, Trift. Es werden an die 12 und mehr Gestricke (G'stər?), 6—7 Stämme breit hinter einander gebunden. Flößler, (Isr.) Flößer. Zeitschr. III, 239,6. Der Floßhaken, (Isr.) was Griesbeil. Der Flößsteig, Fußsteig, der vorzüglich von den Floßleuten (Flößern), die ihr Rückreisen gewöhnlich zu Fuße machen, betreten wird.

Das Floß, (Aschaff.) die Straßenrinne.

'Die Floße, ä. Sp., Kehle; BM. III, 351.' „Si truoc im vol ein grôzen kopf, den zôch er in die vlozze; nu wol mich miner drozze! S. Helbling I, 411.

Die Flößen, das Flußeisen, Floßeisen, d. h. Masse Roheisen von 3—4 Centnern, in der Form, wie sie geschmolzen aus dem Hochofen kommt, (Gans, gueuse).

flœßen (flêss'n, flêiss'n, floiss'n', fleəssn), 1) wie hchd. als vrb. factitiv. von fließen, besonders in der 3ten Bedeutung; (mhd. vlœzen; Graff III, 743. BM. III, 350. Grimm, Wbch. III, 1820 f.). 2) spülen. Zeitschr. V, 331. „Daz die güß grozz wurden ... und den stockh flözzoten und hintrugen", Cgm. 54, f. 49ª, '(Gesta Romanor., Keller p. 95).' abflößen, s. Th. II: Klausen. anflößen, anspülen, anschwemmen (einen Grund). Anflößung, Anschwemmung; Ertel, prax. aur. I. (anagifluzida, alluvio, gl. i. 317). hinflößen, wegspülen. „Der Regen hat (an der Säule) die Buchstaben gar hingeflößt", Avent. Chr. verflößen, wegschwemmen (einen Grund), Urb. Obrch. zerflößen. „Si (diu sunne) zerflœzet das eis"; Konr. v. Megenb. f. 36ª.ᵇ. Pfeiffer 58,24. 59,35. cf. p. 795. Die Flœße, Holzflöße in Franken, was in Altbayern die Trift, Holztrift. Die Saalenflöße, Holztrift auf der Saale. Das Flößholz, der Flößmeister, Flößbeamte; Bayreuth. Verord. Privilegg. der Städte Culmbach, Hof, Wunsiedel.

Der Fluß (Flus), 1) wie hchd.; (ahd. fluz, mhd. vluz; Graff III, 744. BM. III, 350. Grimm III, 384. Wbch. III, 1855. Namen fließender Wasser: Graff III, 744—752). Fig. der sorgen fluz vertammen (dämmen), Labr. 503. 504. 2) Quelle, Brunnquell. Im Sê, in
593 der Isar sind vil Flüß', d. h. aus dem Grunde des Sees, der Isar kommen Quellen hervor. „Wir nemen unser Waßer alles aus der Isar, weil wir kainen Fluß haben." Wilde Flüße, Naßgallen, s. Hidl, Higl und Hül. I~n Hiərgst, wen di wild'n Flüss gängə~, b. W. 3) die Flut. Der Sündfluß, die Sündflut, '(mhd. sintvluz, gewöhnlicher sinvluot, sintvluot, große Flut, Überschwemmung; Graff III, 754. BM. III, 350. 356. s. Th. III: Sin-, Sint-fluot).' Die groß sintflus, Cgm. 269, f. 23ª. „Es ist kein Zweifel, daß viele Berge durch den Sündfluß entstanden", (Schreger's Zeitvertreiber). „Alle und jede waren fromb, so lang der Sündfluß gewehret und sie in der Archen waren", P. Abraham. 4) das Rinnsal. „Das sie graben sullen einen Fluß der Tunau durch unser Aigen (zu Nidern Ebling)"; MB. XII, 176, ad 1343. Statt des jetzt üblichen einfachen Wortes Fluß für flumen findet sich in ältern Schriften, z. B. Aventin, gewöhnlich noch das Compositum Waßerfluß. 5) (opf.) Pottasche. Flußsieden. Die Flußhütten. Das Flußpapier, Fließ- oder Löschpapier.

flüßig, 1) wie hchd. 2) vom Boden: Quellen, Brunnquellen enthaltend.

Die Flaschen (Flasch'n), 1) die Flasche, (ahd. flasca, genit. flascun, mhd. vlasche; Graff III, 774. BM. III, 337. Grimm, Wbch. III, 1725). „Cerevisiam non usitet nisi potionem turbidam in flasca", Ind. 397 (sec. XIII.), f. 77ᵇ. 2) die Maulschelle, Ohrfeige; BM. III, 337. Grimm, Wbch. III, 1726,6. Einem ə~ *Flasch'n* geben, draen. „Mag er einem solchen trutzigen Esel wol selbst ein guete Flaschen treen."; Anord. zur Fronleichn. Proceß. v. 1580. Wstr. Btr. V, 148. Das Flaschenmaul, Schimpfbenennung, (Werdenfels). Fläschltrager, s. oben, Sp. 170: Österreicher. flaschen, flaschnen Einen, ihn mit Ohrfeigen bedienen. Zeitschr. IV, 44.

Das Flaisch (Fleisch, s. Gramm. 142; cf. 140. 145. 149. 151: Fläsch, Flàisch, Flèsch, Flêsch), wie hchd.; (ahd. fleisc, mhd. vleisch; Graff III, 774. BM. III, 339. Grimm, Wbch. III, 1752. Zeitschr. V, 332. Warum bedeutet dän. flesk, schwed. fläsk blos Speck (Schweinefleisch?)? Vrgl. engl. flesh. Cf. slaw. plet, plot, Fleisch, Leib, Geflecht? von pletu; cf. Flächsen. Grimm, Gesch. d. d. Spr. 1011. 1013; polt, Speckseite, wol als polt, Hälfte zu nehmen). Zur rechtsgiltigen Zeihung eines unerlaubten Coitus gehört, „das man flaisch in flaisch gesehen", Cgm. 252, f. 104ᵇ. Zeitschr. II, 403,22. V, 372. R. A. Zu hailigen Zeiten, wenn die Bauern Flaisch eßen, d. h. selten. Das jung Flaisch, (Metzgersp.) das von Kälbern, Schafen, Schweinen. Das alt Flaisch, das von Rindern, Ochsen, Kühen; L.R. v. 1616, f. 627. Das Tällerflaisch, Fleisch, das, eh es in seiner Brühe ganz ausgekocht ist, als eine Art Gabelfrühstück genossen wird. ä. Sp., der Flaischhakhel (Lori, Lechrain 50), der Flaischmann, plur. Flaischleute, (Ensdorfer Gerichtsord. v. 1460; Amberg. Akten v. 1413; MB. XXIV, 336; Voc. v. 1419), der Metzger; der Flaischel, Münch. StR. §. 246. (Fleischer ist in Altbayern unvolksüblich). Der Flaischtisch, die Fleischbank; Mederer's Ingolstadt, p. 70, ad 1379. „flaischen, excortuare", Windb. 170, f. 432ª. BM. III, 340.

flaəsch'n, (b. W., Obrm.) von Blut triefen, den Blutfluß haben, (s. Faisch). Dé Kindbéttərin *flaəscht si'* sauber *aus*, hàt ə~n ganz'n *Flaəsch* untər iərə'.

flaischen (flaəsch'n, opf. flàisch'n), (als vrb. neutr.) schleppend einhergehen; (als vrb. act.) ziehen, schleppen, (česk. wleku, infin. wléčy). „Damit die Mäntel nit im Kot umgeflaischt werden", Wstr. Btr. V, 120. „Mußten zusehen, daß man jre haußfrauen jämmerlichen hin und her fleischt, mutwilliget vor jren augen ... Rissen sie, fleischten sie dahin". . Avent. Chr. hinteriflaischen, (Dtg.) zurückschleppen. Ein Kleidungsstück abflaischen, es durch sorglosen Gebrauch zu Grunde 594
richten. zeflaischen, zerzausen, zerziehen. (Hieher gehört im Grunde vielleicht auch das hchd. zerfleischen).

Die Floschen, Fischfloschen, Flossen; „Pennulas, floscun", Clm. 4606 (sec. XI.), f. 101. (So kommt auch gl. a. 102. M. m. 81 flusc vor statt fluz).

---

flispeln, lispeln; Grimm, Wbch. III, 1803: flispern. Zeitschr. III, 282,99. (Vrgl. fispeln).

---

flosteren. g'flosterət bläst der Wind: lau, gelinde?

(Vrgl. Flad, fled, rc.)

'Der Flât, ä. Sp., Sauberkeit, Zierlichkeit, (mhd. vlât; Graff III, 771. BM. III, 335. Grimm, Wbch. III, 1728).' flætig, ä. Sp., sauber, zierlich, (mhd. vlætec; BM. III, 335 f. Grimm, Wbch. III, 1728. Zeitschr. II, 553,124. III, 271,3. IV, 262,20. V, 183. 522: als Adv. gänzlich, völlig, sehr). „Si was ein flætich wip, ân mazzen schœne uber al ir lip." Alte Reimchron. „Hât ein man ode ein wîp vlætigen und schœnen lîp, die vallent zehant an übermuot", w. Gast 9784. „Junc, flætic süezer man"; „flætec wârn diu kindelîn"; Parzival 141,5. 241,49. „Ein flatiger ritter", Cgm. 414, f. 56. „Daz der gast ain sauberer man was und darzu auch starkh was und flætig", Cgm. 54, f. 46ª. „Durch des weibs flætichait", (Schönheit), das. f. 35 u. Cgm. 414, f. 50. Vrgl. niederd. fledig, flîdig, garstig, häßlich, (Köln, Aachen). Firmenich I, 457,11. 467,372. 489,78. 492,66. Zeitschr. IV, 167: der Flât, Schmutz; V, 64,48. Vilmar, kurhess. Idiot. 104: der Flât, schmutziger, niedriger Mensch. Dieses -flât, flætig scheint auf flæ-en bezüglich (cf. isl. fagr, fögr, schön, mit hchd. fegen) wie Drât, Nât, Sât rc. auf draen, næen, sæen. Der Unflât (U~flâut), unflætig, der Unflæter, die Unflæterey, wie hchd.

Die Flaute, ä. Sp., Flöte, v. ital. flauto, span. flauta, franz. flûte; mhd. vloite. BM. III, 353. Grimm, Wbch. III, 1738. 1822. Diez, Wbch. 147 f. Zeitschr. V, 415, II, 12. „Slah ûf und Pfîf mit der floit, die liez uns alle der tuomvoit"; S. Helbling VIII, 589. floiten, floitieren, vrb., BM. a. a. O. Zeitschr. IV, 131,62. „Von trumben und pusûnen hôrte man manegen krach, vloiten unde blâsen, ûf sumber sêre bôzen", Gudrun (Vollmer) 1572.

Die Flauten, (schwäb.) was bey Schmieden in Funkengestalt abfährt. s. oben, Sp. 787 f.: flaudern, Flaudach.

„fletachen", (Nürnb., Hsl.) „eine Art deutschen Tanzes im 3/4 Takt, worin enge geschleift wird. Man nennt diese Art zu tanzen auch wickeln." Grimm, Wbch. III, 1770.

Die Fletten, die Schwingfeder (?). Grimm, Wbch. III, 1771, (vrgl. mhd. vlederen, flattern; BM. III, 338. Grimm, Wbch. III, 1747). Zeitschr. II, 342. V, 331. cf. Flitschen. „Wann man die Feuerstätten besieht, den Kühen die Horn, den Gänsen die Fletten abschneidet,..." Lori, Lechrain f. 348. „Schau wie der Löw (von St. Marcus?) sein Flittich schwingt", Calender von 1670. „Die henne die da sament ir hænlein under ir fletach", Clm. 12392 (v. J. 1478), f. 29.

Das Gefletter oder Geflettach (Gflèədə'), die Blätter von der weißen Rübe, brassica rapa; (Glon-Ammer). s. auch Geflichter und Flichtern. Dés Kraut is nét fést, is nó~ ə~ lautə's *Gflédə'*, (b. W.). „Des Wintergriens Blätter und Schneechätterlein-Gflätter soll zieren das Fest", Bogn. Mirakel.

Die Flitten des Baders, was Fliede (s. oben, Sp. 788). H. Sachs 1560: IV, III, 77 (1612: IV, III, 167). Grimm, Wbch. III, 1805.

fluttern, 1) (Ansp.) aus dem Munde spritzen, sprudeln. 2) flattern, s. fludern. Grimm, Wbch. III, 1861. 1862. BM. III, 353. Zeitschr. III, 260,27. 521. IV, 54. V, 331. Flutte. „(Die vornehmen Weiber) machent hadran und lappan an mentel und an kappan und machent ermel als kuttan, die faigen bosen fluttan", des Teufels Segi, (vrgl. Barack p. 384,12078, Anmerk.).

Die Fluet, hchd. Flut, (ahd. fluot, mhd. vluot; Graff III, 754. BM. III, 356. Grimm, Wbch. III, 1858 f.), unvolksüblich. In Lori's Lechrain 336 steht die Fluetten, welcher Ausdruck den Graben eines Wetterbaches zu bezeichnen scheint. „Das Jacob-Wäsel (bey Waltershofen) soll über die Fluetten, darburch jez Wasser rinnt, und ain Giessen genennt würdt, hinaus auf ein andere Fluetten nehner gegen der von Türhaubten Grund ligenndt, raichen.." flueten, in Zweifel stehen (? Hsr.). flüeten (opf. flèidn), schwemmen. Der Regen flèidt Sand vom Berg.

Die Flätschen, Ohrfeige. BM. III, 337. Grimm, Wbch. III, 1729: Flatsche. s. Flaschen.

flitschen, flitschnen, flitscheln, 1) vrb. ntr. flattern, mit den Flügeln schlagen. Grimm, Wbch. III, 1805. Zeitschr. VI, 14. 2) 'vrb. act., niederſ., schießen (mit dem Pfeilbogen).' „Jü *flitschen* em denn dorch de Neren", (Danzig), Firmenich I, 100,42. Vilmar, kurhess. Idiot. 106. Die Flitschen, das Flitschelein, die Schwingfeder, der Flügel, der Fittich. Grimm, Wbch. III, 1804: die Flitsch. Zeitschr. VI, 331.

595 Zwaə schnêweissé Täubáln, zwuə *Flidsch'n* bläwé,
Gê nét so laut ein'ə', hörts d' Muədər àbi.

3) im wohlwollenden Scherz: junges Mädchen; b. W. Fludschn, Flüdschəl. (cf. das schwed. flicka und brem.-niederſ. Wbch. III, 338: Plite, 1) kurzer, breiter Degen, großes Messer, 2) unzüchtiges Weibsbild). 3) im Spott: der Säbel; wie man auch sagt Flederwisch. Das Prompt. v. 1618 hat „das Flitschen der straich, plagarum crepitus." '4) Geschoß, Pfeil, mhd. vliz; BM. III, 351. s. flitzen. Flitschenpfeil, Flitschpfeil; Grimm, Wbch. III, 1804. 1805. Zeitschr. V, 143,7. 166,131.' cf. holl. flits, Pfeil; span. portug. flecha, franz. flèche, (Diez, Wbch. 154). „Alda sie der Janitscher rott mit flitzen pfeilen schoß zu todt", H. Sachs 1612: I, 428. „Band die beschriebene rinden an einen langen pflitzen pfeil, schoß den übers wasser", das. 1560: II, III, 120.

flotschen, flotschenen, flattern. Ztschr. VI, 14. 415. Die Flotschen, die Schwingfeder, der Flügel; die Floßfeder des Fisches. flotschgering, federleicht. Vrgl. flutschen, flutschern bei Grimm, Wbch. III, 1862. Zeitschr. IV, 167.

Flaw, flew, ꝛc. s. Fla, fle, ꝛc.

Das Fletz (Flétz, Pflitz), 1) der Boden, der Grund; (Salzb., Lungau, B. v. Moll) die Fletzbirn, was anderwärts die Erdbirn oder Grundbirn, Kartoffel, solanum tuberosum. Grimm, Wbch. III, 1772. 2) (ibid.) der Stubenboden. 3) sonst in Bayern: der gepflasterte oder aus festgestampftem Lehm bestehende Boden der Gänge im Hause, der Hausflur, der Haustenne; diese Gänge oder die Hausflur selbst. Ahd. flazzi, flezzi, mhd. vletze; isl. agſ. schott. flet; Graff III, 777. BM. III, 340. Grimm, RA. 319. Wbch. III, 1771. Zeitschr. II, 342. VI, 174. 180. (cf. lat. platea?). Gl. a. 192: flazzi, area, sonst flezzi, pavimentum, atrium. „Nach siwer und cher daz flezze", Kindh. Jesu, Hahn p. 87,63. „Ir vletze daz e was belait mit taken bei dem fiure", das. 94,10. „Umb die wiegen ist ez gar swaizzig (blutig) auf dem fletz" (Boden), Cgm. 54, f. 56b. Gesta Romanor., Keller p. 109. Daß ich Hungrigen noh flezzi noh betti gab, klagte man sich nach der alten Beichtformel (M. m. 22) an. Nicht unähnlich dieser mit Bed. 2) stimmenden Formel heißt es in Graff's Diutiska I, 347: „alse einer frouwen rechte quam, die eime fursten wol gezam zu flezze unde ouch zu bette." „fletzstein, petra"; Voc. Archon. f. 65. Uebrigens hat die ahd. Sp. auch ein Adj. flazzi für flach; gl. a. 102: flazziu bant und i. 142. 173: flazza, palma; 868: untar flazzum, sub plantis. Zeitschr. II, 342.

'fletzen, zu Boden werfen, ausbreiten, prosternere; Grimm, Wbch. III, 1772.' „(Hat sie) denn zwischen irew bain ain rauchw fud gefletzet und auf ain harten ars gesetzet", Cgm. 379, f. 87.

fletzen (flétzn), (Rottm.) die Wohnung verändern, ausziehen; (s. fétz'n und vrgl. schwed. flytta, flytta bo, engl. to flit).

'flitzen, fliegen, eilen; Weinhold, schles. Wbch. 22. Zeitschr. VI, 14. 207. s. flitschen. „Commodore Napier — auf einem kleinen Grauschimmel in Hemdsärmeln, ohne Degen, einen weißen durchlöcherten Strohhut auf, in Schuhen und Strümpfen, die Wasser zogen, die weiten Sommerbeinkleider bis ans Knie hinaufgerutscht, . . . so flitzte der Mann umher, von dem die Flotte mit Begeisterung sprach"; Widenmann und Hauff, Reisen, 22ste Lief. (Blätter f. lit. Unterh. 1842, p. 777). Flitzbogen, Flitzpfeil, Zeitschr. II, 124. III, 285,131. V, 143.

Der Flôtz (Flouz, Flaùz, s. Gramm. 38. 659), a) der Floß; Grimm, Wbch. III, 1826. b) Lache von ausgegossenem Wasser ꝛc. auf dem Boden.

flœtzen (flêzz'n, flèizz'n), wie flößen; (Kr. Lhdl. X, 357. XI, 454). Grimm, Wbch. III, 1826. ausflêiz'n, vo'flêiz'n, (b. W.) durch Schwenken verschütten. 'Cf. ahd. flozian, liquefacere; Graff III, 743.' „Liquefaciet, floczet", Cgm. 17, f. 203b. Ps. 147,7. Die Flözze, ä. Sp., wie hchd. die Flöße, der Floß, die Floßfuhr. „Zwo flözen hollz", MB. XXI, 306, ad 1469. s. Flöß. 'Der Flözer, Flößer; Grimm, Wbch. III, 1827.' Der Nauflözer, s. Delling unter Schaumeister.

'Die Flozen, Flözen, ä. Sp., Flossen; s. Floschen.' „Der mertrack hät preyt fleczen an der flügel stat", Konr. v. Megenberg f. 137, (Pfeiffer 235,4: „prait flozzen").

'Die Flözen, ä. Sp., Diarrhöe (cf. mhd. vlôze, BM. III, 350).' „Blanta das confect ist gut wer dy flöczn in dem pawch hat", Cgm. 170, f. 1ª.

Achtzehnte oder Fra- rc. Abtheilung.

596 Die Frâu, (Gramm. 171 ff. 686. 848. 859. 863), wie hchd. (ahd. frouua, genit. frouuun, 'mhd. frouwe, genit. frouwen; vor Namen gekürzt: fro, fron. Graff III, 805. BM. III, 419.' Grimm, Mythol.² 190. 276. Wbch. IV, 71. Grieshaber, Pred. I, 4. 5. 120: vro Raab; in vron Raab huse rc.; vro Hester; an vrôn Hester. Zeitschr. II, 401,3. III, 267,3, 9. IV, 269,21. V, 519,1. 333). Auf die Eheweiber oder Wittwen der Bauersleute wird jedoch bey uns der Ausdruck Frau nicht angewendet. Eine solche will schlechthin nur ə˜ Wei' seyn, und pflegt wol die Benennung Frau, als blos für Weiber der Bürgers- und Herrenleute geeignet, zurückzuweisen. Ehmals wurden Fürstentöchter (Princessinnen) Frauen genannt. „Herzog Albrecht hatte acht Kinder, siben Herren und drey Frawen", Wstr. Btr. V, 40.

In Segensprüchen (Cgm. 850, f. 71 ff.) wird die Gebärmutter, die Blatter (Krankheit) mit Frau, der Nagel durch Herr angesprochen. Der Kegelschieber schreit: „Laufe, kugel! vrauwe, zauwe din! liebiu frauwe, nu zauwe!" „Manic viltzgebaur sprichet sinem wibe daheime vil bösiu wort, der die kugeln heizzet frauwen dort", Renner 11372. 11397.

In der enttonten Form Fer, Ver (vrgl. Jungfer, Anferlein aus Jungfrâu, Anfræulein und Er statt Herr; s. oben, Sp. 122) galt unser Wort im 14. Jahrh., wie noch jetzt das spanische Don˜a (vom barb. lat. domna), als Ehrenprädicat, welches geistliche oder adeliche Frauen und Jungfrauen von Rechts wegen ihrem Taufnamen vorsetzten. „Mein Hausfrau Ver Peters, Ver Ofmey; meine Töchter: Ver Clar, Ver Margret, Ver Marzz . . . siner Hausfrauwen Vern Berchten . . . Ver Chunigunt . . . der erbern Frowen Vern Agnesen . . . Fern Jeuten . . . Ver Elsbeten u. drgl. s. Frôn. MB. IX, 174. XII, 166. 170. 172. XV, 467. XXIV, 91. 137. 346. XXV, 10. 11. Clais veren Berchten sone . . . Jacob ver Hillen sone, u. drgl. Jac. v. Maerlant; Jonckbloet, Geschiedenis I, 322. In einer latein. Predigt: „Exemplum de muliere quae apparuit in anteriori parte speciosissima et in dorso retro se ostendens fuit plena ulceribus, vermibus et sanie turpissima et evanescens se dominam mundum i. e. Frawen Der Welt appellavit", Clm. 9666 (XIV. sec.), f. VII. cf. Wirnt von Gräfenberg in Konr. v. Wirzburg Gedicht „der Werlte lôn" (hg. v. Franz Roth, 1843 und v. d. Hagen's Ges. Abent. III, p. 395 ff.); Haupt's Zeitschr. VI, 151—55. BM. III, 579 f. s. auch unten: Ver. So im Spanischen: Don˜a Petrisa, Don˜a Eufemia . . la Sen˜ora Don˜a Clara rc. . .

Unser Frâu oder unser liebe Frâu, wie im franz. notre Dame, span. nuestra Sen˜ora, die Jungfrau Maria. Unser Frauen Berg heißt in Urk. des 16. u. 17. Jahrh. der Marienberg ob Wirzburg. Unser Frauen Brüder, Carmeliten-Mönche; wirzb. Verord. v. 1690. Unser Frâu von Altenötting, von Bogen, von der Neßel, u. drgl. mehrere sogenannte wunderthätige Marienbilder. *Liəbé Frau* vo˜'n Hauə˜ Bógng (am Fuße des Hochbogens zu Neukirchen), is mər èppəs i˜'s Agng gfälln '(gflógng?)'; *liəbé Frâ* vo˜ Pâssə, tau mə's widər âssə; *liəbé Frâ* vo˜'n Hálén Bluət (zu Klattau) machmə' má˜ Agng widə' guət", Rank, aus dem Böhmerwald, S. 75. Die Kirche zur schönen unser Frawen in Ingolstadt, Regensburg rc., (Mederer p. 115, Gem. Reg. Chr.). Unser Frauwen Lichtmeß. Av. Chr. A. Sp. der Unser Frauen Tag, jetzt blos der Frauentag, der Festtag Mariens. „Zwischen den zwayen unser Frauen Tagen", d. h. zwischen Mariä Himmelfahrt und Mariä Geburt. Fwrbch. „Die vier unser Frauen Tag", s. Burt und Dreißigst. „Unser Frauen Tag jrer Schidung", (Kr. Lhdl. V, 66). „Unser Frauen Tag der erren", Mariä Himmelfahrt. „Unser Frauen Tag in der Sat, da sy geboren ward", Av. Chr. „Unser Frauen Tag der letzter", (MB. XXV, 15) Mariä Geburt; (cf. Dreißigst). Der grôß Frâuentag, Mariä Himmelfahrt. Der klaine Frâuentag, Mariä Geburt; (cf. Firmenich I, 183,22 aus Hildesheim: „Moren, Moren is Marie Latern", Mariä Geburt, von niederd. late, spät). „Kranwitper die zwischen paider unser frawen tag geprochen", Cgm. 4543, f. 173. 176. Das Frâuen-Ayr, Ey, das zwischen Mariä Himmelfahrt und Mariä Geburt gelegt 597
worden ist. Das Frâuenbild, 1) Marienbild. 2) weibliche Person. s. Bild. Der Frâuen-Dreißigst, die Zeit zwischen Mariä Himmelfahrt und Mariä Geburt, s. Dreißigst. Der Frauenfisch, Schiel oder Schiet (w. m. s.), wird nur um Mariä Verkündigung und wenige Wochen auf den Markt gebracht, (München). Vrgl. Grimm, Wbch. IV, 78. Der Frâuen-Taler, Conventionsthaler zu 2 fl. 24 kr., mit dem Bilde Mariens sammt dem Kindlein auf der Rückseite, unter den letztern bayr. Kurfürsten geprägt, und vom Volke sehr gesucht.

ä. Sp. die gemaine, die offene, die unvertige Frâu, öffentliche, sich für Lohn hingebende Weibsperson; willige Frâuen (1392), Freyb. Samml. II, 126; cf. 165. s. Th. II: die Haut. Solche Opfer der Gesellschaft wohnten im Jahr 1433 zu München unter einem obrigkeitlich gesetzten Frâuenmaister in einem sogenannten Frâuenhaus beysammen. Dieses (wohl zu unterscheiden von „unser Frauen Haus im Fingergäßl") stand aº. 1461 am Roßmarkt, dem Eckhaus bey dem Heuthurn gegenüber. Im 16. Jahrh. kommt ein Frauenhaus in der Neuhausergasse vor. Wstr. Btr. VI, 185. MB. XXI, 201. 334. Akten. In Regensburg kommt aº. 1354 ein solches Frauenhaus vor. Von aº. 1403 an bis in die Mitte des 16. Jahrh. waren deren mehrere vorhanden. Gem. Chron. II, 88. 360. III, 376. In Nürnberg besteht ein Frauenhaus bis 1562 im Frauengäßchen (im Mugkenthal). Der „Schönpart" zu Nürnberg laufft zuerst für's Rathaus, dann für's Frauenhaus, da hat er einen Tanz; H. Sachs 1612: I, 822. „Den zweyen Jungfrauen ist ihr rechtes vatterliches Erbe durch die vrthel genommen worden ohne alle vrsach, damit wären sie wol verheurath worden vnnd damit zue ehren kommen: Aber also haben sie nichts mehr, vnnd die eine muß gen Regenspurg, die ander gen Nürnberg in die gemainen Frauenhäuser", Freyberg, Samml. I, 91. „Frawenhaus, lupanar; Frawenwirt, leno"; Prompt. v. 1618. „Meretrices ut frawenmaistrin, frawenwirt, rifian, freihat", Clm. 4428, f. 124. Der Ausdruck gemaines Frauenhaus wird noch in Selhamer's Predigten v. 1696 als allgemein verständlich gebraucht. „Das sacrament ist verbotten allen den dy ein verläumtz leben füren als gauklern, zauberern, scholdrern, lottern, gemeinen frawen, spillewten und frawenwirten und den dy si zw einem solchen hausen"; pfarrliche Verkündigung im Eichstetter Bisthum (circa 1470), Clm. 5439, f. 39. „Daz ist daz gesetzede über die gemeinen frouwen. Ez sol kein gemeine fröuwele keinen frouwenmantel noch kursen nicht tragen noch an keinen tanz gên dâ bürgerîn oder ander êrbare frouwen sînt; und sullent ouch ûf irn schuohen tragen ein gelwez vänle, dâ mit man si erkenne, und sullent niht vêhe vedern tragen noch silbergesmîde. . . Dar nâch sullent die offen pfeffinne sîn in den obgenanten pênen"; Stadtbuch von Meran v. 1337 in Haupt's Zeitschr. VI, 425. „Frawen wirts eydt zu Bamberg 1480. Er sol am Rate der Stadt baumeister, der sein Her ist, mit trewen globen und zu gote und die Heiligen sweren . . . seinen Zinse on auffsparen zu bezalen, kein gots swüre oder lesterung (im Haus) zu gestatten, keinleye spile in Hause thun, keinen frauen gestatten an heiligen Nachten menner zu haben oder nachts bei in zu liegen . . .", 6. Bericht des Bamb. histor. Vereins (v. 1843), S. 112. Die vier Richterknecht sollen schuldig sein, die Wacht untz auf das Nachthorn zu versehen, in das Frauenhaus und an andre Ort noch Gelegenheit der Sach zu gehen . . ."; Münchner Scharwächterord. v. 1532. Literatur über derley Ableitungsanstalten (v. Roth) im Neuen literar. Anzeiger, III. Jahrg. 1808, p. 332. Parent-Duchâtelet, de la prostitution; Paris 1836. „Postquam transierint quindecimum annum iam incipiunt amplexari lasciviam mundi. Currunt ad lupanaria et committunt fornicationes et adulteria et aliquando etiam turpiora. Vix enim invenires inter centum de illis qui sunt circa XV^mum^ annum unum vel duos qui virginitatem non amiserit"; Clm. 9528 (sec. XIII), p. 321.

frâutâufen, (HhE.) nothtaufen, was gewöhnlich in Ermangelung eines Geistlichen von einer der Frauen geschieht, die bey der Geburt zugegen sind. Vrgl. jachtâuffen. „Daz chint jachtauffent die Frawen und stirbt darnach jachling", L.R. Ms. v. 1332. „Das Kind ist frougetauft worden", Lechfeld. Mirakel 225.

Das Frâuenzimmer, (im Scherz Frâuenzifer; Grimm, Wbch. IV, 83), wie hchd. In der ursprünglichen Bedeutung, als abgesonderte Wohnung (s. Zimmer) der Frauen und Dienerinnen am Hofe von Fürsten und Herren kommt das Wort noch bey Aventin, Hund und Andern vor. BM. III, 892. Grimm, Wbch. IV, 83 ff. Zeitschr. II, 23,10. „Meßgewandt u. drgl. spann sie (die Königinn Geisel), nähets und stickets selbst mit jren Jungkfrauwen im Frauwenzimmer . ." „Der Keiser (Heinrich) war jung, mußt bey dem Rocken im Frauwenzimmer sein Zeit verzehren." „König Edward aus England hett des Kaisers Schwester zu der Ehe und sein Tochter in des Kaisers Frauenzimmer . ." „Herzog Ludwig X. ist biß ins 33ste Jahr zu Burgkhausen im Frauwenzimmer bey der Mutter erzogen worden"; Avent. Chr. f. 238. 316. 384. 402. 476. 497. „Desgleichen haben Wir etliche ihrer Kinder selbst an unserm Hof und in unserm Frauenzimmer erzogen", Kr. Lhdl. X, 398. Wiguleis v. Hund in seiner Lebensbeschreibung sagt: „Im Jahr 1554 nahm ich mein andere liebe Hausfrau Anastasia N. N. aus meiner gnädigen Frauen der
598 Herzogin Frauenzimmer." „Hans Wilhelm (mein Sohn) hat sich a^0^. 1592 zu Caritas N. verheirath, ainer gar schönen Jungfrauen, zu München im Frauenzimmer gewesen." „Anna (meine Tochter) wurde Hofmaisterin im Frauenzimmer zu München." „Ain Prust täfl sambt den penkhen so im alten Frauenzimmer gestanden." „Von dem Prunnen im höfl beim Frauenzimmer." „Pilzung der althan im Frauenzimmer höfl." „In der Neuvest, wo hievor das Frawenzimmer gewest"; Münch. Residenzbaurechn. v. 1613, Cbm. 2224, f. 3. 171. 201. 215. 226. Der Titel einer Jesuiten-Reimerey von 1638 heißt: Epithalamium Marianum oder Tafelmusic deß himmlischen Frawenzimmers. Daselbst wird St. Anna „des himmlischen Frawenzimmers Hofmaisterinn" genannt. Auf dem Landtag von 1514 (p. 212) wird über den Rentmaister B. Payßweiler geklagt, der bey seinem Umreiten „schanndtliche weiber von ainer statt zur andern, als wären sy von Eren, on alle scham mitfüre . .", und des Jars auff sein unerlich Frawenzimmer bis in die vierhundert Gulden haben müsse", (die er widerrechtlich erpresse).

Die Anfrâu (Aə˜frə), das Anfrœulein, Anferlein (Aə˜fə'lə˜), opf., die Großmutter.

Die Jungfrâu, Jungfer (Jumpfrə, Jumpfə'), wie hchd.; hypokoristisch: Hure.

> Wenn aənər ə˜n staəningə˜-r- Ackə' hàd,
> und dəzuə ə˜n stumpfət·n Pfluə',
> und wenn aə˜n sei˜ Deənl· ə˜ *Jumpfə'* wird,
> so hàd ə' z· jámmə'n gràd gnuə'.

Im 15. Jahrh. ist Jungfrau noch ein Ehren-Prädicat adelicher Töchter. „Graf Jörgen von Werdenberg Tochter Jungfrau Magdalena . . . Graf Hansen Schwester Jungfrau Elsbet", Kr. Lhdl. VIII, 419, ad 1483. Jetzt ist die Jungfer auf den gemeinen Bürgerstand beschränkt und selbst da kommt der, aus dem Französischen erborgte, zwischen dem Fräulein und der Jungfer liegende Titel Mamsell immer mehr in Aufnahme.

Daz Frâwelin, Frâlin, 1) ä. Sp., junge, noch unverheiratete weibliche Person. Im Augsb. Stdtb. steht neben dem (Becker-) Knecht das (brodverkaufende) Frewelin. An einem andern Ort heißt es: „Es sul auch fürbas chain frâlin noch chain dienender Knecht an chainen rayen mer gan, da die burgerin an rayent." Eben da sind varende Frâlin, meretriculae. 2) das Frâuelein (Frauə-l·, Fraulə-l), das Fräuchen, das Marienbildchen. 3) das und die Frœulein (Frálə, Fráilə˜), die Frœulein (Frál·n), das Frœuelein, Frœuwelein (O.L. Fraiwə-l, Fráiwái), das Fräulein. Dieses, seit drei Jahrhunderten auf die Töchter der Adelichen und der höhern Beamten übergegangene Prädicat wurde früher Fürstentöchtern beygelegt. „Das Fräulein, Herzog Ludwigs Enkelin . . . Unser (Herzog Georg's) Tochter, Fräulein Elisabet"; Kr. Lhdl. III, 196. XIV, 64. Auf dem Landtag von 1669 (p. 421) beklagt sich die Ritterschaft bitterlich, daß durch das Titelmandat von 1652 ihre Töchter „nit Fräyle, sondern Jungfrau zu tituliern sey anbeuolchen worden." 4) das Frœulein (Frálə˜), in der Kindersprache: die Großmutter, (als 599
Gegensatz von Herrlein, Há'lə˜, Großvater). Zeitschr. II, 77,5,1. 217. VI, 132,20. In diesem Sinne kommt das Wort sogar in der wirzb. Landgerichtsord. v. 1618 vor. 5) das Fräulein? „Frewlin im Haar zu vertreiben", Recept, Cgm. 3726, f. 56.

frœulich, ä. Sp., weiblich, die Frau betreffend. Das fräulich Bild, die Frauenperson; (s. Bild). „Aus fräulicher Zucht." „Zur Beschirmung ihrer (der Herzogin) fürstlichen und fräulichen Ehren", Ldtg. v. 1516, p. 318; v. 1515, p. 111. Fräuliches Lehen", (Weiberlehen), Kr. Lhdl. XIV, 335. „So verzeih ich mich des gesetze, das dem frewlichen geschlecht inn rechten gegeben . ."; MB. XXV, 525.

Fraeolos? Der Vogel Hund oder Hund Fraeolos; Cgm. 299, f. 20^b^ und Cgm. 312, f. 117^b^.

frei, s. freij.

frêuen, gefrêuen (fráiə˜, frêə˜, frái·n, frái˜n; əs fráit, frái˜t, frêt, frát mi'), wie hchd. freuen, (ahd.

freuuian, frewan, frowan, mhd. vreuwen, vröuwen; Graff III, 798. BM. III, 415. Grimm, Wbch. IV, 160. Vrgl. frô). N. A. Nicht erfreut werden in der Geburt, (von Müttern) ein todtes Kind zur Welt bringen. s. Frêud.

„Friauler, und andere durchs Landt streichende Cramer", Ldtg. v. 1612: 359. Firgaul, Friaul; Clm. 9503, f. 342.

frô (frou, fraə, opf. frâu), wie hchd. froh, (ahd. frô, frao: frauuer, iu, az; mhd. vrô: vrouwer, e, ez. Graff III, 794. BM. 414. Grimm, Wbch. IV, 221 f., Zeitschr. V, 268,20. Vrgl. frêuen). 'unfrô, ä. Sp., freudelos, betrübt, (mhd. unvrô).' „Begunde travren vnd infro sin, coepit contristari et moestus esse", Matth. XXVI, 37; Cgm. 66, f. 23. Vrgl. die Personennamen: ahd. Frôwin, woraus noch Frobenius und Frühwein (Bäcker in der Ludwigsstraße zu München), agſ. Freávine, Frowinus (d. i. Freys vinr; Grimm, Mythol.[2] p. 192); Fromont, Froumundus (Grimm, Reinh. CCXLIV), Frômuot (Grimm, Mythol.[2] 845). Förstemann II, 414 ff. frœlich (frêli'), 1) wie hchd. fröhlich. 2)' unverdrossen, ohne Anstand, ohne Scheu, ohne Rückhalt. I sàg mei~ Sach glei' *frêli'*, wia I s' denk.

Und I sag enks *frêli'*,
das seit Lenz'n seli'
so kaə~ Höchzəttàg nét mer is gwé'n. Hochzeitlied.

„Die Landständt werden Ihr churfstrl. drtl. Ihr fröhlich schrifftliche Erklärung gehorsamst ertheillen", Ldtg. v. 1669, p. 55. „Wir geben ouf frelich mit disem brief ælliu reht, di wir gehabt haben", MB. XXII, 288, ad 1338. „Ich gib uf frelich und unbetwungenlich mit disem brief den hof", XXIII, 211, ad 1366. (Sollte in diesen Fällen frilich zu lesen seyn? Man vrgl. jedoch auch frêdig). „A°. 1397 da damals der frölich Antlaß war", (der Ablaß des Jubiläums v. 1400?) Hund, Stammb. I, 16.

frue, früe (fruə, früə, opf. frou, frêi), frueh, früeh (fruəhh, früəhh), Comp. früe-er und früerer, wie hchd. frühe; (ahd. fruoi, fruo: fruojer, iu, az; mhd. vrüeje, vruo. Graff III, 655. BM. III, 433. 434. Grimm, Wbch. IV, 281). „Umb acht Ur frueher Tagszeit", Ldtg. v. 1542, p. 2. „Des morgens umb mittew früe Zeit" soll der Arzt den Harn beschauen; Cgm. 170, f. 10^b. N. A. (Wenn du dieß und jenes leisten, prästieren willst) da mueßt du früe aufstên. Die und (hie und da auch) das Frueh, Früeh, 1) die Frühe; (Grimm, Wbch. IV, 289. Zeitschr. V, 335. VI, 180. 252, II). „Vom Abend zum Frueh" . . . „auf diesen Abend muste das österliche Frueh komen", alte Predigt. 2) die Früeh, (Pinzgau, Kitzbühel; Tir.) die Uhr. Hàst dei~ *Friə* bə diər? Schau auf d' *Früə*. Wie *früə?* wie viel Uhr? (Gastein, Mesnil). Zeitschr. V, 335. Der Früeling, 1) wie hchd. Frühling. 2) (Nürnb., Hsl.) das erste Kind einer neuverehlichten Mutter, das sich nach der üblichen Rechnung etwas zu früh eingestellt hat. Grimm, Wbch. IV, 297,3; vrgl. auch das. 288,2: der Frühauf. Die Fruemes, primissa, (mhd. vruomesse; BM. II, 161. Grimm, Wbch. IV, 318). „An dem næhsten morgen nâch vruomessezît", Gudrun 440; „vor vruomessezît", das. 718; „nâch vruomessezîten"; das. 1671. 2871. Der Fruemésser, primissarius, derjenige Geistliche, der von der Stiftung zu einer Messe lebt, welche er am frühen Morgen täglich zu lesen hat. Nach Adelung wird diese Benennung auch noch in einigen
600 evangelischen Orten den Schülern gegeben, welche in der Kirche den Morgengesang verrichten. Nord-Opf. N. A. Vor *Frêimaz*, vor der Morgensuppe; (vrgl. Maz, Maß; Speise). Das Früestück, wie hchd. (Grimm, Wbch. IV, 321 f.). „Esus in mane, frûstück" (1405) And. 48, f. 144^b. fruestuchlein, Clm. 9537 (XIII.—XIV. sec.), f. 180. frûstukken, Rebd. 25, f. 209. cf. Diefenbach 260^b.

---

frech (frèch), 1) wie hchd. (goth. friks, ahd. freh, zunächst avarus; mhd. vrech. Graff III, 799. BM. III, 396. Grimm, Wbch. IV, 90 f. cf. engl. freak; Müller, etym. Wbch. d. engl. Spr. p. 407. Römische Etymologie von parcus s. Aul. Gell. III, 19). „Daz eines alten grîsen mit einem jungen frechen wirt vergezzen", Labr. 231; cf. 290. 346. 2)' von Farbe, Malereyen: lebhaft, schön. „Der Domb war mit frecher Malerey geziert"; Freysinger Jubiläum v. 1724, p. 3. 3) (Nürnb., Hsl.) geil. Die Freche, Frechen, die Frechheit, Lebhaftigkeit, Geilheit. Der Vogel ist in der Freche; (gl. a. 64: frechi, avaritia; i. 1030: ambitio). Diut. II, 226: urecheit, parcitas.

Die Fracht, wie hchd. (ahd. frêht, meritum, Lohn; Graff III, 817. Grimm, Wbch. IV, 46). „Duas frehtas de cervisa", Clm. 19413 (X. sec.), f. 95. Cf. franz. frais; Diez, Wbch. 633. verfrachten, vrb.; I hà~ zwaə Rössə' und *və'fracht* Viechtauer Waar", Joh. Theod. Fischer's Də' Kiriferter im Laufen in Kaltenbrunner's oberösterr. Jahrb. 1844, S. 253.

Das Fricht, (Lech), die Gichter, Convulsionen, besonders bey Kindern. Zeitschr. V, 339. „Die Vricht, (Laur. Ostrofrancus), extorsa confessio." s. Vergicht.

Die „vrichtichait, providentia, (??, wol verrichtichait?); Ind. 192, f. 26.

Die Frucht, plur. Früch̃t und Früchten, wie hchd. (ahd. mhd. fruht, aus lat. fructus; Graff III, 819. BM. III, 427. Grimm, Wbch. IV, 259. Zeitschr. II, 407,3. III, 18. V, 335). Bei Tat. 168: fruht, neben uuahsmo, berd ꝛc. Der Frucht, Benno-Leben v. 1697, 10. Der Fruchtstain, (nach Flurl's Bschrb. d. Gbrg. p. 119 um Rosenheim) sogenannter Brattenburger Pfenning. Wenn zwey derselben nebeneinander liegen, und von der schmälern Seite erscheinen, so hat es das Ansehen, als wenn in diesem Sandsteine wirkliche Gerstenkörnchen eingewachsen wären. Der Früchttrager, eigentlich Welschen-Früchttrager, ein Krämer, welcher mit feinern Obstsorten, mit Citronen, Orangen, Feigen, Caffee, Zucker ꝛc., dann mit Oel, Liqueurs u. drgl. handelt; (München). 'fruchtig, früchtig, ä. Sp., fruchtbar, ergibig; BM. III, 428. Grimm, Wbch. IV, 274. „Fruchtig erdreich" . . . „wird der baum fruchtig", Clm. 4373 (v. J. 1437), f. 110. fruchten, a) wie hchd. b) Voc. v. 1445: germinare. früchten, (HhC.) einärnten, einfechsen; Grimm, Wbch. IV, 270. Gefrüchte Weine, Getraider ꝛc. Ihr bayrische Weingewächs, so dieß Jahr gefruchtet werden; cf. Ldtg. v. 1543, p. 230. „All ihr Wein was ihnen in ihren aignen Weingarden Zehenden oder Weingewags iahrlich fruchten und werden", MB. IX, 522, ad an. 1525.

Das Fräckelein (Fräckələ, Gebirg, auf portugiesische Art r für l gesprochen), was Fläckelein, Fläschchen, flacon; Achtel (nach Rath Herr: = Viertel, Ammergau) einer Maß (Flüßigkeit). Zeitschr. II, 342. IV, 450. V, 254,47. 333. „Sie kamen an einem Sontag zu mir, tranken ein Frackäl Brandwein und aßen Brod dazu", Peter Prosch (1789) p. 217.

„Fracken brennen", (Pſ.-Tir., Lungau) was Raumhaufen brennen (s. Th. III: Raum). Frackenrisen, (Pſ.-Tir.) Seitenrisen.

(Vrgl. Frat, fret, ꝛc.)

1) fraidig (fraədi'), (Ob.Salzach) wohlgemuth, unverdrossen, scheulos, ausrichtsam, kühn, tapfer; „alacer, laetus", Prompt. v. 1618. (ahd. freidac, freidic; mhd. vreidec. Graff III, 792 f. BM. III, 397. Grimm, Reinh. 442,32. Wbch. IV, 102 f. Zeitschr. V, 333). Cf. dän. freidig, muthig, freudig, wol erst aus dem Deutschen. ə~ *fraədigə'* Bue'. „Der Held ist ain fraydig man"; Thewrdank. „Die Bawrn waren fraydig, hetten 601

großen Lust zu schlagen", Histor. der v. Freundsperg. „Der Büchsenmaister soll sich als ain fraidiger Mann frölich und trostlich halten", Fwrb. „Einer von ihnen, der freudigste", Wiltmeister 610. „Die Itali bekennen, daß die Teutschen eytel freydige Leut . ." „Die freydigen (muthigen) Thiere, alsbald man selbe einsperrt, werdens zahm und verzagt." „Ein Edelmann von dem man sagt, daß er der freidigste Franzoß were", Avent. Chr. „Gar freidige leute redent niht vil, bi den ist selten freuden spil", Renner 3721. „Ich bin freydig überaus." „Ich trag bey mir ein wundsegen, der macht mich freydig allewegen." „Er ist der aller freydigst knecht, er hat jr vor wol drey erschlagen." „Ist auch so freydig und so bös"; H. Sachs 1560: V, 347 (1612: V, III, 18. 19). „Leonis vestigia quaeris, du bist nur fraidig mit dem maul" (1580), Monac. Augustin 283, f. 54. „Ein ieder hunt ist fraidig auf seinem mist, In foribus propriis canis est audacior omnis, Cum potuit noluit, cum voluit adimplere nequivit", Windb. 204, f. 172ª. „Ante suas aedes canis semper est animosus, der hund ist alweg frodig vor seinem haus", Georg Polster v. Schongau, Monach. Andec. (poeta, 1482—93); Aug. S. Ulr. 108, f. 151. Unter den Auswandernden „stöhlt sy do khain ainzigs laidig, trumpfen fort ohn Laid so fraidig, als hättens Zeit über Zeit in die ewig Seligkeit"; Spottlied auf die auswandernden Salzburger (1. Jenner 1732; im Band H. Ref. 2⁰ 10ᵐ).
Mei˜ Schàzə'l is stolz, is vo˜ buchsbámə˜n Holz,
wá's vo˜ feuchə˜n geborn, wá's so *fraədi'* nét wor'n.
Die Fraidigkeit, alacritas; Prompt. v. 1618. s. frêdig.

2) muthwillig, übermüthig, keck, frech, unverschämt; BM. III, 397,2. Grimm, Wbch. IV, 103,4. Kitzbühel: froadig, nicht das Maul halten könnend. „Ein mutwilliger, fraidiger gefangner zagel" abgebildet Cgm. 4413, f. 166 als mnemonisches Zeichen für die Zahl 68. „Fortem den frechen, fraidigen, ungestümen", Monac. Francisc. 256, f. 44. „Diu sanch, diu spranch, diu tanzot, diu dêrot, diu lachot und swenne iegelichiu ie vraidiger waz, so si dem künege ie lieber wolte sin"; Griesh. Pred. II, 131. „Freidig kurtzwile ist nu wert (statt „tugenthafter kurtzwile"), der heiligen lere vil nach niemant gert", Renner 6243. „Kleffisch und freidik sint nu die kint", das. 6262. Die Fraidigkeit. „Pfaffenfraydikait, junckfra gailheit, Merczen plut, die tond selten gût", Cgm. 84, f. 42.

3) fraidig, a) (ä. Sp.) treulos, abtrünnig, flüchtig. „Umb fraydigen fuez. Wer fraydigen fuez setzt seinen geltern, den er gelten sol", (wer sich seinen Gläubigern durch die Flucht entzieht), Münch. Stdtb., Ms. v. 1453. Gl. a. 474. i. 34. 255. 613: freido, a. 98. i. 907: apostata, profugus. 'Die Fraide, ä. Sp., Gefahr; BM. III, 397. Grimm, Wbch. IV, 102.' „Vil maneger gesunder gestuont sînes lîbes an der vreide" (im Seesturm; „an der vreise"?); Gudrun 495,4 '(vrgl. unten: die Frais, 2). sich freidigen, ä. Sp., sich durch die Flucht entziehen; BM. III, 397.' „Den werltminnæren die sih selben gote ire schephære freidigten", Clm. 9513, Vers 212, (Haupt's Zeitschr. VIII, p. 151).

b) ä. Sp., von Gütern: der Disposition des Eigenthümers entzogen (?), herrenlos. „Es ist wider Recht, so ein Gut gestolen wird, das das ander darum, daneben und dabey gelegen, fraydig und von der herrschaft wegen verhefft seyn solle", Kr. Lhdl. VII, 312. 338. 435. 495. „Vespasianus hat das römische Reich, so lang, bey 56 Jahren her von Kaiser Augusti abgang, als wärs erbloß, fredigs umbgehends Gut, schwanckt, wider in ein bestendigs ordenlichs wesen bracht", Avent. Chr. 191. „Wer angesprochen wirt umb fraidigs (gestohlnes) gut, das er gechauft hat", ist darum nicht straffällig, wenn er beweisen kann, daß er beym Kauf daran kain Frais (nichts Verdächtiges, Strafbares) befunden hatte. Amberger Akten von 1382. Vrgl. frais und fraisig, wovon dieses fraidig b) entstellt seyn könnte.

fraətlə', betrübt; (nach Jos. Liebl um Sterzing, oder doch in der Pfitsch).

frêdi', adv., frey, ohne weiters, ohne Zaudern, gleich vollends. Sàgs *frêdi'*, wenn's di' nét freut. Schlàg'ng *frêdi'* toud. Da frêli (s. frô) und fruətlə auf dieselbe Weise gebraucht werden, so getrau ich mir nicht, zu bestimmen, auf welche eigentliche Form diese vermuthlichen Entstellungen zurückzuführen seyen, ob auf das alte frad, strenuus, efficax (gl. i. 218. 425. 442. 546. 1071. Clm. 4606, sec. XV, f. 97: frader, strenuus. Notk. Boeth., metr. 5,4: kefradera, magis efficiens. cf. Grimm in d. Wiener Jahrb. 46, p. 211), wozu auch fraidig 1) dem Sinne nach stimmen würde, oder ob auf freudig (in bayerisch- u. böhmisch-wäldischer Aussprache: frèdi'), oder auf frô. Auch frehtigo (gl. a. 266), velociter, scheint zu bedenken. Cf. Th. III: rêbi'.

à'frêdi', adj., (U.L.) verdrossen, muthlos, unschlüssig, (cf. Voc. v. 1419: unfrechtikait, amentia).

freden (fré'n), (OPf., Nürnb.) jäten, mit der Jäthaue umgraben. 'Pàtáckng *fré'n*, die Kartoffelbeete umhacken. Die Freden (Fré'n), die Jäthaue. (Etwa von verjäten wie Fricht von Vergicht, freßen aus vereßen?). s. auch fretten.

Fredpiln, plur., eine Art Fische, bey H. Sachs 1558: f. 424 (1612: f. 854).

Die Frêud, wie hchd. Freude, (ahd. frewida, frawida, frowida; mhd. vreude, vröude; Graff III, 803. BM. III, 416. Grimm, Wbch. IV, 142); s. frêuen und frô. R. A. Zə'n Kind kaə˜ *Fráid* bringə˜, von Müttern: ein todtes Kind zur Welt bringen. (Vrgl. Pfarrliches Gebet „vmb all swanger frawen daz den Got verleich an ir gepurd ain frolichen anplick"; Rebdorf 36, f. 256. „Adhortatio ad praegnantem mulierem: Liebe Fraue, dieweil jr nun undter inheren Hertzen traget das leben und den dodt, sollet jr fürsichtig sein in inherem gebet gegen got, daß er euch well verleihen und geben ein froliche stundt"; Cgm. 3984, f. 25.) Mit Frêud oder mit Frêuden von ainer Rais (Kriegszug), ainer 602
Schifffart ꝛc. haimkommen, d. h. ohne Unfall, glücklich, incolumis; MB. XVI, 205. Lori, Brg.R. 323. 332. Die Vorfreud, Freude im Voraus. Hà' umesü˜st ə˜ *Vourfráid* ghabt, is mə' dé ganz Fráid i˜'n Brunnə˜ gfàlln, (zu Wasser geworden). Das Freudenamt. Durch die wirzb. Trauerord. v. 1747 und 1783 wird verboten, für Verstorbene neben dem schwarzen Seelamt auch das sogenannte weiße Freudenamt zu halten. Es war Sitte, daß nach der Elevation bey ersterm der Diacon und Subdiacon sich zum letztern verfügten. Der Frêudensunntag, (O.L.) der erste Sonntag nach Ostern, an welchem wieder öffentlich, die Fasten- und Festzeit hindurch verboten gewesene, Tanzmusik gehalten werden darf.

frêudig, wie hchd.; doch unvolksüblich. Vrgl. übrigens fraidig und frêdi'.

Der Friden, (jedoch im Dialekt, wie in der ä. Sp., gewöhnlicher:) der Frid, des Frides, dem Fride, den Frid, (ahd. der fridu, mhd. vride; Graff III, 788. BM. III, 404. Grimm, Wbch. IV, 181 f. Cf. Fridurih, MM. 37. Frithuricus, archiepiscopus Moguntiens., a⁰. 952 in synodo Augustanâ; Canis. ant. lect. t. V, pars II, p. 1054. 1057), 1) wie hchd. der Friede (vom Staat zu Staate). „Mit Einem einen Frid anstoßen", Frieden schließen; Av. Chr. 2) ä. Sp., Waffenstillstand. (Auch unsre heutzutagigen, auf ewige Zeiten geschlossenen Frieden sind zu oft nur Waffenstillstände.) 3) Sicherheit und Ruhe vor Andern im Staat, in der Gesellschaft. „Einem purgierten Inzichter seinen Friden bannen", gerichtlich erklären, daß er des ihm geziehenen Verbrechens unschuldig und deswegen nicht weiter zu belangen sey. Wirzb. Lndg.Ord. v. 1618. Die Formel der Verkündung einer Person in die Acht schloß mit den Worten: „Also verchund ich jn in des h. Reiches Acht und setze jn user dem Frid in den Unfrid und verpieten jn allen seinen frewnden und erloben jn allen

seinen veyenden", Augsb. Stdtb. „Einen aus dem
Frid nemen und in die Acht künden", Rchtb., Ms. v.
1453. „Die Juden habent besunderev recht und sitzent
ein des fursten vrid (in des Fürsten Schutz, sicherm
Geleit) ein den steten", Rchtb., Ms. v. 1332. Wstr. Btr.
VII, 43. 44. Kr. Lhdl. III, 168. Die sehr volksmäßigen
Ausdrücke: Einen Frid geben (ə˜n *Fri' gébm)*, oder
Frid geben, oder Frid ausgeben; Einem einen
Frid lâßen, Einen mit Frid lâßen, (d. i. ihn
nicht beunruhigen), Einem Frid bieten (ihn zur Ruhe
ermahnen, verweisen), ʻmit Frid sein (Ruhe genießen)ʼ,
stammen noch aus der Zeit her, wo das Faustrecht nicht
blos unter den Großen der Erde, sondern auch noch
unter dem gemeinen Volke herrschte, und jeder sich selbst
Recht zu verschaffen suchte. „Man soll auer des mannes
freunt, an dem der totslach geschehen ist, piten vm
einen frid, und daz si das gericht hören; versagent si
den frid, so mag der richter und die purger sie wol
benöten, daz si frid geben"; Rchtb. v. 1332. Wstr.
VII, 17. cf. Wstr. Gloss. f. XXI. „Item ob zween mit-
603 einander zu Krieg khämen und einer dem andern nicht
Frid wollt geben, so mugent jn die Nachgepaurn
wol biten, daß er Frid geb. Wollt er aber nicht Frid
geben, so mugen die Nachgebaurn wol reden mit einem
Amtmann, daß er jm Frid biet. Wollt er aber den
Frid nicht halten, den man jm geboten hat, so mag
sich sein ein Herr wol unterziehen seins Leibs und seins
Guets, als lang, unz er gern Frid gibt", Ehehaft der
Grafschaft Peitigau v. 1435. Lori, Lechrain f. 137. „Wie
man in großen Versammlungen frid bieten und be-
ruffen soll"; LO. v. 1553, f. 178. L.R. v. 1616, f. 693.
Durch die Amtleute „soll frid ze halten geboten
und ein fendlein aufgesteckt werden, damit ein jeder,
ob er gleich bey dem beruffen des fridpots nit
wäre geweßt, den frid erkennen und sich nicht mit
der Unwissenheit entschuldigen möge." Rumorer soll man
umb frid anschreyen und denselben von jnen
nemen. Darauf sollen diese Rumorer und Aufrürigen
alßbald frid ze geben und zu halten schuldig seyn...
wer ob solch frid anschreyen nicht von Stund an
frid geben wurd, soll fengklich angenommen werden,
u. s. f. „Einen frid für sich selben geben, einen
frid für einen andern geben"; Rchtb., Ms. von 1453.
Cf. „Thonne hi (tha Danisean) mæst to yfelen gedon
hæfdon. thonne nam man grid and frid wid hi.
and na the læs for eallum thisum gride and fride
and gafole. hi ferdon floc mælum (folc mælum) and
hergodon and ure earme folc ræpton", Sax. Chron. ad
1011. „Über'n frid schlagen, contemto interdicto cer-
tamen inire", Voc. v. 1618. Nach der Carolina poen.
soll „vor Hinrichtungen des Nachrichters Frid aus-
gerufen, d. h. verkündet werden, daß niemand dem
Nachrichter keine Verhinderung thue, oder, ob ihm mis-
lünge, Hand anlege." Für das Ausschreyen des Frid-
bots bey der Richtstatt war die Tare 1/2 Pfd. dn. oder
34 kr. 2 hl. (Wagner). „Ich bewt euch bei der warheit
das ir baide mit frid seit", Cgm. 714, f. 33. Der
Kirchenfrid, die Freyung, Freyheit, asylum. Grimm,
Wbch. V, 801. cf. oben, Sp. 264: Berfrid und unten:
Burgfrid; auch Sp. 231: Bill, Bild, Wic-bild.
„Mag daz mensch in die kirchen nicht, so vach ez den
ring an der kirchtür, er sol alsogetan frid haben, als
ob er in der kirchen wär", L.R., Ms. v. 1453. „Daz
closter von St. Ulriche hat daz recht, swaz ein man tut,
der dar gevlohen kumt, als er uf die grede kumet, so
sol er vride haben." Der Kornfrid wurde im
14. Jahrh. zu Regensburg jährlich ausgerufen, und ver-
kündet, wer Getraid zum Verkaufe hereinführe, daß der-
selbe Frid und Gelait soll haben von Bartlme bis auf
Martini rc.", Gem. Reg. Chr. II, 214. Das Fridhaus,
ä. Sp. „Asylum, fridhaws; Semansh. 34, f. 195.
Der Fridkreis, ä. Sp. „Daz ir vride chreiz invang
hinnan hin immer ewichliche marktes reht haben sol"...
„die burgere die innerhalbe dem vride kreizze gesezzen
sint"... „den vride kreiz han wir in geschephet von

dem spitzen bivele untze zu der wegscheide bi dem nuz-
boume" rc., Urk. Kais. Albrecht's v. 29. März 1299 (Stadt-
archiv Sursee); Kopp, Geschichtsfr. I, 68. (Fast eben so
das. 62—63: Kais. Rudolf's Urk. f. Aarau v. 1283).
Die Fridsaul. „Wer nicht Schwert tragen durfte, dem
waren nur stumpfe Messer erlaubt, bey 60 dl. oder bey
Strafe, daß man ihn bey der Fridsäule anschlug",
Gem. Reg. Chr. ad 1320. cf. Schraiat. Der Frid-
tag. Einen Fridtag (Friedenscongreß) bestimmen; Chron.
bey Freyb. I. „Er widersagt den fridtag, renunciavit
trewgis"; Windb. 204, f. 165^{b}.

2) der Frid, das Gefride, der Zaun, die Einfrie-
digung. „Zu solchem Frid man mir das holtz nit weren
sol", Meichelb. Chr. B. II, 165. „Die Zaunsteckhen in
der Höhe spitzig, oder sonsten einen gefährlichen Frieden
zu machen, ist (in der alten Gejaidsordnung) bey Straff
verbotten." „Daß man den armen Vnderthonen (des
Wildes wegen) jre Zein und Fridt mit gewalt ein-
gerissen.."; Gravamina v. 1579. Daher: der Frid-
hag (Jir.), das Fridtôr, der Fridzaun, (sepis quod 604
vulgariter dicitur fridzoun, Meichelb. Hist. Fr. II,
101). cf. Zaun. An des Nachbars Wand oder Mauer
den Friden haben, d. h. das Recht, ein Weinstock-
geländer, eine Schupfe rc. daran zu setzen. Wirzb. Stadt-
baurecht v. 1767. Cf. Saxon. Chron. p. 296: „Cyng
Willelm sætte mycel deor frid", made many deer-parks.
Der Berfrid, Bergfrid, (franz. beffroi, wie Geoffroi
für Gotfrid; Grimm, Wbch. IV, 187,7), s. oben, Sp.
264. Der Burgfrid, der durch Zäune, Gräben rc.
eingeschlossene oder blos durch Grenzpfähle bezeichnete Be-
zirk, der in Rücksicht des Grundes oder der Gerichtsbar-
keit zu einer Stadt, einem Markt, Schloß oder, wie zu
Melans in Tyrol, zu einem einzelnen Bauernhof gehört.

ze friden (z'fri'n, Gramm. 670. zfri'm, pfrin, pfrim),
zufrieden. Neben „zufriden seyn, stellen" hat das
Prompt. v. 1618 auch die Formel „zu Friden laßen."
Laß mich zu Friden, mihi molestus ne sis, jetzt ge-
wöhnlicher: mit Friden. fridhäßig, (Lori, Lechrain
434) unfriedfertig. ʻfridsam, ä. Sp., friedlich, fried-
fertig; Graff III, 792. BM. III, 406. Grimm, Wbch.
IV, 197.ʼ „fridusame, pacati", gl. i. 1191. fridwer,
ä. Sp.; (dem Gebot widerspenstige) „Frawen, die sol man
nicht vahen (arretieren) wann die frawn fridver sind,
aber jr hab mag man in wol versperren"; Wiener Gebot
v. 1375, Cgm. 1113, f. 79^{a}.

friden, vrb., (ä. Sp.) Verschiebung, Einstellung der
thätlichen Feindseligkeiten gebieten, Frid bieten; goth.
frithôn (cf. freidjan, parcere; s. unten Freithof);
ahd. fridôn, mhd. vriden; Graff III, 792. BM. III,
406. Grimm, Wbch. IV, 188. „Pacificare, friden",
Clm. 5177 (XV. sec.), f. 199. „Ist auch, daz ein getat
geschicht, da veintschaft von werden mach oder ist, daz sol
der meister friden vierzehen tag", Regensb. Statut. v.
1269. Gem. Chr. I, 899. friden, befriden, ein-
friden (Jir.), verfriden (vo'fridt'n), sicher stellen;
einzäunen, einschließen. „Die wis stiftleich und wesenleich
legen und pebarn (bewahren) mit friden und wässern",
Cgm. 3941, f. 111^{b}. Nach einem wirzb. Verbot von
1559 gegen das Tragen von Schießgewehren, werden
allein die kurzen Handrohr, zu Befridung über Land
bey sich zu haben, zugelassen. Verfridbaum, (Pf.-
Jir.) Zaun- oder Gietschenbaum.

Fridl, (Jir.) Gottfried.

ʻDer Friedel, ä. Sp., Geliebter, Buhle, Gatte;
ahd. friudil, mhd. vriedel; Graff III, 788. BM. III,
407. Grimm, Wbch. IV, 188.ʼ „Die vergist ires wirts
und geselt sich zu einem fridel durch unchäusch willen";
Cgm. 54, f. 18^{a}. 40^{a}. 44^{b}. „Die tet die tür (ihres
ehlichen Gemaches) haimlichen auf, und gieng auz zu irem
fridel (mitslæffel)", das. f. 58^{a}. „Ewr weib die ist ain
huere und die hat nu angelegt ewern tod mit irem fri-
del", das. f. 81^{a}. „Der ebrecher oder der fridel", das.

f. 82[a]. „Flos campi, vrideles ouge", unter andern Pflanzennamen im Clm. 615, f. 121[b].

fruedig (fruədi'), adj., (O.L., Baur) frühe, matutinus. „Praecoquae (uvae), frudia", (wol fruoia); Clm. 4606 (XI. sec.), f. 102. Fruetig rüeben", Tegernsee 1500; Cod. Ms. ch/5, fol. penult. Vrgl. Diefenbach 452[c]. Vrgl. fruetig.

Der Fräfel (Fräfl), 1) wie hchd. Frevel, (ahd. fravalî, fem., mhd. der und diu vrevel; Graff III, 824; BM. III, 400. Grimm, Wbch. IV, 171. Cf. lat. prävus, prävitas). „Siquis temerarium quid fecerit quod vulgo dicitur vrævel", MB. VII, 174. 197, ad 1200. „Diu selbe frävel" (fem.), Meraner Stdtb. in Haupt's Zeitschr. VI, 420. Ertel in der Prax. aur. I, 414 sagt: „In Bayern werde jegliches Delictum ein Frevel genennet, außgenommen was Vitzdomb und Malefizhändel seynd." 2) Geldstrafe von 72 Pfenning, die auf geringeres, Frevel genanntes, Vergehen gesetzt war. „Die fræuel daz sint zwen und sibentzich pfenning". . „Ein frevel daz ist LXXII Regenspurger", Rchtb. Ms. v. 1332. Wstr. Btr. VII, 167. cf. 65. 66. 73. MB. XXIV, 233. Gl. i. 820 geben das pro fredo der Legg. Alamann. durch zi freuele. (Cf. goth. thrafstei thuf, θάρρει; agſ. frofr, Trost, und Trost.) Fräfelich, adj.; BM. III, 400. Grimm, Wbch. IV, 177. Der Vater schlägt den ungerathenen Sohn „frefelich", tüchtig; Buch d. W. 1485, f. 124. fräfeln (fräf'ln), freveln, (BM. III, 401. Grimm, Wbch. IV, 177. „Wär es nicht so gar ein schand, botten fräveln", an einem Boten zu freveln; Ring 42[c],7); besonders: verwegene, gottlose Reden ausstoßen, Deum vindicem provocare. *Fräfl ə˜ Wál, dás d· éppə-r-ən U˜glück håst!* sich verfräfeln, freventlich benehmen, vergehen. „Er hatte sich vor dem Rath, vor der Hans, und vor den Burgern verfrevelt", Gem. Reg. Chr. ad 1331. Ein Lehen oder Eigenthum verfreveln, es verwirken, durch ein Vergehen verlieren.
605 Amberg. Akten v. 1382. In der a. Sp. kommt (z. B. gl. a. 118. 488) fravali für temeritas, öfter aber fraual, adj., für protervus, procax, temerarius vor (frevel erzaigung, contumaciae; Voc. Archon, f. 60. frefler, pertinax; ibid. 64. „Wie bist so frevel", Dr. Eck, 1542. cf. Graff III, 823. BM. III, 400. Grimm, Wbch. IV, 171. Zeitschr. II, 41), und scheint in fra (Grimm. II, 731) und fal auflösbar.

---

frâgen (frágng, fraugng), Opf., Nürnb. frægen (fréigng, Gramm. 948), wie hchd. fragen, (ahd. frâgên, mhd. vrâgen, vregen; Graff III, 811. BM. III, 391. Grimm, Wbch. IV, 49. cf. goth. fraihnan). „Daz man sie zwirunt fregen muz", Renner 14872. „Mutwillig und verwegen, nach keiner Ehr theten fregen", H. Sachs. anfrâgen, wie hchd. „Der Richter frägt (nach der ältern Gerichtsübung) die Beysitzer der Urtail an", fordert über einen abzuurtheilenden Fall ihre Stimme ab, (s. Ur-tail); Gerichts-Ord. v. 1588, f. 4. 67. L.R. v. 1616, f. 97. Noch nach der Carolina poen. XCII. frägt der Richter — „nachdem die Urthail schon in Schrift verfaßt" — jeden Beysitzer: N. ich frage dich des Rechtens. də'frágng, erfahren, (Reut im Winkel). umfrâgen. „(Tu confessor) quaere de cantationibus in choreis et quaestionibus lascivis .i. haimleich umbfragen"; Ind. 392, f. 23[b]. frægeln, durch wiederholte, besonders indirecte Fragen ausforschen; (cf. frätscheln).

Die Frâg (opf. Fråugh), 1) die Frage. 2) die peinliche Frage, Tortur. „Einen an die Frage führen", Kr. Lhdl. XIII, 30. Die Fragstatt, Torturkammer. Der Fragherr; Gem. Reg. Chr. III, 725. 733. 808. 'Das G·fráget, wiederholtes Fragen.' „Wann i lång nimmá' bi gêt nu' 's *Gfrágát* um mi'", Stelzhamer 170.

Der Fräger. So hieß in der Freystatt Regensburg die obrigkeitliche Person, die nach Abgang des Kamrers bis zur Wahl eines andern, von 4 zu 4 Wochen zum Verweser des Kammeramtes erkoren wurde. Gem. Reg. Chr. ad 1387.

Der Fragner (Frágnə'), Nürnb. opf. Pfragner (Pfraəgne'), in Städten und Märkten: Einwohner, der mit Salz, Lichtern, Seife, gewissen Geräthen von Holz und Eisen, Feuerzeug ꝛc., an einigen Orten auch mit Mehl, Gemüse, Käse und andern Victualien Kleinhandel zu treiben berechtigt ist. BM. II, II, 514. Grimm, Wbch. III, 55. Zeitschr. V, 333. „Penestitus, fragnær", Voc. v. 1445. „Fragner oder melczer, penestitus", Voc. v. 1419. Pfragnerinn, pfretznerinn, antionaria (?); Voc. v. 1482. 's. unten frätscheln: Frätschler.' Fragner, Cgm. 308, f. 67[b]. „Ἀγορανόμοι daz sint pfragenara"; gl. Augiens., Mone's Anzeiger 1835, Sp. 92. „Der Hatolt vragner", MB. XIX, 595, ad 1377. „Fragner, die äpfel, piern und nussen über land füeren", Cgm. 632, f. 22¾. Fragner oder hocker in München verkaufen Obst und Mehl; Cgm. 544, f. 51. „Der pfragner verchaufft obz, el frutaruol vende frutti", Nomencl. venet.-todesco del 1424, f. 24[b]. 27[b]. „Die kaufleut und die fragnerin, die swernt oft tewr umb X dn. oder umb ein apfel oder piern"; Cgm. 632, f. 13. 14. „Fragner tendler und öler", M. Beham, Wiener, 30,8. „Obzer, maler, wurfler und aller hande pfregner", Renner 4454. cf. Prachner. „Wer kes sneidet auf dem markt, welch vragner in die geit. . ."; altes Reichenhaller Urbar. aus dem 13. Jahrh. „Es sol auch kain fragner noch furchäuffel hie in der stat (Paßau) noch in den drey dingen kainerlay essuntz dings nicht kauffen", Paß. Stdtb., Ms. A[o]. 1370 befahl der Rath der Stadt München, zur Verschönerung derselben einen Durchgang durch die Vragner zu machen, und unter den Vrägnern alle Züber, Truchen und Schweinsteig abzubrechen. Wstr. Btr. VI, 100. In Regensburg erscheinen die Fragner im 14. Jahrh. als Fürkäufler überhaupt, ja man legte ihnen zur Last, daß sie in alle Gewerbe eingriffen. Der Prediger Br. Berhtolt von Regensburg (von 1260 circa) erwähnt ein paar- 606
mal (Kling p. 61. 91; Pfeiffer 266,20. 285,15) der Pfragener. „Der pfragener", sagt er einmal, „giuzet etewanne bier oder wazzer in daz olei." A[o]. 1437 wurden in München die Fragner von den Käuffeln getrennt. „Item die offen Kauffl, Fragner und Höckler mögen hüner, ayer, käß, obs und andere essende pfenwerd (doch visch, krebs, kelber und dergleich klain viech, auch das Schmaltz ausgenommen) an den Heusern und offen Wochen und Jarmärckten wol kauffen, und solche Pfenwerd, die sy an den Heusern kauffen, sollen sy allain zu unsern Stetn und Märcktn bringen, darinn an offenem marckt oder in Iren Läden, wie sich gebürt, fail haben und verkauffen", L.O. v. 1553, f. 69. Am Landtag 184⅔ (31. Jan. 1843) übergibt der Abgeordnete Bestelmeyer eine Vorstellung sämmtlicher Groß- u. Klein-Pfragner in Nürnberg, den Schutz ihrer realen Gewerbe betreffend. Nürnb. Sp. W. Es ist aus mit uns Pfragnern, fuimus Troes. Die Fragnerey, der Handel mit Salz und den oben bemerkten Artikeln. Zu Fragner gehört wol ein primitiveres Subst. die Fragen '(der Fragen, Pfragen, Schragen?)' wovon sich in Gemeiner's Regensp. Chron. ad 1320, 1364 die Form Fragenstatt findet. „Die Fragner mußten, was sie auf dem Gäu kauften, an der rechten Fragenstatt wieder verkaufen." Ebendaselbst ist ad 1384 neben dem Preuambt, Pechkenambt, Fleischhawerambt die Rede von einem Fragenambt, das die Herzoge von Bayern abgenommen haben wollen, so daß „jederman in der Stat gearbeiten möge mit prewen, mit pachen, mit Fleischwerche, und mit Fragenwerche was er will." Gem. Chr. II, 135. 210. 244. IV, 17. „Er, alter wîbe pfragenmarket", Haupt's Zeitschr. VIII, 577,911. „Das man (am Sonntag) nit fragen aufslag und dapei sitz und kauf", Cgm. 632, f. 19¾. Alles handelt . . . „es sy ain knecht ain magt ain spinerin vnd hand sy nun den lûn fur sich geschlagen so kauffentz och uf dem pfragen". . . „Korn,

win und daz schmalz, gwand, silber und daz gold . . . das koffentz als uf den pfragen", klagt Jörg Zobel (1455), Cgm. 568, f. 256. 257. Obschon die opf. Aussprache Pfraəgner mit der Ableitung von frâgen (w. m. f.) nicht recht vereinbar ist, so scheint sich doch Fragner zu frâgen wie das ähnlich bedeutende Frätschler zu frätscheln zu verhalten. Cf. Lang, Regesten ad 1138: „jure precario quod vulgo phragera dicitur." Im Dänischen ist vrage mäkeln, prange aufkaufen, Pranger, Kleinhändler, Höker. cf. isl. pranga, mangonizare; prangari, mango; prâng, mangonium. Brem.-niedersächs. Wbch. V, 292: Wraken. Höfer erinnert an den Krämer-Ausdruck: Alle Frâgen haben, d. h. alle Artikel, um die man bey ihrem Gewerbe zu fragen pflegt. Vrgl. das engl. haberdasher, Krämer, aus „Habt ihr das?" ('Dagegen Müller, etymol. Wbch. d. engl. Spr. p. 480').

---

freij, frey, 1) wie hchd. (goth. freis, ahd. frî, frîjer, frîger, frîer; mhd. vrî, vrîer. Graff III, 786. BM. III, 401. Grimm, Wbch. IV, 94. Zeitschr. IV, 252,46). „Ich bin der fröuden frîe", freudenlos, privus; Labr. 470. Cf. privilegium, frei-hait; priv-ignus. Ein Lied („Resonet in laudibus") gegen Wucherer und Ketzer hat immer den Refrän: „Jr freia."

Wer wissen well den großen trug
der merck es hie ân alle lug
er find gar clar manich groß beswer
so lang gebraucht die schmer schneider. Jr freia."

Cbm. 1585, f. 320. Wahrscheinlich sind damit gemeint jene, von welchen fol. 324 gesungen wird:

„Uns ist alles frej sej was es sej im glauben
Eia eja
Eia eja es ist dem Luther nit zu vil
sagn was man haben wil. Martino."

„Interrogatur a⁰. 1367 in Erfordia a Walthero inquisitore quidam Beghardus nomine Johannes Hartmann de villa Astmansteten in quo consistat *libertas spiritus* . . . Resp. quod in hoc quod totaliter cessat remorsus conscientiae et quod homo redditur inpeccabilis . . . talis est liber spiritu i. e. ein fry geist"; Clm. 4386, f. 89—91. 2) Ausdruck des Bekräftigens, Hervorhebens. Vilmar, kurhess. Idiot. 109. Zeitschr. II, 343. III, 227,5. 324. V, 183. 334. 410, II, 19. VI, 94. Aus freyem Muetwillen (ganz, blos aus Muthwillen). Heu˜t is ə˜ *freyer* Werktag (kein anderer als ein Werktag). Er hàt's Glàs *frey* fàlln lassn. Sie hàt mə˜n Briəf *frey* aus də' Hand grissn. Di Trupfm gent ei˜, dás ˜s *frey* pascht. *Frey* nicks; *frey* də' nemli'; *frey* bis à˜s End; *frey* ə˜n Nebel macht's. „Der Herr setzt Malcho 's Ohr frey wider an", geistl. Schaubühne v. 1684. Auch niederd. vry. „Neen Dries, ender die muts moet vry (fürwahr, gewiß) wat anders schuylen", Simon van Beaumont (Tideman I, 91). Cf. Clementinarum lib. V, tit. III, cap. III. freylich, adv., BM. III, 403. „Gebot daz er ir die kerzen mit gewalt und freilichen näm"; Clm. 5987 (XV. sec.), f. 124. (Man vrgl. hchd. frey-lich, das ital. francamente, proprio motu, und das englische very, z. B. the very same, to the very verge..) Grimm, Wbch. IV, 100,2. Zeitschr. II, 343. III, 227,5. 324. V, 183. 334. 410, II, 19. VI, 94. 100,2.

Frey und Freye, hießen ehmals diejenigen von Adel, die nicht eigene Dienstleute, Dienstmannen (ministeriales) eines Andern waren, und später den Titel Freyherren oder (aus dem Romanischen) Baron (span. el varon, Mann, mas; ags. beorn, vir. Diez, Wbch. 45 f. cf. altſ. helith, erl, engl. earl, isl.
607 iarl), erhielten. „Baro, freyer", Clm. 5387, f. III, ad 1450. cf. Strebherr. „Proceres sive barones quos nos vulgariter appellamus frien", Monac. Aug. 67, f. 239. „Er sî dienstman oder frî", Walther 85,18. „Welcher pawr ein vrey ist", Wiener St.R., Cgm. 1113, f. 64. „Sunt his (mercatoribus et militibus) nobiliores lantherren, freyn, grauen, simpl. grauen, semperfrey", Monac. Augustin. 84, f. 67b. „Unvermannte Freye." „Graven, Freyen, Ritter und Knecht." Die Freyen von Neydeck. Das Prädicat Frey wurde gewöhnlich den Namen hinten beygefügt, und dann folgte nach die Bestimmung, ob der Benannte bereits Ritter oder noch Knecht war. „Peter von Howen Frey, Knecht." „Wenzla von der Tauben Frey, Ritter." Statt: N. von Baumgarten frey, N. von Seiboltstorf frey und drgl. sagte man mit Uebertragung des Prädicates von der Person auf das Stammgut auch: N. von freyen Baumgarten, N. von freyen Erboltspach, von freyen Seiboltstorf rc." W. v. Hund. Anmerk. Noch jetzt wird die Tochter eines Freyherrn, von jenem ältern Substantiv Frey, Freyinn genannt.

Die Freye, das Freye, (von Bergwerken, Waldungen) was keinem Privaten als Eigenthum, Lehen oder Servitut, sondern dem Landesherrn frey zugehört. „Man chundet in des pischolfs pann allen den, dy frey inne haben es sey ze feld oder ze gassen oder cze holcz vnd dyselb nit auflät", San-Zenon. 109, f. . . . Clm. 16509 (XV. sec.), f. 162. „Im Freyen ligen" . . . „in Unser (des Fürsten) Freiß (Freyes) fallen . ." Lori, Brg.R. 247. 621. 622. „Einen Maiß oder Frey einfangen" . . . „auf der Frey" . . „Unser Schwartzweldt und Frey haien", salzb. Forstord. Hazzi Statist. I, 208. Die Fürfrey. . . „Damit die Vnnderthonnen jr alte Fürfreyen und Plessen zu Irer Wünn und waidt geprauchen." „Unser fürstlichen Fürfrey", salzb. Forstord. p. 56. 60. Freygelack, Freyverschonung, (Jir.) s. lacken, auslacken.

freyen, 1) freymachen, loskaufen; BM. III, 403. Grimm, Wbch. IV, 104. Kr. Lhdl. VII, 312. XIII, 171. 287 wird geklagt, daß hie und da die Pfleger und Amtleute alles Gut, von welchem Einem etwas weg gestohlen worden ist, unter Arrest legten, und der Eigenthümer es durch Geld von ihnen freyen müsse. (Vrgl. fraidig). Beym Höfer ist ein Gut verfreyen, das Laudemium (Freygeld) davon geben. 2) freygeben, preisgeben. „Der König thet den Bischof in die Acht, jr leib und gut freyet er als die Vögel under den lüfften, wers angriffe, hett nichts verwirckt"; Av. Chr. 3) freygeben, schenken. „König Carl fristet und freyet seinem Vettern Herzog Thessel mit sambt Weib und Kinden jr leben"; Av. Chr. A⁰. 1498 „freiet Herzog Albrecht denen von München gewisse Berge im Gerichte Tölz zur Abkolung des Holzes", Wstr. Btr. VI, 197. Hiezu stimmt die Kostfreyung (hospitalitas) bey Aventin; kostfrey, gastfrey, hospitalis, liberalis. 4) privilegieren, von einer Verbindlichkeit, die als Gesetz für Andre gilt, befreyen. Eine gefreyte Person, ein gefreyter Jarmarkt, ungefreyte Leute. „Vier gefreyte Thier (Wider, Stier, Vollros u. Schweinpyr)", Cbm.Kl. 167, p. 264. 274. 295. befreyen, a) wie hchd. b) mit einem Privilegium versehen. „Von dem Schuldgeld, so der Schuldner dem Gläubiger, welcher weniger befreyt, zum Nachthail des mehrbefreyten bezahlt"; L.R. v. 1616, f. 81.

Die Freyet (Freyət), Freyt (Frád, b. W.), a) Substantiv von freyen, befreyen, sicher stellen, und gleichbedeutend mit Freyhait, Freyung, asylum. Zeitschr. VI, 14. Auf der Freyt (áf də' *Frád*; b. W.); Hazzi, 608
Statist. IV, 151. „Wer als unvorsetzlicher Todtschläger in einem Kriegsvolk zu der Arkelley flüchtete, war frey", Fronsperger (1555), f. XXVIII. Vrgl. Freithof. b) Substantiv von freyen (um eine Braut werben), welches man unten sehe.

„Freybäche, die durch ihr eigenes Wasser, das man Selbwasser nennt, ohne Klausen das Holz auf die Salzach tragen"; Jir.

Freydank. „Herr Doctor Freydanck", citiert bey H. Sachs 1612: I, 1085. 1086. 450. Vrgl. Grimm, Wbch. IV, 101 f.

Das Freygeld, (Jir.) welches bey einem Scheibenſchießen über Abzug aller Koſten bleibt.

Die Freyhait (ä. Sp. auch plur. Freyhait), 1) wie hchd. Freyheit. cf. Zeitſchr. V, 191,11. 2) das Privilegium. „Erclärte Landsfreyhait“ (plur.). „Von den Gläubigern, ſo vor den gemainen ein Freyheit des Vorzugs haben“, L.R. v. 1616, f. 81. „Bayerland hat die freyhait, ißt kraut mit Löffeln allezeit“; H. Sachs 1560: IV, III, 92 (1612: IV, III, 197). Die weiblichen Freiheiten, die Vorrechte einer Ehefrau bey Schuldfällen. 3) Urkunde über ein Privilegium. „Iſt Nusberger gekommen; iſt die Rede er habe dem Adel eine Freiheit gebracht“, Kr. Lhdl. X, 155. ſ. unten: Freyhart.

Die Freyhelſe, ä. Sp., die Freyheit; (goth. freihals, ahd. frîhals, mhd. vrîhals; Graff IV, 927. BM. I, 618. Grimm, RA. 282. Wbch. IV, 111). „Mit Freyhelſen dörffer auz ze lazzen“; MB. XI, 289. Vrgl. ibid. 290: „mit Freyheiten, den Wald auszulaſſen.“ Pacht? (v. Lang; vrgl. Sp. 253 f: Bar=mann). „Haben eingeraumt unſer Freyhels und Neuſtat Langdorf das Dorf des Freyhels heuer ausgêt, Schwarzach u. Kolnbach, der zweyer Freyhels wert noch drey Jar“, Degenberg, Urk. v. 1320. „Anno dni. 1333 in die SSorum Procěssi et Martiniani locatum est praedium in Rudling Chunrado dicto Nydermayer ad duos annos ze freihels, quibus expletis in suo est arbitrio dare quidquid voluerit“, Ober=Altach, Clm. 5201 (2⁰. XIV. sec.), f. 186. Freyhöls, Dorf von 394 deutſchen Einwohnern bei Biſtritz im Klattauer=Kreis; Sommer VIII, 88. Freyhels („Fréihöls“), Revier im Forſtamt Amberg. (Cfr. „Fone ſcalcheit in die frihalſi Gottes chindo“, Notker, Pſalm 76,11. Frihalſi, libertas, gl. a. 299; frihals, libera, a. 299; friihalslih, liberalis, a. 459. Vrgl. das fulfreal der longobard. Geſetze).

Der Freyhart, auch der Freyhait, Freyharts=Freyhaitsbueb, Freyhaiter, (ä. Sp.) Einer, der da herren= und beſtimmungslos umherzog, und ſich durch allerley Mittel und Wege, z. B. Gaukelſpiele, Leyern, Wahrſagen u. drgl. zu nähren ſuchte; Vagabund. BM. I, 637. Grimm, Wbch. IV, 110 f. 111,5. 114. Haupt's Zeitſchr. VIII, 507 f. Enterbt kann werden ein Kind, „ſo ohne der Eltern Willen ſich in leichtfertig Uebung und Buebenleben begebe, als ſo es ein Freyhartsbueb oder ein Gauckler wurde, oder ließe ſich, mit den Thieren zu kämpfen, umb Geld beſtellen“; L.R. v. 1553. L.R. v. 1616, f. 164. Öfele I, 307. „Freyheit und Bueben mag man zu Zewg verwerffen“, L.R. Ms. v. 1453. Vrgl. Gem. Reg. Chr. II, 253. 290. III, 247. „Das die knecht oder freihait karten oder ſpiln“, Scheirer, Dienſtord. v. 1500, f. 28. „Keinen pettler oder freyhaitpuben ſol er legen auf das gaſthaus“, daſ. f. 13. „Hawer, weinziher und freihait der vor ainer nit het ein pfait dy ſach man nun geziret ſchon in zöbel und in mader gon“, M. Beham, Wiener, 113,4. „Daz ein freihait ſchol erchennen beſondreu zaichen“, Cgm. 54, f. 31ª. Nach der Schlacht liegen viele wund: „ſo wend in die freihat gelt abernöten ſo hant ſie es nit ze gend und tůns vol töten und tůns nackent abziehen und mit dem gewand enweg fliehen“, des Teufels Segi. „Man chundet in des piſcholfs pan allen freihaiten oder gemain frawen, item allen pueben und puebin, item allen ſchollyern und ludrern“, Clm. 16509 (4⁰. XV. sec.), f. 162. „Wer ein Jar in freiheitten weis umblieff“, Cgm. 713, f. 20. „Ein prieſter der in freihartsweis umblieff“, daſ. f. 163. Der Freyhartsknab über ſeine Lebensweiſe bey H. Sachs 1560: IV, III, 62 (1612: IV, III, 136). „Freiheitsbuben, Landläufer, ſo Bettlers oder Freiheitsweiſe im Lande hin und wieder wandeln“, Kr. Lhdl. IX, 7. 16. XII, 173. XVIII, 402. „Der Freyhart Rabelſeus mit ſeinem Pantagruel“, Puterbey. „Alle Freiheiter, alle Sprecher, alle, denen außgeſchnitten war“, Av. Chr.

Freilaßing, Grenzzollort bei Salzburg, wol nach einem Frîlaz (manumissus) benannt. (8. Auguſt 1848.)

freylich (fráli', fráló'), wie hchd. BM. III, 403. Grimm, Wbch. IV, 116. Zeitſchr. II, 566,2. III, 400, III, 14. „Liberalis, freyleich“, Clm. 5387, f. XVIᵇ (ad 1450).

Der Freymann. 1) Klocker in ſeiner Abhandlung von den Barſchalken (N. hiſt. Abh. der Ak. V, 499 ff.) ſpricht von Freymännern, die nebſt den Freybauern oder Erbrechtern noch im 18. Jahrh. die alten Barſchalkenverhältniſſe getragen haben ſollen. BM. II, 47. III, 720. Grimm, Wbch. IV, 117. (Gl. i. 1056: friman, libertus). Im Maier Helmbrecht von Wernher dem Gartenære (13. Jahrh. Haupt's Zeitſchr. IV, 318 ff.) kommen neben dem Knechte (Sohne?) des Gebaurn Helmbrecht ein Freyman und ein Freyweib vor: „Sprach daz frîwîp und der kucht: Wis willekomen, Helmbreht? nein, ſi entâten“; Vers 711. „Entriuwen, ſprach der friman“, V. 743. „Dem frîwîbe ein houbettuoch brâht er (der junge Helmbrecht, aus der Fremde heimkehrend) unde ein bendel rôt“, V. 1088. „Ich lâze iuch minen frîman ſlahen, daz nie blinde gewan von ſlegen alſölhe nôt“, ſagt der Vater (V. 1727) zu dem als Dieb geblendeten, zu ihm kommenden Sohn, den er nicht aufnehmen will. Sollte die Ortſchaft Freymann bey München von einem ſolchen ehmals hier angeſiedelten Freymann den Namen haben. „Usque zu dem Frevenmann“; Ephemer. belli pal. boici. Ad Frienmannun, Meichelb. Hist. Fr. I, II, 454, ad 957). 2) Der freye Mann, der Scharfrichter; (Sterzing: dər *Freiman*, -v; Caſtelli, Wbch. 132: *Freimån*). „Chain herr mag chainen fronpoten haben, (außer) er ſey frey, und ſol dazu belechent ſein zu minſten mit einer halben hueben, dieſelben ſollen die läwt tötten und ander nieman“, L.R. Ms. v. 1453. Vrgl. Gem. Reg. Chr. II, 3. Nach dem ältern Criminalrecht (Rchtb., Ms. 609
von 1332. Wſtr. Btr. VII, 48. Augsb. Stdtb. Lori, Lechrain f. 92) kam es dem freyen Manne (dem Nachrichter, ainem der Waibelknechte, dem Fronpoten) zu, di leſten Urtail (das letzte Urtheil) zu fällen, nämlich auf des Richters Anfrage zu ſagen, welchen Tod (welche Todesart) der zum Tode Verurtheilte in jedem vorliegenden Falle verdient habe. „Ob aber wär das dann der richter den freyen man her in die ſchrannen rief vnd im erzel vnd zu erkennen geb mein vergechen vmb das abſagen“, Raitenb. 41, Deckelbl. Dieſes ſonderbare Verfahren wurde durch die Reform des b. Landrechts v. 1518, T. 19, Art. 6 (Kr. Lhdl. XII, 99) mit Recht abgeſtellt. Vrgl. Kreitmayr, Anmerk. zum Cod. crim. Die Vollziehung der Strafe, ſagt Rühs zu Tacitus p. 245, war nach der urſprünglichen Anſicht der germaniſchen Völker kein ſchimpfliches Geſchäft; in den Städten wurden die Todesurtheile bisweilen von dem jüngſten Rathmann oder dem jüngſten Ehemann oder gar von dem Kläger, in den Klöſtern von den Layenbrüdern vollzogen; ja mehrere deutſche Fürſten, wie z. B. Herzog Heinrich der Henker von Meklenburg, Herzog Wratislaf von Pommern Barth (und Pfalzgraf Otto von Wittelsbach), hielten es nicht unter ihrer Würde, Straßenräuber, die ihnen in die Hände fielen, mit eigner hoher Hand aufzuknüpfen. Der Freymann der Stadt München hatte bis 1433 allein die Freyheit, Luſtdirnen, Hazardſpiele u. drgl. zu halten. Wſtr. Btr. VI, 178 ff. Noch A. Zaupſer ſagt in ſeinen „Gedanken über einige Puncte des Criminalrechts“ p. 77 bey der Beſchreibung einer militäriſchen Criminal=Execution: „Sie kommen an den Richtplatz. Das Regiment ſteht im Kreiſe. Der Delinquent wird losgeſchloſſen. Man lieſt ihm ſein Urtheil. Bey Gott iſt Gnade! ſchallt es dreymal, und dreymal: Freymann herein! Er kommt und vollzieht das Urtheil.“ „Frey= und Abdeckers=Leut“ . . . „gartende Landtsknecht, Schündter und Freyleuth . . .“ Mandat v. 1708. „Freymänner, Waſenmeiſter ꝛc.“, „Freyleute und Fallknechte“. . . wirzb. Verord. v. 1723 und 1747. In den Actis SS., XIV. Septembr., p. 767 weiß Joa. Perierus S. J. das Wort Freymann in einer deutſchen Legende von der Notburga nicht zu deuten.

Die Freynacht, in welcher es erlaubt ist, über die gewöhnliche Policeystunde im Wirthshaus zu seyn und zu tanzen.

Der Freysaß, Freysäß, 1) der frey und ohne Burgerpflicht in einer Stadt oder einem Markte wohnt. Grimm, Wbch. IV, 119 f. Ldtg. v. 1612: 380. 2) der also auf eines Andern eignem Gute sitzt, daß dieser von Frist zu Frist die Freyheit hat, ihn zu entfernen. s. Freystifter. Kr. Lhdl. VII, 460, ad 1474. MB. IV, 487, ad 1392. X, 519. XI, 53, ad 1257. XIII, 373, ad 1277. XV, 378.

Der Freyschupper, (Nürnb., Hsl.) herumziehender, sich mit Spielen rc. nährender Bäckerknecht. s. Th. III: schupfen.

Die Freystadt war verschieden von der Reichsstadt. Auf den Vorzügen einer kaiserlichen Freyen Statt vor einer gewöhnlichen Reichsstatt wurde von Seite Regensburgs im 14. Jahrh. bey verschiednen Anlässen nachdrücklich bestanden. Als Freystädte scheinen Regensburg, Basel, Worms und Speyer gegolten zu haben. Gem. Reg. Chr. II, 230. 387. III, 150. 298. 362. R. A. bey
610 Selhamer: Leben, hausen oder thuen wie ein Freystädtlein, d. h. ganz nach eignem Gutbefinden. Grimm, Wbch. IV, 122.

Die Freystift, Pachtung oder Verpachtung eines Gutes mit beiderseitigem Vorbehalt der Freyheit, den Pacht von Jahr zu Jahr wieder aufzuheben. „Freistift, precarium", (Jir.). Veranlaitete Freystift, bey welcher ein Laudemium entrichtet wird. s. Stift. Der Freystifter, Pächter solcher Art.

Freytag, a) „treuge, induciae"; Voc. v. 1445. b) sieh unten nach: die Frey.

Der Freytuem (ä. Sp.) a) wie engl. the freedom, die Freyheit, das Privilegium. BM. III, 403. „Alle die Recht und den Ureitum und die genad", MB. III, 181, ad 1295. II, 484, ad 1337. „Wir haben uberfaren der Pfafen freitum", Ried 801. b) das jus asyli. „Sunderleichen stätigen wir demselben Gotzhaus (Ranshofen) den Freytum, den ez innerhalb der Pörtten dez Chlosters haben sol", MB. III, 365, ad 1332.

Die Freyung (Freyum, Freyəm), 1) die Freyheit, z. B. die Freyheit von örtlichen Zunft- rc. Beschränkungen im Verkaufen. BM. III, 404. Grimm, Wbch. IV, 123,2. Bey Messen oder Dulden wird die Freyung geläutet. „Remissio, freyung", ZZ. 1803, f. 192. Freyung (Freysprechung) eines Novizen der Meistersingerkunst; Wagenseil, de civit. Norimb. p. 547. 2) jus et locus asyli. L.R. v. 1616, f. 803. BM. III, 404. Grimm, Wbch. IV, 123,1. Freiung vnd glait für gelter", Formular, Raitenb. 166, f. 150. Dieser Ausdruck kommt auch als Ortsname vor. Die Freyung in der Ob.Pfalz, die Freyung im Passauischen, die Freyung bey Pfeffenhausen, die Freyung auf der Burg zu Nürnberg, (Wagenseil, de civit. Norimb. p. 100. Zeitschr. I, 288,1). 3) freyes oder übriges Schiff, im Gegensatz eines gehenden; Lori, Brg.R. f. 311.

Die Frey, auch die Freyet, die Freit, (opf.) das Freyen um eine Person des andern Geschlechts; das, was man in Bayern „ans Kammerfenster, aufs Gäßlein gehen" heißt.

'Af d' *Frey* bin I gangə˜,
hà' 's Làitəl àə˜glài˜t,
hà' gsungə˜-r- u pfiffm,
má˜ Schätzál hàut gwài˜t.

Das Verb. freyen selbst, wol zum goth. frijôn (amare; mhd. vrien; BM. III, 407. Grimm, Wbch. IV, 105. Vilmar, kurhess. Idiot. 109. Zeitschr. II, 42,18. 396,22. 415. IV, 34. V, 129,13. 411,1. 288,36) gehörig, ist minder volksmäßig.

Der Freytag (Freidə'), wie hchd. (Otfr. V, 4,6: friadag; Tat. 215,1: frigetag; vrgl. pheritac, parasceve, gl. i. 491 und Br. Berhtolt's venretag: „Der sehst tag solt heizen verntag", Cgm. 632, f. 84. „Venretag solte er ze rehte heizen", Kling p. 134. Pfeiffer p. 61,12. „Up den helighen goeden virindach", Cod. c. pict. 108, f. 93a. Graff V, 360. BM. III, 8. Grimm, Mythol.[2] p. 112 ff. 277 ff.). „Die zwelf ausgenommen freitag, die S. Clemens, der pabst was ze Rome, von S. Peter sinem maister vernam" . . . (folgen); Furstenf. 121, f. 168b. Cf. „On lang fridœi", goodfriday, Charfreytag; Sax. chron. ad 1137. s. auch oben Freytag, induciae.

---

frumm, wie hchd. fromm, (ahd. frum, mhd. vrum, vrom; Graff III, 645. BM. III, 428 f. Grimm, Wbch. IV, 240. Vilmar, kurhess. Idiot. 111). Das heutzutagige (zunächst der Religionssprache geläufige) fromm bezieht sich auf eine mehr leidende, allenfalls beschauende, betende Güte; in der ältern Sprache deutete frumm mehr auf das Fördernde, Tüchtige in seiner Art, womit das goth. fruma, primus, die Formen frumirisi, praecox, fru- 611
miuuahst, primitiae, ortfrumo, auctor, der ahd. Sp. (nach Grimm II, 152 auf ein Element fr˙, pro, prae, weisend. Cf. franz. preu; Diez, Wbch. 273. „VII *probitates* haec sunt: equitare, natare, sagittare, (ce-?)stibus certare, aucupare, scaccis ludere, versificari", Petrus Alfonsus, de cler. disc., Memm. 14, f. 139) übereinstimmen. „Halt still, bis frumm und mach mit", so fordert noch a^0. 1517 ein Bauer den andern zum ernsten Raufen heraus; Lipowsky, Gesch. d. b. Crim. R. p. 175. „Ein frummer Ritter, Knecht, Held rc.", ein tapferer. (Cf. Hy heest zig vroom verweerd, er hat sich tapfer gewehrt.) „Ein frummer Mann, ein frummer Bayr, ein frummer Fürst, ein frummer Herr rc., ein Mann, Bayer, Fürst, Herr, wie er seyn soll, ein rechtlicher, ein Biedermann, Ehrenmann rc. „Wenn ein frummer Mann auf dem Markt kaufen will, so ist durch die Fürkäuffer alles verleitkaufft", Kr. Lhdl. I, 227. „Wir haben Uns bisher als ein frummer Fürst ohne aller Vermailigung unsrer Ehren und Glimpfes gehalten", ibid. X, 295. „Uns zu halten, als einem frummen Fürsten von Bayrn zusteht", ibid. XI, 33. „Er wollte sich auch halten als ein frummer Bayr", XIV, 476. „Haben die Herren N. N. ihre Entschuldigung gethan auf den Brief, sie wären frumm; aber der den Brief geschrieben, wäre ein wissentlicher Bösewicht", XIV, 139. „So wollt er als ein frummer Herr sich verantworten", Ldtg. v. 1514: 560. 629. „Glückseliger denn Augustus, frümmer denn Trajanus, felicior Augusto, melior Trajano", Avent. Chr. „Item ain Fürst ist der erst im Lannd, sol mit allen anndern thugenden vor anndern begabt sein und die yeben, sonnst ist niemand schuldig, Ihn zeloben oder zu ehren. Ob aber yemands aus forcht ainen solchen ungerechten Fürsten lobt, so nimbt doch der Fürst solches mehr aus Gespött, dann für die wahrheit an, sein Conscienz brennt jhn, als oft es geschicht. Unter geringen Personen, die ainannder understeen geschmehen und sagen: du frommer Mann, empfacht von Stund an solche wortt die widerparthey für Schmachwort", Ldtg. v. 1514, p. 473. „Ich main er sei frum man weyß dann ein anders auff in, ego ipsum praesuppono esse probum nisi oppositum probetur", Windb. 204, f. 166a. êrenfrom. „Ir wöllt als ehrenfrom geborn Bayrn die erlitten Schmach beherzigen und bedenken, daß sie ein ehrenfrom geborne Fürstin von Bayrn ist", Ldtg. v. 1516, p. 322. ä. Sp. „als frumm ich . . bin", so wahr ich ein rechtschaffner Mann, Ritter, Fürst rc. bin. „Es hätte Herr Sigmund mit aufgereckter Hand gesagt: als fromm er ein Mann sey, so wolle er . . ." „Als fromm er sey, so wolle er dem Markgrafen nicht von der Seite kommen"; Kr. Lhdl. XIII, 364. XIV, 459. 628. XV, 43. „Als fromm ich ein Fürst von Baiern bin"; Fugger's Ehrenspiegel. „Da sprach der gepieter: weſt ich daz du ein endlicher vnd ein frummer man woltest sein, ich wolt dich beraten. In-

gratus antwurt: herr, daz verhaizz ich euch mit meinem aide oder sey frum. Der herr erparmt sich über in", Gesta Romanor., Cgm. 51, f. 76b, (Keller p. 151). frömmer, besser, melius. „Mein! wer hat Troyam verbrendt? Ists nit eben der, der geschendt Helenam, Paris schön von Leibesgestalt? Frömmer wär er gewesen alt, krumb und lam", Balde's Lob der Magern. „Er were einer khüre fromer dann er, wann sein vater
612 hette kainen ermordt, als sein vater getan hette"; MB. XXV, 535, ad 1495. frumlich, frummleich, (ä. Sp.) vortheilhaft, fördernd; BM. III, 430. Grimm, Wbch. IV, 248. 327. „Daß (die Stiftung) der vorgenannten Sel frumleich sey, und auch mir und allen meinen Nachkommen"; MB. VII, 170. „Die gewer ist dem Herren frumleich"; Rchtb. v. 1332. Wstr. Btr. VII, 134.

Der Frum (des Frumes, dem, den Frum und des Frumen, dem, den Frumen), ä. Sp., der Frommen, der Vortheil, der Nutzen, die Frucht, (ahd. thiu fruma; mhd. der und diu vrume, vrum, vrome; Graff III, 646. BM. III, 429. Grimm, Wbch. IV, 245. 325). „Genediger Herr, wir sein vro, swaz ew frumes und eren widervaren mach", schrieben die von Regenspurg a⁰. 1319 an K. Friedrich v. Oesterreich. „Mit einem ding seinen frumen tun und lassen, oder schaffen"; MB. IV, 371. 470. II, 236. „Seinen frumen furdern"; MB. IX, 274. „Durch gemainen frum", gemeinsames Nutzens wegen; Mederer, Ingolst. p. 28. Der Ueberschuß „ist des Caplans frum", kommt dem C. zu gut; MB. XV, 471. Ze frum chomen, zu gute kommen; Wstr. Btr. VI, 102. „Schaden und frum (an einem Gut) haben"; MB. XVIII, 44. „Die lb. pfenning dem Goteshaus ze frum anlegen"; Meichelb. Chron. Ben. II, 64. Der Unfrumm. „Das armen und Reichen ein großer Unfromm und Unnutz ist", Kr. Lhdl. I, 238. gl. a. 235: unfruma, damnum. Kero II, 92: unfroma, detrimentum. Die Frummkait, (ä. Sp.) Rechtlichkeit, Gutes, Vortheil. „Desgleichen Wir in allen Händeln von ihnen (den Städten Straubing und Deggendorf) nie anders empfunden haben, denn eitel Froſmmkeit", Kr. Lhdl. I, 85.

frümmen (frimə˜, schwäb. fremə˜), a) vorausbestellen, bestellen, machen lassen; Grimm, Wbch. IV, 326. Zeitschr. V, 335. ä. Sp. Eine Messe, einen Gottesdienst frümmen, ein Recht frümmen, eine Messe, einen Gottesdienst, eine Gerichtssitzung halten lassen; MB. XVIII, 25. XX, 296. Wstr. Btr. VI, 124. Gerichtsord. v. 1588, f. 9. Kr. Lhdl. XVI, 269. XII, 102. Lori, BergR. 233. Gem. Reg. Chr. IV, 391. „Wer tusent Selen ein messe frumet, yeglicher ein ganz messe fumet"; altes Spruchgedicht. Der Pfarrer soll nach dem Evangelium „sich umbcheren gegen dem volch und . . . gedenchen aller prueder lebentiger und auch toter . . . und frümen (beten lassen) ain pater noster und auch ein ave maria", Verschreibung zwischen Pfarrleuten und Pfarrer zu Bischolfdorf (Inn-Viertel), Cgm. 3941, f. 72b. 88. „Wers frümbt der darffs nit, wers macht der wills nit, wers braucht der waißs nit. (Ist ain todtenpar)." „(David) da er eines mannes êchonen beslief und in selben frümt erslagen", Cgm. 74, p. 271. „Von dem zigelæl: du solt frummen dacz einem hafener einen rosen hůt mit einem test", Furstenf. 121, f. 173. „Wan ez (ir rosenkrenzel) mir sô rehte kumet, alse obz mir selber sî gefrumet", Nîthart. „Də' Mà˜schei˜ hàt ə˜ Spitzbuəbmliəcht, wenn's bleə˜kəzt drobm und glimmt, mə˜ maə˜t, dé Və'liəbt'n hätt'n si's zu'n Speə˜zln extra *g'frümmt*", Seidl, Flins. (1844) 139. „Einen ze Acht frümmen", ihn in die Acht verkünden lassen. „Einen ze vahen" oder „in vanknuß frümmen", ihn verhaften, gefangen setzen lassen; L.R. Ms. v. 1453. Rchtb. Ms. v. 1332. Wstr. Btr. VII, 181. Ld.O. v. 1553, f. 93. An Einen etwas frümmen, bey ihm etwas bestellen. „Man sol frumen hunderttausendt gros oblat und funfzigtausent klainer oblat an den der sy pachen kann", Pass. Stdtb. Ms. ad 1358. Daher (nach Gramm.

1017) heutzutage anfrümmen (à˜frimə˜) etwas bey Einem. Grimm, Wbch. I, 332. 334. Arbeiten bey Handwerksleuten, ein Klaid beym Schneider, Speisen beym Wirth ꝛc. anfrümmen. Anfrümmende Sachen, Dinge, die man vorausbestellen muß, die man nicht schon fertig erhält. „Wenn Fressen und Sauffen heilig macht, so frimm ich mir morgen einen Schein an beym Goldschmid", P. Abraham. Einfrümmen Einen, dessen Ankunft vorausansagen und zu dessen Empfang, Auf- 613
enthalt, Geschäft das Nöthige bestellen. Gê du voraus und *frim* üns *ei˜*! Frumbad, Frembad, bestelltes Bad (1392), Freyb. Samml. II, 137. 140. 141. Frumwerker in Gemeiner's Reg. Chr. II, 302, ad 1393, scheint einen Handwerker (Schlosser) zu bedeuten, der auf Bestellung arbeitet. b) ahd. frumjan, fruman, mhd. vrümen, vrumen, agere, facere, patrare, perpetrare, exsequi; Graff III, 649. BM. III, 432. Grimm, Wbch. IV, 246. 326. „Ofte ez leider dar zu kümt, daz einer ein selmesse dem niht frümt, der manges pfundes wert im hat gefrumt", Renner 5052. „Einen slangen er (Moises) frumen began uze kopher unde uzer êre", Diemer, Ged. 62,9. „Als er den sac gestrutet vol, er fremt in heim", S. Helbling I, 673. Sunte frumen, Sünden begehen. „Diu sele danne garnet swaz der lip ie gefrumet", Wernh. Maria 118. Gl. i. 807: frumi dih, age!

---

fremd, frembd (fremm, fremb), 1) wie hchd. (goth. framathis, ahd. framadi, framidi, fremidi, mhd. vremede, vremde; Graff III, 642. BM. III, 393. Grimm, Wbch. IV, 125). ə˜ *Fremm's* (scilic. Leut), eine fremde Person. eppə, eəm'd *Fremms*, jemand Fremder. 2) sonderbar, auffallend, fr. étrange. „Ain fremde Mainung" . . „ein fremdes Fürnehmen" . . . „wilde, fremde Läuff" . . . „es nimmt mich fremd" (befremdet mich), Kr. Lhdl. IV, 129. V, 158. `fremden, ä. Sp., fremd (fern) sein oder machen, ausbleiben; sich fremden, sich fern halten, meiden. Die Fremde, ä. Sp., das Fernsein, die Entfernung. Graff III, 644. BM. III, 394. Grimm, Wbch. IV, 129.' „Müz man sich ir (der Minne) geheimen, fremden, güeten?" Labr. 195. „Doch kan geheime mêren vil dinges daz von fremden wær an ende", das. 196. „Vil dicke wirt vergezzen von fremde daz die liebe kan verdriezen", das. 197. „Langez fremden scheidet liebe köufe", das. 223. fremden, von Kindern: leutscheu seyn. Zeitschr. V, 334. s Kläslə *fremd't*. Anfremden einen Bekannten, sich fremd gegen ihn betragen. Statt entfremden steht MB. VIII, 560 enpfromen, welches dem schweizerischen: fröm, frömd (auch Pass. Stdtb., Ms.), und der engl. Präposit. from, wie fremd der gothischen und nordischen Präposit. und dem althochdeutschen Adverb. fram (Graff III, 638. BM. III, 392. Grimm, Wbch. IV, 56) entspricht.

Frôn (opf. frau˜), 1) in einigen, zum Theil noch vorkommenden Zusammensetzungen, wie hchd. Frohn, (aus frôin, frôhin contrahiert, meint Grimm I3, 99. cf. III, 145. Graff III, 806. BM. III, 426. Grimm, Wbch. IV, 230 f. vron = baron = varon, von baro, irisch: Herr; Mone, gall. Spr. 198. Der Frôn-Altar, MB. XVII, 136. 137: frawnaltar, altare dominicum, Hochaltar. BM. I, 27. Grimm, Wbch. IV, 233. Das Frôn-Amt (MB. ibid.: frawnamt), Hochamt. Der Frônbot, ä. Sp., missus dominicus, Gerichtsbote; (im Münch. StB. fast immer ohne Artikel construiert: fronbot. BM. I, 184. Grimm, Wbch. IV, 233). Das Frônbotengericht in Nürnberg; Wagenseil, de civit. Norimb. p. 378. Der Berg-Gerichts Fronbot abgebildet in Cgm. 1203, f. 97. Noch heißt der Bote des Bergamts zu Bergen, welches ehmals auch die Gerichtsbarkeit hatte: də' *Fro˜bod*. Der Frôndienst, servitium, opus dominicum, (cfr. legg. Alaman. XX, 3; Baiuu. Tit. I, cap. 13). Grimm, Wbch. IV, 233. Ueb-

licher ist jetzt in A.B. der Ausdruck Scharwerk, w. m. s. Die Frônfasten, quatro tempora, die Quatemberfasten. BM. IV, 278. Grimm, Wbch. IV, 237. Die Frônfest, öffentliches Gefängniß. BM. III, 276. Grimm, Wbch. IV, 237. „In fronfest bringen", Cgm. 27, Art. 81. Der Frônfischer, ä. Sp., Fischer für einen Grundherrn; Kr. Ldth. I, 222. Der Frôngarten; Lori, L.R. 20. 22. Vrgl. Grimm, Wbch. IV, 237. Das Frôngericht; BM. II, 650. „Das vron gericht, judicium universale; der vron richter, Deus in judicio universali", (1460), Monac. Augustin. 84, f. 69a. 73b. Das Frônguet, ä. Sp., mansus dominicus. BM. I, 591. Grimm, Wbch. IV, 238. Der Frônhof, curia dominicalis. BM. I, 700. Grimm, Wbch. IV, 238. Die Frônkost, a. Sp., taxatio publica. s. Th. II: die Kust. Das Frônkreutz, a. Sp., crux Domini; MB. X, 164. BM. I, 885. Grimm, Wbch. IV, 238. „Das zaichen deß heiligen froncreitz", Clm. 5037 (XVI. sec., 1504), f. 151. Der Frônleichnam, corpus Donmini; auch das Frônsacrament. BM. I, 971. Grimm, Wbch. IV, 238. Das Frônmaß; BM. II, 203. „Swer an der wag und mit ellen chauffet und verchauffet sol ez nach frongelöt und nach fronmaz pfæchten. Swer an seinem maz nicht hat fronzaichen . . ."; Münch. StB., Auer p. 128. Das Frônparadies, ä. Sp.; BM. II, 464. „Alles ertrich wirt vron paradise", Cgm. 4880, f. 287. Der Frôntag, ä. Sp., a) dies dominicus, Sonntag, b) Tag, an welchem für den Grund- oder Lehenherrn gearbeitet werden muß; MB. XXV, 438. Grimm, Wbch. IV, 239. „Der êristo uuechetag der dies dominicus (frôntag) unde dies resurrectionis (urstanttach) heizet", Notk., Ps. XXIII, 1. In Wallis der Donnerstag. (Auch so zu nehmen in J. E. Kopp's Urk. p. 173, v. J. 1336? cf. ibid. p. 175. Nein, für dies dominicus, wie p. 25.) Die Frônwâg, öffentliche Wage; Wiltmeister 142. Wstr. Btr. VI, 152. BM. III, 647. Der Frônwald, silva dominica; BM. III, 472. Grimm, Wbch. IV, 239. „In dem fronwalde, in den pranden und an gerütten da hand si (die hirsen) vil wandels" . . . „auf den prachen vor den fronwälden", Clm. 4373 (v. 1437), f. 116. 2) der Frôn (scilicet Tail oder drgl.), ä. Bergsp., das was vom gewonnenen Erz der Privaten der Landesherr durch den Frôner als Bergzehend für sich in Empfang nehmen ließ. „Der Frôner soll an (ohne)
614 wissen und willen den gewerkhen nicht ein die Gruben farn, sonders seins Frôns auf der halden warten." Lori, b. BergR. 113. 217. 219. Grimm, Wbch. IV, 237: Fröhner. Ein Frôner abgebildet im Cgm. 1203, f. 95. Von Weyh in seiner deutschen Grammatik (Regensburg 1850) p. 54 wird der Frohn als Gerichtsbote, Gerichtsdiener aufgeführt. Grimm, Wbch. IV, 233. `Die Frôn, Frône, Frohndienst; BM. III, 425 f. Grimm, Wbch. IV, 234.´ Cf. česk. panske, als Subst. neutr. Frohne, d. h. Frohnarbeit; na panske choditi, in (auf) die Frohne gehen.

fronen; Erz frônen, ä. Sp., den Zehend davon nehmen. Ungefrôntes Erz; Lori, BergR. 6. Vrgl. Grimm, Wbch. IV, 234 f. „Man scol dir daz chorn frônen"; Diut. III, 99. Hoffmann's Fundgr. II, 60,37.

frœnen, 1) wie hchd., doch unvolksmäßig. 2) in des Herrn, Lehenherrn, oder überhaupt der Obrigkeit Gewalt setzen, in Beschlag nehmen, indominicare. Graff III, 811. BM. III, 426 f. Grimm, Wbch. IV, 236. „Ob der richter sein wandel auf dem gut nicht vindt, so sol der fronpot ain kräwtz auf daz tor machen oder stecken oder daz haus, und sol ez damit frönen", Rchtb. Ms. v. 1453. Anmerk. Dieses Frôn erscheint in der a. Sp. zwar zuweilen als flectiertes Adjectiv (z. B. gl. i. 546: diu frona giuuonaheit, usus publicus; o. 265: fronen getougen, dominicis sacramentis; 269: froniz reht, respublica. „Der zarte und der vron licham unsers herren . . . den vronen lichamen"; Griesh. Pred. I, 165. 166. „Ze froneme stadile", Diut. III, 99.); aber weit öfter in der indeclinabeln Form frono, z. B. M. m. 38: „ioh vrono (oder wäre dieß ein genit. plur.? Grimm III, 145. Vrgl. mit frono das ags. vana) ioh friero Franchono erbi", sowol der unfreyen, als der freyen, (cf. Leg. rip. LX, §. 13: romanus vel *regius* homo; ibid. LXXXIX). Otfr. zi theru itis frono, zi boton frono, in frono ꝛc.; gl. a. 101: frono, publicis; i. 80: ze vrôno houe, fiscalia; i. 245: mit frono uuago, publico pondere; i. 547: vrono turi, sacratam januam; i. 546, o. 401: vrono hof, vrono geld, fiscus; thes frono capetes, M. m. 17. ꝛc.). Es stechen dabey die Bedeutungen dominicus, publicus hervor. (Cf. altserb. Bibel: pronja, dominium; pronjawor, allodium; projarewit', fröhnen; Safařik, Staroz 347, ad 384). Die Ableitung fronisc, adj., gilt wie unser herrlich, schön, und als arcanus, mysticus. Das Verb. fronian steht für publicare, proscribere; gifronti für proscriptio, gl. i. 968. Der auffallende Parallelismus mit dem mittellat. dominicus gibt auf jeden Fall das alte fro (dominus, M. m. 50. Otfr. II, 14,27. 89. V, 7,35. 49; des Ulphilas frauja), etwa nach Gramm. 720, zu erwägen. Zwar ist mir der Zusammenhang der Formen frono und fron nicht klar (Grimm III, 145. Cf. česk. páně, alt pánie (quasi panj, ut božj a bůh; radix pán), adj. possessiv., ponitur pro genitivo pána, neque flectitur: den paně, Frontag, dies dominicus); jedoch kommt zum Theil noch in neuerer Zeit Fron als Aussprache des Genitivs von dem, wol zum obigen Mascul. frô gehörigen Feminin. Frâu vor. Der Frônhof, (Augsburg) Hof an der Frauenkirche. Der Frôngarten, (Salzburg, Lexicon v. B. Th. III, p. 140) der Frauengarten. Frônreut, Frauenreut (Hazzi, Stat. III, 1047) bey Berchtesgaden. „Und meiner Hausvrauen vron katrein"; „und seiner Hausfrawn vron Alhaiten"; „mit gunst seiner Hausvrowen vron chuneguntn unser lieben mueter"; MB. III, 181. 567. 193, ad an. 1297, 1300, 1305. s. Ver und Frâu.

Der Freund (Frái˜d, Froi˜d, Frui˜d, Fraə˜d), 1) wie hchd., d. h. amicus, (ahd. friunt, bey Ulphilas frijônds, partic. praes. von frijôn, amare; mhd. vriunt. Graff III, 783. BM. III, 411. Grimm, Wbch. IV, 161. Cf. česk. přjti, přegjti, přegi, gönnen; přjtel, pl. přatele, Freund). 2) der Verwandte. „Affinis, weibsfreunt"; Poll. 801, f. 2. Vrgl. Vilmar, kurhess. Idiot. 110. Zeitschr. IV, 279,40. VI, 115,30. 170,96. Diese Bedeutung ist in Bayern die gewöhnlichste; als amicus wird Freund vom gemeinen Mann seltener gebraucht. Vịl *Frái˜dt*, vịl Fei˜dt·; vịl Schwágə´, vil Hundsfüd·! pflegt er zu sagen. 3) der Genosse, das Mitglied. Im Magistrat sitzen 6 innere und 6 äußere
Raths-Freunde, Mitglieder des innern oder äußern 615
Rathes, sonst auch Rathsverwandte. befreundet, gefreundet, verfreundet (béfrái˜d·t, g·frái˜d·t, g·frui˜t, vo´frái˜dt), verwandt. „Vatter und Muetter und jre kind sind anainander gefreundt in der ersten sypt, Geschwistergit sein ainander gefreundt in der ander sypt" ꝛc. L.R. v. 1568, f. 151. „Ungefreundete Vormünder", Kr. Lhdl. XIII, 280. Die Freundschaft (Frui˜tschaft, Fraə˜dschaft), die Verwandtschaft. Die ganze Freundschaft, sämmtliche Verwandte. anfreunden Einen, ihn als Verwandten betrachten, begrüßen, behandeln. „Die österreichischen Rorbecken sollen diese bayrische noch bey wenig Jaren als Vettern angefreundet haben"; Hund's Stb. II, Artikel Rorbach. „Wirthe pflegen den Brauer, bey welchem sie das Bier nehmen, anzufreunden, d. h. mit: Herr Vetter zu begrüßen, obschon sie ihm keineswegs verwandt sind", Nffdrfr. Vrgl. Zeitschr. IV, 358,15.

Der Frank, die Franken, Name des alten niederdeutschen Volksstammes, (Graff III, 825. BM. III, 395. Grimm, Gesch. d. d. Spr. 512 ff. 535 ff. 777. Wbch. IV, 57. Cf. griech. *Ὁρτήσιος*, Hortensius, *Οὐάλης*, Valens), dessen zuerst um das Jahr 253 bey Vopiscus in Aurel. c. 7 Erwähnung geschieht. Die Franken unterwarfen sich um 486 Gallien, und um 496 diesseits des Rheines auch die Thüringe und Alamannen. Im 8. Jahrh. stand die große fränkische Monarchie da. Wie von den ihr unterthänigen Völkern die romanischen sich gerne die Benennung Franci, Français (wol zunächst aus Francenses) gefallen ließen, so legten sich die germanischen, sie mochten am Rhein, am Mayn oder an der Donau wohnen, den Namen Franchun bey. In diesem Sinne ist ohne Zweifel noch Otfrid's Francono lant, Francono cuning, frenkisga zunga u. drgl. zu verstehen. Gl. o. 389: Franchono lant, Germania. „Franchono furt, ad Vadum Francorum“, Clm. 19412 (XI.—XII. sec.), f. 101—2. Gl. o. 119. 125. 129: Francun, Franci nobiles, item Germani (am Rhein und der Donau; vrgl. Otfr. Prol. 13, ad Salom. 2), oder Osterfrancun, unterschieden von den Franci feroces (an der Seine, Loire rc. Cf. Thl. IV: wild. Diese Ostfranken sind unserm Zeuß Chatten. (M. gelehrte Anz. 1842, S. 491: Recension v. Rudhart's ä. Gesch. B. Vrgl. Rudhart p. 448. 450 f. 572.) Währrend bey veränderten Verhältnissen andere, mächtigere Völkerschaften diesen blos politischen Namen wieder fallen ließen, hat er sich bis auf unsre Tage erhalten für die verschiedenen, früher theilweise zu den Thüringen gehörigen Stämme, deren Länderbezirk von 1500 bis 1806 den fränkischen Kreis des heil. römischen Reiches ausmachte. „*Franci* a ferocitate eorum vel vt fertur a *Francone* quodam principe nomen sumpserunt“, Cod. Fris. 173, f. 1. „Exiit edictum a senatu et populo Romano ut quicumque illos Alanos compescerent *Franci* i. e. *liberi* essent a tributo per X annos“; de ducibus Bavariae im Cod. Altm. 1, f. 5 (v. 1460). „Terra illa quae antea vocabatur Gallia, nunc vocabatur *Francia* ·i· ab omni servitute aliarum gentium libera“, Anonymus de Carolo M., Cod. Sal. aul. 66, f. 73b. „Die in däuschen landen sassen die wurden gehaizzen Franchen, die ze Franchrich worn die hiezzen Franzoyser oder Frances“, Chronik bis 1314, Cgm. 55, f. 27b. „Die ze Frankreich warn die wurden gehaissen franczisz“, Ms. derselben Chronik im german. Mus. Nr. 2733. „*Franci* Frances vel Galli Senones Francon. Morovingi vel Morcomani Kherlingær. Item Allobroges vel Sycambri *Franci* nobiles. Item Germani *orientales Franci* Osterfranchen“, Cod. Vindob. 413, f. 196—97; Pertz, Archiv VII, p. 480. „Osterfranken, Rînfranken“, Cgm. 578, f. 15b. BM. III, 395. Joa Boëmus „de omnium gentium ritibus“ (1520) f. LVIII sagt von den Franken: „Insolens gens est superbaque, multum sibi arrogans, multum praesumens alias nationes contemnit cavillisque adeo plerumque prosequitur, ut qui cum ea morantur, nisi lingua prodat patriam suam non dicant.“ „*Τὸν φραγκὸν φίλον ἔχοις, γείτνα οὐκ ἔχοις*“ — diesen für uns sehr wahren Spruch citiert schon Conrad v. Lichtenau, Chronic. Ursperg. (ed. 1609), p. 129. „Wenn t und n und r sint von den franken verr an manges wortes ende, wer wil dafür sie pfende?“ Renner 22252. 'Der Franke, fränkischer Wein.' „Von dem francken in den keler zu ziehen.“ „Mit dem francken, den er schickt.“ „X emer franckhens, der emer iiij ßl. dn.“ „VI choph frankhens zu 2 ℛ.“ Freyb. Samml. II, 110. 112. 155. 156 (ad 1392). „*Franconicum* et forte (sc. italicum) *vinum* velut procellas in sanguine parat, sed ideo qui eum bibere voluerit aqua temperet“, S. Hildegardis in Reuß' Commentatio (1835) p. 45. 'Cf. ags. franca, jaculum missile; Grimm, Gesch. d. d. Spr. p. 516.' „Francan wæron hlûde“, javelins were loud; Caedmon 119,20. „He thone man mid his francan of sceat“, Byrhtnod. fränkisch, adj.; Graff III, 826. BM. III, 395. Grimm. Wbch. IV, 58. Im Clm. 15825 (sec. XII.) des Boëthius de consol. philos. steht f. 12a: „sundroniuuint *francisce* auster.“ „Natio quedam Sclavorum est in Germania sedens super litus oceani quae propria lingua Welatabi, *francica* autem *Wultzi* vocatur“, Clm. 5336 (XV. sec.), f. 29. Cf. Eginhardus in vita Caroli M., cap. 12. Clm. 17134, f. 69. „Gif Frencise man beclypad Englisene man to orneste.“ „Gif Englisc man beclypad Frencisene man.“ „Gif the Francisca byd ofercuman.“ Wilhelm's Gesetze II; R. Schmid, Ges. d. Angels. p. 188. „Auf welches Franken geht wol altfränkisch? In Kirchhof's Wendunmuth I. Th., Nr. 93 heißt es von einem bawern: „den noch die alte Fränckische, Auffrührische Art drückte.“ Dieß wird wol auf den Bauernaufruhr zur Zeit der Reformation zielen“; (Prof. Weigand). „Man sprichet gern, swen man lobt heute (um 1313), er sei der alten frenkischen leute, die waren einveltich, getreu, gewere“; Renner 22267. Vrgl. Grimm, Wbch. I, 271. „Habens ab occasu *Galliam bellicam*“, Isidor. orig. XIV, 4. Cod. Fris. 50, f. 110b 2. 111b 2. „Essendo lo imperio di Roma da *Franceschi* ne Thedeschi trasportato“. . . „i *Franceschi*“, (jetzt *Francesi)*, Boccaccio II, 6. VIII, 8. cf. Thiodeschi (Venedig) neben altfranz. Thyois. „Frankis, Walhe und Engellant an ir sprache sint unbekant teutschen leuten“, Renner 22232. „Die sechst zung sind die beri. franzois“, Cgm. 521, f. 149b. „Nu chouft er sedel an der stet nach franzais sit dar ůf diu bet“, Kindh. Jesu, Hahn 95,44. Wie Franzois auch Engeloys in Wolfram's Willehalm 126. 269. BM. I, 434. III, 395. „Ao. 1060 Heinric se cyng forđferde on Francrice“, Saxon. chron. „Le Français méridional appelle tous les habitants des provinces d'outre-Loire *Franchimans*, et une répugnance traditionelle a donné à ce mot une signification méprisante“, Schnakenburg, tableau des idiomes populaires de la France, p. 4. französisch, adj. „Claider, die waren gar wol geschnitten nach franzosischen siten“, Cgm. 714, f. 215. „Ein guldin becher franczoscher forme“, (öfters, 1482), Mone's Anzeiger 1838, Sp. 311 ff. fransch sagen die Fläminge. Vrgl. Grimm, Wbch. IV, 61.

Fransen, plur. 1) wie hchd. '(mhd. franze; BM. III, 395. Zeitschr. VI, 421,13. Grimm, Wbch. IV, 59. 60. Cf. ital. frangia, franz. frange; Diez, Wbch. 154). 2) (Wstr. gl.) Complimente, Ceremonien; Ziererеyen.

---

frent? '(= fremt, fremde, nicht vertraut? Vrgl. Grimm, Wbch. IV, 131: frendsch).' „Sey (sie) trank aus eim chruog also frent und so gefuog, daz sey da der huost an kam“, Ring 36b,31.

Franz, wie hchd., der zum Taufnamen gewordene frühere Landsmannschaftsname Franciscus. Der, die Fránzl, Diminut. für Franciscus und Francisca.

Das Fránziskə-l, die Räucherkerze; poln. trociczka.
In Gem. Reg. Chr. IV. ist zu Anfang des 16. Jahrh. 616
die Rede von „fumo trocisco.“ Sollte unser Wort aus letzterm entstellt seyn?

„Francziscer, Franciscinus“, Franziskaner; Fürstenzell 44, f. 22.

Die Franziskánə'ln, plur., Art zarter, in Milch gekochter und in Butter gerösteter Mehlspeise.

'Der Franzos, Franzose, Francogallus; s. unter Frank und Grimm, Wbch. IV, 61. Die Franzosen, morbus gallicus, Lustseuche; Grimm, Wbch. IV, 62 f.' „Prorupit sub illo tempore (1480) ex imis erebi faucibus immanissima illa scabies quam vulgo *francois* vel gallicum appellant morbum“, Wolfg. Marii chron. Aldersb., Cod. bav. 12, f. 66b. „Von dem ursprung des bosen franzos, das man nennet die wilden wartzen“, Cgm. 3985, Hinterdeckel, (gedruckt, mit Bild). „Plaga francosen incepit a0. 1497“, (Venoberg), Clm. 5111, f. 2. „Wannen kumpt die gotsjemerlich plo der frantzosen? nur von überflüssikait und von dem zutrinken und swiren der frantzösigen als man spricht: neu gewant, neu schant, neu fund, neu sundt, neu sag, neu plag, neu swür und spot, neu plag von got", Cgm. 837, f. 126. „Ein gůt gepet für die cranckhait genant die mala de Frantzos", Clm. 15917 (sec. XV.—XVI.), f. 9. „Etlich kunst für die Frantzosen (lues venerea)", Cgm. 3721, f. 139. „Für die frantzosen und lemb", Cgm. 3723, f. 207. „So du wilt frantzosen an dem munt oder augen vertrieben", das. f. 208. „Reebt von ainem holtz genannt Gnaiza wechst in Antiles in ainem lant genant Insula Spaingola für die bös krankhait der frantzosen", das. f. 111. Cgm. 3733, f. 22. Cgm. 3969, f. 94. „Ao. 1551 exivi e cura ligni Quaiaci salutifera", schreibt Abt Leonhard Baumann, Fürstenf. 168, Vorsetzblatt. „Für die platern genant kranckheit S. Menns (Memis?) oder contrackt mall di *Frantzosn*", Clm. 963, f. 298. „Für all alt scheden die nit von frantzosen hie seindt", Poll. 185, f. 6. „Ey nun geb jhm bock alle Franzen!" (wie: die Drus, den Ritten ɪc.), H. Sachs 1560: III, III, 24b. „Gott geb dem Fossen alle Frantzen und das er am galgen erworg!" das. IV, III, 4. Grimm, Wbch. IV, 60. Vrgl. Th. III: die Seur.

'frippen, consumere, conficere, verthun, abnutzen; Grimm, Wbch. IV, 204.' „Die bauern wissen nichts von not und trauern, frippen zu dem kalb die kue", P. Werlinus Seonens. (1646), Cgm. 3637, f. 1076.

frieren (friə'n, opf. frêiə'n), auch freuren (froi'n, frui'n); frust, frieret, freuret; hat gefrören, wie hchd.; doch mit dem Unterschied, daß man im Dialekt wol nie sagt: ich friere ɪc., sondern immer: es friert mich ɪc. (s. friesen). Die Gefrier (Gfriər, opf. Gfrêiə'), 1) das Gefrorenseyn. „Gelu, gefrier", Avent. Gramm. „Alsbald die Gefrier aufgeht", sobald der Boden aufhört, gefroren zu seyn; L.R. v. 1616, f. 733. 2) das Festseyn gegen Stich und Schuß. Die Gefrier auflösen, die Festigkeit benehmen. aufgefrieren, aus dem Zustande des Gefrorenseyns kommen. Grimm, Wbch. I, 647: auffrieren. derfrieren, verfrieren, erfrieren.

gefrören (gfrö'n, gfrou'n, gfraə'n), 1) gefroren; 2) durch vermeintliche Zauberey unverwundbar, fest. Schiller, Wallenstein's Tod V, 2. Auftr. „Die Schanz, allwo lautter Frantzoßen und alle gefrorn oder vesst geweßen, welche wir alle todt geschlagen", des Obersten Fritsch Tagebuch aus dem 30jährigen Krieg; Wstr. Btr. IV, p. 168. „Der Prinz Eugeni ist fest gewesen oder gefroren, hat ihm auch nichts zukönnen", Stephanspredigt 39. R.A. Bist *gfrörn?* iron.: kannst du dich nicht rühren? Ietz bin I *gfrorn*, ietz sán' mə' *gfrorn*, iron.: jetzt haben wirs; sonst: jetzt ist guter Rath theuer. ə˜ *Gfrornər*, ə˜ *Gfrorné*, iron.: ein Rechter, eine Rechte! (Wenn du mir diesen und jenen Gefallen thust), sind mir ein paar Vierundzwanziger ɪc. auch nicht in die Hände gefrören, d. h. ich werde dir damit meine Erkenntlichkeit beweisen.

frœren, gefrœren, derfrœren (frè'n, frèə'n, opf. frèiə'n) einen Theil des Leibes, ihn durch Frost zu Schaden bringen; (ahd. frôran, mhd. vrœren; Graff III, 829. BM. III, 413. Grimm, Wbch. IV, 249). „Nu brennet mich und fröret nach dem das mir ist teure", Valkn. 4. „Der riffe iz ne froret, der wint iz abe ne troret", Diut. III, 47. Gib acht, daß du dich nicht gefrœrst. I˜'n Russland drinn hàt si' á' ə˜ manchə' guədə' Baər d· Füəss *gfrèrt*, dás ə' sei˜ Lé'tə' drà˜ z·fréttn hàt. 'entfrören, aufthauen; Graff III, 829. BM. III, 413. Grimm, Wbch. IV, 523.' „Reht als daz viur daz îs enpfrœrt", Boner 16,50. „Emollire vel entpfrören congelata corda", Monac. Augustin 84, f. 65b. Die Gefrœr (Gfrèr, opf. Gfrèiə'), das Gefrœret, der erfrorne Theil am Leibe. „Die morgenstern sand besser als Biren, die öffen die Gfrör", Lied v. 1704. Dr. Minderer, 1620, p. 14. Der Frœrer, Gefrœrer, das kalte Fieber, der Frostanfall; der Fieberschauer.

Der Frâß (Fràs, opf. Frâus), 1) wie hchd. 2) gefräßiger Mensch, (ahd. frâz, mhd. vrâz; Graff I, 531. BM. I, 762. Grimm, Wbch. IV, 64. Zeitschr. V, 334. 459). „Daz ich dich vrâz behielte"; Gregor v. d. St. 2618; vrgl. 2637. 2756. Das Gefræß (Gfràss), 1) der Fraß, besonders das aus allerley Abfällen bestehende Futter für Geflügel; daher Spreu, Unrath, Abfall überhaupt. Də' Bodn leit vollə' *Gfràss.* Is miər ə˜ *Gfràss* in d· Augng gfàlln. Kartsch II, 5: G·frast; „kloa˜s *G·fráśt* gibts da meni." 'Weikert's ausgew. Ged. in Nürnb. Mundart: G·fröls.' Vrgl. Grimm's Wbch. IV, 64: Frase, Fräse. Zeitschr. V, 334. 459. 2) verächtlich: Speise. s. freßen. Vrgl. Gæß. 617

Die Frais (Fraəs), die Fraisel, das Gefrais, das Fraislich, 1) convulsivischer Zufall. Die Frais stoßt mich an, die Frais übt mich, würgt mich. Aufkirchner Mirakel 21. 54 ɪc. In die Frais fallen. R.A. Schier in die Frais fallen (vor Zorn, Schrecken u. drgl.). Im Spott: Dà mècht Aenə' ja glei' *i· d· Fraəs fàlln!* Da mécht mə˜ d· *Schaət·nfraəs* kriəgng, — so unerhört ist das Ding. „Si zalte manege freise, die si von vorhten leit, dô ir geselle streit"; Wigalois 4026. '(Vrgl. unten 3).' „Der Hinfall und Frayßl sind Geschwistert", Bogn. Mirakel. Die Muetterfrais, convulsiones hystericae. Bey Kindern unterscheiden die Mütter das Uebel nach den dabey vorkommenden Umständen mit verschiednen Namen, als da sind z. B. die Kopffrais, (wobey sich im Gesicht ein unwillkürliches Zucken und Lächeln zeigt); die schreyende Frais; die stille Frais; die Sperrfrais, (wobey die Speiseröhre versperrt ist, und nichts mehr einnimmt); die Wurmfrais, (die von Würmern im Leibe herrührt); die Zanfrais, (durch schweres Zahnen verursacht). 2) Epileptischer Zufall; Fallsucht. Zeitschr. III, 191,80. „Der schwere Gebrechen oder das Fraislein oder das Unkraut", Dr. Agricola Ambergensis de cervi usu in medicina. „Lebenfuez ist guet für das fraßleich", (? 'hieher?') Clm. 5931, f. 219. 'Vrgl unten: fraislich.' Der Fraisbeter (Fraəsbèttə'), Art Paternoster aus allen, vom Fleische gereinigten Wirbelknochen einer Natter gemacht, welche man im Frauendreißigst lebendig gefangen, in einem verschlossenen neuen Topf durch Hunger und Hitze getödtet, und dann in einen Ameishaufen gelegt hat, damit durch diese Thierchen das Fleisch weggenagt wurde; auch ein Paternoster, aus den Saamen des Gewächses Coix Lachrima gemacht. Ein solcher Bèttər, unter den Kopf einer mit der Fraəs behafteten Person gelegt, hat nach dem Wahne einiger Gegenden heilsame und rettende Kraft. 3) Gegenstand der Furcht, des Schreckens überhaupt, Gefahr; (ahd. freisa, mhd. vreise; Graff III, 830. BM. III, 398. Grimm, Wbch. IV, 119. Cf. česk. prisnĕ, strenge, ernst). „Periculis, freisen", Cgm. 17, f. 65a, Ps. 39, oratio. „Je friste heb ich ez aber üz der freise", Labr. 533. „Funden si (die Fischer) üf der freise (der stürmenden See) sweben des kindes barke", Gregor v. d. St. 782; (vrgl. oben: die Freide). „Nu chom ain Widerfrais von Donner und von regen", Horneck. „Dem rîter was zer freise gâch, wand er het eines lewen muot, swaz freislich was daz dûhte in guot", Wigalois 1845. „Der helle fraiß haben mich bestanden", Cgm. 80, f. 200a. „Daz lant ist allez fraises vol", sagt die Mutter Maus zu ihren Jungen; Boner, Em. D. 58, f. 162. '(Benecke XLIII, 14: „alles freißen vol"; Pfeiffer: „allez vreisen v.").' (Christus) „der behietet und bewart vor fraisen vnd vor ungemach einen iglichen menschen der im nachvolgt", Clm. 9612 (XIV. sec.), f. 156. 4) ä. Sp., die Gefährde, das Vergehen; insonderheit das Verbrechen, crimen. „Wer ein gestolnes Gut gekauft, mußte einen Eid ablegen, „daz er chain vrais gewest hab an dem guet, do er es chaufft hab",

Rchtb. Ms. v. 1332. Wstr. Btr. VII, 60. „Für alle frais und unbillichen beswærnuß“, MB. II, 144. „Frevel, Fraiß und Missethat“, Kr. Lhdl. XIII, 44. 5) (Franken) Gericht, Gerichtsbarkeit in Criminalsachen. „In seiner
618 Frais gesessene Unterthanen“, Ertel, prax. aur. I, 699.
Die hohe Fraisch. Frais-Ambt, Frais-Buech, Frais-Fall, Frais-Herr, Frais-Pfand, Frais-Proceß, Frais-Urtail, Fraisch- und Grenz-staine ꝛc. bayreut. Criminaltar v. 1666. Fraiser (zu Bedeutung 4) nennt M. Beham die aufständischen Wiener v. 1462 oft, wo er einen Reim auf Kaiser braucht; z. B. 266,30. BM. III, 399.

fraisig (fraəsi'), 1) mit der Frais behaftet, wütend. 2) verbrecherisch, straffällig. Graff III, 831. BM. III, 399. Grimm, Wbch. IV, 119. 121. Zollfraisiges Guet, Gut, mit dem man sich gegen die Zollgebote vergangen hat. Lori, BergR. p. 9. Kr. Lhdl. I, 99. II, 228. Vrgl. fraidig. fraislich, fürchterlich, schrecklich, gefährlich. „Ob diu vlater da du wanist daz iz daz freislich sie“, Clm. 536 (XII. sec.), f. 82. Vrgl. oben: das Fraislich. Mittel- und niederfraisliche Obrigkeit, (Ertel, prax. aur. I, 711 in der Bedeutung 5). frásərlich, gräßlich, (Aschaffenb.). fraissam, fraissam, adj., (ä. Sp.) fürchterlich, schrecklich. BM. III, 399. Grimm, Wbch. IV, 121. „Da der schöpfer Hymel und erd gefürt ward alz ein züchtigs lamblein von den frassamen leben“ (Löwen), geistliche Betrachtungen v. 1438, Wstr. Btr. V, 69. „Ward den wilden freysamen Thieren fürgeworfen“, Avent. Chr. Die Fraissam, die fallende Sucht, Frais. Anmerk. Die Frais könnte sich wol zur alten êise (von agis, egese, Schrecken, Furcht; s. oben, Sp. 157: aislich) verhalten, wie die Fricht als Vergicht zu Gicht, Jicht, wie fraischen zu aischen, freßen zu eßen ꝛc. Dann müßte aber schon das gothische fraisan (*πειρᾶν*, periculum facere, fraistubni, *πειρασμός*, periculum) so zersetzt werden dürfen. Das Onom. v. 1735 hat Freysam, Dreifaltigkeitsblume, viola flammea. Grimm, Wbch. IV, 121 f. „Freissamkraut, herba clavillata“; Clm. 16487, f. 101.

freßen, wie hchd. (goth. fra-itan, Prät. frêt, ahd. frezzan, mhd. vrezzen; Graff I, 529. BM. I, 761. Grimm, Wbch. IV, 132). „frizzet, devorabit“, Cgm. 17, f. 34^{a}; „wir haben urezzen, devoravimus“, f. 55^{a}. „Habet in frezzen“, Notk. 79,14. „Dz in die lewen heten vrezzen“, Griesh. Pred. II, 86. 134. „Dirr din sun der da frezzen hat alles sin gut mit den hürren“, Cgm. 64, f. 15. „Der hunt hat ewr chintel getœtet und fressen“, Cgm. 54, f. 56^{b}. „Si sind von den tieren fressen“, das. 46^{a}. „Der hunt hat leder vrezzen, so man dienstes wil vergezzen“, Clm. 4660, f. 110. Die Freßen, (verächtlich) der Mund; das Gesicht. Grimm, Wbch. III, 66. 132. Zeitschr. V, 333. 334. Schlàg·ng 'nei˜ i˜ d· *Fréssn!* R. A. Gefreßen haben, genug haben, genug gesehen, gehört haben. Au we! iətz hàn I scho˜ *gfréssn!* An einer Person abgefreßen haben, ihrer satt seyn. Dèr hàt à˜ də Schö˜st·n glei' *à'gfréss·n!* Vrgl. Zeitschr. V, 334. Das ist ein anders Freßen! das ist eine andere (bessere) Sache. Von einer Weibsperson, die, ohne verehlicht zu seyn, schwanger ist, sagt der Pöbel: Dé hàt Hàr *eini gfréss·n.* S. Gefriß und fretzen.

Freising, der Ortsname, entstanden aus dem alten (zi den) Fri-gis-ing-un, Fri-kis-ing-un (in den lat. Urkunden ad Frigisingas), wovon die letzte Sylbe einen Dativ plur. und die vorletzte ein Patronymicum anzeigt, (s. ing); der drittvorletzte kommt als Bestandtheil mehrerer alter Mannsnamen vor, (z. B. Alhkis, Herigis, Hludogis, Hunkis, Otkis, Ratkis, Meichelb. Hist. Fr. 113. 131. 132. 266. 275. 300. 304. 315. 329 ꝛc.). Also besser: Freysing; s. Gramm. 504. Vrgl. K. Roth, Beiträge, 4. Heft, 20 und Urkunden des Bißthumes Freising.

Das Gefriß (Gfris), verächtlich: das Maul; das Gesicht. Grimm, Wbch. IV, 132. Vilmar, kurheff. Idiot. 109. Zeitschr. V, 333. 334. 459. VI, 171. ə˜ wılds *Gfris*, ein häßliches Gesicht. ə˜ *Gfris* machə˜, verdrüßlich, zornig, weinerlich dreinsehen. *Gfrisə'* schneidn, das Gesicht verziehen, verzerren. Du *Gfris* du! Schimpf-Anrede. s. freßen.

friesen (friəs·n, opf. frêis·n), auch: freusen (frois·n,
fruis·n), Prät. ich frur, Partic. gefroren, wie hchd. 619
frieren. So conjugierte auch die ahd. Sp. Infinit. friosan, Präs. ih friusu, Prät. ih, er frôs, du fruri; Partic. Prät. gifroran. (S. Gramm. 629. 630. 896. 951). Graff III, 828. BM. III, 413. Grimm, Wbch. IV, 199. 203. Zeitschr. I, 275,3. 3. 284,6. II, 43,18. VI, 180.

Friesen, Frisii, Volksname; s. Grimm, Gesch. d. d. Spr. 669. 670. 777.

frieseln (friəs·ln·, opf. frêis·ln), freuseln (frois·ln, fruis·ln, froisə-l·n, froisájn), verb. impers. recip., frösteln. freuselend (froisələ˜d, fruisələ˜d), partic. und adj.

frieseln, (Kaufbeuren) modrig riechen.

Der Friesel (Friəs·l), plur. die Friesel, Frieseln, wie hchd. das Friesel, eine Art Krankheit, die mit Fieber anfängt und mit einem bald rothen, bald weißen Hautausschlag endet. „Der Friezen, febris“; Voc. v. 1445.

Die Fraisch, das Gefraisch, das Fraischlich, (Franken) was die Frais, w. m. s. Weikert's ausgew. Ged. in Nürnb. Mundart, S. 42. *Fräschles* - Ous, Nürnb. Schimpfwort; Firmenich II, 399. Zeitschr. VI, 266,11. fraischlich, (Mittelrhein) schrecklich, grausenhaft.

fraischen, Prät. ich friesch, (ä. Sp.) erfragen, erforschen. BM. I, 425. Grimm, Wbch. IV, 120. s. aischen, veraischen und frätscheln.

frisch, 1) wie hchd. Frischer! frischer! (am Würmsee) zu Pferden, die man antreibt. Vrgl. Zeitschr. V, 334. 2) frisches Waßer, in den Salzbergwerken: süßes. lebfrisch, von Personen: lebensfroh, munter. Die Frisché, Frischen, die Frische; im Schmelzwesen: Cgm. 598, f. 124^{b}. Grimm, Wbch. IV, 212. 213. Die Summerfrischen, (zunächst im Tyrol; oft auch Summerfrist. Vrgl. Zeitschr. V, 334) Erholungs-Aufenthalt der Städter auf dem Lande zur Sommerszeit. Das Frischbier (Frischpər, Franken), Kofent. Vilmar, kurheff. Idiot. 111. „Behaimisch Fischpa zu teutsch frisch oder Affterbier genannt“, Cgm. 3720, f. 90. Der etwas bessere Kofent heißt Mittelbier. Gl. a. 652: frisger, crudus. auffrischen Einen, (Reut im Winkel) ihn zornig machen.

Das Frischelein (Frischəl), O.L., was allgemeiner: der Frischling (Frischlin'), 1) das Junge sowol, wie im Hchd., vom wilden, als das vom zahmen Schwein von der Zeit an, wo es aufhört blos mit der Mutter zu laufen, und wo es als Ber oder Lœs für sich einzeln genährt oder mit der Herde auf die Weide getrieben wird, ahd. Sp. frisking, porcus pascualis, häufig als Abgabe vorkommend, z. B. MB. I, 40. II, 311. 344. 454. V, 133. 134. 408. 431. 450. Lori, Lechrain 15. 31. Gl. i. 1179: friskinga, pascuarios; mhd. vrischinc; Graff III, 832. BM. III, 408. Grimm, Wbch. IV, 213. 215. Zeitschr. V, 334. Die Grasfrischinge in Meichelbeck's Chron. Ben. II, 63, ad 1332 waren vermuthlich im Frühling, die Halmfriskinge des alten Tegernſ. Urbar. im Herbst fällig. Vogt frisching, MB. V, 408. 431. 450. „Friskingae II“, Capitulare v. 819. „Zway stadel frischling swein“ Heidenh. Salbuch (1400), Cbm. 1524, f. 8. 10. 2) ä. Sp., unter ähnlichen Verhältnissen auch ein junges Schaf. „Frischinch, vervex; Diut. III, 153. „Frisking IIII, duas vervecinas, duas autem reliquas porcinas“, Ried 69. „Samo so slaht-friuscinga, tanquam oves escarum“, Notk. 43,12. „Also scaffine friuscinga, ut oves occisionis“, das. 43,22.

So ist gl. i. 261. 490: „ostar friskinch pascha" zweifelsohne ein Osterlamm; und frisking gl. a. 119. i. 709. 739 victima, hostia, Notker's friuscing (Ps. 26,6) kann sowol ein Schwein als ein Schaf bedeuten. „De victimis, von friskingen", Cgm. 17, f. 215^{a}. „den frikkinch", das. 123^{b}, Ps. 82,10. Das Ulphilaische sauds (victima) bezeichnet im Nordischen ein Schaf. Im salzb. Lungau ist der Frischling, in den VII Comm. der Frisching noch heutzutage ein junges Schaf. 3) verächtlich: junger Mensch.

620 Der Frosch, 1) wie hchd. (ahd. frosk, mhd. vrosch; Graff III, 61. BM. III, 427. Grimm, Wbch. IV, 250. Vrgl. Zeitschr. III, 127. 262,61. 552,11. IV, 471,37. V, 419, II, 17. „Allez herren!" sprach der vrosch, gie diu eide über in: „wie ich mit in bekumbert bin!" S. Helbling VIII, 530). 2) Papierchen, mit Pulver gefüllt, um zu einer Art Feuerwerk zu dienen. Froschhosen, (Wien) gatya, ungarische Hosen. froschen, Frösche fangen. Zeitschr. II, 343. fröscheln, (Tir.) ein Spiel.

'Frast, ä. Sp., Standhaftigkeit. Die Frastmunt, ä. Sp., Herzhaftigkeit, Kühnheit; BM. III, 395. Grimm, Gesch. d. Spr. 129. 195. Wbch. IV, 64.' „Rehter vrastmynde ein hase", Helbling II, 515. Graff III, 834.

'Die Frist, wie hchd. (Graff III, 834. BM. III, 408. Grimm, Wbch. IV, 216).' „Ze friste", zuweilen? Labr. 533.

„frat", halb faul, fracidus, rancidus, Voc. v. 1618. Gl. i. 548: fratero, putri. s. das folgende Wort.

fratt (frad), 1) abgerieben, wund von der Reibung (Graff III, 819. BM. III, 395. Grimm, Wbch. IV, 67. Zeitschr. II, 342. IV, 168. V, 253,26. 333). „Du pist vrat in den seiten", Suchenwirt XL, 46. 's *frâdé* Kind ei~stuppm, (b. W.). Si' d' Füess *frad* gê~. I' bin mi' *frodi* 'gàngá; Castelli, Wbch. 133. Das Prompt. v. 1618 hat „frad, exulceratus." „Der Fratt, der Arswolf, intertrigo", (Henisch); (ahd. diu fretî, mhd. diu vrete; Graff III, 819. BM. III, 396. Grimm, Wbch. IV, 140. Zeitschr. II, 342. IV, 168. VI, 414,86. W. Grimm zu Freidank 127,18 u. Abhandl. über Freid., 1850, p. 77). „Für dy frett nim . . . und thue das in all frett", ZZ. 2072, f. 362. „Ist die fretten geschwollen . . .", ZZ. 2062, f. 1^{b}. Vrgl. oben, Sp. 456: Pfrit. 2) mager, blaß; Weinhold, schles. Wbch. 23: Er sieht frâte unterm Gesicht aus. '3) matt, faul.' „Sie (d. Bauern) seynd so frat", Wolff, Volksl. 249. '4) fig., durchtrieben, verschlagen, (wie hchd. gerieben, abgerieben; s. Th. III: reiben und vrgl. BM. III, 396: „ein gevratit man").' „Die Bauern frât." „Vil mangen argen puben frât sah man oft vor der newen stat", M. Beham, Wiener, 287,29. Gehört vermuthlich zu

fretten (frétt'n), 1) reiben, scheuern, fricare; (ahd. fratôn, mhd. vreten; Graff III, 819. BM. III, 396. Grimm, Wbch. IV, 68. 140. Zeitschr. II, 342 f. V, 333. 521, II, 5. VI, 414,86). Der Schlüßel hat mir ein Loch in die Tasche gefrettet. „Derselbe durch mich ein Loch thet fretten, hing mich an ein vergulte Ketten", sagt der redende Gulden bey Hans Sachs. „Wer sich hat gefret in engen schuhen", ZZ. 2062, f. 1^{b}. „Für das fretten an aim schinpain das nit hailen wil", Cgm. 3723, f. 163. „Der dem andern sin vihe frett mit sinem wagen", Augsb. St.B. 7, Freyb. ab-, auf-, durch- rc. fretten. 2) plagen, mühen. Unsər aə~s is di ganz Wochə~ *gfrett't* und 'plàgt. „Niemand im genug arbeiten mag, er frettet (denn) die Nacht zu dem Tag", H. Sachs. „Du Phantast was darfst du mich fretten", idem. Sich fretten, durch-, furtfretten, sich kümmerlich fortbringen; sich abfretten, sich abmühen. Ein Stück Arbeit zesamenfretten, es mühsam und mit genauer Noth zu Stande bringen.

Die Fretten (Frétt'n), Einrichtung, Vorrichtung, Anstalt, welche nur kümmerlich ihrem Zweck entspricht, besonders ein Bauerngut, auf welchem nur ein mühseliges Fortkommen möglich ist. Dé *Frétt'n* mècht I nét gschenktə'. Eine überdiente Fretten, Gut, auf dem zu viele Abgaben liegen. „Vom Bada 's schlet übi a *Fröten* steht", (Taglöhnerhäuschen), Pangkofer (1846), p. 131. Der Fretter (Frétta'), der nur mit Noth etwas zu leisten oder sich fortzubringen vermag; Stümper, Pfuscher in einem Handwerk; Besitzer eines Bauerngutes, der trotz aller Müh und Arbeit nicht vorwärts kommt; (Grimm, Wbch. IV, 140). Leider gibt es der Fretter so viele! Die Fretterey, kümmerliches Fortkommen, undankbare Bemühung; (Grimm, Wbch. IV, 141). „Der elende Lazarus hat gesehen kochen, bratten, sieden, bachen, resten, aber nie trösten, beym Reichen war alle Tag ein Mandlmueß, beym Armen alle Tag ein Manglmueß, beym Reichen alle Tag ein Fresserey, beym Armen alleweil ein Fretterey." „Ein Sünder ohne Reu, ein Mußquetierer ohne Bley, ein Karten ohne Säu, ein schwäbisch Fruhstuck ohne Brey, ein Soldat ohne Treu, sind ein pur lautere Fretterey", P. Abraham. S. a. freden und fretzen.

Freat'n, (Tir., Lungau) Milchgeschirr.

Der Freithof, der eingefangene Raum oder Hof um eine Kirche, Kirchhof; (ahd. frîthof, mhd. vrîthof; Graff III, 792. IV, 829. BM. I, 700. III, 410. Grimm, Mythol.² 75. Wbch. IV, 123. Zeitschr. II, 91,20. III, 392,3 17. Zu goth. freidjan, schonen? womit allerdings gafrithôn, versöhnen, zusammenhangen wird. Cf. Grimm IV, 688). Nach der a. Sp. bedeutete frîthof sowohl diesen Raum, atrium ecclesiae, als atrium 621
überhaupt (Otfr. III, 25,6; Epilog. 6. „In dinen frithouen, in atriis tuis", Notk. 64,4 83,3. 134,2. „Atrium est curia ante domos magnatum frithof", gl. Augiens. in Mone's Anz. VIII, 393). „Moyses machte umbe den tabernacel ainen frîthov", Griesh. Pred. II, 116. „Vier fréithofe" um Salomons Tempel; Cgm. 632, f. 92. „Wär, daz einer fräveleichen mit gewaffneter hant in einen freithof oder in ein kirchen laufft . ."; K. Ludwig's Rechtb. „Welche Missethaten halben in Kirchen, Klöster, Freythöf und dergleichen gefreyte Ort fliehen", O.Pf. Malef. Ord. v. 1657; b. L.R. v. 1616, f. 803. „Ez heizet darumbe ein frîthof", sagt Br. Berhtolt p. 343 (Pfeiffer 448,7), „daz er geheiliget und gefrîet sol sîn vor allen bœsen dingen." (Vrgl. Frey-et, Freit, wozu indessen die, wie oben gezeigt, schon so alte Zusammensetzung vrît-hof nicht recht stimmen will. Vrgl. Grimm II, 454. Wbch. IV, 126 f.). In früherer Zeit war's üblich, auf dem Freithof Gerichtssitzungen zu halten. „Der Herzog Leopold am Gericht auf dem Freithof (wie dieselbe Zeit — um 1149 — der Brauch gewesen) ist gesessen", Avent. Chr. „Die ladeten sie uf den frîthof", Wernh. Maria 83. 90. (Rubr.) „Des fürsten freidhof rueffen." (Text:) „So nu ain fürst ainen hof haben und rueffen wil"; (es ist eine Versammlung des Landes-Edeln sowohl zur Kurzweil als zur Berathung gemeint), deutsches Regimen principum, Cgm. 425, f. 41. „Teatrum, fridhof", Monac. Francisc. 248, f. 227. „Adhuc prohibemus ne choreae vel turpes ludi et inhonesti, qui ad lasciviam invitent in *cimiteriis* agantur et ne ibi *tractentur causae seculares* ex consuetudine et maxime tales in quibus agatur de judicio sanguinis", Aug. civ. 23, f. 260^{b}. Cf. quaedam circa cimiteria in Monac. Francisc. 177, f. 188; 184, f. 132. 133; 187, f. 132. R.A. Er ligt auf də' *Freidhofmauə'*, fallt endə' 'nei~ àls 'naus, d. h. ist gefährlich krank. I wer' nét gsund, bis mə~ mə' *Freidhof-Koud* übə'légt, d. h. ich werde wol an dieser Krankheit sterben. „Der vrîthof ist ein sælic wirt, dem manic gast ze teile wirt", Frîdanc. Das Freithof-Blümlein, (im Scherz) graues Haar, das am Haupte eines Menschen einzeln zum Vorschein kommt; Kirchhofblumen; Joh. Pauli, fol. 32; Lessing, hg. v. Maltzahn, XI, 2, 267. Freithof-Wäßerlein, (im Scherz) jeder Branntewein oder Liqueur, (weil solche Getränke ihre Liebhaber gerne auf den Gottesacker befördern). Der Unschuldigen

(Kindlein) Freithof, auch blos: der unschuldige Freithof, besonders eingefangener kleiner Raum in einem ländlichen Gottesacker, auf welchem ungetaufte (todt oder unreif geborne) Kinder begraben werden.

Der Freitgaden, (Wstr. Gloss.) Behältniß, innerhalb der Freithofmauer erbaut, und gegen einen jährlichen der Kirche erlegten Zins den Bauern einer Gemeinde überlassen, um zur Zeit einer Gefahr, (wenn diese nemlich von solchen Personen herrührte, die zu gottesfürchtig waren, sich an solch einem Orte zu vergreifen), ihr Getreid u. drgl. daselbst in Sicherheit zu bringen.

Die Frittata (Fridátə, Küch.Sp.), dicker Pfannkuchen, Omelette, „Amulett“, vom Italienischen.

Frutria. „Der Frutria (Näscher?) nimpt in wol gewar wa die pesten feigen sint“, Cgm. 444, f. 3b.

fruetig, munter, hurtig, unverdrossen, ausrichtsam; (mhd. vrüetec; BM. III, 390. Grimm, Wbch. IV, 328. Zeitschr. II, 343. III, 96. V, 335. Cf. schwed. frodig, von Pflanzen und Thieren: gedeihend; froda, gedeihen, Frucht bringen; dän. frodig, üppig, wuchernd. Krainerisch: prudek, munter, aufgelegt; Jarnik p. 177). „Frutig, navus, strenuus, sedulus“, Prompt. v. 1618. „Aft ham s· (die Dienstboten) ma glei' 'n Kumpari (das Darangeld) zruckgschmissen; i' afa' nit faul, und han glei' dö Garberin (zweite Dirne), dö aso allweil mit'n Bauknecht a wöck (ein wenig) gschmissn (Umgang gehabt) hat, afa sinst a *fruatägö* (rüstige) und a wachsö Menschin ist, zamt ihrn Narn 'n Bauknecht davo~ gjagt“, v. Kürsinger's OberPinzgau (1841), S. 177. s. Suchenwirt, hg. v. Primisser, Wbch. S. 380. „Der ambtman was unfruetig und wolt nit bieten frid“, Heseloher. Am üblichsten ist das Wort als Adverb (fruəting, fruətlə, fruitlə) für: gleich, ohne weiters, vollends. Blei' *fruəti'* gàr aus, bleib gleich ganz weg. Gê *fruətlə* in's Bett, wennst ə' so faul bist. `Abə' də' Hofkəllnə' hàt auf'n Ioseph *fruətlə* ganz vo'géss'n, Genesis 40,23. S. fruedig (von frue) und frêdi. Sollte etwa gar gl. a. 435. 591: friuntun, extimplo, mit zu bedenken kommen? Das alte fruot (gl. a. 461), longaevus (cf. česk. starost, Sorge, starati se, besorgt seyn, neben star, alt), sonst prudens (goth. frôths, ahd. fruot, verständig, klug, mhd. vruot, wacker, munter, froh; Graff III, 820. BM. III, 389. Grimm, Wbch. IV, 328) stimmt wenigstens in den verneinenden Formen unfruati (gl. i. 162. 906), inertia, recordia; unvruot (i. 438), hebes, zu unserm Worte. „Irdisch gut verkert den mut dz er gen got ist selten frut“, Renner 16336. „Herre, umb dinst so gib dein gût, das machet dich in eren frut“, sagt der Sprinz, Cod. Moll-Oldenbourg. (v. 1475) mit Udalrici de campo liliorum Concordantia charitatis. „Die tugentreiche frute (Reim: Rute) trug der minnen strick in irem zarten blick“, Cgm. 714, f. 98. „Von in (dem Bauer und der Ritters tochter) werden zwitorn; diu dûnkent sich dan vruoter nâch der edelen muoter“, S. Helbling VIII, 237. s. auch Suchenwirt, a. a. O.

622 „Frutill, canna indica“, Onom. v. 1735. Zeitschr. V, 335. „Der frutillene Rösenkranz, Paternoster aus den harten, schwarzen und glänzenden Samenkörnern der Canna variabilis L. verfertigt, welche einst bey den Gärtnern Fritillaria geheißen zu haben scheint“; (Baur).

---

frätscheln (frádsch·ln), 1) wiederholte, besonders indirecte Fragen stellen; (Grimm, Wbch. IV, 68. Zeitschr. II, 343. IV, 158. V, 255,70. 333. VI, 14. 180. Cf. ostfries. proten, sprechen, holl. praat, Gerede; Firmenich I, 21. Zeitschr. III, 432,372. V, 134,1. 159. VI, 363. 431,115). Frätscheln an Einem. Um ein Ding herumfrätscheln. Einen ausfrätscheln. Einem etwas abfrätscheln, ihn ausholen, ihm etwas (geheimes) ablocken. Jarnik p. 48: „barati, fragen; 'sbarati, erfragen; barkovati, fratscheln; 'sbarkovati, ausfratscheln.“ 2) sich als Unterhändler, Mäkler zum Aufkaufen, Zusammenkaufen von (Eß-) Waaren brauchen lassen. „Man findet Leut, die selbst nichts kaufen, die sich aber damit nähren, daß sie den Fremden das Traid allenthalben auffretscheln“, Ldtg. von 1612: 361. „ . . Feyrende Leut, die zum frätscheln und hin- und wiederstreichen mehr genaigt seind, weder zur Handarbeit“, Mandat gegen die Kauderey v. 1601. Der Frätschler, 1) Frager, Ausholer; 2) Zwischenhändler, Mäkler. Ldtg. v. 1612: 364. 383. „2 Frätschler und 10 Krämer“, Saalfelden, Hübner. Die Frätschlerinn, das Frätschelweib (Frádschlwei'). Die Frätschlerey, auch Frätscherey. „Daß sich die Baursleuth auf alle Fretscherey legen“, Ldtg. v. 1605: 329. Vrgl. die Frätschel (Frádschl, Kitzbühel), die Bierschenke; der Frätschler, Bierwirth. Die Form Pfretzner des Voc. v. 1482 statt Pfragner gehört vielleicht zu diesem Frätschen. Als Familienname: Pfretschner. Auch das ältere fraischen (angels. frasigan, holländ. und niederd. vreesken. Brem.-niedersächs. Wbch. V, 373) und ital. la frasca, der Zweig, als Zeichen einer Schenke, ist zu bedenken.

`Der Fritschal, ä. Sp., kostbarer Kleiderstoff, (mittellat. fritsalum; BM. III, 410. Grimm, Wbch. IV, 220. Ducange unter: fritsalum und frissati. Pfeiffer zu Höfler's Albert v. Beham S. 155 'und zum Wigalois 40,35'). „Der dritte sac der ist vol fritschâl, brûnât, vêhe veder“, Helmbr. 1345. „Ein garzûn, der truoc einen schaprûn, gesniten von vritschâle“, Wigalois 1416. „Zuo eime gelwen fritschâl, Reinb. v. D. heil. Georg 4584 (4590). Cod. Aldersb. 44, f. 31b: *vritschaletum.*

Die Frotschen (Fruədsch·n), O.Pf., verächtlich: der Mund, (vrgl. die Freßen und fretzen); Zeitschr. II, 343. (Vielleicht Frortschen, vom alten prort, labium, margo?)

Frav, frev 2c., s. Fraf, fref 2c.

Fraw, frew 2c., s. Fra, fre 2c.

Der Fratz, ungezogenes Kind; verächtlich: Kind, kindische Person; (Grimm, Wbch. IV, 68. Zeitschr. III, 537,11. IV, 245,65. cf. engl. a brat; auch in Castiglione's Ulphilas: frasts, τεκνον. Doch eher gehört es zu niederd. praten, schwatzen; brem.-niedersächs. Wbch. III, 359. `s. oben zu frätscheln.' Kilian: fradde, puer, puerulus. Zu dem hchd. die Fratze in den bildenden Künsten, vrgl. ital. frasca, franz. frasque, baliverne, fredaine, sottise, badinerie, und bamboccio, bambocciata von bambino. Diez, Wbch. 403). Nach Prasch soll Fratz in Bayern besonders auch einen Bastard bedeuten. Mir ist es in diesem Sinn nie vorgekommen. fratzet, fratzisch, fratzerisch, kindisch, mit dem Nebenbegriff des Ungezogenen, Muthwilligen. Die Fratzerey, kindisches Thun. Das alte frazar, procax, protervus, temerarius (Clm. 4606, f. 127: procax, frazarrer), womit gl. i. 544: hartifraza, obstinatio, vergleichbar, hat mit unserm Wort wol nichts zu thun.

fretzen (frétz·n), Particip. gefretzt (Sachsensp. II, 48: gevret), fressen machen, weiden; (BM. I, 760. Grimm, Wbch. IV, 141. Zeitschr. IV, 168. 414,34. Vrgl. etzen und eßen). „Das Gras mugent die von Peitigo wol fretzen“, (durch ihr Vieh abfressen lassen), Lori, Lechrain 141. „Eine wunde ötzen vnd fretzen“ (mit kaustischen Mitteln), Dr. Minderer (1620) p. 193. „Er scol alles des leides irgezzen, des er sich nu lange hât frezzen“, Diut. III, 111. Ab-, aus-, weg- 2c. fretzen. *Frétz* mə' mein'n Samə~ nét à', (laß mir meine Saat nicht abfressen). „Es ritten drei einem pawrn in ein wismad und fratzten im das gras ab“, Cgm. 379, f. 208. „Die Erdwürm oder Engering durch Schwein 623 auswülen und ausfretzen", L.R. v. 1616, f. 734. „Hat mir ein Knecht über 5 Maß Haber verfretzt", Act v. 1604. Die, der Fretz (Frétz), Grasplatz, zum Abfressen durch das Vieh bestimmt, Weideplatz. Gl. a. 36: frezo, depasco, und i. 263: fraztot, depasti estis, deuten auf ein entsprechendes, von frezan (freßen) verschiedenes Verb der ahd. Sp.

fretzen (frétz'n), reiben, fegen; (s. fretten). ab=, auf=, durch=, weg= rc. fretzen, durch Reibung ab=, auf=, durch=, weg= rc. machen, bringen rc.; (engl. to fret).

frotzeln, necken, foppen; Castelli, Wbch. 133. „Wohin I nuə' kum, wir' I *gfrotzelt* und ghunzt und àlləs tuət übə' mi' lachə~", Seidl (3. Ausg.) 197. 299. Kartsch II, 25. 88. s. fozeln.

V.

Neunzehnte oder Va= rc. Abtheilung,

d. h.

Wörter, deren Stammsylbe mit V anfängt.

(Sie sind einzelne Ueberbleibsel einer ältern Orthographie; fortlaufend zu vergleichen ist die Abtheilung Fa.)

Das Veielein, Veihelein, Veigelein (Feiə-l, Feihə-l, Feigə-l, Feiál, Feihəl, Feihál, Feigál), viola, das Veilchen; (mhd. der vîol; BM. III, 325. Grimm, Wbch. III, 1433. Zeitschr. III, 461. V, 275. Voc. v. 1419: feyal). „Sô grüenent berg und elliu tal; die rôsen bluomen, vîal sihet man ûz der grüen gar wünniclîchen blüen", S. Helbling VII, 22. „Der feyhel"... „darin ich hab gesehen einen feyhel blab"... „der Neidhart mit dem feihel", H. Sachs 1560: IV, III, 49 (1612: IV, III, 109). Die Veihəl-Wurz hilft beym Zahnen der Kinder. Veihəlfar, veihəlblâw, veilchenblau. Das Öster=Veigelein, (Zillerthal, B. v. Moll) Märzveilchen, viola odorata L. Das Wild Öster=Veigelein, (ibid.) Hundsviole, rosa canina L.

Veicht, Veit, Vitus. „Zu St. Veicht", Ldtg. v. 1669, p. 126. „Nach St. Veichtstag des heiligen Marterers", MB. XIV, 303, ad 1496. „Sanct Veicht", Tegernſ. Cerem. v. 1505, Cgm. 1148, f. 27b. Räthsel: Wie haəsst də' Háling, der nét truckə~-r-is und nét nàs? Der Veichtel, Veidl, Vei'l, a) Diminutiv. b) verächtliches Appellativ für eine Mannsperson, besonders für eine dumme. Zeitschr. III, 315. ə~ rèchtə' Lenznbàr-*veichtl*. Der Veichtlmaler, (Selhamer) schlechter Maler. veichteln Einen, (Selhamer) ihn zum Narren haben, hintergehen.

Das Viechtreich, s. Th. III: das Reich.

'Der Vederer, ä. Sp., Wurfmaschine, Geschütz; s. oben Sp. 445: der Pfeterer.' „Petraria, vedrer"; Voc. optim. p. 32.

Der Vident, (ä. Sp.) zum Bußamt gehöriger Aufseher, Polizeydiener. „Die Videnten und Gerichtsdiener sollen sich des Zechens enthalten, niemand durch die Finger sehen, keine Schmieralien annehmen, noch jemand heimlich abstrafen", Policeyordnung vom 4. November 1692. Wstr. Btr. IX, 324. „Brotwäger und Hofvidenten sollen das Brot bey den Bäckern visitiren", Instruction für die Buešverordneten in M. v. 1692 (cfr. Wstr. gl. Fident).

Der oder das Vidimus, Vidimas, beglaubigte, vidimierte, d. i. mit dem Vidimus eines geschwornen Notarius versehene Abschrift. „Ains transumpts Vidimus Anfang und Beschluß", (Formular), Raitenb. 166, f. 126. Schon ad an. 1060: „litteras, vulgo *vidi*= 625
mus nuncupatas", MB. XV, 168. A⁰. 1503 befahl Herzog Albrecht mit wohlthätiger Vorsorge für die Unterthanen dem Kloster Ettal: „ob icht brief ainer oder mer bey dem Gotzhaus in Behältnuß wärn, die der nachverschafft (im Gericht Ammergau) samentlich oder sonderlich dienen möchten, so sollen In die durch den Prelaten und Convent nit verhalten, sonnder eröffendt und verlesen, wo sy auch des begern, Inen vidimus derselben geben werden, und so si die gehört, oder die Vidimus bey iren handen haben, mögen sy laut derselben weitter ir notturft üben", MB. VII, 317. Vielleicht stammt das studentische Fidibus von diesem Vidimus.

Vêf, Genovefa, (Zir.).

Die Vigil (Figil, v –; ä. Sp. Vigilje, Vigilge, Vigilde; BM. III, 309), vigilia, a) ehmals: der Gottesdienst am Vorabend eines Festes oder einer Beerdigung; der einem Feste vorhergehende Fasttag; (daher auch das französische la veille als Tag, welcher einem andern bestimmten vorhergeht, überhaupt); b) jetzt: Vorabend eines Festtags; Todtenmette beym Gottesdienst für einen Verstorbenen. „Sie wußten wohl", sagt P. Abraham, „daß vom Feyren das Feur herkomme, und der Müssiggang ein Vigil sey des Untergangs."

Der Vogel (Fógl), 1) wie hchd. (goth. fugls, ahd. fogal, mhd. vogel; Graff III, 434. BM. III, 357. Zeitschr. V, 339. Cf. Kemble, Diplom. I, 312: gosfuglas, hen=fuglas). 2) das Männchen unter Enten, wol auch Gänsen. 3) das in einem, vom Männchen befruchteten Ey befindliche Samenklümpchen. 4) als Speise: „Porcellus trojanus, ein gebraten Schweinlin mit Vögel gefüllt", H. Junii Nomencl. (Augsb. 1629) p. 48. cf. oben, Sp. 696: Fegglin. Kälberne Vögelen, (kélbərne *Végəlé*, Augsb.) gespicktes Kalbfleisch in Sauce. 5) kleine, fehlerhafte, besonders aber eiternde Erhöhung an der Oberfläche des Körpers, Finne, Feigblatter, Feigwarze. Zeitschr. V, 339. Sei~ Gsicht is vollə' *Végl*.

Dà is mər ə˜ *Vogl* aufgfàrn. Der *Aətə'vogl*, Geschwür, welches eitert. „So wird im das antlitz ungestalt voller blatern und veyl", ZZ. 2062, f. 1ᵇ. 6) (Pseud.-Zir.) Vögel heißen die Wistl der Stämme und ist zu sorgen, daß selbe fleißig nachgebracht und nicht etwa in die Astach-riedl versteckt werden. Vogelnamen s. bei Graff III, 435—438. Das Gevögel, ahd. gafugili, mhd. ge-vügele; Graff III, 439. BM. III, 358. Das gefögel, gefügel, (im Vogelgespräch) Cgm. 714, f. 38. 39. „Seyt ir nicht michels mer dann das gefügel?" Clm. 9728, f. 191. „Mein stier vnd mein gefügel (altilia) ist erslagen", Matth. XXII, 4. Cgm. 66, f. 59. „Er spricht auch, daz under allem gefügel gemaincleich der er lenger leb danne diu si", Konr. v. Megenberg f. 99, Pfeiffer 164,30 (und öfter). Der Unvogel, ä. Sp.; BM. III, 358. „Onocrotalus, vnuogel", Asp. 49, f. 17ᵇ. Diefenbach 396ᶜ. „Er pfâwe, er unvogel!" Haupt's Zeitschr. VIII, 558,263. vogeln, a) (L.R. von 1616, f. 781. 785) Vögel fangen. „Mit dem Kloben und auf den Vogelheerden voglen." „Es soll kein Bürger vor Jacobi anfahen zu vogeln", Amberg. St.R. b) (Fewrbuch, Ms. v. 1591) vom Hahne: die Henne treten. BM. III, 359. „Da vogelt sich die stœrichinn mit aynem andern storchen vnd ê daz ir man chom do vlog si ab zů dem prvnn vnd padet sich in dem prvnn daz nicht ir man der storch dez gesmachez der vnchœusch enpfünd", Gesta Romanor., Cgm. 54, f. 6ᵇ (Keller p. 11). „Nu geschach daz daz aynez tagez die sy dez storchen het geuogelt mit eynem andern storchen", das. (Keller p. 12). „Die antreichen sint sô unkäusch . . . wâ ir mêr dan ainr ist und neur ain änt under in ist, die vogelnt si ze tôd", Konr. v. Megenberg, Pfeiffer 169,20. „Der taubhai wirft seinen gewahsen kint auz dem nest, aber ê er si herauz werf, so vogelt er si vor", das. 181,19. „Ez ist auch gewisleich wâr, daz etleich tauben die art habent, die nümmer gevogelt werdent und käusch be-leibent", das. 181,31. „Diu kränchinn stêt, wenne si der kranch vogelt", das. 192,9. „Er spricht auch, daz kain ai perhaft sei denn der gevogelten sien air, dâ des ern sâm zuo gemischet ist", das. 195,10. „Si werdent niht allzeit reht gefügelt, wenn si perhaft air habent", das. 216,16. „Daz er (der han) der hüener nimer ge-vogeln mag", Arzneybuch (Progel's Msc.), f. 85ᵇ. „Es ist gar ein bœse henn, die kosen wil bi ainem tenn und wonen wil bi ainem han und sich nit wil füglen lan. Daran gedenk, du fromes wip und hüt dins schœnes lib und aller diner eren", des Teufels Segi, hg. v. Barack p. 73,2219. Vrgl. H. Sachs, der Bauer mit dem Zopf: (Die Bäuerin) „schlich zum Pfaffen herfür an Tennen, der thet ihr wie der Hann der Hennen." Vrgl. Vo-gel 2) und Gogel. 3) VII Cm.: vogheln, birboneg-giare (?). Diez, Wbch. 68 f. Der Vogler, Vögler, ä. Sp., Vogelfänger. Die Voglerin, im 15. Jahrh. eine Art Kanone. Gem. Reg. Chr. III, 26. Cf. „Lena, fůglerin; fornicationem promovere, fůgelon", Gl. Augiens., Mone's Anzeiger VIII, 397. s. oben, Sp. 698: die Fügerin. Vogelasch, (Zir.) Moosbeerbaum. Der Vogelbeerbaum, (Zir.) gemeiner Weißdorn, crataegus oxyacantha, soll nach der salzb. Waldordnung von 1735, so wie Hötschenbeer (rosa canina) und Kranabet-strauch (juniperus communis) zum Behuf der Vogel-weide und Wildfuhr geschont werden. Das Vogelhaus. „Anno 1409 saßen die pfaffen (zu Augsburg) im Vogel-haws. Deselben Jars facht der Marschalck vnd Hächsen-acker mit ainander am Weinmarck", Cgm. 3989, f. 8ᵇ.

Der Vogt (des Vogtes, die Vögte, seltener: des, dem, den, die Vogten; vrgl. Faud), 1) in der ehmali-gen, zum Theil noch gangbaren Rechtssprache: der Schirm-herr, Vertreter, Patron, Curator einer Person oder Cor-poration; in lat. Urkunden advocatus, (ahd. fogat, fogit; mhd. voget, voit; Graff III, 432. BM. III, 359). Der E-Vogt, der Ehemann, als seines Weibes Ver-treter. 2) der Vorgesetzte, Beamte, durch alle Grade, vom Gerichtsvogt (Welsch, Reichertshofen p. 56. 203) oder Nachvogt (MB. V, 135. XII, 346), d. h. Gerichts-diener, an bis hinauf zu des Riches Voget, wie bey den Dichtern des Mittelalters der Kaiser genannt wird.

vogtbar, 1) im Alter, sich selbst zu vertreten, selbst Vogt zu seyn, mündig. „Als er ist vogtbar und über 626
14 Jahr alt gewesen", Kr. Lhdl. V, 267. 269. IX, 133. Wirzb. LandgerichtsOrd. v. 1618. unvogtbar, minder-jährig. 2) vogtbar, einem Vogte unterworfen. „Die uns vogtbar sind." Cfr. L.R. v. 1616, f. 227. vogt-baren sich Einem, sich ihm als einem Vogte unterwerfen, Kr. Lhdl. V, 339.

sich vogten, vervogten, ä. Sp., sich Einem als einem Vogte oder Schirmherrn unterwerfen; Kr. Lhdl. VIII, 388. XI, 534. XVIII, 222. anvogten, bevog-ten Einen, die Schirmherrschaft über ihn ausüben. BM. III, 300. Grimm, Wbch. I, 1756.

Der Vogtbaur, das Vogtguet, der Vogthold, der Vogtmann, die Vogtleute sind einem Vogt-herrn (Patronus) unterworfen, welchem sie den Vogt-frisching (MB. VI, 408. 431), den Vogthabern, die Vogtmutte u. drgl. zu entrichten und Scharwerke (Frohndienste) zu leisten haben.

Die Vogtey, das Amt, die Pflichten und Rechte, das Einkommen, die Wohnung eines Vogtes in den ver-schiedenen Bedeutungen. Advocatia (gl. o. 339) vogedie. BM. III, 360. „Man chunt in des pischolfs pann allen den dy unrecht vogtten auff chloster oder chirchen oder auff ir widem pringen"; San-Zenon. 109, f. . . .

Vehodia, mittellat. = feodia, feuda? „Impignorantes bona, castra, prata, *vehodia* (oder: vehoda?) sine defalcatione capitalis pecuniae". . . (interdicendi a communione); Raitenb. 62 (sec. XV.), f. 195ᵇ.

Das Vih und Vieh (Vihh, Viəhh, opf. Vêihh; plur. Vihhə'), wie hchd. das Vieh, (goth. faihu, ahd. fihu, mhd. vihe; Graff III, 425. 428. BM. III, 309. Grimm, Gesch. d. d. Spr. 28. Zeitschr. V, 338. 484. fihu, Otfr.; fiho, gl. a. 662; Otfr. fehes, genit.; chiusche fieo, pudicum animal, Notk. Ps. 44,9; demo fehe, das. 48,13; geuueidotiu feho, plur., das. 49,10. 77,50); Diminut. das Vihhl, Vihhə-l, Vihhál, einzelnes Stückchen Vieh; ə˜ schö˜s *Vihál*. „Ain Vichl", Ldtg. v. 1612, f. 281. Im Rchtb. Ms. v. 1453 steht: „Ez sey rozz oder Vich" . . . „nicht mer, dann ain roß oder vich", wo das Roß für besser gehalten scheint als ein anders ehrliches Vieh. „Die Teutschen zum Vieh treiben", zu Paaren treiben; Avent. Chr. 84. Das Halbvieh. In der wirzb. Judenord. v. 1750, 8. Juni, wird aller Handel zwischen Christen und Juden auf das halbe Vieh untersagt; in einer Erläuterung vom 13. August wird der Handel auf Halbvieh wieder gnädigst verstattet, indem mancher Unterthan zur Anschaffung eines ganzen Stucks Vieh in der für seine Wirthschaft benöthigten Zahl die baaren Mittel nicht habe. Das G'vihhát, collectiv. „Wo d'Kiná (Kinder) sist g'scherzt ham und 's *Gvigát* mit iehn . . .", Stelzh. 162.

Das Blutvich, eine Krankheit des Menschen. „Der daz blutvich hab."

„Der Viehhauser", (nach Schrank's bayer. Reise p. 20 um München) ein Vogel von der Abtheilung der Stelzenläufer, vermuthlich Scolopax Phaeopus L.

Der Valant, ä. Sp., der Teufel; (mhd. vâlant; BM. III, 214. Grimm, Mythol.² 943 f. Wbch. III, 1267; 1448: Feiland; 1871: Foland. Vilmar. hess. Wbch. 51; kurhess. Idiot. 428 f. Zeitschr. IV, 189). Der ua-lant, daemon; Cgm. 94, f. 54ᵃ. „Mûse rumen den mennisc der valant", Cgm. 94, f. 69ᵇ. „Die wunder des possen valant", Cgm. 1119, f. 99ᵃ. „Sante Michel richtet uff sin woge und hencket sich der f o l a n t daran", Calender des Conr. v. Dankrotsheim, Strobel p. 118. „Der v a l l a n c z m a n gar ungeheur" (Fabricius), Legende der St. Dorothea, Windb. 109, f. 243a.

P h a l a i a. „In obsidione castri *Phalaia*", Otto Frising., Clm. 1003, f. 115.

Der v a l l i e n t, s. oben, Sp. 705: f a l l e n.

Das „Välledi", Valete, Abschied. „I vä'steh di'; ä Mahlzeit zum *Välledi*", Lindermayr 36.

Das „V e l a", der Schleyer, velum, le voile; (mhd. diu f a i l e, v æ l e, v ê l e; BM. III, 213: Hülle, Mantel; Grimm, Wbch. III, 1448). „Doch snaider im den soum an siner v ê l e ab"; Griesh. Pred. I, 62. „S. Martin gab sin v ê l e ainem armen durftigen durch got"; das. 73. „Do zôch er sine v ê l e ab sinem lîbe", das. 167. „Si (die im Himmel) ne voderent ouh v æ l e n niht unde mantele", Clm. 9513, Vers 259. „Eines tages er (Jesus) zebrach ze eime brunne seiner muter chruc, daz wazzer er in seiner v æ l e n trûc, daz nie dehäin schret da durch quam", Kindh. Jesu, Hahn p. 98,1. „Vele, velum monialium", Voc. Melber. Diefenb. 609c. Nach der Fronleichnams-Anordnung v. 1580 (Wstr. Btr. V, p. 124) soll „die sechzehent Maria jr har ein wenig kreusen und das V e l a wol anglisten lassen, das Irs der windt nit hin und her wehe".... sämmtliche Marien sollen (p. 122) „die V e l a oder schlair, auch die Kreglen, leiblen und schürz sauber waschen"; (p. 105) „V e l a anhefften."

Die V e l l a c h, Benennung vieler Bäche, gewöhnliche Ausspr. des kärnt. Bêla (die Weiße, Weiß-ach); Jarnik p. 47.

V e l l s c h l o s s e r, sieh oben, Sp. 706: F ä l l s c h l o ß u. Th. III: Schloß. „Fürkäufer die man heißt V e l l-
627 s c h l o ß e r", Kr. Lhdl. II, 186. (Vrgl. „F e l l-, Messer- und Deckentrager und ander verdächtig Landstörzer", L.R. v. 1616: 684. „Per (presentem) pelliferum", einen Brief senden, etwas wissen lassen, Cod. Teg. 1008, p. 86. 151). V e l s l o z kommt übrigens im Tegernseer Urbar (Freyberg's Tegernsee p. 218) als Familienname vor. 1. Febr. annivers. Udalrici *Vellslos*." „8. May dies anniversarius Perchtoldi *Vellslos*", Ceremoniale Tegerns. 8⁰ (118 Bll.), f. 48.

V e l l e. „Batillus cloppil, impendiculum (sit) tibi v e l l e", San-Zenon. 120, f. 100. s. Diefenbach 288b.

'Das V e l l i s, ä. Sp., Felleisen; Grimm, Wbch. III, 1498. Diez, Wbch. 365.' „V e l l i s, valise", Freyb. Samml. IV, 279.

v i l (vɪl), 1) wie hchd. viel, (goth. f i l u, ahd. f i l u, f i l o als adv., mhd. v i l; Graff III, 471. BM. III, 312. Zeitschr. I, 263. V, 339. Cf. kärnt. b o l j, besser, mehr). u i l e n a h (Cgm. 17, f. 106. 138b), v i l n a c h, beinahe; Cgm. 4851, f. 103. 160 und öfter. BM. III, 313b. cf. v i e l l e i c h t. R.A. Es wird vil sein, ob (oder waß) dieß oder jenes der Fall ist, d. h. es soll mich wundern, ... So v i l s e y n, daß ..., im Stande seyn, vermögend seyn, ... *Bist* nét *so vɪl?* vermagst du es nicht? Er (der Reconvalescent) ist wider so v i l, daß er ausgehen kann; (O.Isar). 2) sehr. O.Pf. *vɪl* wárm, *vɪl* kàlt. V i l wenig, Labr. 315. (Inn-Salzach), s o v i l (-ʋ sovɪl, sofəl, sof'l) gern, schœn, guet, schlecht ꝛc., sehr gern, schön ꝛc. *Sovɪl* ə˜ schoi˜s Mensch, ein sehr schönes Mädchen. *Sovəl* vil, so viel; *sovəl* weni', so wenig, (Gastein). u n v i l, ä. Sp., nicht viel, wenig; BM. III, 314. „Er henkt ain dik blahen für, u n f i l tünner denn ain tür", des Teufels Segi, Barack 289,9149.

Die V i l e n (Fɪlé, Fɪln), die Vielheit, Menge; (mhd. diu v i l e; BM. III, 314). „An der menege und an der v i l i der gelatton", Griesh. Pred. I, 131. „Um derselben F r e c h- und V i e l h e i t (?) Einhalt zu thun", wirzb. Verord. über den Kirchenschutz, v. 1744.

b e v i l e n, ä. Sp. Mich b e v i l t eines Dinges, es wird mir des zu viel, es wird mir lästig, zuwider, ich werde es überdrüßig. (BM. III, 314. Grimm IV, 232. Wbch. I, 1756. Brem.-niedersl. Wbch. I, 368: v e r v e l e n. Dat v e r v e l e d e mi tolest. Auch holl. v e r v e l e n, lästig fallen). „Wollten Uns der Mühe nicht b e v i e l e n lassen", (die Mühe nicht reuen lassen); Gem. Reg. Chr. XIV, 47. IV, 374, ad 1519. „La dich nich y e v i l l e n der Müe und Arbeit". . . „Des nim swas du sein wilt, nimer mich des b e v i l t . ." Horneck, Chron. bis 1250. „Anders muoste sie b e v i l n und b e t r a g e n miner uzverte", Wernh. Maria p. 96. „Uns nicht a b dir b e f i l d t, bleib so lang du wilt"; Sterzinger Osterſp. v. 1526, Ms.

„Die nicht wil, die wil ich; ich wil nicht die, so wil,
die Venus stille zwar den Muht, doch nicht zuvil.
Bey meiner Liebe sei kein Zwang, auch kein Versagen;
B e f ü l l e n wil ich nicht den Sinn, nicht dennoch plagen",

sagt unser Opitz, wo Ausonius: nec satiare animum nec cruciare volo.

b e v i l l e n, begraben, s. b e v i̩ l g e n.

v o l l, adj. 1) wie hchd. (goth. f u l l s, ahd. f o l, mhd. v o l; Graff III, 477. BM. III, 361. Zeitschr. V, 339). Aus der frühern Sprachperiode, wo die Adjectiva, auch wenn sie nach dem Substantiv stunden, noch flectiert wurden, — („Der himel v o l l e r fröwde", Griesh. Pred. I, 27. „Du solt dich nicht a l s o v o l l e r nach dem ezzen slafen legen", Ind. 314, f. 66. „Einen padswammen v o l l e n esseich", Cgm. 136, f. 26. „Nim ain kopf v o l l n weinessig . . . v o l n lauters wassers", Cgm. 4543, f. 154. „Der knecht sach den berch v o l l e n hêrwegen und v o l l e n engel", Griesh. Pred. I, 147. „Ainen hut v o l l e n Pfenning", MB. XXIII, 265. „Einen naph v o l l e n mets", Augsb. Stdtb. „Gegruzzet sist dû v o l l i u genade", Cgm. 64, f. 54. 58. Cgm. 66, f. 58. „Grüzzt seist maria v o l l i v gnaden", Hermann Sakch, Franziscaner-Guardian in München, 1439; Monac. Francisc. 126, f. 354. „Wis gegruzzt maria v o l l e u gnaden", Cgm. 87, f. 124. 128. „Diu welte v o l l i u erbermde", Griesh. Pred. I, 27. „Ein hant v ö l l i u wirouches", das. II, 117. „Trinck ain ayr schal v o l l e", Progel's Ms., f. 115a. „Daz gevilde was v o l l e z pavelûne geslagen." „Beidiu wise unde velt v o l l e z riterschefte lac", Wigalois 2646. 9787. „Do stund ein vaz v o l l e s esseichs", Cgm. 745, f. 20. „Daz gerichte v o l l e z rechtechait", Griesh. Pred. I, 27. „Schephet dz schaf v o l l e z wazzers"; das. 133. „Da lief ez v o l l e z natern und würm", Cgm. 54, f. 46a. „Er recket im ain püchsel v o l l e z goldes . . . v o l l e z mirren . . . v o l weirochs", das. 22a. „Der nem heyhen zwen pecher v o l l e und ain pecher v o l l e n smaltzes", Fürstenf. 121, f. 171. Vrgl. Grimm IV, 492 ff. Reinh. 375,1484. BM. III, 361,1,b.) — stammen vielleicht die Formen v o l l e r, v o l l e s, in welchen dieses Wort noch jetzt, nach seinem Substantiv, jedoch ohne weitere Andeutung des Casus und des Genus vorkommt. '(Vrgl. Grimm IV, 499. 959: v o l l e r = voll der; v o l l e s = voll des. Zeitschr. III, 188,33. V, 314. 339. 517,I,1. VI, 142,61.)' „Zwelf chörbe v o l l e r (i. e. sportularum plenarum) brosem." „Diu helle v o l l e r marter und wize", Griesh. Pred. I, 27. „In dirre welte diu och v o l l e r sclege und v o l l i u angest und nœte ist", das. I, 46. „Vier potigen v o l l e r goldes" (genit. plur. auf das Zahlwort?), Cgm. 54, f. 61a. „Einen schwammen v o l l e r esseichs", Cgm. 754, f. 30. „Des wolfes woll kreucht v o l l e r würm under stunden", Konr. v. Megenberg f. 89. Pfeiffer 147,18. Er, sie, es ist v o l l, v o l l e r, v o l l e s Schulden, und hat doch einen Sack, eine Truhen, ein Faß v o l l, v o l l e r oder v o l l e s Geld. Vrgl. Gramm. 880. 751. Cf. l a u t e r Wein, Milch, Wasser; g a n z München. Kemble, Diplom. I, 312: „sester f u l n e huniges, sester f u l n e butran, sester f u l n e saltes." In den elliptischen Formen ein Mund v o l l, eine Hand v o l l, ist das v o l l zu einem tonlosen Suffix des Subst. geworden, und es sind so die Nomina ə˜ Mumpfəl (s. d. W. u. Zeitschr. V, 403,100. VI, 260, III, 40), ə˜ Hámpfəl (s. d. W. und Zeitschr. V, 258,42. VI, 257) entstanden. 2) dem Hohlen (Concaven) entgegengesetzt, also convex. „Der Laufer oder 628
Stein soll mit dem Maßstab besichtigt werden, ob er nicht hohl oder zu v o l l ist"; (Mühlbeschau-Ord.).

Das Vollbad, s. oben, Sp. 209. „Cucacisiä '(? cupacisium?)' seu semicupium est balneum particulare sc. ain volpad usque ad umbilicum", Cgm. 170, f. 12b.

'Der Vollrât, der Monat December; MB. II, 577.' Der volrat, December; Cgm. 558, f. 159. „Des wintermonatz craft unde volrat wedelt hüte" (14. Nov.), Haupt's Zeitschr. VI, 364. „December unde heisset volrat", das. 365.

Der Voll, des, dem, den Vollen, die volle Ladung (der volle Last?) eines Salzschiffes, in 196 Stück Kufen bestehend; Lori, BergR. f. 126. 303. „Damit die Schef ihren Vollen ertragen mögen." 'Vrgl. mhd. der volle, wie nhchd. die Fülle, (BM. III, 363).' „Gruntloser volle aller miner salicheit und volle miner girde"; Cgm. 176, f. 90. „Da gutes was der volle, da han ich getrunken und gezzen", Renner 9633. „Dem gut leipnar ist auch fremde bi grozzen vollen durch sin tugent", das. 20896. „Der let mich selten werden wan; auch treit mir sin gesinde zu allen vollen spat und fru", das. 7417. „Mit strûchen in den schollen buozt er allen vollen", (alles und völlig); S. Helbling VIII, 566. „Swer des gutes hat envollen", (die Fülle); Renner 5305. 'So im Accus. gern adverbial: den vollen, envollen, in Fülle, völlig.' Im Titurel: „Fröden schuf er den vollen" (die Fülle). „Der wirt het den vollen." „Wen er berürt den vollen (wen er tüchtig traf), der was bei lebender diet ungewere." „Den vollen raste viere sie von ainander lagen." Zeitschr. II, 267,38. 275,5. Der übervolle, BM. III, 364. „Helfe mir got durch den uber vollen siner gvete", Cgm. 176, f. 56. 'Die Völle, ä. Sp., das Vollsein, Ueberfüllung, (vrgl. mhd. diu volle und vülle, ahd. folla und fullî; Graff III, 483. 484. BM. III, 363. 364. Zeitschr. V, 339.); besonders als krankhafter Zustand des Leibes.' Arzneyen „wider die huesten, haiser, kerchen und foll" des Menschen, „wider die völl und huesten"; . . . „so treibts die Völl zum stuel aus"; „wider die Völl der prüst", Cgm. 3721, f. 38. 39. „Wenn junge Kind die in der wigen ligen, die Föll haben . . . nimb scheiblich Rueben Saft." „Der scheiblich ruebensaft ist auch guet, wenn ain Kind das höb hat, das man ihm das meilel damit wasche", das. f. 263. „Für die prust völl und huesten"; „für die völl umb die prust und huesten", Cgm. 3723, f. 61.

voll, adv., (schwäb.) gänzlich, vollends; ahd. follo, mhd. volle, vol (Graff III, 480. BM. III, 362). Trenk dés Glas *voll* àus; iss dés *voll* zsemə~. „Daz ez niemer munt volle sagen mac", Br. Berht. 184. 218 (Pfeiffer 94,26. 227,35). vol sprechen, vol singen, vol bringen, vol denken; Labr. 558. „Nur vlaisch wolt er (der junge K. Max) hane, daz mocht im nit vul gane" (= vol gân, zu Theil werden), M. Beham, Wiener 128,28. „Ir volkomenz volkomen", Labr. 302. 'vollwachsen, ä. Sp., Partic. als Adj., ausgewachsen, erwachsen; MB. III, 462.' „Dö *Vo'wachs'na* hánt 'n (sind ihn — den Bettler) da'füllt g'wön und g'wehnt", Stelzh. 128. Dietr. von Plieningen sagt volnpringen, volnstrecken ɔc., wozu das alte Adverb. follon (Otfr.) stimmt. Vrgl. BM. III, 362b. Das Prompt. von 1618 hat „vollein schreyen, locum implere clamore"; „den busen vollein wainen, sinum implere lacrymis"; „sich vollein trinken." vollen, ä. Sp., voll sein oder werden; voll machen, füllen, (ahd. follôn, mhd. vollen; Graff III, 493. BM. III, 364). „Wem der sack nit wil follen, der soll in halb verbinden", Cgm. 270, f. 75 (379, f. 39). ervollen, erfollen, (ä. Sp.) voll werden; BM. III, 364. „Des ervolleten ir diu ougen" (mit Thränen); Gregor v. d. St. 2669. erfüllen, vollständig machen. „Bis die zale der Bürgen erfollt wird." Einen Spruch ze einem Guet (den Anspruch, den man vor Gericht darauf macht, und metonym. das Guet selbst) ervollen, den Anspruch genügend aus-, durchführen, das Gut vom Gericht zugesprochen erhalten. MB. XXV, 246. 426. „Daz er die (gut) behabt und ervollet hat". . . „Do er dieselben gute alle also vor mir (dem lantrichter) in gericht erclagt und eruollet het", MB. XXIV, 557, ad 1411. Reg. Chr. II, 404. III, 158. Die Vollung, Follung, (ä. Sp.) die gerichtliche Anerkennung des Anspruches auf ein Gut, den man im Wege Rechtens genügend durchgeführt; eigentlich: das Endurtheil im Contumacialproceß; (v. Lang). „Einem sein vollung an einem Gut . . . ertailen, erkennen", MB. XXV, 185. 230. 244. 268. 462. 464. 'vüllen, ä. Sp., sättigen; BM. III, 364.' Der Vüller, Füller, Schlemmer, der Völlerey treibt; des Teufels Segi, Barack 408,12817. 409,12835. BM. III, 365. s. oben, Sp. 710: füllen.

völlich (vəlli'), adv. 1) wie hchd. völlig, (ahd. follicho, Otfr. I, 2,25. II, 23,6); mhd. vollec, vollich; Graff III, 483. BM. III, 362. 363. Er is *vəlli'* nárrisch (Hauptton auf völlig), entschieden närrisch. Er is *vəlli'* nárrisch (Hauptton auf närrisch), beynahe, so zu sagen närrisch. 2) opf., immer, stäts. Si sán' *vəlli'* bə-r-ənan'ə', sie sind immer beyeinander. völligfurt (vəlli'fuə't), immerfort. Zeitschr. V, 339. VI, 180. armvöllig, adj., s. Sp. 144: der Armvoll. handvöllig, adj. Peitschen „mit guten waichen und hantfölligen ruthen", H. Sachs 1612: II, IV, 135 (1560: II, IV, 66a: hartföllig). s. Hand.

vollet, adv., ganz, (Füßen, Aurbach); cf. Sp. 58: allet.

---

bevilgen, bevillen, ä. Sp., begraben. Die Bivilg, Beville, Bivilde, Leibbevilde, Leipfel, Lipfel, ä. Sp., die Beysetzung, Begräbniß; die Besingniß, exequiae. „Ze Ludwiges unsers suns, dem Got genade, Piville", MB. IX, p. 121, ad an. 1311. „Si schullen auch begên mein Pivild, swen ich tod gelig mit Meßen und mit vigil", MB. X, 80, ad an. 1313. „Wan der ersam abbt von scheyern bei unsers lieben Vettern Herzog Heinriche, dem Got genad, Pyfilig was, daran er uns ein besunder Trewe und Dienst erzaigt", MB. X, 493, ad 1333. „Mit der Erben rat sol di Fraw (deren 629
Mann gestorben), pivilg begen vnd sol auch in dem gut sitzen vntz an dem dreyssigsten", Rechtb. v. 1332, cf. Westr. Btr. VII, p. 121. „Was die beyfille gesteet", (die Beysetzung kostet); MB. XVI, 401, ad 1345. „Bestat so ward sy reiche, daz kunig noch kunigs genoße nie leipbefild enpfing so wirdigleiche", Titurel 4,20. Wenn dieser Ausdruck nicht zu befelhan (w. m. s.; Ulphila's filhan, gafilhan, Matth. 8,21. 22) gehört, so ist zu bedenken das ulphilaische filgan, κρύπτειν, isländ. fela, dän. fiele, nordengl. to feal. Graff III, 500 ff. BM. III, 315. Grimm, Wbch. I, 1253. Cf. VII Com. vilge, vigiliae; (es können die vigiliae mortuorum gemeint sein). Vrgl. auch falgen.

Das Volk, 1) wie hchd., (ahd. folch, folh, folc, mhd. volc; Graff III, 505. BM. III, 365. cf. slaw. pluk, pulk). 'In Zusammensetzungen auch als Personenname, (Förstemann I, 438 ff.) als': Haidfolc; „*Haituolch* monachus nostrae congregationis", Necrolog. S. Emm. in Wallerstein-Maihingen; cf. Register zu Katzmair's Denkschrift. „*Heltfolch* de Pinzgou" (Heitfolch ?); MB. VII, 472. „*Hettfolc* de Velwa" . . . eiusd. *Hettvolchi*", ibid. 475. 476. „*Sigifolc* pincerna" (Augustanus?) a°. 1122, 1230. Aug. eccl. 160a, fol. ult. „*Volkgoz'* presb. et monachus de Altaha", Necrol. S. Emm. cf. Swatopluk. 2) ä. Sp., das E-Volk, Eheleute. „Wo zwey Chevolck zusamen kommen und eheliche Kinder erobern", Hund, Stammb. I, 177. „Wo ain Eevolk, Man und Weib, baide leibaigen seind", Landsord. v. 1553, f. 117; v. 1616, f. 219. Das Bräutvolk, die Brautleute. Das Hausvolk, das Gesinde; Zeitschr. III, 285,132. 263,84. V, 339. „Er und sein Hausvolk", Kr. Lhdl. V, 77. Das Pfarr-Volk, die Pfarrgenossenschaft. „Diesen Tag ist ein ungemeine Menge der anhero Processionsweiß ankummenden Pfarrvölkeren gesehen worden", Freysinger Jubiläum v. 1724. Das Schmidvolk, die zu einem Hammerwerk gehörenden Schmidknechte. „Were es, das ein hammermaister zu zwayen Hemern ein einig schmidvolk hett"; Lori, BergR. p. 80. Die Völker, d. h. Kriegsvölker, die Truppen. Reichsvölker. „Sowol freundt- als feinds-Völker", Cgm. 4906, f. 135. Fueßvolk. Völker-Durchzüge, Märsche, Einquartierungen. Die kaiserlichen, bayrischen ꝛc. Völker oder gewöhnlicher blos: die Kaiserlichen, die Bayrischen. 'Cf. mhd. volcwîc, Kampf der Heere gegen einander; BM. III, 649.' „Die habe da der volcwic (die Seeschlacht) inne geschach", Grieshaber, Denkm. S. 32. Im Jahr 1848 war auch von einem Volk der Deutschen viel die Rede, — neue Redensart in einem Lande, wo es seit fast tausend Jahren nur Herr-schaften, Graf-schaften, Fürsten-, Herzog-, Erzherzog-, Churfürsten-thümer, König-reiche gegeben.

Die Vils, Flußname; ahd. Philise, Ried 82. 119 (v. J. 1002). Förstemann II, 497 f.

Der Váltl, 1) Valentinus. Zeitschr. IV, 156. VI, 461,2. 5. 2) Einfaltspinsel.

Die Vulten, Fulten, (Gem. Reg. Chr. III, 389. IV, 140) Waaren-Gewölbe im Fondaco dei Tedeschi zu Venedig. „Camera, la balta di san Pyro intitulata, pro reponendis et exercendis mercibus", ad 1508. Cf. ital. volta, franz. voulte, voûte, walach. bolta, Gewölbe (Diez, Wbch. 375); auch ital. fondaco (das. 150). „*Fonticus* et domus Januensium in Granata" (vor 1494), Clm. 431, f. 153—154. Zeitschr. V, 332.

'venedisch, venedigisch, adj., ä. Sp., aus Venedig.' „Nim 1 ℔ fenedische sayffen", Clm. 5036, f. 163, „Nim sayffen die gut und venedigisch sey", Ind. 418. f. 113^b.

Die Venie, Venige, ä. Sp., die Kniebeugung; 'mhd. venje, venige, fußfälliges Gebet oder Bitte, aus lat. venia = indulgentia; BM. III, 298.' Grimm, Mythol.^{2} 28. „Faciat genuflexiones id est *venias*", San-Zenon. 112, f.... (wol was „die prostraczen" im Tegernf. Cerem. v. 1505, Cgm. 1148, f. 16. 17). „Gûdrûn viel ûf den griez ze tal, alsô si tete ir venje gen gote in kriuzestal", Gudrun (v. Vollmer) 1170,2. „Di hirten vielen nit nider an ire lange venien alse di kuninge taten", (προςκύνησις), Herman v. Fritzlar 31,2. u. Pfeiffer's Anmerk. p. 416. „Ich wolte mich gein dem priester kêren, der unsern herren dâ trüege, und wolte gein im an mîne venje vallen ûf mîn knie, ê danne gein mîner frouwen sant Marîen und allen heiligen und allem himelischen her", (wenn sie gegenwärtig wären), Br. Berhtolt 173 (Pfeiffer 164,15). „Also sol man drey venige vallen", Cgm. 73, f. 25. „Er tet siben uenie", Diut. III, 85. „Mit dreien crucevenigen", Cgm. 99, f. 84. venjen, vrb.; BM., a. a. O. „Sie hat geveniget nackent in den dornen", Heumann, opusc. p. 437. „Sin venien (Infinitiv?) daz waz groz daz ime knorrin warin gewachsin an den kniwen", Grieshaber, Denkm. 16. „So wil ich minen lip in dinem dienst och reht dar spennen mit veniende, mit vastende, mit wachende, mit betende", ders. Pred. II, 135.

von (van, vo˜ vá', və˜), Praepos. 1) wie hchd. (ahd. fona; fonna, gl. i. pass.; fana, gl. i. 1116; mhd. vone, von, auch van; Graff III, 523. BM. III, 369. Aus goth. af-ana, wie ital. da aus d-a = de ad. cf. ruff. won, adv., weg, fort). „Da nim mich van" (im Reim auf: ich han), Cgm. 73, f. 20^a. „Ob man auch sag van des Heintz Tötschen verloren Han." Gib her sechs grosch und kom darvan so ist bezalet mir der han", H. Sachs 1560: II, IV, 13. Albern ist das, nur vor Ortsnamen begreifliche, von, wenn es, um den Adel anzudeuten, vor Personennamen gestellt wird, wie: Philipp von Lichtenthaler, Friedrich von Schiller. Wollte man ja zu diesem Zweck eine grammatisch nicht unsinnige, eine eben auch alterthümliche Form verwenden, so müßte man sagen: Ph. der Lichtenthaler, Fr. der Schiller. Weniger sprachhöhnend ist die, wie es scheint, in Österreich übliche Manier solche Neugeedelte z. B. als **Auer** von Raudenstein, **Fischler** von Treuberg u. drgl. auftreten zu lassen. Pan Josef rytiř z Müllerů heißt der Prager Bürgermeister Müller, seit er vom Kaiser geadelt (1846), gleichsam: von den Müllern, von dem Geschlechte der Müller; — so haben wir von Schallern u. drgl., was jedenfalls weniger Unsinn ist als: von Schiller, von Martius u. drgl. Vrgl. Zeitschr. V, 339. In Conscience's Loteling p. 68 fragt A: Kent gy onzen Jan dan niet? B. Hoe heet hy met zynen van? A. Braems. B. Och God, zou ik Jan Braems niet kennen! 2) ä. Sp., Causalandeutung: wegen, durch. „Von Alter, von Unglück"; L.R. v. 1616, f. 295. Von Gnâden, von Gottes Gnâden. „Weil von den Genaden Gottes das Traydt so wohlfail", Ldtg. v. 1605, p. 25. Von daß, weil. 3) Zeitandeutung. Von ê (vənê, vənêi, ∪ –), vorher, zuvor. Zeitschr. III, 173,126. IV, 259,26. (Vrgl. „Was Schäffereyen von ehe oder alter hergebracht wären"; Kr. Lhdl. XIII, 211). Von êrst, zuerst; Ldtg. v. 1514, p. 13. Kr. Lhdl. III, 152. (So im 630
Niedersächsischen: van der tydt, jetzt, van dage, heute, van der weken, diese Woche; Zeitschr. IV, 139,8. VI, 491. 519,11. Auf ähnliche Weise wird de, im Franz. zur Ortsandeutung verwendet: de-dans, de-hors, de-v-ant (de abante), derrière (de retro), de-ssus, de-ssous). 4) ä. Sp., als Adverbium: davon. „Ob ich wone mîner swester vone" (fern), Gregor v. d. St. 392. „Ich bin der liute ungewon: den bin ich billichen von", das. 3386. (Kr. Lhdl. XVI, 156. 160 ff.): „Ist von gemeldet" . . . „ist nicht Meldung von beschehen . . ." R.A. Von der ráren (scil. Seiten), vortrefflich. Dés is ə˜ Biər *vo˜ də' rár'n!* (Vrgl. Seiten).

vonhin (voni, vo˜i, – ∪), O.L., davon, weg, fort. Vonihausen, das Gegentheil von Dazuehausen. von her (von ˜ə', Kochelsee).

von'nt, von'ten (vant, vant'n), hinvont (hi˜-vant, ∪ –), adv., (O.L.) dort (in der Entfernung von hier), als Terminus in quo und in quem. Der, die, das vontere, hinvontere, der, die, das entferntere. vontig, adj., dort (in der Entfernung) befindlich.

vontwegen, wegen; dəvantwégng, deshalb ꝛc. s. Th. IV: der Weg. Zeitschr. II, 45,25. IV, 259,24.

vo˜still, s. unter ver.

---

ventausen, 'mittellat. ventosare, ventusare, ital. ventosare, franz. ventouser, schröpfen; Diefenbach 611. BM. III, 325: diu vintûse.' s. oben, Sp. 546: deislen.

Der Venturi, Maister Venturi (Wstr. gl.), Abdecker, Schinder.

Der Vánzl, Venantius.

Der Vinzenzi, Vincentius, Patron der Salzburger Salinen-Holzknechte.

„Veprär (?), ethnici"; Semansh. 34, f. 201. Diefenbach 211^c.

---

ver (vó', və'), Vorsylbe, wie hchd. (ahd. far, fir, fer; Tatian for, fur, mhd. ver; Graff III, 604 ff. Grimm II, 700, 724. 850. BM. III, 299. cf. goth. fra, fair, faur: fraliusan, fraletan). In Schwaben wird ver auch statt des hchd. er und zer gebraucht, und man hört vertrinken statt ertrinken, verschlagen statt erschlagen, verleiden statt erleiden, verbrechen statt zerbrechen, verreißen statt zerreißen ꝛc. s. Gramm. 1061 ff.

Vrgl. auch schwäb. verkönnen mit hchd. vermögen: „Lauf jeder, was er *verka*“, Weizmann III, 116. 117. In der ältern Sprache schmilzt das er der Vorsylbe fer vor einigen Stammsylben die mit l oder j oder g beginnen, mit diesem l oder j oder g zusammen: fliesen statt verliesen, flust statt verlust, Rechtb. Ms. v. 1332. gl. i. 371. 422. 424. 425; flazzan, gl. i. 91. 366; Fricht statt Verjicht, Vergicht; Fronst st. Vergunst (s. Th. II: Gunst); ʼnürnb. frecken st. verrecken (Zeitschr. VI, 133,29) und hchd. freßen aus vereßen.ʼ In einigen ältern Ausdrücken scheint ver bestimmt aus für entstanden; z. B. bey Aventin: verguet, vernichtig halten, statt für gut, für nichtig. Auch ließe es sich ohne Zwang in mehrern andern Fällen als aus für (ahd. furi), oder vor (ahd. fora) geworden denken; z. B. in versêhen (fürsehen, vorsehen), verlangen (engl. to long for), verwerden (fürwerden), vergên (fürgên) rc. Vrgl. auch vóʼlaut, vóʼstill (v-), adv. „Arbetn mueßt spät und vil vo laut und vo still“; Lied. Der gemeine Mann setzt diese Vorsylbe manchmal unnöthiger Weise an fremde Verba auf -ieren, die er sich dadurch gleichsam näher zieht, z. B. verarretieren (vərárrədiə n), „Kaufmannsgüter aufhalten und verarretieren“, schon Gem. Reg. Chron. I, 482.

Ver, Fer, das enttonte Frâu (Frə, Fər), welches im 14. Jahrh. (wie noch jetzt im Spanischen das Don˜a) dem Taufnamen adelicher und geistlicher Frauen und Jungfrauen von Rechts wegen vorgesetzt wurde. (BM. III, 419. 422. Grimm, Wbch. IV, 72. s. Sp. 801: Frau u. vrgl. auch languedoc., provenzal., catal. en, n = Don, na, n = Domna; Diez II, 241. „*en* Dragonet le Pros“, Gallic. rer. script. XIX, 837. *En* Ramon Mun'aer, *N*anfons = Don Alfonso, *N*ugô; *na* Guilhelma, *n* Alazais). Ver
631 Cunigunt, die Frowe ver Cunigunt rc. „Diu eine sprach: ver Triuwe, liebiu swester, wâ sît ir gerne? vrowe, daz sagt mir. Diu Triwe sprach: ver Wârheit, mîn wesen ist mir dicke verseit, dâ ich gerne wolte sîn“; S. Helbling VII, 38. 41. „Ein aglester ein tauben sach schon vor ir gen zu der si sprach: Ver taube lert mich eurn ganf“, Renner 5791. „Frawe min ver minne“, Diut. III, 14. Dieselbe enttonte Form kommt vor in Jungfer und Anferlein, statt Jungfrâu, Anfræulein. Vrgl. auch oben, Sp. 122: Er für Herr.

vier (viər, viəʼ, opf. vêiəʼ), nach Subst. neutr. viere (viəré, opf. vêiərə), wie hchd. (ahd. fior, mhd. vier, flect. viere, ntr. vieriu; Graff III, 670. BM. III, 306). Die vier Tage, (ä. Spr.) die vier ersten Tage der Fastenzeit, (s. Fasten). „Drewzehen hundert jar und darnach in dem dritten und vierzigesten jar des pfinztags in den vier tagen“, MB. XVIII, 167.

Der Vierer, 1) wie hchd. 2) ehmalige wälsche und tyrolische Münze, die 4 Berner (Veroneser Pfenninge) galt. Auf den damaligen Kreuzer giengen 5 Vierer. Kr. Lhdl. XVI, 253. XVIII, 199. Lori, Lechrain 275, ad 1530; vrgl. Berner und Kreuzer. Wörgl: 1 *Viərər* = 1 Pf., 1 Zwaərəʼ = 2 Pf. 3) (bey Handwerks-Innungen) einer der gewählten, ursprünglich vier, Vorsteher. L.R. v. 1616, f. 606. 607. Gem. Reg. Chr. II, 1. 2. „Man schol allzeit uber dy pekchen iiij purger haben, die irn unchauff rügen. Ez sint auch über dy flaischhakcher iiij burger geseczt.“ „Ez schol über den wein iiij burger sein, die in seczen, wie man in schenchen schül“; Traunstein. Stadtord. v. 1375. „iiij pfleger, die der (Zunft-) Säcz pflegen“, Cgm. 544, f. 44—59. „Die vierer des hantwerchs“ (der Maler), Wstr. Btr. VI, 160, ad 1458. „Die gesworn vierer (des Bäckerhandwerks).“ „Der sneider vierer“, ibid. 150. 162. Von diesen Vierern nicht verschieden sind wol die in Regensburg (Gem. Chr. IV, 222) vorkommenden Viermaister. 4) (in Dorfs-Gemeinden) eines der, außer dem eigentlichen Gemeinde-Vorsteher (Obmann, Obermann), zur Unterstützung und besonders zur Ersetzung desselben, in jeder einzelnen Ortschaft, die nebst andern eine Gemeinde bildet, gewählten Individuen; Gemeinde-Bevollmächtigter. L.R. v. 1616, f. 690. 714. 770. „Quatuor viri, Vierer“; Wagenseil, Norimb. p. 382. K. Ludwig's Rechtbuch bey Heumann, opusc. p. 143. Hahneb. Ehhaft, geöffn. Archive I, 368. Öttinger Ehaftb. v. 1577: geschworne Vierer. Aid der Vierer, Roggenburger Gerichtsord. v. 1573; Cgm. 3912, f. 21. „Die vier mair zw Germischgew“, Werdenfelser Ehhaftbüchl. v. 1431. „Scabinus übersetzt Pfarrer Klockher zu Egglkofen 1737 durch Viermeister“, Clm. 1754, f. 99b. Vilmar, heff. Id. 51; kurheff. Idiot. 429. „Erstlichen haben sye die Recht, daß sye unter Ihnen Vierer wöhlen sollen, zween Baurn und zwen Söldner . . .“ Ehehaft der von Ebenhausen, Welsch's Reichertshofen, p. 47. 198. „Wir Conz Kaufman, Clas Ulman, Jorg Rumeln, Jörg Moderlin diezeit gesworn Vierer zu Beytigew“, Meichelb. Hist. Fr. II, II, 296, ad 1482. „Die Vierer und Dorfmeister“, bayreuth. Ord. der geistl. Capitel v. 1565. „Daß nun fürohin jerlichen aus der Gemain und Nachperschaft zu Beittingau zwölff erber, taugenlich und verstendige Menner, zuesambt vier Vierern erwöllet und verordnet werden.“ „Die verordneten Vierer des Dorflecken zu Hausolgen“, Lori, Lechr. ad 1553 und 1602, f. 328. 347. 443. „Die Vierer des Dorfs zu Berg“, MB. XXV, 35, ad 1434. „Vierer, quatuorviri, quatuorviratus“, Prompt. von 1618. „Martin Lampel und Hans Hann (also 2) als verordnete Vierer yber den gemainprunnen in der Graggenaw“ (1614), Cbm. 2225, f. 150. „Die iiij aydtgnossen zu Oberſſdorf“ (1529), s. Th. II. unter das Gäu. Da die provincielle Aussprache zwischen Vierer und Füerer (Führer) durchaus keinen Unterschied macht, und auch, weil die Zahl vier nicht immer eingehalten wurde, der Sinn gar sehr einer solchen Verwechselung zusagte, so findet man heutzutage, wie mitunter schon im 16. Jahrh., statt Vierer gewöhnlich Führer geschrieben.

vierfach, wie hchd. vierfach tanzen, d. h. indem 632
man beym Walzen mit Füßen und Händen den Takt schlägt. (Vrgl. zwifach tanzen). „Mußten die Leut allerley Täntz und Lieder lernen, den Drötter, Fyerltanz und Reyen“, Avent. Chr. 34. Vrgl. Renner 18076: „Toren erbeit mir beheit, als der mir ofte ein altez mere seit, und als ob einer den virley trete und in einem tieffen horwe knete.“ BM. III, 327.

Der Viergrad, öfter Furgrat, Fürdrat, eine Art Zeuges. „Die Käuffl, Fragner und Höckler sollen den Bawrsmann mit Geld bezahlen, und ihm nicht Parchet, Wurschet, Fürgrat und andere Waaren einschwätzen“, L.R. v. 1616, f. 517. (s. Grad und Grädlein). A⁰. 1618 war in München ein bürgerlicher Fürdratmacher; v. Sutner. „Mit Verfertigung von Trippsamet, Fürgrath, Burat, Hundtskhutten u. drgl., wäre zu München ein guetter Anfang gemacht worden“, hieß es auf dem Ldtg. v. 1612 (p. 415). s. Für-drat.

Der Vierling, Viertling, der vierte Theil eines größern Maß- oder Gewichtganzen. Als Getreidmaß ist der Münchner Vierling (verschieden vom Viertel) der vierte Theil des M. Metzens, der Regenspurger Vierling der vierte Theil des R. Muttes. „In der Gegend von Straubing giengen ehmals 8½ Vierling auf das Schäffel“, Neuffendorfer. (Vrgl. b. Reg.Blatt v. 1811, p. 1183 ff.) Als Gewicht ist der Vierling der vierte Theil des Pfundes.

Das Viermäßlein, (Franken) das Viertelmaß, Quart, der Schoppen.

Das Viertel (Viərtl, opf. Vêiəʼl), wie hchd. (ahd. feorda teil, mhd. vierteil; BM. III, 22). Aepfel, Birnen, die zum Trocknen (wenn auch nicht gerade in 4 Theile) geviertelt worden sind, heißen in der Wirthschaft schlechthin Vierteln. Die ehmalige Justizpflege liebte, sich durch Galgenviertel, d. i. Theile vom Körper eines Hingerichteten, die sie bis zur Verwesung in Ketten an vier verschiednen Galgen aufhängen ließ, in

Respekt zu setzen; (vrgl. Zentring). Das Viertel Krebse ꝛc., d. h. der vierte Theil von hundert Stücken.

Das Viertel Ackers, ä. Sp., gewisses Ackermaß. Nach der Steuer=Anlage von 1445 (Kr. Lhdl. IV, 125) gibt der Hof 9 ß. dn., die Hube 5 ß. dn., das Lehen 4 ß. dn., das Viertel oder halbe Lehen 40 dn., das halbe Viertel 20 dn., die Juchart Acker auch 20 dn. In der Rechnung über das Scharwerkgeld v. a°. 1488. Kr. Lhdl. XII, 192. 199 werden theils 4, theils 8 Viertel Ackers auf den ganzen Hof gerechnet.

Das Viertel Bier oder Wein beträgt 4 Seidlein oder zwey gewöhnliche Maß, ist also eigentlich das Viertel eines Achtels vom Eimer oder von 64 Maß. „2 Mas ist ain viertel“ (sec. XVI.), Cgm. 119, f. 8^b. Im Salzburgischen hält der Eimer 36 Viertel, das Viertel 2 Kánnl, das Kánnl 2 Mássl, das Mássl 2 Pfif; (Lex. v. Bayern). In Aschaffenburg hält das Viertel (Wein) 4 Maß. Im 15. Jahrh. wurde das Getränk nach dem Viertel, dem Kopf, oder der Maß ausgeschenkt. Nach der Biersatzordnung v. 1493 soll „das Vierthail
633 Bier um 2 dn., die (Landshuter) Maß um 3 Haller, der Kopf um 1 dn. gegeben werden“, Kr. Lhdl. XII, 239. 378. In Regenspurg betrug a°. 1354 das Viertail 4 Kopf, oder 1/4 vom Viertels=Eimer, da der Eimer des Umgelds wegen, statt in 60, in 64 Kopf getheilt wurde. Gem. Reg. Chr. II, 77. Das Forder=Viertel, Êrviertel, Taidings=Viertel, oder der Viertel=Wein, Viertel Weins in Natur oder in Geld, das ehmals der Richter oder der Gerichtsdiener von jeder Partey, so oft er sie vor Gericht beschied, einforderte. Kr. Lhdl. VII, 250. 266. XI, 467. XIII, 12, 30. XVIII, 320. 321. MB. XV, 366. Ldtg. v. 1543: 32. L.O. v. 1553, f. XXI. s. Th. IV: Wein. Auch Spieß in seinen archiv. Nebenarbeiten II, p. 29 führt Stellen an über diese sonderbare, auch im Burggrafthum Nürnberg rechtlichübliche Bestechung der Richter von Seite der Klagenden. „Item so einer ein Handell mit Recht anfecht, der soll im Rath geben ein Maß Wein für Clagmaß.“ „Es ist auch vor altter herkhommen, wer sich des Rechtens hie braucht, es sey wittwen oder Waisen, die sollen geben ein Clagmaß. Geben sies, so trinken sies wieder mit einander auß.“ Das Viertal, Fiertol, viertl, das z. B. MB. XXII, p. 470. 471. XXIII, 250. 669, ad 1531 bey Oelabgaben vorkommt, war wol ein ähnliches Flüssigkeitsmaß. Vrgl. oben, Sp. 753: Fardal.

Das Viertel Getraides in München, die Hälfte eines dortigen Metzens oder der zwölfte Theil des Schäffels. Das Amberger Viertel hielt 6 Amberger Metzen (gleich einem Metzen, 3 Vierling, 1 Sechzehntel Münchner Maßes). Das Hartensteiner Viertel hielt 8 dortige Metzen. cfr. MB. XXV, 323, ad 1470 und passim. (S. a. das Regier.Blatt v. 1811, p. 1183 ff.) „Der Mülner sol umb sein müe und arbeyt zu maut nemen von einem viertall den dreißigsten metzen onverlich“, Ensdorfer Gerichtsordnung, MB. XXIV, 238, ad 1450 circa. (Vrgl. Metzen). Ein Viertel=Acker 15 Tagbau; vier Vierteläcker machen einen Hof“, Teisendorf, Hbn. 147.

Die Viertailbüchsen. Dergleichen kommen a°. 1492 (Kr. Lhdl. XI, 15) neben den Hauffnitzen vor; vrgl. die Quartier=Schlangen (die 10 Pfd. Eisen schossen), oder allenfalls die Quartier=Carthaunen (die 45 Pfd. Eisen schossen). s. Büchsen.

Das Viertel, Traidviertel, (U.L.) Platz in der Scheuer zu ebener Erde neben der Dreschtenne mit Geligern (erhöht liegenden Querhölzern), wohin man die eingebrachten Garben legt, bis sie ausgedroschen werden. s. Asen und Plan.

Der Vierdung, ä. Sp., ein gewisser Theil des Pfundes; (Graff III, 673. BM. III, 307). „A°. 1311 wurde in Regenspurg der Satz gemacht, daß von allem, was man bey dem Centner hinwiget, als Inschlit, Schmeer, Oel, Bley, Zinn, Kupfer, Spint u. drgl., das Pfund 9 Vierding haben soll. Gem. Chr. I, 478; cfr. II, 329. „Ayn virdunck wachs“, MB. XXIV, 701. „Allew gelöt suln gancze phunt habn und vierdung darrzu“, Münch. Polic. Verord. v. 1427. „An dem virdung und an der march“, Rechtb. Ms. v. 1332. Wstr. Btr. VI, 152. VII, 101.

'vierharten, ä. Sp., durch Kniffe im Spiel betrügen; 634
BM. I, 640.' „Daz er nicht mer spil mit dehainen sachen da mit man pfenning verliez oder gewin, noch vierhart selber noch mit gesellschaft“ (ad 1333), oberbayer. Archiv XI, 77. Der Vierharter. „Aller slahte valscheit, vierhartære, rissiân, spehære wert ir nimmer ân“; Karajan, Buch der Rügen, in Haupt's Zeitschr. II, 1382,1281. Augsb. St.R. Cgm. 559 (560), f. 71 u. 132. Vrgl. das folgende Wort und Bruder Rausch: (der Teufel sprach) „ich var in die würfel von dem quater mach ich ein tauß“; auch česk. čtwerák, würfeln, von čtwerka, vier. Vrgl. quater.

viertäten; s. oben, Sp. 746: Fürtæter u. vrgl. vierharten. „Swer mit dem andern spilt mit holn wurfeln oder mit gefülleten, daz heizzet geviertätet.“ „Umbe allez spil ane hol und vol würffel und ane viertäten.“ „Ob einer einen heizzet einen diup oder einen viertäter oder einen rauber.“ Augsb. Stadtbuch.

Die Vierung, a) wie hchd. b) die vier Hauptwände eines Gebäudes. „Die Vierung der Häuser soll von Stein aufgeführt werden“, ansp. Bauverord. v. 1694. 1760. „Daß auf dem Lande die Häuser mit äuserer steinerner Führung und Ziegeln zu bauen.“ „Die Gebäude sollen mit steinernen Stühlen oder Vierungen versehen werden“; bayreuth. Verord. von 1748. s. Fürung, Stärke, Stul.

abvieren, in quadrum redigere; s. oben, Sp. 749: ab=füeren.

vierzig, wie hochd. 'Der vierzigste (sc. Tag), ä. Sp.' „Zu unser lieben frawen schidung vierczigsten auf denselben tag sol man der Ridler iartag haben“, Gabr. Ridler's Chron. f. 7. „So habent die parfußen ein ungr. Gulden ze einem mal auf denselben vierczigsten“; das.

vor (vour, vaər), praep. wie hchd. (goth. faura, ahd. fora, mhd. vore, vor; Graff III, 612. 619. BM. III, 372. Zeitschr. V, 339. 337). Der Dialekt construiert sie mit dem Genitiv ('wie mhd. vor mîn, sîn ꝛc.; vor des, vordem, zuvor; vor tages. BM. III, 373^b, I.' „Wenn ich daz chindel vor mein spiln sich“; Cgm. 54, f. 20^b. vor sein; das. f. 32^b. „Daz er vor evr get in Galileam“, Cgm. 64, f. 32. „Ez ist ev vppecliche vor liehtes aufzesten, vanum est vobis ante lucem surgere“, Cgm. 354, f. 80.) oder Dativ der persönl. Pronomina und mit dem Dativ der Nomina. Den Accusativ regiert sie nur dann, wenn sie eine Bewegung nach vorne ausdrückt, und kann in diesem Falle mit für verwechselt werden, (s. für). Vor meiner, deiner, seiner, irer, unser, enker, iner. Ob.L. vor mein, dein, sein oder auch vor mir (υ ⊥), vour mə' (⊥ υ), vor dir (υ –), vour də' (⊥ υ). Vor in der Bedeutung des hchd. für hört man zuweilen aus dem Munde von Halbgebildeten, nie vom b. u. opf. gemeinen Manne. Vor mich, vor dich, vor 3 kr., vor Scherz u. drgl.; vor mein (vaə' má~), für mich, in Rücksicht auf mich; *vaə' má~ scho~. Vaə' má~* kà~st tue wàs d'wilst (ObrM.).

vor, adv., 1) vorher, vorhin. I hà' də's *vour* scho~ ə màl gsagt. „Man straft die Leut, und fordert die vor nicht für.“ „Auf unser Frauen zu Lichtmeß oder vor.“ „So ist auch vor in einem Artikel gehört worden“; Kr. Lhdl. I, 277. II, 9. X, 393. XVI, 160 ff. vôr und ê, vorher, ehevor. Ietz is 's no~ gràd wie *vour* und ê. Aschaffenburg: vort, vorhin. Das MB. XXV, 166 durch „ehmals“ erklärte Vorntesch ist wol ein Nomen propr. 2) sehr? „(Er) hàt richti' ə~ Schildhà~ mit Fédə'n *vor* schen'n“, (sehr schönen?), Schosser 37.

vor, conj., bevor, ehe; *vor* I haəmgê. Zeitschr. III, 325. IV, 252,41. V, 403,71.

Die Vorachen, s. oben, Sp. 138: die Arch.

vorauß, wie hchd. voraus. Der Vorauß, 1) (Gem. Reg. Chr. IV, 269, ad 1515) Abgabe von 8 Groschen, die jeder Steuerpflichtige von einem liegenden Grundstück im voraus dem Steuerherrn bezahlen mußte. 2) (wirzb. Lgrchtsord. v. 1618) was einem Kinde vor und außer der ihm sonst zufallenden Portion von einem mehrern gemeinschaftlichen Erbe besonders zu Theil wird. vorher (vourhêr - ⏑), wie hchd. vorhin (nach Gramm. 570: vourin', vouring, - ⏑), wie hchd. Es ist zu bemerken, daß nach vor die Partikeln her und hin nicht, wie nach für, als tonlose Suffixa gehört werden; (s. für). in bevor, enpfor, adv., vor, im voraus, vorhinein. Enpfor haben, den Vorzug haben. „Auch hat der rihter nihtes enpfor an dhain gemainde dan als ander herren gut", MB. XXIII, 230, ad 1378. . . „Das die sun und manserben in der lehenschaft billich enpfor haben", MB. XIX, 373, ad 1433. Enpfor geben, voraus geben. „Ob man den dy von zarter art sein ... etwas enpfor gibt", Augustini regul., Clm. 5130, f. 205. „iii dn. zu fürgewicht, das man auf die schmitten an dem gewicht entpfor gibt, das es abget in der schmitten",
635 Lori, MzR. I, 41, ad 1457. „Enpfar geben und ledig (d. h. vom Ungelt frey) lassen", Wstr. Btr. VI, 172. Die sonstigen Composita mit vor sehe man unter deren Hauptbestandtheilen. Die Form Vortl (Vortail) macht, als wäre sie selbst der Stamm, den Plural Vörtl. Zeitschr. III, 90. V, 339.

Der Vorbeß? „Architriclinus ·i· dispensator nuptiarum oder ain v'beß der hochtzeit", ZZ. 1803, f. 192.

Das Voreßen, s. oben, Sp. 161.

Das Vormeß, Frühstück; s. oben, Sp. 292: Imbiß und Zeitschr. V, 107,64. 332.

Die Vorvordern, pl., Vorfahren, (Jir.).

Das Vorzaichen (Vourzaəchə~), das Portal oder Vorhaus einer Kirche, porticus; 'cf. Diefenbach 616: vestibulum.' „Vestibulum, vorzaychen", Voc. 51, 44b. „Porticus, pfersach", Voc. 61. „Porticus, forzaichen", Clm. 4350 (XIV. sec.), f. 2b; (in dieser Hs. ai = ei). Auch der Elsaßer Geiler v. Ksrsb. sagt schon vor 300 Jahren: „Ußwendig vor dißem rechten Tempel was daran ein Vorhoff oder ein Vorzeichen der Priesterschaft, genannt atrium sacerdotum." „Zu beten in den Winkeln der Vorzeichen wie die Gleichsner." In porticu Salomonis (Joh. X, 23) heißt in der a. sächs. Uebersetzung: „on Salomones portice", bey Tatian cap. 134: „in phorcihhe Salomones." „Hi restack on Eoforwic-ceastre on anum portice", they rest under one porch in the city of York; Saxon. chron., Ingram 67. „Innon scs. Nicolaus portice"; ibid. 134. 'Cf. franz. porche, engl. porch. Diez, Wbch. 709. Müller, etymol. Wbch. d. engl. Spr. 197. Dem alten phorzih würde ein jetziges Pforzeich (s. oben, Sp. 442 u. vrgl. Sp. 408: Porze. Das die Fleischhackher der Ilzstat al tag mugen sten auf dem Portz bey unser frawen kirchen mit irem fleisch und sullen es daselbs verkaufen", (Passau, 1332), Cgm. 308, f. 40b. Vrgl. Herman v. Fritzlar 128,9: „In disen tich gingen funf phorthuser"; (Notker 102,7: funf forzicha). Graff III, 351. BM. II, 514) entsprechen, daß aber daraus, das Vor-zaichen geworden ist, muß dem Streben des gemeinen Mannes, in jedes Wort einen Sinn zu legen, zugeschrieben werden. Vrgl. Gramm. 693.

Der, die, das vördere (fê'də'), der, die, das vordere, vorwärts befindliche, (ahd. fordoro, auch fordororo, fordiroro, forderoro; mhd. vordere; Graff III, 630. 632. 636. BM. III, 380. Grimm, Wbch. III, 1889 f. Zeitschr. V, 339). vörderhalb, adv. u. praepos., auf der vordern Seite, vor. *vê'də'hàl'* 'n Hauss', vor dem Hause. Der, die, das hervördere, der, die, das nach dieser Seite vorwärts befindliche. hervörderhalb, adv. u. praep. Das Vörder kriegen, oder haben, den Uebrigen vorgezogen werden, oder vor seyn. Vörder seyn, dringend seyn, (Baur). Zum vördersten, fürdersten, vor allem.

I wünsch də' Glück zə dei~n Tàg,
ə~n Beud'l voll Gəld i~'n Sàk,
und 's Himməlreich *zô'n fü'də'scht'n;*

Gratulations-Spruch. vörderlich, fürderlich, vor Andern befindlich; von der Zeit: bald; von Sachen: vorzüglich. „Auf das Fürderlichst", so bald als möglich. „Einen jeden Handel soll man benennen aus seiner fürderlichern und würdigern Benennung", denominatio fiat a potiori; Kr. Lhdl. XI, 404. „forderlich in der awe", „forderlich bei der kapellen", (vorne?); Cgm. 4854, f. 88a. — gar förderlich (synonym mit „angeferde", „beilaufftig"?). vördersam, fürdersam, vördersamlich, fördersamist, sogleich, (ä. Sp. im Kanzleystyle) vor allem. Grimm, Wbch. III, 1895. „Es soll ein jeder Mensch, so solchen Uebel- oder Gottesschwörer hört, der Herrschaft desselben Endes fördersam anbringen;" Kr. Lhdl. XIII, 316. (Sieh auch fürdern).

Die Vorvordern, s. unter vor.

Vorderhabe, s. oben, Sp. 753, unter fordern.

'Das Vordel, ä. Sp., Last, Bürde, Ladung? s. oben, Sp. 753: Fardel.' „Von einem vordell daz ein roz tret XII dn.", (Maut zu Newndorf), Wiener StR., Cgm. 1113, f. 35a.

Die Virgatum (⏑ - ⏑), wol was die bei Chr. Schmid (schwäb. Wbch. p. 441) angeführte Rüte oder das Ruthenfest, ein Fest der Schulkinder in Augsburg, Kaufbeuern, Ravensburg ꝛc., „vielleicht, weil dabei die Ruthen (virgae) von den Kindern selbst zum Schulgebrauch geschnitten wurden." In die Virgatum gên (Vigattəm, Vacatum ge~, von Schulkindern), mit Anfang der schönern Jahrszeit unter Anführung des Lehrers mit weißen Stäben (virgae, virgulae) ins Freye ausziehen, um sich da mit allerley Spielen zu ergetzen. Ein Kinderfest, von Andreas Presbyter (Oefele I, 28) schon ad 1426 ange- 636
führt. Gem. Reg. Chr. II, 461. Das Fest heißt noch jetzt in Dinkelsbühl: die Stabe (v. Lang; s. d. W.). Vrgl. Vergatterung, Gregori, Grüen. 'Daher bezeichnet „virgatum gehen" in der ä. Sp. überhaupt: müßig gehen.' „Nichts vom Soldatenlebrn will ich wissen, lieber will virgatum gehen", Poyßl (1682), Cgm. 4055, f. 42: Domine quid me vis facere.

Die (das) Virgel, virgula, Linie, Strich. „ℛ scheibel hat 3 virgel", Alt. H. 1, f. 2 (v. 1333). „Die Virgel oder Lini", Strich der beym Addiren ꝛc. unter die Ziffern gesetzt wird; Clm. 4424, f. 130 ff. 'Vrgl. franz. virgule.'

Der Vers, wie hchd. Graff III, 696. BM. III, 303. Verse (Vèrs', plur., Stadtausdruck), Erdichtung, Lüge, albernes Geschwätze. Iətz gängə~ S' ja mit Eənə'né *Vèrs* dà! Machst àllwál so *Vèrs* dəher! Gè, mach mə' kaəné *Vèrs!*

Der Visis, der Visl, (bey einem Kartenspiele, Färbeln genannt), das was invisis chartis zum voraus vom Ersten zum Spiele gesetzt wird. Invisis (infisəs), im voraus, ohnehin. *Infisəs* vo'lorn sey~.

Visel, visepetent, s. oben Sp. 768: Fisel.

Die Visier (⏑ -), 1) daß Maß. „55 Faß Wein halten 107¼ Ulmer-Emmer, und an Landshuter Eich oder Visir 240 Emmer", Wstr. Btr. VI, p. 220. Lori, Brg.R. 530. 2) das Modell, der Aufriß, Abriß, Plan. „1576 dem N. wegen Machung einer Visir des geschlosses Ingolstadt 15 fl." „Dem Fuhrmann von Haag von wegen, daß er die schardingische Visier hieher bracht 8 fl." „Jos. Schneider und mitverwandten von Augsburg, so einer Salzkunst halber unserm Fürsten ain Visier übergeben, unkosten und verehrung 100 fl."; alte Hofrechnung 1551 ff. Wstr. Btr. III, p. 84. 99. 115. „Dem Goldschmid, von einem Leuchter eine Visier zu nemen", Abt von St. Zeno (a⁰. 1672).

Das Visier, die Maske, Larve; in Schwaben: eine Art bäurischer Haube mit großen, breiten Spitzen; im Österreichischen: der Visier-Schneider, ein Haubenmacher. „Foramina in galea in der visir" (1460), Monac. Augustin. 84, f. 4ª.

visieren, 1) wie hchd., d. h. abeichen. 2) modellieren, Bildhauerarbeit machen; BM. III, 330. „Und das des alles (das Grabdenkmal Herzog Ludwigs im Bart) von dem vesten werkman vnd visirer gehawen und gevisiert werd, den man dan vinden mag", Mederer, Ingolstadt 114, ad 1429. „Modus visorandi", (visoriren), Clm. 5964, (4. XV. sec.), f. 49—52. „De arte viserandi (phiserandi)", And. 121. „Polire, visirn"; Windb. 170, f. 136ᵇ. „Polire, visieren", Cgm. 665, f. 5. „Das man sät von der werden minn die kundens also wol durch fissiern", (vistern; Reim: diern); Cgm. 270, f. 97 (379, f. 57). Die Visierung, der Bauplan. Gem. Reg. Chr. IV, 372. Cf. poln. wizerunek, Bildniß. „Hansen Zehetmair Malern vmb das er zum Hofgepew allerlai Visirung gerissen, 25 fl." (1614), Cbm. 2225, f. 147. „Der varwe visamende", (Auslegung, Bedeutung der Farben), Labr. 249. BM. III, 330.

visierlich, ä. Sp., possierlich; Grimm, Wbch. III, 1690. „Hort zu ein visierlichen Schwank, der ist geschehen nit vorlangk zu Erbelting in Bayerland", H. Sachs. „Mazo, ein visierlich man", H. Sachs 1560: V, 379. „Visierlicher Mensch, homo elegans, mirabilis", Prompt. v. 1618. „Was scheuzlich, närrisch und visierlich ist, das begreiffen sie von Stuud an, was züchtig und erbar ist, darüber rimpffen sie die nasen", Puterbey. Visierlich von visieren (modellieren) würde zu bossierlich (? bossieren) stimmen. Man vrgl. pittoresco.

Die Vesper (Féschpə'), vesperae, eine Art nachmittägigen Gottesdienstes, die Absingung der Vesper-Psalmen. BM. III, 304. V, 338. Vor vesper, nach vesper; Münch. StR., Art. 61. Die blüende Vesper. „Der Herbst (1382) was warm vnd naß vnd ân allen schnee bis an die bliended vesper", (Mone's Anz. VI, Sp. 123: plüenden vesper); Cbm. 2035, f. 80. Das
637 Vesperbild, ein Bild der Jungfrau Maria, wie sie den vom Kreuz genommenen Leichnam des Sohnes auf ihrem Schooß hält. „Umb Vesperzeit vom Creuz herab der Leib Christi wart genommen", alter Kirchengesang v. 1685. „Gleich wie die mater immaculata vera mater dei ist, also ist die mater dolorosa die Muetter der Menschen, dan da sie dolorosa undter dem ✝z stundte, hat der sohn Gottes ihre dz menschliche Geschlecht anbefolhen per verba: ecce mater tua; dahero wird man sehen, daß kaine Bildter mehrer gnadten und miraculs den menschen verleihen als die Vesper und matris dolorosae bildter"; Freyherr v. Bodman, Ms. v. 1709. Das Vesper-Glöcklein, (im Scherz) naseweises, schnippisches Mädchen. Die Vesperzeit, „das ist im Sommer umb drey und im Winter umb zwo Uhr nach Mittag", Amberg. Stdtb. v. 1554. vespern, vrb., 1) die Vesper halten.

Z' Landsət ei˜ də' grouss'n Stàd,
wiə mə˜ d's nàchst dà *gréspə't* hàt; Volkslied.

2) ausschelten.

Véstl, Silvester, (Jir.).

Der Vatter (Vàdə', in Städten Vattə', des, dem, den Vattern Vàdən), 1) wie hchd. Vater, (goth. fadar, ahd. vatar, fater, plur. fatarun, gl. i. 434, und fatera, M. m. 12; mhd. vater; Graff III, 374. BM. III, 279. Zeitschr. III, 228,21. 391,1. IV, 354. V, 522,33. Im Hchd. inconsequent Vater neben Gevatter). „Ich gelaub in got vatern almachtigen", Semansh 45, f. 125. In einigen Gegenden der O.Pfalz wird das Haupt einer Wirthschaft nicht blos von seinen Kindern, sondern auch von seinen Dienstboten Vater genannt. Zeitschr. V, 338. „Is's nét so, *Vattə'?*" spricht mich am 4. Juny 1843 unter dem Wetter in der Wirthsstube des Tülljägers im Forstenriederpark ein mir ganz unbekannter alter Bauer an. „Guət'n Abmd, *Vattə'!*" grüßt mich auf der Waldtreppe von Ebenhausen nach Scheftlarn hinab ein jüngerer. Das sey die Courtoisie, der man sich gegen etwas vornehmere Unbekannte zu bedienen pflege, erklärt mir Herr Hagn, der Besitzer des jetzigen Badplatzes Scheftlarn, der mich am 5ten, wo wegen unablässigen Regens an ein gemüthliches nach Hause Gehen nicht zu denken ist, in seinem Wagen mit heimkommen läßt. — Der „Blattervater, Findelvater, Pilgervater, Pfründvater, Siechenvater, Waisenvater" zu Augsburg 1637, Cgm. 4905, f. 455—62 u. 4906, f. 634. 175. R. A. Einen wiə 'ən *Vattə'* bitten, d. h. recht inständig, (HhC.) 2) „Im November die Weiher mit vättern und setzling besetzen", Probst Valentin's zu Weiarn Hausbuch, Cgm. 3720, f. 10. „In ein tagwerch wassers thue 6 altvätter d. i. zwen Rogner, zween Milchner und zween Leimer", das. f. 69. 3) „Dem Bergmann heißt Vater das Ort alwo der Gang das erste Mal getroffen, kennbar gemacht und mit der Erbstufe bemerkt worden"; Corvinus, Cgm. 3753, f. 369. 4) Bauchgrimmen, Kolik (bey Mannspersonen); s. oben, Sp. 261: Bermutter und Bervater. „Wenn euch etwas grymmt an dem leib das ist von dem vater und von der muter . . . der vater oder muter leiyt zwischen dem nabel und der scham", Clm. 4395 (XV. sec.), f. 196, unter dem Artikel „de matrice." „Herr Paulsen v. Liechtenstain kunst für den Vatter und Muetter." „Wann ainer Vatter und Muetter hat"...; Arzneybuch, Cgm. 3731, f. 225, wo von der Muetter (uterus und dessen Uebeln) die Rede. „Für's *Väderl* muest brauchä, denn d' Würm und dö Wind thain di' plagn", Lindermayr 173. 'Das Vatterunser, als Zeitmaß.' Ein, zwey, drey Vatterunser lang etwas sieden ꝛc. Der Altvatter, Vorgesetzter der ehmaligen Waldbrüder, Clausner oder Eremiten; Mandat v. 1723 und 1738. BM. III, 279. Grimm, Wbch. I, 274. Das Hailig Vater Bier oder Öl, Bier, von besonderer Güte, welches die Paulaner Klöster auf ihr Hl. Vatterfest, den 2. April, zu brauen pflegten. A. v. Bucher's s. W. IV, 290. „Daß die P. P. Paulaner von Amberg mir jährlich ein Fäßl heilig Vater-Bier verehrt haben." In München hat dieses Bier sogar die P. P. Paulaner überlebt. Der kalte Vatter. In Selhamer's Predigten von 1696 heißt es von einem Edelmann und seinem liederlichen Beichtvater: diese zween steckten immerzu beysammen, bald beym Tisch, bald bey einem kalten Vatter, bald draus im Garten oder gar im Wäldl bey einem adelichen Grasmahl."

Der Gevatter (Gfattə'), wie hchd. (ahd. gefatero, gevatero, compater; gevatera, commater; gl. o. 23. i. 425; mhd. gevatere, gevater, msc. u. fem.; Graff III, 378. BM. III, 280. Zeitschr. IV, 351. V, 288,31. s. oben, Sp. 633: der Tott). „Der Gefatter, die Gefatter, Gefattern (acc.). Dort geht mein alte Gfatter her"; H. Sachs 1560: II, IV, 21 ff. „Ez wellent etelîche zwelf gevatern haben zuo einem kinde, etelîche niune, etelîche sibene, etelîche fünfe. An eime hâstû gar gnuoc, an zwein gar vil, an drîn gar unde gar ze vil", Br. Berhtold, Kling p. 212 (Pfeiffer p. 32,15). Ceremonien beym Gevatterbitten s. Lindermayr 63. cf. Gott, Gött. Das Gevatreid, (Gem. Reg. Chr. III, 679, ad 1485) die Gevattersperson, ohne Hinsicht auf das Geschlecht; (vrgl. Geswistreit, Götteit und die Endung eit, it). „Man sol aym Kind nit mer dann ein Gefatreid haben; dasselbig sol dem Kind über 12 dn. nit einbinden. Zu der Kindtaufe sollen mit dem

Gefatreid nicht mer geen dann 4 Mann und 4 Frawen." „Das man vil geuattret gewunnen" wird gerügt, „si sollen sich an einem geuättret genugen laßen", Cgm. 688, f. 241. „Den geuätereten, die ain kind auß der tauff hebent", Cgm. 269, f. Iª. „Und nachdem ain pot was neulich gangen von pischolf Sirten von Freysing das man nun ain gefätreten zu dem kind heben haben solt, so schickt Albrecht (IV. vom Grünwald, aº. 1495) hinab zu dem pischolf umb erlauben das sein gnad albeg mecht zu einem kind drew gefätrat nemen", Cgm. 566, f. 140. „Das sy zu ainem chnaben nicht mer person nemen zw geuatreiten dan zwen man und ain frowen und zw den maidlein zwo frawn und ain man", Cgm. 757, f. 6. Die und die Personen „zu gefätret nemen", Cgm. 566, f. 140. „Wer mag mein gevatter sein? Das pin ich und der ritter, sprach graff Wülfein. Do ward Haugdieterich der geuätterit vil fro". Haugdietr. 222. Haupt's Zeitschr. IV, p. 426. „Als dy gefättrey an ainander zw der Ee nicht nömen mügen", Beyh. 42, f. 115. „Sind Gevätterich gewest der N. N. und die N. N." (Schwatz 1622 ꝛc.), Cgm. 1299, fol. ult. et penult.

Der Vetter (Véttə'), wie hchd. (ahd. fataro, fetiro, mhd. vetere, veter; Graff III, 377. BM. III, 638 280. gl. a. 101. 138. 323; i. 105. 284: faterro, fataro, fetiro, fetero, patruus; fetirinsun, fetirintohter, patruelis. Diut. III, 155: fetere, patruus; feternsun, patruelis. „Osric wæs Aelfrices sunu Aedwines fæderan", of Elfric the uncle of Edwin; Saxon. chron., Ingram p. 35. „Oswines fedran suna sunu Osrices", the son of Oswins uncle the son of Osric; ibid. p. 38). „In den am Main gelegenen ehemaligen kurmainzischen Landestheilen kommt „Vetter" als trauliche, herzgewinnende Anrede vor. So hieß der Kurfürst als Landesherr „der Vetter Kurfürst", und von einem Spessarter Mädchen erzählte man mir, es sei mit einer einstudierten Anrede behufs einer Bitte vor den letzten Kurfürsten getreten, habe aber bei dessen Anblick alles vergessen und in die Kniee sinkend nichts hervorbringen können als: „Ach, Vetter Kurfürst!" Als Lorenz Diefenbach noch zu Großsteinheim am Main wohnte, war in seinem Garten ein Knabe an das Obst gerathen. Diefenbach kommt mit einem Stocke, und der angstvoll sich flüchtende Knabe schreit flehend: „Ach, Vetterche! Vetterche!" (Mittheilung Weigand's an Schmeller.) Zeitschr. VI, 252, II. Véttermà˜, oft trauliche, oft scherzhafte Anrede.

Griess di' God *Vétte'mà˜*,
kenn di' gàr wol,
bist də' Lémonimà˜
aus 'n Tyrol.

Die Gevettern. „Christop und Andrä Wiethen, Gevettern", Kr. Lhdl. XII, 439. anvettern Einen, ihn als Vetter begrüßen, behandeln. Grimm, Wbch. I, 512; vrgl. 1756: bevettern.

Die Vettel, wie hchd. Vrgl. oben, Sp. 693: unter Födel.

Veit, s. Veicht. Katzenveit, s. Th. II: die Katz.

Das Vitell. „Diese Persohnen alle drey seynd auch der Menschen Vatter, . . . für Kinder nehmen sie uns an, . . . und seynd nicht läre Titel, sie führen mit das Vitell", P. Procopius, Catechismale, Herbstheil p. 152.

Der Votivist, ein Geistlicher, der sich von Meßstipendien (missis votivis) nährt.

Der Vivandierer, (im Artikelsbrief der Reichsvölker von 1672 und 1734) le vivandier, welcher Ausdruck jetzt dem, vom Italienischen entlehnten Marketänder (mercatante) gewichen ist.

vazierend (fâziərə˜d), vacans, herrenlos, dienstlos; unbenutzt. ə˜ *faziərə˜də' Jágə'*, Handwerkspursch ꝛc.; ə˜ *faziərə ds Méssə'*.

Der Vizdum, Vitzthum, 1) Vicedominus (BM. III, 333: viztuom. Cf. franz. vidame; Diez, Wbch. 745), vom 14. Jahrh. an (schon im 13. Jahrh.; Lang, b. Jhrb. p. 282) Stellvertreter des Landesfürsten bey einer der Provincial-Regierungen, d. h. einem Vizdum-, oder später sogenannten Rent-Amt, in neuerer Zeit, vom 16. bis in's 19. Jahrh., auch Rentmaister geheißen, (verschieden von den Rentmaistern; Kr. Lhdl. II, 86), und was in der neuesten der Präsident einer Kreisregierung ist. Kr. Lhdl. II, 88. V, 178. 289. Hund's hist. Anm. Meichelb. Chr. B. 57. Meidinger, Beschrbg. v. Landshut p. 104. Die Stadt München hatte „die besunder genad von chunig Ludweig daz chain purger vitztuom noch richter" sollte werden; Münch. StB., Auer p. 182. „Er ist uber al egiptelant ein fiztûm gualt", Cod. Vindob. 2721, (Fortsetzung von Diut. III, 112). Der Vizdum-Handel, Criminal-Sache, die vor keiner geringern Behörde, als dem Vizdum- oder später dem Rentmaisteramt verhandelt werden konnte. „Was hat er (der Knecht, der vom Weinholen so lange nicht heim kommt) wol für Vizdumhendel", sagt der Herr bey H. Sachs 1560: IV, III, 44 (1612: IV, III, 95). Vizdumwandel, Criminalstrafe; Kr. Lhdl. VII, 448. vizdumisch, adj. u. adv., criminalisch. Einen vizdumisch sträffen. 2) eine Art Suppe von Erbsen und Gerste; rumfordische Suppe vor Rumford! Wahrscheinlich ist dieser Ausdruck aus irgend einer scherzhaften oder historischen Beziehung auf Vizdum 1) entstanden.

Der Vize, Stellvertreter des Hausknechts in Gasthäusern, (ober- u. niederbayr.; Her). „Stephan Liedel, Vice zur goldenen Eiche", (Nürnberg), Fränk. Kurier 1862, 1. Juli.

Ende des ersten Theiles.

JOHANN ANDREAS SCHMELLER

BAYERISCHES WÖRTERBUCH
BAND 2/2

JOHANN ANDREAS SCHMELLER

Bayerisches Wörterbuch

Sonderausgabe

Band 2/2

R. OLDENBOURG VERLAG MÜNCHEN 1985

Sonderausgabe der von G. Karl Frommann
bearbeiteten 2. Ausgabe München 1872-1877

Mit der wissenschaftlichen Einleitung zur Ausgabe Leipzig 1939
von Otto Maußer

CIP-Kurztitelaufnahme der Deutschen Bibliothek

Schmeller, Johann Andreas:
Bayerisches Wörterbuch : 2 Bd. in 4 Teilen / Johann Andreas Schmeller. - Sonderausg., [Nachdr.] d. von Karl Frommann bearb. 2. Ausg. München 1872-1877. - München : Oldenbourg
ISBN 3-486-52601-4

NE: Frommann, Karl [Bearb.]; HST

Bd. 2
2. - (1985).

ISBN 3-486-52601-4

Umschlaggestaltung: Werner Poll, Putzbrunn

Druck: Weihert-Druck GmbH, Darmstadt

W.

Sechs und vierzigste Abtheilung.

IV. Theil.

1 wâ, sieh wo und war.

wæen (wá·n), wehen; (mhd. wæjen, ahd. uuâan, uuâien, uuâhen, goth. vaian, vaivan; Graff I, 621. BM. III, 463. Weigand, Wbch. II, 4034. Vgl. wehen). „Ez wæe, ez regen, ez snîe;" Labr. 291. „Sîn gaist hât gewêget;" Griesh. Pred. I, 33. „Er wil si durchwêgen mit sinen genaden;" das. Es *wá·t*, es herrscht Schneegestöber. Es *wá·t ei~*, Schnee wird vom Wind (durch eine Öffnung des Hauses, Daches) getrieben. Figürlich: Dém *wát·s és ei~* (scil. Geld und Gut); ObrM. Das Gewæ (Gwá). Eine Frau macht mit ihren vielen Röcken ə~ rèchts *Gwá*. Der Indian macht ə~ *Gwá*, wenn er sein Gefieder auseinanderspreitet; (b. W.). „huiwehen," sieh II. Th., Sp. 1030. wintwäen, sieh Wind. Vrgl. Gewæden, Wädel, wächeln.

Der Wàiəᶜ, Wouəᶜ, das Leitseil, womit man Pferde lenkt, die vor ein Fuhrwerk gespannt sind; (cf. oberlausitz. wotežka, Leitseil, Haupt, Volkslieder I, 322; česk. woditi, leiten, führen; kärnt. voj=àr, der Herrscher, d. h. Bojar, vojariti, herrschen, vojet, vajet, Leitseil, Jarnik p. 35. 40, Lexer, kärnt. Wbch. 259: das Wojet, slov. die Vajet; poln. woie, plur., gen. woiow, starker Bindfaden, Schnur). „Oné Sàdl und *Wàiəᶜ*;" Rank, Böhmerwald (s. Th. I, Sp. 658). Vrgl. Wailer und Zieter.

Der Wau=wau (◡ –), 1) der Hund; vgl. Wu=wu. 2) ein Wesen, womit man Kinder schreckt, Popanz, Teufel; Birlinger 427. Zeitschr. III, 499. 525. VI, 113. (cf. ital. bau, bau, paduan. bao, bao, piliorsa, parabao; česk. bubák, Popanz). Hammer=Purgstall (Wiener Jahrbchr. Bd. 120, S. 124: wau, rauh).

waueln, jammern, winseln.

we, um we, ze we ꝛc., sieh unten: weu.

wê (wê, o.pf. wèi), 1) adv., wie hchd. weh; (mhd., ahd. wê, goth. vai, lat. vae, griech. οὐαί; Graff I, 632. BM. III, 540. Weigand, Wbch. II, 1033. Zeitschr. VI, 413,71: Compar. wêner). Zärtliches Diminutiv: wê-ə-l, wê-də-l, wêwə-l. Wo tuəts dəᶜ *wêdə-l?* „Den Wemmerweh (wê mir, wê!) singen," jammern; H. Sachs. „Das all mein frewd wär ab und all mein hoffen gar entzway und das ich sung das bemerlay;" (li lai d'oimé meint Docen); Cgm. 379, f. 126. R.A.: Es ist mir wê nâch einer Person oder Sache, ich sehne mich darnach. „Da was der kunigin wee, daz sie die geste sähe;" Pitrolf 1262. Üblicher mit der Negation. „Es geschicht jhm wee dazue, sentit multum difficultatis;" Voc. v. 1618. „Er laßt jhm nit wee geschehen," est fugiens laboris, parcit sibi; ebendas. (Inzwischen könnte in diesen Redensarten wê auch als Subst. genommen werden). We~st mər ə~n Groschn à'zuigst, so *gschicht mə*ᶜ (oder: tou ə' mə') scho~ *wêi;* (ObrM.). wind und wê, s. Zeitschr. V, 305. 2) adj.; Zeitschr. V, 194. Der Finger ꝛc. ist wê; ein wêer Fueß, Kopf ꝛc. Vrgl. zorn=wehe. 3) subst., das We, aber mitunter auch noch der Wê, des, dem Ween; (mhd. der wê und wêwe, genit. des wên und wêwen, ahd. uueuuo, genit. uueuuen; Graff I, 633. BM. III, 541,3. 543. Weigand, Wbch. II, 1034). „O wê! ein wê kan machen mir wê und wê wêlîche. Wê! daz wê für ein lachen mir gît diu allem wê ist ungelîche! Wê! daz von wê hât wê und wê mîn wesen! Wê! daz wê mir bringet von dem vor wê ich möchte wol genesen!" Labr. 465; (cf. 494, wo ach! so behandelt ist). Der erst ꝛc. Wê (der Gebärenden). „Manig weibes wewe sie bestunt; ir wewen was dester me, daz ez was ir erste tracht;" Cgm. 231, f. 203. Der Aug=, Bauch=, Kopf=, Zand=Wê ꝛc.; Mirakelbücher des XVII. Jahrh. „Ist der we groze. Wiltu den haubtwen understen. Von dem lendenwewen;" Cgm. 724, f. 176. 197. 206. „Ist gut für den augwen;" Cgm. 170, f. 2ᵃ. „Gut für den Augwê;" Progel's Ms., f. 117ᵇ. Clm. 5863, f. 156. „Für den zerswe; ZZ. 2072, p. 361. „Das bedeut einen vallenden ween zukünftig;" Ind. 344, f. 65. „Der rôt we daz haizet cholera rubea;" Clm. 17188, f. 98. „Für den roten We;" Cgm. 729, 2
f. 148. Das Kalt=Wê, s. Th. II, Sp. 1241. „Der âne wewen wart geboren;" Cgm. 101, f. 24. Der Haəm-wê-l, das Heimweh; vrgl. Gramm. p. 121 – 123. Diminutiv des Wê-əl, Wêdəl, Wêwə-l, Wêwêdə-l. Vrgl. Wedel. wêhen, (ä. Sp.; BM. III, 543: wewen), weh thun. „Von dem zandswer ist der smerz groz und wehent die zende." (Vom Podagra) „ist der we groze und wehent die vuezze;" Cgm. 724, f. 183. 206. Ob die Abtenauische R.A. (bey Hübner p. 338): „Es hat ihn angweht" (er hat eine unbekannte Krankheit) hieher oder zu anwæen, afflare, gehören wird? s. unten: à-wéch. verwehen, verschmerzen. „Dös wär dient (dennoch) no alls zun *vä'wehä,*" (gereimt auf Zehä); Lindermayr 167. wêchəzn, wehklagen, jammern; vgl. Th. I, Sp. 181. 182. „Grads hat äᶜ (der kranke Saubeer) *gwechäzt*, hab gschmirt wie dä wöll;" Lindermayr 166. Wie däᶜ Bock hat glechäzt, zum Vä'gämä *gwechäzt;*" das. 175. wê=eln (wê-ln), verb., empfindlich thun, ächzen, winseln. Der Wê=darm, spottende Benennung a) eines Menschen, der jeden Schmerz gleich unerträglich findet; b) (b. W.) eines Menschen, der Andere um das Ihrige beneidet, nie genug kriegt. cf. 1. Th., Sp. 540, und unten wüeten. Der Wehdorn, hippophae rhamnoides; (Jir.). Nemnich II, 1144: Rhamnus catharticus, Wegdorn, Wehdorn, Weichdorn. Der Wê=leider, was Wê=darm. wê=leidig, wê=leidisch, adj., gern und viel über Schmerz klagend. Zeitschr. III, 192,95. 262,79. wêlenden, (b. W.) über Schmerz klagen; (cf. ellenden, Th. I, Sp. 60). wêlich (wêlə'), adj. und adv., allzu empfindlich gegen Schmerz. Tuə nét gàr əso *wêlə'*, is dəᶜ ja no~ kaə~ Darm à'gſprungə~! „O wê! ein wê kann machen mir wê und wê wêliche; Labr. 465. „So hielt der hunt daz ros bei dem zagel, recht sam er wolt, daz sein herr belib und schray dann welichen;" Gesta Romanor., Cgm. 54, f. 56ᵃ, (Keller p. 108). BM. III, 543. Wê=muetigkait, fastidium; Vegetius v. 1529, Vorrede. Die Wê=muetter, 1) Hebamme; 2) wehleidige Person. Die *Wêmuəttər* von Augsburg (weiland Hebamme, die die Kinder statt im Namen Gottes in dem

des Teufels getauft, und nun umgehen muß, und den Kindern, so viel sie kann, zu Leide thut) kommt, nimm dich in Acht! (dies oder jenes Ungehörige zu thun), — warnende Mahnung an Kinder; (Aurbacher, 10. Novbr. 1840). Der Wê-tag, des Wê-tagen, gewöhnlich schon im Nomin. der Wê-tagen (Wêding, Wêdəng, Wêdung — und nach Gramm. §. 579 und 613: Wêdəm, Wêdum; sieh I. Th., Sp. 595), der Schmerz. Zeitschr. III, 334. IV, 2. V, 53. Des is ə˜ *Wêdəng!* Dèn *Wêdəm* kàn I nimər aushàltn. Der Bauch-*Weding*, Kopf-W. ꝛc. (In Schriften des XVII. Jahrh. findet sich auch der Wehtag, dem, den Wehtag. Br. Berhtolt sagt p. 119: „Erlîde als vil wêwetages, als der guote Job;" Pfeiffer 52,17). In einem Ms. v. 1477 wird eine „Aderlaz" empfohlen, welche gut ist „für drewhundert wetagen und für sechs und achtzig wetagen"; eine andre ist „guet für den wetagen des haupts." „Für den wetangen der gelider;" Cgm. 4543, f. 105. „Der wetagen, die da den menschen quellen, sind dreihundert vnd sechs vnd achtzig;" Scheftl. 296, f. 81. „Es finden sich weit mehrere Wehtagen in dem menschlichen Leib, als verborgene Feind in dem grossen hölzernen Roß zu Troya;" P. Abraham. 'Schmeller, cimbr. Wbch. 109: der *Betag*, *Betak*, Schmerz: lentegar *Betag*, fistola, piaga incancrenata; *Muter-betag*, mal di madre; *Pauch-betag*, dysenteria; dar *pööse Betag*, mal caduco; dar *strenge Betag*, gotta, Zipperlein.' „Schäntla beätung," (Roncegno in der Val-Sugana) das fallende Weh. Der Wê-tum, „Wehethumb," (Voc. v. 1618, Mirakel v. 1697) Schmerz; holländ. weedom. Eine andere Erklärung sieh Th. I, Sp. 595, unter Wê-tagen. Der Wê-tribel, s. Th. I, Sp. 641: Tribeln. zornwehe. (Wer im Planeten Mars empfangen ist) „wirt gîtig, kriegisch, zornwehe," Cgm. 832, fol. 5ᵇ, bey H. Sachs (1560: I, 315) „zornwaich." wê kommt in der ä. Sp. gerne in solcher Verbindung mit wirs vor, als ob es der Positiv von diesem Comparativ wäre. „Die füez taten im wirs danne wê;" altd. W. III, 225. Den Verdammten „ist ungleich we, ainem wirs denn dem andern." Br. Berht. Cgm. 632. Sieh wirs.

„Vor-wei," Vorempfindung; sieh weigen.

Der Weiel, Schleyer der Nonne; sieh Weil.

'weien, schreien (vom Esel)?' „Ein gute F. (fud; s. Th. I, Sp. 693 f.) macht vogel schreien, ein gute F. macht esel weien;" Cgm. 379, f. 87.

Der Weier, Weiher, hchd. die Weihe; (mhd. der wîe, wîge, ahd. der uuîo, uuîho, uuîuuo, milvus, zunächst etwa mit dem alten uuilih, gl. a. 537. velox,
3 und uuiuuint, turbo, zusammenzuhalten. Graff I, 643. BM. III, 624. Weigand, Wbch. II, 1042. Zeitschr. II, 125: niederd. *Wike*. „Sie waren in (den Probst von Presburg, als die Aufständischen ihn erkannten) beschreien als die peurinn ainn weien;" Mich. Beham, Wiener p. 261,20. Vgl. das. 204,11: „als die bauren uber die wolff." Die erweiterte Form Weier (Weiher, Voc. v. 1618) etwa aus Wei-ar entstanden; doch steht schon im Voc. v. 1419: „Weyärar, milvus." „Der Wannenweyr, tinnunculus," gedrucktes Lied v. 1644. (Sieh Wind-wächel, unten, Sp. 833).

Der Weier (Weiə'), hchd. Weiher; (mhd. wîwere, wîwer, wîger, wîer, ahd. uuîuuâri, uuîâri, vivarium; Graff VI, 1087. BM. III, 780. Weigand, Wbch. II, 1043. Vilmar, kurhess. Idiot. 444. Zeitschr. V, 517,21. cf. holl. noch vijver). „Lieber, zünd mir kainen Weier an, R.A. bey H. Sachs (1612: II, II, 55. 84. V, III, 46 ꝛc.), welche sagen will: deiner Drohung muß ich lachen, sie ist eitel. Sollte der Dichter einer Auslegung des hohen Liedes Guilelmus (de Vivaria) im Cod. lat. (sec. XII.) 6432 (17177) mit dem Probste zu Weiarn Guilelmus I. (1177—1199) dieselbe Person seyn? MB. VII, 434 heißt der Ort Wiare und die Latinisierung Vinaria auf S. 429 scheint eine neuere, unrichtige zu seyn. Cum (mulier quaedam) venisset ad locum qui Vivarius (Wiere) nuncupatur cum jam ecclesia S. Martyris (Emmerammi) eminus contempláretur;" Vita S. Emmerammi, Clm. 9536 (sec. XI.—XII.), f. 114. Vgl. Förstemann II, 1562.

weu (wui, woi, gewöhnlicher wé), nach gewissen Präpositionen noch der alte Instrumentalcasus des Fragpronomens huaz, waz: ahd. huuiu, mhd. uuiu, später weu, wew, we, welcher sich in der neuern Sprache zuweilen durch die neutrale Dativform wem (w. m. s.), öfter aber durch die Accusativform waß (w. m. s.) ersetzt findet. (Sieh Gramm. §. 758. Graff I, 1185 ff. BM. III, 567, III. Zeitschr. VI, 250,3. 510). „Mit wui," womit; tirol. Kirchtag 1819, p. 35. Umb weu (umbwé, uwé, əwé, ənwé (⏑ —), umbé, 'bé, 'mé, Unter-Donau), warum. „O du verzigens weib, umbwee pistu hergelaufen?" „Darumb sey geschickt und treu, du waist wol umb was und weu;" Sterzinger Passionsspiel v. 1500. „Waist, Hans, *um wö* i kim?" Lindermayr p. 79. „*Um mö* fungátzt oán Stern dort áso?" Kaltenbrunner 161. „*Mö* dáss s' denn so Glasaugn, so Fensterscheibn trägng?" das. Auch im Böhmerwald *mé*: *Mé* kimt denn 's Márgə'l nét zə'nEssn? *Mé* àbə' gaər əso? Rank, Böhmerwald p. 55. 246. Von weu, wovon. „Ir wißt nit von wew ir sagt;" Sterzinger Passionsspiel v. 1500. *Vəwé* (Hrslm.). Ze weu (Ob.-Inn, Ob.-Isar zwui, zwoi, U.-Don. zwé, sewé, əzwé), wozu, warum? *Zwoi* soll I denn nét lüsti' sei˜? Zillerthal. „*Zwé* is eəm sei˜ Hund und Büchs'n, wenn ə' kaə˜n kà˜ fangə˜-r-ei˜;" Schergenlied. „Feldwebel: Hier ist der Platz, wo du dein Wort gegeben. Hans: *zu wö?* Feldwebel: Soldat zu seyn;" Lindermayr p. 66. „*Zá wö* (zə wé) dös Rödn?" Kaltenbrunner, oberösterr. Jahrbuch (1844), S. 234. „*Zwö* sollst di' denn kränkn um mi'?" Stelzhamer p. 26. „*Zwö* bist denn heut wiedá' so stád?" das. 27. „Jet waiss i's, *zwöst* 's Hahzátgehn lásst;" das. 28. „*Zwö* wirst denn áf ainmol káswaiss bis ins Maul;" das. 53. „Mein kreuzguetá' Hanserl, das waiss i' so guet, *zwöst* meh heut áso singst? — weil wer zuelisná thuet!" das. 112. „Er hat sich wohl, *áziwui!*" (ja freilich). „Also hat d'Kádl Máhm' do' recht ghabt? *áh ziwui* freili!" Seidl. Flins. (1839) II, 86 und 3. Ausg. (1844), S. 262. Castelli, Wbch. 275: „zwögn wö, weswegen, auch zwö." Reizenbeck II, 116: *zwégng wé*. *Zwégng wé*-n- I so drei˜ luog, *zwégng wé*-n-I 's nét sàg? ... schau, weil I nét màg!" Kaltenbrunner, oberösterr. Jahrb. 1844, S. 234. Einige Belege aus der älteren Sprache, a) nach Dativpräpositionen: „Sy nit wöllen wissen an weu (woran) sy recht tun;" Cgm. 4597, f. 75ᵇ. „Aus we oder von wann die schaltjar kumen," (aus was, woraus); Salzb. Calender v. 1501, Ms.; (bi huuiu, Isidor V, 24. 35). „In etwew," in etwas; Cgm. 632, f. 36. Mit wev, mit was, womit; R. v. Freys. Rchtb. p. 172. „Mit wew werden wir gewend, quo operiemur? Clm. 9728, f. 191. Mit we ir zhelfen wäre;" Ring 13ᵈ,3. „Mit we der man sich rechen schol;" das. 48ᵃ,30. „Mit we der mensch sich versündt, mit demselben ist in got straffen;" Cgm. 858, f. 179; (mit uuiu, Otf. II, 5,2). Nach wev, nach was, wornach; das. (Ob das o.pf. *wáinàu'*, wohin, nach welcher Seite, z. B. mueß ich gên, als weunâch hieher gehöre?). Von weu, von was, wovon; das. (sieh Gramm. p. 211. 212). Ze wew, zwew, warum, wozu; Gudrun, Pitrolf passim. „Ainer fragt mich der mär, zwew ein herr gauclær und narren in seinem haus hiet; Teichner. Zwev sol er avf der erde", (nemlich der unfruchtbare Feigenbaum); Luc. 13,6, Cgm. 66, f. 57. „Zwew sullen dir weite kunigreich;" Cgm. 719, f. 1. „Zweu scholl ein man, dem trawren, sauren wonet bei?" Lied mit Noten, Windb. 105, f. 65. „Gedench (der mensch) wo er hin chom oder zů weu er werd;" Gesta Roman., Cgm. 54, f. 6ᵃ, (Keller p. 11). „Holla, Margreth, zwoi daß den heint stadlthor in angl offen steht; Cgm. 3865, f. 150. „Hä, Muettä, zwui däß du den gar net wainst;" das. 152. „zwiu," Diut. III, 101, Nibelungen (Lachm.) 501,3. 1069,2. 1185,1. 1194,3. 1522,1

et passim. „Zwiu sol in der wan daz verl?" S. Helbling I, 1015. „Zwiu sol ein römisch künec erwelt, der ze Swâben pfenninge zelt und bî den Rînvranken?" das. II, 867. „Zwiu sol ein man, der niht begêt êren und hât guotes vil?" das. 906; cf. 902. 904. 908. 910. 912. 914. 916. 918. „Zwiu sulnt in geumerkten juden?" das. 1093. „Zwiu sol mir leben unde lip! Clm. 4660, f. 11^{a}. „ziuuiu," gl. i. 757. 809. 814. Tat. 159,5. b) nach Accusativpräpositionen: Für wew, für was; Cgm. 270, f. 164^{a}. In we, in was; Cgm. 1119, f. 78. „Umb wew man die mess laßt haben;" Cgm. 857, f. 62. „Umb we man briefe hat;" Münchn. St.R., Ms. v. 1453. „Si wizzen selben niht umb wew;" Teichner. „Umb wuy das ist;" Cgm. 559, f. 126. „Umb wiu („vmb beu) welt ir guot sparn?" S. Helbling VI, 182. „Umb swiu daz ist;" Augsb. Stdtb. Frbrg. p. 130. „Uf swiu (auf was immer) er sînen schaden bereit," (anschlägt); das. Für diese Verwendung vor Accusativpräpositionen wüßte ich indessen aus der ahd. Sp. kein Beyspiel. Sollte die Form in diesem Falle vielmehr als ein
4 (Gramm. §. 758) vermutheter Acc. plur. neutr. zu denken seyn? (cf. Gramm. §. 300).

weu jâ (wái ðu, ᵕ –), o.pf., Partikel unwilliger Verneinung, ohngefähr was das bayrische: ey ja wol! oder vielmehr: warum nicht gar! Als bejahend kommt dagegen im Ob.-L., Salzb. *wé ja* vor. Jene o.pf. Aussprache *wái-ou* würde übrigens auch zu einem wê-ô oder wæh-ô ꝛc. gerecht seyn. wä ja! Ausdruck der Bekräftigung; (Abtenau, Zir.). „Wie ach und o we vater und got laß dich erbarmen!" Konr. v. Megenberg f. 158. 'Vgl. das folg. Wort.' Der Altenburger Brezeljunge in No. 9 der osterländischen Blätter v. 1819 schließt jede Strophe seines Liedes mit: wai-o-i, wä-oh!

'wî! mhd. Sp., wie hchd. wei! auwei! mhd. ouwî! ôwî! Ausruf des Schmerzes und des Erstaunens. BM. III, 610 f.' „O wi wie wol ein werder man deme got sus grozer eren gan!" Cgm. 94, f. 47^{b}. „ó wi herro, domine! Ps. 8,10, Cgm. 17, f. 16^{b}. „ó wi du hohiste, altissime!" Ps. 9,3, das. f. 17^{a}.

wi! Ausruf, mit dem der bayrische Bauer sein Zugvieh zum Gehen antreibt. Cf. VII. Com.: mach *via*, eja! age! ital. via!

wi-wi (ᵕ –́, o.pf.), Lockruf an die Gans. Das Wiwelein (Wiwə-l, Kinderspr.), die Gans.

wie (wiə, o.pf. wêi), adv., a) wie hchd.; (mhd. wie, ahd. huiêo, uuiêo, uuio, uueo, uuia, goth. hvaiva aus hvê aiva; Graff IV, 1192. BM. III, 571. Weigand, Wbch. II, 1077. Zeitschr. II, 95,12: niederd. *wo*; III, 279,18. VI, 429, I, 6. 431,107). b) wie, sonst dialektisch statt als (quam), kommt in A.B. nicht vor. Zeitschr. V, 269,4,3. Man hört z. B. statt „größer als du" wol „größer was du," aber nie ‚größer wie du.' c) Dagegen dient wie für die unvolksüblichen Conjunctionen da, als (quum), nachdem (postquam). *Wiə* 'Kriechə˜ (die Abgesandten Miaulis, Botzaris und Plaputas) kemmə˜ sán' (zum Octoberfest 1832), hàts à˜gfangt z· giəss'n und z· ris'ln, dás d· gmaə˜t håst, aus is·s. Cfr. Gramm. §. 968. Sieh auch wo, b. d) Aufforderungspartikel: wohlan! voyons! (cf. česk. wid', gelt? nicht wahr? v. widěti sehen, videre). *Wiə*, las schauə˜! *Wiə*, wo tuets də' denn wê? *Wiə*, so fang ə˜ màl à˜! *Wiə*, la' mi gê˜! *Wiə*, du, mach ə˜ màl! Mit persönlichen Suffixen: *Wie S*, kum S ə˜ màl her! *Wiə-r-ə'*, wås hàt ə' denn då? *Wiə-ts*, rüərts enk dó'! *Wiə-nS*, lass'n S mi' aus! Sieh Gramm. §. 723. e) àls wie, ə's wie, swie, wie, elliptische Formel, durch die irgend ein auffallender Vergleichungsgegenstand angekündigt wird, der aber in petto bleibt. Gfrorn hàt mi' *ə's wiə ..!* (es hat mich sehr gefroren). Kàlt is·s, und dés *ə's wiə*. *ə's wiə* vil (ᵕ –́ ᵕ), sehr viel; Heu˜t muəss schon *ə's wiə* vil tà˜. *ə's wiə*-r-oft, *wiə* oft (– ᵕ́), sehr oft; *ə's wiə* lang, *wiə* lang. *ə's wiə* lang is s· schon krank, scho˜ nimmə' heə' kémə. D· Ståd Münchə˜ -r-is *ə's wêi* grous, sán' àbər á' -r- *ə's wêi* vil Máln hi˜; (b. W.). Manchmal in Frageform: Heu˜t is·s kàld, åfə' *wiə!* 's Traəd is åfə' *wiə* tuiə', sehr theuer. Zeitschr. VI, 421,9. f) Jenes dialektische *swiə*, zunächst aus als wie verkürzt, wird zu unterscheiden seyn von dem aus sô wie sô entstandenen swie der mhd. Sp., welches für wie immer, utcumque, auch für quamvis galt. (Grund und Boden) „besucht und unbesucht, swie ez genant sey;" in Urk. passim. „Swie ich ez niht genieze," (obgleich); Walther v. d. V. 71,32. „Lia und Rachel, swie si geswester waren, so biegen si als di gellen gein einander;" Cod. Emm. m. 5, fol. 143. Der gedruckte Konr. v. Megenberg hat für etsî, quamvis die Formel: wie das sey das, früher swie daz sî daz. Für wie immer ist jetzt *wiə də' wəll, wiə und də' wəll* beliebt. Diər macht me˜ ·s nét rècht, tuət mə˜ *wiə də' wil*. Zeitschr. III, 194,181. IV, 537,35: *wodáwöll, wiádáwöll*. g) wie — wie für je — je. *Wiə* lengə', *wiə* liəbə'. Zeitschr. III, 401,16. V, 407,40. VI, 414,91. 431,107. 468,8.
„*Wiə* höhə' də' Kirchtu'n, *wiə* schönə' das G·läut, 5
wiə weidə' zo'n Deənl, *wiə* bàs dás ·s mi' gfreut."
Vrgl. welch, zusammengezogen aus wie-lîch.

wô (wó obrl., o.pf. wou, wau), a) wie hchd.; (mhd. wâ, ahd. uuâr, huuâr; goth. hvar; Graff VI, 1198. BM. III, 516. Weigand, Wbch. II, 1097. Zeitschr. VI, 408,29.). 'wo aus, wo ei˜, wo irgend hin; Zeitschr. V, 125,5,18.' etwo (éppe), irgend wo. Hund, St.B. I, 263. BM. III, 518. wolenden, wo, nach welcher Gegend; aus wo-l-enden? (sieh Gramm. §. 749, Wrtrb. II, 1399); oder entstellt aus dem ältern wellent; (s. Th. I, Sp. 101 und unten: welch. Zeitschr. II, 139. III, 132. 141 (henneb.): wuländen. IV, 175). „Wellent das az ist, do sament sich auch dy adlär;" Cgm. 533, f. 4. „Ich waiz nicht welleut ich cher mein ellent;" Cgm. 73, fol. 46. Dieses aus wel- (statt welich) end? b) Conjunction für als, da, quum, cum. Zeitschr. III, 215,17. IV, 253,109. V, 407,21. *Wo* s· mi' gfegng hàt, is s· ganz rot wor'n. cf. wie, b. c) unabänderliches Relativpronomen für alle drey Geschlechter und beyde Zahlen, jedoch nur für den Nominativ und Accusativ, — vergleichbar dem auf ähnliche Weise verwendeten so. Zeitschr. III, 207,22. V, 118,16. 121,36. 406,3. VI, 260,I. 170,103. 408,29. 468,5. Dé *wo* mi' gern hàt, is nét àllemàl dés̄l', *wo*-n- I gern hà'. Der Dativ muß durch eine kleine Wendung gegeben werden. Dé Leut, *wo* mə' damit umgət. ə˜ Sach, *wo* mə' drà˜ ə˜ Freud hàbm kà˜. „Də's̄l', *wo* st dà-l ə˜màl zə-n- eəm gsagt håst, dás ə' kemə˜ soll." d) ob. Er hàt s· gfragt, *wo* s· kümt, (ob sie komme). *Wo* st iətz gêst odə' nét! (ob du dich gleich packst!). Anmerkung. Hier bey d) ist es vielleicht aus wàs entstanden. Bei b) mag eine alte Form huuô (dem duo, dô, I. Th., Sp. 475 entsprechend) zu Grunde liegen. (Vgl. wojna, bellum, Krieg, aus dwojna, duellum. Bronisch im Lausitzischen Magazin, 1846, S. 246). Vrgl. Grimm III, 183.

'wodáwöll', s. unter wie.'

Der Wu-wu (ᵕ –, Kinderspr.), a) der Hund; b) Popanz. Sieh Wau-wau.

Die und der Waben (Wåbm), wie hchd. die Wabe; (mhd. wabe, ahd. uuaba und uuabo, favus; Graff I, 648. BM. III, 612. Weigand, Wbch. II, 1004). cfr. Waffel, Webes, Wefel, Wiff und Wifft.

Die Wäben, sieh Bäben, I. Th., Sp. 190.

Die Wábel (o.pf.), Wábm, Wáwə'l (b.), Barbara, sieh I. Th., Sp. 268. Zeitschr. III, 240,3,31. V, 471. VI, 267,91.

wabeln (wábln, O.Pf., b. W.), schwatzen; (Max Auer). `Vgl. d. folg. Wort.´

wabern, `wabeln, sich hin und her bewegen; (mhd. wabelen, waberen; BM. III, 612. Weigand, Wbch. II, 1005. Vilmar, kurhess. Idiot. 433. Zeitschr. II, 171,63. 210,4. III, 132. III, 378: *Wabbel*, Käfer, (vgl. Wibbel). V, 300: wabbelig, adj.).´ „Zerstreuet sind die sinne mein, und gehn gleich durcheinander wabern, wie auf dem feld der gmehte habern;" H. Sachs 1612: I, 1085. III, I, 505. `Vgl. d. folg. Wort und weben, webern.´

waibeln (Rhön), ä. Sp. waiben, hin und wieder schwanken, flattern, sich drehen; mhd. weiben, ahd. ueibôn, ueipôn, fluctuare, agitari, titubare; Graff I, 650. BM. III, 550. Vilmar, kurhess. Idiot. 434. „Waiben unde schwanken sicht man truncken lût;" Cgm. 717, f. 105. „Do engieng im (dem kreuztragenden Chr.) alle sein krafft, und ward waiben auf den füßen und schwaiben hin und her." „Also daz daz (noch nicht in den Fels gesetzte) crütz schwebt vnd waibet hin und her;" Cgm. 138, f. 112. 128. „Daz er (Gott) sich erbarme über uns alle die waibende gende in sünden valle;" Renner 24547. „Cespitare, waiben;" Ben. 293,
6 f. 65b. waiben, wehen, flattern. „Noch sihe ich hie bî weiben einen vanen breit;" Gudrun 5493, (1373,1). „Waiben als ain topf," (sich drehen wie ein Kreisel), Hoffmann, Fundgr. I, 338; wie ein Rohr im Winde, das. 138. In Heinrichs Tristan 4573 weibe-zegelt (wedelt) das „Hundel Petitcriu" gegen Isoten. „Has fortunarum vices aestimas sine rectore fluctare, ueiben;" Boethius, Clm. 15825 (X. sec.), f. 11b. Die Form ziueiban, ziueipan der ahd. Sp. gilt für ventilare, dispergere, exterminare. Isl. veifa, vibrare, gyrare, goth. bivaibjan, cingere. Möglicher Weise hängt damit zusammen unter dem Begriff eines Bezirkes, Kreises der pagus uuingarduueiba, Uuinegartesueiba, Uuingartuueiba (Eccard, Fr. or. I, 796. II, 178. 303, wol entstellt uuingarteiba, ibid. 430. 711, neben Uuetareiba, ibid. 590. Vgl. Förstemann II, 1540. 1519) und etwa auch der Waibel, circuitor, apparitor.

Der Waibel, Gerichtswaibel, a) hie und da noch Gerichtsbote, Gerichtsdiener, „apparitor, stator, accensus;" Voc v. 1618; (mhd. weibel, ahd. weibil; Graff I, 651. BM. III, 551. Weigand, Wbch. II, 1035). „Des vogtes knechte und waibel habent des gewaltes niht, (nemlich daß man ihnen, wie ihm selbst, Thür und Thor aufthun soll). Augsb. Stdtb. 28. b) nach älterm Kriegsregiment waren bey jedem Fänlein von 400 Mann zween gemaine Waibel (Sergents), die, dem Feldwaibel untergeordnet, von den Landsknechten monatlich gewählt und gesetzt wurden. Sie hatten Doppelsold und trugen, statt der Spieße, Hellebarten und Schlachtschwerter. „Hauptman, Vendrich und zween Waibel," erkoren von den aufständischen Bauern im Breisgau 1525. Cgm. 4925, f. 345b. Der Feldwaibel eines Fänleins kam nach dem Fändrich und dem Hauptmann, und wurde, wie diese, vom Obersten ernannt, nicht, wie die niedrigern Ämter, als Waibel, Füerer, Furiere und Rottmaister, vom gemeinen Mann gewählt, und hatte monatlich vier Söld, während der Leutenant, den sich der Hauptmann erkor, nur 3—4 hatte. Augenscheinlich war dieser ältere Kriegs- oder Feldwaibel eine bedeutendere Person als unser jetziger (Gramm. §. 149) Feldwêbel. Nach einer ähnlichen Verschiebung der Begriffe ist der spanische Sargento mayor (als Stabsoffizier, Major) eine ganz andere Figur, als der französische Sergent major, der nur Unterofficiersrang hat. „Feldwaibel, tesserarius, item taxiarchus, aciei instructor. Gemaine Waibel, qui militem in ordine retinent;" Voc. v. 1618. „Zween Weibel und Hauptmänner." „Da ließ Cassius alle römische Weibel und Rottmeister an die Bäum henken." „In dem Krieg ist auch St. Martin auff der Römer Seiten ein Weibel wider die Teutschen gewesen;" Avent. Chron. 83. 202. 255. Außerdem gab es beym Kriegsvolk auch einen Gerichtswaibel, welcher unter dem Schulthaiß stand, und einen Huerenwaibel, der den Troß und Huren und Buben in der Zucht hatte. Fronsperger v. 1555.

weben (wébm, Cond. wébət, Partic. gewebt, geweben und gewoben), wie hchd.; (weben: Praes. ich wibe, wibest, wibet, wir weben, Praet. ich wap, wir wâben, Partic. geweben; ahd. ueban: uuibu, uuap, giuueban; gl. i. 1243 auch giuuibit. Graff I, 644. BM. III, 611. Weigand, Wbch. II, 1028), — im b. W. kaum zu hören (dafür würchen), wol aber *webə'n*, Weberei treiben; (s. unten). „Weber, wib daz tuch, tesser, tessi questo panno;" Voc. venet.-todesco 1424, 7
f. 65. „Die spinn wibt netzel; Konr. v. Megenberg f. 172b, (vgl. Pfeiffer 294,26). „Ich hett ein sammat gweben;" H. Sachs. „Trilix, mit dreyerley schämlen geweben;" Voc. v. 1618. Levidensa, dünn geweben tuch;" Nomencl. 1629, p. 94. Der Weber, a) wie hchd. b) (O.L.) figürlich: Memme, Hasenfuß. c) Art schlechten Fisches. Weber und Müller (vielleicht weil man sie für gar zu oft versucht hielt, sich an fremdem Gute zu vergreifen) mußten weiland die Galgen bauen lassen, und vorkommenden Falles die Leiter besorgen. Hund, histor. Anm. Koch-Sternfeld, Berchtesg. II, 96. Die Weber von Neustadt a. D. kauften sich a°. 1719 mit 100 fl. von der Ehre los. Baumgartner p. 37. webern, a) die Weberey treiben. b) in Bewegung seyn, wandeln, wandern. „Durch ein Gebiet unverhindert wandern, ziehen und webern. Aus dem Wirthshaus weiter webern. Handtieren, hin und wider raisen und webern;" Ldtg. v. 1568, p. 135. L.O. v. 1553, f. 2 und 92. L.R. v. 1616, f. 552. „Die weil ich diser zeit meins leibs halben ze webern ganz ungeschickt bin;" Urkunde v. 1492 (ad Wertingen, Herrschaft; Dr. K. Roth). „Auf der See herumwebern;" Simplicissimus v. 1669, f. 538. „Daß wir wie Gottes Vögel ausfliegen, hin und her webern und Gottes Segen suchen;" Seb. Frank. (Im Frieden) „jedes handwerk sein webern hat," (ist im Betrieb); H. Sachs 1612: II, II, 205. Die Frau webert den ganzen Tag im Haus herum, (ist geschäftig). Es webert, es geht um, spukt; (Aschaffenburg). verwebern etwas, es durch Hinundherfahren verderben, zu Grunde richten. (Hieran zunächst schließt sich das alte Subst. Neutr. waber vagatio, uuabar-siuni (Tat. 210,3), ag[illegible]. väfersyne, spectaculum, visio. Graff I, 644. 784. 788. VI, 129. Dat *wafeln* (auf Rügen), das second sight der Schotten; 20. Jahresber. der pommerschen Gesellsch. f. Gesch. 1845, S. 35). weberlich, adj. „Die gemeinen Gassen geraum und weberlich halten;" Amb. Stdt.R. v. 1554, Art. 108. Das Geweber, Gewebber, das Hinundherfahren, Geläufe, Gewimmel; (Aschaffenb.). Nahe liegt wabern und das hennebergische wabeln, in Bewegung und Thätigkeit seyn. Vrgl. wabern, auch waiben. Das (?) Webb, (Werdenfels) Garn zum Weben. „Webl" (Webb?) Gem. Reg. Chr. IV, 293. Vrgl. das Neutr. uuebbi, uueppi, tela, der ahd. Sp., mhd. webbe, weppe. Graff I, 646. BM. III, 612. „Als die spinne ir gewide spinnet uz irem leibe daz in dem webe ein muke beleibe;" Renner 4850. Vgl. oben, Sp. 291: Sinawaf. „web-breit, oder acht Viertel breit; webbreiter Dermentey;" Bayreuth. Tax-Ordn. v. 1644. `Der Webel, ä. Sp., Einschlag des Webers; Vilmar, kurhess. Idiot. 443. s. unten Wefel.´ Sieh Wepp, Wepfen, Wefel, Wift, Wupp ꝛc.

Die Webes, Webesen, Websen (Wéwəss, Wéwəssn, Wéuss'n, Wéss, Wèpss'n), die Wespe; (mhd. wefse, ahd uuefsa, uuafsa, wefiz; Graff I, 788. BM. III, 548. Weigand, Wbch. II, 1065. Zeitschr. V, 465. VI, 120,71. 347). I's *Wéss'n-Nést* strigln, durch unvorsichtige Reden ein Zerwürfniß veranlassen; (ObrM.). Möglich eine Entstellung aus dem latein. vespa, der

Form nach aber eher ein Zusammenhang mit weben, (Honigwabe, ahd. uuabo; wibel 2c.). Sieh Websen und Wefzen.

Das Weib (Wei'; Dimin. Weibl, zärtlich: Weibə-l), wie hchd.; (mhd. und ahd. wîp, uuîp, gen. uuîbes, isl., agſ. vîf; Graff I, 651. BM. III, 717. Weigand, Wbch. II, 1035. In den goth. auf uns gekommenen Resten, wo für γυνή qvinô steht, ist dieses Wort nicht zu finden, und vielleicht überhaupt erst später zu dieser ursprünglich wol figürlichen Bedeutung gelangt, da schon das Genus auf irgend eine früher von ihr verschiedene, z. B. auf das Gebände der Verehelichten, wenn etwa dem bivaibjan ein veiban entsprochen haben sollte,
8 zu weisen scheint. Vrgl. übrigens Grimm, Mythol.^{2} 276). 's *Wei'*, im Munde des gemeinen Bürgers und Bauers, seine Ehehälfte. (Vrgl. Frâu, I. Th., Sp. 801). Widər ə˜ Gəld, dás 's *Wei'* nót waəs! Dem Mann ein Weib abgeben, oder: kain Weib abgeben, ihm die ehliche Pflicht leisten, oder: sie ihm versagen. So Diut. II, 295: „zi wibe werden," deflorari. Im Cgm. 824, f. 35, Clm. 5879, f. 208 wird ein Recept gegeben für den Fall, „so der man di magt ze weip nicht mag gemachen." 's *Wei'*, (auf dem Lande) κατ' ἐξοχήν, die Hebamme. 's schö˜ Wei', s. oben, Sp. 428. Das Sêlweib, die Leichenwächterin, was in der Stadt die Sêlschwester. Das Holzweiblein, Nachtweiblein, ein gewisses Wald- oder Nachtgespenst, „lamia, stryx;" Voc. v. 1618. Gl. a. 663: „holzuuîp, lamia;" gl. i. 255. 269: „uuildiu uuîp, ululae." s. Th. I, Sp. 1104. BM. III, 719. „Qui credunt feminas sylvestres eſſe et homines in aquis et nanos et homines in lupos converti;" Ald. 184, f. 75. „Credidiſti quod quidam credere solent quod sint agrestes feminae quas silvaticas vocant;" Burcardi Worm. decretorum liber XIX. Clm. 5801^{c}, f. 158. „Nachtfrawen;" Ald. 269, f. 285. Vrgl. Wichtlein und Grimm Mythol.^{2} 403. 872. 881 f. 896. Ueber die Rusalkas (Wasserfräulein, von ruslo, Bach) und die Ljeschys (Waldmännlein, von ljes, Wald) der Russen um Kiew s. Ausland 1848, S. 460—468. Das Klagweiblein, s. Th. II, Sp. 1328. „Strix vulgo *amma* dicitur;" Isidori origines, XII, 7. Grimm, Wbch. V, 927. Weibertat. „Frawenhar alias weibertat, capillum Veneris;" Clm. 4374 (XV. sec.), f. 122. Diefenbach 97^{a}: wiedertat, wiedertan. Vgl. Grimm, Mythol.^{2} p. 1164 f. und unten: wider. 'weibertoll, weibertœret, weibsbildernärrisch, s. Zeitschr. VI, 330,355.' Der Weiberzorn, (scherzh. Figur) Brannte-wein, (insoferne der Mann ihn trinkt). Die Weiberey, Weibertand, Weibergeklatsch. Die Weibheit, menstruatio. „Ze hant gewinnet sy ir weiphait;" Clm. 5879, f. 203. 'Andere Bedeutungen s. BM. III, 720.' weibet, adj.; ə˜ *weibəts* Leut, (O.L.) ə˜ *weibəts* Mensch, oder blos ə˜ *Weibəts*, eine weibliche Person; — plur. die *weibət'n* Leut, oder blos die *Weibət'n*. Zeitschr. III, 106. 323 (Tirol): *Weibez*, (Bozen) Weibermensch, pl. Weiberleut'; III, 134. 141 (henneberg.): *Wibesse*, *Wibestier*. Vrgl. mannet, II. Th., Sp. 1604 und die Endsylbe -eit, -it, -et im I. Th., Sp. 175 und III. Th., Sp. 651. Vgl. die Namen Enzawib, Enziwib, Gnenwib, Gnannwip; Förstemann I, 113. 528. Das Weibsbild (Weiſſ'bild), sieh I. Th., Sp. 235. ə˜ saubə's, brávs *Weiſſ'bild*. (Die Aussprach ə˜ *Weiſſ'*-bild mahnt an das polnische biala glowa, Weibsperson, biala plei, weibliches Geschlecht). „Die erst (von K. Maximilians vier schönen und vast züchtigen schlaffweibern) was ain vast schönes vnd holdseligs weibsbild von guetem adel, Margreth genant;" J. Fugger's Ehrenspiegel, Cgm. 896, fol. 340. In der bayreuther Zuchthaus-Ord. v. 1724 heißen die Weibspersonen Weibsen. Weigand, Wbch. II, 1036. weiben, verb., für: ein Weib nehmen, ist in A.B. nicht üblich. Zeitschr. VI, 42. 120,15. H. Sachs braucht in diesem Sinn: sich verweiben. Sich überweiben heißt ihm: sich eine böse Frau auf den Hals laden.

wibeln, verwibeln, zuewibeln ein Loch in einem Kleid, es verstechen, gleichsam verweben. (cf. giuuibten, textis, gl. i. 1243, unter weben). Sieh auch wibeln hinter Wibel.

Der Wibel, Wibbel, a) ein Käfer; (mhd. wibel, ahd. uuibil, uuipil, uuiuil, scarabaeus. Graff I, 649. BM. III, 612. Weigand, Wbch. II, 1077. Vilmar, kurhess. Idiot. 451. Zeitschr. IV, 258. 269,18: Käfer, Schmetterling. V, 62,17 (cf. 228). VI, 77). „Fürkauffer und becken tůnd das korn verstecken bis das die wibel tůnt fressen;" des Teufels Segi, Wallerstein. Hs. (Barack p. 295,9339: „Die fürkouffer und becken kan nieman mer erschreken bis die wibel das korn tuond fressen). „Des (ewigen Fluches) achten mange leute niht, die man doch ir getreide siht so lange behalten, biz daz die wibel oben uz fliegen zu dem gibel;" Renner 5265. „Wer des wibels volger ist, der wirt gefürt in rosse mist;" das. 8531. „Sliesset in eurn rosse mist als ein wibel;" das. 13577. „So wene ich, daz daz iungste stucke ein wibel wol trüge uf sinem rucke;" das. 15895. „Swaz bibeln, kefern und premen bezeichenung haben;" das. 19598. Dreckwibel; Kornwibel, curculio frumenti; Roßwibel. b) (U. Mayn) figürlich: kleines, lebhaftes, regsames Kind. wibelig, adj., sich lebhaft regend, krimmelnd, zappelnd. wibeln, wibbeln, sich regen, schnell bewegen, wimmeln. BM. III, 612. Weigand, Wbch. II, 1078. Vilmar, kurhess. Idiot. 451. Zeitschr. II, 240. III, 132. 251,75. IV, 118, V (*Wibbel*, Schwank; Wibchen). Die Wibelsucht, (Rhein) Nesselsucht. Vrgl. weben, webern und sieh wibeln, (weben).

Die Wibel, (ä. Sp.) öfter statt Bibel; Cgm. 713, f. 229. Sieh Gramm. §. 409.

'Wôb (?).' „Volutabrum, wôb;" Gl. Argentin., Haupt's altd. Blttr. 352. 'Vgl. Diefenbach 628: „volutabrum, wirle."'

wubeln, (Ansp.) wimmeln; cf. wibeln. So verhält sich wol auch „cicada dreckwobel" (Heumann, opusc. 447) zu Dreckwibel, Kothkäfer.

Die Websen (Wèpſſ'n), a) die Wespe; sieh oben, Sp. 830: Webes. Das Websennest, a) eigentlich; b) Art Mehlspeise. „Vielleicht hat ihn gelust nach einem bayrischen Gogelhopf, oder hat er ihm Mucken gemacht 9
wegen eines bayrischen Websennest;" P. Abraham. b) „Websen oder Zeteln für die Weber;" Maut-Ord. v. 1765. Sieh oben, Sp. 830. websen, verb., im Scherz: stehlen.

---

wach, adj., wie hchd.; (cf. gl. i. 511: uuacca, expergefacti). urwach, (Nürnb., Hsl.) unfähig einzuschlafen. BM. III, 450: urweche. „Des nahtes er an dem bette lac gar urweche unze an den tach;" St. Ulrich's Leben, Cgm. 94, f. 38, Vers 408: „nocte pervigil in oratione." wachen (wache˜), wie hchd.; (mhd. wachen, ahd. uuachôn, uuahhên, Praet. uuahhêta. Graff I, 672. BM. III, 450. Weigand, Wbch. II, 1005). nachtwachen bey einem Verstorbenen unter Beten, Essen und Trinken. „wachen und scharwachen." „Die Trudden (die ersten Münch im Land, so jetzt Frankreich heißt) waren gefreyt, durften, wie ander Leut, weder raisen noch steuren, weder wachen noch scharwachen;" Av. Chr. 30. „Der gemein Mann in Bayern dient seinem Herrn järlich Gelt, Zinse und Scharbach;" das. XII. „Die Keiser beschwerten das Volk mit Maut, Zöll, Gült, Wandel, Scharwach und andern neuwen Fünden;" das. 186. Aventin scheint dieses Scharwach (wofern es nicht bloßer Druckfehler ist) für Scharwerch zu nehmen, da er anderswo, z. B. f. 37, Scharwacht hat. Sieh Wacht und wachten. 'wechig, wachlich, mhd. Sp., wachsam wachend. BM. III, 450. „Ametist der stain macht den menschen wächig;" Konr. v. Megenberg f. 255, (Pfeiffer 432,2. cf. 263,33. 289,27).

Wach (?). „(Otto de monte) vina, luminaria, hostias mihi frivole inhibuit ministrari ad missas dicendo Wach;" in der Recrimination des Pfarrers zu Bischofdorf 1408, Cgm. 3941, f. 179ᵇ.

wach! mhd. Spr., ahd. wah, wehe! Interjection; Graff I, 701. BM. III, 449; cf. 543: wech. „Heus, wach, we;" Clm. 5877 (XV. sec., 1449), f. 49.

Der Wachauer, (Vilshofen) Donauschiff der größten Art. cf. Th. II, Sp. 1044.

Der Wacholter, sieh Wechel, Sp. 834.

wäch, schön, (Zeitschr. IV, 323. 329,21. VI, 120,71.); sieh wæhe.

wächeln (wách'ln), wehen, fächeln, flattern, schwanken. Das Getraid, Korn wächeln (b. W.), es durch den Luftzug reinigen. Das Feuer anwächeln. „Der hund wechelt mit dem schwanz." „Die Frau wechelt Wasche an der Sonnen auf;" H. Sachs. Daherwächeln, einhergehen, indem man die Arme oder den Körper plump hin und wieder wirft. Es ist in der Stube so warm, daß es wächelt, es ist wächelwarm (wáchlwarm, wácha-lwarm); vrgl. auch bächel-warm, I. Th., Sp. 195, und vgl. unten: wädelwarm. wächeln, ab-, aus-, durch- ꝛc. wächeln Einen, (metonym.) ihm Streiche versetzen. Zeitschr. IV, 47,57. Vgl. wackeln. Drein schlagen, daß es *huwáchəlt* (b. W.); cf. huiwehen, II. Th., Sp. 1030. Der Wächel, Wächeler (Wáchəl, Wáchələʳ), der im Gehen wächelt, plumper Mensch. Die *Wáchál*, Reif mit durchgezogenen Felberzweigen, der, einem ausgestreckten Arme ähnlich, an der Sense angebracht wird, um Haber, Gerste, Erbsen, auch wol Roggen zu mähen (z' wáchln); (ObrM.). Der Windwächel, sonst Wannenweher, Weihe, falco tinnunculus. Er schwebt, mit den Flügeln wächelnd, lange an einer Stelle, um seinen Raub desto sicherer zu entdecken. „Wannebechel oder Kretz, alietus;" Voc. Brack f. 51; „uuannunuuehel, uuannouueho, laoficus;" Gl. o. 168. „wech, laoficus;" Voc. optimus p. 42. Diefenbach 22ᵇ: „alietus, wannenweh, wannenweher; 317ᶜ: laoficus, weho, wannenwechel, wannenweher. Sieh wäen, oben, Sp. 823.

waich (waəhh, comp. wèəchəʳ), wie hchd. weich; (mhd. weich, ahd. ueih, mollis, debilis, infirmus. Graff I, 710. BM. III, 616. Weigand, Wbch. II, 1036. Zeitschr. V, 194). „Faul, waich leut;" Avent. Chron., Cbm. 1558. 1566, im Druck v. 1566, fol. 23 zu faulwirig entstellt. R.A. Er loufst si' nét *waəch* find'n, er ist ein Knauser; (ObrM.). glidwaich, (lidwaəch, Sterzing) geschmeidig, gelenkig, nicht steif; (mhd., ahd. lideweich, lidauueih. Graff I, 711. BM. III, 617). Vgl. Th. II, Sp 1442.

10 „ə˜ frischəʳ Buəʼ bin I, ə˜ *glidəwaəchə'*,
gê her, wennst ə˜ Schneid håst, du Hóʃnʃaəchəʳ."

„Daz herte höwe stach im in sin lidweichen glidelin;" Cgm. 828, f. 4ᵇ. unlidauueih, unnachgiebig. „unlidowâc, intractabilis," angelsächs. Glossar zu Epinal in Cooper's Appendix B, p. 157.

„Wá' dəʳ Bám *ʃchärling-waəch* (weich wie Bärnklau),
tát'n ʃ' übəʳ lang kaə˜n Straəch" (die faulen Holzhauer).

zornwaich, (H. Sachs 1558, f. 315) zornmüthig. Sieh oben, Sp. 825: wehe. „Ein übel weib straffest du vil bas mit lachendem mund dan mit ainem zugwaichen stecken;" Cgm. 16, f. 174ᵇ. „Einen stecken zugewaich;" Cgm. 811, f. 49. Waichtrager. Die Harttrager bringen das ausgetrocknete Salz aus den Trockenkammern in die Salzbehalter auf harten, hölzernen Trögen, dagegen es die Waichtrager auf kleinen Polstern zum Wasser an die Schiffe tragen; (Jir.). Die Waichen, Waich (Wèəhhə˜, Wèəhh), Weichheit; Weiche am menschlichen Rumpfe. Weigand, Wbch. II, 1036. waichen (waəchə˜, waəckə˜), verb. wie hchd. weichen; (mhd. weichen, ahd. ueihhan, mollescere und flectere — facere ut cedat — also nach Gramm. §. 956, VI. zu uuîhhan, cedere, gehörig; sieh weichen. Graff I, 712. BM. III, 617. Weigand, Wbch. II, 1037.). „Laß es darin waicken;" Cgm. 821, f. 24. „Das im der rugg werd waichen von grossen slegen unversunnen;" Cgm. 379, f. 84 (270, f. 118). Vgl. Zeitschr. IV, 48,59: waichen (wàəggə˜), durchprügeln. entwaichen. „Do der brautegam entwaichet (?), moram faciente sponso;" Matth. 25,5, Cgm. 66, f. 48. (Hieher? Dürfte vielleicht „entwalet" zu lesen sein; s. Th. I, Sp. 682 f.). dəʳwaəche˜, dəʳwaəcke˜, z'waəckə˜, durch und durch weich, allzu weich werden. Gersten waichen, (öfters waəckə˜ als waəchə˜). Wéch *ei˜waəckə˜*. Im L.G. Weihers gilt waichen auch fürs Eintunken der Feder. Låſſ mich əmål *waich!* Die Waich (Waəck), Gefäß, worin etwas eingeweicht wird, besonders die Weichbottich der Brauer. Im Salzburgischen ist die Waick oder Waickfrenten ein Gefäß, worin Urin als Lauge zum Waschen gesammelt wird. Vgl. Vilmar, kurheſſ. Idiot. 444: der Waich, Weich, Waig, die schmutzige, zum Reinigen bestimmte und in der Reinigung befindliche Wäsche. Die Einwaick, Brühe, Tunke, besonders aus gedörrtem Obst bereitet. Hist. Abh. IV, 436. Die *Ei˜wàik*, Zugemüse überhaupt; ə˜ Zwéspm-, ə˜ Biəʳn-*Ei˜wàik*; (ObrM.).

à-wéch, adj.: ən *à-wéchənəʳ* Plàz, abgelegener Ort; ən *à-wéchə˜s* Réd'n, Taə˜, übel angebrachtes, verkehrtes Reden, Thun. Immerhin ist die I. Th., Sp. 13 gegebene Deutung die wahrscheinlichste. Dennoch aber wäre eine Vermengung mit dem alten a-uuech, auuichi, gl. a. 124, o. 341: devium, âuuekk-er, iu, az, d. h. auuegg-er, iu, az, devius, perversus, und also Zusammenhang mit Weg und dessen alten Ableitungen uuiggi, giuuiggi, âuuiggi, uruuiggi, auuiccon ꝛc. nicht undenkbar. (cf. agſ. on vog: voh, vog, vo, adj., flexus, curvus, perversus, und subst., curvatura, perversitas; engl. awk, awkward, verkehrt, ungeschickt; Müller, etymol. Wbch. d. engl. Spr. p. 38. s. unter Weg: abweg und die Anmerkung.

wech'n (?). „Und so bin I volləʳ Bangə˜ mit mei˜n Bètəʳ weidəʳ gangə˜, hà˜ wol woltə˜ gjocht und *gwecht*," (gewercht? gewechtet? s. auch S. 824: wê, und Sp. 833: wach!); Joh. Theod. Fischer's dəʳ Kiriférter i˜'n Laufen, in Kaltenbrunner's oberösterr. Jahrbuch 1844, S. 251.

Die „Wechel-Eich", (Popowitsch) Kohl-Eiche, schlechte Eiche, deren Holz sich nicht spalten läßt und blos zum Brennen verwendbar ist. Vrgl. gl. i. 276: uuech-eich, ilex; o. 488: weheldorn, haindorn. Es scheint diesem Wechel auch das uuachal, uuechel in dem ahd. uuachal-ter, öfter uuechilter, uuechelter (mhd. wecholter, wechalter; Graff IV, 881. BM. III, 31. Weigand, Wbch. II, 1005. Zeitschr. III, 133: *wachtlər*, adj.), dem heutigen, in B. übrigens weniger als Kranwit üblichen, nach dieser Annahme widersinnig betonten Wacholder identisch. „Der kranwitpaum haizt in meiner müeterleichen däutsch ain wechalter;" Konr. v. Megenberg f. 191, (Pfeiffer 325,21). „Fraw Wecholter, ich sich, das du ir swester bist;" Altswert p. 177,31. „Rāmus (rhamnus?), wachsolter," Voc. optim. p. 49; „juniperus, regholter, das. p. 48; (verschieden? etwa zu wächs? Diefenbach 483ᶜ). Vgl. agſ. cvic-beam, juniperus (= juveniperus), noch jetzt in Gegenden Englands. Grimm, über Diphthonge p. 27. Thorpe, Analecta p. 268 wechaltrin, ä. Sp., adj. „Hans Gusgustatt Landtschreiber und pluttrichter füeret in seiner handt ain wechalterin zepterstewdlin" (bei einer Verurtheilung zu Sonthofen, 1530); der Herrschaft Tigew Ordnungen ꝛc. s. Th. II, Sp. 856. Schmid bringt p. 520 die Form

Wechelburenbeere. „Also saz er under ain wechel-türron ... also entlief er unter der wecheltürron schatten;" Griesh. Pred. I, 164. Die Wechelbêr. „Wechelber daraus macht man gelbe farb zu den büchern ... vm Sant Michels tag seind die wechelber schwarcz;" Aug. S. Ulr. 94, f. 182. (Wacholder heißt daselbst f. 178: Rechholter). s. Weichelbaum. Sieh -ter, I. Th., Sp. 617.

Weich im hchd. Worte Weichbild bedeute im niedersächsischen Wick soviel als Theil, Abtheilung, Bezirk, nach Hoff, Geschichte der Erdoberfläche (1822) I, p. 430. 'Vgl. ahd. wîh, wîch, goth. veihs, Ort, Stadt; altn., altſ. wîk, altengl. wick, holl. wijk, lat. vicus, griech. οἶκος. Graff I, 721. BM. III, 614. Weigand, Wbch. II, 1036. Müller, etymol. Wbch. d. engl. Spr. II, 546. Förstemann II, 1509 f.' s. Th. I, Sp. 231 u. Weichs.

„Bainweich," (Hübner, Salzb. 958) Hartriegelstrauch; s. Th. I, Sp. 244. Nemnich I, 1228: Beinholz.

Der „Weichel," Selhamer II, 273, sieh Weil, (Schleyer).

„Weichelbaum, silo;" Cgm. 729, f. 182. cf. Reinwald's henneberg. R.A.: „Er will eine gelbe Weichel damit verdienen," d. h. ein reichliches Geschenk, (Goldstück?). Nemnich II, 1198: salix alba, Weichel, Wichel, Wüchel, Welge, Wilge, die gemeine Weide. Diefenbach 508^b: wilge. Zeitschr. II, 392,28. V, 415,11 (Wicke). Vgl. oben Wechelbêr.

11 weichen (weichə˜, Cond. weichet und wich, Partic. gewichen), wie hchd.; (mhd. wîchen: Praet. weich, Partic. gewichen, ahd. uuîhhan: Praet. uueih, Partic. giuuihhan; Graff I, 709. BM. III, 614. Weigand, Wbch. II, 1037). Das Abweichen (A'weichə˜), der Durchfall, fluxus alvi. Grimm, Wbch. I, 150. ausweichen Einem. Grimm, Wbch. I, 1012. I bi˜ und I hà' èəm *ausgwichə˜*. entweichen Einem eines Dinges, (ä. Sp.) es ihm abtreten, cedieren. BM. III, 616. „Gult und pfant der si Sweickern von O. entwichen sint;" MB. XI, p. 281. 283, ad 1340. Sieh weihen (Ablautverb). vəʿwichə˜, adv. Partic., vor einiger Zeit. Der Weich, ä. Sp., das Weichen, Wanken; ohne (sonder) Weich. BM. III, 616: wìch. (Fridrich) „romischer kaiser, sunder weichs zu aller zeit merer des reichs;" Mich. Beham, Wiener 1,15. „Ainer hieß Peter Gwerleich wart auch gevangen sunder weich;" das. 26,30.

Das Wichengarn, (Aschaffenb.) Baumwolle, zu Dochten für Öllampen gedreht. Vgl. mhd. der wiech, ahd. wieche, agſ. veoc, Docht, aus Garn gedreht; Graff I, 728. BM. III, 624. Weigand, Wbch. II, 1078. Wetterau: der Wichen. Zeitschr. II, 512,19. „Wieche, licinia;" Herrad. „Hie solt du machen siben wechen liehtes also lanc so du wellest. Den ersten wechen solt du brennen in dez blickes ere, do unser frowe sant Maria scm̄. Gabrielem ansach ...;" Cgm. 4666, Vorsetzblatt. s. unten: der Wickel, b.

Wich·n (?). „Man nennt sie (eine Art Riegelhauben pfiffiger Mädchen, Kellerinnen, Köchinnen und Dienstmädchen) *Wich·n*;" München, 1844, S. 77.

„wieche" (?) (Salzachkreisblatt v. 1814, Zillerthal), fett oder mürbe. 's Traəd is gwarfə˜ (vom Sturm und Regen), si is so *wiəch* (fett) und so waəch; (bei Miesbach 11. July 1847). ə˜ *wiəchər* Akher, dicht stehend (Gegensatz von schütter); ə˜ *wiəchər* Mensch, ironisch lobend, wie etwa: ə˜ saftiger; ə˜ *Wiəché;* (Sterzing). VII Com. M. 1. E. 24: *büghe, büüghe,* üppig, geil, fett, dicht (v. der Saat, dem Grase), folto, grasso, lordo. Bar sagtense eèt lofeen un eèt chenxen bia tuünt de Hasen vor di *buughen* seète, (durch die fetten Saaten). Cf. Stalder II, 457: wüed, vegetus, geil (vom Erdreich), luxuriosus; schwed. vig, behend, geschmeidig; agſ. văcan, vôc, oriri, nasci. 'Zeitschr. VI, 205 und Lexer, kärnt. Wbch. 260; *wüeche,* von Speisen: ausgiebig, fett; vom Getreide: dicht beisammen, reichlich; die *Wüeche,* Ergiebigkeit.' Vgl. Wuecher und fêig.

Die Wochen (Wóchə˜), wie hchd. Woche; (mhd. woche, ahd. uuehha — und schon mitunter uuocha, goth. vikô, wie wollen aus uuellan, komen aus queman, kone aus quena, wol aus wel ꝛc., wo das **uu, u** den anschließenden Vocal ergreift. Vgl. auch wunne aus vinja, engl. woman aus wîfman, im Plur. women noch das i ausgesprochen, sword aus agſ. sveord, world aus weorold; ferner: lat. socer aus suecer, svaihra, soror aus suesor, svistr, zuster, goth. vaurms aus vermis. Grimm I^3, p. 52. 86. 342. 390. Graff I, 701. BM. III, 797. Weigand, Wbch. II, 1098. Zeitschr. II, 420,31: niederd. *Wêke;* IV, 132,82). Vrgl. Th. I, Sp. 437 f. Birlinger 434. Auf d· *Wochə˜*, künftige Woche. Abweisende R.A.: Ja, auf d· *Wochə˜*, mit oder ohne den Beysatz: fán' á' féchs Tág. Untəʿ dəʿ *Wochə˜*, außer den Sonntagen. Die Mittwochen, corripiert in Mittichen, Midchen, Michen, Michten, Mickten ꝛc. Vgl. Th. II, Sp. 1691. Am eritag und an der mitwochen (Wstr. Btr. VI, 149), an der mittichen (Cgm. 544, f. 50), an der midchen (MB. XXIII, 46. 264, ad 1314), von dem eritag bis an die micken (Wstr. Btr. VI, 149), an der micken (Cgm. 816, passim), an der michtun, an der michten (MB. XVII, 113. XXII, 250. 281, ad 1323), die mickt (Voc. v. 1429), die aschrig mickt (MB. XVII, 136). (Ahd. Sp. mittuuocha, dies Mercurii; gl. o. 114: in mittauuechun, in quarta Sabbati; Notk. Ps 93,1). Allmählich hat das hinzugedachte Tag das Masculinum vorherrschend gemacht: des mitichen (MB. XVII, 320), am mittichen (MB. II, 32, ad 1371. Cgm. 815, f. 163. Kr. Lhdl. I, 151), des mickchen (Cgm. 815, f. 4), des michen (ad 1335, MB. XVII, 312. XXIV, 122. XXV, 13), des michenz (ad 1313, MB. XVII, 310), auf den micker (Kr. Lhdl. IV, 77). Heutzutage ist der Mittwoch (Mittichə˜, Midchə˜, Mirchə˜, Mitkə˜, Micktə˜, Mickt·n, Mickə˜ — ə guədəʿ Kir'tə' daurt bis ə˜'n Irtə', kà˜ si' schickə˜, bis ə˜'n *Mickə'* —, O.Pf. Midwə˜, Mi'wə˜, Michə˜) so ausschließlich üblich, daß das hchd. die Mittwoche sogar auffallend gefunden wird. (Eine Deutung der Formen Mirchəʿ, Miʿckəʿ, als ob von Mercur, wie franz. mercre-di, — wäre wohl sehr unstatthaft). Der *houhh Mickə˜*, Mittwoche nach Pfingsten. Cf. I, 437. II, 1691. Die Käswochen, s. Th. II, Sp. 1299. Die Sechs Wochen, die Sechswöchnerin, auf dem Lande in diesem Sinne nie blos die Wochen, die Wöchnerin. Die Werkwochen (Werch-, Wer'wochə˜), die aus lauter Werktagen besteht, namentlich die letzte derley Woche vor Weihnachten. An ihrem Montag pflegen an der O.Isar die Besitzer von Bauergütern ins Wirthshaus zu gehen, um, wie sie sagen, die Werkwoch anzutrinken oder anzudingen, oder der Bauern Dinzeltag zu halten; vrgl. Geud-wochen, 12
II. Th., Sp. 862. Der Wochen-Sack, Vorrathssack der Holzarbeiter in den Salinen-Waldungen, welcher gewöhnlich sieben Pfund Mehl und drey Pfund Schmalz enthält, wovon sich der Mann eine ganze Woche lang sein „Holzmues" bereitet. wochnen, wochenweise im Dienst abwechseln; den Wochendienst haben. Der Wochner, der den Wochendienst hat; MB. XVII, 136. BM. III, 798. Birlinger 434.

Der Wuecher (Wuəchəʿ, o.pf. Wouchəʿ), a) wie hchd. Wucher, d. h. Gewinn, der für unlöblich, unredlich oder unerlaubt gehalten wird. b) (ä. Sp.) Zinsprocente von dargeliehenem Gelde, die weiland den Juden, als ihrerseits stark in Anspruch genommenen des heil. römischen Reiches Knechten, nicht aber den Christen — wenigstens nicht unter diesem Titel, (vrgl. Gesuech und Gelt) — zu bedingen und zu erheben erlaubt war. Cf. Graff I, 728: wuoch. „Per (curiam; Graff: ouram) insolentem, uuochun." „De fructuum supercrastina repositione, buchern;" Clm. 17188, f. 53. A°. 1400 erklären die Münchner Juden dem Magistrat, „sie wollten bloz nichts anders treiben dan gelt umb wuecher leihen, als Juden von recht tun sullen;" Wstr. Btr. VI, 116.

„Haubtguet und Wucher," Capital und Interesse; MB. XXII, 687. „Daß vom Anlehen kein Wuecher noch Gesuech" (kein Interesse) soll genommen werden, will das L.R. v. 1516. „Ließ man den juden iren wucher tausent die enphiengen die tauff;" Br. Bertholt, Ebersb. 58, f. 112. „Den Wucher geben, usuras dare, exsolvere;" Voc. v. 1618. c) mhd. der und daz wuocher, ahd. uuuochar, goth. vôkrs, Wachsthum, Zuwachs, Frucht, Gewinn überhaupt. Graff I, 680. BM. III, 452. Weigand, Wbch. II, 1107. Birlinger 435. Vgl. ags. wäcan, wôc, entstehen, nasci, oriri, und s. oben: wieche. „Bis gegrüezt Maria vollew gnaden, got ist mit dir, du bist gesegnet ob allen weiben, und gesegnet ist daz wuocher deines leibes," betete der Bayer v. 1402; Cgm. 87, f. 124. „Uber elliu wip soltu gesegen sein und daz wuocher des bouches dein;" Anegenge, hgg. v. Hahn, 30,50. „Da Elisabet nehein wuocher gebar;" Wernher's Maria p. 119. „Fone dem wuchere weizes, a fructu frumenti;" Windb. Psalter. Der Wuecherstier, (schwäb.) Zuchtstier. Birlinger 435. wuechern, (ä. Sp.) gewinnen, foenerari; Graff I, 681. BM. III, 453. „Der div zwai phunt het genomen, der tet alsam und wuochert ander zwai;" Cgm. 64, f. 47.

Das Wachs, wie hchd.; (mhd., ahd. wahs; Graff I, 690. BM. III, 461. Weigand, Wbch. II, 1005). In ein Wächslein (Wäcksl) drucken etwas, es sich wohl vormerken, besonders um sich deshalb gelegentlich zu rächen. „Fürstliche Gnaden werden solches (dem Ausschuß der Landschaft) zu großen Ungnaden ingedenk seyn, und in ain wächslein truckhen; Ldtg. v. 1514, p. 465. Schwerlich ist dabey an die alten, noch im XV. Jahrh. üblichen Schreibtafeln aus Wachs (tabulae ceratae) zu denken, in die man mit Griffeln grub oder schrieb, und deren noch einige namentlich in München, Hannover, Genf, Florenz bewahrt werden, bis 1800 auch in Nürnberg vorkamen. („Die namen schreib er alle an ein wahs;" Amis, V. 1263. „Dô si scriben wolde, mit angesten plânete sie daz wahs;" Eneit 10454. „Ube ih mit minemo grifile an einemo wahse gerîzo formam animalis." „So wazton sie iro griffela unde blânoton iro tabellas;" Notk.). R.A.: Das ist kain Wachs, keine
13 Kleinigkeit, (vielleicht vom Wachs zu Kerzen, das durch geringere Zunftstrafen zu reichen auferlegt zu werden pflegte). Auch zum Besten der Pfarrkirche pflegen Brautleute, die mit ihrem Gefolge, oft aus Ostentation, den Pfarrer, der sie einsegnen soll, über die hiezu allgemein festgesetzte Stunde (10 Uhr Morgens) auf sich warten lassen, um ½, 1—2 Pfunde Wachs, oder den Betrag dafür, gestraft zu werden. Die Wachsstraff, (nach einer wirzb. Verord. v. 1693) von Fornicanten und Ehebrechern, der Pfarrkirche in Geld zu erlegen, galt vielleicht als Surrogat des frühern Leuchtens mit brennenden Wachskerzen vor der Kirchthür. Sieh Brechen, I. Th., Sp. 339. Der Wachsläuber-Bâum (Wackslâbəˢbám, Ob.-Isar), Stechpalme. Vielleicht zu wächs, acutus, gehörig. Das Wachszaichen, (ä. Sp.) Siegel. Augsb. Stdtb., Cgm. 559, fol. 42. Der Wachsler. „Lebzelter und Wachsler" (in einem Markt Niederbayerns); Landbote 1841, Nr. 355. wächsîn, wächsen (wácksĭ˜, wácksə˜), adj., von Wachs, wächsern; (mhd. wehsîn, ahd. uuahsîn; Graff I, 690. BM. III, 461. Weigand, Wbch. II, 1006. Zeitschr. VI, 418,23: wichsern). „Ain wächsiner Fueß ꝛc.;" Benno-Mirakel 1697. ə˜ *wácksə˜s* Gsichtl, zartes, blühendes Gesicht (meist ironisch). Denk də' 's, wie də *Wácksə˜n!* grobe Abfertigung auf eine Frage. „Das wechsen mendlein trosten und krenken," (Cgm. 523, f. 233); „das wischen mendlein rosten und krenken von pulliebe," (Cgm. 234, f. 153), — abergläubischer Zauber, vergleichbar dem von Dr. Hartlieb (Grimm, Mythol. LXII. LXIII; 2. Aufl., p. 1045 ff.) angegebenen mit dem „pild und atzman von wachs." „Machet er ein pild, daz man nent ein mændlein;" Gesta Romanor., Cgm. 54, f. 81ᵃ, (Keller p. 160). Aus dem alten uuahsian, incerare, kommt wol, durch wechsen übergehend, unser wichsen.

wachs in der scherzh. R.A.: Dés is nét *wácks*, nicht wahr. Eben so räthselhaft wie: Du håst lècks, (hast recht).

wachsen (Condit. wachset und wüechs, Partic. gewachsen; Nord-O.pf. wass'n, g'wass'n), a) wie hchd.; (mhd. wachsen: Praet. wuohs, Partic. gewahsen; ahd. uuahsan, Praet. wuohs, Partic. giuuahsan. Graff I, 682. BM. III, 461. Weigand, Wbch. II, 1006. wohsen, Cgm. 17, f. 3. 172ᵇ. Oberalt. 13, f. . . ; cf. gewohenen statt gewahenen). R.A. Einem ins (ans) Herz gewachsen, sehr geliebt von ihm; (Jir.). gewachsen, erwachsen, adultus. ə˜ *gwachs'ns* Kind, Ros, Kalb etc. „Dâ gewahsen wîp dem jungen man ir lîbes gan;" Ulrich's Tristan 1797. halbgewachsen. über halbgewachsen. selbsgewachsen. „Marktschreyer, Quacksalber, selbsgewachsene Ärzte," (die sich ohne Beruf als solche gerieren); Dr. Minderer, Augsb. 1620. Sonst galt selbwachsen für roh-natürlich, ungeschliffen, (Walther 101,23); sieh selb, III. Th., Sp. 266. BM. III, 462. b) (von dem zum Brauen bestimmten Gerstenkorn) keimen. c) (Ob.-Isar) Es wächst Eis, es gefriert. ən Eis is *gwachs'n* ei˜ meiné Stif'l. Es wächst Ram auf der Milch. „Aschaffenburg, 20. Januar 1841: Heute ist die sogenannte Oberwächse hier eingetroffen; der Main treibt sehr stark mit Eis;" Landbote, 1841, Nr. 25. d) gerathen, kommen. Las's nachəˢ *wachs'n!* (nemlich eine Last, die man mit einem Andern fortrücken will), schiebe sie nach. „Der seinen menschleich samen ân ein frawen lât wachsen;" Cgm. 1113, f. 124, de pollutione. An einander oder gegen einander wachsen, (mit Zank oder Feindschaft hart) aneinander gerathen. Er ist an mich gewachsen, furiose me impetiit;" Pez. „Beede aber, Pfleger und Salzmair, sint hart aneinander gewachsen;" Lori, Brg.R. p. 347. Birlinger 428. „Etliche officier sind mit bloßen Degen an einander gewachsen;" Cgm. 4906, f. 665. „Die Partheyen sind in langwirige Rechtfertigung und Unkosten gegen einander 14
erwachsen;" L.Recht v. 1553, fol. 50. „In Schulden wachsen;" Ldtg. v. 1605, p. 22. Kr. Lhdl. XVI, 351. „Wann die Urtail an das Kammergericht wuchsen," wenn davon an das Kammergericht appelliert würde; Kr. Lhdl. XIII, 191. „Da dann der Handel in einen Verzug gewachsen;" Kr. Lhdl. XI, 56. „Die Geldbuße soll der hochfürstl. Kammer anwachsen;" Wirzb. Verord. v. 1658. Das, der Wachsend, Wachset, der wachsende Mond. „In's Mertzen Waxat, in des April Waxat, in Allerheiligen (-Monat) Waxat;" Gartenregeln im CbmC. 22, f. 265. Der Beinwachs, das Beingewächs, (bei Pferden) „geschwulstiger Auswuchs der Knochenmasse;" Grimm, Wbch. I, 1386. 1388. „Blôzgallen, beinwachs („peinwachst") unde spat" (als Pferdefehler); S. Helbling VII, 746. BM. III, 463. Das Durchwachs, (herba) perfoliata. Diefenbach 9ᵃ: acetabulum; 426ᵃ: perfoliata. Nemnich I, 724: bupleurum rotundifolium; II, 440: lonicera caprifolium. Der, die, das Hârwachs, das sehnichte Ende des thierischen Muskels, nervus, cartilago. Cgm. 649, f. 531. 653, f. 325. 655, f. 336. „Nervus, harwachs;" Clm. 4394, f. 175. Musculus proprie harwachs;" Clm. 5579, f. 128. „Harwachs das gesotten ist;" Cgm. 601, f. 108. „Arteria, hals oder harwachs;" Poll. 801, f. 4. „Dat ess Fleisch esu frihd (zähe) we göäl *Hôr* (Sehnen im Fleisch);" Firmenich I, 476,157. Der Waltwachs, Waltenwachs; Grimm, Gesch. d. d. Spr. 666: ahd. waltowahso, nervus, (Graff I, 689), fries. *walduwaxe*, wangersch *wáliwax*, ntr., plattd. *hårwas;* Ehrentraut, fries. Archiv I, 366. 403. Diefenbach 379ᵃ. BM. III, 463. Graff I, 689. Weigand, Wbch. II, 466. sieh Th. II, Sp. 1147: Harwachs. „Unkeusch schadet zumal fast den waltenwechssen vnd den ougen vnd macht bald alt;" Cgm. 276, f. 73ᵃ. Der, das Holzwachs, Waldung, Waldgrund. Der Hof hat vil Holzwachs. „Vor jahren, als noch

die Holzwaren so schitter nit gewesen;" Hofkammer-Ord. v. 1640. „Die Holzwachs," Nom. pl.; Kr. Lhdl. IX, 230. Der Erlwachs, Erlengehölz. Das (die) Weinwachs;" MB. XXV, 148. „Da lac wînwähse harte vil;" Wigalois 4538. „A°. 1380 hat Herzog Fridrich zu Landshut die Weinwachs am ersten angefangen zu bauen;" Arnpeck. „Swenn missewehse raup und prant verderbent beide leute und lant;" Renner 14437. „Von der missewechste (dem Miswachs) ze Österreich, ze Payren" ꝛc., a°. 1361; Cgm. 1113, f. 36ᵇ. cf. uuahst, giuuahst fem. der ahd. Spr., (diese hatte auch noch andere Subst.-Ableitungen, als z. B. uuahsmo, uuahsmida), mhd. diu wahst, wehsede, gewähste. Graff I, 688 ff. BM. III, 463. „Welcher ewer mag gedenken das er setze zu seiner gewächste einer hende lang;" Clm. 12392 (XV. sec., 1478), f. 88. s. d. folg. Gewächs, b. und die Gwiechs. Das Gewächs (Gwácks), a) wie hchd. Wenn sich beym jungen Knaben die Hoden hinabsenken, wodurch ihm in den Schenkelbügen Beschwerden verursacht werden, sagen gemeine Leute: Dᵉ Buᵉ hàt 's *Gwácks.* b) Wuchs, Wachsthum. „Damit das Holz zu dem Gewechs seinen Raum und Luft haben mög;" L.R. v. 1616, f. 744. „Von ungewehsse (Miswachs) hunger dulden;" Cgm. 1111, f. 90ᵇ. Die Gwiechs (Gwiex), „der hochgeschnittene Rückentheil am Kamisol der Bauernmädchen;" (wol das ahd. diu giwahst, gen. — i, die Gewéchst, la taille). „Sagts, um mö (mé) habts denn d' *Gwiex* drobn bei der Üechs'?" Kaltenbrunner, Ged. p. 20. 206. gewächsig (gwácksi), adj., und gewechsig (gwécksi'), a) gerne wachsend; b) groß gewachsen. Is von ə˜əᵉ *gwáchsingə˜-r-* Art, eines Schlages von großem Wuchs; (ObrM.). „Reißholz ist an ihme selbst gewechsiger dann das Nadelholz;" Neuburg. Forst-Ord. v. 1690. „Die Prügelwege erfordern das schönste gewächsige Holz;" Zirngibl, Pr. Hainspach. „Wichsiger, unwichsiger Grund und Boden;" Wirzb. Forst-Ord. v. 1668. (Die ahd. Sp. hatte uuahsmig, adj., uuahsmundig, adj., dieses noch schweizerisch. Graff I, 690). halbwächsig, adj., halb ausgewachsen.

wächs, (wácks, wäss), acutus, acer, scharf; (mhd. wahs, ahd. uuahs, öfter und richtiger was, uuas, huuas, genit. huuasses; mitunter huuaz; isl. hvass und hvat-r; ags. hvät; die Form mit z oder t einem gothischen hvat-s, die mit ss einem gothischen hvat-th-s — ¿hvatiths von hvatjan wetzen? — entsprechend. Graff IV, 1240. BM. III, 532). „uuahso (statt
15 uuahsor), acutior," gl. a. 313. „Diu uuáhsen gescóz," Willeram. „Strale dine wahse, sagittae tuae acutae;" Windb. Psalt., Cgm. 17, f. 70, Ps. 44,10. „Die strale des mahtigen wahse, sagittae potentis acutae;" das. f. 182, Ps. 119,4. „Suert uorewahse, gladii ancipites;" das. f. 205, Ps. 149,6. „Von den mezzirin alsô wahsin, wurdin sie geheizin Sahsin;" Annolied, V. 341. „S. Hieronymus zoch sich umb mit blossem leib in schroffen und dornen und wächsen stainen;" Cgm. 632, f. 40. Wächs-Egg, Wächsenstain, Namen von Bergen. „Wachse Voucht," scharfe Feuchtigkeit; Cgm. 723, f. 203. 206. Cgm. 724, f. 183. In einem Freysingischen Hexenproceß v. 1717 bekennt ein armer Teufel, daß er mit dem bösen Feind Unzucht getrieben, so zu ihme in Gestalt eines Weibsbild khommen, und diese an ihrem heimlichen Ort kalt und wäx gewesen;" Aretin, Btrge. v. 1805, p. 276. 278. 288. „Ob ainer seinem Ross somerszeit wächse Eisenstollen ließ oder machet;" Rorbacher Roßwacht-Ehaft. Dörner, Disteln, ein Weg voll spitziger Steine, ein rauhes Hemd und drgl. sind wächs, (indem sie stechen). Zeitschr. VI, 346. „Hirsutus, wäcks oder rauch;" Windb. 170, f. 433ᵃ. „Also der wächse dorn sticht, also der zornig sich erricht;" Cod. Moll-Oldenbourg; cf. Asp. 49, f. 127. „Die wæchse bruke," (nemlich „si was beslagen mit isnein dornen"); Tungdalus, hg. v. Hahn 50,51. „Also die wæchsen nadel stechent die wurme;" das. 53,13. „Die chrawidstauden ist gar wechs," Br. Berchtolt, Cgm. 1119, f. 14. Cf. wahsolter unter wechel und vgl. Wächsläuberbaum. *Wáckſé* Strick'n, Streiche, Schläge, die wohl empfunden werden. Ein wächser (strenger) Winter, Herr, Lehrer ꝛc.; ə˜ *wáckſé* (starke, gellende) Stimme; ə˜ *wáckſə'* (kräftiger, pikanter) Wein; ə˜ *wáckſə'* (lebhafter, muthiger, kräftiger) Mensch. „Ein paar wächse Prälaten, die brav auf ihre Autorität gehn;" Bucher's Kinderlehre (1781) p. 59. Birlinger 195. Buə', dés is *wácks!* a) schwierig; b) herrlich, trefflich. *wácks* auf! frisch auf! *Wácks* dà sey˜, aufbegehren, expostulieren. Dé Dieᵉnə˜ sán' grundlousé Trüməᵉ .... z' Liechtmésn wá'n s' dècht no˜ *wácks* dà. Der Wächsläuberbaum, Stechpalme; (sieh auch Wachs, cera, oben, Sp. 837). Die Wächsen (mhd. wahse, wasse, ahd. uuahsa und uuahsi; Graff IV, 1241. BM. III, 532), acies, acumen. wächsen (wácks'n), schärfen. Hufeisen wächsen, d. h. die Stollen daran scharf, spitzig machen, oder auch Ross wächsen, sie scharf beschlagen. D' Ros sán *gwáckst.* Birlinger 423. aufwächsen, (Göschl) auftreiben, excitare; „Putiphar ließ durch den Policeyansager alle Zigeuner, Wahrsager und Kalendermacher aufwächsen;" Genesis 41,8. bül-wächs, adj., (ä. Sp.) das Gegentheil von wächs, d. h. stumpf, weich, hebes. BM. III, 532: balwas. „Obtusus, pülbegs;" Clm. 5387, f. XV. „Dy spitz der seg und der häwen sind pülwegs worden, das si spitzens bedurfen;" Cgm. 321, f. 74ᵇ. (Cf. „Miner fiende gewafen sîn also palwahse, als sant Marien vahse;" Segenspruch in Hoffmann's Fundgr. I, 343. 358). Die pulwächsen Nägel, die durch Christi Hände und Füße geschlagen wurden, finden sich oft andächtig erwähnt, z. B. Cgm. 73, f. 33. Cgm. 121, f. 88. Cgm. 124, f. 21. 77. bülwächsen, verb., hebetare; Cgm. 665, f. 2. Der bulwechs, die bulwechsin der Beschwörungsformel in Grimm's Mythol. p. CXIV scheint mit bilwiß verwechselt; (vgl. 2. Ausg. p. 441: palo-huas, bal-was, übel scharf). sieh unten wiß. fürwächs, was g'schnappi' (s. oben, Sp. 577), sagax; (Dr. Sepp).

Der Wechsel (Wèckſl), wie hchd.; (mhd. wehsel, 16
ahd. uuehsal, uuexsal, uuihsal, vices; persona vel res vicaria vel aequivalens; commutatio, concambium. Graff I, 714 f. BM. III, 548. Weigand, Wbch. II, 1029. Vilmar, kurheß. Idiot. 443). Wechsel des Wildes, (wo es seinen Gang hin und wieder zu nehmen pflegt). Wechsel an einer Brunnen- oder Wasserleitung, (wo zwey Stücke an einander stoßen); Hahn an einem Faß; Schließklappe an der Röhre von Zimmeröfen. „Ein Bleyrohr an den nächstgelegenen Wechsel anstecken;" Münchn. Feuer-Ord. v. 1751. „Jetzt reib ich auf die Wechsel," (drehe die Hähne auf); Charfr.-Proc. 176. Wechsel, (Jir.) wo zwei von entgegengesetzter Richtung kommende Risen in die Hauptrise zusammenlaufen; Markzeichen für die Schiffleute auf der Salzach, daß sowohl rechts, als links kann gefahren werden. Wechsel als Abgabe von gewonnenem Silbererz; Kr. Lhdl. XII, 260. 262. Auf der Wechselbank sitzen, nach Belieben kommen und gehen, Wstr. Btr. IX, 315; „populo et scenae servire," Voc. v. 1618. Das Wechselgeld, das, aus böser Leute Händen eingewechselt oder eingenommen, Einem wieder aus der Tasche wegkömmt, ohne daß man weiß wie. Wer solcherley Unstern befürchtet, nimmt zwar gerne, aber nicht von Jedermann gleich gerne, Geld ein, noch viel weniger gerne wechselt er; besonders vor durchlöcherten Münzstücken ist er auf seiner Hut. Vrgl. Grimm, Mythol. 572; 2. Ausg. 971. Wechselkind. „Von der unnatürlichen grossy des haupts der kind, darumb man si wechselkind haist"; Cgm. 601, f. 104. „De puerulis quos vulgo cambiones nominant;" Guillelmus Parisiensis, de malignis spiritibus, Aug. eccl. 121, f. 215. Vrgl. Grimm, Mythol. LXVII; 2. Ausg. p. 437. wechseln, wie hchd.; (mhd. wehseln, ahd. uuehsalôn, uuihsalan, uuihslan. Graff I, 737. BM. III, 550. Weigand, Wbch. 1029). ausgewechselt oder wie ausgewech-

selt seyn, (von Kindern) ungewöhnlich böse oder doch lebhaft seyn, thun wie ein Wechselbalg. umgewechsleter, adv., indem man umwechselt; Weixer 524. 'wechsellich, adj. und adv., wechselsweise; BM. III, 550.' „Zweier hande tugende wechsellich („wesselich") het der guote sente Uolrich, harum duarum virtutum vicaria utebatur successione;" Cgm. 94, f. 36ᵇ, St. Ulrich's Leben, V. 344.

Der Awechsel (animal mortuum, cadaver, nach Exod. XXI, 34). Graff I, 522. 1077. BM. I, 74: âwesel, âwasel; s. unten: Awas und vgl. Th. I, Sp. 12: Abars. Grimm, Wbch. I, 1046: Awasel; cf. 34: Abersel, servus squalidus (?). „Der âwehsel blîbet jenem, der daz vihe dâ gelten muoz;" Br. Berhtolt 94. 95, (Pfeiffer 287,1.7.23. cf. 256,35. 257,3), Cgm. 1119, f. 16. „Der abars beleib den dez dy cystern was; Br. Berhtolt, Ebersb. 58, f. 114. Sonst hat dieser dunkle Ausdruck die Formen awasel (Schilter, Schwabensp. 235), der abas, des abasen (Cgm. 510, f. 67. 71), „irslagenin âuuêisin, occisa cadavera," Notk. Ps. 62,11.

Die Wechsel, (Gebirg) die Wespe; vrgl. oben, Sp. 830: Webes und unten: Weichsel.'

Weichs, Eigenname einiger Ortschaften (Dörfer, Schlösser) in Bayern, welche in der ahd. Sp. UUîhs (gewöhnlich im Dativ: UUihse) heißen, MB. I, 371. IX. X. XI. XIV. ꝛc. Register. Meichelbeck, H. Fr., Register. Grimm III, 418. Förstemann II, 1510 f. Vgl. auch Moraweis, Totenweis, (wie Des statt Dächs, s. Th. I, Sp. 483); Förstemann II, 1360. „Dedicatio ecclesiae S. Odalrici Morenwis; Clm. 5509 (XIII. sec.), f. 16. s. unten: weis und vgl. slaw. wes, krain. vas; (Kopitar). Dieses Weichs entspricht genau dem Neutrum veihs, genit. veihsis, welches Ulphilas mehrmals für κώμη, vicus, einmal für ἀγρός (in Verbindung mit haims κώμη und baurgs πόλις, Marc. VI, 56) braucht. Cf. Grimm, Mythol.² p. 751. Als Appellativ aber kommt es in unserer ahd. Sp. nicht vor, — falls nicht etwa daraus entstellt ist das uuih oder uuich, von welchem der genit. uuiches (bey Otfr. II, 7,18. IV, 5,38) und der acc. plur. masc. uuicha, vicos, gl. i. 1231 vorkommt, und zu welchem ohne Zweifel auch die Ausdrücke Weichbild und Weichfrid (Burgfried) und manche niederdeutsche Ortsnamen, z. B. Brüns-wîk (Braunschweig) gehören. s. oben: Weich.

Der Weichsel, (Zir.) die Königin der Bienen; hchd. Weisel.

17 Die Weichsel, a) wie hchd., d. h. Art saurer Kirsche; (gl. o. 12 uuihsela, cromella; cf. ital. visciola, neugr. βίσινον, altfr. guisne, guigne, slaw. wischnja. Graff I, 738. BM. III, 650. Weigand, Wbch. II, 1037. Diez, Wbch. 373). „Weigsel und amelper sind chul und feucht;" Cgm. 4543, f. 207. „Weixl: Os in corde gero, latet intus vineus humor;" Furstenf. 185, f. 98ᵇ. „Die Weichslen und Amarellen seind küel und feucht;" Ortolph. b) Stoß, Einem mit der Faust zwischen die Schultern versetzt.

'Weichselzopf, s. Wichtel.'

'Die Weichsel, der Fluß, hieß in der ä. Sp. Vistel (v. lat. Vistula). Förstemann II, 1560.' „Im Teutschland sind fünff haupt wasser allein: elb, oder, fistl, thonaw und rein;" H. Sachs 1612: II, II, 229.

wichsen, a) mit Wachs, und sofort wol auch mit andrer Schmiere, Pomade ꝛc. bestreichen, glatt, glänzend machen, putzen; (ahd. wahsian, Graff I, 690; Weigand, Wbch. II, 1071). Zeitschr. II, 90,17. *Zsamgwickst, aufg'wickst*, aufgeputzt. Grimm, Wbch. I, 778. b) Einen, ihn ausstaffieren, versehen. „Daß Chr. eine neue Lehr aussträhe, so gar mit Zauber und Teufelskünsten gewixt sey;" P. Abraham. Aufwichsen Einem etwas, ihn mit etwas regalieren, es ihm verehren. Grimm, a. a. O. c) Einen, ihn mit (Peitschen-, Ruthen-) Streichen regalieren; 'auch abwichsen, Grimm, Wbch. I, 154. Vilmar, kurhess. Idiot. 451. Zeitschr. III, 187,35. 190,66. 368,63. 523,11. IV, 48,62. verwichsen, durchwichsen; Zeitschr. II, 90,17. 368,63. 523,41. IV, 48,62.' abgewichst (à'gwickst), durchtrieben, verschlagen, erfahren (in bösen Streichen). Castelli, Wbch. 267. ən *Ausgwickstè, Durchgwickstè*, cf. Schlagerin, Peitschen. d) herumwichsen (von Weibspersonen), der Vulgivaga dienen. e) schreyen wie die Eule; Simpliciss. v. 1668, p. 309. cf. wicken. Die Wichs, Wachsschmiere. b) Dienerin der Vulgivaga. c) plur., Streiche, Hiebe, -- wol vom Singular der Wichs. Weigand, Wbch. II, 1071. Zeitschr. III, 523,11. Der Wichser, 1) ein Anflug von Trunkenheit, Hieb; 2) Einer, der (im Wirthshaus) aufgehn läßt. Seidl, Flins. III, 85. 125. 'Castelli, Wbch. 267: „á *Wixá'*, án *Aufwixa'*, das, was man galant homme nennt."'

Die Wuechste, in ältern Handschriften öfter statt Wüeste. König Manuel (der mit allem Volk zum Priester Johann gezogen) „hat sein land wuchst gelan; des mus es ein namen han, und haißt die wuchst Romaney;" Cgm. 1113, f. 91ᵇ. Vrgl. Gramm. §. 434.

---

wechst, wegst, '(für hchd. wenigst? s. unten: wenig. Oder dürfte bei den folgenden Stellen an den Superlativ des alten wæger gedacht werden? s. unten: wæge, gewæge).' „Dafs da Bach dö bisl Gründt nit frisst, magst *die wechst* (die wenigsten?) nit dawöhn mit Vawerchn;" v. Kürsinger, Ober-Pinzgau (1841), S. 173. „Es gang da dawechst („fast") örga, als wae;" das. 176. „Eana Grörath ist ja *wegst* neama zan Anhörn gwesn;" ebendas.

Die Wacht, wie hchd.; (mhd. wahte, ahd. uuahta; Graff I, 677. BM. III, 451. Weigand, Wbch. II, 1006). Der Dialekt braucht Wacht auch da, wo die hchd. Sp. Wache setzt. Die Bürgerschaft zu Regensburg ist in (8) Wachten eingetheilt, über deren jede ein Wachtherr (schon im XII. Jahrh., MB. IX, 481, kommt ein wahtmagister vor) gesetzt ist. cf. Freyb. Samml. hist. Schr. III, 77. Das Wachtgeding, (in Regensb.) Versammlung der ganzen Bürgerschaft nach den acht Wachten oder Quartieren der Stadt. Gem. Reg. Chr. II, 252. cf. Th. I, Sp. 519. Die Rosswacht, sieh III. Th., Sp. 152. Die Scharwacht (von Mehrern), entgegengesetzt der Schildwacht (Einzelner). Der Schiltwächter, Fronsp. 1555; sieh III. Th., Sp. 406 f. 444. Der Wachtmaister in einigen Armeen überhaupt noch, was in andern Sergent; bey uns jedoch nur mehr in der Reiterey. Obrist-Wachtmaister in der höflichen undienstlichen Rede für Major (auch der Infanterie) üblich. In dem wirzb. Dienstreglement v. 1772 steht unter dem Obrist-Wachtmeister ein anderer Officier mit dem Titel Wachtmeister-Lieutenant. Der Wachtspieß, s. Th. III, Sp. 688.

wachten, Wache halten; (mhd. wahten, ahd. uuahtên; Graff I, 678. BM. III, 452. Zeitschr. III, 392,2). „Der Obanschaffer sol abends zuvor anordnen, um was Stund man vor Tags zu der Arbeit aufstehen und aufwachten solle;" Lori, Brg.R. 392. „Die Dörrstuben die Nacht verwachten, (dabey Wache halten); L.R. v. 1616, fol. 592. Einen Todtgefundenen verwachten, bis das Gericht kommt. Einen Arrestanten verwachten. Im Januar, Februar 1847 mußte die Andaluza Lola Montez durch Gendarm *və'wacht't* wér'n vor dem unwirschen Volke. Der Wachter, hchd. Wächter; (mhd. wahtære, 18
ahd. uuahtâri, Graff I, 679. BM. III, 452. Weigand, Wbch. II, 1006). „Der Wachter soll al stund ausrueffen: Merckt ihr herren und last euch sagen, die glock hat (z. B.) sechse geslagen. hüets Fewr. wolhin gueter

sechse; Scheirer Dienst-Ord. (sec. XV.), Cgm. 698, f. 36. „Omnes Vigiles non sunt communicandi propter quod vendunt requiem et debent jejunare 4 vigilias beatae Mariae V. in aqua et pane et orare 17 pater noster ...“ etc.; Cod. Thierh. 104, f. 148. San-Zenon. f. 6? a fine. ZZ. 1832, f. 45b. Windb. 109, f. 153, (cf. Th. IV, unter Zucht).

Die Wachtel, wie hchd.; (mhd. wahtel, ahd. uuahtala, uuahtula; Graff I, 678; BM. III, 463. Weigand, Wbch. II, 1006. Zeitschr. V, 76. Birlinger 423 f. Vgl. IV, 650: quattala. Haupt's Zeitschr. VI, 333). Br. Berhtolt sagt p. 225 (Pfeiffer 40,25) zu einer „Trüllerin“ (Kupplerin): „Dû wahtelbein des tiuvels, dâmit er manige sêle væhet.“ Er meint wol das Pfeifchen von Bein (aus dem Schenkelbein der Gans), wodurch der Jäger der schlagenden Wachtel antwortet, um sie ins Netz zu locken, den sogenannten Wachtelruf. BM. I, 101. „Deceptorium diaboli, wachtelpain;“ Clm. 12654 (XIV. sec.), f. 25. „Ir valsches wachtelbain hat böser list vil;“ Cgm. 714, f. 165. „Sust verirrt ez als ein wahtelbein;“ Haupt's Zeitschr. VIII, 585,1210. Grimm, Mythol.^{2} p. 949.

wachteln Einen, ihn ausfilzen, schelten; ihm Streiche versetzen. Die Wachtl, Ohrfeige; (Isr.). Vrgl. wächeln.

Das Gewächt (?). Ein Schiff fassen, laden „unz an daz gewächt;“ Lori, BR. 42.

1) Der Wicht, wie hchd., z. B. bœser Wicht, Bœswicht &c. Grimm, Wbch. II, 256 f. BM. III, 651. böswichtig, adj.; Sigl, Gesch. der Münchner Geiseln p. 43. 2) Das Wicht (mhd., ahd. wiht, ntr. und msc., goth. vaiht, ntr., und vaihts, fem.; Graff I, 730. Grimm, Mythol.^{2} p. 408 ff. BM. III, 650. Weigand, Wbch. II, 1071). „Ich unreiniz wicht;“ Diut. I, 13. „Du vil unreines wicht;“ Cgm. 577, f. 187. „Ir posen wicht,“ diaboli; Cgm. 47, f. 136. 171. Armu uuihti, krumbu uuihti, Otfr. II, 16,17. III. 9,5; (einmal [IV, 6,23] wegen der folgenden Vorsylbe ir ungewiß, ob uuihti oder uuihtir), arme, krumme Personen. In Westphalen höre man bey der Geburt eines Mädchens: et is man en *Wicht*, berichtet Greverus, Stud. der ags. Sprache (1848) p. 14. Zeitschr. II, 96,42. 423,132. III, 273,15. 556,10. IV, 25. 35. 133,92. 262, II, 2. V, 144,17. 275,3. VI, 279,19. 431,88. Dimin. Wichtlein, Wichtelein (Wichtl, Wichtələ˜), a) das Bergmännchen, der Kobold. Grimm, Mythol.^{2} p. 409 ff. 428. 433. 442. Panzer, Beitr. z. d. Mythol. I, 40. 42. 116. 155. 181. Vilmar, kurhess. Idiot. 452. Vgl. dänisch: Wette, Elfe, Gnome; Wettelys, Irrlicht. Über den Wichtelzopf, Weichselzopf s. Grimm, Mythol.^{2} p. 433. 442. Weigand, Wbch. II, 1038. Zeitschr. IV, 190. Über die Wichtelein in der Felsenhöhle bey der Mühle Bubenrod, nächst Tollenstein an der Altmühl, die Nachts gar fleißig malten und sägten, bis ihnen die Müllerin neue Kleidchen in den Weg legte, sehe man das Lexicon von Franken I, Columne 462. „Wichtelen vel Helbe, lemures;“ gl. a. 827. „Penates, wichtel vel schratel;“ Clm. 5877 (XV. sec., 1449), f. 132. „Wál *de' Zweə'gng-Wicht·l* drei˜ (in die Schámə', Schamb-ach) və'liəbt is gaə';“ Pangkofer, Ged. 267. b) Art Eule, der man sich bedient, Vögel zu locken und zu fangen; bey Heumann, opusc. 696: Gwichtel. Castelli, Wbch. 266: „der Wichtl, das kleine Käuzchen oder der Todtenvogel; die Wichtlpfaifn, eine Pfeife, wodurch die Stimme dieses Vogels nachgeahmt wird.“ „Då fliagt eam a *Wichtl* (strix passerina, Äuferl) vor da' Nasn va'bei;“ Seidl, Flins. (1839) II, 78. 105. (Vrgl. die Ausdrücke Holzweiblein, Nachtweiblein, welche gleichfalls sowohl für lamia, als für ulula gelten. Ähnlich verhält es sich mit dem lat. strix, span. bruja). Gl. i. 746. 796 steht der plur. uuihtir für animalia (hier Bienen) überhaupt. wichteln, vb., Vögel fangen mittels des kleinen Käuzleins; (Hammer-Purgstall). 3) mhd. wiht, ahd. uuiht, jedes Ding, Etwas; neo-uuiht, kein Ding, nichts. (Vgl. česk. wec, v. vet, Rede; Th. I, Sp 520: Ding. Sieh die durch den Gebrauch daraus abgeschliffenen Formen nicht und icht, Th. II, Sp. 1718 und I, Sp. 30. Länger hat sich das w erhalten in der emphatischen, affirmativen Composition ni-uuiht (zuerst subst. für nihilum, Nichts, Nichtigkeit, dann adj. für nichtig, nichtswürdig, unnütz, eitel; BM. III, 651), deren ni allmählich in en (sieh I. Th., Sp. 91, II. Th., Sp. 1707) übergegangen und endlich gar in ein sinnloses ent verwandelt worden ist; (BM. III, 651 f.) „Furi ni-uuiht haben,“ für nichts halten, gl. i. 156; „niuuihtu min, nihilo minus,“ gl. a. 95. 133. „Der pfaffen disputieren ist mir gar en-wiht,“ Walther v. d. V. 27,11. 106,22. „Alle kappen sint enwiht, wont gotes minne darinne niht;“ Renner 20781. „Ob ich mich selben êr, so ist mein êr enwicht;“ Cgm. 744, f. 15. „Swaz er gedienet, daz ist enwiht;“ Diut. III, 25. „Enwicht bringen ein Ding,“ es zu nichte machen, verderben. „Stim und gesicht pringt si (die Unkeuschheit) enbicht;“ Cgm. 271, f. 74. „Als der esseich das vas, da er lanng inn ist, enwicht bringt, also pringt der zorn des menschen hertz enwicht, ist 19
daz er unzt an den andern tag darin bleibt;“ Cgm. 767, f. 92. (Etwa früher vollständiger: in ni-uuiht bringen). „Dâ mit er hât gemacht enwiht manige sîne rede guot;“ d. welsche Gast 11198. „Das alter machet manchen frawendiener entwicht;“ Cgm. 713, f. 16 und 161. „Wer im selbs ist entwicht, der taug auch kainem andern nicht;“ Cgm. 579, f. 5. „Es wär kain fromer Fronhover, sie wärn entwicht vnd Schelkh;“ MB. XXV, 535. „Des teufels list was entwicht“, (vergebens); Cgm. 714, f. 134. „Der leib on die sel ist entwicht;“ das. 253. „Er sucht sy in Saalim, sein Suchen was entwicht;“ Reime v. 1562. „Entwicht werden;“ Dr. Eck. „Ein Pulfer, das schön gefärbt und dannoch entwicht ist;“ Feurb. v. 1591. „Mit bulerey ist er entwicht, er ligt bei mir wie ein hackstock;“ H. Sachs 1560: II, II, 34. „Gib mueß deinen gelydern nicht so ist dir dein zagel enbicht;“ Ranshf. 115 (v. 1430), Clm. 12715, f. 213. Als entschiedenes Adjectiv (cf. Gramm. S. 203, Note und II. Th. Sp. 1718: nicht): „entwicht Stueff unter das gut Erzt mengen;“ Lori, B.R. 262. „Hailloſe, entwichte Buben;“ Puterbey. „O du schalkhafftiger Vatter biß vermaledeyet, verflucht sey, du entwichte Mutter;“ Predigt des XVII. Jahrh.

1) Das Gewicht, plur. Gewichter, wie hchd. (Diese Ableitung von wegen finde ich in unsrer ahd. Sp. noch nicht, wol aber im mhd. gewihte und im niederf. Wicht f., ags. viht, isl. vigt. BM. III, 641. Weigand, Wbch. I, 433). Ei˜s *Gwicht* gê˜, schwer wiegen.

Das Gewicht, das Geweih. Birlinger 195. Vilmar, kurhess. Idiot. 452. Rêhh*gwichtl*, Hirsch*gwicht*; (Hoffmann, Fundgr. I, 376: hirzgewige; diese, wie die hochd. und dialekt. Form wahrscheinlich zu wîgan, kämpfen, gehörig; sieh Weig und BM. III, 650. Weigand, Wbch. I, 433).

---

wûchzen, wochzen, ä. Sp., schreien; BM. III, 812. 797. Zeitschr. VI, 91. (Vgl. die Ausrufe wû! und woch!). „Noch wirt des volkes vile irre, daz sie dinne rufen muzen und wuhtzen, daz ir ein schare mit der anderen har ûz kome; Hermann v. Fritzlar, Pfeiffer 247,21. s. unten: wurzen.

Der Wacken, eigentlich Wagken, Art Stein, Feldstein, nicht gerade, was den Bergleuten hchd. die Wacke oder Wake; (BM. III, 453. Weigand, Wbch. II, 1007. Vilmar, kurhess. Idiot. 435. Gl. o. 140: uuaggo, flins, silex; a. 816: wacke, silex). Den 3. August 1838 verunglückte auf dem großen Wacken oberhalb Lorch im Rhein das Cölner Dampfschiff „Leopold“, und blieb fest auf dem Gesteine sitzen. „Groß Wacken und

Kiselstein." „Hab dir disen großen Wacken." H. Sachs 1612: III, III, 135. „Idoch von disem wacken (Stein) wart im dekein wunde;" Mone's Anzeiger v. 1837, Sp. 414. „Wacken," (bey Sachs I, 563) Steine, in Büchsen zu schießen. „Kisling unde wacken (thun leid) den pflüegen und den hacken;" Herzog Ernst. „Basalt oder Wackenstein;" Lex. v. Franken II, 150. Zeitschr. III, 12. 225,5. Große Wacken, magnae rupes, bey Frisch. Ob etwa der Name des Felsschloßes Wackerstain bey Vohburg an der Donau in älterer Sprache eigentlich Wackenstain gelautet?

Der Wacken (Wáckə˜, „Wacka"), eine fette, gähe (zähe?) Mehlspeise aus Semmelschnitten, Eiern, Milchkäse, Gewürz. Rank, Böhmerwald p. 58. „Am Fasching-dienstag hält das Liebchen irgend ein Mehlgebäck, ə˜ *Wáckə-l* oder ə˜n mir'n Záltn, Fléckn, Kêichál ꝛc. in Bereitschaft, den Liebhaber, der sie zum Biere führt, zu beschenken;" das. p. 117 f. Der *Wáckə˜*, Schmarren: Seməl-, Grêis-*Wáckə˜*; (ObrM.). 'Vgl. niederd. *Wakke*, Molken; Zeitschr. III, 379.' Der Biestwacken (Bêis-wáckə˜, b. W.), was sonst auch Biestknödel, Biestkäs (sieh I. Th., Sp. 300) heißt.

'wacken, wackeln (?)'. „Spricht sy: gygack! per ir den nack nicht man solt du sy nennen und spricht sy nüßl wacklein (?) ir narr must sein;" Cgm. 379, f. 145. 'Vgl. wackeln, durchwackeln, prügeln; Vilmar, kurhess. Idiot. 435. Zeitschr. III, 368,59.61. s. auch wächeln.'

'wackeln, wie hchd.; betrunken sein. Zeitschr. V, 132.'

wacker, adj., wie hchd.; (mhd. wacker, ahd. uuachar, vigil, pervigil; Graff I, 679. BM. III, 452. Weigand, Wbch. II, 1007); sich wachen und wecken. Aus dem Begriff des Muntern (Zeitschr. V, 80. 140,16. 171,174. 521. II, 29) entwickelte sich der des Braven, Artigen, im Schwedischen (auch niederdeutsch: Firmenich I, passim und brem. niedersf. Wbch. IV, 166. Zeitschr. II, 315. IV, 29) gar des Schönen. Der Wacker, der Wäckerl (Wáckə'l), der Hund, (wol noch mit Anspielung auf die Wachsamkeit). „So will ich mein grossen Wacker mitnemmen." „Wo ist mein Weckerlein?" H. Sachs.

20 Der *Huff-wäckə'l*, *Stichwäcke'l*, (b. W.) Hund, auch Mensch, der alles anbellt, meldet, angibt. *Wáckə'l-hupfen*, (von spielenden Kindern) in fast kauernder Stellung mit beiden Füßen zugleich hüpfen, und dabey jedesmal die flachen Hände zusammenschlagen.

waicken, sieh waichen.

Der Wauckerl, (Zpf. Ms.) Schinderskuecht; bey Höfer III, 272: das Waukerl, (im Scherze) Laus. Das *Wauga'l*, der Unrath in der Nase und zwischen den Zehen; Castelli, Wbch. 265.

'*wèck, wáck, áwáck*, weg; s. weg, en-weg unter: der Weg. Zeitschr. II, 287,67.'

„weck," schön, (Schrank, b. Reise 148); sieh wæg und wæh.

Der Weck, eigentlich Wegk, Wegg, jetzt öfter Wegken, Dimin. das Wegklein (Wégkl), wie hchd. der Weck und die Wecke, d. h. a) der Keil, (mhd. wecke, ahd. uueggi, uuekki, agſ. vecg, cuneus; Graff I, 661. BM. III, 543. Weigand, Wbch. II, 1029. Zeitschr. III, 521,26), doch heutzutage nicht leicht mehr, wie früher, ein wirklicher, von Eisen oder Holz, sondern: b) eine an ihren beiden Enden einen solchen blos vorstellende Masse von Butter, und besonders von Brodteig oder Brod; in Franken und am Rhein das, was man in Alt-B. Semmel nennt. Vilmar, kurhess. Idiot. 445. Zeitschr. IV, 106,30. 473. 474. V, 404,172. „Schlach obnan ain hultzen Weck zwischen die büchß und die stangen," (die du daraus schießen willst); Cgm. 4902 (v. 1429), f. 26. „Die semler sullen lose wecke (s. Th. II, Sp. 1515 f.) backen und mugeln;" Wirzb. Sätze v. 1343, §. 77. Aijerwegklein (Aərwégkl), Eyerbrödchen; Auerwegken, Art schwärzeren Brodes, das die Bäcker der Vorstadt Au in München feil haben; der Groschen-, Batzen-, Sechser-, Zwölfer-Wegken (vom Preis); Mülweck (als Lehenabgabe von Mühlen im Reichenhaller Urbar v. 1285); Räuchwegklein, sieh Räuch; Spitzwegken (Wstr. Btr. V, 318); Spuelwegk (H. Sachs 1612: I, 1005); Tôtenwegk (MB. X, 565; sieh I. Th., Sp. 632); Weihnachtwegk (MB. XXV, 25). Auch das lat. cuneus kommt in dieser Bedeutung vor; z. B. MB. II, 83. XXVII, 83. Voc. v. 1445. c) die abwechselnd weißen und blauen Wegken im bayrischen Wappen, wozu: wecken, weckeln, verb. „Dem Maler Ott, weil er 31 Thürme und die II Zwinger roth und schwarz geweckt;" Rechnung der Münchner Stadtkammer v. a°. 1429, Eos 1832, p. 617. Das bayrische Wappen ist weiß und blau gewegkelt. „Ein roth gewekhlets damaschgen Göllerl;" Wstr. Btr. V, 167.

wecken, wie hchd.; (mhd. wecken, Praet. wacte, wahte, ahd. uuecchan, Praet. uuahta, uuacta, goth. vakjan; Graff I, 674. BM. III, 450 f. Weigand, Wbch. II, 1029); sieh wachen und wacker. „Swer gicht, er sey auffgewekt vmb ain gult, da er nicht vmb weys", (wegen einer Schuld angegangen); Wstr. Btr. VI, 157. Der Wecker, (ä. Sp.) ein gewisser Fechthieb; Cgm. 582, fol. 14. Der Weckauff, a) das Läuten in der Christnacht eine Stunde vor dem mitternächtigen Gottesdienst; b) ehmals Eigenname von Kanonen. Vgl. Zeitschr. II, 84,17.

Der Weckholder (L.R. v. 1616, f. 561), Wacholder; sieh dieses Wort (unter Wechel-) und Weghaffterer.

'Die Wicken, 1) wie hchd. Wicke, vicia; (mhd. wicke, ahd. wicca, uuiccha, wicka; Graff I, 727. BM. III, 618. Diefenbach 617c. Weigand, Wbch. II, 1071). 2) (ä. Sp.) etwas Werthloses. Grimm III, 729,8.' „Ir (pudicae uxori) ist als ein wicke, swer sie velschlich luoget an;" S. Helbling I, 1383. „Mir was ie als ein wicke, die wîl ich hoffen hœrte loufen; ach got, wie dicke sîn huglich jagen mir verzagen stærte!" Labr. 498. „Ich gib umb deinen öden chall (Geschwätz) ain wicken nicht;" Cgm. 270, f. 83. „Semen leguminis, wickelfueter;" Mallerst. 32, f. 330. „Vicia, ewichchel;" das. f. 365.

Das Gewicke, sieh Weg, Anmerkung.

wickeln, tüchtig fressen.

wicken, (Rhön) quieken wie Ratten, kleine Kinder und drgl.

wicken-voll. „Sich sticken- und wickenvoll fressen und saufen;" Gusman v. Alfar. 459. cf. Wicken, Docht, unter Wickel.

wickîsen, mhd. Spr., nach Grimm IV, 335 für wegîsen, wagîsen, pflügen, in der Stelle bey Nithart (Benecke p. 441: LII, 4; Haupt p. 26,1): „Wir suln ez ûf dem anger wol wikîsen." 's. BM. III, 658 und vgl. d. vorhergehende Wort, auch unten: Wagensun.'

'wicken, ä. Sp., hüpfen, tanzen; gaukeln;' weissagen, zaubern, (wie noch in Westfalen; vgl. agſ. viccian, zaubern, vicca, Wahrsager. Graff I, 708. BM. III, 618. Grimm, Mythol.[2] p. 985. „Phitonus, wichker oder zawbrer;" Clm. 5877 (XV. sec., 1449), f. 133. „Pyromantia, fürwichey sc. pronosticatio;" das. f. 133. „Podomantia, füeßwichcherey;" das. f. 134. „Divinatio, warsagen, wyckerey;" Cgm. 3985, f. 3. Diefenbach 188b, 237b, 437c, 443c. Vilmar, kurhess. Idiot. 454: wicken, rasch und kräftig hin und her ziehen; zaubern.

Wickl, Wickə-l, Ludovicus; (im Scherz) leichtsinniger, nachlässiger Mensch; vrgl. das folg. Wort.

21 Der Wickel, das Wickelein, a) soviel an Flachs oder Wolle, als jedesmal zum Abspinnen um den Rocken gewickelt wird; (mhd. wickel, ahd. uuichel und uuichili, pensum, manipulus. Graff I, 708. BW. III, 618. Birlinger 431. Zeitschr. VI, 120,81. 347. Weigand, Wbch. II, 1072. Büchisch: der Welker, Dr. K. Roth. cf. Wulger. 'Vgl. niederd. der Wocke, Spinnrocken. Vilmar, kurheff. Idiot. 457. Zeitschr. II, 509. 512,19. V, 301). ə˜n Wickəl aufzupfen, d. h. ordnen, herrichten. Von den Spinnwickeln, die im salzburg. Thalgau zum Verspinnen an die Nachbarn vertheilt werden, spricht Hübner S. 249. Zum Lohn wird ein Mahl nebst Tanz gegeben, wobey der und die ihr Gespinst zuerst eingeliefert, als Braut und Bräutigam figurieren. „Sic transit gloria mundi als der (als ob man) ein wickel werch verprenn in lüfften;" Cgm. 348, f. 1ᵃ. b) „Ain wikhel oder Zachen," (Docht), Feuerbuch v. 1591; bey Schmid, schwäb. Wbch. 530: Wicken; Vilmar, kurheff. Idiot. 454: der und die *Wike*, *Wicke*, zusammengelegte leinene Fäden, die man in Wunden legt, Charpiebüschel; Docht. (cf. gl. i. 208: uuicco, cincindila). s. oben: Wickengarn. c) Klebekraut, galium aparine. 's Kou'n is vóllə' *Wickl.* Vgl. BW. III, 618: „goltwurz oder wickol, asfodillus;" Diefenbach 16ᵇ. d) (Nürnb.) Füllsel von gehacktem Fleisch ꝛc., in einen dünnen Überzug von Mehlteig gewickelt und gesotten. e) (scherzh.) Perücke; Perückenträger. Im Bregenzerwald (nach Bergmann): „die Wicke," Haar, Haarsatz. „Einen bei der Wicke nec," ihn am Haar fassen. Zeitschr. IV, 128,17.

Die Wuckel, franz. la boucle; (cf. Gramm. 409. Diez, Wbch. 575). Birlinger 435: *Wuggele. Hàrwuckl*, Haarlocke. Das *Ornwuckə-l*, boucle d'oreille, Ohrenring.

Der „Rau-wuckə-l," (b. W.) der Teufel; s. Th. I, Sp. 3.

„gwoukln, wackeln; e˜ Gwoukl," (Obr.M.); also wol wueckeln.

Die Gewæben (Gwádn, Gwá'n), Schnee, durch den Wind an Zäunen, Rainen oder in Hohlwegen und Schluchten aufgehäuft; (ahd. giuuáiba, giuuába, ventus, afflatus; hier die Wirkung. Graff I, 622. Vrgl. wæen, Sp. 823). Vilmar, kurheff. Idiot. 443: Wêbe, Waebe, Wêt, Haufen, Menge; Heu-, Schneewêt; fig. eine Wêt Leute, Geld, Schulden. Zeitschr. VI, 21: *Witem, Wetem.* „Der tieffen Weeg und Schneegewäben halb;" Lori, B.R. 569. Vrgl. Gawenden unter wenden.

Der Wädel, Wädel, Webel, a) Werkzeug zum Wehen, Fächeln; (mhd. uuádal, uuabil, uuedil, flabrum, peniculum; Graff I, 622. BW. III, 454. Weigand, Wbch. II, 1029. „Padwadel, perizoma;" Voc. v. 1445. „Adam und Eva machten sich Wadel" von Feigenblättern; (vgl. BW. III, 455,4,d). Fleugenwädel (Fluigng-Wà'l). Weih- oder Weihbrunn-Wädel, aspergillum. Das Wæbelein (Wádə-l, Wádál), Fächer, éventail. Afə' 'Künigin hàt ə˜ schö˜s *Wádə-l* ei˜ də' Comêdi.

> „Ihr rechte handt, als wie ein Mann,
> thuet sie auff d' Lende steiffen,
> ein Federbuschen hengt daran,
> nach welchem sie thuet greiffen,
> damit sie gschwind einn kuhlen Windt
> mit wadlen kann hertreiben;" Lied v. 1637:

Die Teutsch-Französin. In Cgm. 660, f. 307 kommt Wadel, flabellum, als ein bey Tisch nöthiges Werkzeug vor. 'wädeln, wedeln, wehen, fächeln; Birlinger 424. Zeitschr. II, 170,28. b) buschichter Schwanz eines Thieres. „Der costet Wedel an dem Schwanz des silbern Löwen; Kr. Lhdl. X, 175. 176. cf. II. Th., Sp. 1307: der Kosten. „Dem chalb das wedl absneiden ab seinem swenczl;" Grimm, Mythol. XLVII. „Sô fliegen auf irn (der Elephanten) ruck sitzent, sô ziehent si die haut in runzeln und klemment die vliegen ze tôd, wan si habent niht afterwädel, da mit si sich wern;" Konr. v. Megenberg f. 82ᵇ, (Pfeiffer 135,32). „Du alter Krachwadel" (von einem alten Feldwaibel); Simplicissimus v. 1684, f. 76. „Ein grober Webel," Lümmel; H. Sachs 1612: V, III, 118. (Vrgl. Schwaif und 22 Schwanz). c) buschichter Wipfel eines Bäumchens; 'namentlich auch „ein Büschel von Reisern, zum Streichen und Peitschen im Bade gebraucht;" BW. III, 454,1, d und e. Zeitschr. II, 170,28. 171,38.' „Ich blicket in den garten edel, durch die hecken, gestrauß und wedel;" H. Sachs 1612: I, 815. „Nu her einen frischen niuwen wadel, hinden wol gebunden," spricht der Knecht im Badehaus; S. Helbling III, 20. „Ligaturae magistrales flabellorum nec non et flagellorum zum wädlen und gayslen;" Clm. 4763 (XV. sec.), f. 114—116, mit Figuren. „Fasciculus, uuabal;" Diut. I, 494. 'Daher: wadeln, vb., mit Wadeln streichen, geiseln. BW. III, 455.' „Man wadelt uns vil arme liute mit geiseln, daz uns vallnt die hiute;" d. w. Gast 6683. W. Grimm zu Athis und Proph. p. 60. „Reiser von Nadelholz oder sogenannte Webel zum Zudecken auf die Kohlpflanzen;" Will's Altdorf p. 353. Kappeswebel, sieh II. Th., Sp. 1270. Nach Reinwald heißt im Grabfeld ꝛc. Wadel Reisholz überhaupt, und wadeln Reisholz machen, was gewöhnlich im Vollmond (vrgl. unten Wadel, g und Hebel's Reiswellen machenden Mann im Monde) geschehe. Der Tannenwebel, (Fichtelberg) Chara vulgaris (Schachtelhalm) und Hippuris vulgaris L. Nemnich II, 155. „Chornwebel, abies frumenti", (ein Kraut). Harder, Cod. iconogr. 3, f. 310. d) (schwäb. Waudl), wehende Wärme, Dampf. BW. III, 454ᵇ,3. Wilder Wädel, übler Geruch. „Da der wadel der leber nit ablät auszeplasen die herczigen hitz;" Cgm. 254, f. 4. anwæbeln, warm anwehen. Birlinger 424. „auzwabemen, vaporare," Voc. v. 1419; dazu wol ein Subst. wâbem, vapor. wädelwarm (Franken), wie bayr. wächelwarm, (s. oben, Sp. 833). Zeitschr. V, 186. VI, 475. e) Zustand der Luft, dem man krankhaften, ansteckenden Einfluß auf den menschlichen Körper zuschreibt; Krankheitsstoff überhaupt. Wenn z. B. mehrere Personen zu gleicher Zeit an Augenweh, Katarrh ꝛc. leiden, hört man wol sagen: əs reigiərt oder əs gêt ə˜ bösə' *Wédl* oder *Wé'l* rum. əs steckt scho˜ lang ə˜ *Wédl* ein eəm, er trägt schon lange einen Krankheitsstoff in sich. (Vrgl. auch oben, Sp. 824: Wê, und cesk. wada, Gebrechen, Fehl am Leibe). f) Zeitlauf, Periode. „Bis das des summers wedel vast her gen ostern drang;" Altswert 244,28. „Der Bischoff Sidonius, auch andere so in solchem Webel gewesen, dieselbe Zeit gelebt haben;" Av. Chr. 286. „Sie wolten des chriegs Webel geben ain end;" Horneck. Vrgl. die folg. Bedeutung: g) der und das Wadel, Webel, periodischer Wechselstand des Mondlichtes, besonders insoferne demselben auf irdische Dinge ein gewisser, und zwar zunächst ein vortheilhafter Einfluß zugeschrieben wird, namentlich der volle Schein (Vollmond), als die auffallendste der Phasen, und die ihr folgenden oder abnehmenden, worin es gut Haar schneiden, Bau- und Nutzholz schlagen ꝛc. seyn soll. BW. III, 454,2. Weigand, Wbch. II, 1029. Grimm, Mythol.² p. 674. 1223. v. Liliencron in Haupt's Zeitschr. VI, 368. „Sub interlunia, uuebal;" Gl. Doc. A. e. 189. „Nid dem Wald im J. 1601 zwei große Erdbidem, der ein in dem Webel um das Mittel Octobris, der ander in dem nächst baruf folgenden Webel uf Samstag den 6. tag Novembris;" Gesch. Fr. III, 115. „Hienach volgent die neuwen mons schein, bruch oder wedel gerechnet nach mittelm lauff des mons;" gedrucktes Einblatt, Kalender auf 1472. „Daz wir die ostern mußen begen in dem abrellen wadel. Nu chumpt daz selb wädel gar ungeleich;" Clm. 5879, (XV. sec.), f. 225ᵃ. „Darumb prüefent die holzhacker an daz wädel und das new des

mönen, wenn si daz holz oder die paum hawen wellent;" Konrad v. Megenb. im Artikel teredo, (Pfeiffer 309,10). „Die Holzfällung soll in einem guten Wädel vorgenommen werden;" Wirzb. Wald-Ord. v. 1721. „Ir Glück ist im spaten Wädel gehauen;" Druck v. 1572. „Weil sie uns allesamb wil fretten, so ist es gleich der rechte wedel, schlag jr nur den stul an den schedel;" H. Sachs 1612: I, 971. ‚Mit den steuer Registern ... soll man aus etlichen vrsachen ein Zeitlang ... ruhen lassen, biß besser wedel sei, dis und anders zuhandeln," (25. März 1529). „Es ist erteilt, vnangesehen, das diser Zeit nit wedel ist, große summa gelts von handen kumen zu lassen, der königlichen Maiestät noch mit viertausend Guldin zu willfahren," (13. Aug. 1527); aus dem Nürnb. Stadtarchiv, (Dr. Lochner).' Vrgl. oben f. „Besser wäre es, das Bad im abnemmenden Mon anzufahen und im andern Wedel oder abnemmen erst aufzuhören;" Adelholzener Badbeschr. p. 90. „Wer in der Pfarr Alten Glan einen Wachsmonath oder Weydel (das ist ein
23 näw oder voll Licht) wohnet;" ex actis de 1601; Horstmann. „Den iuden ist in der alten e geboten, daz sy daz osterlam solten essen an aberellen wedel, daz ist an dem funfzehenden tag des nuwen Manen ... . Daz wir die ostren mussen legen in Aberellen wedel; nu kompt dazselb Wedel gar ungelich;" Cgm. 397, f. 24. 25. „Daz wir die ostern mussen begen in dem abrellen wadel nu chumpt daz selb wædel gar ungeleich;" Clm. 5879 (XV, sec., 1404), f. 225. Vrgl. Grimm, Mythol.² 674. 677. 680. h) In der mhd. Sp. muß Wedel auch für vagatio (vrgl. Schwaif, Schwaifen) gebraucht seyn. Bruder Wernher sagt in seiner Maria p. 29 (cf. Grimm III, 145) von der bey Erscheinung des Engels betroffenen Anna: „Ir sin fuor en wedel, sam vor dem winde die vedere und ouh daz laub gerne tuot;" „Der vater gap (dem Sohn Helmbrecht) daz fuoter weizgot niht mit zadele. Swie vil ich var enwadele („entwadel"), sô bin ich an deheiner stete, dâ man mir tuo, als man im tete," sagt der Dichter des Maier Helmbrecht, Wernher der Gartenære, von sich selbst; Vers 848 (u. Anmerk.). Kain der Brudermörder mußte werden „fluhtig und wadalere;" Diut. III, 58. Diemer, Ged. 35,29: wadelare. ‚wadelig, ä. Sp., wandelbar, unbeständig; arm, elend. BM. III, 455.' „Daz uns gewerren ne mege nahen noch verren des viantes lage in diesem wadligen ellente;" Clm. 9513, Haupt's Zeitschr. VIII, p. 154, Vers 339. Dazu in der ahd. Sp. ein Verb. uuadalon, uuadanon, vagari, evagari, fluctuare; Graff I, 764. 777. Wilh. Grimm, zu Athis und Prophilias p. 60. Im Angels. ist vad vagatio, wadem, adj.; „wadema stream sincalda sæ;" Cædmon 207,21 ‚(Bouterwek 129,3100).' und im Gedicht von der Finnesburg-Schlacht (Hickes I, 192) erhält der Mond das Epithetum vadhol. Diese angelsächsische Form aber entspricht wol einem hchd. wandel (denn adh = and). Selbst einige der angeführten hochdeutschen Bedeutungen (z. B. e, f, g,) würden sich mit einigen der unter Wandel vorkommenden nicht übel vertragen. Andere mögen zu wæen gehören. Welchen â, und welchen **a** (**ä**, **e**) gebühre, war vor der Hand nicht gehörig zu ermitteln.

Der Waden (Wà'n), auch der Wadel (Wà'l) und Wädel (Wä'l), die Wade; (mhd. der wade, des waden, ahd. uuado, gen. uuadin, sura; Graff I, 769. BM. III, 453. Weigand, Wbch. II, 1007. Zeitschr. III, 525,9.). Castelli, Wbch. 262: der *Wådl*. „Wadel, sura," schon Voc. v. 1445 und 1419; (vrgl. Gramm. p. 122). „Unguentum solare ist gut wenn das aynem der wadel wurd abgeslagen;" Cgm. 170, f. 3ª. Euforbium est gummi cuiusdam arboris und ist gut wen ainem ain wadel wurd abgeslagen, so mach es news flaisch und ainen ganczen wadel und ain gut hosenpain ...;" das. „Zwen kopf auf ieglichem wadbain ân peken sind gut für das gicht;" Cgm. 4543, f. 108. Der Wadschinkel, (Metzg.-Spr.) Fleisch am Fuße des Rindes vom Knie zum Knöchel. „Für den kramen (Krampf) in dem watschinkel;" Clm. 5637 (sec. XV.), f. 63. Cf. isl. vödvi, torus, musculus. ‚Wadenmessen, sieh Bronner 326;" Jac. Grimm. Vrgl. Mythol.² p. 1116.'

Der „Waderer, (Zps. Ms.) Kropf, ingluvies. (Cf. „Disem hangen die packen als ein wädich," Sack, Schlauch? Cgm. 714, f. 30; Renner 372. BM. III, 454. In Wien wird ein Säufer *Nàswádi* betitelt. Castelli, Wbch. 207: *Nåswådi*). Vrgl. allenfalls Waidsack.

Der Wadlef, plur. ebenso, (Aschaffenb.) Fischreuße von Garn, über Reife gespannt; bey Stalder II, 357: Warlef und Schwäbnetz. Vgl. Frisch II, 413: die Wade; Schmid, schwäb. Wbch. 512: das Watt. BM. III, 453 f. 537: die wade, wate und s. Th. II, Sp. 1145, 1147, 1449: der Harlauf, Harläufel, Harluf des Webers.

Der Waid (Waəd), wie hchd.; (mhd., ahd. weit, uueit, isatis, sandix. Graff I, 773. BM. III, 562. Weigand, Wbch. II, 1013). „Sandix haizet waitkraut. Des krautes ist in Dürgen (Thüringen) vil umb Ertfurt" (aº. 1349); Konr. v. Megenberg, f. 247, (Pfeiffer 419,21). Ehmals, als dieser Färbestoff durch den Indigo noch nicht verdrängt und allgemeiner war, hatte man auch das adj. weitîn, glaucus, caeruleus, persus, („Grüne, gel und weitin sol die neitvarbe sein;" Renner 13970. Freidank 60,5 und Anmerk. BM. III, 562), das verb. waiten, weiten, mit Waid (blau) färben. Davon der Waiter, Weitäre, Waidner, Blaufärber. Regensp. Tuch-Verord. v. 1259. Gem. Chron. I, p. 381. III, 778. Der Waidaschen, a) Asche aus gebrannten Weinhefen, besonders zum Gebrauch der Waidfärber und — wie z. B. Wstr. Btr. VI, 156, Kr. Lhdl. VII, 398 geklagt wird — zum Verfälschen des Weines dienlich; b) Pottasche.

1) Die Waid (Waəd, Waə'), wie hchd. Weide; (mhd. weide, ahd. uueida; Graff I, 774. BM. III, 551. Weigand, Wbch. II, 1038): ‚der Ort, wo ein Thier sein Futter sucht; das Ausgehen auf Futter oder Speise; Futter, Speise, auch figürlich;' „Wer der weide ist gesezzen, der mag ir wol geniezen;" Labr. 197. „Ich brâcht ez (das Wild) von der weide gên holz;" das. 200. „Davon gût wilt nû dicke sich hüeten mûz vor fröudenrîcher weide;" das. 216. „Du solt ez (das Wild) haben lân ûf sîner weide; das. 412. „Dâ mag ein herze sûchen mit gedanken sîner fröuden weide;" das. 143. Wol im Begriff des Suchens mit 2) zu vereinen; (vrgl. suechen, Besuech, isl. sôkn und ags. vâdu, iter; Grimm I³, 359). „Locus qui dicitur Verrom waida (wol: ze der verron waida), longinqua pascua;" Arnolfi lib. de 24
S. Emm. Canis. ed. B. III, 107. Nach Pallhausen, Nachtr. z. U. 317: Langwaid. (Lanquait? „Bei Malans in Graubünden, wo sich die wilde Landquart aus dem Prättigau durch enge Kluft hervordrängt und mit dem jungen Rheine vereinigt." Verkaufsanzeige des Schlosses Bothmar in d. Allgem. Ztg. v. 2. Juli 1842). ‚Waidenamen s. Zeitschr. IV, 161 f.' Dés wár ə~ *Waə'* für mi', di' ꝛc., oder: dés wár mei~, dei~ ꝛc. *Waə'*, das wäre etwas (Gutes, eine Lust) für mich. Gleicherweise findet sich die ä. R.A. Waid und Wunn oder Wunn und Waid sowohl eigentlich, als figürlich gebraucht. „Ouge und ôre hæten dâ weide unde wunne beide: daz ouge sîne weide, daz ôre sîne wunne (vom Vogelsang); dâ was schate und sunne;" Tristan 16759. „Der guten Waid und Wunne ze lieb;" Buch der Weisheit, Druck v. 1485, f. 141. „Bediu wunne und weide unt vil statigen segen hete ir der engil gegeben" (der heil. Anna durch die Kunde, daß sie schwanger geworden); Wernher's Maria p. 32. Ebendaselbst p. 105 steht die Verbindung: „gnade, froude und weide wolte got geben aller werlte" (durch Maria). „Sie heten volle weide, wunneklichiu spil alles liebes und eren vil;" das. 167. (Vrgl. sich begrasen, se repaître, ital. pascersi und hchd. Augenweide, mhd., ahd. ougenweide). Liechte, finstre W. „Wo ain wolf ain viech erwirgt oder gar hintregt, vnd wann es der hüetter auf liechter waid beschreit, deßgleichen wann es in

finster waidt bescheh vnd funden wirth, ist ain hiert dafür nichts schuldig;" Rorbacher Ehehaft, Cbm. 2157. Vrgl. finster, I. Th., Sp. 734. Da einige Viehgattungen (sieh Rosswacht) auch Nachts auf die Weide gethan wurden, so könnte diese, als finstere, der bey Tag, als der liechten, entgegengesetzt seyn. Die Neuwaid.

„Iətz muəs I mei˜ Deənl ə˜n andə'n lâssn
und kaə˜n *Neuwaədfléck* kriəgt ə' kaə˜n kreuzə'grossn;
(Gastein; Weinberger's Ms.)

Die Haberwaid. In einer aus Nürnberg stammenden Handschrift des XV. Jahrh. (Cgm. 714), welche verschiedene gereimte Erzählungen, meist sotadischer Art, auch Faßnachtspiele, einige von Hans Rosenplut, enthält, sagt in einem solchen, „der König aus Schnokenland" betitelten Spiele, fol. 332, nachdem von allerley Gejaid die Rede gewesen, der Graf zum Ritter: „Jr vacht ain wild, ist wolgetan, wenn Jrs gepaißt, so laßt Jrs gan. Also habt Jr 's mülners tochter than, die Jr gefangen habt durch trugenhait, und schlugt s' darnach auf die haberwaid." Bey H. Sachs (1612: III, III, 26) klagt eine bucklichte Alte über ihren jungen Mann: „Er hat mir all mein gut verthan, und hat sich gehenckt an meine maid, schlegt mich jetzund auf d' haberwaid." Umgekehrt
25 wird (I, 614. 1022. II, IV, 202. III, III, 44. IV, III, 228) von Mädchen und Frauen gesagt, daß sie ihre Anbeter, Buhler auf die Haberwaid schlagen, d. h. ihnen den Korb geben, oder „bald sie nicht mehr pfenning han" verabschieden. Baue nicht zu viel auf sogenannte Freunde, auch sie werden, wenn du in der Noth steckst, „dich schlagen auf die Haberwaid;" (I, 451. II, IV, 94). Einen in treuem Dienst unbrauchbar gewordenen Diener soll „ein haus, land oder statt nicht verachten und ausjagen und auf die haberwaid ihn schlagen;" (II, IV, 107). Augenscheinlich ist diese R.A. aus der Landwirthschaft, vom Treiben oder (sieh III. Th., Sp. 513) Schlagen des Viehs auf die späteste und trostloseste Weide, die in den Stoppeln des Haberfeldes (Th. II, Sp. 1033 f.) hergenommen, wie denn auch die R.A. des bayrischen Waldes: Auf die Haberhälm kommen (Th. II, Sp. 1094) so viel heißt, als: in verzweifelte Umstände, auf die Gant gerathen. Ob diese alte, weit verbreitete, blos figürliche Redensart etwa gar mit der Th. II, Sp. 1033 f. erwähnten, nur in einigen altb. Gegenden am Gebirge vorkommenden, etwas mehr als sinnbildlichen Ceremonie des Treibens oder Jagens ins Haberfeld in Zusammenhang stehe? Ein Ja auf die Frage wäre ohne Zweifel etwas gewagt. Man müßte vor allem wissen, worin diese Sitte, wenn sie wirklich so alt ist, als man glaubt, früher und ursprünglich bestanden habe; denn sicher hat auch sie, wie alle dergleichen Dinge, im Laufe der Zeit Veränderungen erlitten. Ist doch selbst darüber, was sie heutzutage noch ist, gehörigen Aufschluß zu geben, nicht so leicht, man müßte denn auch einer der Wissenden dieser Art Vehmgerichtes seyn. Es ist dabey leider oft weniger aus sittlicher Entrüstung, als aus Eifersucht oder Privatrache darauf abgesehen, eine Person, die sich irgend ein, den gewöhnlichen Gesetzen unerreichbares, wirkliches oder eingebildetes Vergehen hat zu Schulden kommen lassen, recht förmlich in der öffentlichen Meinung ihrer Umgegend zu brandmarken. Dieß geschieht durch lautes Ablesen einer derben, gewöhnlich in Reimen verfaßten, Spott- und Strafrede, welche gegen diese Person, nicht ohne gelegentliche Ausfälle auch auf manche andere, gerichtet ist. Die zu einer Action mit einander Verstandenen, meist jüngere Leute der Gegend, die, oft Hunderte an der Zahl, den Anordnungen Eines unter ihnen, den sie Haberfeldmaister nennen, gehorchen, kommen, nachdem sie sich, um unerkannt zu bleiben, im Gesichte gehörig entstellt haben, gegen die Mitternachtstunden in der Nähe des Hauses, in welchem jene Person wohnt, zusammen, und lassen derselben förmlich bedeuten, daß das, was nun erfolgen werde, ihr vermeint sey, mit Formalien, wie z. B.:

„Bauə', ſtê auf, əs hât âi˜lfé gschlâgng,
iətz wer'mər dei˜ Huər *ei˜s Hàbə'feld jàgng.*"

Oder: Bauə', ſtê auf. Dər N. N., der Huər, wird *ei˜s Hàbə'feld 'tribm.* Schau zo dei˜n Vihh i˜'n Ståll, dás vo˜'n Lármə˜ kaə˜s lédi' wird. Nun wird mit Ju- 26
schreyen, Pfeifen, Dreschen auf Brettern, Rollen von Steinen durch Staubmühlen, Läuten von großen Kuhglocken, Schlagen an Kessel und Abschießen von Flinten etwas mehr Lärm gemacht, als gerade nöthig wäre, um eine ganze weite Nachbarschaft aus dem Schlafe und als Zuschauer oder vielmehr Zuhörer auf die Beine zu bringen. Sofort stellt sich das wilde Heer an einem geeigneten freyen Platze auf, und wird unter lauter angenommenen, in der Gegend bekannten Namen, auch von Geistlichen und Beamten, verlesen. Die herbeygekommenen Neugierigen hält man durch rings ausgestellte, mit Flinten bewaffnete Posten in solcher Entfernung, daß sie, was in schreyendem Tone abgelesen wird, wohl hören, die Acteurs selbst aber nicht unterscheiden können. Sowie die nächtliche Vorlesung, wobei manchmal Fensterscheiben als Brillen, Wasserkübel als Laternen Dienste thun, und in welcher auch mancher der dem Namen nach anwesenden Geistlichen und Beamten eins abbekommt, unter wiederholtem Gejauchze und Gelächter zu Ende gebracht ist, wird mit einem, wo möglich die Einleitung noch überbietenden, betäubenden Finale der Schluß gemacht. Wenige Minuten darauf hat sich die ganze schwarze Rotte nach allen Richtungen ins Dunkel der Nacht verloren. Sie fahren wieder heim, so hört man wol sagen, zu ihrem Herrn, dem Kaiser Karl im Untersberg. Dieser Brauch, der theils an das, was allerwärts als Charivari oder Katzenmusik bekannt ist, theils an das (III. Th., Sp. 420. 664) erwähnte Leut-ausspilen, das lungauische Küetreiben (Hübner p. 398), und das Aschermittwoch-Gericht zu Burgebrach (Haas, Höchstadt I, 18: „Zwölf auserlesene Jungfrauen saßen zu Gericht über eine Menschenfigur, die aller das Jahr über begangener Scandale beschuldigt und am Ende verbrannt oder freygesprochen wurde. Haas verweiset auf Hofmanni annales p. 219. Harzheim, conc. Germ. III, 126. Schott, concil. synod. et com. S. Bamberg. p. 21) mahnt, war, wie man behauptet, früher auf die dem Kloster Scheiern (cf. III. Th., Sp. 455) gehörige Hofmark Fischbachau oder den sogenannten Ellbacher Winkel beschränkt; erst in neuerer Zeit hat er sich im L.G. Rosenheim weiter und zum Theil auch in die L.G. Miesbach und Ebersberg verbreitet. Demnach könnte man fast glauben, daß er von den dortigen Vätern Benedictinern als ein sehr wirksamer Pastoralbehelf, wenn nicht eingeführt, doch mehr als anderswo begünstigt worden sey. Auch anderwärts hat die Obrigkeit von solchen Ceremonien, da sie in der Regel ohne Beschädigung der Personen oder des Eigenthums abliefen, und da sogar für zufällig angerichteten Schaden aus unbekannter Hand Ersatz geleistet wurde, wenig Kenntniß genommen, bis in den, ohnehin an Mißtrauen und Besorgnissen reichern, jüngsten Jahren, in vielleicht nur zufälliger Verbindung mit jenem Brauch, solche Excesse vorgekommen sind, welche die Einschreitung der Staatsgewalt veranlaßt und ihn weit über seine Heimath hinaus ins Gerede gebracht haben. (Öffentliche Blätter v. 1834: z. B. bayr. Landbote p. 1185, b. Nationalzeitung p. 1068, auch Allgem. Zeitung p. 1551. '„Regier.blatt 7ber 1836: Gendarme in Aibling belobt;" (Jac. Grimm).' „Im Landgericht Ebersberg gab es Freitags bedeutendes Haberfeldtreiben, wohin von hier bereits Militär requirirt wurde;" Artikel „München, 23. Septbr." in Schurich's Neuesten Nachrichten v. 1849. Im Juli oder August 1851 wurden mehrere Landgemeinden der Gerichte Miesbach und Aibling wegen eines im vergangenen Herbst stattgehabten Haberfeldtreibens zu einer Geldstrafe von 50 fl. verurtheilt. Landbote 1851, p. 1115. Im November 1848 wurde gar gegen den Landrichter zu Rosenheim solch eine Censur geübt. Münch. Neueste Nachrichten, Nr. 237). Man sieht übrigens aus diesem Nachtrag zu den vor 10 Jahren geschriebenen Bemerkungen Th. II., Sp. 1033 f., der den gütigen Mittheilungen eines in jener Gegend wirkenden Beamten entnommen ist, daß die materielle Bedeutung von einem 27

Treiben ins Haberfeld (von einem Schlagen auf die Haberwaid) auch bey dieser Ceremonie, wenigstens heutzutage, gar nicht in Anschlag kommt; denn sie kann zu jeder Jahreszeit und auf jedem freyen Raum statthaben, und treiben wird sehr oft nicht einmal mehr in Bezug auf eine Person, welche getrieben würde, sondern auf Haberfeld selbst (wie man sagt: Possen, Narrethey ꝛc. treiben) genommen. Man hört: Einem oder Einer haberfeld treiben oder spilen, manchmal auch: Einem oder Einer ins Haberfeld treiben (wozu wol ein anderer Accusativ als Vieh zu errathen bleibt). Cf. G. Phillip's canonistisch-mytholog. Abhandlung über den Ursprung der Katzenmusiken (1849) p. 73. Die Waid, das Waidrecht, 1) Hutrecht; 2) Triebrecht (servitus actus) über eine fremde Flur; dann 3) (in einigen Gegenden an der Rezat) das Recht des Weidelns, (das Vieh während des Durchtreibens fressen zu lassen).

Die Badwaid. „Die weil die Badstub ein Eehöftin, sollen all hawsgenossen ꝛc. in die badwaid daselbs gehören, und nach ihrem Stand alle Jar zwischen weyhenechten und fasenach jedes sein bestimpt padgelt oder padlon raichen.“ Die Herrschaft soll einem Bader „die badwaid freyen und schirmen dergestalt das kein anderer bader innerhalb der badwaid one eines baders zugeben nit möge bad halten dergleichen sollen auch die einwoner in der badwaid kainen andern pader zu gepruchen macht haben.“ Der Herrschaft und Tigews Röttenberg Ordnungen, (s. Th. II, Sp. 856).

waiden und waidnen (waə'n, waə'nə~), hchd. weiden; (mhd. weiden, ahd. uueidôn und uueidinôn; Graff I, 775. BM. III, 554. Weigand, Wbch. II, 1038). si' ô~wài'nə~, anwaidnen, wàdlə-r-essn, viel und mit Lust essen. Die Waidschaft, Waidenschaft (Waəd-schàft, Waə'nschàft), Weide, Weidegründe. Der Waidner (Waə'nə', Jäger-Sp.), Maul des Hirsches; (cf. Suche als Maul des Hundes, und sieh unter 2). Hieher gehören wol auch die alten teor-uueida lustrum, vogil-uueida aviarium, Ort, den die Thiere, Vögel besuchen, zum Aufenthalt machen. MB. XVI, 459, ad 1394 kommt vor ein Walther der Vogelwaid von Veltheim. Auch der Dichter heißt bey Wolfram v. Eschenbach (Wilh. v. O. II, p. 129): „Her Vogelweide.“ cf. unter Waidman den Vogelwaidman. Die Fischwaid, sieh unter 2.

2) Die Waid, ahd. Sp. uueida, das Ausgehen auf den Fang von Wild, Vögeln, Fischen; (isl. veidi und veidr. Grimm, Gesch. d. d. Spr. 29). „In uueido, in venatione“ gl. i. 364, Notk. Ps. 16,12; „in uueidu, in piscatione,“ Otfr. V, 13,9. Dazu das Verb uueidon (isl. veida dyr, fiska ꝛc., ags. vâdhan, venari), womit uueiton, querere, der gl. a. 517, das in diesem Fall für uueidon stehen müßte, zu vergleichen. „Die waide üben;“ Valkn. 66. „Er (der Falke) kummet nit aus der waide, er bleibet in der næhe;“ das. 68. „Zu der waide mee (weideme?) gewinne;“ das. 164. „Ich sucht in manger waide;“ das. 168. „Im Herbstmon geht an die vogelweid;“ H. Sachs 1612: I, 759. Davon haben sich in die neuere Sprache mehr oder minder forterhalten: Der Waidener, Waidner, Hirschfänger; in der ahd. u. mhd. Sp. hieß der Jäger selbst uueidinâri, weidenære. waidenlich, gewaidlich, adj. und adv., jägermäßig, jagdgerecht. Graff I, 776. BM. III, 554 f. „Durch weidenlichen wandel;“ Labr. 28. „Ein weidenlîchez frâgen ich von wilde gunde;“ das. 32. „Nu sûche weidenlîch gelæze;“ das. 32. „Ein vart diu weidenlichen træte.“ „Verhæren weidenlîchiu mære;“ das. 45. „Pflag ich ie meisterschefte an weidenlîcher künste;“ das. 334. „Tagalt vil und weidelîcher sache;“ das. 351. „Und daz ieglich geselle mit fügen weidenlîchen helfen kunde;“ das. 392. „Sô sach ich weidelîche sätze machen;“ das. 492. „Waidenliches fliegen;“ Valkn. 80. „Sich des Waidwerks waidenlich und beschaidenlich gebrauchen.“ „Zu rechter gewaidlicher Zeit und Weil jagen, und nit wan das Wildpret noch untauglich und weder nutz noch guet ist;“ Pfandbrief v. 1649, Majer's Forstztschr., 2. Jahrg., IV. Heft, S. 32. waidlich (waədlə', waə'lə', 'aələ', Franken wádli, wá'li, wêdli, o.pf., schwäb. wàidlə'), hurtig, munter, brav, (etwa zunächst vom suchenden Jagdhund); Zeitschr. I, 292,3. 299,1,5. III, 538,31 (wálich, wáli'). V, 258,19. VI, 121,91. ä. Sp. auch waidenlich und waidenhaft. BM. III, 554. Birlinger 424. Weigand, Wbch. II, 1039: stattlich, ausgezeichnet. „Uf mich do sties alsbalde ain valkner waidenhaft und betagter;“ Valkn. 39. „Lund (London) das ist ser ein groß mechtige waidliche stat;“ Cgm. 1279, f. 136ᵇ. Sie wünscht dem Ungetreuen, „wa er vor minniglichen frawen gern wär hart waidenlich, das iedermann vergaffe sich an im davon das er kain schimpf enkünne noch güten glimpf;“ Cgm. 270, f. 119 (379, f. 84). „Ein waidenlich wolgestalter knab;“ Cgm. 54, f. 33ᵇ, (Keller p. 62). „Nu sach er daz die zwen jüngling gerad und waidenlichen warn und sittlich und wol gezogen;“ das. f. 86ᵇ, (Keller p. 172). „Man schol gar waidenlichen (behutsam) da mit umbgen,“ (mit dem Öffnen einer Ader in den Augenwinkeln); Cgm. 170, f. 4ᵇ. „Trink und gib mir, laß umher gan das dunkt mich waidigklich getan;“ Ben. 525, f. 37. „Ein weidenhaftes Kneppelin;“ Cgm. 1111, f. 156ᵇ. „Ja mir gefällt die waidlich dirn;“ H. Sachs 1612: II, II, 77. Das Waidblatt, was Waidmeßer. Der Waidhausen, die zur Jagd gehörigen Personen im Dienste eines Jagdbesitzers; (Heppe, S. 179). Der Waidherd zum Vogelfang; Birlinger 424. 227. Das Waidlehen, Jagdlehen. „Item IV weidlehen, solvunt 12 maderbelge;“ Lori, LchR. 37, ad 1275. Der Waidlêhner. Es ist zw wissen, das vnsser herrschafft zw Wer- 28
denfels ainen waidlechner habn zu Germischgew, der darczu belechent ist von unserm genädigen herrn von Freysing vnd gesetzt über den wildpan..“ (Er soll Wildbret suchen für den jagenden Herrn, der Falken pflegen und drgl.). Werdenfelser Ehaftbüchlein v. 1431, Cbm. 1533. Der Waidmann (Waədmà~), plur. Waidleut (Kr. Lhdl. VII, 65. XIII, 22), Jäger; (mhd. weideman, ahd. uueidaman, indagator, venator, einfacher: uueidinâri, gleichsam Waidner. Graff I, 774. 776. BM. II, I, 48. Weigand, Wbch. II, 1040). „Ez scheidet von gelimpfen ein weideman, er los, er jag, er henge;“ Labr. 459. „Ein kost, die weideliuten sol behagen;“ das. 271. „Nu rât, dû weidgeselle; das. 272. „Die Voigte von Salzburg sollen im Salzforst einen Weidmann haben;“ Schultes, histor. Schriften I, 197 (v. 1559). Bey der ehm. churf. Raisjagerey wurde als Parthey aufgeführt der Voglwaidman. „Wolf Varnberger voglwaidtman“ (1613), „Melchior hann voglwaidtman“ (1614) Fenster auszubessern; Cbm. 2224, f. 244 und 2225, f. 224. waidmännisch, adj., (nicht blos jägermäßig, sondern) kunstmäßig, handwerksmäßig (überhaupt). „Wann das Gerstenkernl bey beeden Spitzen vor und ausgeschoben, so man insgemain, breuwaidtmännisch davon zu reden, Pickenierer nennt;“ Chlingensberg, de jure hofmarchiali. Das (die) Waidmære, ä. Sp. „Was get mich an ze claffend dirre waidemære;“ Valkn. 87. Das Waidmeßer, Hirschfänger (ahd., mhd. uueidemezzer, venabulum. BM. II, I, 164). Der Weidsack (Waədsàk), Jägertasche. Der Waidschältich (Wêdschel'ch), am Mayn, der Fischernachen; sieh unten: Waidzüllen. Der Waidschray, Jägerruf; (sieh deren in Grimm's altd. Wäldern III, 97). Der Waidspieß, (mhd. weidespiez, ahd. uueidispioz), venabulum; (Graff VI, 368. BM. II, II, 496). Der Waidspruch, ein jägermäßiger oder jeder andere Kunst- oder Kernspruch. BM. II, II, 540. „Mit weidesprüchen kôsen ich aldâ begunde;“ Labr. 56; cf. 76. Das Waidwerk, auch als einzelne Jagdpartie: BM. III, 590. „Sam seist auf eim waidwerk erfrorn;“ H. Sachs 1612: III, III, 94. 95; als Vorrichtung zum Jagen: „Drey abentewrisch waidwerk;“ ders. V, III, 136. Die Waidzüllen (Waə'-ziln), der Fischerkahn; (isl. veidibátr,

Fischerboot). Vrgl. Waidschältich, das oberrheinische der Waidling (nicht Weitling; BM. III, 555. Weigand, Wbch. II, 1039 f.); Zeitschr. VI, 43 und Fischwaid. „Lembus, waidling;" Nomencl. v. 1629, p. 115. Diefenbach 323[b]. Birlinger 428. Die Waidenetz. „Den Raben mit allerley Waidenetzen nachstellen;" Dulcher, salzb. Chr. 258. „Waidnetz treiben;" Tir. L.O. v. 1603, Register. Die Waidhait, Waidenhait. „Was zu dem Gejaide und Waidenhait gehört;" Kr. Lhdl. V, 328. XIII, 22. „Herzog Albrecht het großen Lust zu aller baidenhait;" Chron. in Freyb. Samml. I, 176. Die Fischwaid, ä. Sp., der Fischfang, piscatio. BM. III, 553. Heumann, opusc. 695. „Er mocht auch wol han gut vischwait;" Mich. Beham, Wiener p. 384,29. „Die vischwaide von den perlach," Perlenfischerey; Cgm. 696, f. 259[a]. Ein Liebhaber entfernter Etymologien mag bey unserm Wort an das ungarische vad (wild), vadász (Jäger), vadaszni (jagen) denken, das diese Tataren schwerlich erst von den Deutschen gelernt haben. Ob etwa auch das österreichische bey A. v. Klein citierte „Waid," Scheere des Krebses, (insoferne er damit sucht, fängt), dann die Ziehwait, Zugweide (Zuggarn der Fischer, sieh Höfer III, 327 und cf. Weiter) hieher zu rechnen, weiß ich nicht.

3) Die Waid, a) Ausfahrt, Reise überhaupt. BM. III, 551,1. „Cf. gael. uibhe, journey;" (Jac. Grimm).' Grimm, Andr. und El. p. 116,788. „Giuc und var dîn weide!" S. Helbling IX, 135. Die Tagwaid, Tageweide, ä. Sp., Tagreise, diaeta, stadium. Cgm. 641, f. 157. „Nit oder fur ein gast bei tag ainem over seinen acker, over sein wismat, also daz er jm schaden tät, (so sollen sie es nach zweyer Männer Rath oder durch Eid ausmachen), daz ein gast seiner tagwaid nicht versaumt werde;" B. L.R. Ms., Heumann, opusc. 73. „Daz der gast an dem nechsten tag seiner tagwaid nicht versaumpt sei;" Münch. StR., Art. 395, Auer p. 101.
29 Das reform. L.R. v. 1588, f. 107 setzt schon: Tagraiß. „Der weck der da ze dem himel gât hât brige tageweide;" Grieshaber's Pred. I, 163. „Si (die zur Hölle Eilenden) macheten minner tageweit, und wessen si, waz wer dar inne;" d. w. Gast 8448. „Do sie ain tagwaidt füren;" Cbm. 12392, f. 30[b]. „Das unser Herr von Sewen sein Tagwaid gereitn mag;" MB. II, 164, ad 1440. „Emptus equus modico modicam vadit ille diaetam. Welichs ros ring gekaufft ist, das laufft clein tagweyt zu aller frist;" Facetus v. 1448, Cgm. 72, fol. 22. „Wir seind billgrin in dirre welte, vnd gangen alle tag vnnser tagwayde;" Cgm. 702, f. 111. „Mir gêt alle tage engegen der Tôt ein tageweide; S. Helbling IX, 48. 'weitweibig, adj., ä. Sp., weit hinaus schweifend; vgl. BM. III, 554: ûzweibec und wîtweibe.' „Swenne der mensch ist ane gedanke so ist sin herze witwaibic;" Mone's Anzeiger VIII, 492, (XIII. sec.). b) (wie Fart, Rais, Gang ꝛc.) ä. Sp., das Mal. BM. III, 551,5. Grimm, Athis und Proph. p. 57,18. anderwaid, zum andern Male, wiederum. BM. III, 552. „Des andern iars kom der künig philippus ze Babenberg, do erschlug in der pfallenzgraf von Witelispurg in guten triuen. er ward ouch do begraben. seider ward er vsgegraben vnd ze Speir gefuert. Da begrûb man in anderwaid;" Kaiserchronik, Ms. (sec. XIV.) des germ. Mus., Nr. 2733. „Daz tier (kämel) slint die gersten gar snell und behelt si, dar umb, daz ez si des nahtes mit idrucken anderwaid ezze;" Konr. v. Megenberg f. 76, (Pfeiffer p. 124,15). „Die (Wittwe) nam anderwaid den N." „Als sie sich andererwait verheirat;" Hund, St.B. I, 316. II, 74. „Anderbait, iterum;" Cgm. 482, f. 27. „Iterato, anderbait; iteratim, vicissim, anderbaitlich;" Clm. 5587, f. XXII. Sieh I. Th., Sp. 100. „Her (Johannes) enphing si anderweit;" Herm. v. Fritzlar 39,9. „Dise (anderen Sacramente) mac man alle anderweit nennen;" das. 54,3. „Trire ist drîeweibe gewunnen gewest;" das. 96,3. Virweibe zehene daz sin virzig;" das. 102,22. „Der hât iz wol virzicweibe gesehen;" das. 149,25. Drî weibe, drey Mal; Cod. palat. (Heidelb.) 361, f. 87. „Ains, ander weibe und dritte weib," zum ersten, zweiten und dritten Mal; Freyberg's Sammlung I, 293. anderwaiten, iterare, repetere, wiederholen. BM. III, 552. „Noch sullen wir nit aufhören zu anderwaitten das achtbar leiden J. Chr. (sed necdum ruminare cessemus Christi gloriosissimam passionem);" Cgm. 790, f. 21. „Sicut vinum optimum dignum dilecto meo ad potandum et labiis et dentibus tuis ad ruminandum, als der pest wain der do wirdig ist meinem lieb ze trinkchen vnd seinen lebssen vnd seinen zenden zw anderwayden;" Clm 12723 (XV. sec., 1417), f. 82. Antiphona, daz sprichet geanderweiter sanck;" Cgm. 89, f. 23. „Doch also dz dz refenter glöcklein nicht gekleneget und der tischsegen nicht veranderweitet werd;" Alt. Hoh. 11, f. 85. „Das der tischsegen nit veranderweitet werde;" Cgm. 78, f. 43.

Das Gewaid (Gwaə', zunächst Jäger-Sp.), die Gedärme, Eingeweide; — (mhd. geweide; BM. III, 554. Die ahd. Sp. hat dafür andere Wörter: innodi, innuouili ꝛc.). Der älteste Beleg wäre aus Diutiska III, 46: „diu nuamba duuuet daz geweide." Ist duuuet als douwet (verdaut) zu nehmen, so erscheint Geweide hier noch als die genossene Speise, pabulum selbst, und gehört zum vorigen Waid, 1), welches dem Jäger gleichbedeutend ist mit Geäß. Kein Wunder, wenn das mit dem Enthaltenen weggeworfene Enthaltende auch in der Sprache für jenes gesetzt worden wäre. „Gewaibe, intestina;" Diut. III, 148, sec. XII. „Die spinne spinnet ir gewaibe aus irem leibe;" Cgm. 307, f. 63, (Renner 4849; s. unten: Wib).' „Ob er wunt wirt an dem pauch, daz im daz gewaid durch auz get;" Freys. Rchtb., älteres Ms., wo ein neueres Gedarm setzt. „Wem das gewait ausget, dem zeucht der (Schröpf-) chopf das gewait wider an sein stat;" Ms. v. 1477. „So die wund auf das Gwaid gieng;" Cgm. 4535, f. 81. „All gebrechen und siechtagen an dem miltz, leber oder lungen, an dem gewaid oder magen;" Cgm. 4570, f. 29. „Welcherlay presten ein mensch in seinem gewait innen hat;" Cgm. 170, f. 1[b]. „Von rechter herzeleide beslôz ichs (diu verchelîn) in mîn geweibe;" Grimm, Reinh. p. 393,11. „Intestinum, yngeweid; exta, außgweb; entera, fischgweb;" ZZ. 1539, f. 1. „Das Ingewaid (Iⁿgwaə'), Eingeweide. BM. III, 554: ingeweide. Weigand, Wbch. I, 278. „Ingeweide, farcimen;" gl. o. 308. Das einfache Waid — (vielleicht hieher waid buteca, ital. budello, franz. boyau? eines Voc. v. 1429) findet sich in: Waidbruch, Gedärmbruch, hernia, Benno-Mirakel v. 1697, f. 297. 332. 334; Waidbarm: „... ist gut wer dy feikch in dem leib hat das sind platern in dem waytdarm," Cgm. 170, f. 1[b]; Waibloch, (Heppe) After des Wildes, (BM. I, 1024); Anhang zum Vegetius v. 1529, Frwrbch. v. 1591) Zündloch eines Feuergewehres, Geschützstückes. „So du ain büchß geladest und sie beschießen wilt, so nim ainen pfremen und stoß in durch das wayblock untz auf den boden durch das pulver;" Cgm. 4902, f. 18. waidwund, (Jäger-Sprache) so verwundet, daß die Gedärme vortreten; auch vom Menschen: Cgm. 4535, f. 82. 83. waiden, waidnen (waə'n, waə'nə'), außwaiden ein Thier, exenterare. „Gefiedertes wilprät sol man wayden;" Cgm. 544', f. 52. „Nim ain gewurgtes hun und laus das weiben;" Indersd. 176, f. 21.

Waid, (von Krebsen) Scheere; (Wien).

Der Waida oder Weiba, Weib, in deutschen Schriften des 15. und 16. Jahrh. Woiwod (in Ungarn, Polen). „Der Janusch Weid," Johann von Zapolya, Gegenkönig in Ungarn, 1530—1535 (Gévay's Aktenstücke p. 29). Der Türke Ibrahim Pascha nennt ihn Janusch Kral, König Johann. Weigand, Wbch. II, 1099. Der Waßerwaib (Woiwod?). „Von Pulgarey für er (der von Chreuzpeck) in Walachey, den wazzerwaib er do gesucht;" Suchenwirt XIV, 307, p. 47. „Ao. 1386 do schlug ainer genant der Wasserwaider von Ungern den Großgraven zu todt;" Meisterlin's Augsb. Chronik, Cgm. 213, f. 237.

Das „Wed," (b. W.) was zum Bedecken oder Verschließen dient, Thür an einem Kasten, Deckel über eine Truhe. Das „Augenwed," Augenlied. (Dr. Roth vergleicht die fuldaischen Wettbretter, die in einander greifenden Bretter an den Wänden der Scheune; *zogewett*, mit solchen Brettern verschlagen).

30 Die Wed-welle, Wed-Winde, (Cgm. 592, f. 33): „wider die Uven sol man nemen die wurzeln von der wedwellen;" (das., f. 39) „nim der roten pirn newn die an der weissen wedwinden wachsen;" (das., f. 40) „daz saff von der wedwinden;" Cgm. 729, f. 173: wedewinde, hedera; f. 174: wederwinde, ligustrum. Schwerlich Wed statt Wid, Wit (Holz), um das sich diese Pflanze windet. Zeitschr. VI, 493: der Wiewind, die Wêwinne, Wîwinne, Ackerwinde.

Wedel, sieh Wadel, Sp. 847.

Der Wedl, Well, Springstier; (Jir.).

wedelwarm, s. wächelwarm.

Norweden st. Norwegen; Cgm. 994, f. 121[b].

„wedeln," (b. W.) weinen. I thuə *wedeln* und woiseln bis s' már áfmàcht dö Thür;" Stelzhamer 127.

weder, weder-er, e, eß, Pronominaladj., uter, utra, utrum; (mhd. weder und wederer, wederiu, wederz, ahd. huedar und huedarer, iu, az, goth. hvathar. Graff IV, 1217. BM. III, 543 f. Weigand, Wbch. II, 1030). „Wederer es je sey, uterque; wedern du wilt, utrumvis;" Voc. v. 1618. „Wederer (Cgm. 27, f. 6: weder) nicht kümpt, dem ist bruch beschechen an seinem rechten;" „weder das uberfuor, daz der ander ze schaden käme;" Rechtb. v. 1453. „Wo zwen kriegent .... wederm ez der fronpot geit, der sol ...;" Cgm. 27, Art. 112. „Zwelf pfening wert brots oder die pfenning, weders ich wil;" MB. VI, 434. weder (als Neutr. und adverbialisch, wie latein. utrum) mit folgendem oder. „Weder sol si der chaufman ansprechen oder der richter?" „Weder sol er es vervahen für diuf oder für raup?" Wstr. Btr. VII, 41. 58. „Weder ist ez übel oder ist ez guot?" Walther v. d. V. 120,25. „Daz ich muge bewêren, weder du sigest min sun Esau alder niht;" Griesh. Pred. I, 159. Der, die das wedere: Dəᶜ, dé, 's *wédər* is's? welcher, e, es von beiden ists? „Ich hân zwêne röcke, der gib ich dir den wedern," (mit ausgelassener Negation für: der en gib ich dir den wedern, horum neutrum tibi do); Br. Berhtolt 265, (Pfeiffer 239,24: der gibe ich dir dewedern). weder (als Neutr. und adverbialisch, in früherer Sprache mit ausdrücklich vorgesetzter, in der spätern mit blos noch hinzuverstandener Negation **ni, ne, en, n**) mit folgendem noch, wie hchd. weder — noch. *Wédə*ᶜ dés *nó'* das. *Wéder* I *nó'* du. „Im wart von rehter minne neweder wol noch wê;" Walther v. d. V. 14,1. Parallel: „Im ward beidez, wol und wê" — hier: „ne weder (keins von beiden), wol noch wê." BM. III, 545. weder (wol ebenfalls wie das vorhergehende mit hinzuverstandener Negation) in der ä. Sp. als Conjunction für quam, als, außer, beliebt. Weigand, Wbch. II, 1030. Zeitschr. VI, 410,42. „Besser fallen mit den Füeßen weder mit der Zungen." „Glaub mir bey deinem leib, daß ich anders leb weder schreib;" Putherbey. Nicht weder (nichts als), anders weder (anders als), baß weder (besser als); L.R. v. 1616, f. 279. 297. 738. 741. Zeitschr. IV, 104,21. Gerade so sagt man nach Whiter im Vulgar-Englischen: „I am greater nor he —," welches nor aus älterem nother, agſ. nâudher, na-hvädher syncopiert ist. (Grimm III, 723; cf. 283,10). deweder (ä. Sp.; Grimm III, 40. 41), einer von zweyen. BM. III, 546. aintweder (aə˜twedəᶜ), „entweder," ä. Sp. eintweder — wol aus ein deweder — einer von beiden. BM. III, 547. Weigand, Wbch. I, 295 f. Dés ódəᶜ dés, *aə˜twédə's* muəſt taə˜. Sieh I. Th., Sp. 90. „Daz entweder nicht sol des andern leut aus seiner march laden;" Hund, St.B. I, 196. „Chument zwei für 31
recht und chlagent umb ain pfant, des entweder bey nutz und bei gewer sitzt;" Heumann, opusc. 113. 118. „An aintweders (an eins von beiden) sich zu haben," (halten); Rechtb. v. 1453. Daz aintweder (alterutrum), der schuld aintwedereu (culparum alterutra); Wstr. Btr. VII, 45. 50. „Das si aintweders (alterutrius) vertragen wären, der hunde oder des geldes;" Kr. Lhdl. II, 88. aintwedern, alterutrum (accus.); Heumann, opusc. 119. aintwederhalb, entwederhalb, in, ex utraque, alterutra parte. Hund, St.B. I, 196. Heumann, opusc. 125. aintweder und aintweders (als Neutr. und adverbialisch) mit folgendem oder, — wie hchd. entweder. BM. III, 547. *aə˜twédə's gê odəᶜ* bleib! „Aintweders lebendig fahen oder todschlachen;" Avent. Chr. 374. kaintweders (kaə˜twédə's, O.L.), keines von beiden. iedweder, iedwederer, ain iedweder, ain iedwederer (ən iədwédərəᶜ, ən iədwédə'nəᶜ), jeder von zweyen oder auch mehrern; (Iwein 1008 ꝛc.: ietweder, uterque, alteruter, wol aus ie deweder, sowie auch jeder selbst aus ie weder entstanden ist). BM. III, 547. Weigand, Wbch. I, 546. sweder, mhd. Sp., (ahd. so huedar so; Graff IV, 1221. BM. III, 548), uter, utra, utrum cumque. „Sweders er wil;" Wstr. Btr. VII, 58. 127. 137. „Auf ainer Wand oder auf baiden, swederhalb uns das bas fuglich ist;" Lori, B.R. f. 6.

Die Weiden (Wei'n), wie hchd. Weide; (mhd. wîde, ahd. uuîda, salix; Graff I, 766. 773. BM. III, 620, Weigand, Wbch. II, 1038). weiden (ä. Sp. weidein, wîdîn), adj., von Weidenholz. Das Weidach, ä. Sp., ahd. uuidâhi), salicetum, virgultum; Cgm. 689, p. 190; noch in Ortsnamen vorkommend. Birlinger 428. Das Städtchen Weiden in der O.Pf. heißt in der Volkssprache die Weiden; áf d' *Wei'n* gêi˜, i˜ dəᶜ *Wei'n* sei ꝛc. Vrgl. Wid. „Die Stadt Vdinum zu Teutsche Weiden in Friaul," (Widem auf Schafarik's Karte), Udine, bey Hund, St.B. I, 30; jedoch Cgm. 1172, f. 157: Waiden. „In Freyaul ist Weyden;" d. Ring 46[b],35. St. Weiden, der heil. Guido. In Speier: Weidenstift, Weidenberg. „Der stift zu Sante Widen, ecclesia S. Guidonis, (Widonis); Sant Widen berg, mons S. Widonis, Sante Widen burgetor, porta S. Widonis;" Zeuß, Speier p. 3 5. 11. „Legt den ersten stein an dem Waidens stifft zu Speyr;" Cbm. 316, f. 24.

Der Wid (Holz), sieh Witt. Der Widehopf, wie hchd.; (mhd. witehopfe, ahd. wituhopho; Graff IV, 831. BM. I, 710. Weigand, Wbch. II, 1078. Cf. kärnt. vdod, gewöhnlich udeb, odap, odep, udap, Widhopf; Jarnik p. 166). „Swer trinket, piz im der weidhopfe in dem hirn beginnet cloppfen;" Renner 9474. Widach, ä. Sp., Collectivum; BM. III, 619. „Bunden in mit wittache;" Diemer, Ged. 148,16. Vgl. wetten.

Die Wid und Widen (Wi', Wi'n), Dimin. das Widlein (Widl, Wi'l), a) wie hchd. Wiede, aus Baumästen gedrehtes Band, (mhd. diu wide, wit, ahd. wid, uuid, f. I., retorta; Graff I, 745. BM. III, 619. Weigand, Wbch. II, 1078. Vilmar, kurheſſ. Idiot. 452. Zeitschr. II, 392,28. 414,86. IV, 190. V, 479. VI, 21.); auch wol Band von Stroh und drgl.: ə˜ feuchtəné, häslənė, weidəné ꝛc. *Wid.* Etter-Wid, Zaun-Wid, Flöß-Wid ꝛc. Vögel, Fische, Frösche (oder eigentlich die Schenkel derselben) ꝛc. werden mitunter, an Widlein gereiht, zu Markte gebracht. Birlinger 432. Ein Widlein Frösche besteht gewöhnlich aus einem Viertelhundert Paar Schenkel, ein Widlein Vögel aus einem Gebinde von vier Stücken. Ein Widlein Rueben, Rüben, am Kräuterich zusammengebunden. „Ein Widl Ablaßpfen-

ning;" A. v. Bucher's s. Schriften IV, 36. „Ein Widlein Rosenkränze." b) das Widl, eine gewisse Anhäufung gesponnener Fäden an der Spule; á *Widl* Gáá'n;" Castelli, Wbch. 266. 's Deanl is gifti', hád 's *Widl* va'rütt, kumt dá' Bua hintnher, nimt's bei dá' Mitt;" Seidl, Flins. IV, 39. 151. Zeitschr. V, 410,5. VI, 133,34. Cf. cesk. widle, kärnt. vile, plur., Gabel; Jarnik 38. Widlbartl. So oft der Haspel schnalzt, gibt es ein *Widl* Garn, das mit dem Widlbartl untergebunden wird. 100, auch etwa 80 Fäden geben ein *Widl*. c) Art ältern weiblichen Kopfputzes. Für die Fronleichnamsprocession 1580 (Wstr. Btr. V, 122) sollen sich die Jungfrauen, die Mariä Person agieren, „umb khlaine schmale perline Widen oder Khrentzlein sehen." In der Kleider-Ord. v. 1626 (Wstr. Btr. IX, 295) werden den Töchtern
32 der nicht Vornehmen „die zum Theil von Gold gezierten Widen, die doppeltaffetene Zöpf und die seiden Nestel ins Haar" verboten. Die bürgerlichen Jungfrawen mögen (nach der tir. Polic.-Ord. v. 1603, f. 13) perlin Widl oder sammatine Haarbäntl, doch nit über 6 fl. werth, tragen. Nicht unmöglich, daß dieß noch das uuitta, vahsuuitta, fasciola crinalis, discriminale, vitta der ahd. Sp. (Graff I, 745) ist, wo dann auf einen dialektischen Singular die Witten, Widen zu schließen wäre. Dazu gab es ein Verb uuittôn, discriminare, uuidôn, vittis ligare (?). widen, widnen, Wieden machen, bähen, drehen; mit Wieden binden; auch wideln, anwideln. Rueben anwideln. Zeitschr. VI, 21. Der Widelzaun, Stangenzaun. „Was gewidet und genietet ist im Haus;" Ertl, Pr. aur. 34. d) Die Joch-Wid, Ring (von Eisen), der die Deichsel ans Ochsenjoch hält. Bey dem ärmeren Wäldler ist die *Go'wid* aus dicken Birkenzweigen gedreht, bey den Vermöglichen ist sie Riemerarbeit. e) Die Langwid, hchd. Langwiede, Holz, wodurch das hintere Gestell eines Wagens mit dem vorderen verbunden wird; (mhd. lancwit, ahd. lancuuid, langwid, vinculum plaustri, lattula, longale, temo, carpentum; Graff I, 745. BM. III, 619. Weigand, Wbch. II, 11; sieh II. Th., Sp. 1490. Gegen witu, Holz, streitet das Genus und die gewöhnliche ältere Schreibung mit **d**. Vilmar, kurhess. Idiot. 452). Die Rugkwid. „Reda dicitur a rodo quod rodit collum equi vulgariter sil vel ruggwid et in propere (improprie) sumitur pro curru;" Clm. 5685 (XV. sec., 1412), f. 59. Ähnlichkeit hat das alte chuna-uuithi, catena, das isl. vidja, vinculum, catena, vidbein, agf. vidhban, clavicula, Schlüsselbein. Selbst weide (uuîda) könnte damit im Ablautverhältniß stehen. Vrgl. aber auch wetten, binden.

„Widel, bidellia;" Cgm. 721, f. 67. Diefenbach, novum glossar. p. 50ᵇ.

Widler, s. Th. I, Sp. 621: *Türk'nwidler*, eine harte, trockene Mehlspeise.

Der Widem (Wi'm und Widn, Wi'n, Widnt, mitunter Widəm, Widum und falsch geschrieben „Witthum"), a) die zu einer Pfarrkirche gestifteten nutzbaren Gründe, — Pfarr-widem. In Flurnamen: Birlinger 432. Zeitschr. IV, 190 (schles.) Widemut; VI, 493: *Wedem, Wedum.* „Ain acker so Wimb zum pfarrhof ist;" Akten v. 1782. „Ein pfarrwidum um 67 Schilling und fünf Pifangen." „Ein pfarrwidum von 48 Schilling und 11½ Tagwerk Wiesen;" Zirngibl, Hainsp. 347. „Der widemp zu Holenbach;" MB. IX, p. 141, ad 1318. „Sô die widemen, sô die zehenden: der habet ir iuch sô gar underwunden, daz man kûme ûf vier pfarren ein armez pfeffelîn vindet;" Br. Berhtolt 344, (Pfeiffer p. 450,11). „Auf der widem zu Winntpösing dem Chunrat und Elspet... geschafft habent sand Remeyn gein Awerpach zu einer ewigen meß;" (Innviertel, 1412); Cgm. 3941, f. 55. „Das sy stiftleich und pawleich lig... die widm stiftlich und pawlich halten;" das. f. 114ᵇ. N. gibt „von ainer ledigen widm v ß dn.;" das. f. 210 (und oft: die widm). „Parrochia, pharr oder widem;" „dos, margengab vel prewtgab, pharrhof;" Clm. 5877 (XV. sec., 1449), f. 112. 131. „Scripti in dote seu parochia in Monaco ecclesiae b. Mariae virginis;" Clm. 8803 u. 8805 (XV. sec., 1456). (Ich weiß nicht, ob hieher paßt „Widem, fines et termini ecclesiae Sancti Stephani" zu Wien, jetzt die Widen — scil. Vorstadt — in einer Urk. v. 1211, Hormayr's Wien II, 185; daz Widmer tor, Cgm. 1113, f. 37. Mich. Beham, Wiener 72,21. 95,5: „außerhalb widmer tore ... vor widmer tor." b) ä. Sp., Dotation überhaupt; (mhd. widem, genit. widemes, öfter wideme, genit. widemen, msc. und fem.; ahd. uuidimo, uuidumo, genit. uuidumen, dos, dotalitium, vielleicht aus uuîhan entstanden; sieh Grimm, Gr. II, 241. Graff I, 777. BM. III, 620. Weigand, Wbch. II, 1095 f.). „Da stift er ein bistum, den widem er wol berait mit maniger huob brait;" Reimchr. bis 1250. Der Widembaur (Wi'mbaur), der Widemmaier, Widmair (Wi'mə', Wimmə'), der Widemann, Widmann (Widmà˜, Wi'mə˜), Bauer, welcher den zur Kirche gehörigen Widembau als Pächter oder unter sonstigen Lehenverhältnissen inne hat. „Als ander des gotzhaws widmær und hindersäczen;" Cgm. 3941 (v. 1420), f. 85ᵇ. „Dotarius, hûber, widenman;" Aug. S. Ulr. 50, f. 1ᵇ. widemen, dotieren, ausstatten, stiften. Graff I, 778. BM. III, 620. Weigand, Wbch. II, 1077. „Gut, gult und urbar damit unser vater salig daz closter Furstenvelt gewidemt und gestift hat;" MB. IX, p. 182. „Der Forst, da die Stadt mit gewidembt ist," Lori, L. Rain 60. „Nero verzehrt die beste beut, als wann er 33
wär drauff gwidmet, der Welt Erbgut verdumlen thut;" Balde, de vanitate mundi. „Zum Waidwerck sind wir auch gewidet" (statt gewidemt), läßt H. Sachs (ed. 1612: I, 950) den Edelmann sagen. bewidemen, dotare; BM. III, 620. Grimm, Wbch. I, 1753. Eine Frau „bewidemen oder verwidemen auf ein Guet (als widems recht ist)," es ihr als Dotation anweisen; MB. XXIV, 683. Lirer 27. Eine Frau „bewidemen und bewisen;" Schultes, histor. Schr. I, p. 184 (v. 1432).

wid, (Nordfranken, Henneberg), adv., gegen, entgegen, an; (altsächs. und angels. widh contra, juxta, circa, engl. with, mit; Müller, etymol. Wbch. d. engl. Spr. 554); (Aschaffenburg) blos in Zusammensetzungen: z. B. widlauffen, widstoßen. Ich bin *widgəloffə˜*, *widgəstoſə˜*, bin (z. B. garstig) angelaufen, angestoßen. Vilmar, kurhess. Idiot. 453.

Widwol, galgulus, galbula, ἴκτερος, Emmerling; vireo, Grünfink. H. Junii Nomencl. (Augsb. 1629) p. 32. 35. Diefenbach 256ᵃ. 621ᶜ. Weigand, Wbch. II, 1080: Wiedewal, Kirschvogel, oriolus galbula. Nemnich II, 790: Wittewal, Witwohl, Wiedewall ꝛc.

wider (widə'), 1) adv., wie hchd. wider und wieder; (mhd. widere, ahd. uuidari, widri, uuidar, contra, retro, re-, rursus. Graff I, 635. BM. III, 621. Weigand, Wbch. II, 1072. Zeitschr. VI, 519,1. 529). widerumig, adj., iteratus; Wagner C.- und C.-Beamt. I, 323.

2) Praepos. mit Acc., a) wie hchd. wider; (mhd. wider, ahd. uuidar, mit Dat. und Acc. Graff I, 638. Weigand, Wbch. II, 1072. Vilmar, kurhess. Idiot. 453). b) (Franken) wider sich oder Einen sagen, zu sich, zu ihm sagen. Vilmar, a. a. O. „Oft blib er stiller stohn, redt laut wider sich selb;" H. Sachs. „Nun mueß es gott erbarmen! wider sich selbert sprach;" Reime v. 1562. „Explicit expliciunt sprach die katze wider den hunt;" Monac. Augustin. 49, fol. ultimo. „Wider den ritter sprach er dô;" Wigalois 3436. I hà' *widə'* mi' 'denkt, ich habe bey mir gedacht; (Nopitsch). „Ist, das ein man chaufet gewant wider einen (von, bey einem?) hantsneider;" Wiener Stdt.R., Rauch III, 133. Cgm. 1113, fol. 56ᵇ. Vilmar, a. a. O. (Cf. „umb Einen etwas kaufen"). zewider (zwidə'), a) adv., wie hchd. zuwider. b) adj., ə˜ *zwidərə'*, *zwidə'nə'* Mensch, ə˜ *zwidə's* Ding.

„S Dènl is houhh und I á' nét nidə',
bàl' zwaə sęlhhé zsamkemə˜, dà gêts ſo *zwidə*'."

Der Zewiderer, das Zewiderlein (Zwidə'l), der Zwidə'bók, äquivok mit Widder, widerwärtige, übellaunige Person. 'Die Zwidernus, übellauniges Weſen.' „Leicht hundertmol gfrait hä i' di' lödigáhait, wost dein *Zwidernuſs* grätst? Ja freili'! hast gsait;" Stelzhamer 86. Sich widern eines Dings, (Nptſch.) ſich weigern; (mhd. wideren, ahd. uuidarôn, uuidirôn, renuere, reluctari. Graff I, 641. BM. III, 623. Birlinger 432. Zeitſchr. VI, 44). „Ob ſich jemand deſſen widern würde;" Kr. Lhdl. XIII, 151. „Gif preoſt ongean biſcopes geraædneſſe widerige;" R. Schmid, Geſetze d. Angelſ. p. 195,15. „Daran ſie uns nicht verwidern (hinderlich ſeyn) ſollen;" Chron. Schyrens. 115. Vrgl. erwittern und Vilmar kurheſſ. Idiot. 454. Der Widergelt, der Erſatz; (Suchenwirt), Th. II, Sp. 908. Über den Widrigildus der ahd. Geſetze ſieh Grimm's R.A. 652 und hier Wergelt, unter weren, 2. „Ne retribuamus inimicis nostris mala pro malis, widergelten (widerlonen) uianten unſeren ubiliu wider (fure) den ubileu;" Cgm. 17, f. 16ª. widergên, gut machen, was man verbrochen. „Wider gen tuot als wol, als da man zen usbrechen ſol;" des Teufels Segi, (Barack p. 127,3986; cf. 3984). Der Widergang, ſ. Th. II, Sp. 681. „Wa ein hirß uber ain feld will von ainem holtz in das ander ſo gat er alweg hin und her und tut vil widergang, ſo gat ain hind alweg ſchlechtiglich für ſich;" Clm. 4373 (v. 1437), f. 119. 'widerkommen eines Dinges, ä. Sp., etwas wieder einbringen, beſſern; BM. I, 904ª,11. vgl. widergên.' „Si (die Herzoge) ſind des nit wider komen das ſi armen gotzhüſer (cloſtern) hand genomen;" des Teufels Segi, (Barack p. 240,7615). Der Widermuet, Betrübniß; Buch der Weisheit v. 1485. widerſinns, ſieh Sinn, III. Th., Sp. 294. 'Der Widerſtrich; Birlinger 432.' Der Widerweg, Rückweg, Heimweg; Legende von St. Sebald bey Wagenſeil, Norimb. 47. widerwonen etwas, aus der Gewohnheit kommen, es zu können oder zu thun. Der Widerzug, Rückzug, Rückkehr; Hund, Stm.Bch. II, 246. Andre Compoſita ſieh unter den Primitiven, z. B. Widerdrieß I. Th., Sp. 568, widerhend II. Th., Sp. 1122, widerlegen II. Th., Sp. 1458 ꝛc. ꝛc.

34 Der „Widertan, adianthum aureum;" Georg Frank: (aus dem Partic. von tuen gebildet; vgl. untertan, Th. II, Sp. 606 f. Grimm, Mythol.², p. 1164 f. Zeitſchr. IV, 166: ophiogloſſum). „Man ſol nemen Widertan und ſol den ſieden;" Cgm. 249, f. 244ª. „Politriton, widertat;" „politriton, widertat, ſtainfar;" Cgm. 170, f. 10ª. 10ᵇ. Capillus Veneris, maurrauten, widertat," Clm. 16487 (2°. XVI. sec., 1526), f. 95; „widertodt," daſ. f. 104. 'Dieſenbach 445ᵇ. Nemnich zählt unter Widerthon auf: asplenium trichomanes (I, 516), polytrichum commune (II, 1640), anthericum ramosum (I, 337), drosera rotundifolia (I, 1447), anthericum liliago (I, 335), bryonia alba (I, 688).'

Der Wider (Widə'), wie hchd. Widder; (mhd. wider, ahd. uuidar, goth. vithrus, agnus; Graff I, 779. BM. III, 620. Weigand, Wbch. II, 1072. Zeitſchr. V, 486); doch weniger üblich als Schäfbock, Hammel, Ram, Schetz, Caſtraun. A°. 1570 legt der Erzbiſchof von Salzburg den Söhnen und Erben des als Rebellen enthaupteten Hans Stainer einen Dienſt von zween Blutwidern auf, die, mit rothem Tuch bedeckt, von ihnen jährlich eingeliefert werden ſollen;" Cgm. Kl. 200, p. 31. Spinwidrin fleiſch, von einem Saug=lamm; ſ. Th. III, Sp. 677: Spunne.

Wido, Wîde, Guido; ſ. unter Weiden.

Der Woudi (Menſch), der garſtige, rohe und ungeſchlachte; (Dr. Sepp). 'Vgl. mhd. der wuotich, furor und wuotich, wôtich, cicuta, Schierling, auch wüeterich; BM. III, 536. 537; auch Zeitſchr. VI, 21: Wôdeshêr, das wilde Heer, Wuodeswôr, unruhiger, wilder Menſch.'

wuderwinzig, (ſchwäb.) ſehr klein; (bayr. budə'-winzi; ſ. Th. I, Sp. 312 und vgl. daſ., Sp. 177: uterwinzig und unten winzig.

wuedeln, ſieh wueteln.

---

wafen, waffen, (verächtlich) ſprechen. Vilmar kurheſſ. Idiot. 433. (Vrgl. bey Stalder II, 427: wäffelen, lallen. und Th. II, Sp. 875: guofen). Das Gewaff, Geſchwätz.

1) Die Waffel, a) verächtlich: Maul, Mund. Weigand, Wbch. II, 1008. „Schweig nur und halt dein waffel zu;" H. Sachs. b) (Nürnb., Hsl.) Höhlung des Löffels. c) (O.Pf.) hölzerne Thürklinke; ſ. Warfel.

2) Die Waffel, Art dünnen Kuchens, zwiſchen zwey Eiſenblechen gebacken, ſehr gewöhnlich in der rheiniſchen ꝛc., weniger in der altb. Haushaltung. Es iſt wol das entlehnte niederd. Wafel, Waefel, engl. wafer, und mit Wabe genau verwandt, wie denn auch das franz. gaufre ſowohl Wabe, als eine ſolche Art Gebäckes bedeutet; (Weigand, Wbch. II, 1008. Diez, Wbch. II, 640. Müller, etymol. Wbch. d. engl. Spr. II, 520).

Das Wâffen, (mhd. daz wâfen, wâpen, ahd. daz uuâfan, isl. vâpn, agſ. vaepen, ndrd. wâpen; Graff I, 785. BM. III, 455. Weigand, Wbch. II, 1007 f.), als Singular in der Bedeutung eines Werkzeuges hie und da noch vorkommend; — Plur. die Wâffen, a) wie hchd. (mhd. wâfen, ahd. uuâfan, goth. vêpna) b) Werkzeuge von Eiſen überhaupt, als Senſen, Äxte, Hämmer, Schaufeln, Gabeln ꝛc. „Ein man der einen garten hat darin ain fruchtper ſchöner pawm ſtat, kumt ainer und hawt im darein mit ſeim waffen, ſo ſol man in und (umb?) das waffen ſtraffen;" Roſenplut, Cgm. 714, f. 402. In dieſem Sinn: Waffenſchmid, Waffenhammer, Waffenverkauf ꝛc. Die Wâffen des Leidens Chriſti, arma Chriſti, alle in der Paſſion vorkommenden Marter=Inſtrumente; Wſtr. Btr. I, 167. „Wer unſers Herrn Waffen altag anſicht;" Cgm. 80, f. 94. (Vielleicht als Embleme unter die Bedeut. c zu rechnen). c) Nur ſelten kommt die hchd. Form Waffen in dem Sinne vor, in welchem ſich ſpeciell die niederd. Wâpen, erhalten hat. cf. Schild. „Auf großem Geld ſieht man der Fürſten Bildnuſſen, was aber kleine oder geringe Münz iſt, auf ſolchen ſihet man ihre Waffen oder Wappen;" Predigten v. 1678. „Ich ſihe diu Hagenen wâfen in einem ſegele rîche;" Gudrun 1957 (489,3). Auch in dieſem Sinn brauchte die ältere Sprache den Singular daz wâfen. Wigalois S. 736. Aus dem Plur. neutr. iſt nach Gramm. §. 882 — wie das Femin. Beere, Mähre ꝛc. aus dem Neutr. ber, mære; ſ. Th. I, 263 — ein Sing. fem. die Waffen entſtanden, von welchem die Schriftſprache nach irriger Analogie ſogar das letzte, gar nicht unter Gramm. §. 850 fallende, ſondern weſentliche n abwetzt, um ihre Waffe zu haben. „Die Demuth iſt die Waffen wider des Teufels Liſt;" Geſangb. v. 1660. Wâffen! Wâffen mir! Wâffen=o! (mhd. wâfen! wâfenâ! BM. III, 456ᵇ), Ausruf bey drohender Gewaltthat. Wâffen ſchreyen, um Waffen, um Hilfe rufen, um Rache, weh rufen. Im Art. 237 der bayreuth. reform. 35
peinl. Hals=G.=Ord. v. 1582 — von Beſchreyung des Thäters — heißt es: „Item, der Kläger mag auch über den Thäter dreymal ſchreyen, Waffnach jo, oder Mörder jo! über mein und des Landes Mörder!" „Schreit Ceter, Waffen io!" Wolff, hiſtoriſches Volksl. 197. 622. „Über Einen ſchreien zetter waffen!" Hans Sachs, passim. „Die Frau ſchreit über mich laut Waffen, ich ſey zu faul ..." klagt z. B. die Hausmagd bey demſ. (1612: I, 1026). „Mein hertz ſchreit immer waf-

fen! und wolt stets geren bey Euch seyn," sagt der Zärtliche, das. II, IV, 116. „Waffen! was verlust ist nun das! (ut quid perditio haec!) ruft Judas im Sterzinger Passionsspiel von 1500. „Wer schreit on not wauffen der pringt die leut zusammen; Cgm. 270, f. 74 (379, f. 31). „Wauffen! ümber mer pfuch und pfei der großen schand und keczerei!" Mich. Beham, Wiener 45,28. „Der knecht schrei lûte wâfen!" Labr. 353. Das Gewæffen, ä. Sp., Gesammtheit der Wâffen; (mhd. gewæfen, ahd. gawâfini; Graff I, 787. BM. III, 457). „Da wir die hailigen meſs suln hœren vnd sehen, so suln wir vor der tür lan alles unser gewaffen;" Clm. 5651 (XVI. sec.), f. 173. „Er quam geriten gewæfens îtel unde bar;" Otte mit d. Barte 555. „Ein gewæfn daz ich erkande;" d. w. Gast 13968.

Die „Waiff," (Voc. v. 1419, 1429) Haspel. „Waiffen vel winden, cathelo;" Voc. v. 1429. „Alabrum, waiff;" Clm. 5877, f. 99. Diefenbach 20^{a}. (Adelung gibt die Weife und weifen als die guthchd., Haspel und haspeln als die niederd. Ausdrücke. BM. III, 625: weife. Weigand, Wbch. II, 1041. Vilmar, kurhess. Idiot. 444). 'waiffen, 1) (ä. Sp.) vb. act., schwingen; BM. III, 625^{b},2.' Im Fechtbuch Cgm. 582, f. 117^{b} heißt es: „so soltu mit dem messer bayffen als dy frawen, wan sy das garn abhaspeln " Sieh wauffen. „Der ingewunden van wart für daz here geweifet," (entfaltet? 'geschwungen, BM. a. a. O.') Wernh. Maria 6. Sieh Weiffen. '2) vb. ntr., weiffen, (mhd. wîfen: wîfe, Praet. ich weif, wir wiffen, Partic. gewiffen; BM. III, 625^{a}), schwanken. weifeln, unsicher gehn, wanken, zittern; Birlinger 428.'

„wauffen." Im Fechtbuch Cgm. 582, f. 117^{b} heißt es: „Wilt du ab lauffen, von payden seitten soltu wauffen." Dazu die hier unter waiffen aufgeführte Erklärung. Sollte dieses wauffen dem niedersächs. wuppen (auf und nieder bewegen) entsprechen? 'Vgl. Zeitschr. II, 163: wapeln, waffeln, wanken, und s. oben, Sp. 829: wabeln.'

Der Wefel, a) Garn, das auf Spülchen ins Weberschiffchen kommt, um damit das auf dem Stuhl ausgespannte oder den Zettel zu durchschießen, Einschlag, Eintrag; (mhd. daz wefel, wevel, ahd. uueval, subtegmen; Graff I, 649. BM. III, 625. Diefenbach 561^{c}. 562^{a}. 592^{b}: substamen, subtegmen, trama. cf. oben, Sp. 291: Sinawaf). „Swer von der stat ein mær sol sagen an ander stat der kan eintragen valsch wefel in treuwen warf;" Renner 4481. b) Garn, so viel von einem Wickel Flachses gesponnen wird. A°. 1626 mußte den Spinnern von einem Wickel oder Wefel 2 Kreuzer Spinnlohn gegeben werden, da sie ehmals nur 5 Pfenning oder 1½ Kr. bekamen. Verfall des Lodenhandels in Bayern p. 24. Das Wefelgeld, (Ansbach und Bayreuth) Geschenk, welches dem Geistlichen von seinen Pfarrkindern verabreicht wird, bey Scherz (voce Wefelsteuer): „munuscula quae parochiarum membra sacerdotibus in mores eorum et de fide notitiam inquisitum visitantibus praebere solent." Bekanntlich gehört es in einigen Gegenden der O.Pf. noch jetzt unter die Regalien der Pfarrer, oder vielmehr ihrer Capläne, zu gewissen Zeiten in den Häusern der Gemeinde Flachs und Garn (Wefel zu Leinwand) sammeln zu dürfen. Das Wefelgeld schreibt sich vielleicht ebenfalls von dieser ehmaligen Naturalsammlung her. 'erwefeln, mhd. Sp., 'einschlagen (?); BM. III, 625.' „Ob wir die verlihene gnâde geübet haben ze wuocher oder ob wirs in der erde verborgen und erwefelt lâzen haben;" Pfeiffer's Mystiker I, 320,32 und Anm. S. 514: unbearbeitet, unbenützt? Sieh Wiff, wifeln.

Die Weiffen, plur., Markzeichen von Grundstücken; (mhd. wîfe; BM. III, 625. cf. Graff I, 784). „Nach den Weiffen ainen Zawn machen." „Was innerhalb oder außerhalb der weiffen oder zaichen ist;" MB. XXIII, 421, 422, ad 1437. „Die Weiffen oder March des Jacob-Wäsls. Etliche Birnbäum, dabey man Gräben aufgeworfen, und also dieselben für Weiffen behalten." Lori, Lech-Rain 387—9, ad 1569. 'Weiffstecken, was 36
Speile, Speilstecken (s. oben, Sp. 662), Stickholz, Stickstecken (s. Sp. 727), Schalholz (s. Sp. 394): Stecken, mit Strohlehm umwunden (gewîft), welche, in die Wände, Böden oder Decken eingelassen werden;" Vilmar, kurhess. Idiot. 444.' weiffen, Gränzmarken festsetzen. „Als dann ausgeweiffet und gezaichent ist;" Lori, a. a. O. Zusammenhang mit dem uuifa, guifa der Leg. Baiuu. und Longobard. (Grimm, R.A. 941), obschon dieses mehr die Bedeutung eines Warnungszeichens (sieh Pfandschaub und vgl. Zeitschr. VI, 119,26: die *Wife*, schweiz., ein Warnungszeichen im See vor Felsgrund oder Untiefe), und in der Form, zumal wenn es zum gothischen vipja gehören sollte, nicht î sondern i bietet, scheint unläugbar; (cf. Grimm, Gramm. II, 13. I, 859 und waiffen). In dem Begriff eines gewundenen oder geflochtenen Wisches von Stroh etc. stimmt ganz das niedersächs. Wiep wol wîp, engl. wipe, (Zeitschr. VI, 119,26. 288,755. 494: der *Wipp*, *Wip*, Bündel, Büschel, Wisch); und etwa erst hieraus ist abgeleitet das Verb to wipe, ags. vipian, tergere; (Weigand, Wbch. II, 1082. Müller, etymol. Wbch. d. engl. Spr. II, 651). Die Lesart huiffa und huiffare in der Münchner HS. der Constitutiones Caroli M., fol. 3 ist wol unecht. Sie würde etwa auf das ags. hveopan, engl. whip, flagellare (cf. Wifel und Wipfel), weisen.

'wîf, wiff, (wol das französ. vif), gewîft, lebhaft, pfiffig, schlau; fein, schmuck, sauber, (Tirol). Castelli, Wbch. 266. Zeitschr. III, 103. V, 526,559.'

Das Gewif (Gwif, Ries), die Wette. gewifen (gwifõ), wetten.

Der Wifel, (Lori, Berg-R.) Wipfel, Gipfelholz; (ahd. neben uuiphil auch uuifil, flagellum, flabellum, — frons, dis, etwa urspr. huifil und zum ags. hveopan, engl. to whip, flagellare, gehörig? (Graff I, 784. BM. III, 626. Müller, etymol. Wbch. d. engl. Spr. 543). Vrgl. Weiffen und Wifftel. (G. i. 623: uuifelon, resecare palmites). Vrgl. d. folg. Wort.

Wifel. „Ain ros das wiffel hat" (an der Ader unter der Zunge); Cgm. 4543, f. 249. „Hast du aber dye wyefel an den augen das ist das dir dye augpra unten rot sint und vast unter sich zannen;" Ind. 418, f. 98^{b}.

wiflad, adj., schwankend, unsicher im Gang; (Kaltenbrunner). 'Vgl. Castelli, Wbch. 266: wia fli, wirblich, schwindlig.'

wifeln, auswifeln, (Lori, Brg.R.) übrig lassen beym Stoßsalz, d. i. in die 186 Kuffen, die eine Hallfahrt machen, weniger Fuder einstoßen, als für die Hallfahrt bestimmt sind. Cf. Graff I, 783 f. Die Auswiflung, jenes Quantum Salz, so bey dem Kuffenstoß insgemein wegen unfleißig erfolgtem Stoß erübrigt wird. Kurzer Begriff der Salz-Irrungen v. 1761. Sollte dieser Ausdruck aus der Forstsprache entlehnt seyn, wo man vorerst den Wifel oder das Gipfelholz unaufgearbeitet liegen läßt. (Vrgl. indessen auch wüfeln).

Der (?) Wiff, a) in der Bedeutung Faden, Zwirn muß wol vorausgesetzt werden zum Nürnb. Dimin. Wiffelein, schmale Art Spitzen; (cf. Wifft); b) in der Bedeutung Wabe (sieh Wiffte), zu Wiffbollen (b. W.), Afterwachs, in Kügelchen zusammengepreßt. wifeln, verwifeln, a) (schwäb.) mit Nadel und Faden verweben, zustechen etwas Zerrissenes. Graff I, 649: wifjan, weben. b) „wifflen, acu pingere;" Voc. v. 1618. BM. III, 626. „Von golde unde seiden wehe borten gewifelt mit mangen weisen worten;" Renner 16707. Figürlich: „Die heide bedeutet dise werlde, die got gewifelt und geberlde hat mit mancherlay wunne;" das. 213.

Der Wifling, Art groben, gewöhnlich schwarz gefärbten Zeuges, wovon der Zettel Leingarn, der Einschlag Wolle ist, und der meist zu Weiberröcken dient. BM. III, 626. (In der mhd. Sp. kommt wif für tela überhaupt vor: Minnes. II, 71. BM. III, 625: der wif, Schwung, schnelle Bewegung). „Die vor ein tuch von garne truk, die wil nu tragen einen wiflink," (als schlechter); Renner 12734. wiflen (wiflə˜), adj., (d. W.) von Wifling; (BM. III, 626: wifelîn). ə˜ *wiflənə'* Kidl oder Rók, ə˜ *wifləné* Hos'n, ə˜ *wiflə˜s* Gwantə'. Vgl. Stalder II, 450.

Das Wófə-l, (O.Pf., scherz= und spottweise) 1) der Zahn; Grimm, Gesch. d. d. Spr. 155. 2) Bauchwind. Castelli. Wbch. 268: Main Kind hàd schon àli *Wolfarln*, (Zähne). cf. Wolf.

Woferl, Wolfgang; (Jir.).

„wüfeln," (von Pferden) die Kolik haben. Koch-Sternf., Salzb. und Bercht. II, 387. „Wan ein Gaul die Wüfl hat;" Cgm. 4855, f. 15. (Vrgl. allenfalls wifeln und Wifel).

wueffen, (ä. Sp.) wehklagen, laut weinen; (mhd. wuofen: Praet. wief, Partic. gewuofen, neben dem schw. Verb. wüefen; ahd. wuoffan, Praet. wiof; goth. vôpjan, alts. wôpan, ags. vêpan, engl. to weep. Graff I, 780. 782. BM. III, 824. 825. Döderlein. Münchn. Gel. Anz. 1844, 211 hält hiezu vapulare, wehklagen, — indem man geschlagen wird). „Da was ain solches ruffen paide schreien und wuffen, als ob es wär das wütend her;" Mich. Beham, Wiener p. 176,4. „Wie dick mein hertz des wüffet;" Cgm. 270, f. 80ª, (379, f. 39). Der Wueff, das Geschrei, Geheul, Wehklagen; (ahd., mhd. wuof, wuoft; Graff I, 783. BM. III, 824 f. cf. russ. wopl, clamor). „Querimoniam lacrimabilem, chlagalichen vuof;" Froumundi cod. Boethii (Wallerstein-Maihingen), f. 4. „Da was ain wuff und ain schal daz ez allenthalben erhal;" Mich. Beham, Wiener p. 212,7. „Ich schrei mit manigen wůfen, ob ich doch ieman hôrte, den ich durch helfe mochte zů mir růfen;" Labr. 180. Rückert versucht in Rostem und Suhrab das Wort wieder aufleben zu lassen: „Wolken splitterten, gesprengt von ihrem (der Perser) Wufe;" 63. Absatz. „Im Laufe that er ihm entgegen einen Wuf;" 73. Absatz.

---

37 Der Wifft, a) Faden, Zwirn feinster Art. „Hemder, genäht mit Faden oder Wifft von solcher Gespunst, die von Kindern unter 7 Jahren herrührt," wurden von Abergläubischen zu besonderen Zwecken getragen. Mandat gegen Aberglauben, Zaubereyen ꝛc. v. 1611. (cf. ahd. Sp. gauuift, uuiftunga, textura, mhd. wift, Faden, Gewebe. Graff I, 649. BM. III, 612). b) „Wiffte," (Nptsch.) Honigwabe; (mhd. wift; BM. a. a. O.). „Als diu bin ir wift uz maneger blüete würket;" Lohengrin 191. „Valscher trost ist als ein wift;" Renner 13305. „Swer mit fleize nimet ein, swaz hat geschriben sant Augustin der let den juden irs falsches wift und treit mit im frolich hin heim des rehten gelauben honicseim;" Renner 17285. „Manic man kan manger leye schrift, des hertze doch inne ist als ein wift;" das. 17809. „Alle lere ist ein wift, der niht hilft die heilige schrift;" das. 20153. „Wizzet, daz der heiligen schrift wort sint uzzen als ein wift, die doch vol honges stecken innen;" das. 22307. „Der binen honic und ir wift kument von reiner suzzikeit;" das. 22565. sieh Wiff.

Der Wifftel, (salzb. Waldord. p. 28. 33. 43. 94) Wipfel, Gipfel eines Baumes; (Jir.) *Wifftl.* Falce rubos filicemque resecat, farn vel uuifta;" Froumundi cod. Boethii (Wallerstein-Maihingen), f. 21. Cf. schwed. wifta, dän. vifte, fächeln, wehen. Sieh Wifel.

Die Wefzen, Wefzgen, die Wespe; (mhd. wesse, ahd. wassa, wessa; Graff I, 788. BM. III, 548. Zeitschr. II, 510,5. VI, 347). Sieh Webes und Wechsel.

wesfzen. „Der Fuchs wesfzet, gannit;" Voc. v. 1618. Vgl. wifizen, wipfizen, ä. Sp.; Haupt's Zeitschr. VII, 175,17, und dagegen BM. III, 626. s. unten: wipfizen.

---

wagen, (ä. Sp.) sich bewegen; (mhd. wagen, vb. act., bewegen, wiegen in der Wiege; vb. ntr., bewegt, erschüttert werden, schwanken; ahd. uuagan, uuagên, uuagôn. Graff I, 663. BM. III, 641. Weigand, Wbch. II, 1009. Zeitschr. III, 48,15). „Es wär ecker, wisen, höfe, ligendes, wagendes oder varende habe;" MB. XXV, 190, ad 1427. „Dem die zend wagen (wackeln), der sol si dick bestreichen mit lautersalz;" Cgm. 592, fol. 38. „Wem die zend wagent, nimt er des wazzers in den munt ... sô werdent die zend gevestent dâ von;" Konr. v. Megenberg, Pfeiffer 89,28. „Er (der aitstain oder prennstain, Gagates) vestent die wagenden zend," dentes labefactos; das. f. 263, (Pfeiffer 447,17). „Wenn die zen hol werden und waggend;" Cgm. 3124, f. 46. „Biboz ist gůt ze dem waganten zane;" Clm. 536 (XII. sec. 4°), f. 86. „Sint im (dem Siechen) die zene vergilwet in dem munde ... unde wagent im in dem fleische;" Br. Berhtolt 407, (Pfeiffer 510,5). „Ehe dan du zu dem Sehe (See auf dem Fichtelberg) komest so waget der berg ein viertheil einer meile oder mehr als woltestu versinken;" Matthias von Kemnat, Cbm. 1642, f. 122ª. „Man hôrte in ir segele diezen unde wagen," (wehen, flattern); Gudrun (Vollmer) 809,2. „Dô sach der marnære ûf den ünden wagen ein schif mit rîchen segelen;" das. 853,1. „Dô sach si rîche segele wagen ûf dem sê;" das. 1359,1. cf. 1364,1. 1367,1. 1459,4. Cf. Th. I, Sp. 176: daz itwâge, die Fluth; BM. III, 646. s. Wâg. „Von kus gen kusse bieten hân ich wol hæren sagen und smutzerlîch vernieten, darvon daz herz můst innerhalbe wagen;" Labr. 329. erwagen, in Bewegung gerathen, anfangen zu schwanken; verwagen, aufhören zu schwanken. BM. III, 642. „Dô sluoc Wate der alte, daz im erwaget der wert;" Gudrun 515,1. „Er blies ze dritten stunden mit einer krefte grôz, daz im der wert erwagete und der wâg erdôz;" das. 1394,2. „Daz genibele zôch sich hôcher ... do verwageten (wurden ruhig) ouch die ünde;" das. 1134,2. wagen Etwas, es bewegen. „Trûte minne, swîg, ich wil dich wagen," (wiegen); Benecke's Beytr. 76; (sieh: die Wagen, Wiege). „wagitzen, nutare;" Cgm. 688, f. 32; (sieh wegen, 2). „Dz Volk aufwageln." „Die wagler und hauslosen Zigeuner." „waglerisch." (aufrührisch); Dr. Eck 1542. „Meine Tage sollen vermüdet seyn, ich soll verwageln von der Welt und ein Ende nehmen mit Schröcken;" Juden-Eid, vorgeschrieben durch ein bayreuth. Rescript v. 1713.

Der Wagen (Wàgng), plur. Wägen (Wágng), Dimin. Wágə-l, wie hchd.; (mhd. wagen, ahd. uuagan; Graff I, 666. BM. III, 644. Weigand, Wbch. II, 1009). Birlinger 424. wagenweit offen, so daß man mit einem Wagen einfahren könnte. Der Änzwagen, sieh I. Th., Sp. 117; der Graitelwagen, Th. II, Sp. 1017. In Leonhard Fronspergers Kriegsordnung v. 1555 werden fol. 19 die Deichselwägen, an welchen die Pferde paarweise gespannt werden, von den Landwägen, vor welchen die Pferde eins hinter dem andern gehen, unterschieden. Vielleicht war damals, wie noch jetzt in Spanien, die letztere Art die landüblichste. Auch kommt in diesem Buche fol. 18ᵇ, 20ª, 22ᵇ noch der in der mhd. Sp. oft erscheinende Ausdruck Kanzwagen (ahd. chanzuuagan, currus, quadrigae; Graff I, 667. BM. III, 644. Grimm, Wbch. V, 181 f.) vor. Von Geschützstücken, besonders über 40 Zentnern, sollten die Ror für sich auf

„eigen Kanzwägen, doch etwann wa es gesein mocht, zwey Ror auf einem Wagen, die Gefeß (Lafette) aber ledig nach geführt werden." „Die Wägen, darauff man (Schiff-)Brucken fürt, sind gleich wie ander Kanzwägen, dann daß die Kipfblöck hinden und vornen mit guten starken Spaichen oder Stützen versehen." „Item darnach so haben dy siben junkfrawen, dy siben künst genant, mit sampt den siben maistern einen gantzen wagen gemacht, darauf ist gesetz theologia" ꝛc.; Clm. 3941, f. 31b. Vrgl. Schanzwagen. Der Herwagen, s. Th. II, Sp. 1150. „Also sach der knecht ûf und sach den berch vollen hêrwegen," currus; Regum IV, c. 6,17. Der Hobelwagen. „Currus armatus, cameratus, artera, ein hobelwagen;" Nomencl. 1629, p. 135. „Ich will mit meiner buchsen schlagen den munich von seim hobelwagen;" H. Sachs 1579: V, 339 (1612: V, III, 2). „Ein edle Fraw zu der Kürn gesessen hat
38 man alle 14 tag in eim hobelwagen holen laßen zur pfarr;" Hund, St.B. II, 209. Vgl. Thl. II, Sp. 1039; auch Hodel- und Kobelwagen, das. 1054. 1217. „Fenster-, Lemoni-, Kobel-, Mautee-Wagen;" K. Leopold's österr. Polic.-Ord. v. 1671. Das Schweizer-Wägelein (Schweizə'wágə-l), was in der Schweiz selbst ə˜ Bernərwègəlé heißt: — vierrädriges Wägelchen mit Geländer und dazwischen befestigten Sitzen. Blockwagen, Wstr. hist. Schriften I, 232, ad 1648. Grimm, Wbch. II, 138. Raiswagen, sieh oben, Sp. 139: Rais. Straßwagen, Freyb. Samml. II, 111. Wstr. hist. Schriften I, 232. Der Wagenmann, plur. Wagenleut, (ä. Sp.) Fuhrmann, Fuhrleute, z. B. H. Sachs, Kr. Lhdl. XII, 180, Gem. Reg. II, 161. „Veredarius, wagenman vel schollerpott;" Voc. v. 1429. Wagenknecht, Freyb. Samml. II, 111. Wagenschwær, sieh Sp. 644: schwär. Der Wagenvoll (Rhön: Waəmbəl). 'Der Wagenweg, ä. Sp., Weg für Wagen; BM. III, 639.' Ehehafte Wagenwege, (in ä. Schriften) alle Heer-, Landes- und Gemeinde- oder Gerichtsstraßen; (Jir.). Der Wägner (Wágnə', O.L.), sonst Wagner (Wàgnə'), wie hchd.; (mhd. wegener, ahd. uuaginâri. Graff I, 667. BM. III, 645).

Die Wagen (Wagə˜, schwäb.), die Wiege; (mhd. wage, ahd. uuaga; Graff I, 662. BM. III, 641. Zeitschr. III, 30). „Daz kindelin in einer wagen;" Grimm, Reinh. p. 351,1636. „Wage, cuna; Weglin, cunabulum," Voc. Melber. Sieh oben Sp. 866: wagen, (bewegen, wiegen).

Das Wagenhəlf·l, (Pfreuntsch, Murach) die Hagebutte; cfr. Hiefe.

Der Wâg, (rhein. Wàg, „Woog, Waig," in A.B. veraltet), Wasser in einem Graben, Wasserfang, Teich, See, Fluth überhaupt; (mhd. wâc, ahd. uuâg, plur. uuâgi, aequor, stagnum, lacus, gurges. Graff I, 662. BM. III, 645. Weigand, Wbch. II, 1099. Vilmar, kurhess. Idiot. 434. Zeitschr. IV, 262, II, 2.). Der Scheidenburger Wog bey Landstuhl (im Rheinkreis, jetzt beynahe trocken gelegt und den Anwohnern Torf liefernd); 'der Liebfrauen-, Pfaffen-, Sauer-, Reiterwog, (Weiher bey Bolanden in der Pfalz),' der Kaiserswog, Stadtwag, (Kaiserslautern; Panzer, Beitr. z. d. Mythol. I, 202). Der große „Woog" bey Darmstadt; der Mauchenheimer, Queidersbacher ꝛc. Wag, (Bachmann, über Archive 252. 299. 302; vgl. Förstemann II, 1455 f.). „Weide, Wälde, Wöge, Fischereyen;" (das. 238. 261. 267. 278 ꝛc.). „N. v. Kamer, der in dem Wag verdarb," (ertrank), ad 1392; Freyberg, Samml. II, 98. cf. das. 118. „Wie man einen Pfal in einem Wag verbrennen mag;" Anh. zum Vegetius 1529. „Wie man ainen pfal in einem waug verprennen mag wie tieff er staut;" Cgm. 4902 (v. 1429), f. 28. „Die visch in dem wâg bedürfent der lungen niht;" Konr. v. Megenberg f. 18a, (Pfeiffer 29,31). „Wer visch in aines andern mannes Wage stilt;" Rechtb., Ms. v. 1453. „In wâge rinnen;" Labr. 223, '(figürlich; vgl. unter die Wâg).'

„Einen in den Wack des Wassers versenken," Gem. Reg. Chr. III, 459. „Auf freyem Wag des waßers verschickhen;" Tir. L.O. v. 1603, f. 129. „Si waffen in ab der brukke in des wages unde ....;" „haiz si senchen sa zestunt in des wages grunt;" Kaiserchronik. In dieser allgemeinern Bedeutung ist das Wort unter der dialektischen Form Woge, und zwar (wol vom Plural, cfr. Gramm. §. 882 und I. Thl., Sp. 263: die Ber) als Feminin ins Hochd. gekommen. Der Hailwag, ä. Sp., s. Th. II, Sp. 1078. Waging. „In Wagingariorum monte;" Salzb. Urk. v. sec. X.—XI., Clm. 15809, Vorsetzbl. am Hinterdeckel. 'Vgl. Förstemann II, 1355: Wagingersee.' Wâg-egk, Lustschloß der weiland Fürst-Äbte von Kempten, an einem weitläufigen Teiche gelegen. Die Wäg-leiten. „Uf der wackhleuten, da sich die recht tief des (Ammer-) Sees anhebt;" MB. VIII, 280, ad 1441; (sieh II. Th., Sp. 1534), wol der wechselweise überfluthete und trockne Theil des Uferhanges. Der Wâg-rain, sieh Sp. 104: Rain und Förstemann II, 39
1456. Wenn, wie v. Klöckel (Cbm. Kl. 231) behauptet, Tegernbach das frühere Tegernwâc (Förstemann II, 1363. 1456) der Urkunden ist, so hat sich unser Wort in dieser, wie in wol noch andern Zusammensetzungen, zu -bach umrenoviert.

Die Wâg (Wàg, o.pf, schwäb. Waug), 1) wie hchd. Wage; (mhd. wâge, ahd. uuâga, lanx, trutina, stater, libra, pondus; Graff I, 664. BM. III, 646. Weigand, Wbch. II, 1008). „Statera, wag; examen, zwegalin quod (?) examinantur;" Clm. 4350 (XIV. sec.), f. 2. Unter „einer wage" (Augsb. Stdtb. 18), „einem wag" (Münchner Policey-Verord., Wstr. Btr. VI, 116) wahses, unslides oder smerwes ist wol ein bestimmtes Gewicht zu verstehen. „Nym pibernell mit der wag (?) und trinck das mit der wag;" Cgm. 4543, f. 132—133. „Fur dy huesten sied lekericzen und zuker in wasser mit der wag und trinck das oft;" das. f. 133. '(Vgl. mhd. an die oder der wâge, ûf die oder der wâge, auf gut Glück, auf Gerathewohl; s. unten 3 und BM. III, 646,d).' 'Die Ebenwâg, ä. Sp., Wage im Gleichgewicht. BM. III, 647. Lexer, mhd. Wbch. I, 505.' „Daz du herre (Gott) gewerdest (würdigst?) disiu cherzen und disiu dinch daz si sin din selbes ebenwage;" Clm. 4616, f. 53, '(Haupt's Zeitschr. VIII, 116).' Die Zuewag, was vom Metzger an Knochen ꝛc. mit auf die Wage gegeben wird. 2) ä. Sp., eine Vorrichtung zum Spannen der größern Art Armbrüste. „Man versah sich mit Armbrüsten, Pfeilen und Spanwogen." „Die große Wag und die Armbrosten zu der Wag auf dem Thurm bey St. Emeram;" Gemeiner, Reg. Chr. II, 191. 198, ad 1377. „Zwey Wogarmbruste;" das., ad 1355. Item II Wagarmbrust magna," Meichelb., Hist. Fris. II, I, 119, ad 1313. Wol ebenfalls von den Mitteln, die zum Spannen dienten, benannt, kommen im Bamb. St.B. Cropp-Armbrüste und Stegref-Armbrüste vor. Vrgl. II. Th., Sp. 1377, III. Th., Sp. 741, und Winden. „Fidiculae, foltersail, wag; fidicularum tormento distendi, an die wag geschlagen werden;" Nomencl. v. 1629, p. 105. 3) fig. R.A.: auf der Wâg seyn, ligen, noch unentschieden, ungewiß seyn, nach welcher Seite der Ausschlag erfolgen werde; 'mhd. in wâge, enwâge sîn, stân ꝛc.; BM. III, 647).' Auf die Wâg legen, setzen, dem Gerathewohl, dem Zufall aussetzen; 'mhd. in wâge, enwâge geben, lâzen, setzen ꝛc.': „Warumbe er hete en wage alsō gesetzet sîn leben;" Kindh. Jesu, Hahn p. 101,19. Auf die Wâg; auf aigne Wâg und Gefâr; one Wâg und Gefâr ꝛc., wo die figürliche Bedeutung ganz in die von Gerathewohl, Gefahr, ausum übergegangen. Im Sinn dieser R.A. ist denn wol auch das Verb wâgen (audere, periclitari, ital. risicare), das der ahd. Sp. noch zu fehlen scheint, in Aufnahme gekommen; (mhd. wâgen; BM. III, 647. Weigand, Wbch. II, 1009). „Item der Chamrær soll den Wein wagen auf dem Land, biß er auf den Floß kumpt und rinnet und swimmet, darnach soll in unser Herr von Sewen selber wagen;"

MB. II, 165, ad 1440 circa. gewagt, erprobt, bewährt. ə˜ *gwagts* Ros. gewagt seyn auf etwas:

„Auf ə˜ ſibm ən acht Jágəᶜ
is ər àlləmàl *gwagt;*
sánd mèrəᶜs à˜kemə˜,
hàbm ən á' nét vəᶜjagt.“ Wildschützen-Lied.

Wâge hieß einer von des Labrers Hunden. Der Wâger. „Wâger gewinner, verlieser sint genennet;“ Labr. 240. wâgsam, adj., gefährlich. „Wagspil, ausum, alea;“ Voc. v. 1618.

Das Gewæg (Gwág, Gwég), a) Hebel und drgl., dienend etwas auf= ꝛc. zu wegen; (sich wegen, Sp. 872). b) ä. Sp., Gewicht zum Auswägen; (mhd. gewæge, ahd. giuuâgi, talentum, stater; Graff I, 665. BM. III, 647). „Zwai phenninge gewage agrimoniumsovs,“ (zwey Pfennig Gewicht Agrimonium=Safts); Diut. II, 273. „Zwai ꝛc. geweg“ (einer Species); Cgm. 725, f. 136 et passim. „Man sol rechts gewäge haben in der stat;“ Rupr. v. Freys. Rechtb. əs hàt 's *Gwág* hinüber, es neigt auf die andere Seite; (Dr. Sepp). Das Fürgewæg, Uebergewicht; BM. III, 647. Das vörder, hinder Ingewäg am Wagen; sieh I. Th., Sp. 95.

gewæge, wæge, wege, adj., (ä. Sp.) gemeßen, gemäß, passend, tüchtig, gut; gewogen, geneigt; (mhd. wæge, ahd. uuâgi; Graff I, 665, cf. 661. BM. III, 647).
40 „Do gaben si in baiden (umb ir chrieg) ainen gewegen tag hincz Aufhausen;“ MB. III, 353, ad 1293. „Es daucht in weg,“ däuchte sie zweckmäßig; Horneck. „Ez was im wæge,“ (nützlich); Iwein 6937. „Si sprach: Got müeze im lônen, daz er mir wæge sî; kæme er mir ze mâze, ich wolte im ligen bî;“ Gudrun 405,1. „Si was im wæge,“ (gewogen); Nibel.-Lied 746,4. „Wol im der mit der Mâze kan hengen, lâzen, jagen allez wæge;“ Labr. 486. Daß die in Schrank's bayr. Reise, S. 148 vorkommenden: „wecker“ (schöner) Mensch, „weck“ (schön) gekleidet, etwa hieher, statt zu wæh (s. d. W.) gehören werden, ist nicht glaublich. Viel öfter finden sich die Comparationsformen wäger und wägest. „Schädli (kleiner Schade) wæger (besser) dann ein schad;“ Ring 31ᶜ,10. „Er hab sich aines wägern (beffern) bedacht;“ Cgm. 553, f. 84. „Ir müezet entweder iemer leben oder iemer sterben, nû nemet daz wæger. Daz mir der almechtige got helfe des, daz ir daz wæger nemet!“ Br. Berht. 245, (Pfeiffer 226,23). „Rosen ist der kinde lob oder der nit wegers finden kan;“ Cgm. 714, f. 60. „Je der man der sucht daz wæger;“ Suchenwirt XV, 71. „Ich want, er würde wæger, nu ist er ern-træger;“ das. XXI, 143. „Dô ez eteswenn ist worden wæger;“ Labr. 554. „Dô gerten si geleites: dô hiez man in die wægesten nähen;“ Gudrun 600,1. „Daz man ein weysumb haben sult mit den nächsten und gewegsten und den pesten, die darumb gesessen wären;“ MB. III, 197, ad 1309. „Richten mit siben aus den wägsten;“ Freys. Rchtb. Ms. „Ämter den Wägsten und Besten übertragen,“ sagt noch der Zürcherische Verfassungsrath am 10. Merz 1831. „Darumb sag an, vil guoter man, was daz wægist sey getan;“ d. Ring 19ᵈ,18. „Waz mir daz pester vnd wägst wäre;“ MB. XXIV, 101, ad 1355. „Und fürtracht yederman sein wegsts;“ Buch d. Weish. v. 1485, f. 91. „Gib mir dein lere, wa ich mich zum wægsten nach im (dem Falken) richte;“ Valkn. f. 66, Str. 75. Am längsten hat sich der Comparativ wæger als Adverb erhalten, und zwar: a) in der Bedeutung: besser, satius, melius; Avent. Gramm., Voc. v. 1618. „Viel ringer und viel weger, trug jeder im Feldläger ein Schanzkorb voller Stein“ (als die Leiche des Fetten); Balde, Lob der Magern. „Machet Ambtleut, die weger wär, man machets nicht;“ Av. Chr. 249. „Ist besser und wäger (sagt ein teutscher Knecht das. f. 229), unsre Feinde gehn mit der Schrift und Feder, dann mit Harnisch und Wehr um.“ „Ein guter kaister reiger wer uns gar vil nützer und weiger.“ „Es ist mir weger, man sagt ich sey un stoltz, dann so ich wer ein Trunckenboltz;“ H. Sachs. „Wer mit übeln weiben sein zeit sol vertreiben dem wer weger er wer tot ee er keme in sulche not;“ Cgm. 713, f. 46. „Es geit offt ein edelmann sein kind in ein offens kloster, da kein geistliche zucht und kein orden in ist, weger wer im und seinem kind, das er es gäbe in ein offen fraunhaus;“ Betrachtungen eines Tegernseers sec. XV., Cgm. 858, f. 180. „Wäger wär ym, daz er nicht pei Cristes zeiten wär geporn;“ d. Ring 21ᵇ,3. b) besonders in Schwaben, auch Franken als eine Art Betheurungspartikel: fürwahr, „profecto, nae, certe;“ Voc. v. 1618, (etwa dem aus halter verkürzten halt, sieh II. Th., Sp. 1097 zu vergleichen). Birlinger 424. Ja wæger! Nain wæger! Es ist wæger wär. Vgl. laider! als Gegensatz. Auch: wægerlich (wegərlé, wegərlə, wájərlə). Als Superlativ-Adv. scheint auch das Pinzgerische wegst, beynahe, (Hübn. 983) hieher zu gehören. unwæg, adj., ungut, bey Stalder II, 427; vrgl. BM. III, 649 und unten das Unweglein. wægern, verb.; die Wægerung (Wágerung), das Besserwerden in einer Krankheit; (Ob.-Inn, Gastein).

Der Wagensun (Wàgngſu˜, Wàgngſól, Wàgngſói, 41
Wàgſoin, Wágngſə˜, Wangſ), auch der Wageisen, Wägeis (Wàgeiſn, Wágiſn, Wágəſn, Wágəs), die Pflugschar; (ahd. Sp. Nominativ: uuagensun, uuaginsun, gl. a. 582, o. 407; aber a. 22, i. 609, o. 7. 380: uuaganso, Diut. III, 147. 149: wagense, vomer, neben den sonst vorkommenden Formen uuagansun, uuaginsun, uuagansin, uuagensin für vomerem, vomere. Notker, Ps. 64,11 accentuirt uuáginsin: „mit uuáginsin, vomere.“ Graff I, 667. BM. III, 645: der wagense, und I, 757: daz wegîsen. s. oben, Sp. 295. Diefenbach 629ᵃ. Zeitschr. II, 568,62. IV, 63. 219). D' Ártingəᶜ Wappm is ə˜ *Wàgngſu˜*, (das Erdinger Wappen ist eine Pflugschar). „Ein neuer Wagensohn zu 12 Kr.;“ Baumgartner's Neustadt p. 137. „Item X Wagensun II dn.;“ Thumstaufer Mauthtabelle. In Wstr. Btr. VIII, 129 kommen nach einer Rechnung v. 1345, neben 6 Wagensün, 6 Pflugsün vor. 's. oben, Sp. 295: sun und vgl. BM. I. 756. 757: pfluocîsen, pfluocîser für Pflugschar. Lexer, mhd. Wbch. II, 258.' Der Erklärer von 1461 im Cod. ZZ. 1803, f. 190 gibt („gladios suos in) vomeres (conflabunt;“ Isaias II, 4) durch „pluetgiessen,“ '(wofür wol „pfluecisen“ zu lesen sein wird).' „So solt der schmid recht bey der wid an wageneysen stahel legen zum minsten drey weggen: so tuot er in verhäln und halben stelen;“ des Teufels Segi, Wallerst. Ms. v. 1449, (Barack p. 341,10783). Hieher ohne Zweifel der, z. B. in Landshut vorkommende, Familienname Wagensonner; MB. XV, 367, ad 1513 ein Dionisi Wagensunner. In den Sette Communi hört man baganson, plur. bagansöne. Der selige Pfarrer Kolbeck verhochdeutschte das mitunter als Feminin genommene Wort in Wagensonne. Auch das oberl. *Wàgngſól, Wagngſoi* (vrgl. Solen) ist wol nur Aussprachform dieses nicht blos in seinem letzten Theile räthselhaften Wortes. Die andere Form scheint blos aus einer grundlosen Deutung auf Eisen entstanden, ohne daß man doch gewagt hätte, auch das Genus zu verändern. In der Scheirer Dienst-Ord. v. 1500 circa (Cgm. 698, f. 31. 55) steht (bestimmt masc.): „umb ainen wageysen ...“ „so man ainen wageysen oder sageysen tangeln oder stächeln sol;“ bey Pictorius: der wägeiß. Und so sagt man jetzt an der Abens ꝛc. der Wageisen. „Mit ainem Wages;“ Inchenhofer Mirakel v. 1605. Der Cgm. 649, f. 555 schreibt wageysen, was, da Notker nicht etwa uuâgîsin, sondern uuáginsin bietet, als wägeysen zu nehmen seyn wird. Immerhin läßt der erste Bestandtheil auf das Aufwegen der Acker-Erde (sieh wegen) denken, wobey freylich der Rest noch unerklärlich genug bleibt. Vrgl. das nicht unähnliche Segensen in Th. III, Sp. 241 und Gramm. 273, 'sowie oben, Sp. 846: wickîsen.'

Waigen (?). „Ez mag ieclich man oder frauwe die koln kaufen heim zechen oder schicken mit ir selbes gesinde mit karren oder mit weigenn;" Wirzb. Sätze v. 1343, §. 60. 89. `Vgl. ahd. weiga, ferculum; Graff I, 704.´

waigen, anwaigen, (v. Delling) was weigen, anweigen, w. m. s. (und nach Gramm. §. 956, VI, entsprechend dem alten ueigan, praet. ueicta, afficere, vexare. Graff I, 702. 703. BM. III, 555 f.). `Vgl. schweiz. *weiggen*, wackelnd bewegen; Zeitschr. VI, 412,51.´

waigern (waəgə'n) a) sich, wie hchd. sich weigern. b) `versagen, verweigern, sich widersetzen.´ „Dise not mustu leiden, waiger lützel oder vil;" Tungdalus, hg. v. Hahn, p. 51,28. waigern ein Ding oder eines Dinges, es verschmähen, es nicht annehmen, nicht leisten; (Graff I, 704. BM. III, 556. Weigand, Wbch. II, 1041). „Dise Herodias hat das halbe Königreich gewaigert;" P. Abraham. „Ein herzoge was da ze Beigern, der wolt des hoves weigern;" Chronik-Fragment in Adelung's Magazin II, 34. „Wie wol das holtz anderst nit, dann auf das geordent mas verkauft, so understeen sich doch die Paurßleüt, so jr holtz zu failem marckt bringen, dasselb mas ze waigern, und wellen allain nach dem gesicht
42 hingeben;" Declaration der Policey-Ord. v. 1557. c) waigern oder sich waigern (in einer Sache, die man thun, nach einem Urtheil, dem man sich unterwerfen sollte) an oder auf Einen (den man als Mittheilhaber oder besonders als höhern Richter anruft), appellieren. L.R. v. 1616, f. 46. 50. 86. „Nach jrer monung sol unser ainer auf den andern nicht waigern;" MB. V, 259. XII, 179. „Hat sich auf kayserl. Räth gewaigert;" Ldtg. v. 1514, p. 464. Kr. Lhdl. XII, 406. Die Waigerung, die Appellation; b. L.R. v. 1616. MB. IV, 390. d) Die Registratoren sollen gut besoldet werden, daß sie sich ehrlich erhalten und hinbringen können, „und in mangl dessen nit ursach haben, nach andern diensten zu weigern;" Hof-Cammer-Ordnung v. 1640. Wenn ein Barchanter auf einen Beschautag zu kommen versäumt, so soll er mit seiner Arbeit „harren und baygern (waigern?) bis auf den næhsten beschawtag;" Pass. StRbuch, Ms., f. 72. Vrgl. waigen und weigen, auch Vilmar, kurhess. Idiot. 434: waigern (wêgern), sich (ein wenig) bewegen, sich regen. Vgl. Zeitschr. VI, 412,51. In der ahd. Sp. kommt vor ein Adj. ueigar, temerarius, (gl. i. 555), ein Subst. ueigari, ueigiri, ueigri, fastus, fastidium, ueigrisodi, fastus, ein Verb. ar-ueigaren, insolescere, (Graff I, 703. 704), wozu das Adv. weigerlîchen (stolz) im Nibelungenliede (Lachm. 476,4. 1822,1) stimmt; (BM. III, 556). Joseph „weigerot," da ihm Putiphars Weib Schnödes zumuthet; Diut. III, 95. `Zeitschr. VI, 412,51 (schweiz.): *si' weigge*, sich regen; moralisch: sich brüsten.´

wegern (öfters, z. B. Voc. v. 1518, Avent. Chr. 471, Lori, Lech-R. 291) statt waigern, verwaigern. Zeitschr. VI, 44.

wegen (ich wig, du wigst, es wigt, wir wegen und ich weg 2c., Cond. weget, Part. gewegen und gewogen), a) `ursprünglich verb. intrans.: bewege mich;´ („pinisaug paratrum vestent die wegunden zende;" Clm. 5931, f. 203). `Vrgl. oben: wagen; dann:´ wie hchd. wägen und wiegen; (mhd. wegen: ich wige, wir wegen, Praet. ich wac, wir wâgen, Part. gewegen; ahd. uuegan: ih uuigu, uuir uuegun, Praet. ih uuac, uuir uuâgun, Part. giuuegan; also wie geban, während sich das neuere wiegen in die Conjugation von biegen verirrt hat, nachdem schon früher, nach Analogie von tragen, das Präterit wuog eingerissen war. Graff I, 655. BM. III, 626. Weigand, Wbch. II, 1009). cf. Wâg. I hà 's *gwégng; əs hàt* gràd ə͂n Zent'n *gwégng*. „Drey gut und wolgewegen new ungerisch gulden;" Urk. v. 1418. „Sît lieb und leid ist wegend stæte in mînem herzen, und si der wâg ist pflegend, diu mir gît lieb und leid;" Labr. 477. „Der richter sol" (dieß später ersetzt durch: „Die burger sulen") „einen anweger zu dem vlæsche haben als der angießer uber daz trinchen gesetzet ist, und als ofte swer minner denne daz reht an der wage geit der geit als ofte dem richter XII ₰ vnd swer daz wegen wert der geit dieselben bûzze;" Münchner Flaischhäckel-Sätze sec. XIV., Mscr. civitatis, f. 9. „Sie hett vil freund, die jhr wol wolten, waren jhr gewegen." „Der gantz Adel ist mir gewegen," (gewogen, geneigt); H. Sachs 1612: II, III, 27. 353. `überwegen, ä. Sp., das Uebergewicht haben; fig. überwältigen. BM. III, 634.´ „Als denn der schlaf jhn überwigt, das er da wie ein todter ligt;" H. Sachs 1612: III, III, 117. `widerwegen, das Gegengewicht halten, aufwiegen. BM. III, 635.´ „Swer wænet widerwegen (aequilibrare) ir volkomenz volkomen;" Labr. 302. b) wegen, abwegen, erwegen, nivellieren; Feuerbuch v. 1591. c) mittels Hebelkraft behandeln, (eine Bedeutung, unter welche sich im Grund auch die specielle des Wägens ordnet). Einem Rasenden das Messer aus der Hand wegen. Den Schnee wegen, einen Weg im Schnee machen; 3 mal im Röttenberger Urbar v. 1544 (s. Th. II, Sp. 856), S. 222 und 223. s. unter Weg. Eine Last mit dem Hebbaum aufwegen. Die Diebe haben die Thür aufgewegen. Der Riegel ist ausgewegen. Einen Baumstamm mit der Axt voneinander wegen. `Das Geweɡe, Gewæge, Gewicht; BM. III, 647.´ „Hypomochlium, widersatz, geweg;" Nomenclator v. 1629, p. 147. d) Einen wegen, (ä. Sp.) ihn foltern, peinlich fragen. „Wenn jemand gewogen worden;" Gem. Reg. Chr. II, 236. Birlinger 424. „Hat Euer Durchleuchtigkeit mein Gesellen hartiglichen unverschuldt peinigen und wägen lassen, auch in harter Straff in der Fängnuß enthalten," — sagt Jorg Endris v. Kirchaim in seinem Fehdebrief an Herzog Ulrich v. Würtemberg. Ldtg. v. 1516, p. 327. (Sie haben es ausgesagt) „ungemartert und ungewogen;" b. Annalen 1833, S. 416. „Man fand (bey dem 43
großen Sterben a°. 1314) vil secklein in den prunnen ligen, vnd fand, daz auch an vil bösen Cristen, die man darumb wag, und das si auch verjahen, daz si daz umb der Juden sold hetten gethon;" Cgm. 699, fol. 109. Vgl. oben: die Wâg, 2. e) (figürl.) ä. Sp., erwegen, schätzen, bedenken, (pensare, penser). BM. III, 629,3,b. „Es ist laider dar zû komen wo nu ein bulschaft würd vernomen das man es zu dem böſten wigt (übel auslegt), wie gerechter liebi man da pfligt;" Cgm. 379, f. 88, (270, f. 122). ring wegen etwas, geringschätzen; Kr. Lhdl. I, 134. „Die von Törring seind nicht zu wegen ring; Hund, St.B. „Ich wag ie arbeit ringe;" Labr. 585. „Ich hör alle kofflewt sagen sie wegent aid gar ring;" Cgm. 379, f. 67, (270, f. 106). hoch wegen, hochschätzen. „Daz ich dich sô hôhe wac;" Walther 131,29. „Wie ein jeder die Abtrünnigkeit schlecht oder schwer wüge;" Avent. Chr. 225. „Die ersten Christen es (das Laster der Hurerey) hoch wugen, theten die hurer in den bann;" H. Sachs. „Vil, nichts 2c. auf Ehr 2c. wegen, darauf halten;" Av. Chr. 74. 219. „Betrachten, wegen und bedenken;" Cgm. 788, f. 11. Ee wigs, dann wags! Sinnspruch des XVI. Jahrh. erwegen, (ä. Sp.) vollwichtig, erprobt. BM. III, 633, IV. „Trauner sind vast erwegen, wo man des Turniers sol pflegen;" Hund, St.B. auerwogener maßen, (ä. Canzl.-Sp.) in Erwägung. f) (ä. Sp., figürl.) werth seyn. „Ir chäusche für ir schône wac," (ihre Keuschheit gieng noch über ihre Schönheit); Reimchronik. g) bewegen, erwegen, verwegen sich eines Dinges, (ä. Sp.) es verschätzen, aufgeben, fahren oder im Stiche lassen, darauf verzichten. BM. III, 632, III. 633,1. 635,2. Grimm IV, 678. „Daz ich in ze mir welle legen, des sol er sich vil gar bewegen." „Ich het des libes mich e bewegen, e daz ..;" Cgm. 44, f. 73. 76. „So bewigt sich manec man unde wîp der sêle umbe den lîp;" Gregor v. d. St. 2499. „Si optet quod alterius dich bewegest, renuncies aut consanguineo aut filio;" lat. Pred. sec. XIV., Ald. 176, f. 72b. „Der rehter zühte sich bewigt." „Daz kind weinennes sich bewac;" Grimm, Reinh. p. 351. 353. „Wer seines Soldes nicht mag be-

nügen, mag sich seines Amts erwegen;" Gem. Reg. Chron. IV, 171. „Das ich mich des lebens erwegen het;" Heumann, opusc. 426. „Ich hett mich dein auch gar erwegen;" H. Sachs 1612: II, III, 13. „Got hat mich dir gegeben ich hab mich aller andern man derwegen," sagt die Jungfrau, die den Schreiber wählt, bey Rosenplut; Cgm. 714, f. 331. „Der kuscheit si (Judith) sich erwac durch andern vrumen der dran lac;" Eustachius, Fragm. (Dr. K. Roth). „Ich han mich gar erwegen was mir geschicht zu leiden;" Valkn. 157. „Swenn ich mich lieb durch leide verwegen wil;" Labr. 483. „Ich hab mich verwegen schaden(s) unde frumen(s);" das. 156. „Die hund erstünden und pullen den paumb an und verwagen sich des hirsen;" Gesta Romanor., Cgm. 54, f. 32ᵇ. (Keller p. 61). „Nu wolt sich der ritter des geferts verwegen haben und des wegs und wolt hin wider sein geritten;" das. f. 44ᵃ, (Keller, p. 84). „Verwigt sich seiner freund;" Av. Chr. 114. „Verwogen sich ires heimats:" das. 132. „So lang sich der Berggesell des Bergwercks nit verwigt;" Lori, Brg.R. 229. „Das sie (sich) jhres Lebens verwegen;" Bogenbergmirakel 154. „N. N. ist in ein heiß Bier gefallen, daß man sich seiner verwegen;" Leonhards-Mirakel v. 1605. „Werffen wir den stain hin, und verwegen uns sein;" Cgm. 775, f. 176. „So mus der hofweis ich (mich) verwegen;" H. Sachs 1612: IV, III, 139. „Dann must du des bachens dich verwegen, der in dem teutschen hof (zu Nürnberg) ist hangen", (als Preis für den Ehemann, der nicht unterm Pantoffel stünde); H. Sachs 1612: I, 885. „Weib und haus und hof verwegen und ligen lassen;" Kr. Lhdl. VII, 51, (mit dem Accusat., statt sich verwegen mit dem Genitiv). „Zwanzig jar ân ler, dreyßig iar ân ewe, vierzig iar ân gute witz, funfzig iar ân gut, der sol sich wol verwegen, das im gott der chains welle geben;" Cgm. 589. Der Verwegene, der alles in die Schanze schlägt, (wie der
44 Verlogene, Betrogene, Bediente; Gramm. §. 994). h) erwegen, (moralisch) bewegen, antreiben. BM. III, 633, II, 2, b. „Wir haben sie aber dermaßen so solcher stattlicher hilfe nicht erwegen mögen;" Kr. Lhdl. XVI, 242. „Und wem (wen) sie mögen erwegen, mit ihnen zu eilen;" das. XVII, 142. wegig, ä. Sp., tremidus; wegung, tremor; Semansh. 34, f. 209. BM. III, 635 f. f. das folg. Wort. beweglich, bewegend, antreibend, gegründet. „Aus bewöglichen Ursachen;" Alt-Ötting. Hist. i) wegen Einem, (ä. Sp.) ihm fürsprechen, helfen. BM. III, 628ᵃ,3 und 634ᵃ,3,b. „Weget for mich gnedige frowa;" Clm. 935, f. 23. 24. „Alle heiligen biten daz sy wegen dazu dem almechtigen got;" Cgm. 4480, f. 292. „Du wis uns allen wegunte ze iungiste an dem ente, Sancta Maria;" Cod. Mellicensis in Pez, thes. I, I, 416. „Daz er in wege (cf. oben Sp. 869: wäge) und vor si." „Daz si mir sin wegende und helfende;" Sermon. Monac. „Dem held des tods si gewach," rettete ihn vom Tode; Pitrolf 3894. A. Sp. uuegôn nebst den Substant. uuegôd, gewegede, intercessio, uuegâri, uuegere, intercessor, patronus. „Ich bitte gewegedes unte gedinges mine frouun sce Mariun;" Cgm. 4636 (XII. sec. 8⁰), f. 108. Graff I, 661. BM. III, 640. Cf. das unter uuehadinc gemuthmaßte Ablautverb.

wegen, Partic. geweget (ä. Sp.), bewegen, movere, Voc. v. 1445; (mhd. wegen, ahd. uuegian, Praet. uuegita; Graff I, 658. BM. III, 642. Weigand, Wbch. II, 1032. sieh wagen). „Die Juden wegten (schüttelten) ir haubet;" Cgm. 64, f. 27. „Ein ror oon dem winde geweget;" Cgm. 64, f. 61. „Die geerten viginti quatuor seniores die gedihte wegent unde helfent uns agezzelen;" Clm. 9513, Vers 326; (Haupt's Zeitschr. VIII, 154; — hieher?). „Ain iegleich tier mag seinen undern kinpacken gewegen, ân den cocodrillen, daz ist ain mertier, und cencili, die wegent irn obern kinpacken; Konr. v. Megenberg f. 70, (Pfeiffer 115,4.5). Sich wegen, sich rühren, regen, (Weigand, Wbch. II, 1032); besonders: sich Bewegung, Commotion machen. „Ir müßt euch rüren und wegen;" Cgm. 713, f. 147. „Die Wegung des Leibs;" Ortolph. „Wegung des geistes;" Br. Berht. 98. „unwegig (unbeweglich) also der stein;" Diut. III, 129. aufwegig, aufrührisch. Grimm, Wbch. I, 774. „Ehehalten (dem Dienstherrn) aufwegig machen;" Verordn. sec. XVI. „Ein land wider den fürsten aufwegig machen," (aufwiegeln); Avent. Chron. 394. 415.

abwegen — (wohin?). „Oblatio q̄ fit abwegen (dicunt haeretici) quod sit adinventio;" Ald. 184, f. 56ᵃ. „Leonistae (Waldenses) ab omnibus baptizatis axtorquent oblationes quae dicuntur abwegen;" ibid. f. 70ᵇ. 59ᵃ.

Der Weg (Wég, Wé'), wie hchd.; (mhd., ahd. wec, Genit. weges. Graff I, 667. BM. III, 636. Weigand, Wbch. II, 1031). R.A. den Weg unter die Füße nehmen, eilen; Zeitschr. VI, 56. Der Weg sind dreyerlay: „Landstraß, Besuechweg und Kirchweg;" Wildshuter Ehehaft, Cgm. 3238, f. 124. Birlinger 428. Der Kunterweg, Eigenname, der in verschiedenen Gegenden vorkommt, und einen eigentlich blos für Vieh, besonders Ziegen, Schafe, recht gangbaren oder überhaupt gefährlichen oder nicht geheuern Felsenweg anzudeuten scheint. Sieh II. Th., Sp. 1265. Auf Riesenhaftes oder Riesen der Vorzeit Zugeschriebenes deutet bestimmt die in MB. IV, 12 vorkommende Gigantea via, (welchen Wörtern im Archiv-Original, Cod. 62, p. 28, die deutschen „entisken wek" übergesetzt sind), auf Uraltes, nicht Geheures der vom Volke so genannte enterisch Weg im salzb. Lungau, der (nach Muchar, röm. Noricum I, 294) in der Vorzeit über die Taferneralp geführt hat. Mone (im Anzeiger 1836, p. 1) hält jenes entisc zum angels. ent, Riese (Grimm, Mythol.² p. 491), so daß die Th. I, Sp. 117 und 103 über enz-, enzisch, enzerisch, ent-, enterisch gewagte Vermuthung an Wahrscheinlichkeit gewinnt. Doch habe ich noch nicht das Herz, dem kühnen Vermuther im Anzeiger bis zu jenen Urbrüdern der Germanen, den Inden, hinauf nachzuklettern*). Vgl. auch Endengraben bey H. Sachs: „Der Teufel nam ein alt Weib zu der Ehe," (1560: V, 343; 1612: V, III, 10). „Die alt Hex spricht: Wenn und wo wöll wir Hochzeit haben: Der Teufel spricht: Heint daußen in dem Endtengraben, auff einer großen hohen Buchen. Thu all dein Gspilen zusammen suchen, da wöll wir haben ein guten muth, wie man dann auf Hochzeiten thut tantzen und auch gantz frölich seyn." Der Artzet (Wurtzengraber) später: „Ich hör stets in meinen Ohrn Sackpfeiffen und auch ein Schalmeyen pfeiffen zu einem Tantz und Reyen, hie auff den ästen umbher springen die alten weiber tantzen und singen, und sich doch nichts wo ich hin kum im Endtengraben umb und umb. Ich glaub es sind alt Trutn für war, gen Berg stend mir all meine Har, will eilen auß dem Wald hinauß, mich wiederumb machen zu hauß." Einem auf den, in den Weg (au'm Weg, ə'n Wé') kömmen, ihm begegnen. (Vgl. Wigalois 10646: „Die riten mit ir ûf den wec," begleiteten sie). Vilmar, kurhess. Idiot. 443: auf der Wege (sein), aus der Wege (gehen). Einem im Weg umgên, ihm hinderlich seyn. Einem (Schuldner) aus dem Weg

*) In Lehmann's (Berliner) Magazin f. d. Literatur des Auslandes, 1842, Nr. 26, S. 201, spricht sich Buschmann, der Bearbeiter von W. v. Humboldt's Nachlaß, sehr entschieden gegen Bopp's Sanskrit-Liebhaberey und Pansanskritismus aus, wornach auch der malayische Sprachstamm zum indo-europäischen gehören soll. Die Sanskrit-Wörter, die im Malayischen vorkommen, seyen ja nur ein todter, äußerlicher Stoff, der durch historische Ereignisse (wie die Fluth arabischer Wörter ins Persische) in die malayische Sprache gebracht worden. Auch in Hinsicht auf Bopp's die slawischen und celtischen Idiome betreffenden Arbeiten läßt Buschmann merken, daß er sie für willkürlich-oberflächlich halte: Willkür in Ueberführung der Wortbedeutung, complicierter Lautwechsel. Analogieen, bis zur Täuschung ähnlich, müssen sich zufällig zwischen jeden zwey Sprachen der Welt finden; die Arithmetik könne dieß leicht beweisen. Im Arabischen z. B ard-un, Erde; sett-un, sechs; sab'-un, sieben. (Bopp's Entgegnung in Nr. 55—57 der Berliner Jahrb. f. w. Kr., — mehr Spott als Gründe.)

halten, (O.Isar) ihn nicht drängen wegen Bezahlung.
45 Weg säen, sieh III. Th., Sp. 197 f. Den Weg, auf diese Weise. Birlinger 428. Ainen Weg (supple: wie den andern, d. h. in einem Falle, wie in dem andern, jedenfalls), im o.pf. Munde *ài˜ wé*, im altb. *aənə˜* (wol so nach Gramm. §. 585, und nicht aənəᶜ) *wég* — auch wol *aənə˜wégs* und *aənəᶜwégng*, dennoch. Zeitschr. III, 538,61. Den langen, kurzen ꝛc. Weg, nach der Länge ꝛc. „Sam ob si halben weg tod wärn;" Cgm. 839, f. 240ᵇ. „Halben weg so vil;" MB. XXIV, 648. cf. II. Th., Sp. 1088. „In kainen weg," keineswegs; Av. Chron. 429. In alle weg, allweg, allwegen (àllwə, àllwégng), immer, (agſ. ealne veg). ſ. Th. I, 57. BM. III, 637ᵃ. Zeitschr. II, 406,16: *allewê*, (henneb.) allenthalben, überall; allezeit, immer; V, 258,36. 403,31. 407,4: *allwêg*, (schweiz.) jedenfalls, allerdings; vergl. III, 207,28. 525,20: (tirol.) *allwig, allwə, alli, alm* (aus mhd. alle wîle), allezeit. „Ehr sei dem Vater ꝛc. ietz und in alle weg und zu ewigen zeiten. Amen." albeg, albegen, Cgm. 713, passim. allerwegen, überall. ˋ*weleweäg*, welchen Weg (es sein möge), jedenfalls, ohnedies; Zeitschr. VI, 120,61.ˊ Ab dem Weg, abweg, abwegs (à'wég, à'wégs ⏑ –), bey Seite, weg; (vrgl. a-wech; oben, Sp. 834, ˋund BM. III, 639: âwegec, von dem Wege abgekommen, verirrtˊ). „Hausgerät, das in verstoln oder ab dem weg getan wär von den ehalten;" Rechtb. „Her Gêdeôn unde sîn volk fluhen abe wege... unde her Gêdeôn verslouf sich selber abe wege;" Br. Berhtolt 220, (Pfeiffer 37,28.29). „abweg füren, abducere;" Voc. v. 1419. after wege, ä. Sp., wie after lande (ſ. Th. I, Sp. 46), über Land, über Feld, fort, hinweg; vgl. BM. I, 11ᵇ,2 a f. und III, 637ᵇ f. „(Josep) für mit in vfter wege;" Kindh. Jesu, Hahn 69,44. „Si furten si mit in vfter wege;" das. 80,18. „Der chunich bat di herren dri, daz si vfter wege furen;" das. 81,76. „Nu gie er (der stern) vor in vfter wege unt stunt reht dar obe da er (Jesus) lac;" das. 82,2. „Vart als samfte nah mir, ich wil vor nu avfter wege;" das. 87,50. „Der wirt gie mit im ůfter wege;" das. 89,41. Der wege (dəᶜ wé', b. W.), bey Seite, fort, weg. *Dəᶜ wé' gei˜, də' wé' bèərgng*, (verbergen). Schluif gschwink *dəᶜwé*, versteck dich; (ObrM.). En weg (ä. Sp.), in, an den Weg (I. Th., Sp. 91. BM. III, 637ᵇ,2, a: enwec), d. h. fort, und daraus wol unser kürzeres jetziges weg (wégk, mitunter noch ə˜wégk; Zeitschr. II, 287,67. V, 509,III,5. VI, 108, II,11. 120,81. III, 240,116: *wegáᶜ*, wegwärts. vrgl. hinten in der Anmerkung gewigke ꝛc.), hinweg entstanden, (agſ. on veg, engl. away). Weigand, Wbch. II, 1009. „En weg lassen, decurrere, enweg fließen, defluere;" Voc. v. 1419. Hinter Weg eines Andern, ohne dessen Wissen; (sieh II. Th., Sp. 1137). ˋmittweges, (wol für mittes oder mitten weges vom Adj. mitt, medius; ſ. Th. II, 1691 f.), ä. Sp., mitten;ˊ niederd. *midweges* doroh de Stad;" Dönekenb. 12. Umb die Weg (umdwég, undwég), herum, umher, in der Nähe. „Die weil mit den Originalen swer und sorglich vmb die Weg ze ziehen ist;" Vidimierung der Freibriefe v. 1514. Um die Weg seyn ꝛc., zugegen, vorhanden. L.Rcht. v. 1616, f. 712. Unterwegen, unterwegs. BM. III, 638ᵃ. Avent. Chron. 398. Unterwegen bleiben, zurück- oder ausbleiben. „Vinzinger bleibt nicht underwegen, da man des thurniers soll pflegen;" Hund, St.B. Unterwegen laßen, übergehen, unterlassen. Avent. Chron. 294. Von wegen (vo˜ wégng, O.L.), auch ze wegen (zwégng) und, mit Weglassung der Präposition, blos wegen eines Dinges oder einem Dinge. BM. III, 638ᵇ. Weigand, Wbch. II, 1032. Zeitschr. VI, 328,197: *wágər*. *Vo˜ wégng dəᶜ* Sendərin, *vo˜ wégng* 'ən Gəld. Von des Rats wegen, von des Gelts wegen. Von der burger wegen. „Von Leicht, Not, Wunders ꝛc. wegen;" Avent. Chron. So noch: von Rechts wegen. *Vo˜wégng* dem oder dèn *vontwégng* dèn, *vo˜dèntwegng, davontwégng, davanſtwégng*, deswegen. Meint-, meinet- ꝛc. *wégng; wégng* oder *vo˜ wégng* meinəᶜ, deinəᶜ ꝛc. oder: *wégng* mei˜, dei˜ ꝛc., meinet- ꝛc. halben, (oft im Sinne: was frag ich darnach!); (ä. Sp.) von meinen, deinen ꝛc. wegen. Von wegen daß .., davontwegen daß .., oder blos von wegen, als Conjunction für weil. „Die Arbeiter sollen sich der Arbeit nit waigern, von wegen man jhnen die Speiß nit geben will;" L.R. v. 1616, f. 453. 667. ˋz·wégng, was *vo˜wégng*; Zeitschr. II, 568,62.ˊ *Z'wégng* dəᶜ Liəb —; *zwegng* meinəᶜ, meinetwegen, dés *zwégng*, deswegen. „Singá hä i mögn, dás 46
mi' d·Leut go ham gfrait: *Zwögn* wos und *vozwögn?* Hau, *dávantwögn!* hä i gsait;" Stelzhamer 66. ˋ*z·wég*, auf den Weg, fort; herbei, herzu. Zeitschr. II, 568,62. IV, 252,57. V, 254,65.ˊ Ze wegen kömmen, (Inn-Salzach) an Ort und Stelle, her, hin kommen. BM. III, 638 f. Wenn aft dəᶜ Schneidəᶜ *zwégng* kümt, (daherkommt). Aft kümt glei' dəᶜ Baur mit 'n Ochſ'n-Ze˜ *zwégng*. Ze wegen bringen Einem etwas, es ihm verschaffen, bringen, geben; ˋzu Stande bringen. Zeitschr. II, 568,62. III, 240,152.ˊ Dà bringt ſ· mər ə˜n Brandwei *zwégng*. „Den Juden ein Christenkind zuwegenbringen;" Dr. Eck. (Am jüngsten Tag) „omnes partes hominum ubicumque sint in mundo dy wern all wider czwegen pracht sive corpora sint combusta vel pulveres in aquam missae" ꝛc.; San-Zenon. 115, f. 220. Ze wegen bringen etwas, es sich verschaffen, erlangen, bekommen. „Ist auch die Lifferung bös zu wegen zu bringen," (schwer Proviant zu erhalten); Av. Chr. 75. „Eine Geliebte von ihrem Vater zu wegen bringen;" das. 228. Einen Feind zu wegen bringen, ihn gefangen bekommen; das. 228. „Diern und Frawen zu wegen pringen," sie verführen; Cgm. 632, f. 52. „Ward mir angedeut, waz gestalt ein sehr schöne fraw oder cortisanin vorhanden, welche überaus reich wäre, derwegen gedachte ich auf alle mittel und weg, sie und ihr geld zu wegen zu bringen. Bis ich letztlichen jhr trühlein, darin jr meistes und bestes Goldt und Kleinoten lagen, zuwegen brachte und mich damit eilends unsichtbar machte;" Albertin's Gusman von Alfarache p. 100. 399. 404. Ze weg legen, bereit legen; H. Sachs II, IV, 214. Ze weg nemen Einen, (schwäb.) ihn hernehmen, d. h. ihm zu Leibe gehn mit Verweisen, Schlägen ꝛc. Die Wegbreit, eine Pflanze, Wegewart, (ſ. d. W.). Grimm, Mythol.² p. 1165. BM. I, 237. Nemnich II, 1001. Weigand, Wbch. II, 1009. Vilmar kurhess. Idiot. 443: die Wegetrebe. Zeitschr. IV, 203: Weger, Wegerer. Die Wegfart, (ä. Sp.) Reise. Birlinger 428. „Ein wegvart fürnemen;" Cgm. 632, f. 22. „Das jhr seit gerüst auf die wegfahrt;" H. Sachs. wegfertig, auf der Reise befindlich. Weghaffterer, (nach Schrank um Füßen) Wachholder. Sieh Weckholder. Das Weghaus, (Parnass. boic. V, p. 24) Name eines churfürstlichen Beneficiums zu St. Heinrich am Würmsee. „Der Wegman zu sand Hainrich an dem Würmsee," welchem aᵒ. 1389 ein fürstliches Privilegium ertheilt wird, im ganzen Lande für jenes Kirchlein zu sammeln, wird von den Herausgebern der MB. VI, 441 durch aedituus erklärt. Das Wegmännlein, (Werdenfels) was Wegnarr. weglâgen, weglogen, insidiari;" Cgm. 685, Voc. v. 1432, f. 85. Sieh lâgen II. Th. Sp. 1453. 1463. (Das hchd. wegelagern wol hieraus entstellt). Weglaist, (Wagengeleise?); ſ. Th. II, Sp. 1511. 1524. „Das Brüglein soll annderhalben Weglaists brait seyn;" Ötlinger Ehaft v. 1577, Zugabe. Die Weglos, Weglose, Wegelösin, (ä. Sp.) Art Gebühr, bey Veräußerung oder Verlassung eines Gutes an den Zins- oder Lehensherrn zu entrichten. BM. I, 1035. Die Wegelose von einem erkauften Hause beträgt im Augsb. Stdtb. p. 20 den fünffachen sonstigen Jahreszins von demselben. Cod. Ald. 87, f. 13ᵇ ff. Steichele, Archiv f. d. Gesch. des Bisth. Augsburg II, 423,40. „Die genant hofstat giltet ieriklichen zu rechtem zins ainen guten reinischen guldin und ain vasnahthun albegen zu rehter gültzeit und darzu zwelf pfenning zu wegloſs, — den guldin uf sant michelstag, das vas-

nahthun ze vasnaht, vnd die weglofs, vffart und abfart unverzogenlichen;" MB. XXIII, 415, ad 1436. s. Th. II, Sp. 1528 unten: wegleys. Der Wegnarr, (Berchtesgaden, nach v. Schrank) der Molch, salamandra atra und maculosa, Laur.; Zeitschr. IV, 52. Nemnich II, 303.
47 Die Wegschaid (Wégschaəd, Wé'schaə'), Scheideweg, bivium, trivium, compitum; (mhd. wegescheide, ahd. uuegesceida; Graff VI, 439. BM. II, II, 107. Weigand, Wbch. II, 1033.). cf. III. Th., Sp. 372 und unten: Gewigge. „Begrab daz in ainer wegschaid, die chrautzweis ist, drey tag und nacht;" (Zaubermittel), Cgm. 592, fol. 40. Viel wäre zu erzählen von dem, was man, gehörig vorbereitet, in der Christnacht auf einer Wegschaid zu sehen bekommen kann. cf. Hazzi, Statist. II, 179. H. Sachs, z. B. IV, 49. Grimm, Mythol.² p. 1028. 1069. `Der Wegscheißer, (Koburg) Geschwür am Rande des Augenlids, (s. unten: Warh, Warch, Wärch), welches nach dem Volksglauben zur Strafe dafür entsteht, daß man seine Nothdurft am Wege verrichtet hat. Vilmar, kurhess. Idiot. 443.´ Die Wegwart (Pflanze); wie hchd.; BM. III, 528. Nemnich II, 999. Weigand, Wbch. II, 1033. „Solsequium, wegwart;" Clm. 4394, f. 137. „Vil, die jechen, die Wegwart sei gewesen ain fraw zart und wart irs pullen noch mit schmerzen;" H. Vintler, (Grimm, Mythol. LIV; 2. Ausg. p. 787. 1165). „wegwarten, insidiari;" Voc. v. 1432, (Cgm. 685, f. 85). verwegwarten Einen, ihm auflauern; Wirzb. Verordd. wegwarts, am Wege, in der Richtung des Weges. Es ligt dir wegwarts, es liegt auf dem Wege, den du zu nehmen hast. wegwarts gên mit Einem, ihn auf seinem Wege eine Strecke begleiten. `wegen, ä. Sp., einen Weg machen; BM. III, 640.´ Den Schnee wegen, s. unter wegen Sp. 872. Anm. Zu Weg hatte die mhd. und ahd. Spr. verschiedene Ableitungen mit in **gg (gk, kk, cg, ck)** verstärktem Consonanten; (vrgl. wegk oben unter en-weg). „In die chêra uuiggi, in flexu plateae," gl. i. 554; „altuuigki, calles," gl. a. 222; „dann in daz altuuiggi," Wirzb. Grenzbeschreibung, MM. 37; „daz giuuiggi, bivium," wo zwey Wege zusammenstoßen, oder sich kreuzen; — noch Br. Berhtolt sagt: „daz gewicke, dar die erhangen und erslagen ligent;" und bey v. d. Hagen, Ges. Abent., Bnd. II, S. 554,27 ff. heißt es: „Dâmit er an ain gewike gie, er sprach: ... ich wil dem teuvel mein sêl lân." BM. III, 639. sieh Wegschaid (vgl. Th. II, Sp. 1392: Burmansgwigge und das. 1171: Herzgewige, spica celtica; `dagegen BM. III, 650´); „daz âuuiggi, devium, avium, devia, avia," (in invio, in dem awicke; Windb. Ps., Cgm. 17, f. 161b; in terra invia, an erde der awicken; das. 16d. 91b, Ps. 62,3. cf. oben, Sp. 834: a-wech); „auuiggon, deviare, exorbitare;" „uruuiggi, invia," gl. a. 191. 456. Graff I, 670 ff. BM. III, 639.

weg, wegk, Adv., sieh en-weg, Sp. 875.

wegen, Praepos., sieh von wegen, Sp. 875 f.

weg, s. wæhe. Das „Unwegl," (b. W.) Unreinigkeit. Kaə˜ *U˜wégl*, nicht die geringste Unreinigkeit. Das Kind ist voller Unwegl, Unreinigkeit im Leibe, die sich durch Blattern, Geschwüre ꝛc. offenbart. Vgl. unwæg, Sp. 870.

Der **Weig** (ä. Sp.; mhd., ahd. der und daz wîc, uuîc, genit. des uuîges; Graff I, 704. BM. III, 649), Streit, Kampf: ainweig (einwîc, duellum), volkweig (volcwîc, bellum), weighaus (wîchûs, propugnaculum), weighorn (wîchorn, Schlachthorn), weiglied (wîcliet, Schlachtlied), weigman (wîcman, bellator); (ahd. Sp. anauuigi, acies, antuuigi, propugnaculum, uuidaruuigo, rebellis, Hluduuîc, Hartuuîc ꝛc. nom. pr.). „Contra turrim (in Wirzburg) quae vulgo kaczin wichhus appellatur;" Judenmord zu Wirzburg (vor 1447), Raitenbuch 76 (Clm. 12276), f. 63. BM. I, 740. Der Weigant, (mhd., ahd. wîgant, uuîgant, pugnator, ein Particip wie Feind, Freund, Heiland. Graff I, 707. BM. III, 649a). Cf. Weigel, nom. pr., von Weigand oder Ludweig? (s. unten). „Herr David der Weigant;" Reime v. 1562. „Ritterlich und weigantlich angreiffen;" Cgm. 318, f. 122. Diese Formen, sowie das folgende Verb weigen, mhd. wîgen, ahd. uuîgan (mir jedoch in dieser Form nur gl. i. 858 — uuikantero, bellantium — vorgekommen; goth. veigan, veihan. cf. vec-sare, vexare) werden wol zum mehrbegreifenden Ablautverb uuîhan, afficere, conficere, gehören. Sieh weihen und Gewicht, 2. abweigen, abwehren. „Die hitz, das übel, den feind ꝛc. abweigen;" Cgm. 858, f. 112. 119. 143. 147. an-weigen (à˜weigng, à˜weihhə˜) Einen, ihn anfechten, reizen, tentare. s. oben: waigen, anwaigen. Dés *weigt* mi' *à˜*, *weigt* mi' nét *à˜*. Pfeiffm und Geigng tüənt mi' nimmər *à˜weigng*. Wen mə˜ scho˜ʿ 48
nimməʿ drà˜ kà˜, *weihht* 's aə˜n dó' no˜ óft *à˜*. Də Buə' tuət 's Mádl, dəʿ Tuifl 'ən Buəbm *à˜weigng*. „Weil aʿ (der Käse) ·n (ihn) just am basesten *angwiegn* (gereizt);" v. Kürsinger's Ober-Pinzgnu (1841), S. 174. „Die bösen anweigent mih, (persecuti sunt);" Cgm. 114, f. 37. „Ob der gerecht angeweigt wirt oder bechumert mit dem tod, justus si in morte praeoccupatus fuerit;" Cgm. 689, f. 192. „Gedenck auch wie er (dein Sohn) in die wirst gefirt ist von dem posen geyst von dem er also angweygt ist;" Clm. 4423, f. 40. „Luciuer, Satanas, darnauch Belzenpuk, ander teufel auch, dy sein tieff in der helle krufft und haben oben in der lufft der klainen teufel uile geheczet in das spile, das der mensch hie auff diser erd nur von in angewaiget (angefochten) werd;" Mich. Beham, Wiener p. 24,20. Sollte MB. XVII, 147: „do si mich mit dem rechten ze Schr. angewengt het," zu lesen seyn angeweigt het (impugnavit)? Die Anweigung, die Anfechtung. BM. III, 556. „Und nit verlait uns in anweigung;" Benedictbeurer pfarrliches Paternoster, Clm. 4757 (XV. sec., 1481), f. 228. „Von der anweigung des bosen gaists ist ze mercken, das funferlai anweigung des bosen gaist sein, da mit er anweigt die chranken am letzten;" Ars moriendi, Cgm. 71, f. 6. anweigerisch, anfechtend, angefochten, leicht anzufechten. Einen anweigerisch machen, lüstern machen. Der Anweigel (A˜weigl), die Anfechtung, Lust, das Gelüste. Is mər ən *A˜weigl* kemə˜, hà's nimə' g'rà'n künnə˜. anweigeln, (b. W.) was anweigen; (s. unten: anweilen = anweigelen?). D·Spilleut tát'n mi' *à˜weigln* (zum Tanz). Dès Têichl (Tuch) tát mi' *à˜weigln*. Wer hát di' denn *à˜gweiglt* dəzou? Ob „Vorwei," (Werdenfels, HchE.) Vorempfindung, Vorahnung, als Vorweig oder Vorweih hieher passen könne, weiß ich noch nicht. Vrgl. Vorwickunge, praenosticatio, bey Jeroschin (Cgm. 233, f. 156. 181; `Ausg. v. Pfeiffer p. 269: vorwîsunge, prognosticatio´), ndrs. wikken, ags. viglian, wahrsagen, vegius, divinator? Lex Burg. Vrgl. auch waigen, wigeln, weihen und Vorweil.

Weigl, Wîc-nand, (Gegentheil von Fredi-nand; Förstemann I, 949. 1293), Weigand, Nom. propr.; Hund, St.B. II, 381. III, 716. „Weichnandus laicus, senior de Eyrnspurch vicedominus obiit 1288;" Clm. 5509c, f. 6.

Der Weigling, Milchnapf, weite Schüssel, meist von Thon, zur rahmansetzenden Milch, gewöhnlicher Weitling genannt; (cf. ags. wäg, hväg, engl. whey, whig, saure Milch, Molken, wring-wäg, saurer Rahm zum Buttern. Leo, rectitudines 127). Um zum alten bahuueiga und bahuueida (Graff I, 704. 776), Backschüssel, zu stimmen, müßte unser Wort nicht **ei**, sondern **ai** haben. „Si cupa id *uuagina* in ima per diametrum habet IIII pedes;" Clm. 14836, f. 91b. Sieh Weitling.

wigen, wiggen ein Ding, (Aschaffenb.) es in den Händen auf und nieder bewegen, um sein Gewicht zu schätzen; (verschieden von wigen mit gedehntem **i**). Vergleichbar dem mhd. wigen (Grimm, Reinh. 352,1665: schaukeln) und dem mhd. Subst. wige, ahd. uuiga, Wiege; (Graff I, 661. Grimm I³, 101. BM. III, 640 f. Weigand, Wbch. II, 1080 f.). Vrgl. wiegen.

Der Wigel-wagel, das Schwanken, die Unentschlossenheit. Castelli, Wbch. 266: in *Wiglwågl* sain, unentschlossen sein. „Nix schiəhhə's àls àlləwál i˜n *Wiglwågl* z'sei˜;" Seidl, Flins. III, 84. 125. Zeitschr. VI, 493: wigelwageln, *wige-wögen*, (niederd.) wackeln, schwanken.

aufwigen, aufwiggeln, hchd. aufwiegeln, d. i. wanken machen, bewegen, erregen. Grimm, Wbch. I, 779. Weigand, Wbch. I, 72 f. „Die Hintersaßen warnen, sich wider Uns nicht aufwigen zu laßen;" Kr. Lhdl. X, 504. aufwiglig. „Anraizen und aufwiglich machen;" L.R. v. 1616, f. 2. (Cf. gl. i. 1227: keuuigilit, instruit [homines S. Cyprianus]. Vrgl. auch Weigen).

Wigalois, Wigeles, Wiguleus, Wigeleis, Wigles, ein ehmals beliebter Mannsname, vermuthlich von dem viel besungenen Ritter mit dem Rade (Gui Galois) entlehnt; (vrgl. Gaban, II. Th., Sp. 862). „Wigelas vom Wolfstain," MB. XXV, 18. 20. Wigo-
49 lais von Nordholz, MB. VIII, 260; Wigleis von Degenberg, Gem. Reg. Chr. II, 445; Wigeles von Weichs, MB. XXIII, 600, ad 1479; Johann Wiguleus von Weichs, das. 769, ad 1656; Wiguleus Hund von Sulzenmos; Wigaleus von Baumgarten, Ldtg. v. 1669, f. 20.

Wigge, Wiggerl, (schweiz.) Hedwig; Zeitschr. VI, 462.

Das Gewigge, bivium; sieh Sp. 877: Weg, Anmerk.

Die Wiegen (Wiəgng, o.pf. Wêigng), wie hchd. Wiege; (mhd. wiege, ahd. uuiega, cuna; Graff I, 661. BM. III, 641. Weigand, Wbch. II, 1080). R.A. aus der Wiege werfen, aus der Fassung bringen, ärgern; H. Sachs und noch nürnberg. Zeitschr. VI, 97. wiegen, wiegezen, wiegen, schaukeln; Wien: Du wirst so lang *wiəkkəzən* (dich wiegen, schaukeln) auf dem Stuhl, bis er bricht. Vgl. Castelli, Wbch. 266: *wiagazn*. Vgl. wigen, wiggen und wagen.

Wogat (?). „Wein und Wogat," Kr. Lhdl. I, 234, wo von Tafernen die Rede. Wodka, (cesk.) Branntwein, meint C. H. v. Lang (im Jahresbericht des histor. Ver. f. d. Rezatkreis, 1831, p. 32).

---

wahen, gewahen (Praet. gewuog, gewuoch, Partic. gewagen), gewahenen, gewechen eines Dinges, (ä. Sp.) dessen in Erinnerung kommen, es in Erinnerung bringen, erwähnen. „Davon ich sein, als meins herrn, gewechen sol mit recht;" Horneck 68. „Darnach dem degen des gewuoch, wie er die vier risen sluoch;" Cgm. 577, fol. 250. „Si liten vil manegez, des si doch nie mêre gewuogen;" Gudrun 122,1. „Auch der vîntschefte wirt dâ von gewahenet nimmer mêre;" das. 1637,4. „Langer dâ ze wesene ich wæn die vrowen dâ iht gewüegen;" das. 1701,1. „Non memoretur, niht erhuget, gewohenet werde;" Cgm. 17, f. 123ª, Ps. 82,1. (In diesem Codex steht auch wohsen für wahsen; also wird a nach w zu o. Cf. gewelb, zwelf, woche). „Ich muz ein wil rasten, ich kan es nit durchwehen," (durch und durch erwähnen); Altswert 166,25. „So sin diu gehuct von anderen sachen erwanet;" Clm. 9513, Vers 160, (Haupt's Zeitschr. VIII, 149). zuegewahenen Einem eines Dinges, Einen etwas vernehmen, inne werden, merken lassen. „Dô ichs dem meister zuo gewuoc, vil vaste er mich dar umbe sluoc;" Grimm, Reinh. p. 307,143 und p. 371. Mhd. gewahen, st. Verb. (Praet. gewuoc, Partic. gewagen), und gewehenen, gewähenen, schw. Verb., ahd. giuuahan und giuuahinan; schon bey Notk. Ps. 70,16 die Contraction gewano statt geuuahino, ich erwähne, memorabor. Dazu die ahd. Subst. giuuago und giuuaht, mhd. gewage, gewaht, gewach, Erwähnung, mentio; giuuahtlih und giuuahantlih, memorandus. Graff I, 697 ff. BM. III, 458 f. Weigand, Wbch. I, 307. Grimm, Wbch. III, 1041. „Isaias der wissage der habet din gewage;" Lied an Maria aus einem Mölker Codex, Pez. I, I, 416. „Des geistes willen heist gewach;" am Ende des Briefes von Meister Samuel, Clm. 12011, f. 154.

wæh (wèhh, wèg, wáhh, Allgäu, Tirol), schön, zierlich, schmuck; (mhd. wæhe, wêhe, ahd. uuâhi; Graff I, 700. BM. III, 459. Zeitschr. III, 120,71. IV, 107,31. 323. 329,21). „Der aine ist ihr z'wäch, der andere zu zottelt;" Tiroler Kirchtag, 1819, S. 31. „Mich dunkt, er sey mir z'wäch;" Ring 22ᵈ,26. „Mit wæhen næten" (Nähten), „wæhen sniten am gewande" (stolzieren). Br. Berhtolt 122, (Pfeiffer 54,4.9). „Ein westerhuot, der gar wæhe sî;" das. 213, (Pfeiffer 32,31). „Von golde und seiden wehe porten, gewifelt mit mangen weisen worten;" Renner 16706. „Wer hat euch gesant dise hauben wæch;" Haugdieterich 78,3, (Haupt's Zeitschr. IV, 410). wæch würchen, wæch næen; das. 25,2. 56,3, (Haupt's Zeitschr. IV, 404. 407). „Kain maler kunde mit benselstreichen maln so rechte wæhe;" Valkn. 10. „Mir rufft die göttin wech;" H. Sachs 1612: II, II, 105. Vgl. oben, Sp. 869: wæge, wæger, weger. unwæhe, unschön, garstig. BM. III, 460. „Man liez si gar unwæhe swarz;" Barlaam und Jos. 47,21. Vrgl. oben, Sp. 870: das „Unweglein," (b. W.) Unsauberkeit. Ob hieher gezogen werden dürfe das mittelrheinische o we! (o schön!) und, ironisch genommen, das oben Sp. 827 unter weu berührte o.pfäiz. wái-ou! bleibt dahin gestellt. Das unter dem folgenden Uuehadinc als Ablautverb vermuthete ahd. uuehan könnte den Stamm bieten, von welchem jedenfalls der von wæg Sp. 869 und 870 verschieden ist.

wehen, laut werden? BM. III, 548. cf. wæen. „Dô ich hugelîchen hôrte die hunde alsô wehen," (reimt auf „sehen"); Labr. 119. „Frœlîchen ich die hunde hôrte dar zû wehen," (reimt auf „geschehen"); das. 129.

Wehadinc (in den Leg. Baiuu. dreymal für gerichtl. Zweikampf; Pertz, Monum. German. vol. XIII, legg. III, p. 313,1 und Anm. 49, p. 461,9 und 466,1. Graff V, 183) wird wol gehören zu ubaruuehan (überwinden, MM. 29) und der gl. a. 436: uparuuihit, exsuperat. Cod. Fris. 130, f. 71. Daß dieses uuehan selbst blos für uuihan (sieh gleich unten) stehe, und in der gl. uuihit anzunehmen sey, scheint minder wahrscheinlich, als ein eigenes, wie sehan conjugierendes Ablautverb uuehan; (Graff I, 701. BM. III, 650: wehen, sich hin und her bewegen? Praes. ich wihe, Praet. ich wach, wir wâhen, Partic. gewehen). „Er sach dar für ziehen manchen zelter spehen und sein geverte wehen;" Cgm. 714, f. 121. „Wer kan so waidenlichen sehen so glantzen und noch so wehen leip nie mer fraw trug so hübsch und so clug;" das. f. 186. Vrgl. oben wæh.

weihen, Ablautverb mit dem Partic. gewihen und gewigen. a) (Ilm) Er hat sich gewihen (gwihhə˜), hat dagegen gestritten, sich widersetzt, geweigert. „Und jederman rathet, Ew. f. Gnaden sollen sich nicht mehr weichen noch thaidingen lassen, sondern verharren und nicht hinter sich thaidingen;" Kr. Lhdl. XIV, 634. b) (Ob. Inn) anweihen, was sonst anweigen, afficere, impugnare; w. m. s. Fláisch hàt mi' niə 50
à˜gwigng, lüstern gemacht, angefochten. In einem kathol. Gesangbuch v. 1660, p. 55 ist zu lesen: „Gott Vatter hat entwichen sein ewigen Zorn," (ihn überwunden, aufgegeben?). Vgl. weichen. In der ahd. Sp. findet sich ein Ablautverb uuîhan, moliri, gauuîhan, conficere, mit dem Particip gauuigan, aruuigan, mhd. erwigen, confectus; (Graff I, 702 f. 725 f. BM. III, 650).

Es mag dieses der Stamm seyn der Ableitungen wîc, uuîges, uuîgan, weigan (sieh waigen, weig, weigen und wigen). Vrgl. auch d. folg. Wort.

weih, heilig, sanctus, sacer, sacratus, in der mhd. und ahd. Sp. wîh, wîch, goth. veihs, und als ganz selbständiges Adj. gewöhnlich, heutzutage nur noch in der Zusammensetzung mit Substantiven erhalten. Graff I, 721. BM. III, 613. „Unser trochtein und diu wihe min fröwe S. Marie;“ Clm. 4595, f. 72ᵇ, (s. Th. II, Sp. 1607). Der Weih-Brunnen (Weihh-brunnə˜), Weihwasser (bey Br. Berhtolt 308, Pfeiffer 406,19, noch: der wîhe brunne; s. Th. I, 359 und BM. I, 260), das aus dem *Weihh-brunn*-Késsl mit dem *Weihh-brunn*-Wàdl oder *Weihh*-Wàdl auf die Kirchengänger ꝛc. gesprengt wird. BM. I, 269. Weigand, Wbch. II, 1042. Zeitschr. III, 239,3.

Es dèə'fts mə' kaə˜ *Wèbrun*
áf má˜ Grà' miə' sprengə˜,
dráf wiə'd ó (ja) má˜n Bèiblə
sá˜ Àgə-l rengə˜. Rank, aus dem Böhmerwald (Leipz. 1843), p. 100. Weihh-brunn-Krüegl, (scherzh. und iron.) Scheinheiliger. Zeitschr. IV, 158. Das Weih-Waßer, was Weih-Brunn. BM. III, 539. „Da segene si (die balmen) der priester und besprenge nach dem segen mit wihem waßer.“ „Dy swester dy das wîhe wasser treit;“ Cgm. 168, f. 54. 55. 60. „Weichwaßers kräfte;“ Ebersb. 218, f. 126 ff. (v. 1508). „Weihenmarktstäge, berechtigte, an jedem Mittwoch des Jahres zu Freyung“, werden im Passauer Calender für 1828 ꝛc. unter den Jahrmärkten aufgeführt. Die Weih-nächten (Wei˜nácht'n; schweiz. Wî'ənächtə, Wî'ə˜näohten), ein aus dem ältern Dativ Plur. an, ze weihen nächten, wîhen nachten, „wihen nechten“ (MB. XXIII, 250) entstandener Nominativ, der mitunter sogar als Singular genommen wird. Weigand, Wbch. II, 1043. Die ä. Formel: z' ainen weihen nachten (z. B. Cgm. 99, f. 38) ist übrigens im richtigen Plural wie z' einen sunnenwenden ꝛc. Superstitiones in die et octava nativitatis in Clm. 17523 (XV. sec. 8ᵒ), f. 133. Christnacht-Bräuche in England s. Allgem. Zeitung 1842, S. 2. Vgl. Th. II, Sp. 1689: Metten-Block. Über die ältere Jahreszählung von Weihnachten, also recht eigentlich von Christi Geburt an, a nativitate domini, sieh II. Th., Sp. 1209. Die Zählung von der Menschwerdung an, ab incarnatione, nahm den Tag Mariä Verkündigung, 25. Merz, zum Anfangspunkt. Weih Fasten. „Quatember oder Weichfasten;“ Zeiz 1400. BM. III, 278. Der Weih-pfinztag, (ä. Sp.) Gründonnerstag, sonst auch Antlâß-pfinztag. „Am weihen pfinztag,“ und (nach Gramm. §. 693) tautologisch: „am heiligen weihen-pfinztag.“ Duchher's salzb. Chron. 148. 243. 276. Seefeldische Historie v. 1599: Urk. K. Sigmunds v. 1474. Am Weich-Pfinztag wurde A°. 1514 zu Botzen gespielt „das Abendmal und Vatzung Christi“ als Partien eines Passionsspiels, Ms. zu Sterzing. Weih Salz. „Als man heilige Ding, als palm, geweicht kerzen, weichs salz nutzt ze eiteln dingen;“ Cgm. 632, f. 7. „Sacrum velum, weich slayr;“ Semansh. 34, f. 194. Das Weihsanct-peters-Thor (Weickslpetə'tor) und Begräbniß zu Regensburg bewahrt in seinem Namen noch das Andenken an ein dasiges, a°. 1551 zerstörtes Schottenkloster. „Ecclesia consecrati Petri vulgo Wihsantpeter;“ Sanftl, Catalog II, 987. „Ecclesia in wihi sancti Petri;“ Gem. Reg. Chron. 177. „Die Kirche vor der Statt, Weichs St. Peter genannt;“ Av. Chr. 413. Kaum liegt hier das alte Subst. wîh (templum) zu Grunde. In einem geistlichen Patent v. 1458 wird das Epitheton so gedeutet, als habe zu Carl des Gr. Zeiten vom Himmel niederkommend St. Peter selbst die Kirche geweiht. Weihen Stephan (Weihhə˜ Stéffəl), 1) ein ehm. Kloster bey Freysing, ä. Sp. „ze wihen Steven, ad Sanctum Stephanum;“ MB. IX, 427. 429. Hund, Stm.B. II, 88. 2) Weihenstefen, eine Kirche an der oberpfälzischen Laber im Amte Hemau. Cod. iconogr. 179. (Ze'm) „Weihen Florian, in uuihin Floriano;“ MB. XXVIII, II, 126. So ist Weichmerting bey Schärding entstanden aus „ze wîhen Mertin,“ ad sanctum Martinum, minder gewiß Weihmering bey Aspach aus „ze wîhen Mergen,“ d. h. Marien. Vrgl. Weihenmichel bey Rottenburg, Weihenau bey Lauingen, ehm. Nonnenkloster, Weihenlinden bey Aibling, Wallfahrtsort, Weihenried im L.G. Pfaffenhofen, (wo aber ein Personname unterzuliegen scheint). „Villa Wihin pazing;“ MB. IX, 405, ad 1260, Wimpasing? s. unten: Windpoßing. 51

weihen (weihhə˜), Praet. geweiht (gweicht), wie hchd.; (mhd. wîhen, ahd. uuîhan, Praet. uuîhta; Graff I, 724. BM. III, 613. Weigand, Wbch. II, 1042 f.). R.A.: Nicht geweiht sein zu etwas, nicht dazu befugt, nicht dazu vermögend seyn. Dés wer'st àfe' bleibm lass'n, dà bist du nét *gweihht* dəzuə! Am Ostertag setzte man auf den Tisch „den gweichten fladen mit den eyern, wie der brauch ist in dem land zu Beyern; am Gweichten biß an jederman;“ H. Sachs 1560: II, IV, 97ᵃ. „Speckh, den man weicht mit den praitigen,“ (mit dem Osterfladen; Th. I, Sp. 370). Grimm, Myth. XLVI. Über das Geweihte (Swięcone) bey dem Mittagsmahl am Ostersonntag in Polen s. Berl. Magazin f. d. Lit. des Auslandes, 1837, S. 539. „Ehe man ausgeht, ein gweicht Salz lecken;“ H. Sachs IV, III, 74. weihen, als geweihte Speise vorsetzen. „Item wann der hailig Gaist selber kain Lamb hat, so kauft man ains ze stechen und bratt es ze weihen auf der Pfrundner Tisch;“ Pfründeregister des Münchner heil. Geistspitals, Ms. v. 1519, fol. 16. Vrgl. rauchen, Th. III, Sp. 16. Die Weih (Weihh), wie hchd. Weihe; (mhd. wîhe, ahd. uuîhi; Graff I, 724. BM. III, 613. Weigand, Wbch. II, 1042). Ayer-, Aschen-, Brôd-, Feuer-, Holz-, Kerzen-, Kirch-, Kräuter-, Kren-, Palm-, Speck-, Wurz- ꝛc. Weih, zu verschiednen kirchlichen Zeiten kirchlich vorgeschrieben. „Diu ôsterwîche ... diu gêt über dehein geiz; umb daz lamp ich wol weiz, daz wirt dô gewîchet;“ S. Helbling VIII, 298. „Unser Frauentag ze Kräuter- oder Wurzweih,“ das Fest Mariä Himmelfahrt, 15. August. Der Weihrâuch (Wei˜ráhh), schon in der ahd. Sp. immer als Compositum uuîhrouh, uuîrouh; s. Th. III, Sp. 14. „1 lot unser frawen weirach des roten von Ach;“ Cgm. 4543 (a°. 1500), f. 163. Weigand, Wbch. II, 1043. Der und die Weih-Rauten (Wei˜raut'n), ruta graveolens. als das gewöhnlichste der Kräuter, die am Fest Mariä Himmelfahrt zur Weihe gebracht zu werden pflegen. Nemnich II, 1189: Weinrauten. s. Th. III, Sp. 175. Die Weih-Steur, dem neu antretenden Abte, Bischofe ꝛc. von seinen Grund- oder vogteylichen Unterthanen weiland zu entrichten, Infelsteuer. Kr. Lhdl. XVIII, 228. Der Ebenweihtag, (ä. Sp.) Tag der Beschneidung, von welchem, statt vom eigentlichen Tag der Geburt Christi, das neue Jahr zu zählen angefangen wird; sieh I. Th., Sp. 15. Noch immer nicht ganz genügend erklärt. Die Form ewihetag, wäre sie älter als ewenwihtag, möchte fast auf ê-wîhe (consecratio legis vel religionis per ceremoniam circumcisionis?) denken lassen. cf. E, I. Th., Sp. 4 f. Wenn der ebenweichtag (aeque sanctus dies, i. e. circumcisionis domini) an einem suntag gestet, so wirt daz lancz gepäw (die Frühlingssaat) guet, der sumer wirt haiz“ ꝛc. durch alle Wochentage; Clm. 5512 (sec. XIV.), f. 36. 37.

Der „Weihel,“ (česk. wyhel, weyhel); sieh Weil, (velum).

Die Wihhəl, (Ob.-Isar) Tisch-wihhəl, Hand-wihhəl; sieh die minder entstellten Quehel und Zwehel.

„Wihelstain, taedifer, lapis vel ferrum super quo ponuntur taedae;“ Cgm. 1133, f. 384ᵃ; „prant-eysen,“ Cgm. 1129, f. 230. 1130, f. 202. „Focus fiurstat, ignis fiur, lar wihelstain" (am Herd); Aug. S. Ulr. 50 (Clm. 4350, XIV. sec.), f. 2ª. Diefenbach 107ᶜ.

Wiehel (?), Gebirgshörner mit scharfen, zackigen Kämmen, hohe Felsengrate; (Dr. Schottky).

---

52 1) Die Wal (Wàl), wie hchd. Wahl; (mhd. wal, wale, ahd. uuala, optio; Graff I, 838. BM. III, 464. Weigand, Wbch. II, 1010. „Wer da hat die wale der hat auch dy quale;" Clm. 12296 (XV. sec., 1446), f. 203. „Die wal nœm ich für aller künige krône;" Labr. 12. „Mit wal ob allen füezen;" das. 90. „Die wal, die welt ich balde;" das. 153. Vgl. Willen. „1454 haben wir (die Cartheuser zu Tückelhausen bey Ochsenfurt) dy gemainen wisen zw Hausen geteilet in vier wal; der selben wal sind alle jar zwue unser und dy andern zwue unsers bawern daselbst." „Die erste, zweite, dritte, vierte wal;" Cgm. 4854, f. 99. A. und noch schweizerische R.A.: Die Wal sein unter mêrern, d. h. der, die, das beste, der Ausbund. „Nun dunkst du mich wol die wal under allen narren, die ich ye gesach." „Ich main, er sey wol ain wal under allen narren;" Cgm. 568, f. 253. 254. 'Wahl haben (eines Dinges, später: ein Ding); Vilmar, kurhess. Idiot. 434.' Vrgl. Walhalla unter dem folg. Artikel Wal. Kämpelwal, sieh II. Th., Sp. 1250. walen (wàln), wählen, eine Auswahl treffen. ə˜n Gmao˜-Vorstəə' *wàln*. Beim Käufen mueß man walen künnen, (eine Auswahl haben). auswalen beym Essen, wählerisch, ekel seyn. welen, wellen (wẹln), wie hchd. wählen; (mhd. weln, ahd. uuelian, uuellan, Praet. uuelita; Graff I, 835. BM. III, 465. Weigand, Wbch. II, 1010). ausderwelen, auserwählen. Schon Cgm. 607, f. 157: „ain ausderbeltz schon palast." Die Formen Wal, welen haben die früher üblichern kiesen (chiosan), Kur (churi) — sieh II. Th., Sp. 1284. 1301 — fast ganz verdrängt. Ihr Zusammenhang mit einigen der folgenden, sinnlichern Ausdrücke w·l, w·ll läßt sich besser vermuthen als beweisen. Der Welwein (Wehlwein), in einer wirzb. Herbstinstruction v. 1746 als an den Bischof zu reichende Abgabe an Wein vorkommend, bezieht sich vermuthlich auf die Bischofswahl. In der ahd. Sp. kommt auch ein Subst. diu uueli für Wahl vor. Graff I, 838. BM. III, 465.

2) Der, die, das Wal, (ä. Sp.) der Kampfplatz, Wahlplatz, die Wahlstatt; (Graff I, 801. BM. III, 466. Weigand, Wbch. II, 1010). „Der keiser Otte behielt den wal und den sige; Script. Brunsv. III. 127. „Ez sind auch unser ehte (8) beliben ûf der wal," Renner 7482, Cgm. 307, f. 96; (dem neuern „bleiben" ist vielleicht dies hinzuzudenken). „Sie sprungen zu einander durch strît in daz wal;" Gudrun 5777 (1444,1). „Er vacht mit dem von Tenanch zu wal;" Suchenwirt VIII, 89. „Die vlucht pracht er ze wal herwider;" das. 137. „Er hat gefochten riterleich mit eren sibenzehen mal daz er nie verlos daz wal;" das. 190. „Sechzig und hundert waren tot in dem feur und auch uber al vand man sy ligen auff der wal;" Mich. Beham, Wiener p. 212,17. „Dieser Holczer für sein prust slog, er antwurt im und sprach: Herczog, hy han ich da ich mit bezal; des wil ich hie auff diser wal (??) mir genug darumb reden; das. 256,7. „Drew hundert sah man uber al do affter ligen auff der wal, zerstreuet in der furm und sit, reht als dy garben in dem snit; das. 302,5. „Hie auff der walstat so wart ir auch vil verwundet do;" das. 307,9. „Wann der Arm Sünder auf der Wahlstatt (Richtplatz) soll geführt werden;" Cgm. 4603 (sec. XVII.), f. 298. So auch Cgm. 4607, f. 90. 91. 92 und öfters. Wal, Waal, „Waul," Name eines Orts im Landger. Buchlohe; s. Oberbayr. Archiv V, 193. Ahd. Sp. uual (gl. i. 561) stragem, uuala (i. 1250) strage, uualum (i. 859) cladibus, dazu uualu-gir (blutgierig) und andere auf Tod und Leichen weisende Composita. Vrgl. Grimm II, 479. III, 462. Vgl. isl. valr, ags. væl, wæl, strages, clades. „A°. 671 her wæs thæt micele fugla well" (wæl, destruction among the fowls); Saxon. chron., Ingram p. 49. „On Ellendune (Wilton) wæs micel wæl geslegen;" das. a°. 823. „And thær (æt Carrun, Charmouth) weard micel wæl geslegen and tha Denisçan ahton wælstowe gewealde;" das. a°. 833. „Her wæs micel wæl-sleht (slaughter) on Lundene;" das. a°. 839. Das isl. Wörterbuch des Björn Haldorson bietet valr (strages hominum) von velia (wählen), indem so ein Haufen Gefallener als eine Auswahl Odins für seine Valhöll betrachtet worden sey, welche diesseits der Nord- und Ostsee ohne Zweifel unter der Form Walahalla oder Walhalla bekannt war. Vrgl. Wal 1), auch Grimm, Mythol.² p. 133. 599. 778 ff. 1225. Weigand, Wbch. II, 1015. In unsern Tagen sehen wir, was nur ein Wahnbild der Urahnen gewesen, als wirkliche, weithin schimmernde Hallen am südlichen Grenzstrome des alten Germaniens emporsteigen, in welchen ein neuer Odin Todte Seiner Wahl, große Deutsche aller Zeiten, versammeln will. Über das Buch „Walhallagenossen" s. Hitzig's Preßzeitung 1842, Sp. 603. 638.

walen (Voc. v. 1618), walzen, wälzen; (vrgl. Stalder II, 432). Zeitschr. III, 191,69. VI, 527,3. „Wer kugel walt oder in dem bret spilt; Cod. palat. 393, fol. 58. „Toplan, walen und spilan;" des Teufels Segi, (Barack p. 407,12795); s. Th. I, Sp. 528 und BM. III, 468: wâlen (nach Grimm I³, p. 168). „All spilar, raßlar und topplar ... walar, bosar;" d. Teufels Segi, (Barack p. 425,13321; cf. 129,4028ª). Birlinger 425. Walblock, Walholz (Zeitschr. II, 468), Walstain. wal-ludaigen heißt in Wagner's Civ.- und C.-Beamt. I. 274 ein freyeigenes, walzendes Grundstück. Vgl. wellen.

'Der Wâl, (tirol.) Wasserrunst durch öde Gründe und Wiesen. Zeitschr. III, 462. Vgl. das vorhergehende Wort und unten: Wul.' Der Wal, Walen, (Meran) Abzugsgraben (?). Haupt, Zeitschr. VI, 422.

Der Wal, Wall, Walon, Wallon, der Italiener oder Franzose. „Schotten, Wallonen und drgl. Hausierer;" Wunsiedler Stadtrecht v. 1668. Sieh Walh.

„Wal-ber," Vaccinium myrtillus, Heidelbeere; Nemnich II, 1538: Waldbeere. sieh Walb-er. 53

„Walwurcz, consolida; Clm. 16487 (XVI. sec., 1526. 2°), f. 95. Diefenbach 144ᵇ: Wal-, Wald-, Waln-, Walm-wurz, Beinwelle. Nemnich II, 1410: symphytum officinale, Wallwurz, Waldmeister. Weigand, Wbch. II, 1017.

Waland, sieh unten: Wiletzkind.

wallen, wie hchd. wallen; (mhd. wallen: Praet. wiel, Partic. gewallen; ahd. uuallan, Praet. uuial, uuiel, Part. giuuallan, undare, scatere, fervere, bullire. Graff I, 797. BM. III, 470. Weigand, Wbch. II, 1016). „Bewar uns vor helleheizen wallen;" Walther 78,8 (Lachm. und p. 196, Anm.: Dativ Plur. des folg. Substantivs).' „Sein sêl in der helle wellet;" Kaiserchronik. er-, der-, auf-, über- ꝛc. wallen. Der Wall, der Waller, das Aufwallen einer siedenden Flüssigkeit. BM. III, 470 f. Weigand, Wbch. II, 1015. „Des heizin wazzers wal;" Diut. II, 143. „Thu Wein in einen Kessel und seud, daß der Wal übergang;" Vegetius, Anhang. „Ließ die erbeis thun ein guten wal;" H. Sachs. wellen, a) wallen machen, kochen machen, sieden. BM. III, 471. erwellen, derwellen, verwellen. „Denen von Lauingen werfen die Nachbarn scherzend vor, sie hätten einsmal in der Donau, sintemalen sie so brauset, Erdäpfel verwellen wollen." b) was wallen. „In wellendes Waßer greifen;" Rupr. v. Freis. Rechtb. „Laß es ein wenig erwöllen; Ortolph.

zerwallen, s. unten: zweilen.

wallezen, sich verworren oder, wegen Undeutlichkeit, kaum merkbar bewegen; flattern.

'Wallram, Wallrahm, was Wallrath, eine milchweiße, wachsähnliche Fettmasse aus dem Kopfe des Pottfisches. Weigand, Wbch. II, 1016 f.' „Wolræm (Walrad?), maris flos, sperma ceti, ἁλὸς ἄνθος;" Nomencl. v. 1629, p. 196.

Walrstein, Wallerstein. „Cunradus de Walrstein;" Reg. Boic. I, 185, ad an. 1146.

Der Waller, Weller, (eine Art großen Fisches bayrischer Seen und Ströme), Silurus Glanis L., der Wels, der Schaiden. Nemnich II, 1297: Wels, Wils, Wälin, Waller. In der mhd. und ahd. Sp. findet sich waler, walre, uualira, f., durch dentix, öfter durch balaena erklärt, und unterschieden von uual, gen. uuales, cete; (Graff I, 839. BM. III, 464. Diefenbach 116ᵇ. 173ᶜ. Weigand, Wbch. II, 1016. Nemnich I, 567. Cf. böhm. wel in Compositionen: groß; welryb, Wallfisch). „Umb ein großen Waller 1 fl. 38 khr.;" Rechnung des Münch. Jesuiten-Collegs v. 1630, August, Cgm. 3942, f. 9. Florentin Abtaeker zu Götterstorf, der Rechten Dr., schickt dem Herzog Wilhelm „zwen visch, Waler genant, der ain 55, der ander 43 ℔ heltende, die sein vischer in der Vils gefangen, welche großen schaden an vischen gethan, denn sie nit allain visch zu 6—8 ℔ angenommen, sondern auch junge Gens und Enten auf dem waßer hinunter gezuckht, ja auch sommerszeit die leut und roß im waßer angriffen. A°. 1580;" Cod. iconogr. M. 315, f. 13. Möglich, daß der Wallersee, sowohl der im Salzburgischen (uualarseo, Canis. antiq. lect. II, 252. 485), als der bayrische, von dieser deutschen balaena den Namen hat. Förstemann II, 1465. Graff I 839.

wallen, (ä. Sp.) wandern, (mhd. wallen, ahd. uuallôn, Praet. uuallôta. Graff I, 799. BM. III, 471. Weigand, Wbch. II, 1016). „Ez fuor ein man wallen," (gieng auf die Reise); Cgm. 64, f. 47. „Ob tanczen nutzer sei dann wallen;" Cgm. 713, f. 187. „Wallen hat etswa bose tücke mit vil manger laye dingen, die ich niht alle wil furbringen. Vil muscheln und auch spenglein bedeckent mangen bilgrein, der durch kaufschatz uz ist komen mere, dann durch der sele frumen;" Renner 13603. Cf. Matthias v. Kemnat (Cbm. 1642, f. 129—132) über die Betrügereyen, die von vorgeblichen Wallern geübt werden. sich verwallen, ä. Sp., sich (durch Wallen) entfernen, verirren. BM. III, 471. „Daz er (der Mensch) sich denne in der welte ferwallot"... „Die sich mit ieren sünden von got hant gezogen daz si von got verre sich hant ferwallot;" Griesh. Pred. I, 66. „Swenne der sünder also sich von got hat ferwallot," (wie der verlorne Sohn vom Vater)... „habestu dich von got ferwallot vierzech iar;" das. II, 79. 80. Aus wallen faren, wallen gên die Composita die Wallefart, Wallfart, der Wallgang (Franken) in der spätern, blos frommen Bedeutung; (BM. III, 254. Weigand, Wbch. II, 1016. Walh-vart? nach Rom, St. Jacob ꝛc.; s. unten: Walh und vgl. Th. III, 97: Romfart). „Weil man vor disen jahren allen vil gieng hin und her wider wallen zun vierzehn nothelfern zumal gen Rengspurg, und ins Grimmenthal gen sanct Wolfgang, ins Birg hernach gen Ainsidl, Oetting, Deurn vnd Ach, gen sanct Jacob und nein gen Rom;" H. Sachs 1578: IV, 115 (1612: IV, I, 234). Die „Wallunge oder Kirchfert;" Cgm. 735, f. 16. 24. Der Wallbrueder, Mitwallfahrter; Cgm. 954. Der Wallstab, Wallstecken, Pilgerstab. „Zwen walstecken" (??), gezeichnet in der Mnemonik, Cgm. 4413, f. 160. Der Waller (ä. Sp. wallære, wellere), a) (Franken) der Wallfahrter, Pilger. b) (ä. Sp.) der Wanderer überhaupt. BM. III, 471. Weigand, Wbch. II, 1016. s. Th. I, Sp. 109: Unger. „Die Waller und andere so sich der Sägen gebrauchen;" Aurburger Ehehaft, CbmKl. 332, f. 135. Die Vermuthung, daß schon das ahd. uuallon aus uuadalon (vagari, errare; wadalere, vagator, errabundus, Diut. III, 58) entstanden sey, hat einiges für sich. Sind doch z. B. auch die Bretzen eines wohlthätigen Münchners, Namens Wadler, die vermöge einer Stiftung desselben dreyhundert Jahre lang je am ersten May von Seite des heil. Geistspitals ausgespendet wurden, nach und nach zu Wallerbrezen (sieh I. Th., Sp. 376) geworden. Im Pfründenbuch dieses Spitals (Ms. v. 1519 circa) heißt es S. 25. 26: „Am Philipp und Jacobi tag gibt man des Wadlers preczenspent für dreu pfund dn., und gibt jedem menschen wer kumpt 1 hallerpreczen, dem knecht, der die preczen ausruest, zwelf preczen, item auf das Gasteig und gen Schwäbing jedem menschen ain preczen, item den zwain sämlärn bey baiden pfarren jedem zwelf preczrn und den mesnerknechten jedem sechs preczen ꝛc. Des Wadlers jartag ist an dem tag ze abent mit der vigily und an St. Sigmuntstag ẏmargens mit dem selampt."

Der Walischèr (◡ ◡ —), le chevau-léger, Einer von der erprobten und ruhmvollen Waffe zu Pferd, an welcher alles, nur nicht der Name, echt bayrisch ist. „Nix schöners nicht auf Erden, als was ein Walischer..!" fängt ein recht volksthümlich gehaltenes Lied von C. Müller an. Vrgl. Th. II, Sp. 1002: der Grüene. Die sardischen Cavaleggieri in Sassari, 24. Febr. 1852, s. Allgem. Ztng. vom 6. März 1852.

Der Wailer (Waələr, Wàlə', Wàjə', Wouə'), das Leitseil, womit man Pferde oder Ochsen lenkt, die vor ein Fuhrwerk gespannt sind. Die wahre Form ist aus denen der Aussprache schwer zu errathen. Vrgl. allenfalls das isländische ól, dänische oel, lorum, funis (nach Grimm I, 310), was aber eher zu einer Form Wuel-er passen würde. Im Illyrischen ist oular' česk. wohlaw, ohlaw die Halfter, im Polnischen wodze, im Kärntischen povodez, (Jarnik p. 40), im Böhmischen wotez, otez der Zügel, das Leitseil, wodidlo, Dimin. woditko das Leitband, Gängelband für Kinder, (wol von wodit führen).

waulen, jammern, winseln.

Der Well, des Wellen, (Pinzg.) der Stier, Springstier; (s. Th. I, Sp. 233: Bull und vergl. isl. boli, bauli, agſ. bulluca, vitulus, engl. bullock, lith. bullus). Bey Koch-Sternfeld, Salzb. und Bercht. II, 386 steht „Wedl." In den Sette-Comuni Wello, der Widder. (Vrgl. slaw. wół, Ochs).

„Wel (?), coturnix;" Clm. 11730 (XV. sec.), f. 76.

wellen, wöllen (wɐlln), wollen (wólln), wie hchd. wollen; (mhd. wellen, ahd. uuellan; Graff I, 815. Grimm, Gesch. d. d. Spr. 900. BM. III, 658. Weigand, Wbch. II, 1103): I *wil*, miar *wɐlln, wolln; I wollt*... Vrgl. Gramm. §. 907. 928. 963. Zeitschr. II, 75,22. 171,61. III, 209,80. 456. IV, 100,1. VI, 403,8. 504. *Wie də' wil* (well oder will?), wie immer, qualicunque modo; — mhd. wie der welle? Zeitschr. III, 194,181. IV, 537, I, 35: *wiádáwöll, wodáwöll* ꝛc. cf. Th. I, Sp. 531: der. — I *woltat*, Kartsch II, 135.

wellen, ä. Sp., wälzen; (mhd. ich wille, Praet. wal, wir wullen, Partic. gewollen; ahd. uuellan. Graff I, 789. 840. BM. III, 672. Weigand, Wbch. II, 1052. Vilmar, kurhess. Idiot. 447. Zeitschr. VI, 527,3). „Adam wolt di sculde wellen uf sine gesellen, Eva wal die scult uf die nateren. Si wullen die scult uf einander;" Diut III, 52. 54. (Vrgl. oben Sp. 884: walen). 'gewollen, Partic. als Adj., gewölbt, rund.' „Ir arm gleisse(n)t als ain swan und sind auch ir gewollen als ain kerz sinbel;" Cgm. 714, f. 185. „Ir füß als ain härmlin planck in rechter weis gewollen, ir hüf zart getrollen;" Cgm. 270, f. 127. Cf. Th. I, Sp. 566: drillen. auswellen. „Taig der wol ausgewollen ist;" Cgm. 4126, f. 2. bewellen (ä. Sp.), besudeln, beflecken. BM. III, 672 f. „Den tempel meines leibes han ich bewollen;" Cgm. 87, f. 82. „Mit sunden (bin ich) bewollen;" Cgm. 101, f. 140. 'verwellen (?); BM. III, 673ᵃ. 675ᵃ. Pfeiffer's Germania, Bnd. X, 399 f.' „Dû hâst rehte verwollen als ein mûzersprinze," sagt der Bauer im Bett zu der heimlich vollgefressenen Frau; S. Helbling I, 1074.

Die Wellen (Wȩlln), a) wie hchd. Welle; (mhd. welle, ahd. uuella, unda, neben daz giuuel, des giuuelles, daz gewille, Diut. II, 165: procella. „Procellarum, der gewelle;" Cgm. 17, f. 21^{a}, Ps. 10,7). b) Reisigbüschel. „Strä-wellen, aine brukken zu bestrewen;" MB. XXIII, 495. „Wȧll-holcz, fascillus;" Voc. v. 1419. (Vrgl. in der mhd. Sp. daz gewel, ein
66 Haufen oder Convolut jeder Art: santgewel syrtis, giwel fic-ephileo massa caricarum, giwel [globos serpentum]. Das Gewelle [in Bezug auf den Habicht], Brechmittel und Gebrochenes. Cgm. 289, f. 115^{a}. Graff I, 794. BM. III, 674: daz gewille). Vrgl. wüllen. c) Der Wellbâum, cylindrus, im Mühlwerk und drgl. Vrgl. Walblock ꝛc. unter walen; '(auch engl. wheel, Rad, agſ. hveól, isl. hvel, dän. hvel, hvœl, niederd. wêl, weil. Zeitschr. III, 286,1. IV, 439,68. 510. V, 276,9. Müller, etymol. Wbch. d. engl. Spr. II, 540).' wȇllbámə˜, (b. W.) müßig herumgehen. 'Das Wellholz, s. Walholz.' sinwell, adj., cylindrisch, sieh unter sin, Th. III., Sp. 291.

Der „Weller oder Schaid (piscis), silurus;" Voc. v. 1618. Sieh Waller.

weler, weller, e, es, welcher, e, es (fragweise), sieh welch. Zeitschr. III, 329. wellent, wohin; sieh welch und oben, Sp. 828. Zeitschr. III, 132. 141.

Der Weil, Weiel, Weihel, Weichel, auch wol der Weiler, Schleyer der Nonne, velum, le voile; (ahd., mhd. wîle. Graff I, 795. BM. III, 671. Weigand, Wbch. II, 1042). Cgm. 213, f. 200. „Mit einem weile der iren anplike decke;" Alt. Hob. 11, f. 79. „Den Weichel empfangen;" Selhamer II, 273. „Die Abtissin ergreiffet (in der Eile) des Probst Niderwat für jr Weihel;" Seb. Frank 291. „Si begraiff irs buolen niderwat, die swang si uf, und want das es ir weile wär;" Michel Beham, Cgm. 291, f. 173. P. Kirchhuber in seiner Beschreibung des Klosters Anger unterscheidet von dem weißen, leinenen Schlayr oder Beffen den schwarzen Weil, den die Profeßchorschwestern über jenen bis über die Schultern tragen. „Velum (monialium), Wile," Voc. Melber; velum, Weiler, Avent. Gramm., Gem. Reg. Chron. III, 70, Voc. v. 1618; vrgl. Suchenwirt XLIV, 30. Federweiler, Voc. v. 1612. weilen, durch Anlegung des Schleyers einkleiden, weihen; (mhd. wîlen, ahd. uuîlôn velare. Graff, BM., a. a. O.). „Fraw Schwester Margareth, Herzog Georgen eeliche Tochter, eine geweilte profeßschwester in dem Closter Alten-Hohenau;" MB. XVII, 75, ad 1495. Wie man die novicen und die iunckfrawen einsegnen und weilen sol;" Cod. oh. 17 (Kaisersh. 155), fol. 208. Cgm. Cat. 84, f. 2^{a}. „Gewichte personen, als nunnen, begynen und gewilte döchter;" Cgm. 832, fol. 15. „Geweihelte swester;" Fris. 287, f. 17^{a}. „Im 1500 Jar wurden durch den Weihbischoff von Freising XI person fur der swester convent geweyhelt;" Altm. 7, f. 30^{b}. „Ordo ad ancillas dei virgines velandas;" Aug. eccl. 209 (sec. XII.), f. 216—221. „Ich hân mîne inneren bruste gewîlet und gewîhet Jêsu Kristo;" Herm. v. Fritzlar 86,10. Weiller (Weil-ler), Kajetan, der mir unvergeßliche, stammte vermuthlich von einem Weil-macher, Schleiermacher. cf. Schlayrerin.

Bogweil oder Bogweiler (?). „Tretbretter und Bogweiler," Fische damit zu fangen, sind verboten durch die wirzb. Fischer-Ord. v. 1766.

Der Weiler, in Altbayern selten zu hören; — man braucht dafür Dörflein (Dèrffl), Örtlein (Èrtl), (im O.L.) Ried. Doch ist jenes Wort schon der mhd. und ahd. Sp. geläufig: wîler, wîlâri, Graff I, 841. 844. BM. III, 671. Weigand, Wbch. II, 1044. wilere, vicus, gl. a. 690; uuilari, uuilare, villa, uuilarlin, uuilarchin, villula, gl. o. 130. Cgm. 4854, f. 99: „Hausen (zwey Stunden von Röttingen gegen Ochsenfurt) sei vorzyten ein Weiler gewesen und sei edler lewt gewesen und sunderlich sagt man von eyme der waz den lewten so herte, daz dy lewt von im wichen und also ist ez zu eym hof worden und giltet noch also mancherley zins und gulte." Im Lexicon von Franken 1799 wieder als Dorf.

Die Weil (Wál, Wái'), Dimin. das Weillein, Weilelein (Wállə˜, Wállə-l, Wállál, Wái'ái'), a) wie hchd. Weile; (mhd. wîle, ahd. uuîla, huîla, goth. hveila; Graff IV, 1224. BM. III, 668. Weigand, Wbch. II, 1044). „Der wol Weil hat, otio abundans;" Voc. v. 1618. „Man hat hie nit viel Weil, mit ihnen umzugehen;" Dr. Minderer. Weil vertreiben, tempus fallere; Voc. v. 1618. „Ach ordenlîchez leben, der zît ir wîle halten („ir wîl behalten"), wie hâstu mich begeben;" Labr. 167. Nach Gramm. §. 762 sagt man noch immer mit dem Theilungsgenitiv: der Weil (də' Wál) haben, sich der Weil laßen, nemen (Zeit haben, sich Zeit laßen, nehmen); übel der Weil haben, nicht der Weil haben ꝛc. Zeitschr. II, 244. V, 255,72. „Sî heten niht der wîle;" Gudr. 914,2. „Nim dir der weil, gæher man sol esel reiten;" Konr. v. Megen- 66
berg f. 166^{b}, Cgm. 249, f. 223^{a}, (Pfeiffer 286,22 und p. 531). „So er ze geitlich ißt und ze gäch, und nimpt im niterbeil (nit der weil); Cgm. 632, f. 37. „Er wartet sîner wîl, ob er im einen pfîl heimlîch müge geschiezen;" S. Helbling VII, 119. Cf. Avent. Chron. 1. Voc. v. 1618. „Der sach da mangen wilden man gar so fraislich getan, daß in der wile bi in verdroß;" Cgm. 517, f. 24. „Zeit und Weil." „Alle Stund und Weil." 'Jst's um die Weil (Zeit), verhält sich's so; Zeitschr. VI, 97.' b) (ä. Sp.) Stunde, (ahd. Sp. huila, hora; MM. 72. 80). „Ir enwizzet den tach noch die weil;" Cgm. 66, f. 48. „Div Cantate sprich miner vrowen sante Marien daz si dir helfe an diner iungesten wile;" Ald. 111 (v. 1250), f. 89. „Gůt was diu wile do christus geborn wart, gůt můzze si sin ze alle diu und ich anvahend si;" Segenspruch, Clm. 4595, f. 39. „Nu sant der chaiser als bald ze der ersten weil des tages sein poten;" Gesta Romanor. 54, f. 24^{a}, (Keller p. 47). „Daz ich an dem tag vnd zů der weil von meinem herrn ze ritter pin worden;" das. f. 29^{a}, (K. p. 55). „Nicht ist uns gewizzer dan der tod vnd vngewizzer dann die weil des todes;" das. f. 50^{b}, (K. p. 97). „Sælig sey die weil daz du her chomen pist;" das. f. 51^{b}, (K. p. 99). „Ob er einen tag oder ein weil lebt;" das. f. 52^{a}, (K. p. 100). „Von der weil und sie den brief gesehen heten," von Stund an; das. 54^{b}, (K. p. 105). „Ez ist ein gůtew weil gewesen daz ich mein gůt gab vmb die drey weishait; das. 79^{b}, (K. p. 157). „Eine halbe wile, dimidiam horam;" St. Ulrich, Cgm. 94, f. 20. 67^{b}, Vers 1312. „Uns scribent die maister, daz der tach zwelf stunde alder zwelf wîle hab, und daz diu naht ŏch zwelf stunde hab;" Griesh. Pred. II, 35. „Der tag hat XII weil, die nacht hat XII weil;" Calender v. 1368, Cgm. 32. Cgm. 597, f. 109. 110: „Der weil vier und zwanzech sint under tag und under nacht, jegleich weil hat ir macht." „Swaz dem menschen sol geschehen, daz mag nieman bewarn (verhüten) nach der weilsælde muoz ez varn," (d. h. nach dem Verhängniß, das ihm durch die Constellation seiner Geburtsstunde zugetheilt ist); „Von keiser Faustinianus." (Es ist die Geschichte von St. Clemens — nach St. Clementis liber recognitionum, lib. VIII, cap. IV, wo Faustinianus zu St. Peter sagt: „Ego dico non secundum Dei providentiam gubernari mundum, quia multa in eo injuste et inordinate geri videmus: sed genesim dico esse quae omnia agit et continet.") „Peter ich spriche daz dehein got der werlt richte noch sei nicht antraite vnd daz der vppichlich arbaite der in der werlt ichtes lebe wan als im die weilsäld gebe in swelcher wil der mensch wirt porn di muz immer vber in chomen er muz immer drinn beren als lang er sol leben;" Kaiserchronik, Cgm. 37, f. 24^{a}, (und so weiter fort immer „weilsäld" für genesis des lateinischen Vorbildes). 'Maßmann's Kaiserchronik, Bnd. III, 669—677.'

„Als vnder en eyn kint wart geborn ſo gaben ſie es da zu hant der wile ſalde an ir bant;" heil. Georg 5979. cf. Grimm, Mythol.² p. 817. 822. Zeitſchr. III, 59ᵇ. BM. II, II, 37 f. Zuſammenſetzungen, deren einige aus a), andere noch aus b) zu erklären ſind: die Feirweil (Feiə'wál), Feierſtunde; (Chiemgau). Auf də' *Feiə'wál* ſitz'n. Die Kälbel=weil, ſieh II. Th., Sp. 1238. Die Langweil (Lankwál ⏑́ ⏑), a) wie hchd. Langeweile. Vor lautə' *Lankwál.* b) Trübſal, Jammer und Noth. Dà is àfer ə̃ *Lankwál* eĩ dèn Haus; is Er und Si krank, und hán' droi klaəné Kində' dà. (Die Weillang, wie man auch ſagt: die Zeitlang). langweilen, a) lange Weile haben, b) vor Sehnſucht leidend ſeyn. Si *lankwált* um eəm und er um ſi. 'Kue *lankwált* nà'm Kálbl. wállanken, (vom Vieh) ſich langweilen; (Gaſtein, Mesnil.) Die Schlenkelweil; ſieh ſchlenkeln, Th. III, Sp. 528. Die Schueſter=weil; ſieh Th. III, Sp. 393. Die Sitzweil, ſo lange man zu ſitzen pflegt, vornehmlich aber die Zeit von ſechs bis neun Uhr an den Winterabenden, wo die Landleute beym Span=, Kien= oder Öl=Licht zuſammenſitzen, und ſolche Arbeiten vornehmen, die ſich in der Stube abthun laſſen. Daß dieſe ländlichen Soirées durch lebhafte Unterhaltung beſtmöglich gewürzt werden, verſteht ſich am Rande. Da vorzüglich theilt eine Generation der andern ihren Schatz von Erfahrungen und Vorurtheilen und Lebensansichten mit; da wird der ganze Vorrath an volksmäßigen Dichtungen, Erzählungen, Mährchen, Liedern durchgangen, und mitunter durch neue Zugaben aus der Zeitgeſchichte vemehrt. Bey keiner andern Gelegenheit, ſelbſt beym Bierkrug nicht ſo ſehr als da, kommt das reiche Capital an natürlichem Witze in Umlauf, mit dem das Volk ansgeſtattet iſt. Sieh auch Th. III, Sp. 346. Die Vorweil, (HchE.) Vorahnung. Sieh Sp. 878 unter weigen die Ausſprachform „Vorwei," welche indeſſen ſchwerlich ſo zu ergänzen ſeyn wird. Näher liegt das von Bergmann angegebene bregenzerwälderiſche aneweilen, ſpuken. (Cf. Ind. 384, f. 67ᵇ: „vaga, wila,"
57 'oder: wild?'; ſüdſlaw. wila, nympha). Es aneweilet. „A. Was (wo's) *onawaigen* thut, halt i' unfein (mi' fein) ferri. B. Wo tut's dann aber *onaweigen?*" ſpuken, unheimlich thun; Hammer=Purgſtall, Gallerin III, 193, (ſteiriſch). wález'n, (Vilshofen, ObrM.) geiſtern, ſpuken. Adverbialiſche Genitivform: der Weil, derer Weil (də' Wál, dèrə' Wál), unterdeſſen. BM. III, 669ᵃ. aller Weil (àllə' Wál), immer. der Weilen (də' 'áln, O.L.), unterdeſſen. Adverbialiſche urſpr. Dativformen: weilen, (ä. Canzl.=Spr.) weil; (cf. ahd. Sp. huîlom, huîlon; Graff IV, 1225). (Die ä. Canzleyformen die weilen, all die weilen ſcheinen bloße Misbildungen aus die Weil ꝛc.). Bî wîlen, bey weilen, be weilen, (ä. Sp.) bisweilen, (in welcher ſpätern Form das bis aus dem alten bi entſtellt und umgedeutet ſcheint. BM. III, 670). unter weilen (ä. Sp.), bisweilen. zu weilen, minder volksüblich. Adverbialiſch verwendete Accuſativformen: ain Weil (ə̃ Wál), a) eine Weile; b) einsmals, ehmals, weiland: *ə̃ Wál* is 's nét ə'ſó gwé'n, olim non sic. *ə̃ Wál* is's ganz anə'st gwést. *ə̃ Wál* hàt mə̃ ninks wos 24gə' gsegn. ie ain Weil (iə ə̃ Wál, iəwəl, iəwl, o.pf. èiəwál), əntiəwál, ətiəwál, ətiəwl (⏑ – ⏑), zuweilen. Zeitſchr. III, 175, IV, 2. Vrgl. Diut. III, 121: ientie (zuweilen); Grimm, Gramm. III, 221; b. Wbch. I, Sp. 9. 173. übər ə̃ Wál, nach einiger Zeit all Weil (àlwál), immer. Graff IV, 1224. BM. III, 669. alle Weil, (Franken, Rhein) eben jetzt. die mêrer Weil, die meiſte Zeit, zum öfteſten, meiſtens. Die Weil und ..., oder: die Weil, daß ..., all die Weil, daß ..., ſo lange, als, ſo lange, daß ... „Die Weil und er lebt." Daraus abgekürzt das conjunctiviſche dieweil und weil (wál, b. W. 'ál) in den Bedeutungen: a) dum. Graff IV, 1225. BM. III, 669ᵇ. Zeitſchr. I, 131,10. II, 178,1 (als). III, 175,50. 404,16. V, 422, I. VI, 94. Weil die Welt ſtêt. Das Eiſen ſchmiden, weils warm iſt. b) quoniam. Weigand, Wbch. II, 1044. Zeitſchr. III, 404,16. weiland, adv., (mhd. wîlen, wîlent, ahd. hwîlôm, wîlon, wîlont; Graff IV, 1225. BM. III, 670. Weigand, Wbch. II, 1044. woland, Cgm. 5, f. 214) unvolksüblich. Wîlent dô die alten kreſticlîchen ſchône ir ferte kunden halten;" Labr. 510. „Dáſs s' (Gebeter und Sprüchəln) mə' *weilə̃ds* (einmal, dereinſt?) gro' heilsam sey̆ wernd;" Stelzhamer 3. weiloz, adj., bey Horneck in Verbindung mit fawl und murrig, (weil=los?). — Vrgl. bálous I. Th., Sp. 227 f., welches aber ſelbſt nur das ältere beit=los, gebîtelos (ungeduldig, nicht warten könnend) ſeyn mag, falls es nicht mit dem, auch bey H. Sachs oft vorkommenden beilen (bellen) zuſammengeſetzt iſt. weilwärtig, unſtät, unbeſtändig. Im Cgm. 725, fol. 136 findet ſich ein Recept „zu den weilbertigen Weiben." Cf. das gotſcheeiſche „baulbartig," kindiſch. Die ahd. Sp. hat huilihuerbic, volubilis, turbulentus. Graff IV, 1236. abweilen (Appenzell: abwila), abwechſeln. Es thued mit-em *abwila*, bald beſſert ſich ſein Befinden, bald verſchlimmert es ſich. Tobler, Sprachſch. 13. verweilen ſich oder Einen, in die Länge ziehen, zurückhalten, verſpäten. Es verweilt ſich, dauert lange, bis... Das Geſchäft hat ſich verweilt. „Dö gfärlign Stain und Stög, dö sinsten dort ain'n oft *vä'weiln,*" (aufhalten); Lindermayr 185.

Weilheim (Wálham – ⏑; a. Sp. Wîlheim, MB. X, passim. Förſtemann II, 1528 f.), Name eines netten Städtchens im Oberlande, deſſen weiland Bewohnern der Volksſcherz allerley Abderitenſtreiche aufbürdet. Weilhêimer=Stücklein, was in der O.Pf. Hirſchauer=Stücklein, in Sachſen Schildaer Streich. Als H. Sachs noch in München ꝛc. das ehrſame Handwerk arbeitete, muß das Dorf Finſing (zwiſchen Ismanning und Schwaben, und bey Meichelb. H. F. I, 97 ſchon aº. 804 erwähnt) in ähnlichem Geruch geſtanden haben. Sieh deſſen Ausgabe v. 1560: II, IV, 57ᵇ. 88. 126; IV, III, 25. 86; V, 368ᵇ. 382ᵃ und vgl. oben Th. I, 733. Das dermalen allerwärts berühmte Krähwinkel wird wol eine Stadt, und nicht unſer ebenfalls zwiſchen München und Landshut liegendes Dorf Kräwinkel ſeyn ſollen. Auch das löbliche Iſar=Athen 58
muß ſich mitunter den Titel Groß=Weilheim gefallen laſſen. Vrgl. Stierwaſchen, Th. III, Sp. 778, Stigelhupfer und Fläſcheltrager, daſ., Sp. 743 und Th. I, Sp. 797, und wallen, oben, Sp. 885.

Wiletz= oder Willetz=Kind oder Knab. Eines von des Nürnbergers Hans Roſenplut Faßnachtſpielen iſt betitelt: „Der Wiletzkinde fasnacht." Darin heitzt es unter anderm: „So wil ich ain ſpilplatz haben, und dazu eitel Willetzknaben den wil ich legen würfel und karten und redlich auf den ſcholder warten;" Cgm. 714, f. 383, (Keller, Faſtnachtſpiele, Th. II, S. 688 ff.). Es ſteht zu beſtimmen, auf welche eigentliche Form dieſe augenſcheinliche Entſtellung zurückzuführen ſeyn mag. In einem Straßburger Ausſchreiben von 1658 (CMh. 427, nº. 75) ſteht Beliaskinder. Als ein Tauſendkünſtler der nordiſchen und wol auch deutſchen Mythologie iſt der Schmid Völundr (nach Chriſtoph Schmid gilt Waland bey den Schwaben noch als Teufel „? valant aber nicht walant;" Jac. Grimm. Schmid, ſchwäb. Wbch. p. 514') bekannt, der auch unter dem Namen Weland (agſ. Vêland, deutſch Wieland), ſogar im Altfranzöſiſchen als Galant le forgeron, vorkommt (cf. Grimm, Mythol.² p. 349 f.), bey Björn Haldorſon iſt Vêlantz=urt, thalictrum alpinum, Baldrian. Nemnich II, 1453: isl. Vielindisurt. Vrgl. auch Bilwiß unter wiß.

Wil-prám, ſieh Windbräuen.

Der Willen (Wịlln), wie hchd. Wille; (mhd. wille, ahd. uuillo, Genit. uuillin; Graff I, 822. BM. III, 660. Weigand, Wbch. II, 1084). In oder im Willen ſeyn oder haben (Willens ſeyn), das und das zu thun; (cf. „Ni uuas in themo uuillen," Otf. IV, 35,4). Über meinen, deinen ꝛc. Willen, gegen meinen, deinen

Willen. *Də' Góds Willn*, um (durch) Gottes Willen; sieh I. Th., Sp. 536. BM. III, 662ᵇ. I bit di' *də' Gods Willn.* „Mit willen (wollend?) waz da tagalt möchte machen;" Labr. 443. Des Willens, daß .., hac mente, eo consilio, ut... Einem seinen Willen thuen oder machen, ihm willfahren, ihn zufrieden stellen. Wille hieß einer von des Labrers Hunden. Willibald: „Almus *Willibaldus* velle suum et constantiam vocabulo exprimens;" Em.D. (sec. X.), f. 51ᵇ. Sanftl I, 645. „Sand Wilbolt," Eichstetter Fronleichn. Proceß. Ord. im Cod. Fris. 287, f. 7. Förstemann I, 1304. Der Willbrief, (L.R. v. 1616, f. 454) Bewilligungs-Attest, schriftlicher Consens. Das Willengeld, Taxe für ertheilten Consens. „Der Willengelder oder Kleinhäusler" (in der Gastein; Hübn. p. 455). Willengeld, (Zir.) Anhaltgeld, bey Bestandverlassungen von Gütern oder Grundstücken oder bey Verpfändung derselben auf eine Anzahl Jahre, an den Grundherrn, der hiezu die Bewilligung gibt, zu reichen. Vgl. Willen nehmen, Bewilligung der Art erholen. Der Heirats-Willen (Bewilligung) macht jetzt manchem ehrlichen Kerl Sorge und Unkosten. Der Willkomm, s. Th. II., Sp. 961. BM. I, 907. Weigand, Wbch. II, 1084; 'namentlich a) (bei den Zünften) der Pokal, in welchem auf der Herberge dem Zugewanderten der Willkommtrunk unter gewissen Ceremonien gereicht wird. b) Einstandsprügel für schwere Verbrecher beim Eintritt in eine Strafanstalt. Birlinger 432.' „Vas futile ein Trinckgeschirr so unten zugespitzt, ein Willkumm;" Nomencl. v. 1629, p. 121. Die Willkür, die freye Wahl. BM. I, 329. Weigand, Wbch. II, 1084. „Einem die willküre haimsetzen, vorbehalten," (das eine oder das andere zu nehmen, zu thun ꝛc.); MB. XXV, 493. 521. „Das si (Adam und Eva) das gut ledichleich erwelten von freyer wilchür;" Cgm. 607, f. 160. willkürlich, (ä. Sp.) aus freyem Willen; sieh II. Th., Sp. 1284. willküren auf den Ausspruch eines Dritten, diesen freiwillig zum Schiedsrichter wählen. Gemeiner, Regensb. Chron. II, 121. BM. I, 829: willeküren, belieben, beschließen; der willekürer, arbiter. „Arbiter, willenkerer;" Semansh. 34, f. 195. Birlinger 432. Der Muetwillen, sieh II. Th., Sp. 1696. muetwillen, muetwilligen, verb.; ebendas. BM. III, 662. 663. Der mutwiller, Renner 5787. Der Unwillen, a) wie hchd.; b) Abscheu, Verdruß. Haß, Feindseligkeit. BM. III, 663. „Grozer Unwill und haz unter den leuten;" Heum., opusc. 124. Im Unwillen leben mit Einem. c) Ekel. „Unwillen und Grausen erwecken;" Bogenberg-Mirakel. „Der merzenstern (sisirinchion sive ascalonia), das kraut macht unwillen, so man es ißt, deshalben nennt man es auch bulbum vomitorium;" Cod. iconogr. 3, fol. 5. unwillen, verb., Ekel empfinden. „Unser sêle der unwillot und ungelüstot ab dizer lîhter spîse;" Griesh. Pred. II, 123.
56 Da in der ahd. Sp. unuuillo, unuuillod, unuuillido, wie das einfache uuillido, fastidium, nausea, vomitus, und uuillon wie unuuillon, nauseare, bedeutet, so wird unser Wort in der Bedeutung c gar nicht einmal zu Willen, voluntas, gehören; vrgl. wüllen. Wolewillicheite, benevolentiae;" Cgm. 17, f. 23ᵇ. BM. III, 664. willen, wovon in Canzleyen noch üblich das Particip gewillet, entspricht dem alten uuillôn, uuilleôn (Praet. uuillôta, Partic. giuuillôt), welches aber neben der Bedeut. wollen, wünschen auch die von willfahren hatte. „Ihr zu verkaufen gewilltes Getreid;" Ansp. Verord. v. 1713. Ich bin gewillet, das und das zu thun. 'sich verwilligen in etwas, sich dazu willig erklären.' Dà kon ə' mé néd drei˜ *vo'willingə˜.*

bewillen. „Nim spiezkrut kolien nezeln di da brennen bewil si mit girstimme melbe;" Clm. 4595, f. 40. 'Vgl. BM. III, 671: wilgen, bewilgen, rollen, wälzen, und s. unten: walgen.'

Die Wiel. „Otto Imperator aº. 1000 ... Actum sursum Duello," (auf der Wiel?); Hund, metrop. Salisb. (1620) III, 2.

Wieland, sieh Wiletzkind, Sp. 890 und vgl. Förstemann I, 1326. RB. III, 181, ad 1262: „juxta domum Welandi fabri" (in Nürnberg?).

wol (wól, wói, o.pf. wul), adv., a) im Allgemeinen wie hchd.; (mhd. wol, auch wal, ahd. uuola, früher uuêla, auch uuala, goth. vaila, agſ. veola, altſ., wel, isl. vel, vielleicht noch in wil-kommen. o für e wie in Woche ꝛc. Grimm I³, 349. Graff I, 831. BM. III, 798. Weigand, Wbch. II, 1099. Zeitschr. IV, 358,13. Für Wolamuotesaha, den alten Namen von Wolnzach bey Freysing, findet K. Roth, Örtlichkeiten des Bisthumes Freysing, p. 107 und 115 in Urkunden: Welamotesaha). wöler, am wölesten, wölsten (*wələ'*, *wəlest'n*), comp., superl. 'wol und wehe, alliterierende Verbindung: gleichgültig, einerlei. Vilmar, kurhess. Idiot. 457.' Gleich so wol, grad so wol, eben so gut, so leicht (z. B. thue ich es selber). „Thut so wol, und sagt mir...," seid so gut, und sagt mir; Cgm. 714, f. 66. wol an! wol auf! (ä. Sp.) wol her! wol hin! wol dar! wol dan! eja, age! BM. III, 799. Wol her, wol her! ruft der Marktschreier die Umstehenden an, bey H. Sachs 1612: I, 1065. „Und nun machs kurz, wol her vnd hab auf zwen vinger und swer mir aid!" Cgm. 270, f. 141. „Wol her, pit wir in an!" Cgm. 136, f. 67. „Wol hin, ir posen wicht!" Cgm. 99, f. 47. 171. Cf. unten: der Woldan. In der ahd. Sp. für euge, age blos uuola. Cf. Th. II, Sp. 961, unter gottwillkomm: „wolo herro heile gnadigo;" ZZ. 796, f. 167. Gl. i. 713 steht für agite gar uuolet; vrgl. Gramm. §. 723. R.A.: Seinen Wolauf haben, wol zu leben haben. Deər is gaə' guəd *wolà˜* mit'n Landrichtə', in Freundschaft, in Gnaden. Der Nàwol, mora, träges Verziehen; auch von Personen: Du No˜woll! der immer sagt es is *no˜ wol* Zeit. b) vor Adjectiven und mit vorschlagendem Accent: ziemlich, sehr. Zeitschr. VI, 288,752. wol gnueg, wol groß, wol klain (– ᴗ), wol ə˜ großs Stuck. 'Vgl. niederd. *wolêr*, *walêr* (wol eher), früher, ehedem, einmal. Zeitschr. I, 277,6. II, 95,·. IV, 133,89. VI, 529,20.' „K. Ludwig war wol ein junger Herr, und, also zu rechnen, noch ein Kind;" Av. Chr. 363. Hieher stimmt auch das allgemeiner übliche wolfail (Zeitschr. III, 18. VI, 96. 460: *wolfl*, *wolfli*, fränk., tirol.) mit dem Comparativ wölfler und dem ältern Doppelcomparativ baßfailer. Sieh I. Th., Sp. 707. R.A.: Es wolfailer geben, nachgiebiger werden, die Seiten nicht mehr so hoch spannen. Wol étwas (wól éppes ⏑́ ⏑ ᴗ), etwas Beträchtliches. Bei uns sitzt (oder: Wir haben) das Geld so wol nicht, daß wir auch überall dabei seyn könnten, wou mə˜ 's Gàißl henkt. c) (Ob.-Inn) so viel als jo, d. h. ja, auf eine verneinende Frage; vrgl. II. Th., Sp. 1196. 1197. Zeitschr. VI, 347: *wul!* d) eine, wie es scheint, nichtssagende Partikel, welche in Volksliedern gerne zur Ausfüllung des Verstaktes benutzt wird. In einem Lied von der Himmelfahrt Christi aus dem 1685 in München bey L. Straub gedruckten geistlichen Gesangbuch heißt es z. B. „Er nam die Altväter bey der Hand; er führt sie also schone, er führts wol in seins Vatters Land, wol in den obersten Throne, er führts wol in das Paradeyß ꝛc." wol betend (wòlbèttə˜d), gerne betend, fromm; sieh I. Th., Sp. 301. woldienen Einem, ihm, in eigennützigen Absichten, mit Reden und Handlungen 60
zu Gefallen leben. Der Woldiener, woldienerisch, (mit allen verächtlichen Nebenbegriffen der Schmeicheley, Heucheley und Servilität). „Wolgemut, origanum;" Ind. 344, f. 49ᵇ. 93. 97. Clm. 16487, f. 99. Clm. 17261, f. 174. Diefenbach 400ᶜ. Nemnich II, 788: Wohlgemuth, origanum; auch clinopodium vulgare (I, 1067) und borago officinalis (I, 641). wolgetân, woltân (O.L. wóltən, wóltə˜, wóitə˜, o.pf. multən), adj. und adv., stattlich, ansehnlich, beträchtlich, sehr; vrgl. I. Th., Sp. 607. Zeitschr. III, 175, V, 3. 328. IV, 456.

V, 184. ə˜ *wóitəné* Pois, eine ziemliche Weile; *woltə˜* Gəld, Obəs, Traəd ꝛc., (viel); ə˜ *woltə˜*-r-ə˜ grouſs Stuck; *wóltən* tóll, ſehr ſtattlich; *woltə˜* roidə', viel röther; *woltə˜* ſchreiə˜, láffə˜, arbət·n ꝛc., ſehr ſtark ſchreien, laufen ꝛc.; *woltə˜* gèrn, *wóltə˜* vil ꝛc. Zu *woltə˜* verhält ſich wie eine Art Diminutiv die Form wóltlə, adv.: *woltlə˜* grous, ſchlècht ꝛc., ziemlich groß, ſchlecht. Der Wolluſt, ſieh Th. II, Sp. 1525. „Seitlicher, rücklicher, vichlicher, ſitzendiger, ſtandiger wolluſt; Catech. sec. XV., Cgm. 866, f. 8ᵇ. und Cod. Furstenzell, pap. 8⁰, f. 49. Wolmutsa; Cod. c. pict. 7ᶜ, f. 11. 12.

Die Woll (Wóll, o.pf. Wull), wie hchd. Wolle; (mhd. wolle, ahd. uuolla; Graff I, 794 f. BM. III, 802. Weigand, Wbch. II, 1102). ˋKartwoll, Kernwoll, Staubwoll, ſ. Birlinger 434. Der Wollbengel, ebendaſ. 435.ˊ wollen (wollə˜, wullə˜), adj., wie hchd.; (mhd. Sp. wullen, wullein, wullîn, wüllîn). Zeitſchr. I, 263. „In Waſſer und Brod auch wullen und barfuß eine Kirchfahrt verrichten," (in wollenem Bußgewand). Benno-Mirakel 1697. Cf. bey Friſch II, 456: „Die Biſchöfe haben barhaupt und barfuß und ganz wullen beym Pabſt um Gnade gebeten." wollich (wollə', wollət), (von Rüben, Rettichen ꝛc.) ſchwammicht.

wollen, ſieh wellen.

wüllen, (ä. Sp.) Ekel, Erbrechen verurſachen. „Im wült," es iſt ihm erbrecheriſch. „Der (ſchwangern) Frau wült gern, und jr prüſtlin werdent hert." „Uebrige füll macht wüle;" Ortolph. „Daß niemant darob wüllen möge han," (ne ulli nausea fiat); Cgm. 72, f. 40. „Für den undäwen und daz wüllen;" Cgm. 249, f. 262. „Swer ſinen magen überfüllet, wizzet, daz im ofte wüllet e denn der wülle ſich geſazze; Renner 10133. „Aller lewt willen, aller lewt büllen (wüllen), nauseo sis vere si quaeris cuique placere;" Windb. 204, f. 171. „Ebullio, außwüllen;" Mallerst. 32, f. 100. „Dy wüll pricht ſy," es iſt ihnen brecheriſch; Monac. Augustin. 84, f. 66ᵃ. „Hilft für die Wull, für die Wullung;" Cgm. 4543, f. 70ᵇ. Die ahd. Sp. hatte wullido, wullunge, nausea; vrgl. unter Willen (oben, Sp. 891), die wol urſpünglichern Formen uuillon, mir uuillot, nauseo; uuillod, unuuillod, unuuillo, nausea. Graff I, 838. BM. III, 673: willen, wüllen. Vrgl. auch wellen (Sp. 886) und Gewelle (Sp. 887).

Die Wull ſtatt Bulle, (nach Gramm. §. 409): „Die guldein Wull;" Cgm. 236, f. 77. 123.

Der „Wul," (vermuthlich Wuel; ſieh den folgenden Artikel): Luft, Zug, Gang, den das Feuer, Waſſer ꝛc. hat oder gewinnt (?). ˋVgl. Wâl.ˊ „Daß oſt, indem das Feuer ſeinen ungehinderten Lauf und Wuhl haben können, ganze Dörfer in die Aſche gelegt worden. Die durch Strohdächer zu entſetzlichen Wuhl oftmals entſtandenen und ausgeſchlagenen Feuersflammen;" Wirzb. Verordd. v. 1688 und 1724, die Abſchaffung der Strohdächer betreffend. Um Augsburg ſoll „die Wule" für ein ins Eis gehauenes Luftloch, eine Wuhne, üblich ſeyn. Birlinger 435.

wuelen, wüelen (wuəln, wiəln), a) wie hchd. wühlen; (mhd. wüelen, ahd. uuoljan, uuolan, wuolan, fodere, Tat. 96, gl. a. 202; cf. isl. hvœla — ſtatt hvœla — höhlen. Graff I, 795. BM. III, 467. Weigand, Wbch. II, 1108. Zeitſchr. V, 459). „Ain groß gruben ſy wielen darein ſy ſelber vielen;" Mich. Beham, Wiener p. 297,3. Vgl. BM. III, 466. b) raſtlos fortarbeiten und ſtreben. Vgl. Vilmar, kurheſſ. Idiot. 457: Woelbrâke. Er wuelt Tag und Nacht furt, und kan im nie gnueg kriegen. „Hie under müß er ſpülen der fraiſſamen wolf wülen waz in dem geludem ſtarckh;" Roth's Denkm. 79. ˋDer Wuel, ä. Sp., das Verderben; (mhd., ahd. wuol, altſ. wôl, agſ. vôl; Graff I, 801. BM. III, 467. Weigand, Wbch. II, 1108). „Alſo ſitzt er uff Moyſes ſtuol und tribt ſo ain großen wuol," (beferiſches Weſen); des Teufels Segi, Barack p. 173,5428. „Die ſchone iris ze ſicherheite hinnen mere des viantlichen wuoles den der tiufel unter den engilen wilen begie;" Cbm. 9513, Haupt's Zeitſchr. VIII, 148,110. Die Wuel, Perſon, die ſich aus Habſucht und drgl. keine Ruhe gönnt. Die Wuelen, (O.L.) die Welle. Der Wüeler, der Maulwurf. ˋDas Wuelbrett (am Pflug); Birlinger 435.ˊ Aus dem in den Jahren 1848—49 aufgekommenen, ſchon früher in der Schweiz gangbaren wühlen (Demagogie treiben) iſt, beſonders durch Braun's „Fliegende Blätter" der Ausdruck Wühlhuber neben Heulmayer (Reactionär) als bezeichnendes Appellativ in Umlauf gekommen. Vrgl. den vorhergehenden Artikel. 61

Der Walber (Wàlbə'), einer der Hauptberge am Tegernſee, der ſchon in einem Carmen des Peter v. Roſenheim v. 1420 (Cgm. 809, f. 9) als Walber foecundissimus begrüßt wird, und alſo in dieſe Form wol kaum nur aus Walberg und drgl. entſtellt iſt. In der Phyſica der Hildegardis iſt die Rede „de herba in qua Walbere (vaccinium myrtillus) crescunt," wornach der Walber als Ellipſe ſtatt Walber-berg denkbar wäre. ˋſ. oben Wal-ber und vgl. Vilmar, kurheſſ. Idiot. 458: Wollenberg.ˊ

Der Walben (Wàlbm, Wàlm), wie hchd. der Walm, die Einbiegung des Daches ſchief herab an der Giebelſeite eines Gebäudes. (Graff I, 844. BM. III, 664. Birlinger 425: Walſen, Walben, Walm. Gl. i. 1132 iſt das einfache „uualbo, imbrex, tegula," wol was jetzt Walmſtein, Walmziegel heißt; — cf. „faruualpnuſſi, subversio," von uuelban, huelban, isl. hvelfa, invertere —). „Wolbe, Überſchuß an einem Dach;" Voc. v. 1482. „Auch ſtunden dy ſchelk innerhalb wan ain feurpfeil kam in ain walb und feures flamen gabe ſo ſtießen ſy ez abe;" Mich. Beham, Wiener 102,1. „Si ſuhten allenthalben div hus in den walben;" Diemer, Gedichte des XI. und XII. Jahrh., p. 63,12. Walbenſimpſen, Geſimſe an einem Walmdach, (bey Chr. Schmid). Der Wàlm, (O.L.) Heuhauſen, Heuſchober auf der Wieſe. Das Wort gehört aber wol nur dann hieher, wenn auch das ſchwed. hvalma (Heu aufſchobern), hvalm (Schober) von hvelfa ſtammt. Vrgl. Worben.

welben, gewelben, gewelbenen (wəlbm, gwəlbm, gwəlbmə˜, Rhön: welm), wie hchd. wölben; (isl., ſchwed. hvelfa, agſ. hvealfian, camerare, invertere. Pictorius hat fürwelben, praetendere, obtendere. Graff I, 845. BM. III, 665. Weigand, Wbch. II, 1100. Cf. ſpan. bóveda, frnz. voute, ital. volta v. lat. voluta aus volvere; Diez, Wbch. 375). „Swer vber hapt vicht vnd in dem waſſer driſcht vnd der welibt auf den regenpogen der wirt vil dike petrogen;" Vridancus in veris proverbiis, Ald. 119, f. 44ᵇ. Das Gewelb (Gwəlb), wie hchd. Gewölbe; (ahd. Sp. giuuelbi, mhd. gewelbe). (Das ö in der hchd. Form nach Gramm. §. 325 zu erklären, wie in Hölle, wöllen, Wörd, zwölf; es iſt aber auch zu erwägen das isl. hvolf, convexitas). Sieh das vorhergehende Wort und vrgl. auch das alte „uuelbi, felga, vertigo;" gl. i. 138.

Der Walch, Italiener ꝛc.; ſieh Walh.

„Der walchen, el balchon;" Voc. venet.-todesco v. 1424, f. 11.

walchen, ſieh walken.

welch, Pronomen, wie hchd., nur daß es im Dialekt blos als Interrogativum, nie als Relativum, gebraucht wird; (mhd. welch, zuſammengezogen aus dem ahd. uue-lîh, hue-lîh oder uuio-lîh, huio-lîh, goth. hvileiks. Graff IV, 1197. 1207. BM. III, 575 f. Weigand, Wbch. II, 1051). Die davon üblichen flectierten Formen welcher, e, es ꝛc. erleiden im

Dialekt weitere Verkürzungen: 1) weler, wele, weles (wọlə', wọlé, wọləs), Formen, die schon Notker braucht; mit Vorsetzung des Artikels: der, die, das *wọlə'*, wo weler (wọlə') gleichsam als Comparativform behandelt wird, insofern nicht wel ain (wọl ə˜), welch ain, zu Grunde liegt; '(cf. niederd. *wel, wol,* wer; jemand. Zeitschr. III, 279,19. 425,11. IV, 129,20. 410,78. 478. VI, 429, I, 6. *wolêner,* was für einer; VI, 91.). Zeitschr. V, 406,4.' *ən iədwọlənə',* jeder. 2) der, die, das *wéchə,* eine dem englischen which ähnliche Entstellung, welche wol ebenfalls als Comparativform *wéchə',* schwerlich als welch ain (wéch ə˜) zu deuten ist. Vrgl. Gramm. §. 831. Auffallend die R.A.: aənə' wiə *də' wéchə'* (b. W.), einer wie der andere, jeder. iədwechə', é, əs
62 und ən iədwéchə', é, əs, ən iədwéchənə', é, əs, jeder, e, es. aə˜twéchə's, eins von beiden, entweder. Zur Form wel gehört wol der ältere Ausdruck wellent, wohin, wo. „Ich waiz nicht wellent ich cher mein ellent; Cgm. 73, f. 46. „Wellent daz az ist, do sament sich auch di adlær;" Cgm. 533, f. 4. Jetzt hört man in diesem Sinn wollent (⏑ –), wolenten; vrgl. oben, Sp. 828 und I. Th., Sp. 101. 'Vgl. *weleweäg,* (fränk.) welchen Weg (es sein möge), jedenfalls, ohnedies; Zeitschr. VI, 120,61.'

Der Wald (Wàld, Wàid, O.L. Wàl'), wie hchd.; (mhd. walt, plur. welde, ahd. uuald, plur. uualda. Graff I, 802. BM. III, 471 f. Weigand, Wbch. II, 1014. Ob das czechische hwozd, lausitzisch und kärntisch gozd, Hochwalduug, auch materiell unser Wald? Cf. Th. II, S. 954. Lausitzische Ortsnamen: Carny gozd (schwarzer Dichtwald), Suchi gozd (Dürrwalde), Gozdo (Dickicht); s. Lausitz. Magazin v. 1839, S. 63—64. Verdeutschte Ortsnamen auf —gast: Seegast, Schorgast, Leugast. Vrgl. Saxon. chron. ad 893, Ingram p. 114: „Se wudu (on eastre weardre Cent) is ... hundtwelftig mila lang ... and thrittig mila brad ... hie tugon up hiora scipu oc thone weald." „Læton him behindan ... æses brucan grædigne gudhafol and thæt græge deor wulf on wealde;" das. a°. 938, battle of Brunnanburh, Ingram p. 143). Jedoch braucht der gemeine Mann jetzt nach Umständen lieber die Ausdrücke Holz, Forst, so daß jenes Wort verschiedenen, und darunter sogar einigen heutzutage nicht mehr bewaldeten, Gegenden und Örtlichkeiten als eine Art Eigenname geblieben ist; (vrgl. II. Th., Sp. 1169: Hart, Sp. 1465: Lôh. Ein herrlicher Aufsatz über die social-politische Bedeutung des Waldes überhaupt in der Beilage zur Allgem. Ztng. v. 1852, Nr. 17 von W. H. K.). „Uf disem walde," Labr. 44; „ûf mangem walde," das. 214; „ûf dem walde;" das. 489; „ûf welden," „ûf walden," in Wäldern, das. 134. 212; (also Höhen? cf. span. monte, Wald). Der Wald, Bezirk, welcher sich von Holzkirchen zwischen Hartpenning und Dietramszell an die Isar hinaufzieht. *Innə' s Wàlds* heißt den Dietramszellern alles, was zwischen jenem Bezirk und dem Gebirge liegt. Dé hán' vo˜ *innə's Wàlds* aussə', éppə vo˜ Sáckſnkam. Der Wald (Wuid, Eiglwuid, bey Appian: Eselwald), Gegend zwischen dem Inn bey Müldorf und der Alz. Vorzüglich aber heißt die Gegend, welche sich nördlich von Straubing, Deggendorf und Vilshofen bis an die Gränze von Böhmen in meist bewaldeten Gebirgsrücken amphitheatralisch erhebt, und mehrere Landgerichte umfaßt, dermalen: im Wald, wofür früher der richtigere Ausdruck vor dem (d. h. Behaimer oder Böhmer-) Wald üblich war; (Kr. Lhdl. VII, 4). „Eger vor dem walde;" S. Helbling VIII, 1079. Vgl. das. I, 167 und p. 250: „ze wald und in der Raggegent." Noch sagt man Neuenburg (Gramm. §. 878) vor dem Wald. „Rainung der Gemerke vor dem Wald," ad 1392, Freyb. Samml. II, 100. 101. 105. „Die Landgerichte vor dem Wald, die Märkte vor dem Wald, als Furt, Eschelkam, Neukirchen;" Kr. Lhdl. XI, p. 536—552, ad 1501. „Die Fleckhen vorm Waldt" (1505), Herzog Georgen gehörig;" Öfele, scriptores II, 490. „Exercitum (contra Bohemos Hussitas) prope oppidum Beyden (Weiden) *ante Silvam* congregare;" Cruciata 1431, Cod. Aug. eccl. 80, f. 148. Städte und Märkte „jenhalb der Donau gen dem Wald;" Kr. Lhdl. XV, 220. „Zogen für den Wald gen Cham;" Avent. Chr. 464. „Den Wald verhüeten," (am Böhmerwald als Gränze gegen feindliche Einbrüche Wache halten); Kr. Lhdl. XI, 546. So wurde die ganze Gegend vor dem Wald allmählich selbst der Wald, und zwar, zum Unterschied von jenem böhmischen, der bayrische genannt. „Der wahre Böhmerwald ist kein anderer als der von den Gelehrten sogenannte bayrische Wald. Das Volk weiß von diesem neuen Namen nichts. Jenseits dieses Gebirges, auf böhmischem Boden selbst, ist weder Gebirg noch großes Waldland, wie ich aus eigner Anschauung weiß, sondern das Gebirg verflacht sich zu Hügeln und Ebenen, die mit zahlreichen Ortschaften besetzt sind. Mein Geburtsort hat sonst „Neukirchen im Böhmerwald" geheißen, und Furt hat noch immer den Beinamen „im Wald." Neunburg liegt schon außerhalb des Gebirges. Die angeführten Benennungen „vor dem Böhmerwald" mögen eben so unrichtig seyn als der bayrische Wald.

Aus'n *Bêimə'wàld* gêit de' Wind so kàld;
gengə˜t d·Menschə' gàld, weə'n eə' 'Duttlə kàld,

sagt man an der Donau.

Vo˜ 'n Wàld bin I aussə', hà˜ Eə'dépfl 'baut,
is ni˜ckse áfgangə˜ wàs 's Eə'dépflkraut.

E˜ 'n Wàld einé hàt·s scho˜ ə˜n Schnèi und dergl. Vielleicht hat in der Urzeit dieser Gebirgszug zu Boiohemum gehört, oder dieser Name will sagen: der Wald vor Böhmen, „sylva contra Bohemiam," wie es in einer Urkunde heißt. Der Wäldler nennt jeden Wald, auch den eben liegenden: Berg, z. B. Birkenlaub-Berg. Wenn meine Landsleute sagen: e˜ 'n *Wàld* einé, so meinen sie das Regenthal von der Lahm bis zur böhmischen Grenze." (Regiments-Auditor Joh. Nepom. Obermayr in Passau, 1844). Ein Wald, besonders ein Waldgebirge, ist eine weit naturgemäßere Landesgränze als ein Strom, der ja, selbst eine Lebensader, verbinden, nicht trennen soll. Und so wurde Wald ehmals, auch wo ers wirklich nicht mehr war, lange noch als figürlicher Ausdruck für Gränze gebraucht. (Vrgl., Grimm, d. Rechtsalterth. 497). Für den Wald schaffen Einen, d. h. über die Gränze verweisen. Wstr. Btr. I, 175.

„Perimunt nunc ense Lucerii, Uri, Swytz, bi den Walden,
Lumpoldum nobilem cum suis Austrie ducem",
(anno 1386)
(also wol: ob den Walden, nid den Walden); Cod. Vindob. LXV, f. 173. Endlicher p. 33.

Die vier Wäld, die Gränzen nach den vier Weltgegenden. Inner- oder außerhalb der vier Wäld, d. h. in oder außer Landes. (Ganz analog sagt der Insulaner: within the four seas of Britain, — und denkt sich der ausschließliche Chinese die Gränzen des „Reiches unter dem Himmel" als vier Meere — Se-hai). „Wenn 63
unser Herr raisen will, es sey uffwärts oder abwärts in das Land zwischen den vier Wälden;" Tollensteiner Ehhaft, (Lex. v. Franken I, 628). Einem über die vier Wäld bieten, oder Einem die vier Wäld verbieten, ihn außer Landes verweisen; Cgm. 944, f. 100^b. Arnpeck col. 305. Cgm. 659, f. 266. Häufig findet man den Versuch, diese figürlichen vier Wäld auf wirkliche zu deuten. Noch Ertl (Prax. aur. 183) sagt: „Die Deportation, wann einem das ganze Reich verboten wird, geschiehet heutigstags über die vier Wälder, nemblich den Hartz, Thüringer-, böhmischen und speyrischen Wald, welche Deportation nur der Kaiser und die Churfürsten verhängen können." Nach dem ref. Land-R. Tit. XIX, Art. 7 (cf. Heumann, opusc. 55) sind „die vier Wäld" mit Namen Thüringer Wald, Behaimer Wald, Schwarzwald und die Scharnitz. So

werden sie auch im Ehhaftbuch der Grafschaft Werdenfels v. 1431 angegeben. Dagegen in der Ehhaft des nachbarlichen Peiting v. 1435 (Lori, Lechrain p. 138) ist der erste Wald Zwitzer, der ander Humelwald, der dritt Swarzwald, der viert Behamer Wald. Im Loßbuch Cgm. 312, f. 141 heißen sie Beheimer Wald, Duringer Wald, Schwarzwald und Keßlerwald. `Waldnamen s. bei Vilmar, kurhess. Idiot. 435. Zeitschr. IV, 161.´ Zu den verschiedenen Ortschaften, Dörfern 2c., welche Wald heißen, sind vermuthlich auch die nicht minder zahlreichen zu rechnen, welche — wol blos nach der Aussprache, wie Mangfall für Mangfalt; s. Th. I, Sp. 716 — Waal, Wal, Wahl 2c. geschrieben werden. Cf. oben, Sp. 883 f.: Wal. Förstemann II, 1465 f. „In villa *Waeldiu;*" MB. XXII, f. 41 (wo es für Welden erklärt wird), nr. 48. 55. 57. 58. 81. 87. 90. 120. 210. „Anshalm de W*aldiu;*" ibid. f. 120, a°. 1204; (cf. „Sigiboto de Haerdiu," ibid. f. 46, nr. 46. 89 2c. — wol Haerdriu, Härdern). „In *Walde,*" Herrnwahl; Zirngibl, Hainspach (Hadinsbach) p. 517. Ein Kloster Curwalde bei Chur, ursprünglich in einem Walde. Das Dorf „Waal" (Wàl) unfern der Ilm, beym Einfluß des Rorbachs in diese, heißt in einer mir den 31. Mai 1841 von Pfarrer Pröbstl gezeigten Original-Urkunde von 14²³ (glaub ich), wodurch Jobs der Rorbeck eine Jahrmesse stiftet; immer (d. h. 2mal) Wald ... „N. N. pfarrer oder kirchhere ze Wald," hier weiland also wol der Anfang des Feilen-Forstes. Ein Ort Az uualdiu (ad sylvam?) kommt bey Meichelbeck, H. Fr. II, 80 schon um das Jahr 800 vor. Ob der Ausdruck daz Walde in der alten Münchner Floßordnung (hist. Abh. d. Ak. 1813, II, 492) überhaupt heißen soll: im Walde (s. Th. I, Sp. 476), — oder ob insonderheit der Ort Mittenwald gemeint ist? Phil. Apian (Ms., `Clm. 1243, 2ᵛ´) zählt in Bayern folgende sylvas: Hœrnhart, Viechtenstainer Wald, Eslerwald, „sylva permagna longa lataque fuit jam vero frequenter habitatus in praefecturis Kraybnrg, Trostburg," Fürmoß „appellatur totus ad lacus Chimens. locus palustris et sylva ab Ischl ad Eikstetten usque ... (?)," Durnbuch „a Voburg et Ilmendorf ad Sigenburg extenditur," Beilnvorst, Keschinger Vorst, Honhaimer Vorst, am Ring, Donaustaufer Vorst, Bohemica Sylva, Zellerwaldt, 2 M. longa für Saxenheim princip. am Putzengasta, Hunnenwaldt inter Loysam, Antorf, Isseldorf et Gäbach, .. Lachen a Braunaw extenditur usque Hart ob Lachen versus orientem (merid.) ad Muting." Das Gewäld, die Waldung (Schwangau). Der Wälder, Wäldler (Wáldəᶜ, Wáldləᶜ, Wáltləᶜ), Bewohner einer der oben benannten Gegenden, besonders des bayrischen Waldes. Zeitschr. IV, 548,10. 315: *Waldheanz.* Die Wälder, Ober- und Unterwälder (zwischen Müldorf und Treſpurg) hatten weiland oft blutige Händel mit den Isengauern. Sie besitzen trotz ihres Namens keinen Zweck eigenes Holzes, da alles Staatseigenthum ist. „Der Wäldler und der Stier sind ein Thier;" (Straubing, Aurb.). Die *Wáltləᶜ* (zwischen Böhmen und der Donau) sind ein aufgeweckter Schlag Menschen, merkwürdig durch Sprache, Sitten und Gebräuche. „Der Name Wallner, Wallnerland für Rotthal bedeutet nichts anders als Wäldler, Waldland; (cf. Th III, Sp. 186: Röt). Um den Sauwald, den alten Grenzhüter Bayerns, herum — vielleicht haben wir von diesem bey unsern östlichen Stammbrüdern den Titel Sauboarn erhalten — ist auch ein Waldland, das von den Innviertlern der Wald genannt wird, und wo sich auch ein Neukirchen im Wald befindet, und dessen Bewohner von den Nachbarn die Wallner genannt werden, während ihnen die Gegend jenseits des Hausrucks das *Ländl* (Laəndl) und ihre Bewohner *Ländler* (Laənd-l) heißen." (J. N. Obermayr; Brief aus Passau v. 11. Decemb. 1845). wáltlərisch, adj. Er réd't, Si gêt (trägt sich) *wáltlərisch.* Der Waldfaim, sieh Faim und wallen. `Das Waldgeld, s. Vilmar, kurhess. Idiot. 436.´ Waldglas, im Gegensatz von venedischem, in der Münchner Malerord. v. 1458 (Wstr. Btr. VI, 160), in Wiener Mauttarifen v. 1354 (Cgm. 1113, f. 35ᵇ), wol Glas aus dem Böhmerwalde. Birlinger 425. „Ein Fensterstöckhl mit Waltglas" (1614); Cbm. 2225, f. 4. `Waldfenster, Winterfenster; Birlinger 425.´ Der Waldhänsel (Wàldhánsl, zur Zeit, wo im ärztlichen und Apothekerwesen noch wenig Policey herrschte), ein Mann, der sich darauf verlegte, in Wäldern und Gebirgen Wurzeln und Kräuter zu sammeln, und sie als Arzneymittel an den Mann zu bringen, Quacksalber. „In' Kiritag znächsten obn z'Schwannä hat 's Weib von' *Waldhänsel* was käft, än Schwitztrunk und Stup unträнanä' und allälai Wurzel und Säft;" Lindermayr 173. Vrgl. Waldmann. Der Waldhau, der keilförmige Theil am untern Ende eines mit der Axt gefällten Baumes. Die 64
Waldkerschen, Affarizen; (Jir.). Der Waldmaister, im Salzburgischen vor 1810, was von da an Revierförster; (Jir.). Der Waldmann. „Kein herumziehender Arzt, Oculist, Bruchschneider, Waldmann und drgl. soll im Lande geduldet werden;" Wirzb. Verordd. v. 1727, 1745, 1749. Sieh Waldhänsel. „Ein waltmann sprach ...;" Labr. 422. BM. II, I, 47. Waldemene, (westfäl.) Wald und Weide; `s. Woeste in der Zeitschr. des berg. Geschichtsver. VIII, 180 f.´ `Das Waldrecht, ein besonders in Hessen vorkommendes Rechtsverhältniß des Landbauers zu dem Obereigenthümer des Grundstückes; ausführlich besprochen von Vilmar, kurhess. Idiot. 436—439.´ Waldrisel, (Waldrösel?), was Alprausch, (Jir.); s. Th III, Sp. 155. `Der Waldschmid, Eisenerzgräber, Bergmann. Vilmar, kurhess. Idiot. 439.´ Der Waldschragen (Wàldschrágng), Floß, der nur aus drey Bäumen mit dazwischen gesteckten Brettern besteht, Bretterfloß; sieh Th. III, Sp. 600. Waldstrick, was Waldrebe; (Jir.). Das Waldvögelein, in Volksliedern statt Vogel. „Die Waltvögelein flugen uff dem Wasser," (Meer); Mich. Beham (Samml. f. altd. Lit. 69). Cf. Grimm, Meistergesang p. 140. `Der Waldner, Waldbewohner, Waldaufseher; BM. III, 472: waldenære.´ „Sy chomen hincz ains waldners hauß ... do sprach der waldner;" Haugdietrich 418,1.3, Haupt's Zeitschr. IV, 449; `cf. 420,2.3. 421,3, auch 419,1: des waldes man.´

Der Waldel (Wàltl), a) Willibald. b) der Hundsname Waldmann.

Der Waldhauser (Wàldhauseᶜ), Balthasar. Eine schon alte Entstellung, (sieh Gramm. §. 409): „Walthauser Thanhauser," Ldtg. v. 1514, p. 616; „Waldhaußer Gebenhofer von Einspach," (1467); J. N. Krenner, Land-, Hofm.- und Dorf-Gerichte I, 75.

Waldiser. „Ich swere ain ayd ... das ich fürbas me nimmer kumen wil zu den leuten dy sich nennent dy künden Waldisser;" worauf folgen: „Errores haereticorum Waldensium;" Clm. 5641 (XV. sec.), f. 215.

wild (wıld, wlld, wuid), 1) wie hchd.; (mhd. wilde, ahd. uuildi, goth. viltheis; Graff I, 803. BM. III, 665. Weigand, Wbch II, 1082 f.), also: natürlich, nicht gemacht, gezähmt, geregelt, veredelt durch menschliche Absicht, Kunst und Sitte. Das wild Bad, Wildbad, natürliches (warmes) Bad, Mineralbad. „Dar umb stinkent diu heizen pat sam der swebel, diu man diu wilden pat haizt;" Konr. v. Megenberg f. 62ᵇ, (Pfeiffer 103,11). „`In etleichen haizen wazzern, diu von nâtûr haiz sint, sam diu wiltpad;" das. 310,20.´ Wildbad baden. Im Wildbad nichtsen sparn; H. Sachs 1612: I, 847. 1072. Ein Wildbad, eben so wirksam als un-toward, beschreibt ders. V, III, 1—8. Der Wildbann, s. Th. I, Sp. 242 und BM. I, 86. „Vil herren (genit.) wiltban ich durchsür mit sůchen;" Labr. 28. „Ob mîn gejait den wiltpan bæser machet;" das. 44. „Man mag ein füchsel wol mit winden hetzen, daran so brichet nieman den wiltban;" das. 431. „In des herren wiltpanne ez floch;" das. 489. Der Wildber, a) männliches Wildschwein, Eber; s. Th. I, Sp. 263. Wild-eber; H. Sachs 1612: V, III, 136. cf. Th. III, Sp. 296.

b) Schmähwort. Das Wildbræt (Wılprəd, Wılprət; `fränk. Wilpərt, Zeitschr. VI, 468`). „James und Wilprät," (Fleisch von zahmen und wilden Thieren); Cgm. 719, f. 3. 11. 16. 35. 52. Bræt, wol aus Gebræte; sieh I. Th., Sp. 369. ' Die Wildesch, Sandweide, salix arenaria; (Jir.). Das wild Feur, Wildfeur, a) der Wetterstral, Bliz. `Grimm, Mythol.[2] p. 163.' „Die vom Wildfeuer angerichtete Brunst;" Zirngibl, Hainspach p. 425. 440. „Die Probstey, so durch Wilfewr verbrennt was." „In der Nacht schlug das Wildfewer in ein Thurn, genannt Lug ins Land;" Augsb. Chronik. b) (Voc. v. 1482) ignis sacer, erisipela. Zeitschr. V, 171,170: Rothlauf, Rose; ausgelassenes Mädchen. Wild-Feurwerk, Gegensatz von Lustfeuerwerk; Anh. zum Vegetius. Die wilden Flüsse, periodische, unstätige; (ObrM.). Der Wildhag, Wildzaun, natürlicher, lebendiger Zaun; (Heppe). 's wild Gjäg, die wilde Jagd; Birlinger 432. Grimm, Mythol.[2] 882 f. Das Wildheu, a) für Wildpret; b) auf den hohen Bergmähdern gewonnenes; (Jir.). Der wilde Mann, das wilde Weib, Wesen früherer Sage, in der Größe den Bergmännlein, Bergweiblein, Holzweiblein, Zwergen, Elben 2c. entgegengesetzt. Grimm, Mythol.[2] p. 454. 403. „Dar zu ist mir undertan manig wildes wib und wilder man;" Cgm. 577, fol. 209. 210. 211. „Credidisti quod quidam credere solent, quod sint agrestes mulieres? Clm. 17736 (XI. sec.), f. 144. Sind die Figuren im Holzschnitt auf dem Hinterdeckel des Clm. 14177 (sec. XV.) wilde Männlein und Weiblein? Die Wildsau, a) Wildschwein. b) Schmähwort gegen Personen. s. Wildber. Die Wildschotten, Irländer; s. Th. III, Sp. 485 f. und vgl. Th. I, Sp. 823: Franci feroces. Die Wildtauben, Ringeltaube. Das wild Waßer, a) Wetterbach, Überschwemmung, Güß; b) in den Salzbergwerken: süßes Wasser. 2) irre, unstät. Die wild (sc. Fraue), der stäten, beständigen, treuen entgegengesetzt; Cgm. 713, f. 77. 78. (Im Isl. ist dieß mit eine Hauptbedeutung des aus uuildi entstellten vill-r, ja bey den Schweden gilt vill vorzugsweise für irre, während vild aus dem Deutschen zurück entlehnt ist). 3) fremd, fremdartig, sonderbar, bedenklich. „Daß alle Sachen und Läuff in den Landen laider wild und
65 fremd seyen;" Kr. Lhdl. IV, 129. Die wilden Drescher, (O.L.) wandernde Drescher, gewöhnlich aus Tyrol, welche Getreidevorräthe auf Accord zum Ausdreschen übernehmen, auch bey ihrem Verfahren manches Eigene haben, indem sie z. B. alle zu gleicher Zeit niederschlagen. Die „wild Wacht, (Voc. v. 1618) excubitores." 4) scheu, zum Ausreißen, Entspringen geneigt. Der Ochs, das Pferd ist wild worden. „Im wart freude wilt und sorge zam," (er wurde betrübt); Cgm. 577, f. 227. „Ich bin allen Tugenden wild"; Suchenwirt XLIV, 12. „Da ward al sein trawren wild," gieng fort, hörte auf; Cgm. 714, f. 94; cf. Cgm. 270, f. 93 und Cgm. 379, f. 53. „Wie gar wildeclîchen wilde (unerreichbar) ist allen zungen dîn lop;" Labr. 175. 5) ungehalten, unwillig, zornig, (schwed. vill). wild werden; Einen wild machen. `wild thun (wéll tun), kläglich tun, sich traurig geberden; (henneberg.). Zeitschr. II, 543,13. V, 184.' fuchswild, fuchsteufelswild, sehr zornig. Zeitschr. V, 194. 6) häßlich, garstig. Zeitschr. V, 511,5. ə~ wilds Gsicht, ə~ wilds Mensch. Wiə mágst əso ə~n wildn Kerl? ə~ wilds Wédeˁ, garstig, besonders stürmisch Wetter. 7) als Adv., sehr, (in üblem Sinne). wild stinken. „Die Weiber sind genaturt wie das Basilicum, wann man dieses gemach und sanft streichet, so gibt es überaus einen lieblichen Geruch von sich, da man es aber stark reibet, stinkt es gar wild;" P. Abraham. wild närrisch, ganz toll. wild schœn, (ironisch) sehr schön; (Jir.). Zeitschr. II, 413,51: wéll. III, 513,13. Die Wilde, Wild, (H. Sachs 1612: I, 580. 598 2e.) die Wildniß.

Das Wild, wie hchd. (fera), im Gegensatz des Hirsches vorzugsweise die Hirschkuh; (BM. III, 667. Tat. 15,6: uuildir, wilde Thiere, gleichsam Wilder). Der Wildfang, a) (ä. Sp.) Park, Wildgehege. BM. III, 211. „Man pracht den herren in den wiltvank, da dises tier het seinen gank;" Mich. Beham. b) wie hchd., fremde Person männlichen oder weiblichen Geschlechts, die Jahr und Tag, von fremder Herrschaft unabgefordert, im churpfälzischen Gebiete saß und wohnte. CMh. 409, f. 90 (1656). Grimm, Rechtsalterth. p. 327. Die Wildfuer, sieh I. Th. Sp. 747. Das Wildsail, Wildzeug, Jagdzeug. Das Gewild (Gwıld), `wilde Thiere, Wild; BM. III, 667.'

„Und sei~ Deənl wart't scho~ àlləmàl wann əˁ kümt, und èəm 's Gwıld glei' vo~ dər Achsl nimmt;" Bergjägerlied.

„Im wald hungers sterben, oder von dem gewildt verderben;" H. Sachs. wildeln (wıltn), a) nach Wildbrät riechen; `wéllern, wildenzen; Zeitschr. II, 458.' b) anfangen übel zu riechen überhaupt; `(schles.) wilderinzen, einen wilden, widrigen Geruch und Geschmack haben; Zeitschr. IV, 191.' c) *wiltln*, eine Art Färbeln, (Kartenspiel); ObrM. Der Wildner, mhd. wildenære, der Jäger. BM. III, 668. L.R. v. 1616, f. 433. 788. Buch d. W. v. 1485, fol. 163. Tristan 17463. Altd. W. III, 175. Noch ist dem gemeinen Manne, was der privilegierte einen Wilddieb nennt, meist blos ein Wildner, Wilderer, Schütz, Wildschütz, und in wenig Dingen zeigt unsre bisherige Gesetzgebung einen schneidendern Widerspruch mit dem, was der große Haufe für eigentlichen sündhaften und entehrenden Diebstahl zu halten gewohnt ist. wildern, als „Wildner" auf die Jagd gehen. Die Wildnerin, (Nürnb.) Händlerin mit Wildbrät: Größ-, Klain-Wildnerin. dəˁ-wıldnə~, sich erzürnen; Kaltenbrunner 157. BM. III, 668: wilden, erwilden, verwilden, wild, fremd sein oder werden; `sich wilden, sich entfernen, entfremden.' „Ez (das Federspiel) kan sich ferre von im swingen und auch von im wilden mange meile;" Valkn. 60. „Der valke was erwildet;" das. 29. „Der valk so gar verwildet us der mazzen;" das. 30. entwilden, wild, fremd machen oder werden, entfremden, entfernen. „Im hât doch alters kranken der minne werk entwildet;" Labr. 294. Der Wildling, a) (von Bäumen) wie hchd.; b) (von Menschen), was Wildfang. Die Wildnuss, a) wie hchd. Wildniß; BM. III, 667: wiltnisse. b) (O.L.) kleiner Fieberanfall, besonders bey Wöchnerinnen; c) offener Schaden am Leibe. „Die gemeinsten Heilungsmittel bey Krankheiten, die man Wild- 66
niß oder Dusel nennt, sind Branntwein, Theriak und verschiedene Öle;" Hübner, Salzb. p. 382. Vrgl. Wildfeur und Wilmes unter Bil-wiß. d) zu wild, 6: „Dise drey Weiber waren ein Compendium aller erdencklichen Wildnussen, (Häßlichkeiten);" P. Gansler 35. Die Wildung. „Und ist derhalb eine solche Furcht und Wildung in etliche gekommen, daß mich wundert" — schreibt H. P. an den Herzog Albrecht über die widerspenstigen Adelichen. Kr. Lhdl. X, 171. Vrgl. wild, 4: scheu.

Die Wildbræwen (Wılprám), Augenbrauen, (wol aus Windbræwen, w. m. s., entstellt).

Der Woldan (ä. Sp.), `ein Haufen Krieger, der zum Angriffe oder, um Beute zu machen, auszieht, (mittellat., ital. gualdana, waldana; Ducange III, 578[b]. Diez, Wbch. 410. Jac. Grimm in Haupt's Zeitschr. V, 494—504. BM. III, 800.' Cf. portug. o roldão, eine stärkere Runde, Patrouille); — wol was den Franzosen jetzt (1841—42) in Algerien die, den Arabern abgelernte, grausame Razzia. (In Afrika bedeutet ghrazzia einen Raubzug, besonders gegen die Neger. Vgl. arab. ghraza, in den heiligen Krieg ziehen für den Islam; ghrazi, ein für den Islam begeisterter Kämpfer, in englischen Berichten aus Indien und Persien: gazee, ghazee. Das arabische غ nemlich lautet im Arabischen Persiens und Indiens g, im Maurischen aber mehr wie r. Blätter f. literar. Unterhalt. 1845, S. 1066). Einen Woldan tuen oder machen, einen Woldan reiten, an den Woldan reiten, auf Beute ausziehen. s. Th. III, Sp. 177. „Und daz den woldan nieman ritt von baiden herren ân der marschalk hulde;" Titurel, cap. XXXIII, Str. 69, (Hahn p. 295,29?). „Ir wizzent wie si hackent wa der woldan sin kirchenporten houwet;" Titurel, nach Eiselein (Laßberg?), Sprichw. p. 646 f., '(Tit. 33,10; s. Haupt's Zeitschr. V, 494 ff.).' „Grave Wetzel und ander sin man machten manchen woldan und hilden manchen herten strit;" H. Ernst 5104; cf. Horneck's Reimchronik cap. 319. 343. 740. „Daz der woldan („Wolddan") wizze nâch iu komen ûf die slâ;" S. Helbling XV, 750; cf. 736 ff. „Der woldan der vor Wienne brant kam ouch ungestriten dan;" das. 774. Vgl. das. 458 ff.: „Einen schoch (schach?) grôzen siht man nâch im ûz gên (gân?). Daz dûhte ê ein wol stên (woldan?); nû ist ez gar ze nihte." „Quidam pedites zaffones illi quos vulgo waldanam dicimus praecedentes inordinate ante militum acies;" Chron. Rolandini lib. XI, cap. 3 (in Graevii thes. tom. VI). „Praemisit balisterios et gualdanam omnesque vastatores (span. gastadores) cum illis;" ibid. III, 10. IV, 4. X, 5. Also ohngefähr was Plänkler, Eclaireurs. Da übrigens im Italienischen gualda, gualdana nicht blos als Kriegsschar, als Auszug auf Beute, sondern auch als ein Freuden- oder Ermunterungsgeschrey des Schiffsvolkes erklärt wird, so ist die Vermuthung erlaubt, daß hier nichts als der deutsche Ruf wol dan! (auf! fort! voran!) zu Grunde liege. „Ich hûb mich gein dem walde und sprach: wol dan, lâ sîn gelücke walten!" Labr. 20. „Wol dan helde uber mer!" rufen die träumenden Beir im Renner 10214. „Woldan in die stuben tanzen;" Haupt's Zeitschr. VI, 83. Sieh oben, Sp. 892 wol und vgl. Seckendorf aber dar! '(Ötter, Betrachtung über die Namen der Deutschen, insbesondere des Namens Aberdar in d. reichsfreih. Hause v. Seckendorf, 1786).' Anderes vermuthet Grimm (Mythol. 1. Ausg. p. 106, und Haupt's Zeitschr. V, 494—500), der auf Wodan kommt.

'Walfen, sieh Walben.'

Das Welf, plur. die Welfer, auch der Welf, des Welfes und des Welfen, (ä. Sp.) das Junge eines Hundes, Wolfes, Löwen, Bären rc.; (mhd. welf, ahd. huelf, uuelf, n. und m., isl. hvelp-r; Graff IV, 1227. BM. III, 563. Weigand, Wbch. II, 1051. Vilmar, kurhess. Idiot. 446. Zeitschr. V, 301). „Daz welf des lewen," Windb. Psalt., Diut. III, 23; „der leon welf grimment," Ps. 103,21 (v. 1390); „die welfer des leon," Cgm. 632, f. 58. „Das wilde pern welf sprach: ich bin ains pern sun;" Cgm. 340,15. Cgm. 583,26. Cgm. 584,25. „Die ersten 14 Tag sol die Kindbetterin ein Welfen (jungen Hund) saugen lassen;" Cgm. 601, f. 98. Birlinger 436. „Er hat doch manigem welfe gewunnen für;" Labr. 131. „Mit unsærigen welfen;" das. 199. „Davon ist mangen welfe gelungen;" das. 305. „Vor fröude, liebe, schricken tet ich gelîch dem unberichten welfe;" das. 346. „Als noch geschicht den welfen;" das. 511. „Zwar ich pin der kunst ain welf (Neuling, Anfänger) und an getichte schnöd;" Cgm. 714, f. 189. welfen. „Die jaghunt heten gewelfet; Lirer 32. „Weckerlein ist auf das bett gesprungen, hat darauf gewalft seine jungen;" H. Sachs 1612: IV, III, 32. Vilmar, kurhess. Idiot. 446.

67 Welf, der bekannte alte Person- und Stammname, nach Avent. Chr. 52, Eccard, Fr. or. I, 653 aus Welphard (Welfrat, Walfrat, Gualfredus?) verkürzt. Vgl. I. Th., 109 und II. Th., 1738. Vgl. über diesen Geschlechtsnamen Clm. 12631 (2°. XII. sec.), Vorsetzblatt; Grimm, Gesch. d. d. Spr. 567 f. Schott in der Zeitschrift für Geschichtswissenschaft, V. Jahrg., 4. Heft p. 317 ff. und Grimm's hartes Urtheil darüber im folgenden Hefte, p. 453 ff. „Guelfones plerumque originem duxisse a catulo autumant ex nobilioribus Galliae quod Catilinae filia ibi traducta Catulos ac Guelfones reliquit si libro cuidam auctoris incerti credere phas est;" Clm. 4351, f. 258 (C. Peutinger?) und Clm. 4352, f. 216. Gwelf und Gibel Pistorienses fratres haben durch ihren Zwist den Welfen und Gibellinen als Parteynamen den Ursprung gegeben, meint Scheurl im Clm. 848, f. 141. „Wer solt dir denn helfen, so dir nit ist zu raten, anders denne Gibling und Gelfen;" Valkn. f. 69b, Str. 106 (96). „Daz ir mir wollent helffen für Gibling und für Gelffen;" Altswert p. 163,14. „Ruoff an die magt Mary, die kompt dir bas zu helff. Der Gibling und der Gelf hant nit glichen mut;" das. 227,26. Vgl. Th. II, Sp. 868. BM. I, 594. III, 563. Lexer, mhd. Wbch. I, 1009. 1128.

Der Wolf, a) wie hchd.; (mhd. wolf, ahd. uuolf, plur. uuolfa, goth. vulfs; Graff I, 848. BM. III, 800 f. Grimm, Reinh. XXIV. Weigand, Wbch. II, 1101). b) Zu den bey Adelung aufgezählten mancherley figürlichen Bedeutungen etwa noch: Wolf, (auf der Sägemühle) fehlerhaft, nicht durchaus gleich dünn oder dick geschnittenes Brett. Dem N. N. verkauft „4 farchein deichen so wölf gewest jede zu 20 kr.," Hofbaurechn. v. 1614, Cbm. 2225, f. 7; — (schwäb.) starke, zum Umhauen reife Eiche; — (am Rhein) eine Krankheit der Trauben, wodurch sie abfallen. Allgem. Ztng. 1844, 20. July, S. 1614. Das Wölflein, Wölfelein, Wolfelein (Wǫlfl, Wǫlfə-l, Wó'fə-l), 1) Zahnbeule, 2) (im Scherz) Zahn. s. oben, Sp. 865: Wófə-l. „Panthea hat schöne Zähn gehabt, aber gegen der meinigen seind sie solche Wölfferl, womit ein alter Postklepper schon 70 Malter Habern zerküfflet; P. Abraham. 3) Holz mit einem Einschnitt, mit welchem der Korbmacher zwey Reife, die mit Schienen überflochten werden sollen, zusammenzwängt. Heutzutage gehört in Bayern der Wolf zu den seltenen Naturalien. Noch um 1665 werden die Unterthanen von Zeit zu Zeit zu förmlichen Wolfsjagden aufgeboten. Vgl. Vilmar, kurhess. Idiot. 457. Cbm. Kl. 168, p. 101. In einer handschriftlichen Ehaft der (nächtlichen) Rosswacht zu Rorbach (an der Ilm) aus dem XVII. Jahrh. findet sich ein eigner Artikel für den Fall, „ob ain wolf ain ross erwirgt oder sonst schaden tet." „Wolfbissigs Fleisch" wird zu verkaufen verboten in Wertingen (1568), Cgm. 3256, f. 49. Es gab eigne Sprüche, um das Vieh bey'm Austreiben gegen den Wolf zu segnen, sogenannte Wolfsegen, z. B. aus Cgm. 796, f. 1: „O herr vater iesu Crist, wie ain hei'liger man du pist, als wenig dir chain mensch mag geleichen, als wenig sol mir chain wolf noch wulfin daz vich nymmer peyßen." Ähnliches am Rande des Cod. Aug. eccl. 21, f. 1b; 2b; Cod. S. Ulr. p. 118: „Heiliger herr sant Simeon, mein vich sol daz jar zu holcz und zu veld gan, zu waid und zu wasser, wie ims der lemptig got hat beschaffen. Nim den himelschlüssel, und versleus allen wolffen vnd wülfin iren drüssel, daz es gee als tierlos vnd als dieblos und alls vbels los, als unser lieber herr unter dem heiligen kreuz war genoßlos;" Aug. S. Ulr. 50, f. 73b: „Das ist der wolfsegen. Ich enphilch dich in den frid der geswornn wart, da der hailig krist geporn wart. Nu seien dir wäld weg und strazz alz dierloz und alz dieploz und als schatloz alz unser her' ist genossloz und als unser fraw sancta Maria ist manloz in gottez namen amen." Vgl. Grimm, Mythol.^{2} p. 1189. 'Die Wolfsgrube; Birlinger 434.' Im Cgm. 821, f. 188 findet sich das Recept zu einer sogenannten Wolfkugel, welche, wie es scheint, die Tugend besitzen sollte, vergrabene Schätze entdecken zu helfen; vrgl. II. Th., Sp. 1231. Qui dicunt pr. nr. (pater noster) minando greges cum virgis certis diebus abscissis contra morsum luparum vel in ortu coram spina vel in arbore vel virga quae orantis continet longitudinem;" Thomas de Haselbach, decalog., Cod. Aug. eccl. 61, f. 17. Der Halbwolf (gl. o. 484), lycisca. „Ortlieb de Wald führet im Schild einen halben Wolf oder Hund;" Hund's St.B. I, 347. Der Hauswolf.

„Zu Weihnachten bäckt man an der rauhen Ebrach aus Teig allerley, besonders Thierfiguren, unter dem Namen Hauswolf;“ Haas, Höchstadt I, 18, (wo Mehreres von abergläubischen Gebräuchen). Der Nerwolf, bey H. Sachs (1560: II, IV, 16. 125. III, III, 70) für Geizhals; also jedenfalls sehr verschieden von dem bekanntern
68 mythischen Werwolf (Grimm, Mythol.^{2} 1048 ff. Vilmar, kurhess. Idiot. 458. In der Normandie: le loup garou, warou, warwou; Diez, Wbch. 677. Briefe aus der Normandie, mitgetheilt im „Ausland,“ 1837, p. 997. Daselbst p. 985 steht, Bayeux sey anfangs nur v. Normannen bewohnt gewesen. Herzog Rollo's Nachfolger wollte seinen Sohn Richard nicht in Rouen, sondern, damit er auch Dänisch sprechen höre und lerne, in Bayeux erzogen wissen). Der Wolfmonat, im Voc. v. 1445 der November, in andern der December. „Wolfmon. December. In dem wolfmond soltu slahen die hauptader und leg dich nahen zu den frawen an die prust daz nert vor frost und pringet lust;“ Inderst. 91, f. 170. „Wolfsseges, antipes;“ Clm. 11730 (XV. sec.), f. 73. „Wolfstral, virga pastoris,“ (ein Kraut); Clm. 4394, f. 178. Weigand, Wbch. II, 1101. Diefenbach 621^{c}. wülfen, adj., (mhd. wülvîn, ahd. wulfîn; BM. III, 801), vom Wolf, wolfartig. „Unmenschlich leute sint leider heute, die wülfein hertzen in menschenheute hant verborgen;“ Renner 21370. Vrgl. unten: die Wülpin, (Wölfin). `wülfisch, adj., wolfartig; BM. III, 801.´ „Die wülfisch gewissen: conscientia lupina. Als man denn auch ain fabel sagt von ainem wolf der versprochen het das man jn ledig ließ so wolt er uber VI pfenning nimmer rauben. und da er ain kue mit irm kalb fand, da besorgt er, im wär des kalbs nit genug und gedawcht in der kue ze vil. Doch gedacht er jm wie er mocht ain ze enge gewissen haben und schatzet die kue für VI ₰ und daz kalb fur 2 ₰ vnd nam sy paide;“ Clm. 4597, f. 74.

Wolf (ä. Sp.), jetzt gewöhnlich Wolfel, Wolfelein, Wölfel, auch Wófə-l, Wolfgang. Förstemann I, 1347 und Vilmar, kurhess. Idiot. 458, woselbst auch Ortsnamen mit Wolf—. (Schön erklärt diesen und ähnliche Namen Grimm's Mythol.^{2} p. 1093). St. Wolfgang von sich selbst: „Struxerat aediculam mandrita Lupambulus istam;“ Poll. 136, f. ....

Wolfolt, Wolvolt, Name eines a°. 1100 gestorbenen Priesters zu Hohenwart. „Sand Wollvoltztag,“ (MB. XXV, 20, ad 1419) — nach Raderi Bav. Scta. der 1ste Februar. Förstemann I, 1356.

Der Bluetwülfel, die Gonorrhöe, der Tripper. Vermuthlich entstellt aus Bluet-würfel. Vgl. Wurf und Würfel.

---

walgen (wàlgng), a) sich wälzen, rollen; (mhd. walgen, ahd. uualgôn, volvi; Graff I, 800. BM. III, 671. Weigand, Wbch. II, 1014. Birlinger 424). „Man sol den slegel (von der Anhöhe) lassen walgen, und als verr der slegel herabwalgt .....“ Lori, Lech-R. 142. „Der igil waliget uber diu bere;“ Diut. III, 34. „Und walget ir daz geliberte bluot under den rippen also div eigir;“ Cgm. 92, f. 3. Cgm. 4543, f. 112. Ald. 253, f. 123. „Daz man in siht walgen in vehen meuse balgen;“ Renner 18794. Vrgl. das niederd. mir walget, ekelt, kehrt sich gleichsam der Magen um. „walgen, welgen, nauseare;“ gl. a. 840. b) aufwalgen, aufwallen, von kochenden Flüßigkeiten, (b. W.). Vrgl. bey H. Sachs 1560: „Das ertrinckt nit in Waßerswalgen (subst. oder verb.), es geh denn hoch über den galgen.“ c) walgen und welgen, wälzen, rollen, volvere. „König Genfreich ließ die Christen binden und nackt und blos durch die Dörner walgen,“ Avent. Chron. 283. „Volvo, walgen, scheiben;“ Avent. Gramm. „Daz hundel walget in den bluomen sich;“ Heinrich's Tristan 4573. „Sprachen: wer walget uns den stain ab dem grabe? und sahen den stain abgewalgten;“ Cgm. 64, f. 32. „Sprachen: wer welgt uns den stain von dem grab? und sachen umb und sachen den stain abgewelgt;“ Cgm. 745, f. 21. „Die altartücher welgt man hinder sich biß zu der tafel;“ Cgm. 1148, f. 17^{b}. (Metonymisch:) Ayer walgen, Spiel mit Eyern, besonders mit rothen, zur Osterzeit üblich. Jeder Mitspielende läßt durch eine Kluppen oder eine eingesteckte Eßgabel auf einem schiefliegenden Brett einen Ring laufen, und legt dahin, wo dieser stehen bleibt, sein Ey. Damit wird in der Reihe fortgefahren, bis einmal einer der Spieler mit seinem Ring eines der bereits aufliegenden Eyer trifft, welches dann ihm gehört und unter dem Namen Schmuder als sein neuer Einsatz liegen bleibt, nachdem die übrigen von dem frühern Eigenthümer des getroffenen als Gewinn weggenommen sind. „Walgstat, alreta;“ Cgm. 690, f. 111^{a}. Diefenbach 26^{a}. Nudel walgen, (metonym.) den Teig, um Nudeln daraus zu formen, platt rollen. „Bewalge daz churwiz in einem teig;“ Cgm. 824, f. 35. Gl. i. 359: „biuualgoten, volutatum.“ walgeln, (Franken) welgeln, walgern, (Franken) welgern. (Zeitschr. II, 392,28. III, 191,69. IV, 190. III, 28: waltern), was walgen (besonders c). BM. III, 672. Weigand II, 1014. Vilmar, kurhess. Idiot. 446. Zeitschr. III, 20. IV, 190. 's Rós 69
hàd si' gwàlglt. Alls durchənandə' wàlgə'n. „In dem spil des schießens ist begriffen kugeln, walgeln der buben, bollen, ballen, kegeln;“ Cgm. 311, f. 55^{a}. „Do begund sich walgern der münche Ilsan in dem rosengarten;“ Rosengarten 1639. „Gê hinaus und welger dich im schnê;“ Cgm. 713, f. 56. cf. wargeln. Der Walger, (Franken) Welger, a) Wellholz, Walze, Rolle. Vilmar, kurhess. Idiot. 446. b) (b. W.) das einmalige Aufwallen einer kochenden Flüssigkeit.

`Wilge, Weide, salix, ags. vilig, engl. willow; BM. III, 971. Müller, etymol. Wbch. d. engl. Sp. 549. Zeitschr. II, 392,28.´ „Wilgen laub, salix, weyden; wilgen blut, flos salicis;“ Clm. 16487, f. 104. Diefenbach 508^{b}.

Der Wulg, (hessisch, scherzh.) dicker, träger Mensch. Vilmar, Probe eines hess. Wbchs. p. 54; kurhess. Idiot. 461: *Wulch*.

Die Wulger, (Nürnb., Hsl.) Ding, das sich durch Rollen, Walgen, Walzen gestaltet; büchisch: der Welker (Dr. Roth); s. oben: die Wickel. So werden die Gänse mit Wulgern von Kleyen-Teig „geschoppt.“ In den Taschen und Falten der Kleider bilden sich Wulgern von Woll- oder Linnen-Fäserchen. cf. Wurgel. `wulgern, rollen; Zeitschr. III, 131,134.´

Der Walh, Walch, Wal, Wall, des Walhen, Walchen, Walen, Wallen, der nicht deutsch Sprechende von romanischer, insonderheit italienischer, Geburt und Zunge; (mhd. Walch, gen. Walhes, ahd. Uualah, des Uualahes, Uualhes, plur. Uualaha, Uualha, Romanus, Latinus, Gallus, peregrinus; — ags. Vealh, barbarus, Brito, wovon vermuthlich auch veal servus, vylen serva. Graff I, 841. BM. III, 467. Grimm, Gesch. d. d. Spr. 296: „schon Galli scheint für Gualli gesetzt; welsch finde ich den plur. Gwalwys, the Gauls.“ — Nach Mone, gallische Sprache p. 5—12, ist dieses Walh identisch mit Belga, umlautend von Volg, irisch, wozu er rechnet die Volcae, Tectosages, die Ost- und Westphali (falah). „Tole sint Uualha, spahe sint Peigira;“ sieh I. Th., Sp. 219. „Wann ich gar ain Wallich bin, das wird an meiner Deutsch schin;“ der wälsche Gast, Cgm. 340, f. 162^{a}; `Rückert p. 3,69: „Wan ich vil gar ein walich bin, man wirt es an mîner tiusche inn.“ „Dem Walhe,“ Diut. II, 126; „die Walhe,“ das. III, 37. „Walhe unde Chrieche,“ (plur.); Clm. 9513, f. 1, V. 29, `(Haupt's Zeitschr. VIII, 146).´ Noch im Voc. venet.-todesc. v. 1424, f. 96: „Sprich nur du auch, daz

die Deuczen truncken sein.. Und die Walich fallen nicht, benn si darczu chumen, wol daz die Deuczen den nomen haben, e l'Italiani no falla miga quando elli sene abati, benche li Todeschi ebia la nominanza." „El talian. der walich;" Cod. ital. 261, f. 41. „Es trinkt ain Teutscher mer Weins denn zwen Walhen;" Ortolph. „Hüet dich vor aim roten Walhen, weißen Franzosen, schwarzen Teutschen;" Seb. Frank. Die „Wälhin," (Neapolitanerin); Wstr. Btr. III, 124. 132. 133. 138. 141. „Mit den Fingern spilen (micare digitis), als die Walchen thuent;" Av. Gramm., (cf. II. Th., Sp. 1641 f.). „König Carl (d. Gr.) wär ein halber Wahl und Franzoß, die nit Glauben und Treu hielten." „Paul Warnfrid, der zu derselbigen Zeit der gelehrtest Wahl was." „Künigin Elsbet gebar zu Landshut einen Son, den nennt sie, nach dem Vater, Conrad, die Walen nennen jn Conradinum;" Avent. Chron. 330. 337. 464. „Etlich kunstleich Walen, die sich auf dem Gold verstunden;" Avent. Chron. 89. „Ein obentewr ward mir gesait, ain herre der aus Wallen rait ...;" Cgm. 714, f. 214. „De Walen (les Wallons) schryven fransch, geen Waelsch, waerom souden wy (Belgen) dan geen nederduitsch schryven? Men zal toch niet beweren, denk ik, dat de Walen geen nationaliteit bezitten;" Willems, Belgisch Museum III (1839), 353. Noch nenne der (vorarlbergische) Walser (Wallis-er, – ◡ ◡), aus dem deutschen Ober-Wallis stammend, den thalbewohnenden Walgauer Walle, sagt Bergmann, Walser S. 85. Über das Walgau vor dem Arlberg, von Gözis am Rhein an über Feldkirch bis Bludenz, sich dann in das ehmals auch romanische Montafon fortsetzend, sich ebendas. S. 11 ff. Im Fichtelgebirg denkt man sich unter dem Namen Walhen vorzugsweise venetianische Bergleute, wie sie ehmals in den Gebirgen herumzogen, um edle Metalle zu suchen. Die von solchen Walhen herrührenden, aufgeschriebenen Traditionen und Mährchen stehen unter dem Namen der Walenbüechlein bey dem gemeinen Manne der Gegend sehr in Kredit.
70 Beschr. d. Fichtelb. I, 89. II, 251. Matthias v. Kemnat, Cbm. 1642, f. 122[a], s. Th. III, 631: Schwell. „Walchenland, Italia;" Voc. v. 1419. Ouva in Loubinsbac circa lacum Walihinse dividitur 1121;" Clm. 4614, f. 143. Aber auch Walhen, Walchen, Wallen (d. h. ellipt. statt ze, bi den Walhen, wie Bayern, Schwaben ꝛc.) kommt als Landname vor. „Gen Walhen faren, ze Walhen sein;" Cgm. 1134, f. 11. 12. 14. „Ein herre, der aus Wallen rait, der sagt mirs;" Cgm. 714, f. 214. „Und was die herrschaft von Toggenburg ze Kurwalhen (in dem Walhenland, worin Chur liegt, Graubündten) hât;" Cgm. 558, f. 115. Ebenso sind wol zu deuten Ortsnamen wie See-Walchen („Ich Chunrat der Churcz pfarrer zu Sewalhen;" Cgm. 3941, f. 62[b], v. J. 1402), Straß-Walchen (cf. Vealh-fereld, Kemble, Dipl. II, 60. Leo, rectitud. 197), Traun-Walchen; Hübn. 204. „Trûn-Walha sc. Romani (tributales juxta Trûn fluvium)," Brev. Notitt.; cf. Th. III, Sp. 97. Isl. Valland, Italien, früher Frankreich; angels. Vealland, Normandie.

wälhisch, wälhsch (wálisch, wálsch, wǫlsch), wie hchd. welsch; (mhd. walhisch, welhisch, walsch, welsch, ahd. uualahisc, uualhisc, walesc. Graff I, 842. BM. III, 467. Weigand, Wbch. II, 1053. Zeitschr. III, 266,⁷,1. 482. V, 255,31. VI, 492). 's *wálisch* Land, Italien. ə˜ *wálisché* Nuß. Də' *Wálisch*, auf dem Lande zunächst italienischer Krämer, deren sich in Städten und Märkten mancher angesiedelt. Zeitschr. III, 462: die *Wáltsch*. „Von wälhischem lande;" Augsb. Stdtb. Fr. 21. „Glöcklein als ain wälhisch nuß;" Cgm. 592, f. 32. „Welschkümel, cuminum;" Clm. 4374 (XV. sec.), f. 120. „Gallicus, Wälsch," Voc. v. 1419. „Ein gotteslästerlicher Welsch;" Selhamer. wälschen (wálisch'n, wǫlsch'n), in italienischer, französischer oder sonst fremder Sprache oder aber auch in der eigenen ganz unverständlich reden, kauderwelschen; (cf. todescare am Progno). Vilmar, kurhess. Idiot. 474. Zeitchr. III, 300. IV, 342. Die Wessobrunnische Hdschr. aus dem VIII. Jahrh. nennt Gallia Walholant, während sie Italia noch mit Lancpartolant übersetzt. Von Herzog Ernst und seinen deutschen Gefährten heißt es, da sie in die Stadt Agrippa einziehen: „Gallicam melodiam usque ad sydera tollentibus, mit laut singender welscher stymme;" Clm. 850, f. 103 und Cgm. 572, f. 8[b]. 40[b]. „Gallia niderwellischlandt;" Semansh. 34, f. 192 (v. 1466). Es scheint, daß die älteren Deutschen zuerst eigentlich die Galen (Galli, Gaulois) und dann auch die Römer und romanisierten Völker überhaupt, weil sie selbe mit den Galen innigst verschmolzen kennen lernten, Walaha genannt haben. Man bedenke die Welschen, Welshmen in England den Sachsen (Müller, etymol. Wbch. d. engl. Spr. II, 537). die Walonen, Waalen, Luikerwaalen (Lütticher) in den Niederlanden den Flamändern, die wälschen Cantone in der Schweiz den deutschen gegenüber. Vermuthlich wurden von den deutschen Siegern auch die alten romanisierten Einwohner des heutigen Bayerns Walen, Walchen genannt, wie dieses Wort als Bestandtheil von Ortsnamen anzudeuten scheint. (Unter den Slawen nennt der Böhme und Pole Italien Wlachy, Wlochy, und die auch von uns sogenannten Walachen an der Donau sprechen gleichfalls eine aus dem Latein stammende Sprache. Kärnt. Vlach, gewöhnlich Lah, der Italiener, auch Lahez, Lahezar, Lashez; Lahinja, die Italienerin; lashki, a, o, italienisch; lahov, a, o, dem Italiener eigen; Lahovija, italienisches Volk; Lashko, Italien. Jarnik p. 160).

---

walken, walchen (wàlchə˜; mhd. walchen, walken, Praet. wielch, wielk, Partic. gewalchen, gewalken; ahd. walchan. Graff I, 795. BM. III, 469. Weigand, Wbch. II, 1015). a) (östr.) hin und her bewegen, schwenken; (agf. vealcan, volvere, revolvere). „Gläser auswalchen." „Do sach ich zwen valchen sich in den luften walchen;" Suchenwirt 25,82. Sieh Walk, b. b) wie hchd. walken. c) dicht machen, verfilzen überhaupt. „Etlichen was bart und har verwachsen und verwalcken," Cgm. 577, f. 190. „Der arme was ze wâre erwahsen von dem hâre, verwalken zuo der swarte, an houbet unde an barte;" Gregor v. d. St. 3255, (wo Greith „erwachsen" für das „erwaschen" der Handschrift setzt). („keuualchinimo hare, concreto crine," 71
gl. i. 1257; vrgl. unten Walk, b). „Mitra haube, reticulum necz, trica walcart, tenia nestel;" Aug. S. Ulr. 50, f. 1 (Clm. 4350, XIV. sec.). d) schlagen, durchbläuen. Vilmar, kurhess. Idiot. 440. Zeitschr. III, 190,66. 368,60. V, 133,16. 178,113. Einen walchen, durchwalchen. „Dô wart mit kolben gewalken manic werlîch rîter guot;" Wilh. v. Orl. II. Th, S. 205 (Lachm. p. 607: 397,2). „So sie (die Hunde, accus.) die wolfe walkent;" Labr. 214. „Do sach ich zwen falken sich in den luften walken;" Cgm. 270, f. 126. s. oben a. „Ez walchen," darauf los arbeiten, fechten, hauen ꝛc. Grimm IV, 334. „Si wielken ez unz an die naht;" Parcival 82,7. „Si wielchen ez mit starken slegen;" Wigalois 9491. „Sie wielkenz hin unde her;" Kampf mit dem Schretel 54, (Haupt's Zeitschr. VI, 181,254). walchen mit Einem, mit ihm ringen. „Nû wil man ez mit birsen sô durchwalken;" Labr. 510. „Sô mag ein rüde im (dem Wild) sînen balg erwalken;" das. 314. „Ob man ir lât die winde den balg erwalken;" das. 432. „Der schalkes für fürwalket, (wer eines Schalkes Betragen treibt);" das. 431. zerwalken, s. oben, Sp. 884: zerwallen. Cf. česk. wálka, Kampf, Krieg; wálčiti, kämpfen, streiten. „Ealle tha yldestan menn on West Seaxon lagon ongean (gegen Hardacnuts Wahl) swa hi lengost mihton. ac hi ne mohton nan thing ongean wealkan," (but they could do nothing against it); Saxon. chron. ad 1035. „Togeanes than he manega geweale and gewinn hæfde;" ibid. p. 321, ad 1100. e) (Nordfranken) schlingen, schlucken. Vilmar, kurhess. Idiot. 440: ein-

walken, stark und gierig essen. (Das firuuilkit, gl. a. 236: deglutivit, wol statt firsuilkit; cf. schwelgen). f) (ä. Sp.) gehen? (cf. engl. to walk). „So bin ich wider den schalken vil selten da her gewalken." ... „ich was den schelken ie gehas;" Wilh. v. O. III, Cgm. 231, f. 36. Die Walk, Walch, a) Walkmühle, (ä. Sp. der walc; BM. III, 469). b) „Die crew (Krähe) maistert auf dem gevild den helfant wild und das pantire, dort auf dem walck sperwer und valck sein under ire," Michel Beham, Cgm. 291, f. 34; — wol die Luft, aus welcher herab diese Vögel auf die Beute schießen. Sieh walken, a und Wolken.

welk, welch (wẹlch), wie hchd.; (mhd. welc, ahd. uuelc, uuelch, tepefactus, marcidus, madidus. Graff I, 846. BM. III, 563. Weigand, Wbch. II, 1052). welken, welchen, wie hchd.; (mhd. welken, ahd. uualachên, welchên, uuelchôn, vielleicht auf das alte uuali, tepor, uualo, tepide, bezüglich. Vgl. Vilmar, kurhess. Idiot. 435: walch, wilch, wulch, lau). Die Welk, Welch, der Welkboden des Bierbrauers. Vrgl. die nicht minder üblichen Formen schwelch, schwelchen.

Wilken (?). Kärnt. nabaji, plur., Wilken an den Füßen; (Jarnik p. 50).

Die Wolken (Wólkng, Wolkə˜, Wolchə, b. W. Wulkə˜), wie hchd. (mhd. daz wolken, diu und der wolke, ahd. daz uuolchan, genit. uuolchanes. Graff I, 796. BM. III, 802. Weigand, Wbch. II, 1101 f. Vgl. Zeitschr. IV, 2. „Daz wolchen, la nuovela;" Voc. venet.-todesc. v. 1424, f. 2. — Vrgl. I. Th., Sp. 263: die Ber aus daz beri). „Daz wolcken," Konr. v. Megenberg f. 49^{b}, (Pfeiffer 81,23. 27. 83,2. 84,21). „Ob dy trüb und dy wulkern (im Urin) swartz wirt ... ist aber dy trüb und dy wulkern grüen" ...;" Ind. 344, f. 70. „Ist sein (des Harnes) wenig und dy wolkern in dem harm swartz daz ist todlich;" das. f. 72. „Erscheynet ein wolckern oben auf dem harm als ein spinnenwepp;" ebendas. „Von vil faücht wirt vil worlkern in dem harm;" das. f. 73. „Ligt dyselb wolkern an dem podem; ebendas. Die Wolken-Bäsel (Wólkə˜-básl), im Scherz: Wettermacherin, Hexe. Wolkenbrust, Wolkenbruch; s. Th. I, 367. Birlinger 434. Das Gewülk (Gwịlk), Gewölke; gewülkig (gwịlki'), adj.; BM. III, 802: gewulket. (Diut. II, 220 kommt ein verb. inwolken vel inwelken, involvere, vor. cf. oben walken).

Der Walm, a) (O.L.) Heuhaufe, (schwed. hvalm); sieh oben, Sp. 894: Walben, und vrgl. Warben. b) (ahd. Sp.) fervor, aestus, — jetzt Qualm. Graff I, 799.

welmen (welm, Rhön), wölben; sie oben, Sp. 894. Das Gewelm, Gewölbe.

Walp, Walpel (Wàlpə-l), a) Waldburgis, Walburg, (weiblicher Taufname). Birlinger 425. Vilmar, kurhess. Idiot. 440. b) dumme Weibsperson.

wilpeln? „Zu eim tracken macht er (Nectanebus) sich, er wilpeld und tet grauslich;" Cgm. 579, fol. 90^{b}. (Vrgl. allenfalls wild oder Wülpin; auch BM. III, 802: wülven, sich wie ein Wolf geberden).

72 Die Wülpin, Wülpe, (mhd. Sp.) Wölfin; (ahd. uulpa; Graff I, 850. BM. III, 802); sieh Wolf, Sp. 903. „Wurden gesägt (gesäugt) von ainer wulpin;" Cgm. 696, f. 39^{b}. „Von ainer wülpen oder von ainer wolfsmuoter;" Konr. v. Megenberg f. 89^{b}, (Pfeiffer 148,24). Grimm, Reinh. p. 374,1109. „Auch so ist die hausfraw mein von geslecht ain wulpein;" Marculf, Cgm. 579, f. 2^{b}. „Do sprach die alt Wülpin," (ruchloses Weib); Cgm. 524, f. 148. 149.

---

welsch, s. oben, Sp. 905: Walh.

Die Wulst, a) wie hchd.; (mhd. wulste, ahd. uuulsta; Graff I, 794. BM. III, 675. Weigand, Wbch. II, 1109). „Coronam, prort (s. Th. I, Sp. 363) vel champ vel wlsta;" Clm. 4606 (XI. sec.), f. 98. „Certaturi in vittis lineis (in Wulsten);" Hect. Mair, Fechtbuch (Turnier, mit Abbildungen), Cod. iconogr. 393, f. 107. „Das rennen mit dem wulst;" das. f. 108. (Vrgl. Wurst). b) (Zps.) Geschwulst.

---

walten, wie hchd.; (mhd. walten, Praet. wielt, Partic. gewalten; ahd. uualtan, Praet. uuialt, wielt, mit dem Gen., dominari, possidere, exercere. Graff I, 805. BM. III, 472. Weigand, Wbch. II, 1018). „Aller kurzweil er wielt." „Drey höflicher kurzweil sie wielten." H. Sachs 1612: I, 552. V, III, 105. „Großer trew und freundschaft sie wielten;" das. IV, III, 228. „Nu hin Glück! nu walt der fart! es müß ye gewaget sein! Cgm. 379, f. 56, Cgm. 270, f. 95. „Gelücke mů̂z sîn walten;" Labr. 240. „Got dîner sprünge walte!" das. 241. „So mag des hundes wol gelücke walten;" das. 288. „Des müez gelücke walten;" das. 327. Ausrufe wie: Das (des) walt Gott! oder in schlimmem Verstande: Das (des) walt der Ritt! „Der jarrit walts!" „Der jarrit sol des bawren walten," (H. Sachs II, II, 66) kommen wenig mehr vor. Indeß scheint das desto gewöhnlichere Sákrə (oder unschuldiger: Sápprə oder Schláckrə) *wàld!* (ohngefähr was: potztausend!) auf ähnliche Weise zu erklären. Waltung, (Gebiet). „Ist das Feuer auf dem Lande, so bläcket der Thürmer mit dem Horne, ist es in gemeiner Stadt Waltung, so soll die Trommel gerührt werden;" Neustadt a/A., Feuer-Ord. waltig, adj., gewaltig, mächtig. Graff I, 814. BM. III, 476. „Der Abtt und sein Amptleut schol jrer waltich sein, sam ander seiner aigen leut;" MB. V, 247, ad 1309. Der Waltbot, (ä. Sp.) der bevollmächtigte Abgesandte; (mhd. waltbote, ahd. uualtboto, exactor, procurator; Graff III, 82. BM. I, 184). Der Anwalt, a) (Pegniz) der Auftrag, die Vollmacht. Er hat den Anwalt, dieß oder das zu thun. b) der Beauftragte, Bevollmächtigte, — wie hchd.; BM. III, 476. Grimm, Wbch. I, 513. „Des Zeugwarts verordneter Anwalt," (den jener nemlich beauftragt hat, statt seiner zu handeln); Feuerbuch. c) Voc. v. 1618: „praefectus, toparcha." Gemeindevorsteher, noch im Tiroler Kirchtag v. 1819, p. 12 ff., in Form und Bedeutung dem südtirolischen und nord-italischen Podestà entsprechend. „Der Anwalt Matthäus N. zu Tauheim," (21. Septbr. 1837). Zeitschr. III, 460. IV, 62. Vrgl. auch Vorstand (III. Th., Sp. 765) und sich Angewalt. Der Gewalt (Gwàld), wie hchd. die Gewalt; (mhd. der und diu gewalt, ahd. giuualt, f., gen., dat. sing., nom., acc. pl. giuuelti; doch schon Diut. III, 100: giwalt, m. Graff I, 808 ff. BM. III, 474 ff. Weigand, Wbch. II, 431). „Zween Gewält," (Vollmachten); Kr. Lhdl. XII, 203; Ldtg. v. 1669, p. 20; „czwen gewalt, gewält, duas auctoritates; Monac. Francisc. 148, f. 37^{a}. „Kraft ihrer (der Procuratores) Gewälte;" Wirzb. L.G.Ord. Über Gewalt, über allen Gewalt, über Teufels Gewalt, par force, ohne sich abbringen zu lassen, durchaus. Mit Gewalt, sehr schnell; Zeitschr. IV, 140,12. Mit allem Gewalt (mit àlln Gwàlt), durchaus, platterdings. Zeitschr. III, 266,1. Moust hàlt èppəs übəʻ *Gwàlt* tou˜, (nolens volens); ObrM. *Gwàlt* a˜légng, Gewalt brauchen; ObrM. Dəʻ Himməl braucht ə˜n *Gwàlt;* ObrM. Wenn dəʻ *Gwàlt* kimmt, die Menge, die Uebermacht;" ObrM. Dés is ə˜ *Gwàld!* das ist erstaunlich, entsetzlich. ə˜ *Gwàld,* ə˜ ganzəʻ *Gwàld,* eine große Menge, (polnisch Gwalt, Menge). ə˜ *Gwàld* Leut. „Ein Gwalt Büecher zur Librey kauft worden;" Wstr. Btr. III, 105, ad 1590. A°. 1632 „haben die Suedischen Soldaten in die Statt (München) zu ver-

khauffen gebracht ganzen Gwalt und Menge der Rind;"
Wstr. Btr. VII, 316. Gewalte heißt einer von des
Labrers Hunden; Labr. 549. Der Gewalt Gottes,
73 jede schwere Schickung, Unglück, Krankheit, besonders aber
der Schlagfluß. Vo˜'n *Gwàld Gottəs* 'troffə˜ wer'n,
(vom Schlag gerührt werden). „Lucium den Kaiser traff
der Gewalt Gottes, schlug jn der Tropff und der
Schlag;" Avent. Chron. 205. „So hat mich Gottes
Gewalt und Blödigkeit meines Leibs jetzt in der Pfinz-
tagnacht vergangen fast begriffen," sagt der podagrische
H. Paulstorfer in Kr. Lhdl. IX, 196. „Adi 19. Decem-
ber 1547 traff mich Gottes Gewalt;" M. Schwarz
v. Augsburg. „Nu werte der sterb (des Jahres 1348 von
Wien bis Passau) laider lenger wan ain jâr ... die andern
sprâchen, ez wær der gotes gewalt; sicherleichen, daz was
wâr, wann alliu dinch würkent in der kraft gotes;" Konr.
v. Megenberg f. 68^{a}, (Pfeiffer 112,$_{3}$). In Tyrol versteht
man unter Gotts Gwalt Elementar-Ereignisse, als Schnee-
lawinen, Bergbrüche, Wildbäche. ə˜ *Gwàld*- oder *Gwàlds*-
Kerl, -Mensch, -Spitzbueb, -Lump, -Bâum ꝛc., ein
sehr großer. Der Gewalt- oder Gewaltsbot, der bevoll-
mächtigte Gesandte, ahd. uualtpoto; s. oben. gewal-
tig, geweltig (gwàlti') a) wie hchd.; b) Gewalt, Voll-
macht, Befugniß habend. BM. III, 476 f. „Für uns
und alle die unsern, deren wir gewaltig sind;" Kr.
Lhdl. IV, 85. „Eines Guts gewaltig, geweltig
seyn." „Ludweig geweltiger Kaiser des römischen Rei-
ches;" MB. IV, 173. „Gewaltiger Richter." „An
der Schrannen sitzen mit gewaltigem Stabe." Der
Gewaltiger (st. Gewaltige; vrgl. Gramm. §. 828),
im ältern Heerwesen der Profoß. Der General-Ge-
waltiger, Groß-Profos, Grand-Prévost. Simpliciss.
v. 1684, p. 91, (v. 1669, p. 538). In der Infanterie-
Ordnung. v. 1754 heißt es: „Wenn es dem Regiments-
pater mit dem Gewaltigen und Scharfrichter auf die
Straiff zu gehen trifft, hat er diejenigen, so in flagranti
sollen hingerichtet werden, Beicht zu hören;" p. 172.
„Damit während dem Marche durch die zur Bagage
gehörigen Knechte und Bediente in den Dörfern nicht ge-
plündert werde, hat der General-Gewaltiger alle,
so ausser dem Zug angetroffen werden, alsogleich auf-
hencken zu lassen;" das. p. 268. Russischer Armeebefehl
aus Zarskoe Selo vom 18. Septbr. 1839, (den mir den
25 Mai 1841 die Hausgenossin, Leuchtenbergische Keller-
meisterin als seltsames Wickelpapier heraufschickt): Beför-
dert und aus dem activen Dienst entlassen wird unter
andern: „ifs Porutschikow w-Schtapskapitanü *Gewal-
diger* Reserwnoi Diwisü 6^{wó} pechotnawo Korpussa
Reutt." Das „vollgewaltige Obergebiet, la sou-
veraineté absolue," bey Phil. v. Zesen. Der gewal-
tige Haufen, (im ä. Kriegswesen) le gros d'armée,
zwischen dem Vorzug und dem Nachzug; Fronsperger
1555, f. XXXIV^{a}. „Der König hett 2 groß gewaltig
hauffen und ailff klein Haufen" (beim Sturm von
Stuhlweißenburg); Chron. bey Freyb. I, 163. gewel-
tig, geweltlich (gwəlti', gwəltlə'), adv., sehr, stark,
in Menge. Alls schwarz, *gwəlti, gwəlti* kemə˜ d'
Franzos'n dəher. „Lieb, du bist mîn gewalticlich
gewaltig;" Labr. 171. BM. III, 477. Der Gewalt-
sam. „Sie stunden solichs jres Gewaltsams ab;"
MB. XXV, 491. Die Gewaltsemin. „Ein Gut ver-
kaufen mit aller Eeheftin, Gemainsemin, Zwangselin, Ge-
waltsemin;" MB. XXIII, 250, ad 1381. Der An-
gewalt, was Anwalt, b. „Hans Rauner clagt als
Angewaldt des von Dießen;" MB. VIII, 288. 289.
gewaltigen, geweltigen, meistern, regieren, hand-
haben. BM. III, 477. übergeweltigen, überwältigen.
vergwalten, vergeweltigen (vo'gwəltingə˜) Einen,
ihn gewaltthätig behandeln, ihm Meister werden. BM. III,
477: verwaltigen, verweltigen, überwältigen. „Das
der hund mocht den hasen vergwalten; H. Sachs.
„Einen verunrechten und vergewältigen;" Kr. Lhdl. X,
74 181. 251. „Vergwaltigter Notzwang;" L.R. v. 1616,
f. 801. begewalten, begwaltigen, bevollmächtigen.
Der Begwaltete. verwalten, wie hchd. „Den unkost

(für die Hochzeit) will ich dir verwalten," (tragen);
H. Sachs 1612: II, III, 181. Der Verwalter (Vo'-
wàltə'), einer der wenigen noch nicht durch lateinische oder
französische verdrängten Amtstitel. Nôtverwalter, sieh
II. Th., Sp. 1773.

Der Gwalter (II. Th., Sp. 1019 f.), Kammer.
Wäre etwa doch zu vergleichen „(thiobo) anauualt,"
Aufenthalt (der Diebe), bey Otfr. II, 11,$_{21}$? Die uueldi-
puri, mansiones (gl. i. 5), gehören hingegen wol zu
uueldi, desertum, (Wald).

Waltwachs, waltawachs, (ä. Sp.) nervus, jetzt
gewöhnlicher Harwachs. Cgm. 649,$_{531}$. 653,$_{325}$. 655,$_{336}$.
Sieh Wachs, Sp. 838.

Waltraffen (?). In einer Urk. v. 1517 (Lipowsky,
Gesch. des b. Criminalrechts) wird von einer Brand-
stifterin gesagt, daß sie an einem Haus „ain Schabreist
anzintt und in den Waltraffen gestossen;" (Walb-
rafen, Sparren im Walmdach?).

Die Waltrappen, die Schabracke, ital. gualdrappa,
span., portug. gualdrapa; (Diez, Wbch. 187). Birlinger
425. „Ein wolgebuztes Pferd mit einer wullin mit samat
verbrembten baltrappen;" Wstr. Btr. V, p. 142,
ad 1580.

Die Welt (Wəld), a) wie hchd.; (mhd. werlt, ahd.
uueralt, worolt, werolt, werelt; später werlt,
welt. Graff I, 933. BM. III, 578. Weigand, Wbch. II,
1053 f.). Auf d' *Wəlt* kemə˜, geboren werden. R.A.:
Auf der Welt nichts, ganz und gar nichts. b) ursprüng-
liche Bedeutung: Zeitalter, seculum. „In der sibenten
welt (aetas) sol die welt (mundus) gar zergên;" Rupr.
v. Freys. Rechtb. v. 1332, sieh III. Th., Sp. 303. „Dise
figura betiutet die welt," (nemlich sowohl mundum, als
seculum, hundert iar); Meinauer Naturlehre p. 4. „Tu-
sent iar heizent aevum d. i. ein alter, hundert iar heizent
seculum d. i. ein welt;" das. p. 12. Bei dère' *Wəld*,
in hoc seculo, bey diesen Zeiten. Wer schaut iətz bei
dèrə' *Wəld* ən àlds Mensch mer à˜? Eine alte Welt
(d. h. eine alte, abgekommene Mode) seyn. Dés (Klei-
dungsstück) is scho˜ gàr ən *àldé Wəld*, dés lég I
dengə˜ nimər à˜. Gemein. Reg. Chr. III, 189 sagt,
der Ausdruck von alter Welt sey schon in der alten
Zeit sehr gebräuchlich gewesen. In sehr alten Inventarien
finde man oft: eine Sturmhaube von alter Welt.
Birlinger 430: die neue Welt. Die Formen in oder
per secula seculorum finden sich noch spät übersetzt durch
in die Werlt der Werlt, in die Welt der Welt,
in die Welten der Welten; Cgm. 525,$_{175}$. 526,$_{251}$.
527,$_{123}$. $_{270}$. Voc. Melber. „Je werlde, unquam;"
Brem. Wrtbch. „Es was nie Welten gehört worden,
daß..;" Geiler v. Kaisersb. „Man hat böß und gut je
und je, seit Welt her, funden in allen Stenden;" Dr. Eck,
1542. c) Menschenmenge, franz. monde. „Von menschen
war ein große Welt versamblet auf dem plon;" H. Sachs
1612: I, 199. „Fürsten, Prälaten und Pfaffen und sunst
ein große Welt giengen mit der Leich;" Ulr. v. Reichen-
thal. „Ain große Welt cham alda;" Cgm. 579, f. 119.
„Da sach er ein grosse welt frauen und manne;" Cgm. 291,
fol. 370. „Do kom gar ein grosse Welt zusamen;"
Cgm. 763, f. 27. „Hi sprach unser herro zu der werlde:
Selinc sint di di arm sint des geistes:" Clm. 935, f. 23^{b}.
„Hi theileth unser herro dw wnf broht un̄ di zwene wische
den wunf tusent werlde;" das. 24^{b}; (es sind Unterschrif-
ten der Bilder dieses Codex sec. XII—XIII). „Chlain
was sein her, groz was die welt auf seinem widersaze;"
Suchenwirt XX, 188. „... ist aller Welt (zu Mün-
chen) gemaine Losung berueft und gepoten worden;" Urk.
v. 1453. Der Regensburger Domherr Konr. v. Megen- 75
berg sagt um 1349: „Der mensch ist ein microcosmus;
darumb sprechent hübsch leut: Ich sach alliu werlt in
ainem rocke;" Buch der Natur, cap. II, (Pfeiffer 4,$_{9}$).
weltläufig, adj., körperlich und geistig so beschaffen,
daß man sich selbst durch die Welt bringen, sein Brod

erwerben kann. unweltläufig, das Gegentheil, besonders: krüppelhaft, blödsinnig. Das Weltspectakel, großes Spectakel oder Scandal. ə˜ Welts-Kerl, ə˜ Welt-Rausch, großer; (ObrM.). Zeitschr. V, 29. Sieh die Anmerkung nach weren, 3.

Weltenburg in einer Urkunde von 1040 für Wilten bey Innspruck, mit den slawischen Weleti zusammengebracht; (Wel-et gleichsam Großhard, magnas, Riese). Schafařik, Staroz. 875. 881. 882. 911. Mone, Untersuch. z. Gesch. d. t. Heldensage p. 288. Weletabi der deutschen Annalisten (Graff I, 851) die slawische Pluralform = Welet-owi, (s. unten: Wilzen). Cf. Haupt's Zeitschr. VI, 20. Vgl. Wülzburg, Wilzburg: Schafařik p. 883. 918, Wiltshire, Wiltsæte, Wiltun in England: das. 890, und s. Th. III, Sp. 57: Rednitz, Sp. 490: Schatz, und unten: Winden.

woltə˜, sieh woltan unter wol, Sp. 892.

---

walzen, wie hchd. walzen und wälzen; (mhd. walzen: Praet. wielz, Partic. gewalzen, neben welzen: welzete, gewelzet; ahd. uualzan, uuelzan, Praet. uualzta, Partic. giuualzit, giuuelzit für volvere und vellere, uualzôn für volvi, volutari. Graff I, 791. BM. III, 478. Weigand, Wbch. II, 1019. Cf. Zeitschr. II, 193. III, 28. V, 300: niederd. *weltern*). „Jâ walzet ir gelückes rat vil stæteclîche ûf und nider;" Konr. v. Wirzburg, troj. Krieg f. 18ᵃ (Keller, p. 29,350). „Der obrist himmel stêt still und walzt niht;" Konr. v. Megenb. f. 34ᵃ, (Pfeiffer 55,11). „Ez walze, ez lig, ez stê," (vom Wilde); Labr. 212. „Das walzend glück, sinwel und flück." H. Sachs 1612: I, 218. Es finden sich aber auch die ablautenden Formen wielz (wälzte, Diut. III, 77) und gewalzen. „Der mit ir in dem pett wær umgewalzen;" Cgm. 714, f. 344. Birlinger 425. Auch in der sechsten Bennopredigt v. 1723 steht das Partic. gewolzen. Es hàt 'n erst vornächt ainä *gwalzn*," (abgeprügelt; 'vgl. walken'); Lindermayr 72. walzende Grundstücke, eigene, einzelne Grundstücke, die der Besitzer nach Belieben verändern und verkaufen kann, den gebundenen entgegengesetzt, die vor dem Zertrümmerungssystem als untrennbare Theile eines zu Lehen gehenden Gutscomplexes betrachtet waren. Sp.W.: „Walzender Stain wird nicht mosig;" Seb. Frank. „Walzende und schutzende Tänz" auf dem Lande, verboten unterm 15. Oct. 1760. walzerisch tanzen. Einen walzerischen aufmachen, einen Walzer spielen. Cf. II, Th., Sp. 1489.

'Die Wilzen, „Wilzi" (Graff I, 851); s. oben: Weltenburg.' „Natio quedam Sclavorum est in Germania sedens super litus oceani quae propria lingua Welatabi, francica autem *Wultzi* vocatur;" Clm. 5336 (XV. sec.), f. 29. cf. Eginhardus in vita Caroli M., cap. 12, Clm. 17134, f. 69: „Sclavi qui nostra consuetudine *Wilzi*, proprie vero, id est sua locutione, Welatabi dicuntur."

Die Wammen, sieh Wamben.

Wammes, sieh Wambs.

wammeln, sich regen, wimmeln; sieh wimmen. (wammeln, wummeln wol verderbt aus ahd. wiumôn: „scateo, ich wiumo;" gl. Argentin., Haupt's altd. Bl. I, 352. Das alte biuuemmann, biuuamta, maculare, contaminare, scheint sich, dem Begriffe nach, hiezu wie biuuellan zu uuellan zu verhalten. Graff I, 851. 852.)

wammezen (wamməzn), sich regen, kriebeln, wimmeln (gl. i. 559: uuamezan, scaturire). Es wammezt alles, ist alles gewammezt voll von Ameisen, auch wol Menschen ꝛc. Es wammezt mir etwas auf dem Kopf, — z. B. eine Laus. Es wammezen (prickeln) mir die Hände vor Kälte oder Müdigkeit; (sieh wimmern, b). „wametzen, scatere;" Heumann, opusc. 689.

wem, Dativ von wer, wie hchd.; Accusativ von wer, sieh Gramm. §. 755; Dativ von waß, das. §. 756; in wem, (worin). Vrgl. weu, oben, Sp. 826.

„Weamel, Eidechse, lacerta agilis;" (Berchtesgaden, Schrank und v. Moll, nat.-hist. Briefe). Vrgl. Müemelein, II. Th., Sp. 1599. Firmenich I, 445,74: Vimoll, Eidexe. Zeitschr. V, 474: Bemol.

wemmern, (H. Sachs) wimmern, wehklagen; (BM. III, 675. Weigand, Wbch. II, 1085): „wemmern und gemmern." Desselben R.A.: Den Wemmerweh singen scheint aus wê mir wê! erwachsen. 's *wemə'n* à˜ghebt. Cf. Graff I, 853: wemôn, sollicitare, allicere. Zeitschr. II, 228: wimmeln, weinerlich wehklagen. s. wimmern, wimmerezen.

Der Wim, sieh Widem, Sp. 859.

wimmen, wimmeln, vindemiare, Weinlese halten; (mhd. windemen, ahd. uuindemôn. Graff I, 899. BM. III, 704). „Wenn man an Micheli wümblen kan, so ists Herrnwein, Galli, Tischwein, nach Galli, Fischwein; Notata des v. Bodmann 1709. Der Wimmer, Weinleser; Voc. v. 1482. BM. III, 704: windemer. Der Wimmat, Wimmet, vindemia, Weinlese; BM. III, 704: windemât. „Swen si aus dem wimmöd von der Etsch herauswerz gen haimen faren wellen;" MB. VII, 183, ad 1390. „Es wird ein arbeitsamer Wimmat;" Br. Berchtold, Cgm. 632, f. 121; aber Cgm. 1119, f. 16ᵃ: „es wirt ain arbatsams wimat," (ntr.). Fridrich von Poblitzsch (in Welschtirol?) empfängt vom Abte Chunraten zu Rot im J. 1423 den Hof zu Poblitzsch zu rechtem Erblehen, und will ihm dafür jährlich „ym wymat" 17½ Urnen des nämlichen Weines reichen; und wäre des Abtes „pot ym wymat nicht da, so will er ihm „den wein getrewlich vassen;" '(vgl. BM. I, 184: wimmelbote)'; er will „awch pawen für wasser vnd für länen (Läne sagt das Volk bei Göttingen noch jetzt für Leine, und Mitscherlich's Lina ist eine Verhunzung; 'vgl. Th. II, Sp. 1400 und 1477'), vnd den hof vnd weingartten versorgen;" (ad Roth, Kloster, 4. Fasz., 137,3. 'Mittheilung von Dr. K. Roth'). Sieh windemen.

wimmen, (ä. Sp.) sich regen; (ahd. wimjan; Graff I, 852: BM. III, 675. Weigand, Wbch. I, 1085). „Iz swebbe, ligge, vlieze, vliege, loufe, swimme, krieche, slinge, wimme, swaz ot ist creature ...;" Jeroschin, Cgm. 233, f. 1, (Pfeiffer 3,11). Gl. i. 310. 327: „uuime, scateat," (von uuiman). Vgl. česk. wimě, Euter; kärnt. vime, genit. vimena, auch vimez, genit. vimza, Kuh-euter, vimljati, entlassen (s. Th. II, Sp. 1510), großes Euter bekommen; (Jarnik p. 36). Das Verb scheint ursprünglich abgelautet zu haben, wenn anders die Formen wammeln, wummeln, wammezen, wamßen, wumßen desselben Stammes. Vielleicht gehört selbst das isl. hyima, cito movere, hieher, während vambla (auf dem Bauch kriechen) von vömb kommt. Neben den abgeleiteten Verben uuimidon, uuimezan, scatere, finden sich in der ahd. Sp. auch uuiuman, uuiumman, uuiumidon und uuiumizan, scatere, horrere.

Wimel, (Fülle?). „Und seiner clarhait wimel chains menschen sin begreifen mag;" Mich. Beham, Cgm. 291, f. 232.

Der Wimmer a) Ringe, welche sich durch die jährliche Verhärtung des Splintes, oder das jährliche Wachsthum um den Kern des Holzes bilden. b) knotiger, von einem erstickten Ast herrührender Auswuchs an einem Baumstamm; Maser; Knorren; auch figürlich. Erlen-Wimmer, Erlen-Maser für den Dreher. Zeitschr. VI, 347. „Der stuol hete sich zerkloben, der stuol von slegen wær zestoben, wan durch den stuol was ein wimmer;" Bergmann: von dem übelen wîbe, Vers 630, '(Haupt's Ausg. p. 48,629).' „Die wimmer muß man mit keilen klieben, ihr lebtag sie sonst wimmer bliben." „Hobelt man an mir ein ganzes jahr, wie ein ungeschlachter wimmer ich wachs." „Man heißt ihn ein filz und wimmer." „Zu Nürnberg die Fest ist erbaut auf felses wimmer;" H. Sachs 1612: I, 760. 816. III, III, 115. V, III, 143. c) Auswuchs, Warze, Bläschen rc. auf der Haut; Zeitschr. V, 256,102. „wimer, pustula, verruca;" Voc. v. 1429. Gewöhnlicher das Dimin. *Wimmǝ'l*, Hitzblätterchen, Eiterbläschen; (Heumann, opusc. 704). Dà is mǝr ǝ~ *Wimǝ'l* aufgfà'n. d) Verhärtung der Haut, Schwiele. „Callus, wimer;" Av. Gramm. wimmerig, wimmericht (wimmǝrǝt), voll Wimmer. „Ganz wimret, knocket und ganz knorret, sein haut gefalten und verdorret." „Wie ein holzschlegel wimret, knorret und knocket;" H. Sachs I, 1076. III, III, 29.

'wimmern, wimmeln; Zeitschr. IV, 191.'

77 wimmern, prickeln und dabey unempfindlich, starr, steif seyn. Es wimmern Einem die Hände vor Kälte oder nach einem starken Schlag rc. er-, verwimmern, sich verwachsen, verhärten. „Wau, frau, mein hercz ist so erlechet von euer schön die darein schimert und hat sülch lieb darein verwimert heut aus des ersten plickes schus;" H. Folz. „Erwimern, obducere callum;" Av. Gramm. „Die Hend und Finger, so lange Zeit her nur mit Wehr, Harnisch, Pfeil und Bogen umbgangen, ganz erwimmert, müssen nun lind und weich wieder werden;" Av. Chr 290. verwimmerts Holz rc. Dǝ' Buǝ' hàt ǝ~n *vǝ'wimmǝ'tǝn* Sche'l, wál gà' nicks eini gêt; (Obr.M.). verwimmert seyn (fig. von Thieren und Menschen), abgehärtet, unempfindlich seyn. „Als schwämmen unter der Kanzel lediglich taube Hechte und verwimmerte Rindvicher;" Portiunculabüchlein. „Man geht so unachtsam mit den Füßen um, zwingt sie in enge Schuh, verfrört sie, springt mit ihnen durch alle Bäch und Wasser und läßt alles an Füssen verwimmern;" Selhamer. Wimmes ('hieher? Wildnus? cf. Sp. 900). Mich' hat so ein *Wimmes* anpackt, mich hat so ein Frost befallen; (als dialektisch notiert zu Waging am 9. July 1846 von Dr. K. Roth's Schwester Maria Barbara, Gattin des dortigen Aufschlägers Hilbold).

wimmerezen, wimmerzen, wimmern. „Wimmerizen, gemere;" Voc. v. 1432, Cgm. 685. *Wimmez'n* thuǝts in dǝ' Schuǝl (z' Wàl), dás mǝ~ sei~ ǝǝgngs Wort nét hört; (Cordel, 17. October 1845). Vgl. Vilmar, kurhess. Idiot. 448: wemerichen.

wummeln, wimmeln; sieh oben, Sp. 912.

Die Wamben, Wampen (Wampm, Dimin. das Wámpl), der Unterleib, Bauch von Thieren und (verächtlich) von Menschen; (mhd. wambe, wamme, ahd. uuamba ohne allen verächtlichen Nebensinn, wie noch das englische womb; Graff I, 853. BM. III, 478. Weigand, Wbch. II, 1019. Vilmar, kurhess. Idiot. 440. Zeitschr. III, 41,23. VI, 134,38. „Dein wembel wart geswengert;" Suchenwirt XLI, 164, Cgm. 1113, f. 99a). Was kann gröberes gesagt werden als: „in der muetter wamppen" meint, in Bezug auf Otfrid II, 12,24, Reichard Strein in einer Handschrift v. 1619, Cgm. 1185, f. 206. Cf. Tatian p. 88, cap. 119, Joh. 3,4. In einem Lied auf Maria aus einer Melker Handschrift bey Pez, thesaur. I, I, 416 heißt es: „Do was diu din wambe ein chrippe deme lambe," und: „Du bist ein besloȥȥeniu borte entaniu deme gotes worte du wanba triefendiu pigmentem so volliu." „Sumliche weib so chint gewinnen, so zepresten sy an der wammen;" Cgm. 4543, f. 113, (Windberg, ad 1505). Noch im Arzneybuch (Progel's Ms.), f. 109b heißt es: „Sumleich weyb so chindt gewint, so zepresten sy in der wampp." (Frauen) „sind siech in ir chindphleg (leg?), die da haisset matrix, und in der wambe, die da haisset vulva;" Clm. 5879, f. 193. „Enphremedet sint die suntære uon der wambe, si habent geirret uone dem buche, alienati sunt peccatores a vulva, erraverunt ab utero;" Cgm. 17, f. 86, Psalm 57,3. „Omentum wamp vel arsdarm;" Clm. 5685 (XV. sec., 1412), f. 28. Clm. 11482 (XV. sec., 1418), f. 344. „Selig ist der pauch der dich getragen hat;" San.-Zenon. 115, f. 109 (sec. XV.). „In den pauch seiner muter," das. f. 128; jetzt blos Leib. „Pauchprueder, uterinus;" ZZ. 796, f. 168. Die Fehwamme, Kulwamme, s. Th. I, Sp. 701. II, Sp. 1238. III, Sp. 80. Das Wámpl, Wámml, (Metzg.-Sp.) Bauchfleisch, hchd. Wamme. In einigen Handschriften von Konrads v. Megenberg Buch der Natur (z. B. Cgm. 427, f. 48, 585, f. 6, 610, f. 165) heißt das Euter Milichwämpel, wofür in andern z. B. Cgm. 37, f. 17, 38, f. 57, 586, f. 14), wol fehlerhaft, Wäppel steht. 'Pfeiffer's Ausgabe hat p. 143,1: „Si (die Löwin) hât neur zwai milchwämpel ze mittelst an dem leibe under der prust" und p. 25,18: „Dû scholt auch wizzen, daz der unvernünftigen tier milchwäppel aigenleichen äuter haizent, aber an der frawen haizent si prüstel oder tütel," wozu p. 674 zu vergleichen.' Mone's Anzeiger 1839, S. 496: milchwampel. wampǝt, adj., dickbäuchig, hängbauchig, wohlbeleibt. Schlampǝt macht *wampǝt*. *Wampǝtǝ'* Dudlsák. Im figürlichen Scherz: Dés is mei~ *wampǝtǝr* (voller) Ernst. Dés is ǝ~ *wampǝté* (evidente) Lug. Daß Gewämp (Gwámp), der Inhalt des Bauches, das unedle Eingeweide. Die Kuttelwampen (Kudlwampm), der ganze Wanst des Rindviehs; s. Th. II, Sp. 1312. Der Kuttelwamper oder Wämstler, der die Eingeweide vom Rindvieh reinigt und verkauft. Die Mos-Wampen, Moorpfütze mit Rasen überzogen; Th. II, Sp. 1673. Der Wambst, der Wanst; vrgl. Wannen und Wenst. Das Wambs, Wammǝs, Dimin. Wámmǝsl (O.Pf.), das Leibchen, Corset, ein Kleidungsstück, das zunächst den Unterleib und den Rumpf bedeckt (beym weiblichen Geschlecht; ehmals auch allgemein beym männlichen). BM. III, 478: wambîs, wambeis; mittellat. wambasium, wambosium, altfranz. wambais, gambeson, Ducange III, 470a ff.: gambeso. Diez, Wbch. 163. Weigand, Wbch. II, 1019. Vilmar, kurhess. Idiot. 440. Zeitschr. II, 240. III, 41,23. V, 522,23. „Seu chament her geritten yeder mit seym wambesch guot, zvayn roten hosen und ein hut;" d. Ring 33b,38. Bey P. Abraham löset ein armer Schüler seinem reichen Gönner die Frage, wie viel Tuch man brauche, um Gott zu bekleiden, damit, daß er sagt: mit 7 oder 8 Ellen aufs mehrest kann Gott gar wohl beklaydt werden zu Hosen, Wammes und Rock." Den Beweis nimmt er von seiner Statur und Matth. 25,40. „Einem Wollslaher, der meinem Herrn (dem Herzog) hat lange Zit Woll geslagen in sein new Wam- 78
bas, 32 dn." „Dem Schroter (Schneider) umb Zichgarn in drey Wambas und von Pawmwoll zu slahen 54 dn." „Hosen, rockh, gugl und Unterwambas," Rechnung v. 1392, Freyb. Samml. II, 112. 117. 135. „Diu paumwoll haizet bombax ze latein, dâ von kümpt bombasium, daz haizet ain bammais („wammes");" Konr. v. Megenb. f. 232, (Pfeiffer p. 392,27). „Das bamaz, el zupon;" Voc. venet. todesc. 1424, f. 8. „Ich swîge als ein wambîs;" S. Helbling III, 198. Das Kettenwambs, BM. III, 478 f. „Der (knappe) het an ob einem kettenwambîs gût einen roc;" S. Helbling I, 311. „Dar nâch gap daz getriuwe wîp ir lieben sune an sînen lîp kettenwambîs unde swert;" M. Helmbr. 149. Kleine Kettenwambse ohne Flesche, Kreusner und Armleder pflegten alle Burgerknechte zu tragen; Rothwamse waren verboten;" Gemeiner, Regensb. Chron. ad 1320. Das wamboison, gambeson der ältern Franzosen war ohne Zweifel dasselbe Kleidungsstück, zunächst von Gewappneten. „De *wambiciolis* praemonstratensium;" Clm. 17173 (2°. XIII. sec.), f. 89. Hübner's Voc. v. 1445 hat: „Bombasium, bombeis oder Joppen." Ducange I, 719a. 719c. Diefenbach 78b und nov. glossar. 57: bombasium, bambosium, wambosium rc. Das Gewämbs (Gwámpsl), im Scherz oder verächtlich als Collectiv für Kleider überhaupt üblich.

'Der Wambser, ä. Sp., Verfertiger von Wamsen. BM. III, 479. „Des ist vil manic wammaiser, platner und schupler, die kisten und kasten machent lere; Renner 8890. „N. der Wambaser;" Urkunde im Cod. San.-Nicol. 229.

wambßen 1) (Einen), ihm Streiche versetzen; Vilmar, kurhess. Idiot. 441: wamschen, durchwamschen. Zeitschr. III, 284,119. 368,62. IV, 134,121. VI, 492. III, 41,23: Wamse, plur., Schläge, Prügel. 2) (Etwas), es entwenden, stehlen. 3) sich à˜wämms'n, sich voll anfressen, sich dick ankleiden; ObrM. Vilmar, kurhess. Idiot. 441: wamschen, in sich wamschen, viel und gierig essen. Zeitschr. III, 41,23.

Wampen, sieh Wamben.

Die Wimpel, (Judenceremonial) Art schmaler Binde, aus der Windel geschnitten, in welcher ein Knabe zur Circumcision gebracht worden. Wagenseil's Nürnberg 495. Gl. i. 661: uuimpal, theristrum. Graff I, 854. BM. III, 675. Weigand, Wbch. II, 1085.

Wempfel, ä. Sp., (?). „Stiez erz houbet in ein stampf, in trœſe nicht der stempfel; sîn kündigen wempfel (Arglistigkeiten) brœhten in gesunden hin;" S. Helbling II, 544.

Wamß, sieh Wambes, Sp. 914.

wamßeln, wemßeln, wimßeln, wumßeln, sich regen, kriebeln, wimmeln; (sieh wammeln, wammezen, Sp. 911). „Kám dás dé Fratz'n *wemsln* künnə˜, so wøllnt s scho˜ überàll áffisteigng." So klaə˜-r-is's (das Kind), dás mə˜'s kám *wemsln* sègt, àbə' láffə˜ kà˜'s dennəstə wêi ə˜ Wisl; (ObrM.). Das Gewimß, das Gewimmel, Gedräng.

wimßeln, a) wimmern, winseln; cf. wimmerezen, Sp. 913, und wemmern, Sp. 912. b) Art Kinderspiel. Die Wimßel (Wimpsl), weinerliche, stets winselnde Person.

---

wan, wen, adv., (mhd. Sp.), was das lat. quam, das französische que, 1) auf vorausgehende Negation (z. B. in je ne sais que cela) nichts, als; nur. Graff I, 855. Grimm III, 181. 183. BM. III, 479. Vgl. unter waß (Pron. interrog.) das mhd. wan aus waz ne (quid ni). Grimm, Reinh. p. 106,655. BM. III, 499ᵃ. Im Deutschen konnte die voraus gehörende Negation entweder a) an ihrem Platze stehen, oder b) dem wan selbst angefügt werden (ni-wan, ne-wan für wan), oder aber c) als sich von selbst verstehend, ganz und gar unausgedrückt bleiben: a) niht wan, nieman wan, (ne) rien que, (ne) personne que ..., nichts als, niemand als. b) ne-wan, sieh nan und nun (II. Th., Sp. 1745. 1749). „Joseph ime mêre mazzes ne bevalgte ne wane daz turre prot;" Diut. III, 94. c) „Die Schef an der Salzach sullen wan hinz Halle gen ..." „wan innerhalb des berges;" Lori, B.R. 3. 7, ad 1285. „Und schol der widerchauf won ze liechtmesse geschechen;" MB. V, 249. „An ein ende ich des wol chœme, wan (wäre nicht) diu hute;" Clm. 4660, f. 81ᵇ. „wan echt, außer, ausgenommen;" Cgm. 168, passim. Wan daz si niht geliche iehent," (si ce n'est) qu'ils ...; MS. I, 62ᵃ. 2) auf vorausgehende Comparation, (z. B. in plus que cela): als. „Ee wan er aufgenommen wird;" Kr. Lhdl. VII, 427. „Baz wen den ich ie gesach," (besser als ich je einen sah); Suchenwirt XXII, 99. cf. Grimm III, 183. Ob, wie in der mhd. Sp. man und wen (franz. on) wechseln (BM. III, 492), das niederf. man (nur) aus 79
diesem wan entstellt seyn könnte? Daß das alts. neuan (zehnmal, einmal nouan, fünfmal und wol nur entstellt neuuan) zu diesem unsern spätern ne wan gehöre, ist sehr zweifelhaft, um so mehr, als jenes mit neuo, nebo, nebu, neba (nisi, quin) zusammenhangen wird. Zeitschr. VI, 408,21. Es bleibt also wol immer noch die ganz natürliche Deutung durch ein ursprüngliches huan (quam) offen. Vrgl. Gramm. §. 761. Grimm III, 724. Benecke's Wigalois 737 ff. Sieh auch waß.

wann, wan, wenn, wen, a) wie hchd. wann; (mhd. wanne, wenne, ahd. huanne, huenne, quando; Graff IV, 1201. 1205. BM. III, 502. Weigand, Wbch. II, 1021). „Wannzeit sich aber das fueget das ...; Cgm. 3941, f. 79ᵃ. Wannzeit und wie offt;" das. 226. Vgl. iezeit (ietzet, iətzt), Th. I, Sp. 9 und Th. IV: ze und Zeit. b) bey H. Sachs statt hchd. wannen, (mhd. wannen, ahd. huanana, huanân, huana, wanna, unde). „Der fragt mich: wann ich gieng. Ich sagt: von Nürnberg her;" H. Sachs 1612: I, 1071; „wann her," woher; das. II, IV, 116. IV, III, 31. c) wie hchd. wenn, si, wofür die ahd. und mhd. Sp. ganz andere Wörter — ibu, oba, obe — verwendet. Zeitschr. III, 180,3. 184,13. 240, 2, 2, 5.111. 393,5: *wànnst'*, *wennst'*, wenn du; V, 111,11. 126,24. 255,73. 315. 393,1. d) (mhd. statt wande, wante, ahd. huanta, Graff IV, 1206. BM. III, 498): weil, denn. Zeitschr. VI, 94. 408,28. „Laßt uns auf sein, wann es ist weit;" H. Sachs. „Wan, quoniam, namque;" Av. Gramm. „Wenn alles gehöre jnen;" Kr. Lhdl. XIV, 271. „Wan ich aigens insigels nicht en han;" MB. passim. „Wann die brüche sint durchgrunde;" Labr. 31.

etwann, etwenn (éppə˜), a) zuweilen; b) (ä. Sp.) einsmals, ehmals. BM. III, 503.

wan, wen, (ä. Sp.) man, (franz. on); vrgl. Gramm. S. 123, Note. Benecke's Wigalois, S. 737. Grimm III, 8. BM. III, 492.

wan, nicht ganz voll, (besonders von Gefäßen mit geistigen Getränken); „supplenus," Voc. v. 1445; (mhd. wan, ahd. uuan, z. B. der Mond ist uuáner, bey Notker's Mart. Cap., luna non est plena; goth. vans. Graff I, 854. BM. III, 479. Weigand, Wbch. II, 1010 f. Vilmar, kurhess. Idiot. 441. Zeitschr. III, 187,31. VI, 20). „Der ander tail (der geladenen Canone) sol wan stan;" Anhang zum Vegetius 1529. „Der wirt reicht mir den finen kopf (Becher), und ist er voll, ich mach in wan;" altd. W. II, 58. „Was hie vor stond wan und hol (die Kästen, Scheuern) der sumer es erfüllt mit manger hand genüchte;" Cgm. 379, f. 1. „Sein (des Storches) munt was offen, sein mag was wan, er slant allez daz, daz im bekan;" Boner's Fabeln, Emm. D. 58, f. 146, (Benecke XXV, 37). „Die schüßlen wurden wan;" Ring 36ᵃ,21. „Swer arme leute twingen kan, kasten und peutel in machen wan;" Renner 2197. „Tete man im hundert kappen an, doch were sin hertze tugende wan;" das. 3242. „Wie der Peheim rette (redet) und Unger, daz muz lernen manic man, dem peutel und hant ist wan;" das. 3693. „Si (die geitikeit) stecket vol und ist doch wan;" das. 4646. Der Wan, Wen. „Blieb dem Weinschenken im Faß ein Ween oder eine Naig, die er nicht ausschenken möchte, so soll er es kund thun denen, die darüber gesetzt sind, dieselben sollen dann demselben sein Ween merken und verzeichnen, damit dieselbe Naig fürbas nicht mehr geschenkt werde;" Krenner, Ltghdl. I, 162. „Annorum communium damna (vueinni) supplere;" Excerpta ex computo Bedae im Wallersteiner Codex in 4⁰, sec. X. zu Maihingen, fol. 13, (also uueni, acc. plur. von wan). Der Waner, (wirzb.) Nebengeschmack eines verderbenden Weines (in nicht mehr vollem Fasse). Bey Adelung wird Wein oder Bier wansauer. Man hat in Altbayern, wenn irgend ein Sack, Behälter oder Gefäß durch das, was darein gethan wird, nicht ganz voll wird, den scherzhaften Trostspruch: Wàs lár stet, *wa˜t* nét,

in welchem vermuthlich das ältere wanen (ahd. uuanèn, uuanôn, abgängig, nicht voll seyn, abnehmen; vermindern, verderben, agſ. vanian, engl. to wane; Graff I, 855) in wainen umrenoviert ist. Zeitschr. III, 188. V, 254,61. Eigentlich würde dieser Spruch nur bey Dingen, denen nicht, wie geistigen Flüßigkeiten, leerer Raum schädlich wird, richtig angewendet seyn. (Otfr. I,
80 22,58: sih uuanôn, sich verringern; gl. a. 424: cauuanet, dempsi; gl. a. 69: giuuanet, corrupta). wanächs (wànácks), adj. und adv., aus seiner ursprünglichen Symmetrie, rechten Lage oder Stellung gekommen, verschoben, verdreht, verkrümmt. Ein baufälliges Haus, ein Stiefel, den die Ofenwärme, nachdem er naß gewesen, ganz verzogen hat, und dergl. ist *wànácks*. Nach zu langem Gehen oder Sitzen ist man oft ganz *wànácks*, (kann kaum recht aufrecht stehen oder gehen). Das Wort scheint urspr. zunächst auf Fuhrwerke (mit Achsen) angewendet worden zu seyn. Es müßte denn, wogegen übrigens á statt ó streitet, die Adverbform wanecks (wie über=ecks, Th. I, Sp. 20. 33) von Eck zu Grunde liegen. Vrgl. Wahn=ecke und Wahn=kante (der Zimmerleute) bey Adelung; sieh auch winächs. Bey Stalder ist die Wähne eine fehlerhafte Einbiegung eines Metallgefäßes durch einen Schlag oder Fall. 's. unten: die Wân.' wanmüetig, (Dr. Eck) wahnsinnig, wahnwitzig. Vrgl. die verschiedenen hchd. und niederd., bey Adelung und im brem. Wrtbch. aufgeführten Composita mit wan, (Zeitschr. IV, 34. 126,5. VI, 20: *wanschapen*, mißgestalt, *wambannig*, *wanstürig*, unbändig, unlenksam), dann in der ahd. Sp. uuana=heil, gebrechenhaft; uuanauuizi, vecors, ꝛc., ja sogar uuan=uuafan, inermis, und besonders die R.A.: mir ist uuan ein ding oder eines dinges, deest mihi aliquid. Merkwürdig ist das dem wan entsprechende, doch kaum daraus entstellte ain (aə̃) in aənácks, aə̃mət, aə̃réd'n, sieh I. Th., Sp. 88. 90. Über das mhd. ane wan, das man (nach dem isl. van, agſ. vana, defectus) gewöhnlich erklärt ohne Fehl, sieh unten wân und BM. III, 493ᵃ.

Wansaßen, Wonsaßen, verb. oder subst. pl? „Bey nächtlicher Weil die Hasen mit dem Abschrecken, Lauschen, Wonsassen .... aufzuvahen," ist verboten; L.R. v. 1616, f. 784; L.O. v. 1553, f. 124; Fritsch, Jagd=Ord. III, 72. Schwerlich ist gemeint, was im Hchd. Wahnbett, (leeres, verlassenes Lager des Wildes). Gl. a. 295 steht zoa=wan, latebra; cf. wân und wenen (manere). „Vier gut ... di gelegen sint datz Stetten in der wonsaz in dem dorf;" MB. XXVII, 141, (Kloster Reichenbach). „Et juvat (übergeschrieben: „ist wonsaz) undantem buxo spectare Citorum Naricïæque picis lucos;" Virg. georg. II, 437, Kaisersh. 142, f. 312ᵇ.

Der Tag=wan, (ä. Sp. und noch schweizerisch) das Tagewerk; sieh Stalder I, 258. BM. III, 479ᵃ. „Ut in diurnis actibus nos servet a nocentibus" ist im Cgm. 852, f. 73 übersetzt durch „das er uns in unsern tagwen behüete vor den schedlichen." Cf. Grimm, RA. 353. Wan (aber freilich vor Endvocalen mit **nn**) könnte allenfalls ein zum Ablautverb winnen (laborare) gehöriges Substantiv seyn. „Hie nach stet von etlichen tagwanen" ... „XIIII tagwan zu IIII ʒ den tagwan;" Zuger Kirchenrechn. v. 1500 circa, Gesch. Fr. II, 99. 102. „Das die von Küsnach ꝛc. geben sol(len) ein fiertel habern und ein fasnachthuon und vier tagwan in dem iar der vich hat mit sinem vihe, der nüt viches hat mit sinem libe dem vogt von Küsnach ...;" Urk. in Schwyz v. 1284, Kopp, Geschichtsfreund I, 65. „Pro opere quod dicitur tagwanlichen;" das. 167. „Frumentum dictum tagwankorn;" das. I. 380, ad 1307. 'Der Tagwener, Fröhner; BM. III, 479.' „Do heischet der trösch, do gib dem meder, dem tagewoner und jederman;" Konr. v. Dankrotsheim, Calender oder Namenbuch, Strobel p. 126. „tagewenden, dietare;" gl. a. 805; cf. „gewent, diaeta, stadium," unter wenden, und Diefenbach 180ᶜ, nov. glossar. p. 134ᵇ, auch oben, Sp. 855: Tagewaide.

Der Wân, Won, (ä. Sp.) Hoffnung, Erwartung, Absicht, Vermuthung; (mhd., ahd. wân; Graff I, 857. BM. III, 492. Weigand, Wbch. II, 1010). „Kilauba, uuân, minna," Glaube, Hoffnung und Liebe; M. m. 40, sieh II. Th., Sp. 1617. „Da der Zenger het wan es solt bei dem pesten bestan;" Mich. Beham, Wiener p. 213,15. „Ir habt villeicht gesetzt ewren wan auff ainen burger oder auf ainen edelman," (zur Bauernmaid, die keinen Bauern heiraten will); Rosenplut, Cgm. 714, f. 290. „Die maister habent zwên wân (Meinung) von dem stain (Onichinus). Der ain wân ist .. ain ander wân ist ...;" Konr. v. Megenberg f. 267, (Pfeiffer 453,33). „Dô rihte sich Herwîch ûf strîtes wân; Gudrun 1082,1. „In guetem Wân," in guter Meinung;" Av. Chron. 294. Policey=Ord. V, 9. 20. „Nun kam ich auch auff guten won und maint ich solt ain herberg hon die nacht in disem hauße;" Mich. Beham, Wiener p. 409,27. „In gutem Wân bin ich geseßen bis schier der helle tag erwacht," (in guter Hoffnung). „Einem einen guten Wân aufthun," ihm Hoffnung, ihn glauben machen; H. Sachs. Die dem bestimmten Wissen oder der Gewißheit so ausschließend und schroff wie im heutigen hchd. Wahn gegenübergestellte Bedeutung des einfachen Wortes scheint nicht so alt, daß das ana, ane in der adverbialen Formel ana uuân (bey Otfr.), ane wân (BM. III, 81
492ᵃ) bey einigen mittlern Dichtern als âna, âne (d. h. ohne) genommen werden dürfte. Es scheint vielmehr die oft mit in gleichbedeutende Präposition (altſ. an, agſ. on), und z. B. Otfrids ana uuan so viel als dessen in uuan zu seyn. Der Sinn der Formel bleibt im Ganzen derselbe; nur muß statt ohne Fehl oder Zweifel erklärt werden: wol, vermuthlich, hoffentlich, zuversichtlich und drgl. Man vrgl. gl. a. 207: „ana uuan pim, arbitror." Vielleicht ist anauuân auch als Compositum zu nehmen. Durch anauuâni wird das instar in Aeneid. VI, 865, öfter indoles verdeutscht. Nicht anauuâni (verhofft) war dem alten Zacharias des Engels Ankündigung; Otf. I, 4,18. Graff I, 859. anauuânôn Einen eines Dinges, es ihm zumuthen, zutrauen, suspicari; Notk. 67,17. 118,39. Graff I, 867. auf Wân, nâch Wân, auf Vermuthung, Hoffnung hin, auf Gerathewohl. BM. III, 493ᵇ. „Wann man nicht nur auf Wohn straifft, sonder einem fliehenden Übelthäter nachgeeilt wird;" L.R. v. 1616, f. 713. Einen pfenten auf wan; Münchn. StR., Art. 201. „Swer ainen herein pfent auf wan, und im der auzman nichts schuldich ist ...;" Münch. StR., Auer p. 78. Auf won visieren; Visierbuch (Fässer zu eichen), Cgm. 4142, f. 65. „Wer auf einen pösen grunt pawt und allen frawen trawt und einen sack auf wan kaufft und mit einem narren rawfft sol es dem wol ergan so muß er gar groß geluck han;" Bendictb. 249, f. 186. „Der Lucifer sprach: auf meinen wân (wahrlich?) ich pin nicht gern des ritters an;" Cgm. 714, f. 138. Der teufel sprach: in den Winklern welt ich auff mein wan varen gern;" Mich. Beham, Wiener 277,10. Das Wannenschlagen bey der Dachsjagd (sieh Heppe, w. J.) möchte wol aus „auf Wân einschlagen" verjägert seyn. 'nach Wân, aufs Ungewisse, nach Gutdünken, nach Gefallen, Belieben. BM. III, 493ᵃ.' Kã̃st mi' zàln *nà' Wã̃*, (d. h. wann 's dir einmal gelegen ist); d. W. Sach ist da *nà' Wã̃*, nach Gefallen, nach Auswahl. „Alles nach Wan;" Kr. Lhdl. XVII, 169. „Hat der müller nach Wan gemaßet und hat die leut geschediget;" Rupr. v. Freys. Rechtb. „Swer niht guot meister si (der spiele den Arzt nicht), oder er wirt schuldig an allen den, die er nach wane erzeniet;" Br. Berhtolt. „Als ain pauman ze gleicher hait, ob nicht ain islich acker trait, dennoch pawet er es alles nach wan;" Teichner. „Swelch münch sich seiner freunde rümet und sich selber mit lob uf tümet, der furt billicher ein pantzir an, denne er were ein münch noch wan;" Renner 3216. „Als ein

affe uf einem dache sitzet ein prelate von rehter sache, der niht sein ampt verrichten kan und doch wil herre sein nach wan;" das. 3992. „Nu hört ein bispel, daz wol war ein teil mac sin, wie ez nach wan uns schreib meister Avian;" das. 15528. „Ich laß in (den Jagdhunden) hüt nit nach wan, ich wil si hetzen ze angesicht;" Liedersaal II, p. 295, Nr. CXXVI, Vers 84. „Sî was unz an die zît niuwan nach wâne wol gehît; nu (jetzt aber) enwas dehein wân dar an, alrest liebet ir der man;" Iwein 2671 ff. Vrgl. das dunkle „nach millich wan" in Grimm's Myth. XLVIII, 30. Der Afterwân, verkehrte Meinung, Wahn. „Das im mencklich lobes gicht und waiß och das ân affterwan das er mir dienet sunder wan;" Cgm. 379, f. 55, (Cgm. 270, f. 95: „on aufter wan ... sunderban"). afterwænisch. „Unsinniger Leut afterwöhnisch Hirnträum;" Avent. Chron. Der Argwân, Argwôn (Argwà˜, o.pf. Argwâu˜, b. W. Aərgang), wie hchd. Argwohn; (BM. III, 494. Weigand, Wbch. II, 53. Grimm, Wbch. I, 550). argwænig, argwænisch, Argwohn veranlassend, verdächtig. „Von den Zygäünern und unbekandten argwöhnischen Leuten," alte Policey-Ord. „Wir sprechen von archwandigen Erben. Nimt ein fraw einen man ze eleichen dingen, und gewinnet si chint dapei vor ir rechten zal, der (Erbe) mag wol archwanich sein. Wie der zal sein sull, des wollen wir euch beschaiden: der sullen vierczich wochen sein, vnd ainev zelt man von genaden darzu; swaz si früer chint gewint, daz ist archwanig." Rupr. v. Freys. Rcht.B., Wstr. Btr. VII, p. 126 und 71. .. „Ain unvermailigter Brieff .., den wir auch eygenlich beschaut gantz unargwonig gefunden .. haben," MB. X, 200. „Nu het der chnecht archwanung von dem herrn umb daz gût," (der Herr beargwohnte ihn deshalb); Cgm. 54, f. 53b, (Keller p. 103: arkwanung). böswänig, „suspiciosus," Voc. v. 1419. 'Der Sunderwân, ä. Sp.' „Swi ich durch arc den wec began so bin ich durch sunder wan ze deme troste daher kumen," sagt der bekehrte Ritter zur Heiligen im Lupanar; Roth, Fragmente.
82 Der Überwân, (bey Notk. 30,25. 93,13. Graff I, 860) superbia; 'ubarwânig, adj., superbus, Notk. 68,36.' „Die junge schöne Frau thut überwennisch ob mir, als ob ich nit gehört zu jhr," klagt der alte Mann bey H. Sachs 1612: I, 1048. (Der) unuuân (Leg. Baiuu. Mederer IV, 17. 19. 21. X, 4; Graff I, 859), Verzweiflung: „in unuuan, in desperatione vitae." „In michilan unuuan;" Otfr. V, 4,20. „Unuuan, desperatio;" gl. a. 75. 592. uruuani, desperatus, hoffnungslos; gl. a. 320. Otf. I, 4,52. widerwenig, neben „widerspennig, hartmäulig," bey H. Sachs 1612: I, 102. 'Vgl. niederd. *wân*, *wône*, aufgebracht, wüthend. Zeitschr. III, 373. VI, 493.' Zuruuân, suspicio; zuruuani, suspiciosus. Graff I, 360. „Ih zurwanich bin, suspicatus sum;" Psalm 118,39. Cgm. 17, f. 174a. „Curiosus (wenn so zu lesen ist), wanchlüeg;" Clm. 5387, f. XVIa. 'cf. Diefenbach 163c: wanchlig.'

wænen, wênen (ä. Sp.), hoffen, vermuthen, meinen; (mhd. wænen, ahd. uuânian, Praet. uuânta, Partic. giuuânit und giuuânt. Graff I, 860 ff. BM. III, 495. Weigand, Wbch. II, 1010). „Dû solt wizzen unde niht wænen;" Br. Berht. 87, (Pfeiffer 283,12). „Herre, der wænet, der enweiz;" S. Helbling VIII, 543. „Der da wænet, der weiz ot nicht;" Labr. 395. „Sol einer recht sein, er muß wißen und nicht wänen;" Avent. Chron. 177. „Owê, owê daz wænen vil mangen stæten triuget;" Labr. 162. Im Capitel „von der unsinnikait" heißt es: „Kumpt die suht von kelt und von dürr so trawrent sy allwegen und wenent und furchten daz sy nit furchten solten und pergent sich in die vinster vnd wenent daz sy got sein und man yn daz himelrich genomen hab;" Ind. 344, f. 79. „Los, los, ich hân gehœret Fröuden, des ich wænen;" Labr. 342. „Daz uns nimmer kunde, ich wæne, baz gelingen;" Gudrun 1255,3. „Ich wæn des niht ergê;" das. 1256,1. „Die gerne solt enpfiengen, den kam ez wæne (glaub ich) gar ze heile;" das. 672,4. „Si wæne in ze allen zîten bî den besten sâchen;" das. 710,4. „Schaden alsô grœzen ich wæn dîn lant niht überwinde;" das. 816,4. „Si sliefen deste minner. Si wæn dar an gedæhten, wanne in diu vogellîn guote ritter dar bræhten;" das. 1195,3. „Si wæne der mære deste baz gedâhte;" das. 1237,4. „Als ungevüeger züht der möchte iuch wæne nû betragen;" das. 1279,4. „Jâ wæn von in mir immer iht gewerre;" das. 1323,4. „Da von, wæn, daz uns geschiht;" d. w. Gast 11724. „Jâ wæn ouch ich sîn kint von der wârheit niht ensî;" Helmbr. 1384. „Der wenet stan, der sehe daz er niht envalle;" Cgm. 99, f. 3. „Waz wir gehebt haben oder waunden ze haben;" MB. XXIII, 280, ad 1391. „Darauf wir wonten etlich in recht ze haben;" ibid. 268, ad 1330. „Wän was du thust, und wän waz darnach nachge," (bedenke); Wstr. Btr. VII, 247. „Daß der Landfriedsbrief gefertigter herabgeschickt werde, damit ein jeglicher, wem deß Noth geschieht, darauf wisse zu wähnen (?) nach Ausweisung desselben Briefs;" Krenner, Ltghdl. II, 74. „bewont" (Pegnitz), goud béwont, wohl bekannt, — mag zu bewandt gehören; indessen würde das alte biuuânian (reputare, aestimare) ein späteres bewænen, Partic. bewânt (BM. III, 498), und bessern Sinn an die Hand geben. überwænen, sich überwænen, ä. Sp. „Ich han mich dicke überwenit, ich han mich dicke überhebet der gnaden die ich von gote hete unverdienet;" Beichtformel von 1289, Clm. 213, f. 187. verwænen. 'sich verwænen eines Dinges, es vermuthen, glauben, sich dessen versehen,' mhd. Sp., (cf. schwed. förwana, erstaunen, verhoffen; ahd. farwânjan, desperare. Graff I, 866. BM. III, 498). Daß die Weisung dem aufgelegt werde, wider den ein Verdenken oder Verwähnen sey, auf Latein genannt Präsumtion;" Kr. Lhdl. XI, 412. „Von Vorsprechen in der Sach verwant;" Ref. L.R., Tit. 23, Art. 3. „Daß aller Unwill zwischen jr und aller dorunder verdacht und verwannt ganz gericht, hin und abe seyn soll;" MB. IX, 285. 290. Vrgl. auch verwandt unter wenden und schweizerisch (Canton Bern): ə˜ *vərwentər* Kherli, ə˜ *vərwents* Ding, (verzweifelt? verrucht?). Stalder II, 445 und 'Tobler, Sprachsch. 190: *vèrwèndt*, sehr, ziemlich, in hohem Grade; *vèrwèndt* langwîlig.' „Desperatio, verwenheit, verzweiflung;" Praeceptorium Johannis Nider, praecepti primi cap. 21, Aug. eccl. 71, f. 58b. 'Hieher gehört wol auch das österreichische (obderennsische) Adverb „wendling" (= mhd. wænentlichen; vgl. BM. III, 498: verwênentliche).' „Die Braut hat, glaub I, hei˜t ja gsaot schö˜ frisch und schö˜ laut. Wann s' à'légng hed müəsn iər Professio˜, hêd s' *wendling* (vermuthlich?) so rewi' iərn Aədschwur nét 'tha˜;" Maurus Lindermayr in Kaltenbrunner's oberösterreich. Jahrbuch 1844, S. 257. „Ja, *wendling*, Muədü', du hast ä Plag" ..., (sagt der Sohn, das von der Mutter Gesagte bekräftigend); Lindermayr, Dichtungen (1822), S. 147.

erwänen, eigentlich erwähnen; sieh wahen, Sp. 879.

'Die Wân (Woan), eine fehlerhafte Einbiegung in einen festen Körper (z. B. in ein Metallgefäß, eine Tischplatte rc.), durch Druck, Stoß, Schlag, Fall rc. verursacht, (was fränkisch, hessisch rc. die Dalle, Dälle, Telle; s. Th. I, Sp. 498. Grimm, Wbch. II, 799). Zeitschr. III, 187,31.' Castelli, Wbch. 262: die Wahn, ein Druck in einen festen Körper; z. B. dea' Disch hâd a *Wahn*." In Wien: Es macht Wahnen, es schlägt Falten; eine Wahnen in der Haut, vertieftes Mal, Wunde. 'Vgl. das ahd. mhd. wan, Sp. 915 f.'

1) Die Wannen, Dimin. das Wännlein (Wändl), die Dünne, das Dünnfleisch an den Weichen. (Doch wol nicht Entstellung aus Wammen statt Wamben? s. d. W. cf. Cgm. 317, f. 2a: „in der wannen, das ist die vulva.") In Passau heißt das (Kalbs-) gekröse das Wenns, Wenst (We˜st). „Omentum, omasum, Wenst;" Cgm. 653, f. 338.

2) Die Wannen (Wannə~), Dimin. das Wännlein (Wánnl', Wándl, Wántl'), wie hchd.; (mhd. wanne, ahd. uuanna; Graff I, 885. BM. III, 502. Weigand, Wbch. II, 1021. Vilmar, kurhess. Idiot. 441. Zeitschr. V, 167,131). „Zwiu sol in der wan daz verl?" S. Helbling I, 1015. Das Kerwännlein (Kérwánnl), flaches, birnförmiges Körbchen („Kräzen"), in welches man den Unrath des Stubenbodens kehrt. Im Gebirge wird eine Art Tragreff ə~ *Wándl* genannt. Am Ober-Inn wird *Wándl* von einem Netz zum Tragen des Grases gebraucht. In der Küchen-Sprache ist das *Wándl* ein wannenför-
83 miger Backmodel von Kupfer oder Blech; davon heißt sogar manche Speise, die in einem solchen Model gebacken oder bereitet wird, ə~ *Wándl;* z. B. Butter-, Hirn-, Gehäck-, Schinken-, Ragout-, Kalbskopf-, Ram-, Erdäpfel-, Brät- ꝛc. *Wándl.* Das Ofenwännlein, wol was Hellhafen, II. Th., Sp. 1055. „Indeme die Magd das siedende Wasser aus einem kupferen Ofenwändlein in einen Zuber geschöpfet;" Bogenbergmirakel 1679, p. 173. Das Schi~wánnl, eine Art hölzerne, aus Brettchen gebildete Schaufel, das Kehricht darauf zu schieben, oder sich beim Aufwaschen des Bodens darauf zu knien; (Gastein). 'Vgl. Th. III, Sp. 425: Schin.' Der Wanner, Wannenmacher. „Wanner und zainler;" s. Th. III, Sp. 534: schlaißen. Der Wannenwäher, Wannenwächel, „falco tinnunculus, ein kleiner, für heilig geltender Raubvogel, dem Wannen an die Häuser ausgehängt werden, daß er in ihnen niste: das Haus, an welchem er sein Nest baue, soll vor einschlagendem Blitz sicher sein;" Grimm, Gesch. d. d. Spr. 50. Mone's Anzeiger 1838, Sp. 429. Landau, Gesch. d. Jagd p. 278. Nemnich I, 1586: Wannenweher, Wandwehe, Wiegwehe, Windwachl, Windwahl ꝛc. 'wannen, vb., (niederd.) das Getreide in der Wanne schwingen. Zeitschr. VI, 430,18.'

3) Die „Wanne," (L.G. Weihers, Dr. Roth) jedes fließende Wasser. (Etwa, nach Gramm. §. 447. Wande? wie Anwande, als Gränze; Vilmar, kurhess. Idiot. 449: die Wanne, Gewann, Grenze zwischen zwei Grundstücken, Gemarkung. Vrgl. unter wenden: Anwand, Gewand und III. Th., Sp. 191: Revier); sieh auch Wenling hinter Wenigling, Sp. 923.

„Eine Wahnne, darin sonst niemand zu fischen haben solle, die genannt ist Greven herberg;" Schultes, histor. Schriften I, p. 197.

wainen (waə~n, waenə~, o.pf. wài~n), wie hchd. weinen; (mhd. weinen, ahd. uueinôn, goth. quainon, isl. queina und weina, ags. wânian; Graff I, 888. BM. III, 557. Weigand, Wbch. II, 1045). „Fletus mei, weinnes mines;" Cgm. 17, f. 14a. weinen Einen, ihn beweinen; Grimm IV, 612. R.A.: Was lär stêt, waint nicht; (sieh wan, nicht voll, oben, Sp. 916). 'erwainen, intrns., anfangen zu weinen; trns., weinen machen, zum Weinen bewegen; durch Weinen erlangen. Grimm, Wbch. III, 1055. BM. III, 558.' „Von den saligen ougen, dei gare erwenet sint in die hohe schowente von des fleiskes glusten;" Clm. 9513, Vers 360, 'Haupt's Zeitschr. VIII, 155.' „wainberlich," kläglich; Cgm. 1145, f. 26b. Die Formen quenern, quenken, quenkeln (winseln, seufzen; Zeitschr. II, 458. III, 226,7: wenkern) mahnen an die angels. Form cvanjan neben vânjan, goth. qvainon; vrgl. aber auch zwinken.

weun, wen, sieh wann, wan, Sp. 916.

wen-zegeln, schwänzeln; sieh wende-zageln, waibe-zegeln, Sp. 829, und Zagel.

wenen (mhd. Sp.), uuanian, uuenian (ahd. Sp.), manere, solere, suescere, gewenen, entwenen; sieh wonen, gewönen, entwönen.

wenig (weni', weəni', weng, we~g, wég, wéhh; Zeitschr. II, 78,9. 276,61. 553,91: winc, weng, ə~ winklə; III, 172,11. 262,61. 322. VI, 272, III. 389. 516,2, 10. cf. Sp. 842: „wechst"), a) wie hchd. (paucus). und zwar mitunter noch als bestimmtes Adj.; (mhd. wënec, ahd. wënac; Graff I, 889. BM. III, 558 f. Weigand, Wbch. III, 1056). *Sey hàld á' 'bédn um ə~ weni's Traəd*, sagen an der O.Isar die Tagwerker, wenn sie in der Woche vor Weihnachten bey den Bauern Getreid in natura betteln.

„Rámkoch éssn, Brandwei~ trinkə~
und aft ə~ *Weni's* ummə'singə~, (ist der Senderinnen Geschäft); Spottlied. Aus diesem ein Weniges das als Subst. üblichere ein Wenig, Dimin. Weniglein (ə~ Weni', ə~ Weng, ə~ klaə~s Weni', ə~ Wengl, ə~ Wengə-l): ə~ *Weni'* ə~ Broud, ə~ Gǫld ꝛc.; nét ə~ *Weni'*, nicht wenig, sehr; nét ə~ Wengə-l, nicht das Geringste. „Sie hat mich dennoch ein wenglein lieb;" H. Sachs 1560: III, III, 62b. „Ein wenigs Salitterwasser." „Nim ein wenigen Gampfer;" Feuerb. 1591. R.A.: Nicht der, die, das weniger oder wenigist, sehr viel. Der hàd *nét dés wenigə'* Gǫld, *nét dé wenige'n* Kində.' Gê, odə' du kriəgst mə' *nét dé wenigə'n* Schlég! b) klein, gering: ə~ klaə~s *weni's* Rièdl.

„ə~n Knecht hed I á scho~ ə~n *wenigng*.
əs wár mə' weid nutzər, I hed kaə~n;" Lied.

„Gê, zünd ə~ *weni's* Feuər auf,
Wenn di nét reut das Holz;" Alpenlied.

„Dises klein wenig Buch;" Avent. Chron. 413. „Ein wenig Khneblpärtle;" Wstr. Btr. V, 130. „An der 84
glinggen hand bei dem wenigen vinger;" Aderlaßregeln v. 1399, Aug. Eccl. 76, f. .... „David und seine Stärke waren ein wenigs Hör;" Reime v. 1562. „Ein wenige weil secht ir mich nicht, und aber ein wenige weil secht ir mich;" Cgm. 745, f. 22 „Weniger des gelauben, war vmbe zwiselst dv;" Cgm. 66, f. 41. „Chunrat der Wenige;" MB. XVIII, 63, ad 1310. (Cf. „Von diu daz er — Zacheus — wenec was." „Wan er des leibes wenihtwas;" Cgm. 64, f. 49. Clm. 16506, f. 356. „Ein kint ze troste ist uns gesant von verre vz der Engel lant. In stipulis jacere (fand man liegen) vant man den wenigen herren;" Cgm. 142, f. 139. „Diu wenigin kindelin;" alte Predigten. „Unser swester ist noh wênag unte ne hât nóh der spúnne niet;" Willeram). „Holz das do haist die wenig Riett," „Venditio der wenigen riett;" MB. XVII, 345, ad 1462. Wenig München, Dorf im L.G. Dachau; MB. XVII, 167. 200. „Zu Wenig München;" Benno-Mirakel S. 336, ad 1616. „Weniger München ist auch ein Dorfgericht, und gehört der von Hohenwart zu." „Da sey ein schedlicher man zu Weniger-München gesessen;" Akten v. 1442 (Krenner, über Land- ꝛc. Gerichte 61. 75); histor. Abh. d. Ak. v. 1813, S. 90. 93. Wenigen Abenberg bey Abenberg (im ehm. Eichstettischen). Wenigen Umstadt, „omestad minor;" Rudhart, ä. Gesch. p. 573. (Zu) „Wenigen Prüfling," (jetzt Klein Pr.); Wstr. Btr. IX, S. 251. „Unsern Hof ze Wenigen Weil, (jetzt Klein Weil); MB. XVIII, 655, ad 1344. Wenigholzhaußen (jetzt Klein Holzhausen) bey Brannenburg; Urk. v. 1426, oberbayr. Archiv 1844, S. 377. So gibt es auch (in Thüringen) ein Wenigen-Jena. Vgl. Villa pouca in Portugal. „Lästerung, Fluech und Scheltwort, so zum dritten Mal durch die wenigere (niedrige) Obrigkeit gestrafft worden, dieselbe soll zum vierten Mal für malefizisch gehalten werden," L.O. „Bey hohen und wenigern (niedern) Ständen," Hund, St.B. I., Vorrede. Die weniger Zal, die Zehner und Einheiten der Jahrzahl, mit welcher man sich im 15., auch wol noch im 16. Jahrh., ohne das abgelaufene Hundert, als sonst bekannt, anzusetzen, unbekümmert um Leser späterer Jahrhunderte, nur zu oft begnügte; vrgl. II. Th., Sp. 1622: minder, und 1639: mêrer. „Des nechstverschinenen der wenigern zal acht und vierzigsten jars;" L.O. v. 1553, f. 126. „Bis auf den wenigsten Haller;" L.R. v. 1616, f. 89. „Daß sie alle sollten bezalt werden vom wenigsten bis auf den meisten;" Frundsperg. „Das ist meine wenigste Sorg." „Konnte das wenigste Gehör bey der Obrig-

keit erhalten," (kein Gehör); P. Abraham. wengſt, wegſt (Pinzgau), Adob., beinahe; Jir. c) (ahd. Sp. vor Willeram) uuenac, miser, infelix; uuenagheit, miseria, (noch Diut. III, 92. 108). Notker accentuiert uuênac, und Grimm zieht das Wort zu uueinôn. (ſ. Grimm I³, 93. Vollmer in ſeiner Recenſion des Gabelentz'ſchen Ulfilas, zu Marcus 7,31, leitet vainahs, Röm. 7,24 (ſtatt vaihn-ahs), von einem Subſtantiv vaihn, μάχη, ἆθλος, pugna (wie threihn von threihan) ab, wornach wenig genau dem griech. ἄθλιος entſpräche. 1846, July. Zu Wig alſo auch eine Form weig? Aber ulfil. aih iſt doch ſtatt ih. — Wenn wainen, oben Sp. 921, = goth. quainon, ſo kann wenig gehören zu quînen, niederſächſ., abnehmen. Zeitſchr. III, 393,62. IV, 274,168. V, 374. VI, 20. 365). Die Dialektausſprache deutet übrigens eben auf kein langes e (ê). Ich finde gl. a. 581 und Cgm. 713, f. 17. 113. 119b ꝛc. meiſt geſchrieben winig, wing, i. 717 uuînag; Heumann, opusc. 142 ꝛc., San.-Zenon. 115 ſchreibt faſt immer wienig, z. B. f. 123. Wie Grimm wenig zu ahd. weinôn, denkt ſich Diez I, 57 (Wbch. 145) franz. faible, foible = floible zu lat. flebilis, beweinenswerth. Die ahd. Sp. hatte für paucus noch das dieſem Wort auch materiell entſprechende fôh (goth. favs, altſ. fâh, isl. fâr, engl. few, dän. faa, ſchwed. fâ. Graff III, 430. Müller, etymol. Wbch. d. engl. Spr. I, 372), ſpäter brauchte man dafür lützel. (Zu paucus gehört wol das ſpan. pequeño, ital. piccolo und ſelbſt das franzöſ. petit, engl. petty, wie tabatière von tabac. Vgl. Diez, Wbch. 262 f.).

Der Wenigling (Weni'len'), Wengling, Wenling, a) (b. W.) Kind, das im Wachsthum zurückgeblieben. Vrgl. wenig, c. Im Cgm. 17, f. 27a (Windb. Pſalter sec. XII.) iſt „wenigliden parvulis;" Pſ. 16,11. „Georgius Wenigl (im gedruckten „Catalogus codicum latinorum" ꝛc. t. I, pars II, p. 197 ſteht „weniger") de Seſtal," Schreiber des Cod. lat. 4725, XV. sec. (Cbm. 371, f. 28). „Thomas Wenigl plebanus in Peisenberg;" Clm. 11459 (v. 1467). b) (Paſſau) far-
85 biges Steinchen, wie man ſie am Ufer der Flüſſe findet. *Wenling* oder *Wenəlen'* bergen oder verbergen, (b. W.) Spiel junger Leute, beſonders Mädchen, wobey man ein Steinchen, Hölzchen und drgl. zu verbergen gibt mit dem Sprüchlein:

„*Wenəlen'* vo˜ Laukſcheərbm,
wou mou' I má˜n *Wenəlen'* vóʳbeərgng?

Wäre unter b) ein ſogenanntes Flächlein (I. Th., Sp. 781) gemeint, ſo könnte man an das ahd. uuenian, uuennen, huennen, vibrare, denken. cf. Wanne, Sp. 921. Jac. Grimm zeigte mir in Caſſel den 5. October 1840 das *Wenling* bergen in v. d. Hagen's Minneliedern III. Bd., S. 189—190 und 758—759. Er denkt an Andelang als Übergabsſymbol. Nithart Nr. VII, betitelt der wemplink: „Dar zuo kunde ſi ein ſpil, heizet, als ich wænen wil, wemplink bergen" ... „Dô ſi dâ nider ſâzen vür die tumbe, ſi ſprach (zuo zin): lât mich den wemplink tragen umbe" ... „Dâ wart ſi den wemplink vaſt verſtôzen" ... „Si ſprach: her, künt ir ein ſpil, den wemplink bergen" ... „Mînen wempling ich ir ſtiez zwiſchen bein" ꝛc. ꝛc. Die bey v. d. Hagen hinten, S. 758 f. aufgezählten Lesarten bieten nie wemplink, ſondern abwechſelnd wenglinck, wennling, wenneling, wenlinck, wendling. — Den 30. October 1840: Die rechte Form (wie um Frauenzell im b. W.) iſt Wendeling. Das Spiel fordert eine gewiſſe Zahl Theilnehmer, von denen Einer (A) den Wendeling zu verbergen, ein Anderer (B) als Teufel, ein Dritter (C) als Engel zu errathen hat, bey wem der Wendeling verborgen worden. Die Uebrigen ſetzen oder ſtellen ſich in eine Reihe, jeder die beiden Hände flach zuſammengelegt vor ſich haltend, um, ſie ein wenig öffnend, den Wendeling (hier immer ein etwa halbfingerlanges, dünnes Hölzchen) hineinfallen zu laſſen. A, der den Wendeling ebenſo zwiſchen den Händen hält, geht bey allen herum, bey jedem ſich ſtellend, als ob er den Wendeling aus ſeinen in deſſen Hände fallen laſſe, da er es doch nur bey Einem thut. Während des Herumgehens ſagt er: „Thát I gèəʳn mei˜n *Wendəling* vəʳbèərgng: dà lous I'n, dà ſtous I'n. Ràt, Teufl, ràt, wèər 'n *Wendəling* hàt. Gschléſsl für! Gschléſsl! Ràt, Teufl, ràt, wèər 'n *Wendəling* hàt. Nun faßt der Teufel das Paar Hände, in denen er den Wendeling vermuthet. Trifft er's, ſo iſt der Inhaber ſein, und tritt aus der Reihe. Trifft er's nicht, ſo räth der Engel und thut desgleichen. Wenn nun alle bis auf Einen des Engels oder des Teufels geworden, wird zwiſchen dieſem Einen und dem Verberger A ſelbſt der Geſtus des Mittheilens gemacht, worauf dieſer (A) als Herr die geſchloſſenen Hände über den Kopf, jener als Geſell ſie an den Popo hält, und der Herr ſpricht: Ràt, Teufl, ràt, wer'n *Wendəling* hàt, dəʳ Herr áfm Kopf, àbəʳ dəʳ Gsəll áfm Arsch? So ſind nun alle, die einen dem Engel, die andern dem Teufel zugefallen, und an einer Stange oder einem Strick die einen hin, die andern her ziehend, entſcheiden ſie, welche Partei weichen muß und das Spiel verloren hat.

Der Wein (Wei˜, Dimin. Wei˜l, Weinə-l), wie hchd.; (mhd. wîn, ahd. uuîn, goth. vein; cf. lat. vinum, griech. οἶνος. Graff I, 886. BM. III, 676. Weigand, Wbch. II, 1045). Heutzutage zwar kommt über hunderttauſende gemeiner altbayriſcher Lippen Jahr aus und ein kein andrer, als etwa der Johannis-Wein (ſieh II. Th., Sp. 1206 und 1617 f.), oder der, wo mitunter ein Hochzeitmahl bis zum Luxus eines Weinmâls geſteigert wird. Aber ehmals war es anders. Und ſicher hat nur die große Lehrmeiſterin Erfahrung allmählich von jenem Zuſtand auf dieſen, vom Wein zum Bier geführt, das nun ſogar auch noch weiter ſüdlich zuſehens an Beyfall zu gewinnen ſcheint. Sanftl, Catalog II, 951—52. 956. 960. Rudhart, ält. Geſch. v. Bayern 699 ff. W. Wackernagel in Haupt's Zeitſchr. VI, 261—280. Der Weinbau in Franken (Eccardi Fr. or. I, 643, ad 750) und am Rhein, auch am obern, gehört unter die altbekannten und geläufigen Dinge; aber über den in Altbayern, einen Idiotismus ſeiner Art, darf vielleicht ein Wort mehr geſagt werden. „Regio Baiovariorum vini ferax," ſagt Aribo ums Jahr 649. „Poh et Crucunperch (Buch und Kruchenberg bey Regensburg), in quo sunt plantagines vinearum;" Congestum Arnonis, sec. VIII. cf. Meichelb. H. Fr. I, II, 59. „Vinea in Winzer quae nunc area facta est;" Freyb. Samml. II, 201, ad 1147. „Decimae vini de omnibus vineis inter Wiſent et Turſental nuper plantatis et adhuc plantandis;" Ried 224, ad 1155. „Decimae vini (ad Conventum Garsense, a°. 1200 circa);" MB. I, 41 (falls die hier genannten Orte nicht etwa in Öſterreich lagen). 1281 dingt man zu Stadt am Hof als Hoſpital-Reichniß „unum potum vini wawarici mensurae dictae Poll" aus; Lang, Reg. IV, 775. „Ratispona ... vineis ubertim effluentibus dilatata;" Clm. 17142 (4°. XI—XII. sec.), f. 4. „(Abbreviatio redituum monasterium Schirense attenentium:) Ratispone vinea I. Vinum quod ibi natum fuerit ita partietur: decima urna vini plebano, XIa colono datur, cetero in usum dominorum cedent;" Clm. 17401 (2° max. XIII. sec., 1226), f. 12b. Clm. 17420, f. 39b. „Heinricus comes Ratisbonensis contradidit nobis vineam quandam quam Ratispone habuit;" MB. X, p. 397, ad 1140. Nach einem Salbuch v. 1240 wurde damals Wein gebaut an der Donau (bey Kagers, Bach, Donauſtauf, Abbach, Kelheim, Lechsgmünd, Kloſter Schönfeld), an der Altmühl (zu Au), an der Nab (zu Pettendorf, Teckelſtein ꝛc.), an der innern Laber (zu Hofdorf, Lindhart ꝛc.), an der Iſar (zu Landshut, Altdorf ꝛc.); v. Lang bayr. Jahrb. p. 365. Indeſſen will Arnpeck (Pez, thes. III, S. 394) wiſſen, daß zu Landshut (erſt) „a°. 1380 Herzog Fridrich die Weinwachs angefangen habe zu bauen." Damit ſtimmt überein die Urkunde v. 1394 in MB. XV, 489. Über

die Weinberge in Regensburg, Pentling, Rigling 1345 sieh Wstr. Btr. VIII, 119. 126. 127. „A°. 1385 verkauft N. Münzmeister zu Amberg dem N. Burger daselbst zwey Weingärten, an dem Amberg gelegen;“ Schenkl. „Nota was auf die Wein zu Kelheim gegangen ist a°. 1392;“ Straubinger Hof-Rechnung in Freyb. Samml. II, 157 ff. Im Jahr 1450 schenkt Herzog Heinrich den
86 Nonnen zu Niederschönfeld „zwen alte Weingarten“ zu Lechsgemund; MB. XVI, 493. Weingärten zu Tegernheim, 1474; Kr. Lhdl. X, 33. A°. 1499 reiche Weinärnte unter Regensburg; Cgm. 311, fol. VI. Im Scheirer Dienstbotenbuch v. 1500, f. 7. 19. 45 ist viel die Rede von den Weingärten und der Weinlese zu Kelheim. Diesen Kelhamer trank das Gesinde. Nach Träger p. 48 zählt man zu Kelheim dermalen noch zwey, ehmals gab es sechs und mehr Weinbauern. „Dritthalb und vierzig Weingärten zu Regensburg, a°. 1509;“ Kr. Lhdl. XVII, 250. „Zu Stauff, da wir bairisch weingewechs haben;“ Hofkellerordn. v. 1552, oberbayr. Archiv IX, p. 103. Jg. Dom. Schmidt in Cbm. 1998, B, p. 11—12. „Thumstaufer Wein kostete a°. 1539 die Maß $3\frac{1}{2}$ Pfenn., nach jetzigem Gelde 3 Kreuzer $1\frac{3}{4}$ dn.,“ Kohlbrenner, Btr. 1783, p. 63. 67 ꝛc. In der Aufschlags-Instruction für den Bayerwein v. 1544 (Ldtg. v. 1543, p. 231) sind eine Menge Orte der Gerichte Landshut, Teyspach, Straubing, Teggendorf, Dingolfing, Kehlheim, Hof bey Regenspurg, Donaustauf namentlich aufgeführt, um welche damals noch Wein gebaut worden seyn muß. Vom Gericht Schwarzach bemerkt Hazzi, Statist. IV, 439: „ehedem müssen eine Menge Weinberge vorhanden gewesen seyn, da noch jetzt viele wild mit Holz bewachsene Berge so heißen; selbst der Bogenberg prangte sonst mit Reben, so wie alle äußern Berge längs der Donau.“ Zu Hengertsberg und Winzer waren (nach S. 522) noch vor hundert Jahren 24 Weinbauern (Weinzierl), dermalen keiner mehr. 1587 wurde „in den Hofgärten zu München Wein gezügelt;“ Lippert's Auszüge Cbm. 2095. „Paierisch wein,“ Cod. Ob. Alt. 94^a (8° XIV. sec., Clm. 9594^a), Hinterdeckel. Th. I, Sp. 587: Tafern. Birlinger 429. — Bald werden vielleicht auch auf den Hügeln zunächst unter Regensburg und auf denen bey Landshut die letzten Reste vom Weinbau verschwinden. Hopfen und Getreide wird hier, wie anderswo, und z. B. auch im ehm. Eichstättischen bey Deulenberg, an dessen Stelle treten Der gute Aventin sagt (in der Einleitung zu seiner Chronik, S. XII): „der gemeine Mann auf dem Gäu in Bayern sitzt Tag und Nacht bey dem Wein.“ (Vrgl. L.Recht v. 1516, XIII, 3. L.O. v. 1553, fol. 21. 165). Wie golden ein solches Zeitalter — Wein für den gemeinen Bauersmann! — scheinen möchte, so dürfte es doch kaum für das jetzige zu vertauschen seyn. Der Bayerwein wird wol von jeher ein wenig in die Art der Dreymännerweine geschlagen haben. „Mir seit ein prister, daz bairisch win, juden und junge wölflin allerbeste sin in der jugent;“ Hugo v. Trimberg, Renner 22570 (Cgm. 307, f. 220). Nicht umsonst hielten die frommen Väter in Stiftern und Klöstern ziemliche Stücke auf den Besitz von Weingütern im Etschland, in Österreich ꝛc. Den Landwein theilten sie mildiglich ihrem Gesinde mit; sie selbst fühlten sich mehr mit Österwein (sieh I. Th., Sp. 170), Welschwein, Neckar-, Frankenwein, Elsaßer oder wol gar Malvaser, Raifal, Rumani ꝛc. befreundet.

Prima declinatio am morgen in taberna
Haec est jugis ratio da sey wir allzeit gerne
Quaestio fuit mota von Elsesser und von Osterwein
Sed non decisa tota welcher der pesser sol sein
Ad hanc respondere kan ich sicher wol
Gustavi ambo vere si haben mich oft gemachet vol
Quod ego vix ambulavi wenn ich ze vil getranck
Sed statim me prostravi hin auf die nachsten panck
Sunt parvae differentiae Osterwein und Elsesser
Et magna convenientia der ain macht vol, der ander nit ler
Tuos potatores kan der edel wein
Qui reputant se doctores dye käm (kain) schůler mochten sein
O vinum australe wie důst du mir so wol
Propter donum tale ich dich pillich loben sol
Tu es veraciter däß mein hercz begert
Confiteor tenaciter von durst hast du mich offt ernert
Si oportuerit me mori noch han ich dich geren
Sitienti ori ich mag dein nit enperen
Dicit cor meum du machst mich freden reich
Testor summum deum das ich von dir nit weich
Beatus qui intelligit was in der kantten ist
Qui se ipsum non negligit ze trincken ze aller frist
Ego vos et ipse trincken allzeit geren
Ille tu et ipse sollen das beweren
Sic est sensus perfectus von dem oster wein
Mihi est electus er dunckt mich der pesser sein.
Tu autem domine nulli rustico miserere.

Aug. S. Ulr. 94, f. 128^b (v. J. 1477). Teg. 1839: Verse, deren Schluß:

Vinum subtile facit cor in sene juvenile
Sed vinum vile facit cor juvenile senile.

„Swer wein chauft in vazzen oder in ponzen das sei Neckerwein, lantwein, osterwein, payrisch wein oder anderlay wein;“ Münchn. StB., Auer p. 69. War ein Unterschied zwischen lantwein und payrisch wein? „Luter win, beierischen und welzen oder Elzase oder krigische oder kipperwine,“ (sec. XV.); Mone's Anzeiger VIII, 407. In der Rechnung des Münchner Jesuiten-Collegiums v. 1630 (Cgm. 3942) heit es fol. 4: „Zerung und trinckgelt vf 4 fuehren vmb den bayrischen Wein von Pfeffenhausen 14 fl. 30 khr. Fuhrlon von dem Seewein von Costencz bis gen Augsburg 10 fl. 58 khr. Umb 7 See Emer. ...“ Spanischer Wein nur in einzelnen Maßen à 56 khr. S. auch Th. I, Sp. 178: Etsch. A°. 1516 wuchs jedoch ein sehr guter bayrischer Wein, daß er alle Weine übertraf. „Wer jn in das ander jar behalten hat, dem galt der Kopf gern 10 Wiener Pfenninge.“ Widmann's Chron. v. Regensb. „A°. 1388 crevit vinum acerbum in Austria quod *Czerenheld* dicebatur et dicitur adhuc esse unum vas de eo in Mellico;“ Chiem. ep. 11, fol. 244^b. Im 16. und 17. Jahrhundert wurde der Wein vom besten Gewächs aus der Herrschaft Donaustauf in den Hofkeller nach München ab- 87
geführt, und die Regensburger Bürger hielten große Lager von rothen bayrischen Weinen; Gemeiner, Reg. Chron. 281. Durch das L.R. v. 1616, f. 532 wurde den Wirthen in Städten und Märkten verboten, neben andern Weinen bayrischen Wein einzulegen und auszuschenken, — „weil es unzimlich sey, und aus allerley habender Beysorg, daraus entstandenen Betrugs und Verfälschung.“ „Ich waiß zwar wol, daß der Bayerwein bey villen keinen gueten Namen hat, doch läßt manches Jahr der rothe am Bogenberg wachsende auch ein geschleckiges Weinmaul nicht errathen, was Landsmann er sey,“ sagt a°. 1679 Baltasar Regler in den Bogenbergmirakeln p. 32. Der rothe Landshuter kostete, a°. 1785 7 Kreuzer, der weiße 5 Kreuzer die Maß;“ Meidinger's Landsh. 122. Wartenberg im L.G. Erding treibt wahrscheinlich von uralten Zeiten her auch etwas Weinbau; (Harfner auf Wittelsbach 1837, p. 48). Im Jahr 1834 wurden zu Cölnbach, Moos- und Dürnthening über 150 Eimer nicht üblen Isarweines gezogen. Die Regensburger Zeitung schreibt: „Der in der Nähe Regensburgs an den südlichen Hängen des linken Donauufers wachsende sogenannte Bayerwein ist zwar, so lange er jung, etwas herber Natur, unbehaglich einem durch mildere Weine verwöhnten Gaumen; aber dies gibt sich mit dem Alter, und der in guten Jahrgängen gewonnene wird seiner Zeit ein ganz treffliches Getränke. Der Bayerwein hat viel Geist, weit mehr als die geringeren Sorten des Franken- und Neckarweines. Dies wissen auch die fremden Weinhändler, die ihn manchmal in beträchtlichen Quantitäten aufkaufen, natürlich, um ihn wieder zu verkaufen, aber nicht mehr als — Bayerwein. Andere Vorzüge des Bayerweins sind seine Wohlfeilheit und seine Unverfälschtheit. Wer Bayerwein trinkt, der darf überzeugt

seyn, daß er ein Getränk genießt, wie es die Natur gegeben, während bey gar vielen andern Weinen, namentlich denen, die unter berühmten Namen ausgeschenkt werden, die Kunst das Meiste gethan hat, — und zwar häufig nicht zum Besten der Gesundheit;" (Münchn. bayr. Landbote v. 20. Febr. 1843). Noch kommen z. B. in München eigene auf Bayerwein berechtigte Schenken vor. Gewöhnlich aber wird darin statt des Titulargetränkes ein verläßigeres, nemlich echtes Bayerbier, gereicht. Dagegen ist der ordentliche Weinwirth, wo er in altbayrischen Städten und Märkten vorkommt, in der Regel nur mehr auf delikatere, besonders fremde, Gäste berechnet, und das ordinäre Landskind — Bürger oder Bauersmann — geht mit Respect an dem vornehmen grünen Baume — vorbey, um sich bey einem gewöhnlichen (d. h. Bier-) Wirth oder Breu vaterländisch gütlich zu thun. Vrgl. Bier, I. Th., Sp. 264—266. Der Ansingwein, sieh III. Th., Sp. 313; 'Festwein, s. I. Th., Sp. 775: zur Besieglung eines Kaufs oder Handels; Birlinger 429;' Firstwein, sieh I. Th., Sp. 758; Forderwein, das., Sp. 753; Häftelwein, sieh II. Th., Sp. 1065; Kandelwein, sieh II. Th., Sp. 1253; Opferwein, ad sacrificium missae, Speiswein für die Communicanten, sieh III. Th., Sp. 687. Der Wein-Ämer, Wein-Emmerer, sieh I. Th., Sp. 75. Die Weinber (Wei᷉bér, das Wei᷉béᵊl, Wei᷉biᵊl; Zeitschr. III, 100: Weimmər; VI, 114,18: Weimbər, Traube), a) Weinbeere. b) öfter (wie, wol aus ähnlichem Grunde, auch in Schweden winbär), die Johannisbeere; cf. I. Th., Sp. 263. *Wei᷉béᵊl brockə᷉*, Art Kinderspiel. Der Weinfalter, a) der Schmetterling, sieh I. Th., Sp. 684; Zeitschr. VI, 347. b) im Scherz: Liebhaber des Weines. Der Weingarten, s. II. Th., Sp. 938. Dieser Ausdruck ist, wie Weinberg, auch außer den oben berührten weinbauenden Gegenden der Eigenname von Örtlichkeiten, deren manche, jedoch nicht alle, die Vermuthung zulassen, daß sie demselben einst durch die That entsprochen haben. Vrgl. bayr. Annalen 1834, Sp. 789, auch 767 und 89. Übrigens hat sich an der Donau die ältere Aussprachform Wingart (Wingə't; ahd. Sp. uuîngart, mhd. wîngarte, Graff IV, 250. BM. I, 484. Zeitschr. V, 174,142. VI, 107,6. 468) erhalten. Vgl. Saxon. chron. ad an. 1073, Ingram p. 278: „Willelm gewan that land Mans (Maine) and hit Englisce men swide amyrdon, wingeardas hi fordydon." „Specula, wingart-hutt;" Voc. v. 1429. Vrgl. Winkof, Winzer. Die Weinglocken. „Zur Zeit man Weinglocken läutet," sollen die Wirthe ihre Gäste abschaffen; wirzb. Verord. v. 1579. cf. Th. II, Sp. 1182. Der Weinkauf — nach fränkischer Aussprache noch Winkoff — was, allgemeiner ausgedrückt, Leitkauf, sieh II. Th., Sp. 1536 f. Das Weinkraut,
88 (O.L.) Matricaria parthenium L., (Nemnich I, 298 f.: Anemone pratensis und pulsatilla), anderwärts Ruta graveolens, die hier dagegen Weinrauten (Nemnich II, 1189) heißt. Das Wein-Nägelein (Wei᷉nágə-l), die Berberize, Berberis vulgaris L. „Erbsich- oder Saurachbörlein, sonsten Weinnäglein genannt." „Die Rinden von Erbsig- oder Saurachstauden, daran, von etlichen also genandt, die Weinnägelein wachsen;" Dr. Minderer 108. 114. 143. 224. Das Wein-nägeleinholz dient, Schuhnägel, Zahnstocher und drgl. daraus zu schneiden. „Berberi(s), weinlegelein, versilz;" Clm. 16487, f. 97. „Berberis, weinflassel" (-fläschel?); Cgm. 170, f. 10. Nemnich I, 591: Weinnägelein, Weinzäpfel, Weinschierling, Weinschürling, Weinscherling, (Österreich) Weinscheidling, Weinschädling, Weinscharl, Weinschierling, (Ulm) Weinlägelein, (Ungarn) Weindling. Popowitsch p. 497. Weinschärling, Berberis vulgaris. Weinstadel, ehmals Weinniederlage in München '(auch in Nürnberg und Augsburg; Birlinger 429),' wovon noch eine der Hauptstraßen Weinsträß heißt. Daselbst gab es auch eine eigene „Weinlend" zur Ausladung der auf Flößen kommenden (Tiroler) Weine, die jetzt freylich in künstlicher größerer Ferne liegen. Lend-Ord. v. 1727, §. 24—27. Cbm. Kl. 167, p. 46. Das Weinzepflein (Wei᷉zèpfl), die Traube der Berberis vulgaris. Der Weinzieher, sieh unten: ziehen. Der Weinzürl (Wei᷉ziᵊl, Wei᷉zéᵊl, nach der Ausspr. gewöhnlich geschrieben Weinzierl, in Heumann's opusc. 704 wol gar Weinzettel), hchd. der Winzer, und, wie dieses Wort, ohne Zweifel aus dem lat. vinitor gebildet, wie auch Kelter, Torkel, Wimmet, Winthaus erst aus dem Latein genommen sind; (ä. Sp. „Weinzürel," Cgm. 66, fol. 57, mhd. Sp. wînzürle, ahd. uuînzoril, uuinzuril, uuînzurnel. Graff V, 692. BM. III, 717. Weigand, Wbch. II, 1089 f. Haupt's Zeitschr. VI, 262). Im Cod. dipl. Ratisb. (Pez, thes. I, III, p. 119) kommt vor „unum curtile ad Uuinzurilun;" das. p. 158 „in vinetis Uuinzere." Die Identität beider Formen zeigt sich in den heutigen Ortsnamen Winzer, in welchen sich wie in Wingərt (Weingart) das alte i erhalten hat. „Breiten-Weinzier" bey Bogen, Kr. Lhdl. II, 222. „K. k. (österreich.) Patrim. Herrschaft Weinzirl ..." „Amtskanzlei Weinzirl zu Perzlhof, 1844;" Allgem. Ztg. 1845, Beil. p. 255. Abt Peter zu Oberaltach (1380—1403) gibt der Elsbet Zunzlingerin purgerin zu Tumstauff „weinzirl recht auf des klosters aigen weingarten zu Tumstauff genant der Särchinger;" Clm. 9558, Nachsetzblatt. „Er (der Holczer) wart gefangen von zwain weinzürn, dy in wider gen Wien warn fürn. Dy selben weinzurl furten in gevangen fur den herczog hin;" Mich. Beham, Wiener p. 255,6.8. „Ain chrieg zwischen unser und unsrer Weinzurl daz Spitz;" MB. XI, 277, ad 1320. „Ulrich der Weinzierl gesessen hinter der Porau," MB. II. 60, ad 1496. In des Teufel Segi (Ms. v. 1449) ist die Rede „von den weinzurnen" (Barack p. 360: „von den reblüten," vgl. Vers 11329ᵃ. 11351ᵃ), Rebknechten, im Gegensatz des Weinbergsherrn. „Weinczurel;" Clm. 9728, f. 199 (v. 1468). „Weinzerl, hecker, vinitores;" Av. Gramm. „Bachus haben die alten Griechen und Römer für den Gott des Weins geehrt, wie jetzt die Weinzerl St. Urban;" Av. Chr. 49. „Am Fest St. Urban geht das Zechen starck bey den Weinzielen;" Selhamer. „Ihr Weingarthauer oder Weinzörl habt für eure Patronen den heil. Victor und heil. Severin;" P. Abraham. Die b. Landschaft spricht (Ldtag v. 1542, p. 60) für die armen Weinzierl; cf. Ldtg. v. 1544, p. 230. '„Weinzir," Thomas, Oberh. p. 423;" Jac. Grimm; (Thomas, d. Oberhof zu Frankfurt a. M., 1841).' „Geörg Schmidt Weinzahler (?), Mich. Schaüfelin Weinzahler, Hans Erkhardt Weinzaller" in Augsburg 1637—1649; Cgm. 4905, f. 456. 535; 4906, f. 635 öfter. „Bürgerlicher Weinzierl im Hagrain;" Landshuter Wochenblatt 1815, p. 175. Vgl. kärnt. vinogradnik, Weinzerl, (Jarnik p. 225); česk. wincéř, wincíř, wincaur, winař, Winzer. Der Weinling. „Pruna iberica, große Weinling; pruna juliana, kleine Weinling;" H. Junii nomencl. 1629, p. 57. weinen, beweinen (Grimm, Wbch. I, 1777: vino instruere. BM. III, 677. Birlinger 429). Georg Ludwig v. Maurer (Staatsrath): „Ueber das gerichtliche Weinen, Beweinen und die gerichtliche Beweinung;" Münch. Gel. Anzeigen, Bd. III (1846), Nr. 21. 24. 25, (womit zu vergleichen Th. I, Sp. 753: Forderwein, das. Sp. 845: Viertelwein, Th. II, Sp. 1253: Forder-Kandelwein). 'sich beweinen, sich in Wein betrinken; Grimm, Wbch. I, 1777 f.' weineln (wei᷉ln, weindln, weinə-ln), a) Wein trinken; b) dem Weine ergeben seyn; c) nach Wein riechen oder schmecken. Zeitschr. III, 305 (Vorarlb.): *wînəla*. „Daz kraut (Basilicon) hât gar ain edeln smack, der weinet („weinent" = weinenen?) ain tail;" Konr. v. Megenberg, f. 229, (Pfeiffer 387,4). '„Wer die küten schelt und si legt in ain gepichtez vaz und regenwazzer daran geuzt, sô wirt daz wazzer weinend;" das. 320,21.' Sich überweinen, zu viel Wein trinken; Voc. v. 1618. „Meracissimum, luteristez, winigistiz;" Cgm. 17, f. 213ᵃ, 'Haupt's Zeitschr. VIII, 131.'

-wein in Nantwein (Antwein, sieh Gramm.

§. 611. „Ulrich der Aentwein," Scheftlarer Urk. v. 1410 am Vorderdeckel des Clm. 17139), Frühwein, Frowein, Frobenius (Geschlechtsname), Kühlwein (Revierförster), G. F. Bauswein (Böswîn? Pfarrer zu Kirchschönbach; Regier.blatt v. 9. Septbr. 1847), Gößwein, Trautwein, Ortwein, Erwein und andern Eigennamen entsprechend dem alten -uuîn in Nant-uuîn, Frôuuîn (Freawine wæs Fridogaring; Saxon. chron., Ingram 24. Grimm, Mythol.^{2} p. 192), Gozuuîn, Balduuîn, Trûtuuîn, Eberuuîn, Muatuuîn, Hilduuîn, Thioduuîn &c. Nantwein, Ruhwein, Sigwein, nürnbergische Geschlechter im Cgm. 2056, f. 44. 66 &c. Levin (Schücking), wol Lefwin, Liebwîn. Ob dieses wîn identisch mit dem alten, ein kurzes i führenden mhd. wine, ahd. uuine,
89 uuini, amicus, uuinia, amica, wineschaft, uuiniscaf (Freundschaft, Liebschaft), wineliet, uuinileod (Liebeslied? noch bey Nithart, Benecke p. 392. 415, Haupt p. 62,33. 96,14) steht dahin. Graff I, 867. BM. III, 704. „Wie trûric sie dô liezen des wirtes wine („weine") sîn;" Gudrun 802,1.

Win-gart, Win-kof; sieh Wein, Sp. 927.

win-ächsig, (verdreht; Th. I, Sp. 25), winhälsig, (krummhälsig), sich theils wanächsig (Sp. 917), theils wind-ächsig, windhälsig.

winnend, Partic., (ä. Sp.) wütend, zunächst von dem mit Wasserscheu behafteten Hunde. Graff I, 875 f. BM. III, 709. „Wer behaltet ainen winnunden hunt;" Rchtb. Ms. v. 1453. „Wen ein winnender hunt gepeizet, der ezze des geirs fleisch;" Cgm. 824, f. 38. „Den der winnent hunt peizzt, der stoz patonien und legz darauf;" Altm. 26, f. 188. „Swen ein winnunder hunt beizzet;" Fürstenf. 121, f. 172. „Sam ein winnunder hunt;" S. Helbling XV, 844. „Von dem winnenden hunde;" Cgm. 724, f. 214; Ahd. Sp. allgemeiner: uuinnanter, energumenos, freneticus, furens.

winnig (winni', wini'), adj., wütend, — meist vom wasserscheuen Hunde. BM. III, 713. Zeitschr. III, 109. „Die winnigen Köpf, die das ganze Jahr brinnen und als Baurnkönig leuchten, wie der Hund in Hundstagen," Bucher's Kinderlehre 1781, p. 16. Eine Person ist winnig vor Zorn, oder nach einer scherzh. R.A. parockə̃-*winni'* und ausənandə' wiə ẽ Putzschár. s. Th. I, Sp. 402: *Párockə̃*. Thuen, dreinschlagen, schreyen &c. wie winnig.

„Dabey (Schlacht bey Wien a°. 1685) ist ä gwöſn dä pulackhische Kini,
dä hät schlet drei ghackt, oß wenä wä wini;"

gleichzeitiges Bauernlied. „Töricht, tobet, wutig und winnig." H. Sachs. „Rabidus, winnich;" Voc. v. 1445. „Laß ab der winnigen unsinnicheit;" Cgm. 340, f. 15^a. „Ein winnigs Pferd;" Selhamer. Wenn aə̃n ə̃ *winigə'* Hund beisst, so wird mə̃-r-á' *wini'*. „Die tobigen lewen, die winnigen hundt;" Cgm. 121, f. 64^b. „Wen ein winniger hundt peist;" Clm. 5905, f. 55. „Von windigen hünten;" Clm 5879 (XV. sec., 1415), f. 206. „Für das Vergicht: nim ainen windigen hunt und tot den und nim das smalcz und salb dich;" ZZ. 2072, p. 362. -tiefel-winnig, vom Teufel besessen; Cgm. 632, f. 97. BM. III, 714. winnerlich, (Würzb.) heftig, unleidlich, übel gelaunt. Die Winnuß, (Berchtesgaden) tobender Schmerz. Anmerkung. Es sind diese Formen nur einzelne Reste des alten (auch agſ., isl. und gothischen, ja noch niederdeutschen) Ablautverbs uuinnan, welches arbeiten, streben, bemüht, in heftiger Bewegung, heftigem Leiden seyn, streiten, wüten u. s. f. bedeutete, und von welchem sowohl das folgende erwinnen, gewinnen, als (mit Entstellung des **nn** in **nd**, sieh Gramm. p. 339) wind, winden, windig, überwinden, unterwinden, verwinden gebildet sind. Graff I, 875. BM. III, 709. Vgl. Zeitschr. II, 551,21. III, 432,253. 290. IV, 269,20. In der eben angegebenen jetzigen Bedeutung des einfachen Verbs heißt es in der Reimchron. bis 1250: „Nero begunde siechen ser, ze allererst von podagra, von vergicht und von miselsuht; ze jungst begunde er winnen." „Thie mit diufele wunnun, qui erant arreptitii, daemoniaci;" Otfr. III, 14,32. „Ez (das Herz) schrei toblîchen als ez wolde winnen;" Labr. 58. Vgl. Jüdel, hg. v. Hahn, p. 133,17: „Hende winnunde (winden, ringen) und chlagen und wainen was da widerstreit." Vrgl. unten wind, windig.

erwinnen, (ä. Sp.) erstreben, erreichen, erlangen. BM. III, 709. „Wir Fridrich v. G. G. Kaiser... Nachdem unser und des heil. Reichs Fiscal gegen Camrer, Rath und Gemeinde der Statt Regensburg ein Urtail erwunnen und erhebt hat, daß gegen sie mit der Acht procediert werden soll;" Gem. Reg. Chr. III, 785.

gewinnen (gwinnə̃ und gwingə̃, Condit. I gwunn, 90
gwung oder gwánn, g'wáng oder gwinnət, Partic. gwunnə̃, gwungə̃), wie hchd., aber noch in vielseitigerer Anwendung für erstreben, erreichen, erlangen, bekommen, sich verschaffen überhaupt. Graff I, 876. BM. III, 709. Weigand, Wbch. I, 433. Einen Ablâß gewinnen, (Ablәs gwingə̃). gewinnen (sc. den Sig — im Feldstreit, im Rechtsstreit). Z' Abmsperg hát də' Napoleon *gwungə̃*. „Des hietten wir unrecht und verlorn, und sy recht behabt und gewungen;" MB. XXI, 543, ad 1464. „Vinco, überwinden, gewingen;" Av. Gramm. Iətz is's oder habmə's schõ *gwungə̃*, das Gefährlichste ist überstanden. „Zu gewunnen geben, victum se fateri;" Voc. v. 1618. „Seiz Fraunberger soll den Niclas von Abensperg mit eim Tolchen unden durch das Panzer hinein gewunnen (erlangt) und erstochen haben;" Hund, St.B. II, 83. Stöck gewinnen, in den Holzschlägen Baumstöcke ausgraben; Bäume, die in den Strom gesunken, zur Sicherung der Wasserfahrt wegräumen. „Es stecken die Spitz so fest, daß du khainen gewinnen (herausziehen) kannst;" Feurbuch 1591. Heu, Holz gewinen, es mähen, schlagen und zum Gebrauch bereit machen. Auf „Hinfüerung (Entwendung) gewunnens Holtzes oder Heus" war eine verschärfte Strafe gesetzt; L.R. Cgm. 27, Art 74; Wstr. Btr. VII, p. 75; Ref. L.R. Tit. 35, Art. 4 und Tit. 38, Art. 2. gewinnlich Holz im Gebirg, das an gewinnlichen Orten steht, — d. h leichter gewonnen, herausgebracht werden kann. Im L.R. v. 1346, Tit. 22 wird neben andern Dingen, die nicht zu Pfand genommen werden dürfen („zemüscht chelich, pluetigs gewant und chirchwat"), auch ungewunnens chorn genannt. Jedoch ist nur in Einer von den vielen Handschriften (Cgm. 245) so, in den meisten aber (z. B. Cgm. 15. 35. 216. 240. 284) ungewuntens korn, ja in einer der jüngern (Cgm. 414) gar ungewuntens garn geschrieben. Wahrscheinlich sind die Schreibweisen, sowohl ungewunten als ungewunnen selbst, hier unrichtig, und aus der ältern, nicht mehr verstandenen ungewintz (Cgm. 30. 151, Wstr. Btr. VII, 73: von winden, uuinton ventilare, durch Worfen, Sieben reinigen) entstellt. Denn gerade in Ruprechts Rechtb. v. 1332 wird (Wstr. Btr. VII, 73. 75, Cgm. 266, f. 15) ungewunnens (holtz) sehr wol unterschieden von ungewintz (chorn, das man stiehlt, das also sicher wenigstens schon geschnitteen ist). Darum setzt auch das ref. L.R. v. 1588, fol. CXXXIII als verbotene Pfänder „geweicht Kelch, Meßgewand, pluetig Gwand, unberayts Traid." In Heumann's Opusc. p. 211 steht die Erklärung „frumentum nondum excussum." Metonym.: gewinnen ein Feld (Rhein), die Frucht 91
darauf ärnten. „In alten Zeiten bekam die Pfarrey Enkirch von den Löthbeurer Wildhuben, wenn sie gewonnen worden, so viel Frucht als man darinn säete, statt des Zehenden." „Medums Pflichtschafft, die siebende Garb, so oft gewonnen wird;" Horstmann. Hier schließt sich an von der ursprünglichen Bedeutung winnen (laborare) das niederdeutsche land winnen, colere agrum. Gewunnen land, angebautes; ungewunnen land, unangebautes Land; Sachsenspiegel II, 27. 47; „landwinner oder blos winne, agricola, winne, win-hoef, villa," Kilian. „Dor (durch) die hitte (Hitze) van der sonnen es dat lant al ongewonnen;" Jac. v.

Maerlant's Alexander, Cgm. 41, f. 74ᶜ. sieh unten Wunn. Einen Gevattern gewinnen, zu Gevatter bitten, nehmen.

„Mə˜ waəs nét, wen mə˜ Kindəᶜ kriegt,
so hàt mə˜ dó' ə˜n Mà˜,
der aə˜n, ə's wiə's dəᶜ Brauch is hiər,
ə˜n Gvattə'n *gwingə˜* kà˜," Lied, '(aus Grübel's Nürnb. Ged., Ausg. v. 1857, Th. I, S. 33).' Tàgləᶜ gwinnə˜, (Pegniz) Taglöhner aufnehmen, bestellen, miethen, dingen. Màdəᶜ *gwingə*-r-áf maərgn frêi. Hàst də scho˜ Schnidəᶜ, Heugəleut, Brècherinnə˜ *gwungə˜*? (ObrM.). „Vitzthum, Pfleger, Richter, die wir jetzo haben oder fürbas gewingen;" MB. VIII, 276, ad 1431. gewinnen, sich zuziehen etwas, wornach man nicht eben strebt. „Ob er an dem Guet icht Abgangs gewung;" Münchn. Urk. v. 1425. „Mit Einem ze thuen gewinnen," (Händel bekommen); Kr. Lhdl. XI, 23. „Ob die Mülnär und die Becken irrung oder stöß gewunnen von des lons wegen;" Wstr. Btr. VI, 164. „Der unzeitig öpfel izzet, der gewinnt gern den Ritten;" Ortolph. „Swer izzet also vil, daz er ez nicht verdowen mach, der gewinnet die mazleide;" Cgm. 724, f. 189. „Die rothe Ruer gewinnen;" Avent. Chron. 351. „Hat die alt Ainigkait ain Loch gewunnen;" Puterbey. „Damit hat der Krieg ein Loch gewunnen;" Duckher, Chron. 172. „So gewint (beginnt?) sich der (Blasen-)stain zespalten;" Cgm. 4543, f. 121. „So gewint sich der stain klieben;" das. f. 139. Im schottisch-englischen Dialekt ist win nicht blos für erlangen, bekommen, sondern auch für gelangen, kommen (wie to get in beiden Bedeutungen) üblich. abgewinnen (à˜gwingə˜); BM. III, 711, II, 1. „Einem umb ein Sach den Leib abgewinnen mit dem Rechten," (ä. Sp.) ihn von Gerichts wegen zum Tod bringen, verurtheilen. Einem 's Neujâr abgewinnen, sieh II. Th., Sp. 1210. angewinnen Einem etwas mit dem Rechten, (ä. Sp.) es von ihm gerichtlich gewinnen. BM. 712,2. aufgewinnen etwas, es aufbringen, machen, daß es aufgeht. Die Thür aufgewinnen, fores moliri;" Voc. v. 1618. „Einem Rasenden kann niemand die geschloßenen Händ aufgewinnen;" Ortolph. dergewinnen, ergewinnen (də'gwingə˜) etwas, es gewältigen, dessen mächtig werden. „Sechzehn Weinzieher zuletzt den Last (die Leiche des Fetten) ergwinnen;" Balde. nachgewinnen. „Swâ ein hunt nâch gewinnet;" Labr. 506. 'fürgewinnen, d. i. vorgewinnen, einen Vorsprung erlangen; BM. III, 712,1.' „Nu het ez (das Wild) im (dem Hund) gewunnen für so verre;" Labr. 156. „Daz wilt het für gewunnen;" das. 182. 488. 550. „Ach ferrez fürgewinnen daz machet widerlöufe;" das. 223. „Swenn ez hât fürgewunnen in der leckerîe;" das. 444. „Swâ Stæte nâch Stæte kobert, wie vil daz fürgewinnet, daz wirt wol überobert;" das. 467. vergewinnen (vo'gwingə˜, O.L., meist im Scherz), im Spiel verlieren. 'Der Widerwinne, mhd. Sp., Feind, Gegner; (ahd. widarwinno; Graff I, 381. BM. III, 713).' „Wie ich iwer êren pflege gen iwern widerwinnen;" S. Helbling XV, 611. Der Gewinn (Gwi˜, Gwing), wie hchd. „Ze Flust (Verlust) und ze Gewing;" MB. IV, 476. Die Gewinnung, (Gem. Regensb. Chr. II, 6. 17) Einkünfte, fällige Zinse. Das Gewinnend (Gwinnət,
92 Gwingət, plur. Gwinnətəᶜ), was bey Wettspielen, Rennen, Schießen, Kegelschieben ꝛc. als zu gewinnender Preis ausgesetzt wird, Gewinnst. „Gewinnet, praemium, praemia victorum," Voc. v. 1618. gewinnsam, adj., was Gewinn bringt, Voc. v. 1618.

Wien, der ältern Schreibform Wienn oder Wienen gemäß (nach Gramm. S. 119. 120) ausgesprochen Weən, sollte vielleicht in einem bayerischen Wörterbuch nicht zu finden seyn; indessen ist diese größte und herrlichste unter den Städten der 5 Millionen Deutschen des südöstlichen Hauptdialektes, als gewöhnliches Reiseziel unserer Schiffs- und Floßleute, im Munde des Volkes gäng und gäbe genug. Sie heißt in Bayern gewöhnlich *d' Weənərᶜ Stàd;* (ObrM.). R.A.: Es ist zue bis Wienn, d. h. es sind Hindernisse da, es ist nichts weiter zu machen, (vermuthlich von den zugefrornen Flüssen entlehnt). Der alt Mann von Wien, sieh Th. I, Sp. 70. Die Nibelungen-Handschrift Cgm. 34 schreibt fol. 53 „von Wiene, ze Wiene," aber Cgm. 31, fol. 83. 84 „zu Wienen und von Wienen;" (niederd. Wenen). Auch der steyrische Ritter und Minnesinger Ulrich v. Liechtenstein setzt in seinem, vorläufig durch Tieck's Erneuerung bekannten, '(1841 von Lachmann herausgegebenen)' Gedicht „Frauendienst" (Cgm. 44, von ohngefähr 1246, z. B. f. 53. 56. 57 ꝛc.) „gen, ze Wienen." Und so reimt Ottocar v. Horneck in seiner Chronik, geschrieben zwischen 1285 und 1309, z. B. Cap. 19, „Wienn" auf „dienn" (zusammengezogen statt dienen). „Wiene daz ist lobes wert, dâ vindet man ros unde pfert, grözer kurzewîle vil, sagen, singen, seitenspil, des vindet man ze Wiene(n) gnuok;" der Wiener Meerfahrt, V. 67—71. v. der Hagen (Ges. Abent. LI, Bnd. II) macht im Dativ immer Wienen, während in seinem Original Wiene und Wien steht. In den ältesten deutschen Urkunden v. 1266—1304 in Hormayr's Gesch. von Wien (5. Bd.) lieset man neben der gewöhnlichen Form Wienn, (von, ze) Wienne, auch (ze) Wiennen. Im angeführten Werke Bd. 2, S. 184. 185 kommt schon zum Jahr 1211 Wienn auch als Name des hier in die Donau fallenden Flusses vor. „Flumen vulgariter Wienn nuncupatum." „Sub ponte Wienn." Nach Analogie andrer Namen der Art (cf. Gramm. §. 878) dürfte man den des Flusses für früher als den des daran erbauten Wohnortes nehmen. Hätte es aber mit der, bereits von dem österreichischen Historiographus Wolfgang Lazius (Cgm. 1184, f. 25) angegebenen Beziehung auf die hier gelegenen römischen (castra) Fabiana seine Richtigkeit — und natürlich genug scheint nach Gramm. S. 164—168, daß das Volk blos des Wortes betonten Bestandtheil -biana, -wiana festhielt — so möchten freylich Fluß und Station zu gleicher Zeit den neuen Namen überkommen haben, der von ältern, wie Vindobona ꝛc., wenn diese anders ganz denselben Ort bezeichnet hatten, wenigstens nicht so ungezwungen hergeleitet werden kann. (So ist wol Strataburg, Straßburg, blos aus Argentoratum entstellt? s. Th. III, Sp. 819.) P. Blumberger, Kämmerer des Stiftes Göttweih, hält Faviana für das Fasiana (Fasianis) der Notitiae dignitatum, das in unserm ältern Codex wohl Fasiana (Fasianis), im jüngern Fafiana (Fafianis) geschrieben ist; (17. Juli 1847. — In Rhetia prima, also unmöglich Wien, das in Pannonia seyn mußte). Fabiana, ein Kloster; Eugippius, vita Severini, sect. XXXVII, p. 117. Die entferntern Krainer und andere Südslawen, welche (cf. Kopitar's Glagolita Clozianus XLIV.) die Stadt Wien Dunej nennen, haben sich an den Hauptfluß gehalten. Bei den Ungarn heißt sie Béts (Betsch), böhmisch Wjden, polnisch Wieden, (von der Widen-Vorstadt?). „Laßt uns auff sein, wann es ist weit in die Wienstatt," heißt es bey H. Sachs 1560: IV, III, 51. Und so scheint auch die volksübliche Form *Weə˜stàd*, bey welcher man an die Ilzstatt, Innstatt des nicht minder alterthümlichen Paßau (ahd. Bazowa von „in castris Batavis, ad castra Batava;" Förste-
mann II, 188 ff.) erinnert wird, im Grunde noch auf 93
den Fluß zu deuten. Was nun jene, jetzt fremd scheinenden, aber thatsächlichen Formen Wiene, Wienen (Weə˜n), Wienne, Wienn betrifft, so erklären auch sie sich am besten, wenn man ein Femin. Wiene (als Flußnamen) annimmt, dessen oblique Casus, bald nach der ersten, bald nach der zweiten Declinationsart gebeugt, in ihnen, und zwar in den beiden letzten durch Versetzung und Syncope, auftreten konnten. Doch man verzeihe auch diese unberufene und müßige Sylbenstecherey! Der Wiener, (in den Jahrh. XIV., XV.) Wiener Pfenning, deren 7 Schillinge oder 210 Stücke einen rheinischen Gulden machten. Kr. Ltghdl. II, 186. VI, 79. 81; (cf. I. Th., Sp. 431, II. Th., Sp. 898). Den röm. Triens oder Triuncius erklärt Avent. (Chr. 65) als einen schwarzen

Pfenning oder Wiener. Im Voc. venet.-todesc. v. 1424, f. 22 kommt unter Münzen „ein wianaro, un manaro“ vor. Vinar, (in Krain) ein Pfenning; (Kopitar). Wiener Rueben, Erdäpfel; (Pinzgau; Jir.). s. Th. III, Sp. 11. Die Wienisch Ellen, Wiener-Elle; Cgm. 1203, f. 138. Das Wienisch Gewicht wurde nach der Lds.-Ord. v. 1553, Bch. V, Art. 2 als einzig gesetzmäßiges Gewicht bey Handel und Wandel vorgeschrieben.

wonen (wànə˜, wa˜n), wie hchd. wohnen, (— doch nicht so ganz gemeinüblich, und lieber durch allerley andere Ausdrücke, in Städten besonders durch logieren, ersetzt —; mhd. wonen, ahd. uuonên, manere, morari, solere; aus uuan.., uuen? das o durch u entstanden; cf. Woche. Graff I, 872. 868 f. BM. III, 804. Weigand, Wbch. II, 1099). R.A. Wou də' Hàs ausschluift, durt *wo˜t* ə' gcə'n; ObrM. „Die Juden haben seit 1291 nie kain Anwonung in Engelland gehabt;“ Dr. Eck. Grimm, Wbch. I, 521. gewonen (gwo˜n, gwa˜n, gwonə˜), wie hchd.; (mhd. gewonen, ahd. giuuonên; Graff I, 874. BM. III, 805. Weigand, Wbch II, 434 f.). Sp.-W.: Mudl *gwo˜s!* daran muß man sich eben gewöhnen; (vrgl. II. Th., Sp. 1571). gewont (gwó˜t). In der mhd. und ahd. Sp. hatte man dafür das einfachere Adj. gewon, giuuon, und davon die Subst. diu gewone, gewon, giuuona und giuuoni. Graff I, 869 f. BM. III, 803. „Ze hant sprang daz hüntel auf daz pet als ez vor gewon hiet;“ Gesta Romanor., Cgm. 54, f. 60ᵃ, (Keller p. 116). gewonlich, gewoniglich (gwanigli'), gewöhnlich. BM. III, 804. Die Gewonhait (Gwonət, Gwanət; — mhd. gewonheit, ahd. giuuonaheit neben giuuonida, giuuona, giuuoni; Graff I, 870. 871. BM. III, 803 f. Weigand, Wbch. II, 435). angewonen Etwas, assuefieri. Grimm, Wbch. I, 353. eingewonen, zuegewonen irgendwo, assuescere. Grimm, Wbch. III, 191. Der Hund, die Tauben haben schon zuegewont, (fühlen sich heimisch). entwonen, verwonen, widerwonen etwas, aus der Gewohnheit kommen oder sich bringen, es zu haben, zu thun ꝛc. eingewönen, entwönen, gewönen, verwönen, wie hchd.; vgl. Graff I, 874. BM. III, 191. Grimm, Wbch. III, 662. Zur dialektischen Aussprache dieser Formen würden allerdings auch die ältern uuanian, uuenian, wenen stimmen. Und wirklich scheint, obgleich schon früh, wo aus we, (cf. wollen aus wellen, Woche aus uuecha) entstanden zu seyn. „Ich muoz mich armen wenen,“ (mich gewöhnen, arm zu seyn); Labr. 367. „Wes wiltu mich vil senden ziehen unde wenen?“ das. 372. „Unheiles hât gewonheit mich gewenet;“ das. 379. „Swer sich můz leides wenen;“ das. 383. „Venus, Amor und Cupido wenent gewalt und wunder zeigen;“ Valkn. 2. „Ich trawet in (den Falken) zů dem lůder noch wenen;“ das. 59. „Unhailes bin ich gewennet“ (:erkennet); das. 143. „Der edel valke, der mich kan ungeweneter dinge wenen;“ das. 182. „Swie ez (das Herz) was ungewenet liebes unde leide;“ Labr. 24.

bewont, verwont, sieh wænen, oben Sp. 920, und wenden.

Won, Wonsäß ꝛc., sieh Wan, Sp. 917 f.

Wunsidel, s. Th. III, Sp. 226.

Die Wunne, Wunn, Wunde, Wund, a) ä. Sp., durch Sichel und Sense zu gewinnendes oder abzuweidendes Gras, foenum secandum; bestelltes Wiesenland; (mhd. wünne, wunne, ahd. wunnî, wunna; Graff I, 882. BM. III, 817. Weigand, Wbch. II, 1104 f. Vgl. Kloz = zu kleuzendes, spaltendes; brach = zu brechendes). R.A.: Wunn und Waid. „Betreibung Wun und Waid der Wälder;“ o.pf. Kohl.-Ord. v. 1694. „Niemand soll in gemainen Vischwassern vischen, er hab dann alda mit den umligenden Anstoßern Wun und
94 Waidt, Trib und Tradt;“ L.R. v. 1616, f. 645. 691. L.O. v. 1553, f. 150. „Wunne, Waide und Waßer;“ MB. XXIII, 480. „An Egerden, an Gerewte, an Wunn, an Waid, an Trat;“ MB. XXIII, 528. „An gärten, an äckhern, an Egarten, Wunnen, Waiden, Vichtriben, Grasen;“ MB. IX, 62, ad 1485. „Zu Dorf, zu Feld, zu Waßer, zu Wun und Waid; MB. X, 211. 586. „Der mit uns nimt Waid und Wunn;“ Kr. Lhdl. VI, 36. „Wunde und Waide suechen;“ Lori, B.R. 115. „Daß du die armen Leut mit jrem Vich jr gemain Wunn und Waid suechen laßest;“ Kr. Lhdl. VII, 504. „Sommer, du verschwelkest Wunn und Waid;“ H. Sachs 1612: I, 848. b) in Gebet- ꝛc. Büchern noch des XVII. Jahrh., jetzt aber unvolksüblich, — wie hchd. Wonne, (ahd. Sp. wunna, wunni, wunno, Genuß, Seelengenuß, Freude; das, was solchen Genuß gibt). „Do sahen si (die Kundschafter) da (in dem Lande Canaan) vil wunne und vil genühte;“ Griesh. Pred. II, 58. „Du wunn, du frǎwd, du er, magt můter Maria;“ Clm. 4755 (XIV. sec.), f. 151. Wunne heißt einer von des Labrers Hunden. „Wunne und Wunsch;“ Mone's Anzeiger VIII, Sp. 134—136. durchwunnen, mit Wonne durchdringen; BM. III, 818. „Herz und muot durchwunnet mir diu liebe;“ Labr. 616. Auch die R.A.: Wunne und Waide kommt früher in diesem Sinne vor; sieh Waid, oben Sp. 850. Der Wunnebote, ä. Sp. „Vinum inde proveniens (aus gewissen Gründen zur Gült zu geben) colligitur a nuntiis dominorum qui dicuntur wunnebote.“ „De vineis 7 β quos solet colligere wunnebote dominorum;“ Straßb. Dom-Kuchenbuch (sec. XII.—XIII.) in Mone's Anzeiger, 1838, Sp. 10. Cf. unten: windemen, wimmen und BM. I, 184: winnelbote, Weinaufseher. Der Wunnbesuch, die Nachtweide; (Jir.). In Aurbacher's philolog. Belustigungen 1824, p. 69 steht der Ausdruck wunnen-wê, gleichsam: weh vor Wonne, — also verschieden vom elsaßischen wunn und wê statt des gewöhnlichern wind und wê. wunnsam, wunniglich, ehmals beliebte Adj., (ahd. wunnisam, amoenus, jucundus, wunnilîh, mhd. wunnesam, wünneclich; Graff I, 884. BM. III, 818). wunnevar, wünnevar, von wonnigem Aussehen; BM. III, 240. „Ein juncherre, der edel unde wünnevar an herzen und an libe schein;“ Otte mit d. Barte 52. Welche eigentliche Bedeutung im Hintergrund liege, ist noch nicht ermittelt. Zunächst wird man auf das vieldeutige winnen geführt (sieh oben, Sp. 930). In heftiger Bewegung seyn ließe zwar etwa auch eine freudige, lustvolle zu (gl. a. 295: lasciviri; — cf. nieten, II. Th., S. 1770, liosta, Grimm II, 22); allein die Bedeutung b) scheint jedenfalls eine erst aus a) erwachsene. Diese aber paßt nicht übel zu colere terram (oben Sp. 930), so daß unter Wunn entweder bebautes Land überhaupt, oder insonderheit zu Graswuchs, als Wiese gepflegtes zu verstehen käme. (Auf Grasboden, sowohl für Heu, als zur Weide, gehen auch die aus Thurgauer Urkunden gesammelten Belege in Zeerleder's „Wunn und Weide“ (Constanz, 1845), wo das franz. regain 33. 103 auch für gewinnen spricht. Cf. Diez, Wbch. 185: gain, regain. — „Cum agris, pratis, pascuis, molendinis, aquis aquarumque decursibus, viis et inviis civitatibus silvis tonsis et intonsis quaesitis et adhuc inquirendis;“ Em. F. 118, f. 45ᵇ, ad 980. Saxon. chron. ad ann. 775: „X bonde-land æt Swinesheafde mid læswe and mid mædwe,“ copy-hold lands at Swineshead with leasow and with meadow.) Die alliterierende Formel Wunn und Waid würde sodann nicht völlig tautologisch seyn, sondern der gewöhnlichen lateinischen „culta et inculta“ („foenum secandum et pascua habenda,“ Urk. v. 948 in Meichelb. H. Fr. 444; „Baw und wayde,“ MB. XXV, 170) entsprechen. Wie der Bluem (Graswuchs, I. Th., Sp. 326) mit Blume, Augenweide, Freude, so natürlich berührt sich Wunn a) mit Wunn b). Noch immer ist dem einfachen Landmanne der Anblick einer wohl bestellten Flur der schönste Naturgenuß, und er hat Mühe, die Wonnen müßiger Prospectsucher, unergiebige Seen, kahle Felsen, Berge und dergleichen zu begreifen. So möchte ich auch gerne glauben, daß dem May sein

altdeutscher Name Wunni-manoth (Graff II, 796. BM. II, 58. Weigand, Wbch. II, 1105. Vgl. Th. II, Sp. 1609. Clm. 4112, f. 130, ad 1154: wunnemanoth) weniger in Rücksicht auf die jetzt gewöhnliche, als auf die praktische Bedeutung des Wortes (Bestellung der Gras- gründe und Wiesen) zu Theil geworden sey. Das alt- hochd. wunni-garto für paradisus (Graff IV, 251. Grimm, Mythol.² p. 781) wird kaum mehr ausdrücken wollen, als des Gothen einfaches Wang (vaggs), sieh unten dieses Wort. Das auf Schoonen für abgemähte und abgeärntete Flur und Beweidung derselben, vaine
95 pâturage, übliche Wennewang bietet gerade keinen Widerspruch. 'Vgl. niederd. Winnewerp, Winne- worp, Windworp, Wennewworm, aus mhd. wunnewerp ungedeutet. Zeitschr. VI, 493.' Um aber noch eine andere, der Form nach minder nahe, aber dem Begriff um so mehr zusagende Ableitung zu berühren, so findet man gl. a. 24 uuinan, a. 73 und i. 841 uuinên, piuuinên für despascere, a. 98 uuona, uuinne für pastum gesetzt, wozu das gothische vinja, νομή, stimmt; (Grimm I³ p. 86. 343. III, 501. Ahd. wunna zu goth. vinja, wie ags. vudu zu widu, vula zu vilo, s. oben: Woche; wie mhd. künne von kuni, kunjis, brünne von brunia; — aber ü?). Hieraus kann mittels Ablautung wunia, wunna geworden, und demnach die- ses mit wîda, Waid (Weide) ganz gleichbedeutend seyn. Der alte Name für May lautet gl. a. 116 und im Brüs- seler Eginhard nach Mone's Quellen I, 257 uuine- manoth, o. 236 aber uuúnni-manoth. Grimm (Mythol.² p. 126. 781) hält hiezu auch Wunsch, das alt- und angelsächs. winseli, vinsele, isl. vin-golf, Lustsaal, Lustaufenthalt, und uuini, amicus. 'Die unwunne, mhd. Sp., Leid, Trauer; BM. III, 818.' „Si habent mer unwunne, denne iemen erdenchen chunne;" Tungdalus, hg. v. Hahn, p. 49,24. „Da sihest du unwunne;" das. 55,82. „In diser unwunne;" das. 57,77.

Die Wune, niederd., Loch im Eis, im Eisen; Voc. v. 1482. Zeitschr. VI, 16. Weigand, Wbch. II, 1108: Wuhne. Birlinger 435: *Wule*, Diminutiv. „Do jm (St. Jacobo) sein haubt und leib gelegen ist (auf dem Stein) hat er in den stein wün gedruckt als in ein wachs;" Cgm. 1279, f. 159.

'wand, denn; s. wann. Zeitschr. II, 266,15.'

Wand sieh vor wenden.

Wändlein, sieh Wännlein, Sp. 920 f.

Wandula (Hund's St.B. I, 265, ad 1356), weib- licher Taufname. Wandelburg (das. 370), desgleichen. „Hainreich der Granns und Wandel sein hawsfrau;" Cgm. 3941, f. 215 (v. 1404).

Wandalen. „Cum de Africae partibus Guan- dalorum exercitus applicuisset;" Joannes Diaconus, de vita S. Nicolai, Aug. Eccl. 11, f. 172. Genserich's, Gelomer's Wandalen. Die Kabylen, namentlich die am Berge Jurjura, blond und blauaugig von Aussehen, sol- len die Sage von nordischem Ursprung bis jetzt bewahrt haben. Dem Verfasser der Skizzen aus der Umgegend von Algier (Ausland, 1837, p. 1086) sagte ein Marabut dieses Volkes: Ani ben ek babi, ich bin ein Sohn deiner Väter. Auch sollen die Deutschen unter den Franzosen von den Kabylen wohl erkannt und Kabylen Frankreichs genannt werden.

wandeln, wie hchd., doch als einfaches Wort auch im Dialekt veraltend; (mhd. wandeln, ahd. uuantalôn für vertere, volvere, mutare, mutuari, mercari, exer- cere, aegrotari etc. stehend. Graff IV, 764. 760. BM. III, 699 f. Weigand, Wbch. II, 1020). „Ez stůnd ot al mîn meinen, swaz ieman vor mir wandelt (wechselt), hin wider zů der einen;" Labr. 211. „Swenne man den rat wandelt," (einen andern Rath wählt); Regensb. Statut v. 1269. „Dô wandelt sîne stimme der küene Sîvrit," (verwandelt, verstellt); Nibelungen 456,4. wandeln (in der Messe das Brod in den Fronleichnam verwandeln); aufwandeln (die Hostie nach dieser Verwandlung zur Anbetung in die Höhe halten). Nach Häslein heißt wandeln (um Nürnb.) die Collecte singen. „An Sun- tag, wann man Fronambt ze Hall gewandelt hat;" Lori, B.R. 14, ad 1354. „N. hat ains (etwas), sam ain cheschorb (auf dem Kopf), das niemant mag gesehen davor, wenn man unsern herrn wandelt;" Cgm. 714, f. 209. „Darnach hielt der heilig vatter der babst das ampt auß und wandelt Gott;" Clm. 9503, f. 346 (v. 1452). „Und wan der priester wandeln wil, so buck dich weder wenig noch vil, stand aufrecht als ain stang;" Cgm. 270, fol. 175ᵇ, (man sol nemlich knien und an die Brust klopfen). „Der heil. Erzbischof Elphegus ist durch Fasten so mager geworden, daß man jhme hat können, wann er das höchste Gut in dem Meßambt aufgewan- delt, völlig durch die Armb sehen, wann die Sonn ge- schinen;" P. Abraham. Die Wandel-Kerzen, eigene größere Kerze, die bey einem (Meß-)Amte während der Stillmesse (von der Consecration bis zum Genuß der Hostie) angezündet zu werden pflegt. Solche Kerzen (je größer und schwerer, so verdienstlicher) wurden und werden an sogenannte Gnadenorte (wie Andechs, Bogenberg, Alten- ötting rc.) gewöhnlich von wallfahrenden Kirchgemeinden als Opfergaben mitgebracht. Der schönen Maria zu Re- gensburg wurde aº. 1519 eine Wandelkerze geopfert, so ungeheuer, daß, um sie anzünden zu können, eine Leiter von 12 Stufen angeschafft werden mußte; Gem. Chr. IV, 371. „Die Wandelkertzen, die man in Fronampte 96
vor der Wandelunge aufzündet, soll man zu Ende der Stillmesse brinnen lassen;" MB. XXIV, 432, ad 1364. „Herzog Ludwig im Bart stiftet bey U. L. Frauen sieben ewige Wandelkerzen, die bey der Proceß am Pfinztag sollten herumgetragen werden;" Mederer's Ingolstadt 115, ad 1432. „Torcium ein wandelkercz;" Voc. v. 1419. „Torticium, wandelkirzen;" Clm. 903, Vorderdeckel. Der Wandel-Leuchter. „Maximilian Churfürst ver- ehret zween große und auf 5 Schuh hoche ganz silberne Wandelleuchter, so zu Beleuchtung unter der heil. Wandlung gebraucht werden;" Alt-Ötting. Histor. Die Wandel-Rottel, (Tegernsee, Cgm. 1148, f. 14. 19. 24) wol was das folgende: die Wandel-Schellen. „In seiner hauscapellen, gerad unter der wandelschellen grub er den hafen ein;" H. Sachs 1612: IV, III, 199. Die Wandlung (Wandlum, Wandlem). *Wandlem* läuten, mit der Glocke das Zeichen zur Wandlung geben. Die Vorwandlung, (O.L.) das erste Evangelium in der Messe. 'Die Wandelât, mhd. Sp., was Wandel, (s. unten). BM. III, 702.' „Provideatur de laicis arrestantibus clericorum bona et clericos militantibus vulgariter Wandelut;" aus Tangl's Bischöfen von Lavant in Schmidl's österr. Blättern 1844, S. 30, auf Westenrieder's Glossar p. 233 und 648 und dessen Bey- träge I, 21 '(cf. Pertz, Monum. Germ., legg. t. III, p. 467, lex Baiuwar. additio V, §. 13: „qui manum immissionem resisterit, quod hantelod — wandelod dicunt 40 solidos solvat;" s. Th. II, Sp. 1126: hanta- lod)' bezogen. Dalham, concilia Salisburg. p. 226—240. Hansiz, Germania sacra, t. II, p. 495 - 505 (499). 'wandelich, adv., abwechselnd. Birlinger 425.'

wandeln einen Schaden, ein Unrecht, (ä. Sp.) wie- der gut machen, ersetzen. Metonymisch: Einen wan- deln, abwandeln, ihn büßen, strafen; sieh unten das Wandel und vrgl. büeßen I. Th., Sp. 297, und kêren II. Th., Sp. 1282. „Biß daß der gebrochen Theil alles das wandelt und widerkert, was er verbrochen hat;" Kr. Lthdl. III, 66. „Der soll den Schaden mit zwen Gulden und ein Ort büssen und wandlen;" Neuburg. Forst-Ord. v. 1690, f. IV. „Wer das thut (sich darin verfehlt), der sol daz wandeln mit .. dn.;" MB. XXIV, 233. „Händel, die unsere Richter gewandelt und eingenommen haben;" Kr. Ldtb. II, 214. „Daß die Pfleger und Richter in ihren Gerichtshändeln die unsern härtiglich beschweren mit großem Vertrinken und Wandeln;" das. VII, 61. „Verbrechen werden nach den bayrischen Landstatuten gestraft und gewandelt;" Beschrbg. von Neustadt a. D. (Der betrügerische Ismaelit) „niemmer gewandelot, des er verchouffet," (gibt nie Ersatz, oder nimmt es zurück, wenn es hinterher mangelhaft erscheint); Diut. III, 65. „Im Jahr des Herrn 1851 wurden in London 12,504 Betrunkene, die sich auf der Straße unordentlich betrugen, verhaftet und (nach der königl. bayerischen Kunstsprache) policeylich abgewandelt;" Allgem. Ztg. 1852, S. 3222. wandelbār, straffällig, strafbar, L.R. v. 1616, f. 413. BM. III, 699. Die Wandelmiete, mhd. Sp., Bezahlung für jemandes Rügung; BM. II, 168. „Her schrîber, nû sît bereit: er sî dienstman, ritter, kneht, schrîbet si an des fürsten reht (billich wirt dem sîn wandelmiet), daz er in die gîtikeit verbiet;" S. Helbling II, 633.

wandeln, verb. act., begehen, treiben. „Wie ein igleich man vor weltleichem gericht sein sach wandeln sol;" Rechtb. v. 1332, Wstr. Btr. VII, 175. „Verräterey wandeln," (begehen); Buch der Weish. v. 1485, f. 170. Cf. gl. i. 544: „uuantalot, exercet (tortor barbaras manus)" und die R.A. „handeln und wandeln." „Omne terrenum negotium uuantlunge spernit;" Froumundi cod. Boethii (Wallerstein-Maihingen), f. 19. BM. III, 702,5.

Der Wandel, a) (ä. Sp.) der Gang, Verkehr; jetzt figürlich (Lebens-)Wandel. BM. III, 696. „Ein Zeughaus soll gebaut sein an einem Ort, da es dem gemeinen Wandel der Leut nit zu nahe;" Fronsperger 1555, f. XI. „Setz es an ain haimliche Statt, da niemant Wandel hab dazu;" Anhang zum Vegetius 1529.
97 Wandel haben zu Einem, (Zutritt). „Seinen Wandel haben irgendwo," ab und zu gehen; Buch d. Weish. v. 1485, f. 40. 80. „Ich hab in jm nie args funden, noch kainen aberwandel," (bösen Wandel; J. und W. Grimm, d. Wrtrbch. I, S. 34: Abgang vom Wandel, Treulosigkeit); das. f. 37ᵃ. Der Beywandel, Umgang mit Einem; das. f. 59. Birlinger 425. Sunnenwandel, heliotropium (herba);" Thierh. 45, fol. penultimo. b) Das und der Wandel, (ä. Sp.) Änderung, Abänderung; Rückgang eines Kaufs, Vertrags. BM. III, 697,2. „Er heizet wol der arme der sich mit irem (der Minne) wandel mûz besachen;" Labr. 193. „Umb disen wandel nieman sol verzagen;" das. 194. „Ich han recht getan, ich wolt sin niht wandel han," (ich wollte nicht, daß es anders würde); Beichtb. Ms. „Des het er gerne wandel." (gewünscht, daß es nicht geschehen wäre); M. Helmbr. 680. „So sal er (der underkäuffel) den wandel vergelassen" (? verr gelassen? — nicht mehr gelten lassen, schließen?); Münchner Gantord., Auer, StB., p. 189. 363. 367. Nach einem Ingolstädter Rathschluß v. 1448 (Cgm. 240, f. 70) „von ungewonlicher käuff wegen, die mit auffsätzen geschehent zu unredlicher zeit und in trunckenhait," soll man „dem kauff (alias an dem kauff) wandel dingen von ainem mittem tag ze dem andern, und daz wandel sol yetweder, der chaufft oder verchaufft, haben, den chauf abzesagen ob er will ...." „Wär aber, daz niht Wandel an dem kauff gedingt wurd, so hat ains iglichen hausfraw, der chaufft oder verchaufft, den chauff von ainem mittem tag zu dem andern auch abzesagen." c) Gebrechen, das, nach dem Kauf oder Vertrag gefunden, diesen rechtlich aufhebt; überhaupt: Gebrechen, Fehler, Tadel, Makel. BM. III, 697,3. „Aller wandel ist von ir genomen;" Labr. 302. Man soll sich vom Ehalten, wenn man ihn dingt, „versprechen lassen für die vier Wandel (das ist) für Untrew, Fraß und für Faul und für böse Antwort aus dem Maul." „Wer einen Ehalten dingen tet, der der vier Wandel keinen an im het, der solt sich keinen lon lassen reuen;" Cgm. 713, f. 18. Der Verkäufer eines Pferdes soll dem Käufer „verpflicht seyn für die hernachvolgenden drey Wändl, als rotzig, reydig und herzschlächtig;" Ref. L.Rcht., Tit. 23, Art. 4. „Der vier Roßwändel hat sie drey, harschlecht, rützig, reudig dabey;" H. Sachs. „Die verbotnen Wandel, daß der Gaul nit sey reudig noch rützig, auch nit haarschlecht, stetig noch stützig;" ders. R.A.: ân, ône Wandel, Wandels bār oder frey, (mhd. wandels eine, ohne Defect; Valkn. 23), d. h. tadellos, sans reproche. „Wie schön wie frum wie wandel fri wie lieb dir ain wib si waz dir an lieb und er gat sag ir daz nicht ist mein rat;" Thierh. 77, fol. ult. In der alten Inschrift auf Seifrid Schweppermann's Monumente zu Kastel, die nach Brusch (Chronolog. Monast. 124, auch Cgm. 3248, f. 211) gelautet: „Hie leit begraben herr Seyfrid Schweppermann, alles thuns und wandels an 2c." — muß wol am Anfang des zweiten Verses ein Wort (etwa frumb, biderb) ausgelassen seyn. Gegenwärtig ist er renoviert in: „Alles Thuns und Wandels wol gethan." Hartmann Schedel liest (c. 1500): „Hie ligt begraben Seufrid Swepferman alles wandel an ein ritter keck und fest der zu Gamelstorff am streit in furt tet das pest ist tod dem got genad aᵒ. dni. 1337;" Clm. 716, f. 298ᵇ. „Der auch gar ane wentellin sol sin der hat ein mentellin under dem niht ware minne lauzzet;" Renner 5993. wandelbære, adj., mangelhaft, fehlerhaft; BM. III, 699. „Ist iht wandelbære daz getihte;" St. Ulrich's Leben, Cgm. 94, f. 76, V. 1578. wandelmælic, mhd. Adj., mit Makel, Tadel behaftet. BM. II, 24. „Ir (der Juden) geloube und ir ê sint beide wandelmælic;" Konr. v. Wirzb., gold. Schmiede, V. 1429 und Anm. p. 155. d) Das, später auch der Wandel, Ersatz, Genugthuung, Buße. „Daz ich ir ze wandel wil gebn mich selben unde mîn lebn;" Iwein 1645. „Ichn müeze mit eim andern man mînes herren wandel hân;" das. 1901. „So hat er an mir zerbrochen sin zucht, das wirt gerochen, sol ich kein wile leben, 98
er muß mir wandel darum geben;" Tandaryos, Cgm. 577, f. 163ᵃ. „Hat er weder pfenninge noch hewser (an denen man ihn strafen könnte), so slahe man im ab di hant für daz wandel;" Gem. Reg. Chr. I, 398, Statut. v. 1269. „Si Judaeus judici suo in poena pecuniali quae Wandel dicitur, reus inventus fuerit, nonnisi duodecim denarios solvat ei;" Edikt K. Rudolph's v. 1277. „Emenda, quae vulgariter dicitur Wandel;" MB. II, 207, ad 1279, auch Cgm. 658, f. 211. „Für das Wandel bey Gericht, Gerichtswandel sollte (1474) nicht mehr genommen werden, denn 4 Pfd. Landshuter Pfenning;" Kr. Lhdl. VII, 488; cf. ibid. V, 227. „De injustis emendis Wandel;" Clm. 17188, f. 54. „Wie wenig ainer übel tut, zehant ist im das wandel auf dem hals, awer so ainer frum und fürsichtig ist, und vil gutz tut, da ist niemant der das pedenckt und sprech er hiet wol und vil gutz getan;" Monac. Francisc. 148, f. 38. Das groß Wandel ist nach der Ensdorfer Gerichts-Ord. v. circa 1460 (MB. XXIV, 233) LX Regensp. Pfenning. (Wer dieß und jenes unerlaubte thut) „gibt zu Wandel 2 Pf.; ist zu Wandel verfallen 4 Pf.;" (dieß und jenes ist verboten) „bey Strafe zwen Gulden uns zu Wandel;" in Verordnungen passim. „So ein richter vodert von einem ein wandel, vnd die andern (die da sitzen am rechten und die zu tading gevodert vnd gebeten werden) wellen dem richter ein gevallen tuen vnd jm ein ze groß wandel sprechen;" Beichtbuch, Cgm. 632, f. 46ᵇ. „Item wenn ein armer Mann um was Handlung, das sich auf der Schergen Anbringen und sonst nicht geoffenbart ist, gefordert ist, so will man von ihm das Wandel haben;" Kr. Lhdl. XIII, 18. Die Schergen führten eigene Wandelbüechlein (Straf- und Bußverzeichnisse). „Die über ihren Stand dem Kleiderprachte nachhängen, sollen auf den Wandel notiert werden;" revid. bayreuth. Polic.-Ord. v. 1746. „Die Wandel-Gerichte sollen jährlich zweymal gehalten, und die Wandelstrafen richtig eingebracht werden;" Bayreuther Verordd. v. 1720 und 1728. Das Ehaftwandel, Geldstrafe, die in der Ehaft (sich I. Th., Sp. 6) auferlegt werden konnte, gewöhnlich 72 dn. „Wirt ains öffter pfändt,

so ist dasselbe das wanndl verfallen, welches macht zwen und sibenzig Pfenning;" Öttinger Ehaft v. 1577. (Wer dieß oder jenes thut) „ist das Ehaftwandel verfallen, oder soll umb das Ehaftwandel gestraft werden;" Rorbacher Ehaft, sec. XVI. Das, der Etzwandel, sieh I. Th., Sp. 181. Das, der Nächwandel, ehmals hie und da eingerissene Befugniß des Gerichtsdieners, von dem Bestraften ein Zehntel (einen Zehnten) der Geldstrafe für sich nachzuerheben; L.R. v. 1616, f. 414. Welsch, Reichertshofen 186. Sonst gebührte ihm von jeder erhobenen Geldstrafe ein Gewisses. „In dem Wandel hat der Amptmann vom Pfund XXXII dn.;" Scheirer Dienst-Ord. f. 83ᵃ. Das Stadtwandel, (Amberger Stdtb. v. 1360) 9 Pfund Haller. Vizdumwandel, sieh I. Th., Sp. 852. Ref. L.R., Tit. 37, Art. 3.

Wandelmuet, Wandeltreu ꝛc., (ä. Sp.) unbeständige Gesinnung, Treue.

wandelwärt, s. -wert, -wertig und wendig.

99 Der Wander, bey Suchenwirt, Teichner ꝛc. statt Wandel; (BM. III, 702: Gang; Lebenslauf; Wechsel; Tadel, Fehler). „Wo er hin pfleg des wanders das im gelück nachvolge;" Pütrich's v. Reichertsh. Br. 88 wanderwitzig, (Würm) irre im Kopf, wahnsinnig. wandern, a) wie hchd.; b) gehen überhaupt. Weigand, Wbch. II, 1020. Zeitschr. II, 405,5,1. „Der Lahme hett ohne Hülf nit wandern können;" Benno-Mirakel v. 1697. c) (Wirzb.) von Dienstboten: aus dem Dienst treten. Zeitschr. V, 254,53. d) (ebendas., auch wetterauisch) spuken, geistern. Es wandert, waunert, es spukt, geht um. Das Gewennerz, Spuk, Gespenst. Vilmar, kurhess. Idiot. 441. Ältere Belege der Form wandern finden sich bei BM. III, 702 f. Cf. wallen, Sp. 884.

1) Die Wand oder (nach Gramm. 808) Wend (Went), plur. Wend (Went), Dimin. das Wántl, wie hchd.; (mhd. want, gen., dat. wende, ahd. uuant, gen., dat. uuanti, später wenti, wente. Graff I, 761. BM. III, 685. Weigand, Wbch. II, 1019). D' *Wand*, a˜, i˜, vo˜ də' *Went*. „Swenne sich der sieche kêret zu der wende, daz ist nicht guot," Grimm, Reinh. p. 114. „Innerhalb der mittern Want in dem Rechthaus sol niemant reden, newr (außer) die das Recht sprechent;" Münchn. Rathsverord. v. 1370, Wstr. Btr. VI, 110. Auf Erb und Aigen konnte man verzichten, es verpfänden ꝛc. nur vor Gericht „zwischen der vier Went," (alias:) „vor Gericht in offener Schrannen in den vier Wenden;" Münchn. Stdt.R., Heum. opusc. 150. Hausverkaufsurkunden v. 1406 (MB. IX, 241), v. 1500 (MB. XIX, 211). Ist, sagt das Rechtb. v. 1332 in Wstr. Btr. VII, 127, daß eine Frau in dem Jahr nach ihres Mannes Tod ein Kind gewinnt, und dieses „die vier Went beschauet, (alias: beschreiet), so hat es geerbt seines Vaters gut, und erbet die Mutter auf ir chint." R.A.: Einen an die Wand drucken, ihn mit Gewalt zu etwas anhalten. Die bayer. Landstände v. 1605 sagen (p. 59) zum Herzog: „wurdet Uns Gott behütten und verwahren, dz wir Ew. fürstl. Durchl. gleichsamb an die Wandt trukhen oder zue einer ungebürlichkeit bewegnus geben wolten." „Also lag die hur bei der want," (in puerperio?); Cgm. 439, f. 64ᵇ. Holz bey der Wand oder Wend, sieh II. Th., Sp. 1103. Die Stainwand oder blos Wand, Dimin. Wándl, Wántl, Felsenwand. Eigene Namen solcher Wände: z. B. Benedicten-Wand, Gras-Wand, Kilian-Wand, Stucl-Wand ꝛc. Die lang Wand. „Eine Stunde oberhalb Kelheim drängt sich die Donau gewaltsam und schäumend zwischen großen Felsmassen hindurch, welche senkrecht und in wunderlichen Formen auf beiden Seiten aus den tiefen Fluten aufsteigen. Das Volk nennt jene Felsmassen die lange Donauwand;" Allgem. Ztg. v. 2. October 1841, Beil. S. 2195. Die Seewand am Osserberg gegen Böhmen, 711,8 Klafter. Sommer, Prachinerkreis p. 237. 241—42 und vorne die Abbildung. Wenzig und Krejči, d. Böhmerwald p. 123. 125 f. Das Gewende (Gwent), schroffe Felsenwände, steiles, zerklüftetes Gebirg.

„Frisch auffi auf d' Albm, frisch ei˜hi˜ ei˜s *Gwent*,
und dás mi mei˜ Deənál ə˜n Juchəzn kennt."

„Kärnt. pezhóvje, coll., viel Steine, Felsen, Wände, gewöhnlich das Gewändach genannt;" Jarnik 181. *Wandà'* (◡ –), an der Fels-Wand ab in die Tiefe, senkrecht. „Rechtə' Hand d' Mauer (Felswand) beim Kopf hə'bei, tenkə' Hand durchaus *wandà'*, vil hundert Klafter is's *wandà'*;" Schosser 89. 92. Die Wandel an den Abhängen des Ortles, was sonst Muhre heiße, (Th. II, Sp. 1642). Wie die Lawine die Schneemassen, so rollt die Wandel das zerbröckelte Gestein in dem sich selbst gegrabenen Bett bei jeder Temperatur-Veränderung von der Höhe herab. Schottky, Bilder p. 275. (Sind wol gemeint de *Wentlər*, die Steinchen, der XIII Communi.) Das Wandkegelspil; Hübner, Salzb. 249. Wandlaus, wantlûs, s. Wanze. Der Wandschopper, der Mauerspecht, Certhia muraria L. Nemnich I, 957 (Zillerthal). Der Wandstain, Grenzstein, Lachstein; Vilmar, kurhess. Idiot. 448. Vgl. unten: Wanne, Gewann und Anwand. anwändeln, 1) (von der Kugel im Kegelspiel) im Laufe die Bretterwand der Bahn berühren. 2) *à˜wándln*, auch *à˜mäuərln*, ein Kinderspiel, wobey man Münzen gegen eine Wand wirft und die Entfernung „spannt," deren Überwerfen Gewinn oder Verlust bestimmt. Seidl, Flinserln (1839) II, 76. 89. s. Th. II, Sp. 1638: anmäurlen, und Th. III, 671: spannen. „Krewand," sieh II. Th., Sp. 986. Die Urwänd, (Reichenhall), der schiefe Rand der Salzpfanne, auf welchen das gekernte Salz herausgezogen wird. Sieh unten Anwand, Gewandt, verwandt, aus-, inwendig und wenden.

2) Die Wand, schon ä. Sp. hie und da (vermuthlich unrichtig, als wäre es Primitiv von Gewand) statt Wât, w. m. s. BM. III, 683ᵃ. Vilmar, kurhess. Idiot. 441. Der Wanthüeter in einer Handschrift des Münchner Stdt.B., sonst Wâthüeter und Gewandhüeter. „Zwo nunnen spunnen garn ze aines 100
munches niderwant," (sonst niderwât, reimt auf verbrant); Cgm. 717, f. 105. Firmenich I, 320,296 (Kurhessen): *Wand*, Tuch; das. 250,119 (Osnabrück): *Wandrîter* (Gewandreißer), Tuchhändler. Das hchd. Leinwand lautet nach der dialektischen Aussprache standhaft *Lei˜wət*, was wirklich nur das ältere und bessere Leinwât zu seyn scheint. Wohl kommt O.L. das Adj. leinwanden (lei˜wandə˜), aber nur von gekaufter, feinerer, und nie in Beziehung auf die gröbere und stärkere *Hauslei˜wət* vor. „*Lei˜wandəné* Ärmling, ə˜ rupfené Pfaəd" trägt, nach dem Spottlied, manche Dirne, die bey aller Noth doch großthun will. In den VII Comuni ist be bant (Wand) tûch ein Stück Leinwand von einem gewissen Maße (ungefähr 12 Ellen), entsprechend dem isl. vend, f., textum, textura. s. Th. II, Sp. 1763: Gnotschaft. Das niederd. Neutr. wand und das alte Femin. wanda, vestimentum (gl. i. 649), neigt sich zum folgenden Wort.

Das Gewand (Gwand, Dimin. Gwántl), a) bey unserm Volk der gewöhnliche Ausdruck für das hchd. Kleidung oder Kleid (collectiv). (Vrgl. auch Gaisel, Ross ꝛc., die hchd. mehr im höhern Styl, im Dialekt aber ganz gemeinüblich sind). In der ahd. Sp. finde ich gewand nur in dem Compositum badaguant, vestis mutatoria; vgl. die mutandes, leinene Unterhosen der PP. Franciscaner. Ducange IV, 592: mutandae, mutatoria. Cf. unten Bettgewand und oben Wand. BM. III, 683ᵃ. Weigand, Wbch. II, 431.

„Deənál, las 's ge˜!
du bist liəb, du bist schö˜,
håst ə˜ Gəld und ə˜ *Gwand*
und bráv Holz bə də' Wand."

ə˜ Stückl *Gwand*; ə˜ schö˜s *Gwántl*. Das Bräut-

gewand, Hochzeitkleid. Bey der Inventur pflegt an vielen Orten der überlebende Theil eines Ehepaars die besten Kleidungsstücke des verstorbenen nebst dessen Bett als Bräutgewand zu beziehen. Das Gewandach (Gwántə', b. W.), Kleidung. ə˜ nui's *Gwantə'*. ə˜ Trâə'-*gwantə'* (Trauerkleidung). Das Gewändlich, (H. Sachs) desgl. Das Bettgewand, Leintücher, Ziechen; (beddegewant, lectisternium, gl. o. 329). BM. III, 684ᵃ. Das Birsgewand, (ä. Sp.) Jagdkleidung. BM. a. a. O. Das Eisengewand (Cgm. 577, f. 173ᵃ), Panzer, Harnisch, von welchem das Beingewand einen Theil ausmachte. BM. a. a. O. Das Hofgewand, wol was jetzt Livree. BM. III, 684. Der Abt Erhart zu NidernAltach gibt 1437 dem Hans Huetter zu Tundorf als seinem „Diener und Hofgesind auf ayn pferd zu sold 2 ℔ Reg. Pfen. und ain hofgewannt alz andern erbergen dienern;" Urkunde im Reichsarchiv, (Dr. K. Roth). Das Kirchengewand, Hochzeitkleid. „10 fl. zu Kirchengewand" hatte Bruder Sepp, außer je 200 fl. Erbe, jedem seiner Kinder zugedacht; (December 1842). Kürsen- oder Kürschengewand, Pelzkleidung; Cgm. 544, f. 54. Das Leinwât-Gewand, Leingewand, als Gegensatz von Wollengewand, oft auch blos Gewand. Margng tüəmə' *Gwand* wasch'n, (Ob.-Isar) morgen waschen wir das Leinenzeug, morgen waschen wir. Vrgl. oben das Bettgewand und Th. I, Sp. 582, Tuech: Gewandmaß. Das Schamgewand, mhd. Sp., Bekleidung der Schamtheile. Ein Weber, „der sitzet stæte ân schamgewant;" S. Helbling VII, 793. Das Wollengewand oder, auch in diesem Sinne, blos Gewand, besonders in der ä. Sp., Tuch überhaupt; H. Sachs 1612: V, III, 89. „Pannus, tuech oder gewant;" Voc. v. 1445. „Vestis pexa, ein dick tuch das vil gwand hat;" H. Junii Nomencl. v. 1629, p. 88. „Der Gewandkarren, das Gewandschiff, Karren oder Schiff mit Tuch beladen;" Gem. Reg. Chr. II, 81. 96. Nach fol. 131 der LdsOrd. v. 1553 wurde denen, „so auffm Land sitzen,"
101 verboten, das Wullen-Gewand ellenweise auszuschneiden und zu verkaufen, damit dieser Vortheil den Burgern der Städte und Märkte gesichert bliebe. Der Gewandfüerer oder Gewandschneider war als Tuch- und Leinwandhändler im Kleinen dem Tuechmanger oder Großhändler und Verleger entgegengesetzt. „Es ist auch von allter recht und gewonhait gewesen, daz chain gewanthinsneider chain gewant hie versneiden sol, dan zu den rechten tulden und margten;" Freysing. RechtB., Ms. „Er ist ein gebantsneider, elle drapiero;" Voc. venez.-todesc. v. 1424, f. 108. Vrgl. schneiden, III. Th., Sp. 568 f. „Geschlachtes wullengewant," (v. Sutner, Gewerb. v. München p. 519) glattes, gutes Wollentuch, im Gegensatz des Lodens oder zottichten, groben Tuches. Die Weber, welche gute Tücher verfertigten, hießen daher Geschlachtgewandtner. Sie kommen unter diesem Namen noch im J. 1773 bey der Fronleichnamsprocession in München vor. Im J. 1649 zählte man ihrer daselbst zehn, 1633 siebenzehn, 1618 zwey und dreißig; v. Sutner, Finauer's Biblioth. II, 220. Ad 1513 ist in Gemeiner's Regensp. Chron. IV, 229 die Rede von einem Gewandschlachtergesellen; (sieh schlacht III. Th., Sp. 500. Das Kramgewand, Schnittwaare. „Es sol auch nyemant mit tälern (cf. I. Th., Sp. 598) noch mit kromgewant vor der kirchen sten; doch mugen die tellrer ir krömgewant am hals tragen am marckt und anderthalben in der stat, vnd nit vor der kirchen;" Cgm. 544, f. 52ᵇ. Der Gewander, (Augsb. Stdtb., Freyb. 30) der das Recht hat, Gewand (Tuch) bey der Elle auszuschneiden, und damit (als Verkäufer) „ze gadem" oder „ze kelr stat." „Die Tuechler, Gewandtler, so das Tuech nach der Elen außschneiden;" tyrol. Polic. Ord. v. 1573. „Tuchgwänder," (H. Sachs, 1612: V, III, 25) Tuchhändler. Der Altgewandler, (Nürnb.) der mit alten Kleidern handelt, Trödler.

gewänden (gwánt'n), kleiden.

„Wei', vó'káf d' Ánt'n,
'ən Buəbm müəsmə' *gwánt'n*,
sunst kriəgt ünsə' Hans
kaə˜ Deənl zə'n Tanz."

Wiə kunt mə˜ si' denn *gwánt'n*, wenn də' Marktgróśch'n nét wár? sagen Münchner Köchinnen und einkaufende Mägde; (cf. becken, I. Th., Sp. 203). „Der Pflegvater soll das Kind gewändten;" Amberg. Akt. v. 1384. „klaiden, gewäntten, vestire;" Voc. v. 1419. „Das ich han den nackoten nie gewant;" offene Beicht zu Aldersbach (1450 circa), Ald. 293, f. 58ᵇ. Ebersb. 124, f. 175. „Der was nit gewent mit einem hochzeitlichen claid;" Clm. 9728, f. 193. „Mit wew werden wir gewend, quo operiemur?" das. f. 191. „Daz man die iunchfrawen mit guter edeln salben bestrich und mit reichen chlaydern gewænden scholt;" Gesta Romanor., Cgm. 54, f. 10ᵃ, (Keller p. 20). „Der marschalch gieng und gewændt dez chüniges tochter mit der aller pesten wæt;" das. f. 83ᵃ, (Keller p. 165). „Sy gewænten in mit dem aller pesten gewand;" das. f. 86ᵇ, (Keller p. 171). aufgwánt'n, hergwánt'n Einen oder sich, mit Kleidern wohl versehen. və'gwánt'n, z. B. das Geld, es auf den Kleiderstaat verwenden. Sich vergewänden, a) sich durch übermäßigen Kleideraufwand zu Grunde richten; Dé hà si' á' *vo'gwándtə't*, durch Kleiderluxus arm gemacht; ObrM. b) sich verkleiden, fremde Kleider anthun. Ei˜ də' Fàsinacht *vo'gwánt'n* si dé jungə˜ Leut. „König Ludwig (d. B.) hett sich, da gleich die Schlacht solt an- 102
gehen, vergwändet, daß jn die Feind in der Schlacht nicht kennen kunden;" Avent. Chron. 487. Der „Gwantner, vestiarius," im Kloster Osterhofen; Clm. 9902, f. 22. Die Gewändung (Gwántum, Gwántəm), die Kleidung. '*Gwántum* kóst Gəld. Einem unnatürlichen Sohne las man bey Gericht das Quantum der Reichnisse vor, zu denen er gegen den alten Vater verpflichtet sey. Wàs, rief er aus, *gwánt'n* á' no˜?! 's Gwántə, die Kleidung; Rank, Böhmerwald 119. Dés wár ə˜ *Gwántə!* Mecht aə˜s hàbm əso ə˜ *Gwántə!* Das Adj. gwánt (schmuck, nett, womit zufällig das engl. quaint — wol altfranz. coint, lat. comptus — stimmt) wäre gut aus gewändet zu erklären, wenn die andern Bedeutungen (flink, ausrichtsam, geschickt) nicht vielmehr auf gewandt hinwiesen; sieh dieses und wenden. gewandig (gwantig), a) (Nürnb., Hsl.) von Tüchern: dicht, gut; b) von Kleidern: lang und weit. gewandsweis (ä. Sp. in gewandes wîs, gewandes wîs), symbolisch, vorbildlich, holl. gwanswîs. Grimm, Reinh. p. 281, 2571.

Die Abwand, Abwandten (A'wantn, Dimin. das A'wándtl), Ort am Ende des Ackers, wo beym Pflügen umgekehrt wird; L.G. Weihers: der Abwendel (A'wengel); vrgl. wenden. Der Pflügende darf, wenn er nicht auf des Nachbars Acker umwenden will, seine Beeten nicht ganz bis an die Grenze führen, er muß ihre Enden unbefahren lassen, um sie am Ende der Arbeit in ganz andrer, rechtwinklichter Richtung zu pflügen: ═══

Die Anwand, Anwanden (A˜wantn, Dimin. das A˜wántl), a) Rand eines Ackerfeldes, der nicht mit umgepflügt werden kann oder darf; (mhd. anwande, anwant; Graff I, 762. BM. III, 686. 687. Grimm, Wbch. I, 513 f. Zeitschr. II, 51. IV, 62. VI, 49. gl. a. 538. 582: anauuanta versura; Cgm. 17, f. 142: termini, gemerche, aneuuanten). „Zwen Aecker an einander mit sampt anwanden und egartten;" MB. X, 210. „Einen Mahl- oder Gränzbaum auf der Gränz oder Anwanden zu fällen ist verboten;" Wirzb. Wald-Ord. v. 1721. „Wir sint von einem lande, das ist von siner anwande," (Gränze); Cgm. 577, f. 176ᵇ. „Dilatatio terminorum, verstörung der anwantten;" Cgm. 3985, f. 5. Poll. 668, f. 168. Auf die Anwand kommen (scil. mit dem Vermögen, der Wirthschaft ꝛc.), d. h. zu Grunde gehen. Es ist noch nicht an der Anwand, (am Ende). Cf. oben, Sp. 921: Wanne, 3). b) was das folgende Gewand, Ackerbeet. „Ain acker, des sind zwu anwannd, und gend über den langen grasweg;" MB. XXIII, 598. anwanden, angränzen, anstoßen. „Bed äcker abanten auf das holz;" MB. XVII, 190. „..daran ligt und darauf anbant und ſteſt;" ibid. 226. „Die 34 pivang anwantent auf die 12 pifang;" MB. XVIII, 200. „Äcker die mit der maur anwanten;" MB. XIX, 583. Vrgl. wenden.

„Gewand, (Nürnb., Hsl.) Ackerbeet," terra versa et aggesta inter duos sulcos, versura. BM. III, 686: diu gewande. Die Gewanden (Gwantn), bey Höfer ebenfalls durch Ackerbeet, hchd. Gewende erklärt — vermuthlich das, was am Mayn, Rhein *Gəwannə˜*, im brem.-niederſ. Wrtb. Wende heißt. „Ganze Länder und *Gwandten* (Korn, Gerſten, Waiz);" Stelzhamer 160. Dé Wulkəbru' hàt ə˜ ganzs *Gwendt* Feld à'grifſ'n. De' Rock is um ə˜ ganz's *Gwendt* (panneau) z'weit; derffetst ə˜ ganz's *Gwendt* auſſə' nemə˜. Vilmar, kurheſſ. Idiot. 448: die Wanne, Grenze zwiſchen zwei Grundſtücken; die (das) Gewann, die Grenze der Gemarkung und die Gemarkung ſelbſt. Zeitſchr. II, 46: Gewende, Gewenn; VI, 183. Das Dimin. Gwántl kommt auch von kleinen Gartenabtheilungen vor, die auf einmal umgewendet werden. angewanden, (das erſte Mal pflügen, brächen?). „Wo einer einen Akher hat hinter dem andern, der mag darüber wol farn und auf ſeinem akher tungen oder darauf angwanten 8 Tag nach St. Jorgen Tag;" Peitinger Ehaft v. 1435; Lori, L.R. 141. MB. XVII, 226 ſteht: „ein langer acker zwigwent," und XXIV, 250: „zway zwigewonte Ackerl,"
103 vermuthlich Äcker, die ſo lang ſind, daß man ſie nicht in ihrer ganzen Länge fortpflügt, ſondern in zwey Stücke theilt, bey deren Enden man umwendet. Vrgl. in dieſem Sinne bey Friſch II, 439: Mittelgewende, Obergewende, Untergewende. In Cgm. 641, f. 157 und 644, f. 253 wird Gewanten für diaeta, stadium; Cgm. 659, f. 265 Gewent für stadium gebraucht. „Stadium, gewanten" („gebannten");" Clm. 5387, f. II, (ad 1450). „Stadium, gwannten;" Semansh. 34, f. 193. „Drey Fueß machen einen Schritt, 16 Schrit einen Rueten, 16 Rueten ein Gewend, 16 Gewend ein Meil," Cod. ch. 21, f. 321, ad 1469. Rot. 113. Clm. 15613. „tagewenden, diaetare," gl. a. 805. Vrgl. wenden.

bewandt, ſieh oben, Sp. 920: wænen, und vergleiche, wie bei den nächſten gewandt, verwandt ꝛc., durchaus das unten folgende Verb wenden. „Sô wære wol ein rîche lant ze ſîner frümkheit bewant," (ſchickte ſich); Gregor v. d. St. 1112. „Daz in unſer herre wîſte in ettelîch lant, dâ ſîn vart wære bewant;" daſ. 1658. „Ir leben wær übele bewant;" daſ. 2039. „Zuo dem wære der ſtuol vil wol bewant," ihm gehöre der (päpſtliche) Stuhl; daſ. 3013. BM. III, 691ᵇ,2: bewenden, anwenden, verwenden.

gewandt, gewant, a) (ä. Sp) gelegen, bewandt. „Ez iſt um mich ſo gewant" (Wigalois, Triſtan ꝛc.), es verhält ſich mit mir alſo, ich bin in ſolcher Lage. b) nahe gelegen, ſich berührend, im Verhältniß ſtehend. „Einem gewandt ſein mit Sippſchaft (Blutsfreundſchaft), mit oder in Lieb und Treu, mit (Dienſt-)Pflicht, mit Scharwerch ꝛc.," Kr. Lhdl. III, 218. V, 252. VII, 160. X, 100. „Alle die in der Sach verdacht und gewant (betheiligt) ſind," MB. IX, 285. „Unſere Mitgewandten," Kr. Lhdl. XIII, 234. Vrgl. auch anwinden.

g'wándt, gewandt, anſtellig, ausrichtſam, artig, ſchmuck. Zum Jonas, der in der Fronleichnamsproceſſion dem Walfiſch in den Rachen zu werfen war, mußte man (Wſtr. Btr. V, 119) einen „kecken gewenten pueben" nehmen. „Die Jeſuwiter haben überall das Prä, und ſind die Quanteſten;" Briefe b. Denkart und Sitten p. 8. ə˜ *gwánts* Bürschl. Wiə biſt ſo *gwándt* a˜glégt! (ſchön gekleidet). Iəiz hàſt widər ə˜ *gwánts* Gwántl, (eine ſchmucke Kleidung). Vrgl. auch gewändet, oben, Sp. 242.

gwándti vo'drádi, adv., auf eine verdrehte, verkehrte Art. Də' Hàrbeudl henkt eəm *gwánti vo'drádi.* D' Straſs gêt *gwánti vo'drádi.* *Gwánti vo'drádi* (Verdrehungen, Schwänke) machə˜. Sieh gewindig (gwinti) und vergl. ſchwäb. vergwanten etwas, es heimlich bey Seite ſchaffen, und unten vergwenden.

verwandt, verwant, verwont, in Berührung ſtehend, betheiligt. Einem verwandt mit Sippſchaft, — was heutzutage ohne Beyſatz: verwandt. „Seine Freund, die jhme die nechſten im Grad der Sippſchaft verwont;" L.Ord. v. 1553, f. 51. „Einem verwandt mit Pflicht ꝛc." „Einer Sache oder in einer Sache verwandt oder unverwandt ſeyn," an einer Rechtsſache Theil haben, in derſelben betheiligt, parteyiſch ſeyn oder nicht. „Von Vorſprechen in der ſach verwant;" Ref. L.Rcht., Tit. 23, Art. 3. „Das aller Unwill zwiſchen jr und aller dorunder verdacht und verwannt ganz gericht, hin und abe ſeyn ſoll;" MB. IX, 285. 290. „Wann dann ſolche Irrung unſerer zween und den dritten nicht be- 104
rühret, ſo ſollen wir deſſen kommen auf den dritten, der darinn unverwandt iſt, und was dann derſelbe darum erkennt, dabey ſoll es bleiben;" Kr. Ltghdl. II, p. 115. „Drey Perſonen, der ſachen unverwont," (ſollen zu Kundſchaftsmännern verordnet werden); Ref. L.Rcht. Tit. 34, Art. 12. „Ohn Eröffnung der Perſon, ſo in dieſem Laſter auch verwont;" Beichtb. 275. „Die nachbenente bey dem hallingiſchen Salzweſen verwohnten Arbeiter;" Lori, B.R. 393. „Keiner unſer Ambtman noch derſelben Undteramtleut und Verwonten;" L.Ord. v. 1553, f. 21. „Die Beamten ſollen ihren angehörigen Amtsverwandten jederzeit guten Beſcheid geben;" o.pf. L.O. v. 1657. Canzley-Verwandte. Kriegsverwandte, litis consortes, L.R. v. 1616, f. 445. Räthsverwandte, Rathsglieder. Salzverwandte, zum Salzmair-Amt gehörige Perſonen; Lori, Berg-R. Wald- und Jägereyverwandte ꝛc. Die Verwandnuß, Betheiligtheit; Kr. Lhdl. XI, 337. zuegewandt. „Ihre Räthe, Hofgeſind, Diener, Unterthanen und Zuegewandte;" Kr. Lhdl. V, 191. Vrgl. oben gewandt.

ſamtwander, ze wander (zəwan'ə') ſ. Th. I, Sp. 100: ſam-ander, und Th. III, Sp. 285.

wenden (wentn, Praet. wendet, Partic. gewendet, gwentt; — mhd. wenden, Praet. wante, Partic. gewant; ahd. uuendian, uuendan, Praet. uuanta, Partic. giuuant. Graff I, 754. BM. III, 689. Weigand, Wbch. II, 1055), wie hchd. a) als verb. neutr., 1) ä. Sp., umkehren, zurück, fort, weg gehen, ja gehen überhaupt, — wie angelſächſiſch wendian, von welchem noch im Engliſchen das Präteritum went am Leben iſt. (Auch goth. ſnivan heißt eigentlich vertere, flectere, isl. ſnúa. Grimm, über Diphth. p. 29.) „Er blider dana uuanta," (er gieng fröhlich von dannen); Otfr. III, 14,77. 2) aufhören, enden. „Ein wullîn röckelîn, daz mê danne einer hant ob ir enkelînen want;" Triſtan 15664. „Der Herr iſt fleißig, die Frau iſt fleißig, die Kinder ſind fleißig; aber bey der Magd da wendts." „Wo der pfenning wendt, da hat alle lieb ein end;" Cgm. 713, f. 7. Cf. bewenden. 3) gränzen, anſtoßen. Dieſes Grundſtück wendet an jenes. (Das ſlawiſche gränzen iſt erſt ſeit dem 15. Jahrh. für wenden eingedrungen. Vilmar, heſſ. 53; kurheſſ. Idiot. 448). Sieh ab-, anwanden, Wand, Gewanden, oben, Sp. 942, auch Th. III, 191: Revier. b) als verb. act., 1) weggehen machen, aufhören machen, abwehren. Unbau oder Baufälle wenden, Reparaturen machen; Wſtr. Btr. VI, 101. Das Fieber, den Durſt wenden; Ldtg. v. 1612, p. 216. „Der Wendenſchimpf," finſterer Menſch, Spaßverderber, (bey H. Sachs). nôt-wendig = die Noth wendend? Weigand, Wbch. II, 283. 2) Einen wenden, erwenden eines Dinges, ä. Sp., ihn daran hindern, davon abhalten. BM. III, 690ᵃ,3 und 693ᵃ,3. „Des hât mich Gîſelher erwant;" Nibelungen 321,4. cf. 852,3. „Die tiuvel kêrent alle ir liſte daran, wie ſie uns des himelrîches erwenden, daz ſie verlorn hânt," Br. Berhtolt 214, (Pfeiffer p. 33,27). „Waz uns beiden

ungelücke fröuden hât erwendet;" Labr. „Nieman michs erwendet," bringt mich davon ab; Valkn. 185. „Gewendet werden eines Furhabens und davon absteen müßen;" Feuerbuch 1591. 3) wiederkehren, ersetzen. Einen Schaden wenden; vrgl. wandeln, Wandel, Sp. 937. bewenden, enden, zu Ende kommen, zu Ende bringen. „Laß es dabey bewenden." „Daz wurd iu ubele be-
105 want," würde schlimm für euch enden. „Nû was daz vil unbewant (ohne Erfolg, Ende), swaz man ime dâ gerief;" Iwein 3246. s. oben, Sp. 943: bewandt. Daher noch: etwas bewenden lassen; dabey hat es sein Bewenden. brâwenden (bràwentn), sieh I. Th., Sp. 335 f. erwenden, sieh oben, Sp. 944. fürwenden, a) hchd. vorwenden. b) anwenden. „Fleiß fürwenden;" Lori, B.R. 493. c) fürwenden Einen um etwas, (Kr. Lhdl. IV, 44) ihn deshalb zur Verantwortung ziehen. verwenden, verwandeln (?). „Graf Arbo verwendete a°. 994 sein Schloß (Pürgl) in ein Kloster (Seon);" Sutor's Andex p. 17. vergwenden. „Ich kan jhms bletlein frey vergwenden, jhn mit gsehenden Augen blenden," sagt die Ungetreue bey H. Sachs 1612: I, 1043. „Die jm doch alle ding verquenten, sich anders stams und namen nennten;" das. II, III, 289. „Wil ich die warheit an den enden dem Herrlein sein höflich verquenten;" H. Sachs 1650: V, 365 (1612: V, III, 56). Vrgl. gwándti'. Auch andere von wenden abgeleitete Formen, wie bewandt, gewandt, verwandt, sieh oben, Sp. 943.

wenden das Salinenholz, es spalten und aufklaftern. Die es thun (im Hallein) heißen Wender, Wenderknechte, die unter dem Wendermaister stehen. gewendtes Widt, (in ältern Schriften) geklobenes Brennholz, im Gegensatz des ganzen; (Tir.). s. Th. III, Sp. 358: scheiben, 2. Cf. ahd hwenjan, hwennan, vibrare, quatere etc.; Graff I, 1228.

'wendig, ä. Sp., sich wendend, gewandt, hin- oder zurück, rückgängig; Graff I, 763. BM. III, 694. f.: wendec.' „Recht sam die potig (Bottich, Faß) ist hin und her vercherlich und wendig von stat zû stat, also ist unser wandelwærtigez leben;" Gesta Romanor., Cgm. 54, f. 14ᵇ, (Keller p. 30).

wendig werden, umkehren. Birlinger 430. Vilmar, kurhess. Idiot. 449. „Mit dem sind dieselben Gesandten wendig worden;" Kr. Ltghdl. XIV, 30. wendig machen. „Eine Entscheidung durch Schankung in der Vollziehung wendig machen;" Ldtg. v. 1514, f. 214. auswendig (auswenti'), einwendig, inwendig (ei⁻wenti', i⁻wenti', innə⁻wenti'), 'äußerlich, außerhalb; innerlich, innerhalb; BM. III, 695.' a) adv., „auswendig 's Markts," (außerhalb des Markts); Kr. Lhdl. II, 189. „auswendig einigen gebäuen, ledig und unter freyem himmel;" Akten. („uzwendig chophes, de foris calicis;" gl. i. 604). „inwendig vier Jarn," (innerhalb); Akten v. 1523. „Das kumt von auswendig, von inwendig, ab extra, ab intra;" Cgm. 690, f. 39. b) adj., auswendige Schiffleut, (fremde, nicht im Ort angesessene); Lori, Brg.R, 503. Der Auswendige, (forensis); Kr. Lhdl. XIII, 151. MB. XXIV, 232. MM. 43. 44 steht „innene, uzzene uuentiun theru grafsceffi, intra, extra fines comitatus." Hiernach mag auswendig, inwendig zunächst von Wand (cf. Wessobr. Gebet: „uuenteo, finium;" 's. unten: Wende') abgeleitet seyn. cf. Anwand, Sp. 942. I trau də' nét diə', kimst mə' z' *ei⁻wendi'* (verschlossen, nicht recht aufrichtig) fü', hintə"n Leut'n aft lachest und redəst vo⁻ mir;" Schosser 26. 'Die Inwendigkeit, ä. Sp., das Innere; Innerlichkeit, inniges Wesen. BM. III, 695: inwendecheit.' „Intimitas, inwendickait;" Monac. Aug. 84, f. 83. „hinderwendling, retrogradus;" Voc. v. 1419. nâchwendig, nahe, nahestehend, adj.; BM. III, 695. „A°. 1436 starb Graf Fridrich von Toggenburg, und begrub man schilt vnd helm mit im, won er hatt nieman nachwendig frund (nahe Verwandte), denen er das erb gunde;" Cgm. 558, f. 116ᵇ. „Do er (Christus) nahwendik (proximus, venturus) was;" Wernher's Maria p. 162. „Vicinorum, der nahwentigen;" Cgm. 17, f. 70. Cf. aus-, inwendig, Anwand und Wand. 'obwendig, oberhalb', BM. III, 695.' „Alliu gelider obwendig des hals;" Dieff. 140, f. 84ᵃ. „treuwendig werden;" Buch der Weisheit v. 1485, p. 40. 'überwendlings, s. unter winden.'

Die Wenden (Wentn), Streifen Ackererde, durch die Pflugschar umgewendet. (Gewend ꝛc.; sieh Abwanden, Gewand ꝛc., Sp. 942. 943). Die Schneewenden, hoher Streifen oder Rain zusammengewehten Schnees. „Daß es der tiefen Weg und Schneewenden halber nicht möglich das Holz abzuführen;" Neub. Forst-Ord. v. 1690. Es scheint mir nun, daß sich auch die, 106
Th. II, Sp. 888 als Gähwinden gedeutete Gáwent'n, Gáiwent'n besser aus diesem Feminin Wenden erklären lasse, ja, daß das betonte Gá, Gái sogar zu Gæu gehören könne, indem dadurch auf die Ausdehnung, Größe (vrgl. Land, II. Th., Sp. 1483) hingewiesen würde. Entstellung aus Gwá in Gá ist unwahrscheinlich. Vrgl. Gewanden, oben, Sp. 943 und *goweddeln*, II, Sp. 1030. 'Die Wende, (ä. Sp.) Wendung nach rückwärts, Umkehr;' Änderung, Hinderung, Abwehrung; (mhd. wende, ahd. uuentî; Graff I, 761. BM. III, 687). Âne wende, unvermeidlich; Wigalois 608. „Gib mir den eid, daz ist gar âne wende, als dirz mîn will erzeiget;" Labr. 715. „Daz ouch alwend (überall? immer?) ain gotzhus daz ander zu redlichen sachen fürderen sol;" Münsterlinger Urk. v. 1407, Geschichtsfr. III, 261. „Haiz in (den Patienten) vast gen hin und her daz er underwenden werd zû stûl gen;" Ind. 344, f. 68. 'unwende, adj., ä. Sp., nicht abzuwenden, unvermeidlich; BM. III, 686 f.' „Mîn frâg hât noch niht ende; herre, daz ist unwende, ich müez iuch aber fragen;" Helbling I, 547. „Herre, daz ist unwende, ez nimt so lîht niht ende;" das. VIII, 111. Die Laidwende, die Missewende, Umschlagen ins Schlimme, Unfall. Cf. II. Th., Sp. 1438. Das Augwendlein. Kaən *Augwentl*, keinen Augenblick, nicht das Geringste. Der Wendelberg, Eigenname eines schönen, ganz freystehenden, hochspitzigen Rasengebirgs bey Lofer. Der Wendelstain, a) in der ahd. Sp. uuentilstein, turris in quam per circuitum ascenditur, cochlea; Cgm. 649, f. 560: „campanile vel glogghaus;" Graff VI, 689. BM. III, 617. Weigand, Wbch. II, 1055. „Lief hin in den wendelstain und laut die gloggen all gemain" (zum Sturm); Ring 40ᶜ, 19. „Coclea sit wendelstain columpna quoque pheyler;" San-Zenon. 120, f. 100. b) Eigenname von Bergen, z. B. des bekannten, stattlichen zwischen Rosenheim und Fischbachau, eines andern bey Golling. Der Wendelstainer, eine beliebte Tanzmelodie.

„Deənə-l', wiə machə⁻t 's denn 'Zéllə'buəbm?
Machə⁻t ſi 's á' ə's wiə dà? etc."

Der Karwendel (vermuthlich zu supplieren -Berg), ansehnlicher Gebirgsstock an der obern Isar bey Mittenwald, — scheint nach Th. II, Sp. 1297 eher von einem Personnamen abzuleiten. Bey Meichelbeck, H. Fr. 477 findet sich ein Ort Kerwenteleshusa. K steht nach dem System der ahd. Sp. (wie auch das, was gleich folgt, bestätigt) für G, und so könnte man an den bey Saxo Grammaticus (1771, p. 68) vorkommenden jütischen Gerwendillus (isl. Geirvandill), Vater des Horwendillus (isl. Örvandill) denken. Sieh Uhland's Sagenforschungen I, 48—51. Steub (Rätien p. 64. 69) setzt ein rasenisches kar (Berg) voraus und davon ein Compositum Caravenuta. „... von Sulfenstain an die Rüsz jn Aliders, aufs Aliders, auff das Helslein, vom Helslein in die Gerwendelsach, aus der Gerwendelsach in Zirlpach ꝛc.;" Marken der Grafschaft Werdenfels nach dem dortigen Ehaftbüchl. v. 1431, Cbm. 1533, f. 3. Wendelmuet, fingierter Name, gleichsam Inconstantia. „Ein wunderlich geschicht von einer

Frauen, geheißen Wendelmuet;" Druck v. 1527; sieh Wandel, Sp. 939. Das Wendelmer, 'auch der Wendelsê,' (ä. Sp.) der Ocean (als Ende des bewohnten Erdkreises, — wo nicht von den Wandalen so genannt; s. Münch. Gelehrte Anzeigen 1847, S. 16). „Hibern daz ist ein lant weil daz in dem Wendelse leit;" Tungdalus, hg. v. Hahn, 42,1. „Mundus est rotundus et est circumdatus aquis sicut vitellum ovi albugine et hoc mare vocatur Wendelse." „Altissimus mons mundi qui transscendit nubes ut atlas in Affrica in mari quod dicitur Wendelmer;" Ind. 406 (XIV. sec.), f. 70a.b. wende=zageln, (ä. Sp.) schwänzeln, wedeln. „Daz welf, die weil dem die muter zu saugen geit, so wendeczagelt es gen jr und spillet;" Br. Berchtold, Cgm. 1119, f. 54a. cf. wen=zegeln, Sp. 921.

'Die Wenden, Volksstamm; s. unten: Winden.'

wendling, s. oben, Sp. 920: wœnen.

winden (wint'n, wánt, wunt, g'wunt'n), 1) ä. Sp., verb. neutr., sich wenden, kehren. „Tho iz zi tage want;" Otfr. III, 8,21. „Thie liuti uuúntun heim;" das. I, 22,27. winden an Einen, Einen anwinden. „Arnolt v. M. oder sin freunde, di in anwindent von im selben oder von seiner hausvrowen;" Meichelbeck, H. F. II, II, 106. Vrgl. gewandt, verwandt, zunächst von
107 wenden, und dieses von winden. erwinden, a) (mhd.
erwinden, ahd. iruuintan; Graff I, 749. BM. III, 678), sich zurückwenden, zurückkehren; Otfr., Notk., Diut. III, 140. Z. B. „irwint hinter mich, redi retro;" Ps. 96,1. b) erwinden eines Dings, an einem Ding, davon abstehen, ablassen. „Ich weiz wol daz man in vindet, swer nicht der suoche erwindet;" Ulrich's Tristan 2448. „Do er nu erwant lerendez;" Griesh. Pred. I, 63. „Fraw, ir sult erwinden weltlicher lieb;" Cgm. 379, f. 89, (270, f. 123). „Wellt ir der pulschaft nicht erwinden;" Cgm. 713, f. 65. „Nachdem wollt der Fürst nit erwinden an seinem Gewerb;" Wstr. Btr. II, 91. c) gebrechen, mangeln, fehlen. „Als ich an mir genzlich nichts erwinden laß;" Wstr. Btr. V, 228. „Daß an Uns kainer Billigkeit erwinden soll;" Kr. Lhdl. X, 7. „Der eifrige Priester ließ an ihm nichts erwinden;" Selhamer. „Es hat mir an Miteln erwunden;" Ldtg. v. 1669, p. 89. „Daran billichen Unkosten nit erwinden lassen;" L.O. v. 1553, f. 112. 2) verb. act., a) wie hchd. „Man windt nicht wid in den undernachten, das sich dy lewt in kranchait nicht winten;" Grimm, Mythol. XLIX, 41. Segen gegen den Höcker: „Baingewächs schwind, als der schwand, der wid wand, da man unsern Herrn mit band;" Cgm. 3721, f. 85. „Mit windender Hand," mit Händeringen; Gudrun. „Gewunden Zucker," d. i. Zucker=Penit, (franz. penide); Cgm. 601, f. 108. Ab-, auf-, ein-, aus= rc. winden, besonders in der Bedeutung wickeln. „Joseph trant ein hosen von dem bein, da want Maria daz kindlein ein;" Cgm. 778, f. 143. „In des tieres hiute der helt sich bewant;" Gudrun 102,1. BM. III, 678. Sieh Windel und Gewand. b) winden, vrb., und Winden, subst. pl., ein Terminus der ältern Fechtkunst; Cgm. 582, fol. 204.

Die Windel, wie hchd.; (mhd. windel, ahd. uuintila; Graff I, 760. BM. III, 682 f.). Der Windelwascher, Mann, der sich vom Weib zu ihren Geschäften brauchen läßt. „Fluchs droll dich, weil es ist so gut, also man wintelwaschern thut;" H. Sachs. windel=waich, adj., verstärkend; Zeitschr. II, 240. Einen *windlwaəch* klopfə̃, prügln, dréschʼn, ihm das Fell recht durchgerben. 'Die Windelwieg (? 'wol für ä. windelwîhe, Windelweihe; s. oben, Sp. 882: Weih, oder zu Wiege?'). Abschrift eines Extracts aus einem Pfarrkirchenbuch zu Fürstenfeldbruck, von Rath Her genommen (1839): „In festo circumcisionis finitis vesperis juxta morem antiquissimum antiquitate magis quam aedificatione commendabilem celebratur memoria Christi parvuli in cunis vulgo: das Windlwieg. Non debent pueri super altare poni sicut antehac, sed in loco sublimiore chori ubi commode ab omnibus in tota ecclesia videri possunt. Festo nativitatis et epiphaniae eadem celebratio." Der Pfarrer sagt, diese längst nicht mehr gebräuchliche Ceremonie habe noch in vielen andern oberbayrischen Pfarrkirchen statt gehabt. Cf. „O J. Chr. von hocher Art, wir wiegen dich vil sußen zart" ... rc. („Resonet in laudibus" etc.); Clm. 5023 (XV. sec., 1495. 12°), f. 15—17. windeln 'einwickeln (namentlich in Windeln). BM. III, 683.' „Ein Kindlein gewindelt in ihr Tüechlein, gelegt in die Krippen;" Cgm. 749, f. 276. Das Windlein oder Windl Garn enthält (um Passau) 242 lange Fäden, wovon einer 5/4 Ellen mißt; 10 Windel machen 1 Stren. Die Winden, (Wolfram's Titurel, Nro. 151—152, Lachm. 157,4. 158,1; nach Schlegel, Heidelb. Jahrb. 1811, p. 1106:) Wände des Gezeltes. BM. III, 682. Vrgl. Wand, Leinwand, oben Sp. 940. Die Winden (Wint'n), wie hchd. Winde, a) Vorrichtung zum Winden, Drehen; (mhd. winde, ahd. uuinda, uuinta, trochlea, torclea; Graff I, 760. BM. III, 682. Weigand, Wbch. II, 1085). In den Klöstern wurden die Speisen und andre Dinge mittels einer Winden (eines umdrehbaren Kästchens in der Wand) in die Clausur hinein, und umgekehrt, geschafft. „Windten und Armbrust" (jene wol, diese zu spannen dienlich), Habicht und Sperber — nicht Geld — hätten die Fürsten ehmals bey Verleihung der Lehen gefordert,
meint der Adel in Kr. Ltgsh. XIII, 163. 'b) eine Pflanze; 108
BM. III, 682b,3.' „Hedera, paumbint;" Ind. 418, f. 156. Das Winthaus, Kelter, torculare. „Die Weinberge (um Winzer) verwüsten und die Winthäuser in selbigen in Asche legen. Ein Wint- oder Biet-haus;" Gem. Reg. Chr. II, 250. IV, 172, ad 1511. Die Bewohner der unter Wasser stehenden Häuser in Temling u. s. w. bey Regensburg werden vorläufig in den sogenannten Windhäusern („am Abhang der Weinberge liegende Gehöfte, Landhäuser, Kelter rc.") untergebracht. Regensburg, 27. Januar 1841, Landbote Nr. 32. „Fure dei winthus, pro torcularibus," Cgm. 17, fol. 16a und f. 121, Psalm 8,1 und 80,1. „Winthûs, canava;" Gl. Doc. A. c. 122. Das Gewind (Gwint), Gewinde, la charnière. gewindig (gwinti'), sich leicht wendend, drehend; hurtig, behend. *Gwinti* və'drádi machen, Schwänke, Verdrehungen machen; vrgl. oben, Sp. 943 f.: gewandt und II. Th., Sp. 1395: Quinten. „umbwindig, girative;" Voc. v. 1445. Der Windling (Wintling), a) der Bohrer. „Umb ain nager oder Wintling;" Cgm. 698, f. 55a. b) die Winde, (Pflanze; gl. o. 15: „uuinda, ligustioum." cf. ahd. winting, mhd. windinc, fasciola; Graff I, 760. BM. III, 683). „Der Windling, diese Blum wird von den Lateinern genennt volubilis oder funis arborum;" P. Abraham. Kärnt. slak, Windlig, welsche Erbse, im karntisch Deutschen Zlak; (Jarnik p. 197). Vilmar, kurhess. Idiot. 455: der Windel: ervum parviflorum und convolvulus arvensis. überwindling, überwindlings, überwindlisch nähen, eine Art zu nähen, dem Steppnähen, den Hinterstichen entgegengesetzt. J. A. E. Schmidt's russ. Wörterbuch (1815): tatschat, überwendlinks nähen; tatschka, eine überwendlinke Naht; '(Ausg. v. 1867: überwendlings). Birlinger 430: überwendlings.' Die Windbrâuen (Wĩpráwm, Wimprám, Wilprám), a) was im Hchd., nicht minder entstellt, die Wimpern, (die Haare an den Augenliedern, und wol in Bezug auf das Winden, Wenden, Bewegen derselben). „Dem Aussetzigen fallent die Wintprauen aus den Augen;" Ortolph. b) die Brauen über den Augenhöhlen, Augenbrauen; (mhd. wintbra, ahd. uuintprauua, ndrs. Wienpraan, supercilium; Graff III, 315. BM. I, 231. Weigand, Wbch. II, 1085. Vilmar, kurhess. Idiot. 444: Weimbrô, Wembrô); sieh Th. I, Sp. 335. „Zwu winpran swarz als ain kol;" Cgm. 714, f. 183. wind=, win-ächsig. 's Fuərwerch gêt *winácksi* — schief, verdreht, krumm. Vrgl. oben wan=ächsig, Sp. 917. wind-hälsig, (Nürnb.) krummhälsig. Es sagt Br. Berhtolt p. 75. (Pfeiffer 275,28): „Dû solt dich armer

eltern nit schamen, noch ob in winthalsen, wanne da-
mite hast dû sie versmæhet und dâvon versmæhet dich got."
„Colli retorsione, winthalsen;" Clm. 17188 (XIV. sec.),
f. 52. BM. I, 618: wanthalsen, winthalsen; s.
Th. II, Sp. 1096: wankhalsen. Vergl. Schwabensp.,
hg. v. Wackern., Vorrede, (Laßberg p. 5^{a}): „Der keiser
sol dem pab:st den stegraif haben, daz sich der satel iht
winde, (Laßb. „nit erwinde"), ne sella in obliquum
volvatur;" Mallerst. 33, f. 83^{b}. wintschaffen, 'so
beschaffen, daß es sich drehen und wenden läßt; verdreht,
verkehrt. BM. II, II, 69.' Gotfrid v. Straßburg im
Tristan 15740 wagt zu sagen: „Dâ wart wol geoffen-
bæret, daz der vil tugenthafte Krist wintschaffen als
ein ermel ist, (sich wenden und drehen läßt) ... er ist
ie, swie sô man wil." „Die liute (in Ôsterrîch) wint-
schaffen sint. Wintschaffen (ein w. Kleid?) treit ein
kint und ist dem alten ouch vil reht;" S. Helbling XIV,
7. 8. „uuintschafen, (tortipedes" (versus), gl. i. 826.
windschelch, windschief, schief, verdreht, verzogen.
Weigand, Wbch. II, 1085. Zeitschr. V, 181. „wintvar,
varius;" Voc. v. 1445. windisch, verdreht, verkehrt.
Weigand, Wbch. II, 1086. Zeitschr. V, 181. Im Isl.
gibt es ein einfaches Adj. vind=r für schief, krumm,
(schwed., dän. vind; vrgl. bey Ulphilas Matth. 5,45:
invind=s, ἄδικος).

winden in folgenden Zusammensetzungen ließe sich
besser aus dem Begriff des Ablautverbs winnen (sieh
oben, Sp. 929), als aus winden deuten; und sollte die-
ses wirklich (sieh bayer. Gramm. p. 339) aus jenem ent-
standen seyn, so ist es schon frühe geschehen. I hab
z'winden und z'waden ghabt däß i davon han mögen"
(aus der Hölle); Cgm. 3805, f. 154^{b}. „Den ram (arie-
tem) Abraham anerwant (ergriff), got er in opherote;"
Diut. III, 67. (cf. „aruant, subegerat," Gl. Doc.
109 A. c. 25). überwinden, wie hchd.; Graff I, 751 und
880. BM. III, 679 und 712. Weigand, Wbch. II, 937 f.
übaruuant, gl. a. 115: subegerat; i. 286: obtinuit;
i. 1260: fregit; unuparuuntanlich, i. 760. 792
ineluctabilis. Dazu bey Otfr. Notk. die R.A.: „ubar-
uuant tuon eines dinges," es überwinden). „Den ge-
sellen, die der vitztumb hinauf schickt gein Rotenburg, die
den Schafperger vberwunden (überwältigt, festgenom-
men), zerung geben und den Züchtinger davon auszu-
richten II Pfd. VI ßl. dn.," (1392); Freyb. Samml. II,
107. unüberwindlicher Schaden, unersetzlicher, (Feurb.
v. 1591); bey H. Sachs 1560: II, III, 20 in gleichem
Sinne: „überwindlicher schaden." unterwinden sich
eines Dinges, wie hchd.; Graff I, 751. BM. III, 680.
untaruuant, a. 115: subegerat; underwinden,
o. 281: usurpare; a. 806: discutere). „N. N. paten
mich Gabriel Ridler das ich mich des altars underwund,"
(ihn zur Pflege und Verwaltung übernähme); Gabr. Rid-
ler (s. Th. III, Sp. 59), p. 1. Der Widerwind,
(Horneck) Gegner, Feind; (mhd. widerwinne, ahd.
uuidaruuinno; Graff I, 381. BM. III, 713).

wind, adv., das als veraltet nach Gramm. S. 170
immer mit erklärend beygesetztem wê gebraucht wird. Es
ist, wird, macht ꝛc. mir wind und wê, (Mayn) winn
und wê, d. h. im höchsten Grade unwohl, übel. BM. III,
703. Weigand, Wbch. II, 1085. Zeitschr. VI, 305. (Der
oder das?) Winden, Schmerz, Weh; '(mhd. diu winde;
BM. III, 703. Weigand, Wbch. II, 1086).' „Bey der
Geburt (Christi) was kein Winden nitt, kein Schmerz
nitt;" Geiler v. Kaisersperg. Die Darmwinden, das
Leiden, Weh im Gedärme, Bauchgrimmen, „dysenteria,"
Voc. v. 1618, Cgm. 668, f. 190. Die Harnwinden
Harmwinden (Hàrwintn), das Weh in den Harnorga-
nen; „Harmbintn, stranguria;" Cgm. 668, f. 190.
„Stranguria, harenwind;" Clm. 4394, f. 119. 136.
„Für die harnwindun;" Diut. II, 273. „Colica,
werwint," Voc. optimus p. 41; (es steht aber im
Manuscript blos werwnt). windig, adj., statt winnig.
Recept „für des windigen Hunds Biß," Cgm. 731,
fol. 88. „wengelich" (L.G. Weihers), unwillig, auf-
gebracht, könnte nach Gramm. §. 441 etwa hieher gehören.
windig als adv. (Augsburg) für sehr gebraucht, (cf.
sêr, wüetig). Es regnet windig. windig oft, win-
dig schœn ꝛc.; sieh winnig, Sp. 929.

Der Wind, wie hchd.; (mhd., ahd. wint, goth.
vinds; Graff I, 623. BM. III, 714. Weigand, Wbch. III,
1085). Der Wind gêt; es gêt der Wind, fa vento;
'vgl. Grimm, Mythol.^{2} p. 597 ff.' Die Ausdrücke Ôst=,
West-, Nord=, Süd=Wind unvolksüblich. Dafür der
vördere Wind, der hintere Wind (Ost=W., West.=W.),
der untere Wind, (Nord=W.), der Birgwind (Süd=W.).
Auch wol: der Ôsterreicher Wind, der Schwâben=
Wind, der Duenau=Wind, der Tiroler=Wind.
Ueber die altdeutschen Windnamen sehe man Grimm II,
180 und III, 390. Froumundi cod. Boethii (zu Waller-
stein=Maihingen), fol. 2 und 5^{b}. Clm. 19413 (X. sec.),
'f. 127—128: „Subsolanus, ostroniuuint" ꝛc. Ind. 398
(XIII. sec.), f. 179^{b}: „Oriens osterwint, meridies
sive auster sunderwint, occidens westerwint,
septentrio sive aquilo nortwint." Ebersb. 130, f. 162:
„Auster sundnär, aquilo nordnär, osträr, westrär,
der recht sundnär (Südost), der tenchk sundnär
(Südwest)." ə̃ *Hinte'wind*, (doppelsinnig mit obigem),
ə̃ *fälschə' Wind*, Fist. R.A.: Dés is Aoné, wo də'
Wind 'raus gêt, eine schlimme, böse Person, (Hexe?).
Winde (Wint, plur.), Prahlereyen, lügenhafte, groß=
sprecherische Behauptungen. Dés sán' lautə' *Wint!*
windisch, adj., windig; windmacherisch, stutzerhaft. Du
dé schaug à̃, dés is àfer ə̃ *Windische! Windisché*
Schuəhh. Sich windisch tragen. Pictorius hat
windisch in Bezug auf den Wind (s. unten, Sp. 951,
Windhund): „ein windscher auffzogner hauch, wie die
windspil haben söllend," ilia substricta. Der Wind=
apfel, Coloquinthe als Abführungsmittel. Der Wind=
baum, s. unten: Windriß. Die Winddurr, sieh
I. Th., Sp. 534. BM. I, 322. Der Windfang, 110
Vorrichtung, in der sich der Wind fängt; BM. III, 211.
„tolus, proces, uuintfanch;" gl. o. 44. „Seht ir die
wîten hüet mit irhen underzogen? der wintvanc (Krempe)
sleht für die nase;" S. Helbling III, 371. windfängig,
adj., worin sich der Wind fängt. wind=feyern, a) (von
Schiffleuten) hinderlichen Windes wegen die Wasserfahrt
einstellen, still liegen; b) (von Handwerksleuten überhaupt)
aus Mangel an Bestellungen feyern; sieh I. Th., Sp. 743.
windflüchtig, adj., von einem Schießgewehr, aus wel-
chem die Kugel zu sehr dem Luftstrom nachgibt. Der
Windflügel, leichtfertiger Mensch, Springinsfeld, Sause-
wind. Der Windküechel, Art in Schmalz gebackener
leichter Mehlspeise. Der Windpfeil (Wimpfál), Pfeil,
besonders ein solcher, der als Knabenspielwerk in die Luft
geschnellt wird. Windmonat, sieh Windem=Monat,
Sp. 955. Der Windriß, Windwurf, (Dr. Sepp)
Windbaum, ein durch Sturm umgestürzter Baum,
'Windbruch. Vgl. mhd. wintval, wintgevelle;
BM. III, 222.' Der Wintzspraut (Doc. A. b. 88),
Windsprauch, Windsprauk, das Windgespraus,
Windgesprauder, Windbraus, wol Entstellungen
aus Windsbraut, (ahd. Uuintes prût, turbo, mhd.
windes brût; Graff III, 294. BM. I, 273. III, 714.
Weigand, Wbch. III, 1087. Grimm, Wbch. II. 332.)
einer, wie es scheint, mythischen Benennung; vrgl. Grimm,
Gramm. II, 601. 606. III, 391. Mythol.^{2} p. 598 602.
951. 1043. Haupt's Zeitschr. VI, 290. Zeitschr. III, 191.
Auf der Rhön heißt ein Wirbelwind (wol auch mythisch)
Säuzagel (Säuzaəl). Der Sauzagel, meist etwas ge-
dreht, geringelt, also wol ein ganz natürlich Bild.
Vgl. franz. dragon de vent, port. pé de vento. Sollte
Orkan, franz. ouragan, span. huracan, engl. húrricane
und hurricáno vom portug. furacão, dieß (nicht fura-cão)
von fura cão (canis: Wütehund) seyn? Nach Irving's
Columbus (Pott LV) ist es ein caraibisches Wort. Sonst
hat die ahd. Sp. für turbo uuiuuint. Graff I. 624.
BM. III, 716. „Welches Holz also nydergeslagen erfawlet,
auch scharten in den Hölzern machen (macht?), die Wind=

ſpraich darein fallen vnd dieſelben Holz mer verwueſten;" ſalzb. Wald-Ord. 16.ⁱ „Turbo, diu wintes brut;" Cgm. 17, f. 22, oratio Habacuc 4. „Turbine, wintſpruta;" Clm. 4606, f. 141. Mone's Anzeiger VIII, 278. windwæen, „wintwan," Voc. v. 1445: ventilare. „Winthwä," Voc. v. 1445: cristila, was Windwächel (?). „Wintweige, (a. 685) turbo." Der Windwächel, falco tinnunculus, auch falco buteo und andere Falkenarten; sieh wächeln, oben Sp. 833. 'Die Windwebe, vom Wind zuſammengeweheter Schnee; Zeitſchr. IV, 191. ſ. oben, Sp. 823: wæen.' Die Windwer, plur. Windwern, (b. W.) Bretter an den Enden des Daches, die ſich am Giebel, wie Schlangenköpfe ausgeſchnitten, kreuzen. Vilmar, kurheſſ. Idiot. 447: *Wember*, und 455: die Windſcheiden, plur. Es darf eine Entſtellung aus dem alten „wintberga, (gl. i. 695, o. 45, 260. 413) pinna, pinnaculum," vermuthet werden. BM. I, 162. Graff III, 174. (Wimberg finde ich ſogar in einem Bericht über den Ulmer Münſter in der Allgem. Ztng. v. 1846, Ende Octobers.). — „Nu lit daz heilige here vil ſchone an der wint were" (?); Diemer, Ged. 59,9 und Anmerk. (= wintwerfe, ventilabrum). Der Windwurf, Waldbaum, vom Winde umgeworfen; ſ. Windriß.

winden (windete, gewindet, gewindt), a) wehen. Es windet, es geht der Wind. Weigand, Wbch. II, 1086. gähwinden, verb., die Gähwinden, ſieh II. Th., Sp. 888, und die Wenden, oben, Sp. 946. Ob jener erſtern Deutung behülflich ſeyn möchte „der (die?) Flogwind" (Gudrun, Hagen 2014)? „Do ſach man auf dem recken ſam ſchneeweiß flogwinde geſchoſſen da mit pheilen," '(was Hagen und nach ihm Ziemann, Vollmer, Bartſch, Str. 503,3 in „ſam ſnêwes flocken ſwinde" geändert).' b) gegen oder in den Luftzug, oder Wind werfen, z. B. friſchgedroſchenes Korn, um es von der Spreu zu reinigen; (ahd. uuintôn, ventilare. Graff I, 626. BM. III, 703). „Ventilare, winten, spargere, projicere;" Clm. 5877 (XV. sec., 1449), f. 149. „wintenewir, ventilabimus;" Cgm. 17, f. 68ᵇ, Pſ. 43,6. Ungewints Korn zu ſtehlen war beſonders verpönt; ſieh oben unter winnen, Sp. 930. „Die Wintſchaufel vannus," Voc. v. 1449; ahd. uuintſcufala, ventilabrum; auch „uuinda, uuinta flabrum, ventilabrum, uuintuuanto ventilabrum." Graff I, 626. 760. VI, 459. BM. II, II, 222. „Traidund Windſchaufeln;" (Tir.). „Ventilabrum, wintſchaufel;" Mallerſt. 32, f. 371. Clm. 12392, f. 93. „Pala est ventilabrum quo grana sursum iaciuntur ut separentur a paleis, ein wintſchaufel;" Clm. 5008 (XV. sec.), f. 170. Heutzutage thut die Windmül dieſen Dienſt; ſieh II. Th., Sp. 1589 f. c) (Jäger-Sp.)
111 Wind, d. h. Geruch bekommen oder haben von etwas; (ahd. uuintôn). „uuintontan, venantem" (lascivas tunicas); gl. i. 1234. „uuintunten, ventantem;" gl. a. 537. 581. verwinden, durch den Geruch wahrnehmen. Auf ə̃mál fangt d· Sau s *wintn* à˜, und hàt mi' glei' *vo'wintt*.

Der, das Windell, (Bodm. Not. v. 1709), ital. il ventaglio, frnz. éventail, Fächer; (Diez, Wbch. 368).

Der Wind (ä. Sp.), was jetzt das Windgeſpil, Windſpiel, der Windhund, canis grajus; (mhd. wint, ahd. uuint, velter, linter; uuinta, veltres. Graff I, 626. BM. III, 716. Weigand, Wbch. II, 1087.) „Linter vel velter, wind; lucisca, winſpil;" Aug. S. Ulr. 50, f. 2ᵇ. Dieſenbach 332ᵃ. 328ᵃ. 609ᶜ. „Der wind, el levriro; die windin, la levrira;" Voc. venet.-todesc. 1424, f. 32. „Der hofwart und der wind ſelten gûte friunde ſint;" Clm. 4660, f. 110. „Und hiet ich ſnelle winte, daz mir ſie einer füerte;" Labr. 151; cf. 158. 163. 315. Der ſnelle wint; daſ. 324. „Man mag ein füchſel wol mit winden hetzen;" daſ. 431. „Ob man ir (der fohe) lât die winde den balg erwalken;" daſ. 432. „Daz iſt ein warte diu bedarf wol winde;" daſ. 434. „Auch ſollen die Landleut kainer weder durch die Schergen oder ander Knecht hetzen laſſen, es haben dann dieſelben Landleut die Wind ſelbs im Haus;" Erclär. d. Landsfreyh. v. 1508. „Daß ſolch Jäger, Förſter und Überreiter und ſogar jhre Unterknecht ihr eigen Wind haben und hetzen;" Ldtg. v. 1543, p. 29. „Die Winde hetten einen Fuchs gefangen;" Av. Chron. 470. „Weil ich war ein weidmann bey K. Maximilian zu Jnsbruck und mitloff und führt zween Winden," ſagt H. Sachs (1612: I, 789) von ſich. Die Geſellſchaft des Winds, (Turnierbuch) Cgm. 145, f. 288; im Druck I, 800 falſch überſetzt: sodalitas a vento." Das Windband. „Do nam er an ein wintpant den hunt; Gesta Romanor., Cgm. 54, f. 20ᵇ, (Keller p. 40). Das Windhaus am Hof zu München (1571); Cbm. 2095. Der Windhetzer, Windknecht unter den Hofbedienten; Ldtg. v. 1514, p. 185. 188. Wirzb. Verord. v. 1686. Windſtrick, vrgl. windiſch, Sp. 950. Der Windwart, 'was Windknecht.'

Der Wind, Wint, plur. Winde, mhd. Sprache, Uuinid, plur. Uuinida, ahd. Sp., (Graff I, 892. BM. III, 717. Förſtemann II, 1544. gl. a. 538. 543. 582. 583, i. 571. 980. 1262, o. 120. 390), der Wende, Slawe; barb.-lat. Uuandalus, Uuandolus, Sclavus. „Winde, Windiſcher, Sclavus;" Voc. v. 1482. „Als ein winde walch er kallet, ſwenn er tiefer künſte ſchallet;" Renner 8693. „Windenlant, Sclavonia;" Cgm. 630, f. 101. Das frühere Schickſal dieſes wol größten europäiſchen Völkerſtammes, der Slawen, und wie weit ſie etwa ſchon vor dem Anfang unſerer geſchriebenen Geſchichte nach dem Weſten hin heimiſch geweſen ſeyn mögen, liegt noch ſehr im Dunkel. Schaffárik (192) knüpft den vorliegenden deutſchen Namen unmittelbar an den, nach ihm keltiſchen, der Veneti der klaſſiſchen Zeit. Der von der Nation ſelbſt gebrauchte ſey Srbi (daher bey den Alten Sirvi, Sarmatae, bey Procopius Spori), dann vom VI. Jahrh. an Slowenen, Slowianin (nicht übel von slowo, Wort, abgeleitet, alſo: die Sprechenden, ſich Verſtehenden, — etwa im Gegenſatz der Stummen, nicht zu Verſtehenden, Niemcy, wie ſie die Deutſchen nennen —), Slawen, Sclavi. Tietz (im Ausland v. 1838, p. 1277—1315) über die Völker der uraliſchen (finniſchen) Race, die, von ruſſiſchen Slawen durchmengt und allmählich ſlawiſiert, leicht den Hauptheil der Bevölkerung Rußlands ausmachen. Zu ihnen rechnet er z. B. auch die Ungarn, Bulgaren, wie die Liven, Eſthen, eigentlichen Finnen und Lappen. — Σαυρομάτης, d. i. σαύρας ὄμματα ἔχων, iſt die jetzt noch im höhern Styl für die Bewohner Rußlands und Polens übliche Benennung. Das lateiniſche Sarmatae iſt nur eine Corruption des griechiſchen Wortes. (Fallmerayer; Allgem. Ztng. 1844, Beil. Nr. 7, S. 49). Plinius, hist. natur. XXV, 10 führt prosedamum als ſarmatiſchen Ausdruck für pigritia equorum in coitu auf. — Koch-Sternfeld (Beyträge I, 212) prawj: „Auch im baieriſchen Wald werden die ſlawiſchen Coloniſten als Vandali bezeichnet;" — „bez dolo˘enj ſwědectwj z pramenůw," ſagt Schaffarik I, p. 702. (Die möchte ich auch ſehen.) Schaffarik (Starož. 918) findet Winden in der Schweiz: „homines qui vocantur *Winde*," was durchaus ein Appellativum für Pflanzer neuer Feldmarken ſey. Die Namen ſolcher Anſiedlungen: Chunitz, Bumplitz (bey Bern), Czernec (Cernetz), Gradetz, Crimenza, Luc, Viſoye, Grona ꝛc. glichen völlig andern ſlawiſchen. Jm Walliſer Thale Anniviers (Einfiſchthal), etwa 6 Stunden von Sitten, werde noch jetzt ein verdorbenes Slawiſch geſprochen, das man dort für Huniſch ausgebe. Malten, Biblioth. 1834, Bd. I, S. 28—50. Ceſka Wčela, 1834, č. 9. Fröbel's Reiſe in die Apenninen (1840), S. 160 ff. M. P. Demidoff, des Slaves et des Russes, (Flugſchrift, Paris 1845. Blätter f. literar. Unterh. 1843, S. 540): die Schweiz von Slaven bevölkert. Suevi des Tacitus = Slavi, (wie ſvapa = ſlapan, ſweet = ſlad..? ſ. Th. III, Sp. 617: Schwaben). Jn einem Verzeichniſſe der Einkünfte von Chur kommt ein „beneficium Isuani *Sclavi* in villa Pludaſſis (Bludeſch; sec. x.) vor. Bergmann's Walſer

S. 43. 67. Hormayr, sämmtl. Werke II, Urk. S. XXXII. Vgl. auch: Wintanceastre," Winchester; „Wæntan biscop," bishop of Winchester; Saxon. Chron., Ingram p. 65. 67. R. Schmid, d. Gesetze der Angelsachsen I, p. 196,52.53. 261: „XII Wallerwente(?)." „Eal swa micel Wente swa tham odrum." „Be Wentsætum and Dunsætum. Hwilon Wentsæte hyrdon into Dunsætan ac hi gebyred rihtor into Westsexan." — S. auch Weltenburg, Wilzburg und Müllenhoff in Haupt's Zeitschr. VI, 446: Viltimus und Viltinaland lesen die beiden Kopenhagener Handschriften der Wilkinasaga, also das Land der Wilze, nicht Scandinavien. — Über die (gewünschte) literarische Einigung der slavischen Völker nach J. Kolar von Fernandovec in Kaltenbäck's österreich. Zeitschr. 1837, Nr. 53 ff.

Wind, Winden, Benennung von verschiedenen Ortschaften, besonders in Franken. Es scheint dieß nach Th. I, Sp. 107 ff. und Gramm. §. 878 ein elliptischer alter Dativ Sing. (zem, ze dem) Winde, oder Plur. (zen, ze den) Winden, d. h. Wenden, Slawen. Daß nach Franken seit Carl dem Großen, gezwungen und freywillig, von jenseits der Elbe viele slawische Ansiedler gekommen,
112 ist bekannt. Zeuß p. 646. 647. Haupt, lausitzisches Magazin, 1839, p. 57—73 und 1840, p. 32—41. Vilmar, kurhess. Idiot. 448. In Bruck bey Erlangen errichtete schon 823 der Bischof von Wirzburg eine Pfarre für die von Carl hieher geführten Wenden; Lex. v. Franken I, 449. So „in terra Slavorum, qui sedent inter Moenum et Radantiam et Moin-Uuinida et Radanz-Uuinida vocantur" (Eccard, Fr. or. II, 711, ad 889. I, 507. 802) die Orte Wind (bey Sambach), Förtschwind, Mechelwind, Poppenwind, Reumannswind; ferner: Koppenwind, Waldswind; Bischwind (in Bischoves winden;" RB. III, 9, ad 1251; III, 11. 285. IV, 327, ad 1287), Geißelwind, Reinhardswind; — im Ansbachischen: Winden, („zwischen Winden und der Strut; das. IV, 655, ad 1297), Bernhartswinden („Bernoltswinden;" das. IV, 373, ad 1288), Brodswinden („Gozbrehteswinden?" das. II, 297, ad 1240), Dautenwinden, („Tutenwinden;" das. IV, 373, ad 1288), Eglofswinden, Meinhardswinden („Minhartswinden" das. IV, 373, ad 1288), Ratzenwinden („Razenwinden," das. II, 297, ad 1240), Reinhardwind, Wolfartswinden; (vrgl. auch Windsbach, „Windisbach," RB. II, 291, ad 1239. III, 39. 137. IV, 13. 151. 299. 567. 573. „Albertus Rindesmule de *Windesbach*," 1259; v Lang, 4. Jahresber. des histor. Ver. des Regenkr. 1833, p. 28, Windsberg, Windsheim im alten Windgau, Windshofen, Windstetten). Nic. Haas, Gesch. des Slavenlandes an der Aisch I, 7—9. Lex. v. Franken VI, 255—263. Zeuß p. 646 f. Förstemann II, 1544 ff. Auch im übrigen Bayern und in andern deutschen Provinzen müssen sich solche fleißige Gäste niedergelassen haben. „Praedium silvaticum (im Nordwald) cum uno tantummodo Uuandalico colono institutum;" Ried ad 991. „Isuanus *Sclavus* in villa Pludassis," (Bludesch); s. oben. MB. XXV, 218. 340. 399. 546. 569 begegnet ein Ort Weluk (ad 1119); das. 230. 429. 436. 530: Nemtzschenreut (1449); das. 103: Begenze (1140). Vgl. ferner die (Orts- und) Flußnamen: Wernitz, Regnitz, Pegnitz, Rednitz, Ölsnitz, Pulsnitz, Selbitz, Lamitz, Loquitz, Föritz, auch Vil-z, Mil-z, Il-z, Al-z. Wie zum Widerspiel auch in Polen viele Ortschaften Niemcy (Deutschen), Wegry (Ungarn), Wlochy (Wälschen), ja selbst Turki heißen, was Bandtke in seiner Gramm. p. 424 dem ehmals üblichen Menschenraube zuschreibt (cf. Mone, Quellen I, 61), so kommen denn auch in Alt-Bayern schon seit frühester Zeit mehrere Ortschaften Winden vor. „Hubam Winden;" Hund, Metrop. (1620) III, 464. MB. IX, 436; ibid. 355, ad 1020—40: „in loco Nidarun Winida;" (Geisenfeld) Winden, MB. XIV, 193, ad 1087; (Löh-) Winden zwischen Eichelbach und Wolnzach, MB. XIV, 304. Das Kloster Windberg in der alten Legende (Canis. ant. lect. VI, 400) Venetidunum, i. e. Sclavi mons, genannt. Cf. Pez, thes. I, III, 15: „Abbates Uuinidun." Cod. Windb. 25: Sclavimons. Cod. Windb. 178, f. 2, von Einem, *Winith* nomine," der von sich sagt: „adveni de Saxonia in praedictum locum primus incola illius loci et ab hoc nomen traxit a me." Am Schluß dieser legendenhaften Erzählung heißt es jedoch: „Haec est antiquitas *Winithbergensis* ecclesiae quam nos possumus in eadem significatione Ventidunensem a Venetiduno i. e. a Sclavi monte si placet appellare." windisch, adj., wendisch, slawisch. BM. III, 716. „Ain Windischer, hieß Padmenczgi, was auch in disem Markveld hie;" Mich. Beham, Wiener p. 296,21. Windische Männer als in Bayern wohnend (ad 1240) angegeben in v. Lang's bayr. Jahrb. 353. „Vil posunen wurden vor eme erschalt, ouch vil manche schirmelle, ouch manche Windisch horn helle, floyten und tamburen vil, mancherlei seitenspil;" Reinbot v. Doren (Wild-Thurn?), d. heil. Georg, V. 1497. „Der Hahn krümmt den Hals, und macht ihn gleich einer windischen pfeiffen," (Dudelsackpfeife); Cyrilli Fabeln, Cgm. 340, fol. 41a. Bey H. Sachs (1612: IV, III, 251) wird ein Bauer zu Nordorf „im windischen land" scherzweise der „windisch Kräutl" genannt. Windische, wendische Beete, s. Th. I, Sp. 729: Bisang. Im Bayreuter Unterlande nennt man die hohen, schmalen Ackerbeete mit tiefen Furchen noch „wendische Beete;" Hentze, Versuch über d. ältere Geschichte des fränk. Kreises, I (1788), S. 95. Windisch-Bergendorf (im b. W.), Windisch-Buch (Aschaffenb.; „familia *Bohemi* in Buch;" RB. III, 71, ad 1255). Windisch-Eschenbach an der Nab („Eschenbach Slavorum," ad 1433, in Ried's Matrikel des Bisth. Regensburg p. 414, — als Gegensatz von bayrisch Eschenbach; v. Lang bayr. Jahrb. 244, ad 1284), Windisch-Gürnitz (Ob. Pf.), Windisch-Bockenfeld, Windischen Bach, Windischen Gehaig, Windischen Hof, Windisch-Gailenreut, „Windischen Gyech" (Wiesengiech bey Scheßlitz; RB. IV, 705, ad 1299), Windisch-Grün, „Windisch-Haig (bey Kulmbach; RB. III, 285, ad 1267), Windischhausen („Windischen husen, RB. III, 11, ad 1251), Windischen Laibach, Windisch-Letten, Windisch-Schneidbach (RB. II, 297, ad 1240); sieh Lexicon v. Franken VI, 258—260. Windisch-Matrey (im Salzburgischen), Windisch-Grätz, Windisch-Feistritz ꝛc.

Windher (Winther, Winthir), alter Personname. Förstemann I, 1323 f. R.A.: Wie der sälig Wind-her von Neuhausen, d. h. mit einem Hemd oder Beinkleid, das noch nicht bis auf die Knie reicht; denn so ist dieser Fromme, der nach der Kirchentradition 113
dieses zwischen München und Nymphenburg gelegenen Dorfes, in einer Zeit, da jene Stadt noch lange nicht existierte, vielleicht schon in der der angelsächsischen Missionäre, hier unter den Landleuten gelebt und gewirkt haben soll, an manchem Bauernhause und auf einem Altar der Kirche (auch in Raderi Bavaria sancta et pia IV, 61) dargestellt. Ein Winitharius, Mönch zu St. Gallen (761), Schreiber des dortigen Codex 70. Ein „Wintherus canonicus Mosburgensis plebanus in Pframbach" (1302); Clm. 9557, f. 161. Der Name ist merkwürdig durch die noch nicht in *Winter* entstellte örtliche Aussprache, die noch das alte Winid-hari erkennen läßt. So hört man auch noch Günd-her, Wald-her, Wern-her (nach Gramm. §. 326 oft geschrieben Gindhör, Wald-hör, Wirn-hör von Günt-her, Gundahari, Walt-her, Walt-hari, Werin-hari; vrgl. „Geiselhöring" von Gîselher. Engelhör, Guglhör, Schneidermeister, in München). Dieses -her (hari) findet sich auch in Berht-her (Berhtheres-gadem, jetzt Berchtesgaden), Otac-her ꝛc. Förstemann I, 613 f. Für Grimm (Ueber Jornandes und die Gothen, S. 56 f. Gesch. d. d. Sprache, S. 429. 298) ist Βελισάριος ent-

standen aus Valisa-haris, theurer, erwählter Held, (valis, γνήσιος, ἠγαπημένος, — woher auch Valisunc, isl. Völsungr). Einer seiner Lanzenträger hieß Οὐλίαρις (Vili-haris), ein andrer Ἰλαούφ (Hildulf?). Ob nicht auch der Name des Dorfes „Winhering, Winhöring" aus früherem Windhering entstellt seyn mag? Förstemann II, 1542: Winiheringun.

Windpoßing, Windpaißing, Wimpasing, Wimposing, Wimpessing, Ortsname, der öfter, z. B. auch in der Gegend von Ampfing, vorkommt, sieh Lexicon v. Bayern III, 625. 628, Lexicon v. Franken VI, 255. In den Urkunden, z. B. MB. IX, 289. 370. 448: Wintpozzing, („apud Wintpozzingin," a°. 1082). Nach Th. I, Sp. 107 wol von einem Personnamen Wintpoz (Winidbaudus? cf. Sp. 934: Wunnebot). Förstemann II, 1547. Cf. MB. IX, 405, ad 1260: „villa Wihin pazing," (Wimpasing? s. oben, Sp. 882), RB. V, 98: Weinpössing, in Österreich: Wolfpaßing.

windemen, (ä. Sp.; jetzt gewöhnlich zusammengezogen in wimmen, welches man Sp. 912 ebenfalls nachsehe), vindemiare. Graff I, 899. BM. III, 704. „wintement, vindemiant;" Cgm. 17, fol. 120ᵃ; „uuindemon," Notk. 79,13. „windemunge" (gl. o. 283), „wintemôd" (Willeram 8,11. 76,11), wintemât (Voc. optimus p. 57), vindemia. Diefenbach 620ᵃ. BM. III, 704. Die Windeme, Weinstock. „Wie man wintemen legen sal unde wy man hacken sal das en ist nicht gar nah zu lernen. Wan ein wynteme ist in gutem ertrich und tzu vil holtzes gewynnet das sal man absniden, und had se denne abir czu vil holtzes …;" Cgm. 4206, f. 133, (von Ambrosius Rotalb in Dresden geschrieben, sec. XV.). Höchst wahrscheinlich gehört hieher der alte Name des Octobers uuindumemanoth (Mone, Quellen I, 257), nach einer begreiflichen Coalition der Buchstaben: uuindummanoth (gl. o. 36), uuindumanoth (Mone, Anz. 1835, p. 489), uuindemanoth (gl. o. 116. 242), endlich vollends Windmonat. Cbm. 4112, f. 130, ad 1154: „September wintmanoth, October wintmanoth." Einen alten Windmonath aber, der nach Adelung (Magazin I, p. 79 und Wrtbch. h. v.) den November bedeutet haben soll, finde ich in den Quellen nirgends. (s. Weinhold, die deutschen Monatnamen, 1869, p. 60. 61).' Also Vendémiare nicht Ventôse, (der in Frankreich gar auf den 19. Februar bis 20. Merz gefallen).

Die Wondreb (Wauⁿdrə), „Ein vischreich wazzer er do vant daz ist Wundrewe genant;" Cbm. 91, f. 14ᵇ. An böhm. Wondreg, Ondrej, (Andreas) nicht zu denken, da die Pfarrkirche B. V. Mariae in coelos assumptae geweiht ist.

Die Wunden (Wunt'n), wie hchd. Wunde; (mhd. wunde, ahd. uuunta, gen. uuuntun; Graff I, 896 f. BM. III, 823. Weigand, Wbch. II, 1109). Bog-wunden, Ferch-wunden, Maisel-wunden, sieh Th. I, Sp. 216. 752. Th. II, Sp. 1664. Es werden im Rchtb. v. 1346 (1336), Tit. XIV, 7 „fliezzent pogwunten" von bloßen „pogwunten" unterschieden; vrgl. Grimm, Rechtsalterth. 629. Im Cgm. 561, f. 6 kommt neben Blutrunst vor „Kempferwunde, vulnus duelli." Der Wundmaister, (Augsb.): Birlinger 435. Der Wundsegen, sieh Segen, Th. III, Sp. 239. Die Wundsucht. „Das Bad zieht verheilte Kugeln ꝛc. aus, daß alle Wundsuchten hernach ausbleiben;" Adelholzerbad p. 87. wund, adj., wie hchd.; (mhd., ahd. wunt, goth. vunds; Graff I, 896. BM. III, 823. Weigand, Wbch. II, 1109). „Christus wart wunt daz wart im himel getan kunt do kome nie hier (Th. II, Sp. 1155) zᵒ also mosseȝ dir tȗn. Dic ter tria pr. nr. tria ave maria;" Clm. 4595, f. 39. „Daz wunde jagen;" Labr. 322. 487. „Sîn bracke hât des wunden alze vil genozen;" das. 547. „Daz wunde wild nicht mîdet die wolfe mêr; Labr. 548. Ueber „wunde Nachfolge" oder das Recht, wundes (angeschossenes) Wild über die Jagdgrenze zu verfolgen, sieh Landau, Gesch. d. Jagd p. 119. wunden (ä. Sp., ahd. uuuntôn; Graff I, 898. BM. III, 824), verwunden. Aus dem gemeinen Leben 114
sind die deutschen Ausdrücke durch die französischen Blessur, blessieren ziemlich verdrängt.

Das Wunder (Wundə', o.pf. Wunnə'), a) wie hchd.; (mhd. wunder, ahd. uuuntar; Graff I, 899. BM. III, 813. Weigand, Wbch. II, 1109). Ein Recept, eine gute Stimme zu machen, schließt: „so sichstu michel wunder an deiner stimm;" Monac. Francisc. 181, f. 137. „Si kunnen new wunder pla," (blaue Wunder); Cgm. 714, f. 178. Er maint Wunder, was er damit ausrichten wird. Vrgl. mhd. Sp. (BM. III, 814,3): „Ja brache ich der rosen wunder." „Dar abe man bluomen brichet wunder." Walther v. d. V. 21,5. 102,35. „Do valt er der boume ein michel wunder;" altd. W. III, 203. „Der walt hat klûgez wilt und wolfe wunder;" Labr. 30. „Du findest wildes wunder;" das. 32. „Wenn ich dînen zwîfel recht gedenke, so stiuret mich daz wunder, daz ich mich tiefe in strengez trûren senke;" das. 696. „Daz ich ab dînem lîbe mir fröude nim ein wunder;" das. 700ᵇ. 'Was Wunders, Zeitschr. V, 419, II, 2.' *gà'n Wundə', zə'n, zo'n Wundə'*, selten; (span. por maravilla). Z' N. geits Mádln gràd gnuə', àbo' *zo'n Wundər ə˜ schö˜s*. „Umb Wunder, umb kein Wunder nicht," durchaus nicht, um alles in der Welt nicht. „Umb wunder man in dem lande nicht fünde einen halm hes noch stro's." „Si kein tier umb kein wunder nicht totten." „Wan kein man kein juncfrawen umb kein Wunder nicht nem, si hett denn vor versucht die welt mit andern mannen;" Marco Polo Cgm. 696, f. 218. 262. 278. b) Der Wunder, Gewunder, Neugierde, Vorwitz. „Der wirt kam über den brief von seins wunders wegen;" Lirer 81. R.A.: mich nimt (ahd., mhd. Sp. Diut. III, 91. Otfr. I, 4,71. 22,13. V, 17,37. Grimm, Reinh. 377: mich ist oder hât) Wunder eines Dinges. BM III, 813,1. „So möcht sie (puellulam) wunder (Barack: daz w., die Neugierde)' fressen wes die alt (vetula) hab vergessen," (wir: Wunder nehmen); des Teufel's Segi, Wallerst. Hs., (Barack p. 329,10378). Vilmar, kurhess. Idiot. 461. 'wundern, adv., ä. Sp., wunderbar, (nur in Zusammensetzungen; BM. III, 815.), wie hochd. wunder-, (Zeitschr. V, 30. 197). „Daz man dort (im Himmel) vil wunderwol sînen vriunt erkennen sol," sehr gut; d. w. Gast 5671. „Daz ich mir lâze dâ mit sîn vil wunderwol;" das. 7050. „Vil wundernhô;" das. 8249. „Vil wundernbalde (sehr schnell) loufe (der Bote) dar;" das. 13277. „Der tiere samenunge began in biten vil wundernhart;" das. 13301. „Ich mac des harte wol gesehen, daz er an dir siht, daz im tuot vil wunderwê in sînem muot;" 14702. 'wunderlich, adv., zum Verwundern; Zeitschr. V, 104,20.' gewunderig, wundergern (BM. I, 535ᵇ), wunderwitzig, (schwäb. wunderfitzig), neugierig, alles wissen wollend. Die Wunderburg in Rom. „Und als sie kamen gleich nach dem, zwischen die wunderburg zumal und bapst Clementis alten saal;" H. Sachs 1076: II, III, 335 (Päpstin Johanna). wundern, vb., 1) sich wundern, (ahd. uuuntaron; Graff I, 903 BM. III, 816). Deə' hàt *gwunnə't*, seine Verwunderung ausgedrückt; (Obr.M.). 2) Wunder thun. „Got hat gewunderl sêre mit schœne an mîner frouwen;" Labr. 655. „Mirificavit, gewunderlichet;" Cgm. 17, f. 11ᵇ. 'wunnerieren, (niederd.) sich verwundert äußern. Zeitschr. II, 226.' Der Wunderer. „Herzog Thessel hett etlich Landsessen in Bayern in Verdacht, waren jm also dargeben von Wunderern (Neuigkeitskrämern, Ohrenbläsern?), wie dieselben (Landsessen) mehr günneten König Carl dann jm;" Avent. Chr. 323. Vgl. BM. III, 816.

Der Wang, ein altes, obschon selbst im frühern hchd. Dialekt minder als im altsächsischen, angelsächsischen und nordischen häufiges Appellativ, das ein von Natur mit

Vegetation bestandenes Terrän, etwa in Gegensatz mit angebautem oder aber mit steilem oder ödem angedeutet zu haben scheint. Ich finde das Wort als Appellativ der ahd. Sp. nur im Emmeramer Cod. b. 1, fol. 87^{b}, wo bey „campinemoreis holzuuanga" steht. Im altsächsischen Gedichte Héliand ist gruoni uuang, m., eine poetische Apposition zu Land, Gefilde; godes uuang, hebenes uuang, heban-uuang Ausdruck für Himmel. In der gothischen Übersetzung des II. Briefes Pauli an die Corinther 12,4 wird εἰς τὸν παράδεισον gegeben durch: ïn vagg (d. h. wang). Angels. vang, vong, dän. Vang, Vaang, plur. Vænger, Wiese, Wieswachs; schwed. Wång, Saatfeld, Wiese. In neuer Zeit ist das Wort als Appellativ angegeben; bey Höfer III, 269: „das Wang, ein weites eingeschlossenes Feld, ein Kamp;" bey Castelli, Wbch. 264: „das Wång, ein weites eingeschlossenes Feld, meistens mit einem Beinamen, z. B. *Adlwång;*" in R. Wyß's Reise ins Berner Oberland p. 774: „der Wang, die abhängige Seitenfläche eines Berges, zumal wenn sie mit Gras und Blumen bewachsen ist. Die bekannte Mayenwand wird auf der Grimsel der Mayenwang genannt," was übrigens auch blos aus der dort üblichen Verwechselung des **nd** mit **ng** entstanden seyn kann. (Schmid, schwäb. Wrtb. 527^{b} gibt es nicht als wirkliches Appellativ). Auch ich finde Wank
115 in einem Beytrag aus Werdenfels als „Abhang einer Alpe" erklärt. Gewiß ist, daß das Wort in einzelnen bestimmten Ortsbenennungen noch den Artikel vor sich hat. Das Graswang, ein weidereiches Bergthal, in welchem die Ammer entspringt; ein Theil davon heißt das Hirßwang. „Bey dem Graswang;" MB. VII, 270. „In den Nassenwang treiben. Tratt und vichwaid des Nassenwangs bey Nassenbeuern, L.G. Landsperg ꝛc.;" MB. XXIII, 455—461. Das Straßwang bey Hohen-Schwangau; Lori, Brg.R. 377. „In dem Straßwang auf Eisenerz bauen," (1606). „Sylvae Sueviae olim Haidwang dictae circa Donawerdam;" Bruschius, monast. German. chron. p. 80. Birlinger S. 425. Wang, Wangen als einfacher Ortsname (sieh die geographischen Lexica von Österreich, Bayern, Schwaben, Schweiz), häufiger noch als zweiter Bestandtheil in zusammengesetzten Ortschaftsnamen. In Apfeltrang, Tettnang und drgl. scheint das **w** ausgefallen. Wegen Ampferang, Sachrang vrgl. Th. III, Sp. 119: Rang. Die ältere Form in Ortsnamen ist bald uuanch (Nomin. sing.): Nandisuuanch, Pirchnauuanch, Spansuuanch (im Salzburgischen), Canisius, ant. Lect. II, 492. VI, 1163; Ühsenwanch (im Freysinger Salbuch von 1316, f. 14^{a} — vielleicht Insenwang?); „an dem Wanch," MB. IV, 479, ad 1377 (wol statt des Datives Wange); — bald uuanga, uuang (Dat. sing., wo nicht Nomin. plur.): „ad Amaruuange" (an der Traun, cf. Amrang; Förstemann II, 60), Canis. VI, 1170; Affaltra-uuanga, (cf. Apfeltrang an der Wertach; Förstemann II, 87); „Uuisunt-uuanga, Uuisind-anga," Neugart, (vrgl. Wisent, Förstem. II, 1560. Der Monachus Elahuuang-ensis, an welchen Walafrid Strabo bey Canisius VI, 653 seine Verse richtet, war wol Ermenricus Elewangensis, also der Name Elwangen auch bey Eccard, Fr. or. I, 143, ad an. 817: Elehenuuanc, nicht, wie es gewöhnlich geschieht, vom griechischen ἔλαφος, Hirsch, sondern vom deutschen, übrigens in Wort und Sache nicht ganz unverwandten elaho, alcis, Elenthier, herzuleiten, das, wie der Bisont, in dieser Gegend heimisch gewesen seyn muß *); Förstem. II, 34. — bald uuangun, Wangen, Dat. plur. Die jetzige Form Wengen, die mitunter vorkommt, läßt auch einen alten Plur. (wo nicht schon Sing. neutr.) Uuengi, im Dat. Wengin, voraussetzen; vrgl. unten uuengi, Polster.

Das Wang, plur. die Wenger, die Wange; (mhd. daz wange, ahd. thaz uuanga, Tat. 31,3: „Oba thih fihuuer slahe in thin zesuua uuanga, garauui imo thaz ander." „Ir wange an sînem wange," Tristan 18202. Graff I, 894. BM. III, 501. Weigand, Wbch. II, 1020). „'ən Buəmb is nicks liabər, àls s Büchsál bei'n *Wang;*" Wildschützenlied. „Schlagt dich Einer ins rechte Wang, so biet ihm auch das linke;" Selhamer. „Mit dem weißen Schlair bedecken sie das Haubt, das Gestirn, die Wänger, Kinn und Hals;" V. Kirchhuber's Kloster Anger a^{o}. 1701. „Hat der Jud dem Kind ein Stuck aus dem Wang gerissen," Dr. Eck. „Die teutsche Sprache (sagt Aventin in der Einleitung zu seiner Chronik) gehet am meisten auf das griechisch, etlicher maßen aufs hebräisch, als daß sie die Buchstaben, so nicht in den fünfen, **a, e, i, o, u,** begriffen werden, allein oft ausspricht, wie im
Wort Adl und mehr dergleichen, oder das **e** kurz (so die 116
Juden Scheua nennen) „im Wang verschleicht." „Darnach must die kunigin den kunig (Fridrich III., vor dem Papst in Rom, 1452) kussen an das recht wang und der kunig die kunigin an ir links wang;" Clm. 9503, f. 345. „Den sach ich essen mer- sant so geitichleich daz er zu paiden tailn des wanges her wider gie;" Gesta Romanor., Cgm. 54, f. 21^{b}, (Keller p. 43). „Dem ain wang geschwollen ist und das kumpt von den zennen der sol im schreiben uf das wang: rex. pax. nax, diß ist bewert daz es war ist;" Auffeß. Hs. (s. Th. II, Sp. 1564: Gemächten). Das Brennen „durch daz wange" kommt in der ältern, wenig humanen Gerechtigkeitspflege als eigene Strafe vor. Z. B. schon ad 1299 heißt es in einer Tegernseer Urk. (MB. VI, 237): „Geschicht des not, daz man sol einen menschen brennen durch daz wange." „Cauterium Brenneisen damit man die leut durch die bagken brennt;" Nomencl. v. 1629, p. 106. Diefenbach 109^{b}. Von diesem Brennen durch die Backen ist noch 1722 die Rede. Sieh Th. I, Sp. 357 und vrgl. Kr. Lhdl. VII, 494, Grimm d. R.A. 709. „Nates, arswang;" Clm. 5877 (XV. sec., 1449), f. 128. 'Das Gewänge (?).' Steinhauer-Producte zu Thüren ꝛc.: „Tufften Stürtz, Gwengen, Solstuckh, Mittlpfosten und Tritt;" Clm. 2224, f. 186 und 2225, f. 71 passim. „Einen slahen an daz wange, oder: ihn wangslagen," ihm einen Backenstreich geben. Wstr. Btr. VII, 114. „Wan du wanggeslaget wurde;" Cgm. 101, f. 23. s. Th. III, Sp. 515. Das wangechusse, wanchussen, mhd. Sp. (Cgm. 44, f. 83), uuangari (ahd. Sp.; Stalder: dimin. Wängerli) oder ahd. auch daz uuangi, uuengi, oruuengi, Polster, Kopfküssen. Graff I, 895. IV, 524 f. BM. I, 920. Dazu ein wol verwandtes Neutr. „tuwenge" (Diut. III, 148), früher dunuuangi, tunuwengi, tempus, tempora, Schlaf, Schläfe. BM. III, 501: tünewenge: „Tempora, dunne wange;" ZZ. 796, f. 168^{b}. s. Th. I, Sp. 609: Tünne.

hol-wangen mit Einem, ihn heimlich begünstigen, da das Gegentheil geschehen sollte, ihm zu Gefallen reden, mit der Wahrheit zurückhalten. (Sieh Th. II, Sp. 1083. Koch-Sternf., Salzb. und Berchtesg. II, 366). Der Holwanger, Prasch in Heumann's opusc. 458 setzt hinzu: fluchtiger. „Nam aliqui barones sui fuerunt proditores i. e. holbanger;" Chron. Zwetl., Pez I, 544, ad 1375. BM. III, 502. „Item ist wissentlich, daß 53 edelherren und lantherren holwanger sein, und mit den turken ir wegweiser und fuerer sein," (Steiermark a^{o}. 1478); Cgm. 216, f. 162. „Groß holbanger seind die von Freising," (a^{a}. 1503); Cgm. 808, f. 20. „Helwanger;" H. Sachs 1558, f. 481. Ob etwa eigentlich zu wanken, wenken, winken, oder aber figürlich zum vorigen Wange gehörig? (cf. oben: im Wang verschlaichen, und unten: wanc-stodal).

weng, sieh wenig.

gewingen (gwingə˜, Partic. gwungə˜); sieh gewinnen, Sp. 930.

Wingert, sieh Wein, Sp. 927.

*) Das Elenn-Elchwild soll geschont werden, will ein Regier. Circular aus Königsberg; (Allg. Ztg. 1853, S. 2292). In Altpreußen fast ganz ausgegangen; nur noch in Rußland.

wanken, a) wie hchd.; (mhd. wanken, ahd. uuanchôn; Graff I, 692. BM. III, 708. Weigand, Wbch. II, 1020. Firmenich I, 76,28 und 78,10, Meklenb.: gehen). b) winken. abwanken (à'wankng, O.Pf.), fehlen, einen Fehler begehen. Grimm, Wbch. I, 147. Das Abwänkerlein (A'wánke'l), kleiner Fehler, Fehltritt, Gebrechen. Der Wank, a) (mhd. Sp., Iwein, Wigalois) das Zurückweichen, Abweichen, Seitensprung, Seitenweg; Graff I, 691. BM. III, 705. Weigand, Wbch. II, 1020). Grimm, Reinh. p. 109,910. „Die der wenke (plur.) hânt gepflegen;“ Walther v. d. V. 30,31. „Ein wild laufet mir vor und chan der wenckh mir ze vil;“ Cgm. 1113, f. 75ª. Vgl. schwed. wank, Gebrechen. (Bey Otfr. biuuankon ein Ding, demselben ausweichen, es vermeiden). 'b) figürlich; BM. III, 705,1,b.' „Ob ez der wanc in herzen wolte riuwen;“ Labr. 461. c) Wink, nutus. „Ich sihe den herzbrechenden augenwankh, mit dem du mich einladest;“ Passauer Predigt v. 1675. „Man soll der Eltern Augwanker für ein göttlich Wort ehr-
117 erbietig aufnehmen;“ Selhamer. Gl. i. 915: „uuanchonnum, nutibus.“ sieh wenken und winken. wankhalsen, sieh Th. II, Sp. 1096. BM. I, 618. „Veintlich neidplicken augenwenten vel wankhalsen, oculorum vel colli spretiva retorsio; Cgm. 658, f. 210. „Augenwenken, halswinden, banghalsen;“ Clm. 11724 (XV. sec., 1461), f. 37. uuanc=stodal, Leg. Baiuuar., Mederer p. 119 und 144 '(Pertz, Monum. Germ. t. XV, legg. III, p. 263,29. 294,26. 301,17: „Si quis liberam feminam suaserit quasi ad coniugem et in via eam dimiserit, quod Baiuvarii wanc stodal vocant)', in beiden Fällen einen perfid Handelnden bezeichnend; zu vergleichen mit urstodli, urstothali, astutia. Vrgl. oben, Sp. 958: hol-wangen, um so mehr, als das alte wanc dem jetzigen wang entsprechen kann. wankel, adj., wankelhaft, veränderlich; (mhd. wankel, ahd. uuanchal; Graff I, 691. BM. III, 706). „Der Kaiser kennet der Sachsen wankel Gemüt wol;“ Av. Chr. 422. „Das walzend und wanckel Glück.“ „Groß Herren wanckel sind;“ H. Sachs 1612: I, 258. 759. wankelbar, a) wie hchd.; b) fehlerhaft, schadhaft. „Das Geschirr wird wankelbar.“ „Die erste Finsternuß trägt sich zu an dem Nachtlicht des wanckel laufenden Monds den 26. May;“ Salzb. Calender v. 1668; (vrgl. Wadel, h, Sp. 848). Der Wankel, die Wankelhait, Unbeständigkeit; Cgm. 866, f. 15ª. BM. III, 706. wankeln, wanken, wackeln; (ahd. uuanchalôn. Graff I, 691. BM. III, 706 f.). „Also war der Sig auf beiden Seiten wankeln.“ „Kein tapfer Mann solt nicht wankeln;“ Av. Chr. 83. 225. „In der Aussage wankeln;“ Hals-G.-Ord. „Widerwanklende Hausehehalten,“ (die aus dem Dienst laufen); Münchner Ord. sec. XVI.

wenken, a) (intransitiv): eine Bewegung seitwärts machen, abweichen von der geraden Richtung, wanken, wackeln; (mhd. wenken, Praet. wancte, ahd. uuenchan, uuáncta, ausweichen, das zu Erwartende nicht leisten, biuuenchan, umgehen, vermeiden; Graff I, 694. BM. III, 707. Zeitschr. III, 273,9), in dieser Bedeutung auch wenkeln (weə˜kln, gweə˜kln) und (ä. Sp.) wenkelieren. „Gedenck und nit wenck;“ Clm. 5685 (XV. sec., 1412), f. 48 am Rand. „Deu minne ist gůt deu sunden gluet und ir gelust erleschen tůt, deu (aber) zu den sunden wecket můt der minne sul wir wenken;“ Clm. 9667 (sec. XIV.), f. 53. Wenkenwal und Schalke sind Hunde beym Labrer 214. s' Fuedə^c (Heu) *weə˜klt*. Im Gehen *weə˜kln*. „Âne houptwegin gan unde wenkelierin âne arn (arm) swenkin;“ der Seele Spiegel, Cod. Carlsruh., Mone's Anzeiger IV, Sp. 368. b) (transitiv): „die Grafschaft Tirol in der Fürsten von Payrn hendt wenkhen;“ Samml. f. Th. II, 240, ad 1487. 'entwenken, entweichen, entgehen; BM. III, 707 f.' „Also stůnt der engel do in ain enge dz diu eselin weder hin noch her im mohte entwenchen;“ Griesh. Pred. II, 130. „Das ich im kain weil mag entwenken;“ Balkn. 179. „schelwenket, schederwenket,“ adj., schief, verdreht. *wiənkət*, winklicht; Hammer-Purgstall. Castelli, Wbch. 265: *weankad*, schief, verdreht. c) nicken mit den Augen, winken. Aə˜n mit'n Städltor *wenkə˜* und mit'n Holzschlégl deut'n. *Wenk* eəm heə^c. Hàt mər eini *gwunkə˜*; (ObrM.). „Na so se! han i' *gwunkt*, han iehm's Schnáberl eintunkt;“ Stelzhamer 119. Der Wenker, Wink, Zeichen; Zeitschr. III, 425,22. abwenken Einem, daß er etwas nicht thue. „Augenwenken, halswinden, banghalsen;“ Clm. 11724 (XV. sec., 1461), f. 37. brâwenken, mit den Brauen nicken. Kärnt. samignenje, schnelles Winken, gemein: verwenken; Jarnik p. 72. Einem (oder Einen?) wenken, connivere, in der R.A. „wenken, schützen, schirmen;“ Wagenseil's Nürnb. 263.

'wenkern, s. wainen, Sp. 921.'

winken (Cond. I wunk, winket, Partic. gewunken, Zeitschr. IV, 276,8), wie hchd. winken, (winkte, gewinkt; mhd. winken, st. und schw., ahd. uuinchôn neben uuinchan, von dem die Ablautformen zwar nicht zu belegen, aber aus den Bildungen Uuanch, uuinchan sicher zu schließen sind. Graff I, 720. BM. III, 704. Weigand, Wbch. II, 1088). Sieh Wank und wenken.

Der Winkel, a) wie hchd.; (mhd. winkel, ahd. uuinchil, was sich einbiegt, zurückweicht, wol wie Wank, wenken, zu winchan in dessen weiterer Bedeutung gehörig. Graff I, 720. BM. III, 705. Weigand, Wbch. II, 1088). Im Nürnberger Gebiet wird nach Häslein der Platz im Hause, den sich der Verkäufer zu unentgeltlichem Aufenthalt auf Lebenszeit vorbehält, vorzugsweise der Winkel genannt; im Bregenzer Wald: Recht, in der Stube mit zu seyn (von Familiengliedern, Austräglern 2c.). Birlinger 433. Die Burghauser, auch die Passauer, hatten im Salzstadel zu Salzburg ihres Salzes halber einen Winkel; Lori, B.R. 302. In solchem Verstande ist wol auch die niedersächsische Bedeutung dieses Worts, nämlich die einer Krambude, eines Ladens, einer Werkstätte zu fassen; (Zeitschr. II, 506. III, 263,90. 382). Der Hellwinkel, Winkel zwischen dem Ofen und der Stuben- 118
wand; sieh II. Th, Sp. 1080. Der Heuwinkel, eine Himmelsgegend; sieh II. Th., Sp. 1029. Das Winkelmaß. „Ân winkelmâz, ân snûre vil mangez wirt verhouwen;“ Labr. 283. b) Gegend, von Bergen oder Wald umschlossen, Thalgegend, — mehr Nomen propr. als Appellativ; doch im Lungau jedes Seitenthal. Der Winkel vor dem Wald (Furt, Eschelkam und Neukirch); Kr. Lhdl. II, 70. 179. X, 350. XI, 91. Hund, St.B. II, 60. *Lamərə^c Winkál, Vêi'tachə^c Winkál, Bàiə^c Winkál* (das anstoßende Deutsch-Böhmen), *Heu-Winkál* (westliche Gegend); (b.W., ObrM.). „Hinder dem Ampt oder Grafschaft Camb nennet mans den bayrischen Winckell, und ligen beede bayrische Ämter Furth und Kötztingen die nechsten daran, welcher Winckell sich zwischen dem Böhmer waldt und der Thonaw abwärts bis nach Deckendorf ad orientem et meridiem uff 10—12 meill erstrecket, so underschidliche Pflegämpter greifen thut. Von solchem Winckell hat niemals nichts (außer dem daran stoßenden Ampt Camb) zur obern Pfalz gehört;“ Theilungsprojekt 1646, CMh. 409, f. 26. Dieser Winkel ist wol gemeint in der Hofrechnung v. 1392 (Freyb. Samml. II, 115. 160), wo es heißt: „Ainem Knecht, der des Chamerauers ros heraus aus dem Winkhl zoch.“ „Umb Arbeis, di Hertl Kastner heraus aus dem Winkhl geschickt het.“ Der Berauer Winkel, Klammer-Winkel, Mül-Winkel, gleichfalls im b. Wald. Hazzi, Statist. 303. 413. 443. Zell im Schlehdorfer Winkel; MB. IX, 66, ad 1487. Der Isar-Winkel, von Tölz aufwärts; (Wstr. Btr. VI, 197). Davon heißt eine Gegend ob Lengries selbst wieder: Im Winkel. Der Tegernseer-Winkel, Lipowski, Crim.-R. 200. „Angulus Tegernsee;“ Meichelb. H. Fr. I, 379, ad 1187. Der Pfaffenwinkel, die ganze Gegend vor dem Gebirg, die ehmals mehr als andre mit Klöstern des ersten Ranges gesegnet war. Der Ellbacher Winkel, wo Fischbachau.

Reut im Winkel, verderbt: Reiterwinkel, an der Tiroler Gränze. Die fünf befreyten domcapitelischen Winkel oder Thäler im Lungau; Hübn. Salzb. 498. Das „winchelhalb stet im der muot," bey Suchenwirt XXVIII, 159 wird wol heißen: er denkt an einen Winkel, sich zu retten. „Die pey vrawen so winkchelrezz" (das. XXV, 284: im Winkel so thatkräftig), sind es selten vor dem Feind im offnen Feld. Vrgl. Wünschelstab. „Winchelsunde, angulorum peccata;" Sermon. latin. sec. XIV., Ald. 176, f. 63.

Das Wenns, Wens, Gekröse der Thiere, (Passau, ObrM.); sieh Wannen, Wenst und „Wöst."

wenslich (?), ä. Sp., wunderlich? „Die liute sint sô wenslich;" S. Helbling VIII, 442. Haupt's Zeitschr. IV, S. 276 meint Jac. Grimm wemslich von wemseln, wimseln, kriebeln, winseln; s. oben, Sp. 915.

winsen, (ä. Sp.) winseln; (mhd. winsen, ahd. uuinsôn, mutire; Graff I, 892. BM. III, 714. Weigand, Wbch. II, 1089). „Winset als ein chleines hundel;" Cgm. 724, f. 184. „Winsit, mutiet;" Clm. 4606 (XI. sec.), f. 97. Das gewöhnlichere winseln lautet meist *wimpsln*. Die Winsl, gemeiner Ausdruck für Violine;" Castelli, Wbch. 267.

---

wünschen (gerne mit dem Präteritum: gewunschen), wie hchd.; (mhd. wünschen, Praet. wunschte, ahd. uuúnscan, uuúnscta. Graff I, 905. BM. III, 821. Weigand, Wbch. II. 1110. Kärnt. voshzhiti, mit čechischen Buchstaben: wosčiti, wünschen; Jarnik p. 43, unter vét, Rede Cf. lat. vo-veo, vo-tum); (ä. Sp.) zaubern. „Si ist gewünscht überal an form und an gelesse;" Cgm. 714, f. 185. 'erwünschen, durch Aussprechen eines Wunsches in jeder Hinsicht vollkommen schaffen; BM. III, 822.' „Du mochtest finden mengen man der des wolt mer erwunschen (erwinscht) han;" Cgm. 379, f. 40, (270, f. 80). Verwunschner Prinz. Der Wunsch 'a) wie hchd.; b) (ä. Sp.) Zauber; der Inbegriff des Schönsten, Vollkommensten, das Ideal. BM. III, 818 f.' „Mich nam immer wunder, dâ ich sie erblicket, waz Gott mit also reinem wunsche meinet;" Labr. 59. „Er treit den wunsch, des überwunsch mit wunsche sicher nieman mag genennen;" das. 340. Ze Wunsche, (ä. Sp.) nach Wunsche. Sieh die interessanten, eine mythische Personification ergebenden Zusammenstellungen bey Grimm, Mythol.² p. 126 ff. 390. 827. 926. 1205. „Got erloubte dem Wunsche über in, daz er lîb unde sin meistert nâch sîm werde;" Gregor v. d. Stein 1091. „Der Wunsch het in gemeistert;" das. 1097. Vgl. Grimm über den Liebesgott, S. 13. Mone's Anzeiger VIII, 134
119 —136. Das Wunschhüetlein. Die Wünschelructen, a) wie hchd., BM. II, 818. I, 483. Grimm, Mythol.² p. 926 ff. „Schlecht als ain wünschelgert kumt si geschlichen aufgericht;" Cgm. 714, f. 185. b) Die Wünschelruet, der Wünschelstab, Euphemismus Konrads von Megenberg, (cf. Th. I, Sp. 14: ebenalt, und Th. II, Sp. 1162: Herman): Der weiße Senf „sterckt den wünschelstab;" (unter dem Artikel eruca, Pfeiffer p. 399,7), bey Ortolph (im Druck) in Winckelstab verändert; (vrgl. oben: winkelrezz). „Das ander zaichen (conceptionis) ist, daz diu wünschelruot oben trucken ist an dem houpt, und daz sie die muoter vast seugt;" Konr. v. Megenberg, (Pfeiffer p. 38,23). Der Wünschwürfel bey H. Sachs 1612: II, IV, 227. 228. Die Wünscheltocke. „Waren sie (die Frauen) alle schœne wünscheltocken;" Labr. 598 '(?)'. 'wunschlich, adj., (ä. Sp.) dem Wunsche gemäß, vollkommen, herrlich; BM. III, 821.' „Wunschlîcher wunne wunder ist zweier liebe einen;" Labr. 228. „Dank hab daz wunschlîch leben;" das. 400.

Der Wenst, (H. Sachs 1612: I, 876) der Wanst, Bauch; (ahd. wanast; Graff I, 892 f. BM. III, 504. Weigand, Wbch. II, 1021); sieh Wenns, oben, Sp. 961. „Nim fleisch daz do ge von dem lumbel oder von dem wenste;" Kochbuch im Wirzb. Cod. (s. Th. II, Sp. 1348: Knucke). „Daz gewait daz da ist under dem wenst;" Scheftl. 296, f. 88.

winster, uuinistar, adj., (mhd. und ahd. Sp.), link; (Graff I, 893. BM. III, 714. Zu wenden? wie etwa franz. gauche zu guenchir. Diez, Wbch. 640). „In der winstern hant er haben sol eine gerte, gezimpt dem buman wol;" Cgm. 1111, f. 90. „Die guoten ze siner zeswen hant, die übeln ze siner winster;" Chron. bis 1250. „Diu zeswe hant ist worden winster;" d. w. Gast 8438. „Ze der winstern hant;" Jwein 599. „Ze der winstern hant sprich ...;" Clm. 4616, f. 53. „Gein der winstern hant;" M. Helmbrecht 61. „Wer gern leutselig wil sein, sol nemen des geyern augen und dy tragen in der vinstern hendt oder er pint es auf den vinstern arm," (von jüngerer Hand dazu geschrieben „tenken"); ZZ. 2072, p. 304. „Wer läwtsalig welle sein der nem des geyren zesem augen in die vinstern hant und pint sy umb seinen vinstern arme;" Clm. 5879, f. 206. „winsterhalb;" Cgm. 724, f. 176. „Dô stralte dir dîn houbet zeswenhalp der rabe dâ; winsterhalp schiet dirz diu krâ;" M. Helmbrecht, V. 628. Daß der bayrische Zuruf an das Pferd, wenn es links gehen soll, *wistə'hål'!* noch von dieser sonst veralteten Form übrig sey, ist nicht unwahrscheinlich, obgleich der Gegensatz zeswenhalb oder etwa zesemhalb für rechterhalb unerhört ist, indem hiefür hött! gilt; (cf. Th. II, Sp. 1188). Diesem einsylbigen hött! entsprechend wird auch *wist!* (s. d. W.) gebraucht. Dieß ist schwerlich ein alter Positiv von der comparativischen Form uuinst-ar, also wol nur aus winster verderbt, da man nicht auch sagen kann hotterhalb.

---

bewant, gewant, verwant, sieh oben, Sp. 943.

Die Wentel, das Wentele (schwäb.), Wanze; (ahd. uuant-lûs, uuant-uuurm, cimex), sieh Wanzen.

wintər, (b. W.) statt munter (und daraus entstellt?).

Wenn I z' Nàcht *wintə'* wèə',
und 'Boubmə˜ singə˜ hèə',
gáng I gèə'n åssé á',
wá' gèə'n dəbá. Rank, vier Brüder aus dem Volke (1844), S. 13. *glöcklwintə'*, ganz munter, wach.

Der Winter, wie hchd.; (mhd. winter, ahd. uuintar, goth. vintrus = qwintrus, ir. geimhra, griech. χεῖμα, lat. hiems. Grimm, Gesch. d. d. Spr. p. 73. Graff I, 630. BM. III, 716. Weigand, Wbch. II, 1089). R.A.: Pauli Bekêr, halb Winter hin, halb Winter her. Páli-bekeərum, hål' hinum, hål heərum, bezieht sich auf die Ueberwinterung des Viehs, weil der 25. Januar in der Mitte liegt zwischen dem Einstellen und Austreiben; (ObrM.). Dieser Tag (25. Jan.) heißt darum auch der Halbwintertag (Hål'wintə'tà'). Der Afterwinter, die zweite Hälfte des Winters; H. Sachs 1612: II, IV, 40. IV, III, 45. V, III, 60. winterig, adj., (ahd. wintarig; Graff I, 631. Otfr. III, 22,3: uuintirig). Wintriges Feld, wintriges Getraid, (Winterfeld, Wintergetraid). „Das veld, so mit wintrigen besambt gewesen;" Chron. Benedictb. II, 209. Zeitschr. IV, 191. wintern, winterln, verb., (mhd. wintern, ahd. uuintarjan, uuintarên; Graff I, 631. 1165. BM. III, 717): a) es wintert, winterlt schon, ist schon Wetter wie im Winter. Es wintert zue, richtet sich zu bleibender Winterwitterung ein. b) sich einwintern, sich mit Vorrath für den Winter versehen. hinaus-, durch-, überwintern etwas, es den Winter durch in gehörigem Stande erhalten. Vgl. Zeitschr. V,

484. verwintern, (von Schiffen) des Winters wegen nicht von der Stelle kommen können, einfrieren. Lori, B.R. 317.

---

120 Die Wanzen, a) wie hchd. Wanze; (in der ahd. Sp. finde ich weder diese Form, noch Wentele, sondern immer uuant=wurm oder uuant-lûs, woraus wol im Ennebergischen Ladin antlus, plur. antlüs, während doch die Grödner auch Wanza sagen. BM. III, 504. Weigand, Wbch II, 1022. Vilmar, kurhess. Idiot. 441: Wandlaus). Noch der Münchner Franciscaner Joh. Sack sagt 1420: „Eadem herba Attich vel absynthium expellit Wantlüß;" Monac. Francisc. 250, f. 380. „Cynifex, eyne wantzke;" ZZ. 903, f. 410. Cf. česk. stěnice, fem., von stěna, Wand. 'Si' gift·n wiə-r-á˜ *Wanz·n*, sich im höchsten Grade erbosen; Zeitschr. III, 192,89.' Sich wanzen=voll anfreßen; (cf. zeckfaist). Das Wanzenkraut, das Farnkraut, Pteris aquilina, das zur Vertreibung der Wanzen dienen soll. Sie sammeln sich an Pfefferkraut. „Coriandrum haizt in etleicher däutsch wanzenkraut, („wanczelkraut");" Konr. v. Megenberg f. 234, (Pfeiffer 395,8). b) Das Wänzlein (Wánzl), die Linse, Wicke. ə˜ *Wánzlsuppm*, (Straubing?).

waunzig, wau˜zi, (b. W.) statt winzig. ə˜ klaenəᶜ *wau˜zigə*ᶜ Buzl.

'Der Wenzel im Kartenspiel; Vilmar, kurhess. Idiot. 449.'

winzig, a) (ä. Sp.) ein wenig, ein Bischen, aliquantulum, pauculum, (mit dem Genitiv des dazu genannten Dinges). „Ain winczig schöner gersten, ain winczig hönigs;" Cgm. 592, f. 37. „Ein winczig melbs, farinula." „Ein winczig regen, ein winczig schwarz" (subniger); Voc. Melber. „Rutels winczig." (rüttle es ein wenig). „Das der essich ein winczig über die prisilig gang;" Cgm. 821, f. 112. „Also winczig, tantillum; weinczig, pauculum;" Voc. v. 1429. Zeitschr. V, 194. b) heutzutage nur als Adj. und fast immer mit einem vorangehenden Wort verbunden: *klaə˜winzi'*, *kurzwinzi*, wunderwinzig, (woraus etwa die Formen *budəᶜwinzi'*, *budəᶜwunzi'*, *udərwinzi'*, *urwinzi'*, *klá˜urwinzi'* entstellt sind; *kungunderwinzig*, sehr klein, Hammer=Purgstall, Wiener Jahrb. 120. Bnd., S. 117). In der ahd. Sp. findet sich diese Bildung nicht. BM. III, 717: winzec. Sie könnte, wenn ja wênig zu wainen gehört, als winsig mit winsen, mutire, zusammengehalten werden. Das isl. vinsa, die Spreu aus dem Getreide werfen, wird eher zu vind=r, als zu einem Spreu bedeutenden Substantiv gehören. Zu bedenken wäre etwa auch die mhd. Formel ein wint, ein Wind, für Nichtiges, Weniges; sieh Grimm III, 734 — und davon eine Bildung wie gottsig, hundsig, Th. II, Sp. 962. 968. 1128. Vrgl. zum Überfluß auch das niederländische twint (Grimm III, 732), besonders da man im bayrischen Dialekt statt verzwunzen (w. m. s.) auch hört verwunzen; (also gar ein Ablautverb winzen, das bey Grimm I, 125 für lacerare angegeben ist).

Winzig, ein Kartenspiel; (Jir.).

Der Winzerl (Winzə-l, b. W.), kleines Kraut, das man im Winter zu Salat aufsucht; etwa was Nissel, Th. II, Sp. 1761.

„Wapp, paleare, pellis quae pendet a collo bovis;" Voc. v. 1429. Milichwäppel Cgm. 37, f. 17. 38, f. 57. 586, f. 4), Euter; cf. oben, Sp. 914: Wämpel.

1) Die Wâppen (Wappm, Dimin. das Wáppl), a) wie hchd., das Wappen. Zeitschr. V, 178,113. Di baərisch *Wappm*. „Wer eine Wappe führt;" Wstr. Beschr. v. München 297. „Die Wappe war abgefritzt;" Lob= und Tr.=Rede auf Max v. Panzel 48. „Die hochfürstliche Wappe;" wirzb. Verord. v. 1738. b) Siegel, Stempel. „Falsche Signet oder zur Stämplung der Accis=waaren dienliche Wäppeln;" Mandat v. 1766. c) (im Scherz) Klecks, Flecken. Wie die hchd. Sp. aus dem Plural die Waffen (vom alten Singular daz wâfen) den falschen Singular die Waffe, so hat der Dialekt 121
aus der unentniederdeutschen Pluralform die Wâpen (von that wâpen, sing.; Graff I, 785. BM. III, 456. Weigand, Wbch. II, 1022) den Singular die Wâppen in dem besondern figürlichen Verstande gebildet, in welchem auch die romanischen Sprachen les armes, las armas, le arme brauchen, und in welchem für alle übrigen Waffen die am meisten in die Augen fallenden, d. h. Helm und Schild mit ihren unterscheidenden Farben, Formen, Bildern und Zierden als persönliche oder Geschlechtsauszeichnungen genommen wurden. Noch im XVI. Jahrh. findet man statt Wappen, d. h. figürl. Geschlecht, den Ausdruck Schild und Helm gebraucht. „Dieweil von desselben manns Schilt und Helm ain mänlich person vorhanden ist;" Ref. Landrecht v. 1516. „Jr wappen schilt und auch ir waphesen (cf. Th. I, Sp. 383: Pafesen?) in gerechtigkeit hat nymmer wesen;" Cgm. 713, f. 229. wappengenoß, adj., wappensgenoß, zu einem Wappen berechtigt, siegelmäßig. Es war der bayrischen Ritterschaft oft wiederholtes Begehren an die Fürsten, die Landgerichte mit Richtern zu besetzen, die wappensgenoß wären. wäppeln (wápp̈ln), mit einem Wappen, Siegel, Stempel, Flecken bezeichnen. ..„Gearbeitetes unrohes Leder bey der nächsten Mauth stempeln und wäppeln lassen ...;" Wagner's Civ.- und Cam.=Beamt. II, 36. ..„Die Karten mögen gewäppelt seyn oder nicht." „O du schändliches Muttermaal der Eva, durch dich sind wir alle gewappelt, daß wir Sünder sind;" Portiunkulabüchlein 6. 111. Die geistlichen Erlaubnißscheine, die für die Weibspersonen, die man als Sendinnen auf die Alpen schicken wollte, im Salzburgischen ehedem nöthig waren, und die Untersuchung, die man vor deren Ertheilung anstellte, wurde im Scherz Sendinnen-Wäpplung genannt. Schrank und v. Moll, natur-histor. Briefe II, 5.

2) Das Wâppen, (ä. Sp.) mitunter auch noch unfigürlich für das hochdeutsche Waffen. BM. III, 455. „Daz wappen, damit sie vechten sol;" Nider XXIV, G. H. VI. „Ein kappen wol gesniten, die fuorte mîn herre her Tristan über allem sînem wâpen an;" Heinrich's Tristan 1938. „Über genuoc und vollen rât het er von wâpen mit im dâ;" das. 1631. „Daz du mein pluttigi woppen vnd woffen pei dir stæt behaltest;" Gesta Romanor., Cgm. 54, f. 43ᵃ, (Keller p. 82). „Seu hieng sein waffen auf in ain chamer ... vnd sach vil eben die plutigen waffen an ... Jesus waffent sich mit dem wappen der menschait;" das. 43ᵇ, (Keller p. 83). „Wappen anlegen," accingere; Voc. v. 1419. „Jch wil ie für diu clâren wâpen halten;" Labr. 327. „So lang der Kaiser in der Nähe war, heißt es in Gem. Reg. Chron. II, 93, standen die Bürger in Waffen. Die Wachtschreiber hatten „das Wappen verschrieben," (zum Aufzug in den Wachten angesagt). Es ist ungewiß, wie das Wort hier zu nehmen. Der Wâppener, Wâppner, (nach ältern Vocabularien) armiger, etwa wie im ältern Schwedischen väpnare (escudero, ecuyer, esquire) im Gegenhalt des riddare oder Ritters; (BM. III, 458: wæpenære, Gewaffneter; Schildknappe). „Anderthalb hundert wapner balt die verstießen sie in ain halt;" Mich. Beham, Wiener 142,4. Rex Saul misit suos apparitores (wapner) ad capiendum viatorem;" Clm. 5684 (XV. sec.), f. 141. „Do er hin zů næch nocht do engegnotten im vier wæppnær wol gewæppent;" Gesta Romanor., Cgm. 54, f. 42ᵇ, (Keller p. 80). Oft werden im XVI. Jahrhundert die zum Kriegs- oder Wachtdienst (auf eigene Kosten?) gerüsteten Bürger aus Städten und Märkten also genannt. Freyb.

Samml. hist. Schr. III, 77. Gem. Reg. Chr. III, 220. Wstr. Btr. II, 141. 195. 227. Kr. Lhdl. VII, 231. Es wurden unterschieden schlechte (gemeine) Burger und gewappte, gewappente Burger oder Wappner.
122 „Schützen und Wopenäre;" Samml. f. altd. Lit. 59. wâppenen, wâppen, waffnen, bewaffnen; Av. Chr. 387. „bewapt, armatus;" Vegetius v. 1529: I, 4.

Die Wepp, Weppen, (ahd. webbi, weppi, mhd. webbe, weppe, neben wuppi, wüppe, wippe, ntr.; Graff I, 646. 649. BM. III, 612), Gewebe; sieh Webb und Wepf. „Das Recht ist einer Spinnenwepp gleich; die Humeln fahren durch, die Mucken behangen darin;" Seb. Frank. „Wir vinden geschriben auch für war, daz sant Augustin neun iar trauric wer, umb daz er hete einer spinnen gewartet, wie si tete, do sie ir weppe zesamen braht;" Renner 22469. „Wenn man sein (des Krautes Nieswurz) wurzel pricht, sô sint si inwendig hol und in den hölen sint weppel (Diminutiv) sam die spinweppe;" Konr. v. Megenberg f. 236, (Pfeiffer p. 399). „Der tievel tût sam diu spinne, diu leget ir arbeit vil dar an daz si gewurche ein weppe;" Cgm. 176, f. 61. s. unten: Wepfel.

Die Wepwurz, s. Th. III, Sp. 253: „feldewurz vel wepwurz."

Das Wippenholz, das einer Gemeinde aus Staatswaldungen jährlich zustehen soll; (in bambergischen Proceßacten. Oberappell. Rath ... wünscht darüber Auskunft; 7. Decbr. 1840). Ich finde nur Wiepen (bey Frisch I, 452). Wippen (bey Heppe S. 156) für Hagebutten.

Die Wupp, Wuppen in Spinn-wupp, Spinnengewebe, (ahd. Sp. wuppa, tela. „Also spinna ze iro wuppen;" Notk. Ps. 89,10). s. oben: Wepp.

Der und das Wepf, der Wepfen, Garn, das gezettelt und zum Aufziehen auf den Webstuhl bereitet, oder auch, so viel auf einmal zum Weben bestimmt ist. Lori, Lechr. 351. „Weder Wepff noch Schwaiff (weder Eintrag noch Zettel) soll ungeworcht verkauft werden;" L.O. v. 1553, f. 72. „Swelich wepf hat sechzehen pfunt oder mer, den sol man würchen in siben punt, und swelich wepf minner hat denn sechzehen pfunt, den sol man würchen in acht punt;" Münchner Satzung, hist. Abh. d. A v. 1813, p. 493. „In dem hol der Nießwurz sind Weppfel (telae?) als die Spinnenwepp;" Ortolph, (vgl. oben Wepp: Weppel). „Wepf, Gewepf, stamen, tela;" Voc. v. 1429 rc.

Der Wipf, Faden der feinsten Art; sieh Wif.

'Der Wipfel, wie hchd.; (mhd. wipfel, ahd. wiphil; Graff I, 784. BM. III, 626. Weigand, Wbch. II, 1090. Zeitschr. II, 240: *Wippelt*); (österreich.) die Pflanzenspitze.' „Ä *Wipfel* (Rosmarinstengel) stöckt in'n Gwand, ä Buschen af'n Hut" des kleinen Loipperl bey der Hochzeit des Jodl; Lindermayr 121.

wipfizen. In der Tischzucht bey Rauch, script. rer. austr. I, 198 heißt es: „Wer wiphizt als er ezzen sol." Vgl. oben wefzen und Haupt's Zeitschr. VII, 173. BM. III, 626. Vermuthlich als Iterativ dem zunächst niederdeutschen wippen, wuppen (sich auf und nieder wiegen, balancieren; Zeitschr. VI, 115, 7. 431,88. 231. cf. *Wipstêrt*, Bachstelze; Vilmar, kurhess. Idiot. 455. Zeitschr. II, 286,10. V, 296. VI, 431,111 und V, 300: *Wippermenneken*) entsprechend. Bey Notker Ps. 39,5 steht uuephâre für Seiltänzer, bey Otfr. IV, 16,8 ist „zi themo uuipphe in momento." BM. III, 626: wepfen, wipfen, springen, hüpfen. Weigand, Wbch. II, 1090. „Ich tuon denn gen ir (die Seele) wipffen und mit baiden clawen erkripffen," sagt der Teufel in des Teufels Segi, (Barack p. 228,7233). verwepfen. „Als der in einer verwepften leuren (s. Th. II, Sp. 1499) weder wein noch wazzer smecket;" Renner 6442.

'Die Wepse, Wespe; Zeitschr. V, 465. VI, 120,71. sieh oben, Sp. 866: Wefse.'

---

war, (ä. Sp.) wohin, wo; (mhd. war, ahd. huara, huar; Graff IV, 1198. 1200. BM. III, 515. 516. Weigand, Wbch. II, 1097 f. 1105). war-an, warbey, wardurch, warmit, warnâch, warzue rc. statt des spätern woran, wornach, wodurch rc. „Das sie das Blut etwarzue (irgendwozu) brauchen;" Dr. Eck 1542. alswar (âlspər), anderswo. *Alspər* is's nét əso; cf. Th. I, Sp. 58. Sieh wô.

Warstal. „Caput Concilii apud Warstal," (Guastalla), 1106; Aug. eccl. 39, f. 7b.

Warangi, Waräger; Buchon III, 67.

wâr (wàr, o.pf. waur, wau³), a) adj., wie hchd. wahr; (mhd. wâr, ahd. uuâr; Graff I, 913. BM. III, 518 f. Weigand, Wbch. II, 1011). Es ist dieses, wie von, eines der Wörter erster Nothwendigkeit, welche der gothische, angelsächsische und nordische Dialekt nicht ebenfalls zeigen; — der erste hat sunja, veritas, davon suncins, verus, der zweite soth, der dritte sannr, verus, wozu ich im Hchd. blos gl. i. 859 sandon, testari, finde; dennoch ist ein crudes Entlehnen des lateinischen verus — etwa wie man dermalen in den Sette-Comuni sagt „der veare korp," il vero corpo — kaum anzunehmen; das Wort kann seine gute deutsche Quelle haben, die darum einen frühern Zusammenhang mit jenem lateinischen nicht ausschließt. (Kärnt. véra, der Glaube; Jarnik 39.) Das alte Ablautverb uuesan selbst könnte, sowohl hier als bey den folgenden war, weren 1, 2, 3, ohne Zwang zu Grunde liegend gedacht werden, vorausgesetzt, daß unser Wort überhaupt jünger als bey jenem Verb der im Gothischen noch nicht vorkommende 123
Umlaut des s in r wäre. Wer den Compaß hat, möge in die hohe indische See stechen (Pott 223); ich halte mich furchtsam ans deutsche Gestade. R.A.: Ist wâr âuch (is wàr á', ◡ ◡ –), Art Rechtfertigungsformel auf etwas, das man eben gesagt. *Is scho' wàr* (◡ – ◡). Dem Niesenden ruft man zu: *Helf God, dafs's waər is!* ObrM. Ze Tôd wâr (z' Tond wàr); (vrgl. Ulrich's Tristan 1963: „Doch weiz ichz wârez als den tôt"). Ä Sp.: „Ez ist mir wârez gewizzen," ich weiß es gewiß; b. L.R., Heumann, opusc. 102. 105. 106. 107. wâr machen, (ä. Rechtsspr.) beweisen durch Urkunden, Zeugen rc.; L.R. v. 1616, f. 259. L.R.B. Cgm. 27, Art. 96. 98. Heumann, opusc. 80. 147. wâr machen (z. B. einen Wunsch), in Erfüllung bringen; wâr werden, in Erfüllung kommen; (wâr lâzen ein Versprechen, es erfüllen; Grimm, Reinh. p. 347). b) Substantiv. (Otfr. uuâr n., uuâra f., uuâri m., IV, 15,20: „Ih bin lîb inti uuâr," ego sum vita et veritas. Tat. 195; „Uuaz ist uuâr?" quid est veritas? das. 1643: „ther geist uuares," spiritus veritatis; cf. Notker 84,11. „In der gewære, daz ros sîn muoter wære;" S. Helbling VIII, 327). wâr haben, (Werdenfels) Recht haben. Hàb I nét *wàr ghett?* „Du ne hâst nicht wâr;" Ulr. Tristan 1971. Walther 62,31. Wigalois 5668. Iwein 868. 2850. Suchenwirt 101. „War zu lugen und lugen zu war machen;" Buch der Weisheit 1485, f. 158. ze wâr, z' wâr, mhd. ze wâre, zwâre, ahd. zi uuâre, zi uuâru, Otfr. auch zi ala-uuaru, in ala-uuari, (Graff I, 919. 920. BM. III, 519. Weigand, Wbch. II, 1164). a) in Wahrheit, fürwahr, wahrlich; bey H. Sachs häufig. „Ich bin zwar ein flätich (schönes) weip," sagt Putiphars Hälfte zu Joseph; Reimchron. Als volle Betheurung noch im 16. Jahrh., z. B. in den Ingolst. Reimen v. 1562, sehr üblich; später zur bloßen Concessiv-

formel verdünnt, (gerade wie ital. in verità, franz. en vérité, quidem). bewæren, wie hchd.; a) bewähren, beweisen, darthun; (mhd. bewæren, ahd. piuuârian. Graff I, 924. BM. III, 523. Weigand, Wbch. I, 146). „Den schaden weberen;" L.R.B. Heumann, opusc. 57. „Wie er bewæren sul, daz er si also (im Ehbruch) funden hab;" Rupr. Rechtb., Wstr. Btr. VII, 33. „Daz bewêret uns got selbe;" Griesh. Pred. II, 25. b) prüfen, erproben. „Doch sol er gar wærlich sîn bewæret, dem ir ze merken gunnet; Labr. 409. „Examinare, bewern;" Furstenf. 163, f. 172. überwæren Einen eines Dinges, (ä. Rechtsspr.) überzeugen, überführen, convincere; BM. III, 524. L.R.B., Heumann, opusc. p. 66. 78. 82. Münch. St.R., Art. 82. „Als oft Einer überwärt wird, daß er eine Klinge gemacht von ungegärbtem Stahl, gebe er je von der Klinge 12 dn.;" Gem. Reg. Chr. II, 193, ad 1371. „Werden si des überwaret;" Cgm. 290, f. 80. 544, f. 50. „Wurd er aber überbört mit den hausgenossen, daß er ...;" sieh Th. I, Sp. 267. wærlich (wárli, wárlə, schwäb. werli o.pf. wêiə'lə'), wahrlich; mhd. wærlîche, ahd. uuârlihho; Graff I, 921. BM. III, 521. Weigand, Wbch. II, 1012. Zeitschr. IV, 101,7. V, 120,27. „Als wærlîche als ich diz guot verstoln hân, als wærlîche sult ir mich hâhen;" Br. Berhtolt 86, (Pfeiffer, S. 282,12.13). Ös solt dä' (es sollte dir) *wärläti* ja selbn dä' Bugel (Buckel) grausen;" Lindermayr 73. wärzig, adv., (Franken, Rhein) wahrlich, wahrhaft; Zeitschr. V, 136,6. 267,2,3. (Wol zu erklären wie gotzig, hunzig, winzig, — obschon ein altes Verb „uuareczen" gl. i. 986: adserere, uuarezztun i. 494: certi sunt, vorkommt). Das Warwort, Werwort, (ä. Sp.) Sprichwort. Das War-zaichen, sieh Wort-zaichen. Zeitschr. V, 522,18.

124 gewære, (ä. Sp.), a) wahrhaft; (mhd. gewære, ahd. giuuâri; Isid. 6: chiuuari; Graff I, 916. BM. III, 521. Weigand, Wbch. II, 1011). „Meister, wir wizzen daz du gewâre bist unde gottes weg kewaro lerest;" Notk. 27,3. „Gewæriu mære, gewæriu urchunde;" Barlaam und Josaphat. b) probus, fidelis; (cf. ahd. Sp. uuâra, foedus, pactum; „triuua vel uuara," gl. a. 123. 379. 441. gl. i. 866. 941; „kauuaare, foederatos," i. 875; agſ. være, foedus, vær-fæst fidelis, vær-leas treulos). „Wir schwören, dem Fürsten N. getreu und gewär, auch undertänig und gehorsam zu seyn;" Huldigungsformel, Kr. Lhdl. I, 146 ff. „Joseph, ein witewære alter, guot und gewære." „Trûrik stuont diu gewære" (Maria auf den Verkündungsgruß des Engels); Wernher 78. 109. „So getriuwe unt sô gewære was diu guote Lûnete," Jwein 5560. „Dô sprach der gewære," so heißt im Gregor v. d. Stein 848 der Abt, wie V. 1211 und 1152: „der getriwe man" und V. 1584: „der triwen veste." „Judisten und weibtrugener und ander valsche leute der herz gar sint tugende lære und went man ofte sie sin gewære;" Renner 21734. „Der tiuvel ist ein lugenære und ist doch dâ bî vil gewære;" Minnesänger, v. d. Hagen III, 440b. „Aller gewarer tugende," (aller guten Eigenschaften?); Cgm. 99, f. 4. „Dû gæbest dînen kouf mit mâze oder mit wâge oder mit eln, daz sol allez gewis und gewære sîn;" Br. Berht. 44, (Pfeiffer 148,29). „Daz ist grœziu nôtdurft, daz dû dâmite getriuwe und gewære sîst;" das. 47, (Pfeiffer 150,21). „Der guote sant Franciscus, der ein bruoder was unsers ordens und gereht und gewære mit allem sînem leben;" das. 429, (Pfeiffer 65,5). (Vrgl. ungiuuar improbus, giuuari probitas, ungiuuari, ungiuueri improbitas, gl. a. 144. 164. 390. 457 xc., i. 76. 406. 520. 1146. 1184; gwarin industrium i. e. efficacem, utilem, Clm. 4606, XI. sec., f. 92. Sollte schon das einfache uuar in Otfrids I, 15,42: „ubil odo uuar" hieher passen? Vrgl. weren, 3). al-wære, alwer, alber, sieh Th. I, Sp. 65 f. „Daz si benamen wær guot unde albær," (gutmüthig, debonnaire, leichtgläubig); Cgm. 717, f. 99, ad 1347. „Bist vil alwære;" arm. Heinr. 543. Gl. i. 320: „ala-uuaroru beta, benigna intercessione," also ahd. Sp. ala-uuari, (und ala für all, ganz, durchaus zu nehmen). mitwære, mitwer, mitber, mitper, miwer, Th. II, Sp. 1691; ahd. Sp. mitiuuâri, mansuetus. Vrgl. Grimm II, 553 und 577. Etwa auch sinnewar, simpelhaft (Pitrolf 2444), hieher, und nicht zu werren.

Die War (Wàr), wie hchd. Waare; (vgl. BM. III, 515; angelſ. varu, vare, isl. vara, varningr, engl., dän., niederſ. ware, holländisch waare. Weigand, Wbch. II, 1004). Dés is ə˜ dummə *Wàr*, ein bedenklicher Umstand; er macht lauter nerrschə *Wàr*, dummes Zeug, lächerliche Handlungen; (Nürnb., Rath Her). Da die ä. hochländische Sprache in diesem Sinn gewöhnlich blos Guet oder Krâmschatz, Kâufmanschatz, Kâufmanschaft oder Pfennwert darbietet, könnte man jenes bezeichnendere, bequemere Wort als ein erst hinterher aus den mehr Handel treibenden Seelanden heraufgewandertes ansehen. H. Sachs braucht es öfters. Es kommt jedoch, nur in allgemeinerer Beziehung, schon früher auch im Hochland vor. In der reichhaltigen poetischen Paraphrase der Genesis (sec. XII.) Diut. III. 76 sagt Jacob: „Ube mir got git lîpnare, ioh wate-ware," wo minder wahrscheinlich Bekleidung mit Wât (sieh unten weren, 1: induere), als Wat-Vorrath, Vorrath von Kleidungsstücken, ital. roba, zu verstehen seyn wird. Gott hieß die Erde, die neu erschaffenen Thiere „biwaren mit ware ioh mit reste, mit aller slahte wiste;" 125
das. 43. So nennt der schweizerische Oberländer insonderheit sein Vieh die War, wie der Tiroler, was sonst Lebvieh heißt, die Lebwar, der Westphale (Grimm, d. R.A. 506) Hartholz Bloemware, Weichholz Dustware. In der gemeinen Sprache ist War ein Collectivausdruck nicht blos für Sachen, sondern verächtlich auch für Personen. Zeitschr. I, 289,15. De klaə˜ *Wàr* (Kinder), Lumpen-War, Münchner War xc., wobey Einem das angelsächs. -varu, Einwohnerschaft, Burh-varu, Lunden-varu, Rom-varu und selbst K. Alfred's Baegd-vare für Baiuuarii (sieh Th. I, Sp. 219 und vgl. Graff I, 931) zu Sinn kommen könnte, wenn das deutsche Ware hier nicht gar zu gewiß als bloßer Tropus, wie z. B. auch das ital. roba, robaccia, mercancie etc., erschiene. (In dem er von Canterbury liegt wol noch das war von Cantwarbyrig. „Ao. DCCLIV Cantwaraburh forbarn thy geare;" Saxon. Chron., Ingram. Vgl. Grimm, Gesch. d. d. Spr. p. 781.) Es stimmt dieses Ware, Waare, dem Begriff nach am besten zum dritten der folgenden Verbe weren, (dem ein altsächs. uuaron zur Seite steht); vrgl. daselbst Werung und, weiter gebildet, Werd, Pfennwert xc. Das schott. to ware, isl. veria, ausgeben, verwenden, gemahnt an das hchd. gewähren (schalten und walten) lassen Einen; (bremisch-ndrs. Wrbch. V, 234. 235: beweren und geweren; dazu Beweer, Mühe).

Die War, mhd. Sp. ware, ahd. Sp. uuara, mhd. Sp. auch der war, a) attentio, Acht, Achtsamkeit, Aufmerksamkeit; (Graff I, 907. BM. III, 506. Weigand, Wbch. II, 1012. Wara als mythische Person vermuthet Jac. Grimm in Haupt's altd. Blättern 1836, p. 370; auch isl. syn, goth. sunja als solche). (mhd. Sp.) war nemen eines Dings, umb ein Ding, 1) sich darnach umsehen, (heutzutage: es wirklich sehen). „Nim sin mihila uuara, pone super illum oculos tuos;" gl. i. 285. „Reinhart nam des guoten war;" Grimm, Reinh. p. 110,1172. „Do nam er eines huses war," (suchte nach einem Hause); altd. W. III, 220. 238. „Nû nam er umbe sî war und suohte sî mit den ougen;" Jwein 5188. 2) etwas bemerken, beachten, untersuchen; berücksichtigen, pflegen. „X jar ein kint, XX jar ein jungling, XXX jar ein man, XL jar wolgetan, L jar still stan, LX jar abgan, LXX jar nim der war, LXXX jar der leut tar (Thor), LXXXX jar der kind spot, C jar gnad im got;" Monac. Francisc. 253, f. 137b. war tuon eines Dinges, umb ein Ding, sich darnach umsehen, y faire attention, beachten; VII Com.: *tünan bar*, warnehmen; *tu bar*, nimm war!). „Duo min wara, intende mihi,“ Notk. 54,2; Willeram. „Tuo ware (sieh nach), wie ir ding vare;“ Diut. III, 91. „Des sculen wir tuon ware,“ (es bedenken), das. 92. „Und do er ir nicht fand, do stund er auf vnd tet war,“ (sah um sich); Cgm. 414, f. 97ᵃ. „Nu wie hât sich der guote kneht (Walther v. d. Vogelw.) an im gehandelt âne reht, der dâ sprach durch sînen hôhen muot, daz der babest wolt mit tiuschem guot vüllen sîn welhischez schrîn! Hiet er gehabt den rât mîn, er hiet daz wort gesprochen niht, dâ mit er hât gemacht enwiht manige sîne rede guot, daz man ir minner war tuot;“ d. w. Gast 11200. waren, (ä. Sp.) zusehen, schauen, Acht haben; (mhd. warn, ahd. waren, warôn; Graff I, 912. BM. III, 509. Weigand, Wbch. II, 1011. Zeitschr. V, 168,151.430. Vgl. kärnt. váriti, hüten, variti se, sich hüten, obvariti, bewahren; Jarnik p. 39, der auch tovarh, Geselle, hieher zieht). „War waz du tuest und waz darnach gê;“ Rupr. v. Freys. Rchtb., Wstr. Btr. VII, 44. Cf. warnen und warten. bewaren a) wie hchd.; (mhd. bewarn. Das piuuarian der ahd. Sp. wird als probare wol zu uuâr, bewâren, als defendere zunächst zum folgenden weren, 2 gehören. BM. III, 507 f. Weigand, Wbch. I, 146). b) vorsehen, versehen, besorgen. A. R.A.: „Die Êr bewaren“ und „nicht unbewart der Eren“ Einen befehden, d. h. ihm vorher einen Absage- oder Fehdebrief zusenden; Kr. Lhdl. XI, 282; cf. Th. I, Sp. 124. bewaren einen Sterbenden, ihn mit dem Abendmahl versehen; baireuth. Kirchen-Agende, auch schon Cod. S. Ulr. D. 118, Aug. 50, f. 30ᵇ. „So du dich wilt bewarn so sprich dicz gepet so dich der herre (Priester) welle bewaren dar nach so seist bewart;“ .. „Nu seyet ir bewart mit dem h. sacrament;“ Cgm. 4812, f. 12. „Das man den Onsorgen mit dem hailigen sacrament thet (sich hieß) bewarn;“ Cbm. 2035, f. 96, (Mone's Anzeiger VI, 269). „Der pfarrer von der stat fůr mit der schellen als gewonheit ist und trůg unsers herren lichnam wan er einen siechen bewaren wolt;“ Kaiserchron. Ms. sec. XIV. (zu Aufseß, 'jetzt im german. Mus. Nr. 2733'), bey Gelegenheit von Maister Albertus M., der eben den Teufel citiert hatte. „Deu dink sol man niht uffsparn siechen: peihte und ir bewarn;“ Renner 20366. Ao. 1124 unter Heinrich IV. und Gregor VII. „wurden diu liut so gar veruecht daz die laien selbe '(taten)' daz den pfaffen zuogehort, als predien, toufen, ölen, bewaren;“ Ettmüller, Züricher Chroniken p. 52. „Si appareret tibi Christus in sacramento in forma pueri, so solt du dich interim mit dem sacrament nit bewarn quousque mutetur iterum in formam panis;“ Monac. Augustin. 84, f. 67ᵃ. „Cum accedis bewar (subst.? = ad communionem), prüef dich ac si de certo scires quod post sumptionem deberes mori;“ ibid. f. 66ᵃ. gewaren (g'wà'n, Chiemg., O.L.), gewahr werden; (BM. III, 509. Weigand, Wbch. I, 431). I hà 's glei' *gwà'scht.*

„Wenn I ə˜ Wébə' wá' und hêd ə˜ sche˜s Gà'n,
schnid I ən El auſſə', əs müə'd mə's neəmd *gwà'n.*“
126 „Und wenn uns tát də' Küəbuə' *gwà'n*,
der mechts 'n Bauə'n ſàgng.“

„Die Gottes nüt gewaren werdent,“ (Gott nicht schauen werden); Cgm. 99, f. 8. gewar (gwàr), a) wie hchd. gewahr, d. h. ansichtig. b) (ä. Sp.) attentus, aufmerksam, sorgsam, vorsichtig; (mhd. gewar, ahd. giuuar adj., geware, giuuaro adv.; Graff I, 908. BM. III, 505. Weigand, Wb. I, 430). „gewar sîn oder wesen eines Dinges.“ ungewar, ungwar, adv., ohne gehörige Sorge, Vorsorge; (ahd. Sp. ungiuuaro; Graff I, 910). „Ein Ding ungwar stên lân;“ Rupr. v. Freis. Rchtb., Wstr. Btr. VII, 170. „Daz die swangern icht ungewar springen oder vallen;“ Cgm. 724, f. 205. „Den vierden nam Oswalt pey dem har und zoch in umb gar ungewar;“ Cgm. 719, f. 53ᵇ. „Der munßmaister sol uns mit solchem probieramt das jar hinumb gewaren“ (¿ Druckfehler statt gewarten? Indessen ist warten selbst wol aus waren abgeleitet. Vrgl. wardeien). Lori, Mz.-R. I, 134, ad 1507. c) (ahd. Sp.) sicher; (cf. tutus von tueri, ins Auge fassen). Cf. gl. i. 375, II. Maccab. 13,19: „munitum praesidium, giuuara vesti.“ „Ratio variis ministris instructa, giuuar,“ gl. i. 563. „Daz siben ziug gewærrer sint dann zwen;“ Rchtb. v. 1332, Wstr. Btr. VII, 139.

Die Gewar (Gwàr), a) Aufsicht, Hut, Obhut; (mhd. gewar, ahd. „giuuara, giuuarî, giuuarida, vigilantia, cautela; Graff I, 910. 911. BM. III, 507. Zeitschr. III, 266,2,3: niederd. *Wære, Were*). „Wann unser Herz in deiner Gwar, da scheint die Wahrheit hell und klar;“ Gesangb. v. 1660. b) Sicherheit, sicherer Aufenthalt, zur Zeit des Faustrechts meist befestigter Wohnsitz, Heimat; (vrgl. Gemach, Th. II, Sp. 1559). „Jedermann flohe an sein Gewar, da er denn meinte sicher zu sein;“ Av. Chr. 365. „Ew. fürstl. Gnaden wollen uns Sicherheit (salvum conductum, Geleitsbrief) vor einem Gewalt von unser Gewar bis wider zu unser Gewar zusenden;“ Kr. Lhdl. II, 195. X, 169. Die Gewarheit, Gewarhait, (ä. Sp.) a) Versicherung, Unterpfand. BM. III, 505. „Âne gewariheit ne chomet ier sone mir nicht,“ (sagt Joseph zu den Brüdern, da er den einen zurückbehält); Diut. III, 103. Jwein 8116. Cautio, warhait („barhait“); Ind. 192, f. 26. b) sicherer Aufenthaltsort. „Unz daz er hinwider haimkombt an sein gewarhait;“ Freiheitsbrief v. 1514. „Er brâhte si an ir gewarheit;“ Jwein 6857. „Mîn her Jwein, nû gêt dan, dâ iwer gewarheit bezzer sî;“ das. 1777 und Anm. „Swer guote gewarheit im selben schaffet, daz ist ein sin;“ Gregor v. d. St. 2646. „Gewarheit, hude, tutela;“ gl. a. 821. gewärlich, gewerlich, (ä. Sp.) sorgsam, vorsichtig, sicher; (mhd. gewärlich, adj., gewärlîche, gewärlîchen, adv., ahd. giuuaralîh, adj., giuuaralîhho, adv.; Graff I, 911. BM. III, 505 f.). „Gewärlich varen,“ mit Vorsicht, Sicherheit verfahren; Rupr. v. Fr. Rchtb., Wstr. Btr. VII, 154. „Nû sich, wie gar gewerlîche (gar zu sicher, d. h. zu sorglos) du dich des nahtes niderlegest in tœtlîchen sünden;“ Br. Berht. 158, (Pfeiffer p. 547,3). „Ein gewerlichs Band.“ „Salzkuefen gewerlichen binden.“ „Ein ungewerliches Fueder,“ nicht hinlänglich fester Salzstock; Lori, B.R. 391. 395. „Der katze âtem ist halt gar ungesunt und ungewerlich der ir ûz dem halse gêt;“ Br. Berht. 303, (Pfeiffer p. 403,1). „So ir secht, das eure chind nicht gar weis 127
wellen werden, so twinget sy nicht das sy priester werden, wan es ist gar ungewerleich;“ Br. Berchtolt, Cgm. 1119, f. 39ᵃ. „So wer auch das gar ungewerleich, der ain todleiche sund zu einer tegleichen machet; das. f. 46ᵃ.ᵇ. „Joab stalte Uriam an die ungewerlichsten (gefährlichste) stat;“ Griesh. Pred. I, 8; cf. II, 20. (Cf. Schweiz: Es ist ungewärlich, d. h. gefährlich, zu reisen ꝛc.). gewärt, adj., bewährt. „Ain gewerter maister der erczney ... nach raut aynes gewerten artzt;“ Clm. 4395, f. 186. 191. gewarsam, adj., sorgsam, vorsichtig. „Daß man gewarsam mit dem Fewr umbgehe;“ L.R. v. 1616, f. 592. Die Gewarsam, a) Aufsicht, Obsorge. Weigand, Wbch. I, 431. Einem etwas „in sein Gewarsam“ übergeben. b) sicherer Aufenthalt, Wohnsitz; (sieh Gewar, b und Gewarheit). „Man ließ sie frey ledig aus dem Lande weg an ir Gewarsam ziehen.“ „Gott erledigt St. Peter auß dem Thurn, der war von andern Christen aus der Stadt Jerusalem geschickt an sein Gewarsam;“ Avent. Chron. 97. 176. urwarig, (sieh Th. I, Sp. 255) unvorgesehen, plötzlich. Das Wort scheint erst aus dem ä. Adv. urwaring (Cgm. 136, f. 67 und 632, f. 38) misbräuchlich zum Adj. geworden. „Var dann auf sam vrwærnig vnd zuch ez allez samt nach dir, daz ez ab dem tisch vall;“ Gesta Rom., Cgm. 54, f. 60, (Keller p. 117). „Sew für do vrwærig auf von dem tisch;“ ebendas. Die

ahd. Sp. hat „unuuaringun, unuueringun, casu, fortuito,“ gl. a. 405. 440, i. 103; „ungauuaralih, improvisus,“ i. 1186 (Graff I, 912); bremisch-niedersächs. Wbch. V, 193: „unwaringes, unwarendes.“ Cf. wärlig, geschwind; (tirol. Lechthal, Staffler I, 112). verwaren, wie hchd. Der Verwar, Verwahrung, Aufbewahrung. Einem etwas „in Verwar“ geben.

Die Wäringer (isl. Værîngjar, griech. Βάραγγοι), foederati, von isl. væri, ags. være, foedus, nach Grimm, Gesch d. d. Spr. 451.

weren und die darunter treffenden Ableitungen und Zusammensetzungen sind hier folgend unter drei verschiedene Abtheilungen gebracht, deren Glieder freylich auf mannichfaltige Weise theils in einander, theils auch in den vorangehenden Stamm greifen.

1) weren, wern mhd. Sp., uuerian ahd. Sp., vasian goth. (¿ versehen?), induere, vestire, anthun, bekleiden; (Graff I, 928. BM. III, 586; isl. veria, ags. verian. „Vit hër baru standad unvered vædo?“ sagt Adam zu Eva; Cædmon, Th. p. 50,20. „Thâ hie heora lîchoman leáfum betheahton, veredon mid thy vealde;“ das. 52,18). (Daß die Lilien) „sih ginerien ioh scono giuuerien, Otfr. II, 22,12; „mit uuati er thih io uuerie, das. II, 22,26; „mit uuati si thar uuerita,“ das. II, 4,31; „uuerihan, vestire, gl. a. 370; „kiuuerita, induit,“ a. 84; „vestivit,“ a. 120; „piuuerges, operies“ (auro), Doc. A. b. 89, (isl. gulli vardr, obductus auro); „gisah mannan ungauueritan bruthlauftiges kauuates,“ hominem non vestitum veste nuptiali, Ev. Matth. 22,11, Wiener Fragm., hg. v. Endlicher, p. 19,26. „gauuerida vel garauui, habitus,“ gl. i. 991; „piuuerida, velatio,“ gl. i. 413.

Diu geuueri ahd. Sp., diu gewer mhd. Sp., später die Gewere, Gewer, a) Bekleidung, (z. B. „beingiuueri uuibo, periscelides feminarum,“ gl. a. 104, i. 618; „brustgiuueri, rationale,“ gl. a. 107, cf. Th. I, Sp. 368; „halsuueri, scapulare,“ a. 166) — und namentlich „manus vestitura, investitura, vestitio,“ rechtskräftige Übergabsförmlichkeit (etwa durch überreichten Handschuh); Grimm, R.A. 556. Graff I, 929. BM. III, 586. Weigand, Wbch. I, 430 f. („Vestita est illius manus;“ Lex Baiuu., Tit. 16, c. 17. „Pactum vestitur VIII modis;“ Clm. 13087, XIII. sec., f. 142). „Geuueri gedue, vestituram faciat.“ „Selvo thuruh sih burigun gedue theru selveru geuueri;“ MM. 44. „Et ille dedit ei quod dicitur gewere potestativa manu;“ MB. VII, 479, ad 1180. b) (rechtsförmlich gesicherter) Besitz einer Sache; L.R.B. Art. 116. 118. 133.
128 141. 154. 182. 185. 188. 193 ꝛc. ꝛc., Heumann, opusc. p. 84 ff. „Ghewеere, justa possessio;“ Kilian. „Wir (die Verkäufer) setzen das Gut (den Käufern) aus unser hant und gewer in ir hant und gewer und setzen sie des alles in recht geruig nutzlich gewer;“ MB. XXV, 307. 308. „Welcher gestalt Präscription, Gewöre und Verjährung statt haben solle.“ „Ein genugsame Gewör und Präscription erlangen;“ tir. L.O. v. 1603, fol. 20. 21 ff. „Ein Gut mit Nutz und Gewer inne haben;“ Heumann, opusc. p. 85. Einer Sache in oder bey Nutz und Gewer sitzen. Einen einer Sache in Nutz und Gewer setzen, sie einhändigen, einantworten. Aus Nutz und Gewer setzen; sieh entweren. „Einen wider einsetzen in sein Gewer;“ Heumann, opusc. p. 106. Einer Sache Nutz und Gewer ersitzen. „Welcher Käuffer sein erkaufft Guet wider die im Landt fünff jar, und die außer Landts zehen jar, ohne rechtlich Anspruch innhat, und den Kauff mit Briefen oder Zeugen, wie Recht ist, beweisen kann, der hat nach den Landrechten in Bayrn vollkomnen Nutz und Gewehr ersessen, und solch Guet vor weiterer Anspruch durch Verjärung gesichert;“ L.R. v. 1616, f. 241. Das Gewerhaus. „Im Seitenthale Mühlbach des salzburgischen Gerichts Werfen werden die Bauerngüter auch Gwehrhäuser genannt, deren hier 80 gezählt werden;“ Hübner p. 363. Niedersächsisch gilt das einfache Were, Ware (da die Vorsylbe ge der Mundart widerstrebt) für Haus und Hof, auch Hab und Gut. Die Gewerde, statt Gewer, possessio. „Eines Gutes in geruwiger besesse und Gewerde sein.“ „In geruwiger Gewerde und gebrauche;“ MB. XXV, 296. 297. 298. (Sehr ähnlich ist das gothische gavairthi, pax). entweren Einen eines Dinges, ihn außer Besitz desselben setzen; (ahd. intuuerian, exuere, devestire; „intuueritiu, destituta;“ gl. i. 1072. Graff I, 929. BM. III, 586. Birlinger 144.) R.B. Art. 205—208, (Heumann, opusc. 106—7. MB. IX, 46) Einen „seiner Eren entweren,“ (in Ruprechts v. Freys. Rchtb., Wstr. Btr. VII, 34) mit dem Ehweibe desselben zu thun haben. „Wir sollen ihn seiner fahrenden Hab, Silbergeschirres, Kleider ꝛc. entwehrt haben;“ Kr. Lhdl. VIII, 450. MB. X, 503 soll es, statt „des Zehents erneurt sein,“ vermuthlich heißen „entwert.“

2) weren (wérn, wiərn, wiə'n), wie hchd. wehren; (mhd. Sp. wern, wergen, werigen, ahd. Sp. uuerian, uuerran, uuarian, goth. varjan; Graff I, 924. BM. III, 513. Weigand, Wbch. II, 1035. Grimm IV, 1617). „Mit wernder Hand, mit gewerter Hand;“ MB. XXV, 398. Ä. Sp. Einen weren eines Dinges oder einem Dinge, oder aber: ein Ding weren Einem, ihn davon a) frey, b) ferne zu halten suchen. a) „Wir wollen thih in uuerien,“ dich vor ihnen schützen; Otfr. IV, 13,54. „Ist daz mir in nieman wert,“ (ihn niemand vor mir schützt); M. Helmbrecht 1838. „Werte sich mit chrûten dem hunger.“ „Wolt in deme tode erwerigen,“ (ihn vor dem Tode schützen); Diut. III, 57. 92. „So wirstu beröbet diner sterchi, mit der du dich soltest wêrgen diner vigende;“ Griesh. Pred. I, 125. „Wer dich mein, du faule Schlucht!“ sagt vor dem Zuschlagen Eine zur Andern bey H. Sachs 1612: II, III, 29. Jetzt nur noch: Sich 129 (gegen, vor, wider Etwas) wehren, oder aber ohne Accusativ des Subjekts: dem Feuer, der Noth wehren. Nur erwehren leidet noch die volle alte Construction. b) „Wer wéret mich des, daz ih dih cussan muoze;“ Willeram 67,20. „Werent sie daz phant,“ si inhibent pignus; Schwabensp. Laßb. §. 195. „Pfant weren dem fronpoten,“ (ihn hindern, ein Pfand zu nehmen), L.R.B. Art. 259; sieh verstên. „Den (denen) sul man kain waßer nicht wergen;“ Lori, Lech-R. 137. 141, ad 1423. „Das Vih weren,“ hüten. Die Fliegen weren Einem. „Thaz er thiu spriu thana uuerre;“ Otfrid I, 27,65. Eine Handlung oder Etwas zu thun weren Einem. Weren Einem, daß .... (welches daß auch nur der Artikel im Accusativ ist). Diese Verwendung jetzt gewöhnlich genug. derweren, erweren, wie hchd. erwehren; (mhd. erwern, ahd. iruuerian; Graff I, 926. BM. III, 514). Er laßt sich (sibi) nichts derweren. „Nu mocht er der frawen nicht derweren,“ (es folgt als Accusativ der pure Satz:) „si uncheuscht mit andern mannen;“ Cgm. 414, fol. 97. verweren, wie hchd., (mhd. verwern, ahd. firuuerian; Graff I, 928. BM. III, 515). Die ahd. Sp. liebte in beiden Bedeutungen auch piuuerian (beweren) Einen einem Dinge, oder Einem ein Ding (Graff I, 926. BM. III, 515), ihn davon frey oder aber ferne halten. „Mit thiu sih in biuuerite,“ (schützte sich vor ihnen); Otfr. IV, 16,31; „pirum piuuerit, prohibemur;“ „piuueri zungun dineru,“ wehre deiner Zunge (sc. übles Reden); Kero. Es scheint diese durch i abgeleitete Form mit war, giwar, waren (in Acht nehmen, ins Auge fassen, lat. tueri), wovon wol auch warnen, warten gebildet sind, genau zusammen zu hangen — also: im Auge und dadurch sowohl a) frey, sicher, geschützt, als b) entfernt halten, und (wie nachgerade das franz. défendre) sowohl a) defendere, als b) arcere, prohibere, vetare. ¿ Sollte es indessen einmal auch ein unabgeleitetes Ablautverb waran, wuor, giwaran gegeben haben? Gl. i. 1061 steht „piuuor, vetuit.“ Vrgl. auch Wuor (statt Wer).

Die Wer (Wér, Wiər), wie hchd. Wehre; (mhd. wer, ahd. uuerî, depulsio, propugnaculum, moenia; arma; Graff I, 929. BM. III, 510. Weigand, Wbch. 1034). „Und wärn die kaiserere nit also kumen here ir wer (wäre) gewesen wer umb kain wann irr veind was nach drei an ain;" Mich. Beham, Wiener 300,13. Sich ze Wer setzen, stellen. „Wöhr, Seitenwöhr, ensis, gladius lateralis;" „Wöhr anhengen." „Ich greiff an d' Wöhr ꝛc.," noch Voc. v. 1618. „In die Wer greiffen;" H. Sachs. „Furor arma ministrat, der zorn macht einem bald ein wöhr;" Monac. Augustin. 283, f. 12. Heutzutage ist in diesem Sinn üblicher das Gewer (Gwér, Gwiər). Sogar sich z' *Gwér* (zur Wehre) stellen. „Das kurze Gwöhr oder Partisan der Feldwaibel;" Cgm. 3239, f. 80—85 mit Figuren. „Darumbe daz sie selbe nôt gewer suln han;" Schwabensp., Laßb. §. 248. Mallerst. 33, f. 119: „arma defensionis." Im J. 1597 sollen die aufgestandenen Bauern „alle und jede Überwöhren im Schloß zu Linz als gleich erlegen;" Cgm. 1172, f. 229ᵃ. Die Wer-feir, festum armorum Christi; (sieh Waffen, Sp. 862), Freytag vor dem Sonntag Misericordias. Die Wer-flucht, Flucht, auf der man sich zur Wehre setzt; sieh Th. I, Sp. 785. Der Wer-nagel. Mit dem Kreutz oder mit dem Wernagel" (des Messers, Fechtdegens); Fechtbuch, Cgm. 582, f. 25ᵇ; (isl. bey Björn:
130 varnagli, in omnem eventum cautela, was als Figur von Nagel, den man in Vorrath behält, erklärt wird). Das Wer-wort, Weri-wort, vertheidigende Ausrede, Entschuldigung, Vorwand. „Duo was der drittin weriwort ..;" Luc. 14,20, Cod. Vindob. 2721. „Und sollen dhaines wärwortz darinn nicht genießen;" MB. XII, 465. „Werwortt zu vinden bedarf sie (das Weib) keins ratmans;" Cgm. 579, f. 51ᵃ. „Adelarn und lühse sint worden blint swenne klugiu weip ân werwort sint;" Renner 12204. „Wenn man si darumb sträfet, so vindent si allzeit ain werwörtel;" Konr. v. Megenberg f. 283ᵇ, (Pfeiffer p. 483,26). „Etwas an die wirte zum Wirwort zu haben;" Gem. Reg. Chr. II, 319. „Was werbort habt ir," quam habetis occasionem excusationis; Windb. 204, f. 165ᵃ. „Baz berbort sint ir, che scusa chate vuy?" Voc. veneziano-thodesco, Ms. v. 1424, p. 107ᵃ. Die Land-wer, 1) (ä. Sp.) Vertheidigung des Landes. BM. III, 511. „Für die Raiser, unsere burger und gesellen, zu raisen an den Lech an die Landwer, da der von Öttingen abgejagt hat;" Münchn. Stadt-Rechn. v. 1437, b. Annal. 1833, p. 414. „Zu lantwer oder an der lantwer ligen," Suchenwirt XIV, 28. XVIII, 326; cf. Iwein Vers 2168. Im 17. und 18. Jahrhundert wurde statt dieses schönen deutschen Wortes das barbarische Landts-Defension Mode. Im Befreyungskriege von 1813—15 aber kam jenes, und zwar zunächst für die zur Landesvertheidigung bewaffnete Gesammtheit der Bürger zu Stadt und Land, kurz vorher noch National-Garde genannt, wieder zu Ehren. 2) Gränzmarke, zur Vertheidigung eingerichtet; (agſ. vär, septum, sepimentum; BM. III, 511, c. „Ein rûwe, ein hab, ein stiure, ein schrank, ein festiu werre, daz ist diu liebe gehiure für ungemuot;" Labr. 92). De *Lanwer*, (Firmenich I, 300,5, erklärt als) doppelte Hecke. Die Römer-wer in Passau; ObrM. Cf. Zeuß, Speier p. 7. „Das Gebiet der ehmaligen Reichsstadt Rothenburg ist in einem Umfang von 19—20 Stunden fast ganz mit einer Landwehre von einer lebendigen, starken Hecke, Graben, Thürmen und Riegeln umgeben;" Lexic. v. Franken (1801) IV, 608. Die Statt-wer, Befestigung der Stadt (Straubing, wozu der sogenannte Bannpfenning erhoben wurde); Cbm. 2731. Das und die Wer (im Wasserbau), wie hchd. das Wehr, Zeitschr. III, 462: tirol. *Wiar*, niederſ. ware, welches wie das engl. ware, isl. ver auch einen abgesperrten Wasserort (cf. Teich, Th. I, Sp. 582) andeuten kann. Sollte dahin gehören das ahd. uuarestelza, lucilia, (Wasserstelze?). Sieh Wuor und Werd. werlich, (ä. Sp.) wehrhaft. BM. III, 512. „Gericht N. ist angelegt, z. B. 300 werlicher Mann;" Kr. Lhdl. X, 16 ff. „Ob man in stæt gên schande werlich vindet;" Labr. 251.

3) weren (wèrn, wè'n, wê'n), a) wie hchd. währen, d. h. bleiben, dauern, bestehen; (mhd. wern, ahd. uuerên, mit dem gleichbedeutenden altſ. uuaron, Hêl. 143,9, niederſ. waren, wol einer Wurzel — etwa vom verbum existentiae uuesan, isl. vera, goth. visan selbst; vrgl. das Partic. iruueran statt iruuesan, confectus senio, situ etc. und das abgeleitete alte aruuerian, faruuerian, corrumpere, Partic. faruuerit, corruptus. Graff I, 938. 939. BM. III, 580. Weigand, Wbch. II, 1011. sieh wesen). „Das Langweren der Menschen: ein Zaun wert drey Jar, ein Hund überwert drey Zäun, ein Pferdt drey Hund, ein Mensch drey Pferd;" S. Frank 253. werig: „stark und werig, solidum;" Voc. Melber. „werhaft, durabilis;" Voc. v. 1618. BM. III, 581. „Ein werhaft gebauts Haus." „Die (so behandelten) nespeln sint nicht werhaft zu behalten;" Clm. 4373 (v. 1437), f. 108. 109. „Werhafter mût;" Labr. 146, (hieher?). Cf. „uuerelih, pertinax," gl. a. 140; „uuerentlih, duruhuueranlih, durabilis," gl. i. 459. 859; vrgl. auch weren, 2) oben, Sp. 972. wirig, adj., (mhd. und ahd. Sp.; Avent. Gramm., altd. W. II, 242. Notker 38,7), während, bleibend, dauernd. BM. III, 581. Graff I, 940: wirec, wirig. „Recht als der stain herte ist und wirich;" Griesh. Pred. II, 87. „In dem zaichen aquarius ist gût anzeheben daz man wirig wil hân;" Clm. 5640 (XIV. sec.), f. 86. „Fortwirige Krankheit;" wirzb. 131
Verord. v. 1796. kurzwirig. langwirig. „Der namhaften leut gedechtnuß ernewen und langwirig halten;" Hund, St.B. Vorrede p. 2. „Nur eine gute wird eine langwirige herrschaft;" H. Sachs 1612: II, II, 91. „Langwirig Pulver," (das sich lange hält); Feurb. v. 1591. „langwirig, longaevus;" Voc. v. 1419. „Vier ding tödten den menschen vor zeit: ein böß weib, ein langwiriges hausgesindt, unmäßig essen und trincken und ungesund luft;" Monac. Augustin. 202 (v. 1654) f. .... „unwirigheit unde zegengida;" Notk. 72,1. Vrgl. überwerden und Überwirl). unwirsam. „Ain ungedult- und unwürsams begern;" Layische Anzaig; cf. unwirdisch.

b) bestehen, aushalten, Stand halten, Stich halten. „Niht ist daz dâvor gewer;" Wigalois 4750. „Do ne moht er niht mêre gewern vor dem kinde;" das. 3021. „weren eines Dinges, weren Einen (Einem?) eines Dinges, weren Einem ein Ding," dafür gut stehen, einstehen, sich finden lassen, Gewähr leisten. Der Verkäufer hat den Käufer zu weren des erkauften Guts und vor aller rechtlichen Anspräch zu vertreten; MB. XXV, 457. Vrgl. unten weren, f). Von der andern oben, unter a) erwähnten Form waren scheint das Particip warand, warend die romanischen warandus, guarandus, guarante, garant veranlaßt zu haben. „Warandare weren, waranda dicitur werung;" Ben. 293, f. 65ᵇ. „Feuer- und Brand-Gewährungs-Gesellschaft," „Feuergewähr-Gesellschaft;" wirzb. Verordd. v. 1769, 1770, 1778. Der Wer (des Wern) einer Sache oder Person, (mhd. Sp.) der für sie einsteht, gutsteht, Garant. BM. III, 585,2. „Ich wil gen iu des wesen wer," (ich will euch deshalb gutstehen); Cgm. 717, f. 112. „Des bin ich wer;" Diut. II, 247. „Wer mit dem andern spilt oder chugelt, oder der sein wer ist oder purg wirt;" L.R., Cgm. 27, Artikel 143. Man könnte dabey an das altsächſ., agſ., isl. wer, ver, goth. vair, lat. vir denken, (denn dieser ists, der vorzugsweise als Bürge gilt); allein uuer (Gen. uueres) in diesem Sinne ist schon im Althochdeutschen selten, (nur etwa gl. o. 298, Isidor 3 vorkommend. Graff I, 181. BM. III, 577. Weigand, Wbch. II, 1024; s. unten Werwolf); es wird also der Wer nur so viel als der folgende Gewer seyn.

„Eadward cyng Engla hlaford
sende sodfæste sawle to Criste
on godes wera gast haligne,"

(in the kingdom of God); Saxon. chron. aº. 1065, Ingram p. 255. Der Gewer, des Gewern einer Sache oder Person, a) der für sie einsteht, gutsteht, auctor, Vertreter vor Ansprüchen. BM. III, 585. „Desselben (verkauften) aigens bin ich ir (der Käufer) gewer zehen iar und ainen tac nach des landes recht;“ MB. XVIII, 18, ad 1295; L.R.B., Art. 193. 310 (MB. X, 551); Heumann, opusc. 103. 135. „Als ain Gewer im Rechten stên;“ MB. X, 550. 551. (In den folgenden Stellen ist vielleicht das Feminin Gewer gemeint, w. m. s. „Quod ispi etiam nostri auctores essent quod dicitur Gewer eorundem prediorum per annum et diem;“ MB. XI, 245, ad 1270. „Obligantes nos in veros guarandos quod vulgo dicitur gewer,“ ibid. VIII, 48, ad 1295. „Donationis testes et prosecutores quod gwer vulgarter intelligitur;“ Öfele, scr. rer. boic. II, 103). b) der, auf welchen man eine Klage überwälzen kann, insoferne man ein bestrittenes Recht von ihm ableitet. Der Inhaber eines als gestohlen angesprochenen
132 „Guts sol desselben Guts seinen Gewern stellen;“ L.R.B. Art. 34, Heumann, opusc p. 62. „Wer zeugs oder gewern oder leut zu ainer kuntschaft bedarf. Wer zeug oder hantvest oder brief bedarf und gewern, den eines stellen wil;“ das. Heumann, opusc. p. 135; MB. VIII, 570. Manchmal werden Gewer und Bürg unterschieden: „Wer sich eins gewern vermisset ze stellen, und auch den stellt als recht ist, damit sol der porg mit ruen sitzen, biz daz sich daz recht verget, was dan dem gewern anbehabt wird, da sol der porg umb behaft sein;“ L.R.B. Art. 307, Heumann, opusc. p. 134. Im Cgm. 27, Art. 145 steht: „Wer sich ains gewern vermisset ze stellen, und auch den stellt, damit sol der purg ledig sein, ob der gewer als gut ist.“ „Es sol nieman chainen andern gewern stellen dann den rechten selbscholn, der dem chlager mit dem munde oder mit der hand gelobt oder gehaissen hat;“ das., Art. 309. „So han ich zu mir gesatzt zu rechten geltern und gewern die N. N. N.;“ MB. XX, 92. Der Werburg, Gewerburg, der Bürge, Gewährschaftleister;“ L.R., Heumann, opusc. 324; MB. XXV, 308. 330. 356. Der Werer, im Sinn von Bürge und statt Wer, (BM. III, 584); L.R.B. Art. 270 bey Heumann, opusc. 125. Die Werschaft, Gewerschaft, a) das Einstehen, Gutstehen als Gewer, die Garantie. BM. III, 584; cf. 587. „Wer aigen verkauft, der sol nicht länger gewerschaft tuon wann jar und tag für erben inner lands, für erben ausser lands zwai jar;“ MB. XVIII, 250. 330. XXV, 330. cf. L.R.B., Heumann, opusc. p. 105. 106. 111. b) Gewerschaft, das richtige, volle Maß bey dem Salinen-Holzabmaß; (Pseud. Jir.).

c) mhd. weren, ahd. uuerên ein Gebot, es halten, befolgen. Graff I, 940. „So ir dhea euua ni uuereda,“ Isid. 5,39. MM. 108; „uuere selbo din gebot,“ Not. 70,1. 78. 88,35. 127,1. Das Gegentheil: entwern; BM. III, 583. „Dia ea intuuerên, praeterire legem,“ übertreten, Notk. 18,8. 54,22. 70,1. 84,11; gl. i. 768: „intweren, resolvam“ (pudoris jura), Aen. IV, 27.

d) weren, geuuerên ein Versprechen. Graff I, 940. BM. III, 581. „Er geweret also er geheizet.“ „Daz ih uueree mine intheizza, ut reddam vota mea,“ Notk. 11,7. 60,9. 75,12. „Werist du daz da gehieze,“ (du gewährst, was du verhießest); Diut. III, 130. Cf. Th. III, Sp. 451: „Das bescherlin und das werlin löffen mitainander.“ „Were got,“ ältere Interjection; vrgl. Th. II, Sp. 961. BM. III, 581. Weigand, Wbch. I, 431. „Wergot nu sage mir;“ Tungdalus, hg. v. Hahn, p. 54,39. „Si sprachen wergot, nu tuot;“ Urstende p. 122,84. „Wergot, sprach er, tuot ez doch;“ Jüdel p. 133,35. „Wergot, rît für dich!“ Kindh. Jesu p. 75,77.

e) geweren eine Bitte, sie gewähren. „Der (gütig) niemand ohngewert von sich läßt gehen;“ S. Frank. „Gel (gelb) sî gewert, sie sprechen. Waz ist, durch recht, gewern? Swâ sunder êren brechen zwei herzen eines willen geren;“ Labr. 247 (v. Bedeutung der Farben). „Den salm (Ecce nunc benedicite domino) solt tu darumme singen daz dich geweren unze an dinen tot din viunf sinne;“ Ald. 111 (v. 1250), f. 174. gewer machen, gewähren. „So er deine Bitt thäte gewehr machen;“ P. Abraham. cf. wâr machen, Sp. 966. gewerig, gewirig, gewährend, günstig. „Gewierige Antwort. Sich Einem gewierig erzeigen“ (Unter mehr als vier Augen sind die Weibsleute stolz und abweisend); aber:

„Ist aənər əllaə˜, sán's gwéri' und gmaə˜;“
Volkslied.

f) weren eine Schuld oder ein Reichniß, bezahlen, abtragen, abliefern. abweren, abgeweren, abgeben, einhändigen. Grimm, Wbch I, 48. „Abgewährung des Gült- und Zehentgetreids. Aus den Hofkästen ist jeder Liferwagen besonders abzugewähren und dessen Ge- 133
währtes aufzuschreiben;“ Anspach., wirzburg. Verordd. v. 1694, 1740, 1789. vorgeweren, vorgeben, bey der Abgabe vormessen oder vorwägen. „Die Kastenbeamten haben sich schrannenmäßige Körner vorgewähren zu lassen.“ „Das beim Abmessen und Vorgewähren übrig bleibende Getreid ist zurück zu geben;“. Anspach. Verordd. v. 1694 und 1715. Die Gewer, das Reichniß. „Gwöhren werden aus den Grundbüchern erhebt, Grunddienst;“ Heumann, opusc. 696. Die Wer (im Bergbau), sieh unten Werung.

g) Metonymisch: weren, geweren Einen (eines Dinges, einer Bete, Forderung, Schuld), ihn befriedigen, bezahlt machen; cf. oben Sp. 974. Grimm, R.A. 602—603. L.R.B., Art. 44. 49. 192. 200. 281, Heumann, opusc. p. 44. 49. 128. 192. 200; St.R., Heumann p. 147. „Ich laugen nit, ich bin jm das Gelt schuldig gewest, ich hab jn aber des gewert und vergolten.“ „Hat der Mayr ander mer Glaubiger, den er schuldig ist, so soll der (Grund-) Herr des ersten gewert (zuerst bezahlt) werden;“ ref. L.R., Tit. 33, Art. 1 und Tit. 34, Art. 5. „Sich weren, geweren,“ sich bezahlt machen; Tit. 27, Art. 6. „Swer der erst chlager ist, der sol sich wern inner vierzehen tagen;“ L.R.B., Art. 252 rc. „Sich weren laßen mit Münchner Pfenningen, je zwey auf einen Regenspurger;“ Gem. Reg. Chron. II, 368. „Hâstu den mernære gewert,“ (den Schiffer bezahlt); Ulrich's Tristan 899. „Her Hogier, ir solt weren mich,“ das mir durch Wette Versprochene erfüllen; altd. W. I, 65. „Swer der helblinge sibene oder niune gît, der hât niht gewert, wan ir suln zehene sîn;“ Br. Berhtolt 57, (Pfeiffer 264,5). Einen Gläubiger, in Ermangelung baaren Geldes, „weren mit werd oder mit pfanten;“ Münchn. Rathschluß v. 1370, Wstr. Btr. VI, 110. „Du must das opfer sein, wir müßen den herren gewern,“ sagt Abraham zu Isaac, bey H. Sachs 1560: III, I, 11^{b}. „Der 305 guldein bin ich mit ganzer zal von im verricht und gewert;“ MB. XX, 92. Einen (eines Dings) „wern ze frone wâge,“ es ihm auf öffentlicher Wage, nach öffentlich festgesetztem Gewichte zuhändigen; Augsb. Stdtb. Freyb. 28. Das Gegentheil: entweren Einen eines Dinges, es ihm nicht leisten, es ihm versagen, abschlagen. BM. III, 583. Grimm, Wbch. III, 644: entwähren. „Ein man sol betelîchen gern, den mac man deste baz gewern; swer unbetelîchen gert, der hât sich selben gar entwert, Grimm, Reinh. 333,1138. „Unbetlîch bet kan selbe sich entweren;“ Labr. 3. „Das mir von freude sprechen wurt entwert;“ Valkn. 15. „Wenn ich erwach, davon sich aber meret nach im mein strenges senen, das mir die sinne und das herz entweret;“ das. 180. „Er entweret den selben (den Gegner im Turnier) seiner wappen und alles seines gezeuges und zû jungst auch seines hauptes;“ Gesta Romanor., Cgm. 54, f. 3^{b}, (Keller p. 6). Benecke's Iwein, Wbch. 99. 158. 548—549. Wigalois 299. Der Werer, Gewerer, der zu Bezahlende, sich bezahlt Machende. BM. III, 584. „Wer vor den rechten icht behabt, der sol der erst werer sein;“ L.R.B., Art. 11.

„Welcher von dem Pfand der erste Gewerer seyn soll." „Wer erster Werer sey, erlangt Recht;" Kr. Lhdl. XII, 155. 159. „Prioritas, Erstwerigkeit;" Voc. Melber.
134 Die Werung, Bezahlung, Entrichtung; Bestimmtes an Zahl, Maß, Gewicht oder Werth. BM. III, 584. „Die Werung erzeugen," die geschehene Entrichtung durch Zeugen beweisen, L.R.B., Heumann, opusc. 95. cf. Wstr. Btr. VII, 172. „Einen pfenden biz auf vollew ganze werung;" MB. XX, 92, ad 1399: ref. L.R. Tit. 29, Art. 6. „Werung, valor;" Voc. Melber. Die zween Verordneten zur Aufsicht über die Bäcker sollen am Brode beschauen, „ob sie Wehrung gepachen haben oder nit, und däucht dann die zween, daß sie nit Wehrung gepachen hätten nach dem Gang des Getraides, so sollen sie es zerschneiden eines auf die andern, bis es Wehrung werde;" Köschinger Ehaft v. 1624, b. Annal. v. 1834, p. 574. Vrgl. Pfennwerd, pfenningvergeltlich Th. I, Sp. 432. „Auf 96 Seidel Erz rechnet man gewöhnlich 30 Währungen Kohlen. Die Fichtelbergische Währung hat 12 Kübel" (von einem bestimmten Kubik-Inhalt); Flurl, Beschr. der Gbrg. p. 466. Die Wer (als Terränmaß im Bergbau) enthält 14 Berglachter; Lori, B.R. 446. Der oder daz wergelt, werigelt, weragelt, wirigelt, (ahd. und mhd. Sp., Leg. Baiuu., Alam., Franc.; Diut. I, 334. 337; Grimm, R.A. 650) Ersatz des Werthes, (zu welchem eine Person nach Maßgabe ihres Standes und Ranges bey Beschädigung an Leib und Leben angeschlagen). Graff I, 931. IV, 192. BM. I, 523. Weigand, Wbch. I, 1062. Über gelt sieh Th. II, Sp. 906 f. Der erste Bestandtheil ist ohne Zweifel identisch mit dem angels. Masc. vere (Werth, im oben angedeuteten Sinne; Reinh. Schmid, Gesetze der Angelsachsen, z. B. 29,70. 43,7. 44,9. 46,19. 48,23. 50,32. 57,2. 63,8. 64,2. 72,6. 91,12. 172,17. 211; Kilian: „were, pretium redemptionis"), welches deutsch in gl. i. 576: „uueres, conditionis," vorzukommen scheint. Nahe liegt das isl. vera, f., valor rei internus. Vrgl. die ganze Familie dieses weren, 3). Gegen Berücksichtigung des alten, im Hochdeutschen ohnehin seltenen uuer (vir; s. unten: Werwolf) streitet die Erwägung, daß dieses Wort von ausschließlicherer Bedeutung war, als Mann (das nemlich auch für Mensch überhaupt gelten konnte), und daß der werigelt nicht blos für den Mann, sondern auch für das Weib, ja für das Kind im Mutterleibe zu leisten war. So liegt auch im gleichbedeutenden, mehr longobardischen widrigeld (Capitulare v. 554, v. 803) keinerley Wortbeziehung auf Mann, nicht einmal auf Mensch oder Person überhaupt. Das Wer-holz, (Gebirg) Holzblock (Dreyling) von festgesetzter Länge und Dicke. „wehrhülzig," adj. Die Werschaft, Entrichtung, Bezahlung, Bezahltmachung; ref. L.R., Tit. 33, Art. 2.

Die Werelt, Werlt, (ä. Sp.) Welt; sieh Sp. 910 dieses Wort, welches in seiner Urbedeutung: Jetztzeit, Zeitalter, aevum, seculum, wol noch eher aus weren, 3), denn aus wer (vir) zu erklären. „Werlt" noch MB. XXI, 163, ad 1454. werntlich, weltlich; MB. XXIV, 172. 611, ad 1412. Zeitschr. V, 362.

Der Werwolf, ein in einen Wolf verwandelter Mensch; (v. ahd., ags. wer, goth. vair, Mann; Graff I, 181. BM. III, 577. Weigand, Wbch. II, 1024. Grimm, Mythol.² p. 1047—50. Zeitschr. V, 521, II, 30. Cædmon 174,31 (8282) heißt der kleine zu opfernde Isaac: „wer wintrum geong"). „Quod Parcae cum homo nascitur valeant illum in lupum transformare quod vulgari stultitia werbolff vocatur;" Clm. 5387, f. 316b. „Quod vulgaris stultitia werwolf vocat;" Clm. 14138, f. 203b „Qui crediderit vel affirmaverit homines in lupos mutari qui vulgariter dicuntur werwolf X diebus in pane et aqua poenitebit;" Rot 112, f. 13b. Clm. 16062 (4°. XIV. sec.), f. 142a.

Der Werinapfel unter den im J. 1350 zu München von Ludwig dem Brandenburger an Carl von Böhmen als römischen König übergebenen Reichskleinodien; Wagen-
135 seil, Norimb. p. 251. ¿ Wäre dieser das „pomum aureum, initio carens et fine," wovon im Briefe Gregors IX. an Kaiser Friedrich II. die Rede ist? (Wagenseil, l. c. 252). Etwa gar misverstandenes Böhmisches? Cf. weřegné gablko, öffentlicher Apfel, Reichsapfel; sonst ragské gablko. Das brem.-niedersächs. Wrtbch. gibt V, 185: Waar-appel als Äpfel, welche sich lange halten, (im Scherz: Steine); vrgl. weren, 3. Karl V. privilegiert 5. Mai 1544 Friedrich II. v. der Pfalz, das k. k. Kleinod, den goldenen Apfel mit dem verzierten Kreuzlein im rothen Schilde zu führen.

Der Wernagel. The homilies of Älfric (ed. Thorpe) II, 28: „An æthelborn wîf weard miclum geswinet mid langsumere untrumnysse and here ne mihte nân læcecræft fremian. Tha leerde hi sum iudeisc man, that heo name ænne wernægel of sumes oxan hricge and beenytte to anum hringe mid hire snôde and mid tham hi to nacedum lîce begyrde." Thorpe übersetzt „a wart," gesteht aber am Schluß, daß er das Wort nicht verstehe.

„Werwint (?), colica," s. oben, Sp. 949.

wer, pron., wie hchd. (sieh Gramm. §. 754—756). „Wer die vier wäld sein" (heutzutage nicht minder unrichtig welches statt welche die vier Wälder seyen), Heumann, opusc. 55. „Etwer, etwar (éppəᶜ), jemand;" sieh Th. I, Sp. 174. „Etwer, den er doch nicht kunde warnemen," P. Abraham. „Daß on den glauben etwar Gott gefall," Dr. Eck 1542.

werren, (mhd.; ich wirre, wir werren, ich war, wir wurren, ich han geworren, ahd. Sp.: uuerran, geuuerran) Einen, ihn in Aufregung, Unruhe, Unordnung, Unfrieden, Ärgerniß, Schaden bringen, Otfrid, MM. 22, gl. a. 347, i. 518. 520. 783—3. „Zwei cleiniu wort: mîn und dîn begunden sere werren beidenthalb die herren;" Wilh. v. Orlenz, Cgm. 63, f. 3. „Die schar zesamen sich do wurren;" Turnei v. Nantes 124. „Nû was des seiles strange an mich geworren;" Labr. 62. „Vewerrenlîchez werren sich in mîn herze wirret;" das. 239. „Alsus mîn herze wirret sich stæte mit gedanken;" das. 505. „Das kumpt als von übrigen gedenken, die sich so nach im werrent, das ich im kain weile mag entwenken;" Valkn. 179. Einem werren, gewerren, ihm Unruhe, Leid, Schmerz, Schaden verursachen. „Da blaib das Haus mitten im feur, das im nicht gewar;" Chron. in Freyb. Samml. II, 443. „Deme mac nicht gewerrin," (dem kann nichts schaden). „Er tranc daz aitter (Gift), daz ez im nicht enwar;" Winnerl, gl. „Wer Allraun gepulvert und das in ain säckel tût und das ainer junkfrawen für die nasen habt daz sie darzu smeckt, und ist sie nicht maid, so besaicht sie sich, ist sie aber maid so gewirt ir nicht;" Clm. 5931 (XV. sec.), f. 210. „Gee umb daz du swiczen werdest so gewirt dir nicht;" Ind. 418, f 96. „Waz in war," (in welcher Noth sie waren); Gregor v. d. St. 1694. „Oheim, was wirret dir?" (was quält dich, was fehlt dir?); Parcival, Lachm. 795,29. „Wenne dir icht werre, so kum zu mir;" Cgm. 99, f. 71. 112. „Der bischof in frâgen began waz ime wurre;" Cgm. 94, Vers 560. „Jr gemüet was gar verirrt ir was als aim dem etwas wirt;" Cgm. 379, f. 49 (270, f. 89). „Recht als ein kind daz weinet und nieman (nemini) kan gesagen waz im werre:" Labr. 23. „Waz mir nû sendem werre, des sol nieman frâgen;" das. 299. „Ob ieman zu im spræche, waz im würre;" das. 383. „Lieb und leit mir wirret;" das. 475. „Solt ich ez allez klagen daz mir wirret, diu liute sîn verdrüzze;" das. 651. „Anders mir nicht wirret;" das. 697. „Daz den drein kinden in dem ofen niht war;" Renner 18592. „Was dinem nehsten werre an libe alder an gût daz dir daz als lait sige reht als ob ez dir wurre an dir selber;" Griesh. Pred. II, 87. „Nu het doch got von himel Eustachij hausfrawn bewart daz ir an iren eren nicht geworren was;" Gesta Romanor., Cgm. 54, f. 86a, (Keller p. 170). „Der wirret das, der andern das;" altd. Wälder II, 56. „Ez gewirret lîhte den frouwen an so grôzem inge-

finde;" Gudrun 2221, (555,3). „Jch waiß was den verhern ist werren, (was den Schweinen fehlt), ich hör sie gar vast kerren;" Cgm. 714, f. 72. „Ze hant so wird ich âne, swaz mir leides wirret;" Ulr. Tristan 1677. „Was gewirt dir pey dem tag?" Hoffm. Fundgr. I, 334. „Nemt mit euch ein geweicht wachsliecht, alsdenn gewirt euch warlich nicht;" H. Sachs 1612: IV, III, 74. 'bewerren, verwirren, verwickeln, bestricken; BM. III, 744.' „Der baubst und der kaiser waren ser beworren." „Der kaiser von Constantinopel was mit den torken beworren;" Kaiserchronik bis 1314, Ms. sec. XIV. (german. Mus. 2733). verwerren, 'verwirren, verwickeln;' Einen, ihn beunruhigen, belästigen. BM. III, 745. „In senelichem netze hât sich mîn herz verworren;" Labr. 375. „Garn sol man winden oder es wirt verwerren," (reimt auf „kerren"); Cgm. 270, f. 75 (379, f. 39). „Daß man dich laß gen dein straß und mit dir unverworren sei;" Cgm. 312, f. 32. „Laß mich unverwarn, me missum fac;" Av. Gramm. „Also mußt Kaiser Philipps die römer unverworren lassen." „Gelehrte Geistliche mit Singen und Chor unverworren sein lassen;" Av. Chron. 79. 100. 125. „Kom in ein kloster hinein und uns hie unverworren laß;" H. Sachs 1612: III, I, 526. „Volle leut sollen schlaffen und die frauen unverworren lassen;" Luther, Clm. 943, f. 144. „Wie daz rîche stê verwarren;" Walther v. d. V. 34,10. „Man wolt uns zwar verwerren gar," (entzweyen); Hoffmann, Fundgr. I, 33. Die Werrung, Verwerrung, 'Verwirrung, Verwickelung, Entzweiung; BM. III, 746.' „Die Herzog N. N. N. hetten vil zwayung
136 und werrung, und geschach vil unrueh in der statt München;" Chron. in Freyb. Samml. I, 128. „Guerra, krieg, hader oder Verwerrung;" Voc. Melber. Der Werre, (mhd. Sp.) was da beunruhigt, quält, Ärgerniß. BM. III, 746. Weigand, Wbch. II, 1092. „Daz er der pfafheite sînen werren tæte kunt;" Tristan 15311. „Ez ist ein grozzer Werre, wo ein chebschint sitzen sol und veterleichen erbet," Suchenwirt XXXVI, 12, p. 109. „Var ich nahen oder verre so vinde ich einez daz heizzet werre in steten, in dorfern und uf burgen;" Renner 21670: „von kriegen und werren." „Von zorn kumpt krieg und werren;" Cgm. 4591, f. 45. Werre einer von das Labrers Hunden; Labr. 304 '(im Druck: Irre: firre).' 566. Die Werre, Werr (mhd. Sp.), uuerra (ahd. Sp.) — von H. Zschokke in unsern Tagen unter der Pluralform Wirren wieder in die Literatur eingeführt — in der ursprünglichen Form, aber mit beschränkterem Begriff, in die verra (badiotisch), guerra, guerre, der romanischen Völker, bey denen sich Formen von bellum mit denen von bellus vermengt hetten, übergegangen, während in Deutschland selbst in die Stelle der alten urlag, wîg das jüngere Krieg (w. m. s.) getreten ist. Graff I, 945. BM. III, 746. „uuerra, scandalum;" Notker. „Rixas et dissensiones seu seditiones quas vulgus *uuerras* vocat;" Capitul. Caroli Calvi, Tit. 23, cap. 15. „Litigium seu *werra* inter Diessenses et milites quosdam qui vulgari nomine Anphore dicuntur;" Clm. 5509 c. (XIII. sec.), f. 24. „Paupertas generat humilitatem, humilitas generat pacem, pax divitias, divitiae superbiam, superbia *gewerram*, *gewerra* paupertatem;" Martinus V. P., Windb. 221, f. 51. „Tempore *gewerre*;" Ald. 184 (XIV. sec.), f. 72 „Comment le roy Clovis eut *werre* au seigneur de Cambray." „De Charlon Martiel et des *weres* qu'il ot a Gerard de Rosselon." „Comment Ernoulz li quens de Flandres *werra* as enffans Renier lon Col;" Brux. 10233–36 (XV. sec.), Reiffenb., Bulletin no. 3. du tome X. (Wenn guerra aus uuerra, so ist wol guidare aus slaw. wedu.) Noch Catharina Ebnerin sagt (Wagenseil 88): „So ist so groß Werr in den christenlichen landen, daß sie Christi kein war nement." Über eine vogtländische mythische Werre, welche sich wie Frau Holde oder Berchte (Th. I, Sp. 269 ff.) benimmt, sieh Grimm, Mythol.[2] 251. 964. Das gewerre, gewer, gen. gewerres, (mhd. und ahd. Sp.) Aufreizung, Aufruhr, Zerrüttung, Gewirre. BM. I, 747. „Greizen und gewerre machen;" Br. Berht. 126, (Pfeiffer p. 56,27). „Daz oppher ist nicht genäm χpô dem herrn wo das herz ist vol krieg und gwern;" San-Nicola 232, f. 47[b]. Otfr. III, 17,9. IV, 20,28; gl. i. 66. 399. 447. werren, weh thun, übel bekommen, erlaubt Zusammenstellung mit dem alten wirs.

Die Werren (Hübn. 871), die Gewerr (Gwer, Dim. das „Gwerl"), a) die Erdgrille, Maulwurfsgrille, der Erdkrebs, Reitwurm, gryllus gryllotalpa L. Zeitschr. V, 190. b) sieh Wern. c) „Er ist ein krûtwerre von der werlt genennet;" S. Helbling I, 248.

wirren, verwirren, Partic. verwirrt und verworren, wie hchd., (Weigand, Wbch. II, 1091), sieh das ältere, volle Ablautverb werren. „Einen unverwirrt und mit Ruwe laßen;" Av. Chr. einzwirren das Garn, (b. W.) es verwickeln, verwirren. sich *eizwirn* im Reden; (Obr. M.).

wirig, sieh weren, 3).

Der, daz Wirrant (?). „Daß kein pruder in unser fleischhacker zech mit dem andern nicht spiln chartten noch in dem Wirrant schießen soll;" Passauer Stdt. B., Cgm. 308, f. 60[b].

wieren, verwieren (mhd. Sp.), uueorôn (ahd. Sp.), vermiculare, mit drahtförmigem Golde, Silber ꝛc. um-, einflechten, fassen, zieren, filigranisieren; (Graff I, 961. BM. III, 624. Zeitschr. III, 551,32). „wiere, wiara, obryzum," Fäden, Draht vom reinsten Gold, falls diese öfter vorkommenden alten Kunstausdrücke mit dem niederd., engl. wire, isl. vir (Metalldraht), wangersch *wir*, ntr., (Stricknadel, Metalldraht) zusammenhangen sollten. Zeitschr. V, 301. „Hlæw under hrusun se wäs innan full wrætta and wira;" Beowulf 4821. „Wala ... wirum bewunden;" das. 2055. „Jag vill vira en krans;" Tegner, Frithiof I, 30. Cf. viriae bey Plinius, hist. natur. XXXIII, 3, sect. 12. Diez, Wbch. 373: ital. vira, virar, altfranz. vire, viron, virer. (Krone) „des gewierten goldes," (Krone von Filigran?), gl. o. 270. „wiera, cristas" (des Helmschmucks); gl. i. 137
1240. „Mit amatisten gewirt und mit jaspen gemengt;" Cgm. 1113, f. 89[b]. „Die mure sint al umbe mit golde gewieret," Clm. 9513, Vers 103, (Haupt's Zeitschr. VIII, 148). „Ain kaiserlich cron gezieret mit stainen wol durchuiret," (durchwieret?); Mich. Beham, Wiener p. 205,31. „Steine lagen verwieret uf dem schilde;" Wilh. d. H., Fragm., cf. altd. Mus. I, 66, Wilhelm, d. H., Lachm. 249,9. Parcifal 7,23. Titurel III, 47. 132. Aber „mit wierin also cleinin wole slifit er (der Goldschmid) die goltsteine (?);" Anno-Lied 38. „Do hiench si in die oren die guldinen wieren;" Diemer, Ged. 161,21. „Mit gesmelze joh mit wieren;" das. 82,1.

Die Wierlsuppe, eine Art Suppe. „Auf die Nacht allzeit eine Wierlsuppen" (im Zuchthaus zu Innsbruck); Peter Prosch (1789), p. 147.

wureln, wurlen, '1) wirren, verwirren; 2) wimmeln; 3) innerliche Unruhe verursachen, wurmen, kriebeln; Höfer III, 307. Castelli, Wbch. 268.' Vgl. wuedeln, wueteln. „Grüaſs enk God allsand (ihr Berge), *gwurlət* übərənand;" Kaltenbrunner, oberösterr. Jahrbuch 1844, S. 229. „Dà wirds in mir *wurləd* und fort mècht I rédn vo᷈ dəᶜ Zeit dəᶜ vəᶜgangə᷈n ...; das., S. 245. *wurlád*, von *wurln*, welches das Fort- und Untereinanderbewegen einer bunten Menge von Personen oder Dingen bezeichnet, metaphorisch das Aufsteigen und Bewegen verschiedener Empfindungen in der Brust;" Kaltenbrunner, Ged. p. 215. „No' heund, wän i dran denk, so *wurlt* mᾶᶜ 's Bluad;" Kartsch I, 28. Das Gwurrl, Gewirre: ə᷈ *Gwurrl* und Gsäus;" Seidl, Flins., 3. Ausg., S. 179.

Die, auch wol der Wuer, Wüer (Wuər, Wiər), das Wehr, der Damm, zum Abhalten, Ableiten des Wassers erbaut; (mhd. diu wuore, wuor; BM. III, 825). „Elevatio aquarum, vulgo Wur;" Koch-Sternf., Salzburg und Berchtesg. II, 56, ad 1280—1290. „Gar guot under eine wuore wære dîn bodenlôser lîp;" Müller's Samml. III, XVI, Vers 128. „Ewig du verschamter bub man sol dich wegen als ain schub und fur ain wur legen da dich nieman mug erwegen;" Liedersaal II, nr. CXXIX, 117. „Ich waiß ze nicht dar zue er (der Feige) füeg denn fur ain wur in ainem graben;" Cgm. 370, f. 84 (270, f. 118). „Conrad der Trœchsel, der uns unsern Wuor in dem Grazzawer tal wol und vestichleich geslagen und gezimmert hat;" MB. XVII, 44, ad 1342. „Das Wuer bad (padhaus auf der Wuer, ad cataractam) in der Grakenaw zwischen den zwain pächen zu München," (1450); MB. XXI, 146. 181. Birlinger 435. „Bei der alten wur;" MB. XXI, 277, ad 1376. „Wer auf ein Wüer vert in der Iser, und schaden tut an der wüer;" Heumann, opusc. 147, Cgm. 27, f. 21. „Wer auf ain wuer mit holcz vert ein der Yser," hat ers absichtlich gethan, „so habent sich deu holcz vervallen an den wuerslach," (wol: an den Wehrbau, nicht an den Wehrmacher, wie Auer p. 369 annimmt). „Man sol auf dem Gries bei der Iser zwischen der Wur und der yserpruck dhainen stain klauben noch rechen zu kalck noch zu den padöfen;" Cgm. 544, f. 58. Die Landwuhr, Graben, der das Land zur Vertheidigung ꝛc. umzieht; (Wetterau, Weigand). Die Wüerin. „N. ist neben der großen Wierin zu Landsperg in den Mülbach gefallen," Lechfeld. Mirakel p. 85. (cf. uuori, clausa, gl. o. 376; wore, cadapuppa, Diut. III, 153). Suchenwirt reimt zwar S. 66 würen Dat. plur. auf spüren, doch wird **ue, uo,** das auch Pictorius hat, nicht nach Gramm. §. 370 als Entstellung zu erklären seyn, was wegen eines unter weren vermutheten Ablautverbs von Belang ist. wueren, wüeren, ein Wehr bauen. „Chrieg um ain Wür, die di herren von Sand Nicla würen, MB. IV, 359, ad 1334. „Wan man furbaz würen oder wazzern wil von des wazzers unstätigkait wegen;" Wstr. Btr. VI, 165.

Die (?) Warb, sieh Th. I, Sp. 268: Barb. Hallein: die Warb = ⅔ Klafter Brennholz, 6 Warben = 1 Raahe: (Jir.) Warb, ehem. ⅔ einer Salinenklafter, 6 Warb = 1 Rachen. „Beym ausgeschlossenen Kufholz zehlt man 7 Scheitter für ain Warb und 6 Warb vor ain Rachen;" kurzer Begriff der Salz-Irrungen v. 1761. Br. Berhtolt sagt p. 171, (Pfeiffer p. 162,38): „Wær aber, daz ez (daz kint) unrehte getoufet wære, so müeste man ez anderwarbe (noch ein Mal) toufen." „Anderwerb iterum;" Cgm. 5, fol. 227ᵃ. „Vil menic werbe," oftmalen; Diut. II, 115. „Drige werb," (drei Mal); „mᶜ werbe eins minre," (399 Mal); Cgm. 157, fol. 22. „Mir und gote sult ir sîn wol tûsent warbe willekomen;" Otte mit dem Barte 719, Hahn p. 109. So Tatian 97: „sibun uuarb," (sieben Mal); „sibunzug stunton sibun warb" (siebzig Mal sieben Mal). Ahd. hwarba, Otfrid uuarba, Mal, mhd. warbe, werbe, warb, ndrs. warf, holl. werf. Graff IV, 1235. BM. III, 728. Vilmar, kurhess. Idiot. 449. Zeitschr. VI, 406,17. Cf. cesk. wrub, Kerbholz, zewrub, genau. Hiernach kann durch das sonst bey uns veraltete warb von werban, huerban, wenden, kehren, (vrgl. Ker, ital. volta) eine solche Zahl Scheite angedeutet seyn, als auf ein Mal getragen, oder wie immer gebraucht zu werden pflegt. Ähnlich das hchd. ein Wurf Stabholz, welcher nach Umständen 2, 3, 4 Stücke ausmacht. Vrgl. Wurf unter werfen, 1.

138 werben, ä. Sp. auch werfen, (ich wirb, Condit. wurb, Praeter. geworben), a) (ä. Sp.) sich drehen kehren, wenden; (mhd. werben: ich wirbe, Praet. ich warp, wir wurben, Partic. geworben; ahd. huuerban, huervan: huirbu, huarp, hwurbun, gihuorban, volvi, rotari, verti, reverti, agi. Graff IV, 1229. BM. III, 722. Weigand, Wbch. II, 1658). Belege sieh unter der identischen Form werfen, 1), und vrgl. wirbeln. b) sich umthun, bemühen, unterhandeln, arbeiten. „Wirb, das Glück ist mürb;" Seb. Frank. „Hat Herr N. wegen K. Maj. geworben wie hernach folgt an Herzog Ruprechten;" Kr. Lhdl. XIV, 535. werben ein Ding oder eine Person. „Chaufmanschaft werben," Handel treiben. „Eine Botschaft werben," als Bote, Gesandter einen Auftrag verrichten. Birlinger 430. Vilmar, kurhess. Idiot. 449. „Vil verdirbt das man nicht wirbt," (unternimmt); S. Frank. „Wer (im Gerichtslocale) sprechen wil, der sol die lewt heraus für die want werben und sol da sprach haben;" Wstr. Btr. VI, 110, ad 1370. „Wo lütt miteinandern wärben die ledig sind, das kind davon geboren werden;" Kilchenrecht zu Schüpfen (1584), Gesch. Fr. III, 191, (s. Th. III, Sp. 491: Banschatz). abwerben Einem die Knechte und Mägde, einem Handwerker die angefrümte oder bestellte Arbeit (L.R. 1616, f. 608. 660), sie ihm abspenstig machen, unter der Hand entziehen. Sich bewerben um etwas, (ahd. biuuerban ein Ding, es erreichen, erstreben); Grimm, Wbch. I, 1782. „Unsere erworbenen Knechte," (angeworbenen Soldaten); wirzb. Verord. v. 1646. Einem ein Kind aberwerben und abpracticieren (in der Meinung, es dann zu beerben); wirzb. L.-G.-Ord. v. 1618. Der Gewerb, (ä. Sp.) die Werbung, Negotiation. BM. III, 726 f. „Hetele unde Hilde, die wolten hœren beide, obe ir tochter wære liep der gewerp (der Werber oder sein Werben?) oder leide;" Gudrun 2638 (659,1). Das Gewerb, a) das Gelenk, Gewinde; b) wie hchd., (negotium). BM. III, 727; cf. niederd. das Werff, Auftrag, Geschäft; Zeitschr. V, 425,11. wirbig, ä. Sp., adj., wirbelich, schwindlig. „Wir prüefen auch daz an den perchknappen, die in die gruob varnt, die werdent (von den Dünsten) etswie vil wirbig in irm haupt;" Konr. v. Megenberg f. 66ᵃ, (Pfeiffer 109,8). gewerbig, leicht zu drehen und wenden, zu handhaben; sich viel umthuend: ə̃ *gwerbigə'* Mensch. „Handgewerbige Künst," Hausmannsvortheile, Hausmittel; Dr. Minderer 1620, p. 144. „ungewerben," (Hübner, Pinzg.) ungelegen, (wenn anders recht aufgefaßt; vielleicht Adverbialform von einem Adj. ungewerb). Die ahd. Sp. hatte die Adj. liht-uuerbil levis, sin-uuerbel tornatilis, teres, rotundus, (Subst. sinuuerbili, sinuuirbili), uuil-uuerbic volubilis, ꝛc. Der Werbel, Zapfen, Walze zum Umdrehen; sieh Wirbel und Werfel. „Vertigo, werbe" (an der Thür); Clm. 4350 (XIV. sec.), f. 1ᵇ. Die Werben (Werbm), die Drehwalze, z. B. an einem Ziehbrunnen, um welche sich das Sail windet. Birlinger 430. Radwerben (H. Sachs 1612: I, 935) für Radberen (Th. I, Sp. 261), Schubkarren. Die Segens-werben, Handhabe am Sensenstiel; sich a. Worb. Der Werbstraich des wirzb. Dienst-Reglements v. 1772 wol als Wirbel auf der Trommel zu verstehen.

wirbeln, (Iterativ von werben, sich drehen), wie hchd. Weigand, Wbch. II, 1091. Der Wirbel, wie hchd., das Umdrehen, vortex; das was sich umdreht, Kreis, Scheibe, Zapfen, πόλος, vertex, vertebra; Kreis, den die Blätter der Maßliebe (Bellis perennis) bilden; Dr. Minderer 1620, p. 33. 34. Der Sunnenwirbel, heliotropium, solsequia. Graff IV, 1238. BM. III, 727. Weigand, Wbch. II, 1091. „Das tiefe Gewürbel der Verzweiflung;" Sigl's Geschichte der Münchner Geiseln in schwedischer Gefangenschaft 1632—1635, p. 175. Vgl. das Verbum würbeln in einem Liede gegen Wucherer und Ketzer in Cbm. 1585, f. 320 (s. Th. I, Sp. 813): (Die Kaufleute, Fürkäufer machen künstliche Noth,) „alsdann wirt got dem hern die schuld der arm feld in ungeduld er wurblet nichs gewachsen sein so beschliessen sis in jre schrein. Ir freia!" (dieß immer der Refrän).

Die Worb, Warb (War', Dimin. Wár'l, Wá'l), 139
die Handhabe am Stiel der Sense; (ahd., mhd. worp,

msc.; Graff IV, 1238. BM. III, 728. gl. i. 1119: „falcarius, uuorp;“ cf. isl., schwed. orf). „Hat ihr ein Krucken aus einer Segenswarb machen lassen;“ Benno-Mirakel 1697. „Ein nas als ein sensenworp;“ Renner 364. worben, worbenen, anworbenen (warbm, warbmə͂) das gemähte, in Schwaden liegende Gras, es mit dem Rechen umwenden; zeworben (zwarmə͂, zwornə͂), es auseinander breiten. „Heu anwärmen,“ Wstr. Btr. II, 375. Gl. i. 1119 steht (auf das Heumachen bezüglich, nach „andana, mada“) „spande, uuorpo,“ worauf „falcarius, uuorp“ und „falcastrum, segansa“ folgt; vrgl. Walben.

Warch, Werch, Eiter; sieh Warh, Wärh.

'Warchus, s. unten Warkus.'

1) Das Werch, Werk (Wèrch, Wèrg, Wèr') von Flachs und Hanf, wie hchd.; (mhd. werc, ahd. uuerih, uuerch, uuerc: uuerch gl. o. 258, uuerc gl. i. 526. 1176, uuerich gl. i. 535. 537, stupa. Graff I, 962. BM. III, 595. Diefenbach 558ª. Weigand, Wbch. II, 1061. Zeitschr. II, 415,138). Es scheinen diese Formen, auch die alten, durch Abkürzung entstanden aus dem gleichbedeutenden auuerc, auuirchi, aruuirc, wo ar (Th. I, Sp. 120.) und werk oder wirken im gewöhnlichen Sinn als Bestandtheile gelten können. BM. III, 596. Graff I, 964. Auf werren, wirren ist formell nicht wol zu denken. Noch hat sich, zumeist in Schwaben, die alte, volle Form als Äwerk, Ewerk, E͂werk, erhalten. Feineres wird Lein-Ewerk genannt. Kilian hat für stupa afwerk. Das Leinwerch, der Abfall beym zweiten Hecheln des Flachses, feineres Werk. „Leinwerch und woll wirchen lassen;“ L.O. v. 1553, f. 129. ableinwerchen, verb., zum zweiten Mal hecheln. Də' Hàr is rècht schö͂, àbər *à'g'lei͂wercht* sol ə' no͂ wèr'n. werchen, werken, wirken (werchə͂, wergə͂, wirchə͂), äwirken, äwirchen, leinwerchen, adj., (ahd. auuirchin, stupeus). ə͂ *werchə͂s* Tuəhh, ə͂ *wirchəné* Lei͂wət. Vilmar, kurhess. Idiot. 450. „Neist Deckes (nichts zum Decken) as en *weerke* Pilwe,“ (ein werchenes Pfülwen); Firmenich I, 529,87 (Simmern). „Weberlohn für die Elle harbenes Tuch 6 kr., leinwergenes 4 kr., rupfenes 3 kr.;“ Hübn. Salzb. „unterwirkenes und gemein fläcksen Tuch;“ bayreuth. Tax v. 1644. Der Werchbettler, der sich im Advent häufig vor der Thür des oberländischen Bauers einfindet. Der Werchmann, der in den Häusern das entbehrliche Werk aufkauft, und, hauptsächlich über den Lech hin, verhandelt. Der Wirchen, (Fewrbch. v. 1591) Lunte, Zündfaden; (cf. gl. i. 1224: „zunterun auuirchin, maniplis stuppeis“), vielleicht aber nur Fehler statt Wicken (bey Chr. Schmid 530), „Wieche, licinia“ (gl. o. 254), Docht.

2) Das Werch, Werk, wie hchd.; (mhd. werc, ahd. uuerah, uuerh, uuerch; Graff I, 962. BM. III, 586 f. Weigand, Wbch. II, 1062).

a) Arbeit, Verrichtung, Geschäft. Das arm Werk, (Rhön) die Fallsucht; cf. Arbait, Th. I, Sp. 136. Zeitschr. II, 288,118. Arbeit im Berge: Bergwerk. „Nachdem und man nimmer Werk würkt;“ Lori, Berg-R. 352. Arbeit im Holz, Wald: das Holzschlagen, der Holzschlag. „Daz der Wit aus dem Werch geraumt und aufgezaint werde;“ Lori, B.R. p. 41. Werkboschen, junge, sehr rauhe Nadelholzstämme, die unausgerüstet zu den Uferversicherungen verwendet werden; (Jir.). Der Werkgaden, die Werkstätte der Holzhauer; (Jir.). Der Werkmaister, der den Bau von Uferversicherungen leitet, (Bschlachtmaister); (Jir.). Werknägel, hölzerne Nägel von Lerchenholz zu den gezimmerten Wasserwerken; (Jir.). Die Werchstatt, Stätte, wo Holz abgetrieben wird; Salzb. Wald-Ord. 8 Die Werchstätt, Waldantheil, wo für Salz- und Bergwerke Holz gefällt wird, Holzschlag auf den der Turnus trifft, wo der Wald wirkmäßig (schlagbar) ist; (Jir.). Das Rauhwerch, das Aufarbeiten des Oberholzes, d. h. des Wipfels und der Äste von gefällten Bäumen; figürlich: Bearbeitung aus dem Groben, (sieh Th. III, Sp. 83); rauhwerchen, verb. „Im Außwerkch oder eingewinnen der frücht“ (nemlich zu dieser Zeit); Sonthofer Badstubenord. v. 1544, (cf. Th. II, Sp. 856). Der Bâumwercher, „Pambericher,“ MB. III, 577, Holzhauer. 140
Das E-werk. Nach dem Augsb. Stadtb. (Freyb. p. 83) darf ein Verwandter, ein Pathe, ein Wirth seinen Verwandten, Pathen, Gast nicht verurtheilen helfen, nicht anklagen in einer Sache, die diesem an sinen lip oder an siniu erwerk — an sinen lip oder an sin ere oder an keiniu siniu ewerk — gat, (also plur., etwa Ausübungen von Rechten seiner E, d. h. seines Standes, die zur Strafe eingestellt werden konnten?). Die Stelle („Charles phaeht“ über der Bauern Kleidung) aus der gereimten Kaiserchronik: „ist der gere hinden oder vorn, so hat er sin ewerk verlorn,“ heißt im Cgm. 37, f. 109: „ist ...., so hat er sein reht verlorn.“ Aretin, Btr. IX, 1071. Cf. K. Friedrich's Land Frid v. 1236: „elos und rehtelos,“ Cod. S. Nicolai XCV, f. 1; (niederd. eilos; Höfer, Zeitschr. II, 204). Eine Entstellung aus Erwerk ist wol nicht anzunehmen, obgleich bey Haltaus col. 273 dies Lesarten Erwerk, Ewerk, ewergkait, Erberkait vorkommen, wo sich ohne Zweifel die ihrerseits entstellte Adjectivform erwerk, honorabilis (gl. a. 718; sieh Th. I, Sp. 125) beygemengt hat. Das Flaischwerch dem Metzger, das Floßwerch dem Floßmann zur Strafe, den Bauersleuten überhaupt verboten; Cgm. 544, fol. 47. 48, L.R. v. 1616, fol. 755. Das Frümwerch, bestellte Arbeit, opus locatum; Heumann, opusc. 695; sieh Th. I, Sp. 820. Das Fuerwerch. fuerwerchen, verb. handwerken. „Hantwercken oder sunst arbeiten“ (am Feyertag) ist Sünde; Furstenzell 55, f. 57ᵇ. Das „Lodwerch soll niemant wirchen, der das recht nicht enhat;“ Passauer St.R., Ms. Das Maulwerch, Thätigkeit mit dem Maule, d. h. Reden (in verächtlichem Sinn). maulwerchen (málwerchə͂), viel schwatzen. Der Maulwercher. Das, gewöhnlich (da der Plural als Singular und damit das Wort als Femin. genommen wird, sieh Th. I, Sp 263, Gramm. §. 882 und vgl. lat. opera, fem. sing., v. opus) die Scharwerch (Scharwə'), Frohnarbeit, Frohndienst; sieh Schar, Th. III, Sp. 444. scharwerchen, verb. Das Tagwerch, Tagwerk (Tà'wèr', Tà'wə'), α) wie hchd., (mhd. tagewerc, ahd. tagauuerh, BM. III, 590). β) (ä. Sp.) was Scharwerk. „Nullum tagwerich ab hominibus ejusdem ecclesiae exigetur quamdiu sunt in agricultura, moderate etiam ab eis alio tempore exigetur;“ MB. II, 203, ad 1251. (Vrgl. Th. III, Sp. 186: chuiltiuuerh als Frohnarbeit am Abend; gl. a. 66. 591: angaria, notuuerh). γ) Feldmaß. δ) was Heiratstag; sieh Th. I, Sp. 593. tagwerchen, tagwerchern (tà'wèrchə͂, tà'wèrchə'n), als Taglöhner, Tagwerker (Tà'werchə') arbeiten. Das Vorwerk, in AB. unbekannt; dafür Schwaig, salzburgisch: Zuelehen (Hübner p. 612). Gl. a. 700: „Allodium ein fürwerch.“ Gl. a. 714. 765: „Fundus ein vorwerch vel våld, vel swag, vel hub.“ „Juxta praedium (Joh. IV, 5) neben dem vorwerche;“ Cgm. 532 (v. 1367), f. 38. Das Wegwerch, das Gehen über Land, Reisen, (zu schließen aus „Wegwerkner,“ Reisender, in Kr. Lhdl. XVII, 141; vrgl. arbaiten, to travel, wo eine ähnliche Idee zu Grunde liegt, Th. I, Sp. 136).

b) Das durch die Arbeit Entstehende oder Entstandene. 141
„Darnach han ich der vorgenannten chappeln zu dem werich (ad fabricam, zur baulichen Unterhaltung) und zu dem liecht geben mein wis ze Purchawsen“ ...; Cgm. 3941, f. 29ᵇ. 40. 201. Werch als Damm im Wasser, Wall ꝛc.; vrgl. unten Abwerch, Volwerch, γ) und verwerchen. „Niuuez werch,“ z. B. „niuuez schuochwerch würchen, daz alt werch würchen,“ von Handwerkern: neue Arbeit machen, — alte Arbeit blos ausbessern; Gem. Reg. Chr. I, p. 349, ad 1244. „Fullo,“

färber vel altwärcker vel gewantschneider;" Voc. v. 1419. Die zum Ausprägen einer bestimmten Anzahl Stücke einer Münzsorte gemischte Masse von Silber und Kupfer oder von Gold und Silber, „Ain bis XXXII Markh, das ist ain klain Werkh, XLV Markh, das ist ain gmains Werkh, C Markh, das ist ain groß Werkh .." Ain Werckh Gröschel, ain Werkh an Reichs guldner, ain Werkh an 10 Kreuzer (ern), ain Werkh schwarz Pfenning und drgl.; Lori, Mz.R. I, 48. 296. Ein Werch Felle, (ä. Sp.) 1000 Stück. „Quoddam mercatum mille pelliculorum vulgariter dicitur Werch. Secundum Werch quod Sitwerch appellatur. Item Nussewerch;" Cod. s. g. 74, fol. 103ᵇ. Die Werichait (Werichart?). „Wir sullen im (dem Pfarrer) oder seinen verwesern fur ir werichart zu weihnachten und ze den ostern geben fisch fur sechs pfenning;" Cgm. 3941, f. 55ᵇ. „Si sullen auch von mir und meinen nachkomen aller werichait und ander unpilleicher beswärnuß überhaben und vertragen sein außgenommen unsern gewondlichen dinst, gult und vodring;" das. f. 62ᵃ. „N. N. gibt VI metzen durres chorns und VI ßl. dn. zu stifft II chäs, IV pullos ad nativitatem panes pro XII dn., ad pascam LX ova vnd darzv auch werichart;" das. f. 211ᵇ (1404). Cf. Clm. 11006. Werkgangler, Gewerbsleute, die Gewerbe treiben, wozu durch Wasser getriebenes Räderwerk erforderlich ist, z. B. Mühlen, Stämpfe, Schmiden, Lodenwalken, Kupfer in Pfannen schneiden; (in Werfen, St. Johann; Jir.).

c) Vorrichtung zur Arbeit, Maschine; Wurfmaschine, Geschütz; Gem. Reg. Chron. II, 192. BM. III, 587, c. „Werk oder pleyde," petraria; Voc. v. 1482. Das *Werkl*, (Wien) Drehorgel, Castelli, Wbch. 265; (cf. česky warhany, plur., organa, Orgel). „Zidə'n und Brätschn sicht mə˜ scho˜ trägng und Mannə˜ mit *Werkeln* gengə˜ scho˜ 'rum;" Seidl, Flins. (3. Ausg.) p. 171. „Drum sán mər á' d· Mádln und d· Weibə' və'hasst: ən iəds hàt wiə d· U'n seiné Untugə˜dn fast; 's Herz is dé Unruə, də' Weckə' dé Zung, d· Füəſs sán d· Springfedə'n, sán s· ált odə' jung; und erst 's Repetiə'n, und am End gaə' no˜ 's Schlägng! — ná˜, ná˜, so ə˜ *Werkl* kunnt· I nét və'trägng;" das. 212. „Der Müller soll sein Abwerch und Räder in guetem Stand halten;" a. Mühl-Ord.; vrgl. Abrechen unter Rechen, falls nicht Abwehr gemeint ist. „Es sol nun khain Müller kain Abwerch schlagen noch Muerpaum einlegen allain nach rat der vier wassergrauen;" Cgm. 3253, f. 3ᵇ. „Daß jeder Müller im Mülpach vischen mag so weit als er mit dem Peill ab seinem Abwerch werfen mag;" das. f. 7. „Khain Vischer sol ainem Müllner under seinem Abwerch oder Ablas vischen noch stößen;" ebendas. „Das Antwerch," (zuweilen in Handwerch modernisiert), Vorrichtung, Maschine, Werkzeug. BM. III, 588. „Antwerck, artificium, mangenus," (gl. a. 746. 778); Haspel zum Schiffziehen, Gem. Reg. Chr. 365; Vorrichtung, einen Bogen zu spannen, Winde. „Ouch fuorte er einen bogen, den man mit antwerke muose ziehen dan, der in spannen wolde," Nibel. 3827, (894,3); „Vulcans Antwerc," (Hammer und Zange), Barlaam p. 253, cf. Benecke's Wigalois, p. 521; Maschine, Steine zu schleudern: „blida, klains antwerck vel boler," (gl. a. 749). Antwerc diu besten heizet seilen wol gegen disen gesten ...ich und mîne meide tragen iu die steine in wîzen stûchen;" Gudrun 5544, (1385). Auch noch zur Zeit des Schießens aus Büchsen ist von Antwerch (etwa dem affust, affustage, affûtage) die Rede. „Wägen zu Pulver, Büchsen, Scherm, Stein, Handwerchen und andern Zeug;" Kr. Lhdl. IV, 32, ad 1434. „Büchsen und die dazu gehörigen Steine sammt dem Antwerch." Der Antwerchmaister; Gem. Reg. Chr. II, 49. 75. 104. 192. 222. Cf., was den ersten Bestandtheil betrifft, gl. i. 856. 938: antuuiki, antuuigida, propugnaculum. „Gewantwercher (Gew-antwercher?), zimber antwercher, chauf antwercher, bou antwercher, spis antwercher, seitspil antwercher;" Ald. 169, f. 139 und 176, f. 101. Das Bolwerch, α) „ein geruste, zu werffen (sieh bolen, Th. I, Sp. 231), das wir haissen ain polwerch, damit man grosse stain wirst in die schlosser." „Zu hande man die polwerch auflude und furte in des Herrn feld;" Cgm. 696, f. 239. „Bolwerck, tormentum;" deutscher Vegetius v. 1529, IV, 22. 29. β) „Bolwerck mit gesteckten bölen, vallum praefixis sudibus;" Vegetius I, 31. II, 10. III, 8. „Bolwerk oder schutte, vallum;" Voc. Melber, daselbst auch: „Gerüst, 142
Schirm ad civitatem expugnandam." „Polwerckh und slacht," (Pfahlwerk im Wasserbau); Cgm. 308, f. 30.

d) Werch als Collectivwort überhaupt. Zeitschr. V, 466. Fisch-Werch, Fleisch-Werch, Milch-Werch, d. h. Speisen. Geraffel-, Gerümpel-, Holz-, Laub-, Papier-, Stain- rc. Werch, was davon vorhanden ist, oder in Frage steht. „Fahung des kleinen und großen Voglwerchs;" L.R. v. 1616, f. 789. Fellwerch, Floßwerch, (Ob.-Isar) rc. Zieglwerch, nemlich Mauersteine, alles was der Ziegler macht; Cbm. 2224 (v. 1613).

e) Vilmar, kurhess. Idiot. 450: das Werk, 1) bäuerliches Besitzthum, Haus und Hof, Äcker und Wiesen nebst dem Viehstand. Vgl. oben, Sp. 968: Wâr. 2) plur. Werke, Ungelegenheit, Weitläufigkeit, Ausflüchte. 3) plur., Menstruation.

werklich, a) kunstgerecht, kunstreich, künstlich, artificiosus. „Künstlich, werklich, wol besunnen;" H. Sachs. „Ein bin und omeis seind so künstliche werkliche Thierlin;" S. Frank. „Sich mit dem Zeug gegen den Feind auf das werklichst schicken;" Anhang zum Vegetius v. 1529. „Zu Prien (am Chiemsee) werden noch kunstreiche Estrich gesehen, werdlich gemacht von kleinen gewürfelten allerley-farben Marbelsteinen; Av. Chr. 160. „Pint ims (dem Wunden die Schienen) gar werichpärlichen;" Cgm. 4543, f. 146. Cf. lat. operosus, Ruodlieb III, 333. XIII, 97. XIV, 96; (aber auch schon altlateinisch). b) artig, possierlich: ein werklichs Kind. Castelli, Wbch. 265: *wearkli*, spaßhaft, komisch. c) werklich, (Voc. v. 1618, Nptsch.) wunderbar, wunderlich, seltsam. ə˜ *wèrklé'ə'* Ding, wunderlicher Mensch. „Werkliche Geschicht;" Puterbey. „Wann sich die Weiber in jhren Trübsaln so werdlich erzeigen, wie die römischen Wittfrawen, alßdann martern sie sich nur selbst ..." „Die Schiffleut seind seltsam und werklich, und haltens für ein bös Zeichen, wenn ..." „Die Weiber seind dermassen fürwitzig, werdlich und seltzam, daß sie jren Liebhaber hassen, wofern er jnen nicht immerdar gibt;" Albertin. werklos, müßig, müßiggehend, faul. H. Sachs. Amberg. St.R. v. 1454. Das Werchbrett, MB. III, 546, ad 1170. BM. I, 239. Der Werchmann, plur. Werchleute, (Voc. v. 1618) „opifex, artifex." werkstellig, adj.; unwerkstellig, unausführbar, ungeeignet. „Habe Sr. hochfürstl. Gnade solche Veränderung unwerkstellig zu seyn befunden;" wirzb. Verord. v. 1691. Der Werktag (Wèr'tə', Wèr'də'); bey H. Sachs Werkentag. Die Werchwochen (Wèr'wóche˜), Woche von lauter Werktagen; L.R. v. 1616, f. 611. In der Wer'woch vor Weihnachten pflegen an der Ob.-Isar die ärmern Hausbesitzer Getreid in Natura bey den Bauern zu betteln. Sieh oben, Sp. 836.

werchen (mhd. werken, ahd. uuerchôn; Graff I, 973. BM. III, 590. Zeitschr. IV, 421,11), operari, laborare. „Ja, kám *werk* I' ən Eicht, druckt's mə' d· Augnghebəl zuə;" Luber's Napfezer in Kaltenbrunner's oberösterr. Jahrb. 1844, S. 156; (vgl. Th. I, Sp. 372 f.). „Emßig wercken, adlaborare, sudare. Das vil werckens bedarf, operosus;" Voc. v. 1618. Heutzutage fast nur mehr in Zusammensetzungen: fuerwerchen, maulwerchen, rauhwerchen, scharwerchen, tagwerchen und drgl. Birlinger 430. verwerchen einen Fluß, ihn eindämmen; salzb. Wald-Ord. 51. Sieh Werch, b). gewerkelt. „Von Neuburg die große gewerkelte

Büchsen, die Meister Erhard von Salzburg gemacht hat;" (Rüstung v. 1468), Kr. Lhdl. VII, 234. Der Gewerk, Gewirk, des, dem, den Gewerken, Mitarbeiter, Theilhaber am Werk, namentlich im Bergbau. Lori, B.R. 46. 354. „Der Mitwerk;" Isargesellsch. 1704, V, p. 100.

143 wirchen und würchen (ä. Sp., Praeterit. worchte, Partic. geworcht), wie hchd. wirken, würken; (mhd. wirken und würken: Praet. worhte, Partic. geworht; ahd. wirchan und wurchan: uuorhta, giuuorht. Graff I, 967. BM. III, 591. Grimm IV, 596 f. Weigand, Wbch. II, 1091); arbeiten, bearbeiten, verfertigen insgemein. Unter den folgenden Anwendungen sind jedoch die mit † veraltet. † Das Werch, Handwerch, Fleischwerch, Schuh= ꝛc. werch würchen, treiben. „Soll ein jar lang ungeworcht sein," das Handwerk nicht treiben dürfen; Wstr. Btr. VI, 152. Der Bergmann würcht Ärz; Lori, B.R. 118. 157. 352. 355. Flurl 540. 542. Der Eisenwürker, Hauer in den Salzbergen; Lori, B.R. Der Beck würcht Brod, würcht den Taig aus. Vilmar, kurhess. Idiot. 461. † Der Schäffler „würcht Faß, Pontzen und Puterich;" Urk. in Sutner's Gewerben v. M. Der Grabwürker würcht Gräber; Hübner, Salzb. 435. † Der Schmid oder Sporer „würcht slüzzel" ꝛc.; Münchn. Stdt.R. Ms. „Ez sîn goldsmide oder ander smide, swaz sie wirken, daz sulnt sie getriuwelîchen wirken;" Br. Berht. 42, (Pfeiffer p. 147,26). Der Weber würcht Tuch, Leinwand, Sait, (oben Sp. 336, Rauch scr. III, 55. 56. Cgm. 1113, f. 12ᵇ. 34. v. Hormayr's Wien, 2. Bd., Urk. Nr. 166). † Der Ziegler würcht Ziegel; Wstr. Btr. VI, 145. † Der Gerber würcht Häute. „Ungeworchte und ungearbeite Häut;" L.O. v. 1553, f. 73. † Der Holzhauer würcht Holz oder Witt. „Das Kuefholz mit samt des andern Wit würchen;" Salzb. Wald-Ordn. 8. „Das die Wald, das niderist zu dem oberisten, geworcht werden." „Die Wäld abwürchen. Die Windwürff auswürchen. überwürchen Einen, innerhalb dessen Gränze Holz hauen; Lori, B.R. 41. MB. II, 37. „würkbar, würkmäßig Holz," haubar; (Jir.); Salzb. Wald-Ord. 134, Koch-St., S. und B. I, 108. s. oben, Sp. 983: Werchstätt. Der Würch, des Würchen, (ahd. wurhto, mhd. würhte, worhte; Graff I, 974. BM. III, 595); z. B. Wollwürch, Wollenweber, L.O. v. 1553, f. 129. „Der wurcho guotero uercho," Notk. 77,7; „eittarwurcho, veneficus," gl. a. 159; „steinwurcho, lapidarius," gl. i. 353. Das Gewürch, (mhd. gewürke, BM. III, 595). „Daß die Weber das belont Gewürch treulich und on abtrag arbaiten sollen;" L.O. v. 1553, f. 129. würklich, wirksam; BM. III, 594. „Starke, würkliche Mandat ausgehen lassen;" Puterbey. würchtig. „Vita activa, ein würchtigs leben;" Furstenf. 101, f. 105. 'verwürken durch Handeln verlieren, zu nichte machen, verderben; BM. III, 593 f.' Dèr hàts Lèbm *vo'würkt* oder *vo'worcht*. Ein Leibgut wird durch Abschwendung verworcht (vermöge poena caducitatis). zewürchen, zewirchen, zewirken (z'wirchə˜, zwirkə˜) ein erlegtes Wild, es zerlegen. BM. III, 594. „Wer gesach ie hirz zewirken sô?," Trist. 2793. „Man sol zewirken (zewürken) keinez (Wild) dan daz sich lât durch gab mit gelte koufen;" Labr. 344. „Als ichz zewirken wolte;" das. 350. „Swà der zewirket des wirt innen niemen;" das. 546. (Altd. W. III, 107, Parcifal 3567: zerwirken, Partic. zerworht). Das Zewürch-Gewelbe (Zwirch-Gwəlb), Gewölbe der Münchner Hofjägerey, wo das Wildpret ausgehauen und verkauft wird. Der Zewirchmaister, Zwirkmaister.

würchten, (Ob.-Isar) würken. 's Broud *auswürcht'n*; wol von der alten Nomenform wurht, wuraht, giwurht, opus, wurhto, operarius; (Graff I, 974. 975. BM. III, 595; ags. vyrhta, daher engl. — wright, noch in cartwright, Wagner, auch wainwright.)

---

wardeien kommt in Lori's Münz-Recht I, f. 123, 144
ad 1506 als Verbum vor. Wenn es kein Druckfehler statt wardieren oder wardeinen ist, so würde es (vermöge Analogie der Verba benedeyen, maledeyen von benedicere, maledicere) auf die Abstammung von einem barbarischen veredicere (cf. englisch to verdict) rathen lassen. Das Substantiv Wardein erscheint übrigens später (aᵒ. 1539, 1542, das. fol. 215. 223) eine Zeit lang unter der Form Gwardin, Guardein, die sich übrigens in dieser Bedeutung in den romanischen Sprachen nicht findet; franz. juge garde, Oberrichter in Münzsachen. „Instruction für den bestalten Guartin Hr. Jacob Gruert zu Freiberg 1689;" Handschrift beim Druckwerke Metallurg. 4ᵒ. 7ᵇ 'der Münchner Hof- und Staatsbibliothek.' Vrgl. oben, Sp. 969: gewaren.

Der Werd (Wérd, Wér', Wiərd, Wiər'), gewöhnlich geschrieben Wörd, Wörth, im mittlern und nördlichen Deutschland Werder, A) erhöhter Grund im Wasser eines Flusses oder Sees, der über dieses hervorragt, und, wie die Au (Th. I, Sp. 1), mit Grün oder Holz bewachsen, vom übrigen Lande mehr oder minder abgeschnitten ist; (ahd. Sp. uuarid, uuerid, gl. a. 339, o. 123. 198. 449: insula, mhd. wert; Graff I, 931. BM. III, 596. Weigand, Wbch. II, 1060. Vilmar, kurhess. Idiot. 450.) „Man liset daz drey Syren worn in einer inseln oder in einem werd;" Gesta Romanor., Cgm. 54, f. 74ᵇ, (Keller p. 146). Im Cod. der Synonyma Salomonis, aus Scheiern fol. 173ᵃ, aus Prüfling fol. 164, steht uuerida über viridantia; (dieses außer der Ordnung zwischen vericulum und veridicus). „In loco qui dicitur Uuerid ubi monachorum est congregatio;" Cod. trad. Emmeram., Pez thes. I, III, 84. Werd (an, weiland in der Ammer), worauf die jetzige Wallfahrtskirche Grafrath; sieh Th. III, Sp. 169. Cod. And. 5, f. 33ᵇ. 160ᵇ. 161: Verd. „Diu stat ze Werde, ze'm, ze swäbischen Werde, Schwäbisch Werd," Donau-wörth (Daənə-wérd). „Ao. 1256 Maria ducissa Bawarie apud Swebhemswerde decollata est;" Clm 17138 2ᵒ maj, XIII. sec.), f. 84. „Des iars hiezz der herzog Ludwig von Bairen ze schwebischem Werd uf der Burg sein frawen unschuldikleich enthaupten, diu was geboren von Brabant, von den Sahsen getorst („getrost") der herzog nimmer mer komen an geleit in der land; Kaiserchronik, Ms. sec. XIV., (zu Aussee, 'jetzt im german. Mus., Nr. 2733'). „Der Markt ze Werde" bey Reinbot's von Doren (von Turne, sec. XIII.) Georg d. H., Vers 1553, vermuthlich von Donauwörth zu verstehen. („Nein, von Wörth bei Regensburg; Donauwörth war um 1190 schon eine Stadt;" Dr. K. Roth, 20. Dec. 1842, — der auf Pfeiffer's Recension in der Jenaer Lit. Ztg. 1842, Nr. 242—44, p. 1802 aufmerksam macht.) Er spricht Vers 5297 auch von den Nonnen zu Gisilfelt, V. 1717 vom Kimensee. Der Brugkwerd zwischen weitläufigen Donau-Armen bey Ingolstadt, worauf die Kirche zu „unsers Herrn Leichnam" (jetzt „Unsern Herrn"), Mederer 65; Werd unter Vohburg; „der obere und der untere Werd zu Regensburg," Gem. Reg. Chron. II, 107; „N. de oberemo Werede, N. de nederemo Werde," Nagel, Notitiae, No. 77. 84; Werd, gegenüber von Pfäter. Vermuthlich ist hieher zu setzen „der Snitzer von Werde," der im J. 1392 dem zu Straubing residierenden Fürsten „zway Armbrost" macht, die dieser nach Holland schickt; Freyb. Samml. II, 120. Eine Donau-Insel oberhalb Passau heißt der Sáláwert; (ObrM.) „Ein Wörth in der Donau; Bogenb. 172. Alle „Wörthe" und Anschütten in der Donau. Der Wörth bey Bogen; Kr. Lhdl. II, 215. X, 369. In MB. XI, 305, ad 1356 ist die Rede von einem neuen „Werd, der geschütt ist an des Gotshaus Werd von Nidernaltach." Köttingwerd (in der Ilm), um 1361 in Ritterswerd umgetauft; Chronik b. Freyb. I, 113. In MB. IV, 173, ad 1381 wird zum Ersatz eines Werdes im Inn, welcher „hingerunnen und abgegangen, daz sein gar ain Büzel ist gebliben," ein anderer

in Anspruch genommen. An der Ober-Isar wird *Wér'* noch ganz appellative für jede dermalen trockene und mit Holz be-
145 wachsene Stelle des ehmaligen Rinnsals gebraucht, (z. B. der aufser und der inner *Wér'* bey Ascholding), während die kahlen und sandigen Strecken und Inseln *Griəs* heißen. Vrgl. „in den Lohen, Auen und Wörn;" Forst-Ord. v. 1616, Art. 59. Wert, Wörth, Isar-Wörth, Ortschaft unter Landshut. Der Wörd (Geyers- und Mülwörd) zu Bamberg. Ortschaft „Sand auf dem Wörd," Lex. v. Fr. V, 36. Wörd vor Nürnberg. Es ist „ein Wert (im oder am Rhein) vil breit," auf dem die Nibelungen-Burg steht, „ein Wert vil breit," auf dem die für Sigfrid verhängnißvolle Jagd angestellt wird; Nibel. 1953. 3727. 3958, (Lachm. 454,1. 871,3. 927,2). „Zu einem wilden werde, der was geheizen dâ zem Wülpensande;" Gudrun 809,4; vgl. 848,1. 515,1. 1275,3. 1354,1. Kaiserswert. In Seen: der Werd im Alsee (Wörthsee); Frauen- oder Nunnen-Werd, Herren- oder Pfaffen-Werd im Chiemsee; Hegelwerd, „Högl-wörth," bey Teisendorf, in einem kleinen See; der Werd im Würmsee, der innere im Gegensatz des äußern. B) An den Ufern der Aurach, des Brombachs ꝛc. sind sogenannte Wöhrde oder Stemmungen angelegt, um die Wiesen zu wässern. Lex. v. Franken I, 206. 446. Diese Bedeutung mahnt an Wer im Wasserbau (oben, Sp. 973), die Form aber an das hamburgische Wörde, bremische Wort, Wuurt, altfriesische Worth; sieh Richey, S. 345 f.; brem.-niedersf. Wrtb. V, 307. Göttinger Anz. 1823, S. 2007. Vilmar, kurhess. Idiot. 461: das Wurd und die Word, Eigenthum an Grundbesitz. Zeitschr. II, 423,3. Leo, recitudines p. 51. 52. Cf. altsächs. uuurd, Heliand 75,22. Echtwort, Stüve in d. Allgem. Ztg. v. 1852, außerord. Beil. zu Nr. 71. 'Grimm, Wbch. I, 172: Achtwort. Vilmar, kurhess. Idiot. 3: die Achtwort, Wald- und Weiderecht.'

werden (wèr'n, wèᶜn, wê'n; Praes. sing. wir', wirst, wirt, dem ahd. wirdu, wirdis, wirdit, mhd. wirde, wirdest und wirst, wirdet und wirt entsprechend, öfter aber nach Gramm. §. 931: wer', werst, werd; Condit. wur', 'wèret. (Zeitschr. V, 120,27. VI, 469,69. 528,11), mhd. und ahd. Sp. wurde, würde, wurthi; Partic. wórn, wóᶜn, mhd. und ahd. Sp. worden, uuorthan, niemals g'worn, Gramm. §. 920; vrgl. Suchenwirt 384), im Ganzen wie hchd.; (Graff I, 982. BM. III, 728 f. Weigand, Wbch. II, 1059. Zeitschr. II, 112. 91,30. III, 208,65. 224,4. 260,31). Gerne, und kaum elliptisch, wird werden gebraucht a) für geboren werden; (sehr passend, da das Hchd. ein einfaches Wort für nasci, naître vermißt). Er is iⁿ Fisch *wórn*, drum is ər á' dəᶜsuffəⁿ. 'b) entstehen, werden, geschehen; mit Adverbien', (Grimm IV, 175): „Daz ich dich hân, wol mich wart," sagt die Frau zum Mann; S. Helbling I, 1083. „Ich sprach: geselle, wol mich wart dîner grôzen sinne!" das. 80. „Nu solt ir iez gedenken: wol mich wart das ich getauft pin!" Br. Berhtold, Clm. 5858, f. 113. „Wol in (im!) wartt, der im (in) also nachvolgt," (wohl ihm, der den Alten so nachfolgt); Cgm. 425, f. 24. „Vervelt er des (läßt er sichs zu Schulden kommen), so we im wart!" Waldsassener Reimchronik, Clm. 1091, f. 19ᵇ. c) aufkommen, gesund werden. Maəⁿst, əᶜ *werd* wideᶜ? Frálə, *werd* əᶜ noⁿ, werst əs sêgng. werden, (Nürnb., Hsl.) gerathen, kommen — irgendwohin. „anhaim werden," Wstr. Btr. VII, 146; (vrgl. -wart, -wärts). entwerden, entkommen. „Darober die Thäter zum mehrern mal unverhaft entworden." „Wo aber die Thäter entwürden." „Der Uebelthäter soll also verwahret werden, daß sich seines Entwerdens nicht zu befahren."; Wirzb. Verordd. v. 1554, 1579, 1670. hinwerden, wegkommen, zu Grunde gehen; (verächtlich) sterben; sieh Th. II, Sp. 1118. werden mit dem Infinitiv, als Bezeichnung des Futurs, in der ahd. Sp. noch nicht gewöhnlich, (Grimm IV, 7. 92. 181. 182. BM. III, 730,4); auch später noch hieß ich wird z. B. tanzen, singen, neben ich ward tanzen, singen, ich fange, fieng an zu tanzen ꝛc., je vais, j'allais danser. „Si ward ein Kindlein tragen.. O weh meiner Eren, ich bin worden tragen. Die Erd, die ward erbidmen;" Reime v. 1562. „Der Blind wurd gesehen zu der schön Maria frey;" Gem. Reg. Chr. IV, 376. „Do ward er wainen;" Wstr. Btr. V, 41. 56. werden mit dem Partic. praes, sehr volksüblich, (Grimm IV, 7. BM. III, 730,3): brechend, gêend, lauffend, 146
hupfend ꝛc. werden. Eine Person kennend werden, sie kennen lernen; sieh Gramm. §. 975. „Und wenns d' mäᶜ saist, wers d' bist, *wier* i vä' Freuden *flenät;*" Lindermayr 43. ân oder ôn werden eines Dinges, mhd. Sp., sich desselben entäußern, entledigen; späterhin gewöhnlich metonymisch (vermuthlich durch Vermengung des ân mit an): ich werde ein Ding ân, hab es ânworden. s. Th. I, Sp. 84. Zeitschr. VI, 329,362. „Sein sach anweren, vendere merces suas. Das sich last anweren, vendibilis. Ich hab den menschen, das buch anworden, alienavi hominem, librum. Wol, übel anweren, bene, male collocare," Voc. v. 1618. „Hat der güter vil verkauft und ohnworden;" Hund I, 196. „Er mag sie nicht verkauffen noch anwerden;" L.R. 235, Heumann, opusc. 116. Der Anwerder, Verschwender; sieh Th. I, Sp. 84. 'Die Anwer (aus Anwerde, an währen angelehnt. Grimm, Wbch. I, 516. 519).' „Die Producte finden ziemliche Anwehr;" (aus Ungarn) in der Beilage Nr. 109 der Allgem. Ztg. vom 19. April 1838, p. 872. innen werden eines Dinges, ä. Sp., Kenntniß davon erhalten; s. Th. I, Sp. 95. „Wirt des der zolner innan;" Augsb. Stdtb., Freyb. 19. „Jacob wart sin innen," (erfuhr es); Diut. III, 81; cf. Iwein 3496. 3888. 7035. 7054. Späterhin: ich werde ein Ding innen, hab es innen worden. Meiⁿ Mádl dèrfs net *innəⁿ wern.* „Den Unfall hat er bald innen worden, advolavit illi fama tanti mali;" Voc. v. 1618. Ze Red werden von oder über etwas, darauf zu sprechen kommen. Sán' davoⁿ *z' Réd wo'n.* erwerden, (ä. Sp.) '1) fange an zu werden.' „Effeto (effecto) lumine, erwuordenemo;" Froumundi cod. Boethii (Wallerstein-Maihingen), f. 5. 2) durch die Zeit, langes Liegen und drgl. die Kraft, Brauchbarkeit verlieren, abstehen; (mhd. erwerden, ahd. aruuerthan, iruuerdan; (Graff I, 995. BM. III, 733). „Sint erworden, defecerunt;" Cgm. 17, f. 17ᵇ. „Atriment sterckt die kolen das si nit erwerdent;" Cgm. 4902 (v. 1429), f. 9. „Daß das Kol in dem Pulver nit erwerden mag." „Der Schwebel mag auch nit erwerden;" Anh. zum Vegetius, Augsb. 1529. Die ahd. Sp. hatte davon das Subst. urwurt, detrimentum; sieh verwerden. überwerden, überbleiben. „uparuuirdit, superfluit;" gl. i. 558. „Mit samt dem so überwert;" Lori, M.R. I, 134. „Ob jn icht überwärt," (wenn ihnen etwas überbleibt); MB. XIX, 13, ad 1322. „Die stümpff, die von den kerzen überwerdent;" das. 580, ad 1373. „Swaz denne überwirt;" Wstr. Btr. VII, 32. „Fülten zwelf chörb mit den prosen, die überwarden;" Cgm. 745, f. 14, v. 1397. Das „Überwerl, Überwirl." „Zeigte jme die Überwerlein unsers Nachtmals;" Albertin's Guzman von Alfarache 31. „Wenn man die Überwirl eher läßt von Mäusen fressen, als mans einem armen Ehhalten vergunt." „Im Fegfeuer werden alle kleine Überwirl der Sünden aufgefegt." „War unter den Überwirlen was guts, so musts in den Speiskasten;" Selhamer. „N. stieg auf einen Nußbaum, die Uberwürl noch zusammenzuklauben." „Die Überwihrl der Abgötterey;" Bogenberg 1679, p. 5. 332. Das „Überbirl, das überpleibt, reliquiae;" Avent. Gramm. „Der Juden unterthanen waren nur Überwirl des alten Landvolks, so die Juden nicht getödt hatten;" Av. Chr. 39. Vrgl. auch weren, 3, oben, Sp. 974. verwerden (voᶜwirn, Werdenfels), durch Verwahrlosung, Länge der Zeit ꝛc. abstehen, verderben, zu Grunde gehen;" (mhd. verwerden, ahd. far-, fir-, fur-uuerthan; Graff I, 998. BM. III, 734). Si hát ərè Kindəᶜ *vo'wirn* lass'n. „Ob

147 ainer (der Schiffleute) auf dem Wasserstram der Salzach furwurde oder ertruncke;" Lori. Berg-R. 502. „Die ungetauften kind, die in ir muter leibe oder aus ir muter leibe ane taufe verworden sint;" Cgm. 632, f. 77. „Evanescere verwerden;" gl. a. 806. Die ahd. Sp. hatte hiezu die Subst. verwertnussida, farunorthanî, farwurt, interitus, corruptio, („verwertnusside, corruptionem;" Cgm. 17, f. 25b), und außerdem nach Gramm. §. 956 ein abgeleitetes Transitiv-Verb: verwerden, ferwerdian, goth. fravarthian, corrumpere. „Diu erde magt und unverwert, virgo et incorrupta;" Diut. II, 25. „Und hat hern Isengrînes wîp durch Reinharten verwert ir lîp," Grimm, R. Fuchs 1406 und p. 111. 'Vgl. dagegen BM. III, 608: verwerten, schlecht machen, verderben,' und W. Grimm, gold. Schmiede 435: „Durch daz unverwerte (unverletzte) glas," und das. p. 151. Vergl. erwerden und als Ableitungen von werden überhaupt unten die Formen -wart, -wert, -wurt.

werd, wie hchd. werth; (mhd. wert, werder, e, ez, ahd. uuerd, goth. vairths; Graff I, 10111. BM. III, 601. Weigand, Wbch. II, 1064). Der Eren werd, sieh Th. I, Sp. 124. Es is nét də' ... *werd*, (wo Red', Müe ausgelassen scheint). „Das ieder käs zwayer pfenninge werd sei;" MB. XVIII, 385. Noch liebt der gemeine Sprachgebrauch das Wort in der ältern Bedeutung kostbar, schätzbar, theuer, vornehm; gesucht, selten, mangelnd. I˜n Wintər is 's Holz *werd*. 'S Mädl is saubər, is *werd*, wills ən iələ' zu'n Tanz håbm. „In Zeiten und Ländern, wo die liegenden Gründe nicht so wert und selten sind;" Gesch. d. ständ. Gerichtsb. in B. II, p. 333. „Wann die Knöpff mehr gelten als die Rosen, wann der Rauch wehrter ist als das Feuer;" P. Abraham. „Ein engen Sarg wird er (der König) dann han für seines Königssaale, das Tach wird auff der Nasen stan, merckt auf ihr Fürsten alle, ewr Majestät wird dort seyn werth;" Münchner Kirchengesangbuch v. 1660. „Auf der insel Paris bey Rhodus sind die mannen also werd, das sy all gotzsamen wiber da findent die schönsten;" Cgm. 692, f. 61. „Bovel und werde diet," gemeine und vornehme Leute; Parcival Lachm. 426,17, p. 206. In der mhd. Sp. ist werd ehrendes Beywort zu Held, Mäister, Ritter rc., excellens.

unwerd (u˜werd), was die ausgemachte Summe nicht werth ist. „Die unwerden Schaf;" laysche Anzaigung v. 1531. Was im Preise gering steht. In den Jahren 1819—21, 34—36 war das Getreid unwerd. „Der Kaiser Tiberius hat die Kunst, das Glas zu machen, daß es sich biegen und wider schlichten ließ wie das Bley und nicht zerbrach, verboten, damit nit in unwert kämen und unwert würden Kupfer, Silber, Gold und ander Erz;" Avent. Chr. 169. unwerd seyn, werden, sich unwerd machen, (von Personen) nicht geschätzt, geachtet, geliebt seyn, werden. Die alten Eltern werden im Hause verheirateter Kinder bald *u˜werd*. „Bey all seim gut ist er (der Alte) unwerd, jederman nur seins tods begert." H. Sachs, ed. 1612: I, 760. R.A. „Er ist unwerth,
148 wie der Stockfisch am Ostertag;" (Aurb.). Von Kaiser Ludwig d. B. heißt es Cgm. 214, f. 223b: „in welche statt er kome, da lag er als lang, bis das er unwerde ward." (Ahd. Sp. unuuerd, abjectus, contemptibilis, mhd. unwert; Graff I, 1012. BM. III, 602).

Der Werd, a) wie hchd. Werth; (Graff I, 1012. BM. III, 603: daz wert). Bei'n *Werd*, beinən *Werd* sei˜, zonən' *Werd* kemə˜, bringə˜, (von Sachen) bey Werth seyn, zu Werth kommen rc. b) Sache von bestimmtem Werthe, Kaufsgegenstand, Waare. „Es sol auch der abgestift Mayr kainen Pfenning oder Werdt von deme, den der Herr auf das Guet setzen wil, on seines Herren willen nemen;" ref. L.Rcht., Tit. 34, Art. 7. „Der Arbeiter muß von dem verdienten Gulden bald 6, bald mehr oder weniger Kreuzer auf den Werth schreiben lassen, d. i. der Verleger gibt ihm entgegen so viel an Leim, Farbenzeug, Blech und dergl.;" Schultes' Reise nach Berchtesgaden II, 70. „Einem mit gleichem Wert zalen," das Vergeltungsrecht an ihm üben; Av. Chr. 57. Der Haller-Werd, sieh Th. II, Sp. 1076. Das Haller-Werthl, Rockenbröckchen zu einem Heller; Burgholzer 337. „Helwert und pfenwert;" Cgm. 335, f. 212. Der Penning- oder Pfennwerd, sieh Th. I, Sp. 432. BM. III, 603: pfennewert. „Es sind geschlachter pfenwert zwey," sagt der Mann von den zwey alten Weibern, die er zum Kauf anbietet; H. Sachs. 1612: III, III, 25. „Die chlainen ängstel, darmit man helwert, phenwert, zwayr-, dreyr-, oder viererwert (Weins, Biers) auzmisset;" Cgm. 1113, f. 80b, ad 1359. „Die frawen, so sy ayer chauffen, zeln etlich acht oder sechs pfenwerd an den mantel, und sprechen, si haben nur vier oder fünf pfenwerd genomen;" Cgm. 632, f. 46. Nicht pfenningswerth, (nicht so viel, als eines Pfennings werth ist); Kr. Lhdl. VIII, 449. 450. 'Der Anwert, Werthschätzung, Geltung.' „Ja, dər Ofə˜ də' grüə˜ håt ietz 'a˜*wert* bei-n-iə˜;" Kaltenbrunner, Ged. p. 163. Der Unwerd, wie hchd.; (mhd. daz unwert; BM. III, 603). Sp. W.: Einen Unwert muß man aufheben. Auf einen Unwert kommt wider ein Werd; (Nptsch.). 'gewerten, für wert halten, würdigen, schätzen; (ahd. gawerdôn, gawerdian, mhd. gewerden; Graff I, 1014. BM. III, 605).' „Daz du herre (Gott) gewerdest (würdigest?) disiu cherzen und disiu dinch, daz si sin din selbes ebenwage;" Clm. 4616, f. 53. verwerden, verwerten ein Ding, es zu Geld machen, verkaufen. Der Breu verwert't sein Bier, der Bauer sein Holz, Getraid rc. nichtswerthig, (P. Abrah.) nichtswürdig; (vgl. BM. III, 604: unwerdec). Vrgl. bueßwertig, Th. I, Sp. 296, hailwertig, Th. II, Sp. 1079; aber auch -wart, -wert.

Die Wird, wie hchd. Würde; (mhd. wirde, ahd. uuirdî, meritum, aestimatio, dignitas; Graff I, 1015. BM. III, 605 f. Weigand, Wbch. II, 1111). „Ich muz jehen, ob ein keiser jagen wolte nâch spur der wirde zeichen, daz er die vart verslahen nimmer solte;" Labr. 64. „Mîn herze vervieng ir wirde hôch an der êren rîse;" das. 84. „Ir wirde snelle an prîse;" das. 141. „Mîn dienest gên ir wirde ist nindert dar ze mezen;" Labr. 150. „Die (Hunde) weiz ich in der wirde: si kobernt hin, ez sî naz oder herte;" das. 155. „Von höher wird herab mîn fröude sîget;" das. 169. „Ich weiz mich dîner wirde gar unwirdig;" das. 177. Noch Voc. v. 1618 hat, wie Pictorius und Frisius, i, nicht das neuere ü. Von Wirden, von Unwirden seyn, gültig, rechtskräftig oder nicht. „Sprich ich zu recht, das die Appellation von Wirden, und die Urtail am Lantgericht gesprochen, von Unwirden sey;" Kr. Lhdl. IX, 62 MB. XXV, 327. 426. Wirzb. L.G.Ord. Bey häuslichen Würden seyn, verbleiben, gut wirthschaften. ə˜ Haus, ə˜ Sach *bə Wiə˜n halt'n*, es in gutem, nachhaltigem Stande erhalten; (Obr.M.). Se. Wird, Würd, Würden, Würdigkait, küniglich, kaiserlich W., Courtoisie der deutschen Fürsten des XV.—XVII. Jahrh., in indirectem Bezug auf Könige und den Kaiser; Kr. Lhdl. X, 402. 547. XI, 20. Gem. Reg. Chr. III, 341. 773. CMh. 411, f. 220. „Der Königl. Würd in Frankreich Ambasciator Mons. de St. Etienne," heißt es noch in einem Mandat Maximilian Emanuel's (?) v. 1632. 149
„Regia vestra Dignitas" schreiben a°. 1630 die katholischen Fürsten an den Schwedenkönig; CMh. 415, f. 125.

wirdig, würdig, a) wie hchd.; (mhd. wirdec, ahd. uuirdig; Graff I, 1016. BM. III, 606. Weigand, Wbch. II, 1111). „Die wirdig Muetter (in Nonnenklöstern), die Vorsteherin, Äbtissin. „Etliche Lehen.. wären Dignitäten, als Fürstenthum, Markgrafschaft, Landgrafschaft, Herzogthum, Grafschaft rc., darum hießen sie würdig, und wären also, daß sie flößen von Kön. Maj.;" Kr. Lhdl. XIV, 203. b) von Werth, theuer, selten. „Wann die Güter und das Traid würdig, und nit wann sie in Abschlag sind;" Urbarsgebr. „Bey dem Mangel des Geldes, das allenthalben würdig und schwer zu bekommen war;" Gem. Reg. Chr. IV, 425, ad 1521. Der Wirdige. Baurath Panzer in seinem Mscr. (1852, Febr.) spricht von den „Würdigen" als den größten (220 ℔ schweren) eisernen Leonhardsfiguren zu Aign und Griesbach im Rotthal. 'Sieh Panzer's Beitrag zur d. Mythol., Bnd. II (1855), p. 33. 390. 391. 433: der Würdige, Wirdinger, Würdinger, (was Rochholz, das. p. 568, zu wirten, wirdin, Wasserwirbel — s. unten — ziehen will, weil die Figur des h. Leonhard nach dem Volksbrauche in Brunnen und Sümpfe geworfen wird).' unwürdig werden, (von Handwerken ꝛc.) nichts eintragen, in Verfall gerathen; Gem.R. Chr. III, 396. 'Êwirdekeit; BM. III, 607, cf. 606: êwirdec, adj.' „Ewirdicheite, reverentia;" Cgm. 17, f. 10ᵇ. Erwird, (mhd. êrwirde, ahd. êruuirdi; Graff I, 1018. BM. III, 606). Bey H. Sachs 1612: IV, III, 203 wird ein Doctor mit „ewer Ehrwird" angesprochen. MB. XXV, 85, ad 1517 heißt die Äbtissin von Gnadenberg: „Ir Erwird." Unwird, Werthlosigkeit; 'Geringschätzung, verächtliche Behandlung; (mhd. unwirde,' ahd. unuuirdi, gl. i. 620; Otfr. IV, 12,24: indignatio; Graff I, 1016. BM. III, 608). „Das ich geweichten lewten offt smach und unwird erzaigt han;" Ebersb. 167, f. 348. „Indignatio, ungunst, ungnad, unwill, unwird;" Cgm. 3985, f. 2. „Dehonestatio parentum, unwirdigung der eldern;" Cgm. 3985, f. 4. „unwirdikait, irreverentia;" Cgm. 658, fol. 209. „Irreverentia, unbirdikait;" And. 143. unwirdisch, a) (Konr. v. Wirzb., gold. Schmide 1004) indignus; b) (Cgm. [sec. XIV.—XV.] 683, f. 69) indignatus; (ital. sdegnato. BM. III, 607: unwirdisch, unwürdig, häßlich; unwillig, zornig. cf. Graff I, 1011). „Albrecht der erst ... het nur ain aug und ainen virwirdischen anplik;" Kaiserchron., Ms. des german. Mus. 2733; „ainen unwirdischen amplik," Cgm. 55, f. 71; (s. Th. I, Sp. 406: Person). „Die zäher enzündent übrig unwirdischait in dem muot und die zäher des mitleidens erleschent die selben flammen der unwerdischait;" Konr. v. Megenberg, Pfeiffer 482,29. 483,1, (im Mscr. f. 283ᵇ: unwürßheit). Es scheint, daß hieraus, nicht ohne Einfluß des alten, obschon ganz unverwandten Comparativ wirs, pejor, pejus, (nach Gramm. §. 631—653) die neuere Form unwirsch, indignatus, indignans, indignabundus, entstanden sey. Zeitschr. III, 107: *wirsch*, zornig. „unwirs" (Voc. v. 1618), „unwirsch" (Pictorius 1561, Frisius 1556), „indignans, iratus." „Wie die gerechten gegen den Sündenden unwürsch werden;" Layische Anzaig. v. 1531. „Du heltst mich unwirs und unwert, als ob ich sei ein ackerpferd;" H. Sachs 1612: I, 1060. Der alte Vater „wurd unwerd und gar unwirs gehalten;" das. II, II, 213. „Unwirs so nam er von der stet den krug;" das. II, IV, 141. „Waren unwirs, zürneten;" Avent. Chron. 413. „Unwirss, indignatus;" Voc. Melber. sec. XV. „So der mensch gen Gott unwirsch, ungeduldig und undanckpär ist;" Cgm. 866, f. 8. 'unwirdeschlîche, adv., unwillig; BM. III, 607.' „Unwirdesliche warf her sin opfer uffen den alter;" Herm. v. Fritzlar 168,26, (statt unwirdeschliche, wie unvorleslich st. unvorleschlich, 143,23. 171,31). 'unwirdischen, vb., indignari;' „Plinius spricht: des adelarn federn gemischt mit anderr vogel federn unwirdischent von nâtûr dar ab und frezzent si und leident ir gesellschait niht; aber des gelaub ich niht;" Konr. v. Megenberg f. 100ᵇ (Pfeiffer p. 167,11). wirden, (mhd. Sp.) verb., 'mit Würde versehen, ehren, verherrlichen; BM. III, 607.' Die pfaffen hat Gott „über alle menschen geêret unde gewirdet unde geheret;" Br. Berhtolt 10, (Pfeiffer p. 362,·). '„Der wære sunne in himelrîche hât schînes und glastes mêr über alle engele und ist geschœnet unde gewirdet an allen êren;" das. 285, (Pfeiffer p. 391,20).' „Durch wen möhte ein vrumer man gerner wirden sînen lîp danne durch sîn biderbez wîp;" Iwein 2861. (ahd. Sp. uuirdian, gl. a. 237. 492, gl. i. 266. 1173; das Widerspiel: unuuirdian, indignari, Tat. 104. 112, Graff I, 1019). 'unwirden, (mhd. Sp.) vb., nicht in Ehren halten, herabsetzen; BM. III, 608.' „Invidentia unwirden est alterius bonos successus nolle videre;" Clm. 9537 (sec. XIII.), f. 179.

zerwirden? Ich weiß nicht, ob aus den Stellen der Köschinger Ehhaft v. 1527 (MB. XVIII, 693): „Es sey erwirtt und zu Urtl und recht erkhendt worden".... „Es sey allweg auf dem hof- und eehaftrechten erwirttet und fürtragen worden," etwa ein erwirden (würdigen, erwägen, berathen) zu erholen seyn möchte, um so weniger, als man dagegen neun Mal erwittert (s. d. W.) und erwidert liest. (cf. würdern, taxieren, bey Adelung). In der Fassung v. 1624 kommt dieses Wort gar nicht 150
mehr vor. Bayr. Annalen 1834, S. 553 ff.

Wörd, sieh Werd.

Würd, sieh Wird.

'Der Warf, das Gewölbe (?); vgl. BM. III, 727.' Das Corpus an der Kirch zu Brombach, den Warff sowol als das Dachfenster ꝛc. müssen die Lautereckischen in Bau halten; (Horstmann).

Das Warf, (ä. Sp., Voc. v. 1445) Werfte, Kette, Zettel zu einem Webstücke; (mhd. daz warf, ahd. uuaraf, uuarph, stamen, fila stantia, agſ. vearp, isl. varp; Graff I, 1039. BM. III, 740. Vilmar, kurhess. Idiot. 441. Weigand, Wbch II, 1061: die Werfte). „Als under warf der sîden wefel sich wirret von den kammen;" Konr. v. Wirzb., Maßmann, Denkm. I, S. 145. „Dar în flaht er sich unde war, als in daz warf sich wirret wevel;" troj. Krieg 160ᶜ, (Keller p. 306,25639). „warfen, anzetteln, liciare;" Voc. v. 1445. Gl. i. 272 steht „uuerfet uueppi, ordiremini telam." s. Sp. 863: Wefel.

Die Warfel (Wa'ffl), Kurbel zum Umdrehen, Drehhandhabe zum Öffnen und Schließen an einer Thür. Vgl. Th. I, Sp. 245: Binwerf.

werfeln, (O.Pf.) verb. neutr., sich drehen; verb. act., drehen, umdrehen, z. B. eine Maschine. Die, der Werfel, die Drehkurbel; sieh Warfel und Worb.

Das Gewerf, mhd. Sp., vortex? Diefenbach 629ᵇ. „Ez geschach zû Rom enmitten in der stat, daz sich ein fraisleich gruft auftet ... der fraislich gewerf wirt nicht zû getan, den ez lazz sich ettwer willichleich hin ein;" Gesta Roman., Cgm. 54, f. 17ᵃ, (Keller p. 34).

1) werfen, Ablautverbum statt werben; (mhd. werben, ahd. huerban, huervan, huerfan, agſ. hveorfan, isl. hverfa. Graff I, 1229. BM. III, 722. Weigand, Wbch. II, 1060). a) neutr. umwerfen (Jäger-Sp. vom Wild), sich umwenden, umkehren im Lauf. *'s Stuck hât umgworff'ə*, wie 's 'n Schütz'n də'segng hât. In der ahd. Sp. (bey Isid., Tat., Otfr.) ist huerban, huerfan der gewöhnliche Ausdruck für reverti. b) transit., wie hchd. „Offt warf einer (im Tanz) ein metzen rumb, das man jr weiß wohin sach;" H. Sachs, ed. 1612: I, 951. „An den Abendtänzen soll sich ein jeder des Umbschwingens, Umbdrehens oder Umbwerffens der Maid enthalten;" sieh Th. I, Sp. 612, (also immerhin nicht ganz ehrbarlich zu nehmen). „Herr Hans wirfft sein Hengst rum." „Wirf dîn ros snellîchen umbe;" d. w. Gast 7511. Cf. „Johannes Wirfsrössel de Kymsee ein alter guter geselle," scriptor codicis Rot 101. „Das klein Teufelchen wirfft sich rum;" Wolff, hist. Volkslieder 134. 136. „Das knäblein warff sich bald herumb, ritt ringsweis in der stuben umb;" H. Sachs, ed. 1612: I, 881. Wie das Rad den darauf kriechenden Wurm, „also wirfet daz firmamentum die planeten umbe;" Diut. II,

115. „Mîn Herze (der Hund) sich ûz dem seile warf;" Labr. 120. „Leid (d. Hund) warf sich ûz dem seile, nû kan ich sie (Lieb und Leide) gesähen noch gescheiden;" das. 501. 'aufwerfen Einen, erhöhen, erheben; Grimm, Wbch. I, 777,12.' „Do erchanten si des ritter weisheit und lobten in an seinem synn und witzen ... do wurfen si in auf und der ritter ward nach der tat dem chünig mit besunderer lieb zû gefüeget; Gesta Romanor., Cgm. 54, f. 21ᵃ, (Keller p. 41). auswerfen den Arm, verdrehen, verrenken, luxare, Voc. v. 1618. Cf. „die Hände verwerfen," ringen; Alpenrosen 1814, p. 317. Der fanatische Hofprediger Eberhard in der Michaelskirche zu München habe die Hände verworfen, (mit den Händen lebhaft agiert), sagt mir Grüner, 22. Aug. 1841. werfen eine Person oder Sache, sich darnach umthun. „Weller die meß nicht spräche oder ainen andern für sich dieselbe meß nicht wurf (bestellte) ze singen oder ze sprechen;" MB. II, 230, ad 1330. „Gydo chloppfset an daz tor, daz im der torwärtel auf tæt, oder im sein potschaft da hin würf als vor" ... „daz er im sein potschaft würf zû dem herrn. Do antwurt der torwärtel und sprach: Lieber, waz haizzt du mich werfen. Nu han ich dir zu dem andern mal geworfen, und er gicht, daz du pald gest für dich (deine Wege) oder er haizz dich slahen;" Gesta Roman., Cgm. 54, f. 77ᵃ, (Keller p. 152). Vgl. unten: Anwurf. „Einen werfen," daß er Recht spreche, L.R., Heum. opusc. 108. „Ob der chlager dem antwurter seinen vorsprechen abwurff mit pfenning oder mit pet;" Wstr. Btr. VII, 177. („Du hast mich abwürffig gemacht der Gesellschaft des N.;" Buch d. Weisheit 1485, f. 38). „Ich derwirf dir die kunegin," (ich erwerbe sie dir zur Braut); Cgm. 719, f. 7. „Werfen umb eines Andern chon," (um eines Andern Weib werben, buhlen); Suchenwirt p. 121. „werfen, freyen, procare; Sachwerffer, ambasiator;" Voc. v. 1445. „Diz wirf ich, hanc (rem) requiram;" Cgm. 17, f. 42ᵃ. „Wir
151 wellen seinen schaden wenden und seinen frum werffen;" MB. VII, 158, ad 1313. „Wir haben von dem N. geworffen und westanden ze paumansrecht den hof ze Mainpach;" MB. II, 222, ad 1328. „Der den zehent hat gehabt und mit seinen pfenningen geworfen;" MB. V, 423, ad 1333. In Bezug auf Übernahme des Transports von Partien Salz heißt es in Cgm. 544, f. 55. 56: „Wer ainen tail fuert und der auch darumb geworfen hat nach dem saltz, der sol den tail versiewren." Der Werfer, Knecht, der die Fechsungen (Th. I, Sp. 686) in die Scheuer wirft (ablädt). Der, das Gewerf, Gewerft, Unterhandlung, Verhandlung, Vertrag. Zeitschr. V, 425,11: das Werf (niederd.). „Dises gewerf ist geschehen;" Erding. 1326. „Taidung und gewerft;" Urk. v. 1311. „Über disen Gewerft und gnad;" Vidimierung der Freiheitbriefe. „Ez mag ein gast den andern wol bechlagen in der stat vm so getanen gewerft, den si in der stat ansetzent mit einander," Wstr. Btr. VII, 146. „A negotio, vone deme gewerfte;" Cgm. 17, f. 135ᵃ.

Der Wurf an der Sense oder Sensewurf, (Wstr. Gl.) die Handhabe. Vrgl. werben, Worb, Sp. 981 f. Der Wurf, „die Überantwortung des vollkommen verfertigten Salzes an die bayrischen Beamten zu Hällein;" kurzer Begriff der Salz-Irrungen v. 1761, f. 192. Vrgl. Warb, Sp. 981. Der Anwurf, 1) einleitende Worte zu irgend einem Handel, einer Verhandlung. '2) Antrag, Werbung, Anhalten um Etwas. Grimm, Wbch. I, 522.' „Dort ligt ə˜ Deanl — I hàbs kennt, hàb scho˜ ə˜n *A˜wurf* gmacht;" Seidl, Flins. (3. Ausg.) S. 141. Zum Mädchen: Dei˜n Vàdə'n sei˜ Herz is kaə˜ Stá˜, hei˜t hàn I mei˜n *A˜wurf* gmacht; eə' sàgt nét ná˜;" das. 150. Cf. Grimm, Wbch. I, 520: anwerfen. Der Würffel, Schwindel. Er hàt'n *Wirffl*; (Jir.). Cf. oben, Sp. 903: Bluetwülfel. würfig, würflig, schwindlig; (von Schafen) mit der Drehkrankheit behaftet; figürlich: irre im Kopf; jähzornig. „Zehant sprach er (der Ritter) zû dem chnecht ge und pring mir mein wirfigez ros her. Do daz ros chom, do gab der ritter dem ros ein trankh ein und pulfer in sein nasenlüger und als pald wart daz ros gesunt und gestüem;" Gesta Roman., Cgm. 54, f. 47ᵇ, (Keller p. 91). Ein wirfliges Pferd (das den Koller hat) wird von manchen Bauern ein Student geheißen; (Beiner). Der Würfling, Mensch, mit dem nicht auszukommen ist.

2) werffen: ich wirf, Cond. wurf, Part. geworfen, wie hchd., (mhd. werfen: ich wirfe, Praet. ich warf, wir wurfen, Part. geworfen; ahd. uuerfan, ags. veorpan, isl. verpa, goth vairpan; Graff I, 1026. BM. III, 734. Weigand, Wbch. II, 1060. Zeitschr. III, 225,1). Sich werfen, (vom Holz) zusammenziehen, krümmen; (isl. verpaz. Partic. verptr). „werfen, evomere;" H. Sachs, ed. 1612: I, 1051. II, IV, 49. „werfen den Brunnen, den Harn," (ä. Sp.) den Urin lassen. „Wer den prunn hart wirft." „Das hilft den prunn zu werfen ân arbait;" Cgm. 753, f. 100. 109. „In der nacht zwier den harm werfen;" Tegernseer Baderbuch v. 1497, Cgm. 731, f. 197. „Harm, der geworffen sei durch ainen vilz;" Cgm. 821, f. 27. Wein aus Bouteillen in ein Faß werfen. anwerfen Einen mit Augen, ihm verliebte Augen anwerfen, H. Sachs 1612: III, III, 13. IV, III, 86. Grimm, Wbch. I, 520. „Als er zu jhm (sich) selb kam, sein augen er wider aufwarf;" ders. V, III, 80. (Etwa zu werfen, 1 zu ziehen?). Grimm, Wbch. I, 775,1. auswerfen ein Pferd ꝛc., es castrieren; ä. Sp. auzwerfen Einem (sc. die Hoden). Grimm, Wbch. I, 1017,8. Zeitschr. IV, 307. „Spado, dem usgeworfen ist; Voc. optim. p. 44. „Jupiter warf Saturno sein hoden auz, als ainem capaun," Cgm. 316, f. 1. 696, f. 37. „Die Curetes wurffen jn selbs aus, daher sie die Galli oder Verschnittenen hießen;" Av. Chr. 31, Ms. fol. 113. bewerfen sich, sich belaufen. „Bewürfft sich über 30,000 Mann," Isargesellsch. v. 1703: IV, 161. bewerfen sich auf etwas, darauf hinweisen. Grimm, Wbch. I, 1783,1. „Was des Feldpatris Gehalt betrifft, bewerffet man sich auf die dessentwegen ergangenen Verordnungen;" Infant.-Verord. v. 1754, p. 172. derwerfen (də'werffə˜), erwerfen, durch Werfen zu Grund richten. 'Grimm, Wbch. III, 1062. BM. III, 738: todt werfen; Junge werfen; auch was verwerfen, abortum facere.' „Izzet diu wild verchmuoter vil aicheln, wenne si tregt, sô derwirft si;" Konr. v. Megenberg f. 74ᵇ, (Pfeiffer 121,29). „Si (die gaiz) derwerfent auch ir kitzlein von schädlicher kelten;" das., (Pfeiffer 127,29). „Die dönr (Donner) machent die ainlützen schâf erwerfend ir fruht;" das. (Pfeiffer 154,28).' „Abortare, erwerffen;" Clm. 5675, f. 197. einwerffen. Grimm, Wbch. III, 341,7. „Das Einwerffen, Collation oder Stillstehn in der Theilung der Erbschafften ist anders nichts, weder wann 152
einer auß den Erben von der verstorbnen Person, von deren hinderlaßnen Erbschaft man handelt, etwas zuvor empfangen hat, daß er solches, wann er weiter erben will, widerumb in die Erbschafft einwerffen, oder so lang, biß sein Miterb auch so vil auß der Erbschafft vor gemainer Theilung heraußnimbt, still stehen mueß;" L.R. v. 1616, f. 357. In solchem Sinn das althochd. Subst. giuuerf, symbolum, collatio, collecta. Graff I, 1039. BM. III, 740. entwerfen, (ä. Sp.) zeichnen, malen, (mehr sagend, als jenes Wort jetzt noch bedeutet). BM. III, 736,1 f. Grimm, Wbch. III, 655. Die Nonnen thaten allerley weibliche Arbeiten, und „die da müssig wären beliben, die entwurfen oder schriben;" Cgm. 717, f. 98. „Dô stuont sô minneclîche daz Siglinde kint, sam er entworfen wære an ein permint von guotes meisters listen;" Nibelungen 1158, (Lachm. 285,2). „Vor der juncfrouwen stuont der helt guot, sam er ûz meisters hende wol entworfen wære an einer wîzen wende;" Gudrun 2611, (660,3). „Als er mit einem pensel an ein permint wol entworfen wære;" das. 6408, (1601,1). Cf. Cod. ZZ. 1878, f. 28: „Ejus (virginis Mariae) supercilia fuerunt bene stricta velut in imagine pulchrè forent

picta." „Mit gedanken si (die Minne) im entwerfen kan wunneclîch in sîme sinne herzeliep;" Burk v. Hohenfels, Minnes. I, 86^b, (Hagen I, 205,11). „Guot wîb in eines jungen mannes muote diu entwirfet dem sinne vil tugentlîchiu bilde;" ders., Minnes. I, 88^b, (Hagen I, 208,62). „Sin lip intwarf sich (stellte sich dar?) undir schilt, swaz malere nu lebende sint, ir ougen, ir pinsel und ir hant ist sulch geschikkede unbekant;" Wilh. v. Or., Casparson p. 109^a. „Do die maget beginnet schâren, und entwerfen sich die brüstel;" Cgm. 42, f. 76. Sollte der sinnliche Grund dieses Wortgebrauchs sich finden lassen in folgender Stelle des Voc. venet.-todesco v. 1424, f. 17, wo werfen blos eine Übersetzung des ital. zetare zu seyn scheint: „temperir die federn daz (sie) ein benig clainer werf, tempera questa penna che la zeta un puocho più sotil." Cf. ital. schizzare. „Abjectio, ein hinewerf;" Cgm. 17, f 35^a. BM. III, 740. cf. ahd. âwerf, urwerf, Graff I, 1039. 1040. BM. III, 740.

verwerfen. „Einen über haupt verwerfen," praecipitare; Cgm. 845, f. 47; cf. Otfr. III, 4,21. BM. III, 738. „Swer glauben hat an verworffen tag (dies nefastos), daz got sein geluck daran versag;" Cgm. 713. f. 39. 167. „Es ist heut ein verworfner tag;" H. Sachs 1612: II, II, 58. III, 47. Eine Mauer verwerfen, sie bewerfen mit Mörtel. zewerfen (zwerfə̃), zerwerfen, durch Werfen verderben; (ä. Sp.) verb. n., in Zerwürfniß gerathen, uneins werden. BM. III, 739. „Vile harte si zewurfen" (beym babyl. Thurmbau). „Daz ire hîwen nie ne gebiegen (daß ihre Weiber nicht zankten), noch ne dorften sament zewerfen;" Diut. III, 63. 64. (Mag zu werfen, 1 gehören). s. unten Zerwurft.

worfen, auch worfeln das Getreide, wie hchd. Weigand, Wbch. II, 1105.

„Worfeler, schappeler, und die die langen meßer slahen und geschütze machen" als „unrechte und verdamliche amter" (Handwerke) gebrandmarkt bey Br. Berhtolt p. 42. 311, (Pfeiffer 148,1 und 14,35: würfeler). Etwa aus „Worfzabel, alea," gl. a. 801 (s. unten), oder Würfel (cf. Pfeiffer 15,1: „wan ez geschiht manic tûsent sünde von würfelspil") zu deuten.

Der Wurf, a) sieh nach werfen, 1) oben, Sp. 995. b) wie hchd. „Lât an dem (den) oven (im Bade) klingen zwên würfe mêr die krachen!" S. Helbling III, 43. „Durch den willen mîn bit noch zwên würfe werfen dar;" das. 51. Ein Wurf Taufeln = 4 Stück; 60 Würfe = 1 Pfund = 240 Stück; (Zir.). MB. XI, 246, ad 1271 handelt sichs um eine piscatura in Danubio „quae vulgariter dicitur wurf." „Tractus sagenae et wurf." Der Wurf (bey Maurern) statt Anwurf, Bewurf. Der Wurf, Überantwortung des vollkommen verfertigten Salzes an die bayrischen Beamten zu Hallein; (Zir.). Der Anwurf, s. oben. Der Spritzwurf, der halt-
153 barste, rauheste Anwurf. Der Windwurf, vom Wind umgeworfenes Holz im Walde. windwürfig, adj.; L.R. v. 1616, f. 730. Die Wurf-barten, sieh Th. I, Sp. 283; das Wurf-beil, sieh Th. I, Sp. 218 und 226; das Wurf-gatter, Drahtgitter, durch welches man Sand wirft, um die feinern Theile von den groben zu sondern; der Wurf-stain, sieh Th. III, Sp. 449. Wurfzabel, Worfzabel, (mhd. und ahd. Sp.) alea, (Brettspiel mit Würfeln? Sieh Zabel). „Daz ist von dem wurfzagel. Wurfzabel ich daz spil auch nenne, daz vant ein ritter, hiez alco, vor Troye, des ist vil manger vnfro;" Renner 11397. 11401.

Der Würfel, wie hchd.; (mhd. würfel, ahd. uuurfil, tessera; Graff I, 1043. BM. III, 741. Weigand, Wbch. II, 1111); vrgl. Th. I, Sp. 411: Pasch. „Die Ketzer sind falsch wie die Burghauser Würfel;" Fickler (sec. XVI.); cf. Th. I, Sp. 56: alefanzisch. Der Würfelleiher, s. Th. III, Sp. 409: Scholderer, oben. Der Würffler, Würfelmacher; Ms. v. 1449. Vgl. Th. I, Sp. 49: Auge. Der Auswürfel, Auswürfling, verworfene Person. Grimm, Wbch. I, 1021. „hinwürfig, rejectaneus;" Voc. v. 1618. Der Spitzwürfel, Gehilfe des Scharfrichters, Blutscherge, Eisenscherge. „Ich bin ein ehrlicher Kerl (sagt, bey A. v. Bucher s. W. IV, 251, der Capitelbote zum Gerichtsdiener) und kein Spitzwürfel." „Ich weiß Gefangene, die der Spitzwürfel aus ihren Banden los ließ;" Portiunculabüchlein. Wol wird in Meidinger's Landshut p. 232. 238 erzählt, daß zur Verkündung der Bartlmä-Tuldfreyheit der Eisenamtmann durch die Stadt reite, indem er aus Spitzkörben, die zu beiden Seiten des Sattels hangen, mit vollen Händen Birnen unter das Volk werfe. Es wäre seltsam genug, wenn der furchtbare Mann von dieser lustigen Ceremonie den Namen erhalten haben sollte. Bey ernsterer Amtsübung ritt er dem Zuge zum Hochgericht voran, rief von diesem herab der Versammlung ein dreymaliges Stillo! zu und das Verbot, Hand anzulegen, falls dem Scharfrichter sein Geschäft mislingen sollte. Hiernach könnte man an das ältere wueffen, clamare, denken, wo aber eine sehr unwahrscheinliche Entstellung aus Wüeffel angenommen werden müßte; vrgl. Th. II, Sp. 1544 f.: Löw. Ein dem ältern Werbel (Bote, Büttel, sieh Th. I. Sp. 311 f.) entsprechendes Werfel, Wirfel oder Würfel würde noch am besten fugen, aber es ist nicht zu belegen. Wackernagel, Schwabenspiegel 315, gibt in den Lesarten für urful, ursûl (aper, als schädliches Thier) aus einigen Handschriften die Form wurfel, würfel. Bluetwürfel, s. oben, Sp. 903: Bluetwülfel. würflich, adj. „Würfflichs Fleisch" zu verkaufen verboten, in Wertingen, (1568); Cgm. 3256, f. 49. „verwürflich, verwerflich;" Voc. v. 1618. Der „Verwürfling, abortivus;" Cgm. 612, f. 2; (ahd. Sp. auuerf, uruuerf von der Bedeutung werfen, parere, isl. verpa, Eyer legen. Graff I, 1039. 1040. BM. III, 740). Die Wurft, ä. Sp., das Werfen. Die Zerwurft, Zerwürfniß, Zwiespalt, Zwist. „Het ich niht wiltbræt noch vische, daz liez ich ân zerwürfte," (die Handschrift: an zwiwurfft; s. BM. III, 741).

Der Warg, ä. Sp., Wolf; Feind, Verdammter, Teufel; (ahd. uuarg, mhd. warc, gen. warges; Graff I, 979. BM. III, 524. Grimm, Reinh. p. XXXVII); als Scheltwort: „Sweic, dein rede ist ze starch; du ne bist niht chint, du bist ein warch!" Kindh. Jesu, p. 102,30. s. würgen.

wargeln, was walgeln, walgern, rollen; s. oben, Sp. 904. Birlinger 426. Die Wargel, Rollholz, wie Walger; dicke, runde Person.

„Der Wörgl," 1) (Hübner 983, Zillerthal) der Grünfink; loxia chloris; Nemnich II, 450. 2) lanius excubitor; mhd. Sp. wergel, ahd. warchengil, (= warchengel?) Neuntödter, Würger; (Graff I, 349. Haupt's Zeitschr. VI, 333. VIII, 558. BM. I, 477. III, 524). „Sin kele er würget als ein wergel;" Renner p. 104, V. 8689^{2}. Der Würgelhôch. „Ich wæn, ez (coredulus) sei ain klain vogel, der haizt auf dem gäw würgelhôch;" Konr. von Megenberg f. 106^b, (Pfeiffer p. 179,15). Schmid, schwäb. Wbch. p. 534: Wirchelen, Regenvogel, scolopax phacopus. s. würgen.

worgen an einem Ding, das im Halse steckt, daran drücken, arbeiten, um es hinunter zu bringen; (Graff I, 981. BM. III, 742. Weigand, Wbch. II, 1106). „Die hunde hôrt ich worgen sô jæmerlichen;" Labr. 361. „Mir ward in sirzzen freuden vor verborgen vil scharpfer jamers angel, an dem ich nu on underlas mus worgen;" Valkn. f. 76, Str. 178. der-, er-, verworgen an etwas, daran ersticken. „An dem Angel erworgen;" Buch d. Weisen 1485, f. 179. Pez, thes. I, 415. Titurel. „Am strang erworgen;" H. Sachs 1612: III, III, 153. 287.

„Ein edel wilt sich drinne mag erworgen;“ Labr. 321. Auch metonymisch: „Der Bißen worgt mich.“ worgßen an etwas. Das Geworg, Geworgel, Gewürgel, Gedränge. Sieh würgen.

154 „Ach da hört man Trommel rührn,
Bomen krachen, blutoniern,
ist ein lamentabls Gwürgl.“

„Der P. Umgang reißt den Herrgott bey der Perucken aus dem Gewürgel;“ Charfr.-Proc. 83. 179.

würgen, a) wie hchd.; (mhd. würgen, ahd. wurgian, sugillare, suffocare, strangulare; Graff I, 980. BM. III, 742. Weigand, Wbch. II, 1112). b) sich abarbeiten, bemühen, plagen. Dér Ruəch *würgt* und wuəst't àllwə furt und kriəgt dengən niə gnuə'. *à'gwürgte* Feirtə', im Scherz: abgewürdigte Feyertage. „Panis bonus esset mors pueris imperfectis quia pueri erwürgäten sich daran;“ Monac. Augustin. 84, f. 67. „Der angel was diu gotes chraft da der tot wart ane irworgen (Partic.) der von dir wart verborgen, Sancta Maria!“ Cod. Mellicens., Pez, thesaur. I, I, 416. Desgleichen im Schnitterlied Insbr. 1640 heißt es: „Noch heut oder morgen muest werden erworgen,“ was nach Sp. 989 f. und 998 zu nehmen seyn wird, da sich ein ablautendes wergen nicht nachweisen läßt; obschon isl. virgull, Halsstrick des Zugviehs, Strick überhaupt, urga, lorum, corrigia, urga, vehementer fricare, auf ein solches deuten könnten; vrgl. auch isl. varg-r Wolf (als Würger) und unser altes warc, genit. warges, Wüterich (Musp. 43). ‚BM. III, 741, wërgen: ich wirge, Praet. ich warc, wir wurgen, Partic. geworgen, erworgen.‘ Das Drischlwirgat, die bessere Mahlzeit, die nach dem Abdreschen den Dreschern gegeben wird; (Ammergau, Rath Her). Der Würger 1) (lanius), ein Vogel, heißt bey Pictorius Warckengel, ohne Zweifel das uuarc-hengil, uuargangel, wergil, cruricula, der alten Glossen; s. oben: Wörgel. Cruricula, warchengel; ZZ. 796, f. 173. Diefenbach 164ᵃ. Nemnich II, 323: lanius excubitor, Wargengel, Warkengel, Würgengel, Würger. 2) Einer, der sich abarbeitet; (Altb., Rath Her). Zeitschr. IV, 157. Die Arsch-Wurgel, (b. W.) Schimpfwort gegen Personen.

Würgel. „Portulaca haist würgel;“ Clm. 5931, f. 221. Diefenbach 449ᵃ: burgel, burckel ꝛc. Nemnich II, 1018: portulaca oleracea, Bürgel.

Das, der Warh, Wärh, Warch, Wärg, (ä. Sp.) Eiter; (mhd. warc, warch, ahd. uuarah, uuarahc, sanies, gl. i. 12. 40. 905; „uuarahga, tabo, putredine,“ i. 542; isl., schwed. var. Graff I, 961. BM. III, 524). „Herodes begunde siechen, daz uf den bettezieche swebet blut und warch; diu suht diu wart also starch, daz er gar fulen began;“ Wernher's Maria p. 222. „Da rinnet der wärch auz.“ „wärges vol, daz grün ist.“ „Von dem warge, daz da ist in ir wunden;“ Cgm. 724, f. 199. 200. 216. „Daz mordleich warch, ich main die gift starch;“ Horneck p. 590, (wie in der ahd. Sp. auch eitar für Gift genommen ist). „Pappel vertreibt das werch darauf gelait;“ Clm. 5931, f. 219. „Wem die geswer und aisse und berig in dem munde ist;“ Clm. 5879, f. 200. s. Th. II, Sp. 1078: das heilig Werch. „Ä wilds Toifels*weri*, ä grieni Materi rinnt auä ganz dick Tag und Nacht;“ Lindermayr 172. wärhen, werhen, eitern, schwären, schwed. vara, varas). 's Aug tuət *wergng*. D' Wunt'n *werhht* aus. Hà⁻mər ə⁻n Zwék ei⁻gstouss'n und *wèərhht* mər aus, (schwiert aus). Die isl., schwed. Form scheidet dieses Wort von der (wol zu wirken, laborare gehörigen) isl. verkia, schwed. wärka (schmerzen), verkr, värk, m. (Schmerz). Vrgl. allenfalls das alte furuuergan, agſ. virigan, maledicere, neben dem ältern verwâzen.

Der Warkus, Warchus, mhd. Sp., ein Kleidungsstück: Goller, Wamms, mittellat. wardecocium (in charta anni 1310), wardecorsum (in statutis synod. Atreb.), gardacorsium, pars vestis, quae pectus constringit; Ducange, ed. Henschel III, 480ᵇ und VI, 910ᵃ voce Wardecosia. s. Th. II, Sp. 935: Gardenbrust, und vgl. frnz. gardecorps. „Item lego meliores vestes meas, *warkocum* et tunicam blavinm Domino N.;“ Urk. v. 1334, Testament des Heilmannus Fritz, decanus Aschafnaburg., Guden, t. II, p. 344. „Dô si gekleidet het den knaben (Helmbrecht), dô sprach er: muoter, ich muoz haben dar über einen warkus; und solt ich des belîben sus, so wær ich gar verswachet;“ Wernher's Maier Helmbrecht V. 157. „Ez hât selten solchen vlîz an sînen warkus geleit dehein gebûre, der in treit;“ das. V. 189.

würken, s. wirchen, würchen, Sp. 987.

---

warm (Compar. wérmə', wirmə', Ober-Isar wármə'), wie hchd.; (mhd. warm, ahd. uuaram, uuarm, goth. varms; Graff I, 976. BM. III, 524. Grimm, Gesch. d. d Spr. p. 348. 350. 799: θερμός. Weigand, Wbch II, 1022). ə⁻ *Warmər*, ə⁻ *Warmé*, auf Personen angewendet, ein zweideutiges, eben nicht empfehlendes Beywort. „An der warm hantgetat,“ in flagranti delicto; Lori, Lech-Rain 51. fistwarm, H. Sachs. Zeitschr. V, 186. 194. Die Wärm (Ober-Isar Wárm), Werm (Wérm, 155
Wirm), Wärme; (mhd. wirme, ahd. uuarmi, uuermi, sogar schon wirma, gl. o. 413; Graff I, 977. BM. III, 525). derwarmen, erwarmen; (mhd. erwarmen, ahd eruuarmên). wärmen (Ober-Isar wármə⁻), wermen (wirmə⁻), wie hchd.; (mhd. wermen, wirmen, erwermen, ahd. uuarmian, wermian). Der Wärmer, (Zillerthal, V. v. Moll) Eisen, das man glühend in die Sahne hält, ehe sie gebuttert wird. Der Bettwermer, (im Scherz) der Schlafgeselle, Ehemann. Sich um ə⁻n *Béttwirmə'* schaugng, heiraten.

Der Wermuet, wie hchd. Wermuth; (mhd. wermuot, wermuote, wermuete, f., Ortolph, Cgm. 724, f. 178; ahd. uueremuota, uuerimuota, agſ. vermôd, vormôd, engl. wormwood; Graff I, 978. BM. III, 596. Weigand, Wbch. II, 1063. Müller, etymol. Wbch. d. engl. Spr. II, 558. Zeitschr. IV, 261,9. V, 62,16). Birg-Wermuet, Achillea clavennae L.; (Jirasek).

Die Wirm, „Würm,“ Name des Ausflusses des Starnbergersees und, aus einer Urk. v. 1053 zu schließen, damals und früher wol auch des obersten, jetzt durch Sumpf- (ehmalige See-) Strecken gehenden, unscheinbar und namenlos gewordenen Einflusses in diesen, auch nach ihm benannten See (Würmsee). Förstemann II, 1554. „Cum pratis de Seshopten juxta ripam fluminis Wirmine (vrgl. Th. I, Sp. 68: Ilmina statt Ilma; — etwa adj. wie „in daz haganina sol ... ze deru haganinun huliu,“ fines Wirceb., M. m. 35. 38) usque Dietprucce;“ MB. VII, 90. Meichelb. Chr. Bened. 73, ad 1053. Unter Tassilo ist von einer „Villa nuncupante ad flumine Wirma“ und von einer „Ecclesia S. Petri, quae constructa est in loco quod dicitur ad Wirma“ Meichelb. H. Fr. Urk. Nr. 33 und 73) die Rede; — die letztere wol jedenfalls unterhalb des Sees zu suchen. „Stagnum Wirmise;“ Urk. v. 1143, Cod. Weihenst. 20. An Wurm (gewöhnlich latinisierte man früher den See zum Lacus vermium) ist nach dieser ursprünglichen Form nicht zu denken. Auch in Schwaben fällt eine Wirm in die Enz. „De Worm, eene kleine rivier zoo genaemd naer haren slangachtigen en kronkelenden loop,“ geht bey Huisberg in die Roer. Blommaert, gescheidenis der Belgen 24.

Der Wurm, plur. Würm, Dimin. Würmlein (Würbl, Wirwəl, schon gl. a. 730: Würblein), a) wie hchd.; (ahd. wurm, plur. wurmi). b) (O.L. und ahd. Sp.) Schlange. Beiß-Wurm, Haus-Wurm, Heck-

Wurm, Lint-Wurm. Bey Gemeiner, Reg. Chron. I, 423 ist eine Urk. v. 1286 datiert: „des montags nach sant Peters tach so aller wrmichleiche (jegliche Schlange, cf. Th. II, Sp. 1604) ze wazzer gat." (Petri Stuhlfeier, 22. Febr.? Cf. mhd. volborn = Februar bey Hermann v. Fritzlar, Pfeiffer's Mystiker I, 73,6: „Paulus wart bekêrt in dem volbornen in deme selben jâre;" cf. das. 91,1. Volborn verstümmelt aus Februar? BM. I, 269. Weinhold, Monatnamen p. 59. Vergl. allenfalls Egilssaga, cap. 47, bey Rask, Lesebuch p. 28: „i dal miskunn fiska"). „Item an sand Peterz tag so gend di wrmlach in die prunnen vnd vnberainent die wazzer;" Cgm. 3898 (sec. XV.), f. 96. „Sol est in aestifero tegente domicilio ... nunc dracones fluminum scatent emanantium;" Cod. Buran. carminum, Clm. 4660, f. 56, Ausgabe (in der Bibliothek des Stuttg. lit. Ver., Bnd. 16), p. 175. Vgl. česk. červen, Juni, červenec, Juli (von červ, Wurm?) Grimm, Gesch. d. d. Spr. 97. Weinhold, d. deutschen Monatnamen p. 51: dän. ormemaaned. Im Cgm. 291, f. 69 wird eine weibliche Person „ein pose Wurmin" gescholten. Der Wurm, (in der Pferdearzneykunst) ein Übel, so man das Ungenant, auch den Bürzel nennt. Cgm. 964, f. 135. Vilmar, kurhess. Idiot. 461 f. Den Wurm tœten, den Beinfraß am Finger durch sogenannte sympathetische Mittel heilen. Segen gegen den Wurm (deutsch) s. Furstenf. 121, f. 182ᵇ, Diessen. 182, f. ..., ZZ. 3286, f. 70. „... Wurm oder Würmin, mändl oder weibl, so peut ich dir ab...;" Cgm. 4855, f. 1. 2. Clm. 536 (XII. sec.), f. 84. 89ᵇ. Dem Herzwurm, als lebender Ursache, schreibt der gemeine Mann ein gewisses innerliches Übelbefinden zu; cfr. Vermûetter, Th. I. Sp. 260 f. und II, Sp. 1171. „Dᵉ *Herzwurm* hàt mi' ẫ gsaocht." Auch in des Dr. Agricola Ambergensis Tractat „de cervi in medicina usu" ist p. 56 vom Herzwurm die Rede. R.A. Vom Fruchtwurm (sonst Herzwurm) bebrunzt werden, Sodbrennen haben; (Zips). Der Wurmstupp (s. Th. III, Sp. 720) ist gut für die „fraden" (s. Th. I, Sp. 829) Kinder; (ObrM.). Der Wurmbeiß, vgl. Th. I, Sp. 291. „Der stain (Jaspis) ist gût fur aller slahte wrmbaize," (Schlangenbiß); Clm. 536 (XII. sec. 4⁰), f. 83. wurmäßig, wurmbeißig, vom Wurm, von Würmern angefressen; (mhd. wurmæzec, wurmbîzic, ahd. wurmazih, wurmpeizig cariosus; Graff I, 529. III, 231. BM. I, 761 und 193); s. Th. I, 157. wurmfräßig's Traid. wurmig, adj., reich an Schlangen, Würmern. „Der rot iochant ist guot dem der in ein wrmegez lant vert," (wo viele Schlangen sind); Clm. 536 (XII. sec. 4⁰), f. 83. „So du das Holtz wilt abschlachen, so rüer das holtz am ersten mit der hacken an, aber rueerstu es mit
156 der hanndt am ersten an, so wirt es gern wurmig undter der rindten;" Salzburger Calender v. 1501, Ms. erwürmen, wurmig werden. „Alles das holcz, das nider wirt geslagen in dem merczen an den leczten czwain freitagen, das erwirmet nymer, und was daraus gemacht wird, das ist sicher vor aller faul;" Cgm. 398 (v. 1435), f. 9.

Wurmansquick, s. Th. I, Sp. 673: Trippstrill.

---

warnen Einen, a) wie hchd. „Einen gewarnen vor etwas;" Fickler's Übersetzung des Puterbey. b) warnen sich, cavere sibi, sich vorsehen, in Acht nehmen, in Verfassung setzen; (ahd. Sp. sih uuarnôn). „Daz er erschricket und nicht gebaren kan, so geste eingent gen den er sich niht hat gewarnt;" Renner 5292. Wàs hàst di' nét besse' *gwarnt?* gewarnt, aufmerksam gemacht; vorbereitet, auf der Hut. ungewarnt, unerwarnt, unvorgesehen, unversehen. Einen urbering ungewarnter sach (unversehens) überfallen; Av. Chr. 76. Feurbuch v. 1591, öfters. H. Sachs II, II, 262. „Für das eilende unerwarnte einfallen sollen die ritter vorhin gewarnt sein, dann verwarnte ding (provisa) bringen kain forchte;" Vegetius v. 1529: III, 6. „Hadingus thet die Schweden überfallen, welche doch des verwarnet waren;" H. Sachs. c) abwehren, verhüten. „Des (Lehen-) Herrn Frummen furdern und Schaden warnen;" Leheneid, Kr. Lhdl. V, 169. XV, 110. d) „warnen, munire," Voc. v. 1445; (mhd. warnen, ahd. uuarnôn, uuarnên, munire, instruere, ital., span., franz. guarnire, guarnecer, garnir; Graff I, 949. BM. III, 525. Weigand, Wbch. II, 1023). warnen sich eines Dinges, sich damit versehen, ausrüsten. „wolgewarnete Sloß, castella munitissima;" Cgm. 572, fol. 50. „Und bewarneten das grab mit hütern;" Cgm. 791, f. 207. BM. III, 526. Der Warner, Hirschfänger (?). Volkslied aus der Gegend von Landsberg. Die Warnung, a) wie hchd.; b) Vorsicht, Hut, Wachsamkeit. „Die bey jrer Warnung (auf ihrer Hut) nicht waren;" Av. Chr. 62; (ahd. Sp. uuarnunga, munimentum, mhd. warnunge, Vorbereitung, Ausrüstung; Vorsicht, Schutz; BM. I, 526). Die Verwarnung, Warnung; L.R. v. 1616, fol. 262. Die Gewarnuss, desgl. Vrgl. waren und weren.

Die Wern, Blutgeschwür im Augenliede, sogenanntes Gerstenkorn; (cf. ahd. uuerna, uuern, uuerra, varix; Graff I, 1045. Diefenbach 606ᶜ. Weigand, Wbch. II, 1063. Birlinger 430: Werr, Werrle, auch Weagbrunzer, Weagsäacher, vgl. oben Sp. 877; im Allgäu: Weara, Parasiten am Vieh. Vilmar, kurhess. Idiot. 450: der Wern, auch Werner, Wêr. Zeitschr. IV, 2. 190: Wernickel). „Ein Wehrn, einer kleinen Erbiß groß; Benno-Mirakel 1697. Uuern, uuerna, (ahd. Sp.) varix, gl. a. 206: bulimus, gl. i. 98: aerumna, also möglicherweise zum alten Verb uuernên und uuernôn, vexari, satagere (Graff I, 946), gehörig. Cf. česk. wřed, Eitergeschwüre, (Werden?).

Werner, Eigenname, in einigen Fällen wol aus mhd. Wernher, ahd. Uuerinher, verkürzt. Gl. a. 213 ist caupo durch uuernari gegeben, was etwa aus uuarnôn, sich womit versehen, erklärbar.

Wernher, als Taufname in Abgang gerathen, aber dafür unter der Aussprache und Schreibung Wirnhier, Wirnhör als Geschlechtsname vorkommend; (vrgl. Windher, Sp. 954). Die Familiennamen Wernl, Werl, Wörnl, Wörl, Wenz mögen denselben Ursprung haben. Vrgl. Th. I, Sp. 109 und Th. II, Sp. 1738. Schmid, schwäb. Wbch. p. 56. Eine ältere Entstellung war Weczil, Wizilo. „Werinherus (der Dichter zu Tegernsee) qui a quibusdam causa civilitatis Weczil dicebatur;" 157
Pez, thes. t. III, p. III, 515. Eccard, Fr. or. II, 513 findet Wizilo für Werinher gesetzt. s. Wetzel.

Werniz, älterer Taufname. „Werniz Auer;" Avent. Chron. 479. Vrgl. d. folg. Wort.

Wirnt, Wirint, Wirunt, auch wol Wirt, älterer Taufname. Wirnt v. Grävenberg, der Dichter des Wigalois. Ein Wirnto de Greuenberc, wol der Dichter selbst, begegnet als Zeuge in einer Urkunde des „Ekkehardus abbas in Wizzena" (Weißenohe) von 1172. Wirnt de Habebach, MB. XIII, 129. Wirnt de Chunigestain; MB. XXV, 106, ad 1187. Wirintus de Wischenvelt, Reg. Bav. I, 119, ad 1122. Wirntonis, Wirntoni; ibid. III, 205. IV, 357. 776. V, 11. Wernt Awel; Hund, St.B. I, 174. Uuirunt, gl. i. 1093. Cod. Teg. 1008, p. 34. 62. Heute, diesen Schneesturmtag, 6. März 1837, steht Wirntho als Heiliger im Calender. Widnzhausen" (Wi'ntshausn), die Mittagstation zwischen München und Augsburg, scheint aus Wirnteshusen entstellt. Wirunt mag aus Wisunt (w. m. s.) herrühren. Grimm, Gesch. d. d. Spr. 429. „Quidam nomine *Wisent;*" Reg. Bav. I, 315, ad 1180. Förstemann I, 1331. Die erste lat. Traditionsurkunde im Emmeramer Cod. z. 32 hat die Form Wirnto, welcher ohne Zweifel ein deutscher Wirnto, gen. Wirntin, entstellt Wirten, entsprochen haben wird, und wornach sich der Örtlichkeitsname Wirtenberg am plausibelsten erklären ließe. Namen von edlern Thieren sind in der Vorzeit häufig zu Eigennamen von Personen gewählt worden; und der Wisunt mag weiland in Deutschland, wie noch in Amerika, ein Hauptgegenstand der Jagd gewesen seyn. Dr. R. Roth hält Wirunt für eine Participform und = Weriand; (2. Jan. 1850).

---

wirs (wirsch), 1) aufgebracht, böse. Zeitschr. III, 107. *wirsch* wer'n, zornig werden. Dés is ə˜ *wirschə'* Mensch, mit dèn is kaə˜ Gspaəs z' hàbm. Daß diese Form erst aus unwirdisch, unwirsch, indignabundus (s. Sp. 993), zwar immerhin durch Vermengung mit dem folgenden wirs, wirser, entstanden, scheint annehmbarer, als daß es noch für jenes alte, sonst blos in comparativer Bedeutung genommene wirs selbst gelten dürfe. „Falsch gerechtichayt hat unwirschkayt aber ware gerechtichayt hat ain mitleiden, falsa justitia habet indignationem, vera justitia habet compassionem;“ Cgm. 781, f. 13ᵇ. 'Cf. schweiz. *wurschə˜*, *wirschə˜*, verletzen; Zeitschr. VI, 413,71.'

2) wirser (wiə'sə'), wirsest (wiə'səst), Comparationsformen für die Begriffe weh, übel; (mhd. wirser, wirsest, ahd. uuirsiro, uuirsisto, goth. vairs; Graff I, 1046. BM. III, 747. Weigand, Wbch. II, 956. Zeitschr. VI, 413,71). Dés hàt mə' no˜ *wiə'sə'* 'tà˜. „Bruat, die gern sticht mit'n Züngeln, wo's no *wüäser* thuat;“ Schosser 76. „'n *Wiesesten* thuets má';“ Stelzhamer 53. „Homines qui recidivant den geschicht als vil dester wieser;“ San-Zenon. 115, f. 205. Als Adverb hiezu hatte die mhd., ja schon die gothische Sprache das (vrgl. halt, Th. II, Sp. 1097) als Comparativform wol apocopierte (etwa mit werren zusammenhangende) wirs. „Stinke als ein fûlez holz und tûsent stunt wirs;“ Br. Berhtolt 59, (Pfeiffer p. 265,22). „Den verdamten ze helle ist ungleiche we, einem ist wirs denn dem andern;“ Br. Berht., Cgm. 632, f. 77. „Die füez taten im wirs danne we;“ altd. Wldr. III, 225. „So ie mer, so ie wirs;“ Diut. III, 93. „Ob si verpirgt ir angesicht davon mir wirs dan we beschicht;“ Cgm. 270, f. 72 und 379, f. 35. „Daz iu wirt wirser danne wê;“ Helmbr. 1789. „Cerastes ist aller wurme eitterhaftest und wirsest;“ Winnerl gl. Der ouch den andern beschiltet old tröulichü wort old übermüetigü sprichet: Sist du wirst mügest und hebe swa vür du wilt wand vür guot;“ im Latein: „Quicumque alium vituperat vel minas imponit vel verba profert superstitiosa quae in vulgari sonant: puta sis malus quantumcumque possis et tene verbum a me dictum in omni genere nisi pro bono;“ Lucerner Straf- und Bußbestimmung v. 1252, Gesch. Fr. I, 182. „Ihr wißt am basten in dem muth, wo euch das loch am würsten thut;“ H. Sachs 1612: IV, III, 145.

Der Wirsig (Wirschi', Wirsching), Adelung: Wirsing, brassica oleracea sabellica L. Weigand, Wbch. II, 1092. Wol aus dem lat. versetzt, wie das vulgar-ital. verz, verza, span. berza. R.A.: Wàs is dés für ə˜ *Wirschi*, (was ist das für eine Sache)? Cf. Bersch-kol, Th. I, Sp. 280.

158 Der Wursat, Wurschet, Wurschat, 'halbseidener Zeug; (Lexer, mhd. Wbch. I, 398: bursât. Diefenbach 129ᵃ).' Nach Worsted in England, einer jetzt wenig bedeutenden Stadt in Norfolk, wo sie unter Eduard III. zuerst verfertigt, wurden benannt gewisse Wollenwaaren (aus langer Kammwolle oder auch nur zum Theil aus Wolle). Jetzt aber ist Norwich im Hauptbesitz dieser Art von Wollenmanufactur. Mac Culloch, Handelslexicon, Artikel: Wollenmanufactur. Allgem. Ztg. v. 26. July 1843, S. 1650. Müller, etymolog. Wbch. d. engl Spr. II, 559. „Bursat, vestis subserica, hyposerica, tramoserica;“ Voc. v. 1618. „Vestis subserica, halbseidin, bursatin klaid;“ H. Junii Nomencl. 1629, p. 88. „Deßgleichen (sollen den Weibern und Kindern der Bauersleute) die Prämb auff ihre Röck und Schärckl von Wurschet, Sätin oder Bubensammet ꝛc. erlaubt seyn:“ Kleider-Ord. v. 1626, Wstr Btr IX, 294. „Parchet, Wurschet, Fürgrat ꝛc.;“ L.R. v. 1616, f. 517. Das „Vorstat“ der tir. Polic.-Ord. v. 1603, f. 13 mag dasselbe Wort seyn.

Die Wurst (Wurscht, Wur't, Wurd), a) wie hchd.; (mhd., ahd. wurst, plur. wursti; Graff I, 1048. BM. III, 827. Weigand, Wbch. II, 1113. Grimm I³, 549: goth. vaurst, von vaurkjan, also Werk). cf. Brât-, Rosen- ꝛc. Wurst. Zeitschr. V, 301. (O.L.) Də' Wirscht hàt *Wirt*, der Wirth hat Würste. Ja, du bist mə' hàlt gaər ə˜ gscheidé *Wurst*, (naseweise); ObrM. R.A.: Das ist mir Wurst, ist mir gleich, gleichgültig. Den Sack oder wol gar den Dr— mit der Wurst binden, eine Sache verkehrt angreifen, sich unnütze Mühe machen. Birlinger 435. Das Sp.-W. Wurst wider Wurst, scheint auf das nachbarliche Zusenden von Würsten, wenn man im Hause geschlachtet, zu beziehen. Vrgl. H. Sachs 1612: III, III, 109. Bey dem seit 1350 üblichen Schembartlaufen der Nürnberger Metzger in der Faßnacht spielte die Hauptrolle eine Wurst (sie war a°. 1658 nur 658 Ellen lang und 514 Pfund schwer), die an einer Stange in der Stadt herumgetragen wurde. Gatterer, Magazin II, 353. Wagenseil, Norimberga, p. 162. Bey dem, Th. II, Sp. 1017 erwähnten, deutschen Policinellospiel figurierte die Gredel in der Butten, der Hans mit einer langen, dicken, ledernen Wurst. Wurst-Hans, fingierter Name von Fressern bey H. Sachs 1612: II, IV, 243. V, III, 1. „Mit seiner Wurst und ledernen Scepter eilt der Faßnachtsnarr auf die Gassen;“ P. Abraham, Judas d. E. 1686: I, 433. b) Wulst am Mieder; (als vertugade, vertugadin aus Ludwig's IV. Zeit noch im Ilmthal bewahrt. vrgl. Th. II, Sp. 1708: nä-en).

„Sie hamt lange Kitteln an, d Wurst is hoch obm,
vor an hands schön bauschat und ist alls dalogn;“ Lied.

c) Wurst, (ä. Sp.) statt Bursch, d. h. Bursa; sieh Th. I, Sp. 281. Pariser Wurst, Bursa academica Parisiorum, zu Ingolstadt a°. 1549; (Mederer p. 202). Hierauf geht etwa die R.A.: auf der Wurst herumreiten, d. h. schmarozen. Wuscht, furchtsamer Mensch, Wurst; (Ilr.). Der Wurstel, a) Hans-Wurst; spaßhafter Mensch. *wuarschtln*, Spässe machen, Possen treiben; Castelli, Wbch. 268. b) lederne Wurstpeitsche. wurstig, wurstförmig geschwollen, wie es Pferde bey einer gewissen Krankheit am Halse werden. 's Fillál is *wu'schti'* wor'n. 'wurstbrætig, s. Th. I, Sp. 369: das Bræt, adj. brætig.' „IIII stadelvrischling würstprätig;“ Thierh. 67, f. 51, VI. wursten, Würste machen. Zeitschr V, 381. verwursohten, verzehren; (Ilr.). „zerwursten, concidere, conterere, consecare minutatim;“ Voc. v. 1618. herumwursten in etwas, durcheinanderwursten etwas ꝛc., grob und unordentlich damit verfahren. cf. Heumann, opusc. 689. wursteln, fort-, dahin- ꝛc, unordentlich, unbedachtsam darauf los arbeiten. Vielleicht nicht ohne Berührung mit dem niederdeutschen worstelen, engl. wrestle, agſ. wrästlian, luctari, ringen; (Müller, etymolog. Wbch. d. engl. Spr. 562). Vgl. Vilmar, kurhess. Idiot. 462: die Wurschel, unordentliche Frauensperson; wurschelig, unordentlich.

---

warten (Part. praet. g'wart't), wie hchd., (mhd. warten, ahd. uuartên, uuartôn; Graff I, 949. 953. BM. III, 529. Weigand, Wbch. II, 1023), d. h. a) exspectare. Ja, *wart* ə˜ Wàl! ironische Abweisungsformel; (cf. franz. attendez-vous-y!). Der Wart-ə˜-weng, (scherzh.) Drehkreuz an Fußwegen. warten, 159 gewarten, derwarten Dinges, oder: wartend seyn, gewartend seyn eines Dinges, es erwarten; Feurb. v. 1591. Krenner, Lhdl. III, 237. XI, 541. „Keines argen gewarten;“ MB. XXV, 386. „Das gemessene oder beträngte Zuetrinken, Bringen, Gewarten, Beschaidthun und Füllerey" verboten in der tir. Polic.-Ord. v. 1603, f. 7. „Sich des gemessnen zuetrinkhens gewarttens und füllerey enthalten; kärnt. Polic-Ord. v. 1578, p. 7. zucwarten Einem, ihm nachborgen; (sieh beiten, Th. I, Sp. 300. 303).

b) schauen, Acht geben, Acht haben, (cf. waren, weren und warnen), welche Bedeutung dem uuartên der ahd. Sp., welche für exspectare bîtan, beitôn (sieh Th. I, Sp. 300. 303) hatte, zunächst zukam. Überhaupt sind sich beide Bedeutungen verwandt genug. So hat adtendere im Lat. blos die zweite, im Franz. (als attendre) blos die erste. — Im Italienischen bedeutet das aus dem deutschen warden (warten ist spätere hochländische Verhärtung) entstandene guardare, dialect. vardar, noch schauen überhaupt, nicht mehr aber im Span., Franz. die einfachen guardare, garder, (welche für bewahren gelten); für exspectare bildet der Spanier aguardar. — Wart! ich derwisch dich und drgl. R.AA., ital., span. guarda! franz. garde-toi, prends garde! „Singet der pfaffe: Martha, Martha! sô schriet der wahter: warta, warta!" Renner 8920. „uuartet ûz von den linebergon," schauet aus den Gitterfenstern; Willeram 16,26. „Er begunde warten umbe sich (um sich zu schauen), ob er ieman sæhe;" Liedersaal I, 291. „Wenn den menschen der donr sleht, sô wil er warten, waz daz sei, und kêrt daz antlütz umb, und in dem umbkêren sô stirbt er;" Konr. v. Megenberg f. 55^b, (Pfeiffer 92,22). Eines Dinges warten, BM. III, 530, III. „Der geir wart der augen des aller êrsten auf dem âs;" das. f. 133, (Pfeiffer 229,9: „vârt des augen"). „Du soldest mînes willen eben warten," sagt sie zu ihm; Labr. 699. „Ê daz von liebe leides ieman warte," (gewärtige); das. 235. Du *waərtst* hàlt dánə' (deiner) Weis, thust eben, was du magst, nach althergebrachter Weise, ohne auf andre aufzumerken; (ObrM.). „Wart an die vaigen puoben;" Oswald, Cgm. 719, f. 53^b, wo Ettmüller's Ausgabe V. 3303 luoget setzt. „Wer most trink der sol warten das er nit ze süeß und nit ze sawr sey;" Cgm. 4543, f. 193. warten Einem, auf ihn schauen, Acht haben. BM. III, 530, IV. „Einem warten und dienen;" Gem. Reg. Chr. I, 528. „Uuartê dir, cave tibi." Abə' *waərt də'* no˜ du! Drohung; (ObrM.). „Man schriet in vesten und in bürgen daz die geste die wirte iht würgen: Warta zu dir, warta zu dir!" Renner 20914. „Then buachon wartên," sich mit den Büchern abgeben. „Wolwartsam (wortsam?), efficax; wolbartsamkait, efficacia;" Semansh. 34, f. 208. abwarten Einem (Kranken, Kinde und drgl.). Grimm, Wbch. I, 147. (anawartên, ahd. Sp., niti, intentum esse. Dazu bey Otfrid ein Adj. anauuart, attentus, intentus. cf. gl. i. 224: abauuart, surdus). warten auf ..., aufwarten. BM. III, 531. Grimm, Wbch. I, 770 f. „Wartet et uf iwer spil," gebt nur auf euer Spiel Acht; Liedersaal II, 601. „Wart auf, das es im sieden nit übergee;" Cgm. 821, fol. 120. „Es mußten allein die Teutschen auf des Kaisers Leib warten, und stets umb jn sein"... „Die röm. Kaiser haben allweg ein Rott Teutsche bey jnen gehabt, die auf sie haben warten müssen;" Avent. Chron. 114. 120. „Graf N. sol auf beider Fürsten Leib warten;" Ldtg. v. 1514, p. 180. „Unsere Camerdiener sollen auf Uns und Unsern Leib warten ... Derjenige, so die Aufwartung bey Uns hat ....;" bayreuth. Hof-Ord. v. 1698. Auf den Dienst warten Einem. „Graf Babo (mit seinen 32 Söhnen) wartet (dem Kaiser) auf den Dienst;" Avent. Chron. 386. „Alda (im Saal) das gannze steyrische Frauenzimmer gar fürtrefflich geschmuckht, Ihr fürstl. Durchl. Gemachel auf den Diennst gewart vnnd den fürstlichen tantz verbringen helffen;" Bericht v. 1571, Ztschr. f. B. 1806, IV, 63. 69. „Wie
160 andere vom Adel Ew. fürstl. Durchl. auf den Dienst warten;" Ldtg. v. 1605, p. 257. „Was die alten Landleute in Thüringen sagen vom Keyser Friderichen so im Kyffhäuser Berg sitze mit seinem Kriegsvolk und ganzem Heer und schlaffe nun ein lange Zeit her, dem der getrewe Eckart auf den Dienst warte;" Druck v. 1612 circa, (Iud. $42,_{1}^{m}$). Aufwarten Einem, (in böser Absicht) ihm auflauern; Patent im Bauernaufstand v. 1633. Das Aufwärterlein (Aufwártə'l), Nebentischchen, Nachttischchen. 'ûferwarten, mhd. Sp., regarder, auf der Hut sein.' „Irn durft vor keinem tiere niemer ûf erwarten;" Reinh. 104. auswarten Einem (z. B. Kranken). Grimm, Wbch. I, 1009,5. Fig. hört man wol: der, die, das hat mir übel ausgewartet, hat mir übel mitgefahren, ist mir übel bekommen. (biwartên, ahd., evitare, meiden, vermeiden). fürwarten Einem, verwarten Einen, ihm auflauern; Kr. Lhdl. X, 381. „Er hat mich verwartet bei nächtlicher zeit;" H. Sachs 1612: I, 102. „Als sie einsmals war in jrm garten, waren zwen böswicht sie verwarten;" das. II, II, 124. Im Cgm. 342, f. 83^a heißt es: „Hans Imhoff hat den N. verwartten (nicht verwartet), und schlug jn hinderwartlingen zu tod." wegwarten, insidiari; sieh Weg, Sp. 877. Einen oder etwas gewarten, erwarten; (ObrM.). Dé ganz' Zeit habmə' 'n scho˜ *gwaərt* und is nét kemə˜. Der hàt 's übə'stannə˜, und miə' hàbm's z' *gwaərtn.* gewärtig (im Sinn von warten auf den Dienst). BM. III, 531. „Welcher Edelmann Sr. Gn. in die Landschaft nicht verpflichtet und gewärtig wäre;" Kr. Lhdl. X, 139. XVII, 12: „Unserm rechten Erbherrn untertänig, gehorsam, getreu und gewärtig sein. „Die Teutschen verhergten alles, so dem römischen Reich und Namen gewertig war;" Avent. Chron. 107. Der „Wartknecht, apparitor;" Voc. v. 1618. „Her Jacob von Castell Warttmaister," (1452); Clm. 9503 (XV. sec., 2^0), f. 343. s. unten.

Der Wart (nur noch in der Composition), Aufseher, Hüter; (mhd. wart, werte, ahd. uuart, gen. uuartes, und uuarto, gen. uuartin, alts. uuard, ital., span. guarda, franz. garde. Graff I, 955. BM. III, 526 f. Weigand, Wbch. II, 1023). „Wer ist so vermezzen der sich hat vergezzen an disem walde hie unser wart ward ez nie," sagt der Markgraf von Vohburg, als er den Wald ausgehauen sieht; Waldsass. Chron. Cbm. 91, f. 15. Bann-Wart, Flurhüter. BM. III, 527. Grimm, Wbch. I, 1118. (Buah-Wart, gl. a. 74: „commentarius," eigentlich wol Bibliothecar). Ê-Wart, (ä. Sp.) ἐπίσκοπος, Priester überhaupt. BM. III, 527. Br. Berhtolt, Cgm. 1119, f. 40. 41. „Ein Ewart, hiez Zacharias;" Cgm. 64; sieh Th. I, Sp. 5. Forst-Wart. Grieß-Wart, sieh Th. II, Sp. 1012. Hof-Wart, gl. i. 1229: „miles;" auch ein Kettenhund. BM. III, 527. „Hat ain man hunt, das hoffwarten haissent;" Freys. Rchtb. Der Holz-Wart. Der Kirch-Wart, (ä. Sp.); BM. III, 527. (Eine Verleumdung am Sonntag) „vor allen Kirchwarten" widerrufen;" Br. Berhtolt 90, (Pfeiffer 284,31). (chiruuarta, ecclesiarum provisores;" gl. i. 1141). Oder sind alle in der Kirche anwesenden gemeint? sieh unten -wart. March-Wart, (Marcward); cf. Th. II, Sp. 1645. Der Schiffwart, '(die Schiffwart? s. unten).' „Indulsimus ut venationes pro sui solatii deductione per totum nostri districtus dominium valeat exercere habeatque pro suae venationis promotione in nostro districtu quod volge et schefwart vulgariter nuncupatur;" Urk. v. 1266. Meichelb. H. Fris. II, nr. 83. „Concessimus et concedimus, ut quotiescumque ipse (episcopus Frisingensis) vel sui venatores in praedio ecclesiae suae in Austria fuerint constituti venationes pro sua deductione solatii per districtus nostri dominium libere valeat exercere habeatque idem episcopus pro suae venationis promotione in ipso nostro districtu qui volge et schefwart (scheftwart, -vart?) vulgariter nuncupatur;" Urk. v. 1277 und 1280, das. nr. 143 und 176. Stall-Wart, „Hans K. gewester Stallwart im hochgr. kueffsteinischen Mayrhof zu Harthaim;" Guggenb. Proc. 247. Thor-Wart. Zeug-Wart, Aufseher im Zeughaus, garde-magasin. Zimmer-Wart in der Residenz zu München. Zinn-Wart am ehm. Hof zu Wirzburg.

Der Wärtel (Wártl), nur in der Composition, was Wart; (mhd. wertel, ahd. uuartil; Graff I, 956. BM. III, 532). Grießwärtel, Aufseher der Arena bey Turnieren; sieh Th. II, Sp. 1013. (Sterwartel, astrologus, magus, gl. o. 262). Thorwärtel (Tourwártl). „Hans St. Torbärtl;" Wstr. Btr. V, 210.

Die Wart, wie hchd. Warte, Aufsicht, Hut; (mhd. warte, ahd. uuarta, custodia, excubiae, speculatio,
161 specula, statio, unverhochdeutscht warda, Legg. Caroli M., roman. guardia, garde. Graff I, 953 f. BM. III, 528. Weigand, Wbch. II, 1023. Diez, Wbch. 187). „Habitat in Syon, buwet uf der warte;" Cgm. 17, f. 18ª. 'In der Jäger-Spr.: der Ort, wo das Wild sich aufhält, seinen Wechsel hat.' „Der hunt tribe ez (daz Wild) von warte hin ze warte;" Labr. 11. „Næm ez (das Wild) die warte hin gen iener nône;" das. 12. „Næm ez halt deheine warte;" das. 19. „Swaz fremder warte '(im Druck: worte)' vil an sich wil nemen;" das. 39. „Daz müest sich gên Gelückes warte rîden;" das. 40. „Nimt er (der Hund) Gelückes warte;" das. 114. „Ob ez Gelückes warte welle kiesen;" das. 290. „An wart in rür geschicket het ich dô mîne hunde;" das. 20. „Des endes ûf dem walde, dô herren hunde der houfe in warte stêt;" das. 273. „Ûf disem wald her liefen mîn hunde an manig warte;" das. 315. „Gedenket, ob iuch ie von einer warte trôst trôstlich sî gehetzet;" das. 405. „Daz ist ein warte diu bedarf wol winde, die im die hächsen rüeren;" das. 434. „Dô nam ez (das Wild) eine warte wol in der mâze ûf ein gefüge mîle;" das. 543. „Zwo wart die windwan, die widerhitz;" Sedelius, Hirschgejaid, Cgm. 4304ª, f. 80. 104. Cf. Fürlag? bey Fouilloux (1590), f. 115. „Der schidung was ich unfro die da tet die zart jamerlich die wart tet ich ir nach mit liebem blick;" Cgm. 379, f. 86 und 270, f. 119. Ortsnamen: Höhen-Wart, d. h. ze der hôhen Wart, ad altam speculam. Künigs-Wart, (später Hohenburg an der Isar). Die Anwart nach Bedeutung 2). „Es soll ihnen hiedurch an der Anwart (Anwartschaft) künftiger Erbfälle nichts benommen seyn;" Wirzb. L.G.O. v. 1618. Die Zuewart, Aufenthalt? „All pletz, da die toppler und die freyhait zuwart (zuvart?) habent;" Wiener Stdtb., Cgm. 1113, fol. 15ª. Der Wartman, der Recognoscierende, die Vedette; S. Helbling VII, 512. 521.

-wart, -wärt, -wert, -wurt, adj., (in der Composition, und wol aus werden und dessen Ablautformen deutbar), so viel als seyend. Graff I, 998. BM. III, 596 f. Weigand, Wbch. II, 1023. Vgl.: „Du must gar wol wart sein daß du eß nit verprenst;" Clm. 5036, f. 133.

(Ahd. Sp.) abuuert, Otfr. V, 23,37.41, auuert, gl. a. 161, absens; — afteruuart, gl. a. 328, posterior; — antuuart, MM. 29, antwurt, Kero 715,48, praesens; — gaganuuart, gl. i. 791, Kero 7,70; gaganuuert, Notk. 2,2, 31,8, 41,8, gl. i. 804; gaganwurt, gl. i. 740, praesens; — inuuart, gl. i. 867. 870; inuuert, gl. a. 275. 450, Notk. 24,22. 40,1, internus, intimus; — uzuuert, gl. a. 81, i. 617, Notk. 24,22. 40,1, externus; — uuidaruuart, gl. a. 63, 282, gl. i. 25. 32, Kero 2,36. 6,101; uuidaruuert, gl. a. 137. 186 191. 282. 339, adversus, contrarius; — zuouuart, Kero 2,112, Tat. 14,13. 20,23; zuouuert, Isid. 6,1. 7,3, futurus, venturus. — '(Mhd. Sp.) ûzwart, adj., auswärtig.' „Daz die fleischlechter hie von der stat kein fleisch umb die uzwarten niht kaufen sullen, daz sie fürbaz wöllen verkauffen;" Wirzburger Sätze v. 1343, §. 71. „Behet sie (die krebze) ein uzwart man;" das. widerwart, feindselig, gegnerisch; als Substantiv: „Den salm (Deus quis similis erit) sprich dinen widerwarten;" Ald. 111 (v. 1250), f. 78. BM. III, 597.

Zu fast allen diesen Adjectiven findet sich ein adverbial genommener Genitiv -wartes, -wertes, (unser -wärts); — dann eine abgeleitete Adj.form -uuartig, -uuertig (Graff I, 999 ff. BM. III, 598. Weigand, Wbch. II, 1023 f.): abwertig, abwesend. „Wan die selben abwärtigen släfent;" Konr. v. Megenberg f. 163ᵇ, (Pfeiffer 281,10). widerwertig, entgegengesetzt; BM. III, 600 f. „Zwen widerwertig zagel" bilden die Zahl 96 in Hirsfelder's Ars memorandi, Cgm. 4413, f. 169; (s. unten: Zagel). „In was der wint widerwerdich;" Cgm. 66, f. 41. — ferner eine einfache oder abgeleitete Substantivform, z. B. antuuart, antuuerdi, antwurtida; geginwart, geginuuerdi, gaganuuirda, gaganwurti, praesentia; inuuarti, inuuartigi, inuuertigi, viscera, medulla; uuidaruuardi, uuidaruuerdi, uuidaruuertigi, uuidaruuartida, aversio, controversia; — endlich sogar abgeleitete Verba, z. B. caganuuerton, gl. a. 333. 480: repraesentare; uuidaruuarton, uuidaruuerton, obviare, etc.

Hieher auch die Feminina: wurt (eventus, fors, fortuna, fatum), anawurt (occasio), furwurt (corruptio, interitus), giwurt (gratia, gaudium, alacritas), ungiwurt (infortunium, taedium).

Nun die im spätern Dialekt vorkommenden und aus Vorstehendem zu erklärenden Formen:

-wärts (wárts), adverbial genommener Genitiv statt wärtes. Das Jahr gêt auswärts, d. h. gegen den Sommer. Der Auswärts, das Frühjahr; sieh Th. I, Sp. 158 f. Grimm, Wbch. I, 1011. Das Jahr gêt einwärts, gegen den Winter. Der Einwärts, Herbst. Grimm, Wbch. III, 338. einwart, inwert, internus, intimus, Beywort zu einer Art Grundobereigenthums. Vgl. Vilmar, Probe eines hess. Wrtrbchs. p. 13—14 und kurhess. Idiot. p. 85—87: das (der) Einwart (êwert, ebert), das Gemeinderecht und deren Bezirk, die Dorfflur; die Gesammtheit der Berechtigten und deren Versammlung; der Versammlungsort der Gemeindeberechtigten; daher: Einwartsmann, Einwartsstab, Einwartsstrafe, einwartläuten. Das inwert Aigen, ein inwertez, inwerts Aigen, auch wol das Inwerts-Aigen (Gramm. §. 828). Edictum „quod foresta sine consensu domini nequeant extirpari nec feoda vel proprietates, warteseigen dictae, invito domino alienari," ad 1254 — v. Lang, Regesta Bav. 162
III, p. 50 — muß wol heißen: inwartez eigen. A°. 1256 werden von Leuten „de familia Ecclesiae Frisingensis" die von ihnen theils ererbten, theils erkauften Besitzungen zu Salmanskirchen, quae semper et sine lite fuerunt de possessionibus Frisingensis Ecclesiae, quod vulgo dicitur inwerts aigen, in remedium animarum suarum, dem bischöfl. Capitel übergeben. Meichelbeck II, II, 21. Im Jahr 1278 confirmiert der Bischof von Babenberg dem Kloster Aspach die Freyheit, Besitzungen, „quarum proprietatis titulus nostram respicit ecclesiam et vulgariter dicitur inwert aigen," durch Kauf, Schankung ꝛc. an sich zu bringen. MB. V, 169. Herzogliche Briefe v. 1295 und 1318 bestätigen dem Abt von Raitenhaslach das Vorrecht, in Sachen, die des Gotteshauses inwerts aigen betreffen, über des Gotteshauses Leute selber zu richten. MB. III, 181. VI, 378. „Chlagt ainer den andern an vmb aigen, als verre das der antwurter ze antwurt chumt und spricht, des aigens sitz er pey nutz und gewer und sey des gotshauses recht einwarts aigen, und nennet auch den herren, so sol si der richter paid vertigen mit seinem brief für den herren, davon si paid iehent, des einwart aigen es sey ....;" L.R. v. 1346, (Tit. 16), Heumann, opusc. 105. N. N. verkaufen a°. 1343 „Herrn N. ihre Hueb ze Hermaning für ein recht inwert aigen des Gotzhaus ze Rot, und antworten sie mit des Abtes hant ze Rot, wan si sein und seins Gotzhaus inwert aigen ist." Der Käufer hat jährlich einen Metzen Haber nach Rot zu geben, „ze Urkunt, daß si des Gotzhaus inwert aigen ist;" MB. II, 3. 4. A°. 1402 gibt ein Ehepaar sein Gut zu

Kronau, „das einwärts aigen ist des Gotshaus ze Rot," einer Base zum Heiratsgut. MB. II, 56. A°. 1355 dagegen verkauft ein Privatmann sein angeerbtes Gut zu R., „das ein rechtes einwärts aigen von alter her gewesen ist" dem Kloster Rot. MB. II, 9; p. 4 ist inwerts aigen von den academischen Redactoren als mere proprium gedeutet. A°. 1474 schlägt Herzog Ludwig, so wie auf alle Leute in seinem Land, auch auf die darin gesessenen „Vogtleut, Freysessen und Inwärtseigenleut des Gottshauses zu Salzburg," unter gütlichem Stillschweigen des Erzbischofs, eine gemeine Heiratsteuer. Kr. Lhdl. VII, 460. „Des Stiftes Salzburg Urbar, Vogtleut, Inwertzaigen, Freysaßen, Hundler, wo die im Lande Bayern gesessen seyn;" Ldtg. v. 1543, p. 187. Inwärtseigene, Urbarsholden, welche aus einem vormals erzstiftischen Eigenthum entstanden sind, und dennoch keinen förmlichen Dienst und kaine Anlait reichten; (Zir.). In dem gedruckten Steuermandat v. 1593: „Ingwarzaigen." „Dem Probstgerichte sind die erzstiftischen und hofurbarischen und die sogenannten inwärts-eigenen Güter mit ihren Besitzern, dem Vogtgericht aber die fremden, freyeigenen und einige beutellehenbare Güter unterworfen;" Hübner, Salzburg 38. „Salzburgisch inwendisch eigen im ehem. Herzogthum Bayern 49 Unterthanen oder 7 16/32 Höfe;" Hazzi, Stat. II, b, 24.

wegwärts, dem Wege nach; sieh Sp. 877: Weg.

163 -wärtling (wártling), adv., herwärtling, (O.L.) herwärts, hieherwärts. hinterwärtlingen, hinterwärtling, von hinten, rückwärts, hinterrücks. „Schlug jn hinderwartlingen zu tod;" Cgm. 342, f. 83. „Also gânt die zwen süne hin, und legent ainen mantel ûf ier achsel und gânt hinderwertilingon zû;" Griesh. Pred. II, 47. hinderwertling, Cgm. 714, f. 10. hinderwartling, gl. a. 789. Untə's Gsicht froi~dlə'-r- und *hintə'wärtlən'* grundfälsch.

-wert, -wertig, in einigen Zusammensetzungen, wo es im Sinn von werd, werdig (werth, würdig, bedürftig) minder gut einleuchtet; z. B. bueßwertig, sieh Th. I, Sp. 296; hailwert, hailwertig, sieh Th. II, Sp. 1079. cf. Notk. 61,20: framuuertig, salvus. 'wandelwärtig, ä. Sp., was wandelbar; BM. III, 600.' „Got ist nicht lugenhäftig, noch wandelwärtig, sein gehaizz ist ymmer und ymmer war, und get nicht vmb;" Gesta Roman., Cgm. 54, f. 17b, (Keller p. 35). „Also ist unser wandelwärtigez leben, daz ist auch vercherleich von stat zû stat;" das. f. 14b, (Keller p. 30). weilwärtig (wálwärti'), sieh oben, Sp. 890. Hieher paßte auch, wenn Krenner Lhdl. XVII, 342 recht gelesen, unwärtig. „Darauf sie hitzig und unwärtig in viel vergebenen Reden abgeschieden." Zu diesem un- fügt sich denn freilich nicht besonders das (Lhdl. VII, 366) in ähnlichem Sinne genommene „Wertigkeit." „Und ob einigerley Wertigkeit von jemand wider solches fürgenommen würde." „Reverentia, schommwertigkeit;" Cgm. 3985, f. 12; (ob etwa auch Poll. 668?). Vrgl. unten, Sp. 1013: -wörtig.

Wert, wertlich, sieh oben, Sp. 910: Welt.

Wert, wert, sieh oben, Sp. 991 f.: Werd, werd.

-wert, sieh -wart, wert, Sp. 1007.

'Die Wertach, Nebenfluß des Inn.' „Danubium tûnau, Lacus, Licus lech, Vinda Wertach;" Aug. S. Ulr. 50, f. 2b, (Clm. 4350, XIV. sec., f. 2b). Die vaticanische (Heidelberger) Handschrift des Fortunat hat Virdo. „Cum vir dei Uindicem fluvium (darüber v. einer Hand des XIV. Jahrh.: Werdach) cum equo esset transiturus;" Bernonis vita S. Udalrici, Clm. 5513 (X. sec.), f. 103b. Förstemann II, 1483. 1543. 1553.

Der Wirt (Wiə̂rt, O.L. Wi'scht. Zeitschr. III, 20), 1) wie hchd. Wirth, (mhd., ahd. wirt, goth. vairdus; Graff I, 932. BM. III, 748. Weigand, Wbch. II, 1092 f.), d. h. a) Gast-, Bier-, Wein-, Schenk- ꝛc. Wirth. Noch im L.R. v. 1346 (titulus hospitantium et cauponum) bedarf das Wort, damit es in diesem neuern, speciellen Sinn genommen werde, eines Beysatzes. „Ein wirt, heißt es, der sein sach umb vail phenning geit." „Ein wirt, der auf offner tafern sitzt." „Ez sol kein wirt der gastgebe heizzet oder ist nihtes kaufen daz in sin hus kumet;" Wirzb. Sätze v. 1343, §. XXI. Ulreich der wirt von Bischoffdorf (1389); Cgm. 3941, f. 48. „Ulrich Mayer Fridreich Peckcher paid wirt und leykgeben ze Awrpach;" (Innviertel, 1418), das. f. 12b. „Ein jeder Wirth, wer er halt ist, der ist ein Herr in seinem Hauß;" H. Sachs 1612: V, III, 94. Der Krugelwirt auf dem Land, was in der Stadt der Bierzäpfler, der nemlich keine offene Tafern hat. In wirzb. Verordnungen wird der stäte Wirth oder Schildwirth dem bloßen Hecken-Wirth entgegengesetzt. „Ein heckwirt pos und ring, der nam gern vil pfenning und het luczel darumb vail;" Cgm. 1119, f. 98b. Jacobs-Wirt, (bey H. Sachs 1612: IV, III, 124) der Gesindel aufnimmt. Lörles-Wirt, s. Th. II, Sp. 1500 'und vgl. Archiv f. Literaturgesch. v. Schnorr v. Carolsfeld, Bnd. II, S. 51 und 62, wo Lochner nachweist, daß im J. 1531 ein Martin Lorl das später durch ihn in Verruf gekommene Bad „zum Pröllen" in Nürnberg gekauft hat.' Der Mueßwirt, sieh Th. II, Sp. 1678. b) der Hausherr, Eigner, im Gegensatz des blos bey ihm Zukehrenden, Wohnenden, Dienenden. Noch in den Zusammensetzungen Haus-W., Land-W., wie ehmals für sich allein, üblich. „Dar ich was wirt mit stæte, dâ zelt man mich nû leider zeinem gaste;" Labr. 589. „Swâ Fröude wirtlîch hûset; dâ zelt man mich von allem recht ze gaste;" das. 369. „Dem gotzhaus zu Aetel und sand Michel der da Hauswirt (Patron) ist;" MB. I, 307. 2) (ä. Sp.) der Ehemann, als Haupt oder im Gegenhalt der Frau. (Wirt bey Otfr. 2, 8,8.85 und im altsächsischen Hêl. 61,15. 62,11: uuerd, uuerod schon der Bräutigam, sponsus, MM. 33: maritus). „Wib hassent oft einen man, dem doch der wirt gutes gan;" Cgm. 717, f. 107. „Ain fraw die ze margt stet, vnd die chauft und verchauft, die hat allew die recht, die ir wird hat;" Cgm. 27, Art. 45. 122 et passim. „Er sei wirt oder lediger;" Münch. StB. Art. 76, Auer p. 285. „Ein fraw deu nicht wirts (keinen Mann) hat." „Ist daz ein Wirt vindet einen andern man, er sei pfaff oder lay, pei seinem weip ligent an dem pett;" Rupr. v. Fr. Rchtb., Wstr. Btr. VII, 33. 178. „Ir morgengab von ir vordern Wirt," (ihrem vorigen Mann); MB. IX, 101. „Durch unsers lieben herren und wirtes Herzog Stephans 164 säligkait willen;" MB. XI, 407. Schon Hund findet es z. B. II, 37 nöthig, in diesem Sinn die Bestimmung Ehe voran zu setzen, und dieses Ehewirth ist denn auch noch uns geblieben. Die Wirtin. „Der mir sein Tochter Jungfrau Cecilgen zu ainer elichen Wuertin gegeben hat;" MB. II, 61, ad 1408. „Ir elich wiertin (erklären wir als) witiben, ir elich chint weisen;" Urtheil gegen die Mörder Albrecht's v. Österreich 1309. „Daz wir uns underwunden haben in trewes mannes hant unsers lieben herren kunig Ludwigs von Rom würtinne, vrowen Margareten, der kuniginne ...;" Urkunde v. 1325, worin Friederich von Österreich das Land und die Familie seines Feindes Ludwig des Bayern unter seine Pflegschaft nimmt. — „Zum Wächter Bayerns läßt er den Feind, den er bekämpfet, zurück." — Die Wirtleute, verheiratete Personen, Mann und Weib. „Wo zwei wirtleut sint, die nicht kint habent;" b. Ld.Rcht., Ms. v. 1423. „Dev erst ê, daz sint wirtleut, di ander ê, daz sint pfaffen, die dritt, daz sint die ritter;" Rupr. v. Fr. Rchtb., Wstr. Btr. VII, 54. „Daz dev wirtlävt nicht gewest habent, daz si ze unrecht an der ê gesezzen sint;" das. p. 120. „Der Stadt zu Landsperg (Heurat-) Recht sey, alsbald die Wirtleut die Deck begreiffet und zusammengefallen ist, so soll jr baider Guet, das sie zusammen bracht haben, ain Guet haissen und sein;" Lori, Lechrain 89, ad 1392. 'wirtlich, adj., dem Gatten oder der Gattin angemessen, ehelich; BM. III, 749.' „Mit

chönleichem oder mit wirtleichem werch wirt man und weib ain leib;" Cgm. 3900, f. 87. Die Wirtschaft, 1) wie hchd.; 2) (ä. Sp.) die Bewirthung, das Gastmahl, (ahd. Sp. uuirtscaf, uuirtscaft, epulae, convivium; Hel. 62,18: uuerdscepi, uuirdscipi. Graff I, 933. BM. III, 749). „Juden sol nieman laden zu chainer wirtschaft;" Rupr. v. Freys. Rchtb. Die „Wirtschaft," das heilige Abendmahl;" Wstr. Btr. V, 68. „Got herre! wa stet des menschen sin, der gen tempel selten suchet und diner wirtschefte niht geruchet;" Renner 5022. „O hailige wirtschaft in der Christus genossen wirt," o sacrum convivium; Cgm. 4638, f. 182. Gaistliche wirtschaft (convivium nuptiale) Christi mit der Seel;" Cgm 4373 (XV. sec.), f. 270—78. „Geistliche wirtschaft glaubigen Seelen zu hülf in zehen richten;" Cgm. 4642 (v. J. 1610). „Als die (Geladenen) zu der Wirtschaft kamen;" Chron. bey Freyb. I, 133. „Dem Waller macht der Ainsidel ain Wirtschaft;" Buch der Weisheit v. 1485, f. 88. So ist auch wol die sogenannte Bauern-Wirthschaft zu verstehen, die ehmals am Münchner Hofe jährlich in Form einer Faßnacht-Mascarade gehalten wurde. „Rigl di', *Wirtschaft!*" Gesellschaftsspiel, wobey es auf schnelle Verwechslung der Sitzplätze ankommt, sonst: Schneider, leih mir deine Schär, qui quitte sa place, la perd. In der ahd. Sp. hat sowol uuirtsceften (Ps. Windb., Diut. II, 280; uuirscapan, gl. i. 649), als das einfachere uuirtôn (Notk. 41,5. 48,12) die Bedeutung schmausen, epulari. Graff I, 913. 933. BM. I, 750 f. Es scheint darum nicht etwa die eines Mannes (uuer), sondern die eines Dispensators, Speisegebers (gehörte vielleicht auch das angelsächsische, in Lord corrumpierte, hlaf-ord mit seinem zweiten Theile, der noch früher vord lauten konnte, — isl. lávarð: Knut Lávard in der Knytlingasaga; vgl. Th. I, Sp. 152 f.: Ürte, Mahlzeit, Cgm. 311, f. 36 — in die Verwandtschaft?) die wesentlichere. Das schwed. värd ist wol aus dem Deutschen. Aber das isl. vörðr, verðr (cibi portio), dag-verðr,
165 nóttld-verðr, morgun-verðr, Mittag-Essen, Abend-Essen, Frühstück, mag hieher gehören; und all dieses wol zu werden.

Wirt, sieh Wirnt, Sp. 1002.

Der „Wirtel aines glaichs, vertebra, verticulus," Voc. v. 1618, und wie hchd. der Spinn-Wirtel. „Diefenbach, Wbch. v. 1470, p. 139." Jac. Grimm. Zeitschr. VI, 120,71. Der Wirt (im Meere), Wirbel; Cgm. 64, f. 41. Graff I, 1025. BM. III, 751. Weigand, Wbch. II, 1091. Die ä. Sp., wie noch Pictorius, sagte der wirdin, wirden, wirten, wirtten (Doc. A. e. 57. gl. a. 716. o. 76. 328) verticulum, alibrum, geordium. BM., a. a. O.: der wirte, wirten, wirtel. Cf. cesk. wřeteno, Spindel, wrtidlo, Rührstange, Rührholz, von wrtim, rühren, drehen. „Er schancht der braut der nadeln drei, einn wirten und zwo spindeln;" d. Ring 34b,21. Hatte vielleicht weiland der Berg in Schwaben (Schmid, schwäb. Wrtb. 537. Lex. v. Schwaben II, 1150), der nach der Hand einem ganzen Lande, ja einem Königreiche seinen Namen gegeben. diesen von der Ähnlichkeit mit einem „Wirten" erhalten? (Albert Schott, Ursprung der Ortsnamen (1843), S. 16, denkt an ein keltisches Verdunum, Virdunum und frägt, ob „Viro-dun" das jetzige „rothen-Berg" wäre.) Er wurde im XV. Jahrh. und früher Wirtenberch, Wirtenperg, Wirtenberg (Cod. s. g. 57, f. 77. Cgm. 13, mit Urkunden v. 1260 an. Cgm. 591, f. 122, 699, f. 104, 714, f. 107, 830, f. 134) später Wirtemberg, Würtemberg, endlich (1802, vermöge Regierungsdecrets) Württemberg geschrieben; im Volk heißt er Wittaberg. „Cônradus de *Wirtinisberk;*" Schaffhauser Urk. v. 2. Mai 1092 in Kausler's Urkundenbuch, p. 207, nr. CCXLI. „Comes de *Wirtenberc,*" Reg. Bav. I, 185, ad 1146. „Hartmannus comes de *Wirtilberch,*" MB. XXII, 204, ad 1204. Vrgl. Wirnt, Sp. 1002.

Wörth, sieh Werd, Sp. 988.

Das Wort (Wourt, Wart, o.pf. Wurt), Dimin. Wörtlein (Wertl, Wártl), wie hchd.; (mhd., ahd. wort, uuort; Graff I, 1020. BM. III, 806 f. Weigand, Wbch. II, 1106). „Zwei worter: mein und dein, die machent angst und not;" Renner 13943 (aº. 1313). „Sunder allain sprich mit wort," ad tantum dic verbo; San-Zenon 115, f. 89b. Daz Wort sprechen, das Wort tuen Einem, für ihn sprechen; sieh Th. I, Sp. 575. Wstr. Btr. VII, 178. „Gib gute Wort aus, bono animo es et bene dice." „Häle Wort geben, lactare verbis;" Voc. v. 1618. 'Ruf, Leumund, sowohl guter als böser.' „Sie (die andre) wär in sins herzen hort, und ich müst doch haben das wort," (die üble Nachrede); Cgm. 439, f. 74b. „Das du dir mit solchen sachen gen der welt ein wort wirst machen, das dir schaden bringt;" das. f. 41. „Das bringt die rainen frauen zu wort," (in übles Gerede); das. 49b. „Ich fürcht ich kum in ain wort," sagt die Frau; Cgm. 714, f. 216. „Herzog Albrecht (v. Österreich) hat im (sich) ain groß geschray vnd guet wort damit gemacht;" Clm. 9503 (v. 1458), f. 356. „Jedoch so haben sich die alten beflissen, daß sy nach jrem tode guet wort hinter sich liessen;" Dr. Hartlieb v. München, Cgm. 288, f. 10b. Gerade so sagt Thomas im altſ. Hêliand 122,13: „lebot us thoh duom after, guoduuord for gumon." (In Olaf Tryvasson oder Knut Lávard kommt etwas derart vor. Rask, Läsebog.) Ze Wort haben etwas, es zur Ausrede, Ausflucht, Entschuldigung nehmen. „Armer sünder, waz wildu ze worte han an dem iungesten tage;" Griesh. Pred. II, 77. „Und darin (in den Vertragsbriefen) gar nichtz ze Wort haben;" Freyb. Samml. I, 373. „Es sol kainer die laistung auf den andern verzihen noch sunst ichtzit zu Wort haben, er wäre in ander laistung oder nit, domit er also die laistung verzihen wolt;" MB. XXV, 524, ad 1495. „Die meit versagt im das, und nam ir für ettwas, das sie gein im zu wortte het, auf das sie seins willens nit enthet;" Cgm. 713, f. 54. Vrgl. Werwort, Ausrede, oben, Sp. 973. Der Worten, daz ... den Worten, daz ..., in der Meinung, Absicht, daß ...; Clm. 5130, f. 206b. „Ein fraw die ir Ee bricht, nimpt wurzen oder chrawter ein, der worten, daz si nit swanger werd." „Er stupt die speise, der worten, das er im den lust gros mache." „Sie ziert sich mit gbant, der worten, daz si in ouf ir täler ziech;" Cgm. 632, fol. 37. 40. 52. 79. „Der warten, daz ...;" Cgm. 77, f. 110. 117. „Daß ich ewr tochter (Theodolinde) schul beschawen, der worten, daß ich mug sagen, wie sie ein gestalt hab;" Freyb. Samml. II, 375. „Den worten, daz ir deste gerner zuo den freuden komet und zuo der wirtschaft des almechtigen gotes;" Br. Berhtolt 241, (Pfeiffer 223,32). Dar umbe sult ir dirre werlte freude fliehen, den worten, daz ir zuo der freude komet die niht endes hât;" das. 242, (Pfeiffer 224,12). „Unde den worten, daz irz alle mîdet, sô wil ich iu sagen, waz ez ist;" das. 246, (Pfeiffer 226,24). „Der man lüchtet mit dem liecht her dan, den worten, das der frawen die weil desto kürtzer 166
wär;" Cgm. 270, f. 276b. ... „Den warten, das ...;" MB. XXV, 50. Grieshaber, Denkm. 12. 27. „Die Regensburger liezen keinen Armen in der Gemein von den auszutreibenden Juden etwas kaufen, den Worten, das sie müßten um einen Pfenning geben, was zehn werth war;" Gem. Reg. Chr. IV, 356, ad 1519. „Da worten das ir ee gewert werd von got dem herrn was ir in piten seidt ... so rainigt euch vor mit der offen schuldt und sprecht ...;" so leitet der Pfarrer die confessio publica ein, Clm. 4757, f. 225. Das Beiwort, ä. Sp., Gleichniß, Beispiel; Sprichwort; (mhd. bîwort, ahd. pîuuort; Graff I, 1022. BM. III, 808. Grimm, Wbch. I, 1410). „Vaniloquium, vppig red vel piwort;" Clm. 9537, f. 178. 180. Das Wortzaichen, (ä. Sp.) mündliches Erkennungszeichen, Losungswort, Parole; „tessera," Voc. v. 1618; (Graff V, 593. BM. III, 864). Bey Vegetius III, 5 werden signa vocalia (also Wortzaichen), semivocalia (Trompete und drgl.) und muta (Fahnen, Adler und drgl.) unterschieden. „Zeichin ana

gieinoton worten;" Diut. III, 136. „Daz wortzaichen tuot mir bekant;" Cgm. 270, f. 300ª. „Das er und sein mitgesellen ein Wortzeichen gehept das sy zu zyten, wan einer zu dem andern kommen ist, geredt ...;" Bauernaufruhr im Elsaß 1525, Cgm. 4925, f. 236ᵇ. „Darzu war vorgeschlagen ein Spruch der vormals im Nyderlandt auch syg gepraucht worden: Gott grüeß dich, gesell, was hastu für ein Wesen — der arm man in der welt mag nit mer genesen;" das. f. 345ᵇ, cf. Th. II, Sp. 1759: genesen. „Arra, winkauf, hel (vel? Diefenbach 50ᵇ) wortzeichen;" Voc. Melber. Pictorius fügt zu Wortzeichen schon das entstellte Waarzeichen (Wahrzeichen), tessera. Zeitschr. V, 522,38. Gl. a. 248 steht „ze wortzeichen," 280 „ze worzeichen, verbi gratia." Altſ. Hêl. 139,6: „fundun all uuordtecan uuar." BM. III, 864. Weigand, Wbch. II, 1012. Das Wahrzeichen im alten Hof zu München: „Nun ist aber ein thurn dorunder (unter den Thürmen) an dem khan ainer sechen wunder den maister sol man billich loben spitzig ist er unden und oben rührt weder erdt noch himmel an thut dennoch unbeweglich stahn;" Thomas Greitl von Stainfelt aus Kärnthen, Lobspruch von München, Cgm. 4311, f. 212. worten, (Werdenfels) reden; (mhd. worten, ahd. uuortôn, Graff I, 1022. BM. III, 810). Las ə̃ weng *wort'n* mit diər. Cf. Notk. 76,1: spileuuortôn, garrire. In einer alten Passauischen Bäckerordnung (Cgm. 308, f. 62) heißt es von den Bäckerknechten, daß sie „lons wortten sullen alle tag nachmittag unzt auf vesperzeit, und in welchem haus sy dann desselben lonns wortten sullen, sullen si all iar überain werden mit dem zechmaister." ... „Soll jm seiner arbait wortten umb seinen lon." — ? — warten könnte in dieser sonst guten Handschrift nicht wol also entstellt seyn. Cf. Vilmar, kurhess. Idiot. 459: sich verworten an einen. wörteln (wert'ln, wártln), spitze Reden führen gegeneinander, in Wortwechsel gerathen. Zeitschr. III, 301. „Wörtlen, wertlen, altercari;" Voc. Melber. und 1618. Vo~n *Wärt'ln* kümts gè'n oder zo'n Ráffə̃. „Z'erst wärtlen wir ein wäll bis angeht schlagen;" Cbm. 1206, f. 204. Gl. i. 926: uuortal, adj., verbosus; gl. a. 267. 294. 328: uuortalon, verba facere. bloßwörtig, adj., blos. „Wenn man aus bloßwörtigen Handwerksbußen eine Gerichtsbarkeit erzwingen wollte..." „Die bloßwörtige Begierde eines zeitlichen Erzbischofs." Churbayr. 2ᵗᵉ und Duplicschrift wider Salzburg 1761, §. 33. 180. Cf. wertig, Sp. 1009. „Das möchte wörtlich (?) seyn und unserm Herrn dem König nicht füglich noch gebürlich zu thun; Kr. Lhdl. III, 143.

Die Antwort (Andwart, o.pf. Andwurt), wie hchd.; (mhd. antwürte, antwurt, ntr. und fem., antwurti, ntr., zunächst nicht von Wort, sondern, mit diesem selbst, vom oben Sp. 1007 angeführten -wart, -wert, -wurt, also: Entgegnung, Erwiderung, Gegenwart. Graff I, 1002. 1023. BM. III, 598. 810. Grimm, Wbch. I, 508. s. Willems im Belg. Museum III, 224—230). z' antwurti, in praesentia, coram, gl. i. 216. 754; ze antwurtidu, in medium, gl. i. 1186. „Do min bruder en antwirt (wol en antwurt) was an miner stat;" Meichelb. H. Fr. II, II, 106. „Sin tugenthaft antwurte (Benehmen) gen reichen und gen armen;" Suchenwirt 36. In Aventin's Chronik, Druck v. 1566, f. 353 steht: „König Ludwig hett auch gern land und leut und ein Antwort gehabt." Das Ms. Cgm. 1568 hat dafür: ain haimwesen. (Cf. altſ. wurd, word, area). antworten,
167 (mhd. antwürten), a) praesentare, darbringen, übergeben. ein-, aus-, überantworten. b) antworten. „Von Einem antwurten gein dem Richter," ihn verantworten, vertreten; Traunsteiner St.B. v. 1375. Kohlbr. Mat. 1782, p. 60. Das Recht verantwurten, vor Gericht replicieren; Urk. v. 1427. Gegenwürt (ä. Sp., z. B. Albertin, salzb. Forstord. 43. 49.), Gegenwart; gegenwürtig. BM. III, 600.

Die Wärzen (Wárz'n); Voc. v. 1618: Wärz, wie hchd. Warze; (mhd. warze, werze, ahd. uuarza, nach Decl. I. und II, papilla, verruca, varix, emorroida, ndrd. wratte, vratte. Graff I, 1049. BM. III, 532. Weigand, Wbch. II, 1024. Zeitschr. IV, 2). Mittel dagegen s. Clm. 5879, f. 207. „Die platern oder zapfen oder malfranzois oder sand Monus krankhait oder wild wärtzen," (lues venerea); Cgm. 713, f. 169. Das Wärzenkraut, Wolfsmilch, Euphorbia.

wärzig (werzi'), adv., (Nürnb., Hsl.) wahrlich; sieh wâr, Sp. 967. Vilmar, kurhess. Idiot. 442. Zeitschr. I, 285,2,17. IV, 117, III. V, 136,6. 267,2,3.

Die Wirz, Bierwirz, hochd. Würze; (mhd. wirze, ahd. wirza, brasium. BM. III, 751. Weigand, Wbch. II, 1113. f. agſ. wirt, wyrt, engl. wort, ungegorenes Bier; brace, s. breuen, Th. I, Sp. 336. Müller, etym. Wbch. I, 124 f. II, 559). gl. a. 31: wirz, brasica; a. 645: wirz, brasium; a. 847. Doc. A, b, 91: wirz, brasicia; gl. i. 671: wirz, ptisane, siccus prirorum, (succus pirorum)'; gl. o. 404. Grimm, über Diphth. p. 25. Haupt's Zeitschr. VI, 330. v. Lang im Jahresbericht des histor. Vereins des Rezatkreises, 1830, p. 49).

Wirzburg (a. Sp., Ecc. Fr. or. 274. 675, gl. o. 126: Uuirziburg, Wirceburg; s. Förstemann I, 1555. Wirteburg, Rudhart, ä. Gesch. v. B. p. 453, 463, ad an. 704, bey Kilian's Ankunft ein Kastell; noch niedere Form, cf. Hlaupa, Laufen am Neckar, Strataburg, Straßburg), schriftlich allmählich in Würzburg übergegangen; (die örtliche Aussprache ist Wèrzbòrhh; nach K. Roth; Bruchstücke der Kaiserchronik p. 79: Wi-ezborg. „Im östlichern Franken: Wirzborgh, nur im westlichen und Aschaffenburg: Wèrzborgh;" Dr. K. Roth). Das auf unzuläßiger Deutung beruhende lat.-griechische Herbipolis ist übrigens auch schon alt; bey Ussermann schon 1095. (Druckfehler 1085). Herbipolis, Ende des 10. Jahrh., im Brief der Kaiserin Adelhaid, Handschr. v. Tegernsee (gleichzeitig); Pez, thesaur. III, dissert. isag. p. XXVI. Vgl. W. Grimm, gold. Schmiede p. 147 und 154. Wäre Uuirziburg selbst aus Uuirizinburg, Uuirzinburg, das beym St. Galler Mönch Ekkehardus jun. (Goldast, rer. a. scr. I, I, 49) ein paar Mal vorkommt, geflossen, so gäbe ein noch als Geschlechtsname Wirz, Würz vorkommendes altes, nach Th. I, Sp. 109 an sich schon verkürztes, Nom. propr. Wirzo (auch Wirinzo; cf. oben: Wernìz) die ungezwungenste Erklärung. Dr. K. Roth findet im Cod. Laurish. III, 300 den Personnamen Werzo (= Werinbraht, Werdolf, Wertman?). Auffallend ist MM. 28 (Cod. Wirceb. theolog. in folio, N°. 66, folio ult.) der Genit. pl. Uuirziburgo für Wirciburgensium, wie Heitingesueldono (Heidingesfeldensium). Zeuß 349. Cf. „in pago Svalafeldonio," Clm. 4608, XI. sec., f. 225. „Herbipolensis (episcopus) terrae ducatum habet, quare dum sacris operatur in altari denudatum gladium habet atque vexillum;" Joa. Boëmus, de omnium gentium ritibus (1520), fol. LVIII. „*Wiarzburga*' hanticha, Ausdruck für einen, der heftig ist;" Castelli, Wbch. 266.

Die Wurz, pl. Würz, a) was hchd. Wurzel. b) (ä. Sp.) das Kraut; (mhd. diu wurz, gen. würze, pl. würze, ahd. wurz, genit. wurzi, pl. wurzi; gl. a. 83. 267. 470, i. 164. 731. 745, o. 449. 450, Tat. 73,2: herba, gramen, olus. Graff I, 1049. BM. III, 828. Weigand, Wbch. II, 1113. 1114. Grimm, Gesch. d. d. Spr. 1030. Zeitschr. VI, 422,30. Dort steht a *Wirtz*, (herba); Popowitsch, Ms., Wien 9541). In dieser Bedeutung sind die vielen, auch noch im Hochd. mit Wurz zusammengesetzten Kräuternamen zu verstehen. „In den blumen und rosen umbgehn und in den würzen, die langen weil darin zu kürzen;" H. Sachs 1612: II, III, 150. 81. „So smeckt sein lob als edel würtz;" Suchenwirt p. 72. „An aller Würze krefte," (in omnium herbarum virtute); sieh die Th. II, Sp. 1154 (unter geheur) aus

Br. Berhtolt citierte Stelle, welche beweiset, daß dieser noch den ganzen ältern Titurel (des Wolfram v. E.?) vor sich gehabt, da sie, etwas entstellt, auch im jüngern des Albrecht v. Scharffenberg (Druck v. 1477, 13. Columne vom Ende) vorkommt. „Margramöpfel und wild wurzen und ander ding daz die kramer (zu München) nicht vail habent,“ durfte jeder Fremde feilhaben. Auer, Münch. StB. p. 165. Mariä Würz-Weih (Wérzwei', Aschaffenb.), der Tag Mariä Himmelfahrt (15. Aug.), wo Kräuter geweiht werden. Würzbette, ahd. uuurzbetti, areola; Willeram. Graff III, 51. Der Wurzgarten, Würzgarten, Krautgarten, Küchengarten; Avent.
168 Chron. 62. Zeitschr. VI, 108, IV, 10. „Maria das Wurzgärtlein was, und Jesus war die Blumen;“ Weihnachts-Lied v. 1660. „In des himels wurzegarten;“ Diut. II, 158. Der Wurzscherben, Blumentopf. H. Sachs 1612: II, III, 206. 207. Der Plural Würze in der Bedeutung wohlriechende und schmeckende Kräuter ist im Hchd. (cf. Gramm. §. 882) zum Singular und mit dem Collectivum Gewürz identisch geworden. Würzbrief, (ä. Sp.) Pfefferdüte. Würzbüchsen. Würzhändler, Würzkramer, Würzwaaren, wirzb. Verrdd. v. 1665. „Kristwurcz habetur in apotecis oder von einem wurcztrager;“ Clm. 4394, f. 137ᵇ. Das Gewürz. „Mater herbarum, mutter des gewürcz;“ Clm. 5877 (XV. sec., 1449), f. 125. Das Mode-Gewürz, (henneberg. neu Würz), Jamaicapfeffer, Nelkenpfeffer, myrthus pimenta L.

Die Wurzen, pl. Wurzen, Wurznen, Würzen, auch, wie im Hchd., Wurzel, pl. Wurzeln, Würzeln; (mhd. wurze, ahd. wurza, genit. wurzun, Isid. 2,14. 9,21.23, gl. a. 262, gl. o. 187. 201, und wurzala, Tat. Matth. 3,10. 13,6.21. Otfr. I, 23,51. Graff I, 1052. BM. III, 831. Weigand, Wbch. II, 1114. Zeitschr. VI, 422,20). a) radix. „Ich bin deu Wurtzen von Jesse;“ Cgm. 163. b) figürlich: der Stock oder Stamm, wovon etwas herrührt, Ursprung. „Die deutsche Sprache aus ihren Wurzen,“ Titel eines etymologischen Werkes des ehrwürdigen J. E. Kaindl selig. „Daß das Holz auf der Wurzen steen bleib“ ... „Das Holz auf der Wurzen fürgeben;“ salzb. Forstord. 73. 80. 's Traəd *áf də' Wurzn* vo'käffə˜; (ObrM.). „Das auch der traid aus der Wurzn oder Feld kains wegs mer verkaufft werde;“ L.Ordg. v. 1553, fol. 57. „Die Wolle von der ersten Schur und Wurzel her kriegen;“ Westenrieder, Verfall des b. Lodenhandels p. 30. *Mit Wurz und Dol* (und àll?) ausreis'n, (funditus); ObrM. *aus der Wurz'n*, von Grund aus; Zeitschr. III, 538,33. „Bases ejus (claudi) et plantae, sein wasen und sein würzen;“ Acta apost. III, 7, Cgm. 689, f. 191. „Die Salinen Reichenhall und Traunstein nähren blos bey der Wurze über 4000 Seelen, vom Verschleiß profitieren wohl über 200,000.“ „Den Preis des Salzes beyr Wurze, bey der Wurzen festsetzen, steigern oder erniedrigen,“ (von der Erzeugungsstätte aus, aus der ersten Hand; im Gegensatz der Preisbestimmungen von den Salzstationen oder Legstätten aus); Lori, Berg-R. 379. „Das Mittelgebirg um Hüttenberg nennt man hier Haupt-Eisenwurzen, die Eisenwerke in der Gegend umher Eisenwurzen;“ Schultes, Reise nach Kärnthen.

wurz-ab, wurz-weg. „Hat eəm 's Orwáschl *wurz-weggə* ghaut.“ cf. murz, Th. II, Sp. 1658. 'wurzen, Wurzel fassen, schlagen; (ahd. wurzôn; Graff I, 1052. BM III, 831)' „Heuer wurzen (gedeihen?) die Mäus,“ will Fräulein Amalie v. Stengel in Schlehdorf gehört haben. 'auswurzen, mit der Wurzel ausrotten; Birlinger 435.' einwurzen, einwurzeln; Wstr. Btr. III, 151. 'verwurzeln, festwurzeln. würzeln, Wurzeln ausgraben, suchen.

Würzel, (Wien) Charpie, Karpei.

wurzen mit Einem, (O.L.) Zornworte gegen ihn ausstoßen, schelten, zanken. Etwa eigentlich wuchzen? nach Gramm. §. 623: chz = rz. Frisch II, 458ᵇ. s. oben, Sp. 844: wuchzen. Der Wurzel, (O.Pf.) loser Mensch. Cf. Wuzel.

wurzeln, sieh wuzeln.

---

ich, er was, (ä. Sp.) ich, er war; (sieh wesen und Gramm. §. 926, II. 951) — schon im 16. Jahrh. durch die neuere, aus dem Plural entlehnte Form verdrängt, doch im Reim noch im 17. mitunter vorkommend. „Maria das Wurzgärtlein was;“ Weihnachtslied, gedruckt 1660 zu München. H. Sachs erlaubt sich hie und da, dem 169
Reim zu lieb, den falschen Plural, wir, sie wasen. Zeitschr. VI, 407,22. „wilne (wîlen, wîlent; s. oben, Sp. 890) was,“ mhd. Sp., er war vermals, wie das französ. feu, ital. fù (= fuit), ehmalig, selig; s. meine Recension von Höfer's deutschen Berliner Urkunden in den Münch. Gel. Anzeigen v. 1836, Januar.

waß (wàs), Pron. interrog. n., wie hchd. was; (mhd. waz, ahd. huuaz, altſ., isl. huat, agſ. hvät; Graff IV, 1182 ff. BM. III, 564 ff. Weigand, Wbch. II, 1057 f.). Mit dem diminutivischen *wàſə-l* frägt der, die Zärtliche. *Wàs* denn (⏑ –?) was denn sonst? ja freylich!

waß, nach Weise eines Substantivs, wie das lat. quid, griech. τί, mit dem Genitiv: uuaz leuues, uuaz muases ꝛc. Otfr., Tat.; huuaz luzziles, Kero. Waß Neues, Guetes, Schönes ꝛc., quid novi? etc. Zeitschr. III, 194,166. 552, II, 4. Waß Wunders, Otfr. uuaz uuuntoro (plur.). „Waß sprachs der Kurfürsten Kinder lernen wollen;“ Cgm. 552, f. 169. „Waz creatiure bistu? (was für eine Creatur); Iwein 487. „Waz weibes sie wære;“ Renner 9101. „Waz stete,“ (was für eine Stadt); Tristan 7627. „In was wesens sol ich mein leben richten;“ Cgm. 579, f. 60. „Was pistu“ (sc. mannes ꝛc.), wer bist du? Cgm. 714, f. 144. Waß der mær, was für Neuigkeiten, quid rumorum. cf. Th. II, Sp. 1634. Vgl. Zeitschr. VI, 119,36: was Lands? wie steht die Sache? Dieses waß der ... scheint nach Gramm. §. 751 stereotyp geworden in der Form was'er, (was für). Grimm IV, 885. Weigand, Wbch. II, 1025. „Aus waser macht;“ Gem. Reg. Chron. I, 339. „Waser großer krefte die minne hat;“ Titurel. Waserlai, welcherley, brem.-ndrs. watterley, (wat der ley?). waßfürig, adj. von waß für, sieh Th. I, Sp. 746 f. waß, vor einer Conjunction, dieser die Kraft einer Frage beylegend. Waß daß (wàs dás), wie kommt es, daß? warum? *Wàs dást* denn nét gêst, warum gehst du denn nicht? Waz ob, uuaz ube ..., (mhd. Sp.) wie wäre es, wie ist es, wenn ..., quid si. „Waz ob minneclîchiu liebe ouch sie bestât;“ Walther 99,1. „Waz obe si gêt an disem tanze;“ das. 75,3. „Waz danne, ob si mir leide tuot;“ das. 119,1. „Waz ob iu sol gevallen der prîs vor in allen;“ Iwein 6617. Diut. III, 84. Im Dialekt gilt dermalen das einfache *wàs* selber für ob. I fràg di', *wàs* d' gêst odə' nét. Es werd ə˜ Noud hàbm, *wàs* I's zlumbring. O.Pf.: Lout schauə˜, *wàs* ə' niət krank wiə'd. Wangersch: Wô wet, *wut* (= wàs) 'er't wêr is, wer weiß, ob's wahr ist; Ehrentraut, fries. Archiv I, 109. *wàs* für als. Du bist größə' *wàs* I. Endə' *wàs* ét, (eher als nicht). Allé Leut, *wàs* I nét, (nur ich nicht). Nicks, *wàs* lautə' Guəts. Es is kaə˜ Straəhh və'lorn, *wàs* der dənébm gêt. Is ganz ə˜ bravs Weibə-l, *wàs* gern grei˜n tuəts. Kuhländchen: „Ar loete meh ei aener Woch, *wos* de anden Schiler ai drai.“ Zuweilen auch für biß: *wàs* zu'n Zau˜, bis zum Zaun. Im mährischen Kuhländchen: „*Wos* ai dan Himel nai.“ „Vom Abə˜d wàs zum Moə'ghə˜, schon Liv, waər ich bey dir.“ Auch dieses *wàs* läßt sich (mit vorausgedachtem so weit oder nicht weiter) zu obigem *wàs* (als) rechnen. Wie, wenn im Grunde doch das alte wan (nisi, quam), so gut als wan (quid ni), aus waz ne entsprungen wäre? Vrgl. Grimm III, 181. 183. Benecke, Wrtbch. zum

Iwein 526 ff. — 'In der Heanzen-Mundart steht wàs als Pron. relat.: welcher, e, es; Zeitschr. VI, 346.'

Der Wâß, (ä. Sp.) der Geruch; (mhd. der wâz, ahd. uuâz; Graff I, 1087. BM. III, 538). „Die fumf
170 sinne des leibs: daz gesune, diu gehorde, der smakch, der was, diu berurde;" Cgm. 74, f. 136. „Mit slegen weckt man sîn (des Menschen) gerüerde, sîn wâz mit stanc;" d. w. Gast 9506. „Aller tugende waz und smach fliuzzet uz diner schozze." „Der waz vil guter salben begunde do allenthalben uzbreiten sine suoze;" Wernher p. 4. 47. „Wazemart, mustela putorius;" Hildegardis. ed. Reuß 65. Cf. wasgewitter, gewazgewitter Unwetter, Sturm; Griesh. Pred. I, 64. II, p. XVIII. BM. III, 610.

wâzen, mhd. Sp., st. Vb., (Praeterit. wiez, Partic. gewâzen), riechen; (Graff I, 1087. BM. III, 537. Zeitschr. IV, 505. Cgm. 17, f. 167. Doc. A. e. 117. 10. Hoffmann, Fundgr. I, 397). „Nasen habent si unde nihne wazzent, nares habent et non odorabunt;" Cgm. 17, f. 167. „Der (balsamum) wezzit so cinamomum" ... „du irwelte myrre du der wezzest also verre;" Lied an Maria aus einer Mölker Handschr., Pez, thesaur. I, I, 416. verwâzen, verriechen, exolere, kraftlos werden; (Graff, BM. a. a. O. Grimm, Mythol.² p. 1173). „Ich bin den jungen holt des kan ich nicht gelassen (gelaussen), die alten sint verwassen," (können nicht der Liebe pflegen), sagt sie; Cgm. 379, f. 31, Cgm. 270, f. 68ᵃ. verwâzen Einen, ihn verabscheuen, exsufflare, abominare, recusare. veruuiez, exsufflavi, gl. i. 311, Aggaeus I, 9. veruuiezot, exsufflastis, gl. i. 313, Malachias I, 13. „Swer die uztrunke wil verwâzen" (?), Haupt's Zeitschr. VIII, 569. „Abominabitur, verwazzet;" Cgm. 17, f. 12ᵇ. „Daz wir in (den Teufel) verwiezzen, zu uns niene liezzen;" Diut. III, 53. „Was solt mir denn das leben? Ich wær doch ewiglich gar verwazzen;" Valkn. 151. verwâzen (Partic.), abominatus, abominandus, maledictus, anathema. Vgl. unter weizen. „Natur wer (werd) verwozzen, die sich so lieblich stoßen kund in solches (falsches, böses) weib;" Cgm. 714, fol. 165. „Si satzten mich in verwassen," posuerunt me abominationem sibi; Ps. 87,11. Cgm. 136, fol. 22. Gl. a. 184. 387, i. 138. 619: furuuazan, anathema, i. 564: furuuazana, anathemata, neben den Subst.-formen faruuazani, firwaznissi, verwazunge anathema; verwazzenlich, abominabilis; Cgm. 17, f. 23ᵃ.

Der Wasen (Wàs'n, pl. Wás'n), a) die mit Pflanzenwurzeln durchwachsene Erddecke, Erdkrume, sie bestehe nun aus Damm- oder aus Moor-Erde, also Rasen und auch das, was sonst, nach dem Niedersächsischen, Torf (turf, ahd. zurbe, slaw. trawa, Gras? Weigand, Wbch. II, 896), im Allgäu bestimmter Brennwasen genannt wird; (mhd. wase, ahd. uuaso, gen. wasin, gleba, cespes, scrobs, barb.-lat. uuaso, onis, franz. gazon, südslawisch vasa, vasha; — vrgl. Isidor's aerdh-uuaso, moles terrae, und „daz preita uuasal" im Muspilli 63. Grimm I, 254: agſ. wase, coenum; Kilian: wasem, vapor. Graff I, 1063. BM. III, 534. Weigand, Wbch. II. 1025. Grimm, Gesch. d. d. Spr. 314 glaubt an eine Entstellung aus wraso, Rasen. Diez, Wbch. 641. Firmenich I, 522,2: Wassem. Birlinger 426. Vilmar, kurhess. Idiot. 442. Zeitschr. VI, 328,159). Das Eigenthum an Grund und Boden pflegte weiland in dem Symbol eines daraus gestochenen Wasens nebst darein gestecktem Gewächse übergeben oder übernommen zu werden. Sieh Grimm, d. RA. 112—116, und vrgl. torfacht im brem. Wrtbch. Solche Übergaben „per cultellum, festucam nodatam, uuantonem et uuasonem terrae atque ramum arboris" kommen auch in ital. Urkunden sec. XI., XII. (z. B. Verci, Storia degli Ecelini III, 7. 9. 15 rc.) vor. Noch heute werden im Münchner Gantverfahren die Symbole Spän und Wasen den Akten beygelegt. Verführte Jungfrauen und ihre Verführer mußten im salzburgischen Gerichte Mittersill ehmals zur Strafe am Paßthurn Torf stechen; daher noch jetzt das Sprichwort: Verdiente auch in's Wasehäusl. v. Kürsinger, Ober-Pinzgau, 1841, S. 70. b) nutzbarer, besonders Grasgrund, als Gegensatz von Sand, Feld rc. „Er setzet wasin darin oder boume;" Mone's Anzeiger IV, 370, nr. 38. „Ob ain wazer, daz nicht schefreich wär, ainem hinlait ainen ganzen wasen, daz sol dem unschedlich sein, des der podem gewesen ist, ez wær denn, ob ez ainem in griez weis gæb oder schütt, der mag ez fürbaz wol haben;" Rchtb. v. 1346, Tit. 13, Heumann p. 93; cf. MB. XXII, 348. Alles was zum 171
Gut gehört ... „an Wisen, an Wasen, an Waid ...;" MB. XXIII, 250. „Gemeindrecht zur Viehtrift und Antheil an dem noch unvertheilten Gemeindwasen;" Feuchtwanger Ausschreibung v. 1816. „Der menicvarwe wase;" Diut. II, 156. Gl. o. 246 steht wase sogar für seges. c) (im Bergwesen). Bau „oben auf dem Berg und auf den Wäsen," entgegengesetzt dem „innerhalb des Berges;" Lori B.R. p. 7, ad 1309. „Sie sullen uns auch als vil Holz ze Berg und auf den Wasen antwurten als sie da funden habent;" das. 15, ad 1354. „Unser Sieden zu Halstat, daz wier mit unsern gute vom wilden gebirge vnd grünen wasen gepawet und gestiftet haben;" Urk. v. 1311. „Wan etlich vnder in denselben unsern perch von grünen wasen getrewlich ze nutz habent pracht;" Urk. v. 1346 bey Kurz, Österr. unter Frid. d. Sch. p. 453 und 464. d) Der Wasen, die Wasenstatt, Platz, wo der Abdecker sein Geschäft und seine Gerechtsame ausübt. Das Wasengäu, Bezirk, der einem Schinder oder Scharfrichter zugewiesen. Der Wasengäuhof, das Etablissement eines solchen Wasengäu-Vorstehers oder Wasenmaisters; (Vilmar, kurhess. Idiot. 442). Ehmals mußten je 10 Wasengäuhöfe jährlich ein Pfund Roßhaar oder 8 Kr unter dem Namen der Roßhaar-Anlage ans Arbeitshaus entrichten; dagegen hatten sie eine Art von Gerichtszwang über die ausgedienten Pferde und das gefallene Vieh ihrer Bezirke; (cfr. Bemerkungen über die Laudemial-Rechte in B. p. 199). Mandat v. 1748. Vrgl. unten: Awas, Awasel, Sp. 1019. e) Der Wasen, Eigenname eines moorigen Bezirkes an der Mangfalt und dem Inn bey Rosenheim und Aibling. Die Bauern am Wasen, am obern Wasen, wo Pfraundorf und Retenfelden, am untern Wasen, wo Schwaig, Westerndorf, Pang, Kirchdorf, Happing u. s. w.; Ldt. v. 1612, p. 240. Hazzi Stat. I, 240. Eines Ortes Wasen an der Glon, eines an der Isar, eines am Hönhart erwähnt Hund, St.B. I, 366. Cf. MB. VII, 474: „apud Wasin." „Ein Acker am Wäßig. Plan-Nr. 239," (Gemeinde Oberschwaningen, Landger. Wassertrüdingen); Ausschr. v. 14. Febr. 1845. Wasenhag, Einfriedung mit Rasen; (Jr.). Wasenkogl, ein mit Wasen bedeckter Berg; (Pſ.-Jr.). überwasen, verwasen, mit Gras anwachsen, verwachsen. „Da man ain acker über wasen lätzt und zu ainem anger macht;" Auer, StR. p. 262, Art. 12. „Von verwasten oder verwachsenen Äckern;" L.R. v. 1553, fol. 117. „Die verwasten Rain nit durchfaren oder graben;" Ehehaft, Cgm. 2157. Vrgl. weseht, adj.; Br. Berhtolt spricht p. 436 von einem Pfad, der stickel und weseht und rauh und steinigt und dornig ist: (Pfeiffer p. 171,1: „Sie sint stickel unde weseht unde rûch unde gar steinic und dornic"). 'wasenen, mit Rasenstücken werfen; Zeitschr. IV, 77.'

'Der Waskenwald, Waschenwald, die Vogesen, les Vosges, Vosagus; Nibelungen 911,3. Der Waskenstein, das. 2281,2. Der Wasgau. Förstemann II, 1567.' „Geroldseck am Wasichen;" Cod. gall. 605, f. 568. 576. „Gerolzeck im Wascheim;" Cgm. 4925, f. 24. Die von Rapoltsweiler schreiben 1525 „an Hern Wilhelm hern zu Rapolzstein zu Hosenagk vnnd Gerolzegk am Wassichin;" das., f. 131. 141. 191. 198. Wasichen, Wasichenstein, Wasenstein, Wasenburg; Mone's Anzeiger VIII, 604. „Silva quae dicitur Wasego" ... „Wasegus amplum tenet spatium;" Vita S. Pirminii, Windb. 44, f. 120. Cf. le Vezene, (VII Com., Grenze).

Wasen kommt in Fürst's Bauernzeitung 1820, p. 45 für Welle oder Reisigbündel vor. Diese Bedeutung hat Wase allerdings im Niedersächsischen, (Zeitschr. II, 43,27. III, 367,35) — davon bewasen, vrb., mit Faschinen belegen — wie denn auch im Schwedischen Wase, m., für ein Gebund Heues oder Strohes gilt; daß sie aber auch sonst unserm Dialekt geläufig, scheint doch nicht.

Wase, basis; '(wie niederd. Wase für Base; BM. I, 286. s. Th. I, 92. Zeitschr. V, 300. VI, 113,1. 492).' „Bases ejus (claudi) et plantae, sein wasen und sein würzen;" Acta apost. III, 7; Cgm. 689, f. 191.

wäſs, wäs, (Ober-Schwaben) scharf, eigentlich und figürlich; (mhd. was, wahs, ahd. uuas, hwas: huasser, iu, az, acer, acutus, efficax. Graff IV, 1239 f. BM. III, 532). Sieh wächs, Sp. 839 und Gramm.
172 §. 431. wäselich, (Ansp.) aufgeweckt, lebhaft, munter, ausrichtsam; artig, freundlich; (ahd. Sp. huaslîhho, efficaciter). Sieh Stalder II, 436. Vilmar, kurhess. Idiot. 450. Vrgl. auch unten: wesentlich, Sp. 1022.

Der Wäsling, Schlund; sieh Waisel, Sp. 1021.

Der Awas, Abas, des Awasen (Cgm. 510, f. 67. 71), der Awasel (Augsb. Stdtb., Fr. 27), todtes Vieh, Aas — scheint ein sehr entstelltes Wort zu seyn (cf. verwâzen?), da Cgm. 632, f. 78 und Clm. 5858, XV. sec. 2°, f. 114 abars (s. Th. I, Sp. 12), oder wie in der Lex Baiuu. aborse, bey Br. Berhtolt 94. 95 (Pfeiffer p. 287,4.7.16.23; cf. 256,35. 257,3) aber âwehsel, bey Notker 62,11 gar aweise steht. Comedisti morticinia;" Clm. 14138, f. 206b. „Accipit remanenciam .i. den awasel;" Mallerst. 33, f. 115. Schwabenspiegel, Laßb. §. 213, Wackern. 179: abasel. Cf. Waisel und Awechsel, Sp. 841, und Wasen, Sp. 1018 auch Th. I, S. 158: Au˜səl. Graff I, 522. BM. I, 74. Grimm, Wbch. I, 1046.

Das Waßer (Wassə', Dimin. Wássə'l), wie hchd. Wasser; (ahd. uuazar, altſ. uuatar, isl. vatn, goth. vato, slaw. woda). R.A.: „Wir tragen wol waßer an einer stangen," wir sind eines Gelichters; (H. Sachs). Dés raəcht eəm 's kólt *Wassə'* nét, ist ihm lange nicht gleich; (ObrM.). Die Composita mit Waßer suche man unter dem meist bezeichnendern andern Wort der Zusammensetzung. 'waßeräuglen, (Zillerth.) Thränen im Auge haben; s. Th. I, 50. Zeitschr. IV, 66. Die Waßerbrust, (schles.) der Wolkenbruch; das. 190. Vgl. Th. I, Sp. 367: Wolkenbrust.' Waßerburg. „Sellə mər u˜verdrossə˜ uns *Wassərborjər* titliərə˜ làssə˜;" (Grünstadt in d. Rheinpfalz), Firmenich II, 10,9: — Beziehung auf der Wasserburger servile Adressen zur Zeit der Ständeversammlung v. 1832. Waßerburger Dosen, von Neher († 1840) zu Perlach bei München aus Papiermâché verfertigt und sehr gerühmt. Die Waßereiche, der kleine deutsche Ahorn, acer campestre; (Zir.). waßerpaß, adj., wagerecht, horizontal; (Zir.). Das Waßerkalb, s. Th. II, Sp. 1238. Waßermännchen machen, ein Kinderspiel, wobei flache Steinchen in schräger Richtung so auf die Oberfläche des Wassers geworfen werden, daß sie wiederholt von derselben abprallen, (franz. faire des ricochets); auch: Wasserſtelzlə˜ machə˜, 's Wäserlə˜ schlâ˜ (Elsaß), Pfitschəmännlə˜ mach'n (Koburg) u. a. m. Zeitschr. IV, 8.' Der Waßervogel, sieh Th. I, Sp. 436: Pfingstling. Eine Urkunde, wodurch Herzog Heinrich von Landshut der Herrschaft Baumgarten Gerichtsmarken bestimmt, ist ausgestellt 1447 Samstag vor dem Georgentag, „da wider geritten ward der Waßervogel." Auch seitdem war in Adeldorf an der Vils alljährlich der Waßervogel-Umritt, den Amtmann (Gerichtsdiener, welcher Eisen und Bande neben sich auf dem Pferd hatte), den Gerichtsverwalter und die vier ältesten Gemeindeglieder an der Spitze, um die Markung üblich. Er hatte am Pfingstmontag statt und hier wenigstens augenscheinlich zum Zwecke, die Gränzmarken in frischer Erinnerung zu erhalten, wenn auch anderwärts aus demselben Act ein bloßer nichtssagender Spaß geworden seyn mag. Vrgl. indessen Grimm, Mythol.[2] p. 562. Panzer, Beitr. z. d. Mythol. I, 238. Birlinger 426 f. Der selige v. Klöckel (Cbm. Kl. 193,6. 230,3) erklärte sich den deutschen Ausdruck als Übertragung des mittellateinischen Aquaticum; (sieh Du Cange, ed. Henschel, t. I, 351.). Die Waßerstrâf oder das Legen in den Bach, Bachlegen der Mittenwalder Buebenbruederschaft (s. Th. I, Sp. 191 und 193), näher beschrieben in den bayerischen Annalen v. 1835, B. K. N°. 34, hieng wol ebenfalls mit diesem Waßervogel zusammen. Ein ähnlicher Umritt der angehenden Freemen oder Bürger zu Alnwick in Northumberland am Marcustag, wobey ein gewisser Bach (oder Sumpf) durchwatet werden muß, im Ausland, 1837, p. 1276. Der Waßerwaid, Waßerwaider, s. oben, Sp. 856 f. „Der Waßerwaider von Ungern;" Mone's Anzeiger IV, 257, (ad 1386). Cbm. 2035, f. 82: „der wassertracken waidner." wäßern, BM. III, 540: wezzeren. anwäßern, 1) das Holz, es von den Waldungen, Bergen, Ufern zum Fortflößen ins Wasser werfen; 2) Alpenwaldungen und Schläge, Wasser in sie leiten, um den Holznachwuchs zu vertilgen und den Graswuchs zu befördern. '3) einweichen; figürlich: durchprügeln. Zeitschr. III, 190,66. IV, 49.' „Aquarius, der Wasserer" (im Thierkreis); Pruel 15, f. 8.

Der Waiß, Waißen, (Ob.-Schwaben) der Waizen, (mhd. der weize, ahd. hweizi, goth. hvaiteis; Graff IV, 1244. BM. III, 562 Grimm, Gesch. d. d. Spr. 63. Weigand, Wbch. II, 1050 f. Zeitschr. V, 407,27: schweiz. *Waise*); Cgm. 649, f. 593, Voc. Archon., Av. Gramm. „Siben schaf wayßen;" MB. XXIII, 321, ad 1410. Auch hennebergisch '(und koburgisch)' steht ß statt z: Wäß. 'Zeitschr. II, 278,17. 415,119. III, 130. VI, 330,101. *wäſsə˜*, adj.; *wäſsə˜* Mál, Waizenmehl, das. III, 227,8; *wààſsə* Köa'nətlə, Waizenkörnlein, das. V, 262.' Sieh Waiz.

Der Wais, (des Waisen), die Waisen, fem., gewöhnlicher und für beide Geschlechter gültig: das Waislein, (Waəſl, zärtlich Waəſə-l), wie hchd. die Waise und der Waise; (mhd. weise, adj. und subst., ahd. Notk. 81,2: „arm unde uueis," und nach Decl. II: uueiso, uueisa. Graff I, 1076. BM. III, 560. Weigand, Wbch. II, 1013). Cgm. 641, fol. 158 wird wais, pusillus, orphanus, moviert in waisin, pusilla, orphana, cf. Th. II, Sp. 1511: die Lais, Geleise. „Orphanus vaterwais, pupillus muterwais;" Ald. 233. Das Waisel- oder Waisen-haus, -kind ꝛc. Das Voc. v. 1618 hat das etwas dunkle Subst. Waislose für orbitas Vrgl. weislos. „Wie auf churfrlt. Waisel-
Äcker, Haiden, Möser, Gehölze ꝛc. die Viehweide zu ge- 173
dulden;" Generale v. 1723, Wagner C.- und C.-Beamte II, 227. Zschokke, b. Gesch. III, 560. cf. verwaſen, überwaſen. „Vom Julier-Spital in Wirzburg wurden wochentlich 100 kleine Weyſleinbrod als Almosen ausgetheilt;" Wirzb. Almosen-Ord. v. 1720. Waisel-Jâr, Jahre, welche die Kinder der Grundholden im Dienst (als Knechte oder Mägde) des Grund- und Gerichtsherrn zuzubringen angehalten werden konnten. cf. Pariser Jahre. Werth und Folgen der ständ. Freyheiten in B. 1797, p. 75. Hazzi, Statist. IV, 207. Der Waise im Maistergesang, ein bloßer, nicht gebundener d. h. gereimter Vers in einer Reimstrophe. Wagenseil, Norimb. 522. Samml. f. altd. Lit. 177. Der Waise, ein Edelstein in der Reichskrone; figürlich: diese selbst. Walther v. d. V. 9,15. 16,10. Hahn's Otte mit d. Barte, V. 314 und p. 100. BM. III, 560,2. Wagenseil, Norimb. 250. Deutsches Mus. II, 246. Grimm III, 379 und Mythol.[2] p. 1167 ff. Haupt's Zeitschr. VII, 269. 270. 278. Abbas Martinus Parisiensis bringt aus dem eroberten Constantinopel dem Kaiser Philipp (1205 – 8):

„Regum graecorum gestamen onusque decorum
Cui nullum simile reperitur in orbe monile
Eximium munus, cui fixus inest lapis unus

Qui vix possit emi pretii generisque supremi
Mercibus innumeris vel pondere quolibet aeris" ...; Guntherus de expugn. C.Poleos, Clm. 903, f. 147b. „Lapis unio" in der Geschichte Herzog Ernst; Clm. 850, f. 109. 122 und Clm. 572, f. 20. 69. Vrgl. Wese.

Der Waisel, Schlund wiederkauender Thiere. Sieh auch Wazel und Wäsling und vgl. Th. I, Sp. 608: Tanawässel.' Gl. o. 231 (zwischen fauces und gurgulio) „arteriae uueisun(t)." Altfries. wasan, Gurgel; cf. Grimm I, 416: weisen, gula. Sollte Notker's „irslagenin (irslageniu) âuuêisin, occisa (jugulata?) cadavera" 62,11 (sieh oben, Sp. 841: Anwechsel und Sp. 1019: Awas) hieher passen?

Der Waißel, Waizel, wol was Maißel (Th. II, Sp. 1664), also Charpie; (BM. III, 562: weizel). „So tief ein minnen wunde, daz si verheilen kunde kein salbe noch kein weizel;" Haupt's Engelhard V. 1925 und p. 253. „Wunde, die bainschröt ist und heftens und waissels bedarf;" MB. XXIII, 228. „Weissels und pflasters;" Cgm. 170, f. 3b. „Leg über die wunden einen ringen Waissel." „Wunden hefften oder waisseln." „Nim heffwaitzel und netz die mit rosenwaßer oder mit waytzelwasser." „Die pest waytzelsalben;" Cgm. 731, fol. 136. 157. Vrgl. Waitzel.

„Wese, asteria, asterios ... solis gemma gignitur ex crystallino succo intus veluti stella radians candido, paederos, cristalis, opalus;" Voc. v. 1618. Es ist wol die Astrios des Plinius, H. N. XXXVII, Isidor, orig. XVI, 13 gemeint. Vrgl. Waise (als Edelstein).

Der Wéʃs, (b. W.) die Wespe, wol nur entstellt aus Webes, w. m. s. Indessen würde wäſs (acutus) nicht übel passen.

wesen, Ablautverb der mhd. Sp.; (ahd. wesan, goth. visan; Graff I, 1053. BM. III, 766. Grimm, Gesch. d. d. Spr. 313. 316. 430. Weigand, Wbch. II, 679. Praes. ich wise, du wisis, er wisit, wir wesen ꝛc., noch im Windb. Psalter, Cgm. 17, für ero, eris, erit, erimus etc. üblich. Imperat. wis, sey) „Wis genadig," noch Cgm. 101, f. 65. „Tungdale, wis hail! got geb dir seiner genaden tail;" Tungdalus, Hahn p. 46,31. „Si riefen: der Juden chunic, wis hail!" Urstende 106,17. „Hüet alweg dîn, geselle! des wis (alias: bis) ot stæt gewarnet;" Labr. 1. „Wis mich durch dîn wîplîch güete merkend;" Labr. 691. Praeterit. ich, er was, seit drey Jahrhunderten veraltet, dafür aus dem ältern Plural wâren auch der Singular zu ich, er war umgebildet; sieh Sp. 966. 974. 1016. Das einfache Praet. indic. aber, wie überhaupt, der gemeinen Sprache ungeläufig, so daß war oft als Präsens genommen wird. Desto üblicher die Conditionalformel wære (wár, wá'). Das Partic. praet. gewesen in gwé'n, schwäb. gwèə˜, oder aber, als ob das Verb nicht ablautete, in gwéſt — O.Pf. gar in gwéſt'n — entstellt. Sieh Gramm. §. 926. 951. 962 und vrgl. sei-n, Th. III, Sp. 202. Zeitschr. III, 426,26: gewest, mit haben verbunden. In der ahd. Sp. findet
174 sich uuesan, zunächst existere, manere, fore, fieri bedeutend, in Verbindung mit dem Partic. praet. eines Verbs, auch, wie unser werden, zur Bezeichnung des Passivs verwendet, z. B. gl. a. 250. 433: uueset kalærte oder kalærit uueset, erudimini.

Das Wesen (Wé'n), im Allgemeinen wie hchd.; (BM. III, 769. Weigand, Wbch. II, 1065). Thun und Treiben, besonders ein unrhiges, lärmendes. „Er füert ein seltzams Wesen;" Voc. v. 1618. *Wàs habts dà für ə˜ Wéʃ'n?* „Sein Wesen und Bauen hat ihm kein Geld gelassen;" Kr. Lhdl. VIII, 424. Ein Wesen, ein ganzes Wesen, (Oberland) eine Menge. „Geld, Leut ꝛc. ə˜ *Wéʃ'n*," oder: „ə˜ *Weʃ'n* Geld, Leut" ꝛc., d. h. sehr viel. Zeitschr. V, 103, II, 3: *á˜ Wois'n*. „Und der Herr vermehrte ein Wesen, sein Gut;" Höschl, Genesis 39,5. O.Pf. euphemistisch: das Wesen für Epilepsie. Er hat 's Wesen. Nürnb.: Wesen! Ausruf des Unwillens, der Verwunderung. *Wesn!* Frau, wàs hàb I tou˜! Der Zustand, der Stand, die Lebensart, (Isidor 9,30: uuesan, conditio). „Daz wesen bî ir dûhte in guot;" Wigalois 730. „Sich ein geruhtes Wesen ohne alle Bekümmerniß machen," (sich von Geschäften zurückziehen); Kr. Ltghdl. V, 224. „Im fürstlichen Wesen bleiben;" das. 145. „Die Einwohner, was Standes und Wesens die sind, niemand ausgenommen;" Kr. Lhd. IX, 463. „Den Unbekannten aufhalten, bis man sich seines Wesens erkundet;" das. XVII, 143. „In bäulichem Wesen erhalten." „Ein abgeholztes Gebirg mit dem Holzgewächs wieder zu guetem Wesen bringen;" L.R. 1616, f. 763. „Auf daß das Fürstenthum wieder käme in ein Wesen;" Kr. Lhdl. XIV, 214. Wohnung (uuesen, habitatio, Notk. 86,7); Eberts Überlief. I, 37. „In aim Wesen bleiben, eodem loco stare;" Voc. v. 1618. „Er wîhte dem heiligen Geiste ein wesen, ein gotshûs;" Barlaam 172,15. „Stätez wesen haben." „Auf dem lande sitzen mit stätem Wesen;" Cgm. 27, f. 28. Zeitschr. VI, 256,16. Vrgl. Wesen als Ortsnamen. Das Abwesen, a) die Abwesenheit; Grimm, Wbch. I, 153. b) die Abnahme, Verschlimmerung. „Daß die Burgerschaft (durch Gewerbsbeeinträchtigungen) in augenscheinliches Abwesen gerathe;" Wirzb. Verord. v. 1687. Das Anwesen, a) Anwesenheit, b) Wohnung, besonders Wohn- und Wirthschaftsgebäude sammt dazu gehörigem Grund und Boden. Grimm, Wbch. I, 520. Ein kleines, großes, verschuldetes ꝛc. Anwesen. Ein Bräu-, Becken-, Seldner- und drgl. Anwesen. Das Beywesen, Anwesenheit, Gegenwart, Beisein; BM. III, 769. Grimm, Wbch. I, 1407. In meinem ꝛc. Beywesen. Für Wesen (Ens) des neuern, besonders theologischen, philosophischen Sprachgebrauchs, finde ich in der ahd. Sp. eben keinen Beleg. Man lieset gl. i. 466 für materia uuesanti, (das Wesende); und wol richtiger ist das Particip als der Infinitiv. Auch die alten Substantivformen uuesini, f., uuesanussi, geuuesanussi, uuesenussida, substantia, beruhen wol auf dem Partic. praeterit. wesend (mhd. wesende, ahd. uuesanti), Partic., das sich bis jetzt nur in den Compositis anwesend, abwesend ꝛc. erhalten hat, kommt einfach noch in den Landtagsacten v. 1605, 1612 175
vor „Der noch vor Augen wesende und werende offene Türkhen Krieg"... „Mit antrohender vor Augen wesender Landsnoth..." „Gethreue jetzt alhie wesende Landtschafft." (In der Widmännischen Chronik von Regensburg scheint wesend für waren (erant) vorzukommen; Gem. Regensb. Chron. IV, 257. 273). wesentlich, vom Partic., ahd. Sp. uuesantlihho, essentialiter; gl. i. 472. 991. BM. III, 770. Das Voc. v. 1618 gibt wesentlich, wesenlich, adv., durch affabre, concinne, composite, ordinate. Vrgl. oben, Sp. 1019: wäselich. wesenlich sitzen, mit Haus und Hof ansäßig seyn. wesenliche Güeter, Güter mit Grund und Boden, im Gegensatz bloßer Wohnhäuser und Herbergen. Salzb. Wald-Ord. v. 1563. Ein Gut wesentlich und baulich (d. h. in gutem Zustand) erhalten. abwesig, (Amberg. Stdtb.) abwesend. Grimm, Wbch. I, 153.

'entwesen, mhd., einer Person oder Sache, ohne sie sein, sie nicht haben, entbehren; BM. III, 768.' „So daz ihs ze meiner phlihte deheine wis niht moht entwesen;" Kindh. Jesu, Hahn p. 68,30. „Ob aber ir mût also stat, daz si êlicher hirat doch niht entwesen wil, so teil ich ir ein ander spil," (mache einen andern Vorschlag); das. 69,9. „Ich bin der kunst niht entwesen; von verre han ich dran gelesen: Ein got ie was und immer ist;" S. Helbling VII, 453.

verwesen, a) ein Geschäft, Amt, (wie hchd.), es treiben, verwalten, versehen; (Graff I, 1063. BM. III, 768. Weigand, Wbch. II, 985). „Hofmetzger vermag sein Dienst nit lang zu uerwesen." „Mancher verwist zway Ambt;" Ldtg. v. 1514, p. 182. 93. „Einen Eisenhammer verwesen;" MB. XXV, 360. Der Verweser. Firmenich ', 47,7: „*Verweser* des Landes,"

Herren, Regenten. BM. III, 769. b) verwesen eines Dinges, einer Person oder eine Person, ihre Stelle vertreten. „Aus ainer büchs zu schießen mit Wasser on pulver, also daß das Wasser des pulvers verwist;“ Anhang zum Vegetius v. 1529. „Virago, qui virum agit, verwist ein(en) man in der arbeit;“ Voc. Melber. „Die heil. drei kunig haben uns alle verwesen, und haben im (Christo) geschenkt; wir solten es tun haben;“ Cgm. 749, fol. 277. c) MB. XXV, 53 steht: Einen Priester zu einer Messe „verwesen und bestellen.“ Dieser letztern Bedeutung entspricht gewissermaßen das alte als Glosse über lucramus (Prud. hymn. II, 53) stehende feruuesen und wol auch Otfrids im Praet. conj. nicht firuuâri, sondern firuuâsi bildendes firuuesan (II, 6,51. III, 6,56). d) (ä. Sp.) brauchen, verbrauchen, verschwenden. BM. III, 768, II, 1. „Consummo, as, at, ich volebringe, deiz si; consumo, is, it, ich verwise, deiz nihne si;“ Windb. Ps., Cgm. 17, f. 176b. „verwesen sint, consumpti sunt;“ Doc. A. e. 117,1. „firuuesni, effusio,“ Verschwendung; gl. i. 456. Graff I, 1064. „Ir hand ain grozen ziug von herren rittern und knechten, des glich hab ich ouch; sölten wir die verwisen daz ain friund den andern ze tode schlüeg...,“ sagt Rudolf v. Habsburg zum Abt v. St. Gallen; Ettmüller, zwei Züricher Chron. p. 56. „Und er und die seinen sol es ewigklichen sein verwiset;“ Kaiserrecht, Cgm. 26, f. 93a.b; bey Senkenberg, IV. Buch, Cap 20: „und sol ez ewiglich verlustig sin her und sine erben.“ e) jetzige Sp.) verzehrt werden durch Moder oder Fäulniß. BM. a. a O. I, 1. Der Leichnam ist verwesen, unverwesen und verwest, unverwest. In dieser Bedeutung sagt man auch verwesnen, welches dem ahd. aruuesanên, senescere, und dem einfachen uuesnên, ags. visnian, marcescere, auffallend ähnlich ist. In iruueran-er, iu, az, confectus senio, labore, maerore scheint blos das ursprüngliche s in r übergegangen. Davon iruuerni, senium. Cf. oben, Sp. 1002; uuernian, satagere. Ob selbst das einfache uuesan gl. i. 83: marcidus, isl. visin-n, hieher gehören möge? Jedenfalls stimmt zu diesen letztern Wörtern das schwäbische weser, schweiz. wes, wesem, adj., pelzig, (von Rüben, Rettigen ꝛc.); vrgl. jedoch auch Wasen, Sp. 1017. Verwesenlich, adj., vergänglich. „Verwesenlîchez leben nâch wunsche hie, davon wær dort noch wol ze göuden;“ Labr. 232. 'Vgl. auch unter verweisen.'

weseli, česk., lustig; s. Th. I, Sp. 210: bedugi, und unten: wuselig.

176 Weßobrunn (Wéssə˜brunn und Wéssə˜sprun), Name eines ehmaligen oberländischen Benedictiner-Klosters. Die letztere Aussprachform entspricht dem richtigern „Weßensbrunn“ des Bennobüchleins v. 1697, dem Wezzensbrunn, Wezzinsbrunn, Wezzinesbrunno der älteren und ältesten Urkunden. Förstemann II, 1491. Vgl. CbmC. 280b, f. 6b: „Jos. Kollmann, Pfarrer zu Weßeszell und Rot 132, f. 88b: Wesseszel. Die neuere Schreibform Wessobrunn scheint, wenn nicht durch die Aussprache Wessə˜brun (vrgl. Rollobatzen, Th. I, Sp. 313), wozu in Urkunden, jedoch selten, Wessenbrunn vorkommt, durch die alte in MB. VII, 372 abgedruckte Legende von einem angeblichen Wezzo, Jäger Tassilo's, veranlaßt. Clm. 901, f. 199. Der Genitiv Wezzines ist aber keinenfalls von einem Nominativ Wezzo.

Die Weis, wie hchd. Weise; (mhd. wîse, wîs, ahd. uuîs, f. und m., uuîsa, f., ital. guisa, franz. guise. Graff I, 1073. BM. III, 754 f. Weigand, Wbch. II, 1047. Diez, Wbch. 191). „Wer die weise kan der fürt dy prawt haim;“ Clm. 12296, f. 219. „Wan daz ir tuot einen wîs,“ (adverb. Accus., auf eine Art); Pf. Amis 1678 (1456). „Wan daz ir tuot in einen wîs;“ das. 1780 (1557). Du wartst hàlt *dánə' Weis* (thust, was du magst) und mi' lauf-t zàppln; (ObrM.). „Man sucht Weis und Weg, ratio initur;“ Voc. v. 1618. Adverbiale Genitive: gesetzter Weis, posito casu, gesetzt. gescheider Weis, im Ernste. lediger, kranker, blinder, gesehender, schlâffender, besoffener, nüchterner ꝛc. Weis, im ledigen, kranken ꝛc. Zustande. Noch bequemer, mit Weglassung des Subst.: kranker, blinder, schlâffender ꝛc. ꝛc., sieh Gramm. §. 874; (—er Dinge?). „Geh, gib mä' 's *g'schribmi* (reimt auf sibmi), was d' sagn willst;“ Lindermayr 39. Vgl. Th. I, Sp. 68: also. „Má geht *woánádö* fort;“ Kaltenbrunner, oberösterr. Jahrb. 1844, S. 247. Diese Ellipse auch in der Samml. Würzb. Verordnungen II, 58. 70. 336. 469. 817. III, 446. 450: „verdeckter, reducierter, ungesäumter, quittierter“ ꝛc. Aus der Weis (mit dem Tone auf aus), über die Maßen, außerordentlich, besonders in schlimmem Sinne; Zeitschr. IV, 66. V, 423. „Margreth: Hä Buə, rödst *aus dä' Weis!* Treinschel: Hä Buə, höltst ins für Narren?“ Lindermayr 35. „Porphirio daz ist ain vogel auz der gewonhait und auz der weis anderer vogel;“ Konr. v. Megenberg f. 123, (Pfeiffer 212,1). Elliptisch: nicht aus (nicht übel) sein; sieh Th. I, Sp. 158. Vielleicht ist Weis hier zunächst als Singweise, Melodie gemeint. Über „modulatione“ setzt das Windberger Ps., Cgm. 17, f. 94a: „mit wisemazze.“ Vrgl. unten Unweis. „In der vollen, trunckenen Weis,“ (in der Betrunkenheit); Selhamer, Avent. Chron. 175. In der närrischen Weis, (im Delirium). ən angenummene Weis, affectiertes Wesen. „Hat sich einer tauben weis angenummen,“ furere assimulavit; Voc. v. 1618. 'Vgl. niederd. *väör d' Wis*, zum Schein; Zeitschr. IV, 134,1?2.' Die Aweis, Abweis (A'weis), seltsame Weise, Unart. BM. III, 756. Grimm, Wbch. I, 150. „Von wegen närrischer Abweis.“ „In ir abweis versieh ich wol;“ H. Sachs. „Aweis treiben, insolescere;“ Voc. v. 1445. „Aweis, mania;“ Voc. 1429. à'weislə singə˜, gegen die Weise, Melodie, unpassend. 'Die Hofweis, mhd. hovewîse, Hofsitte, feine Sitte überhaupt; BM. III, 756.' Die alte (gute) und die (13. Jahrh.) neue (schlechte) Hofweis wird geschildert im Maier Helmbrecht von Wernher dem Gartenære, V. 909—1045. „Er vrâgte in der mære, wie der hovewîs wære, dâ er wære gewesen bî;“ M. Helmbr. 902; cf. 1104. „Hurweis und Ehebruch.“ „Hurweis ist gemein im land.“ „Bis der schlepsack kom herwider von ihr hurweis aus den schlopfecken.“ „Hurweis treiben.“ „So mus der hofweis ich mich verwegen mit tantzen, pankatirn und stechen.“ „Dem gesellen die kargweis (Knauserey) verschmacht.“ „Die Narrenweis.“ Die Vollweis. „Das jedermann dein vollweis muß innen werden, die du treibest bei tag und nacht;“ H. Sachs. Die Unweis. R.A.: Dés is aus der *U˜weis*, über alles Maß.

-weis, adv.: botenweis, als Bote (z. B. gehen). buebenweis (Werdenfels; Hund, St.B. III, 178), als Knabe, im Knabenalter. gastesweis, als Gast. „Die swestern, die gastes weise da weren ze zeiten;“ Alt. Hoh. 11, f. 89. kindsweis, als Kind; Hund, St.B. II, 41. mostsweis, als Most. „Man sol die wälschen Weine mostsweis nicht länger schenken als bis Weihnachten;“ Kr. Lhdl. I, 161. klain-weis (klaə˜-weis), im Kleinen, en détail (kaufen, verkaufen). kreuzer-, gulden-weis, quártl-, quintl-, pfund- ꝛc. weis, nach Kreuzern, Gulden ꝛc. Zeitschr. VI, 131,1?. Er kusst s' und druckt s' halbstunden-weis;“ Lied.

Der Geweis, (ä. Sp.) statt Weis, Weise. BM. III, 756. „In geisels geweis;“ Cgm. XXVII, f. 92. Sieh Benecke's Wigalois p. 181 und 603: „in eines tieres gewise.“ (Vrgl. weisen, führen; das ital. guisa neben guidare; maniera neben menare, mener, von manus).

-weis, Endung von Ortsnamen, die den Hauptton führt, (ä. Sp. -wîs): Enzenweis, Kr. Lhdl. XII, 444 (Enzenwis, MB. IV, 288), Galkweis, Gerkweis,

Moraweis, Schnabelweis, Schwabelweis, Taitenweis (Cgm. 154, fol. 20. 134. 188, Taitenwis, MB. XXII, 18, jetzt gewöhnlich Totenweis), Wachenweis (MB. IV, 288). An das böhm. wes (Dorf) oder an die Endung -wice, z. B. Budegowice, Budweis, dürfte wol nur gedacht werden, wenn die obigen Orte slawische Colonien gewesen seyn könnten. Kärntisch: Ternja-vėś, Terndorf, D'śhnja-vėś, Dessendorf, Drashnja-vėś, Trasendorf; (Jarnik p. 45). Vergl. oben, Sp. 841: Weichs (=Weis, wie Däs = Dächs, wäß = wächs; s. Th. I, Sp. 483 und oben, Sp. 839 f.) und s. unten, Sp. 1031: Beitə'wisn.

weis, adj., (ä. Sp.) kundig, sachkundig; (mhd. wîs, wîse, ahd. uuîs und uuîsi, gnarus, expertus. Graff I, 1068. BM. III, 751. Weigand, Wbch. II, 1046. 1047. Windb. Ps., Cgm. 17, f. 32ᵃ, Ps. 106,27: wihsheit, sapientiam; f. 86ᵃ: wihsliche, sapienter. „Prudentia, weistum;" San-Zenon. 64, f. .... Ind. 192, f. 26). .. „daz sechs weis purger mit irm aide bestäten." .. „daz sol er beweisen mit im selb dritten erbern weisen mannen;" alte Übers. des Enser Stdt.R. v. 1212. weis sein eines Dinges, (ä. Sp.) es kennen, dessen kundig seyn; 'weiß werden (niederd.) eines Dinges, später: ein Ding, es gewahr werden, bemerken; Zeitschr. III, 361. VI, 143,375.' Firmenich I, 51,29. 52,28. 207,36. 208,12—13. 213,18. 232,6. „Die Urtailer waren der urtail nicht weis, und schuben die in den rat gen Amberg;" MB. XXIV, 630, ad 1437. „Und wo sie der Sach nicht weise wären;" Ldtg. zu Straubing 1425. „Des bin ich nit weis;" Cgm. 713, f. 232. „Thu bist es uuis," du bist es kundig;" Otfr. I, 18,15. „Ni bin ih gommanes uuîs, virum non cognosco," sagt Maria, Tat. 3,6. „Jose ni uuard ira uuîs," non cognoscebat eam, Tat. 5,10. „Ni bin ih thes uuisi," Otfr. IV, 23,7. weis komen Einem, (mhd. Sp.): „Jacobe daz wise chom," innotuit; Diemer, Ged. 28,26. weis machen (ahd. Sp. uuîs duan, Grimm IV, 624) Einen eines Dinges, ihn desselben kundig machen, ihn davon in Kenntniß setzen. „Daß ir uns des auch weis macht umb die zerung;" Cgm. 561, f. 15ᵇ. „Uuis duent thih es alles." „Giduan ih thih es uuis;" Otfr. IV, 19,12.52. „Thio buah duant unsih uuisi; das. I, 3,15. In der Folge metonymisch: weis machen Einem ein Ding. „Das macht uns weis," statt: des macht uns (nos) weis, notificate nobis; Cgm. 561, f. 15ᵇ. Bekanntlich wird diese R.A. heutzutage nur mehr ironisch gebraucht. Weigand, Wbch. II, 1046. nasweis, (ä. Sp., vom Hund) erfahren im Riechen, Spüren. BM. III, 753. Weigand, Wbch. II, 247. 1046. „Nasweis hund, die den feind im smack vernemen;" Cgm. 356, fol. 116ᵇ. „Si spuren auch zu stund als die nasweisen hund;" Cgm. 714, f. 178. 'Der Naseweis, Weigand, Wbch. II, 247. Vgl. niederd. *Wisſnût*, Zeitschr. III, 280,51.' cf. Th. II, Sp. 1758. Vrgl. uuîsôn, (ahd. Sp.) kundig seyn, und wîsian, weisen, kundig machen; Graff I, 1065.

weisen (ich weiset, hab geweist, auch mitunter ich wis, hab gewisen), im Allgemeinen wie hchd.; (mhd. wîsen, ahd. uuisian, uuissan, Praet. uuista, Partic. giuuisit; a) dirigere, conducere, (slaw. wedu); b) in-
178 formare, consulere; c) vocare, berufen, arcessire; davon verschieden: d) uuisôn, uuisôta, visere, visitare; informatum esse, scire; e) uuisan, uueis, giuuisan, vitare. evitare. Graff I, 1065. 1067. BM. III, 758. 763. Weigand, Wbch. II, 1047.

a) Die Muetter weist das Kind am Weisband, (Gängelband). Vor dem Rennen werden die sämmtlichen Rennpferde von den Rennmaistern die ganze Ba¹n herumgeweist. 'Der Reiter weist sein Roß. Dé klaə̃n Kinnə' mou mə̃ *weisn* (führen), das s' nét fällnt; (b. W., ObrM.). R.A. Aə̃n *um 'ən Gensdrek weisn* betrügen; (ObrM.). Mit einander weisen, Arm in Arm gehen. Bey Processionen werden Heiligenbilder, die von den Einen getragen werden, von Andern noch außerdem an rechts und links angebrachten Bändern geweist. (Dieses Geschäft heißt *bäntl-weis'n*). „Der Kunig hat die kunigin bey der Hand in jr herberg geweist;" Wstr. Btr. III, 123. 128. „Daz du din erwelten ouz der helle chiammen geweiset hast;" Cgm. 101, f. 23. „Die stat, da Christus geraßt hat, do er zum tod geweist ward;" Cgm. 235, f. 2. „Gib daz almusen so dich got gewîse;" Clm. 4616, f. 53. s. Th. II, Sp. 1610. Einen (nicht Einem) den Weg wîsen; Grimm IV, 621. „Hin wîste mich der waltman einen stic;" Jwein 598. „Diu (juncvrouwe) wîste in die vil rehten wege;" das. 6875. „Den pfluog wîsen;" Troj. 9743. R.A.: Das hat seine geweisten Wege, hat keine Schwierigkeit, nimmt seinen herkömmlichen, bekannten Gang. „Ob ain maister (Oberer) icht tät daz dem chloster schad wär, swelcher ritter des innen wird, der sol in haimlich ze red setzen und in friuntlichen davon wisen;" MB. VII, 241, Ettal. Die landschaftlichen Schiedrichter „wolten sie (die von München) vil guets weisen;" Katzmair 47. Der Weise, (ä. Sp.) Führer; (mhd. wîse, ahd. uuîso, dux. Graff I, 1067. BM. III, 757). „Der Marschalk und die Weisen" (im Kriegsvolk); Suchenwirt p. 10. weise-los, weis-los, ohne Führer, Eigenthümer. BM. III, 757: wîselôs, wîslôs. Vilmar, kurhess. Idiot. 455. „Weislos oder gestolen Vich oder anders Gut;" alte Ehehaftord. „(Maria, du) morgenstern dem weiselosen armen her;" Konr. v. Wirzb., Cgm. 574, f. 1. „Ich bin geschriben gar an der weislosen schar und wil auch imer ainig sein;" Cgm. 270, f. 72 und 379, f. 35. „So si wiselos sint," (die jungen Vögel); Griesh. Pred. I, 108. Der Weisel (mhd. Sp. und noch im Voc. v. 1618: Wîsel. BM. III, 762), wie hchd.; Zeitschr. VI, 180. Impenweisel, dux apum, Bienenkönig.

b) weisen, beweisen, verweisen Einen eines Dinges, (ä. Sp.) ihn dessen kundig machen, bescheiden; Grimm IV, 633 (cf. frnz. aviser, ital. avvisare; vrgl. oben: Einen weis machen, im Gegenhalt mit dem alten neutr. uuisôn, kundig seyn). „Weist ainer den andern, daz er scines guts icht inne hab." „Unz er sein geweist wart," (finche ne fu avvisato); Rechtsb. v. 1332, Wstr. Btr. VII, 8. „Des bewîset mich;" Jwein 5859. 6061. „Als ich sîn bewîset bin;" Wigalois 6737. 'verwîsen, 1) falsch weisen, irre führen; 2) wegweisen, verbannen; 3) überführen. BM. III, 761.' „Jâ, gar verwîsen („verweisen;" cf. verwesen) alten oder gar unwîsen iungen kinden;" Labr. 523. „Wie wær ich dann verwîset!" das. 712, (reimt auf „gespîset"). Claws Bür sagt V. 613 '(Höfer p. 41)': „Men he schal allêne vorwîset sîn (durch den Kirchenbann) unde nicht mit ême de nâbur sîn." 'unverweist, Partic. als Adj.; BM. III, 761 f.' Vgl. unten: verwißen („virweste"), unverwißt. „Swer dem andern seinen acher eret unverweist, und wænt, er sei sein" ...; „mæt ieman ein frömdeu wis unverweist ... er sol swern daz er ez angevær tan hab und unverweist;" Rchtb. v. 1332, Wstr. Btr. VII, 80. 81. „Vor dem gericht sol nyeman weyssen und lern, doch an der sprach mag yederman weyssen vnd lern;" L.R., Heumann, opusc. p. 56. „Weiser eins richters, assessor;" Cgm. 649, f. 574. Voc. Arch. 45. Der Anweiser, Rechtsbeystand von Wittwen und Waisen, von Ehefrauen da, wo sie, vom Manne unabhängig, auftreten, Curator; L.R. v. 1616, 124. 208. Gerichtsord. v. 1520, fol. 26. Rupr. v. Freys. Rchtb., Wstr. Btr. VII, 178, Heumann, opusc. 281. BM. III, 762. (Vrgl. uuîsen, verb. neutr., Otfr. IV, 1,3. IV, 35,7: rathschlagen, Mittel und Wege 179
suchen oder finden). weisen eines Dinges oder ein Ding, es darthun, beweisen. Du kã̃st mə's net *weiss'n*. *Weis mə's*, wenst kã̃st! „Und wo das Zweifel hätte, wollten sie es weisen;" Kr. Lhdl. XIV, 205. „weisen, daß man auf dieselbe Zeit anderswo sey gewest," sein Alibi beweisen. „Erbeut sich der Antworter (der wegen ehrenrühriger Worte und Reden verklagt ist) der Red und Wort auf den Klager zu weisen und wahr zu machen."

„Daß eine Frau mit ihres Manns Insigel nicht weisen mag;" Ref. Ld.R., fol. 40. 61. 65. Die Weisung, Beweisung, der Beweis. BM. III, 762. „Die Weisung dem aufzulegen, wider den ein Verdenken oder Verwähnen;" Kr. Lhdl. XI, 412. Weisungs-Sätze, Beweismittel. Weistag; MB. V, 267. Weis-Artikel. Die Entlibucher (im Canton Lucern) nennen ihren Urkundenband das Wisbuoch. Weistum, 'urkundliche Aufzeichnung von Rechtsgewohnheiten; Weigand, Wbch. II, 1049.'

c) (ahd. Sp.) uuisian, uuissan, vocare, berufen. Graff I, 1065. Notk. 39,6. Kero III, 2,6. Muspilli 8,6. gl. i. 146. 900. „forauuiso, praeco;" gl. i. 1194.

d) weisen Einem, sich bey gewissen Anläßen, besonders Hochzeiten, Geburten, Kindstaufen, mit einem Geschenk bey ihm einstellen, offerre praesentia, (Lex XVIII. de verb. sign. Graff I, 1067. BM. III, 763. „Du wieses in, visitas eum;" Cgm. 17, f. 16b, Pf. 8,5). Birlinger 429. Dem Zins- oder Lehensherrn weisen, ihm zu gewissen, besonders festlichen Zeiten, als Weihnachten, Faßnacht, Ostern, Pfingsten, bestimmte kleine Gaben, z. B. Hühner, Eyer, Käse, Brode, in signum recognitionis darbringen. Der Braut weisen. Durch eine Münchner Rathsverordnung v. 1483 wird bestimmt, „daz niemant ... zu chain hochzeiten mer frawen haben sol dan XXIIII frawen an baiden tailen, und dieselben frawen mogen daz der hochzeit eßen, ob si wellent, und der brawt weisen, und sol auch dhain ander fraw zu der hochzeit gen, noch der Brawt weisen." Dann folgt die Geldbuße für jene, „die ungeladet zugiengend oder weiseten;" Wstr. Btr. VI, 123. Das L.R. v. 1553, f. 100 verbietet das Weisen bey Hochzeiten ganz und gar, nur wenn „Vatter, Mutter oder ander nechste Freund dem Preutvolck ausserhalb der Hochzeit was schenken oder weisen wollten, das soll jnen unverwert seyn." Nach f. 104 sollen diejenigen, „durch die geschenckt oder geweisen wirdet," zwen und funfzig Pfening Strafe zahlen. Das L.R. v. 1616, f. 566 erlaubt die Weisung nur denen von der Ritterschaft, Adel, alten Geschlechten, Räthen und Doctoren. Daß troz solcher unausführbaren Verbote nach wie vor geweist werde, versteht sich. Am Tegernsee wird gewöhnlich, und zwar auf die Nachhochzeit, ə˜ Schilling Aər, 24 Seməln und ə˜ Budə'n in ə˜n Körbə-l *gweist.* Anderwärts (Pinzgau, Hübn. 694) wird am Schluß des Hochzeitmahls geweist, indem man der Braut ganz simpel ein Stück Geld gibt, wofür sie Einem die Hand küßt. Die geweiste oder geschenkte Höchzeit, eine solche, wobey geweist wird. Vrgl. Th. III, Sp. 432: schenken. Einer geistlichen
180 Braut, Nonne weisen. „Item swester Anna Knoglerin jr pruder hat ir XLII dn. geweist zu ir profess." (1519) „hat man der swester Barbara Wagner den orden angelegt, und man hat ir auf den gemelten tag jrer geistlichen hochzeit am rebvenster geweist;" Altenhohenauer Wirthschaftsbuch, Cgm. 697, fol. 45. 197. Der Kindbetterin weisen muß, nach der Landessitte, 14 Tage oder 3 Wochen nach der Entbindung die Gevatterin. Was sie weiset, besteht gewöhnlich aus Semmeln, Butter, Eyern, Backwerk, Bier, Wein, Kaffee, Zucker und drgl. An einigen Orten weisen alle diejenigen Personen, die bey der Kindstaufe zugegen waren. Wer Freunde oder Verwandte zur Kirchweihe besucht, um ihr Gast zu seyn, pflegt an der Wirm Butter, Schmalz, Eyer, Branntewein und drgl. mitzubringen, d. h. zu weisen. beweisen. Eine Frau bewidemen und bewisen, ihr ein Witthum aussetzen. Schultes, histor. Schriften I, 184. Die Weisung. Weisungswegk, (Grabfeld) Brodwecken, der der Herrschaft geweist wird. „uuisunga, oblatio," Notk. 50,21; visitatio, Tat. 116, (Luc. XIX, 44). BM. III, 763. Das Weiset (Weisəd), die Darbringung eines Geschenkes wie oben; das Geschenk selbst; (mhd. wîsât, wîset; vgl. ahd. uuîsôd; Graff I, 1112 f. BM. III, 763. Cf. česk. weysada, privilegium; weysadny, á, é, adj., privilegiatus, a, um, destinatus). Birlinger 429. Zeitschr. V, 373). „Daß die Weisat oder Hochzeitschankung ab seyn sollen;" L.R. v. 1553, f. 100. Ins Weisat gên, kommen, zu einer Kindbetterin ꝛc., wo denn gewöhnlich ein kleines Mahl statt hat, welches ebenfalls Weiset heißt. „Weissaat an Geflügel, Eyern, Hutzucker ꝛc." von Seite der Gevatter an die Kindbetterin zu senden, wird verboten in einem bayreuth. Reglement v. 1738. Bey Begräbnissen wird Brod und Wein als Weiset für den Geistlichen auf den Altar gebracht; (Hübn. Salzb. 750).

Um's Kindähöbn und Gvatersleut
wär·s eh ä säligs Ding ...
Habnt si' nöt beim *Weisät* iewel —
Mannä, is·s dälogn? —
untä' lauter Anrichtschüſſeln
alli Tisch recht bogn?

„Grôz wîsôt („weisseid") er (der gebûre) nicht verbirt, unz er des guotes âne wirt; S. Helbling VIII, 865. „Dô ich daz wîsœde („weisode") ze phinsten sînem vater liez;" das. XV, 296. Vgl. Th. II, Sp. 855: Gäuhuon. Weisat, Weisot von Grundstücken, MB. passim, z. B. II, 460. 492. III, 364. XXI, 376. XXII, 131. XXIV, 70. 333. 344. 426. 457. 600. „Pro wisaede;" Lori, LechR. 22. „Ze weseiden;" Gem. Reg. Chr. I, 515. II, 113. „Tres visitationes vulgariter wisöde dictae pullusque vascaneus;" Regesta b. IV, 605, ad 1295. „II schilling heller zw wihennachten fur wisath;" Cgm. 4851, f. 166, (Franken). Über den porcus visitatorius zu Weihnachten (MB. XXII, 21. 131) vrgl. man Th. II, Sp. 1284 f.: Schweinfür. „weisaden, exenia;" gl. bibl. v. 1418. „Daz erste wisod, primitiae;" gl. Winnerl. „Cehenten, huregiu (primitiae), antheizze umb die sunte, umbe fride, oblei, wisode, cehentbuozze unde endriu chirhreht;" Windb. Psalter, Cgm. 17, fol. 97b. Hier ist wisode wie wisoda (xenia, prima dona, gl. Docen.) ein Masculinum (plur.). „wisode vel oblei;" gl. i. 242. Von dem Fischer, der seinem Herrn, statt der Fische, eine aus dem Wasser gezogene Frau bringt, heißt es in der Kaiserchronik: „Des morgens do man enbaiz, do bracht er deu frawen, gotwaiz, ze hof fur den maister sein; solchen weisot tet er schein." Diese das s führenden Belege aus dem 13. bis 10. Jahrh. setzen den Unterschied des vorliegenden Wortes von dem ahd. wîzod, altſ. witod, goth. vitôth, lex, testamentum, sacramentum, eucharistia außer Zweifel. (In der Bedeutung eucharistia sey wîzot entstellt aus wîh-zoht, wîh-zuht, heilige Nahrung, sagt Dr. Roth nach Vollmer; 5 Novbr. 1851. s. unten: Zucht, c.). Nach einer alten Verfaimungsformel (Cgm. 705, f. 92) „ist geweist der leib (des Verfehmten) den frauen 181
vnd den arren und dem gefügel .... vnd die seel wa si gott der herr hinschidt und fuegt." Hiernach ließe sich dieses weisen ganz einfach als darzeigen, darbieten, hingeben nehmen. Vgl. fürweisen, präsentieren; (ObrM). Doch ist eine solche Bedeutung in der ahd. Sp. nicht eben gewöhnlich, und es scheint daher eine Rücksicht auf das alte, mit dem lateinischen Wort wol nicht blos dem Sinn nach übereinstimmende uuîson Eines, visere, visitare quem (goth. veisôn) mehr als zu entschuldigen. „Daz ih die in chardare warin vnd mit siehctôme bevangen waren daz ih dere nie so gewisoto so ih solte daz riuet mih;" Benedictbeurer offene Schuld im Cgm. 4552 (sec. XII.), f. 150; (das o offenbar statt e, da zweimal auch goto statt gote, gefrumeto st. gefrumete). Cf. Graff I, 1076: gastuuissi, hospitium.

e) (ahd. Sp.) uuîsan, biuuîsan, ar-, ir-, uruuîsan, (Praet. uueis, Partic. gauuisan; Muspilli 24. MM. 1. gl. a. 390. gl. i. 102. 848. 856. 925. 996. 1192. cf. Otfr. V, 19,58), vitare, evitare, subterfugere. Graff I, 1065.

abweisen ein Barbiermesser, es am Stein oder Leder abziehen. abweisen ein Stück Bauholz, es mit der Röthelschnur markieren, um es zum Balken zu behauen. fürweisen einen Geistlichen zu einer Pfründe, (ä. Sp.)

ihn präsentieren. MB. XIX, 75. 76. 95. 119, ad 1402. „Die Lehenschaft oder Fürweisung eines yeglichen caplans, das man nennt ze latein jus patronatus;" Urk. v. 1418. verweisen Einen auf etwas, ihn zum Nutznießer oder Eigenthümer davon erklären, besonders eine Ehefrau, was die Widerlegung oder die Morgengabe betrifft. Kr. Lhdl. V, 189. Der Verweis, die Anweisung in obigem Sinn, das Vermächtniß, die Verschreibung. MB. IX, p. 314 ff. „beruft sich eine Witwe auf ihren Verweis und auf ihren Verweisbrief vmb jr heyratgut, Widerlegung und Morgengab lauttende." „Er bestätigt jren Verweis auf Ehhingen;" Hund, St.B. I, 12. 13.

weiß, adj. Die Sibilla weiß (mit dem Ton auf weiß), Sibylla vaticinans, ein altes Volksbüchlein mit Orakeln. D' *Sibllə weis* prophezeit bösé Zeidn. Weiß ist hier kaum aus Weißagung entstellt, und vielleicht erlaubt gl. i. 238 „uuizun vel uuizagun, divinos" auf ein altes adj. uuîz oder uuîzo, vaticinans, zu schließen. „Thaz thu es weses wizo," ne id ignores; Otfr. II, 9,19. Grimm IV, 590. Vrgl. übrigens unten: Bilwiß und Witz.

Der Weißage, des Weißagen (veraltet), Prophet, (mhd. wîssage, wîsage, entstellt aus ahd. uuîzago, agſ. vitega; Graff I, 1123. BM. III, 785. Weigand, Wbch. II, 1048. Ehrentraut, fries. Archiv I, 405: wangersch Wittîcher, Wahrsager). „Daß ich eins Weissagen haubt geküst hab;" Buch d. Weisen 1485, f. 85. „Das ist mir ein Weißag;" H. Sachs 1612: IV, III, 224. weißagen (mhd. wîssagen, wîssagen, ahd. uuîzagôn, agſ. vitegian), prophezeyen. H. Sachs (a. a. O.) trennt: „Wie mir mein Hinder saget weiß." Die Weißagung. Vrgl. d. vorige Wort.

Die Weiße, (ä. Sp.) Strafe, Pein, poena; (mhd. daz und diu wîze, hellewîze, ahd. uuîzi; Graff IV, 1117. BM. III, 783). „Tätends (täten sie es) mit fleiß so gewunnends drum kain weiß und bestiendend als ain byderman;" des Teufels Segi, Wallerst. Ms. v. 1449, (Barack p. 357,11251 Anm.). Suppliciis, wizcen;" Cgm. 17, f. 24b. „Den brohte der engel zu den helle wisen (statt wîzen), daz er gesehe die grosse not der armen selen;" Cgm. 5, f. 238b. Sieh Weize.

weißen Einen, ihn strafen, bestrafen; (mhd. wîzen: ich wîze, Praet. weiz, Part. gewizzen, ahd. uuîtan, isl. vîta; Graff I, 1089. 1114. BM. III, 781). „(Im Purgatorium) werdent die selen geweisset, die erlöset sullent werden, das sie da inne gefeget vnd gerainiget sullent werden,;" Cgm. 762, f. 65a. „Mînen bruoder ich unrehte weiz, wan ich in drumbe ze tôde beiz;" Grimm, Reinh. p. 307,115 und p. 371. Sieh weizen.

182 verweißen Einem etwas, es ihm strafend vorwerfen, als Fehler, Vergehen vorhalten, exprobrare, (mhd. verwîzen, ahd. firuuîzan; Graff I, 1116. BM. III, 782. Weigand, Wbch. II, 985. holl. verwiiten. Firmenich I, 18,32: verwitten), hchd. verweisen, (und schon im Voc. v. 1429 verwisen, als ob es zu weisen, ahd. Sp. uuîsan, gehörte). „Yedoch den selben Ibsern daz so vast nit zu verweissen was als den andern steten alsand;" Mich. Beham, Wiener 214,28. „Du lebst in grossen sorgen von frawen wegen. Nun lug und nim eben war, das es dir nit werd verwissen, wan du wirst von jr beschissen;" Losbuch, Cgm. 312, f. 116b. „Es wurd im bald verwissen, wie ist der so gar beschissen;" des Teufels Segi, (Barack p. 413,12970). „Ich han durch mine hohjart den lüten dicke verwissen ir armût und andern irn bresten;" Beichtformel v. 1289, Clm. 213, f. 187. „Und dasselbe verwissen ouch im die schacher die mit im gecrucegot waren;" Evang.-Pericopen (sec. XII.—XIII.), Mone's Anzeiger IV, 486. „Sie verwîzent mir, daz ich sô nidere wende mînen sanc;" Walther v. d. V. 49,31. „Gnuch haben wir in ferwizen;" Diut. III, 56. „Zwiu verwîzet ir mir daz;" Nibelungen 9489 (Lachm. 2281). „Kint sint nu traz und unverwizzen;" Renner 14862, (gereimt auf „flizzen"). „Ja denck Sie, was am Mändi mirr fürr a Streich bassirt: I will *Gott unverwisse* in d' Achte-Pretti gehn, und henck er (ihr, der Magd) 's Kopfe-Küsse, wo 's Kind verbrinzelt het, nechst an de Offe hien;" Straßburger Gespräch zwischen Juliana und Ursula (v. 1750—60), gedruckt in Radiusiana I, (s. Schmeller, d. deutschen Handschr. der k. Hof- und Staatsbibliothek zu München p. 561,15), neu abgedruckt in Bergmann's Straßburger Volksgespräche (1873), S. 16, wo jedoch auf S. 27 f. dieser Ausdruck, wie so mancher andere in diesem Buche, unrichtig erklärt wird. Vgl. Martina 129a: „Dike er gote verwîzit daz er unrehte teile; doch s. auch unter wißen.' Das einfache weißen, wîzen Einem etwas der mhd. Sp. hat sich — vermuthlich wegen Vermengung mit weisen — verloren. „Der vater weiz in, daz ...," verwies ihnen, daß ...; Diut. III, 105. „Weme ichz wîzen sol, wan den rîchen wîze ichz und den iungen;" Walther v. d. V. 42,35; cf. 44,35. 50,30. „Waz well wir im nû wîzen?" Grimm, Reinh. 305,399. Noch hört man an der Pegnitz statt Verweiß die Bildung Beweiß: Einen Beweiß bekommen. `entweißen, mhd. entwîzen, strafend vorhalten, vorwerfen; BM. III, 782.' „Daz im (Christo) die iuden und die haiden entwissen sein gothait und sein gûttæt;" Gesta Rom., Cgm. 54, f. 12a, (Keller p. 24). Vrgl. Itwiß, wißen und weizen.

weiß, adj., wie hchd.; (mhd. wîz, ahd. huîz, altſ., agſ., isl. hvît; Graff IV, 1242. BM. III, 780. Weigand, Wbch. II, 1049); verstärkt: riselweiß, schlottəweiß ꝛc. Zeitschr. V, 194. s. Th. III, 147. 539 und Zeitschr. VI, 469, IV: schloßweiß. zichweiß. „Stibium, zichwiz varbe;" gl. a. 818. Diefenbach 552b. „Wîz hoffenunge wîset," Bedeutung der Farben; Labr. 244. Die Weiße, Weißen, subst., (mhd. wîze, ahd. huîzi, candor). „Der sampstag in der wiße, sabbatum in albis;" Voc. Melber. Die Weißen am Himmel, Milchstraße. weißen, weiß übertünchen; Partic. geweißt und wol gar mitunter auch gewissen; (mhd. wîzen, ahd. huîzan, gihuîzet; Graff IV, 1244. BM. III, 781). weissingə˜, ausweißen, (wie vo'keltingə˜, verkälten); ObrM. Verweißet, (kärnt.) Speisenfett, slowen. sabél (s = česk. z), v. bél, weiß. Jarnik p. 47; vgl. Lexer, kärnt. Wbch. p. 234. Die Weiß (Weiſſ), Kalk zum Tünchen. weißärmlet, sieh Th. I, Sp. 144. Die Weißbuche, Hornbaum, carpinus betulus; (Ir.). Nemnich I, 895. weißfueßet, sieh Th. I, Sp. 769 f. `Der Weißkäufer, Freikäufer, Marktdieb; Weigand, Wbch. II, 1048. Zeitschr. III, 419,623. VI, 80 f.' Der Weißmacher, Spielzeugmacher, dessen Material dünne Bretter aus weichem Holz; (Nürnb.; Rath Her). `Der Weißmaler, (Augsb.) Weißgerber, der feines Leder zu Hüten, Taschen verarbeitet. Birlinger 433. BM. II, 25.' Der Weißpfenning, denarius albus, Albus; s. Th. I, Sp. 431 und Vilmar, kurhess. Idiot. 445. Weißen-, als erster Bestandtheil in Ortsnamen, kann in einigen Fällen von Wîzo (Wîgberht, Ecc. Fr. or. I, 373. Förstemann I, 1281. 1294. 1332. II, 1562 ff.) abstammen.

weuseln (woisln, wuisln), winseln, wimmern, ächzen, jammern. Die Wuisl, Schwéstə' Wuisl, Person, die immer zu klagen hat.

Die Wis und Wisen, wie hchd. Wiese; (mhd. wise, ahd. uuisa, gen. wisa und wisun; Graff I, 1077. BM. III, 705. Weigand, Wbch. II, 1082. Niederd. *Wiske, Wische, Wisch;* Firmenich I, Zeitschr. II, 43,22. 183,3. IV, 268,1. V, 301. VI, 430,24). „Zu Furt und zu Neukirchen heißen Wiesgründe unterhalb Mühlen ám Mülêiə, — etwa Echern. Diesen Namen Egə'n haben auch einige Wiesen;" (ObrM.). `Vgl. Th. II, Sp. 941 f.' „Mir hât gemachet ein rise mîne huobe z' einer wise;" Iwein 4464. „Die wisen, der wisen;" MB. IX, 270. „Die Wis, der Wis;" Wstr. Btr. VII, 107. „Verkauft jme ein Wisen, genannt der Wolfher;" Hund, St.B. II, 74; vrgl. Th. I, Sp. 97. Auf der Wis, Name eines Wall-

fahrtsortes bey Freysing, eines bey Staingaden. Unser Herrgott auf der Wis. R.A.: Dés is mər ə˜ gmáts Wisl das kommt mir eben recht. „Und dieweil die Römer selbst einander verderbten, war es den Teutschen ein eben Spil und gemähete Wisen;“ Avent. Chr. 253. Vgl. Balkn. 117: „Das rauch geferte daucht mich ain gemayget matte;“ Th. II, Sp. 1549. 's Lisə-l hàt ə˜ Wisə-l; — cfr. λειμών in des Euripides Cyclopen. Konr. v. Wirzburg: „Von der bir,“ in Myller's Sammlung III, XLI; cf. Engerlin, Th. I, Sp. 106. — Mit diesem Citate meint Schmeller wol V. 37 jenes dem Konrad v. Wirzburg zugeschriebenen Schwankes: „Dô er in die wise kam, daz die vröuden zuo sigen,“ wo jedoch v. d. Hagen, Ges. Abent. I, S. 221 wîse liest und dazu in den Lesarten S. 538 bemerkt: „lies ez für er“). Die Alt-Wisen, sieh Th. I, Sp. 72. Die E-Wisen oder Garten,“ nach der Lds.Ord. v. 1553, f. 117 zu keinem Heuzehend verpflichtet. Das L.R. v. 1616, fol. 327 hat Ehewis in Heuwis umgetauft. Vgl. Th. I, Sp. 5. Die in andern Chroniken sogenannte Bechwis, auf der a°. 1322 eine Schlacht vorgefallen seyn soll, heißt bey Rauch, sc. r. Austr. II, 309 die gickelveh (bunte) wis. s. Th. I,
183 Sp. 701. „Oberthalben Landshuet auf der gickelvehen wisen.“

„M. ter C. que nota sit x bis. binaque iota
Octobri mense quart. kal. rex vincitur ense
F. (Friedrich d. Sch.) et captatur et ab L. (Ludwig d. B.) tunc exsuperatur;“

Cod. San-Nicola 190, fol. ultimo. Die Hartwis, Holzwis 2c. Idistavisus wird von Grimm (altd. Bll. 1836, S. 373) mit Idavöllr verglichen: schönste Wiese. Haupt's Zeitschr. IX, 248 f. Mythol.² p. 372. Förstemann II, 827. Das Dorf Beitəwis'n am Beitəbach außerhalb der Innstadt (von Passau). Woher der Name Bojodurum? Von einer Wiese (pratum) kann in diesem engen Thale keine Rede sein; das Wort Wis'n muß also eine andere Bedeutung haben. (Diese Bemerkung auf einem eingeklebten Zettel ist nicht von Schmeller's Hand geschrieben). Vgl. Verhandlungen des histor. Vereins v. Niederbayern, I. Jhrg. (1846), S. 27. ff. über Bojodurum. — Wiesennamen, s. auch Zeitschr. IV, 160 f. Der Wisbâum (Wisbám, o.pf. Wischbám, O.L. Misbám); Weigand, Wbch. II, 1082. Pfeiffer, Wörterb. zu Konr. v. Megenberg p. 789. Zeitschr. III, 192,85. IV, 283,91. 502,28. V, 479. „Si was so starck, das si wol ainen wispaum uz der erden het geprochen;“ Cgm. 99, f. 78. Vgl. česk. pawuz, pawuza, Heubaum, von wůz, Wagen; kärnt. vesa, vesba, vesilo, Band, von vesati, binden; (s = česk. z). Jarnik p. 44. Wisgelt, Wisgült, Art Lehenabgabe in Geld von Grundstücken; MB. passim, z. B. X, 481. XXII, 471. XXIII, 185. 545. „Wisgŏm, pellicanus;“ Clm. 19488, f. 121. Diefenbach p. 421ᵇ: pellicanus, husegumo, husegoume, husegome, hisigom, wisegoum, sisigomo, sisegomo“ 2c. und vgl. Th. II, Sp. 913. Der Wishaber, (Nürnb., Hsl.) an einigen Orten statt des Heuzehends entrichtet. Der Wishai (gl. a. 849: uuisehaio, praturarius); sieh Th. II, Sp. 1022. Das Wismât (Nithart XXXII, 5: wisemât); sieh Th. II, Sp. 1568. Das Wiswaßer. „Ir wort sein stet als ain wiswaßer,“ d. h. höchst wandelbar; (von einer pfeffin), Mich. Beham, Cgm. 291, f. 26.

Wîser, Alwîser, Wîseli, Wisel, (schweiz.) Aloysius; Wisel, Wiseli, Aloysia. Zeitschr. VI, 456. 462.

Der Wisel, sieh Weisel.

Die und das Wisel, wie hchd. das Wiesel; (mhd. wisele, ahd. uuisala, uuisila, uuisula, mustela vulgaris; Graff I, 1078. BM. III, 771. Weigand, Wbch. II, 1082. Diefenbach 373ᶜ. Nemnich II, 678. In den Statut. ord. Cluniac. des Petrus venerab. cap. 17 ist veso ein ähnliches Thier). 's Wisl hàt unsə' Kou à˜blàs'n. Hàt dé' éppə-r-á'-r-ə˜ Wisl à˜blàs'n? sagt man zu einer ledigen Schwangern; (ObrM.). „N. von einem vergifften Wißl gebissen;“ Benno-Mirakel. „Die wisel ist ein thierlein rein, Basilisc stirbt vom ruche sein;“ H. Sachs 1612: II, II, 219. 221. „Solînus spricht, daz si (diu wisel) den unk ertœt, der ze latein basiliscus haizt, der den menschen ertœtt neur mit seinem gesicht und andreu tier mit dem âtem, sô nu der unk tôt ist, sô stirbt auch diu wisel;“ Konr. v. Megenberg f. 91, (Pfeiffer p. 152,19 ff.). „Die wisel smecket in wazzer wol, uf erden ist sie stankes vol:“ Renner 19949. Der gemeine Mann hält das Thierchen für giftig, und traut ihm auch sonst allerley geheimnißvolle Kräfte zu, weswegen er es, statt beym rechten Namen, gerne mit einem hypokoristischen nennt. Als solcher ist im O.L. gewöhnlich das Schœn-Tierlein, um Nürnb. das Schœn-Dinglein. (Ob das illyrische lasica zu laska, Liebkosung gehört?). In den Sette-Comuni heißt es das Vrœle, Fraulein, nach dem ital. donnola, portug. doninha; („La donella, die wissel;“ Voc. venez.-todesc., Ms. v. 1424, f. 32). So nennt man es nach Frisch hie und da Jüngferchen, und selbst im Neugriechischen νυμφίτσα. Auf ähnlichen Vorstellungen muß der spanische Name comadreja (wol von comadre, Gevatterin, Hebamme) beruhen. Grimm, Reinh. p. CCXXIV. Dietz, Wbch. p. 480. Bey Henisch heißt sie die Deißel, worüber man man an Deis in Grimm's Mythol.² p. 373 f. zu denken versucht seyn könnte. Die Wisel soll nach der Fabel, jungfräulich genug, durch das Ohr empfangen, durch den Mund gebären. (Gabriel sprach: dv scholt durch din or enphahen des di engel ie ze herren iahen;“ Ald. 111, f. 151ᵇ). Vrgl. Grimm, Mythol.² p. 1081 „(Maria) bî dir bezeichent ist diu wisel, diu daz hermelîn gebar, daz den slangen eitervar ze tôde an sîner krefte beiz;“ Konr. v. Wirzb. Cgm. 574, f. 2; W. Grimm, gold. Schmiede V. 160 und p. XXXIV,9.

Der Wisent, ä. Sp., Büffelochse, bos bison; (mhd. wisent, ahd. uuisant, uuisint, uuisunt, bubalus, visuntus; Graff I, 1078. BM. III, 771. Weigand, Wbch. II, 1093). „Bubalus, ein wisent;“ Clm. 5008 (XV. sec.), f. 148. Bubalus, wisentier;“ Mallerst. 32, f. 312ᵇ. „Bubellus, wisentier;“ Clm. 4350 (XIV. sec.), f. 3. „Swenn ein ieger dem wisentier sin iungiu nimpt, so kumpt er schier in grozzem zorn gelauffen nach;“ Renner 19253. Diefenbach p. 82ᶜ. s. Th. III, Sp. 130: Riep. Da das Thier in unsern Gegenden der Cultur gewichen, ist es nur noch in Eigennamen, die, wie Thiernamen überhaupt, auch auf Personen gehen konnten, übrig. Schon bey Procopius (ed. 1607, p. 194) heißt ein Gothe Οὐίσανδος. Grimm, Gesch. d. d. Spr. 429. MB. XXVIII, II, 77 ist statt Wiusundus wol Uuisundus zu lesen. Noch kommt Wiesand, Wisent als Geschlechtsname vor. „Ainer, hieß der Wisent... wart im ungelt hubmaister;“ Mich. Beham, Wiener 222,1. „Der bropst und der Wisent van (Kloster) Newenpurg waren schuldig an;“ (entweder Tauf- oder Familienname, eher letzteres), das. 214,21. Wisenstaig st. Wisentsstaig, (ahd. Sp. Uuisuntesstaiga, Lexic. v. Schwaben II, 1124. Förstemann II, 1560). Wisentshart, Freyb. Samml. III, 209. Wisent-au, Wisent-haid (vgl. Hirshaid, zwischen Nürnberg und Bamberg), Wisentfeld; Regesta b. II, 11. III, 25. 419. IV, 323. „In pago Durgauua in loco qui dicitur Wisuntwangae,“ (Wisendangen, Grafsch. Kyburg); Neugart, cod. diplom. Alam. nr. 168, ad 809. Förstem. II, 1560. Vgl. oben, Sp. 957: der Wang. Wisentfels, die Burg; Aufseß, Gesch. des Hauses Aufseß I, 27. Die Wisent als Fluß für Wisent-Ach? Förstem. a. a. O. Vrgl. Wirnt, Sp. 1002.

gewis (gwis), 1) adj., wie hchd.; (mhd. gewis, ahd. giuuis, gen. giuuisses. Graff I, 1106. BM. III, 795. Weigand, Wbch. I, 434. Vgl. niederd. wis, Zeitschr. III, 279,19. IV, 131,68. V, 137,8. VI, 493). gewis machen, verbürgen. „Ist er nicht gewis (ist man seiner Person nicht sonst sicher) so sol in der richter vahen;“ 184
Rchtb. Ms. v. 1453. „Ist aber er nit ein gewis man, man sol über in richten mit der schrayat;“ Cgm. 322, f. 36ᵃ. Gewisser Bot, s. Th. III, Sp. 424. „Swer

ein gut hingeit ân tadel, und sprichet daz es gewis (zuverlässig) sei und er wizze chainen tadel daran;" Rchtb. v. 1332, Wstr. Btr. VII, 164. Das Gewissere ('s Gwisse') spilen, die sichrere Partie ergreifen. Im Druck von Burc. Waldis steht: „will lieber das gewissen spilen."

gewiss (gwis), 2) adv., a) wie hchd.; (mhd. gewisse, ahd. giuuisso). b) unbetonte Einschaltpartikel, durch welche man zu verstehen gibt, daß man etwas nicht mit Gewißheit, sondern nur auf ein Hörensagen hin ausspreche. I~n Kriachə~lant drin solls *gwis* iətz widə' andə'st ge~; tuət *gwis* də' jung Küni' iətz sᶕl' regiə'n. Dər N. hàt ſi' *gwis* və'laut·n laſſ'n, er well mi' və'klàgng. „Der fünft (Meistersinger) Herr Walther hieß, war ein Landherr aus Böhmen gewiß von der Vogelweid;" Wagenseil 506. 510. gwissə wol, (Pinzg.) wahrscheinlich. Der alten Conjunction giwisso für enim entspricht das gistie, zagiste, (jistě, zajistě) der čechischen Evangelien v. 1538, z. B. Matth. II. 4. vergewissen Einen eines Dings, Einem ein Ding versichern. BM. III, 796. „Ich vergwisse dich deiner Seligkeit;" Predigt. „Einen vergwisen, certum facere, securum reddere;" Voc. v. 1618. „... soll der anklager dem antwurter vergewissen ..., daß er gegen diesen das, was allenfalls zuerkannt wird, erfüllen werde, indem dieser „sunder dehains (solchen) vergewissens" nicht vor Recht zu kommen schuldig;" MB. IX, 271. „... so sollen alle, die in anveindent, sein gůt vreunt sein und in der getat gar verwissen, (verwizzen? ihn amnestieren, die That als ungeschehen betrachten? sie ihm nicht zeihen?); Münch. Stdtb. §. 247, 'ſ. BM. III, 790 und d. folg. Artikel.' Die Gewishait, 'Sicherheit; BM. III, 796.' „Wer einen grausen gen dem andern hat, der mag wol sprechen: herr richter, nempt mich und den in ein Gewishait, daz wir ân recht mit einander nicht ze schaffen sullen haben;" Chiemseer Stiftrecht v. 1440, MB. II, 432. Ungewishait heißet im Rchtb. v. 1332, Wstr. Btr. VII, 172, das Vergehen eines Knechtes, der sich mit dem Gelde, das er seinem Herrn holen soll, aus dem Staube macht. BM. III, 796.

wißen (ich waiß, du waißt, er waiß, schwäb. er waißt, Zeitschr. VI, 94,6,24. 120,81; wir wißen ꝛc., Praet. wisset, O.Pf. west, ä. Sp. weste, wiste, Partic. gewisst, O.Pf. gewest, ä. Sp. gewest, gewist; sieh Gramm. §. 928. 943. 963, Kartsch I, 16: *wuſst·i*, wüßte ich; wan a's *wustat*, wenn er's wüßte;" das. 15. II, 69. Zeitschr. II, 112. III, 207,18), wie hchd. wissen; (mhd. wizzen: ich weiz, wir wizzen, Praet. wisse, wesse, wiste, weste, ahd. uuizan: uueiz, uuizumes, Praet. uuissa, uuessa, uuesta, Partic. giuuizan; altſ. uuitan, agſ. vitan, isl. vita. Graff I, 1089. BM. III, 785. Weigand, Wbch. II, 1093 f. Grimm, Gesch. d. d. Spr. 905). Hin, her, nauf, nəi~ ꝛc. *wiſſ'n*, d. h. den Weg. *Nét wiſſ'n, is mə-r-ə~ Deənl odər ə~ Buə'*, (ə~ Mà~ odər ə~ Wei'). „Dass i oft selbm *nimmer gwuſst han, wo i ä Mann oder ä Wei' bin;*" Lindermayr 152. *Waaſt?! waaſt wol?!* beliebte Einschaltungsformel der gemeinen Rede. Zeitschr. III, 324.) *Waaſt leicht*, das versteht sich, ganz natürlich. *Waaſt wàs ·s is?* als Ankündigung eines Endgebotes bey Käufen und Verkäufen. 'Wizze Krist! mhd. Betheuerungsformel: weiß Gott!' „On vorcht ain clainez besser ist dann vil mit vorchten wisse Crist;" Boner, Em. D. 58, f. 137. „Den ir spise tivre ist, die sulen lesen disen salm (Adtendite popule meus legem meam) wizze krist!" Ald. 111 (v. 1250), f. 70. „Swelhe mensche umberaten ist der sol lesen disen salm (Laudate dominum quia bonus) wizze crist;" das. f. 133. 'Weiß Gott! Betheuerung; Zeitschr. III, 348.' *God waas wiə*, (ObrM.). 'Waiß Gott, wie ..., sehr; Zeitschr. VI, 504,26. Vgl. waiß wie.' „So nim ich wais nicht was und tue im ich wais wie;" Ind. 355, f. 230b. „Da ward küng Adolf erstochen, man west wie, wann er sich selb dritt gelich gewappent het in seinem wappenklaid, da wurden uf in zwen weiss hantschuch geworfen. daz tet der den küng hingab. do der kung funden ward uf der walstat tot ligend er was als blozz als da in sein muter naken gebar;" Kaiserchronik, Ms. sec. XIV. (zu Aufseß), german. Mus. 2733. nicht waiß wie ..., anstatt: nicht waiß ich wie ...; Cod. iconogr. Mon. 3, f. 38. Häufig ist, mit Weglassung sogar der Negation, besonders im O.L. die R.A.: waiß wie (waəs wiə, vielleicht noch statt ich **ne** oder **en** waiß wie), über die Maßen, sehr. Zeitschr. III, 217. V, 104,18: *woaſs wùs, woaſs wiə*. Schœn, guet, bœs ꝛc. waiß wie, außerordentlich schön, gut, böse ꝛc. əs froist mi' *waəs wiə*, friert mich sehr. Dés gfällt mə' *waəs wiə*, gefällt mir überaus. „Lazarus stunde waiß wie." „Der Priester möcht uns waiß 185
wie ausschelten;" Procopius. Möglicher Weise ist sogar das gleichbedeutende, weiter verbreitete əs wiə (ſ. oben, Sp. 827) nicht aus als wie, sondern aus diesem waiß wie entstanden: *əs wiə vil, əs wiə lang*, sehr viel, sehr lang. ObrM. schreibt *áſs wiə:* Gestə'n bin I enk *áſs wiə* də'fraə'n. „Beym hannentanz da machtens wunderlich kramantz, daß man jhn thet weiß wohin sehen;" H. Sachs 1612: I, 1066. „Ihr stellet euch, als wäret ihr waiß was für Hailige;" Procopius. Vrgl. naißwer, naißwie, naißwaß, naißwa ꝛc., Th. II, Sp. 1742: naimer ꝛc. „Das mir naiswas die stimme behub;" Heumann, opusc. 437. „Koment sie neiswa zu einem waßer;" Suso's Leben. „Daz übersach sie neiswie;" Cgm. 819, f. 86. „Do wart Joseph innen neizwaz unrehtere minnen." „Er tet neizwaz werche;" Diut. III, 90. 95. Hieher auch das bregenzerwälderische „noises," etwas, „noise," irgendwo. „Wer ein übel weib hab, der thu sich ir bezeit newert ab;" Cgm. 713, f. 46b. Sich verwißen, a) bey Verstandeskräften seyn; orientiert, seiner Sache sicher seyn. BM. III, 790. Kärnt. Dial. sich verwissen, sa viedati se; Jarnik p. 41. „Du dei chint gewuchsen, daz si sich ferwisten;" Diut. III, 57. „Fünf erbar man, die sich umb Eisenbergwerck wol verwissen und verstehen;" Lori, Brg.R. 46, ad 1455. „Was sich der pock verwais des vermaint er sich auff dy gais;" Clm. 12296 (XV. sec., 1446), f. 199. I~n Holz drin hàt *ſi'* də' Wégweiſə' sᶕl' nimmə' *və'wiſſt*. Er würde nicht also handeln, wenn ə' *ſi'* nét *və'wiſſət*. Buə'! dèr *və'waiſs ſi'*, der hàt Batz'n! „Sich nit verwissen, stupere — vitae nescius ipse suae;" Voc. v. 1618. „unverwißt, (ohne Bewußtseyn) ligen;" Benno-Mirakel v. 1697. BM. III, 790: unverwizzen, unbewußt; unverständig. Im Unverweiß. „So hatte Tirol, wie man sagt im Unverweis — ohne es zu wissen und zu wollen — Blätter von einer bestimmten Farbe;" Allgem. Ztng. 1849, Beil. S. 5299. 'b) Einen eines Dinges oder: Einem ein Ding verwißen, es ihm vergessen, verzeihen, ihn in einer Sache für unschuldig halten. BM. III, 790,3.' Der Beschädigte soll dem seine Unschuld bewiesen Habenden „gůt freunt sein und in der getat gar verwizzen;" Münch. St.B., Auer p. 195. Ein gedungener Dienstbote, der trotz dem nicht einsteht, soll in die Schergenstube „hinz (bis) daz er seinem herrn oder fraun iren dienst verwizzt und im seinen schaden abtuot;" das. p. 82. „Ignosce, uerwizze, uergib;" Cgm. 17, f. 40. „Mit disen worten erz ime (Deus Moysi) virweste," (verwies??); St. Ulrich's Leben V. 1397, Cgm. 94, f. 70. 21b.

Das Wißen; BM. III, 789: daz wizzen. Wißen haben, eines Dings. „Wenn der Einsteher der Kaufsumma nit Wissen hat;" L.R. v. 1553, f. 52. „Si hette der Verschreibung ein gut Wissen;" MB. IX. 310. Wißen tragen. „Trag von ihm Wissen eines Mandats," es ist mir von ihm ein Mandat bekannt; Wstr. Btr. III, 71. R.A. bey H. Sachs 1560: II, IV, 26. III, III, 39a. 67b: „Alde, alde, ich scheid mit wissen." „Alde, mit wissen ich abscheidt." „Gehab dich wol, ich scheid mit wissen." „Behüet dich Gott, ich schaidt von dier mit wissen," sagt der Büchsenmaister, Cgm. 4165. f. 200. Das Unwißen; BM. III, 789: daz unwizzen.

„Aus unwißen der alten geschicht und kunst;“ Av. Chr. 28. „Unseres unwizzenes,“ ohne unser Wissen; Diut. III, 106. wißen, adj., bewußt, notus, bekannt, (wol Partic. praet. statt gewißen, Gramm. §. 920; s. unten). „Das ist mir als wol wissen sam wär es hewt des tags geschehen;“ MB. XVII, 72. „Das ist mir unwissen;“ Cgm. 690, f. 23ª. Wissende und Freyschöffen des (westphälischen) heimlichen Gerichts, sagt Gemeiner in seiner Reg. Chr. III, 122. 145, gab es im 15. Jahrh. eine unglaubliche Menge in allen bayerischen Landstädten, selbst in den Märkten und Dörfern. So waren in Spanien die familiares del santo oficio durch alle Classen verbreitet. „Hätte ein Wissender mit einem Andern, der auch wissend wäre, etwas zu rechten, das für das wissende Recht gehört ....;“ ebendas. Sieh Hund, St.B. II, S. 410. Bey Avent. Chr. 216ª ist Ulpianus „der vermärtest Wissender der kaiserlichen rechten.“ Cf. Gramm. §. 828. wissend, wissent, wo es nicht für gnarus, sondern für notus, bewußt, steht,
186 scheint aus dem Partic. praet. wißen entstellt. „Die suln swern, daz in daz wars wissent sei;“ Rchtb. Ms. „Was auch dem widertail wissend sey;“ Kr. Lhdl. XI, 299. unwissend, bewußtlos, ohne Bewußtseyn. Alt-Ötting. Historie. Die Gewißende, (bey Br. Berhtolt) Bewußtseyn, Verstandeskraft, inneres Gefühl, (BM. III, 790: diu gewizzende): „Ez ist manic mensche sô grœzer gewizzende, sô dû ie mêr swerest ze dînem koufe, sô ez ie ungerner umbe dich koufet;“ p. 45, (Pfeiffer 149,10: gewizzede). „Ez ist dehein versunnen herze, swenne ez im gedenke, wie ez ein hôfart vollebrâht habe, und ez darnâch in sîn lûter gewizzende siht, ez scheme sich der hôfart wider sich selben in sînem herzen;“ p. 197, (Pf. 104,21: gewizzene). „Diu hôhvart erblendet alle dîne gewizzende. Sô heizet ez ouch îtelkeit, wan ez machet dich îtel aller der guoten gewizzende, der dû dâ gein gote unde gein der werlte bedörftest;“ p. 293, (Pfeiffer 398,1.2: gewizzene). „So chumt uns danne diu gewizzende,“ (scientia); Hoffmann, Fundgr. I, 191.

gewißen, gewizzen, (älteres Partic. praet. von wißen — noch das Voc. venet.-todesc. v. 1424, f. 84 conjugiert: „ich baiz, bir bissen, ich bessat, ich han gebissen“ —), a) gewußt, bewußt, bekannt, kund, notus. BM. III, 789. „Das ist niemant gewissen, wan dem lebendigen Got allaine;“ Cgm. 273, f. 191. „Und sol man in zuosprechen, waz in darumb gewizzen sei, daz si ir gewizzen sagen;“ L.R. v. 1332, Wstr. Btr. VII, 79. 146. „Darumb ist gewizzen daz unter allen tyern nicht tœrischer tyer ist dann der mensch;“ Cgm. 54, f. 51ᵇ, (Keller p. 100). „Impugnatio agnitae veritatis, gewizzener warheit widerstreit;“ Clm. 9537 (XIII. sec. 2°), f. 177. b) wissend, kundig, gnarus, discretus, verständig, sinnig; (cf. Gramm. §. 984). „Gewissener, der waißt, wissenhait hat, conscius;“ Voc. Melber. geuuizzin, conscius; Notk. 37,1. „giuuizane, gnari“ (medicinalis artis); Doc. A. e. 160. 191. „foragiuuizzaner, providus;“ gl. i. 473. cf. Benecke's Wigalois p. 603—605. ungewizzen, inscius; Diut. III, 94. „Phytonus, wisser; aruspex, weterwisser; augurium, vogelwissung; ariolus, alter wisser;“ Semansh. 34, f. 201. Die Gewißen, (mhd. gewizzen, gewizzene, ahd. gawizanî; Graff I, 1097. BM. III, 791. Weigand, Wbch. I, 434), 1) scientia, cognitio. „Diu naht der nahte chundet die gewizzene;“ nox nocti indicat scientiam. „Ungewizzene, ignorantia;“ Psalt. Windb. „Wir setzen das Recht in der gemainen landschaft gewissen;“ Ldtg. zu Straubing, 1425. „So sol die kundschaft sagen, was si ir gewissen weist,“ (was nemlich der Beaugenscheinigungscommission bekannt oder wissentlich ist); MB. IX, 270. „Soll geschehen mit unser gewizzen;“ MB. XVII, 108. „Zu ewiger gedechtnus und bestendiger gewissen;“ MB. XXV, 298. 2) was Kundschaft, 3. 4); s. Th. II, Sp. 1263. Ein Artikel des Rechtbuchs v. 1332 (Cgm. 320, pag. 110; cf. Cgm. 236,53. 266,63. Wstr. Btr. VII, 80. 107. 108) ist betitelt: „Von Gewissen sagung.“ „Wie weit ain gewissen ainem man ein sein aigen oder ein sein lehen gesagen mug. Ist es auf einen akcher, so sol die gewissen nicht weiter sagen, dann eines phluoges lang“ ᵹc.... „Daz er emalen die march nicht gewest hat, da im di gewizzen hinzaigt hat. Und sol er furbaz lazzen ligen, daz im deu gewizzen heraus gesait hat.“ (Das althochd. einfache adj. uuizzo, giuuizo, gnarus, conscius, testis, ags. vita — vitena gemot, Zusammenkunft der Experten, der Notabeln — ist verloren gegangen). 'Die Landgewißen, eine landeskundige Sache, Verordnung.' „Eine schuld, daz ein lantgewizzen oder nicht ein lantgewizzen wær.“ „Das ich gein minem herren imer mer iht getun, daz ein lantgewizzen wer;“ Leutold's v. Chunring Unterwerfungs-Urkunde an Herzog Albrecht v. Österreich, 1296. 3) wie jetzt: das Gewissen, conscientia. „Ein liecht meiner gewizzen;“ 187
Cgm. 73, f. 51. „Ein lautre gewissen.“ „Des menschen gewizne wirt zue ainem wurme.“ Der wurm der gewizzene; Cgm. 632, f. 64. 92. „Funf zaichen ainer lutern gewissen.“ „Das puechel“ oder „der spiegel der gewissen,“ (Beichtspiegel); Cgm. 269. 478. 767. 1113. Es ist sibenderlay gewissen, die erst haisset ain ze gewise gewissen, die ander haisset ain ze weitte gewissen“ ᵹc.; „ein wulfisch gewissen,“ (mit der Fabel vom Wolf mit Kalb und Kuh); Cgm. 4597, f. 73 ff. s. oben, Sp. 903. „Manger ein gewizzen hat daz ein grozze fuder heuwes gat durch sie mit gutem raume;“ Renner 21799. R.A.: Ei͂ 's *Gwiſſ'n* gə͂, resipiscere, vom Unrecht abstehen. 's *Gwiſſ'n* betrachten, das Gute oder Böse einer Handlung in Betracht ziehen. 4) Discretion, guter Bedacht, Redlichkeit, Gewissenhaftigkeit. Wigalois 732 ᵹc., Benecke p. 605—606. Die drei sollen das Geld vom Kirchenstock mit einer Gewissen zu sich nemen;“ Meichelb. H. Fr. II, II, 240. „Wir haben jn die perg mit ainer guten gewissen ingeantwortet; Salzb. Urk. v. 1423. „Suln daz halb phunt mit guter gewissen uf daz aigen slahen;“ MB. XXIII, 46, ad 1314. „Mit wolbedachtem muete, guter gewissen und zeitigen vorrate unser vormünde;“ MB. XXV, 272. „Als mir got helff es ist mir an mein gewissen geschehen, Deo teste factum est me nesciente;“ Windb. 204, f. 165ᵇ. „Der hat gute gewissen, ille illaesam habet conscientiam;“ das. 165ᵇ. „Super Cherubin uf dem uollen der gewizzene;“ Cgm. 17, f. 28ª, Pf. 17,12. wissenhaft, adj., notus; gnarus. „Damit auch meniglich obbestimmte Tax wissenhaft sey;“ L.R. v. 1553, f. 95. Die Wißenhait, Gewißenhait, Kenntniß, Kunde, conscientia; Voc. Melber. BM. III, 790. 791. 'Vgl. Wissenschaft, Vilmar, kurhess. Idiot. 456.' wißig, unwißig, gnarus, ignarus; Voc. Arch. BM. III, 792. wißlich, (O.L.) bewußt, erinnerlich. Ǝtz is mᵊ' nicks mer *wiſſlə'*. Wá' mᵊ' nét *wiſslì'*, wá' mᵊ' nét *wiſs'ntli'*, bewußt. Aə͂n *u͂'wiſslə'* schlàgng, daß er das Bewußtseyn verliert; (ObrM.). unwißlich, bewußtlos, außer sich. wißlos, (Bregenzer Wald) gedächtnißlos (von alten Menschen). Der Bewußt. „Ohne meinem Bewußt, ohne mein Wissen;“ v. Delling. „Ohne des Obersten Bewußt, — ohne Vorbewußt seines Rittmeisters;“ Wirzb. Verordd. „Ohne amtlichen Vorbewußt:“ Bayreuth. Verord. v. 1707.

wißen, „wissen“ (statt wîzen) Einem etwas, es ihm verargen, verweisen; (mhd. wîzen, ahd. wîzan, ags. vîtan, engl. to wite; Graff I, 1089. BM. III, 781. Weigand, Wbch. II, 984 f.). „Ja wissents euch die leute;“ Gudrun 5178 (1294,2). itewissen (statt itewîzen), tadeln. „Das niemant itewissen mocht ir gewant;“ Gudrun 1324 (331,2). „Allez daz er het getân, daz itewîst (Hs. itweisst, etweyset) er dem blinden man;“ M. Helmbrecht 1798. „Si hazzet in (den Stiefsohn) und itweizzet im vil der pot;“ Gesta Romanor., Cgm. 54, f. 2ª, (Keller p. 3). „Exprobraverunt, itewizzeten si;“ Cgm. 17, f. 53ᵇ. „Als ich sein weitzig ytwitzen“ (?); Cgm. 619, f. 353ᵇ. Das Ittewiß (statt Itewiz),

Schmähung, Schmach. „Christus der vil ittewizes und ungemaches erlitten hat. Von spotte und von itewiße;" Br. Berhtolt, Heumann, opusc. 433. „De criminosis verbis ·i· sprichwort ietweis vel ze balder red;" Clm. 17188, f. 49. „Opprobium, daz itewiz;" Cgm. 14, f. 24ᵇ. „Des itwizes;" Cgm. 101, f. 119. 159. Cf. Sp. 1029: weißen, Jtweiß, weizen.

„verwissen," zu Grunde gehen (?). „Durch des kunigs tod würd alles volck verwissen," sagt der Fuchs im Buch der Weisen, v. 1485, fol. 43ᵃ. „Großer Verlust und Verwiß;" das. 34ᵃ. (Wohin gehörig? Zu verwesen, Sp. 1023? Zum alten aruuizan, weggehen, altſ. vitan? Vgl. auch oben: verwißen).

Wiſß (?). „Hette yemandt päm, deren Neſſt oder Wiſß auf eines andern Nachpaurn hauß oder Tach hiengen und sich außbraiten;" Entwurf der renov. Bauordn. v. München (s. Th. II, Sp. 918, unter Gennacht), Art. 87.

Der, die, das Bil-wiß, Bilwiz, Bilweiz (sieh Th. I, Sp. 230), ein fabelhaftes Wesen des Volksglaubens, wol aus Kilian's „Velewitte, lamia, strix;" (vrgl. in des Prätorius Alectryomantia p. 3 „quos nostrates appellant Beeldwit et blinde Belien, a quibus nocturna visa videri et ex iis arcana revelari putant). Cf. Trügewiz, trugvoller Alb, in Ettmüller's Kunic Ortnit p. 108. ə~ *Billmeſs*-Schedl, tardum ingenium. I mou 'n *Billmeſs-Schnitt* é~ (in) mán Geld hábm, mein Geld wird weniger durch Zauberey, nicht durch Ausgeben. Das böse Maul (Schorf am Kinn), das Emma im September 1840 in der Vacanz zu Ober-Teisendorf bekam, nannte man dort eine *Wilmes*, (etwa wie Wibel statt Bibel, also undeutsches Wort). Vgl. oben, Sp. 900: die Wildniß. Veterinär-Professor Dr. Kreutzer, als Deutschkatholik dem sogenannten Volksboten (Zander) ein Dorn im Auge, sieht sich im b. Landboten vom 3. July 1850, S. 1020 bemüßigt, auf des Colerus oeconomia ruralis et domestica p. 403: „Von den Bihlweisen" zu verweisen. „Er solde sîn ein guoter und ein pilewiz geheizen;" v. d. Hagen, Ges. Abent. LV, 1003. „Die waren all billwiz die man unholden nennt;" Altswert 244,11. „Vnhold, pilbeyß;" ZZ. 960, f. 4. „Sortilegi ·i· pilweis," Nicol. de Gräz, ZZ. 1804, f. 149. „Areolatio, unhuldung, Bilbiß;" Poll. 668, f. 166. Cgm. 3985, f. 4. „Die unglauben an in haben als (an) Pilwiczen vnd wolkenstellerinn" ꝛc. ꝛc. Furstenf. 138, f. 109. „De maleficiis mulierum bestias equitantium: Praeterea quaedam sceleratae sunt mulieres," darüber: ·i· „maleficae mulieres vnholdn vel bilwiß;" Aug. S. Ulr. 70, f. 78: Rudolphi de Lubegg pastorale metricum (v. 1371). „Quidam ornant menses (mensas?) perchte. quidam credunt permutari infantes et eos laedi a pilwiz. quidam credunt quod satyri equitent porcos" etc. etc.; Ald. 184, f. 75. „Nota de incantationibus, obviatione, manudatione fato pec. bilwiz et h'i," (hujusmodi); Ald. 176, f. 133 (sec. XIV. med.; Br. Berhtolt Lech's?). Ald. 169, f. 148. „Noli credere an unhuld, pilwis, hantgift," (1460); Monac. Augustin. 84, f. 66. „Etliche glauben das claine chind zu pilweiczen verwandelt sind;" Mich. Beham, Cgm. 291, f. 145. „Die glauben an dy nachtvarn, an dy pilweisen;" Cgm. 478, f. 2. „Die pilwiß und die zawberinne;" Cgm. 579, f. 41. „De viris et mulieribus dicentibus se vehi per aera vel ad poenas inferni vel purgatorii vulgariter unhulden. Item de arboribus vulgariter pillwispämm, quid ibi faciant;" Rogg. 28, f. 88. „De arboribus vulgariter pibitz
188 pawm quod inficiant; ZZ. 959, f. 5ᵇ. „So man ein kind oder ain gewandt opfert zu aim pilbispawm und daselbs lugel machen, und das pilbis ist nit anders dan der tewfel;" Cgm. 632, f. 5ᵇ. Attel 36, f. 58ᵇ. „Quinto qui vestes suorum puerorum offerunt ad arbores vocatas pilbespawm (pilbispawm);" Thomae de Haselpach Exemplarium decalogi, Ald. 228, f. 229ᵃ. Aug. eccl. 61, f. 17. Poll. 165, f. 97. Sanzenon. 80, f. 260. ZZ. 949, f. .... Clm. 5897, f. 320. Cf. arbores horti in quibus in Bavaria conditur hostia; Ald. 184, f. 58ᵇ. 71. cf. Clm. 5969, f. 150. „Arbores, quas vulgus colit et ita veneratur ut nec ramum nec surculum audeat amputare, radicitus excidantur;" ex Conc. Nanetensi, Clm. 12205, f. 40. „Für dy pilbis so schreib die wort und pint es einem kind an den hals: Procul recedant somnia et noxia phantasmata hostemque nostrum comprime, ne polluantur corpora etc.;" Cgm. 720, f. 88. „Ungelaub ermordet alle die, die an zauberey gelaubent vnd an warsagen vnd luppen vnd an nachtvaren vnd pilbis vnd an sogetanes gespott;" Br. Berhtolt's Predigt, Anf.: „Der sunden end ist der tod," Cgm. 1119, f. 30ᵃ. ... „die da glaubent an perichten mit der eisnein nasen, an herodiadis und an dyana die haidnischen göttin (an pilbis, an die pey nacht varent, an die heupretigen, an chroten, an alpen, an elben vnd an waz soleicher chranchait und ungelaubens ist);" „Spiegel der gewissen, zu dewtsch pracht durch herrn Mert den prediger von Amberg," Cgm. 1113, f. 117ᵇ; (das Original etwa von Nicolaus v. Dinkelsbühl oder Heinrich von Hessen?). Vgl. oben, Sp. 846: Wyckerey. Die eingeschlossene Stelle lautet im Cgm. 478, f. 2ᵇ: „an dy nachtvaren, an dy pilweisen, an dy hynnepritten (s. Th. I, Sp. 372. Grimm, Mythol.² p. 1037), an dy truten, an dy schretlen, an dy unhulden, an werwolf, an den alp oder waz solichs ungelaubens ist;" im Cgm. 269, f. 2: „an die pilris, an die nachtprant, an die hennpredigen, an truten, an alpen, an elben vnd waz sölichs geuggels vnd ungelaubens wär;" im Cgm. 4594, f. 15: „die da gelauben an die perecht mit der eisnein nasen, an herodiadis, an dyana die haidnisch gottin, an die nachtvarunden vnd an die pilweys an dy hinuirtigen, an dye truten, an dy schretel, an dye unholden, an dye wirbolff an dye Alp und was soliechs ungelauben ist;" im Cgm. 4591, f. 121ᵇ: „die do gelaubent an die perchten mit der eysen nasen an herodiadis an diana an haidnische gotter an die pilus an die nachtprant an die hantiper (dieses Wort ausgestrichen) predigen an truten an alpen, an elben vnd gros (was) solichs gewggels vnd unglaubens wär." Mehrere Belege zu Bilwiz gibt auch Eiselein, Sprichw. 512 f. Einer der Diessener Canonici regulares, Schreiber des Codex 182 (f. 153), im J. 1446 heißt Johannes Pilbis und als Zeuge erscheint dabei ein Laie Erhardus Pilbis; Dieſſ. 107 (Clm. 5607), f. 237. 238. Ein Bernhard Pilbis zu Siegenburg (1600) im Cgm. 3906, f. 47. Im Clm. 9807, f. 47 wird ein bayrischer Ort Pulbeis (Pulweis) genannt. Wenn auch pulwechs (oben, Sp. 840, das übrigens an das agſ. hvat, hvatunge, divinatio, gemahnt; Cooper's Append. p. 16: Poenit. Egberti IV) hieher gehört, so hat das Wort Entstellungen genug erfahren, und eine Ergründung seiner Bestandtheile ist selbst dem Scharfsinn des Verfassers der deutschen Mythologie p. 265—270. 672. 698 (2. Ausg. p. 441—445) noch nicht ganz gelungen. Er vermuthet ein elbisches Wesen von ursprünglich guter Bedeutung. Sind mythische Vorstellungen nach der Hand auch von den Slawen zu den Deutschen gekommen, so könnte die zweite Sylbe der ersten (bjel, lett. balts, lith. baltas, weiß, — cf. isl. ljos-âlfr) als bloße, allmählich selbst verdunkelte und tonlos gewordene Erklärung zugewachsen seyn; (cfr. b. Gramm. S. 169—170). Vrgl. die White-witch der Engländer. — Poln. Bałwan, Abgott; bałwo-chwalca, Götzendiener. — Jungman, böhm. Wbch.: Wel, Weles, russisch Wolos, Gott der Herden, Schirmer des Viehs, Freund der Musik, ähnlich dem Wlkodlak, harigem, wildem Mann, Satyr, Werwolf. Kollar, Cestopis, glaubt von ihm die Stadt Wels benannt. — Den Serben sind die Wilen gutartige mythische Bergfräulein. „Gmeno Pruſkeho bẽja Pelwita [ceſk. Pliwnjt], gegž sobě Němci přiosobili, nalezáme vsano pilwiht, belewitt, pilwitz;" Safařik, Staro . 883. Bey den Letten ist Pelwiks Gott der Sümpfe und heißt wörtlich der Aufweicher.

Allgem. Ztg. 1842, Beil. S. 586: über Kohl's deutsch-russische Ostseeprovinzen. — Vgl. Porevit, Svetovit, Rugevit; der Gott Vit der Bewohner von Rügen. Slawische Mythologie in Dobrowsky's Slawin, 1834, p. 272—73. Cf. „Vitu valdand god" im Hildebrandlied. — Vil-wit, aequi gnarus. Der Snachor (Zauberer) der Russen wird im Ausland 1848, S. 464 von snat, wissen, abgeleitet. — „Man ceas tha Arnwi munec to abbot of Burh (Peterborough) fordan the he wæs swide god man and swide bilehwit," because he was a very good and benevolent man; Saxon. chron. ad 1042. „Neode sine volde neosian nergend ûsser. bilvit fæder, hvæt his bearn dyde," (von Gott, der sich nach dem Paare im Paradiese umsehen will; Cædmon, Thorpe 53, Vers 853). — Portugies. belliz, scharf, ein aus Afrika gekommenes Wort, das als Substantiv einen verschmitzten, heimtückischen Menschen bedeutet, wird wol niemand hieher ziehen wollen.

wiseln (wisə-ln, Kinder-Sp.), wis wis machen, den Urin lassen; 'Koburg: wissern, ə˜ *Wissərlə˜* machen. Vilmar, kurhess. Idiot. 456: wissen, wîsen, Wiß oder Wiß Wiß machen.'

wisselfarb. „Du bist sehr wisselfarb und gelb;" der schwanger Bawer bey H. Sachs 1612: II, IV, 13. (Zu Wisel? cf. üselfar, Th. I, Sp. 165. und witschenbraun).

'Der Wismut, ein Halbmetall, bismutum; Weigand, Wbch. II, 1093 f.' „Antimonium daz ist wismat;" Ind. 344, f. 78ᵇ. Wismut-Mâler. (Nürnb., Hsl.) Handwerker, der allerley hölzerne Spielwaaren bemalt, vermuthlich weil man dabey den Wismut anwendet, oder doch ehmals anwendete.

Wiesel (?), Gebirgshörner mit scharfen, zackigen Kämmen, hohe Felsengrate; (Dr. Schottky).

wuseln, sich schnell bewegen, kriebeln, wimmeln wie Insekten; sich geschäftig umthun; zunehmen, wachsen. Vilmar, kurhess. Idiot. 462. Zeitschr. IV, 117, III. „Es wuselt mir etwas den Buckel hinunter." Mit Wuseln (Geschäftigkeit im Hauswesen) vergißt man kleine körperliche Übel. Das Wuselein (Wusə-l), Kind, das zu lau-
189 fen anfängt; lebhaftes, kleines Thier, (b. W.) Gans. Das Gewusel, Gewimmel, Geschäftigkeit. wuselig, adj., beweglich, lebhaft; artig. Vilmar, a. a. O. Zeitschr. IV, 117, III. Vgl. wuzeln und wueteln.

wuiseln, wuisern, woiseln, sieh weuseln, Sp. 1030.

Der Wasche, plur. Waschen, öfter statt (türkischer) Paschà im Cgm. 1299.

waschen, wäschen (O.L. wáschˑn, schwäb. wéschə˜), Praet. waschet, Partic. gewaschen, 1) wie hchd.; (mhd. waschen: wuosch, gewaschen; ahd. uuasgan, uuascan: wuosg, giuuasgan. Graff I, 1079. BM. III, 538. Weigand, Wbch. II, 1025. Sollte Kero's [55] uuazkan auf Zusammenhang mit uuazar, goth vato deuten?). Ein niwe waschen (new waschen) hemde," (wie „neubacken"); M. Helmbr. 1044. R.A.: 's *Waschˑn* und 's Bachə˜ haben, kriegen, von Arbeiten gedrängt, erdrückt seyn, werden. 's gêt in aə˜n *Aufwaschˑn* hi˜, kann mit abgethan werden. Baəz wáschn, s. Th. I, Sp. 287. wáscheln, wáschə-ln, in oder mit Wasser spielen, spritzen. waschnaß, waschleichete-, wáschl-, wáschə-l-naß. Das Gewäsch (Gwásch, Gwésch), Geschwemme, zu dünn Ausgefallenes, z. B. Brühe, Bier ꝛc. 2) schleppend oder in weiten Kleidern einhergehen, daherwaschen oder wáschln. waschət, adj., schleppend, weit, unbequem. Im O.L. ziehen die Mädchen und Weiber zu verschiedenen Arbeiten Mannshosen an, weil ihnen der Kittel z' *waschət* ist. Der Wascher, Wäschel (Wáschl, Wéschl). Mensch, der plump, schleppend einhergeht; zu weites, plumpes Kleidungsstück; Wisch, Lumpen; *Strôwáschl*, Strohwisch; Castelli 261. Hâst ə˜n rèchtˑn *Wéschl* à˜! 3) schelten, reprimandieren. 4) bläuen, schlagen, abprügeln. Zeitschr. IV, 48. Buə', dèn hàb I *gwaschˑn, dəˈwaschˑn!* 5) klatschen, ausplaudern, schwatzen. Zeitschr. II, 467. Die Wasch, Mari-Wasch, plauderhafte Person. Das Gwásch, der Wischwásch, der Wischiwáschi, Geklatsch, Geschwätz. R.A.: Auf dˑ Waschbenk kemə˜, zu Worte kommen. Die Wasch, öfter Wäsch (Wésch), hchd. Wäsche; (mhd. wasche, wesche, ahd. uuasca, uuesca, lomentum; Graff I, 1081. BM. III, 533. Weigand, Wbch. II, 1024 f.). R.A.: Dˑ Ā˜l richtˑt ə˜ *Wésch* à˜, es steht ein starker Regen bevor; vrgl. Th. I, Sp. 86. Einem ə˜ *Wésch* zuərichtˑn, Einen in ə˜ *Wésch* bringen, in ə˜ *Wésch* kemə˜, (Verweis, Verlegenheit, Unannehmlichkeit, Unfall). „Ach, sagt Salomon, die Weiber, die Weiber haben mich in ein solche Wösch gebracht! P. Abraham. „Nachdem die Magdalena erkennt hat, was sie ihr durch dieses freye, frische, freche Leben für ein Wösch in jener Welt zurichte, hat sie die Füße Jesu mit ihren Thränen gewaschen. So lang die Welt steht, hat nie ein Weib solch saubere Wösch zugericht;" ders. Der Wäsche, Wesche, (ä. Sp.), (mhd. der wesche, ahd. uuesco, gen. uueskin; Graff I, 1081. BM. III, 533), fullo, Wäscher, nach Gramm. S. 122 übergegangen in Wäschel (Wáschl). „Vestimenta laventur sive a vobis sive a fullonibus ewer gewant sol von ewch oder aber von den weschen gewaschen werden;" Augustini regula, Clm. 5130, f. 202. 208. Der *Bàdwáschl*, Badknecht, im Scherz: Bader. „Ey daß dir des Henkers Badwaschl den Kopf zwag! P. Abraham. Der *Kuchel-Wáschl*, der das Küchengeschirr wäscht. Auch der Strohriegel oder die Bürste zum Aufwaschen des Bodens heißt der *Wáschl*. ə˜ *Wáschl* ist auch, wer sich gerne die Gurgel wäscht. Die Wesche, gen. Weschen, ä. Sp., (mhd. diu wesche, ahd. uuesca), Wäscherin. „Diu wesche;" Doc. Misc. II, 163. 164. „Sô geschach nie weschen mêre;" Gudrun (hg. v. Vollmer) 1192,₁; cf. 1266. „Wan in den andern steten geunpildet 190
ist, daz man die leinwat in der wesche mit onmazlichem plewn wust vnd gewust hat, wellend vnd gepietent die purger daz man fürbas dhein gewant plewn sol weder diern noch weschen;" Münchner Stadtverord. v. 1333, Cgm. 284, f. 60ᵇ. Auer, p. 122—31. „Der Weschen nam Ott mines herrn kamrer LX dn.;" Freyb. Samml. II, 109. 113, ad 1392. Die Wäschin, noch in Nürnberg, Erlangen ꝛc. ganz gangbar; (mhd. weschinne). „Daz si die weschinne bî dem stade sâhen;" Gudrun 1211,₁. „An dem bach so waschen heut der weschin vil;" H. Sachs 1612: V, III, 86. „Die weschin, die ain feirtaggewant trücken;" Cgm. 632, f. 22. „Daß si die schönen weschin bî dem stade sâhen;" Gudrun 4847 (1211,₃). Herzog Wilhelms (1568) Leibwäschin, Mundwäschin. „Oberhalb schäfflergassen zenachst an der gurtlerin schlairweschin," (1449); Ridlers Chronik (s. Th. III, Sp. 59), f. 23. 'Waschengiel, ä. Sp., Wassergefäß.' „Aber es warn da gesetzt sechs stainen emer oder wasserkrüeg der waschengiel nach rayniguug der juden" (ydriae sex) ... „fult dy waschengiel mit waßer," implete ydrias aqua; San-Zenon. 115, f. 87. Die Wäschlin (Wáschlin, Bàdwáschlin), Badmagd.

Der Waschel, (Nürnberg) großer Fleischerhund; hungriger Schmarotzer.

Das (Nürnb. die) Wäschel (Wáschl), der knorpelige Theil, welcher das, bey Thieren bewegliche, äußere Ohr bildet; 's *Or-Wáschl, Ou'n-Wáschl*. Zeitschr. II, 240. „Sunt enim qui et aures moveant vel singulas vel ambas simul;" Augustinus de civit. Dei XIV., 19, Aug. eccl. 131, f. 169, (auch citiert XIV in Clm. 16192, f. 209ᵇ in tractatu de fascinatione). „Ochsenfüeß, Sauwáscheln" ꝛc.; Eipeldauer.

Die Waschen, a) verächtlich: Mund. „Schweig Alte, halt dein Waschen zu;" H. Sachs 1612: III, III, 13. b) Ohrfeige. „Spielen um ein Waschen;" Wagenseil

473. „Iſt umb ein Ohrwaſchen zu than;“ H. Sachs IV, III, 25. Sieh Wätſchen.

Das Weiſch, Geweiſch, (Schwaben, Neuburg, Eichſtätt) die Stoppeln, das Stoppelfeld; Birlinger 429. Cf. Zeitſchr. VI, 20: die *Wäisch*, Fruchtlager in der Scheune auf der Erde; (Eifel). (ſ. Wiſe, niederd. Wische, Wiske). „Stupula, ſtupel vel weiſch vel agena;“ Windb. 170, f. 438ᵃ.

in Arabia ſtoch wiſkehe vel
„Ista tenete loca storax turbisce. mirica;“
ſmelohe vel brima

Gloſſ. cod. Argentin. A. 157, sec. XII in Haupt's altd. Bl. I, 350. „Stipula, ſtupel vel weiſch vel agen;“ Cgm. 668, f. 6, Voc. Nürnb. 1482. Sp.-W.: „Aus den Scherben erkennt man den Haſen, aus dem Weiſch das Getraid;“ Aurbacher. „Ein Fueder Weiſch;“ Kempten. „Soll uß jedem haußgenoſſen ain menſch ain tag im weyſch verhelfen rechen vnd hewen,“ (1544); des Tigews Rettenberg Urbar (ſ. Th. II, Sp. 856), f. 3. „Das Vieh ins Weiſch (auf das abgeärntete Getraidfeld) treiben.“ „Item daß keiner der Nachpaurn in der Ernt kain Roſ ins Weiſch ſchlagen ſoll, ſunder für den gemainen Hirten;“ Lori, Lechr. 364, ad 1564. Im Geweiſch ackern oder geweiſchen, im Herbſt ein Stoppelfeld umpflügen. Weiſch-Rueben, Geweiſch-Bätzln, weiße Rüben, auf ein Feld gebaut, wo daſſelbe Jahr Getraide geſtanden, anderwärts Stoppel-Rüben, Hàlmbätzln. Beleuchtung aus der alten Sprache mangelt. Zweifelhaft iſt daz wiſch (î?) in Cgm. 717, fol. 102, wo ein Mädchen ironiſch ſagt: „Ir künt mir in (den Geliebten) laiden (verleiden), alſam der wachteln daz wiſch.“ Noch mislicher iſt gl. o. 197: cultura, azuuiſc; (Graff I, 544 und LXV).

wiſchen, wie hchd.; (mhd. wiſchen, ahd. uuiſkian; Graff I, 1081. BM. III, 764. Weigand, Wbch. II, 1093): a) aufwiſchen, ſchnell auffahren. Einem aufwiſchen, ihm gleich zu Dienſt ſeyn. „Ich wiſch jederman auf, labor meus praesto est omnibus.“ „Wan er dir nit von ſtund an aufwiſcht, nisi ad nutum tuum praesto fuerit;“ Voc. v. 1618. ent-, heraus-, hinein- ꝛc. wiſchen. Dunkel iſt das ältere verwiſchen im Iwein 6218, (Benecke p. 435 und Wbch. p. 493: vorbei huſchen; Ausg. v. 1843, p. 335) und Diut. III, 55: „Maniges ſi (Evam gravidam) geluſte, ſwelichiz ſi dere
191 verwiſkte (an ihr vorbey wiſchte, ihr entgieng; Lachmann), daz tet ire vile we.“ Es ſcheint, dem Sinne nach, für entbehren zu ſtehen. b) leicht, ſchnell hin und her fahren mit, an etwas. Die Stuben wiſchen mit dem Bartwiſch, Beſen ꝛc. ab-, auf-, aus-, ver- ꝛc. wiſchen. R.A.: Einem die Augen auswiſchen, ihn im Verkehr hintergehen, betrügen. Grimm, Wbch. I, 1019. c) figürlich: mit der Ruthe ſtreichen; (öſterreich.) *wusch'n*, *d'wuſch'n*. Zeitſchr. IV, 48,63. Der Wiſch, (O.L.) Beſen; Bart-Wiſch, Bor-Wiſch, Ofen-Wiſch, Strô-Wiſch; (mhd wiſch, ahd. uuiſc, uuiſg, isl. viſk f., engl. whiſk; Graff I, 1082. BM. III, 763. Weigand, Wbch. II. 1093. čeſk. wjch, Dimin. wisek. huſchen = hviſcan.). „Richt auf frolichen deinen kopf (räth die Alte der Jungen) man bindt den roſſen in den ſchopf ainen wiſch mit ſtro das man da by ſchaw das man ſy verkoffen wil;“ Cgm. 379, f. 66 und 270, f. 104. „Bis die auf dem Markt aufgeſteckte Fahne hinweg gethan, oder, wie man (da ehdem ein Strohwiſch deren Stelle vertreten) ſagt, der Wiſch geworfen iſt, ſollen gemeine Stadt den erſten Kauf haben;“ Culmbacher, Höfer Stadtrecht. Der Wiſch als Bierzeichen, wie Flinder (Th. I, Sp. 792); Zeitſchr. II, 217. Das folgende Verb erwiſchen wird wol nicht erſt von dem Wiſch (Getraides), an dem man im Winter Vögel fängt — ſieh Friſch II, 453, Artikel Wiſchfang — abgeleitet ſeyn. Arſchwiſch, Grimm, Wbch. I, 567. BM. III, 563. R.A.: Bettlmanns Hoffart is'n Teufl sei˜ Arschwisch. Kandel-Wiſch (ſ. Th. II, Sp. 1253), Kannenkraut, equisetum; Grimm, Wbch. V, 160. 167. Nemnich I, 1509.

auswiſchen, ausgleiten, elabi, Grimm, Wbch. I, 1019; entgegen: einwiſchen. „Ob dir ein lit uzwiſche, ſo nim eber, miſche daz mit wine, mit altem ſmerbe und binde ez druber;“ Clm. 4595, f. 39. „Der dy kew ausginet ... greif jn mit vaiden tawmen auf dy kew und truck faſt unter ſich ſo wiſcht dy kew wider ein;“ daſ. f. 170.

der-, er-, ver-wiſchen (də'wisch'n, ſchwäb. vərtwischə˜, Partic. də'wischt, O.L. dárwusch'n) Einen, ihn erwiſchen, erhaſchen. BM. III, 764. Grimm, Wbch. III, 1068. „Erwiſchet in der holzhai;“ Rchtb. v. 1332, Wſtr. Btr. VII, 76. „Alſô er in (den Rath) erwiſchet hât, ſô iſt er alſô vrô zehant ſam er erworven habe ein lant;“ d. welſche Gaſt 3228. „Der hât erwiſcht einn guoten rât;“ daſ. 3804. „Swenn er den nît erwiſchet hât, wizzet daz er dâ niht beſtât;“ daſ. 11953. „Was mit holz verwiſchet;“ MB. XXV, 290, wol Druckfehler ſtatt verwichſet (verwechſet, verwächst). Das Münchner Feuerb. v. 1591 (Cbm. 3113) hat den Infinitiv erwuſchen ſtatt erwiſchen, was an das ſchweizeriſche erwütſchen mahnt; (Grimm, Wbch. III, 1074). Vgl. Zeitſchr. II, 240: fortwuſchen, entwiſchen; (Nord-Böhmen).

Der Falwiſch (ſieh Th. I, Sp. 707). Auch Reichenhall, die Mutter Münchens, ward durch einen ſolchen in Aſche gelegt den 8. November 1834.

Das Wiſchenmännlein. „Die das Wiſchenmendlein roſten vnd krencken von pulliebe,“ (unter ſündhaften Aberglauben); Cgm. 234, f. 153ᵃ. Sieh Wächſen, Sp. 837. 811.

Wuschi kriegen, (Wien) Schläge bekommen.

---

weſpeln, (ſchweiz.) haſtig hin und her fahren; Zeitſchr. VI, 402,6. weſplen. „Cespitare, ſtrauchlen vel weſplen;“ gl. a. 752. Vgl. d. folg. Wort.

wiſpeln, wiſpern, a) liſpeln, flüſtern, mit dem Munde pfeifen, ziſchen; (mhd. wiſpelen, ahd. uuiſpilôn, sibilare, huuiſpalôn; Graff IV, 1239. BM. III, 771. Grimm, Mythol.² p. 1174. Weigand, Wbch. II, 1094. Birlinger 433. Zeitſchr. III, 282,99. 384. 393,3. V, 255,78; cf. 62,15. VI, 347) „Nun da Vipernater, hör auf zu wiſpeln;“ Avent. Chr. 126. „Diu ſlang lokt den viſch murên auz dem wazzer mit irm wiſpeln;“ Konr. v. Megenberg, (Pfeiffer 266,6; cf. 108,23. 274,11. 286,13). „Sibilus est vox hominis quae fit ad modum soni generati per ventum circulariter in concuſſione arborum wiſpeln sed sibila in plurali ad serpentes pertinere dicitur;“ Gutolfus, Clm. 5008 (XV. sec.), f. 174. wiſpeln, mit dem Munde pfeifen; Staffler I, 109. „Und aft mach l ihr ains (ſpiele ihr auf der Zither eins vor) und thue *wispeln* dazue;“ Stelzhamer 104. „Wiſpeln wilde vogel zempt, hunde ez letzet und lempt;“ Renner 22370. „Enhalben dez wazzers wont ein wiſplær, der ſo ſüezz wiſpeln gibt. wanner wiſpelt, ſo lazzent mich die viſche und fliehent zû im;“ Gesta Romanor., Cgm. 54, f. 35ᵃ, (Keller p. 65). Der Wiſpler, einmaliges Wiſpeln oder Liſpeln, sibilus, (mhd. Sp. wiſpil). Zeitſchr. V, 104,12. VI, 347. Er hat einen Wiſpler getan;“ Predigt v. 1678. „Ein ſtreichend und lindes Wiſperle,“ (Hauch, Lüftchen); Bogenberg 284. b) wickeln, wirren. „Es kombt ein Baur mit einem verwirrten, gewiſpleten Bart.“ „Die Haar ſeind zuſammengewiſpelt, als wärens durch einen Straubenmodel goſſen;“ P. Abraham. c) ſich eilig hin und her bewegen; auch wuſpeln. Vilmar, kurheſſ. Idiot. 456. 462.

„Wiſpel, lentiscum;“ gl. a. 721. „Wiſpolpaum oder miſtelpawm, esculus;“ gl. a. 711. Diefenbach 210ᵇ. 324ᵃ.

'Das Wastel, ä. Sp., Kuchen; (mhd. wastel, gastel, frnz. gastel, gâteau; BM. III, 534. Lex., Wbch. 640. Weigand, Wbch. II, 1027. Zeitschr. IV, 474.).' „Do vant her ein halb brôt, daz man dâ heizet gastel;" W. Grimm, Grave Rudolf² 23,16. s. Th. II, Sp. 954. „Un chastel plus foible qu'un roti *gastel*;" Roman de la rose 10516. „Daz man ie uz dem malter kornes mit dem sumerin vf den kauf backen sol 48 wastel, die sullen alle glich ein gewiht haben und sullen zu rehte und durre gebacken sin uf zwo metzen klien und auch unverwezzert;" Wirzb. Sätze v. 1343, §. 75. „Daz gemischte brot (halb weizin und halb ruckin) sol man backen uf daz wastelgewihte und sullen der zwei ie eines hellers mer gelten denne zwei wastel; das. §. 76. „Daz heimbacken brot ... ez sullen ie uz einem malter werden vier und funfzig wasteil;" das. §. 78.

Der Wastel, Sebastian; (Wástl, Kaltenbrunner). Zeitschr. III, 537,18.

West, Westen, Wester, wie Ost, Nord, Sund, w. m. s., (Graff I, 1085. BM. III, 609. Grimm, Gesch. d. d. Spr. 443. Weigand, Wbch. II, 1066 f. Wenn t in Wes-t und Os-t bloße Zuthat, so könnte, nach Liquiden, th dasselbe seyn: Sun-th, Nor-th), — in der lebenden gemeinen Sprache verloren, und nur noch in Eigennamen bewahrt: Westerndorf, Westerham, Westerhofen, Westerholzhausen, Westerkirchen, Westerwarngau. Förstemann II, 1501 ff. 'westen, mhd. Adv., von Westen her, in Westen; (ahd. westana); wester, westeret, westert, nach Westen hin, westwärts, (ahd. westar).' „So ist es (das Fleisch) nu mit dem mul erbläet (erblasen, aufgeblasen) als ob der westnan (and. Hs. ostnar) drein hab gewäet, also hat er thon erschupphen;" des Teufels Segi, Wallersteiner Handschrift, (Barack p. 303,9558). Vgl. oben, Sp. 950. A°. 1333 hieß Groß-Aitingen noch ze Western Aitingen. MB. XXIII, 87. Das Westerreich, Westrich, (in ältern lateinischen Ur-
192 kunden auch Westravia, Westrasia), ursprünglich der zwischen Rhein, Maas und Schelde gelegene Theil vom Reiche Carl des Großen mit der Hauptstadt Metz, als „Uuestarrîhi (occidens," gl. o. 113. 242), dem Ostarrîhhi, d. h. dem übrigen fränkischen Deutschland (sieh Th. I, Sp. 170), entgegengesetzt. Vgl. W. C. Schultz, über den Bliesgau, S. 1, Note. Fr. W. Walther, topogr. Geographie v. Bayern, S. 296. Noch nach dem Bundbrief der Herren im Westrich v. 1359 war dieses W. sehr ausgedehnt; späterhin behielt eine, von der Saar und den Bisthümern Straßburg, Speyer, Worms, Maynz und Trier nur sehr unbestimmt begränzte Gegend den politisch bedeutungslos gewordenen Namen. Die Gl. i. 781. 1055. 1059. 1261 geben sogar Gallus, plur. Galli, überhaupt durch uuestarliut, uuestarliuti. Zweybrücken im Westrich. „Zu Zwaienbruchen im Westerreich;" Chronik, Freyb. Samml. I, 93. 94. Neustrien, nach Grimm, Gesch. d. d. Spr. 529, aus Niu-Westria, Niwestria, Niustria.

Die Wester (sc. Wester-Pfait?), das Wester (sc. Wester-Hemd), das Westerlein, das Chrisamhemd, welches dem Täufling bey der Ceremonie angethan wird. Birlinger 430 f. „Sauie des kunigs schwester, ... weder tauf noch die wester nie werder frucht beruerte sunder wane;" Titurel c. XIII. (Wir sind?) „all uz einem dauff komen in daz westerhemd;" Altswert p. 189,18. Br. Berhtolt, S. 213 (Pfeiffer p. 32,31) nennt dieses Stück den Westerhut, (in der That ist es dabey vorzüglich auf die Bedeckung des mit dem christlichen Symbol, dem Öle, Chrisma, gesalbten Hauptes abgesehen): „Sô wil man ez üfschieben (das Kind zu taufen), unz daz man im einen westerhuot gemachet, der gar wæhe (zierlich) sî." BM. I, 733 f. „Anna N. ist zweimal in der geburt nie erfrewt worden (sieh Th. I, Sp. 805), verlobt sich derhalben allher mit einem wächsin kindlein mit dem westerlein sampt einer wächsin gürtel und auch ihrer gürtel, — ist erhort und folgendts auch erfrewdt worden;" Inchenhofer Mirakel v. 1605. „Die Kinder, so man dahin mit dem Westerhemetl verlobt, werden von der Fraiß erledigt;" Leben der drei elenden Heiligen zu Ötting bey Ingolstadt 1696, p. 40. In Nürnberg pflegen die Gevatter dem Täufling oder vielmehr den Eltern einige Tage nach der Taufe Eßwaaren und drgl. ins Wester zu schicken. '„Das am 3. Tag herkömmliche Westerbad;" Nürnb. Hebammenordn. v. 1755, §. 11.' Gl. a. 214. 467 ist uuasti-parn, uuestiparn catechumenus, neophytus. BM. I, 143: westebarn, westerbarn, Täufling. „Wir werthen hiute geboren zu there ewigen wunne ... hiute werthewir luttere westeparn," sagt im Rolandslied des Pfaffen Konrad V. 3289 (W. Grimm's Ausg. p. 186)' Bischof Turpin zu den Kriegern, die sich zum Tode bereiten, 'und in des Stricker's Karl d. Gr. 53ᵃ (Bartsch p. 127, V. 4812) heißt es: „Mit swaz sünden ir her komen sît, der sult ir âne hinnen varn, als ein niuborn westebarn."' „Alle die westerparn die zu himel sint gefarn;" Segen im Cgm. 54, f. 106. Dieses uuasti, weste stimmt ganz zum gothischen vastja, vestis (sc. alba, candida, isl. hvîtavâdir, für den Candidaten des Christenthums, hvîtvodungr); ob auch Wester – etwa mittels vestiarium, insoferne dieses Stück aus der Kirchengewandkammer geliefert wird, — damit zusammenhangen möge, ist eine andere Frage. „Accipe *vestem* candidam et immaculatam quam perferas ante tribunal Christi ut habeas vitam aeternam amen;" Taufformel, Cod. Fris. O. N. 2, f. 128. 'Vgl. engl. vestry (aus vestiary, frnz. vestiaire, lat. vestiarium), die Gewandkammer, das Kleiderzimmer, Sacristei; die Kirchspielversammlung, (die gewöhnlich in der Sacristei abgehalten wird).' „Die Angelegenheiten einer Pfarrey werden durch eine von allen Hausbesitzern ernannte Vestry geleitet;" Allgem. Ztng. v. 22. Septbr. 1842, S. 2114—15.

„gegenwist," adj., (H. Sachs 1612: I, 228) gegenwärtig, anwesend.

wist! wistə hâl'! wistə her! Ruf ans Zugvieh, wenn es links gehen soll; (auch im Spessart). hotto! und *weiste!* rechts und links (bey Fuhrleuten; Zips); *wuiffe!* (Zips). Zeitschr. II, 520. V, 450. 451: wist! wistá! wêgst! wêkst! wêst! wistá röm! VI, 91. 120,81. 184: wuifse! weiste! '„Andere schmähen gar darob, daß einige Geld angewendet, und diese Ehren-Stelle (eines Genannten) blos darum erkauft, damit sie die Erbarn heißen, die Frau eine goldene Kette tragen, bey Beerdigung ihrer Kinder keinen nach der schweren Nürnberger Aussprache so bescholtenen Wistahot haben dürfften;" Unpartheyisch-treumeynende Erläuterung 2c. (s. die Note zu Schütz, oben S. 493), p. 5. Vgl. Th. II, Sp. 1189: Hottelein.' Vrgl. winster, Sp. 962.

Das „Wöst" soll nach Adelung (voc. Gekröse) in 193
Bayern für Kälbergekröse üblich seyn. Ist ohne Zweifel blos Aussprache des unter Wannen aufgeführten Wenst. Im Voc. venet.-todes. v. 1424, Cod. it. 362, f. 19 heißt „el moiame" (zwischen Dünne und Hüfte) „die Wüst." Die Wist, (Zipser Sprache) die Rippengegend, Lenden; Mieder, Schnürbrust der Jungfrauen; Schedius, Zeitschr. v. u. f. Ungern (1804). Cf. goth. vahstus, engl. waist, Wuchs, Taille.

Der Wuest (Wuəst, b. W., O.Pf. Woust, Gwoust), wie hchd. Wust; (Weigand, Wbch II, 1114). wuesten (o.pf. woust'n), maßlos arbeiten, sich abplagen; unbändig weinen. verwuesten, vrb. n., a) (von Äckern, Wiesen, Gärten und drgl.) verwildern. b) vrb. act., verwuesten etwas, es zu Grunde arbeiten, verderben. Die (auch wol der) Wuestum, Verwuestum, Unordnung, Verwüstung. wüest (wiəst, o.pf. wêist), a) wie hchd. wüste; (mhd. wüeste, ahd. wuosti, desertus; Graff I, 1082 f. BM. III, 812. Weigand, Wbch. II, 1114). b) unsauber, garstig, häßlich (von Personen und Sachen; Zeitschr. II, 432,1. III, 532,68; verstärkt: V, 195). „Doch was er (der Ritter) gar ain wüester man gegen got er selten rew gewan;" Cgm. 714, f. 127. Die Wüeste und Wüesten, a) wie hchd. Wüste; (mhd. wüeste, ahd. wuosti, vastitas, desertum; wuostinna, desertum). b) Häßlichkeit. wüesten, abwüesten, verwüesten, wie hchd. wüsten ꝛc.; (mhd. wüesten, ahd. wuostan, arwuostan, vastare, depopulare). Vrgl. Wuechste, oben, Sp. 842.

---

waten (wà'n, Condit. watet und wüet, Partic. gewaten), auch watnen (wà'nə˜), wie hchd.; (mhd. waten, Praet. wuot, Partic. gewaten; Graff I, 766. BM. III, 534. Weigand, Wbch. II, 1028). Das angels. vadan, isl. vada heißt gehen, ferri, überhaupt, nicht blos im Wasser; ebenso verhält sich wol das latein. vādere zu vădum, vădare. Vrgl. Wette, vadimonium, Wuet ꝛc. Diefenbach 604ᶜ, nov. gloss. 375. „Das roß jn seinem getzeuge wuth;" Grimm, Reinh. p. 432,25 und p. 442. Noch H. Sachs (1612: II, IV, 122; III, I, 478) sagt: „Mit arbeit im acker umbwaten." „Dort thun zwen waldbrüder herwaten." R.A.: Bis à˜'n Hàls eini wà'n, das Äußerste wagen. `Watære, mhd. Sp., Waller, Pilger.´ „Tertii qui transeunt hoc mare sunt Waddere et interea unus eorum non evadit quin submergatur non solum in hoc mari sed in inferno sicut qui vellet in Marsilio (Marseille?) incipere et usque in Acharz (Akers?) waddenare;" Predigt. Ind. 426, f. 93.

Die Wät, Wett, Wette (Wéd, Wid, Wétté, Wéttə˜, fränk., schwäb.), Pferdeschwemme, Lache; (ahd. Sp. wetti, wettin. Weigand, Wbch. II, 1031: Weet. Wetterau: die Wet, Viehschwemme, Viehtränke, von waten; oberhess. Intell. Bl. 1844, S. 378. Vgl. holländ., flämisch: het wed). Zu Rotenburg an der Tauber sind 5 große Wassersammlungen oder Weden: die Spital-, Färber-, Schlägel-, Klinger- und Todten-Wed, welch letztere eingegangen ist. Die Roßwettin; Röttenberger Urbar von 1544 (s. Th. II, Sp. 856), S. 378. „Uz der wette ir ros heimlich trinkent;" Renner 4426. wetten ein Pferd, es in die Schwemme treiben oder reiten, (ahd. Sp. ʒuuatian, uuettan, gleichsam waten machen? BM. III, 535). „Dâ wart man und ors gewett (gewetet) in dem wazzer Larkant;" Wilh. v. O., Casparson p. 195, Lachm. p. 624: 436,13. „Den herzogin von der stath stach er in ein horc gewath," (Kothlache); Atis und Prophilias bey Lacomblet I, 21. Vgl. Schwetti, Th. III, Sp. 652.

Der Watnuesch, Wattrog, Einfang, Gerinne' worin das Wasser läuft, das ein unterschlächtiges Mühlrad zu treiben hat.

Die Wat, Art Zugnetz mit einem Sack ohne Spiegel, tragula; (mhd. diu wate; BM. III, 537. Weigand, Wbch. II, 1027. Zeitschr. VII, 112). Anpeiß-wat, Gäs-wat, Rigling-wat ꝛc.; Chiemseer Fisch-Ord. v. 1507. Die Laubenwat darf blos zum Fang der Lauben gebraucht werden. „Die Wat, da man die prut mit hebt," sind verboten; L.R. v. 1553. In der Würzb. Fischer-Ord. v. 1570 und 1572 kommen vor: „Greiff- und Schmeißwatten, Landwatten, Laußwatten, Speyerwaden, Wattschrägen" ꝛc. Gothelm v. Tegernsee gibt aᵒ. 1023 ein latein. utum zum deutschen ripnezi. Cf. Weiter, Waid und Höfer III, 327, Grimm III, 466.

`„Watten, Reisachwellen, Vorzen; Birlinger 427.´

194 Die Wât, Genit., Dat. oft Wæte, (ä. Sp.) Kleiderstoff, Kleid; (mhd. diu wât, der wæte, ahd. uuât, Genit., Dat. uuâti; Graff I, 740. BM. III, 776. Weigand, Wbch. II, 1027. Zips: die Wod, Kleider. Zeitschr. V, 479. VI, 44. Vilmar, kurhess. Idiot. 459). „Auch kompt mit ritterlicher wat der guot adl von Khemnat;" Hund, St.B. I. Th. MB. XVIII, 109, ad 1324 geht eine Frau ins Kloster am Anger, um darin Gott zu dienen „in gewonlich(er) wat," (ohne sich als Nonne einkleiden zu lassen). „Induviae, new angelegte wat; exuviae, ausgezogene watt;" Avent. Gramm. „Ach, bekleydet die ehrenvesten (Griselda) etwan mit einer beßren wat;" H. Sachs 1612: I, 259. „Ein landsknecht hat oft an gar kalte wat;" das. II, IV, 112. „Nicht wunder wär, jhr erfrürt glat, weil jhr anhabt so ringe wat;" das. III, III, 144. Die Beinwât. „In allen wîs wol getân als er ze tanze solde gân mit sô gelimter beinwât," knapper, enge anliegender; Gregor v. d. St. 3229. Die Federwât, (ä. Sp.) Federüberzug, Ziechen, Bettgewand überhaupt. BM. III, 778. „Swaz ain man oder ain fraw vederwat an ir prautpet pringt, weders dan stirbt ân erben so sol daz ander die vederbat haben hinz an seinen tod;" Münchn. St.R. . „Hat mich meins guots an vederwat und andern entwert;" Lori, L.-Rain 149. „Dahin schick ich dir federwat, da ligst du das kind-`bett dein;" H. Sachs 1612: II, III, 190. „Das man allen geistlichen menschen nit mer erlaubt federgewett, denn ein küß unter die achsel und ein klein hawptküsselein;" Cgm. 750, f. 212. Sieh unten Gewæte. Kirchwât; MB. XIX, 22. Die Leinwât (Lei˜wət, Lei˜məd), Leinwand, (mhd. lînwât; BM. III, 778. Weigand, Wbch. II, 36); leinwâten, adj. „Ein weiß leinwates creuz;" Wstr. Btr. II, 225. „Leinwater, lintearius;" Avent. Gramm. Die Niderwât, (ä Sp.) das Beinkleid. Inchenhofer Mirakel v. 1605. „Da sprang Avidius Cassius blos und nackend (hett allein ein Niderwaht an) under die Knecht;" Av. Chr. 202. „Die Fraw (Äbtissin) begraiff (statt des Weiles oder des Schleyers) irs buolen Niderwot;" Cgm. 291, f. 173. Märe „von des ritters niderwat in der Dresdner Sammlung, Cod. 68,2. Stück; Anfang: „Hie vor alten zeiten in allen landen weiten was gewonlich und recht ez wær ritter oder knecht wer im gewand schneiden hieß daz erz hinden und vornen offen liez;" v. d. Hagen's Grundriß p. 326. „Man sicht nu lützel weibez scham und weiplicher eren, als man wol nu speht an ihrer wat, wie vnchæuschlichen die stet mit weitem pûsem, daz in ir tüttel und ir achsel pleckchent, daz si pei alten zeiten dekchten vnd sich schampten vnd wie sy nu eingærbt sint in ir gewant, daz man achten sol, wie sy geleibt sey(n), daz ir die man begern mügen zû der vnchæusch dar zû sie sich schikchent. Vnd ist auch ein ander üppichait dar ynn die man geuallen sint, daz si daz schæmig gelit enttekchent vor dem hindern, daz ettwenn waz ein smæhe vnzucht, wo man die niderchleider sach. Nu gukgent die weib mit begir den mannen zû den hindern;" Cgm. 54, f. 80ᵃ. Seidenwat. „Gutes, geltes habwir genug, kleidung von sammet, seidenwat;" H. Sachs 1612: I, 203. Der Watgadem, Tuchladen; Watmarkt, Gem. Reg. Chr. II, 396. Watmanger, Tuchhändler; MB. III, 150. Cbm. 2155. fol. 64. 65. Sieh II. Th., Sp. 1626. Das Gewæte (mhd. Sp.), giuuâti (ahd. Sp.), Kleidung. BM. III, 778. Federgewæte, sieh oben. `wâten, wæten (mhd. Sp.),´ uuâtan und uuâton, vrb. (ahd. Sp.), bekleiden; (Graff I, 744. BM. III, 778). „Induebar cilicio anegawættet ward ih der hærren;" Windb. Ps. 34,19. `wætlich (mhd. Sp.), schön, stattlich,´ uuâtlîh (ahd. Sp.), decorus; unuuâtlîh, deformis. Graff I, 743. 839. BM. III, 779. „Der ist ain narr der wätlich auff der gassen gat und waist das er nüntz da haimet hat;" Raitenbuch 192, f. 13. Clm. 12392 (XV. sec., 1478. 4ᵒ). `wætlich, mhd. Advb., schön, herrlich, angemessen; vielleicht, sehr leicht, vermuthlich.´ Lachmann, zu den Nibelungen p. 13, Str. 34,1: „Daz wætlich nimmer mêre ergê." Die Spinnen-wät (Spinnə˜-wétt, Spinnə˜wétt'n; cf. Gramm. §. 808), das Spinngewebe; Nürnberg: die *Spinnawödn;* Firmenich II, 395,61. — „Die spinnwetten abkern;" Cgm. 1148, f. 12ᵇ. „Ist auf dem harn ein nebel, als ein spinnenwet;" Ortolph. „Spinbet, tela aranea;" Cgm. 721, fol. 51. Der Wätsack, (mhd. Sp.) Mantelsack, Felleisen, mantica, bulga; Voc. v. 1618. BM. II, II, 4. Weigand, Wbch. II, 1028. Vilmar, kurhess. Idiot. 459.

„Die kais. Kammergüter in Wadsäck eingemacht;" Av. Chr. 413. „Admissarius, ein pfärd, daz ein watsack trät;" Voc. v. 1419. „Vil maniger hande knechte, vil gar nach knechtes rechte mit watsecken unde mit soumen;"
195 Wilh. v. Or. III, Cgm. 42, fol. 80. In einem ganz modernen Volkslied heißt es: „I brauchət ə˜n *Wàdsàk* voll Dint'n..." Die Watspende. Scherz-Oberlin II, 1954.' „Anno 1061. In novali loco (Neugreut) qui abbacella nuncupatur basilicam loci illius incolis ad oratorium stabilivi. Hanc ecclesiam praebenda pueri unius de claustro nostro (St. Gallen) et una watspenda et beneficio unius mansus et omni subscriptae decimationis determinatione dotavi." „De Munolfingen panni dicti watspende;" Urkunden, citiert in v. Arx' Geschichte des Cantons St. Gallen p. 244. 'Vgl. d. folg. Watschar.'

'Die Wât-schar, Zerreißung der Kleider, (als strafbares Vergehen); s. BM. II, II, 153. Vilmar, kurhess. Idiot. 442.'

Die Wat-schar; 'Scherz-Oberlin II, 1020. 1954.' Im Tegernseer Urbar bey Freyberg p. 246. 247 wird unterschieden, ob ein abgabepflichtiges Gut ein Praedium, eine Curia, Huba, ein Beneficium oder eine Watschar sey. „Una curia solvit 6 ß l., alia 5 ß l., una watschar 45 dn.;" Lori, Lech-R. 17. „Curia (der Mairhof zu Berg) habet waschar et ochsenlant et agros de quibus datur der wochendienst;" Salbuch v. 1330 in Zirngibl's Hainsp. 247, welcher Waschar als Krautgarten erklärt. „In Westerndorf de duobus Watschar tota decima plebano zu Pframbach" (1302); Clm. 9557, f. 161. In einer Urkunde v. 823 bey Meichelbeck, H. F. I, II, 273 wird übergeben ein Gut „cum silvis, pratis, pascuis, campis, cum domo et curte curtiferisque et wadiscabis (wadiscaris?) et cum omni aedificio." Nach einer Urkunde v. 1135 circa in MB. IX, 532 muß von einem Pfarrer zweyen ihm zum Dienst beygegebenen Leibeigenen des Klosters Neuzell überlassen werden „portio agri quae watscare dicitur," einem dritten muß die Kost im Pfarrhaus gereicht werden. „Zu Stauff hat der bischoff 9 jeuch aggers . . die sind geschickt worden zu den Weingartten auf der Snarren zu Watschar." „Die Weinzürl ze Stauff geben 71 Fuder Watscharmist" (zu den Weingärten des Bischofs), nämlich Mist als Abgabe von Watscharen, wie ebendaselbst Stubenmist, den die Besitzer von Wohngebäuden (Stuben) zu liefern haben. „In der Watschar (scheint Nom. propr.) ain vierling ainer jeuch;" Vertheidigung der churb. Land.-Hoh. auf Thumstauf, Beilagen p. 14. 20. 21. Nach einer Urkunde v. 1414 bekennen N. N., daß ihnen das Kloster Ebersberg das Gut Watschar verliehen habe; (Hofmark Ahaim; v. Hrn. Geiß, 17. April 1845). So wird, nach Baur, noch jetzt in einem Dorf an der Abens ein eingehegter, aber nur einmädiger, unter 3—4 Seldner vertheilter Wiesgrund die *Wàdschèrm* genannt. Ein Acker der Flur von Pfaffenhofen bey Westerndorf heißt der „Wätscher-acker;" Cbm. Kl. 362, p. 2. Eine mir am 31. März 1845 von Hrn. Caplan Geiß gezeigte Urkunde v. 1434 (Montag nach U. H. Fronleichnamstag), im Namen des Herzogs Ernst, entscheidet einen Streit zwischen dem Pfarrer Heinrich dem Haidlein zu Aubing und dem Abt Conrad auf dem Etal, Wadschal betreffend, der (auch die) von den kleinen Äckern der großen Höf zu Aubing dem Pfarrer zu reichen. Einer der Zeugen sagt: „daz im nicht wissentlich sei, daz ein pfar' ze Awbing nie dheine˜ wadschal auß den clainen ackern der grossen höf gehabt hab dann der drittail dez zehents auz den selben ackern gehor der pfar' ze Awbing zu." Ein anderer: „Im sei nicht wissenlich daz dem pfar' der wadschal aus den clainen ackern der grossen hofe zugehore, dan '(dem?)' der drittail dez zehents auz den clainen ackern der grossen hofe zu gehore." Einige, die den Zehent etliche Jahre innegehabt, sagen: „sy haben dem pfar' nie dhein wadschal weder gantze noch halbe von den clain ackern geben, dann den drittail des zehents hab ein pfar' zu Aubing." Einer der für den Pfarrer Zeugenden sagt: „der von Pöllingen hab den zehent darauf, er hab aber auz dem clainen acker ain halbe Wadschal geben ainem pfar'." In dieser Urkunde wird der Abt von dieser Leistung an den Pfarrer freigesprochen. Im Jahre 1804 sey das Kloster und nachher das Ärar zur Zahlung dieser Wadschal pflichtig erklärt worden. In einer Zehentbeschreibung der Pfarrei Tuntenhausen v. 1580 (durch Hrn. Geiß 17. April 1845 mitgetheilt): „Mer ain Watscha in obigem Felde das scheiblig Braitl genannt; mer ain Watscha der Pfannenstiel genannt; mer ain Watscha in Tradfeldt die hälbl genannt; item zwo Watschaln sambt einer halben Elsapeunt (? Hrn. Geiß's Hand unsicher zu lesen); item in dem Karl Gütel ein Watschal." Ohne Zweifel geht das Wort auf einen Antheil an irgend einem vertheilten größern Grunde — sieh Luß und Schar. — (Vrgl. die R.A. „kein markgut, es sei bodem oder schar" in Grimm's d. R.A. 531). Wie aber der erste Bestandtheil Wat zu Wât (Kleid) gehören könnte, es müßte denn eine Figürlichkeit vermitteln, ist nicht abzusehen. Mone im Anzeiger v. 1838, Sp. 5 erklärt watschar (im Liber culinae ecclesiae Argentoratensis, sec. XII.—XIII., f. 11. 18) für Einkünfte zur Anschaffung der Kleider. Vielleicht darf (cf. oben Wadiscara) gar noch das uralte wadi, barb.-lat. vadium, später uuetti, vadimonium, pignus, arrhabo, foenus, zu Hülfe gerufen werden. (Vrgl. schottisch Wadset, Pfand, und sieh unten: Wette). Vgl. auch oberkärnt. jaſhʒhar (jašcar in čechischer Schrift), die Speisekammer, bey Jarnik p. 33 unter jéd:el, jésti, essen.

waiten (?). „Verstörung der anwaiten" (??) als Sünde gegen das 6. Gebot (Stehlen); Fürstenzell 55, f. 60ᵃ. cf. Cgm. 866, f. . . . .

wetten, an-, einwetten (*à˜-, ei˜wé'n*, b. W.), binden in's Joch, einjochen; (mhd. Sp. wetten; Praet. wat, Partic. geweten; ahd. Sp. uuetian, uuettan: uuat, uuâtun, giuuetan, jungere; Graff I, 738. BM. III, 773 f. Weigand, Wbch. II. 1068. Vgl. engl. to wed, ins Joch der Ehe binden, antrauen. „Albert, wilt thou have this woman to be thy wedded wife . . . Victoria, wilt thou have this man to be thy wedded husband;" Allgem. Ztg. Nr. 44 vom 10. Febr. 1840). „Ich bin komen an ein stat. da man zwen sneggen wat zesamen under ain joch;" Cgm. 717, fol. 103. „Einen ohsen, der geweten ist;" Augsb. St.B., Freyb. 106. „Swenn ich dir ohsen wæte und dînen habern sæte, daz zæme niht ze wære mînem langen valwen hâre und mînem reiden locke;" M. Helmbrecht, V. 269. „Dise zwêne gênt geweten;" Benecke, Beytr. 305. Daz giuuet (ahd. Sp.), das Joch Ochsen; Graff I, 739. BM. III, 774. ab-, auswetten, entjochen; (mhd. entwetten, ahd. 196
intuuettan, abjungere; Graff I, 738. BM. III, 774). „Cantilena sicut Ecce quam bonum. Drey Genß (?) im Haberstro die sangen und warn fro da kam der paur hinauß wett auß, wett auß, wett auß. reincipe;" (1613), Poll. 662, f. . . . . Catilena sicut Ecce quam bonum. Drey gienß im haberstro die sangen und warn fro da kam der paur hinauß wett auß, wett auß, wett auß;" Clm. 11963 (XVI. sec. 8º), f. 140. Im Liedersaal I, p. 118 steht: „Sy kam in sins herzen grunt, daruz sie niemer me geschied, biß sy der tod von im entwied." Sollte dieß nach falscher Analogie für entwat oder doch für entwettet, entwett gesetzt seyn? Vrgl. das bey Pez citierte: „Der si von iamers laste mit siner krefte het geweten," (im Sinn von entweten, entjocht?. 'Vgl. Passional 184,62: „Daz er den vînt durch vründes bete ûz allen sînen nôten wete").' In figürlichem Verstande steht wetten (ablautend) z. B. in Ulrich's Tristan 1008: „Sît mich mîn triuwe hât geweten:" im Parcifal 2209, (Lachm. 74,27): „Mit strîte funden sie geweten." Vrgl. wetten, Sp. 1049. Vgl. Diemer, Ged. 148, 18,16: „Mit wittahe binden;" (hieher? oder zu Wid? 's. oben, Sp. 858, und unten: der Witt').

Die Wett, das Gewett, a) wie hchd. Wette, Gewette. b) Das Wett, Gewett, Wette, Gewette,

(ä. Sp.) das Pfand, Unterpfand; (mhd. daz wette, ahd. daz uuetti, weddi, pignus, arrha, vadimonium, barb.-lat. uuadium, guadium, franz. gage; auch brabium, foenus; sponsio, pactum. Graff I, 739. BM. III, 774. Weigand, Wbch. II, 1068. Cf. kärnt. vådlja, Wette, vadljam, ich wette: Jarnik p. 36). „Sin pfant dicke wettes stat.“ Vrîdank 338, (W. Grimm 48,17). Vilmar, kurhess. Idiot. 451. Wette oder Gewette geben, (ä Sp.) ein Pfand, oder sinnbildlich die Hand, den Handschuh ꝛc. als solches geben. „gapun uuetti, dederunt manus suas,“ (ut ejicerent uxores; Esdr. I, 10,19); gl. i. 361. Nach einem (im Clm. 2, f. 38b erhaltenen, im Rheinischen Museum f. Jurisprud. 3. Jahrg., 2. Heft abgedruckten) Ceremonial nach altschwäbischem Rechte haben Sponsalia eines freyen Schwaben mit einer freyen Schwäbin so zu geschehen, daß er mit siben Handschuhen siben wete gît, durch die er ihr namentlich 1) „den rechten munt“ (tutelam), 2) „aigen“ (liegende Gründe), 3) „churichen und chuozal“ (Rinder?), 4) „zun unde gecimbere“ (Haus und Hof), 5) „stuot und stuotweide“ (Pferde ꝛc.), 6) „scaz unde scillinch“ (baares Geld), und endlich 7) den Vollzug von alle diesem erwettet (spondet). Dann heißt es: „Diu wete elliu, diu nimet diu frowe unde ir voget. Nu nimet der voget, ir geborn voget diu wete unde dei frowen unde ain swert unde ain guldin vingerlin unde ainen phennich unde ain mantel unde ain huot ouf daz swert, daz uingerlin an di helzen unde antwurtet si dem man und sprichet: Wa ich iu bevilhe .... so enphahet er si unde habe s ime.“ „Da schicket der Hunfrid dem Herzog von Burgundien einen handschueh zu Gewett mit jhme im Feld zu streiten;“ Chron. in Freyb. Samml. I, 122. Liebenden Paaren wird nach einer mhd. poetischen R.A. (an dem Bette) Wette (Preis, Lohn, Ersatz) des erduldeten Kummers und Leides: Cgm. 42, f. 93, Cgm. 231, f. 20, Ulrich's Tristan 3156, Horneck. „Nu stât mir disiu wâge ze eime hôhen wette.“ (Preis obiger Art); Tristan 15177. „Er spranc hin an daz bette und verlôs ouch an dem wette, wan ime sin âder ûf brach;“ Tristan 15194. ʻentwette, entwette, mhd. Sp., in (um) die Wette; BM. III, 774. 775.ʼ „Do trungen sie alle vier in das haus entwete;“ Cgm. 713, f. 115. Die (das?) Aberwett, Afterwett; BM. III, 775. MB. XXII, f. 196 und 197, ad 1340 setzt U. v. E. den halben Theil seines eigenen Hofes B. ze Aberwett, daß er von dem verliehenen Hof A. die Lehensabgaben richtig entrichten werde. Sonst würde er „in die pen (den Lehenhof zu verlieren) und in die aberwett des halbtails des eigenen
197 hofes fallen.“ MB. XXV, 648, ad 1442 wird vom Pfalzgrafen Christoph, König zu Dänemark, dem Friedrich v. Wolfstain ein Halsgericht verliehen, und dessen Widersachern hierin eine Strafe von 100 M. S. in des Königs Kammer, und halb so viel an Friedrich von Wolfstain angesetzt, und solch afterwett soll diesem oder dessen Erben ohne Widerred ausgerichtet werden. Die (das?) Uberwett, was bey einem Compromiß oder Vergleich als Pfand festgesetzt wird, das von Seite des im Vollzug fehligen Theiles ohne anders dem Widerpart verfällt. So ward bey dem Compromiß zwischen den Herzogen Stephan und Ludwig und den Herzogen Ernst und Wilhelm v. 1398 einerseits München, andrerseits Ingolstadt zu Überwette gesetzt. v. Lang, Ludwig im Bart 33. 38. 40; v. Sutner, Berichtigungen 51; Freyb. Gesch. d. L.-St. I, 329. (Käufe unter oder über dem halben Werthe) „und alle überwett haben chain recht noch chraft;“ Münchn. Stdt.B., Ms. v. 1423, fol. 104. „Darzue sollen alle kheuf hitzig, gäch und (all) überwett unbetracht khain krafft haben, als ob ein man sprech, er wolt einem andern sein guet geben vmb das sein, wann solch keuff und darzue überwett seind abgenommen;“ Kelheimer Stadtrecht v. 1335, (Träger, S. 136).

ʻwett, adv., durch Gegenleistung ausgeglichen; besonders in den Verbindungen wett machen und wett sein oder werden gebräuchlich. Weigand, Wbch. II, 1068. Vilmar, kurhess. Idiot. 451: *wetch* (vgl. mhd. wettec). Zeitschr. II, 414,86. VI, 434. s. unten: wettig.ʼ

wetten (wétt'n), ein Pfand geben, setzen, bestimmen; BM. III, 776. „Vadagium Wett, vadiare sit tibi wetten;“ Ben. 293, f. 65. „Wett mit mir, wo du nit einn falschen aid schwerest, da pignus ni nunc peieres;“ Voc. v. 1618. Elliptisch: *Wétt*, du håst əs tã˜, wie: gelt, du hast es gethan!? „Swer den andern anspricht vmb gult und er gibt, er sull jm nicht so vil, swes er jm dan ân laugen ist (so viel er eingesteht), des er verjechen hat, daz soll er jm wetten (durch Pfand versichern), und vmb daz er nicht gibt, da sol er vmb bereden mit seinem aid, daz er nichtz sol;“ Münchn. Stdt.-Recht-Buch Ms. v. 1423, fol. 98. Vmb gewett gelt, (versicherte Schuld); das. Ms. v. 1453, f. X. „Der sol jms wetten desselben tags seinew pfant und sein purgen ze lösen;“ das., s. auch Auer p. 17. 110. 156. verwetten ein Ding, es als Pfand setzen oder bestimmen. „Ein buech, einen huet verwetten, dare pignori;“ Voc. v. 1618. Seinen Kopf verwetten. Es wird dieses abgeleitete wetten mit dem ablautenden (Sp. 1048) nicht außer Zusammenhang stehen. ʻwettig, wetthaft, adj., (ä. Sp.) schuldig, Wette zu zahlen, straffällig.ʼ „Der selb den man also gepfendet hat, der ist auch einem appt dar zu wetthaft worden;“ Heidenheimer Ehehaft (im Salbuch v. 1400), f. 76a. 78b.

Die Wett, Schwemme, sieh oben, Sp. 1045.

Die Spinn-wett, sieh Wât, Sp. 1046.

ʻWette, Wett, Elisabeth. Zeitschr. II, 494. III, 227,6. Dagegen: Wetti, Barbara, (siebenb.); V, 363.ʼ

ʻwéttər, wéttə, (d. i. wietan, wiegetan), wie beschaffen, welcher; s. Th. I, Sp. 607: wiegetan und Zeitschr. IV, 456.ʼ

Das Wetter (Wédə'), a) wie hchd.; (mhd. weter, ahd. uuetar, aura, tempetas; Graff I, 629. BM. III, 609. Weigand, Wbch. 1069). „Den Mantel nach dem Wetter (Wind) keren;“ Av. Chr. 247. b) Gewitter, welches hchd. Wort weniger volksüblich, (mhd. gewittere, ahd. giuuetiri, temperies, tempestas; Graff I, 630. BM. III, 610. Zeitschr. III, 485. ʻHäufig als Ausruf der Verwunderung, des Unwillens, der Betheuerung: *ui Wêtər! bån Wêter! kotz Wêter!* Grübel (1857) I, 227. II. 291. III, 28.ʼ ʻWetters-, (in Zusammensetzungen) verstärkend: Wetterskerl ꝛc. Vgl. Blitz-, Donners-. Zeitschr. IV, 241,21. V, 29.ʼ Wetter machen, was Hexenkünsten zugetraut wurde. „Ein frumer pawr offenbart die alten weib, die wetter machen;“ Cgm. 523, f. 233. Wettermacher, -in, Hexenmeister, Hexe; Person, die Einem unangenehme Auftritte bereitet; (im Scherz) Barometer. „Zu dem Wetter läuten;“ Tegernſ. Ceremonial v. 1505, Cgm. 1148, f. 45. Es wurden dabey in der Kirche viele Kerzen angezündet. H. Sachs 1612:
V, III, 34. „Von Wetterleutten im Hochsummer geit 198
ain jeder paur dem Meßner ain roggene Garb,“ (die Läutgarb); Rorbacher Ehhaft. Im Scherz: Wetter läuten (mit den Beinen), sie sitzend hin und her schwanken lassen. Ins Wetter schießen oder blos Wetter schießen (mit Böllern), um es abzuwenden oder zu zertheilen. wettergerecht (wédə'grèhht), adj., Prädicat, welches der gemeine Mann Geistlichen, besonders Capucinern und drgl. gab, welche sich ehmals auf die Kunst verstunden, die Gewitter zu vertreiben oder unschädlich zu machen. Sieh Schaur, Th. III, Sp. 449 f. Die Wetterherren, Heilige, die besonders gegen Gewitter-Unglück angerufen werden, namentlich St. Johann und Paul. ʻ„Scheffers Haltaus p. 111;“ Jac. Grimm; (d. i. Haltaus, Jahrzeitbuch p. 111). Zeitschr. III, 461.ʼ Aller Wetterherren Tag (26. Juny); MB. I, 428. An diesem Tage pflegt man nicht gerne Heu zu machen oder einzuführen. Münchn. Intell.-Bl. v. 1778, N°. 23. Im Bauern- oder Männlein-Kalender (Xylogr. 42°. 2°) sind hier fallende Regentropfen angegeben. „Wetterleich, fulgur;“ Voc. v. 1618. Zeitschr. III, 532,52. wetterleichen,

fulgurare, wetterleuchten. Birlinger 431. Sieh II. Th., Sp. 1419: laichen, und Sp. 1548: lizen. 'wetterlaunisch, mißmuthig. Vilmar, kurhess. Idiot. 451. Zeitschr. II, 510,1.' 'wettern, a) unpersönlich: es wettert, es ist ein schlimmes Wetter, Unwetter, Gewitter, es regnet stark. Zeitschr. V, 256,131. Es donnert und wettert. Figürlich': I schlog drei˜, dass alles *wédə't.* 'weterisch, adj., gewitterähnlich, d. h. heftig. Zeitschr. IV, 251,21.' *wédərésch* drei˜ schlogn. 'b) persönlich: ein Wetter fluchend herbeiwünschen, „alle Donnerwetter fluchen." Er flucht und wettert. s. oben: Wetter, b.' wetterlich, a) das Wetter betreffend überhaupt; BM. III, 610. „Zu guter wetterlicher zeit;" L.R. v. 1616, f. 731. b) gewitterhaft. Voc. v. 1618. Der Wettermantel (O.L.), a) Stück Zeuges, das Bauersleute, besonders Weibspersonen, an Feyertagen bey schlechtem Wetter über sich werfen. b) Bretterbekleidung der Wetter- (West-) seite eines Gebäudes. wetterschlächtig (von Feld- und Gartenfrüchten), durch Gewitter verdorben; z. B. *wedé'schláchtigé* Kersch. Zeitschr. VI, 462: sich übel befindend. Wettertage. „Zu schieristen Wettertagen" ein Geschäft vornehmen, d. h. sobald es des Wetters oder der Jahreszeit halber thunlich ist. Kr. Lhdl. IX, 22. Lori, Lech-R. 341. Spieß, archiv. Nebenarb. II, 90. Das Unwetter (U˜wédə'), sehr schlimmes Wetter, da es zugleich regnet, stürmt und schneit. 'Das Waswetter, Wasgewitter, Gewasgewitter, scharfes Wetter, Unwetter, Sturm; Griesh. Prcd. I, 64. BM. III, 610. s. oben, Sp. 1017: Was.'

'Wettereiba, die Wetterau (um das Flüßchen Wetter); Förstemann II, 1519.' Der Wettereiber, Wetterauer. „Swaben ir wörter spaltent, die Franken ein teil sie valtent, die Beire sie zezerrent, die Düring sie uf sperrent, die Sahsen sie bezuckend, die Reinlüte sie verdruckent, die Wetterreiber sie würgent, die Misener sie vol schürgent, Egerlant sie swenket, Österich sie schrenket, Steirlant sie baz lenket, Kernte ein teil sie senket;" Renner 22224.

wittern (widə'n), a) 'meist unpersönlich: es wittert, es ist oder wird (gutes oder böses) Wetter; BM. III, 610,1. Weigand, Wbch. II, 1095.' „Von der sunnen varb und wie es darnach wittert," (was sie für Wetter andeutet); Calender v. 1501. „Waren böse Jar, wittert gleich widersinns, wanns regen solt, wars schön, wanns warm solt seyn, wars kalt;" Avent. Chron. 36. „Ließ die Feind mit Nebel und Regen, so denselben Tag über die Maß wittert, unlustig werden;" das. 127. 'b) Wetter machen; BM. III, 610,2.' „Wie daz zaichen (jedes der Himmelszeichen) witret ...;" Scheftl. 296, f. 87 ff. „Wann das jar nicht wittert als es sol;" Ind. 344, f. 19ᵇ. c) mit Winde regnen oder schneyen. gæhwittern, sieh Th. II, Sp. 888. d) der Luft oder der Witterung aussetzen. „Die gewaikte Gersten auf der Maltzenn soll öfters gewidert (umgerührt, gelüftet) werden;" Chlingensperg. „All Liß (Lüße) oder wisen sol ain jeder pfleger durch seine eehalten oder taglöner selbs wittern und zu hew an schachen machen beraitten und rechen lassen;" Röttenberger Urbar v. 1544 (s. Th. II, Sp. 856), f. 219. 'sich erwittern, sich der Witterung aussetzen; sich erholen, erheitern, ausruhen; Grimm, Wbch. III, 1070,3: erwittern und Erwitterung.' „Morgens erwiter dich, daz ist gar gesunt;" Altm. 26 (v. 1334), f. 188ᵇ. e) der Witterung ausgesetzt seyn. Də' Hár muəs *widə'n.* Der Flachs wird nämlich in einem großen Theil des Landes nicht im Wasser, sondern dadurch geröstet, daß er im Freyen auf den Boden ausgebreitet und dem Einfluß des Wetters ausgesetzt wird. Uber das Vortheilhafte wie Nachtheilige, besonders aber das Gesundheitswidrige dieser Methode, sehe man Schrank's b. Reise p. 10. Vielleicht wird die neuerfundene Christiansche Maschine, wie sie es zu verdienen scheint, bald allgemeiner bekannt und gebraucht. f) wie hchd., (Weigand, Wbch. II, 1095); in der Jäger-Sp. verwittern, z. B. einen
199 Fuchs, ihm eine Lockspeise (die er bald wittert) legen.

Mit ə˜n brádnə˜ Háring kà mə˜-r- i˜'n Wintə' d' Füchs ám béstn *və'wittə'n.* 'anwittern; vgl. Grimm, Wbch. I, 521.' „Waz witert dich nû an, geselle!" (zum Herzen als Hunde); Labr. 57. Die Witter (Widə'), Witterung. „So verr sy Wider (passende Witterung) haben;" Rorbacher Ehaft. Də' Hár (Flachs) is auf də' *Widə',* ist des Röstens wegen der Witterung ausgesetzt. Auf də' *Widə'* wird də' Hár nét so rüderisch wiə i˜'n Wassə'. Der *Widə'hár* im Gegensatz des Wassə'hár. unwitterig, adj. „Der sumer wirt vil unwitrig;" Aug. eccl. 76, f. .... waswitterig, adj., Unwetter erregend; BM. III, 610. s. oben, Sp. 1051: Wasgewitter. witterisch, aufgebracht, zornig. „Einen witterisch machen;" Bucher's s. W. IV, 286. Vrgl. wittisch in derselben Bedeutung.

Der Wettern (Wédə'n), gabelförmiges Verbindungsholz am Wagen oder Pflug (gl. i. 1120: „uuetero, padiliga," bey Schmid die Wetter, bey Adelung das Wetter); Birlinger 431. Cf. wetten, (binden).

weit (weid, Comp. weidə', o.pf. weitt, weittə'), adj. und adv., wie hchd.; (mhd. wît, ahd. uuît adj., uuîto adv.; Graff I, 769. III, 771 f. Weigand, Wbch. II, 1050). Salz weites oder des weiten (scil. bandes); sieh I. Th., Sp. 246. „Es sey weit, das sey ferr, quod procul absit;" Voc. v. 1618. Überhaupt wird der Begriff fern lieber durch weit gegeben. 'Verstärkt: sperrweit, angelweit ꝛc; Zeitschr. V, 194.' „Es ist weiter nichts. Weiter nichts?" (Jac. Grimm).' weiter gên, fort, weg gehn. R.A.: gê *weidə'!* laß es beruhen, gut seyn; es taugt nichts. R.A. bey H. Sachs 1612: IV, III, 191: einen weiten geben, (sich aus dem Staub machen?). Vgl. bey demselben die ähnlichen Fügungen: einen blinden füeren (s. Th. I, Sp. 328), einen bloßen legen (das. Sp. 330 f.), einen lurzen schieben (1612: III, III, 77) und: „Wart, das wir dir dein stoltzen schmieren" (das. III, I, 9). Mach *weidə'!* mache fort, vorwärts! Machen, daß etwas *weidə'* kümt, fort, weg kommt. *weidə'* als adv., ein häufig gebrauchtes Einschiebsel in der Rede des gemeinen Mannes, ohngefähr was übrigens, zwar. Er is *weidə'* nét weidə' 'gangə˜. əs is mə' *weidə'* a˜ Ding. I will di' *weidə'* ét aufhaltn. Ironisch: No˜, dés kostət *weidə'* kaə˜ Gəld! d. h. das würde viel kosten. Du stimmst mi' *weidə'* nét, d. h. du hast mich so ziemlich zum Besten. weit aus (größer ꝛc.), bey weitem. weit aus gên, weit weg gehen, reisen. Der Tanz auf Weit aus (sonst Lang aus) ist die Hauptleidenschaft der Miesbacher Mädchen. Hazzi. weitfängig, adj., von weitem Umfang, Gegentheil von engfängig. „Bechlayt in weytfanging chlaydern;" Öfele, script. r. b. I, 379. Der Weithagen, ä. Sp., Hagdorn. „Bedegar haizet ain hagdorn oder weithagen;" Konr. v. Megenberg f. 185, (Pfeiffer 316,3). „weitschwaifig, πολύτροπος;" Birlinger 429. s. Th. III, Sp. 626.' weitschwichtig, weitwendig, weitwendisch, adj., weitläufig. Der Weittrager, Salzweittrager, Art Arbeiter bey der Saline zu Hallein; Hübner, Salzb. 318. Vgl. Renner 3166: „Des sele vil bezzer were, er were ein widtragere;" (zu Wit, Holz? BM. III, 76). Die Weit, der Umfang, der Raum, (mhd. wîte, ahd. uuîti, spatium; Graff I, 772. BM. III, 772 f.), besonders in der R.A.: Weit haben, Raum haben. „Es hat nichts mer Weit im Magen;" (b. W.). „Er hat ə˜ gros gwampete Geign auf der Seit, es hätt s Berchtsgadnerisch Ländl drinn Weit;" Gesänge aus den norischen Alpen, N°. 3. Die Weiten, Weite, Ferne. In der Weiten (ə˜ də' Wei'n) liegt gemähtes Gras, geschnittnes Getreide, eh es in Reihen zusammengerecht, oder in Garben gebunden wird; (O.L.). ə˜ də' *Wei'n* (in der Ferne) rédt mə˜ sterkə' dəvo˜ àls bey üns. ə˜ schlèchtə' Schütz, der ə˜n Fuchs auf freyə' *Weidn* (auf freyem Raum) fált (fehlt). „Ich hûb und lost auf einer weiten;" Valkn. 35. Die Weitschaft, Entfer- 200
nung. „Nach Gelegenheit und Weitschaft der Häuser;" Hofer Feuerord. v. 1737. weiten, weitern, 'weit

machen, erweitern, entfernen; (Graff I, 772. BM. III, 773).´ „By herzog Fridreichs alten zeiten, wan er sich begund ze weiten und den Fürsten widersetzen;" Zwetl. Reim=Chron. im Wien. Archiv 1818, p. 270. „Dann die Eltern das Quottembergelt zu geben sich verweidern wellen;" Wstr. Btr. V, 232. Blos misschrieben statt verweigern? Vrgl. erwittern, Sp. 1056.

Der Weiting, Weitling (Weiding, Weidling, Wei'lin', Weigling, Weidə', Dimin. das Weidál), der Asch, Milch=Asch, Art kleinerer Schüssel, deren oberer Umfang viel weiter ist als der Boden. In solche Weitlinge wird gewöhnlich die Milch gegossen, auf daß sich in selben der Rahm (die Sahne) absondere und oben ansetze. Heumann, opusc. 689. 704. „Ein weitling mit milchram;" H. Sachs 1612: II, IV, 235. „Die (Milch=) weytling waschen;" Cgm. 698, f. 39. „Ein erdener Taig=weiding;" Inventar v. 1756. Dieses Wort verschieden von Waidling (sieh Waid) und vom alten bahuueida (d. h. bahwaida ´„Graff I, 776;" Jac. Grimm´), Backschüssel. Sieh Weigling.

„Weiter." „Pern, weyter und taubel und mit wew der Fisch gevangen mag werden;" Cgm. 698, f. 21. Vrgl. Wat und Sp. 855: Waid — und allenfalls auch; „vnser (under?) den fischern am hoff und under den waytern;" Hund, Metrop. (1620) II, p. 452, Stadtamhof betr.

anderweit, anderweiten; sieh Sp. 855 f.: Waid, 3).

Weitwurz. „Tormentilla haist weitwurcz;" Clm. 5931, f. 225.

Der Witt, Wit (Wid, Inn=Salzach), das Holz, besonders Brennholz; (mhd. der und daz wite, ahd. daz uuitu lignum, isl. vid=r, schwed., dän. wed, agſ. vudu, engl. wood. Graff I, 746. BM. III, 773. Weigand, Wbch. II, 1078). „In dein Ofen brennt freili' grad *Wied*, und *der* spritzt und gibt koa rechte Wärm; must schon mit Prügeln bei dir einhoazen;" Reitzenbeck II, 146. „Widt, grünes, unausgedrocknetes Brennholz; ganzes Widt, ungeklobenes, gewendtes Widt, gespaltenes; Widtwerk, Brennholz; Widtholzer, der Brennholz fällt; Brennwidtung; (Zir.). Wida=Holz, (im Saalthale) dasjenige, was die Holzknechte in ihren Söllen brauchen; (Pseud. Zir). „Parb, Pfann, Rachen rc. Wits," gewisse Maße oder Quantitäten Holzes; Lori, Berg=R. p. 26. 39. 41. In den salzb. Waldord. p. 68. 81. 88. 95 ist der Brennwid oder das Widholz dem Bauholz oder Kueffholz entgegengesetzt; p. 98. 118 scheint dagegen der Edelwid für letzteres genommen. „Zimmerholcz, prennwit;" Wiener St.B., Cgm. 1113, f. 36. „With und liecht;" Trosperger Ehehaft v. 1614, Cgm. 3238, fol. 33. „Der Witt zu dem Sieden im Hällein;" Urk. v. 1431. „Der gieng in einen wald nach widt;" Cgm. 54, f. 66 und 414, f. 117. „Den wit ich hie vail truc;" Chron. bis 1250, Ms. f. 21. „Darzue (zum Kreuze) erwelt er im ein gevelliges wite;" (in Dr. K. Roth's Predigten, 1839, p. 46,12 steht: „ein geuelligez wize"). „Ez waz ein armer man in einem dorf, der gieng tæglich in einen walt nach widt;" Gesta Romanor., Cgm. 54, f. 66ᵃ, (Keller p. 128). „Ain armer man, der hiezz Gydo, gieng in den walt mit eynem esel nach wit;" daſ. 76ᵇ, (Keller p. 151). „Do für er hintz dem walt nach holtz und wit mit seinem esel;" daſ. 77ᵇ, (Keller p. 152). „Er gie durch einen walt ... der gebûre kloup dâ wit, ander bûren ouch dâ mit;" M. Helmbr. 1827. „Der vierde der den wit kloup, der bidemt vor girde sam ein loup;" daſ. 1849. „Do hiezen si wite beraiten und den bachoven haizen;" Jüdel, hg. v. Hahn, p. 132,51. „Vater hie ist viur und wite, wa ist daz oppher?" frägt der kleine Isaac; Cgm. 74, f. 137 rc. „Jacob hiz daz kint springen veur unde wite gewinnen;" Diemer, Ged. 19,11. „Thaz kind (Isaac) thaz druag thaz uuitu mit;" Otfr. II, 9,43. Pämbit MB. III, 577 scheint fur paumwit zu stehen, wo nicht etwa prenbit zu lesen. Bachwit (Bà'wid), Backholz, Backscheit. Castelli, Wbch. 72: „*bâhwidlög·n*; wenn ein Bauer am Abend Holz in seinen Ofen legt, um dasselbe am folgenden Morgen anzuzünden, so heißt er dieses *bahwidlög·n*; — ohne Zweifel Bachwit (Backholz) legen; oder Bad=wid (Badholz)? Hofwit, Brenn= und Bauholz, das ein Hof (Schloß) braucht. Wehner, observ. 116, I, 1. Holzwitt in einer Urkunde (sec. XV.) aus Kaufbeuern zeigt mir, als ihm von Hrn. v. Barth zugeschickt, Professor Aurbacher am 30. Januar 1843; (Proces über die Sache anhängig). Wegen derselben Sache (Proces der Gemeinde Berghofen bey Sonthofen gegen den Fiscus wegen einer Waldung), wo die Worte Treibung und Holzwitt... Wunn und Waid, Fratzung und auch Holzwitt einer Urkunde vom Appellations=Gericht zu Neuburg so ausgelegt worden, als bedeute Witt so viel als Waide, bin ich am 9. Septbr. 1846 beym Münchner Stadtgericht als Sachverständiger vernommen worden. Vgl. in einem Bericht des Pflegers zu Marquartstein v. 20. July 1588: „Auf dise beede hochsichtige pürgkopf zeigen und lautten beeder herrschaften öffnung wid und landthäting." Pfisel=Wit, Ofenholz; sieh Th. I, Sp. 442, und 268 unter Parb. „Gerust wit." „Dhainen floß abwarts fueren mit pretern oder mit dhainerlay gerust witz;" Münchn. Stdt.=R., Cgm. 544, f. 48ᵇ. 49. Ebenda wird unterschieden zwischen Weinflos und Widfloß, und am letztern der Bodemwid oder Bodem 201
und der Uberwid, (wol Holz, das den Floß selbst bildet, und solches, das darüber geladen ist). Wit=nadeln (Widnà'ln), Baumnadeln, Tangeln. Die Witfend, Witevend, heutzutage corrupt die Windfing, die Windfang. Platz in Regensburg, wo ehmals Holz zu Wasser herbeygeführt und verkauft wurde. Die Witfend war noch 1530 mit keiner Stadtmauer umfangen, sondern von einem Canal durchschnitten, auf welchem die Güter ein= oder ausgeschifft wurden. Gemeiner, Reg. Chron. II, p. 135. 360. III, 219. 734. 783. De „locis onustariis (Uuiteuendin) in loco Hal" (Reichenhall) ist die Rede schon in einem Diplom Kaiser Otto's I. v. 974 und in einem andern v. 1025 bey Meichelbeck, Hist. Fr. I, 219, Arnpeck, Chr. B. lib. IV, cap. 34. Ein Holzstoß heißt gl. i. 292: uuituffina, Otfr. II, 9,35: uuitauina, gl. a. 84: uuitufelah. Withau, junger Wald, hat Chr. Schmid, schwäb. Wbch. p. 521, unter Langweid, Langwid. „Withauff, strues lignorum;" Clm. 5685 (XV. sec., 1412), f. 35ᵇ. Der Witmanger, (ä. Sp.) Holzhändler. Gem. Reg. Chr. I, p. 511. 512, ad 1320. IV, p. 220. Daher bis in die neueste Zeit die Regenspurgische Donauer= oder Wittmanger=Wacht. Freyb. Samml. histor. Schr. III, 77, Paritius p. 131, Kaiser 32. Sieh II. Th., Sp. 1626. ´Widemarke Holzmark; s. Vilmar, kurhess. Idiot. 453.´ Der oder das Wittmeß, Name einer Waldung ein paar Stunden von Eichstätt; (v. Witt, Holz, oder Widem? und Maß?). Lexicon v. Franken VI, 274. ´Vgl. Birlinger 432: Widum. Der Wittag, Holztag; Vilmar, kurhess. Idiot. 453. Wittzins; s. Birlinger. 434.´ Der Witter, (Salinenwaldungen) der letzte Knecht einer Maisterschaft von Holzknechten, welcher Feuer anmachen, Wasser holen rc. muß. Kranewitt (mhd. chranewite, ahd. chrana=uuitu, juniperus) wird nicht leicht mehr anders, als in Verbindung mit =Ber, =Stauden rc. gehört; sieh II. Th., Sp. 1371. Ohne Zweifel ist der zweite Bestandtheil dieses, schon in der mhd. Sp. sehr entstellten Wortes (chramwitpawm, Cgm. 89, f. 23; chramipaum, Cgm. 721, f. 67) unser Witt. „Der Krametbaum heißt in meiner müetterlichen teutsch ein wechalter," sagt Konr. v. Megenberg; er war demnach wol kein Bayer. Im Illyrisch=Slawischen heißt juniperus wenja und granawenja, — aus dem Deutschen? (Am Caucasus gibt es Wacholderbäume von 15 Fuß Umfang. So auch der Buchsbaum dort ein wahrer riesenhafter Baum. Spensers Reise: Travels in Circassia, Krim, Tartary rc. London 1837.) ´Langwit, Pflugwid, s. Vilmar, kur=

heſſ. Idiot. 452 und vgl. oben, Sp. 859: Wid. Nach dem altnord. vid-r, ſchwed., dän. Wid, Wed (zunächſt für Baum, Wald) und den Nom. propr. von Wäldern, z. B. Tiwed-en, Holwed-en, Myrkvidr (wol Mörk-vidr, Gränzwald), vrgl. Lagerbring, Sv. R. h. I, c. 17, §. 18 — wäre auch in dem bayriſchen, viel, und neulich wieder in v. Hormayr's Luitpold p. 54—55, beſprochenen Grunzuuiti eigentlich ein Waldname zu vermuthen; (doch kaum gruonaz uuitu, grüner oder Grün-Wald). Kleinmairen, Juvavia p. 62. 118. (112. 117. 201: Gruncita, Grünzing). Rettenbacher, Cremsmünſter, p. .... Koch-Sternfeld, Münch. gel. Anzeigen 1840, Nr 21—24. Wenn Stratiburgum aus Argentoratum, konnte Grunz aus Carnuntum (dem ſpätern Heim-burg, von Heimo benannt) als Carnunt-Wald entſtanden ſeyn. ſ. Th. II, Sp. 1006. Die ahd. Sp. brauchte uuitu-manod für September; gl. o. 236, Mone, Quellen I, 257. Wackernagel's Leſebuch (1839), Th. I, S. 69—70. Cf. angelſ. weod-monad, Augustus, von weod, zizania; Hickes, gr. AS. 210. Weinhold, d. Monatsnamen p. 62. Der Withopf, Widhopf, wie hchd. Wiedehopf; (ahd. Sp. uuituhopfo, upupa; cf. Grimm III, 363. ſ. oben, Sp. 858). „Wann der wein jhm im kopf wird klopfen, wie an eim baume die wiedhopfen;" H. Sachs. Einen Widhopfen aushecken, cacare; derſ. Zeitſchr. IV, 56: *Wudwud, Wudi.*

Wittelsbach (in Urkunden des XII. Jahrh., z. B. MB. IX, 419. 546, Meichelbeck, H. Fr. I, 353: Witilinesbach, Witelensbach; bey Aventin in ſeinen autographen Annales Schirenses, f. 9. 10: Witeleineſpach; im XVI. Jahrh., z. B. Cbm. 2799, f. 31. 34: Widlſpach;
202 heute im Munde des Volkes Wi'lſpə, Wılſpə; — italieniſiert in einer Urkunde von 1175 bey Muratori, Antiq. ital. IV, 276: Guitilibach, wie Guizna ſt. Weißenohe, Reg. Boica I, 178 —), der Name zweyer Dörfer, Unter- und Ober-W. und der weiland bey letzterm gelegenen, ſeit 1113 viel genannten Stammburg, rührt (cf. Gramm. S. 289) ohne Zweifel zunächſt von dem jetzt namenloſen Bache her, welcher von dort der großen Paar (ſo, und nicht Paar muß den Urkunden und der jetzigen Volksausſprache zufolge eigentlich geſchrieben werden. „Grimolt de *Parra*," Hohenw. 2, fol. ultimo. Vgl. Th. I, Sp. 257: Barr) zufließt. „Der pfallenzgraf von Wittlinspach;" Chronik bis 1314, Cgm. 55, f. 65, (vgl. Th. I, Sp. 638). „Castrum de *Wittelenspach;*" Cbm. 52, f. 31ᵃ. „Otto palatinus de *Witenlinspach* obiit 1156;" Clm. 17401 (XIII. sec., 1226. fol. max.), f. 4ᵇ. „Otto maior Palatinus de *Witelingeſbach*" als Zeuge Biſchof Eberharts zu Bamberg 1168; Urkunde v. Kloſter Ensdorf. „Otto comes palatinus de *Withelingesbach,*" 1164; Lang, Reg. Boica I, 251. 264. (Mittheilung Dr. K. Roth's, 8. October 1848, der auf ein Widilo, Quidilo (in Quedlinburg) und abgeleitetes Widil-ing räth. Indeſſen können obige -inges ſtatt -ines blos Mißdeutung ſeyn.) Die alte Diminutivform Witilin ſelbſt hat mehr das Anſehen eines perſönlichen als eines Sachnamens. Sie kann zu obigem mhd. wite, ahd. witu gehören. Förſtemann I, 1278 ff. „Wittilo praepositus" in einer Urkunde von ... bey Meichelbeck, H. Fris. I, II, 552, in welcher auch ein „Dietpolt de *Wittilinespach.*" In einer Urkunde des Biſchofs Otto von Freiſing von 1142 erſcheint als Zeuge ein „*Wittilo* de Wartenberc." Eine Walderbacher Urkunde v. 1352 mit „Ortliebs Inſigel des Witleins." Clm. 13036, 13062, 13085 „scripsit Fr. *Witelo* (*Widelo*) in Prüfening," (1121—1187). (Man vrgl. Grimm, Mythol.² p. 349. 452). Der Witelſpeck (ä. Sp., z. B. MB. IX, 333), (jetzt) də' Wilſpéckə', der von Wittelsbach (cf. Th. I, Sp. 202). Witelsburg. „Der pfallenzgraf von Witeliſpurg;" Kaiſerchronik, (ſ. oben, Sp. 855: die Waid, 3). „Item ain lehen zue Inchenhofen gegeben von dem jungen pfalzgrauen von Witilineſburg", (neu beigeſchrieben: „circa 1170"); Thierhaupt. Urbar v. 1456 im Cod. Thierh. 67, f. 51, III.

Die Witten, ſieh oben, Sp. 858 f.: Wid, b.

Die Wittiw, Wittib, wie hchd. Wittwe, (mhd. witewe, witwe, ahd. uuituwa, widuwa, goth. viduvô, aus lat. vidua; Graff I, 779. BM. III, 780. Weigand, Wbch. II, 1096). Bey Heumann, opusc. 93, MB. XIX, 78. XX, 150 ꝛc. ſteht noch wittub, MB. XXIII, 515, ad 1451: witumb, vielleicht aus dem Casus obliquus wituwen (nach Gramm. §. 576—577) contrahiert. Sp.-W.: Wenn ə˜ Staə˜ vo˜'n Himmel fällt, fällt ər auf ə˜ *Wittib,* (das traurige Loos der Wittwe bezeichnend). Gerne wird moviert: der Wittiwer, b. W. Widéwə' (⏑́ – ⏑, ahd., mhd. witewære; gl. i. 567 noch einfacher: uuituo, viduus), die Wittiwin, b. W. Widenn; der Wittling (Widlin', Zeitſchr. VI, 120,45), Wittman (Widmà˜), die Wittfrâu, das Wittweib; plur. Wittleut. „Wan ſy (die Turteltaube) witiben iſt;" Megenb. f. 131, (Pfeiffer 22,22: witib; cf. 180,35. 181,33. 189,7). „ə *Widin* soll mei˜ Wei' nét weə'n: dé tuət aə˜n ja 'ən eə'schtn Mà˜ vaə'rupfe˜, wo f' nuə˜ dennet kà˜;" Caſtelli (1828) p. 134. Ein Schnitt Brod, an dem etwas von der obern und von der untern, aber nichts von der Seitenrinde befindlich, heißt ə˜ *Wittiwə'* oder ə˜ *Widweibəl.* verwittiwt, verwittibt, (mhd. verwitwet, ahd. Sp. uruuituid, viduatus). Der Wittiwſtuel, Wittwenſtand; ſieh Stuel. Der und das Wittum, Witthum, die Bewittung, a) Wittwengehalt. b) was Widem, dos, dotatio, (m. m. ſ.), und wol daraus entſtellt.

erwittern. MB. XVIII, 692—699, Köſchinger Ehhaft v. 1527, ſteht wiederholte Male die Formel: es ſey (über dieſen oder jenen vorgetragenen Artikel auf frühern Ehhaftverſammlungen) „allweg erwittert und zu recht erkannt worden, daß" ....; ein paar Mal hat der Druck erwirtt, erwirttet, nur einmal erwidert, welches vielleicht die rechte Form iſt. In einer jüngern Abfaſſung dieſer Ehhaft, der v. 1624 (ſie dauerte bis 1722 fort), wie ſie in den bayr. Annalen v. 1834, S. 553 und 573 abgedruckt iſt, kommt dieſer Ausdruck nicht mehr vor. Ob für erwitert, erweitert, (vgl. Weiterung)? ſ. Grimm, Wbch. III, 1070,2: ermitteln, ausmachen, finden.

wittern, ſieh hinter Wetter.

wittiſch, ſieh witteriſch, hinter Wetter.

wit, witt, (Fuld., büchiſch) wider. Das Eſſen helt *witt,* iſt nachhaltig. wittlaufen, wittrennen, widerlaufen, widerrennen.

wittern, wiederholen (?). „So wäſche man im die füſſe mit challem waſſer und witer ims mit warme;" Clm. 5879, f. 205.

Wiet, Wiete (?). Der landwirthſchaftliche Vereinscomité räth (ſ. Verordnung v. 24. Nov. und Landbote v. 3. Decemb. 1845), die Kartoffeln, damit ſie unangeſteckt bleiben, in Wieten („Haufen oder der Erde") aufzubewahren. — Woher das Wort? ſ. oben Withauf.

„Wüttinck, aselli, pisces;" Voc. v. 1618.

Die Wuet (Wuəd, o.pf. Woud), wie hchd. Wuth; mhd. wuot, genit. wüete, ahd. wuot, genit. wuoti; Graff I, 767. BM. III, 535 f. Weigand, Wbch. II, 1114 f.) Der Wuetſcherling, Wuetſchierling, ſ. oben, Sp. 446 f. 459. Weigand, Wbch. II, 1115. „Wutſcherlink iſt den geizzen gut, des menſchen magen er ſchaden tut; Renner 22362. wüeten (wüət'n, wiə'n, o. pf. wêi'n), wie hchd. wüten; (mhd. wüeten, ahd. wuotian, wuotan). Vgl. Vilmar, kurheſſ. Idiot. 460: wôtern. „Mit Wüethes hör ich weith bin khomen," heißt es in 203
einem Ms. sec. XVI. (Cgm. 957, f. 1 und 4165, f. 8), wobey allerdings eher Wüetens (ahd. Sp. Wuotans, agſ. Vôdens, isl Ôdins) als, wie bey H. Sachs I, III, 696, das Wüetend (Her, Heer) zu verſtehen. *'s Wuətəs* kommt, oder: du bekommſt *'s Wuətəs,* wenn du des Nachts den Kopf zum Fenſter hinaus reckſt, — du bekommſt einen verdrehten, krummen Hals; (zu Kindern. Aurbacher, 10. Novbr. 1840). „Das glaub als

ob ich schwer: dem wilden wüettißher fůr er glych durch den wald;" Blatt c. 5 eines in sechssylbigen Reimzeilen 1486 abgedruckten Gedichtes, anfangend: „Got mercurius;" (Mittheil. v. Weigand) „Als ob es wær daz wütend her;" Mich. Behaim, Wiener, p. 176,1. „Bî deus salter ich dich swer und bî Wutungis her;" v. d. Hagen, Ges. Abent. LV, 1290. „De equitibus nocturnis qui vulgari gallico Hello quin et in vulgari hispanico antiquus exercitus nondum loquar;" Guillelmus Parisiensis, de malignis spiritibus, Aug. eccl. 121, f. 184. 215. Vrgl Grimm, Mythol.² p. 871—902. Gesch. d. d. Spr. 776. Weigand, Wbch. II, 1115, auch Nachtgejaid, Nachtgelait, II. Th., Sp. 1201. 1529. Über Wuotan, (goth. Wôdns?), den germanischen Hauptgott, sieh Mythol.² p. 120—150 und vrgl. hie unten wueteln. erwüten, 'in Wut, Raserei gerathen, toll werden. BM. III, 536. Grimm, Wbch. III, 1074.' „Strigels tochter, das ist die recht, solst du erwüten, derselben thu die agen abschütten," sagt die eifersüchtige Bauernmagd zu ihrem Liebhaber. „So ließ ich dich auch wol erwüten, bist auch nit hüpsch, darzu nit reich..." erwidert Er. H. Sachs 1612: III, III, 12. 13. wüetig, adj. und adv., a) wüthend; b) heftig, sehr, vehemens, vehementer. 'Der wüetig Donnerstag, der Donnerstag vor Fasnacht. Grimm, Wbch. II, 1253,3.' „1455 feria quinta ante Esto mihi quae dicitur der wittag dornstag ... natus est Petrus Wagner abbas in Thierhaupten;" Thierh. 110, f. 7a. Verstärkend: Zeitschr. V, 184. wüetächtig, (wenn die Aussprache wêitáchti' also zu deuten ist, b. W.), habgierig, neidisch. ə˜ *wêitáchtige* Rámpfel, habsüchtige Person. cf. Wê-darm, Sp. 824.

wueteln, wuedeln, (wuə'ln, 'uə'ln, o.pf. wou'ln. Cf. isl. ua, verminare, oðal, natura vegeta, actuosa), a) sich regen und bewegen; hin und her laufen wie Ameisen am Haufen; wimmeln, kriebeln; vgl. oben, Sp. 980: wureln. Castelli, Wbch. 268: *wuarln*, wimmeln, kriechen. Då *wuarld* ålas von Lais'n. „ə˜ Maus muəs á' i˜'m Leib drin sei˜, dé, wann dəᶜ Mensch si' fürcht, glei' z'*wuəᶜln* („z'wuarln") a˜hébt und dəbei eəm übəᶜs Lébəˡl kriecht;" Castelli, Ged. p. 98. „əs *wuə'lt* (wuarld") vo˜ 'n Leudn, wann s' d' Wei˜beᶜ schneid'n, dud'ln s' də'bei," das. 117. „Dà *wuarlt*'s ('s Wêlaəd) aft um und gschwillt à˜, dá' I maə˜, iəzund wird 's Herz eəm ge˜ z'klaə˜;" Wagner, salzb. Ges. p. 17. „Das herz wudelt und wallet mit pegird und mit senen;" Cgm. 714, f. 167. b) (von Pflanzen, auch wol von Thieren) vegetare, pullulare, sprossen, wachsen, zunehmen, gedeihen. Dəᶜ Samə *wuə'lt* auf'm Feld, die Saat geht auf. ə˜n Auswärts, wenn àlls àubəᶜ wird und *wou'lt;* b. W. „Das Söhnlein wuedelt und lebt frisch und gesund;" Bucher's sämmtl. W. III, 66. „Es wudelt schon und war gar faist," sagt der Bauer vom ertrunknen Kalb bey H. Sachs (1612: II, IV, 138). wüetlich (wüədlə', Allgäu), sehr lebhaft. Cf. wüed, (Stalder) üppig wachsend, geil; ndrs. Wôden, Kräuterich. Cf. Sp. 835: wieche und Zeitschr. III, 378. Das noch etwas dunkle ahd. wuodi, goth, alts. wôthi bey Seite gestellt, läßt sich wol mit Wuotan (Wôden, Odhinn), dem vergötterten Begriffe der Fruchtbarkeit und des Segens (Kemble, Stammtafel der Westsachsen p. 26), kein Wort so gut vergleichen als dieses unser unscheinbares wueteln. Vgl. Grimm, Mythol.² p. 120. 1205. 1206 (Wonsbeke und Wandsbeke?).

'watscheln, wutscheln, schwerfällig, schleppend und wackelnd gehen. Weigand, Wbch. II, 1028. Zeitschr. III, 132. Vgl. Vilmar, kurhess. Idiot. 442: watchen.'

wåtsch! Interjection, Schnelles, Unverhofftes bezeichnend. 'Zeitschr. IV, 118,11: witsch! wütsch! wutsch! auch als Substantiv: ima *Witsch*, in einem Nu. Vgl. witschen, wutschen.' „Und hat, watsch, einem jeden eine Ohrfeige gefangt;" Bucher, Kinderlehre 58. Die Wätschen (Wádsch'n), Streich auf die Backe, Wange, Seite des Kopfes, schnell und unverhofft fallend. Weigand, Wbch. II, 102. Vilmar, kurhess. Idiot. 442. Zeitschr. II, 240. 468; vgl. česk. facka, Ohrfeige, wyfackuji, Ohrfeigen geben). „Diu schœne Isôt den schimpf im underwîlen bôt, daz si greif an daz wange sîn: halt mir ein ore-wetzelîn;" Heinrich's Tristan 5478. 'watschen, watschnen (wàdschnə˜), beohrfeigen; *å'wádschnə* Einen; (österr.). Zeitschr. IV, 48.'

Der Wätschger, (ä. Sp.) Hängetasche, ascopera; Voc. v. 1618. Birlinger 431. „Watzger, Felleisen, Mantelsack;" Gem. Reg. Chr III, 831. IV, 36. Cf. schwed. väska, böhm. wak, bulga, pera, waček, mantica, wačkař, Säckler; franz. la vache, 'auch mhd. watsac, s. oben, Sp. 1046.' Der *Kálâwádsch, Kálâwádschkäᶜ*, (Obr.M., b. W.); vgl. Th. II, Sp. 1233: Kalier. Reitwetschger; H. Sachs 1612: II, II, 54. V, III, 42. Weigand, Wbch. II, 1028: Wätscher.

witschen-brûn. Br. Berht. 293, (Pfeiffer 396,29): 204
„Sô daz gickelvêch, sô daz witschenbrûn," (weichselbraun? 'oder vielmehr von dem Färberginster, genista tinctoria, spartium scoparium, welcher nach Nemnich II, 32 und 1331 auch Witschen, Wetschen heißt? Mittelalterliches Hausbuch, hg. v. german. Museum 1866, S. 26,9.') Cf. wisselfarb.

'witschen, wütschen, wutschen, sich rasch, eilig bewegen, huschen. Vgl. unter wåtsch! und Zeitschr. IV, 118,11. witscheln, wutscheln, sich unruhig hin und her bewegen; Vilmar, kurhess. Idiot. 456. Vgl. wuseln und hchd. wischen.'

'Der Wutsch, strix. BM. III, 831. Diefenbach 556c; nov. glossar. 351a.' „Wir sprechen, daz strix oder ama der nachtvogel sei, der in etleicher däutsch wutsch („wütsch") haizt oder ain stainäul;" Konr. v. Megenberg f. 130a.b., (Pfeiffer 224,13).

Der Watz, Wetz, (Aschaffenb., Nordfranken) das unverschnittene männliche Schwein, scrofa mas.; (isl. hvat-r, das Männchen von Thieren überhaupt. Weigand, Wbch. II, 1028. Vilmar, kurhess. Idiot. 442 f.). Sieh Wêtzbêr unter wetzen, welchem Verb ein älteres adj. huaz, scharf, acer, alacer, zu Grunde liegt. Cf. das schweizerische watz sein auf etwas, darauf losgehen, erpicht seyn. „Wetz (scharf) als ein schwert", ad 1400. Vrgl. Wutz.

Der Watzmann bey Berchtesgaden, einer der stattlichsten Berge der bayrischen Alpen, weithin ausgezeichnet durch seine zwey Felsenhörner. Panzer, Beiträge z. Mythol. I, 245 ff. Aus dem Wazimans Galgen (sieh Th. II, Sp 902), wenn auch nicht aus dem Ortsnamen Watzmannsdorf (Hund, St.B. I, 363. III, 765; Wacimannisdorf, MB. XI, 174. XIV, 426) ergibt sich ein Personname Watzmann, (Förstemann II, 1274), welcher (wie dergleichen nicht ohne Beyspiel ist) auf den Berg übergegangen seyn kann. Vrgl. Th. II., Sp. 1297 und Th. IV, Sp. 946: Karwendel. In Salzburger Urkunden seit 1070 begegnen Zeugen mit dem Namen Wazeman. Schottky, Bilder 249. „Episcopus Spirensis Hvozeminnus;" Clm. 17072 (XII. sec.), f. 49.

Der Wazel, Speiseröhre wiederkauender Thiere; cf. oben, Sp. 1021: Waisel.

Der Waiz, Waizen (Waəz, Waəzn), wie hchd. Waizen; (mhd. weize, gen. weizes, ahd. ueizi, hueizi, goth. hvaiteis; Graff IV, 1244. BM. III, 562. Weigand, Wbch. II, 1050 f. Zeitschr. IV, 507). Sieh auch die Form Waiß, oben Sp. 1020. R.A.: „Mir blüet mein Waiz. „Seinen Waitz darunter scharren," es sich zu Nutze machen. Avent. Chron. 460. „Und es man sein ist innen woren, so hab ich (Wucherer) meinen waitz wol geschoren;" Cgm. 714, f. 270. Bey der Theurung 1491 galt zu Sunnwenden in Landshut ain schaff waiz XI gulden rhein.; Chr. bei Freyb. I, 166. Der Stainwaiz, (salzb.) Warzenkraut, Mauerampfer, sedum album et rubens L. waizen (waəzə˜), adj., a) von Waizen; *waəzə˜s* Brod *waəzəne* Knédl; — *waəzə˜s* Korn, *waəzəné* Gersten, worunter auch Waizen gemischt oder gebaut worden. b) *waətze˜*, *wàitzə˜*, (b. W.) kostbar, (wie zuckərə˜); ObrM.

'Der Waizel, was Waitzel; waizeln, vb., was waitzeln; s. oben, Sp. 1021.' „Waizel den schaden damit ... so geschwilt der waitzl;" Cgm. 3723, f. 119. „Wie wunden gehefft soln werden und gewaitzelt. Nach hefftwaitzl ...;" Cgm. 4543, f. 151. „Leg über dy wunten ain ringen waitzl;" das. f. 163. „Der waitzl ... die waitzlsalben ... ain waitzl von ayerchlar;" das. f. 180. 181. 182.

wetzen, wie hchd.; (mhd. wetzen, Praet. watzte; ahd. uuezan, huezan, Praet. huazta, acuere, isl. huetia und hvessa, vom Nomen huaz, acer, acutus, alacer, agſ. hvæt, isl. hvatr, hvattr, woher auch wass und entstellt wahs; sieh wächs. Graff IV, 1239. BM. III, 532 f. Weigand, Wbch. II, 1070. Zeitschr. IV, 506). „Er geht als ein wetzent swein und dar zu limment als ein ber;" Renner 6984. „Si wazten, exacuerunt;" Cgm. 17, f. 92ᵇ. wetzen, (bey Selhamer) schwatzen. Der Wetzber, das (unverschnittene) Männchen vom zahmen Schwein; sieh Watz und Th. I, Sp. 263. Der Wetzstain, (mhd. wetzestein, ahd. huezzistein). „Den stain ametisten sol man riben an einem wetzelstein und sol denne den wetzelstein waschen mit wein; Fürstenf. 121, f. 172. Unter diesem Namen gibt es auch ein Volkslied mit seiner eigenen, sehr beliebten Tanzmelodie, anfangend:

„Hàb I nét ə˜n guədn *Wétzstaə˜*?
D' Leut ſàgng, I ſoll'n wégtaə˜.
und 's Menſch ſagt, I ſoll'n g'hält'n,
dèn Wétzſtaə, den ȧlt'n etc."

„Der must mir ye die torin (?) wetzen und schlyffen an sein wetzstain ich main die zwischen meinen bain die allweg großen hunger trait;" Cgm. 379, f. 72. Vrgl. Schneid und ähnliche Hypokorismen der Volkssprache.

'Wetzel, Personname,' (ahd. Wezilo = Werinhari, Haupt's Zeitschr. VII, 299—300. Förstemann I, 1268—70); s. oben, Sp. 1002: Wernher.

205 Die Weiz, Weize, a) (ä. Sp.) die Strafe der abgeschiedenen Seelen; (mhd. daz und diu wîze, ahd. daz uuîzi, agſ. vite, isl. vîti, poena, supplicium; Graff IV, 1117. BM. III, 783). „Daz sein sele werd erlöst auz haizzer wîze fewre; Suchenwirt p. 19. Dem tuvel dienet ir mit flizze, mit im habt ouch di ewigen witze;" Hoffmann, Fundgruben I, 201. „Daz sie (meine Brüder) iht chomen an di stat dirre weitze," (ruft, nach Luc. XVI, 28, der Reiche aus der Hölle); Cgm. 64, f. 49. „Löse sei (eam, sc. animam) von den steten der weitze, und setze sei unter die schar der rubenten geiste;" Cgm. 73, f. 48. „Dye weitz ist ze furchten zum ersten durch dy menig der weicz;" Cgm. 619, f. 370. „Die neit und marter, die die armen seln in der weiczen litten;" Cgm. 351, f. 169ᵇ. „Got hat die weiczen darumb beschaffen, das die sel gerainigt werden;" Br. Berchtolt, Cgm. 1119, f. 12ᵃ. „Zeitliche pein in dem vegfewr oder in der weyczen;" Cgm. 1151, f. 1. „Die weitzen sant Patriczen, purgatorium S. Patritii;" Cgm. 451. „Do er (Lazarus) in den wîzen (in der Hölle) was;" Griesh. Pred. I, 38. „Ich han fiumf brüeder daz er die warnege, daz sie iht komen in dize statt dirre wîzze ... in die wîze ... diu tiufi der wîze ... in der tiufen wîze ... daz was im ain groziu wîze. do er was in den wîzen;" das. 39. 40. „Si fürten (die sel) ze den bittern weitze;" Tungdalus, hg. v. Hahn, p. 45,63. „Swie so daz wære ir wîze;" St. Ulrich's Leben, Cgm. 94, f. 20ᵇ, Vers 66. „Wande sie (coelestes) mich âne wîze (inpunitum) under ir zal niht nement;" ... „der muose in die wîze (loco poenali deputatus est);" das. f. 68. 69, Vers 1342. 1350. „Ob ein mensch in weitzen wær, dem wird noch genad getan und hilf von der christenhait, aber in der hell ist chain genad;" Gesta Roman., Cgm. 54, f. 8ᵇ (Keller p. 17). „Wir wurden aller frœden sat, als dy sel in dem baradeis, so sy kumen in solcher weiß aus der weicz, dem fegfeüre in dy stat so geheüre;" Mich. Beham, Wiener, p. 204,25. „Aber her Augustin Tristram und her Oswald Reicholf mit nam sein in der weiczen, dem vegfeür, in großer marter ungeheür;" das. 279,12. „Maria, du wunn des himels der erneut ist, der erd die gerainigt ist, der weitz die geminnert ist; Clm. 4755 (XIV. sec.) f. 151. „Einer igleichen gelaubigen sele erwirf, daz sand Michele seu ledige von den weitzen, dem grozzen itweitzen." „Ein gebet umb ein sele, daz si erledigt werde auz den weitzen." „Swaz cristensele in den weitzen sei, die löse durch die namen drei;" Cgm. 73, f. 3. 5. 10. 25. 50. „So wär manig tausent sel in dem himelreich, dy noch in den weiczen sind;" Cgm. 365, f. 214. „Die sel gen aus den weiczen an der sambstagnacht, und sein heraussen uncz an den mantag, so müssen sie wider in die pen;" Grimm, Mythol. XLVIII, 465. „Ich dacht in dem sinne min ez mügent wol zwu sele sin den ist in wiß her gelait;" Liedersaal, Nr. CXXV, Vers 63. „Novem poenae, neun weicz. die erst ... dy newnt weicz;" Cgm. 4880, f. 289. 293—94. „Der uns bringet der sunten iouh des wices urchuole;" Clm. 9513, Vers 366. „Den selen in dem weiczen zu trost;" Cgm. 787, f. 204. „XL tag antlas" bringt Erlassung von so viel „peen in der weitzen" als er in XL Tagen „hiet hie auff erdreich mügen abgepüssen;" Monac. Francisc. 148, f. 56. „Unser herr J. Chr. verleich den lebentigen hie auf dem erdtreich gnad und parmherczichait und den ellenden gefangen seln in den pen der weiyczen (vorher hatte gestanden „des fegfewr") rue und salichait;" Thomas Pewntner, Caplan zu Gmund in Oberösterreich (1451), Asp. 57, f. 81ᵇ. „Unser herr Jhs Xp̄ς verleich den lebendigen gnad und barmherzikait den ellenden gefangen selen in der pen der weitzen rue und sälichait" ꝛc.; pfarrliche Formel, Windb. 205, f. 166. „Das gebet behuett (den Betenden) vor der pitterhait der hell (inferni) und auch der weitzen" (purgatorii); Cgm. 121, f. 126ᵇ. „Bschütz uns vo' Sünd'n und *Wetznen* wol;" Rank, aus dem Böhmerwald (1843), S. 147, (vgl. Th. II, Sp. 1430: Liecht). „Swar ich welle, in die weize oder in die helle;" v. d. Hagen, Ges. Abent. II. Bnd., S. 554,58. „Von der hell und jren weitzen." „Wilt du ubrig werden der hell-weicz;" Cgm. 619, f. 353. 354. Am jüngsten Tage steht „all hellwiz lar," steht die ganze Hölle leer; Cgm. 717, f. 14. „Den brohte der engel zu den hellewisen (statt hellewîzen), daz er gesähe die grosse not der armen selen;" Cgm. 5, f. 238ᵇ. „Steic in uuizi, descendit ad inferos;" MM. 4. „In hellauuizzi, in gehennam;" Tat. 44,20; (isl. helvîti, schwed. helwete, dän. Helvede, Hölle). b) Höllenspuk, Geisterspuk. „Ein perg leit pey der stat Kathamensium, da St. Agatha rast, da ist ain weitz in dem perg." „In ainem andern perg sind samleich weitzen;" Cgm. 619, f. 368. 369. c) arme Seele, welche, wo sie gesündigt, zur Strafe umgehen muß, Geist. Wenn d' *Weiz* widə' kümt, muəſst ſ' fei˜ ſprachə˜. „Unholdin alias weiczenfarerin;" Clm. 14138, f. 202. „Quas vulgaris stultitia weiczenfarerin vocat;" Clm. 5801c, f. 154. „Credidisti ut aliqua femina sit hoc que possit quod quedam a diabolo deceptae se affirmant necessario et ex praecepto facere debere i. cum daemonum turba in similitudinem mulieris transformata quam vulgaris stultitia unhöldin aliàs weyczenvarerin vocant certis noctibus equitare debere super quasdam bestias et eorum consortio annumeratam esse;" Canon poenit. Theodori, Clm. 5387, f. 315ᵇ.

weizen, Praet. hat geweizt, 1) zunächst zu Weiz, b, c: als arme Seele umgehen, überhaupt als Geist, Ge-
206 spenst erscheinen, spuken. Es weizt. Da *weizt*'s, da ist es nicht geheuer, geht es um. Cf. Heumann, opusc. 689, Gramm. S. 491, Z. 27.

„Z' Nächst hàts in dә' Kuchl *gweitzt*,
à˜ 'Köchin ſi' mit Gwàlt ei˜gſpreitzt.
Abә' dé hàt Schneid!
Ja wól, dás 's Luәdә' ſchreit!
Si packt 'n Geiſt glei' sәlbәr à˜." Lied.

Das Geweiz, das Spuken, der Spuk. 2) strafen, peinigen, quälen; (cf. mhd. wîzen: Praet. weiz, Partic. gewizzen. BM. III, 781 f. Graff I, 1089. 1114). „Mînen bruoder ich unrehte weiz, wan ich in drumbe ze tôde beiz; Grimm, Reinh. p. 307, 445 und p. 371. Der Weizer, (mhd. wîzære), was Weitziger. „Ain hofman, hieß Hans Sweizer, da dise argen weiczer den großen mort heten getan, da wolt er auch nit pei in stan;" Mich. Beham, Wiener p. 109,29. „Da stund auch Hans Sweiczer wider die groben weiczer;" das. 169,5. „Der Sweiczer was den Wienern ain weiczer. Tag und auch naht was er vor in, wen er begraif, den zoch er hin; er vieng sy und slug sy zu tot;" das. 308,25. verweizen. Der Augustiner Christian Preczner zu München läßt im J. 1380 (im Cod. Monac. Augustin. 190, f. 259) die verdammte Seele zum Leib sagen: „O du arm fleizz (Fleisch) du pist nu verborfen und verbaizzet (statt verwâzen? s. oben Sp. 1017), die welt was dir undertan" rc.

weitzigen, (ä. Sp.) peinigen, strafen; (mhd. wîzegen, wîzenen, ahd. uuizzinon, punire; Graff I, 1121. BM. III, 784. 785). „Man sol in witzigen mit slegen an der sraiget und mit starker vanknusse und mit hunger und mit vroste rc. unz er veriehe" ... „die wize anlegen ... keine wize anlegen;" Schwabensp., Laßberg p. 161. „Die mich habent geweiczigest;" Cgm. 101, f. 22. 31. 33. 79. 97. 106. 131. 153. „Ain tewfel, der waiczigest di selen;" Cgm. 315, f. 4b. „Der teufel weiczigt und martert die lewt mit fewr in der hell;" Cgm. 4591, f. 48. „Ich wirde grimme sêre gewizzeget in dizem fiure," spricht der reiche Mann zu Abraham; Griesh. Pred. I, 38. „Hail mich von weitzigunge;" Cgm. 73, f. 24. „Dein sel fert in die weitzigung der hell;" Gesta Roman., Cgm. 54, f. 71b, (Keller p. 139). Der Weitziger, Strafer, Peiniger, Gerichtsdiener, Henker; (mhd. wîzenære, wîzegære; BM. III, 784. 785). „Also wart der herre zornech und hiez den kneht vahen und hiez in antwurten den wissegeren;" Griesh. Pred. I, 142. „Er hiez den kneht vahen und hiez in den wîzegeren antwurten;" das. 144.

Der und das Iteweiz, Iteweize, Itewize, (ä. Sp., mhd. diu itewîze, der und daz itewîz, ahd. der itauuiz, goth idveit, agſ. edvit; Graff I, 1119. BM. III, 784), opprobrium, Schmach. „Daz sand Michele seu (die gelaubige sele) ledige von den weitzen, den grozzen itweizen;" Cgm. 73 (s. Sp. 1036). „Sie enpfindent nichtes, weder frostes noch hitze, noch des divels iteweize;" Cgm. 632, f. 77. „Die dritt unwird was die, daz ein ieglicher getorst dem siger zů gesprechen scheltwort oder itwitzen, waz er west oder wolt, schand oder laster;" Gesta Romanor., Cgm. 54, f. 11b, (Keller p. 23). „Hœret itewîze, waz mir hât getân Hagne von Troneje;" Nibelungen 1709,1. „Sie tuot mir itwitze;" Gudrun 1441,1. itewîzen, mhd. Verbum, vorhalten, rügen, Vorwürfe machen; BM. III, 784. Graff I, 1120. „Der ainsidel ittweitzet got, daz er verhengt hiet, daz der diener verlorn hiet seinen fůz;" Gesta Romanor., Cgm. 54, f. 53b, (Keller p. 103). „Ze hove sich dô vlizzen die von Tenelant, daz nieman itewizzen in möhte ir gewant;" Gudrun 331,2. „Ir welt mir itewizzen, küniginne hêr;" das. 1633,1. Nibelungen 936,2. 2084,2. Sieh auch Sp. 1036 und 1029: Itwiß und weißen.

witzel, adj., (O.Pf.) bange, bedenklich zu Muth. „Es wird mir witzel." „Dә' Leә˜l, dem iәtz *witzli* wiә'd, sàgt: Hàb I mi' gaәr éppәt g'iәrt i˜'n Dusl ә˜ màl," — mich statt zur alten Ehefrau zur Stieftochter gelegt. Pangkofer p. 273.

Der Witz, (ä. Sp.) die Witze, Witz, Sinn, Besonnenheit, Verstand, erfinderisches Talent; (mhd. diu witze, ahd. uuizzî, f., scientia, ratio, ingenium, oft im Plural; Graff I, 1099. BM. III, 793. Weigand, Wbch. II, 1096 f.). Désmàl hàt di' dә' *Wiz* vә'laſſ'n, haſt du etwas Unverständiges gemacht. „Mit jhrer witz auff einen sitz kann sie vier nasen drähen;" Lied: die Teutschfranzösin, Insbr. 1637. „Die Witz kommet nicht vor der Zeit;" H. Sachs „Etwas, menschlicher Witz nach, unvermögliches;" Gesellschaft am Isarstrom 1704: V, 61. 80. „Witzbold-Kinder, die früh anstehen in der Witz, gerathen selten." „Frühzeitige Witz ist nit on Litz;" Seb. Frank 1601, p. 146. 360. „Ein anvanch aller wiczen ist Gottes forcht;" d. Ring f. 24c,15. „Secht ir nicht, daz alles spil chunst und witze haben wil?" das. 31b,29. „Alter part der hat die wicz, nüwer palg der hat die hicz;" das. 55a,8. „Dis dinch wil haben wicz;" das. 56b,45. „Schweigen ist die best witz an etlichen lewten;" Cgm. 714, f. 79. „Hat sich dann Achitophel mit weishait je geflissen, so hat er sich auff dißmal in der witz zerrissen;" Reime v. 1562.

„Het ich herzog Jörgen von Bayern gut
und der von Ulme mut
und herzog Christoffels von München leip
und herzog Sigemunts von Österreich weip
und der von Nürnberch witz,
ich gäbe umb alle Sachsen nicht ein switz;"

Spruch aus dem letzten Drittel des XV. Jahrh. Cf. Cgm. 810, f. 170. „Den tôren ist niht mêre witze kunt niuwan diu eine umbe den munt;" Iwein 3269. „Der jâr ein kint, der witze ein man;" Gregor v. d. St. 1008. Gerade so noch in der Legende von 1501, Bl. CXIX. „Mit manheit und mit guter witz;" Suchenwirt p. 91,225. „Weibes schön trewget mannes leib und nimt im witz und sinne." „Es stet übel ainem hohen 207
haubt, wenn es sein red vercheret und der witze wirt beraubt;" Suchenwirt p. 115,241.259. „Moses, der ir mit witzen (plur.) huote;" Barlaam 56,12. (cf. Otfrid I, 21,15: wuahs in uuizzin). Dazu in der ahd. Sp. ein Neutrum giuuizzi, einfache Adjectiva wie: uuizzo gnarus, giuuizzo conscius, unuuizzo inscius, forauuizzo praesciens, uparuuizzo philosophus, uuanauuizzo vecors; ein Verb uuizzen: „uuizzet ther uuiso, astutior fit sapiens." Notk. 57,11. Vrgl. indessen, da das î oder i, tz oder z dieser Formen unsicher ist, oben Sp. 1029: weiß, „Sibylla weiß."

witzig, besonnen, verständig, klug; (mhd. witzec' ahd. uuizzîg, sensatus; Graff I, 1101. BM. III, 795)' unwitzig, unbesonnen, unverständig. awitzig, abwitzig' unverständig, ohne Verstand, närrisch. BM. III, 794. 795' diu âwitze, adj. âwitzec. Grimm, Wbch. I, 155: abwitzig. „owizzik vesanus, owiczikait vesania;" Voc. v. 1432, Cgm. 685. awitzen, delirare; (mhd. âwitzen, ahd. auuizzôn. BM. III, 794. Grimm, Wbch. I, 154 f.: abwitzen, abwitzigen). „Dirre awitzet, hic delirat;" Cgm. 64 (wol 66), f. 58. Die Aberwitz, ä. Sp., Wahnwitz; BM. III, 794: diu aberwitze. Grimm, Wbch. I, 35. „Senex delirus der in die aberwitz gaht;" H. Junii Nomencl., Augsb. 1629, p. 9. aigenwitzig, eigensinnig. Grimm, Wbch, III, 104.

Der Fürwitz, Firwitz (sieh Th. I, Sp. 746), Vorwitz, Neugierde. Personificiert: die Firbitz; Cgm. 439, f. 45. Fürwitzln, (b. W.) die kleinste Form von Lebzelten, was anderwärts *Schiffln*; (ObrM.). Vgl. Th. I, Sp. 746. fürwitz, virwitz (ä. Sp.), als adj.; (mhd. diu vürwitze und virwitze, auch der virwiz, adj. vürwitzec, virwitzec, vürwiz, virwiz. Graff I, 1098. BM. III, 793. 794. Weigand, Wbch. II, 379). gl. i. 343: firiuuizer, curiosus. „Curiosus 'i' für=

witz dicitur (heutzutage) subtilis klůg;" Monac. Augustin. 84, f. 69b (v. 1460). „Curiositas, virbiczhait;" Clm. 4432 (XV. sec.), f. 63. „Wer fürwitz und ainfeltig ist." „Du bist auch fürwitz, tol und dumb." „Dazu bin ich fürwitz, und stetigs hinterm man popitz." „Der fürwitzen affen;" H. Sachs 1612: II, II, 11. II, IV, 83. III, III, 49. IV, III, 135. V, III, 88. „Ir fürwitz efflach," (vorwitzige Äfflein); Cbm. 1585, f. 323a.b. „Etlich waren so fürwitz;" Cgm. 291, f. 177. „Darnach so findestu, das dein vernufft ist fürwitz." „Wen dein vernufft ist gancz fürwitz;" Cgm. 837, f. 140. 141. „Bis virwitz niht als ein kint, swer allenthalben wesen wil des hertz hat niergen stetez zil;" Renner 23575. „Sprach die vierbicz zu der steten frawen" ... „die stete zu der furbitzen;" Cgm. 713, f. 77. 203. Die virbicz, der virbiczen, (curiosa, coriosae); Cgm. 713, f. 74. 78. firwitzig, wißbegierig. „Kaiser Hadrianus ist fast fürwitzig gewesen;" Avent. Chron. 201, cf. Th. I, Sp. 746. fürwitzen, vrb. „Er wollte fürwitzen, was jhme von dem Glück: beschaffen wäre." „Die mehriste Männer helfen ihren Weibern fürwitzen;" P. Gansler. „Ehebrechen und Unkeuschheit treiben heißt bey den huetterischen Brudern fürwitzen. Der Bruder oder die Schwester hat gefürwitzt;" Erhard 17. verfirwitzen etwas, es aus Neugierde ausspüren, aufspüren. I hàbs scho˜ *və'firwitzt*. verfirwitzen an oder in etwas, seine Luft damit, daran büßen, es satt werden. „Das man ganz verfürbict het an mir;" Cgm. 291, f. 25. „Wan ich verfürwitz an eim Kleid;" H. Sachs 1612: I, 905. Das firi, fir (nicht furi, für) scheint diesem Worte so wesentlich, daß selbst das altf. firiuuit, agf. firvet es haben. Grimm II, 725. 729. Oder wäre es gar keine Präposition und etwa mit dem isl. firn, n., prodigium, firna, mirari, verwandt, so daß firwitzig genau dem unten folgenden wunderwitzig entspräche? Andrerseits könnte gefragt werden, ob der zweite Bestandtheil wirklich hieher und nicht etwa zum isl. viti, m., das unter anderm auch omen heißt, gehöre,
208 nasenwitzig, naseweise. „Nasenwitzige Aufschneider, überwitzige Ehrabschneider, wahnwitzige Umschneider;" P. Abraham. „Die wonwitzen layen;" H. Sachs 1612: IV, I, 252. Graff I, 1099: wanawiz, vecors, mhd. wanwiz, wanwitze, wanwitze, adj., leer an Verstand, unsinnig. wunderwitzig, neugierig.

witzzáh. „Hàt s· gràd widə' so ə˜ *witzzáhhs* Hennl a˜stecke˜ (an den Spieß) wolln;" Reizenbeck I, 115.

Diu wîze, (ä. Sp.) sieh Weize, Sp. 1059 f.

wuzeln, a) was wuseln, kriebeln, kleine, schnelle Bewegungen im Gehen machen; Zeitschr. VI, 347: geschäftig sein. 's Kind *wuz·lt* so nètt 'rum. 's Schàzə-l *wuzə-lt* i˜n Hemə'l dahèr. De Ald *wuzlt* si' wàs à', und kimt dó' nét weidə'. Der Wuzel, das Wuzelein (Wuzə-l), Person, Thier, das wuzelt. Zeitschr. VI, 347. „Kaə˜ klaə˜baə˜ləts *Wuzə-l*, hübsch gros is mei˜ Schàz;" Seidl, Flins., 3. Ausg p. 17. Der Grauwuzel, (O.Pf.) loser Mensch; der Teufel.

„D· Lédərə' sán' grob, dés waəs i scho˜,
mə˜ kennts eənə˜ glei' à˜'n Fingə'n à˜.
Wuzelbrauné Négl, dés is wàr,
si schàbm 's Lédər à' sammt'n Hàr,"

(cfr. oben, Sp. 1058: witschenbrûn und muchselbraun, Th. II, Sp. 1563). Der Ôrenwuzel (Ou'nwuzl), Ohrenkriebel (-grübel), forficula auricularia L. b) Bewegungen mit den Fingern machen. wuzeln etwas, an etwas, es unter den Fingern hin und her rollen, drücken; Zeitschr. V, 460. 461: abwetzen. „Wuczel dy miny durch ein leinein tuoch auf ainem pogen papir;" Cgm. 821, f. 26. „Schau einmal das Brod an, ein heller Taig! Rinnt net 's liebe Wasser raus wie aus'n Bogenhauser Berg, wennst es wuzelst?" Eipeld. Briefe. Taig zu Fingernudeln wuzeln. Wenn man die Zwetschgen wuzelt, werden sie lind. „wutzeln, volutare sordes;" Heumann, opusc. 689. „So ist jhr spinnen auch verlorn, eins verdreht das ander verwutzelt;" H. Sachs 1612: I, 1025. Der Wuzel, Wulst von Unreinigkeit, an der schwitzenden Haut zusammengerieben, von Charpie, Garn ꝛc. „Turundae, fartilia, Wutzlen damit man die Caponen schobt;" H. Junii Nomencl. 1629, p. 46.

„Er macht si' ums Rörl ə˜ *Wuzl*,
da kà˜ dər àld Tátl bráv suzln." Tabaklied.

„Nu, da ist endlich noch ein ganzes Gutzerl, die andern seind zsamgschlagn bis auf ein Wutzerl," (aufs kleinste), sagt in Bucher's Charfr.-Action Gottvater, indem er nach der Sündflut die Himmelsfenster öffnet. Haəwuzl, (b. W., ObrM.) Hagebutte; (Koburg: Hàgəbutz.n). Der Wuzel-Balg, homo tractabilis; (Aurb.). Die Wuzel-Nât, Wulst-Naht. Wuzelweich, salix caprea; (Jir.). verwuzeln, derwuzeln, wulstig, faltig machen, in Unordnung bringen. Der bayrische Poet Hans Mayr (P. O. germ. 4°. 229 [40]) schreibt verwurzeln. c) wuzeln Einen, (Wirm) ihn zum Besten haben, was foppen, stimmen.

wutz! (Spessart), wuitz! (Rhön) — Zuruf an Schweine. Die Wutz, (Rhön) Wuitz, Dimin. das Wuitzjə˜, Schwein. Vilmar, kurhess. Idiot. 462.

Z.

(Über das Aussprachverhalten sieh Gramm. §. 38, 656—659, 688—690).

---

209 Der Schulname dieses Buchstaben ist, wie im Hochdeutschen, zètt oder zért. Die Composition ſz, dem alten ʒ in Mitte oder zu Ende der Stammsylben entsprechend, schon bey Isidor durch ʒſ gegeben, heißt ésʒétt, èsʒètt, zum Unterschied von tʒ (t-hêzétt) oder, wie dieses noch vor 50 Jahren in den Landschulen, der ältern Orthographie cʒ zufolge, genannt wurde, cêzétt.

z, 1) aus des (d's) in nicht mehr gefühlter Genitivform versteinert (sieh Gramm. §. 448. 751): z Abends, z Morgens (sieh Th. II, Sp. 1648. Zeitschr. III, 328. IV, 118, V, 2. V, 103,5. VI, 38,3. Cgm. 619, f. 362: „dez smorgens;" aber Cgm. 723, f. 108: „zu schmorgens"), z Nachts (sieh Th. II, Sp. 1716; Cgm. 714, f. 146. 264. 266: „schnachts"), z ens Tags (Hübner 159. 251: „zestag, am änstag"), jenes Tages, vor kurzem; z Feirtə's, z Wertə's, z Suntə's (am Feyer-, Werk-, Sonntag), z Sumə's, z Wintə's.

2) für daß (d's), kaum noch für daz, 'z, besonders im Ries: z Weib, z Kend, z Haus, z Mädle, z Korə˜, z Zalə˜. Gramm. S. 545. 546. Zeitschr. III, 219,21. Allgemeiner: z Unter über sich (werfen ꝛc.).

3) für ze, zu, sieh dieses Wort; — woferne nicht in einigen Fällen gar noch das alte az (altſ., agſ. at), „az Riute, az Waldiu" (bey Meichelbeck, H. F. II, 61. 80) zu Grunde liegt. cf. I. Th., Sp. 476.

Sieben und vierzigste oder Za- ꝛc. Abtheilung.

`zâ-î, zâhî, zâhei, mhd. Interj. der Verwunderung und Freude, wahrscheinlich, wie das gleiche âhî, romanischen Ursprungs. Grimm III, 300.´ „Gerne wolde ich, möhte ez ſîn, bî eigenem fiure erwarmen; — zâî wie ich danne ſunge von den vogellînen;" Walther v. d. V. 28,1.

zauen, zauwen, zouwen, (ǎ. Sp.) 1) bearbeiten, bereiten, gar oder fertig machen; in speciellen Beziehungen: schmieden, hecheln, weben, gerben, färben ꝛc.; (mhd. zouwen, schw. Verb, neben ziewen: Praes. ich ziuwe, Praet. ich zou; ahd. zauuian, zouuan, zawên, ndrd. tauen, töuwen, touwen, agſ. tavian, engl. to taw, goth. tavian, gatêvjan; Graff V, 584. 713. BM. III. 941 f. 943. Weigand, Wbch. II, 1125. Zeitschr. III, 89: zâfen, hart arbeiten. Vrgl. unten zechen. Grimm, über Diphthonge p. 13. 14 und Gesch. d. d. Spr. p. 891, hält das goth. taujan, agere, facere, für einerley mit tavjan, parare, jenes zudem mit dôn, duon, thun, welches nur Formen wären die — wie du, dis nicht in zi, zir — nicht aus **d** in **t** (ʒ) verschoben worden; in tavi-**dedum** läge zweimal dieselbe Wurzel, sowohl in verschobener, als in unverschobener Gestalt. Cf. holl. tooi, m., Putz, Zierat, tooiſel, n.; toojen, putzen, schmücken. Kilian: toyen, ornare, adornare, ſpan. ataviar, i. q. toogen, ad oculum se parare. Cf. unten: zaffen, zâfen). „Exercebant, zouuitun (ferrum); Aen. VIII, 424, gl. i. 793. „Zuuir gizauuêt, gizaot, bis tin-
210 ctum;" gl. i. 236. „zauua, tinctura," gl. a. 439; zauuetrugelin, Willeram 7,5; „zauuari, tinctorias vel focarias," gl. i. 238. Clm. 4606, f. 108: „Filias quoque vestras faciet sibi unguentarias et focarias viurarin (que cibum parant et cinctorias zauvari) et panificas protpechin;" I. Regum 8,13. Ob etwa die R. A. des b. W. noch hieher gehören könnte: Is mər àlls aə˜ *Zau˜*, wie man sagt: mir ist alles ein Thun, mir ist alles gleich. Zeitschr. V, 478. Zaun, sepes, gäbe wenigstens einen noch wunderlichern Sinn. 2) zauen Einem, ihm von statten gehen, gelingen, zu Theil werden; (Otfr. II, 5,12. V, 5,5. 13,9.12: zauuên, zauuêta; mhd. ich zouwe mîn und unpersönlich: mir zouwet, mich zouwet eines Dinges). „Ich hofft, ez ſolt mir zawen;" Mich. Beham, Cgm. 291, f. 158. „Des weges gezawet im dester baz;" Boner's Edelstein. „Daz eine hohen meister zauwet baz dann einé armen lere knaben, wer wil daz für ein wunder haben?" Renner 13907. „Si kundenz niht verenden: in zouwet es harte kleine;" Gudrun (Vollmer) 1454,3, (im Original: „in zůrnet es"). „Zzaw ich lazz dich nicht versaumpt;" Federprobe im Clm. 16124, f. 69. „Wůstung und gevild der ich gar vil durchzau," (Praeterit.); Mich. Beham, Cgm. 291, f. 288. „Lâ dir zouwen," (mache, daß du vorwärts kommst, spute dich); Ulr. Tristan 2923. „Mit klengeln lies er im do zauen und wart unter den gulden weln," (wühlen?); H. Folz (Inc. c. aº. 4º 158, p. 208). „Das zwerglin lies im zawen wen es het gut segelwind;" Altswert 163,26. „Sind euch röschlich lauſſen zowen," (sputet euch); Cgm. 270, f. 206b. „Ir iuncvrowen si hiez palde zowen, daz si ze bette quæme;" Cgm. 57, f. 53, Eneit 1319. „Und ist der kugeln iht vil ze gach, so lauft er (der Kegelschieber) balde hinten nach und schreit:

lauf, kugel, vrauwe! z a u w e b î n, liebiu vrauwe, nu z a u w e!" Renner 11372. cf. Grimm III, 346. IV, 35. 943. 3) sich zauen, (noch im nördl. Franken) sich umthun, sputen; Vilmar, kurheſſ. Idiot. 465; (mhd. ich z o u w e mich).

Der Z a u e r, Z a w e r, Z a w r, Z a u r, (ä. Sp.) eine Art Tuch- oder Zeugmacher, vermuthlich eines Handwerks mit den (nach Chr. v. Schmid 544) im Ulmer Raths-protocoll ad 1512 sogenannten Z a u w e b e r n (auch Z a h-, Z a h-, Z a ch w e b e r n), welche sich daselbst den Grau-tuchern und Lederern die in Wolle würkten, an die Seite gesetzt finden. Es ist ebendaselbst die Rede von „Be-schawung der Z a w e n vnd Fäden in der S t a m m e t s ch a u," wo Z a w e n gewissermaßen durch Fäden und dies's durch S t a m m e t (ital. stammetto, s. Th III, Sp. 755. Müller, etymol. Wbch. d. engl. Spr. II, 393 f.) erklärt scheint. S t a m m e t ist bey Ludovici-Schedel als dicker und starker, von rheinischem Garn geköpert gewebter Zeug angegeben. Bey Kilian kommt t o u w e für textura, textus, t o u w e n für nectere, texere, wevers t o u w e oder g e t o u w e (bey Frisch II, 467: Gezehe d. h. gezäüe) für machina textoria, im Voc. v. 1477 g e c z a u w e für praetextus vor. Cf. engl. to t a w, weißgerben, t a w e r, Weißgerber; (Müller, etymol. Wbch. d. engl. Spr. p. 447). Bereits ad 1294 findet sich bey Lori (Lech-R. 40) ein „Hainricus dictus Z a w æ r e" A°. 1370 waren zu München „8 Z a w e r, 59 Wollen- und Leinweber, 2 Tuchscheerer" v. Sutner. Ad 1382 findet man MB. XIX, 440 einen „N. den Z a w e r." A°. 1392 wird (MB. XX, 59) erwähnt „der Gulbein Z a w e r, welcher von einem Hause in M. jährliche 28 dn. zu Unser lieben Frauen geschafft." (Gulbein ist der Geschlechtsname und Z a w e r die Angabe des Gewerbes; sieh n. hist. Abh. d. Ak. II. B., p. 36. 37. 41. 58). „Chunigund der Ircherin haus, das gelegen ist zunächst an dem Z a w e r an der Irchergassen;" Münchn. Urk. v. 1418. „Peter Z a w e r zu Bobingen," (ad 1442); MB. XXIII, f. 438. „Aus Lemtels (Leutholds?) Z a w e r s haus" (in München) in der Grackenaw;" G. Ridlers Chronik (s. Th. III, Sp. 59), f. 5. „Ez sol dhain walcher chainen z a w e r (alias Z a w r, Z a u r) in den stock nicht mer lassen werffen, dan zwai müeder oder ainen
211 mantel, oder (er gibt) dem richter XII dn., hospiti alls vil;" Münchn. Stadtbuch, Cgm. 22, f. 68. 290, f. 85. 544, f. 54 2155, f. 64 unter der Rubrik pannifices. v. Sutner (über die Verfassung der ä. Gewerbspolicey in München) führt eine alte Bestimmung an, nach welcher der Walker jedesmal nur zwey Z a w e r g e w a n t bey d e m neuen Gewand walken durfte. „Ein zunft haysset die z a w e r oder zuopüsser ains hantwerchs." „Es haben die geswornn gesetzt, welicher z a w e r furbas kumpt vnd wil sein hantwerch hie wurken, der sol vor, ee er sich zu werch setzt, zu der statkamer gen, vnd sol im vergewissen III Pfd. dn., oder wer, das er niemant mit seinem hantwerch zu schaden pringt, vnd auch nyemant chain gewant hin füer. Welicher z a w e r anderst hie wurdet, der geit dem richter ...;" Münchn. St.B., Cgm. 22, f. 68. 290, f. 86. 544, f. 54. 2155, f. 65, unter der Rubrik fullones. So heißt es in einer alten Magistratsverord. (Wstr. Btr. VI, 162): „Es sol auch kain frömder z a w e r hie bürger werdn noch sein, er verpörg dann vor dem rat, ee er burger oder z a w e r wirt VI Pfd. pfenig darvmb, daz di lewt von jm icht gelaidigt oder angesecʒt werden." Aus den letztern Citaten, wo Z a w e r g e w a n t dem neuen Gewant entgegengesetzt ist, wo der Z a w e r bereits gemachte Kleidungsstücke (Mieder und Mäntel) zum Walken gibt, wo er unter der Rubrik fullones als „zuobüeßer ains hantwerks" erklärt und zur vorläufigen Gewähr, daß er niemand anführen wolle, verpflichtet wird, wäre freylich eher etwa auf einen Altflicker zu schließen. In einem Privilegium für die Tuchmacher zu Trient (Clm. 4697, Deckelblatt) von 1442 kommen vor „purgatores pannorum," (Tuchkleider-Renovator, Decatierer u. drgl.). Das Voc. v. 1429 gibt fullo durch „Färber (cf. oben z a u u a r i, tinctor) vel altwärcker vel gewantschneider."

Das G e z ä u, Werkzeug, Geschirr, Geräthschaft; (mhd. g e z o u w e, g e z ö u w e, ahd. g i z a u u a, g i z o u w e, g i z o u, agſ. g e t a v e, nbrſ. g e t o u w, g e t o u, t o u w, t o u, t a u, suppellex, armamenta, vasa. Graff V, 713. BM. III, 942. Vilmar, kurheſſ. Idiot. 465. Firmenich I, 365,20. 403,159: Tau, Getau, Webstuhl. Zeitschr. II, 179,23: *Gezæhe;* V, 522: die *Zau*, das *Gezau*). „Das Fisch-g e z e i h. Das G e z e i b e, die Segen genannt;" wirzb. Fischer Ord. v 1556. Das G e z ä u im Bergbau. „Feur-g e z a u w e, ignile, Feuerzeug;" Voc. v. 1477. „Fuer-g e z a u w oder fuerwerg, allodium; pretextus, ain g e-z a u w e;" Voc. v. 1477, Heumann, opusc. 449. 451. „Mit menchen g e t z a u w e, do man mit pliet (pflegt) to striden;" Cgm. 691, f. 43. „Allen die iu volgent, den gibe ich solche g e z o u w e, daz iuch wol mit êren mac gesehen ein ieslichiu frouwe;" Gudrun 262,1. „Daz sie die helle muojen scowen mit allem ir g e z o w e;" Wernh. Maria 56.

z a u i g, z a w i g, (ä. Sp.) manu promptus. „Jugurtha z a w i g und thetig ...;" Dictr. v. Pleiningen. „z e w-l e i c h, festine;" gl. a. 713. BM. III, 943: z o u l î c h e, z ö u l î c h e, adv., eilig, mit gutem Gelingen. Vilmar, kurheſſ. Idiot. 465.

ze, zu (zə, zo, zu, fə, so, su, zo˜, so˜, vor Vocalen zən, zon, zun, ſan, ſon, ſun, o.pf. zər), wie hchd. zu, wo es eine unbetonte Präposition oder Partikel ist; (mhd. ze, ahd. za, zi, altſ, nbrd. te. Graff V, 573. BM. III, 852 ff. Weigand, Wbch. II, 1154 ff.). Das dem hchd. betonten zu entsprechende zue sieh Sp. 1069. Den Vocal dieses unbetonten ze läßt der heutzutägige Dialekt in der Regel nur noch vor Artikeln und Fremdwörtern, und zwar als ə oder kurzes ó oder kurzes u, vernehmen. In den übrigen Fällen bleibt er unausgesprochen. Vor Orts-namen: z· Münchə˜, z· Augſpurg, z· Lech (cf. Gramm. 878. Otfr. II, 14,100: zi th e r u b u r g, in urbe). Auch 212
vor örtlichen Appellativen in gewissen Redensarten (besonders im O.L.): *z· Acker, z· Albm, z· Berg, z· Dorf, z· Feld, z· Haus, z· Hell, z· Himmel, z· Holz, z· Kirchə˜, z· Land,* ze Mad, ze Mül, ze Pfann, *z· Wassə*ᶜ (cf. Gramm. 753). Vor andern Subſtantiven: *z· Ends, z· Kopfə˜, z· Fuəss'n, z· Rugk; - z· Gunkel, z· Haə˜gart'n; — z· Lugng ſte˜, z· Antwort gébm, z· Fleiſs thaə˜; — z· gleichng Füəss'n* — „Z u offenem Kram sitzen;" „das Fleisch z u Bank vermetzgen;" L.R. v. 1616, f. 206. 507. „Salzwesen z u G r i e s, z u P f a n n." „Z e p r u g k e n, z e w e g e n und z e s t e g e n;" MB. XXI, 151. „Der was z e s c h u l d a z P a r e i s;" Waldsass. Chronik, Cbm. 91, f. 11ᵇ. „Die wilden pirn, die z e v e l d und z e h o l z wachsent;" Konr. v. Megenberg f. 200, (Pfeiffer 340,19). „Sîn wîp gie z e k l ô s t e r," (ins Kloster); Gregor v. d. St. 941. „Lang z u h o f f lang z u h e l l;" Ind. 405, f. 31 (v. 1528). „Umb das y m m e r und y m m e r ist Ihs sues z u h i m m e l, z u h e l l y e grimmer y e grimmer;" Cgm. 4701, f. 106. „Daz er z e r o helle fuor eintweder z e m o ewigen libe oder z e m o ewigen tode;" Clm. 4636 (XII. sec.), f. 108. *z· gégng ge˜,* entgegen gehn; *z· nicht,* zu nichts nütze; *z·ſam,* zusammen; *z· Weg, z· Wegng,* zum Vorschein (Zeitschr. V, 254,65); *z· weu,* wozu? — *z· tód* fallen, schlagen. Des is *z· tód* wàr; (Zeitschr. V, 469). Sich *z· tód, z· krank, z· kropfət, z· bucklət, z· brechət* lachen; (ä. Sp.) ze r ä h e werden, sieh Th. III, Sp. 80. *z· höchſt* obm, *z· tiəffeſt* unt'n, *z· nächſt* dəbey, *z· weidəſt* wég, *z· leſt* (Zeitschr. III, 552,41), *z· erſt, z· überiſt, z· vöderiſt, z· unteriſt;* (ahd. Sp. zi obaroſt, zi vorbaroſt, zi iungiſt, za lazzoſt, zi vuriſt, z· eriſt, zi meiſt). z· ainzigen, z· ainſchick, z· ainſchicht, z· ainſten, z· ainſtlich, singulatim; z· wander (Zeitschr. II, 51. 556 38.), z· gwander, z· ſelbander; z· dritt, z· viert ꝛc. (Zeitschr. I, 299,3,4), oder z· dritter, vierter ꝛc., auch *z· viərtəs, z· fümftəs* ꝛc.; z· gleich; z· nach und z· nach (Th. II, Sp. 1714). Zeitschr. V, 403,100. Vor einem Adjectiv oder Adverb, ein Übermaß andeutend, (ahd. Sp. za, zi): *z· vil, z· weni', z· gros, z· klaə˜* ꝛc.;

àlls z' vil, àlls z' gros ꝛc.; gl. i. 73: za pald, temerarius, gl. i. 346: zi emezig, improbus (labor), gl. i. 436: zi gahi, praeceps, gl. i. 278. 287. 412. 423. 781: zi vilo, nimium, gl. i. 476: zi slaph, dissolutus. In der Zusammensetzung mit Verben, wo im Hchd. die Partikel zer (goth. dis und auch lat. dis) statt hat: z. B. z'brèchə~, z'druckə~, z fètz'n, z'fliəss'n, z'ge~, z'kratz'n, z'lass'n, z'reiss'n, z'schneidn, z'sprengə~, z'wirkə~, z'zaus'n. Vor sch, st, z, oder wo sonst die Aussprache des vocallosen z schwierig ist, wird de', və', nicht leicht aber zer, substituiert, welches selbst aus ze-er- als zi-ar- erwachsen zu seyn scheint; (Grimm II, 861). Dissarcire zw entrennen, dissecare, zu erhacken, (Verba composita); San-Nicol. 165. Die mhd. Sp. hat zebrechen, zedrucken ꝛc., wofür man zuweilen, z. B. bey H. Sachs, in den Reimen v. 1562 und andern ältern Stücken auch zubrechen, zudrucken ꝛc. geschrieben findet. Zeitschr. I, 123 f. V, 362. In der ahd. Sp. gilt zi, selten za. Vor Infinitiven: z' nemmə, z' lernə~, z' schauə~, zuəz'bringə~; schwäb. z' nemmə~d, z' lernə~d, z' schauə~d von ze nemmende, ze lernende, ze schauende, und dies (nach Gramm. S. 339 ***) statt ze nemenne, ze lernenne, ze schouwenne, zuozebringenne; zi nemanne, zi lirnenne, zi scauuonne, zuozibringanne (d. h. Dativ des Infinitivs in der mhd. und ahd. Sp.). Bey den einsylbigen sein, thuen ist diese alte Form auch noch im altb. Dialekt fühlbar. Man sagt sei~ (esse), taə~ (thun); aber nach §. 568: z' sein' (zu seyn), z' taən' (zu thun); sieh Gramm. §. 917. 986.
213 z' lachə~ kemə~; Gramm. 987. z' ge~ derfə~; Gramm. 981. z' leihə~ nemə~, z' schenkə~ kriəgng. „Daz er (Christus) durch uns geruhte ze begraben werden;" Clm. 4616, f. 53.

da ze, da z, (mhd. Sp.) einen Terminus in quo bezeichnend; sieh Th. I, Sp. 476 und Grimm III, 425. „Gescheg dein will auf erd alz dacz hymel;" Semansh. 45, f. 125. „Diu bôsheit wirt da ze ime sedelhaft;" St. Ulrich's Leben, Cgm. 94, f. 75, Vers 1564. Vrgl. auch das oben, Sp. 1066 über az Bemerkte. hin ze, hin z, (mhd. Sp.) einen Terminus ad quem bezeichnend; sieh Th. II, Sp. 1117. ieze, sieh unten, hinter zue. zue ze, mhd. Sp., (wo die Präposition ihre eigene betonte Form als Verstärkung vor sich nimmt): zue ze mir, zuo z ime; ahd. Sp. zuo za, zua zi, (holländ. to te, to t' Amsterdam). BM. III, 852. „Zů zim," Labr. 370. „Zu cim;" Clm. 9611 (XIII. sec), f. 1. *Zuə zə* mine Knäble! liebe Knäblein; (Bregenzer Wald).

zen (zən, zon, zun, ſon, ſun). zu den und zu dem, zum. Steht gerne statt ze (z') vor Infinitiven. Es fangt à~ *zə'n* Rengə~. Hörts auf *zo'n* Tanz'n. Då is nicks *ſo'n* Scherz'n. Dés is nét *zu'n* Sàgng, *ſu'n* Aushàltn, *zu'n* Də'leidn. Dés is hart *zo'n* Glábm. Dés is *zu'n* Schlàgtréffə~. Auch česk. steht k mit dem Verbal-Substantiv: Hlad gest k obáwánj, der Hunger ist zum Fürchten. To nenj k wydrženj, das ist nicht zum Aushalten. Gest wssak gednozwučnost k wystříhánj, aber es ist Eintönigkeit zu vermeiden. *Z' thuənd*, mhd. ze tuonne, ist ja auch Dativ des Substantivs. *ze'n* Wunder, selten; *zə'n* öftesten, schönsten ꝛc.

zue (zuə~, zaə~, o.pf., b. W. zou), wie hchd. zu, wo dieses den Ton hat; (mhd. zuo, ahd. zuo, zua, holländ. toe. Graff V, 576. 577): *zuəmer, zuədər* (Jachenau), *zaə~mə', zaə~də'* (– ⏑, zu mir, zu dir ꝛc.); *zuə'n, zaə~n*, zum. Si is ə~ Schwèstər, ə~ Bás! etc. *zu* miər, eəm etc. „Ze mir (mit mir gerechnet) wol tusent menschen;" Labr. 258. zueher (– ⏑, zuəhə', zuəwə', zuərə', zuə'ə', sieh Gramm. 500. 635. 686. 699), herzu. Zeitschr. V, 252,3. VI, 376. 527,5. zuehin (– ⏑, zuəhhi, zuəwi, zuəri, zuə'i. Zeitschr. III, 103. 393,11. 457. VI, 376: zuachən, zuachi, zuoi, zui, zuad'n; das. VI, 273. 408,21), hinzu. „Item Herzog Ott kam einsmals geritten mit seinen gesellen zuhin zu der Statt München. Sie ließen die Roß stehen in den Krautgärten bei den Siechen;" Chr. bei Freyb. I, 180. zuen, zuener, als Adj. und Adv. genommen. ə~ *zuəné* Thür, *zuəné* Augen, mit *zuənen* Augen. 'zuenig, zumig, geschlossen; Zeitschr. III, 132. 140.' zuener, adv., indem ein Ding zu ist. zuener (Compar.), mehr hieherwärts, näher; wohlfeiler. Zue-, in Verbindung mit Substantiven, Adjectiven und Verben — meist mit dem Begriff des lat. ad — hier unter den letztern aufgeführt, oder durch sich selbst klar. Z. B. die Zue-alben, Hbn. 654; die Zuebraut, der Zuebräutigam (Höfer), Brautführerin, Brautführer; das Zuehaus (Niederaudorf); Zuekind, spurius, nothus, Clm. 5583, f. 273; die Zuekirch, Filialkirche, MB. XXV, 527: der Zueman, „ietlich fraw mit irm zuman" (Cicisbeo), Cgm. 714, f. 112; das Zuemaß, sieh Th. II, Sp. 1662; der Zuemüller; das Zueweib, pellex, concubina, gl. a. 707, Voc. Arch. Einem zue künnen, zue wellen, (ä. Sp.). „Wenn man dem hunde zw wil so hat er sincr gessen;" Clm. 12296 (XV. sec), f. 210. 'Daənə-r-is scho~ *zuə*, (gefroren); ObrM. Cf. oben, Sp. 932: Wien. R.A.: Es ist zue, es ist nichts weiter zu machen, zu erreichen. Mi'm guətən Tàg *is's zuə*;" Seidl, Flins. (1839) I, 48, (1844) I, 119. „*Es ist zuə* mit'n Bèttn," es ist aus, fehlt; das. (1839) I, 58. „Wem d' Liəb ə~màl gstraəfft hàt, mit dèn *is's* a' *zuə*;" das. (3. Ausg.) 33.

ieze (iəzə, iəz, österreich hiəz), wie hchd. jetzo, jetzt; (mhd Sp. iezuo, Walther v. d. V. 11,1. 27,6. 57,35. 115,26. MB. VIII, 564. Cgm. 89, f. 104. 117. 119. 135. Cgm. 107, f. 20. Diut. III, 18. Kaiser-Urk. v. 1240. BM. III, 857). Sieh Th. I., Sp. 9 f., auch Grimm III, 120 (217), wo Verwandtschaft mit dem altfries. ieta, ags. geta, gyta, engl. yet vermuthet wird. Dagegen aber scheint in der mhd. Sp. das zuo zu entschieden hervorzutreten. Im Grave Ruodolf I^{b}, 23 und im Tristan 8819 reimt es auf fruo. Nur bey Walther liest Lachmann schon ein paar Mal ieze. Wackernagel, Lesebuch I, 222,7. (sec. XII.) iece. Ähnlich gebildet ist das Th. II, Sp. 1749 belegte nunzu (jetzt), — also 214
dieses zuo (wie hiezue, darzue ꝛc.) ganz vergleichbar dem ad, a im ital. ad-esso, span. a-ora, franz. à présent. Vrgl. auch zuerst (ndrf. eerst-to), zuvor. Mhd. iezuo scheint mehr die Bedeutung „schon, jam," gehabt zu haben. „Da wir iezuo wären vil nâch tôt;" Haupt's Zeitschr. VII, 263. „Muet mich ieman durch haz den bechere got daz er sich baz verdenche und er sin niht me tûe daz wil ich weizgot iezûe sorgen ze mazzen;" Kindh. Jesu, hg. v. Hahn p. 74,31. „Unde iezuo der muot ne huget, et jam mens ingrata non recolit;" Cgm. 17, f. 138^{b}.

„zeien," (Nürnb., Allgäu) fallen wie feiner Hagel, hageln, schloßen: əs *zeiet*. Auch im Bregenzer Wald: *zeien*, hageln, und: es *zeiet* scho im Rüerkübel, die Milch körnet sich. Vrgl. zeideln (streuen) und etwa zibölleln bey Stalder II, 470, und vielleicht auch zæh, (im Bergwesen für klar und fein gültig). Nach dem seien Schmid's im schwäb. Wrtb. 489 wär ein entstelltes und figürliches sæen denkbar.

zi soll in der obern Pfalz (nach Destouches's Beschreibung derselben III, 241) statt zwey üblich seyn. So gut es, dem griech. δις, dem latein. dis, entzwey, entsprechend, das deutsche ze-, zer- erklären würde, muß es doch als eine weder aus der jetzigen und noch weniger aus älterer Sprache bewiesene Form einsweilen unbenutzt bleiben. Vrgl. zwi.

Zi (oder wie, dem ags. Tiv, gen. Tives, isl. Tŷr, gen. Tŷs gemäß, wol angenommen werden müßte), Ziu, Zie, Zeu, ein Gott der germanischen Mythologie, der in Manchem dem Mars und Ἄρης der lateinischen und griechischen entsprochen zu haben scheint („Mars Tiig," angelsächs. Glossar zu Epinal in Cooper's Appendix B, p. 159), auf dessen Namen wenigstens nicht blos bey den seeanwohnenden, sondern auch bey den bin-

nen= und hochländischen Deutschen (jedoch gerade mit Ausnahme der Altbayern) der Dies Martis übergetragen worden ist. In Oberschwaben, westlich der Iller, nämlich und in der Schweiz gilt für Dienstag der Ausdruck Zistag (Zistəg, Ziⁿstəg, Zeiⁿsteg, Zinſtag, Zeinſtag); östlich der Iller Aftermontag, '(ſ. Th. I, Sp. 46. Lexer, mhd. Wbch. I, 25. Grimm, Wbch. I, 187).' „Ciſtag," Diut. II, 115, Cgm. 337, f. 183, Cgm. 818, f. 114; „Cinſtag," gl. a. 794; „Zinſtag," Voc. Melber. Zeitſchr. III, 223,3. Ziſtag, Cgm. 168, f. 4. „An den erſten ſtunden des ciſtages richzet Mars;" Meinauer Naturlehre, S. 5. „An dem hüpſchen ziſtag ze phingſten" (1395); Archiv Uri, (Kopp) Sammlung eidgen. Abſchiede I, 26. Daß das neuere, allgemein hochd. Dienſtag aus dem niederſächſiſchen Tiesdag (engl. Tuesday, angelſ. Tivesdäg, ſchwed. Tisdag, isl. Tysdagr), etwa ohne Bewußtſeyn der ſchon vorhandenen echthchd. Form Ziſtag (wie z. B. auch Tau, Torf, Pocke, Flotte, Boot, Wapen, Pipe ꝛc.), ganz crud entlehnt und dabey (wie auch Ziſtag gewöhnlich in Zinstag) in Dienſttag umgedeutet ſey, iſt wenigſtens noch nicht ganz ausgemacht, da z. B. in Urkunden des Berliner Archivs ſchon vom XIII. Jahrh. an (Höfer's Auswahl 12. 103. 142. 258. 259. 354) die Formen dinsdag, dinſedag, dincedag, dinſtdag, dingſtdag vorkommen. Cgm. 41, f. 34ᵇ: diſsdach. Vrgl. Graff V, 578. BM. III, 8. Grimm, R.A. 818, Mythol.² p. 113. 175 ff. 999. Grimm, Wbch. II, 1120. Es weiſet dieſer ſcharfſinnige Forſcher (Mythol.² p. 181 f.) dieſelbe Verſchiedenheit, welche ſich zwiſchen den Benennungen Ziſtag und (Th. I, S. 127) Ertag für Dienſtag findet, wenigſtens auch ſchon in der eines Runenbuchſtaben nach, welchem bey gleicher Form in einigen Mss. der Name Ziu, in andern aber Aer, Eur, Eor beygeſchrieben iſt. Da der letztere mit dem Anfangslaute Z nichts gemein hat, ſo mußten die, welche ihn, jedenfalls erſt ſpäter, gebrauchten (jedoch noch Angelſachſen nahmen von der Variante Notiz), ſehr darauf verſeſſen geweſen ſeyn, auch da, wo es ganz zweckwidrig war und nur auf den Titel eines Schreibezeichens ankam, ſtatt des
215 Ziu dieſen ihren, wo nicht vielmehr dieſe ihre Er auftreten zu laſſen.

zo, (U.-Donau) Ruf an das Zugvieh, wenn es links gehen ſoll; (O.-Iſar zuəſtəᶜ). Vrgl. Th. III, Sp. 8: „Zwo Reiben, wie die Fuhrleut davon reden vonder und zuedier;" Lehner's Pred. v. 1656, Cgm. 1001, f. 86.

zue, ſieh oben, Sp. 1069.

Das Zabel, (mhd. Sp.), zabal, zabil auch zaphil (ahd. Sp., gl. a. 28. 642, gl. i. 136. 846), alea; (isl. tabl, n., agſ. täfl). Graff V, 579. BM. III, 832. „Spilon zables, ludere tabulis;" Doc. A. e. 133. „Jocum facere in zablo;" gl. i. 244. Es ſcheint eigentlich die Tabula, auf der man würfelt oder ſpielt, gemeint, obſchon das deutſche Wort kein Femininum iſt. Auch im Isl. iſt tabl, n., verſchieden von tabla, f., (Tafel); und dem isl. tablbord entſpricht gl. o. 158: Zabelbret, Spielbrett. Man unterſchied Schâchzabel, das Schachbrett, Schachſpiel (cf. ſchafzageln und Schachzagel) und Wurfzabel, Würfelbrett, Brettſpiel. BM. a. a. O. Die Ritter und ihre Frauen im Kloſter Ettal ſollten „weder wurfzabel noch dhain ander ſpil umb gelt nicht treiben;" MB. VII, 238, ad 1332. In einem Inventar aus dem XII. Jahrh. (MB. VII, 502) kommt vor: ... „unum ſcahzabel, unum wurfzabel ..., tria ſcahzabel, tria wurfzabel ..., elefantei lapides tam ad wurfzabel, quam ad ſcahzabel pertinentes." „Zabilſtein, wurzabelſtein, incitus," Stein im Brettſpiel;" gl. a. 772, gl. o. 159. „Zabelære, aleo;" Diut. III, 144. 'zabelen, vb., Zabel ſpielen. BM. III, 833.' „Dâ vunden ſi beſunder maneger hande ſpil: in dem brete zabelen, ſchermen under ſchilden;" Gudrun 353,3. „Der ſun der zabelte ûf dem brete;" v. d. Hagen, Geſ. Abent. XLIX, 135. Isl. tebla, ſchachſpielen. „Jouer aux eschiecs, aux des ou aux tables;" Roman de la Rose. „Juer as tables romaniſch, venez. zogare a tola, im Brett ſpielen. Im Polniſchen iſt warcab (ſp. warzab) ein einzelner Stein im Brettſpiel; warcaby, plur., das Brettſpiel; warcabnica das Damenbrett. 'Die Zabelrede, das Zabelwort, wie ſie beim Zabelſpiel üblich ſind; BM. II, 601. III, 809.' „Die zabelrede lâ, frumer kneht;" S. Helbling III, 199. „Daz iſt ein übel zabelwort, (nemlich: na piſchel = napi ſe); daſ. XV, 434. Vgl. Th. I, Sp. 461: Pläſch. „Deiner zobelred enbir!" ſagt ſie ſpröde zu ihm; Cgm. 270, f. 83 (Cgm. 370, f. 43). Vgl. unten: Zobelein. Hieher wol die Namen der Örtlichkeiten und Schlöſſer Zabelſtain (im Wirzburgiſchen, am Schwarzwald). Reg. Boica IV, 279. Vrgl. d. folg. Wort.

Zabern (Zabərⁿ, – ᴗ ᴗ), das lateiniſche Tavernae in den Ortsnamen Berg-, Elſaß-, Rhein-Zabern. Dieſe durch die Betonung an das engliſche tavern mahnende Form verhält ſich zu Tafern (ᴗ –, Th. I, Sp. 587 f.) wie Zabel zu Tafel. Es iſt bezeichnend, daß gerade bey fremden Wörtern die Form mit dem hochländiſchen Z vereinzelt geblieben oder veraltet iſt.

zabeln, zebeln, wie hchd. zappeln; (mhd. zabelen, ahd. zabalôn, palpitare. Graff V, 579. BM. III, 833. Weigand, Wbch. II, 1123). 's Herz hàt məᶜ *zàbəlt* wiə əⁿ Lámpəlschwèəffə-l. „Zabeln unde wuofen;" Parcif. 104,27. Arbeiten und zabeln, ſtrabeln und zabeln, ſich beſtreben, bemühen. „Wan er frue und ſpat gezabelt hat ze holz, ze veld, ze mad, und hat vil ſwaiz gereret;" Cgm. 632, f. 84. „Wer nit zabel, wenn man das hew gabel, der mueſſ in den abrillen ſein kue villen;" Monac. Francisc. 184, Vorderdeckel. „In der helle muoſt du iemer zabeln, wan dich lânt die tiuvel niemer mêre geruowen. Nû zabel, nû zabel als ein gurre, als ein gürrelîn, als ein eſel, als ein ros und als der tiuvel: der geruowet ouch niemer;" Br. Bertholt 67, (Pfeiffer 270,20. 1). „Der pfaff zabelt zornig," 216 (bebt vor Zorn); H. Sachs IV, III, ad 92. abzabeln, derzabeln ſich, ſich durch (oft fruchtloſe) Bewegung, Arbeit abmühen, ermüden, nicht voran kommen. Der Zabler, Perſon, die bey aller Bemühung dennoch nichts voran bringt. „Laß den Wurm im Glas verzablen." Fwrbch. Ms. v. 1591. „Hilflos verderben und verzabeln;" H. Sachs. „A°. 1518 was ein groß lauffen von dem gemainen volckh, und wien es ankam, der mußt lauffen, und lieffen bis gen Regenſpurg zu der ſchonen Maria und fielen vor demſelben altar darnider und verzableten, und zochen darnach wider haim;" Cgm. 1299, f. 33. Sieh a. zappeln.

Das Zäuber, zouber, zoubir (mhd. Sp.) zoubar, zoupar (ahd. Sp.), der Zauber, fascinum, veneficium; (Graff V, 580. BM. III, 947. Weigand, Wbch. II, 1124). „Ân allez zauber;" Konr. v. Megenberg (nux avellana, Pfeiffer 334,19). „Man ſpricht, man ſol nit glauben han an zauberei, das iſt wol waur, yedoch iſt daz wol offenpaur, daz der mörſer mit zaber wart zugerihtet," (denn die aus dem mit dem Kaiſer belagerten Schloß geſchoſſenen Steine fielen ins Schloß ſelbſt wieder); „aber, wy dem nun iſt, ſo han ich doch kainen glauben an zaber noch, wann zaber nieman ſchaden kan, der nit gelaben hat daran, wer aber dez gelaubet, der wirt davon petaubet;" Mich. Beham, Wiener p. 103,10–20. „Der trewlos wicht Schouberger ret, wie ſie zaber in dem har het; darumb ließ man irs ſchneiden ab ... darumb wart es ir kale abgeſchorn uber ale;" daſ. 274,7. „Daz zouber;" Griesh. Denkm. 36. „Ob ambitum dignitatis sacrilegio zovpres me conscientiam polluisse mentiti sunt;" Froumundi Cod. Boethii (Wallerſtein-Maihingen), f. 8. zäubern (zábəᶜn), mhd. zouberen, ahd. zoubarôn. „Nattern und Schlangen zaubern und ihnen das Gift nehmen;"

Abele. an-, be-, verzaubern Einen. Der Zâuberer (Zábərᵉ). „Luppler zauberer unholden ansprecher schratlin gach schophen und al ir anhanger;" Poll. 424, f. 35. „Hentseher, zawbrer, ansprecherin, warsagerin, löwsser;" Monac. Augustin. 84 (v. 1460), f. 64ᵃ. „Hypocritae sortilegi Segner, lupner, warsager, zawbrer, unholden, hagelsiederin, atzenbraterin, loßbuch, zawbrerin mit dem sacrament ut fit cum sacro fonte baptismali, crismate, oleo, aqua benedicta, sale benedicto et huiusmodi, similiter cum ossibus mortuorum pro dolore dentium, pro febribus et huiusmodi;" Clm. 4428 (XV. sec.), f. 18. Altſ. Pſ. 57,6: „touferis, incantantis." Die Zâuberey, Zâubernuß, (mhd. zoubernisse, BM. III, 948). Zaubernus, Ald. 228, f. 338ᵇ. Das isl. töfur, n. pl., (Zaubermittel), töfrar, m. pl., (Zauberey), töfra, fascinare — falls das ö nicht, wie man nach dem Deutschen erwarten sollte, für au steht — mahnt an töf, mora, tefia, morare, impedire, ndrd. töven, und in der That scheint fascinare, knüpfen, binden, hemmen, festhalten, der Hauptbegriff von zaubern zu seyn. (Cf. taujan, zauen, holl. touwen; s. oben, Sp. 1065). Vrgl. Grimm. Mythol.² 36. 985. (Mone im Anzeiger 1837, Sp. 357, denkt an das pers.-ind. Dew. Nach Mone, Anzeiger VIII, Sp. 448 kommt zouber von Sybaris). Ein seltsames Wort für zaubern (tooveren) steht bey Kilian, nämlich ungheren, dazu ungherhoere, malefica, ungherz, maleficus, ungherz eyeren, volua q. d. manium sive cacodaemonum ova.

Man brauchte, was durch den Kirchenglauben als Geheimnißvolles, Wunderwirksames gegeben war, zum Mittel, weiter damit zu operieren, — das Taufwasser, das heil. Öl u. s. f. (s. oben aus Clm. 4428). Darüber in ältern Auslegungen der zehn Gebote, besonders des ersten, in Beichtbüchern und „Spiegeln der gewizzen" — z. B. Cgm. 767. 866. 1113. Teg. 257. 434. 650 — weitläufige und ins Einzelne gehende Klagen. So sagt Bruder Berhtolt (Cgm. 1119, fol. 33—44) unter Anderm: „Deu tausent ein wachs, deu ein holcz, deu ein tottenpain, alles, das (daß) sy damit zaubernt. So zaubernt die ein chrotten mit dem heiligen chrissem, deu mit gottes leichnam; pfui, es thet ain iud nicht, noch ein haiden. Sy zawbert, ee si den man genem, sy zaubert wen sy den man genimt, sy zaubert hin sy zaubert her, sy zaubert ee das chint geporn wirt, sy zaubert vor der tauff ..." Derselbe braucht (Kling 58, Pfeiffer 264,29) für dergleichen Apparat oder Treiben den Ausdruck zauberleh, zouberlehe, (zouber-leih, zouber-leich; cf. Th. II, Sp. 1419. Grimm II, 503). Eine reiche Quelle über Zauberey enthält Cgm. 632 und Cod. Attel 36 (deutsch). Allerley Zauber und divinationes, meist mit deutschen Glossen, werden aufgezählt in Ald. 184 (sec. XIV.), f. 75. Ald. 228 (sec. XV.), f. 224 ff. 338 ff. Asp. 38, f. 181, Asp. 57, f. 175—181 (47—53), Beyh. 27, f. 139—140, Chiem. ep. 87 (Theodori canones poenit.), Mett. 57, f. 120—130, Poll. 424, f. 35—38, Poll. 440 (Beichtfragen über das erste Gebot), Rogg. 28, f. 88, ZZ. 959, f. 5, Cgm. 2, f. 57 ff., Clm. 12205, f. 40—41, 44—45, Clm. 12673 (XV. sec.), f. 12, Clm. 14138, f. 202, Cod. Monac. Francisc. 142, f. 41 ff. (Joh. Herold discipulus), Cod. Monac. Paulan. 13, f. 44 etc. Furstenf. 138, f. 109 ff. (deutsches Capitel über Zauberey). San-Nicol. 203, f. 168 ff.: de vitiis et virtutibus. Guillelm. Parisiensis, de fide et legibus (multa de idolatria), Ratisb. Dominican. c. 45. Bernardini de Senis doctrina christiana, cap. de idolatria, Monac. Francisc. 280, f. 45—48. Sermo de x praeceptis ... de superstitione in puerperio et aliis variis; ZZ. 758. ZZ. 1828, f. 29 ff. (Antonius archiepiscopus Florentinus). Jacobus de Paradiso, de daemonibus, Teg. 378, i. (S. Thomas), de superſtitionibus quaestiones, 93. 95. Nider's Decalogus, Cod. Furstenf. 69, f. 34 (auch vorher und nachher). Henrici de Gorichen, tractatus de superstitiosis quibusdam casibus, (Incun. s. a. et l.). Joa. Vivetus, circa daemonum invocatores, (Incun. s. a. 8., Nr. 1954). Paul. Wann, sermones de x praeceptis: de praecepto 1° sermo 4ᵗᵘˢ; Semansh. 51. In Nicolaus von Dinkelsbühl Sermo 142 (Cod. Attel 16) wird allerley „Ungelauben" (superstitiones) aufgezählt; (daselbst die Glosse: „augurabimini, werden zaubern). „Interrogationes fiendae in confeſſione de superſtitionibus simplicium. Qui exercent sperſtitiositates cum acu qua cadaver est consutum. Qui in eclipsi dant soli vel lunae lac. Qui non comedunt cancros propter oculos. Qui sabbato crines non planant nec filant nec comedunt caules. Qui credunt quod anima e corpore egrediens non habebit requiem donec ei pulsatum fuerit. Qui dicunt interim pulsatur, anima confitetur etc. etc. Superstitiones circa mulieres in puerperio, de baptismate puerorum, de sponso et sponsa (deutsch); (f. 133) in die nativitatis;" Clm. 17523 (XV. sec. 8°), f. 132—133. „Quod aliquis afascinari poſſit ... quod habet malum oculum ... incantare ad corrigiam ... si dicat quod dicat bona verba ... item si credit sternutis ... si fecit vel fieri sibi fecit strenam i. e. nuntiaturam maxime in prima die anni novi ... si credit quod do ... e et umbracii in nocte vadant et comedant sicut homines;" San-Zenon. 112, nr. 5. „Notam inclusam habere ... nec inclusum nec magiam habere;" ZZ. 727 (Olmütz, Schweden, 1642), f. 18. 282. „Vota quae ad arbores vel ad fontes seu et cancellos" (?), Aug. eccl. 151 (sec. IX.), f. 41. ZZ. 1939, II, 51: hitzige und kalte Zauberey der Alten. „Si in messe fontem posuit in solem" etc. Monac. Francisc. 135, f. 250. „Si (sacerdos) celebravit ad faciendum veneficia vel maleficia;" Cod. San-Zenon. 85 (Beichtfragen an Priester). „Sortiariae quae corpus domini in ore retinent et cum ipso osculantur amasios suos ut eos habeant conjuges;" Joannes de Deo, poenitentiale in Cod. Schlehd. 14. Poenitentiale in Ald. 169, f. 28ᵇ. Clm. 9587 (sec. XIV. 4°), f. 62 (Poenitentiale: de sortiariis et incantatoribus). Clm. 9659 (sec. XIII. 8°), f. 135—136. Exempel vom Maleficus, der die Hostie in einen Bienenkorb steckt; Monac. Augustin. 84, f. 7ᵇ. „Si qua mulier menstrum sive semen viri in cibum miscuerit ut plus amorem viri habeat;" Asp. ..., f. 1ᵇ. „Qui sanguinem vel semen biberit vel de menstruo gustaverit pro aliqua re vel aliis dederit, tribus annis poeniteat; Rot 112, f. 13ᵇ. Das Sacrament verboten ... „allen zewberynnen vnd dy lewte mit worten uffgewynnen wen yn daz höwt czen adir owgen we thun dy da sprechen fengendsen adir sy haben den sæbeden fuz verlorn vnd messin dy lewte vnd sprechen sy seynen (segnen?) yn adir dy vor sülche wetage schreyben lazen uff pley adir uff andre ding adir wy sy das thun;" Clm. 12011, f. 68. „Die da chertzen oder totenpain unnutzlich messen oder di damit zaubern;" Rogg. 28, f. 141ᵇ. „Al dy eben (?) liecht prennen (vgl. Th. I, Sp. 14: ebenlang) ... item cingentes mit sinnbent (sunnbent? s. Th. III, 302) gurtel;" das. f. 145ᵇ. Vgl. auch Th. III, Sp. 585: Bilwißschnitt, Sp. 648: Schwertbrief. Die, gottlob letzte in Deutschland, 1749 zu Wirzburg hingerichtete und dann verbrannte Zauberin war eine Münchnerin, Maria Renata von Senger, Nonne zu Zell, 60 Jahr alt. Noch kurz vorher, 1746, war von München selbst ein „erneuertes Landgebott wider die Aberglauben, Zauberey, Hexerey und andere sträfliche Teufelskünsten" ausgegangen, worin sich, was damals noch von solchen Artikeln gäng und gäbe war, gewissenhaft aufge- 217
zählt findet. Im Canton Glarus wurde noch 1782 eine Hexe geköpft, (verbrannt); Eos v. 1819, S. 236. Wenn es unsern Görres, Ringseis ꝛc. nachgeht, so wird die fromme Übung abermals Mode werden; (1844).

Zeibern, plur., (Hübner 983, Jirasek 23), eine Art Pflaume, anderswo Roßbauch genannt, Frucht der prunus insititia L. Kärnt. zibara, Pflaume; Jarnik 134). Sieh Zippert.

zib, zib! zibə, zibə-l, zibələ! (O.Pf. Lockruf

gegen Hausgeflügel. Als Substantiv: das Zibə-l, zahmes Stück Geflügel; (Nürnb., Rath Her) *Ziberlə*, junges Hühnchen; fig. dumme Gans. Zeitschr. VI, 91. Kärnt. ziba, Hühnchen; (Jarnik 134). Vrgl. Zifer.

Die Zibeben (Ziwə̂bm), die Cubebe, große Koch-Rosine. Weigand, Wbch. II, 1138. Zeitschr. VI, 346.

zibetzen (– ◡ ◡, Kitzbühel), sich übereilen. (Im Canton Bern ist *zibələ~* auf dem Eise glitschen).

Das Zobelein (Zóbə-l), verächtlich=scherzhafte Benennung einer Person beyderley, jedoch öfter des weiblichen Geschlechts. „Was die Ketzer für seine Zoblen sein;" Fickler's Puterbey, von verbotnen Büchern. München 1581. In den Schriften der Nachbarn am Isarstrom v. 1704, 1. Bd., p. 187 werden gewisse Studenten „saubere Zoberlen" genannt. „Ein solches Zoberl und saubers Früchtl;" P. Abraham. Wiə mècht I mit əso ə~n *Zóbə-l* 'rumziəgng, dé aə~n in Schand und Spott bringt! „Es tragen viel Zoberl einen Zobel von außen, welche doch beynebens einen stinkenden Ilteiß im Busen tragen;" Neiner's Tändlmarkt. *Zobə-l* ist Diminutivform; ob das Thema Zob oder Zobel heiße, ist nicht zu bestimmen. Schmid erklärt Zobel als Masculinum, und zwar von einem unreinlichen, großen oder kleinen Menschen. „Daz zabelînes (Hs. „zobeleins") dinc stêt wol. Als ich danne wirde vol (betrunken), von mir wirt üf gebrieren: lâzâ rumbelieren! daz ist ein swæbisch krîe;" S. Helbling XIII, 127. Vgl. Sp. 1072: Zabel und unten: záwáz·n, beschlafen.

zobeln Einen, (Whrnz.; 'Koburg: zöpeln)' ihn ziehen an den Haaren; ihn ziehen, in Zucht nehmen überhaupt. „Ihr har verbilbizt, zapfet und stroblet, als ob sie hab der rab gezoblet;" H. Sachs 1612: I, 1024.

Der Zuber, wie hchd. Zober, Zuber; (mhd. zûber, ahd. zuibar; gl. o. 190 noch zuuipar; Graff III, 149. BM. I, 142. Weigand, Wbch. II, 1156), offenes Böttchergefäß, bestimmt an der Zuberstang von zwey Personen getragen zu werden. Sieh beren, Th. I, Sp. 261, und unten zwi.

Der Zach, Zachə', Záchəs, Záchə'l, Záchəreis, Záchəriəsl, Zacharias.

Der Zâch, Zâchen, sieh Zähen.

Die Zach (Zàch, Rhön), schlanke Ruthe.

Zách, zêch, sieh zæh.

Das Zaichen (Zaəchə~), wie hchd. Zeichen; (mhd. zeichen, ahd. zeihhan; Graff V, 591. BM. III, 862. Weigand, Wbch. II, 1128). Das erst, ander, dritt, (sc. Zaichen) läuten. Sieh Th. II, Sp. 1539. „Das manlich Zaichen, virilia." Vgl. weiblich: die (haimlich) Kundschaft, Th. II, 1264 und urkünde. Markgraf Sigmunds Gemahlin „di ward ein chunich genennet, man hies in chunig in Ungerlant und het doch frawen czaichen;" Suchenwirt, Cgm. 1113, f. 113^a. „Des tôdes zeichen;" Nibelungen 928,3. 939,3. cf. Grimm, Mythol.^{2} 807' und mhd. daz urkünde, BM. I, 815. Zaichen, Geschwür, Beule, besonders v. Pest; Progel's Ms. f. 1—4. *Zaach'n*, (Kitzbühel) dünne, weiße Wolken. R.A.: Er ist ain Flegel ꝛc. seins Zaichens, (in scherzhaftem Bezug auf das Himmelszeichen, in welchem er geboren). Das Bezeichen, Bizeichen, (ä. Sp.) Beispiel, exemplum, exemplar, symbolum, allegoria; BM. III, 863. „Gab in (ihnen) ein pizaichen, ob welches haupt ein feurein chugel erschein in der meß, der solt ir bischolf sein;" Predigt v. St. Mertein, Cod. Farstenzell. 46, f. 135. „Der priester nam ein peizaichen der lernung;" Gesta Romanor., Cgm. 54, f. 21^b, (Keller p. 42). „Exemplar. wezaichen;" Clm. 5387, f. III. Diefenbach 215^c. Das Vorzaichen, a) wie hchd.; b) Portal, porticus; sieh Th. I, Sp. 847. „Porticus, forzaichen;" Aug. S. Ulr. 50, f. 2^b. „Porticus, ein phorteich (phorceich?);" Gutolfus, Clm. 5008 (XV. sec.), f. 169. Das Wâr= oder Wortzaichen, sieh oben, Sp. 1013. 218
Deə' hàt 's *Waə'zàichə~* scho~ af'm Hiə'n; (ObrM.). „Zaicheisen, cauterium," Voc. v. 1618, wol Adelungs Zecheneisen (nach Gramm. §. 149—151). 'Der Zaichenheber, ä. Sp., Controleur, der die Zollzeichen erhebt. Vilmar, kurhess. Idiot. 466.' zaichnen (zaəchnə~; mhd. zeichenen, ahd. zeihnan, zeihhanon. Vielleicht ist auch Otfrids zeinan, significare, daraus contrahiert. Graff V. 595. BM. III, 865. Weigand, Wbch. I, 1128). „Du glaubst nit ehe, die Heiligen zeichnen dann. Man helt nur auf die Marterheiligen, als St. Velten, St. Cürin, St. Anthonius ꝛc., der einer brennet, der ander schendet und plagt, sonst opfern ihnen die bauren nichts. Sie geben mehr auf Antonius Fewr, denn auf St. Josephs Hosen oder St. Annen Kamp;" Seb. Frank. áfzàichə~n, aufzeichnen; (ObrM.). Die Verzaichnuß, das Verzeichniß. Auf der Rhön: zaichern statt zaichnen; (Dr. Roth).

Der Zaicher, ä. Sp., mhd. zeicher, ahd. zeichur, zeihhor, ags. tacor, tacur, der Schwager, des Mannes Bruder, levir; (Graff V, 632. BM. III, 866. Diefenbach 326^a). Cf. griech. δαήρ, russisch dewer. „Levir, zeihhor;" Clm. 19413, f. 117.

Zauch, Docht, sieh Zôchen; — Hündin, sieh Zôhen.

Zauch, (kärnt.) Sommerbach, der nur bey Regenwetter fließt; (slowen. suha, v. suh, dürr, trocken; Jarnik p. 130. Cf. lat. siccus, span. enxugar, franz. essuyer).

'Der Zauch, (schwäb.) Teufel; Schmid, schwäb. Wbch. 544. Grimm, Mythol.^{2} p. 965. 967. Vgl. die Zôhen.'

zauchen, (Zps.) ziehen mit Gewalt, streben; cf. zausen.

Zauchner. „Jeder Sackziehen (Sackzieher?) thut jn (ihnen) die groß Zauchner halten da mans aufladen thut;" Bergreim vom Eisenerz in Abele's seltſ. Ger. H. II, 44.

zechen (zèchə~), 1) (ä. Sp.) fügen, verfügen, anordnen, veranstalten, zuwegebringen; mhd. zechen. Das ags. tiohhian, teohhian, tehhan hat ganz ähnliche Bedeutung und läßt, da es **hh**, nicht **c** zeigt, vermuthen, daß unser Wort in dem zehôn der ahd. Sp. zu suchen seyn werde, welches gl. i. 894. 935 committere, serere, zusammenfügen, gl. a. 274. 333, i. 1143. 1147. 1193 consuere, resarcire, instaurare, restaurare, also im Ganzen wol ebenfalls soviel als machen, heißt und augenscheinlich von einer einfachern, vermuthlichen Ablautform gebildet ist; (Graff V, 584. BM. III, 859. Weigand, Wbch. II, 1126). Das im Cod. Emm. D. 70, fol. 117 und MM. 92 vorkommende Adj. gizeh (genehm, füglich, thunlich), etwa noch im mittelrheinischen gezech (geläufig, gewöhnlich) erhalten, so wie andrerseits zähi, zæhe können einundderselben Stammes seyn. Erwägt man weiter, daß das alte zehôn, und oft genug, auch für tingere vorkommt, so kann man nicht umhin, das oben, Sp. 1065 abgehandelte zauen, ahd. Sp. zawian, ganz und gar als Nebenform damit zusammenzustellen, wo dann auch die gothischen taujan sowohl, als têvian Rücksicht verdienen. „Er gezechet vel antreitet rede sine, disponet sermones suos." „Allere dere geschefte zechare, got, totius creaturae dispositor, Deus;" Doc. A. e. 117,1. „Si zechten, antreitten, schuofen, disposuerunt," „er hat gezechet, disposuit;" Cgm. 17, f. 123^a. 124^b. „Swar ich einen winter beleiben solte ungern ich bloz dar komen wollte, ich zechte ie dar swes ich bedorfte und waz mir tohte;" Renner 22826. „Ez mug ieclich man oder frauwe die koln kaufen heim zechen oder schicken mit ir selbes gesinde mit karren oder mit weigenn;" Wirzb. Sätze v. 1343, §. 60. 89. „Do erz (daz houwe) do heim gezechete und die gabeln dar în sluoc;" St.

Ulrichs Leben, Cgm. 94, f. 74, Vers 1517. „Swaz menschen hant kan zechen, daz mag menschen hant zebrechen;“ Kaiser-Chronik, Cod. Vindob. f. 43. „Der elliu ding wole kann gezechen, der erhore unsih hie;“ Stricker. „Driu riche ... dei du cechest unde antreites;“ der 39. Vers des im Clm. 9513 voranliegenden deutschen Gedichtes: „Michel bis du herro got,“ (Haupt, Zeitschr. VIII, 146). „Bruder Albrecht hat das lassen schreiben und gezecht zu eynem nutz der pruder, das sy es peten und lesen“ (1469); Em. f. 7, f. 231. Cgm. 4698. „Sie gedâhte, wie gezechen, daz si den wolf noch mêr betrüge;“ Grimm, Reinh. 309,31. und p. 373. „Diu vogellîn kunden zechen ir leben so, daz keinez wolde sorgen;“ Labr. 22. „Ob ich daz müg gezechen und darzů müge bringen;“ das. 639. „Bite si durch wîbes triuwe, daz si dich gespreche, swie si daz gezeche,“ (wie immer sie es anfange, möglich mache); Ulr. Trist. 2963. „Daz ich sprechen müste z'ir, waz si zechen und rechen wolde an mir; Otto v. Botenlaube, Museum f. altd. Lit. I, 333. „Wir schuln ez also zechen, daz wir den schaden rechen;“ Cgm. 42, f. 176. Horneck passim. „Lât si mit genâden, zechet anderthalben hin,“ (macht euch an eine andere); Nîthart 30,3, 33,5. Vrgl. Sp. 1066: zauen, (eilen).
219 2) wie hchd., d. h. compotare, eigentlich wol, nach Cgm. 690, f. 28: symbolum facere pro emendo vino.“ „Und da man gessen het, da zecht man ein schlaftrunck;“ Joh. Pauli 175b. „So wöllen wir ein schlaftrunk zechen;“ das. 194. „Saß bei den bawren und zecht ein schlaftrunk mit jnen;“ das. 223b. Es scheint dieses Verb erst aus dem unten folgenden Substantiv entstanden zu seyn. Ob noch zur ältern Bedeutung 1), oder blos zu dieser neuern 2), nach welcher man auch: in das Bier, in den Wein zechen (Ldtg. v. 1612 p. 216) sagte, die noch sehr übliche R.A. drein zechen (sich ins Mittel legen, insonderheit Unfug abstellen) gehören werde, lasse ich unentschieden. „Wenn nun eine Frage nach Flachs wäre, so kann des Herrn sein Weib drein zechen, und sagen, daß sie einen waiß;“ Bucher's Kinderlehre 7. „Es wird nicht gên, bis man mit dem Prügel drein zecht.“ Buə', dèr hàt *drei⁓ 'zècht!* 3) (O.L., von Kindern) an der Mutterbrust trinken; sieh unten das Substantiv.

Die Zech, a) das Facit, die Summe, zunächst von dem, was der Wirth besonders Mehrern, die auf gemeinsame Bezahlung essen oder trinken, berechnet. Metonymisch: die also vereinten Personen sowohl, als ihr Zusammenseyn in dieser Weise. An der obern Isar sind die Bursche mit ihren Mädchen aus einer Nachbarschaft beym Tanze gewöhnlich in aənə' *Zèch*, d. h. sie bezahlen, was sie verzehren, gemeinschaftlich, ohne Rücksicht, ob etwa das eine oder andere Pärchen ein Mehreres treffen könnte. Aber auch dieser Gemeinsinn will sich nachgerade verlieren. „Kain Bau(r) had'n eing'stöllt, kain *Zöch* had'n glid'n“ (den rándign Buə') ... „mit 'n Bau'n had á gráft, mit'n *Zöhbuemán* gstrid'n;“ Stelzhamer 131. 130 und 183: „*Zöch* eine Gesellschaft von *Zöchbuemán*, die gemeinschaftlich zechen.“ „Ich wais sitzen vil an ainer zechen;“ Diut. I, 106. Unter der Predigt soll kein Wirth einiges Getränk verkaufen, noch Zechen halten oder verstatten; Bayreuther Polic.-Ord. „Alle Wein und Bier, die man in Schießen und Gesellschaften zechweis ums Geld vertreibet;“ Wirzb. Umgelds-Ord. v. 1636. „Faciamus *zecham* vel symbolum pro emendo vino;“ Cgm. 690, f. 28. „Abstine a ludis et *zechijs* laicorum;“ Clm. 5684 (XV. sec.), f. 242. In der Tollensteiner Ehehaft (Lex. v. Franken I, 628) ist der strafbare Fall vorgesehen, „ob ainer ain Zech in gefar austrünkh,“ (doloso modo, viel mehr als die andern tränke?). b) Das, was Mehrere zu gemeinsamen Zwecken an Geld zusammenlegen und in Vorrath halten, vor allem zum Besten einer Kirche und ihres Dienstes; metonymisch: die Kirchengemeinde. BM. III, 859,3. Die vom Kloster St. Ulrich vertragmäßig wöchentlich nicht auf bestimmte Altäre gelegten Pfennige sollen „der Zæch, in die Zæche verfallen sein;“ MB. XXIII, 189, ad 1362. C. v. Nußdorf stiftet a°. 1351 einen Jartag bey der Zech zu Straubing; Hund, St.B. I, 280. „Geben die pfarrleut aus ir zech“ ... „sol gegeben werden in ir zech;“ Cgm. 3941, f. 76. 77. Schon ad 1248 heißt es in einer St. Nicolaischen Urk. MB. IV, 284: „Tertium talentum empta eleemosina erogetur pauperibus in *Zecha*.“ Clm. 15651 (XIII. sec. 2°) Vorderdeckel enthält eine Urkunde v. 1257, betr. „fraternitatem, quam vulgus appellat *Cecham*;“ Und so ist auch in den Zusammensetzungen: Zech-amt, Zech-gelt, Zech-leut, Zechmaister, Zechpfleger, Zechpropst, Zechschrein durch Zech das zu gemeinsamen Zwecken, besonders aber zur Kirche, gehörige Vermögen einer Communität verstanden. Birlinger p. 437 f. „Versunden sich die Zechmaister, die innemment ränt und gült der kirchen oder daz gehoret in daz zechampt,
vnd legent daz an iren nutz;“ Cgm. 632, f. 47. „Daß 220
die Zechleut und Bauern der Gotteshäuser Geld untereinander ausleihen;“ Kr. Lhdl. VIII, 529. „Er und die Zechleut und di ganz dorfmeng; MB. XIII, 425, ad 1407. „Zechleut oder Kirchenpröbst;“ B.R. v. 1616, f. 490. „Procurator seu yconomus ecclesie qui vulgariter Zechmaister dicitur;“ MB. XV, 586, ad 1377. „*Zehmagistri* in Furden et Chemnaten“ vom Regensburger Domcapitel excommuniciert (1305); Clm. 16124, 2. Vorsetzblatt. „Zechmann, oeconomus ecclesiae;“ Sanftl, Catal. I, 704. „Vittrici seu provisores, Zechpröbste;“ Zirngibl, a. a. O. p. 405. Zechpfleger; MB. XXIII, 527. Birlinger p. 438. „Das vorräthige Geld soll man in die Zechschrein (Birlinger, a. a. O.) legen, den Kirchenprobsten jedem ein Schlüssel geben, und also gleiche Zechschreinsperr halten;“ Chlingensperg, de jure hofm. „Zechschreingelt und ander Münzen klaubt ma zsam für unsern Prinzen. Was ma gfundta hat alhie, müeßte in das spanisch Flandern zum Churfürsten hinein wandern. Kaum bleibt etwas übrig schier;“ Bauernklage beym Todfall des Churprinzen Jos. Ferdinand, 1699. „Die diesjährige Dinkelsbühler Kinderzechmesse nimmt den 14. Julius ihren Anfang und dauert 4 Tage;“ magistratische Ausschreibung, 1844. c) Nach obiger Metonymie: Jeder Verein von Mehrern, die, sie mögen eine gemeinschaftliche Rechnung (Lade, Casse) halten oder nicht, zu gewissen Zwecken oder Verrichtungen zusammenstehen, besonders Handwerkszunft. BM. III, 859,2. Schmid, schwäb. Wbch. 548: Zich. „Tribus, zech, zunft;“ Avent. Gramm „Processen aus allen Klöstern und Kirchen und aus allen Zechen“ (zu München); Wstr. Btr. VII, 126. (Das polnische, böhmische cech für Zunft ist wol aus dem Deutschen). „Zech der Fleischhackher“ ꝛc. zu Passau; Cgm. 308, f. 58–60. Zech der Meistersinger; Wagenseil's Nürnberg 546. 555. Zech von Eisengewerken, Bergwerken. Über die Zech zu Eisenärzt bey Traunstein, und wie da bey allgemeiner Versammlung auf einer Schiefertafel über Kosten und Gewinn die Zeche gemacht wird; sieh Aurora v. 1804, p. 245 ff. Erwägt man die ältere Verfassung des Münzwesens, z. B. in Regensburg (sieh Th. II, Sp. 1177: Hausgenozschaft) und die in italienischen Freystaaten wie Florenz, Venedig ꝛc., so kann am Ende auch die ital. zecca hieher gehören; (Diez, Wbch. 448). Cgm. 3989, f. 3 heißt es von der Königin in England Anna Boleyn (die, um einen Erben zu bekommen, „zwen jung und treffenlich Edelleut zu jrem willen gebracht“): „ir aigner bruder soll auch mit in der Zech und diser sach verwant sein.“ Ein Plebanus (zu Straubing? 1459) schreibt seinen sociis (Caplänen) vor: „*Cechas* communes ac etiam privatas non frequentent, nec in talibus ad hassardum vel taxillos nec in alea n' pro una *cecha* vel in cartis ludant;“ Aug. eccl. 137, Hinterdeckel. Der Zechbruder, Vereinsgenosse, Zunftbruder. Die Zechkerzen der Zünfte bey Processionen. In einigen salzburgischen Gerichten (Werfen, Radstadt, Salfelden) waren die Bauerngüter und Ortschaften in Rotten, mehrere Rotten in Zechen vereint. Hübner 341. 420. 604 901. d) (ä. Sp.) die Reihe, in welcher eine, Mehrern nach der Ordnung zukommende Verrichtung jeden

einzelnen trifft; (Graff V, 584. BM. III, 859. Weigand, Wbch. II, 1126); vrgl. Kêr, Rott, Schar. „Do Zacharias begieng daz briesterampt an der ordenunge siner Zeche, cum sacerdotio fungeretur in ordine vicis suae;" Cgm. 64. „Sie vorhten, diu zeche (Reihe, gebraten zu werden) gienge an si;" Willehalm 286,25. „Zech werchen. Ob ein schmid ein Zech wercht. Von ainer Zech auf die ander;" Oberpf. Hammer-Ainung v. 1463. Lori, B.R. 69. 70. 83; cf. 467. Die Boten-Zeche, die Reihe, einen Botengang zu machen. Schmid, schwäb.
221 Wbch. p. 544, ad 1728. Umb die Zeche, ze Zeche, der Reihe nach, chacun à son tour. Schwerlich gehören hieher die Adj.- und Adv.-formen ainzecht, ainzechtig, ainzechten, einzeln (sieh Th. I. Sp. 89; cf. -echt, Sp. 29). e) (ä. Sp.) das Verfahren, Thun? „Daz ist ein fremdiu zeche;" Parcifal 5,21. Diese Bedeutung würde sich so gut, wie die unter a) angegebene, an zechen (thun, machen, ausmachen) knüpfen. Der Zusammenhang mit den vorangehenden Versen läßt aber auch hier die Bedeut. a) zu. „Er enruchte mit welerhande zeche (Ergebniß, Erfolg) ez (er) uz dem sterte (strite) quam;" Herbort 13932 und Anm. auf p. 311. f) (O.L.) die Mutterbrust. 's Kind is à~ də' Zéch. Ob eine Figur von der Bedeutung a), — oder ob etwa gar, κατ' ἐξοχὴν genommen, mit Folgendem zu vergleichen?

Das Gezech, Werkzeug, sieh Gezäu, Sp. 1068; (cf. bey Stalder II, 462: der Zäch, membrum des Stieres). Sieh zechen, 1).

gezech, (Mittelrhein) adj., geläufig, gewöhnlich. Sieh gezech unter zechen, 1).

Der Zichori, Zigori (◡–◡), die Cichorie; der Löwenzahn, leontodon taraxacum L., oder eigentlich dessen Wurzelblätter, welche, so lange sie zart und gelb sind, als Cigori-Salat gegessen werden, sowie man die Wurzeln getrocknet zu Cigori-Caffee benutzt.

Zich, sieh Zicht unter zeihen.

zichweiß. „zichwiz varbe, stibium;" gl. a. 818. Diefenbach p. 552ᵇ.

Die Ziech (Ziəch, Ziəchə~), a) wie hchd. Zieche und Züge, welche beiden Wörter Adelung als gemeine durch Überzug ersetzt wissen will, da doch schon in der ahd. Sp. ziecha (Graff I, 625. Vgl. BM. III, 874: zieche. Weigand, Wbch. II, 1139. Birlinger 439) für tomentum, zomentum vorkommt. „Recht als die vehen ziechen;" Maßmann, Denkm. I, 141. „Bette mit phellein ziechen;" Kindh. Jesu, Hahn 94,69. Am 27. December 1845 wurden zu Regensburg im Kalkofen der kgl. Bauinspection 35 Ziechen Hopfens verbrannt, der vor 2 Jahren als veraltet und verdorben bei den israelitischen Hopfenhändlern S. S. Held und B. Lilienthal war confisciert worden. Im Scherz sagt man wol zu einer Person: Hált di nét auf, àlde Béttziəch, sey nicht ungehalten, mache dir nichts daraus. „Ich kom von diser ziechen nit, weil ein feder darinnen ist," sagt die Ehefrau zum Mann, der sie vertauschen will, bey H. Sachs 1612: I, 1060. b) Jeder weite Sack, zu Hopfen ꝛc. „Ein ziech mit nuzze," (Sack mit Nüssen); Augsb. Stdtb. Fr. 23.

Zieche. „De quaestionibus lascivis ·i· ziechen vmb vrang" (?); Clm. 9537 (sec. XIV.), f. 181.

Der Zoch, plur. Zochen, sey dem Inner-Tiroler ein Bursche voll Kraft und Saft und dem tscherkessischen Zich, Tsuch (Mensch) zu vergleichen. Fallmerair über Neumann's Tscherkessen, Allgem. Ztg. 1840, S. 1155. s. unten: der Zähen und Zeitschr. III, 524,9. 332.

zochen, a) langsam oder schleppend einhergehen. əə~schichti' zóchə~ s' dəheə'. „Wál ə' Raəs'n hàt g'macht und umzochəlt is mit sá~n Schàz in də' Nacht;" Wagner, Salzburg. Gsánga. Vilmar, kurhess. Idiot. 473: zuckeln. b) zochen den Hund, ihm einen Querprügel an den Hals hängen. D' Hundt müeßt àll 'zocht wer'n, əs is à~g'schafft. cf. Th. I, Sp. 469: prügeln. Sieh zogen und vgl. das Gezoch, incessus. „Ein hoffartig gezoch;" Voc. Melb. „Do huob sich ein gezôch (Andrängen) gen dem höfschochen;" d. Ring 57ᵃ,ᵃ. „gezoch, seditio;" Voc. v. 1432, Cgm. 685. Frisch II, 476ᵃ: das Gezöch. „Noe unde sin gezohe," (sein Gefolge in der Arche); Diut. III, 60. Vgl. Gezog. zochət, adj. Die Meraner ꝛc. trauern jetzt über die Trophäen von Anno Neun und meinen, die damalige Erhebung sey lei so á Dummheit, á zochete Gschicht gewesen. Steub, drey Sommer in Tirol p. 330.

Der Zochen, zochet; sieh Zähen.

---

zachseln (záchsəln, záxəln), in kurzen Schritten gehen, hüpfen, trippeln. „Wann I eəm (dem Zeisel) 's Türl aufg'macht hàb, is's peə~kə~d (zwitschernd) für'ə záchslt;" Seidl, Flinserln (1839) II, 63. s. zacksen.

Zicht. „Raubvögel als Zichten, Habich, Astgeyr, Auff, rothe Millonen;" Mandat v. 1717.

Zicht, Bezicht, Inzicht, Verzicht, sieh unter zeihen.

Zucht, Unzucht, sieh nach ziehen.

„Zuchtig und Leder." Zuchtig und allerlei sort leder;" Venetianischer Mauttarif, Cgm. 4032 (XVI. sec.), f. 3ᵇ. 10ᵇ.

Der Zacken, a) wie hchd.; b) (Ansp.) Docht, (vrgl. Zochen); c) (ebendas.) magere, schwächliche Person. Die Zacken, eine Krankheit des Hornviehs, sonst: die Franzosen oder Pfinnen; wirzb. Verord.

'Der und die Zacken, wie hchd. Zacke, Spitze; (BM. III, 833. Weigand, Wbch II, 1117).' Eiszaggl, Eiszapfen; (Baader). auszäckeln, auszáckə-ln, auszacken.

zackern (Untermayn, Mittelrhein), pflügen; Weigand, 222
Wbch. II, 1117 f. sieh Th. I, Sp. 31 f.: z' acker gên. Vilmar, kurheſſ. Idiot. 463 f.

zacksen, (Wien) mit sich zacksen, mit sich fortschleppen. záx'ln Einen, ihn durch gute Worte locken; Castelli, Wbch. 271. s. zachseln und unten: zascheln.

Die Zauck, Zaugg, a) (Hrslm.) Hündin, Hundsmutter; Adelung: Zauche, brem. niedersächs. Wbch. V, 3: Tache. Nemnich III, 662. Zeitschr. IV, 195, VI, 488. Vgl. schwed. tacka, Schafmutter, und Castelli, Wbch 269: Zaglfell (á), ein Fell von einem ungarischen oder mährischen Schaf (Záck?), und Zagl-schnaida', jener, welcher Felle für die Schuster im Kleinen ausschneidet. b) Heumann, opusc. 704: Schweinsmutter; c) verächtlich: Weibsperson. cf. Zohen und Zaup.

1) Der Zeck (Zèck), des Zecken, wie hchd. die Zecke; (mhd. zecke; BM. III, 859. Weigand, Wbch. II, 1127. Zeitschr. IV, 56. 121,26. Brem.-niedersächs. Wbch. V, 47: Teke. gl. a. 699: zeck, adiporis. Gl. Augiens. in Mone's Anzeiger VIII, 399: „erigulus, zeche." Diefenbach 12ᶜ. 208ᵃ gl. a. 820: „cieke, teda; Diefenbach 575ᵃ. 574ᶜ.). Vgl. Th. I, Sp. 565: „Leg dein haupt in einen zeck" (dreck?); Cgm. 379, f. 43. Der Hunds-, Kue-, Schâf-Zeck, acarus reduvius L. „Im kloster hat er faule tage und stecket vol gleich wie ein zeck;" H. Sachs 1612: II, IV, 8. zèck-, zècke-, zèckə-l-, zèckleichətéfaəſt, (von Menschen) so dick und fest, wie eine angesogene Zecke; cf. wanzenvoll.

2) Der Zeck. — Zéckəl, Zickəl oder Zickái! rufen an der Ob.-Isar die Kinder, wenn vor dem Auseinandergehen eins dem andern unversehens einen kurzen Stoß oder Schlag zum Abschiede versetzt und dann schnell der Wiedervergeltung entflieht. Man möchte diesen kindischen

Auf keiner weitern Rücksicht werth halten, und dennoch zeigt sich auch in solchen Dingen die solidarische Stetigkeit aller Spracherscheinungen. Bey Stalder II, 471 ist das Ziggi ein eben so angebrachter Schlag. BM. III, 873. Vgl. das englische tiggy touchwood in Th. I, Sp. 239, unter Bámmə's. Vor bald hundert Jahren ist beym Nürnberger Frisch II, 467 der Zeck als ein Kinderspiel erklärt, da sie einander bis an einen gewissen Ort nachlaufen und Einem einen Schlag geben. Den Zeck spilen mit Einem, ihn zecken, ihm einen leichten Stoß geben, ihn necken, reizen, joco convellere. BM. III, 860. Graff V, 584. „Nur wie ein kind das andre neckt, kindisch und heidnisch mit ihm zeckt;" satirische Reime v. 1545. „Zecken, dretzen, raitzen, lacesso;" Avent. Chron. 281, Avent. Gramm. Vilmar, kurhess. Idiot. 463: zacken. Zeitschr. III, 134 (henneb.): zäckern. Sich zicken.

zeckeln, (von Kindern) mit Händen und Füßen zappeln nach etwas. Das Gezeckel.

zèckəlittisch, (Kitzbühel) salax, unkeusch.

Die Zecken (Zèckə˜), die Klette, borstiges und schuppichtes Samengehäuse gewisser Pflanzen, besonders vom Arctium lappa, auch wol vom Xanthium strumarium, Agrimonia, Echinophora L., welches an Kleidern und haarigen Gegenständen hangen bleibt; (Schllr.) Zote von ineinander hangenden, verwirrten Haaren.

'zecken, (?)'. ußzecken, calculare, ußrechen;" Voc. Melber. Diefenbach 89c: vßrechen vel vßzecken. Vgl. Th. I, Sp. 33: ausecken.'

zeckern, 1) zerren, ziehen; (Hauser). '2) ausziehen, übersiedeln; Zeitschr. V, 254,33. 462. Vgl. zöckern, zogen.'

Der Zecker (Zéckə', Zégə', Zégərə', Ségə', Ségərə'), sackähnlicher, aus Bast, Stroh, Binsen und drgl. geflochtener Korb. Weinhold, schles. Wbch. 108: Zeker (Zeaker, Zeiker), breite Tasche aus Bast. Zeitschr. V. 479: Handkorb. „Zecker, Zögger, wienerischer Korb, Armkorb;" Heumann, opusc. 690. 704. „Was ich täglich einnimb, das verzehrt der Kuchelzecker;" P. Abraham. „In ihrem lidernen Zökker" mußte die alte Grete den Kranken im Dorfe Labung bringen. Denkwürdigkeiten der Herzogin Dorothea Sibilla v. Brieg aus Gierths (angeblichem)' Tagebuch (v. 1630 circa), herausgegeb. v. Koch, p. 22. Der Zecker kommt, wie die Moschen (Th. II, Sp. 1681) aus Böhmen. Daher wol das im bayr. Wald vorkommende scherzhafte: bèimischə' *Zégə'* für Böhme. Cech, der slawische Nationalname für Böhme, mag dabey mit anklingen; cf. die Ζήκχοι, Ζήχοι bey Procopius, Goth. IV, 4, Höschel p. 322). „Du örzväzai ä *Zögá*! sagt der Pfleger zum Bauernburschen, der nicht Soldat werden will; s. unter zag.

223 zicken, anzicken, mit schnellem, kurzem Stoß berühren; (ndrs. tikken, antikken. BM. III, 873. Grimm, Wb. I, 526. Brem.-niedersächs. Wbch. V, 67). „Die Kugel hat den Kegel nicht ganz getroffen, sondern nur ein wenig gezickt." An, auf etwas zicken, leicht daran stoßen, daran gränzen. „Der Hetrurier Schrift und Sprach ist auf jüdische Manier gangen, hat auf derselbigen Manier zickt;" Avent. Chr. 65. „Seine Krankheit zickt ans Faulfieber." Ein Getränk zickt (sc. an's Saure). Zeitschr. VI, 404,11. Eine Erzählung zickt (sc. an das Unwahre). Bey dem zickts, er hat unmerkliche Anfälle von Narrheit, Verliebtheit, Krankheit und drgl. „Ös is a Most, der schan in Össi' *zickt;*" Lindermayr 57. Vgl. Th. I, Sp. 33: ecken. zickend, anzickend (zickəd, à˜zickəd), anzick, anzickig, adj., anfangend, in Schlechteres, besonders von Getränken, ins Saure umzuschlagen. „Ain vas da anzicker oder zächer wein in leit;" Ind. 344, f. 22. „anzigk, acidus;" Avent. Gramm. „Der Wein ist anzick, acescit;" Voc. 33, fol. 17. „anzickig in der Religion, nutans, ambiguus in religione;" Voc. v. 1418. anzeck, verliebt; (Tir.). Im Cgm. 734, f. 222. 223 ist die Anzick auch ein Substantiv: „Für Anzick der Wein." „Damit man die Anzick vertreibt."

'gezicken Einen oder an Einen; ihn leise berühren; BM. III, 874.' „Swelchen er an geblichte oder der an in gecichte dem wart sein genade chunt;" Urstende, hgg. v. Hahn, 109,69. Vgl. Th. III, Sp. 213: sichten.

1) verzicken Einen, ihn verdächtigen, bezichtigen. „Dein red verzickt dich," (macht dich verdächtig); H. Sachs 1612: II, III, 205 „Quintilius Varus saß zu Recht, ließ für sich bringen obgenannt Herren, so verzigkt und jm anzaigt waren;" Avent. Chron. 126. Cbm. 1567, f. 15. „Ob nicht die Christen selbst das Kind also zugerichtet, darmit die Juden verzickt würden;" Dr. Eck, 1542. „Erberg leut verzicken und angeben;" Dr. Eck Pred. V, 12. „Der ritter, den er (der König) mit jhr (der Königin) verzücket hett;" H. Sachs 1612: I, 349. Im Cbm Kl. 593a, f. 121 ist Inzick Beschuldigung, inzicklich, adj.; vgl zeihen und Inzicht.

2) verzicken. — Ein Artikel der Ref. Ld R. v. 1588, Tit. 19, Art. 10: „daß Verzicken in den Malefizrechten nit irren soll, besagt: „Umb welcherlay sach einer für Gericht gepunden und gefangen kümpt, darumb man jm den Leib abgewinnen mag, da sol kain Verzicken schaden weder von vorsprechen, noch von anclager, sondern man soll jm recht ergeen lassen wie die ansprach steet." Etwa Recriminatio oder aber Exceptio peremptoria oder ein Verzeihen, Verzichten des Klägers? Aber im Landrecht v. 1346 (Heumann, opusc. 64) steht fast derselbe Text unter der Rubrik „umb inzicht," §. 10 tituli furtorum.

3) verzicken. — Ein „verzickter Landgerichtsdienst" von drey gulden und siben pfenning mußte bis 1618 von der freisingischen Herrschaft Ulmerfelden jährlich an den ehemaligen Besitzer derselben entrichtet werden. Meichelbeck, H. Fr. II, I, 363. II, 374. Dieses verzicken ist doch wol kaum in einerley Sinn zu nehmen mit dem folgenden.

4) verzicken (ein Appositum zu: gefährden, unredlich behandeln. 'Vgl. mhd. der zic, arglistiges, unredliches Benehmen; BM. III, 873'). „Verzicken und geverde in allen obgesagten artikeln genzlich ausgeschiden;" Lori, Lech-R. 225. „Zu einem steten redlichen unverzickten kauf;" MB. XXV, 264. „Die hofurtail in irem 224
laut unverzickt;" MB. XXI, 365. Armen Personen „auf ain verzückte Zeit und wucherischen Gewinn fürzuleihen," ist verboten in der tir. L.O. v. 1603, f. 95. Vgl. unten: „eine verzuckte stund." Ähnliches bedeutet wol in Schmid's schwäb. Wrtbch. S. 555 die Formel: auf verzwickte Zeit. Ein Artikel im Wiener St.R., Cgm. 1113, fol. 71 (welcher bey Rauch, scr. rer. austr. III, 235 nicht zu lesen ist) sagt: „Seczt ein man ein haws oder einen weingarten vmb ein gut zu ainem phant mit des purcherren oder perchherren hant auf einen zickhtag, daz mag nicht gesein, wann sich chain satzung verzikchen mag under den christen, ez sei dann daz ein man sein erb setze einem Juden, do verlewst er ez mit verzikchen vnd mit gesuech. Davon sol man chainem christen nicht gestaten, daz er auf chain erb icht leich auf verzikchen, wann ez wär wirser denn Judengesuech vnd wurd leicht einem arm man ein haws oder ein weingart verlorn für czehen phunt, daz dreizzich phunt wert wär mit demselben verczieben." '(Eine Handschrift des Wiener Stadtrechts in der Bibliothek des germanischen Museums, Cod. 28900, sec. XV., 20 liest auf fol. 118b an dieser Stelle: „Satzung auf ainen Zikchtage. Versetzet ain Man ain haws ... auf ainen tag, auf ain zikchen ... verczikchen mag ... mit zickchen ... auf verczikchen ... mit demselben verzikchen;" die neueste gedruckte Ausgabe dagegen von Schuster (1873): „... auf ein tag zu verziechen ... verziechen mag ... mit verziechen ... auf verzichen ... verzichen).' Die eben berührte „Satzung auf einen Zicktag" (nicht, wie

Haltaus 2160 lesen will: Zieltag) ist auch in Uffenbach's HS. der Wiener Statuten erwähnt. Auch im Cgm. 788, f. 152 ist die Rede von Übervortheilung „mit zykchtag, schadkeufen" und drgl. Eine Misschreibung statt zücken ist wol hier nicht vorauszusetzen. In Laßberg's Lieder-Saal II, 613 ist neben Tücke von „valsches zick" die Rede. Vrgl. Zeck, Sp. 1080, u. d. folg. Wort.

zickeln, durch kleine, nicht ganz erlaubte Vortheile im Spiele betrügen.

„Zickel, Voc. v. 1482, Eimer;" (cf. ital. la secchia, v. mittellat. sicla, siclus für situla; Diez. Wbch. 312).' zickeln, (tirol.) Wasser im Eimer aus dem Brunnen ziehen. ¿Oder etwa doch eigentlich zückeln, von zucken, pumpen, (Frisch 484. Zeitschr. II, 201. V, 292)?

„Zikhelwasser (gebranntes) ist guot allen den die da geschwollen sind;" Cgm. 4570, f. 47.

Das Zickelein, 'Zicklein, junge Ziege; (mhd. zickelîn, zickel; cf. ahd. ziki', ags. ticcen, ntr. 'Graff V, 599. BM. III, 877. Weigand, Wbch. II, 1139. Zeitschr. III, 498. IV, 311. 312: zickeln, vb., Junge werfen. V, 40,74. 302.). ʃ Ziege.'

„Zock und pflock;" Grimm, R.A. p. 46 (zweimal).

'Das Gezock, was Gezoch.'

'zöckern, (Iglau) die Wohnung verändern, ausziehen; Zeitschr. V, 254,53. Vgl. zeckern, zogen, zögern.'

Die Zockel, ʃ. Zuckel.

zucken, wie hchd., d. h. schnell ziehen, reißen, rapere, eripere, diripere; (mhd. zucken, zücken, ahd. zucchian, zucchan; Graff V, 621. BM. III, 932. Weigand, Wbch. II, 1157). „Si chomen zu euch in dem schäffein gewant, innerhalb sint sy zukend wolf;" Cgm. 745, f. 29. „Das ich kain hut nit zucket, noch gegen in abrucket;" Mich. Beham, Wiener 340,32. Das Meßer, Schwert zucken. „Von leder zucken;" H. Sachs. „Von schaid zucken, extrahere de vagina;" Memm. 2, voce vagina. „Frisch gezuckt ist halb gefochten;" S. Frank. Einem etwas aus der Hand zucken, es entzucken, verzucken, wegzucken. „Zuckt mir der lange Simon, ein wenig grob, den Brief aus der Hand;" J. E. Fürst. „Eripe me de luto ne infigar, zuck mich aus dem dreck daz ich nit gesteck;" Clm. 17552, f. 228b. „Die Engel im Himmel, wie sie mit ihrem Lucifer wollten Gott gleich sitzen, haben dermaßen eingebüßt, daß ihnen der Stuhl ist gezuckt worden, und sie folgsam ganz spöttlich in die Höll hinunter geburzelt;" P. Abraham, Gagaga. „Was du geschrieben hast, ob du es gleichwol in der Hand hältst, mag es dir ainer entzucken;" Beichtbuch 1579. (Grimm, Wbch. III, 667 ff.). „Eine Klosterhenn, welche unlängst von dem Fuchs nach seiner Diebsart mitzuckt, doch wieder abgejagt worden;" das. „Mit der Musterung haben die Alten großen Fleiß gehabt, haben die jungen Kriegsleut nit also angenommen, wie wirs aufzucken;" Av. Chr. 74. Grimm, Wbch. I, 786. „Hispanier und Frankreich haben jr eigene angeborne Sprach verloren, und reden
225 nun die römische Sprach, doch verzuckt und zerbrochen;" Av. Chr. 141. Bei'n Schiəss'n derf mə˜ gràd ə˜ Zuckə'l tuə˜, ſo is də' Schus glei' weit mèchti' vo'zuckt. „Ida ward verzuckt (rapta) von einem haiden;" Freyb. Samml. I, 141. verzuckt bis in den dritten Himmel, raptus usque ad tertium coelum. Es ware der 10. May 1755 als der Pater Meichelbeck (v. Reichenau) auf eine verzuckte stund ohne eines einzigen Menschen Vorwissen von Wien abgienge;" Cgm. 3820, f. 54b. cf. verzicken. verzuckt werden, seyn. Die Verzuckung. In ə˜ *Vo'zuckum* fàlln. Das hchd. entzücken, entzückend und Entzücken hat seine ursprünglich eben so kräftige Bedeutung durch den häufigen Gebrauch eingebüßt, und wird beynahe von jeder, eben auch nicht gar zu innigen Freude gebraucht. Nicht anders verhält sichs mit dem engl. rapture, dem franz. ravissant, ravissement. „Volsauffen und trunken seyn heißt bey den huetterischen Brüdern überzucken. Ey von Herzen, er hat sich überzuckt!" Erhard 17.

Der Zuckwerker, ohngefähr was Trockenlader, Weinzieher ꝛc.; (kann auch stehen für Zugwercher). „Zuckhwercher, Vaszieher, Abmesser, Sagkhtrager;" Salzburger Stadtord. v. 1527 (Ms. Moll-Oldenbourg), f. 24. „Aid, das er mit der arbeit des Zugkhwerchen es sey mit pinnden, Einmachen oder Aufladen khainerlay geverd brauchen welle; das. f. 46.

zuckezen. Das getödtete Thier „*zuckəzt*" noch eine Weile. Das Herz, die Wunde „tuət *zuckəz'n*." Der Zuck, Zucker, Zuckezer, Dimin. 's Zuckə'l, die Zuckung, einzelne schnelle (unwillkürliche) Bewegung. ə˜n *Zuckə'*, ə˜ *Zuckə'l* taə˜. Der Zuck oder das Zucken war im Meistergesang ein unrichtiges Pausieren. Wagenseil, Nürnb. 529. Vrgl. wegen Gramm. § 372 auch die Formen zicken.

zuck, zuck! Lockruf gegen Schweine. Das Zuckelein (Zuckə-l, Zuckál), Schweinchen. Vgl. Suck, Suckel, Th. III, Sp. 223.

Die Zuckel, (Ober-Isar) Holzschuh, dessen Übergeschirr aus Schienen von Legföhren geflochten ist, ohne Zweifel das ital. zoccolo, griech. το τζόκαρον; (Graff V, 626. BM. III, 945. Diez, Wbch. 726. Kärnt. zok-la, Holzschuh; Jarnik 135. Lexer 266. Zeitschr. IV, 56. V, 254,52). cf. Diut. III, 152: zokelir, crepida. Feinerer Art müssen freylich die „Zogkhln" oder „Zügkhl" gewesen seyn, welche der galante Pütrich von Reichertshausen weiland für die „wuntsches Füeße" einer Princessin aus Rom mitgebracht. Duellii Excerpta p. 276. „In Marocco haben die frawen vor der scham ein spanbreit von dem holz, daraus man die Zockln macht, an einer paumwollen schnur hangen;" Cgm. 1279, f. 162. Die Mauren von Fez Tunis und Oran hatten bei Berennung von Ceuta im J. 1458 „clipeos ex corticibus quercuum quod zockelholtz vocant;" Jeronym. Monetarius Reise, Clm. 431, f. 169. 'Der Zogglnâg·l, (Kärnt.) die Kaulquappe. Zeitschr. IV, 56.'

Der Zucker, wie hchd., (in der ahd. Sp. noch schwerlich vorkommend. Graff V, 631 f. BM. III, 948. Weigand, Wbch. II, 1157. Grimm in Aufrecht's Zeitschr. I, 209. cf. Th. III, Sp. 244: Saher). Das Voc. venet.-todesco v. 1424, f. 21 hat „daz zuecher, el zucharo." „Mel cannae zuchara;" gl. Augienses in Mone's Anzeiger VIII, Sp. 397. „Sunt ibi (in terra sancta) cannae ex quibus fluit dulcissimus succus qui vocatur canna mellis unde faciunt zuccarum;" Scheftl. ... (sec. XIII), f. 68. CbmC. 84, f. 108. „In confiniis civitatis Tripolis calamellos melitos per camporum planitiem abundanter repertos quos vocant zucra suxit populus;" Albertus Aquensis (Gesta Dei per Francos, ed. Bongars, 1611, fol. 271) bey Sprengel, geograph. Entdeckungen (Geo. un. 8. 410) p. 186. '„Zuccara haizt zukker. der ist an kraft warm und fäuht ... aber der weiz zukker ist pezzer und löbleicher wan der gelvar und ist auch kelter;" Konr. v. Megenberg, Pfeiffer 426,15.16.' Zukkara haist zucker der ist zwayer lay und der wechst in roren in dem land Chriechen und in dem kunichreich Candia;" Clm. 5931 (XV. sec.), f. 204. „Gewunden Zucker, d. i. Zucker-penit" (fr. Pénide); Cgm. 601, f. 108. zuckermæze, adj., wie Zucker; altd. Wälder II, 243. BM. II, 209. 210. zuckerig tuen, umgên mit einer Person oder Sache, d. h. wie mit etwas, das man schonen, sparen, mit dem man es nicht verderben will. zuckern (zuckərə˜), adj., kostbar, (wie wàitze˜); b. W. Der Zuckerbacher, Zuckerbäcker.

Der Zuecken, eigentl. Zueggen (Zuəckng, Dimin. Züəggl, Ziəggál), Ast, Zweig, Zacken von einem Baum, einer Gabel ꝛc.; (mhd. ahd. zuoc, zuogo. Graff V, 625). „Zugun, propagines;" Clm. 4606 (XI. sec.), f. 92. „Und 's Háftl und d· Haftlin habm si' mer z·kriəgt, weil si' àllmàl də' *Zuəckng* bə˜n Ei˜háftln biəgt. 's Háftl waə˜t, dəweils maə˜t, əs muəs gàr à'bréchə˜; d' Háftlin lacht àbər und sagt: is nét Schàd um Séchə˜;" Kindergsangl von Stelzhamer in Kaltenbrunner's Jahrbuch v. 1844, S. 264. *Zuəcken*, Art Schlinge zum Vogelfang; (Zir.). An des Rechenstandes Zurken (r = ə) Hüte hangen. Reitzenbeck II, 119. zwi-, drizuəgkət, adj.

Der Zâdel (Zaudel, Zau˜l), 1) (schwäb.) Mangel, Gebrechen; (mhd. zadel, ahd. zâdal, egestas, penuria, inedia. Graff V, 639. BM. III, 833. Weigand, Wbch. II, 1154). „Da war kein zadel an speis und trank." „zadelhalb der kost," defectu annonae. „Ez was ein michel tadel, daz si litten zadel an trinchen und an ezzen;"
226 Horneck. „Was man sol von essendem ding haben, des was kain zadl noch snaben;" Mich. Beham, Wiener 384,8. „Der zadel benimt im die scham;" Haupt's Zeitschr. VIII, 583,1112. „Die Hausner mit dem Wider haben lang turniert ân aller slachte Zadel;" Pütrich's Ehrenbrief 33. Der Zadelwurm, ä. Sp., Hungerwurm; BM. III, 827. „Wir suln uns alle brœten, den zadelwurm tœten, der uns dicke hât genagen;" S. Helbling III, 248. 2) (A.B., O.Pf.) der fehlerhafte Faden oder Wurm, der sich vom Schleifen an der Schneide eines Instruments gebildet und noch weggewetzt werden muß. (Vrgl. allenfalls „putacium vel zadel," gl. a. 786, und Zotten). verzâdeln, (O.Pf.) verschmachten, umkommen; 'umkommen lassen oder machen. Weigand, Wbch. II, 1154.' „Die hab sich in Kindbett verzadelt;" eins Freiharts Predig. „Stechen mich mit alen und nadlen, so schrey ich denn ich möcht verzadlen;" H. Sachs 1612: I, 1010. Von dem andern kinde ich sage, daz man verzadelt sîne tage und im den hunger selten büezet;" Haupt's Zeitschr. III, 583,1132. „Gl. a. 413: zaadlonte, egentes." In MM. 115 kommt zwischen dem Sündigen in archeite (Geiz) und dem in betelenne auch ein Sündigen in ferzadelenne vor. Zeitschr. III, 89: *zâdern*, darben.

zadern, Zoderer, sieh zottern, Zotterer.

Die Zedel, sieh Zettel.

'Zedrich (?): s. Th. II, 1053: Hederich, und Diefenbach 335c.' „Lolium, radt, cedrich, hädrich;" gl. a. 777, Voc. v. 1429.

Der Zeidler, (Zei'lə', O.Pf.) Seidelbast, daphne mezereum L. „Kunegundis das Zeydel blüt;" Hans Sachs 1612: I, 852. cf. Zeilant.

1) zeideln, wie hchd., d. h. den Bienen den Honig nehmen, — zunächst in Bezug auf die früher mehr im Großen in Wäldern gepflogene Bienenwirthschaft. Der Zeidler, Bienenzüchter; (mhd. zîdelære, ahd. zîdalâri, mellicida; Graff V, 639. BM. III, 874. Weigand, Wbch. II, 1129. Zeitschr. II, 209. Cf česk. wčelař, Zeidler, von wčela, Biene). In MB. III, 3, ad 1050 hat noch ein ganzer Gau (der Cidalare-gouue) von ihnen den Namen. So hießen wahrscheinlich auch die Ortschaften Zeidlarn, Zeidlern (Lex. v. B.), Zeidlorn (Hund I, 347. 348, in der jetzigen gemeinen Aussprache Zeiling) — ursprünglich zi den Zîdelârun, ze'n Zîdelæren. Förstemann II, 1584 f. Ein Bamberger Verzeichniß von Einkünften de 1348 hat (Geöff. Archive, 1822—23, VI. H., p. 174): „Nota quod in foresta Veldenstein laborant circa XLVj mellificatores dicti vulgariter Zeidler, isti dant III† (3½) urnas mellis ad cameram episcopi et in istis zeidlariis dominus Dux nichil juris habet." Der Familienname Zeiller ist wol = Zeidler. Die Zeidelwaid, Waldbezirk, worin Bienenwirthschaft getrieben wurde. BM. III, 553. (Zidalweida, Meichelbeck, H. Fris. I, 191, ad 995. MB. IX, 498, ad 1021). „Welcher Ends auf unsern Wälden und Hölzern Biengärten und Zeidelweide herkommen, die sollen bleiben. Man sol keinen Bienbaum schwenden oder sonst der Zeidelweid zu nahend hauen;" o.pf. Forstord. v. 1694, §. 40. Über das nürnbergische Zeidler-Gericht ꝛc. sehe man Frisch II, 469. Wagenseil's Nürnberg 381. 'J. M. Lotter, das alte Zeidelwesen in den nürnbergischen Reichswaldungen. Nürnb. 1870.' Die gewöhnliche Ableitung vom latein. mellicida wird durch das niedersächsische **Tiel-baar** (Zeidelbär; brem.-niederſ. Wbch. V, 67) nicht sehr bestätigt.

2) zeideln (zei'ln, b. W.), der Kuh die Milch nehmen, melken. „Die frau sol ir gespunn auf ein wasser zeideln;" Cgm. 720, f. 87. Auch die Beeren (Haəpə', Hollə'biə') werden *àbə'zei'lt;* (Obrm.). Cf. česk. cediti, colare, seihen, rinnen lassen, cediti se, rinnen, fließen; kärnt. zediti, seihen (Jarnik 135), russ. zjedisch. Angels. tîthian, tîdian, concedere; (Beowulf). Die Zeidel-gelten, Melkgelte.

3) zeideln, (zei'ln) a) streuen. „Zeidel oder strey das Pulver..;" Feuerb. 1591. b) (verächtlich) gehen; daher *zei'ln.* Vrgl. zetteln, 'auch zotten, zotteln, zottern.' „Daz gzöder (der Tanzenden) michel ward und lang;" d. Ring 37b,21. BM. III, 947: daz gezotter, hinter einander zottelnde Menschen. Oder wäre ein zeielen aus zeien (w. m. s.), oder aber zeilelen (sieh Zeil) anzunehmen?

Der Zidat, Cidat, Art kostbaren Stoffes; Diut. II, 130: '„In hât ouch diu muoter sîn gewunden nicht in baldigîn, noch in den richin cidat." Es ist wol Ziklat zu lesen; s. d. W.'

Zodealapt (?). „Item est ibi quodtam Zodealapt quod habet jugera tria in pratis et agris et tenet Chonradus huberius ad hubam suam et de jure antiquo non pertinet ad eandem;" Donaustaufer Urkunde in der Vertheidigung der churbayr. Landeshoheit auf die Herrschaft Donaustauf, II, 26.

Der (?) Zaff, Aufnahme, guter, kräftiger Zustand; 227
'Anbau, Pflege. BM. III, 833 f.' (vrgl. isländ. tâp, vigor) „Damit die Ecker in merrer Zaff und nutz erhalten werden;" Lori, Lech-R. 349, ad 1557. zâfen, zaffen, in Aufnahme bringen, pflegen, bauen, colere; (cf. span. a-taviar; Diez II, 322; Wbch. 463). „Die Güter zaaffen und bawen und nicht in abschlaipfung bringen;" L.R. v. 1616, f. 754. „Wir süllen auch den benanten Annger (zu Nusdorf auf dem Ödenhof) selb zoffen vnd friden; darzue süllen wir das holcz nemen auff dem holcz das zw dem ödhoff gein Nusdorff gehört beschaidenlich vnd vngeuerlich;" Urkunde v. 1456 im Reichs-Archiv zu München (ad Traunstein, Ldger., 3. Fasz. 95,2. Mittheil. v. Dr. Roth, 16. Mrz. 1843). „Vermachten vil grunt vnd poden (zum Kloster Tegernsee) aindlef tausent funf hundert vn sex vn sechzigst hofe vnd kunkliche lehen, als man si fint noch geschriben mit allen jren zugehörn gepaut vnd ungepaut, gezaft und ungezaft, was in in wirt erfunden..;" Cgm. 540, f. 299¾. „Der ritter sol der armen schar pflegen recht in aller zeit und das unrecht widertuon. Darumb hat man ritterschaft aufgesetzt und gezapft, nicht durch stechen und turnieren, daz ist nur der werlt hofsieren;" der Teichner. „Ritters preis hette jns also gezaffet;" Titurel. 'zâfen, in Zucht halten, züchtigen; BM. III, 834,4.' „Got lât nit ungestraffet von seinem hœchsten stuel, des pin ich wild gezaffet;" Oswald v. Wolkenstein, Denis, Codd. theolog. II, II, 1694; 'Ausgabe v. Beda Weber II, 2,19 u. p. 475. 'zafen (zasen?), sich strapazieren; (Meran, Staffler I, 117). „Zaffen, zieren;" Voc. v. 1618. BM. III, 834,3. Weigand, Wbch. II, 1151: Zofe. „Täglich sie sich ziert, breist und putzt, vor dem spiegel streicht, zafft und mutzt; H. Sachs. „Der scherer scholt in (den Bart) anders zaffen denn in got selber hat peschaffen beidenthalben bei den wangen leßt er zwai zötlein hangen die mußen im wachsen zw aller zeit das im das maul nit schein als weit;" Bauernhoffart, Cgm. 714, f. 229. „Gein wem solt ich mich zâfen;"

Nith. XV, 4, (Haupt p. 16,6). Sich aufzaffen. „Wann mir gebürt von Recht, daß ich sei des Adels Knecht, und alle Bôshait sträff und die Frombkait aufzäff," sagt der Herold vor Hund's Stammbuch. auszaffen, (Lengries) ausputzen, ausfegen den Boden, die Stube. Am Samstə' muəs I *auszaffm.* Vielleicht hieher: „Daz jn (ihnen) dy klaider nicht nachzaffen auf der erdt;" Reg. Ben. c. 55, Cgm. 639, f. 64, daß sie nicht gleichsam den Boden fegen. Vgl. oben, Sp. 1065: zauen, zauwen.

zäfeln, zöfeln, (zéfln, Nürnb.), zaudern; (isl. tefia, ndrs. töven, morari und impedire). Die Zafel (Zàfl, Zofl), Person, die mit nichts zu Ende kommt.

zafrichtig, (b. W.) niedergeschlagen, muthlos, wenig Hoffnung des Auf- oder Fortkommens gewährend. ə~ *zàfrichti's* Leut, Vèihh. 's Hennl is so *zàfrichti'* und flüglhenkət. cf. zifen.

zaufen, (zunächst vom Zugvieh) rückwärts gehen, ohne sich jedoch umzukehren. Weigand, Wbch. II, 1125. Oft mit dem ausdrücklichen Beysatz: hinter sich zaufen, zeruck zaufen. Zauf! Ruf an's Zugvieh, während man es am Leitseil rückwärts zieht. „Die Böhmen, so (bey Müldorf) den Vorzug auf der bayrischen Seiten hetten, wurden zuletzt zauffen;" Av. Chr. 487. Figürlich: von einer Behauptung, Unternehmung zurücktreten. „Kanst du mit deiner Treu so geschwind zu rucken zaufen:" H. Sachs. „Als ich ein weng verzaufft, verblies und auch verschnauft;" derselbe 1612: I, 584. Wird das böhmische caufati, poln. cofac' (zurückziehen) aus dem Deutschen seyn? Vgl. niedersl. töven, warten, oder isl. opo, hopa, cedere, — mit vortretendem t = z? Zaupt! spricht auf Bergwerken der Ausrichter im Göpel, wenn der Fuhrmann die Pferde auf- und zurückhalten soll, und wird deswegen der Zaupter genannt. Jablonsky, Lexicon.

zefern, (schwäb.) zanken. Schmid, schwäb. Wbch. 545.

Das Zeifelein, (Grabfeld) junges Huhn. Vgl. Zibə-l und Zifer.

228 zifen, zifeln, (Franken) im Wachsthum zurückbleiben. Zu vergleichen gl. Doc. A. c. 3: arzibuta, (ovem morbo) residem; gl. i. 560: zipun, ignavos. Vrgl. d. folg. Wort.

Das Zifer, Gezifer, (O.Pf., 6 Ämter nach mündlicher Versicherung Jean Paul's) Federvieh. Weigand, Wbch. II, 1139. In verächtlichem Scherz wird allgemeiner unter *Zifə'*, *Zifə'l* auch ein von Natur federloses Gänschen verstanden. „Die Secretärsfrau, das lateinisch Zifer, will uns gleich seyn;" P. Abraham. Ein stehender Witz ist Frauenzifer statt Frauenzimmer. „Das Frauenzifer ist aufgeschwanzt wie's Rössel am Palmtag;" M. Sturm. „Allerhand Gezifer, als Frösch ꝛc.;" Cgm. 1219, f. 192. Vrgl. Sp. 1074: zib. Das Ungezifer, Unzifer (U~zifə'), wie hchd. Ungeziefer. Weigand, Wbch. II, 947. „Vil unzifers, als edechsen, krotten und schlangen;" H. Sachs 1612: II, III, 246; aber I, 845 auch große, wilde Thiere. Grimm's Gedanke an das alte, sonst verschollene zebar, victima, (Mythol.² p. 36. 1200; Reinh. Fuchs p. LIV. Cf. isl. tafn; slaw. treba, sacrificium idolis oblatum. Kopitar, Glagolita Cloz. p. 43) scheint mir dießfalls wirklich zu nobel und antik. Nach Fronsperger's und Felix Faber's Unzibel (Frisch II, 483. Schmid 493) wäre zu erwägen das unter zifen erwähnte alte arzibon (Graff V, 578), etwa auch das niedersächs. Zäfer für Käfer (s. d. W.). Un 2) oder 3) (sieh Th. I, Sp. 97) angenommen, wäre sowohl Ungezifer als Gezifer als kleines, unansehnliches Gethier zu erklären.

zifern, (Nptsch.) rieseln. Zeitschr. II, 238.

zifern, (Nürnb., Hsl.) leise ziehen, zwacken. Bläschen, Schorf, Rufen weg (von der Haut) zifern. Zeitschr. II, 78,6. VI, 91.

Der, auch wol das Ziffer, plur. die Ziffer, hchd. die Ziffer, plur. Ziffern; (span., ital. la cifra, wol zunächst aus dem Arabischen. cf. Grimm, Mythol.² p. 985. Diez, Wbch. 101. Weigand, Wbch. II, 1142). „Theta theta oder ziffer oder nicht wann als sy allain stet so betuttet sy nicht;" Clm. 4162, f. 144. Schon in einer Münchner Handschrift v. circa 1180 (Cod. Emm. G. 117), ja in einer vaticanischen v. 1100 kommen arabische Ziffern vor. Diese Einzelinge chinesischer Schrift (diese figures, wie sie in England noch heißen) haben schon früh die Runde um die Erde gemacht.

„Haec Algorismus ars praesens dicitur in qua
Talibus Indorum fruimur bis quinque figuris"

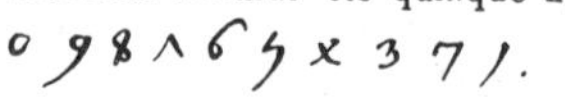

mit der Glosse: „quia Indi et Arabes invenerunt istam artem;" Aug. civ. 23, f. 154. Novem sunt significativae figurae algorismi et decima vocatur cifra vel figura nichili

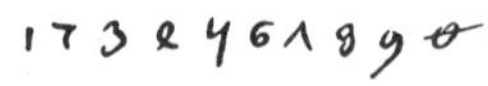

Cod. Ald. 159 (v. 1330 circa), f. 11, wo die arabischen Ziffern noch durch tabellarisch beygesetzte römische erklärt werden. Vgl. Ducange I, 180ᵇ: algorismus, (span. guarismo, die fortschreitende Reihenfolge der Ziffern).

Die Zeften. „Es sol der wein tag vnd nacht in ainer zefftenn auf dem tisch steen;" Cgm. 152, f. 167ᵇ.

zag, adj., (Chiemgau) zaghaft. „Zag, forchtsam;" Voc. v. 1618. Dianál, zwé tuəst denn so *zàg?* Als Adjectiv auch bey Victorius. In Tschudi's Chr. I, 530 ist zu lesen: „Man soll wol sehen, wedrer der zäger (ignavior) werde sin." In der mhd. und ahd. Sp. erscheint zage, zago gewöhnlich als Substantiv; daneben zegelich, zagelich, zagalîh als Adjectiv und Adverb; (Graff V, 582. BM. III, 834. 836. Weigand, Wbch. II, 1118). „Mit ruemen und mit gäuden wil er niements zag sein;" Suchenwirt p. 89. „Har, ich wil dein kein zag nit sein;" H. Sachs 1612: II, III, 27. „Der ist des leibes gar ein zag;" Cgm. 714, f. 29. „Minne macht, das ein zag mus werden balt;" Cgm. 270, f. 124. „Ligen als ein zage bi einer minneclichen maget;" Heinr. Tristan 4978. „Nû wizzet ir wol, daz ez ein schentlich wort ist, der zu einem andern sprichet: du bist ein rehter 229 zage;" Br. Berhtolt 123, (Pfeiffer p. 55,14). Gl. i. 1071 steht auf des Boethius (de Cons. IV. pros. III. in fine) pavidus zaga. Gl. o. 451 aus Cod. Sangall. 242 scheint zaga für Hündin zu stehen, womit das alte, ehrenrührige zagun-sun (gl. i. 255) stimmen würde. Grimm (Rechtsalt. p. 644) ist geneigt zago als das slawische Wort für Hase zu nehmen. „Ich hœre dich zegelîche sprechen;" Labr. 236. verzagen, verb., zage werden, wie hchd.; zage machen; (mhd. verzagen, erzagen, ahd. arzagên; Graff V, 583. BM. III, 836). „Der arme Jûdas . . der verzagt sich selben hie;" S. Helbling VII, 178. verzait, unverzait statt verzagt, unverzagt. Reime v. 1562. Sieh Gramm. §. 470; (schwed. försagd). „Du *örzvä'zaitä Zögä'*," erzverzagter Zecker (?); Lindermayr 27. „Däs i' in 'rä Stadt än *örzverzaidä* Narr, ä Mudl-Maundl bin;" das. 141. „Zehant der lust erwindet und wirt verzaglich sin (Sinn) herfür genomen;" Labr. 227. „Verzagenlîch gedenken vil güter dinge wendet;" das. 236. Die Zaghait, ä. Sp., (mhd. zageheit, ahd. zagaheit; Graff V, 582. BM. III, 836), Verzagtheit. zêkern, (henneberg.) zur Zagheit oder Furcht geneigt sein; zêkerig, adj., zaghaft, verzagt, furchtsam. Zeitschr. II, 458.

„Zag," (nach dem Salzachkreisblatt v. 1813 und Hübner [338. 400. 983] im Pangau und Pinzgau) Zug-Ochs, auch Zugvieh überhaupt. Dagegen ist bey Heumann, opusc. 704, und in Nicolai's österr. Idioticon Zachvieh als Schlachtvieh erklärt. Ich verstehe weder das eine, noch das andere. Vrgl. allenfalls Zagelvieh und česk. tahaun, Zieher, Zugvieh (v. tah. Zug, Ziehen, tahati, ziehen. Zeitschr. VI, 347: Zägerl, kleine Fuhre).

Der Zagel, (nordfränk., nach Gramm. §. 482 zusammengezogen: Zäl, Zöl, Rhön: Zaəl, anderwärts ziemlich veraltet), a) der Haarbüschel am Schweif oder Schwanz eines Thieres; der Schwanz überhaupt; (mhd. zagel, ahd. zakal, zagal, agſ. tägel, engl. tail, isl. tagl, goth. tagl; Graff V, 626. BM. III, 839. Weigand, Wbch. II, 1118. Castelli, Wbch. 269: der *Zägl*, Schweif. Vilmar, heſſ. Wbch. 54; kurheſſ. Idiot. 464: Zâl, Zael. Zeitschr. I, 263. III, 15, (Quaste). 250,73. IV, 195. V, 39,26). „Wenne man den pfâwen schawt und in lobt, sô streckt er seinen zagel auf in ains halben kreizes weis und zaigt seins zagels schœne;" Konr. v. Megenberg f. 124, (Pfeiffer 213,9.10). „Ez ist auß daz sag ich dir nw daz vir man asen ein kw vnd ist nu worden als wir horen sagen daz sich zwelf an dem zagel můßen betragen;" Fris. 533, fol. ult°. Der richter soll „dem chlager (um ein streitiges Rind oder Pferd vorläufig) den schopf oder den zagel antworten," (übergeben); Rupr. v. Freyſ. Rechtbuch. „Die maid pflanzent sich so an mit schapeln, so mit tanczen, daß man sehe das sy vail seind, als der ein roß verchauft, der stricket im den zagel auf, so sicht man das es vail ist;" Br. Berchtolt, Cgm. 1119, f. 52^{a}. „Was visch zu marckt kömen, den sol man die zägel abslachen, wenn man sie vom marckt unverkauft tregt, die grün sein;" Cgm. 544, f. 47. „Peniculo (zagalihhan) infusum calamo porrexit acetum;" Denis, Codd. theol. I, I, 417. „Pox *zigls* willen!" (wol euphemistisch statt Zagels); Cgm. 929, f. 36. Oberbayr. Archiv VIII, 24. Vgl. Th. I, Sp. 416. Das Zagelvih, Rinder, Pferde. „Was ain yeder Abgestiffter sol nach jm auf dem Guet lassen, es sei Getraid, Häue, Zaglfich, Hennen und anders;" MB. VIII, 111. Vrgl. oben Zag. Das Zagelbain, Schwanzbein, Schwanzstück; (gl. i. 128: zagilbein, caudistrum). „Von allem Vieh, so unter der Metzg geschlachtet, das Brustbain und Zaglbain;" bayr. adeliche Familien, beschrieben 1626, herausgegeben 1798, p. 28. Das Zagelholz, Zälholz, (nordfr.) Wipfelholz, Überholz, Afterschlag. Das Zagelmaislein (Cgm. 312, f. 31), nordfränk. Zälmaise, parus caudatus, ein Vogel. Nemnich II, 868. Hunds-Zagel, Katzen-Zagel und drgl. noch als Namen von Kräutern üblich. 'Nemnich II, 155: Katzenzahl, Katzenzähl, hippuris vulgaris; auch für chara vulgaris und melampyrum arvense, das. I, 1000. II, 535.' „Chappenzagel, cuculla;" Semansh. 34, f. 194. Rübezal = Rübezagel, Krausschwanz? Stalder II, 285: rub, adj., kraus; Rubi, Mensch, Thier mit krausen Haaren. Der Säu-Zagel. 1) eigentlich; 2) Schimpfwort bey H. Sachs 1612: V, III, 18. 3) Rhön: Wirbelwind. Wetterau: *Säuzoal*, Wirbelwind, Windwirbel. Grimm, Mythol.^{2} p. 599. (cf. oben Sp. 950 und Th. III, Sp. 199). Der Strichzagel, (Höfer) ein Fisch, perca asper. b) figürlich, und ursprünglich wol wie das lat. penis hypokoristisch (cf. Th. III, Sp. 642 und Th. I, Sp. 731: Finger) virga virilis. Cgm. 92,6. 303,233. 589,157. 591,242. 261. 713,9. 4543,37. 74. Diut. II, 85. „Da het der ain seinen zagel gelegt auf ein halmstock und het im den selbes abgehawen von wetagen;" Cgm. 731, fol. 143. „Wiltu einen heilen dem der zagel we tut, so er in gestrupfet het;" s. Th. III, Sp. 818: strupfen. „Die auder an der vordern haut des zagels laz für die plestikeit und ungestirmkeit des leibes. Auf des zagels haupt laz für den wetagen der platern und poshait der nieren;" Aug. eccl. 76 (v. 1399), f. 116. Die Unholden (Hexen) bekennen, „das sie den mannen ire glide und gemecht das ist den zagel nemen (lemen?) das sej nit mogen;" Matth. v. Kemnat, Cbm. 1642, f. 135. „Gib muess deinen gelidern nicht so ist dir dein zagel enbicht;" Cim. 12715, f. 213, (s. Th. II, Sp. 1675: Mues). In Hirsfelders Ars memorandi (Cgm. 4413) stellt „ein Zagel" die Zahl 6 vor (f. 160. 163. 165. 166); „zwen widerwertig zagel" bilden die Zahl 96 (f. 169). Er kennt aber (fol. 155) auch noch den Ausdruck Zersch. Fehlerhaft steht Cgm. 662, f. 115 zagel für testiculus. Vrgl. zölen, verb., bey Stalder II, 477: auf die Begattung ausgehen, (von Hunden und verächtlich auch von Menschen). c) Phluoges-zagel, gl. o. 315: stiva, Pflugsterz; engl. plough-tail.

zageln (zàgln), auch zägeln, zegeln, a) wedeln, 230
schwänzeln. „Die hundt wenzegelten mit den schwenzen;" H. Sachs 1612: II, III, 243. s. oben, Sp. 947: wende-zageln. „Daz hundel (Petitcriu) weibezegelte gein Isôten;" Heinrich's Tristan 4573. s. oben, Sp. 829: waiben und vgl. BM. III, 840, auch 550 f.: zagelweiben. b) (O.Pf., Schllr.) scharren, abscharren. c) zappeln, in Noth, unter Mühe und Arbeit so fort *zägln*, sich abzageln.

„Zageln," plur., (Zillerthal, B. v. Moll) Art Würmer, die sich auf dem Sauerkraut zeigen, wenn es nicht fleißig gereinigt wird.

Der Schach-zagel, a) Schachspiel, — wol entstellt aus Schach-zabel; s. oben, Sp. 1071. b) Damenspiel. „Alea, spilpret vel Schachzagel;" gl. a. 742. c) (b. O.L.) Schafzagel, das Mühlenspiel. schafzageln, verb. Dasselbe ist wol auch schafzaln in Gem. Regensb. Chr. II, 301. Daselbst kommt III, 202, ad 1452 auch ein Sponzagel-spil vor, das von den Spänchen, die man beym Mühlenspiel braucht, den Namen haben kann. Sieh Schach, Zabel und Schafzagel, Th. III, Sp. 383.

Zager. Künig Ott führte auf seiner Flucht an der Seite das ungarische Zepter und Schwert in einem Gefäß, „das was geleich ainem chocher zu ainem pogen, mit Zager überzogen;" Horneck c. 749, S. 749^{b}. Wol eine Art Leder, Chagrin? Doch soll dafür sonst Zapp (w. m. s.) üblich seyn. Oder von einem ungarischen Schaf Zackel? 'Nemnich II, 826: Zackel, Zickelschaf, walachisches Schaf, ovis strepsiceros.' s. Th. II, Sp. 1369: Krimmer.

zägern (zágá'n), locken. Bald *zágát* án der und bald der;" Schosser 19.

zaigen (zaəgng, o.pf. zàigng), wie hchd. zeigen; (mhd. zeigen, ahd. zeigôn; vermuthlich nach Gramm. §. 956, VI. zum Ablautverb zeihen, zîhan gehörig. Graff V, 589. BM. III, 866. Weigand, Wbch. II, 1129. Grimm I^{3}, 226). „Bey dir braucht ma koan Plodersam, du verstehst das *Zoagen* wol;" Hübner 394. '(hieher?).' Einem 's ABC, 's Lesen, 's Schreiben ꝛc. zaigen, ihn darin unterweisen. (Mahnt sehr an das agſ. tæcan, engl. to teach und selbst docere. Vgl. auch nieder. *tonen* aus toghenen für toghen. BM. III, 948. Grimm, Reinh. p. 289,1125. Zeitschr. II, 266,10. III, 382. IV, 439,76). Sich auszaigen, sich ausweisen. Grimm, Wbch. I, 1025. Sich derzaigen, den Anschein haben, sich anlassen. Hiat si recht schö˜ *də'zaəgt*, is do' nicks draus wor'n. Der Zaig, Anzaig, die Anzeige, Angabe. „Nach Zaig des Briefs." „Gwisen Anzaig haben," certis indiciis teneri; Voc. v. 1618. Das Anzaiglein (A˜zaəgl), Anzeige, Anzeichen. Dés is scho˜ widər ən *A˜zaəgl*, dás 'Krankət widəʳ kümt. Der Zaigel (Zaəgl), a) der Zeiger, besonders das Zeichen an einem Hause, daß da Bier ausgeschenkt werde; (zaigel, index; Diut. III, 148). b) Die Drille am Spinnrad, woran die Spule läuft. Der Zaiger, Zeiger, Zeigefinger, (Zeitschr. V, 235); Griffel, womit Kinder auf die Buchstaben zeigen.

1) Der, auch wol das Zeug (Zoig, Zuig), im Ganzen wie hchd.; (mhd. der ziuc, der und daz geziuc, daz geziuge, ahd. giziuc, plur. giziugi, sumptus, impendium, apparatus, instrumentum, suppellex, vas.

Die Vorsylbe scheint nach Gramm. §. 214. 485 abgefallen, wie in Baur aus giburo ꝛc. Graff V, 611 f. BM. III, 917. Weigand, Wbch. II, 1137). a) Mittel, Vorrichtung, womit man etwas macht, verrichtet. Arbeits-, Handwerks- ꝛc. Zeug. In der Zeughütten heben die Bauleute (Maurer, Zimmerleute) ihren Zeug auf. Im Kriegshandwerk Rüstung und Waffen aller Art, vor wie nach dem Gebrauch des Schießpulvers. A°. 1456 schickt (nach Gem. Reg. Chron. III, 248) der Kaiser nach Regensburg um Büchsenmaister, die aus großem und
231 klainem Zeug zu schießen bericht wären. Der Zeugdiener, die Zeughallen (wirzb. Artillerie-Artikel), das Zeughaus, der Zeugschreiber, der Zeugwagen, Zeugwart — und über alle der Zeugmaister, nemlich der Hauszeugmaister, der die Aufsicht über ein Zeughaus hat, verschieden vom Feldzeugmaister oder Befehlshaber der Artillerie im Felde. Fronsperger v. 1555, fol. XXV. „Gewarnt will ich dich haben, lieber Pürenmaister,“ sagt der Verfasser des Fewrbuchs v. 1591, „daß du deinem Zeugmaister bey deinen kayserlichen Freyhaitten mer als deinem Feldtherren gehorsamb sein wöllest, und gar khain schuß ohnne sein wissen und willen thuen bey leibsstraf — dann er in dem feldt oder Besatzung der oberest ist.“ „Sic ambo (Turnierer) prodeunt ad stramentum atque descendunt in arenam in veteri armatura quam germani altam vocant: in dem alten hohen teutschen zeug;“ P. Hector Mair's Fechtbuch, Cod. iconogr. 393, II, f. 95 (mit Gemälde). Figürlich galt der Zeug für die Gerüsteten, Gewaffneten selbst, und steht im deutschen Vegetius v. 1529 regelmäßig für exercitus; z. B. lib. II, cap. 1—3. III, 1. 2 ꝛc. Der römische Zeug. Den Zeug erschlaagen, prostrare exercitum. Im Zeug, in exercitu. Gesuntheit des Zeugs. Den Zeug der waffen unterweisen, armis erudire exercitum etc. Der raisige Zeug, equitatus (III, 27). Der Fueß-Zeug, peditatus (II, 1). Einen Zeug mit gewappenten Schiffen fueren, exercitum armatis classibus vehere (IV, 38). Zeuglich üben, in armis exercere (II, 2). Körperliches Organ: Der *Milizuig*, Euter, auch wol Brüste. 's Deənál hàt ə˜n saubə'n *Zoig*. Schon gl. a. 268: giziugi, genitalia. `„Daz diu selb slang halsâdern und andern gezeug hab gehabt in dem hals und in dem houpt sam ain mensch;“ Konr. v. Megenberg, Pfeiffer 271,1. „An den mannen, die maiden sint und ir gezeug (testiculi) niht habent;“ das. 7,30. „Daz ain man beraubet wird seiner gezeuglein;“ das. 12,25.´ „Diu zwai gezeuglein an den mannen;“ das. 20,7 (f. 12ᵇ). `Ebenso das. 30,24.27.32.34. 40,3.1. 52,29.32.33. 196,21. 197,28 (gezeugel). 358,16.´ „Ein Maden oder Kapaun, ein Mann der seines Gezeugs nit hat;“ Voc. v. 1482. In Talhoffer's Fechtbuch Fig. 248 faßt die Frau den Mann, den sie der Nothzucht geziehen, im gerichtlichen Zweykampf „by dem hals und by sinem Züg.“ b) Stoff, welcher dient, etwas daraus zu machen, z. B. dem Bäcker und der Hausmutter der Taig (Knedel-Zeug, Nudel-Zeug), dem Maurer der Mörtel, dem Papiermacher die Lumpen, dem Feuerwerker (v. 1591) das Pulver, jedem ehrlichen Deutschen das, woraus sich ein Stück Kleid machen läßt. Zeitschr. IV, 224. Dem Pinzger gibt ein gewisses Quantum Milch 2 Pfund Butter und 4 Pfund weißes Zeug (Käse und Schotten). Beschr. v. O.Pzg. 1786, p. 88. 90. c) Ding, Sache überhaupt. So is dəᶜ *Zuig*, so steht die Sache. „O Himmel gib uns Glück, daß dös Zuig werd erfüllt;“ Gruß der Tirolergemeinde Hötting an den Kronprinzen Ludwig v. Bayern,' v. 30. Oct. 1810. R.A.: Beym Zeug seyn, im Stande seyn. Etwas zem Zeug bringen, es zu Stande bringen. Er is no˜ ə˜·Mà˜ bə'n *Zeug*, er hat noch Manneskraft. `Was das Zeug hält, mit größter Anstrengung, aus Leibeskräften; Zeitschr. III, 280,57.´ `d) Besitzthum; Zeitschr. III, 271,10. IV, 224. Vgl. Th. III, Sp. 210: Sach.´

zeugen, erzeugen im hchd. Sinn ist unvolksüblich, und wird, wo es angeht, durch das weiter abgeleitete, gemeinere zügeln ersetzt. N.ch Seb. Frank 1601, f. 15) „zeugt kein Rapp kein Zeislin aus,“ — wo zeugt statt zeucht, zieht stehen mag. „Weinwachs zeugen.“ Av. Chr. 34. Doch braucht schon das Augsb. Stdtb. Freyb. p. 18. 30 ziugen, lînwât erziugen. Davon im Cgm. 544, fol. 54 der Lodzeug, Lodweber. Öfter steht erziugen, dem alten giziugi, sumptus, expensae, entsprechend, für comparare, anschaffen, bestreiten. Köstliche Kleider ꝛc. erziugen. Wigalois 8312. Nibelun- 232
gen 779,:. Bey Christoph Schmid p. 547: bezeugen. Wenn in den Codd. palatin. 24. 113 und 114 (Wilken p. 318 und 348) steht, daß die Pfalzgräfin Elisabeth und Hermann von Fritzlar diese Bücher „hab gezuoget, gezuget,“ so will dieß wol sagen, daß sie selbe auf ihre Kosten haben machen oder schreiben lassen? (oder ist es verschrieben für gezechet?). In ähnlichem Sinne steht zeugen, erzeugen für rüsten, ausrüsten. „Jorg Schambock zu Thumstauf zeugt an Armbrost 63, Puchsenschützen 33, Helmparten 54, Altspieser 18;“ Muster-Register v. 1492. „Gezeuget, armatus;“ Vegetius II, 6. „Geraisige Knecht wol erzeugt mit Pferden, Harnasch und Wer;“ Kr. Lhdl. V, 384. VII, 238. 241. VIII, 411. IX, 477. XII, 104. BM. III, 919 f.: ziugen, erziugen, verfertigen, anschaffen; cf. isl. tya, parare. In dieser Bedeutung stimmt unser Verb gewissermaßen zu zechen, zauen und zaffen, obschon sich die Formen schwerlich unter einen Hut bringen lassen.

2) Der Zeug, Gezeug (Zoig, Zuig, Gezuig), des, dem, den, die Zeugen, Gezeugen, auch wol schon im Nom. sing. der Zeugen, (Zuigng, Záigng), a) wie hchd. Zeuge; (mhd. ziuge; BM. III, 919. Weigand, Wbch. II, 1138). Münch. StR., Art. 85. 86. „Alle die der vater nennet ze zeuge;“ K. Fridrichs II. Landfrid, Cod. S. Nicolai 95, col. 1, lin. 20. I màg dər kaə˜n *Zuigng, Gezuigng* à'gébm. In äquivokem Scherz: *Zuig* und Untəᶜfuədəᶜ. b) (ä. Sp.) der gezeug, geziuc, zeug, ziuc, des gezeuges, geziuges — plur. gezeuge, geziuge, zeug·, zeuk·, (mitunter auch schon wie a). α) Zeuge, testis; (mhd. geziuc, geziuge; BM. III, 917,5. 919). „Diu wârheit darf geziuges niht, die man hœret, grîfet unde siht;“ Vrîdanc 115,26. „Sich Zeugs vermeßen,“ auf einen Zeugen provocieren; Cgm. 27, Art. 88. Ainen Zeug ertailen, Zeug ertailen, Zeugen ertailen Einem, gerichtlich darauf erkennen, daß er einen oder mehrere Zeugen stelle; Cgm. 27, Art. 84. 86. Ainen Zeug laiten, Zeug laiten (Heumann, opusc. 66. 68. 71. 98), Zeugen laiten (tir. L.O. v. 1603, f. 25), einen oder mehrere Zeugen producieren. „Als sich ein herre gezeuges vermisset gen seinem manne, den sol er nennen, vnd wen er genennet, den sol er layten, vnd niemen anders. Wen der man dem herren benennet ze gezeuge, den sol der herre twingen auf den tag;“ Cgm. 553, f. 98ᶜ. „Swen di geziug ir sag gesagt habent.“ β) testimonium, Zeugschaft, Zeugniß. „Ze geziuge zôch er si alle;“ Iwein 7664. „Der liute geziuc (testimonia) und urchunde emphahen;“ Predigten sec. XII.—XIII., Fragm. (Dr. K. Roth). Im L.R. v. 1346, Tit. XXV, (Heumann, opusc. 133—141 und an andern Stellen, z. B. 66. 68. 71. 98. 128) läßt sich der Gezeug, der Zeug bald als testis, bald als testimonium nehmen. Ohne Zweifel ist die Bedeutung α (testis) erst figürlich aus der Bedeut. β (testimonium) geflossen; (vrgl. ital. testimonio, franz. témoin, barb.-lat. testimonia: suas testimonias, portug. testemunha, f., Zeuge, neben testemunho, m., Zeugniß. Ribeiro I, I, 206, ad 1011. Vrgl. auch engl. witneſs, testis, agſ. vitneſs, teſtimonium, neben vita, gevita, testis, conscius, von vitan, videre, novisse, ahd. giwizo, testis, giwiznessi, testimonium, Tatian: urchundi, giuuizscaf, goth. weit-wods, testis; cf. slaw. wedu, wodjim. Vgl. auch kärnt. svedók, Mit-wisser, v. vèd-eti, wissen; Jarnik 43. Grimm, RA. 857. 858). Für diese letztere Bed. findet sich gl. a. 195 der Plural caziugi, argumenta, womit wol auch gl. a. 618. 646, o. 142. 261. 270

scrib-giziuc, Handfeste, cautio, scriptio, als Species zusammenhängt. Noch im Rechtb. v. 1346 (Heumann, opusc. 135. 140) handelt der erste Artikel des 25. Titels „umb ziuc und urkunde oder brief und hantvest." Diesem zufolge könnte man das deutsche Wort sogar für ein
233 dem lat. instrumentum (gl. i. 696 steht scrib-giziug für pugillares, also Schreib-Instrument im gewöhnlichen Sinne) analog gebildetes, und die Stämme Zeug 1) und 2), welche jedenfalls zuletzt in ziehen zusammentreffen (Schwabenspiegel, Lehenrecht, Laßb. §. 69: „Der man ziehe des geziuge, die daz hœren") auch ohne Hinsicht auf das Beyziehen, das per aurem trahere, z. B. MB. XXV, 114 (cf. Mone's Anzeiger v. 1835, S. 151. Kärnt. prizha, Zeuge, von pri und t'zha meint Jarnik p. 113 und erinnert an „testes per aurem attracti; prizhati, zeugen, bezeugen, t'zhati, stecken, haften, tikati, zu stecken pflegen, tekniti, stecken) für ganz und gar identisch halten. Vrgl. Grimm, R.A. 857. „Instrumentorum nomine ea omnia accipienda sunt, quibus causa instrui potest et iō (non?) tam testimonia quam persone instrumentorum loco habeantur;" Clm. 4570 (XII. sec.), f. 241. „De testibus," gleich darauf: „de instrumentis legalibus;" Isidor. orig. V, 23.24. Joh. Cassianus beginnt die Instituta patrum: „Veteris instrumenti (statt testamenti) narrat historia."

zeugen, verstärkend: gezeugen, ä. Sp., wie hchd. zeugen, beweisen; (mhd. ziugen, geziugen, BM. III, 919; ahd. gaziugôn, declarare, explicare, das Graff V, 614 auf zaugjan, altſ. tôgian, zeigen, stützt). erzeugen, beweisen durch Zeugen; L.R. 1616, f. 214. „Den Frid bestäten und erzeugen mit zweyen, die den Frid gemacht haben;" Kr. Lhdl. XII, 104. „Eine Schuld auf Einen erzeugen;" L.R. v. 1346. „Ich erziuge dise geschicht;" Iwein 1069; cf. 1527. „Ich erziug ez mit dem golde;" Nibelungen 790,2. „Dô gab ich ir versigelt ein membran ... darmit sie ez erziugen solte;" Labr. 204. überzeugen, durch Zeugen überführen. Kr. Lhdl. VII, 324. Diese ursprüngliche Bedeutung ist jetzt durch die figürliche ziemlich verdunkelt.

-zig, in zwain-zig, drei-ßig (Gramm. p. 19, Note), vier-zig ꝛc. wird gewöhnlich in z'g entstellt: zwaənz'g, dreiſsg, viərz'g etc., zwaənzgé, dreiſsgé, vierzgé, də' zwaənzgəſt, dreiſsgəſt, viərzgəſt. Früher lautete dieses Zahlwort -zeg, mhd. -zec, in der ahd. Sp. aber -zug, -zuc, -zog, -zoc und -zo, hingegen schon im Gothischen tigus (Subst. masc.) δέκας, wofür sich in einigen Fällen auch ein Subst. fem. têvs oder têva zeigt; (Graff V, 624. 625. BM. III, 857). „Daz er sider hien werlte was vierzog taga unte vierzog nahta ... daz er des fierzegosten tages ze himele furt;" Clm. 4636 (XII. sec. 8°), f. 107. Es scheint, daß in der frühesten ahd. Sp., wenigstens noch beym Übersetzer Isidors, -zuc nur für die fünf letzten Zehner der ersten Hälfte des Duodecimal-Hunderts (vrgl. Th. I, Sp. 626 f. und Th. II, Sp. 1129), für die der zweiten aber zo gebraucht worden sey, da sich auch im Gothischen, Angel- und Altsächsischen eine generische Verschiedenheit der Benennung der Zahlen 20 bis 60 von der der übrigen darbietet. (Vrgl. Grimm, in den Wiener Jahrbüchern d. L. v. 1835, p. 44). Die Methode der Nordfranzosen, ihre Benennungen für 70 bis 100 aus addierten dix und multiplicierten vingts zu bilden (in franz. Mss. finden sich die Zahlen 80, 120, 140, 160 geradezu durch

$$\frac{XX}{IV} \cdot \frac{XX}{VI} \cdot \frac{XX}{VII} \cdot \frac{XX}{VIII} \cdot \text{ꝛc. bezeichnet;}$$

ebenso auch in Mss. aus Italien, z. B. Clm. 767: $\frac{XX}{\text{iiii xij}}$ für 92. Clm. 768, f. 81) erlaubt schwerlich, auf germanischen Einfluß zu schließen, da auch an den Pyrenäen, im Baskischen alle decimalen Benennungen schon von 20 an aus denen für zehn und zwanzig zusammengesetzt werden, und andrerseits im Dänischen dieselbe Liebhaberey, mittels halb, doppelt, dreifach ꝛc. genommener Zwanzige zu zählen, auch schon mit 50 anfängt. Doch sagt der Norweger femti statt des unbequemen halvtredìesindstyve.

Der Zig, Bezig, Beizig, sieh zeihen.

Die Zige, nemlich das hchd. Ziege (mhd. zige, ahd. ziga; Graff V, 599. BM. III, 877. Weigand, Wbch. II, 1139), ist unvolksüblich; sieh Gaiß. Vilmar, kurhess. Idiot. 468 f. Zeitschr. III, 498. IV, 311. „Capra zign oder gays;" gl. o. 405. Gl. o. 307 ist für „ziega, capella, ciegelin, hoedus, wol zu lesen ziega, zicgelin. Rhön: „zekke," junge Geiß, Zicklein (s. d. W.)

Die Zigen, Föhre; sieh Zihen.

Der Ziger, (O.L.) die festere, aus den geronnenen Molken gewonnene Masse, Topfen; (Graff V, 631. BM. III, 877. Zeitschr. V, 487. Grimm, Gesch. d. d. Spr. 1006. 1013. Ob daraus das slaw. sir, Käse, česk. segr, d. h. sejr, kärnt. siriti, laaben? (Jarnik p. 123). Wol eher aus seracium ꝛc. cf. Th. II, Sp. 1396: Quark aus slaw. twaroh. Vgl. oberlausitz. zydyr, Käse von süßer Milch). „Ein cygern von mandel Wilt du machen ein cyger von mandeln," (nachher: „einen kese von mandeln"); Kochbuch im Wirzburger Codex, Bibliothek des litterar. Ver. in Stuttgart, IX. Publ. p. 22,71. „Ziger, seracium;" Voc. Archon. „Ziger, serocinium;" Aug. S. Ulr. 50, f. 2. Clm. 4350 (XIV. sec.), f. 2ᵃ. Diefenbach 529ᵃ, nov. glossar. p. 336. Im Cgm. 17, f. 213 steht bey butyrum in Deuteronom. 32,14: 234
„die cigeren, buttiren, anchsmere." „Daz guot gilt (gültet) ein cigern;" Urk. v. 1287, Gesch. Fr. II, 77. „Ciger phenninga," Abgabe ans Kloster Lucern (1307); Gesch. Fr. I, 380. 172. „Er sol geben einest in dem jare ein stier der zituang ist und einen zinszigern;" Engelberger Hofrodel, Engelberg im XII. u. XIII. Jahrh., S. 13, (auch abgedruckt in Grimm's Weisthümern I, p. 2. (S. auch das. p. 4'). Vrgl. Stalder II, 473.

Das Zigett (◡ –), Zigett-spil, sphaeromachia, „Polemail-Spil. Voc. v. 1735. Zigett-Löffel, tudicula. Zigett-Bengel, flagellum. Zigett-Platz, sphaeristerium. zigetten, zigett-schießen, verb., auf einer langen, schmalen, hölzernen Tafel eine damenbrettsteinähnliche Metallplatte fortstoßen. Ein weiland besonders in Klöstern übliches, später vom Billard verdrängtes, dem Eisschießen ähnliches Spiel. Das Wort hat jedenfalls das Ansehen eines Fremdlings. Ich finde aber nirgends etwas entsprechendes. Einigen Anklang böte das franz. chique f., Schusser, Schnellkügelchen. Denkbarer wäre eine Anspielung auf das im Jahr 1566 von Zrinyi heldenmüthig vertheidigte „Ziget" (Sziget) in Ungarn. (Vgl. das neuere Schumla als Spiel.)

Der Zigeuner, wie hchd.; (perſ. zengi, türk. tschingane, ungar. tzigany, poln., ruſſ. cygan, ital. zingaro, zingano. Weigand, Wbch. II, 1143. „Ein alte ziganke;" (schles., sec. XVII.) Gierth's Tagebuch p. 40. Weinhold, schles. Wbch p. 109. Zeitschr. V, 509, II, 10: siebenb. Zegûn) Eine Münchner Stadtkammer-Rechnung v. 1418 besagt: „15 fl. haben wir geben den Zigeunern an Geld, Brod, Fleisch und Wein ihrem Herzog, ihren Weibern und Kindern durch unser lieben Frawen Ehre." Item 1426: „Brod und Wein, das man durch Gottes Willen schuf dem armen Volk, den Zigeunern und ihrem Herzog aus Klein Aegypten mit guten Briefen und des Pabstes Bulle;" Eos v. 1832, p. 856. Auch in die Schweiz kamen um diese Zeit die ersten, wie man annimmt, vor Tamerlan flüchtigen Zigeuner. Sieh Stumpf ad 1418, Wurstisen ad 1422. Ueber die Zigeuner bey Regensburg a°. 1424 s. Clm. 903, f. 245, wobey auch ein Schutzbrief K. Sigmunds v. 1423, (ihrem Herzog) Ladislaus Waiwoda gegeben, in extenso. In Scheßlitz (Franken) erschienen sie, wol nicht zum ersten Mal, 1463. Man gab ihnen 7 Pfund zur Schankung, darum daß sie von Stund an hinwegschieden und die Gemeinde unbeschädigt ließen. Haas, Nachrichten S. 13. 14.

Zigeuner zu Traunstein 1646; Cgm. 3636, f. 614ᵃ. „Nonnullae fatuae mulieres exhibent quibusdam vagis hominibus qui cigani nominantur manus ad divinandum eis futura;" Ben. 207, f. 16ᵇ (v. 1460). „Die zu den zigeinern geent und lassen in die hend sechen, ob si reich oder arm werden und ob si chindel tragen oder nit, als haimleich swanger iunkfrawen;" Cgm. 632, f. 7. cf. Grimm, Mythol. LXV. „Sie haben gestalt wie die Zigeuner, die in unsern landen umbziehen. Sie füerten auch zigeunerisch wesen mit stelen und dergleichen;" Gabriel Tetzel in Leo's v. Rožmital Reise in den J. 1466 - 68, Cgm. 1279, f. 152. 171, Bibliothek des literar. Ver. in Stuttgart, VII, p. 189; cf. p. 170. 175. Mit dem obigen angeblichen Klein Aegypten hängt vermuthlich zusammen der Name Γύφτης, Egyptien, gitano, gipsy, den diese Leute in Griechenland, Frankreich, Spanien und England erhalten (Müller, etymol. Wbch. d. engl. Spr. I, 445), während sie in Syrien Kurbad, in Persien Kauly oder auch Sisech Hindu (schwarze Indier), in Indien Nath oder Corewas heißen, sie selbst aber in ihrem indischen Dialekt sich Ro⁻⁻many, Romas (Leute κατ' ἐξοχήν), auch Kola (schwarze) und Sinte (cf. Sind, Indus) nennen. Die Clementiner in Syrmien, albanesisch sprechend, nennen den Zigeuner Madjub. Ungarisches Magazin, Bd. I, S. 85. „Singarli-Yesiden hörte Rich in El Kosh stets Zinghari nennen;" Mor. Wagner: die Yesiden ꝛc. Allgem. Ztng 1851, Beilage S. 5820. In Niederdeutschland und Schweden heißt der Zigeuner Tater, Tatare; Kilian nennt sie Heyd-lieden. Woher der französische Name Bohémien für den Zigeuner? In Böhmen selbst heißt er cikán; (das česk. těkaun, Herumstreicher, wäre sonst eine gute Etymologie). In Hannover habe man früher von den Zigeunern gesagt, sie reden böhmisch. Kohl, hundert Tage I, 43. Im französischen argot (Gaunersprache) ist cigogne = Bohémien (Zigeuner). Allgem. Zeitung 1838, 19. May, außerord. Beilage S. 1057: Embéo e Majaró Lucas, brotoboro randado andré la chipe griega, acána chibado andré o Romanó, o chipe es Rincales de Sesé — El Evangelio segun S. Lucas, traducido al Romaní o dialecto de los Gitanos de España. En Madrid 1837. 177 Seiten kl. 8'. Von George Barrow, Agenten der englichen Bibelgesellschaft; nur in sehr geringer Auflage. Diese Sprache, ganz verschieden von der Germanía oder dem spanischen Rotwelsch, sey eine Art Sanskrit. Sie seyen Ägyptier der Hirtenklasse, meint auch Samuel Roberts in seinem Buche: The Gipsies, their origine ꝛc. as clearly fortold in the prophecies of Jesaiah, Jeremiah and Ezechiel. London 1836. En 1718 chegárão degradadas na Bahia varias familias de Ciganos. Accioli, memorias da Bahia I, p. 153. Über die Zigeuner in der Moldau und Walachey steht viel Interessantes im Berliner Magazin für die Litteratur des Auslandes, 1837, p. 521. 528. Über die Zigeuner (Kjeltring:er) in Dänemark s. Brockhaus' Blätter f. lierar. Unterhaltung, 1838, p. 287. Mr. Crabb, ein Geistlicher in Hill bey Southhampton, um die Zigeuner verdient, schätzt ihre Zahl in England und Schottland auf 18000, in andern Theilen der Welt auf 700,000. Allgem. Zeitung v. 1839, 8. Februar. Mich. v. Kogalnitchan, mit Zusätzen von Casca (1840), sagt, es gebe 600,000 Zigeunerseelen. Paul Bataillard, de l'apparition et de la dispersion des Bohémiens en Europe. Bibliothèque de l'école des chartes, tome V. cf. Graffunder, Sprache der Zigeuner, 1835. Bopp, Berliner Jahrb. 1836, p. 38. 39 Ausland, Jhrg. 1836, p. 1034. 1094. Alphons Lasor a Vara (1723) II, 685 mit Litteratur und 4 Kupferscenen. Scheint, das Land und Volk der Szekler, p. 144. Das Zigeunerkraut, (Gebirg) trifolium melilotus fl. coerulea, bei Nemnich II, 1478 und Durheim, schweiz. Pflanzen Idiot. 50: Ziegerkraut, Ziegerklee, Schabziegerklee; dagegen Nemnich II, 475 und 479, Durheim 48: lycopodium clavatum und lycopus europaeus Zigeunerkraut, Drudenfuß.' zigeunern, umherschweifen, streunen.' Do' Dumm'lón' wa'e's woll or allawál ummazigeun'ə't; (ObrM.).

„Zigwer pticipium, zigwerpaum pticipius." Clm. 4350 (XIV. sec.), f. 2.

Der Ziegel (Ziəgl, o.pf. Zéigl, Rhön: die Zegel), wie hchd., jedoch meist als Backstein überhaupt genommen; (mhd. ziegel, ahd. ziagal, later sowohl, als imbrex. Graff V, 626. BM. III, 874. Weigand, Wbch. II, 1139). Die Kunst, Ziegel zu brennen, sey in Deutschland völlig verloren gegangen gewesen, bis im X. Jahrh. Bernward von Altach, Bischof zu Hildesheim, sie wieder ins Leben gerufen habe. Vor seiner Zeit seien alle Kirchen mit Schindeln gedeckt gewesen. Mone's Anzeiger v. 1837, Sp. 97. „Außziegl," projectura, Gesims, Ausladung an 225
Gebäuden; Voc. v. 1618. Sauziegel, eine Art Ziegel; (Zir.). Der Ziegler, die Zieglerey, der Ziegelstadel, die Ziegelstatt, (tuilerie). Der Ziegelmaister, laterator; MB. XI, 374, ad 1298. „Hans Swan hat uns fürpracht, wie daß er ein Silberärtzt in der Lamm gefunden hab, und uns deß ainem Ziglstain (ainen Zaiglstain?) bracht;" MB. II, 94, ad 1463. Ziegelöl als Arzney; Cgm. 3721, f. 149. Ziegelöl zu machen; Furstenf. 121, f. 173. Prüf. 26, f. 70ᵇ. ZZ. 2110, f. 74. 'zieglein, ä. Sp., adj., (nach mhd. ziegelîn).' „Die zieglein kirchen oder latron" (Lateran) in Rom; 'Niclas Muffel, von dem Ablaß und den heil. Stätten zu Rom (1452),' Cgm. 1279, f. 88.

zogen Einen, (ä. Sp.) ihn ziehen, zerren, übel, gewaltsam behandeln; (mhd. zogen, ahd. zogôn; Graff V, 620. BM. III, 935. Vilmar, kurhess. Idiot. 472). „Ziehen unde zogen," (wie strîchen unde streichen, blîchen unde bleichen, 14322. 17542), Tristan 18386. cf. Walther 104,15: „Wâ mit er mich nu zoget," (hinhält). Sieh ziehen. Sifrîd „zogte" den Zwerg Alberich „bî dem barte;" Nibelungen 466,2; (cf. ndrs. har-tagen). „Er zogete mich vil unpillich," (klagt Putiphars Frau über Joseph); Diut. III, 95. nötzogen Eine; BM. III, 937. „Ein tyrannus, ein wuetreich, der ist gleich einem mann, dem man auf trew ein magt enphilicht und notzogt die selb;" Cgm. 1113, fol. 92. „Wer frawen oder junckfrawen notzogt;" 11. Artikel der erclärten Landsfreyheit v. 1514. (In der v. 1516 steht: notzwingt). „Wie ein weibspild, die genotzogt ist, sich halten vnd clagen mug;" Ref. L.R. fol. 77. „Sew sprach ... da wolt er mich genachzogt (?) haben;" Gesta Romanor., Cgm. 54, f. 55ᵇ (Keller p. 107). „O we, liber her, nu notzoget man doch ein frewlein auf dem veld daz ist doch über iren danck;" (Br. Berhtolt?), Ebersb. 58, f. 110. „ginotzogota, deviginavit;" gl. i. 348. Der, die (?) Notzog. „Lucretiä Notzog machte, daß von der Zeit kein König zu Rom sein mußte;" Seb. Frank. In Lori's Berg:R. p. 53 steht notzag, — ob oppressio oder oppressor? BM. III, 935. 'Der Bezog, ä. Sp., Unterfutter; (mhd. bezoc; BM. III, 933).' „Von fremder vische hiuten bezoc wol getân, die dacten si mit sîden, so si si solden tragen;" Nibelungen 354,1 und Lachmann's Anmerk. „Nâch der pfelle mâze, die man ze hove truoc, bezoge vil rîche, der gap man dâ genuoc;" Gudrun (hg. v. Vollmer) 302,2. „An den liehten pfellen von maneger vische hût bezoge wâren drunder;" das. 1327,2. Sich zogen, sich ziehen, wegbegeben. Trist. 18411. 'Der Gezog, ä. Sp, Hader mit Thätlichkeiten; Vilmar, kurhess. Idiot. 472. zoglich, adv.; ebendas. s. d. f. W.'

zogen, verb. n., (ä. Sp., besonders von Mehrern, und zumeist von Kriegsleuten), reisen, ziehen (Wolfram, Horneck, Suchenwirt ꝛc.), schwed. tåga, marschieren. Nach einem handschriftlich aus dem Allgäu mitgetheilten „zocken, reisen" wird das Wort wol noch im Leben seyn. Dafür spricht auch das pinzgauerische „zogeln, zugeln, gehen." Vgl. zeckern, zöckern, ausziehen. „Doch wil ich und fraw politan wider hain zu hawse zogen;" Salomon und Moroff, Cgm. 579, f. 9. „Wir sullen ouch uf die vorgenanten herren und fürsten noch uf iren laut nicht zogen ze schaden;" Urk v. 1325, Kurz Östr. unt. Fr. d. Sch. p. 479. „Solten toren und weise leute gen einander zogen mit zwein panyrn auf ein velt;" Renner 17402. „Do Balach horte daz daz volk von Israel wolte im zogen durch sin lant;" Griesh. Pred. II, 129. Das Gezog, mhd. gezoc, Zug, Gefolge von Menschen, besonders Bewaffneten. BM. III, 934. Parcifal 339,17. 352,11. „Swaz des gezoges alles sî, dâ er ein dorf mit überkumt;" S. Helbling I, 593. 'alzoges, adverb. Genit., in einem Zug, in einem fort, durchaus: BM. III, 933.' cf. holl. altoes, altoos, immer. „Alzoges, alanch, omnino;" Cgm. 17, f. 221ᵇ. Adam war nach Abels Tod „mit laide und mit sere so harte bivangen daz er von dannen alzogis sinen chonen mait;" Anegenge, Hahn 21,31. „Iz was in alzoges verboten;" Diemer, Ged. 41,10. zogen, ä. Sp., eilen; vgl. zauen. „Wille (der Hund) wol ze iagen snelle zoget," (gereimt auf „toget" = touget); Labr. 157. „Die boten zogten sêre;" Nibelungen 710,1. Gewöhnlich: mir zoget eines Dinges, (ä. Sp.) ich habe damit Eile. BM. III, 936, II. „In zogte wol ir verte;" Nib. 681,3. „Daz in sô übel zogte, daz hôrte man dô klagen die Kriemhilde recken;" das. 1261,2. „Dô liezen s in der dienste zogen deste baz;" das. 1589,3. „Zoget iuwer! (supple: verte? cf. Grimm, Gramm. IV, 35. 943); Helmbr. 1738. Vgl. ziegts enk! „Do was den herren (den 3 Königen) so gezoget, daz si wol entwichen wâren, daz er (Herodes) nien mohte ire gevâren;" Wernh. Maria 224.

Der Her-zog, (mhd. herzoge, ahd. herizoho), sieh Th. II, Sp. 1150. Herzogriche, gl. o. 260, herzogentuom, gl. o. 339, ducatus. „Herzogische schützung;" Raitenb. 166, f. 135. Der maidzog, Cgm. 273, f. 83; maidegezog, Cgm. 714, f. 78; meizoge, Nibel. 1899,1. Haupt's Zeitschr. VIII, 551,41. 572,746. magezoge, gl. o. 257; magazogo, magazoho, gl. i. 123. 132 ꝛc. nutritor, paedagogus; magazoha, gl. i. 236, gerula, nutrix. BM. III, 935.

zogeln, (Truckenbrod, Nürnberg) Zoten reißen, unflätige Reden führen.

236 zögern (zégə'n), a) (U.L.) ohne Zweck hin und her gehen, herumziehen. *Zégəs't* (d' Sach) widər é˜'n ganz'n Hass umənandə' wiə 'Katz iəré Gungə˜; ObrM. b) wie hchd., d. h. zaudern. Weigand, Wbch. II, 1151.

zœgeln (falls ja das zêigln, zêihhln des b. W. nach Gramm. §. 353 zur Aufstellung solcher Form berechtigt; vrgl. §. 310. 388), „die Augen auf etwas richten;" *hi˜zêikl·n* áf d Kêichál, spitzig hinschauen; ObrM. Vergleichbar wäre das für zeigen, zaigen geltende zaugan, zougan, zougen der ahd. und mhd. Sp. (Tat. 144. Benecke, Beytr. 147, BM. III, 921. Graff V, 614), altſ. tôgian, Hel. 13,13 toigian, im Cod. Cott., wol falsch, tuogian, ndrs. tögen, holl. toogen; z aus dem goth. at-augjan (vrgl. er-äugen, Th. I, Sp. 51) entstanden? Ferner das dunkle zouganzuht der Lex. Bav. (Monum. Germ. ed. Pertz, legg. t. III, p. 466,31: „Qui furtivam rem quod zouganzuht dicunt, super furem conprobare non quiverit, furtivo conponat more")' und des Decretum Thassilonis.

Der Zug, wie hchd.; (mhd. zuc, ahd. zug, gen. zuges; Graff V, 611. BM. III, 931. Weigand, Wbch. II, 1158). R.A.: Er hat einen guten Zug, trinkt gern und viel; Zeitschr. III, 352.' Der Zug (an einem Gebäude), Vorrichtung, Korn ꝛc. auf den Kasten zu ziehen. Der Zug gegen den Feind, expeditio, Kriegsdienst. „Züg und Wacht thuen." „Auf Zügen und Wachten." Fronsperger. „Er thut kainen Zug, detrectat militiam, imperium, laborem, invitus est atque a pugnando abhorret;" Voc. v. 1618. R.A. Er hat ihn auf dem Zug (oder: auf dem Strich), ist ihm feindielig gesinnt. Zeitschr. III, 353.' Der Vorzug im Heer, der Vortrab, die Avantgarde, vor dem Gewalt- oder gewaltigen Haufen, dem Gros d'armée, herziehend. Der Nachzug, der Nachtrab, die Arrièregarde. Avent. Chron. 394. 412. 487. Fronsperger v 1555, f. XXXIV. cf. Th. III, Sp. 111. Der Nachzügler, Marodeur. Der Zuezug, aufgebotenes Kriegs-Contingent. Der Zug, das Zugpflaster, jedes Pflaster. Voc. v. 1618. Lég ə˜n *Zug* auf. Der gelbe Zug, emplastrum citrinum; Dr. Minderer, 1620, p. 54. Zug, Verzug, Aufschub, Frist. Birlinger 440. „Sintemalen N. Zug und Tag begehrt hat, so ist auch billig, man gebe ihm den, und soll auch Zug darum haben 14 Tag von Data dieses Briefes;" Kr. Lhdl. III, 39. „Einen Zug nehmen auf einen, zwey oder drey, die nicht da sind," verziehen bis sie kommen; a. a. O. VI, 6. Sieh Aufzug, Außzug. Die Züg und die Zügen, die letzten Züge, die Agonie. „An den Zügen ligen;" Cgm. 275, fol. 113. Zeitschr. V, 482: *züha*. In die Zügen greiffen, in die Züge fallen, ital. dare in tratti; cf. Th. II, Sp. 990. Das Zügenglöcklein (Zi˜gléckl) wird geläutet, damit, die es hören, für den Verscheidenden oder Verschiedenen beten mögen. Zeitschr. V, 436. Der Anzug, die Anzüg, das bey Gericht Vorgebrachte, die Angabe, der Artikel. Tir. L.O. v. 1603, p. 27. 28. Der Anzug, Ausdruck, der eine schlimme, beleidigende Deutung zuläßt. Grimm, Wbch. I, 530,3. „Die Landschaft soll bey ihrem Schriften-Verfasser dergleichen harte und unbescheidene Anzüg abstellen;" Ldtg. 1669, p. 116. Daher: anzüglich, adj., Anzüglichkeit, subst., und anzügeln, verb. Der Aufzug, Verzug. Grimm, Wbch. I, 786,5. „Ân alle ferrere waigerunge und aufzug;" MB. IX, 283. aufzüglich, dilatorius. Aufzügliche Einrede, exceptio dilatoria. Aufzügliches Urtail, sententia interlocutoria. Der Aufzug, kurzes Stückchen mit der Trompete. Nach 'n Dusch hàbm ſ no' mèrə' rècht schöné *Aufzüg* 'blàſ·n. Der Auszug, die auszügliche Einred, 237 exceptio peremptoria, die die Hauptsache abstellt und abschneidet; Gerichts-Ord. v. 1588, Tit. V, §. 12, von 1616: Tit. V, Art. 13. Grimm, Wbch. I, 1042,5. „Was du gwiß verheist, dasselb on alle auszüg leist, wilt anders sein ein biderman;" H. Sachs II, II, 91. „An all außzug und Arglistt urkund des Briefs;" Freyb. Samml. I, 373. „Ohne Weigerung und Auszug;" Av. Chr. 184. Kr. Lhdl. VI, 147. Der Auszug, sieh Austrag, Th. I, Sp. 655. Grimm, Wbch. I, 1043,5. „Vom Auszug Lebende sind regulariter Wittiber oder auch sonst alt erlebte Ehepaare, welche ihre Kinder nicht mehr in Nahrung haben;" Wirz. Verord. v. 1771. Der Auszug oder ausgezogene Küechel, was der Einzügel, w. m. ſ. Das Auszüglein, kurzer Auszug (aus dem Rechnungsbuche), Conto. Der Einzug, (Kitzb.) gryllotalpa, Werre, Erdkrebs. 'Der Heimzug, wie hchd.' heimzuges, adverb. Genit., vice versa, dagegen (?). „Die wirtin wollten ſ wider essen und auch mit sülcher schalkeit dreffen heimzuges mit gemeinem rat;" H. Folz, (Inc. c. a°. 4°. 158, p. 207). Der Hinzug (Hi˜zug), das Wegziehen; das Lebensende. Der Verzug (Vo'zug), Anzug, Kleidung. Wàs håst denn du heu˜t für ə˜n *Vo'zug?* Wàs håt denn dé Mámsell für ə˜n *Vo'zug?* ObrM. zugwaich, sieh waich, Sp. 833. „Sonst wurde man die Roß gar zugwaich machen;" Cgm. 964, f. 72ᵇ.

1) Der Zügel (Zigl), die Zucht, d. h. sowohl das Ziehen, Erziehen, als das Gezogene, Erzogene, die Race. Də' *Vihhzügl, Roſszügl, Schäfzügl* etc., die Viehzucht, Pferdezucht, Schafzucht ꝛc. „Der Aufzügl des jungen Geflügels;" P. Abraham, Gagaga. ə˜ guədə' *Zügl*, gute Zucht, Race. Zeitschr. VI, 162: das *Züget*, die Brut, Zucht. „Schwein so ungeschnitten seint verboten auf die Jahrmärkt zu bringen theils damit der Zügl nit aus dem Lande khomme, theils ...;" Mandat v. 13. May 1626. „Hätte der Galgenvogel zu mir gesagt: Hund oder Narr, gieb mir von diesem Zügl ein paar Junge;" Nagel's Burgeraufruhr von Landshut. „Verheyrathet am ersten unsern Schulmeister mit zwölf fruchtbaren Weibern; wir brauchen einen guten Zügel von Schullehrern und Zuchtmeistern im Lande! Schulmeister, Schulmeister mangeln!" ebendas. Vieh zum Zügel (Zuchtvieh) wird in der ä. Sp. dem Vieh zum Schlägel (Schlachtvieh) ent-

gegengestellt. zügeln (zigln), ziehen, erziehen, cultiver. Birlinger 440. Viahh, Rofs, Ochfn, Gäns etc. *zügln.* Läus, Flöhh *zügln.* Holz, Bäum etc. *zügln,* „Eichen erziegeln;" Mandat v. 1770. „Statt der wilden süße Castanien zügeln." Vil Obst *də'zügln.* A˜ də' Mauə'n Salitə' *zügln.* „Salz erzügeln;" Ldtg. v. 1669, p. 155. Schwarzé, gráwé Hàr *zügln.* Aus seiné Kində' Spitzbuəbm, Karthäusə' und drgl. *zügln.* Sich Feindt und Neidə' *zügln.* ə˜ Krankət *herzügln.* ə˜n Grindkopf *zügln,* ə˜n offnə˜ Fuəs *zügln.* Bed'l-leut zuəwə' *zügln.* Zeitschr. VI, 527,1,15. „Der das Closter vernewt und aufzüglet hat;" Schlierseer Chronik v. 1378. „Commercien und Manufacturen, als durch welche eine volkreiche narhaffte gemainde gezüeglet wird;" Wstr. Btr. V, 328. verzügeln (vo'zigln), verziehen, übel ziehen. Auf Menschen wird dieses Verb und das Subst. Zügel nur im Scherz oder mit einer gewissen Verachtung angewendet.

2) Der Zügel, wie hchd.; (mhd. zügel, ahd. zugil, zuhil, habena, auch capulum, — swertzugel, partipollex, gl. a. 784. Graff V, 614. 615. BM. III, 931. Weigand, Wbch. II, 1158).

Der Anzügel, Schuhlöffel; „inductorium, anzigl," Voc. v. 1618. „Item dem Lupffer, das man die khugel
238 darmit herauslupfet, soll geformiert sein wie ein Anzügel zu ainem Schuech;" Feurb. 1591.

Der Einzügel, a) Art Küechel aus Weizenmehl in Form eines Raifes, der eine dünne, haubenförmige Wölbung umgibt. Vrgl. Auszug. b) bessere Mahlzeit, welche acht Tage nach der Kirchweihe hie und da üblich ist. c) Schmaus nach vollendeter Ärnte.

Der Zügling, (Chiemg.) Art Kuchen aus Topfen und Mehl. Vrgl. Auszug, Einzügel. Das ü ist ungewiß; doch wird schwerlich an Ziger zu denken seyn.

zügig, adj. und adv., a) sich ziehend, in die Länge ziehend, allmählig, „ductilis, tractabilis;" Voc. v. 1618. Die Straße geht nicht steil, sondern „zügig," berganwärts. Der Weg von N. nach N. ist ziemlich „zügig," d. h. länger, weiter als man meinen sollte. b) „unzügig, intractabilis;" Voc. v. 1618. verzügig, (Hund, Stmb. I, 4) säumig. verzüglich (və'züglə', Nptsch.), langsam.

zugeln, verb. n., (Hübn., Pinzg.) gehen. Sieh zogen, Sp. 1096.

Der Zuger, (Ob.-Inn) Art Böttchergefäß, welches dient, Flüssigkeiten darin stehen zu haben, Stande. Der Zuger, (Tir.) tiefes Schaff mit einem Zapfen zum Ablassen des Wassers. Der Kalkzuger, Maßgeschirr für Kalk, um $^{22}/_{320}$ des bayrischen Metzens größer als dieser. Auf den Ofen gehen 1200 Zuger. „Einen ganzen Zuger mit Wasser voll anschütten;" P. Abraham. Vrgl. Zuber.

Zueg, sieh Zueck, Sp. 1084.

---

zæh (záhh, o.pf. zèi, zái', schwäb. záihh), adj., wie hchd. zähe; (mhd. zæhe, ahd. zâhi; Graff V, 583. BM. III, 840. Weigand, Wbch. II, 1118. Cf. dän. seig und oben, Sp. 236: saig). „Zäher Wein, vinum pendulum;" Voc. v. 1445. „Das Schineisen soll zäh seyn und wolgewürcht;" Amberg. Akten v. 1380. „Gut und zäh Eisen." „Zäheisen;" Lori, Brg.R. 467. zäh wird im Bergwesen überhaupt für fein, klar gebraucht; (cf. zeien, fein hageln). Im Ansbachischen gilt „zah, zach" auch für zärtlich. witzzáhh, s. oben, Sp. 1063. „Zur Erzielung des Braunheues (durch Feststampfen) muß das Heu oder Grumet nicht völlig dürr, sondern feucht oder, wie man sich gewöhnlich ausdrückt, ziriezäh eingefahren werden;" (Jegel's) Fränkischer Kurier, 1851, Nr. 270ᵃ. auszæhen (auszáhh'n) Einen, ihn an

Beharrlichkeit übertreffen; (Kitzbühel). umzæhen. „An olts án olt Kundl, halb gherlaos, halb blind, das is á so *umzáht* in Rögen und Wind;" Stelzhamer 128, („im zähen Moraste herumgehen," meint der Dichter p. 182. Kaum!). verzæhen (və'záhhə˜), zäh, fest, abgehärtet werden; (Seppel, Ankhofen).

Der Zähen (Zahhə˜, Dimin. 's Záhhə'l), a) Lunte, b) Docht in einer Lampe; (cf. isl. tæ, filum). „Zündtstrikh oder Zachen;" „Dacht oder Zachen;" Fewroder Artilleriebuch, Ms. v. 1591. „Da lag ain zach, der glam und bran, da man dy püchs mit zundet an;" Mich. Beham, Wiener p. 79,14. „Darauff was ain zauch der glam;" das. 128,6. „Zuletzt namen die Ungarn Zahen, wurfen ein gewaltig Fewrwerck von Bäch und Schwefel in die Stadt." „Kaiser Theodosius hab ein leuchter gehabt zu nacht, der jm selbs öl zum Zochen gossen habe;" Avent. Chron. 280. 400. „Zache, ellychnium;" Voc. v. 1618. „Zauch, lychnus;" Cgm. 649, f. 556, (au = ô?). Der Beckhart und Lolhart „legt ein gloenden zochen inwendig in das thuch," (wodurch dieses in des Bauern Hand brennend wird); Cbm. 1642, f. 132. „Werd aim gfötzt a straich versetzt, werd dardurch im hürn verlözt, ist drauf wunderselten zhaus weill im brind der zachen aus," (so kann ich helfen); Mittenwalder Öltrager, Ben. 298, f. 90. c) grobe, fehlerhaft wulstige Stelle im Faden, den man spinnt. d) docht-ähnliche, zähe Materie. Də' Krank hàt ə˜n starkng Auswurf, ganzé *Zahhə˜* gengə˜ her. Wenn die Kühe geronnene Milch im Euter haben, dann mələhə˜ d' Diə'nə˜ ganzé *Zahhə˜*-r- aussə'. e) verächtliche Benennung einer Mannsperson; (Zeitschr. VI, 528,6: schweiz. Zoch, Liebhaber). Des is ə˜ rèchtə' *Zóchə˜!* Da schauts mə' dèn *Zochə˜*-r- á˜, den gróbm! Zeitschr. III, 524,9: (tirol.) Zoch, roher Mensch, bengelhafter Bursche; zochet, adj., grob, roh; Zocherei, rohes Benehmen. Vgl. das. III, 332: *Zoch'n,* Knittel, und s. Sp. 1079 und unten: Zolch. cf. schweiz. Züchel. Im Cgm. 653, f. 240 ist zocher soviel als Ast, ramex.

Der Zahling (Zachling, Gebirg), lichen cereaceus. 239

Der Zäher (Záhhə', Dimin. Záhhə'l), 1) die Thräne (mhd. zaher, ahd. zahar, plur. zahari, goth. tagr, griech. δάκρυ; nach Gramm. §. 499 zusammengezogen: der Zar, Heinr. Tristan 3519, hchd. die Zähre; ags., engl. tear, isl. târ, n.; Graff V, 631. BM. III, 840. Weigand, Wbch. II, 1120 f. Zeitschr III, 327). „Die Talmudisten sagen, Gott waine all Tag ainmal, und zwen Zäher fallen ins groß Meer; wänen wir, die Stern fallen vom Himmel;" Dr. Eck. „Wer einen zaher wainet;" Cgm. 269, f. 19. „Da manger haizzer zaher vergozzen ward;" Wstr. Btr. V, 72). 2) Tropfen überhaupt. Kaə˜ *Záhhə'l* Wei˜, Öl etc., kein Tröpfchen. á *Zährlə* Bier, (Franken, Popowitsch, Wiener Ms. 9541). „In dem alten Legelein mocht ein Zächer nindert beleiben;" Cgm. 632, f. 97. Cgm. 289, f. 129 gibt ein Zaubermittel an, zu machen, „daß nimmer kain Zaher in ainem großen prewkessel beleibe," (daß alles bis auf den letzten Tropfen oben heraus laufe). Clm. 4373 (v. 1437), f. 115: „daz nindert kain zacher in ainem grossen prewkessel beleib." „Der regen berg und tal begoz uf die dreu iar nie zaher was komen;" Renner 14961. „Die zeher fluzzen bluotec durch daz îsengewant;" Wigalois 10831. „Etswâ ein sweizic zaher schiet den stoup von sînem clâren vel;" Wolfram's Willehalm d. H. p. 547,16. Gl. a. 720 wird sogar lacrima durch Augenzaher gegeben. 3) Was aus gewissen Bäumen tropft, Pech, Harz, Gummi. „Der erst Zaher, der von der Viechten fleust." „Mirren-Zaher;" Konr. v. Megenberg, (Pfeiffer 374,24 ff. cf. p. 793). Balsem-Zaher, Therebinthen-Zäher; das. f. 211ᵇ, (Pf. 359,7.26). „Gummi arabicum haizt ain arabischer zaher;" das. f. 216, (Pf. 369,6). „Ain zaher, der haizt mastix;" das. f. 218, (Pf. 371,13). „Der zaher haizt auch thus ze latein;" das. f. 222ᵇ, (Pf. 376,33). „Swenn ein fuhs bis in den tot siech wirt, so buzzet im die not viehten zaher, den er slindet;" Renner 19344. „Gummi, Zaher," (Art. succinus, mandragora); Cgm. 659, f. 265. Das ndrd. tär, agſ. tare und daraus hchd. Theer bleibt jedenfalls zu vergleichen. Sieh unten Zär. Vrgl. auch Hirschzäher, Art Bezoar, den man manchmal im Magen der Hirsche findet und für wunderkräftig hält. Hübner, Salzb. 861. zähern (záhhə'n), Thränen fallen lassen; triefen, tropfen; (mhd. zeheren, zäheren, goth. tagrian, δακρύειν). „Zehert dem siechen daz linke auge, so stirbt er an dem dritten tage;" Hoffm. Fundgr. I, 326. „Wizz auch, daz daz pfärt allain zähert under allen tieren, ân den menschen;" Konr. v. Megenberg f. 83ᵃ, (Pfeiffer 137,13). „Welchem menschen die augen ser zähern und aitern;" Cgm. 592, f. 29ᵇ. 34ᵇ. „Julius Cäsar ließ des Pompejus Haupt begraben und zäheret darob;" Av. Chr. 113. „Senftmehl in einer feisten fleischbrü, davon das hündlein zähern thu;" H. Sachs 1612: IV, III, 65.

Der Zêhen (Zehhə˜, o.pf. Zèiə˜, schwäb. Záihhə˜), die Zehe; (mhd. zêhe, ahd. zêha, f., und aus zehun, zehono etwa auch ein zêho, m., zu schließen; Graff V, 583 f. BM. III, 861. Weigand, Wbch. II, 1127. Zeitschr. III, 90. IV, 329, II, 6), in der Schweiz nach Gramm. §. 496 der Zewen, am Mittelrhein die Zew. Der gröſʒ, der klain Zêhen. „Welche fraw nun bulschaft pflegt, die legs nit an die minsten zehen, sie sol sich vor gar eben umbsehen;" Cgm. 270, f. 147, (Cgm. 713, f. 98). Eines Vornehmen wohlgepflegte Zehen sind „gelîmet unde lanc;" Gregor v. d. St. 2744. „Manigs groß geschlecht zergeet, daß sein ain zechen nit besteet;" Cgm. 690, f. 251ᵇ. Der Zehen Knoblauchs. Zeitschr. V, 479. „Nimb zwei jmberzechen;" Cgm. 690, f. 99. H. Sachs 1612: III, II, 112. „Ä Zeit liess sich 's Traid thoir hingöbn, jetzt fallt uns dös á schan auf d' *Zehä*," (es hat keinen Werth); Lindermayr 168. Der Roſs-Zêhen dient manchmal als scherzhafter Vergleichungsterminus. „Rornudeln wie Roſszehen;" A. Bucher's Mönchsbriefe 212. ə˜ Bröckə-l wiə ə˜ *Róſszêhhə˜*, d. h. ein großes Stück. Der „Zechling oder Deumling, pedica;" Voc. Archon. f. 42.

zehen (zéhhə˜, ze˜hhə˜), nach Subst. neutr. zehne (ze˜né, o.pf. ziə'nə, Gramm. §. 231. 232. 778), wie hchd. zehen; (mhd. zehen, ahd. zehan, nach Subst. m., f. zehini, n. zehiniu, zehinu; goth. taihun, cf. δέκα, decem. Graff V, 627. BM. III, 861. Weigand, Wbch. II, 1127 f. Das ahd. zehanzo, zehan-
240 zug, noch Diut. III, 35. 63 zehenzig, ist durch hundert verdrängt. „Umb zehen zehenstund als vil," hundertmal so viel; Br. Berhtolt, Clm. 5858, f. 113). Der Zehner (Zenə'), wie hchd. R.A: Seinen Zehner anbringen, (wol vom Kartenspiel entlehnt). „Es thut gar so wohl, wenn man mit Raison seinen Zehner anbringen und das Laster in die Kluppe bringen kann, ohne eine Person zu beleidigen;" Bucher's ſ. W. IV, 95. Der, die, das zehente (zéhhət, ze˜hhət), wie hchd. zehnte; (mhd. zehende, ahd. zehanto). Dés kà˜, waəs də' *ze˜hhət* nét, das können, wissen wenige. Der, dem, den Zehent (Zêhhə˜t), hchd. der Zehnte, des, dem, den Zehnten, (scil. Theil von Früchten und Erzeugnissen). Sie (offerendae) habent maniger slaht namen, also cehenten. huregiu. antheizze um die sunte. umbe fride. oblei. wisode. cehentbuozze unde endriu chirchreht;" Cgm. 17 (XII. sec.), f. 97 (79ᵇ?). „Daz ih den zehenten mines libes und andres mines guotes nie so gegab so ih solte;" MM. 94. „Daz er den zehent schol geben alles des im got lät werden auf dem ertreich daz ist von vieh und von chorn und von impen, von wisen, von obs, von gensen, von hurren (hunren), von chraut, von ruben, von œl, von wein;" Predigt v. 1389, Furstenzell 46, f. 137ᵇ. Horzehenden, (decimae de lino); MB. I, 41, ad 1166 circa. Der große Zehent, vom Wein, vom Getreid sammt Halm oder Stroh, als Weizen, Roggen, Fesen, Dinkel, Gerste, Haber, Erbsen, Haidekorn, Linsen, Bohnen und Mischling. Der klaine Zehent, auf bloßes örtliches Herkommen gegründeter Zehnt von Obst, Kraut, Rüben, Hopfen, Flachs, Hanf, Hirse, Heu, Grummet, Erdäpfel, Tabak und drgl. Cod. civ. p. II, c. 10, §. 2 und 3. Dieser Zehnt wird mitunter auch Grüenzehent genannt. Zum kleinen Zehent gehört auch der Bluetzehent von den Jungen gewisser Hausthiere, als Hühnern, Enten, Gänsen, Spanferkeln, Lämmern ꝛc.; dann von gewissen Nutzungen der Viehzucht, als Milch, Käse, Butter, Schmalz, Eyer, Hönig, Wachs. Mederer, Ingolstadt 98, ad 1405. „Chlain zehent von stüten, von rindern, von swein, von geusen, von har, von hünrn;" Cgm. 3941, f. 103. „Solvit nobis decimam communem vivam et seminatam;" Waldsaſſ. Urbar, Cbm. 91, f. 42. „Grundbesitz, Klaubzehente, fixe Geld- und Naturalabgaben" (von Herrschaften in Illyrien); Allgem. Ztg. 1842, Beil. S. 1648. Der Layzehend, der von Layen bezogen wird. Im Jahr 1469 verkauft Hans v. Sparneck dem Kloster Michelfeld seinen zehenden zu Weidengeseß „großen und cleynen, lebendigen und toten;" MB. XXV, 131. 306. 406. Im Jahr 1492 kommen auch „Decimae lignorum, arborum ac carbonum" aus einem Walde vor, der früher Feld gewesen. „Wer Holzwachs hat (heißt es in einem Michelfelder Zinsbuch v. 1500), do furch und bette gesehen würdet und der zehent des orts unser ist, so er das abholt (abholzt?) oder sonst verkauft, ist er uns den zehenten Pfenning von zu entrichten pflichtig;" MB. XXV, 345. 486. 569. Cf. Ackermaß, Th. I, Sp. 31. Der Zehentner. „So chumpt Cain mit allen mordern und mit allen valschen zehendenern (ze hend? ſ. Th. II, Sp. 1121) und darnach Judas mit allen verratern;" Renner 24374.

Der Pezzehent der MB. I, 210 ist durch eine genügliche Untersuchung Maßmann's im bayerischen literarischen Anzeiger v. 1828, p. 78—91 für ewige Zeiten abgeschafft und in einen Porzehent, Porcehint umgewandelt. („Zwischen Bezau und Reuti erhebt sich ein waldiger Hügelrücken, die Bezeck genannt, wo ehmals das Rathhaus und die Volksversammlungen des innern Bregenzerwaldes." Allgem. Ztg. 1843, Beil. S. 1398.) Wovon aber dieser zu entrichten, bleibt freylich noch unausgemacht. Am wohlfeilsten käme man wol mit Borzen (Th. I, Sp. 285: Reiswellen), also mit einem Borz-zehent weg; allein es wird denn doch, wenn anders nach Gramm. §. 485 schon im XII. Jahrh. ein vulgares Por statt gipor (foetus pecudum, Junge von Hausthieren, Gl. i. 732. 746 aus Tegernsee) annehmbar ist, ein Bluetzehent gemeint seyn. ſ. Th. I, Sp. 266: Borzehent und vgl. daſ. chesbor, ahd. chesibora, fiscella. Cf. Springii Zehendrecht, cap. VI, §. 17. Latein. porta wird mhd. zu porte, borte, borze; (Grimm, Reinh. p. 372,503). „*Porez* desetnica (Zehent);" Bericht aus Bosnien, Allgem. Ztg. 1851, S. 5815. Ein Bezug auf Bar (Th. I, Sp. 253), womit die „Borlute der 241
Samnung von Halsprunn" in den Regest. boic. ad 1308, 21. Juni zu vergleichen, wäre kaum statthaft. Ob bey Frisch, Wrtb. II. 467 statt Borzehent auch zu lesen seyn wird Bor- oder Por-zehent? zehenten (zánά, zänt'n; Koburg), schmälern. Zeitschr. II, 279,82.

zeihen (zeihhə˜, zei'ə˜, zeigng, Praet. cond. zeihhət, zich, zig) — mhd. Sp. zîhen: Praet. ind. zeich, zaich, zêch, conj. zige, Partic. gezihen, gezigen ('zihhə˜, 'zigng), wie hchd. zeihen; (ahd. Sp. zîhan, Praet. zêch, conj. zigi, Partic. gizigan. Graff V, 585. BM. III, 877. Weigand, Wbch. II, 1130). Die im gothischen teihan noch klare Bedeutung: sagen, aussagen, melden, dicere, indicere, scheint sogar noch durchzuschimmern in oberl. R.A. wie: I *zeihh*, əs is so. Géſtə'n, *zeihh* I. is's gſchegng, — wo man auch sag' ich, freylich mehr in dem Sinn von mein' ich, setzen könnte. „I *zeuch*," ich vermuthe; (Gastein, Mesnil). Einen zeihen (zîhan) eines Dinges ist schon in der ahd. Sp. meist auf Schlimmes eingeschränkt und für arguere, criminari gebraucht. Vilmar, kurheſſ. Idiot. 466. Doch läßt noch Otfrid III, 20,73 in früherm allgemeinern, also auch in gutem Sinn den Blinden von

Joh. IX. sagen: „Er ist gotes holdo, thes zihu·h inan baldo." Cf. Ulphila Luc. 18,4: garaihtôza gataihans. Oder wäre hier dieses Verb blos aus Ironie gewählt? „Ain ygliche getzigne fraw der unseren mußte sich des kempflich gegen dem Zeicher verantworten;" Lirer 47. Der heutige Dialekt, der den Genitiv meist verloren, dreht die R.A. zeihen Einen eines Dings gerne um in: zeihen Einem ein Ding. Bey H. Sachs 1612: I, 191 gar: „Was wilst du sie zeihen." Bey Avent. Chron. 191b, Cbm. 1567, f. 150 ist „sich zeihen eines Dings soviel als: sich damit trösten, darauf verlassen. Vilmar, kurhess. Idiot. 466. „Wes die Juden sich zigen und trösteten?" „Bericht mich, was du doch zeihest dich, das du dein hertz peinigst mit schmertz zu deim teutschen geticht;" H. Sachs 1612: II, IV, 256. „Was (wes) hat er sich gezigen, cur sustinuit hoc facere;" Voc. v. 1618. Diese Bedeutung erklärt sich durch die negative des unten folgenden verzeihen.

Die Zicht, Beschuldigung. BM. III, 880. Graff V, 588. Weigand, Wbch. II, 1139. „Ös habts mein'n Mann in falschen *Zichten*;" Lindermayr 103. „Der selb Knecht ist etlicher Rauberey halben in großer Zicht gewesen;" Kr. Lhdl. X, 510. „Man sol die Arbeiter, da böse Zicht auf gieng, nit fürdern." „Eine unleumdige Zicht zu Einem bringen;" Lori, B.R. 215. 230. „Sey denn sach das du dich purgierst, der zicht von mir nicht ledig wirst." „Der diser zicht unschuldig was;" H. Sachs II, IV, 44. 156. Sollte die zich im Liedersaal I. Th., No. LX, 44 echt, oder blos für zicht verschrieben seyn? zichen, ebendas. 68. 79, ist wol zîhen, zeihen. Cf. Schmid, schwäb. Wrtb. 548.

sich zichten, sich enthalten, warten, harren. Vilmar, kurhess. Idiot. 472 f. Vgl. sich verzeihen, verzichten und s. unten: züchten.

bezeihen, beschuldigen. BM. III, 878. Graff V, 587. „Aristoteles, damit man nicht meint, er verleugne Gott, wie er von etlichen bezigen ist worden;" Avent. Chron. 77. „Wo iemand ainer missetat von einem bezigen wurde;" L.R. v. 1518. Gl. i. 1185 steht: „pizihit odo pisaget, addicet;" vrgl. unten das Gegentheil arzihan, firzihan, versagen.

242 Der Bezig, (MB. XXIII, 666) Beschuldigung. In den „bayerischen Blättern" (1832, p. 275) hat ein Aufsatz über das kaiserliche Land- und Centgericht des Herzogthums Franken bald der, bald die Beizig für Bezichtigung, Inzicht, Schmähung. Bey Stalder II, 473 auch das einfachere Zig. „Ein weib in Zig haben, sy huore, der huorey zeihen;" Pictorius. Die, der Bezicht (mhd. bîziht, beziht, ahd. biziht, plur. bizihti, gl. i. 1161. 1207: zelotypiae, notae. Graff V, 588. BM. III, 880). Des Bezichts gestehen, das Schuldgegebene eingestehen. Lehmann, Sp.-Chron. VII, 42. bezichten, bezichtigen Einen eines Dinges, beschuldigen, arguere, (auch ags. tihtan); hchd. oft widersinnig genug: bezüchtigen. Weigand, Wbch. I, 148.

Die Inzicht, die Beschuldigung, Anklage wegen eines Verbrechens, (mhd., ahd. inziht, gen., dat. inzihti, plur., inzihti, nota, crimen, zelotypia. Graff V, 588. BM. III, 881. Weigand, Wbch. I, 540). Der des Mordes Beschuldigte soll schwören, oder „selb dritte erziugen" (mit noch zwey Zeugen beweisen), „daz er der Inziht unschuldic si;" Augsb. Stdtb., Freyb. 48. 49. Ältere R.AA.: (Heumann, opusc. 61. 64) „In ein Inzicht komen, einer Sache halben in Inzicht seyn, Einen umb ein Inzicht vertigen," ihn darauf hin gerichtlich verfolgen. Sich einer Inzicht entschlagen, eine Inzicht berichten, sich vor Gericht reinigen oder purgieren. Das Inzicht-Gericht, judicium criminale. Wagenseil, Nürnb. 382. Der Inzichter, a) der Beschuldiger, Ankläger. „Den Innzichter mit seiner Innzicht zulassen;" Onolzb. L.Ger.-Ord. v. 1539. b) der Beschuldigte, Angeklagte. „Eines Inzichters Eid: Nachdeme ich beschreyet und verleumdet worden bin, als sollte ich das oder jenes gethan haben; das habe ich nicht gethan ꝛc." inzichtig, adj., a) beschuldigt, angeklagt; b) beschuldigend (wenigstens das alte inzihtig finde ich in den Glossen nur für zelosus, zelotypus). verinzichten, anschuldigen, anklagen; Kr. Lhdl. XVII, 154; (ahd. Sp. inzihtôn und g·inzihtigôn, insimulare, accusare. Graff V, 588).

verzeihen Einem eines Dinges oder auch ein Ding, (ä. Sp.) es ihm versagen, verweigern; (mhd. verzîhen, ahd. arzîhan, irzîhan, firzîhan, negare. Graff V, 586. 587. BM. III, 878. Weigand, Wbch. II, 986). „So man dem Leichnam die Speis lang verzeihen ist;" Wstr. Btr. V, 53, (wo verziehen steht). „Wir wollen Ew. fürstl. Gnaden solches nit verzeihen;" Gem. Reg. Chron. III, 287, ad 1458. „Baden auz dem Kloster sol man niemand erlauben, aber inwendig dem Kloster, wenn es notturft ist, soll man es niemand verzeihen;" Benedict.-Regel, Cgm. 800. „Daß du mir das nit verzeihest als wenig dir das dein himlyscher vatter hat verczygen;" Wettersegen, Cgm. 734, f. 208. Er wollte die Brosamen unter dem Tisch auflesen, „des was im verzigen;" Cgm. 631, f. 97. „Der prosen han ich dir verczigen; ZZ. 3137, f. 218. „Unser frowe, die niemant fürzihet, der si aneruefet;" Cgm. 5, f. 111. „Geben tût dem milten baz danne verzîhen, wizzet daz;" Vrîdanc 86,12. „Drumb, daz ich im verzêch mîne schœne tochter;" Gudrun 819,1. „Wie im got froude verlech, der in diu werlte verzêch." „Do du mir an den kinden verzige lieber beschoude;" Wernh. Maria 16. 25. „Wes man petleichen begert an in, des verzech er nicht;" Ottokar v. Hornek, cap. 640. „Also wart im allez dez verzigen dez er bat." „Des wart im ferzigen" ꝛc.; Griesh. Pred. I, 39. „Do im herre Abraham ferzêch sin zungon ze nezzende;" das. 42. „Ob ich dir das zu sagen verzeihe;" Buch der Weisheit 1485, f. 9. „Umb Verzeichen des Frids;" Cgm. 27, f. 43. Cf. absagen. „Welicher fleischhäckel gicht: ich han daz hin gebn dem oder dem, vnd wil es aynem verzeichen 243
damit," (damit verzeihen," Ms. civitatis f. 10). „Die fleischhacker sullen niemant chain fleisch vertzeichen;" Münchn. Verord., Cgm. 544, f. 46. „Quo modo me ipsum perdam vr. verzihen;" Monac. Francisc. 260, f. 216b. „Hor uns wol fraw genaden vol dein chint dich nicht verzeichet;" Ebersb. 167, f. 273. verzeihen sich eines Dinges, es sich versagen, ihm entsagen. Gl. i. 552: „firzihent sih, abnegant." „Calumpniare zeihen sit, renuntiare verzeihen;" San-Zenon. 120, f. 100. „Die Geistlichen sollten keine Gemeinschaft mit Weibern haben, oder sich der Weihe verzeihen;" Avent. Chron. 334. „Si begunden liebleich bei enander ligen, aber weltleicher lieb si sich gar verzigen;" Cgm. 719, f. 56. „Verzech sich des;" MB. XX, 216. „So krank, daß er sich des Lebens verzigen." „Die Eltern haben sich des (todtkranken) Kindes bereits verzigen;" Benno-Mirakel 1697. „Wir wöllen auch, daß sich kain fraw irer morgengab verzeyhen mög, dann mit brieflicher Urkund;" Ref. L.R. „Ein Weibsperson mag jrn Eeman nit vertreten, si verzeige sich dann aller Gnaden und Behelff, so die Weibsbild haben;" Ref. Gericht-Ord. cf. MB. X, 216. „Haben uns der Güter verzucht und verzugen für uns und unser Erben, als man sich dann aigens Guts verzeichen und aufgeben sol;" MB. X, 216. (Die hier auffallende Berührung mit ziehen, zucken kommt öfter, wie selbst im hchd. bezüchtigen, vor. Vrgl. verzicken, Sp. 1082). „Unser swester, die ires mütterlichen Erbs noch unverzigen ist;" MB. XXV, 454. Verzichene oder verzigne Kinder, besonders Töchter, solche, „die gegen ainer bestimbten Summa Heiratguts sich väterlichs und mütterlichs Erbs verzihen haben;" L.O. v. 1553, f. 109. Gl. i.: „farziganiu, abnegata, separata." unverzigen, adv., ohne zu entsagen, ohne Präjudiz, ausgenommen. „Item so sol im sein mutter geben ain pet, unverzichen seins mutterlichen erbs;"

MB. II, 87, ad 1433. „Item sol der Probst an dem rechten sitzen und hat also vollen gewalt ze richten als mein Herr von Rot selber, unverzigen, das er niemand ab sol setzen;" das. p. 103. „O du unverzigens weib umb wee pistu hergelaufen," sagt Judas zu Magdalena im Sterzinger Passionsspiel v. 1500. Der Verzeihbrief, Entsagungsurkunde; Kr. Lhdl. I, 198. Verzeichbrief umb junkfreulich Ere;" Formular, Raitenbuch 166, f. 84 Die Verzeihung, Verzeihnuss, die Entsagung; MB. X, 216. 569. „Abdicationem i. e. Firzihunga;" Meichelb. H. Fr. I, II, 508. Die Verzicht, a) wie hchd. der Verzicht, die Verzichtleistung, Entsagung. b) In der mhd. Sp. ohne Zweifel auch, obgleich Belege fehlen, Versagung, Verweigerung. BM. III, 881. c) „Verzicht der Injurien und Schmachwort;" (Khraisser. Repert. jur. 523, also Verzeihung im heutzutagigen Sinn).

verzichten auf ein Ding, wie hchd., und ganz in die Stelle des alten verzeihen getreten. Die heutige Bedeutung verzeihen Einem etwas mag elliptisch und metonymisch nach und nach entstanden seyn, etwa aus Formeln wie: sich der Klage, Pön, Genugthuung wegen eines Dinges gegen Einen verzeihen („wann sich der Geschmächte der Schmachklage verzichen," L.R.), allmählich kurzweg: es ihm verzeihen. Vrgl. oben: Einem ein Ding zeihen.

244 Die Zihen, Zigen (Zihhə˜, Zigng, O.Pf.), die Föhre oder Kiefer, pinus sylvestris L. „In den Monaten November, December, Januar, Februar oder Martio soll man die Zapfen, Zützen oder Püselkle vom Nadelholz, sonderlich den Forn oder Zigen, abplatten;" Neuburg. Forst-Ord. v. 1690, fol. IX. „Spän- und Liechtzigen;" o.pf. Wald-Ord. v. 1694. Lori, Brg.R. f. 573. Das Zigach, Zigicht (Zigət, Zihhət), der Föhrenwald, (auch in Österreich, z. B. bey Kremsmünster, kommt der Name vor); collectivisch: Föhrenzweige und Äste. „Es wurde in dem Donaugestade unter der hölzernen Brücke das Zigach gelegt und Stein und Koth darauf geführt;" Gemeiner, Regensb. Chr. III, 401, ad 1466. zihen, adj., von Föhrenholz. *zihhə˜s* Holz. Die *zihhə˜* Strá, Streu von Nadelholz oder lange Streu, im Gegensatz der Streu von Laubholz oder der kurzen Streu. Bey Heppe ist „Züchel" der Fruchtzapfen der Kien- und Lerchbäume, (wie Aichel, Büechel von Aich, Buechen). Da ein älteres Vorkommen zur Entscheidung fehlt, so bleibt unsicher, ob nicht besser Zühen oder Zügen oder gar Zichen, Züchen zu schreiben wäre. Vrgl. allenfalls das „cieke, teda" eines St. Florianischen halbniederdeutschen Vocabulars.

(Der) „Zieh, forum" (romanum, Prudentius c. Symmach. I, 535, Diut. II, 350 in einer St. Galler H.S. Graff V, 625) zeigt, daß dem seltsamen niederländischen Tih, Tie, Ty, Tye, Versammlungsplatz, (brem. nieders. Wrtb. V, 66. Frisch II, 374. Haltaus 1811. Grimm, RA. 748. Schambach 229: Tî, m., plur. Tîe, der Gemeinplatz im Dorfe; de *Tei* in manchem hannoverschen Dorfe. Dr. Vollmer) auch eine holländische Form entsprochen habe. So (Tie) nennt auch den Sammelplatz der Turner zu München der Vorstand der Turnanstalt, Lor. Gruber, in seinem Programm zu dem Festturnen am 24. Aug. 1844. Landbote Nr. 195. Cf. dän. tue, Erdhaufe, kleiner Hügel; tok, (klein-russisch) area, der platte (runde) Ort, wo man das Korn drischt; (Slawin p. 278).

ziehen (ziəhhə˜, ziəgng, o.pf. zêigng): ich zeuh, zieh (zoihh, zuihh, zuig, ziəhh, ziəg), Praet. cond. ziehet, zug, Partic. gezogen ('zóhhə˜, 'zógng), wie hchd. ziehen: (mhd. ziehen: Praes. ich ziuhe, Praet. ich zôch, wir zugen, Partic. gezogen; ahd. ziohan, Praes. ziuhu, Praet. sing. zôh, plur. zugun, Partic. gizogan; ags. teon, ndrd. teen, lat. ducere. Graff V, 600. BM. III, 921. Weigand, Wbch. II, 1140. Zeitschr. II, 400,10. Vrgl. oben S. 235 das abgeleitete

zogen, welches im Hochd. veraltet ist, hingegen im niedersächsischen tagen größtentheils, im isl. toga ganz das Primitiv verdrängt hat). „Allenthalben davon zauch (statt zôch) ein stank;" Cgm. 291, f. 401. (Das Weib zeigt dem Mann die Feigen) „zeuch mir den herdurch;" H. Sachs II, IV, 55. Jetzt macht man jene Demonstration mit den Formalien: Dà *ziəg* mə's raus! Der Münchner Thurm am Isarthor: Lueg ins Land, heißt in einer älteren Schlosserrechnung (sec. XVII.) auch der Ziechthurn; cf. aufziehen bei der Folter; (s. unten).

Von den mannichfaltigen Anwendungen hier nur einige, die im Hchd. wenigstens nicht eben so üblich, und meist durch Ellipse entstanden sind. a) Mit dem Ruder arbeiten, rudern. „Die ellenthaften degene zugen vil geliche an einem ruoder;" Gudrun 1174. nauziehen, stromabwärts rudern, Lori, B.R. 322. ziehen, Wein in Fässer, aus den Fässern, in den, aus dem Keller rc. „Umb Vassl darein man wein zoch;" Freyb. Samml. II, 155. Der Weinzieher, a) Weinheber, tubulus normalis. Voc. v. 1618. b) Arbeiter bey einer Weinniederlage, Faßzieher. „Sechzehn Weinzieher, wanns anders kleckt, zuletzt den Last ergwinnen;" Balde's Agathyrsus. „Gemainer Stadt Nachtwacht, Weinziehen, Traidmessen rc." Lori, Berg-R. 368. „Dem Weinzieher 245
von zwain vesser pairisch weins aus den äussern keler in die vest zu ziehen XXXII dn.;" Rechn. v. 1392, Freyb. Samml. II, 135. ziehen (ehmals: „sêl ziehen, Voc. v. 1445, trahere animam;" „sel ausziehen, agonizare," Cgm. 643, f. 7; ndrs. sêl tagen, schwed. själtåga, auch: „ze dem tode, ze tode ziehen," Cgm. 5, fol. 221. Br. Berht. 229, Pfeiffer p. 43,29: „Wir sîn gar ellende hie, unde dâ von solten wir wol smæhen diz leben unde solten heim gen lande ziehen, dâ wir iemer mêr mit freuden wæren"), im Sterben begriffen seyn. Cfr. Züge, Sp. 1098, und Th. II, Sp. 990. „Er nistet in mînem herzen, er mag dô ziehen freude oder smerzen;" Valkn. 57. ziehen ein Kind, besonders es in guter, strenger Zucht halten. Wen mə˜ hält ə˜ Kind nét *ziəgt*, werd nicks draus. In der ahd. Sp. galt ziohan öfter für das blos physische nutrire, alere, fovere. „We so scaffanen inti ziohenten, vae praegnantibus et nutrientibus;" Tatian 145. So auch zuht, gen. zuhti, als alimentum und soboles, foetus und disciplina. Vrgl. unten ausziehen. „Haimgezogen kint ist außen als ain rint;" Cgm. 714, f. 93. Das Ziəhhət, (Ob.-Isar) das Euter der Stute. ziehen eine Schuld auf Einen, sie auf ihn wälzen, ihn beschuldigen. Lori, Lech-R 91. ziehen einen Huet (?). „Den Hütern ist vergönnt, gezogene und ungezogene, geklopfte und arlasse, samete und seidene Hüte zu machen;" Wirzb. Verord. v. 1636. Zogen Hüt durften von fremden Hutern in Regensburg, Amberg nicht oder nur mit der Anzal (im Großen) verkauft werden; Gem. Chr. IV, 57. 178, ad 1501. Sie waren (nach Chph. Schmid, schwäb. Wrtb. 550) den Filzhüten entgegengesetzt. Zu vergleichen wäre vielleicht das „Ziehgarn in ein Joppen oder Wambas." Freyb. Samml. II, 132. 135. ziehen, (ä. Sp.) wiegen, betragen. „Swaz ez über 25 phunt geziuhet, daz sol er ze fronewage wägen;" Augsb. St.B., Freyb. 32. „Swaz gegen aime saume geziuhet," (ohngefähr einen Saum beträgt); das. 19. „Swaz uf ainen saum geziuht;" Cgm. 574, f. 22. Cf. hinziehen, Th. II, Sp. 1118, und vrgl. Diut. III, 139: „daz zuge ze unmahten," würde Unmacht, Schwäche bezeichnen. „Swaz ze manheit gezôch;" Wigalois 1965. Die ä. R.A.: Ez geziuht mir, scheint ebenfalls von der Wage hergenommen; gleichsam: es wiegt mir, ist mir zugewogen, an- oder zugemessen, gemäß. Cf. Schmid, schwäb. Wrtb. 548, Benecke zum Wigalois p. 493, Parcifal 7,25. Cf. auch: volziehen Einem, (mhd. Sp.) ihm genügen, Genüge leisten, (Iwein, Wigalois); ahd. Sp. follazuht, solamen, auxilium. „Ich bat sie (die Knechte) an mich ziehen;" Labr. 66. Sich ziehen, weggehen von da, wo man mit Ehren oder ohne Nachtheil nicht

wohl bleiben kann. Ietz *ziəg di'!* Buə', dér hát *si' zógng!* Wiə-r I dés gſêgng hâ', hàbə'mé' *'zógng.* Cf. wallachiſch: du te (duc te). „Denbovitza appa doultze tzine bea (aquam dulcem qui bibit), non se mai doutze (ducit); Lehmann's Berlin. Magazin f. d. Lit. des Auslandes, 1837, f. 74. Sich ziehen. Sich ſelbs unerſam ziehen mit gaffen, gutzen oder klaiden;" Furstenzell 55, f. 62. Ja auch Hieronymus, Sermon. 168 de verbo apostol. ſagt: „Punicum proverbium est antiquum: numum vult Pestilentia? Duos illi da, et duoat se." Sich ziehen, ſich ausziehen, im Cgm. 335. (Wiener Stdtb.) f. 11 noch für unſer: aus dem Hauſe ziehen, ausziehen. „Ob ſich ein inmann wolt ausziehen." „Er ziech ſich wohin er will." Sich
246 ziehen eines Dinges auf, an Einen, ſich deshalb auf Einen beziehen, berufen, provocare. „Der eingelegt brief zug ſich nicht allein auf die vogtey, ſonder auch auf die Ehafte;" MB. X, 570. „Wo jemant ſich ſeiner ſachen zeucht auf gemains lands in Bayrn ercläᴛte Freihait." „Wer ſich zeucht auf gewonhait, der iſt ſchuldig, dieſelb gewonhait zu beweiſen;" Ref. L.R. „Die Baÿrn ſagten, ſie (nicht die Böhmen oder Franken) hätten (bey Müldorf) den König Fridrich gefangen, und zogen ſich des an den gefangenen König ſelbſt;" Avent. Chron. 487. Sich ziehen zu einer Sache, ſie als die ſeinige anſprechen, vindicieren.

abziehen (à'ziəgng) Einem eine Eigenheit, Unart, ſie ihm disciplinariſch abgewöhnen. abziehen am Hag, ſieh Th. II, Sp. 1067; vor dem Garn, H. Sachs 1612: II, IV, 88, ſich ſelbſtſüchtig davon machen. anziehen ſich eines Dinges, ſich deſſen annehmen, es an ſich ziehen, übernehmen. „Mein gnädiger Herr hat ſich des armen mannes darauf angezogen;" Kr. Lhdl. I, 221. anziehen, zunehmen, (z. B. an Kälte, im Preiſe, in der Geſchwindigkeit). aufziehen (ehm. Henkerterminus), an den auf dem Rücken zuſammengeknüpften Händen in die Höhe ziehen. Betretene Gartknechte ſollten nach L.O. v. 1553: VI, 2,2 ain oder zweymal lär (d. h. ohne ihnen an die Füße gehängte Gewichte) aufgezogen und geſprengt werden. In einer römiſchen Policey Ord. v. 1708 ſind (gewöhnlich drey) tratti di corda ſehr gäng und gäbe. aufziehen, einen Dienſtplatz, einen Amtsposten beziehen, hchd. anziehen. ausziehen, ausdampfen. Grimm, Wbch. I, 1040,12,c. Mehlſpeiſen ausziehen laſſen, ehe man ſie auftiſcht. Malz, Kern, Feſen ausziehen in der Mühle. Scheirer Dienſt-Ord. 17. 18. Kinder ausziehen, erzeugen. Grimm, Wbch. I, 1039,10. „Chriſtoph v. Kammerberg hat kein Eheweib gehabt, aber etliche Kinder ledig außzogen." „Nach Abſterben der Hausfraw zog Seb. Waller bey einer Mätzen noch zween Sün auß;" Hund, Stm.B. I, 253. 366. „Chriſtoph v. Fraunberg hat bey ſeiner Hausfrawen vil Kinder außzogen;" daſ. II, 84, cf. 81. 196. derziehen (də'ziəgng), übel zurichten, verunreinigen, verderben, (beſonders Kleidungsſtücke). BM. III, 928,3. O du Fá'ckl, wiə håst di' widə' *də'zógng! dá'zoihá* (də'zoihhə˜), beſchmutzen; betrügen (wie beſcheißen, Th. III, Sp. 475). Stelzhamer p. 175. Cf. „Wie der rîfe hat die heide erzogen;" Nithart XXVII, 7. „Wie ſint erzogen die meidel" Gudrun 1300,4. „Daz ſi iz (das Gotteshaus) zugun ſo unredihafto;" Otfr. II, 11,6. Vrgl. auch zogen, notzogen, nôtzucht. Das ſchwed. ähnlichbedeut. tyga til (zu Grund richten) gehört zunächſt zu tyga, zeugen. 'einziehen, zurückziehen, beſchränken; Grimm, Wbch. III, 354. Birlinger 439.' Sich einziehen, eingezogen, beſcheiden thun. H. Sachs 1560: V, 372. Grimm, Wbch. III, 355,11. fürziehen, hervorziehen (in der Rede), hervorheben, erwähnen. Er hat's ſchon *fürə"zogng;* (ObrM.). 'geziehen, wie ziehen (verſtärkt). BM. III, 928.' Der R. ſol geben für die herren alſament und für yetlichen waz ime ze gebende geziechet (gezücht)," was ihn trifft, ihm gebührt; Lucerner Urk. v. 1321, Geſchfr. II, 173. 174. umbziehen, herumbziehen Einen für tôt, ihn ſchon als Leiche anſehen, behandeln. Benno-Mirakel 1697. unterziehen ſich eines Dinges, ſich deſſen bemächtigen, es in Beſitz nehmen. „Sich ſeines Erbes unterziehen." „Sich alles, Städte, Märkte, Schlößer und des Landes unterziehen und einnehmen;" Kr. Lhdl. Natürlicher die R.A., wie ſie in Duckhers ſalzb. Chr. 220 vorkommt: „Haben die Thumbherren des Erzbiſchoffs Farnuß unter ſich 247
ziehen wollen." „Streit underziechen, dirimere bellum;" Voc. Archon. XVII. 'verziehen, hinziehen, verzögern. BM. III, 930.' „Ez (das ſchlaue Wild) richtet ſich ûf zît und wîl verziehen;" Labr. 436. Vgl. mhd. elliptiſch: verziehen. volziehen dem…, genugthuen; Jwein 2908. Wigalois 9546. zueziehen Einem eine Rede, (Ob.-Iſar) Einem (andern) etwas Spottendes oder Beleidigendes ſagen; (Baur).

Die Zucht, wie hchd.; (sieh ziehen, Sp. 1106; ahd., mhd. zuht, gen. zühte; Graff V, 615. 618. BM. III, 937. Weigand, Wbch. II, 1156):

a) in der Bedeutung educatio, disciplina hat das Wort heutzutage etwas Scharfes, Gehäſſiges angenommen, das ihm früher nicht eigen war. Einem eine Zucht thun, (ä. Sp.) ihm eine Artigkeit erweiſen. „Die Brüder (zu Jeruſalem) teten uns vil Zucht;" Cgm. 736, f. 83. „Wildu ein Zucht tun, izz heint mit mir, vuostu far una cortesia, cena questa sera comi;" Voc. venet.-todesco v. 1424, f. 4. „So tet manig man manigen man zucht und êr;" Thierh. 77, fol. ult. (ſ. Th. II, Sp. 1605 oben). „Gemeit mit ſchönen züchten; Labr. 621. Noch ſagt der Ob.-Pfälzer: əs tout kaə˜ *Zucht*, es thut nicht gut, es geht nicht an. Vrgl. Höfer's: Mit Züchten, mit Manier. S. Haupt's Zeitſchr. VI, 488—96: des Tanhauſers Hofzucht. In Salzburg wurde a°. 1653 das Rupertiniſche Nähr- oder Zuchthaus für zwölf Zuchtknaben geſtiftet. Duckher, Chron. 289. „Seneca Nero's Zuchtmaiſter;" Av. Chr. 180. „Zuchtmerker, mhd. zuhtmerkære. „Wîp diu haltent mangen zuhtmerkære," (der ſie beobachtet); Labr. 619. Der Züchtiger, (ä. Sp. euphemiſtiſch) der Scharfrichter, Henker. Sieh Th. I, Sp. 464. Th. II, Sp. 1072. Th. III, Sp. 408. Freyb. Samml. II, 107. „Züchtiger, was hab ich dan dir gethan, daß du mein jung friſch Leben mir nit will lan!?" ſagt Agnes die Bernauerin im Liede. „Maiſter Jac. Roßennoß züchtiger zu München;" Cgm. 4126 (sec. XVI), f. 106. Cf. Matthias von Kemnat (Cbm. 1642, f. 131b): vorgebliche ehmalige, nun als Büßer vor den Kirchen bettelnde Henker. zuchten, züchten, nähren, aufziehen; in Wohlgezogenheit unterweiſen; (mhd. züchten, ahd. zuhtian, zuhtôn. Graff V, 618. BM. III, 941). Der Züchter, ä. Sp., der junge Thiere aufzieht. „Zu Sweden in dem rîche nie zuchter als volkumen valken zoch, noch von denſelben bis hinumb gen Aders;" Valtn. 11. züchten Einer, mit Einer oder Einem, artig, höflich, galant gegen ſie, ihn ſeyn; namentlich ihr zu Ehren mit ihr zur Taufe, zur Trauung gehen; (Franken; Vilmar, kurheſſ. Idiot. 472. Weinhold, ſchleſ. Wbch. 110.). Haupt's Zeitſchr. VI, 464: Frau Zucht. Die Unzucht, (ä. Sp.) Ungezogenheit, Unmanier, Unartigkeit. BM. III, 940. „Bey Hochzeiten ſoll Unzucht (mit ſchambaren Reden, Geſchrey, Singen, Raufen) vermieden werden;" L.R. v. 1616, f. 566. Gem. Regensb. Chron. II, 282. „Er tet ſin unzuht da auf mich," (minxit super me latitantem in fossa); Frauendienſt, Cgm. 41, fol. 78. Vgl. Th. II, Sp. 886: zugken. unzüchtig, ungezogen, unhöflich, unbeſcheiden; Gemein. Reg. Chron. IV, 196; „mal cortese," Voc. ital. todesco v. 1460, Cod. it. 362, f. 12. „Indiscreta verba, unzüchtig wart" — verſchieden von „lasciviloquium, gail red oder wart;" Indersd. 110, f. 148.

b) (in der Bedeutung progenies. BM. III, 937,5). Die Zucht, die Zuchtel, 1) das Zuchtſchwein; verächtlich: Weibsperſon. Cf. čeſk. „cuchta, Zuchtel;" Tham. „Drew färcher, ain zuchtin und ain ſchwein;" ad 1479. 2) Das (?) Zuchtel, das Junge. „Ach viel Ehemänner besorgen sich immerzu, ob sie nicht vielleicht fremde Zuchtel für die jhrige erziehen;" Selhamer. zuchten, (zunächst vom Schwein) Junge bringen. „Dö Morgennöbeln *zichten* spötä', wann s' zeiti' wernd, rund starki Wöttä';" Lindermayr 191.

c) Zucht (das alte zuht, alimentum) kommt noch vor in Lebzucht (sonst Leibzucht), welches gewöhnlich zu *Lébſucht* (Lebensnahrung) renoviert wird; s. Th. II, Sp. 1408. Kində'zucht, Alimentation; ObrM. Vgl. oben, Sp. 1028, unter Weiſat: wîh-zuht.

d) Zucht für materielles Ziehen wie im ahd. atumzuht, Athemziehen, ist ziemlich veraltet. In einem Voc. v. 1429, gl. a. 753 steht „handzucht, ciregia vel furca." „Zuht" im Nibelungenliede (v. d. Hagen 2004, Lachmann 466,1: „Zuht des jungen heldes tet Albriche wê") scheint schalkhaft diese Bedeutung d) mit der Bedeutung a) zu verbinden.

248 Die ebenfalls zu ziehen gehörigen zucken, dann zogen, Zug, Zügel sieh an ihrem Orte. Vrgl. auch Zeug.

Die Zöhen (schwäb. Zauchə˜; mhd. Sp. zohe, ahd. Sp. zoha, zoa; Graff V, 600. BM. III, 945. Weigand, Wbch. II, 1151. Cf. heſſ. Ziwwe, Vilmar 55, kurheſſ. Idiot. 471; niederd. Tewe, Teve, Tiffe, brem.-niederſ. Wbch, V, 57. Zeitſchr. II, 134. III, 499. V, 167,116. 298. 299. VI, 488), die Hündin. „So stallet die hind und seicht in die fart recht als ein zohe;" Cgm. 558, f. 140. „Spartus vel velter vel linter wind, sparta wind zöchin, molossus rüd, canicula zöchin;" ZZ. 796, f. 171. Zohenſun oder huntinſun, filius caniculae, in alten Statuten als Schimpfwort verpönt; Wſtr. Btr. VII, 189. Birlinger 440. Es kostete z. B. im Enſer St.B. v. 1212 3 Schilling, während Hurenſun mit 60 dn. durchkam. Vrgl. Th. II, Sp. 1384. Ganz ähnlich das gemeine englische son of a bitch.

Die Zauken, Zautschen, (schleſ.) lilium convallium, convallaria majalis. Maiblümchen. Weigand, II, 1125. Nemnich I, 1201. Zeitſchr. IV, 186. V, 476.'

zëckern, s. zag.

'Der (das) Ziklât, mhd. Sp., ein kostbarer Seidenstoff, mit Gold durchwebt, mittellat. cyclas, (BM. III, 881); s. oben Zidat.'

Der Zal, s. oben Zagel.

'gezal, mhd. Sp., adj. und adv., schnell, behende; (ahd. gazal; Graff V, 655. BM. III, 841).' Veloces, gezale;" Cgm. 17, f. 23b. Vgl. unten: zalen und gezalk.

Die Zal, a) wie hchd. Zahl; (mhd. zal, ahd. zala, numerus, summa; Graff V, 641. BM. III, 842. Weigand, Wbch. II, 1119). „Der die zal wil überzelen;" Labr. 261. „Daz mich sîner stebe („sine stabe") zal von den rüden liez frî belîben;" daſ. 47. b) Die Zählung, Rechnung, das Zählen, Rechnen; (ahd. zala, supputatio, computus). Auf der Zal bleiben, bey'm Auszählen, z. B. von zehen zu zehen Stücken, zum künftigen Weiterzählen übrig bleiben. Fèrt n sán' fimf Gens *au' də' Zàl* blibm, huiə' hàbm'ər acht, trifft əné ei˜'n Zehhet und bleimbt drei *au' də' Zàl*. ... „Sollen die geschwornen Zehler in die Zahl ziehen, und zuvor, eh zu der Zahl griffen wirdet, durch die Waldmaister die Schläg durchgangen werden;" tir. Wald-Ord. v. 1719. „Swas ein gast einem wirt antwortt oder behalten geit ân zal (ohne Zählung), das sol der wirt auch wider geben ân zal;" Wſtr. Btr. VII, 147. 249. Cgm. 266, f. 29. 320, f. 148. „Si enphiengen in beide (?) âne zal" (?), die sämmtlichen Hausgenossen den Heimkehrenden; M. Helmbrecht 725. Einer Summe Geldes von Einem „mit ganzer oder rechter Zal ausgericht oder gewert oder bezalt werden;" ä. Sp. passim. Die Zal einer Schwangern. „Nimt ein fraw einen man ze eleichen dingen, und gewinnet si chint dapei vor ir rechten zal" ... „Der zal ſullen vierzig wochen sein und ainev zelt man von genaden darzu." Rchtb. Ms. v. 1332, Wſtr. Btr. VII, 126. „Gesteht der ebenweichtag an dem sampeztag, der lanz wirt naz, der sumer an seinem weter unstat von ungewiter, der herbst wirt trukchen, der winder übel und lanch, dew sat geræt wol, deu zalung chümpt von der muter, daz chorn wirt tewr" ꝛc.; Clm. 5512 (XIV. sec.), f. 37. 'Die Zal, eine bestimmte Anzahl, so z. B. bei den Spinnern eine Anzahl von (zehn oder zwanzig) Gebinden. Vilmar, kurheſſ. Idiot. 462 f.' „Der pfel her fürt sol geben funfzig pfel die zal mit halben bürden und ſullen auch sin zalbere und haben ir rehte lenge;" Wirzb. Sätze v. 1343, §. LXVI, (cf. §. XLIX: jede Bürde 50 Pfähle); s. auch Th. I, Sp. 423: Pfâl. Erzherzog Ferdinand verschreibt 1580 seiner Schwester Magdalena zu Hall im Inthal „funfunddreizig Zal Holtz," die nach ihrem Tod der von ihr dort gestifteten „Behausung für Jungfrauen und Witiben und dem Collegi der Societet Jesu daselbst jedem der halbthail one Bezallung ervolgen ſollen;" Cgm. 171, f. 35. Die Mâgzal, Sipp-zal, Zählung, Berechnung des Verwandtschaftsgrades; ahd. Sp. chunnizala, genealogia, stemma. Die Manzal, (ä. Sp.) Bestand an Mannschaft oder Mitgliedern irgend einer Körperschaft; (sieh Haltaus. Höfer, Urkunden). Der Manzaler, (Bamb. Stdtb.) „Einen auz den vier amptleuten oder einen manzaler," Gemeindegenossen? Die Marchzal, Zählung, Berechnung nach dem Grad, nach der Proportion, pro rata. Der Römer Zinszal, indictio. Die mêrer Zal, die Zählung oder Zeitrechnung nach Jahrhunderten; die minder Zal, die Zeitrechnung innerhalb eines Jahrhunderts, besonders des fünfzehnten. Jarzala, (ahd. Sp.) annales, fasti. Die Urzal. „Zwitracht zwischen dem Stifft Kempten und dem Grafen von Montfort der Vrczalen der schaff zu Hindenlang und Altstetten wegen." „Die Urczalen der schafſchaid zu Altstetten ſollen dem stifft unverhindert beleiben und verfolgt werden." „Die Vrczal so zu Altstetten gefunden wirdet;" Tigew Röttenberg (s. Th. II, Sp. 856). Der Zalbaum. „Wer den andern sleht mit zalbaumen oder mit knuteln;" Wirzb. Sätze v. 1343, §. XXXI. Zalpfenning, Rechenpfenning, und so in der mhd. Sp. Zalbuoch, Zalmaister, Rechen-buch, Rechen-meister. c) (mhd. Sp.) Rede, Erwähnung, Bericht; (Wigalois, Iwein; BM. III, 842,2). Die Anzal, (ä. Sp.) Quantum von Dingen, gleichviel ob sie gezählt, gewogen oder gemessen werden, und, wie aus den ähnlichen Bildungen Anhöhe, Anberg (sieh Th. I, Sp. 82) zu schließen, eigentlich als Antheil dem Ganzen, als bloße Mehrheit bescheiden der Vielheit, der Menge entgegen, misbräuchlich aber wol auch für letztere gesetzt; (holl. aantal neben getal). Grimm, Wbch. I, 249
522 f. „Eine Anzal Getraids, Vich ꝛc.;" Ertel, Prax. aur. 466. 490. 550. „Eine Anzal Meels;" L.R. 1616, f. 636. „Eine Anzal Wein;" Ldtg. v. 1669, p. 292. „Wann wir von einem Kasiner Umschlag begehren, daß wir alsdann unsern Treid in ganzer Anzahl bey ihnen finden;" Kr. Lhdl. VII, 248. „Claudius verhieß jedem ein große Anzahl Gelts;" Avent. Chr. 174. „Mit ainer merckhlichen großen Anzal Gelds;" Ldtg. v. 1514, p. 19. L.R. v. 1616, f. 538. „So mag er sein kind wider vom kunig lösen umb ein anzall," (Summe Geldes);" Cgm. 1279, f. 161. „A°. 1500 wurde den fremden Hutern, die mit „zogen Hüten" nach Regensburg kamen, der Verkauf nur mit der Anzahl (in größern Quantitäten) gestattet;" Gem. Reg. Chron. IV, 57. Ebendaselbst II, 273. 277, ad 1390 heißt es: der König verlangte die Anzal von fünzehen, d. h. 15 vom hundert. Wer seine Anzal (Procente) an den Judenschulden dem König nicht bezalen wollte, der ſollte gegen die

Juden zur Bezalung seiner (ganzen) Schuld verhaft und verbunden bleiben. „F. Sp. sol die zinse von den 40 gulden reinisch nach anzale, dieweil und er lebt, einnemen;" MB. XXV, 421, ad 1485. Katzmair, Cgm. 929, f. 43. 44, oberbayr. Archiv VIII, p. 35: „Da sprachen si, das si die statt zalet der 250 guldin, dafür ich borg was, und mein anzal, und hetten an mich nie anzal gefordert" ... „si wöllend, das ir gebt fur eurn bruder sein anzal." Der Zal-berner, sieh Th. I, Sp. 279. „Sibenzig mark zalperner;" MB. II, 478, ad 1332. „Zway und funfzig phund zalperner guter und gäber meraner münz;" Chron. B. II, 83, ad 1379. Der Zalgroschen. „500 Mark Silbers machten 1050 Pfund Wiener, die Mark zu 12 böhmischen Zalgroschen gerechnet;" Gemeiner, Reg. Chr. II, 453, ad 1424. Frisch erklärt: „Czalgroschen grossi Misnenses, a°. 1366 quasi purum argentum valentes," was also auch von den Zal-bernern wird gelten sollen. 'Das Zalschaf, das von den zum Schafhalten berechtigten Untersaßen für die Benutzung der herrschaftlichen Weiden alljährlich abzugebende Schaf, auch Schnitthammel genannt. Vilmar, kurhess. Idiot. 463.'

zalen, wie hchd. zählen und meist auch statt bezahlen. (In der a. Sp. finde ich nichts, was dieser Form und Bedeutung entspräche. Graff V, 643. BM. III, 643. BM. III, 843: zalôn, zaln, zählen, rechnen; erzählen). Einer ə˜ Biər *zàl'n*, als erklärter Liebhaber sie zu Bier und Tanze führen. Einen zalen (scil. mit gleicher Münze), ihm Böses mit Bösem vergelten. „Ich will dich zalen, formula minantis;" Voc. v. 1618. „Es komt schon zalende Zeit," d. h. Zeit der Vergeltung, Rache; Lied auf Kaiser Karl VII., Cbm. 2628, I, i. Vgl. Th. I, Sp. 461: Plaus. Es kümmt scho˜ ə˜ *zàlə˜dé* Zeit, wàs gilts, I *zàl* di widə'! auszalen sich oder Einen, in Schaden bringen. Dà kunnt si Aəner *auszàl'n*. Abə' désmàl hàst mi' schö˜ *auszàlt!* (Das alte zâla, periculum, pernicies, wozu etwa auch gl. i. 470. 605 pizâlan, perdere, delere, gehört, schlägt wol hier nicht mehr durch. Graff V, 654. 655. BM. III, 848. Mit dieser althchd. Form mag übrigens das ebenfalls verschollene alte Adj. gizal, velox, rapidus, und das Verb zalôn, ruere, rapere, zusammenhangen; s. oben: gezal 'und vergleiche': Candolomatica ist die swartz zal die do wechst in dem zagel;" And. 73, f. 304b. 'Ducange II, 522b: condoloma, condyloma, tuberculi ex inflammatione nati, circum anum." zalhaft, wie zahlbar, fähig oder pflichtig zu zahlen; bezahlt. Sich selbst zalhaft (bezahlt) machen. Das zalahaft der ahd. Sp galt für zahlreich, unzalahaft für unzählig, (unzählich). Graff V, 643. BM. III, 843. Zäl-geld, cf. Zeilgeld, Sp. 1113.

zalasch·n, (Wien) herumschleichen.

zellen (zəln, Cond. zələt, Partic. 'zəlt), a. Sp. Praet. ich zalte, zalt, Partic. gezalt, wie hchd. zählen; (mhd. zeln: Praet. zelte, zalte, Partic. gezelt, gezalt; ahd. zelian, zellan, Praet. zelita, zalta,
250 Partic. gezelit, gizalt, narrare, deputare, reputare, numerare, altf., agf. tellan, isl. telja. Graff VI, 644. BM. III, 844. Weigand, Wbch. II, 1119. Zeitschr. VI, 407,19). „Als man zalt von Chr. geburt;" passim. „Der brief ist gegeben do man zalt tausent frauen wol gestalt und zehen hundert hubscher knaben die jren willen darzu gaben;" Frau Venus Brief von der neuen Lieb, Cgm. 439, f. 59. „Man zalt in der alten ee an den vingern. Man zellet also: so sein sechzig wirt, so legt man den taumen in die lencken hant, so truckent in die andern vinger allsampt. Davon wirt den wittiben der sechzigvalt lon, wan die trucket auch alles das, was mit jn umbget;" Br. Berchtolt, Cgm. 1119, f. 54a. „Limitata potentia, gezelter gewalt," (zweifelhaft, wol „gezilter" zu lesen); Clm. 5685 (XV. sec., 1412), f. 38. müeßig zellen Einen eines Dinges, (ä. Sp.) ihn davon frey sprechen, demselben entheben, überheben. Einen für den besten zellen, halten, erklären. Einen ze Künig zellen, zum König erklären, erwählen. Einen von trewen zellen, ihn für untreu halten, erklären. Ein Ding, eine Schuld an, auf Einen zellen, auf ihn aussagen, ihm zumuthen. abezellen, abzellen, absetzen. „Einen bobest han ich (K. Sigmund) geschaffet und erwelet, und drie bebeste abgezelet;" Cgm. 569, f. 94 auszellen, auswählen, bestimmen. „Got hat uns Christen ausgezalt, das er uns ewikleich behalt;" Cgm. 715, f. 103. bezellen, ä. Sp., überzählen, berechnen; (mhd. bezeln und bezaln, BM. III, 847. 843).' „Do bezalt man di man," zählte man sie; Cgm. 66, f. 17. bezellen Einem etwas, Einen mit etwas, es ihm zusprechen, zuschreiben, verleihen, zutheilen aufbürden. derzellen (də'zəln), erzählen; (mhd. zeln, erzeln, erzellen, ahd. zellan, arzellan, exponere; Graff V, 652. BM. III, 847. Grimm, Wbch. III, 1076 ff.) „Swer niht êhaft not erzalt, den bien er von sîme gwalt;" Helbling VIII, 1103. entzellen sich oder Einen eines Dinges, entschuldigen. BM. III, 847. verzellen (vó'zəln), erzählen. Einen verzellen, (ä. Sp.) ein gerichtliches Urtheil, besonders das der Acht oder des Bannes, über ihn aussprechen. BM. III, 847. „So sol er ewiglich verzelt sein und sol fürpas nimer in die stat komen;" Cgm. 561, f. 5. „Daz si dan verzalt lut sien;" (Kopp), Sammlunge idgenöss. Absch. I, 17. „Dadun thuo thar te uuitie uuerod iudeono tuena fartalda man an tua halba cristes;" Heliand 166,26. „Wer einen Verzalten gehauset und gehovet," wird gestraft; Kurz, Östr. unter Fr. d. Sch. p. 419. 420. Cf. Cgm. 691, f. 38. Grimm, RA. 225. 881.

Die Zell und die Zellen (Zəln), a) wie hchd. Zelle; (mhd. zelle, Kero I, 30: cella, gen. cello; BM. III, 869. Weigand, Wbch. II, 1133). 'Als Ortsname, s. Förstemann II, 359.' Vgl. kärnt. selo, Name von Dörfern, die man Zell nennt, so viel als Ansiedelung (Jarnik p. 121) und russisch selo, Kirchdorf (zu german. salian, s. Th. III, Sp. 255: sellen). b) Das Zelt. „Erzherzog Carl ist in dem Rennen auf dem Markt zu München den 26. Febr. 1568 an die gerecht handt so hart gestössen worden, dz er gleich in die auffgericht Zeel geritten;" Cgm. 929, f. 60 So im Cgm. 3113 (v. 1591) immer: „die Zeel." Sieh Zelt.

Die Zell, in der Zusammensetzung Mark-zell, sieh Th. II, Sp. 1644. Im Wessobrunner Cod. sec. VIII., fol. 58 heißt es: „Diviserunt territorii in agris," und über den beiden letztern Wörtern steht als Glosse: in zella. Vrgl. Zelg.

Der Zellə˜zópf, nach Gramm. §. 658, was Sêlenzopf.

Der Zellerer (Zêllərə'), der Sellerie, ital. celeri, böhm. celer, apium graveolens L., petroselinum macedonicum. Nemnich I, 379. Weigand, Wbch. II, 688.

„Zeling?" „Item ernstlich zu gebieten, daß man auf allen Märkten das Schmalz an die Wage, und nicht an den Zeling oder im Hafen noch sonst verkaufe;" Kr. Lhdl. XVI, 409. Sieh Zilg. Man könnte auch auf Zelgen etwa als Butterform rathen, oder auf das alte Masc. zello, gl. i. 784, turbo, Drehtopf. Die Zol- 251
len bey Stalder II, 479 ist ein Butterstriezel von 8 bis 14 Pfund. Die zu Markte kommenden Butterstritzeln heißen gewöhnlich *Schelln:* ə˜n *Schelln* Buttə'; (ObrM.). Cf. Th. III, Sp. 401: Schiel.

Der, das Zeil, (schwäb.) Dornbusch, Hecke; (mhd. zîl, ntr. und msc.; BM. III, 886). „Man gab mir dâ vil stückelin (Brodes, das ich als Sondersiecher erbettelte), ... in einem zîle leit ichz nider, ich kom dar nâch für wâr nie sider;" Ulrich v. Liechtenstein, Frauendienst, Cgm. 41, f. 76d. (Lachm. 338,1). „Dornczeil, fusarius;" gl. o. 482. 'cf. Diefenbach 254a: avis, = furfarius? 253a. nov. glossar. p. 186. Grimm, Wbch. II, 1294.' „Er kam zu einem dornzeil, darbey ein hocher zaun was." „Der hochzaun vnd der dornzeil;" Cgm. 270, fol. 274. 282. „Das Zeilach, vepretum." „Der wider hieng mit den hörnären in ainem zeylach," arietem inter vepres cornua habentem; Cgm. 689, f. 192. Weihensteph. 159, fol. ult. Der Zeilerspatz, (schwäb.) Sperling größerer Art. cf. d. f. Wort.

Der Zeiland, Seidelbast, Daphne mezereum L.; (mhd. zîlant; Graff V, 627. 659 BM. III, 886. Weigand, Wbch. II, 1130. Grimm, Mythol.² p. 1144). gl o. 11 ciland coconidium; „cilantes bere coconidio," Diut. II, 236; „zuiln beri coconidum." gl. o. 492. Das Voc. v. 1429 hat „coconidium hitzkörner vel zeiler-ber," das Voc. Arch. p. 57 hingegen schreibt „zytland, laureola." Diefenbach p. 129ᵇ f. 321ᵇ. cf. d. vorhergehende Wort, auch Zeidel und Zilling.

Die Zeil und die Zeilen (Zál, Záln), wie hchd. Zeile; (mhd. zîle, ahd. zîla, linea, versus, ordo; Graff V, 658. BM. III, 886. Weigand, Wbch. II, 1130). ə~ *Záln* Häuser, Bäum, Stauden ꝛc. Birlinger 438. „Ich war aᵒ. 1669 den 16. Julii darbey, da zu Salzburg ein Stuck vom Berg einfiele, eine ziemliche Zeil Häuser ein-, und etliche hundert Menschen darinnen und auf der Gassen erschluge;" P. Procopius. „Von ainer zeil mist ze praiten 1 dn.;" Scheirer Dienst-Ord. f. 46. Die Zeil, senkrechte Casula einer Tabelle; Cgm. 700, f. 82. 85. 73. „Zwu zeil," zwey Reihen; Cgm. 99, f. 153. „Vil zeil oder lini;" Cgm. 740, f. 1. Beym Spiel mit Kegeln machen die mittlern drey in der Richtung der Bahn die *Zál* aus. „Zeil Knoblauch, zum Aufhenken, restis alliorum;" Voc. v. 1618. Die Zeile Salz (ehmals) = 34 Fuder, Stöcke (s. Th. I, Sp. 695); Jir., Flurl 31. „N. N. hat gesoten (Salz) auf der ersten pfann XXVIIII zeil;" ein andrer „auf der dritten pfann XXXII zeile." „ij fuder auf der erde bringet auf baiden pfonnen LXI zeil vnd ij fuder auf der erd die bringent an fudern VIIIIᶜLXXVIII (978) fuder saltz die machent an gelt CLXXXXV mc' (Mark) und VI ß perner;" Clm. 11436 (XVI. sec., 1530; Golling). Vgl. Th. I, Sp. 279. zeilweis (zálweis), reihenweise. Die Zeilət, (Hrslm.) Reihe von Bäumen, Stauden. Vrgl. oben der Zeil.

„Zeilgelt." In MB. XXV, 323, ad 1470 gibt dem Kloster Michelfeld als Lehensherrn der Besitzer eines Erblehens jährlich nebst Getreide, Eyern, Käsen „60 dn. zu Zins, 4 Pfund zu Zeyllgelt und Vasennacht-hennen." ¿Etwa Zählgeld, das bey Adelung als Lehenwaare, bey Frisch als gerichtlich hintergelegtes Geld erklärt wird, und auch in wirzburgischen und ansbachischen Verordnungen öfters vorkommt?

Das Zil (Zịl), plur. Zil, Ziler, wie hchd. Ziel; (ahd., mhd. zil, Graff V, 656—58. BM. III, 881. Weigand, Wbch. II, 1140), festgesetztes Ende. Es oder das hat kain Zil, darüber ist nichts (Beschränkendes) festgesetzt.

„Bei üns i~n Darff hàts kaə~ Zil,
tuət an ịədə' hi~ wo-r-ə' will;" Lied von der Plunzen. Fleisch hàt kaə~ *Zil*, es ist Überfluß an Fleisch. „Die wölff essen kein zil;" H. Sachs III, III, 143. One Zil, ohne Ende. Kain Maß und kain Zil haben, sich nicht mäßigen, nicht bescheiden können. Zil setzen, eine Canzleyformel, wie Maß geben; unzilsetzlich, wie unmaßgeblich. Einem ain, zwai ...
252 Jar Zil geben, Frist geben. „Auf Zil und Zeit;" MB. XXI, 233. Zinse oder Capitalien auf das und das Zil, in so und so viel Zilern (Terminen) bezahlen. Liechtmessen, Georgi, Jacobi, Michaeli sind die ganz-, halb- oder vierteljährigen Zil für den Aus- und Eintritt von Dienstboten, Georgi und Michaeli in München die halbjährigen für Wohnungsmiethen. Unter dem Zil aus stên, einstên, ausziehen, einziehen, d. h. nicht an dem gesetzlichen Termin. Gêt scho~ auf' *Zilzeit* zuə, und I hàb 'ən Zins no~ nét beinandə', seufzt wol mancher Familienvater, wenn das Zil Georgi oder Michaeli heranrückt. Kammerzil, Römerzil, gewisse Termine. (Nachtzil, sieh Seld, Th. III, Sp. 268). (A. Sp.) Zum Zil schießen. Der Zil-bolz, die Zil-büchsen, Zil-scheiben, Zil-statt, (jetzt Schießstatt). Birlinger 439. Zilror, (Jir.) Scheibenbüchse. In München war die älteste Zilstatt vor dem Angerthor im dermaligen Pechgarten; 1406 wurde die neue Zilstatt vor dem Neuhauserthor im jetzigen Stachusgarten gebaut. Es kommen im XV. Jahrh. auch eine Zilstatt bey der neuen Feste und eine an der Kreuzgasse vor. Bayer. Annal. 1833, S. 414. „Zil und Bolz steht bey einander, agitur salus, caput;" Voc. v. 1618. zilig (?). mäßig, mittelmäßig, klein. „Auch stuenden da zway silbreine Aingehürn, das gröst was als ain zyligs ross;" Wstr. Btr. III, 143. cf. Stalder II, 472. Vrgl. auch „luzzilo ia ciligo lûtet, minutas ac tenues voces format;" gl. i. 1196. Cf. Zilg, Sp. 1117.

zilen (zịln), a) wie hchd. zielen; (mhd. ziln, ahd. zilên, zilôn; Graff V, 656. BM. III, 884). „ən Ur, die redlich zilt," (die Zeit richtig angibt); Lied. (A. Sp.) zilen Einem, ihm eine Zeit, einen Ort bestimmen, ein Rendez-vous geben. Birlinger 439. „Convocet (zile) episcopus vicinos testes;" gl. i. 591. „Do nun die zeit kam, die jm sein muter vorhin het gezilt;" Cgm. 572, f. 66. „Dem buolen het si gezilet dar;" Cgm. 270, f. 280. 364. „Wolt sy mir heint zu ir ziln;" Cgm. 714, f. 354. Sie thet jhm vergebens nicht zu jhr zilen. „Hört ir lieben gespiln. wir theten her einander ziln." „Der Spiljüchtig der will nur spiln, der Buler schönen Frawen ziln." „Man sieht einen Schuldiger nach dem andern, den er zilt auf heut und morgen." H. Sachs. b) Die auf die Scheibe gefallenen Schüsse markieren. Der Ziler. c) „Minnikleichen er mit ir spilt, untz daz er ir ein kint zilt;" Cgm. 579, f. 91. auszilen ein Feld, es abmarken, abgränzen. „Das Leger auszilen," das Lager abstecken; Voc. v. 1618. Vgl. Grimm, Wbch. I, 1040. bezilen, ein Ziel setzen, bestimmen, beendigen; sich bezilen, zu Ende gehen. BM. III, 885. Grimm, Wbch. I, 1801. verzilen, verfehlen (das Ziel), versäumen; BM. III, 885. „Nu soltu niemertag verziln du werbest," keinen Tag unbemüht seyn, zu werben; Diut. II, 247. „Ez kan sich nicht verzillen, des Österliuten wirt ze muot; si grîfenz an und tuon ez guot;" S. Helbling XIV, 66. In der ahd. Sp. ist: ih zilo mîn, ich beeile mich, zilôn und zilên eines Dinges, studere, operam dare alicui rei, inniti, conari, agſ. tilian; vrgl. zelgen. beyzilig (? hieher?). „Daz vernim peitzilich;" Calender v. 1475, Cgm. 75, f. 20ᵃ.

Zilling, (salzb.) Seidelbast; cf. Zeiland, Sp. 1113.

Zille, Zillə'-l, Zillal, Cäcilie; Zeitschr. V, 471. VI, 452. 457. 462.

Die Zillebille, ein zimpferliches, affectiertes Frauenzimmer; (Koburg). Zeitschr. V, 302: *Zileke.*

Die Zillen, sieh Züllen. 253

Der Zoll, wie hchd., (mhd., ahd. zol, zolles; zollantuom, teloneum; Graff V, 659. BM. III, 945. Weigand, Wbch. II, 1151), jedoch mit Beschränkungen, welche man unter Maut (Th. II, Sp. 1686) nachsehe. Der Guldenzoll, im Würzburgischen ehmals Zoll vom Wein, und zwar ein rhein. Goldgulden vom Fuder. Der Pfundzoll des Augsb. Stdtb. (Freyb. 17) bestand in „vier Pfenning von dem phunde," (wol von jedem Pfund Geldes, für welches irgend etwas gekauft oder verkauft wurde). zollfraisig, sieh Th. I, Sp. 827. Der Zollner, Zolleinnehmer, Zöllner; (mhd. zolnære, ahd. zolnâre, zolanâri, zollanâri, telonarius; Graff V, 659. BM. III, 946).

Der Zoll, als Maß, wie hchd. Aber auch als Femininum kommt das Wort jetzt, wie schon früher, oft vor. „Ainer zol mynner;“ Passauer Stdt.B., (sieh Th. II, Sp. 1470, unter Lamm). Das Adj. zwai=, drey= ꝛc. zöllig lautet oft zálig, als ob es von Zal herstamme. In der ahd. Sp. habe ich dieses Wort nicht gefunden.

Der Zoll, der, die Zollen, Dimin. das Zəllə-l, 1) compacter, gewöhnlich cylindrischer, Klumpen, a) besonders von menschlichen Excrementen. Schon im Cgm. 270, f. 210 heißt es bey einer unsaubern Musterung: „Etlicher was geschissen nach der Zollen.“ „Gott Vatter nahm ə~n Zolln Laom und schuff des Adams Leib;“ Lied. (cf. ital. la zolla. Diez, Wbch. 449). b) ə~ *Zolln* von ə~n Fád'n, dicker, grober Faden. ə~ *Zolln* Rauchtabak, ə~ *Zolln* Wurst. Cf. die Zollen (bey Stalder II, 478), Butterstriezel, und oben „Zeling.“ „Hast du der wurst auch ain zoll gessen?“ fragt die Aglaster den Mönch, da sie dessen Platte sieht. Schamhaupt. 2, f. . . ., 5. Fabel. 2) Klotz. Im Chiemgau ist der Zolln, öfter das *Zəllál*, ein Baumklotz von drey Scheiterlängen, der also drey Museln gibt. „Brueder Perchtram templer ordens gieng zu dem Soldan (welcher schlief), dem pant er ainen zol in den mundt und füert in gen Akkers gefangen,“ (a°. 1291); Cgm. 1134, f. 181. cf. Pez, script. r. a. 1115. „Er leit im ainen zol in sinen munt;“ Hoffmann, Fundgr. I, 179. 3) Klotz von einem Menschen, Lümmel. Vgl. Zeitschr. IV, 7 und 53. 4) ein gewisses Kinderspiel; (hieher?). „Kint sint nu tratz und unverwizzen: die kintlicher spil sich wollent (solten? wilent?) flizzen, zölle, tribkugeln und meizzen, die siht man nu luders sich fleizzen;“ Renner 14864. In den VII Comuni ist zollen, zöllen abschneiden, abhauen, truncare. Man vrgl. etwa auch das isl. tolla, haerere, cohaerere, und was die Filiation der Bedeutung betrifft, Klotz, Th. II, Sp. 1342. Sieh auch Zuller und Zolch.

Die Züllen (Zịln, Zuin), das Schiff, vom kleinsten Nachen oder Fischerkahne an bis zu der größten Art, wie sie auf dem Inn und der Donau vorkommen. Ob dem Worte von Rechts wegen **ü** oder **i** gebühre, ist (nach Gramm. §. 372) aus der jetzigen Aussprache nicht zu ermitteln. Es müssen also wol die schriftlichen Belege, und zwar die ältesten, entscheiden. BM. III, 949. Diefenbach 119ᵃ. Weigand, Wbch. II, 1159. „Zille, (Höfer III, 330 f.) leichtes und geringes Fahrzeug auf den Flüssen.“ „Zile, cymbula;“ Heumann, opusc. 690. „Zeilen (!) vocantur naves longae quarum in Danubio usus est;“ Leibnitz, Excerpt. I, 31. „Zille, lembus, cymba, linter, alveus;“ Voc. v. 1618. „Cillen, cymba, Nachschifflein;“ Frischlin, Nomencl. 542. „Die Beyern fuhren mit Zillen und Flößen über das Wasser Saona.“
254 Av. Chr. 106, Cbm. 1559, f. 216. „Mit Zyllen;“ Cbm. 1566, f. 363. „Canoen sein schiffl oder zillen auß aim paumb gemacht;“ Cgm. 936, f. 190. „Zu Ulm wurden nach Angabe der Chronisten erst im J. 1570 oder 1571 große Zillen gebaut;“ Schmid, schwäb. Wrtb 284. 549. „A°. 1507 bin ich auf einer Zielen gen Straubing gefahren;“ Kr. Lhdl. XVI, 238. „Scapha, zillen;“ Clm. 571 (XVI. sec., 1514), f. 34. „Im Januar 1475 führt ein Münchner Fischer Hansen Bart und Franzen Ridler auf zwey Zillen nach Landshut;“ Kr. Lhdl. VII, 514 (wie oben, wol renovierte Orthographie). „Auf einer Zille;“ Gem. Reg. Chron. II, 335, ad 1397, (wol ebenfalls renoviert). „Mit Schäffen, mit Zillen, mit Flößen das Wasser arbeiten;“ Mederer, Ingolstadt 63, ad 1376. „Neben den 20 Hallaschen mit Salz mag ein einige große Zülln, so man die Naufart zu nennen pflegt, wenn sie gleich über die alt gewöhnliche Weite und Länge der 10 Werckschuh breit, und 19 Klafter lang ist, gebraucht werden,“ (auf welcher der Erbnauferg den andern Hallaschen vorfährt); Salzb. Schiff-Ord. v. 1616, Lori B.R. 490. 499. Das Züllein, Fischer-züllein; H. Sachs 1612: IV, III, 170. „Zull, cymba;“ Voc. v. 1482. „Die Rennschiff oder Zülle loslassen, barcas emittere. Kieleschiff und Züllen, trieres et barcae.“ „Bis man in den rennschiffen oder züllen, dy man an das gestatte heraus fuort von dem kiele, die wunden, totsiechen und auch die gesunden alle einfuort in den kiele, quousque tam vulnerati et semineces quoque et incolumes per barcas ad sabulum emissas in trierim transportabantur;“ Cgm. 572, (Herzog Ernst, latein. und deutsch), fol. 8. 10. 39. 45. „Bey dem see genasareth. sach zwu zulln̄ sten beym see . . . Ihs (Jesus) gieng an ain zulln̄;“ San-Zenon. 115, f. 136. „Herr, hüt dich vor der fülle wan dy ist des todes zülle;“ Cod. Moll-Oldenbourg (v. 1475) mit Udalricus de Campo liliorum. „Züll, cimba; eselzül, crebersia;“ Voc. v. 1429. „Der ast die Zullen vieng vor bei dem granz, daz die Zull versanckch;“ Horneck, cap. 186. „Daß er in einer Züllen an dem Rein gefaren, und die Züll hett sich umchert und er were ertrunken;“ Hagen, östr. Chron., bey Pez, scr. r. a. „Chauft er ein zulln-bret oben, da geit er VI dn. von;“ Heimburger Urk. v. 1351, Senckenberg, Vision. 282. „Chaufft aber er (der Haimburger) ein Zullen daselbs ze Wienn;“ Urk. v. demselben Jahr, Cgm. 335, f. 57. „Chauft er ein czul daselbz ze Wienn, davon geit er VI dn., chaufft er aber ein asch, do geit er von VI dn.;“ desgl., Cgm. 1113, f. 5ᵇ. „Von ainer Salz=zulln . . . ., von ainer Trawnzulln;“ Frhr. v. Hormayr's Wien, V. B., Urk.buch p. CLXIII. „Daz iegliche geladen durchvarende Zülle mit saltze ayn phenning geben soll.“ „Von ieder Zülle:“ Kurz, Östr. unter Frid. d. Sch. p. 462. „Du bodenlôse zülle! als ich dich gefülle, ich senk dich an der helle grunt,“ begrüßt der „Helle wirt“ den Geizigen;“ S. Helbling II, 595. Endlich bis ins XIII. Jahrh. führt die Glosse Zulle, welche in einer Handschrift des Reginaldus die Worte „ultra sine lintre ferantur“ erklärt. Während unser Wort westlich nicht über das Donaugebiet hinausreicht, setzt es sich, und gewiß nicht ohne historischen Grund, im Osten, nach regelrechten Aussprach=Analogieen mehr oder minder entstellt, durch alle slawischen Dialekte fort: russisch, illyr. und poln. tſcheln', czolno, n., alt czoln, m , sorbisch zoln, zown, windisch zholn, böhm. cžlun, slow. člun, slaw. czun, croat. chun, crain. 255
zhovn, bosnisch cjun und selbst ungar. tsonak, chonok, womit denn sogar wieder unser Schinackel (sieh Th. III, Sp. 426) zusammenstößt. Sieh Linde, poln. Wrtb. I, 374. Überall hat es die Bedeutung Kahn, und es bleibt wenig Zweifel, von wo aus es zunächst zu uns gelangt sey. Eine andere Frage wäre, ob es, durch diese slawische Vermittelung, dennoch mit dem germanischen chiol, chiel, kiel, agſ. ceol, isl. kiöll (Grimm I³, 451), womit es schon von Leibnitz unmittelbar verglichen werden wollte — ein Fahrzeug, nicht mehr aus einem Stamm gehauen (Ainbaum; s. Th. I, Sp. 88), sondern auf einen Kiel gebaut? — Zusammenhang habe. Vgl. Th. II, Sp. 1236: Kiel. „Die kiele und diu schef zerbrâsten baidiu;“ Griesh. Pred. II, 32. „Cyulis i. e. nostra lingua longis navibus;“ Gildas cap. 23. Zeuß p. 493. „Celox, chiel;“ Aug. S. Ulr. 50, f. 2ᵇ. Diefenbach p. 111ᵃ; nov. glossar. p. 83. Ducange, ed. Henschel II, 269ᵇ: celones, 284ᵃ: ceola, cyula. Scheint doch auch die slawische ladja, lod für Schiff bis an den Bodensee gedrungen; sieh Th. II, Sp. 1436: Läde. Vrgl. Jelle im brem.-niedersächs. Wrtbch. II, 692. In der Stadt Stade mußte am 12. Novbr. 1850 mit Jollen gefahren werden. Arten von Züllen: Haber=Züllen (sieh Th. II, Sp. 1042); Klob=Züllen, wol 130 bis 148 Fuß lang, (s. Th. II, Sp. 1042. 1323); Ärz=Züllen; Waid=Züllen, (s. Th. IV, Sp. 854); Wand=Züllen; Waßerseher=Züllen. Lori, Brg.R. 647.

zullen, (Franken) ziehen oder saugen am Sauglappen oder Schnuller. Weigand, Wbch. II, 1159: zullen, zulpen. Vgl. Birlinger 440: zullen, grobe Fäden spinnen. Der Zuller, der Sauglappen.

Der Zolch, der Zolchen (Zólchə̃), a) Wulst, strickähnlicher Knollen, Klumpen. Vilmar, kurheſſ. Idiot. 464: der Zalke, Zölke. Zeitſchr. II, 240: Zulcher, herabhängender Fetzen; zulkern, nachſchlottern. ə̃ Zolchə̃ von ə̃n Fàdn, grober Faden. Du dráſt ja (beym Spinnen) lautə^r Zolchə̃! Seĩ Hàr is lautə^r Zolchə̃. b) Eine Art Küechel. c) Klotz von einem Menſchen, Lümmel. BM. III, 946. Cf. goth. tulgus, altſächſ. tulgo, griech. δολιχός, ceſk. dlauhy u. ſ. Zollen, Zolk und Zolp. (auch Zoch, Zeitſchr. III, 524,9). Vgl. auch S. Helbling VIII, 558: „er ſulch!" und ſ. Th. III, Sp. 267, Lexer, mhd. Wbch. II, 1293.

zulchen, (heſſiſch) müßig herumſtreichen. Die Zulch, liederliches Weibsbild. Vilmar, kurheſſ. Idiot. 473. Zeitſchr. V, 462. 465: zolkə'n.

Zolke, Rührſtock beim Buttern; (Vorarlberg). Zeitſchr. V, 490. Vgl. Zolch.

Der, auch die Zelg, Zelch, (O.Pf., Nürnb.) Aſt, Zweig; (mhd. der zelge, zelch, ahd. zuelga, ndrd. telge, agſ. telga, m.; BM. III, 868. Weigand, Wbch. II, 1132. Vilmar, kurheſſ. Idiot. 464: Zalg, Zalgen, Zelg, Zelgen. Zeitſchr. II, 44,33. VI, 487. Leo, rectitud. 57–58. Mone's Anzeiger VIII, 493. 494: „Zelg, Zweig; zelgeleht, verzweigt. „Ho waren die boume, die zelgen dicke unde breit;" Lamprecht's Alexander 4846 (5197). Vrgl. Zilg.

zelgen, zelchen, (O.Pf., Nürnb.) das Feld beſtellen, nachdem es zur Brache gelegen, was gewöhnlich je um das dritte Jahr geſchieht, die ſogenannte Dreyfelderwirthſchaft treiben; (agſ. tilian, tiligan, engl. to till; Müller, etymol. Wbch. d. engl. Spr. II, 468. cf. Kilian telen und oben, Sp. 1114: zilen). Die Zelg, a) (Allgäu) die Beſtellung des Feldes, das Pflügen zur Saat; b) das beſtellte Feld, beſonders inſoferne es nach der üblichen Dreyfelderwirthſchaft den dritten Theil der Geſammtflur ausmacht; c) der dritte Theil der Flur überhaupt. Korn- oder Winter-Zelg, Haber- oder Summer-Zelg, Bràch-Zelg. cf. Pictorius, voce Eſaden, p. 96. BM. III, 868 f. „Zu den ... Zeiten, außgenommen in der Zelg oder Ackerpaw;" Sonthofer Badſtuben-Ordn. v. 1544. „Wir haben verchauft den zehent über den Haghof in den drüten Zelg (ie deu dritten Zelg?) die zwo garb;" MB. XXVII, 119, ad 1402. „In omni Zelga iornale unum arare," Neugart I, 71, N°. 77; auch 113, 1030, ad annum 779. Beide Stellen wol nach a) zu verſtehen. Und ſo iſt auch in gl. i. 142. 572. 703, o. 380. 417 zelga für aratura geſetzt. Sieh auch oben, Sp. 1112: Zell, und vrgl. Eſch, Th. I, Sp. 167.

Die Zilg, Zilig, (Cgm. 4207, f. 123–129) Span, Schiene, Schindel des Wundarztes, ferulae; (dieſe Bedeutungen aus den Stellen nicht völlig ſicher zu entnehmen). ziligen, vb., ſchindeln. „Tu als du waiſt uber painprüch pint ſworcz wurcz pulver und bolum armenicum gemiſcht durch einander cziligs rors (rörs?) und pintz als du waiſt mit cziligen;" Cgm. 170, f. 3^b. „Leg das pflaſter daruber und czilígs als du wayſt;" daſ. f. 4^a. Cf. BM. III, 886.

---

gezalk (ſt. gizalic von gizal? ſ. oben, Sp. 1109), ſchnell. „Sich ſwang ein valk ſnell und gezalk uf ein gevilde;" Mich. Beham, Cgm. 291, f. 38.

Der Zolk, a) ſieh oben Zolch. „Hengſt Pacher, Niklas Volker, wider dy groben zolker und rauchen hachen er ſich ſprieß;" Mich. Beham, Wiener 62,22. b) (ſchwäb., ſchweiz.) Schnauze an einem Geſchirr.

Der Zolp, Zolpel, Zulp, Zulpel, a) Klotz von einem Menſchen, Lümmel, Tölpel, niederd. (Kilian) tulpe, böhm. tulpa. b) vollendete Betrunkenheit; fland. (Kilian) tulpen, ſich dem Trunk ergeben. zolpet, zolpelhaft, adj. Von einer Prieſterhetäre ſagt Mich. Beham, Cgm. 291, f. 173: „Die frumen frauen müſſen vnden an den tiſch, die zulpin ſetzt man oben." 256

Der Zülß (Zülſs, b. W.), bengelhafter Menſch. „Herr ölſen zolſ herr ſchollentrit kan tanzen nach dem newen ſit;" Heſelloher, Cgm. 379, f. 161.

Der Zelt, der Paßgang des Pferdes, gradus tolutarii. BM. III, 869. Weigand, Wbch. II, 1133. „Roß das ein Zelt geht, equus tolutaris;" Voc. v. 1618. „Ir pferd giengen ſchon den zelt;" Cgm. 714, f. 114. „In zelt, enzelt gân;" Diut. II, 121, tolutim incedere, Liederſ. II, 518. „Sie reten (ritten) baz den inzelt alliz zweres oder velt me denne ſtarker mile dri;" Haupt's Zeitſchr. V, 440,233. Cf. Grimm III, 130. zelten, zeltnen, vrb., tolutim ire; (Kilian: telden, tellen). BM. III, 870. Graff V, 660: zeltian. „Mit zelten und traben und reiten wart nie mein geleich in diſen zeiten" ... „dy frawen fragen all wer iſt der der ſo hüpſchleich zeltt daher;" Roſenplut, Cgm. 714, f. 299, (Keller, Faſtnachtſpiele I, 362,23. 28; vgl. daſ. 311,6. 697,26. 746,23: „traben noch zelten;" daſ. 622,11: „traben und zelten;" daſ. 494,27: „wil er traben, ſo wil ſi zelten"). Der Beghart „leidet mangen druck und ſtoß vom tufel und von der welt, die ſo dick uber in trabt und zelt," (zeltet); des Teufels Segi, Barack 197,6212; ſ. Th. II, Sp. 1147: haren." „Swer trabens gewont den müet zelten;" Renner 20995. „Wenn das tier (furion) unkäuſcht, ſô hebt ez ſich auf dem weib auf und wegt ſich in zeltens weiſe;" Konr. v. Megenberg f. 84^b, (Pfeiffer 139,17). „Zeldendaz (sc. hros), equus trutinans;" gl. a. 514. „Un palafren, cin zeltenpferd;" Voc. ital.-tod. v. 1460, Cod. it. 362, f. 18. „Zehen zeltenpfärdt;" Cgm. 272, f. 98, vermuthlich ſtatt zeltend, wie MB. VII, 241: „Vier zeltendpfærd und vier knechtspfærd." Doch ſteht in jenem Cgm. 272 auch blos Zelten ohne den Beyſatz Pfert. Der Zelter, Zeltner (mhd. zelter, ahd. celtâri), equus ambulator. Graff V, 660. BM. III, 870. Weigand, Wbch. II, 1133. Dieſenbach 29^b. 178^c. 268^a. 406^b.

zeltern, (Nordfranken, verächtlich von Menſchen) nach-, hinterdrein ꝛc. traben; (henneb. zellern) hüpfend gehen. Zeitſchr. II, 48.

Der Zelten, plattes Backwerk, Fladen, Kuchen, (verſchieden vom Küechel, Th. II, Sp. 1221; mhd. zelte, ahd. zelto. Graff V, 660. BM. III, 870. Weigand, Wbch. II, 1133. gl. i. 829: „zelto tortella;" gl. i. 723: „pheforzelto libum;" Clm. 5685, XV. sec., 1412, f. 79: „liba opferzelt, libetum lebzelt, placenta pfanzelt;" Voc. v. 1618: „zelten, trochiscus, pastillus." Dieſenbach 326^a. Cf. ceſk. calta, Art Mehlkuchen). „An der rechten vaſnacht nym von jelicher richt den erſten piſſen vnd ain gerſten mell vnd pach ain zellten daraus vnd gibs dem viech, da peißt dirs kain wolf nicht;" Cgm. 554, am hintern Deckel. „Der ſmid hiezz pei der nacht machen drei celten. ... Alſo nam er den zelten ... Der ander zelt was ertreichs vol;" Gesta Romanor., Cgm. 54, f. 49^b, (Keller p. 95). Zu ainem Zelten (zə-n-ə̃n Zəltn) derdrucken, ſchlagen eine Sache, auch wol Perſon, ſie ganz breit und platt drücken, ſchlagen. Scherer gegen Utzinger 1589. Voc. v. 1618. Unter der Hand der ungeſchickten Köchin wird manches Backwerk, was es nicht ſollte, zə-n-ə̃n Zəlt'n. Wetterau: der Zeall, kleinerer, viereckiger, aufgegangener

Kuchen in der Art eines kleinen Laibchens Brod; Weigand im oberhess. Intell. Bl. 1845, S. 179. Brôd-zelten, Feur- (Foiə'-) oder Ofen-zelten, an der Mündung des Backofens beym noch brennenden Feuer gebacken; Sêləzelten, Brödchen, am Allerseelentag zu spenden, (sieh Th. III, Sp. 257). Schon ad 1317 heißt es Chron. Ben. II, 54: „Die sechs metzen rogken sol man pachen zu tzelten. Wird der Brodtaig mit Ingredienzien mehr oder minder versetzt, so ergibt sich der Äpfel-, Birn-, Hutzel-, Zwetschgen- und ähnliche Zelten. Birlinger 438. Ihre Krone ist am Gebirge der Weihnachtzelten, welcher, mit gedörrten Birnschnitzen, Mandeln, Nüssen, Cibeben und drgl. gefüllt, vom Bauer zu Weihnachten herkömmlich den weiblichen Dienstboten zu reichen ist. Weiß sich Eine einen Liebhaber, so ladet sie ihn ein, diesen vorher durch dreymaliges Rauchen geweihten Zelten anzuschneiden, wofür er seinerseits ein kleines Gegengeschenk, besonders ein Fläschchen Gebranntes, mitzubringen
257 pflegt. Der Imp-zelten, Stück von der Honigwabe. Leinzelten, Hülsen von ausgestampftem Leinsamen, wie die Lô-zelten aus benutzter Gerberlohe, in Form von Kuchen gebracht. Der Lebzelten (Lézəlt'n), Lebkuchen; (sieh Th. II, Sp. 1409). Was das Th. I, Sp. 422 und Th. II, Sp. 1262 berührte Hauen oder Streichen um den Lebzelten betrifft, so ist schon in einer alten Predigt auf den unschuldigen Kindleintag (Cgm. 837, f. 122) davon die Rede. „So kumptz her, das man an dem tag spricht zu den leuten: Ist der lezellt rehß, wenn man sy streicht vmb den lezellten. Sprechen sy: nayn, er ist nit gut oder nit reß, so hort man nit auf zu slagen. Wen man aber spricht: er ist reß oder gut, do ist frid im landt vnd bedeutt die unschuldigen kint, sam sy mit dem streichen wolten sprechen. Ist der lezelten reß, so glaubt jr, das die unschuldigen kindlein sein merterer. Sprecht ir aber, das er nit reß sey, so glaubt ir das nit. Wann der nit wolt glauben, das sy merterer weren, der wirt dort ymer vnd ewigklichen geslagen mit der rutten der ewigen verdampniß." Das Lebzeltenhacken ist ein Spiel auf Kirchweihen im salzburgischen Pangau, bey welchem gegen ein Gewette ein zäher Lebkuchen auf eine gewisse Zahl Hiebe mit einem Beile ganz durchgehackt werden muß; (Hübner). Auch Graf Schafgotsch, Emma und ich haben auf dem Berchtesgadener Markt (10. September 1848), nach dem Beispiel der den Kramstand umringenden Buben, in die Wette Lebzelten gehackt. Wer von zweien Wettenden durchhackt, gewinnt den Lebzelten, den der andre bezahlen muß. lebzelten, adj., (b. W.). O du *lé'zəltənə'!* o du verzärtelter, schwächlicher, süßlicher Mensch. Der Lebzelter, Lebzelterer, Lebzeltner, Lebküchner, der Backwerk mit Honig verfertigt, Meth siedet, und Wachs, kurz alle Erzeugnisse der Biene, verarbeitet und feil hat. „Letzelter, dulciarius;" Avent. Gramm. v. 1517. Wie es allerhand Zeltlein (Zəltl'n), als z. B. Anis-, Brust-, Huesten-, Mandel-, Manna-, Purgier-, Wurm-zeltlein aus leiblichen Apotheken gibt, so kamen weiland aus geistlichen: die Agatha-, Erhard-, Lucas- rc. Zeltlein. Item über alle Kraftzeltln geht, wie P. Abraham sagt, der Name IHC. auf der Zunge.

Die Zelt, Zelten, Zelden (Zəlln), das Zelt oder Gezelt; (mhd. daz zelt, ahd. zelt, gizelt, n., agſ. teld, giteld, isl. tiald; Graff V, 660. BM. III, 869. Weigand, Wbch. II, 1133. „Hæfde vitig god sunnan sîd fæt svegle (segle) ofertolden," with a sail shrouded; Cædmon 182,26 (Vers 3010). „Hæfde (Gott seinen Sohn) være betolden," Andreas, ex Cod. Vercellensi 1979 in Cooper's report, appendix B; Grimm's Andreas V. 988 und p. 121 f. Das ähnlich-bedeutende span. toldo mit dem Verb toldar möchte etwa auch auf ein gothisches Wort zurückschließen lassen. Diez, Wbch. 538). „Eine schöne Zellt, welche einem Schlos gleich gesehen;" Bericht v. 1571, Zeitschr. für B. u. d. a. L. IV, 53. „Da hälle Cr. Maj. an die von Regensburg gesonnen ihr eine große Zelt zu leihen;" Kr. Lhdl. XI, 366. Vrgl. Zell, und nach Gramm. §. 658 etwa auch Selden, Th. III, Sp. 268.

„zamet," (Heumann, opusc. 704) langsam, träge; (Wien) zahm; blöde. Etwa nach Gramm. §. 658 zu säumen, (Th. III, Sp. 278). Vrgl. auch zaumezen, und Th. II, Sp. 1696,3: aəmət.

„zämetzen," abzehren; sieh zaumetzen.

zam, wie hchd. zahm; (mhd., ahd. zam, Graff V, 663. BM. III, 890. Weigand, Wbch. II, 1119), volksüblicher ist haimlich, (Th. II, Sp. 1109). Vrgl. unten zemen. Im Feuerbuch v. 1591 (Cgm. 3113) wird das Lustfeuerwerk als zames dem Kriegs- oder Ernstfeuerwerk 258
als wildem entgegengesetzt. „Mir was got gebende ein zamez wild gehiure ... des zemlîch geheime mich dicke nerte;" Labr. 490. Zames (Fleisch oder Brät) im Gegenhalt von Wild-bræt. „Vleisch gemeine, beidiu daz wilde und ouch daz zam;" Wilh. v. Or. 133,15. cf. 177,3. „Guter chost alls gerät, zämes und Wilprät;" Cgm. 719, f. 3. 11. 16. 35. 52. „Daß die von Ingolstat (a°. 1503) Herzog Ruprechten bey 200 Faß Weines und 100 Centen Schmalz auch Ochsen und anderes Zähmes genommen;" Kr. Lhdl. XIV, 115. zam sein Einem eines Dings, (ergeben, zugethan). „Getriulîcher dienste was er im so zam;" Gudrun 868, (217,2). „Achates der stein macht den menschen, der in tregt, zem (Pfeiffer, gnæm) und zimlich den leuten; Konr. v. Megenberg f. 255, (Pfeiffer 432,26). 'zamen, mhd. Sp., zam sein oder werden.' „Waffen uber deinen sun! Entriuwen du must in fuder tun ern zamet bi unsern chinden niht (thut nicht gut) swaz er sprichet daz geschiht und fluchet dar zu gerne;" Kindh. Jesu, hg. v. Hahn, p. 99,83. zämen, verb. „Swer frömden alker paut, der zemt (Cgm. 266, f. 17^a: zampt, Cgm. 320, f. 110: zaeint, Wstr. Btr. VII, 81) sein viech;" aus einer Bestimmung des Rechtbuchs des Rupr. v. Freys., wo es vorher heißt: „Swer dem andern seinen acher eret (pflügt) und wänt er sei sein, der sol des ungolten beleiben und sol im iener des erens lonen, ob er (jener) wil. Er (dieser) mag in darumb nicht ansprechen, daz ist darumb gesetzt, swer rc." Zemen scheint also hier etwas dem Arbeitenden selbst Vortheilhaftes, wol das Zähmen, Abrichten seines Viehes zu bezeichnen. „an-zämen," (Nürnb., Hsl.) an sich locken, an sich ziehen. „Er hat unadel nie an sich gezamt;" Suchenwirt XI, 255. Vrgl. zamsen und anzæumen.

gezæm ('zeəm), anständig, geziemlich, sittig, zimpferlich; (mhd. gezæme, ahd. gizâmi, conveniens, decens, aptus, mit der Adverbialform gizâmo; Graff V, 664. BM. III, 891). „Du solt ez gar gezäm prennen mit kolln ân holz;" Cgm. 600, f. 2. „Bis mit deinem leben gezäm;" Ring 28^d,12. „Wir gend wider häym und essen sam uns ist gezam;" das. 37^a,12. „Doch so war nicht ungezäm, ob ein man daz besser näm;" das. 30^b,27. widerzäm, adj. und adv., (ä. Sp.) widerlich, zuwider, verdrießlich, zum Ekel, detestabilis, abominabilis; (BM. III, 891: widerzæme). „Das schreib alles ein und laß dir solch schreiberey erstlich nit widerzäm seyn;" Laysche Anzaigung v. 1531. „Si sint verboset und widerzäm worden an ir willen," corrupti sunt et abominabiles facti sunt in voluntatibus suis; Regula S. Benedicti, c. 7, Cgm. 91, f. 9. „So macht er ir bald widerzäm all ander man und liebet sich allain;" Cgm. 270, f. 148. „Als ein widerzemz dinch;" Cgm. 101, f. 104. „Wer ainen æl tœtt in wein und trinkt dar nâch des selben weins, dem wirt wein widerzæm;" Konr. v. Megenberg f. 143^a, (Pfeiffer 244,21 und p. 787: „taedium vini habent"). „Wer den wein trinkt, dâ der visch inn ertœtt ist, dem wirt der wein widerzæm;" das. f. 149^a, (Pfeiffer 256,1). „Contraria, widerzäm und gerewlich;" San-Zenon. 115, f. 233. „Restitistis, widerzam gewesen;" ZZ. 1803, f. 193. „Schantlich, ungustlich, widerzam;" Monac. Francisc. 134, f. 136. Dieses Adj. widerzäme ist in den Dichtungen der Mittelzeit häufig. Aber in der ahd. Sp. finde ich nur ein der Form nach nicht dazu passendes witharzomi, witharzuomi (Graff V, 665 f.), während doch ungizâmi (deformis, impar, Graff V, 665) vorkommt. Die Widerzæmekeit, BM. III, 891. „Daz die abschäzig widerzämikait nicht geschech in dem kloster;" Augustini regul., Clm. 5130, f. 200. 205b. Sieh unten zemen.

'zamm, (fränk.; schwäb. zimmə, zêmə) d. i. z'samm, aus zusamm, zesamm, zusammen, (Th. III, Sp. 276); Zeitschr. II, 432,28. III, 172,21. IV, 252,74. V, 120,19. 407,9. 517, I, 13. VI, 118,1. 256,47. z'sammfârn, ineinander fahren, erschrecken; Zeitschr. II, 85,34. zammgébm, vermählen; Zeitschr. V, 344.'

Der Zâum (Zám, Zòm), wie hchd.; (mhd., ahd. zoum; Graff V, 624. BM. III, 943. Weigand, Wbch. II, 1125. Cf. ags. team, Zucht, progenies; frenum; here-team, Heerzucht, expeditio: zu ziehen, zeugen, — wie dream, drom, troum zu driugan, dreogan agere, be-triegen; seam, som, soum zu siuwan, suere; fleam zu fleon, fliehen; hream (aber uo) zu hropan, hruopan). Das Zâumrecht, s. Th. III, Sp. 26. Das Zâumsail (Zámsl, Nürnb.), Leitseil. zemharnek (?). „Zwai ros die zemharnek sint ...;" Regel des Spitals zu Jerusalem, Clm. 4620, f. 91; (ze'm harnaich? vgl. gleich darauf und f. 95: „alle pruder die zem wapen sint"). zæumen (zámə˜), verb., (mhd. zoumen; BM. III, 944), den Zaum anlegen, am Zaume führen. „Daz er (der getohtige Gregorius) in (den feindlichen Ritter) zoumen began unde fuort in mit im dan vaste gegen dem bürgetor;" Gregor v. d. St. 1971. „Ûz fröuden rote bin ich gezoumet worden;" Labr. 401. anzäumen Einen, ihn in unsre Absicht eingehen machen, ihn gewinnen. aufzäumen 's Ros bei'n Schwaəf oder hinten, ein Ding verkehrt angreifen, anfangen.

„zaumezen, abzämezen, (Prasch, Heumann, opusc. 690) tabescere." Höfer I, 5 und III, 331: „zeimen, abezeimen," schwinden, immer elender werden, an der Auszehrung leiden. Castelli, Wbch. 270: zamaz'n, zögern, zaudern. Was ist hier echte Form, die mit **au**, die mit **ä**, die mit **ei**? Wäre Rathen zu etwas gut, so würde ich, nach Gramm. §. 374 (vrgl. Wrtb. II, 1599: Muem), gar auf **ue** losgehen, um ein dem ahd. Adj.
259 zuomig, alts. tuomig, tomig, isl. tôm-r, schwed. tom, vacuus, inanis, hager, alts. tômian; isl., schwed. tæma, leeren, inanire, entsprechendes zuemen herauszubringen.

1) Der Zem (bey Heppe, wohlr. Jäger 342: Ziem, Ziemel, Zeimer, Zämel, Zämer, Zämmer, Zimmel), hchd. Ziemer, der Rücken des Hirsches und des Rehes, besonders das hintere Stück desselben; (mhd. diu zimber; BM. III, 892. Weigand, Wbch. II, 1141). „Wenn der Hirsch zerwirket und zerschlachen wird, werden 3 Zämer gemacht. An dem hintern wird immer der Schwaden oder Sturz (das Schwänzlein) belassen. Der hintere und der mittlere sind die besten, zumalen im August, wenn der Hirsch zwey Finger stark Weißes darauf stehen hat;" Heppe. Ohne Zweifel nur das auf den heraldischen cimier anspielende cimier der französischen Waidmannssprache, aus welcher schon im Tristan 2903. 2942 diu zimbere nebst andern Kunstausdrücken entlehnt ist. Cf. der Zimmer. „Weill I gstudiert hab, bin I derhaut worn, es wär khai wunder gwödn, es wärn mihr beede Zehmer gschwundtn;" Ben. 298, f. 157.

2) Der Zem (bey Heppe 340: Zämmer, Zemmel, Zeimer), hchd. Ziemer, das Membrum des Hirsches, Ochsen. Der Fallwildzem (Membrum des Steinbocks), als Mittel gegen die Unfruchtbarkeit der Kuh angewendet; (Zillerthal, Schrank und Moll's Briefe). Zusammenhang zwischen diesen beiden Bedeutungen 1) und 2) ist schwer einzusehen, es müßte denn der unter Schwanz und Zagel bemerkte Tropus zu Grunde liegen. Vielleicht

ist Zen, w. m. s., die unentstelltere Form. Vrgl. auch Zumpf und Zemsen.

zemen, gezemen, (mhd. zemen: Praes. ez zimt, Praeter. zam, conj. zæme, Partic. hât gezomen, ahd. zeman; Graff V, 661. BM. III, 886 f. Weigand, Wbch. II, 1141): a) Einem, wie hchd., ihm ziemen, geziemen, gebühren, zukommen, wohl anstehen, anständig seyn; (sieh oben zam, gezæm, unten zimen und Zumft). „Die den turnier herrleich ersucht hetten, als sich gezamb;" Turnier-Reim, Hund, St.B. „Er meint, es hab sich nicht gezommen;" Senckenberg, Sel. Jur. N°. 683, v. 1525. „Eines (?) geistlichen Herren het das wol angezommen;" Wolff, hist. Volkslieder 604, ad 1462. Diese Participialform kommt übrigens selten vor, wie häufig sich auch zemen, zam ɩc. in den ältern Denkmalen nachweisen lasse. b) Einen, ihn gut dünken; (cf. engl. to seem, ags. sêman = alts. sôman, goth. samjan, ἀρέσκειν. Grimm I³, p. 385. Sollte sich das Anfangs-s im englischen to seem zu z in diesem deutschen Wort verhalten wie das holländ. (böhmische) s, z. B. in sukker?). mich zimet, gezimet eines Dinges, ich finde es gut, es behagt mir, ist mir lieb. Benecke's Iwein, Wrtbch. p. 161 und 586. „War umbe tuot unser herre daz, daz er die frummen gar hin nimet, und in der bösen niht gezimet?" Ulrich's Tristan 3594. „Do hort er ein weis, daz im zam, daz er süezzer weis nie mer gehort hiet;" Gesta Romanor., Cgm. 54, f. 34b, (Keller p. 65). „Do der richter daz hort, der sprach zů den, die in besagt heten: Ich enfind chain sach des todes an im, was zimpt ewch noch ze tůn. Sie (die Ankläger) entwurten im also: er hat den tod verdient;" das. f. 76a, (Keller p. 150). „Mich zimpt des, daz ...," mir scheint, daß ...; das. f. 81b, (Keller p. 161). Vrgl. die thüringische R.A. sich etwas, z. B. ein Glas Wein, zemen, brem.-niedersächs. Wrtb. V, 18: tämen, zu gute thun. Firmenich I, 81,8. 101,8. 'Einen (sich) bezemen lassen, Vilmar, kurhess. Idiot. 467.' c) dünken überhaupt, (Inn-Salz., U.-Donau). Zeitschr. III, 44,14. əs *zimt* mi', es dünkt mich, kommt mir vor. *Zimts* di' weit auf Trau˜staə˜? kommt es dir weit vor bis Traunstein? Hei˜t, *zimts mi*, kumt no˜ ə˜ Wédəʻ; (Passau, ObrM.).

„Há˜, Sendrin, *zimts di* gàr so lang,
dás d·˜maə˜st, əs is ə˜ Jàr?" Alpenlied.

„Schö˜ stát haəst's ei˜gspannt und schö˜ stát haəst's gfà'n, 260
Wanns *di'* guət *zimt*, muəst aufhö'n, sunst kimts dər i˜'n Màgng."

„Dəʻ Mà˜schei˜, dəʻ Mà˜schei˜ deʻ *zimt mi'* so schö˜, das I àllé helln Nácht zə-r-ə˜n Schàzə-l muə' ge˜;" Wagner, salzburg. Gsangl 5. „ən iəds hàt sei˜ Örtl, ən iəds hàt sei˜ Stell, und so guət *zimt's di'* nindərt, màgst sei˜ wodəwəll" (als daheim); Stelzhamer in Kaltenbrunner's oberösterr. Jahrb. 1844, S. 260. „Awer I lass's hald gehn und frag nixö darnah und sag überall schen, wann *mi'* „Na" *zimt*, I-a!" Stelzhamer p. 39. Wannst *di'* á dámisch haoch *zimmst*;" das. p. 55. Dèr *zimt si'* wás, dünkt sich was, bildet sich was auf sich ein. əs *zám mi'*, oder blos *zám mi'* (Hübn. Salzb. 484), mich däuchte, ich sollte, möchte meinen; *zimt mi'*, *zám mi'*, es däucht mich, (Zir.). *zem* ist nach v. Streber in der warmen Steinach am Fichtelgebirg ein nichtssagendes (?) Flickwörtlein. Vgl. sam (?), Th. III, Sp. 275,b. „Das zimbt mich, videtur mihi."

„Es sind vierlei ding, des mich zimbt,
der sich ein mensch übernimbt:
das ist reichtumb und weisheit,
adel und der gestalt schönheit.
Bis duo sunt quibus extollit se quis sine norma:
Luxus opum, generosa proles, sapientia, forma."

„Die Sunn, zimbt, scheint on meil
nach nebels schein ein michel teil.
Clarior esse solet post nubila maxima Phoebus."

„In meinem mut des frömden sat
mir pesser zimbt an maniger stat.

Fertilior seges est alienis semper in agris." Facetus, Cgm. 72, f. 31. 32. 36. „Wem zimpt als ym dy glider slaffen;" Cgm. 170, f. 3^{a}. „Mich zimpt, ein igleicher füder deinen willen;" Suchenwirt XL, 12. „Dez euch in ewern sinnen zimt;" das. XXIV, 75. „Mich zymmet an ewrn gepärden ir seyt von wilden Kriechen;" Wolfdietrich, Str. 369,1 (Haupt's Zeitschr. IV, 444). „Mich zimpt, der ain ain spiesser wer und der ander ain pavesner;" Mich. Beham, Wiener p. 315,11. „Der per nach der speise limet alsam tut frashait wes sey zimet;" Asp. 49, f. 127. „Da zam in (däuchte ihn im Traume), wie er ..." „Des sie sich unwirdig zamen," (däuchten); Cgm. 800, f. 202. 216. gezemen, BM. III, 887 f. „Disen salm sprich so dich boser dinge gezeme daz dich der tievel dinem engel iht benem;" Ald. 111 (v. 1250), f. 25. verzimen. „Sullen di gest vail haben in den herbergen oder am marcht, wa sy verzymbt oder verlust." Cgm. 544, f. 52. Vrgl. in diesem Sinn Otfr. IV, 28,10: „Thaz sie mit thiu gizami, uuelih sa imo nami." Vrgl. auch die Substantive gizâmi secta, gizamida decretum, conventio, (ohngefähr wie Willensmeinung, Gutachten?) und gizumft, consensio. Graff V, 664–666. BM. III, 891.

'Der Zemmet (Zämət, Zámət), eine Speise; s. Th. III, Sp. 280 f.: die Semete. Vilmar, kurhess. Idiot. 465: die Zammete. Zeitschr. III, 135.'

zimen, gezimen, hchd. ziemen, geziemen, eine jüngere, in der Volkssprache wenig gangbare Bildung von zemen, welches freilich auch seinerseits im Infinitiv kaum, und gewöhnlich nur in der impersonalen Form zimt vorkommt. Im Voc. v. 1419, bey Pictorius, Voc. v. 1618 ist zimmen geschrieben. zimlich, a) wie hchd. ziemlich, das heißt geziemend, gebührend, (Graff V, 662. BM. III, 889. Weigand, Wbch. II, 1141) — und ursprünglich eben so sehr der Gegensatz von zu viel, als es das Wort durch den Gebrauch endlich fast nur von zu wenig geworden ist. „Daß die Wirt jre Wein umb einen zimlichen (billigen, mäßigen) Pfenning ausschenken sollen;" L.R. v. 1616, fol. 530. „zimlich, modicus, mediocris; Voc. v. 1618. Ahd. Sp. cimilih, decens. b) (O.Pf.) wahrscheinlich, (nach zemen, c).

(Der) Zimmer, a) sieh Zem, Sp. 1121. b) das „Gezimmer, conus vel cleinat auff dem helm;" Cgm. 649, f. 544, sonst in der mhd. Sp. auch zimber neben der, diu zimier (Wigalois), Verzierung des Wulstes auf dem Helm, meist irgend ein Thier (Löwe, Adler, Schwan rc.) vorstellend; franz. le cimier, „qui est l'orne-
261 ment du timbre (des Helmes), comme le timbre est celui de l'escu," (des Schildes in der Wappenkunst), (Furetière), ital. il cimiere, cimiero, span. la cimera. BM. III, 893.

Das Zimmer (Zimər), a) wie hchd., d. h. ein vornehmerer Ausdruck für Stube. Der Zimmerherr, der bey Jemand, gewöhnlich dem Miether einer ganzen Wohnung, nur ein oder ein paar Zimmer in Aftermiethe genommen hat, oder, wie man sagt, auf dem Zimmer ist; (München). b) ganzes, außer dem eigentlichen Wohnhaus in der Regel nur von Holz ausgeführtes, Gebäude; im Gebirg namentlich ein zur Aufbewahrung von Heu, Getreide rc. bestimmtes, (Hübner 670); Stadel über den Ställen, (Gastein, Mesnil). Um Nürnberg noch ein Nomen genericum für jedes Gebäude. Das Dorf besteht aus so und soviel Zimmern. „Von Abschaffung der Zimmer, so die alten Bauersleute zu jren Ausgedingen gebrauchen;" L.R. v. 1616, fol. 297. 743. 750. „Die Häuser, Städl, Stäl und andere Zimmer zergeen und zerfallen lassen;" L.R. v. 1588, f. 116. „Der (Mordbrenner) brennet sehr vil Zimmer ab;" H. Sachs. „Daß der Markt (Falkenstein) ganz ausgebrannt war bis an zwey Zimmer;" Kr. Lhdl. II, 188, ad 1458. „Daz niemant kain haws noch zimmer daselben in dem dorf nicht abprech;" MB. XI, 540, ad 1388. In diesem Sinne sagt auch Arndt (Reise durch Schweden II, 182): „Graf Schwerin hat hier (bey Sala) ein großes Zimmer gebaut, welches Scheune, Speicher und Viehstall in sich vereinigt." In der ahd. Sp. zimbar, gizimbari, gizimbri, aedificium, aedes; mhd. zimber, zimmer, gezimber; (Graff V, 669. 670 BM. III, 892. Weigand, Wbch. II, 1143 f.). „Aedificium vel moenia vel statio vel structio zimmer;" Aug. S. Ulr. 50, f. 1^{b}. „Aedificium, zimmer;" Clm. 4350 (XIV. sec.), f. 1^{b}. Diefenbach 195^{a}. 221^{b}. 557^{a}. Unter solchem umfassendern Begriff ist auch Frauenzimmer (sieh Th. I, Sp. 803; vrgl. Gadem, Th. II, Sp. 871; Kemenat, Th. II, Sp. 1244; Schloß, Th. III, Sp. 536; Stuben, Th. III, Sp. 721; Gramm. §. 882) zu nehmen. H. Sachs 1612: II, II, 95 spricht: „Fürwitz gehört ins Frauenzimmer." „Nachdem kam auch die Kaiserinn mit jhrem Hofzimmer und Frawen;" das. V, III, 96. Vrgl. unten Aigenzimmer. c) das Bauen, der Bau mit Holz. „Ob die Höf verbrunnen oder so faul wurden, das si zimbers bedorffen;" MB. V, 393, ad 1282. „Swetig pawm, die nit gut sint zu einem Zimmer;" MB. X, 371. „Die Gruben (im Bergwerk) sollen allenthalben mit Zimmer (Holzbekleidung) versorgt sein, auf das die leut, die darin pauent, an jrem leib und leben nicht schadhaft werden;" Lori, Berg-R. 107. „Den Zimmerleithen wegen abbrechung der Zimmer in den heusern an der Schwabinger gassen" (1613); Cbm. 2224, f. 211. „Abbrechung der zimmer ob des H. Doctor Mörmanns und P. Candido ingehabten behausungen;" das. „Von dem alten Zimmer in der Neu Vest so ob dem Stockh welchen Andre Hueter Maurer anderst gemacht, abgetragen;" das. f. 217, Cbm. 2225, f. 190; (Gezimmer, Dachstuhl? ahd. Sp. gizimbri, aedificatio). d) Bauholz, latein. materies, materia, span. madera, im Gegensatz von leña, (Brennholz). „Carpenta, Zimmer;" Voc. v. 1429. „Si sollen auch ungemaut (ohne Mauth) füeren gezimmers;" MB. V, 393, ad 1284. Ahd. Sp zimbar, gizimbri, materia im weitesten Sinne, also auch metallum; (vrgl. das franz. timbre, Glocke sowohl, als Helm; ags. mago-timber, sperma genitale. Diez, Wbch. 735. Müller, etymol. Wbch. d. engl. Spr. II, 468 f. „The timber (Waldungen) on the valley of the St. John" im Staat Maine; s. Allgem. Ztg. 1839, Beilage S. 1052. Grimm, über Diphthonge, S. 12, hält isl. timbr für identisch mit česk. dub, poln. dab, Eiche. Herzog Paul Wilhelm von Würtemberg, in Texas reisend, geht über Sparta, eine kleine, zwischen „timbers (Eichenwaldungen)" gelegene Stadt, nach Belleville, meist von Deutschen bewohnt. Ausland, 1850, S. 632. c) Das Zimmer (mhd. Sp. zimber, franz. timbre; BM. III, 892. Diez und Müller, a. a. O.) als eine im Pelzhandel übliche Benennung für einen Haufen von 40 Stücken, kann in der Bedeutung strues allerdings mit unser deutsches Wort seyn. „Collectio pellicularum in vulgari per mercatores Zimber appellatur, quod Zimber sunt pelliculae XL;" Cod. Ald. 44, f. 103^{b}, 262
sec. XIII. Eine französische Urkunde v. 1207 bey Dufresne '(ed. Henschel, tom. II, p. 350^{a})' gibt: „Unum cimber mercaturarum vel X libras." zimmern, a) wie hchd.; (mhd. zimbern, zimmern, ahd. zimbarjan, zimbarôn, zimbrôn, goth. timrjan, struere, aedificare; Graff V, 671. BM. III, 893 Grimm, Gesch. d. d. Spr. 336: timbr, zimbar, δένδρον, δέμω). b) das Zimmermannshandwerk treiben. bezimmern ein Gut, die nöthigen Wohn- und Wirthschaftsgebäude darauf herstellen; es bewohnen. Ansp. Verord. v. 1706 ff. Ein bezimmertes Gut, das mit den nöthigen Wohn- und Wirthschaftsgebäuden versehen, — im Gegensatz des unbezimmerten, das blos aus dem zu einem Hof, einer Selden rc. gehörigen Complex von Grundstücken besteht. MB. XXV, 51. „De areis aedificatis, in quibus ascendit fumus, pullos XLIX;" Salbuch v. 1275 in Lori's L.-Rain 33. Die Bezimmerung eines Gutes, Herstellung der Gebäude; Bewohnung. Unbezimmertes Lêhen, Complex von lehenbaren Grundstücken, die

keinem Gut und Hauſe eingebunden ſind. Mejer, Forſtzeitſchr. Das Zimmer-Recht, Recht, auf dem eignen oder dem als Lehen beſeſſenen Boden Gebäude aufzuführen. Das Aigenzimmer, (nach Reinwald) ledige Weibsperſon, die ihre eigene Wirthſchaft führt. Durch eine würzb. Verord. v. 1761 werden die mit ziemlichen Gütern angeſeſſenen Eigenzimmer (alſo, und vermuthlich ledige, Mannsperſonen) vom Dienſt im Landregiment befreyt. Vrgl. oben Frauenzimmer. verzimmern, überzimmern Einen, ä. Sp., ihn durch Bauen beeinträchtigen. BM. III, 893. „Richten umb alles Überzimmer;" Cgm. 113, f. 70ᵇ. Rauch scr. r. a. III, 232.

'Das Ziment, Maſſe, die zur Scheidung und Läuterung der Metalle dient; franz. cément. zimenten, ſcheiden, läutern. BM. III, 893.' „Die ellenden ſelen die in dem fegfeur müſſen quelen bis das ſie ſich zimenten und verclären;" Cgm. 713, f. 131.

'Das Ziment, ein blechernes Gefäß für Flüſſigkeiten, ital. cimento. Caſtelli, Wbch. 272.' „Hiatzt heb'nſ unſinni' z'läut'n ån mit 'n blechern *Måſszimment;*" Kartſch I, 124.

Das Zimmes, ſieh Biß, Th. I, Sp. 292. Das Voc. venez.-todesco v. 1460 (Cod. it. 362, f. 18) gibt zimmeß durch vivanda. „Leer warn zimesſäck und ſchmalzkübel;" H. Sachs V, III, 125.

'Der Zimmet, Zimmt, cinnamomum, wie hchd.; (Weigand, Wbch. II, 1144. Dieſenbach 119ᶜ. BM. III, 897).' „Zimmerrind, zimmerrörlin;" Clm. 4373 (v. 1437), f. 114. 116.

'Das Zimmetsfeur, ſ. Th. III, Sp. 300 und Zeitſchr. VI, 345.'

Die Zummel, (Gebirg) Melkgeſchirr, Melkſechter; in Graubündten die Zummen. Cf. čeſk. cumel, Schlotzer, Zulp.

Der Zummel, (henneberg.) Schafbock.

Der Zimbel, Schelle, Glöckchen; BM. III, 892. Dieſenbach 119ᵃ. „Cimbl, cymbalum, Glögklein, wie mans zur Wandlung oder Elevation braucht;" Voc. v. 1618. „Swie verholn ich rüere den zimbel der zelle dîn," ſagt Nithart III, 7 '(Haupt II, 55,11)' zu Vrouwen Minne. „Jetzt leutet man gleich die Zimmlſchellen in des Biſchofs ſchönen Capellen;" H. Sachs 1612: IV, III, 63. I, I, 552. „Clavizimbal, clavicimbalum, instrumentum musicum;" Voc. v. 1429, ital. cembalo.

Zimber, ſieh Zimmer.

'zumbannər, ſelbander; ſ. Th. I, Sp. 100 und Zeitſchr. II, 49 f.'

Die Zumft, Zumpft, wie hchd. Zunft; (mhd. zumft, zunft, ahd. zumft, gizumft, gizumftida, consensus, pactio, conventio, conventus, von zeman, Sp. 1122, wie kumft von queman, numſt von neman. Graff V, 666. BM. III, 891. Weigand, Wbch. II, 1160).

Der Zemper, „Zember, (nach Popowitſch um Eger) Popanz, Schreckbild," ohne Zweifel der Semper des b. W. Sieh Th. III, Sp. 285.

263 zimpeln, zimpern, (ſchwäb.) ſich affectiert, zärtlich, kläglich benehmen. BM. III, 895. Die Zimpel, Perſon, an der man dergleichen ausſtellt. Vrgl. das holländ. temen, affectiert, langſam ſprechen, (Ten Kate Th. II, Sp. 709), isl. temſa, languide agere vel edere.

zimper, zimpfer, zumpfer, zimpferlich, zumpferlich, adj., delicat, zart im Benehmen, gewöhnlich mit dem Nebenbegriff des etwas Affectierten. Weigand, Wbch. II, 1144. Vilmar, kurheſſ. Idiot. 470. Bey Pictorius iſt zimpffer subtilis, bey Adelung zumpfen ſich auf eine gezwungene Art ſittſam ſtellen. Vrgl. das vorige Wort und allenfalls zemen.

Zimpfeich. „Pituita est morbus gallinarum, zimpheich;" Gutolfus, Clm. 5008 (XV. sec.), f. 171. Dieſenbach 439ᵃ: cipphic. cf. Zipf.

Der Zumpf, Zumpfen, Zumpfel, das Zümpflein, (ä. Sp.) mentula. Graff V, 668. BM. III, 949. Dieſenbach 357ᵃ. Birlinger 490: der Zump. „Wan eym ſein czagell oder zumpffen geſwollen iſt;" Cgm. 731, fol. 47. „Der Jud Abraham rühmte ſich, daß er dem Kinde ſein Zümpflein am erſten abgeſchnitten;" Gem. Regensb. Chron. III, 571, ad 1476. „Villeicht ſo ſtat dem kranken kinde ſein zumpflin;" Cgm. 601, f. 111. „Die ſüſſen Weinber merent die minn den mannen und machent, daß ſich der zumpfel aufricht;" Ortolph. „Zumpff, mentula; Zumpffenhütlin, praeputium;" Cgm. 649, f. 534. Cgm. 653, f. 332. „Veretrum, eraceus, mento, muto, priapus, mentula, extalis, zump;" Clm. 4394, f. 176. „Mentula, zumpff;" Cod. Memm. 2. Dieſenbach 209ᵃ. Eine der Frauen in Wittenweiler's Ring (14ᵇ,29. 22ᵃ,24. 'cf. Vorrede S. VIII') heißt Mäczli Rüerenzumph." Cf. Zumſel.

Der Zumpfeler, (ſchwäb.) Kloakenreiniger. Schmid, ſchwäb. Wbch. S. 552.

Die Zumpfel, (Nürnb., Hſl.) Schimpfbenennung einer ſtarken Weibsperſon; cf. Th. III, Sp. 421: Schumpel, und unten Zumſel. Zeitſchr. VI, 174 (Egerland): Zump'l, dummer Kerl; vgl. d. vorige Wort.

„zömpt, culeatus, in culo miſſus;" gl. a. 757. 'Vgl. Dieſenbach, nov. glossar. p. 122: „culleatus, verdoemt totter."'

zamſen, (ſchwäb.) zahm machen, locken; cf. niederſächſ. temſen, zahm machen.

Der Zemſen, der Ochſenziemer; ſieh Zem, Sp. 1121, und vgl. Zen.

Die Zemſen, (Kitzbühel, auch bey den Gotſcheern) die Kleyen; (gl. a. 519. 560: zemiſa, furfures; Graff V, 668). Etwa zuſammenhangend mit dem holl. temſen, franz. tamiser, ital. tamigiare, cernere, excernere, und den Subſt. tems (dän. tims), tamis, tamigio, Sieb, (Mehlbeutel?). Diez, Wbch. 340. Cf. die Zims, das Sieb, Haarſieb, (in der Zips); auch wangerſch *teimsk*, ſeihen, Milch durch ein Sieb laſſen; (Ehrentraut I, 65).

Die Zumſel, feminal; cf. Zumpfel.

Der Zan (o pf. Zaə˜, Zuə˜, in einigen altbayriſchen Gegenden Zå˜. Zeitſchr. III, 122), wie hchd. Zahn; (mhd. zan, plur. zene, ahd. zan, plur. zeni); ſieh Zand, welches die im Dialekt üblichſte Form iſt. 'Der Zanbrecher: ſchreien wie ein Zanbrecher; ſ. Vilmar, kurheſſ. Idiot. 463. Die Zanraffel, Schimpfwort für zahnlückige alte Weiber; ebendaſ. Zanung (in d. Baukunſt), ſ. Birlinger 437.'

zanen, (ä. Sp.) mit den Zähnen nagen, kauen, reißen; (ahd Sp. zanôn, rodere, carpere, dilaniare, lacerare, Graff V, 685; bremiſch-niederſ. Wrtb. V, 20.21: tauen). „Hå˜ mi' gstocho˜-r- in d' Fingə' und 'krålt dé ganz Hand, hât 'brennt marzialisch, und 's Bluət furə' *zant;*" Wagner, salzburg. Ges. 40. „Mit zanen und granen," (mit harter Mühe); Schmid, schwäb. Wrtb. 513. Der spätere Dialekt scheint diese Form sowohl mit der folgenden zannen — wie denn auch im Isl. tanna, dentibus rodere, ital. zannare heißt — als mit zenen, (zannen, incitare; Voc. Archon. 70) vermengt zu haben.

zanigen, (Salzb. Journ. von und für D.) was zanen; (ahd. zanigôn, mhd. zanegen, gezanegen; Graff V, 686. BM. III, 849). Vrgl. zanken.

zannen, zennen, (von Theilen, die geschlossen seyn sollten, besonders vom Munde und seinem Gebisse) auseinander stehen, hiare; sie auseinander stehen machen: gaffen, hohnlachen, grinsen; insonderheit: weinen; Graff V, 673. 686. BM. III, 849. Weigand, Wbch. II, 1122. Zeitschr. III, 100. 392,1,2. 523,32. V, 483. 505,II. VI, 341. 347. Vgl. česk. ceniti zuby, die Zähne blecken, auch ceniti (verächtlich) weinen; Jungmann meint: aus
264 cẽriti entstellt). „zannen, ringo;" gl. i. 560. 1224. ə͂n lachə͂d'n Schiergng und ə͂n *zannə͂d'n* Hund weicht də' Bauə' vo͂ weit'n aus. (Über den Steg hat der Hund in der Fabel) „âne zannen sîn fleisch getragen dannen;" altd. W. III, 172. „(Quae juncta sunt inter se) dehiscunt, zant und gint von einander." Voc. v. 1618. Eine Wunde zannt. Das Liecht einer Lampe zannt, wenn es durch ausgebrannte Dochttheile gespalten und geschwächt wird. „Und ihr Limln auch, die ihr so dasteht und die Hüt vor der Goschen habt und hereinzannt über die kleinen Kinder und nicht wißt, seys kick oder kack, was man da sagt;" Bucher's Kinderlehre 1781, p. 57. „zannen, wainen;" Voc. v. 1618. *Zannſt* scho͂ widə'!? sagt die unwillige Mutter zum weinenden Kinde. Birlinger 437. „greinen und zannen;" Frisch II, 464. „Mit wainen und mit tzannen;" Suchenwirt XLII, 117. an-zannen, auß-zannen Einen, aus Neckerey oder Spott und Hohn ihn angrinsen. Grimm, Wbch. I, 523. 'aufzannen, aufsperren, weit offenstehen; H. Sachs 1561: III, III, 16ᵃ. Grimm, Wbch. I, 782.' Die Zannen, Zennen (Zannə͂, schwäb.), läppische, weinerliche, verzerrte Miene, Grimasse. Zeitschr. V, 483. Mach kài͂ so Zannə͂! Der Zanner, die Zannerin, der, die da häßlich weint. Wàs d iətz ſtát bist, du *Zanə' du zanədə'!*

Der, auch das Zain (Zaə͂, O.Pf. Zài͂, Franken Zá͂, Ze͂), a) Ruthe, Gerte, besonders von der Weide, zum Binden der Reife und zum Flechten von Körben dienlich; (ahd., mhd. zein, regula, Schaft einer Sprosse, eines Zweiges von Pflanzen, goth. tains. fries. tên, agſ. tân: „hlutan mid tanum," mit Zainen lößen, ῥαβδομαντεύειν. Graff V, 673. BM. III, 867. Weigand, Wbch. II, 1130. Zeitschr. III, 532,49). „Zain zu den Raiffen zu schneiden, mag unverwehrt seyn;" Lori, B.R. 502. Der Rebknecht „übersicht dik ain guoten zain und tuot in absneiden;" des Teufels Segi, Wallerst. Hs. v. 1449, (Barack p. 361,11379). a) (ahd. Sp.) arundo, calamus, Rohr. Das Zainach, nach a) Weidengebüsch, nach b) Geröhricht; „zeinahi calamus," Doc. A. e. 120. „Ott aus dem Zeinach;" MB. II, 234. Sieh -ach Th. I, Sp. 21. c) (ä. Sp.) der Schaft eines Pfeiles, der Pfeil, wie lat. arundo. „Sie irwarb eine strâle, daz vederseil sie abewant, den brief sie umb den zein bant;" Eneit 10649. „Dar ûz sach man die schefte ragen und maneger hande zeine;" Wigalois 11114. „Arundo, strala, scefte, phil, zein;" gl. i. 1245. „Geschozzen wart vil manik zain;" Suchenwirt IX, 212. 'Figürlich: der Sonnenstrahl.' „Si sint lauter keusch und rain als der clar(en) sunnen zain;" des Teufels Segi, (Barack p. 435,13631; cf. p. 143,1482). d) (ä. Sp.) virga virilis. „Die ding, die das Zain steent machent;" Cgm. 144, f. VIII. „Die Hirschbrunsten gedörrt und eingegeben sein über die maßen gut, oder der Hirschzain selbsten;" Dr. Minderer p. 139. Vrgl. Zen und Zem. e) Stab oder Stäbchen aus Metall, im Hchd. nach provinzieller Aussprache oft Zahn, Zehen *rc.* geschrieben. Zain-Eisen, Stab-Eisen, Stangen-Eisen. „Der Goldschmid soll das Gold, das man ihm zu verarbeiten bringt, in einen Zen gießen, und dem Überbringer zur nachherigen Vergleichung der Arbeit ein Stücklein davon abschroten;" Wirzb. Goldschmidord. v. 1572. „Er (der Sittich) hât auch ain so stark haupt, daz in die läut mit ainem eisneinn zainl („clavicula") slahen müezent, wenn si in twingen wellent, daz er menschleich stimm lern;" Konr. v. Megenberg f. 128, (Pfeiffer p. 222,7). „Ein goldes zain slahen;" Suchenwirt XXI, 181. „Vil manigen goldes zein." „Manich goldes zein;" Nibelungen, Hagen 1751. 3831, (Lachm. 413,3. 895,3). „Sleht und eben als ein vil wol gemachter zein;" Walther v. d. V. 15,32. 30,26. f) (b. W.) Draht. Eisənə', méſſə'nə' *Zaə͂*, Draht von Eisen, von Messing. zainen (zàinə͂), adj., von Draht. ə͂ *zàinə͂s* Gádə', ein Drahtgitter.

Der Zain, Zainen, (Eichst, Nürnb.) Geflecht von 265
Ruthen, Hürde, Korb. (gl. o. 405: zeino, qualus; Diut. III, 144. 150: zain, cartallus, galetus).

Die Zainen (Zaə͂n, Franken: Zánn, Zenn; hessisch: die Zinn; Vilmar 55, kurhess. Idiot. 470), Flechte, Korb; (mhd. zeine, ahd. zeina, zeinna, calathus, cartallus, canistrum, fiscella; goth. tainjô. Graff V, 673. BM. III, 868. Zeitschr. III, 459. 532,19. cf. Grimm III, 347). „Dri zeinen melewes solle." „Uzer binezze si worhte eine zeinen;" Diut. III, 97, Cod. Vindob. 2721. 'zainen, vb., (Körbe) flechten; Birlinger 437. Vilmar, kurhess. Idiot. 466.' Das Zainlein (Zaə͂l, o.pf. Zài͂l, schwäb. Zài͂lé), a) Körbchen, Handkörbchen mit Deckel und Handhabe. Gl. i. 1184: „ceinnili, cartallo." „Zainle, sportula;" Voc. v. 1618. „Scirpea fiscella, cenel;" Clm. 17142 (XII. sec.), f. 109. Diefenbach p. 236ᵇ. „Ein alter Ainsidel kam in ain stat, daz er sein zaindel verchaufft;" Cgm. 619, fol. 361. b) figürlich: Person, die jemand beständig um sich hat, und die sich zu allem, was er befiehlt, gebrauchen läßt; (Nffdrfr.). c) (b. W.) langsame, dumme Weibsperson. Dazu auch ein Verb zaineln, *zaə͂ln, ummə'zaə͂ln. zaə͂ln* und traə͂ln. Etwa Verbildung aus Sainel und saineln, Th. III, Sp. 286. Cf. d. W. Zingleisl aus Singosel, Th. III, Sp. 290). Umgekehrt wird wol die fichtelbergische *Kol-ſá͂n* aus Kol-zainen entstanden seyn. Woher aber mag Adelung, der seinerseits sogar Zain aus Zahn entstellt glaubt, seine Kohl-Saite für Kohl-Flechte haben? Die Zainreusen, geflochtene Fischkörbe; cf. Th. III, Sp. 146 und unten Zaun. Was ist aus den Zainstrichen zu machen, deren (nach MB X, 577) aᵒ. 1497 das Hundert zu Pfaffenhofen 1 dn. Zoll geben soll? -- Stricke? 'Der Zainler, Korbflechter.' „Von den wannenmachern und zainlern." „Wanner und zainler;" des Teufels Segi, (Barack p. 357,11240; vgl. Th. III, Sp. 534: schlaißen).

zainen (zaə͂n), Eisen, Gold, Silber zu Zainen (Stangen, barres, lingots) schmiden; (ahd. zeinian, zeinnan, cudere, excudere, isl. teina; Graff V, 674 f. Vilmar, kurhess. Idiot. 466.). „Incidit (bracteas aureas), zeinti;" Clm. 4606 (XI. sec.), f. 100. Graff, a. a. O. In der Münze die gemischte Masse in die Form eines runden Stabes bringen, um von diesem dann die einzelnen Münzstücke zu schroten. „Die Pfenninge sollen gleich geschlagen und gezaint werden;" Hund's histor. Anmerk., Finauer's Bibliothek II, 155. „Umbe Chol zu dem Zainen XIII dn.;" Wstr. Btr. VIII, 106. Der Zainer, Zainschmid, der Kupfer und Eisen auf Hammerwerken in Stangen schmidet. Der Zainer in der Münze. „Den zeinärn ze lon LXIV dn. Den zainern ze mautte L dn.;" a. a. O., Lori, Mz.-R. I, 11.

2) Der Zain (Zaə͂, Chiemgau), der Haufen, Stoß, strues. Der Scheiterzain (Scheidə'zaə), Scheiterhaufen. Knihhtlzaə͂, Widzaə͂, Stoß Prügel, Stoß Reiswellen. „Eh das Holtz an die Zain gelegt oder aufgesetzt wirdet;" Reichenhaller Sud-Ord. v. 1509 in

Lori's Brg.R. p. 140. Westenrieder's Glossar gibt „Zeun" als Holz, das zur Errichtung eines Gebäudes fertig liegt, Zimmerholz. „Zainer," (Zeuner?), Knecht, dem die Aufrichtung der „Zaine" bei den Grundstücken und der Hage auf den Alpen obliegt; (Zir.). 'ſ. unten: zeunen.'

aufzainen, (Chiemgau) struere, aufrichten, aufhäufen. Scheidə' *aufzaə˜n*, Scheite in einen Stoß aufeinander legen. „Zum andern ſo ſollen die Laiter und ire Knecht und Schaffer die Ordnung halten, daß ſie kein Holz vom Gries führen, es ſey dann zuvor aufgezaint und gemeſſen;" Reichenhaller Sud-Ord. v. 1509, Lori, Brg.R. 140, Lech-R. 560, ſalzb. Wald-Ordd. 7. 8. 75.
266 108. Dieſes zweite Zain und zainen ſcheint zum erſten nicht recht zu paſſen. Ich möchte es (nach Gramm. §. 956, VI) zunächſt mit dem isl. tîna, colligere, tîna, f., collectio, vergleichen. „Bebbanburh (Bamburgh-Caſtle) wæs ærost mid hegge betyned and thær æfter mid wealle;" Saxon. chron., Ingram p. 23. „Ät Middeltune," (Milton); daſ., ad 893.

Der Zaun (Zau˜, plur. Zái˜), a) wie hchd.; (mhd. zûn, plur. ziune, ahd. zûn, plur. zûni, sepes, ſogar ſtein-zun, maceria. Graff V, 678. BM. III, 949. Weigand, Wbch. II, 1126). Figürliche Redensarten mit Zaun gibt es, wie im Hochdeutſchen, verſchiedene. Über die ſeltſame des b. Waldes: Mir is àlls aə˜ *Zau˜*, d. h. ein Ding, und: Dé hàt *Zau˜*, Vermögen, (Oberaudorf) — vrgl. oben Sp. 1065: zauen. Gêts à˜'n Gàdə'n odər à˜'n *Zau˜*, gehe es, wie es wolle. Er get sei˜n *Zau˜* nàch, er verfolgt ſeinen eignen Weg; Kaltenbrunner p. 94. „Einen durch einen Zaun nicht anſehen," (geringſchätzen); H. Sachs 1612: I, 452. III, III, 166. „Es ſeind drey Zeun, der Prand-, Gemach- und Fridtzaun. Der Prandtzaun ſoll haben drey Schuech und mitten auf den March ſtehen. Der Gemachzaun aber, wo derſelbe zehn Jahr ohne Anſprach geſtanden, haißt Ehezaun, und ſoll nicht mehr abgebrochen werden. Der Peunt- oder Fridtzaun ſoll allain von Görgi bis auf Martini und nicht lenger ſtehen;" Uttendorfer, Maurkircher und Braunauer Ehehaftrecht-Artikel, Cbm. Kl. 167, p. 261. 274. 296. cf. Th. I, Sp. 5. 243. 395. 810. Th. II, Sp. 1560. Muetzaun, ſieh Th. II, Sp. 1693, und tirol. Wald-Ordn., Cgm. 1203, f. 60ᵇ. Im Cgm. 3238 iſt f. 29 die Rede von einem Schid-Zaun, f. 30 von einem Trad-Zaun; cf. daſ., f. 7. 54. 142. Die „E-Zäune und Bann-Zäune müſſen nach Georgi gemacht und obrigkeitlich beſchaut werden;" Cgm. 549, f. 56. Vrgl. Pictorius, voce Ee-faden. Schott, die deutſchen Colonien in Piemont p. 243: fad. Ulfilas, ad Ephes. II, 14: mithgardavaddju fathos (des Zaunes) gatairands. Der Eſch-zaun kommt ſchon in den Leg. Baiw. X, 16 als Ezisc-zûn vor; ſieh Th. I, Sp. 167. Nach dem Material und der Bauart gibt es lebendige Zäune — welche gewöhnlich Boſchen-Zäune (Th. I, Sp. 298), rauhe oder Rauch-Zäune (Th. III, Sp. 82), Cgm. 3238, f. 64 auch Wildzäune genannt werden. Die todten ſind nach Umſtänden Balken-, Bretter-, Etter-, Flachten-, Hanichel-, Lander-, Scheiter-, Stangen-, Stecken- ꝛc., liechte, dunkle, ſchräge ꝛc. Zäune. „Ein runder liechtzaun umb des keiſers thiergarten" zu Wels 1513; H. Sachs 1612: II, II, 103. Waſſerzaun ſind die bei den Regulierungs- oder Schutzbauten nacheinander folgenden Waſſerſtecken oder auch Plankenpfähle; (Pſeud. Zir.). 'Vgl. unter zeunen.' b) Bey Avent. Chron., f. 61. 83. 210. 400: Verpalliſſadierung, Verpfählung. „Da ſie die Wälde zu einem Zaun und Bollwerk umb die Wagenburg zu machen niderfällten." „In der Inſel Britannia hat Severus ein Landwehr mit einem Zaun gegraben ... Steckten zum Wal und Graben einen ſtarcken hohen Zaun ..." „Mit diſem pofel er (der Holzer) do trat gegen den zaun in dy vurſtat," (aus der innern Stadt Wien gegen die zum Entſatz des in der Burg von den Wienern belagerten Kaiſers Anrückenden); Mich. Beham, Wiener p. 174,11. „Wir ſahen ab von diſem hauß in dy vurſtat zum zaun hin auß;" daſ. 176,11. „Der grab was zu tieff und auch der rain und diſer zaun ze hauch;" daſ. 175,28. „Alſo zugen dis frummen leut außhalb des zaunes wider ab gen Gumpendorff;" daſ. 182,26. „In den zeunen und graben vor dem taber ſo haben ſy verloren vil manchen man;" daſ. 297,27. „Paſtein, ſchreckzäun und leczen warn ſy gar ſchon beſeczen;" daſ. 379,26. „Lanbenk und korb brachten ſy zu dem hauß und taber, alſo nauch den ſchreckzeunen und graben auch;" daſ. 380,23. „Der taber und die veſte was auff daz aller peſte zugerichtet mit ſtarker wer, verſchutet und umbgraben ſer, gebawen mit paſtein und auch ſchreckzeun und andern zeunen hauch;" daſ. 383,26. „Umgeben mit ainr maur vil hauch, mit ainem hahen zaun darnauch und ainen tieffen graben was ez (das Haus) auch umb ſich haben. Dar nach ſtund ain ſchreckzaun davor umb und umb außerhalb dem tor; hart nach daran do ſtund ain teich mit quellendigem waſſer reich, den grub in niemencz abe, waſſers gnug er in gabe;" daſ. 403,11. „Ir her was auch auff alle ort uber al affter hie und dort gar wol umbſlagen und verhagt, mit aim hohen tüllzaun umbſtagt, gepawen alſo veſte als wers ain ſtat geweſte;" daſ. 401,27. Vrgl. Tüll, Th. I, Sp. 602. c) Der eingeſchloſſene Platz, septum; (ſieh unten Bizaun). „Der hirt ſol daz rint wider geſundez in die Zûne (Gehäge an den Häuſern oder um ſie; cf. Th. I, Sp. 174: Etter) antwurten;" Augsb. Stdtb., Freyb. 26; cf. Schmid, ſchwäb. Wrtb. 544. „Stechen über den zaun, concutere saepe interjecta," (Schranken); Cgm. 1279, f. 134. Pawlowsky p. 28. Firmenich I, 19,62: *Tuhn*, Garten. So iſt im Isl. tûn Hausgarten, im Holl. tuyn gleichbedeutend mit hof, d. i. Garten, und das agſ. tûn, m., engl. town nach b) eine ganze Ortſchaft, Statt (vom einzelnen Hof bis zur Stadt). Kemble, Diplom. II, 66: an healf tun, healfne tun. Vrgl. Schloß, Th. III, Sp. 536. zaundürr, zaun-leiche-, zaun-leichete-dürr, zaunracken-dürr (Wien: zaun-raunket; Caſtelli, Wbch. 271: kränklich, matt, ſchlecht ausſehend), ſehr mager und dürr. Zeitſchr. III, 193,137. VI, 347. 'zaungràchndir, zaunmärtadir, ſehr mager; Caſtelli, Wbch. 271.' zaunfalſch, hinterliſtig, heimtückiſch. „I maənət 's wár ə˜ Hund und no˜ rècht *zau˜fàlschər* á';" Seidl, Flinſerln (1839) II, 19. 106. III, 70. zau˜matt, (ſalzburg.) ſehr matt. zaun-müed, faul, träg. Du *zau˜miədə'* Háitə'! „zaunmäßig" iſt ein angehend 267
haubarer Stamm; (Zir. — wol zeinmäßig, da auch Zaunholz ſteht für Zainholz. 'Vgl. unten: Zaunreuſen'). zaunſpör, überaus trocken, ſaftlos; 'ſ. Th. III, Sp. 683.' „Oné Lieb is's (das Leben) *zau˜speər*;" Seidl, Flinſ. (1838) III, 11. 126. Der Zaunhas, unzünftiger Zimmermann; (Zir.). Vgl. Th. II, Sp. 1172. Zeitſchr. III, 501. Die Zaun-Scher oder Zaunſcherren, Art Fiſchzeug; (ſieh Th. III, Sp. 452). Da die Zain-Reuſen (ſieh Th. III, Sp. 146) auch als Zaun-Reuſen vorkommt, ſo mag zeunen (flechten) zu Grunde liegen.

Das Bizaun (ä. Sp., Th. I, Sp. 416), eingefriedigtes Grundſtück, franz. enclos; (gl. o. 415. 437: pizûni, clausura, clausula; 376: pizunna, clausula. Diut. III, 152 iſt wol zu leſen piziune oder giziune; auch bey Friſch II, 466 wird ſtatt Bizuma zu leſen ſeyn biziuna oder bizunna. Graff V, 678. Doch hat auch Vilmar die Form bizuma gefunden; 'ſ. Th. I, Sp. 315 und vgl. Vilmar's heſſ. Idiot. 38 f. Grimm, Wbch. II, 58). cf. bi-, Th. I, Sp. 189, und zeunen.

zeunen (zeinə˜, zei˜n), a) wie hchd. zäunen; (mhd. ziunen, ahd. ziunian, zûnian, zunnan, sepire; Graff V, 678. BM. III, 949). Der Zeuner, ein eigner Knecht einer Pinzgauer Wirthſchaft, der die Zäune zu beſorgen hat. Vrgl. Zainer und Zeiner. zäunen, (Zir.) einen gewöhnlichen Zaun von geringem Holze errichten, wodurch das Waſſer des Stromes allmählich in eine zur Schiffahrt taugliche Rinne zuſammengeleitet wird; das Stromwaſſer durch einfache Waſſerzäune in eine schiffbare Rinne zusammenleiten. So erklärt Jirasek den alten Ausdruck. Das Waßer zeunen, das Fahrwasser für die Salzschiffe durch eingeschlagene Pfähle rc. bezeichnen, ausstecken. Lori, B.R. 315. 319. 321. 485. 499. 647; Schultes's Reise. Man könnte dabey an Ofrid's zeinan (bezeichnen, significare; Graff V, 674) denken. Aber unser Wort ist nie mit ai geschrieben, und pag. 319 steht ausdrücklich: „zeinen oder hagen." b) flechten. Körb oder Kürben zeunen; cf. Th. II, Sp. 1287. „Ein poden von gezeundten Weiden;" Feuerb. v. 1591. „Mit gezeunten hürten;" Avent. Chr. 23. „Under iren augen was sie mit gutem past verzeunet wol und vast;" Cgm. 714, f. 13. „Gezewnet und geflochten;" das. 240. Dieses zeunen findet sich manchmal mit dem in der Bedeutung nahe liegenden zainen vermengt.

Der Zen (Ze˜), virga virilis. Der Ochsen-Zen, Ochsenziemer; „taurea," Voc. v. 1618. Diefenbach 574ª. Zeitschr. VI, 272,25: Zên, Zän, Zänner. „Verdambter Neid, so ist dir des Nechsten Zepter ein Ochsenzehn;" P. Abraham. Eine Straubingerin regaliert 1669 den Gemahl mit dem wohl gekochten Oxenzehn (boa seu taurea), womit er sie öfters bedient hatte. Clm. 857, f. 7. Obgleich schon gl. i 372 die Form Zen vorkommt („farrinon zenon" für taureis, Maccab. II, 7,1. Graff II, 1148), so wird es wol dennoch nach Gramm. §. 149 Note mit Zain, d identisch seyn. Vrgl. Zem, oben Sp. 1121, und Sen, Th. III, Sp. 287. Bey Chph. Schmid p. 546: der Ochsenzendel, bey Stalder II, 463: Zän und Zänner.

'Zène, Zènal, Zènə'l, Nepomucena; Zeitschr. V, 471.'

zenen, (schwäb.; cf. Höfer III, 314. 321) reizen, locken, necken; (BM. III, 870. Graff V, 673. 685. „Ih zeno sie, provocabo eos," Notk. Cant. Deut. 22; „zenet, irritavit, zeneten, irritaverunt;" Cgm. 17, f. 13. 20; „tanen, tenen, irritare," Kilian). „Dö Kiná dös Thail hamt'n (den alten Bettler) 'fürcht, dös Thail zent; do' Vo'wachsná hánt'n da'füllt gwön und g'wehnt;" Stelzhamer 128. „Dort steht er und geigt, — is nöt recht, dafs i'n zen!" Kaltenbrunner, Lieder p. 116. „Da bastelt er umá ás wie dö alt Henn, und es hilft á koán Nethen, koán Treibn und koán Zenn'n;" das. 122. „Willst beugn, und scheint d' Sunn nöt, so will f' di öbn zenn'n;" das. 148. „Zu ym locken oder zenen, allicio, pellicio." „Raytzum, zenum, illecebrae;" Avent. Gramm. v. 1517. „Die Hunger zaneten die Steirer auf ir halt," (lockten sie in den Hinterhalt); Horneck p. 1025. Das Voc. Archon. fol. 70 schreibt: „reytzen, zannen, incito," Stalder II, 464: „zännen." Vrgl. zanen, Sp. 1126 f. Das Voc. v. 1618 und Prasch (Heumann, opusc. 690) geben die Form „zenlen, sollicitare ad se, irritare." Vrgl. zenzeln.

zennen, sieh zannen.

'zen, zun, statt zu vor Infinitiven; s. oben, Sp. 1069 und Zeitschr. I, 288,6. III, 240,3,10. V, 505, II.'

'-zen (-əz'n), Verbalbildung; s. Th. I, Sp. 181. Gramm. §. 1069. Zeitschr. V, 464.'

268 Der Zeiner, im 16. Jahrh. eine Art Tanzes. „In einer Comödi (zu Florenz) haben 12 nakhent nymphä und sovil satyri (zum Schluße) durchainander wie ain (ainen) Zeiner gedantzt;" Herzog Ferdinand's italienische Reise (1565), Freyb. Samml IV, p. 333. „Da wir herritten wie Zigeiner, als wolten wir danzen den Zeiner;" H. Sachs 1560: II, II, 24ᵇ. Etwa Zeuner, von zeunen, flechten? Zehner würde kaum also geschrieben seyn.

zeunen, sieh Zaun.

Das Zin (Zi˜), wie hchd. Zinn; (mhd., ahd. zin; Graff V, 677. BM. III, 695. Weigand, Wbch. II, 1146). Das von Groß- und Urgroßeltern ererbte Zin (d. h. Küchen-, Tisch- rc. Geschirr von Zinn) will allmählich auch in soliden Bürgerhäusern dem modernen Eintagsluxus aus Fayence und Porcellan weichen. „Ins Zin schießen, ob praemia stannea jaculari;" Voc. v. 1618. Zin paschen, um Zinngeschirr würfeln. „Mein Weib wird sawer darzu sehen, das ich heut kein Zin mit mir bring," sagt der Schütz bey H. Sachs V, III, 48. „Zemal den kalch in aim haißen zinfaß;" Cgm. 4543, f. 113. Das Zinkraut, Kanneutraut, equisetum arvense, das zum Scheuern von Zinn- und Kupfergeschirr dient. Der Zinn-Wart, Aufseher über das Zinngeschirr am Hof zu Würzburg. zin-hell, zin-lauter, zin-liecht, adj., (von Flüssigkeiten) hell, lauter. „Da die zinlautern bechlein fließen;" H Sachs IV, III, 109. Auch figürlich: „Als ob er (der Mensch) sei zinlauter rein;" ders. V, III, 91. Vgl. Kindh. Jesu, hg. v. Hahn, 95,31: „Ein chalter brunne reht lauter als ein cin." Dés sán zi˜həll Säu, wahre Säue. „Dö zinnliecht'n Zäherl siegst schwimé-r-in Augn;" Stelzhamer 158. Zu Weißenstadt am Fichtelberg hat es in Bezug auf dortigen Bergbau ein Zinngericht gegeben. Lex. v Franken I, 279.

'Die Zinná, ein arges, böses Gesicht; (wol für Zénná v. zannen, zennen, s. oben und Schmid, schwäb. Wbch. 543).' „Ear kommt beinoh von Sinna und macht na arga *Zinna;*" Firmenich II, 426,77, (Biberach).

Die Zinnen, wie hchd. Zinne; (mhd. zinne, ahd. zinna, pinna; Graff V, 677. BM. III, 897. Weigand, Wbch. II, 1146. Cf. altslaw. sjin). „Die steinen Werkstück oder Zinnen" im Wappen der v. Ortenburg; Hund, St.B. II, 13. 24. Im Fechtbuch (Cgm. 582, fol. 10. 11. 18. 26) sind die vier Zinnen Arten von Kunststücken. 'zinnen, mhd. vb., mit Zinnen (Einschnitten, Zacken) versehen; BM. III, 898. Weigand, Wbch. II, 1146.' „Schawt wie der walt gar mannigfalt in gronen stat ein ieglich plat nach seiner art gezinnet;" Muscatblüt, Cgm. 811, f. 66. „Zwelf turne ... mit den edeln steinen sint si wole gecinnit;" Clm. 9513, Vers 83, (Haupt's Zeitschr. VIII, p. 147).

„Zinel," irgend ein Quantum, Büschel oder Gebünde Flachses; cfr. Reisten, Th. III, Sp. 160. „Lini XXVI Zineln valent 1 dn.;" Salbuch v. 1275, Lori, LechR. 14. 15; (vielleicht richtiger Zinnelin).

zinneleht, adj. „Die pfaffen santen ouch dar wol gezinnelohten (gehechelten?) har, daz sie in ze helfe spunnen;" Wernher's Maria p. 102. Der zinnelechte Zagel eines Rindes, der in Grimm's Rechtsalterth. 587 vorkömmt, wird daselbst als ein auseinander gekämmter erklärt. „Eynen ochsen mit eynem zynnelechten zayle, (Zagel);" Grimm, Weisthümer I, 498. Cf. das. p. 465: „einen zindelstin (lies: zindelehtin) ochsen." Nach dem niedersf. tinne (Zahn eines Rechens, Kammes) hängt das Wort unter dem Begriff des Hechelns wol mit dem vorigen zusammen. 'BM. III, 900: der zint, Zacke, Zinke; gezindelt, Partic., zindeleht, adj., mit Zacken versehen, zackig. Vgl. d. folg. Wort: zändeln. Weigand, Wbch. II, 1146.'

'zuənər, zuənig, zumig, s. Sp. 1070: zue.'

Der Zand (Zand, öfter Zan', Zann; sieh Gramm. §. 445), plur. die Zend (Zend, Zen'), Diminutiv: das Zändlein (Zándl, Zán'l, Zánə-l), wie hchd. Zahn; (mhd. zant, zan, plur. zende, zene, ahd. zand, plur. zendi, goth. tunthus; lat. dens, dentis, griech. ὀδούς, ὀδόντος. Graff V, 683 f. BM. III, 848. Weigand, Wbch. II, 1120. Zeitschr. II, 553,111. III, 188,38. 327. V, 177,221. 179,205. 366,161. VI, 108, IV,2. 114,23). Vrgl. oben, Sp. 1126: Zan. „Einen durch die Zend brennen," (ä. Rechtssp.) ihn als Dieb brandmarken, „daz man in furbaz erchenn, daz er funden sei an der deuphait;" Heumann, opusc. p. 63. 228, Wstr. Btr. VII, 55. 70. 72. 269
83. 248, Augsb. Stdtb.; cf. Th. I, Sp. 357. Grimm, R.A. 709. Das Zändlein (Zillerthal; Zant, Zenle,

VII Comm.), Zwirnspitze, franz. dentelle, ital. merletto. zändeln (zándln), mit zähneförmigen Einschnitten versehen. o˜ 'zánlts, aus'zánlts Band. Die Zand-Lucken, Zahnlücke. zan'luckət, adj.; Zeitschr. V, 464.

Der Zendel, hchd. Sendel, Zindel, (geringe Sorte Taffet, ital. zendado, zendalo; gl. v. 1418: „coccinum, zendel," Diut. III, 150: „conomia, zendal," gl. o. 400: „zenotina, zendata; cf. Dufresne, ed. Henschel, t. II, 270: cendalum, cendatum, tela subserica vel pannus sericus, t. VI, 261ᶜ. 262ᵃ: sindalum, sindo. Diefenbach 120ᵃ: cindatum, 536ᵇ: sindo. Birlinger 438. Graff V, 689. BM. III, 895: kostbarer Seidenstoff. Weigand, Wbch. II, 1145: Zindel. Diez, Wbch. 376). „Ein Regensburger Zindal" (Zendal), den Wolfram v. Eschenbach im Parcifal 377,30 „ze swachem werde" schätzt gegen die Wappenröcke, die vor Bêârosche zum Vorschein kommen, mußte damals etwas köstliches seyn. „Ein rîter nimt gar vür guot zem winder einen vêhen huot und ein kürsen schæfîn — daz sint nû diu kleider sîn — zem sumer einen zendâl, under einem huote hin zetal ein roc ân suckenîe;" S. Helbling XV, 69. Herman, Vicar zu St. Johanns in Tirol, vermacht aᵒ. 1360 dem Gottshaus „einen ganzen zendal." „Seta tincta ·i· sindina que collerata est in ĝnis tinctorum in vulgari zendell;" Clm. 5873 (XV. sec.), f. 239. „Nota quod *Cendalium* de Luk quod est optimum ponderat duas marcas ponderis Colon. deinde aliud VII fertones;" Aldersb. 44, f. 110ᵇ. „Postzendel ist der letzist und der allerschlechtist ist schier als ein spinnewept 1 ellen p XXX ₰, statzendel ... halber turtzendel ... gueter turt-zendel ... thabin 1 ellen per II flor. r.;" Tegernseer Notat (1500—1510), CbmC. 22, f. III. „Zendeldort, bombycina textu simplici tela subserica torta;" Voc. v. 1618. „Burgerinnen sollen kein Hermelin oder Marderfutter unter keinem Kleid tragen, aber Tabin, Zenndltord und minder mögen sie tragen;" Kr. Lhdl. XVI, 407. „Das Wams Zendldort;" M. Schwarz von Augsburg, Trachtbuch, ad fig. 104.

„Gezinde" (alias: Gezierde) am Hirsch, das Geweih. „Der (hirz) het so vil schœnez gezinde, daz es wundert daz hofgesinde;" St. Oswald, hg. v. Ettmüller p. 52,1551. 'Vgl. unter zinneleht: Zint, Zacke, und BM. III, 900.'

zünden (zint'n, zent'n), Partic. gezündet ('zint) und nach Gramm. §. 950: gezunden ('zunt'n; Zeitschr. VI, 104,22), a) wie hchd., (mhd. zünden, zünten, ahd. zundian, zuntan; 'Graff V, 686. BM. III, 896. Weigand, Wbch. II, 1157), vom verlornen starken Verbum zinden: Praes. ich zinde, Praet. ich zant, Partic. gezunten.' „Sam in vinsterme hûse ein kerze wær enzant;" Otnit, hg. v. Ettmüller, B. 66,2. einzünden (ei˜zent'n), Feuer im Ofen anzünden, einheizen. Gib Acht mit dei˜n Spà˜liecht, dás d' nicks *ei˜zentst*. b) leuchten. Dà *zent* her! *Zint* mə' d' Stiəgng àbi! Vrgl künden, Th. II, Sp. 1260.

Der Zundel, Zündel (Zunt'l, Zint'l), wie hchd. Zunder; (gl. i. 1220: zuntil; Graff V, 688. BM. III, 897); Zeitschr. V, 403,16: Feuerschwamm. Die Zundelblätschen, tussilago hybrida. zündeln, (besonders von Kindern) mit Lichtern zu thun haben, spielen. Zeitschr. III, 11. Sieh unten zünzeln. 'Der Zündler, Leuchter; Birlinger 441.'

Der Zunder, Zünder (Zuntə', Zintə'), a) wie hchd., sowohl aus Lumpen, als aus Baumschwamm oder aus faulem Buchenholz, (mhd. zunder, ahd. zuntar, aber öfter Femin. zundra, zundira, zuntra, isca, fomes, caustica. Graff V, 688. BM. III, 897. Diefenbch 109ᵃ. 310ᵃ. Weigand, Wbch. II, 1157. Vgl. ahd. zantaro, Kohle; schweiz. brandzanderschwarz; Zeitschr. VI, 408,27). „Tuber zunder;" Voc. v. 1445. „Fomes, zunterah;" Em. G. 121, f. 226. zundern, Feuerschwämme sammeln. „Sich des Zunderns und Pechens enthalten;" Münchner Policey-Anzeiger v. 1819, Nᵒ. 49. b) Kerzenleuchter, (Lex. v. B. III, 676). „Am Altar stehen 2 hölzerne Zünder mit 2 gelben Kerzen;" Selhamer.

Die (oder der?) Zunder, a) (Zillerthal, B. v. Moll) Alpenrose, rhododendron ferrugineum L. Nemnich II, 1155. Zeitschr. III, 332. b) (Lex. v. B., HhC.) Legföhre, Krummholzbaum, Alpenkiefer, pinus mughus L. Nemnich II, 980: pinus montana, Zunderbaum.

Der Schmid-Zundel, Schmid-Zünder (Zintə'), was unterm Hammer vom glühenden Eisen abspringt, der Sinter, (ahd. sintar; s. Th. III, Sp. 306) und wol daraus entstellt. zunder-rôt, feuerroth.

Die Zunft, s. oben, Sp. 1125: Zumft.

Die Zangen (Zangə˜, Zang, Dimin. Zángl), a) wie hchd. Zange; (mhd. zange, ahd. zanga; als emunctorium heißt sie zuanga, zwanga; Graff V, 679. BM. III, 849. Weigand, Wbch. II, 1121). b) Klammer. *Zimmə'zangə˜*, wie sie der Zimmermann braucht. 270
c) böse Weibsperson, tenax ac mordax. Ich bin nicht gehörig unterrichtet, ob zu a) gehören wird die auf Eisenhämmern (Lori, B.R. 84. 86) vorkommende R.A.: Eine, zwo bis zehen Zangen (des Tages) schmiden. Zengen zängen heißt bey diesem Geschäft: das aus dem Frischherd genommene Roheisen unter dem Hammer manipulieren. „So sollen die Schmid und Handpreyer der weggegangenen Zerrenner Eisen zengen;" Lori, B.R. 89. Flurl, Beschr. d. G. 138 139. Wenn auch die Operation vom zainen nicht verschieden ist, so liegt doch die Zange, mit deren Hilfe sie geschieht, noch näher. Bedenkt man das niederd. tengen, betengen, anpacken, angreifen, anfangen, (Dönckenb. 4. 19. „De Snöv — Schnupfen — *tenget* sik to lösen;" das. 86. 182), das ags. tängan, auf etwas losgehen, das isl. Partic. tengd-r, affinitate junctus, propinquus, tenging, junctura, tengsl, nexus, Otfrid's gizango, adv., gizengi, adj., (Graff V, 680), ags. getenge, altſ. bitengi, (Hêl. 141,13) instans, incumbens, gravis, vielleicht auch das tanganare der alten Gesetze, (Grimm, RA. 5), dann die folgende Adj.-Form zanger, so darf wol ein Stamm vorausgesetzt werden, von welchem man an Zange nur einen einzelnen Trieb vor sich hat. (Vgl. auch engl. to take, goth. tekan, 'isl. taka, schwed., dän. taga, tage und lat. tango, tago. Müller, etymol. Wbch. d. engl. Spr. II, 438'). Ist das bey Schmid, schwäb. Wrtb. 546 angegebene zengen (brennen wie Nesseln) nicht etwa aus sengen (das. 492) entstellt, so verdient es neben dem Fuldaischen Zengel, Zingel, urtica, hier mit in Anschlag zu kommen.

zanger, adj., scharf, räß; (mhd. zanger, mordax; brem. tanger, Dönekenb. 98. 99. 145: *tanger*, hungrig; Kilian tangher, acer, acris, cf. ital. tanghero, rauh, grob. Graff V, 680. BM. III, 849. Weigand, Wbch. II, 1121). Im Lande des Priesters Johann „da wechset der pfeffer zanger, einer der ist kurz, der ander langer;" Titurel XL. „Min mut ist wol so zenger;" Liedersaal II, 525. „Ein man ze strîte zangir;" Jeroschin, (Pfeiffer p. 285). „Ez blüewet walt, ouwen, anger die der winter macht zanger;" Altswert 74,19. „Also wurden beid töchter zanger von jhrem eigen vatter (Loth) schwanger;" H. Sachs 1612: I, 90. „Die schmidin und jhr schnur zanger, die warn beide sehr gros schwanger;" das. IV, III, 153. „Milch, schmalz und keß das führet sie zanger und reß hinein gen Landshut in die statt;" das. IV, III, 200. „In dem augst solt niht lazen (zur Ader) noh tranch nemen noh zenger prennen." „In dem hartmonad (December) trinch wein, met, pir nim niht tranch zanger oder horn moht du tun niht an ain stat daz daz gesuht dar iht slah;" Altm. 26 (v. J. 1334), f. 187ᵃ. „Der hailig gaist kumpt zu dir junkfra zanger," (gereimt auf „schwanger"); Muscatblüt, Cgm. 811, f. 68, (Groote's Ausgabe p. 42,30). Üblicher sind die weitern Ableitungen zängern, zenger, zängerlen, scharf seyn für den Geschmack, wol auch für den Geruch (BM. III, 849. „Der luft nach balsam smack zengern begund;" Liedersaal I, 376) und für das Gefühl: „Was zur nessel werden will, das zengert bald;" Cgm. 3912 (sec. XVI, Ulm), f. 70. Vilmar, kurhess. Idiot. 470: zingern, zingeln, von dem schmerzhaften Gefühl, welches die in der Kälte erstarrten Hände durchzieht, sobald sie plötzlich in eine warme Temperatur kommen, oder wenn die Glieder „eingeschlafen" sind: die Hände zingern mir (mich), es zingert mich mein Fuß. Zeitschr. III, 134: zängern, säuerlich werden. zängerlich, zängerlecht, „zengerlet, vellicans linguam (sapor);" Voc. v. 1618. zängerecht (zángərət); „zengerig, zengret, zengerecht als pfeffer, ponticus;" Voc. v. 1445. „Ponticus, zengrig ut est piper in comedendo;" Clm. 5877 (sec. XV., 1449), f. 134. Diefenbach 447ᵃ. „Zangerplum, flammula;" Cgm. 170, f. 10ᵃ. Das Zängerkraut, (tir., Ilrasek), ranunculus bulbosus L. Vrgl. zänken.

„Zangeln," kleine Fische; sieh Sangen, Th. III, 311.

Der Zingel, (ä. Sp.) intermurale, pomoerium, Zwinger; (BM. III, 897: der zingel, die äußere Verschanzungsmauer einer Stadt oder Burg. Weigand, Wbch. II, 1145. Diefenbach p. 446ᵇ. Cf. holl. singel, m., Allee oder Spaziergang um die Stadt). „Die der porten solten plegen, die heten striites sich verwegen an jr zingel
271 vor dem hamist." „Der wert als ein degen balt sin zingel vnd sin parwigan;" Tandarios und Flordebel, Cgm. 577, f. 153ᵃ. 157ᵃ. cf. Parcifal 376,11.14. 378,29. 382,10. Ecclesiae parochiales in Altorf etc. ac ipsarum filias videlicet Spiringen, Schachdorf, Zingeln," (die Güter, worauf die Kirche zu Selisberg im Canton Uri steht, heißen noch „der Zingel"); Urner Urkunde v. 1349 in Kopp's Geschichtsfreund I, 53. „Zinglof, antemurale," (Cgm. 653, f. 354) scheint sich zu Zingel wie Zwingolf zu Zwinger, wie Guttraf, Guttrof, Guttrolf zu Gutter (Th. II, Sp. 963. Grimm II, 331) zu verhalten.

Zingel, (zum vorigen Wort? oder für Zindel, s. oben, Sp. 1133: der Zint? Wahrscheinlich ist zinzelt zu lesen; s. unten dieses Wort). „Cometa ist ein flam und ein feur in dem obristen reich des luftes qi. (quasi) stella comata geschopfter stern q, habens comam, wann funckel fligen von im und zingel gegen dem tail der welt der in nert und furt;" Ebersb. 130, f. 162ᵇ.

„Zingldamor" (Kreil), Maultrommel. Etwa hybridisch: Zünglein d'amore?, vergleichbar der brescianischen lengueta de la rebeba. Allein ich finde in den romanischen Sprachen keinen ähnlichen Ausdruck für die rebeba, den scacciapensieri selbst. Vgl. Zingleisl unter Singoßel, Th. III, Sp. 290.

Die Zungen (Zungə˜, Dimin. Zingl), a) wie hchd. Zunge; (ahd. zunge, ahd. zunga, zunka, goth. tuggô, lat. dingua = lingua. Graff V, 681. BM. III, 950. Weigand, Wbch. II, 1157). „Was si mit lebentigen zungen mit ihrem gut tut, daran mag si kain ir freunt irren;" Münchn. St.R. Hiezu der Gegensatz in der R.A.: „über moltigen Zungen," z. B. zeugen; sieh Th. II, Sp. 1595. „Einem die Zungen zu dem Nacken ausziehen" (als mit Geld ablösbare Bestrafung beleidigter Amts Ehre) kommt vor in Amberger Akten v. 1382. „Will dir die zung zum nagken rauß lassen reissen, ego te elinguandum dedero usque ab radicibus;" Voc. v. 1618. Bey der gräßlichen Prager Mörderey den 22. Juny 1621 ist Rathsdiener Niclaus „mit der Zungen an die Justiz genagelt worden und ain Stund daran gestanden;" CMh. 416, f. 75. b) Sprache; Alle, die ein und dieselbe Sprache sprechen, Nation; (vgl. franz. la langue d'oc, als Gegensatz der langue d'oui, das sogar zum Landnamen geworden: le Languedoc). Malteser, Jesuit ꝛc., deutscher, wälscher ꝛc. Zunge. „Nu bin ich," schreibt der vertriebene Hans der Nußberger aᵒ. 1470, „von meiner natürlichen Zungen, aus ingeborner geerbter Wohnung in fremde Zung (nach Böhmen) gewichen;" Gem. Reg. Chr. III, 462. „Kaufman, der von ainer zungen zu der andern vert." „Pilgrim, der auf dem gotzweg ist, also daz er von einer zungen zu der andern vert;" Wstr. Btr. VII, 55. „Wê dir, tiuschiu zunge!" Walther v. d. V. 9,8. „Do was ein zunga in allem manchunne;" Diut. III, 62. „In mina zungun," in meiner Sprache; Otfr. I, 2,11. So „in diutiscun" (scil. zungun), später entiuschen oder blos tiuschen, vulgariter, auf deutsch. Vgl. Th. I, Sp. 556. 823. Grimm III, 142. 154. 155. 530. Das Gezung, (ä. Sp.) wie Zunge, b; (Graff V, 683. BM. III, 951). „Darumb ich weiß, solch ritterspil von niemandt anderm, dann mir, in diß hochteutsch gezüng verwandelt ist;" Rixner X. „In unsaraz gizungi ih thuruh got iz dati;" Otfr. V, 25,11. Gl. i. 1148: „Ungazungi, lingua barbara." „Durch solich gnuglich und ußrichtig wege wurden alle stuck vollgiglich vollzogen, dadurch die heilig kirchen, daz rich, deutsche gezung (deutsche Nation), unser herr der kunig vnd sein kurfursten in gantzer einikeit pliben;" Acta am Frankfurter Tag 1146, Aug. Jes. 16, f. 92ᵃ. „Romisch reich teutscher gezung;" Ob. Altach. 3, f. 354. „Vertreibung des jüdischen Gezüngs aus Regensburg;" Gem. Reg. Chr. IV, 367, ad 1519. An der Rhön heißt das kleine Räderwerk, auf welchem der Pflugbaum befestigt ist, das Gezüng. Pflugsgezüng (Gezöng); (Dr. Roth). Der Vilzungel, (ä. Sp.) der mehrere Sprachen spricht. „Diptamus heißt pfefferkraut, als ein Vilzungel spricht;" Ortolph. Ahd. Sp. zungal, linguosus; gazungal, multiloquus, facundus, mit dem Subst. gazungali, facunditas, rhetorica. Graff V, 683. Sieh oben Zingldamor.

Der Zanken, Zangken, plur., Zänken, Zacken, 272
Spitze. Zeitschr. IV, 191. Eine Gabel mit 2, 3 Zanken. „Die Zäncken der Hirschgeweihe; Agricola von Amberg. „Kempsen mit Kolben on eisen Zancken;" Cgm. 507, f. 290. Das Band, der Borten hat *Zánkə-ln*, is zánkələt, ist eingezackt; (ObrM.). Die Zankel, (Rhön) Reisigspitze; (Dr. Roth). Vilmar, kurhess. Idiot. 470: der Zankel, Zinkel, ein einzelnes Reis, kleiner Zweig. Das Gezinkel, Reisig. Vrgl. unten: der Zinken. zänkeln, zänkern, zänkerlen (zánkln, zánkə'ln), mit Zacken versehen, auszacken. Das Zänkerlein (Zánkə'l, Zángə'l), schmaler Borte mit tief ausgezackten Rändern. Sieh Zainken, Zinken und Zuenken.

zanken (zankng, zanggə˜), a) wie hchd., (aus der ahd. und mhd. Sprache nicht zu belegen, in welcher dafür bâgen üblich war. BM. III, 849. Weigand, Wbch. II, 1121 f. Cf. niederd. *taggen*, Zeitschr. V, 138,29. 346. „Ofschon men sech dökkes met der Frauen *getackt;*" Firmenich I, 441,111. *taggen*, schimpfen; das. 500,80). b) (Chiemgau) ziehen, reißen, zerren. Den Starz am Wagen, am Schlitten hin und her zanken. Diut. III, 85 heißt es von den Juden, daß sie das Fleisch von geschlachteten Thieren „met heginiven hâcun so zezanikunt sam iz die gîri zebrochen haben mit nîde." „Das Leder zancken mit den Zänen," (bey H. Sachs 1612: V, III, 128), es strecken und dehnen, wie der Schuster. Ein solcher wird IV, III, 128 ein Zanken= (zank den) Fleck genannt. Cf. τζαγκ, Art orientalischer Schuhe, τζαγκᾶς, sutor; Clm. 853, f. 538. Vrgl. unten Zankenkäs. Aus dieser sinnlichern kann allerdings jene Bedeutung a) erwachsen seyn. Das Zank-Eisen, a) ein Spielwerk von Nürnberger Erfindung, „ferrum jurgiosum, quod ita annulos bacillis ferreis inditos habet, ut nihil sit in hac commissura occulti et tamen nemo unus, nisi forte divinitus quasi hoc ei obtingat, tam solers est, ut eam possit dissolvere." Diesen mehr als gordischen Knoten hätte Alexander selbst unzerhauen lassen müssen, meint Wagenseil, de Norimb. 150. Bereits im Voc. v. 1618 ist dieses ludicrum annulorum ferreorum aufgeführt. b) (Schmid, schwäb. Wbch. 543. Ulm) Kuchen, in Milch gebacken. c) zänkische Person. Zancker, ein Schlagwerk zum Eintreiben von Pfählen; Cgm. 2941, f. 128.

Der Zanken-kâs (Zankng-, aber auch Zant'n-kás, München), Käse, welcher bey einem sogenannten Taufmahl, und zwar vorzugsweise, wenn der neue Gast ein Knabe ist, aufgetischt zu werden pflegt. Eine ähnliche Bestimmung mag der bey H. Sachs (Ausg. v. 1558: I, 244) aufgeführte Rümpfel-, (Ausg. v. 1612: I, 887) Rümpelkäs gehabt haben. Im Cod. Fris. O. N. 2, f. 128 kommt nach verschiedenen Taufformeln eine Benedictio casei, ebenso im Cod. Fris. O. M. 1, f. 254[b], doch ohne Bezug auf die Taufe, vor. Wird in Northumberland ein Kind zur Taufe getragen, so beschenkt die Wärterin, die den Zug anführt, die erste ihr begegnende Person mit Brod, Käse, einem Ey und Salz. Ausland, Jhrg. 1837, S. 1272. Vrgl. oben Zanken- (zank den) Fleck.

zänkeln; hin und her, ummə' etc. *zánk'ln*, hin und her ziehen, verziehen, zögern, zaudern.

zänken, zänkeln, zänkezen, zenken, zinken, reizen, vellicare, in Bezug auf den Geschmack, auch wol auf das Gefühl: ziehen, reißen, stechen, scharf seyn. zenken Einen, ihn necken. „Podagra das edle Vich gibt den Füßen gute Stich, daß es zinkt;" Balde's Lob der Magern. zänkelend, zänkelicht (zánkələt), adj., 'von etwas scharfem, säuerlichem Geschmack.' „Ein guts Brüherl, zänkelicht, so zum Magen einrichten, wenn man ihn Tags zuvor verdorben hat;" Bucher's sämmtl. W. IV, 236. Cf. zanger, Sp. 1134.

Der Zenken (?). „Än *Zenken* rauũ Haar," (wol statt Zenten — Flachs); Lindermayr p. 116. s. Zenten.

Der „Zainken," sieh (nach Gramm. §. 374) Zuenken.

273 Der Zinken, Zingken, a) Zacken, z. B. am Hirschgeweih, an einer Gabel ꝛc.; (mhd. zinke, ahd. zinko; Graff V, 681. BM. III, 897. Weigand, Wbch. II, 1145. Birlinger 439). Sieh Zanken, Sp. 1136. „Gaisl mit funf zincken, flagellum quinque radiorum;" Voc. v. 1618. „Claviculus, rebenzinckh;" Clm. 571 (XVI. sec., 1514), f. 9. Zeitschr. V, 470: *Zinkə'-l*, ein wenig. zwaə-, drey- etc. zinkət, adj., zwey-, drey-zackig. b) Blashorn, Art Blas-Instrument, „buccina, fistula obliqua seu flexa;" Voc. v. 1618. Zinkenist, Zinkenblaser, cornicen.

Der Zinken, Fettbläschen, Fettauge auf der Fleischbrühe oder Fleischsuppe; bey Höfer III, 333: „Zinserl." „Man bläst die Fette von der Suppe, so lange ein Zinklein darauf schwimmt;" Bucher's Portiuncula-Büchlein. zinkət, adj., voll Fettaugen. zinkələt, mit einigen Fettaugen. In der ahd. Sp. ist cinco, m., albugo, weißer Flecken im Auge. Graff V, 681: „Cincho, aegilops, vulnus qui intra oculos nascitur." „Den huizun cincun, albuginem." „Albugo color est albus quo oculi caecantur, cingge;" Clm. 5515 (XII. sec.), f. 141[b]. „Saphirus ist dem gůt dã (der) daz vel oder cinche in demo ǒgen hat;" Clm. 536, f. 83[b]. Vrgl. oben: zänken, zinken.

Der Zink, Zinken, (ä. Sp.) der Fünfer auf dem Würfel ⁙ (gl. o. 159: zinco, czingo, quinio, wol schon sehr früh aus romanischem Dialekt aufgenommen: ital. cinque, frnz. cinq, v. lat. quinque. Graff V, 681. BM. III, 897. „Von dem zinken, quater und es, komt mancher in des teufels neß;" Eschenburg, Denkm. 415. „Recht als ein zinke uf eim würfeln;" Kochbuch im Wirzburger Codex, (Bibliothek des Stuttg. literar. Ver. IX, 28.93). Vgl. Th. I, Sp. 156: Äß, und Sp. 279: Berner. „Russion, czinkenzeler, topler, spiler;" Cgm. 291, fol. 271. Der Bernerische scherzhafte Ausdruck Zingkə˜dûs für Rarität rührt wol auch von Cinq und Deux (Daus) im Würfelspiel her. zinkfeyerlen, (schwäb.) müßig gehen oder sich doch blos mit unnützen Dingen beschäftigen; sieh Th. I, Sp. 743. Christoph Schmid, schwäb. Wbch. S. 546, schreibt zenkfeuerlen.

Der Zink, Hehler, Einverstandener; Castelli, Wbch. 272. 'In der jüdisch-deutschen Gaunersprache: der Zink, Zinken, Wink, Zeichen, (auch Bezeichnung, Name, Rang, Titel; Petschaft, Siegel); einen Zink stecken oder stechen, zinken, zinkenen, ein Zeichen geben (durch Husten, Räuspern, Blinzeln, Ausspucken ꝛc., um damit zu warnen, zu ermuntern ꝛc.); Zink-Emmes, bezeichneter Sammelplatz der Diebe; Zink-Fleppen, Signalement, Steckbrief; u. s. w. Thiele, d. jüd. Gauner, S. 325. v. Grolman, Wbch. d. Spitzbuben-Sprachen, S. 76. v. Train, Chochemer Loschen, S. 247. Stern, Lexicon d. jüd. Geschäfts- und Umgangs-Spr. S. 58. Anton, Wbch. d. Gauner- und Diebsspr. S. 71.'

Der Zinkinker, anfangende, Bomhari, zunehmende, Zulpel, vollendete Trunkenheit.

Der Zuenken (Zaə˜kng Gramm. §. 374, b. W. Zou˜kng), Zacken. ə˜ *Zaə˜kng* von ə˜n Zan'. Oft fallen ganze *Zaə˜kng* (von zusammengefrorenem) Hagel. „Sturmblokh mit Zainckhenn," d. h. mit hervorstehenden, scharfen Spitzen; Feuerbuch v. 1591. Bäckerbrod in Form eines Zackens. „Ein Seml, Laibl oder Gainkn, ein Beindl, Weckl oder Zainkn;" Bucher's Charfreit.-Proceſſ. 44. Zunkela, Aiszunkela, Eiszapfen, Eisschollen; abe-zunkeln, abhauen, verstümmeln; (VII Com.).

---

zenseln, sieh zenzeln.

Der Zeinsel, sieh Zeißel.

Das Zeinslein (Zê˜slé, schwäb.), der Zeisig, — auch bey Pictorius das Zinßle. Scherzh. R.A. mit Anspielung auf Zê˜s (Zins): die *Zê˜slə˜* singen bey Einem, er leiht auf Zinse, ist vermöglich; (Schmid, schwäb. Wbch. p. 543). Dagegen gibt Cgm. 649, fol. 587 zinslin für strix, noctua. Daraus ließe sich Schmid's „zäunslen, zeiseln, herbeylocken" (wie die Vögel) erklären.

Der Zins, plur. Zinsen, wie hchd. Zins, plur. 274
Zinse, wo Adelung für den Plur. Zinsen auch eine Femininform Zinse (Vilmar, kurhess. Idiot. 470) annimmt; (mhd., ahd. zins, plur. zinsi und zinsa, census, tributum, vectigal; Graff V, 689. BM. III, 898. Weigand, Wbch. II, 1146). H. Sachs sagt zinst. Der Abzins, (wirzb. Verordd.). 'abzinsen, abmiethen gegen Entrichtung eines Zinses. Grimm, Wbch. I, 159. Vilmar, kurhess. Idiot. 470 f.: Bauzins, Bodenzins.' anzinsig, adj.; anzinsige Unterthanen oder Zinser, Forstzinsler, welche gegen einen gewissen Zins zu jährlichem, monatlichem oder wöchentlichem Holzempfang aus den Staatswäldern berechtigt sind. L.R. 1616, f. 737. Wagner's Civ.- und Cameral-Beamt. II, 255. 261. Das Verb zinsen findet sich in der ahd. Sp. auch für censere, indicere, attribuere gebraucht. Graff V, 690. BM. III, 899. zinselôn, machinari, (gl. i. 626. Graff V, 688) mag eben dahin gehören. Ueber Zinspalte (?) s. Th. I, Sp. 388: Palte, und Th. III, Sp. 668: Spelter.

zinseln, sieh zünzeln. Jedoch bietet die ahd. Sp. gl. i. 1070: „zinsilen, fomitem," wol mit cinsel, zinseri, thuribulum, auf das latein. Partic. praet. von -cendere beziehbar. Graff V, 688. BM. III, 900.

zinseln, zinserlich, s. unten: zinzeln.

Der Zinstag, sieh oben, Sp. 1071: Zi und Zeitschr. III, 223,3.

Das Zinseudlein, sieh Zisseindlein.

„zaunscheln, zauntscheln," (Nürnb., Hsl.) zärtlich thun, hätscheln. „verzaunscheln," verzärteln. Sieh zänzeln und zinzeln.

Der Zenten, a) wie hchd. Zentner, d. h. hundert Pfunde Gewichtes, centenarius librarum; (mhd. der zente, zentenære, zenter; BM. III, 871. Weigand, Wbch. I, 208). b) Das Hundert, namentlich von Eyern. ə˜ *Zent'n* Aər. „Ain ꝛc. Zenten Ayer;" Zirngibl, Hainsp. p. 407. MB. X, 369. XIII, 436, ad 1442. Cgm. 152, f. 9. 698, f. 45. Vgl. oben, Sp. 1137: Zenken. „ə˜ *zenkenschwärs* Herz;" Wagner, salzburg. Ges. p. 38. Verstärkend: Du *Zent'n-às! Himmlzent'n-sákrà!* (ObrM.). Der Zentner, minder üblich als Zenten. Das Zentnergut, (MB. IX, 316. 318, ad 1508): „Centner und Kaufmannsgüter." „Pallen, Zentnergut, trucken oder ander gut, daz mautper und zolper ist."

Der Zentring, Zenterling, Zentling, Dimin. das Zenterl, Stück Fleisch, gewöhnlich ein Viertel, Sechstel ꝛc. von einem Schwein, das zum Räuchern (Selchen) in den Kamin gehängt wird; Graff V, 686. BM. III, 870. gl. i. 136. 1200: zendrinc, copadium; Diut. III, 147: centrinch, tararicenus; das. 151: centerich, tracemus; gl. o. 406: zentringa, tractos; wol der Form, nicht aber dem Sinn nach ließe sich Zusammenhang mit dem alten zantro, carbo, pruna, titio, auch calculus denken); figürlich: jedes wie ein Zentring gestaltetes, nämlich langes, dickes, schweres Stück von einem Ding. „Zwelf zentring, zentling tigen fleisch;" Cbm. 2086, f. 8. 10. „Daß die Zentring (die im Kamin hangen) nit an ainander rüeren;" CbmC. 22, f. 265. „Salomon spricht: alliu diu freude, die disiu werlte ie gewan, daz ist mir reht als ein zentrinc an eime galgen, ob ich den trûten solte;" Br. Berhtolt 242, (Pfeiffer p. 224,6). Vrgl. Galgenviertel, Th. I, Sp. 844. Sollte das Th. III, Sp. 336 angebrachte Sauterling nur verschrieben seyn statt Sänterling, wie man auch jetzt noch hört *Sentə'ling.*

Die Zent, ein in Franken bis in die neueste Zeit sehr gangbarer, in Schwaben und Altbayern aber unbe-
275 kannter Ausdruck: a) für einen Ort oder Inbegriff von Ortschaften, der ein zum Theil von ihm durch Schöpfen besetztes Gericht sowol in Policey- als Criminalsachen bildet, b) für Gerichtsbarkeit solcher Art, und c) für das Gericht selbst. BM. III, 870. Grimm, RA. 755. Weigand, Wbch. I, 208. Nach den bey Ducange II, 279, Schilter 159, Haltaus 2149 ff., Adelung, Gloss. man., aus dem 12. und 13. Jahrh. angeführten Belegen für die lateinische Form Centa, Centena scheinen indessen die Bedeutungen b) oder c) früher zu seyn als a). „Judicium terrae centenae vulgariter dictum;" Reg. Boica III, 431. In der Bedeutung c) kommt das Wort als deutsches in Hug's v. Trimberg Renner 8766 vor: „als ein diep vor der zente." „Eine missthätige Person an die Zent liefern." „Bey der Zent sitzen," (verhaftet seyn). „Von Zent wegen untersuchen oder strafen." „Die Zent ausüben über einen Ort." „Die zwischen Wirzburg und Sachsen gemeinschaftliche Zent Königsberg." Der Landknecht soll die Zenten beschreyen, (zu einem peinlichen Rechtstag vorladen). Die hohe Zent, synonym mit Fraisch- oder Halsgericht (über die 4 hohen Rügen oder Fraischfälle: Mord, Brand, Diebstahl und Nothzucht). „Wegen Übelthaten, die zur hohen Fraisch gehören, stehen Forst- und Jagdbedienten unter der gewöhnlichen und ordentlichen Zent;" Wirzb. Verord. v. 1737. „Das wirzburgische Amt Werneck hat über Euerbach die hohe Zent, das freyherrliche Amt aber die dreytägige Vorzent, nach deren Verfluß der Inquisit bey dem Zentstein dem Wernecker Amte übergeben wird;" Lex. v. Franken II, 95. „Die jährlich haltenden gewöhnlichen Zentgerichte sollen, damit die Unterthanen, die dabey zu erscheinen schuldig sind, nicht zu lang von ihrer Arbeit abgehalten werden, sogleich früh um 8 Uhr den Anfang nehmen;" Wirzb. Verord. v. 1755. Manche Zent, d. h. die Zent-Verwandten oder Zent-Unterthanen, hatten nach dem Herkommen die Kosten peinlicher Rechtfertigung (Zent-Expensen) nach dem Zent-Ausschlag (Repartition) selbst zu tragen. Geringere Verhöre sollte der Zentgraf ohne die Zentschöpfen abthun. Wirzb. Verord. v. 1777. Durch eine wirzburgische Verordnung v. 1794 wurde die Zahl der Schöpfen und Zentschultheißen für jede Session auf vier herabgesetzt. Über ein noch aº. 1823 im Hildburghausischen abgehaltenes öffentliches Zentgericht siehe Hesperus v. 1824, S. 183 ff. Außer den in obigen Stellen bemerkten Zusammensetzungen kommen vor: Zent-Amt, zentbar, zentbarlich, (z. B. ein zentbares Dorf, zentbarliche Untersuchung, Obliegenheit), Zent-Diener, Zent-Herr, Zent-Knecht, Zent-Ordnung, Zent Physicus, Zent-Schreiber ꝛc. Über Zentgrâf sieh Th. II, Sp. 987. Grimm, Rechts-Alterth. 756 ff., wozu noch „Centegrave, centurio," Cgm. 66 (sec. XIII—XIV), fol. 27. Tatian, Matth. 27,54. „Accessit ad eum (Jesum) centurio, do trat zu im der zentgraff;" Clm. 9728 (v. 1460), f. 198. Vrgl. Sammlung wirzburg. Verordd. I, p. 240. 268. 279. 356. 361. II, 148. 161. 180. 235. 565. 668. III, 136. 139. 238. 259. 311. 316. 396. 404. 425. 618 ff.

Zintel, Hyacinthus.

Ziutal-Wurz, sieh Zünzel-Wurz.

„Zinterle, elewarica" (herba); Ind. 418, f. 155.

zientern, weinerlich nach etwas verlangen (wie Kinder); (Meran, Staffler I, 117. 'Schöpf, tirol. Idiot. 828). Vgl. zinzeln.'

'zont, (henneberg.) aus jetzund gekürzt; s. oben, Sp. 1070. Zeitschr. I, 285,1,23. II, 170,3. 278,5. V, 135,21. 268,19.'

---

zänzeln, a) liebkosen. Heumann, opusc. 690. 276
b) zieren, schmücken. „Potz tausend, wie zänzelt sich diese Fräule auf. Sie macht aus dem Kopf gar ein Storchennest;" P. Abraham. Sieh zaunscheln und zinzeln.

Der Zánzəling, (O.L.) Geisbart, Stockrehling, clavaria fastigiata vel coralloides, eine Art Pilzes.

Zenz, Zenzi, Zenzel, a) Vincentius; Zeitschr. IV, 156. V, 472. b) Crescentia; Zeitschr. III, 106.

zenz, zenzt, zenst, adv., (O.Pf.) bis zu Ende, ganz. *zenz fuə't, zenz hi˜, zenz 'nà', zenz à'hi˜, zenz áffi, zenz ümmi˜*, bis ans Ende fort, hin, hinab, hinauf, hinüber ꝛc. In Obersachsen (nach Rüdiger): zent um, zent auf ꝛc.; 'in Nordböhmen, Schlesien: zenst, längs, zenstrim, rund herum, zendaus, zengst, (Zeitschr. II, 240. VI, 174);' in der Schweiz (Stalder II, 469): *zent ummə, zent anə*, ganz umher, überall, '(Hebel: zsendane)', niedersächs. tens, (als Präposition) zu Ende, am Ende — aus te ends; (brem.-niedersächs. Wbch. V, 53). Also wird ohne Zweifel auch unsre Form als ein versteintes z' End, z' Ends (vrgl. Grimm III, 130. 134: ze teiles, te hants) erklärt werden dürfen. „Dise sorge dringent mich hinhinder zende an miner vreuden zil;" Nîthart VI, 1. BM. I, 431. Vrgl. schwed. ända fram, ända ifrån, ända up, (ganz hin, her, hinauf).

zinzeln, zinßeln (zinsə-ln, Kinder-Sp.), pissen

zinzeln, zinseln, (Nordfr.) zart, zärtlich, empfindsam thun; bey Pictorius: zenzeln, blandiri. Sieh oben zänzeln, liebkosen; zieren. Zeitschr. III, 132: zinseln, langsam essen; gern und oft klagen. zinzerlich, adj., (ä. Sp.) zärtlich; niedlich. BM. III, 901. Vilmar, kurheſſ. Idiot. 471. Zeitschr. III, 131. V, 38,8. „Der zinczerlich plick;" Cgm. 714, f. 164. „Die chunigin het sich gemacht zinczerleich, si gepart sendleich, als di wittiben tun sollen;" Horneck c. 173. „Ir hüete, ir röcke, ir gürtel die sint zinzerlich;" Nithart XX, 7. „Von ir zinzelehten brust kumt gelust;" Minnes. II, 86. Ebendaselbst p. 80 ist von dem Zinzel einer Schönen die Rede; (Zopf? Vrgl. zänzeln, b).

'Zunze, Zuezo, Zünserli, (schweiz.) Susanna; Zeitschr. VI, 462.'

zünzeln (zenslə˜, schwäb.), sich langsam, bedächtig, verlegen benehmen; zaudern; ndrſ. tunteln.

zünzeln, zünßeln, mit dem Licht spielen; flimmern, flackern. Birlinger 441: zünslen. Zeitschr. III, 11. „Diu flamm (der Comet) ist gehaizen von den maistern der geschopft stern, dar umb, daz funken von im vliegent und daz er zinzelt gegen dem tail der werlt, dâ im der dunst zuo gêt;" Konr. v. Megenberg f. 46ᵃ, (Pfeiffer 75,19). „Wenn sich der luft gestözen hât an die starken saiten (und) in der ding (saitenspil) päuchen, so zinzelt (zittert) er langsam durch die linden pödem (von Tannenholz) und dâ von wirt daz gedœn süez;" das. 184ᵇ, (Pfeiffer 314,27). Zünzen, glänzende wie Fett-Flecken auf Moorwasser; (Stölzl, 27. Mai 1838). Das Zünzelein, Zünßelein (Zinsə-l), Flitterchen, flimmerndes, sternförmiges Ding. Der Zünzler, Zünßler, die Lichtmotte, das Feuervögelchen, phalaena pyralis; (Baur; 'Nemnich II, 922. Vgl. ahd. zinzala, zizala, Fliege, Mücke; Graff V, 690'). Bey Pictorius: Feurigmann.

Das Zünzelein- (Zinsə-l-) Kraut, Achillea millefolium (gewöhnliches Futter der jungen indianischen Hühnchen). Die Zünzelein- (Zinzál-) Wurz, (Zillerthal) Gentiana lutea L. Nemnich II, 36.

---

zappen, verächtlicher Ausdruck für ein schleppendes, langsames Gehen von Pferden und drgl. Vrgl. sappen.

zappelen, zeppelen (zèppə-ln), mit kleinen Schritten oder auf den Zehen trippeln. Das Gezappel, Gezeppel, verwirrte Eile, trepidatio. „Wann es (bey den Arbeitern) zum Endt und grossen Gezäppel geht, ist bald etwas verzuckt;" Wstr. Btr. V, 93. Sieh zabeln.

277 Der Zapp, a) (Augsb.) Unwille, Verdruß, franz. chagrin; vrgl. Zeppel. Schmid, schwäb. Wbch. 541. b) Chagrin, als Benennung einer Art gestippten Leders, türkisch sagri. „Zappeleder, corium camelinum;" Voc. v. 1618. zappern über etwas, (Ingolst.) seinen Unwillen darüber zeigen, auslassen. Vrgl. indessen ſáppern von Sáppre, Th. III, Sp. 317.

Die Zaup (Rhein), Zupp (Rhön), Hündin; liederliche Weibsperson. Weigand, Wbch. II, 1126. Zeitschr. IV, 314. VI, 488. „Ein pose czeupin," (von einer weiblichen Person); Cgm. 291, f. 69. Zaupel, dsgl.; bey Schmid 544 auch ein Schaf, das zweymal wirft und zweymal geschoren wird. Cf. česk. čuba, Hündin; Hure. S. auch Zauber, Sp. 73.

Der Zeppel, (schwäb.) Streit. BM. III, 871. Schmid, schwäb. Wbch. 541. „Und weret der zeppel lang zwischen beden partyen;" Feer's Lucerner Chronik, ad 1495. Vrgl. Zapp und d. folg. Wort.

zeppeln, zeppern, zippern Einen, (Franken, O.Pf., b. W.) ihn in die Enge treiben, ängstigen, quälen, foltern. (BM. III, 871: zeppeln; cf. Graff V, 578.

Schmid, schwäb. Wbch. 541. Vilmar, kurheſſ. Idiot. 472). Dé kund 's Geldl *zippə'n*, (ObrM.). „Das (Gewissen) zippelt, wird trostlos elend und verzweifelt auch an dem end;" H. Sachs 1612: III, I, 499, (ed. 1560: III, I, 248 aber steht „zappelt"). Sehr wohl begriffe sich hieraus das „Zipperlein, Zipperle, articularis morbus," Voc. v. 1618; bey H. Sachs (ed. 1558: f. 483, ed. 1612: I, 974) der Zipperlein; (ed. 1612: II, IV, 197) Zipperleut, Podagraisten. Weigand, Wbch. II, 1147. „Do sach er (Patritius oder Tundalus?) ein grosse welt frawen und manne die giengen czipelczehn," agonizantes (sie fiengen an, in die Züge zu greifen, czipel ziehen?); Cgm. 291, f. 402ᵃ (370?). BM. III, 901: zipfelzehen, trippelnd auf den Zehen gehen (?). Weigand, Wbch. II, 1147: zippern, lebhaft gehen.

Die Zipp (Weihers: Zépp; Dr. Roth), die Zipp- oder Singdrossel, turdus musicus; Nemnich II, 1510. Weigand, Wbch. II, 1147. Frisch II, 479ᶜ. „Vier scheinbrot und acht zippen;" Grimm, RA. p. 100 (hieher? oder zu Zibbe? Frisch II, 473ᵇ. Zeitschr. V, 302).

Zippel, s. Zipfel.

Die Zipper, Zippert, das Zipperle, Zippertle, (schwäb.) Art kleiner Pflaume. Birlinger 440. „Pflaumen, Kirschen, Zipparthen, Weintrauben;" Dr. Minderer 1620, p. 65. „Zipparten, pruna cercola;" Pictorius. Nemnich II, 1072: Prunus insititia, Zipparten, Zyperten. Sieh Zeiber, Sp. 1074.

Der Zapfen (Zapfə˜, Niedermayr: Zappə˜), plur. Zäpfen (Zápfə˜), Dimin. *Zápfl*, wie hchd.; (mhd. zapfe, ahd. zapfo, ndrd. tappe, isl. tappi, das span. tapon, zunächst vom Verb tapar, zustopfen, zudecken, isl. teppa. Graff V, 640. BM. III, 849. Weigand, Wbch. II, 1122). Sprichwort: „Vil Zapfen an der Tannen, vil Roggen in der Wannen." Die Holzarbeiter im Gebirg nennen das dünnere Ende eines Holzblocks den Zapfen An der Rhön wird *Zappə˜* auch für Klumpen (Mist, Haar und drgl.) gebraucht. s. Zepfen, c. „Zapfen, lues venerea;" sich Warzen. 's Zäpfle, (schwäb.) der Schnuller. Das Weinzäpflein (Wei˜zápfl), die Frucht des Berberis vulgaris; s. Zepfen, b. Bier, Wein rc. von dem, vom (ä. Sp. Cgm. 1113, f. 80: zu dem, daz dem) Zapfen schenken, trinken rc., d. h. unmittelbar aus dem Fasse. „Magst Öpfel- und Biernmost von fertingä *Zapfen?* Lindermayr 47. zapfräß, (vom Wein) frisch, vom Zapfen her, ungemischt, „(vinum) meracius, vivax," Voc. v. 1618; figürlich: „kürnig zapffresse Leut in nostro dantur ordine;" Balde, Lob der Magern. „zapfräße Wurst," sieh Th. III, Sp. 138. Der Zapfenstraich, (ndrſ. Tappen-slag, dän. tappenstreg, schwed. tappen-igen oder tapp-to, engl. tattoo, tattoe, holl. tap-toe, den Zapfen zu! Weigand, Wbch. II, 1123), eigentlich wol nur der Schlag auf den Zapfen oder den Spund des Fasses, das nicht ferner laufen soll, und sodann figürlich: das Zeichen, weiland zunächst im Feldlager, mit Trommel oder Trompete deshalb gegeben, und auch in unsern friedlichen, kaum noch durch Thor und Wall an ein Lager erinnernden Städten, oft nicht blos Kranken zur Qual, üblich geblieben. Den bayerischen Zapfenstreich läßt der Volkswitz also predigen:

„Lump, Lump, Lump, 278
liədə'ligə' Lump,
liədə'ligə', liədə'ligə' Lump, Lump, Lump!"

den österreichischen:

„Gêts haəm, és Lumpəshundt'"
(repet. in aeternum). Der Zapfrechter, Zapfenrechter (Zirng., Hainspach 203. 420), Schenkwirth auf dem Lande. zäpfen (zápfə˜), zäpfeln (zápfln), ab-, an-, aus-, ver- rc. zäpfen oder zäpfeln, hchd. zapfen. Der Bierzäpfler (Biərzápflə'), der das Recht hat, Bier

vom Zapfen, d. h. im Kleinen, zu verkaufen, — Gegensatz theils vom Brauer, theils vom Gastgeber oder Wirth. „Zaphenare, caupo;“ Doc. A. e. 189.

zá˜pfm, (Schuller, OPf.) zäumen; s. Sp. 1121: Zaum.

sich zapfen, sich wegbegeben, fortmachen, trollen. Gê, *zapf di'!* Er hàt *si'* zu'n Loch aufsi *'zapft.* „Er aber ließ ihr das Hinterthürl offen, und zapfte sich weiter als er hät;“ Göschl. Vgl. Wittenweiler's Ring 38ᵈ,16: „Söleich gnepfen und ein hopphen, hupfen, lupfen und ein zoppen hiet sich an dem ring (im Tanzen) derhaben.“ BM. III, 947. herumzapfen, (Nürnb, Rath Her) kränkeln; '(Koburg: herum zipfen; s. unten: Zipf, zipfen. Vrgl. auch zepfen).'

zapfen, (HhE.) düngen. zapfet, adj., 'zapfenförmig, zapfenähnlich.' „Ist der salpeter glatzapfet so ist er gut, aber der rauchzapfet salpeter ist nit gut;“ Cgm. 4902 (v. J. 1429), f. 7; vgl. f. 14: „so vinst du den salpeter in zapfen.“ „Ihr haar verbilbizt, zapfet und stroblet;“ H. Sachs 1612: 1, 1024. „zapfet, zerrissen ꝛc. das. III, I, 492.

Der Zepfen (Zèpfə˜), das Zepflein (Zèpfl), a) in einigen Fällen was Zapfen: Eis-Zepfen, Tann-Zepfen. „Stiria, eiszepf;“ Voc. v. 1429. b) Traube, Rispe, auch wol Ähre. Das Wein-Zepflein, Fruchttraube des Berberis vulgaris. Nemnich I, 591: Weinzäpfel. Das Zepflein am Brei·n, Rispe der Hirse. BM. III, 871. Graff V, 640. Vrgl. gl. a. 509: „zepphe, citicum, frumentum vel genus fruticis;“ gl. a. 651: „zepfo vel gebroz, cithisis.“ Diefenbach 124ᵇ. c) Kügelchen von Koth, traubenförmig an den Haaren eines Thieres hangend. d) kleine, allzu unansehnliche Portion von etwas, das man gibt, nimmt ꝛc. *zèpfl-, zèpfə-l-weis*, adv., in kleinen Portionen. *ə˜ Zèpfə-l* taə˜, einen kleinen Zug thun, trinkend nippen.

zepfen, zepfeln den Brein, die Rispen der Hirse abschneiden. Den Brein auszepfen, das, was in einem Feld Hirse reif ist, vorläufig ausschneiden, damit es nicht abfalle. „Die Inleut ligen oft in den veldern, zepffen die hälbm im khorn und waiczen,“ (schneiden die Ähren ab); Trospurger Ehehaft, Cbm. 3238, fol. 33. zepfen (zepp, Rhön), streifen, berühren; Dr. Roth. Der Zepfer. „Nachtetzer, zepfer, abgraser;“ Casus episcopales, Asp. 31, f. 25ᵃ. 'Vgl. Zipfler.' zepfen, zepfeln, zepfelen, in einzelnen, kleinen Ansätzen kümmerlich nehmen, geben, gehen, essen, trinken und drgl. (Das Wetter) 's tuət 'n ganz'n Tàg so *'rumzèpfə˜*, droht mit Regen, ohne zu regnen; (etwa factitiv von zaffen, Sp. 1086; 'vgl. zäfeln'). „Ach God, wenn I mei˜ Lébm betracht, wiə elend I *'rumzèpf!*“ Hinke˜ tuəts nét 's Ros, àbə' mit'n linkə˜ Fuəs *zèpfts* ə˜ Bisl. Is oder trink gscheid, tuə net ə'so *zèpfə-ln!* „In den Canzleyen wird vil mit der Papierscheere verzepfelt;“ A. Bucher's s. W. IV, 11.

anzepfen, verdächtigen. „Dise entsetzliche Historie muß keiner anzepffen oder in Zweifel ziehen;“ Selhamer. „Sie zepfft mich an mit disen stucken, daß ich sol tragen das heiß eysen;“ H. Sachs II, IV, 22. „Derselbe hat ihn darum angezepft in der Meinung etwas von ihm zu erfahren;“ Wemdinger Hexenproceß v. 1636, (Rath Her). Vgl. Grimm, Wbch. I, 523: anzapfen.

279 zepfeln, (cf. zaffen und Zopf). Die Mütter „zepfelnt ir junge töhterlîn unde swenzelnt sie ûf;“ Br. Berhtolt 360, (Pfeiffer 416,10); s. Th. III, Sp. 643: schwänzen.

Der Zipf, a) Spitze, spitzes Ende, Zipfel. BM. III, 901. Weigand, Wbch. II, 1147. Zeitschr. II, 318,5. Der Zipf am Polster. „Oft trámt mə' du wárst mit'n Buss'ln glei' dà, wann I muntə' wir', küſſ· I mei˜n *Polstə'zipf* à';“ Seidl I, 19. R.A.: Am Polsterzipf nagen, in viduo sola jacere thoro. „Unter jeglichen zipf seins pets legen wir eins lorber paums laub;“ Gesta Romanor., Cgm 54, f. 54ᵃ, (Keller p. 105). „Ein groß leinen Tuch mit vier Zipffen vom Himmel herabgelassen;“ P. Abraham. Holz, das zwischen meinem und N.'s Felde einen langen Zipf hineinmacht. Holz-Zipf; Fürst's Bauernzeitung 1819, N°. 34. „Egg oder Zipf;“ Traunst. Geläckbeschr. v. 1666. „Der blab Zipf,“ so nennt der im Nonnenkloster zu Nunberg exorcisierte Teufel die Mutter Gottes; Cgm. 4498, f. 54. b) krankhaft verhärtetete Zungenspitze des Federviehs, welche gewöhnlich mit Verstopfung der Nase verbunden ist, hchd. Zipps, Pfipps. BM. und Weigand, a. a. O. Zeitschr. II, 240. 318,5. IV, 317. s. auch oben, Sp. 1126: Zimpfeich. (Gl. o. 482: „zipf, pituita“). Den Zipf lösen Einem, figürlich: ihn munter machen, zum Reden bringen. c) Schweif vom Federvieh, besonders in der R.A.: Den Zipf henken läßen oder henken; figürlich von Personen: niedergeschlagen seyn. zipfen, schlapp, kränklich, niedergeschlagen seyn (wie die Henne, die den Zipf hat?). zipfend (zipfət), adj. Si sihht no˜ ganz *zipfət* aus, is erst hintəri˜ kemə˜. Die gestrickten Unterröcke werden gern *zipfət.*“ Vrgl. bey Stalder II, 482. 483: zûppen, züpfen. verzipfen, (Wirzb.) verschmachten.

Der Zipfel, Dimin. das Zipfelein (Zipfə-l), a) wie hchd.: (BM. II, 901. Weigand, Wbch. II, 1147. Vilmar, kurhess. Idiot. 471). „Gugelzipfel, retropendium;“ Voc. v. 1419. BM. II, 901. 'Der Kappenzipfel, der Zipfel der Kapuze an der Kappe; figürlich: eine Gasse, von der Ähnlichkeit der Gestalt so genannt, auch wol eine Sackgasse. So hießen in Nürnberg ehedem drei Gassen, von denen „wegen Anstößigkeit dieses Namens“ (s. unten c) die eine später in Cappadocia, die andere in Kappengasse umgetauft wurde. Nopitsch, Wegweiser in Nürnberg p. 22. 23. 74. Frisch, Wbch. 500ᶜ. Waldau, Beiträge IV, 199 f. „Man hat damahls gesaget, der Anhang (an die Stadt Rothenburg) gleiche einem Zipffel an einer Kappe; daher diesem Anbau noch heutiges Tages der Name Kappen-Zipffel geblieben;“ Falckenstein, antiquitates Nordgav. II, 432. Deſſ. chronicon. Suabac. 86,6. Grimm, Wbch. V, 200. Zu vergleichen wäre auch Scharmützlein, (s. Th. III, Sp. 467 f.: anteurbium, und Sp. 469: cucullus, scharmützlin, siettelin“).' b) Der Acker macht ə˜n *Zipfəl*, bildet einen vorspringenden, schmalen Endstreifen. Der Isar-Zipfel bey Wolfratshausen, die Landspitze zwischen Isar und Loisach. „Zipfel“ (einer Wiese); MB. VI, 456. c) penis; geringschätziger, übrigens unbeleidigender Ausdruck für Mannsperson. Sau-Zipfel. Zeitschr. VI, 174. d) statt Gipfel; (Jir.). „Nim rot weiden vornen an dem Zippel;“ Ortolph. Das Zipfelein (Zipfə-l), außer der gewöhnlichen, diminutiven Bedeutung: die Kleinigkeit, das Bischen. Kaə˜ *Zipfə-l*, nicht ein Bischen; *zipfə-lweis*, in kleinen Portionen. Vgl. oben: der Zepfen, d. zipfelet, adj. Vo˜n Blaəch-Zipfl weə'nt d' Hemədə' ꝛc. *zipflet;* (ObrM.). zipfeln, zipfelen, in kleinen Ansätzen, Portionen nehmen, geben, essen, trinken ꝛc. Er *zipfelt* (nippt) a bisl;“ Seidl, Flinserln III, 89. 126. Castelli, Wbch. 274: „*zupfa'ln*, von Etwas wenig und nach und nach nehmen: trink's Glas auf anmal aus, was *zupfa'lst* denn so? Kärnt. serkati, öfters schlürfen, zipfeln; Jarnik 205. Die Kue zipfelt, wenn sie beym Melken nur ruckweise die Milch läßt. Vgl. holl. zijpen, zijpelen, tropfen, tröpfeln. Er isst nét, er tuət närə˜so 'rumzipfeln. Sieh zepfen. anzipfelen, anzippelen, (Aschaff.) betrügen. „Zipfeldam, ein alter Dreher oder Tanz in den Straßenortschaften;“ Birlinger 440.' Der Zipfel-Glauben, (sieh Schmid, schwäb. Wbch. 547) Aberglaube. 'Der Zipfelpelz, Zottelpelz; Zeitschr VI, 266,11.' Die Zipfel-Reue, falsche, scheinbare Reue. „Daz ist ein rechtu waru rüwe von göttlicher liebin, nit ain gestifte zipfelruwe;“ Cgm. 831, f. 37. „Der Zipfler, mensivagus,“ also Schmarozer;

Cgm. 649, f. 570. „Geiler, czipfler, sterzer, pettler;" Cgm. 291, f. 141. 'Vgl. Zepfer.'

Der Zopf (plur. Zépf, Dimin. Zépfl), hie und da auch: der Zopfen, bey Stalder II, 482: die Züpfen, a) wie hchd.; (mhd. zopf, ahd. zoph, ndrd. top, isl. toppr. Cf. schwed. tofs, Quaste, Troddel, tofva, verworrener Büschel, Schroppen im Moor; tofva, filzen, verfilzen. Graff V, 640. BM. III, 946. Weigand, Wbch. II, 1152). Der Hårzopf an männlichen Köpfen ist seit der französischen Revolution in und außer Frankreich zur Rarität geworden. In einem längeren Artikel der Allgem. Zeitung v. 1842, Beil. Nr. 341 und 342 heißt es S. 2730: „König Friedrich Wilhelm von Preußen legte gleich nach seinem Regierungsantritt 1713 die durch halbhundertjährige Herrschaft geheiligte Staatsperrücke ab und band sein natürliches Haar hinten in einen Zopf." Von da an Herrschaft des Zopfes über die ganze civilisierte Welt. Vgl. das. Nr. 348, S. 2778. In der ältern Frauentracht müssen Zöpfe sehr wesentliche Stücke gewesen seyn, da z. B. im Augsb. St.B. (Freyb. 101) bestimmt wird, daß eine Frau ihre Morgengabe bereden, d. h. eids-
280 kräftig beweisen soll „vf ir blozzen zesewen brust und uf ir zesewen zophe." Cf. Grimm, RA. 897. b) Art Weißbrodes mit zopfförmig geflochtenen Enden. Führt (im L.G. Zwisel) der Bursche sein Mädchen zum Bier, so bricht er die Zöpfeln in Stücke, die er ihr zum Aufessen auf den Schoß legt. Hazzi, Stat. IV, 106. Der Sêlen-Zopf, am Allerseelentag als jährliches Geschenk der Tauf- und Firmpathen Herkommens; (sieh Th. III, Sp. 257). „Dem kursner zu sant Marteins tag ain gans, zu weinachten ain zopff (oder zepff?) zu oster ain fladen;" Cgm. 698, f. 49. Birlinger 440. Pinzg. RA. (Hübner 681): Die Zopfen abschneiden, eifersüchtig seyn. zopfen, zöpfen, zöpfeln, die Haare kämmen, flechten und zurecht machen.

zopfen, zupfen, wie hchd. zupfen, vellere, carpere, decerpere; (Weigand, Wbch. II, 1161). Flécklé *zopfə˜*, die Fäden aus Webstücken einzeln herausziehen. Hopfə˜ *zópfə˜*, die Kätzchen des Hopfens von den Ranken ablesen. Das Hopfə˜zopfə˜, Hopfə˜zopfəd. I˜n *Hopfə˜zopfəd* gèt 's oft lusti' zuə. Veiələ˜ etc. *zopfə˜*, (Lech) Veilchen ꝛc. pflücken. „Noch ist im Merzen bewußt dem Frauenzimmer eine Lust, daß man geht in das Feieleinzopfen. Da gibt es manchen armen Tropfen, der da gezopft wird mit dem Maul, so bey dem Weibsvolk selten faul;" Augsb. 's Jahr einmal, 1764. Figürlich sagt man z. B.: der Scherg hat Einen gezopft, ihn heimlich ergriffen, abgeholt. „Zopffer, tropaei, die einen zopffen und ropffen, und sich flugs umbkeren, als haben sie es nit gethan;" Voc. v. 1618. 'Zopfetlin, Gezupftes, Charpie; cf. Weigand, Wbch. II, 1161: Zupffel.' „Hab nur zopffetlin gefeucht und über die wunden gelegt;" Cod. iconogr. 3, f. 68.

Anmerk. Es zieht sich durch sämmtliche Formen dieser Reihe z-pf eine gewisse Verwandtschaft der Bedeutungen. Aus Abgang alter Belege bleibt namentlich bey einigen Zepf- und Zipf-formen ungewiß, ob sie nicht, dem Zopf, Zupf entsprechend, besser mit ö und ü geschrieben wären.

Der Zâr, (ä. Sp.) a) die Zähre; „Manik haizer zâr uz ir ougen klâr;" Heinrich's Tristan 3519. b) Harz, Gummi. Voc. v. 1445. Vrgl. „zärige Scharpämb;" Samml. salzb. Forst-Ord. p. 77. Vilmar, kurhess. Idiot. 465 f.: der Zehr, Theer; Wagenzehr, Wagenschmiere; Zehrbaum, Fichte. Sieh Zäher, Sp. 1100. „Zarougi, lippitudo;" gl. a. 566, wol verschieden vom sonstigen zoran-ougi.

Der Zâr, (ä. Sp.) der Riß; (BM. III, 903). Nîthart VI, 5. unzârbar, unzerreißbar; Schmid 543. Sieh zeran und zerren.

zärren (zár'n), sieh zerren.

Der Zärrer, Zärrezer (Zárrə', Zárrəzə'), die Schnarre, Misteldrossel, turdus viscivorus. Nemnich II, 1513 Bey Stalder II, 465 ist zärren kreischen; cf. zurren. „Heisä, i' hör schon ä Posthörnl *zärren!* Ei wie so artli' das Gschäll daher saust! Sieh schon bei anderthalb Duzäd Husären; Lindermayr 130.

zauren (?). „Dy unseligen gepawrn dy legen und zawren, surgen und trawren;" Diut. III, 166.

zer-, die hochd. Vorsylbe, dem bayerischen Volks- 281
dialekt ungeläufig; (Graff V, 696. BM. III, 871. Weigand, Wbch. II, 1134). Sieh ze, Sp. 1069. zuerstoren (für zerstoren); Cgm. 1279, f. 165. 166ᵇ.

1) zeran: Praes. ziru, Praet. zar, plur. zârun, Partic. gizoran, ein Ablautverb der ahd. Sp., (mhd. zern: Praes. ich zir, Praet. zar, plur. zâren, Partic. gezorn; goth. tairan, ags. teran, engl. to tear, reißen, zerreißen, rumpere, lacerare, destruere. Graff V, 691. BM. III, 902. Weigand, Wbch. II, 1135), ist aus der spätern als solches verschwunden. Vrgl. Zâr, Zur.

zerren (zárn, zer'n, zir'n), älteres Praet. zarte, zart, Partic. gezerret, a) wie hchd. zerren, d. h. ziehen, reißen; (mhd. zerren, ahd. zerran, aus zerian, zarian von obigem Ablautverb). D' Augng *áfzirrn;* ə˜ Zirraugng: dés is ə˜ rèchts *Zirraugng; zirraugət;* (ObrM.) ObrM. rechnet hieher auch sich *zirren* (sonst zieren), sich weigern, spreizen. s. unter zieren. „Maul aufzirren, ringo;" Avent. Gramm. „Si zart ir selb ir har uß dem haupt;" Chr. Schmid 543. „Er zarte abe sîn gewant;" Iwein 3235. „Do zarten ir gebende die frouwen von leide;" Wigalois 3047. „Ein kleine rîsen guot zart er ab ir houbet. Die vinger müezen sîn verlorn, dâ mit er gezerret hât den schedelîchen zar;" Nîthart VI, 4. 5. „Quassare schutten, sit lassare tibi zerren;" San-Zenon. 120, f. 100. 'Zernfleck (d. i. zerr den Fleck), imperativ. Spottname; (cf. Grimm II, 961. 1020 und s. unter Zumpf. Vgl. auch Sp. 1136 zanken: Zankenfleck).' „See hin deinen wek du poser zernflek," sagt die Jungfrau zu dem um sie werbenden Schuster bei Rosenplut, Cgm. 714, f. 329, '(Keller, Fastnachtspiele II, 617,28: Gee hin).' Mitunter kommt noch das einfache zerren in der Bedeutung des alten zeran, zerreißen, vor. „Als ob sis zerren wolten;" Cgm. 99, fol. 135. „Der sliem (die Netzhaut) zerret sich;" Cgm. 723, f. 203. „Ich zerre in alsô kleine sam daz in der sunne vert," sagt der rohe, wüthende Maier Helmbrecht (Vers 1836) „Man sol ein hün nemen und sol daz hinden aufzerren an dem ruck und leg ez im (dem Kranken) auf daz haubt;" Ind. 344, f. 77ᵇ. Öfter zezerren, zerzerren; BM. III, 905. „Das er (spiritus malus) in nicht zerzirret;" Cgm. 694, f. 53. „Basilius den brief zerzert;" Cgm. 568, f. 263. „Davon sich der umbhang in dem tempel zerzarte;" Cgm. 73, f. 12. nôt-zeren eine Frau, (mhd. Sp.) violare. BM. III, 904. „Der wolt mich genotzert haben;" Cgm. 414, f. 91. „Wer ein junckfrawn oder erberew vrawn zuckt oder notzert. Chlagt ein gemainew vraw, si sei mit gewalt notgezert;" Enser Stdt.B. „notzerren eine Schwangere;" Dr. Eck. „Devirginare, notzirren;" Clm. 16165, f. 111. „Notzerrung, raptus, concubitus violentus; Cgm. 658, f. 212. Not-zur in MB. II, 413, wenn das Wort richtig gelesen, ist noch vom Ablautverb abgeleitet und vergleichbar der himil- (hemid-?) zorunga der Lex Baiuu. VIII, 4. 'Vgl. BM. III, 904: nôtzar, und s. oben: Zâr.' b) *zär'n* Einen oder an Einem, ihn reizen, necken, ihn durch Spotten, auch wol Bitten, quälen: (thüring zergen, poln. targa'i, ndrd. tarren, targen, terghen, ags. tirian, tirigan, schott. to tarrow, Wilbraham's Cheshire glossary: to tarr on). 's. zergen. Zeitschr. IV. 104,21.' „zärren, trahere in diversum, irritare;" Heumann, opusc. 690. abzärren, aufzärren Einen. 'c) was bisen, (s. Th. I,

Sp. 291); Birlinger 437.' zerrig, adj. „Wunderlich, grämisch und zerrig;" Ingolst. Calender v. 1829. „Ao. 1388 crevit vinum acerbum in Austria quod *Czerenheld* dicebatur et dicitur adhuc esse unum vas de eo in Medlico;" Clm. 5311, f. 244[b], de anno 1449. 'Vgl. oben: Zernfleck.'

2) zeren (zé'n, ziə'n), verb. neutr., wie hchd. zehren, mhd. zern, ndrd. teren, teeren, a) vesci, consumere, sumtum facere, b) consumi. a) „Auf seinen pfenning zeren, facere sumptum, vivere, solvere de suo;" Voc. v. 1618. „Mein werkstatt die liess ich zusperren, weib und kind vom bendlein zehren;" H. Sachs 1612: II, II, 15. Der Wein zert, das Bier nert. „Czer ich, so verdirb ich; spar ich, so stirb ich. Noch ist besser gezert und verdorben dan gespart und gestorben; Cgm. 823 (XV. sec.), f. 22. Zeitschr. IV, 104,21. b) ab-, auszeren, Kilian teeren, tabescere, franz. tarir. Sieh zoren.

Der Zergaden („Zöhrgarn, Ziergarn, Ziergarten, Zergaben," Freyb. Samml. II, 131), ehmals am Münchner Hofe das Gewölbe für die Lebensmittel, bey welchem ein Zergadner (Freyb. Samml. II, 131:
282 Zergabmer; „Hof-Silberdiener, Zehrgeber und Zinnwart," wirzb. Verord. v. 1791), ein Zergadenschreiber, ein Zergadendiener und einige Zergadenknechte angestellt waren. „Es waren durch das ganze römische Reich überall besondere Kästen und Zergäden, die nun auf die Kriegsleut, wo sie der end durchzügen, musten warten;" Avent. Chron. 244. Sieh Gaden, Th. II, Sp. 872. „zerhaft, sumptuosus; Voc. v. 1445. „Ein eheweib, das zehrhaft ist und geren schlempt;" H. Sachs 1612: I, 1055. zerlich, a) wie das vorige; H. Sachs II, IV, 227. IV, III, 126. „Wer zehrlich ist und lebet sanft, den nennt die welt einen vollen praßler." b) zur Nahrung gehörig. „Getraid, Schmalz und andre zerliche Ding;" Kr. Lhdl. V, 8. „Es mag chain fraw an irs wirts willen nichts hingeben, wann waz zerleichs getraits in jrm haws ist;" Cgm. 27, Art. 118. „zirleiches traids;" Heumann, opusc. 86. 198. 'Die Zerung, a) das, was man zehrt: Mahlzeit; b) das, wofür man zehrt: Aufwand, Unkosten. BM. III, 903.' „Morgen woll mer'n Hans begrabn und glei' d'Todtenzärung habn;" Cgm. 3805, f. 152. 'Der Zergeselle, convictor, sodalis; BM. II, II, 31.' „Contubernio, zergesel;" Clm. 5685 (XV. sec., 1412), f. 55. „Wa ich hin kam do was ich ellend und mein zergesell manig zeit" (?); Cgm. 713, f. 72[b], '(Liederbuch der Clara Hätzlerin p. 138, Nr. 8,9: „da was ellend mein zergesell gar lange zeitt").' Der Zersack, Reisesack mit Lebensmitteln; Cgm. 572, f. 46. Voc. Melb. Voc. v. 1419. verzeren (vo'zé'n, vó'ziə'n), a) wie hchd. verzehren, verbrauchen, consumere. BM. III, 902 f. „Daß ihre Pflugeisen nimmermehr verzehrt würden;" P. Abraham. „Das ich die vasten nicht als fruchtperlich verczert (zugebracht) hab, als ich than solt haben;" Cgm. 1148, fol. 16. Birlinger 438. b) verzeren sich oder Einen, in Kosten setzen. „Da het sich Frau Jacoba in den Kriegsleussen so hart verzehrt;" Chron. bei Freyb. I, 125. „Es werden auch die armen Leute (durch die Beamten bey Gelegenheit von Verhören, Beschauen rc.) härtiglich und schwerlich verzert und vertrunken;" Kr. Lhdl. IX, 234. „.. hat der Richter die Frau verzert um 7 fl. dn.;" das. X, 350. c) verzeren sich oder Einen, beköstigen, verköstigen, mit Kost und Trunk versehen. „Dǝ' Gutfchǝ' muəs si' sǝlbǝ' *vo'ziǝ'n.*" „Die von Prälaten und Städten hätten sich selbs verzehrt;" Ldtg. v. 1516, p. 478. „Davon soll sich dann der Knecht selbs verzeren;" MB. VI, 286, ad 1437. Nach Verordnungen v. 1746 und 1747 gebührt „einem Lehenrößler-Knecht vor Kost und Trunk den ganzen Tag und Nacht, wenn er nicht von dem Reisenden selbst verzehrt wird, 15 kr." „Der Pfleger soll (auf der Beschau) sich, seinen Knecht, Gerichtschreiber und Ambtmann selbs verzeren;" L.Ord. v. 1553, fol. 23. „Darauf (nachdem der zum Tod Verurtheilte „usgefürt") ist das gesessen gericht zu Gast geladet und verzert worden;" Tigew Röttenberg, (s. Th. II, Sp. 856). Wenn der Münchner Henker auf das Land gerufen wurde, so mußte man ihn „von München auß uf dem weeg bis widr gen München verzeren;" Wstr. Btr. VI, 184, ad 1433. cfr. Kr. Lhdl. VII, 444. „Den Beckenknecht verzehrt der Cortisan;" H. Sachs 1612: IV, III, 162. „Die N. sollen einen apt mit XIII pferden verczeren;" Salbuch v. St. Ulrich, Cgm. 154, f. 2. 12. 15. 17. 20. „Von Verzehrung der Zeugen;" Carolina poen. XXV.

Wie die Bedeutungen von zeren 2) mit denen von zeren 1) unter einen Hut zu bringen, ist mir noch nicht klar geworden, sie müßten denn zunächst die Substantia, die Geldmittel, zum Objekt haben, wie denn auch Kost 283
alimentum aus Kost sumptus geflossen scheint. Seltsam steht dazu das isl. taera (tæra) praebere, sumptum facere, tacri, n., convictus; sodann das isl. torga, consumere, vendere. Ein Voc. v. 1429 hat: „sumere nemen oder ziren." H. Sachs spricht IV, III, 200: „ein Sparer muß ein Zahrer haben." Zeitschr. III, 393,5,1. Vgl. auch agſ. teorian, und: „Ic duhte dat mi toren naket," (Verderben, Schaden naht); „van mi enhebbi ghenen toren;" Caerl und Elegast 300. 495. 'S. unten zoren und vgl. Zorn.' Vrgl. zeren, 1).

Zeir (?), Zweig, Ast. „Recht als der schawr mürbe zeyr slecht ab den dürren pawmen;" Horneck.

zier, ziere, (ä. Sp.) adj., schmuck, schön; (mhd. ziere, ahd. ziari, decorus, venustus, zioro, adv., decore; Graff V, 699. BM. III, 874. Weigand, Wbch. II, 1141. Firmenich I, 254: teren, zieren). „O Jungkfrau zier;" Epithal. Marianum. „Ain bam (Baum) ist für den andern zier;" Cgm. 574, f. 24. Die Zier. (mhd. ziere, ahd. ziari, zieri; Graff V, 700. BM. III, 875. Weigand, Wbch. II, 1141). a) wie das im Hchd. üblichere Zierde, (mhd. zierde, gezierde, ahd. ziarida, gaziarida; Graff V, 701. 703. BM. III, 875). b) „Nach Kunst und Zier singen;" Wagenseil, Meistersinger 552. „Als nun der stein (Harnstein) von jm vert, so tut jm die zier vil wee, so sol er sitzen in ein waßer;" Arzneibuch, Progel's Mscr., fol. 115[a]. „Ich widersage dem teufel und seinem gezierde;" 'Abschwörungsformel. Vgl. Maßmann, die deutschen Abschwörungs-, Glaubens-, Beicht- und Betformeln v. 8.—12. Jahrh., p. 74 f.' Vrgl. das niederd. tier, Art und Weise des Benehmens, Manier, indoles, und fläm. (altholl.) goedertieren, quadertiere, auch sieckertieren, (Kilian) morbosus, valetudinarius; getier, Lärm, Geschrei, Getöse. ziərlich, adj., (ä. Rechts-Sp.) den vorgeschriebenen Formalitäten gemäß: ein zierliches Testament, Urtheil rc., ein zierlicher Eid. „Wie ich dann zum zierlichsten bezeuge, daß .." Die Zierlichkeit der Rechten oder der Handlung, die gesetzlichen Formalitäten. „Was zierlicheit zu einem Endurtl. gehörn;" (es sind 7 Stücke, sieh ref. Gerichts-Ord. v. 1558, Tit. IX, 5. Gesatz). „Ein Testament, ein Instrument rc. mit gepürlicher Zierlichait aufrichten;" dies. Gerichts-Ord. v. 1558. „Kriegsleute im Feld und Streit mögen ihre Testament, wie sie immer kündten, ohne alle Zierlichkait machen;" L.Rcht. v. 1616, Tit. 34, Art. 7. „In einer Sache summarie und ohne Zierlichkeit des rechtlichen Proceß procedieren;" Weizer. Vrgl. sich zieren, sich allzu förmlich oder affectiert benehmen. Oder sollte dieses anderen Stammes seyn? 'Vgl. oben, Sp. 1146: zerren, zirren, sich zirren,' wie auch das niederd. türen, zögern, 'sich tieren, sich geberden, anstellen; (Stürenburg, ostfries. Wbch. 281 f.).' „De Huusmaad nig lange *türet,*" (zögert); Firmenich I, 175,65. Es fällt auf, daß im Niederdeutschen die unserm Zier rc. entsprechenden Wörter von tier unterschieden und auf anomale Weise, resp. zieren, cieren, cieraad, ciraet, ciersel rc. geschrieben werden. Und so möchte auch das schwed. zira (zieren), zirlig, ja selbst das isl. tierleg-r (zierlich) erst aus der hochdeutschen Form entlehnt seyn, welche ihrerseits allerdings (etwa wie das franz. seure, sûre aus securus) aus (decus) decoris erwachsen seyn könnte. Vrgl. ähnliche isolierte Übertragungen von lat. Derivatis, z. B. nüchtern, sicher, Weinzürl rc. Vrgl. auch Grimm, Mythol.² S. 177.

Die Ziernuß, „Zierlenuß, Zirbelnuß;" Voc. v. 1618. Nemnich II. 978: Pinus cembra, Ziernuß, Zirmbaum, Zirlin rc. Vrgl. Zirbel und Zirm.

zoren, abzoren (à'zaorn, b. W.) vertrocknen, abzehren, tabescere. Dèr Mensch *zaort* saubər *à'*. Wenn nicht nach Gramm. §. 280 soren (Th. III, Sp. 323) zu Grunde liegt, vergleiche man das isl. tôra, agſ. teorian, deficere, und zeren, 2).

Der Zores (– ᵕ, Aschaff.), gemeines, schlechtes Gesindel. Lumpen-Zores, Zoreszeug; (wol jüdisch. Weigand, oberhess. Intellbl. 1846, p. 296: hebr. zarot, Bedrängniß, Noth; S. auch dessen Wbch. II, 1153: Zores, Durcheinander, Wirrwarr; Bedrängniß, Noth; Gesindel. Anton, Wbch. der Gauner- und Diebsspr. 71: Zohre, Zoher, Schmerz, Übel, Unglück; Zores, Gesindel. Stern p. 59. v. Train p. 247.'

Die Zurr, Zurren, (Hübn. 867) die Misteldrossel, turdus viscivorus L., bey Stalder Zierling. Nemnich II, 1513: Zerrer, Ziering. Sieh Zärrer.

---

284 Die Zirbel, Zirben (Zirbm, salzb., tir.), pinus cembra L.; (Weigand, Wbch. II, 1147 f. Zeitschr. III, 100. IV. 68 (cf. 56). Nemnich II, 978: Zirmbaum, Zirmnüsse; s. unten). Zierelnuzz, pineae;" Ind. 344, f. 14. Aus dem wohlriechenden und sehr dauerhaften Holz dieser immer seltner werdenden Pinienart werden allerley Figuren und Geräthschaften geschnitzt. Sie trägt ölichte Nüßchen, die zwey Jahre brauchen, bis sie reif werden. Zirbitzer, eine Drogue daraus; Cgm. 4032,29.30.

zürchen, sich zürken.

---

zerfeln, a) was serfeln, Th. III, Sp. 325. b) wortwechseln, disputieren, zanken; verächtlich: sprechen Selhamer. Etwa figürlich mit dem mhd. zerben, zarpte (drehen, volvere; ahd. zerbian. Graff V, 704) zusammenhangend.

Zerf (? Djerid?). „In uno vasculo M tela et duo zerif," (in Waidhofen, 1316); Freysinger Salbuch v. 13.., fol. 30ᵃ. „I zerif cum telis paganicis" zu Waidhofen (1303); Meichelbeck, Hist. Fris. II, I, 119. 'XX puchsen. XX armbrost. V klain spanpöck. IX zerff. ijᴹ pfeil;" „Ordnung, ob man die Stat Nüremberg belegert;" Hs. des german. Mus. Nr. 23628 (öfter).'

Zerves, primula glutinosa; (Lungau, Zir.).

Die Zarg, a) die Seiteneinfassung eines Raumes, Gefäßes, als Gegensatz von Boden und Deckel, (mhd. zarge, ahd. zarga; Graff V, 705. BM. III, 850. Weigand, Wbch. II, 1123. Gl. i. 785: zarga, costa aheni, Aen. VII, 463: die Zarg des Keßels). Die Zarg eines Siebes, einer Schachtel, einer Trommel. Vilmar, kurhess Idiot. 465: die Zarg, der Zargen. „Zwo Zargen zu Kalchreittern. Ain neuen härinen poden in ain alte Zargen," (1614); Cbm. 2225, f. 234. „Telia, circulus cribri, die Zarg am Sieb;" Nomencl. 1629, p. 123. Die Zarg um den Mühlstein. Birlinger 437. Vom Mahllohn, in 6 Dreißigern trocknen Getreides von jedem Scheffel und in dem Sorgmehl (Zargmehl?) bestehend, spricht im b. Landboten v. 1839, S 1531 ein Bericht über magistratische Verhandlungen zu München. Die Zarg des Getraidschäffels. Ganz auf der Zargen (z. B. der Schießscheibe), am Rande; (Zir.). Im bayr.

Wald werden die Gräber von außen mit einem (einer?) *Zaər'* ei~zaər't; (ObrM.). „Doch werde wir gelich den schembarten, do die sehen beginnent starren und die roten schedel zarren an den augen, so die wangen mit tiefen runzeln beginnent hangen;" Renner 23147. b) figürlich: ganzes Gefäß, z. B. zu Salz. Lori, Brg.R. 647; (das. f. 299 steht Zächen statt Zarchen). Zargenträger. Salzfässerträger, d. h. der leeren Fässer; (Zir.). In einer Urkunde, die St. Emmeramische Vogley Reut („Vogtareut") betreffend, Cbm. Kl. 342, p. 195, kommen „VIIII zargae siliginis," also Zarga als bestimmtes Maß vor, das nach Lang's bayr. Jahrb. p. 367 im Gericht Wasserburg die Hälfte einer Hofmutt betrug. Bett-Zarg, Gefäß zu Bettfedern. „So sich diu sele enbindet von menesklicher zarge;" Wernh. Maria p. 23. c) Die Zarg eines Waldes; Waldzarg, Saum des Waldes. Maißzarge, Waldzarge, äußerster Rand des Holzschlags, Waldes; zärige Scharbäum, die am äußersten Rande des Waldes befindlichen ästigen Bäume; (Zir.). Zarge, (ä. Sp.) Mauer oder Wall um einen Ort; Frisch II, 465; ahd. Sp. zarga, munimen. „Do rûmten sie die zarge;" Wernh. Maria 220. „Sätel als die krippe gênt uns umb die rippe als die zarge („zarig") umb den tuorn;" S. Helbling XIV, 59. Vrgl. Sarch, Th. III. 325. Im Isl. ist tiarga, f., agſ. targ ein Schild, eine Tartsche; ital., span. targa, tarja, 'frnz. targe, großer Schild; daher' se targuer, trotzen. cf. goth. gatarhjan, δειγματίζειν, σημειοῦσθαι; gatarhids, κατεγνωσμένος, ἐπίσημος, ἔκδηλος. Diez, Wbch. 342. Vgl. auch friesisch tiarwin, umlegen, umschlagen, stülpen, krampen; (Clement in Herrig's Archiv X, 285).

'zergen, (hess.) boshaft necken, reizen; Vilmar, kurhess. Idiot. 468. Zeitschr. V, 416,11. Vgl. BM. III, 904 und niederd. *tergen*, Zeitschr. II, 319,11. III, 266,2,2. 432,282. IV, 26. s. oben, Sp. 1146: zerren, b.'

zirgen, zürgen, sieh zirken und zürken.

Der Gezirk, Zirk, Zrikel, Bezirk; (BM. III, 909: der zirc, v. lat. circus, circulus. Graff IV, 488. Weigand II, 1148). Birlinger 440. „Zirk und Krais;" Wagenseil, Nürnb. 293. „Vom Lechfeld und seinem ganzen Zirk oder Begriff wäre vil zu schreiben;" Lechf.-Mirakel 8. „Die von Adel, Stätten und Märkten, so in Sr. Gn. Zirkhel wohnen und sitzen;" Ldtg. v. 1514, p. 208. Die Zirk heißt in Passau jetzt eine Abgabe zur Bestreitung der Kosten für Wasserleitung und Pflasterung; (ObrM.). 'Die Zirk, Wacht, Runde.' „Do in dem gsloß dy selben nacht pflagen der zirk und auch schiltwaht;" Mich. Behaim, Wiener 90,17. „Wann wir der zirk und auch schiltwaht gar emssiglichen pflagen;" das. 184,30. zirken, zirkeln, die Runde machen, patrouillieren; (mhd. zirken, ahd. cirkôn; Graff IV, 489. Gl. a. 293: circon, circuire). Als Burger der Stadt „wachen, zirken und stewren;" Pass. St.R. „Zirkeln, zirgeln" bey Nacht im Kloster; Cgm. 99, f. 119. Der Zirker, Zirkler, Zirgler, der die Runde macht. circuitor, Wächter. Aᵒ. 1508 werden zu Ingolstadt acht Zirker aufgestellt. Mederer 168. „Sam der helt wäre des nachtes zirkære;" Pitrolf 1536. „Do ward hin în gestigen, daz ez beleib verswigen den Zirkern und der Wacht;" Horneck. „Ainsmols do was si (die Nonne) zirglerin;" Cgm. 99, f. 118. „Bertholdus circator;" MB. XIV, 53.

Zorkeln, (Wien) die Zäpfchen der Eichen. 'Nemnich III, 670. A. v. Klein, Provinzialwörterb. p. 249.'

zürken, zürkeln, (von Pferden und Rindvieh) den Koth von sich lassen, misten. „Mittel wann ain pferdt nit zürchen kan;" Cgm. 964, f. 73. „So ein Roß nit zörggen kan; Cgm. 4855, f. 36. „Die pferd mochten nit zürchen;" Cgm. 1279, f. 148. „Wann ein Roß nicht zürgen kan;" Druck v. 1748. „Die Excrementa 285 oder Gezürch der Pferdt und Esel;" Dr. Minderer. Rosszürck, Cgm. 3721, f. 70. „Nim roszirck und puter und pier;" Cgm. 4513, f. 248. „So ain roß dy kysern (wurm) hat so stinckt sein zürck vast und wirt len und ligen würm darin;" ZZ. 2062, f. 1. Das ags. tord, engl. turd, Kilian's tort, excrementa, stercus, weicht nur im Endconsonanten ab. Wäre gl. a. 210. 336 für stercus nicht zort, sondern zorc zu lesen, so möchte man zirgen oder zürgen für die richtigere Form halten. „Rim rosse zort;" Fürstenf. 121, f. 173ª.

Der „Zurl," (wirzb.) seiherartiger Ansatz an der Röhre einer Gießkanne. Vrgl. Zutte.

Der Zirm, (Hübn. Salzb. 525) Zirbelnußbaum. Zirn, Zirmbaum, pinus cembra; (Pinzgau, Lungau; Tir.). zirmenes Holz; (Tir.). Die Zirmnuß, das Zirmnüßl. Das Zirmach, Gehölz von Zirmbäumen. Reisigl, Beschreib. des obern Pinzg. 91. Sieh Zirbel.

Der Zorn (Zou'n, Zaə'n), wie hchd.; (mhd. der zorn, ahd. daz zorn; Graff V, 692. BM. III, 905. Weigand, Wbch. II, 1153). „*Zaərə˜* kum maər'ə," sagte der arme Kaufbeurer Leinweber, dem der reiche Verleger ein Sündgeld geboten, indem er sich, die Daumen um einander tanzen lassend, mit dem Gesichte einwärts in einen Winkel stellte. (Aurbacher, 24. Mai 1838). R.A.: ein Ding tuet mir Zorn auf dich, es verursacht mir Zorn über dich. Zeitschr. I, 264. IV, 259,19. cf. Th. I, 575. Wagenseil, Norimb. 474. Cgm. 810, fol. 155. „Es tut uns zwar nit wenig auff gantz Jehuda zorn;" Reime v. 1562. „Es tut mir auff dich czorn;" Cgm. 714, fol. 305. „Das thet den andern Brüdern Zorn auff die Stieffmutter;" Avent. Chr. 346. „Das thut mir im herzen zorn;" Cgm. 439, f. 42ᵇ Ä. R A.: Mir ist ein Ding zorn; '(adj.? cf. Grimm IV, 243 f. BM. III, 906).' „Daz was Kädine zorn;" Ulrich's Tristan 1364. „Mir ist din rede zorn;" Eggenliet CXXXI, p. 47. „Sitz wir stille, ez ist im zorn; er dünket sich sô wol geborn;" S. Helbling VIII, 481. „Lâ dir zorn sin ze demo tiefele;" Notk. 7,7. „Ich hân ein ding für zorn;" Grimm, R. Fuchs p. 99. „Das thut mich auf euch zorn;" Cgm. 439, f. 25ᵇ. Bey H. Sachs 1612: V, III, 50—52 sagt der Gevatter, welcher Frieden stiften will: „Mein Gefattermann, ich bitt euch eben, ihr wolt mir euern Zorn geben, und mein Gfatterin zufriden lassen," welche R.A. aber dieser, vermuthlich unrecht, so versteht, daß er seinen Zorn am Fürbitter ausläßt. Derselbe H. Sachs braucht (wie die mhd. Sp., Nibelungen 1981,4: „Do enkunde Gîselhêre nimmer zorner gesîn." ꝛc.) das Wort noch als Adjectiv: „Pegasus hat flügel und hörner, groß wie ein pferdt und wird vil zörner;" (vgl. schäder, Th. III, Sp. 370). Cf. Hêliand 165,31: tornon trahnon," lacrimis indignabundis, amaris. Jac. v. Maerlant, Alexander's geesten, Cgm. 41, f. 7ᵈ: „Sinen groten tornen moet." zornig (zórni', zou'ni', zaə'ni), wie hchd.; (mhd. zornec, ahd. zornag; Graff V, 693. BM. III, 907). zornhäftig, iracundus. 'Der Zornig'l, zornmüthiger, reizbarer Mensch, (Zeitschr. VI, 157); auch Zornnick'l, (vgl. Th. II, Sp. 1722).' „zurnlustes, accidieris;" Clm. 4606 (XI. sec.), f. 126. 'Vgl. Graff II, 290. 291.' zornwehe. „Ein Kind, im Mars empfangen, wirt gitig, kriegisch, zornwehe;" Cgm. 832, f. 5. „Zorenwaich und trutzig;" H. Sachs 1558, f. 315. zürnen, a) wie hchd.; (mhd. zürnen, ahd. zurnan; Graff V, 694. BM. III. 908. Weigand, Wbch. II, 1161). b) zornig machen, erzürnen.

„Wenn di' mei˜ Brácht'n *zirnə˜* tuət,
so kà˜st ja weidə' gê;" Lied.

„Zürnt euch nicht mit mir, non ve choruza chomi;" Voc. venez.-todescho v. 1424, f. 96. Sieh „zuren (bezuren?) nach pollendischer sit;" Cgm. 379, f. 111ᵇ. '(„Wir wollen doch nit züren ob ir euch werd bekuren nâch polanischem sitt;" Oswald v. Wolkenstein, hg. v. Weber 50,3,6).' derzürnen, verzürnen, hchd. erzürnen. In der mhd. Sp. findet sich verzürnen auch für: aufhören zu zürnen. Heinrich's Tristan 4194. BM. III, 908. f.

Die Zurn, kärnt. sura, der Heusack; Jarnik p. 123. 'Lexer, kärnt. Wbch. 267: Zurre, Dimin. Zürr'l, großer Sack von grober Leinwand: *Stroazurre*, *Léckzurre* ꝛc.'

Der Zers, nach Gramm. §. 651 Zersch, (ä. Sp.) penis; (mhd., ahd. zers, ags. teors; Graff V, 707. BM. III, 871. Gorop. Bec. origg. Antwerp. p. 101: „Vocatur priapus nostris hominibus alio nomine ters;" ibid. p. 26: „fascinum nobis ters vocatur." Wolf, Beitr. z. d. Mythol. I, 125. 107. Chartul. S. Michaelis Antwerp. p. 73: „Waltherus dictus *Ters*," a°. 1280. Kilian gibt an, das ndrd. teers habe urspr. teres, longus et rotundus bedeutet, und sey erst nach der Hand obscön geworden, (Grimm, Mythol.² p. 1209); so könnte man auch auf das isl. terra — goth. tairsan? — extendere, zurückgehen. Cf. česk. čurak). „Die vasnacht die ist hie, 286
so furt zersel füdlein gein pier" ꝛc.; Cgm. 266, Umschlag. „Kurcz weld habent vil doren, kurcz haber habent vil kornz, kurcz frauen habent dick ers, kurcz man habent gros zers;" Cgm. 3898, fol. ult. „Ez ist ein gämlicher sit das ein zers und ein smit ze allen ziten mießen stan do si ir antwerk wellen han;" Cgm. 589, Hinterdeckel, (Liedersaal, s. Eiselein, Sprichwörter p. 558). Zersch, Cgm. 589, Hinterdeckel, Cgm. 713, f. 7. 17. „Exempl. ein unkeusch Philacertus setz: er hab ein großen zersch;" Bernardi Hirsvelder ars memorandi, Cgm. 4413, f. 155. „Daz der Zers stand;" Recept, wozu, unter anderm, Weihwasser und III Pater noster gehören; Cgm. 591, f. 223. 297. „Wem wee am zers ist;" Cgm. 4543, f. 49, (ad 1505). Clm. 464, f. 34. „Item für den vollenden siechtumb. wa er gevelt und das thue es vor nicht gesehen hast. so zuckh den tzers aus der pruech und streich immen dreystund vber das hiern in nomine patris et filii et spiritus sancti;" ZZ. 2072, p. 358. Ein ähnliches Mittel für dasselbe Übel p. 359: „... er salb das sein dingk damit." Vgl. Clm. 5879, f. 207: „So einem man der sein geswollen sei." s. Th. I, Sp. 520. Vom Bad „und von haissen zerssen" wird Weibern, die wegen Unfruchtbarkeit Bäder besuchen, geholfen; Cgm. 732, f. 99. Cf. Muchar's Gastein 218. „Ey Zerss, Herr Andres, ich wont, ir giengt mit den Creutzen," ruft im Druck: De fide concubinarum in sacerdotes eine derley in ihrer Überraschung aus. 'Das Zerslein, Diminut., verblümt in Zeserlein; BM. III, 871 f.' „Wenn man ein Jesusknäblin in die Nonnenklöster gicht, hat es kein Zeserlein, so sol es nüt;" Geiler v. Kaisersberg, (s. Th. III, Sp. 261: sollen). Der Zersteufel. „Liben künder es ist nicht ein kindes spil wenn der zerstewfel ins loch kümpt und herauß nicht wil. Sancti spiritus assit nobis gratia;" Cgm. 379, f. 27, (s. Th. III, Sp. 391). zersig, adj. „Der zerssig hunger" einer Dirne. Cgm. 714, f. 345. Cf. nach Gramm. §. 614 Zịls, Sp. 1118.

Die Zirschen, (salzb., tir.) der Zirbelnußbaum, pinus cembra L., bey Stalder I, 109: die Arsen; die Zirbelnuß. VII Com.: der Surtso, Tschurtscho, Fichtenzapsen. Vrgl. Züschen, Zirbel und Zirm.

zart (O.L. zaᶜscht), a) wie hchd.; (Adj., wie es scheint, in der alten hochdeutschen Sprache noch wenig gangbar, und überhaupt den niederd. und nordischen Mundarten fremd; denn die entsprechenden teder, teer, tydder sind andrer Abkunft. Graff V, 695. BM. III, 850. Weigand, Wbch. II, 1123. Wilh. Wackernagel, Vocabular. optim. p. 7, läßt zart aus charitas entstanden seyn, wie erzibiscoph aus archi-episcopus, zarter aus charta). b) (ä. Sp.) geliebt, lieb, werth. „Es wâre ime so zart;" Diut. III, 109. „Si war irm vater und mir vil zart;" Renner 1685. „Der zarte got von himel;" Griesh.

Pred. I, 29. 99. 135. „Zarter Got." „Dein zarte Seel;" Cgm. 632, f. 57. 58. „Zertiu muoter;" Cgm. 107, f. 13. „Jer lip der ist in als zart und als liep;" Griesh. Pred. I, 70. „Sin (Christi) zarter lip der waz vol aller himelischer genade;" das. 137. „Daz si ir leib zu zart und zu lieb wellen haben;" Br. Berhtolt, Cgm. 1119, f. 11ᵇ. „Zarte wittib an speis und gewant, die lebt an dem leib und ist tot an der sel;" Br. Berhtolt Cgm. 1119, f. 54. Der Zart, (salzb. Pinzg., Hübn.) Delicatesse, Ziererey; (mhd. und ahd. Sp.) Liebkosung, Schmeicheley, Zärtlichkeit, deliciae, voluptas. *Zascht*, (Zir.) Ziererey; *zaschtig*, adj., der viel Umstände macht; *Zaschtskä/ernsadla* (radla, r = s?), Schimpfwort. „Frô welt, dîn zart hât mich vil nâch betrogen, wand er vil süezer fröiden gît;" Walther v. d. V. 101,7. „Ez sprichet sante Bernhart, daz aller diser werlte zart nicht ist denn rauch;" Diut. III, 6. „Mit zart," zärtlich, sorgfältig; Diut. III, 105. „Âne zart;" ohne Schonung. „Mit bêden sporen er ruorte âne zart sîn runzît;" Parcifal 242,15 („zartkarto, paradisus," Notk.; „zartluste, deliciae," gl. o. 144). „Daz ist mein zart," mein Geliebter; Suchenw. XXVIII, 165. „Maria, du süezer zart;" „des suns traut, des vater zart;" das. XLI, 721. 1368. „Die zärtel, daz rote münde sind genant." schöne Frauen überhaupt; das. IX, 16. „O Jesu Christ von hocher art wir wiegen dich vil suessen zart" ꝛc.; Clm. 5023 (XV. sec.), f. 15 f. „Hilf zartlich zart bî zîte!" Labr. 146. „Sî künig, wer hab gesehen zertlicher zart;" das. 187. Der Zärtling, Liebling. „St. Nicolaus wäre jederzeit ein Zärtling bei der Gnadenmutter;" P. Abraham. zarten, gewöhnlicher zärteln, Einem, ihm liebkosen, zärtlich thun; (mhd. zerten, ahd. zertan, Praet. zarta, indulgere, oblectare). Birlinger 437. „Rehte art nit unertet, unart nit artlich zertet;" Mich. Beham, Wiener 49,25. „Du solt dich an ir zarten niht keren;" Griesh. Pred. I, 97. Diu (welt) zartet dir;" das. 99. „Also gie Dalida zů herren Sampson und zartet im;" das. 125. „Ob du dich mînem zarten gerne nâchtest, daz ez ergieng wol ân der brüefer melden;" das. 698. „Ich hän ze trût dich mînem herzen tougen erwelt ûf lieplichz minneklîchez zarten;" das. 699. „So solt ich dir von schulden billich zarten;" das. 707. „Den valken hůb ich zarten (sorgsam behandeln) und sein gefider schone;" Valkn. 14. „Ich zarte sam ein einmuote tuot." „Du zartest mir;" Diut. III, 11. 20. „Dem Leib zärteln;" Selhamer. „Jr (uxori fideli) zurtenzertelt niht der munt ieslîchem ze blicke," S. Helbling I, 1381; cf. blickeblacken, Th. I, Sp. 324. zartig (za'schti', Hübn.), ziererisch, geziert. zärtlich, a) wie hchd.; b) zart, niedlich; (mhd. zertlîche, zartlîche, ahd. zartlîh), delicatus.

Zärti, (Wien), eine Art Melone, ital. zatta. Popowitsch, Versuch 372. Nemnich I, 1305.

Zort, s. oben, Sp. 1150: zürken.

---

zürzen (?). „Alare zurtzen als man die vogel zürtzt;" gl. a. 699. 'Diefenbach 20ᵃ.ᵇ: alare, brachia ad modum alarum extendere, kurtzen, krutzen, kreuzen. Grimm, Wbch. V, 2188,3. Vgl. Griesh. Pred. I, 149: gezürzerot = gekürzerot.'

Der Zasel, Zassel, (Aschaff.) Blüte-kätzchen, z. B. an der Haselstaude, kleine, langgestielte Traube mit wenig Beeren. Weigand, Wbch. II, 1124. Das Gezassel,
287 Collectiv. „An dem Stock hengt norst Gezassel." Vgl. *Zasan*, ein Lappen; Pinzg. (??). Sieh zoßeln und zozeln.

„Zaselhuon, Zeselgans, multivaga," gl. o. 170. Graff IV, 959. BM. I, 626. Diefenbach 370ᵇ. Vilmar, kurhess. Idiot. 466.

Der Zasem, (schwäb. Schmid) die Zaser, Faser. Cf. Graff V, 707. Weigand, Wbch. II, 1124. zasemen, zasern.

zaisen (zaəs'n, zàiss'n, Rhön záis), zaiseln, zausen, zupfen, besonders Wolle; (mhd. zeisen: Praet. zies, Partic. gezeisen, ahd. zeisan, Praet. zias, zeas, zies, Partic. gizeisan, also wie haißen ablautend. Graff V, 707. BM. III, 868. Weigand, Wbch. II, 1131. Zeitschr. V, 38,8). „Zaysen, carpere;" Voc. v. 1445. „Wolle zaisen;" Cgm. 3720, f. 11, altd. W. III, 272. „Legs unter ein gezaisen (kann auch gelesen werden gezaistn) woll;" Cgm. 821, f. 155. „Ein raines tuch zu flochen oder seiden zaysen;" Cgm. 824, f. 20. „Man zeyzet di seyden kleine auseinander;" Cgm. 533, f. 85. „Vom Gewand zaysen;" Ortolph. „Daz der wolken dunst an dem himel gleich gezaist ist und dünn," (vom Regenbogen); Konr. v. Megenberg f. 59ᵇ, (Pfeiffer 98,14). „Gewermtez wazzer gefreuset sneller zuo eis wan kaltez. Daz ist dar umb, daz daz warm wazzer derhebt ist in seinen stucken und gezaist von der hitz;" das. f. 64ᵃ, (Pfeiffer 105,31). „Waz durchzeiset unser flachs baz wan die palmatside;" goldne Schmiede 1016. „Nim eines hunes brust, die sol man zeisen, und sol die hacken in die milch;" Kochkunst des Wirzburger Codex, '(Biblioth. des literar. Ver. in Stuttgart p. 2,3).' „Der wölle machen einen blamenser, der neme dicke mandelmilch und hüener brüste gecezyset;" das. 24,76. „Ain blamenser gemacht von gecezysten hüenern an der brust;" das. 24,77. „Witwan und waysen sond ir auf das hindrost naysen und zaysen;" des Teufels Segi, (vgl. Barack 430,13180 Anmerk.). „Wir schinden die armen, nemen miet und gab, zeisen weib und waisen;" Avent. Chr. 18. „Witwen und waisen schaben und zaisen;" Seb. Frank, Abele. „Ein ritter der gern beschirmt witwen und weisen, und in wider recht nichts leßt abzeisen;" Cgm. 713, f. 30. 176. Das Subst. Femin. Zaisel, dem ahd. zeisala (Karde, carduus fullonum, Weberdistel, Graff V, 707. BM. III, 868) entsprechend, kommt kaum mehr vor. Zeisel, „spinus, ligurinus, luteola" des Voc. v. 1618 ist wol eine andere Pflanze; '(der Vogel Zeisig, s. unten und vgl. Diefenbach 329ᵇ. 340ᵇ. 547ᵇ).'

zaiß, „zeiß," (Wirzb.) zart, zärtlich; (mhd., ahd. zeiz, tener, tenellus, carus, amabilis, während im Isl. teitr laetus heißt. Graff V, 714. BM. III, 868. Zeitschr. III, 459: zoaſs, empfindlich. „Zeiß zeiß" machen mit Einem, schonend, zärtlich mit ihm umgehen. „Tenere, zeizlichin;" Clm. 4606 (XI. sec.), f. 92. Der alte Personname Zeizo, Zeizilo (z. B. Meichelbeck, Hist. Fris. I, I, 34. Aug. eccl. 209, f. 249: zwischen Pircho und Marcomannus ein Augsburger Bischof Zeizo) ist wol einerley mit „Zeizo, pusio," gl. i. 683; (cf. isl. teitr, Füllen). Haupt's Zeitschr. VII, 414. „zeißelig," (Aschaff.) zart, schmächtig, delicat; (BM. III, 944: zîzel. Zeitschr. V, 38,8). Mei˜ Medchə˜, des is ə˜ *zeiſelig* Ding, kimt eppəs anəs, fou is's gleich krank. (Vrgl. Zeislein, da auch im Isl. tîta zugleich res tenera bedeutet).

zausen, a) wie hchd.; (mhd. zûsen, ahd. zûsôn; Graff V, 716. BM. III, 951. Weigand, Wbch. II, 1126. Zeitschr. VI, 173. Sollte gl. i. 1258, Prud. c. Symm. II, 37 „gizusotiu, reincta," hieher gehören?) „*Zausə˜d* wiə-r-ə˜ Lump," (zerzaust); Seidl 44. 95. aufzausen, aufputzen, besonders Kopf und Haare. „Umbzausen in der nasen;" H. Sachs IV, III, 205. b) jammern, wehklagen; (vrgl. zussern). 'gezossen, Partic. (eines älteren starken Verbs).' „Die haimlich gloß des buchs Trotula und darin gezossen (gemischt?) die gehaim mutterlich Macroby" (v. Dr. Hartlieb); Cgm. 261, f. 50; cf. 95ᵇ. zauseln (Aschaff.), zuisel (Rhön), zausen, zerren, ziehen an etwas; ndrſ. tuseln. Zausach. „Inter vepres, do pranper an wachsent, prämäch, oder stawdach, zaussäch;" Monac. Francisc. 134, f. 136. Der Zauser. „Ez ist schad und auch schand gewest, daz nur ain solcher lauser, hudor avner (?) und zauser gehaben hat ain solch gesloß;" Mich. Beham, Wiener 390,10.

zausig, (von Vögeln) die Federn sträubend, krank; im Allgemeinen: unbedeutend, geringfügig. Der Zausel, Weihbrunn=zausel, Art Bürste an einem Stabe, mit welcher der Priester Weihwasser aussprengt.

Der Zäusel, Zeusel, „Zeissel, Zeisel" (Zei˜-sel), a) dicker, grober Bengel, Prügel. 'Zoß, ä. Sp., Schößling, Ruthe.' „Nim jung hesel zoß ein handtfol vnd dons zum spunten nein so wirt der win schin," (schön). „Wiltu gebrochnen win wider bringen so nim hasel zwig des ain summers saindt gewachsen ...;" Vorder= und Hinterdeckel der Incun. s. a°. 2°. 55^{a} (aus Geislingen, 1470 circa). b) große, plumpe Person oder Sache; (vrgl. isl. tûtr, crassum corpus). c) Rausch. (An das alte zesson aestuare, zessa aestus, tempestas ist dabey wol nicht zu denken. 'S. unten Zessenmacherin).'

288 zesem, zesm, (ä. Sp., bey Höfer und Ziska als noch lebend aufgeführt), recht, dexter; (mhd. zese: zesewer, zesewiu, zeswer, zeswiu; ahd. zeso: zesauuo, zesauua, zesuuo, zesuua; Graff V, 708. BM. III, 872. Grimm, Gesch. d. d. Spr. 986. Vgl. kärnt. desni, a, o, rechthandig, dexter, desniza, die rechte Hand, dextera; Jarnik p. 103. s. winster, Sp. 962). Noch das Augsb. Stdtb. 101 hat: „uf ir zesewen bruste, zopfe;" sieh Zopf). Castelli, Wbch. 272: *zes'n*, rechts. „Daz zesm Or;" Cgm. 66, f. 28, (Tat., Otfr. thaz zeseuua, zesua ora). „Sin zesm seiten; Cgm. 99, f. 78. „Zů der zesm˜ seittn;" Monac. Augustin. 84 (1460), f. 65^{a}. „An deiner zesmen seiten;" Suchenw. II, 77. „Wenn si (die Schwangere) aufstet und wil gen, hebt si den zesem fus des ersten, so ist es (was sie trägt) ein sun, hebt sy aber den tenken fus des ersten so ist es ein tochter;" Clm. 5879, f. 205. Am gewöhnlichsten: diu zesme, (zeswe), zesm hant oder blos diu zesem (zesewe), zesm, dextra. „Sizze ze miner zesewen hinz ich din vigende lege ze ainem schemel under dine füze;" Griesh. Pred. I, 119. „Sprich ze der zeswen... mit diner zeswen hant;" Clm. 4616, f. 53. „Achot der gotes weigant was zu itweder hant geleich zeswen (dexter, ambidexter) an chreften ebenreich;" aus Rudolfs Weltchron., Roth, Fragm. (1845), p. 72. „Ein ze der zesm hant und ein ze der lengen hant;" Cgm. 66, f. 27. „Zu der zesem hant des vater;" Suchenw. XLI, 743. Nach selbständiger Declination: „des zesmen hant den guten Sant Peter ufzuchte;" Cgm. 101, f. 55. Cf. Otfr. V, 20,6: „In zésuemo ringe." „Din zesme hat mich giseliget;" Cgm. 101, f. 25. „Dein zesm hat mich enpfangen;" Cgm. 80, f. 194. „Ze der gotes zesm;" Cgm. 66, f. 37. „Got ist bei deiner zesem;" Cgm. 87, f. 41. „Siczet da czu der cesem seines almachtigen vaters;" Scheftl. 229, fol. ultimo (v. 1380). „Gestanden ze diner zesem in guldin want;" Teg. 287, fol. ult. Diese jüngere, in der alten Sp. nicht vorkommende Form auf -eme (umo) bey Grimm III, 629 als comparativische dargethan.

'Der Zesem, Zesen, mhd. Sp., Streif, Linie; figürlich: Ordnung, Regel. BM. III, 872.' „Durch deines lobes zesen;" Mich. Beham, Cgm. 291, f. 57^{b}. „Man hort von kainem Adam lesen und der da guldein sei gewesen, von dem herkom des adels zesen;" das. 73^{a}. „Gnad herr in deinen zesen" (Reim auf „gewesen") ruft der sehend gemachte Blinde; Cgm. 811, f. 59, '(Hätzlerin, Liederbch. I, p. 106, nr. 130,132: in deinem zesen). Vgl. das vorhergehende Wort.' 'ungezesem, adj., von der geraden Linie abweichend, nicht folgend; BM. III, 872.' „Ich wil ouch bewîsen dich, wâ du mir bist ungezesem;" S. Helbling III, 93; (vgl. Grimm II, 153). „So ziuht er wol die herren kint, ob sie entwahsen sîme besem, dâ von sî in niht ungezesem;" das. VII, 1154.

'Die Zessenmacherin, eine wettermachende Hexe, (v. mhd. diu zesse, ahd. zessa, Unwetter, procella; Graff V, 708. BM. III, 873.' Grimm, Mythol.^{2} p. 1042). „Zessenmacherin, Hagelkocherin und Agel;" Geiler v. Kaisersberg bey Eiselein, Sprichw. 558.

„Zeißl." „X heißen unsre Schreiber Zeyßl;" Avent. Chron. 9. Vrgl. Zaisel, Zäußel und Zeislein.

Das Zeislein (Zeisl, Zeisə-l, schwäb. Zei˜slé), der Zeisig; (mhd. zîsel; BM. III, 909. Weigand, Wbch. II, 1131. Zeitschr. IV, 56. VI, 95,22,21). Es mahnt die hchd. Form an die diminutive czyz'ck vom Positiv czyz' im Polnischen, tschischik von tschisch in andern slawischen Dialekten; (česk. čiž, čížek, Zeisig, davon čížba, Vogelfang; beides wol von číham, locken, nachstellen, Vögel fangen). Das isl. tîta, fringilla montana, würde auf die Orthographie Zeißlein führen. „Stiglicz, zeyze;" Asp. 49, f. 128. „Cegex, czeysel;" Semansh. 33, f. 279^{b}. Diefenbach 110^{a}. Das Plättlein=Z., fringilla linaria L., Bluthänfling. Das Mer=Z., linaria rubra minor Klein, Rothhänfling. S. auch Zeinslein.

zeiseln, (Journ. v. und f. Deutschl., salzb.) eilen. Der „Zeisler," Mensch, der immer eilt; die „Zeislerey," eilfertiges Thun. Im genannten Journal ist das Wort, wol unrichtig, geschrieben „zaiseln." Vrgl. Stalder's zisen, zysen, ferri cum impetu. Im Voc. v. 1429 ist zeyssen exhortari, bey Grimm I^{3}, 191 ziusche, celeriter feror, rapior (aus Titurel 162,2, Eneid 3172). BM. III, 941. Der Zeiselwagen, Eilwagen der wohlfeilsten Art, meist ein ganz gewöhnlicher Leiterwagen mit Querbrettern zum Sitzen. „Cisium," (Kortüm; Aug. 1843, Heidelberg).

Cisa, eigentlich Ziza (Zîza? cf. Th. II, Sp. 1047, Hechs: hage-tis, ha-zissa), wird in den alten Münchner Handschriften Clm. 2 und Cod. Emm. F. IX. (in einem voranstehenden Artikel: Excerpta ex gallica Historia") als eine Göttin der deutschen Völker, die das Rieß (Retias) besetzt hatten, aufgeführt. Ihr hätten sie auf einem Hügel am Zusammenfluß der Werthaha und des Lechs, wo sie eine Stadt gründeten, einen hölzernen Tempel erbaut, der in dieser auch noch, da sie zur Römer=Colonie Augusta (Augustburg, Augsburg) geworden, fortbestanden, und später jenem Hügel den Namen Zizunberc hinterlassen habe. Grimm, Mythol.^{2} p. 269 ff. Vgl. Pertz, Archiv VII, p. 412 („entdeckte sich uns"). Welser, rer. August. libri VIII, opp. p. 222. sqq. Clm. 4351, f. 175. 262: Chronicon Urspergense (Interpositio in historia Friderici I. Imp.). Clm. 5895 (sec. XV, 1475), f. 438—39. Cod. Kaisersh. 144 (Clm. 8044), fol. ultimo (223), wo diese Erzählung eine Art Chronik de VII. aetatibus mundi (von Adam bis Christus) beschließt. Auch noch um 1390 sagt Küchlin (Clm. 61, fol. 99) in seinem gereimten Auszug aus einer ihm vom Bürgermeister Peter Egen dem Jungen um 1390 geliehenen lateinischen Geschichte von Augsburg von diesem Hügel: „Er haist noch hüt der Zisenberk." Vrgl. Grimm, Mythol.^{2} p. 244. 269 ff. Nach Bachlechner (in Haupt's Zeitschr. VIII, 587 f.) ist Ziza aus Cies burc = civitas Augustensis (also Zies, d. i. Martis civitas) nach und nach abgelöst und zur Göttin geworden. Ähnlich genug lautet „Cisa, Ciza" (in gl. o. 128) als Name einer Stadt (Zeiz?). 289
Unter den Bezügen des Bisthums Chur aus dem Vorarlbergischen Walgau (bey Hormayr II, Urk. S. XXXII): „Beneficium Usuani Sclavi in villa Pludassis (Bludesch) ecclesia cum decima de ipsa villa. Et de *Cise* villa curtis dominica habet de terra arabili XXXVII jug." Bergmann, Walser, S. 43. 67. Auf eine andere Zusammenhaltung führt W. Lazius: „Sintemal römische Grabstein gefunden, darin Ala Cetiensis vermeldet wirdt, so ist abzunemen, dz Cetia die Statt nit weit vnder dem Kalemperg neben der Tonau gelegen sey, da iezo dz zerrissen dörflin oberhalb Tuln, mit Neithardts Fabel und Liedt meniglich bekhandt, ligt, Zeißlmaur von den Inwohnern corrupte gehaißen von dem wort Cesenmur, damit sie nit allain in gedachtem privilegio vnd Kunig Etzl historia ꝛc. mit titel ein stat genant wird;" Cgm. 1184, f. 34. Ob Zeiselmaur (Cezenmurus, Zeizzenmurus, wie Priesen im Clm. 11033, f. 33 angibt) zu berücksichtigen? Im Clm. 11033^{a}, f. 6 läßt er diesen Ort „primitus Cecia, tunc Caesaris murus" haißen. Förste=

mann II, 1583. „Burggraf von **Ziseneg**;" Cod. iconogr. 312, f. 21. Ind. 400 (sec. XIV.), f. 84 steht eine Segensformel, anfangend: „*Cisa* † mur † theus † on † Hue † elyon † tetragramaton" ꝛc. Ein Bischof von Augsburg, der achte, Erbauer der Frauenkirche, hieß **Zeiso, Zaiso.**

Zistag, Dienstag; s. oben, Sp. 1070 f.: Zi.

Zisgemel (?). „Sô gêt manec heimzogen knabe als er lulecken (?) gezzen habe, hiure bœser danne vert. der selbe kleiner êren gert. als ein **zisgemel** birgt er sich. er ist ungewizzen und müelich;" Konrad v. Haslau, der Jüngling, Haupt's Zeitschr. VIII, 557,241. 'Dürfte dabei an die in Erdhölen meist im Verborgenen lebende **Zeiselmaus** (s. unten: **Ziselmaus**) gedacht werden?'

Ziß! ruft man der Katze. Grimm, Mythol.[2] 515. Auch heißt wol so die weibliche Katze im Gegenhalt des Heinz; (Rhön). Vilmar, kurhess. Idiot. 471.

Der **Zisel**, (ä. Sp.) penis. BM. III, 910. Frisch II, 480ᵃ. „Dem an seinem **zisel** wee ist, pint es über den **zisel**, da er geswollen sei;" Cgm. 720, f. 62.

Die „**Ziselmaus**, cricetus," Voc. v. 1618; (ahd. **cisi=mûs, cis=mus**, glis, gliris, mhd. **zise=mûs, zisel**; Graff II, 873. BM. II, 278. III, 910. Grimm, Gesch. d. d. Spr. 235. Frisch II, 480. Nemnich I, 424 f.: Arctomys citellus.

Die **Ziser, Zisser**, (Erlangen) eine größere, saftigere Art Mehlbeere vom crataegus azarollus L. Bey Frisch und Andern ist das **Ziserle** die Frucht von cornus mascula, Kornelkirsche; '(Weißenb. a. S., Nürnb.). Nemnich I, 1227.'

'Die **Ziser, Zisererbse**, Kichererbse, cicer; (Graff IV, 1280. BM. III, 910. Nemnich I, 1037. Popowitsch, Versuch p. 641 f. Diefenbach 117ᵃ).' Wien: **Ziserl**, Erbsen: **Ziserlsuppen**. „Cicer, **cisa** vel **arewaiza**;" Clm. 4606 (XI. sec.). f. 111.

Das **Zisseindlein**, (ä. Küchen=Sp.) Art Gericht oder Speise. „Das fünfzehnte Essen was ein Rechschlegel mit einem **Zyseindl**;" Herzog Albrecht's Begräbnißfeyer 1509. „Beschaidessen: Fleisch in einem pfeffer, **Zißeindl**, Kutlfleck;" Scheirer Dienst=Ord. v. 1500, Cgm. 698, f. 46. „Darnach (wurden aufgetragen) frisch larvorchen in einem **Zisseindlein**;" Wstr. Btr. II, 151, ad 1475. „Ain **zinsewdlin** von gepachen vischen;" Cgm. 725, f. 141. „Hozenbloz oder **zusenlin** (**zessenlin**) ist ein kaltes Hünlin, geschnitten in ein Schüssel, mit Zwibeln, Essig ꝛc. daran;" Geiler bey Eiselein, Sprichw. S. 323.

'**zisseln**, auseinander streuen, ausschütteln; **auszisseln; verzisseln.** Vilmar, kurhess. Idiot. 471. cf. oben, **zaisen, zeisen.**'

zossen, zosseln, schleppend einhergehen; sieh **zozeln** 'und **zaschen**. Zeitschr. III, 11.' **zosselweis**, in verstreuten Portionen, Häufchen. Cf. **Zassel.**

zussern, a) was zausen. b) (Kitzb.) sich übereilen. c) (Obrm.) singen wie junge Hühner und Gänse; (von Menschen:) heimlich und zurückhaltend reden, leise sprechen. In diesem Sinn auch **zuschern**. d) wehklagen, jämmerlich thun (Castelli 274. Zeitschr. V, 462); bei einem Spaß nicht mitmachen, knausern. **zussárád**, schmeichelnd, zudringlich: „Dös Vögerl dös klain kann so *zussárád* thain, und so *zussárád* thuets um á Bresl á guets;" Stelzhamer 119. 183. Der **Zusserer**. **zuserisch**, adj.; (Zir.) sehr sparsam.

Die **Zussel, Zusel**, Schimpfbenennung einer Weibsperson; Concubina. Zeitschr. IV, 158. „Kheusch ohn haltung einiger **Zusl**." „Auch ein **Zusl**, so vor diesem einem in Colsugsch gewesten pfarrer für ein **Zusl** auch dient hat;" Acten v. 1600 im Sammler f. Tirol II, I, 11. Vrgl. mhd. **zusse**, ahd. **zussa**, lena, substratum lecti, (Graff V, 711. BM. III, 951. Vgl.

Th. II, Sp. 1317: die **Kotzen**, b), oder etwa auch das altschwedische **hor=tuta** in Grimm's RA. 646. 'In Nürnberg bedeutet **Zusel** die weiblichen Genitalien,' bey Schmid, die des Viehes.

---

zaschen, zäschen, zeschen (Franken, o.pf., verächtlich), ziehen, schleppen; langsam arbeiten, schlendern. Castelli, Wbch. 271: *zäsch'n*, träg folgen. (Gl. i. 318: „**zascot, firzasscot**, rapuit," Job 20,19. Graff V, 707). „Ein hündlein sprang entpor, erwischt ein kalbskopff bey eim ohr, reiß den herab, **zöscht** ihn darvan;" H. Sachs 1612: II, IV, 125. „Bind an den fuß ein zuber hoch, den **zösch** also hindennach;" das. IV, III, 167. 'Vgl. unten: **zöschen**.' Von verführerischen Schönen sagt P. Abraham: „Solche Hulden kosten viel Gulden, ihr 290
Zaschen leeret Taschen, ihr Antasten leeret Kasten." Das **Gezösch**. „Sie (die Narren) haben in mir ein **gezösch**, als ob es weren lauter frösch;" H. Sachs 1612: I, 940. Die **Zäschen, Zeschen**, a) der Schlepp, die Schleppe. b) (verächtlich) Weibsperson; Castelli, Wbch. 271: die *Zasch'n*, eine faule Weibsperson. „Es ziert oft manche **Zäschen** den Kopf mit lauter Mäschen;" Neiner. Sieh d. folg. Wort.

zauschen, (o.pf.) zögern, sich mit Unnützem beschäftigen. Das **Gezausch, Zausch**, Geplauder. Das „**Zauschwerk** und böse Fische," als Gegensatz der guten, bey Erhard (v. 1588) p. 25.

'**zöschen**, gleiten, rutschen (namentlich auf dem Eise); Zeitschr. III, 133. VI, 342: **zescheln**. Vgl. oben: **zaschen, zäschen**.'

zuschen, ziehen, saugen. 'Vgl. **zutzeln**.'

zuschern, flüstern.

zuschen. Zu einem Verb **zuscan** der ahd. Sp., wovon die Partic. praet. **zusct, pizusct, pizuskit** (ad-, amb-, ob-, per-ustus; Graff V, 712. BM. III, 941) vorkommen, gehört wol auch **enzust** (statt **enzuscht**, entzündet) in einer Stelle des Cgm. 270, f. 101: „Und wurd in rechter lieb **enzust**, das in erst frolich dienen lust."

Züschen, Zutschen, (O.Pf.) Fruchtzapfen der Nadelbäume; (Zir.) **Tschurschken**, Fichtenzapfen, welche im Winter zum Einheizen gebraucht werden. Zeitschr. III, 11. Sieh **Zeischgen, Zirschen, Zitzen.**

„**Zeischgen**." (Hübn., salzb. 525) Zapfen im Zirbelbüschel; (Zir.) Zapfen der pinus cembra. Vrgl. **Züschen** und **Zirschen**. Im Slaw. ist Schischka der Tannzapfen. In Foza, einer der VII Comuni, sind **Surtschen** Sürchbüschel, pannochj di sorgo.

Zischmen, (ungar.) Halbstiefeln, die im Schaft zwei Nähte haben.

zuəschtə! (Ob.=Isar), Ruf an die Pferde, daß sie links gehen sollen. Vrgl. **zuedier** unter **Reib** (Th. III, Sp. 8); oder ist nach Gramm. §. 631 eine ganz andere Entstellung zu vermuthen?

---

zaspen, zaspeln, 'die Füße bewegen, scharren; BM. III, 852.' „Im Haus wie ein alt weib umb**zaspen**." „Er (der Gehangene) zabelt und **zaspelt** also lang, bis er erworget an dem strang;" H. Sachs II, IV, 56. IV, III, 202. „Gang **zispen zaspen** übers fletz;" Hätzlerin 307,156. S. d. folg. Wort. Die **Zaspel**, (Rhön) ein gewisses Maß **gehaspelten Garnes**, ein Drittel des Strähns. Vilmar kurhess. Idiot. 465. Zeitschr. II, 47.

'**zispen**, mhd. Sp., mit den Füßen schleifen, zischen; (ahd. **zispian**; Graff V, 711. BM. III, 910). „Er ist an dem tanze ein rehter treibel, gevuoglich er zispet, mit dem vuoze erz walket unde rîbet;" Minnes. II, 57b, (v. d. Hagen II, 80,3).' Grimm IV, 334.

zispern, flüstern. „Ich heimlich schlich für ein gemach, darinnen hört ich gmachsam zispern, zwo person mit einander vispern;" H. Sachs 1612: I, 894. 'Vgl. ahd. zispilôn, resonare, anhelare; Graff V, 711.'

'zispetzen, zispitzen, mhd. Sp., mit Geräusch Athem holen, zischeln; BM. III, 910.' „Zispizen unde snûden muost ich an mich twingen," (um nicht gehört zu werden, als ich in der Staude lag); S. Helbling IV, 374. Vgl. zispen.

Die oder der Zesten, Art Korbes, (ital. cesta, span. cesto). „Die Wein und prot in flaschen, Zessten und Körben auftruegen;" Wstr. Btr. II, 150, ad 1475. Nach Gramm. p. 169: der Zestenkorb (Zéznkaru).

Zestag, (Jir.) unbestimmter Tag.

Zistag, Dienstag; s. oben, Sp. 1071.

Die Zistel. Art Handkorb (cista, cistella); (Jir.) Tragkorb, „auch eine Alpe." BM. III, 910. „Eyer in einer Zistel;" Abele. „Dem ochsen how gibt disu zistel;" Cgm. 328, f. 97. „Umb zwo zistel kers XVIII dn.;" Freyb. Samml. II, 120, ad 1392. „Fiscella, zystel;" Clm. 5877 (XV. sec., 1449), f. 115. Birlinger 440.

Die Zatten, (O.L.) die Legföhre, pinus mughus und pumilio L.; cf. Zotten.

'Zeter, Interj., Klage- und Hülferuf dunklen Ursprungs, (BM. III, 873. Weigand, Wbch. II, 1136. Zeitschr. II, 401,3. Cf. česk. na ret! na retu! zu Hülfe!); nach Leo in Haupt's Zeitschr. V, 513 keltisch. Grimm, Gesch. d. d. Spr. 508, räth Mythisches. Wenn etwa immer ein ander Wort, etwa Mord, vorangienge: Mord et cetera (scil. nicht wohl zu Nennendes). Cbm. 1 (Füetrer), f. 1 oder 2 in den akrostichischen Wörtern der Dedication wird aus et cetera: „Etliche zeit zettra waffen schreien." (Die Bawrenmaydt) „zu der stubenthür aussprang, schrey am tennen zetter vndt mordt;" H. Sachs 1612: II, IV, 209. „Wo er sicht ander Leut in der gleich Lastern ligen heut, schreyt er vber sie zetter Waffen, das solt man so vnd also straffen;" das. V, III, 91. „Se stak de kersen in dat dak (zündete es an) se leip weder in, und sprak: „to Jodute hude und jummer mer!" v. d. Hagen, Ges. Abent. II, p. 329, V. 519. 'Über diesen niederd. Hülferuf, s. Grimm, Rechtsalterth. 877. Höfer's Claws Bur p. 96,161. Woeste in der Zeitschrift des Bergischen Geschichtsvereins, Bnd. X (1874), 31.' „Was bei dem Zettergeschrei für Umstände verlaufen;" Herman Suden, der gelehrte Criticus, p. 140.

Das Zettach, sieh Zöttach.

291 zetten (zétt'n, ä. Sp. Praet. zatte), a) zerstreut fallen lassen, streuen; (mhd. zetten, zeten, Praet. zatte; ahd. zatian, zetian, zettan; isl. tedja, Praet. taddi, misten, tad, Mist. Graff V, 632. BM. III, 873. Weigand, Wbch. II, 1137. Vilmar, kurhess. Idiot. 468). „Sich, wie zettest du, en ut defluit jusculum, decidunt nuces." „Trag auf und zett nit, ampliter in coena apponere;" Voc. v. 1618. „Sie zatten pulver;" Wolff, hist. Volkslieder 651. „Hett d'Stuetten nöt auf d'löst, wie's haist, an Eisen zött," (sagt der Vater von der Tochter, die ihr Kränzlein eingebüßt); Lindermayr 100. b) zerstreut, einzeln, nicht, wie erwartet wird, vereint zum Vorschein kommen, gehen. Aə̃'schichti' zétt'n s' dəher. verzetten (vo'zéttn, vo'zé'n), z. B. Speisen aus dem Löffel, und dabey das Tischtuch, sich das Kleid &c. verzetten. BM. III, 873. „Daß kain Liecht verzett werd;" Cgm. 698, f. 25. „Der Winterkönig Fridrich hat in der Flucht das Hosenband verzett;" Selhamer. „Wie Sanct Gabriel het verzett dise Federn zu Nazareth; H. Sachs 1612: II, IV, 198. „Geht oft nach eim eher glaub, verzett darob ein ganzen schaub;" das. IV, III, 188. Cgm. 569, fol. 109b (Königshofen's Chronik) steht bey dem 108. Pabst Johannes die Randnote: „Diß ist der heilige Pabst, der zu Rom in der Procession dz Kind verzett" (ao. 856). „Suggeras, untirzettest;" Clm. 4606 (XI. sec.), f. 92. Vrgl. Stalder's zetten, zattern, zöttern, züttern.

zetteln (zédln, zé'ln; zédə-ln, ObrM.), 1) was zetten a, einzeln fallen oder entfallen lassen, streuen. „Ich sieh schon in dir eine Wölfin, die wieder junge Wölf in den Schafstall Christi hinein zetteln wird;" Bucher's Kinderlehre 32. Har' zetteln, Flachs zum Rösten auf dem Boden dünn ausstreuen. Kraut zetteln, den in Zasern zerschnittenen Kopfkohl schichtweise in das Gefäß streuen, wo er zu Sauerkraut werden soll. Das Flackenkraut „einzetteln;" Cgm. 698, f. 11. „Khrautzetlern gebührt nebst der Kost 2 kr. Taglohn;" Taglöhn.-Ord. v. 1609. Das Zettelkraut (Zé'lkraud), Sauerkraut. „Das sechst Essen was ein Zetlkraut;" Herzog Albrecht's Gedächtnißfeyer, 1509. 2) was zetten b), einzelweise oder überhaupt langsam, schlendernd gehen, veluti cacans. *zédəlat* oder *zédə-lweis* kemans' dəheər, einzelweise, vereinzelt; Obr.M. „Ich zettelte dem Dorfe zu;" Simpliciss. 1668, p. 304. „Ao. 1626 ist der Rosenhaimische Fahnen von 480 Mann vor den Bauern ob der Ens geflohen und zetlet wider haimb khommen;" Wstr. Btr. I, 171. c) (Franken, verächtlich) ziehen, schleppen.

zettern (zédə'n), a) die Excremente unwillkürlich weggehen lassen. b) ziehen, anziehen, locken; *her-, weg-* &c. *zedə'n*. Sieh zetten.

Die Zettel, Zeddel, Zedele, ä. Sp., (spanisch, ital. la cédula, cédela, franz. la cédule; Diez, Wbch. 96), heutzutage: der Zettel (Ze'dl), scheda, schedula; (mhd. diu, der zedele; BM. III, 860. Weigand, Wbch. II, 1136 f. Birlinger 439); ehmals auch von einem schriftlichen Instrument größerer Art gebraucht, Note. „Deß zur Urkunde haben wir Herzog Ludwig, Herzog Ernst und Herzog Wilhelm unsre Insigel auf die Zettel (das Theilungs-Libell) gedruckt;" Kr. Lhdl. II, 23, ad 1429. „Das ist die Zeddel, darauf Herzog Ludwigs Sache zu Neuburg abgeredt ist worden;" Kr. Lhdl. III, 118. „Und 292
wenn Ew. Gnaden diese Zettel gelesen haben, so zerreißt sie von Stund an;" das. p. 234. „Dessen (nemlich des Vertrages) hat jeder Theil eine gleichlautende ausgeschnittene Zettel angenommen;" das. XI, 474. cf. L.R. v. 1616, f. 85. 395. Der Freßzettel, verächtliche Benennung jeder unwillkommenen schriftlichen Notificierung, vielleicht ursprünglich die eines sogenannten Panisbriefes. Kimt állé Augngblick so ə̃ *Fréßzé'l* daher! Spaltzettel, Spanzettel; sieh Th. III, Sp. 667. 669.

zetteln, 'ein schriftliches Instrument verfertigen, schriftlich niedersetzen. BM. III, 866 f. cf. briefen, Th. I, Sp. 351. verzetteln, was verbriefen.' „Laut verzettelter Abrede," nemlich über welche Zettel, Schriften ausgefertigt sind; Kr. Lhdl. XVII, 233. Hieher wol Suchenwirt's zedeln: „Darauf lag vil gezedlet der brief;" das. XXV, 58.

Die Zeit (ä. Sp. gen., dat. sing. zeite, zîte, nom. pl. zeit, zeite, zîte), a) wie hchd., (mhd. diu zît, gen. zîte, neben daz zît, ahd. zît, gen. zîti fem.; zît, zîtes, neutr., in der Isidorischen Übersetzung ziidh, gen. ziidhes, tempus, hora, schweizerisch noch das Zît für Uhr; niederd., altſ., agſ., isl. tîd, f. Graff V, 633. BM. III, 910. Weigand, Wbch. II, 1131 f. Zeitschr. V, 117,16.). Wittenweiler im Ring (45c,40) sagt neutrisch (wie in der Schweiz): „Wartent bessers zeytes."

Das Höchzit, das Osterzit ꝛc. im Cgm. 186 (Zürich, XIV. sec.), passim. b) das Wetter: ə͂ schöné, schiəhné ꝛc. Zeit. Überhaupt haben wol die wechselnden, besonders die regelmäßig wiederkehrenden Elementar- und Himmelserscheinungen zuerst den Begriff Zeit abstrahieren helfen. Im Niederdeutschen, Holländischen ist das Getîde, Ghetîe, Tîde, Tîe, engl. tide, der Wechsel von Ebbe und Fluth, die Fluth; (Müller, etymol. Wbch. d. engl. Spr. II, 466). Ein seltsames Zeitmaß findet sich im Kochbuch des Wirzburger Codex (Bibliothek des literar. Ver. in Stuttg. IX, p. 6, nr. 14): „Met machen .... Siede denne die selben wirtz gein eime acker lanc hin und wider...siede daz mit der wirtz gein einer halben mile...“

Nicht der Zeit haben, nicht Zeit haben; sieh Th. II, Sp. 1718 f. Gramm. §. 762. „Hüete dîn, geselle, des ist zîte,“ es ist (an) der Zeit; Labr. 133. ʿDer Zeit, derzeit, adverb. Genitiv, die Zeit, adverb. Accus., in der Zeit, unterdeß, (wie mhd.; Grimm III, 134. 141.). Zeitschr. II, 278,17. III, 404,16. Vgl. oben, Sp. 889: derweil und dieweil.ʾ „Auf sein Zeit, quondam;“ Voc. v. 1618. „Auf sein Zeit kommen, fabulam aetatis peragere;“ Voc. v. 1618, „sein passion ausspilen,“ setzt Pictorius hinzu. Auf der Zeit (ə' də' Zeid), hoch auf der Zeit (dem Ende der Schwangerschaft nahe) seyn. „Sie geht auf der Zeit, est vicina partui;“ Voc. v. 1618. zeiten (zei'n), adv., bey Zeiten, bald, früh; mag aus in-, be-, bey- Zeiten entstanden seyn. BM. III, 912 f. 915. Indessen hat das Voc. v. 1618 den adv. Compar. zeitter, temporius, welcher dem mhd. zîter (Nibel. 3894, Lachm. 911,2: „Den tisch er dester zîter ruken dan gebôt“) und dem alten gizitor temperius (Graff V, 638), entspricht. Dieses letzte aber ist vom Adv.-Positiv gizîto, neben welchem es auch ein Adj. gizît-er, iu, az, matutinus ꝛc. gegeben. BM. III, 915. „beczeit, per tempo, beczeiter, più per tempo, allerbeczeitest, e più per tempo,“ Voc. venet.-todesco v. 1424, f. 3. ʿbeizeit, beizeiten, frühzeitig, rechtzeitig; Zeitschr. IV, 241,1.ʾ ê zeit (Rotthal), ehmals (mhd. ê zît, ahd. êr zîti, ê zîtis). ê der zeit, als ..., bevor, ehe; Heumann, opusc. 114. en zeit, manè; Cgm. 136, f. 287. en zît, bey Zeiten; Grimm, Reinh. F. 346; (mhd. enzît, enzîte, in zîte). Hei͂t wiəʿd's *in zeiten* (frühzeitig) Nacht; ObrM. iezeit. Sollte das dialektische iəzət, hchd. jetzt, so zu erklären seyn? Vrgl. ze, Sp. 1069. „swen zeit, wann, quando;“ Wstr. Btr. VII, 136. wann zeit, quando; Cgm. 3941. f. 79. wie zeit, wie früh, welche Zeit, wie viel Uhr. *wiə zeid* is's oder hàbmər? ʿIst's um die Zeit? verhält sich's so? Zeitschr. VI, 97.ʾ zeiten weis (zei'n weis), zuweilen, per intervalla. O du heilige Zeit! o du liebe Zeit! Betheuerung, ʿ(Verwunderung; Koburg).ʾ Vgl. Th. III, Sp. 275: „Sam mir diu heilige zît!“ S. Helbling VIII, 892. hôche Zeit, Höchzeit (Hózət, Houzət, Haəgfət);
293 sieh Th. II, Sp. 1044 f. Die siben Zeit, siben Tagzeit, septem horae canonicae; Cgm. 468. 470. 717. 852,188. „Siben zeit krawt, foenum graecum;“ Clm. 4374 (XV. sec.), f. 125. Diefenbach 230a.b: zeytkraut, syben getzeyt. Nemnich II, 1478: trifolium, melilotus caerulea, Siebengezeit, holl. zevengetijdenkruid, zevengetijde. „Zwo Malzeit;“ L.R. v. 1616, f. 562. D' Monətzeit, menstruatio; (ObrM.). Die, der Zeitlang, lange Weile. Zeitlang haben. Sterben vor lauter Zeitlang. Vgl. Maier Helmbrecht 942: „Einen tanz si danne trâten mit hôchvertigem gesange: daz kurzt die wîle lange.“ ʿzeitlich, rechtzeitig, frühzeitig; Zeitschr. III, 532,52. VI, 257, II, 68.ʾ

Der Zeit-äsch, (Heumann, opusc. 695) Fisch, vermuthlich Äsche von gewissem Alter. Zeit-bock, Zeitgaiß, Zeit-hammel, (in der Wirzb. Verordn. v. 1789 unterschieden vom fetten Hammel. Zeitschr. IV, 310), Zeit-kue, (bos foeta, Zeitkuh; 1618); bey Stalder II, 468: Kuh, die im dritten Jahre zum ersten Mal kalbet; (Zeitschr. V, 485). Bey demselben: Zeitgeiß, Ziege von drei Jahren, die noch kein Junges geworfen hat, Zeitstier, verschnittener Stier von drey Jahren; Zeitrind (II, 277), weibliches Kalb von zwey bis drey Jahren. „Zeitkue, junix; zeitochs, juvencus;“ Pictorius. Zeit-schâf, zwey bis dreyjähriges, ausgewachsenes und zur Nachzucht reifes Thier seiner Art. „Wann ein Zeitelschaf zum ersten Mal gelammet, wird solches nicht in die zehnte Zahl gerechnet;“ Syringii ZehendR. 131. ʿVgl. Zeitschr. IV, 310: Zeitdënk, ein 3 Jahr altes weibliches Schaf.ʾ „Zitvrisching,“ Lori, Lech-R. 15; cf. Th. I, Sp. 828. „Sol geben einest in dem jahr ein stier der zituang ist und einen zinszigern;“ Engelberger Hofrodel, Engelberg im XII. und XIII. Jahrh., S. 13, (auch abgedruckt in Grimm's Weisthümern I, p. 2). ə͂ Zeitkind, nicht zu früh gebornes; (ObrM.). Die Zeitber, (schwäb.) Johannisbeere; Nemnich II, 1161: ribes nigrum. Die Zeitlos, hchd. Zeitlose, bellis perennis und colchicum autumnale; (mhd. zîtlôse, ahd. zîtilôsa, hermodactilus, marrubium, citomus; Graff V, 637. BM. III, 915. Diefenbach 71b. 124a. 276a. Nemnich I, 589: bellis perennis; (Westerich); I, 1101: colchicum autumnale; II, 703: narcissus pseudonarcissus. Weigand, Wbch. II, 1132. Zips: *Tschatelaus, Tschetschelose*; ʿholl. tijdeloos, schwed., dän. tidlös).ʾ „Diu lilie vnt diu rose, diu schœne ceitlose vnt aller bluomen ciere;“ Tungdalus, hgg. v. Hahn, p. 63,41. ʿAls Beiname der Jungfrau Maria; s. Grimm, gold. Schmiede p. XLIII, 1. Vilmar, kurhess. Idiot. 467.ʾ „Der zitelose;“ Diut. II, 129. „Gegruest seistu aller schönistes zeitloß der willigen Armuot;“ Cgm. 860, fol. 105.

Das (?) Gezeite, plur. die Gezeite, mhd. Sp., horae canonicae; (BM. III, 913,2. Cf. niedersl. ghetide, n., festgesetzte Zeit). „Die siben Gezeit;“ Cgm. 718, f. 87. ʿDas Gezeitenbuch, Brevier, Gebetbuch. „Sie tragen allzeit jhr Gezeitenbuch in händen;“ Fischart's Bienenkorb 229,6.

Die Zeitung (Zeidung, Zeiding, Zeidum), wie hchd., das heißt: Bericht, Nachricht, Kunde, „fama, nuntius,“ Voc. v. 1618; in ä. Sp. wol zîtunge sing. und plur., so daß auch die ehmalige stehende Formel: Neue Zeitung (vrgl. guete, böse Zeitung), den isl. tidindi, engl. tidings, schwed. tidningar plur., engl. news, franz. nouvelles, ital. avvisi entsprechend, und gerade wie neue Märe (Th. II, Sp. 1633) ursprünglich ein Plural gewesen zu seyn scheint. Jede Zeitung im heutzutage geläufigsten Sinn, nemlich jedes periodische Druckblatt, enthält in der Regel der Zeitungen in früherm Sinn, d. h. der Nachrichten, Neuigkeiten, mehr als eine. Große Herren ließen sich wol von jeher durch dienstbare Hände von wichtigern Orten her regelmäßige schriftliche Anzeigen oder Berichte über dortige Vorfälle und Neuigkeiten, kurz Zeitunge machen. Vgl. deutsche Vierteljahrsschrift, Jhg. 1840, p. 1 ff. So erhielt nach einer Hofrechnung vom Jahr 1585 (Wstr. Btr. III, 94) „Stephan Neumiller, Fuggerischer Diener, der die neue Zeitung wöchentlich nach München schickte, 26 fl.“ Fortlaufende Zeitungen an Dr. Fickler, des Erzbischofs von Salzburg Secretarius, gerichtet v. 1552 an, enthält Cgm. 1307. Reichhaltige handschriftliche Avvisi aus allen Hauptstädten Europa's v. 1593 bis 1759 finden sich in den Codd. ital. Monac. 192—199. Thomas Watts, Custos am British Museum, weist nach, daß die angeblich älteste englische Zeitung (v. J. 1588): „The English Mercurie,“ ein im britischen Museum in 3 Nummern aufbewahrtes Druckblatt, nichts weiter als ein „hoax,“ eine ums J. 1743 (im J. 1766) von Philipp Yorke Grafen von Hardwicke veranlaßte Täuschung sey. Dagegen befindet sich im britischen Museum eine gedruckte deutsche „New Zeitung“ vom J. 1526, eine andre von 1554. Lehmann, Magazin f. d. Lit. des Ausl. 1845, p. 56. Brockhaus' Blätter f. literar. Unterhalt. 1845, p. ... und 1850, p. 280 (Nr. 70). Julius und Sotzmann: über gedruckte Zeitungen über die Türken und ihre Eroberung Constantinopels schon vor 1460; Blätter f. lit. Unterh. 1840, Nr. 315 und 363, p. 1272.

Als erste gedruckte Zeitung sey Pfister's zu Bamberg „Manunge der Cristenheit wider die Türken“ anzusehen. Bulletin de l'Academie de Bruxelles, Bnd. VI, Abth. I, S. 459. (E. Weller, die ersten deutschen Zeitungen, mit einer Bibliographie (1505—1599), in der Bibliothek des Stuttg. litterar. Ver. Nr. CXI.) In Stockholm erschien 1597 „Sanferdige forskreckelige nya tydender om hvadh sigh uti Stralsund tildraghit“ als ältestes einzelnes Blatt, nach einem Aufsatz („Journalistik in Schweden“) in Brockhaus' Blättern f. lit. Unterh. 1844, S. 139. Im 17. Jahrh. begann man Zeitungen regelmäßig zu drucken, z. B. ein Frankfurter Journal von 1615 an. In den Jahren 1636, 1637, 1638 findet sich unter den in den großen Rath Gewählten aus der Gemeinde auch ein „Geörg Gelbhardt (Gebhardt) Zeitungsschreiber;“ Cgm. 4905, f. 417. 460. 506. „Gewölmb- und Zeitungsschreiber;“ Cgm. 1906, f. 175. Daß der Name Gazetta, der in der ital., und sofort den übrigen romanischen Sprachen für solch ein gedrucktes Blatt mit Neuigkeiten üblich wurde, von einer venetianischen also genannten Münze herkomme, für die man es haben konnte, ist etwas schwer zu glauben. (Diez, Wbch. 167. Müller, etymol. Wbch. d. engl. Spr. I, 437.) Gazetta ist das Diminutiv von gazza (Elster), und wol möchten etwa die ersten Blätter dieser Art mit dem vorgedruckten Emblem des geschwätzigen Vogels ausgeflogen seyn. Als Wasserzeichen scheint eine Elster zu erkennen auf dem Papier, worauf des Juvencius Fortsetzung der Historia Societatis Jesu 1719 (Clm. 783) zu Rom geschrieben. Also wol auch früher ein solches Papierzeichen
294 vorkommend. Dr. Zell (Ferienschriften, neue Folge, 1. Hälfte; 2. Ausg. 1873) belehrt uns 1835 „über die Zeitungen der alten Römer.“ „Acta diurna populi Romani;“ Suetonius, Caes. 20. „Diurna populi Romani per provincias, per exercitus curatius leguntur . . .;“ Tacitus, annal. lib. XVI, c. 22; cf. lib. III, c. 3. (Vgl. frnz. journal, ital. giornale = diurnale, mittellat. *jornale*. Ducange, ed. Henschel, tom. III, 898.) S. Vict. Le Clerc: des journaux chez les Romains, 1838. Blätter f. lit. Unterh. 1838. p. 1251. Chinesische Zeitungen sind wol die ältesten gedruckten der Erde; denn die Xylographie war schon im J. 932 n. Chr. in China bekannt. Muster einer Art chinesischer Zeitung, genannt „Juen men pao“ (Büreaunachrichten) von Neumann in der Allgem. Ztg. 1840, Beil. S. 1666. (Auch die Wiener und Münchner liefern gerne Nachrichten der Art, z. B. wie viel Säue oder Fasanen Se. Majestät geschossen).

Zeitung gehört ohne Zweifel zu Zeit, und zwar in dem Sinne, in welchem dieses Wort (als Neutrum) noch jetzt in der Schweiz etwas, das die Stunden anzeigt, eine Uhr, bedeutet. Also nicht blos auf das agſ. abgeleitete tîdan, getîdan, engl. to betide, contingere, sondern auf das Sp. 1102 angeführte Urverb zeihen, zîhan, goth. teihan, indicare, indicere, wovon auch zaigen, wird mit Grimm II, 236. 986. III, 490 zurückgeblickt werden dürfen. Was den erst jüngst wieder zu Tag gekommenen gothischen Ausdruck für Zeit, χρόνος, καιρός, nemlich das Neutrum theihs (Grimm, Mythol.[2] p. 750; v. goth. theihan, gedeihen, wachsen, werden), betrifft, so möcht ich es wegen des gar zu unregelmäßigen Lautübergangs, den man annehmen müßte, nicht hieher rechnen; dafür aber kann ich mich eines freylich so müssigen als abenteuerlichen Einfalls nicht erwehren. Das lateinische temo galt auch für die Deichsel im Sternbilde des Wagens, und diese vor Jahrtausenden wie heute als Stundenzeiger am nächtlichen Himmel (Scheller, voce temo). Mögen nun templa coeli, contemplor, tempus zu demselben Thema gehören, oder nicht, so ist das gothische theihs, abgesehen vom Genus, ohne Zweifel ein und dasselbe Wort mit dîhsala, agſ. thîsl, bayerisch (Th. I, Sp. 484) Deichsel und Deichs, ndrſ. Diesse; (cf. Grimm, Mythol.[2] 138. 687.). Sogar beziehen sich die beiden Stellen, in welchen der Gothe theihs braucht (Rom. 13,11, Thess. 5,1) auf nächtliche Weile. Vrgl. auch Buttmann, Abh. der Berlin. Academie, 1826, p. 19—63. Cf. česk. čas, Zeit, (wie wes = weihs, Sas = Sahs).

Zitôl, zitôle, Dimin. zitôlîn, mhd. Sp., die Zither, Zitter, (ahd. citharâ, cytherâ, ziterâ, aus griech.-lat. cithara; Graff IV, 368. BM. III, 917. Weigand, Wbch. II, 1150).) „Ein welhisch videllin, ein herpflin und ein zitolin;“ Renner 16752. „Ziterpfin, plectrum,“ noch ZZ. 796, f. 167. Graff V, 339. Diefenbach 442[a].

„zitvarwe, cerusa;“ gl. a. 803. Diefenbach p. 115[c]: cerula.

zitten, a) aus Ärger oder Verdruß nicht reden, (besonders von Kindern), „silendo irasci, alias pfnotten;“ Prasch, Heumann, opusc. 689. Der Zittenschaiß, (b. W.) Scheltbenennung für ein Kind, das zittet. b) (Zillerthal, von Kühen) mit einem Male keinen Tropfen Milch mehr geben und dabey, wie Personen im Fieber, zittern, ein Zustand, den man anhaltender Hitze und gähem Wassersaufen zuschreibt. Das Zittkraut, gentiana acaulis L., und jedes andere gegen dieses Übel wirksame Kraut.

zittern (zidə'n), wie hchd.; (mhd. zitteren, ziteren, ahd. zitterôn, isl. titra. Graff V, 640. BM. III, 916. Weigand, Wbch. II, 1150). R.A. Dà (es) hilft kaə˜ *Zidə'n* vo' 'n Fróst, es ist unvermeidlich; (auch bey Seidl 1844, S. 259). Der Zitterer (Zidərə'), (ä. Sp.) Zitter, a) das Zittern. BM. III, 916. Den Zitterer haben, aus Krankheit oder aus Furcht. Arzneymittel „für den Zitter;“ Cgm. 3726, f. 84. „Daz herz erbidmet in laides zitter;“ Suchenwirt XI, 258. „Ir lib in zitter warn;“ Ecken uzvart 182. Auch H. Sachs kann dieses msc. Zitter im Reim auf bitter, Ritter gut brauchen: „On allen Zitter;“ I, 237. „Mit ainem rubigen zuter,“ (reuigem Zittern; denn f. 102 steht auch „putrikait“ für Bitterkeit); Cgm. 4597, f. 99. b) furchtsamer Mensch. c) Gallerte, Tremelle.

Der „Ziterapfel,“ Cgm. 724, f. 163 (zwischen „chuten“ und „margram“).

Zitterhelbling (?). „Jener ist gar ein edeling wann das er hat den zyterhelbling;“ Cgm. 714, f. 30, (cf. Renner 388: „Jener wer gar ein edelink, denne der ziter helblink“).

Die Zitterbirke, Zitterpappel, populus tremula; (Zir.).

Der Zitterort, ſ. Th. I, Sp. 152: „Seit hat der zeitigen herz durchport her Ziterort;“ Renner 17694.

Zitterpfenning (?). „Ich hab ihn (den Kargen) offt wol mild gesehen, wenn er den zitterpfenning vertrunck;“ H. Sachs 1612: II, IV, 12.

Der Zitteroch, Zittroch, Zittrochen (Zidərachə˜, Zidrachə˜), das Zittermahl, die Flechte, Erhöhung auf der erhärteten Oberhaut, franz. la dartre (mhd. ziteroch, ahd. citaroch, citroh, sicca scabies, daneben citarlus, citerlus, impetigo, auch zitdruos, impetigo, noch im Entlibuch das Zitdrues, Guggisperg das Zit- 295
ter-abel. Graff V, 640. BM. III, 916 f. Diefenbach 288, nov. glossar. 211. „Serpigo schertz vel zitroch;“ Cgm. 668, f. 9. „Zittermal, serpigo;“ Clm. 4394, f. 177. Mittel „für den zittrachen; Cgm. 3721, f. 192. „Gegen den zitrach;“ Cgm. 3723, f. 157. „Zytroch vertreiben;“ Cgm. 4543, f. 169. Cgm. 170, f. 12[a]. „Einen zitrachen vertreiben;“ Ind. 418, f. 95[b]. 100[a.b]. „Fur citrachen ist auch gut verniß den dy pogner zu den armbrosten nützen;“ das. f. 101. Cgm. 3969, f. 48. „Nim schelkraut und druck den saft daraus auf den zitrochen und reib in;“ Cgm. 4543, f. 48. 52. „Die chumberlein (Gurken) gut für die zitrochen;“ Cgm. 724, f. 162. „Für den zitrachen;“ Cgm. 723, f. 292. „Wer zitterschen oder die Mergeden hat;“ Arzneybuch, Cgm. 591, f. 43 ff., (Diefenbach, nov. glossar. p. 211). „Zitrachen, Geflächt und impetigines;“ Dr. Minderer 1620, p. 225. „Sorpido eis een ongemac dat men heet

zeter ende inpigo;" Brokken uit een oud geneesbock des XIV. eeuw; Willems, belg. Museum VI, 106. „N. N. hat einen Zittrachen an dem linken Armb gehabt, welcher ihme den Armb bis zum Elenbogen eingenommen und großen Schmerzen verursacht;" Benno-Mirakel v. 1697. „Ist an Leib und Kopf so ausgeschlagen, daß man vermeinet, es seye der unheilsame wilde Zittracht;" Lechfeld-Mirakel 82. Im Salzburgischen umzirkelt man mit den Sporen oder Klauen des Luchses die „Zitterachen," damit sie schnell heilen. Hübner 863. Als heilsame Zittrach- oder Zittrachenkräuter kennt und nennt man die pinguicula vulgaris, das chrysosplenium alternifolium, das sedum acre, den rumex acutus L. Dazu die Zitterwurz, oxylapathum bey Frisch. Ob Suchenwirt's (IV, 276. V, 90) Zitter in seiner R.A.: „ân schanden zitter," wie Primisser (p. 388) meint, eine Makel bedeute, oder blos, um einen Reim auf Ritter zu geben, das unter zittern angeführte Wort sey, bleibt dahingestellt. Höfer III, 337 gibt Zitterich für Zitteroch.

Der Zitwar, Zittwar, zedoarium, ital. zedoaria, (mhd. zitwar, ahd. zitawar zuzur, zitewar ciperus. Graff V, 640. BM. III, 917. Weigand, Wbch. II, 1150. Diefenbach 634b), 'eine bittere, gewürzhafte ostindische Wurzel v. erwärmender und zertheilender Kraft.' (Zur Magenstärkung) Zitwar eßen. „Kubeben, Ymber und Zitwar;" Ortolph. „Zitwen, zadura, zedoaria;" Voc. v. 1618. Das Voc. Cgm. 643, fol. 523 gibt zedoarium Zitwer, „zedoaria Zittwan;" das Voc. v. 1419: „zeitwan, citonale, herba." „Zeduarium oder zeduara haizet zitwar;" Konr. v. Megenberg f. 250, (Pfeiffer 426,3). „Nimb ein Quintlein Zitwan oder ein Zitwan-zähen wie man sie haisset;" „Zitwanwein;" Dr. Minderer p. 78. 91.

Der Zitterwagen (Zidə'wàgng, b. W.) Spielzeug für ländliche Kinder, aus Stecken oder Ruthen gemacht und einen Wagen mit zwey Rädern vorstellend, was Graitelwagen, Th. II, Sp. 1017. Bey Frischlin, nomencl. p. 544, ist „Zitterholz antenna." Vrgl. das folgende Wort. Vrgl. auch „Löher und Ziter" bey Christoph Schmid, schwäb. Wbch. 348.

Der, auch das Zieter (Ziədəᶜ, Ziədərəᶜ, b. W. Zèidə', Rhön Zètter), Stange, welche für ein weiteres Paar Ochsen, außer dem, das an der Deichsel zieht, an dieselbe gehängt wird, Vordeichsel; (mhd. zieter, ahd. „zeotar," gl. i. 1120; zieter, Diut. III, 149: „prodeilus;" „temo, eichsel vel zieter." Graff V, 640. BM. III, 877. Diefenbach 462b. Weigand, Wbch. II, 1149. Vilmar 55, kurhess. Idiot. 468: Zetter). Kärnt. vóje, plur., die Ochsenziehter, (Deichsel); Jarnik p. 40. In Gemeiner's Regensb. Chron. II, 171, ad 1373 heißt es: „Die Schiffmühlen standen unterhalb der großen Brücke mitten in der Donau an Zietern und Stecken oder Pfählen befestigt." Über'n *Zittər* schis, wie unwillige Ochsen. „En Frau es (ist) e got *Tüdderhault*, (dasjenige Holz, womit Kühe auf der Weide festgemacht werden, daß sie sich nur in einem kurzen Bezirk bewegen können);" Firmenich I, 442,138 (Solingen). Holz, das man Kühen auf der Weide anbindet. Vrgl. ziehen und Th. I, Sp. 617: -ter, welches auch bey Kilian in den Baumnamen -tere heißt, weshalb das ein d zeigende isl. tiôdr, schwed. tjuder, ndrs. tüder, tider, engl. tedder, Strick, womit man weidendes Vieh an einen Pfahl (tüder-päl) bindet, auch der Form nach nicht wol in die Vergleichung fällt. Grimm I3, 511. Cf. d. vorige Wort.

296 zotten, zotteln, (verächtlich) gehen. Zeitschr. II, 279,91: langsam gehen. „herein zotten, inerti, tardo passu incedere;" Voc. v. 1618. „Müssen den Weibern bis in die Hell hinab immerzu nachzotlen;" Scherer gegen Utzinger 1589, p. 157. „Wiə əəm dé Blàbm *nachizodln;*" Seidl, Flinserln IV, 121.

zottern (zadəᶜn, U.Don.), niederhangen wie Haare, wie nicht recht befestigte Strümpfe ɛc.; (mhd. zotten, zottern, ahd. zotaran; gl. i. 532. 539: daz zotaranta vahs, defluentem caesariem, crinem." Graff V, 633. BM. III, 947. Weigand, Wbch. II, 1154). Der Zotterer (Zadərə'), langsame Person männlichen, wie die Zottern (Zadəᶜn) weiblichen Geschlechts. Zeitschr. VI, 174.

Der, die Zotten (Zo'n), der, die Zottel (Zodl, Zo'l), Dimin. das Zöttlein, Zöttelein (Zédə-l), hchd. die Zote; (mhd. zote, ahd. zâto, zata, zota. Graff V, 633. BM. III, 947. Weigand, Wbch. II, 1154. Zeitschr. II, 412,16. Das hochd. Zote, unzüchtige Rede, aus lat. sotad ... entstanden?) Junge Leute beiderley Geschlechts im Ob.Land tragen goldne Zöttlein (Zé'ln, Quästchen) auf dem (gewöhnlich grünen) Hut. „Seit man die engen schue erdacht und zoten und lappen auf die cleider macht; Cgm. 713, f. 27. „Mulieres aliquae in choreis faciunt ex se ipsis monstra ex viris et mulieribus composita quae caput ornant vestibus virorum videlicet mitris et capuciis *zuttatis;*" Joh. Gews, Clm. 16164, f. 139. „Kolben oder Zotten des Hirses." Der Zottelbusch, niederer Strauch. Die Zotten, die Legföhre; sieh Zatten, Sp. 1159. Das Zöttach, (O.L.) Gestäude wie das der Heidel-, Preußel- ɛc. beeren. Zetten, Zettach, jeder beerentragende Strauch, namentlich pinus pumilio; betulus ovata; (Tir.). Nemnich II, 980: pinus montana, Zetten. zottet, zottlet, zotiċht; unaufgeputzt; zerlumpt; (a. Sp. zatoht, villosus; Graff V, 633). Zeitschr. V, 103,5. Die Zott-Eul, der Zottelbock, Zottelwolf, (im Scherz) Person mit zotichten Haaren.

Das Zotteleien (Zòttə-l), große Tasse mit Handhaben, Trinknäpfchen; ohne Zweifel die ital. ciótola, und etwa durch die ehmaligen Carmeliten und Capuciner, denen im Convent nur aus solchem Geschirre zu trinken erlaubt ist, zu uns gekommen. Zeitschr. VI, 120,71.

Die Zutte (Aschaffenb.), Zott (Rhön), die ausgebogene Mündung oder Schnauze an Geschirren; im Hennebergischen Züttich, in der Wetterau: die Zott, um Gießen: die Zaut. Vilmar, kurhess. Idiot. 466 f.: Zeite, Zeute. Bey Frisch ist Zote die Röhre an einer Kanne. Vrgl. das niederd. tote, tuyte, dän. tud. Weigand, Wbch. II, 1153 f.: Zaute, Zotte. Castelli, Wbch. 274: *zudln*, pissen; (zuttlen = zurlen? s. oben, Sp. 1151: Zurl).

Die Zuttel, Zutten, (schwäb., verächtlich) Weibsperson.

Der Zutterkrug, (wirzb.) Sauerwasserkrug. Sieh Sutterkrug, Th. III, Sp. 340.

---

zätscheln, (Hsr.) zappeln.

zitschen, wie Äpfel beym Braten. (Der Teufel) legt sich darauff ein par stund nider, biß ander öpfel brieten wider, wenn die zietschetn er sie auch aß;" H. Sachs 1612: II, IV, 229.

Zutschen, (Heppe) Fruchtzapfen der Nadelbäume. Sieh Züschen und Zeischgen, Sp. 1158.

'zutschen, s. zutzeln und zuschen.'

---

zawen, zauwen, sieh zauen, Sp. 1065.

záwáz'n, beschlafen; Castelli, Wbch. 271.

Zew, sieh Zêh, Sp. 1101.

Die Zatz, (schwäb., rhein.) Hündin; (verächtlich) Weibsperson. Wolfszatz, Wölfin. Cf. Zozel, Sp. 1168.

Der Zazerling, (Hoiß) agaricus cantharellus, gelber Pfifferling, Rehling.

297 Der Zezenkorb, Waschkorb aus geschälten Weidenruthen; sieh Zesten, Sp. 1159.

„zetzen" Einen, (Nürnb., Nicolai Idiot.) ihn vexieren, foppen. „Der mensch mit hochmut trutzt und zetzt;" H. Sachs 1612: I, 650.

zétzeln (zézln), was zetteln, (streuen). Zéz·l-kraut, was Zettelkraut. zéz·lweis, zizlweis, in einzelnen, kleinen, ärmlichen Portionen. „ə˜ Liəb bist mə' schuldi', schau, mach də' nicks draus und zàl mi' mit Bussə-ln schö˜ *zizelweis* aus;" Seidl, Flinserln (3. Ausg.) 87. Kartsch II, 141 hat ein nettes Gedichtchen, betitelt *zizelweis*. Vgl. engl. tittle, hchd. Tüttel, was Tüpfel; Weigand, Wbch. II, 929. „It is not worth a tittle. I woun't give a tittle for it;" Cleasby. Zizl-Schulden, kleine Schuldposten. Die Zizlerey.

zeiz, s. oben, Sp. 1154: zaiß, zeiß. „Praedium suum in Zeiznhule;" Reg. Bav. I, 363. „Zaizenmour;" das. V, 97. Vgl. Förstemann, Namenb. I, 1367 f. II, 1583.

Der Zitz, ein gewisser Zeug, feiner, bunter Kattun. pers. tschit. Weigand, Wbch. 1150.

Das „Zizel," (Popowitsch) der vordere „Draten," bey welchem der Weber anfängt zu arbeiten. Vrgl. Stalder's Züttel, Anfang eines Fadens, Seiles rc., und das hchd. Zettel, stamen.

Zitzerl, Zizerl, Zaunkönig, motacilla troglotydes; (Wien; Popowitsch, Versuch 633. Nemnich II, 623). „Züzzerl," ein gewisser Vogel; Asp. 49, f. 128; (auch Cod. Moll-Oldenbourg mit den rathenden guten und bösen Vögeln).

Die Zitzen (Zizn), auch der Zitz, a) hchd. Zitze, Brustwarze; Zeitschr. III, 544: Zütz. b) Art Frucht? „Drey Zizen in meinem Sack er fund, zehen muscatellerbirnlein rund;" Wagenseil, de Norimb. 472. (Nürnb.) *Ziez'n*, Fruchtzapfen des Nadelholzes, besonders von Tannen und Fichten, die zum Verbrennen taugen. Weikert's ausgewählte Ged. in Nürnb. Mundart, S. 114. 349. Cf. Sp. 1157: Ziser, und unten Zützen. c) Das Zitzelein (Zizə-l), Beere vom Sauerdorn, berberis vulgaris L.

Der, die Zozen, Zozel, a) die Zote. „So hult sy die Henne) ain zuczl an und macht einen chnop auf dem haupp;" Grimm, Mythol.[1] p. XLVIII, 29. b) Der, die Zozel, unreine, liederliche Person. Vrgl. Zatz, Sp. 1166. ə˜ gróbə' *Zózl*, wie hchd., grober Socius. zózət, zozlət, zozələt, zoticht, schleppend, lumpicht. Der Zoz-wolf, Zozelbock, Person mit zotichten Haaren. zozeln, zozelen, (scherzh. oder verächtlich) gehen. Sp. 1165: zotteln, und Sp. 1157: zoßeln.

Zutz, (für Trutz?). „Da nun der Fürst sach disen Zutz da wolt ers nit gestatten;" Diebold Schilling, Beschreib. des burgund. Krieges (1743), p. 120. Wolff, histor. Volkslieder p. 504.

Zutzel. „Contracta ·i· vicus, gaß vel zůczil," (ital. contrada?); gl. a. 756.

Die „Zützen," Fruchtzapfen von Nadelbäumen; O.Pf. Kohl-Ord. v. 1694. Lori, B.R. 560. „Allodium suum in Zuzeleibe," (Zeuzleben bei Schweinfurt); Reg. Bav. IV, 75. Förstemann II, 1593. Sie Zutschen, Zuschen, Zeischgen, und vrgl. Zitzen.

zuzeln, saugen. Vilmar, kurhess. Idiot. 473: zützen. Zeitschr. II, 240: zûtschen. Der Zuzel, Zuzel, Zuzler, 1) Sauglappen; gl. o. zuzele, hulcia; gl. a. 235: zuzilahan, chlamydes. Graff V, 714. „....smal wan die weber konnen wol zůzal under die stüele laßen hangen in großen strangen" (Garnes); Cgm. 111, f. 106[a]. 2) Schnauze. Tôtila (Zuozilo, Naso, nasutus; Zuəsel?) hieß eigentlich Baddila, (wie Platon eigentlich Aristokles hieß; Jac. Grimm in Haupt's Zeitschr. VI, 540). Vrgl. sutzeln, Th. III, Sp. 350. Vgl. zuschen und zutschen.

Die Zuzibê, Jungfer Zuzibê, scherzhafte Benennung eines lustigen (affectierten) Mädchens. *Jumpfe' Zuzibé*, réck 'ən A... i˜ d· Hê; (ObrM.). Castelli, Wbch. 273: *Frala Zizibe*, röck 'n A— in d· Heh.

Zlap, eine Erhöhung an dem Fuße einer andern; (Tir.).

Zschabaten (?) auf Hammerschmieden, (Werkzeuge?): „gegossene Zschabathen;" Lori, BergR. 527.

Zschägin (?). „Erstlich ein glit reiter mit Tigerheiten unnd eisen hackhen oder zschägin;" Fronleichn.-Proceß. 1580, Westenrieder, Beytr. V, 156.

zschernen, schleppend gehen; s. tschernen, schernen, Th. III, Sp. 469.

Acht und vierzigste oder Zwa- rc. Abtheilung.

(Vergleiche die Abtheilung Qua, Th. II, Sp. 1391 ff. Zeitschr. II, 192,18.)

---

zwai (zwaə, o.pf., schwäb. zwài, Nürnb. zwá, Mayn zwê), neutr.; — zwên (zwe˜, zweə˜, o.pf. zwêi˜), masc.; — zwô (zwó, zwu, o.pf. zwou), zwue (zwuə˜, o.pf. zwou), fem. — hchd. zwey; (ahd., mhd. Sp. zuei, zwei, neutr.; zuô, zua, zwô, fem.; zuêne, zwêne, masc.; goth. tva, ntr., tvôs, fem., tvai, msc.; Graff V, 715 f. BM. III, 951. Weigand, Wbch. II, 1165 f.). „Zwa tagleich meß;" Cgm. 3941, f. 19. 20 (ein paar Mal). Adelungs und anderer einseitige Gründe haben den Gebrauch der Formen zwo und zween so sehr aus der Mode gebracht, daß man ihn beynahe für einen Fehler anzusehen geneigt ist. Aber mit großem Unrecht. Ein unverwöhntes oberdeutsches Ohr kann die Form zwey nicht ohne Anstoß auf Masculina und Feminina beziehen hören. Und wenn man auch diese Form in der gemeinen pro- 298 saischen Rede für alle Genera brauchen wil, so kann doch die höhere poetische Rede die beyden andern, bezeichnendern Formen nicht ohne Nachtheil entbehren. Ällé *zwe˜*, dé *zwe˜*, alle beyde, diese beyden männlichen Personen; ällé *zwuə˜*, dé *zwuə*, alle beyde, diese beyden weiblichen Personen; ällé *zwaə*, dé *zwaə*, alle beyde, diese beyden Personen verschiednen Geschlechts, oder Dinge neutr. *zwaə-r-ə'-laə*, zweyerley. *zwaə-r-ə' zwaənzg*, zwey und zwanzig, *zwaə-r-ə dreißg* etc. für alle Genera. H. Sachs sagt fürs Femininum auch zwo und dreißig und drgl. 1612: I, 817; sieh Gramm. §. 635. In MB. XXV, 14 ist für zwon wol zu lesen zwou. „zwwe (zwue) Gens;" das. „zwue wisen;" Cgm. 4854, f. 99^a, ad 1454 (Franken). Sp.-W.: ə˜ schlèchtəʳ Schütz (der den Scheibenschießen nachzieht) vəʳschiəſst ə˜ Kuə, ə˜ guədəʳ *zwuə*. Um Passau pflegt man, nach Zpf. Ms., für ein Paar (Schuhe, Strümpfe ꝛc.) zu sagen *zwaə* (vermuthlich mit dazugedachtem Stuck) Schuəhh, *zwaə* Strümpff. In früherer Zeit muß in solchem Falle Par noch ungewöhnlich gewesen seyn. „Alle jar zwen sokche und vier schuech;" MB. XII, 167, ad 1325. „Zwen Handschuh, zwei schuh;" Gem. Reg. Chron. 438, ad 1294. Das hchd. entzwey (mhd. und ahd. Sp. en zwei, in zwei) ist dem altbayrischen Volksdialekt völlig fremd. Der Zwaier, (ä. Sp.) Münzstück, zwey Pfenninge oder einen halben Kreuzer im Werth. Um ə˜ Landmünz ə˜n Brisil und ə˜n *Zwàiəʳ* widəʳ raus (vom Groschen); ObrMr. In der Steuer-Instruction v. 1576 werden Regenspurger und Salzburger Zwaier zu nehmen erlaubt. Heutzutag heißt ein solches Münzstück der Zwairing (Zwaərin'). Der Zwaierer (Zwaərəʳ), das Zahlzeichen für zwey, die Zwey. Vielleicht aber besser nach Gramm. §. 635 aus Zwaə-r-ər zu deuten. zwayen sich wegen etwas (wirzb. L.-G.-Ord. v. 1618), verschiedner Meinung seyn, sich entzweyen. Vilmar, kurhess. Idiot. 474. zwayig, adj., in zwey getheilt (ä. Sp.), entzweyt; von zweyerley Meynung. BM. III, 952: zweiec. „Also sein die Piderlewt in der erkanntnuß zwaig worden;" MB. XIII, 437, ad 1435. Cf. „die zweigun heri, bifida agmina;" gl. i. 1252, Prud. Psychom. 647. Der Zwayer. „Der Bapst erkleret den Kaiser Ludwig d. B. widerspennig der Kirchen und einen Zwayer;" Chr. in Freyb. Samml. I, 104. 'Der, die, das zwaite, wie hchd.; die zwaiten, die gleichen, ihres gleichen. Zeitschr. I, 288,5. zu zweit (z' z'weit), zu zweien; s. oben, Sp. 1068. Zeitschr. I, 299,3,4. Vgl. z' wander, z' gwander; Sp. 1068. Zeitschr. II, 51 (zum banner). 556,38.' Der „Zwaifalter, papilio;" Cgm. 658, f. 265. Der Zwailing (Zwaəlin', OL.), 'ein zweitheiliges Ganze; daher: 1) was Zwaier; (Frisch). 2)' Mischung von Sommerweizen und Gerste. „... füllen wir (die Zechröbste der Bruderschaft zu Froschhaim) den armen leitten in dem kobel geben ain kändel wein vnd ain zwailing mel;" Urkunde v. J. 1462 (im Reichsarchiv zu München, ad Traunstein, Ldgrcht., 2. Fasz., 95. K., 1. L. — Dr. K. Roth; München, 5. Jan. 1843). Zwailing, Zwailingholz, (Tir.) Schwärtling, zum Auszimmern der Hauptstollen dienend. 'Der Zwaischritt, (tirol.) ein gewisser Tanz, Polka. Zeitschr IV, 443.' Das Zweytheil, nach der wirzb. L.-G.-Ord. v. 1618 (bey Erbschaften) zwey Drittel des elterlichen Vermögens, — als Legitima sämmtlicher Kinder. Die „Zwaitracht, seditio;" Voc. v. 1429, Voc. Melber. zwainzig (zwaənzg, zwanzg, zwánzg, zwenzg), hchd. zwanzig; (mhd. Sp. zwênzec, zweinzec, zweinzig, ahd. zueinzuc, zuainzuc; goth. tvai tigjus, masc. — nicht tvô, fem., nicht tva, neutr. — also: zwên-, zwein-, zwain-zig; altſ. twên-tig, tig also masc. —; auch ahd. zuêne für zweine). Der Vierundzwanziger (Viərə'zwaənzgəʳ), Kopfstück, das, nach dem (noch in Österreich geltenden) Conventions- oder 20 Gulden-Fuß 20 Kreuzer beträgt und besagt, bey uns aber seit Annahme des 24 Gulden-Fußes 24 Kreuzer gilt. Sieh Th. I, Sp. 598. Vrgl. zwi.

zwé, zwui, wozu, warum; s. oben, Sp. 826. Zeitschr. III, 97.'

Das Zwei, plur. Zwei oder Zweier, Dimin. Zweilein (Zwei-l, Zwá-l), der Zweig, (gl. a. 105. 595, gl. i. 1134: zuuî, ntr.; Graff V, 729. BM. III, 956). Das zwey, Dimin. zweil; Cgm. 4543, f. 214—215. Clm. 4373 (v. 1437), f. 107—112 oft. Sieh Zweid und Zweig.

zwi (aus zwir? s. d. W.): zwiäugeln, schielen, blinzeln; sieh æugeln Th. I, Sp. 50. Der Zuibar, (ahd. Sp.) sieh Zuber, Sp. 1075. zwibrächen, sieh brächen, Th. I, Sp. 337. Weigand, Wbch. II, 1170. Der Zwi-darm, sieh Th. I, Sp. 540, (mhd. zwitarn, entstellt in zwidorn, ahd. zuitharm, zuitarm, zuuitarn, spurius, nothus; goth. tvadd-airns, Grimm, über Diphthonge p. 39. Graff V, 730. BM. III, 954. Weigand, Wbch. II, 1174), von unter sich nicht gleich edeln Eltern entsprossen. „Von in (von ihnen — dem armen Ritter und der reichen Bauerstochter) werdent zwitarn daz mein ich ir bêder kint;" S. Helbling VIII, 234. „Swer spreche, er were ein zwitorn, der het leib und gut verlorn, wanne er reche an im sinen zorn;" Renner 1748. „Ibrida (hybrida) ist ain tier vierfüezig und ist ain zwidorn („zwydarm"), wan ez kümt von wilden sweinen und von zamen, sam ain maul kümt von ainem pfärt und von ainem esel;" Konr. v. Megenberg f. 85, (Pfeiffer 141,17 und p. 801: „bigenerum, id est ex diversis generibus natum). „Wie die pawrenlewte zu edeln sich gefreunden, und davon kämen zwitörn und kikelse geslecht;" Cgm. 307, f. 20^b. „Beleibt der sam in der mitt der muoter, so wirt das chint ein zwitan;" Cgm. 317, f. 16. „Solche lästerliche Zwidärm sein alle die, welche wol in der Frühe in der Kirche Gott dienen, nach Mittog aber im Wirthshaus dem Teufel aufwarten;" Selhamer. „Zwidarm, ambiguus gentis, ambiguus nationis; Voc. v. 1618. 'Castelli, Wbch. 275: der *Zwidårm*, ein Geschöpf, welches zweierlei Geschlechtes ist.' zwi-doppelt, vierfach. zwifach, zweyfach, gedoppelt. Weigand, Wbch. II, 1170. Zwifach tanzen, d. h. nach der ältern bayerischen Manier, deren Musikweise im bekannten Volksliede der Nagelschmid nachgeahmt und ausgedrückt ist. „Das Zwifachl, ein Theil, wobei man Jemanden erwischt; z. B. I hāb'n bein *Zwifáchl* da'wischt;" Castelli, Wbch. 275; (der Rockschoß? wie „beim Schlafittl, Schlafittich;" s. Th. III, Sp. 518). Zeitschr III, 192,101. Zwifalt, zwifältig, sieh Th. I, Sp. 716. „Von ainem langen zwifalten mantel;" Wstr. Btr. VI, 163. Der Zwifalter, (ahd. Sp. zuifaltra, papilio; BM. III, 231. Weigand, Wbch. II, 1167. Zeitschr. V, 228. VI, 347); sieh Th. I, Sp. 716. zwi-fotzet, sieh Th. I, Sp. 782. zwifueßig, bipes; gl. a. 704. zwigädig, sieh Th. II, Sp. 872. Die Zwi-gült, sieh Th. II, Sp. 909. zwiglidrig, bimembris; gl. a. 704. Das Zwi-hächel-werch, das zweite, bessere Werch, das vom Flachs abgehechelt wird. Der Zwi-han (Zwihā˜), Zwitter, utriusque sexus homo. zwi-hærig, adj., vom Getraid auf dem Felde, wenn ein Theil vor dem andern reif wird. zwijärig, adj., bimus. Der Zwijärling, Kind, junges Thier von 2 Jahren. Die „Zwi-kos," (ä. Sp.) homilia; s. Th. II, Sp. 1302. Der Zwilauf, (ä. Sp.) Streit, Zwist. „Stöz und Zwiläwf;" Wstr. Btr. VI, 163. zwi-launig, s. Th. II, Sp. 1478. Der Zwilich (Zwilch, Zwiling), wie hchd. Zwilch; (mhd. zwilich, zwilch, ahd. zui-lih, adj., bilix, biplex, 'zweidrähtig, doppelt': „zuilihiz tuoch, biplex pannus;" Graff V, 722. BM. III, 953. Weigand, Wbch. II, 1171. Diefenbach 74^b. ofr. dri-lich, Th. I, Sp. 566). Wenn in alten Gl. bissus durch zui-lih 'und zwirn (Diefenbach 75^b, nov. glossar. 54)' gegeben wird, so ist dieß wol einer falschen Erklärung des griech. βύσσος durch das lateinische bis zuzuschreiben, denn Byssus war Linnen der feinsten Art. „In deme zvilehen tůche;" Diemer, Ged. 58,21. „Daz bezeihenet den zvilehinch;" das. 58,27. „Da lach ane der zvilehinch; das. 55,29. „Jeder herbein zwilich." „Ein yeder plahen zwilich;" Cgm. 308, f. 71^b. „Etlich Faß auf einander hoch, in Zwiling genat, wie ein Turm;" Gem. Reg. Chron. IV, 378. „Die alten frenkischen Röcklein waren zwillinge Kittel;" Avent. Chron. f. 24. „Germanitas in divinis, zwiliger vel eben alltes (allter) kunst;" gl. a. 768. Diefenbach 261^a. 259^c. „zwi-lisch," (Klein) zwiefach. Das Zwilisch, die Gabelzweige. „I hån dös schenst *Zwilisch*, saust' d' Buech;" Firmenich II, 709,12. zwiednäht,

doppeltgenäht. „Zwen guet *zwiednáhtö* Schue;“ Stelzhamer 149. zwiörig. „Diota, biota, zwi orig väßlin oder stantner;“ gl. a. 759. Diefenbach 74ᶜ. 183ᵃ. zwi-schnaisig, in zwey Reihen; sieh Schnais, Th. III, Sp. 583. Die Zwi-Schneid. Die Sense, Sichel ꝛc. hat eine Zwischneid, die weggeschliffen werden muß. zwispalten, spalten. „Alda (bey Kufstein) zwispalt sich daz Gebirg, ein Theil streckt sich gegen Osten und Mittag, der ander gegen Westen;“ Avent. Chron. fol. 11. zwispalt, adj., gespalten. Weigand, Wbch. II,
300 1171. „Die Juden hackten etlich Heiden mitten von einander als lang einer zwispalt war, bis zu der Scheitel;“ Avent. Chr. f. 199. „zwispalt, unainig;“ Voc. v. 1618. „zwispältig, doppelsinnig. „Die Orakel gaben allweg solch zwispältig Antwort, es gieng wie es wolt, so kundt mans nit Lügen strafen;“ Avent. Chron. f. 65. zwispild, zwispilden, zwispiln, zwispeln, zwispen; sieh spilden, Th. III, Sp. 667. „Duplicatio haisset ain zwispilung und lert wie man ain zal zwispilen sol;“ Clm. 4162, f. 147. Der Zwi-span (H. Sachs V, III, 29. 150), Zwiespalt, Irrung, Streit; cf. Spân, Th. III, Sp. 670, und spannen, Sp. 673. zwistößen, zwistürzen, Garben, Hölzer ꝛc. so auf einander legen, daß dünne und dicke Enden abwechselnd zu liegen kommen; sieh Stoß, Th. III, Sp. 788, und stürzen, Sp. 786. zwigewent, zwigewont (?). „Ein Acker zwigewent;“ MB. XVII, 226. „Zwai zwigewonte Äckerl;“ XXIV, 250. cf. wenden, oben Sp. 943. zwiwerchen, (Ulm, Schmid) obenhin, schlecht arbeiten, so daß die Sache noch einmal vorgenommen werden muß. zwi-záh, sehr zähe, ausgetrocknet. „Mə̃derfat nèt nàgng àn ə̃n *zwizáchng* Brod;“ Kaltenbrunner 161. Sieh auch Zwilling, zwelf, zwin, zwir, zwischen.

zwo-ho. „Zwoho zwohe, stolp stölperlein, da wird ein pfeiffer begraben sein,“ sagt der stolpernde Bauer bey H. Sachs V, III, 20; cf. Th. III, Sp. 665.

Der Zwuka, ein Zweigulden-Silberstück; Castelli, Wbch. 276.

zwui, (tirol.) wozu, warum; s. oben, Sp. 826: was. Zeitschr. III, 97.

Die Zwibel, zwibeln, s. Zwifel, zwifeln.

Der Zwack, a) Heftnagel des Schuhmachers; b) im Spott: Schusterlehrling; c) kleine Person oder Sache; d) „delator, quadruplator;“ Voc. v. 1618. (sieh zwacken, aufzwacken). Zu vergleichen theils Quack und Zwerg, theils Zweck.

Die Zwackel, (Rhön) Gabel, besonders an Gewächsen. Vilmar, kurhess. Idiot. 474.

zwacken, zwischen zwey Finger- oder Zangenspitzen fassen; (BM. III, 958. Weigand, Wbch. II, 1163). „Jr zwackt mich bî den ôren.“ „Er begunde mich zwacken als einen leitpracken vil vaste bî den ôren;“ Fabel bey Grimm, Reinh. F. 338,1276 und 339,1319. zwacken an einem Ding, z. B. am Brod. Brosam für Brosam ab-, weg-zwacken. Grimm, Wbch. I, 160. R.A.: Er zwackt gern, stiehlt gerne (kleine Dinge). „Falsche Leut mögen andern das Geld zwacken, Gott aber zwackt ihnen vor der Zeit das Leben;“ Selhamer, passim. ˋaufzwacken, arripere, aufschnappen, Grimm, Wbch. I, 787.ˊ „König storch thet die frösch aufzwacken;“ H. Sachs II, IV, 105. „Eilt der Sachs als Meerräuber Einem nach, so erwüscht er jn, zwackt jn auff. Severus griff die Juden im einzig an, zwackt einen nach dem andern auf;“ Av. Chr. 285. 201. „Auffzwacken, arripere, verba alicujus aucupari;“ Voc. v. 1618. (Gl. o. 83: zuacisan, forfex). Sieh zwëcken und zwicken.

zwëcken, was zwacken, zwicken. Am Brod zwëcken. Einen anzwëcken, vellendo lacessere. „Gazuechot uurti, carperetur, aufferretur,“ gl. i. 409. 522, ist vielleicht gazucchot zu lesen.

Der Zweck (Zwék, plur. Zwéck, Dimin. Zwéckl, Zwéckál), a) (b. W.) Splitter. Sich einen Zweck einstößen oder einziehen, einrennen, sich ihn in die Haut stoßen. Hà̃ mər ə̃n *Zwéck* eĩgstousn. Nét ə̃ *Zwéckl* Holz, ganz und gar keines. „Daz si umb niemand einen zweck gäben;“ Ring 45,20. b) Ende, Stück von einem Span; Span, der nicht die ganze Länge 301
des Spanscheites durchgeschlissen ist.

R.A.: Dés is də' Spà̃machə' võ Eck,
macht ə̃ Bur' Spà̃ und drey Bür' *Zwéck,*“
d. h. ein schlechter. ə̃n *Zwék*, ə̃n *Spà zwek* à̃kent'n. c) Stücklein Holz, auch wol andern Stoffes, das, keil- oder nagel- ꝛc. förmig zugespitzt, zum Einstecken, Einschlagen dienen kann; (česk. cwek, cwok, cwoček, Nagel, Zweck). Schuester-Zweck, Faßbinder-Zweck. („Zuec, clavus,“ gl. a. 6. 647. 847. BM. III, 957. Weigand, Wbch. II, 1165). d) Nagel oder Pflock, als Zielpunkt in die Scheibe gesteckt, eigentlich und figürlich, wie hchd. „O Nürnberg, du edler Fleck, deiner Ehren Bolz steckt am Zweck;“ P. Rosenblut Dominican., anno 1447, Wagenseil 9; ˋ(vgl. Lochner, der Spruch von Nürnberg des Hans Rosenplüt genannt Schnepperer, 1854, S. 17).ˊ „Sich zum Zweck legen“ (wirzb. Vrord. v. 1738), trachten, ein Absehen haben. R.A.: Am *Zwéck* seyn, (b. W.) am Ziele, am Ende, dem Tode nahe. zweckeln Einen, (Nürnb.) ihn aufziehen mit etwas, es ihm scherzweise Schuld geben; Journal von und für Deutschland, 1785, p. 148. e) Wol wegen Ähnlichkeit in der Form nennt man an der Ob.-Isar eine beliebte Art Mehlspeise *Zwéckl, Zwéckáln* (scilic. von Taig). Und — si licet componere — sogar gewisse thierische Excremente werden durch diesen Ausdruck bezeichnet; (BM. III, 957,2). Grimm III, 470: rinderzwec. Häslein (Nürnb.) setzt das Latschige (Weiche) in Mehlspeisen dem Zweckigen (Derben) entgegen.

Der Zwickel, a) Keil zum Holzspalten und dergl.; (BM. III, 957. Weigand, Wbch. II, 1169). „Cuneus zwickel;“ Voc. v. 1445. „Wenn man im (dem paumheckel, merops) seineu kint verslecht mit ainem zwickel, sô pringt er ain kraut und helt daz für den zwickel, sô vert er her dan;“ Konr. v. Megenberg f. 225 (Pfeiffer 380,13.f.). ˋzwickelhart, (von Holz) so hart, daß es mit dem Keil gespalten werden muß.ˊ „A zwickelhoarts Holz is nit lusti' zu'n zkliabn und a zwickelhoarts Herz is nit lusti' zu'n liabn;“ Seidl, Flinserln IV, 7. 152. In Diut. III, 150 steht unter den Schuhmacherwerkzeugen: „calus zwichel;“ Diefenbach p. 92ᵃ. b) keilförmiger An- oder Einsatz in ein größeres Ganzes. „Sechs zwichel (Fensterglas) gelten für ein Scheiben;“ Bodmann's Notata 1709. c) (Nürnb., Hsl.) wunderlicher Mensch. Zeitschr. I, 264: kleiner Mensch.

Der Zwick, a) was Zweck, c; (BM. III, 957). b) Ansatz am Ende der Peitsche oder Geisel, der dieser eigentlich erst ihre rechte Aufmunterungskraft gibt, Schmitze, Schmicke, Schweppe, franz. touche; c) Streich mit demselben; figürl. Beschädigung. Einem einen Zwick anhengen. „Dir wirt von mir ein zwic,“ sagt die Mutter zum Töchterlein bey Nithart XXIII, 5. „Zwicke und slege;“ ebendas. 6. c) „Zwick an ästen der bäum, flagellum, an den reben, capreolus;“ Voc. v. 1618. Vgl. Vilmar, kurhess. Idiot. 475: Strauß.

Zwigholz (Zwickholz?), Zaunstämme, Dach- und Ladstämme und Stecklerchen; (Pinzg., Pseud.-Jir.).

zwicken, a) wie hchd.; (Graff V, 731. BM. III, 957. Weigand, Wbch. II, 1169. Gl. 1070: „kizuuicta, praestrinxit;“ gl. i. 277: „zuuigenten, vellentibus;“ agſ. tviccian). ˋabzwicken, decerpere, divellere; Grimm, Wbch. I, 161.ˊ „Jne mages niht abgezwicken;“ Parcifal 124,1; cf. 155,25. Man sagt auch wol: die Zäne,

Füeße übereinander, zusammen &c. zwicken. Das Zwickenbusselein, sieh I. Th., Sp. 295. b) (von Zweck, c) Keile, Pflöcke, Nägel einsetzen; durch solche befestigen, z. B. die Reife, die Bodenstücke an den Salzfässern. „Das die Zwicker das kuffenwerck fleissig verzwicken, als für die brustreiff 4, dann für die engen bodenreif 3 nicht zu klein und nicht zu große keil schlagen;" Lori, B.R. 368. 395. Der Salzzwicker, (Nürnb., Hsl.; Regensburg, Paritius), Arbeiter, der das Schließen
302 und Öffnen der Salzfässer besorgt. Scharzwicker; Lori, B.R. 505. Scheibenzwicker; ebendas. 647. „Daz chriuce was beraitet da, da zwichten si in mit nagelen an;" Urstende, hg. v. Hahn, p. 112,3. „Also toten zwikchten si den leoen an einen hohen paumb mit eisnein negeln;" Gesta Romanor., Cgm. 54, f. 53ª, (Keller p. 103). „Man sol auch die semellin zwicken vnd wiz machen." „Waz semelin ist daz sol man zwicken und daz bollin sol man ungezwicket lazzen also daz man einz von dem andern kenne;" Wirzb. Sätze v. 1343, §. X. LXXVII. „Den (Gegner im Kampfe) cheilt er und verzwicket sein vrewd in laides chlemme;" Suchenwirt IX, 88. entzwicken, losmachen. „Daz der vorder schrancboum („schran paum") inder sich entzwicke" („in der sich entzwicke"); S. Helbling XV, 245. c) zwicken, einzwicken, Keile, keilförmige oder überhaupt Stücke einsetzen, einfügen; figürlich: z. B. in ein Amtspersonal ein Individuum einzwicken, es (gegen die Ordnung oder Erwartung) einschieben. Lâst mi' á'-r-ə͂ Wártl *eini zwickə͂*; Obr.M. Eine Mauer verzwicken, (Nürnb., Hsl.) sie mit eingefügten Stücken ausbessern. In einem alten Gruß an Maria (Haupt's Zeitschr. VIII, 282,228) heißt es: „Wol mit lilien umbesticket, dô sint rôsen în gezwicket;" bey Konrad v. Wirzburg: „Wie gar dîn almechtikeit mit kreften ist verzwicket;" (vgl. Minnes., Hagen II, 310,1). „verzwicken, verba contorquere, contortè dicere;" Voc. v. 1618. verzwickt, adj., (von Personen und Sachen) nicht recht und schlecht, also nicht leicht zu fassen, zu lösen, zu behandeln, sondern verkeilt, verwickelt. Vilmar, kurhess. Idiot. 475. d) (von Zwick, b) mit der Geiselspitze hauen. e) im Kartenspiel: zur Bête, labet oder matsch, d. h. stichlos, machen, was abhacken, Th. II, Sp. 1048. Davon heißt eine der einfachsten und beliebtesten Arten des Kartenspieles überhaupt Zwicken. f) in die Enge treiben, zu Schaden bringen. Wart, di' will I *zwickə͂!* g) schießen. Ein Stück Wild *z'samzwickə͂, nidə'zwickə͂*. h) gezwickte Milch (*'zwickté* Milch, b. W., Unter-Donau), Milch, die eben anfängt säuerlich zu werden; später wird sie halbsauer, endlich sauer. Doch wol nicht mit zickend, Sp. 1081 (vrgl. Sp. 1082: verzwickte Zeit) verwechselt?

zwickezen, zwitschern wie ein Vogel, pfeifen wie die Maus. Castelli, Wbch. 275: *zwigazn*. „Nâchst, wiə I vo͂ 'n Deənl bi͂ haəm bei də' Nacht, hàt də' Schnê àlls gràd 'glitzə't und *'zwigezt* und 'kracht;" Ant. v. Spaun, östreich. Volksweisen. Der Zwickezer, Laut solcher Art. cf. quickezen, Th. II, Sp. 1392.

Das Zweid, plur. Zweider, (Ilm) der Zweig. (Obgleich auch schon gl. a. 728, gl. o. 487, Cgm. 289, f. 120, Cgm. 665, f. 3 die Form zweid vorkommt, mag sie doch erst aus zwei, zwî erwachsen seyn). Sieh zwei und Zweig. Vgl. das Adjectiv zweidig bey Mich. Beham, Cgm. 291, f. 170ᵇ: „Si (die Alte) hat ein zweidig nasen under gestulpet als ein vogelhunt daraus so hangen vasen von puczen und auch kengeln trieb," und ebendas. f. 171ᵇ: „Si (die Junge) hat ein neslein zweidig nicht zu kurz noch zu lank gefurmet schon in rechter maßen smeidig;" — 'und das Verbum sich zweiden, sich in zwei Theile theilen, (Vilmar, kurhess. Idiot. 474), sowie das mhd. zwîden, gezwîden einen eines Dinges, ihm in Etwas willfahren, es gewähren, (niederd. twîden, altſ. tuithon; BM. III, 958) nach Dietrich in Haupt's Zeitschr. V, 222.' „Mugen wir des gezwîdet sîn;" Herbort 12105 und die Anmerkung das. p. 304. Vgl. Vilmar, kurhess. Idiot. 474. Vgl. gezweigen.

'z'widər, z'widə', s. oben, Sp. 860: wider. Zeitschr. III, 188,32.'

---

zweifel, adj., (ä. Sp.) zweifelhaft, zweifelnd; (mhd. zwîvel, ahd. zuival, anceps, dubius; Graff V, 724). „Des hat er zweiffeln mut;" Cgm. 714, fol. 115. „In ainem zweyfelem zaichen;" Cgm. 632, fol. 33. Ein Zweifler (?scilic. Träling, Th. I, Sp. 561. 617), Holzblock von nicht ganz bestimmter Dimension, (Hübner 721); Brennholzklotz, der zwischen bestimmten Zahlen von Durchmesserzollen steht. Wird freylich als Substantiv von zweifeln genommen. Der Zweifel (mhd. zwîvel, msc., ahd. zuîval, neutr. und masc.; Graff V, 725. BM. III, 959. Weigand, Wbch. II, 1167). Der Verzweifel, mhd. Sp., die Verzweiflung; BM. III, 961. „Diu biht diu waz niht milte, wan si waz gemischet mit dem ferzwivel;" Griesh. Pred. II, 73. „Der ferzwivel des aplazes an den sünden;" das. p. 74. Der Zweifelstrick, s. Th. III, Sp. 809. Zweifelscheißer, (im Spott) allzubedenklicher Mensch. Birlinger 441. zweifeln (a. Sp. zuîvalôn, zuîflôn). In der ä. Sp. steht dieses Verb auch für: zweifelhaft seyn. „Mir zweifelt, oder: mir zweifelt nicht, daß ...;" Nachb. am Isarstrom V, 133. Kr. Lhdl. I, 134. III, 255.

Der Zwifel, 1) die Zwiebel, (schweiz. die Zibelen, Zeitschr. V, 115,14; span. cebolla, franz. ciboule, ital. cipolla, lat. cepula, aus cepa; mhd. zwibolle, zibolle, ahd. zwibollo. Graff V, 731. BM. III, 956. Weigand, Wbch. II, 1169 f. Das ältere, eigentlich deutsche Wort war louh, Lauch, was aber die ganze Pflanze angedeutet haben wird; bestimmter ist das agſ. leac-blǽd, Frucht 303
des Lauches. Greith, Spicileg. Vatic. p. 45). „Die Statt Ascalon, davon man noch Aschlach den Zwyfel nennt;" Avent. Chron. 165. „Zwifal, sepa;" Voc. v. 1429. „Cepe est genus porri, czwyfal;" Clm. 5008 (XV. sec.), f. 151. „Zwivole, cepe;" Diut. III, 144. „Fleisk unde ziuollen;" Diemer, Ged. 48,1. „Nim zwipolden saf," (Zwiebelsaft); Ms. mihi. 2) (figürl.) schlechte Taschenuhr. An der Rhön: die *Zwüppel*, a) Zwiebel, b) mentula. Der Zwifel-apfel, auch Zwifler, Rubinapfel. „Pickling das sind nur Zwifelfisch, gehören auf des Armen Tisch;" H. Sachs 1612: II, II, 225. „Mägdlein koch mir zwifelfisch fein vil;" Anfang eines Liedes (saec. XVII.), Cgm. 3658, f. 10.

zwifeln Einen, ihn zwingen, im Gehorsam üben; quälen, prügeln. Zeitschr. IV, 48,67. V, 178,113: zwibbeln. VI, 173. „Edelleuth, deren mehrestes Einkommen in Zwifflen stehe, weilen sie die Bauren gar zu stark zwifflen;" P. Abraham. Wart, I will di' *zwifəln!* R.A.: Der kà͂s *zwifəln*, der weiß der Sache Meister zu werden. Die Zwifel-Suppen, a) eigentlich, b) Verweis, harte Behandlung, Tracht Schläge. Etwa entstellt aus zwirfeln; (sieh zwirbeln, drehen, herumtreiben).

---

zwagen, sieh zwahen.

'z'weg, z'weg'ng, d. i. zu Wege, mhd. ze wege, hinzu, hierzu; auf den (dem) rechten Weg, bereit, gelegen; gesund, wohlgemuth; s. oben, Sp. 876 und vgl. Zeitschr. II, 568,62. III, 219,30. 531,17. IV, 252,57.'

Das, auch der Zweig (Zwei'), plur. Zweig, Zweiger, der Zweig; (mhd. zwîc, zwîges, m. und n., ahd. zuîc, zuîges, n. Graff V, 729. BM. III, 956. Weigand, Wbch. II, 1167). „Oleyzwiger, Ölzweige;" Cgm. 5, f. 43. Sieh Zwei und Zweid.

gezweigen Einen eines Dinges, ä. Sp., es ihm gewähren, concedere; (mhd. zwîden, gezwîden, zwîdigen, gezwîdigen; BM. III, 958 und 158. Cf. altſ. tuithon, Heliand; twidig, propitius, Beowulf; twyden, gonnen, Theutonista). „Erhore und gezwige mich in all dem das ich bitte wunſche, und begere;" Beichtbüchlein (im Beſitz des Straßb. Silbermann) in Scherz-Oberlin's Gloſſar. Agricola, Sprichw. Nr. 624 („Und mit dem erwacht ich") ſagt ſie zu ihm, „ſie wolt eine bitte an yn thun ob er yr ſie auch gezweigen wolt," (Edit. v. 1530; „ob er jhr ſie auch gezweihen wolt," Edit. v. 1592). `Vgl. Zeitſchr. IV, 192: zweigen, gewähren, und ſieh auch oben, Sp. 1172, Zweid: gezwiden.´

`zwigətz'n, zwitſchern, kniſtern. Caſtelli, Wbch. 275. Zeitſchr. III, 339. ſ. oben, Sp. 1172: zwickezen.´

---

zwahen, zwagen (zwa'ə˜, zwàngngə˜, Condit. ich zwahet, zwaget und zwueg, Partic. gezwahen, gezwagen und gezwagt), Theile des Leibes, beſonders aber den Kopf, mit warmem (Seifen- oder Laugen-) Waſſer waſchen; elliptiſch: ſich (sibi) oder Einem (scil. den Kopf) zwahen; (mhd. twahen, Praet. twuoc, Partic. getwagen, ahd. dwahan, Praet. dwuoh, Partic. giduagan, altſ. thuahan, goth. thvahan, isl. thvo, ſchwed. två, dän. toe, waſchen, auch in allgemeinerm Sinne, und zum Theil mit abgeleiteten Subſtantivformen für lotium, urina, lixivium, vestes lavandae, lavacrum, unguentum, sapo etc. Auch gl. a. 203. 366 kommt für lavacrum thuahal, gl. o. 277 für labrum thwahel vor. Graff V, 267. BM. III, 157. Weigand, Wbch. II, 1163. Zeitſchr. II, 432,53). „Irn twaht bî mînem tiſche durch ezzen nimmer iwer hant. Sît ir ein Sahſe od ein Brabant ...;" M. Helmbrecht V. 784. „Daz ezzen was gemachet, und er die hende het getwagen, hœrt, was für in wart getragen;" daſ. 861. „Sô ſitz und twach dîne hende," d. h. ſetze dich zu Tiſch; daſ. 1102. „Zwahe die Hand mit kaltem Waßer." „Die Füß zwahen einſt oder zwir in der Wochen;" Ortolph. „Chriſtus begunde der iunger fueze twahen;" Cgm. 64, f. 30. „Die vuoze er in duog;" Diut. III, 65. „Nimt er des wazzers in den munt und tweht man im die füez dâ mit;" Konr. v. Megenberg f. 54, (Pfeiffer 89,29). „In der wuchen aineſt ſcholt daz twahen laiſten deinem haubt;" Ring 27,33. „Iſt ez (daz haupt) ſiech von hitz der ſunnen in dem ſumer, ſô ſcholt dû ez twahen."... „zwag dir mit warmem wazzer;" Konr. v. Megenberg f. 4ᵇ, (Pfeiffer 5,23.36: „twah dich"). „Dem di milben daz har ezen der twahe im wol und laze ez danne truchin;" Clm. 4595, f. 39ᵇ. So H. Folz in Haupt's Zeitſchr. VIII, 519,78: „Zu poczen (Bozen) ein wirt, der alltag zwir den lewten ſchirt;" vgl. die Anmerkung zu dieſer Stelle. „Ich twahe dir, du tweheſt mir;" Cgm. 64, f. 30. „Si chom in diu armuot, den liuten wuoſch ſi unde twuoc;" Kaiſerchronik. „Twecht man im;" Grimm, Mythol.¹ L, 56. „Ob ſie den kinden badt und zwecht;" H. Sachs 1612: V, III, 85. „Pfläſterl und Anstrich dö laſſen mi gehn, derf mi nä *auszwag'n* so bin i schan schen," (ſingt Margreth); Lindermayr p. 51. Figürlich: Einem mit der Laugen, mit der Fauſtlaugen zwahen, ihn derb zurechtweiſen, abprügeln. Zeitſchr. IV, 48,60. „Weil ſie mit arbeit war kein nütz, zwugen ſie jhr mit ſcharffer laugen; H. Sachs 1612: I, 1057. „Das jhm in keinem bad iſt worn ſo wohl gezwagen und geſchorn;" daſ. II, IV, 66. „Ich wills daheim dem frewlein ſagen, das mus dir übert
304 gamillen zwagen;" daſ. IV, III, 118. „Schirſt du mir, ſo will ich dir zwagen;" daſ. I, 1059. „Waſcht euch, ihr Goldkefer, ihr Kittltauben, es wird euch (vobis) auch der Beelzebub ſchon einmal zwagen;" P. Abrah. „Er hat ſeinen burgern dapffer gezwagen, sale multo urbem defricuit;" Voc. v. 1618. „Es wäre dem armen Schuſter mit einer ſcharfen Lauge übel gezwagen worden;" Wagenſeil, Norimb. 480. „Wie dämpfenſ nit, wie ſchwaiſenſ nit, als hett man ihnen zwagen!" Balde's Lob der Magern. `Vgl. zwälen.´

Die Zwehel (Zwéhhəl, Dimin. das Zwéhhə-l, Zwéhhál), hchd. zuſammengezogen Zwehle, leinen Tuch, die Theile des Leibes damit zu waſchen oder abzutrocknen, Handtuch; Tellertuch, Tiſchtuch, inſofern es zum Abwiſchen der Finger dient; (mhd. twehle, ahd. duahila, duehila, mappula; isl. thvaga, thvegill, tersorium. Graff V, 268. BM. III, 157. Weigand, Wbch. II, 1165. Vilmar, kurheſſ. Idiot. 474. Zeitſchr. II, 192,18. Das ſpan. tohalla, toalla, tovalla, ital. tovaglia, franz. touaille ſind ohne Zweifel daſſelbe germaniſche Wort. Jourdain de Blaivies 1511: la touwaille. Diez, Wbch. I, 350). Caſtelli, Wbch. 274: das *Zwägl*, Handtuch. „Chr. nam ein twehel ... begunde der iunger fuezze twahen und wiſchen mit der twehelen;" Cgm. 64, fol. 30. Die twehel, der tweheln; Parcival, Lachm. 236—238. „Mit egner reynen zwehelen;" Cgm. 78, f. 1. „Twehel, zwechel, mantile, phinna;" Voc. v. 1445. Vrgl. Quehel (Th. II, Sp. 1393), hchd. Quehle nach einer ſchon in der ahd. Sp. vorkommenden Verwechſelung des **zw**, reſp. **dw**, **tw**, mit **qu**; (Gramm. 620).

---

zwálen (z'weilen? z'walken? ſ. oben, Sp. 906; — oder zu zwahen, zwagen? Zeitſchr. III, 191,69) Einen, ihn abprügeln. „I'n Gsicht is əᶠ z'schundn und z'krällt, əs hàt 'n dəᶠ Hiəsel (ſein Feind, der Jäger) so *zwállt*;" der Wildſchütz in Kaltenbrunner's oberöſterr. Jahrb. 1844, S. 223; deſſen Ged., S. 193. „Wer hat dä intädanzt (ein- oder unter-, dazwiſchen, getanzt) dens d' nit hast guetting *zweilt*," (im Reim auf „d'Aug'n auskreilt"); Lindermayr 31. „Dä Schöri muəſs mä'n (den Verklagten, der gekrellt hat) *zweiln*;" daſ. 142.

Zwilling, ſieh Zwi-lich (Sp. 1170) und Zwinling. „Gemellus, zwidling;" Clm. 5387, f. III. „Dispartitae linguae, dy zwyliſch oder getailt zung;" ZZ. 1803, f. 199. `Cf. Zeitſchr. III, 421,12. 489. VI, 489: niederd. *Twile*, *Twêle* Zweig, *twilstern*, verzweigen.´

gezwolen ('zwoln, O.Pf.; Schuller), betäubt, verwirrt, irre redend. Scheint als Particip zum tuelan, torpere, sopiri, der ahd. Sp. (mhd. tweln: Praes. ich twil, Praet. twal, twâlen, Partic. getwoln. Graff V, 548. BM. III, 159) zu gehören. Vrgl. Qualm, Th. II, Sp. 1393.

---

zwelf (zwəlf), zwölf; (mhd. zwelf, zwelef, ahd. zuelif, goth. tvalif. Graff V, 720. Grimm I³, 107. BM. I, 985 f. Weigand, Wbch. II, 1174). Zwelfe läuten, um 12 Uhr Mittags das Zeichen zum Gebet geben, — ſeit aᵒ. 1456, da der Halleyſche Komet erſchien, nach Andern ſeit 1592 und urſprünglich zur Abwendung der Türken eingeführt; auf dem Lande verſchieden vom Mittagläuten, welches um 11 Uhr ſtatt hat. Sieh Th. II, Sp. 1691. Die Zwelfboten, (ä. Sp.) die zwölf Apoſtel; (BM. I, 184). Nach und nach zum Compoſitum verhärtet, ſo daß man auch ein Zwelfbot, zwey, drey ꝛc. Zwelfboten ſagen konnte. Ebenſo: „ain Sibenſchlæfer;" cf. Septem dormientes und das deutſche, von Karajan herausgegebene Gedicht: „Von den ſiben ſlafæren." „Ein zwelfpot, apostolus;" Voc. v. 1419. „Ob ein Zwölfbot in der Wochen iſt;" Lori, B.R. 108, ad 1477. „An ſant Jacobs tag des heiligen Zwelfpoten im Schnitt," und drgl. passim. „1436 an dem obent der czwayer czwelffpotten ſant Peter vnd ſandt Pauls" iſt gegeben eine Weißenburger Urkunde (im Cod. Altm. 16 vorne eingeklebt). Die Zwelfboten-Capell in Nürnberg; Wagenſeil, Norimb. 96. Die Zwelfboten-Glock im Regensburger Dom;

Paritius 156. Der Zwelfbotentag, Feyertag eines Apostels; Gerichts-Ord. v. 1520. „zwölfbottichz leben, vita apostolica;“ Voc. Melber. „Wie hangen dir ins maul die zotten, wie hengt dein schurz vol der zwölfboten,“ (Lappen, Lumpen?); H. Sachs 1612: I, 1030. Dunkel ist der Spruch in Grimm's Mythol.[1] XLVI, 1
305 und XLIX, 39: „So ain fraw pracht wirt zu dem chind, so czeucht sy dem kind ainen zwelfpoten, so stirbt das chind ân tauff nicht.“ Die zwelf Nächt, die Nächte oder überhaupt die Zeit zwischen dem Weihnacht- und dem Dreykönigtag, welcher auch im Schwedischen der dreyzehnte (trettonde) Tag heißt; (altniederländisch: dertiendach; Willems, Belg. Museum I, 258). „Ad octavas epiphaniae thæt is seofon niht ofer twelftan mæssedæge;“ R. Schmid, Gesetze d. Angels. p. 145. Sieh Rauchnächte, Th. III, Sp. 14 f. Der Zwelfer, a) das Zahlzeichen zwölf. b) Münzstück, das nach dem 24 Gulden-Fuß 12 Kreuzer gilt, wenn gleich sein Gepräge dem frühern 20 Gulden-Fuß gemäß 10 Kreuzer angibt. cfr. Th. I, Sp. 597 f. c) ehmals, a°. 1557, in Nürnberg ein Münzstück von 12 dn. im Werth, deren 21 auf den Gulden giengen. Cgm. 1007, fol. 2. Davon verschieden waren ohne Zweifel die gülden Zwölfer bey H. Sachs II, IV, 46. d) Das Voc. v. 1618 hat: „zwelfer, scruporum duodecim lusus.“ „Scruporum duodecim ludus, das zwelfften mal, der zwelfffstain;“ Nomencl. 1629, p. 146. e) (nach der ältesten Stadtverfassung zu München) Mitglied des innern Rathes.

'zwalgen, zwalken, schwerfällig einhergehen; Birlinger 441.'

'Der Zwalger, was Zwackel; Vilmar, kurhess. Idiot. 475.'

„Zwilgenholz, alcanna;“ Voc. v. 1618.

'zwilgen, zwirgen, zwitschern; Vilmar, kurhess. Idiot. 475.'

---

zwin (Lori, B.R. p. 134). „Möcht ein holzhauffen zwin (zweimal) gezelt werden.“ Vielleicht ist zu lesen zwir oder blos zwi-.

Das Zwinleut. In Ruprecht's v. Freysing Rechtbuch heißt es nach Westenrieder's Ausgabe (Btr. VII, 186; Maurer p. 362): „Ob ein man ainem Zwinleid einen champh anpiutt, und ob daz zwinleid den champf nemen wil, so sol, der den champf anpoten hat, newr mit ainer hant mit im chemphen.“ In den Cgm. 236,75. 266,10. 320,180 scheint das Wort schon den Abschreibern nicht recht deutlich gewesen zu seyn, sie lassen bald Zwinlawt, bald auch Zumleyd, Zinnleut und drgl. lesen. Zwinleut nach Th. II, Sp. 1537 f. oder Zwinel-eid nach Th. I, Sp. 175? Nach der Stelle wäre auf eine Person zu rathen, die als minder stark denn ein echter Mann gegolten hätte, etwa Mann und Weib zugleich — Hermaphrodit — oder keins von beiden — Castrat — gewesen wäre. „Wer geren gesunthait verlier der laß im scorpio und im stier darzû im stainbock und im zwailewt (Zwilling) dir lassen kain gût bedewt;“ Aug. S. Ulr. 94, f. 26. Vgl. Homeyer, Glossar z. sächs. Lehenrecht, voce altvil: al-tuil. Dagegen Grimm, Gesch. d. d. Spr. II, 947. 'Haupt im neuen Lausitz. Magazin, Bnd. 47,2, p. 254—92.'

Der Zwinling, Zwilling, hchd. Zwilling; (mhd. zwineline, ahd. zuiniling, gizuinelo, geminus. Graff V, 729. BM. III, 954. Weigand, Wbch. II, 1172. Birlinger 441: Zwiegling, Zwillig, *Zwillbt*). „Zwinling, gemellus;“ Cgm. 630, f. 103. Clm. 5877, f. 117. „Gemini, Zwindling;“ Voc. v. 1419. „Gemellus, zwainling;“ Furstenzell. 44, f. 22. Diefenbach p. 259[a]; cf. p. 275[c]: hermaphrodita. „Zwendling;“ Grimm, Myth.[1] XLVIII, 28. „Sy gebar zwai zwilach;“ Cgm. 755, f. 2. Figürlich werden die Sarabaitae der Reg. Benedicti c. I. im Cgm. 639, f. 12 Zwinling genannt. So ist Zwilling an einigen Orten ein Paar aneinander gebackener Brode, bey den Schützen eine Flinte mit zwey Läufen und drgl. R.A.: „Patscheter Zwilling,“ dummer Mensch.

Der Zwang, 1) wie hchd.; (mhd. twanc, m., getwanc, n., ahd. twang, gedwang. Graff V, 269. BM. III, 164. Weigand, Wbch. II, 1163 f.). „Wer zeugs oder gewern oder leut zu einer kuntschaft mit dem rechten begert, den sol man twank (citationem sub poena) und gelait geben;“ B. L.R., Heumann, opusc. 135. 280. Der Landszwang. So wird MB. XXV, 372, ad 1477 die „Wendung“ eines Kloster Michel- 306
feldischen Unterthans auff „vremde westvelische Gericht“ mit Umgehung des Klostergerichts qualificiert. 2) Stuhlzwang. „Für daz twanch“ verschiedene Heilmittel im Cod. Furstenf. 121, f. 171[b]. „Fur daz twang;“ Clm. 5637 (XV. sec.), f. 62. „Ein fraw die s zwank hat;“ Cgm. 714, f. 230, (s. Th. II, Sp. 994: grollen). „Do ainem menschen das getwang nit entweichen wil;“ Cgm. 4543, f. 142. Bezwang, (mhd. betwanc; BM. III, 164). „So jemand einem schwangern Weibsbilde durch Bezwang, Essen oder Trinken ein lebendig Kind abtreibet;“ ref. peinl. Hals-Ger.-Ord. Das Zwangsal, Twangsal, (ä. Sp.) Bedrückung, Gewaltthätigkeit; (mhd. twancsal; BM. III, 165). Der Nötzwang, Nothzucht. „Rechter vergwaltigter Nothzwang;“ L.R. 1616, f. 801. notzwangen eine Person, violare. Avent. Chron. 493. 'zwang, adj., bang, ängstig; Zeitschr. VI, 41.' Gleicher Abstammung ist wol das ags. thvang, engl. thong, isl. thvengr, (Riemen. Müller, etymol. Wbch. d. engl. Spr. II, 458). Im Voc. v. 1429 (gl. a. 764) steht „zwangen, formicales;“ (Diefenbach p. 243[b]). Sollten formicae gemeint und etwa, nach Klämmer (Th. II, Sp. 1330) mit zwanga emunctorium (Graff V, 679. sieh Zangen, Sp. 1134) zusammenzuhalten seyn? Sie würden denn zu einem ganz andern Worte (zuuangôn, vellere, irritare; gl. a. 274. 350. gl. i. 277) gehören. Clm. 4350 (XV. sec.), f. 2: „Statera wog, examen zwégalin qi examinantur.“ '(Es ist wol zwngalin zu lesen und das Zünglein an der Wage: examen, Diefenbach 214[a], nov. glossar. 159, zu verstehen.)'

zwengen, hchd. zwängen; (mhd. twengen, ahd. thuuengan, Praet. twancte, thuuangta. Davon gl. i. 546: thuengil, exactor. Graff V, 733. BM. III, 165. Weigand, Wbch. II, 1164). „Triftsperr, Ort, wo sich das Salinenholz verzwengt;“ (Pseud. Jir.).

zwingen (Condit. zwinget, zwung und zwáng, Partic. gezwungen), 1) wie hchd.; (mhd. twingen, ahd. duingan, Praet. sing. twanc, duanc, plur. twungen, dwungun, Partic. getwungen, gidwungan, altſ. thuingan, isl. thvinga. Graff V, 269. 732. BM. III, 161. Weigand, Wbch. II, 1172). 2) 'durchtreiben,' seihen. „Zwing das (Gemisch) durch ain tüchlein;“ Cgm. 4543, f. 65. Sollte in Tübingen, ä. Sp. Tuwingen (Cod. Ald. 44, f. 36. 95: „Palatin. Tvingorum.“ „Hugo de Tvwingin,“ Wirtemb. Urk. CCXLI, v. 1092, in Kausler's Urkundenbuch, 1849. Tuwingen immer v. 1260 an in Cgm. 13. „Comes de Tvingen, Duwingen, v. Stälin, Wirttemb. Gesch. I, ... II, 425. 427. Tuwingen, Wilh. v. Orlens 601. cf. Förstemann II, 452) noch das alte Twing mit der alten Aussprache übrig seyn? (Der Recensent in Menzel's Literaturblatt 1837, p. 471 perhorresciert diese Ableitung; Rapp, Physiologie d. Spr. IV, 22 hält sie für möglich; v. Stälin verwirft sie, und nimmt sie später doch wieder auf. Leo, Malberg. Glossen I, p. XI: twing, Gerichtsbarkeit, aus dem gaelischen Stamm, wohin auch thing). „Grundstücke in Rülosinger Zwing und Bann gelegen;" Schweizer Urk. bey Zeerleder, Wunn und Weid, S. 37. „A Georio de Swangaw traditur monasterio in Raitenbuch quaedam curia situata in Twingen nec non una curia in Drüchgäw," a°. 1280; Clm. 12202, f. 21. Die Veste zu Neuenburg „dungioun de Novocastro." franz. donjon, dongeon, engl. dungeon; v. d. Hagen's Minnes. Th. IV, S. 47. 'Diez, Wbch. 609. Müller, etymol. Wbch. d. engl. Spr. I, 325.' — Cf. Zeuß, Stämme p. 150. 146. 22: Tiu-ingi, Ziu-ingi = Teutones, Jutingi. „zesamene duinge," constringe;" Cgm. 17, f. 49ᵇ, Psalm 31 9. „Mîn armen twingen und mîn gedanken süeze;" Labr. 160. „Twinge" heißt einer von des Labrer's Hunden; Labr. 169. 370. zwinget, zwingt, adj., ist einer der neun Geschmeck (Geschmacke) bey H. Sachs 1612: I, 1043. 1045. Die Zwingen, hchd. Zwinge, d. h. Vorrichtung, etwas zusammen zu halten oder zu treiben; Band, Ring, Stiefel von Metall, z. B. an einem Spazierstock. (Gl. a. 79. 622: chirostringa, hanttwinga, hantwinch. cf. sonst gibuinch, m., frenum, jugum, disciplina). Landzwinger, so nannte man im 15., 16. und 17. Jahrh. die herren- und heimatlosen Leute, besonders abgedankte Kriegsknechte, welche auf eigne Faust im Lande herumfuhren und sich gegen die Bewohner manche Art von Gewaltthätigkeit erlaubten. Es mußten wider dieselben die Gemeinden und Landgerichte in beständigem Kriegszustande seyn, weswegen die Fürsten von Zeit zu Zeit eigne Aufgebote ergehen ließen, z. B. Krenner's Ltgsh. XII, 386. Cfr. austreten, Th. I, Sp. 680. Die Zwingfeder, (Gbrg.) Feder, die „ə˜ frischəˈ Buə'" (Bursche) auf seinem Hut haben muß, wenn er zeigen will, daß er „ə˜ Schneid" (Courage) habe. Wer zwey, drey Gegner nicht fürchtet, steckt wohl zwey, drey solche Federn auf, die häufig als förmliche Herausforderung angesehen werden. 'Das Gezwing, ä. Sp., Umgebung, Bezirk; (mhd. getwinc; BM. III, 164).' „Sie sazen umb zuo ring in einem engen gezwing;" Altswert 92,21. Der Zwinger, Raum zwischen der Stadtmauer und dem Graben, pomoerium. Birlinger 441. Im Voc. Cgm. 687, f. 39ᵇ: „zwingolf, antemurale." Vrgl. Sp. 1135 Zingel und Zinglof, und die Entstellung Zwibel aus Zibelen, Sp. 1174; bey Schmid, schwäb. Wbch. 556: Zwiwiben, Zwibiben aus Cibeben, Cubeben.

---

307 zwinken, (O.Pf.) blinzeln; (mhd. zwinken; BM. III, 959. Weigand, Wbch. II, 1172. Zeitschr. II, 240: zwinkern; IV, 408,30: zwänkeln). „Zwinz ich hiute, jâ gesihe ich lîhte morgen baz," Nith. 30,5, heißt nach einer Lesart „zwing ich heut…" „Zwincken, nictare, connivere;" Pictorius. „Zwinken sol gen zwirnen gon;" Herm. v. Sachsenheim, Mörin 14. „So zwingenz (die Schönen) ain an mit den augen si mocht in der sinne berauben;" des Teufels Segi, (vgl. Barack p. 387,12199). Das Zwinkerlein. R.A.: Kain Zwinkerlein, nicht ein Bischen, nicht das Geringste; (Nürnb., Hsl.); cf. Aug-wendlein, oben Sp. 946. „zuinchouger, paetus, leviter oculos declinans;" Doc. A. e. 189. „Den erlosen zwinkler und mainaidigen Winkler;" Mich. Beham, Wiener p. 285,18, (sonst „quinkler;" p. 10,24, 44,15. s. Th. II, Sp. 1395). Sieh d. folg. Wort.

---

zwinzen, blinzeln, „nicticare;" Cgm. 685, f. 111ª. BM. III, 959. Castelli, Wbch. 275: *zwinsln.* Vilmar, kurhess. Idiot. 475. Zeitschr. II, 240: zwinzern. III, 132. IV, 408,30. VI, 175. verzwunzen (O.Pf., von den Augenliedern und überhaupt von der Miene), verzogen. „Verzwunzen drein sehen." „Mit verzwunzenen und zusammengelegten Maul reden;" Kaisersperg. In Avent. Gramm. heißen sophismata contorta „verdret, verwunzen" (verzwunzen? cf. Schmid, schwäb. Wbch. 556). Prasch erklärt verzwunzen durch subtil und unvollkommen. „Zu vil hoflich und ze verzwunzen wöllen sein, sich eines dings weeren, und lassen bitten das er (man) aber gern wolt, delicias facere;" Pictorius. Bey H. Sachs V, III, 67 sagen die von Eulenspiegel betrogenen Weiber: „Hetten wir den schalck, wir wolten verzwunzen jhm alle drey in ein Ohr brunzen," (ironisch wie fein, hübsch, artig?). zwinzig (bei P. Abrah.), unansehnlich, (winzig?). „Bleiben bißweilen zwey zwinzige Büscherle Haar under der Nasen." Sieh zwinken.

'verzwunzeln, verzwinseln, was verzwazeln; Vilmar, kurhess. Idiot. 476.'

Die Zwüppel, sieh Zwifel, Sp. 1174.

---

zwâr, sieh wâr, Sp. 966. 'Henneb.: *zwoərz;* Zeitschr. III, 130. 135; niederd. *twärens,* das. IV, 140,11. 272,105.'

zweren, in einer Flüssigkeit anrühren, umrühren, auflösen; (mhd. twern: Praes. ich twir, Praet. ich twar, plur. wir twâren, Partic. getworn, ahd. dueran: Praet. duar, plur. dwurun, Partic. giduoran. Otfr. III, 20,48: „So spe er (Christus) in thia erda, githuar ein horo thar," fecit lutum ex sputo, Joh. IX, 6; [„panes] conspersi [oleo], geruret vel getworen," gl. o. 258 ad Numer. VII, 15; „caduoran confusus," gl. i. 106; davon Tat. 147: daz githuor, confusio, Luc. XXI, 25. „Da [im Himmel] ist von luftes geduere neheiner slaht unmaht;" Clm. 9513, Vers 292, 'Haupt's Zeitschr. VIII, 153.' Graff V, 278. Grimm I, 861. BM. III, 165. Weigand, Wbch. II, 1173. Birlinger 441). „Zwöhre (statt zwer, zwir) die Latwergen in gepähltem Wasser ab;" Dr. Minderer 1620, p. 150. „Er tet mir anders nicht wan daz er spaicheln twar uf der erde und mir dar daz hor (horw) mit dem vinger straich;" Urstende, hg. v. Hahn, 110,21. „Videll hailt des mannes gezeuglein, wenn man in mit ezzich twirt;" Konr. v. Megenberg f. 211, (Pfeiffer 358,16). '„Wem diu augen rôt sein und krank, der nem kümelpulver und twer daz mit rautensaf;" das. 418,2.' „In der mandelmich mit rismele gezworn;" Kochbuch im Wirzburger Codex, (Biblioth. des lit. Ver. in Stuttgart IX, p. 24, nr. 77). Haar, Garn, Zwirn, Wolle ꝛc. sind *və'zwirrt, ei˜zwirrt, enənandə'zwirrt.* I mäg mi' nét *ei˜zwirrn,* in den Streit verwickeln lassen; ObrM. (Oder zu wirren? warum aber nicht Praeterit. zworren, zworen?). Der „Zwär" (Christoph Schmid, schwäb. Wbch. p. 553), breydicker, klebrichter Koth; geröstetes Mehl, an das Gemüse gerührt. Sieh Zwirel und Zwurel und das ags. „thvarian, temperare."

Der Zwirel, Zwir, a) bey Prasch noch „Twirl, cibus quidam e farina tosta." Mel-Zwirl; Fürst's Bauernzeitung 1822, p. 53. b) Umrührlöffel, Quirl, (mhd. twirel, twirl, ags. thviril; gl. i. 1119: thuiril, spagulus; isl. thvari, verberatorium. BM. III, 165. Weigand, Wbch. II, 1173). „Pila, twierl;" Onomast. 1433. Mone's Anzeiger VIII, 252. zwireln, umrühren, quirlen. Sieh zweren und zwureln.

zwir, zweymal; (ahd. zuiro, zuiror, zuiron, zuiront, mhd. zwire, zwir, zwiren, später auch zwirent, zwirnt, zwirt; „zwyerist," Cgm. 1142, f. 96. Graff V, 722. II, 350. Grimm III, 227—29. BM. III, 955. Weigand, Wbch. II, 1170. Vgl. Th. I, 87 und 561: aines, ains, dries. So hat Graff V, 243 auch drior, ter). „Geist du schier so geist du zwier;" Ring 29ᵇ,15. „Ich blies zwir;" Labr.

180. „Wer ist eyns geborn und zwyr gestorben?" (Lazarus); Clm. 11879, f. 107. Am Schluß des Clm. 6288 schrieb der Besitzer an den Rand: „Ich han es zwir ub'sprochen dizz büch." Sp.-W. (de coitu conjugum): „Alle Wochen zwir, schadt weder mir noch
308 dir." „In der nacht zwier (den harm werffen), in dem tag zwier (eßen vnd trincken), in der wochen zwier (vasten oder.....), in dem monat zwier (paden), in der quottemer zwier (köpflein lassen), in dem jar zwier (peichten oder aderlassen);" Tegernseer Baderbuch v. 1497, Cgm. 731, f. 197. „Zwiro des tages iß, zwiro des nahtes piß, zwiro die wehha snarphe, zwiro des jares zapfe (Blut laßen), so belibis wola sundir lahhi." (sec. XI.), bey Eiselein, Sprichw. p. 662, (v. Laßberg?). „Semel in die comedere, semel in septimana supponere, semel in mense sanguinem minuere, semel in anno potionem suscipere, hoc facito et diu vives, (1463):" Ind. 355, f. 249. Mäßiger heißt es im Cgm. 523, f. 231: „Im monet unkeusch zwir ist ein erczeney." „N. hat wellen auseisen ain mülrat, gefallen unter das rat, welches jne in dem waßer zbir umbtriben hat;" Votivtafel zu Alten-Ötting. „Säumige Geschäfftiger sollen um zwir so vil, als ihnen vermacht, verloren haben;" L.R. v. 1616, f. 308. 389. cf. Wstr. Btr. VI, 144. 157; MB. IV, 179. VIII, 62. X, 558. XXIV, 264; Av. Chron. 244; Kr. Ltgh. VII, 253. XVII, 159; Oefele I, 308. „So dih dinere gnaden bitent die zuir zuelf herren," (XXIV seniores); Clm. 9513, Vers 337, (Haupt's Zeitschr. VIII, 154). „Ducentum, zwirhundert;" Clm. 5877 (XV. sec., 1477), f. 112. „Zwir geprenter messing;" Cgm. 713, f. 186. zwierbacken, adj., biscuit. Zwier backen Leczelten;" Cgm. 4126,46. 66. „Gelten mit der Zwirgult;" Cgm. 559, fol. 29, wol statt Zwi-gült. „Zwier keuen, ruminare;" Voc. Arch. Zwir taufen. „Wollte er kein Widertauffer seyn, so seye er ein Zwirtauffer;" Erhard f. 15. Das henneberg. „zwieren," mit Schnellkügelchen spielen (Reinwald I, 205. Vilmar, kurhess. Idiot. 475), entspricht vielleicht dem einpäreln, Th. I, Sp. 401.

Der Zwirel, Zwirl, (b. W.) Gewebe aus gezwirnten Fäden von zweyerley Farben, deren je einer von Garn, der andere von Wolle ist.

zwiren, zwieren, (ä. Sp.) blicken (nach der Quere, verstolens, schelmisch?); `das Auge zusammenkneifen, sowohl im Allgemeinen, als in Folge geheimen Verständnisses, BM. III, 958.´ Im Haimgarten „gelachen unde geweterblitzen und gezwieren mit den ougen;" Br. Berhtolt 353, (Pfeiffer 481,29). „Ein lieplich smieren und ein minneklichez zwieren;" Benecke, Beytr. 177. 240. „Tu in (den Pfarrer) anzwieren und mit dem munde smieren;" räth der Teufel dem schönen Weibe in des Teufels Segi, (Wallersteiner Codex; vgl. Barack p. 56, V. 1685: anzwingen). `(Die üppigen Weiber, die) „mit den ougen tuond anzwieren und mit dem mund tuond smieren;" das., Barack p. 431,.´ „An die frawen wart von mir vil gezwieret;" Wirzb. Cod. altd. Ged. f. 265. „Sie hielt mich als eyn jungen gauch, das thet ich ir hinwider auch, dann zwincken sol gen zwirnen (zwieren?) gon." Sieh oben zwinken. „Daz Ratio daz wise ane zwieren;" Diut. III, 4.

zwureln (zwu'l'n), Mehltaig unter den Händen, Gerste in der Mühle zu Graupen reiben. 'ən Taəg *ei-zwu'ln*; ObrM. Der Zwurl, Mehlgraupe. Die Zwurl-Supp, *Zwu'lsuppm*, Traussuppe; ObrM. Das Zwurlach (Zwu'lə', Ober-Isar), Gerstengraupen, geriebene Gerste. Der Zwurezel (– ᴗ ᴗ), Art Speise aus Mehl und Topfen, Schmarren. Sich zweren, zwireln und etwa auch Quirn, Th. II, Sp. 1294.

---

zwirbeln, (Rhön, Nordfranken, Henneberg) drehen, herumwirbeln, quirlen, (mhd. zwirben, zwirbelen; BM. III, 959. Weigand, Wbch. II, 1173. Vilmar, kurhess. Idiot. 475. Zeitschr. II, 192,18. VI, 21. Vrgl. zwireln, quirlen, wo nicht etwa gar das alte zerban, umdrehen. Graff V, 704). „Er sluog in ... daz er begunde zwirben alumbe und umbe als ein topf;" Otte mit d. Barte, hg. v. Hahn, V. 148 und p. 97. „Dem riet der teufel, daz er ein seil nam und sich an einem balken hieng, und do er zwirbelt hin und her, do prach daz seil; Renner 3898. verzwirbeln, (Hohenlohe) unwillig machen; Vilmar 475: vor Ungeduld verzweifeln. `Der Zwirbel, Quirl; Zeitschr. II, 192,18. V, 478. Zwirbelwind. zwirbelieren, sich herumtreiben, das. III, 134.´ zwirblich, (schwäb.) schwindlig.

zwerch, a) adj., hchd. quer; (mhd. twerch, twerh, ahd. duerah, duerh, transversus, ags. thveorh, isl. thver, nord. dwer, — die entstellteste Form ist die hochdeutsche; bey Ulphilas hat thvairs die vielleicht figürliche Bedeutung iratus. Graff V, 279. Grimm II, 39. 314. III, 90. 91. 105. 107. 122. BM. III, 166. Weigand, Wbch. II, 1167 f. Zeitschr. II, 192,18. cf. Parcival 529,2: twirhen, in die Quere gehen, verkehrt gehen). Einen zwerchen Finger, eine zwerche Hand brait. „Ein twerher blic," (torvus); Iwein 6092. „Der vor was kneht, der wart nun herr, ye lenger er was ye zwerger;" Mich. Beham 113,2. „ze dwerihen," obliquis; Clm. 4606, f. 118. Das Zwerch, so nennt der exorcisierte Teufel das heil. Kreuz im Cgm. 4498, f. 54. cf. oben, Sp. 1144: Zipf. b) zwerch, zwerchs, (ahd. in duerah, mhd. entwerch, twerhes, entwerhes, ndrs. dwars, dwas), überzwerch, adv., auch als Präposition gebraucht. R.A.: Zwerch der Äcker schauen, schielen. Twerchs über nacht (Amber- 309
ger Acten, sec. XIV., „über deberch nacht," Bamb. Stdtb.; cf. im brem. Wörterb. I, 282: aver de dwernacht), so, daß blos eine Nacht dazwischen liegt, innerhalb 24 Stunden; (sieh Haltaus 1495. 2188. „Garnter lon stet nicht lenger in der tavel denn uncz an den dritten tag gein gesten und gein purgern. Und wer sich lat schriben an gast in die tavel daz geltschuld ist, daz stet auch nur uncz ann dritten tag;" `Wiener Stadtbuch, Cgm. 1113, f. 41). „Von der Santgrub entwerch auf ...;" MB. X, 205. c) Die Zwerch, Zwerchen, subst.; (mhd. twerhe, twirhe; BM. III, 167. Zeitschr. II, 192,18). „Die Zwirch, mit der Zwirch;" Fechtbuch, Cgm. 582, fol. 5. 41. 42. „Also gieng es nu in der zwirch;" Mich. Beham, Wiener 280,26. Näch der Zwerch ((nà' də' Zwer'). Die Sêl nach der Zwerch haben, ein zähes Leben haben; sieh Th. III, Sp. 256. „Sy zugen nach der zwirche auff gegen ainer kirche;" M. Beham, W. 164,31. „Es ist war, als ich euch sag, doran man sich wol lassen mag, daz ez ist sunder zwirche;" das. 229,1. „Durch dein kristlichen hailgen kirch, die du welst friben sunder zwirch;" 264,18. Ob hieher oder aber zu zweren gehört Stalder's Twärwind, nord. Dweerwind, Dwere, Wintdwere (turbo), isl. vindthvari, brem. Wrtb. I, 283, Grimm III, 390. 441? Es findet sich in der mhd. Sp., z. B. Parcival 529,2, ein Ablautverb twerhen, isl. thvera, transversare. Composita mit Zwerch entsprechen den hchd. mit Quer. Zwerfeld scheint figürlich (für Moment der Gefahr, Krisis?) zu stehen in dem Ingenhofer Mirakelbuch v. 1605: N. N. ist vom Ros gefallen und der Wagen über jn gegangen... In disem Zwerfeld verlobt ihn A. N. mit einer Meß."

zwirchen, sieh zewirchen, Sp. 987.

Der Zwergel, Zwerg; (ags. dverg, dveorg, isl. dvergr; mhd. daz der twerc, daz getwerch, ahd. daz tuerg, daz gituerg, getuerch; Graff V, 553. BM. III, 158. Weigand, Wbch. II, 1168. Zu Regum III, 12,10: „minimus digitus meus est grossior dorso patris mei" steht gl. i. 250 seltsam genug „mitti duergi"). „Gnani, dy twergl;" San-Zenon. 115, f. 222b. „Nanus gedwerck;" Clm. 5877 (XV. sec., 1449), f. 127. „Nanus, giduerc;" Froumundi cod. Boethii (Wallerstein-Maihingen), f. 24. „Swer ân gesellen an dem Tantenberge můz einer ferte folgen, ein ris verswinden möcht zu einem twerge;" Labr. 457. „Die twergel erstênt (am jüngsten Tag) in naturleicher gröz;" Cgm. 851, f. 126. Zwergel, als Hüter verborgener Schätze ꝛc. noch immer in der Sage lebend. Cfr. Grimm, Mythol.[2] 415 ff. Der Platz eine Stunde östlich von Lienz, wo man vor undenklicher Zeit die Ruinen einer römischen Villa mit Antiquitäten ausgegraben, heißt nach Muchar (R. N. I., 253) beym Landvolke die Zwirgelstadt. 'verzwergeln, zum Zwerge werden.' „A Gwáxt (Statur) *va'zwea'gelt* wia zun Spätznschreckn;" Kartsch II, 135.

---

zwirlitzen. „Kurtzwilen und turnieren, zwirlitzen üben unnützes claffen, schateschauwen und umb sich kaffen;" Renner 11700.

Der Zwirm und Zwirn, Zwirn; (mhd. zwirn; BM. III, 956. Weigand, Wbch. II, 1173. Zeitschr. II, 277,24). Zwirm, Suchenwirt 44,53. „Zwierm, dymum;" Cgm. 673, f. 69. Im Scherz: brauner Zwirn, Bier; blâwer Zwirn, Branntwein. Zeitschr. III, 418,549. zwirmen, zwirnen, (mhd. zwirnen, ahd. zuirnôn, gizuirnôt, tortus, retortus; Graff V, 723. BM. III, 956). „Duinare, zwirmen; duinum, zwirn;" Clm. 5877 (XV. sec., 1449), f. 112. „zwiermen, dimare," Cgm. 673, fol. 69. Auch dem agſ. tvinan nach gehört das Wort wol zu zwi, zwir.

Die Zwisel, Gabel, welche z. B. zwey Stämme oder Äste eines Baumes, zwey Zweige eines Astes, die beiden Beine am menschlichen Rumpfe und drgl. mit einander bilden; (mhd. zwisele, ahd. zuuisela, zuisila, furca; gl. a. 10. 624. 656. 848. gl. o. 139. Graff V, 730. BM. III, 954. Weigand, Wbch. II, 1170. Vilmar, kurhess. Idiot. 475. Zeitschr. II, 286,39. VI, 348). „Furke vnd zwisile, deist al ein;" Tristan 2938. „Furculus zwisell;" Cgm. 659, f. 265. „Legten das kind in ain zwysel oder stocke aines paums;" Cgm. 213, fol. 172. „Der Kopf in der Zwisel (am Baum) bliben was;" H. Sachs II, IV, 178. „Brauchbare Zwiesel zu ungarischen Sattelbögen;" Ausschreibung v. 1819. Im Schnee, Köth, Waßer stehen bis an die Zwisel. Bey den Schiffzügen ist die Zwisel ein dickes Seil, in welches die Stelzen und Steppenstränge, an denen die Pferde ziehen, als so viele Zweige eingesponnen sind. 'Die Nasenzwisel, Nasenwurzel.' „Die ader auf der naszwisel ist gut zu laßen für den überflus der augen" ꝛc.; Progel's Mscr. f. 125[b]. Zwisel, Ort am Zusammenfluß des weißen und des schwarzen Regens im b. Wald. Aus gleichem Grund in Österreich ein „Castellum Zuisila inter maiorem et minorem Erlaffam ubi conveniunt;" v. Hormayr, Luitpolt 57. Der Zwiselberg bey Tölz. Der Zwislböa'bam, Vogelbeerbaum, prunus avium; Castelli, Wbch. 275. Nemnich II, 1069. Der Zwiselpflueg, (Zillerthal) Doppelpflug. Sieh Leitenpflueg, Th. II, Sp. 1534. 'zwiseln, gabelförmig theilen, spalten.' „Si (die strauzen) habent auch gezwiselt klâen an irn füezen;" Konr. v. Megenberg f. 129, (Pfeiffer 223,17). '„Ez (daz swertrüezel) hât gezwiselt klâen;" das. 237,28.' zwiselecht, zwiselet, zwiselt, gabelförmig; (zuisilohti, bifurcus, gl. o. 197). „Der heher wirt dicke tobent, alsô daz er so unsinnig wirt, daz er sich erhæht in die zwislegen este auf den paumen;" Konr. v. Megenberg f. 113, (Pfeiffer 199,21). Meister Ulrich von Augsburg, Kaiser Ludwigs IV. Cantzeler, will sterbend, daß man seine Leiche in einer Truhen soll setzen „in einen zwiselechten baum in seinem baumgarten und da laßen vulen," indem er nicht würdig, „daz man sinen lib solde zu der erden mengen," (er habe nemlich seinen Herrn an den Pabst verrathen); Cgm. 327, f. 157„ „Man sinkt so tief in den Schnee, als man zwiselt ist." „Wut im schnee als lang er zwislet was." H. Sachs II, IV, 88. Aus einem „zwiselten Neugeschoß" der Haselstaude schneidet man die Wünschelruthe. ə͂ zwiselte Rueben.

Die Zwusel, was Zwisel; Castelli, Wbch. 275: die Zwuschl, Zwisl, die Gabeläste; auch die weibliche Scham; nach Zaupser Ms. auch Furche. Zeitschr. VI, 348. zwuselecht, zwuslet, wie zwiselecht. „Ein zwusleter Pirnpaum;" Lori, Lechr. 405.

Der und die Zweschen, Zweschpen (Zwèsch'n, Zwèschpm), die Zwetsche, Zwetschke, Quetsche, Art Pflaume, prunum damascenum, neugr. το δαμάσκηνον, (woraus die deutsche Form entstellt scheint. (Weigand, Wbch. II, 1168 f. Birlinger 441. Zeitschr. II, 192,18. IV, 68. Τῶν συριακῶν καὶ μάλιστα τῶν ἐν Δαμασκῷ γεννωμάνων ...; Dioscorides I, cap. 174. „Inter fructus plus valent *swesKones* prunella cruda et cerasa in meridio;" Ind. 355, f. 66 (bohemizani). „Prunum damascenum Zwetzsken, Damaschk;" H. Junii Nomencl. 1629, p. 57. 'Vgl. Th. II, Sp. 1680: Maschen aus prunum da*mas*cenum. Diefenbach 165[c]. 469[b]. Engl. Dámask plum, damascene, damson, damsin plum; Foote, the lame loves, act. III, sc. 4. Diese, wie man sagt, von den Kreuzfahrern mitgebrachte Frucht kann uns manche andere des Südens, die bey uns nicht gedeiht, vergessen lassen. Ob die „vier Sebesten," die im Cgm. 601, f. 114 einem Kranken verordnet werden, Zwetschen seyen, ist ungewiß. Unter den Slawen haben blos die Böhmen den entsprechenden speciellen Ausdruck š̈westka. R.A.: Meine, deine ꝛc. Siben Zweschen, wie: Sieben Sachen, Habseligkeiten. Zeitschr. VI, 330,138.

zwischen, Praepos., aus dem Dat. plur. des alten von zui, zwi abgeleiteten, noch Diut. III, 60. 105 vorkommenden Adj. zwisc, binus, (cf. drisc, ternus, feorisc, quaternus; Graff V, 242. III, 673. Wackernagel, Wbch.: Tuisco, zwiegeschlechtiger Gott, Mann und Weib) mit allmählicher Auslassung der voranstehenden Praepos. untar, in, en entstanden; (Grimm III, 94. 268. Graff V, 727. BM. III, 954. Weigand, Wbch. II, 1173 f.), im Dialekt zuweilen mit dem Genitiv: „Zwischen der Häuser;" Voc. v. 1618. „Zwischen ir paider;" Heumann, opusc. 109. „Zwischen des Lechs und des Mülpachs zu Landsperg;" Lori, Lech R. 87. „Ich pit ewch daz ir nicht stet zwischen mein und der sunn," Diogen zu Alexander; Cgm. 54, f. 14[b], (Keller p. 30). Im Compositum Zwischgold (Sorte Blattgoldes, welche auf der Kehrseite silbern aussieht, — schon Cgm. 698, f. 55. BM. I, 553 —) scheint sich das alte Adj. noch einigermaßen erhalten zu haben. Dahin gehört auch ndrſ. Twesken, Zwillinge. Zeitschr. V, 161. Die Zwischen (scil. Mahlzeit; Gastein). Vgl. Th. I, Sp. 116: Untern. Der Zwischlinger, (Wrdfls.) Acker, dessen Furchen zwischen zwey andern, nach der Breite gefurchten Äckern nach der Länge gezogen werden.

Die Zwespen, sieh Zweschen.

zwispen, zwispeln, lispeln, flüstern.

'Die Zwispel, was Zwisel; Zeitschr. II, 286,39.

zwispeln, sieh zwi und spilden.

Der Zwasten oder Zwesten (Suchenwirt XXXIX, 14 im Cgm. 1113, f. 96), vermuthlich was Quaste, Kost, Th. II, Sp. 1307: „Czwen czwesten deckten in (Adamo et Evae) di scham."

Zwist, a) wie hchd.; b) 'Gewebe von zwiefachen Fäden.' „Schamloth, Zwist und anderer sauberer und gemeiner Zeug," nicht aber Sammet und Seide ist den Bürgersfrauen und Töchtern zur Kleidung zugelassen. Ältere bayreuth. Polic.-Ordn. (cf. englisch: twist, isl. tvistr, Art gezwirnten Wollenzeuges; sieh auch Zwirel.)

'Der Zwitarn,' (mhd. Sp.) Zwitter, s. unter zwi-, Sp. 1170.

zwazeln, zappeln, mit kurzen, unsichern und dabey eilfertigen Schritten gehen, wie kleine Kinder, „tenero gradu festinare," Prasch. Birlinger 441. Der Zwazel, das Zwazelein (Zwazə-l), im Scherz: kleines Kind. zwazlich, zwazelich, zappelnd vor Ungeduld. verzwazeln, sich zu Tod zappeln; (im Scherz) sterben. Zeitschr. II, 287,65. Dà mècht mə˜ glatt vo'zwaz'ln! I bi˜ schier ve'zwaz'lt.

'Die Zwatzerung (? Zwaserung? vgl. mhd. twâs, Gespenst, twâsen, bethören; BM. III, 158. Lexer, mhd. Wbch. II, 1596).' „Die aber ze oberst auf der nazze (Nase) für den obern flus der augen, wider die zwazzerung des haupts;" Scheftl. 296, f. 82.

zwitzern, a) zwitschern, wie der Vogel (ahd. zuizirôn. Vgl. mhd. daz gezwitter, lauter Ton, dän. qvidre. wobei man an isl. qveda, qvad, canere, denken darf. Graff V, 734. BM. III, 959. Weigand, Wbch. II, 1174). „Wer nu kan zwitzern wider zwitziern, velschlichen trufieren und partieren und mit zwein zungen sneiden kan. den heizet man einen weisen man;" Renner 21683. Vgl. oben, Sp. 1172: zwickezen und Sp. 1175: zwigətz'n. „Zwizern der Zähn," (P. Abraham) stridor dentium. b) zittern, flimmern; (sieh fibern, Th. I, Sp. 685). Zeitschr. VI, 403,9. Vilmar kurhess. Idiot. 476; Zwitzvogel, Schmetterling. Mit den Augen zwitzern. Vilmar, kurhess. Idiot. 475. Zeitschr. III, 132. Der Stern zwitzert. „Vor Schwärze zwitzern;" Simplicis. 1669, p. 178.

Nachträge und Berichtigungen.

Zum ersten Bande:

Sp. 152, Z. 4 v. o. statt Schönwerra (wie schon in 1. Ausg.) lies: Rhönwerra.
" 623, Art. beturnen lies: obturare.
" 785, " flechten, Z. 8 lies: im Scherz.
" 801, " Frau, Z. 14 u. 15 (nach der 1. Ausg.) sind zu berichtigen: Herzog Albrecht hatte zehn Kinder „siben Herren und drey frowen"; Wstr. Btr. V, 39 f.
" 879, " Gog, Z. 1 lies: vielfach.
" 885, " Gogkel, Z. 2 v. u. lies: Der Nonnengöcker.
" 901, " Galse lies: Galbai.
" 936, " Gorke lies: Korkstöpsel.
" 952, " Geislitze, Z. 1 lies: Zeitschr. V, 433 und füge hinzu: Zacher's Zeitschr. IV, 30.
" 1046, " huechen, Z. 5 lies: kauern.
" 1184, " Hussern, Z. 4 lies: Meissen.
" 1242, Z. 15 v. o. lies: Diut. III, 65.
" 1242, Art. Kolte, Z. 2 lies: Nuß.
" 1297, Z. 31 v. o. lies: Kärtlein.
" 1306, Art. Castrôn, Z. 2 lies: Grimm, Wbch. II, 609.
" 1326, Art. Klaff, Z. 6 lies: auszuklaffen.
" 1372, Z. 14 v. o. lies: Kren.
" 1573, Z. 22 v. o. lies: gl. o. 333.
" 1653, Art. Mermel, Z. 9 lies: Mercurius.

Zum zweiten Bande:

Sp. 272, Art. Salvator-Bier lies: Salvator-.
" 363, " Schachen, Z. 9 v. o. lies: inner B. u. St. (1. Ausg. immer).
" 468, " Scherm schalte ein: Leutscherm; s. Hübner, Beschr. des Erzbisth. Salzb. p. 649.
" 703, " springen, Z. 9 v. u. lies: mər.
" 935, Z. 15 v. o. lies: umgedeutet.

Alphabetisches Register

über die beiden Bände des Wörterbuchs,

bearbeitet von G. K. Frommann.

(Arabische Ziffern ohne vorangehende römische beziehen sich auf die Spalten des ersten Bandes. Zusammensetzungen, namentlich mit Partikeln, sind, wie die Ableitungen, sofern sie bei ihrem Stammworte zu finden, in der Regel nicht in dieses Register aufgenommen.)

Grêd, Grê, Stufe; Bank; Bográd 986.
Grêd=, Grett=haus, =knecht, =meister, =stadel 986.
grêdə'n, sich abmühen 987.
Grêdl, Holzstoß; grêdlen 986.
Gréədə, Lagerplatz 987.
Gregori, Schulfest 992.
Gréhhəs, saure, geronnene Milch 993.
Greif; Greiffalk 990.
greiffen; greiffig; nâchgriffig 989 f.
Greigiərət, Greigiər. Spuk II, 73.
Greimberg, (Ort); Grîmhildr 996.
greinen, murren, zanken, weinen; aus=; Greinaus; Greiner 999.
Greiner, Querhölzer bei Uferbauten 1000.
Greinerlin, acredula (avis) 1000.
Greis; greisen, zum Gr. werden 1010.
Greising, Greißnich, Waizenbier 1011.
grellen, grillen, brüllen; dröhnen 993.
gremási', mißmuthig 996. 1368. 1372.
Gremel, Fettgraupe, s. Gramel 995.
gremen, er=; gremig, gremásí' 996.
Gremeß, Gré'mməs, Begräbniß 983.
Greming, cirogrillus 996.
Gremling, mürrischer Mensch 996.
grempeln, handeln, trödeln; Grempler 998.
gremsen, streben; gremsig, erpicht 998.
gremsig, (vom Erz; porös?) 998.
grenäggət, mit Augen voll Eiter 50. 999.
Grenggen, dürres Holz; hagere Person 1005.
grennen, murren, brummen 999.
Grense, panicum crus galli 1005.
Grensing, potentilla, (Pflanze) 1005.
Greppen, Graben, Hohlweg 1006.
Gresch, Margaret 1014.
Greßel, Grásl, (e. Vogel) 1008. 1009. 1010.
Gresserwein, (e. Wirzburger Wein) 1010.
Grêtel, Grêdl, Grê'l, Margareta; Aschen=, Bauern=, Putz= ꝛc. 1017.
Grêtel in der Stauden, nigella dam. 1017.
Gretz, Kretz, (e. Adlerart, alietus) 1018.
Greuder, =bürd, (e. Fischzeug) 273. 987. 1387.
Greul, Greuel 981.
Greul, glis myoxus, Bilch 994.
greuseln, zart reden; Greusel 1011.
Greuß, s. Grauß 1009. 1011.
Greußing, Greußnig, Waizenbier 1011.
Gribəsgràbəs, verworrene Schrift 983.
Grida, Crida, Bankrutt; Gridat 987.
Griebeln, Grübeln, Trüffel 139.
Grieben, Greuben, Fetttheilchen; grieben 983.
Griechen, Kr., kriechisch 985.
Griegken, Groikng, Fettgraupen; =knödel 993.
Griell, Federwild 994.
griemeln, s. grinlachen 996.
Grien, Gries, Kies; Stein (Krankh.) 1000.
Griepen, Greupen, Fetttheilchen 1006.
Griesbach, (Ortsname) 1012.
Griesbeihel, eiserner Haken an e. langen Stiel 218. 1012.
Grieß, Eren=, alietus 129. 1018.
Grieß, Grütze; Haber=; =knödel 1012.
Grieß, (e. Krankheit, Stein) 1012.
Grieß, Sand; =amt, =beihel, =knecht, =meister, =rechen; Grießlach; griesselət 1012.
Grießbaum; Grießbeer 1012.
Grieß=brett (am Pflug); =gallen; =holz; =wart, =wärtel 1012 f.
grießschelig, griescheli', steinig 1012 f.
Griff; Für=; Ver=; angriffig 991.
Griffel; Griffler 991.
Grifflingpferd (?) 991.
Grift, Griff; Handgrift 992.
Griká'l, Krickerl, weinerl. Gesicht 1363.

Grill, Grillen, Grille 994.
Grimm; grimm, grimmig; griemeln 996.
grimmen, kr., kneipen, kratzen; Grimmen 996
Grind; grindig; ein=grinden, er= 1003 f.
Grindel, Grendel, Pflugbaum 1004.
Grinitz, Grünitz, Kreuzschnabel 1000.
grinlachen, gezwungen lachen; griemeln 996.
gripfen, s. grippen, kripfen 1006. 1379.
Grippe, Gripp, (e. Krankheit) 1006.
grippen, gripsen, gripschen, kr., greifen 1006 f.
grippen, kratzen, jücken; ärgern 1006.
Grips, Hals, Kehle; (e. Krankheit) 1007.
gris=, grust=gramen, knirschen; Grisgram 995. 1011 f.
grishari', steifharig 1012.
Grissəl, Schauder; grisselig; grieseln 1013
Gritsch, =erl, arctomys citillus 1018.
Gritschen, Kothlache; Weibsperson 1018.
gritschen, kleine Geschäfte treiben 1018.
Gritscher, Weibergritscher 1018.
Gritt, Grittel, Schritt; =sperr; gritten 1017.
grittlich, grittling, grittisch, rittlings 1017.
gritzə-, gritz-grà, ganz grau 1018.
grizgramen (vor Kälte) 1012. 1018.
grob; Gröben; eingröbig 983 f.
grobbainig, starkknochig 244.
Grobgrün, (e. Art Zeuges) 984.
Gröbling, Stockschwamm 984.
grödeln, sich ab=, abmühen 987.
Groffel, Moren=, Nelke 991.
grogezen, wehklagen, heulen 992.
Groikarl, Schmutz in d. Augenwinkeln 985.
Groll; grollen, grölen, brüllen 994.
Gróllәs, Gróllez, Kindstaufschmaus; Collekte des Pfarrgeistlichen 994.
grolzen, grölzen, ructare; Grolzer 994.
gronen, gruenen, graənə˜, keimen, sprossen 1000.
gronen, grunen, murren; gronerisch 1000.
Grönhack, eine Art Axt 1000.
Gronlein, Gro˜lə, Hieronymus 1000.
Gronnickel, Grónigl, Murrkopf 1000.
g'ropfəzn, g'roppəzn, rülpsen 1007. II, 131.
Gropp, Groppen, gobio, (e. Fisch) 1006.
Groppen, metallener Topf 1007.
groppen, greifen, tasten, tappen 1007.
Gropper, Gröppner, Auflader, Speditor 1007
gróppət, sehr grob, roh, plump 1007.
groppezen, kr. rülpsen 1007. II, 131.
Grosch, Groschen; Gröschl; Gröschperl; Gulden=, Thaler= 1014.
groschensiech, geldgierig 1015.
Groß, Grütze; =mues 1013.
grôß; =mächtig, ungroß 1013.
Größ; Größen; größen; größen 1013.
Groß, Groffetl, grossus, Groschen 1014.
Großach, Grassət, Grasslət 1008. 1013.
grosseini', sehr groß 93. 1013.
Großen, Gröſs=ing, =ling, Sprößling; größen, gräßen 1013. 1018.
größhörig, harthörig 1013.
groß=, großein-tümerlich, sehr groß 604.
Grotzen, Grötzling, Sprößling; Name einer Waldgegend; grötzen 1018.
grotzen, rülpsen; Grötzel 1019.
Grübel, Griəbl, Werkzeug zum Graben 984.
Grübeln=, Grüblings=baum, Kartoffel 139. 984.
Grübs, Gröbs, Kernhaus 984.
gruchzen, elend herumgehen 985.
Grueben, pl. Grüeben, Grube 984.
grueben, ein=, ver=; grüebeln 984.
gruebig, grüebig, rührig, bei Kräften 984.
grüebig, gerüewig, ruhig 984.

Gruegken, Gruaggn, Bein, Fuß 993.
grüejen, grünen, wachsen; Gruot 982.
gruemen, groumə˜, knirschen 995.
Gruen, Graə˜, Schößling; Buech=, Winter=; Grunach 1001.
Grüen, Grêi˜; =rock, Teufel 1002.
Grüen (beim Fischen); Vor= 1003.
grüen; gr. Donnerstag; Grüens 1001 f.
=grüen, -grêi˜ (in Ortsnamen) 1002 f.
Grüene, Grasplan; Belustigung 1002.
grüeneln, unreif schmecken; grüenern 1002.
Gruen=, Grue mâd, Grummet; gruenmäten, gruemeten 997. 1001. 1567.
Gruensol, Grüensol, mentastrum 1005.
Grüenspan; Grüenspecht 1003.
Gruenz, grüne Eidechse 1001.
gruenzen, nach Kraut schmecken 1003.
Grueppen, Grüeppen, kl. Grube; gruəppət 1007.
grüeßen; grüßbar, un=; Grueß 1014.
Gruet, das Grünsein, Grünen 1017.
Gruft 992.
Grügel, Auerhenne; Grügelhan 992.
grügeln, grugeln, heiser reden, rasseln; Grügler; grüglich 992.
Gruisch (? vgl. Grutsch) 1015. 1018.
Grulm, Pechniederschlag 994.
grumen, grümen, sich bekümmern; Gr. 996.
Grumen bist (?) 997.
grumsen, grunzen; grumsig 998.
Grund, Flußthal; Ab=; gründen 1004.
Grund= (in Fischnamen) 1004.
Grund=alben 64; =birn, Kartoffel 1004.
Grundel, Gründling (e. Fisch) 1004.
grundleiche=, grundleichende =falsch 1421 f.
grundsam, gegründet 1004.
Grünitz, Kreuzschnabel 1000.
Grünlinge, Hoden 999.
grunzen, grünzen, zürnen 1005 f.
Grunzwit, Grünzing, (Ort) 1015. II, 1055.
grüppeln, grübeln (?) 1007.
Grüsch, Grüschen, Kleien 1015.
Gruschblspitz, e. Fleischtheil d. Ochsen 196.
Gruschel, Grosselbeer, Stachelbeere 1015.
Grusel, Schauder; gruseln 1013.
Grusel, Gänschen 1013.
Grusen, Saft der Pflanzen 1013.
grusgelb, gruselgelb; grus'lklaə˜ 1013.
Grüß, Hegzeit des Wildes 1014.
Grust, Gerümpel 1015.
grustgramen, s. grisgramen 995.
Grutsch, Hamster 1018.
gruttig, stain=, s. kruttig 1388.
Grütz, was Grübs (im Obst) 1019.
Grütz, Gerütz (Name einer Waldgegend) 1018
gschá! (Scheuchruf) II, 349.
g'schlêhə˜, gschlêhhə˜, gerade II, 520.
gschmargest, gschmarəst, Morgens 1648.
gsəlcht, geräuchert II, 266 f.
G'sodel, Gesindel II, 229.
Gstrau˜, Kastraun, Hammel 1306.
G'supen, Gesünke II, 318.
Guck=An, =An'l, Urahnfrau 85.
Guck=Eni, =En'l, =En, Urahnherr 85. 887.
gucken, s. gugken 886.
Guckenberg, Göckelsaß 886.
Gucker, Guckerlein, Fenster ꝛc. 886 f.
guckezen; Guckezer, Kuckuck 886.
Gude, Fülle (?) 874.
Gudel, Prahler 874.
guədékam! willkommen! 961.
guedekeit, das heißt 1225.
Gueg, Baumwanze 869. 881.
Guegken, Goukng, Füße 887.
Guem, Gaumen; guemen, guemetzen 913.

lurtschen, schleppend gehen; Lurtscher 1502.
lurz, link; lurzen, lürzen 1502.
lurzen, saufen 1503.
Lus, Sumpf, Morast; Lusche 1520.
Lusch, verächtliche Weibsperson 1521.
lusen, lusnen, horchen 1515.
Luß, Lusst, Antheil; Dächsen-, Holz-, Kraut-; Luß-anger, -wisen 1519.
lussam, ergetzlich 1520.
Lust; Über-, Un-, Wol-, Ge-, Ver-; Lüstleins; lustig, -karten 1525 f.
lusten; ge-, gluscht'n, Gelust; ver-; un-1526
lustern, lüstern, horchen 1526. 1515.
Lusung, Lusəm, Lusi, Musse 1520.
Luther; -thum; -er; -isch; -len 1541.
Lutsch, Lutschen, träge Person; Hure 1543.
Lutscher, Sauglappen, Schnuller 1543.
Lutte, zerlumptes Tuch 1542.
Lutten, Röhre 1542.
Lutter, Ludern, Birke; Ludrach 1542.
luttern, lutteln; Lutterer, Lutter-krug, Ludə'-; Luttel 1542.
lüttig, (niederd.) klein 1542. 1548.
lützel, wenig; -berg, -main; verlützeln 1548.
Luz, Lutz, was Luß 1520.
Luz, Lutz, Ludwig 1738.
Luz, Luzi, Luzel, Lucia; weibl. Wesen 1549.
luzeln, lutzeln, saugen; ver- 1550.
Luzern, Leuchte 1550.

m (vor Ortsnamen 2c.) 1549.
macheln; Mächler 1556.
machen 2c.; Macherin; Aufmacher (II, 409, Z. 8. v. o.) Mache; Machet 1556 ff.
Mach-hütte; -kammer 1556.
Machland, Achland 1625.
mächlich, machsam, ge- 1560.
Macht; Ân-, Â-; Un-; -los; mächtig, -keit, -lich; anmächtigen; Gemächt 1563 f. Vermächt 1558.
Mackə˜, Fehler; Mackəs, Schläge 1565.
Máckə-l, Stückchen, Bißchen 1565.
mackelig, zart, weich (v. Fleisch) 1566.
mäcken, mägken: ab-, der-, umbringen 1565.
Mackler, Händler, Mäkler 1565.
Mad, Made; Medel 1567. 1570.
Mâd, Mähen; Â-; Gruen-; Schmelh-; Tag-; Wis-; Mâden 1567 f.
Madal- (in Personnamen) 1568.
Mädelein, Mädlein, Màidl 2c. 1579.
Madel- Magdel-ger, (e. Pflanze), Kreuzwurz 1568.
maden, plaudern 1568.
Mader, Maderer, Marder; mädern 1568.
màderdelli', mattherzig 1568.
Madlen, Magdalena 1569.
Mâdstrümpfe, Halbstrümpfe 1568.
mäen, mèiə˜, mähen 1549.
mäffzen, bellen, lärmen 1574.
Mâg, Verwandter; Nagel-, Schwert-, Spill-; Magenschaft 1574.
Magd, Maid; -lein; -tum; -zoge 1578 f.
Magele, Magölle, Magellel, Becher 1575.
Magelrath, (Name eines Gerichts) 1574.
Magen 1575.
Mâgen, Màgng, Mohn; -schaden 1575.
Magenkraft, Macht; gemagen 1574 f.
Magenschloß, Vorlegschloß 1575.
mager; Magere; Mägerlein 1576.
mäheln: ge-, ver-; Gemahel 1579 f.
Mähel-ring; -schaft; -schatz 1580.
Mähen, Màhə˜, Màu'ə˜, Mohn 1575.
mähen, mahnen, s. mäen, manen.
Mähre, s. Merch 1650.
Mährte, kalte Schale 1645.

Mai; -baum; -busch; -käfer; -krueg; -milch; maisch 1550 f.
Maia, Maichen, Maria 1554. 1561. 1569. 1637.
Maid, Mail, Maədl, Magdalena 1569.
Maid, Magd; -brunn; -blum 1569.
maida'n sich, sich unwohl fühlen 1570.
Maiden, Hengst; maiden, kastrieren 1569 f.
Màidl, Mài'l, Maria 1569. 1554. 1561. 1637
Maiel, Meiol, Mîol, Becher 1576.
maien, mayieren, sich ermaien 1552.
Maienrauch, Morchel 1551. 1638.
Maier, Mair; -amt; -haus; -schaft; -râufer; -kue 1552 f.
maiern, meiern; ver-; maierlen 1554.
Maigram, Majoran 1576.
màija! (Betheurung) 1549.
Mail, Mailen, Maəlәl, Flecken; Dieb-; Muetter-; On-; mailig; mailen; be-, ver-mailigen 1584 f.
Mailander, Meilan, saxifraga 1584.
Maile, Masche, (Panzer-) Ringlein 1585.
Mailing, ein Fisch, Äsche 165.
Main, Moin (Fluß) 1613 f.
Màin, Mein, nefas; main, ge-; Mainaid 2c. 1611 f.
Main-, Megin- (in Namen) 1577.
mainen; ver-; Mainung 1610 f.
mainen: ver-, bezaubern; Vermainkraut 1612.
mainst, meinst, meist 1629.
Maisach, (Fluß); Maisteig 1664.
maischen; Maisch, -bottich 1680.
Maisel, Charpie; -drât; Quell- 1664.
Maisen, Meise 1664.
Maisen, Schnitte; Maisling 1664.
Maiß, (in Ortsnamen); -alpen; -hag; -hacken; -holz; -er, -ung 1663.
Maißel, Häuer; Meißel 1663 f.
maißen, hauen; ab-, über- 1663.
maist; maistig 1682. 1629.
Maister 2c.; -geschäftig; -los; -schaft; -kreuzer; -singer; -wurz; maistern 1683.
Maister-schiff; -salz 1683 f. 165.
Maiz, Mais, Tragreff; Maß für Heringe (Lexer I, 2083) 1702.
makeln: ver-, verwickeln 1565.
Mâl Mâli, (ahd.) Maß 1583.
Mâl: alle-; etieèin-; zu- 1582.
Mâl: Hôchzeit-, Drischel-, Forst-, Henker-, Kindlein-, Rait-, Wein-; unter Mâlen 1582
Mâl, Flecken; An-; mälig, hunger-, wandel-; Gemäl 1582 f.
Mâl: -baum; -berg; -gericht; -pfenning; -schatz; -statt 1581.
Mâlgeld, Mälet; mälen 1582.
Malang, citrum; -bâum, citrus 1583.
malatsch, malatz, -ig, krank 1584.
málə, gmálə, pómálə, sachte 1581.
Malêde, Aprikose 1584.
Malefiz; -isch; -recht; -thäter 1584.
Málə-l, Mállə, Məllə, Tracht 1581.
malen; Mal-mann, -leut 1583.
mâlen; Gemäl; Handgemâl 1583.
Malgran, Malgram, -apfel 1584.
Malgrei, Bezirk 1593.
Malgus, menstrua 1593.
Malhe, Malche, Ledertasche; -post 1593.
Malhenvas 1591.
Malk, Makel (?) 1593.
Mallerstorf, (Ortsname) 1568.
mallik, malk, (niederd.) jeder; -ander 1604.
Malten, Besen-, atriplex (?) 1593.
Malter, Ge-, Getreide; Maß 1593 f.
Mälter, Malter, Mörtel 1593.

Malz; malzen, melzen; Melzer 1596.
Malzam, Malzspreu 72.
Malzei, Aussatz 1597.
Mampf, dicke Suppe; mampfen 1600.
Man, Män, Mähne 1609.
man, men, me˜, miər 1600.
man, (niederd.) nur 1609 f. II, 915 f.
Mân, Mond; Monat; Rausch, Voll- 1606 f.
Mân-schein; -tag, blauer M. 2c. 1608.
Manchus, Mancus, (e. Goldmünze) 1620.
Mandat, Fußwaschung Christi; Oblate 1621
Mandung, Freude; menden 1622.
Mane, Mande, geflochtener Korb 1610.
Manegold, Mangold, (Name) 1609.
manen, mahnen; an-, auf- 1610.
mänen sich, sich nach dem Mond richten 1608.
Mânet, Monat; (Monatsnamen) 1608 f.
manezen, sich bewegen 1606.
Mang, Magnus 1625.
Mangel; Ab-; mangeln, mengeln, ab- (11) 1625.
Mangel-katz; -kraut; -wurz 1625.
mangelweit, im Angel weit 1561. 1625.
Manger, Maniger, Händler; Eisen-, Fisch-, Tuech-, Wât-, Wit- 1625 f.
Manger, Manges, Schusser 1625.
Mängerl, Ängerlein 106.
Manichäer, lästiger Gläubiger 1610.
manig, mang, manch, menig 1604 f.
mänig, mönig, mänisch, mondsüchtig 1608.
manigfalt; Manigfalt; Mangfall 1605.
mánisch, ansehnlich, groß 1604.
Mankei, Mankin, Murmelthier 1626.
mänk'ln, nach Fäulniß riechen 1626.
mänkeln, handeln; ver- 1626.
Mann; Männerleut; Männlein, Mándl; -kalender; mänlä 1600 ff.
Mann: Auß-, Inn-, Ob-, Ueber- 2c. 1603. Unmann 97.
Mann, Vasall; -schaft; mannen 1602.
Mann, Mà˜, Mánl, (Speise) 1608.
mannet, männlich 1604.
Manngraben, (e. Feldmaß) 1603.
männiglich, aller-, jedermann 1604.
Männler, Mändler, paedico 1604.
Mannsbild, Mann 235.
manschen, mantschen, mauntschen 1628. 1699.
Manschetten; -fieber 1628.
man-schlachtig; -schlächtig 1603.
Mansenei, Hausgenossen 1627. 1662 f.
Mansus, Manse, Wohnhaus 1627.
Manstuedel, (e. Holzmaß) 1603.
Manßlieb, eupatorium 1606.
mantania'n, mantoniren, ahnden 1631.
Mantel; Flügel-; Mäntler 1630.
Mantel, Föhre; Mantlach, Manteln 1631.
manteln, meistern; dämmern 1631.
Manz, Manhard 1738.
mänz, mänzig; -kue, -vich 1632.
Manzaler, Gemeindegenosse 1604.
manzen, streng halten, schlagen 1632.
manzieren, manscharen, essen 1632.
manzig, munter 1632.
Mar, Märe, Mähre, Stute 1633.
Mär, Rede; -lein; Laut- 2c. 1634 f.
mär; un-, ur-; auf-, land, laut-, märig 1633.
mär, lieb: als m., als so m., eben so m., gleich so m., grad so m.; unmär 1635 f.
mar, mär, marw, mürbe; dermären 1636.
maraken, marachen 1640.
Maraz, Moraz, Maulbeerwein 1636.
Märbel, (e. Alpenkraut) 1643.
Märbling, junger Holzsproß 1643.

„Fürs deutsche wörterbuch behauptet die kenntnis aller hochdeutschen volksmundarten hohen werth, und ich musz sogleich zum lobe der Baiern hinzusetzen, dasz kein andrer unsrer stämme ein wörterbuch aufzuweisen hat, das dem von SCHMELLER irgend gleichkäme, so meisterhaft ist hier die sprache selbst und ihr lebendiger zusammenhang mit sitten und bräuchen dargestellt, und doch hat der letzte band bedauerliche kürzung erfahren, weil der verleger bedenken trug das volle werk fertig zu drucken; möge jetzt von des verfassers hinterlassenschaft, worunter sich auch zur zweiten ausgabe des wörterbuchs der reichste stof ausgearbeitet findet, nichts vorenthalten werden."

Berlin 2. merz 1854.

Jac. Grimm.

(deutsches wörterbuch, I. band, sp. XVII der vorrede.)

JOHANN ANDREAS SCHMELLER

BAYERISCHES WÖRTERBUCH

BAND 2/1

JOHANN ANDREAS SCHMELLER

Bayerisches Wörterbuch

Sonderausgabe

Band 2/1

R. OLDENBOURG VERLAG MÜNCHEN 1985

Sonderausgabe der von G. Karl Frommann
bearbeiteten 2. Ausgabe München 1872-1877

Mit der wissenschaftlichen Einleitung zur Ausgabe Leipzig 1939
von Otto Maußer

CIP-Kurztitelaufnahme der Deutschen Bibliothek

Schmeller, Johann Andreas:
Bayerisches Wörterbuch : 2 Bd. in 4 Teilen / Johann Andreas Schmeller. - Sonderausg., [Nachdr.] d. von Karl Frommann bearb. 2. Ausg. München 1872-1877. - München : Oldenbourg
ISBN 3-486-52601-4

NE: Frommann, Karl [Bearb.]; HST

Bd. 2
1. - (1985).

ISBN 3-486-52601-4

Umschlaggestaltung: Werner Poll, Putzbrunn
Druck: Weihert-Druck GmbH, Darmstadt

Bayerisches Wörterbuch

von

J. Andreas Schmeller.

Zweite, mit des Verfassers Nachträgen vermehrte Ausgabe.

AUF VERANLASSUNG
UND MIT
UNTERSTÜTZUNG
SEINER MAJESTÄT
DES KÖNIGS VON BAYERN
MAXIMILIAN II

HERAUSGEGEBEN
DURCH DIE
HISTORISCHE COMMISSION
BEI DER
KÖNIGL. ACADEMIE DER
WISSENSCHAFTEN

bearbeitet von

G. Karl Frommann.

Zweiter Band,
enthaltend Theil III. und IV. der ersten Ausgabe.

München.
Rudolf Oldenbourg.
1877.

Vorwort
zum dritten Theile.

Es ist seit Erscheinung der ersten zwey Theile eine längere Zeit verflossen, und so ist denn auch der noch übrige Stoff in der Ausarbeitung zu einem größern Umfange angewachsen, als weiland in des Verfassers Absicht gelegen. Er glaubt beides unter jenes Unvermeidliche rechnen zu dürfen, dessen wol jedem unter uns das Leben seinen Theil zuführt. Wollte er hierüber weiter eintreten, so müßte er von blos persönlichen Verhältnissen leicht mehr sagen, als sich da, wo nur von seiner Sammlung und Erklärung von Wörtern die Rede ist, so recht geziemen will. Ohnehin hat er große Ursache, so manches Unkraut müßiger, blos persönlicher Ansicht, das in der Sammlung Platz erhalten hat und sich selbst in den kleinern Lettern noch viel zu breit macht, daraus wegzuwünschen.

Nicht alles, was eine Reihe von Jahren hindurch in einzelnen freyen Momenten, oft in der bestimmten Absicht, späterhin wieder ausgemerzt zu werden, in die Handschrift gerathen war, konnte, als endlich die Presse rief, aus der Masse, in die es sich unvermerkt auf vielfache Weise verzweigt hatte, mit gleicher Sicherheit wieder herausgehoben werden. Als von Seite der Verlagshandlung, die sich des wenig lohnenden Werkes angenommen, in Bezug auf eine frühere, nicht von ihr ausgegangene, Subscriptions-Einladung von 1823 *) die Anfrage gestellt wurde, ob der Rest sich auf einen Band von geringerer Bogenzahl als die des zweiten beschränken würde, sah der Verf. die Wahl vor sich, entweder einen reichlichen dritten Theil seiner Handschrift zu streichen, oder aber seine Zuversicht ganz auf die Billigkeit der subscribierten Abnehmer zu setzen. ¿ Durfte er von Diesen besorgen, daß sie auf dem Einhalten eines vor vielen Jahren unter ganz anderer Voraussetzung bestimmten Maximums mehr, als darauf bestehen würden, von einem Werke, das, gut oder schlecht, die Arbeit eines halben Menschenlebens ist, auch den Schluß möglichst unverkümmert in die Hände zu bekommen?

---

*) Ein Exemplar dieser, auf ein Octavblatt gedruckten Einladung zur „Subscription auf J. A. Schmeller's baierisches Wörterbuch", unterzeichnet: „München im Febr. 1823. J. A. Finsterlin" ist dem 1. Bande des ersten Handexemplars beigefügt. Schmeller hat zu dieser Stelle in seinem ersten Handexemplare beigefügt: „Sie war im Namen Finsterlin's ausgegangen. Dieser aber erklärte sich bald darauf dem Unternehmen nicht gewachsen, und ließ mich die Kosten derselben tragen"; ebenso zu dem Worte „Anfrage" die Bemerkung: „eigentlich unterm ..... die Zumuthung, daß ich den Rest bestimmt also abzukürzen hätte."
(Anmerk. des Herausgebers.)

Die berufsmäßige Beschäftigung mit den Handschriften der Münchner Bibliothek, welcher seit sieben Jahren des Verfassers meiste Zeit gewidmet ist, veranlaßte ganz natürlich eine noch vielseitigere Rücksichtnahme auf die ältere Sprache. Während das, was von solcher Ausbeute auf die bereits gedruckten Theile traf, seinesorts für einen dereinstigen Nachtrag niedergelegt wurde, durfte, was in den noch ungedruckten gehörte, ohne Zweifel sofort der Handschrift einverleibt werden. Daß das Ganze in dem Maße, als es auf ältere Sprachzustände zurückgreift, den Charakter eines blos bayerischen Wörterbuches zu verlieren scheint, wird ihm in den Augen Einsichtsvoller hoffentlich nicht zum Vorwurfe gereichen.

Nachweisungen aus der ältesten Sprache als Grundsteine in der Geschichte des einzelnen Wortes konnten für überflüssig gelten, wenn einmal Graff's althochdeutscher Sprachschatz aufgeschlossen war. Allein bis dahin sind sie es nicht gewesen; und jede Zeit sucht, so gut es eben gehen will, und sollte auch ihre vorläufige Mühe eine rein verlorne seyn, dem Bedürfnisse, das sie nicht abweisen kann, zu genügen.

Was die in diesem Werke versuchte etymologische Alphabet-Ordnung (**AUBC**-Ordnung hat sie ein Spötter nicht übel benamset) angeht, so hat der Verf. noch keinen Grund gefunden, ihre Wahl zu bereuen. Sie hält sich nebenbey noch so enge an die gewohnte Folge der Buchstaben, daß es nur eines Blickes auf die Seiten-Ueberschriften bedarf, um sie, sogar ohne Durchlesung dessen, was in der Einleitung Th. I. S. V—IX ʻ(neue Ausgabe S. VII—IX)ʼ gesagt ist, sogleich zu begreifen und als sichere Führerin zu erkennen.

Nichts desto weniger wird der Verf., dem in der Einleitung gethanen Versprechen gemäß, für die Nachlieferung eines auch schlechthin-alphabetischen Verzeichnisses Sorge tragen. Daß es von ihm selbst ausgehen werde, kann er in Ansehung seiner gegenwärtigen Berufsarbeiten nicht bestimmt zusagen, aber er wird jedenfalls veranlassen, daß es zum Auffinden sowohl der dialectischen als der altdeutschen Ausdrücke, und zwar theils von diesen, theils von den schrift- oder neu-deutschen Formen aus, und, mittels ganz kurz gefaßter Wort-Erklärungen, so eingerichtet werde, daß es zugleich minder Bemittelten als eine Art Ersatzes für das leider zu kostspielig ausgefallene Werk dienen könne.

Dieser Auszug aber kann natürlich erst nach Erscheinung des Nachtrages, den sich der Verf. zu mannichfacher Berichtigung und Vervollständigung des Werkes vorbehält, als ein dieses Ganze zusammenfassendes Netz in Arbeit genommen werden.

Inzwischen ist das Werk mit dem vierten Bande, in welchen, um den dritten nicht zu unverhältnißmäßig stark werden zu lassen, die Buchstaben **W** und **Z** verlegt werden mußten, vorläufig als geschlossen zu betrachten. Ob zu jenem Weitern noch länger Leben, Lust und Kraft verliehen seyn soll, steht bey der gütigen Vorsehung.

Außer den auf S. XI—XVI ʻ(X—XIV)ʼ der Einleitung angeführten Quellen sind späterhin noch manche andere benützt worden. Sie hier zu nennen, scheint unnöthig, da wenigstens die gedruckten aus den obwol abkürzenden Citierungen erkennbar genug sind. Dieses würde besonders in Hinsicht auf die Handschriften der Münchner Bibliothek sehr weitläufig ausfallen müssen. Die gebrauchten bibliothecarischen Siglen Cbm., Cgm., Clm. (Cod. bav., Cod. germ., Cod. lat. monacensis) und drgl. mit der auf die Nummer der Handschrift und auf das betreffende Blatt weisenden Ziffer sichern vor der Hand, und bis ihrerseits auch die Manuscripten-Cataloge dieser Bibliothek zum Drucke gediehen seyn werden, die Möglichkeit, alle Angaben zu prüfen und etwa weiter zu verfolgen.

Von den a. a. O. S. XVI—XVII ʻ(XIV—XV)ʼ genannten verehrten Mitsammlern zu diesen Garben haben mehrere ihre Theilnahme nachhaltig fortgesetzt. Ihnen schlossen sich freundlich an die Herren: Assessor Auracher in Miesbach, Professor Dr. Kittel in Aschaffenburg,

Geheimerath Ritter v. Lang in Ansbach selig, Dr. Karl Roth aus Lütter, D. Trättenbacher*), Dr. Unger früher in Kitzbühel und A. m. Allen, namentlich auch Hrn. Dr. Dingler in Augsburg**), der sich in anderer Weise um den Fortgang des Werkes verdient gemacht, bleibt der Verf. auf immer verbunden. Mit ähnlichem ehrerbietigen Gefühle gedenkt er so manches Hohen, dessen Gunst oder Nachsicht dem Werke zu Theil geworden.

Und nun endlich angelangt am vorläufigen Ziele zwanzigjährigen Bemühens, achtet er's für heilige Pflicht, den ehrfurchtvollsten Dank zu erneuern IHM, dem Gründer so vieles Großen***), der nicht verschmähte, auch zu diesem Kleinsten die Samenkörner zu streuen. Möchte des Lichtblickes, an dem die junge Saat keimen durfte, die in Aehren geschossene nicht unwürdig geworden seyn!†)

---

*) So steht dieser Name in den „Berichtigungen" am Schlusse des IV. Theiles; als „Dr. Trättenbacher" dagegen hat ihn Schmeller in den „Vorbemerkungen" zum I. Theile (1. Handexemplar) nachgetragen und in Trettenbacher corrigiert. (Anm. des Herausgebers.)

**) Er bewirkte, daß 1825 der alte Cotta auf den Verlag eingieng. (Schmeller.)

***) Zollverein, Donau-Main-Canal, Kreishülfscassen und einiges Andere, was nicht in den Kreis bloßer Liebhaberey fällt, die sich nicht immer dem Ganzen zuträglich erweist. (Schmeller.)

†) Den 16. August 1837 ist Ihm der dritte und vierte Theil zugleich überreicht worden. (Schmeller.)

Vorrede zur zweiten Ausgabe von G. Karl Frommann

Gerade ein halbes Jahrhundert ist in diesen Tagen verflossen, seit Schmeller Ostern (15. April) 1827 die „Nothwendigen Vorbemerkungen“ niedergeschrieben, womit er den ersten Theil seines unvergänglichen Werkes, des bayerischen Wörterbuchs, dieses „unerreichbaren Musters, wie sich Sprach- und Sachkenntniß lebendig durchdringen sollen,“ einleitend vollendete. Der erste Correcturbogen desselben war ihm am 26. April 1826 zugesendet worden.

Ohne Unterbrechung schloß sich dem ersten der Druck des zweiten Theiles an, dessen erster Correcturbogen mit „11. May 1827“, der Schluß (Titel) mit „6. Septbr. 1828“ bezeichnet ist.

Nun trat ein längerer Stillstand von fast 6 Jahren ein, ehe zur Herausgabe des dritten und vierten Theiles geschritten wurde. Über die Ursache desselben, die wir wol nicht auf Schmeller's Seite suchen dürfen, gibt er im Eingang des Vorwortes zum dritten Theile nur eine schwache Andeutung*). Doch war diese Verzögerung dem Werke selbst nur zum Nutzen gediehen, da inzwischen „der Stoff zu einem größeren Umfange angewachsen, als weiland in des Verfassers Absicht gelegen.“ Schmeller war nämlich im Jahre 1829 als erster Custos an die k. Hof- und Staatsbibliothek berufen und ihm dort die Bearbeitung des großen Manuscriptenschatzes, zunächst der deutschen Handschriften, übertragen worden, — eine Arbeit, neben der ihm durch eine genaue Bekanntschaft mit so manchen neuen Quellen eine reiche Ausbeute für sein bayerisches Wörterbuch zufloß. Ein vergleichender Blick auf die beiden späteren Theile gegenüber den ersteren läßt das leicht erkennen, da der neue Gewinn für jene sofort verwerthet, für diese in besonderen Nachträgen angesammelt wurde.

Als der Druck des 3. Theiles im Mai 1836 beendet war, folgte unmittelbar der des vierten, dessen erster Correcturbogen die Bezeichnung „Johannistag 1836, 24. Juny“, der zweite Registerbogen das Datum 26/5 (1837) von Schmeller's Hand trägt, die auf der letzten Seite, hinter den „Berichtigungen“, auch die Namen der treuen Gehülfen an dem

---

*) Auch folgende Bemerkung Schmeller's auf dem Vorsetzblatt des 3. Theils vom ersten Handexemplar weist darauf hin: „Den 6. September 1828 hatte ich den letzten oder Titelbogen vom 2. Theile zur Revision gehabt. Erst den 23. May 1834 schrieb Factor Wilhelm Reichel (bey der Expedition der Allg. Zeitung in Augsburg), daß er unter demselben Datum von der Cotta'schen Buchhandlung die Weisung erhalten, nun den Druck auch des 3. Theiles zu beginnen.“ Ferner lesen wir auf dem Vorderdeckel dieses Bandes: „Der Druck dieser 35 Bogen dauerte vom 16. Juny 1834 bis 11. Febr. 1836,“ — also bis zum Bogen Mm. Auf dem Correcturbogen Nn steht das Datum 5|2, auf Tt 13|5; die späteren sind ohne Zeitangabe.

mühevollen Werke uns überliefert: „Hr. F. Fackler, Factor der J. G. Cotta'schen Officin, Augsburg. Setzer Hoffmann, ein Sachse. Der gute Reichel, schon seit fast einem Jahre kränklich und durch Fackler ersetzt, ist vor kurzem gestorben," — sowie einen auf die Innseite des Hinterdeckels des nämlichen Bandes aufgeklebten Zettel erhalten wissen wollte, welcher die an Schmeller's nachmaligen, überaus raschen Hingang (27. Juli 1852) schmerzlich uns erinnernden Worte enthält:

„Daß Ew. Hochwohlgeb. in der verheerenden Cholera-Epoche gleich einem Fels im sturmbewegten Meer fest gestanden, gratuliert; daß Sie aber auch der Früchte dieses mühevollen Werkes viele und lange genießen möchten, wünscht Ihnen aufrichtig:

der Setzer."

(„1837, 14. April", von Schmeller's Hand beigeschrieben.)

Auch nach vollendetem Druck des 4. Theils seines mit so viel Liebe und Sorgfalt gepflegten Werkes ruhete Schmeller's Sammelfleiß nicht, wozu ihm die durch 23 Jahre sich erstreckende berufsmäßige Beschäftigung immer frischen Stoff und neue Anregung bot. Mehr und mehr wuchs der Vorrath dessen, was er sowohl aus den Handschriften der Münchner Bibliothek, als auch aus so mancher inzwischen erschienenen Ausgabe von Werken unserer älteren Literatur gewann, oder auch — was freilich nur selten der Fall war — von Freundeshand ihm geboten wurde. Die Ränder seines Handexemplars (in 4 Bänden) waren bald mit Nachträgen angefüllt, zumal die schmäleren in den ersten beiden Theilen, deren Einträge durch späteres Beschneiden hie und da etwas beschädigt sind. So wurde denn ein zweites, durchschossenes Exemplar der 4 Theile (1.—3. Theil in je 2 Halbbänden), auf dem Vorsetzblatte des ersten Theils von Schmeller's Hand als: ›Zweites Exemplar, zu Nachträgen durchschossen 1835—1837‹ bezeichnet, und bald darauf in gleicher Weise ein drittes angelegt, welches er am 19. Juni 1841 überschrieb: ›Drittes zu Nachträgen durchschossenes Exemplar, aus den Correcturbogen bestehend.‹

Diese 18 Bände, welche das werthvolle Ergebniß der bis in die letzten Lebensjahre seinem Hauptwerke rastlos zugewendeten Thätigkeit Schmeller's enthalten, waren nach dessen Tod in Privatbesitz übergegangen und wurden erst später sammt dem übrigen handschriftlichen Nachlasse der Handschriftensammlung der k. Hof- und Staatsbibliothek in München einverleibt*), welcher sie zumeist entsprossen sind und sonach auch mit vollem Rechte angehören.

Als die historische Commission bei der k. Akademie der Wissenschaften durch König Maximilian II. ins Leben gerufen war, stellte Jacob Grimm in deren erster Plenarversammlung (1859) die Herausgabe jener Supplemente Schmeller's als eine Ehrenschuld hin, welche man dem Andenken des großen Sprachforschers abzutragen habe, dessen bayerisches Wörterbuch das beste sei, das von irgend einem deutschen Dialect besteht, ein Meisterwerk, ausgezeichnet durch philosophischen Scharfsinn, wie durch reiche, nach allen Seiten hin strömende Sacherläuterung, ein Muster für alle solche Arbeiten, von dem unwandelbaren Trieb seines emsigen, liebenden Geistes durchdrungen und belebt." Der gegebenen Anregung folgend, beschloß zwar die Commission sofort, sich dieser Aufgabe anzunehmen; allein die Ausführung des Beschlusses sollte Jac. Grimm nicht erleben; denn es stellten sich ihr von Jahr zu Jahr neue Hindernisse und Schwierigkeiten entgegen, bis dieselbe unter Vermittelung Wilh. Wackernagel's, des Nachfolgers von Jac. Grimm in der Commission, im October 1867 dem Unterzeichneten übertragen wurde, der sich ihrer auch aus Pietät für Schmeller und Grimm mit besonderer Liebe annahm, obwohl er neben den täglichen Geschäften des Amtes durch zwei bereits be-

*) Catalogus codicum manu scriptorum bibliothecae regiae Monacensis, tom. V. VI: Die deutschen Handschriften der k. Hof- und Staatsbibliothek zu München nach J. A. Schmeller's kürzerem Verzeichniß (München, 1866), S. 563—572 (Nr. 70).

gonnene wissenschaftliche Arbeiten schon so sehr in Anspruch genommen wurde, daß er dieser neuen, so lieb sie ihm war, leider nur einen kleinen Theil seiner Zeit und Kraft zuwenden konnte. So wurde ihm die an sich mühevolle Arbeit durch die von Monat zu Monat wachsende Sorge um deren baldige Beendigung noch schwerer gemacht. Der Druck der neuen Ausgabe mit seinen peinlichen, zeitraubenden Correcturen begann im Januar 1868 und steht nun, nach Ablauf von fast 10 Jahren, die dem Herausgeber unbegreiflich schnell dahinschwanden, den Besitzern des Buchs aber allzulange währten, mit Gottes Hülfe endlich dem Abschluß nahe. Es erübrigt nunmehr nur noch, hier über den vorgelegenen Stoff und dessen Behandlung weitere Rechenschaft zu geben.

Nachdem die historische Commission von dem ursprünglichen Plane einer Veröffentlichung blos der Schmeller'schen Nachträge an und für sich, die selbst dem Fachmanne ein nur schwer zu verwerthendes Material geblieben wären, abgegangen und sich, da die erste Ausgabe des bayerischen Wörterbuchs fast ganz vergriffen war, mit der Verlagshandlung über eine neue, in welche die Nachträge gleich an Ort und Stelle eingereiht werden sollten, geeinigt hatte, wurden dem Unterzeichneten jene drei Handexemplare Schmeller's als das für diese Arbeit vorliegende Material aus der k. Hof- und Staatsbibliothek zugesendet. Durch die von Schmeller auf S. 640 im ersten Bande des ersten Handexemplars eingetragene Hinweisung: „Folgt mit fortlaufender Seitenzahl ein Heft handschriftlicher Nachträge zu diesem ersten Band" aufmerksam gemacht, versäumte der Unterzeichnete nicht, wiederholt nach diesem besonderen Hefte bei der k. Hof- und Staatsbibliothek zu fragen, doch umsonst; es war nicht aufzufinden, da es mit Schmeller's literarischem Nachlasse dorthin nicht gekommen sei. Wir haben somit einen Verlust von Nachsammlungen Schmeller's zu beklagen; es ist jedoch wahrscheinlich, daß er selbst dieses „Heft" später, als er sein Handexemplar zu solchen Einträgen verwendete, wieder beseitigt hat, da nur eine Verweisung dahin sich findet, nämlich auf Th. I, S. 161 unter bayrisch: „die bayrische Höhe v. p. 641", (also die erste Seite jener an den ersten Theil sich anschließenden Fortsetzung desselben).

Dagegen wurde bald nach Erscheinen der ersten Lieferung der neuen Ausgabe in einer Besprechung derselben von Professor Schröer in Wien (Pfeiffer's Germania, XIV. Jahrg., 1869, S. 247—254) auf einen von ihm selbst benützten Band in der Abtheilung der »Schmelleriana« der k. Hof- und Staatsbibliothek aufmerksam gemacht, welcher ebenfalls Nachträge zum Wörterbuch enthalte. Und in der That erwies sich das hierauf erbetene Buch (VIII. u. 538 Stn. 8°, auf S. 567 des Handschriften-Katalogs, Schmelleriana Nr. 69, bezeichnet: „Notizen zu mundartlichen Vergleichungen, aus Handschriften, aus Hans Sachs, Firmenich, Karl Roth." 538 Seiten 8°), dessen Einband dem der ersten beiden Theile des Handexemplars ganz gleich und auf dem Rücken ursprünglich mit dem gedruckten Schildchen: „Nachträge zum Wörterbuch", jetzt von Schmeller's Hand mit der Aufschrift „Realcatalog zu Firmenich" versehen ist, in seiner ersten Hälfte (S. 1—199) als eine, nach besonderem alphabetischen System angelegte Sammlung von Nachträgen zum bayerischen Wörterbuche, zumeist Stellen aus Handschriften der k. Hof- und Staatsbibliothek, dann in fortlaufender Reihe Wörter, von Dr. K. Roth aus seiner heimatlichen Mundart („Lütter an der Hard, LG. Weihers an der Rhön, NB.! mit dessen Bezeichnung") mitgetheilt, und daneben (von S. 93 an) eine große Anzahl von Verweisungen auf Hans Sachs (Kempten 1612—16. 4°) aus den Buchstaben S, W und Z. (Die zweite Hälfte (S. 201—461, zum Theil auch schon von S. 178 an dazwischengreifend) enthält zahlreiche, in viele Abtheilungen nach grammatischen Gesichtspunkten geordnete Bemerkungen aus dem ersten Bande von Firmenich, Germaniens Völkerstimmen.

Über Bestimmung und Geschichte dieses Bandes geben die ersten Seiten desselben Aufschluß. Seite I nämlich trägt von Schmeller's Hand die Aufschrift: „Album zu Schmeller's bayrischem Wörterbuch, 1. Theil" und darunter die Bemerkung: „Indem ich mit Erlaubniß der K. Hofbibliothek-Direction diese leeren Blätter, die mein Eigenthum bleiben sollen, neben jenem Werke auf der K. Bibliothek niederlege, stelle ich an alle Kenner und Freunde der vaterländischen Sprache die Bitte, alles, was sie im Wörterbuch unrichtig finden oder gar vermissen werden, auf denselben gefälligst vormerken zu wollen.

München, d. 7ten July 1827.

J. A. Schmeller."

Auf S. II dagegen lesen wir:

„1831 den 26sten April, da ich diese Blätter wieder zu mir nehme, enthalten sie, mit Ausnahme dessen, was der gute Docen auf der letzten Seite angemerkt*), auch keinen Buchstaben mehr, als da ich sie der K. Bibliothek übergab, eine Erscheinung, die ganz angemessen ist dem Erfolg meines Antrags wegen Ausschreibung von Preisen zu ähnlichem Zwecke, der wol in der akademischen Sitzung vom 5. July 1828 genehmigt, von der Regierung aber ad acta gelegt worden ist."

Am 1. Juni 1831 richtete Schmeller diesen Band für seine eigenen Nachsammlungen zum Wörterbuche ein, indem er auf S. VIII die sich wiederholende Vertheilung von je 10 Seiten auf fünf Buchstabengruppen anmerkte. Sie erstrecken sich bis auf S. 198; doch sind dazwischen viele Seiten noch unbeschrieben geblieben, einige (von S. 178 an) für die zweite Hälfte des Buches verwendet, über welche Schmeller auf S. III bemerkt:

„„Im May 1849 eingetragen von Seite 200 an: Grammatische Ausbeute aus Firmenich's „Germaniens Völkerstimmen" 1. Band (Niederdeutschland).

In der Beilage 198, 17. July 1851 zur Allg. Zeitung sagt ein Artikel (bezeichnet *,* und betitelt: Germaniens Völkerstimmen von Dr. Joh. Matthias Firmenich) am Schlusse: „Mit den Resultaten, welche sich für die Sprachwissenschaft, insbesondere die deutsche, aus dieser Quellensammlung ergeben, beschäftigt sich bekanntlich Prof. J. A. Schmeller in München, der in den Jahrbüchern (Gelehrten Anzeigen) der Münchener Academie der Wissenschaften das Werk, zu dessen verdienstvollsten Förderern er gehört, mehrfach besprochen hat, und die Ergebnisse seiner Forschungen in einer besondern Schrift niederzulegen gedenkt."

Ei, wem hätte ich je gesagt, daß ich dieß zu thun vorhätte?

In der Allg. Ztg. 1852, S. 2803 wird in einem Artikel aus der Uckermark vom 21. Juni die Erscheinung des 16ten, vorletzten Heftes des 2. Bandes der V. St. angezeigt und gesagt: „Die altbayerischen Mundarten sind besonders reich vertreten, und es ist darin das Liebliche mit dem Kernigen und Derben vielfach gepaart. Einige der schönsten Beiträge hat Prof. J. A. Schmeller in München, dessen erschöpfende Arbeiten über die bayerischen Mundarten anerkannt sind, eigens für den Firmenich'schen Dialekten-Codex gesammelt." (Sind in Wahrheit nur zwei Stücke, S. 698—700).""

---

*) Docen's Eintrag auf S. 538 lautet: Zu einem Aufsatz des verst. Hauptmann Grouner in v. Moll's N. Jahrbüchern der Berg- und Hüttenkunde, Bd. 6, 1826, S. 187: „Verhältniß der Geognosie zur Kriegs-Wissenschaft" erhalte ich von dem Hrn. Forstrath Heldenberg folgende Notate, die ich hier ihrer etwaigen Verwendung wegen einzeichne: zu S. 202 unten f) „Laaß, Gräben, Schründe" u. s. w. Laase ist ein provincieller Ausdruck; der allgemein-verständliche, in der Gebirgssprache, ist Riese, plur. Riesen. Etwas tiefer eingeschnittene Riesen heißt man Kendeln oder Kandeln. Sehr wenig vertiefte, gleichförmig ausgehöhlte Riesen nennt man Seigen, Seihen; und kleinere Seihen, welche in größere oder auch in Kandeln einmünden, Rinnen. Überhaupt giebt es noch eine große Menge specieller Bezeichnungen der Gebirgsformen durch eigne, genau passende Ausdrücke, deren Erwähnung hier zu weit führen würde, und die Hrn. Grouner wahrscheinlich nicht bekannt wurden, oder wieder aus dem Gedächtniß entfallen seyn mögen. — Zu S. 205 oben (von den Gebirgspässen): „Die Tiroler gebrauchen das Wort Joch in diesem Sinne; die Salzburger das Wort Tauren"; hiezu Heldenberg: Ganz unrichtig, denn Tauern heißt das, was in Tirol Ferner und in der Schweiz Gletscher genannt wird. Den.

Auf dem Vorderdeckel des Einbandes hat sich Schmeller die Nummern verschiedener handschriftlicher und gedruckter Quellen und Hülfsmittel für seine Arbeit am Wörterbuche, sowie nochmals die Übersicht der alphabetischen Eintheilung der ersten Hälfte dieses Buches angemerkt und auf den Hinterdeckel einen Zettel mit Notizen über die Abstammung des Sprichworts: Wer's Glück hat führt die Braut heim, sowie der Wörter Broihan, Danebrog und Deutsch eingeklebt.

Die in diesem Bande für das Wörterbuch gesammelte Ausbeute wurde, so weit sie den ersten beiden Heften zufiel, als Nachtrag dem ersten Bande (Sp. 1779—1784) angehängt, was späteren Buchstaben angehörte, dem Werke selbst einverleibt.

Was die Bearbeitung der neuen Ausgabe überhaupt angeht, so war sie nach dem ausdrücklichen Wunsch der historischen Commission: „die Anordnung und den Text Schmeller's möglichst unverändert beizubehalten", zunächst darauf gerichtet, dessen Nachträge an den richtigen Stellen der ersten Ausgabe einzuschalten und mit dem Texte derselben in passender Weise zu verbinden. Von eigenen Zuthaten sollte der Herausgeber im allgemeinen Umgang nehmen und da, wo solche nöthig erschienen, sie in aller Kürze geben und durch ein besonderes Zeichen ('.....') bemerklich machen. Letzteres ist denn auch stets beobachtet worden, ausgenommen bei den so oft wiederkehrenden Verweisungen auf mehrere durchgehends zur Vergleichung herangezogene Schriften, nämlich auf das mittelhochdeutsche Wörterbuch von Benecke-Müller (BM.), welches schon Schmeller selbst neben Graff's Sprachschatz zu citieren begonnen hatte, auf das neuhochdeutsche Wörterbuch der Gebrüder Grimm*), das romanische von Diez (1. Aufl. 1853), Diefenbach's Glossarium latino-germanicum (1857) nebst dessen Novum glossarium lat.-germ. (1867) und hie und da auf ein anderes in neuerer Zeit erschienenes Werk, sowie, um auch der wissenschaftlichen Erforschung der Mundarten, welche seit dem Tode Schmeller's und nach seinem unübertrefflichen Beispiele so erfreulichen Fortgang genommen, einigermaßen gerecht zu werden, auf die Zeitschrift für die deutschen Mundarten (Bd. I—VI, 1854—59. Bd. VII, 1877).

Schmeller's eigene Einschreibungen in seine drei Handexemplare des Wörterbuchs und in das vorerwähnte „Album" sowohl, als diejenigen Beiträge, welche er auf Zetteln von fremder Hand (Professor Weigand in Gießen, Dr. Karl Roth in München u. a.) erhielt und in die Bände einfügte, wurden bis auf die kleinste und unbedeutendste Bemerkung mit pietätvoller Sorgfalt und gewissenhafter Genauigkeit für die neue Ausgabe verwendet. Nur einige Einträge, deren Verlust in sachlicher Hinsicht gering ist, mußten ihrer persönlichen Beziehung wegen übergangen werden. Dagegen haben selbst jene Bemerkungen, welche Schmeller über mundartliche Literatur und von ihm benutzte Quellen, über Fortgang und Besprechungen seines Werkes**) auf die Innenseiten und Vorsetzblätter der Einbände oder auf besonders eingefügte

---

*) Schmeller konnte dasselbe nur an einer Stelle, zu Aberlitz (s. Bd. 1, 1547: der Litz) noch anziehen.

**) Für diese sei hier zu S. XVI des ersten Bandes berichtigend und ergänzend nachgetragen, daß statt „Eos von 1829" ꝛc. nach dem 1. Theil, 1. Hälfte des zweiten Handexemplars (Vorderdeckel) zu lesen ist:

„Vorläufige Anzeige über diese meine Arbeit in der Eos v. 1819, Kunst- u. Litteratur-Beilagen Nr. IV, V u. VIII. — Nicht übel benutzt in dem Aufsatz von ..... English lexicography im Quarterly Review 1835, September (vol. LIV.) p. 295—330. Ebenso in demselben Review 1836, Februar, Nr. 55, p. 354—387 in dem Aufsatz: English dialects, wo eilf englische Dialekt-Vocabulare (von Grose, Pegge, Wilbraham, Jennings, Forby, Brockett, Jamieson, Boucher) gemustert werden. Kemble glaubt, Wright, einer seiner Cambridger Schüler, sey der Verfasser.

Gersdorf, Repertorium 1837, p. 462, Band XI, nr. 420.
" " " " " " " 426, " XIV, nr. 2074.
(dieses den b. Namen ehrende W.)
Göttinger Anzeigen 1837, p. 820—4.
" " " " 1837, p. 159—160.
Weigand, Wörterbuch der d. Synonymen 1840, Vorrede VIII.
Halle'sche Allg. Lit. Ztg. 1841, Juny, nr. 105—108, July, nr. 127—. Graff."

Zettel niedergeschrieben, sowie die dort eingetragenen, auf seine Arbeit bezogenen Aussprüche verschiedener Schriftsteller (s. die Rückseiten der beiden alten Titelblätter zum I. u. II. Bande) in dieser neuen Ausgabe an geeigneter Stelle ihre Verwendung gefunden.*)

Wo ein Citat unvollständig oder zweifelhaft erschien, wurde die Mühe des Nachschlagens nicht gescheut und zu diesem Zwecke manches von Schmeller benutzte Buch aus der Münchner k. Hof- und Staatsbibliothek erbeten, so daß ich mich gedrungen fühle, dem Vorstande derselben, Herrn Direktor Dr. K. von Halm, auch öffentlich an dieser Stelle den aufrichtigsten Dank für die wesentliche Förderung, welche er der beschwerlichen Arbeit hat angedeihen lassen, hiemit auszusprechen.

Der jüngst verstorbene Pertz hatte sich in einer Sitzung der historischen Commission erboten, Jac. Grimm's Handexemplar von Schmeller's bayerischem Wörterbuch, welches von der k. Bibliothek zu Berlin war erworben worden, zu übersenden, damit auch Grimm's Zusätze für die neue Ausgabe benutzt werden könnten. Obwohl nun diese Bemerkungen nur gering an Zahl und Bedeutung sich erwiesen, wollte sie doch der Unterzeichnete nicht übergehen, sondern dem Wörterbuche einverleiben, schon als ein Zeichen der Dankbarkeit gegen den großen Meister, welcher vor andern Schmeller's hohe Verdienste um die Wissenschaft in gebührender Weise gewürdigt und insbesondere für Veröffentlichung der Nachträge zum Wörterbuche die erste Anregung gegeben. Grimm's Randbemerkungen**) sind an den treffenden Stellen, und zwar mit seinem Namen und zugleich als Zusätze des Herausgebers mit ' ' bezeichnet, dem Texte eingefügt.

Was Schmeller schon in der Einleitung zum ersten Theile, wo er von dem Gebrauche des Wörterbuchs nach dessen eigenthümlicher, aber nothwendiger etymologisch-alphabetischen Anordnung spricht, und ebenso wiederholt im Vorwort zum dritten Theile in Aussicht gestellt, nämlich die Anfertigung eines schlechthin-alphabetischen Registers, das aber erst nach Erscheinung eines berichtigenden und vervollständigenden Nachtrages das ganze Werk umfassen und damit dem Leser die Mühe des Nachschlagens erleichtern sollte, das hat der Unterzeichnete, an Stelle des von Schmeller dem vierten Theile beigegebenen vorläufigen „Registers über die Wortstämme," in dem von ihm bearbeiteten alphabetischen Register zur Ausführung bringen

---

*) So kann ich auch nicht umhin, hier den Inhalt eines Zettels anzubringen, welcher sich auf dem vierten Vorsetzblatt im 1. Theil, 1. Hälfte des dritten Handexemplars eingeklebt findet:

„Der in der Vorrede zur Grammatik S. X bezeichnete Sprachfreund (Jos. Scherer) hatte in den letzten vor seiner Gemüthskrankheit bey mir zugebrachten, ich weiß nicht, ob noch ganz guten Momenten mich förmlich um Verzeihung gebeten, daß Er die Veranlassung gewesen, die den nach seiner Meinung zu einem bessern Geschäfte Tüchtigen in diese tödtendste und langweiligste aller Arbeiten verwickelt habe." — Vgl. Föringer, Lebensskizze Schmellers, S. 19 f.

**) Außer denselben hat sich Jac. Grimm nur noch auf dem Vorsetzblatte zum ersten Theil angemerkt:

„J. Andr. Schmeller, geb. 6. august 1785 zu Tirschenreut in der Oberpfalz (vide Conversat. lex. der neuesten zeit, bd. IV, p. 173—75); kam aber im zweiten jahr seines lebens nach Ringberg, landger. Pfaffenhofen. Bildnis in Hormayrs tb. für 1846.

Recension: Ben. Gött. gel. anz. 1828.
Graff: Berliner jahrbücher 1828, merz, pag. 428—441.
K. H. (Heyse?) Hall. lit. ztg. ergänz. 1828, nr. 45. 46."

und auf dem Titelblatte desselben unter Schmeller's Namen: „† 27. juli 1852," sowie an der gleichen Stelle im 2. Theile: „sein vater p. 327; zu Türsenreut I, 458; Rimthal, Rimberg III, 50" u. im dritten: „Roun Andrêl p. 50; schüler 392; name Schmeller 469."

Ich füge diesen Stellen des Wörterbuches, an welchen Schmeller in seiner liebenswürdigen Weise des Vaters, der Heimat, der Jugend gedenkt, noch III, 392 (II², 456): „Scheiren" und I², 1012: „Griesbach" hinzu, sowie aus der neuen Ausgabe diejenigen Wörter, unter denen er auf die traurigen Folgen des Unfalls, der ihn am 25. September 1847 auf dem Jaufen getroffen, mit Wehmuth hindeutet, nämlich I, 1064: hufehalz II, 31: gerecht und II, 786: Sterzl.

wollen, wenn auch nicht in der Ausdehnung, wie es von Schmeller beabsichtigt worden, der dabei ein selbständiges Buch, einen sowohl die dialectischen als die altdeutschen Ausdrücke umfassenden Auszug, im Auge hatte. Allein ein solcher dürfte jetzt, nach dem Erscheinen so mancher lexikalischer Hülfsmittel, namentlich auch für die mittelhochdeutsche Sprache, wol weniger Bedürfniß sein, als vielmehr ein sicherer Führer durch die überreiche Schatzkammer des Schmeller'schen Wörterbuches, an dessen Hand nicht nur der Laie, sondern auch der Fachmann im Auffinden des hie und da zerstreut oder versteckt Liegenden wesentlich gefördert werde. Solch einen Leiter glaubt der Herausgeber in dem, zur Ersparniß des Raumes möglichst gedrängt gehaltenen und doch über 20,000 Einträge umfassenden Register gegeben zu haben, und sähe sich für diese allerdings „mühselige" Arbeit wohl belohnt, wenn sie auch von den Freunden des Schmeller'schen Werkes, dessen neuer Herausgabe er sich mit aller Liebe gewidmet, für eine willkommene Ausstattung erkannt würde, wie er selbst eine solche mit herzlichem Danke in dem nachfolgenden, mit so viel Wärme geschriebenen „einleitenden Vorwort" Weigand's gefunden, zu welchem er den verehrten Freund, als einen treuen Mitforscher Schmeller's, durch seine Bitte veranlaßt hat.

Nürnberg, Ostern 1877.

G. Karl Frommann.

Einleitendes Vorwort zur 2. Ausgabe von K. Weigand

Als Jacob Grimm im August 1843 seine Reise nach Italien antrat, wo er in Mailand vor Allem die gothischen Handschriftenbruchstücke sehen und dann auch Rom besuchen wollte, setzte er Schmeller durch einen zu Ende des Juli's in Berlin geschriebenen, aber in Leipzig zur Post gegebenen Brief, in welchem er zugleich erwähnt, daß eine neue Ausgabe der Mythologie bis zum 46sten Bogen gedruckt sei und er eine „Nebenstunden" betitelte Sammlung vermischter Abhandlungen nach seiner Heimkehr erscheinen lassen wolle, in Kenntnis, er werde bei jener im October sich in München einfinden. Dieß geschah denn auch am 8. des Monates, und obgleich er nur zwei volle Tage verweilte, so fanden sich doch trotz der kurzen Zeit Personen aus den verschiedensten Classen der Gesellschaft von den mannigfachsten Bestrebungen und Gesinnungen zusammen, um dem ersten Gelehrten seines Faches, durch welchen damals auch das neue Fremdenbuch des neuen Bücherpalastes, wie sich Schmeller in einem Briefe an mich ausdrückt, eröffnet wurde, bei einem ernstheitern Mahl ihre Verehrung zu bezeigen. Bei diesem nun ergriff der Gefeierte mit sichtbarer Rührung zweimal das Wort und zwar zuerst, indem er, wie die Augsburger allgemeine Zeitung vom 12. des genannten Monates meldet, in kernhaften, tiefeindringenden Worten die großen Verdienste seines Freundes Schmeller feierte, wobei er besonders hervorhob: „auf den Bayern, ja ganz Deutschland stolz sein kann." Dann, als einige Jahre später, 1846, bei der Germanistenversammlung zu Frankfurt am Main, sich am Nachmittage des 24. Septembers die sprachliche Abtheilung bildete und hier Jacob Grimm, der Vorsitzende der ganzen Versammlung, sich zunächst dafür aussprach, daß man einander persönlich kennen lerne, wandte er sich, nachdem er, der sich das Zusammenthun der Abtheilung besonders angelegen sein ließ, sich selbst genannt hatte, zu einem der ihm nahen Anwesenden und sprach die bedeutungsvollen Worte: „Und das hier ist mein allwissender Schmeller." Beide Aussprüche, der zu München und der zu Frankfurt, ergänzen einander. Wie jener die hohe Stellung des Gelehrten für das engere und zugleich für das große, weite Vaterland schlagend bezeichnete, so der letzte in gröster Kürze, was ihm vor den andern Meistern seines Faches einen Vorrang gab, und das ist bei aller Tiefe der Forschung der Umfang und die Fülle des Wissens und der Kenntnis. Von diesen aber haben wir das glänzendste Zeugnis in dem 1821 durch eine umfassende grammatische Darstellung der Mundarten Bayerns, mit tiefster Einsicht in unsere alte Sprache und die im Innern nach Grenzen geschiedene bayerische Mundart eingeleiteten bayerischen Wörterbuch, von welchem sich unbedenklich sagen läßt, daß ihm kein anderes mundartliches Wörterbuch unseres Volkes, auch keines der zahlreichen Dialectwörterbücher anderer Völker an die Seite gestellt werden kann. Den besten nach seinem Erscheinen ausgearbeiteten Wörterbüchern deutscher Mundarten war es Vorbild; und wie haben die bedeutendsten Forscher und Kenner unserer Sprache aus seiner so reichen Fülle geschöpft und gedenken seiner mit aller Anerkennung und Dankbarkeit!

Das bayerische Wörterbuch sollte Schmellers Lebenswerk werden. Die ersten auf dieses gleichsam vorbereitenden schwachen Keime mögen sich in der in dem dürftigen Hause seines Vaters, eines ehrenwerthen Kürbenzäunners (s. Bd. 1 Sp. 1287) zu Rimberg, einem Dörfchen des Landgerichtsbezirks Pfaffenhofen, während des Winters 1803—1804 niedergeschriebenen Abhandlung über Sprach- und Schriftunterricht zeigen, in welcher er die naturgemäßeste Art, Kinder, besonders solche, die eine von der Büchersprache abweichende Mundart sprechen, schreiben und lesen zu lehren, darzulegen versucht hatte. Leider ist diese Erstlingsarbeit Schmellers, da sich kein Verleger finden wollte, ungedruckt geblieben. Aber auch die jenen Jahren folgenden mannigfach verschlungenen Lebensgänge des für Unterricht und Bildung unablässig thätigen Mannes waren stets für die Hauptleistungen der späteren Zeit vorbereitend, selbst in fernen Ländern, wie er sich denn zu Tarragona während eines zweijährigen Aufenthaltes (13. Sept. 1804 bis 20. Sept. 1806) die Sprache Castiliens ganz zu eigen machte und selbst in die Mundarten der pyrenäischen Halbinsel eindrang. Das zeigt auch ein Brief an mich vom 1. September 1842 mit der Beantwortung einer Anfrage von mir über die Interjection topp! welche ich bei der Forschung für mein Wörterbuch der deutschen Synonymen als zunächst aus Frankreich zu uns überkommen erkannt hatte. Schmeller schrieb mir nämlich hierauf: „Mit topp! werden Sie ganz recht haben. Der Grundbegriff liegt vielleicht eben so gut in dem tupfen, eintupfen unsrer Volkssprache als in dem romanischen topar, toper. Eine andere Frage wäre, ob das eine und welches aus dem andern entstanden? Deutsche Kriegsknechte haben auch trincar, trinquer, brindisi u. drgl. nach dem Süden gebracht. Bekanntlich waren sie auch starke Liebhaber des Toppelns (Spielens mit Würfeln). Dagegen heißt am West-Ende Europas im romanischen Portugal topa eine Art Kinderspieles mit einem vierkantigen Knochen. Die ältere französische Spielformel tope et tingue ist augenscheinlich die spanische [yo] topo y tengo. Und so sind andere Hauptkunstwörter der Spieler [es. daus. quater. cinq u. drgl.] romanischen Ursprungs. Es wird also keinesfalls gefehlt seyn, auch jenes topp zunächst auf das spanische topo zurückzuführen, das weiland mit andern hoffähigen Fremdlingen (wie tantos, ayo, parte, gastos, secreto) sich eingeschlichen haben mag." Später als Oberlieutenant in dem vereinten freiwilligen Jägerbataillon des Iller- und Oberdonaukreises auf dem Marsch in Frankreich, nach der Wiederkehr Napoleons von der Insel Elba, beschäftigte sich Schmeller gern und eifrig mit den Patois der von ihm durchzogenen Provinzen und zog an einigen Orten längeres Quartieres Werke von Pezron, Ménage und Court de Gebelin über französische und keltische Etymologie aus (s. Föringer, Lebensskizze Schmellers S. 18). Doch scheint er nach einem Briefe vom 21. Februar 1847 an mich wenig mehr von keltischen Forschungen gehalten zu haben, wenn er auf die von mir übersandten Nummern 73 und 74 vom Jahrgang 1846 des Intelligenzblattes für die Provinz Oberhessen, in welchen „Judenwörter in der Wetterau" von mir erklärt und auf ihren Ursprung zurückgeführt waren, bemerkt: „Auch auf die Bedeutsamkeit der jüdischen Elemente in unsern Volkssprachen machen Sie und wie es am wirksamsten, gleich durch die That aufmerksam. Diese Elemente, wol durch ganz Deutschland dieselben und nur örtlich verschieden gefärbt, verdienten, für einen eben so Kundigen eine eigene Aufgabe zu seyn, eine dankbarere als etwa die Schatzgräberey nach Keltischem."

Entscheidend war für das große, unvergleichliche Werk, welches wir Schmeller verdanken, daß er von dem Standquartier zu Salzburg zu Anfange des Jahres 1816 mit Urlaub nach München gieng, wo man in der Academie, den Werth der Volksmundarten erkennend, ein Wörterbuch der bayerischen anstrebte. Hier lernte er bei dem Besuche der königlichen Bibliothek den Unterbibliothekar Scherer sowie den Custos Docen und den Director der Bibliothek Schlichtegroll näher kennen, und diese erkannten bald in dem eifrigen Sprachstudien hingegebenen Officier den nach Kenntnissen, Befähigung und Beruf völlig geeigneten Mann, jenes Werk in gründlicher Forschung vorzubereiten und auf wissenschaftlicher Grundlage auszuarbeiten. Scherer gab sogleich, was er gesammelt hatte, an Schmeller, welcher schon zu Anfange des Merzes 1816, namentlich durch die Bemühungen und den Einfluß jenes Mannes, zu der im Vereine mit mehreren Mitgliedern der Academie vorzunehmenden Ausarbeitung eines Wörterbuches der bayerischen Mundarten einen halbjährigen Urlaub unter Fortbezug der ganzen Oberlieutenantsgage erhielt, wozu unter dem 31. des genannten Monates der damalige Kronprinz Ludwig zur Förderung der Vorbereitung durch eine wissenschaftliche Bereisung des Königreiches für jedes der nächsten zwei Jahre einen Zuschuß von 500 fl. fügte (s. Föringer S. 19 f.). So konnte Schmeller, welcher kurz vorher in einer Sitzung der philosophisch-philologischen Classe der Academie einen Vortrag darüber gehalten hatte, was zu thun sei, um das vaterländische Werk vorzubereiten, worauf dann ein mit einem Vorworte Scherers begleiteter Aufruf zu einzusendenden Aufzeichnungen und deren Einrichtung folgte, selbst, wie es ihm wünschenswerth war, an Ort und Stelle im Königreiche schöpfen und die Feinheiten der Volksmundart ihm bisher weniger bekannter Gegenden kennen lernen, was für das Werk nur von dem grösten Vortheile sein und demselben eine Zuverlässigkeit verleihen muste, wie sie in anderer Weise nicht zu erreichen gewesen wäre. Dazu kam dann noch die Vergünstigung der königlichen Militärbehörden, daß zu dem beurlaubten Oberlieutenant im kgl. ersten Jägerbataillon die neu eingereihten Conscribierten des Königreiches commandiert werden konnten, damit sie derselbe planmäßig als einzelne Repräsentanten ihrer Heimatsmundart vernehme; und wie reichlich dieses Vernehmen und Forschen eintrug, läßt sich leicht ermessen. So leuchteten über den Vorbereitungen zu dem aufzubauenden Werke günstige Gestirne, und wie dankerfülltes Herzens Schmeller namentlich gegen den Kronprinzen, den späteren König Ludwig, für alles das war, was von diesem aus zur Anregung des Werkes und zur Förderung desselben geschah, zeigt in schlichten Worten die Widmung des grammatischen Werkes über die Mundarten Bayerns und die des bayerischen Wörterbuches, zumal hier auch der Schluß des Vorwortes zum dritten Theile. Bis zum Erscheinen dieses Wörterbuches aber nach jenem vorausgehenden Werke sollten noch sechs Jahre in eifriger, treuer Vorbereitung und Ausarbeitung verfließen, und, was jene betrifft, so galt es besonders auch, ein althochdeutsches Glossar anzulegen, wozu die königliche Hofbibliothek mit ihren so reichen handschriftlichen Schätzen die erwünschteste Ausbeute darbot, und Schmellers Sammelbände für jenes zeugen laut von dem unermüdlichen Fleiße und der grösten Sorgfalt, welche alle seine Arbeiten auszeichnen. Wie viel ist doch aus jenen Bänden in sein Wörterbuch mit treuer Angabe der wohlgeordneten, nun in „Die deutschen Handschriften der K. Hof- und Staatsbibliothek zu München nach J. A. Schmellers kürzerem Verzeichniß" (Zwei Theile. München 1866) näher nachzusehenden Quellen zu sicherer Begründung eingetragen! Der Thätigkeit Scherers verdankte dann Schmeller, daß er noch im Jahre 1821 zum Adjuncten der königlichen Academie aufgenommen wurde, worauf ihn dieselbe 1824 zum außerordentlichen frequentierenden Mitgliede ernannte. Noch war er königlich bayerischer Oberlieutenant in Urlaub, als zu Ostern 1827 der erste Theil des so lange ersehnten Wörterbuches erschien und mit demselben ein glänzender Stern für unsere deutsche Sprachforschung aufgieng, welche noch nicht volle acht Jahre vorher durch Jacob Grimm, dessen Forscher- und Schöpfergeist sich mit unvergleichlicher Macht entfaltet hatte, neu und in rechter Bahn durchschlagend erstanden war. Zeigte sich doch zwischen beiden Forschern eine schöne Geistesverwandtschaft, beseelte doch beide die glühendste Liebe zu dem deutschen Vaterlande, vereinte doch beide das edelste Streben, in die Tiefe des deutschen Geistes und Wesens einzudringen, und verband sie nicht bis zu Schmellers Tode die innigste Freundschaft! Ich erinnere mich sehr wol, wie diese sich kund gab, als mir am 2. Juni 1848 Jacob Grimm auf seinem Zimmer zu Frankfurt am Main, wo er damals als Abgeordneter zur Nationalversammlung anwesend war, Schmellers Unfall auf dem Jaufen erzählte. Es scheint anfangs, als ein großer Theil des Manuscriptes druckfertig vorlag, schwierig gewesen zu sein, einen Verleger zu finden, und dieß dürfte zumal aus einem am Ostertag 1826 geschriebenen Briefe Schmellers an Hopf hervorgehen, wenn er mittheilt: „Daß der neue König mich, wohlgemerkt in der Entfernung in der sich Unsereiner immer von den großen Herren halten muß und gerne hält, wohl leiden mag, hat hauptsächlich den Großbuchhändler in Stuttgart bewogen, mein Wörterbuch in Verlag zu nehmen. Es soll nun nach Ostern in Augsburg, wo auch seine Allgemeine Zeitung herauskommt, mit dem Druck der Anfang gemacht werden. Du kannst Dir denken, daß mir diese Arbeit viel zu schaffen macht." (s. *Litterarum universitati Monacensi sæcularia quarta gratulatur rector et senatus litterarum universitatis Bernensis* S. 20). Wie die königlichen Minister Freiherr von Lerchenfeld, von Maillot und Graf Rechberg durch Unterzeichnung auf eine bedeutende Exemplarienzahl die Übernahme des Verlages förderten, erwähnen die Vorbemerkungen zum ersten Bande gegenwärtiger Ausgabe S. XV. Bei dem 1. Theile jener ersten Ausgabe aber blieb bei aller Vortrefflichkeit, die gleich in die Augen fiel, immerhin sehr zu bedauern, daß Schmeller, damit das Werk nicht zu sehr anschwoll, gar vieles vor dem Drucke wieder streichen muste. Weniger geschah dieß, wie leicht zu erkennen, bei dem schon ein Jahr hernach, also 1828, erschienenen zweiten Theile, und es kann nur freuen, daß Schmeller fortan nicht mehr so viel tilgte und bei Aufnahme zur Begründung des Gegebenen sowie bei einzufügenden Bemerkungen im Hinblick auf den Preis des Ganzen nicht so besorglich ausschied. Muste doch wenigstens noch ein Theil in Aussicht genommen werden; aber dieser sollte mit dem R den weitaus grösten und mitunter schwierigsten Buchstaben unseres Alphabetes, das S, bringen, und so konnte eine größere Überschreitung der früher festgesetzten Bogenzahl nicht vermieden werden. Ueberhaupt läßt sich auch bei einem Wörterbuche gar nicht sicher bestimmen, wie weit man in der Bogenzahl gehen will. Die Ausarbeitung nahm, zumal auch bei Benutzung weiterer Quellen, längere Zeit in Anspruch und, da Schmeller im October 1828 Charakter und Rang eines außerordentlichen Professors der altdeutschen Literatur und Sprache verliehen war, und er als solcher Vorlesungen an der Universität zu halten hatte, dann durch Decret vom 27. Merz 1829 zugleich die nach Docens Tode erledigte erste Custodenstelle an der Hof- und Staatsbibliothek bekleidete, zu welchem Amte die bibliothekarische Bearbeitung der so reichen Handschriftensammlung gehörte, also auch dienstliche Arbeiten dazwischen kamen, sehr langsamen Fortgang, so daß er in einem Brief an Hoffmann von Fallersleben vom 3. April 1831 klagt: „Bis übers Jahr hoffe ich eine klare Übersicht auch der hiesigen Schätze zu haben und geben zu können. Indessen sind die Arbeiten des Amtes den Privatarbeiten sehr breit in den Weg getreten. Noch immer ist der dritte Theil des bayr. Wörterb. nicht über 6 S hinaus, und auch das Glossar zum Hêliand steht erst am J. Dazu manche Unbehaglichkeiten der Vierziger Jahre, so daß mich manchmal die Sorge beschleicht, es möchte dieß und das ungeschlossen übrig bleiben" (s. Pfeiffers Germania 12, 248 f.). Bedeutend fortgeschritten aber war er am Wörterbuche, wenn er unter dem 8. Juli des nächsten Jahres ebenfalls an Hoffmann von Fallersleben schreibt: „So habe ich, was meine Privatzeit betrifft, damit diejenige meiner Unternehmungen, die, wenn nicht an sich, doch in meinen Augen den meisten Werth hat, nicht etwa ein Bruchstück bleiben möchte, die Zugabe zum Heliand mitten in der Arbeit abgebrochen, um vorher den dritten und letzten Band des bayr. Wörterbuchs fertig zu bringen. Noch ist mir dieses nicht gelungen; doch bin ich, da nur noch die Buchstaben W und Z zu überarbeiten sind, nun endlich im Falle, den Druck anfangen zu lassen" (s. ebenda 249). Allein dieser zog sich nach einem Brief an denselben Forscher aus dem Jahr 1833 noch etwas weiter hinaus, wenn er schreibt: „... daß ich vor Beendigung des bayr. Wörterbuchs, das wol niemand nach meinem etwaigen Hingang an Kindesstatt annehmen möchte, alle andern einigermaßen verschiebbaren Privatarbeiten suspendiert habe. Es ist nun gottlob auch der letzte Theil desselben druckfertig, und der junge Cotta hat zu bestimmen, wann damit angefangen werden solle" (s. ebenda S. 250). Endlich läßt ein Brief vom 10. Merz 1837 die Beendigung des Druckes im Mai erwarten und ein weiterer vom 10. August meldet mit dem Erscheinen des Schlusses des bayr. Wörterbuches, daß nun das Glossar zum Heliand zum Drucke gediehen sei (s. ebenda S. 252 und 253). Der dritte Theil war 1836 diesem Schluß im Drucke vorausgegangen. Nach Beendignng des Ganzen äußert sich der auf seine Arbeit zurückschauende Forscher an Oberst Voitel in Solothurn in einem sicher ein Exemplar des Wörterbuches begleitenden Briefe vom 24. Juli 1837: „Endlich, edelster Freund, habe ich den größten Stein, den ich mir vor 21 Jahren selbst aufgeladen, und der mich hinlänglich gedrückt und gehemmt, von mir abgewälzt, wie Figura zeigt. Man glaubt nicht, was auf jeder Seite so einer an sich wenig bedeutenden Sammlung für eine Arbeit steckt. Alles will belegt, begründet, vielfältig verglichen sein, und am Ende steht es doch für neunzig Leser unter hunderten ungenießbarer da, als der einfältigste Roman. Wer mir vor 30 Jahren gesagt hätte, daß mein Lebenswerk in solch einem kahlen Idioticon bestehen würde, der hätte mich wahrlich nicht erbaut. Und dennoch bin ich, der Zweiundfünfziger, froh, wenigstens diese Spur meines Daseins zurückgelassen zu haben. Ich meine mich dunkel zu erinnern, daß es ein gemüthlicher Ausflug nach dem Park bei Madrid war, den ich in deiner Gesellschaft machte, wo ich in der Schweizer Zeitschrift Isis, die du hieltest, neben den schnurrigen Einfällen des Philosophen von Langenthal*) Proben von Stalders Idioticon sah und in ihnen die erste Idee von solch einer Arbeit erhielt. Sieh, so mußt du an Allem mit Schuld sein. Gott vergeb es dir! (s. Pfeiffers Germania 19, 253). Wenn wir hier die erste Anregung zur Aufstellung eines mundartlichen Wörterbuches bei Schmeller kennen lernen, wobei dieser ohne Zweifel zunächst an seine Heimat dachte, von welcher er damals in der Ferne weilte, so sehen wir ihn doch zugleich erfüllt von dem Gewichte seiner Arbeit, welches durch die sich beimischende Bescheidenheit keineswegs nur in irgend etwas geschmälert wird. Überhaupt war Schmeller bei aller seiner hervorragenden Größe eine liebenswürdige Bescheidenheit eigen, und von dieser großen Bescheidenheit kann auch der Schluß eines Briefes vom 22. Merz 1846 an mich Zeugnis geben: „Dem auch durch sein Wörterbuch der d. Synonyme, diese ausgezeichnete Leistung, ganz anders ins praktische Leben eingreifenden befreundeten Forscher wünscht nicht minder von Herzen noch recht viele zu den wahrscheinlich weniger vielen Jahren eines heitern kräftigen Wirkens und Lebens dessen ergebenster J. A. Schmeller." Und wie aus dem practischen Leben hervorgegangen und durchaus wieder in dieses eingreifend zeigt sich doch sein Werk! Wie ist alles so dem Volk abgelauscht und mit welchem feinen Ohr! Als ich Schmeller mittheilte, daß nach Vilmars mündlich gegen mich geäußerter Meinung bà-fixə˜ Th. 1 S. 135 nichts anders als „baumfüchsen" sei, indem in Oberhessen das Eichhörnchen „Baumfuchs" genannt werde (vgl. auch Vilmar, Idiotikon von Kurhessen S. 29), so erfolgte in einem Briefe vom 21. Febr. 1847 die Antwort: „Der Beziehung des räthselhaften bà-fixə˜ auf Baumfuchs steht der einfache und dennoch entscheidende Umstand entgegen, daß in jenem Falle nicht bà sondern bá gehört werden müßte. So wichtig ist es, bei allen Untersuchungen solcher Art die örtlichen Lautverhältnisse klar vor Augen oder vielmehr vor Ohren zu haben. Ich freue mich auf Ihre Leistungen für die Wetterau, von welchen Sie so ansprechende Proben gegeben." Auf meiner Mittheilung und der Antwort darauf beruht dann in der neuen Ausgabe die dem Artikel Bd. 1 Sp. 183 von Schmeller beigefügte Anmerkung, welche an einem Beispiele das so scharfe Ohr desselben für die Feinheiten der Mundart zeigt. Was die Schlußworte der Briefstelle betrifft, so beziehen sich dieselben auf meine „Orthographie wetterauischer Wörter" überschriebenen Besprechungen von 61 derselben in dem zu Friedberg in der Wetterau erschienenen „Intelligenz-Blatt für die Provinz Oberhessen" 1844 Nr. 95 bis 1846 Nr. 61. Sie waren für das wetterauische Blatt aus meinen seit

*) Unter dieser Bezeichnung ist der Landarzt Dennler zu Langenthal gemeint.

1825 angelegten Aufzeichnungen zu einem wetterauischen Wörterbuch ausgehoben, auf dessen Ausarbeitung und Vollendung Jacob Grimm wiederholt schriftlich und Moriz Haupt mit Wärme mündlich drang. Das Werk ist auch keineswegs aufgegeben, vorläufig aber der Zahl nach Beträchtliches aus den Sammlungen in das Wörterbuch der Brüder Grimm und in mein deutsches geflossen, in welchem letzten die wetterauische Form zur Begründung der hochdeutschen nicht selten Beihilfe gewährte. Aus jenen Sammlungen nun, welche stets fortgesetzt wurden, theilte ich auch Schmeller, welcher, nachdem sein Werk im Drucke vorlag, in drei Handexemplare weiter eintrug — und einzutragen gibt es in ein Wörterbuch immer, — brieflich gar manches mit, welches ich nicht alles mehr erkennen würde, wenn nicht Schmeller zumeist unter Beisetzung meines Namens und, wahrscheinlich um später noch einmal zu vergleichen, des Datums meines Briefes eingeschrieben hätte, wie es in die neue Ausgabe übergegangen ist. Aus den Nummern des Intelligenzblattes bespricht er in dem erwähnten Briefe vom 22. Merz 1846, nachdem er „Höchlich lobe ich Ihren Gedanken, den Sinn für Forschungen dieser Art auch in den weniger gelehrten Lebenskreisen dadurch anzuregen, daß sie unter dem Gesichtspunkte einer praktischen, jedermann einleuchtenden orthographischen Angelegenheit dargestellt werden" vorausschickt, die Wörter Gärgelsack, peischen, pfeeschen, Augengleff und Günter. „Was", schreibt er, „die romanische Ableitung von Garge, Gärgelsack, peisen oder peischen, pfeeschen betrifft, so käme es wol mit darauf an, ob für jene Gegenden solche Formen, die sich im benachbartesten Romanischen, dem Französischen, nicht finden, in dem entferntern Spanischen oder Italienischen gesucht werden dürfen. Näher läge vielleicht das Latein der früheren Klosterwelt. — Bei Garge, Gärgel, wenn es zunächst einem Sacke gälte, der, wie man noch bei Schacherjuden sieht, vom Nacken nach beiden Seiten vorne herabhängt, habe ich an Kilian's gorreel, gorellus, (helcium) gedacht*). Peisen ist dem nahen französischen peser ähnlich genug. Über pfeeschen, das freilich kaum deutscher Abkunft zu seyn scheint, fällt mir unser püschen, einpüschen d. h. pischen bei. So möchte ich bei dem seltsamen Augengleff an unser Laffen, Lauf, Lofel (Schale), wozu sich das čechische leb (Hirnschale, Helm) halten läßt, lieber als an Lippe, Lefze denken. — Wenn der Günter nicht etwa von einer Person als Erfinder oder erstem Verbreiter herstammt, so ist freilich sehr natürlich die Zuflucht zu dem polabischen aus jätra plur. entstellten guntra, vorausgesetzt, daß das hauptsächlichste oder doch ein wesentliches Ingrediens eben die Leber ist." „Aber," fügt er hinzu, „was sind diese meine Zweifel gegen das helle Licht, das Sie mir über meine Gurken und über Miləmalə' Rockəstalə' aufgesteckt haben! Herzlich bin ich dafür dankbar. Jenes Müller Mahler erinnert mich wieder an unser Zeck. 2, das, nach der Zuschrift eines englischen Freundes, bis zu den Normanno-Sachsen reicht." Was Müller Mahler anbelangt, so hat Schmeller, wie die zweite Ausgabe zeigt, meine brieflichen Mittheilungen eingetragen, ebenso bei Gurke, doch ist hier, ich weiß nicht durch welches Versehen, unbemerkt geblieben, daß wetterauisch der Gork und vorzugsweise der Gorkeschdobbe d. i. Korkenstopfen gesagt wird, was ich hier zu Bd. 1 Sp. 936 der gegenwärtigen Ausgabe nachträglich bemerke. Auf andere Mittheilungen äußert er in einem Briefe vom 6. Merz 1849: „Für die jüngsten Notizen zum b. Wörterbuch wie für die frühern danke ich herzlich. Trom (Balken) lebt noch lustig bei uns fort. Es ist auch richtig I, 489 vorgetragen. Desto willkommener ist mir die Aufklärung über Emet. Ihre Vermuthung slawischer Herkunft theile ich ohne weiters. Zwar finde ich in slawischen Wörterbüchern ein entsprechendes materielles Wort nicht; aber als Grund desselben bietet sich das Verb imati, jimati, imać (fassen,

---

*) In der Wetterau wird der Girgelsack d. i. Gärgelsack allerdings so getragen, aber ebensowol und noch mehr über die rechte Schulter, daß der eine Theil hinten, der andere vorn herabhängt, weshalb wetterauisch auch die Benennung der Heanneeannvoarnsack d. i. der Hintenundvornsack.

ergreifen) wie von selber an." Auf diese briefliche Auskunft habe ich mich denn auch in meinem deutschen Wörterbuch bei Emeß, in der ersten Auflage unter Jochemeß, bezogen. Doch hat später Jacob Grimm in dem deutschen Wörterbuch Bd. 3 Sp. 419 f. eine andere Deutung, wie er mir denn auch unter dem 11. April 1859 schreibt: „Mein zweites heft E ist bis auf den letzten bogen ausgearbeitet. ich gelange darin bis ENTE. über emesz findet sich darin eine andere, von der Ihrigen abweichende vermutung." Ebenso, wie bei Emeß, konnte ich mich bei hunzen in aus-, verhunzen auf eine in dem erwähnten Briefe Schmellers vom 1. September 1842 enthaltene Mittheilung beziehen, die er mir auf eine Äußerung über die Herkunft jenes Verbums ertheilte: „Auffallend braucht auch der Böhme sein huntawati unter anderm für verhunzen. Wenn erst aus dem Deutschen, warum hätte er für den Zischlaut sein t gesetzt. Oder nahm ers aus dem Niederdeutschen und also schon sehr frühe." Überhaupt war auch Schmeller mit dem Slawischen vertraut, und ein Brief vom 11. September 1847 erklärt mir ausführlich in einer hiesigen Handschrift enthaltene altböhmische Monatsnamen, über welche ich ihn näher befragt hatte. Dann scheint er gern in dem seinem Geburtsorte, dem oberpfälzischen Städtchen Tirschenreuth, nahen Böhmen geweilt zu haben, wie er denn in dem erwähnten Briefe vom 1. Sept. 1842 in Hinsicht der eben eingetretenen Vacanzwochen mir meldet: „Ich werde sie zu einer Reise nach dem Lande unserer guten Nachbarn, der Čechen, verwenden." Was übrigens Schmeller zukam und er selbst noch auffammelte, legte er für das Wörterbuch zurecht, und in diesem Betrachte schreibt er in dem genannten Briefe vom 22. Merz 1846 an mich: „Mit Liebe lege ich zwar noch, was mir in Hinsicht auf Sprache bei meinen Berufsarbeiten unter die Hände kommt, zu dem bunten Haufen, aus welchem, so der Himmel den Einundsechziger noch länger leben läßt, ein Nachtrag zum b. Wörterbuch hervorgehen soll." Hierzu kommt dann eine weitere Äußerung in dem mehrerwähnten Briefe vom 21. Februar 1847: „Am liebsten wäre mir, wenn ich diesen Dank*) zugleich durch irgend eine nennenswerthe Gegengabe erwidern könnte. So muß ichs aber bei dem Wollen bewenden lassen. Unter Berufsgeschäften ziemlich andrer Art bleibt für das, was als Liebhaberei gilt, wenig Zeit übrig. Doch habe ich immer noch fleißig auf Verbesserung und Vermehrung des b. Wörterbuchs Bedacht gehalten. Freilich muß ich bald daran denken, all diese Nachträge ins Reine zu arbeiten, etwa zu einem fünften Bande, da eine zweite Auflage des Ganzen schwerlich zu erwarten ist. Ich stehe im siebenten **) Jahrzehend, und ein Andrer würde, auch wenn sich ein solcher fände, mit meinen Materialien kaum zurechte kommen." Endlich in einem Briefe vom 4. Januar 1852 berührt er noch einmal diese Nachträge: „Ich finde es nun, in meinem 67sten Jahre, hoch an der Zeit, endlich die Nachträge zum b. Wörterbuch, da bei dem Verleger etwa über eine zweite Ausgabe altum silentium, in Angriff zu nehmen, nachdem ich ein lange vorbereitetes Vocabular der VII und XIII Communen, wenigstens was an mir ist (einen Verleger hab ich noch nicht), hinter mir habe." Doch der unermüdliche Forscher wurde, ehe er noch zur Ausführung schreiten konnte, unerwartet nach einem Krankenlager von nur wenigen Tagen aus diesem Leben abgerufen. Den grösten Dank verdient der Staatsrath Gustav Freiherr von Lerchenfeld, daß er Schmellers handschriftlichen Nachlaß, darunter dessen weitere Sammlungen für das bayerische Wörterbuch, ankaufte und sie später (Juni 1856) der königlichen Hof- und Staatsbibliothek überließ. Das war die That eines echten Patrioten und eines Mannes wahrer, edler Gesinnung für deutsche Sprachwissenschaft. Freilich blieben diese Nachträge auch jetzt noch den Forschern und Freunden unsrer heimischen Sprache viel zu

---

*) Es ist der unmittelbar vorher ausgesprochene herzliche für Nummern des oben bezeichneten oberhessischen Intelligenzblattes gemeint.

**) Im Brief ist verschrieben „siebzigsten."

lange vorenthalten, und mit allem Eifer drang namentlich Jacob Grimm auf Veröffentlichung, welche denn auch von der historischen Commission zu München mit aller Bereitwilligkeit beschlossen wurde. Aber mit vollem Recht entschied sich Jacob Grimm für unveränderte Mittheilung in einem Zugabebande. Da sich diese verzögerte, bis sich das Bedürfnis einer neuen Auflage herausstellte, so beantragte Wilhelm Wackernagel, welcher nach Jacob Grimms Tode dessen Sitz in jener Commission einnahm, mit aller Entschiedenheit unveränderte Einfügung jener Einträge in den wieder abzudruckenden Text der ersten Auflage, und ein solches Verfahren war nicht bloß der Pietät gegen Schmeller gemäß, sondern auch Forderung der Gerechtigkeit, denn ein- und umzuarbeiten wäre nur jenem zugekommen, nicht aber dem gegenwärtigen Herausgeber, dem man überdieß unmöglich eine Umarbeitung, welche nicht einmal nöthig war, aufbürden konnte. Ist es doch schon höchst dankenswerth, daß dieser vor Allen zu der Herausgabe befähigte Gelehrte, Dr. Karl Frommann, der so mühevollen und schwierigen Arbeit sich unterzog und nach den Bestimmungen der Commission das noch Erforderliche und Wünschenswerthe in gröster Kürze hinzufügte. Daß die Seitenzahlen der ersten Ausgabe am Rande beigesetzt sind, verdient schon wegen der zahllosen früheren Anführungen des Werkes Dank; vornehmlich aber muß dieser in vollem Maße dem Herausgeber für das überaus mühsame Register ausgesprochen werden, durch welches die Brauchbarkeit des Werkes erst recht gefördert worden, wie sein innerer Gehalt auf den ersten Blick sichtbar ist.

Schmerzlich muß ich, so lange ich lebe, beklagen, daß ich Schmeller nicht persönlich kennen lernte. So oft er in München oder auch auf einer Reise jemand aus Gießen traf und von ihm vernahm, daß er aus dieser Stadt sei, erfreuten mich herzliche Grüße. Als ich mich zu der Germanistenversammlung nach Frankfurt am Main begeben wollte, wo ich Schmeller sicher zu treffen hoffen durfte, fesselte mich plötzlich eine Gesichtsrose an das Bett. „Jene leidige Gesichtsrose“, schrieb er mir dann in dem genannten Briefe vom 21. Februar 1847, „hat mich vergangenen Herbst um eine der Begegnungen gebracht, auf die ich mich vorzüglich gefreut hatte. Darf ich mich doch fortwährend der geistigen Berührung erfreuen!“ Mit Wehmuth aber erfüllt mich der Schluß des Briefes vom 4. Januar 1852: „Nicht zweifeln werden Sie an den besten Wünschen auch für das neue Jahr, die da hegt Ihr J. A. Schmeller“; denn dieses Jahr sollte, wie bereits bemerkt, sein Todesjahr sein, und zu Ende des nächsten Juli's ist ein Vierteljahrhundert verflossen, daß er, ein Stolz Bayerns und ganz Deutschlands, in der kühlen Erde ruht. Möge das Buch in seiner nunmehrigen vollendeteren Gestalt als ein zum Schlusse dieses Vierteljahrhunderts neu erstandenes Denkmal seines Schöpfers weithin über unser deutsches Vaterland und dessen Grenzen leuchten und so auch bis in die weiteste Ferne die Worte tragen, die derselbe am 4. October 1812 gesungen:

„O Vaterland, mein Vaterland, wie lieb' ich dich!
Kein Gut, als Sein und Sprache gabst du mir;
Doch Sein und Sprache weih' ich dankbar dir.
Dein Glück, o Vaterland, beglückt auch mich.“

Ein Denkmal in Stein oder Erz ersteht und schwindet; aber bleibend ist ein geistiges, und der Name Schmeller kann, wie der Name seines Freundes Jacob Grimm, nur mit der deutschen Sprache selbst verklingen.

Gießen, am 1. Merz 1877.

K. Weigand.

Zur Biographie Schmeller's.

Almanach der Ludwigs-Maximilians-Universität, I. Jahrg., 1828, S. 148. 165. 299.

Schaden, gelehrtes München im J. 1834, S. 107.

Conversationslexicon der neuesten Zeit und Literatur, IV. (1834), S. 173.

Hormayr, Taschenbuch für die vaterländ. Geschichte, XXXV. Jahrg., 1846, S. 391—396. (Mit Schmeller's Bildniß.)

Allgemeine Zeitung vom 28. Juli 1852, Nr. 210, S. 3348.

" " " " " 7. Aug. 1852, Nr. 220, Beilage S. 3513 f.

" " " " " 1. u. 2. Jan. 1853, Nr. 1 u. 2.

Augsburger Postzeitung vom 29. Juli 1852, Nr. 206.

Der bayerische Eilbote vom 30. Juli 1852, Nr. 152.

Neue Münchner Zeitung vom 31. Juli und 24. Aug. 1852, Beilage.

Naumann's Serapeum, 1852, Nr. 18, S. 286.

Akademische Monatsschrift, IV. Jahrg., S. 429—432.

Leipziger Repertorium, Bnd. IV, H. 4, S. 248

Friedr. v. Thiersch, Gedächtnißrede auf Schmeller (in den Münchner Gelehrten Anzeigen, 1853, 36. Bnd., Nr. 8 f.).

Neuer Nekrolog der Deutschen, XXX. Jahrg., II. Th., S. 516—521.

Almanach der kais. Akademie der Wissensch. zu Wien, IV. Jahrg., 1854, S. 103—108.

Schmeller's sogen. cimbrisches Wörterbuch, d. i. deutsches Idiotikon der VII u. XIII Comuni in den venetian. Alpen, herausgeg. v. Jos. Bergmann (aus den Sitzungsber. d. kais. Akad. d. Wissensch. in Wien, Jahrg. 1855, Bnd. XV, H. 1—3, S. 60—274 besonders abgedruckt), S. 1—18.

Lebensskizze Schmellers. Von Bibliothekar Föringer. (Besond. Abdruck der nachträgl. Beilage zum XVI. Jahresber. des histor. Vereins v. u. f. Oberbayern). München, 1855. 8. 55 Stn.

Pfeiffer's Germania, XII. Jahrg., 1867, S. 248—256.

" " " " XIX. Jahrg., 1874, S. 253 f.

Rud. v. Raumer, Geschichte der german. Philologie. München, 1870. 8. S. 555—566.

Verhandlungen des histor. Vereins von Oberpfalz u. Regensburg. 28. (n. F. 20.) Band, 1872, S. 221 ff. (v. Fr. X. v. Schönwerth).

Litterarum universitati Monacensi saecularia quarta gratulatur rector et senatus litterar. universitatis Bernensis. 1872. 4.

Neue freie Presse, (Wien) 1874, Nr. 3635.

Allgemeine Zeitung, 1876, S. 1786.

" " " " " S. 4707.

" " " " 1877, S. 1993.

R.

Vier und dreißigste Abtheilung.

(Vrgl. rah. reh ... und raw, rew ...)

---

1 Raien, sieh Raijen.

rauen, sieh reuen.

rauen, rauweln, rauwezen, rau·zen, a) heulen, winseln, in hohen Tönen reden; jammern, weinerlich bitten; b) von der Katze: schnurren, sich schnurrend an Jemand schmiegen. Zeitschr. V, 383. „Ein gute Fut mach katzen rauen (rawen)"; Cgm. 379, f. 86. abrauweln Einem etwas, es durch klägliches Bitten von ihm erhalten. Die Rauz, Person, die zu viel winselt, jammert, bittet; die Katze. rauzig, adj., winselnd, wehleidig, jämmerlich, erbärmlich, schlecht. (Cfr. gl. a. 678: ruwentc, rudentes, und Stalder's rauen, rauwen. S. auch röben, raußen, vorzüglich aber das ganz gleichlaufende raunzen, hinter raunen, und rauckizen).

raulich, mager, dürr; ohnmächtig; s. Th. II, 980: grauen.

Der Rê, (ä. Sp.) die Leiche, cadaver u. funus; (goth. hraiv, ahd. hrêo, mhd. rê, genit. rêwes; Graff IV, 1131. BM. II, 585. Grimm, Mythol.[2] p. 801. Vilmar, kurhess. Idiot. 318). „Gebalsamt wart sin iunger rê;" Parcifal 107,5. (Gl. a. 79. 695: re; i. 882. 934: hreh, reh; a. 411: hrao; a. 439. 1. 46. Mm. 80: hrêo, genit. hrêuues, plur. hrêuuir, also neutr.). Der Rê-roub, (Rechtb. v. 1332, Wstr. Btr. VII, 60) Beraubung eines todt Gefundenen oder darum Getödteten; (Graff II, 357 f. BM. II, 776. gl. o. 157. 263: rêroub, manubiae. — Edict. Rothar. tit. VII: „rhairaub"). Der Rêrouber, praedo mortui; Urk. v. 1277 bey Kurz, Ö. u. O. u. A. II. Th., S. 187. Den Psalm „De profundis" nennen die Leonisten (Ketzer) den re salm; Ald. 184, f. 55. Die ahd. Sp. hatte auch Composita wie rêlîh, funebris, funestus, rêleita, rêtuocha, rêtuldi, exequiae. Im Holländ. geht noch reeuwzweet für spuma lethalis, reeuwer für pollinctor. Auch im Niedersf. wird noch Rä gebraucht.

Der Realt, Ponte *rialto* (in Venedig); Cgm. 444, f. 3[b].

rei-lich, rî-lich, (ä. Sp.) adj. u. adv., reich, kostbar; reichlich; (Graff II, 393. BM. II, 691). „Ich sach sie (die Hunde) rîlich („reilich") stan an einem bile rîchen"; Labr. 364. „In fürsten höfen rilichu stulachen"; Renner 17346. „Man siht münch oder prister werden mangen, der vil gern uf erden reilich lebte, hete er daz gut, der besnit sin har, und niht den mût, wil er bi almusen rilich sin, so verdienet sin sele vil grözzer pin denne ob er were ein werltlich man"; das. 3753. „Und wye der gothait gnad so reylich zůfleuzzet allen creaturn;" Wstr. Btr. V, 74. „Dz blut floß reilich heraus." „Reilich essen und trinken;" Dr. Eck. „Der chünich hat uns hewt elli reileich gespeist"; Cgm. 54, f. 50[a]. 'Die rîlîche, rîlicheit, mhd., Reichthum, Macht; BM. II, 692.' „Umbe des briutegundes grœzi und rilichi"; Griesh. Pred. I, 131. Daß rei aus reich verkürzt sey, ist nicht ganz sicher, da das isl. rîfr, rîflegr, das ags. engl. rîfe, niedersf. rîve, largus, liberalis, nicht entfernter liegen. Der gelehrte Dr. Eck würde in jenem Fall wol reichlich ausgeschrieben haben.

reuen (ruiə˜, rui·n, roiə˜, roi·n, rauə˜), wie hchd. Das Particip. lautet gereut, (Spessart, gerewt, gerebt) und (schwäb. Chr. in v. Freyb. Samml., I, 174) gerauen, (H. Sachs) gerauwen, (Weizmann III, 30 „gria" d. h.) gerien, geriwen. Es hat·n graunt, gereut; (Jir.) Da die ahd. Sp. hriwan, hriuwan: ih hriwu, hrou, gihruwan, die mhd. Sp. riuwen: ich riuwe, rou, geriuwen conjugierte, so wird wol jenes gerauwen aus geruwen statt geriuwen (ahd. Sp. giruuuan; cfr. neuen), oder aus einer Ausweichung des Verbs in die Conjug. nach houwen (hauen) zu erklären seyn, durch welche auch sogar der Infinitiv rauen (vrgl. hchd. brauen, kauen statt breuen, keuen) begreiflich wird. „Niemandts nachfragen soll zu gnow dem glauben und seiner ehefraw daß es zuletzt jn nit geraw; Seb. Brandt. Die ahd. Sp. hatte auch ein blos umendendes hriuuên und hriuuôn. Graff IV, 1142. BM. II, 749. 750. Weigand, Wbch. II, 490. Neben der unangenehmen Empfindung über etwas bereits Gethanes, Geschehenes wird reuen auch von der über etwas Gegenwärtiges und Künftiges gebraucht. Mich reut mein Geld 2c., ich gebe es ungerne aus. Mich reut eine Person, sie dauert, jammert mich. (Cfr. Otfr. I, 10,23. IV, 12,3). Ob die inn-salz. Aussprachformen: I grá mi' um nicks, (ich bekümmere mich um nichts); dés grát mi', hát mi' grá˜t, allenfalls zu rauen, reuen, gerauen gehören mögen? Vrgl. Th. II, 981: grá·n, tirol. gráwen. Firmenich I, 529,63. 531,15 (Hunsrück): sich verrauə, sich zu Tod grämen, verzweifeln, verzagen. 2

Die Reu (Rui, Roi), wie hchd. Reue; (mhd. riuwe, ahd. hriuua, öfter nach I. als II. Declin.-Art; in einem Voc. sec. XV. masc. der ruw; ags. hreove, — isl. und goth. andern Stammes: idr-an, idr-eiga. Graff IV, 1144. BM. II, 751. 752: Betrübniß, Leid. Weigand, Wbch. II, 490. Firmenich I, 446,2: Reu, Trauer um einen Verstorbenen). „Ersiuftig riuwe"; Labr. 3. „In fröuden noch in riuwen"; das. 2. „Sô muoz ich aber in den riuwen (in dolore animi) leben"; das. 484. Der riuwe, rûwe, s. Wackernagel in Haupt's Zeitschr. VII, 158. „Auch kan ich mit gedenken . . .

mein ellendes Herze senken tief in den pful des grundlosen rewen"; Valkn. 177. Reu und Laid machen oder erwecken (wozu es eine eigene Catechismusformel gibt) vor dem Beichten, Sterben. I hà' scho˜ *Rui und Láid* g'macht, ich glaubte, des Todes zu seyn. Die Afterreue, ä. Sp., Nachweh; BM. II, 753. „Bös ist afterriuwe"; Labr. 623. Der Reuer, Reuerer, (Wirzb. Verord. v. 1690 u. 1736) Carmelita discalceatus, noch jetzt bestehend. Die Reuerin, ehmals eine der Nonnen zu Marienstein im Zweybrückischen, (Poenitentes S. Mariae Magdalenae, apud Geminipontem). „S. Magdalena die Reuerin"; Cgm. 4484, f..... Im Barlaam und Josaphat ist der riuwesære, riusære ein Büßer, Einsiedler; s. reusen, welches wol einem alten hriuuisôn (Graff IV, 1146. BM. II, 754: riuwesen, riusen) entspricht, und also auch eine Ableitung von Reu ist. „Got gehaizet dem riuwesere ablaz siner sünden"; Grieshaber, Pred. II, 81. riebig, rubig, reuig, (mhd. riuwec; BM. II, 753); s. Th. II, Sp. 726, unter Fund. „Gregorjus, do er daz kint gesluoc, dar umbe was er riwec („riwer") gnuoc"; Gregor v. d. St. 1188. reuwendig (rauwennig), adj. Er is *rauwennig*, (Aschaff.) er bereut, dieß oder jenes gethan zu haben.

Die Rue (Ruə, o. pf. Nuckgau: Rou), wie hchd. Ruhe; (ä. Sp., Aventin: Ruowe; Cgm. 73, f. 4. 8: rûbe; Grimm, Mythol. XLVIII, 23: di sel hab nicht rueb; ahd. Sp., Willeram: ruouua, Notk. rauua; noch Diut. II, 141. 143: rawe im Reim auf blawe, neben ruowe 145. 165. In den frühesten Denkmälern steht nicht leicht dieses Wort, sondern resti, resta; doch gl. a. 217: unroa, vexatio, wo das lange o eher = uo, als = au seyn wird; isl. ro neben einem wol unverwandten fro; ags. gilt rest. Vielleicht ist aber das ags. Adj. rov, suavis, identisch mit dem isl. rôr, quietus. Auch gl. i. 568 ad Prudent. contra Symm. vers. 461 steht rau über quietas (sc. leges), zu welchem Adj. das Subst. rauui, gl. i. 542 ad ejusd. peri Steph. vers. 33, näher stimmt. Graff II, 554. BM. II, 818. Weigand, Wbch. II, 518). Der Rue (Rou, b. W., ObrM.): Gé'ts ə˜n *Rou!* Kaə˜ Rast und kuə˜n *Rou* hàt mə˜. êitzə hàt də aarm Sel ə˜n *Rou.* „Ain lute han helle ruwe... sed quidam habent todes ruwe... helle ruwe unde todes ruwe vor den behute vns got"; in einer ganz latein. Predigt, Clm. 12520 (sec. XIII. 8"), f. 144. (Wol zu Reu; s. BM. II, 753: helleriuwe.). R. A. Zu Rue sein, Rue haben, aufhören. „Schlaff nur und sei der ding zu rhu"; H. Sachs 1560: IV, III, 93 (1612: IV, III, 202). „Jacklein, sey zu rhu ... hab rhu"; das. 1560: V, 365. Sp. W. Nicks hàbm is ə˜ *Rou.* ə˜ *Ruə* dreschen. Wenn die auf der Tenne aufgelegten Garben einmal überdroschen sind, dann
3 wird mit dem Dreschen aufgehört, bis das Angelegte umgewendet ist. Wenn dieses wieder überdroschen ist, wird wieder aufgehört und das Stroh aufgerüttelt (aufgeschüttet). Ist auch das aufgeschüttete überdroschen, dann ist ein Strô und zwar in drey Ruen abgedroschen. (Baur, O. L.) Vrgl. Rast (Meile).

rue-ig, ruewig, rüəwig, geruewig, gerüewig, ruhig; behaglich; „Tranquillo animo esse, riebig sein"; Clm. 571 (XVI. sec., 1514), f. 37. Hei˜t is ə˜ *grüəwis* Wédə'. „Rübig kannst du nicht leben, all plag wird dich umgeben;" altes Lied. „Bei diser unruebigen Welt"; MB. III, 385, ad 1569. „Ein gut gerubicleich nießen und innhaben"; MB. X, 282, ad 1379; gerueweclich, MB. VIII, 265; gerueblich, MB. IX, 320, ad 1510. „Darbey soll sie füran rühwigklich bleiben und gelassen werden;" LRcht. v. 1616, f. 214. „Den Aufschlag ruebiglich einnehmen;" Ldtg. v. 1542. „rubiglich, tranquille;" Voc. v. 1618. „Heut trinkst gehn schön *ruábli* dein'n Most aus"; Schoffer 18. geruesam, gruəsam, adj., Ruhe habend; Ruhe gewährend: ə˜ *gruəsamə'* Mensch; ə˜ *gruəsamé* Nàhht. „Gerubsam, quietus;" Voc. v. 1429. rue-en (ruə-ə˜, rouə˜, schwäb. gruəwə˜, d. h. geruewen), 1) wie hchd. ruhen, ahd. ruowên, ruowên, Notk. râuuên; mhd. ruowen. Graff II, 554. BM. II, 819 f. Weigand, Wbch. II, 518). Nach MB. IX, 143, ad 1319 steht: gerawet seyn von einem Dienst, einer Steuer: desselben, derselben überhoben seyn. Geruowet sitzen, d. h. ruhig, ohne zu arbeiten; Br. Berht. 111. „Mit einem Lehen geruet sitzen", (ungestört); Heumann, opusc. 117. Cgm. 27, Artikel 104. „Gar kein geruhte stund haben;" H. Sachs 1560: III, III, 31. „Du wurdst nit rûwen;" Dr. Eck, 1542. 2) (O.Pf.) aufhören, ablassen. *rou!* so höre doch auf, laß ab. *Routs* mit enkə'n Póss'n, (laßt ab von euern Possen).

(Vrgl. Rap, rep ꝛc., Raw, rew ꝛc.)

rab? „E daß ich cham durch das geleß (Reihe v. Rothhausen) das mir also reß in der nasen da aufrab (?) ob mir laub oder luft zu fröden gab;" Cgm. 270, f. 211.ª Scheint ein Ablautverb. Cf. sich reben.

„rab," s. unten roh.

Der Rab (Ràb, Rà') wie hchd., (ahd. schon mitunter rabo statt des ältern hraban; mhd. rabe. Graff IV, 1146. BM. II, 547. Weigand, Wbch. II, 449). S. Ramm und Rapp. Verstärkend: *ràbm*-falsch, *ràbm*-thenə'; Schoffer 44. „Ulreich der gausrab ze Wienn," (1350); Cgm. 1113, f. 32ᵇ. Der Räbleindukaten, Räblerducaten, alter ungarischer Ducaten aus der Zeit des Königs Mathias Corvinus, auf welchen ein Rabe geprägt ist, der, nach P. Abraham, weit lieblicher singt als eine Nachtigall. „Und das Christkindl legten sie ohne reiche Fatschen, ohne Amulet, ohne Rablerdukaten in das Krippelein;" Lob- und Trauerrede auf den Prälaten Max v. Panzel. Pfarrer Tröstegott legiert in seinem Testament (Bucher's s. W. IV, 279) den an sei- 4
nem Trinitarienscapulier angenähten Rablerducaten, welchen er, um sich vorm Rothlauf zu conservieren, immer am Halse trug, seiner Köchin Mariurschel mit dem Auftrag, den Leuten, welche das Rothlauf haben, brav mit diesem Ducaten zu helfen. Cfr. das. V, p. 114.

Die Räben (Rábm, Ráb), (in einigen Gegenden des b. Oberlandes, auch b. W. und O.Pf.) die weiße Feldrübe, brassica rapa; Graff II, 352. BM. II, 555: rappe. Diefenbach 375ª 484ª. Cf. krain. répa, die weiße Feldrübe). Die Rüben anderer Art heißen, im Gegensatz zu dieser, Rueben. „Obst, Ruben, Rabkraut und Zwibel;" Gem. Reg. Chr. II, p. 308, ad 1394. „Ein Futter rab oder XX münchner pfenning dafur", als Feudalabgabe; MB. XVIII, 393, ad 1434. (Gl. a. 48. 525. 667 geben napus durch raba; auch Stalder nennt seine Räbe brassica napa.)

Räbl (?). „Ein wassersuppen nach ainem zweinen smaltz genant ain räbl;" Scheirer Dienstboten-Ord. v. 1500, Cgm. 698, f. 49.

Der Rabisch, das Kerbholz. „Rabüsch, dica, raitholcz;" Voc. v. 1445. „Haiß dirs an ein rabasch schneiden;" d. Ring 33ᶜ,39. Wol das böhmische rabuše (spr. rabusche, serbisch rabosch, Kerbholz, kärnt. robash, im Deutsch-Kärnt. gewöhnlich nach dem slaw. rosch genannt; Jarnik. Vermuthlich mit den Verben rubati, wraubiti, hauen, kerben, wohin auch Rubel gehört, zusammenhangend; vrgl. Ramasch und Remisch. Vgl. Grimm, RA. 604). Im Altd. wäre ruaba, ruaua, roapa indictio, numerus, rôpôn enumerare. „raue, numerat;" Ob. Alt. 141, f. 237. Vgl. auch: in die Rabusse, Rapusche schlagen oder gehen. „Es ist mir in die Rabuse gegangen, d. h. ich habe es borgen müssen, ins Kerbholz schneiden lassen, und nichts dafür bekommen;" v. Lang, Jahresber. d. hist. Ver.

des Rezat-Kreises, 1831, p. 33. Weigand, Wbch. II, 460: Rappuse.

„rabaras Mall, böses Maul;" Hbn. Salzb. Hüttenstein 291. Wol rá, also râu; vrgl. allenfalls râubisch.

rabiát (◡◡ –́), in Wuth, außer sich.

Die Rabatschen, Spottbenennung einer ältlichen Weibsperson. Vgl. Vilmar, kurhess. Idiot. 311. In der Normandie ist la rabâche eine Hexe, kärnt. rabazha ein grobes Hemd; (Jarnik p. 91).

râuben (rábm, raubm, rôbm), wie hchd., (ahd. roubôn, ags. reafian und hreafian, goth. raubôn, mhd. rouben. Graff II, 358. BM. II, 777. Weigand, Wbch. II, 466). Der Râuber, Räuber.

Der Râub (Ráb, Raub, Rôb), 1) wie hchd., (ahd. roub, gewöhnlich plur. rouba, spolia — ags. reaf, spolia und noch öfter indumentum, vestis, wodurch ein Zusammenhang mit dem romanischen rapa, roba, robe, und des Verbs mit dérober, robar, mittellat. raubare, wahrscheinlich wird; alts. girobi, induviae, robon, induere, birobon, exuere, spoliare. Cf. bidêlian, biniotan, privare; auch hchd. Plunder u. plündern. Graff II, 357. BM. II, 775. Weigand, Wbch. II. 466 Diez, Wbch. 292 f.). 2) Der Bestand eines Feldes an Früchten, die darauf eingeärntet werden können, oder eingeärntet sind. „N. N. hat die nachsten sechs jar die nuz und raub darab," (von dem Anger); MB. XVIII, 194, v. 1370. „Den Raub und Frucht ab dem Einfang nemen; Lori, B.R. p. 22. ə˜ Fəld üm 'ən *Ráb* dumə˜, das Feld eines Andern düngen, um es dafür das erste Jahr für sich zu bebauen und abzuärnten. „Von einem Neubruch sind die drey ersten Raub zehendfrey;" Hsl. „Den Erben eines verstorbenen Landpfarrers gebührt der Nachraub (die zweitjährige Benutzung) eines Feldes, das dieser erst im vorigen Jahre gedüngt;" (Wstr. gl.) „Rawbhauser oder solich hohen paw das vor einer stat außerhalb der purger tor gelegen sint;" Wiener St.R., Cgm. 1113, f. 70ᵃ. Es fehlt bey Rauch III, 288 der ganze Artikel. râubisch (rábisch), 1) (Voc. v. 1618) praedabundus. 2) muthig, stolz, auf martialische Weise großthuend: ə˜ *rábischə˜* Mensch, hàt Fédə'n á'm Huət. „Man spricht:
5 du siehst euwrisch, bist rabisch von denen, die ernstlich seyn und auf die Rais herfürgebutzt und aufgemacht;" Avent. Chr. 61. „Aus diesen gehaubten Narren (Doctoren und Magistern) sein etliche so ungezogen, das sie jre würde und dignitet ganz und gar zu nicht machen, tretten daher auff gut landesknechtisch und reuberisch (wol „reuterisch;" vgl. unter reiten), rucken das paretlin auf ein seiten, also das es halb auff dem ohr unnd halb auf den hals hinabhangend;" Hönigers Übersez. von Geiler's Bemerk. zum Narrenschiff, 1574. Stalder hat: räubisch, wild, böse, und: sich räuben, sich sträuben. Zeitschr. VI, 65; vgl. VI, 368. Bey Scherz stehl: räwisch, trux; ags. ist reafol rapax, rabidus. Vrgl. oben „rabaras" Maul und Robler. „Mantel und schauben jhr alls rebisch stat;" (elegant, flott); H. Sachs 1560: IV, III, 18. 72 (1612: IV, III, 39. 157). Das alte âriub, dirus, trux, riuber, severus, (Diut. II, 339) fugt minder. Vrgl. indessen riebig.

raubeln, raubezen, s. rauen, rauwen. Vielleicht gehört auch das mittelrheinische raubig, schlecht, elend, dahin. Cf. kärnt. reva, Elend, Noth, reven, elend; Jarnik p. 91. Zeitschr. VI, 65.

Der Räubling, (Mayn, Rhein) einjähriges Rind; s. Raup.

Der Reb, des Reben und die Reben (Rebm, Re'n; plur. die Rebmə˜ oder Re'nə˜), die Ranke, Rebe; (ahd. reba, repa, mhd. rebe, fem., doch auch msc.; Graff II, 353. BM. II, 586. Grimm, Mythol.² 787. Weigand, Wbch. II, 470). ə˜ Hópfə˜-*Re'n*; der Weinreb. „Reht als ein engadischer reb, ob dem sein fruht niht wandelt;" Konr. v. Megenberg, (Pfeiffer 1,6: ob der). „Von dem weinreben. Vitis haizt ain weinreb. der hieze paz ain staud wan ain paum;" das. f. 205, (Pfeiffer 350,14.15 ff., auch 24,28). Nemen einen weinreben; Cgm. 592, f. 38. Der Reber, (Rhein) Weingärtner. Reb-acker, R.-blatt, R.-mann, R.-meßer, R.-schoß, R.-stecken, R.-stock. 'rebein, ä. Sp., adj., von der Rebe kommend.' „Nim x libr. pucheins oder weinrebeins aschen;" Cgm. 4543, f. 155.

'reben, rewen, ä. Sp., peinigen, ertödten. Vgl. BM. II, 576: rêwe, 2 u. das folg. Wort.' „Si solten daz vläisch an in rêwen daz ez täglich muose slêwen;" Heinr. v. d. gemeinen leben, Wackern. Leseb. Sp. 138ᵇ u. dessen Wbch.

reben. „Damit rebt man den großen und klainen perg (Erz) von ainander;" Cgm. 1203, f. 150ᵃ. Das Grebsib abgebildet; das. f. 149. Vgl. unten rebeln. sich reben, (Rechtbuch v. 1332, Ms.) sich rühren. „So sol man den notnuffter in die erd begraben uncz an den nabel, also dacz zwischen sein vnd erd ain wagensail vmbgen mvg, daz er sich mvg gereben;" Wstr. (Btr. VII, p. 91) liest an dieser Stelle: „das er sich vmb mug gereiben." S. oben rab und vrgl. reiben, 2 und riebig. rebig, adj., (Zps. Ms., Passau) rührig, munter, muthig. „Hans: Das saist? Margr. Das sagi' *rebi;*" Lindermayr 82. (cf. Th. II, Sp. 808: frêdi'). „Hàt's mi' gfreut, bin I *rebi'* meine Lébətag gwe'n;" Stelzhamer 8. „Alls is so *rebi'* und àlls tuət si' freun;" das. 20. „Wer'n (werden) àlli *kreuzrebi* und lusti'aler," (alert); das. 103. *rêbi'*, tüchtig, z. B. zechen; (Gastein, Weinberger). „Hurtig und rebisch allerding;" H. Sachs 1560: IV, III, 72. „rebig, non bene coctus (e. gr. Kraut, Schmarren); Popowitsch, Ms. Wien 4591. 'Vgl. Höfer III, 22.' Vrgl. Stalder's räbeln u. Zeitschr. II, 237: rabatzen; III, 333. Ich bin gerebelt, (Rimberg) habe mich erholt, bin rührig geworden.

Das „Gereb", (Zps. Ms.) die obern Eingeweide. „Ein groß khalbsgereb 18 dn.;" Kärnt. Pol. Ord. 1578. „Greb und Gling;" Baumgartner's Neustdt. p. 139. Bey Heumann, opusc. 698. steht: „Kreb (von Fleisch) der Schlund." Zeitschr. VI, 302. „Daz gereb, el penduolo;" Nomencl. veneziano-todesco, Ms. v. 1424, f. 7. 52. Am Mittelrhein bedeutet das Gereb die Eingeweide überhaupt. Höfer II, 167 erklärt das Kreb, Gereb als Lunge (vom Verb. reben, bewegen), und führt den Ausdruck: Grebə-lthee als Benennung des Lungen- oder isländischen Mooses an. „Thuet einwendi' rodeln, muess Tag und Nacht stredeln, denn d'Lumpel und 's *Gröb* is vä'brennt;" Lindermayr 173. „D'Stüppəln für's lumpetó Gréb;" Reizenbeck's Bauerndoctor in Kaltenbrunner's oberösterr. Jahrb. 1844, S. 145. Im Niederdeutschen ist Middelreff das Zwerchfell. Ob damit zu vergleichen seyn wird das alte hirnrebe, hirnireba, „cerebella," cerebrum? oder auch das isl. refr 2, 3) bey Björn? Graff II, 354. Kaum das ags. roppas, ilia, intestina. S. auch Ref.

Die Rebschnuer, der Bindfaden. „Ein schön zartes Tischtuch mit Rebschnür geflochten, und von Besenreis ausgestickt;" Parodie einer Heuratsabrede. Gl. a. 90 steht: „cana-reba, licium quo stramina ligantur." Rebsail. Den pock wil ich an ain rebsail snueren und wil in yetzund mit mir haim füeren; H. Rosenplut. Cf. Refschnur.

„Die Reben, la rebeba; sonar la rebeba, gaigen;" Nomencl. veneziano-todesco, Msc. v. 1424, f. 26. Cf. Rebell u. Diez, Wbch. 287. Die von Niebuhr gut beschriebene arabische Cither, Rebaba genannt, ist durch die ganze Wüste verbreitet, obschon nicht überall von derselben Form und Gestalt. Ausland v. 1848, S. 1034. 1037 f. s. Rubeblin.

rebeln. Trauben abrebeln, die Beeren davon 6
abzupfen; s. Rappen, 7. Vgl. hchd. Rebhuhn, das

Feldhuhn, (isl. riupa; slaw. rieb, Dobr. 268)? Zeitschr. VI, 143,76. Der G'rebəltá, G'rebldá (- ◡◡), Wein, aus Beeren gewonnen, welche früher vom Kamm abgeriffelt (abgerebelt) wurden, damit diese nicht, wenn sie mitgepreßt werden, dem Most einen herben Beygeschmack geben; a Masl *Grebldn* (kostet) an Zwanzga;" Seidl, Flins. 1839, p. 71. 76. 85.

rebeln, (U.L.) wie der Ziegenbock riechen. (Bey Adelung ist rebben brunsten, nach der Begattung verlangen, auch: sich begatten.)

rebellen (rebəlln), Lärm machen, zanken, poltern; (obscön) coire; s. Th. II, 1260: die Kappel. Das G'rebell (Grewəll, ◡ —). Weigand, Wbch. II, 470. Zeitschr. III, 193, 146. V, 125, 2, 1. Diez, Wbch. 717. Cf. der Krawáll. Der Rebeller, a) der Rebelle, b) (beym gem. Volk) ein bayrisches, unter Max II. und auch noch von Carl Albrecht, geschlagenes Halbguldenstück. Man könnte irgend eine Beziehung auf den damaligen Bauernaufstand voraussetzen, wenn nicht so ein bayrisches Geldstück auch in der Schweiz (nach Stalder II, 285 von rub, kraus) ein Rubel hieße.

rebern, (Nptsch.) unverständlich sprechen, plappern. (In der ä. Sp. kommt anderwärts reben für delirare, somniare, franz. rêver vor. BM. II, 587: reben. Diez, Wbch. 717).

reiben (reibm), Cond. rib oder reibet, Partic. geriben (gribm), 1) wie hchd., (ahd. rîban: reib, ribun, gariban, fricare, terere; mhd. rîben: reip, riben, geriben. Graff II, 355. BM. II, 679. Weigand, Wbch. II, 479. niederd. wrîven. Firmenich I, 498,123: freyv, rieb); Kaffee reiben, (mahlen); geribener Kaffee; (Wien). reiben im Bad, frottieren; BM. II, 680,3. „Rîben und begiezen füeget nâch der leche wol;" S. Helbling III, 62. „Bis samstag haben wir einen heiligen tag der ist geheißen Ewfrader und ist gewesen ein pader pitt wir in das er uns also reib daz uns nindert kain gancze hawt pleib;" scherzh. Pfarrverkündung, Rot 113, p. 325. Zum reiben in dem Bad wurden eigene Weibspersonen gehalten. Das Pfründenmanual des Münchner Heil. Geistspitals von 1519 circa (Cbm. 2086) besagt fol. 82: „Man gibt auch den, dy den armen warten und reiben in dem pat, pier. Alweg über XIV tag am Erchtag hat man den Armen leuten ain pat, XV dn. umb Wein, X dn. ainer reiberin." „Der Reiberin sun in dem Pad;" Rechn. v. 1392 in Freyb. Samml. II, 125. „So solt och die riberin suber zwachen, so tuotz aim uff dem hopt tachen und ribtz ain klain aim man vnd lat in beschißen usgan und wil dennocht das gelt han;" des Teufels Segi, Barack p. 325,10256. „Balneatrix paderin, lotrix riberin;" Aug. S. Ulr. 50, f. 1b. (Clm. 4350, sec. XIV.) „Getwungener dienst, geribeniu schœn dicke worden ist zu hœn;" S. Helbling VI, 49; cf. II, 149. s. BM., a. a. O. (Obscön parodiert ist dieses rîben in einem Gedicht des Cgm. 1020, fol. 52, auch Cgm. 379, f. 108 von Peter Schmieher. Cf. altfrnz. riber, Weiber verführen; 's. ribaldo, Diez, Wbch.; 287; ferner: Graff IV, 1146: „hrîpa, prostituta. BM. II. 681'). 2) drehen, wenden. Diese Bedeutung kann nicht ohne Zwang mit jener in Einklag gebracht werden, so daß beynahe eine Vermengung zweyer, ursprünglich auch formell verschiedener Verba zu vermuthen wäre. (Im Isl. gibt es, neben dem formell zu reiben stimmenden rîfa, reißen, zerreißen, ein rifia, versare.) „St. Christoph scheibt Kegl: Bliz, der versteht d'Regl; kaum reibt er sein Kugel aufs Bret, seyn alle neun Kegel labet;" Marcell. Sturm. So kån I denn hei˜t kaoné Kégl scheibm? Thuə åll meine Kugln links eini *reibm*! Lied. 'Von einer Art des Tanzens (ä. Sp.): ez reiben; BM. II, 680,5.' Grimm IV, 334. R.A. Då rüərt und *reibt si'* nicks. Sich umreiben, umwenden, umkehren. Den Schlüssel im Schloß umreiben; den Hahn am Faß auf- oder zuereiben; den Zeiger an der Uhr zerugkreiben; nasse Wäsche ausreiben; Einem den Degen aus der Hand reiben ꝛc. Der Melker in der Sennhütte reibt den Milchkessel, der am Arme eines um seine Achse beweglichen Tragholzes hängt, über das Feuer, oder davon weg. Er nennt dieß schlechthin: überreiben, abreiben. ausreiben den Platz (auch austreiben), eine alte Kohlstätte wieder zurichten; (Tir.). „Den Arm ausreiben, luxare brachium; den Schlüssel verreiben, distorquere clavem;" Voc. v. 1618. „Da sie also mit dem Kaiser (Ludwig d. B. bey Fürstenfeld) an dem gejaid war, da hett die Morderin ein lägelein mit einem zwifachen boden, in einem war wein, und wann sie den zapfen verrib, war 7
in dem andern ein arges vergifftes tranckh;" Chron. in v. Freybergs Samml. I, 111. „'Den Buosa *verriiba*; Frommann II, 88;" Jac. Grimm. (s. Zeitschr. IV, 88,13 u. p. 103).' Einem den Hals, den Kragen umreiben. „Er (Herzog Arnold male malus) ligt zu Scheiern in dem see. Der bös feind was in darein tragen; er hätt im umgeriben seinen kragen und tät im sein haupt verrucken das antlitz setzen auf den rucken;" Spruch v. Tegernsee, Cgm. 858, fol. 122; (abgebildet im Cbm. 2799, f. 38). Cgm. 994, f. 34. Arnpeck III. cap. 20, col. 143, bey Petz, thes. anecd. t. III. „Daz grabtier (hyena) hât ain sô hertez ruckpain und ainen so vesten hals, daz ez daz haupt niht umb gereiben mag, ez kêr sich danne zemal umb;" Konr. v. Megenberg f. 86 (Pfeiffer 142,14: umb gereiden, cf. das. p. 514 u. 696). „Do raib Sampson die sewl aus," (daß das Haus einstürzte); Cgm. 632, f. 38. einreiben, (Pseud.-Tir.) das auf den Grießen liegen gebliebene Salmen- (Trift-) Holz wieder in die reisende Bachfurth einwerfen. Figürl.: verreiben Einem etwas, a) seinen Plan vereiteln; b) ihm eine Sache anders darstellen, als sie ist. Ein Verribenes in einen Handel machen, ihn verwickeln, verwirren (v. Advocaten); Selhamer. „Es steht in heil. Schrift ganz deutlich, nit verriben;" Comöd. v. 1687. Ein abgeribener, verribener Mensch, ein verschlagener, durchtriebener. „Die kint sint so gar durchtriben mit blintheit und so gar verriben, daz siben untugent e sint bekliben in in, dann ein unzucht vertriben; Renner 14797. sich verreiben. „So sich einer verreibt im rucken, nim grün kranper" ꝛc.; Poll. 662, f. 171. „Wen sich ainer etwan verreibt, nim kütten ꝛc.; Poll. 678, fol. ult. vorreiben Einem etwas, unter die Nasen reiben. Selig ist der, dem Gott glück zureibt; Priamel in Eschenb. Denkm. p. 411. Die Reib und die Reiben, 1) was umgerieben, umgedreht wird; Hahn am Faß. 2) Abweichung eines Weges, einer Gasse, eines Flusses, Berges von der geraden Richtung; Wendung im Fahren. Einem d'*Rei*, d'*Reibm* ablâuffen, ihm, der der Wendung der Straße folgt, auf kürzerm Wege zuvorkommen. ə˜ *Reibm* nemə˜, d' *Reibm* z' kurz nemə˜ mit dem Wagen. „Declinare a malo et facere bonum sein gleichsam zwo Reiben, wie die Fuhrleut reden: Von der und zuedier;" Cgm. 1001, f. 86. 3) (Augsb.) Rennschlitten. Birlinger 372. 4) Ruderwieden, Ruderband aus Haselästen; (Tir.). Die Abreib, Abreiben, wie das Vorige. Einem d. *A'rei'* abpassen, ihn auf dər *A'reibm* də'wischn, auf der *A'reibm* mit ihm z'samkemə˜, ihn unversehenes, an abgelegenem Ort anfallen, überfallen. S. Rib. Umreiben. Wås ə' nét füər Umreibmə˜ (Verdrehungen, Schwänke) måcht! (Obrm.). „Das Reibscheit, (Wien) Querscheit am hintersten Ende der Deichsel, welches macht, daß die Deichsel am Wagen gerade anstehen bleibt." Der Reibnagel. „Die Straß soll, wo zwayr Gründt gegeneinander ligen, ain ieder bis mitten an den Reibnagel machen;" Cbmkl. 167, p. 259; (p. 276: Reichnagel). Cbm. 3238, f. 125. Der Reiber, Eisen, das sich wie eine Schraube drehen läßt, und zum Auf- oder Zuschließen dient, z. B. am Fenster, an der Thürpfoste; Wirbel. Der Reiberkäs oder Radstatter Käse, Speckkäs (Tir.), Gegensatz von süßem. Muchar, Gastein 132: harter Käs. Salzb. Großarl. Hübn. 450. Der Abreiber (à'reibə'), Stein oder Pflock, der an der Ecke einer Mauer ꝛc., wo Fuhrwerke gewöhn-

lich eine Wendung machen müssen, zur Verwahrung vor Beschädigung befestigt ist, Eckstein, Abweisstein.

Der und die Rib (Ri'), 1) das Reiben, Abstreifen'. „50 Burgauer Müttlein („Mittel") mit Rib („Rieb") u. Stoß machen 38¾ bayr. Metzen;" Reg.-Blatt 1837, Nr. 7. 2) was: die Reiben. Einem die Rib ablaufen. ə~ falsche Rib machen mit dem Fuhrwerk (und umwerfen). Die Rib, plur., fig. die Ränke, Kniffe. „Allerlai Rib und Renk." „Sein hertz und sinn mit allerley Riben verblümeln, cor machinationibus tegere;" Pred. v. 1678. Vielleicht hieher auch Nithart's „vil geribe swanczen," (viele Wendungen machen im Tanze); Benecke, M.L. p. 290; cf. Haupt's Neidhart p. 40,29 u. p. 144. ribig, Wendungen machend, sich windend. Ein ribiger Baumstamm, der sich nicht gerade spaltet. Das Rib-Eisen, Reibeisen. Zeitschr. VI, 368. Der
8 Ribel, Reibeisen. „Reib es mit ainem Ribel;" Cgm. 731, f. 119. ribeln, rippeln, rippen, wiederholt reiben; sich rippeln, sich auflehnen gegen einen Stärkern. Vilmar, kurhess. Idiot. 325. 327. Zeitschr. V, 459. 461. VI, 367. ribanzen, (Nürnb., Hsl.) von kleinen Kindern: hin und her rutschen, nicht sitzen bleiben. Sich ribanzen (◡—◡), (Zpf.) sich an etwas reiben, wenn es Einen am Rücken juckt. Die Ribanze (Nürnb., Hsl.), Ribanzel (HchE.), unruhiges Kind.

Der Ribald, ä. Sp., verwegener Bursche, Raufbold, Taugenichts; mhd. ribalt, ribbalt, mittellat. ribaldus, rubaldus, ital. ribaldo; franz. ribaud. Ducange, ed. Henschel, t. V. 765 ff. BM. II, 678. Diez, Wbch. 287. Zeitschr. VI, 85. „Daz neben sein (Christi) hieng ein diep, ein ribald;" Cgm. 54, f. 11b. 12a. „Ein ribald oder ein püb ... o du ribalt;" das. f. 29a.

Das „Ribes," (Nordfrank., Henneb.), Milch-Asch, breiter Topf, Milch aufzubehalten; — aus Reib-asch entstellt? Vilmar, kurhess. Idiot. 318: Rebbes.

Das Ribisl, Ribizl, (B.W.) Johannisbeere, bacca ribis nigri; Zeitschr. VI, 195. (Tir.) ribes rubrum, ribes alpinum; kärnt. rebizhje, Moosbeere, (Jarnik p. 91). „Wein-Rebeyschen;" Recept am Deckel eines gedruckten Regiomontanus. Das anderwärts und schon bey Prasch vorkommende „Fürwitzl" (S. I. Th., Sp. 746) ist wol nur eine verdeutschelnde Entstellung. Castelli, Wbch. 221.

Das Rieb-Stück, (Passau) was Scho~-ripp, (s. unter Schon). Cf. „Rieba, duplicem costarum cratem;" Doc. A. b. 58.a Vom einen Hirsch zerwirkenden Tristan heißt es bey Gottfr. v. Straßburg 2905: „Die rieben er do beide schiet, beide er si von dem rukke schriet." Diu ribe, Rippenseite, le côté, el costato; daz rippe, la côte, la costa. BM. II, 679. Graff II, 356. Grimm, Mythol. p. 641. Kärnt. rebro, Rippe. Vrgl. Ried u. Ripp.

riəbig, g'riəbig, adj., bey Kräften, nicht abgelebt. „Neben etlichen schönen noch ruebigen alten Paurn;" Anord. zur Fronleichn. Processſ. von 1580. Wstr. Btr. V, 138. (Wird doch schwerlich, nach Th. II, Sp. 984, eine Entstellung aus rüerig sein. Sollte reiben, 2 sich, nach der unter kriegen angedeuteten Verwechslung, womit auch eine bey Grimm I, 897. 899 bemerkte angelsächsische zusammen zu halten ist, zu einem rieben — vrgl. das unter Rob bemerkte isl. riufa — verhalten? Cf. schwed. kry, wangersch grod, tak, u. unten rottenhaft, rodnhaft. Dann könnte auch das unter üeben (I. Th., Sp. 18.) vorgebrachte sich verüeben als verrieben hieher gehören, und selbst das alte riub, severus, (s. raubisch) Erwägung verdienen.) Cf. reben und Firmenich II, 493,31: reblen, angestrengt arbeiten; (Schwarzwald).

„röben," (Nürnb., Truckenbrod 179) sehr schreyen. Cfr. česk. řwati, brüllen, u. unten: rauen, rauwen.

Der „Rob," (nach v. Dell., O.L.) der Rand; (Schottky, Bilder 272) Bergrand. Zeitschr. VI, 196. Um München wird das Eis, das sich vor dem Zufrieren auf einem Bach, Canal &c. zeigt, Rób-Eis genannt. Das Row-Eis geht heute, 22. März 1837, (morgen ist Gründonnerstag); die Müller machen, daß ihnen die Räder nicht einfrieren. Sollten im Grunde diese Ausdrücke nebst dem schweiz. Rubi, Rübb, Steingerölle, noch zum isl. rof, ruptura, rudera, vom Ablautverb riufa, rumpere, u. auch das hchd. Grund-Eis zu grinden, zermalmen, gehören? Vrgl. riebig. Zu bedenken wäre auch das alte roupan, frigere. Cfr. Grieben und riob, leprosus. Das Rogg-Eis, (Pinzgau, Pseud.-Tir.) das, welches brockenweis rinnt und auch Pinzgauer Strauben genannt wird. „Wenn der pach (im Winter) aufgeet (aufsteet) und ... das rogeis geet ... dem eis fürhelfen;" der Hofm. Teising Ehehaft. Cgm. 3238, f. 107b. „18. Januar 1614 zwaien Zimmermanen so bei den Abläſſen in der undern Aw gewachet und das Rogeis abgeraumbt;" Cbm. 2225, f. 247. Kärnt. s-ré-sh, die Eisscholle, das Rogeis, der Eiszapfen; rag, ragist, der Eiszapfen; Jarnik p. 15. 96.

Róbinzə-l-Salat, Rapunzel.

Roboranten, (Mandat v. 1709) bewaffnete Landstreicher, die raubten und plünderten und gegen die Einwohner alle Arten von Gewaltthätigkeiten ausübten.

Der Robler, (salzb. und Tyroler Gebrg.) Bursche, der sich auf seine Stärke und Gewandtheit im Ringen und Raufen was zu gute thun darf, Raufheld. „Und führen soll ich deinen Roblerchor," sagt Andr. Hofer's Geist zum Lande Tyrol in einer Ode von Alois Weißenbach; Wien. Archiv f. G. St. u. K. K. 1816, Nr. 103. „Im Land ob der Enns gibt es wackere und starke, wie sie sich selbst nennen, Räffinger oder frische Buben, welche oft, 9
einem zu gefallen, so ihres Gleichens seyn will, 1, 2, 3, ja 4 Meil Wegs auf die Täntz oder Hochzeiten nachgehen, und alsdann Gelegenheit suchen, mit den Andern vermittels der Faustwechslung bekannt zu werden;" Abele s. Grchth. II, 80. Die Bayrisch Zell war (weiland) ein Hort für großartiges Robelhandwerk, (es steht abgedruckt „Nobelhandwerk"); L. Steub in d. Allgem. Ztg. v. 4. Juli 1850, Beil. S. 2954. Zeitschr. IV, 336: Roblerin, die tüchtigste Almkuh.

Die Robat, Robold, Robald, noch hie und da (z. B. um Passau) statt Scharwerk oder Frohndienst üblich. „Einem ze vil robat auflegen;" Cgm. 788, f. 146. „Die Robat sollen von niemandt gefordert werden, dann von denjenen, die darum Urbar oder Brief und Sigel oder ein vierzigjährige Gewör gehabt;" tyr. L.O. von 1603. „Zu Wachtn, rabatn &c. gedrungen werden;" MB. II, 424, ad 1440. Formular: „Als man in die robat schreibt ... von jedem Haws ain starcker robatter mit hawen schauffeln mültern und krampffen;" Raitenb. 166, f. 137 (v. 1465). „Es sollen auch mesner, hüttenknecht und pfiffter pey dem Tomb stewr, wacht, zierkh vnd rowolt frey sein;" altes Passauer Rchtb. Ms. „Seithemalen die Scharwerch oder Robolden nit die Personen sonnder die Güther afficiern;" Ldtag. von 1612, p. 305. Cfr. Weixer, dissert. p. 322. Ertl, prax. aur. 1, p. 18. „Fronen oder Robot;" Lori, B.R. 243, ad 1540. „Daß Robalt geld;" Abt v. St. Zeno, 1678. „Scharwerch, Robath, Wachen &c.;" Hist. Fris. II, II, 307. robolden, robalden, robaten, zur Frohne arbeiten, frohnen. „Wenn də' gstreng Heə' áft schreit: Kimts maaring *robádn*;" Castelli, Ged. 1828, p. 103; Wbch. 222. „Ein ganzer Hof kann mit 4 Rössern scharwercken oder robaldten." Ertl, prax. aur. 1, 26. Das Wort ist wol das gleichbedeutende böhm. robota, das slawon. rabota, Arbeit überhaupt, rabotaio, ich arbeite, wozu auch rab, Knecht, raba, Magd, gehören wird. Kärnt. raba, Arbeit, rabota, Frondienst; Jarnik p. 90. BM. II, 757. Weigand, Wbch. II, 502. Cf. ahd. arabeit, Th. I, Sp. 136.

rübis stübis, (schweiz.) alles, sammt u. sonders; Stalder II, 286: *Rübis und Stübis*. Tobler, Appenz.

Sprachsch. 371.' Cf. schwed. taga rubb och stubb, rein Haus machen; (rubba, rücken, verrücken).

Die Rubrick, a) (ä. Sp.) rothe Dinte, rubrica. „Wildu machen ain rubrick, dy klain aus der federn get, zu florieren; Cgm. 821, f. 26. „Liebu junffraw Els ... ewer williger diener (?) schicket mir röbreick die do gut sey, so wil ich mein fleiß thun als ver ich kan vnd scribet mir wie ir die geschrifft gern hebt groß oder kleine;" Cgm. 4666, f. 1. Cf. Diefenbach 502^a: „rubrica, rubryche, robrike." b) Das damit Geschriebene, als Titel, Überschrift einer Abtheilung im Text ꝛc. Weigand, Wbch. II, 515.

'Das Rubeblîn, ä. Sp., eine Art Saiteninstrument; Diefenbach 501^b. Diez, Wbch. 287. s. oben: Rebeba.' „Ein himlischer knab der het ain süeßes saitenspil in seinen henden daß man nennet ain rubeblin und macht auf gaistlich rayen;" Cgm. 4845, f. 6^b. Lauten slahen und quinterne daz treibends auch gerne und auf dem rubbblin geygen;" des Teufels Segi, Barack p. 58,1733^a. „Curisando, figellando et rubisando" (?); Clm. 4161, fol. ult.; '(hieher?)'.

ruebig, s. Rue und riəbig.

Die Rueb, plur. Rüeb (Gramm. 803, Ost-Isar. „Rübe unde obez Bringet ein uzman rübe her;" Augsb. Stdtb. v. 1276), gewöhnlicher: die Rueben (Ruəbm, opf. Roubm), plur. Rueben, Ruebenen (Ruəbm, Ruəbmə˜), die Rübe; (ahd. ruobâ, mhd. ruobe, rüebe; Graff II, 352. BM. II, 786. Weigand, Wbch. II, 514. Zeitschr. V, 422, 25. gl. o. 17. 95: ruoba, isl. rôfa). Hie und da wird die Rueb der Räben (brassica rapa) entgegengesetzt und zunächst für brassica napus gebraucht, im Durchschnitt aber ist jenes der allgemeine Name, der durch Beysätze näher bestimmt wird: die bayrische, die Fäsel-, die klaine, die lange Rueben, — oder: das Darr-, das Dilen-, das Pfätter- oder Pfäter-Rüeblein, die Scher-Rübe, Steckrübe, brassica napus; vrgl. Pfoschen. „Bayrisch Rieb zwen Metzen;" MB. XXII, 698, ad 1575. „Die bayrischen Rüblein, die Köstlichkeit halber den galiläischen Feigen verglichen werden;" Fischart a^o. 1590. „Dem kunig Laslo wurden (am Tag vor seinem Tode) gesendt baierische Rueblen, die man steckruben heist und sind vast süße und lieblich zu essen mit saltz. Der Kunig aße geitzigklich die Ruben und dranck daruff bier;" Matth. v. Kemnat, Cbm. 1642, f. 71. Die weiße, die runde oder gescheibte, die grüenkopfete oder rötkopfete Rueben, die Mai-Rueben, brassica rapa; vrgl. Räben, Bätzlein. „Bald flöhnet man ein die gruben kraut, bayrisch, gelb und weiß ruben;" H. Sachs 1612: I, 850. „Sawrkrawt, pairisch ruben, weiß ruben;" das. 1558, f. 440. Birlinger 376. Die gelbe Rueben (Gəlruebm). Die rothe Rueben, Runkelrübe; vrgl. Ronen. Die Schwâben-Rueben
10 in einer Anspacher TaxOrd. v. 1708 sind vielleicht brassica rapa, da die bayrischen br. napus sind. Während der Blockierung Augsburgs 1634—35 kostete daselbst, nach einem fliegenden Blatt, der Metzen der bayrischen Rüb 18 Kr., der schwabischen Rüb 6 Kr. Nach Cgm. 4905, f. 313 aber zur selben Zeit 1 Metzen bayrisch rieb 1 fl. 25 Xr., 1 Metzen schwebisch rieb 1 fl. 4 Xr. Wiener-Rueben sind dem Zillerthaler Kartoffel. In der Beilage zur Allgem. Ztg. v. 1847, S. 436 wird als Trost in der Kartoffelnoth der Anbau der Vortfelder Ackerrübe empfohlen. Hätte der Einsender B—a doch auch den botanischen Namen angegeben! Nürnb. Sp.W. Gàllə, haust dei˜ *Roubm* àllə? Hausts nét àll, huls feibàl', (d. h. um Mitte Octobers müssen die Rüben eingebracht seyn). 'Ruebendunst, als Spottname.' „Der Freyhart hießn (hieß ihn, den Bauer zu Landshut) einen Sewbayrn u. Rubendunst;" H. Sachs 1560: IV, III, 69 (1612: IV, III, 151). Der Ruepotzaun (Ruebpeunt-Z.), s. Th. I, Sp. 395: Peunt. R.A. Ein Rüeblein schaben Einem, (Franken) ihm zum Spott den Zeigefinger der linken mit dem der rechten Hand streichen. Zeitschr. VI, 469,77. Der Grübler, s. Th. I, Sp. 984. rüebin, rüeben (rüəbi˜, rüəbə˜), adj., von Rüben; *rüəbi˜s* Kraut, weiße Rüben, ganz klein zerschroten und gesäuert. „Ain Riebeskraut;" Speisezettel v. 1755. Nürnb. „Rübleskraut." „Sô lâ die armen machen rüebekrut ze geizbachen;" S. Helbling III, 232. BM. I, 891. rüebeln, nach Rüben schmecken, wie z. B. eine mit weißen Rüben gemästete Gans. Der Rüebler-Batzen, Batzen mit dem Gepräge einer Rübe, des Wappens des salzb. Erzbischofs Leonhard von Keutschach (1495—1518). Diese Münze cursierte in B. von 1502—1513 zu 4 Kreuzern oder 14 Pfenn. schwarz; Lori, M.R. I, 104. 113. 153. „Rüblerbatzen, nobis (Krainern) répar, von répa, Rübe, jetzt nur Rechnungsmünze von 6 Soldi; daher periza Name des Siebzehners (17 Kr.), weil er fünf Batzen hat, u. des Siebners, dvojázha, weil er zwei solche réparje macht. Alles das veraltet jetzt nach und nach, weil lauter Zwanziger ꝛc. cursieren;" (Kopitar; Wien, October 1839). Cf. kärnt. répar, der Batzen, ideale Münze zu 4 Kr.; (Jarnik p. 91). „Die Rieblerbatzen haben sich müssen leiden;" Dr. G. Eck gegen die Juden, Ingolst. 1532. Es wäre seltsam, wenn Bätzl (s. Bätzlein, 2) blos durch eine Anspielung auf das Emblem eines solchen Batzens die jetzige Bedeutung erhalten hätte.

(Vrgl. rah, reh ꝛc.)

Der Râch (Ràhh, schwäb. Rauh), die Rache, (ahd. râcha, mhd. râche, fem.; Graff I, 1135. BM. II, 685. Weigand, Wbch. II, 449), gewöhnlicher: Groll, Haß. ə˜n *Rach* hàbm auf Einen. Wenn I nà˜ mà˜n *Rach* an eəm auslaussn kunt! ObrM. „Allen Rach und Haß vergessen." „Sein Zorn wird dich in der Zeit des Rachs verderben;" P. Abrah. zu Rach, en revanche. „In der eng wirgt er jn zu rach;" H. Sachs 1612: II, II, 222. „Das im der schneider solt zu rach umbsunst new hosen und wammes machen;" das. II, IV, 162. Zurach sie (die Wölfe) seither den pawren jre schaf hintragen; das. 184. „Den sie zu endt zu rach jr augen hetten blendt;" das. IV, 242. ræchig, geræchig, ræchisch, adj., rachsüchtig. „Vindex, rächig;" Clm. 5387, f. XVII. „Wiə is's nét um dé Packleut ə˜ *gráchigs* Gsind!" gerächig, feurig, verliebt; (Jir.). „Ain unwürsams rächisch begern;" layische Anzaigung v. 1531. „Ain großrächiger Mann wider sein Feindt;" altes Adelsbuch. Vrgl. lanc-ræche; Nibel. 5860 (Lachm. 1401,4). „Flegmaticus hat des pluts ze vil gefangen und ist der langrächig und sweigt gern;" Cgm. 4543, f. 109. „Flecmaticus der hat des bluotes feimes ze vil gefangen der ist lanchräche und swiget gern." müchel-ræche; M.S. II, 130. BM. II, 685. Die Râchsal (Kr. Lthdl. III, 295). „Rachsal und Zorn;" H. Sachs 1612: IV, III, 242. râchsälig, adj., (Dr. Eck, 1542). S. rechen.

Der Rachen, wie hchd.; (ahd. hrahho, racho; sublinguium, mhd. rache; Graff II, 385. BM. II, 547. Weigand, Wbch. II, 449 f.). „Sublinguium, racho;" Aug. S. Ulr. 88. (sec. XV.), f. 143. Der Rachenputzer, saurer Wein, (der vermöge seiner Weinsteinsäure den Schleim im R. gerinnen macht und ablöst). Vilmar, kurhess. Idiot. 312. Zeitschr. III, 13.

rächsen, räcksen und räckezen (rácks'n, ráckəz'n), den Speichel mit hörbarem Laut heraufholen und auswerfen; (ahd. rachisôn, mhd. rahsenen, rehsenen; gl. a. 614. i. 656. 698. 1125: rahijon, screo, per vim spuo, πυτύσσω ags. hrăcan und hrăcetan, engl. to reach, isl. hrakia, schwed. rackla; cfr. niederländ. rochelen. Graff II, 385. BM. II, 547). „Die trucken huostent und bluot rächsent; Konr. v. Me-

genberg f. 199^{b}, (Peiffer 339. 18.). Husten, räuspeln und räzen; Dr. Minderer 1620, p. 128. Bey Ortolph steht „reichsen“: Plût reichsen, Ayter ausreichsen; im Cgm. 317, fol. 45^{b}: plut ausrächsen; „Wer plût rächsent.“ „Wer pluet rachsnet;“ Cgm. 4543, f. 70. „Pfarensaft trinck für plueträchsen;“ das. 141. „Plutrachsen;“ Clm. 4395, f. 200$^{a.b}$. „Swer si (die Galle)
11 uz gerahsinet, suenne si im uberget, der ist genern;“ Diut. III, 45. Cf. niederſ. rakken und, versetzt, harken statt eines ältern hraken. Der Cgm. 72 gibt fol. 42 die lat. Lebensregel: „Ad quamcumque domum perrexeris, ante screato“ durch: „In welich haws du wilt gien, so solt du ee davor stien vnd dich rewchsen gar wol, nicht still man in frömde häwser gien sol.“ Die Rächsen (Rácksn, G'rácks'n), zäher Speichel, Schleim, Qualster; (agſ. hraca, isl. hrâki, schwed. rackel, niederl. rochel). „Screatio, räzn;“ Cgm. 170, f. 10. Bey Senckenberg, C. J. G. II, jus. feud. c. 129 steht „ob yemant sich selb rauhet,“ was, wenn es hieher gehört, für räch-ezen sprechen könnte. In einem Voc. sec. XV. ist uffrochtzen eructare. Diefenbach 209^{b}.

Die Rachel, (meißnisch) Riß im Acker, česk. rokle, Schlucht.

Die Rachen, pertica, Holz-Maß; s. Rahen.

raichen (raəchə˜, O.Pf. ràichə˜), 1) verb. n., wie hchd. reichen, d. h. sich ausdehnen, erstrecken; (ahd. reichan, mhd. reichen; Kero VII, 14. gl. i. 900: kireichan, pertingere; agſ. ræcan. Graff II, 396. BM. II, 653. Weigand, Wbch. II, 479). 's Wassəʳ hat übəʳ mi' aus *g'raəcht*. raichen, verraichen, gereichen. „So uns zu mörcklichem Nachthaill und schaden verraicht;“ Landtag v. 1669, p. 376. „Die zu merklichen schaden raichende sicherheit;“ Landtg. v. 1612, p. 10. 'anraichen, sich anraichen, ein Gebrechen der Pferde; Grimm, Wbch. I, 425.' Wenn ein phärd anraicht so nim ain karspueleich und waschs damit“... „Wan sich ain phärd tritt oder anraicht mit den hindern fuessen in die vordern das yem dye adern pluetten;“ S. Nicol. 213^{a}, f. 48$^{a.b}$. 2) raichen, geraichen (graəchə˜), verb. act., wie hchd. reichen, d. h. durch Ausstreckung der Hand darbieten, geben überhaupt. Einem aine (sc. Ohrfeige) raichen, (O.L.). Steuern, Gülten, das Lehen ꝛc. raichen, verraichen, abreichen oder verabraichen, oder erraichen. „Den Kutschern hast du ein schweiners bratl und Bier und Brod, so viel sie halt wollen zu verreichen;“ Bucher's s. W. IV, 228. „Wie viel die Söhne den Töchtern zur Aussteurung zu erreichen schuldig seyn sollen;“ Wirzb. Ldg.Ord. v. 1618. Der Raich, Abraich, Verraich, die Reichung, Entrichtung. Der Lêhenraich, was der Lehenmann dem Lehenherrn bey jeder mit jenem oder diesem in Hinsicht auf das Lehengut sich begebenden Veränderung zu entrichten hat; ehmals gewöhnlich 5 vom Hundert des Gutswerthes; Anlait, laudemium, relevium. Urbars Gebrauch p. 70; cfr. Kr. Lhdl. VII, 365. XII, 277. „Der jährliche Abraich der Präſtanda;“ Wgr. C. u. C.B. I, 283. Der Handraich, (L.Ord. v. 1518, z. B. 137, 2 Art.) Handlanger. In einem andern Sinn hat ein Voc. sec. XV: hantraich thûn, sublevare. Der reiche (Nachbar Hecker) achtet nit des armen thet sich seiner hartsel nit erbarmen und jhm nimmer kein handreich thet;“ H. Sachs 1560: V, 374 (1612: V, III, 75). 3) raichen, verb. act., (ä. Sp.) durch Ausstreckung des Armes oder der Hand nehmen, aus der Entfernung her nehmen, holen, (in diesem Sinn bey den Schweizern noch jetzt üblich): „vmbrachen,“ amplecti; Voc. Ms. Tegerns. v. 1455. „Daz prot in den häwsern raichn,“ (in den Häusern der Bäcker holen); Wstr. Btr. VI, 151: Münchner „Beckhensecz“ v. 1468. „Wer ain erbschafft kaufft, der sol es raichen von uns und unsern Gotshaws,“ (soll das Erbrecht-Gut aus unsrer Hand in Empfang nehmen); MB. V, 221. Wenn des Closters Chiemsee Richter einen Dieb dem landesfürstlichen Richter auszuliefern hat, so soll dieser „mit seinen Ambleuten reiten in den See hinz 12
an dem Satl und den Dieb da raichen;“ MB. II, 507, ad 1462. MB. V, 179. 489. VII, 154. 245. XVIII, 46 kommt bey Schankungen an Klöster die Clausel vor, daß die Klöster, wenn der Schenker innerhalb einer gewissen Entfernung, z. B. von 12 Meilen, mit Tod abgegangen, ihn „mit iren aigen gevart oder wagen raichen,“ und bey ihnen begraben sollen. MB. IV, 169 steht durch einen Druckfehler raythen statt raychen. Der Handraich, Handlanger; agſ. ærend-raca, Botschaftbringer, Gesandter. nâhgeraichische (nàhhgraəchisch, Jlm), begehrlich, habsüchtig; ə˜ *nà'graəchigé* Perschə˜, die Andern gern zu nahe tritt, geizig? (Nimberg, 1838). s. recken.

Der Râuch (Ráhh, Rôhh, Rauhh), 1) wie hchd.; (mhd. rouch, ahd. rouh, isl. reykr, agſ. rêc; Graff II, 436. BM. II, 746. Weigand, Wbch. II, 467). Aigenen Râuch (sc. von eigenem Herde, d. i. eigene Haushaltung) haben oder halten. „Ledigen Knechten und Weibsbildern, die nicht aigenen Rauch haben, ist verboten, das Tagwerk zu arbeiten;“ Kr. Lhdl. 427. Wstr. Btr. VI, 150. GerichtsOrd. v. 1518, Tit. 2. 55. L.R. v. 1616, fol. 215. 306. „Wie lang die, so ir Burger-Recht auffagen, alhie aignen Rauch haben mögen;“ Amb. St.B. 56. S. unten Ruck. Zunächst in dieser Beziehung sind wol zu nehmen: 'der Rauchhafer', das Râuchhuen, ein allgemein bekanntes Feudal-Reichniß, (Vilmar, kurhess. Idiot. 317); das Rauchpfund, (wirzb. Brord.) jährliche Abgabe vom Besitz eines eignen Herdes; s. Pfund. Der Rauchgrundherr, jener, welchem ein mit seinem Besitze noch andern Grundherrschaften unterworfener Grundholde mit dem Hause grundbar ist; (Jir.). Der Waldräuch, Harz, welches aus Tannen, Fichten, Kiefern schwitzt, öfter in Körnern abtropft und von den großen Ameisen in ihre Haufen getragen wird, woraus man es nach Martini ausscheidet und als Mastix verkauft; (Jir.). 'Der u. das Weihräuch, ä. Sp., (mhd. wîhrouch, wîrouch; BM. II, 746).' „Daz hailige wiroch;“ Griesh. Pred. II, 116. Râuchfang (Rau'fang), der Schornstein; (vrgl. Kömich, Kender). Das Rauchloch. „Sam ein rouchloch, daz riuchet und darûz farn heize fiures fanken;“ Labr. 313. Die Rauch-Nächte, plur. (Rau'nácht, Ráhhnácht, Rá'nácht), die zwölf Nächte, (die russischen Swätki; Lehmann, Magazin f. d. Lit. des Auslands 1839, Nr. 41. 42) und überhaupt die Zeit zwischen Christi Geburt und heil. Drey-König, (die Unternächte, d. i. unter, *inter* natalem et Epiphaniam; Grimm, Mythol. XLVI ff.), die der Volksglaube für besonders geeignet hält, sich mit der Geisterwelt in Verbindung zu setzen; namentlich der Vorabend oder die Nacht zum Christtag, zum Neujahrs- und zum Dreykönigstag. (Auch die Thomasnacht ist eine Rau'nácht; 'vrgl. unten.') Von dem, was in diesen Nächten schauerliches und geheimnißvolles vorgeht, weiß sich die junge und alte Kinderwelt viel zu erzählen. Varias (22) superstitiones harum noctium vide in Thesauro pauperum Cod. Teg. 434, sec. XV., voce superstitio. In der Rau-Nàcht kommt z. B. im b. W. (wie auf Island die Jôla-sveinar) der Semper, schneidet den unartigen Kindern, die er findet, den Bauch auf, und legt Kieselsteine hinein; in Franken kommt die Hulde (Hullə) oder der Hulləpöpel über den Rocken der unfleißigen Mägde, und zeichnet ihn auf eine unsaubere Weise. (s. Eckard, hist. Franciae orient. I, 276). Im b. W. wird metonymisch eine vermummte, stark verhüllte Weibsperson selbst ə˜ *Raunàhht* betitelt: Dàs is ə˜ rèchté *Raunàhht.* Die Waldlerinnen hüllen sich gern (wie die Damen in Shawls), aber sie über den Kopf hängend, in ihre sogenannten Tischtücher von schöner Leinwand, mit einem rothen Streifen in der Mitte und rothen Trodeln (Trollen) an den Ecken; (ObrM.). Einige machen aus dem wetterlichen Zustand dieser 12 Nächte zuversichtliche Schlüsse auf den der 12 Monate des kommenden Jahres, was im Isländ. Jôla-skrâ heißt. Weit und breit ist das Lôßeln (Wahrsagen) aus der Herdasche, gegossenem Bley ꝛc.

(s. Th. II, Sp. 1519) üblich. Auch in den deutschen Gemeinden bey Pergine im Tridentinischen enthalten sich zur Zeit der Rauchnächte die Männer der Jagd, die Weiber des Spinens; Vieh wird nicht am Brunnen, sondern im Stalle getränkt, u. drgl. m. Bartolommei Ms. Hormair, Gesch. von Tyrol I, 141. Die Erklärung der Benennung dieser Nächte aus dem um heil. Dreykönig üblichen kirchlichen Beräuchern, Besprengen und Beschreiben der Wohnungen ist natürlich genug, („Duodecim illis noctibus, quae Christi natalem epiphaniamque intercurrunt, nulla fere per Franconiam domus est, quae saltem inhabitetur quae thure aut aliqua alia redolente materia adversus daemonum incantatricumque insidias non subfumigetur;“ Joannes Boëmus, de omnium gentium ritibus, 1520, fol. LIX. Mone's Anzeiger 1838, Sp. 423), und die Vermuthung, daß die Form Rau-Nacht als Raun-
13 Nacht mit dem alten Giruni, mysterium, dem Alraun ꝛc., wie etwa gar die, daß die Hullə mit dem nordischen Jul-fest (isl. iol, geol) zusammenhange, überflüßig. Daß indessen diese, dem christlichen Aberglauben so bedeutende Zeit mit dem vorchristlichen, im Solstitium üblichen Cultus (vrgl. Sunnenwend) eine gewisse Verbindung habe, wird schon daraus wahrscheinlich, daß auch in der Nacht zum Thomas- (Apostel) Tage, die keine der Rauch-, wohl aber der Solstitial-Nächte ist, gelößelt und drgl. wird. Das Râuch-kämmerlein, -stüblein, (O.W.) Kämmerchen oder Stübchen, am Schornstein so angebaut, daß der Rauch in dasselbe kommen und das darin aufgehängte oder aufgeschichtete Fleisch durchdringen könne; (Baur). Der Râuchwegken, (München) besonderes Brod, das zur Zeit der Rauchnächte gebacken wird. „Zum Rauch läuten war (sagt Wstr. in seinem Glossar, voce Rauchnächte) noch unlängst jeden Sonnabend auf dem Lande gebräuchlich.“ 2) Der Dampf, Dunst. Də' *Ráhh* vo˜ də' haəss'n Suppm. əs is eəm də' *Ráhh* zə'n Mál raus'gangə˜. Də' *Ráhh* am Himmel (Dunst in der Atmosphäre, — schott. reuk, Atmosphäre, roik, rook, dicker Nebel). „Der Himmel ist râuchig,“ mit Dunst überzogen. S. Ruck. 3) ä. Sp., Geruch. „Obsolere, verriechen, sein smach und rauch verlieren;“ Avent. Gramm. „Die speis gab im so sueßen rawch;“ Cgm. 714, f. 116. „Auch sol man yn den thürnen freydige hund halten, die den Feind durch den Rauch mit bellen angeben und verrathen;“ Vegetius v. 1529, lib. IV, c. 24. In einem Artikel: „von vergiftenn unnd vnuergiften Reüchen und Dämpfen“ gibt das Fwrb. Ms. v. 1591 die Mittel an, einen „Geschmach oder Rauch“ unter die Feinde zu schießen, von dem sie, „zuem minsten 40 Stundt lang Synnloß werden.“ „Der Driackers weret den Rauchen von dem Magen;“ Ortolph. „Swelchem menschen der atem smeckt dem vertreibt daz rosenöl des bösen atem rauch;“ Cgm. 592, f. 25^b. „Odor, schmeck vel rach;“ Voc. v. 1429. „Freisingerin Leinweberin ligt im Rauch (?), hat dem Ainhauser diener gesagt, sey eins Paurn tochter;“ Münchner Verhör wegen der Communion sub utraque, 1571, Nr. 115. S. riechen und Ruck.

râuchen (ráchə˜, rôchə˜; b. W., raukə˜, raukhə˜), 1) wie hchd.; (ahd. rouchun, mhd. rouchen, isl. reykia „Aftn *rauck* i' Dáwág;“ Stelzh. 112. „Da stört di' kain Feind wos (als) dö säusáräd Muck, und dá *rauck* ná schen frisch; d'Mucken scheuán 'n *Ruck*;“ das. 113. „Deənál wiə hàbms miər zwaə nèt ə˜màl 'tribm! 's Feuər is à'pfluscht də' *Rauckng* is 'blibm;“ Seidl, Flins. 3. Ausg. 103. verrauchen, ä. Sp., (?). Als Cap. 19 der Guldin Bibel wird im Cod. Poll. 445, fol. ult. angegeben: „Frowen sind verrauchen verbotens ze verbringen kinder ze geberen ire kind ze besäligen große er ze ervolgen ꝛc. Cf. mhd. verwâzen. 2) räuchern; (ahd. rouchan, mhd. rouchen; Graff II, 438. BM. II, 747. Weigand, Wbch. II, 467). râchen, fumigare;“ Voc. v. 1429. „Die Impen râchen;“ LOrd. v. 1518, Bienen durch Rauch tödten. Eine Person oder Sache à˜ ráchə˜, ei˜-ráchə˜. „Lât iuch rouchen!“ Grimm, Reinh. p. 373,553. Die Wohnstuben, Ställe ꝛc. ausrâuchen, in denselben unter gewissen Gebeten und Ceremonien Weihrauch anzünden. Es geschieht dieses jährlich in den sogenannten Rauchnächten von Seite der Geistlichen, die dabey zugleich mit geweihter Kreide die Anfangsbuchstaben der heil. drey Könige C. M. B. an die Thüren schreiben. In München hat es jedoch nur mehr auf Begehren der Hausbesitzer statt, die ausdrücklich auf einem alten Brauch festhalten, der ehemals besonders von den Bettelmönchen sehr wohl benutzt wurde. Ins Râuchen gehen, zu diesem Ende in den Häusern herumgehen. Auch das Zeltenbrod (Klözenbrôd) muß in den drey Rauch- 14
nächten (heil. Abend, Neujahrs- und Dreykönig-Abend) eingeraucht werden; (O.L.). So ist im Münchner heil. Geistspital-Manual Cbm. 2086 (v. 1519), fol. 76. 77. 80. 118. 119 bemerkt: „man gibt ze rauchen,“ oder blos: „man raucht“ (so und so viel an Broden oder anderm Gebäck). „Spricht der prior ein gepett über das grab, darnach raucht er das grab;“ Tegerns. Cerem., Cgm. 1148, f. $48.^{a\,b.}$ „Item an dem Weihnachtabent noch an dem rauchen so messent die lewt 9 leffl wasser in ain hefen“ (ist des andern Tags minder, so werden sie arm); Grimm, Mythol. XLIX, 43. „Item allew milichhefen sturzen sy auf den tisch und rauchentz, so stilt man in dy milich nicht;“ das. L, 50. Vrgl. weihen. (B.W.) RA. Haə˜-l, dà *rauch* hèə'! da paß auf, da komm her! Oder sollte dieß noch das alte ruchen (rouchə˜; w. m. s.) seyn? Vrgl. die RA. Daar ruuk an, (da riech dran) im Brem. ndrs. Wrtbch. III, 545. „Item den rauchscherben gebut (hebent?) sy drei stund uber sich so beißent es dy ..... nicht des iars;“ Grimm, Mythol. L, 55; (vgl. unter rauchen, 2). ræucheln (ráohəln), nach Rauch riechen oder schmecken. D'Suppm. *ráchəlt*. Zeitschr. II, 469: ráchern. V, 463: raucheinen, rauchenzen. S. auch riechen als Stammwort von Râuch, und vrgl. Ruck.

rauch, adj., s. rauh. Rauchfrost, Reif; Zeitschr. IV, 181. Rauchbank, langer Hobel; Zeitschr. VI, 152.

rech, riech, sieh rieh, rauh, trocken. BM. II, 699.

1) rechen (rèchə˜), rechern (rèchə'n), wie hchd. rechen (colligere rastro, urspr. wol colligere, congerere überhaupt; vrgl. Grimm II, 26 und rechen, 2 und gerechen, adj.). Der Rechen (Rèchə˜), 1) wie hchd.; (Graff II, 386. BM. II, 588. Weigand, Wbch. II, 471. gl. a. 17. 53. 676: recho); 2) das Trockengebäude bey einer Cotonfabrik u. Türkischroth-Färberey; (Augsburg) Allgem. Ztg. 1836, außerord. Beil. p. 1272. Der Haber-Rechen, Vorrichtung an der Sense, mit welcher Haber gemäht wird; diese ganze Sense. Der Abrechen, der Abrecher (A'rèchə˜), rechenförmige Vorrichtung: 1) an der Sense zum Habermähen, 2) an Weihern und Wasserablässen, 3) an einer Art Brücken, die, schräg über einen Fluß gebaut, die Bestimmung haben, das herabschwimmende Triftholz aufzuhalten und in einen Nebenkanal zu leiten. „Die fischwaid von dem abrechen dacz dem Chern uncz an den gruebhof“ (bey Uttendorf, Innviertel, 1365); Cgm. 3941, f. 25. „Vischwaidt in der Mätich von dem arechen bei dem lüger bis an den nidern arechen ze Straß niderhalb Helffaw; das. u. 215. Der Vorrechen (Vaə'rechə˜). Bis zən *Vaə'rechə˜*-r-is ə' àbi gschwummə˜ à˜ den is ə' stéckə˜d 'blibm; (ObrM.). Rechenberg, Rechberg; Cbm. 1524, f. 13.

2) rechen. „Daß man sich niemahls schlaffen legen solle, bis zuvor das Feuer zusammengerochen oder mit allem Fleiß zusammengebutzt sey;“ Freysing. FeuerOrd. v. 1719. Ohne Zweifel ist die Bedeutung rechen keine andere als die des im I. Th., Sp. 742 aufgeführten trechen, und die Form die eines Ablautverbs, neben dem vorhergehenden Ableitverb rechen; (BM. II, 588: ich riche, rach, gerochen. Weigand, Wbch. II, 471). „Der mensch sol recht tuon als der burgærin diern: diu richet des nahtes einen starken brant in den hert, ob daz viwer erlesche, daz si doch viwer habe;“ Cgm.

176, f. 226ᵇ. Pfeiffer's Mystiker I, 397,3 und daselbst p. 567, citiert aus dem „Buch von guter Speise“ (Biblioth. des lit. Ver. in Stuttgart IX) Nr. 20: „riche vaste choln darunder, daz er (der Stockfisch) rôt werde,“ u. Nr. 38: „riche vaste viur darunder.“ „Er rach übr in brend unde koln;“ Wolfr. Wilh. 286,18. „Daß niemant den andern bei nächtlicher Weil mit (nach?) gerochnem feuer bey seiner behausung mit nichtig belaidig oder überfall;“ Schärding. Ehaft, Cbm. 3238, f. 49. „Als sprœch er: so dem fewer ist berochen, so seudet mein kessel und seusset mein pfannen;“ Valkn. 108. Diut. III, 37 heißt es vom Strauß: „Er grebet in die erde und berichet diu eier mit dem sande.“ „Da ward der herd entrachen und darzu der cholen dach,“ um wieder Feuer anzumachen; Cgm. 270, f. 63ᵃ (379, f. 25). „Nun hab ich gspult das fewr zugrochen,“ sagt die Magd bey H. Sachs 1560: III, III, 28ᵃ. „Ich wil hinaus gehn in die kuchen und wil zusammen rechen das feuer;“ das. 1612: IV, III, 20. „Fieng an ins grochen fewr zu blasen darin noch glauend kolen wasen;“ das. 1612: V, III, 76 (1560: V, 374). Ob das goth. rikan (rikis, σωρεύσεις, ad Roman. 12,20) das eine oder das andere sey, ist noch ungewiß. Cf. gl. i. 548: „rehananta, tepentes.“ Cod. Verc. 1, 541: „wære bewrecene“ u. VI, 502: „sande bewrecene.“ Firmenich I, 331,33 (Waldeck): too reeken; Ehrentraut I, 39 (Wangeroog): tô ricke. Vrgl. gerechen, adj.

3) rechen wie hchd. rächen; (mhd. rechen: ich riche, rach, gerochen; ahd. rehhan. Graff I, 1132. BM. II, 682. Weigand, Wbch. II, 450). Daher das heutzutag im Dialekt üblichere abgeleitete rechnen (réchnə˜, réchə˜n. Vrgl. Vilmar, kurhess. Idiot. 319): I will mi' scho˜ à˜ diər *réchnə˜*! „Sich an seinen Feinden nicht rechnen:“ P. Abrah. „Ueber ein Jahr muß diese Frevelthat gerechnet werden;“ 7. Predigt auf St. Benno's Jubelfest v. 1723. „Sich rechnen ...“ „wollt seine Brüder rechnen;“ Avent. Chr. 74. 403. „Der Kaiser wirt mich an dir rechnen;“ Lirer XIII. „Obe du riches, si vindicas;“ Cgm. 17, f. 146ᵇ. „Er richet, ulciscetur;“ das. 215ᵇ. „Nie hunt von swîne alsô wart verhouwen, daz sich ûf einem walde het gerochen;“ Labr. 121. „Da werde der minne an mir alsô gerochen;“ das. 717. „Den der wolf richet, der ist gerochen;“ Valkn. 132. „Ich wirde an im errochen;“ Helmbr. 1871. „Do sie sich wol an im errâchen;“ das. 1877. 'Der Gerich, ä. Sp., die Rache, Strafe; BM. II, 685.' „Vindictam, die gerich,“ Deuteron. 32,13; Cgm. 17, f. 215ᵇ. Vgl. Th. I, Sp. 586, Tod: todreche. S. Räch. Eine weitere Bedeutung als blos die von ulcisci, nemlich die von treiben, betreiben, vertreiben, verfolgen, haben die goth., ags. und isl. Ablautverbe vrikan, vrecan, reka. (Vrgl. Recke.)

15 recheln, ä. Sp., eine Art zu fischen. „Item das Recheln in der Donau bringt auch eine große Oedung der Fische. Soll fürbas nimmer geschehen;“ Kr. Lhdl. VIII, 400, ad 1484. XIII, 143, ad 1500. Das Voc. v. 1419 hat „rechling, orena, piscis,“ (Diefenbach 400ᵃ); eine Perca? S. Th. II, Sp. 1492: Rehling, der Börs im vierten Jahre. s. unten Reichling. Oder gehört das Verb zu 1) rechen?

rechnen, rächen; s. rechen.

rechenen (rèchə˜n), rechnen (rèchnə˜), wie hchd. rechnen; (ahd. rechanôn, mhd. rechnen; Graff II, 381 f. BM. II, 589. Weigand, Wbch. II, 471. Goth. hai rahnjan, isl. reikna denselben Sinn; cfr. Grimm II, 167. 168). „Rechenen, rationem ponere;“ gl. o. 264. „Investigare, außrechnen, paß nachgedencken; rechnum machen, facere ratiocinationem;“ Av. Gramm. ze rechenen (z' rèchə˜n), adverbialiter, so zu sagen, beynahe. Er ist *z'rèchə˜n* noch ein Kind. Er ist *z'rèchə˜n* bis zwölfe ausgebliben. „Seind selbige, welche bey 300 gewesen, zu rechnen, in einem Augenblick nidergemacht;“ Wstr. Btr IV, 149. Das Rechnen mit Rechenpfennigen ist sehr anschaulich abgehandelt im Cgm. 739, f. 54—62 u. Cgm. 740, f. 1—29. Vrgl. gerechen.

Der „Rechner,“ (Scheyrer DienstbotenOrdn. v. 1500) eine Art Bohrer: „Pantner, Rechner, Zapffer.“ VII Com.: richen-recho, demin. richenle, Bohrer, succhio, succhielletto; Dalpozzo 376.

gerechen (grêhhə˜), a) adj., gerade. „Aftn werd mə˜ krumb und grêhhə˜ („grehä“), alləs mitənandəᶜ sêhhə˜ („allssant überänand gehn sehä“), lirum lárum Léffəlstil, wiə hȧlt 's Glück i˜'n Fasching will; Lied v. M. Lindermayr p. 161. grêə, grê', (Mindelheim, Kempten) fertig. Mit der Arbeit sind wir *grêə*. b) adv., grêhhə˜, grêhhə˜s, grêhhə˜st, gerade, geradezu, gleich; sogleich, alsogleich. „Verklagt muess's seyn, 's mag krump gehn oder *grehä*;“ Lindermayr p. 143. „Aft wills dəᶜ nét *krehä* gê, dés is ə˜ Pei˜! Do' so gscheid ə's wiə 's Báchə-l wirst dennə' wol sei˜: dàs windt si' und boigt si', das drát si' und schmoigt se', nà gê˜, saət's, nà gê˜! àlls is béssəᶜ wàs 's Stê˜!“ Stelzhamer in Kaltenbrunner's Jahrb. 1844, S. 263. „D Schildingá Kirá schaut di' *stikreár* (stick grechen?) an wiə-r-á Mensch, der di' gfrait;“ ders. Lieder p. 161. Gê nà˜ *grêhhə˜* furt! Doch sollen sy die netz setzen gerechen in den see und nit auf die seiten;“ MB. VIII, 280, ad 1441. „Unnd da dannen gerehen hinauf an di Ysterpruckhen;“ Burgfridsbeschreib. von München de a°. 1460. Wstr. Btr. VI, 192. Dés is scho˜ *grêhhə˜s* g'fált g'wé'n, das war schon gleich gefehlt. „Khai Wundä wärs, wenns khrechest hetn verzagt;“ Bauernlied über die Entsetzung Wiens 1683. Kero 46,6: rehchan, ultro; ags. recen, protinus, cito; „wol zuo gereche, plene. Grimm III, 148. Graff II, 397. BM. 587 f. Vilmar, kurhess. Idiot. 311. Zeitschr. III, 109. 193,150. „Daz daz ore verneme gereche swaz iemen spreche;“ Diut. III, 44. „Und waz nach gotis willen greh; Diut. II, 123. „Miniu bein ungerech sint, conturbata sunt ossa mea; Notk. Ps. VI, 3. „Mir gereh alde ungereh pegagene, imo danchon ich;“ Ps. XXXIII, 2. cf. Notk. X, 18. Tat. 53,10. 153,1. Ungerech, passio, tumultus. gerechenen, (Windb. Psalter, Cgm. 17, f. 45ᵃ. 129ᵇ. 207) praeparare: garwe ich, oder gerechene ich, praeparabo. uoregerechenen, praeparemus. „Unz ich mich darzuo mege gerechinen ...“ „du (Johannes) tuost die furefart imo ce gerechenenne sine wege;“ Diut. III, 78. 137. 'BM. II, 588: gerechenen, gerechen, bereiten.' Ein buoch von der hübscheit (Hofzucht) „daz seit ich in welhscher zunge, und solt ichz entiusche gerechen, ich enmöchtz niht gâhs gesprechen; v. w. Gast 1685, (cf. 1175 ff. 1551 ff.). „Tha he hæfde ealle his fare gerecenod“, when he had arranged his whole expedition; Saxon., Chron. Ingram p. 237. „Er het mich wärlich überwitzt wer mir als umb ain nadel bick künt an jr lib mayligen zick erlügen noch erspechen; als gar hat si (sich?) grechen;“ Liedersaal I, 382 (L, 260). Cf. Notk. Ps. LXVII, 10. LXXXIII, 7: gerechenon; gl. i. 366: girehhanoter, directus. Stalder II, 264 hat noch ein einfaches rechen, gerechen, praeparare. grèəchtə˜, krèəchtə˜, (O.Schwaben) am Samstag vollends aufarbeiten. Ob das subst. fem. garehsns der goth. Homilie hieher passe? Vrgl. Grimm, Reinh. 274.

aufgerechen, ä. Sp., aufrichtig, recht; (cfr. aufrecht). „Das Glaitt soll aufgerechen sein und kain Schonung haben.“ „Ain aufgerehens (aufgerech- 16
tens ist wol ein Druckfehler?) ungeverliches Glait;“ MB. IX, 289, ad 1456 Diese Form gerechen sieht aus wie das Particip. präterit. eines nach sehen, geben ꝛc. conjugierenden Ablautverbs; (vrgl. unter rechen, 2 und unter recken das goth. rikan). Verwandt mag ihr seyn das niedersächsische reken, richtig, ordentlich, unverworren, rein.

Der „Rechkäs." Nach der Scheyrer Dienstord. v. 1500 gebührt dem Bader „zu St. Marteinstaq ain gans, zu weinachten ain rechkäs vnd zu ostern ain fladen." Cf. das folgende Wort und vgl. unten: Rätzeln.

Der Recher? (cf. das vorige Wort u. Th. II, Sp. 1021: Råhh, Rauch. Ehrentraut I, 101: wangersch rockig, neblicht). „Die Selde sol geben iærlichen zwen Metzen Oeles, zwen ß. dn., ain hune und ainen recher." „So gültet die selld iærlich ain metzen ölls zwelff pfenning für recher und weisat, dreißig Ayer und ain Fasnacht-hennen." „Der zins der iärelichen aus dem garten gat mit sampt dem recher und dem vasnahthun;" MB. XXIII, 60, ad 1326; 414, ad 1436; 594, ad 1479.

reich, adj. wie hchd.; (ahd. rîhhi, mhd. rîche; Graff II, 387. BM. II, 686. Weigand, Wbch. II, 479 Vilmar, kurhess. Idiot. 319): ə˜ reiche Hauben u. drgl., aus echtem Gold- oder Silberstoff verfertigt. Reiches Almuesen, e˜ reiche Pfrüend, (München, Nürnberg, Neumarkt; MB. XXV, 64. 70.) im technischen Gegensatz von einer minder ergiebigen Fundation. Reiches Salz, Salz von dem reichen Hall (Reichenhall) und nicht vom kleinen Hall oder Häll-lein („Hallein"), dessen Salz man armes nannte. „Daß die von München kein armes Salz führen sollten, dieweilen sie reiches Salz zu Wasserburg, Traunstein oder Reichenhall finden;" Kr. Lhdl. I, 258, ad 1456. „Ain reiche Scheiben salz;" (Hohenwart), MB. XVII, 170, ad 1451. Reiche Fueder, (Traunstein, Lex. v. B.) gedörrte Salzmassen, 55--60 Pfd. schwer, die 15–20 Meilen weit ohne Gefäß, ohne Zerbrechen blos mit untergelegtem Stroh verführt werden." (cfr. Fueder). „Absatz reichen Wesens so vil, Halleinisch Wesens so vil;" Hazzi, Satist. III, 1006. „Do ward manig edler reich und sälig" (von den aufgelesenen Stücken Smaragds); Cgm. 735, f. 43. „Das reich, selig Land Armenien;" Avent. Chr. 67. Reichmannskind, (U. Mayn) scherzh. Appellativ und Nomen propr. Der Reichtuem, ä. Sp. auch daz reichtuom (Graff II, 394. BM. II, 691), woher der Neutralplural: Reichthümer. 'reichlich, adj. u. adv., ä. Sp., reich, stattlich; (mhd. rîchelîch, rîlîch; s. oben: reilich).' „Der marschalch sol haben ain reichlich ros;" Regel des Spitals zu Jerusalem, Clm 4620, f. 103. reichselig, s. unten: sælig. „Der in (den Stein chrisoprasus) treit er ist zer werlt rihselich;" Clm. 536, f. 83ᵇ.

Das Reich, a) wie hchd., (ahd. rîhhi, mhd. rîche, Graff II, 390. BM. II. 692. Weigand, Wbch. II, 479; nicht blos chuning-rîche, regnum, sondern auch herzog-rîche, ducatus, gl. o. 339, und wol im letztern Sinne: Suâbo rîhhi bey Otfrid, ad Salom. 9, sowie im alten poetischen Fragment von Herzog Heinrich: „dero Beiaro riche." Cfr. Carintriche und drgl. Himilrihhi und erdrihhi; Otfr. V, 4,25. V, 23,137. „In hymelreich vnd auf ertreich." „Chayserin hymelreiches und ertreiches;" Cgm. 73, f. 2. Christianismus christenreich, paganismus haydenreich, judaismus judenreich;" Clm. 5387, f. 1ᵇ. „Christianismus kristenreich, paganismus haidenreich;" Semansh. 34, f. 192. Aus den Zeiten des weiland heiligen römischen Reichs (regnum, imperium) wird sich im gemeinen Leben vielleicht noch lange erhalten die R.A.: im Reich, d. h.
17 in Franken und Schwaben, — vermuthlich weil da, der vielen einzelnen Gebiete wegen, die Reichsverfassung am anschaulichsten war. ä. R.A. Auf des Reiches Straße (öffentlich), z. B. Einem ein Gut aufgeben; MB. VI, 586. 603. VIII, 243. 226. Cfr. „Vint ain man gut auf der stras, die frei ist, under der erd, daz ist dez reichs, und dem vinder soll der vierde tail werden;" LandR. Ms. v. 1453. Mancher Straße klebte die Gerichtsbarkeit über die daran liegenden oder anstoßenden Dörfer (freyen Leute) an, die als Straßvogtey vom Reich zu Lehen gieng. s. Wstr. Btr. IV, 34. MB. XXII, 21. 'b) das Oberhaupt des Reichs, der König; BM. II, 693,2.' „Ez ist müelich, sage ich dir, vor dem rîch ze reden vil;" S. Helbling VIII, 675. 'reichenen, ä. Sp., herrschen, regieren; (mhd. rîchenen, rîchen neben rîchesen, rîchsen, rîchsnen, ahd. rîchisôn; Graff II, 395. BM. II, 695. 696).' „N. reichnocht gewaltichleich," gewöhnlicher Anfang der Erzählung der Gesta Romanorum, Cgm. 54, '(z. B. Keller p. 5. 9. 46. 52. 54. 59. 68 ꝛc.).' „Recht als du ymmer reichen süllest und chirnich sein."... „daz er nicht lenger reichent dann nvr ein iar;" das. f. 51ᵇ, Keller p. 99. 100. c) ä. Sp, regio, die Gegend, der Bezirk, Strich, das Gebiet. Weigand im oberhess. Intelligenzbl. Nr. 51, v. 4. Juli 1849, S. 219 deutet das -rich der dortigen Localnamen Hirterich, Büderich als Gegend, Bezirk, Gebiet. (Hirten-Bezirk, ...). So hieß ehmals die Gegend am Regen bis Viechtach herab das Viechtreich. „Alram von dem Degenberg Pfleger in dem Viechtreiche:" MB. XII, 194, ad 1351. „H. N. Lant-richter im Viechtreich;" ibid. 217 ad 1416. „M. W. vorsprech im Viechtreich; MB. XII, 231, ad 1422. „Landgericht im Viechtreich;" Kr. Lhdl. VI, 71. „Kastner im Viechtreich; Kr. Lhdl. XI, 467. „Beyde Landgerichte im Viechtreich mit samt beyden Märkten Viechtach und Regen;" Kr. Ldhl. XVI, 59, ad 1506. „Ober- und Nieder-Viechtreich;" ibid. p. 218. Nach Hazzi, Statist. IV, 151 hört man aus dem Munde des Volkes noch jetzt „Viehdarich" (Vêidərich)? Das Chambrich, die Gegend, der Gau an der Chamb: in pago Champriche; MB. XI, 157. v. Lang, Reg. ad 1050. Ein großer Strich des heutigen Österreich, zwischen der Donau und Böhmen, hieß beynahe bis auf unsre Zeiten herab das Voigreich. MB. IV, 296 u. 322: „In rure quod Peuchrich dicitur." Es gab in diesem österreichischen Bezirk ein Bogen und ein Windberg wie in Bayern; vermuthlich legten die in andre Gegenden verpflanzten edeln Geschlechter ihren neuerbauten Burgen und Schlössern gerne den Namen der alten, väterlichen bey, von denen sie abstammten. Ôstarrîhhi, Österreich selbst wurde ursprünglich nur als regio orientalis, im Gegensatz von Uuestarrîhhi, genommen. Cf. Th. I, Sp. 170.

Der Reichen, s. Reihen.

'Der Reichling, eine Art Fisch; Diefenbach 433ᶜ: „pictileus, pictillus, rogeling, regling, rechling, reckling ꝛc. Vgl. oben, Sp. 17, recheln: Rechling.' „De piscibus et monstris marinis: pictillus, reichling; Semansh. 34, f. 202.

-rich, die Endsylbe an einigen männlichen Thier- und andern Namen lautet im altb. Dialekt blos rə': der Antərə', (o. schwäb. Andrach, ahd. ant-recho; s. Th. I, Sp. 114), Enterich, bey Konrad v. Megenberg der Antreich, des Antreichen, Cgm. 38, f. 75; Gansərə', Gänserich, Kådərə', Kater, Taubərə', Täuberich; Wégərə', Wegerich. Vrgl. Grimm II, 516. S. auch Recke.

riechen (riəchə˜, o. pf. rêiching): es riecht, reucht (riəcht, riucht), roch, riechet, hât gerochen, Rauch, Dampf, Dunst von sich geben, also was hchd. rauchen und riechen, (ahd. riohhan: rouh. girohhan; mhd. riechen: ich riuche, rouch, gerochen, in beiden Bedeutungen. Graff II, 436. BM. II, 745. Weigand, Wbch. II, 494. Zeitschr. III, 41,15. IV, 135,55. VI, 285,613). „Dər Uəfm *rêicht*, der Ofen raucht; „ein riechender Ofen, clibanus fumans;" gl. v. 1418. „Gespenster, die Schwebel aus der Nase riechen;" P. Abrah. „Do man den rauch (vom Brand zu Pasing) sach riechen hie zu München; Schlacht bei Hoflach, 1422; Monac. Aug. 181, f. 105ᵇ. „Dô jâhens in dem schiffe riechen daz bluot;" Nibel. 6278, (Lachm. 1506,2). „Ruore die berga, so riechent sie;" Notk. 143,5. 103,32. 18
„Rure die berge so werdent sie riechende; Griesh. Pred. I, 136. „Lin riohhenti," linum fumigans; Tat. 69,9. „rouch, fumebat," gl. i. 6. „An sînero irbólgeni rouh der rúch poenitentiae;" Notk. 17,9. „Sîn kuchen diu rouch selten;" Gudrun 99,4; „Das füwr hat gerochen

und nit brünnen wellen," (St. Urban, ad 1513); Geschfr. III, 176. Diese allgemeinere Bedeutung, die das Verb riechen fast in ganz O.Deutschland beybehalten hat, mag die Ursache seyn, daß es daselbst in dem beschränktern hchd. Sinn (olere, olfacere) weniger gebraucht und durch schmecken ersetzt wird. Verrochener Wein, (Wien) schal gewordener; cf. Th. IV, der Wâß: verwazen. S. Räuch, Geruch und Waß.

'Roch, s. Rocken.' Harpedone, haspel, garnroch;" Nomencl. v. 1629, p. 129.

'Der Roche, ä. Sp. das Roch, eine Figur im Schachspiel: Elephant, Thurm; ital. rocco, frnz. roc, vom pers. rokh, Kameel. BM. II, 758. Diez, Wbch. 294. Weigand, Wbch. II, 503.' „Ich sprich schach und sprich roch;" Cgm. 717, f. 103. 'In der Heraldik, s. Birlinger 375.'

rochzen. „Ingluvies, grotzen, rochzen, blosen;" Poll. 668, f. 166. 'Vgl. Ruech, röheln, rächsen, ruckezen. BM. II, 760.

Der Geruch (G'ruhh), wie hchd.; (mhd. der ruch; BM. II, 747. Weigand, Wbch. I, 420). G'ruhh von geistig riechenden Dingen, G'schmahh von schwachem oder unangenehmem Geruch; (ObrM.). „Trug in der hand ein offen buch und gab sam himmelischen ruch;" H. Sachs 1560: II, II, 93^{b}. Nptsch. führt „*Grouch*" als nürnbergerisch auf, was nach Gramm. 378 als Geruech nicht recht zu den von riechen (rouch, ruchen, gerochen) statthaften Ableitungen stimmen würde. Doch findet sich in alten Gl. ou nicht selten mit uo verwechselt; namentlich steht a. 519: rûch, ruoh, und 561: rouh, als Erklärung eines mir unverstandenen gazumber; '(i. e. graculus, Heher; s. Diez, Wbch. 157: gazza. Diefenbach 258^{b}. 267^{c}. u. unten: der Ruech, c).' Gérouhh auch Ruckgauisch. S. d. folg. Wort.

Das Gerüch (Gerüech?), bisw. auch der Geruch, der Ruf, fama. „Durch ein Gerüch oder gmains Geschrey:" Weizer, P. II, dissert. IV. „So der Pfendter eins guten Geruchs ist; tyr. L O. v. 1603. „Falsch spil, hader und böß geruch;" H. Sachs. „Ist das Geruch auskommen;" Dr. Eck, 1542. „Der Geruch und das Glück," fama atque fortuna. „Nichts forchten dann ein schantlichs Geruche;" Dietr. v. Plien. „Durch ainen gemainen leymat, gerüch oder geschray;" Ger.Ord. v. 1518, Tit. 7, 9. Gesatz, während es ebendas. im 9. Gesatz heißt: „durch ainen offenbaren leymat und gemain gerüeff und Geschray." „Des werdet ir den lon von gott, guet gerueche von der welt... emphahen;" Sammel. f. Tyr. II, 249, ad 1487. weitrüchig, adj. „Daß sie hetten so weitrüchig gemacht dise Mishandlung;" Dr. Eck. „Damit das der wirdig Stift wolrichend und allermainiglichen kundig wurt;" Ensdorf. Chr., Öfele I, 582. Ein Verb. ruchen scheint zu folgern aus: „Als Jugurtha solcher Anschickung des Metellus berucht ward;" Dietr. v. Plien. „Verruchte Gewerbe, mestieri infami;" Nomenclat. v. 1677. Bey Stalder ist rücheln, im Niederländ. ruchelen: von etwas insgeheim reden, murmeln, (wo das Geheime blos in der diminutiven Endung liegen könnte). Weiter abgeleitet scheint das hchd. Gerücht, niedersächs. ruchte, niederländ. gerucht, tumultus, strepitus, murmur, (schwerlich erst vom holländ. geruft), und die Verbe: verruchten, promulgare (Voc. v. 1482), berüchtigen Einen einer Missethat, ihn derselben laut zeihen, (Carol. poen. 6. 157. 158. 160). Vorausgesetzt, daß wirklich die Form mit u, ü und nicht die mit ue, üe die richtige sey, ist erlaubt, an das isl. rock, diffusio (in aera aquae, arenae etc.) von riuka (sowohl fumare als deturbari) zu denken, und unser Wort gehört mit zu riechen. Vrgl. in odore sanctitatis, im Geruch der Heiligkeit. „Doctores die witeno stinkent mit demo stanke bonae opinionis;" Willeram. Müßte neben der Form mit u auch die mit ue
19 als Thatsache angenommen werden, so würde nach analoger Bedeutung auch das bekannte verrucht, dialektisch verruecht, als ähnlich dem mhd. verwâzen (verflucht) neben wâzen, olere, hieher zu ziehen seyn; doch ist es, viel wahrscheinlicher, vom folgenden verruechen. Weigand, Wbch. II, 420. Zeitschr. III, 41,15. 108,65.

ruechen (ruechə˜, o. pf., b. W. rouchng), 1) übermäßig besorgt und ängstlich seyn, immer mehr zu haben, zu bekommen; (vrgl. indessen das folgende Ruech). 2) ruechen, öfter geruechen, ä. Sp., besorgt, bedacht seyn überhaupt; (ahd. ruohhan, mhd. ruochen eines dinges, niederl. roecken, ags. rêcan; cfr. isl. rökia, colere. Graff II, 379. 377. BM. II, 797). Putzt sich einer nicht, „den haist man ain bur der uf sich selb nit rûcht;" Cod. Palat. 393, f. 58. „Als verr iy des gerûhend;" Mederer, Ingolst. 42. „Des wirtes chnehte... noten die geste, si zeigten in immer an daz beste: Herre, gerûchet ir des icht? durch got wes entrinchet ir niht; Kindh. Jesu, Hahn 95,69. Etwas tuon geruochen, 'oder ze tuon ꝛc. geruochen, Bedacht nehmen, es zu thun ꝛc. „Sin' ruochet mich nicht angesehen;" Walther v. d. V. 56,1. „Daz wir die Vesti leihen gerüchten dem N. N.;" MB. X, 290. „Daz wir gerüchten solich unrecht abschaffen;" Lori, L.R. 63. „Bit hierauf E. f. G. geruche diß büchlin annemmen in gnaden;" Dedicat. v. 1542. „Über des Sele der allmechtig got sich genedicklichen gerûche zu erparmen;" MB. XXV, 49. „Ob ieman lebe der mir ze helfen rûche;" Labr. 464. „Sie enruochten wer ez niderwürfe;" das. 316. „Digneris du gerûchist, dignatio gerûchniß;" Voc. v. 1425. Clm. 11730, f. 76. Daher die noch jetzt, gewöhnlich auf Ruhe bezogene, vom Thun und Lassen fürstlicher Personen gebräuchliche Deferenzformel: zu thun ꝛc geruhen, span. dignarse, franz. daigner. Weigand, Wbch. I, 420. „Lieber sun, nu rûch her zû," lieber Sohn, nun merke auf; Cgm. 270, fol. 174^{a}. Sehr wahrscheinlich gehört hieher noch die R.A. des b. Waldes: Haə˜l, dà *rauch* hèə', du, da paß auf! wo man sich das dunkle *rouch* (d. h. ruech) in *rauch* umgedeutet. „abrüchen, dedignari;" Teg. 439. fol. primo. beruechen, ä. Sp., (ahd. biruohhan, mhd. beruochen; Graff II, 381. BM. II, 800), besorgen. „Umb der ewegen Meß besser Fudrung und Beruechung willen;" MB. X, 166, ad 1433. „Sît ir uns welt beruochen;" Nibel. 6646, Lachm. 1598,2. Sollte das im I. Th., Sp. 344 aufgeführte brüechen, so wie Stalder's „auf-rüchen" (einen Wagen, ihn zurüsten, in Ordnung bringen) als beruechen hieher gehören? verruechen, non curare, gering achten, aus dem Sinn schlagen; (BM. II, 802 f.) „Wie man das sol vergessen und verruochen; Cgm. 480, f. 116^{b}. „Der hat gar verruechet dirre welte valschen hort;" Diut. II, 161. „Negligimus, wir uerruochelen;" Cgm. 17, f. 146^{b}. Das auch hchd. verrucht (verruecht), gottvergessen, gottlos, gehört (analog den Formen verlogen, verstolen, s. Gramm. 994) wol auch hieher; vrgl. Gerüch u. Weigand, Wbch. II, 978. „Die schnöd geizsucht welche den menschen macht verrucht int schanz schlecht seel, leib, trew und ehr;" H. Sachs 1560: III, III, 42^{a}. ruechlôs, wie hchd. ruchlos; (ahd. ruohhalôs, non curans, mhd. ruochelôs; Graff II, 268. BM. II, 803. Weigand, Wbch. II, 515). „Rûchelos und unachtsam der eren gotes;" Cgm. 99, fol. 4. In der ahd. Sp. ist ther ruoh und diu ruohha, (gen. un und a), mhd. der ruoch und diu ruoche: cura, (Graff II, 377. 378. BM. II, 798. 799); Eines ruoch haben, sich dessen annehmen, Diut. II, 117; ruohlih, ruochlîch, curiosus, unruohha, unruoch, incuria, unbiruoh, adv., außer Acht. „Driu almusen den hailigen hirten, bit si, daz si dich behalten in hirtlicher rûche;" Clm. 4616, f. 52. „Swer sines volckes niht rûche hat, den habe man an eines heiden stat; St. Ulrich's Leben, Cgm. 94, f. 57. „Er rehter landes unruoch, der sînen lantsit niht kan!" S. Helbling III, 336. IV, 781. Unrôh, Mannsname, — der berlinische Volksmann Unruh? „unruohlichen, negligenter;" Cgm. 17, f. 40^{b}. („Daz ich mine bihte) bitet unruochlich („unruoclih") unde lugeliche;" Benedictbeur. offene Schuld (sec. XI.), Clm. 4552, f. 150.

'verunruochen, vernachläſſigen, verachten; BM. II, 800.' „Daz ſi an ir ſîn (gotes) hantgetât ſô gar verunrouchet; S. Helbling I, 1156.

Der Ruech (Ruəch), der Rüechel, a) Menſch, der nach allem gierig iſt, nie ſatt werden kann. Dés is ə˜ *Ruəch*; dèn *Ruəchə˜*, kenn I scho˜. ruechiſch, ruecheriſch, adj. und adv. Ich bin zweifelhaft, ob dieſer Ausdruck, nicht etwa ſammt dem vorigen ruechen, 1) nach der R.A. freßen wie ə˜ *Ruəch*, als bloße Figur zur
20 folgenden Bedeutung c) gehöre. b) ſcherzhaft wegwerfend: jüngere Perſon überhaupt. „Und ſeind wir ſchon noch junge Ruechen," ſagt einer der Winde in Bucher's Charfr. Proceſſ. Stàd*rüəchəl*, màgst kaə˜n Bauə'nküəchəl? ſagt wol eine Perſon vom Lande, indem ſie die Arroganz eines nötigen Städters zurückweiſen will. Stelzhamer 168 ſagt: „á *Ruech* bin i' worn," was er p. 181 erklärt: „grober, bengelhafter Menſch;" (vgl. unter ſchiecken). 'Vgl. BM. II, 747: dorfrüchel (aus Nîthart) und Zeitſchr. VI, 197: *Ruəch*.' Bey Stalder iſt der Ruech ein höchſt nichtswürdiger Menſch; in Zeeland roeck delator; bey Notker P. 57,11 ſteht ruoh für stultus, isl. iſt hrôkr vir fortis, grandis, insolens. c) cornix nigra frugilega, Klein; (ahd. hruoh, mhd. ruoch, agſ. hrôc, engl. rook, graculus, isl. hrôkr, pelicanus ater, ſchwed. roka. dän. roke. Zeitſchr. IV, 181: Rache, 182: Rocke. Graff IV, 1149 f. BM. II, 797. Nemnich I, 1242: corvus frugilegus, Rook, Rauch, Ruch, Ruck ꝛc. Cf. oben unter: der Geruch). „Zu pfingſten ſtechn die fiſcher auch junge huner für ruchen (?) brauch; H. Sachs 1612: I, 853. „Groſſe Hauffen der Storcken, Hätzen, Tulen, Ruchen und Krähen;" Avent. Chron. S. 496. „Daß füro niemand keinen jungen Vogel mehr von den Neſten trage, ausgenommen Arn, Raben, Kran, Ruechen, Erngries (eringrioz, alietum, gl. i. 111. 222. o. 108, wovon der erſte Beſtandtheil dem agſ. earn, ahd. aro, gen. arin, aquila, zu entſprechen ſcheint; ſ. Th. I, Sp. 130) und andere dergleichen groſſe und ſchädliche Geflügel;" Kr. Lhdl. VIII, 396, ad 1484. „Ehrngriez alietum, ruech graculus;" ZZ. 796, f. 172[b]. „Graculus haizt ain ruoch. der vogel iſt krâen geſlähtes, aber er iſt klainer an dem leib denne ain krâw;" Konr. v. Megenberg f. 117, Pfeiffer 199,27. „Ein mere von einem ruchen. Ein růche eins pfoben vedern vant;" Renner 1768. „Ein ru˜) ſich ſchawen began do was er ſwarz und ungetan" ... „wider den ruchen gevieng er (der Pfau) haz;" Boner: fabula de graculo, Em. D. 58, f. 158; (bey Benecke u. Pfeiffer XL, 1. 24 ꝛc. ſteht die Lesart ruoſt; vgl. Benecke p. 359 u. Pfeiffer p. 203). MB. X, sigill. Tab. IX iſt ſo ein Ruech als redendes Wappen abgebildet. „Von Tagen (ſ. Th. I, Sp. 494: Dähel) und von Ruchen;" Maßmann, Denkm. I, 111. Gl. i. 1079 ſteht „ruohc, musca cristata." '(In der handſchriftlichen Gloſſenſammlung Schmeller's gl. i. 1079 ſteht nicht musca cr. ſondern: „masca cristata," ſo auch bei Graff II, 439: „masca, cristata.")'

'ruechen, freſſen wie ein Ruech (?).' Er tout àlls untərənandər eini und àbi *ruəchə˜*, das eəm d· Augng stengə˜t; (ObrM.).

„Ruchesgel, arsenicum;" Clm. 13057, f. 109 (sec. XIV). 'Vgl. das hchd. Rauſchgelb (Weigand, Wbch. II, 469), geſchwefelter Arſenik, Auripigment.'

---

rächſen, ſ. Rachen. richſen, ſchäkern; ſ. rickſen.

'rachten, ä. Sp., beilegen, ſchlichten; (BM. II, 548.' cf. goth. rahtôn, ad Corinth. II, 9,1). geraht, transactus, verhandelt; rachtunge, transactio, (in Worms); CMh. 409, f. 98. Cgm. 1237, f. 427 ff.

recht (rèhhd, opf. rèə'd), adj. und adv., wie hchd.; ahd., mhd. reht, agſ. riht, isl. rêtt-r, goth. raiht-s, wol genetiſch zuſammenhangend mit dem lat. rectus; Graff II, 399. BM. II, 611. Weigand, Wbch. II, 471. Zeitſchr. III, 537,1. cfr. gerechen, adj.). R.A. die bey einer anſcheinend allzugewiſſenhaften, pünktlichen Ausgleichung einer Sache als ſcherzhafte Entſchuldigung gebraucht wird:

Wàs rèhhd is hàd Gód liəb,
wèr 'Gaəs stịlt is kaə˜ Bókdiəb.

ə˜ *rèədə'* Maə˜, o.pf., ein Mann von großen, beſonders körperlichen Vollkommenheiten. Am rechten Ôſtertag," (HchE.) am eigentlichen Oſter-Sonntag ſelbſt. Vrgl. unten gerecht. Wàs wịllst denn *rèhhd* hàbm, gébm? Wiə gei'st əs denn *rèhhd?* frägt der auf den Abſchluß dringende Käufer oder Verkäufer. I hà' g·maə˜t, I wịlls *rèchtə'* kriəgng. Eəm had ə's ſcho˜ *rèchtə'* laſſ·n áls miər, (billiger, wohlfeiler). I bi˜ *z·rècht ə˜ Zeit* krank, oft; (ObrM.). „Daz hat ein menſch getan der reht min vigent iſt;" Griesh. Pred. II, 37. „Ich finde kaine vruht an dieſem boum davon howe in reht ab; daſ. 39. „Min ſun der was reht tot. nu iſt er erſtanden;" daſ. 79. „(Jeſus) der iſt niht hie wan er iſt reht erſtanden;" daſ. 138. 146. „Da begond der ritter gedenchen ob er die brief auf præch vnd beſæh waz an dem brief geſchriben stůnd. Der Ritter prach recht die prief auf;" Cgm. 54, f. 33[b], (Keller, gesta Romanor. p. 63). „Nu mercht der chırnich die pæuriſchkait dez chindes vnd vragt die chırniginn ob daz chint ſein wær... vnd daz tet er ſo oft vnd ſo vil lag er ir dar vmb an daz ſi im ſein recht veriach (ſ. Th. II, Sp. 1205: verjehen eines dinges) ez wær nicht ſein chint; daſ. 69[b], (Keller p. 135).

Das Recht, a) im Allgem. wie hchd. Sehr üblich in der jetzigen dialektiſchen und ältern (BM. II, 613), aber, wie es ſcheint, unnachweislich in der alten Sprache, iſt die Flexion nach 2ter Declinationsart (Gramm. 870) das Recht, des Rechten und Rechtens, die Rechten ꝛc. „Ich ger mit recht des rechten;" Labr. 521. „Ich hân an keinem rechten gên ir nicht, ich ger nicht wan genâden;" daſ. 205. „Ich hân daz gotes recht mit allem rechten;" daſ. 207. Cf. daſ. 170: von allem rechte, mit rechte. Unerklärlich ſind mir die bey v. Delling II, 105 aufgeführten Accuſativformen das Rechten und eine Rechten; (cfr. unten g). 's Haus hàt ə' vo'káft, abə' 's *Rècht·n* ghèə't 'ən Kində'n; 's Schneidə'-*rècht·n*, 's Schuəstə'*rècht·n*; (ObrM.). „Wer gibt, dər ə˜ *Recht·n*, so z·rédn əs wiəst rédst;" Kaltenbrunner 74. „Sétz di' à˜ gégng den Knopf, der də' 's *Recht·n* net laſst;" daſ. 168. Folgen Belege für die übrigen Caſus, größtentheils Stellen, wo Recht in der ä. Bed. b) Gericht, verſammeltes Gericht, Gerichtsſitzung, Gerichtshandlung genommen iſt. „Das Recht hat ſich ergangen," (die Gerichtsſitzung hat ſtatt gehabt); MB. III, 21
580. XIII, 441. „Da gab das Recht.. da hat das Recht (d. h. das verſammelte Gericht) geſagt;" MB. III, 580. 210. „Maiſter gaiſtlichs Rechten," juris canonici Doctor. „Des Rechten Fürſprech ſeyn," (vor Gericht advocieren); MB. XIII, 418. V, 268. „Des behabten Rechten (über den gewonnenen Streithandel) Brief begeren;" MB. XIII, 417. „Rechtens ſeyn Einem um eine Sache" vor einer Behörde, (ihm zu Recht ſtehen); Kr. Lhdl. I, 182. Ref. L.R. v. 1520, Tit. 8. Die Sach des Rechtens, Rechtsſache, Gegenſtand des Streites; Kr. Lhdl. VII, 502. „Außerhalb Rechtens;" Kr. Lhdl. VII, 510. MB. III, 579. „Des Rechtens Richter;" MB. IX, 184. „Die Beyſitzer des Rechtens;" Ger.Ord. v. 1616, Tit. 1. Einem des Rechten oder des Rechtens verhelfen; Ref. L.R. Tit. 7. „Der Krieg Rechtens." „Den Krieg Rechtens beveſtigen," litem contestare. „Der Obſig Rechtens." Die Form Rechtens ꝛc. „Zum nechſten Rechten," (auf die nächſte Gerichtsſitzung). „Dem andern und dritten Rechten nachgen;" Kr. Lhdl. XVI, 380. „Zum dritten Rechten ledig erkant werden;" L.R. v. 1616, f. 723. „An ſeinem Rechten verkürzt werden;" L.R. v. 1616, f. 30. Ein Recht frümen, eine Gerichtsſitzung beſtellen. Das Recht

bieten Einem, das Gericht wider ihn anrufen; LR. v. 1616, f. 297. Ein Recht nemen von Einem, sich mit ihm vor Gericht einstellen; Rchtb. Ms. v. 1453, cap. 23. Münch. Stdtb. v. 1453; ibid. f. XI. Ein Recht aufschlagen, eine G.Sitzung verschieben, vertagen; MB. III, 579. Kr. Lhdl. VII, 434. 502. Chron. v. 1486. „Der Richter fragt an das Recht," (d. h. die Beysitzer); MB. III, 580. Ein Recht, das Recht sitzen, besitzen, Recht sitzen, Gericht halten; Mederer, Ingolst. 181. Ger.Ord. v. 1520, Tit. 1, Art. 5. Recht sprechen, s. weiter unten. Ein Recht tuen, verhören hinz Einem, eine Rechtshandlung über ihn vornehmen; MB. IX, 140. 144. III, 360. „So wollen es die Rechten," (jura, leges). „Das Buech der Landtrechten." „Doctor der Rechten; baider Rechten Doctor;" B. CraisRecht f. 38. „Wider Ordnung gemainer Rechten;" L.R. v. 1616, f. 60. „Ihrer Rechtens (?) und Gerechtigkhaiten;" Ldtg. v. 1669, p. 437. Formeln mit Präpositionen: an dem Rechten, zu Gericht, vor Gericht. „An dem rechten sten," (besonders als Zeuge, Zuschauer); MB. X, 130. IX, 214. XIII, 441. „An offem rechten sitzen;" MB. XIII, 416. „ân recht," ohne Proceß, ohne gerichtliche Entscheidung, ohne Richterspruch; MB. III, 212. L R. Ms. v. 1453. Tuot er daz unbetwungenleichen an recht; L.R. Ms. v. 1453. cfr. Heumann, opusc. 68. Gar schön spricht der welsche Gast (Vers 12377 ff.): „ân reht niemen mac genesen. jâ mac ein diep ân reht niht wesen und kleit vaste, ob sîn geselle am teile im unreht tuon welle: daz er gewinnet mit unreht, daz wil er teilen dann nâch reht." S. unten on Recht. auf Recht, zu Gericht, vor Gericht. „Auf Recht sten und ein sach verantworten." Zu ainem auf das Recht sten, ihm vor Gericht beystehen. „Derselb sol sten auf das nächst recht." „Der sol sten aufrecht, und sol bereden gen den Hailigen, das . ." Stet ainer auf recht und klagt umb ain lehen." Der Todtschläger aus Nothwehr soll zu dem Richter eilen und „Im sein swert aufgeben auf Recht;" Ld.R. Ms. v. 1453. „Swer seinen gelter aufhaben will auf recht vmb sein gelt;"
22 Münchn. Stdtb. f. X. (Vergl. die R.A. aufbegeren
mit Einem, etwa ellipt. st. auf Recht. cfr. Gr. §. 1017.) „Einen auf recht versichern." „Ein guet auf recht verbieten." „Mag der porgen gehaben auf recht;" LdR. Ms. v. 1453. „Auf recht ledig laßen" einen Gefangengehaltenen; Gem. Reg.Chr. III, 484. Vrgl. unten das Adj. und Adv. aufrecht. „Aus dem Rechten" gên Einem, zu einer bestimmten Gerichtssitzung nicht erscheinen, um sich gegen ihn zu verantworten; MB. IX, 214. X, 129. 130. „Bei dem Rechten" (zu Gericht) sein, sten, sitzen, besonders als Urtheilsprecher (daher Beisitzer), Zeuge oder Zuschauer; MB. IX, 214. X, 130. XIII, 441. Durch Recht, mit Recht, von Rechts wegen; MB. X, 136. 137. Für Recht, vor Gericht. „Für Recht steen," sich vor Gericht stellen; L.R. v. 1616, f. 723. In ein Recht (in einen Proceß) sten, treten, sich einlaßen mit Einem; Gemein. Reg.Chr. III, 47. „In das Recht sten zu Einem, ihm vor Gericht beystehen;" L.R. Ms. v. 1453. Heumann, opusc. 92. 93. In Recht (vor zu Gericht) sten, fürbringen, klagen, antworten, erkennen. In Recht vertretten Einen. Sich in Recht laßen oder einlaßen; GrchtsOrd. v. 1520, Tit. 4 u. 9. „Im Rechten reden;" Kr. Lhdl. XVI, 380 VII, 309. Mit dem Rechten (von Gerichts wegen), z. B. Einem etwas einantworten; MB. X, 130. „Einem einer ansprach oder umb einer ansprach entbresten mit dem rechten," von dem Anspruch desselben gerichtlich freygesprochen werden; MB. X, 99. 128. Einen verderben mit dem Rechten, ein Todesurtheil über ihn fällen und executieren; Heumann, opusc. 66. 67. Etwas vertreten, versprechen mit dem Rechten, (gerichtlich garantieren); MB. XIII, 403. 415. on recht, ohne Richterspruch; L.R. v. 1616, f. 287. „on alles recht;" MB. IX, 201. „ze unrecht," desgl.; MB. X, 99. S. oben: ân Recht. Von Recht, von Rechts wegen; MB. III, 210. „Vone rehte," MM. 94; sonst lieber: bi rehte (i. 309. 799), jure. Von dem Rechten verglaiten Einen, ihm sicheres Geleit vom Gericht zurück gewähren. „Mit Einem klagen von Recht zu Rechten," von Gericht zu Gericht, von Sitzung zu Sitzung; MB. X, 99. Zu Recht sitzen. Einen als Rechtsprecher zu recht setzen;" Kr. Lhdl. VIII, 308. Zu Recht, zu dem Rechten komen, erscheinen, (vor Gericht erscheinen); MB. IX, 214. XIII, 416. Einen fänglich zu Recht annemen, von Gerichts wegen verhaften; L.R. v. 1616, f. 724. „Einem zum Rechten verkunden;" L.R. v. 1616, f. 459. „Einen zum Rechten ledig laßen, verglaiten;" Gem. Reg.Chr. III. 484. MalefizOrd. v. 1616. „Eine (gestolne) Sache zu Recht verbieten," von Gerichts wegen mit Beschlag belegen; ibid. 823. zu Recht fragen, bey den Rechtsprechern oder Beysitzern Umfrage halten; Kr. Lhdl. VII, 308. „zu Recht erkennen," in Gerichtssitzung oder von Gerichts wegen. Einem das Wort thun zum Rechten, (sein Rechtsanwalt, Advokat seyn); Kr. Lhdl. VII, 483. 308. Einem (sicheres) Gelait geben (entweder blos) zum Rechten, (oder auch) zum und vom Rechten. ze rehte lesen Einem einen brief, (wie: ze rehte machen, setzen); Docen's Hs. vom Herzog Ernst, Schelling's Zeitschr. p. 240. Nach seinen Beziehungen erhielt so ein Gericht, ein Recht b), d. h. eine Gerichtssitzung. verschiedne Be-
nennungen, z. B. Dorf=, Hofmarch=, Land= ꝛc. 23
Recht. Labr. 207: landrecht, gotes recht. Herbst=, Kirchtag=, Quattember= ꝛc. Recht; (Welsch, Reichertshofen 65. 179. 181. 186. Kr. Lhdl. X, 365. XI, 109. MB. X, 161.). Êhaft=, End=Recht. Stillrecht, Offen=recht. Burg=, Hof=, Hueb=Recht. Gast=, Mann=Recht. Lêhen-Recht. Recht umb aigen, Malefiz=Recht, wie man noch sagt Kriegs=, Stand=Recht von einer einzelnen Gerichtsversammlung. Stangen=Recht, tyrol. L.=O. v. 1603: II, 64. Landrechtbuch gibt Oswald (Cod. Mallerst. 33) 1356 durch liber judiciorum (nicht etwa jurium) provincialium. c) das Recht, bestimmte Geldsumme als Reichniß oder als Abgabe, welche ein Andrer rechtlich anspricht. In einer alten Thumstaufischen Mauttabelle heißt es: „ain Salz= oder Wein= oder Gewandschäff gibt ain Recht, d. i. XXXVII dn. Regensp." s. Boden=Recht. „Was man zu Straubing anschüttet von Getreid, da gibt man nicht mehr davon dann ein Stegrecht 12 Regensp. Pfenning;" Kr. Lhdl. II, 185. Das Forstrecht, jährlicher Zins der in einen Forst oder Wald eingeforsteten Unterthanen oder „Forstrechter," eigentlich das ihnen dadurch zur Beziehung einer gewissen Quantität Holz gesicherte Recht; Kr. Lhdl. XVIII, 334. XVII, 170 ff. MB. VI, 294, ad 1076. Das Klain=Recht, Abgabe an Victualien geringerer Art, als Eyern, Käse, Hühnern ꝛc. „Das Burgrecht;" MB. IV, 381. Der Mann, der für einen Andern einen Jagdhund in gewisser Art besorgte, sprach das Sailrecht, der ein Pferd, das Zaumrecht als Douceur an. Rechn. v. 1392 in Freyb. Samml. II, 111. 125 u. passim. d) das Recht, was in Bezug auf eine Sache, ein Vergehen Rechtens ist, die Sentenz. „Diz recht habent alle die, di werung iehent auf tot lewt." „dicz recht habent alle di so ungetrewlich gut hin tragent daz man in antwurtt;" R. v. F. Rchtb., Wstr. Btr. VII, 172. 173. S. unten Recht sprechen. Das Nâchrecht, bestimmter Antheil an den eingehenden Straf= und andern Geldern, als Sporn zur Pflichterfüllung den Gerichtsdienern bewilligt, nach Weixer, dissert. IV. von jedem Pfund Pfenning ein Schilling, also der 8. Pfenning. Aus der Erklärung der Landesfreiheit (I. Th., Art. 17) ergibt sich, daß bis zu derselben Zeit selbst die höhern landesfürstlichen Justizbeamten solche Nachrechte bezogen, also auf die Verbrechen der Unterthanen speculieren mußten. Bey Vizdumwandeln nahm der Gerichtsdiener den 3. Pfenning zum Nachrecht. LandtagBeschwerden v. 1501. Kr. XIII, 167. Das Rchtb. Ms. v. 1453, cap. XX, gibt von 72 dn. dem Schergen 12 dn. Art. 6, Tit. 4 des Landrechts v. 1518 sagt: „Als oft der Richter dreyssig dn. zu pueß nimbt, so oft sol dem Fronpoten oder Schergen darauff sechs dn. zu Nachrecht geben werden." Am Landtag v.

1612 (p. 246) kommt die Beschwerde vor, daß bey Entrichtung der Laudemien „auch der Scherg jederzeit noch dazu den 4. Pfenning Nachrecht haben wolle.“ In den Bemerk. über Laudem.-Rechte v. 1799, p. 64. 201
24 heißt es: „Die Nachrechte der Beamten von jedem Gulden 8½ kr., die noch in der Taxord. v. 1736 verboten, seither aber überall eingeführt worden sind, vermehren sich nach dem Verhältniß der Schätzung und Laudemien, und sind also eine neue Perhorrescenzursache besonders wider landständische Beamten, die ganz von der Gnade ihres Herrn abhangen und nur in seinem Namen die Schätzung vornehmen.“ Das Unrecht, Geldbuße für ein geringeres Vergehen, aus einer festgesetzten Summe bestehend. „So hat er ein Unrecht verlorn, das ist einer Herrschaft 5 ß. dn.;“ Peitinger Ehaft v. 1435. Lori, LechR. 139. „Dem Richter ain unrecht ze puss geben;“ Münch. Stdtb. Ms. v. 1453. e) das Recht, was jemand vor Gericht in seiner Sache vorzubringen hat. Sagt der wegen Injurien Beklagte: „die red han ich in tzorn getan ungeverleich und von kainer warhait nit, da sol man sein recht darumb nemen mit seinem aid;“ Kaiserbuch, 5. Kapitel. „Stet er aber sein (der Sache) mit lawgen, so sol man sein recht von jm darumb nemen;“ ibid., 13. Capit. „Da fur bot er (der Beschuldigte) sin recht ze hant;“ St. Ulrichs Leben, Cgm. 94, f. 65. Das Wider-Recht, (Gerichtsord. v. 1520, Tit. 6, Art. 5) die Reconventio. „Wie der Gast dem Inwoner des Widerrechtens schuldig ist.“ „Sich gegen den clager des Widerrechtens gebrauchen;“ Ref. des b. Landrechts, Tit. 8, Art. 2. f) von Münzstücken: das Gehörige, Gebührende an innerm Werth. „Sechtzigk Gulden new ungerischer, die gut an gold waren und ir recht und wag wol hetten.“ ... „guldein ungrisch und pehamisch die gut an gold sein und ir recht und wag wol haben:“ MB. XVIII, 270. 300. XIX, 51, ad 1402—1410. g) Einen Sterbenden „mit aller christlicher Recht“ (vrgl. oben eine Rechten) oder „mit allen christlichen Rechten“ versehen; Aufkirch. Mirak. „Alle Gotzrechtigkeit empfangen;“ Spieß, archiv. Neb. Arb. II, 59. „Der kaiser (Fridrich II.) verschied als ain cristan man mit allem(n) christenlichem(n) rechten die im ain sein caplan tet an seinem tod. darumb wolt der baubst Innocentius denselben pfaffen degradiert haben wan daz er appelliert an ainen zukunftigen baubst;“ Kaiserchron., Ms. (sec. XIV.) des german. Mus. Nr. 2733. S. berichten, e), versehen. Hiernach ließe sich deuten der in Cgm. 620, f. 114a. statt das Sel-gerät vorkommende Ausdruck die Sele-gerecht. h) Das Recht, die Gerechtigkait einer erwachsenen Person des andern Geschlechts, ihre Regel, die Menstruation. „Sie hat jr Recht, mangelt jres Rechten;“ Ortolph. „Unzahlbaren Jungkfrawen ist in Ausbleibung oder Verstellung ihrer Gerechtigkeit bey disem Bad geholffen worden;“ Adelholz. Badbeschr. „Macula menstruorum, befleckung freulicher recht;“ Cgm. 3985, f. 5. „Die ruckader ist gut ze lassen für das übrig unrecht der frauen;“ Cgm. 4543, f. 105. i) „Zieldecker der den gerädten Dächern Recht thut“ (sie zu richten, zu machen weiß); Gemein. Reg. Chr. III, 366, ad 1462. „Merck ain wortzaichen, ob der tincken recht sey oder nicht .... wan sy .. plab beleibt, so ist ir recht geschehen, so ist der tincken recht an allen dingen; wan dy tyncken swarz genug ist, so ist ir recht;“ Cgm. 821, f. 22. 23. 29. „Schweigen ist gut, reden besser, der im recht thut;“ Cgm. 810, f. 137. k) das Recht, Guets-Recht, das Inventarium an fahrender Habe auf einem Gut. „Pfenten umb sein gült und umb sein güts-recht;“ Münch. StR. Art. 101. 116. s. Bericht unter richten e). l) Erb-Recht, Leib-Recht, s. unter Gerechtigkait. Hofrecht, s. Th. I, Sp. 1060.

25 rechtfertig, adj., (ä. Sp.) redlich, rechtschaffen; echt. BM. III, 258. „Daß ihr Handel und Wandel rechtfertig wäre.“ „Daß sie rechtfertig seyen in ihrem Handel;“ Kr. Lhdl. VII, 106. „Auf unrechtfertige Leute streifen;“ ibid. p. 421. „Damit rechtfertig Bier gesotten mög werden;“ L.R. v. 1616, f. 544. „rechtvertig Gut;“ Rupr. v. Freys. Rchtb. rechtfertigen Einen, ihn gerichtlich verfolgen, behandeln, bestrafen, processieren. BM. III, 259. „Daß du niemand in deinem Amt und Gebiet keinen schädlichen Mann zu rechtfertigen nöthest;“ Kr. Lhd. VII, p. 492. „Soll der Kläger dem Antworter folgen und den rechtfertigen in den Gerichten, da der Antworter wohnhaftig;“ Kr. Lhdl. X, 419. „Prälaten und der Adel sollen um persönliche Sprüch nindert gerechtfertigt werden, dann vor Uns als Landesfürsten oder unserm Vizedom;“ Kr. Lhdl. XVI, 299. „Verdächtige Leut mit Worten rechtfertigen;“ Kr. Lhdl. VII, 106. Einen vom Leben zum Tod rechtfertigen, hinrichten; Kr. Lhdl. VII, 493. „Am Mittwoch hat man gefeyert, des Malefiz-Rechten halben; seind sechs Mörder auff offem Platz gerechtfertigt worden, all mit dem Rad gestrafft worden;“ Ldtg. v. 1514, p. 290. Kr. Lhdl. VII, 444. Merkwürdig ist eine angels. Bestimmung, die Todesstrafe betreffend, fast in unsres Zschokke's Sinn: „Interdicimus etiam ne quis occidatur vel suspendatur pro aliqua culpa, sed enerventur oculi et abscidantur pedes vel testiculi vel manus;“ R. Schmid, Gesetze der Angels. p. 192. Das Voc. v. 1618 hat noch: „rechtfertigen sequi lites. item: absolvere iudicio, culpa. item: damnare, supplicio afficere“ Die Rechtfertigung, der Proceß. Peinliche R., summarische R. „Sich in Rechtfertigung einlassen;“ Gerichts O. v. 1520.

rechtfüeglich (Voc. v. 1618), tauglich. rechthängig, bey Gericht anhängig und noch unentschieden; wirzb. Vrord. rechtgeschaffen, rechtschaffen, s. schaffen. `rechtsinnig, s. sinnig u. Ztschr. III, 240, 2, 1.´

Recht sprechen (nach Recht, d?), über einen Rechtsfall seine Stimme geben; (cfr. Kr. Lhdl. II, 189. XII, 338 ff.). Die Rechtsprecher (auch: Urtailsprecher, Urtailer, Beysitzer, Rechtssitzer genannt) waren nach der ältern Gerichtsordnung in der Hauptsache das, was heutzutage in England und Frankreich die Jurys oder Geschwornen sind, sowie überhaupt das Gerichtsverfahren unsrer Voreltern, wenigstens für alle männlichen Angesessenen oder Bürger jedes Gerichtsbezirks, öffentlich war. (Cfr. Schrannen.) Aus dem Bregenzer Walde beschrieben in der Allgem. Ztng. 1813 v. 28. u. 29. Juny, Beilage: „die drey (ehmaligen) ehehaften Gerichte des Bregenzer Hinterwaldes.“ „De judiciis ecclesiasticis tituli XXIV. Gregorius Nazarenus (Nazianzenus) ait in omnibus causis ecclesiasticis III personae eligendae sunt ad judicandum: episcopus, scriba et Contemptibilis omnis negotii singularis. Episcopus convocet seniores et scribam, scriba interroget scripturam, contemptibilis convocet omnes peritos, maxime conscientiam suam;“ Clm. 6434 (sec. IX. 8?), f. 41—45. In Bezug auf das Dorfgericht zu Langen-Erringen heißt es MB. XXIII, 227 ad 1378: „Ze dem ersten, daz alle gepurn und all seldner zu Erringen vnd all ander husheblich lüt us stetten und von andern dörffern wol recht mugen sprechen. Es mag auch der rihter niemand fur geriht gebieten, er hab dann dauor zu schaffen. Wer aber vor dem rechten ist, den mag der rihter wohl haizzen nidersizzen und reht sprechen, wollt er sich dez setzen, so mag er ims gebieten bey sechzig pfenning, auch sullen die gepuren an daz gericht gan als von alter herkommen ist, ungevarlichen.“ Auf dem a°. 1471 zu Landshut gehaltenen Landtag will es die Zugeordneten von der Landschaft „nicht gut bedunken, daß vier und zwanzig Urtheiler erwählt und die allein Recht sprechen sollen: sondern ist gerathschlagt, daß eine Anzahl Perso- 26
nen als ein und vierzig oder minder erbare fromme Mann, und nicht darüber, so ungefährlich zu den Schrannen kommen, zu Recht niedergesetzt, und daß allein dieselben, so also niedergesetzt und nicht die, so auswendig an den Schrannen oder dem Ring stehen, zu Recht gefragt werden sollten; daß auch einem jeden Richter in den Eid gegeben würde, solche Personen ungefährlich und die treffentlichsten und vernünftigsten aus ihnen zu nehmen und niederzusetzen;“ Kr. Lhdl.

VII, 308. 422. 423. 480. In der GerichtsOrd. v. 1520, 1. Tit., 4. Gesatz, und darnach mit einigen Abweichungen in der v. 1616 heißt es: „In den Gerichten, da der Richter für sich selbs nit Urtail spricht, sonder an die schran, die Beysitzer oder rechtsprecher der Urtail anfragt, wie dann der enden, alda das Landpuech nit ligt, der gebrauch ist, da sol der Richter, so er zu Gericht sitzt, nit über dreizehen und nicht unter sieben Beysitzer und Urtailsprecher bey jme haben. Es söllen auch dieselben Beysitzer durch die Herrschaft, der das Gericht zugehört, und derselben Herrschaft Richter auf jr ayde erkiest und erwölt werden, die besten rechtlichisten und verstendigisten, so man ungeferlich des orts gehaben mag. Dieselben sollen, also erwählt, öffentlich vor Gericht zu Gott ainen Ayd schwören, daß sie, so oft sy durch den Richter, jme Recht sitzen zu helfen, erfordert werden, gehorsamlich erscheinen, und umb was Sachen sy vom Richter des Rechtens angefragt werden, unferlich urtailn und Recht sprechen wollen;" ꝛc. „Hat ein Hofmarchsherr nit so vil geschickter leüt, damit er das Gericht mit Rechtsprechern besetzen mag, so sol er etlich erber umbsässen und nachpern auß dem Landgericht oder andern hoffmarchen erpitten, die ihme das Recht on Costung der parthey helffen besitzen;" ibid., Art. 14. Cfr. GerichtsOrd. v. 1520, Tit. 1, Art. 4 ff. G.Ord. v. 1616, Tit. 1, Art. 18. In Städten und Märkten wurden die Rechtsprecher gewöhnlich aus den Geschwornen des Raths, den Vierern (Führern) der Zünfte ꝛc. genommen. Ctr. Mederer's Ingolstadt p. 94. Gemeiner's Reg. Chr. III, 95. Die Form einer Gerichtssitzung (im Bisthum Augsburg, sec. XV.) s. im Cgm. 3898, f. 38—40. Sermo ad clerum von 1454 circa im Cod. Diess. 184, f. 225 erwähnt tadelnd: „Alii (clerici) praesertim diebus dominicis ac festivis per strepitum judiciarium contra ecclesiae statuta se intromittunt et se a verbo Dei impediunt" ... „exercentes strepitum judiciarium in diebus dominicis." „Gar viel und oft," so wird (Kr. Lhdl. XVI, p. 379) gegen Ende des 15. Jhndrts über die Landschrannen des Vizdomamts Straubing geklagt, „gibt sich, daß der Richter so er und Gerichtschreiber gesessen sind, allererst auf die Rechtsprecher harren müssen, bis dieselben kommen, einer vom Pflug, der andere vom Mad, der dritte von seinem Handwerk" ꝛc. Der Verfasser „ainer layischen Anzaigung" ꝛc. v. 1531 bemerkt, daß „im Niderlannd, da die Reformation des bayrischen Rechtbuechs nit ligt, nit nach dem buch, sonder nach den stimmen der Beysitzer geurtlet wird," (dieß schloß jenes nicht aus; cfr. Gerichtsord. v. 1520 u. 1616, Tit. 1, Art. 52.), und fährt dann fort: „bedeucht mich nit böß, man ließe den armen paurßmann Im Niderlannd bey seiner veldarbayt, darzue er on zweifel nutzer und geschickhter wäre, dann zum vrtelnsprechen, sonnderlich in peinlichen sachen, da es leib und leben andrifft." („In allen Gerichten sollen zwölff ehrbare verständige angesessene Mann zu geschwornen Rechtsprechern erkiest und gesetzt werden. In großen treffenlichen Sachen sollen allweg zwölff, in ge-
27 mainen Sachen nit unter siben, vnd in Gedingen und Schreibtagen und Taxierung der Schäden siben oder fünf Rechtsprecher beym Rechten gegenwärtig seyn;" ꝛc. tyr. L.O. v. 1603.) Analog wurde bey den Kriegsleuten verfahren. Fronsperger 1555, f. LXIIII: „So der oberst befilcht, daß man einen Uebelthäter für den gemeinen Mann stellen, daselbs jne beklagen und urteil über jne ergehn lassen soll, so schlecht man zu der gemein an einem gelegen Tag und Platz umb, fürt den Gefangnen in den Ring, nimt einen Feldwaibel zum Fürsprechen, zeigt durch seinen fürsprechen des Übelthäters Mishandlung an, und begert, daß er vom gemeinen Mann vermög des Artikelsbrief oder des Kriegsrechts gestraft werden soll. Der Profoß thut die Klag. Der beklagte begehrt einen Fürsprechen aus den Feldwaibeln. Der thut sein Verantwurtung. Ein Feldwebel fordert einen gemeinen Kriegsmann auf, sein Urtel zu geben. Dieser nimt etliche gut Gesellen zu sich außer den Ring. Nach Berathung tritt er in den Ring zurück und sagt sein Urtheil. Der Feldwebel fordert einen zweiten Kriegsknecht, der thut ebenso. Ein dritter ebenso. Ist der dreyer Urtheil gleich, gut. Wo nicht, so entscheidet der gemein Mann durch sein Mehr." Cf. LXXVI—LXXVIII. Die alte Kriegsrechtsordnung steht sehr speciell in Cgm. 3664 (v. 1555), f. 266—290—297; auch Cgm. 3665, f. 125—127 u. 3671, f. 184—202; cf. Cgm. 4903. Auf jeden Fall wird das öffentliche Rechtsverfahren und das Jury unsrer Voreltern noch weit hinter der Vervollkommnung zurückgestanden haben, mit welcher diese uralten germanischen Institute heutzutage wieder in ihre Rechte eingesetzt worden sind oder werden. Gefehlt war es vielleicht, daß man sie bey dem Ueberhandnehmen des schriftlichen Justizwesens, statt zu verbessern, ganz bey Seite gestellt hat. Schon in den Landtagsverhandlungen v. 1507 (Krenner XVI, p. 37) war als musterhaft angeführt worden, daß „im Päbstlichen Hof und königlichen Kammergericht und anderswo an viel Gerichten große Processe alle durch Geschriften beschehen, daß einige Parthey derselben Ende persönlich nimmer kommt." Im Unterland Straubinger Antheils, wo die Sammlung von Rechtsfällen v. 1346, ins gemein „des Kaisers (Ludwig) Buch," oder schlechthin: „das Buch" genannt, nicht gerichtliche Kraft erhalten hatte, erhielt sich das Rechtsprechen durch Geschworne am längsten. Es war indessen nach dem Criminalcodex v. 1751 II. Th., cap. 1, §. 6. noch damals hie und da üblich Vrgl. Ld.R. v. 1616, f. 482. 797. Man sehe übrigens die verschiedenen, als Obiges geschrieben war, über diese wichtige Angelegenheit erschienenen, an Belegen reichhaltigern Abhandlungen Buchner's, des Frh. v. Freyberg und besonders Maurer's Preisschrift.

aufrecht, ä. Sp., a) adv., etwa mit dem oben angeführten auf Recht in Berührung; Graff II, 405. BM. II, 618. Weigand, Wbch. I, 70. „Die Klage haben wir euch aufrecht verantwortet;" Kr. Lhdl. X, 518. „Treu- und aufrecht;" Khraisser, Compend. elect. jur. bav. 120. „Wie sin (Josephs) garbe uf rehte stiende" und von denen der Brüder angebetet wurde; Griesh. Pred. II, 133. b) adj., (Ober-Ammer) justus, richtig; aufrichtig, unbescholten: ən *aufrechtə*ᶜ Mà˜. Ein verkauftes Gut dem Käufer „weren und vor aller rechtlichen ansprach vertreten, verantworten und aufrecht machen; MB. XXV, 457. „Ist ein verständiger frommer auffrechter Herr gewesen;" Hund, St.B. II, 47. „So sollen sie Uns ungezweifelter gar aufrechter Antwort hören;" ibid. 527. „Mit Begehrung, Uns darauf der Sachen halb für auf- 28
recht und verantwortet zu haben." „Ew. Königl. Gnade wolle mich auf meines Bruders Klage für aufrecht und entschuldigt haben; Kr. Lhdl. IX, 35. 68. „Wir getrösten Uns, daß Wir in unsrer Verantwortung als ein frommer Fürst löblich und aufrecht wollen erfunden werden;" ibid. X, 524. „E. f. D. wolle (die Verläumder) für lose und znichtige Leuth, uns aber für redlich und aufrecht halten;" Brief v. 1597. Ztschr. f. B. v. 1816, IV, 43. „Ain aufrechter Kaufmann;" Beichtbuch v. 1579. „Wollte sich Ew. f. Gnad also aufgerecht beweisen; Kr. Lhdl. III, 234.

gerecht (g·rècht, grêhhd, grè'd, o.pf. grèə'd), a) wie hchd.; (Graff II, 410. BM. II, 616. Weigand, Wbch. I, 418). Sich *grècht* machen, den Unschuldigen spielen. b) recht: α) dexter. Di *grècht* Hand. „An der gerechtenn und an der glynnken seitten;" Wstr. Btr. II, 137, ad 1475. β) nicht unrecht, nicht unwahr, nicht unecht. Dés (was du sagst) is scho˜ *grêhht.* Dés mues mə˜-r-èəm scho˜ *grècht gébm.* Dés müessn S· məᶜ *grècht gébm,* als wahr zugeben einräumen; ObrM.). e˜ *grèchté* Junkfrau. ə˜ *grèchtə*ᶜ Wei˜. ə˜ *grèchté* Wàr. „ungerechte pfenwert;" L.O. v. 1553, 102. „grehtiu, pura;" gl. i. 257. γ) passend. Zeitschr. III, 109. IV, 108,11. 502,29. V, 440. VI, 341. 405,15. Dəᶜ Rók, d· Schuəh sán' məᶜ *grêhhd, grê'd.*

ə˜ lébfrischəᶜ Buə' gêt 'ən 'Albm-Dèənál zuə;
ə˜ langwáligəᶜ Knê'd is fürs Haəmdeənál *grêd.*

gerecht machen, g·rècht·ln, recht machen, anpassen.

δ) (in Compositis) entsprechend einem Dinge, desselben mächtig, demselben gewachsen. pfenninggerecht, dem Geldpreise entsprechend. wettergerecht, (ehmals von Geistlichen) im Stande, Ungewitter zu vertreiben. „Es gab Pfarrer, welche öffentlich behaupteten, daß sie wettergerecht seyn und die Riesel zu Wasser machen können;“ b. Volks-Calender v. 1804, p. 83. kopfgerecht, dem Schwindel nicht unterworfen. Bey Jägern: hirschgerecht, färtengerecht, holzgerecht, schußgerecht. Ein gerechter Hund; Labr. 101. 107. „Desselben hundes jagen ist so gerecht;“ das. 335. „E er (der Hund) gerecht verniuwe die fart;“ das. 51. „Ich můz gerecht nâch diser ferte ringen;“ das. 220. Die fart gerechticlich verniuwen;“ das. 170. „Ich bin gerechticlîchen alles nâch im komen; das. 201. „Swer jagt gerechticlichen den sol man gůtes wîsen;“ das. 216. „In alle sattel gerecht, compositus ad omnes casus;“ Voc. v. 1618. Sollte nach γ) oder δ) das alte Subst. eregrehti (MM. 66; bey Otfr. öfters für majestas) ohngefähr zu deuten seyn als id quod honori regis, Dei oder quod ei prae omnibus convenit, debetur, praerogativa. Wenigstens darf das gr als bloße Contraction (nach obigem grehtiu, nach grehta, emendatos, i. 315, grihter, ordinatus, i. 364, ungrihti, MM. 72, créht, rectus, justus, Notk. 18,9. 32,14.) für frühe Zeit vorausgesetzt werden. c) bereit, fertig. Bist scho˜ *grècht* oder *grêd*? „Ih bin dir is vil gereht,“ bin bereit dazu; Diut. III, 72. „Also der leu garwer (oder) grehter ze roube, sicut leo paratus ad predam;“ Psalter. Windberg. saec. XI., Cgm. 17. (Als Conjunction wird greht in eben diesem Ms. für ergo und quidem gebraucht; z. B. f. 54b: greht, quidem, f. 58b: unde greht, etenim.) grechten, grechteln, bereit, fertig, zurecht machen. Zeitschr. III, 193,150. V, 440. VI, 341. Wann's dumpə' wird, *grèchtlst* di' zsam;“ Kaltenbrunner, oberöster. Jahrb. 1844, S. 222. Der Grecht-Tag, (Augsb.) der Samstag; also in Bezug auf den christlichen Sonntag, was die neugriechische παρασκευή (Freytag) in Bezug auf den urspr. Sabbath. „uorgreh-
29 tunge, preparationem;“ Cgm. 17, f. 20. d) gerade, (wol die ursprüngliche Bedeutung), schnuə*rgrê'd*, kiərz'n*grê'd*, pfeil*gerecht*. Er is *grê'd* und gschlê'd, hat seine geraden Glieder; (b. W.). Bist *grê'd* und gschlê'd (hast deine geraden Glieder. — Ach, ich bins nicht mehr! 1848), kà˜st überàll hi˜; (ObrM.). In grehti, in directo; Notk. 25,12. Ja sogar, was gràd in seiner dialektischen Bedeutung: nur. S. gerechen, adj. und adv.

Die Gerechtigkeit, a) wie hchd. b) die durch ein Recht oder Gesetz begründete Befugniß, Gerechtsame. Gewerbs-Gerechtigkeit, zunftmäßig ertheilte Freyheit, ein bürgerliches Gewerb zu treiben. Alle solche Gerechtigkeiten waren nach der alten Zunftverfassung real, d. h. wie Realitäten erblich und verkäuflich, bis in der neuern Zeit durch die Ertheilung einiger blos auf der Person haftenden oder sogenannten Personal-Gerechtigkeiten das Lähmende und Stockende des alten Zwangsystems etwas corrigiert wurde. Nicht ausgeübte Gerechtigkeiten nennt man schlâfende. Die Grundgerechtigkeit, das Recht, vermöge dessen ein Bauer, nachdem er dasselbe durch die Anlait (Handlohn, Laudemium, Relevium ꝛc.) erkauft hat, als Grundhold eines Andern, nemlich des eigentlichen Grundherrn, gegen Entrichtung bestimmter jährlicher Stiften und Gülten auf dessen Gute sitzt. Diese Grundgerechtigkeit ist: 1) eine Neustifft, wenn sie blos bis zum Tod des Grundherrn dauert; oder: 2) eine veranlaitete Freystifft, auch Herrngunst, (Zirngibl, Probst. Hspch. p. 132) Baurecht, Baumannsrecht, Freysassen-Recht genannt, wenn sie so lange dauert, als es dem Grundherrn gefällig ist, nicht aufzukünden, in welchem Falle er den Betrag der Anlait nebst dem der allenfallsigen Gutsverbesserungen zurückzugeben hat; oder: 3) ein Leib-Recht (auch: Leibgeding, in Schwaben Fall-Lehen genannt), wenn sie sich lediglich auf die Lebzeiten des Grundholden erstreckt; oder: 4) ein Erb-Recht, (in Steyermark Kauf-Recht, in Schwaben Erblehen genannt), wenn sie sich auch auf des Grundholden Erben fortsetzt. Die Ausdrücke Urbarsgerechtigkeit, Baurecht, Baumannsrecht, Herrngnad, Herrngunst finden sich oft zwischen 2, 3, 4 schwankend angewendet. In ältern Urkunden (z. B. Zirngibl, Hspch. 483. 488; cfr. 202. Kr. Lhdl. XVIII, 330) kommt auch vor ein sogenanntes Ödrecht, vermöge dessen man öde Gründe eine gewisse Zahl Jahre ohne Stift und Gült ꝛc. zu bebauen erhielt. Zimmerrecht; Kr. Lhdl. XVIII, 223. Der Leibrechter, Erbrechter oder -Rechtler, Grundhold mit Leib- oder Erb-Recht. leibrechtbar, erbrechtbar, adj., von Gütern. „Churf. Carl Theodor gab dem Adel des Landes ein schönes Beyspiel dadurch, daß er alle seine Gründe vererbrechtete; Zirngibl, Hspch. 101. 132. 260. Ertl, in s. Praxis aurea I, 272 hat folgende abwärtsgehende Stufenleiter der Grundgerechtigkeiten: 1) Ludaigen, 2) Erbrecht, 3) Lehen, 4) Leibrecht, 5) veranlaite Freystift, 6) Neustift, 7) bloße Freystift. Erstere, die in unserm lieben Vaterland leider am seltensten vorkommt, ist freyes, voll- 30
kommenes Eigenthum, die letzte bloßer Pacht. — Meines Bruders Sohn, Georg, hat bey seiner Verehlichung mit der Tochter seines seligen Meisters und der Übernahme des (mit Allem auf 1500 fl. geschätzten) Wagnergütleins zu Rorbach an den Gutsherrn (Herrn von Koch u. dessen Gerichtshalter Escherich) folgende Taxen und Gebühren erlegen müssen (Anfangs 1841):

Ansäßigmachung u. Gewerbsverleihung	7 fl.	$1\frac{1}{2}$ kr.
Grundherrlicher Consens	9 „	45 „
Leibrecht für 600 fl. à 15 proCent ..	90 „	-- „
Erbrecht von 270 fl. à $7\frac{1}{2}$ proCent .	20 „	15 „
Übernahmsbrief à 1500 fl.	29 „	41 „
Heiratsbrief à 415 fl.	8 „	$53\frac{1}{2}$ „
Zeugniß	— „	$49\frac{1}{2}$ „
Hypothek-Recherche	— „	43 „
Schenk- u. Hochzeitgeld	2 „	$37\frac{1}{2}$ „
Umschreibung	— „	18 „
Nachträge: $39\frac{1}{2}$ kr., $59\frac{1}{2}$ kr., 1 fl. $48\frac{1}{2}$ kr.	3 „	$27\frac{1}{2}$ „
	173 fl.	$31\frac{1}{2}$ kr.

Ich habe mir das Ding notiert (31. May 1841), da ich in Rorbach anwesend. Der gute Georg hat eben — was wollte er thun? — obschon höchlich überrascht, die gutsherrlichen Ziffern, ohne von ihrer Richtigkeit überzeugt zu seyn, mit seinem sauer erworbenen kleinen Peculium dem Hrn. v. Koch gehorsamst versilbert. Manches, was Hr. v. Koch als leibrechtig angesetzt, z. B. der Gemeindeantheil, der zum Garten gemacht, ist ludaigen. — Wie aus dem Huhn ein Kalb wird s. Bensen's Bauernkrieg in Ostfranken; (Menzel's Lit. Blatt 1841, Beilage S. 144).

Daß es in früherer Zeit ein mehr und gleichmäßiger vertheiltes wahres Grund-Eigenthum gegeben habe, und daß gar sehr viele schriftliche Besitztitel bey der Unbelesenheit und Sorglosigkeit der Inhaber durch allerley Kunststücke zu Gunsten der höhern Klassen, von Generation zu Generation, auf jener Stufenleiter abwärts gezogen worden seyen, ist man wol nicht berechtigt, mit dem patriotischen S. Rottmanner (Bemerk. über Laudemial- ꝛc. Rechte in B., S. 19. 20. 23. 84. 99; und Magister Theophil. Neumanns Antwortschreiben an Freyherrn v. Herkomman) anzunehmen. Antwortet doch in den Notata eines (NB.) Freyh. v. Bodmann von 1705 (Cbm. 3117) ein Bäuerlein sogar auf die Zumuthung, daß er zu Ostern beichten solle, vorsichtig genug: „Na, ich laß mir kain neue gerechtikait auf mein Haus bringen!“ *) Im Gegentheil waren nach früherem

*) Freilich schon um 1440 wird in Cgm. 59, f. 46, 281, f. 19, 357, f. 55, 514, f. 17 bemerkt: „Wenn die armen leut hilff oder scherm suechen von den edeln oder von aigenschafft wegen, und sich dann darnach erczaygen mit farn oder mit scharberchen oder mit schanckung zu hayligen zeiten, so wirt dann daraus ein recht vnd ewiger zins und wirt von in (den Edeln) eingeschriben in ir salbuch. Der layder vil ist die das haben getan. O wie schwärlich die verdampt werden vnd mit in verdampnen all ir erben, die solich recht wellen haben.“

Rechtszustande vieler Länder nur der Fürst und das Häuflein der Edeln und Freyen eines wahren Grundeigenthums fähig, keineswegs aber die ganze große Masse der Nichtfreyen. Sollte sich dieses Verhältniß auf friedlichem Wege, etwa dadurch, daß die Kinder die natürlichen Knechte des Vaters, die jüngern Brüder die der ältern, die Schwachen die der Starken sind, allmählich festgesetzt haben? Oder liegt ihm irgend ein gewaltsames Ereigniß im Großen, wie die förmliche Unterjochung eines Theiles der Nation durch einen andern, oder gar durch fremde Eroberer, zu Grunde?**) (In Polen soll der Adel eines ganz andern Stammes seyn, die Kasten Indiens von successiven Einwanderungen nordischer Völker herrühren. Ausland, 1837, p. 1273. V. Courtet de l'Isle: La science politique fondée sur la science de l'homme, ou études sur les races humaines sous le rapport philosophique, historique et social; Paris, 1837. Blätter f. literar. Unterhaltung 1839, Nr. 335—338.) Eine urkundliche Geschichte der Verhältnisse, die der erste, wichtigste Stand eines ackerbauenden Landes seit Jahrhunderten bestanden, möchte zwar schwieriger, aber zum mindesten nicht weniger belehrend und nutzbringend seyn, als eine Geschichte seiner Stadtbürger, Gelehrten, Geistlichen, Adelichen und Fürsten. Zwar ein unmittelbarer rechtlicher Anspruch auf einen bessern Rechtszustand der Jetztlebenden wird auf historischem Wege schwerlich begründet werden können. Je weiter zurück, je roher und unmündiger die große Masse. Ueberall anfänglich nur Bezwinger und Bezwungene, lauter Recht des Starken, lauter Pflicht des Schwachen — dann allmählich Gnaden des Starken, Freyheiten und Privilegien des Schwachen — dereinst etwa in fernen reifern Jahrhunderten gleiche Rechte und gleiche Pflichten für Starke und für Schwache. (Th. Carlyle im 5. Capitel seiner Schrift über Chartismus — 1839 — spricht von Recht u. Macht nach dem Spinozistischen Satze, daß jus und vis identisch sind, was Fürst Metternich durch den Doppelsinn von Kraft im Recht ausdrückt. Allgem. Ztg. 1841, Beil. p. 1163. In alten Hss. kann beides ml geschrieben vorkommen. Lamennais' Worte vor seinen Richtern, 26. Decbr. 1840. Allgem. Ztg. 1841, p. 10.) Noch stehen die am weitesten vorgerückten Staatsvereine, was auch in den neuern Zeiten gesagt und gethan worden seyn mag, immer nur auf der Stufe der Gnaden und der Freyheiten. — Ein gewaltiger Ruck, den niemand voraussehen konnte, ist in solchen Dingen geschehen im J. 1848. Doch ist es erst zur Hälfte vorüber. Möge es nicht umschlagen!

Vgl. Lüntzel, die bäuerlichen Lasten im Hildesheimischen, 1830. Hundeshagen, Waldweide u. Waldstreu, 1830. Stüve, Lasten des Grundeigenthums ꝛc. in Hannover, 1830. Rumohr, Ursprung der Besitzlosigkeit des Colonen im neuern Toscana, 1830. (Berliner Jahrbchr. f. wissensch. Kritik, 1830, Nr. 101—116). — Verhältnisse des Bauernstandes in Dänemark, (fast noch schlimmer als die des bayrischen) s. Allgem. Ztg. 1843, Beil. S. 1523—24: Erbpachts (Fæste-) Verhältniß; Fæstebonder, Zinsbauern, Lehensbauern. Cf. unter Stift: festitutio. Haxthausen, russische Zustände der Art. Die Grundsätze, nach welchen Land in Großbritannien besessen wird, noch wesentlich feudal: freehold, copyhold, leasehold. Allgem. Ztg. 1843, Beil. Nr. 23. 24, p. 179 ff.

c) die Gerechtigkait des andern Geschlechts, s. Recht, h).

31 **rechten**, (ä. Sp.) wie im Hchd., nur mehr figürlich: vor Gericht streiten, plädieren: (Graff II, 414. BM. II, 615). „Vor dem Richter auf der lantschrann mit Einem rechten um ein Ding;" MB. XXIV, 441. **rechtnen**, (b. W.) was anderwärts raisonieren, Ausstellungen machen, zanken. Wàs hàst deun àllewál für ə˜ *Rèchtnə˜*, du *Rèchtnərin*!? **berechten**, **verrechten**, vor Gericht bringen, gerichtlich behandeln, verhandeln. 2 M. II, 616. 618. „Der Richter, vor dem die sach berecht wirdet." „Ein verstolnes Guet vor dem Rechten berechten," es gerichtlich revindicieren; Ref. des b. L.Rechts v. 1518, Tit. 20, Art. 8. 9. „Einen als einen Räuber berechten" (processieren) und hinrichten; Gem. Reg. Chr. III, 120. „berechte sach," res judicata;" MB. XXV, 460. „Die pfannt soll man nyndert anderthalb verrechten, dann hie bey unsern Dorfrechtern;" Wstr. Btr. VII, 326. „Das sölle vor einem pfleger zum holnperg verrecht und ausgetragen werden;" MB. XXV, 399. 407. „Dieweil das Fürbott ein Fundament der Rechtfertigung ist vnd ohne das niemand verrechtet werden soll;" tyr. L.O. v. 1603. **verunrechten**, als Ableitung von Unrecht. Einen „verunrechten und vergwältigen;" Kr. Lthdl. X, 181. 251.

richt, adv., (Mittel-Rhein) gerade, in gerader Linie. Zeitschr. VI, 366. **gerichts**, **entrichts** (sc. Wegs), ä. Sp., geraden Wegs; (Graff II, 415. BM. II, 645. 646. Vilmar, kurhess. Idiot. 325. Zeitschr. III, 108. VI, 490 u. BM. II, 629: entrihte aus in rihte. „Dein sack hat kein boden nicht was ich nein schütt, das fellt gericht unten durchaus, nab in stadel;" H. Sachs 1560: V, 388. „Von der Prugg gerichts durch das Hard;" Lori, L.R. 180. „Darüber gieng ein prugg hin gerichtz zu einer stat;" Cgm. 270, f. 239ᵃ. „Gerichtez nach der linie;" Alt. H. 1, f. 2 (v. 1333). „Von demselben Gebirg entrichts Wegs über das Langenekg bis in diu Rigel;" Meichelb. Chr. B. II, 96. MB. VII, 166. „Von derselben Marchseulen entrichts biß zu dem Siechhawß" .... „entrichts hinüber durch die aw;" Wstr. Btr. VI, 191. 192, ad 1440. „Er habt den rucke ûf enriht;" S. Helbling I, 69. Ze got er ûf blihte, gegen himmelrîch enrihte;" das. 649. Cf. ahd. in rihti, geradezu, Otfr. III, 26,13. **rihti**, abgeleitetes Subst. f. rectitudo, trames, regula; gl. a 310 531. i. 28. 416. 1028. Graff II, 415. BM. II, 628 f. „Ich mag mir wol ein richte ûz dîner arbeit nemen;" Labr. 261. „Zaig mir nâch im (dem Falken) die richte;" Valkn. 49. „Swâ man gên rechter stæte unstæte pfliget, wâ findet man gerichte? Labr. 519. Graff II, 417. BM. II, 645. Vilmar, kurhess. Idiot. 325. Das **Ungericht**, ä. Sp., das Unrecht, Vergehen sowol als Verbrechen. BM. II, 649. „Alles Ungericht gerichten, Frävel und ander Ungericht büßen;" L.R. Ms. v. 1453. **richtsinnig**, s. sinnig. **aufrichtig**, a) wie hchd. b) recht, echt, gehörig. ən *aufrichti's* Brod, Nudln ꝛc., gut gegangen, gegohren; (ObrM.). „Damit das Pier auffrichtig und gut werde;" Scheirer DienstOrd. v. 1500, f. 15. c) aufrecht, gerade aufgerichtet oder stehend. BM. II, 630. „Die Mauer war noch ganz und aufrichtig;" Hist. der v. Frundsberg. Voc. v. 1618. „Wart rihtig," dirigebar; Notk. 108. 128. **unrichtig**, wie hchd.; (BM. II, 630. 646): „Jung unrichtig hunde;" Labr. 166. „Gelich dem unberichten welfe; das. 346; (cf. gerecht). irre im Kopf, wahnsinnig; Zeitschr. III, 404,8. „So ains unrichtig ist des eben kumbt von kelt des magens und mueter. Nimb ain schwarze lebendige hennen und reiß sie also lebendig in der mit voneinander und pindts dem unrichtigen also auf das haubt;" Poll. 185 (v. 1520 ff.), f. 17ᵇ. „Ist in Landshut bey den armen Unrichtigen (im Tollhaus) behalten worden;" Benno-Mir. 1697. Die **Unrichtigkeit**, (ibid.) Wahnsinn. **unrichtikait**, insania; Valkn. 55. 104. „Die **Unterricht**, sogenanntes Notificetur;" Wstr. Gl. Nach der L.O. v. 1518, 2. B., 2. Tit., Art. 5. u. 3. Tit., Art. 2 soll von den Beamten an die fürstlichen Räthe keine „Underricht geschickt werden, es werde dan dieselb underricht begert." „Item von Underrichten gen Hof, so auff der

— 'und noch früher schreibt Br. Berhtolt (um 1260—70)': „So feind zwair hant auzsezigkait an den heußern, die da haißent pilrg, die erst ist das sy arm leut twingent das sy stain vnd holtz dar fuerent;" Cgm. 1119, f. 40ᵇ.

**) Wie unerwartet praktisch sind solche Fragen geworden seit dem 24. Febr. 1848! Man bangt bereits (15. März) vor einem zweiten Bauernkriege.

Parthey Bschwärungen und anhalten gegeben müssen wer-
33 den, 32 dn.;“ ibid. Tit. 5, Art. 2. „Von ainer underricht 28 dn.;“ Welsch, Reichertshofen 181. 182.

richten, A) wie hchd., judicare; (sieh unten B. c). Graff II, 419 423. BM. II, 630. Weigand II, 494 f. Richten Einem, (ä. Sp.) ihm über erlittenes Unrecht Recht verschaffen. „Got rihtet alle tage dir;“ S. Helbling IX, 14. „Frowe Minne, ich klage iu mêre: rihtet mir und rihtet über mich;“ Walther v. d. Vogelw. 40,28. „Die krummen sache slichten, und einem armen richten als eime rîchen;“ altd. Wälder III, 69. „Ein ieglich burggrave sol rihten dem armen unde dem richen;“ Augsb. Stadtb. „Swer der ist, der in disem vride nicht sin wil, den sol der landesherre auz dem vride lazzen und man sol allen leuten gegen im richten und im sol nieman richten swaz er ze chlagen hat;“ östr. Landfriede v. 1281. Die gericht Sach, res judicata. (Bey Kero, Otfr., Tatian kommt rihtan in diesem Sinne kaum noch vor; sie brauchen tuoman, suonan. Doch hat eine noch ältere St. Gall. Glosse „rihtendi, justificando.“) Die Ausricht, rechtliche Entscheidung, Rechtshilfe. „Bringt Wittwen durch langes Rechten an Bettelstab; da ihnen doch in kurzen Tagen hätte können Ausricht geschehen;“ P. Abrah. Das Gericht, wie hchd., (ahd. girihti, mhd. gerihte; Graff II, 416. 417. BM. II, 646); plur. Gericht oder Gerichter, wo man aber Gerichtsbezirke und nicht leicht mehr, wie ehemals, auch Gerichtssitzungen versteht. Wol in Bezug auf die anfangende Überlassung der Gerichtsbarkeit von Seite der Fürsten an Adeliche und Prälaten sagt ein alter Prediger, Br. Berchtold von Regensburg († 1272), Cgm. 632, f. 96: „Gute richter (wie Kaiser Heinrich und Künig Karl), sie richtent nicht, als nu die richter tunt, die das Gericht darumb chauffent, das si den leuten ir gut abbrechen.“ „Wie oft die Landgericht sollen gehalten werden. Es sollen in jedem Jahr zwölf Landgericht gehalten werden. Jedes soll 3 Tage dauern. Und zwey oder drey Tage nach demselben als Vorgericht, soll noch ein oder zwey Tage Nachgericht gehalten werden;“ Ordnung des kaiserlichen Landgerichts Herzogthums zu Franken v. 1618. „1609 den 13. Januarij ist das kayl. landtgericht Hirschberg alhie (zu Kelheim) gehalten worden, alda ein pauer namens caspar mayr von Haubenriedt Pfältzer in die acht erklert;“ Barth. Lutz', Pfarrers zu Kelheim, Tagebuch v. 1608—9, Cbm. 3245, 47ᵃ. item. 31. März, das. f. 54ᵃ. „Injusta judicia .i. vngericht;“ Clm. 9537, f. 180. Graff II, 417. 418. BM. II, 646. 649. Der Richter, wie hchd.; (ahd. rihtâri, mhd. rihtære, rihter; Graff II, 422. BM. II, 637). Gregor v. St. 2988. 3006. 3327. 3589. 3616: rihtære, der Pabst. Die fürstlichen Vorsteher der Landesbezirke, Pfleger genannt, waren ehmals nicht immer zugleich Richter. Der adeliche Herr, dem eine Pflege übertragen wurde, hatte meistens die Wahl, die Gerechtigkeit entweder selbst mit zu verwalten, oder zu diesem Behuf einen eigenen „Richter“ aufzunehmen und zu besolden. (S. Pfleg.) „Vor allter (heißt es im Salbuch des Landgerichts Reichertshofen v. 1541 bey Welsch p. 180) hat ain Pfleger nach seiner Gelegenhait ain Richter, der mein ghn. Hern gefellig gewest, aufzunehmen und zu bestellen, macht gehabt. Hat ain Pfleger jme an Besolldung geben, wie sy sich mit einander vergleichen haben mögen.“ Aᵒ. 1501 klagten die Landstände: „Etliche Pfleger wollen Unterrichter haben, die es doch billig selbst ausrichteten, nehmen schlechte Knechte, die je kleiner Vernunft und nicht wappensgenoß sind, haben die armen Leut desto mehr Beschwerung.“ Darauf beschloß der Fürst: „welcher unser Pfleger einen Unter-
33 richter haben will, der soll einen tauglichen und verständigen, doch allein auf seine Kosten und andern Leuten unbeschwerlich und ohne Schaden halten. Wir wollen auch keinem Richter den Bann verleihen, er sey dann ehrlich, ehrbar und wappensgenoß;“ Kr. Lhdl. XIII, 184. 304; cfr. VIII, 393. 504. So war damals der Landrichter ein Untergebener des Pflegers, bis später seinerseits der Pfleger wenigstens dem Namen nach in den „Land-Richter“ verschmolz. Trennung der Gewalten war ehmals so wenig als noch jetzt vorhanden. lantrihtäre, lantrechtäre steht gl. a. 678. o. 56. und im Voc. v. 1429 als Uebertragung des rachimburgius der a. Gesetze; (s. Grimm Gr. II, 473; d. RA. 293. 744). „Lazent iuch leren lantrechtara,“ erudimini qui judicatis terram; Notk. 2,10. Gl. a. heißt rihtari rector, bey Tat. 55: regulus; der eigentliche judex hieß tuomo. — B) Hier scheinen indessen auch einige minder allgemein gangbare Anwendungen einen Platz zu verdienen, in welchen das Wort, je mit verschiedenen Vorsylben, von den eigentlichen Bedeutungen: a) gerade machen, b) dirigere, ausgehend: c) (ein Unrecht) gerade machen, abthun, schlichten, judicare, d) (eine Schuld) ausgleichen, abtragen, zahlen; (ein Maß) vollends ausfüllen; e, α) bereit machen, bereiten, e, β) versehen, versorgen, ausstatten; f) fertig machen, abthun, zu Ende bringen; thun überhaupt, g) (zunächst auf b beziehbar) in Kenntniß setzen — bedeutet. Beispiele zu a): Holz richten, es in Scheiterhaufen setzen. Das Schermeßer (auf dem Wetzstain oder Streichleder) abrichten. Grimm, Wbch. I, 90. Verworrene Haare ausrichten, sie mit dem (weiten) Ausrichtkámpəl kämmen. Aufrichten Einen (mit Etwas), ihn in gehörigen Stand setzen, in Gang bringen, ihm einen großen Dienst erweisen; doch meist ironisch. Grimm, Wbch. I, 710. Mit só wàs kunnt mi' Aəner *aufricht'n*. Buə, mit diər wár I *auf'gricht't!* Du wärst der, die Rechte, (wenn ich dich zum Mann, Weib, Dienstboten, Helfer ꝛc. nähme). Vrgl. auch die Bed. e, β. Zu b): fig. sich an Einen richten, auf ihn losgehen, sich an ihn wagen. „Es hett sich vorhin an die Teutschen niemand dürfen richten,“ sagt schon Avent. Chr. 185. Gl. a. 239. 425: rihten, carihten, dirigere, und a. 505. 712 sogar die Ableitung: reitrihtil, auriga. berichten, verrichten; BM. II, 639. 650. „Si (kayser und künig) soltent die welt berichten und slichten, so tůnd sy sie entrichten;“ des Teufels Segi, Ms. v. 1449, (Barack p. 225,7162). „Herr, verrichte mich in deiner warhait,“ dirige me in veritate tua; Cgm. 87, f. 72. Cgm. 101, f. 110. sich verrichten, sich richten, benehmen. I waəs mi' iətz scho˜ z' *vo'richt'n*.“ „So waißt du dich nach dem Gewicht zu verrichten.“ „Darnach wiß dich zu verrichten;“ Fewrb. v. 1591. entrichten, aus der Ordnung, Richtung, Fassung bringen, „exagitare, commovere;“ Voc. v. 1618; bey Stalder: verrenken (ein Glied). BM. II, 643. Grimm, Wbch. III, 584. „entrichtet, externatus metu;“ Voc. v. 1618. Gewöhnlicher findet sich entricht in ä. Schriften für entrüstet, zornig, gebraucht. „Die Nachbäwrin sprach gar entricht;“ H. Sachs. „Deshalben sye gar übel entricht wurdent;“ Kaisersberg. „Dannan habet er gerihtet den rinch dero erdo, der furder entrihtet newirdet, etenim correxit orbem terrae, qui non commovebitur;“ Notk. Ps. 105,11. ˋabrichten, ä. Sp., aus der eingeschlagenen Richtung bringen; wie hchd.: in die erforderliche Richtung bringen, eine Richtung nehmen; Grimm, Wbch. I, 190.ˊ „Dô ich nu hôrt abrichten Stæten (Hund) und abdreschen;“ Labr. 118. „Ich han den alten Harren (Hund) abrichten, kobern sehen;“ das. 166. „Sie (die Hunde) kunnen wol abrichten und lânt sich hœren suoze;“ das. 337. „Nû hôrt ich Wunne und Fröuden (Hunde) mit iagen schôn abrichten;“ das. 341. ˋVgl. ausrichten (die Richtung bis ans Ziel verfolgen),ˊ das. 454: „Er (der Hund) wil alle läufe gar ûzrichten;“ ˋund sich berichten, sich in die Richtung bringen, den rechten Weg einschlagen, sich zurecht finden, (BM. II, 641)ˊ: „Doch liez ich Willen (den Hund) ze den hunden beiden, ob der sich kunde berichten;“ das. 104. „Kunde sich berichten Wille (der Hund) in disen gengen;“ das. 157. „Ir kunnet iuch wol berichten bî wazzer und ûf walde; das. 406. anrichten Einen zu 34
etwas, ihm Anricht geben, d. h. Anleitung, z. B. zum Studieren, zur Musik oder zu etwas Bösem. Grimm,

Wbch. I, 427. Zu c): richten, berichten, verrichten, versöhnen, ausgleichen. „Dieselben Fürsten Herzog Stephan v. Ingolstadt und der v. Orlienz wurden gericht (reconciliati) zu Paris;" Windeck, Cgm. 1006, f. 9. „Wen sich ainer mit dem andern bericht .... „Wenn sich zwen verrichtent vmb ein wuntten, daz schatt dem richter nicht an seiner puzz;" Münchner Stdtb., Cgm. 27, Art. 129. „Verrichten und verebenen," ausgleichen, schlichten. „Sache, die zwischen uns noch nicht verrichtet ist." „Verricht und versuont sein mit Einem;" Urk. v. 1297. „Es ist vil unrihtunge in der kristenheitt daz du nit alles verrihten maht;" ... „ein urlüge daz noch nicht verrichtet ist," (geschlichtet); Br. Berht. 100. 111. „Der Babst wollt sie (die Streitenden) verrichten;" Chron. v. 1486. Av. Chr. 166. „Eine inzicht gerichten," sich von derselben reinigen; Münch. StR., Art. 68. „Dijudicare, discutere, entrichten;" Semansh. 34, f. 210. 211². Die Bericht, Berichtnuß, Richtung, Verrichtung, Ausgleichung, Aussöhnung; Kr. Lhdl. V, 156. 155. 151. Öfele II, 205, ad 1287. „..so die bericht solt ausgehen;" Cgm. 997, f. 236, cum concordia debuit componi; Arnpeck, col. 459. Vrgl. A. Zu d): ä. Sp. richten, abrichten, ausrichten, berichten, entrichten, verrichten Einen eines Dings, metonym. Einem ein Ding, ihn deshalb zufrieden stellen, wie roman. pagare, payer von pacare. „Einen einer Summe richten;" MB. II, 60. „50 Pfd., der si uns gentzlich gericht und gewert haben;" MB. V, 268. Den versessen Zins richten; MB. XIII, 417. „Die herkommene Gebühr und Schuldigkeiten abrichten;" Urbar-Gebrauch p. 121. „Eine Summe Geldes abrichten;" Landtag v. 1669, p. 207. 217. 218. 245. „Die Gleubiger abrichten;" Gravam. v. 1579, Ms. „Herzog Ludwig hett sich gern mit dem Fürstentitel abrichten lassen;" Ldtg. v. 1514: 83. Es ist nichts abgericht't damit, jemand ist nicht erkenntlich; (Dr. Sepp). „Gült und Guetsbericht zahlen und außrichten;" L.Rcht. v. 1616, Tit. 21, Art. 2. „Was ich verzer in irem dienst, das sollen sy mir ausrichten; MB. VIII, 267, ad 1399. „Der Mayr sol vom Gut nit faren, er bericht dann davor dem Herrn sein Gült;" L.Richt. v. 1518, Tit. 34, Art. 2. „Den Beschädigten soll der Beschädiger seines Schadens entrichten;" L.R. v. 1616, f. 287. „So ist ir gnad des Gelz gar entricht;" Hofrechn. v. 1468, Wstr. Btr. V, 207. „Der bawman sol den Gutsherrn entrichten seiner Gült und seines Berichts;" L.Recht v. 1616, Tit. 21, Art. 1. „Den clager entrichten;" L.R. v. 1518, Tit. 27, Art. 4. „Er soll, was Kostung auf die Fuhren geht, selbst verrichten;" Ldtg. v. 1515: 74. „Daz er dez obgenannten geltz gantzleich verricht und bezahlt wurd ân allen abganck;" MB. VI, 439, ad 1377. „Das hutgelt hab ich verricht mit der selbigen geschicht;" Cgm. 714, f. 212. „Sein sach ist verricht, causa sua transivit in rem judicatam;" Windb. 204, f. 164ª. „Er ist ungericht ausgefüert, non convicto judicio ad tormenta eductus est; ibid. f. 165ª. Der Ausrichter, (Lori, Brg.R.) Zahlmeister und Gewalthaber der ehmaligen Salzfertiger. Der Verricht, die Auffüllung der Salzkufen. „Verricht'ts Salz, Quantum Salzes, von welchem die Maut, Auffüll so anders, schon entrichtet ist;" Kurz. Begriff der Salz-Irrungen 1761. Zu e, α): bereit machen. Den Tisch richten, den Tisch decken; aufrichten, fürrichten, die Speisen auf den Tisch bringen, hchd. anrichten. *Richt für!* mi' hungᵊ't. *Richt di'*, Tischl, *richt di'*, (im Mährchen). Miᵊr brauchᵊtn 's *Richt di'*, Tischl, *richt di'*. „Den tisch abrichten, mensam tollere;" Voc. v. 1618, gewöhnlich ellipt. blos abrichten. Die Richt, die einzeln aufgetragene Speise, das Gericht, die Schüssel. Gl. a. 656: rihte, ferculum. Zwo, drey, vier ꝛc. Richt oder *Richt'n*. „Daß er dem Gast vier Richten gebe;" Kr. Lhdl. XVI, 411. „Zu dem Morgenmal, wie zu dem Nachtmal sollen seyn 3 warm Richt;" Land- und Policey-Ord. v. 1616, 4. B., Tit. 13, Art. 3. „Bey Brewen und Köchen sollen 3 Richt umb 8 Creuzer, oder 4 Richt umb 10 Creuzer gegeben werden;" ibid. 3. B., 3. Tit., 8. Art. „Nach yeglicher richt nahm er (der Gast) die silbrein vas an sich;" Cgm. 54, f. 23ᵇ. „Trinckh zu ainer yeglichen richt darumb das du siechest nicht;" Clm. 25072, p. 263. Die Vorricht, das erste Gericht, das Voressen;" (Gastein, Mesnil). „Das glüng sie zu einer Vorricht aßen;" H. Sachs 1560: II, IV, 79 (1612: II, IV, 162). Die Nâchricht, der Nachtisch, bellaria; Voc. v. 1735. Die Anricht, Tisch oder Tafel in der Küche oder im Eßzimmer, worauf die Speisen zum Auftragen zurecht gemacht werden. sich richten, namentlich zum Tode. In einer Hofrechnung v. 1590 (Wstr. Btr. III, 105, 106) heißt es: „Item zu Schongau ainige Hexen verbrannt, so viel gewaint undt gelamentirt undt aber sich gut gricht haben." „Item die zwai Hexen (aᵒ. 1591) zu Weilhaimb verbrannt, haben sich gar schön gricht ghabbt." „Daz sich der mensch gerechte ze siner hinverte;" Gl. Winnerl. „Den salm (Domine refugium) sprich daz dich got vriste unz du im gerichtest;" Ald. 111 (v. 1250), f. 84. Vrgl. unten f. Den Vögeln richten, (nemlich Schlingen, Beeren). Hieher wol Suchenwirt's: „Ach daz ich der sünden per also vil gerichtet han." „Lateralia sc. gericht" (am Wagen), „gerichtpawm;" Asp. 49, f. 127. Au 36, fol. ult. Clm. 11452, f. 193. „Thürgericht," (oft, wol statt Thürgerüst); Cbm. 2224 (v. J. 1613). „Das Ingericht im Schloß, interanea serrae;" Voc. 1618. *I~gricht*, (b. W.) Vorrichtung am Wagen. Zu e, β): ᵊ~ Tochtᵊr aussiricht'n, (O.L.) sie ausstatten mit Kleidern und Bettzeug. gerichtet, g'richt't, herg'richt't sein zu etwas, (meist Schlimmem), es vor sich, es zu erwarten haben. Iᵊtz bin I gricht zᵊ'n Bêdln. Dà is's zó'n Vó'hungᵊ'n *herg'richt't*. „Er ist schon hergerichtet," liegt in den letzten Zügen; (Hsln.). „berichten, comunicare;" Nomencl. venez.-todesco, Ms. v. 1424, f. 44. „Wie man ainen kranken gast berichten und versehen sol mit dem heil. sacrament:" Kaisersh. 155, f. 206. berichten gon, das Abendmahl bringen; Firmenich I, 354. „Er starb unbericht, nullis sacris procuratus obiit;" Windb. 204, f. 166ª. „Das man dich am end mit unserm herrn bericht;" Haupt's Ztschr. VIII, 535. „Sich berichten mit dem Sacrament, communicare;" Voc. sec. XV. „Wenn man sich mit dem hailigen leichnam unsers herrn berichten will; Cgm. 80, f. 121ª. Sich nach der Beicht mit Gotes trôst (dem Sacramente) berichten, (versehen); Zwetl. Reimchr. „Sie berichten sich alle mit gotes trost" (vor der Schlacht); Prolog in Fundat. Zwetlenses. „Also kom er (Kaiser Hainrich v. Lucelnburg) in die stet ze Speis (Spezzia?). Da wolt er an unser frawen uffarttag sich berichten mit gotzlichnam ... do er sich desselben tags nach der meß bericht do vergab im der briester mit goczlichnam. daz geschach mit des baubst rat und mit sümlicher stet rat wan si dem briester groß gût dar umb gelobten;" Kaiserchron., Mscr. sec. XIV., german. Mus. 2733. (Sette Communi): „*Barighte*," d. h. Berichte, das Sterbsacrament, das heil. Abendmahl. „Daz hûs mit chorne, flaische ꝛc. berichten;" Augsb. Stdtb. Der Bericht, Guetsbericht, das Gericht, Guetsrecht, die Einrichtung, Ausstattung eines Hofes an Geräthschaften, Vieh, Speisevorräthen ꝛc. „Mit allem dem recht und wir ez vunden, mit demselben reht sullen wir inz wider antwurten;" MB. X, 65. 506. „Sie sullent die selb ir schwayg aber allenthalben pawlich und stiftleich vinden mit sambt dem gericht, daz man uns darauf gegeben und auch geantwurtt hat, daz sint sechs melichw Rinder, 36
für ziechenz Vich vierzzigk mezen habern, ainen wagen, ainen pflug, ... Haw ... zwo gens und drew hüner;" MB. XVIII, 244, ad 1391; cfr. MB. XXI, p. 466, Heumann, opusc. 67. Das Land-Recht v. 1518, Tit. 34, Art. 1 will: es soll der Baumann, ehe er von einem Gute fährt, „den Grundherrn entrichten seiner Gült und seines Berichts und guets Recht." Hiezu fügt das Land-R. v. 1616, Tit. 21, Art. 1 die Worte: „als Hew, Strew, Tungent und dergleichen, was jedes Orts gebreuchig

ist." „Da der Herr seines Guets bericht vnd gült nit bekommen möcht; ibid. Art. 10 u. 11. „Mit Darlassung Guts bericht;" ibid. Art. 17. „Die Fahrniß und der Gutsbericht gehören dem verkaufenden Grundholden; dessen ohngeachtet läßt das b. Gesetz dem Grundherrn die Wahl, ob er dem Verkäufer dieselben wegbringen lassen, oder nach der Schätzung in Geld bezahlen will, indem man den Gutsbericht bey dem Gut ohne merklichen Schaden nicht allemal entbehren kann;" Bemerk. und Laudem.-Rechte p. 108. „Darnach sol der mair das Gericht nemen, als er des schuldig ist auf dem Gut ze lassen. Was auf dem Gut beleiben sulle der herschaft, das ist aller winterpaw, was wid und nagel hat, ausgenommen den sweinpach vnder dem dach;" Baustiftrecht, Cgm. 549, f. 56. „Wann niemant sein gut chainem pawrn sol lassen, er sey im dann gut umb seins gutz recht vnd gericht selb oder mit porgen;" Cgm. 27, Art. 115. „Dar nach brachte man im swaz er het âne daz ze einem husgericht gehorte, (quicquid suppellectibus habere potuit praeter paraturam unius domus ac mensarum);" St. Ulr. Leben, Cgm. 94, f. 20. 67. „Affech, preß, potigen, grant, schaff, wagen, reder, vas, raiff oder wie der hausgerecht genant;" Wiener StdtR., Cgm. 1113, f. 35ᵃ. „Der huber (soll beym Abzug von einem Gut dem Grundherrn) sine hofrichten geben;" Augsb. Stdtb. „Du tuost mir spât unde fruo an mînem „hofgerechte" (Haupt ändert: hovegereite) schaden," sagt die Frau zum Bauknecht; S. Helbling I, 124. hovegerihte, Ald. 87, 9 ff. Das Hubgericht (Abgaben) von einem Hof; Heidenh. Salbuch v. 1400, Clm. 1524, f. 11ᵇ. Der Mülbericht. „Einem jeden Müller und Schmid soll sein Müllbericht und Schmidzeug insonderheit geschätzt und angeschlagen werden;" Ldtg. v. 1543: 198. Mulgerihte, Ald. 87, f. 10ᵇ. Das schefgriht, (MB. XI, 44, sec. XIII.) das, was jedem Schiffer auf eine Fahrt als Ausrüstung und Speise-Ration mitgegeben worden (?). Zu f.: a˜ Hôchzeit ausrichten, (O.L., von einem Wirthe:) in seinem Hause das bey Hochzeiten übliche Mahl nebst Tanz 2c. besorgen. Z' Harmading *richt't* da˜ Wihh't d' Houzat'n guad *aus*. hinrichten, conficere, destruere. hindurchrichten, consumere, dissipare; Voc. v. 1618. „Biß jhn (den Pangraz v. Freyberg) das Podagra, daß er vil jar gehabt, aᵒ. 1565 gar hingericht;" Hund's St.B. II, 100. verrichten; BM. II, 650 f. Er hât's *va'richt't*, er ist gestorben, defunctus est. „Den Langspau verrichten," die Feldbestellung für den Frühling vollenden; Abt v. St. Zeno. Den Maiß verrichten, s. Th. II, Sp. 1663. „Als Alexander das kindtliche Alter verricht hatt;" Av. Chr. 59. „Indeme Dr. Eisengrein tods verschiden, das also diß Werck gleichwol angefangen, aber unverricht verbliben;" E. Beichtbuch v. 1579, Vorrede. Selhamer braucht in diesem Sinn auch entrichten. Grâd hat 'Katz a˜ Mäusl *va'richt't*, (eben ist sie mit einer Maus fertig geworden), iatz pâst s' scho˜ widar auf an andare. „Providentia vrichtichait, ignavia unverrichtichait;" Ind. 392, f. 26ᵃ·ᵇ. „Ignavia, unverrichtichait; Clm. 5945 (XV. sec. 1445), f. 301. „Ignavia, ungerichtikait," And. 48, f. 146. a gueter *Verrichter*, guter Geistlicher. Er ist ein gueter Verrichter, sagt der
37 Oberländer von einem brauchbaren Herdstier; (v. Dell.). Der Hanc berichtet die Hennen; Fabel, altb. Wälder III, 231. Zu g): ausrichten Einem etwas, ihn davon (besonders von einem Auftrag, Gruß 2c.) in Kenntniß setzen. Den A. beym B. ausrichten, im Namen des A. den B. begrüßen. *Richt' mi' fei˜ aus* dobey! Sollte dieß als Metonymie zusammenhangen mit dem Einen richten eines Dinges (bey Otfr. III, 20, 123.176. IV, 15,17. 19,11. V, 9,21), instruere, docere, gleichsam dirigere, ital. dirizzare, franz. dresser. ausrichten die Leut, über ihr Thun und Lassen öffentlich zu schadenfroher Unterhaltung urtheilen, richten, franz. médire. és teats nicks wâs d' Leud *ausricht'n*! Wenn 's *Leud-ausricht'n* nét wá', wâs hêdn denn di weibat'n Léud für a˜ Freud auf da' Wâld? „Es gibt bey der Zeit nichts mehrers, als Richter, verstehe Ausrichter, nichts mehrers als Schneider, verstehe Ehrabschneider;" P. Abraham. „Die Bettelmünch können wol die Leut, jre Mitchristen, ausrichten, aber zu den Unglaubigen, denselben zu predigen, kommen sie nicht." „Als jn (den Abt Joh. Trittenheim) übel ausricht in seinen Schriften Carolus Bovillus; Avent. Chr. 185. 186. „Detrahere, ußrichten einn andern zum bosten;" (Melbers) Voc. sec. XV. Diese ältern Stellen erlauben nicht, das Wort, nach Gramm. 372, etwa als ausrüchten, zu Gerücht (w. m. s.) zu ziehen; Wien: ausrüchten, ausschelten, verlästern. Castelli, Wbch 65. Sich berichten lassen, sich durch Vorstellungen auf richtige Ansichten bringen lassen. Ér last si' hâlt nét b'richt'n. verrichten Einen eines dings, ihn davon in Kenntniß setzen. BM. II, 651,2. „Do er (Pilatus) des verricht wart, daz er (Jesus) von Herodes gewalt was," ut cognovit quod ...; Luc. 23,7. Cgm. 64 (66), f. 29. verrichten, eine Person oder Sache, ä. Sp., über sie sprechen, urtheilen; (cf. ausrichten). Cgm. 811, fol. 45: Die Weiber in der Kirche „verrichten hirß vnd flachs, wie schon er in dem Garten wachs;" dann die Ehemänner 2c. „Wer dye lewt also verricht." — Ich weiß nicht unter welche Bedeutung einzureihen seyn würde das folgende: Abricht, Abgericht. Auf den Holzschiffen „ein Abgericht" zu legen, „ein Abricht davon zu nehmen" — war verboten; Gem. Reg. Chr. II, 283. 303, ad 1391. Vrgl. oben Schefgriht.

Im Ingolstädter Stadtrecht bey Heumann, opusc. 262 steht im Art. „der Juden ait" — : „er sol sein gerechten hant in das puch legn unts an das Gericht." Die Form ist verdächtig, und steht vielleicht statt Gerist; s. Rist, und vrgl. Reihen, 3.

Die Schacht-richt in Bergwerken, sieh Schaftricht.

Richt, eine in der O.Pf. zuweilen einfach, noch öfter aber in der Zusammensetzung vorkommende Ortsbenennung; (s. Destouches, statist. Beschr. d. O.Pf. I, 114. 115. 206. 229. 286. 338. 357. 383 2c., wie auch Finck's und Daisenberger's Repertorium). Mir selbst sind solche Namen nur unter der wirklichen Aussprache Ried, Râd, Reitt vorgekommen, und so finde ich nach dem ersten Heft der „geöffn. Archive" in einem Salbuch v. 1283—90: Durns- 38
riut (Duringesriut), Kotelnriut, Luprehtsriut, Niwenriut, Perriut, Poppenriut, welche wol den jetzt alsogeschriebenen Dürnsricht, Godlricht, Luppersricht, Neuricht, Pernricht, Poppenricht entsprechen. Vgl. Moritz, die Grafen von Sulzbach II. p. 55. Nach J. B. Weigl (Uebersetz. Lanjuinais über Thomas a Kempis p. 216) hat Kotzersricht zwischen Amberg und Sulzbach weiland Jacobsruite geheißen. Dieses o.pf.-richt statt -reut mahnt an des Effe (Cgm. 54: gesta Romanorum) Präteritform -echt, -echt, -ocht statt -et: er furflocht, vodreht (forderte), verwirfteacht, reichnocht. Auch Adjective geben die Endsylbe -icht, -ocht statt -et: pukglocht, hoferocht. Sollte aber dieses Richt. (da auch MB. XXIV, 317. 479. 503: Furhenriht, Amenricht, Pesenriht u. Reg. Bav. III, 5. 11 v. 1251: Bibelrieht, Biebelrieht, III, 177 v. 1262: Bibelrith u. IV, 776 v. 1282: Tottenrieht vorkommen) nicht blos eine Entstellung aus Ried seyn, in der der O.Pfälzer das ie in i mit hörbar folgendem Dehnungs-h umgesetzt (vrgl. Gramm. 434), so wäre etwa an Richtstall, Richtstatt, (Lori, L.R. 248. 317. 325: der Jagd wegen ausgehauener Platz im Walde, Geräumt, wie denn richten überhaupt auch den Sinn des Reutens, Räumens haben kann) zu denken. Sonst würde auch das isl. rêtt für sepimentum, geschloßner und gedeckter Raum für Vieh, stimmen.

Die Roucht'n (wol blos Aussprachform und keinem alten ruohta entsprechend, O.Pf.), die Ruthe. S. Gramm. §. 434 und den vorigen Artikel.

Das Gerücht, wie hchd.; (mhd. Sp. gerühte, BM. II, 747. 803 und Vorrede p. V), s. Gerüch u. vgl. Vilmar, kurhess. Idiot. 332. Zeitschr. III, 41,15. 208,65. IV, 273,128. VI, 43. „Redlichen Namens und Gerüchts sein;“ ä. Rechtsschriften. „wohlberüchtigt,“ in gutem Ruf stehend; ansp. Verord. v. 1703. Sollte die Einleitungsformel „mich unbericht,“ eines von sich selbst Erzählenden in Reiner's Tandelmarkt 254, als „mich unberüchtet,“ d. h. für: ohne mich zu rühmen — genommen werden müssen? Vrgl. auch ausrichten unter richten: B, g.

---

rochzen, sich grotzen u. vgl. röheln. BM. II, 760.

(Vrgl. Rag, reg, &c.)

rack, adj., (Aschaffenb.) straff, gespannt. Zeitschr. II, 553,106. IV, 282,29. Reit das Sêl *ráck*, ruft der Schiffer dem Leinreiter zu, der das Seil anziehen soll. Rack und müd; (Aschaff.) Rack (steif) und müd werden (vom Gehen, Arbeiten &c.). Cf. recken und rag.

Der Rack, Moos, Baummoos, Baumbart: bia dürren *Rack*; (VII Com.). Zeitschr. VI, 192. s. unten: Ragg u. vgl. rackendürr.

räckezen, screare, sich räuspern. s. rächsen unter Rachen.

Räckl, mir blos in der R.A.: schwitzen wie ə˜ *Räckl* vorgekommen. Vrgl. den unter ricksen angezogenen Ausdruck für Hund. Castelli, Wbch. 221: der *Rökl*, großer Haushund; fig. ein häßlicher großer Mensch. Weigand, Wbch. II, 486.

rackendürr, zaunrackendürr (zau˜rackə˜dir), (von Menschen und Thieren) äußerst mager: lean as a *Rake*; (s. d. folg. Wort u. vgl. Vilmar, kurhess. Idiot. 313. Zeitschr. V, 187). Da man auch sagt zaunnackendürr, so darf wol das ags. hracca, occiput, cervix, verglichen werden. Noch besser würde, wenn es nicht der Form nach zu weit abläge, Rahen, Stecken, pertica, (s. d. W.) erklären; doch vgl. oben: der Rack.

Der Racker, a) als Schimpfname, mit dem Beywort schwarz, wie auch b) als Benennung einer sich aus Habsucht abquälenden Person, kann auf die anderwärts vor-
39 kommende Bedeutung einer Art Krähe, (unsers Ruechen; s. oben, Sp. 23 u. vgl. Weigand, Wbch. II, 450: Rack, Krähe. Zeitschr. IV, 181. V, 289.) gegründet seyn. c) ausgemergeltes oder sonst unnützes Stück Vieh, Pferd, Hund; äußerst verächtlich: Mensch. Weigand, Wbch. II, 451. Vilmar, kurhess. Idiot. 313. Zeitschr. VI, 365. Du Schind-*Räcke*ᶜ, Schindəᶜ*räckə*ᶜ! (Vrgl. rackendürr, und allenfalls das niederd., schwed. Rakker, rackare, Schinderknecht; s. a. Räckl). räckern und sich räckern, sich durch niedrige Arbeit quälen, abmühen, schinden. Vilmar, kurhess. Idiot. 313. Zeitschr. II, 237. Muə' mə˜ *si'* schint'n und *räckə'n*, dás mə˜ sei˜ Bisl Lébm furtbringt. 's Wei' muəs *si' àbiräckə'n* und Er ligt dəhəm auf dəᶜ fáln Haud. Bey Stalder ist das einfachere raggen kriechen und schwere Arbeit verrichten, niederſ. rakken unflätige Arbeit thun, fegen, putzen. Erwägung verdient vielleicht das ags. Abl.-Verb. vrecan, isl. reka und hrekia, agitare, exercere, pellere; s. unten Recke.

Der Rakusch, das ungar. Rakos, Versammlung, Landtag. „Die Hunger halten ytzund einen Rakusch von der Müntz und ander Mengel wegen,“ (1525); Cgm. 4925, f. 234ᵇ.

Der Raucken, der Rauch. „Du hàst meᶜ 's Herz vəᶜbrennt, b'stê's nuər ei˜, und dà, wo 's brennt, muəs ə˜ *Rauck'n* sei˜;“ Seidl, Flins., 3. Ausg. S. 68. „Für d' Ahnl an *Rauk'n*“ von der Kirchfahrt heimbringen, (geweihte Räucherkerzen?); Kartsch II, 68. s. auch Th. II, Sp. 1521, unter leschen.

rauckizen, (Jir.) kläglich thun oder reden. Cf. rauen, rau˜z'n.

„Rawckler und hofierer,“ (Spielleute, Musicanten?); Cgm. 269, fol. 25ᵇ.

recken (Prät. ä. Sp. rackte, rachte; mhd. recken: racte, rahte, ahd. recchan: rahta, goth. rakjan, was auf ein primitives Ablautverb rikan — lat. regere, dirigere, erigere, porrigere — zurückführt, welchem auch die Ableitungen richt, recht zufallen. Graff II, 363. BM. II, 590. Weigand, Wbch. II, 472), im Allgem. wie hchd., d. h. gerade machen, strecken. „Der Wurm (im Paradiese) gie aufgerackchter (aufrecht) darumb, das er ainem frawenpilde geleichet wurd;“ Cgm. 765, f. 35. 1) mit nächstem Bezug auf das gerad zu Machende, zu Streckende. sich aufrecken, fig. sich erheben. „Is nöt schen, wann *si'* d'Dirn übàᶜ d'Bäuring *afröckt*;“ Stelzhamer 162. aufrecken den Kopf, a) eigentlich; b) figürlich: α) zum Vorschein kommen. „Bey'm Wirth haben s' alls Neue, was den Kopf aufreckt;“ Charfreit. Proc. „Wo etwas den Kopf aufreckt, da ist er zu Haus,“ (d. h. in allen Fächern des Wissens); Bucher's s. W. IV, 234. „Es reckt alle Augenblick a neue Steuer den Kopf auf, und hat der Bauer nichs, so habn wir a nichs;“ geistl. Deliberierbüchl. β) empor, in blühende Umstände kommen — gewöhnlich elliptisch mit Weglassung des regierten Substantivs — Bey dereᶜ Toirum (Theurung) kà˜ kaə˜ Mensch *aufréckə˜*. Er hudlt und pudlt si' Tàg und Nàhhd und kà˜ dó' nét *aufréckə˜*. Di vıln Abgàbm lassnt kaə˜n Mensch'n *aufréckə˜*. „So ließen die von Regenspurg nichts aufrecken;“ Gem. Chr. II, 336, ad 1397. (Mit dieser neutrischen Form ist zu vergleichen: aufreckends Hâr, sich emporrichtendes, steifes Haar; Cgm. 32, f. 15ᵇ. 17ᵃ.) *Réck* 's Gösch'l *her*! (scherzhaft: zum Kusse). Das Maul herrecken, gewöhnlich figürlich: widerbellen, entgegenbelfern nach erhaltenem Verweise. „Then mund irrecken,“ eigentl. bey Otfr. III, 6,21. *Reck's* Brätzl her, (scherzh. die Hand). Die Hand recken (Einem zum Handschlag); MB. X, 134. BM. II, 590,1. „Ew. Gnaden Bruder hat heut gemainer landschafft mehrertheils die Hand gereckt, ihnen gnädiglich zugesprochen, das müssen Ew. Gn. auch thun;“ Ldtg. v. 1515: 273. „Es sol auch ein yesleich unser pfarrer ze Bischoffdorf engagen unser zechlewt wannzeit und wie offt man das gut stift, sein hant darumb recken,“ (Formel, die öfter vorkommt); Cgm. 3941, f. 226. *Réckts* d' Hent z'sam, gebt einander die Hände. aufrecken (scil. die Hand oder Finger, zum Eide), schwören; Gem. Reg. Chr. II, 336. BM. II, 590,1. „Aid, der 40
mit ausgerachter hant und mit gelerten worten gesworn wirt.“ „Sweren ainen gelerten Aid mit ufgeracten handen;“ L.R. Ms. v. 1453. Cgm. 574, f. 15. „Da soltu mir, Held, schwören ain aufgereckten Aid;“ Reime v. 1562. Die Brücke soll so hoch seyn, „daz ain man mit gerachter hant auff ainem floß oder auf ainem scheff (stehend) an die prucken nicht rüer;“ Münch. Stdtb. Ms. v. 1455. Cgm. 27, f. 21. „Mîn uuine rachta sine hant în ze mir;“ Cantic. cantic. 5,4. „rehhita sina hant;“ Tat. Matth. 12,49. „Geracter, extenta (manu);“ Gl. o. 265. *Réck* d' *Häcks'n* à˜, strecke die Beine, fig. geh, eile! „Davon rechet sich diu röre,“ (erigitur membrum); Cgm. 724, f. 201. BM. II, 591,2. Hosen recken, (Pinzgau) eine Art des Ringens, wobey man sich gegenseitig nur am Hosensaum packt und durch Wendungen und Unterschlagungen der Beine aus dem Gleichgewicht zu bringen und zu werfen sucht. Muchar, Gastein p. 146. 148. Es reckt mich, ich fühle eine innere Anstrengung zum Erbrechen. „Der manchen hat vom Tod erweckt, der liget hie vom Tod gereckt;“ Geistl. Himmelsglöckl. v. 1685. Einen recken, (Terminus der weiland Justiz) ihn foltern. „Er wart gemartert und gereckt und im wurden von ain gestreckt alle glider an

seinem leib daz nichtz gesundes an im bekleib;" Mich. Beham, Wiener 261,27. „Sein frummes weib in diser trub fürtens in dy schergenstub u. rackten sie als wärs ein man vil marter teten sy ir an in mancherhandlai pflichten die wicht ab allen wichten;" das. 272,21. „Des morgens do rekt man sie;" das. 29^2, (es steht gedruckt „tekt"). Das „Reckbändl;" der Reckthurn, (cf. Th. IV: Ziechthurn). S. unter recken, 2: die Reck u. vgl. engl. to rack, foltern, the rack, die Folter. (Das rahchinza, baga, Diut. II, 337, mit dem agſ. raccenta, catena, kann, wenn auch nicht eben in dieser nächsten Beziehung, zu recken gehören. cf. česk. řetěz, Kette). „Unter den chramen soll man all laden anhengen, also daz si oben an den mauren geracket (fest angezogen, gerade) aufgeen;" Wstr. Btr. VI, 98. recken, neutr. für: sich recken), sich erstrecken. əs *réckt* bis .... — (Auch verrecken. ital. crepare, ist ein Neutrum. *verréck*! Fluch). Die Reck, (nach Prasch) series. „Eine Reck (Holz=) Stöß;" bey Stalder II, 265: die Reckete, der Recken, eine Reihe, Zeile von Leuten. Agſ. hreac, engl. reak, strues, acervus, ist wol unverwandt. Vrgl. unten Reck und Rick und Rig. 2) metonymisch: mit Ausstreckung, Anstrengung der Arme, Hände, Glieder berühren, zeigen, geben, bewegen, verrichten. recken, darrecken, hinrecken auf ein Ding, (mit der Hand, dem Finger) darauf hinweisen, hindeuten. (Sollte hieher zu ziehen seyn: „Angeröckte (vorhin erwähnte) Köpf," Lechfeld. Mirak.; „die vorgeregkhten Rechten," Wstr. Btr. VI, 200? Ich finde indessen in diesem Sinne öfter beregt, geregt, angeregt, angeragt, sonst möchte ich dabey auch an das alte Transitiv rekan, recchan, arrecchan, irreken (Graff II, 365), später rechen (im Reim auf sprechen), agſ. reccean, indicare, exponere, edisserere, interpretare, denken, womit auch rahha, Rede-Objekt, causa, Sache, zusammenhangen mag. BM. II, 587. 589). „Han mich des hofs genzlich mit der gürtel verzihen, die ich gerekt han" zonâ quam porrexi, MB. I, 443. Grimm, d. RA. 157. Spieß recken, (Fichtelgeb.) bey Kindstauf-Schmausereyen
41 hölzerne Spieße zum Fenster hineinstrecken, um ein Stück Kuchen oder Fleisch anzuspießen. ausrecken ein Schiff, (Lori, BrgR.) es aus dem offnen Fluß an einen Ort bringen, wo es über Winter vor Eisgefahr und dgl. geschützt ist; bey Stalder II, 265: recken, ein Schiff ziehen überhaupt. recken, in der Bed. ziehen (an einem Sail), muß wol angenommen werden zu: die Réck, (ehemal. Justizterminus) einmalige Aufziehung und Anschlagung des Foltersailes. „Einem verdächtigen Bettler oder Vaganten eine Reck, ein Geselln-Recken schenken, mit ihm diese Operation vornehmen;" Cod. crim. v. 1752, 1 Th., Cap. 11, §. 5. „Prohibetur omnis injuriatio Judaeorum etiam infantium sub poena trium tractuum chordae;" Decret des Cardin.-Vicars zu Rom v. 26. Jan. 1606, Clm. 11851^a, f. 248. Drei *Réck* einläuten, vorläuten, beym Läuten für einen Verstorbenen oder zum Ave Maria Anfangs drey Absätze machen. „Als bald er (einer aus dem Convent) gestorben ist, so leytt man der seel auß gueter reck drey. Wan man die leich tregt in dy kirchen, so leytt man ain guete reck, und zum Requiem III reck ... so leytt man wenn man den toten besingt ain ainige lange reck" ꝛc.; Tegernſ. Ceremoniel v. 1505, Cgm. 1148, f. 47. 48. „Ave Maria soll man mit drey Röck allzeit vorläuten, ehe man zum Wetter läutet;" Selhamer, im Register, während es im Text heißt: „Wann man wider das Hochgewitter die hochgeweihten Glocken läuten will, muß man mit drey Zügen vor das Ave Maria abläuten." Ein Landmesner, den ich consultierte, deutete mir das Wort ganz einfach als Plur. von Rock. Man hört auch: aine, zwo, drey Reckung läuten, das erste, zweite, dritte Zeichen mit allen Glocken geben. „Der Weckauf (zum mitternächtigen Gottesdienst in der Christnacht um 11 Uhr) worauf die drey Reckung zusammengeschlagen werden." volrecken, verrecken, vollstrecken, vollziehen, verrichten. BM. II, 592. „Daz diz stift und selgerät volrechkt, volbracht und geent werd; MB. XVII, 135. XIX, 446, ad 1372. Als verr muz mein gewalt werden volrekcht; Horneck, c. 90. (Volrecken, bey Walther v. d. V. 13,1 scheint, nach obigem alten recchan, explicare zu bedeuten. BM. II, 592,1.) „So sol er auch verrecken das, das er zu thuen sich vermas;" Cgm. 579, f. 8. „Ein fürbringen verrecken und vollbringen;" Gem. Reg. Chr. III, 263. Cf. „Es was sunst all ding zugeracht, in der heil. drey kunig nacht," (vorbereitet, zugerichtet); Wolff, hist. Volkslieder p. 611. 615. 616. Anm. Sollte das nach einigen ahd. Stellen in diesem Wort vorkommende ê, ee, ei (irrêcchent, comprehendunt, Notk. 17,11; urreechida, diaphonias, gl. i. 91; framreicharra, translatores, i. 839) richtig seyn, und etwa einen Zusammenhang mit reichen (s. raichen) vermuthen lassen, — ohngefähr wie sich Râuch zu Ruck verhält? Vrgl. das niederſ., holl. raken, tangere und colligere, neben rekken, (Firmenich I, 19,21. 329,11. 402,91. 445,59. Zeitschr. IV, 131,63. 477. VI, 141,·. 365. 430,69), und s. regen.

„recken, (schwäb.) durchsieben." Vielleicht noch zu dem unter dem folg. Recke aufgeführten agſ. Ablaut-Verb. gehörig. Sonst hat reden (w. m. s.) diese Bedeutung.

Der Recke, a) (ä. Sp.) junger Mann, Mann überhaupt im besten Sinn, (gl. i. 498: „recho vel junger, pubes;" isl. reckr, vir generosus, heros, neben rackr, adj., fortis, und recki, fortitudo. Cf. česk. rek, Held; rekowsky, heroicus). „Er het der Chriechen vil erslagen, paideu recken und zagen;" Pez zu Horneck; und so in den Gedichten des XIII.—XV. Jhrh. passim. Im Lôsbuch des Cgm. 312 werden fol. 142 als die vier 42
Recken par excellence aufgeführt: Gunther, Hayme, Wittig und Hagen. Noch die Ingolst. Reime v. 1562 sagen: „du vil getrewer recke." „Dise drey kunen recken die kamen für das thor." „Maniger hört gern mär von tursen und recken;" Konr. v. Megenberg, Cgm. 328, f. 97, (vgl. Pfeiffer 236,21 u. s. oben, Th. I, Sp. 625). Im Clm. 5627 (sec. XV.), f. 247, Clm. 17274, f. 1 wird das liber Macchabeorum verdeutscht: „daz puch der rekchen oder der fechter." Im Ring 53^d,9.17 steht „weggen" wol verdruckt für reggen. „Es waren zu derselbigen Zeit wilde Röken in Hispanien, griechen und welschen Landen; die paldreten die Leuten über die Maß sehr;" Avent. Chr. Hier könnte auch die folgende Bed. statt haben. b) (ahd. Sp., gl. pass.) hrecchio, reccheo, reccho, recho, (agſ. vreca, vom Abl.-Verb vrecan, agere, agitare, pellere, propellere. Graff I, 1131. BM. II, 592. Weigand, Wbch. II, 472. Läge nicht näher das altſ. u. angelſ. rinc, plur. rincos, rincas, isl. rekkar?), propulsus e patriâ, profugus, exul, proselytus, advena; agſ. auch ellend (s. d. W.), miser, engl. noch wretch. Im Isl. ist hrak etwas Verworfenes, ein Auswurf, (niedersächſ. Wrack, hchd. Brack; vrgl. räckezen). Zu einer dieser beiden Bedeutungen, (die vielleicht durch den Begriff eines Gereisten, Gewanderten zusammenhangen) wird wol unser Reckel, als Schimpfbenennung gegen Mannspersonen, gehören. Du schiəhhə' *Réckl!* Gewöhnlich erklärt man das auch anderwärts vorkommende Rekel (Flegel, Lümmel; Zeitschr. V, 290), sich rekeln (grob, lümmelhaft benehmen, Zeitschr. V, 476; engl. to play reaks, den Insolenten spielen) durch recken, sich ausstrecken, dehnen. S. auch Racker. Vergleiche auch Antreche (Cgm. 348, f. 59; ahd. anetrecho, anas mas, Th. I, Sp. 114), neben Kilian's bedde-rick, consors thalami, dem Kuhländischen Bräuterich (Bräutigam). S. oben: -rich.

Der Reckholder, (schwäb.) Wachholder; (gl. o. 15. i. 175. Voc. v. 1429: recolter, recholdir, juniperus. BM. III, 31^b; vrgl. Th. I, Sp. 617: -ter). Auf ein crudes agſ., zu rêcan, rauchen, rêcels, Räucherung, gehöriges adj. rêcol hiebey zurückzugehen, wäre unhistorisch. Es müßten denn die agſ. Missionäre des 7. und 8. Jhrh. durch ihre Autorität hie und da einen ihrer etwa mit Kirchlichem zusammenhangenden Provincialismen in

Umlauf gebracht haben. Vrgl. etwa in Bezug auf den ersten Bestandtheil das bekannte Ned-fratres st. Nöt; (Graff II, 1031). „Wär bei einer raucher Rekalter, und läse die ber ab, daz er tempfige menschen gesunt machte;" Suso, Cgm. 819, f. 230.

Der (?) Rick, 1) (Nordfr.) a) fortlaufende Reihe, Continuum. Stein-rick, Reihe von Steinhaufen. b) Gestell um etwas der Reihe nach daran, darauf zu hängen, zu stellen. Rickle, (Gottschee) Stange zum Trocknen von Heu oder Garben. 'Vgl. hochd. Reck; Weigand, Wbch. II, 472. Vilmar, kurhess. Idiot. 323 f. 326. Zeitschr. II, 225. 540,110. V, 290. 522,18. IV, 17. 366.' „Doch han wir alle gesehen dicke reilich gewant an bösem ricke;" Renner 18797. „Da hâte sie hangen ir cleider an eime rikke;" v. d. Hagen, Ges. Abent. LV, 203. Ofen-Rick, Latten um den Ofen; („ein rikcher oder hengl-pawm, laquear;" Voc. v. 1419). „Der sigsparwer saß auf einem guldin rick; Cgm. 236, f. 262b. BM. II, 681b. „Etlicher lang gevangen lag, dar nach so gab man im dann tag, daz er sich also offt vnd dik must widerstellen auff dem rik;" Mich. Beham, Wiener 260,7; '(hieher? vgl. unten: 4)'. „Antennae, segelrick;" Poll. 801, f. 4. Kannen-Rick, Gestell für Kannen. Firmenich I, 171,8: *Kannrick*; 168,5: *Bækerrück*; 208,11: *Rick*, Stange, Schaft. Im Niederf., Engl., Holl. heißt ein solches Gestell oder Regal rak, rek, wol von reken, in Ordnung stellen. Niederf. gilt rikk für pertica, das Verb rikken heißt: ein Geländer, eine Einfriedigung von
48 Stangen machen. Vrgl. auch isl. hriki, longurio, vielleicht auch eigentl. longurius. Vrgl. Rigel. Der Begriff der Einfriedigung scheint auch statt zu haben in: 2) der Rick, Landrick, (ä. Jäger-Sp.) die Wildgasse; (Weihers; Dr. K. Roth): der Rik, lebendiger Zaun. Vilmar, a. o. O Zeitschr. II, 225. „Wo aber hin und wieder im Landt bey den Gehülzen durch die Bawfelder eingefangne und verfridte Wildtgassen oder Landrück sein, durch welche das Wildpret von einem Gehülz in das andre seinen freyen Gang haben, doch in die angebawte Felder nit kommen mag;" GejaidtsOrd. v. 1616, Art. 20. Auf die a°. 1501 in Landshut vorgebrachten landständischen Beschwerden über gewisse Jagdbedrückungen erkennen die fürstlichen Räthe, daß „es sie ziemlich bedünke, daß den armen Leuten ihre Hecken und Zäunne, da nicht Landreith wären (da wo keine solchen Wildgassen wären), nicht zerhackt und niedergebrochen würden!" Hiezu bemerkt Herzog Georg eigenhändig: „in dem Artikel will ich mir kein Maß setzen lassen. Weiß mich wol darin zu halten." Kr. Lhdl. XIII, 193. 171. Auf dem Landtg. v. 1579 wird wiederholte Klage geführt, daß viele neue, „vnd hievor ungebreüchige Lanndrückh villmals woll mitten durch die angepauten velder gemacht" würden. Es wird darauf von Seite des Fürsten versprochen, diesem Umstand abzuhelfen mit der Bemerkung, daß, wenn zwischen „denn Vnnderthonen vnd vorsstern oder Vberreittern, welliches ein Alter oder Neuer „Ruckh," strit fürfallen wurde, die Regierungen auf der Vnnderthonen erfarung (zu gehen) und Augenschein zu nemen" hätten. „Rick und Hecken für Hereinlauffen..., der Rick für Herablauffen...;" Lori, LechR. 312. 357–359. Bey Stalder ist der Rick, das Rickli ein Weg (über Anhöhen) überhaupt. „Sô man die engen ricke můz rennen;" Labr. 458. Vrgl. recken und Reih, 2. 3) 'Band, Umschlingung, Knoten, Fessel; besonders: 4) Verschlingung der Eingeweide. BM. II, 681,2.3.' VII Com.: der Rick, Halsband, Kragen am Kleid. „N. N. hat einen Rick Garn, den sie selbst gespunnen, mitgebracht;" Lechfeld. Mirakel, — wol ein Bund. „Do der tewfl den brobst an seinen strickh het gepunden, darnach wolt er dem pischolf auch machen ein richhe;" Greg. Hagen, Cgm. 1134, f. 152. Pez, scr. rer. Austriac. I, 1098. Dieselbe Stelle lautet im Cgm. 375, f. 133: „wolt er dem pischolf auch machen ein spreng." Gl. a. 565. i. 242 steht riccula, ricculla, riccilin für ligaturas (uvae passae, lib. Reg. I, 25,30); bey Grimm I, 666 ist ric, rickes, (der herze-rik, Trist. und Isalde 2969), nexus visceris. Das Gerick, exta, viscera, Siber's Gemma gemmarum. „Ranarum foetus, μολουρίδες, γυρῖνοι, fröschlaich, krötegerick;" H. Junii Nomencl., Augsb. 1629, p. 39. Diefenbach, novum glossar. p. 172b. Sonst möchte man auch an das niederf. wrikken, drehen, das goth. vraiqvs, σκολιός, denken. In Diut. II, 132. 136 bringt uns der Winter „leidez ricke" und will der Teufel uns die Rue und den Glauben verricken (?); (s. „verrickeln"). ricken, hökeln, umschnüren; verricken, umstricken, einsperren; BM. II, 682.' „Wa sie findent ainveltig federspil, das rickents oder sie kumpfentz an die bain; Valkn. f. 65, Str. 62. „Ich ler dich baide klopffen und auch ricken;" das. f. 69, Str. 102. Die afterklauen so am hintern Lauf des Hirsch sein werden die Rück (Rick?) genannt;" Fouilloux, Jägerb. 1590, f. 43. Quidam heu~t '(he~nt = habent?)' carmina contra aliquos morbos per modum rigkun (?rigkuri?); Thesaurus pauperum, Cod. Teg. 434, voce superstitio, 5. genus. „Rickmatica materia, *rickmatice*," Teg. 543, f. 1; d. h. metrica, metrice statt rhythmica, rhythmice. Cf. Ducange V, 771b. Diefenbach 497c: riomatica, s. Reim.

'Ricke, Rickə'l, Friderike; Zeitschr. V, 267,2. 471. VI, 450. 458. 460.'

Rickel, Rickə-l, Ulricus (Taufname).

Das Rickál, plur. Rickelár, (B. v. Moll, Zillerthal) primula auricula L.; wol eigentlich Aurikelein. 'Vgl. das Roka'l.'

„verrieckeln, vertheilen," nach einem schriftl. Beytrag, an der Unt. Donau üblich. Ich weiß nicht, ob wirklich verrieckeln gesprochen, oder blos statt verrickeln geschrieben. Cf. verrickeln unter Rick, 3.

Der Rock (Rók, Róg, Dimin. Réckl; O.Pf. Ruk, Ruək), wie hchd.; (Graff II, 430. BM. II, 757. Grimm, Gesch. d. Spr. 349. Weigand, Wbch. II, 503. Diez, Wbch. 294. Zeitschr. IV, 235,9. ahd. gl.: „roch, rochus, froccus, tunica;" brunniroch, thorax; sarroch, paludamentum; gislizit roch, armelausa, tunica quae retro et ante est divisa, gl. o. 72; — das Voc. v. 1618 sagt unter dem Art. Mönch: „der Mönchen Scaplier, Armelausa, vulgo dicta," cf. Diefenbach 49a —; was sollen auf der Peutingerischen 44
Tafel die, wol vom abschreibenden Mönch und zwar im Norden der bayr. Donau angebrachten Armalausi (?). — Im Capitulare v. 807 ist von einem roccus martrinus und lutrinus die Rede, was mit gl. a. 607. i. 113: „hroch, roch melote," auf eine ursprünglichen Pelz deuten würde). Das Réckál ist namentlich der Unterrock des weiblichen Geschlechtes. Wiə du, 's Réckál gêt de' fü' 'n Kidl à'hi~. Der Klapper-Rock, (U. Mayn) Frack. Vgl. der (das) Rücheln, Kamisol; Vilmar, kurhess. Idiot. 332. Von Käsen sagt man im Zillerthal (nach B. v. Moll), wenn sich die Rinde von denselben abschält, daß sie den Rock abziehen. In Konr. v. Megenberg's Buch der Natur (Pfeiffer 34,12.19 ff. u. p. 697). werden die Membranen, woraus die Harnblase, die Adern bestehn, Röcke genannt. „Die Runstadern (venae) sind Rören nur von einem Rock, die Geistadern (arteriae) von zweyen Röcken;" das., Pfeiffer 35,21.25. „Daz holz (vom slintpaum, fraxinus, hât mêr rinden oder röck umb sich dann ainen rock, und ist zwischen zwain röcken ain kriezlohteu materi;" das. f. 190, Pfeiffer 324,20.

rocklen. „(Arbor) gemmat, vulgariter roklat, floret, germinat;" Mallerst. 32. f. 298b.

Der Rocken, wie hchd., sowohl der Rocken-Stock, als die um denselben gewickelte Portion Flachs; (ahd. roccho, rocco, mhd. rocke; Graff II, 432. BM. II, 759. Weigand, Wbch. II, 503. Zeitschr. III, 272,12. V, 522,16. Cf. portug. roca, 'ital. rocca; Diez, Wbch. 294'). „Des (weil es Winter wird) sament sich die schönen tocken und bringent Werk an iren rocken. Wenn sie gent zu einander hocken so hebt sich ein frolich locken mit wolgemûtem schrein: chum Hainzl, Chunzl herein;" (Heseloher?), Cgm. 379, f. 157. Zum Rocken, zum Rockenliecht, in die Rockenstuben gên, faren, raisen, von Weibern: mit dem Spinnrocken oder vielmehr Spinnrad, überhaupt mit weiblichen Arbeiten, auf Besuch gehen „Der Tanz ist des Teufels Heyrloß und sein rechtes Rockenliecht;" Druck von 1586. Die Rockenfart (Echstdt.), Rockenrais (Passau), ein solcher Besuch in einem andern Hause. „Ad colum," heißt es in einem Deflorations-Verhör (zu Kochel, sec. 15.); handschriftl. Blatt mihi. Diese Rockenraisen, von denen natürlich die junge Welt männlichen Geschlechtes nie ganz auszuschließen war, wurden wiederholt verboten: L.O. v. 1518, 4. Bch., 7. Art. L. u. Pol. Ord. v. 1616, 5. B., 9. Tit., 20. Art. O.Pf. Pol. Ord. v. 1657, IX. Bayreut. Pol. Ord. v. 1746. cfr. Gunkel, Hof, Jungfrauhof. Ebenso wird durch Mandata gegen „unzeitliche Dänz, Rhockenlied, Gassengeschrey, Gotteslästern ꝛc." geeifert: Welsch, Reichertshofen p. 206. „Aus den Schaidel und Winckelrocken entsteht vil unzucht, heimliche heiraten ꝛc.;" Amberg. St.B. 36. Im Schottischen heißt eine jede Abendzusammenkunft von Nachbarn a rocking. Auf eine Art Los- oder Wahrsagespiel scheint zu deuten das folgende: „Wie gefelt dir der funt, das man mit rocken tut bekannt und mit der farb schaw, wie jetlichs hertzenfrau gen jrm lieb sei gemut;" Cgm. 270, f. 165a. Das Überruck. „Das vberruckh mit dem hor vnd spindl ab dem rokchen;" Grimm, Mythol. XLVII, 18.

„Santrocke ist der kauf genant der immer were billich unerkant allen cristen uf ertriche;" „santrocke, gesuch, vürkauf;" Renner 4915. 4927. BM. II, II, 55. s. unter: sam: Samtregel und Samkâuf, auch Th. I, Sp. 658.

Der Rocken, secale, s. Rogken.

Der Róckətalər (Beilngries), Róckəstalə^r, (Kinderspr.) der Schmetterling; s. Th. II, 1588: Miləmàlə^r.

Das Rockelein (Róckə-l), Name einer Örtlichkeit in München (Garten, Gasthaus auf dem Rockerl) zwischen dem Hof- und englischen Garten. Auch beym Schloß Haimhausen kommt, nach der Abbildung desselben in der Topographia Bavariae I., ein „Rockhele mit freyen Khönigl-Zügl" vor. Burgholzer's Wegweiser glaubt p. 441, daß das Münchner Rockele von Grottenwerkmachern, Rocailleurs, Rokelieren, oder ihrer Arbeit (Rocaille) für den Hofgarten und die Residenz, den Namen habe.
45 Indessen konnten an diesen Erhöhungen früher italienische Roccoli (Lauben und Vorrichtungen zum Vogelfang, cf. Cod. ital. 330, f. 178 und Frisch, Wbch. II, 123c: Rocola) gestanden haben. Im Jahre 1759 wurde das Rockerl der Akademie zu astronomischen Beobachtungen angewiesen. Westenrieder's Gesch. d. Akad. I, 47.

Rockenboll, Schlangenknoblauch, allium scorodoprasum L., franz. rocambole. „Küchenkräutlwerk, als Spargel, Salat, Zwiefel, Scharlotten, Rockenboll, Karifiol, Petersill und so mehreres aus Nürnberg;" Wiltmeister 581. „Rockobol;" Maut Ordnung v. 1765.

Rococó, ein erst um 1835 der eleganten Münchner Welt aufgegangenes Adjectiv (franz.? ital.? vom Namen eines Bedienten) für altfränkisch (von Meubeln, Porcellan- und andern Geschirren). Dieses Altfränkische in Façon ist gerade wieder die vornehme Mode.

Der „Ruck," Wildgasse, s. Rick.

Der Ruck, Rucken, dorsum, Steinrücke ꝛc., s. Rugken.

Das Ruckgâu, die Ebene zwischen dem Spessart, Odenwald und Taunus. Runckau, Gabr. Tetzel, Cgm. 1279, Bibl. d. lit. Ver. in Stuttg. VII, p. 147; das Rinckauw (?) bey Matth. v. Kemnat, Cbm. 1642, f. 88b. Rodgau: von dem Namen gebenden Bach dieses Untergaus des großen Maingaues sind noch die Dörfer Ober- u. Unter-Roden benannt.

Der Ruck, a) Dunst, Dampf, Rauch — besonders in dem Compositum Hai-ruck (Há-ruck, Hái-ruck), Dunst in der Atmosphäre, (s. Hai und vrgl. Neue philos. Abh. d. b. Akad. d. W. V. B., p. 433 ff.). há-rückət, b. hái-ruchi', adj., (von der Atmosphäre:) mit Dunst umzogen. „Die luft ist worden finster von dem ruch der grueben." „Die hell ist ain rukchigew stat;" Cgm. 619, f. 353. Ruck, der Rauch; (Jir.). „D'Mucken scheuán 'n *Ruck*," Stelzhamer 113, (s. oben: râuchen). Də^r Dampf gêt in d' Hö', bá də^r Nàs'n steigts aus, wiə də^r *Ruck* dur' ən Rau'fang, wann's brennt in ə^n Haus;" Wagner, salzb. Ges. 35. „Ruck, fumus;" Popowitsch, Ms. (Wien 9541). „Vaporem tunst oder rukch;" ZZ. 1863, f. 199. „Uf fuor der ruche, ascendit fumus;" Cgm. 17, f. 28. „Aus der putzen gie ein uberdicker rugk;" Cgm. 1134, f. 349. „Dürre höltzer die prunnen ân rugkh" ... „ein zorniger mensch ist nur ein hantiger rugkh;" Cgm. 54, f. 65a.b. „Von ruche und von hitzen diu sel begunde switzen;" Tungdalus, hg. v. Hahn p. 48,11. „Heizt daz fiuwer leschen, daz sie (die Kinder) ir lesten heschen nicht in dem rucke enphâhen;" S. Helbling I, 752. „Dem ich das auge austrucke, disen hahe ich in den rugke," sagt Maier Helmprecht, der Bauernschinder, Vers 1250; (Haupts Zeitschr. IV, 363,1244: „diesen howe in den rüce"). Auch Notk. 17,9. 36,20 hat neben rouh die Form der rúch, der rúgh und das Adj. rúcheg, und so die gl. a. 175. 439. 560: ruchi fumus, ruchiger fumificus. b) Rauch auf eigenem Herde, fig. eigene Haushaltung. „Er sol nicht prewen, er sei denn selbs wirt vnd hab selbs haus oder aigen rukch;" Pass. Stdtb. Ms. „Jeder gerichtsmann der aigen ruckh und rauch hat;" Cbm. 3238, f. 24, Trosperger Ehaft v. 1614. „Ain jeder welcher aigen rauch und ruckh hat;" das. f. 61, Öttinger Ehaft v. 1560. „Jeder ansessner man, der aygen rukh hat ... und wer nit aigen rukh hat und doch zw seinen Jaren khommen ist ...;" Schierlinger Ehaft v. 1444, Cgm. 1535, f. 7. „Der in der stat (ze Wienne) mit aigem ruckh nicht gesezzen ist, (a°. 1375); Cgm. 1113, f. 79a. Hieraus ist wol, unter Verwechselung mit Rugken, dorsum, die später übliche gerichtliche R.A. entstanden: „Ein Gut mit aigenem Rucken besitzen," auf demselben wohnen und haushalten. „Der Hold soll seinen Grund mit eigenen Rucken besitzen;" Urbarsgebr. 106. „Das Haus des Klosters Andechs in München wird gleich einem Hospitium durch einen Priester dieses Ordens mit eigenem Rücken besessen;" Burgholzer's München 131. cfr. Wstr. Btr. IV, 374. Der Rückenbesitzer, (salzb., Hübner 458), der ein Gut auf solche Art inne hat. rücksäßig, adj.; Muchar, Gastein 41. „Von den 114 Rustical-Unterthanen (einer in der Allgem. Ztg. v. 18. März 1847, Beil. S. 616 zum Verkauf ausgeschriebenen Herrschaft in Untersteyermark) sind 93 rücksäßig, 63 sind meist rücksäßige Bergholden, 8 Dominicalisten" „Amtsnutzung mit eigenem Rücken;" Hazzi, Stat. III, 1136. c) Geruch. „Do gab mein nardus seinen rukh," Canticus canticor., Clm. 12723 (XV. sec., 1417), f. 76. Ruck für odor öfters in ZZ. 1842 (Cant. cantic., 1477), f. 47 ff. Cf. niederd. rûken, rüken, riechen; Zeitschr. III, 41,15. IV, 130,55. VI, 285,643. Der Erdrucksand. „Dy hicz pues (heile) mit erdrucksant das haist scherhausen;" Cgm. 4543, f. 136. rücken, (VII Com.) rauchen; fig. Rückar, Großthuer, Stutzer. S. Räuch. rückeln, nach Rauch riechen oder schmecken. idrucken, wiederkauen, schon im I. Theil, Sp. 176 u. 647 aufgeführt, (Konr. v. Megenberg f. 9. 70b. 72a: eintrucken; f. 72b: „dazselb tier truckt nit ein." Cf. Pfeiffer p. 13,21 ff. 499 u. 640. „Rumino, indrucken;" Mallerst. 32, f. 305. Ein um 1474 gedrucktes Onomasticon (Inc. s. a. 2°. 1239), f. 6b: „rumen, indruck; rumino, indrucken"), scheint als wiederriechen, d. h. wiederschmecken (vrgl. Rauch und riechen) um so mehr hieher zu gehören, als nicht blos das gleichbedeutende agſ. ed=rêcan, eod=rocan (ſo wol ſtatt eodorcan zu leſen), ſondern auch das ältere niederſächſiſche idricken, ruminare, neben riken, olere, olfacere (Diut. II, 225. 228), dann das flämiſche edericken, e=ricken zunächſt darauf hinweiſen. Graff II, 435. BM. II, 782. Vergleiche indeſſen auch das folgende Wort.

rucken, wie hchd. rücken; (Graff II, 433. BM. II, 780. Weigand, Wbch. II, 516): a) neutr. *Ruck*, Ursch'l! ſcherzh. Aufforderung, vom Sitz=Platz zu rücken, Platz zu machen. abrucken den Hut gegen Einen, ſ. Th. II, Sp. 1190. Einrucken über Einen, ſich als der Stärkere an ihn machen, über ihn herfallen; ſcherzh. einrucken über eine Speiſe. verrucken, (ä. Sp.) ſich irgendwo hin=, wegbegeben. BM. II, 781. „Wenn die geuch gucken, wer pözen Herrn hat der mag in verrucken, aber wenn der finck ſingt, guet oder poz pey im hinckt.“ „Ob Ew. frtl. Gdn. annder Ende zu verruck-
46 hen vorhette.“ „Iſt Herzog N. zu kayſ. Mt. verruckht auf Linz;“ Ldtg. v. 1514: 39. 480. „Daß der Vater unverſehens todts verruckte;“ Albertin's Gusmann 406. (Von der Zeit): vergehen. „Auf Mittwoch vor Simon und Judä nächſt verruckt;“ „in kurzverruckten Tagen;“ Kr. Lhdl. IX, 151. XVIII, 273. „Nach Verruckung ſey täg;“ Acten v. 1504. „Kanſt du verrucketen Magdtum (verlorne Jungfrauſchaft) widerbringen? Cgm. 519, f. 48. (Geruchen ze dero hohi dero tugido;“ Notk. 47,2.) Cf. ſchwed. rycka, dän. rygge, vb. ntr., fahren. b) act., rütteln. „Ein ſack habern, geruckts (gerütteltes) Maß;“ MB. XXII, 461, ad 1434. Den Tiſch rucken, (O.Pf.) acht Tage nach der Hochzeit gleichſam zum Schluſſe wieder eine Mahlzeit geben bey Muſik und Tanz; (Nibelungen 3894, Lachm. 911,2: „den tiſch dan rucken.“ abtragen, das Mahl ſchließen.) Aufrucken, vorrucken Einem etwas, wie vorrupfen. (Sollte unſer id=rucken, oben, Th. I, 146 u. 647, das alte itu=ruchan, ruminare, denn doch nicht zu Ruck, Rauch, Geruch, ſieh das vorige Wort, ſondern hieher gehören, und die wahre agſ. Form nicht ed=rêcan, ſondern ed=rocan, Lye's verſetztes edorcan, und mit dem abgeleiteten rocetan, ructare, identiſch ſeyn, wie denn auch das lat. rumino, rumen mit ruc-to verwandt ſcheint? Weihers, Dr. K. Roth: nidrökh; Vilmar, kurheſſ. Idiot. 313: niederracken. Cf. Th. IV, die Waid: anderwaiten, ruminare. Notker ſagt (Schilter p. 257): „hirto gezelt diu furder unde furder geruchet werdent;“ ſonſt iſt mir das Wort aus der alten Sprache eben nicht erinnerlich. Das isl. hröckva, neutr., cedere, moveri; act., agere, torquere, iſt wol eher zu renken oder doch auf einen Stammlaut mit a zu beziehen. Das ſchwed. rycka, vb. act. hat auch die Bed. reißen, (ent)rücken. Der Ruck, Rucker, Dimin. das Ruckə'l, kurze, einmalige Bewegung vom Platz. Zeitſchr. IV, 410,71. II, 76,3,17: der *Rûk*, kurze, unbeſtimmte Zeitfriſt. ruckweis, adv., in einzelnen, abgeſetzten Bewegungen, Momenten. 'rockeln, rütteln; fig. aufrütteln, aufwiegeln. Vgl. Zeitſchr. V, 289: rackeln; VI, 365: die Racke, Flachsbreche.' „Laßt ab vom Reizen und Rockeln, das führt zu eitel Hader;“ (rheinpfälz.; mitgetheilt v. Weigand).

rückeln (nach der Ausſp. ungewiß, ob ü oder i, ck oder gk). Schießer rückeln, einrückeln, ſogenannte Schuſſer oder Schnellkügelchen auf dem Boden nach kleinen Grübchen treiben oder ſchnellen, ein beliebtes, uraltes Spiel der Kinder, beſonders in der Faſtenzeit. „Die Kinder ſollen nicht ſcherzen, nicht riklen, nicht blindmaußen dürfen;“ Selhamer, ad 1696. Der Rückeler, das Rückerlein (Rickə'l), das Schnellkügelchen. Man hat deren, die blos aus Thon gebrannt ſind, und andre, die durch eigne, ſogenannte Schuſſermühlen aus Marmor zugerundet, und daher Marbeln (Arbəln) genannt werden. Bey Stalder iſt die Rugel, das Rügeli, Kugel, Kügelchen; rugelen, kugeln, rollen, wozu das isl. rugga, volutare, und auch unſer Wort als rügkeln ſtimmen möchte. Das vicentiniſch=cimbriſche Vocabular des Dalla Costa hat p. 37: „rugular, kugheln.“

Das Ruckelein (Ruckál, Pinzg.), anemone alpina; auch: geum montanum; (Höfer) bellis perennis; rana bombina, (vrgl. das nordfränk. Rühling, Sumpffroſch, u. Zeitſchr. IV, 53: Reckelle, Laubfroſch); Rückela, Rückel, (VII Com.) 'weißer Senf, Rauke, brassica eruca, ital. ruca, rucchetta, venez. rucola, franz. roquette; (Nemnich). Vgl. oben: Rickál u. Roka'l.'

ruckern, ruckezen, roukezn, vrb. n., girren; jämmerlich bitten. Zeitſchr. IV, 318. „Wes geſt du ruckauzen hin und her als auf einem ſimze ein kirchtuber?“ Renner 7019. Vgl. Zeitſchr. IV, 181: ragutzen. 'Der Ruckert, Tauber; Vilmar, kurheſſ. Idiot. 333. Zeitſchr. IV, 195.' Bei Ulphilas iſt hruk, subst., hrukjan, verb., vom Laut des Hahnes gebraucht.

---

ricksen, ricksenen (ricksnə˜), ſchäkern, ſich ſcherzweiſe balgen, zanken, beſonders von jüngern Weibsperſonen, die vor Mannsleuten nicht ſcheu genug ſcheinen, mit ſolchen. Die Katz is áf də' Ricks, tuət *ricks'n*, dem Kater nachgehen; (ObrM.). Das Gericks. Das Gerickſet (Gricksət, ObrM.), Spielwerk, Tand. ə˜ Ricksbock, Ricksbéckál, muthwilliges Kind; (Obr.M.). Die Rickſen, a) Weibsperſon dieſer Art; engl. a rig. b) (läufige) Hündin. Sollte dies die erſte Bedeutung ſeyn? (Schottiſch iſt rache eine Hündin, agſ. räce, engl. rach, isl. racki, niederd. rekel eine Art Hundes). Vrgl. a. Rigler. In allgemeinerm auf einen Laut bezüglichen Sinne ſteht indeſſen rixen in dem Vogner Mirakelbuch: „Wer iſt, denne nit des Waldes Sauſen und Brauſen, der Bäume Schnalzen und Krachen, Rixen und Brixen erſchröcket.“ 47

(Vrgl. Rat, ret, ꝛc.

Das Rad (Ràd, pl. Rédə'), Dim. Rädlein (Rá'l) wie hchd.; (mhd. rat, rades, ahd. rad, ſchon gl. a. 358, wo r von hr noch unterſchieden wird; für Grimms hrad (I, 195) wüßte ich nur gl. i. 83: „feor hrêdiro reitun, quadrigas,“ wo aber das ê auf was anders zu weiſen ſcheint; im Agſ. und Isl. ſcheint das Wort nicht angenommen, wo dafür hveovl, hveohl, hveol, engl. wheel, isl. hiôl, ſchwed., dän. hjul ſtatt hat. Graff II, 444. BM. II, 559. Weigand, Wbch. II, 451.). Das Rad in Nonnenklöſtern, rota; Fris. 287, f. 11. 17. 25. Das Rádl, eine ſilberne 7 Kreuzer=Münze; Caſtelli, Wbch. 214. „Gelückes rat,“ ſ. Grimm, Mythol.[2] p. 826 ff. Haupt's Zeitſchr. VI, 134—149. Bild im Cod. pict. 73, f. 1. Glücksrad, louf umbe! (Straßb.). R.A. Das Rädlein lâuffen lâßen, der Sache ihren Lauf laſſen, es gehen laſſen, wie es geht; unbekümmert ſeyn. Dèr laufft und ſpilt drauf los, und *lasst* hält 's *Rádl láffə˜*. Ey Buə˜, *las 's Rá'l láffə˜*, iaz bist er't mei˜ Schàz! „Da hab ich oft gefunden meins gleichen ein zänckiſchen mann, da ließ wirs rädlein umbher gan,“ ſagt der Häderlein bey H. Sachs 1612: I, 1082. (Vielleicht vom Rädlein an den ehmaligen Schlöſſern der Feuergewehre 'oder vom Glücksrade'). 's *Rádl* is iəm *láffə˜d* wor'n, er iſt närriſch geworden. Zeitſchr. VI, 121,91. Der Rädleinläuf (Rádllauf), angrenzende Ackerfurche, auf welcher das Pflugrädlein ſeinen Gang hat. Der Rädellauf wird ſehr oft als Grenzlinie zwiſchen zwey Äckern in Anſpruch genommen; (Regnet). Der Rädermacher, (HhE.) Wagner, im nördl. Deutſchl. Rademacher, Stellmacher. Die im Münchner Steuerbuch v. 1618 außer den 12 Wagnern aufgeführten 2 Radlmacher ſind vermuthlich eine Art Drechsler (von Spinn=

rädern u. drgl. Das Geräder (Grédoᶜ, Geredach?), das Rädergestell am Pflug. Das Rädlein, ä. Sp., Kreis, Ring, in welchen man zusammen steht. „Der Haubtmann must die Kriegsleut üben mit Redlen machen, mit in der Ordnung herein (einher-) treten" ꝛc.; Av. Chr. Da macht mar ein Rädlein: cfr. Wstr. Btr. III, 121. 126. Der Radfüerer, Rädleinfüerer (Rá'lfüərəᶜ), Gem. Reg. Chr. IV, 247, ad 1514; der Rädelmaister, Av. Chr. 100; Rädelführer, engl. ring-leader: Weigand, Wbch. II, 451. „Der heil. Georgius mag billig unter den Martirern ein Reihen-
48 führer, ein Rädlführer. martyrum coryphaeus genannt werden;" Selhamer. „Die principal radlfuerer (beym Bauernaufstand 1525) Altkircher ampts;" Cgm. 4925, f. 255. (Es braucht wol hiebey an kein agſ. vredh, goth. vrithus, grex, isl. ridill, manipulus militum, gedacht zu werden.) „Ain Rädel von Sand Martein, ain Radel von Wirten" (Cgm 715, fol. 5) scheinen Tanzlieder (Reihen) zu seyn. „Pueri sumus, non pertinet ad nos facere poenitentiam. Nos vero eamus ad rotam, coronemus nos rosis. Sic luxuriosi in choreis et in rotis videntur habere vocem diaboli. nota, quod rota vel chorea processio diaboli potest dici;" Cbm. 9528 (sec. XIII.), p. 321. 332. 355. 366. Die Rad-Beren (Radwern, Ràwárn), H. Sachs 1612, I, 935: Radwerben, — was in AltB. die Rädlein-Tragen (Rá'ltràgng) oder die Rädlein-Truhen (Rádltruhhə˜), Behältniß für Mörtel, Schlamm, Mistwasser, Koth und drgl. mit einem kleinen Rade, auf welchem es fortgeschoben werden kann; Schubkarren. Rádl-trog, Rádl-bok, (Gastein; Mesnil) Schubkarren. Zeitschr. VI, 191: Rádl-trûche. „Scenoctorium, radber;" ZZ. 1539, f. 2^b. Vilmar, kurhess. Idiot. 312: Radeber. Zeitschr. IV, 181. V, 476. VI, 173. 175. Die Radstatt, ä. Sp., Handelsplatz, wohin die Waaren blos zu Wagen, nicht zu Wasser, gebracht werden können; z.B. Nördlingen nennt sich 1512 eine Radstatt. Auch Nom. propr. Der Rádlwind, Wirbelwind, der gefährlichste für Waldungen; (Pseud. Zir.). radeln (rádln, rá'ln, ráu'n), 1) im Rade, Kreise drehen. *umməᶜrál'n, aussirádln*, z. B. ein Faß, ein Mädchen beym Tanze. 2) (Alg.) eine Rädleintruhen führen, in einer Rädleintruhen führen. Zeitschr. VI, 191. 'ən `A'l dànni *ráu'n*, das Mistwasser wegführen. „Das oberschwarz Koth von den kraütackhern umbrädeln ... umbführen mit Rädltruchen . . herausrädeln;" Cbm. 2224, f. 275—276.

radeln, (Zir.) das R nicht aussprechen können; plaudern.

Rádl, Conrad; (Biberach) Radəs, Firmenich II, 426,$_{18}$. Daraus etwa der Familienname Radius.

raden, (Spessart) sieben, das Getreid reinigen; geraden, gesiebt. Man s. reden, 2.

1) gerad (gràd) adj., wie hchd. gerade. Zeitschr. III, 407,$_{132}$. V, 191. — Gràd, gàd, O.L. kràd, kàd, (Zeitschr. II, 338), adv., a) wie hchd.; (Graff II, 456. BM. II, 558^b. Weigand, Wbch. I, 417). Lindermayr 84. 111. 112: grads. — *Gràd* só, *kàd* ſó; *gràd* iətz. Zeitschr. I, 296,$_{12}$. *grôd naus*. III, 311: *gràdsomár*. V, 254,$_{37}$. b) theils mit vorgesetztem nan, theils ohne dasselbe: nur. *Nà˜ gràd*, oder *nà˜ kàd* dés no˜, nur noch dieses. I wıll *nà˜ gràd* ſegng, wàs no˜ aus diər werd. Iətz raəs meᶜ *nà˜ gràd* glei' aus'n Gſicht! *Gràd* aə˜s, zwaə ꝛc. Dés is *gràd* e˜ Gédankə˜ dəgégng. I hà' 's *gràd* à˜grüərt, ſó is's 'bróohə˜. *Gràd* glei', nur gleich. *Gràd* gnuə', nur genug. əs rengt eəm hei˜t no˜ *grà'gnuə'*, es wird heute noch übergenug regnen. Anm. Wenn dieses Wort nicht durch eine Verbindung der Begriffe gerade und schnell mit dem folgenden zusammenhängt, so wüßte ich aus den alten Dialekten nichts, das ihm entspräche, es wäre denn etwa zu der Bedeut. rectus das isl. rōd, ordo, rada, disponere, agſ. räden, ordo, status, gerade, prosa, und unser redlich, und zu adv. a) das Tatianische girado (für ecce bey Matth. I, 20 und II, 19. Vrgl. Grimm, IV, 759), wobey mir aus dem Samml. f. Tyrol II, 60 einfällt: *gràd* (ey, sieh!), dàs wár ə˜ Dundárwéttár ə˜ grausigs! Hinsichtlich der Bed. b) nur, könnte man auch auf das alte dunkle eccrodo, Tat. 155. 179, echrodo, gl. i. 1059, echrod, i. 725. 727, echrot, i. 960, echert bey Notk. zu denken versucht seyn, wo denn noch das oberl. kh zu Schlag käme; allein jene Form heißt im Nürnb. Voc. v. 1482 ockers, und unser adv. b) verhält sich zu a) denn doch wol blos wie schlecht (nur) zu schlecht (gerade). Vrgl. räten, Anm.

2) gerad, (ä. Sp.) hurtig, behende, gewandt, tüchtig; Graff IV, 1150. BM. II, 558^a. „Herzog Christof was ein gerader höflicher Fürst, dem wol was mit Ritterspil und darin fast geübt was." „Herzog Wolfgang was ein gerader Fürst und der sterckhest am leib under seinen bruedern ... er hett auch die schönen baurndirn gern 49
holt;" Chron. in v. Freyberg's Samml. I, 196. 198; cfr. 186. „Die alten Teutschen meinten, die sich lang für Frauwen hüteten, würden starck, gerad, lang, groß, alt, männlich Leut. Dergleichen eilt' man auch mit den Meyden nicht, man gab zusammen, so gleich am Leib, Geradigkeit, Sterck, Sitten und Geberden waren, damit, so starck, gerad und gleich zusammen kamen, sie gerade, starcke Kinder aufzügen." „Caligula bestellet die geradesten aus Gallien" (um sie, als wären sie Deutsche, vor dem Triumphwagen hergehen zu lassen); Avent. Chr. f. 23. 173. „Bez, du bist ein gerad man;" Diut. II, 79. „Do in daz lantvolk ersach daz er so ain gerader starker man waz," citiert mein Recensent in Menzel's Literaturblatt 1837, p. 471 aus den Gesta Romanorum, Züricher Hdsch. C. 113, f. 24, $v^{o,b}$. „Margreth N. ein ein gar schöne gerade Junckfraw; Hund, St.B. II, 288. „Libenter fuisset pulchrior der geredist;" Monac. Augustin. 84, f. 65^b. Im Cgm. 524, f. 66 gibt a^o. 1480 ein Franciscaner dem Pabst und Kaiser den Anschlag, zum Zug wider die Türken aus jedem Kloster seines Ordens einen „jungen graden Münch" zu nehmen, was wenigstens 36,000 Mann gebe. „Kaiser Hainrich IV, der übel, liesse das beste roß vnd das geredest das er fundt in dem lanndt, pinden in den rein, bis das es ertrank;" Cgm. 213, f. 177^a. „Dort steigt um's Haus dəᶜ *grádeg* Hà˜;" Salzb. Flachlandlieder (1846) p. 8. „Nu wes cone en̄ geræ dich in allen doene;" Alexanders geesten von Jac. van Maerlant, Cgm. 41, f. 4^d. 12. Die Geradigkait, (ä. Sp.) Hurtigkeit, Behendigkeit in körperlichen Übungen, Kunststücke, Possen, Streiche. „Saltator, triber der Geradigkeit;" Voc. sec. XV. „Item etlichen, so auf dem Sail Geradigkait getriben und gefochten haben, 12 fl.;" Hofrechnung v. 1560 in Wstr. hist. Calend. v. 1788. „Der leichtsinnig treibt Geradigkeit." „Mit springen und Geradigkeit, ölpern, kelbern ist er bereit;" H. Sachs. „Lern etwas auf saitenspil als gradigkait fechtn oder singen, welische täntze oder springen;" ders. 1612: I, 465. „Singen und springen, tantzen und all Geradikeit treiben; Cgm. 837, fol. 75. „Einem Landfarer, der mangerlay Geradikchait und Parat kunde, gegeben 1 Pfund;" Rechn. v. 1392 in Freyb. Samml. II, 149. Größe und Geradigkait der person steht im deutschen Vegetius v. 1529 für staturae magnitudo. Dieses gerad (auch im brem. Wörterb. grade, graě, hurtig) mag zum alten adj. rad, hrad (gl. a. 210. 244. i. 166), agſ. hrädh, isl. hradr, promptus, celer, alacer, citatus, agilis, efficax; adv., rado, hrado (a. 215. 253. 325. i. 148), celeriter, continuo, efficaciter, agſ. hradhe, cito, comp. hradhor, citus, potius, engl. rather, holl. rad, cito, gehören, wozu (Otfr. I, 1,$_{75}$. III, 19,$_{1}$) die Nebenform redi, promptus, vorhanden war. Gl. i. 217: ungirediro, tardior. S. redlich und vrgl. angerät und rätlich (rádlə').

„Unrad, nebula;" Semansh. 34, f. 197, unter den Broten (zwischen azymus u. torta). Diefenbach 377^a:

nebula, tenuis panis, unrat, undrat, umbdrath ꝛc., Hippen; deſſ. novum glossar. p. 262.'

raideln (raədln, fränk. rádln, rátln, rêdln), 1) drehen, zuſammendrehen, namentlich einen Strick mittels eines Holzes, um ihn ſtraff zu machen; eine Perſon oder Sache auf dieſe Art binden, torquere, constringere; ſ. unten: raigeln u. vgl. Ridel u. Rigel, Hidel u. Higel, Th. II, Sp. 1053. 1069). Vilmar, kurheſſ. Idiot. 321. Zeitſchr. VI, 191. Vgl. Raitel. „Die Leuth mit Prennen, Raitlen ꝛc. tormentiren und peinigen;" Mandat gegen die Roboranten v. 1709 und 1719. Einen „rädeln, ratteln;" wirzb. Verord. gegen die fremden Werber v. 1735, gegen das Diebsgeſindel v. 1746. „Wie iſt nicht mancher gerattelt, mit Stricken an Händen gemartert, mit dem ſchwediſchen Trunk gequält worden;"
50 Abele, ſeltſ. Ger. H. I, 157. 2) die Haare drehen, kräuſeln, crispare. (Gl. a. 493. i. 932: reiden; i. 810: gireidda, vibratos (calido ferro crines, Aen. XII, 100); isl. at reida ſverdit, vibrare gladium). raid, adj. crispus, Voc. v. 1419; (gl. a. 5. i. 265: reid. Graff II, 474. BM. II, 697. Grimm, Geſch. d. d. Spr. 662: ahd. reid, crispus tortus = isl. reidr, altſ. wrêth, agſ. wrâth, iratus, dirus). „Der hat ain raids har, hic crispus est;" Cgm. 690, f. 18ᵇ. „raidez har;" Suchenwirt. „Ich ſach eins gebûren ſun, der truoc ein hâr, daz was reide unde val;" Helmbrecht 11. Recept „raid har zu machen;" Cgm. 3723, f. 13. „Calamistrum, eyſen zu rayden haren;" Schmansh. 34, f. 198. „Ir raiden löck brune ſie im ze lieb vil dicke zieren ſolte;" Titurel. „Er nam ſie mit gewalt bi irm reideleten hâr;" Parcival. „Blûmen kurz und langer, waz ich erdenken mochte, ſlecht und reide;" Labr. 27. Rech heißt im Dörſlein Rimberg (im Ilmthal), vermuthlich von einem nach dieſer Eigenſchaft benannten frühern, der jeweilige Beſitzer eines der drey Höfe der *Raəd*, in deſſen Anger (dem *Raə'n*-Angəᶜ) der Rou'n-Andrê'l (Schreiber dieſes) unter Buchen und Eichen ſeinen Antheil von Knaben- und Jünglings-Träumen geträumt. Raidenbuech, Ortsname, (Hund, St. B. II, 261); vrgl. Raitenbuech. Raylock, cincinnus;" Clm. 5877 (XV. sec., 1449), f. 106. Raidmintzen, Krauſemünze, mentha crispa; Cgm. 731, f. 129. „Raidmincz, mentha; Ind. 344, f. 12ᵇ. „Nym ain plat von ainer raydmynczen;" Scheftl. 261, fol. ult. „Nim raydminzen;" Ind. 418, f. 101. Das Stammverb, ridan, ſich hinter Ridel. Der Raidel (Raədl, Raə'l, o.pf., ſchwäb. Rait'l, fränk. Rátl): 1) Holz zum Raideln, ſpan. garrote, '(franz. garrot, it. garretto; Diez, Wtch. 164. BM. II, 673: reitel.).' 2) jedes Holz (ſtehend oder abgehauen) von der Dicke eines Raidels, Prügels, Knüttels, namentlich: Stangen in der Scheune, auf welchen die Garben ruhen; (Weihers, Dr. K. Roth. Vilmar, kurheſſ. Idiot. 321). Bann-Raidel, Hzg.-Reis. „Ein prenholz oder raidl;" alte Votivtafel am Calvarienberg bey Hohenburg an der Iſar. 3) (Nürnb., fig.) ein verſchmitzter („abgedrehter") Menſch.

Raid (zum Fiſchen), ſ. reiden, 2 u. vgl. Rauderl.

Die Rauden (Rau'ən, Rau'n), wie hchd. Raude, Schorf über einer Wunde; Räude; (ahd. rûda, hrûda, hrûdo und hriudi, isl. hrûdr, mhd. rûde, riude; Graff II, 490. IV, 1152. 1260. BM. II, 785. Weigand, Wtch. II, 467. Zeitſchr. VI, 194). raudig, hchd. räudig; (mhd. riudec). Zeitſchr. VI, 367; cf. 342.

Rauderl, (Wien) eine blechene Seihe oder Sieb. 'Vgl. reiden, 2 u. Zeitſchr. VI, 17. 195: Reder, Rädel, Raidel.'

raudi-maudi, raudis-staudis, adv., alles bunt durcheinander, jung und alt, groß und klein, vornehm und gemein; bey Stalder II, 286: rübis und ſtübis, '(cf. Tobler 371). Caſtelli, Wbch. 217: der *Raudimaudi*, ein Gemengſel ekelhafter Dinge oder nichtswürdiger Menſchen. Die zweite Form (raudis-staudis) mahnt an das niederſ. ruddik und ſtruddik, eradicetum, alles, was man auf Äckern und Wieſen, als Strauchwerk, ausreutet; vrgl. Raut, aber auch Stalder's (II, 288): etwas geht „rüedi," iſt Allen preisgegeben; es in die „Rüedi" (Rûdi?) geben, ſo daß jeder ripsraps zugreifen mag.

Die Red (Réd), wie hchd. Rede, a) ratio, goth. rathjô, ahd. radja, reda, redia, redina, mhd. rede, bremiſch rede, holl. reden; Graff II, 444. 450. BM. II, 593 ff. Brem.-niederſ. Wbch. III, 460. Weigand, Wtch. II, 473. b) sermo, loquela. a) Einen ze Red ſetzen, ſtellen. Red und Antwort geben über etwas. „In rede stên eines dings;" Diut. III, 53. Rationem ponere, (agſ. gerad ſettan), reda ſezzan, reda gelten, rationem reddere, (Tat.) abrechnen, (reda tuan, Otfr.; redia urgeban, MM. 18. Notk. p. 270; rediun ergeban, Kero II, 106. 110; rathjôn usgiban, Ulphilas, 14,12. Luc. 16,2; rathjô, ἀριθμός, Joh. 6,10. „Ofte ic op eertrike hebbe geleuet redenlike en̄ ic redene en recht hebbe gedaen nu en echt," ſagt Darius vor ſeinem Tode bey Jac. Maerlant in Alexander's geeſten, Cgm. 41, f. 63ᵃ. „Auf di red, das ..." hac ratione, ut ....; MB. XXV, 141. BM. II, 596ᵇ,3. „Mit der Rede und beſchaidenhait als vorgeſchriben iſt," a. Urk. „Wer porg wirt, der mag nit ledig wern unz der ſelbſchol gewert wirt mit pfant oder mit pfenning, und mag ſüſt von chainer red nicht ledig werden, in ſag dann der, des porg er iſt, ledig;" Münch. Str.R., Auer p. 68. Gl. i. 245: „(quo) more, redo;„ „in thia redina, after theru redinu, eâ ratione," Otfr. IV, 12,57. 19,56; 51
(agſ. on thät gerade, on tha gerad). „Sprich auch du mueßeſt red en ſitzen von vater, müter, brûder die haben all auff dich ir ſpech;" Cgm. 379, f. 67. (270, f. 105). Vrgl. unten redlich. b) Ze red werden (z' Réd wer'n) mit Einem über etwas, mit ihm darauf zu reden kommen. Vo˜ dèn is kaə˜ *Réd*, das verſteht ſich von ſelbſt. Dés is ja mei˜ *Réd*, das meine ich ja eben. „Sey iht die Red (Sprache, Stimme) verfallen;" Benno-Mirakel, 1697. „Salvawaſſer iſt guet denen dy röd ligt;" Cgm. 4570, f. 45; (ſ. Th. II, Sp. 1460: ligen). Die Abred, a) wie hchd. Abrede; b) das Verneinen, Leugnen. Grimm, Wtch. I, 86 f. abredig (eines Dings) ſeyn, (ä. Sp.) es leugnen; Dietr. v. Plien. Grimm, Wbch. I, 87. Die Vorred, a) wie hchd. b) Fürſprache. Tuə mər ə˜ *Vou'réd* bey'n Herr Landrichtəᶜ. c) vorläufige Verabredung; Kr. Lhdl. I, 189. V, 342. Vrgl. verreden.

1) reden, wie hchd.; im Dialekt gerne ſtatt des affectierter ſcheinenden ſprechen verwendet; (ahd. rediôn, redôn, redinôn, mhd. reden, redenen; Graff II, 449. 474. BM. II, 601. 607. Weigand, Wbch. II, 473). R. A. Is sovil *g'rédt*, das will ſagen. Braucht kaə˜ *Rédn*, das iſt richtig, wird von niemand widerſprochen werden. Zeitſchr. III, 176,18. IV, 245,110. Mə˜ muəs d' Leut *rédn* lass'n, 'Gens künnə˜ 's nét, wo das ſcherzhaft Äquivoke in der Betonung des Wortes Leut ſtatt des Wortes reden liegt. Einem etwas ze Gehör reden, einem Dritten etwas zu hören geben, indem man es an einen andern addreſſiert. Einen hart reden, ihm redend ironiſche Seitenhiebe beybringen. Gê, du ká˜st nicks àls d' Leut *hart rédn*. Einen reden, dés ər i˜ kaə˜n àldn Schouh mèər eini taugt; (ObrM.). „Auf Einen reden, verbis quem designare, taxare quem;" Voc. v. 1618. Dés hàt əᶜ *à'm* Pedəᶜn *ummi grédt*. ſo daß es Peter auf ſich beziehen ſollte; (ObrM.). „reiten und reden können," ſ. raiten. Aus einer Sache reden, darüber ſprechen. Auf Seit reden, (ſchwäb.) ſich gegen den Angeredeten der perſönlichen Fürwörter (Du, Ihr, Sie) enthalten; ſ. Th. I, Sp. 304. Das Wort oder die Nôtdurft reden Einem vor Gericht, für ihn ſprechen, franz. plaider. Über das Bluet reden, in einer Criminalſache plädieren; Kr. Lhdl. VII, 43. Das Redamt. „Swem der redner daz redampt enpfilhet der ſol daz nemen und reden ſein zeit; Münch.

St.R., Auer p. 288. Das Redfenster, die Redstuben in Nonnenklöstern. redgeb, adj.; BM. I, 507. „Ist ein Armer redgeb, man spricht er sey ein schwetzer;" Buch der Weisen v. 1485, f. 91. redlich, redselig. „So man geessen und getruncken hat, so wirt man redleich;" Cgm. 632, f. 38. redsam, (Voc. sec. XV.) argutus. redsprech, (ibid.) facundus. Der Redner, (ahd. redinâri, von redina oder redinôn, mhd. redenære; Graff II, 456. BM. II, 607). a) Wortführer einer Gemeinde. Die acht Burgermeister oder Redner zu Fürth; Lex. v. Frank. II, 254. Der Stat (zu München, Ingolstadt, Amberg ꝛc.) Redner, Redner der Gemain; Cod. urb. Monac. VI, art. 7. 8. Münchn. Stdt.R. (Cgm. 544, f. 44); Auer, Art. 201. 273. 360. 499. Wstr. Btr. VI, 117. Academ. Rede v. 1833 über die Epoche 1397—1404, p. 9. 55. Amberg. RathsOrd. v. 1370. Redner zu Rösching (ad 1624); bayr. Annalen 1834, p. 574. „Die vier Mair (Vierer) zu Germischgew sollen alle Grafending ainen Redner haben, der ihnen öffnen soll mit worten, oder das Buech lesen die alten Recht und gewonhait;" Ehaftbüchl. v. Werdenfels 1431 (Cbm. 1533), von einem solchen Redner geschrieben, um von ihm in den eelichen Taidingen vor Richter und Gemeinde abgelesen zu werden. Gemainredner zu Ötting; Ehaft dieses Dorfes, Cbm. 3068. Sachredner,
52 Schrannenredner, Rechtsanwalt; Kr. Lhdl. VII, 432. Bayische Anz., tyr. L.R. v. 1603. b) der Redner, die -in, (O.L.) Schwätzer, -in. „Es sprechend dy weisen, das weger sey ein stum und warhafft, dann ein Redner lügner;" Buch der Weisen v. 1485, p. 92. abreden, 1) wie hchd.; 2) irre reden, in der Fieberhitze reden; s. ainreden. „Delirare, abreden;" Clm. 4432, f. 75. „Der mann ist kranck, er abredt;" St. Sebolt's Legende im Leben der Heiligen (Augsp. 1482) Summertheil Bl. CCXC. 3) Einen abreden von etwas; auch: Einem etwas abreden, es ihm misrathen, ihn davon durch Reden abzubringen suchen. Ainreden, (Werdenfels) irre reden; (s. abreden, das ab und ain vielleicht aus einem alten â-, s. Th. I, Sp. 1, entstanden, da die ä. Sp. ein âkôsen, âsprâchen, delirare, hatte). Das Anredət, (Passau, ObrM.) Heiratstag, Eheversprechen. aufreden Einen, 'ihn hinhalten (mit Versprechungen, Hoffnungen)'. „O Welt ich han der vil erkant, die also aufgeredet sind worden von dir und von dir betrogen;" Cgm. 4597, f. 93. aufreden Einen gegen jemand, 'ihn aufbringen, reizen; Grimm, Wbch. I, 707.' bereden, 1) wie hchd. 2) beschnarchen, culpare, arguere; Voc. v. 1618. Kärnt. ·ogovoriti, tadeln, bereden; Jarnik p. 218. R.A. „Nichts unberedt laßen," an Allem was zu kritteln haben. Vgl. Grimm, Wbch. I, 1494,6,b. bereden eine Sache (vor Gericht), ä. Sp., sie darthun, erweisen. BM. II, 603,3. „Ehafte Nôt, eine Frist ꝛc. bereden; bereden mit dem aid;" K. Ludw. Rechtb. 'sich bereden, sich entschuldigen, vertheidigen; BM. II, 605ᵇ.' „Die ainfaltigen die sich nicht bereden chunnen;" Cgm. 54, f. 80. derreden Einen, ihn durch Reden in die Enge treiben. əʳ hâd·n *dəʳréd·t*, dás əʳ häd mögng bluadigé Záhheʳ waəⁿn. Sich oder Einen entreden eines Dinges, (ä. Sp.) sich oder ihn deshalb entschuldigen, rechtfertigen. Graff II, 455. BM. I, 604 f. Grimm, Wbch. III, 582. „In dewelcher wîse dû in verlogen hâst, in der selben wîse solt dû in entreden" „Cristus selbe ist ir (Magdalena's) entreder," (Entschuldiger gegen Martha); Br. Berht. 90. 111, (Pfeiffer 284,29). gereden, ä. Sp., versprechen, zusagen. BM. II, 605. „Und das gereden Wir ihnen bey unsern fürstlichen Worten und Treuen;" Kr. Lhdl. I, 24. II, 80 VIII, 421. „Ich gerede und verspreche ... das zu halten;" Urfede des Breuknechts Georg Andrä v. Rieden (LG. Weilheim, der weil er am Lug ins Land zu Augsburg ein schwedisches Fähnlein wegnehmen gewollt, aus der Stadt verbannt wird, 6. Jun. 1634; Cgm. 4905, p. 125. Einen überreden eines dings, (ä. Rechtsspr.) überweisen. BM. II, 605. Heumann, opusc. 59. „Wer des überredet wird, daß er ein Ruffian sey;" Regensp. Statuten v. 1306. redend werden. „Wann einer sterben soll so gies man im ein wenig prantwein in den mundt, er wirdt rödent vor seinem tod; Cgm. 4570, f. 48. unredend, stumm; Wirzb. Verord. v. 1618. „Onmacht, die Syncopis heißt, wenn eins unreden wird;" Ortolph. „Ob ain mensch unredunt leg ... nim polan und wasch im dy gaym damit;" Cgm. 4543. f. 91. „Wer unredent lig dem geb man salvan wasser zu trincken so wird er wider redunt;" Cgm. 4543, f. 65. Erdbörwasser ist guet den menschen so ungerödt ligen;" Cgm. 4570, f. 41. „Hat sich nicht verwußt, und ist ungeredet gelegen;" Benno-Mirakel, 1697. „Dein Gredenheit," eloquia tua; Cgm. 114, f. 33. Ungeredenhait, (Wien) Injurie; (Heumann, opusc. 703) „Schmach, Injurien;" Unredbar war in der Meistersingerkunst ein Wort, das man im Vers anders brauchte, als man zu reden pflegt, z. B. der Vater mein, die Mutter gut. Wagenseil, civit. Noriberg. p. 528. verreden, 1) wie hchd. BM. II, 606. R.A. Man mueß nichts verreden, als das Nasenabbeißen, (nemlich das Unmögliche, sich selbst die Nase abzubeißen). „Poněwadž se člowěk, dle polského přísłowí, ničeho odříkati nemá, leč toho, že by si nos ukousnouti mohl;" H. Borowsky's Bericht über den Prager česky národni bal in den Prazske nowiny, 1846 v. 25. Juny. 2) „Es sollen die Metzger kein Fleisch, als ob es verkauft oder verredet (bestellt, versprochen?) wäre, hinter sich hengen noch verhölen;" (cfr. Vorred); O.Pf. L.Ord. v. 1657, f. 545. Anm. Die ä. Sp., z. B. das Augsb. Stdtb., zog redet, geredet, redete in reit, gereit, reite, später wol rait ꝛc., zusammen. BM. II, 601. S. unter raiten die Vermuthung, daß dieses nicht sehr alte Verb auf solchem Wege aus reden, insoferne es dem Red, a) entspricht, gebildet seyn könnte. Vrgl. unten reden, cribrare.

redlich (rédli', rédlə'), wie hchd.; (Graff II, 447. BM II, 597. Weigand, Wbch. II, 474). Man könnte das Wort, den figürlichen Übergängen unvorgegriffen, nach 53
den Bedeutungen theils a) zu gerad 1), theils b) zu Red (ratio, welches indessen selbst mit jenem zusammenhangen wird), theils c) zu gerad, 2), dem alten hrad oder hredi, promptus, efficax, ziehen. a) ein redlicher Mann. *Des is rédle* und *wàr*, ganz gewiß wahr. *Ja wól rédlə!* ganz gewiß! (Das isl. râdvandr, probus, integer vitae, nebst dem Subst. râdvendni, f., wird seinerseits zu râd, consilium, ratio, gehören). b) Noch MB. XXIV, 640, ad 1439 spricht ein Vater von einem Sohn, „der nicht so redlichen oder vernuftig ist, als sein notdurft were und ich gern sähe;" cf. bremisch-niederf. Wbch. III, 462: redelik, vernünftig. „Rationali, dere redelichen;" Cgm. 17, f. 221ᵃ. „Unredelicho, irrationabiliter;" Notk. 7,17. (Cfr. ahd. redihaft, rationalis, ordinatus); niederl. onredenlik dier, animal irrationale. Vgl. oben: ungeredet, unredentlich. c) Redlich arbaiten. „Hat sich redlich gehalten, strenuum hominem se praebuit;" Voc. v. 1618. redlich eßen, trinken. „Sie (die Feinde) schußen redlich in die Statt;" Chron. in v. Freyberg's Samml. I, 150. Vrgl. Iwein 6524: „diu zwei jungen senten sich nâch redelîcher minne." „Ein redlich Essen," starke, nahrhafte Speise; HhE. Bey der Befestigung von München im Jahr 1445 sollte jedem Fron-Arbeiter „all tag von der Statt gebn werden ein erbergs prot, dez sich ain person einen tag redleich betragen mag;" Wstr. Btr. VI, 188. redliche Anzaigung, hinreichende. „Ohn redliche Anzaigung einer Missethat soll niemand peinlich gefragt werden;" Carolina poenalis. redliche Hinderniß oder Nôt, was: ehafte Noth. „redlicher Schaden," (großer, bedeutender); Kr. Lhdl VIII, 421. Kein Arz herauswerfhen, dan redlich Arzt, das Kaufmannsguet sei;" Lori, B.R. 71, ad 1387. „unredlich, instrenuus, undapffer." „Redlichkeit, impigritas;" Voc. v. 1618. Cfr. rabalihho, strenue, Kero XVIII, 57, u. Rât.

2) reden, raden, (ablautend mit dem Partic. prät. gereden, geraden; ahd. redan, mhd. reden: ich ride, rad, habe gereden; Graff II, 474. BM. II, 696. Weigand, Wbch. II, 451: rädern. Vilmar, kurhess. Idiot. 312: raden, räden, reden), (schwäb., fränk.) cernere, secernere, cribrare, sichten; (Aschaffenb.) geraden, gesiebt. „Wil er sein Melb selbst reden." „So ym dann sein Mel geredenn wirt;" Bayreuth. Mühl-Ord. v. 1514. „So ihm das Mehl geräden wird," spätere dasige Polic.-Ord. (Doch heißt es in einer Ansb. Verord. v. 1671: „das aufgeschüttete Korn soll man fleißig ausräden, hernach das Ausgerädete in die Mühle thun.") „Du solt die aschen gar klain reden;" Clm. 4373 (v. 1437), f. 114; (auch reitern kommt fol. 113 vor). „Nimb gereden Aschen;" alte Jägerkunst. „Ein Siblein, den staub zu reden;" Buch der Weisen, Augsb. 1485, f. 55. „Pren daz zu pulver und red es durch ain tüchlin; Cgm. 4394, f. 136. „reden, tractulare, tantarisare;" Voc. v. 1482. Im Anhang zum übersetzten Vegetius, Augsb. 1529, ist „geräden Pulver" dem „knelleten" entgegen gesetzt; auch steht daselbst für räden, geräden (wol nach Gramm. 442) rären, gerären; s. raden. 'Vgl. gerätte voll, gritte voll, ganz voll; Vilmar, kurhess. Idiot. 316. s. auch raden und reden, 2. auch reiden, 2.' Bey Otfr. IV, 13,16. heißt es: „Thaz muasi er redan iu thaz muat, so man
54 korn in sibe duat." Gl. a. 17. 678. o. 143 steht „redestap, plodapsis, rotabulum;" Cgm. 649, f. 567: redstab, taratantara, baculus movens tritioum ad molarem." In einer ä. Mühl-Ord. bey Heumann, opusc. 251, kommen neben Melbkasten, Wannen und Schwingen auch rhedzüber vor. Die „Röden" (st. Reden) im angeführten Druck v. 1529 wird wol als eine Art Siebes zu nehmen seyn: „Haiß dir machen ein röden, die voll kleiner Löcher sey, nimm weinstain, saltz, kalck und harn mach ein Muß daraus, und streich es inwendig an die röden," (um nemlich Salpeter zu gewinnen). S. Rödel (vielleicht besser Redel) und renneln. Es bleibt ungewiß, ob auch Otfrids redan ein Ablautverb gewesen. In solchem Fall wäre ein Präterit. ruad zu vermuthen, und das Verb würde formell zum gothischen rathjan, rôth, rathans, numerare, („tagla haubidis alla garathana sind;" Ulphilas, Matth. 10, 30) stimmen. Auch das osnabrückische reden, das schottische to red bedeuten secernere purum ab impuro, sichten, ordnen, wie denn das isl. rada, ordnen, röd, f., Ordnung, und etwa das gothische rathizo, facilius, mit einfällt. Vgl. gerad und selbst reden (disserere, loqui).

Der Redimonet, ä. Sp., der Monat Februar (?); Appenzeller Reimchronik p. 174. Grimm, Mythol.² 266 f. 'Weinhold, d. deutschen Monatnamen (1869) p. 52 f.'

Rednitz, Flußname; bey Schafařik Staroz. p. 917. 918: Radnica. Er hält die Paranthani (in der Vita S. Emmerami) für verschrieben statt Paradantani, Poradantani. „Ne daleko pramenůw Radnice leži Wilzburg staroněmecky Wiltenburg." s. Th. IV: Wilz u. Weltenburg u. vgl. Förstemann II, 1146.

1) reiden, Prät. rait, Partic. geriden und geriten, (ä. Sp.) wenden, drehen, flechten; (ahd. rîdan, gl. i. 538. 558. 793. 938. 990. 1095. 1115. o. 196: torquere, contorquere, isl. rîda, agſ. vrîdhan, schwed. vrida, dän. vride; mhd. rîden: reit, geriten. s. unten reiten, Graff II, 473. BM. II, 696. Weigand, Wbch. II, 484. Vilmar, kurhess. Idiot. 321. 323. Zeitschr. III, 105. V, 252,3. 255,69. VI, 195). „Die liegen, triegen, tichten, die merken und meiden stetz aufs pößte reiden;" Cgm. 714, f. 178. Daz müest sich gên Gelückes warte rîden;" Labr. 40. „Ez möchte sich wol gên Gelücke rîden; das. 209. „Wolt ez din jugent lîden, so möcht dir sîn daz beste dich von der werlte rîden;" das. 255. „Ob ez sich welle rîden;" das. 319. „Wie grober lût ist Leide, so muoz man in doch hœren darumb, ob ez sich reide zu Heile;" das. 391. „Doch wolt ich geren dar umb leiden das es sich mir als dir wolt rîden, sust dunckts mich häl ze wagen;" Cgm. 379, f. 60 (270 f. 99). „Sin hertze sich nicht reidet von Manhait;" Suchenwirt I, 124. „Darnach kund sich die sunne wol an ir zirckel reyden;" Titurel. 'aufreiden, aufdrehen, z. B. das Haar in Locken, kräuseln.' Helmbrecht's Vater sagt (V. 427 ff.): „Sît dich mîn zuht sol mîden an dem ûf rîden, so hüete dîner hûben." entreiden, loswinden; BM. II, 697. „Durch al sein arbait so chundt er sich doch nicht entreyden impugnationibus carnis:" San-Zenon. 115, f. 259ᵇ. „Senen, ich enkunde mich dir noch nie entrîden;" Labr. 370. umbreiden, umwenden, umdrehen. „Den sluzzel si da umbrait di chuneginne gemait;" Kaiserchron., Ms. „Wem sein geader sterr wirt also daz er den hals nicht woll umbgereiden mag;" Clm. 5931, f. 221. 'verreiden, verdrehen, verrenken; fig. sich verkehren, sich anders wenden; BM. II, 697. Zeitschr. VI, 195.' „Der falk hât die art, daz er daz haupt umb und umb reidet oder kêrt mit ainem reiden, alsô daz sein prust doch unverriden beleibt;" Konr. v. Megenberg f. 111ᵃ, (Pfeiffer 188,5). „Daz augenreiden des falken ist sô behend;" das. „Min antlutze han ich nicht verriden von den, die mich strafften u. anspirtzten;" Cgm. 101, f. 22. „Ze vil heiz ich dich mîden, die mâz . . . kan niemant verrîden;" Labr. 704. „ . . . ob ich blinden slüege. Ich bin wol sô gefüege, daz ichz kan vermîden; doch mac ez sich verrîden (könnte es doch anders kommen, sich wenden); des hebt iuch! Helmbr. 1808. „Daz sich doch vil lîhte mac verriden," Nîthart, Benecke XVI, 3, p. 345, (Haupt 50,1). Bey Höfer ist die „Schlüsselreit" die Rundung am Griff des Schlüssels, „eine Reite" eine Wendung beym Fahren. Zeitschr. V, 255,69. 505,3. VI, 195; cfr. 182. Auch schreibt er Hausreit, Hofreit st. H-Rait; (s. d. W. u. Riet). Bey Jamieson (schott. Wrtbch.) ist wreath ein geschlossener Platz für Vieh, wozu ein agſ. vräth „inclosure" angeführt ist, das ich bey Lye nur als grex, (goth. vrithus) finde. Reuden des Schiffes, Flächen und Öffnungen an den Wänden, wo die Ruderwieden (Ringe) am hintern u. vordern Theil eingelegt werden. In jeder Hallasch sind deren sechs. (Jir.) In Lori's Brg.R. 320. 499 heißt es: „Die Heber und Fasser sollen an den (Salz-)Schiffen die Reiden nicht verlegen, damit der Schiffmann arbaiten mög." S. raiden und Ridel.

2) reiden, (ä. Sp.) durchwinden, durchseihen, liquare? „Si begunde reiden das süeße taw" (durch ein seidein tuech in den mund); Suchenwirt XXX, 65. Ein Recept in Diut. II, 271 schreibt, in Bezug auf gewisse Species, vor: „rit sie durch ein tuoch," während es bey einem andern Material heißt: „sich ez durch ein tuoch." „Zertreibs und reits" . . . „stoß und reitz und misch mit öl;" auch: „zerstoß und reitters und misch mit öl;" Cgm. 3724, f. 36. Dieses rîden wird ebenfalls abgelautet haben. Vergleiche Wigalois 10816 u. Benecke's Anm. p. 506. Grimm II, 831. VII. Com.: raiden (ai = î), auswinden, ausringen (die Wäsche). S. Seich-Ridel.

Das Reid. „Mit dem rayd vischen;" Meichelbeck, Chron. Ben. II, 141. s. unten: die Reiter.

„ridigs und reidigs," oder: „staudigs u. raudigs," alles durch einander, pêle-mêle; Seidl, Flins. (1838) III, 10. 120. ridigs u. raudigs, raudigs u. maudigs, alles Schlechte unter einander; Castelli, Wbch. 220. s. oben: raudi-maudi.

Der Rid, (Voc. v. 1618) das Fieber. „Das dich der Rid schütt! ut jactet te querquera febris." (ahd. rido, tremor, Notk. p, 260; ridan, febricitare, gl. i. 55
974; isl. rida, f., tremor; Zeitschr. III, 28. s. a. Ritt). Erridern, vor Frost erzittern; Cgm. 826, f. 65.

Der Ridel (Ri'l), Flechte, Geflecht; Wulst von Flechtwerk rc.; (cf. Graff II, 473. Zeitschr. VI, 195): ein

Ridel Har, Flechte Flachses. Astachridel, s. Th. I, Sp. 168. Die Heuridel zusammen rechen. „Schroffen heißen Mitterriedl oder Mitterfisl" (?); (Pseud.-Zir.). s. Th. I, Sp. 695. Der Seich-Ridel, (B. v. Moll, Zillerthal) Bündel Schnüre von Kuhhaaren, womit die Öffnung der Milchseihe verstopft wird. Der Strô-Ridel, Wulst von ineinander geflochtenem Stroh, Strohwisch; Unterlage von Stroh, auf welche ehmals in den sogenannten Perkufen das Salz zu liegen kam; Lori, Brg.R. 298. 390. 646. Der Mieder-Ridel, (Pinzg., Hbn.) Wulst am Mieder, über welcher der Rock (Ridl) befestigt wird. Trag-Ridel, kranzförmige, ausgestopfte Wulst, die von den Weibspersonen, wenn sie eine Last auf dem Kopfe tragen, untergelegt wird. 2) (Ob.Land) der Bergrücken, Erhöhung im Terrän; Leiste an einer Schreiner- oder Zimmerarbeit; Riegel. Unter andern Waldungen heißt es Hist. Fris. II, II, 323: „Item ain Ridel stoßt an N. N...; item ain Holtz..." „15 Beichten 4zolliger Ridl;" Residenzbaurechn. v. 1613, Cbm. 2224, f. 5^b. 124. 127. 140. „Later coctus vel coctilis, gebachen oder gebrendter maur- oder ridelstain;" Nomencl. 1629, p. 108. s. Rigel. „Ain ridl ist ain schlos," (Riegel?); Cbm. 16226, f. 298. Im III. Th. von Hund's St.B. (Freyb. Samml. III, 582) wird erzählt, daß das seiner Zeit angesehene Münchner Geschlecht der Ridler von einem Landmann abstamme, der solche „ströen Ridl" wohl gemacht in die Stadt zum Verkauf getragen. Den 22. October 1842 leiht mir Kaplan Geiß eine Art Familenchronik der Ridler (37 Pergm. Bll. in 4^0), die einer Gräfin Khuen-Belasy gehört u. von dieser dem Pfarrer zu St. Peter (Schuster) geliehen worden, von welchem sie sich Geiß zur Abschrift ausgebeten. Fol. 1 Anf. Rubr. Item der altar ze Sant Peter da die geerten und die gemerten Felix u. Adauctus auff rastent und da patron sind und derselbig altar die Ridler und die Schrencken angehört miteinander von unsern vorvodern her." „Ich Gabriel Ridler u. Vincenz u. Jacob die Ridler geprüder." f. 15: „Item Jacob Ridler mein vater starb ze Prichsen do man zalt n. Chr. g. tausent drewhundert vnd im XLVII iar an sant Johannes tag als er in das öl gesetzt wart und geschach da man mit kayser Ludweig zoch in das pirg und zoch er mit kayser Ludweig und starb und wart gen Munchen gefurt under dem stral und leit hie ze Sant Peter under der mitter kirchtür." (s. auch Th. I, Sp. 127). Eine Münchner Riglerin (circa 1450) in Nürnberg verheiratet; Cgm. 2056, f. 152. Dieses Ridel fällt in der Bedeutung mit Rigel (w. m. s.) so sehr zusammen, daß nach Gramm. 440 (s. auch Hidel und Higel) das eine blos Aussprache des andern zu seyn scheint. Zeitschr. VI, 195. In der Bed. 1) mag Ridel das echte seyn, insofern es sich wie raid und raiden aus dem ahd. Ablautverb rîdan, ags. vrîdhan, engl. to writhe, isl rîda, drehen, flechten, binden, erklären läßt. Der Ridil, discriminale, licium, gl. i. 264. i. 572; ridilôn, discriminare, i. 359, kann ganz unser Wort seyn. Der Seichridel stimmt näher zu reiden, 2).

Der Stainridel, 1) die Steindrossel, turdus saxatilis L., 2) Lanius infaustus L. Wol Entstellung aus Rütel, Rötel, w. m. s.

Ridl und Rosl, Rosina; (Zir.).

Der „Ridling, einjähriger Renke;" Wstr. Btr IX, 309. Beschr. d. Würm-S. p. 132. Vrgl. Kohlbrenner, Material v. 1782, p. 75. 82; „Weiß gangfisch und auch gelb gangfisch, rübling, kelchlein u. die lauben u. die rencken;" H. Sachs 1560: II, II, 111. Höfers Ritling, junger Rheinanke, salmo maraena, und Stalders Röthling, salmo umbla, mag derselbe Fisch seyn. S. Rötel und vrgl. Rigling, welches nach Gramm. 440 entstellt seyn kann.

Der Ridikül, (Ritterkiel), franz. ridicule, entstellt aus réticule (lat. reticulum, engl. reticule u. ridicule, 'netzartiges Säckchen, Strick- oder Arbeitsbeutel,' — die aumônière der jetzigen Schönen. Allgem. Ztg. 1838, p. 298. „(En 1796) les femmes avaient repris l'usage des sacs à ouvrage, que les antiquaires appellent réticules, attendu que ceux des dames Romaines étaient formés en filet de reseau; mais les bourgeoises qui les portent disent toujours des ridicules, ce qui me fait rire (à part moi s'entend, car on ne me surprend guère à pédantiser);" Mémoires de la marquise de Créquy, t. III, p. 204. Blätter f. literar. Unterh. 1842, S. 328.

ridisch, riderisch (oder besser rüdisch?), rauh, grob; (cf. Graff II, 492). „Ridisch ferus, ferox, barbarus, rudis;" Voc. v. 1618. „Wie ridisch, wie unbendig, wie ungeschlacht ist die Jugend." „Welche mit ihren Unterthanen grob, ridisch verfahren;" Selhamer. „Es hat mich längst dauchlt, ewer Eyden sey gar rüdisch und unbescheiden;" H. Sachs. „Ein reizenbart, ganz rüdisch, wild;" ders. 1612: I, 1036. Tirannisch, grob, rüdisch;" ders. 1560: II, III, 171. Dés is ə˜ *ridischəʻ*, *ridərischəʻ*, Mensch. *Ridərisch's* Fleisch, trocknes, grobfaseriges, widerlich schmeckendes. Haberbrod ist *ridərisch*. Flachs, im Wasser geröstet, ist *riderischəʻ*, als wenn er im Regen und Thau (auf dəʻ Widəʻ) gar gemacht ist. „Kám mach I d'Augng áf in álleʻ Gottsfrüə is məʻ 'Zung scho˜ so *ridərésch*, muəs s'waəkə˜-r-i˜n Biər;" Wagner, salzb. Ges. 34. Schwerlich zu Rüd gehörig. Gl. a. 335 steht „hrotag, rudis;" isl. ist hroda-legr, 56
hroda-fullr grob, plump. Das ags. redhe, redhig, roedh, asper, ferus, läßt ungewiß, ob der Vocal einem hchd. uo oder e (i) entspreche.

Die „Ried," das Rippenstück an einem Ochsen; die „braite Ried, die Pälried." Castelli, Wbch. 219: „die *Riad*, Benennung eines Theiles des Fleisches vom Ochsen, welcher durch die Spaltung des Rückgrates gewonnen wird: dö bradi *Riad*, wovon der *Riadeckl* genommen wird; dö schmàli R. oder *Bairiad*, welche im innern Theile das Lungabratl enthält; dö *Schlem-* u. *Zweaʻchriadn*, der fettere Theil." Cf. kärnt. hrod, Rippe, hrodje, Gerippe; Jarnik p. 230. Vrgl. Rieb; (die Ausspr. Riə' bald zu Riəb, bald zu Ried ergänzt.).

Die „Ried, Riad, ein Stück Feld, auch eine abgeschlossene Gegend, worin sich mehre Felder befinden;" Castelli Wbch. 219. Einige salzb. Landgerichte waren in Rieden, und diese in Rotten eingetheilt; (Hbn 901). Sollte eine Entstellung aus Rüeget (s. d. W.) zu vermuthen seyn? Vrgl. das Ried und die Rott.

rieden (vermuthlich ehmals ablautend röd, geroden), reuten, ausreuten, räumen; (s. unten rieten u. vgl. Graff II, 489; isl. hrióda, vacuare, hrodinn, evacuatus; — das ags. gehroden scheint gegentheilig für instructus, repletus zu gelten. cfr. emßig und müeßen). Stók *riə'n*, *rêi'n*. Im b. W. heißt rieden, riedern speciell: schlechte Waldgründe von 20 zu 20 Jahren durch Hauen und Brennen für 2 Jahre urbar machen, und dann wieder mit Birkenholz anfliegen lassen. Hazzi, Stat. IV, 413. R. A. Allé Bügl und Bèər' *umreidəʻn*, *à'reidəʻn*. Vgl. d. folg. Wort.

Das Ried (Ried, Riə'), Gеried, plur. Rieder: a) ausgereutetes Buschwerk, Holz ꝛc. *Riəd* brenne˜. b) Platz, von Holz, Buschwerk ꝛc. gereinigt. „Das ganz Ried (der ausgereutete Trakt) zu Aychelsdorff, Höffe, Hube, Lehen, und alles das in dem Ried leit;" MB. VII, 145, ad 1281 (?). Meichelb. Chr. B. II, 75. „Wir haben in den hof geben ze Ried, ze Acker, ze Veld, ze Wayd, ze Holz" ꝛc.; MB. VII, 407, ad 1359. („Ried, tractus vinearum;" Popowitsch). „Den hoffuerthnechten so 5, schnidtaich ab dem Forstter Riedt hereingefierth 1 fl. 24 kr." ... „ab dem forstterrieder forst ..." (1614); Cbm. 2225, f. 114. 115. „Sallgrub, ein kleines Dorf oder Ried:" Wstr. Btr. IV, 60. 62. Das Ried Altenau, das Ried Wurmannsau; ibid. „In den Dörfern und auf den Riedern und Einödden;" Kr. Lhdl. XIII,

227, ad 1501. (Das salzb. Landgericht Abtenau ist in 11 Rieden, und diese wieder in 35 Rotten abgetheilt; Hübn. 331.) *Wärzəreid*, *Stáchəsreid*, *Ritzəreid* ꝛc. um Neukirchen u. Eschelkham. Die hohen Rieder auf dem Hohenbogen, ehemalige Rieder. Der Familienname Riederer. Von dem vielen Riedern hat auch die Riedhaue (Reîdhau˜), ein Ackergeräthe, den Namen bekommen. Vgl. Zeitschr. II, 276,26. Das Riedlehen; MB. II, 434. Die Riedstatt. „In der Waldrevier sind Riedstätt ohne obrigkeitl. Vorwissen niemals erlaubt;" Generale v. 1762. c) Ansiedlung auf solch einem ausgereuteten Platze, im b. Oberland als Ried oder Riederschaft noch meistens vom größern Dorf unterschieden. „Pignot ist ein Hof und Ried nachendt bey Viechtach;" Hund, St.B. I, 271. „Ried oder Weilerle, viculus rusticus;" Voc. v. 1618. Von ihrem ursprünglichen Zustand haben unzählige kleinere und größere Ortschaften den Namen behalten. Daher die vielen Ried in Bayern (wie die häufigen Reut in der obern Pfalz; cfr. z. B. MB. XIII, 8). Birlinger 374. Guntrams- (Gundams-, Gundisch-) Ried heißt in der Gegend gewöhnlich nur *Riə*: au' *Riə*' 'num; d·*Riə*'-r-ə' Buəbm. Oft kommen die Formen Ried und Reut neben einander vor. Man hört z. B. Pillmers-*riəd* und Pilmersreut; vrgl. Richt und Reut und Raut. Nach dem Fihuriod (heutzutage: „Vieret;" Ecc. Fr. or. II, 809), Druhireod (bey Wirzb.; MM. 37. 38), dem Rieth (MB. IV. 163. gl. i. 814) scheint diesem Wort d gemäßer als t,
57 während doch Riut beständig mit t auftritt. Isl. riôdr, n., novale, concaedes. S. roden und reuten. Riədigs u. Reudigs (Reutigs?), ein Durcheinander, wie „Staudigs u. Raudigs;" Seidl, Flins. 3. Ausg. p. 55. 327. s. oben raudi u. ridigs.

Das Ried, carectum, s. Riet.

Riedl = Ruodolf? s. unten.

roden, ausroden, (wol Ableit. vom ehmals ablautenden rieden, w. m. s.; Graff II, 489. Weigand, Wbch. II, 503). reuten, ausreuten, ausrotten. Mehrere Ortsnamen auf -rod, „-roth" weisen auf ein daher gehöriges, dem Ried und Reut entsprechendes Subst., ndrd. Rode, Rade. „In coenobio, novali Stae. Mariae," (Frauenroth); Reg. Boica II, 227. „In Browenrode;" das. 389. Ein anderes, vielleicht als Figur dennoch zu diesem passendes Rod s. unter Rott.

Der Roden, le Rhône, Rhodanus; schweiz. Rottə˜. „Der Mäu (Meun), der Reyn, der Roden;" Konr. v. Megenberg f. 62, Pfeiffer 102,18. BM. II, 773.

Der, die Rodel, rotulus, (Gerichtssprache) Register, Liste. BM. II, 759. 'Cf. ital. rotolo, frnz. rôle; Diez, Wbch. 297 f.' „Register, Rottel, Zettel;" Kr. Lhdl. XI, 58. In der Schweiz: der Steuer-Rodel, Grundzins-Rodel u. dergl. In den Klöstern nannte man so die schriftliche Anzeige über den Tod eines Gliedes der Confraternität, die der Rodelbot an alle conföderierten Klöster zu bringen hatte. „So der bot die rotl austregt, vnd dy bruderschaft bey allen clöstern ersucht;" Scheirer Dienst-Ord. v. 1500. Der Rodeltrager, „Rolliger" ex monasterio Wastinensi (1480); Furstenf. 187, f. 196. „Rodel, rotula est convoluta cartula;" gl. a. 677. Auch Suchenwirt sagt: die Rodel. „Der Juden Rodel, rodale seu thora vel talmud." „Ut nullus Judaeus juret super rodali praeterquam ad nostram praesentiam evocatus;" östr. Urk. v. 1277. „Hievor lobt er der jüden rodel, nû prîset er der cristen buoch;" Conr. v. Wirzb. goldne Schmide 1414. Im Ries gilt rodeln für „anzeigen", (wol vormerken im Register?). 'Der Rodler, s. Birlinger 375.'

Die Rodel (Ró'l), Art Kinderschlitten. Er besteht ganz einfach aus zwey Hölzern, die durch die Beinknochen eines Pferdes gesteckt, oder mit Eisen beschlagen sind, und einem Sitzbrett darüber. rodeln (ródln, ró'ln), vrb. n., im Schlitten fahren. „Mein magst redeln mit mir, muest mich aber nit abwerffen;" Veit Conrad Schwarz in s. Trachtbuch, ad 1552. Birlinger 369.

Rodel. „Fechten im Buckler oder Rodeln," wol das span. rodela, Rundschild; also ◡ –); Jacobs und Ukert, Beiträge III, 119.

Rodach (= Rör-dach?). „Ains (ein Ding) als ain rodach hengt man ir (der Bauernbraut) auf das hirn;" Cgm. 714, f. 228.

rodeln, rudeln, rütteln, rühren: auf-, um-*rodln*, *rudln*; (Zürich, Arg.) *rodə˜*, rühren, regen; Stalder II, 279. Tobler 367. Zeitschr. III, 48,28. VI, 196. rodenhaft, (rührig, lebhaft), s. rottenhaft und vrgl. grodeln Th. II, Sp. 987, auch unten: rigelsam. Der Käsrodel, (Pinzg.) Rührstab beym Käsen. Die Rodel, Blechbüchse, mit Steinchen gefüllt, Kinderklapper. 's. Rottel.' Der Rodelapfel, Schlotterapfel, in welchem die Kerne hörbar schlottern.

rodeln (ródln), vrb. ntr., 1) mit Getöne athmen, röcheln; (von Katzen) schnurren; „Thuət einwendi *rodeln*, muəss Tag und Nacht strodeln, denn d·Lumpel und 's Gröb is vä'brennt;" Lindermayr 173. Zeitschr. VI, 196. Der Rodler, Gerassel beym Athemholen. 2) 'murmeln, zuraunen; der Rodler.' „Jacob gagrær münczer, ain radler und zuklünczer;" Mich. Beham, Wiener 12,8. 'Das Gerodel, Gerödel, Gemurmel, Murren. Vgl. Vilmar, kurhess. Idiot. 333: der Ruddel, Gerücht, Geschrei, u. unten: ruedern, 2.' „Mit gerodel u. prugeln (brogeln, prahlen?) und darzu mit gespot vil groß;" dass. 99,2. „Sich hub ain großes räffzen, ain gerodel u. mäffzen;" das. 143,17. „Auch wart ain groß gerödel u. ain wüstez geprödel und großer schal in aller stat;" das. 173,31. „Her Veit von Eberstorf gewan ain gerödel u. aufworf unter seinen gebaure, die stalten sich vil saure;" das. 305,27. „Hub sich ain großes tummeln, ain gerödel und rummeln; das. 309,30. Die Rodela, (VII Com.) die Klingel in der Kirche, crotalo. Vrgl. rogeln.

rodeln, rudeln, rollen, kugeln. „D' Rédə' ~~mit~~ dé eisə˜n Ráf *rodla* übə' Staanə˜;" Seidl, Flins. (1839) II, 85.

rödeln: (rédln, ré'ln), vrb. act., a) rollen machen, kugeln machen. Arbəs *rédln*, auf einem hölzernen Teller die vollkommnen Erbsenkügelchen abrollen machen, während der Unrath darauf liegen bleibt. Ayer rödeln (Aər ré'ln), Schnellkügelchen oder Schusser auf Eyer rollen lassen, die am Boden in Reihen gelegt sind, um welche zu „fracken" und dadurch zu gewinnen. b) zu runden Kügelchen, zu Grütze malen, als Haber, Gerste. Der Rödel (Ré'l), was durch Rödeln erzeugt wird, also sowohl die von den Spitzen und Hülsen gereinigten Körner, die Graupen, die Grütze: Hábə'*rédl*, Gerstn*rédl*, — als auch die absallenden Spitzen und Hülsen, welche als 58
sogenanntes Hennlmel (Grützmehl, Grüsch, crusca) zum Futter fürs Geflügel dienen, und endlich: die mit den abgemalenen Spitzen und Hülsen vermischt gebliebene Grütze, der Hennə-*rédl*. Ich weiß nicht, ob „gerelt bonen, faba fresa" des Voc. v. 1618 schon statt geré'lt steht. Vrgl. auch Gerill, rollen, renneln und Retzel. Da übrigens die Deutung des é als ö an sich nicht nothwendig ist, kann selbst Berührung mit reden, cribrare, statt haben.

Der Rüd, Rüdel (Rid, Ridl), a) wie hchd. Rüde, Männchen von Hunden und Füchsen; b) Voc. von 1618: Rid, molossus, Baurnrid, canis villaticus; Voc. v. 1419: Rüd oder Stockrüd, molossus, Gl. a. 300: hrudeo, 132: rudo, molossus; „rudo, molossus, canis rusticus;" Clm. 4502, f. 160. Graff II, 490: rudo. BM. II, 785: rüde. Weigand, Wbch. II, 517. Grimm, Gesch. d. d. Spr. 38. Firmenich I, 179,23: *Rödde;* 317,160: *Rüdde;* 344,18: *Ruiens*, plur. Zeitschr. III, 263,87. 268,19. IV, 271,64. V, 62,13. 138,16. 165,112. VI, 144,8.

367. 430,15. Cf. agſ. hrydda, hrod-hund, rod-hund. „Dein (des Landmanns) hund daz ſei ein rüd vil gût der dir daz dein beſchirm mit hût;“ d. Ring 31ᵈ,6. Der Rüde wird den Jagdhunden entgegengeſetzt: Labr. 213. 292. 314. 507. „Mit rüden zu dem swîne an gemeinez wild mag man in ouch wol hetzen;“ daſ. 417. „Ein rüde ûf einem âz ſol niezen;“ daſ. 542. „Ich hüet des wildes vor rüdiſchen hunden;“ daſ. 45.

rüdiſch, ſ. ridiſch.

rude donieren, lat. rude donare, quieſcieren, penſionieren; J. G. Schelhorn, Beyträge I, 213.

Der Ruedel, wie hchd.; (Weigand, Wbch. II, 517): „a *Ruadel* Leut;“ Firmenich II, 451, (Stuttgart).

Das Rueder, 1) wie hchd. Ruder; (ahd. ruodar, agſ. rôdher, mhd. ruoder; Graff II, 493. BM. II, 788. Weigand, Wbch. II, 517. Zeitſchr. III, 417,329); auf dem Mayn vorzugsweiſe das Steuer-Ruder. Vrgl. Rige und Streiche. 2) fig., das Fahrwaſſer, der Thalweg, die „Naufart“ eines Stromes. Das Lechrueder ſoll die Grenze zwiſchen den churbayr. Landen und der kaiſerl. Landvogtey bilden; Lori, Lechrain 529. 507. „Daß der Lech jedenmaln, als das Rueder gaut (je nachdem das Fahrwaſſer wechſelt), geben und nehmen mag, waſenweis, griesweis ꝛc.“ „Das Rueder (im Lech) gibt und nimmt.“ „Das Rueder auf dieſer oder jener Seite des Fluſſes führen;“ Lori, Lech-R. 157. 350. 375. 403. In der Reſidenzbaurechnung v. 1613 (Cbm. 2224, f. 118) begegnet „Ausgab der Rueder“ oder „an Ruedern,“ wo es nur ſo viel als Rigel, Tremel heißen kann; ſind es wol Hölzer, die als Floß-Rueder gedient, da gleich auf dieſelbe Weiſe von Floß-Spangen die Rede iſt? Das zeigt ſich auch aus Cbm. 2225, f. 109. ruedern, vrb. n., 1) wie hchd. rudern, (einfacher niederſ. rôjen, agſ. rôvan, isl. rôa, ahd. vielleicht ruohan, mhd. rüejen; BM. II, 788). 2) lärmen, ſich lärmend bewegen; (ahd. hruodjan, mhd. rüeden; Graff II, 432. IV, 1153. BM. II, 786). Dè Kindoʳ *ruədə'n* wàs ummeʳ 'n ganz'n Tàg; (Baur). Bey Stalder II, 288: rüeden, lärmen, brüllen. „Jr (der Krähen) geſchray und auch ihr lotterlichs ruden“ (ruder? gerûder?); Balln. 125; (cf. Geröbel). Cfr. allenfalls d. folg. Wort.

Ruedolf, der Name Rudolf, unter gemeinen Katholiken nicht eben üblich, — an der Pegniz ſonderbar in Poferlə entſtellt. ahd. Hruod-olf, wovon der erſte Beſtandtheil wol das noch isl. hrôdh-r, laus, gloria, und der zweite aus uuolf verkürzt iſt. Jm (St. Emmeramer?) Necrolog. sec. XI. der Wallerſteiner Bibliothek zu Maihingen ſteht: „III Idus mai Ruodilo presbyter et monachus.“ (ſ. Riedl u. vgl. Th. II, Sp. 1738 ff. Namen: Geſchlechtsnamen). Graff IV, 1153. Förſtemann, I, 744. Weigand, Wbch. II, 517. Zeitſchr. VI, 460. Ruedolf-ing (Ruə'lfing) als Ortsname. Förſtemann, II, 782 f. Mit dieſem hruod (Förſtemann I, 715—746) componiert ſind wol auch die Namen Hruod-perht (Rupert, Rüepel), Hruodiger (Rüdiger, ital. Ruggieri, franz. Roger) ꝛc. Hrotſuitha, clamor validus; (ſ. Barack, d. Werke der Hrotſvitha p. III u. 137. Förſtemann I, 741.).

Der Rafen (Ràfən, Ràfəⁿ, Ràfm), a) der Dachſparren, (ahd. râvo, mhd. râve; Graff II, 494 f. BM. II, 584. Birlinger 369. Zeitſchr. III, 463. gl. a. 504. 542. i. 131. 821. 1073. 1121. 1130: ravo, tignus, luctans, asser; o. 190: „rafuun, plur., capriuns,“ frnz. chevrons); vierkantig beſchnittene Latten, 4—6 Zoll dick, am Dach quer über den Sparren genagelt und die Schindeln tragend; (Jir.) „Canterii, tachrafen;“ Nomencl. v. 1629, p. 110. Dieſenbach 583ᵃ. b) Baumſtamm, der als Zimmerholz zu einem Dachſparren verwendbar iſt; jeder Waldſtamm, der, bey ohngefähr 7—8 Zoll am untern Ende, 24—36 Fuß Höhe hat. „Jung's in Rinden zartes Holz, z. E. Zimmer-Raffern, Stangen ꝛc., ſoll nicht ausgepechlet werden;“ Wgn. Civ. u. Cam. Beamt. II, 243. „Weitter ſoll man vnndten im hauß bis an den Podenn Rafen aufmachen an dem gemeur;“ Fwrb. v. 1591. „Auf der pruck was ein Schrank mit großen rafenn;“ Concil. v. Conſtanz. 69

Die Rafel, (O.Pf.) Vordach; ſchlechtes, nur nach einer Seite abhängiges Dach von Brettern über eine Schupfe und dgl. „Man hat auf die nach dem Brand wieder aufgebauten Häuſer einsweilen nur Rafeldächer gemacht, hat ſie nur „angerafelt;“ (Türſchenreut). Das agſ. rof und hrof, engl. roof, culmen, tectum, isl. rôf, ræfur, riâfr, n., tectum, hrôf. statio navalis, caduca structura, paſſen formell (außer etwa wie fuor neben faran) nicht hieher. Beachtung verdient das agſ. hräfnan, sustinere; Matth. VI, 24.

raffen, in Compoſitis wie auf-, weg-, zeſamen- ꝛc. raffen, wie im Hchd. als verb. activ. verwendet, geht hervor aus einem veralteten neutr. raffen, isl. hrapa, ſich mit Schnelligkeit bewegen, ruere, praecipitari, festinare, in welchem Sinne ſich nebſt dem verwandten strepere, perstrepere, fremere (Voc. v. 1618) im Dialekt die Form raffeln behauptet hat; (Weigand, Wbch. II, 452. Zeitſchr. IV, 236, 3,13. VI, 192. 266.) 's Rós is glei' *aufg'raffəlt,* ſchnell aufgeſprungen. „Die Teufel wurfen den reichen Kautz in ihr Schiff, und raffelten mit dieſem Raub obaus.“ „Wo der Wein, das Bier eingeht, da raffeln die Fluchwort wie Höllpfeil heraus;“ Selhamer „Mit kurtzen Worten wil ich dir das überraffeln;“ Cgm. 746, f. 280ᵇ. Das Meſſer raffelt, macht Riſſe, weil es ſchartig iſt; (ObrM.) Der Raffler, plötzliche Bewegung, oder dadurch entſtandenes Geräuſch. „Geſchahe in der Mühlen ein Raffler, als ob die Mühle beſtehen und ein großer Stein zwiſchen den Mahlſtein kommen wär;“ Lechfeld.-Mir. Zeſamenraffeln, wie z.-raffen, isl. rafla. Sp.W. Pfaffəˊguət — *Raffəlguət:* gèt z'ſam in əˉn Fingəʳhuət. Des Paffegot éss *Raffegot,* komm, Deibel, hàb de Sàk uf! ſo ſang um 1730 Dr. Karl Roth's von Lütter (Lg. Weihers) Ahnherr Joh. Adam Maus, Schulmeiſter, vor des Pfarrers Fenſtern, wenn er Abends vom Wirthshaus heimgieng. Das Geräffel (Gräffəl), Geräffelwerk, unbrauchbares Geräthe, Gerümpel. Geräffel-Kammer, Polterkammer. Anraffeln, beraffeln Einen, ihn hart anlaſſen, beſchnarchen, auszanken; isl. hrappa, increpare, althchd. reffan. Cf. Th. II, Sp. 1574, mäffzen: räffzen. Zeitſchr. VI, 17: raffen, abraffen, ausſchelten. Die Raffel, 1) (Obr.Pfz.) verächtlich: der Mund. Tou dáˉ *Raff'l* áf! 2) verächtlich: ältere Weibsperſon mit dem Nebenbegriff der Magerheit, oder der böſen Zunge. Zeitſchr. IV, 158. VI, 192. Altes Raffelgeſicht, Raffelgeſchirr, Raffelſcheit. Das letztere Wort wird jedoch im Voc. v. 1618 durch homo volatici impetus (bey dem es rappelt) erklärt. Cf. franz. la rafle, raflade; Diez, Wbch. 279. Stadtraffel oder Wolkenbruch, Brennſuppe, (Kothlacke zu Innsbruck); Allgem. Ztg. v. 26. April 1840.

Der Raiff (Raəf, pl. Rèəff, Dim. Rèəffl, ſ. Gramm. 140, zuweilen auch: des, dem ꝛc. Raiffen), wie hchd. Reif; Graff II, 496. BM. II, 656. Weigand, Wbch II, 479. Birlinger 369. gl. i. 881: reif, circulus (fundae), i. 911: circulus (dierum). a) um ein Faß. Unter dem Raiffen, aus ganzen Fäſſern, und nicht in kleinere Maße vertheilt. Bier, Wein unter dem Raiffen verkauffen. „Ob die Nachpaurn zu faßnacht mit dem wirt nicht überain möchten werden, ſo möchten ſi, als vil ir iſt, Wein kauffen, und unter dem raifen austrinden;“ MB. II, 105. Einen reiff aufſtoſſen, als Marktzeichen; Heidenheimer Ehaft im Salbuch v. 1400, f. 77ᵇ. Der Raifftanz, figurierter Tanz, mit Faßreifen in den Hän-

60 den ausgeführt. b) das Raifflein für den Finger, einfacher Ring ohne Knopf oder Stein: ə˜ guldi˜s, ə˜ silbəri˜s *Reəffl*. c) Längenmaß in der Leinwand-Schauanstalt zu Immenstadt; (Geiger's Topographie p. 66). Ein Stück Leinwand zum Raif tragen, damit der Raifer dessen Länge messe. (Das Raif?). d) (U. Mayn) der Raif Froschschenkel, so viel deren nemlich in einem Bund verkauft werden. cf. Widlein. e) der und das Raif, Rêif, Waldreif, (wirzb. Waldord. v. 1721) Holzmaß von fünf Schuh Höhe und fünf Schuh Breite. Verord. v. 1740: „die Holzkarn sollen gerade einen wirzb. Stadtreif Holz fassen;" v. 1744: „die Förster sollen sich nicht die Unterlegstückel von den aufgesetzten Reifen zueignen;" v. 1793: „ein Klafter oder Reif Scheites wird auf 2 fl. rh. angeschlagen." Im Niedersächs. ên Rêp Holt neben rêpen, Holz messen — welches mit einem Seile (Rêp) oder einer Kette geschieht. Es scheint demnach Raiff, in den Bed. c) und e), dem niedersächs. rêp, ags. râp, isl. reip, n., und dem alten reif (gl. a. 260. 336. 447. 481) funis, funiculus, rudens, lorum zu entsprechen. Der Begriff circulus wird erst vom geschlungenen Seil ausgegangen seyn. Vrgl. gl. i. 110: reiphari, tortor; Graff II, 496. Gl. i. 381. 393 steht dio-reif, jugum, (Graff II, 496); i. 824, o. 158, Voc. v. 1429: afterreif, postela, (Graff, a. a. O. BM. II, 656); Diut. III, 151: chinneraif, submentile, (BM. II, 657); a. 578. 814. 158, o. 323: stegereif, stapha, distula, strepa, (fr. étrive; BM. a. a. O. Graff II, 496), unser Stegraiff, früher wol ganz von Seil- oder Riemenwerk. „Tandarios genam nie stegeraffs war, er sprank daruff" (aufs Pferd); Cgm. 577, f. 204. „Stegreifer," in der Mauth-Ord. v. 1765 synonym mit „Camaschen." Der Schnêraiff, s. unter Schnê. Der Raiff- oder Raiffl-Strumpf, (O.L.) kurzer, geraiffelt-gestrickter Kniestrumpf. umbereifen, Labr. 296. raiffeln (reəffəln), mit raif- oder ringförmigen Erhöhungen versehen. Gl. a. 225 wird das falsch auf funis bezogene funeratus durch piraifit gegeben. S. a. Ref. Grimm in den d. Rechtsalterth. S. 425, über Schenken und Geben p. 19 zieht auch den reiphus, reipus (gewundenes Gold) der altfränkischen Gesetze, als symbolischen Kaufpreis einer Braut, zu diesem Raiff. Die Bed. b), wenn sie alt genug wäre, würde noch besser als die Bed. funis, vinculum fugen.

Raifel, s. Rainfal, (Friauler Wein).

râuffen (ráffə˜), wie hchd. raufen; (ahd. roufan, Otfr. I, 20,11. mhd. roufen; gl. i. 293. 933: vellere; goth. raupjan, τίλλειν; wol von einem ablautenden Verb. riupan, raup, rupum, rupans, von welcher letztern Form unser rupfen. Sollte das ags. „hriopan," Matth. 12,1, als reopan abgelautet haben? Graff II, 499. BM. II, 774. Weigand, Wbch. II, 468. Vilmar, kurhess. Idiot. 317: raufen, räufen). Hamə˞ s˞ (die Gans) eə˞st *gräfft* (gerupft) und is scho˜ widə˞ vollə˞ Stift'n; (b. W., ObrM.). „Wer den andern raufft oder mit ungewaffneter Hand, doch nit wund u. lam, schlecht;" Roggenburger Gerichtsord. v. 1573, Cgm. 3912, f. 17. Statt des hchd. sich raufen (mit Einem) sagt der Dialekt blos râuffen, handgemein werden mit Einem, dieß möge nun wirklich mit Haar-raufen, oder mit Schlägen, Stößen, Hieben, Stichen, ja selbst Schüssen abgehen. Bey 'n Biər tüent d' Buəbm gern *räffə˜*. A'm Kast'lberg hàbm dé Kaisə˞lingə˜ (im Sept. 1796) mit 'n Franzósnə˜ *g'räfft*, (sich geschlagen). „Da die Manschaft
61 den ganzen Tag marschiert und gerauft hatte;" militär. Amtsbericht v. 1812, Geöff. Archiv. I, 124. „Bist her und her sinst gwön dä˞ *räffät* Atensämä˞," (der Raufbold v. Atensheim); Lindermayr 30. Das Geräuff (Gräff). „In einem Geräff zweier Ruffianer;" Hund, St.B. II, 298. Die Râufferey (Ráffərey), Schlägerey. Cf. Th. II, 1292 u. 995: carmulus, carmula (von carminare?). Abrâuffen Einen, ihn zu Boden bringen, zerprügeln, zerzausen. Zerâuffen (z'räffə˜) zerraufen, zerzausen. *Z'räfft*, incomptus, isl. rûfinn.

Die Râuffen, Râuffel, (Ráffə˜, Ráffəl), die Rause im Viehstall; cfr. Heu-rauff. S. auch râupfen.

Refach, s. Rewach.

Das, auch der Reff, Reft, a) (Ob.Pf., Frank.) Art Gestelles von Stäben oder Brettchen für Lasten, die auf dem Rücken zu tragen sind, was in Alt-B. die Krächsen;" (Graff IV, 1163. BM. II, 608. Weigand, Wbch. II, 474 f. Birlinger 372. Vilmar, kurhess. Idiot. 319. Zeitschr. III, 263,83). „Reff, clitella." Voc. v. 1429, 1482; ref, sarcinula, gl. a. 19; burdref, pera, Tat. Luc. 22,35.36; „meisa vel ref, sarcina," Diut. II, 237. „Ain beraiten dewchselwagen zw vir pherden mit allem geschir so darzu gehört, mit aynem gereff vnd ayner eysnen ketten;" österr. Landvertheid.-Ordn. v. 1431, Schlehd. 13, f. 226 Der Refträger, Referer, Händler, der seine Waaren, besonders Victualien, als Geflügel, Eyer, Schmalz u. dgl., auf dem Rücken herumträgt. BV. II, 608: refler. In Nürnberg besteht für sie ein eigner Refmarkt. Die Neuburg. Forst-O. v. 1690, f. 31 schreibt „Raiftrager." refen, refern, vrb., dieses Geschäft treiben. „Jacob Storch von Landshut aines refeler sun;" Mich. Beham, Wiener 6,3. „Ain refler hieß pfannperger;" das. 14,21. „Herter, petler und sterczer, refler und lederswerczer;" das. 50,11. „Arskraczer, refler, tendler, mantelpleczer, gewendler;" das. 312,2. „Swelch prister als unversunnen ist swaz er singet oder list das er des lützel kan versten ..., dem wære vil bezzer, daz er wær uf erden ein armer reftrager;" Renner 17855. „Swer sünde und schande gelich wiget und grozzer herren dinges pfliget, dem wer vil bezzer, daz er were ein getreuwer guter reftrager;" Renner 18149. b) Gestell, in welches dem Vieh das Heu ꝛc. zum fressen vorgegeben wird, Raufe. Zeitschr. II, 416,141. „Die Bahren und Reffen sollen mit Essig besprengt werden;" Ansp. Viehseuche-Verord. v. 1643. Vrgl. indessen refen, rupfen. Das Prompt. Piniciani v. 1532 gibt mandibulus durch Zanref. Unter dem Begriff des Tragenden kann wol auch das alte reu, href, ags. hrif, Bärmutter, uterus und venter überhaupt, hieher gehören. Vrgl. hreua-uunt, in ventre — in reuo — plagatus der Legg. Baiuu. et Alamann. Noch nennt man wol eine Weibsperson spottweise ein Ref, ein altes Ref. Vilmar, a. o. O.

Die Refschnur. „Dem Sailer für eine Klafter Refschnür 1—1½ Pf.;" Bayreuth. Tax-Ord. v. 1644. Wol was Rebschnur; sollte Ref blos als fränk. wie niedersächs. Ausspr. von Raiff (w. m. s.) zu nehmen seyn? (Gramm. 149—151. Vrgl. Firmenich I, 52,22. 207,8: Reep, Strick. Zeitschr. IV, 30. V, 289. VI, 366). „Aus past macht man sail oder gûte raffenreff;" Cgm. 270, fol. 73^b. Vrgl. d. vor. Wort. In der Scheirer Dienstboten-Ord. v. 1500 ist die Rede von ainem reffail. Im Italienischen ist refe Zwirn. reffen, vb. „Der Holzwagen was zesam gereft mit widen," (Wieden); S. Helbling I, 634.

„reffen, (ä. Sp.) rupfen, zupfen;" Avent. Gramm. BM. II, 608; cf. Graff II, 497. „Swer dem andern sin guet abereffet, und hinfurt und dingfluchtig wirt;" Augsb. Stdtb. Vrgl. allenfalls ags. hreppan, tangere, attingere, und niederd. sich rippen und regen, Firmenich I, 44,50. 45,98. 452,235; sich roppen, das. 512,31. s. Zeitschr. VI, 367 und oben: ribeln, rippeln. „Die alte Laichdenman mit dem blöden reffzan"; Ring 17^c,14. 2) schelten, hart anlassen. „Daz er den armen nit reffet, si non increpat pauperem;" Winnerl gl., wo indessen falsch gelesen scheint statt des alten reffen, ich rafste, geraft, mit Schlägen oder Worten strafen, züchtigen, tadeln, schelten; Graff II, 500. BM. II, 608. Weigand, Wbch. II, 475.) „Arguas, bereffet" (st. bereffes); Cgm. 17, f. 13^b, Ps. 6,1. „increpasti, du rafstes", das. f. 17^b, Ps. 9; „ab increpatione, vone rafsunge, das. f. 28^b. Vrgl. raffeln u. riffeln.

Das Refenter, Rebenter, Revent, Referent, Refental, (ehmals in Klöstern) das Refectorium oder Speisezimmer; BM. II, 587. Av. Chr. 306. Gem. Reg. Chr. III, 70. Öfele, rer. Boic. scr. I, 586. MB. V, 525. XII, 166. Br. Bercht. 396. Chron. v. 1486. Renner 19512. Gl. o.: reuindre, refectorium, neben dormindre, dormitorium; Diut. II, 218: riftre. Der Refentknecht (Voc. v. 1618), der Revenaler
62 (Dukher's salzb. Chr. 106), Diener im Speisezimmer. „Der Reventmaister; der Reventdiener;" Scheirer Dienst-Ord. v. 1500. „Die refentarin sol beleiben zu behüten den refenter;" Alt. Hoh. 11, f. 76.

reiff, adj., wie hchd. reif, doch dem gemeinen Mann viel minder geläufig als zeitig; (ahd. rîffi, rîphi, niedersl. rîp, ags. ripe, neben ripan, metere, rip, messis, mhd. rîfe; Graff II, 497. BM. II, 701. Weigand, Wbch. II, 480).

Der Reiff, zuweilen noch der Reiffen, wie hchd. Reif; (mhd. rîfe, ahd. rîpho, rîfo, gl. o. 22: hrîfo, pruina, niedersl. rîp; das anders gebildete ags., isl. hrîm, s. unter Reim, mag dennoch verwandt seyn. Graff IV, 1154. BM. II, 700. Weigand, Wbch. II, 479 f.). „Wol hin an den reifen do leit kalter sne ja er wil dich pegreifen;" San-Zenon. 121, f. 65b. „Mir dorret sorgen rîfe;" Labr. 159. „Der meie sunder rîfen; das. 340. „Das nam unhailes reiffe ee es käm zu fruchten;" Balkn. 28. Reiff-brennen oder haizen, (Pinzg., Hübn.) an den Frühlingsmorgen vor Sonnenaufgang den Reif auf den Feldern durch Rauch von angezündeten Reisern unschädlich zu machen suchen. Über das Reiff-rauchen s. v. Kürsinger's Ober-Pinzgau (1841), S. 184—186. Es geschieht im Großen; um Mitternacht werden die Leute durch eine Art Sturmläutens dazu aufgeboten.

Das Geriff, Geriffel, Geriffelwerk, (O.Pf., Hauser) was Geraffel; (s. oben; zu vrgl. etwa das isl. hrip, opus tumultuarium). Vilmar, kurhess. Idiot. 326: das Geriffel, Gerikke, Gerippe.

riffen, (L.R. v. 1616, f. 304) den Flachs durch die Riffel ziehen, riffeln, niedersl. reppen; (gl. i. 275: riffilôn, serrare; Isaiä 41, 15. Graff II, 497. BM. II, 701. Weigand, Wbch. II, 497); Floas *raff*, Flachs riffeln; (Weihers, Dr. Roth). Vilmar, kurhess. Idiot. 319: reffen, reffeln. Zeitschr. III, 132. IV, 506. V, 289. VI, 367. Die Riffel, das Riffel-Feld, a) wie hchd. Riffel; (gl. i. 272. 275: riffila, serra, Isaiä 28, 27); b) gezackter Berg-Grat, wobey man, nach der span. sierra, an die scythischen Montes Rhipaei, Ῥίπαια ὄρη der Alten, Riffing im ags. Orosius, zu denken versucht ist. Fig. R.A.: Durch die Riffel ziehen, oder blos riffeln Einen, wie: durch die Hächel ziehen. Vilmar, kurhess. Idiot. 326. Zeitschr. III, 132. So ist vielleicht auch das isl. rippa upp, vorzählen, herzählen, zu nehmen.

Riffling, (Zps.); o. pf. R.A.: aussehen wie das Bild von Riffling, d. h. schlecht, entfärbt. Sollte Ribling bey Neumarkt gemeint sein? `Vgl. das Geriff, Gerippe.'

Die Rufen (Rufə˜, Rufən), O. L. Ruf, Ruft, dim. Rüfə-l, Rüfál, wie hchd. Rufe, Schorf; (ahd. hruf, isl. hrufa, mhd. ruf; Graff IV, 1155, cf. II, 499. BM. II, 62. Zeitschr. IV, 506. VI, 367); (Ansp.) rauhe Oberfläche vertrockneter Brosamen, frischgepflügter und nach gefallenem Regen schnell getrockneter Felder und drgl. „Jésus Christ lui passa la main par dessus le visage e lui ôsta une raphe de la maladie de lepre;" aus Nicole Gilles, vie de Dagobert, bey Nicod. rufig, rüfig, rüferig, rüftig, adj., voller Schorf, räudig, rauh. „Mein haut die nur ganz ruffig war;" H. Sachs 1560: II, III, 41b. Das alte riob, ags. hreof, hreofl, leprosus, stehen mit Ruf im Ablautverhältniß. Bey Tatian Matth. 8, 3 ist ruf lepra, der Rüfe (Ausschlag) bey Stalder entsprechend; gl. a. 54. 576, i. 150. 849, o. 201 steht ruf, hruf, plur. hrufi, für rumex (?), papula, pustula.

Der Rufenhaller, (bey Selhammer ad 1696) Art schlechter Heller. (Doch kaum statt verrueffen.) Vrgl. d. folg. Wort.

Der Rüffiân, Ruffiâner, (ä. Sp.) was das ital. ruffiano, ruffo, sp. rufian, fr. ruffien, also Gelegenheitsmacher, Kuppler, Lotterbube; (BM. II, 701: ruffiân, riffiân. Vilmar, kurhess. Idiot. 312 f.: Raffianer. „Rüffigan, rüffiauner, leno, leccator;" Voc. 1419 und 1429). In den Regensp. Statuten v. 1306 (Gem. Chr. I, p. 463, cfr. II, 94, ad 1356) heißt es: „Meine Herren verbieten alle Rüffian, und wer des überredet wird, daß er ein Ruffian sey, den soll man ab der Schupfen werfen in die Patzenhüll." „Kein Weinschenk, noch Austräger, noch Koch soll einem Ruffian, noch einem, der verhohlne Messer trägt, noch einem, der der
Stadt schädlich ist, zu essen und zu trinken geben." „Bu- 63
ben und Ruffian." „Daß die Riffianer, so auf allen Märckten, Kirchtägen im Landt mit großem Spil, Zehrungen und Weibern umbziehen, weggeschaft werden sollen;" tyr. L. O. v. 1603. „Ein volk heizzet man rüfigan daz übels mer denne der teufel kan;" Renner 21687. „Die riffianin lieff dahin, sam ein andreu heubscherin;" Ring 17b,5. „Ain Ruffianer zu Rom (sec. XVI.) ist abgebildet im Cod. iconogr. 341, f. 105, einer „gemainen fraw" gegenüber. „Altes Riffianisches Weib auf einer laiter gepeitscht" in Spanien; Cod. iconogr. 332, f. 28. „Avis cecata bene potest dici ruphiana quod ceca est in corpore et anima;" Clm. 9528 (sec. XIII.) p. 339. Daß das Wort ganz romanischen Ursprungs sey, und etwa zu rufo gehöre, weil, wie du Cange meint, die liederlichen Weiber in Italien blonde Haare und grelle Kleider zur Schau zu tragen liebten (wobey an Br. Berhtolt's Gilverinne, s. gelb, gedacht werden könnte), wird durch das niedersl. ruffeln (kuppeln, verführen), Ruffeler (Kuppler), dän. ruffer, rufferie etwas zweifelhaft, es müßten denn diese Formen ebenfalls aus jenem Wort gebildet seyn. Diez, Wbch. 299. Holl. ist revot, ravot lupanar und caterva nebulonum.

Ruffus. De puellis: „(Ludere) ad dicam quae Ruffus vocatur, vulgariter ratt," San-Zenon. 69, (s. unten: Ratt u. spilen).

rueffen, (ruəffə˜), o. pf. rüeffen (rêiffm): ich rueffet, hab geruefft, gerüefft und ich rieff, hab gerueffen, wie hchd. rufen; (ahd. hruofan, mhd. ruofen, ags. hrêpan, isl. hrôpa, goth. hrôpjan, wozu das umgelautete rüeffen stimmt. Graff IV, 1132 ff. BM. II, 803. Weigand, Wbch. II, 517. Zeitschr. III, 209,91. VI, 197). Eigene veraltete oder dialektische Anwendungen: sich einer Summe gewert rueffen, (MB. XVIII, 384. XIX, 378. XX, 20) bekennen, bezeugen, daß man sie empfangen habe. berueffen Einen, ihn beschreyen, ihm nachschreyen, ihm nachschreyend Lärm machen, ihn anklagen. BM. II, 905. Einen Räuber, einen Notnüfter berueffen; Wstr. Btr. VII, 82. 91. MB. II, 526. „Tar ich ez nicht berûfen" (?); Labr. 320. verrueffen, gerichtlich ausrufen; BM. II, 806. Einen verruefen, wie berueffen. Der Rueff, wie hchd. Ruf, (gl. i. 709: ruoph, sonst lieber ruoft; BM. II, 806. 807); nach dem Voc. v. 1618: „ain gaistlichs Gsang." „Schöne alte catholische Gesang und Rüff: ein schöner Rueff von allen heil. Engeln;" Wolff, Lais p. 197. „Item ad canticum vulgariter den Ruff ante vel post sermonem"; Bogener Ablässe, Cod. Oberaltach. 307, f. 38. „Der predigære ein ende schuof und huop den gebûren einen ruof, den munt er wît ûf tet;" S. Helbling VII, 100. Der Berueff, (Avent. Chr. 229. 412) la renommée. In einen großen Berueff kommen bey Einem. Das Gerüeff, das Gerücht, der Ruf. BM. II, 807. „Gemain Gerüeff und geschray;" Ger.-Ord. v. 1518, Tit. 7, Art. 7. Der Verrueff, obrigkeitliche Ausrufung, das Proclama. Ein alter Übersetzer des Enser Stdt.-R. v. 1212 verdeutscht sich „X. Kalendas Maji" durch „an dem zehenden der Rueff-tag des Mayen."

Der Raft, Róft, Róftn, der Ranft, und wol daraus entstellt, wie das schweiz. Rouft neben souft (sanft).

Die Ruft, (b. Obr. L., auch nordfränk.) Schorf, rauhe Rinde; s. oben: Rufen. rüftig, adj.

'rozzen, ropḣatzen, ropfizen, röubzen, ä. Sp., auffstoßen, rülpsen; (ahd. rofazjan, rofazôn; Graff II, 500. BM. II, 759).' „Eructat, uzroffecet;" Cgm. 17, f. 31ᵇ, Ps. 18. „Eructabo, aufrüfczen;" Monac. Francisc. 134, f. 145. „Evomo dic spien, ructo rubczen, exalo retisern" (? rensern ?); ZZ. 1539, f. 6ᵇ. „Ructo, rozzen;" Clm. 13126 (XIV. sec. 8ᵒ.) f. 155. Cf. Diefenbach 209ᵇ. 502ᵇ. s. unten: ropfezen; u. vgl. Zeitschr. V, 482: roffla, röcheln.'

---

ragen, gerade, gestreckt, starr seyn, rigere; Voc. v. 1618; (ahd. rakôn, mhd. ragen; BM. II, 548. Weigand, Wbch. II, 452). „Jr prustlein ragen also sere. recht sam zwu plattern waßers lere. Zwei tuttlein ragent als ein sper;" Cgm. 713, f. 47. 49. „Die verborgen ligen und vor Trägheit ragen, qui latitant et torpent;" Balde, Agathyrsus. Nach dem Rechtb. v. 1332 (Wstr. Btr. VII, 92) soll man der Frau, die mit einem Mann
64 zu kämpfen hat, „einen stain in ir stauchen (Schleyer) geben, und sol ir den stauchen underhalb der hant unzen in die hant bewinden, daz er rog" (drehen, daß er steif sey?). Spricht der Fürst: es ist kalt, so spricht der Höfling: „es hurniglet, ich bin schier geragt;" Geiler v. K. „Geragten in die hende;" Suso, Cgm. 819, f. 74. „Hagen schôz den gêr ûf Iringen, daz im von houbte diu stange ragte dan;" Nibelungen 8351, (Lachm. 2001,3). Bey Suchenwirt heißt es: „Die Jungen regen als die Scheit." „Das er oft hustet das er raget," H. Sachs 1612: II, IV, 149 (1560: II, IV, 73ᵇ: „das er oft Hust er das erraget"). „Ich wolt dich stoßen das du soltst ragen;" sagt die Köchin zum Knecht; das. 1612: IV, III, 99 (1560: IV, III, 45). Sollte das taudragil, taudregil der. leg. baiuuar. et alamann. nicht nach der alten wunderlichen latein. Erklärung als tau-dr., claudus ut pes, ros tangat (s. Grimm, d. RA. 94. 630; cfr. Heumann, opusc. 240), sondern etwa als taud-ragil als auf den Fuß gehendes Adj. tod-steif (vrgl. rähe) zu nehmen seyn? S. morttaudus II. Th., Sp. 1646. Isl. ist ragr feig. Gl. a. 208 (Diut. I, 170) findet sich ein dunkles „pihraget, confragosa;" '(vgl. Weigand, a. a. O.)' S. regen, rigen; auch räh und rack; auch Zeitschr. IV, 282,29: Rêg, Hügel, Berg. V, 98, III, 29. VI, 18. 108, II, 8. s. Rigel.

Ragg, Baumbart, auch Waldwerch genannt; (Pseud. Jir.; auch in Rotzo, 's. cimbr., Wbch. 158: der Rack). s. oben, Sp. 41: Rack.'

Die Ragwurz, (Fichtel-G.) das Zweyblatt, ophrys nidus avis; 'Nemnich II, 776: ophrys monorchis.'

Das „Ragrl" (Ráhhə-l ?), das Maiblümchen: (Oberammergau, Rath Her).

Der Raigen, s. Raijen.

raigen, ä. Sp., reichen. „Hette sie die tuttan im bûsan gelan und het ims nit gezaiget er hette darnach nit geraiget;" des Teufels Segi, Wallerst.-Maihinger Hs. (Barack 5281—84, Anmerk.: „Er hett ir nit geruocht"). s. Th. II, Sp. 1143, unter Hauptloch.

Der Raiger (Raəgəᶜ), der Reiher, Reiger, ardea; (Graff II, 443; cf. IV, 799. Grimm, Gesch. d. d. Spr. 314 BM. II, 658. Weigand, Wbch. II, 481. Birlinger 174ᵇ. 369. Zeitschr. V, 167, 137. gl. i. 29, o. 105. 432: regara, regero, regro, regreo neben heigir, heigro, ags. heâgra, isl. hegri). Konr. v. Megenberg f. 101: der regel, (Pfeiffer 168,11.12.19.21: der raigel; cf. p. 693). „Sich swang ein valk snell und gezalk auf ein gevilde und do sach er fliegen dort her ein raiger wilde und er zesties in seinem balk nach seiner ger und warf in in ein ries;" Mich. Beham, Cgm. 291, f. 38. „Dem raiger nach der busant gerne mauset;" Valkn. 84. ə˜ bsuffənəᶜ Raəgəᶜ. „Die Raigerbaiß, ardearum venatio;" (v. Delling). „Der Raigerbuschen, Reiherbusch;" Voc. v. 1618. Der Raiger-Falk, Labr. 528. Der Raigergarten. „Tüll umb den Raigergarten zu Mosach" (1614); Cbm. 2225, f. 249. Cf. Th. I, Sp. 750, unter Falkner.

raigeln, was raideln, (s. oben, Sp. 53). „Schnieren und raigeln dös thät mär alls z'weh, wie i' mä Braiten han, geh i' dähe," singt die Margreth bey Lindermayr p. 50, (d. h. schnüren und raideln).

'Regát, aus franz. regard.' „Si habmt Regát 'kriəgt für mi'," Respect vor mir; Wagner, salzb. Ges. p. 69.

„Der Regel," regula; Cgm. 461, f. 159. Graff II, 439 f. BM. II, 610. Weigand, Wbch. II, 476. Labr. 525: der regeln, (dat.). Der Regler, Canonicus regularis; Cgm. 690, f. 103ᵇ. Semansh. 34, f. 194. Renner 21814: „gaukeler, riemenstecher und regeler" — 'ist in kegeler (s. Th. II, Sp. 1231: Kegler) zu berichtigen, wie auch das. 10440 steht:' „Riemenstecher und kegler wurden nie so grozze trugner als leider valsch geistlich leute."

régel, diesseits; s. Th. I, Sp. 92 und Zeitschr. II, 339.

'Die Regelbirn, Nemnich III, 459. „Pirum dolobelianum Langstiler aliis Regelbirn;" H. Junii Nomencl. 1629, p. 56. H. Sachs 1560: III, III, 60ᵇ. 'Regelbaum; Birlinger 372.'

Der Regen (Régng), gewöhnlich vollends Reng, s. Gramm. S. 128; Dim. Rengl, Rengál), wie hchd. (ahd. regan, ags., isl. regn, goth. rign, n.; Graff II, 441. BM. II, 610. Weigand, Wbch. II, 467). Sp.W. „Nach renng kumpt gern schön;" Avent. Gramm. Herbst-Reng stêt hintəᶜ Zaun auf, im Herbst regnet es, ehe man sichs versieht. 'Der Regenbitter, Wendehals; Zeitschr. IV, 55.' Der Regenbogen, gewöhnlicher Himmelring; ä. Sp. auch Regenbaum: „Iris, regenbaum," Clm. 4350, sec. XIV., f. 2ᵇ. Diefenbach 309ᵃ. Zeitschr. III, 485. „Sie pawent auf den Wint und zimmernt auf den regenbogen," schönes Bild aus Cgm. 765, f. 139. „Wer dise kurze zeit umb die ewig frewd geit der hat sich selb betrogen und zimmert auf den regenbogen;" Teg. 1803, f.... „Wer umb dise kurtze zeit die ewigen wun und freude geit der hat sich selber gar betrogen und bauet auf den regenbogen: Qui bona ventura perdit propter peritura, hic erit instabilis ejusque domus ruitura;" Fridancus, Clm 237, f. 223. Clm. 4423, f. 48. „Swer vber hapt vicht und in dem wasser drischt und der welbit auf den regenbogen, der wirt vil dicke petrogen testante Vridanco in veris proverbiis; Ald. 119, f. 44ᵇ (v. 1290 circa). 'Vgl. Wilh. Grimm zu Vrîdanc p. 319 f.' Grimm, Mythol.² p. 695. „Ich han uf ein îs gebuwen und uf des regen Bogen; Altsw. p. 161,5. Das Regentuch, (Nürnb., Hsl.) Stück Zeuch, den die Bauernweiber, wenn sie zur Kirche gehen, zusammengewickelt unterm Arme tragen, um ihn, falls es regnen sollte, über sich zu decken. Ehmals gehörten solche Tücher, auch ohne Regen, zum Staatsanzug der Nürnberger Bürgerinnen. Es war gewöhnlich grün, bey einer Trauer aber weiß. regnen (rengə˜, dimin. rengə-ln, rengáln), wie hchd.; (ahd. reganōn, mhd. regenen; Graff II, 442. BM. II, 611); cf. Th. II, Sp. 1758: naß.

Rengə̃, *rengə̃* Trópfə̃,
'Buəbmə' muə' mə̃ schópfə̃; Kinder-Reim.

Rengə̃ rengẽ̥ Tropfẽ̥,
'Buəbə̃ tuət mər schopfə̃,
d' Mädlən legt mər ə̃'s Fédərbétt,
'Buəbə-n-ə̃'n Saustàll, sagen die Mädchen, wenn sie dieses Sprüchlein singen; anders lautet es im Munde v. Knaben. (Baader). *Rengə̃* tuət's ja nà̃ gràd *reng reng*; cf. Laufə̃ müəsts nà̃ gràd lauf lauf; schwitzən tuə-w-I nà̃ gràd rinn rinn; cf. schlag schlag. (ObrM.). R.A. „Es regnet jm ein, est homo parum sanae mentis;" Voc. v. 1618. Vrgl. „Es fehlt ihm im Dachstuhl." Das Gerigen, ä. Sp.; BM. II, 611: gerigene. „Das 13. zaichen (des jüngsten Tags) ist das ein gerigen kumet stark und gros;" Cgm. 4880, f. 287.

Der Regen (Régng und Reng; — schon ad 1156 heißt es in Hund's Metrop. Salisb. II, 45: „inter duo flumina videlicet Imbris vulgariter Reng ac Danubii"), Gesammtbenennung des bekannten Zuflusses der Donau, der selbst wieder aus dem weißen und schwar-
65 zen, wie der letztere aus dem großen und klainen Regen gebildet wird (Th. II, Sp. 1562); bey Ried, ad 919: Regan. Förstemann II, 1165 f. Cf. česk. řeka, fluvius, v. slaw. rěju, gr. ῥέω, sanskr. rič, rictum. „Patria quae dicitur Turingia quae antiquitus Germania nuncupatur quae propinquatur et patria Saxonum... per quam Turingorum patriam transeunt plurima flumina inter cetera quae dicuntur Bac et Reganum, quae in Danubio merguntur"; Geogr. Ravennas IV, c. 25. Regnitz (Rednitz, 'Radantia, Radinza, Ratenza; Förstemann II, 1146'), Pegnitz (Paginza; das. 1117). Cf. Derenta mutha, Durtmouth; Saxon. chron.

Regensburg (Rengschpurg, schon ad 1269: Rengspurg, bey Ried 513, wenn ja das Dipl. echt ist); gl. o. 127. 391: Reganesburuc, Reginesburc, i. 1178: zusammengezogen Reinesburg (ähnlich dem, von einem Rego, gen. Regin, abgeleiteten Namen des nicht weit davon liegenden Dorfes Reinhausen, ä. Sp. Reginhusen, Ried ad 1007), böhm. Ř̃zezno, das auch auf Ratis(bona) zu beziehen seyn könnte. Förstemann II, 1166 f. „Regenspurch 4 nominibus nuncupatur: 1) Tiberina a Caesare Tiberio, 2) Imbripolis ab imbri et vall̃ civitas etiam dicitur Regenspurch, 3) Quadratura propter lapides quadratos qui ibi sunt, 4) Ratispona quasi ratis"; Semansh. 30. Cf. Clm. 721, f. 95ᵇ: 1) Tiberina, 2) Quadrata, 3) Ratispona, 4) Hyaspolis, 5) Germanshaim, 6) Reginopolis, 7) Imbripolis." Clm. 901, f. 175ᵇ. Clm. 933 (903 ?), f. 50: de fundatione Monasterii consecrati Petri wird erzählt, wie die Stadt den Namen Ratisbona erhalten: „Rex Carolus colligere fecit naves undique et multiplicĭter et per eas in civitatem per Danubium transierunt. Civitas ista, sagt der König, usque in hunc diem a paganis nuncupabatur civitas Quadratorum lapidum, non sic ultra erit. Quia deus conduxit nos per rates bonas ultra Danubium in istam civitatem. Quapropter semper ulterius debet nominari Ratispona quod per rates bona transivimus in istam civitatem." Prüel 15, f. 275: „Hyatospolis quasi hyantium ore polis — quia olim longe rudior erat lingua incolarum ejusdem civitatis sicut hodie auditur in lingua rusticorum per rura circumflua qui orte '(ore?)' multum hyante proferunt verba sua", meint der Schreiber Ulricus Cerdo Herbipolitanus, Carteuser zu Prüel (1495—1502). Über die Namen der Stadt Regensburg s. auch Fr. X. Mayer's Tiburnia p. 82—84. Der Regenspurger, s. Pfenning.

regen, a) wie hchd.; (BM. II, 609. Weigand, Wbch. II, 477. Die Grundbed. ist wol aegre movere sc. rigidum quid.) „Ir sult wißen das sich der wein gern reget umb die weinnächten und in der weinplüt und umb die sunbenden"; Clm. 4373 (v. 1437), f. 114. b) anregen etwas, (Allgäu) es antasten, berühren. *Rég* mər dés G'wér ét *ã*! Ẽ dər Arbət (in den Gichtern) dərf mə̃ kàĩ Kẽ̥d ét *ã́régə̃*. „B'sieh mi', Jörg, und *reg* mi' *ã*, ob I's au' no' sei"; Firmenich II, 448,21 (Stuttgart). „Nu reget daz swert;" Maßmann, Denkm. I, 28. c) in der Rede berühren, erwähnen. „Die oben angeregte, beregte, geregte Sach." „Darumb er den Fürsten unsern gn. Herrn in dem schenntbrief angeragt hab;" Crim.-Act v. 1517. S. recken. Da schon im ältesten Gang der d. Sprachen eine consequente Milderung des k in h (ch), des h (ch) in g nachweisbar ist, so darf wol auch ein Zusammenhang dieses Activ. regen und des Neutr. ragen mit recken, recht (s. die Wörter) angenommen werden. Zeitschr. VI, 141,1. 430,69. Gl. a. 479 steht rehter, rigidus; andrerseits mag das isl. rê (aequitas, Recht) mit rig, rigiditas, in Verwandtschaft stehen. Und so wird auch das gothische raginōn, regere, richten, nebst den Raginburgii, Rachimburgii der ahd. Gesetze (s. Landrichter u. vgl. Graff III, 178), wie isl. regin, numina, mit hieher fallen. Zwischen den isl. riga, rigescere, riga, aegre movere, riâ, attrectare, rîgr, rigor, und reigiast, rigescere, (dem, obwohl in einer andern Bed., das zuagireigotin, attingerent, der Gl. a. 65 entspricht) scheint Ablautverhältniß statt zu haben. „Obriguerunt, erregenten"; Cgm. 17, f. 209ᵇ. Vrgl. rigeln und reihen.

regeln, a) (Hübner, Salzb.) großsprechen. (Das isl. reigiast bedeutet sowohl steif werden, sich steif machen, als großsprechen.) Vgl. schles. ræegern, schreien wie der Frosch, Ræeger, der Frosch, poln. rzegot, Froschgequak; (Weinhold p. 75). b) (Ob.Inn) die Leut abregeln, was: die Leute ausrichten, ihnen Übles nachreden. Vrgl. regen.

regeln, (O.Pf.) klettern; vrgl. grägeln und kräckseln. (Wenn nicht regeln selbst, so könnte das Th. II, Sp. 992 citierte uuidargregilin obstinatus, als giregilin zum agſ. wrigan, isl. roga, niti, conari, tendere, gehören. Stalder hat raggen für kriechen.) Vrgl. rähen.

Rêgə-l, Regina; s. auch Reigl. Birlinger 372 Zeitschr. V, 454. 460: = Regula.

regieren, wie hchd.; (s. reigieren). Firmenich I, 490.116 (Aachen): „got *regiert*, sauber angekleidet." Das Regiment, (ä. Sp.) die Regierung, Ordnung, Disciplin. „Regiment der Fürnembsten, aristocratia; Regiment ains Herrens, monarchia; das gemain Regiment, res publica; die Regimentsherren, auf Regiments Kosten. Er helt ain feins Regiment, consilio et ratione rem administrat. Es ist kain Regiment, disciplina lapsa est. Regiment im Essen und Trinken, 66
regimen;" Voc. v. 1618. Das Kriegs-Regiment, (ä. Sp.) Militär-Ordnung und Verfassung. Regiment hatte in der Kriegssprache des XVI. Jhrh. einen umfassendern Begriff als heutzutage. Alles, was unter dem Obersten Hauptmann des raisigen Zeugs oder der Raisigen, welcher Feldmarschalk hieß, stand, also die gesammte Cavallerie, war éin Regiment. Ein anderes Regiment, die gesammte Artillerie, war dem Obersten Hauptmann der Arckelley, welcher Oberst Zeugmaister hieß, untergeben. Endlich der Oberste Hauptmann der Fußknechte hatte das dritte Regiment, nemlich die gesammte Infanterie. Alle drey Regimente des Kriegsvolks standen unter dem Obersten Feldhauptmann. Lienhart Fronsperger (1555), fol. II. X.

reigieren, 1) act., wie hchd. regieren. „Nachdem Herzog Albrecht Im selbs nit allein, sunder uns allen Brüdern unser gemein väterlich Erde reigiert;" Gem. Reg. Chr. III, 484, ad 1471. „reigiren, regere;" Voc. v. 1419. reygieren, MB. XX, 219, ad 1424. R.A.

Si' *reigiə'n* künnə˜, sich rühren, frey bewegen können; fig. fortkommen können; (cfr. regen und recken). o˜ rèchtə' *Reigiərə'*, der alles gut anzuschicken weiß, der gern commandiert; reigiərisch, adj., gerne commandierend, regierend, im Regieren geschickt. 2) neutr., spuken; poltern, zanken. Dà *reigiərts*, da ists nicht geheuer, geht ein Gespenst um. Das *Reigiərə˜d, Greigiərət, Greigiər*, der Spuk, das Gespenst.

Reigl, Reigə-l, Regina, Taufname. „Sant Reigina;" Cgm. 521, f. 270.

reigen, rîgen, s. reihen.

„Rig." Davon im Salzb. die Composita: Rig=gruemat, Rig=Rueben, Gras, das auf einem Stoppelfelde gewachsen, Rüben, die ins Stoppelfeld gebaut sind. (Zir.) Riger, Feld, das abgeärntet ist und sich mit frischem Gras bedeckt; Riggroamet, Gras, das nach der Getreidärnte wächst; Rigrüeben, auf ein Feld gesät, wo vorher Getreid gestanden. Cf. Reih-grumet. Wenn wirklich Rig, und nicht etwa Rüg, anzunehmen, so läge das isl. rig, rigiditas, ziemlich nahe. Vrgl. regen, räh und riech.

Der Rig, dem, den Rigen, oder: der Rigel, O.Pf., (halb?)verschnittenes männliches Schwein. Beym Höfer ist der Rigler ein nur halbverschnittener Hahn, (der nur mehr wie heiser kräht? cf. Th. II, Sp. 1365: krigelig), im Englischen the rig ein halbverschnittner Hengst, the ridgel ein halbverschnittner Bock, im Schottischen the riglan oder rigland jedes halbcastrierte Thier. Nach Horne Tooke's Etymologie von to rig, agſ. vrigan, bedecken, weil ein Theil dessen, was der Castrator wegnehmen wollte, ihm bedeckt blieb und entgieng! Ich würde an das unter regeln, klettern, angezogene vrigan, niti, conari, denken; s. a. rähen, reihern und das vorstehende rig.

„Rig, leg der stainen in eim baw, corium," Voc. v. 1618, also: Lage, Schicht. Hieher paßt der rigestab, norma, amussis, (Richtscheit des Maurers), gl. a. 515. 557. i. 696; rihstap, i. 1104; das niederſ. rige, rege, Reihe, Zeile, (Zeitschr. VI, 288,766. 429, III, 10. 431,91.
67 vrgl. Reih). Ein andres Wort, und entstellt aus hreac, dem isl. hraukr, strues, ist wol das agſ. hrig. Vrgl. Reck, Rick und besonders Rigel.

Der Rigel, Stain-Rigel, (b. W.) Steinlage; (nach Schultes, in Oberösterreich) ein steilerer Absatz eines Berges. Zeitschr. IV, 201. VI, 195. „Erst bein Zucksteign, dà hàt ma˜ si' wohl bei manicha Riegel in d'Knie beis'n mög'n", (steiler Bergrücken); Seidl, Flinserln IV, 115. 146. „Sè, Dianl, dà hàst əs, fuə' Di' hàb' I's (das Nägelein) 'brockt; hà' mi' z'höchst gaər au'm *Rigə-l* zu'n Rand zuə-wé ghockt;" das. 3. Ausg. p. 205. 327. Ein Rigel Feld, Holz ɪc., ein Strich, eine Strecke. „Rigl ackers", Rorbacher Urk. v. 1430, (s. unter: die Rahen). Ob wol so zu nehmen „der Ranna=Rigl" im Land ob der Ens? Hund, St.B. I, 309 und Kr. Lhdl. öfters. Der Verborgene Rigel am Lakenberg, der Hohenstock-Rigel, der Hurkenthaler Rigel, Bergrücken am Böhmerwald; (Sommer, Prachinerkreis p. 238). Vrgl. Rig und Rick, auch Ridel, 2. (Holländ. Regel, m., Reihe, Zeile, Linie; auch agſ. regul, regula, ist m. oder n.). S. auch d. folg. Wort.

Der Rigel, zu einem gewissen Gebrauch zugerichtetes Holz von mäßiger Länge und wenigstens geringerer Dicke als der Balken; senkrecht oder schief verwendetes Bauholz, im Gegensatz der Schwelle als eines horizontal verwendeten, (Adelung); ein auf vier Seiten zugehauenes, 10—20 Schuh langes und 4—5 Zoll dickes Holz, welches in gelochte Zangen durchgezogen wird, womit (im Wasserbau) die Pfähle an das Ufer gehalten werden; auch das auf denen Ensbäumen überzwerch der Brück liegende Holz, (Cgm. 2941, f. 118). (cf. engl. rail u. oben Ridel). „Wider die slangen riht Moyses ain erein slangen auf einem rigel"; Konr. v. Megenberg f. 156b, (Pfeiffer 268,10). Wege über nassen Grund werden mit Rigeln (sonst auch Prügeln) belegt: Rigelweg. Ein Zaun, ein Fallthor wird aus Brettern oder auch aus Rigeln gemacht. Der Ständer mit Löchern für die Rigel (Querstangen) heißt die Rigelsaulen. Eine Wand wird „in die Rigel gebaut, cratibus insertis aedificatur;" Voc. v. 1618. Rigelwand, Rigelmaur, Rigelwerk, paries concratitius, Fachwerk. „Unter eines velses rigel dopey do saß ein ainsigel", Cgm. 713, f. 226; (s. d. vor. Wort). In Lori's Lech=R. p. 559 heißt es: „Zum Länd- oder Anstoßgeld ab jedem Floß 4 kr. und ab der Klafter Holz 2 kr., von einem geschnittenen Zeugfloß ab jedem Rigel (dicke Latte?) 3 kr." Rigel zum Heben, Hebel. Mit dem Bausch=Rigel treibt der Bötticher Reife in einen Bausch zusammen. „Vectes, dy rigel"; ZZ. 1803, f. 191. „Stoß-Rigel, Hebstang, vectis;" Voc. v. 1618. „Mit rigeln auf iren achseln, in humeris suis vectibus;" gl. bibl. v. 1418. Rigel assia (asser?); Voc. v. 1429. In specie wie hchd. der Riegel an der Thür; (ahd. rigil, mhd. rigel; Graff II, 440. BM. II, 702. Weigand, Wbch II, 495. rigil, repagulum, gl. a. 676). Die Vier Rigel, Art eines Gebetsegens über Sterbende; Cgm. 229, fol. 56.b R.A. Einer Person oder dem Vorhaben einer Person ə˜n *Rig'l* schiəs'n, oder: e˜n *Rig'l* vorschiəbm, sie oder es auf indirektem Wege oder durch Intrigue verhindern. „Zu Hof sind lauter Schloßer, aber nur solche, die Einem wollen ein Rigel schießen;" P. Abraham. „Da schoß man rigel unter wol nach dem schaden hie", (nachdem die Schlägerei vollendet war); Heseloher. Der Hellrigel, Name des Teufels; Grimm, Mythol.[2] p. 222 f. 952.

Der Rigel, kleines Bund von fest zusammengeschlungenem oder geflochtenem Stroh, Flachs und drgl., Strohwisch. Der Sand-Rigel oder Strô=Rigel dient zum Fegen, Scheuern. Ein Rigel von Stroh, Lumpen, Haaren ɪc. wird unter eine auf dem Kopf zu tragende Last gelegt, Tragring. „Hauptring, Hauptrigl, cesticillus quem superponunt capiti ancillae aliquid laturae;" Voc. v. 1618. „(Viridi) serto, gerige;" Diut. II, 353. s. reihen.

Der Rigel (ä. Sp.), Art weibliche Kopfbedeckung, Schleyer. „Rica, haub oder rigel;" J. Piniciani Prompt., Augsb. 1532. „Ain stück von dem rigel Mariä" unter den Reliquien des Klosters Lorch an der Rems. Cgm. 644, f. 90. S. d. folg. Wort.

Die Rigelhauben (Riglhaubm), eigenthümliche Art Haube der Mädchen und Frauen vom Bürgerstande 68
in München und einigen andern altbayrischen Städten, golden oder silbern (d. h. mit Stickerey in Gold oder Silber), und dieß entweder reich, guet oder blos falsch. (Weigand, Wbch. II, 495). Auf dem Lande werden diese Hauben Schlayerlein= (Schlaə'l-) Hauben genannt. Daraus ist zu vermuthen, daß wenigstens früher eine Art Schleyers (s. das vorige Rigel) mit diesem Kopfputz, der in seiner jetzigen Form, bey Elegantern, so gut als nichts mehr deckt, und weder dem alten rîhan, agſ. vrîhan, velare, operire, noch der lat. rica der züchtigen Römerinnen entspricht, in wesentlicher Verbindung gestanden habe. Jedoch sollen die etwa auch Solches Lesenden unter den zahlreichen Verehrern der Riegelhäubchen hier ohne eine Salve altdeutscher Glossen — i. 242: riculla, ricula, ligaturae; a. 330: hregilon, redimire, ornare; i. 5: regilzierida, muliebra, und agſ. hrägl, amiculum — nicht wegkommen.

Rigelboy (?). In Freysing 1316: „Due haspel, it. unus rigelboy, it. chummer, it. chnocher"; Freyſ. Salbuch f. 19a.

rigeln etwas Starres, Steifes, Festes, es regen, in einige Bewegung setzen, rütteln; (cf. BM. II, 701. Zeitschr. II, 92,12. III, 109. 393,6. V, 476. VI, 195. wrîgan, česk. wru, wřjti, sieden, wallen, drehen, wenden: ote wru, za wru, pri wru, roze wru, se wru; slkr. wri, tegere). Avent. Gramm. gibt surgo, surrexi, surrectum ganz parallel durch „sich aufrigeln.“ ə˜ Bussl is ə˜ gspássi's Ding: əs riglt aə˜n 's ganzé Bluət; Castelli (1828) p. 66. „Wann s' má' rigeln mein schwarzgrüənə Gall“; Stelzhamer 113. Rigl' di' ə˜ Bissl', rege, rühre dich doch, sey nicht so träge! Zeitschr. IV, 195: sech riglen, sich beeilen. Hausmaəd, stê auf und rigl di', sunst kumt di Frau und prüglt di'. Stê auf! so fängt das Lied „die Hausmaəd“ an, welches in der Adventzeit die Passauer Nachtwächter singen; (ObrM.). Beym dritten Grad der Tortur „den Daumstock nach gänzlicher Zuschrauffung etliche Mahl riegeln;“ Cod. crim. v. 1752: II, 8, § 3. Die Huesten rigelt sich, der den Husten verursachende Schleim fängt an locker zu werden. R.A. Aənər 'ən Aərstock rigln; (ObrM.). Den Strösack rigeln, aufrigeln. Die Arzney im Glas aufrigeln. „Chocolade mag ich nicht, weil das Plundersgesäuf nur d'Unkeuschheit aufrigelt;“ Bucher's s. W. IV, 233. „Jr keuscheit wart nie aufgerigelt von fleisches lust“; Cgm. 713, f. 134. Fig.: Einem etwas (z. B. einen ihm geleisteten Dienst, ein Geschenk) aufrigeln, wie vorrucken, vorrupfen, vorhalten. einrigeln, Getreid, Mehl und drgl. in das Maßgefäß, indem man dieses rüttelt. „5 Schäffel uneingeriegelt und uneingestoßenes Malz;“ Wagner, C. u. C. B. II, 55. rigelsam, (Wien. Castelli, Wbch. 220; auch ridlsam) regsam, rührig, thätig. ə˜ rig'l'sams Pàr Éleut. Zeitschr. II, 92,12. V, 467. Anm. Zusammenhang mit dem folgenden Adj. rogel scheint unverkennbar. Ich habe indessen Anstand genommen, von diesem auszugehen, und das Verb, etwa nach dem niederſ. rögen (Zeitschr. V, 291), zu schreiben rügeln; (s. unten rügen). Fast vermuthe ich irgend ein noch unklares Ablautverhältniß entweder zwischen den Formen rag, reg, rig, rog, oder ein anderes zwischen rigen und dem elsaß. rîgen, d. i. raigen. „Wer bein in einen sack leite und jn reiget oder rütlet;“ Cgm. 330, f. 2.ª S. besonders regen u. vrgl. Zeitschr. V, 153: kregel, lebendig, frisch.' Ob das alte rigilon (gl. a. 82. i. 533. 542. 546 zu Prudent. ed. v. 1750, S. 16. 74. 76. 292), fovere, ruhen oder schlafen machen, der Bed. torpor, sopor zunächstfolgend, hieher, oder zu Otfrids figürlichem rigilon (V, 2,1: verriegeln) gehöre, lasse ich dahingestellt. Im Cgm. 17 (Windb. Psalter), f. 145ᵇ steht über animam reluctantem: sele die widerrigenten.

'Die Rige, niederſ., Reihe, Gaße; s. unten die Reih u. vgl. Weigand, Wbch. II, 480. 494. Ztschr. II, 509. VI, 288,766.'

Die „Rige“, (Aschaff.) eine Art kürzern Ruders kleiner Schiffe, verschieden von der längern, bey größern Fahr-
69 zeugen üblichen Streiche und dem eigentlichen (d. h. Steuer-) Ruder. Da dieses Aussprach-i nach Gramm. § 372. 389 im Grunde auch sowohl ü als üe seyn könnte, so ist zu vergleichen das alte rugeman, remex, gl. o. 312.

Der Rigling, s. Rögel, Rögling und Ridling. „Picteleus, ein rigling, piscis;“ Clm. 5877 (sec. XV, 1449), f. 133. „Digne Renken, grune Renken und Riglinge“; Cgm. 3942 (v. 1630), f. 9 u. öfters. Diefenbach 433ᶜ: pictileus. BM. II, 610. 759ᵇ: rogelinc.

~~Rog-eis, s. oben, Sp. 10: Robeis.~~

rogel, roglich, róglət, adj. und adv., nicht ganz compact oder dicht gedrängt oder fest, sondern etwas locker und beweglich. Zeitschr. VI, 196: regel, locker, leichtsinnig. Erdreich, Backwerk ꝛc. liebt man rogel. „Rogel gemessenes Scheiterholz;“ Lori, L.R. 134. „Sie schütten auch solch Futter nicht rogell ein, sondern es muß eingestoßen sein;“ Kr. Lhdl. VII, 265. Der Zahn wird rogel. 'Höfer, III, 41.' „Beten, daß Einem die Zähne roglich werden;“ P. Abrah. Der Katarrh, die Huesten wird (wenn die Verschleimung sich auflöst) rogel. „Du unverschampter schandtvogel, wie sind deine rhumwort so rogel,“ (nichtig; cf. gogel); H. Sachs 1560: II, IV, 36. Und də' Gucku i˜n Wàld is ə˜ schlauhhe' Vógl; 's Deonl páſst auf ə˜n Buəbm, drum schlafft's so rógl. 'Castelli, Wbch. 222: „rogli', locker: Dain Masch'n is rogli, si wia'd glai' aufgeln“.' Fig.: Roglich umgehen mit etwas, d. h. sachte, mit Vorsicht; (v. Delling). Mit dem Geld muß man rogli' (sparsam) umgehn: (ObrM.). „Mine pfaffen die suln rogel ezzen,“ heißt es bey Lachmann zu Walther v. d. V., S. 157; doch wol nicht unser figürl. locker, lautè. rogeln, aufrogeln, locker machen. S. rigeln.

Die Rogel, Geld-Rogel, (b. W.) diminut. das Rágál, steifes, in Form eines hohlen Cylinders gebrachtes Papier, welches unter sich gleiche Münzstücke aufnimmt, Geldrolle. „Faß' Geld in d' Rogeln, sagte der Vorsteher, allzeit 50 fl., und stellte mir eine Schüssel mit 24ᵉʳⁿ und eine mit 17ᵉʳⁿ hin;“ Eipeld. Br. v. 1805. Pegrogl des Pechlers, aus Fichtenrinde zur Aufbewahrung des aus den Bäumen abgekratzten Peches; (Baader). ə˜ Rogn vollə' Eə'bə', zwou Rognə˜ voll Hàibe'; (ObrM.). Das „Rehel,“ das in einem Kochbuch einen hohlen Teigcylinder bedeutet, wird wol dasselbe Wort seyn. Schwerlich blos (nach Gramm. 440) eine Entstellung aus Rodl (rotulus) in Rogl. Cf. schwed. råga et mål, ein Maß häufen, überschütten, so viel als über dem Rand bleiben kann; rågad kappa, gehäufte Metze. Kärnt. rog, das Horn, rogel, genit. rogla, der Stümpfel, rogla, Sprüdel (?), Wiedel, rogliza, Sprüdelchen, Wiedelchen; (Jarnik 97). Im Feurb. v. 1591 ist Rhagetl gleichbedeutend mit Scharnützl. Jm Cgm. 717, f. 118 heißt es: „Frawe min, du rogel aller sinn“, du Gefäß, Inbegriff, Schatz aller Sinnigkeit? (nach Franz Pfeiffer, 18. Merz 1841: Frawe minne: sinne.“ Auch in St. Ulrich's Leben von Albertus, Cgm. 94 min für minne. Cf. „aller tuginde für span“ im Scherer'schen Minnesingerkästchen). Vgl. das folg. der Rogen, welches zuweilen auch der Rogel lautet.

rogeln, röcheln. „Er wird bald sterben, er rogelt schon;“ v. Delling. Vrgl. röheln u. Zeitschr. IV, 181: ragutzen; VI, 303: krüglen. s. oben, Th. II, 992: grügeln. (Das isl. hrigla, asthma moribundorum, wohin gl. i. 459: hrihunga, anhelitus, das agſ. hriung zu gehören scheint, wird was anders seyn.)

Der Rogen, 1) wie hchd., Fisch-Rogen; (ahd. rogo, gl. o. 106, rogin 311, isl. rogn, n. pl., mhd. roge. Graff II, 443. BM. II, 759. Weigand, Wbch. II, 504. Zeitschr. VI, 286,676). 2) fig. Vortheil, Gewinn. „Beym Schlemmen und Prassen wirft der Fleischteufel sein Netz aus, und zieht manchmal den besten Rogen;“ Selhamer. „Der mir den besten Rogen hat aus dem Beutel zogen;“ Reiner. „Er hat den besten rogen gezogen, optima, potiori parte potitus est;“ Voc. v. 1618. „Manßfeldt ein arger Vogel, schnapt nach dem besten Rogel;“ Lied vom Tilly v. 1632. „Hab mein Glücks Rogn außer gfischt“; Spottlied auf die ausgewanderten Salzburger, 1. Jan. 1732 (im Bande Hist. Ref. 2º.10). Brav Rogen, auch wol Rogner haben, viel Geld haben, reich seyn. In einer bey Adelung h. v. angeführten alten Übersetzung der Sprüche Salomons heißt es cap. 8, 19: „und mein rogen (genimina mea) sind besser dann erwelts silber,“ 70
ebenso cap. 18, 20: „die rogen seiner lebs“, genimina labiorum.

Der Rögel, Rögling, a) (wirzb. Fisch-Ord. v. 1570) der Rogner, weibliche Fisch; isl. hrygna, f. b) der Rögling, „3jähriger Barsch,“ und so wol auch von andern Gattungen; wenigstens scheint der Rigling (Meichelb. Chr. B. II, 215), ein Renke von gewissem Alter, (Riglingwât, Art Fischzeug in der Chiemseer Fisch-Ord. v. 1507). hieher zu gehören. S. Ridling u. Rigling.

Der Rogzer, „roggtzer,“ s. unten: röheln.

Die Ruge oder Ruege, Ruder; s. Rige.

rüg, adj., ä. Sp. „Die Mäczli warent also rüg und sprungen her so gar gefüg, daz man in oft, ich waysz nit wie, hin auf gesach bis an die knie;" d. Ring f. 39b,31. „So laßen wir seu also rüg (die Kämpfer gegen einander arbeitend), bis seu selber werden müd;" das. 47c,3. sich rügen, vb. „Des ließen seu sich auch benügen. Fülzan der ward sich rügen u. sprach: ..."; das. 49d,31. 'Vgl. oben: rigeln, rigelsam.'

ruegen, rüegen, a) im Sinn des jetzigen hchd. rügen unvolksüblich. „I riəhh's gleich," (wenn die Emilie etwa ein Loch im Strumpf hat; — meine Frau zu BN. Stölzl, 30. April 1844). Rüge, einer der Hunde bey Labrer 288. 563. „Ach Rüge dicke rûget, das ich doch wohl enbære"; das. 454. b) ä. Sp., ein Vergehen oder den Schuldigen rüegen, es angeben, der Obrigkeit anzeigen, ihn anklagen; (ahd. ruogan, mhd. rüegen, niedersächs. wrôgen, ags. vrêgian, goth. vrôhjan, isl. rœgia, schwed. röja. Graff I, 432. BM. II, 786. Weigand, Wbch. II, 518. „Wulfstan arcebiscop wæs oft to tham cyninge forwregede," was oft bewrayed before the king; Saxon. chron. ad 952. „Brihtwic forwregde Wulfnod to tham cyninge;" ibid. ad 1009). In der Wald-Ord. fürs Inn- und Wippthal v. 1719 „sollen die Waldmaister jährlich in ainem jeden Oblay ain oder zween Unterthanen zu Rüeger fürnemen. Und welche also zu Rüegern gesetzt seynd, die sollen, so vil sie unrechtes erfahren, treulich anzaigen und rüegen." „Man schol allzeit über dy pekchen IIII purger haben, die irn unchauff rügen;" Traunst. Stdt.R. v. 1375. „Daß iedermann melde und rüeg auf sein gewissen, was er wiße, da dem Gotshaus schaden von komen müg;" MB. II, 521. „Ob ein sun sogetan ding von dem vater rüeget (über den Vater aussagt), di dem vater an den leip gent;" Rchtb. v. 1332. Einen dem richter rüegen; Wstr. Btr. VII, 89. 114. „Wer umb spil oder di spiler zu behawsen gerüegt würde;" Wstr. Btr. VI, 183. In der ältern Zeit mußten bey gewissen jährlichen Gerichtsversammlungen (Taidingen, Ehhaftteydingen) „alle läwt, die in dem gerichte gesezzen, mit gelerten aiden sagen und swern, waz ainer von dem andern gehört und gesehen hiet, daz an daz gericht gehört;" diese „Ruegung (sagt das Rechtbuch v. 1346) haben wir abgenommen, wan davon grozzer unwille und hazz under den läwten gewesen ist, und habent auch grozzen schaden davon genommen, wan si iaerleichen mit den richtern abdingen muzten, daz si si dez swernz vberhueben." Die armen Teufel mußten und konnten sich also vom unnöthigen Schwören und Angeben ihrer Nachbarn förmlich loskaufen. Vrgl. Heumann, opusc. 124 und Landbuch v. 1518, Tit. 7, Art. 10. Im 11ten Freyheitsbrief v. 1365 heißt es: „auch wöllen wir, das alle ruegung in allen unsern gerichten fvrbas ab sei." Cfr. MB. XV, 30, ad 1299. Placitum Christianitatis im Cod. ZZ. 964 (sec. XIV.), p. 27. Hund's Anmerk. in Finauer's Biblioth. II, 162. Ertl, prax. aur. I, p. 6. Die Rueg (goth. vrôhs, ags. vrôht, isl. rôge, m.), ä. Sp., a) gerichtliche Anklage; b) Gegenstand einer solchen Anklage, Vergehen, Verbrechen; c) Buße, Strafe, die darauf gesetzt ist; d) Gericht, dem darüber zu verhandeln zusteht. „Jch han durch nit mit rœge deme und deme sin ere gecrenket also und also;" Beichtformel v. 1289, Clm. 213, f. 188. „Die Centschöpfen und Rüger, auch Wirthe, sollen verdächtige Personen rugweis bey den Centbeamten anzeigen"; Fränk. Verord. v.
71 1738. „Das Würzb. Amt Werneck hat die hohe Zent, d. i. die vier hôhen Rugen", (Diebstahl, Brand, Nothzucht, Mord); Lex. v. Fr. II, 95. Waldrueg, Bluetrueg. Wstr. Btr. VII, 43. 48. „Die sich ohne Permission mit Grasen, Laubrechen rc. im Holz würden finden lassen, hätten 2 Pfd. für die Rug zu bezahlen." „Aufseher und Rüeger"; tirol. Waldordn., Cgm. 1203, f. 58—59. Der Jahrhüter soll die im Felde rc. als Schaden Thuende Betretenen und Gepfändeten sogleich „in die Rueg geben, und das Pfand dem Ruegrichter einlifern." „Innerhalb und außerhalb der Rueg;" würzb. Verord. v. 1700 bis 1746. „Auf heut so wird eben die rug da alle bawren zusammen kommen," sagt der Pfarrer. „Wie werd wir an der rug bestehn," sagen die Bauern. „Ihr bawern heut ist rug, wist ihr wol, das einer den andern rügen sol umb Ebruch oder hurerey und dergleich laster was das sey," sagt der Pfarrer; H. Sachs 1560: IV, III, 40. 41 (1612: IV, III, 89. 90). Die „Rug" oder das Rugsamt in Nürnberg, eine Rathsdeputation, als Gericht über Handlungen gegen die Handwerksordnung niedergesetzt. Wenn in einigen salzburgischen Gegenden (Hübner 162. 178. 228. 901) dasjenige Gemeindeglied, welches die Frohnarbeiten und die gemeinen Beyträge anzusagen und zu besorgen hat, der „Rugmann," und der ihm übertragene Bezirk von 20 bis 30 Behausungen das „Rügat" heißt, so liegt dabey wol auch ein früheres rüegen im obigen Sinne zu Grund; (cfr. die Ried). Otfr. IV, 20,10; 21,13. Tat. 193 heißt die accusatio ruogstab.

Rueget, Art Fisch. „Derweil die Höchten, Ratten und Ruegeten oder Treuschen den Ferchen und Aschen fast schedlich;" Lori, Lech-R. 384. „Mustela, Bellonii, Olrupen, Rugeten;" H. Junii Nomencl. v. 1629, f. 39. Zu Augsburg kostete 1634—35 ein ℔ Aal 1 fl. 20 Kr., ein ℔ Rugeten 1 fl., ein ℔ Forechen 1 fl. 12 Kr.;" Cgm. 4905, f. 312. Cf. rugelt, phoca; Cgm. 4350, f. 2b. Das ags. hreohche, reohhe, fannus, engl. roach, franz. rouget, auch der schweiz. Ruch, colymbus, passen nicht. Cf. Rutten.

Der Rogken, wie hchd. Rocken, Roggen; doch minder üblich, da dafür lieber Korn gesagt wird; (ahd. roggo, mhd. rogge; Graff II, 433. BM. II, 759. Weigand, Wbch. II, 504. Vilmar, kurhess. Idiot. 330.). Das roggo, rogco, rocco der gl. a. 21. 54. 679, o. 449, wie das ags. ryge, isl. rüge, gelten sowohl für secale, „sigala", als für siligo, far adoreum. Der Roggen u. sein Anbau in Europa wurde erst durch die Mongolen zur Zeit der Kreuzzüge verbreitet. Z(uccarini?) in der Beylage zur Allgem. Ztg. 1847, S. 437. Doch kennt schon Plinius secale; daher ohne Zweifel das franz. seigle. (Diez, Wbch. 312 f.). Sollte obige Unbestimmtheit auch in folgenden Anwendungen mit vorbrechen?

Das Rögklein (Régkl), Brödchen aus Waizenmehl, das eine Beymischung von Roggenmehl hat, und etwas schwärzer als die Semmel ist. Nach einer Berechnung in Wagner's C. u. C. B. II, p. 292. 299 werden aus Teig von Weizenmehl immer zwey Theile Semmelbrod und ein Theil Röggeln gebacken. Wenn das Pfund Semmelbrod 17½ Pfenning kostet, so muß das Pfund Röggelbrod auf 14½ Pfenn. zu stehen kommen. Die kleinste Art solcher *Régk'ln* kostet jetzt 2 Pfenn., und entspricht, da die Münze fortwährend gesunken ist, wol dem früher vorgekommenen Haller-Rögklein. „Die Bäcker am Hof (zu Regensb.) mögen auch backen einen Rockenweck um 1 und um 2 Pfenn., und Ladenweck um 2 Halbling, auch Hallerweck oder Rökl;" Gem. Reg. Chr. IV, 17, ad 1497. In einer „Proba" v. 1583 (Wstr. Btr. V, 315) werden erst die Häller-Röchlein oder Haller-Reggl, die Spitzwecken und die Semel aufgeführt, dann „volgt das Rogge Brott." So heißt es auch in der tyrol. L.Ord. v. 1603, VI. B., § 76 unter der Aufschrift: „Waizenbrodt und Röggel:" „Erstlichen 72
sollen die Pecken die Semlen oder Zöpffl auß blossem guetem Semelmeel, und dann die Röggel (darzue ain roggener höfl (Sauertaig) und lauterer Stäb von Waizen genommen und gebraucht werden soll) nach dem folgenden (in §§. 77 und 78 enthaltenen) Tax ab pachen." Nun erst kommt der §. 79 mit der besondern Aufschrift: „Roggenbrodt." „Daß der Knabe ein Gewächs in Größe eines Hallerröckels an dem Kopf mit auf die Welt gebracht;" Benno-Mir. v. 1697. Das Promptuarium Piniciani v. 1532 gibt pastillus durch „prötle oder rekle." Im Passauer Stdb. Ms. steht: „der röklein Weckh;" Wstr. Btr. VI, 146. 150: „das röcklein Melb,"

„gut röcklein prot," was beynahe ein, neben dem folgenden rogkein, nach falscher Analogie mit semlein, gebildetes, allmählich substantivisiertes Adjectiv vermuthen ließe, wenn nicht in der ä. Sp. ein ausdrücklicher „Semel-Rocken" vorkäme. „Die Bäcker am Hof hatten vor Zeiten nicht Semmelrocken, sondern nur Rockenwecken, und nur zu Weihnachten große scheiblich gestäubte Semmel gebacken." „Der neugebackene Semmelrock wurde a°. 1394 auf 7 Marck 3 Vierding gesetzt;" Gem. Reg. Chr. II, 310. III, 565; cfr. II, 181. III, 69. „Der Semelrocken het XIIII lot an der wag, ainen Sechsling chorn gab man umb XIIII schilling;" alte Rechnung. „Item so sol ain newpachen semelrock haben vier marck mynner tzwayr lot;" Pass. Stdtb. Ms. (Auch in Hamburg war der Schön Rogge eine Art Weißbrod von bestimmter Form.) „Similago est genus panis vulgariter stampfrogg"; Clm. 5685 (XV. sec., 1412), f. 97. Roggenburg, Ortsname, (Bez.Amt Illertissen). Ein Roggo, monachus Fuldensis († 863); Aug. Jes. 12.

rogken, rugken, ä. Sp. rockein, rockin, (mhd. roggîn, rüggîn; BM. II, 760. Vilmar, kurhess. Idiot. 330.), adj., von Roggen. ə˜ *rugkə˜s* Brôd, *rugkənê* Klei-w-m, *rugkənê* Nudeln, *rugkə˜s* Strô. Zeitschr. V, 419,22. „Will gern roggene Knödl essen, wenn ich nur einen saubern Rock habe;" P. Abrah. „Von den rockenern (Roggenbrod-Bäcker?) und von ruckim brote"; wirzb. Sätze v. 1343, § 75. „Wenn der Rocken ein halbes Pfund gilt, so soll der rockene Wecken haben 10½ Mark, und der Semmelweck 9½ Mark;" Gem. Reg. Chr. II, ad 1376. A°. 1468 brauchten einige Münchner Bäcker die „Weiß Kunst." „Sie sieden (heißt es Wstr. Btr. VI, 149) ain hopfenwazzer und tun gar ain wenig hebffen daran, und treibn ez auf, und mit dem wazzer machent daz prot, daz weder häppfen noch Rockeins dabei ist." „Semelprot und schon röckein prot;" das. 148.

Der Rugk, die ältere Form vom folgenden Rugken (tergum, dorsum), für sich im eigentl. Sinn noch weniger üblich, aber in einigen, zum Theil adverbial gebrauchten, Compositis und im figürlichen Rugk, 2) erhalten; (ahd. hruggi, hrucki, rucki, mhd. rücke, rucke, rugge; Graff IV, 1148. BM. II, 783. Weigand, Wbch. II, 516. Den rügge, acc., Iwein 6773. Walther v. d. V. 55,36; rukke, acc., Notk. 17,11; rugge, tergum, gl. a. 687. o. 30; hrucki, dorsa, terga, gl. a. 354. 485. i. 858; — „in hrucki unseremu", in dorso nostro, Kero VII, 122; hrucca, acc. pl., Isidor 3, 6; niedersrugge, ags. hrycg, isl. hryggr. In zurücke, zurück ist die ältere Form noch geblieben). é˜'n *Rugk* umfålln, am oder é˜'n *Rugk* liging; (ObrM.). Die Soldaten verlosen ihr Fleisch durch: „*Rugk* oder Schneid" eines dazwischen liegenden Messers. „Uf dem rugge tra-
73 gen;" Augsb. Stdtb. „Der buchlet Herzog Ludwig trueg ein großen Hofer auf seinem Ruckh;" Chron. in v. Freyberg's Samml. I, 141. „Ihr Kragen auf den Rugg hinab ist ghöfft auf beiden Seiten;" Lied: die Teutsch Französinn, Innsbruck 1637. „In dem stubl genant der Raume˜ (Raumen? Raumer?) rugk in des alten Abts gemach"; Thierh. 67, f. 46. 50a.b. hinter-rugk, gewöhnlicher hinter-rugks meiner, deiner, seiner ꝛc., oder auch: mir, dir, im ꝛc. hinter-rugks, ohne mein, dein, sein ꝛc. Beyseyn oder Wissen. „Daß solcher brief ir hinterrugk oder on wißen durch irn hauswirt nit war geben worden;" MB. IX, 310. (gl. i. 274: hintar rucce, post tergum.) Ob-rugk schicken, (ä. Canzl.Sp.) zurückschicken. Über-rugk, (Kr. Lhdl. XV, 66) auf Saumpferden und nicht auf Wägen oder Schiffen. „Wiltu haben gut geluck, so trag die armen überruck;" Cgm. 252, f. 137. Über-rugk tragen Einen, (Ldtg. v. 1514, f. 93. 95) ihm connivieren. Ze-rugk (z'rugk), a) zurück, d. h. nach rückwärts: (ze rukke, Notk. XII, 41; zi rucke uuurfun, rejecerunt, gl. i. 808). b) von rückwärts. „Zu ruck in den Feind fallen", (d. h. ihm in den Rücken); Avent. Chr. Manchmal blos rugk: ruck-erstellen, zurück erstatten. „Mit Ruckerstellung des Guts, der Ehre," ä. Canzl.Sp. Die Rugk-Âder, was sonst die guldene Âder, αἱμοῤῥοΐς. „So die Gold- oder Ruggadern zu heftig gehen;" Dr. Minderer (1620) p. 155 f. „Ist ihm 32 Jahr die Ruck-ader gangen;" Benno-Mirakel v. 1697. Der Ruckbraten, s. Th. I, Sp. 369. „Nâch dem rückes brâten (Var. rugkespr., ruckbr.) von der gürtel unz in den nac"; M. Helmbrecht 178. Der Ruckdorn, spina dorsi; Cgm. 700, f. 87. „Man spricht auch das auß des menschen mark schlangen werden und aller meyst auß des rugdorns", (spinae dorsi); Konr. v. Megenberg f. 153, (Pfeiffer 261,21: „auz des ruks dorn"). Der Rugk-grât, Rückgrat, (gl. i. 323. o. 30. 398: ruggebein, rukkipeini, ags. hrycg-bân; dafür braucht Cgm. 601, f. 112: grat-rugk). Der Ruckriem (Cgm. 700, f. 87), der Rugk-Strang, Rückgrat. Der Rugksack des Älplers. „Nimt d'Eis'n i˜ sei˜n *Rucksåk* nei˜;" Kobell, Triphylin p. 62. 2) der Rugk, figürl. Bergrücken, (wofür auch das isl. hryggr, ags. hrycg, engl. ridge gilt, wie denn Berggestalten gerne durch Thierformen beschrieben werden; vrgl. Kopf, Nasen, Rock, vielleicht auch Katzen-Elnbogen; cfr. Ried, 3); doch wol nur mehr in stehend gewordenen Namen. Der Hausrugk in Oberösterreich. „Vorm Gepirg, an dem lechrain, an dem haußrugk;" Erclär. der Landtsfreiheit v. 1508. So der „Hundsruck." Gl. a. 801. 813. 817 (aus St. Florian) steht „Steinrúche, gevel, abrupta"; „ruhcsche, gevelle, praerupta"; „ruhcke, scopulus;" Diut. II, 196. 228; ndd. roke, roche preruptum, rupes scopulus, verschieden von roeken, jugum, 220; wobey Einem die romanischen roc, roche, rocca, rocher (Diez, Wbch. 293) zu Sinn kommen. Vgl. unten: rösch und Pfeiffer's Hermann v. Fritzlar S. 410. So folgt auch das Hchd. in Bildungen wie zurücke, Rück-grat ꝛc., wo der Umlaut ü dem alten hrukki entsprechender scheint als unser u, der frühern, und nicht der unten folgenden Form Rugken; doch hat schon das Voc. v. 1429: ruggen-grât, ruggen-leder (allutum). rügklisch, adv., rücklings; (gl. i. 4: ruchilingun, supinus). bogrucket, bogrückig, adj., decrepitus; Voc. sec. XV. „Ein alte schwiger, bogrucket, hincket u. halbblind;" H. Sachs 1560: IV, III, 70.

Der Rugken, wie hchd. Rücken, (doch im eigentl. 74
Sinne minder üblich, da lieber Buckel gebraucht wird). Der Feh-rugken, („Fiegrücken," Münchner Wochenblatt vom 16. Nov. 1828), Fuchsrugken, Künigl-Rugken, Pelzwerk, vermuthlich vom Rückentheil der bezeichneten Thiere, (s. Feh, Küniglein), neben Kel, Halstheil (Fuchskel; s. Kelmarder und Kul), und Wammen, Bauchtheil (Fehwammen, Fuchswammen). Fig. R.A. „Den Rugken darhinder thun, laborem subire;" Voc. v. 1618. „Rugken halten Einem, ihn unterstützen. Der Rugkenhalter. Einen Rugken suechen;" Kr. Lhdl. X, 206. 274. 356. (Cfr. gl. a. 260 das Particip arruckit, fulcitus.) Nach Seb. Frank sagte man, wenn man Einen höflich der Verrätherey zeihen wollte: „Er hat einen starken Rücken," oder: „Er ist stark im Rücken, er kan ein Man fünfzehen, zwenzig auff ein mal die Stigen hinauftragen." S. d. vorige Wort.

rügkeln, s. rückeln.

(Vrgl. Rach, rech, Ra, re, Raw, rew.)

ræh (râhh, râg, râ, rêhh, rêihh), wie hchd. rehe, d. i. steif, rigidus. Der Ochs, das Ross ꝛc. ist ræh, hat die unter dem Namen „Rehe" bekannte krankhafte Steifheit der Beine. „Dein pferd ist zu ræhe"; Balln. 99. ze ræh werden, rehe werden. „Wer verr sol reiten, der pint eysenchraut und peybos dem pferd unter den schopp, das erleit (erliegt) nimmer, es wirt auch nicht ze räch (ze rehe);" Cgm. 92, f. 14. 317, f. 25. 464, f. 22. „Ain ros das da ze rach wirt;" Cgm. 4543, f. 246. „Ich wünsch, das im (dem Ungetreuen) sin roß bestee auff wilder haid, und werd zu räch, so er allergernst säch, das es in von den feinden krieg;" Cgm. 270, f. 117, (379, f. 83); cf. Cgm. 3727, f. 44. 63 u. Cgm. 174, Nachsetzblatt. „Liedersſ. II, 425"; Jac. Grimm.

Auf einem alten Vorsetzblatt des Cod. Emmeram. h. 8 sind viererley Arten dieses Übels benannt: daz wazzerräch, mäuchelräch, winträch, futerräch; Cgm. 964, f. 103 ff.: fuetterrech, waßerrech, windrech. *rág* dahergehen, (Schllr.) steif. *ráhh* thun, (v. Strb., Pinzg.) sich stolz und hochmüthig benehmen. Vrgl. rack. Der Rähwasen, steifer, borstenähnlicher Rasen aus Spitzgras. Im Schwäb. und Schweizerischen wird räh auch von herbem, unangenehmem, besonders von ranzigem Geschmack gebraucht. Zeitschr. V, 488. „Der Pimsensaft ist gar rehe und wässerig." Ich zweifle indessen, ob hier das chiemgauische Gréhhəs (saure, geronnene Milch) unterzubringen wäre. Bey Grimm I, 748 steht ein älteres rähe für raucus; BM. II, 548: mhd. rähe, ahd. râhi, rauh, steif, lahm. Vgl. Vilmar, kurhess. Idiot. 318. Weigand, Wbch. II, 478. S. auch Rig, rieh und Th. II, 1115: der Hanrey.

rähen, (Franken) vom Männchen des Geflügels: das Weibchen treten. Weigand, Wbch. II, 481: reihen. Vilmar, kurhess. Idiot. 322: reihern. cf. reihern und Rig.

75 Die Rahen, Rachen (Ràhhə˜), a) (Isar-Floßfahrt) Holz oder Stange, welche die Bäume eines Floßes oder Waldschragens nach der Queere verbindet: di vö'dəré, di hintəré *Ràhhə˜*. Rachen, (Isr.) eine lange Stange mit zwei Haken zum Auffangen von Holz auf den Flüssen. Nach Höfer III, 327 wird beym Fischen die Wat an ihren Enden mit zwey Rahen (Stangen) aufrecht gehalten. b) (Inn-Salz.) Maßstab für aufgeschichtetes Scheiterholz. „Wit (Holz) Einem einantworten mit der Rachen;" Lori, Brg.R. 26. Rachen, Raache, (Isr.) Holzmaß im Halleinischen Holzrechen, welches 4 Klafter Salinenholz zu $3^1/_2$ Fuß Scheiterlänge enthält und in 6 Theile unterabgetheilt wird, wovon jeder eine Warbe heißt. Eine Warbe hält $^2/_3$ Klafter (Bey Rähen steht: s. Rachen.) Rachenstange als Maßstange. Rachenholz soll 3', Bauernholz $2^1/_2$' haben. Das Rächl oder Rachl, (Isr.) älteres, dermal nicht mehr übliches Holzmaß, weniger als eine jetzige Salinenklafter, da 64 Rachel eine Pfanne Holz gaben, die dermalen aus 60 Klaftern besteht. Auf die Pfanne (im Salzkammergut) werden gerechnet an Brennholz 6 Stangen, jede 8 Raahl von $2^1/_2$ Klaftern enthaltend. „Soll unser Waldmaister ain ordentlich maß aines Rächl, daran solche aufgezainte Holz gemessen werden, fürnemen, und derselben etliche gein Hellein verordnen;" salzb. Forst-Ord. v. 1524. In den Salinen von Hallein ist das Rählein eine Klafter, 4 Rählein oder Klaftern sind ain Rachen, 16 Rächlein ein Viertel, „64 Rächlein werden für ain Pfann geraitet:" Lori, B.R. 644. salzb. Forst-Ord. v. 1592. In den Salinen zu Reichenhall und Traunstein machen 2 Rachen eine Klafter, 4 ein Manstüdlein, 30 einen Schilling (Rachen), 240 ein Pfund (Rachen). 1 Rachen hat 16 Daumel (s. Daum-Ellen). „Beym ausgeschlossenen Kufholz zählt man 7 Scheiter für 1 Warb, 6 Warb für 1 Rachen;" kurzer Begriff der Salz-Irrungen v. 1761. „Ein Pfundt Rechen auf seinen Lanntern haben. Ain halbe Rachen Wits für drey Parb raiten, und für 6 Parb ein Rachen;" Lori, Brg.R. 29. 140. salzb. Replic-Schrift v. 1761, Beyl. f. 43. Flurl, Beschr. d. Gebrg. B. c) „Drei Rahen (rahn) wismatz" in einer Urkunde v. 1430 (Besitz des Hrn. v. Koch zu Rorbach, gesehen 29. Merz 1840) über 24 Metzen Roggen, die Hans der Smid zu Rorbach als „Gatergült" an Chunrad den Smid zu Pfaffenhofen verkauft. Ahd. raha, mhd. rahe, Stange; Graff II, 383. BM. II, 548. Weigand, Wbch. II, 452. Cf. česk. ráhno, Stange. (Gl. o. 411: raha, pertica, niederſ. Raa, isl. râ, Segel-Stange, jede lange Stange. Etwas anderes wird wol hraha gl. i. 526, raîa a. 54. 576. 677. 1127, rauua, i. 205, radius (des Webers? isl. hräll, m., agſ. hreol, engl. reel) seyn. Oder sollte das bihrahanen (hrusti giuuinnan, rauba bihrahinen) im Hildebrandslied, MM. 59, wozu das isl. räna, spoliare, gehört an eine, der römischen ähnliche Sitte, die dem Feinde abgewonnene Rüstung als Trophäe an einem Pfahl aufzuhängen, denken lassen? „Swer ungern hœret keches hundespellen, der sol im gehellen und sol niht mit der rahen in stundelichen wider slahen"; aus Heinrich's von Türlin Krone die Sage vom Zauberbecher (hgg. v. Hahn in Wolf's Lais, Sequenzen und Leiche p. 392), Vers 576. „Nim den (guldein angel) u. pint in an ein rahen"; Cgm. 54, f. 35^a. „Der nam triakkers vorn an ein rahen"; das. f. 15^b. Wäre der Ausdruck: zau˜ráckə˜dürr als zaun-rähen-dürr, d. h. dürr wie Zaunstecken zu erklären — und wären die dialektischen Formen Hanichl, Hárchəlé (Zaunstecken) nur Aussprache von Hag-rählein? Das MB. IX, p. 550, ad 1150 zweimal vorkommende Galcrähe, patibulum, würde sich als Galg-Stange, Quersteken über einem Soole-Schöpfbrunnen, erklären. Gl. i. ist statt „galcraba, antlia" wol zu lesen galc-raha, wie denn ebendaselbst 135 zoba falsch für zoha, canicula, zu stehen scheint.

Der Raihen, s. Raijen.

rauh, rauch (rauhh), wie hchd.; (ahd. rûh, mhd. rûch, agſ. rûh und reoh, welchem ein d. riuh entspräche; s. riech. Graff II, 438. BM. II, 782. Weigand, Wbch. II, 467. 468. cf. Graff II, 553: raw, crudus, roh), a) Gegensatz des Glatten und Nackten. Vom Menschen: rauh seyn, einen rauhen Hals habend, raucus, (ravus = racvus); Grimm, über Diphth. p. 20. Diefenbach 485^c. Von Thieren und ihrem Felle: mit Haaren oder mit Federn bewachsen. Die jungen Vögel werden rauh, fluderrauh, (flücke). Die rauhe Taschen, vulva; s. Th. I, Sp. 627: Taschen. Die Rauchhauben, Pelzhaube (G. Rosenheim), wie Rauchwerk (Pelzwerk). Von Bergen: mit Holz oder Wald bestanden. Der Rauhe Kulm im Gegensatz des schlechten (glatten, nackten). „Simon Schockler de Rawen Kulmen, scriptor;" Clm. 9730, v. J. 1464. Dasselbe ist wol auch vom Rauchen Lechsberg (jetzt einem Ortsnamen) zu halten. Könnte die Rhön 76
wirklich, wie eine dortige Etymologie wolle, von rauh (uf der rauhen, etwa Alp etc.) kommen? Allgem. Ztg. v. 1852, Beil. S. 1722. Förstemann II, 1172. Beym Getreide heißen Gerste und Haber, vermuthlich wegen der Stacheln und Spitzen, die sich an ihren Körnern befinden, rauhes Getraide, im Gegensatz des glatten (Roggen, Waizen). Das rauhe Mäß (der rauhe Metzen, das rauhe Viertel, Achtel, der rauhe Napf) — insoferne es als Maß für Gerste und Haber von dem für Korn und Waizen verschieden war oder ist. Von Bäumen: in Laub oder Nadeln stehend; noch die Äste und Zweige an sich habend. Raucher Zaun, lebendiger. „Rauch Zäun zügeln und Boschen einsetzen;" Öttinger Ehaft, Cbm. 3238, f. 64. Birlinger 371. „Das Ufer mit Rauchbäumen verhenken;" Lori, Lech-R. 414. 424. Weigand, Wbch. II, 467. Birlinger 371: Rauholz. „rauh-iglet, (b. W.): 's Káibl (Kalb) is ganz *rauh-iglet*, langhaarig wegen Magerkeit; auch von Menschen." rauh spilen, (b. W.) um hohes Geld. b) In einigen Bedeutungen scheint rauh mit roh (crudus, unbereitet, unbearbeitet) zusammenzufallen. „Rauhe Herdasche, rauhe Häute, rauhe (ungebundene) Bücher;" wirzb. Verord. rauhes Futter, nach Adelung: Gras, Heu, Stroh im Gegensatz von Getreide. Ob das Rauchfuetter, das als jährliche Recognition von den Unterthanen an ihre Vogt und Gerichtsherren zu reichen ist, ebenfalls hieher oder zu Rauch (w. m. s.) gehört? In den Urk. zu Welsch's Reichertshofen p. 181 kommt gar Rauchfuetterholz vor: „Item es hat auch vor allter her ain yder Richter die Rauchfuetterholz zue Weinachten genossen. Die fuern die Paurn von Parr ꝛc., yder ein Fueder Holz aus dem Veihlvorst."

Haben die Herren Pfleger zu R. auch Holz zu dem rauhen Futter gerechnet, oder sind Frohnfuder oder Fuhren zur Zeit der Rauchnächte zu verstehen? rauhbrâchen einen Weinberg, worauf das zwibrachen folgt; wirzb. Häckertaxe v. 1746. rauhwerken, (eigentl.) von gefällten Bäumen das Oberholz, d. h. den Wipfel und die Äste, weghauen und aufarbeiten, (s. werken); (fig.) in (Staats-) Händeln rauchwerken, Sachen, Händel berauchwerken, sie präliminär berathen, zu einem Schluß vorbereiten; in einem Ausschuß zum Vortrag im Plenum bearbeiten, ital. stralciare. Dieser Ausdruck kommt besonders häufig auf dem Ldtg. v. 1515 vor. „Die fürstlichen Räthe berauchwerken (p. 148), was an die Landschaft überhaupt, der landschaftliche Ausschuß oder eine gewisse Anzahl von dazu Verordneten berauchwerkt (149. 155. 159. 182. 208) mit beygeordneten fürstlichen Räthen, was an gemaine Landschaft zu bringen ist." „Erklärung gemainer Landsfreyheit, wie jüngst auf Hintersichbringen an gemaine Landschaft von den Verordneten gerauchwerkt ist worden;" p. 213. Er is ja nâ˜ grâd ə˜ Rauhweərchəᶜ, Pfuscher; (ObrM.). Cfr. im Englischen to roughdraw, roughhew, roughcast. Die Rauhe, die Rauhen, mhd. riuhe, rûhe (BM. II, 782), Rauhigkeit; (vrgl. Rauden.) Die Räuhhe, (Jir.) rauhe, mit Legfohren bewachsene Stelle am hohen Kalkgebirg; daher: *Räuhen*bock, *Räuhen*gams, welche sich an diesen Stellen aufhalten. Das Räuhlein (Rühbli; Bodensee), vom Wind gekräuselter Streifen der Wasserfläche; (ags. hreoh sä, engl. rough sea, turbidum mare). räuhen, rauhern, rauch machen; (BM. II, 789: riuhen). „Die Weiber, die in der Jugent schön anlutz haben, dye haben in dem alter gereuchte und gerumpffen
77 Antlutz;" Cgm. 311 f. 46. „Sie (die Krähe im Zorn) rouhte vaste den Zagel;" altd. Wälder III, 206. Schuhe von geraucherten Leder zur Trauer zu tragen, wird durch die wirzb. Trauer-Ord. v. 1783 verboten. Bey Stalder ist „gerüchtes Leder" Sammtleder, wol von rûhh, rauh, und nicht von Rouhh, Rauch. „Als er die slihte rivhen (rauh, unglatt werden) sach;" Cgm. 63, f. 3. „Sich reuhen als ein hauwe," (Eule); Renner 5776. „Die gen der heiligen schrift sich reuhent als ein hunt der peizzen wil"; das. 21647.

Das Rêh (Rêhh, O.Pf. Rêihh), plur. Rêh und Rêher, wie hchd.; (ahd. rêh, Willeram: reia, f.?, mhd. rêch, rê, ags. râh, isl. râ. Graff II, 385. BM. II, 588. Weigand, Wbch. II, 478). „Reher fahen;" Ercl. d. Landsfreyh. v. 1508. Die Reh-Gaiß, a) weibl. Reh, b) (b. W.) eine nicht näher bezeichnete Art schwerverdaulichen Pilzes; vielleicht doch dieselbe mit der folgenden:

Das Rêhelein (Rêgəˡl, Rêhhə-l), der Rehling, eine Art Pilze, agaricus cantharellus. Nemnich I, 105.

Der Rehling, ein Fisch; s. oben: recheln, u. Th. II, Sp. 1492: -ling, u. vgl. Rögling, Rigling.

gerehen (g'rêhhə˜), s. gerechen, gerade.

Die Reih, Reihen (Reihh, Reihhə˜, Reiə˜), 1) wie hchd. Reihe, (nieders. rige; Weigand, Wbch. II, 480); doch minder volksüblich, als die Synonyma: Schnaisen, Zeilen, Strigel ꝛc. ə˜ dəᶜ *Reihhə˜* heər, oder: ə˜ dəᶜ Schlaəs; (ObrM.). s. unten: die Schlais u. vgl. Th. I, Sp. 415: der Patsch. Zeitschr. V, 269,20. Wstr. Btr. VIII, 125 hat Holz-Reihe für Holzstoß, strues. 2) (in Nürnberg und einigen opf. Städten) schmaler Gang zwischen zwey nicht ganz aneinander stehenden Häusern. BM. II, 702 f. „Sofern zwey Häuser neben einander aufgeführt werden, so sollen keine Reihen oder Winkel mehr statt finden, sondern eine Feuermauer durchgezogen werden;" ansp. Bau-Ord. Auf dem Lande nennt man besonders den schmalen Raum hinter der Scheune, zwischen dieser und einem Zaun, die *Reihhə˜*. „Die Reihe solt beleiben bayden Hoffsteten, und kainer nichts darein machen;" MB. X, 545, ad 1445. „Umb wasser reihen u. dachrinnen ... daz peidew (hämser) auf dieselben mawr zu einander gent in ain rinnen daz dain reyhen zo zwischen ist;" Wiener StR., Cgm. 1113, f. 70^b, (bey Rauch III, 233: „wasserrinnen ... daz nicht reichen da entzwischen sein"). Im Nieders. ist die Rige eine förmliche Gasse oder Reihe Häuser. Das schott. rew, engl. row ist wol vom ags. râva, m., ordo, series, welches eher zu Raijen stimmt. Müller, etymol. Wbch. d. engl. Spr. II, 276. Vrgl. oben Rick, (Wildgasse). Reich-(Reich?-)läden, Latten, 16' lang u. 1" dick, die Sohle der Bergstollen zu belegen, damit die Karren, worin der Berg ausgeführt wird, im Geleise bleiben; (Jir.). 3) die Reih, Reihen, Reihin, auch wol der Reihen, Leiste (des Tischlers, der Näherin); ə˜n *Reihhə˜* ei˜ziəgng (in eine ausgehobelte Rinne). „Niht wan knoden und der rige (Ärmelleiste?) was an der frouwen hemde ganz;" Parzival 260,6. „Mit reihen oder mit nat, mit strichen oder mit snaißen;" Horneck cap. 687. Vgl. d'Fàlnə˜ (Falten) reihhə˜, sie vorläufig mit dem Faden auffassen; sie ei˜reihhə˜, sie in Ordnung bringen und festnähen; (ObrM.). s. auch d. folg. Wort. 4) die vertiefte Linie am menschlichen Leibe, da, wo sich der Bauch an die Schenkel schließt, imus venter, abdomen, ilia; Voc. v. 1618. „Laße es über die Reihin underhalb des Nabels auflegen." „Vorn auf der Reihin;" Dr. Minderer (1620), p. 131. 226. 227. „Er hat Wehthumb auff der Reihe und unter dem Nabel gehabt;" Benno-Mirakel. „Auch habent sie wee vmb die reiche;" Cgm. 601, f. 111.^{b} „Prüch, die oberhalb der reich sein;" Cgm. 731, f. 82. „Legs warm über dy rewch"; Ald. 343, f. 1. 5) Linie am Obertheil des Vorderfußes (von der großen Zehe bis an das Gelenke), wo sich dieser an den Unterschenkel schließt. Weigand, oberhess. Intellbl. 1846, p. 247; Wbch. II, 480. Vilmar, kurhess. Idiot. 322. „Uff dem reihen seiner füeß;" Cgm. 138, f. 127. Schwäb. R.A.: über den Reihen reden, Einen anstechen, Anspielungen auf ihn machen; (viell. Bed. 2). (Gl. i. 501: riga, circuli linea; 60: rigin, spiris. Graff, II, 430). S. d. folg. Wort.

reihen, reigen (reihhə˜), Partic. praet. gerigen 78
(gərihhə˜), a) (Mittel-Rhein) mit weiten Stichen nähen, heften, zu Faden schlagen, franz. faufiler, nieders. rijen; ein rîgen der mhd., rîgan (reig, rigumes, girigan) der ahd. Sp. scheint: nach der Reihe heften, anfassen, einfassen überhaupt bedeutet zu haben. s. d. vor. Wort: *reihhə˜*, *ei˜reihhə˜*. „Schön gerigene Hemder." „Er (Suso) macht daz niderklaid gar eng, und vornan zesamen gerigen;" Cgm. 819, f. 37. Cgm. 362, f. 362'(?). — Graff II, 429: rîhan, antrîhan, BM. II, 703: rîhen, (rêch, rigen, gerigen). Weigand, Wbch. II, 481. Zeitschr. VI, 429, III, 10. 431,94. Gl. i. 539. 2234: gerigina, girigana und gerigeta, sutiles (gefaßte, angenähte, an eine Schnur gereihte Edelsteine; Prudent. hymn. jejunant. 158; Hamartigen. 268).— girige, serto, (Prudent. c. Symm. II, 663) gl. i. 1261. Vrgl. Rig, Rigel, Reihen. Vrgl. Alt-reise und Rister. b) ä. Sp., stechen, stecken. „Ettleich gefangene Juden hiengen die Römer mit den füzzen auf, ettleich rigen (steckten) sy an die lanzen;" Cgm. 299, f. 151^b. „Diu houbet sie abesluogen, bein vnd arme genuogen, und rigen siu an die wâfen", (steckten sie an die Spieße); Wernh. Maria 218. „Maria, durch der sel ein swert gerigen wart", (durch deren Seele ein Schwert gestochen wurde); Cgm. 101, fol. 23. 27. 31. 34. 41. 44. „Piramis und Tisbe, den wart von minne so we, daz sie sich rigen an ein swert;" altd. Wälder III, 25. „Daz ein rint daz ander errige", (erstäche); Augsb. Stdtb. bey Freyberg p. 27; (Walch p. 32: erriche; Cgm. 559, f. 3: errich, errüge).

Reihgrummet, welches nach geschnittenem Korn u. Waizen wächst; (Jir.). s. Rig.

Reiher, (rheinpfälz., Weigand) männliche Blüten. Der Nußbaum hat schon Reiher.

reihern, (Aschaffenb.) vom männlichen Geflügel: das Weibchen treten; wol nur in der Aussprache verschieden von rähen, (w. m. s.). Vilmar, kurhess. Idiot. 322.

rieh, riech, (schwäb.) rauh, trocken, (besonders vom Munde, Schlund); „riech, rigidus, sterr;“ Voc. v. 1482. „Wirt, wie ist der wein so rech, er ist mir in dem hals als sper, pring uns pald ein süßen her;“ Cgm. 270, f. 176.ᵇ Vrgl. das ags. reoh u. s. auch ræh.

roh, roch (róhh), wie hchd.; (mhd. râ, râw, rô, rôch, rou, rouch, ahd. râo, rô: rauu-er, rouu-er, ags. hreav, isl. hrâ-r. Graff II, 553. BM. II, 757. Weigand, Wbch. II, 505). Die Rohe (Rohhé), Rohheit, cruditas. Nach der ä. Form im Pass. Stdtb. (Schusterbrief): „Es sollen auch die lederer enhalb der Inprugk ir leder rabs hingeben und nicht geswertz.“ In Höfer's rabensper, zaunrabensper (von Obst) wird wol auch noch obige Form liegen. S. auch „rábares“ Maul (oben, Sp. 5) und vrgl. rauh.

röheln, rüheln (réhhln, rühhln), rohezen, röcheln; grunzen; wiehern; schreyen wie der Esel; (ahd. rohôn, rohjan, mhd. roheln, rüehelen, rühelen; Graff II, 431 f. BM. II, 760. 789. Weigand, Wbch. II, 503. Birlinger 372. Zeitschr. VI, 196. gl. a. 442: rohôn; Notk. 21,14: rúhen, rugire; i. 561. 1011: rochunga, rugitus, grunnitus. Cgm. 17, f. 35ᵇ: ruhelente, rugiens; ibid. f. 60ᵇ: ruohilte, rugiebam, Ps. 37,13. Semansh. 34, f. 210ᵇ: rüheln, hinnire). Der onocrotalus („unkreutel“) „senkt sein haupt in daz wazzer und rüehelt („rüchlet“) mit der stimm auz dem wazzer“; Konr. v. Megenberg f. 122, (Pfeiffer 209,17). Das Wasserpfert „rüehelt (rüchlet) als ain pfärt;“ das. f. 138, (Pfeiffer 237,2; cf. 171,8). Mit laut rücheln und mit schnauden“; H. Sachs 1560: IV, III, 97 (1612: IV, III, 209). „Von Rossen ein Dreng und Gestöß, ein Stampfen, Rucheln und Getummel;“ H. Sachs. „rüchlen wie ein Eßel, rudere;“ Voc. v. 1618. Diefenbach 502ᶜ. Vrgl. rülen u. oben, Sp. 21: rochzen u. ruckezen; davon: der Rochzer, mhd. rohezære, rogzære, ausgelassener, lärmender Bursche; BM. II, 760. „Ob einer gerne vreudic wær, den heiz wir einen rogzær“; S. Helbling XV, 42.

Der „Rühling“, (Nordfranken) der Sumpf- oder Teichfrosch. Weigand, Wbch. II, 505; Zeitschr. VI, 68. Vilmar, kurhess. Idiot. 330: Röling. „Eine Art Kroten, die man Reling oder Mömlein nennt;“ Simplicis. v. 1669, p. 408. Vrgl. ruckezen, Ruckezer.

---

70 Der Raijen, des Raijen (opf. Ràiə˜; ä. Sp. der reige, des reigen, mhd. der reie, des reien, ags. râva, Genit. râvan, engl. row. BM. II, 655, Weigand, Wbch. II, 480. Vilmar, kurhess. Idiot. 321. f. Zeitschr. III, 229,5. VI, 132,19. Cf. kärnt. raj, das Paradies, rajni, der Selige; raj, der Tanz, rajati, Tanzen; Jarnik p. 90). a) Die urspr. Bedeutung wol: chorus, ordo, series, wie noch in der englischen Form. So hat das Voc. v. 1618: „Raien, virginalis circulus, virginum vel puellarum corona, chorea.“ „Die Nonne N. N. durch einen seligen Tod unter die himlische Jungfrau-Rayen versetzt;“ Ridler-Kloster. „Darnâch mûsen die leien an den selben reien“, (der Bischof examinierte sie ebenso wie die Geistlichen), wie man jetzt sagt: an den Tanz; St. Ulrich's Leben, Cgm. 94, f. 50, Vers 748 f. b) Die Anstellung Mehrerer zum Tanzen, und das Tanzen selbst, bis man sich neuerdings anstellt, die Tour, le tour. (O.Pf.) Drey, vêiəᶜ ... *Ràie˜* tanz·n; 'ən êiə'st·n, an'eᶜn ... *Ràiə˜* tanz·n. Birlinger 369. Nach Liliencron (in Haupt's Zeitschr. VI, 82). ist der reie der nach alter Sitte der Frühlingsfeier zukommende Tanz im Freien, (verschieden vom winterlichen Stubentanz der Vornehmern). „Nu sach er kommen einen reigen, da giengen leigen, beide vrouwen unde man nach werltlichen siden an;“ also: an einem reigen gên; Diut I, 386. „Es wär vil minner sünd, an dem suntag ze ackern, wan reyen ze füeren an dem tantz;“ Cgm. 478, fol. 2. In dem Todtentanz von Cgm. 270, fol. 193—195 heißt es: „Ich muß an des todes Rayen treten.“ Auch spricht der Knochenmann: „Ich tantz euch vor fraw chaisserin, nun springt mir nach, der Ray ist mein. Ir müßt mit mir den Rayen springen..... Habt jr nun mit frawen hoch gesprungen, des müest jr an dissen Rayen hussen.“ „Man muß es sei einem lieb oder leid an den Reyen“, (muß sterben); P. Procopius; (vgl. oben: a). Münch's Aletheya p. 168: „den reihen planzen.“ Den rayen treten ꝛc. Wenn der Veit Conr. Schwarz, der Augsburger Stutzer, in seinem Trachtbuch bemerkt: „Adi 23 Jul. 1560 hab ich und Hans N. Raienauß auf des N. N. Tantz,“ so meint er vermuthlich, was wir jetzt die letzte Kêr (Tour) oder den Kêrauß nennen. c) (ä. Sp.) Tanzweise, Tanzlied. Einen Reien singen. So manche Reien kommen unter den Minneliedern vor; s. Benecke, Beiträge. Bei H. Sachs (1560: IV, III, 50; 1612: IV, III, 110. 111) heißt es im „Neidhardt mit dem feyhel“: „Darumb wöl wir haben ein Reyen, frölich singen und mit süßem thon; nun hanget an einander on.“ Sie machen einen „Reyen umb den (vermeinten) Feyhel.“ Die Herzogin v. Österreich singt vor, die andern nach:

„Der Mayen, der Mayen,
der bringt uns blümlein vil.
Ich trag ein freyes gemüte,
Gott weiß wol, wem ichs wil
Gott w. w. w. ichs w.

Ich wils eim freyen gesellen,
derselb der wirbt umb mich;
er tregt ein seidin hemmat an,
darein so preist er sich, d. so pr. er s.

Er meint, es süng ein nachtigal,
da wars ein junckfraw fein,
und kan sie jhm nicht werden,
so trawert das hertze sein, so tr. d. h. s.“

Die Herzogin läßt den Reyen fahren und spricht: „Nu han wir den feyhel besungen und ein reyen darumb gesprungen.“ In ganz anderm Ton singt weiter unten (f. 51) Vla Sewfist im Reyen den Bauern vor:

„Was wöl wir von den Dolpeln sagen
und die die kälberen hosen antragen:
Am tantz so vullens jren kragen
an feyertagen;
so laß wirs umbher schweifen.

Do tratt der Kroten Albl daher
und der het an ein Bantzer schwer,
sein messer stürzt er übertzwer,
brumbt wie ein Beer;
so laß wirs umbher schweifen.“

Cf. Rädel, Schnitterhüpflein. Der Ropelreien. „Das ich ietz den mayen gewesen pin pei manigem ropelreyen und auch an manigem end do fraw und gesell ir hend freuntlich theten zusammenschließen;“ Cgm. 439, f. 67ᵇ. (Vielleicht ist zu lesen „Kopelreien“). Th. II, Sp. 1140 u. BM. II, 655: der hopelrei. raijen, verb., tanzen; BM. II, 655 f. Gem. Reg. Chr. ad 1320. „Es sol auch chain frälin noch chain dienender chnecht an chainen rayen mer gan, da die burgerin an rayent“; Augsb. Stdtb. „Tochter, spinn den rocken vnd laß dein rayen;“ Benecke, Minnelieder p. 184. „Eren den meien, singen und reien;“ Renner 1648.

---

rallen, (Allgäu) herumlaufen, wie rollen, 4; etwa als Contractum dem rahelen bey Stalder entsprechend.

Reling, s. oben Rühling.

rellen: „gerellte Bonen, faba fressa,“ Voc. v. 1618 u. 1735. s. rödeln, rollen und rendeln.

„Die Rellmaus glis," (Voc. v. 1618), Haselmaus, etwa von rellen, frendere, zernagen.

rollen, 1) wie hchd., doch nicht sehr volksüblich, und gewöhnlich durch andere Verba, z. B., was den Laut betrifft, durch scheppern, pumpern, was die Bewegung betrifft, durch kugeln, rädeln, rutschen, walzen ꝛc.
80 ersetzt. Indessen wird rollen für das: über Land fahren von Fuhrleuten (Rollern) mit Wagen, die zur Aufnahme von Reisenden, besonders messebesuchenden Kaufleuten, eingerichtet waren (Rollwagen), im 15. und 16. Jahrh. auch bey uns gebräuchlich gewesen seyn. Wenigstens sehen die Wagen unsrer fahrenden Landboten noch jetzt gewöhnlich eben so uncomfortabel aus, als der im Rollwagenbüchlein (einem lustigen Vademecum für Rollwagen-Passagiere) von 1557 abgebildete. Der Rollwagen, carpentum; Voc. v. 1618. „Petorritum, essedum, gedeckter wagen, rollwagen;" Nomencl. v. 1629, p. 134. „Ein kurzweiliger Gefehrt ist anstatt eines Rollwagens;" Albertin's Gusman. Von zotenhaftem Gespräch sagte man: „Das gehört auf den Rollwagen." Der Roller, Fuhrmann. „Und wie es der Roller oder Fuhrmann anschlug, so gieng es"; Joh. Pauli 36 (bey Lessing). 2) Haar oder Flachs rollen, ihn vor dem Brechen ins Feinere durch eine stärkere Brechel (die Rollen genannt) grob vorbrechen. 3) (Passau) die Wäsche rollen, mangen. 4) Gersten rollen, wie man sagt: sie rödeln, renneln, rändeln, zwischen den Mühlsteinen enthülsen. Gerollte Gersten, Perlgraupen; vrgl. rellen. 5) rollen, rollezen, rollzen, röllzen (rǫlz'n), lustig seyn bis zur Ausgelassenheit, schäkern, besonders mit Personen andern Geschlechts. Vgl. Zeitschr. IV, 161. 358,17. VI, 192. 365. „Herumb rollen, vagari, errare licentius," Voc. v. 1618; cf. isl. rölta, dispalari, divagari. Das Geroll, Geröll, Gerollez, Grollez, Grollz, (Nürnb., Hsl., O.Pf.), die lärmende Lustbarkeit, Lustigkeit, Schäkerey; (vrgl. Th. II, Sp. 994 u. 1367: der Grolles, Krolles, lustiges Mahl, Gelage). Das Rollfaß (Nürnb.), der Rollebusch (Eichstdt.), der Rülzbock (Wrdfls.), lustige, das Schäkern liebende Person. Der Rollenbatz, ein wilder, stürmischer Junge; Firmenich I, 475,118, (Köln). ˋVgl. Th. I, Sp. 314: der Batzen, Batz.ˊ Der Roller, die Rollerin, (Selhamer) unzüchtige Person. Zeitschr. IV, 118,26. 466: der Kater; VI, 68: Rölling. ˋVgl. oben, Sp. 85: Rühling.ˊ Bey den Jägern heißt rollen von gewissen Gattungen Wildes: in der Brunft seyn. Vilmar, kurhess. Idiot. 330. Zeitschr. IV, 312. VI, 68. 6) anrollen, a) vom Jagdhund: das Wild, es anbellen, b) (b. W.) Einen, ihn mit rauhen Worten anfahren.

Der Roller, (im Scherz) alte Hausflinte. Vrgl. Stalder's Roll-Schießen, Rolltag, (Schießtag der Landmiliz).

Die Rollen, das Röllelein (Rǝlǝ-l), 1) Rolle, 2) runde Schelle mit einem frey darin herumrollenden Klöppel, Pferdeschelle, nola, niedersächs. Pingel. rölleln (rǝlǝ-ln), röllern, kleine Schellen ertönen lassen. 3) grobe Brechel; s. rollen. 4) auf dem Würmsee ist das Fahren in die Roll (in d' Roll), mit den Rollen, Rollfaren, eine Art zu fischen, welche auf die sogenannten Bodenrenken in der Tiefe abgesehen ist, und wobey vier Personen aus zwey neben einander gehenden Kähnen die Segen nach entgegengesetzter Richtung auswerfen und, sich an einander festhaltend, wieder einziehen. MB. VIII, 354, ad 1520 wird behauptet, daß das Fischen mit den Rollen und Springer auf dem Würmsee verboten sey; vrgl. Schöpf. 5) (Tir.) Rollen sind Schachte im Salzberg, die zur Verbindung eines Berges mit dem andern dienen. Sie bestehen aus zwei dicken, runden und glatten Stämmen, welche in paralleler Richtung neben einander fortlaufen u. einen Fuß breit von einander abstehen. Flurl 46: schiefliegende Bäume zum Abfahren ins Salzwerk.

Der Rollenbatzen, „Rollobatzer," s. Th. I, Sp. 313: Batzen. „Die Constanzer und Ysnacher Dickpfenninge, genannt Rollobatzer, die bisher vier Kreuzer gegolten haben, sollen nun füran um dreyzehn Pfenning; aber die andern, als Zürcher, Berner, Lucerner und andre 81
dergleichen Rollobatzer um zwölf Pfenninge, und die halben Rollobatzer um sechs Pfenninge genommen werden;" Münzgebot v. 1510, Kr. Lhdl. XVIII, 281. Der Rollenbatz, s. oben: rollen.

Die (das) Röll, Gerölle aus lockeren Steinen auf einer Abdachung. Rechterhand neben „der Röll"; Schosser 54. „Da drinnen in *Röll*, (also auch neutr.); das. 58.

Der Röling, Frosch, s. oben: Rühling.

Das Har-röllerlein (Hübn., Pinzg.), die Wasserbachstelze.

Rouland. „En Poitou tel homme s'appellant Roulanc, sa femme s'appelle Roulante, sa fille Rouluche, son plus jeune fils Rouluchet;" Mém. de la société des antiquaires de France I, 225. Mahnt an: „Si j'étais Tribun, ma femme serait Tribune et nous ferions de petits Tribunaux."

rülen, 1) brüllen, wiehern, schreyen; (s. oben: röheln, rüheln und Th. II, 993: grellen). „rülen, rugire;" Gloss. v. 1418. „Wenn du wie ein Roß nach den Weibern rühlst;" Selhamer. „Der Ochs röhrt, das Pferd riehlt;" P. Abrah. 2) verächtlich v. Menschen: heulen, weinen. „Anfieng s' zu schreien u. zu rillen;" H. Sachs 1612: I, 1056. Der Rüler, Rüller, (U.Mayn) Zuchtstier, Farre.

Der Rülp, Rülpǝs, (vielleicht ein verhunzter Eigenname), grober Mensch. Vilmar, kurhess. Idiot. 330. „Die grobe ungehobelte Rilpen;" Selhamer. rülpisch, adj. S. d. folg. Wort und rülzen.

„rulpezen, rülpsen;" v. Delling. Der Rülz, Rilz, grober Mensch; BM. II, 789. Weigand, Wbch. II, 519. Vilmar, kurhess. Idiot. 330. Zeitschr. VI, 97. „Ir hartherzigen groben Rilzen und Filzen," sagt im Cgm. 837, f. 110ᵇ St. Stephan zu denen, die ihn steinigen. „Und sein die pfaffen itzt gar hülzen und gar vil grober dan die Rülzen;" B. Waldis, Fabel IV, 83. s. Rülp.

---

rülzen (rịlz'n), grülzen, a) rülpsen; s. Th. II, 994: b) schäkern, sich scherzend balgen; was rollen, 4. Vgl. Th. II, Sp. 1367: der Krulz.

Der Râm, Rôm (Ram), Ansatz von Schmutz, Ruß ꝛc. an der Haut, sordes; (mhd. râm; BM. II, 548. Weigand, Wbch. II, 453. Zeitschr. IV, 181. VI, 192. 196: die *Ràmme, Rûme.* Dei˜ Gſicht is volləᶜ *Ram*, is ə˜ lautəᶜ *Ram.* „Si padeten harnaschram ab in;" Pitrolf 1809. „Dô er den râm von im sô gar getwuoc mit einem brunnen".... „Ein wazzer iesch der junge man, er twuoc den râm von im sân under ougen und an handen;" Parzival (Lachm. 186,1. 228,1). „Den laster nie beruorte noch keiner missewende ram;" Maßm. Denkm. I, 141. „Ihr (der Handwerker) Schmutz und Roum an den Händen ist jhn ein größere Ehr, dann ein guldiner Ring;" Seb. Frank (1601), f. 233. Das Ræmlein (Ráml, Reiml, ObrM.), was sich bey Bereitung von Mehlspeisen an das Kochgeschirr anbäckt oder ansetzt, und gewöhnlich als besonders schmackhaft abgescharrt wird, le gratin; bey Adelung: der Rähmel; Unreinlichkeit von Speisen und drgl., die sich z. B. am Gesicht, besonders von Kindern, angesetzt. Du bist voller *Ramln.* (vrgl. Râum). Der Ramel, (Obrm.) rußiger, schmutziger Mensch, (bey v. Delling: „Ramastel"); schwarzgestreifter Metzgerhund.

rämig, adj., rußig; BM. II, 548. *ràmig*, *rumig*, schmutzig; (Kitzbühel). Zeitschr. III, 91. „Der sich an den Keßel strichet, der wirt gern romig;" Diut. I, 324. (Gl. a. 261 steht bey furvus sowohl raamac als hramac; Graff II, 511. vrgl. ramm, corvus). berâmen, berǣmen (brámə˜), berämsen (brámſ'n), rußig, schmutzig machen. BM. II, 549. Zeitschr. VI, 192. „Bos lassus fortius figit pedem an alten kesseln ramet man sich gern"; Monac. Augustin. 283, f. 5^b. Vilmar, kurhess. Idiot. 314: sich rämen. sich anrǣmeln (à˜rámǝln), sich ansetzen. S. Räum und Raum.

Die Râm, der Rahmen; (ahd. rama, mhd. rame,
82 reme; Graff II, 505. BM. II, 551. Weigand, Wbch. II, 453. Zeitschr. VI, 196: *Rûme*). „Ram fürs Fleisch, carnarium; Folterram, equuleus;" Voc. v. 1618. „Span ez auf ein rome;" Cgm. 821, fol. 108. 109. „râma, columna, sustentaculum," gl. a. 621. o. 43. 138. „diu rame" (des Webers); Diut. II, 123. Borten dringen und wirken an der ram, ir (der Nonnen) deheiniu het sin scham; Cgm. 717, f. 98. Das Râmstuck, s. Adelung. S. auch Rem und der Riemen, 2.

berâmen, anberâmen (nach Gramm. 113 öfter beraumen geschrieben, Canzl.Sp.), bestimmen, festsetzen (einen Termin, Tag); ein Rest des ahd. râman und râmên, mhd. râmen, rǣmen (Graff II, 504. BM. II, 549. 551. Weigand, Wbch. I, 39. Vilmar, kurhess. Idiot. 314) eines Dinges, darnach zielen, trachten, (Otfr. III, 1,35. IV, 17,3. Notk. 21,1. 33,1. 77,57); noch niders. râmen neben râm, m., Ziel, isl. aber ramma. „Der vogel (Pellican) scherzt mit seinen kindeln ... und in dem spil râment im diu kindel der augen"; Konr. v. Megenberg f. 122^b, (Pfeiffer 210,8). „Dô râmeten im in den werken der gothait unser altväter der augen"; das. 123^a (Pf. 211,3). „Swer den geitigen pitet sines gutes der remet sines vleisches und sins plutes;" Renner 7953. „Wer posheit rempt und lasters zilt wirt alls zu lest auff sie gespilt vorn beseycht und hinten beschissen;" H. Folz. `„Und rempt mir des angesichts mit der faust;" Keller, Fastnachtsp. I, 331,26.´ Bey H. Sachs heißt es einmal: „Daß sich jr jedes fleißig rehm, und nur seines geleichen nemb," was wol auch noch hieher gehören mag, sowie: „Wann Rew dein hercz hat auffentleunt, so scholtu dich ains priesters remen und gancz und gar vor im verschemen;" Cgm. 714, f. 258. „Welcher man nimer keiner zucht sich rempt;" Cgm. 713, f. 26. 154. „Swaz (des Wildes) in (ihnen) kumt in die rǣme, daz wirt gefüeret an dem satel sider;" Labr. 215. „Kumt aber ez im selben in die rǣme;" das. 450. „Ich stê zu râme sam ein wilt daz die hunde buffen an;" Sachsensp., Vorrede Vers 89, (Homeyer, 2. Ausg. p. 13). s. unten: remen.

Der Ramm, (VII Communi) der Rabe; (gl. a. 226. i. 828. o. 202. Notk. Ps. 146,9: hram, corvus, corax, nach den alten Eigennamen wie Chramnus, Chramnigis, Adalramnus, Angilramnus, Fideramnus, Gunthramnus, Lantramnus, früher wol hramn, und dem ags. hrämn, hräfn, isl. hrafn, und somit unserm ahd. hraban, raban — gl. o. 209. 447. Willeram 5,11 — entsprechend. Graff IV, 1146 f. BM. II, 546 f. Weigand, Wbch. II, 449). Das ahd. nahthram, nycticorax, (gl. a. 468. i. 665. o. 108. 169. Graff IV, 1147. BM. II, 547. Weigand, Wbch. II, 449) kommt noch in einem fliegenden Blatt v. 1644 für caprimulgus vor: „Ihr Moßkühe, Nachtrammen kommt alle zusammen."

Der Ramm, des Rammen, auch wol der Rammer, (b. W.; o. pf. L.Ord. v. 1657, f. 544) der Schafbock, Widder; Graff II, 505. Weigand, Wbch. II, 455. BM. II, 552. Birlinger 373: Remler (vgl. remmeln). Zeitschr. III, 498. IV, 160. 157: *Römmar*; V, 476: Ramsch, Ramschel. Gl. a. 504. 541. i. 498. o. 203: ram, pl. remmi; ags., engl. ram, aries, (vielleicht in Zusammenhang mit dem isl. adj. ram-r, fortis). „Arietum, dere widere, ramme;" Cgm. 17, f. 213^a. „Vervex, rammil ader per"; Denis, codd. theol. I, II, 1331. „Beatus ergo Ramvoldus, qui desiderium suum, quod habuit in Dominum, optime prodidit vocabulo Arietis volentis;" Arnolf. de S. Emmerammo, ad ann. 1030 circa, in Canis. ant. lect. II, 129. Vom salzb. Bischof Adalramnus († 836) sagt ein gleichzeitiger Autor (Hansiz II, 126): „Nobilis hanc Aries cognomine dictus avito dignanter chartam perlegat ore sacro." Mabillon, anal. 348. Ob durch Aries eben Adalramnus gemeint sey, bezweifelt Sanftl (Catal. III, 1576), da schon vor 804 — Adalramnus wurde erst 821 Erzbischof — Alcuin einen Bischof Aries nennt." Die alten Kräuternamen „rames ore, herba salviarum, römes or, herba salutaris," (Voc. v. 1429), rames adra, strignus, herba salutaris, (gl. o. 94. 469) gehören wol ebenfalls hieher. Auch die hchd. Ramme,
der Rammklotz oder Rammblock scheinen eine figür- 88
liche Beziehung zu haben. BM. II, 552: die ramme. Weigand, Wbch. II. 455. `Die Rammsnase, gebogene Nase; Vilmar, kurhess. Idiot. 314. Weigand, Wbch. II, 455.´ Der Rammel, Hund mit schwarzer Schnauze; (ObrM.). Vrgl. d. folg. Wort.

Die Rammeln, pl., die Hoden, testiculi. rammeln, (b. W. remmeln), von Schafen, Hasen, Katzen: coire. Weigand, Wbch. II, 455. (Gl. a. 68: rammalod, coitus; i. 224: remmilontemo, admissario sc. capro, i. 529: rammilunga, admissura, i. 531: rammilotun, ascendebantur. Graff II, 505). Der, die Rammel (v. Dell.), Ramling, Ramlerin (Voc. sec. XV.), dissoluta virgo. BM. II, 552. Vrgl. d. vorige Wort.

rammeln, (Nürnb., Hst.) nicht wohl von statten gehen: es rammelt, thut nicht gut. Vrgl. remmen hemmen.

`rammeln (im Bergbau), der Rammelsberg, s. unter: Rumel.´

ramatten, besonders mit Vorsylben 'runte', z'samramatten eine Sache, sie vollends zu Grunde richten; (ziemlich das spanische rematar; Diez, Wbch. 512). Lori, Brg.R. 267: „Gott lästern, romothen, Unzucht treiben" — wol für romoren. (Vgl. niders. ramenten, holl. ravotten. `Brem.-niders. Wbch. III, 430. Vilmar, kurhess. Idiot. 314. Zeitschr. IV, 456. Firmenich I, 181: romenten, lärmen, toben). „Bald wend euch on alls nachgedenken odr es wird im Ramatus wern", droht der Edelmann-Räuber dem badfahrenden Abt, der nicht mit will; H. Sachs 1560: V, 340 (1612: V, III, 4).

Der Ramasch, (Herwig's Journal) das Kerbholz; (s. Rabüsch und Remisch).

Raimen. „Damit in dem untern Werd niemand überführe, wurden in den jenseitigen Donauarm Raimen gelegt, auf der Landseite aber von den Söldnern die Rundgänge häufiger vorgenommen;" Gem. Reg. Chr. III, 480, ad 1471. Vermuthlich, wenn anders kein bloßer Schreib- oder Lesefehler statt hat, was man sonst in der Wasserbaukunst Riemen nennt, nemlich nach Voch: „lange, wagrecht oder überzwerch an die Köpfe der Pfähle befestigte Hölzer." (Vrgl. Gramm. 148 u. 304.) Sollte die Form Raimen wirklich gegründeter seyn als Riemen, so würde sich der Ausdruck Riemling (w. m. s.) nach Gramm. 148 hier als Raimling anschließen, und es wäre ein Gedanke an Otfrid's irreiman (II, 14,120, neben irrîman, IV, 2,13), obtingere, contingere, erlaubt.

„raumen, in aurem dicere," Voc. v. 1618; „rawmen, romen, susurrare, mussare;" Voc. v. 1429 und 1419. Diefenbach 373^c. 570^a. Einräumen Einem etwas, es ihm einschwätzen, ihn dazu bereden; (b. W.). „Zuo dem heimgarten gên und dâ vil gerûmen und gelachen;" Br. Berht. 353, (Pfeiffer 481,28: geruemen). Fur de re tacita si quando locuntur amici conscius ipse sibi de se putat omnia dici: der dib ist ân eingste nicht do er vil geraumens sicht"; Fridancus, Clm. 237, f. 228. „Jr rawmen füret falschen grus;" Cgm. 714, f. 178. „rumere, runizare, susurro," gl. o. 63. Also nicht blos jüngere Entstellung aus raunen (w. m. s.). Vrgl. auch rauen (oben, Sp. 1) u. unten: Römer.

raum. Das dieser Form entsprechende rûm der ahd. Sp. war ein Adj.: rumiu, (gl. a. 109) spatiosa, rumaz, (Otfr. III, 18,61) remotum, (niederd., agſ. rûm, isl. rûm=r, goth. rûm=s), wozu die Adv. rumo (agſ. rume), procul, longè, rûmana, von ferne. Graff II, 508. BM. II, 789. s. unten: geraum. In oberl. Akten des 17. Jhrh. kommt noch vor das Adj. fueß=raum für gangbar: „Als die Gebirg von dem gefallenen Schnee wieder fueßraumb worden." „Weilen dann mitlerweil die berg fueßraumb geworden;" Bericht des Pflegers v. Marquardstein (1656). In einer Münchner HS. (sec. XV.) heißt es: „Dem flucht got als dem feygenpam, der nit trug frucht und stuend gerawm", (leer?). Der Raum,
84 s. unten, hinter dem Verb. raumen (rámə˜), wie hchd. räumen; (ahd. rûmjan, mhd. rûmen; Graff II, 508. BM. II, 790. Weigand, Wbch. II, 468): 1) ein Ding, es entfernen, wegschaffen. Staine, Stöcke, Buschwerk, Bäume, Lâub raumen. „rawmen oder rawtten" Voc. v. 1431. 2) metonymisch: einen Ort, ihn dadurch, daß man etwas davon entfernt, reinigen, frey machen. Den Stall, die Wiesen, die Egerten (von Mist, Steinen) raumen. Raumhaufen (v. Reisig, Ästen, Zweigen) brennen auf Weiden, Wiesen und Ackergründen. „Hast den reitwetschger geraumet mir," ausgeleert (diebisch); H. Sachs 1560: V, 359. Ein Haus, ein Land raumen, sich daraus entfernen; mhd. ez rûmen, bey Notk. 101,7 elliptisch blos: rûmen, fortziehen. „Wenne ez (daz aichorn) daz lant raumen wil umb sein narung und ez über ain wazzer muoz"; Konr. v. Megenberg, f. 95, Pfeiffer 158,14. „Winder hat ez hie gerûmet," der Winter ist fortgezogen; Benecke's Nithart 50,3. Firmenich I, 538: *raumt aan!* schert euch! Stat rûmen, locum dare, gl. i. 376, und elliptisch: Einem rûmen, ihm weichen; a. 73. Notk. 43,3. 54,13. 108,115. Doc. Misc. I, 46. Das Voc. v. 1618 hat die R.A.: „Von der Leber raumen, stomachum narrare. Seim Herzen raumen, exonerare conscientiam suam." „Mit rede doch ein man sîm herzen rûmet;" Labr. 646. „Brust raumen stozzet schier herfür" (beim Zornigen); Renner 13993. 'Die Arbeit raumt mir, geht mir von statten; Vilmar, kurhess. Idiot. 318.' raümig werden eines Landes, (L.O. v. 1553, f. XII) es verlassen, sich daraus entfernen. „Einer Missethat halber landtreumig werden;" L.R. v. 1616, f. 723. „Muſt werden ganz landraumig"; H. Sachs 1560: II, IV, 24. BM. II, 792: lantriumec. abraumen, 1) ein Ding, es entfernen. 2) einen Ort, ihn reinigen. Grimm, Wbch. I, 86. Der Himmel ist abgeraumt, frey von Wolken. 3) scherzhaft: abraumen Einen, wie abrausen. aufraumen, wie abraumen, 1. 2. 'Einen aufraumen, ihn erheitern; vgl. hchd. aufgeräumt, heiter; Grimm, Wbch. I, 704,4.' „Nu' án Most, Mirl, und geh, *rám* mi' du á weng *áf*, dáſs i' denna' mán Zorn wieder schlünd· und vo'sauf·," sagt der Spieler zur Kellerin; Stelzhamer 126. Der Raumauf, der gerne aufräumt; besonders ironisch, also: der gern in Unordnung bringt. ausraumen, 1) herausnehmen; 2) durch Herausnehmen reinigen; Grimm, Wbch. I, 929. R.A. *'s Mál ausrámen* gegng Aə˜n, ihm recht die Meinung sagen. einraumen, hineinthun geben. Zesamenraumen (zsámrámə˜) etwas, zusammenthun, in Ordnung bringen; z. B. die Hâr, componere capillos; sich bereit machen, anschicken. Därfst *di'* scho˜ bald *zsámrámə˜*. Der Raum (Rám), 1) die Handlung des Entfernens, Wegnehmens. Einen rechten Raum (Griff, Prise) machen. 2) was entfernt, weggeschafft wird. Raum=Köt, Abraum, Unrath, Schutt, Erde; cesk. rum, m., Schutt. Abraum, (Jir.) Äste und Zweige der gefällten Bäume. (Die heroische Redensart: „Sich mit Rûm bedecken" wurde — besonders zu Napoleons Zeit — am Ober=Rhein nicht ohne Grund sehr zweideutig ausgelegt.) 3) Ort, Platz, der durch Wegschaffung von etwas frey geworden, — besonders ein ausgereuteter Platz — wie Reut, Ried. 4) bestimmter Platz, der etwas aufnehmen kann; der Hêu=Raum, Heu=Boden in der Scheune; das ganz abstracte Raum (gl. a. 109. 130. i. 926 als Ableitung vom Adj. und wol fem.: rûmi, rûmin; agſ., isl., goth. rûm) ist nicht eben volksmäßig, und wird lieber durch Platz gegeben. Geraum, Spielraum, Muße. „Da ihr Geraum genug habt;" Gem. Reg. Chr. IV, 214. geraums (gráms, O.Pf.), adv., weit, geräumig. geraumsig (grámsi), adj., aufgeräumt, munter; (Hauser). (Vrgl. hchd. geraume Zeit, aber auch das agſ. rymet, locus, spatium). geraumlich: „Daß man von einer Saul zur andern geräumlich sehen möge;" Lori, Lech=R. 389. (gl. a. 270: carûmo, oportunus). Graff II, 508 f. BM. II, 790. Weigand, Wbch. I, 417. ungeraum, enge; BM. a. a. O. „Von der piern gesmach werdent die frawn an jr haimlichait ungerawm das sy nicht leicht geperen mügen"; Progel's Medic., Ms., f. 101ᵃ 109ᵇ. Das Geraümt (Grámt), plur. die Geraümter, ausgehauener Richtweg im Walde.

beraumen, s. berâmen. 85

Der Râum (Rám, schwäb. Ràm), der Milch=Rahm, die Sahne; s. Gramm. 171 ff.; (mhd. roum; Grimm I³, 368. BM. II, 775. Weigand, Wbch. II, 453. Vilmar, kurh. Idiot. 318. Zeitschr. II, 414,101. cf. Râm, das im Schwäbischen gerade wie dieses Rô laute; Menzel's Literaturbl. 1837, p. 471). Süeßer, saurer Râum. „Oxigallium, Milchräm;" Hbn. Voc. v. 1445. „Simelkuchen in milroum brocken;" Cunrat v. Dankrotsheim, Namenbuch, Strobel p. 108. „Vrouwe, swaz iuch ezzens sûm, wær ez in guotem milchrûm, si (die Farseln) mehten bezzer niht gesîn"; S. Helbling I, 1055. Der Râumkoch, Râum=Strudel, Speisen, mit Sahne bereitet. râumen (rámə˜), von der Milch: Sahne ansetzen, schott. to ream. ə˜ *grámətè* Mili', Milch mit Rahm. abrâumen die Milch, die Sahne davon abnehmen. Anm. Für cremor (lactis) gilt im Niedersſ., Holl. room, agſ. ream, rem, schott. ream, isl. aber riômi, in der Schweiz hört man neben Rôm (Tobler 368. Zeitschr. V, 487), wenn ich mich recht erinnere, auch Rûm, und für unser Ráml (s. Râm): Rûme, Rûmətə, was die Bestimmung des eigentlichen Vocalbestandes — ob Râm, Rôm, Râum, oder gar Raum, d. h. ahd. Sp. rûm — schwierig macht. Der Begriff des weggenommen werden Könnenden oder Sollenden liegt sowohl in Râm als in Raum und Râum; ersterem steht, der Bedeutung nach, im Agſ. hrum, im Isl. gar hrîm, fuligo, zur Seite.

Die Rem, a) mitunter was die Ram, (w. m. s.). BM. II, 551. „Dô liz her si (St. Agathen) ûf hengen an eine remen, und liz mit îserînen kammen ir vleisch abe zihen"; Herm. v. Fritzlar, Pfeiffer 85,10. b) Gestell von Leisten oder Brettern für Geschirr, Werkzeuge ꝛc. Schüßel-, Kochleffel= ꝛc. Rem. „Ist er an ain scharpff eck am ofengerem gefallen"; Hieron. Harder v. Überkingen (1584), Cod. iconogr. 3, f. 68. c) (nach v. Koch=Sternfeld, Salzb. und Bercht. II, 378 im Pinzgau) Tenne, Scheune, (nach Fürst's Bauernzeitung 1819, Nro. 34) „Tenne=Balken," (nach Hübner) Brücke; (Jir., Pinzg.) Brücke, Schupfe, Scheune, Tenne. d) Heu=Boden in der Scheune, Hêu=Rem; (Jir.) Rehm, Heustadel größerer Art, Heulege; (Pf.=Jir., Lofer) Remmel, die Heulege u. wo auch gedroschen wird. e) Falle, Schlinge, die man Vögeln stellt. „Das er leckerlichen chan und schon gen ir gepären vnd wol der zeit chan fâren, wa si im lauffet in die rem (in die Schlinge), so macht er ir bald widerzäm all (andere) man vnd liebet sich allain;" Cgm. 270, f. 148.ᵇ „Bogen, Rhem und Sprinken stellen" ist in einer wirzb. Verordn. v. 1559, das kleine Waidwerk betreffend, verboten. 'Gehört hieher auch': „Do bestund der herre eine an des stades reme"; Diemer, Ged. 28,11? (Haupt verbessert „reine"). Diese Bedeutungen sind schwer unter einen

Hut zu bringen. Unter dem Begriff des Hebens, des Haltens in die, in der Höhe (s. ráma unter Ram, u. vgl. „uparæmde," rose up, Caedm. 203,29) könnte vielleicht an das goth. us-hramjan (curcifigere) gedacht werden, welchem Worte indessen J. Grimm, S. 123. 844 der d. Rechts-Alterth., die hieher nicht minder passende Bedeutung figere und Verwandtschaft mit dem Rechtsworte adrhamire (nach Grimm: befestigen, firmare) einräumt. Vrgl. etwa auch das isl. ram-r, fortis, rema, confortare, — und das alte râmên (s. berâmen, womit gewöhnlich jenes adhramire zusammengehalten wird), auch ags. hremman, impedire. Vrgl. oben, Sp. 89: Râm.

remen, a) sieh râmen. b) remen, einremen einen Wagen (ihn hemmen) mit der Remketten oder dem Rem-Schuh; (Aschaffenburg). BM. II, 675: geremen. ungeremt: „Si lebten doch ungrembter sitten mit sehr vil lastern verschnitten;" H. Sachs 1560: II, II, 78^a. Vrgl. rammeln, Ramm und Rem.

remen, geremte Heirat, s. rennen.

Remassori, Remassuri, (Wien) Ausgelassenheit der Kinder und des Gesindes in Abwesenheit der Eltern. Castelli. Wbch. 219: die Remassori; Seidl, Flins. (1839) II, 79. 102: das Remássuri, Lärm, Gepolter.

86 remmeln, a) (b. W.) was rammeln. Der Remler, Stier; Birlinger 373. b) Gersten remmeln (Schweinfurt, Lex. v. Fr. V, 689), sie zu Grütze oder Graupen machen. Vrgl. rendeln, renneln, rellen, rollen, redeln, und vielleicht selbst Riemisch. Meisremel, Meisrimmel, Familienname; s. Th. I, Sp. 1671: Meis. rimmeln, zerrimmeln, malmen, zermalmen; (Weihers; Prof. Dr. K. Roth).

Remedius, der heilige, heiße in der Volkssprache Rem, sagt Fr. X. Mayer's Tiburnia p. 161.

Remey, St. Remigius. „Gotzhaus des lieben Herren bischofs und nothelffers sand Remeyn zu Awrpach," (St. Remigius im Innviertel, 1417); Cgm. 3941. f. 10^b. 21. „Der heylig herre sand Remey sult beleiben pey seinem guet er und sein gotzhaws"; das. 53^a, (ad 1402).

Der Reim, Reimel, Reimen, a) leichter Reif oder Dunstniederschlag, wie er sich im Winter an den Zweigen der Bäume, an Haar und Wolle, an Wänden der Zimmer u. s. f. bemerken läßt; (ahd., ags., isl. hrîm, pruina; niedersächs. *Rim*, Firmenich I, 446,1: *Rauriem*, Reif. Graff II, 506; cf. IV, 1154. Weigand, Wbch. II, 480. Zeitschr. VI, 192). b) weißlicher Duft an einigen Obstarten, als Schlehen, Zwetschgen. c) (Rotthal) was sich ans Geschirr ankocht; (s. Ræmlein). bereimen, verreimen, mit Reif überziehen. 'Bám, sán' *vǒreimt*. D' Feldər sán' ganz à˜pfreimt, weiß von Reif. I' maə˜, du werst á' schaə˜ à˜pfreimt, bekommst graue Haare. — Zeitschrift V, 125,4,11: à˜g'raimt. reimeln, anreimeln, bereimeln. „Taz reimeln („rymeln") an der päum esten winterszeit;" Konr. v. Megenberg f. 51^b. „Dem menschen bereimelt sein bart oder hâr;" ders., Cgm. 589, f. 30, (Pfeiffer 85,22.27). Sp. W. „Wenn in den zwelf Nächten die Bäum' reimeln, gibt's vil Obßt." *Pfreimlən*, der bei großer Winterkälte in der Luft schwebende Reif; (Baader). Im b. W. sagt man: Dà bin I zuə-r-i oder à˜-kemə˜-r-um ə˜ *G'reim'lté*, (fehlt ein Subst. fem., doch nicht Milch? cfr. Râum), ich habe mich selbst betrogen, in Schaden gebracht, bin angerannt.

Der Reim und der Reimen, wie hchd. Reim. R.A.: *Reim di'*, odər I fris di'! Vielleicht liegt der, nach der jetzigen technischen Bedeutung des Wortes blos figürlich genommenen R.A. sich reimen zu etwas noch die ursprüngliche des alten Ablautverbs gerîman, contingere (Otfr. IV, 2,13) zu Grunde. Dazu kommt bey ebendemselben (II, 14,120) ein abgeleitetes irreiman in ähnlichem Sinne vor; auch hatte unsre ahd. und die ags. Sp. noch ein anderes abgeleitetes riman, numerare, (gerimit, numeratus, Tat. Matth. 10,30. MM. 160. Otfr. I, 11,52) und

ein Subst. rîm, numerus, ags. gerîm, computus, calendarium; in letzterem Sinne noch isl. rîm. Gl. a. 154 steht: rima, summa. Graff II, 506. BM. II, 703. Weigand, Wbch. II, 481. — Daß indessen die rima, rime, ῥίμα der südlichen europ. Sprachen, dem Wort und der Sache nach, gerade deutschen Ursprungs sey, ist nicht wahrscheinlich. Das Ohr germanischer Völker war für die Wiederkehr gleicher Anfangs-Consonanten der wichtigern Wörter geschärft und durch sie ergetzt — (eine Erscheinung, die mit dem Princip der noch im gothischen Dialekt lebendigen Reduplication der Präteritalformen zusammenhangen mag) — während der, freylich später auch nordwärts gedrungene, Gleichklang der Vocale (Assonanz sowohl, als eigentlicher Sylbenreim) vom sinnlichern Süden ausgegangen und dahin zunächst durch die Araber gekommen seyn möchte. Vrgl. Conde, Histor. de los Arabes en España, prologo p. XVIII.

Nach San-Marte's (d. i. Albr. Schulz, Regierungsrath in Bromberg) von der Cymreigiddion Society zu Abergavenny in Wäles (Grafsch. Herford) 1840 gekrönter Preisschrift „Über den Einfluß der wälschen Traditionen auf die Literatur Frankreichs, Deutschlands u. Skandinaviens" geht der Reim von den Gaelen aus. (Vgl. San-Marte, Arthursage, p. 76—84: der Reim celtisch u. im Latein gebraucht erst seit die Celten in Gallien und Britannien christlich. Ambrosius, geb. 333, ältester Reimdichter. Augustin, † 430: Psalm; dessen opp. Lyon 1586, VII, p. 3). „Eadem syllabarum terminatio monotona in medio et in fine versus Hibernis jam a quarto seculo in usu;" C. O'Connor, rer. Hibernicar. scriptores I, p. XXIII. CLXV. CLXXII. CLXXIII. CCXLIV et ibid. Prolegom. p. LXVI seqq.

Auch das Sanskrit reimt, und zwar den zweiten Fuß, wie wir den letzten. So war dieser Sprache die Alliteration nicht fremd. Selbst im Chinesischen kommt der Reim vor. (Über chinesische Reimkunst s. Blätter f. lit. Unterh. 1839, p. 870: Anzeige von „Chinese courtship in verse by P. P. Thoms, Macao.) Oth. Frank (d. morgenländ. Handschriften d. k. Hof- und Central-Bibl. in München) p. 22 f. zum Cod. pers. (Cim. III, 2, h.) über poetische Wortzauberkraft:

I felekra hewai kederi tu jar
wi melekra senai sederi tu kar

(O du, den himmlischen Kreis in der Liebe deiner Macht erhaltend und dem Engel das Lob deiner Vortrefflichkeit einflößend).

So gut sich nun der Ausdruck Reim aus den angeführten altd. Wörtern erklären ließe, würde ich doch auch für ihn lieber südlichen Ursprung, und Entstellung der rima aus rythmus, ῥυθμός annehmen, um so mehr, da im Slawischen wirklich noch Ρήθμα, f., für Reim gilt. Vgl. Graff II, 494. Clm. 4382 (sec. XV.), f. 173—177: „Ars rymatisandi seu componendi rigmata (rigmos)" scheint als von riga abgeleitet gedacht. Das. f. 177:

„Jam oportet me dictare
et rigmatice probare
facultatem in hac arte
mihi datam hac pro parte.

Rogo hinc potentem deum
ut confirmet rigma meum
et non curve contra artem
ponam ibi nullam partem.

Sed ut regulari nodo
ipsum complem dulci modo
ut iocundum audienti
sit mis rigma et legenti."

De rigmis, Clm. 3941, f. 175. „Per metra et rickmos" schreibt Otto Ebner von München (1440), Monac. Francisc. 158, f. 233. „Secuntur alii rickmi vel versus;" Poll. 426, f. 123 (v. 1469). „Proverbia in riemis ordinata"; Ind. 205, f. 157. Vgl. oben, Sp. 46, ricken: rickmatica st. rhythmica.

Die Eintheilung der Reime in stumpfe (männliche) und klingende (weibliche), rührende, schnurrende, 87 schillernde Reimen, Schlag-Reimen ꝛc. unter den Meistersingern s. bey Wagenseil, de civitate Noriberg. p. 519 ff.

reimen, (Pusterthal) viel Unnützes reden. Staffler I, 115. sich reimen. „Do chert er (der Ritter) daz haubt dez rozz gegen dem aufgang der sunn vnd sprach zů dem chünig: secht herr, der wint hat sich verchert gein orient. Do antwurt der künig: wie reymt sich daz in dem wind? Gesta Roman., Cgm. 54, f. 47ᵇ, (Keller p. 92).

reimen, s. raumen statt raunen. Gereim, in gereims weis, sieh rennen, c.

rimmeln, s. remmeln.

'Rimberg, auch Rimberg, Ort in Oberbayern.' Sollte Rimberg aus Roninberg (s. unten: die Ronen) entstanden seyn? „Pachaupt, Gundamsried, Roninberch"; Scheirer Cod. cum pict. no. 7ᶜ, f. 12. „Predia duo in Gundamsried ... Quidam Vrowinus de Roninberch debit nobis predium unum in Roninberch;" Clm. 17420, f. 46ᵃ. Cod. Schir. Cbm. 52 (Clm. 17421), f. 46ᵃ. MB. X, 399. Einem des Staatsverraths (!) verdächtigen Dr. Theodor Rimberger schickt der löbliche Untersuchungsrichter v. Seifrid zu Bamberg am 4. July 1849 einen Steckbrief nach in der Beilage der Allgem. Ztg. Nr. 191.

1) der Riemen, Riem (Reəm), wie hchd. Riemen, (ahd. riumo, riemo, mhd. rieme, agſ. reoma, aber isl. reim, f., selbst slawisch remén'. Graff II, 510. BM. II, 699. Weigand, Wbch. II, 495). „Mîner stæte riemen;" Labr. 2. „Mit baiden sporen ich mante und mit des luders riemen"; Valkn. 111. Der Schnüer-Riem (Sohnüərəm) über dem Miederlatz unsrer Land- und Stadtfrauen und Mädchen kommt wol kaum mehr als eigentlicher, d. h. lederner, Riemen vor. Der rückriem, Rückgrat; Cgm. 700, f. 87. Calender v. 1483. Cgm. 120, f. 19. „Succidia, gesalzen Riemen von schweinen Fleisch;" Voc. v. 1618. Gebete des begleitenden Geistlichen, „wenn der arme Sünder mit glüenden zangen gezwikhet oder auch aus ihme Riemen geschnitten werden"; Cgm. 4603 (sec. XVII—XVIII.), f. 313. Vielleicht ist mit diesem Fleischer-Terminus verwandt die R.A. Selhamers: „Es geht an die Riemen;" einmal aber: „Es geht an das Rühmen", (ans Sterben). Die R.A.: „Breiten Riemen sneiden auz ander Leuten Leder" schon bey Br. Berhtolt; Cgm. 632, f. 94. Riemenstechen, ein Glücksspiel (bey Adelung beschrieben), schon im Augsb. Stadtb. (Freyb. 5) vorkommend. „Riemenstecher und kegler wurden nie so groze trugner als leider valsch geistlich leute;" Renner 10441. „Gaukeler riemenstecher und regeler;" das. 21814. Vgl. Th. II, Sp. 1231: Kegler, u. oben, Sp. 70: Regler. Das Geriem, wofür des Fürsten Wappenmeister zu sorgen hat, in einer Rechn. v. 1392. Freyb. Samml. II, 109. Der Riemer, Riemerer, Riemenschneider. Riemerer und Nestler. Der Weiß-Riemerer, Wasenmeister, der zugleich weiße Riemen zu Drischeln ꝛc. verfertigt.

2) der Riemen, Querholz im Wasserbau; sieh oben: Raimen. (Niederſ. ist Remen, gl. o. 311 riemo remus; 'ebenso mhd. der rieme das Ruder, die Ruderstange; BM. II, 700. Zeitschr. III, 31.' Firmenich I, 13,₁₁, Helgoland: *Riahmen*, Ruderstange; das. 512,₉. 514,₃₈, Siebengebirge: *Röhm*, *Bonnröhm*, Bohnenstange. Der Riemling (Rəəmling), Brett von 2 Zoll Dicke und 15 Zoll Breite; Generale v. 1768. L.R. v. 1616, f. 764. „Holzpfosten oder Rähmlinge;" Mauth-Ord. v. 1765. „riemling;" Ms. v. 1500. „Beichten Riembling," (1613); Cbm. 2224, f. 87. Von Ram und Rem steht indessen unser Wort, dem Vocal nach, ab. Ist, wie es scheint (s. kriegen), ein Wechsel zwischen ie und ei annehmbar, so kann Riemen in seinen beiden Bed. mit Raimen zum alten girîman, contingere, gehören.

„Riem, cannale;" Furstenzell 44, f. 21. „Doma, fastigium, virst; cannale, riem; stillicidium, trauf," (vom Hause); Clm. 5387, f. IIᵇ.

Riemling, eine Sorte Äpfel; vgl. Th. II, Sp. 1492 u. Nemnich III, 580. 581: Striemling, Streifling, malum striatum.

Riemisch (Reəmisch), Remisch, Römisch, Ausdruck für das Roggen-Mehl von den zwey ersten Gängen, also das beste, von Kleyen möglichst reine, oder Beutel-Mehl: das Riemisch-Mel, oder auch blos der Riemisch, (wo vermuthlich Roggen hinzu verstanden wird). Nach Gramm. 350 dem alten adj., rœmisch (von Rôm) entsprechend. „Der römische Rocken, d. i. das Beste vom Rockenmehl;" Gemein. Reg. Chron. IV, 91, ad 1504. Riemisch Brod. Im Augsb. Stadtb., Walch p. 74, (Cgm. 559, f. 18 u. Cgm. 560, f. 13) kommt vor: „vbâwtelt aber er (der Beutler) den roggen durch ainen römischen (remischen, riemischen) beutel." Birlinger 375. Demnach scheint das Wort eigentlich ein Adjectiv zu seyn. Allein die eigentliche Bedeutung desselben ist dunkel. Es kommt dazu auch vor ein Verb: riemischen, 1) Mehl von dieser Sorte bereiten, es beuteln; 2) den Mühlstein zur Bereitung solchen Mehles in Stand setzen. „An den Orten, da man das Mel an der Mül nit peütelt oder 88 römischt, sol der Müllner umb den dritten tail mer mel, als des Korns gewesen ist, antworten; aber an den orten, da man pflegt das mel an der Mül ze peutln oder römischen, da soll ain jeder Müllner von 6 Metzen guts Korns neunthalben metzen Mel und anderthalben metzen Kleib — und von dem geringstn achthalben metzen Mel und zwen metzen Kleib antwurten;" R.Ord. v. 1553, f. 142; cfr. L.R. von 1616, f. 635. „2 dn. von einem Schafl Rocken zu beutln durch den Straiffer; 4 dn. von einem Schafl Rocken zu römischen; 5 dn. von einem Sch. R. durch den Semelbeutl zu beuteln;" Münchner Ordnung des Pachens im Rogkhen auf geromischt gut," (sec. XVI.). Bekanntlich geschah das Beuteln ehmals von der Hand, und erst um 1487 fieng man an, dasselbe gleich durch das Mühlwerk verrichten zu lassen. (cfr. beuteln.) „Zur Beförderung der Peckhen und Melber sollen nach Gestalt der Mühlen ain, zway, drey stain zu dem Semmelmeel ausgerömischt seyn." „Es soll ein jeder Gänger dritteltheil einer Ellen dickh und nach gelegenheit und notturft ausgerömischt seyn;" alte Mühlordnung, Ms. „Wann der Laufer nicht geschränkt oder geremischt ist, also daß er kalt mahlen kann, ist die Strafe 34 kr. 2 hl."; Mühl-Instruction, Wagner L. u. C. B. II, 99. In der Neuburg. Mühl-Ord. bey Chlingensperg, de jure hofmarch. S. 127 steht, wol fehlerhaft, zweimal: „Ist der Podenstein oder Lauffer nicht geschrentzt oder geränitscht, gereintschet, daß er kalt mahlen kann — 30 kr." In einer handschriftlichen o.pfälz. Mühl-Ord. v. 1611: „Wenn der Oberstain oder Lauffer nit geschrenckht oder gerembisch ist, das er kalt mahlen kann;" (Bav. 4°, 417ᵈ). Wol zunächst wieder von diesem Verb sind die Ausdrücke: geriemischt Mel, geriemischtes Brod. Man hört aber: grəamisch Mel. „Geremische Brott;" Proba de aᵒ. 1583. Es gilt bey den Müllern der Ausdruck der Riemisch auch von der Kerbe, Rinne oder Fuge, die in den Stein, mit dem feines Mehl gemalen werden soll, gehauen werden muß, und welche anderwärts der Rümmel heißt. (Um Bremen ist Rämel eine kleine Rinne, Furche, Rille). „Seynt die Remisch (im Mühlstein) lenger als 7 Zol oder tiefer als 2 Zol, gibt jedes Viertelzol Straff 15 kr." „Ist der Lauffer ein rampfen düner dann 4 Zol, das die Remisch so klein seynd, daß es nit kiell malen kann;" alte Mühl.Ord. bey Chlingensperg, de jure hofmarch. S. 126. Es ist hier das Wort, nach dem ältesten Beleg, womit die gegenwärtige Aussprache übereinstimmt, mit ie geschrieben. So lange die Grundbedeutung unsicher ist, bleibt jeder Ableitungsversuch mislich. Ich habe vom slawischen rubati, rybit', hauen, (cfr. Rabüsch und Ramasch) bis zum isl. riômi, flos lactis, (cfr. fleur de farine, engl. the flour) geschwankt.

Rom (Ram, Róm), die Weltstadt, (ahd. Ruma und Rôma, mhd. Rôme; Graff II, 507. BM. II, 760). „Das tůn ich in kurtzer frist so niemant mer ze Rom ist,“ sagt sie abweisend; Cgm. 270, f. 82 u. 379, f. 42. Kindern sagt man von manchem Dinge, dessen ihnen auffallende Abwesenheit man nicht näher erklären mag, es sey auf oder nach Rom geraiset, besonders von Personen, die in die Wochen gekommen, (in Aschaffenburg) von den Glocken, die an ein paar Tagen der Charwoche nicht geläutet werden; im Scherz auch von einem geist-
89 lichen Herrn in dem Fall eines nächtlichen Besuches bey der weibl. Dienerschaft, den man ihm etwa zutraut. „Deit de Kârwoch kumme *flüch hä* flöck no Rom op der Klock vum Dom, Firmenich I, 461 (Köln). Es wird doch lang ê mans ze Rome hort sagen,“ bleibt unbekannt; Valkn. 5. Die Romfart (ä. Sp.) Pilgerfahrt, a) ad limina apostolorum, nach Rom. In der Kirche zu Dießen wird beim Gottesdienst öffentlich gebetet „umb all kirchferter und kirchferterin die ausgeschaiden sint mit ir pfarrers willen und wissen sy send auff dem weg gen Rom oder gen Ach ...“; Clm. 5681 (XV. sec.), f. 43. „Ez ist auch chainer frawn gesetzt daz si gen Rom var oder zw Sant Jacob oder an chain stat wann da si hincz nacht als sicher sei als da haim, wann si mag anders wol vil mer sunden haim pringen dann daz si auzfur. Wir lesen von einer frawn, die fur gen Rom. Die lie da daz si dar pracht und pracht dan das si dar nicht pracht hiet. Si liez irn magtum pei Sant Peters munster und wart eins chinds swanger;“ Br. Berhtolt, Ebersb. 58, f. 112. „Er sollt ein Romfart ausrichten;“ Gem. Reg. Chr. ad 1451. Amb. Akten v. 1380. „Dieweil St. Haimeran was auf dem Romweg als ein Pilgram;“ Chron. bei Freyb. I, 15. b) nach jedem andern Wallfahrtsort, da zur Zeit der röm. Jubiläen vom Pabst auch andern Kirchen der Christenheit gleich geltende Kraft beygelegt worden war. Die *Romfaə̂t*, Pangkofer (1846) p. 272—279. „Was ein Romfart zu München, da kam Groß gelt dahin;“ Öfele I, 616. Das ital. romeo, spanische romero (Pilger), romeria (Wallfahrt) ist wol eben so entstanden. (Diez, Wbch. 295). Cf. kärnt. rumar, der Wallfahrter; Jarnik p. 92. Der Romstab, ä. Sp., Pilgerstab. „Der romstab, el bordon“, Nomencl. veneziano-todesco, Ms. v. 1424, f. 35. Diez, Wbch. 62. Der Römer, ahd. Rômâri, mhd. Rômære; Graff II, 507. BM. II, 760. „In des Romer puch man las“; Teichner, Adelung II, p. XXIX. Die Romani tributales, tributarii unsrer ältesten Traditionsurkunden (z. B. Canis. ant. lect. II, 488 seq. VI, 1148 seq.) waren vermuthlich Überbleibsel der frühern latinisierten Bevölkerung. s. Th. IV: der Walh. Was mag wol Aventin meinen, wenn er, in Bezug auf alte deutsche Dichter, den Ausdruck braucht: alte Römer? S. Th. I, Sp. 608, Zeile 1. Die Stelle heißt in einer alten Hs. der Av.Chr. f. 53ᵇ: „Ettlich alt Rhömer, voraus Wollffram von Eschenbach, der Clingsohr vnd Schaber ꝛc.“ Reinmar von Zweter — „Römer von Zwicke“ in den spätern Corruptionen; daneben „Reinmar der jung, Reinmar der vidiller.“ Docen im altd. Museum I, I, 195—196. In Wagenseil's Noriberga p. 503 erscheint unter den Meister-Singern „Sigmar der Weise, sonst der Römer von Zwickau genant“, — also appellativisch. „Reinmar von Zweter Römer von Zwicke“; cf. mihi nr. 320, p. 195. Sollte dieses Römer zu Aventin's Zeit zu einer Art Appellativ geworden seyn? Vgl. oben Sp. 91, raumen: rumere, 'Sp. 95 reimen u. mhd. rîmære, Versemacher, Dichter, (BM. II, 704),' auch Th. II, Sp. 1634: rumores u. unten Ruom: ruomære, Praler, 'u. d. folg. Wort.' „Mit worten sundet der mensch totlichen wider sein ebenchristen unterweilen haimleich alz die rômer (rûner?) tůnt und unterweilen offenbar als die affter pœzen tůnt und die den leuten ir Er abreden. mit worten und mit werchen sundet der mensch ... als die bessrer tůnt ...“; Furstenf. 138, f. 88. römisch, adj., ahd. rômisc, rûmisch, mhd. rœmisch, rœmesch; Graff II, 507. BM. II, 760. „Rumesche chraut, beta;“ Voc. v. 1419. „Römische Köle, brassica;“ gl. o. 471.

'Der Roman, romantisch, Romanze, s. Weigand, Wbch. II, 507.' „... ex lectione quorundam romanticorum i. e. librorum compositorum in gallico poeticorum de gestis militaribus in quibus maxima pars fabulosa est...“, Joh. Gerson, Clm. 17290 (4ᵒ. XV. sec.), f. 98ᵇ.

„Römerle, modiolus, parvum vasculum potorium,“ Voc. v. 1618; das Diminutiv des hchd. Römer (s. Weigand, Wbch. II, 508), welches sonst in unsern Gegenden unbekannt ist. Nicht wie Edgar Quinet (Allgem. Ztg. 1843, p. 679) sich dachte: Glas in Form eines Römerkopfes. Cf. russ. rumka, Spitzglas, Weinglas.

„rommeln und über die Stangen schlagen“ und drgl., in einem Nürnberg. Patent über die Fechtschule (v. 1625) verboten.

Die Ruməlzə, (Zweybrücken) Runkelrübe, 'auch Rummelrübe, beta altissima; Nemnich III, 480.'

Die, später: der Rumor (◡— Romor, Ramor), Raufhandel, Schlägerey, Tumult; BM. II, 792 f. Weigand, Wbch. II, 520. Cf. Th. II, Sp. 1634. Birlinger 378. Zeitschr. VI, 197. L.Rcht. v. 1616, f. 693. 724. 801. 816. Cod. crim. v. 1751, I. Th., 3. C., 10. §. Kr. Lhdl. XVI, 384. Av. Chr. 101. rumoren (ramor'n ◡—◡), vrb. n., Raufhändel, Tumulte anfangen. Zeitschr. VI, 197; barb.-lat. rumare. Der Rumorer, der die öffentliche Ruhe stört. Die Rumorwacht, der Rumormaister, die Rumorknechte, ehmals, was jetzt: Policeywache, Policeychef, Policeydiener.

1) der Rummel, ital. la ronfa, franz. la ronfle, die Zahl der gleichartigen Kartenblätter im Piquet-Spiel, die Sequenz. Vgl. unten: rimpfen. R.A.: Er verstêt den Rummel, il connait sa carte, er weiß sich zu seinem Vortheil zu benehmen. rummeln, vrb. n.; brandeln und rummeln, (Kärnten). 2) der Rummel, im Scherz oder verächtlich: der Vorfall, Handel; besonders lärmender Art: der Tumult, Kriegslärm. Vgl. Th. II, Sp. 995, gramen: carmula, cramola, u. Sp. 1292. BM. II, 793. Weigand, Wbch. II, 520. 'Cf. niederd. Grummel, Donner; Zeitschr. II, 206.' Der bayrische Rummel, der bayrische Erbfolgekrieg v. 1778, wobey es bekanntlich ohne Schlacht abgieng. „a (Tyroler-) Lied im Franzosen-Rummel 1796.“ 'rummeln, was rumpeln; Zeitschr. II, 206. 508. VI, 18.' Das Gerümmel, Getümmel und Gerümmel, Grümmel und Tümmel, Gerimpel und Getimpel, (Av. Chr. pass.) Kriegslärm (nach dem isl. rumba, fastus, procella, vielleicht aus rumpeln entstanden). „Von puchsen, kloczen und auch pfeilen hub sich ain großes schnallen rummeln, prasteln und schallen“; Mich. Beham, Wiener 72,12. „Von schussen groß hub sich aber ain lauter toß, dar zu ain rumeln und ain schal;“ das. 92,22. „In diser arbait und unru hub sich ain großes tummeln ain gerödel und rummeln;“ das. 309,30. „Dis grumel und presten hort man in diser vesten; das. 176,9. „Disez gerummel und der schal;“ das. 242,25. „Sich hub ain groß gerümmel und ain lautes getümmel;“ das. 363,20. Die Rummelsleite, Ortsbenennung. „Swaz an der Rumelslîten (rümels l.) die hunde niht ergâhen“; Labr. 434. 'Rummelsberg, Ort im Landger. Tölz; Förstemann II, 1202: Ruminisperch. Cf. der Rammelsberg, das. 767: Ramisberc.' Die nach Preußen in die Zucht gesendeten Bataillone Badener müssen, da Hannover sie nicht durchläßt, den halsbrechenden Marsch über den Rammelsberg machen;“ Allgem. Ztg. 1850, Beil. Nr. 257, S. 4109. Auf diesem Rammelsberg bei Goslar werden jährlich 10 Mark Goldes gewonnen; das. Nr. 273, S. 4361 f. Cf. ram-

meln, (Zir.) das Durchkreuzen der Erzberge. 'Der Rammelspott, (niederd.) Zeitschr. III, 556,73. V, 276,7.' 3) der Rummel, (Franken) die Geld-Rolle. '4) der Rummel, Haufen, Menge; Zeitschr. IV, 479. Weigand, Wbch. II, 520: Gesammtheit von Gutem und Schlechtem.'

90 Der Ruem (Ruəm, Raəm), 1) hchd. Ruhm; doch in dieser Bed. minder volksmäßig, als in der folgenden. 2) Pralerey, gloriatio. Mit Ruem, jactanter, Voc. v. 1618, wohin die auch hchd. R.A. one Ruem zu melden. (Ahd. hruom, jactantia, arrogantia; clamor; agſ. hream, clamatio; isl. rôm, clamor, vox, neben hrôs für laus; mhd. ruom. Graff IV, 1137. BM. II, 807. Weigand, Wbch. II, 519). rüemen (riəmə˜, re˜əmə˜), rühmen, (ahd. hruoman, agſ. hrêman, clamare, isl. rôma, verbis efferre; mhd. ruomen, rüemen. Graff IV, 1140. BM. II, 808 f.). Die Römer Aventin's (s. oben, unter Röm) sind vielleicht eher Rüemer, Praler, die Rüemær Suchenwirt's 23,12, ruomäre Walther's 41,25; (hromari, jactans, gl. a. 285; mhd. ruomære, rüemære, BM. II, 810). „Der ruomær ist aller schame vrî, die lüge sint im nâhen bî;" d. w. Gast 227. berüemen (breˇəmə˜, pfre˜əmə˜; Graff IV, 1142. BM. II, 809. Grimm, Wbch. I, 1535): 1) sich berüemen, gloriari; 2) (ä. Canzl.Spr.) erwähnen. „Oft berühmte, mehr berühmte Sachen." berüemt (breəmt), berühmt; wohlbekannt, angesehen, (auf Brief-Adressen an Handelsleute und drgl.); z. B. „Hrn. Kaut, berühmten Schreibmaterialienhändler in München." verrüemt, wie berüemt; BM. II, 810. „verrühmbt machen," illustrare; Voc. v. 1618. Das Rüemsel (Reəmſl). ə˜ *Reəmſl* mache˜ von etwas, es übertrieben und ungegründet loben (Otfr. IV, 6,35: ruamisal; gl. a. 504. i. 363: ruomisâl, jactantia, arrogantia. Graff IV, 1140. Ich finde gl. a. 582 ein Adj. uuilleruom, voti compos; (Graff II, 514). Dieß ist wol ein ganz andrer Stamm, dem gleichbedeutenden agſ. vil-hrêmig und dem einfachen hrêmig, compos, entsprechend.

---

rampeln: Fotzmaul *rämpeln*, küssen; (Zir.).

Der Rampes, (Aschaff.) geringer, saurer Wein. Weigand, Wbch. II, 455. Zeitschr. III, 13: *Rèmbes*. s. Rappes.

Die „Remp", (salzb., Abtenau; Hübn. 338) Hirschkuh.

Rimpel, (Zips) Viertel einer Halbe Wein etc.

rumpet, Adj.:

Klaə˜ bin I, klaə˜ bleib I, grous màg I nét wèr'n,
schö˜ rumpet, schö˜ pumpət, wie d· Hàs'lnuſs-Kèrn.

rumpəté-ſtumpəté, adv., mit Stumpf und Stiel; am Rhein: mit Rump und Stump, niederſ. rump-ſlump. Also wol von der mehr niederd. Form Rump für Rumpf. Doch kann rumpet, wenn es eben klein bedeuten soll, zu Suchenwirt's rumpen (schrumpfen) gehören. BM. II, 793.

rumpeln, ein dumpfes Geräusch machen, sich mit Ungestüm bewegen; (BM. II, 793. Weigand, Wbch. II, 520. Birlinger 378. Zeitschr. III, 132): hin-, her-, aussi-, eini-, durchi-, in d·Höhh *rumpeln*. „Der edele kunic Artûs tôrischte mit den andern, rumpeln unde wandern muste er mit in hin und her;" Heinrich's Tristan 2904. Einen anrumpeln, anfahren; um-, niderrumpeln, im Laufen um-, niederwerfen. Einen rumpeln, ihn zum Besten haben; (vielleicht vom Rumpeln oder Hänseln der Bergleute genommen). Ich merks schon, de˜ *grumpəlté* Hiosl wàr I, ich wäre der Betrogene; rumpeln, (vom Schweine) coire; das Rumpelthier, das männliche Zuchtschwein; (von Menschen) Eine rumpeln. Rumpelkasten, dicke Weibsperson; (schwäb., Schmid 442). Cf. rumbelieren bei S. Helbling XIII, 130: „Daz zabelînes („zobeleins") dinc stêt wol. Als ich danne wirde vol (betrunken), von mir wirt ûf gebrieren '(s. Th. I, 364: breisen, mhd. brîsen)': lâzâ rumbelieren! daz ist ein swæbisch krîe." Die Rumpel, (ObrM.) Baßgeige; Zeitschr. II, 77,52: *Rompelbaſs*. „Strepitus rumpel cum pedibus;" Clm. 5387, f. IX. Der Rumpler, dumpfes Geräusch; schnelle einmalige Bewegung, Anlauf. ə˜n *Rumplə*˜ taə˜, machə˜. Das Gerümpel, Gelärm; allerley als unbrauchbar durcheinander geworfenes Hausgeräthe. Zeitschr. IV, 408,22: Gerämpel, Rumpelwerk, Trümmer; VI, 301: Kremplách. Die Rumpelkammer, der Rumpelkasten für verworfenes Gerümpel. 'Der Rümpelkæs, s. Rümpfelkæs.' Der Rumpelknecht, Knecht Ruprecht; Britschenmeister; Firmenich I, 140 (Altmark). Die Rumpel- 91
metten, was „Pumpermetten;" s. Th. I, Sp. 391 f. Die Rumpelnacht, (salzb. Pangau) Christnacht. In der Rumpelnacht pflegen die Mädchen ihre Liebhaber mit dem Klozenscherzen (einem Stück Klezenbrod) zu beschenken; (Hübn. 388). 'Der Rumpelstilz, Rumpelgeist, Poltergeist; Grimm, Mythol.² p. 473. Das Rumpelstilzchen, s. Vilmar, kurhess. Idiot. 333.' Die Rumpelsuppen, (Fichtelgebirg) erste Speise, die der Wöchnerin nach der Geburtsarbeit gereicht wird; (s. Rümpfelkäs). cfr. Rummel. Die Rumpumpel (⏑–⏑), Spottbenennung eines alten Weibes. Cfr. Runkunkel und Pumpel.

Der Rampf, Rampft, Ramft (Ra˜ft), a) die Rinde, besonders vom Brod; der auf der dem Schnitt entgegengesetzten Seite seine Rinde behaltende erste Abschnitt oder letzte Rest eines Laibes; (mhd. ranft; BM. II, 533. Weigand, Wbch. II, 456. Zeitschr. III, 100. IV, 181.) ə˜ *Ra˜ftl* Broud. „So wart keinem gebaur mit brotes ranft nie wol swenn in grozer hunger twank"; Renner 21434. „Si gab im einen ramft (Brodes) den er mit im gein acker truoc"; S. Helbling I, 971; b) Baumrinde, als Gefäß dienend, anderwärts Rumpf; (w. m. s. Zeitschr. IV, 195: *Ramp*, Kübel). „Rampf, darein man erdper list;" Voc. v. 1482. c) Abschnitt, truncus überhaupt. „Ranpht truncus," Voc. v. 1445; vielleicht zunächst der Rumpf des menschlichen Leibes. Das diesem letztern Wort entsprechende isl. rumpr gilt für podex. d) Rand überhaupt (gl. i. 114: ramft, labra; 825: ramphta, cantus). „Zu den Ranfften des Todes;" Druck v. 1697. 'e) ä. Sp., der Krampf; (v. rimpfen, wie Krampf von mhd. krimpfen; BM. II, 882. Cf. niederd. *Ràmm*, Zeitschr. VI, 366.).' „Des muos er heut den hoger han dar zû geb im got den rampf!" Ring 39,7. „Gott geb im laid mit sampt dem rampf!"; das. 44ᵈ, 8. In einer ältern Mühlbeschau-Ord. heißt es in Bezug auf die Mühlsteine: „Ist der Lauffer ein (im?) Rampffen dünner dann 4 Zoll," während eine neuere sagt: „Wann der Lauffer von Rank dünner ist als 3 Zoll." Mir bleibt die Bedeutung unklar. S. rimpfen, aus dessen 2ter Bed. die von Rinde ziemlich natürlich zu fließen scheint.

Die Rampfen, Hauswurz, sempervivum tectorum.

rampfen, (Baur) raffen. Birlinger 370. Von einer Sichel, die nicht gut schneidet, sagt man, daß sie das Gras, das Getreide nur rampfe. Vrgl. d. folg. Wort und ramschen. Die Rampfel, habsüchtige Person; (b.W.).

rimpfen, (ahd. rimphan, rimfan, mhd. rimpfen: rampf, gerumpfen; Graff II, 512. BM. II, 704. Weigand, Wbch. II, 521): 1) eine Ritze machen; aufrimpfen, aufritzen. (Gl. a. 325: hrimfit, terit. Das Rimpeln, Zähne einsägen, der Kammmacher wird als mehr niederd. Form hieher gehören.) 2) a) zusammenziehen. „Das laub sich vor der hitze zu den esten rampf." „So erchücket der süeze regen das gerumpfen ist gelegen;" Cgm. 270, f. 213. „Rimphend sich die hend u. fueß"; ZZ. 2062, f. 1. „Ein Wurm, wann er getreten wird, so rimpft und windt er sich, wie er kann;" Selhamer.

„Abominatio, ein unwil alſo dʒ ſich einer rympfft, als wolt er ſich brechen;" Voc. Melber, sec. XV. Contractos (frigore remiges), girumpfan; Diut. II, 348. „Gerumpfen was im die haut zu den Riben;" Parzival. „Sal, bleich, gerunpfen und val;" Diut. II, 133. „Ein gerumpffen antlutz;" Cgm. 311, f. 46. „Dicke man iuch trûren ſiht unde ſorgen alle zît; von nœten ir gerumpfen ſît"; S. Helbling VIII, 548. „Wenn uns die wangen ſint gerumpfen rücke und arm und bein geklumpfen;" Renner 24188. „Ir ars iſt gerumpfen von der glut davon ſich ir dink gar weit aufkthut;" Cgm. 714, f. 36. „Ältern Weibern rimpfet (wird runzlich) der bûch;" alt. Wldr. III, 165. Die Stirn, die Naſen rimpffen, in Runzeln zuſammenziehen. „Des rimphet ſich vil manic brâ;" Walther 75,31. (Gl. a. 507. 547. 1078: ramph, caperabat; 1075: girunfan, rugose). Der Rimpf. „Kain ding, es wär ernſt oder ſchimpf, dar ab ſo het er (der Probſt v. Presburg) kainen rimpf (Scheu, Furcht), wie wol das er was gaiſtlich, ſo was im nichtz zu aiſtlich. Mit der kekhait u. manhait ſein gleich ich in wol piſcholf Turpein und dem fraidigen munch Ulſam;" Mich. Beham, Wiener p. 58,9.

'rimpfen, rümpfen, ein gewiſſes Kartenſpiel ſpielen. Zeitſchr. II, 29. 249. III, 503.' „Und haben nach dem Nachtmal (zu Insbrugg, 1565) baide Königinen mit Herzog Ferdinand v. B. umb halb gulden gerindpft, darzu der Fugger ein Viertman geben müſſen"; Freyb. Samml. IV, 282. Vgl. oben: der Rummel.

92 rumpffen, runzlicht machen. Birlinger 378. „Mit rumpfung der naſen vernichtigen, subsannare;" Voc. sec. XV. Geglättete Wäſche ꝛc. verrumpfen. Figürlich: Ein Mädchen *umə^c rumpfə~*, es ungebührlich herumziehen. Vrgl. rumſen.

'Der Rumpf, 1) wie hchd.; (BM. II, 793. Weigand, Wbch. II, 520).' „So hat auch etleicher einen alten rumpf (Weib), er geb mir ſy auf umb drew vingerlein"; Br. Berchtolt, Cgm. 1119, f. 53ᵇ. '2) hölzernes Gefäß für Getreide, Napf; Vilmar, kurheſſ. Idiot. 333.'

'rümpfen, rümpfeln, runzeln, (Weigand, Wbch. II, 521. Zeitſchr. III, 132); ſ. rimpfen. Rümpfelkäs heißt in Nürnberg noch heute eine (ungewürzte) Art Lebkuchen, die zur Bereitung von Brühen etc. verwendet wird. Vgl. Leberkäs, eine Speiſe, aus gehackter Leber beſtehend.' „Geht den die fraw mit einem kindel ſo tracht umb vier u. zweinzig windel, ein fürgang und ein rümpelkeß, weck, käs u. obs zu dem gefreß"; H. Sachs 1612: I, 887 (1558, f. 244: Rümpfelkeß). Vgl. oben: Rumpelſuppen.

---

ramſen, abramſen Einen (O.Pf., Franken), ihn ausſchelten, corripere. Der Ramſer, Verweis; (ital. rammanzo). Die, wenn ſie nicht aus dem franz. ramasser entſtellt iſt, wol identiſche Form ramſchen, (Obrm.) raffen, corripere, *z'ſamramſch'n*, zuſammenraffen, aus Habſucht ſammeln,— hat Ähnlichkeit mit dem isl. hramma, violenter arripere, hremma, unguibus arripere, von hrammr, pes ungulatus. 'Der Ramſch, congeries, ungeordneter Hauſe; im Ramſch oder ramſchweiſe kaufen, ramſchen, in Bauſch u. Bogen, ohne Auswahl kaufen;" Vilmar, kurheſſ. Idiot. 314.' Vrgl. Th. II, Sp. 998: gremſen, gremſig. „rämsch'n, ein beim Pöbel beliebtes Kartenſpiel;" Caſtelli, Wbch. 216. Loritza 104. Idiot. austriac. 104.' „Dər oani zwickt, der andri *ràmscht*, á drittá^c tàppt so gern;" Kartſch II, 176. Zeitſchr. III, 107: *rams'n*; IV, 461: *ramsche*.'

Der Ramſer, (Ob.Iſar.) allium, ursinum L., Ramſel; agſ. hramſa, m. Nemnich I, 191: Rams, Ramſel, Ramſer, Ramiſch, Rannſche etc.

Der (das) Ramsampa'l, Ramſamperl, ein unruhiger, raſcher, muthwilliger junger Menſch. Caſtelli, Wbch. 216. Loritza 104. Idiot. austriac. 192.' „Als Buə' no~ dà waər I e~ rèchtə^c *Rámſámpə^c-l*, iətz bin I so frum wiə e~ Budə^cĺámpə^c-l"; Seidl, Flinſ. III, 31. 119.

'raumſen, Birlinger 371; vgl. raumen u. rumſen.'

„Gerems, lora, peribolus;" Voc. v. 1618. „Gerembß der ſtegen, gengen, ercker en, lorica;" Daſypodius. Das Gräms, (Vorarlberg) Gitter; Bergmann, d. Walſer p. 93. „Unſere Hausflur, die neben der Thür ein großes hölzernes Gitterwerk hatte, wodurch man unmittelbar mit der Straße und der freyen Luft in Verbindung kam. Einen ſolchen Vogelbauer, mit dem viele Häuſer verſehen waren, nannte man ein Geräms. Die Frauen ſaßen darin, um zu nähen und zu ſtricken; die Köchin las ihren Salat; die Nachbarinnen beſprachen ſich von daher miteinander, und die Straßen gewannen dadurch in der guten Jahreszeit ein ſüdliches Anſehen;" (Göthe, „Aus m. Leben;" gleich Anfangs. Näher beſprochen in einem Briefe Reinhard's an Göthe und dieſes an jenen, 1811). Das Krembs der P.P. Franciſcaner zu München (ſ. Th. II, Sp. 1369) wird wol etwas Ähnliches, obſchon minder Freundliches, geweſen ſeyn. Vgl. auch das niederd. Dudegerämmsch, Todtengerippe, bey Firmenich I, 452 u. das Chron. Saxon., Ingram p. 115: „Thæ he (Aelfred cyning) niehſt rymet hæfde for wudu fæſtenne and for wæter-fæſtenne", (at the nigheſt point he could defend by wood and by water).

rumſen, rumſeln, vrb. n., von Perſonen: ſcherzen, ſich muthwillig balgen; von Schweinen, Hunden, Katzen: nach der Begattung verlangen, ſich begatten. „Do liebet ſich die lebynne mit dem liebhart zů rumſchen ... do der leo chom und an ir enpfant den geſtankh der unchœuſch"; Gesta Roman., Cgm. 54, f. 37ᵃ. BM. II, 810. Die Katz is áf də^c Rumss. Cfr. rumpeln, rumpfen.

---

ramſchen, ſ. ramſen.

rumſchen, ſ. rumſen.

rümſtern. „Der (vom Schlaftrunk erwachende) pawr rümſtert ſich, ſteht auf und greift um ſich an die vier ort"; H. Sachs 1560: III, III, 120. Zeitſchr. IV, 269,10: rämſten, räuſpern.

Rá~ (?): e~ d. Rá~, dazwiſchen, (vielleicht ə~ drá~ = drein; vgl. unter ſchier: ə~ schiər). Hàn I dé annə^c Wochə~ scho~ zə diə^c gèi' wəlln, dəwál is ə~ Krankət *ə~ d· Rá~* kémə~. Kám fang I éppəs à~, so kimt widər éppəs annə's *ə~ d· Rá~*; (ObrM.).

rân (rà~), ranig (rani, rà~g), ſchlank, ſchmächtig; (mhd. rân, rânec; BM. II, 552. Vilmar, kurheſſ. Idiot. 314. Höfer III, 13. Zeitſchr. II. 228. 562,10). ə~ rà~s Bürſchl, Deənl. „Melchiſedech ſoll lang, ran und wolgefarbt ſeyn;" Fronleichn.-Proc. v. 1580. „Dein leib iſt ran; gar wol getan ſten dir dein bruſt;" Muſcatblut. „Zuerſt zwo lang fein ronig Seiten;" Cgm. 4031, f. 136. „Zwo lang geronig ſeiten" ſind zwei von den drei langen Schön bey H. Sachs I, 1021. „Mit brüſtlein geranig und rund;" daſ. 1560: V, 397 (1612: V, III, 123). In der mitt iſt ſie geranig; Hans Sachs. ſ. auch ranz. Die Râne, Schmächtigkeit; BM., a. a. O. „Escara, ain rane" (unter den Krankheiten); And. 73, f. 304ᵇ. '(ſ. d. folg. Wort).' Cf. ndrſ., holl. rank in derſ. Bed., agſ., engl. rank, ſprießend, üppig, ſtolz. Ich vermuthe faſt Entſtellung unſers Wortes aus einer Form rand, (ſ. d. folg. Wort und rändig).

Der Rane~ und der Ran' (Baur, O.L.) das Rankkorn, krankhafter Auswuchs, der den Schweinen, beſonders bey großer Hitze, im Gaumen auffährt. Nemnich III, 454.

Weigand, Wbch. II, 457. 'en *Ranə˜* lös'n, das Rank-Korn herausschneiden. „Den sweinen für das Ronkorn"; Cgm. 317, f. 19^b. (Vielleicht nach Gramm. 108. 447 besser Randen, womit nach 441 das hchd. Wort als
93 Rang-Korn übereinstimmen würde.) S. d. folg. Wort und auch Ronen.

Die Rannen (Ranə˜), beta vulgaris rubra L.; s. Randen u. vgl. oben Ruməlzə. Castelli, Wbch. 216: *Ràn-ruab'n.* Höfer III, 14. (Vrgl. auch Schrann neben Schrand, Senn neben Send.)

Rainfrid etc. 'Über dieses rain (richtiger' rein = ragin, consilium) 'in Namen s. Graff II, 384. Förstemann I, 1010 — 28. Weigand, Wbch. II, 481.'

rain (raə˜, opf., schwäb. ràì˜, Franken: rá˜, rê), Adj. und Adv., 1) wie hchd. rein; doch in diesem Sinne, wenigstens in A.B., nicht eben volksüblich und durch sauber ersetzt; (ahd. hreini, isl. hrein-n, goth. hrains; Graff IV, 1158. BM. II, 659. Weigand, Wbch. II, 482. Zeitschr. V, 184. 289. Im Ags. scheint das Wort gefehlt zu haben. Lye's rein steht sehr unsächsisch, selbst das holl. reyn, niders. rein sehr unniederdeutsch aus, während doch das bey Grimm — d. Rechts-Alt. S. 110 — als herba pura nachgewiesene fränkische chrene-crud für sein Daseyn spricht, was aber Leo in Haupt's Zeitschr. II, 163 ff. für gälisch ansieht u. durch chrenec ruda, collecta terra, deutet. Vgl. Grimm, Mythol.^{2} p. 608 f. Fries. hrene, Geruch. Firmenich I, 247,$_8$ 272,$_{12}$: *reggen*). ə˜ *raə˜s* Káibl ist den Metzgern ein Kalb, das nicht mehr saugt. s. unten: Raingras u. vgl. rain Barg. „Ain rain kind" bey Dr. Hartlieb (Grimm, Mythol. LX. LXIII), das nicht mehr Säugling ist, schon sprechen kann. 2) (O.Inn) schmächtig, gracilis. (Vrgl. „gantz bleich, schwartz, dürr und mager, geraynig, dünn und hager" bey H. Sachs. Sollte hier blos eine Vermengung mit dem vorigen rân statt haben?) 3) Adv. a) beynahe, fast; b) nahe, fest, dicht, genau, ganz und gar, sehr. Zeitschr. V, 289. Er ist *raə˜* 15 Jar alt, (fast); Obrm. Hàst no˜ zwuə Stund *raə˜*, hast noch wol zwey Stunden zu gehen; Zps. Ms. „Hàn d' Menschá^c so lie (lieb) wie-r-um Liechtmöss dá Lahn (den Lohn) und *rain* liebá^c nu' schie^c'; Stelzhamer 76. „Bin gschaidá^c *rain* wos dá^c Pfarrer is"; das. 95. „Schon *rain* ä Viertelstund"; Lindermayr 29. „Er kimt, wenn andri si' schon *rain* halbs gnue' g'schlaffen habnt"; das. 148. „Alle venster rain zu thun", (wohl verschließen); Schulm. Hueber, Ms. v. 1477. „rain pro sehr. Es ist rain kalt, alias feindlich" (kalt); Prasch 1689. Cf. reintaub und alts. reginblind, Grimm II, 553; auch hrêncurni, ahd. reincurnes, Grimm, Mythol.^{2} p. 609. Zeitschr. V, 24. rain pergein, (Cgm. 117, f. 129) Adj. von rain und parg, barg (Schwein)? (nicht von einem Saugfärklein?). „Mit rainpergein smer, neues reinpergein sweines smerb." „rain pergein smer;" Cgm. 4543, f. 176. „Neues reinpergein sweines smerb"; Cgm. 731, f. 117. 129. „Nimb alt Rain Perger schmer"; Cgm. 3723, f. 12. Cgm. 3730, f. 64. Cgm. 3898, f. 59. „2 lot rain perges schmer"; Poll, 185, f. 15^a (v. J. 1520). „Arvina porci in theutonico purgensmalcz;" Ind. 355, f. 73^a. „rainpergiß schmalcz j vierdung"; Clm. 5036, f. 136. „j voll swein, sol sein pargen und schon und rain an der zungen und sol gelten hinder den oren XXXII schilling haller"; Heidenheimer Salbuch von 1400, Cbm. 1524, f. 8. „Ain vol swein und sol sein par und rain an d. z. u. s. g. h. d. o. XXXII sch."; das. f. 9. „Ain voll swein, sol sein rain pærgen sawber und gerecht an der zungen vnd sol gelten hinder den oren XXXII ß. h."; das. 10. 12. „Item vnd ein yedlichs swein sol sein pergen vnd rain an der zungen voll"; das. f. 63^b. „Si (die Würste?) sigind (seyen) pfinnig oder rain"; des teufels Segi, Artikel v. d. Metzgern, (Barack p. 300, 9465). „Rein sweinen praten"; Scheftl. 296, f. 78. Cf. Regel smalcz, Clm. 4119, f. 369. *Raənərəs* Broud, Mel etc.,

d. h. von Roggen, im Gegensatz des aus Haber und Gerste; (b. W., ObrM.). unrainen, verunrainen, (ä. Sp.) verunreinigen. BM. II, 661. „Die myndern Brüder sagten auf Kayser Fridrich, er wer ein sodomita, oder daz er Vich verungeraint, oder er sey ein ketzer." „Vichunrainer oder Ketzer;" L.R. Ms. v. 1423. chiunreinian, violare; Isidor V. hreinnan st. hreinian, reinigen; Kero IV. Bey Otfr. auch reinôn und gl. a. 142 reinisôn, purgare. Graff IV, 1163 ff.: hreinjan, hreinan, reinan; BM. II, 660: reinen; Weigand, Wbch. II, 482. Vrgl. die Anm. hinter den zu Rain gehörigen Artikeln.

Der Rain (Raə˜), 1) wie hchd., d. h. ein zwischen Ackerfeldern ungepflügt liegen bleibender Grenzstreifen; jeder Rand eines Stück Landes, besonders wenn er abhängig (VII Communi: rainig) ist; (Graff II, 527. BM. II, 658. Weigand, Wbch. II, 454 f. Vgl. Th. II, Sp. 999: die Gräniz). Ze Rain, als Adv. und Präpos., angrenzend, contiguè, neben. „Die Äcker ligent aneinander ze rain. Dem Acker A gêt ze rain der Acker B; ze rain des N. N-Ackers. „Ze rain des Müllers praiten." „Ze rain der Lo;" MB. XVII, 195. 226, ad 1470—1487. XX, 193, ad 1419. „Ob der mair das gut von rain hinz rain gepawen hab," d. h. ohne irgend etwas ungebaut zu lassen; fünfte Baustiftfrage, Cgm. 549, f. 55.^{b} Der Feldrain. Als Hubgericht hat ain Hof unter anderm zu stellen, „ainen beschlagen wagen der ain fuder mistes mag tragen an den dritten veltrain"; Heidenh. Salbuch v. 1400, Cbm. 1524, f. 8. 11. 2) der mittlere Theil eines schmalen Ackerbeetes (Bifangs), welcher noch zum Umpflügen (Ausackern, Ausfangen) übrig bleibt, wenn durch eine Pflugfahrt hinwärts und eine andere herwärts, oder durch das sogenannte ab-, anrainen, bereits auf jeder Seite desselben ein Streifen abgeschnitten und umgestürzt ist. Auch das isl. rein, f., (vielleicht statt hrein) bedeutet porca, lira. 3) der gegen ein Moor oder gegen ein Wasser-, besonders Fluß-Bett abhängige Rand des höhern Terrains, Uferhang. Zeitschr. VI, 192. (Vrgl. Leiten.) Der Mos-Rain von Moos-Inning bis gegen Moosburg. Der Ach-Rain (A'raə˜, wenn diese Aussprache nicht etwa auf ein minder passendes Abrain geht), und speciell: Gaißach-Rain (Gaəſſə'raə˜), Rotach-Rain (Rodə'raə˜) im L.G. Tölz. Der Amper-Rain. Der Isar-Rain. „Swer auf dem Yserrain siczt ein dem piet des gotshaus ze Freising;" Münch. Stdtb. § 186, Auer p. 71. „Auf dem Rayn bey der Iser ze Obernvergen, ze Nidernvergen, ze Engelschalching, ze Taggolfing und ze Ismaning;" Meichelb. H. Fr. II, I, 133, ad 1319. „Zu Obervergen auf dem Isarrain;" MB. XVIII, 254, ad 1398. „Pogenhausen auf dem Isarrain." MB. XXI, 169, ad 1457. Der Lechrain, s. Lori's Urk. zur Gesch. des Lechrains. Den für verschiedne Örtlichkeiten vorkommenden Namen Wagrain (z. B. bey Amberg, mit Wald bewachsen und durch alte Gräber merkwürdig,) möchte ich aus dem alten Appellativ Wâg (fluentum) erklären, wenn überall dabey Wasser vorkäme. Die öftere Schreibung Wach-rein alter Urkunden ist nicht dagegen. „Terminus qui Wachrein dicitur, sicut ille Wachrein tendit usque dum Treuina fluit in amnem Trauum;" K. Philipp's Bestät. Brief der salzb. Besitzungen von 1199. „De Danubio usque ad Wagrein;" MB. XI, 141. 143. I, 354. „Wir welln uns über den wâgrein bî Ekendorf ze velde legen;" H. Helbling VII, 198 und die Anm. p. 275: „am Wagram, d. h. an der gegen das Donauthal sich senkenden (Reben-) Hügelreihe von Stockerau bis Krems. BM. II, 659. „Bî des meres reine;" Wernher's Maria 133. „An eines stades reine;" Diut. III, 98. Der Rain-Bâum, Rain-Stain als Grenzzeichen. Der Raingenoß, dessen Grundstück an das eines Andern stoßt, in Bezug auf diesen; Flurgenosse. „Ob sich schawr oder ander ungelück begeben wurde, solle es im wie andern seinen Raingenossen gehalten werden;" Meichelb. Chr. B. II, 187. MB. X, 283. Jetzt hört man in diesem

Sinn der Mitrainer (Midraənə'), besonders, wenn ihm ein Rain zur Hälfte mit angehört. rainen, 1) vrb. n., grenzen. Gewöhnlicher findet sich das Comp. anrainen, angrenzen. Grimm, Wbch. I, 422. „Bey denen negst herum anrainenden Landschafften;" Landtg. v. 1669, p. 333. „Daß die Spöre den anrainendten Auslendern in der Pfalz zue grossen nuz geraichen thette;" Ldtg. v. 1612, p. 218. „Anrainende und inlendische Kriegsempörung;" ibid. p. 80. 2) act., ä. Sp., (Grund und Boden) abgrenzen, theilen. Vilmar, kurheff. Idiot. 322. „Wir sullen die Hvb nicht rainen noch tailen;" MB. XX, 533. „Wir mügen unser Erbrecht auf irem Gut weder versetzen, verkoffen, verheyraten, taylen, raynen, noch verändern;" MB. IV, 393. „Es soll niemant versetzen, kauffen, verkauffen, wexlen, rainen oder tailen kainerlai;" MB. II, 165. „Wann man ain dolang (eine Zeit lang) vor ungewiter und snee nicht gerainen mocht", (die Gemerke oder Landesgrenzen vor dem Böhmerwald festsetzen) 1392;" Freyb. Samml. II, 100. 105. „Es sol auch das obgenant gut (Ludwigsried bey Weilheim) ungeraint und ungetailt beleiben an allen enden"; Benedictbeurer Lehnbrief v. 1470, Clm. 4685, Vorsetzblatt. (Vrgl. der Berain im Badischen, ein früher Einem gehöriges, dann unter Mehrere getheiltes Ganze von Grundstücken. Allgem.
95 Zeitg. von 1820, f. 968). abrainen, a) abgrenzen; b) (O.Pf.) die beyden Ränder eines Bifangs abpflügen; (s. Rain, 2). „Von einem Tagwerk zu ackern samt abrainen und ausfangen 1 fl."; Wiltmaister 572. ausrainen (ein Gut), a) es ausgrenzen, ausmarken. b) die Grenzraine daraus wegmachen. „Das das benant gut an vil enden ausgeraynt ist worden, und ganz in das ander gut gezogen;" MB. X, 300. verrainen, vermarken. „Ain holtz zu N. ist verraint und verstaint"; Cbm. 1524, f. 12b. Die Verrainuug, mehrere einzelne Felder, die ohngefähr nach einerley Richtung liegen. BM. II, 659. zurainen, Vilmar, kurheff. Idiot. 322.

rainen, raineln (ràĩ˜ln), sich zu einer, an eine Person, (b. W., Obrm.) sich ihr nähern, an sie halten, anschmiegen. BM. II, 659. *Ràĩ˜lts* enk nét ə'ſó z·ſam! Wós *ràĩ˜lst* di' denn e'ſó zêi-i fón iə'? „Do si sich mit vasten gegin got gereinti," cum jejunando Deo appropinquabat; Gl. Winnerl. „Des landts anrainenden Verderben steurn," (perniciei ingruenti occurrere); Ldtg. v. 1612, p. 77. Der Raingarten (Ràĩ˜-Gaə't·n, b. W., Obrm.), nachbarliche Zusammenkunft von Manns- oder Weibspersonen, was Haimgarten. Cf. rajhrad, Schafarik's Vorrede zu Thun's Gedichten aus Böhmens Vorzeit (1845) p. 33. Das Raingras, Raigras, lolium perenne; Grimm, Gesch. d. d. Spr. I, 556. BM. I, 566. Diefenbach 22a. Weigand, Wbch. II, 453. Nemnich II, 435. „Alga nomen herbae quae in aquis solet crescere, reingras." Clm. 5008 (XV. sec.) f. 145. Anm. rainen, Rain gehören ohne Zweifel nach Gramm. 956, VI und 1037, VI zum verb. hrînan, (berühren, tangere der ahd. Sp., agſ. hrînan, isl. hrîna, adhaerere, aber auch weinen, schreyen). „Dher euuuih hrînit, hrînit sines augin sehun, qui vos tetigerit, tangit oculi ejus pupillam;" Isidor III, 26. Otfrid passim. Tatian 60,1 (Matth. 9,21.): „Oba ih sin giuuati birînu, thanne uuirdu ih heil." Mir scheint sogar auch rair (ahd. hrein) vermöge des Begriffes des Gedrängten, Genauen, (s. rain, 2. 3) dahin zu rechnen.

Der Rainfal, Wein von Rivoglio in Istrien, vinum rifolium, bei den Alten vinum Pucinum. BM. II, 663. Weigand, Wbch II, 482. „In einem charren der mit rainval ist geladen;" d. Ring 23b,44. „Chlarn rainval schancht man ein"... „Nicht anders tranch man zu dem mal nur Wippacher und Rainfal und Lutenberger guten wein;" Suchenwirt IV, 116. 408. „Rainfäl und andere dergleichen süße Weine seynd den Gästen ohne ihr Begehren nit auffzusetzen;" L.R. v. 1616, f. 531. Sonst findet sich auch die Form Raifel, z. B. Gem. Reg. Chr. IV, 196, ad 1513. „Claretum rywola;" čechisches Vocabular v. 1422, Emmeram. D. 35, f. 94. „Der rainval la rivuola, des rainvaln de la ribuola;" Onomast. veneziano-todesco, Ms. v. 1424, f. 11. 95. „Rainfall wird von uns (Krainern, oder blos Kopitar?) für einen Wippacher Wein gehalten und von ribolla abgeleitet, weil er gekocht wird;" (Kopitar; Wien, October 1839).

Der Rainfan, tanacetum L., hchd. Rainfarren, (ahd. reinivano, mhd. rainevane; Graff II, 527. BM. III, 235. Weigand, Wbch. II, 453 f. Nemnich II, 1411. Diefenbach 572c). „Nim gestosenen rainvan;" Cgm. 592, f. 39. 40. Clm. 17142, f. 84.

„Rainiger, rangifer, animal simile cervo," sagt das Voc. v. 1618, etwa zunächst aus dem holl. reynger, franz. rangier, ital. rangifero, mittellat. rangifer — (wenigstens nicht bey Plinius vorkommend, dessen tarandus vielleicht so zu nehmen ist. Cf. τάρανδος, Aristoteles. Wiedemann's Ausland, 1848, S. 745—746. Schiefner: Über das Thier Tarvas im finnischen Epos, Zeile 7. Bulletin de l'Acad. de Petersb. V, 7) — welchem wol das lappisch-finnische raingo zu Grunde liegt. Diez, Wbch. 281. Jedenfalls stimmt die erste Sylbe (rain) weit besser zum isl. hrein-n, schwed. rên, agſ. hrân, als die des üblicheren Wortes Rennthier. Grimm, Gesch. d. d. Spr. I, 30 f. Weigand, Wbch. II, 487. Von Rehnen (Art Rennthier), aus Schweden verschrieben, ist zu 1582 in Hessen die Rede. Landau, Gesch. d. Jagd p. 206.

raunen, wie hchd., doch manchmal in raumen (s. oben Sp. 91) weichend, und in der einfachen Form minder als in den abgeleiteten raunelnund raunzen volksüblich. Das mhd. rûnen, ahd. rûnên, rûnôn, z. B. Walther v. d. V. 53,12. gl. a. 343. 684, gilt ebenfalls für susurrare, dann kosen, sich heimlich berathen; agſ.
rûnian (in Docen's Misc. II, 28, wo es für incensum 96
ponere, Luc. I, 9. 11, steht, wird etwa ruhte, rauhte st. runte, raunte zu lesen seyn). „Graff II, 526. BM. II, 793. Weigand, Wbch. II, 468. „Diu kint (junge Leute) suln ir rûnen lân, wan rûnen ist nicht ân arcwân;" d. w. Gast 567. „Swer mit in iht raunet;" Gem. Reg. Chr. I, 429, ad 1290. „Do traten für Gericht unser Klagfürer, Fürsprech, Rawner und Warner;" ibid. III, 46. (rûnari, susurro, neben girûno, ôrrûno, auricularius, gl. a. 486, i. 246. 611; agſ. geruna, consiliarius; isl. rûni, collocutor, rûn, rûna, collocutrix; girûni, mysterium, sacramentum, Isid., Tat.; agſ. rûn, goth. runa, m., colloquium, arcanum). „Runa, sei gafulgina vas fram aivam jah fram aldin," μυστήριον; Ulfilas, ad Col. I, 26. „Von dem übernatürleichen Geraune des ewigen Wortes;" Cgm. 89, f. 74. „Cum sacerdos pervenerit in missa in daz gerawnn," (Stillmess, Canon); Em. q. 12, f. 104a. Der Priester steht in der Messe „in ainem solichen haimleichen geraum darein kain kunig nicht chomen getar;" ZZ. 1809, f. 45b. Ich sehe nicht ein, wie mit rûn etwa das dunkle „in giriuno," gl. i. 792, über ex alto der Aeneid. VIII, 395, Otfr. I, 19,9. 27,35 formell zusammenzubringen sein wird, wenn das agſ. gereonian, conspirare, concinnare, desselben Stammes ist; s. raunen, laufen. Mit dieser Bedeutung der geheimen Mittheilung, etwa der brieflichen, der „literarum secreta," kann allerdings die des isl. und vielleicht erst von daher zum Theil in die übrigen Dialekte aufgenommenen rûn, f., (gewöhnlicher im plur. rûnir, Runenbuchstaben) zusammenhangen, aus welchem jenes Idiom ein Verb ryna, perscrutari: a) literas, b) occultas res, abgeleitet hat. Bey Kero, R.B. 54 werden Eulogiae (Art Briefe) durch runstaba gegeben. Ob das dunkle runistranc, lina (linea?) gl. i. 826, hieher, oder vielmehr zum isl., von rûn ganz verschiedenen runa, linea, gehöre, bleibt zweifelhaft. Im Cod. Paris. No. 5239, sec. IX.—X. schließt das darin aufgeführte Runen-Alphabet (nach Graff's Mittheilung) mit der Bemerkung: „Hae

literarum figurae in gente Nortmannorum feruntur inventae, quibus ob carminum eorum memoriam et incantationum uti adhuc dicunt. Quibus et runstabath (?) nomen imposuerunt ob id ut reor quod his res absconditas vicissim scriptitanda aperiebant." Dieses würde zu der Ansicht stimmen, daß der Name Rune unter den diesseeischen germ. Völkern nicht einheimisch gewesen, wenn nicht der romanische, um 568 unter Franken lebende Bischof Venantius Fortunatus (Poemat. VII, 18) von einer barbara runa wüßte, und die Sache selbst, nemlich ein, nur zum Theil dem später, wol mit dem Christenthume adoptierten entsprechendes, früheres Alphabet, nach mancherley Spuren, im Wesentlichsten allen german. Völkern, südlichen sowohl als nordischen, gemein gewesen wäre. Vrgl. Wilhelm Grimm: „Ueber deutsche Runen," und in der Wiener Jahrbücher 43stem Band. Zu der oben vorkommenden Anspielung auf incantationes stimmt eine weitere Bedeutung, in welcher unser Wort vorkommt. Gl. a. 525, i. 127 ist helli-run, helliruna necromantia, a. 13: holzruna lamia. Damit scheint, in Betracht des zweiten Bestandtheils, Zusammenhang zu haben das folgende Wort. Jordanes' aliorunа = haljorûna, Hellrune; Tacitus' Germ. 8: Aurinia = Albrûn; s. Liliencron und Müllenhoff im 16. Bericht der schlesw.-holst.-lauenburg. Gesellschaft 44. 51. Graff I, 463 f. II, 523. 525. Grimm, Mythol.² p. 85. 374. 375 f. 1174—75.

Der Alraun, die Wurzel der Atropa mandragora L., oder auch wol der gemeinen Zaunrübe (Bryonia L.), welche die Gestalt eines weißen, zweybeinigten, behaarten Männchens hat, und, unter gewissen Ceremonien ausgegraben, von Abergläubischen, als heimlischer Heil und Glück bringender Hausgeist, in hohen Ehren gehalten wird; Spiritus familiaris überhaupt. s. Th. I, Sp. 56. Nemnich I, 536 ff. Grimm's Mythol.² p. 85. 374. 375 f. 480. 1153. 1174 f. (Alu-rûna = Bier-R.; 16. Bericht der schlesw.-holst.-lauenb. Gesellsch. p. 45. cf. Grimm, Mythol.² p. 988: Seid-kona). Phantastisch abgebildet im Cod. iconogr. Monac. 26. (sec. XVI—XVII.), f. 59. Eitzə schaust gràd aus wêi d' *Olrau˜*, verhüllte Weibsperson, Hexe; (Obr.M.).

97 „Es macht sich dieser Höllendrack oft budawinzi klein, und schliefet oft als Raup und Schnack ins kleinste Büchserl h'nein. Dieß Teuferl vulgo der Allraun, schmeißt Batzen zum Erstaun;" Marcell. Sturm: Der Teufel. Nach Kohlbrenner's Materialien v. 1773, p. 39 soll noch damals der Fall vorgekommen seyn, daß ein „hinterstelliger" Beamter die Schuld auf den Alraun schob, welcher ihm über die Casse gekommen sey. „Etlich die snitzen pild aus rubm oder aus andern wurczen mit erd sie es pesturczen, darin sein sie es wurzeln lon, bis das es vil vasen wirt hon. Den tummen weiben als alron sey es zu kauffen geben;" Michel Beham, Cgm. 291, f. 141ᵇ. Mit einer auf das jetzt volksüblichere rauneln, raunzen (w. m. s.) gehenden Anspielung wird eine weibliche Person, die allzuviel zu winseln, zu klagen scheint, eine Alraun (Alrau˜ ◡–) gescholten. Als Name: Alarûn, Alerûna, MB. III, 416. „Gospreht der Alraunyn sun;" das. XXVII, 80. Förstemann I, 1062. Als mandragora kommt alrun gl. o. 462 vor, und die abergläubische Bedeutung der Pflanze gehört schwerlich erst neuerer Zeit an, hat also wol zur Benennung derselben den Grund gegeben. „Ain wurcz haißt Alrawn dy ist zu manigen dingen guet und wer ir stim hört der stirbt. dy wurcz soll man umbgrabn und pint ainen hunt daran so magstu sey gewinnen rc.;" ZZ. 2072, p. 294. Was der erste Bestandtheil sagen wolle, ist schwer zu bestimmen. Vielleicht sind sogar des Gothen Jornandes (de reb. getic. c. 24) etwa entstellten aliorumnae, mulieres magae (s. d. vor. Wort), zu vergleichen. Im Voc. v. 1429 ist alraun malum terrae und auch allota piscis.

rauneln (rau˜ln), raunen; schmeichelnd schnurren wie die Katze; brummen; im Scherz: auch vom Spiel auf der Violine.

Wenn kaə˜ Geigng tuət rau˜ln,
fangt mə-r-ā˜ zu'n Lau˜ln.

Die Rau˜l, schmeichelnde Person; Katze.

„raunen, laufen," neben „reinen (reunen?) traben," finde ich in einem nicht ganz verläßigen Beytrag. Jedenfalls besteht jenes in der Jäger-Sp. für das Hin- und Herlaufen des Hasen, dieses für das Traben des Fuchses. Wäre ein râunen anzunehmen, so könnte damit in Ablautverhältniß stehen einerseits das ahd. rûn, meatus, motus gl. i. 109. 279, (ags. ryne, goth. run-s, cursus, isl. runa, Linie, fortlaufende Rede), das antruneo, ant-runno, (gl. a. 246) profugus, unser abtrünnig; andrerseits die zweite Hälfte in norda-rôner, nord-rôner, aquilo, gl. a. 205, und so in den übrigen Windnamen ôst-rôni, uuest-rôni, sundrôni („Meridiem, plagam, sundaronisfero halbo;" Gl. Fuldenses, Dronke, 1843, p. 17. Graff I, 499. 1086. II, 1097. VI, 259. Grimm, Mythol.² p. 597), falls in ihnen das ô aus au, und in den entsprechenden isl. Wörtern, vielleicht selbst in rœna, Seewind, das œ und æ, gegen die Regel, aus ey entstanden wäre; (s. Th. II, Sp. 1756), — endlich das oben, Sp. 106 citierte: in giriuno. Bey Willeram VIII, 7 hat eine Lesart berunen st. berinnen für ˘obruere. Cod. Vaticanus: berúnnent. Hom. goth. (Skeireins p. 41ᵃ,7): birûnáins Hêrôdês. Doch genug der müßigen Vermuthungen, die man oft hinterher bey klarerer Einsicht gar sehr, und vergebens, zurückzunehmen wünscht.

raunzen (rau˜z'n), a) O.L., verächtlich) reden (in flüsterndem, weinerlichem oder mismuthigem Ton). Einem fürraunzen von Etwas, ihm darüber in den Ohren liegen. b) schreyen wie die Katze, wenn ihr etwas fehlt. Die *Rau˜z*, weinerliche Person. In Bucher's Kinderlehre, S. 22 spricht der Herr Pfarrer mit den Bauern von ihren Raunzen, sonst Ranzen, (Kindern). *rau˜zi'*, adj., weinerlich; erbärmlich, schlecht. Entweder, nach Gramm. 554 zu rauen (w. m. s.) gehörig, oder wahrscheinlicher noch das alte rûnazan, rûnzan, mussitare, gl. a. 92. 112. i. 244. 806. „Mussitantes, rúnecente;" Clm. 4606, f. 111. Graff II, 526. BM. II, 794. 98

Ré˜, Ranke, Reben: Hopfə˜*ré˜*, Erdàpfel*ré˜*; (ObrM.).

reneln (reə˜ln), (O.Pf.) wiehern, (niederſ. wrenſ-ken). Schwed. ist vrensk unverschnitten, ags. vræne geil; gl. o. 306: wrenis ros, 457: stud-ren, emissarius, i. 939: uurenno, 200: ranno, a. 37. 418. 538. 582 rc. reino, öfter reinno, uuarannio, admissarius, (ital. guaragno, portug. garanha˜o, wol schon aus dem niedern Deutschen; Diez, Wbch. 187); holl. ruin, castrierter Hengst. Firmenich II, 381,13: *Rünn*, Walach, (Pferd). Zeitschr. III, 493. V, 430,169. VI, 368. Graff I, 978. BM. II, 662 f. „Alexander sat op sijne snelle wreen hiet bucifael der bester een;" Maerlant's Alex., Cgm. 41, f. 15ᵃ. Unser Wort würde demnach, wenn diese Berührungen statthaft sind, etwa nach Gramm. 148 eigentlich raineln zu schreiben seyn. Ob in der lex salic. II, 1,2 das hranne, chranne für admissura genommen werden dürfte, da doch XLI, 3,4 für admissarius, uuaranio gilt? Vrgl. auch ränkeln. „Von einem rainischen grözen rosse daz verkouft wird und niht gelœset wirt sehs zweinziger ... von einem hengist ... drî zweinziger;" Meraner St.R. in Haupt's Zeitschr. VI, 421. „Emissarius, remischeros," (lies reinisch?)'; Clm. 4350 (XIV. sec.), f. 2ᵇ.

Renolt. „Der ungeschaffen (ungestalte) renolt (das listige alte Weib, die Kupplerin) der lieff als si der teufel wolt fachen;" Cgm. 270, f. 89 (379, f. 50).

rennen, (praet. gerennt), 1) verb. neutr., für laufen, wie hchd. In dieser Bed. gilt wol auch das schwed. ränna im Niederſ., Holl. das vom Präterit. Plur. oder Particip. des Primitiv rinnen abgeleitete ronnen, runnen, in der ahd. Sp. aber, sowie im Goth., Ags.

und Isl. dieses Primitiv selbst; (s. rinnen). Es wird sich wol noch zeigen lassen, daß auch diese Bed. erst nach und nach aus der folgenden frühern: laufen machen, tummeln (ein Pferd, incitare equum), hervorgegangen sei, wo sich sehr natürlich die des schnellen Reitens, incitato equo ferri, selbst (schon im Annolied 48,1) und noch später auch des Laufens zu Fuß ꝛc. anschloß; wie denn auch sprengen in diesem Sinne zum neutr. geworden ist. So auch swemmen (über ein Wasser), vb. neutr., Haupt's Zeitschr. III, 274. Im alten ritterlichen Rennen (dem romanischen torneo, tournoi) versteht sich diese Beziehung auf das Thier von selbst, wie noch in unserm unten folgenden Rennend. „Stechen und Rennen. Ain Rüstung zum Schwaiffrennen. Zwen gantz Pündt zum Spiegelrennen. Zwen Rennzeug zum Puntrennen. Rennpart, Renntartschen, Rennzaum, Rennsporn, Renneisen, Rennhuet, Rennschoß, Rennsattl ꝛc.;" Harnasch-Inventar v. 1562 „Bund-, Pfannen-, Schweiff-, Wulst-rennen;" Hect. Mair, Fechtb. Turnier, Cod. iconogr. 393, II, 118. „Rennen zum Ringl, Rennen über die Pallun, scharpff rennen," noch 1568 zu München; Cgm. 929, f. 56. 59. 61. „Die zwen haben gerennt und seint baid besessen ... baid gevallen;" Cod. iconogr. 398, f. 4. „Die haben gerennt das gestifft Scheiben rennen und ist der ain gevallen;" das. f. 10. „Den Schwaiff rennen;" das. f. 15. 17. 19. cf. Cgm. 3664, f. 110 und 3665, f. 31. Das Rennend (Rennə͂d, Rennət), plur. die Rennəter (Rennətoᶜ), das Pferde-Rennen, eine in Bayern, besonders auf Kirchweihen, Jahrmärkten und dgl. sehr beliebte Volksbelustigung, die (nach Lipowsky's Nationalgarde-Almanach für 1809, p. 69) unter der Regierung Herzog Albert des Dritten aus dem Vaterland von dessen Gemahlin, einer braunschweigischen Fürstentochter, nach Bayern verpflanzt worden. Zeitschr. III, 173,147. Das erste Rennen in München im J. 1448 während der Jacobituld gegeben. Das „vordrist phardt gewann ein
99 Scharlach-Tuch, das ander darnach ain Sperber mit seiner Zuegehörung, das drit ain Armbst, unnd das lest phard ain Saw." (Nach v. Hazzi fällt das erste Rennen in B. auf 1436.) Indessen ist schon im Cgm. 632, der älter scheint, fol. 21b die Rede von solchen, „die ir ros lassent lauffen vmb gewin, als lauffen oder rennen umb den scharlach." So waren auf dem Rennen zu Augsburg von 1474 „ain Scharlach, ain Armbrost, ain Schwert und ain Sau" (vrgl. etwa Renn-sau) als Preise ausgesetzt. In einer alten Hofrechnung (Wstr. Btr. V, 201) heißt es ad ann. 1467: „Item mein gn. Herr verzert ze sbaben auf seiner gnaden schloss, als er gen Aerding rait zu aim Rossrennen X fl. XXVII dn.," — ad 1468: „ain Arbmst hat er hergeben zu den scharlach zu dem rennen zu iacoby." Die Landts- und Policey-Ord. v. 1616, 3. B., Tit. 8, Art. 2 will, daß „die Rennet in der heil. Fastenzeit, die man zu etlichen Orten schier wochentlich anstellet, abgeschafft werden sollen." Das Häuter-Rennend, Rennen mit Acker-Gäulen. Der Renn-Bueb, das Renn-Ros, das Renn-Gericht, der Renn-Maister, das Renn-Fänlein ꝛc. Rennscharlach, Rennschwert, Wstr. Btr. III, 104. 2) verbum factitivum: a) a. Sp., laufen machen überhaupt; (ahd. rannjan, rennjan, mhd. rennen; Graff II, 517. BM. II, 718. Weigand, Wbch. II, 487): rennit, fatigat (equos, gl. i. 752, Aeneid. I, 320), isl. renna hesti, incitare equum; bey Ulphilas Matth. V, 45: ur-rannjan, (die Sonne) aufgehen machen. „So wil ouch ich in rennen"; Grimm, Reinh. p. 314,615 und p. 373. „Item an dem weinnacht morgen haist man die ros remen gen wasser"; Grimm, Mythol. XLIX, 37. Wennst nét 'ən Obəᶜschreibər ə͂n Tàlər ə͂ d' Seit'n *rennst*, so findt eᶜ nicks nét; (ObrM.). b) rinnen machen, im Wasser fortschwimmen machen, flötzen. Holz rennen. „Holz aus den Gebirgen soll man, wenn die Schneeflüß gehen, klausnen, verrennen und zu der Ebene bringen;" Forst-Ord. v. 1616, Art. 63. „So lang nét deᶜ Sunnbrànd 'ən Watzmà͂ *dəᶜrennt*," (fließen macht, schmelzt); Wagner, salzb. Ges. 12. Firmenich II, 712,16. Die Holzrennen, (O.L., v. Delling), die Holztriften. c) fließen machen, schmelzen. Stücke von Roh-Eisen rennen, einrennen, zerrennen, z'rennen, sie im sogenannten Frisch-Feuer neuerdings schmelzen oder glühend machen, um sie mehr von der Schlacke zu reinigen. „Gulden (Goldstücke) zerrennen und wieder ummünzen;" Kr. Lhdl. XVI, 250, ad 1507. unterrennen: sich unterrennen eines Dinges. „Ob du dich des underrenst daz dîns rehten herren ist, des schündet dich dîn valscher list;" S. Helbling IV, 230. Vgl. BM. II, 750 und Haupt's Zeitschr. V, 471. Den Boden mit Pech überrennen. Fäßer verrennen. Eine Fuge, ein Loch mit Pech, Wachs, Bley ꝛc. verrennen. „Nu hast du je ein eisen verrennt," (ein Hufeisen im Laufen verloren, d. i. bist zu Fall gekommen; Vgl. Th. I, Sp. 162: Eisen), sagt die Frau zur Magd bey H. Sachs 1612: I, 967. Hieher gehört ohne Zweifel in figürlichem Sinn der gerennte Heirât, wobey das Vermögen beider Verlobten in eins verschmolzen und eine unbedingte Gütergemeinschaft hergestellt, oder, wie man auch sagt, Gut und Blut zusammengeheiratet, verschmolzen, Leib an Leib, Gut an Gut gebracht wird. „Heiratbrief ains dem andern ganz zu verlornen guet"; Formular, Raitenb. 166, f. 80. Ao. 1470 erhält die Stadt Ingolstadt eine Freyheit (Privilegium) „umb gerennt Heirat, von der gerennten Heirat wegen Kopf an Kopf," und ao. 1471 einen Bestätbrief Kaiser Fridrichs über der Stadt Freyheiten, und sonderlich „um die gerennten Heurath, daß sobald die zwu Personen unter der Decken zusammenkommen, ir baider Gut ain Gut sey." Mederer's Ingolst. p. 143. Durch Mandate vom 4ten Jul. 1608 und 9ten Jun. 1615 werden „die gerente Heurath, so denen Kindern erster Ehe und armen Pupillen zu Schaden geraichen," verboten. „Die in Eichstädt übliche Communio bonorum oder 100
sogenannte gerönnte Heirath extendiert sich nicht nur auf gegenwärtig von beeden Brautpersonen zusammenbringend, sondern auch auf alles übrige von selben ererbend erringend und alio quovis modo acquirierend Vermögen;" Urk. v. 1754 in J. W. Eckher's Erörterung, ob die Ingolstädtische Freyheit vom gerenckten Heirath sich außer den Burgfrid erstrecke, v. 1756. Unter den Formularien des Cgm. 955 findet sich f. 42 ein „Heiratbrief aines gerembten heyrates." Eine Witwe spricht: „Also so wir bayde elich beyainander gelegen sind, vnd uns die deckh beteücht hat (alsbald sy an das preutpett komen und sy die deckh belaucht hat, f. 47b), alsdann zestund sol diser heirat in gereims weyse, kopf an kopf, in sein craft gegangen, und fürter alles unser guet .. ain guet haissen vnd sein. Und nachdem aber ich als ain witib, gemainem landsbrauch und der billichait nach, meinem lieben hauswirt, als ainem jungen geselln, ain erung oder liebung zu geben schuldig bin.." d) gerinnen machen (die Milch); (O.L.). „Nim ain keswasser da die milch selb nit gerunnen sei und die man selb gerennet hat;" Clm. 14134, f. 331. Der Renn, das Umherrennen, Laufen; vgl. BM. II, 720: diu rente.' Hàst dà͂n *Renn* voᶜbràt (deinen Renn verbracht) ëitzə? bist du des Rennens satt? (ObrM.). Die Renn, der Renner, das Rensel, das Lab, coagulum. „Der Käsebereiter nimmt etwas Renner aus dem Rennkübel und rennt die Milch;" B. v. Moll. „Man vindet renny in der iungen tier magen die noch saugent;" Konr. v. Megenberg f. 71a. „Des bibers renny ist für die vallenden sucht gůt;" das. f. 77b. „Des hasen renny ist gůt wider des leibes überfluß der zu vil stul hat;" das. f. 90; (cf. Pfeiffer 116,3.5.6. 127,8. 149,20: renne, acc. rennen). „Ein eingerent Milch;" Münchn. heil. G.-Spital, Ms. v. 1519, f. 31. 32. „Grüeben zum Kalch einrennen," (1613); Cbm. 2224, f. 209. „Kalch anzesetzen und einzerennen," 1614); Cbm. 2225, f. 23. ahd. Sp. rennan, cogere (mella favis, Georgic. IV, 140); giranta, conflavit, girennit uuerden, conflentur, girantos, coagulasti, giranter, granter, coagulatus, gl. i. 281. 302. 317. 340. zirenni, confla (aurum), ziranta, coxit, zirantero nazi, liquato rore, gl. i. 303. 317. 560. „Do uuart min sela zerennet", anima mea lique-

facta est; Willeram V, 6. „Coagulatus, zesamene geranter," Cgm. 17, f. 97^b, Ps. 67. alts. rennian tebrocan gläs te hopa, glutinare vitri fragmenta, gl. o. 428; rennisal, quactum (lac), o. 147. Der Renner, 1) Rennpferd. '2) der Rennbube; BM. II, 720.' „El regazo der renner, ly regazi die schintfessel;" Voc. veneziano todesco v. 1424, f. 45. 'Der Fürrenner, ä. Sp., Vorreiter, Vorläufer; BM. III, 720.' „Dô kâmen die fürrenær; die herbergt er ûf der stat schône nâch der milte rât"; S. Helbling VII, 384. 3) summarischer Rechnungsauszug; Real-Index über Aktenstücke und drgl.; Register. (Vrgl. den Renner des Hugo v. Trimberg, vom Dichter selbst aus dem Hin- und Herrennen von einer Materie zur andern erklärt, besonders Vers 13880 ff. 15106 ff. Cf. Th. II, Sp. 1364. '„Kozroh's Renner über die Freisinger Urkunden"; Jac. Grimm; (herausgegeben von Dr. K. Roth. 1854).' S. auch Springer und Samener.) Der Rennfanen im ältern Kriegswesen. „Dem Feldmarschalk wird gemeiniglich mit seinem Geschwader Reuter, das er unter ihm hat, der Rennfanen und Vorzug befohlen. So er den Vorzug mit dem Rennfanen hat, so soll er ein zimliche Weite vor allen Haufen hinziehen;" Fronsperger 1555, f. XXXVI. „Der Rennfanen, das Rennfänlin mit dem verlornen Haufen;" das., f. XX^a. Der Schanzmaister hat bey dem Rennfänlein vorhin zu ziehen; das., f. XXIX.^{a} Zum Rennfänlein im Vorzug gehört ein Wagen mit Hauen, Schaufeln, ein Bruckwagen und ein Zeugwagen; das. f. XXXIV. Der Rennhuet. „Galea quam germanice renhuet vocamus;" Hect. Mair, Fechtb. Turnier, Cod. iconogr. 393, II, 118. Das Rennsail, womit die Zelte an die Erde befestigt werden; Suchenwirt XXV, 43. (Von unklarer eigentlicher Bed.) „Zue den rennsailern der Zelt," (1617); Cgm. 3682, f. 242^b. Die Rennsau. „Eine gemäste Rennsau durch die Stadt jagen;" Nagel's Bürgeraufruhr p. 67. Ob bey dieser eigentlichen Bed. eine läufige oder etwa eine stattliche, zum Preis beym Rennen geeignete Sau zu verstehen? Ich habe Rennsau, Rennfärkel nur als
101 Scheltworte gegen Kinder oder Weibspersonen, die zuviel herumlaufen, gehört. „Phaselus, navis velocissimus, rennscheff;" Clm. 4685 (v. J. 1412), f. 92.

'Der Rennel, Verweis, Schelte, Strafe (?); cf. niederd. Rengel, brem. niederſ. Wbch. III, 479. Strodtmann 184.' „Vnnd sonderlich die Knaben Renel und Streich sie haben von den Zuchtmeistern voll"; Erhard, von Münsterischen Widertauffern (1588) p. 37.

renneln (renln, rendln, rändln, rindln) Haber, Gerste, Erbsen 2c., ihre Fruchtkerne auf der Mühle entzweybrechen, spalten oder doch enthülsen. Zeitschr. II, 51. Anderwärts kommt remmeln, rollen, rellen, rödeln in diesem Sinne vor. Das tyr. L.R. v. 1603 sagt trendeln. Auch der Augsburger Henisch (1616) hat: „getrenlete, gespaltene Erbiß, wie mans aus dem Land zu Böhem bringt, pisa divisa." Vielleicht ist der Ausdruck wirklich undeutsch; vrgl. allenfalls das böhmische trženj, Spalt. Nach der Münchner Müller-Ord. v. 1407 (Wstr. Btr. VI, 164) durften „die mülnär, noch zumülnär, noch hantknecht mer nicht vordern von nyempt ze lon weder mel, kleibn, munken noch Abbrenndlach (Ab-renndlach? Hülsen, Kleyen), noch nichts anders," als eine daselbst bestimmte Summe Pfenninge. Der Rennel (Rendl), die Grütze. „Ain Rendelmuß," Scheirer Dienst-Ord. von 1500, f. 43. In einer St. Emmeramer Rechnung von 1325 (Wstr. Btr. II, 258) heißt es: „pro rennel IIII sca. ave.," was Zirngibl durch „für Rödel oder Haberkörner, 4 Schaff Haber" erklärt. Die Priorität jener Form (also nicht eine Beziehung auf Rand) geht wol auch hervor aus gl. a. 20. 679, o. 143. 315, wo rennilachurn (quirn) und sogar das einfache rennela, rinnelle für scussarium (wol das ital. scossatoio, Mühlbeutel zur Absonderung der Hülsen, Kleyen vom Mehle, Diut. III, 153: „taratantara mulischivtele vel rennele"; cf. Graff II, 519. BM. II, 718) steht. Dieses renneln würde sich wie rennen als ein Factitiv von rinnen erklären, wie auch das oben angeführte Rödel (als Redel) zu reden, cribrare, gehören könnte. Das Rennwerk, soviel als Remmel (Remwerk?); Pseud. Jir.

Reinl, Reindl, der Mannesname Reinhard. In einer Urkunde steht Reinlin in dem dazu gehörigen Wappen Reinhardus; (Dr. K. Roth).

Die Rein (Rei˜) und Reinen (Rei˜n, Dim. Rei˜l, Reinl, „Reindl," Reinə-l), flaches, gewöhnlich ablanges Becken von Blech, öfter von Thon, zum Braten oder Backen von Fleisch- oder Mehlspeisen im Ofenrohr und zu anderm ähnlichen Gebrauche bestimmt. Zeitschr. VI, 192.

ə˜ Schüssə-l und ə˜ *Reinə-l*
is åll mei˜ Kuch·l-G·schirr..

Anfang eines durch seine Melodie sehr bekannten Volksliedes. „Aə˜s əllaə˜ is niə ſchuld, es is dés und is dås, er 's *Reinl*, si 's Hésə-l — əs bricht ən iəds wås;" Kaltenbrunner 147. „Mein lieber Laimpatz, was wird aus dir werden? ein krug, ein hafen, ein schüssel, ein Reinel, eine Kachel?" P. Procop. „Prat sie (die Frösche) dann und setz ein reindl˜ mit wasser darunder"; ZZ. 1816, f. 89^b. „Die Brattl riechen, die Reine dünsten;" Neiner. „Frixorium, reyndel, rostpfannen;" Avent. Gramm. v. 1517; „lebes, reindel, Semansh. 34, f. 197; „lebes, reindel, reydl," Vocc. v. 1419, 1445, 1468; „rina, cacaba (cacabus), olla," gl. a. 507. i. 60. Graff II, 522. Diefenbach 322^a. Prasch führt bey Heumann, opusc. 684, neben der Bratrein gar auch eine Nachtrein auf, und in Österreich scheint man unter unserm Wort einen Tiegel zu verstehen, woraus wol ryn-ka ins Polnische, rendlik ins Böhmische gekommen seyn mag, da die reinern slawischen Idiome nichts Ähnliches kennen. *Rein*, *Rei˜*, Tiegel; (Passau, ObrM.). Am Galgenberg bey Eichstädt (Lex. von Franken II, 272) wird auch eine trichterförmige Vertiefung im Erdreich, in welcher sich das Wasser sammelt und unterirdischen Abfluß nimmt, ein „Reindel" genannt.

Der Rein (Rei˜, am Ober-Rhein selbst noch Ri˜), Ger- 102
maniens Strom, ahd. mhd. Rîn, (gl. i. 570. 1133; doch nicht alt genug, um zu entscheiden, ob nicht auch im Deutschen Hrîn gegolten. „In Dronke's Cod. diplom. Fuld. nr. 27, ad 765 kommt Hrin vor), bey Strabo Ῥῆνος, den Römern Rhênus, den Franzosen und Spaniern aber wieder Rhin, Rîn. Graff II, 522. BM. II, 705. Grimm I³ 98. III, 385. Mone, Quellen und Forschungen I, 454: Hreno. Förstemann II, 1182. Grimm, Mythol.² p. 933. Weigand, Wbch. II, 492. Der Name kommt auch wol andern Wässern zu. So z. B. geht ein Rhein in die Havel, und im L.G. Werdenfels haben wir das romantisch wilde Reintal. Selbst im Isl. ist rînarmâl Rauschen eines (jeden) Flusses, wie denn auch 1470 der Pilger Ulr. Leman von St. Gallen im Cgm. 692, f. 51 „von dem Fluß oder Rin, genant Nilyo (Nil)" spricht. Wäre Hrîn die ahd. Form, so würde (Grimm II, 12) das ahd. hrînan (sowohl: sonare, hallen, nebst der Ausweichung in den Begriff hell, als: tangere, Grenze bilden, — welche letztere Bed. die Deutschen hoffentlich nie werden gelten lassen; Graff IV, 1156) ein Etymon gewähren, wenn anders der Name nicht noch aus einer vorgermanischen Sprache stammt, da auch ein Reno (Rhenus) bey Bologna vorkommt. — Alte R.A. „Ob ain fraw icht unfugs tat, ze hant haut si den Rein verprant," man deutet es ihr gleich auf die schlimmste Weise; Cgm. 270, f. 115^a und 379, f. 80. Mone's Anzeiger VIII, 614. „Weder hân ich iu den wîn vergozzen, oder hân ich iu den spehť erschozzen, oder hân ich iu den Rîn verbrant?" Märe v. d. alten Mutter, Haupt's Zeitschr. VI, 501,161. Thun mit Einer, „als man ienseits Reines tut;" Cgm. 713, f. 56. „Eins spiles si dâ begunden also man iensît Rînes tuot": d. Ritter unter'm Zuber, v. d. Hagen, Ges. Abent. II, 301. (Mein Handwerk) „das heißt man petteln jensset Reins"; Cgm. 713, f. 130. Cf. Grimm, Mythol.¹ p. 548, Anm. Der

Überrheiner, Ansiedler, aus der jenseitigen Pfalz nach Altbayern gekommen, hier in ältern Gemeinden eingekauft, oder eigene bildend, wie Kemenaten bey Jetzendorf, Karolinenfeld etc.

Der Reinank, gewöhnlicher contrahiert: der Renk, der, dem, den, die Renken, ein edler Fisch unsrer Seen, Bloch's Salmo Wartmanni; (Weigand, Wbch. II, 492. Schrank: Auszug aus einem Briefe „von den Renken" im 4. Bande der Schriften der ges. naturforsch. Freunde zu Berlin, 1783). „Asco, Rinanch, ambo dulces nimis in comedendo;" Fragm. des lat. Gedichtes Ruodlieb XIII, 18. „XXX pisces qui rinanchen dicuntur;" Tegerns. Urbar; (Freyb. Teg. 235. 236). In dem Salbuch von 1275 (Lori, Lech-R. 27) heißt es bey Dießen: piscarie solvunt in aridis piscibus mille pisces qui dicuntur „Reinanchen", — und gleich darauf: „item apud Schondorf due sagene solvunt in aridis piscibus mille Rencken." In einer Urk. von 1322 bey Meichelbeck (Chron. Ben. II, p. 56) werden „dreyhundert Renckhen" aus dem Würmsee einem halben Pfund Münchner Pfenninge gleichgeschätzt. Am Jahrtag für König Heinrich zu Böhmen, den das Kloster Frauen-Chiemsee zu halten hatte, sollten „die Priester und die Samung einen besundern Trost haben an Wein und an Vischen mit einer halben Mensur und einen Reinankhen jeder Person;" MB. II, 478, ad 1332. Das Kloster Dießen reicht einem Gutsschenker unter anderm jährlich 100 Renken; MB. XXII, 266, ad 1330. „Allopida est piscis ranch", (etwas undeutlich; — wol rauch zu lesen; s. Diefenb. p. 24b). Clm. 5877 (XV. sec. 1449), f. 99. „N. N. geben LXXII Rencken aus dem Ammersee" (1499); Cgm. 154, f. 60. „III schilling reinanken;" Cgm. 152, f. 9.b 55a rc. „Gedigen Reinanken"; Wiener Wassermaut (XV. sec.) in Hormayr's Wien, Bd. V. Urk. Nr. 166. „Rotforren, renken und seefisch"; H. Sachs 1612: I, 853. „So findt man auch mancherley rencken geraucht, der muß ich gedenken"; das. 1560: II, II, 111. A°. 1425 verschreibt Herzog Wilhelm für den König Sigmund auf dessen Verlangen nach Presburg Renken aus dem Würmsee; F. Ch. Jon. Fischer's kl. Schriften II, 209. So werden a°. 1602 (Wstr. Btr. IV, 203) „Renken per Staffette an Kayserl. Majestät (Rudolph II.) nacher Prag verschickt". In der Rechnung des Münchner Jesuiten-Collegiums für 1630 (Cgm. 3942, f. 9.10) kommen vor: „grüne, digne, gesottene, bachene Renken" ... „umb ein malzeit digne Renken so an St. Jacobs Abent verspeist 8 fl." Am vortrefflichsten kommt dieser Fisch aus dem Würmsee, wo er in seiner
103 ersten Jugend Sangel, Züngel, nach einem Jahre Ridling, und wenn er 2 oder mehrere Pfund wiegt, Boden-Renk genannt wird. In der chiemseeischen Fisch-Ordn. v. 1507 (Kohlbrenner, Materialien von 1782) wird p. 81 zwischen dem Rheinanckhen und Sterzling, p. 85 zwischen dem (gewachsnen) Rennckhen und Sterzling (oder „halben Rennckhen") unterschieden. In dem Augenblick, da dieser Fisch aus dem Wasser kommt, ist er auch schon todt. Daher gelang es dem Abt Wilhelm von Benedictbeuern († 1483) erst nach wiederholten Versuchen, lebendige Renken aus dem Cochel- in den Walchen-See zu bringen. S. Meichelbeck (Chron. Bened. I, 189), der diesen Fisch mit dem Voc. v. 1618 und dem P. Perenfelder Albula nennt. Reinanken im Waginger See; Hübner, S. 61. Die im Monat October in der Isar vorkommenden kleinen Weißlinge werden von den Münchnern Isar-Renken genannt. Jarnik p. 115: „Kärnt. osimiza, die Reinanke, ein Fisch, der um Weihnachten (also im Winter, sima) gefangen wird." An den oberösterreichischen Seen ist nur die Form Reinank, nicht Renk, bekannt; (1839). „Mille pisces Reinacos ... centum pisces Reinanchen"; Raitenhaslach, Cbm. 47, p. 20. 21. „Aliis qui pisces Reinanchen serviunt damus pro centum *Reinacibus* unam mensuram silig. unam mens. salis unum caseum V panes;" Cbm. 50, f. 4. In dem Tegernseeer Inventarium von 1023 (Zeitschr. f. B. v. 1817, 1. Heft) steht bey retia lacunaria die Glosse rinanchora; (Graff II, 527). Könnte diese etwa statt der Art des Netzes den Fisch, zu welchem es gebraucht wird, bedeuten? Cassiodorus (varia XII, 4) lobt neben dem Karpfen der Donau den Anchorago Rheni. Sollte dieß unser Fisch seyn? Ich weiß nicht, ob in Betracht des Bestandtheils Ank die span. anchoa (clupea entrasicolus), der franz. anchoi, Rücksicht verdienen könne. (Cf. Diez, Wbch. 5).

'Rheinwunder ligustrum vulgare; Nemnich II, 409.' Für die Mundfäule gebrauch „Rheinwunder, so eines aus den fürnembsten Höggengestäudt ist." „Blüe von Rheinwunder, so in den Heggen wächst, sieden, und sich damit gurgeln;" Dr. Minderer (1620) p. 107. 114. 224.

„rinen, weinen," (O.Pf.). Wenn diese Form nicht etwa aus dem Präterit. grinə˜ von gereinen schon falsch aufgefaßt ist, so könnte es zum ags. hrînan, ejulare, isl. hrîna, clamare, im Ablaut-Verhältniß stehen. BM. II, 700: rienen, beklagen.

rinnen, (Praet. Cond. ränn, runn neben rinnet, Part. gerunnen), im Allgem. wie hchd.; (ahd. rinnan: ran, runnumes, runnan, mhd. rinnen, ags., versetzt: irnan, isl. rënna, goth. rinnan. Graff II, 513. BM. II, 715. Weigand, Wbch. II, 499). 1) currere überhaupt, eine in der ahd. Sp. vorkommende, im Ags., Isl., Goth. gangbare Bed., in welcher (nach Gramm. 957, b) von der Präterit. Form rann das ursprünglich factitive Neutrum rennen, 1 (w. m. s.) abgeleitet ist. (S. unten die noch allgemeinere Bed. 4). entrinnen (ətrinnə˜, O.L. in zətrinnə˜, ze-entr.?), wie hchd. Gràd bin I no˜ *z'trunnə˜*; əs is mə' hàlt so auſſə' *z'trunnə˜*, (entschlüpft rc. das Wort). Gl. i. 344: intrinnan, apostatare. 2) fließen. D' Isə' *rinnt* bey Münchə˜ vo'bey, dər I˜ *rinnt* in 'Daənə. 'Daənə tuət mit Eis *rinnə˜*, sie führt Grund-Eis. „Am Kindleintag ist die Tunaw mit eyß gerunen;" Wstr. Btr. III, 135, ad 1476. „Das Wasser von den Dachrinnen eines bauren bey Michelfeldt in der Pfalz rinnet in zwey underschidliche bäch, deren einer 104
vermög andern Flüessen in die Donau und der andter in den Rhein rünneth;" Notata des v. Bodman von 1709. Der See rinnt, sagen die Fischer am Würmsee bey den Strömungen desselben. R.A.: 's Bluət *rinnt* zsam, oft mit dem Beysatz: hàt də' Bauə' gsagt, hàt'n Gaəsbok in də' Muəltə'n à'gstochə˜; (Blutsverwandte halten zusammen). berinnen, BM. II, 716. „Den ich hab leider funden todt berunnen in seim blute rot"; H. Sachs 1560: II, III, 5. verrinnen, wegrinnen, sich wegbegeben; BM. II, 717. „Daz dich hât gebliwen der, der sich hât verrunnen her, daz ist mir iemer leit," sagt die Fischerin zu ihrem rechten Kinde; Gregor v. d. St. 1144. 3) im Wasser fortgetragen werden, (verschieden vom selbstthätigen Schwimmen oder Fahren). „N. N. ist in die Iser gefallen, 900 Schritt weit darinn gerunnen, und weilen er des Schwimmens unerfahren, endlich undergangen;" Benno-Mirakel von 1697. „Die N. ist (auf ein gethanes Gelübde) in mitten der Iser in allen iren claidern wol drei Ackerleng wegs gerunnen, und an laid ans Gstad angerunnen;" Votivtafel von 1531 in Alten Ötting. „Er kan alle wazzer rinnen;" Labr. 118. „In wâge rinnen;" das. 223. „Du hâst gerunnen in drâten unkunden giezzen"; das. 292. „Die drâten leckerîe mit rinnen mîden"; das. 437. „Stæte und Triuwe beide ungern rinnent besunder in dem wazzer"; das. 438. „Swenn ez sich hât wol errunnen in der leckerîe"; das. 444. Ein Schiff rinnt hin, wird, unregiert, vom Strom fortgeführt. Die Hohenau wird rinnend, das Schiff, das von Pferden aufwärts gezogen werden soll, wird vom Strom abwärts geführt. Die Floßleute suchen den Floß, der auf einem Gries aufstêt (festsitzt), durch Stangen wieder rinnend (flott) zu machen. „So soll unser richter den dieb gebunden an ein lediges schiff setzen, und soll in ân alle rueder rinnen laßen" (im Chiemsee); MB. II, 507. „A°. 1739 sind durch das Austreten der Isar dem Schobinger Müller umb 400 Schnittbäumb verrunnen, und die halb Drift (aufgehäuftes Flößholz) ist auch ver-

rnunen;" Burgholzer's München 369. „Das Ausrinnen, Wegschwemmung des Holzes durch das Austreten der Ströme;" Lori, Berg=R. Die Holz=Einrinn, nemlich in den Holz=Vorrathsplatz in Hallein; Hbn. 305. Der Ei˜runn, (Stölzl). Die Jäger sagen vom Hirsch, er rinne durch den Fluß, (statt schwimme). „Wann Tuenaw vnd visch nymer rint;" Cgm. 271, f. 73.ᵇ „Herzog Jörg († 1503) het ainsmals geredt, ee er wolt, das hertzog Albrechten sein land wurd, ee wolt er, das (es) ain see wär, und er ain ändt vnd darauff runn;" bayr. Chronik, Cgm. 565, fol. 92. Der Rinnsal. „Der widrige Rinsal," das Schwimmen, Fließen stromaufwärts des Soffauer Bildes; Bogenberg=Mirakel v. 1679, p. 19. 4) a) gerathen, kommen. „Das die zwo schwestern zusammen rünnen", (zusammen kämen); H. Sachs 1612: I, 1063. Hinter sich oder zuruck rinnen, zurück kommen (in seinen Glücksumständen). „Daß wür unns mit erkhauffung Güetter ... haben eingelassen, vnd dadurch etwas zuerukh gerunen," Herzog Wilhelm an den Landtag von 1612, p. 67. In Schuld rinnen, in Schulden gerathen. „Etlich, so Irer bösen haußwirtschafft halb in schuld rynnen, in schuld gerunnen seynd;" L.O. v. 1553, f. 103. 104. „Daß er einrunn in große Schuldt;" H. Sachs. „Dem geschicht wie dem Beyern eben das er ein hinder dem andern (Schaden?) gwint bis er zuletzt auch gar einrint", (wie der Bauer von Schrobenhausen mit den Kalbsköpfen); H. Sachs 1560: II, IV, 62. „Ich bin ein Fahrt zu tief hinein gerunnen", (zu tief in den Text gerathen); Av. Chr. 100. b) Wol zunächst an diese Bed. schließt sich an die des Compos. zerinnen (z'rinnə˜), zerrinnen, deficere, verkommen, ausgehen, anfangen zu mangeln, abgehen. Die a. Sp. sagte: mir zerinnet eines dinges; Graff II, 517. BM. II, 717. „Ni zirinne herrin," non deficiet princeps; Isidor VIII. (Uns ist) „der spise zerunnen;" Nibel. 6562, (Lachm.
105 1577,2). „Wann im piers zurünne;" MB. XXIV, 267. „Des im zurunnen was," (was ihm gefehlt hatte); Freyb. Samml. II, 125. 128. Noch Avent. Chr. 332: „Es wird eher der Leut, dann des Traids zurinnen;" und H. Sachs: „Weil euch der Kunst nie ist zerrunnen." „Mir ist mîner künste gar zerunnen"; Labr. 488. Die o.pf. L.O. v. 1657, f. 512 hat: „Und da zu zeiten an Fleisch zerrinnet." Die jetzige Sp. sagt: mir zerinnt (ist und hat zerunnen) ein Ding, z. B. das Brod, Geld, die Geduld. Schon MB. II, 104, ad 1466: „Wann dem Wirt der Wein zerun;" und Avent. Chr. 75. 332: „Von Vile des Kriegsvolcks zurinnt das Wasser."..„das zu schreiben, wurde mir Zeit und Weil zurinnen"; Kr. Lhdl. VII, 231: „Also zerunne an dem ende der wägen zween", (wären 2 Wagen zu wenig). „So daz chorn zerinnet;" Diut. III, 99. (In Otfrid's (I, 18,16) „Ni girinnit mih thero uuorto;" und Notker's (Ps. 80,2) „Dar iuuero uuorto ne gerinne" wird girinnan sufficere, zufließen bedeuten, wovon zirinnan das Gegentheil ist.) c) (a. Sp.) hervor, zum Vorschein kommen, oriri, nasci, keimen, sprießen; (in letzterm Sinn noch schweizerisch, auch hie und da in Schwaben, z. B. um Ebingen, üblich). „Do die sunnen (?) was uferrunnen," (cum sol ortus esset); Wernh. Maria 189. „Lieht ist irrunnen" orta est lux; Notk. 96,11. arrinanter, oriens (sol), runnanera, orto (sole), rinnent, nascentur (dies); gl. i. 711. 729, ad Georgic. I, 434. 438. III, 156. Cf. lat. manare, mane; Grimm, Mythol.[2] p. 700. „Si ist genamet ein garte, daz ienti etwaz da inne rinne", dicitur hortus quia semper in eo aliquid exoritur. „Marien garte wirt nimmer ane wucher, da inne ist enrunnen ein wucher daz nimmer zeget, der gotes sun." „Diu blume diu da uz gerunnen ist;" Gl. Winnerl. Vrgl. ran.

„Rianlen," nach Schultes' Reise II, 200: ein edler Fisch des Königssee's, gadus lota. Ich finde gl. o. 310 einen ähnlichen Fisch=Namen: „riene, cavena", 311 aber: „rinne, capitenus." Obiges Wort wird wol plur. und Diminut. seyn.

„Ronen," (Aschaff.) plur., Striemen auf der Haut, von Schlägen ꝛc. Vrgl. der Ranə˜.

Ron (?). „Man hört sie (die Hunde) lûte, hell und keines rônes"; Labr. 112, (Varianten: trônes, claines dones, cl. lones, cl. wones).

„Rön; robur, est quodam genus arborum valde firmum;" Hübner, Voc. v. 1445. Semansh. 34, f. 205. Cf. dän. Rönne; sorbus. s. oben: Rimberg.

Die Rön, das Rhöngebirge. „Nemus quod Rone vocatur"; Rag. Bav. II, 173, ad 1228. „Es saß ein Fischer an der Rön der het ein weib, was zart und schön"; H. Sachs 1560: V, 404 (1612: V, III, 137). Ein Spottgedicht auf die Rön und ihre Bewohner von A. Jos. Schmidt, Gendarme, „im Weih'schen Saal in der Tann gegen deren Lobredner Kümpel vorgetragen, 12. Sept. 1842; cf. Landbötin, Febr. 1843. Vgl. oben: rauh.

Die Ronen oder Ron (Ranə˜, Ran), Baumstamm, besonders ein vom Wind sammt den Wurzeln ausgerissener, der, wegen Unmöglichkeit der Abführung oder sonst, im Walde oder auf dem Berge unbenutzt liegen bleibt; (ahd. rono, rona, mhd. rone; Graff II, 522. BM. II, 760. Zeitschr. VI, 196). „Da ligt ein alte Rohn, darauf setzt er sich und stirbt;" (Inschrift einer Unglückstafel auf dem Wege von der bayrischen Zell nach Audorf.) „Alt ronen haizzet er obz geben;" Kaiserchron., Wiener Ms. „Dâ manich boum was gevalt und grôze ronen lâgen"; Wigalois 6261. „Über einen ronen druchte in daz wîp bî sînem hâr;" das. 6419. Im Parzifal 282,6 heißt es der rone: „Vil ungefertes reit er dan über ronen und über stein." „Ouch begunde liuhten sich der walt, wan daz ein rone was gevalt ûf einem plan;" das. 282,10. „Under des gevallen ronen ast;" das. 282,18. 437,10. 106
„Mit im er von dem orse spranc, und bructe in über einen ronen;" das. 265,17. „Von Dîanazdrûn der plan muose zeltstangen wonen mêr danne in Spehtesharte sî ronen;" das. 216,12. — „Z' einem ronen" ... „under einen ronen;" Trist. 9152. 16135. „Ligen als ein ron", (unbeweglich); Heinrich's Tristan 957. „Einen ranen gros Jupiter in den weier schos;" Boner's Fabeln, Emm. D. 58, f. 146; cf. Benecke's Ausg. XXV, 17 und p. 356 und Pfeiffer's Ausg. p. 198. In Lori's BrgR. LIII ist von einem Salzausgang für Passau durch die wilde Rannen auf Wegschaid die Rede. Dieß ist vermuthlich der Name einer Wald=Partie. Das Ronach, „Rannach," Collectivum von Ron; salzb. Waldord. p. 33. 43. Ranach, das liegende Windwurf= oder Aufraumholz; (Pseud.=Jir.). Cf. Astach. ronig, adj., voll Ronen. „Ein giftige zunge ist uzzen hönic, sin freuden walt ist innen rönik;" Renner 7277. „Swie vinster auch und doch wie rönic der werlde walt sei;" das. 23539. Ronenberg, d. i. Rimberg, (s. d. W.). Vrgl. d. folg. Wort und runen.

Rohnen (subst. oder verb.?) heißt es, wenn das rinnende Salinensud= oder auch Privatholz wegen einer engen Felsenschlucht auf Haufen zusammengeschwemmt wird, bis es wieder weiter getrieben werden kann; (Pseud.=Jir.). Vgl. d. folg. Wort.

(runen), verrunen, (ä. Sp.) obruere; (Graff II, 523. 526. BM. II, 761). „Das man die Weg nicht verrunen sol. Wer den weg vor seiner tür oder vor seinem hauß verrunet, das die wägen an ainander nicht geweichen mügen;" Münchn. Stadtbuch Artikel 374, Cgm. 544 und 546, Auer p. 144; Cgm. 22 hat verrünen, Cgm. 290: verrüen, Cgm. 685 (Voc. v. 1432), fol. 114: verrönen, obruere, verrönet, obrutus. „Aller phad verainet, was diser walt so wilde verrunet und verstainet;" Titurel. „Den ochsen sol man (mit steinen) verrunen, vnd des fleisches schol niemen ezzen;" (Exod. 21,28) Cgm. 21, fol. 88. „Sô wir im daz hûs vor verrünen mit unvride;" Pfeiffer's Mystiker I, 317,25. „Sô wir daz venster der gehügede verrünen mit irdischen schübelen"; das. 323,21. „Daz min sel mit den sunden also verrunet ist, daz die pachen in min sel niht miltichlichen gefliezen mugen"; Cgm. 176, f. 103b. „Noch die aha berunent sie," nec flumina obruent illum; Willeram 8,7. „Noch dye flewzzunge verrunen sey", nec flumina obruent illam; Clm. 12723 (XV. sec., 1417), f. 83. „Berunet werden, obrui;" Ps. Windb., Cgm. 17, f. 84.b Cf. Tobler p. 7: *abbronna, abbrönna*, abspülen, wegschwemmen, p. 80: brinnen, spülen, aus Gesner. „Diu scham treip in in ein hol, dâvor grôz gerüne was;" Wigalois 5918. Vrgl. Adelung's Geröne. Gl. i. 109. 279 ist der oder daz rún meatus, momentum, augenblickliche Bewegung. S. rundig.

(Anm. Die Bedeutungen der nun folgenden verschiedenen Bildungen r·nd, r·ng, r·nk, r·ns, r·nt, r·nz greifen in allerley Verwandtschaften durcheinander, so daß ihr letzter Consonant in mehreren Fällen blos ableitend gewesen sein wird.)

Der Rand, wie hchd., doch minder volksüblich als Rampft, Ranft. Das: rant, pl. rendi, der ahd. Sp., z. B. gl. i. 141, agſ. rand, isl. rönd, galt auch für ora clypei, umbo, und Schild überhaupt; ebenso mhd.; (Graff II, 531. BM. II, 554. Weigand, Wbch. II, 456). Merkwürdig heißt es noch in der tyrol. L.O. v. 1603: „Die Wirthe sollen die Raitungen nit summariè in Pausch oder über Schiltsrant, sondern particulariter thuen." Ob wol damit das engl. at random, auf Gerathewol (wie ein Hieb, der blos auf die Schilde treffen wird), franz. à randon, praecipitanter, zusammenhangen könnte? (Cf. esrant, errant, alsogleich, schnell, heftig; Jourdains de Blaivies, 1805. Roquefort, glossaire I, 485. II, 434. Diez, Wbch. 281, Müller, etym. Wbch. d. engl. Spr. II, 235. Firmenich I, 386,18: rondöm, über'n Haufen). Das Wort rand als Schild muß auch im Altfranz. vorgekommen seyn, wenn der in unsrer Zeit so bekannt gewordene Name Talleyrand (Perigord; in Canis. antiq. lect. IV, II, 96 kommt schon ad 1337 ein Cardinal Thalayrandus Petragoricus vor) soviel als unser Hau'enschild bedeuten soll. Das vielleicht eher mit dem franz. à randon, als unserm rennen verwandte holl. randuynen heißt effusè currere cum impetu. s. unten: Rant.

Rand, plur. Rände, Randen, rändig, ränden, könnten vielleicht, als bessere, den Aussprachformen *Rant*, *Ránt*, *Rant·n*, *ránti'*, *ránt·n* zu Grunde lie-
107 gen; indessen, da auch eine Deutung dieser letztern aus Rank, Ränk, Ranken ꝛc. möglich wäre, sind sie, lediglich nach ihrer Aussprache, unter Rant aufgeführt.

Die Randen (Rannə˜, Ranə˜, Gramm. 447), die Runkelrübe, Range, rothe Rübe, beta vulgaris rubra L. Zeitschr. VI, 196. Kochbuch v. 1538, Cgm. 4126, f. 42. 43. In Schwaben und in der Schweiz gilt die vollständigere Aussprache *Randə˜*, (neben *Randich*), zu welcher sich das hchd. Range nach Gramm. 441 zu verhalten scheint. Am untern Mayn, gegen die Tauber hört man *Ranə˜*, plur. *Ranessə˜*; s. oben, Sp. 103: Rannen.

rendeln, s. renneln.

Das Rind, Dim. Rindlein (Rindl), wie hchd., (ahd. hrind, plur. hrindir, gl. o. 188. 203, welcher Pluralform der agſ. Singular hrydher, hrudher, altfries. hrîther, rither, saterſch *Reet*, westfries. *Riere* entspricht; mhd. rint, pl. rinder. Graff IV, 1171. BM. II, 722. Weigand, Wbch. II, 497. Zeitschr. IV, 307). Unter einem Jahr heißt ein Kalb ein Stall-Kälblein (Stàll-Káibl), später ein Stall-Rindlein; eh es aber noch Kuh oder arbeitender Ochs oder Stier ist, wird es Jung-Rind genannt. Kr. Lhdl. III, 47, ad 1437. Zeitschr. IV, 114,12. 307 f. VI, 232 ff. rindern, (mhd. rinderîn, ä. Sp. rindrein), adj., vom Rinde: ə˜ *rində's* Voréss·n; s. I. Th., Sp. 161. „Mit frischer rindreiner milch;" Cgm. 593, f. 13b. „Rindrein schuh sol tragen der bauman;" Kaiserchron. „Er (der Truchseß zu dem Scheuhenstain) trat her als ain akerman und hat zwu rindrin hosen an und ainen groben kitel hert, der was wol siben pfenning wert und ain zerrissen kapen oder gugeln mit lapen;" Mich. Beham, Wiener p. 386,25. „Gotelint wart ungefreut, dô Lemberslint (ihrem Manne) zwô rindes heut wurden an den stunden ûf sînen hals gebunden ... ez truoc sîn geswîe (Helmbrecht) rüher hiute drîe vor dem schergen; daz was reht" (bey der Execution dieser Diebe; — wol nicht „auf der Kuhhaut schlaipfen," da sie sie tragen); Maier Helmbrecht V. 1656. Cf. Rintschuhster (im Augsb. Stdtb.) und Rindsuter, Runtsuter (bey Jac. v. Königshofen) unter Suter. Birlinger 374. rindern, vrb., vom Rindvieh: brünstig seyn, coire. Zeitschr. III, 133.

Die Rinden (Rint·n), wie hchd. Rinde; (ahd. rinda, Otfr. rinta, Gen. rintun, agſ. rind; mhd. rinde, rinte; Graff II, 532. BM. II, 710. Weigand, Wbch. II, 497). „Hand-Rinden, mit welchen das Pech gesammelt, ausgesotten und gegossen wird;" Mandat v. 1763.

rund, 1) wie hchd. (Ich finde weder für dieses deutsche, noch für das engl. round, schwed. rund in der ahd. Sp. oder im Agſ. und Isländ. das entsprechende Wort. BM. II, 795. Weigand, Wbch. II, 508. Zeitschr. V, 193. Auch das franz. rond stimmt nicht zu den ital. und span. Ableitungen tondo und redondo von rotundus. Diez, Wbch. 442. 2) reichlich; (Pergine, rund, ziemlich, sehr; cimbr. Wbch. 162): *rund* ə˜ grouss Stuck; (auch schwed. in diesem Sinn). 3) (O.L.) wacker, tüchtig, ausrichtsam. „Ein runder Mensch, totus teres atque rotundus, ganz vollkommen; Voc. v. 1618.

Schö˜ is ə' nét mei˜ Schàz, *rund* is ə' tnuə',
Gəld hàd ər á' nét vil, miər is ·s scho˜ tnuə'!

Unsə' Kaplà˜ is ə˜ *rundə'* Herr. „Heut lacht ár und lockt ár (der April), is freundli' und *rund*", (wie bráv); Stelzhamer 21. „Af'n Then taubt·s (taugt's) 'n Ratzen und Spitzmäusen *rund*;" das. 69. „Da mi' derl-da-l und dö da *rund* auslacha thuet;" das. 165. „Mir tragt·s *rund* Geld;" das. 169. „Ein rechtes Weib muß lauter und haben: erstlich ein rothen Mund, hüpsch gesund, gehorsamb zu aller Stund, Gold und Geld nach dem Pfund, die nit bellt wie ein Hund, die einem Mann alles guts vergund, die nit wird ungedultig, so mans auch schund, die fein hurtig und rund, daß man kein bessere fund;" P. Abrah. „Wolf N. ein runder, geschickter Gesell." „Hanns v. Gumppenberg in der jugend auf dem Gaul mit dem 108
Armprost und spieß vast rund und hurtig;" Hund, StB. II, 117. 334. Birlinger 378: rundig. „Auch macht fechten, wer es wol kan, hurtig und thätig ein jungen man, geschickt und rund, leicht und gering, gelenck, fertig zu allem ding;" H. Sachs. „Ein doctor der artzeney kunstlich in der alchimey artlich auf allem saitenspil auch rund mit schießen zu dem zil;" ders. 1560: V, 363 (1612: V, III, 53). „Mit nachred ist sie rund und resch;" das. 1560; V, 382 (1612: V, III, 92). „Ein pfarrherr gar abenthewrisch, schwind und rund;" das. 1612: V, III, 112.

I˜n Wintə' dà wárs so *rund* lóſ·n,
wár 's Bétt so schö˜ warm ə˜ də' Früə; Lied.

„Hat d·Flint·n glei' g·nummá und haut mi' *rund* ummá; Schosser 19. R.A. Einem ze rund seyn, ultra captum. Dés is mə' z·*rund*, wie 'ən Bauə'n de' Schokəlád.

Die Rund (Runt), wie hchd. Runde, la ronda, ronde. runden, rundieren, rondare, die Runde machen, vigilias vel excubias obiter lustrare, circumire;

Voc. v. 1735. „Pfui der Schand, muß man den Zorn so gar weit rundieren lassen?" Selhamer. Vrgl. d. folg. Wort.

rundig (rundi', runti'), rundigen, (running), adj. und adv., flink, hurtig, geschwind. ə˜ *runti's* Deənl. láf *runti!* mach *runting!* Vrgl. d. vorige Wort; aber auch das alte rún (unter verrunen), aus welchem sich in der Bedeutung des Augenblicklichen, Schnellen ein adj., rúnig, mit verdoppelter Consonanz nach dem kurzen u, runnig, und somit nach Gramm. S. 339, Anm. 3 rundig bilden konnte.

Der Rundel (– ᴗ). In der Pfarrkirche zu Neukirchen beim heil. Blut sind zwei Rundel angebaut worden: də' Mannə's und də' Weibə's = *Rundal.* 'ſ. d. folg. Wort.'

Das Rundell, 1) das Rondell ᴗ –, il rondello; Weigand, Wbch. II, 508. 2) ä. Sp., la rondelle, la rondella, Art Schildes; Voc. v. 1618.

Die Runden (?). Der Schuldige soll im Sack „im wasser fließen auf felsen und auf runden;" Cgm. 379, f. 82, (270, f. 117).

---

randschieren eine Person, eine Sache, ihr den Meister zeigen; 'auch ranschieren, rangschieren, wol das franz. ranger, arranger; (Diez, Wbch. 713, Weigand, Wbch. II, 456).'

Der Ranft (Ra˜ft, O.Pf. Raə˜ft), ſ. Rampf. Vilmar, kurheſſ. Idiot. 315. Zeitſchr. II, 237. Der Nagenranft, Geizhals. „Das ist ein rechter nagenranft;" H. Sachs 1560: II, IV, 55.

Der Rang oder Rangen, (Franken, O.Pf.) was in A.B. der Rank, Ranken, fortlaufender Berghang, Halde, Rain. Weigand, Wbch. II, 456. Zeitſchr. IV, 235,2. 238,5,10. VI, 9 f. 192. „Da sach ich sitzen an eim rangen ein weib und einen jungen geselln;" „H. Sachs 1560: II, IV, 59. „So hat der pawer hinterm hauß an einem grunen rangen dauß ein dornheck;" daſ. 91ᵃ. „Per abrupta, über di rangen oder abprœch; Ratisb. Dominican. 171, f. ... Der Rangen, Nom. propr. eines Höhenzugs im L.G. Culmbach. Der Trichtelrang bey Pfaffenreut im Fichtelgebirg. Auch einige Örtlichkeitsnamen in A.B. mögen dahin gehören, z. B. Sachrang, der Sachrangwald, südlich des Chiemsees. Etwa als Amper-Rang auch der Ampfrang bey Ettal? „Und do er (Kaiser Ludwig d. B.) kam gen Partenkürch, fragt er nach der Gelegenhait, die man nennet den Ampffrang," (um da jenes Kloster zu bauen); Ettaler Chron. Vrgl. auch Wang.

Der Rang oder Rangen, (U.Mayn) Pflock im Schiffe, um welchen das Ländseil geschlungen wird. In einer wirzb. Verordn. v. 1784, die Verzollung des Holländerholzes betreffend, wird auf eine „sogenannte Range von 3 bis 7 Schuh lang" 1 Pfenning gesetzt. Hagrangen (Pseud.-Jr.) Hagstangen. Zeitſchr. III, 367,17: Rängel, Prügel; VI, 49. 193. 366. Vrgl. Ranten.

rangen, (bey einem Salzburger des XIV. Jahrh.,
109 Hoffmann's Fundgr. I, 336) ringen: „Zu ir mit armen rangen, daß herz gein herz in frewden sprung, und daß man, als mit zangen, bed mund mit luſt ſeſamen zwung, das äß ich für all ſangen. Ob mir an ir so wol gelung, ich wolt mit ir nicht rangen. Ob ſy mich liebleich überrung, zwar (wahrlich) ich begert der stangen (ergäbe mich)." BM. II, 715. „Alare, rangen vel reuſen;" Clm. 9728 (2ᵒ. XV. sec., 1470), f. 75. cf. ranken und Diefenbach 20ᵃ. „wrangen, luctor," Nieder-Maas-Glosse bey Mone, Quellen und Forsch. I, 60. *frangeln,* sich balgen; Firmenich I, 362,35 (Westfalen); bi'm *Rangen,* beim wilden, wüsten Treiben; daſ. 320,310 (Kurheſſen). Zeitſchr. III, 367,17. V, 124,1. 302. Weigand, Wbch. II, 456. 457. Zeitſchr. V, 476. 519,1. Cf. engl., wrong = Range. Der Rang (?), das Rangen, das Ringen; BM. II, 715. „Mit armen manchen (mengen) rangen ich aldo begund;" Cgm. 713, f. 138ᵇ, (379, f. 16ᵇ). ſ. ranken, rankeln.

rángá: „Aso *rángán* ſ' furt," (medisieren sie fort); Stelzhamer 168 und 180: „unter sich erzählen, glossiren, Ränke schmieden," (also ränken?). 'cf. Lexer 204: *ränk'n,* schelten, zanken.'

Reng, ſ. Regen.

„Renngſtang" (bey Bergarbeiten), abgebildet im Cgm. 1203, f. 149.

Der Ring, wie hchd., (ahd., agſ., isl. hring, mhd. rinc; Graff IV, 1165. BM. II, 705. Weigand, Wbch. II, 497. Weihers: der Renke, Dr. K. Roth. Vilmar, kurheſſ. Idiot. 327). „Annulus purus, lunula, ein gebenck ring oder ring ohn stain;" Nomencl. 1629, p. 128. Der Ring, Schweif (des Wildschweins); cf. Fliegende Blätter, 1847, Nr. 85, S. 108. (ä. Sp., fig.) der Kreis oder Bogen, in welchem bey Gericht die Urtheilsprecher um den Richter saßen; das ganze also versammelte Gericht. „Es soll der Richter offenbar fragen an den ring; Rupr. v. Fr. Rchtb. „Die, so auswendig an den Schrannen oder dem Ring stehen, sollen zu Recht nicht gefragt werden;" Kr. Lhdl. VII, 308. „Wer vor dem richter beklagt wirt vmb gelt, hat der nicht haws vnd hof in der stat, der sol dem kläger das gelt gut machen in dem ring, ob er (der Kläger) sein nicht geraden wil;" Münchn. StadtRchtb., Ms. v. 1453. „Er zoh sich des an ettlich an den ring, und an ander frum leut vor dem ring ꝛc.;" MB. XXIV, 165. „Wer sich selbst das Wort im Rechten nicht thun will, kann einen andern aus dem Ring des Gerichts nehmen, der ihm reden will;" Kr. Lhdl. XII, 341. Cfr. Heumann, opusc. 57. Auer, St.R. p. 91. 100. 189. Die Münchner Magistrats-Verordn. v. 1370 (Wstr. Btr. VI, 110) verbietet alles „unnütz Chradem bey Gerichtssitzungen," wer redet in dem Ring oder bey dem Ring innerhalb der mittern want im Rechthaws, geit dem richter 6 dn. und an die Stat 6 dn. cfr. MB. II, 511. In MB. X, 174 werden auch bey einer Beschau auf dem Felde die Kundschaftsmänner in den Ring gestellt. Der Ring, (in Eger und andern böhm. Städten) der Marktplatz, (čeſt. rynk, ruſſ. auch rinck. Zeitſchr. III, 252,266.), wol nie rund, meist viereckig, und kaum aus dem Deutschen. Auf dem Altstatter Ring zu Prag war das Schaffot für die Mörderey vom 22. Juny 1621. Cod. Manh. 416, f. 74. Ringe bey einer Klause, Sölde oder Holzstube, die sogenannten Zimmerbäume; (Pseud.-Jr.). Das Päter-Ringlein, Paternoster-Kügelchen. „Die Ringeln rutschen an der Schnur ganz flink und paar und paar;" M. Sturm. „Pabst Alexander IV. gab auf jedes Ringel im allerheiligsten Rosenkranz 500 Täge Ablaß;" Ant. v. Bucher's sämmtl. Werke III, 49. Der Sunnen-Ring, 1) (O.L.) Regenbogen, auch Himmelring. 2) kleiner Ring, der an der Sonne die Stunden zeigt, tragbare Sonnen-Uhr. Der Zaun-Ring, (O.L.) Ring, von gebähten Legfohrenästen geflochten, um zum Festhalten der Queerstangen an Zaunpfähle gelegt zu werden.

Hā˜ oft ə˜n Zau˜ gschlāgng,
hā˜ kaə˜-n *Ring* nit ā˜-glā't,
hā˜ scho˜ oft ə˜ schö˜-s Dèənál
i˜ 'n Tanz umməʳ 'drā't.

Ze ring, ze rings, gerings, adv., rings. „Gerings umb das dörffl;" MB. XVII, 265. Lori, BrgR. 6. *zrings* um əd um, rings herum. Zeitschr. III, 227,3. IV, 235,3: *rengst, rengström*; V, 403,59. Vrgl.
110 Th. II, Sp. 1373: krings. Umringen, wie hchd., aber, in Vermengung mit ringen, luctari, das Partic. Prät. umrungen bildend. ringeln, wie hchd., das Brod ringeln, Einschnitte in selbes machen, damit man leichter abbrechen könne; s. ränkeln. Der Ringler, um die Jahre 1460—1470 eine geringe Scheidemünze, die man mit Noth für einen Haller nahm;" Lori, MzR. I, 83. 87. Der Bainringler, der Beindreher, besonders der Paternoster-Ringelchen aus Knochen dreht. „Burgerliche Beinringler und Rosenkranzmacher;" Wirzb. Verord. v. 1752. „A°. 1437 sonderten sich in München die Drechsler in Würfler und Beinringler;" v. Sutner. Das Ringelspil, runde Bühne, an deren Rand allerley Wägelchen und Thierfiguren zum Aufsitzen und Reiten für Kinder angebracht sind, und welche an einem senkrechten Wellbaum im Kreise umgedreht werden kann. Der Name stammt wol vom alten Ringrennen, Ringelrennen, wo man im kreisenden Herumgalopieren nach einem Ring stach, wie beym Köpfrennet (Wstr. Btr. I, 182) nach einem Kopf gehauen wurde. Vrgl. Zeitschr. V, 290: Ringelrosentanz; VI, 132,19.

ring, gering, adj., wie hchd. gering; (ahd. ringi, mhd. ringe; Graff II, 530. BM. II, 710. Weigand, Wbch. I, 418. Kero 24,14: ringi), kommt aber auch noch in seiner eigentlichen Bedeutung vor, als: leicht d. h. beweglich, in thätigem und leidendem Verstande. Zeitschr. V, 255,75. VI, 195. Wàs nét schwär is, is *ring* oder *gring*. Hei~t gê-w- I rècht *gring*, geh ich recht expedit, ohne Last. „Und 's Deənl is *gring*, wiə ə~ Summə'-floigl." ə~ *rings*, ə~ *grings* Rós, ein leichtes, schmächtiges; ein schlechtes Pferd. In der v. Frundsberg Historie heißen die Reiter, die wir jetzt mit einem, dem Deutschen besonders widerstrebenden, französischen Namen Chevau legers nennen, Ringpferd: „Sechshundert Kürisser, tausend fünfhundert Ringepferd. Über die Ringepferd war Hauptmann Vilbert Rugger." „Ring gewunnen ring verthan, facile parta facile dilabuntur;" Voc. v. 1618. geringe, subito; Grimm, Reinh. p. 110,969. „Der vallet gern gar rincleich (gerincleichen) in sûchte," leicht; Scheftl. 296, f. 78. 80. ringfähig. „Wie ich in meiner Predigt, aber gar ringfähig erwiesen," sagt P. Kolb bescheiden in seiner Bennopredigt ad 1723. ringfährig, pernix, celer; Voc. v. 1618. (Berhtolt 189, Pfeiffer, 98,15). BM. III, 257. 258. ringfertig, geringfertig, leicht, schnell im Gehen, Laufen; geringfügig. Zeitschr. VI, 196. „Quid nos tantilli, pusilli, was sollen wir Geringfertige, wir Unvermögliche;" Hübner. ringsinnig, geringsinnig, (O.L.) leichtsinnig. Die Ringe, Ringfärtigkeit, agilitas, celeritas; Voc. v. 1618. Die Ringigkeit, Unwichtigkeit; Mandat v. 1735. ringern, verringern; Voc. v. 1618. Dieses ring etwa eine früh verdunkelte G-Ableitung von rinnan, ferri?

ringen, rang, gerungen, wie hchd.; (ahd. ringan und ringon, ags. vringan noch in der speciellen Bedeutung torquere, stringere, die auch noch in unserm: Wäsche ausringen, Wangerog: wring, zu Tage liegt; mhd. ringen. Graff II, 528. BM. II, 713. Weigand, Wbch. II, 498). „Stoze ez mit ain ander und ringe ez durch ain tuch;" Ms. mihi. „Mich nert daz vor gedrenge niemant ringet" (?); Labr. 402. Der Rung, (schweiz.) unbestimmte kurze Zeit, Anfall; Zeitschr. V, 117,52. 407,31. 482. VI, 402,6. 406,17. Die Errungenschaft, das Errungene, besonders das von einem Ehepaar gemeinschaftlich Erworbene. Ringseis, Familienname, nach des Geheimen Raths Versicherung früher Ringseisen. Ringsmaul, wol das spätere Rindsmaul, Name eines nürnbergischen Geschlechts. Ein Dr. medic. N. Ringsmaul, Herzog Albrechts Arzt (1515). Cgm. 3969, f. 1. 3913, f. 9. Baier. Annalen 1833, S. 415, ad 1399.

Die Runge, wie hchd.; goth. hrugga, ahd. runga, mhd. runge; BM. II, 795. Weigand, Wbch. II, 522. Diefenbach 253a: furcale; cf. bresc. ronga.

---

rank, adj., schmal, dünn, schlank; s. oben, Sp. 102: rân, ranig. Weigand, Wbch. II, 457. Zeitschr. II, 228. 562,10. V, 476. Die Donau (Dánə): „bàld lafts wiə ə~ Bándl auf ə~n schö~n, gràsgrüə~n Gwándl so *ránk* durch's schöné, grüənè Östreichə' Lándl;" Seidl, Flins. 1839, II, 22. „Də' Bàch və'liert sei~ gelbé Faərb, rinnt widə' *rànk* und klaər;" das. 58. „ən Hàls hats· so *rànk*," (die Flasche); das. III, 24. „*Rànk* is ·s um d·Mitt·;" das. IV, 37. 146.

Der Rank, pl. Renk, die Wendung, Krümmung, 111
z. B. des Weges; Loritza 104. Weigand, Wbch. II, 457. R.A. Einem den Rank (hchd. Rang) abläuffen; (vrgl. die Reiben, der Rib). Der snelle wind hat im (dem Hunde) vil mangen ranc doch abgenomen;" Labr. 324. „Ein Ranck, flexus, flexura, Bug;" Voc. v. 1618. Fig.: krummer Weg, listiger Streich, Umtrieb, Intrigue, (ags. vrenc, fraus). „Ein geschwinder Ranck;" Avent. Chr. 98. „Der Ranck des Abgesandten Polycratis;" P. Abrah. „Einen Ranck erdenken." „Ranck, Poß, stropha;" Voc. v. 1618. Im Hchd. ist nur der Plural Ränke in diesem Sinne üblich. Weigand, Wbch. II, 457. Wàs habts denn widə' füə' *Ránk* à~gfangt? (ObrM.). „Die Umbrenck eines fürsichtigen Veldobristen;" Hendschel's Predigten. Der Gerank, das Ringen, Streben; BM. II, 715. „Daz gebet hilfet den geranc;" d. w. Gast 10283. „Swen sîn almuosen helfen sol, der sol die mâze behüeten wol, daz er nien kêre sînn geranc, daz mans im wizze danc;" das. 10379. Vrgl. Rant und s. renken.

Der Rank, öfter der Ranken, a) der Rand, Ranft. „Wann der Laufer von (?) Ranck dünner ist, als 3 Zoll, soll von jedem Viertelzoll Strafe seyn 1 fl. 8 kr. 4 hl.;" Mühl-Ord. Wagn. 100. Ein Ranken, (Nürnb. Ränkel), auch wol Renken (s. unten: ränkeln) oder Runken (Ronkə~, Weihers, Dr. Roth. Firmenich I, 135,20. Vilmar, kurhess. Idiot. 333) Brod — wie man sagt: ein Ranft, wenn man gleich ein tüchtiges Stück überhaupt will verstanden wissen. Zeitschr. V, 289. Birlinger 374: Ringelbrot. b) abhängiger Rand im Terrain, — was Rang, Rain; cf. bresc. *ronch*, poggio. „Sind jm die Roß sammt dem Pflueg lauffend worden, und über drey Ränck in einen Holweg gerennt;" Benno-Mirak. 1697. Das Ranken-Schwämmelein, (nach Popowitsch um Regensb.) das Rainschwämmchen; in Österreich: Nägelein-Schwämmelein, agaricus campestris L. (?).

„Ranken," vermuthlich was: die Ranten (s. unten), also Stange. „4 Sägbäume, 4 Stämme zu Dachrinnen, 10 Baustämme, 60 Zaun-Ranken;" Ausschr. des L.G. Ebersberg. Randen, Rändeln, auch Ranken, Hagstangen; Rändelzäune, Stangenhage; (Jr.). Vgl. Rang, Rangen.

Der Ranken, plur. die Ränken (Ránkng), der Fußknochen, Knochen. Kəlbə'né *Ránkng*, Kalbsfüße. Man pflegt auch jedes magere Stück Vieh, auch wol ein mageres Kind einen Ranken zu schelten. Vrgl. d. vor. Wort.

„Ranken," (B. v. Moll, Zillerthal) sowohl der gemeine Maykäfer, (scarab. melolontha L.; Nemnich II, 1237. Zeitschr. IV, 53), als der Garten-Kolbenkäfer (scarabaeus melol. horticula L.), als auch der zweifelhafte (scarabaeus dubius Scop.).

„rancken, rudere, wie ein Esel schreyen;" Hbn. Voc. v. 1445. Semansh. 34, f. 210. „Tigrides indomitae *rancant*, rugiuntque leones;" Autor Philomelae. 'Diefenbach 482b: raccare, rachare, rancare, raucare, vox tigridis. 'Vgl. ranken, ronken, schnarchen; (salzburg.) *Ranke˜ zoichn* (ziehen).' „Schlåft's fridlé bənand, *ziəchts* nét gàə' z'laut *Rankə˜* und trámts àllə'hand;" Wagner, salzb. Ges. 75. 'Vrgl. Zeitschr. VI, 193: *ránken, ránkern,* schelten, zanken.'

ranken, ränken sich, sich strecken, dehnen, pandiculari, alare; Voc. v. 1735. ('BM. II, 553. Weigand, Wbch. II, 487: renken; Zeitschr. II, 237: sich rankern; III, 133. V, 124,3: randern, rankern, unruhig sitzen oder liegen. cf. niedersächs. runken, runksen, sich vor Faulheit recken und strecken; Richey 219. Schütze 316. Schambach 177.' Firmenich I, 78,41). „Und vor weemütigen gedancken thet im bett hin und wider rancken bis er entlich entschlieff darin;" H. Sachs 1612: II, IV, 144. „ranggen vel rensen;" Cgm. 665, f. 1. „Bey den Durchschlechten „spaichelnt di Kinder vil und ranckent sich." .. „daß si sich nit verrankent (verrenken);" Cgm. 601, fol. 113.a 115.b „Mit eim Kusse si in empfing und mit einem umbranken", (amplexus); Cgm. 714, f. 221. Vgl. ags. ranc, vornehm; (cf. lehni, altsächs. mihi; 'Heliand, glossar. p. 69a und engl. lean'). S. rangen, rankeln, ränkeln, renken.

ranken, (Allgäu) abranken Einem etwas vom Preise, Lohn ꝛc., abbrechen, abzwacken.

rankeln, ringen, sich im Scherze raufen, sich balgen, schäkern; (cf. niedersächs. ranken, Firmenich 453,264 und das Substantiv der Ranke, das. 376,35, 'wie hchd. Range, muthwilliger Bube; Weigand, Wbch. II, 456. Zeitschr. V, 289: die Range. Vgl. oben: der Ranken'). Die Kühe rankeln, springen muthwillig aufeinander. „Luctari, ringen, ranckeln;" Avent. „*ranggeln*", v. Kürsinger, Ober-Pinzgau, S. 164. Das Hauptfest der Ranggler (immer Tiroler gegen Pinzger) ist am Jochberg, Gericht Kitzbühel, am Tage Mariä Heimsuchung. anrankeln, gebückt sich bey den Knien packen; „Muchar, Gastein 164. „əs *ránkəlt* und wiərt sé'," (wehrt sich); Wagner, salzb. Ges. 87; (hinten rankeln als wehren erklärt). Cf. rangen. sich ränkeln, faul ausstrecken, pandiculari; ndrs. rekeln. s. renken und ranken.

ranken, (Nürnb.) das ausgebreitete Heu ranken,
112 es nach geraden Linien zusammenrechen. ranken und fanken mit Etwas, damit schalten und walten; (s. ranten).

sich ränkeln, sich fügen. əs *ránk'lt* si' nicks, əs will si' nicks *ránk'ln*. I maə˜ àlləwál, əs soll si' do' no˜ éppəs *ā˜ránk'ln*.

ränkeln, das Brod, Einschnitte in dasselbe machen, damit man bequem davon brechen könne; *abərenkeln*, abschneiden (Brod); b. W. *renkeln*, wenn das Messer nicht scharf schneidet; (ObrM.). Wàs *renklst* denn widər əso, tou heə', lou (laß) dər à'schnei'n. Der Renken Brod, tüchtiger Abschnitt; (ObrM.). Da kriegt mä' *Renken* Fleisch, dafs ainä' si' vä'schaut", große Stücke; Lindermayr 119. s. Rank.

renken, Prät. rancte, a) ä. Sp., ziehen, zerren. Zeitschr. VI, 195. „Einen renken bi dem Ore, im daz Ore hin und her verrenken," wie Meister Ilias seinem Schüler Isengrimm; (Grimm, Reinh. F. p. 338). b) renken, flectere, deflectere, reflectere currum, declinare bigam; Voc. v. 1618. „Der pawrknecht thet sich zu jhm rencken", (zum Pfaffen); H. Sachs 1560: II, IV, 127. ausrenken ein Glied, es aus dem Gelenke bringen. verrenken, 1) wie hchd.; 2) vrb. n., vom angeschossenen Wilde: sterben. Auch das ags. gevrinc, tortura, vrinc (eages), ictus oculi, deutet auf ein entsprechendes Verb. So werden auch mehrere der hier voranstehenden Formen auf dieses renken zu beziehen seyn. Nach dem Verhältniß wie fahen, hahen zu fangen, hangen verdienen sogar die Formen rech, reck Vergleichung.

Der Renk, s. oben, Sp. 113: Reinank.

Die Renkbeer, Himbeere; (Weihers; Dr. K. Roth).

„Rink, Rinde", (Chiemgau); — blos Aussprache, wie die Flink statt die Flinte ꝛc.? (Vrgl. Rant).

Der Rinken (eigentlich Ringken), die Agraffe, fibula; (ahd. hringa, mhd. der und diu rinke; Graff IV, 1169. BM. II, 709. Weigand, Wbch. II, 499). Voc. v. 1618. Diut. II, 123. „Der Mantel ob der Brust mit einem Rinken zusammengehefft;" Alt.-Ötting. Histor. (Allgäu) Schuhschnalle. „E diu rinke gestê an der stat, dâ si was ê; M. Helmbrecht 1123. rinken, ein-, zuerinken, zuheften, zuschnallen. Der Rinkenschmid, Rinkschmid (ehmals zu Amberg, Nürnberg) verfertigte die starken eisernen Ketten für die Fuhrleute und andere. Der Rinkelmacher verfertigte Ringlein von Messing und Eisendraht für die Gürtler.

Der Runkau, s. oben, Sp. 47: Ruckgâu. Der Runken, s. oben: der Rank und Zeitschr. II, 237.

Die Runkunkel (eigentl. Runggunkel, ◡–◡), (im Scherz) altes Weib; (von dunkler Composition; — vrgl. runken, corrugare, Diut. II, 209, BM. II, 795, und Gunkel). Weigand, Wbch. II, 522. Vilmar, kurhess. Idiot. 333. Zeitschr. III, 522,53. Stalder II, 292: Runggungel, Spottname alter, mürrischer Weiber, von runggen, brummen, murren. Brem. nieders. Wbch. III. 559 (zu holl. ronken, schnarchen); cf. Runks, (das. 558. Weigand, Wbch. II, 522. Zeitschr. V, 291), Grobian, und goth. urrugkai (ad Ephes. 2,3), synonym mit barna hatizis, τέκνα ὀργῆς. Grimm, Gött. gel. Anz. 1835, p. 1104.

ransen, rensen, s. ranzen.

Die und der Runs, Runst, Runsten, Runzen, das Rinnen, Fließen, Strömen; Rinnsal, Bach, Wassergraben; (Graff II, 519 f. BM. III, 720 f. Weigand, Wbch. II, 522. Zeitschr. VI, 197). Die Runs der Ammer, Ausströmen derselben aus dem See. „Fons et origo, ursprinch unde enrunst"; Cgm. 17, f. 56b. „Offen Bluet-Runst," blutende Wunde, L.R. v. 1616, f. 404; in der lex Baiuu. plot-runs. bluetrünstig, im Rchtb. Ms. v. 1453 blos bluotruns, adj.; BM. II, 721. „Der Bachgraben oder Runsten zu der Wasserleitung;" Pegius, de servitut. 356. Runsmeister, Runsgenossenschaft, Runsrecht beym Wiesenbewässerungswesen aus der Dreisam im Breisgau; (Regier. Rath Kern, bey der Naturforscher-Versammlung in Freiburg 1838). Der Runzenzeug, (Popow.) Garn, womit man beym Fischen den Austritt eines Flußes versperrt. „Wenn das Geschirr einen Runz hat," (daß es rinnt); P. Abrah. „runslos, clausura; Clm. 4350 (XIV. sec.), f. 1b. In der ahd. Sp. kommt sowohl runsa als 113
runs, runst, Genit., Dat. runsi, runsti vor. Bey Ulphilas findet sich ein einfacheres run-s, Dat. runa. Cf. Th. I, Sp. 118: überrenzig, überflüssig. S. rinnen.

Der Rant, plur. Ránt', a) die Wendung, franz. le tour, einmalige Bewegung, momentum, eine übrigens blos aus den nächsten Redeformen gefolgerte Bed.: àllé *Ránt*, alle Augenblicke, (vrgl. àllé Straəch, àllé Ritt, àllé Bot etc.); *ránt-weis*, adv., wechselsweise, zuweilen, tour à tour. Castelli, Wbch. 216: in verschiedenen Zwischenräumen: Ih kàn nur *ràndweis* les'n. á Rándl, eine kurze Frist: Kum auf á *Rándl*. b) Anschlag, (listiger, lustiger, muthwilliger) Streich; (Castelli, Wbch. 216: Rant, lärmender Spaß; ranti' scherzhaft, muthwillig. Cf. niedersächs. wranten, mürrisch seyn, wrantig, mürrisch. Kilian: wrant, litigator, altercator). Vgl. oben: Rand. „In arena consilium, nicht allein im Sand auf dem Land, sondern auch im Wasser, ehe man strandt, gilt der Randt;" Bogenberg-Mirakel. ə˜n Rant, àllə'hand Ránt anfangen, anstellen, erzählen. Vóllə' Ránt seyn, stecken. „Də' Hans nimt si' ə˜n Ránd," faßt Muth, nimmt einen Anlauf; Castelli (1828) p. 142. I nim mər àlso ə˜n Rand à˜, (gebe mir ein Ansehen? oder: werde vornehm, höflich?); Reizenbeck I, 145. Vgl. Th. II, Sp. 1372: Krenn, Kre. „Wie ich jung gewesen, hab ich allerley Ränt angefangen, ich bin bald auf Magdeburg, bald auf Frauenhofen vereiset;" P. Abrah. „Solche Rent hebt der Neid an;" Selhamer. „So schau ich zu und schweig stockstill, und laß ihr (der Widerbellerin) iren Mut und Rant;" H. Sachs. „Luxuriari, gogel sein, rant haben;" Avent. Gramm. „Hurerey und Nacht-rand", Haltaus p. 1399. rά̈nti, adj. und adv., a) (O.Pf., b. W.) listig, gewandt, ausrichtsam, tüchtig, trefflich. b) (A. W.) üppig, stolz, (ags. ranc). ə˜ rántige' Buə', ə˜ rántì's Deənl. əs is nét ránti', eben nicht vorzüglich. ə˜ ránti' Ess·n, leckeres Mahl. 's Touch is nét vil ránti', is ni˜ks ránti's dəmit.

„I tát gèrn aə˜s singə˜, und tát gèrn aə˜s sàgng,
wàs d·Schiərgng und d· Viərə' für ə˜n Untə'schid hàbm:
D· Schiərgng ſán' ránti und d· Viərə' ſán' stolz,
zə-n-ə˜n Holzschlégl nimt mə˜ gàr səltn e˜ guəts Holz;"

Anfang des bekannten Schergenliedes aus den 70ger Jahren des XVIII. Jahrh. c) (b. W.) richtig, adv.; ránti is ə' 'kemə˜.

ranten, rantieren, a) lustige oder muthwillige Streiche treiben oder erzählen. b) sich ranten, groß thun, den Großen spielen. Hieher vermuthlich auch das abtenauische ju-randen, auf Älplerart ju! schreyen oder singen; Hbn. 659. „Du muest Guräschi zaign und di' ganz mächti' rändten"; Linderm. 24. c) ránten, (Passau) bekümmern, ärgern, verdrießen. əs hàt mi' gránt, hat mich verdrossen. Sich ránt·n oder sich ránt·n und gránt·n, sich grämen. „Abá' was hilfts mi á', grim i' mi' nu so viel ... und von Ránten allain had no' kainer án Stain vo˜ ſán Herzen wögkriegt"; Stelzhamer 83. Taən S· eənə˜ no˜ nét vil ránt·n und gránt·n Ránt dé no˜ nét àbé, Aldə', əs get ſi' scho˜ widər aussi, sagte ObérMayrs Hausfrau oft zu ihrem Mann. (Vrgl. etwa gräten und Stalder: abranden, nachsinnen, allerley Anschläge fassen.) — Das Aussprach·t dieser Formen weiß ich nicht zu deuten. An Rand, clypeus, etwa in Bez. auf die R.A. „Etwas im Schilde führen," ist wol nicht zu denken. Eine Aussp. nt statt nk als Gegensatz der Aussp. nk st. nt (s. Flinken, Tinken) anzunehmen, ist bey dieser schon ältern Form mislich, obschon die Wörter Rank, Ränke, ags. vrenc, parallele Bedeutung haben. Auch etwa eine zum Ablautverb ringen, luctari, (ags. vringan, torquere, stringere) gehörige Ableitung Rang·d neben einem alten rang, lucta, (cfr. das ndrs. Range, rangen, renommieren, und das schweiz. Rung, momentum, Ansatz, Anfall) hat formell wenig Wahrscheinlichkeit. Nach der R.A. „Possen, Suiten reißen" an das ags. rendan, engl. rend zu denken, wäre nicht
114 minder müssig. Im Schott. kommt randy für zänkisch vor. Das engl. to rant, tolle Streiche machen, paßt mehr zu ranzen. Eher stimmte das unter Rand bemerkte at random, das holl. randuynen, effuse currere, und randen, randten, delirare, insanire. Vgl. Zeitschr. V, 124,3: randern, rankern u. s. oben: ranken.

Die Ränt (Ránt), plur., Einkünfte von Grundstücken ꝛc., Renten, kommt fast immer in Verbindung mit Fänd oder mit Gült vor. (Ránt und Fánt). „So lang und wir dar Geslos zu Aichach mit seinen Herrligkaiten, Ranten und Gulten inn haben;" MB. X, 301, ad 1446. „Mit allen Eren, Rechten, Gulten, Nutzen, Ränten, Vanten, Gesuchen, die dazu (zum Gut) gehören;" MB. IV, 200, ad 1488. „Mit allen Güetern, Rianten, Venten, Zinsen, Gülten" ꝛc. MB. XVII, 458. 395. „An, von Ränten und Fänten;" Kr. Lhdl. I, 193. 196. XIII, 10. XIV, 110. „Unsers gn. Herrn Einkommen, Rent und Gilt;" Ldtg. v. 1515, p. 10. Lori, Lech-R. 190. „Herzog Heinrich wolle ihnen alle Freyheiten bestäten, alle unredliche Ränt abthuen, und alle Schulden bezahlen;" Kr. Lhdl. III, 233, ad 1447. „Zoll, Tribut und Rendt;" Balde, de van. mundi. „Rent und Fent;" Avent. Chr. 134. 266. „All ränt und nutzung einnemen;" Lirer XXIX. „Zechmaister, die innemment ränt und Gült der Kirchen;" Cgm. 632, f. 47. Das Räntamt (U.L. Rántamt), (O.L.) Rentamt, wie hchd. Rent-Amt, Amt, welches die landesherrlichen Einkünfte an Geld und Naturalien in Empfang nimmt und verrechnet. Neben jedem Landgericht besteht ein solches Rentamt, welches durch einen Rentbeamten und das ihm untergeordnete Personal besorgt wird. Wenn das ehemalig vereinte Herzogthum Bayern in vier Rentämter (München, Landshut, Straubing und Burghausen) eingetheilt war, so sind darunter Regierungen und Regierungsbezirke zu verstehen, deren Vorsteher, die sogenannten Rantmaister, Rentmaister, nicht blos mit der Erhebung der landesherrlichen Gefälle, sondern, wie noch früher die Vicedome, zugleich auch mit der Ausübung der höhern Gerichtsbarkeit beauftragt waren. Diese Rentmaister hatten in ihren Rentämtern alljährlich den sogenannten rentmaisterischen Umritt zu halten, dabey vorzüglich die untergeordneten Beamten und deren Amtsführung scharf ins Auge zu fassen, und auf der Stelle oder durch Bericht über die erfundenen Gebrechen und Verbrechen zu verfügen. cfr. Erneuete Rentmaister-Instruction von 1669. „Die Hauptstädte München, Landshut, Straubing und Burghausen waren des rentmaisterischen Umritts befreyt;" Ldtg. von 1669, p. 241. rentmaisterische Verbrechen, Sträfen, Wändel waren gleichbedeutend mit den Vizthum- oder Malefiz-Verbrechen, Strafen, Wändeln, und zogen die Infamie nach sich. Unter der Herrschaft Maximilians I. und der Jesuiten wurde auch, wer an einem Fasttage Fleisch aß, oder an einem Feyertage keine Messe hörte, rentmaisterisch abgestraft. MB. XIV, 545. Wstr. Btr. V, 206. Weix., dissert. p. 14. 92. Wagner, C. u. C. Beamt. I, 23. 232. II, 67. rentig 115
adj., was einen Ertrag abwirft. „Unartige oder unrentige Ödgarten;" opf. Waldord. von 1694. Lori, B.R., f. 560. Die Rentey, reddituarium; MB. XII, 91. Rentey-Verwalter ꝛc., ältere bayreuth. Verord. ränten und fänden (rántn und fántn, auch ránkng und fánkng), in Bezug auf Grundstücke oder Güter: Verfügungen treffen, schalten und walten (etwa zunächst mit ihrem Ertrag). Mit mei˜n Sach kàn I rántn und fántn wiə-r-I will, hàt mə' niəmd nicks einz·réd·n. „Mögen sy nun der bemeldeten Güter underwinden, einziehen, innhaben, nuzen gebrauchen, rentten, fentten, verkommern, versetzen und verkauffen, und damit handeln, thun und laßen, wie sy dann verlust;" Meichelb. Chron. B. II, 202, ad 1523. Cf. nieders. wranten. Die Käufer des „Gütl R." mögen sich desselben „gebrauchen mit verkumern, verkauffen, ranten, fanten, damit thun und laßenn als mit irem aigenn hab und gut;" MB. XVII, p. 414. Auch Otfrid's renton (II, 9,74. III, 20,1·7. V, 19,9) mag, geradezu dem rom. rendere, lat. reddere entsprechend, hieher gehören, wie denn das Subst. rent, m., renta, f., (ital. rendita, span. renta) auch im Ags. und Isl. vorkommt. Unser a in diesen Formen mahnt an die franz. Aussp. von rente, rendre. Vrgl. auch Stalder's randen, eine bestimmte Abgabe von etwas bezahlen, und „rante, rechnen," (tirol. Lechthal; Staffler I, 111).

Die Ranten, plur. Ränten (Rántn), Dim. das Räntlein (Rántl, Ránnl), der Schößling; schlanker Fichtenstamm von 60—70 Schuh Länge, Stange; (Jir.) Randen, Ranten, Rändeln, Hagstangen. Zeitschr. VI, 193. (Vrgl. das hchd. rank, schlank, und Ranke. Die Beziehung auf das alte irrinnan, sproßen, wovon das isl. runn-r, surculus, schiene gewagt. S. auch ran.) Vrgl. auch Range.

rentschen, rentscheln, a) schaukeln, oscillo se jactare; Voc. v. 1735. b) (O.Pf.) auf dem Eise fortgleiten. c) (schwäb.) herumschwärmen. d) s. riemischen.

---

ranz. Im Cgm. 270, f. 157ª scheint ein Adj. rantz anzunehmen: „Wan jr rain weiplich glantz, und jr zartes mundlin rantz, muß sein auf erd mein himelreich;" (etwa schmollend? oder neutr. von rân, s. oben, Sp. 102?). Vrgl. ranzen und das mhd. der rans, Rüssel, Maul; BM. II, 553.' „Ain gebraten gefultes ferhelin mache also: Nim ein verkelin, daz drier wuchen alt si, brüe daz Riele '(im Druck: daz küele)' und ziuhe im daz har allez abe daz man ez iht wunde, so sol man im umme den rans ußene die hut lazzen;" Kochbuch im Wirzb. Cod.; ('Bibliothek des lit. Ver. in Stuttgart IX, p. 4,8, wo in der Anm. rans durch „Bauch" erklärt wird').

Der Ranzen, das Ränzlein (Ránzl), a) wie hchd. Kost-Ranzen (der Holzknechte), lederner Sack für Lebensmittel; (Jir.). 'Die Ranzen, Zeitschr. V, 289.' Die Form der Ränzel klingt oberdeutschen Ohren so fremdartig als der Scheffel. b) das Ränzlein, angehende Trunkenheit.

ranzen, wol richtiger: ransen, rensen sich, 1) sich strecken vor Schläfrigkeit, Faulheit ꝛc. „Miər guckt scho˜ d· Sunn· so warm in's Bétt und 's *Ranznə˜* lafst mi' no˜ nét aus"; Seidl, Flins., 3. Ausg. p. 189. Die Frauen „hàm nöt amàl tànzt, hàm si' zärrt und *gránzt*," Kartsch II, 28. Sich ranzen und stranzen; (ObrM.). „Nach dem slaff solt du dein arm vnd dein glider reckchen vnd dich rensen, das stercket den leib vnd senchet das plut;" Cgm. 317, f. 31.ᵇ „rannsen, flügeln, alare;" Voc. v. 1445. „alare ranggen vel rensen;" Cgm. 665, f. 1. „Alare, rewsen, rensen"; Windb. 170, f. 429ᵇ. „An ir (der trâkeit) schar ist slâf, rensen, geinen zaller
116 vrist;" d. w. Gast 7414. „Do jeschete und ransete der jungir lip in sime schoz;" Wilh. v. Oranse, 2ter Th., Caspars. 30.ᵇ Vgl. BM, II, 553. 554: rensen, renseren und 675; Birlinger 373. Vilmar, kurhess. Idiot. 315: ranzen. Zeitschr. II, 415,129. III, 135. VI, 193. „Sagt der Herr: mich schläfert; so thuet sich der Schmaichler rantzen;" P. Abrah. Hàst di' no˜ nét bàl' *ausg·ranzt*?! 2) verächtlicher Ausdruck für unanständige oder unnütze Bewegungen auch anderer Art; von einigen Thieren: coire. Zeitschr. IV, 314. 160. „Hà˜ i˜ 'n Sack lang *granzt* und griffə˜ (nach dem Zehner) und hà˜ nicks de'wisch·n mögng"; J. Th. Fischer in Kaltenbrunner's oberösterr. Jahrb. 1844, S. 251. „Jensel, wolst dus mit mir tanczen? So kom awch, böckisch wellwir vmbhin ranczen. Jans, nit strawch, und schon mir meiner schranzen; „dawch, Jensel, dawch;" Oswald v. Wolkenstain, Cod. Vindob. rec. 2068, Bl. 32ª, nach Hoffmann v. Fallersleben. Beda Weber, d. Ged. Osw. v. Wolkenst. p. 166 und 421, wo Weber beysetzt: „sagt das Mädchen τῳ ἐπεμβατῃ." „Eine gute Fut macht rintzen rantzen"; Cgm. 379, f. 86. Vgl. BM. II, 555. „So du nit gerantzen machst und so dich des essen nit lust;" Cgm. 4543, f. 124ᵇ. Sus derivatur a subo quod idem est quod coeo vulgariter rontzeln;" Clm. 5685 (XV. sec., 1412), f. 19. Sich wider etwas ranzen, sich darüber formalisieren, aufhalten; Selhamer. ranzen Einen, (Dr. Eck) ihm übel mitspielen. Zeitschr. V, 290. Der Ranzer, das einmalige Ausstrecken aus Faulheit; fauler Mensch. Die Ranzen, (O.L.) das weibliche Schwein. „Hiətz sag·ns· ga', dafs á' z·nachst als brinnenda' Fack oda' *Ranzen* an Hea'n davo˜ gjagt hat;" v. Kürsinger, Ober-Pinzgau (1841), S. 177; (vgl. Th. 1, Sp. 316, unter Butz). O és schiəhhé *Ránzn*! ruft man im Zillerthal wol auch Kindern zu. Vilmar, kurhess. Idiot. 315.

raunzen, s. raunen und vgl. BM. II, 794. Zeitschr. V, 464.

'Die Runze, ä. Sp., wie hchd. Runzel; ahd. runza, neben runzila, runzala, mhd. runze, runzel; Graff II, 532. 533. BM. II, 796. Weigand, Wbch. II, 522.' „Rugus runtz, plica falt"; Furstenzell. 46, f. 140ᵇ. runzeln, in Runzeln zusammenziehen; BM. II, 796. „Die selben würm runzelnt sich in klain runzeln an dem leib, wenn si hin und her kriechent;" Konr. v. Megenberg f. 168, (Pfeiffer 287,11).

'Das Runzît, Runzîn, mhd. Spr., Roß, Reitpferd, (aus mittellat. runcinus, ital. ronzino. altfrnz. roncin; BM. II, 796. Diez, Wbch. 296).' „Der marschalch schol haben ain reichleich ros für ain runzin und dehain pruder mere;" Regel des Spitals zu Jerusalem, Clm. 4620, f. 103.

runzen, ructare (?); cf. Diefenbach 502ᵇ und vrgl. oben ransen, rensen unter ranzen.' „So man (in der Christnacht) gen metten get, so der mensch ain runczt und get über sich, so stirbt er des iars nicht"; Chmel in Grimm's Mythol. L, 51.

(Vrgl. Rab, reb, ꝛc.)

Der Rapp, des Rappen, 1) der Rabe, corvus corax, (schon Voc. 1421; gl. o. 109. 169: rappo. Balkn. 129. BM. II, 517. Birlinger 370. Zeitschr. VI, 43). „Man sach do die rappen prinnent kolen in jrn schnebeln tragen und heuser anzünden;" Lirer. rappen-, kolrappen-schwarz. 2) Pferd von schwarzer Farbe; — gewöhnlich ist auch die Form: der Räppel (Ráppl). R.A.: Den Ráppel oder Rappen lâuffen laßen, zügellos, verschwenderisch leben. O' *Ráppəl* (⏑́ –⏑)! sachte! eingehalten! besonders in figürlicher Anwendung. „Ich wil jhm einen rappen reißen," (Possen spielen); H. Sachs 1560: III, III, 79. „Ich will jhm machen einen rappen das er ein weil zu laufen hat die weil er jhm selbs nach geht;" das. 1612: IV, III, 18. 3) der „Nachtrapp, nocturnus grassator;" Voc. v. 1618. 4) „Rappen an den Beumen;" Amberg. Stdtb. 1554. D· *Ràpm* habmət 'Blêi hàrébm à'gfressn; (ObrM.) (Nro. 3. 4 werden wol als Ráp, Rápen, d. h. Aussprache von Raup, w. m. s., zu nehmen seyn). 5) der Rapp oder Rappen, triens, tertia pars assis;" Voc. v. 1435. Heutzutage in Zürich $1\frac{1}{2}$ Pfenning oder 3 Haller, allgemein aber nach dem neuen Zehnersystem in der Schweiz als $\frac{1}{10}$ Batzen oder $\frac{2}{5}$ Kreuzer angenommen. Schon aᵒ. 1559 galt im deutschen Reich der Rappen-Pfenning $\frac{2}{5}$ Kreuzer; der Rappen-Vierer $\frac{1}{5}$ Kreuzer. Aᵒ. 1542 ward der Rappen-Plaphart auf $2\frac{2}{5}$ Kreuzer, der Rappen-Schilling auf 5 Kreuzer gesetzt. Lori', MzR. I, fol. 225. 254. 262. 263. 6) der Rappen, der Vortheil, Gewinn; — vielleicht nach dem jüdischen Rebbes, Rebbach gebildet. Auf seinen Rappen seyn, auf seinen Vortheil bedacht seyn. „Die Weichbischoff müssen sechs-
hundert Gülden dem Bapst geben für die Confirmation, 117
derhalben jrer vil von solchem Ampt wider abzogen und das resigniert, daß sie die römischen Rappen nit haben erfüllen können;" Avent. Chr. 421. (Hier scheint indessen, eher als ein Plur., ein Singular fem. statt zu haben; s. rappen). 7) der Rappen, (U.Mayn) entbeerte Traube. Weigand, Wbch. II, 458. Voc. v. 1477: rappe, racemus. „'Gl. Wiesb. 912ᶜ: rappo;" Jac. Grimm. Haupt's Zeitschr. VI, p. 323,158 und p. 329,158.' Sieh rebeln. „Rappes, vinum ex acinorum folliculis aqua mistis et expressis confectum, laur, beerwein;" Voc. v. 1618. cf. Rampes.

Die Ráppen, (O.L.) Krätze, Räude. BM. II, 555. Weigand, Wbch. II, 459. Zeitschr. VI, 193. Er is voll *Ráppm*. ráppig, adj., räudig; rauh, holpericht. S. Rapfen und Roppen. „Wer die Rappen (den Polypus) in der Nasen hat;" Cgm. 731, fol. 41. 207.

rappen, rapsen, vrb. n. u. act., (O.Pf., b. W.) hastig nach etwas greifen. Zeitschr. II, 287,101. Da wird Geld, es werden Nüsse, Äpfel ꝛc. ausgeworfen, Boubm, dà gi'ts wàs z' *rappm*! Gébts acht, wer *rappt*, dá'tappt. baurappisch (baurappisch?), wild, toll; (Wien). (Das niederd. rapen ist das hchd. raffen). s. rapsen.

ráppeln, wie hchd. rappeln. Zeitschr. II, 192. V, 461. VI, 366. Vilmar, kurhess. Idiot. 315: Geräppel. ráppeldürr, sehr dürr oder mager; Zeitschr. V, 63,31. 188. ráppelköpfisch.

Das Rapular, Vormerkbuch, Aufzeichnungsbuch, Manual; česky: raptulář, opisthographus, adversaria, Sudelbuch, Klitterbuch. Diefenbach 484b. „Ich find in Marggraf Ludwigs alten *Rapulariis*, Schuld- oder Versatz-Rapularen, daß er ..."; Hund, St.B. II, 6. 45. Hartman Schedel's *Rapularius* in Medicina; Clm. 288. „*Rappiarius* seu manuale pro vetere (novo) testamento," eine Art Regesta; Rebd. 125. 126. (sec. XVI.). Rapularius ist auch der Name eines lateinischen Gedichts von zwey Brüdern, einem armen und einem reichen, worin es von dem einen heißt: Rapula crevit ei reliquis enormior una; Clm. 237, f. 109—115.

Der Raup, des Raupen, der Räupling, auch: die Raup, (Franken) einjähriges Stück Rindvieh; (agſ. yrfe, orf, pecus, animal; Mone, Quellen und F. 508. 36. cf. irnan st. rinnan). Vgl. unten: Riep. In einer Verord. v. 1800 über die freygegebene Schlachtung des Viehes in Wirzburg wird der Schlachtlohn für ein Kalb, Lamm oder einen Hammel auf 15 kr., für einen Raupen auf 20—24 kr., dann für ein Schwein auf 30 kr. gesetzt. „Raup, schau in dein Buch, taurule, librum inspice," sagt in v. Lang's Marcellus p. 31 der Professor zum Schüler. „Die P. P. Guardiane sollten fürder keinen jungen Professen einen Esel oder Raupen nennen;" Kapuzin.-Orden in B., S 84. Hier scheint eine Beziehung auf das Thier durch; indessen wird das Wort sehr oft, ohne eine solche, für Taugenichts, Lotterbube, scurra, nebulo genommen. Nacht-, Gaßen-, Erz-Raup. Raup, (Feldkirch) Raufbold. „Der selbig rewbling unverzeit," (unverzagt); Hesellocher, Cgm. 379, f. 161. Das Voc. v. 1618 gibt Raup durch unus de multis, de plebe, plebejus, raupisch durch plebejum, sordidum, illiberale, während dieses im Voc. v. 1735 scurrilis bedeutet. Die Raupen, pl., unflätige Reden, Schwänke. Raupen schneiden, Zoten reißen. Die Rauperey, grob-muthwillige Gesinnung, Rede oder Handlung, Büberey. Eine Rauperey anfangen, R-en treiben; s. Th. II, Sp. 1045. Voller R-en stecken. Das isl. raup, jactantia, paßt auch der Form nach nicht hieher, wenn etwa unserm Wort nicht âu st. au (alt û) gebührt.

118 Die Raupe. In Alt-B., O.Pf. ist dieses hchd. Wort (BM. II, 821. Weigand II, 468. Cf. česky: raup, Wurm, Raupe; raup zeleny, Krautwurm, eruca; raup kon'sky, Roßbremse, oestrus, asilus, tabanus. Firmenich I, 300,31: riepen, kriechen, sonst krûpen, krussen; Zeitschr. II, 540,131. III, 251,75. 279. IV, 438,18. V, 65,71. 153. 276,9.) dem gemeinen Manne fremd. Weihers: *Rupp*, (Dr. K. Roth) Zeitschr. IV, 461. Er sagt dafür Ratz, Wurm, Graswurm, (welches als grasa-uuurm auch meist in der ahd. Sp. für eruca steht; nur in einem Voc. sec. XV. finde ich rupp, gl. o. 496: rupe; dazu aus Grimm III, 368: rups, rupze).

repetieren etwas, (München) in spottendem, rügendem, berichtigendem Tone darauf zurückkommen. Scheint mit äfern, äntern (ändern?) auf einem Princip zu beruhen. Die Repetiz, (Ries) Nachschule.

Die Reputaz, (Selhamer) Reputation.

reppeln, (Frank.) reiben; s. rippeln unter ribeln. reppen, (Hauser) sich begatten.

rippen, rippeln, s. ribeln. BM. II, 723. Weigand, Wbch. II, 500. Vilmar, kurhess Idiot. 325. 327. Zeitschr. II, 192. V, 459. 461. VI, 367.

Das Ripp und die Rippen, a) wie hchd. Rippe; (ahd. ribbi, rippi, n., gl. o. 30. 234, und ribba, a. 619, agſ. ribb, isl. rif, n.; mhd. ribbe, ribe, rippe. Graff II, 356. BM. II, 679. Grimm, Mythol. p. 641. Weigand, Wbch. II, 500. s. oben: Rieb). „N. N. hat sich mit einem wachsenen Ripp verlobt;" Lechfeld. Mirakel. „Da nam got ain ripp aus adams seiten, und macht das zu ainer fraw;" Cgm. 632, f. 63. „Von eime rippe unz an daz andire;" Diut. II, 292. „Leg sy auf das ripp;" Cgm. 4207, f. 128. „Sunder vleisch und sunder ribe;" Grimm, Mythol.[2] 1062. „Der mensch hat acht ripp und etlicher zehen ripp;" Konr. v. Megenberg f. 72. „Das man jm al sein rieb möcht zelen;" H. Sachs 1560: II, IV, 17. Die Fäl-Rippen (Faj-rippm), (Metzgersp.) das Fleisch zwischen zwey Rippen. Dem Rindfleisch vo' dá' *Faj-rippm* wird in der Fleischbank gerne nachgefragt. S. auch *Scho'ripp*. b) das Ripp, verächtlich: Weib, (etwa nach Genesis 2,21? Das „hripun, prostitutam," gl. i. 102, wird wol was anders seyn; vrgl. auch Reff.)

Der Riep (? vgl. oben Raup). (Kaiser) „Valentinianus was gehaizzen der Rieper wann er ains tags ain riep velte. durch die sterche ward er zeritter gemacht;" Chron. bis 1314, Cgm. 55, f. 27b. In dem Ms. des german. Museums 2733 heißt die Stelle: „wenn er ains tags ain wissentz vallt durch die sterk ward er ze ritter gemacht."

„riepeln, vomere"; Popowitsch, Ms. Wien nr. 9541.

Die Roppel, (Augsb.) mannssüchtiges Mädchen.

Der Ropelreien (? vielleicht zu lesen Kopelreien. Vgl. Th. II, Sp. 1140. und BM. II, 655: Hopelrei). „... das ich iez den mayen gewesen pin pei manigem ropelreyen und auch an manigem end do fraw und gesell ir hend freuntlich theten zusamenschließen;" Cgm. 439, f. 67b.

Roppen, (b. W.) Finnen im Gesicht; (Vilmar, kurhess. Idiot. 330) Schorf; Zeitschr. VI, 367. roppet, räudig, rauh, holpericht. Dá' Wég is *roppet* und schroppet; (ObrM.). Vgl. Rappen.

Die Ruppen, (Nürnb. Kochb.) die Aalraupe, Quabbe, gadus lota L.; s. Rutten, (welche Form durch „rupita, ruppa," gl. o. 459, vermittelt scheint). „Der Rupp in lauterm waßer gat des leber hat den höchsten preis;" H. Sachs 1560: II, II, 111. „Karpfen, forhen, hecht und ruppen die iß ich lieber denn ölsuppen;" Cgm. 714. In dem lat. Gedicht Ruodlieb, Fragm. Ms. (Grimm und Schmeller, lat. Ged. des X. und XI. Jahrh. p. 183) steht unter andern See-Fischen: „Rubeta fundicola, truta digena rufa vel alba." „Vil gefast mit guten ruppenlebern die man sicht zu dem slaftrunck webern;" Cgm. 713, f. 180.

„Rupp, ein kleins Häuslein im Schiff," (Voc. Nürnb. 1482); bey Scherz: concameratio puppis. Dagegen hat gl. o. 162 de partibus navium: „rube, pretoriola sunt domunculae in quibus merces ponuntur."

Der Ruəp, der Rüəpəl, a) (O.L) der Taufname Rupert, (ahd. Hruodperht. Förstemann I, 720 ff.). „Ruep Metlhammer," „von Ruepen Eder;" Notate des Abts von St. Zeno in s. Calendern v. 1668 und 1679. „Expertus Rupertus" von Philander v. Sittenwald; (Philander infernalis viro redivivo apparens etc. 1648. s. Gödeke, Grundriß p. 479,1,e). „Knecht Ruprecht", s. Grimm, Mythol.[2] p. 473. 482. 889. „Ruprecht lieber knecht hab vergut;" deutscher Cisiojanus, Dieff. 95, f. 50. R A. Der *Rüəpəl* kommt über die Milch, sie stockt; (O.L., Miesbach; Rath Her). b) Rüepel, Person von schwarzer

Hautfarbe; Schimpfwort: grober, roher Mensch. Weigand, Wbch. II, 523. Vilmar, kurhess. Idiot. 334. Zeitschr. IV, 537, IV, 9. VI, 85. (Pinzg., Hbn.) der hohe Rüəpəl, das Ende einer Holz-Rise. (Pf.-Jir.) Riepel, Aufwurf bey der Hauptrise, welcher dem Holz durch seinen Wirbel den Schwung nimmt, daß es sich nicht so sehr auf den Holzhaufen zerschmettert. Der Rüepler, Art Münze, s. Rüebler.

„Ruopla, lanceolata,“ eine Pflanze; Voc. optim. p. 52. Diefenbach 317ᵃ: rippa, ribba, ribbewurcz.

Die Räpfen (Rápfə~), (Nttm.) Räude, Grind an den Füßen der Pferde, die Rappe. „So ein Roß Rapfen oder Rauden hat“ ... „So ein Gaull rapfig ist;“ Cgm. 4855, f. 11. räpfig, adj., rauh, räudig; (Jir.) holperricht. sich räpfen, geräpfen (rápfə~), vrb. n., erhar-
119 ten, sich mit einer rauhen Kruste überziehen. „Die Erde wird gräpft beym ersten Frost, wenn nur die Oberfläche eine dünne Schale bekommt;“ Popowitsch. Der Schnee *räpft* sich. Gl. i. 544: girapfit, colligit se (cicatrix); i. 447. 544. 567: pirapfta, clausa, praesicca (cicatrix); 560: rapfenten, recrudescentibus (plagis). Siehe Räppen.

räupfen (rápfə~, ròpfə~, Gramm 171. 175), raufen, rupfen, wie z. B. eine nicht hinlänglich scharfe Scheere beym Haarschneiden; (Loisach-Lech) mit aə~n *ròpfə~*, sich mit ihm raufen. Vgl. Vilmar, kurhess. Idiot. 334: roppen und ruppig. Zeitschr. III, 131. V, 291. Sp. W. Hintri *gropft* und fürhi 'tanzt, (von einem ledigen oder verehlichten Paare) jeden Augenblick zanken und wieder Frieden machen. Ropfhändel, Raufhändel; (Akten). Hàr *ropfə~*, Flachs (aus dem Boden) ziehen. Gràs *ropfə~*, jäten; (Meich. Chr. B. II, 218). Das Ropfet, Jät-Gras, Gras zum Viehfutter gesammelt.

ropfezen (gewöhnlich g'ropfəzn, g'roppəzn), rülpsen, ructare, (ahd. rophazan, ropfezan und ropfazon, isl. ropa, mhd. ropfizen; Graff II, 500. BM. II, 759. s. oben: rofzen etc.). „ropfezen und heschen;“ Ortolph. „ropficzen oder kopeln;“ Konr. v. Megenberg, Cgm. 589, f. 135, Pfeiffer 436,27 und 698. „So der mensch siech ist in dem magen vnd so er unschon riphitzet“; Furstenf. 121, f. 169. „Zytwar macht gut ropphiczen;“ Clm. 5931, f. 204. s. unten rüpsen. Der Ropfeze, des Ropfezen, ructus; Cgm. 724, f. 188. (Im Agſ. rocetan, während auch das folgende fürrupfen mit fürrucken, der schweiz. Rupf, ndrs. rups, mit Ruck, unser Rupfen mit Rocken gleiche Bedeutung hat.)

Das Ropf- oder Rupf-Hüenlein, (O.L., Baur) bey gemeinen Leuten das Rebhuhn. Diese Form mit pf stimmt als hchd. recht gut zum niederd., schwed. rapp-hôn, rapp-hôna; (Zeitschr. VI, 143,76). Vielleicht steht auch gl. i. 242: rephuon st. reph-huon, o. 209. Nach dem niederd. rephun, o. 299: coturnix — auch bey Lye liest man in dieser Bedeutung ein seltsames rephung — wird der Begriff des Wortes ehmals weiter gewesen seyn.

rupfen, wie hchd.; (BM. II, 821. Weigand, Wbch. II, 523. Zeitschr. I, 277,8. II, 423,118. III, 90. 280,51. 331. IV, 134,124. 502,27. V. 103,6. 289. VI, 182. 194. 256,36. 341.) auf-, für-, vorrupfen Einem etwas, es ihm vorwerfen, vorrücken. Grimm, Wbch. I, 716. „Welcher ainem seine Mängel aufrupfft;“ Isengrein's Beichtb. cap. IX. „Ainem ain gutthat aufrupffen;“ ebendas. Vo~ diər màg I nicks, du thátst mə's glei' widə' *fürrupfə~* oder *au'rupfə~*. Gets! seids laute' Schəlmə~, dårf kaənə' den andə'n nicks *fürrupfə~*. „Unserm Herrgott unaufgerupft,“ ohne unserm Herrgott das ihm erzeigte Gute in Aufrechnung zu bringen; Charfr.-Proc. Der Fürrupf, der Vorwurf, die Beschuldigung. „O ungleicher Vorrupf, daß ein Weib ihrer vorigen Frucht bey dem andern Mann vergessen sollte.“ „Spottreden und kalmeuserische Vorrupf.“ Abele, s. Grchth.

Der, die Rupfen, 1) was zum Abspinnen an den Rocken gebunden wird, der Wocken. „Die rupffen betewt uns seinen (Christi) part“; geistl. Spinnlied, Cgm. 4437, f. 49. Bey Lye steht „hrop, colus, hropvyrc, coli opus.“ 2) Werg, (bey Stalder: Rupp). 3) Leinwand aus Werg. „Einen Rupfen über einen Ballen Waare ziehen.“ „Die Geyweber bringen jhre Rupfen und Zwilch ungeschaut gen Markht;“ Ldtg. von 1605, p. 333. „Dem Fritz prüechler für XXXII elln rupfen zu vogltüechern;“ alte Hof-Rechn. v. 1468, Wstr. Btr. V, 120
204. „Ein yede Rupfen sol haben dreißig Elen;“ Passauer Stdtb., Cgm. 308, fol. 72.ᵃ 4) (fig. nach 1) „Spottname eines kleinen, schwachen, jedoch streitsüchtigen Menschen, der daher von einem starken leicht gerupft werden kann.' 'n Náz dort, dé *Rupfə~*, dé wir' I glei' schupfə~;“ Kaltenbrunner p. 128. 212. Dieses Subst. ist vielleicht nur das folgende Adjectiv, nach welchem die Subst. Zeuch, Wât ausgelassen sind; doch steht in der Kleiderord. von 1626: Seidenrupf. Rupf-Rass, (Salzb.) gröbste Art von Rasch. rupfen, ä. Sp. rupfîn, rupfein (rupfi~, rupfə~), adj., von Werg, (Gegensatz von härwen). Zeitschr. IV, 486. VI, 183. 342. *rupfə~s* Gàrn, *rupfi~s* Tuəch; ə~ *rupfəté* Pfaəd. R.A. Dà hàst *rupfə~s* und hárwə~s, d. h. alles miteinander. „Härben und rupfen Leinwat ... seidenrupfen Egglhauben;“ obige Kleiderord. „Siben ellen ze hemd und ze bruoch, daz sol sein ruphein Tuoch;“ Kaiser-Chronik, Wiener Ms. (von der Kleidung der Bauern). „Von rupheinem tuche;“ Cgm. 37, fol. 109. Um Passau nennt man ein Brezel von Roggenbrod ə~ *rupfəné* Bréz'n. (Ist dieß blos Scherz, oder besteht auch hier eine unter ropfezen berührte Verwandtschaft zwischen rupfen und rugken.) Eine scherzh. Figur andrer Art scheint das bey Prasch vorkommende Rupfhaube, vellicatio capillorum; ebenso nennt man im b. W. a) eine Weibsperson mit vernachlässigtem Kopfputz, b) eine Art Küechel. — „Sie möcht mit euch des rüpffleins spiln,“ (hadern, raufen); H. Sachs 1570: III, III, 45.

'rapsen, rapschen, was rappen, (w. m. s.); Zeitschr. II, 237. III, 134. V, 476. rips raps, Birlinger 374. Vgl. grapsen, gripsen etc. Th. II, Sp. 1007.'

rüpsen, ructare. Diefenbach 502ᵇ. Zeitschrift V, 173,117: áfräpsen, aufrülpsen. „Daz du den laubfrosch nicht hörest rüpsen;“ Cgm. 592, f. 40¹/4. „Der Zitwar (zedoarium) sterkt den magen, und macht ainen menschen wol auf rüpsen;“ Cgm. 589, f. 37. Vgl. oben: ropfezen.

---

rár, aus dem Franz. oder Latein. entlehnt, (Weigand, Wbch. II, 461. Vilmar, kurhess. Idiot. 315. Zeitschr. II, 339. III, 26. IV, 502,32. V, 225,82. VI, 193.) und sehr volksüblich geworden, besonders in der Bedeutung: vorzüglich. ə~ *rárs* Èss'n, ə~ *ráré* Perscho~, ə~ Mádl etc. vo~ de' *rár'n* (so. Seiten, s. d. W.), von vortrefflicher Art. Sogar ein Subst. die Rár'n. Vo~ lautə' *Rár'n*, vortrefflich, sehr schön. Die Rárität, a) wie hchd., b) Vortrefflichkeit. Vo~ də' *Rárítêt*, von vortrefflicher Art. rárítêtisch, adj.

reren (rè'n, rèə'n, „rören“), (O.L.) a) schreyen wie das Rind; (ahd. mhd. rêren; Graff II, 533. BM. II, 677. Weigand, Wbch. II, 506. gl. i. 356. o. 203: reran, balare. Firmenich I, 128,34: roaren; 179,17 und 181,11: raren). b) verächtlich auch vom Menschen. c) laut weinen, weinen überhaupt.
's Dirnl hàt mə' d Lieb aufgsagt; hàt mə' nicks gmacht,
und zleschthat d Lappin selbə' *grè'scht*, I hà~ bràv glacht.

Der Rerer, Schreyhals; weinerlicher Mensch. Die Reren (Rèə'n), das Geschrey, die Kraft zu schreyen. „Der hat a Stimm, der hat a Rörn, man kann ihn schon vil Meil weit hörn;“ M. Sturm. Das G·rèrat. „Eana (ihr, der Kirchensinger) *Grörath* ist ja wegst neama za anhörn (anhören) gwesn“; v. Kürsinger, Ober-Pinzgau (1841), 176. Gl. o. 204 heißt die Rohrdommel raredum.

121 rêren (rê·n, rèə'n, opf. rèiə'n), dem Zug der Schwere folgen lassen, fallen oder rinnen lassen, besonders flüssige oder lose, in Körnergestalt vorkommende Körper; (ahd. rêrjan, mhd. rêren; Graff II, 533. BM. II, 676. Zeitschr. III, 261,35. V, 166,128. 396, I, 13). Ein schadhaftes Gefäß mit Salz, Mehl, Gyps, Getreide ꝛc. rêrt. Eine sandige Bergwand rêrt. Gem. Reg. Chr. II, 143. 284. Leute, die mit brennenden Lichtern, Spänen, Pfeifen in Scheune oder Stall herumgehen, müssen Acht haben, daß sie nichts ein-rêren, verrêren. „Damit mit brennenden Kohlen nicht gerehret und Unglück causiert werde;“ Bayreut. Hof-Feuerord. v. 1722. „Daz der kaufman das flaisch aus des ritters leib schneiden solt aun pluot verrern;“ Cgm. 696, f. 126. „Hetten nicht ein Zäherlein verrert;“ Av. Chr. 188. Salz verrören; das Rörlsalz; Lori, Brg.Rcht. 17. 487. „D· Stain verreren sich, fricantur et dissolvuntur lapides;“ Voc. v. 1618. „Daß der hirß ain stangen trug, vnd die andern gerert (abgeworfen) hett;“ Cgm. 289, f. 107. Birlinger 373. Plinius spricht, wenn der pfâw die wol geverbten federn rêrt, sô traurt er und wirt dann perhaft;“ Konr. von Megenberg f. 124, Pfeiffer 213,21. „Der May rert tawes tror;“ Suchenwirt. „Solich obß ward von den zweigen do gereret.“ „Der wazzer in die lüfte dar widerberges keret und ez dan mit klarer düfte auf erden nider in blanker varwe reret;“ Titurel. „Die linden müssen reren ir lawp“; Cgm. 714, f. 88. „Er hat vil swaiz gereret;“ Cgm. 632, f. 84. „Ez wirt alhie gereret unsir blut; Diut. II, 153. „Waz man auch riemen seudet in derlai saf (von dem Baum agnus castus), die sint guot für genorream, daz ist unwillig sâmenrêrn, sam in dem slâf geschicht, oder auch etleichen leuten wachend;“ Konr. v. Megenberg f. 183b, Pfeiffer 312,15. „Samen in dem schlauff verreren, pollutio nocturna;“ Raitenb. 192, f. 179. „Maria zart, din sun verrart am kreutz sein hailig bluete“; San-Zenon. 84. „Untriwe hât ir sâmen ûzgerêret;“ Walther 21,32. „Durch fröuden widerbringen, swâ ich sie mit gedanken het gerêrte;“ Labr. 25. „Auff dem spitzigen holtz nemen sy dem mägtlin ir junckfrauschaft, und verreren sy ob demselben stain“, (an einem Pfahl auf einem Altar, über den im Königreich Barsinga in Indien die Mägdlein als Opfer gelegt werden); Duarte Barbosa bei Ramusius I, 303b, Cgm. 934, f. 61 und 953, f. 49. s. Th. I, Sp. 674: das Tror. Aus der ahd. Sp. kenne ich nur in den Glossen aus St. Florian (mihi i. 1193), wenn anders hieher gehörig: „umpipirerit uuirdit impetuntur“ (crebrioribus insidiatoris sagittis peccata carnis ignorantes, Gregor. M. cura pastoral. III, 30). 'Die Rêr, das Fallen; Vilmar, kurhess. Idiot. 324.' Das Rêrach, Gerêrich, Gerêricht (Grèrə˜, Grèrət), was da herab-, herausfällt oder rinnt, besonders: in der Scheune die aus allzudürrem Getreide von selbst ausgefallnen Körner. Vilmar, kurh. Idiot. 324: das Gerêr, Tenngerêr. gerêrig, „grêri“, adj., Gegensatz von zäh, bey Mehlspeisen, Gries etc.; Schosser 120. 137. — Das ê vor r wird einem ältern ei (unserm und dem goth. ai) entsprechen, und so zeigt sich unser Wort als eine nach Gramm. §. 956 ganz regelmäßige transitive Ableitung von reisen, fallen, (w. m. s.). Wäre nicht das ê nach der ä. Sp. unzweifelhaft und gänzlich von æ abstehend, so würde man freylich nach der Dialektaussp. ein zu rieren (wie frören zu frieren) gehöriges ræren annehmen können. 'Vergleiche reisen und Ris.'

„reiren,“ (schwäb.) abfallen, wie reifes oder gefrornes Obst, Rebwerk etc., also etwa nach Gramm. S. 140 was reisen. Vrgl. d. vor. und folg. Wort. „Si musten alle weinen; wan wären sie alle steinen, so möchten alle zeriren (zerfallen, auseinandergefallen) sin, do si sahen der megede pin;“ Marien clage, Cgm. 107, f. 23. Pfälzisch: „Der Welschnußbaum hat schon Reiher“, d. i. männliche Blüten, (vom Abfallen?); Frankfurter Convers. Blatt 1850, Nr. 13, S. 49b; (Weigand's Brief).

rieren, fallen, abfallen, (formell verschieden von 122
reisen), nehme ich, und zwar als Ablautverb und dem ags. hryran, besser hreosan, hreas, hruron, gehroren entsprechend, blos folgenden Vorkommnissen zu lieb an. 'Vgl. Haupt's Neidhart p. 137, zu 50,36)'. Beym Teichner „riern diu piren von dem paum hernider.“ Vom Präteritum abgeleitet: „So ist der Schloßberg (bey Landshut) rürig, und möge nicht großes schießen erleiden;“ Kr. Lhdl. XIV, 105. (Oder etwa nur als rêrig oder ririg oder rüerig zu deuten? Vrgl. Rusel.) „Das Abryrl, quidquid cadit ab aboribus, quisquiliae;“ Avent. Gramm. (Vielleicht abrierl, kaum abrêrl oder abrisel; cfr. ags. hryre, prolapsio.) Diut. II, 341: rurta, volabat (sc. ruebat equitans). XIII Com.: *rarn*, volare; der Vogel *rart*. VII Com.: *rüarn*, *rürn*, berühren, schlagen, stoßen; *nider rüarn*, atterere; *zenander r.*, allidere; *in r.*, figere. Schweizerisch transitiv rüren, projicere. „Und wo-n- I au' da no' nüd oho bi', *rüərt* si də˜ Ridikül und d· Händschə' und 's Schnupftuəch mir anə, aber I la si rüərə˜,“ (vor mir fallen lassen?); M. Usteri's Də Herr Heiri, p. 41. — Seltsam läßt neben einem vermutheten hreosan der ahd. Sp. (gl. a. 207 ist bey „hriusu, reor“ vielleicht wirklich gemeint ruo) das gleichbedeutende triosan, goth. driusan. Könnte das d eine Präformans seyn und das h verdrängt haben? oder umgekehrt? Man bedenke etwa das ahd. altſ., angelſ. intrâtan (Otfr.); andrâdan; ondrädan, adrädan, drädan; engl. to dread, timere, neben dem isl. hrädaz, timere, hräda, terrere.

Das Rôr (Rour, Rou', Raə', opf. Ràuə'), wie hchd. Rohr, (ahd. mhd. rôr; roor, raor, gl. a. 71. 184. 270. 387; isl. reyr, m., goth. raus. Graff II, 545. BM. II, 762. Weigand, Wbch. II, 505). „Uf dem walde und in dem rôre;“ Labr. 415. 502. „Von Beyfueß, Subentgürtl oder Rorbůckchen Wasser“; Cgm. 4570, f. 40. Das Rærach, Gerærach, Geræricht, Stelle voll Schilfrohr, Sumpf; (teor rorahes, ferae arundinis, i. 325). BM. II, 762. Zeitschr. IV, 157. „Der wüeste und unsälig hertzog Arnolf von Scheiern (von den Historiographen der Zeit genannt der Böse) wart gefüert von dem teufel gen Scheyern in das Gerôrach;“ Anderer Chron. Es scheint die Form Rôr selbst in einigen Fällen, besonders in Ortsbenennungen, als Plural oder als Collectivum genommen zu seyn, und ein Moor oder einen Sumpf zu bezeichnen. Rohr, Rorbach ꝛc. Roraga-mussea, Rormosen, (Ort bey München); Meichelb., Hist. Fr. I, 73. Graff II, 546. 872. Förstemann II, 1162. „Domina Juditta de Rorigin mos;“ Urk. sec. IX. im Clm. 6279, f. 2. Wie wird jetzt der rorino seo der wirzb. Grenzbeschreibung (MM. 37) heißen? Sollte Rödelsee daraus entstellt seyn? Däs Rôrdach, (Jir.) auf dem die Schindeln nicht mit Nägeln befestigt, sondern blos mit Steinen beschwert werden. 'Der Rôrspatz, Zeitschr. III, 353. 359.'

Die Ræren (Rê'n, Rèə'n, opf. Rèiə'n), das Rærlein (Rèrl, Rè'l, Rèiə'l), wie hchd. Röhre, (ahd. rora, raora, rorra, gl. a. 29. 270. 547. Tat. 64. 200. 208; mhd. rôre, rære. Graff II, 545. BM. II, 762. Weigand, Wbch. II, 506). Das Rærleinkraut, der Löwenzahn, Leontodon taraxacum L. Ræren-Nudeln, Art Nudeln, im Ofen-Rohr gebacken. Der Rærenschieber, Hausierer mit Spengler- und Flaschnerarbeiten; wirzb. Verord. von 1764. Rörnstupp, Rörlstupp, im heil. Geistspitalbuch von 1519, f. 24. 25, ist wol die Übersetzung des lat. canella, ital. cannella, span. canela, (Zimmt), also Zimmtpulver. Zimmetrörn, H. Sachs V, III, 21. s. auch unter Geschmach. „Cinamomum haißet zu tewtsch zimetrörlen“; Clm. 4395, f. 201. „Thue auf die weinper rerlen und zucker"; Cgm. 4126, f. 19. (v. J. 1538). „Jmber, rerlach"; das. f. 30.

„rören," s. reren, schreyen, und rêren, fallen lassen.

rurrig, s. rieren.

rüeren (rüə'n, opf. rôiə'n), 1) wie hchd rühren, movere, commovere, (ahd. hruorjan, agſ. hrêran, isl. hrôra, mhd. ruoren, rüeren; Graff IV, 1172. BM. II. 810 f. Weigand, Wbch. II, 519). „Hanns von Gumppenberg mit den langen Ohren hat, wann man jhm zu Tantz gemacht, die ohren seines gefallens künden rüren,
123 welches gar seltzam und wunderbarlich gewesen;" Hund's St.B. II, 117. Den Acker rüeren, wiederpflügen, das zweite Mal pflügen; (O.L.), Nußhard's Passau p. 26. BM. II, 812, d. Vilmar, kurhess. Idiot. 334: rûren. Das Hêu rüeren, in Hausen schlagen. „Man darf das Kleeheu nicht auseinanderschlagen, auch nicht rühren oder anwärmen wie das gemeine Heu;" Wſtr. Btr. II, 373. Das aufgeschüttete Getraid (auf dem Kornboden) rüeren, umwenden. Die Milch oder eigentlich die Sahne rüeren, gewöhnlich als verb. ntr.: ausrüeren, buttern. Der Rüer-Kübel, Butterfaß. Die Rüer-Milch, Buttermilch. Der Rüerel (Riə'l, Inn-Isar), Schlotter-Milch, gestockte Milch; (vielleicht anderes Stammes). Das Rüeret (Riərəd), was auf einmal ausgerührt wird; Rurat im heil. Geistspitalmanual von 1519, f. 26. 32. 2) ä. Sp., tangere, berühren. „Das lebendig rieren, jugulum petere;" Av. Gramm. „Der fünfte sin ist grifen, rueren, des wollust für diu andern gat, swa mens an einem wibe hat, die sich durch liebe rueren lat;" Diut. I, 312. „Die weil das schiff den grund nicht ruer," so lange es nicht untergehe; Cgm. 270, f. 98.b, (379, f. 98). „Ob des mons schein einen wunden menschen rürt an bloß haut, das ist gar tödlichen;" Ortolph. „Waz wirt gerurrt und nicht gesehen? (die Seele); waz wirt gesehen und nicht gerurrt? (der Himmel); Clm. 11879, f. 107. „Sîn (des Wildes) rûren an dem rîse"; Labr. 38. „Ez (daz Wild) hât hie angerüeret;" das. 84. BM. II, 814b. Grimm, Wbch. I, 432. „Er sprach: o we dir armen, was ungevalles dich rüeret!" (trifft); Walkn. 145. „So mag dich wol ain strenges leiden rüren;" das. 150. 3) pertingere, reichen; (ahd. hruorjan). „Als weit meine Pfleg rühret;" Kr. Lhdl. VII, 10. rüeren an..., daran reichen, stoßen, grenzen, treffen. „Gründe, die an unsers gnäd. Herrn Gründe rühren;" Kr. Lhdl. VII, 419. „anrürende Gejaider;" Gejaids-Ord. von 1616. „Die Fürkäufler kaufen alles auf, was ihnen an die Hand rühret;" Kr. Lhdl. II, 185. VI, 42. Elliptisch steht anrühren (sc. den Stab des Richters) für schwören; Grimm, RA. 135. 899. 903; Wbch. I, 431. „Die Zeugen beyder parthey treten herfür; den Apius das stäblein reicht und spricht: Hie rüret an zu beyder seit zu sagen hie die ganz warheit! Nachdem sie anrühren, facht der ein falsch zeug an und spricht: Herr Richter, nun verhört mein sag ... auf meinen ayd sag ich euch das;" H. Sachs 1612: I, 230, (Virginia). „Der Fürst in H. Sachsen Tragödie „Concreti" (1612: I, 243) spricht: „Nun rüret mir an bey dem eyd, das jr der sach schweiget all beyd... Sie rüren beyde an." „Der bawer schlug jhms dar rurrt jhm das an an eides stat," versprach es, beschwor es; das. II, IV, 69. Vgl. Stab. staben. „So Uns anrührt", (betrifft); Kr. Lhdl. II, 189. Einem an die Êr, an seine Êr rüeren, etwas Ehrenrühriges von ihm sagen. Das rüert nicht an, es ist kaum zu spüren, reicht bey weitem nicht hin. Grimm, Wbch. I, 431. Rüerende Reime werden in der älteren deutschen Poesie solche consonierende Berührungen genannt, die nicht statt haben sollten. anberüeren (à~b'riə'n), was: anrühren; „ain anberüerter Rosenkranz." „Ist an dem wunderthätigen Gnadenbildt zu N. anbrüehrt worden." Was mich anberüert, mich betrifft 4) (schweiz.) *rüarə~*, werfen; Stalder II, 291,2. Zeitschr. VI, 413,64. *rüaris ûsə!* „Gallus (monachus Sangallensis) idolum tetigit in lacum;" A. Schott, d. Vierteljahrsschrift, 1840.

Die Ruer (Ruər, Ruə', O.Pf. Rouə'), 1) commotio; (ahd. hruora, mhd. ruore; Graff IV, 1178. BM. II, 815 f. Weigand, Wbch. II, 519). „Kein Volk, sagt Avent. Chron. 120, hat so oft, als die Deutschen, dem römischen Reich ein Ruhr geben, und die Römer und jr Kaiser gemahnt." „Und fragten dis Wiener der mär, waz dise rur und aufflauff wär;" Mich. Beham, Wiener 243,25. Die Aufruer, a) der Aufruhr, b) ä. Sp., Kriegs-Unruhe überhaupt. Aufruhr zwischen zwey Fürsten; Kr. Lhdl. V, 275. Aufruhr und Aufbot; das. XI, 550. „Herzog Ruprechten zu bitten, kein Aufruhr zu stiften; das. XIV, 86. 89. Eine Aufrur stillen. Obbeschribene Krieg und Aufrur; Av. Chr. 104. 396. „Hans Wenzel den 25. December 1705 in der Aufruhr bey Minchen von ain khaisserlichen reither geschossen;" Votivtafel am Calvarienberg zu Hohenburg an der Isar. 2) (vielleicht von der krankhaften, oft sogar hörbaren Bewegung in den Gedärmen) der auch im Hchd. so benannte Bauchfluß; (BM. II, 815,3. Diefenbach 179c. 185c. 329a. Weihers: des Ruhr, wie das hchd. Rohr; Dr. K. Roth.). „Rur, die on plut geend ist, weßrigiu rur, schißende 124
rur, diarrhea. Rurtrank. (Abführungsmittel). Rur, die mit plut geend ist, rote rur, dyssenteria, unverdätiu rur, lienteria;" Cgm. 303, f. 332. Cgm. 317, f. 47. Cgm. 649, f. 580. Voc. 51, fol. 108. „Dyaria, rûr; dissenteria, daz plut mit der rûr; Semansh. 33, f. 279. „Wer des leibs ruor oder hinganch hab ze vast, der koch des paums (kranwitpaum) früht mit regenwazzer oder mit wein, dem wirt paz;" Konr. v. Megenberg f. 191b, Pfeiffer 325,29 und 700. „Für die rott ruee... für die weiß ruee;" Cgm. 3721, f. 74. „Gib im daz er die rûr gewin (einen Purgiertrank)" ... „bis im die rûr (als Wirkung des Purgiertrankes) gelig" ... „wen der harm get mit der rûr enweg"; Ind. 344, f. 66. 68. 71. „Item für die rûr bestellen (hemmen), nim daz krut wullin und wisch den ars mit den pletern und stoz ach in den ars. probatum est"; Cgm. 3898, f. 60. Ist die leider jetzt (1836, Sept., Oct., Novemb.) so oft zu vernehmende Brechruhr ein neues Wort, um als Euphemismus minder zu schrecken, als das furchtbare Cholera? (Additio vom 29. Decbr. 1836. Der asiatisch-russische Gast ist mir vom 6. Decbr. an in Frau und Tochter auf die furchtbarste Weise nahe getreten, hat es aber bey dem Schrecken bewenden lassen). 3) (als Subst. von rüeren 2, 3) das Berühren, Anstoßen, Aufstoßen. „Von einander die letzten Rürr der Liebe nehmen, die höchste Gunstbezeigung"; Lessing (Werke, hg. v. Maltzahn, Bd. XI, 2, p. 271). Die Grund-Ruer, Strandung eines Fahrzeuges, Verunglückung eines Fuhrwerkes auf Jemands Grund und Boden, wodurch es nach einem alten, aber schon von Ludwig dem B. in seinem Landestheile aufgehobenen sogenannten Rechte, mit Mann und Maus dem Eigenthümer dieses Grund und Bodens zufiel. BM. II, 817. „Wär aber daz Grundruer da (an der Bogenhauser Mühle) beschäch;" MB. XVIII, 402. Kr. Lhdl. VII, 441. grund-ruerig, adj.; grundruerig Gut; Gem. Reg. Chr. II, 171. 172. 4) die Ruer (bey Suchenwirt XVIII, 144), Brackenseil, Koppel der Jagdhunde; cfr. Nibel. 3780, (Lachmann 883,1: „vier und zweinzec ruore die jeger häten verlân"): das Aufhetzen der Jagdhunde zum Verfolgen des Wildes, die Hetze; die gehetzte Meute selbst, (BM. II, 815,5 und 816b f.); die Spur des Wildes, (vgleiche oben: rüeren, 2. Pfeiffer in d. Germania IV, 421 ff.). „Unsælic si der herre, der die zwên (Jagdhunde) von ruore lie!" S. Helbling IV, 425. Vgl. Walkn. 31: „O wê der strengen stricke, do mein herz innen rurte!" „Die (Hunde) liez ich mit mir ziehen, daz ich sie wolt heczen in die ruore;" Labr. 17. „Ich wil den alten Harren ouch in die ruore ziehen"; das. 18. „An wart' in ruor geschicket het ich dô mîne hunde"; das. 20.

ruerig, geruerig, rüerig, gerüerig, gerüerlich, rührig, regsam, kräftig. Er is no~ ə~ *gruərigə'* Mâ~. „Cato ist gar berürigs Alters gewesen;" Avent. (In demselben Sinne gl. i. 458. 475. 997: giruorig, viridis, florens). Ob diese Formen nach Gramm. 634 und 686 in der Aussprache zu ruə'wi', gruə'wi', rüə'wi', grüə'wi' geworden seyn können? Ich zweifle. (Auf sein Alter ist er noch recht *griə'wi'*. Der Genesende wird schon wieder *gruə'wi'*). S. riedig. 'Die (das) Gerüerde, ä. Sp., das Berühren, der Tastsinn; BM. II, 817.' „Jâ hât ieglîch man und wîp vümf tür in sînem lîp: ein ist gesiht, diu ander gehœrde, diu dritte wâz, diu vierde gerüerde, die vümften ich gesmac heiz;" d. w. Gast 9449. „Mit slegen weckt man sîn gerüerde"; das. 9505.

Der Rasen, in A.B. weit weniger volksüblich als Wasen; (b.W. Mosen; ObrM.). „Öde Gemein-Rasen;" Lex. v. Frank. II, 96. Ich finde dieses Wort weder in der ahd. Sp. noch in den nördlichen Idiomen. (BM. II, 556. Weigand, Wbch. II, 462. Diefenbach 116a. Grimm, Gesch. d. d. Spr. 314: wraso = waso. Firmenich I, 307,39: *Frasen*. Cleasby: engl. browse st. wrowse?). Cf. Eigil in Vita Sturmii, no 13: „Dirutis innumeris sylvis et arboribus et *rase* ad calcem faciendam composita". Gloss. manuale. Sonderbar heißt rasa im Isl. cespitare, falls auch dieses lat. W. zu cespes gehört. Das biraset, damnatus est, (gl. i. 1173) wird doch wol nicht auf ein altes Rechtssymbol; (cfr. Grimm, d. Rechts-Alt. S. 111 bis 120) zu beziehen seyn.

râsen (râs'n, nie râs'n, Gramm. 108), wie hchd.; (BM. II, 556. Weigand, Wbch. II, 462. isl. râsa, currere; cfr. ags. ræsan ruere, irruere, proruere und engl. horse-race, race-horse). râsend (râsə~d), als adv. gerne für sehr gebraucht. Firmenich I, 469,150 (Köln): *rosig*, 492,86 (Aachen): *rosetig*, rasend.

raseln im Sieden, s. Th. I, Sp. 352: bregeln.

rasieren, ehmals auch eine Art der Tortur, Rasur-Tortur. Wagner, Civ. und Cam. Beamt. I, 178.

Der Räs, (B. v. Moll, Slzb.) Zeuch, dessen Grund Lein und dessen Eintrag Wolle ist. Zeitschr. VI, 193. Rupf-Rass, gröbste Art desselben; niedersf. Rass. Cfr. Adelung: Rasch, von der Stadt Arras; 's. Th. I, Sp. 121: Arrais, Th. II, Sp. 1170: Hartaus und unten: Rasch.' rássen, adj.; der rassene stark gefaltete Rock der Oberpinzgerin.

Rásl, Erasmus, (Taufname).

raßeln, a) wie hchd. rasseln; (BM. II, 585: razzen? Weigand, Wbch. II, 463. ndrs. rateln, engl. to rattle; cfr. isl. rata und hrata, ruere, goth. vratôn, ire; vrgl. ræß). b) stark und hörbar Athem holen, schnarchen. *resseln*, keuchen, besonders wie Kropfeté; (ObrM.). 'Vgl.
125 unten rößeln.' „Hat drey Raßler gethan, daß man vermaint, es seyen seine drey letzten Schüpferl." Benno-Mirak. 1697. Das Voc. v. 1482 hat in dieser Bedeutung raußen, wol das alte rûzan und zum isl. Ablautverb hriota gehörig. (Graff II, 562. BM. II, 825: rûzen, riuzen, s. unten: rößeln.). „Underdes do strecket sich ir (der Beir) einer und rauzte sere"; Renner 10218. 'c) spielen; cf. Frisch II, 88.' „Spiler, raßler, topler, waler, bosser"; des Teufels Segi, Barack p. 425,13319. „Spiler, topler, wunscher, leichter, raitter, anchreider, aufftrager, wurffelleiher oder klauber, scholderer, raßler;" Asp. 31, f. 27. 36a. „Den spieler nennt sie (die Welt) einen losen raßler"; H. Sachs 1560: IV, III, 57. „Die Raßel, welche man dem Vieh anhängt, das Röllelein (span. cascabel); im Scherz: weibliche Hängebrust; (L. G. Weihers; Prof. Karl Roth).

räß (räss, schwäb. rèiſ), scharf, a) besonders vom Geschmack: stechend, recent; b) von einem Menschen, Thiere: heftig, muthig, auf seinen Mann, seinen Zweck losgehend; (mhd. und ahd. Sp. meist in dieser letztern Bed., die also kaum blos figürlich ist: ræze, râzi; vrgl. wraton, hrata unter raßeln. Graff II, 556. BM. II, 584 f. Weigand, Wbch. II, 464. Cf. Firmenich I, 20,66: *rat*, rasch; 'dagegen Stürenburg, ostfries. Wbch. 193: *radd*. Castelli, Wbch. 217. Zeitschr. III, 17. 400, III, 10. IV, 111,56. VI, 193. 469, IV). ə~ *rässə'* Kre~, Rádi', Pfèffə', Wei~, ə~ *räs's* Nágə-l, (Gewürz-Nelke). s. Th. IV: der Zelten und vgl. pfeffern, fitzeln, kindeln, streichen. Zapf-ræßer Wein, recent, vom Zapfen her. Im Scherz spricht Albertin's Gußmann 63 auch von „zapffräßen Würsten." „ræzer wîn;" Walther 106,21. ə~ *rässə'* Mensch, mit dem nicht viel zu spaßen ist. ə~ *Räsé*, weibl. Person, die Einem keine Antwort schuldig bleibt. wortræze, sogar mortræze; Nibelungen 3395. 8495; (Lachm. 788,3. 2036,3. BM. II, 585). râzer hunt, râzer uuolf; gl. i. 118. Tat. Matth. 7,15. Fig.: räss spilen, um großes Geld. Dés wár mə' *z'räss*, oder ironisch: Wár nét *räss*; das wäre mir zu stark, unerträglich. Die Räßen (Räsn), die Schärfe; ahd. râzi, râzin, mhd. ræze; Graff II, 557. BM. II, 585). Der Ræßling, agaricus deliciosus, buxanthus; Popowitsch. (Vrgl. indessen sächs. Reiske, böhm. ryzec). räßen, incitare; Voc. Ms. Tegerns. v. 1455. Vilmar, kurhess. Idiot. 315. s. raißen. cfr. raußen und raitzen. räss'ln, räss schmecken, riechen. Birlinger 370. Scherer B. 59: „roaseln" (?), stinken.

Der Räß, Honigwabe; Weihers: de Rôsse; Dr. K. Roth. Vilmar, kurhess. Idiot. 330: die Röße, Roßenhonig. Zeitschr. VI, 17. 108, IV, 11: Rûəste; ahd. râza, (?) f.; mhd. râz, m. (?), n. (?), râze (?), f.; holl. niederd. râte; Zeitschr. VI, 48; bey Adelung: das Rooß. Grimm III, 464. BM. II, 584. Diefenbach: v. lat. radius. cf. Diez, Wbch. 279. „Trieffender hungraß, destillans favus;" Voc. Melber. „Hi brathen unseres herrin iungerin imo ein theil eines visches und ein raze honiges"; (Bild), Clm. 935 (sec. XII.—XIII.), f. 65b.

'Die Räson, das franz. raison, Verstand, Vernunft.' Räson annehmen. räsonnieren, seinen Verstand brauchen, hat im Munde von militärischen, bürgerlichen, wol auch geistlichen Obern — dem Untern gegenüber — eine ganz eigene, so recht nach der guten alten Zeit schmeckende Bedeutung. Weigand, Wbch. II, 462.

raisen (raəs'n, opf. ràis'n, Franken: räs'n, rêsə~), 1) im Ganzen wie hchd. reisen. 2) dialektisch, und vielleicht der eigentlichen ursprünglichen Bedeutung noch am nächsten: sich erheben, sich aufmachen, fortmachen, aus dem Hause gehen, sey es auch nur nach einem ganz nahen Ort. (s. den Renner 6817 ff.: „Daz ist von der raise). Wo *raəst* d· *aus*, wohin gehst du? Gê, *raəs!* *raəs* dà, packe dich! *Raəs* mər aus 'n Gsicht! Gêts, *raəsts* mit enkə'n Glaəd! (schwäb.) „*Roas de!*" (di', dich). „*Roas də* aus meim Gsicht!" packe dich! Firmenich II, 461,22. 26—27. Mit dem Rocken raisen, oder blos rockenraisen, mit dem Spinnrocken aus dem Hause in Gesellschaft gehen. *owi* (àbi) *roas'n*, von der Alpe ins Thal gehen; Miesbach. „In dortiger Gegend heißt *roas'n* überhaupt: von einem Ort zum andern gehen, sei die Entfernung auch noch so kurz"; (Rath Her). 3) (ä. Sp.) sich aufmachen gegen den Feind, ins Feld ziehen; (vrgl. auff seyn, auffbieten). „Daß unsre armen Leute vormalen in Aufboten vor dem Wald auch gereiset haben;" Kr. Lhdl. XI, 550, ad 1502. „Raisen, Steuern, Wachen, wie ein andrer unser Burger." 4) die Kue tuet raisen, sie ist raisig, sie will zum Stier, (Pinzg.). 5) das Voc. v. 1419 hat: rysrayſn, incitare, reysen, instigare, welche Formen aber, neben raissen, vexare, afficere und delirare, des Voc. v. 1429 zweifelhaft aussehen, und zu raißen oder raitzen gehören können. Zeitschr. VI, 410,36. Die Rais (Raəs, Ràis), 1) wie hchd. Reise. 2) (O.L.) Gang aus dem Hause, Besuch in einem fremden Hause. In die Rais gên, auf Besuch. „Af d· Nacht zwögn án Liecht is s· zun Nachbau'n in d· *Rais*"; Stelzh. 136. Die Nacht-Rais, Rocken-Rais, Nacht-Besuch, Besuch mit dem Spinnrocken. 3) (ä. Sp.) Heer-

fahrt, Feldzug, Kriegszug; noch dem Voc. v. 1618: mi-
126 litia, expeditio; früheres Voc. (v. 1419): equitatus.
„Und hiez den mit im nemen ain groze raise," (Heergefolge); Griesh. Pred. I, 143. Rais und Steuer, Milizdienst und Steuer. „Herzog Ludwig thet vil Rais;" Wstr. Btr. II, 95. „Auf die Reise wider die Türken;" Kr. Lhdl. XIV, 542. Per raisam uersus Dornberch cum Bohemis factam et per prelium cum Ludovico duce a°. 1193; MB. XI, 21. Des Pfarrers zu Bischofdorf im Innviertel Pfarrkinder, wie er 1407 klagt, „bona sacrae ecclesiae in eorum utilitates expediunt et expendunt pro stewris eis per illustres principes nostros impositis occon~ (ossasione) curruum et fecturarum videlicet in Rotenburgh in una *raysa* in Swaben contra ducem Ludwicum per principem nostrum facta"; Cgm. 3941, f. 175ᵇ. „Swer auch rayse welle varn"; Ald. 190, f. 106. „Und welcher der wäre, der rais varen solte, und der ân des rats urloub hie haiman beliben;" Augsb. Verord., sec. XIII, Cgm. 574, f. 20. „Item 1382 iar da wurden auf der schwartzen erd erschlagen 46 Man, vnd beschach in der bair rayß, vnd wurden vil schadhaft, vnd weret die selb rais 4 iar;" Augsb. chronol. Notizen, Cgm. 567, fol. 211. 'raisbar (ræsbér, Vorarlberg), auf den Beinen, beweglich; Zeitschr. V, 482'. Die Raisbar, (Fronsperger 1555, fol. XXI.ᵇ) Bahre für Kranke oder Verwundete im Feld. Die Raisbettstatt. „Christophen Zuckhseisen von ainer Raißpettstatt zu beschlagen," (München, Hof, 1613); Cbm. 2224, f. 234. 'Cf. BM. II, 727: risebette, Krankenbette, und Vilmar, kurhess. Idiot. 328.' raisfrey, emeritus (miles); Av. Chr. 133. „Reisbure'," (Rhön; Dr. K. Roth) kleiner Vorbohrer beym Nageln; '(hieher? vgl. die Rais, 4).' Das Raisgeld, Kriegssteuer; Kr. Lhdl. X, 153. XI, 263. Raisgejaid, Jagd auf kleines Weidwerk. rais- oder feld-gerechter Jäger; Heppe 179. Der Raisknappe, ä. Sp. „Swelch münch sich schemt siner cappen, der sprünge vf gern mit dem reiseknappen;" Renner 3820. Der Raisspieß, (Fronsperger 1555, f. XX.ᵃ) verschieden von Landsknechtspieß. Der Raiswagen, Heerwagen, Kriegswagen; Kr. Lhdl. VII, 81. IX, 122. Ldtg. v. 1514, p. 18. Welsch, Reichertshofen 202. Die Raiszucht, Kriegszucht; Av. Chr. 132. Der Raiser, Mann, der zu Felde zieht. BM. II, 666. Vilmar, kurhess. Idiot. 323. „Der geyr folget den reisern oder kriegern nach"; Konr. v. Megenberg f. 133, (Pfeiffer 229,10). „Den Raisern zu Ross und Fuß eine Lieferung geben;" Kr. Lhdl. XI, 550. „O reiserey du harte speis, wie tustu mir so ant im pauch;" Lied eines Reuters, Cgm. 810, f. 168. Die Raisung. „Pater meus erat in obsidione ·i· raisung;" Clm. 5685 (XV. sec., 1412), f. 47. raisig, geraisig, a) auf der Reise befindlich, b) (ä. Sp.) zum Kriegszug gerüstet, gehörig. BM. II, 665. Weigand, Wbch. II, 483. Namentlich: „raisig roß, mit schellen oder harnisch behengt;" Voc. sec. XV. „raisig Pferd, equus bellator;" Voc. v. 1618. „raisige oder Wagen-pferdt;" Ld.R. v. 1616, f. 554. Die von Reichenhall hatten a°. 1434 zwanzig „geraisige Pferde" zu liefern; Kr. Lhdl. IV, 23. „Der Gerichtsvogt soll uns mit einem wohlgerüsten raisigen Pferd gewärtig seyn;" Bestallbrief v. 1759, Welsch, Reichertshofen 203. „Die gueten gewachsenen Vollen, so zu geraisigen pfertten .. tauglich, sollen hinter 3 jaren aus dem land nit verkauft werden;" Verord. des XVI. bis XVII. Jahrh. So und so vil raisige, d. h. Pferde, und, da in diesem Sinne Roß und Mann unzertrennlich sind — vrgl. chevau-leger, οἱ ἵπποι — Reiter. Nach dem Voc. v. 1618: „Hauptmann der Raisigen" statt Rittmeister. „Wachtmaister, Provos, Fändrich ꝛc. der Raisigen." raisiger Knecht (berittener Kriegsknecht); Kr. Lhdl. XV, 17. „Michael Achtler, Baursmann, des Abts von Staingaden raisiger Kriegsknecht;" Benno-Mirak. v. 1697. Das und der raisige Zeug, Rüstung von Pferd und Reiter, (Feuerbuch v. 1591); die Reiterey, Cavallerie; Kr. Lhdl. III, 224. 4) R.A.: auf die Rais (auf dé Raəs) dieses Mal. So sagt man auch: auf die Fart. Auch im Niders., Holl. ist ene, twe ꝛc. Reise ein, zwey Mal; schwed. gang. (Jir.) eine Rais Heu, so viel man in einem Tag führen kann. 5) (Inn-Salz.) Gerüst, in welchem eine Ramme, ein Zugschlägel aufgezogen wird; (s. Th. II, Sp. 1251); Balken, worauf schief- 127
laufende Rauchfänge in die Höhe gebaut sind. Raisen, (Pseud.-Jir.) bei Uferverwerkung die längern Stämme; die kürzern Querhölzer heißen Greiner. 'Vgl. oben: Reisbure'! „Diu gewonheit machet, daz ez (mîn herz) ist worden ze einer slitereise;" Labr. 533. Die pireisa bey Ried, ad 819, entspricht wol einem Verb pireison (circum cavallicare commarcam, die Grenze beraisen. Cfr. bereiten). Nachraisen, ä. Fecht-Terminus. „Der zornhau und krumhau, zwerchhau, schillerhau, scheitlerhau, wunder versatzung und nachreisen, überlauff, durchwechsel etlich heißen;" H. Sachs, vom Fechten. „How, stich auf all nachrais;" Cgm. 558, f. 128. 129. Cgm. 582, fol. 39. 41. Vrgl. unten Vorraiser. sich verraisen. Er hat sich verraist, er ist verreiset, nicht zu Hause. Eine geschworne Hebamme soll sich nicht verraisen und über Nacht ausbleiben; wirzb. Hebammen-Verord. v. 1755. Der Vorraiser, 'Vorraisel, der auf einer Reise Vorausgesandte; BM. II, 666. Vgl. oben, Sp. 111': Fürrenner und poln. forys, Vorreiter. „Voreiser", — so heißen in Gemeiner's Regensb. Chr. II, 297. 299. 300. und III, 62, ad 1393 und 1434 die von den Adelichen des Landes abgeordneten „Werber" an die Stadt Regensburg um die Erlaubniß, in ihren Mauern einen Turnierhof halten zu dürfen. Sie hatten zugleich über die Erhaltung der guten Ordnung von Seite der Turnierenden zu wachen, wofür sie sich der Stadt förmlich verbürgen mußten. „N. N. ist a°. 1284, nebst andern, Werber und Vorraiser gewesen zum 15. Turnier zu Regensburg gehalten;" Hund, St.B. II, 380. Hund's Form Vorraiser ist wol nur (wie Vorzaichen, Theil I, Sp. 847) eine dem Wort doch einigen Sinn gebende Renovierung der eigentlichen Form Voreiser oder Foreiser, welche ohne Zweifel zu Voreys, Foreys gehört, das bey Ulr. v. Liechtenstein (Cgm. 44, f. 41. 105), Teichner und andern für Turnier- und Ritterspiel vorkommt, und wie so mancher andere ritterliche Terminus aus dem Romanischen entlehnt seyn wird. BM. III, 383. „Grôzer tumpheit ist so vil, daz ir niemant weiz ein zil, zehen prediger prehten ir niht so vil zesamen als man ir siht zu einem turnei oder foreis komen"; Renner 6619. s. Haupt's Engelhard, p. 256,2482 und vgl. engl. foray, forray. (Im Wigalois, Vers 178 ist „ein grôz fôreis" ein großer gebannter Wald, Forst). Das lat. adv. foras, das man gewöhnlich dem Begriff des gebannten Waldes (mittellat. und ital. foresta, franz. forêt; Diez, Wbch. 151) zu Grunde legt, könnte hier in seiner eigentlichen Bedeutung „auswärts, aus" (sc. faren) genommen seyn. Cgm. 525, f. 7 3/4 kommt in einer Rechnung von 1498 ein Peter Furraißer vor. Vrgl. „Ich bin kein ungehewer, und bin ein fremder abentewrer zu fürsten, zu herren, zu königen und zu keisern, und bin irer wappen ein nachreiser;" H. Rosenplut auf Herzog Ludwig von Bayern, (Canzler's Quartalschrift I, p. 52). BM. II, 666ᵃ. Anm. Als Verb. finde ich in der ahd. Sp. kein reisan, sondern reisôn (und nur bey Otfr.), das eher vom Subst. abgeleitet scheint, und nur das. V, 16,1 als Neutr. allenfalls unserm reisen entsprechen könnte. Es steht transitiv I, 4,11: „Zit uuard tho gireisot," tempus adductum, advectum erat; IV, 29,26: „Si (caritas) iz allaz gote reisot," (bezieht, richtet alles auf Gott; da indessen an dieser Stelle eine bildliche Beziehung auf Weben vorausgeht, ist vielleicht das ags. hrisel, radius textorius, zu vergleichen. Vgl. „Licium, gerais," zwischen subtegmen, trama u. lana, Nomencl. 1629, p. 95. Das Subst. reisa wird IV, 4,20 u. 39 vom Einritt Christi nach Jerusalem gebraucht, und so scheint dem Wort (s. Rais, 3) der Bezug aufs Pferd wesent- 128
lich zu seyn. Vgl. Graff II, 542. BM. II, 663: diu reise, und 665: reisen. Weigand, Wbch. II, 483. Dunkel bleiben in Ermangelung ihres Textes die gl. i. 160. 422. 981 reisan nodos, reisunga casus, reiso ses-

sione; dagegen heißt reisunga gl. a. 503, i. 298. 363. 1096: machina, machinatio, apparatus, praeparatio; (vrgl. Rais, 5 und Vorraiser). Das goth. ur-raisjan, isl. reisa (nach dem engl. to raise), agſ. arâsian (excitare) als Factitiv-Form (nach Gramm. 956, VI.) vom goth. reisan, agſ. rîsan, isl. rîsa, ndrſ. rîsen (ferri, besonders sursum oder deorsum; ſ. unten: reisen) scheint den Grundbegriff zu gewähren. Grimm, Gesch. d. d. Spr. II, 664. Also aus incitare (equum) allmählich Neutr. equitare (ſ. rennen, sprengen), fahren, ruere, überhaupt (agſ. räsan); oder aus incitare sursum, erigere aliquid, Neutr. sich erheben, sich aufmachen, während das incitare deorsum, projicere noch im obigen rêren (Sp. 133) liegen wird. Das schweizerische reisen (raisen), anordnen, zurechtmachen, abreisen, ableiten, abmahnen, anreisen, anmahnen, aufsetzen, (Zeitschr. VI, 410,36. ſ. raisen, 5) ist, ältern Bedeutungen entsprechend, noch ganz transitiv. S. d. folg. Wort.

laut-rais, laut-raisig, (ä. Sp.) laut. „Da wart die junckfraw luttraiß, das es in der kamer hal;" Cgm. 270, f. 360.a „Der gab und guethait lawtraysig machen mit eern des gebers vor andern menschen, auf das die guethait nit vergezzen beleib;" Schlierseeer Chron., Öfele I, 379. Gl. i. 775 (Aeneid. VI, 120): „lutreisig, canorus," sonst findet sich -reistig. Bey Kero (Reg. VII) 177 ist hlutreister clamosus; Notker de octo modis nennt helle Orgelpfeifen (suuégela) lûtréiste, eine zu tief gestimmte Leyer únlûtreista. Gl. a. 509. 683. i. 709: lûtreister, clamosus, sonorus, argutus. Graff II, 543 und IV, 1097. BM. II, 666. ruem-raisig. „Was tyrannisch, was aufrhürisch, was geizig, was ruemraisig, was unkeusch ist;" Puterbey f. 60. Compositum aus Laut oder laut und raisen, erheben, attollere? (Im Agſ. kommt ein wol unverwandtes hrisſan, hristan, hristlan, stridere, strepere, vor). S. d. vor. Wort.

raißen statt raizen; Cgm. 138, f. 73. Cgm. 579, f. 30. Cgm. 714, f. 156. `BM. II, 674. Vilmar, kurhess. Idiot. 315: ræsen. Der Raißel, ſ. Raizel; BM. II, 675.´

raußen, anraußen (a~rauss~ə) Einen, (Allgäu) ihn anfahren, wild und ungestüm anreden. Dèər rau~sst ài~n a~, wie d' Sau e~n Sack. „Und schlief der bischoff so sanft daß er anfieng zu raussen oder schnarchen;" Joh. Pauli 94, bey Lessing, Schriften, hg. v. Maltzahn, XI, 2, p. 270. Nach dem hchd. beschnarchen vergleichbar dem ahd. rûzan, rûzjan, rûzôn, mhd. rûzen, riuzen, isl. ablautend hriôta, stertere. Graff II, 562. BM. II, 825. Diefenbach 552a. „Masticare kuwen, sed sterto sit tibi rießen;" Clm. 15319, 2°, f. 117. „Sterto raysen vel snorchen;" Clm. 13126 (XIV. sec.), f. 155. Cf. rußen.

Das Res, Geres, Gespräch. Er reset gee, er spricht gern; (Bregenzerwald).

Die Rêsel, das Rêsə-l, Rêsál, Theresia. Zeitschr. III, 177. IV, 156. V, 472. Die ungərisch *Rês·l*, die Kaiserin Maria Theresia, Königin von Ungarn, — bey ältern Leuten noch in gutem Andenken.

Resolmer. „So sie (die Ehefrauen) frue aufsten, ze volpringen ir andacht, so widersprechen in das ir man, vnd hayssen (sie) Resolmeren und himelhennen vnd vil ander solcher stümpfiger nämel;" Eheregeln, Cgm. 757, fol. 7b.

Die Ress, der Fall, Abhang, z. B. eines Flusses, eines Daches; Graben zur Ableitung eines Wassers, hchd. Rösche; cfr. ressen bey Adelung. Vrgl. auch isl. râs, cursus, meatus, alveus.

129 Das Reis, plur. die Reis oder Reiser, 1) wie hchd., doch vorzugsweise vom Laubholz gebräuchlich; (ahd. agſ., isl. hrîs, mhd. rîs; Graff IV, 1178. BM. II, 723. Weigand, Wbch. II, 483). „Uf an diu rîser blicke, kan ez diu streifen und etlichez biegen, sô henge dar; Labr. 96; cf. 38. 84. Balsamrîsel, das. 595. Nach dem Werdenfelser Ehaftbüchl. v. 1431 gieng die Grenze dieser Grafschaft mitten durch den Walchensee, an das Eybenreis," (wol eine einzelne ausgezeichnete Eibe). 2) Eiche, gleichviel ob ein- oder ob tausendjährig; auch: Aich-Reis (Aəhh-Reis). (Cf. kärnt. hrast, Eiche — wäre česk. chrast —; auch dob; Jarnik p. 230. Serbisch: „Na jedan put se rast ne podsieče," auf einmal sich Eiche nicht niederhaut; Slovanka II, 82. Rast, besser hrast; — wie kommen die Illyrier zu dieser Benennung der Eiche, da doch dub der alte Name der Eiche bey allen Slawen? frägt Dobrowsky). „50 Aichreiß in Egmatinger Forst," (1613); Cbm. 2224, f. 135. Eichenreiß soll 26—30 Schuh lang, 1 Schuh dick seyn; Verordd. v. 1768, 28. Febr. u. 1781, 7. Merz. Schnitt-Reis, Schaufel-Reis, Nab-Reis, Eichenstamm, dem Schreiner, Müller, Wagner dienlich. Baumgartner's Beschrb. v. Neustadt a/D. p. 141. Majer's ForstZtschrft. Kr. Lhdl. XVII, 94. Der Reis-Apfel, (O.Pf.) Gall-Apfel. „reysapfel, gallas;" Avent. Gramm. 3) jeder Baum. O Tannə~bám du èd·ls *Reis*! Volkslied. Das Lâß-Reis, Heg- oder Hayreis, Sam-Reis in der Forstwirthschaft; MB. XIII, 459. Lori, Lech-R. 140. 286. 417. 418. Das Gereis', das Reisach, Gereisach, Reiserach (Reisə', Reisərə'), Collectiv. von Reis; Laubgehölz; (rîsach, gl. o. 85. 268); Reiserbüschel, wie das hchd. Reisig. „Daß bey Nacht die Öfen mit Widtgereiß und Holtz eingericht werden sollen;" Freys. Feuer-Ord. v. 1719. Burghaus. Feuer-Ord. v. 1779. Das Orber Reisich, Eichenwald bey Orb. Die Rhönbewohner und die des Orber-Reisigs haben eine Hungersnoth; allgem. Ztg. 1843, 1. Jul, S. 1454. „Das Gesteider und Reiserer ausmaißen;" Calend. v. 1676. Das Reiserach, (Jir.) ſ. Astach. Mehrere Ortsnamen Reisach. Reisgang bey Pfaffenhofen; Rischange, Cbm. 52, f. 47. „Riskange curtis," Cod. c. pict. 7c. f. 11. „Praedium Rischange;" Clm. 17420, f. 47a. „in Riscangen; ibid. f. 59a.

Das Reis, ä. Sp., wie hchd. der Reis, (nach mittellat. risi, risium, risus aus oryza; ital. riso, frnz. riz. Diez, Wbch. BM. II, 723. Diefenbach, 499a. Weigand, Wbch II, 482. f.).´ „Risum haizt reis. Daz ist ain korn, des halm, eher und pleter geleichent der gersten. Daz reis ist an kraft warm und trucken;" Konr. v. Megenberg f. 247, Pfeiffer 419,15.

reisen, partic. praet. gerisen, sinken, fallen; (ahd. rîsan, reis, garisan, mhd. rîsen: Prät. ich reis, wir rirn, Ptc. gerisen und gerirn, niederſ. rîsen, ferri deorsum; agſ. arîsan, isl. rîsa, goth. urreisan, ferri sursum; Grimm, I, 937. Graff II, 536. BM. II, 725. Weigand, Wbch. II, 496.); Weihers: *risen, ris*, abfallen (vom Obst); fig. sterben: Hê ess zittig, hê *rist* bàll; (Dr. Karl Roth). Vilmar, kurhess. Idiot. 328. Reifes oder schadhaftes Obst reist vom Baum. „risit, pluit" (glans, Georgic. IV, 81), gl. i. 741. „Das obs verreisen lassen;" Cbm. 3228. f. 66. 67. „Hiemit das laub wirt reisen; falben und auch greisen sicht man berg und tiefe tal;" Cgm. 379, f. 3. „Die Blätter reisen vom Baum. Abreisende Blätter, folia caduca; Voc. v. 1618. „Und wann das Laub von Bäumen reist, ist auch der Herbst nit weit;" Epithal. Marian. v. 1659, 257. „Da vielen riter, als daz laup von dürren bäumen riset;" Conr. v. Wirzb. „Noh sîn lòub ne rîset, et folium ejus non defluet," Notk. Ps. 1,3. „risantiu, lapsa" (folia, Aeneid. VI, 310), gl. i. 776. (Loubreis, d. h. Laubfall, scenopegia, sieh unten). Reifes Korn reist aus, fällt aus der Ähre; Avent. Gramm. Getreide (in Körnern), loses Erdreich, Sand reist. „Wàn da' Mötzn foll is, so *raist* a';" Castelli, Wbch. 215. „Häuf das Getraid (im Maß) auf, bis es abreist;" ältere Instruct. „Mensuram bonam et confectam et

coagitatam et supereffluentem, ein guete maß ein gefulte maß ein abreysende maß," Luc. 6,38; Clm. 9728, f. 186. „Auß ihr ghauffter Waytzen-Schoß hier die göttlich Prodtsam reisen;" Bog. Mirakel. „Beym Brunnengraben ist das Oberkoth reisend worden;" Aufkirch. Mirakel. „Das Erdreich am Ufer reisend machen;" Lori, Lech-R. 381. „.... Ein Stainlein werth, das ohn ein Hand in dises Land vom Berg herabgerisen;" Epithal. Marian. 459. „Die stain zerrîsent als ain mel;" Griesh. Pred. I, 152. Mittel „für den reisenden stein; Cgm. 384, f. 59. 714, f. 280. 823, f. 11. u. 4381, f. 129. „Ain siechtumb haisset cancer und ist der reysunt (reysent) gries. Des siechtumbs habent dy frawen nit wan sy habent des selbigen geliz (des selben gelids) nit;" Cgm. 4543, f. 63 und ebenso Ind. 344, f. 21^b. „Wer den gries hab oder harmstain, er sei reisſent oder nicht;" Cgm. 4543, f. 73^b. „N. hat bey 10 Jahren an einem reisenden Stein Schmerzen erlitten; durch Fürbitt Mariä ist der Stein von jhme kommen;"
130 Aufkirch. Mirakel. (Blasenstein; hier ist das Reisen nicht klar). „Wem das har ausriset," (ausfällt); Cgm. 443, f. 95. „Ir gelbes geflochtens har in reis (falle ihnen aus, cadat) von der schwarten;" Cgm. 714, f. 88. „Ist auch, daz ain man beraubet wirt seines gemächtes (seiner gezeuglein) sô reiset im der part;" Konr. v. Megenberg f. 8^b (Pfeiffer 12,25). Die storch habent grôz lieb zuo irn kinden und lâzent ir aigen federn reisen in ir nest ... daz diu kindel sanft sitzen;" das. f. 104 (Pfeiffer 175,17). „Die agen reysen auf die schoz (der Spinnerin) betewt das got sein plut vergoz;" geistl. Lied, Cgm. 4437, f. 49. „Do rais im (dem Tobias) ûz ainer swalwen nest des mistes in diu ovgen;" Griesh. Pred. I, 128. „Do herre Thobias slief, daz im in finiu ovgen rais ûz der swalwo neste des mistes;" das. II, 34. Sand in der Sand-Uhr, oder die Uhr selber reist. „Alleweil die reisende Uhr (bey einer Gant) lauffet oder reiset;" Amberg. StdtR. 72. Reisende Or; Gem. Reg. Chr. III, 131, ad 1443. Die Reis-Ur, clepsammidion; Voc. v. 1618. „Die Reis-Ur ist schon völlig ausgeloffen. Er soll sich richten zu einem seligen Tode, weil allem Ansehen nach die Reis-Uhr auslauffen will;" Selhamer. „Wann du etwann hast ein Freud, besinn dich nicht zur Lustbarkeit. Wann die Reißuhr ausgeloffen, ist alsdann kein Freud zu hoffen;" P. Gansler. „Wo ainem müller in der bschaw befunden wurd ain reisende müll, darumb sol die straff sein Vß 60 dn.;" Cgm. 3253, f. 5. „Reisender traibt auf dem Reinsteg;" das. „Wann die mühl, so gehet, reißig gefunden;" das. f. 17. „Er (der Hueffschmid) slecht im (dem Pferde) an, so dünne eysen daz nagel und stollen hin tûnd reisen; des Teufels Segi, (Barack, p. 348,10978). „Ein kastner der mer nimpt als die gult ausweisen und das uberig in seinen sack laßt reisen;" Cgm. 713, f.... „Wer sich nit will lassen weisen dem wird das gespöt in den puesen reysen;" Clm. 4423, f. 48. „Ja gerîst so vil niht dir in den buosen so du wænst;" S. Helbling IV, 228. Unser Wort gehört auch in der gemeinen Sprache zu den veraltenden, so daß seine Bedeutung in einigen Fällen auf das ähnlich lautende reißen übergeglitscht scheint. Es reisst Nebel, es tuet Nebel reissen, der Nebel fällt in Gestalt eines feinen, dichten Regens zu Boden; es fällt ein feiner Regen. Dieß scheint auch der Fall in der Stelle des Land-R. v. 1616, f. 531: Eine Person, die Wein holt, soll der Wirth mit in den Keller für das Faß gehen lassen, damit sie sehe, ob ihr der gerechte Wein, und wie er gerissen ist, gegeben werde. Wenigstens galt rîsan auch von Flüssigkeiten. „Regenes trophen risente in erda;" Notk. Ps. 71,6. Vrgl. riseln. „Die wolken mussent also gestalt sein, das sy klein und dick reyseln vil kleiner tröpflin;" Konr. v. Megenberg f. 59^b, (Pfeiffer 98,34: riseln; cf. 98,16). „Als ein tau reiset clugiclih;" Mich. Beham, Cgm. 291, f. 93^a. Castelli, Wbch. 215: Da' Nöbl *raisd*. Reis als Subst. BM. II, 726: rîse, louprîse. „Lobreis oder Labfall, scenopegia" (Laubfall), Voc. v. 1429. „Drey hochzeit der juden, die obersten, die pfingsten, die Laubreuß;" Cgm. 267, f. 244. „October. Weinmon. In dem laubpros bistu weiß do niuzestu zymlich alle speiß;" Inderst. 91, f. 170. Bey Notk. Ps. 7,2.15. 17,16. 67,13 heißt diabolus niderrîs und niderfal. Graff II, 541. Grimm, Mythol.[2] p. 939. „Uva passus reisper est confectum;" Clm. 5877 (XV. sec. 1449), f. 151. Diefenbach 132^a: uva passa, rosin, resine ꝛc.

reis, Adj.; BM. II, 727. „Merck auch du mein alter Greiß, Wetzstein gnetzet, Sichel gwetzet, bist schon Jährl- und Körl-reiß;" Bog.-Mirakel. Ob „altriso, silicernius," gl. o. 37, als rîso hieher gehören wird? S. unten: belt-ris. Ist gl. a. 220 „risi cadus" caducus gemeint? Coat zarisantiu sind (gl. a. 206) bona caduca, zirisenteem, (Kero II, 98) caducis. „Das Reisel, Abreisel, der Abfall, quisquiliae;" Av. Gramm. Das Tennen-Reisel, T.-Gereisich, was beym Abladen des Getreides auf der Scheuertenne ab- und ausfällt. „Thenreysat und Abkorn;" Röttenberger Urbar v. 1544, S. 226, (cf. Th. II, Sp. 856). s. Sp. 133, rêren: Rêrach. Die Reisen, Reissen, (Ober-Loisach) Berghang, an welchem das Erdreich, besonders Sand, niederrollt. Vgl. Ress.

reisig, adj., zum Reisen, Abrutschen geneigt. „Wo der Grund nit reisig, stickl, stainig vnnd greidig;" salzb. Forst-Ord. 90. 109.

reisen. „Davon mag dir glück und hail zureisen;" Buch der Weisheit, Ulmer Druck v. 1485, f. 177. „Sô moht ime gelücke, heil und sælde und êre ûfrîsen;" Walther 29,31. Schwerlich das alte garîsan (praeterit. 131
garista), competere, congruere, convenire, pertinere. Graff II, 538 f. BM. II, 727. „Te decet, dih geriset; Cgm. 17, f. 223^a. Also entweder reisen, fallen, zufallen, oder (da rîsan, nach der Ableitung urrist, gl. a. 335, resurrectio, in der ahd. Sp. auch in der Bed. ferri sursum vorgekommen seyn muß) surgere, oriri. BM. II, 725^a, 1. Firmenich I, 362,29. „Wo nicks ist, do nicks *rist*, (sich erhebt, zum Vorschein kommt)." Vrgl. Stalder II, 268—269.

Der Alt-Reis, (Franken) Altflicker, Schuhflicker. Grimm, Wbch. I, 273. Graff II, 541. Weigand, Wbch. I, 33. Gem. Reg. Chr. I, 348. III, 366. „Erst wird ich dem altreissen zu teil, der beßtelt an mir allenthalben," sagt das Leder bey H. Sachs 1612: I, 1010. „Welcher ritter geflickt altreuß schuch antreit und zu aller bubereÿ nit derleit;" Cgm. 713, f. 187. Der Altreißenmarkt hinter der Barfüßerkirche in Nürnberg. „Rewße, der alten Schuh Macher;" Voc. v. 1482. Hiernach wäre Altreus annehmbarer. Adelung hat als niederdeutsch Oldrüße. Dinckler (Sprache der Menschen, S. 116) gibt zum Singular Altreiß einen oberd. Plural Altrisse an. In Gatterer's ökonom. Magazin I, 247 werden unter den Gewerbsleuten Nürnbergs auch Bücher-Altreißen, d. h. Antiquare, Händler mit gebundnen Büchern, aufgeführt. Jarnik sagt p. 196, am Schluß von tergati (reißen, abbrocken, pflücken): „Nicht unwahrscheinlich gehört hieher terg, der Markt, von der beim Handelschließen noch heute weit verbreiteten Gewohnheit des Händeschlages und Reißens (tergati)." Torg, Markt, ist auch isländisch, (dänisch: torv), at torga, consumere, vendere. Die Bankreissen, plur., (v. Lang, b. Gesch. III, 320) Thorwächter, schwerlich zu verbrüdern mit dem Bettrisen, (w. m. s.).

„Gereis." „Weber-Gereis," (Voc. 1618) licium. „Licium, gerais," (zwischen subtegmen, trama und lana); Nomencl. v. 1629, p. 95. Diefenbach 327^c: liciator, liciatorium, und 328^b: licium. Vrgl. ahd. rîsa, mhd. rîse, Kopfgebände der Frauen, religamen, flammeum; herabfallender Schleier. Graff II, 540. Grimm III, 451. BM. II, 727. „risa, theristrum;" gl. a. 686. o. 334. Diut. II, 344. Diefenbach 579^c. „Mit einer rîsen verbant ich mich ... daz an mir iemen solde sehen iht anders wan der ougen brehen;" Ulr. v. Lichtenstein, Frauendienst, Cgm. 44, f. 40, (Lachm. p. 177,1). „Ir het diu reine wol gemuot gebunden in ein rîsen guot;" das. f. 79^b, (Lachm. p. 348,10; 'cf. 178,29.32. 184,14. 228,1. 259,32'). „In dem andern (sacke) ligent rîsen, vil röckel unde hemde;" M. Helmbrecht 1336. „Si brach ir rîsen ab im zorn und sprach: hân ich mîn hâr verlorn? (also: Haarhaube oder Band); v. d. Hagen, Ges. Abent. II, 346. 'rîselîn, rîsel, ntr., als Diminutiv; BM II, 228.' „Owê, daz ich niht ein sîdîn rîsel bin, daz diu wengel decken sol bî sô rôtem munde!" Nîthart, v. d. Hagen's Mimes. III, 260. IV, 850. „Mulier risile quod super aurem orale confixerat perdidit;" Ben. 118, (CgmC. 84, p. 110) 'Cf. Ducange IV, 719: orale und VI, 778^a: *„risile*, quo super aurem orale confixerat, casu perdidit accidente. Wolphardus Presb. lib. 2. de vita S. Walburgis, num. 2".' Gehört die „Reyserin" in des Teufels Segi (s. Th. II, Sp. 1329, unter klung) hieher? Vrgl. Gereis, Anordnung, Gerüst (bey Stalder), und raisen.

Nachgereis, s. reusen.

reißen, 1) wie hchd., (ahd. rîzan, mhd. rîzen: Prät. reiz, Ptc. gerizzen; doch ziemlich selten. Graff II, 557. BM. II, 755 f. Weigand, Wbch. II, 484). s. raizen und ritzen. „Do reiz der umbhanch enczwei;" Cgm. 107, f. 21. Der umbhank zerais sich; Cgm. 632, f. 80. „Reht als der wilde dunrslac von himel kam gerizzen;" Ecke 105. Grimm, Mythol.² 163. Es reißt mich, st. reißt mich um oder hin, ich vermag nicht zu widerstehen. (Im Plättelspiel durch einen Wurf) den Starz (das aufgestellte Ziel; reißen, umfallen machen. Eine reißen, (O.Pf.) sie zu Falle bringen. Einen reißen, ihn abprügeln. Es tuet Nebel reißen, s. reisen. Sich reißen, um oder nach einem Ding, darnach große Lust haben, streben, sich darum bemühen. I *reis mi'* nét fei~li' drum. „Sie reißen sich gewaltig, daß sie starck schreyen, toto corpore contentioni vocis asserviunt;" Voc. 1618. Bey Aventin (Chr. 195. 219. 286) ohne sich: Nach Geld und Guet reißen." „Flavius Domitian ist gar geitig gewesen, hat gerissen nach gut, wie er kundt und mocht." „Beamte, die Tag und Nacht nach Guet rissen." Auch im Hchd. wird man eine Waare reißend an, sie geht reißend ab. „Geselle, hie her wider rîze," (zum Herzen als Hund); Labr. 81. „In des Wildes Nähe wird der Hund reissen (?) oder seine Stimm zwifachen"; Fouilloux, Jagdbuch (1590), f. 47. Das Gereiß. „Dem der kaufman stracks nachlief jhn endlich beim meßgewand ergrief. in dem gereiß sich da zutrug, das ..."; H. Sachs 1612: II, IV, 155. (schwäb.) ein Geschirr, Glas, Ey verreißen, es zerbrechen, (was gewöhnlich durch nichts weniger als Reißen geschieht). Einen Grund auf- oder umreißen, mit dem Pfluge auf-, umbrechen. Zereißen (z'reißn), zerreißen. R.A.: sich den Kopf, 's Hirn *z'reiss'n*. 's G'schir *z'reiss'n*, sich übermäßig anstrengen (wie Pferde vor dem Wagen). Der Reißer, das Reißerlein, schneidender Haken an einer Stange, etwas von Bäumen zu reißen; (Unter-Ammergau) grobkörniger Schleifstein, worauf die Wetzsteine abgeschliffen werden. Flurl, Beschr. d. G. 58. 2) (auch hchd.) auf einer Fläche entwerfen, zeichnen. 's *Reiss'n* lernə~, künnə~. *à'reiss'n, fürreiss'n*, abzeichnen, vorzeichnen. Ob hieher gehöre das fig.: Possen, Zoten, Grillen reißen? (vrgl. schneiden). „Reiß seltzam schwenck, zotten und possen so wirst den leuten angenem"; H. Sachs 1612: II, II, 96. Wenn der Schneider, die geometrische
132 Kreide in der Hand, erwägt, wie er aus einem Stück Tuches, das Rock und Hosen geben soll, allenfalls auch noch einen Brustfleck herausreiße, möchte man ihm dieses Wort ebenfalls in der 2ten Bed. zutrauen. Allein auch gar manche andre Leute, die keine Kreide führen, sinnen oft nach, wie sie es anstellen wollen, daß sie dieses und jenes noch *rausreiss'n* (erübrigen, retten, eripiant ruinae), — also reißen, 1; jedoch kaum zusammenhangend mit dem beliebten frostigen Trost bey vertrackten Händeln: əs wird si' scho~ *'nausreiss'n*, (ein erträgliches oder doch irgend ein Ende nehmen), der eher aus der Kunstsprache der Holzspalter entlehnt scheint. reißen die Bäume, wie die Harzsammler; (Isr.). Ob hieher auch gehört reißen einen Zimmerbalken, ihn aus dem Groben hauen? s. Haiden. Auch im Nieders. und Holl. kommt ein unserm reißen, 1 entsprechendes rîten, rijten (sowol findi, scindi, rumpi als findere, scindere, rumpere) vor. Das rîzan unserer ahd. Sp. (Otfr. III, 17,36.40. gl. i. 272. 301. 481. 556) hingegen, sowie das ags. vrîtan, engl. to write, isl. rîta, heißt, der 2ten Bed. folgend, fast nur: entwerfen mit Linien oder Buchstaben, schreiben; (hchd. der Riß, Aufriß, Abriß, Grundriß. Weigand, Wbch. II, 501. Grimm, Wbch. I, 91. 712. „Circinus, riß;" Voc. optim. p. 25. Diefenbach 121^b. Graff II, 558: rîza, Zirkel. BM. II, 756: rîze. s. unten: die Rißen). Doch steht das Prätert. reiz, scindit (cutem; Prudent. Cassian. 56) gl. i. 556. Cf. portug. riscar, ausstreichen; risca, Strich, Schnitt. Diez, Wbch. 291. S. Rißen und ritzen.

Die Reissen, Kohle, s. a) reisten und reispen; b) Reisten.

reusen (ruis'n, b. W.) trauern, klagen. *nau' ruis'n* einem Abwesenden, einem Todten, nach ihm trauern. „Alare, rangen vel reusen"; Clm. 9728 (sec. XV., 1470), f. 75. Diefenbach 20^b. 'Vgl. oben, Sp. 127: ranzen, rensen.' „Reußen umb etwas daz du doch selbs tuest"; Br. Berhtolt, Cgm. 1119, f. 11^a. „Bulerey, trunck, spil etc. jedes sein nachgreyß mit jm bracht;" H. Sachs 1560: II, II, 51. Der Ruiser, Nachruiser, einmaliges Klagen. I sàg, és táts kaə~n *Ruisər* um mi, wenn I hei~t sturb! Der riusære, Büßer; Gregor v. d. St. 2608. BM. II, 754. Wol das mhd. riusen, riuwesen, ahd. hriuuison, ags. hreovsian, poenitere, lugere; („Compuncti, gestungete, riuwesente;" Cgm. 17, f. 54^b, Ps. 34,26. Graff IV, 1146. BM. II, 754). s. reuen. Sollte das mhd. und ahd. Ablautverb riezen, riozan (s. rotzen) in Anschlag kommen dürfen, so müßte unser Dialektwort wol ruill'n lauten. 's. unten: rießen.'

Die Reusen, Reuschen, (Fisch-) Reuse; (ahd. riusa, riussa, rûssa, nassa, gurgustium, mhd. riuse; nach Grimm II, 50 noch vom goth. raus, Rohr. Graff II, 544. BM. II, 747. Diefenbach 271^c. 375^c. 507^a. Weigand, Wbch. II, 490. Cf. česk. wrš, wrše. Vilmar, kurhess. Idiot. 325: Reuse, Rückenkorb. s. Reischen). Die Entstellung Reuschen schon im Voc. v. 1445. „Zainreischen;" Chiemsee. Fisch-Ord. v. 1507. s. Zain. Der rüschenmacher, in des Teufels Segi (Barack p. 357,11217), Artikel „von den wannenmachern und zainlern."

ris, adj.: bett-ris, bettrissig, bettristig, adj., (veraltend) bettlägerig, wie κλινοπετής; (ahd. pettiriso, mhd. betterise; Graff II, 541. BM. II, 727. Grimm, Wbch. I, 1738. Cf. ags. bed-redda, -reda, -rida: one who is bedridden). „Ich wæn, der petterise læge, daz der noch bezzer ruwe pflæge denn einer, der swinde nach gute trachtet;" Renner 15148. „Trug man einen menschen uf einem pette der was betteris;" Cgm. 66, f. 139. „Sprach zu dem petrisen (paralytico)"; Clm. 9728, f. 193. „Wer petrise ligt oder vergichtig ist;" Clm. 5879, f. 206. „Wer ain pettris ist und sein glider mit dem balsam wäschet;" Indersd. 176, f. 21 „Was pethriß und lam, wurde pethriß"; Legende v. St. Sebald. „Als ich von meiner Krankheit, der ich von 1556 bis 1557 ain böttriß war, widerumb aufkam;" Veit und Conrad Schwarz, Trachtb. „N. N. lag bethrissig mit Verlähmung seiner Glider," Alt-Ötting. Hist. v. 1698. Benno-Mirakel. „Ist der Glaub der Träger dem Bettrisen (Matth. 9) nutz?" ä. Druck. „pettris, clinicus, qui de lecto surgere non potest;" Voc. v. 1429. „pettiriso, paralyticus;" gl. a. 674. i. 596. Otfrid III,

14.66. V, 16,10. 'Vgl. BM. II, 727: risebette und Vilmar, kurheff. Idiot. 328.'

Ris, subst., 'das Fallen, Untersinken (der Sonne)'; Dé Sonn gétt ze *Ris*; (Weihers, Dr. K. Roth). Vgl. unten: die Rest.' Das (?) Tenn-Ris, Körner, die vor dem Dreschen aus der Garbe fallen. BM. II, 726: tennenrîs, tennrîs. „Vorsprung, Risgetraid und Äfterig von den herrschaftlichen Zehendfrüchten, nach Gewohnheit, sich zuzueignen, wird den verrechnenden Beamten untersagt;" wirzb Verord. v. 1737. Vilmar, kurhess. Idiot. 328: der Berîs, das Berêst. Sieh oben, unter reisen: Reisel, und vgl. rêren: Gerêrich.

'Der Rise, wie hchd. Riese, gigas; (ahd. riso, risi, mhd. rise; Graff II, 541. BM. II, 728. Weigand, Wbch. 495 f.)' Über Riese = Briso = Persa, wie böhm. Obr von Avarus, Trud, Trutt von Druid, Vaudois, sorcier, und dgl. s. Mone's Anzeiger 1838, Sp. 428 und 1839, Sp. 133. Vgl. auch Grimm, Mythol. ^{2} p. 492. 'In Zusammensetzungen (verstärkend): Zeitschr. V, 24. 60,73. 270,37.'

Die Rîse, mhd. Spr., Kopfgebände, Schleier; s. oben, Sp. 114: „Gereis."'

133 riseln, vrb., 1) neutr., fallen, gleiten, besonders von losen, in Staub-, Tropfen- oder Körnergestalt vorkommenden Körpern; (s. risen, reisen, reiren). Weigand, Wbch. II, 496. Zeitschr. VI, 342; cf. 197: rûseln. Der Sand riselt vom Berghang, das Korn vom übervollen Gefäß Die Mauer fängt an zu riseln. riseln, (Nürnb., Hsl.) klein regnen. Namentlich wird riseln vom Fallen kleiner Hagelkörner, ja vom Hageln überhaupt gebraucht. „Es wee es schneye, es risel oder regen"; Balkn. 156. „Es riselet, cadit nivosa grando;" Voc. v. 1618. „Die Geistlichkeit schiebt man überall voran, wo's brav herrieselt," sagt der Pater Umgang im Vorbericht zur Charfreyt.Procesſ. Der Risel, a) die Schlosse, das Hagelkorn, Hagel. BM. II, 726 f. „Nur etwelche Riseln, die warn sein Speis;" Wildschützenlied. „Risl groß als wie mein Faust, womit man Vieh und Menschen laust." „Schmarakkugelgroße Risel;" Buchner, Passionsaction 141. 142. „Von 466 scheiben so der risl bei den Herrn Capucinern eingeschlagen 5 fl. 32 khr." (1613); Cbm. 2224, f. 243. riselweiß, blüe-risel-weiß, schnê-blüe-risel-weiß, weiß wie Schlossen, schneeweiß. b) durch das Wurfgitter gesichteter, hagelkorngroßer Sand zu Fußwegen in Gärten etc. Für ein Fuder Rieseln (gewöhnlichen gereinigten Kies) 9 Kr., Mauersand 18 Kr., ebensoviel für Pflastersand und für Fluß- oder Schweißsand:" Münchner Magistratsbekanntmachung v. 21. Mai 1849, das Steinsammeln und Sandwerfen betreffend. s. unten: riseln, vrb. act. c) (um Nürnberg) was: die Risen, Bergrisen; (s. d. folg. Wort). Das Riselsalz, (Hazzi, Stat. III, 1010) vermuthlich ausgeronnenes oder Kernsalz. s. Th. II, Sp. 1378: kroppen.

Die Risen (Ris'n, Riss), natürliche, von aller Vegetation entblößte Rinne an einem Berge, in welcher Wasser, Gestein, Sand ꝛc. nieder „reiset," oder geschlagenes Holz herabgeschossen wird; künstliche, aus glatten Baumstämmen zu diesem Zweck erbaute Rinne; (mhd. rise, rîse, BM. II, 726; cf. Graff II, 540. Zeitschr. IV, 329,1. VI, 196. In den Pyrenäen glissoire, ital. lascia). Wasser-, Eis-, Naß-Risen; Neben-, Astach-, Maiß-, Zue-Risen; Erd-, Kendl-, Schnee-Risen; (Zir.). s. Th. II, Sp. 1254: der Kännel.

Die Risbäume sind nach Jirasek: a) das Joch oder Polsterholz, b) der Biel, der mittlere Biel (s. Th. I, Sp. 230), c) die Wöhrer oder die zwei äußern Biel, d) die zwei Sättel und e) die zwei Übersättel.

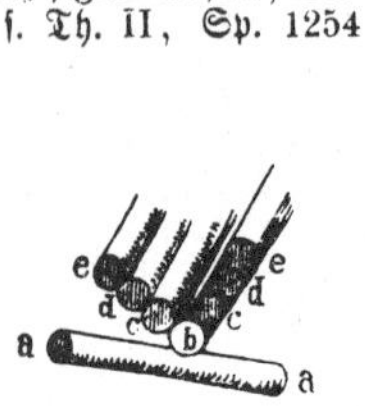

Besteht so eine künstliche Risen aus 3 oder 4 blos nebeneinander liegenden Bäumen (Trägern), so heißt sie ungesattelt; hat sie links und rechts einen Baum als Geländer (Werer), so ist sie gesattelt; ist sie wasserhältig, um das Herabgleiten des Holzes durch Wasser oder Eis zu befördern, so wird sie eine Waßer- oder eine Eis-Risen genannt. Oft ist eine solche Risen auf Stützen (Böcken) hoch über die Ungleichheiten des Bodens und über Abgründe hingeführt. „Sus warf er in als einen bal eine rise hin ze tal;" Wigalois 5121. risen, (gewöhnlich riss'n, O.L.), auf einer Rise herabschaffen. „Das Hackhen, Risen, Clawsen und Bringen des Holtzes;" salzb. WldO. 76. zugeriset ist Holz, das zur Hauptrise zum Abschießen gebracht ist; (Pseud. Zir.).

riseln, vrb. act., (O.Pf.) sieben; z. B. das Stroh ausriseln. Das Risel, grobes Sieb; Art Korb von bestimmter Größe zu Kohlen. Schon in einem Amberg. Akt v. 1385 kostet das Risel Kohlen 9 dn. Ob das schwed. rissel, Sieb, rissla, sieben, zum isl. hrîsla und hrista, agſ. hriscian, vibrare, quatere, goth. hrisjan, concutere, af-, us-hrisjan, excutere, gehören wird? S. reisten. Gl. i. 722 steht ein dunkles „ris, oscilla," Georgic. II, 389. cf. Graff II, 540. Das „risota vel uuagota, minatur," (Aeneid. X, 196, gl. i. 801) kann zu riseln, risen, fallen, gehören. Vrgl. roseln und oben: Risel.

Der Risel-Ausschlag, (v. Dell.) die Masern, der rothe Friesel. „Rubeolae germanicè Russlen, rosalia Nesselsucht;" Cod. S. Viti p. 230.

Das Anriß. „Für das Anryß und Mager;" Cgm. 134
384, f. 92. Das Übel scheint mit dem sonst so genannten Neriß, Aniß (I. Th. Sp. 86 und II. Th. Sp. 1755) eins zu seyn.

Der Riß (Ris, pl. Riss'), wie hchd.; s. reißen. Zeitschr. II, 563,10. „Der Waßer-Riß, Schlucht, Ravin;" Flurl, Beschrb. d. G. 3. 27. Die Wolkenriß, ä. Sp, Donner; (BM. II, 756. Grimm, Mythol. 2 p. 163). *Riss'* (Schläge) kriagng. Etwa eigentlich Risse am Haare „Schopfer". „So langs əs oné *Ris* bə'n Leə'nə~ tâ~ hât, waor I no' ám bráfst'n, dés is gwis"; Seidl Flins. I, 48. 91: „Schopfrisse". Vilmar, kurhess. Idiot. 329. Das Geriß (G'ris). Eine Person oder Sache, um die man sich reißt, hat das Geriß, es ist das Geriß um sie. Der Widerriß: „Nimb dem hund auf dem widerriß har," (Widerrist? s. unten); Cgm. 2723, f. 183. Der Zeriß (Z'ris). 1) Vollə' *Z'ris* sei~, ganz zerrissene Kleider haben. „Durt hupfə~t s' vol *Z'ris*"; Rank, aus d. Böhmerwald p. 116; (s. Th. II, Sp. 1640). 2) ein Zeriß seyn, Einer, der viele Kleider zerreißt, sie nicht schont. einrißig, adj., von solchem Holze, welches sich beym Behauen oder Behobeln weiter auf- oder fortreißt, als es sollte; fig. von solchen Personen, bey denen eine Rede oder Handlung von größern Folgen ist, als sie es dem gewöhnlichen Gange nach seyn sollten; reizbar. hirnrißig, kopfbrechend.

Die Rißen, (O.Pf., Schllr.) die Linie, Reihe. Birlinger 374^b. Z. B. ə~ langə *Riss'n* von Häusern. Etwa zu reißen, 2 gehörig. Noch Cgm. 649, fol. 559^a und das Voc. Archonium sec. XV. hat Riß, circinus, welches wol als fem. das alte gleichbed. rizza ist. „Circinus, instrumentum quo formatur circulus aequalis, ein ryzze"; Clm. 5008 (XV. sec.), f. 152. „El compasso, der riczel"; Voc. venez.-todesco, Ms. v. 1424, f. 12^a. s. unter reißen. (Im Allgäu heißt die Kegelbahn das „Kegelris.")

rießen. „rogio, rieze," ein Kraut (?); Clm. 4583, f. 47; (rogio steht hier wol für rugio, ich riuze, rieze, von ahd. riozan, mhd. riezen, s. unten: rotzen; Graff II, 560. BM. II, 755. Diefenbach 500^a und 503^b. Vgl. auch reusen).

Das Rieß (Riəs),„ landübliche Benennung der Gegend, in welcher die Städte Bopfingen, Nördlingen und Öttingen liegen, und die, nach dem Lex. v. Schwaben, vom Hertfeld bey Bopfingen, dem Hanenkamm bey Deggingen, dem Schwanfeld bey Wemdingen und dem Virngrund bey Dünkelsbühl begrenzt ist. Die Einwohner dieser Gegend (die Riəser) ziehen viele Gänse, von denen ganze Heerden nach Augsburg und München getrieben werden. Es 1819, Nr. 80. Weng und Guth, das Ries, wie es war und ist, (Nördl. 1844). Firmenich II, 412. Nach Eccard, Fr. or. I, 570, schenkt a°. 760 König Pipin dem Kloster Fulda eine „villa quae dicitur Thininga (Deining) sitam in pago Rezi super fluvio qui vocatur Agira (Eger)." Ein Diplom v. 898 (Cod. dipl. Ratisb.) nennt die curtis Nordilinga in pago Retiensi constitutam. „Rieß, Recia, provincia Sueviae;" Voc. v. 1429. „Riez, Rhæcia; gl. o. 272. Clm. 6729 (2' XV. sec., 1407) scripsit Sifridus tabernarius de Recia. Graff II, 563. BM. II, 700. Förstemann II, 1171 f. Über die Identität dieses Riez, Rieß mit dem Rhaetia der Alten ist wol um so weniger ein Zweifel, als jenes Wort früher eine viel ausgedehntere Landstrecke bezeichnete. „Die Margrasschaft von Churwallen die sus das Minder Ries geheißen ist"; Albert von Bonstetten (1485), Clm. 4006, f. 27ᵇ. Im Lateinischen (f. 11): „marchionatus Curvaldie qui alias minor recia dicitur." „Augspurg im Rieß;" Avent. Chr. 375. 384; (cfr. Colonia Rhætiæ provinciae; Tacit. Germ. 41). „Die stat Augspurgk im obern rieß;" Augsb. Chr. v. 1483. „Var hin gein einem lande, daz heizet daz Riez, dâ ist ein stat inne, diu heizet Augesburc;" Br. Berhtolt 387, (Pfeiffer 79,13). „Sy fur gen Swaben in das Rieß, in ein stat zu teutschen landt, die war zu teutsch Auspurg genant;" Cgm. 751, f. 92. „Video Vindelicorum et Vindeliciae nomen apud posteriores scriptores paene exolevisse quibus Rhaetorum et Rhaetiarum vocabulum frequenter est in ore. Tantum reperi sub Theodosiis et Valentinianis Impp. Praepositum thesaurorum Augustae Vindelicensis Rhaetiae secundae fuisse. Unde satis liquet Augustam Vindelicorum in Rhaetia secunda sitam esse", — schreibt Beatus Rhenanus an Humelbergius; Aug. Jes. 7, f. 165ᵇ. Gl. o. 122 heißt es: „Tres sunt Retiæ, Retia curiensis, Retia augustensis...." In diesem weitern Sinn wird wol auch der pagus retiensis bey Ecc. Fr. or. II, 616. 849 zu nehmen seyn. Vrgl. allenfalls Pallhausens Nachtr. zu dessen Urgesch. v. B. S. 57. 112. 118.

'Das Rieß, wie hchd.; (Weigand, Wbch. II, 495: Ries, v. mittellat. rismus, risma, ital. risma, aus arismus = ἀριθμός. Diez, Wbch. 291).' Den 24. Novbr. 1846 brannte die Schneidsage zu Oberfrauenau (LG. Regen) mit 120 Rieß Brettern ab. Landbote v. 5. Dec. 1846.

135 Der „Rießling," eine Art schlechten Backfisches des Starnbergersees; (v. Schranks b. R. 260). Die Ausspr. *Riəslin'* würde auch auf Rüeßling passen.

'Die Rößen, Honigwabe; Rößenhonig, s. der Räß. Vilmar, kurhess. Idiot. 325.

Die Rösen (Rouſ'n, Raəſ'n, Dim. Rêsl, Rêisl, Rêsə-l), wie hchd. Rose. (In der mhd. und ahd. Sprache scheint die erste Declin. Art üblicher gewesen zu seyn: rosa, plur., Otfr. V, 23,273; rosfaro, rosenfarb, gl. a. 150; rosgarten i. 56; sogar als masc. kommt rose vor: „Zween rosen, der dritte roß;" Cgm. 808, f. 11. Graff II, 544: rôsa; BM. II, 764: diu und noch häufiger der rôse, schw. fem. und msc. Weigand, Wbch. II, 508). Fig. *Rês'ln*, rothe Backen. Rösen lachen, s. Grimm, Mythol. ² p. 1054. Die Antlaß-rösen, Paeonia officinalis, παιωνία, Päonienrose (s. Th. II, Sp. 1509), am Rhein: Gicht-rösen. Nemnich, II, 1170. Die Erenrösen, Herbst-rösen, malva major, m. hortensis; Voc. v. 1735. Die Köl-rösen, rosa provincialis, bey Adelung: Knopfrose; s. Th. II, 1236 und Grimm, Wbch. V, 1596. 1482. Nemnich II, 1170. „Als die haid stet geczieret mit swarczen cholrosen und mit weißen zeitlosen;" Hornek, cap. 174. (Ich meine, auch im Mscr. zu Boisserée's Titurel das Wort gefunden zu haben. Wäre p. 84 Bleich rosen daraus geworden?). Die Waldrösen, (Fusch) doronicum pardalianches; (Jir. Alther). Nemnich II, 1440. Die „Rösen auf den Schuhen oder Schuechrösen" den Bürgers- und Bauersleuten verboten in der Kleiderord. v. 1626. Die Goller-rösen, rosenähnliche Zierat aus Silber ꝛc.. die vorne vom Goller der Weibspersonen herabhangt; (LG. Schongau). Die Huet-rösen der Miesbacher und Miesbacherinnen. Die Rösen, die Menstruation. „Welchew fraw ir rosen oder bluemen nicht gehaben mag"; Cgm. 170, f. 6ᵇ. Die Rösen, (Münchn. Metzg.Spr.), ein gewisser Theil vom Schweifstück eines Rindes; b. Intell. Bl. 1804, p. 618. Der Rösenbusch. „Magister Joh. Rosenpusch, Med. Doctor, Protonotarius Monac." (anno 1452): Cod. Inderst. 260, f. 209 und 344, f. 95. Rösenbuschjungfern in München, heutzutage blos zum Beten bestimmt, ursprünglich zu einem ganz entgegengesetzten Zwecke gestiftet. Aretin, Btr. 1803, B. I, Heft IV, S. 81; cf. Frauenhaus. Der Rösenhafen, Rösenhuet, der Destillierhelm, alembicus. „Du solt krummen dacz einem hafener einen rosen hût mit einem test;" Cgm. 170, f. 10. „Hack dy lebern klain und prenn sy aus auf ain rosen huet"; Cgm. 4543, f. 173. „Preun di matery aus durch ein rosenhuet als di rosen"; Clm. 5905 (XV. sec., 1479), f. 44. „Prenn eß dan alß in ain rosen hafen"; Clm. 5036, f. 171. „Sam ein rosen oven", (Rosenofen?); Fürstenf. 121, f. 173. Der Rösenkranz, wobey der gemeine Mann an nichts weniger als an Rosen mehr denkt. Brigittiner Rosenkranz; Bucher's s. W. III, 91. Der freudenreiche R., der schmerzhafte R., wobey nach jedem Ave Maria gewisse Erinnerungsformeln an die Freuden oder Leiden Maria's und ihres Sohnes eingelegt werden. Der glorreich, schmerzreich und freudenreich R., rosarium gloriosum, dolorosum, gaudiosum. Der Ausdruck Paternoster für dieses Requisit ist in Altb. nicht üblich. Man sehe: Päter, Beter, Nuster. Der Rösen-Sunntag (OJ. Rouſ'n-Suntə'), Lätare oder Mittfasten-Sonntag, wo, wenigstens weiland, der Pabst vor seiner Messe eine Rose zu weihen pflegte, die als bedeutsames Geschenk versendet wurde. Eine solche Rose, von P. Felix V. dem Herzog Albrecht III. verehrt, figurierte unter den Andechser „Hailtumen." Asp. 36, f. 174. Am Sonntag Lätare zu Mitterfasten „do het der Bapst Meß, und weihet den rosen und zaigt dem volk in der hand den Rosen;" Concil v. Constanz. An diesem Tag hat an einigen Orten das sogenannte Todaustragen und das Winter- und Sommerspiel statt. S. Frank, Weltbuch p. 133. Büsching, wöch. Nachr. I, 183—185. III, 166.

Die Rosen- oder Rösel-Wurst, (Franken) Wanst oder Dickdarm, als Wurst mit Blut gefüllt, Rothwurst, Rothsack, Zeitschr. IV, 111,55. „Rosenwurst, apexabo;" Piniciani Prompt. v. 1532. „Hilla, rosenwurst, magenwurst; est farcimen quod fit de multis intestinis pinguioribus unum magnum implentibus intestinum, vulgariter schübelwurst;" Cgm. 649, f. 568.ᵇ „Du mußt vor essen ein Röselwurst;" H. Sachs. „Am heil. Weynachtag ain portion von Rosen- vnd Leeberwurst;" Speiszettel des heil Geistspitals von Vilsbiburg a°. 1755. Der Rösen- oder Röselschnitz, (B.) Abschnitt von einer Röselwurst. „Eine Leberwurst, ein Rosenschnitz, das ist meine Kost in der Früh;" A. Bucher's s. W. IV, 235. „Zwen rosenschnitz, zechen schnitz rosenwurst;" Cbm. 2086, f. 2. 82. Cbm. 698, f. 17. Schwerlich wird 136
dieses Wort etwa im Begriff der Farbe mit dem vorigen zusammenhangen; vrgl. das ags hrysl, abdomen, arvina, adeps. (Grimm, Gesch. d. d. Spr. 91. 1004), womit das schwed. rösen, f., abdomen, zusammenhängen kann; ruslos, Frekkenhorst. Rolle 77. 257. „Ain khölbrens reisel (?) per 10 dn.;" Kärnt. Metzgertaxe v. 1578. rasella,

(VII Com. und lombard.) das Netz im Leibe, omentum, ital. omento.

rôselecht (rêsələt, rêslət). adj., rosenfarben, rosicht, besonders von Gesichtsfarbe; (BM. II, 766: rôseleht, rœseloht, rôsenloht. Birlinger 376). „Schöne reslete Farb haben;" Wstr. Btr. V, 113, ad 1580. „Dâ röseloht, dâ liljenvar;" Walther 53,38. Vgl. Zeitschr. III, 463. IV, 160: Reasa als Kuhname.

„rosig," (Rednitz) rostig. Ich stehe an, hier (nach Gramm. 678) blos Entstellung aus rostig anzunehmen, da bey Kero 64 „rosomo, aerugo," steht, welchem das rosamo, robur (rubor), der gl. a. 481 entsprechen wird. Vrgl. Rosem und rößen.

Das Rösel, ä. Sp. „Guellides haizt ze däutsch rœsel und ist ain tier, daz wont pei den wazzern oft. des mist ist gar schœnsmeckend und smecket pisem geleich;" Konr. v. Megenberg f. 85, Pfeiffer 140,26.

Der Rosem, ä. Sp.; Voc. 1429: lentigo in facie. Rosmun, lentigo (lentiginem?), gl. o. 166. „rosm, lentigo; rosmiger, lentigosus;" Cgm. 668, f. 9. „Lentigo, rosem;" Clm. 4394, f. 177. Graff II, 485. 548. Diefenbach 324a: rosem, resem, rysem, roßmen, roßmuck, riesel, rüselen etc. „Von ayern daz weiß vertreibt die rosman;" Clm. 5931 (XV. sec.), f. 197. Recept „für Rosem: wa du rosmat bist ... streich es an dey rosmat;" Cod. Aug. civ. 62, hinten. Die Rosmugken (Rosm-mugken?), Sommersprossen. „Lentiginosus der laubflecken hat am leib, rosmuggen;" Nomencl. v. 1629, p. 214. rosmugket, adj.

Rossgel, (Voc. v. 1618) was Rauschgelb, „sandaraca vera."

rosen, bluten (?), röcheln (? vgl. raßeln und rößeln).' „Der ander (Ketzer) fraß seyn eygen hendt und spye eynen finger nach dem andern wider auß, Roset, vnd bludt sich zu dodt;" Cgm. 4682, f. 14.

rosen, roseln, vrb., (Hbn., Zir. Pinzg.) das Getreid reinigen, sieben; fig.: im Spiel verlieren. Ein Pinzgauer Mädchen, das keinen Liebhaber findet, muß nach ihrem Tode „aufs Brugger Moos, Bachscheider (Backscheite) roseln und Ladhölzer fän", (fähen); Hübner, Beschrb. von Salzb. p. 689. cfr. riseln und agſ. hrysan, concutere, isl. rusl, quisquiliae.

Ein Röselein (e˜ Resələ), (Nürnb., Anſp.) ein Bischen, ein klein wenig; negativ: kâ˜ *Resələ*, (wobey mir das catalanische no-res gleichbedeut. dem fr. ne-rien einfällt). Das ahd. rosa, gen. rosun, gl. i. 708. 733: crusta (glaciei. Georgic. I, 310. III, 360. Graff II, 544), liegt entfernt. Vrgl. rosen (sieben) oder auch Rosem.

Die Röselwurz. „Brionia, rœselwurtzel;" Clm. 16487, f. 97. Diefenbach, nov. glossar. p. 59b. Nemnich I, 688: Roßwurzel, Rogwurz, bryonia.

Das Ross (Rós), plur. die Ross (Rós) und die Rösser (Réssə'), das Rösslein, Rösselein (Résl, Réssə-l), das Pferd, (welches hchd. Wort in Altb. gemeine Leute unter sich nicht leicht brauchen werden, sowie es anderwärts durch Gaul ersetzt wird. ahd. hros, agſ. versetzt hors, mhd. ros und versetzt ors, örsch; isl. hross. n., hryssi, n., und hryssa, f., in der speciellen Bed. equa. Graff IV, 1179. BM. II. 763. Weigand, Wbch. II, 510 f. und vgl. Th. II, Sp. 1569. Verstärkend: Zeitschr. III, 189,51). „Uns sint abegangen driu ros unde zwelf pfert," klagt der treue Heinrich (Knappe) in v. d. Hagen's Ges. Abent. LXIV, 473. Otfrid IV, 4,19 nennt auch das Thier v. Matth. 21 Ros, wie man wol noch jetzt im Spott sagt: Ross Gottes. Du Ros Góttəs, Esel! Zeitschr. III, 189,51. V, 40,87. Rössl-springen, Pül-rössl-springen, ein Spiel, wobey sich die Theilnehmenden, in einer Entfernung von 5—6 Schritten einer vom andern, in eine Reihe stellen, und der letzte immer über die Köpfe der Vorstehenden wegspringt, um sich vorne wieder anzustellen. Das Bete-Ross; MB. VII, 167. 168: „Für peteros sechzehn pfunt Perner"; (vrgl. Th. I, Sp. 299: Bet und Th. II, Sp. 909: Gültpferd). Das Fart-Ross, „vartros, cum quibus vinum et oleum dominorum conducatur"; Clm. 17420, f. 62b. Das Hand-Ross, 1) Pferd, das rechts neben dem Sattel-Ross geht. 2) (Eichstdt.) fig.: Gut, welches der Besitzer nicht bewohnt, sondern nur neben seinem Hauptgut bebaut; Zubau-Gut. s. Hand. 'Das hülzen Ross, ein hölzernes Pferd, das zur entehrenden Strafe bestiegen werden mußte.' „N. N. N. Weber und Burger zu Augsburg zur straff verubten ungehorsams 3 stund lang uff das hülzen Ross gesetzt," (2. May 1634); Cgm. 4905, p. 95. Dieses war am 8. April 1634 zu dergleichen Strafe, besonders der Bäcker, neu aufgerichtet worden; das. p. 82 bis 83. Auch für Weibspersonen; das. p. 216—217. „Den 7. Juli 1639 werden die Hochgericht und Hülzene Ross in Jacober Vorstadt, ob dem Perlach und Weinmarkht hinwekgethan"; das. 531. „10. Nov. 1646 wurde ob dem Weinmarckht ein Hochgericht und hülzin Ross uffgesetzt"; Cgm. 4906, f. 126. Die Ross-Arbeit, 1) eig., 2) fig.: schwere, grobe, große Arbeit. Der Ross-Balg,
Ross-Bauch, rothe Pflaume; (viell. zu ross, ndrſ. röthlich, 137
gehörig). Rossbauch, (Zir.) prunus insititia, kriechende Vogelkirsche; (ObrM.) die Rosspauken, sing. und plur., weil einem Paar an den Fellen über einander gelegten Reitereipauken ähnlich. Nemnich III, 473. 474: Roßbauch, Roßpflaumen. Der Ross-Bueb, Pferdejunge; das Ross-Eisen, Huf-Eisen; das Ross-Hâr, Pferdehaar; Rossknecht, s. Ruəs. Die Ross-Erbse (Rósarbəs), eine Art Erbsen mit platter Frucht; (ObrM.). Der Ross-Kopf, 1) eig.; 2) Kopf des werdenden Frosches, Froschquabbe. Ross-Mugken, Sommersprossen; s. Rosem. Der Ross-Schmecker, mentha sylvestris L., wol die rosses minza in gl. i. 522. 'BM. II, 186: rosminze, menta nigra und origanum. Diefenbach 356c. 400c. Nemnich II, 550. 554: Roßminze, mentha aquatica und m. silvestris.' s. Schmecker. Horsatal, Rosstal, ein Ort zwischen Nürnberg und Ansbach; 'jetzt insgemein Rossstall genannt; Förstemann II, 786.' Die Rosswacht, der Rosswächter. „Die Nachpaurn (zu Rorbach) mit samt den von N. halten zwen Rosswächter, die jne allenechtigkhlichen von St. Jorgen Tag biß auf St. Marthinstag, so verr sy wider haben, jre ross auf der Nachtwaid bis Morgens, da ainer ainen pfenning von ainem haller erkennen mag, hüeten sollen;" Eehaft der Rosswacht zu Rorbach, Cbm. 2157. „Der Rosswächter sol die ross an die wacht reiten, und sie des morgens wider einreiten;" Scheirer Dienst-Ord. v. 1500, Cgm. 698, f. 34. 'Roßweibel, Mistkäfer, Zeitschr. IV, 258, II, 2.' Der Rosser, Rossinger, Rösser, Rüsser, Rössler, dessen Geschäft es ist, mit Pferden umzugehen. Unter den Knechten eines Müllers in München hat der Rosser die zum Hin- und Herschaffen des Getreides und Mehles bestimmten Pferde zu besorgen.
Mei˜ Schàz is ə *Rôssingə'*, schickt mər ə˜n Gruəs,
und eə' hàd nét də' Wál, wál ə' d' Rós füədə'n muəs;
Reut im Winkel. Der Ainrösser, Ainrüsser, ä. Sp., Einspänniger. Kr. Lhdl. XI, 527. Av. Chr. 118. Gem. Reg. Chr. IV, 55. Wstr. Btr. V, 108—110. Jetzt ist ein Ainrössler ein Bauer, der nur 1 Pferd besitzt. „Der Rößler oder Viertmann, welcher den Schiffreitern (bey den Salzschiffen auf der Nab und Vils) aushelfen und die Pferde füttern muß;" Wiltm. 132. Rössler, (Werdenfels) Pferdeverleiher zum Vorspann. Lêhen-Rössler (Lêhhə˜-résslə', München), Pferdeverleiher, Lohn- oder Miethkutscher. rossen, verb., (U.L.) von der Stute: nach dem Hengste verlangen. (Gl. a. 70 ist hrusse hiruz, cervus emissus. Graff IV, 1181. rosseln, (ObrM.) nach Pferden riechen. Die ahd. Spr. (gl. i. 349. 799. Graff IV, 1181.) hat auch ein Adj. russin, equinus. 'rössen,

pferdemäßig, groß und stark. „Ich hab ein ehlich weib groß, starck, grob und rössen von leib die vertritt mir zu haus ein gaul;" H. Sachs 1560: V, 382 (1612: V, III, 92). „Mein nasen gäb ein guten spundt für ein rüsßne flaschen"; das. III, III, 15ᵇ. ʽrossig, hitzig; Vilmar, kurhess. Idiot. 331.ʼ ʽDie Rüssin, ä. Sp., Stute.ʼ „Do schluog des Trollen Hagen Bertschins rüssin in den magen, daz sey älleu vieri strechet also schieri;" Ring 9ᵃ,23. „Auf einer starchen russin"; das. 55ᵇ,7.

Der Rösmarin (Rousməri˜). Weigand, Wbch. II, 509. Die sinnbildlichen Gewächse der Vorwelt: Myrthe, Cypresse, Lorbeer, Palme, Ölzweig, Eichenlaub, Mistel ꝛc. haben, wie natürlich, keine Bedeutung mehr für unser Volk; dagegen ist auffallend, daß es einer Pflanze, die eben so wenig, als die meisten der eben genannten, bey uns einheimisch ist, eine solche beyzulegen scheint. Schon in einem Kräuterbuch des XIV. Jahrh. (Cgm. 592, fol. 45 ff.) werden die 26 Tugent dieses vorzüglich edeln Krautes weitläufig beschrieben. Bey Hochzeiten ist ein Rosmarinzweig ein unerläßlicher Schmuck an der Brust eines oder einer jeden, der oder die damit in irgend einer Verbindung steht. Auf bürgerlichen Hochzeiten wird dem Geistlichen und den Gästen gewöhnlich ein Zweig, in eine Citrone gesteckt, zum Präsent gemacht. Stirbt eine Per-
138 son unverehlicht, so wird ihre Leiche mit Rosmarin geziert. Im Zillerthal tragen die ledigen Bursche an Festtagen ganze Rosmarinstöcke, Zeichen erwiderter Liebe, auf dem Hut. Der Sevenbaum wird (wol ironisch) Jungfern-Rosmarin genannt.

rœßen (den Flachs), in Fäulung bringen. „rössen," den Flachs „in die Rossen füeren," (1544); Röttenberger Urbar, (s. Th. II, Sp. 856). Zeitschr. II, 516. VI, 194: reas'n. Das Verb. neutr. rôzen, faulen, wol gl. i. 703: „girozetes mistes, male pinguis arenae", verdorbenen Mistes? Georgic. I, 105; bey Notk. 15,10: „min lîchamo ne fûlet noh ne rôzzet;" ags. rotian, engl. to rot, isl. rotna, putrescere. (Nach dem partic. praet. engl. rotten, isl. rotinn, und Stalder's Adj. rôß, mürbe durch Fäulung, ist ein Ablautverb zu vermuthen; s. rötzen und rösten). Die Rœß, Pfütze zum Flachsrösten. „In dá' Raos mochán d' Frösch ihná jágeláds G'sang;" Stelzhamer 112. Der aus Italien zurückgekommene oberösterreichische Soldat erzählt: „Dés graos Wollá' dés is halt so graos, und də' Wolfgangə' See wár dəgégng nur ə˜ *Raos*;" Stelzhamer in Kaltenbrunner's Jahrb. 1844, S. 261. Vilmar kurhess. Idiot. 330 f.: die Röße, Flachsröße, seltner: Rößе. Zeitschr. III, 460.

„rößeln, (b. W.) röcheln. Weigand, Wbch. II, 509: rösseln. Vilmar, kurhess. Idiot. 331: rosseln. Vrgl. raßeln und rußen ʽauch rosen.ʼ

Die Rusel, Eigenname eines Berges im b. W; Schuegraf's „Wanderung über die Rusel" (1824). Auch meine ich das Wort als Appellativum gehört zu haben, wo dann das ags. hrusa, mons praeruptus, (etwa zu hreosan, s. rieren, gehörig) zu bedenken käme. Wie mich Hr. v. Poschinger im Bade Gastein (August 1849) versichert, heißt man im bair. Walde eine Holzrise ə˜ *Rusl*, (fem.). So schreiben auch Grueber und Müller, bayr. Wald p. 219. ʽVgl. rûseln, auf dem Eise glitschen; Zeitschr. VI, 197.ʼ

Der Ruß (Russ), a) wie hchd. Russe; (Weigand, Wbch. II, 490. 523 f. Diut. I, 348: ruzen; gl. o. 120: ruza und ruzin, Rosci; Jwein 7584: ze Riuzen, wol wie man noch sagt: Kaiser aller Reußen). „Ez fur auch ein her uzz von Asya bei des kaisers (Friedrich II) zeiten, die waren von ainem wasser daz kan haisset vnd füren uf die falben mit ainem grozen her. den komen die riessen ze hilf vnd striten mit dem her vnd wurden siglos. do ward der russen (rauzzen) vnd der falben mer erschlagen dan hundert tusent"; Kaiserchron., Ms. des german. Mus. 2733 u. Cgm. 55, f, 66. Cf. Lüneburger Chronik (niederdeutsch) in Eccard, corpus hist. med. aevi I, Sp. 1403: de Ruzen — de Valtwen." „In Scithiam daz lant stet gegen ruzin"; Grieshaber, Denkm. 13. Die erst zung (der kristenheit) sint die räussen da haben die pfaffen ein andrew weis mit der mess und mit der tagezeit"; Cgm. 521, f. 149ᵇ. „Des hebt iuch, ungetriuwer Ruz, balde für die tür hin ûz"; M. Helmbrecht 1809 u. Anm. (vgl. d. Bedeut. b). „Von dem Riuzischen mer, von Priuzen unz an Walhen"; S. Helbling XV, 654. „Linguae teutonicae, latinae, slavicae, vngariam persicae, caldaicae, arabicae, scsiticae, aethiopicae, graecae, rusicae, bulgaricae"; Ald. 178 (sec. XIV.) f. 185. Die Russensaulen, — so nennen Landleute, die in der Hauptstadt gewesen, gar nicht unpassend den daselbst von K. Ludwig dem Andenken der 3000 Bayern, die im russischen Kriege den Tod fanden, errichteten Obelisk. Aus dem seltsamen „Obelisk" wird in ihrem Munde leicht ein geläufigerer „Basilisk." b) grober Bengel, Flegel, der gerne alles zu Grund richtet, womit er zu thun bekommt. BM. II, 822: rus. (Figur vom vorigen, oder gar zum isl. hrotti, nequam, homo inusitatae vastitatis, gehörig? Im Voc. Melberi sec. XV. steht bluotrussig, crudelis, bluotrussigkait crudelitas, kaum st. bluotrunstig; Cgm. 17, f. 40ᵃ, Ps. 24,20: geruzesal, tribulationes). c) Ruß, pl. Russen, blatta orientalis; Würzburger Ausschreibung v. 1835. „Russ'n, lästige Fliegen, die, vom Auslande gekommen, sich in einigen Örtern einheimisch gemacht haben. Vor einigen Jahren haben auch Zeitungen davon Nachricht gegeben."

rußen, (ä. Sp.) schnarchen; (ahd. rûzan, mhd. rûzen; Graff II, 562. BM. II, 825). „Er schlieff, das er russen wart;" Cgm. 270, f. 359ᵇ. s. raußen.

Der Ruəsbâum, (O.Pf.) Balken, auf welchem die Decke der Stube ruht, (an dem sich der Ruß vom Licht oder Feuer anlegt). Aus Rost-baum (s. Röst) entstellt? Adelung's Reßbaum ist wol dasselbe. Cf. česky: rešt. Balken. Im altsächsischen Hêliand 70,23 ist hrost tectum, laquear; bey Ulphilas hrôt στέγη.

Den o.pf. Ruəsknecht, zerstoßnen Pfannkuchen, weiß ich nicht zu verdauen. Schwerlich Ross-knecht, eher Rostknecht. Vielleicht hat die Ausspr. Kniədl (Knödel, w. m. s.) zu einer spaßhaften Verwechslung mit Kneəd (Knecht) Anlaß gegeben.

Der Rueß (Rues, o.pf. Rous), wie hchd. Ruß (ahd. mhd. ruoz, wozu das ags., isl. sôt, holl. soet nur nicht im Anlaut stimmt, doch gilt in Flandern roet. Graff II, 563. BM. II, 821. Weigand, Wbch. II, 522). „Ein rußdürrer bader"; H. Sachs 1612: I, 1064. rueßig, 1) rußig. Der rueßig' Freitag, Freytag vor Faßnacht, an dem man sich hie und da mit Ruß zu bestreichen pflegt, wie es an den Saturnalien der Alten geschah. Die Rueßigen, (in Nürnberg) Metallarbeiter in Feuer. Zeitschr. VI, 265, II. 2) fig.: nicht tadellos; nicht ohne Fehler. „Wir seyn alle russig"; Av. Chr. 44. 150. berueßen, rueßigen, mit Ruß beschmutzen; an der Ehre beflecken. „O heil. Jungfrau Cäcilia — müßtest du auf der Erden unter diesen Lumpen von Musikanten herumgehen, so kämest du kaum ungerußigt davon"; A. Bucher's s. W. IV, 71. gerußen, ä. Sp. „Ich wæne ie (?) dere durften (Kleidungsstücke) neheiniu geruozze", (werde schadhaft?); Clm. 9513, Vers 266.

Der Rüeßel (Riəss'l), wie hchd. Rüssel; verächtlich: 139
Mund; (mhd. ruozel, rüezel; BM. II, 821. Weigand, Wbch. II, 524). Das rühsel (Diut. I, 106) paßt weniger als das ags. wrôt, promuscis, neben wrôtan, ndrs. wröten, engl. to root, isl. rôta, wühlen, aufwühlen, unter welchem Begriff auch isl., schwed. rôt, engl. root (Wurzel) gefaßt zu seyn scheint. cf. Graff II, 564. rüeßeln. „Man sol auch die Swein rüeßeln und ringeln", (damit sie nicht wühlen können); MB. II, 106.

Der Rasch, Name eines Zeuches; s. oben Sp. 137: Räss und vgl. Sp. 1170: Hartaus.

rasch, wie hchd., (ahd. rasc, mhd. rasch; Graff II, 548. BM. II, 555. Weigand, Wbch. II, 461) und gewöhnlich blos Adv. Ich finde gl. i. 426. 456: rasco viraciter, rascor ardentius, neben der comparativen Adj.-Form (i. 453) resciro ferventior, woraus ich schließen möchte, daß sich das adv. rasco zum adj. resci (resch) wie fasto (s. fast) zu festi, harto zu herti verhalte. Das isl. röskr entspringt wol aus raskur, was ebenfalls auf hchd. rascu, später resci führt. „Alacritate, reske"; Clm. 4606, f. 127. raschen, (Hsr. und b. W.) flüchtig auflesen, mit den Fingern (als mit einem Rechen) zusammenraffen. Råsch 'sKéərət (das Auskehricht) zsam eini e᷉ d᷉ Schwing. R.A.: No᷉ wens's nét glaubm (äquivok mit klaubm) wıllst, so kå᷉s's *räsch·n*! „Dass die ganz Gesellschaft vor Zorn aufrascht" (aufspringt, aufsteht); Reitzenbeck I, 164. In der ahd. Sp. (gl. i. 562. 700. Graff II, 549) ist rascezzan, ags. räscettan, räscian vibrare, stridere, isl. raska strepere, turbare.

raschelu, was rasseln; Zeitschr. VI, 276,6.

rauschen, wie hchd. (mhd., z. B. Heinrich's Tristan 791. 2191: rûschen, ahd. rûzen, stridere; Diut. II, 239. 339. 342. Graff II, 562. BM. II, 822. Weigand, Wbch. II, 469. Zeitschr. VI, 368. s. raußen und rußen). „Einen außwispeln und außrauschen" (verlachen, verspotten); Scherer gegen Utzinger 1589. Grimm, Wbch. II, 929. „Meine Beweisthümer rauschen sie (die Gegner) aus als elendes Geschmier." P. Du Fresne, Jesuit. „Knehte, lât umbe rûschen", rührt euch! S. Helbling I, 625; (vgl. unter rueschen). „Ein scharpfez widerriten von blick gen liebem blicke hân ich bî mir verrûschen sehen;" Labr. 325. Das Geräusch, (Ober-Lech) Krankheit des Rindviehs, wobey ihm unter der berührenden Hand die Haut wie Pergament rauscht; (Schrank, b. R.). Der Rauschenbausch. (Nürnb.) Person, die alles mit Gelärme thut; Frisch, II, 93. Schmid, schwäb. Wbch. 427. (cfr. ndrs. Rusebuse, Wirrwarr). Das Voc. v. 1618 hat als Kartenspiel-Terminus: „das ober blat im rauschen, charta gubernatrix, index charta." Schmid, schwäb. Wbch. 427. Etwa Subst. und dem ndrs. Ruse, Masse von Sachen, Bausch und Bogen, „Rummel", Busch, Büschel, entsprechend? Zeitschr. IV, 477. Vrgl. d. folg. Wort und Ingereusch.

Der Rausch, a) Voc. v. 1429: impetus. BM. II, 822ᵇ. Weigand Wbch. II, 468. cf. engl. to rush. (Fluminis) impetus, der rausch; Cgm. 365, f. 179.ᵇ Tobler 374: *Rûsch*, Wasserfall. „Darnach swang sich mit freyem rausch (impetu) das Öl wider über sich"; Cgm. 340, f. 118.ᵇ Daher noch die R.A.: im ersten Rausch. Frisch II, 93.ᶜ b) die Betrunkenheit — vom *Jesuwitə᷉-Räuschl* bis zum *Kapəzinə᷉-Rausch*; (ndrs. rûsk, isl. rûss, n., schwed. rûs, m., temulentia, vielleicht erst aus dem Deutschen). rauschig, adj., betrunken. Sp.W. ə᷉n *Rauschingə᷉* soll ə᷉ Fuədə᷉ Heu ausweichə᷉. „Eym truncken man soll ain fudder hew weichen"; M. Luther, Ermanunge zum Fride, 1525, Cgm. 4101, Cim. IV, 7. 8, fol. 3.ᵇ „Rauschig und besoffen seynd zweyerlay", heißt es in einem alten Calender als Überschrift zur Geschichte des Cambyses und Prexaspes.

Rausch, (Jir.) so viel als Gleger, (Weinhefen. Zaupser 30. Höfer I, 301).

Der Rausch, Stücke Bleyerz, die beym Absondern vom Galmey und wilden Gestein durch ein Waschwerk am ersten zu Boden sinken; (Lori, BrgR.).

140 Alb-Rausch, Alben-Rausch, die Alpenrose, rhododendron hirsutum sowol, als ferrugineum L. s. Th. I, Sp. 64. Nemnich II, 1155. Nach Schott, d. d. Colonien in Piemont, p. 326 heißt diese Blume „in Macugnaga Ratta, im Eringerthal (Wallis) Recheleng, in Glarus u. a. O. Raffausle, im Churwelschen Crestaschit"; im Einfischthal Schussie. Vgl. Durheim, schweiz. Pflanzen-Idiot. p. 70. Das ndrs. rusk, engl. rush, ags. rysc, scyrpus, juncus, (BM. II, 822: diu rusche. Vilmar, kurhess. Idiot. 328) wird wol kurzes u haben, außerdem paßt auch die Bed. nicht. Verwandt scheint eher der erste Theil im hchd. Rauschbeere, vaccinium uliginosum L., (Zeitschr. IV, 181. V, 290. Nemnich II, 1539. 1540) und Adelungs niederd. (?) Ruske (û ?), ruscus L. Vrgl. d. vorige Wort. „Wiltu swarz ferben, nim, zu ainem aimer wasser, Rausch VI Pfd., und las in darin sieden. So du nit Rausch hast, so nim Kranwitstauden"; Cgm. 821, f. 115. 116. Birlinger 371.

Rausch oder Rauschgranaten, (Jir.) Bärentraube, arbutus uva ursi. Nemnich I. 412.

resch, s. ræsch.

Die „Reischen", der haarlose Theil am Maul des Rindes, Pferdes. „Hab das (sich bäumende, ausreißende) Pferd noch bey der Nasenreischen derwischt."

„Reischen, Korb, worin man etwas trägt"; Heumann, opusc. 700. (Wien) Reischen, ein Tragkorb. Vrgl. Reusen, und in einer andern Bed. Reisten.

Die Reuschen s. Reusen.

Das Gereusch, Eingereusch, Ingereusch (Gráïsch, I᷉gräisch), das Eingeweide, zunächst von Thieren. Weigand, Wbch. I, 418. Das Gansgereusch; Augsb. „Intestinum, ingerewsch"; Clm. 5877 (XV. sec., 1449), f. 121. „Ingerewsch aus dem visch"; Cgm. 725, f. 141. „Alles Ingerewsch"; L.O. v. 1553, f. 137. „Derm, ingreysch, lactes"; Avent. Gramm. v. 1517. „Ingerewsch oder ingewaide, intestina;" Voc. v. 1482. „Eingereisch, Schmeer, Unschlitt ꝛc." Bayreuth. Hof-Instruction v. 1722. „Alles ingereisch von altem vich das vier fües hab, davon kumpt chaltes plut und churtzt das leben;" Cgm. 4543, f. 197. „Nim des glencz vom kirchen knopf, des dons von den glocken, des plaben von dem himel, des tümels von der prugk, des snellen von dem hasen yeglichs vier lot vnd dem eingereisch von einem alten pelcz;" burleskes Recept im Cod. Prüf. 7, sec. XV. Unter dem Begriff des büschel- oder bauschförmigen Zusammenhangens (vrgl. Bäuschlein) vielleicht zu Rausch (s. rauschen und Alb-rausch) gehörig. Isl. rask, intestina piscium, neben tumultus, von raska; s. rasch.

Räuschjols (?). „In fotro tres infulae cum cirotecis, item 1 ræuschjols (?) bonum" im Thurm zu Freysing; Freys. Salbuch f. 20.ᵃ

risch, riesch, was resch, ræsch; Zeitschr. II, 237. VI, 194. 368.

ræsch (rêsch, schwäb. ráisch), adj. und adv., 1) rasch, lebhaft, heftig; (ahd. resci, mhd. resche, rösche; Graff II, 548 f. BM. II, 555 f. Weigand, Wbch. II, 461. Vilmar, kurhess. Idiot. 324. Zeitschr. IV, 6. VI, 194. Cf. Graff IV, 1039: horsc. Wackernagel, Wbch. rösche, velox. VII Com. rösche, gesund). ə᷉ *rêschə᷉* Mensch, ə᷉ *rêsch's* Ros. Ein Pferd resch zu machen zum Rennen um den Scharlach, gibt Cgm. 964 allerley Recepte. *Rêsché* Manieren. *rêsch* von der Brust weg reden. *rêsch* fahren. Er hat *rêsch*, ist gleich aufgebracht. „Ze allen guoten dingen sult ir resche sîn;" Br. Berht. 194, (Pfeiffer p. 102,23). Ein rösch Schlagen thuen, acriter pugnare, ä. Chron. „Do lieff pirnstengel gar resch von hausz zu hausz;" Diut. II, 90. „Der bei dem feuer sich nicht enwent unz im sein pruch am ars verprent und sich vor faulheit nicht mocht leschen, ich main das ich lüg, hieß ich den einen reschen;" Cgm. 713, f. 161. „Sein gang der sei vil rösch und schlecht," (gerade); Ring 23ᵇ,1. „Daz macht den lip rosch unde liht;" Meinauer Naturlehre 7. „Rescheu pfärt habent kurzeu oren, aber trægeu pfärt habent langeu oren;"

Konr. v. Megenberg f. 83ᵃ, Pfeiffer 136,11. „Ein tummer brastelt in seinem zorn als under einem haven rösche dorn;“ Renner 13981. „Fro, resch mit bescheidenheit ist frum und ere mit seligkeit, vro und resche mit untreuwe ist vorn weiz und hinden spreuwe, mit gantzen treuwen vro und resche kan hertzleit mit freuden lesche;“ das. 18112—17. „Nu was er resch, nu was er laz. nu wolte er ditz, nu wolte er daz;“ das. 22864. 2) (Nürnb., Hsl.) sehr abhängig, gäh. Zeitschr. IV. 6. Ein resches Dach. ‘Cf. niederd. risk, risch, aufrecht, gerade; brem. nieders. Wbch. III, 503 f. Stürenburg 201.’ Firmenich I, 204,25. 218,22. 275,139. 3) unter dem Druck nicht nachgebend, sondern springend oder krachend, spröde, harsch. Zeitschr. IV, 6. V, 403,71. VI, 194. Frisches Backwerk, Brod ꝛc. muß resch seyn. „a *raischer* Weka,“ „a *raisch* Wusele;“ Weizmann III, 115. 114. „Sie knat und bachet Küechlach, nun iß mein lieber bruder, si sein so resch und schön;“ Ingolst. Reime v. 1562. Stark gefrorner Schnee, sehr dürres Heu, Stroh und drgl. ist resch. Resches Getraid, Roggen und Waizen; (cfr. hart). „Resch chorn und rings chorn;“ Wstr. Btr. VI, 172. „Zwen Metzen resch chorns vnd zwen Metzen gersten und zwen Metzen habern;“ Meichelb. Chr. B. II, 85, ad 1390. 4) (Eichstedt) heiser; vgl. Zeitschr. V, 268,3,3: *rösch*, rauh (von Flachs, Garn, Linnen). (vrgl. allenfalls isl. ræskia, screare cum sonitu). Die Rêsché, Reschen, 1) Raschheit, alacritas, vigor, fervor, (gl. i. 353. 453. 464: resci. Graff II, 548). 2) Sprödigkeit, von
141 Hitze oder Kälte erzeugt. Dé Semeln hàbm kaᵉ schöné *Rêsch'n*. D' Isᵉ hàt heu't ə˜ weni' ə˜ *Resch'n*, einen Ansatz von Eis. 3) Steilheit, Abhängigkeit. Resche, Dachresche, (Isr. Dachrand zur Abführung des Regenwassers; Gräben am Gebirg. Zeitschr. IV, 6. ræschen, rösch machen. Die Kälte ræscht den Schnee. Die Köchin ræscht den Braten. Im Voc. Archon. sec. XV. ist reschen frigere überhaupt; Voc. Melberi: röschpfann, sartago. „Mein pain sind geleich geröschet in ainer röschpfannen;“ Cgm. 4593, f. 165. Cf. Zeitschr. VI, 195: *raischen* (den Flachs). Das Gerösch, was Schmarren. „Mache aus Erbsich- oder St. Johannisträublen mit Honig oder Zucker, weißem brot und butter ein Schmärrlein oder Gerösch;“ Dr. Minderer, Kriegsarzneibüchlein v. 1620, p. 149. Cf. Retzel u. d. folg. Wort. Bey Stalder II. 282: röösch, rösch, ja sogar rösp und röst. Tobler 270. Auch Voc. Melberi hat roscher, velox. Bey Grimm I, 748 steht ein älteres rösche, asper. Cf. Vilmar, kurhess. Idiot. 327 f. „Und werdent rosche und eiver sam daz salz;“ Cgm. 89, f. 54. Notk. Ps. 28,9: rosche, veloces. Auf der andern Seite heißt es, Diut. II, 148: „durch menge roschen wilde,“ (praecipitia oder aspreta? isl. hriostr oder röst? cf. oben, Sp. 80), woneben das. 205. 217 ein niederdeutschelndes resch, gleba, cespes, resken, cespitare; (isl. rasa). Vrgl. oben rasch.

„Ruschi“ (Gramm. 92), (b. W.) Speise aus verschiedenen Zuthaten, als Kraut, Erbsen, Rollgerste ꝛc. Vgl. d. vorige Wort und Rütscher.

Die Rusch, die Rüster, Ulme, ulmus campestris L. Nemnich II, 1519. „Linden, Ruschen und Pasten; Baumgarten, Rstdt a/D. p. 123. „Morastige Örter sollen mit Felbern und Ruschen besteckt werden;“ Generale v. 1762.

Ruschart. „Dein pruder sint ruschard. daz ist als vil als panchart. von einem vater vnêlichen geporn;“ Gesta Romanor., Cgm. 54, f. 27ᵇ, Keller p. 52.

rueschen (ruəsch'n), mehr als billig eilen, übereilt, unbesonnen handeln; (vgl. rauschen. Zeitschr. IV, 160: *ruosch'n*, brünstig sein). Bist drà˜ vo'bey *gruəscht*, und hàst əs nét g'ségng! *Furt-*, *dəhi˜-*, *wég-*, *'rumruəsch'n*, rennen. Ein Geschäft überrueschen, überhudeln. *zsamruəsch'n*, zusammenraffen. rueschend (ruəschə˜d), partic. oder adj., allzu eilfertig, unbedachtsam. Dés is ə' *ruəschə˜də'* Ding. Der Ruescher, die Ruesch, die Rueschen, der, die Eilfertige, Unbedachtsame. ‘Der Rusch, rasche Bewegung, kurze Entfernung. Loritza, Idiot. Vienn. 109: ruschen, ungestüme Bewegungen machen; anruschen, anfahren; der Rusch, die Rusche, grober, jähzorniger Mensch.’ „Aft ist vä dadl (vom Spital) bis zum Kloster än ainzigä *Rusch*“ (Reim: Tusch), nicht weit; Lindermayr 131. Sollte es einmal ein Ablautverb rascan, praet. ruosc, gegeben haben? (cf. engl. to rush. Müller, etymol. Wbch. II, 281). Aber selbst Rausch ꝛc. ist bedeutungsverwandt.

---

raspeln, a) rasseln, (und etwa daraus entstellt). Birlinger 370. „Immerzu auf einer Saiten raspen;“ Seb. Frank. b) eine Art zu feilen, wie hchd.; vielleicht unter dem Begriff vellere, zupfen, zusammenhangend mit d. folg. Wort.

raspeln, (ä. Sp.) raspen, raffen, eilfertig sammeln; (ahd. hraspôn, hrespan; Graff IV, 1181. BM. II, 729. Grimm II, 986. Birlinger 370. Weigand, Wbch. II, 462 f. Notk. c. 113. 116 hat raspôn, das Voc. Archon. raspen). „Sie raspen, das nie jhr ist, in jhren sack;“ Seb. Frank. „Mein weib sams ein zigeuner sei im bett mir oft auch predigt frey. Da sitz ich auf im Bett zu jhr und rasp das Teckbett als zu mir und sag man mus sitzen frey ledig und gar nit ligen an der predig;“ H. Sachs 1560: IV, III, 37 (1612: IV, III, 81). Auf-, zesam- etc. *raschp'ln*. „Mären vom Hörensagen aufraspeln;“ Avent. Chr. 1. „Entschuldigungen zesamet raspeln;“ Dr. Eck. Gl. a. 245. 366 kommt ein Ablautverb hrespan, hrasp, gahrospan, colligere, vellere, vor, womit einerseits das ahd. giraspe, quisquiliae, gahresp (a. 260 praeda, wie wol st. praedia zu lesen; doch paßt auch dieses), andrerseits das mhd. figürliche berespen (vellere, vellicare aliquem; BM. 142
II, 608. 677. Br. Berht. 111. „Ich han dicke daz an andern liuten berespet daz ich an mir selber wiste;“ Beichtformel sec. XIII., Clm. 213, f. 187), ndrd. berispen, increpare, vielleicht auch das ahd. ressan (Graff II, 500 ff.) zusammenhangen wird. „Geraspe“ (Reisig) sagt Hugi in seiner Reise durch Calabrien. Vgl. Respel. Das Raspelein, s. Rispelein.

räuspeln, räuspern, räuspern, (ndrs. rûspern. Weigand, Wbch. II, 469). Der Räusperer, einmaliges R. Das Geschwür gieng auf durch einen „Reisperer;“ Benno-Mirakel 1697.

Der Reispel, (O.L.) Reiserbüschelchen, durch welches man Flüssigkeiten seihet. Das ahd. hrispahi (gl. a. 366: virgulta) wird vielleicht als hrîspahi zu nehmen, und mit unserm Ortsnamen Reispach an der bayr. Vils (cfr. Rispah bey Ried 72. Heinrich von Rîspach, s. Haupt's Zeitschr. VI, 187 f.) ein Wort seyn. Gl. o. 86 steht „girehspehi, quisquiliae, als girespehi eher zu dem mit unserm reispen in der Bed. analogen hrespan (s. raspeln) gehörig. Das inhorruit (aper setas, Aeneid. X, 711) gibt gl. i. 804 durch giruspit, was weder zu hrespan, noch zum mhd. rispen, crispare, (vrgl. Grimm II, 987. Graff IV, 1181. BM. II, 729) paßt. Vilmar, kurhess. Idiot. 334. Zeitschr. VI, 367. S. d. folg. Wort.

ab-reispen, abzupfen, abbrechen, besonders die verzehrten Theile eines brennenden Spanes, einer Fackel, um das Licht heller zu machen, ə˜n Spà˜ *á'reispm*. „Brennende Tortzen oder Fackeln soll man an leicht Feuer fangenden Orten nicht abreuspen;“ Burghaus. Feuer-Ord. Cf. figürl.: „Du solt weder in leren noch berispen;“ Tauler 1543, fol. 309ᵃ. Die Reispen, das Abgezupfte, Abgebrochene. „Die Reispen soll man nicht nach Belieben fallen lassen;“ Freysing. Feuer-Ord. v. 1719. Die Stern-Reispen Sternschnuppe, Sternputze. ‘Höfer III, 180. Castelli, Wbch. 215.’ „D' *Sternreuspán* .... á Stern had sö' *g'reuspert* ... Wo nöt bald wieder ainer á *Reuspán* fàlln lässt ...;“ Stelzhamer

135. 136. „Und á Span muess sö' *reuspern*, sist gát á' kain Schein;" das. 140. „Wánn á *Sternreuspán* föllt; das. 146. Kaltenbrunner 160. 162. S. auch reisten u. d. folg. Wort.

Der Rispel, (Nordfranken) Gehänge von Zwiebeln, Vögeln, Obst und drgl. Zeitschr. III, 129. V, 152. cf. VI, 414,86: Riəschəle. (Vrgl. Reisten und die hchd. Rispe, panicula. Weigand, Wbch. II, 501. Vilmar, kurhess. Idiot. 329). Das Raspelein, Rispelein (Raspál, Rispál, B. v. Moll, Zillerthal), lichen islandicus L., die isländische Flechte. Vrgl. d. vorige Wort.

„Ruspelhar, cincinnus; Clm. 4394, f. 175. 'Diefenbach 120^a. Vgl. oben Reispel: rispen und Th. II, Sp. 1383: krispel.'

Die Ruspen (sing. oder plur.?), Name einer Waldung und eines daran liegenden Weilers bey Creußen. „Auf die Conservation der Ruspen" soll der Förster sehen ... „die Ruspen verwalten .. Ruspen-Verwaltung ... Ruspen-Waldung;" Bayreut. Sentenz, die Creußner Gotteshaus-Vermögens-Administration betr. v. 1747.

Die Rast, 1) wie hchd. (ahd. resti, restin, resta, restida, ags. rest, mhd. reste, raste; Graff II, 550. 551. BM. II, 556. Weigand, Wbch. II, 463. Zeitschr. III, 460. 463. VI, 194. Cf. kärnt. vrst-a, Reihe, Ordnung, Meile, russ. Werste; verstiti se umwechseln; Jarn. 164.) „Lawprast, scenophagia;" Voc. v. 1432, Cgm. 685. Diefenbach 518^a. vgl. Th. II, Sp. 1404 und oben, Sp. 143 f.: Laubreis. 2) (ä. Sp.) eine Strecke Weges, nach welcher eine Rast nöthig und erlaubt ist, Station. Zeitschr. VI, 194. Ulphilas gibt das μίλιον ἕν (Matth. V, 41) durch „rasta aina." Gl. o. 246 ist raste für leuga gesetzt. Diefenbach 325. Ein Diplom v. 1815 (Eccard, Fr. or. II, 118) besagt „leugae duae id est rasta una," und so gehen dem Agrimensor bey Du Fresne V, 592^b duae leuccae (span. leguas, franz. lieues) oder tres milliarii (also drey unsrer nach dem Fußgänger berechneten Stunden) auf die Rasta der Deutschen. „Mille passus i. e. milliarius et dimidius apud Gallos leuuam faciunt habentem passus mille et d. duae leuuae sive miliarii tres apud Germanos rastam 1 efficiunt," (v. J. 809); ZZ. 632, f. 128. „Lunae lacus (Mondsee) XXX ferme rastis a Ratisbona distat." „Guntharius montem petiit quem a Coenobio Altahensi una ferme rasta distantem idioma theuti-
143 scum Rancinga jam nominavit;" Canis. antiq. lect. II, 49. 144, ad 1030 circa. „Biga per multas rastas scil. de Augusta in Maguneiam ivit una die;" Sermo de S. Udalrico im Cod. Sanzenon. 75. „Nim ê ze Lieben Leiden (Hunde) und halt sie hinfür ûf ein raste;" Labr. 14. „Chein purch oder vest in einer raste lang umb und umbe die stat gepawen; Wiener StdtR. Cgm. 1113, f. 17. „Wol drei halb raste;" Cgm. 714, f. 125. „Die Schar (Heuschrecken) praitet sich so vast, das dritthalber rast sie hett an der läng;" Horneck. „Lande hundert raste het verdienet wol sin hande;" Pitrolf 1790. cfr. Nibel. 1951, Lachm. 453,3. Noch zu 1320 heißt es in Gem. Reg. Chr.: „Niemand als die Fischer soll innerhalb einer Rast auf das Wasser nach Fischen fahren." In Konr. v. Megenberg's deutscher Sphära von circa 1340 (Cgm. 328, fol. 102^b) „machent 125 schritt ain rast, 16 rast oder rest ein teutsche meil." Im Cgm. 597, f. 109^b dagegen machen 125 schritt ein stadium, 8 stad. ein meil, 2 meil ain rast. Es steht also bey Konrad rast blos für stadium. In der Schweiz ist noch der Rast Arbeit, soviel als ein Recht zum Ausruhen gibt (nach welcher Bedeutung sogar auch das Verb rasten für arbeiten selbst gebraucht wird), dann eine Weile überhaupt. In diesem Sinn scheint auch Br. Berhtolt 214 zu sagen: „sîn raste lachen," eines lachen. '(Pfeiffer 33,17 liest an dieser Stelle: „daz sie ez (das Kind) schelten unde swern lêren, unde daz in gar wol dâ mit ist unde sîn vaste lachen." Vgl. BM. II, 557^a).' Das bey Heumann opusc. 700 unerklärt aufgeführte „rastlang bauen" wird ebenso zu nehmen sein; (vrgl. Rue, Pois, Schicht). Es ist auffallend, daß die ahd. Sp. blos in der Bed. 2) die unabgeleitete Form behalten, in der Bed. 1) aber nur die mit i abgeleitete, beumlautete verwendet hat. Im Alt-Nordischen kommt, nach Björn, nur röst in der 2. Bed. vor. Sollte indessen dennoch der Urbegriff von Ras-t in einem, dem noch isl. rasa, labi, cadere, ras, lapsus, oscitantia, entsprechenden Element vermuthet werden dürfen, und dieses selbst auf irgend eine noch auszumittelnde Weise mit rîsan, ferri deorsum et sursum (wie wirklich Tatians urresti, resurrectio, mit resti, quies) zusammentreffen? S. d. folg. Wort.

rasten, 1) wie hchd. (ahd. Sp. restan, d. h. restian, Prät. rasta; das Präsens restan finde ich nur gl. i. 375. 541. 703, ags. restan: ic me reste, mhd. rasten und resten; ndrs., holl. gar rusten, schweiz. rüsten; cfr. hchd. entrüsten. Graff II, 549. BM. II, 557. Weigand, Wbch. II, 463. Vilmar, kurhess. Idiot. 325: resten). „Nu gib mir deinen segen, ich mag nit mer geresten," (bleiben); Balkn. 165. überrasten, überrumpeln, überraschen (?). „Auf das gemelt reuter darvor die stadt nicht theten überrasten, wann sie vertrauten nicht am basten;" H. Sachs 1560: II, IV, 103^b. 2) Als Heiliger auf einem Altare in einer Kirche stehen. „Hie rastet St. Martin, St. Görg ꝛc.;" Meichelb. H. Fr. I, II, 427. Zu dem Gothaws, do der lieb Herr Sand Heinrich inne wonent und rastent ist," zu St. Heinrich am Würmsee; MB. VI, 441, ad 1389. „Das Chloster ze Polling, da der heilig Geist rastet;" MB. X, 80, ad 1316. „Durch unser Frauen willen, die da (im Nonnenkloster Chiemsee) rastet;" MB. II, 478, ad 1332. Die Frage, ob St. Dionysius in Frankreich oder in Bayern (zu St. Emeram in Regensburg) raste — entschied Pabst Leo in letzterm Sinn; Av. Chr. 402. „Zu Autun rastet der Abgott Apollo;" ibid. 241. S. d. folg. Wort.

Die Rest, (ä. Sp.) die Rast, Ruhe; s. Rast. „In Stille, in Ru und in Rest," MB. XXIV, 101, ad 1355. „Die Sonne geht zu Rest und Gnaden;" Av. Chr. 26. Vgl. BM. II, 822: rust. Grimm, Mythol.^{2} p. 702. S. d. vorige Wort.

ab-reisten, reistnen, (O.L.) die Kohlen vom brennenden Span, sie abbrechen, abfallen machen; (s. reispen 'und vgl. reustern'). Bey Stalder ist reisten: Holz vom Berge rutschen lassen; Feuer schüren. Ulphilas hat af-hreisjan für excutere, abschütteln, (isl., formell ver- 144
schieden: hrista). Hieher gehört wol das in der Bedeutung Kohle angeführte Reissen, das, denn aus Reisten (cfr. Reispen) entstellt wäre, falls nicht etwa gar das Umgekehrte anzunehmen. „Das Getraidkerndl verbrinet auf einer schlecht bestellten Malzdörre oft zu einer Reissen, und macht folgsam den Trunck gantz brändlet und übel geschmach;" Chlingensperch, de jure hofmarch. 234.

Die Reisten (Reist'n, Reiss'n, Reisch'n), 1) Büschel gebrochnen Flachses, so viel man auf einmal mit beiden Händen durch die Hechel gezogen, Kaute, Knocke; (mhd. rîste; BM. II, 729. Weigand, Wbch. II, 483. Birlinger 373. Vilmar, kurhess. Idiot. 329. Zeitschr. IV, 486. VI, 367). Zwanzig Reisten machen gewöhnlich ein Schœt, dreißig einen Schilling. Das Voc. Archon. sec. XV. hat: „stupa, reyßt oder gunggelflachs," ein anderes v. 1445: „hispa reisten." „Hispa, reyst de lino;" Clm. 903, Vorderdeckel, Andr. Ratisbon. manu. Diefenbach 278^c. 558^a. 114^b: cerillum. „Flasses eine risten;" Diut. I, 384; „tradula, riste," das. III, 150. „So ist in meim haus hewr noch fert kein reysten hanfs noch flachs kommen;" H. Sachs 1560: II, IV, 13. „Man brockt sein Gewissen bisweilen um ein Reißl Haar ein;" Bucher's Kinderlehre 52. reisten (reistə~), adj., aus gehecheltem Flachs, (schweiz. rîstə~). reistene Leinwand. 2) Büschel, Gebünde überhaupt: ə~ *Reist'n* Zwifel.

„Reisstene Leilacher, Tischtuecher, Fazenet &c.;" steirisches Inventar, Gallerin I, II, 507. Der Mordbrenner hat „ain schabreist (Schâub-Reisten, Gebünde Stroh?) anzinntt;" Lipowsky, Gesch. d. b. Crim.-R. p. 169. Vgl. Rispel. Die reiste, gen. reisten, heißt im Cgm. 75 (Nürnb. Calender v. 1475) jede der zwischen Linien herablaufenden Columnen einer Tabelle, gleichsam Leiste. aufreisten den Flachs, verb.; Scheirer Dienst-Ord. v. 1500, f. 39.

`reustern, räuspern; (mhd. riustern, rûstern; BM. II, 748. Diefenbach 520c: screare); s. reispen reisten. Birlinger 373.´ „Reuster dich ain fart," räuspere dich einmal; Scheftl. 296, f. 77.

`Der Rist, 1) wie hchd., d. h. der Rücken des Fußes (ags., ndrs. vrist, engl. wrist, isl. rist, mhd. der, diu, daz rist, riste; BM. II, 729. Haupt's Zeitschr. VI, 325,15. Weigand, Wbch. II, 501. Vilmar, kurhess. Idiot. 329). Einen hôhen Rist haben, hôchristig seyn. „Ir füezel chlain, pogriste hol, ein zeisel sich verborgen wol hiet under irem riste;" Suchenwirt 25,167, aus Wigamur 4943. Grimm, d. RA. 83. „Ir klain fuß por ist hol ain tail sich verporgen wol hett under irn rist; Cgm. 270, f. 127, (cf. Th. II, Sp. 1083: hol). 2) das Rist, (ä. Sp.) der Rücken der Hand ohne die Finger, carpus; (oder blos zwischen den Knöcheln?). VII Com.: rist, ulna, la parte del braccio dove si tasta il polso. „Diu dritt Sipp heft sich an an dem riste, daz an den arm stözzet;" Rchtb. Ms. v. 1332, Wstr. Btr. VII, 108; cfr. 158. Nach dem Schwaben-Spiegel cap. 259 soll des schwörenden Juden „gerechtiu hant in dem buoche ligen unz an daz riste" (alias „den rist," bey Heumann, opusc. 262 wol falsch „Gericht"). „Und schol im di recht hant in der püher ainem ligen uncz uber den rist;" Ind. 406, f. 154. „uncz an dem riste;" Cgm. 3944, f. 126b. „Miz von deme lengistin vingire unz an daz resti;" Diut. II, 292. Hieher gehören wol die alten: ristellun, ristello (doch auch „rîstelen"), dextralia, dextrariola, Armbänder, der gl. i. 220. 359. 1157. Graff II, 541. Aber mit dem chniorest, das gl. i. 1133 neben duahilla für mantele steht, wüßte ich nichts anzufangen.

Der Rister, plur. die Ristern, (Franken) Flecke, womit zerrissenes Oberleder an Schuhen, Stiefeln &c. geflickt wird; (Weihers: dés Rissber; Dr. K. Roth. Weigand, Wbch. II, 496. Vilmar, kurhess. Idiot. 326. Zeitschr. VI, 366. 414,86). Das isl. ristar-ledr (Oberleder) ist bestimmt von rist, (Fußrücken). ristern einen Schuch, ihn auf diese Weise flicken. Nach dem Isl. wird wol auch Stalder's „Riester" eigentlich Rister seyn. Vrgl. reihen und Alt-reis.

145 Die Riester (Riəstə'), a) die Pflugsterze. Graff II, 553. BM. II, 700. 729. Weigand, Wbch. II, 496. Vilmar, kurhess. Idiot. 326. Zeitschr. VI, 366. 414,86. „Riester, pflugswanz, stiva;" Voc. v. 1429. riostra (ad Georgic. I, 174), gl. i. 705; riesta a. 533, reosta a. 578, rist o. 264: stiva; aber restera a. 13, riester a. 35, riostar a. 512, riesta a. 553, riestra a. 622: dentilia, (der hölzerne Halt der Pflugschar, oder was stivae als dentes aratri?). Buris est curvum lignum retro in aratro, ein riester; Clm. 5008 (XV. sec.), f. 148. Diefenbach 85a. 174a. 554a. „Man wihet leider mangen priester dem vil baz zæme daz er zwei riester an ainem pfluge solte haben;" Renner 2773. „Die schar (am Pfluge) mit scharpffem rist (?) muß sie die erd durchschneiden; Cgm. 811, f. 59. Bey Stalder ist der Riester das Streichbrett am Pflug. Gl. i. 199 steht gar: „amussis est regula fabrorum quod nos dicimus riestar, womit die (ags.) gl. i. 952: „restras tignarii qui tigna faciunt" zusammengehalten, beynahe auf eine Composition mit dem im 1. Th. Sp. 617 erwähnten ter (Holz) verfallen ließe, wenn nicht auch bey Lye das ags. einfache reost, dentale, vorkäme. Das Riesterbrett. „Sy hat ein hübsche stirnen dy ist smal als ein risterpret;" Mich. Beham Cgm. 291, f. 170a. b) verächtlich: die Beine. „Réck d' Riəstər à˜," spute dich.

Der Rost, wie hchd., also sowohl ferrugo, aerugo, als rubigo (ahd. mhd. rost, ags. rust; Graff II, 551. BM. II, 767. Weigand, Wbch. II, 509). Man sehe die Formen Rott und rosig, die ich mir nicht getraue (etwa nach Gramm 661. 678) hieher zu ziehen. Dieses Rost selber aber könnte wol aus dem alten rozan (ags. rotian; s. rößen, rötzen) gebildet seyn. rosten, wie hchd.; (ahd. rostên, rostagên, i. 346. 390. Graff II. 552. BM. II, 768). rösten den Flachs, wie hchd. S. auch rößen und rötzen.

Der Rôst (Roust, Raəkcht), wie hchd.; (ahd. mhd. rôst, craticula, arula, i. 221. 943. Graff II, 552. BM. II, 766. Weigand, Wbch. II, 509). Die Rœst, Portion Mehl zum Einbrennen, in einer Pfanne geröstet; (vielleicht erst metonymisch statt der Pfanne selbst, da gl. i. 943: rôsta, gen. rôstun, f., für sartago steht). Das Fem. rôsta, catasta, (gl. i. 543. 559: Prudent. Emeter. V, 56. Roman. 465), läßt unentschieden, ob wirklich ein Bratrost, oder nur sonst ein erhabenes Gerüst zu verstehen, wo denn auch das adj. comparat. rostiro, editior, (gl. i. 552: Prud. Hippolyt. 224), und etwa gar das ags. hrost, engl. roost, fland. roest, Stange, worauf die Hühner sitzen, česky: reſt, trabs, wie auch das altsächsische hrost, tectum, laquear, (Hêliand 70,23. cf. Rusbaum), zu bedenken käme. Dieses alles würde zwey verschiedene Stämme vermuthen lassen. „Die Hexe fieng an, den Teufel rost zu schänden," liest Rath Her (Jan. 1850) in einem Schongauer Hexenprozeß. `(Hieher?)´. rôsten, wie hchd.; (Graff II, 552. BM. II, 767. Weigand, Wbch. II, 510. Birlinger 376. Vilmar, kurhess. Idiot. 331 gl. a. 5. 12. 657. 676: rôsto, frigo); im Isl. finde ich das dem schwed. rösta entspr. Wort nicht; ags. rostan, und darneben hyrstan, frigere sowohl als murmurare, welches vielleicht der erste Begriff ist — vgl. bregeln und ags. hristlan, crepere —; engl. to rost, roman., doch nicht span., rostir, rôtir. Unserm Wort würde, wenn dem ags. hyrstan, als einer Versetzung, ein hrostan entsprochen hätte, hr wesentlich gewesen seyn. Mit dem ags. hyrstan ist auch das harstan (frigere; gl. i. 221) zu vergleichen, etwa mit Rost selbst das für Erhöhung &c. vorkommende Horst. Vgl. Th. I, Sp. 1166: Harst.

Der Röster, Kerschen-, Zwetschgen-R., gesottene Kirschen oder Pflaumen, mit Semmelschnitten in Schmalz geröstet. `Castelli, Wbch. 219: „der Resta', ein Brei, z. B. Zwöschb'nresta', Holla'resta'.´ cf. Th. II, Sp. 1084: Holler-Rezel.´ Kaltenbrunner 212: „Rester, eine von Hollunderbeeren, Kirschen oder anderem Obst gekochte Speise." Vrgl. auch Ruəs-Knecht, Rötzel und Rütscher.

Der Roster, (Militär) das Verzeichniß, die Liste. Der Wacht-Roster, Liste über die Mannschaft, die von einer Compagnie auf die Wache kommt. Etwa aus Re- 146
gister entstellt, wie das slaw. reéstr', m.

Die Röster (?). „Es geet hier seer heiß von der röster, muß mancher wacker Soldat ins Gras beißen;" Bericht aus Cölln, 1632, Cmh. 406, Nr. 95.

rüsten, a) vb. n., Vorbereitungen treffen, Anstalt machen; (ahd. hrustan und hrustên, expedire, praeparare, ornare, exstruere, mhd. rüsten; Graff II, 546. BM. II, 822 f. Weigand, Wbch. II, 524). Zum Essen rüsten, anrüsten. „Wenns dort nichts ist, so mueß ich halt dâ anrüsten," es da versuchen. „Daz wip dawider rüstet;" Diut. II, 136. rüsten, gerüsten, das Gerüst aufrichten (zu einem Bau). „Zimmerleut so den Maurern gerüsstet;" Cbm. 2225, f. 188. „Wegen Arbait Rüstens ... umb Rüsten und andre Arbait das neu gepew betr.;" Cbm. 2224, f. 220 et passim. Birlinger 378: Rüstlöcher. ausrüsten, (Jir.) s. Th. II,

Sp. 1432: lacken. entrüſten, Grimm, Wbch. III, 590. „Mîn muot wart dô entrüſte," (bewegt?); Labr. 23. BM. II, 823. „Der Zorn hebt aus dem Sattel, ſagen die Franzoſen. Dem deutſchen Erfinder des Worts Entrüſtung hat vielleicht eine ähnliche Idee vorgeſchwebt," — meint der ♂ in der Beilage zur Allgem. Ztg. 1851, S. 1901. Schwerlich; denn das Wort fußt ohne Zweifel auf dem niederd. ruſten, ruhen; (röſtig, ruhig). Vgl. die Reſt und Weigand, Wbch. II, 524. überrüſten. „Daz herz ſinket hin von ſorgen überrüſte;" Labr. 533. b) ſich rüſten, wie hchd.

Der Rüſt, (Baur, O.L.) der Werkzeug, das Geräthe; (cfr. Otfr. V, 2,6: ruſti, f.; MM. 59: hruſt). Der Rüſt vom Schueſter, Schmid ꝛc. Der Dengel-Rüſt, Haus-Rüſt, Kuchel-Rüſt. „Zimmerleuten ſo beim Rngelrennen Rüſſt aufgemacht und wider weckh gebrochen" (1613); Cbm. 2224, f. 220. Daher: Rüſt-Kammer, das Gerüſtwerk, (Gerümpel). Das Gerüſt, wie hchd.; (ahd. gahruſti, instrumenta, machinae, tormenta neben ornamenta, phalerae, noch Diut. III, 74, ja ſelbſt noch ſchweizeriſch, iſt das und der Geruſt Putz, Schmuck. Auch das agſ. verſetzte hyrſt, subst., hyrſtan, verb. hat dieſen Sinn. In den VII Communi iſt rüſtan kleiden, Garüſte Kleidung. BM. II, 823). Ich vermuthe Zuſammenhang zwiſchen dieſem hruſtan, ornare, phalerare, und hros, hroſſes.

„Der Rüſtbaum ulmus," Voc. v. 1618, hchd. die Rüſter. Weigand, Wbch. II, 524. Nemnich II, 1519. Höfer hat der Ruſten und die Ruſſel. Vgl. Ruſch.

(Vrgl. Rad, red, ꝛc.)

râten (rà'n, rou'n): ich riet und râtet, hab gerâten, und die Compoſita, im Ganzen wie hchd. rathen und die Compoſita in folgenden, zum Theil einander widerſtrebenden Hauptbedeutungen. (S. unten die Anmerkung.)

1) gerâten, gelangen, kommen, beſonders von ohngefähr, τυγχάνειν; werden. BM. II, 581. Einen Holzweg geraten, den Narrenweg gerâten, ſt. auf den Holzweg (Narrenweg) gerathen; Haupt's Zeitſchr. VIII, 580,1031.1041. Die ä. Sp. verwendete das Verb als ein Auxiliare zum Infinitiv, wie werden. Noch im Ulmer „Buch der Weiſen" v. 1485: „do ſie geriet hungern," als ſie hungerig wurde. (Nach dem Beyſchlaf) geriet ſie groſſen, (wurde ſchwanger). Auch das isl. râda wird ſo gebraucht. Die Frau iſt gerâten (nemlich ins Wochenbett; Nürnb.). Gerâten an Einen, angerâten an Einen oder irgendwo, (beſonders auf ihm unbeliebige, ſchadenbringende Weiſe, isl. râdaz â). Ein angerætiger Menſch, der Andern gern zu nahe tritt. Zeitſchr. III, 417,339: *ònkrätsch.* Die Angerætigkeit, Zudringlichkeit. „Vollər `A~gráthikeit nettər (gerade) ei~gsprengt auf dàs, wàs vo'bot'n is für d' Leut';" Kaltenbrunner 165. 200. Die Angerät (A~g'rêd, U~grêd, vielleicht eigentlich plur.), Schadenſtifterey, Nichtsnützigkeit. Auf allər `A~grêd rumgê~; (cfr. Otfrid's anarâti, n.; Graff II, 466 f.). Der Unrât, (a. Sp.) Nachtheil, Schaden, Unheil. „Mehrern Unrath uns und unſern land und leuten zu fürkommen;" Kr. Lhdl. V, 119. 122. Die Ungeräte, (Otfr. ungirâti, n.; Graff II, 466. BM. II, 575: daz ungeræte), Un-
147 heil, Unglück. „Welcher hand ungeret deinem herczenlieb zu handen get;" Cgm. 714, f. 16. „Du iagſt mit ungeræte fröuden eine," (ohne Freude); Labr. 292. vergerâten (vo'krät'n), nicht gerathen, misrathen. „Mein Draitl (Getreid) vo'krätt, bau I Korn oda' Wäiz, und mein Horbaintl (Flachsfeld) gát má' hoi' schwerli' án Schnäiz;" Stelzhamer 92. 183. Das zoakaratan (bilis), gl. a. 206 (Graff II, 461), wird, dem darauf folgenden gapolgan (ira) entſprechend, hieher gehören; vielleicht auch 345 ratonte (sontes, nocentes; Graff II, 469). Bey Otfr. und ſpäter, z. B. Nibelungen, hat râtan, râten an Einen gern die üble Bedeutung moliri, machinari, Einem nachſtellen, wo die Bed. 3 und 6 vorſticht. Graff II, 460 BM. II, 562b, ßß. „Swer an daz rîche râtet," ein Reichsverräther; Augsb. Stdtb. bey Freyberg p. 68. Ein Unternehmen hât gerâten, cessit feliciter; Getraide, Obßt ꝛc. hat gerâten. BM. II, 581a,2. 's Korn, d' Nuss etc. sán huiə' grà'n, nèt grà'n. Der Miſſrât, Miswachs. „Der Mißrat oder Mangel;" Lori, BrgR. f. 139. Miſsrætig, miſsrætlich. „Damit man in misrätigen Jahren deſto mehr Traidt im Land hab;" L.R. v. 1616, p. 502. Landtg. v. 1612, p. 49. Miſsrätigkait; Mandat v. 1713. „Misratung;" tyr. Pol.O. v. 1603. Das Geræt, (ä. Sp.) was da auf dem Feld, im Garten gewachſen iſt. BM. II, 573.b „Fleiſch und brod und ander Gerät, das der acker trägt;" MB. II, 517. „Obs, Kraut, Rueben, Arbeß, Zwifel und dergleichen geringe Victualia oder Gartengeräth;" L.R. v. 1616, f. 546. „Ez mag dhain fraw nichts hingeben wann daz zerleichs gerætes iſt in irem haus;" b. LR. v. 1346, Freyb. IV, 433, § 122. „Vindet ain man oder ain fraw in irm haus gerät daz in verſtoln oder abweg getragen wær von irn ehalten;" Münch. St.B., Art. 65. „Wilt du machen einen fladen von vaſten gerǽte;" Kochbuch im Wirzb. Codex, (Bibl. des lit. Ver. in Stuttg., B. IX). „Hochfart die wil ſtæte der wolluſt haben geræte;" Cgm. 54, f. 6. „Manic weip ſelten miſſetæte wær daz ſie hæte gut geræte beide an der koſt und an der wæte;" Renner 12223. „Valken warten, ſüchen ... ez wil geræte haben;" Valkn. 53. „Valken wend kunſt und auch geræte haben;" daſ. 68. Auch das einfache Rât kommt in der ä. Sp. in dieſem Sinne vor. Graff II, 461. BM. II, 568. „Siben iâr guotiu, alles rates volliu;" Diut. III, 99. Ja in noch weiterer Beziehung auf das Thierreich: „Brôt unde wîn, daz vleiſch mit den viſchen und manigen andern rât;" Nibel. 3723 (Lachm. 870,3). „Dev Tûnaw tut dem lant ze rat des es ſelb nicht enhat;" Prolog. in fundatores Zwetlenses. „Gutes, geltes hab wir genug all ding im haus mit vollem rat;" H. Sachs 1612: I, 203. So ſagt eine ſchottiſche Ballade: „I left you routh o' ale and bread, my bairnies quail for hunger and need." (Auch das allgemeinere Vor-rât wird zunächſt auf Victualien gegangen ſeyn). Die Fortführung des Begriffes auf copia, facultas, opes überhaupt ſcheint ziemlich natürlich. Rât haben ein Ding (urſp. wol eines Dings). Es iſt Rât an einem Ding. „Es iſt noch Rât an der Zeit," Göſchl. Die Kaiſerchron. ſagt: „der Zeit iſt nu guot rât. „Werder iſt ein ſinnec man dem, der in erkennen kan, danne ein man, der allen rât âne ganze ſinne hât;" Wigalois 5779. „Biß uber ein monat die meſs kumb ſo kan ich alls mit raht verkauffen," (mit Gewinn?); H. Sachs 1560: III, III, 24a. Gl. a. 232: râthaft, locuples; 259: raat, facultas. (cfr. isl. râdsmadr, râdskona, raedi, dispensator, dispensatrix, dispensatio rei oeconomicae). rætlich (rátlə, rádlə; Inn-Salz.), reichlich.

„Menschə', wenn I ietz enkə' Taəl wollt ſàgng,
so müəſst I wol *rátlə'* ə~n ganz'n Tàg habm;"

Spott-Lied über die Mädchen. „Sibm *rádlə* guədé Jàr wer'n kemə~." „Gód hàd mi' *rádlə* aufkemə~ lassn;" Göſchl. „Es iſt *radla* („mehr als") ä Jah', dass ma' a Melz hoamla gſchlengascht hat;" v. Kürſinger's Ober-Pinzgau (1841), S. 174. Vrgl. indeſſen reilich, redlich und gerad. Vgl. auch gerätte unter reden, 2. bauräṫig, (von Gründen) zum Getreidbau tauglich; Hbn. 666. So wird auch ſchiff-rätig, ſchiffbar — „kein Seiten-, ſondern ein ſchifrätig Hauptflus;" Begl. zur ſalzb. Replic-Schr. v. 1761, f. 24 — wol nicht nach Bed. 1) in dem materiellen Sinn fahrbar, gangbar 148
für Schiffe, zu nehmen, und eher hieher zu ſtellen ſeyn. Es mahnt an das agſ. componierende -ræden (-ſchaft, -heit). Vrgl. auch rait. Der Rât, (ä. Sp.) das Geräthe, die Geräthſchaft. „Keſſel, Durchſchlag, Löffel und allen Rat in der Kuchen." „Der Gewantmaiſter ſoll der

Gäste Häß und Rat aufheben;" Scheirer Dienst-Ord. v. 1500, f. 12. 13. Vrgt. Gerait.

2) berâten Einen, ihn versehen (mit Mitteln für die kommenden Bedürfnisse), begaben, ausstatten; (Cgm. 370, f. 99: phraten. BM. II, 579ᵇ. Weigand, Wbch. I, 134. cfr. gl. a. 258: pirâtan, farcire, fulcire. Graff II, 461). „Wie Got die Witwe beriet;" L.R., Heumann, opusc. 80. „Daz uns got berâte swes wir dürftich sigen;" Griesh. Pred. II, 98. „Ich hiet mich sicherlîchen des berâten" (?); Labr. 350. „Des ist dein kuchen noch gar unberaten;" Balkn. 104. Einen Sun, eine Tochter berâten, sie ausstatten. „Es wär landtrecht, daß ainen unberathen Kind so vil erbs und guets solt werden, als ainen berathen Kind;" MB. IV, 299, ad 1441. „Dochter de utgeradet is;" Sachsensp. I, 5, Homeyer p. 20. Sette Comuni: beraten (boratan), heiraten. Hier schließt sich zunächst an: der Hei-rât, eigentlich die Ausstattung und der Akt darüber (verschieden von der Ehe), und das erst davon abgeleitete Verb hei-râten, (ursprünglich) zur Haussteuer, Ausstattung geben; (Graff II, 462. IV, 1066. BM. II, 576. Weigand, Wbch. I, 493). „Das im sein vatter das leipgeding auf den Güetern N. N. geheurat hab und zu heyrath geben habe;" MB. VI, 300, ad 1441. „Daß ich Niclas zu rechtem redlichen Heirat kumen bin und geheirat hab zu dem erbern und weisen Jacob Peck, burger zu N., der mir dann sein eliche Tochter Junkfrawen Barbara zu einer elichen hausfrawen gegeben, und hat mir zu ir zu rechtem redlichen Heirat ausgericht und bezahlt XXXII Pfd. dn. und darzu ein erbarige Fertigung;" Cgm. 706, f. 140. „On yrs vaters und muetern willen sol der landsfürst kain frawen oder junckfrauen verheyraten, wo es aber vorher geschehen und noch mit der Ee nit bestätt wäre, dieselben heyrat sollen hiemit auch abgeschafft sein;" Ercl. L. Freih. v. 1508. Ein Kind verheirâten, ausheirâten, es ausstatten. „Ob unser erben sich beheig-raten;" 2. Freiheits-Brief v. 1322. Ob das agſ. hî-rêd gleichen Grundbegriff gehabt haben wird, weiß ich nicht. S. Hei-rât im II. Th. Sp. 1024 f. Der Gott-Berât, Gotts-Berât, Gabe an eine Kirche oder milde Stiftung; besonders gestiftetes, besseres Mahl für Pfründner; vrgl. Trost. „Daz man den dürftigen älliu iar sol gebn zwen Gotberaut, ieden vmb 1 Pfd. dn., ainen am mentag nach pfingsten, den andern auf St. Michelstag;" Cgm. 8, f. 18.ᵇ An das Spital „zwen Gottberätt geben, und zu yeglichen Gottberaut soll man geben Supp, Flaisch, Krut ꝛc.;" Stiftungsbrief des Spitals z. heil. Geist in Augsb. v. 1445; s. auch Wstr. Btr. VI, 333. 343. Ein anderes Gott-Berât sieh unter 4); vrgl. Berait. Das Sêl-Geræt (Sęlgrád), legatum ad pias causas, d. h. was von der Hinterlassenschaft eines Verstorbenen zum Heil seiner Seele („pro remedio animae", MM. III, 345) einer geistlichen Anstalt (Kirche, Pfarre, Kloster) für Seelenmessen, Jahrtäge und drgl. zufällt, oder vermacht (geschafft) ist. BM. II, 574.

149 „Er ist immer rîche, swer sî ner sêle schaffet rât, die wîl er noch die kraft hât." sagt schon der Herr Vater Wolf in der Fabel; Grimm, Reinh. Fuchs 333,1151. „Man sol der sel ir tail geben, und darnach geleich tailen;" Rupr. v. Freys. Rchtb., Tit. v. Erbschaften (Wstr. Btr. VII, 109. 115). „Smeagende ymbe heora sawla aræd;" Concil. Lundin., R. Schmid, Gesetze der Angels. 93. Michael Lochmair: „de remediis animarum;" Teg. 177, f. 199—204. Die meisten Besitzungen der ehemaligen Klöster schreiben sich wol aus der Zeit her, wo es so mancher Fromme gerathen fand, einen Hof, eine Wiese ꝛc. „zu einem ewigen Seelgerät seiner Seel und durch aller seiner Vordern Seel willen" einem Gotteshaus zuzuwenden. Da diese Selgeräthe steuerfrey wurden, so gieng darüber den andern Unterthanen eine größere Last zu, weswegen sich a. 1345 die Bürger von München bey Kaiser Ludwig beschwerten, und das Gebot erwirkten, daß alle Gotteshäuser die künftighin von Münchnern vermachten Seelgeräthe binnen Jahresfrist den Bürgern dieser Stadt zu kaufen geben sollten; (Wstr. Btr. VI, 169). Das älteste L.R. Ms. (cfr. Heumann, opusc. 101) sagt: „Swelches kloster und gotzhaus seins selgerätz in nutzleich gewer sitzt iar und tak und sechs wochen an alle recht ansprach, daz sol fürbaß desselben selgerätz mit ru sitzen freyleich vor aller ansprach." Das Landrecht v. 1616, f. 576 bestimmt die Seelgeraide folgendermaßen: „Die Seelgeraid oder Remedia sein aigentlich die pfarrliche Recht von einer jeden verstorbenen Person, was man nemblichen dem Pfarrer außer des andern Unkostens, so über Begrebnuß, Besingnuß und Dreissigisten gehet, bezahlen mueß." Es hat, nach einer eben daselbst vorkommenden Classification, eine Person von Adel zu geben 6 Pfd. dn., ein vermöglicher Bürgersmann 3 Pfd. dn., ein gemainer Burger und Handelsmann 12 ßl. dn., ein Taglöhner 3 ßl. dn. ꝛc. „Die Pfarrer auf dem Landt sollten von einem Bawrn, so ein ganzen Hof besitzt, 12 ßl. dn., von einem Hueber oder Lehner 6 ßl. dn., dann von einem Söldner 3 ßl. dn. und mehrers nit für die Remedia nemmen." Diese Bestimmungen hatte wol einer meiner Freunde im Auge, als er, in einem mir gelieferten Beitrag von Provincialismen, Definition und Etymologie vereinend, schrieb: „Seelgrad, die Klasse (oder Gradus solemnitatis), in der jemand beerdigt wird." Nach obiger L.Ord. v. 1616 „gebührt das Seelgeräth allein dem Pfarrer, in dessen Pfarr die verstorbne Person zur zeit ihres absterbens häußlich gewohnet, uneracht dieselb Person ihr begrebnuß in einer andern Pfarr hette." cfr. Weixer, dissert. p. 267: jura funeralia. Wagner, Cammeral-Beamt.: Seel-Recht. In Kr. Lhdl. VII, 398, ad 1470 und XIII, 173, ad 1501, dann Ltg. v. 1605, p. 183 kommt die erbauliche Klage vor, daß die Pfarrer zu Zeiten die Todten nicht begraben wollten, es wären denn die Freunde desselben vorhin mit ihnen um das Seelgeräth übereingekommen. So mußten noch zu Anfang des XIX. Jahrh. in der Hauptstadt Spaniens vermögenslos gestorbene Personen, als Leichen öffentlich ausgestellt, von den Vorübergehenden so viel zusammenbetteln, daß sie von der Klerisey begraben werden konnten. Die Vocc. v. 1416 und 1429 geben Selgerät durch animatum und exequialia; ein anderes durch exequiae, testamentum. „Testamentum, 150
selgrät; Monac. Francisc. 248, f. 227. „Âne sele gerete, ab intestato;" Cod. Wienn., Denis I, II, 1331. Das Wort muß schon früh nicht mehr recht verstanden worden seyn, da es sich bereits MB. XV, 280, ad 1323 und später häufig in Selgerait umgedeutet findet, wie umgekehrt die Formen Gerait, als Gerät geschrieben, vorkommen. Cgm. 620, f. 114 steht gar die Selgerecht (s. Recht). Gerät ist wol das girâti der ahd. Sp., das lieber, als das einfache Rât, für consilium steht, wo man auch nach Bed. 4) an consulere animae denken kann. Graff II, 465. Schon in dem poetischen St. Ulrich's Leben aus dem XII. Jahrh. (Vers 1261, Cgm. 94, fol. 66ᵃ) kommt unser Wort vor: „Sente Ulrich ze anderre gûtâte machete, ze sêle geräte, Utenbur die abbeteie (Ottenbeuren, Ottobeuern, noch Itte͂beure͂, d. i. Üttenbeuren) vrî mit privileie, daz Adelbern ze lêhen was gegeben, die wîle er was in deme leben." „Min Testament ende min Selen gerede;" Höfer, Urkunden p. 26. 29, ad 1275. 1283. „Nim hin mines vater sele gerete;" Renner 2642. „Swer lebende wol den armen tæte daz wære daz beste selegeræte;" das. 16337. „Dein weip nimt ir einen andern man mit dem si dir ein selgeræt minnet daz deiner sel wenig ze staten chumt;" Cgm. 54, f. 49ᵃ. „Wiltu selgeret schaffen, so rat ich dir, das du vor hayffest geben deinen geltern und dienern;" Cgm. 402, f. 96. Cgm. 507, f. 398: „Selgeret machen, oder den pfaffen etwas schaffen von der sel wegen, mag ain jetlich mensch, der sein synn oder vernunft gebrauchen mag."

3) conjicere, conjectare, (wo die 1. Bedeutung des zufälligen Gelangens, Treffens unverkennbar). BM. II, 560 f. Zeitschr. III, 215,3,10. IV, 251,23. R.A.: râten

wie Kuenz in die Nuß, d. h. blind, grundlos, o.pf., Nürnb. Calembourg-Räthsel: Roud, wêi gêit's Kuə'n af? roud! Das Rætsel (Rátſ·l), wie hchd.; (ahd. râtisali, mhd. rætsel, rætsele; Graff II, 469. BM. II, 579. Weigand, Wbch. II, 465. Zeitschr. II, 180,108). Voc. v. 1445: ratsal, gl. i. 665: radisli, agſ. rädels und rädelse, engl. reddle. „Aenigma, ratsal;" Semansh. 34, f. 196. „Problema, raitczal;" Clm. 5387, f. III. Vgl. unter raitzen: Raizel. Frage: „Ei du mei˜ liəbə' Názl, woher kumt 's erſté Rázl? Antwort: Vo˜n Ratz·n ſtammt das Rátzl her;" Calembourg eines Volksliedes. Vgl. Mone's Anzeiger VIII, 322; (daselbst und in früheren Jahrgängen viele Räthsel). Die, das (?) „Rætersch, aenigma;" Voc. v. 1618; (ahd. râtissa, râtisca; mhd. rætsche, rætersche. Graff II, 467 f. BM. II, 578. Birlinger 373). „Ein Rätersch errathen." „Rat mir dise rätschen hie;" Cgm. 377, f. 117^a. Gl. o. 257: rätische; gl. a. 15. 50. 529. 654: râtisca, gl. i. 235: râtiski, gl. a. 99. i. 34. 152. 235. 290: râtussa; Tat. ratissa, gl. i. 235: ratinisca; 291: ratnussa; gl. a. 654: retelnisse. Cgm. 17, f. 75^a, Pſ. 48,4: „ratiniske mine, propositionem meam" — neben ratiscon, radisson (a. 509, i. 106. 566. 567. 569. 678. 689. Graff II, 468 f.), comminisci, conjicere — vielleicht gar unserm grätschen (s. Th. II, Sp. 1017 f.). derrâten (də'rà'n, də'rou'n), errathen; (ahd. irrâtan, mhd. errâten; Graff II, 460. BM. II, 580).

4) consulere, suadere, (ebenfalls mit der Hinsicht auf ein noch ungewisses Gelingen). Râten in etwas, darein râten, Abhülfe suchen; Cgm. 1279, f. 169^b. Vgl. „in die Nuß râten," Th. II, Sp. 1267: Kuenz. Geraten sein Einem, (ä. Sp.) ihm mit Rath beystehen. „Die achtzig geſworn sollen dem rat hilflich und geraten sein;" Mederer, Ingolſt. 94, ad 1403. Der Rât (Ràd, Roud). „Ich frag dich Rath umb dises, consulo te; Raths gefragt, consultus;" (ahd. râtfrâgôn, mhd. rât vrâgen; Graff III, 816. BM. III, 390 f. Weigand, Wbch. II, 464 f.); „ich wils baß zu
151 Rath werden, amplius deliberandum censeo;" Voc. v. 1618. R.A.: Wenn ich dir (guet) zum Rât bin, wenn du auf meinen Rath was hältſt. „Hent Ihr *guete Raoth,* Ahne?" sagt Hedwig zur Ahnfrau, welche sie im Gespräch mit R. begriffen findet. Mit dieser Frage '(in Koburg: Is dər Rôt gut?)' begrüßt man im Vorübergehen Personen, die mit einander sprechen." Auerbach's Schwarzw. Dorfgesch. S. 482. 487. „Der Kaiser het rât (hielt Rath) umb die mær, waz im daz beſt darinnen wær;" M. Beham, Wiener 226,29. Ein Ding (ä. Sp.: eines Dinges) iſt Rât, es kann umgangen, vermieden werden. BM. II, 570,2. „Haſt du dich nicht vollgesoffen," frägt bey P. Abrah. der Beichtvater. „Ja, das kann nit rath seyn," antwortet Veitel. „Dâbî sach wol Hagene, daz sîn niht wære rât," (daß es unvermeidlich wäre); Nibel. 6335, Lachm. 1520,2. cfr. Otfr. II, 6, 47. III, 21,16. Öfter: rât, guoten rât haben eines Dinges, es nicht nöthig haben, es lassen. BM. II, 571,3. „Ich hân der hunde rât;" Nibel. 3741, Lachm. 875,1. „Ich hân des guoten rât," (brauche es nicht); Wigalois 3248. „Er will nicht haben rât, er'n bringe ez ze einer suone," (will es durchaus zu einer Sühne bringen). Gudrun 432,2. „Ze sehene het ich des nicht rât," (ich mußte es durchaus sehen); Pitrolf 3924. „Mit selhem ungeverte well er ir ze wîbe haben rât," (davon abstehen, sie zum Weib zu haben); Iwein 4495. „Fuozvallens erlat mich durch got, der êren ich gern rat han;" Tandarios und Flordibel, Cgm. 577, fol. 215. „Spinnens wil sie (die Bauerntochter) auch haben rat (es unterlassen) das macht uns tewr leinwat;" Cgm. 714, f. 228. „Der ketenhandschuoch an hât, mîns duzen hât er guoten rât;" S. Helbling VIII, 446. Rât, guoten rât tuon Einem eines Dinges, ihm Abhilfe verschaffen, hchd.: Rath schaffen. BM. II, 572,4. Iwein 3422. S. unten: geraten, 5. Dazu (ä. Sp.: des) kann Rath werden; (BM. II, 569,1. Iwein 3010. Diut. II, 84). Von dînen worten wirt dîn (Genitiv) rât, ex verbis tuis justificaberis;" St. Ulrich's Leben, Vers 425. Stalder hat „Rat antuen Einem," ihn pflegen, „ihn raten, raden." Schuffen im ainen barbierer, der im rât tet," (ihn rasierte); Lirer. Sonderbar ſteht das schwäb. I wàis mei˜s *Ràts* kài˜ End, weiß mir nicht zu helfen. „Ich bin mit Arbeiten so überhäuft, daß ich meines Raths kein Ende sehe," — schreibt mir Factor Fackler der Cotta'schen Druckerey am 13. Aug. 1837 auf meine Anfrage, wann ich Ms. zum Heliand-Glossar senden solle. Der Râtgeb (Gem. Reg. Chr. II, 146, ad 1367), der Consulent, (Augsb. Stdtb.) Rathsherr, Senator; (agſ. râdgifa). „Die Römer vertribent do die künig, und erwelten ratgeben und Gesetzmacher;" Chron. v. 1486. (ahd. râtgebo, mhd. râtgebe; Graff IV, 123. BM. II, 507. s. Th. II, Sp. 866). Gl. a. 29: râtgebo, auricularius; Isidor IX: chirado, consiliarius; das einfache Rath in diesem Sinn muß jünger seyn. „Der kaiser hæt rat umb die mær, waz im daz beſt darinnen wær. all sein ræt er darumb besprach, was im ze tůn wær in der sach, daz ieglicher daz beſte darin riet, waz er weſte;" Mich. Beham, Wiener (1462) 226,31. „Der kaiser aber fragt sein ræt, waz er daz beſt darinnen tæt;" das. 232,8. 236,25. „Mit rate der ſweſtern, die ratgebin heissen;" Reform des Nonnenkloſters Pillenreut, Fris. 287, f. 17^b. „Der Tischrath parasitus, assecla mensarum;" Voc. v. 1618. 'Der Râtmann, 1) Mitglied des Stadtrathes, Rathsherr, auch Râtsmeiſter; 2) Scharfrichter. Vilmar, kurheſſ. Idiot. 316.' 'Der Ratkauf, s. Zeitschr. III, 416,623 und IV, 80. Der Râtmesser, ä. Sp., Rathgeber; BM. II, 202.' „Ir râtmezzer gar âne sin, welt ir folgen mîner lêr?" S. Helbling IV, 76. Râtlauff? „Radlauff," Bedenkzeit; MB. XXV, 400. berâten, wie hchd.; BM. II, 579. „Beratt dich got, praemoneat te deus;" Windb. 170, f. 436^b. Der Berât, (ä. Sp.) Berathung, Rücksprache, Beschluß; Anschlag. MB. XX, 470 nimmt sich der Richter, „des Rechtens ze richten, Berat, öffnet dann (an einem andern Tag) den Parteyen seinen Berat." „Sich über eine Sache einen Berat zu Einem nemen," sie ad referendum nehmen. Lori, Lech-R. 126. Kr. Lhdl. I. 59. 274. III, 124. „Einen falschen Berat hintertreiben;" Ldtg. v. 1514, f. 309. Der Gottberat. „Wen ainer gieng auf den Gottberatt, und fund ain gang mit arzt;" Egklzhaim. Bergbrief v. 1308. Lori, Berg-R. f. 6. (Zurathezíehung Gottes durch die bergmännische Wünschelruthe?) S. unter Bed. 2 ein anderes Gottsberat. Der Vorrât, die vorläufige Berathung, Zurathezíehung. BM. II, 577. „Mit wohlbedachtem Mute, guter Gewißen und zeitigem Vorrate unser Vormünde; MB. XXV, 272. 306. 358. rætig, berætig sein oder werden eines Dinges, darüber berathen; Kr. Lhdl. IX, 332. XII, 406. „Der pischof pat s· darein zu raten ... also wurden sy rettich," beschlossen sie; Cgm. 1279, f. 166^a. 169^b. „Beiſtändig und rætlich sein Einem; Kr. Lhdl. III, 136. beyrætig und beytætig seyn Einem. 'berætlich, mit Ueberlegung, vorsichtig, sorgsam; Vilmar, kurheſſ. Idiot. 316.'
Vielleicht gehört hieher als beyrætig das báràdi', (b. W. 152
Adj.; s. Th. I, Sp. 226), wer das Seinige (in den Augen Anderer, mehr als er sollte) zu Rathe hält, geizig.

5) gerâten eines Dinges, jetzt (nach Gramm. 728) ein Ding, ohne es seyn, es lassen, entbehren, hchd. entrathen. (BM. II, 579. Zeitschr. III, 108. 523,26. IV, 501,8. V, 125,5,8. V,468,5). Dés *g·ràd* I leicht, hàb I leicht *g·ràn.* Wer 's Liəgng gwo˜t is, kà˜s nime' *g·rà·n* 's brau˜ Biər tát I hart *g·rà'n.* „Leicht hundertmol gf'ait häi' di' (hätte ich dich) lödigahait, wost dein Zwidernuss *grátst;*" Stelzhamer, 86. „Das sickárisch Gspiel! Ja, i' waiſs, wannst ás *grádst*, gwinstá dreimal so viel;" das. 88. „Personen, die Krankheit halber oder von Natur keinen Wein einnehmen dürfen, können des Abendmahls ohne Nachtheil gar gerathen, und sich an das Wort und die geiſtliche Nießung halten;" bayreut. Kirch.-Agende. „Der Waid geraten;" L. O.v.

1588, f. 118. „Des Wochenmarkts geraten;" Kr. Lhdl. I, 233. „Des man alles wol geraten kunde;" Avent. Chr. 76. „Daz wir unser vogtay geraten und entbern wollen," — „geraten und mangeln sullen." „Solt der erb seines erblehens geraten unverschulter sachen;" MB. VI, 252. 294. 456, ad 1445—1346. „Ich muß feurs und hefen geratten," sagt der Wolf; Cgm. 713, f. 199. „Ob er sein nicht geratten wil; Münch. Stdt.R., Auer, Art. 289. „Wil si sein nit geraten," (will sie darauf bestehen). „Darum, daß der antwerchsleut nieman geraten mach;" Wstr. Btr. VII, 117. 165, ad 1332. „Wellen wir, daz die Vögt ires diensts entbern und geraten;" MB. VII, 163, ad 1329. „Si sullen der pfenninge geraten, die man in geben solt; MB. XVIII, 58, ad 1309. „Swer des nit mug gerâten;" Labr. 289. „Man mag nicht wol gerâten des hundes;" das. 290. „Wê im, der dann dem loufe folgen můz, und des nit mag gerâten;" das. 444. „Welt ir sîn nicht gerâten;" das. 479. Die Form ist demnach schon alt genug, und sicher keine Entstellung aus entrathen. Aber wie zu erklären? Etwa nach Bed. 1, wie fr. se passer de q. ch., ohne es fortkommen; doch wäre der bloße Genitiv hiefür kaum hinreichend. Also wol zusammenhangend mit Rât haben eines Dinges unter Bed. 4.

6) verraten, 1) wie hchd. ahd. farrâten, agſ. forrædan, prodere, neben male consulere, isl. for-râda; cfr. das forresni der lex. Fris. II, 1. Graff II, 461. BM. II, 582. Weigand, Wbch. II, 977). 2) kund thun, angeben, mittheilen überhaupt. I waəs 's nét, wås də' Herr 'prédigt hàt, I kunnt də''s nét *vo'ràdn*. Kà˜ mə' 's neəmd *vo'ràdn*, wo ə˜ Bàder is, der mər ə˜ Mittl *vo'ràdət* für mei˜ Krankət? 'Verräter, ein schweres Schimpfwort; Vilmar, kurheſſ. Idiot. 316.' Das (die) Verrätniſs, ä. Sp., Verrätherei, Verrath; (ahd. farrâtnissi, mhd. verrâtnisse, verrætnisse; Graff II, 467. BM. II, 583). „Er enwiste um daz virrednisse nicht;" Chronik, Cgm. 327 (XIV. sec.), f. 155ᵇ.

Anm. Ich wüßte diese verschiedenen Bedeutungen von râten nicht natürlich auseinander herzuleiten; und doch lautet das Verb in allen auf gleiche Weise ab. Die einfachste scheint mir immerhin die erste zu seyn. Im Agſ. und Isl. steht, doch nicht für alle Bedeutungen: rædan, râda. Das agſ. rædan, engl. to read, legere, neben dem isl. raeda, loqui, werden wol als rêdan (ê = ô) und ræda (goth. rôdjan) zu fassen, und nicht hieher zu ziehen seyn. Berührungen oder Vermengungen mit berait, gerait (w. m. ſ.) sind unverkennbar. Man vrgl. auch gerad, redlich, reden.

Graf-Rath, Grafrath, ein bayrischer Taufname nach dem inländischen Heiligen aus dem Geschlecht der Grafen von Dießen und Andechs, der als ein Heros der Vorzeit in riesiger Gestalt abgebildet wird. Er schlug, wie Adlzreitter, Brunner, Meichelbeck u. A. aus „Annales domestici" wissen, im J. 948 die Ungarn, besuchte mit
153 Judith, des Herzogs Heinrich Gemahlin, das heilige Land, und starb als Mönch in dem von ihm errichteten Klösterlein Werd an der Ammer, dem heutzutagigen Wallfahrtsort St. Grafen-Rath. „Daselbes er auch Wördt im Sackh ein ander closter gestift hat;" Cgm. 1184, f. 96ᵇ. Cod. And. 5, f. 33ᵇ. 160ᵇ. 161. „Comitem Andecensem quem Sant gaffrat (wol Druckfehler) Teutonici nominabant;" Lazius, de migr. gent. 1572, f. 293. Dieses Rat scheint, wie Razzo, Rasso, eine alte Verstümmelung aus Rât-poto zu seyn, dessen erster Theil (Förstemann I, 991—1006) auch in Namen wie Rât-frid, Danchrât (Tancred), Helf-rât, agſ. Alf-rêd, der zweite (Förstemann I, 288—92) in Regin-boto (Reimbot), Sigiboto (Siboto) ꝛc. vorkommt. Förstemann I, 997. Vrgl. Th. I, Sp. 109. „Anno DCCCCLIIII Razzo comes coenobium Werde construxit in pede sui castri Razzenberch;" Cgm. 227, f. 132. „Tempore Arnolfi impii Comitis palatini, qui fuit destructor ecclesiarum, inter quas praecipue destruxit ecclesiam Salvatoris in dem Werd ubi beatum corpus beati Rassonis requiescit;" And. 5, f. 160ᵇ (v. 1296); plura ibid. f. 18ᵇ. 33ᵇ. Dieſſ. 188, f. 180 ff. Razzo comes, Razzen comitis; Dieſſ. 9ᵇ, f. 12ᵇ. „A⁰ 1468 extumulata sunt ossa b. Rassonis comitis et fundatoris ecclesiae Im Werde." „De quodam Razone qui potens minister episcopi Augustani, Miraculum;" Velseri opp. p. 577. Em. F. 118, f. 50. Clm. 5686 c (XVIII. sec. 4⁰), fol. 2 werden die Maurkirchner Reiterstatuen auf Herzog Heinrich v. Bayern und Graf Rasso gedeutet.

Der Rat, Raten, Ratel, das Ratelkorn, Ratelkraut (Ràdem; Weihers, Dr. K. Roth), der Raden, agrostema githago L.; Trespe und Unkraut überhaupt; (ahd. râto, mhd. râte râten; neben raddo, rat, gl. a. 41. 691, auch radan, ratan, ratin, raten, a. 371. 566. 665, i. 116. 478. 599, o. 14. 16, zizania, lolium, git, nigella. Graff II, 470. BM. II, 583. Diefenbach 262ᵇ. 335ᶜ. 380ᵇ. 635ᶜ. Weigand, Wbch. II, 451. Nemnich I, 122. Zeitschr. VI, 17.). „Der ratem, zizania; Cgm. 745, f. 35. „So ir eiter (?) den ratem, colligentes zizaniam," Matth. 13,29; Cgm. 66 (XIII. bis XIV. sec.), f. 58. raten, ausraten, verb., von Raden, oder Unkraut überhaupt säubern (ein Kornfeld).

„Ratel" (Rádl, Rädlein?). Dem Zillerthaler bedeutet beym schriftlichen Rechnen das Zeichen ◯ einen Gulden, ein Kreis mit eingeschlossenem Kreuz 100 Gulden oder „Rateln." Hübner, Salzb. S. 733. Es heißt a. a. O. weiter, ein Querstrich (—) bedeute 30 kr., also wol einen halben Gulden, × bedeute 10 fl., /\ 50 fl. Auf ganz ähnliche Weise verfahren die ehmaligen Deutschen in den Sette-Comuni. Dalpozzo p. 228—231. Vrgl. raiten.

Rat (?). „Ludere ad dicam q˜ Ruffus vocatur vulgariter ratt," (de puellis); San-Zenon. 69. Vrgl. unten: spilen und Diefenb. 180ᵃ. ſ. unten: das Röteln.

Der Rätich (Rádi'), wie hchd. Rettig, raphanus; (ahd. ratih, mhd. rätich; gl. a. 53. 676 und Voc. v. 1419: ratich, o. 96: raatih; agſ. rädic, engl. radish, isl. redikka. Graff II, 491. BM. II, 583. 677. Diefenb. 484ᵇ. Nemnich II, 1133. Weigand, Wbch. II, 489). „Raffanum dicunt Graeci quod nos radicem dicimus eo quod eius dispositio deorsum mittitur"; Ind. 406 (sec. XIV.), f. 5ᵇ. Castelli, Wbch. 231 bringt: „der Sbràchmàstá', der Rettig," (Sprachmeister!). R.A.: Sei˜n *Rádi'* kriegng, einen Verweis bekommen, ausgescholten werden. Castelli, Wbch. 214. Für Mer-rätich (cochlearia armoracia; o. 180: meriratich. ſ. Mer) ist das aus dem Slawischen stammende Kren (Th. II, Sp. 1371) üblicher. Im Voc. v. 1419 steht dem Mer-retich „raphanus minor" der rubretich „raphanus major" gegenüber; im Voc. Archon. dagegen ist rueben-rettich r. minor und merrettich r. major. Gl. a. 53, o. 420 heißt merratich: radigudium. Cf. Diefenbach 484ᶜ. 482ᵉ. Der Kol-Rätich (Kol-rádi, O.L.; Kolbərádi, b. W., ObrM.), der Kohlrabi (brassica oleracea gongylodes). Gl. a. 676, o. 180, Voc. v. 1419 steht ratich geradezu für radix, womit es ohne Zweifel ein Wort ist.

„ratt," adv., (Nürnb.): „ratt nichts," ganz und gar nichts. „ratt und glatt," ganz und gar, schlecht weg. Vrgl. Th. II, Sp. 978: glatt und oben, Sp. 52: hrado. 'rattenkahl (rattəkål), ganz und gar, mit Stumpf und Stiel; Vilmar kurheſſ. Idiot. 316. Aus ratt und kahl, zugleich Umbildung des franz. radical mit scherzh. Anlehnung an das folg. Wort.'

Die Ratte, (Rattemuis, Weihers, Dr. K. Roth; ahd. rato, mhd. ratte; Graff II, 470. BM. II, 584. Diefenbach 265ᵇ. Weigand, Wbch. II, 466. Zeitschr. II, 542,177. V, 419,30: Rattenkraut), als mehr niederdeutsche Form bey uns unvolksüblich, und in Ratz verhochdeutscht; (BM. II, 584. Weigand, Wbch. II, 466).

raiten (raatt'n), 1) rechnen, Rechnung stellen. Zeitschr. V, 255,68. VI, 97. 194. Der Wirth, der Arzt ꝛc. tuet stark, vil raiten, macht starke Rechnungen. „Mit Einem raythen;" MB. IV, 169. „raiten, raiten

sollen sie dem Fürsten", (Rechnung ablegen); Nagel's Bürgeraufruhr in Landshut p. 70. „Der kunech wolte raiten mit sinen knechten"... „Do kom der knechte herre und wart mit in raitende;" Griesh. Pred. I, 141. 145. „raitten mit den chnechten;" Cgm. 64, f. 59. „Wie sol ich dir geraitten herr got meiner, wen du chumst
164 an dem gericht;" Cgm. 87, fol. 82. „Waz du zu notdurft von dem deinen nimest, daz reit für gewin;" Cgm. 341 (sec. XIV.), fol. 25.b „Wie man umb gelt raiten sol;" Münchn. Stdtb., Cgm. 27, Artikel 19. 38. „Daß der Wirth bey einem Bad daſſelbe in Aufnahme bringe, ist vonnöthen, daß er ein Mann seye von Worten und Wercken. reiten und reden könne;" Adelholz. Badbeschr. cf. schätzen. „Na, *rait* nár án Eicht!" Stelzhamer 132. ab-, an-, auf-, auß-, be-, ver-, zesamenraiten. überraiten. „Es soll kain Gesell seinen maister überraiten"; Kärnt. Pol. Ord. 1578, p. 58. widerraiten, Rechnung ablegen, BM. II, 669. „Rayt wider von deinem mairampt," redde rationem villicationis tuae; Cgm. 632, f. 57.* Der Beraiter, Veraiter (Beraətteᶜ, Voᶜraəttəᶜ), (Salinen-Waldungen) Rechnungsführer über die Holzarbeiten, gewöhnlich ein Bauer. Er ist das Haupt einer oder mehrerer (Holzknecht-) Maisterschaften. Mit ihm unterhandelt das Forstamt. Salz-beraiter, ehmals in München. „Nime din beraitschaft und schribe drat fünfzik, accipe cautionem tuam", Luc. 16,6, Cgm. 66, f. 54. (oder zu berait? s. unten). Die Rait (Raətt), die Raitung (Raəttəng, „Raittumb," Raəttəm), die Rechnung; d' *Raət*, Rechnung, Zeche: „ə͂richtigé *Raət*;" Kaltenbrunner 123. „I han aft mein *Rait* mit dá' Lieb firti' gmacht;" Stelzhamer 51. Vgl. BM. II, 669. Die Burger-Rait, (salzb., Werfen; Hübn. 346) Rechnung über die Einnahmen und Ausgaben der Bürgerschaft. „Der wolte raittung halten mit sinen chnehten ... do er begunde raitten ..."; Cgm. 66, f. 59. „Gib raittung vel widderraittung deiner mayrschaft, redde rationem villicationis tuae"; Clm. 9728, f. 188. „Mit rechter raitung;" Augsb. Zoll v. 1282, Cgm. 574, fol. 21. „Mit der Raittumb recht gestên;" MB. IV, 169, ad 1355. „Ainem etwas an die Raitumb legen," es ihm verrechnen; Ms. v. 1431. „Ainer raittumb begeren." „An dem tag, und man raittumb wett, sol man raitten." „Wer dem andern raittumb wett, der sol mit im raitten des selben tags, und sol zwen erberg man zu der raittumb nemen;" Münchn. Stdtb., Cgm. 27, Art. 19. 38. Heumann, opusc. 129. 130. 158. L.R. v. 1616, f. 262. Landtag v. 1669, f. 171. Brotraitung, Brodtaxe; (Nürnb., Hsl.). Die Abrait, Abraitung, das Abraiten (A'raətt, A'raəttəm), Abrechnung; besonders der Zahltag der Hochzeitkosten im Wirthshaus, gewöhnlich mit einem Tanz, (Jir.); die Nachhochzeit, cf. Hübner, Salzb. 200. Antrait, Ordnung, series: (Graff II, 479. BM. II, 673. s. unten die Anm. zu berait etc.). „Daz die osteren an ire antreite (= antrait?) iht gewechen" (gewenchen?); Calender vor Cod. germ. 17, f. 2. Die Nachbar-Rait, (Pseud. Jir.) Gemeinderechnung. Das Rait-Amt, R.-Brief (Kärnt. Pol. Ord. 1578), R.-Buech (registrum, Voc. 1419), der R.-Handler, (mit der Rechnungsführung über das Vermögen eines Minderjährigen betraut; Kärnt. Pol. Ord. v. 1578, p. 22—34), R.-Holz (Kerbholz, „dica, apota; Gegenraitholz, antipota," Voce. 1419 und 1429), die R.-Kammer, der R.-Pfenning (Cgm. 739, f. 54 und 740, f. 1 ist das, in älterer Zeit übliche, anschaulichere Raiten mit Raitpfenningen dargestellt. „Rechen mit raitpfenningen durch ain subtils kunstleichs legen" wird gelehrt von Ulr. Wulfing, Decan zu Walperskirchen 1462, im Cod. Rot. 58; vrgl. oben Ratel), R.-Rest, der R.-Stein (Rechentafel, Schiefertafel: „e͂n *Raətstaə͂* muəs mə͂-r-á' i͂n Kopf und á' ə͂ Tàfl habm, wiə *raətət* sunstən denn də' Mensch gschwind drei und viəré zsam?" Castelli, 1828, p. 96), die R.-Tafel, die R.-Zettel (Conto, Wstr. Btr. V, 206). 2) glauben, erachten, muthmaßen. I *raətt* àlləwál, hei͂t kimt no͂ ə͂ Wédəᶜ. „Wenn mi' denn də' Vàdəᶜ bə də' Hand nimt, und də'grátſcht 's, dás I 'n für ə͂n Narrn hà': so *raətt* I, əᶜ wird mi' ſtàd 'n Ségng bə də' Grips nemə͂ und bráv trilchakng." „Er hàt gà' *gráət't*, miəᶜ ſán' Ausſpêhəᶜ;" Göſchl, Genes. 27,12. 42,30. „Das ist von Alters nie herkhommen, auch, wie zu raithen, ain sonndere Unbilligkhait;" Gravamina v. 1579. „Der reite da die sippe von Adams rippe"; (aufzählen, vorrechnen? s. Bedeut. 1); v. d. Hagen, Ges. Abent. LI, 133. „Und andre zirde also vile der ih reiten nit ne wile"; Hartm. rede von dem h. glauben, Wackernagel's Lesebch. I, 176,10. zeraiten (z'raətt'n), sozusagen, beynahe.

Aus Quellen vor dem XIII. Jahrh. wüßte ich das Verb selbst nicht nachzuweisen. BM. II, 667. Doch steht gl. a. 514. 555: reitchamara, emporium, (Graff II, 479; vgl. oben: Antrait); Otfrid sagt V, 19,50, daß Arme und Reiche vor dem Weltrichter al ebanreiti (für gleich viel gerechnet) seyen. Bedenklicher ist das kerete, mit welchem in einem Cod. aus Wessobrunn die Seite anhebt, auf welcher die in MB. VII, 373. 374 und 16
Diut. II, 368 abgedruckten Maße verzeichnet sind. Sieh unten berait, beraiten, wo Berührung mit unserm Wort kaum abzuweisen ist. Im Isl. hat reida auch die Bedeutung ponderare. Sollte unser Wort auch nicht erst aus der im XIII., XIV. Jahrh. gewöhnlichen Contraction reite, gereit des Präteritum von reden erwachsen seyn, so scheint es doch in Sinn und Form genau mit diesem Verb und dem gothischen rathjan, zählen, rathjo, ags. gerad (ratio) zusammenzuhangen. Vgl. Th. I, Sp. 152: Ürte.

Die Hof-Rait, -Raiten, -Raitin, -Raiti (Nürnb. Hufərət), der Hofraum bey einem landwirthschaftlichen Gebäude; (cf. čeſk. reyd, Fahrt, Tummel; reydjim, tummeln, rollen; reydiſtě, Tummelplatz. BM. II, 673. Weigand, Wbch. I, 513. Zeitschr. V, 506). Am 8. Jan. 1847 hat der Amtsdiener Georg Schäffner den Zuckerbacker zu Rottenbauer in dessen Hofrith erstochen;" b. Landbote, 1847, Nr. 15. „Unser aigen behausung, wie und die mit ötern und ganzer hofraid eingefangen ist;" MB. XVII, 262. „An haus und hofraitin;" Juchenhofer Mirakel v. 1605. „Der hofraiten" (gen. sing.); MB. XXII, 636, ad 1500. Die hofraiten (plur.); ibid. 392, ad 1407. Im fränkischen Cgm. 4854 (sec. XV.) immer Hofreth, so f. 103: „Diser hof hot ein hoffreth vil nach (beinahe) mitten im dorf wol gelegen und ist ungebawt ... dieser hof hat noch ein hoffreth gehabt und dy hat man vorzyten umb einen eigen Morgen Ackers verwechselt". „Diser hof hat zwu hofreth, der ist ein bezimmert"; das. f. 111. „Hus, hofraiti vnd gesäß;" Memminger Urk. v. 1421, Cgm. 615. „Si sullen si in ir hofraitin behalten;" Augsb. Stadtb. „Unser hofrait daz G. mit haus, mit stadel, mit spicar, mit hoffstet, mit biunden;" MB. XXII, 334, ad 1359. „Wie Einer arbeit, also stehts um sein Hofreit;" Seb. Frank. In Wiltmaisters Amberg, S. 135 steht: „Casern mit dem dabey befindlichen Hofraith." Bey Chr. Schmid findet sich in ähnlichem Sinn ein altes Zaunraite. Sich oben, Sp. 58: reiden, 2 und unten: die Riet. Vrgl. gl. a. 70: hreiti-huoba, colonia. (Hofrait für Roveredo s. Zeitschr. III, 462. VI, 152.)

berait, adj. und adv., 1) in der allgemeinen Bed. des hchd. bereit nicht eben volksüblich, und, wo es vorkommt, als pfraəd ausgesprochen, (schon im Voc. v. 1429: phrait, paratus); im O.L. kommt noch vor: allberait, àlbraət. Die mhd. Sp. hat für (neben) bereit die Form gereit, gereite, (z. B. Iw. 3415. 4158. 4175. 4627. 4975. Wernh. Maria 150. 201); agſ. geràd, instructus, engl. ready, ndrſ. gerêd. Etwa zu reiten, wie fertig zu faren. BM. II, 670. 671 f. cf. Graff II, 479. Weigand, Wbch. I, 134. Vilmar, kurhess. Idiot. 320: reide, gereite, fertig, bereits. be-

raits, adv., (schwäb.) bald; (mhd. gereite; Jw. 3608 Wernh. Maria 49. 50. 61. 104. 112. BM. II, 672). unberait; vgl. BM. II, 671. „Ausgeprant salvawasser macht daz herz gesunt die leber dy lungl und daz milcz, ob man daran unberait ist;“ Clm. 5931, f. 224. 2) (ä. Sp.) speciell: gerüstet, ausgerüstet (zum Krieg; vrgl. raisig). „Mit 500 beraiten Mannen mit helmen;“ Urk. v. 1318. „Si suln auch unsern luten geben, brot unde win den bereiten, den andern pyer und brot;“ Urk. v. 1312. „Daz ir iglicher mit haus an der halstat sitzen sol mit einem maiden, beraiter mit harnasch ze faren;“ Urk. v. 1311 bey Kurz, Österreich unter Fridr. d. Sch., S. 426. 455. 468. 3) von Gelde: baar, wirklich vorhanden, pecunia parata; (isl. reidipeningar). „Sind bloß an weiß und schwarzen Pfenningen 1121 fl. in Gotteskasten berait gefunden worden;“ Alt.-Ötting. Hist. b. 1698. „Hab in Jahr und Tag, außer meinen Schein und den Kirchenberaitzettl, nichts gschrieben,“ sagt bey A. v. Bucher (s. W. IV, 243) der Schulmeister, der bey des Pfarrers Tröstngott Hinterlassenschaftsverhandlung Actuarius seyn soll. Vrgl. oben, Sp. 165: Gottsberat (Kirchengeld). „Unser beraits Einnehmen, berait bezahlen;“ Kr. Lhdl. VII, 116 ff. „Berait geld ist lachender kauf;“ Sterzinger Passionsspiel 1500. „Umb
156 berait pfenning oder ze pit,“ gegen baare Bezahlung oder auf Credit; Münchner Magistr.-Verord. v. 1370. „An berater pfening stat;“ MB. II, 60. „Is sol auch der gelter den gast nicht pfant andringen, ob er berait pfenning daligent hab;“ Rechtbuch v. 1332, Wstr. Btr. VII, 143. „Darumb gäb er ein phraitten heller;“ Cgm. 379, f. 158. MB. XIV, p. 167, ad an. 1422 schenkt der Dechant von Illmünster dem Kloster Undersdorf seinen allerliebsten Schatz, d. i. seine Bibel und andre volumina seiner Bücher, damit ihm dafür ein ewiger Jahrtag begangen werde; „des seyt ir darvmb wol schuldig“, schreibt er dem Abt und Convent, „wen ich mich 40 beraiter ducaten leichter vermegen (verwegen) hiet.“ „Vmb hundert Guldin und vmb zwendreißig Guldin, die sy mir gentzlich berait darvmb bericht und bezalt hannt;“ MB. VIII, 259; cfr. MB. V, 189. Wstr. Btr. I, 390. „Congruam eis justitiam faciat, paratam vero nullam ab eis pro hoc exiget.“ MB. III, 321 ad an. 1157. Vielleicht gehört hieher „vom *Braɔt'n* hèrnemɔ˜, vom Ersparten, (parata pecunia; Obrm.) und das österr. „vom Braiten (B'raiten?) leben,“ vom Capital zehren. Ähnliches vermuthe ich vom ags. „räde-gafol, commodum tributarium,“ Lehen, das baar Geld zu entrichten hat. Die Beraitschaft, baares Geld, Baarschaft. „Von Beraitschaft, die er uns gelihen hat; „Sammler f. Tyrol IV, 297, ad 1312. „Ein Gut mit Beraitschaft lösen;“ ibid. p. 298. „Wo beraitschaft oder ander gut bey ainem über lant wirt gesant;“ M. Stadtrechtbuch, Ms. v. 1453. So auch beraiten, b).

beraiten, a) wie hchd. bereiten — allein nicht sehr volksmäßig — vielleicht weil es in der gemeinen Aussprache mit braiten (braɔttn) zusammenfallen würde; (mhd. reiten, bereiten, ags. rædian, isl. reida, ndrs. rêden, zurechtmachen, ausrüsten, it. arredare. BM. II, 667,2. 668,2. Zeitschr. IV, 270,33. V, 522,14. Diez, Wbch. 283). Das Tuech beraiten, ihm durch Scheeren die Vollendung geben, (ndrs. Wand berêden). „Item schullen die Scherär allen lacuten guteu tuch beraiten;“ Regensb. Rathsverord. v. 1259; s. Adelung: Tuchbereiter. ausberaiten. „Was sie unter dem Auftrib-Hammer am Kesselberg auftreiben, es sey zu Kesseln, Pfannen oder allem andern Geschirr, sollen sie nicht ausberaiten, noch ausarbeiten, sondern dem handwerch der Kupfer- und Kaltschmid überlassen;“ Lori, B.R. 132. beraitsam, leicht zu bereiten, zu haben; Kr. Lhdl. I, 227. b) bezahlen, berichtigen; entrichten; (ndrs. berêden). „Es sulle der amptman seinen herrn beraitn umb alles das er hinz im ze vodern hat.“ „Der pawman sol auch den herren beraiten und berichten seiner Gült, seins Gerichtz und seins Guetsrecht.“ „Der herr sol den bauman beraiten;“ K. Ludw. Rechtb., Heumann, opusc. 151. 162. 163. „Die Witwe sol die erben beraiten, was erbs da sey;“ Wstr. Btr. VII, 123. Vrgl. berait Geld und raiten.

Das Gerait, (ä. Sp.) der Zeug, die Rüstung des Mannes und des Pferdes; ahd. reita, reiti, currus, cf. herireita, brandreita, fahsreiti, scafreita; ags. räde, apparatus, isl. reidi, n. ephippium, m. postilena, auch Tauwerk, neben reida, praeparatio, ndrs. rêde, apparatus, it. corredo, arredo, fr. arroy. Graff II, 157
478. 479. 481. BM. II, 743 f. cf. 673. Diez, Wbch. 283. „Turneis-, Stech-, Arm-, Bain-Grait,“ (1392); Freyb. Samml. II, 144. „Geraide unter dem sattel, subtela, vordergeraid, antela, hindergeraid oder affterrayde, postela;“ Voc. sec. XV; aftirreide, idem, gl. o. 158. „Hinterkhrait oder Hinterzeug von weißem Leder. 39 Hinterkhrait samt den Steigledern;“ Wstr. Btr. V, 168. 169, ad 1580. „Der hengst mit dem sattel und gülden gerait;“ Av. Chr. 390. „Daz gereite von golde;“ Jw. 3463. „Gereite, phalerae;“ gl. o. 157. „Sind geritten in güldin Gerätten und in guldin Zämen;“ Wstr. Btr. III, 132, ad 1476. „Stirngeräd, frontale;“ Voc. v. 1618. „Frontale, stirnriemen oder geraid;“ Nomencl. v. 1629, p. 136. „Von wegen machung etlich vergoltter spangen auf Wagengeraid;“ ibid. 79, ad 1567; cfr. gl. o. 316; „uuagenreide, cylindrum.“

Ingerait. „On ain geweicht Corporal sambt seinem Ingeraidt Meß zu halten,“ ist verboten; Garßer Ordination v. 1577, Cgm. 148, fol. 39b. Aus Gerait, apparatus, scheint sich unter niederd. Einfluß entwickelt zu haben das folgende Gerätschaft. Im b. Crais-Recht f. 47, ad 1553 heißt es: „Die Stände sollen sich dermaßen in Gerätschaft schicken, daß sie mit ihrer stattlichen Hilfe (jeden Augenblick) zu ziehen mögen.“ Dieses Gerätschaft steht ohne Zweifel für ein, zu dem unter b'erait citierten mhd. Adj. gerêit gehöriges Gerêitschaft. BM. II, 672. Vilmar, kurhess. Idiot. 321: Reitschaft. Zeitschr. V, 522,14. VI, 341. Graff II, 479—481. BM. II, 673. Vrgl. oben Rât (Geräthe).

Anm. Die Grund-Idee all dieser Rait-Formen liegt wol auch im ahd. andreidi, antreiti, antreita, antreitida, series, ordo, gl. a. 152. 608 i. 77. 1193, Isid. V., Kero, Tat. (Notk. 95,6: antreht?) Diut. III, 33; antreiton, digerere, i. 1071 (Boeth. de cons. IV, prosa 6). „Der ist antreitente (disponens) sine chose (sermones) ze gotis urteile;“ alte Münchn. Predigten. Goth. garaid, τεταγμένον, garaideins, διαταγή; (Luc. 3, 13; ad Roman. 13, 2). Es wäre Zusammenhang mit Reih, Raijen, ordo, series, nicht undenkbar.

Raitel, raiteln, s. Raidel, raideln, und vgl. alts. wrêd, isl. reidr, zornig; (zu ags. vridan, drehen, engl. writhe; Müller, etymol. Wbch. d. engl. Spr. 561. 563).

Raiten-buech, Raiten-haslach, Namen ehmaliger Klöster, und ähnliche von andern Orten (Moritz, Cod. Trad. monast. Ensdorf bey Freyb. Samml. II, 316. 362. Fink, Repert. Bav. MB. III, 106. VIII, 7. Förstemann II, 1151. 1142. cf. Rhaetia, Rhaetico, Berg in Tirol!! Förstem. II, 1171 f.) scheinen im ersten Bestandtheil einen alten Personnamen zu enthalten, von welchem noch der öfters vorkommende Geschlechtsname Rait, Raith herstammen möchte. (Förstemann I, 991 ff.) Raitenbuech ist in neuerer Zeit, nach falscher Deutung der in Gramm. §. 334 berührten Aussprache, zu Rottenbuch verhochdeutscht worden. So heißt im Catalog v. 1595—1610 des Cbm.C. 2, f. 333 auch Raitenhaslach schon Rotenhaslach. Vrgl. oben Sp. 53.

Der Raut oder der, die Rauten, die Raute (ahd. ruta, gen. rutun, mhd. diu rûte, ags. rude; Graff II, 490. BM. II, 824. Weigand, Wbch. II, 469. Der Edel-

raut, (Gebirg) senecio incanus L. Der grüene Raut, Achillea atrata L., eine der Zierpflanzen für den Hut des Älplers. Die Joch=Rauten, Stain=Rauten, Achillea Clavennae L. Die Weih=Rauten (Wei˜-rautn), ruta graveolens L., das vorzüglichste unter den
158 Kräutern, die zu gewissen kirchlichen Festzeiten geweiht werden. „Nimb frischen Weinrauten, und stoße jhne in einem Mörser;" Dr. Minderer p. 75. „Wilder Rautten ist guet für die Harnwinden;" Cgm. 589, f. 157^b.

Das, auch wol der Raut, (O.L.) was Reut, w. m. s.; (auch in den Sette=Comuni 'z Raut, pl. de Reute — aus dem ältern Präteritum rût von riuten gebildet; — vrgl. betauren aus betiuren, tauchen aus tiuhen). Das Raut am Cochelsee bey Schlehdorf. „Der benannt rawt;" MB. X, 176, ad 1445. „Der Raut vor dem Brunnental ze Mittenwald;" Clm. 17532, f. 12. Zeitschr. VI, 194.

retten (rétt'n), a) Einen, wie hchd.; (ahd. retjan, rettan, mhd. retten, Prät. ratte; agſ. hreddan, a=hreddan, ndrd. redden, eruere, eripere. Graff II, 471. BM. II, 677. Weigand, Wbch. II, 489). „Von notdurften ire erratte er sie, de necessitatibus eorum eripuit eos"; Windb. Ps. 106,6. „Si erratten in erlich"; Ettmüller, zwei Züricher Chron. p. 82. b) etwas, es abwehren, dagegen Hilfe verschaffen. Den Brand, das Feur rc. retten, löschen; Bayreut. Feuer=Ord. v. 1732. Münchner Feuer=Ord. v. 1751 und 1370. Wstr. Btr. VI, 20. Meidinger's Landshut 59. Wagner, C. und C. Beamt. II, 251. Feur=Rettungs=Instrumente, Löschgeräthschaften. „Sie sollten das jämmerliche Mord retten;" Av. Chr. 277. Bey Raufhändeln retten, abretten, abwehren; Cod. Crim. v. 1751, Anm. p. 60. Wagner, C. und C. B. II, 44. „Vor dem Fraß der Heuschrecken hulff kein Retten; Av. Chr. 356. c) durch Abwehren beschirmen, schützen, sichern. „Vor Kälten groß die waichen Händlein retten;" Epithalam. Marian. v. 1659, p. 403. „Einen bey seinen Rechten und Freyhaiten behalten, retten und schermen;" MB. IX, 512, ad 1329. „Sie vor Herzog Georgen, der die Landsteuer an sie begehrt, retten;" Kr. Lhdl. XII, 291. „Land und Leute wider den Feind retten," (vertheidigen); Kr. Lhdl. XIV, 678. 722. XVI, 205. XI, 224. 551. XIII, 66. VII, 534. „Eine Besatzung retten," einer Garnison Succurs bringen, eine Festung entsetzen; Kr. Lhdl. VII, 531 ff. „Eine feste Stadt retten," sie entsetzen; Av. Chr. 74. „Zur Berettung oder Besetzung Wien und Ofen;" B. Krais=Recht f. 19. „Wir sullent auch für übl nicht haben, ob die Bischove und ander Pfaffen mit gaistlich oder mit weltlicher Were und rettigung gegen Uns seyent;" Meichelb. Chron. Ben. II, 117, ad 1431. „Seines Guts vor dem Wildpret Rettung oder Berettung haben;" Kr. Lhdl. XIII, 171. derretten, erwehren. Sich vor Hunger, Durst rc. də'réttn, sich Hungers, Durstes rc. erwehren. „Sich des merern Ellentds zu erretthen;" Landtag v. 1669, p. 141. „So kanst du dich deiner veindt erretten;" Fwrbch., Ms. v. 1591. entretten. Italia mit dinen mechtigen hern und steten hilff daz lant grecia widder entreten;" Manung wider die Türken, 1454 (Augstmonat), Cim. I, 4,1. Rett-io (⏑ ⏑ —)! Hilfe! Rettung! Rettio schreyen. „O retio, o mördio! schreit die Schwester des Horatius unter dem Schwerte desselben; H. Sachs 1560: II, III, 5. Cf. česk. na ret, na retu! zu Hilfe! Das ahd. retian weiset auf ein früheres rat..., das aber, in Hinsicht des agſ. hreddan, nicht mit Rât zusammenhangen wird. Im Poln. ist ra'towac helfen, slav., russ. rat" Krieg.

„Retlen," (Salzb. Sittenord. v. 1736, §. 9) nächtlicher Besuch in der Küche, „Kuchel=Haimgarten." (Firmenich I, 40,15 auch wangersch: röteln, schwatzen, plaudern, holl. reutelen, was jedoch wegen des niederd. t nicht hieher paßt.) Bey Hübner, Fürstenth. Salzb. S. 397 (cfr. 438) heißt es: „Ferner unterhalt sich das junge Volk mit Rötheln, Wettlaufen oder sogenannten Springen, Holztriften, Fröscheln, Purößlspringen, Brückenbauen, Hosenrecken und mehrern dergleichen körperlichen 159
Uebungen," wobei man fast an Gerad, 2) denken möchte. „röteln, Wettlaufen oder sogenanntes Springen;" (Zir. — von retten? cf. Th. I, Sp. 650: truden).

reiten (reid'n, rei'n), ich reitet und ritt, ä. Sp. rait, bin geritten (gridn), 1) wie hchd.; (ahd. Sp. rîtan: reit, riti, garitan, mhd. rîten: reit, rite, geriten; agſ. rîdan, isl. rîda. Graff II, 476. BM. II, 729. Weigand, Wbch. II, 485). Labr. 401. 409. 491—93. 510. widerrîten, das. 325. 328. „Siben hundert schullen sein geritten," Berittene; Ring 45^c,36. „Wirde ich geriten," beritten, bekomme ich ein Pferd; M. Helmbrecht 299.

In der ä. Sp. bis ins 16. Jahrh., wo vornehmere Personen ihre Reisen, wie es sich bey der damaligen Beschaffenheit der Fuhrwerke und der Landstraßen wol von selbst verstand, nicht zu Wagen, sondern zu Pferde machten, auch bey feyerlichen Anlässen nur auf dem Thier, a quo omnis nobilitas, erschienen, wird das Wort oft auf eine, jetzt uns Kutschenfahrenden auffallende Art gebraucht. Vgl. Th. I, Sp. 966: die Gutschen. Der gute Aventin sagt, er habe seiner Historie wegen „ganz Bayerland durchritten" ... „Die vom Adel des Landes reiten nit zu Hof, dann wer Dienst und Sold hat." .. „Kirchfarten reiten;" Av. Chr. I, 12. 35. Scherzh. R.A. Auf seiner Mutter Füllen reiten (oder gehn), zu Fuß gehn; (der alte Stöger, 10. July 1837). „Es ist nöthig, daß der Badwirth ein Mann sey von Worten und Werken, reiten und reden könne;" Adelholzer Badebeschr. p. 113. cf. raiten. In einem Schreiben an die Landschaft v. 1439 klagt Herzog Ludwig d. j. von Ingolstadt, wie daß er „als ein ausgestoßner armer Herr habe müssen umreiten;" Kr. Lhdl. I, 136. Ebendas. VI, p. 133, ad 1467 ist die Rede vom Einreiten und Wiederausreiten des Herzogs Christoph aus der Stadt Deggendorf mit seinen Mitreitern. Das Einreiten eines Fürsten rc., was jetzt Einzug. Das. VII, 214, ad 1464 heißt es: „Unserm gn. Herrn zur Zehrung geben, als er am Mittwoch zu unsrer gn. Frauen nach Burghausen reitet," (im Original steht wohl: rait): 8 Pf. dn. Das. X, p. 299, ad 1490 wird gesagt, daß sich Johanns von Degenberg habe entschuldigen lassen, auf die Zusammenkunft der Löwler nach Cham zu kommen, er könne Krankheit halber nicht reiten, worauf ihm Herzog Otto zugeschrieben habe, wenn er nicht reiten könne, so solle er fahren, aber auf der Stelle kommen; wornach er doch geritten angekommen sey. Vrgl. Gem. Reg. Chron. III, 141. „In der Wochen als wir von Rom verritten," sagt der Cardinal Otto von Augsburg; Hist. Fris. II, II, 357. A. 1368 will Bisch. Chunrat von Regensb. von dem Lande gein Rom zu dem Pabst reiten;" Ried 904. Wie der Ritter, so konnte auch der Beamte seine Geschäfte über Land nicht schicklicher als zu Roß reitend abmachen. „Der Gerichtschreiber reitet mit dem Buech zu den Rechten;" Akten v. 1442. „Auf die Spän reiten," streitige Grenzen besichtigen; Kr. Lhdl. XI, 451. Auf die Anlait reiten (s. Anlait). „Was der Anleiter anleitet außer der Stadt (Wrzbrg.), das soll er zu Roß und nicht zu Fuß thun;" wrzb. L.G.O. v. 1618. Die Rentmaister hatten jährlich in ihrem Rentamt umzureiten, den rentmaisterischen Umritt zu halten, d. h. die Aemter zu visitiren. S. oben, Sp. 126. So die wassergrauen und richtersknecht am dritten jar in der müllbeschaw umbreiten; Cgm. 3253, f. 4. „Wie man die Bergwerkh bereitten sol; Cgm. 1203, f. 83. Bey den fürstlichen und klösterlichen Kastenämtern gab es, um den Bestand der Früchte und Zehenden zu bereiten oder zu umreiten, d. h. zu besichtigen, auch wol Ausstände einzutreiben, eigene Bereiter, Kasten=Bereiter, „Bhreiter." Zirngibl, Probst. Hsch. p. 53. 107. Bem. üb. Land.=R. p. 202. Wstr. Btr. IX, 245. Kr. Lhdl. X, 76. Salzbereiter beym Salzamt Tölz; Wstr.

Btr. V, 287, (vrgl. indessen Beraiter). Einem einen Jagdbezirk einreiten, ihm denselben durch feyerliche
160 Umreitung übergeben; Zirngibl, a. a. O. p. 102. 107. Gränzen ausreiten; Mederer, Ingolst. p. 54. Einen Straßen-, Flur-, besonders aber einen Forst- oder Jagd-Bezirk überreiten, denselben besichtigen, unter seiner Aufsicht haben. Der Ueberreiter, der unmittelbare Aufseher über solch einen Bezirk; Hist. Frising. II, II, 363. Kr. Lhdl. I, 238. Um den Esch reiten; (s. Esch). In Procession „um den Flur reiten." Der Flurritt wird (nach wirzb. Kirchenord. v. 1693) in eine Procession zu Fuß verwandelt. Gegen den Feind reiten, ä. Sp. (a potiori, nemlich dem berittenen adelichen Theil des Heeres), wie wir jetzt sagen: marschieren, ziehen. Das Widerreiten, der feindliche Angriff; Gem. Reg. Chr. II, 399, ad 1411. S. unten Reiter, Ritter. Ritterliche Reitregeln s. Gregor v. d. St. 1421 ff. reitstetig, reitstetisch, rittstetisch, reitstützig, adj., vom Pferd, auch wol vom Menschen: widerspenstig, sich sträubend, eigenwillig stehen bleibend. „War ein erz-reitstätiger Rapp der Hengst, aber dem Juden hätts nicht gschadt, wenn er auch angeführt worden wär;" A. v. Bucher's s. Sch. IV, 251. Der Reiter (Reidə', Weihers: Rütter), wie hchd.; (ahd. rîtâri, mhd. rîtære; Graff II, 477. BM. II, 739. Weigand, Wbch. II, 485). 'Ausreiter, Vilmar, kurhess. Idiot. 323.' Apostel-, Brei~-, Nuss-*Reidə'*, schlechter R., dem man wol zum Spott Brei~, Brei~! Nuss, Nuss! nachruft. *Schef-Reidə' Stángl-Reidə'*, berittener Arbeiter bey den Schiffen, die von Pferden stromaufwärts gezogen werden. *Strik-reidə'* werden im Spott die Gendarmen zu Pferd genannt, zunächst mit Anspielung auf die Dragoner-Schnüre, die sie als jetzt unnütze Zierde am Achseltheil des Rockes führen. Nach Wstr. Gl. hießen die ehmaligen, 1745 aufgestellten, Strick-reiter (von den Districten) eigentlich Strich-reiter. 's. dagegen Vilmar, kurhess. Idiot. 323.' Einen Woldan reiten, s. Th. IV: Woldan. Wie übrigens die oft vorkommende, zwar in der bayr. Aussp. mit Reidə' zusammenfallende Form Reuter, schweiz. Rüter, holl. (aus dem Deutschen?) ruyter (neben rydder), schwed. ryttare entstanden seyn mag? (Weigand, Wbch. II, 490. Firmenich I, 207,15: rütern, reiten). Von beiden ist wieder das anders abgeleitete Ritter (mhd. ritære, isl. riddari, schwed. riddare, holl. ridder. BM. II, 730. Weigand, Wbch. II, 501. Bey Hund, St.B. II, 111 kommt gar „ein Ritterin, Guta v. Weilbach" vor) getrennt. S. Ritt. Wenn ruyten (formell unserm reuten entsprechend) im Holl. so viel bedeutet als einen Raubzug thun, und auch in Hochdeutschland durch das 15. und 16. Jahrh. Reuterey, reuterisch in ähnlichem Sinne genommen wurde, so scheinen diese Ausdrücke zunächst nur Waidsprüche des damaligen Adels gewesen zu seyn, der solche Dinge unter gewissen Umständen noch für nobel wollte gelten lassen. „Herr Wilhalm v. Gutenecky gab sich auff die Reutterey und Rauberey." „Hans Joachim v. Pappenheim hat vil seltsamer Händel und Reuterey getriben." „Jac. v. Puechberg ein redlicher Mann, in seiner Jugend Reitterey gebraucht, etlich erlich Züg gethan." „Nachdem auf dem Norkhaw die Reutterey und Rauberey fast überhand namb." „Christoph Marschalck v. Pappenheim, ein reutterischer, trutziger Mann." „Wilhelm v. Sandizell ein reitterischer Man," (vrgl. II. Th. Sp. 1346). Hund's St.B. I, 251. 375. II, 168. 171. 259. 278. „Wagen uns wie frommen reutern gebührt bis uns der schopf an galgen rührt. Derhalb konnen wir uns mit ehrn mit unser reuterey schier nicht mehr nehrn;" H. Sachs 1560: V, 339 (1612: V, III, 1. 2.). „Der reuter spricht: Ich bin ein frischer reutersmann ich hilff oft halten in der hecken den kaufleuten jhr geld abschrecken;" das. 1612: II, II, 15. „Nur dapfer, gute reuttersmär! eine Art Spruch; das. 1612: IV, III, 147 (1560: IV, III, 67). „Den 27. Januari 1505 hat sich zwischen Vilburg und Gänghoven ein besonder Reitterey zuegetragen zwischen den Herzog Alprechtischen und Herzog Ruprechtischen;" Cgm. 1311, f. 154. Birlinger 373. „Si bene judicarent (judices), non esset tanta fraus in mercando nec in artificibus nec essent tot reyter, rayser, abreisser, dieb, mörder;" Monac. Augustin. 84. f. 67ᵇ. Noch der Prediger Hieber sagt 1685: „Wann du auf ein Wang ein gute reiterische Ohrfeigen auffangst." „Da man all sachen (Rechtshändel) nach layschem und 161
Reuter-Verstand verrichtet; Cgm. 920, f. 21. „Wiltu reitterisch Leder ferben;" Cgm. 821, f. 233, s. oben, Sp. 5, Raub: reuberisch. 'Mittellat. rutarius, rotarius, altfranz. routier, Straßenräuber; cf. reistre, pistolier, und reître, rêtre, Lümmel, Grobian. Ducange, ed. Henschel V, 823ᵇ.' Rutarii, ruptuarii, genus quodvis praedonum; Rer. gallicar. scriptores, t. XIX, p. 838. „Nullus clericus rotariis vel balistariis ac hujus modi viris sanguinum praeponatur;" Clm. 767, f. 85ᵇ. „Les Catelans (en Grèce l'an 1306) prirent le nom de compagnie qui estoit usité en ce temps-là pour designer les troupes, lesquelles ou durant une trève ou après une paix ne voulans pas quitter les armes, couroient le pays, voloient et vivoient sans aucune discipline militaire. Froissard et autres font souvent mention de ces compagnies qu'ils appellent Routiers;" Ducange, histoire de Constantinople sous les empereurs François, liv. VI, chap. XXXVIII. „Eadmund ædeling gerad ealle Sigeferdes," are plundered all the property of Sigferth; Saxon. chron. ad 1015. „Eadmund cyng gerad tha West Seaxan," invaded the Westsaxons; ibid. ad 1016. „Se cyng (Eadward) let geridan ealle tha land the his modor ahte him to handa," (ließ sie für sich ausplündern); ibid. ad 1043. Cf. altsächs. Glossar (mein Exemplar) fath. (Vrgl. das anders abgeleitete ahd. reita, herireita, leg. Rip. LXVI.; leg. Baiuu. III, 8,1: expeditio equestris, turma XLII clypeorum; ags. râd, isl. reid). 'Reitschmid, Hufschmid, Vilmar, kurhess. Idiot. 323.'

2) (O.Salzach) vehi überhaupt. Also nicht blos ob des Rosses (ob's Ross) reiten, sondern auch (auf dem) Waßer, (in der) Gutsch, (auf dem) Wagen reiten; auch schweiz. auf dem Wagen, Schiff *rîtə*, holl. te wagen (doch nicht zu Wasser oder zu Schiff). rijden. Ameascht (zuerst, vorher) bin i *ovs Roſs grittn*, hat ma' afa' da Gruaggn zweh than und bin i va Nidansell (Niedersill, also: Nidern S.) *Schesi grittn*", (gefahren); v. Kürsinger's Ober-Pinzgau (1841), S. 175. Notk. Ps. 39,6: ze himile rîten (wie Elias); das. 67,25: „Die (nubes) sint dîn reita (currus), uffen dien du disa uuerlt alla irriten habest;" cfr. Boeth. 66. „Paurßleut, die sonst in jrn aigen sachen nit zu roß reyten," heißt es in der Gerichts-Ord. v. 1520, T. 12, A. 3, wo der als nothwendig erachtete Beisatz an das holl. te peird rijden, engl. to ride on horse-back erinnert; denn auch im Englischen wird to ride (ags. rîdan) mit vom Fahren gebraucht. Dieß bedachte vermuthlich der franz. Zeitungsschreiber (Journ. de Paris No. 176 v. 1818) nicht, als er nach einer englischen Zeitung die Nachricht gab, daß die 75jährige kranke Königin von England anderthalb Stunden lang spazieren geritten sey. „Euer Weib muß reiten," lautete das Recept des berühmten Dr. Boerhave für die Frau eines Edelmanns in Meklenburg. Er hatte es auf holländische Art gemeint, sie verstand und that es auf deutsch, bis sie nicht mehr konnte, und starb. Die Reitbenn, (Chiemg.) Vorrichtung zum Schlittenfahren.

3) ferri überhaupt, besonders labi, gleiten, rutschen. əs *reit't* iemàl ə~ Bàlfen àbə'; (s. Balfen).

Dà steig I nét auffi ə~ d' Hàbə'leitn,
hà~ hálé Schuhh à~, kunnt àbi *reitn*.

Mei~ Häusl stêt óbm auf də' Leitn,
I bi~ ja nét sichə' debei, wó 's mə' nét àbə'
tuet *reitn*.

„N. ist über ein Steinfelsen neun und zwanzig Schuech

hoch abgeritten, und im Fallen ein Fueß abgebrochen;" Aufkirch. Mirak. Holl. rijden op't ijs, in glacie ferri; isl. gilt das abgeleitete reida für ferri und vibrare. Ebenso scheint sich unser rait=schen (w. m. s.) zum schweiz. ritə˜, sich wippen, schaukeln (cfr. gl. a. 326. 572. 1722: ritiscupha, oscilla; i. 40: rite-bouma, catasta, genus tormenti; i. 810: gireida, vibratos) zu verhalten. In dieser Bedeutung schließen sich an die oben unter Gerait aufgeführten, der alten Präterit.-Form reit und dem zu dieser gehörigen Präsens reitan, gl. a. 25: invehere, entsprechenden reita, reiti, gereite, vehiculum, currus, rheda, bigae, quadrigae (Notk. Ps. 67,19 und S. 259. gl. a. 537. 582. i. 83. 106. 271. 310. 1011. 1185), ags. râd — engl. road in der Bed. Straße, — isl. reid; reituuagan, currus (a. 677. o. 143. 324. 1015. 1047); reitil, reitrihtil, reituueko, auriga (a. 505. 543. i. 159. 310. 761. o. 143. 324); reitiros, curulis equus (i. 247. 256); reitlih, curulis (a. 74) — dann, wie mir
162 scheint figürlich, auch prant-reita, a. 3. 28, o. 224: andeda (ferrum superponendis torribus, schles. Brand-raite, Frankf. Brandrêdel; BM. II, 673) und scafa-reita, Diut. II, 344. gl. a. 504. o. 133. 322 ꝛc.: „toreuma“ (tabulatum superponendis vasis). BM. II, 673. `Vgl. oben: das Gereit.´

4) Der Teufel, das Unglück, die Armuth, Noth reitet mich, sitzt gleichsam auf mir, (eine aus Bed. 1 fließende Figur; vrgl. Bothe zum Worte καθιππάζεσθαι in den Eumeniden des Aeschylus 143. Auch ags. rîdan, isl. rîda haben die Bed. haerere, insidere). Grimm, Mythol.^{2} p. 966. 1107. Vilmar, kurhess. Idiot. 323. „Diu bösheit hât in lange geriten,“ St. Ulrich's Leben, Cgm. 94, f. 75, Vers 1563. „Gott wird uns net reit'n,“ zum Besten haben, sagt im salzburg. Weihnachtlied ein Hirt. Einen in's Unglück, in die Schulden hineinreiten, bringen. Dagegen räth Hans Sachs: „Ein ieglicher, dieweil er lebt, laß er sein vernunfft meister seyn, und reyt sich selb im Zaum allein.“

5) in Zorn gerathen oder seyn, (holl. rijden. `cf. hchd. reiten, brünstig sein; Zeitschr. IV, 160; s. rittig. Zeitschr. V, 70,55: niederd. im *Ried* sein, betrunken sein; *Ried* fiske, Laichfische; *Ritt* Froschlaich´). Er reit't, ist geritten. Buə' dèn dèrffst nét vyl machə˜, dèr *reit't* glei' aus! Er werd bàl' *rei'n*, də' Gaul is scho˜ gſädlt, fängt an böse zu werden. Einen reitend (reidə˜d) machen, ihn in Zorn bringen, (holl. doen rijden). (Figur von Bed. 1, wie man auch faren auf ähnliche Weise verwendet? — oder gar zum ags. vridhan, indignari, neben torquere, engl. to writhe, wreath als Stammwort von vrâdh, engl. wroth, isl. reidr, schwed. vrêd, iratus, gehörend? Müller, etymol. Wbch. d. engl. Spr. II, 563). Vrgl. rittig, der=, ze=ritten.

reiten, drehen; s. reiden und vgl. Zeitschr. VI, 191: rätteln.

„Reithamer, faustkolben, cestra;“ Nomencl. v. 1629, p. 139.

Der Schwarz=Reiter, das Schwarzreitə'l, edler Fisch, besonders des St. Bartholomä-See's; s. Rötel.

Die Reiter und Reite'n (Reittə', Reittə'n; Weihers: Ritter), a) das Sieb; (ahd. rîtra, ritrun, gl. a. 511. i. 350. 933; rîtäre, o. 261: cribrum; ags. hridder und hriddel; mhd. rîter. Graff II, 475. BM. II, 745. Weigand, Wbch. II, 485. Birlinger 373. Vilmar, kurhess. Idiot. 323. Zeitschr. III, 48,28. IV, 324 f. V, 489. VI, 17. 195). Gewöhnlich wird die Reiter als eine Vorrichtung gröberer Art vom Sib als feinerer unterschieden. e˜ *Reittə'n* und ə˜ Sib. „Saicht Ainew durch ain reitter, so tanczt man mit ir gern vor fur di andern;“ Grimm, Mythol. XLIX, 36.60. R.A. Ummə' springə˜ wei də' Schaəs ə˜ də˜ *Reidə'n*; (ObrM.) Die Sandreitern zum Durchwerfen und Ausscheiden des feinern Sandes. R.A.: Die Waßer-Reitern aufrigeln — thut der liebe Gott, wenn er regnen läßt. Bucher's Pass.-Action 129. (Es könnte Einem dabey das isl. hrîd, procella, nimbus, einfallen.) „Durch die Reiter fallen, repulsam pati; durch die Reiter werfen, repulsam afferre;“ Voc. v. 1618. Ein gewöhnlicher Spaß beym Schroten der weißen Rüben zu sogenanntem Klainen Kraut besteht darin, daß man eine arglose jüngere Person des Hauses zu einem einverstandnen Nachbarn um eine Krautreitern schickt, um das Kraut dadurch zu sieben. Groß ist dann das Gelächter, wenn sich der diensteifrige Abgesandte wieder einstellt, keuchend unter der Last eines wohlzugebundenen Sackes mit — Steinen. b) (O.Inn) Art runden Korbes, von Weiden geflochten. c) Vorrichtung zu einer Art Glücks-spieles, fr. roulette; s. Scholder. (Gl. i. 576, o. 224 steht ritera, rita für runcina — Hobel? —. cf. Diefenbach 504a). reitern (reittə'n), durch die Reiter schütteln, sieben; (ahd. hrîtaron, rîtron, rîdiron, gl. a. 73. i. 673. 674. 1017. Notk. Ps. 103,20. Tat. 106,1; 163
ags. hrîdrian, cribrare; — gl. i. 580: riderendemo, trituranti, sc. bovi —; mhd. rîtern; Graff II, 475. BM. II. 745. Vilmar, kurhess. Idiot. 323). R.A. Dé kunt 's Geld *reide'n*, verschwenden; (ObrM.). Sp. W. „Lauter Narren brauchen nicht reitern.“ Etwas Analoges wird auch das folgende bereitern seyn. „Die Traubenbeer sollen nach etwelchen gelindern Kaltern oder Pressen, auf der Kalter ordentlich bereitert, mithin die Traubenkämm dadurch gänzlich separiert werden;“ wirzb. Vrord. v. 1726. Im hchd. Räder und rädern scheint unser reitern mit dem, an seinem Ort vorkommenden, reden vermengt.

reuten (ráit'n, roit'n, ruit'n), wie hchd.; (ahd. riutan, isl. rydia, mhd. riuten; Graff II, 489. BM. II, 748. Weigand, Wbch. II, 490); vrgl. die wol ursprünglichere Form rieden. unterreuten. „Also ist der mensch getirmet von dem layme vnd von den vier elementen. Vnd von da zerget er schier. von der chraft vnd von der hitz des siechtumes wirt er vnter rəutt und zerfurrt;“ Gesta Romanor., Cgm. 54, f. 71a. (Keller p. 139).

Die Reut, Reuti, 1) das Ausreuten. „Wenn in Kriegsjahren die Baugründ mit Holz überwachsen, bleibt die Reutte und Abraumbung derselben mäniglich unverwehrt; Mandat v. 1669. 2) der ausgereutete Platz. „Zu der Rewt;“ MB. XXV, 418. „Ich Peter in der Reut;“ Cgm. 3941, f. 127.

Das Reut (Ráid, Roit, Ruit), der ausgereutete Platz. Reuter machen, (Pseud.-Jir.) das Holz abstocken, mit Getreide besäen und nach zweimaliger Ärnte wieder zu Holz liegen lassen. Reutstätte. Dieses Reut (ahd. riut, rût; Graff II, 489. BM. II, 748. Förstemann II, 1192 ff.) hat in dem Namen vieler Ortschaften den ihres ersten Gründers verewigt, z. B. Bayreuth — („Villa que dicitur Beierrvte; vita S. Cunigundis, Clm. 12640, 2° XII.—XIII. sec., f. 111. a°. 1194: Baierrute, Dat., MB. XII, 195; a°. 1255: in Beierriud, a°. 1265: Beierruth, RB. III, 60.249. a°. 1302: Pairreut; a°. 1383: Peyerreut, MB. XXV, 119. 164. „Passio Cleri in partibus marchionis Baierrutani;“ Clm. 16231a, f. 50—52: Payrrewt (sec. XV.); Clm. 16307. Cf. Zeuß, Münchn. gel. Anz. 1842, p. 470, `(Die Deutschen und die Nachbarstämme p. 352)´, der die Parahtani, Porathani im Borchtergau, westlich von Paderborn findet. Dagegen für Schafařik, Starož. 917 sind die Parathani — statt Paradantani — Poradničanowe, Anwohner der Radnica, Rednitz. s. oben, Sp. 57: Rednitz. Oberrad, Niederrad bey Frankfurt, jetzt im Wappen ein Rad führend), — die Stadt, verschieden von einem im Cod. trad. Ensdorf., Freyb. Samml. II, 196. 254, ad 1126 vorkommenden Mansus Pairrewt, der um 1496 Payrieth geheißen haben soll; — Türschenreut (Th. I, Sp. 632); — Vogtareit, d. h. die St. emmeramische

Vogtei Reut, *Advocatia* Reut; CbmKl. 342, f. 193. 195. ꝛc. ꝛc. Reut im Winkel (südlich des Chiemsee's), in der Umgegend blos Reut, oft aber auch ganz widersinnig geschrieben und gesprochen Reiterwinkel. „Inner Roid, außer Roid," nach der Aussprache geschriebene Ortsnamen bey Hübner, Salzb. S. 205. 206. Ortsnamen auf Reut kommen besonders in der O.Pf. und in Franken vor, einige jetzt statt des ältern Riut mit Richt (s. oben, Sp. 40) geschrieben. In A.B. ist die Form Ried (w. m. s.) gewöhnlicher. In dem geschichtlichen Ueberblick über den Naturalzehend und dessen Schädlichkelt ꝛc. v. 1802 wird p. 33 zwischen Reut und Ried der Unterschied behauptet, daß jenes „einen vom Holz abgereuteten Grund, der blos mit der Haue gehackt und nur einmal angebaut, sodann wieder zum Holzanflug oder Anbau liegen gelassen werde," dieses aber einen Grund bedeute, „der wegen Stöcke oder Steinen oder Steile ohne Pflug, blos mit der Haue bearbeitet, und fast jährlich bebauet werde." Vrgl. Hazzi's Statist. IV, p. 226 (b. W.), wo jene erstere Betriebsweise sowohl von Reuten als Riedern verstanden wird. Das Gereut, Nomen appell. und propr.; (mhd. geriute; BM. II, 748, cf. Graff II, 489. Diefenbach 383ᵇ). Die Schreibung Kreut (noch ungegründeter Kreuth oder gar Kraith) ist aus Gramm. 622 zu erklären. „Novalis ager, geræte;" Gl. Augiens., Mone's Anz. VIII, Sp. 397. „So und soviel tagwerck Gereuts;" Cgm. 154 passim. Das Gereutmâd, Waldwiese; ibid. „Manig geriute wilde;" Labr. 26. Der arme Heinrich „tet sich abe sîner habe unz an ein geriute (bis auf einen einsamen Mayerhof), dar floch er die liute;" V. 250. Der Gereut-Maier (Grei'mə'), Name manches Bauernhofes, besonders einzeln liegender. (Im salzb. Lungau
164 steht der Reutler zwischen dem Besitzer einer Halbhube und dem Kleinhäusler. Hbn. 504). (Das, die?) Fürreut (im Walde)? Wagenseil, Nürnb. 258. 321. 325. 338. 356. Das Neurent, Neugereut, novale. („niuriuten, novalibus," gl. i. 39; „nîuriote, novales," Diut II, 341; „ein niuwe riute," Iwein 3285. Graff II, 489. BM. II, 748. Diefenbach 383ᵇ). S. a. Raut. Da das isl. „rydia veg" förmlich viam sternere, ihn durch Reuten, Räumen gangbar, fahrbar machen heißt, so könnte auch das gewöhnlich (Diez, Wbch. 398) von rupta abgeleitete fr. route, sp. ruta (isl. ruddr vegr, via strata) hieher gehören.

Die Reuten, Ackerreuten, auch: Reutel, Reuter, Reutern, die Pflugreute, ein Stab, welcher beym Pflügen zum Säubern des Pflugbretts von der sich anhängenden Erde dient; ndrd. Rüde. BM. II, 248: diu riutel. „Der schilt würd ein moltbret, daz swert ze einer riutel;" S. Helbling VIII, 309. Das Voc. Mso. 40 setzt nach buris, pflueggestercz: „stiva, reyttn. Diefenbach 554ᵃ. Cf. mhd. riutelinc, kleiner Speer; BM. II, 248.

Der Ritt (Rid), wie hchd. Bey Popowitsch heißt auch die Fahrt des Maulwurfs unter der Erdoberfläche von einem Loche zum andern ein Ritt. Der Leinritt, (Aschaff.) der Leinpfad am Ufer des Mayns. Allé Rid, so oft man es darauf ankommen läßt, (wie man auch sagt: àllé Bód, àllé Strahh; s. Th. I, Sp. 309 und Zeitschr. IV, 406,17), jedes Mal, jeden Augenblick. Zeitschr. III, 228,25. V, 422,16. Firmenich I, 535,57. Vilmar, kurhess. Idiot. 329. Vermuthlich bezieht sich auch das isl., anders abgeleitete rîd, f., (dann falsch hrîd), momentum temporis, tempus breve, auf die weitere Bed. concursus, praelium, Angriff, (isl. ebenfalls rîd). Einen Ritt machen mit Einem, sich mit ihm in Wettkampf einlassen. Das Voc. v. 1618 gibt Ritt durch „equitatus, der raisig Zeug," woher noch unser Rittmeister, (=Gritt-M.? s. unten: Rott). „Die raisigen Hauptleut oder Rittmaister;" Fronsperger 1555, f. XXXVIIIᵇ. Der Rittsteig, s. Steig. (Gl. a. 77. 769. 794. 807. 844. 854. 1045. i. 218 steht für girit equitatus, welches nach gl. i. 165 „caritte minemu," wol nicht girît seyn wird). „Gerites und urliuges tut Kundschaft Lucanus;" Cgm. 717, f. 107. Gem. Reg. Chr. II, 121 ist der Gerittene, was jetzt der Berittene; s. oben: reiten.

Die Ritten. „Auf der Ritten, (sehr abhängiger Leite);" (Lechrain; Baron Leoprechting).

Der Ritter, wie hchd.; (s. oben Reiter). Das isl. riddari gilt für Reiter und Ritter; (dagegen portug. cavalleiro Reiter, cavalheiro Ritter, franz. cavalier Reiter, chevalier Ritter). Aus unsrer a. Sp. ist mir blos reitman, equester, eques, erinnerlich. Das mittelhochd. ritære entspricht dem damaligen Sinn des latein. miles, (adelicher Streiter zu Pferd). „Gůt ritter under schilde," Labr. 668; ritterlichez varen;" das. 196—197. Im Losbuch Cgm. 312, f. 140 werden König Artus, König Rother, Tristram und Lanzilet als die vier ritter „von der tafelrum" aufgeführt. „Der Ritter seind viererley," sagt Wig. Hund in seinen histor. Anmerkungen: „1) des heiligen Grabs die würdigsten, 2) St. Catharinen-Bergs und finstern Sterns die thewresten, 3) auf der Tyberbruckhen in Krönung eines Röm. Kaisers die besten, 4) in Stürmen und Schlachten die gestrengesten. Die fünften seind, wann ein römischer König erwählt wird, die nennt man Ritter one Müeh." „Auf der Tewferpruckh do ließ man fliegen des reichs baner den adler mit zwain hewppern (1452) do slug der romisch kayser ritter mit des heiligen kayser Karolus swert das von himel komen ist; Clm. 9503, f. 346. Ein Abt kann zum Ritter schlagen; Gregor v. d. St. 1474. Ainschildig Ritter, gemeiner Ritter, s. Schild. Halbritter, Halb-Edelmann, aus ungleicher Ehe entsprossen. cf. Hugo's v. Trimberg, Renner 1505 und cap. 11, Vers 1604 ff. Im 15. Jahrh. aber, und selbst noch im Vegetius „von der Ritterschaft" (de re militari; Augsb. 1529) gilt Ritter ganz für das lat. miles, 165
also auch vom Soldaten zu Fuß und (lib. IV, cap. 32. 37. 45) zu Schiffe; ritterlich, ritterlicher Gang, gradus militaris, Marsch-schritt des Fußvolks, (I, 19). Rittereу, Ritterschaft, militia (cap. I, 1. 7). Die Ritter (milites) selbst werden (z. B. I, 27. II, 6) in Reytter oder Reutter und Fußknechte (equites et pedites) eingetheilt. „Miles ritter, equester reitter;" Voc. v. 1487. „Centurio ein hundertritter;" Voc. Melberi. „Quaternio vier ritter herr, decurio X ritter herr, centurio hundert ritter herr;" Furstenz. 44, f. 22. „Nemo militans deo, niemant der da ritterschaft treibt zue got;" Clm. 5876 (2ᴼ sec. XV., 1422), f. 183. Diess. 130, f. 540: „De militibus qui Christum crucifigerunt," nach Chrysostomus und Beda. Sie werden unterschieden in „milites de auro (fuerunt nobiles genere et utebantur calcareis deauratis et strepis etc.), dann 2. in „milites de caballo, (similiter nobis, sed non utentes calcaribus et strepis deauratis" etc.) und 3. in „milites de cuspide sive lancearios quos vulgariter appellamus Schintvessel vel füßknecht." Nur diese hätten die Kleider Christi unter sich getheilt. In den Passionsübersetzungen des XV. Jahrh. sind es Ritter, die den Herrn verspotten, anspeyen, kreuzigen ꝛc.; Cgm. 64, fol. 29. 32. 34. 59. 60. Cgm. 73, fol. 65. Cgm. 138, f. 114 127. Urstende, hg. v. Hahn, p. 113,10.16 steht reiter für miles, (das Grab Jesu zu bewachen); in dem Evangelienbuch Cgm. 66 (sec. XIII.—XIV.) immer rietter für miles. Miles steht im mittelalterlichen Sinn für ritter — und endlich umgekehrt dieses für miles im antiken Sinn. „Gens nostra penitus ante conflictum succubuit cum tamen milites plus quam mille et pedites plus quam viginti millia censerentur;" de clade Syriaca anni 1187, Cod. Bruxell. 14775—76; Reiffenberg im Bulletin de l'acad. de Bruxelles, tome X, no. 2. Vgl. česk. rytiři, milites; Luc. 3,14, nowy Zakon, Nürnb. 1538. „Rytijřuw dwie stie a gezdnych sedm desate a kopěnikuw dwie stie;" das. Acta apostol. 23, F. Ritterszerung, Birlinger 375. rittern. vrb. n., a) (ä. Sp., Suchenw.) ritterlich käm-

pfen. b) beym Kegel- und andern Spielen, bey Scheibenschießen, Pferderennen und drgl. trifft sich nicht selten, daß Zwey oder Mehrere dieselbe Anzahl Kegel oder Points werfen, dieselbe Nummer schießen, in demselben Moment das Ziel erreichen. Der Kampf nun, den diese Pares nachträglich unter sich anstellen, heißt das Rittern — ein Ausdruck, der, wie das gleichbedeutende niedersächsische kämpen und das Hochdeutsche stechen, auf die ehemaligen Ritterspiele zu weisen scheint. Die Meistersinger sagten: (um den Preis) „gleichen;" Wagenseil 542. 544. Der und der muß mit dem und dem rittern. Daher: der Ritterzettel, Ritterschuß ꝛc. bey Scheibenschießen. Der Rittling. „Stuedten oder Vollen, so zu geraisigen pferden, Hengsten, Ritling- oder Schützenpferd tauglich;" L.-Ord. v. 1553, f. 65 und von 1616, f. 510.

Der Ritterkül, Rittikül, s. oben, Sp. 59 f.: Ridikül.

rittig, adj., (B. v. Moll) v. Kühen: mit einer Art Wuth behaftet, wobey sie wie Stiere brüllen, im Stalle toben und vom Fleisch fallen; (cf. Zeitschr. II, 562,26. VI, 210: griddig). Nach dieser Erklärung wol nicht zum auch hchd. reiten, (von Rindern) sich begatten, (Zeitschr. IV, 160. 308. VI, 195. Reitstier) und eher zu reiten, 5 gehörig. ʿVgl. d. folg. Wort.ʾ „Coleram, riten;" Gloss. bibl. v. 1418. rittstetig, s. reitstetig. „Hast du dich mit einem ritt-stetigen Sprung auf die Seithen geschwungen; P. Gansler 49.

Der Ritt, des, dem, den Ritten, (ä. Sp.) das Fieber; (ahd. ritto, gen. rittin, gl. i. 133. 462. 597. 652. 737; agſ. riderobt, febris; mhd. ritte; Graff II, 457. BM. II, 698. Grimm. Mythol. 1107. Weigand, Wbch. II, 501. Birlinger 357. Zeitschr. VI, 1. 95). „Den Ritten haben, der Ritt schütt mich;" Avent. Chr. 78. 181. 182. Herzritt, cardia; Cgm. 649, f. 580. „Jr hand den herzritten ... den sond ir üch laußen büzen tuon. Wir muossend darzuo han ain huon das swarz si...," sagt die Arzatin zur jungen Frau in des Teufels Segi, Barack p. 328,10311; (cf. das. 10362 und s. Th. I, Sp. 610: Tinten). Der Jârritt, (— jæh Ritt, gæh Ritt, ʿs. Th. II, Sp. 1205; nach Grimm, a. a. O.: das ein Jahr lang dauernde Fieber). „Das euch der Jarrid schend!" H. Sachs 1612: I, 1036. „Den Jarritten haben;" das. II, IV, 25. Nach Grimm (akadem. Bericht v. Febr. 1851, S. 102) galt rito, ritte eigentlich einem das Fieber erregenden Insekt (Schmetterling), wie Zipperlein einem das Podagra erregenden. Daher die Thierfabel Boner's (Nr. 48) „von dem ritten und von der vlô" und H. Sachsens „vom Zipperlein und der Spinne." rittig, adj.; Birlinger 375. „So hat Christus gehailt die rittigen," febricitantes; Cgm. 3866, f. 165^b. Griesh. Pred. I, 115. S. a. Rid. Der Urbegriff kann im isl. rida, tremere, rid, vibratio, liegen; Notk. indessen hat Ps. 2,11: rîdon, tremere, was neben dem isl. reida, vibrare, auf ein urspr. Ablautverb rîdan führen wird. ʿ(Vgl. dagegen Grimm, Mythol.^{2} 1107).ʾ

ʿgerittə, grittə voll, ganz voll, gerüttelt voll; Vilmar, kurhess. Idiot. 316. Vgl. oben: reden, 2 und mhd. rîden, BM. II, 698.ʾ

Der Ritt (in Federritt, s. I. Th., Sp. 691) wird wol das gleichbed. schaffhauserische Ritte, f., anderwärts in der Schweiz „Reite, Reiti" (Indelt; Stalder II, 270) seyn; (kaum das agſ. vreodh, vrädh, ligamentum, redimiculum, obschon eine Ableit. von vrigan, vreon, tegere, induere, sächlich gut passen würde). In einem Akt (Linz, 1598) kommt neben „Leinwadt" auch „Rödt" vor. Es käme auf den eigentlichen Begriff des alten lagarida, cunabula, (gl. 161. 315. 902. Die-
166 fenbach 162^b) an, um, wenn es ja etwa in laga-rid zersetzt werden darf, zu bestimmen, ob der letztere Bestandtheil hieher gehören könne, oder nicht.

Die Riet, Hofriet, der Hofraum. „Wer von einer vertheilten Hub die Hofriet besitzt, soll im Einlösen der dazu gehörigen Stücke das Vorrecht haben." „Die Gemeingründe auf die Häuser und Hofriethen vertheilen, die Gemeinkosten auf die Häuser und Hofriethen ausschlagen;" wirzb. Vrord. v. 1750 und 1788. Cf. Th. I, Sp. 155: die Âs und Th. II, Sp. 987: die Grieder (Grèədəʿ), plur., Lagerraum über dem Stalle. Vrgl. die Formen H.-Reid und H.-Rait für dieselbe Sache. Sind alle echt, so wüßte ich wenigstens nicht die gegenwärtige mit den letztern formell unter einen Hut zu bringen. Sollte sie als Raum, freyer Platz zu rieden (w. m. s.) gehören? Vielleicht ist nur das aus Hofrait entstellte Huførət schriftlich „Hofriet" aufgefaßt. s. oben, Sp. 172.

Das Riet (Riəd), wie hchd. Rieth, mit Schilf, Sumpfgras bewachsener Grund, (ahd. hriod, gl. a. 7. 620: ried, agſ. hreod, carectum, mhd. riet, holl. riet. Graff IV, 1152. BM. II, 700. Diefenbach 101^a. Weigand, Wbch. II, 496. Zeitschr. II, 423,110. 513,21: niederd. reit; IV, 144,303. V, 290. cf. Rieß). „Carex, riot;" Em. G. 121, f. 226. Das Riet zwischen Rhein und Melibocus im Darmstädtischen. cf. Förstemann II, 1192 ff. Firmenich I, 64,3: *spansch Riet*, spanisches Rohr. Zeitschr. V, 290. „Rietach, persicaria," (Voc. v. 1429), bey Stalder noch Riedacher, polygonum persicaria L.; Clm. 4394, f. 178: rietacker, persicaria. Voc. optim. p. 52: rietacher: persicaria. Diefenbach 429^c. „Ain chraut wachst auf den äckern das haist pedicalis .i. riettoch da nern sy dy rephannen von," (gut gegen Podagra); Cgm. 4543, f. 49. (Gl. a. 531, i. 278. 1101 ist reotacha, rietach, rietachil saliunca, gl. o. 492 rietacher senecion, o. 93 rietachel celidonia minor. Diefenbach 508^b. 526^c. 110^c).

rôt (roud, raəd), wie hchd. roth; (ahd., mhd. rôt, agſ. read, isl. raudr; Graff II, 481. BM. II, 768. Weigand, Wbch. II, 512. Cf. Grimm I^3 p. 179: roten und rôten). Auf das Zusammenfallen der Ausdrücke rôt und rât (rathe) in der o.pf. Aussprache gründet sich die Vexierfrage: Wie gêt 's Korn auf? roud! s. oben, Sp. 167. Rôter Zeug, Backsteine und Ziegel zum Bauen; (Franken). Das Voc. v. 1618 hat „rot Atrament" für Vitriol. Rôt ist nach der Volks- und älteren Poesie das Gold. Dem b. Wäldler ist das Adj. rôtgulden ein Epithetum der Hochschätzung und Zärtlichkeit. Mã *rou'gu'də̃s* Kin'l, mã *rou'gu'dənəʿ* Mã, o du *rou'gu'dənəʿ* Hergət! (Herrgott). Der Rôt, die Schamröthe in der R.A.: „Es gêt einem der Rôt aus, man treibt Einem den Rôt aus;" Voc. v. 1618. (Walther v. d. V. 4,6. 30,15 sagt auch der morgen-rôt, der abent-rôt. So Diut. III, 171. „Wer ist diu dort her gêt als der morgenrôt, der des morgens aufprehend ist;" Konr. v. Megenberg f. 36^a, (Pfeiffer 58,33). „Uyt de baemoeder des dageraets sal u de dauw uwer jeughd zyn;" Psalm 110,3. cf. Graff II, 486. BM. II, 576 f. Nach der iungesten hanencrat rechte nach der tagrat; Eneit 1407. Grimm, Mythol.^{2} 709 f. cf. altſ. radur, agſ. rodor, coelum). Ein Voc. Monac. (33) hat: „in der morgen rott, aurorâ." In der ahd. Sp. gab es ein Masc. rotamo, rotomo, rubor, gl. a. 530. 531, i. 113. BM. II, 771. Die Rôt-ber (Roupəʿ, Roppəʿ, Raəpəʿ), Erdbeere, fragaria vesca L. rotpir, fragum;" Voc. 1419. Diefenbach 245^b. rôtbrecht. rôtbrechtig, von lebhafter Gesichtsfarbe, rubicundulus; Voc. v. 1618. „Rufus rotbrecht, gälrot wie die ochsen;" Nomencl. 1629, p. 97. „Die Leute von weißer Gesichtsfarbe sind eher verfrorn und forchtsam, blöd und schwach, als die rothbrechtigen;" Selhamer. rôtbrüchig, 1) wie hchd., 2) fig. finnig im Gesichte. Das Rotlaid. „Für daz rotlait. Swer daz rot laide habe ...;" Furstenf. 121, f. 171^b. ʿVgl. daz rôte wê, der rôte siechtag, der rôte siechtuom, BM. II, 769, und unten: der Rôt-schad.ʾ Das Rôt-plättlein (Roudplättl), Rothhänfling, linaria rubra minor Kl. Der Rôtsack, (Häslein) Schweinsmagen, mit Blut und Speck gefüllt. Zeitschr. I, 96. „Feist Leberwurst und groß Rottseck,"

H. Sachs; (vrgl. Adelung's Roden, m., holl. roode, bovis ventriculus, Fettmagen, und Rosenwurst, auch Rôtwurst). Der Rôt-schad, die rothe Ruhr, Voc. v. 1618; in der Schweiz: rother Schaden neben weißem Schaden. Zeitschr. VI, 175: das rôte Wê. „Do schier die zeit der Geburt kam, do fiel ir ein merdlicher siechtag
167 zu, mit namen der rotschad;" Buch der Weisen v. 1485 f. 71. Der Rôtsterz, ruticilla (avis), Voc. v. 1618; (schwed. rödstjert, motacilla phoenicurus). Die Rôtwurst. „Jr schlacht vil feiste schwein und eßt der Rottwürst nach der pauß;" H. Sachs IV, 1. Die Rœt, Rœten (Rêi'n), a) Röthe; Zeitschr. VI, 195. (Graff II, 484. BM. II, 770. 771). „Für dy röt an ainem pain oder sunst am leyb; Ind. 418, f. 113. b) (Jäger-Sp.) das Blut. „Etliche Jäger trinken die Röt und Feißte für den Schwindel;" Meurer's Jägerkunst. Im Zillerthal braucht man getrocknete Gämsröt, in Butter geknetet, als Mittel gegen den Durchlauf der Kälber. rœten (roit'n, O.L.), vom Rindvieh: roth harnen, Blut harnen. Im Zillerthal gilt als Mittel dagegen die „Rötálwurz," Wurzel von der scabiosa succisa L.; (B. v. Moll). (Vrgl. das isl. riôda, cruentare). Der Rœtel (Rê'l, Rêi'l, Reə'l), 1) der Röthel. Dunkel in der R.A.: Einem den Rötel nemen oder herabtuen, ihm die Kraft nehmen; (b. W., Fürer). Sollte an ein Zaubermittel, sich unverwundbar oder fest zu machen durch Röthel oder gar Rœt (Blut) zu denken seyn? S. unten auch Röth, (Art Gebet). Das Rœtel-Aij (Rêi'l-Aə, O.Pf.), das rothe (Oster-)Ey. 2) Rind von röthlicher Farbe. 3) salmo salvelinus. BM. II, 772. „A. 1503 hat uns der (Abt) von Tegernsee geschickt LXV Röttl, also hab wir dy hinauf gen Walchensee geschickt in See. Gott geb uns Glück darzue." Meichelb. Chr. Benedictobur. I, 214. „Röthelen, gemeine See- oder sogenannte Schwarz-Röthelen, frische oder geräucherte;" Maut-Ord. v. 1765. Diese Schwarzrötelen kommen besonders im Königs- oder Bartholomä-See unter dem Namen „Schwarzreuterl, Schwarzreuter" vor, und gehören, geräuchert und in Seewasser gekocht, für manchen sentimentalen Reisenden unter die größten Naturschönheiten unsers Oberlandes. Schon vor Jahrhunderten waren sie für lucullische Tafeln gesucht (v. Koch-Sternfeld, Berchtesg. I, 70. II, 21). Rötele umbla, rotte rutilus, rubellus des Voc. v. 1618, rettling rubiculus eines Voc. sec. XV., rote rubeta vel tinus, rôto rubus pisc. der gl. o. 387. 459 werden wol, wenn auch nicht derselbe, doch Fische von röthlicher Farbe, etwa Cyprinusarten, seyn. Diefenbach 501ᵇ. Zeitschr. IV, 182. V, 288,33. Vielleicht gehört auch der an seinem Ort untergebrachte Ridling (aus Rötling entstellt?) hieher. Dann wäre aber fast ö statt œ anzunehmen, wie denn in der ahd. Sp. einige Rot-Formen, auf ein Ablautverb deutend, o(u), andere ô haben. Selbst das seltsame „Reuterl" würde gewissermaßen zum ags. reod, isl. riôdr, rubicundus, stimmen. 4) Art Vogel. Wenigstens heißt der Stain-Ridel, w. m. s., auch (wol besser) Stain-rötel, und der Rötel-geyer, accipiter fringillarius, des Voc. v. 1618 (wol Lanius collurio, Finkenbeißer) würde auf einen Finken rathen lassen. Der Rœtelwîe, BM. III, 624. Zeitschr. IV, 182. „Ob einer die sperber für rœtelweien koufet, für plobfuzze den habich der kert dem rehten uz daz ebich; Renner 5520. „Valsch êre ist als ein rötelwie, swie gelich er doch dem valken sie;" das. 21456. Cf. „Rubellio, rubecula, ἐρύθακος, Rotbrüstlin, Waldrötelin, Rotkrepslin;" H. Junii Nomencl. (Augsb. 1629), f. 35. Diefenbach 501ᵇ. Vilmar, kurhess. Idiot. 331 f.: „Du hast ein Rötkelchen gefangen." Zeitschr. IV, 54. V, 466. 485. Gl. o. 111. 170 steht rottila, rôtilo, rotel, cupuda, cupius; o. 209. 432: rodelkiuino, erodion; o. 300: rudeline, pitonius, (aves). Graff II, 487. Die rodamus (gl. o. 204) dagegen ist die ags. hreadhemus, Fledermaus. Diese heißt ags. (gl. o. 204) auch cvelde-rede von cveld, cvyld, isl. cvölld, n., (qveld, cvild, voller Abend, conticinium, v. cvellan, qvelja, occidere, engl. to kill; Grimm, Mythol.² p. 700 f.), schwed. qväll (Abend), einem Worte, das, im Vorbeygehen gesagt, wol auch in dem bey Neugart. Nr. 193, ad 817 citierten alamannischen Chuuiltiuuerch (Arbeit am Abend bey Licht? entsprechend dem isl. qvölld-vaka. Graff I, 966. II, 1166. IV, 654. Neugart erklärt: chuvi liti werch, gekaufter Leute Werk), enthalten ist, ja noch 166
heute im schweizerischen Kilt, m., (statt Kült, Stalder, Dialektologie S. 74) unter der speciellen Bed. einer Beschäftigung, Zusammenkunft in der Abendzeit oder beym Licht, besonders aber eines Besuches, den der begünstigte Freyer dem Liebchen in ihrer Kammer abstattet (Stalder, Idiot. II, 100), fortzuleben scheint.

„Rotonabel, asparago;" Clm. 4583, f. 47. Diefenbach 54ᵇ. BM. II, 283.

„Röth?" „Er hätt beständig sein Rosenkranz in Händen; ehe er sein Röth heimlich gebett, rührete er vor wol kein Arbeit an;" Selhamer. Etwa was Psalter, als eine gewisse Zahl von Vaterunsern und Avemaria's? Cf. Graff II, 499: ruoda.

Das Röteln, Art Sommer-Belustigung des jungen Volkes im salzb. Pangäu; Hübner 397. 438. „Puellae (ludere inter se) ad ludum lapillorum vulgariter cleubelstain, ad pilam ad dicam q. ruffus vulgariter Rät vocatur;" Thom. de Haselb. de V sensibus, ZZ. 781, f. 94ᵇ. San-Zen. 69. s. oben, Sp. 170: Rat. Vrgl. Retlen.

Die Rôt (Roud, Raad), aus der gewöhnlichen Schreibung Rott nach Gramm. 691 zu schließen, eigentlich ein Adj. die Rôte (sc. Ach). So heißen verschiedene Flüsse. Eine Rôt z. B. fällt bey „Roth" in die Rednitz, vom Gebirge her fällt eine in die Ammer, eine andere in den Chiemsee; eine geht bey Indersdorf in die Glon, eine bey Kloster „Rott," und die beträchtlichste unter allen diesen bey Schärding in den Inn. Sie bildet das bekannte Rôt-thal (Rouddàl). In diesem Röttal scheint ehmals eine eigene Art Schiffe für den Inn und die Donau gebaut worden zu seyn, die von ihm den Namen hatten. In v. Lang's b. Jahrb. S. 275 heißt es: „Ein Schiff von Eichenholz, Rottal genannt, trägt 24 Ross." S. Bueche und vrgl. Kelhamer und Hochenau. Die Röttthaler werden Wallner und ihr Land Wallnerland genannt. Ueber diesen Stamm dachte ich hin und her, konnte es aber weiter nicht als zu einer bloßen Vermuthung bringen. Obwohl dieses Völklein, das man nur gern anschaut, durch und durch boarisch ist, so nimmt es sich doch durch manche Eigenthümlichkeiten, die es von den Nachbarn unterscheiden, so stark aus, daß der Gedanke nicht gerade uneben ist, diese Wallner mögen einstmals aus einer andern Landschaft des weiland großen Baierlandes hieher gewandert sein. Der wallisische Rotten (Nibel. 4990, Lachm. 1184,2: der Rotten, gl. o. 118: Rotan neben Rôten), Ῥοδανός, Rhodanus, fr. le Rhône, und daraus falsch unser die Rhone, ist wol ungermanisch. BM. II, 773. Birlinger 376.

Der Rott (Ród, nürnb. Rut), der Rost an Metallen, am Waizen; (ahd., mhd. daz rot. gl. a. 623. i. 467. 1113: rót, aerugo, rubigo. Graff II, 484. BM. II, 768. Weigand, Wbch. II, 513. Diefenbach, 209ᶜ. 502ᵃ.) „Rubigo est infectio ferri roth;" Clm. 5008 (XV. sec.), f. 173. rottig (róti', ruti'), rostig; (Diut. II, 338: rotag. BM. II, 768); ə˜ *ródigə*ᶜ Waətz; ə˜ *ródigə*ᶜ Hàr, Flachs, der auf dem Acker abgestanden und in Fäulniß übergegangen. „ə˜ Liəb, dé scho˜ àld is, wird *rodég* nét leicht;" Wagner, salzb. Ges. 109. „Rätige messer und auch swert" (hatten die Bauern); Mich. Beham, Wiener 306,6. „rotig werden, aeruginare;" Voc. v. 1445. Roteis, Mühlthau (Mehlthau) beim Getreide, auch gelber Brand genannt; (Zir.). rotten, rottnen, errotten (ródn, ródnə˜), rosten; vom Flachs: in der Röste faulen. „Die Kuchenknaben sollen pratspies und Rost nit errotten lassen;" Scheirer Dienst-Ord. v. 1500, f. 12. Dəᶜ Hàr will nét rècht *ródnə*˜, hàd 's rècht Wédəᶜ nét dəzuə. der-, verrott't, verrutt't, verfault; (gl. i. 390: irrotagên, neben irrostagen, aeruginare). rötten (rétt'n) den Flachs, ihn in Verwesung bringen, rösten. Wäre hier wieder ein Wort, in welchem sich das frühere t (ndrf. raten, rotten, agf. rotian, engl. to rot, isl. rotna, putrescere) theils organisch in tz (s. rötzen) und ß (s. rößen) umgesetzt, theils aber sich ganz crud erhalten hätte (vrgl. Maut und Lud-aigen), oder aber liegt vielmehr das mit rôt (ruber) verwandte isl. rod, rodi, ryd, rubor, rubigo, agf. ryd, rubigo, zu Grunde?

Die Rott (Rod, vielleicht auch besser so geschrieben), a) Ordnung, Reihe, Tour, in welcher unter Mehrern von
169 jedem eine Verrichtung, besonders unter den Salz-Fuhrleuten auf den Salzstraßen das Fahren, vorzunehmen ist, ndrd. Ghebeurte, Beurt (von ghebeuren, gebühren). „So haben die von Mitterwald eine Rott gemacht, daß keiner nicht fahr, dann es sey an ihm... daß er nicht fahr, dann es sey die Rott an ihm;“ Kr. Lhdl. I, 226, ad 1453. Das Salz wird von Station zu Station durch Roden, Rotfarten, Rodfueren spediert; tyr. L.O. v. 1603. Die Abwechslung im Beriseln (Bewässern) geschieht von den Flurnachbarn nach bestimmten Zeiträumen (Touren) oder Roden, Tagroden, Nachtroden; (Tirol). Zeitschr. III, 463: die *Road*, periodus, Wasserbezug aus dem Wâl (Wasserrunst durch öde Gründe und Wiesen) per turnum; Absatz beim Geläute. Per *rotolo*, im Turnus; (Levico). Firmenich I, 62,10: achter *Rad*, nach der Reihe; cf. 501,78: *geroden*, getroffen. Als sich der Handel mit dem Orient noch nicht um das Cap der guten Hoffnung gezogen hatte, wurden die von Augsburg nach Italien und umgekehrt gehenden Kaufmannsgüter sowohl zu Lande als zu Wasser auf der Rott oder rottweise fortgeschafft. Eine Rottsträß für Rottgüeter gieng von Augsburg auf bayrischem Boden über die Rottstätte (Stationen) Staingaden, Schwangau und Füßen, oder über Schongau, Achelsbach, Ammergau, Partenkirch, Mitterwald nach Innsbruck. In Füßen und Schongau, wo Niederlagen waren, bildeten die Rottfuerleute, Rottleute, Rottflößmaister zusammen die Rottzunft oder die Rott des Ortes. Lori, Lech.-R. 160. 171. 269. 275. 309. 330. 398. 415. 504. 537. 545. „Rodleuth;“ tyr. L.O. v. 1603. rodelweis, per turnum; Samml. f. T. I, 248. Cf. Roodpferd, roodweis und das Verb abrooden (tourweise vornehmen) bey Stalder II, 282; 'auch „fihroutt (Viehrotte) Th. I, Sp. 161;“ Jac. Grimm.'

Die Rott, wie hchd. Rotte, (etwa wie das vorige eigentlich eine Abtheilung Vieler, wie sie in ihrem Turnus aufzutreten und zu wirken hat?). In mehreren Städten, z. B. in Landshut, waren die Bürger (zum Hilfeleisten bey Feuersbrünsten und drgl.) in Rotten unter ihrem Rottmaister eingetheilt; die Scharwächter zu München in 4 Rotten (jede unter ihrem Rottmaister), die sich einander ablösen, jede Nacht Dienst zu machen; (1532). BM. II, 122: rotemeister. Nach der ältern Landwehr-Ordnung bestand eine Rott unter ihrem Rottmaister aus 100 Mann. Bey Fronsperger v. 1555, fol. LV, wird „jedes Fänlein Knecht in Rotten getheilt, allweg 10 Haakenschützen und einfach Knecht in ein Rott, desgleichen auch 6 Doppelsoldner in ein Rott. Dieselbigen 10 oder 6 sollen dann ein Rottmeister under ihnen erwöhlen. Dieser wird mit seiner Besoldung gehalten wie ein anderer gemeiner Kriegsmann.“ Das Wiener Idioticon, Ms. aus Scherer's Nachlaß, erklärt Rittmeister als Rüttmeister = Rottmeister. Ihm ist Rütt auch ein Zug Vögel, (sonst Kütt; s. Th. II, Sp. 1312). Wahrscheinlich standen in der alten, tiefen Schlachtordnung wol bis 10 Mann hintereinander, in der spätern, dreigliedrigen Aufstellung machten je drei hintereinander stehende eine Rotte aus. Rottenfeuer. Im Ländchen Berchtesgaden bilden mehrere „Gnotschaften“ zusammen eine Rott. So sind in einigen salzb. Landgerichtrn (Hübner 292. 321. 331. 901) die Ortschaften, Rieden, Viertel, Zechen, Kreuztrachten in Rotten unter ihrem Rottmann eingetheilt. Ähnlich sind die 12 „Rooden“ des Cantons Appenzell, die sich später, nach der Confession, in „inner und außer“ zerspalten haben. Die innern werden selbst wieder in kleinere Rooden abgetheilt. Stalder II, 282. rottieren, versammeln und eintheilen, ordnen. BM. II, 773. „Die Pfleger sollen die Bauersleute mustern und rottieren;“ Kr. Lhdl. VIII, 518. XII, 186. anrottieren, (Nopitsch) anordnen, in Gang bringen. (Hieher gehört etwa das schwäb. *rottələ*, adv., ordentlich. Birlinger 376. Schmid 436). Mir unverständlich heißt es in einer ältern Amts-Instruktion Ms.: „Der Gerichtschreiber soll nicht gestatten, daß nach ergangenem Abschidt ainiche Straff rottiert, vilweniger gar nachgesehen werde.“ 'Vgl. Birlinger 378: ruttieren.'

Ich finde wol ein mhd. rotte, pl. e (BM. II, 772. 170
„Ûz fröuden rote bin ich gezoumet worden;“ Labr. 401. Maßmann, Denkm. I, 145. Grimm, Gesch. d. d. Sp. 244. Im Tristan 6895. 9332 sind zwô rotte acht Mann. Cf. fihroutt unter dem vorigen Worte und Th. I, Sp. 161, unter Eßban), aber in der ahd. Sp. keinen Beleg für das Wort. Da es auch in den niedern Dialekten vorkommt, ndrf. (ohne das bedenkliche isl. rytr, n., und hrot, m., zu zählen) rot, rott, holl. rot, rotte, roote, engl. rout, caterva, turma, selbst im slaw. rota, Compagnie Soldaten, altfranz. route, compagnie de 100 gendarmes, wüßte ich mir nur zu helfen mit der Annahme, daß crude Entlehnung des Ausdrucks nach der einen oder andern Seite hin statt gehabt. Diez, Wbch. 298. Weigand, Wbch. II, 513. Wäre das Wort echtdeutsch, so würde ich den Gedanken an ein figürlich als spatium, locus, tempus agendi genommenes Rod oder Röd nicht durchaus lächerlich finden; (oben Sp. 60. 61). Das Voc. v. 1429 übersetzt durch ain rot das lat. convallium; und dieses läßt sich recht gut als ein gemeinschaftlich ausgereuteter Bezirk denken.

'Rotwelsch, die Gaunersprache; Weigand, Wbch. II, 512. (Landstreicher und Bettler) „nennen Jre sprache rottwelsch oder keimisch“ und sint der XXVI. ...: Grantner, Schwigerer, Falkentreger, Brasler oder Abent, Klant, Sonnenweger, Sonnenwegerin, Junckfrauwen mit der Bill gegangen, Gutzbetterin, Clamerirer, Sparfelder, die mit der Wolberg, die mit der Mutze, die mit der buchs narungh, Radune, Wermerin, Trebeser und Cambisirer, Geiser, Blochart, Haubtblinden, die mit der bruch wandeln, Wopper, die Glatten, Krocherer, (Burkhart, Beckhart, Lolhart, Ussklant).“ Matth. v. Kemnat, Cbm. 1642, f. 129 ff. '(s. Quellen und Erörterungen zur bayer. und deutschen Gesch. II. Bnd., 1862, S. 101 ff.).' „... heißen in Rottwelsch gutzbetterin“ ... „heißen in Rottwelsch Clamerirer;“ das. f. 130, (Qu. u. Erört. S. 104).

'rottwîlisch, ä. Sp., adj., vom Namen der Stadt Rottweil am Neckar, (ahd. Rottwila; s. Förstemann II, 1161).' Die Breisgauer aufständischen Bauern (1525) „wollten in geistlichen und rotwylischen gericht '(das kaiserliche Hofgericht zu Rottweil)' uber sich selbs umschn. .... furer nit dulden noch leiden,“ (alias: „wolten die rottwylischen brief furter nit mer lyden“); Cgm. 4925, f. 236. 244. Rottweiler Pfenninge, s. Birlinger 376.

rotrei˜, routrei˜ (— ◡), adv., über Hals und Kopf, in die Wette. *Routrei˜*! schreien die Jungen, wenn sie anfangen in die Wette zu laufen. 'Buəbm sán' *routrei˜* gloffə˜. Wiə d' Ermuədə' bey də' Hou'zət Küəchl ausgwarffə˜ hàd, dà is's àn ə˜ *Routrei˜*-tappm gangə˜. Nach dem gleichgeltenden hau-drein, wol rôt-drein. Vrgl. Stalder's ausrüttelen, Geld unter die Leute werfen.

rottenhaft (rodnhaft), (Pegniz) regsam, rührig, gesund von Aussehen. cf. riəbig, rüəbig. Der alte Mann ist noch recht *rodnhaft*. „Ist die Segamm volkummen und rottenhaft, so sol man ir laßen zu der Adern, wer si aber plaich und phisig“...; Cgm. 601, f. 103a. (Vrgl. das schweiz. sich roden, sich regen, rühren. I ha' sovil g'essə˜, cha' mi' schiər nimmə' *röddə˜*. s. oben, Sp. 62: rodeln.'

'Die Rotel, Rottel, vgl. oben, Sp. 62, rodeln: die Rodel; s. Th. IV: Wandelrottel.' (Am Gründonnerstag) „so man anhebt das gloria in excelsis so leytt (läutet) der acolythus dy röttl der wandlung, so dieselb rotl erhelt, so leytt man mit allen glocken, darnach leytt man kain glocken mer biß man wider anhebt das gloria in excelsis am h. osterabent;" Tegernſ. Ceremon., Cgm. 1148, f. 14ᵇ. „Also man (am Charsamstag) anhebt das gloria in excelsis so leytt der acolythus die rotl der wandlung und darnach so leytt man all glocken;" das. f. 19ᵃ.

Die Rotten, ehmals eine Art Saiten-Instrument; (ahd. rotta, lyra, cythara, psalterium, mhd. rotte; cf. keltisch crwth. Graff II, 487 f. BM. II, 773. Grimm, Gesch. d. d. Sp. 205. Birlinger 376. Wolf, Lais, Sequenzen und Leiche p. 243 ff. Blätter f. literar. Unterhalt. 1842, S. 688. Cf. Ribebe). „In Vigilia nativitatis beatae Mariae des Markgraven Knecht von Baden mit einer Rotten geben 1 Pfd.;" Rechn. v. 1392, Freyb. Samml. II, 148. (Andere dergleichen Gesellen producieren sich mit „einer Fidlen," andere mit Lauten). „Als her David sein rotten spien, wan er darauf herpfen wolt;" Cgm. 121, f. 88ᵃ. „Nauplum, rott, chordas habens ex utraque parte ligni cavati;" Cgm. 649, f. 562. „Rott, rubela est parva figella;" Voc. 1419. „The rote a sort of guitar, the strings of which were managed by a kind of wheel," (meint Walter Scott im Ivanhoe IV, 159), also eine Drehleyer. rotten, (ä. Sp.) darauf spielen; (rotòn, psallere; Notk. Ps. 91,2). „Der wil harpfen, diser wil roten;" Doc. Misc. II, 294. „David invenit psalterium triangulum i. e. *rottam*," Ruodlieb f. 32ᵇ. cf. v. Arx in Hattemer's Denkm. II, 15. „Salmrotten, psallemus;" Windb. Psalt., Cgm. 17, fol. 34ᵇ, Ps. 20. röttelen, ä. Sp. „Vil hunde ist gemeine, die luten unde rötlen; Labr. 306.

Rottele. „Lassen herab mit rottele(n) ein brucken, pontem de superiore parte trochleis laxant;" Vegetius de a. m. v. 1529: IV, 21. Vrgl. das vorige Wort und Graff II, 489.

Die Rottel, s. Rodel (rotula).

Die Rutschupfen, Schaukel; s. unten: schupfen und rutschen.

Die Rutten, auch Alrutten, die Aalraupe, Aal-Quappe, gadus lota L.; Nemnich II, 3. Lota marmorata, Grueber und Müller, bayr. Wald 77. Gesund wie ə˜ *Rutt'n*, rutt'ngsund. Etwa wie Ruppen (oben Sp. 130) aus dem mittellat. rubeta? s. Sp. 77: Ruеget.

171 der-rütten, ver-rütten, ze-rütten, 1) wie hchd. zerrütten, (verwirren, in Unordnung bringen, verstören. BM. II, 825. Weigand, Wbch. II, 526. Zeitschr. III, 48,28: rodeln, rœdeln, rüddeln). Hàst mə' d' Hàr ganz *də'ritt't*. „Hast mir meinen Apetit, o Gott Vater, wüest veritt;" Bucher, Charfreit.-Processſ. 164. „Daß er der Landschaft jre Freyhait und altes Herkhommen zerritte;" Sammler f. Tyrol II, 129, ad 1487. „Einen Vertrag stete, veste und unzurütte halten." „Das solcher estrich unaufgeprochen und unzurütt bleiben sol;" MB. XXV, 469. 485. „Die Glider (des Gekreuzigten) wurden alle zerrütt mit gäher pein; Cgm. 630, f. 123ᵃ. zerütt, (von Weibspersonen) deflorata, nicht mehr Jungfrau; Cgm. 632, f. 41. ausrütten die Haare, (sonst: sie ausrichten); Wien. 2) erzürnen, entrüsten. Das Ding hat mich ganz *də'ritt't*, *z'ritt't*. „Wem soll der Aufzug nit zeritten, das ainer schilt auf unsern Künig nauf?" Volkslied. 3) zerüttet (z'ritt) seyn, nicht bey Sinnen, verstandesirre, wahnsinnig. „Sam wær er nit wol weiß und etwas von zurüten sinnen;" H. Sachs 1560: IV, III, 59. (1612: IV, III, 130). Die ob.länd. R.A.: Getraid, besonders Haber und Gerste, *indəritt* wæren, einsüeren — (in der Unordnung, wie die Halme unter der gewöhnlichen Sense fallen und liegen, und ohne sie in Garben zu binden) — wird wol nicht als in der Ritt zu erklären seyn; (gl. i. 155 steht ein dunkles ritta, culmis). Das Rütt-Strò, Wirrstroh, auch hchd. Rüttstroh. Rüttkorn (?) in einer Tölzer Ausschreibung: „3 Metzen Rittkorn." In der ahd. Sp. finde ich nichts Entsprechendes. Ndrſ. to-rüden, to-ruiden, isl. rydia, disturbare, aber neben rydla, tumultuari, auch ridla, und ridl, tumultus. Vrgl. reuten, aber auch reiten, 5 und rittig.

Die Rueten (Ruett'n, o.pf. Routt'n, Rouhht'n), wie hchd. Ruthe; (ahd. ruota, mhd. ruote, virga, Notk. Ps. 22,4. 77,55; segelruota, antenna, gl. o. 163; mezruota, pertica, o. 139. Diut. II, 347; agſ. ròd, pertica und crux; altſ. ruoda, crux; — aber unklar ist, warum nach der Lex. Sax. Tit. II, §. 1 „ruoda, dicitur apud Saxones CXX solidi," also eine Zahl, ein Duodecimal-Hundert, vrgl. oben Sp. 170: Ratel. Nicht minder dunkel ist „roada, roata, fictor", gl. a. 265. Vrgl. Grimm II, 10. Graff II, 491. BM. II, 817. Weigand, Wbch. II, 525. Vilmar, kurheſſ. Idiot. 335). D' *Rouhht'n* schlagng, (O.Pf.) die Wünschelruthe zu Rathe ziehen. BM. II, 818. Grimm, Mythol.² p. 926 ff. Glücks- oder Brunn-Rueten des Brunnen- und Schatzgräbers; Cbm. 2625, f. 50. Theod. Kirchmaier de virgula divinat.; — abgebildet Cgm. 4421, f. 8. 'Das Ruetenfest, die Rüeten, Rüten, Rüden, Rieden, (schwäb.) ein Fest der Schulkinder, auch Virgatum (s. Th. I, Sp. 848) genannt. Greiff, Gesch. d. d. Schulen Augsburgs, S. 136. Birlinger, schwäb.-augsb. Wbch. 377.' „Rutach, virgultum;" Cgm. 668, f. 6.

---

rätschen (rádschn), 1) klappern; (ndrſ. ratelen). Am Charfreytag wird nicht mit Glocken geläutet, sondern geràtscht. 2) den Laut r nicht recht aussprechen, schnarren. 3) verächtlich: schwatzen, plaudern. Zeitschr. III, 8. 10. 174,185. 298. 315. IV, 158 (prahlen). VI, 194. Vgl. Vilmar, kurheſſ. Idiot. 376: Karten spielen. Die Weiber rätschen gern. Die Rätschen (Radschn), 1) die Thurmklapper, welche in der Charwoche von der Zeit der Grablegungs-Ceremonien bis zu denen der Auferstehung statt der Glocken gebraucht zu werden pflegt. Charfreytag-Rätschen; Zeitschr. VI, 194. 2) Flachsbrechel; Voc. v. 1735. 3) schwatzhafte Person. 4) Trinkgeschirr, „obba, ligneum vasis genus quo in tabernis et coenobiis potus circumfertur ad supplenda exhausta vascula;" Voc. v. 1618, 1735 und s. Rätzen. 5) im Scherz: 172
Zeche, Rechnung, Mach mə' no˜ ə˜ rèchtè *Rádschn* àni! sagt der Zecher zum kreideführenden Wirth. Vrgl. Raizenbart.

rätschen, rutschen; Zeitschr. IV, 409,69 f. Vgl. ritsch, ratsch; das. und V, 289.'

raitschen (raatschn), (Ilm) schaukeln, wiegen, wackeln; (Aschaff.) ràtscheln; (cfr. reiten, 3 und Frisch II, 111ᵇ: Retsch, Ente. Zeitschr. IV, 181). Die Raitschen, Schaukel. Cf. Vilmar, kurheſſ. Idiot. 321: die Reidel.

Retsche, Grütze mit Erbsen; (Zips; slaw.?). s. Rütscher.

Der Retschel, Retscher, (in Speier) Gebäulichkeiten in der Nähe des Rathhauses, nach Zeuß (Speier p. 15. 16) seit 1299 nach einem frühern Besitzer (Retzelin, etwa von Radolf, Radhart) benannt.

Das Ritschgras, 1) carex dioica, Segge; 2) poa alpina L. 'Cf. die Ritsch, (tirol.), Runst, Wasserleitung; Zeitschr III, 9. 462. s. unten: die Rutschen.'

'Rotscher, eine Art Stockfisch, dän. rödskjär, Klippfisch; Nemnich II, 8. III, 477;' (roth Scher?). „Tomus asulli, Rotscher," (unter den Fischen); H. Junii Nomencl., Augsb. 1629, p. 40. Diefenbach 587ᵃ. „Achterlei stockfisch ich erkler: rochfisch, flachfisch, püblein, rotscher, metelloben und auch longs loben und auch gemein loben;" H. Sachs 1560: II, II, 111.

rötschen, vrb., (im Ries von Kindern) „mit kleinen steinernen Kugeln spielen." Vrgl. rückeln.

rutschen, (rötschen, Weihers), vrb. n., 1) wie hchd.; (BM. II, 824. Weigand, Wbch. II, 525. ndrs. rutsken). Irgend wohin rutschen, im Scherz: fahren. An Feyertagen rutscht das lebsüchtige München gerne auf Bering oder ins Hesselloh. Brettleinrutschen (bré'l-rutschn), im Scherz: sterben, weil man den Sarg hie und da noch jetzt auf einem Brett ins Grab rutschen läßt. 2) rutschen, rutscheln, schaukeln. Die Rutschen, die Schaukel, die Rutschupfen, (Dr. Sepp); (cf. schupfen); (Werdenfels) die Wiege. Der Rutscher, Rutsch, das einmalige Rutschen; Stoß. Gib eəm e˜n *Rutschəᶜ*! (schweiz. Rutz). Die Rutschen, steiler Bergabhang, Kluft, Höhle; (mhd. rotsche, rutsche, rütsche, rusche; BM. II, 773. 824. Weigand, Wbch. II, 525. Vilmar, kurhess. Idiot. 335).' „Uber hoch veld und uber rützschen"; Cgm. 714, f. 163. „Der track (Drache) wont daz mêrer tail in holen pergen und allermaist dâ stainrütschen sint;" Konr. v. Megenberg f. 157, Pfeiffer 268,32. rutschig, glatt, schlüpfrig, wo man leicht ausgleitet.

Der „Rütscher," Gericht aus Erbsen und Gerste, oder aus Erbsen und Linsen gekocht. Firmenich, I, 419,21. Röttscher, Kartoffelkuchen. Vrgl. Ruschi, Rödel, Retzel, Retsche.

(Vrgl. Raf, ref, ꝛc.)

Der Râvît, Râveit, das Pferd, namentlich Streitroß; BM. II, 584. „Ich wæn, sie wellen strîten ûf blanken râvîten;" S. Helbling VII, 350. „Es nahent gan der lieben zeit ain ros ist ain raysein (soll wol heißen: raveit) und ein raysein ist ain ros und ain rigel ist ain schlos" ꝛc.; San Nicol. 226, f. 298. s. Th. I, Sp. 441: Pferd.

Die Revier (Refiər ◡ —), die Revierung (Refiərum), wie hchd. das Revier, Bezirk, Gegend; (BM. II, 755: diu riviere. Weigand, Wbch. II, 491). „Da schickts sauber keinen von euren Raunzen in die Revier;" Bucher's Kinderlehre 1781, p. 22. Um dˢ *Reviər*, in der Gegend, in der Nähe; Feurb. v. 1591: „umb die Revierung." „Der Hailbrunnen ligt in der Refier zwischen der Iser und Loysa;" Hailbr. Badebeschr. „Von Ungleichhait der Landß-Arten (s. Art, Th. I, Sp. 149) und Rifirn;" L.O. v. 1553, f. 104. „In allen landen und rifiern;" H. Sachs 1560: II, IV, 37. „Ich wolt etlicher hienge, der velschlich bawet die rifiere;" Valkn. f. 67ᵇ, Str. 89. Ich habe weiland von Schweizern im spanischen Dienst den Francolí bey Tarragona, den Manzanares bey Madrid nur das Revier nennen hören, ganz in der Bedeutung des franz. rivière, engl. river, holl. riviere, (Diut. II, 215. 224: rivjre, f.), die schon im Parcival vorkommt: „Sîn lîp was klâr und fier; bî dem plân an der rivier twuog er sich alle morgen." (BM. II, 755: der, diu und daz rivier, riviere, der Bach, Fluß). In den romanischen Sprachen scheinen sich die Ableitungen von rivus mit denen von ripa vermengt zu haben; andrerseits ist der Begriff eines Flusses mit dem einer Abgränzung, Angränzung verwandt genug, wie schon das lat. rivalis, rivinus zeigt; (Diez, Wbch. 297. Müller, etymol. Wbch. d. engl. Spr. II, 266. Die Büchener im Fürstenthum Fulda nennen jedes fließende Wasser Wanne; Dr. K. Roth, kl. Beiträge z. d. Sprach-, Gesch.- und Ortsforschung I, 16). „Fridericus Imp. qui in rippa submersus est in Armenia a. 1153;" Clm. 9735 (2⁰. XV. sec., 1443), f. .... Wie mögen sich wol die Franci Ripuarii, Ribuarii in der Muttersprache genannt haben? '(„Ubii;" Jac. Grimm).' „Pagus riboariensis" in Sarachonis registrum bonorum Corbey. (sec. XI.), nr. 106—108, hinter Falke's Cod. tradit. Corbey., wo man die eine Charte und das Ortsregister nachsehe. revierkundig, in der ganzen Gegend bekannt. „Dessen Tochter, wie revierkundig ist, schon 3 Kinder ohne Vater hat." „Meiner lieben Mari Urschel revierisch-bekannte Häuslichkeit;" Bucher's, s. W. IV, 90. 294. revieren, a) (Jäg.-Sp.) wie hchd.; b) herumsuchen, spionieren. Dà 173
muəs I ə˜ Bisl *refiə'n*. c) bey Hans Sachs: wandeln, lustwandeln. „Verdroßen ich gleich außspatziert, hinab an der Pegnitz refiert." revierig, revierisch, adj., wohl orientiert, Bescheid wissend; ausrichtsam, geschickt, brav.

„E˜n rèchtschaffne˜ Buebm g'fällt nà˜ dàs Deanl wól, dé nutz und *reviərig*, und hàlt li' rècht tóll;" O.L. Lied.

„Die thor mit gueten refierigen leiten besetzen. Die dapfersten ansechlichisten vnd refierigisten Burger bestellen;" Anord. zur Fronleich.proceſſ. v. 1580. Wstr. Btr. V, 91. 138. cfr. Ldtg. v. 1605, p. 338. unrefierig, was unweltläufig, d. h. blödsinnig, nicht geeignet, sich selbst überlassen zu werden.

Rivanze, s. Th. II, Sp. 1413: Libanz'n.

(Vrgl. Ra, re und Rab, Reb, ꝛc.

raw, s. roh, oben Sp. 85.

rauwezen, rauweln, s. rauen, oben, Sp. 1.

Der Rewach, '(jüd.-deutsch, auch Refach, Refich, Rebbes ꝛc.)', Profit, Gewinn, (rabbin. v. hebr. rawach, weit werden); Weigand im oberhess. Intellbl. 1846, p. 301.

Ruew, ruewig, ruewen, geruewen, Ruhe, ruhig, ruhen, s. Rue, oben, Sp. 3.

„Ruward, Rubart der Graueschaft Hennigau, Holland, Seland und der Herrlichkeit Friesland" (Hannoniae, Hollandiae et Selandiae Comitatuum atque Frisiae Dominii Gubernator) betitelt sich Herzog Albrecht I. von Bayern-Straubing als Statthalter der Niederlande; MB. XI, 403, ad 1360. XV, 481. XII, 453, ad 1365, und p. 323. XIIII, 330, ad 1386. „Herzog Albrecht von Bayrn Roghart zu Holland;" Cgm. 393, f. 5ᵃ. „Tutor Hollandiae;" Clm. 19487, f. 124, ad 1430 circa. Ndrl. Rewaert, nach dem brem. Wrtbch. unter dem Mannsnamen Rauert, Ruardus, als Rouwaard, Ruu-ward, Bewahrer der öffentlichen Ruhe erklärt; ich kann indessen das holländische, dem ndrs. Raue, Rouwe (Ruhe; cf. rust, rusten) entsprechende Wort nicht finden. (Hein. van Aken sagt noch: ghi roedt, ihr ruht; Willems, belg. Mus. VI, 98.) Kilian hat: Rouwaerd, Roewaerd, Rewaerd als altflandrisch für gubernator provinciae, rouwaerdschap für dioecesis provinciae. Vgl. holl. ding-warer, dingwaarder, Präsident gewisser Gerichtshöfe; altholl. ruard, Gerichtsherr, Oberamtmann. 'De Vries: „de Afleiding en Beteekenis van het Woord Ruwaard," Amsterd. 1869, (Sonderabdr. aus den Verslagen en Mededeelingen der kon. Akad. van Wetensch., Afd. Letterk., XII. Deel, p. 171—190).'

Riuwental, ein Dörfchen in Bayern, das Nithart

als mütterlich Erbe besessen; denn Nithart ist ein Baier von Geburt und war gern am Hofe zu Landshut; aber aus des Herzogs Gunst vertrieben, fand er freundliche Aufnahme bey Friedrich dem Streitbaren von Oesterreich. J. L. Hoffmann: über den deutschen Minnesang, im Album des lit. Vereins zu Nürnberg, Jhg. 1846, S. 32. Wie könnte dieses Dörfchen jetzt heißen? Das Reuenthal bey Amorbach in Unterfranken ist's sicher nicht. Vgl. v. d. Hagen, Minnesinger, Bd. IV, 435—442. Haupt's Zeitschr. VI, 97. 102: „Riuwental, Landeshuot, Wîtenbrüele," (Wittibreith bey Triftern?).

(Vrgl. Raß, reß, ꝛc.)

Der Ratz, des Ratzen, 1) die Ratte, Ratze, mus rattus L.; (agſ. rät, ndrd. rotte, isl. rotta, noch niederd. Rat, verhochdeutscht Ratze. Graff II, 470. BM. II, 584. Weigand, Wbch. II, 466. Diez, Wbch. 282. Müller, etymol. Wbch. d. engl. Spr. II, 239.). „Glis vulgariter ratz;" Ald. 270, f. 277^b. Birlinger 371. Sehr gewöhnlich wird dieses Thier (zur Unterscheidung von Ratz, 2) Mülratz genannt. Im Scherz: der Kuchelratz, Küchenjunge. „Ich ward ein rotziger und schmotziger Kuchelratz;" Albertin's Gußman. „Es ist kein Hausmagd und Kuchelratz niergend, sie will ungestraft sein und die wahrheit nit leiden;" Av. Chr. 2. Der Schlâfratz, Person, die viel schläft. Der Spilratz, leidenschaftlicher Spieler, der da spielt „wie ein Ratz."
174 ˋEtwa gar das böhm. hrač (ratz), Spieler? Vgl oben, Sp. 137: ratzeln, Ratzler. (Weihers, Dr. K. Roth) der *Röz*, Iltis. Vilmar, kurhess. Idiot. 316: der Ratz, nur der Iltis, nicht die Ratte. ratzen, (Nürnb.) viel, fest schlafen. Vilmar, kurhess. Idiot. 317: (sich) ratzen, sich balgen; sich abratzen, sich mühselig abarbeiten. 2) die Raupe, eruca; (etwa zusammenhängend mit ratzen, grassari, bey Frigedanc 200. ˋBM. II, 584. 585. s. unten ratzen).ˊ „Die Majokäfer und Ratzen band ich an Federn, und muesten mir zur hannd flüegen oder kreisen;" sagt schon V. C. Schwarz von Augsburg in seinem Trachtbuch aus dem 16. Jahrh. Birlinger 371,5. Augsburger Gebot vom 16. Febr. 1638, „in der Stadt und derselben Ötter die Ratzen ab den Bäumen zu thun;" Cgm. 4905, f. 523. „Wem es, bei der dermaligen günstigen Aussicht auf eine wieder bessere Obstärndte, einiger Mühe werth ist, die Früchte seiner Bäume für sich und nicht für die Raupen reifen zu sehen, der stehe des Morgens früh auf, binde an eine Stange einen Pinsel oder eine Bürste, tauche diese in Seifenwasser und berühre damit die Klumpen, in welche während der Nacht die Raupen zusammengekrochen sind und, bis die Sonne kommt, so an den Zweigen sitzen. Sie fallen bei der Berührung klumpenweise herab und sterben;" (Schmeller, im b. Landboten v. 26. May 1847). Rätzeln, pl., (v. Dell., O.L.) die Partikeln einer aus gesalzenem Quark mit Kümmel bereiteten Speise. *Rätzl*, n., Art kleiner, gewöhnlich steinharter Käslaibchen, in welchen viel Kümmel; (Rath Her, Oberammergau). ˋBirlinger 371,3; vgl. Rętzel.ˊ ratzen, abratzen einen Baum, ihn von Raupen säubern.

Der Ráz, des Rázen, Grieche, griechisch-katholischer Slawe, (Rascianus, Raize, ungar. Rátz), wie sie früher mitunter als Handelsleute zu uns kamen. „Der Ráz, Serbe graeci ritus non uniti. Aber die gründliche Etymologie sollen uns die Madyaren geben, die ihnen diesen Namen zuerst gaben. Von Rascianus will's nicht recht gehen." Kopitar, (April 1841). Arsenius Czernojewitsch führte unter Leopold I. die große Serben-Colonie aus Roszien auf östreichischen Grund (Hauptstadt Karlowitz). Seitdem heißen die Serben in Ungarn Raszen oder Razen. „Die v. Degenberg führen im Schildt ein Brustbild eines Rätzen oder Tattern;" Hund's St.B. II, 55.

Der Rázen (Rádsch'n, Rau˜dsch'n)-Bart, Schnurrbart. „Secht wie habt Jhr ein raitzenbart, ganz rüdisch, wild, dückischer art," sagt die Magd zum Gesellen bei H. Sachs 1612: I, 1036. In dem bischöflichen Mandat an die Clerisey des Bisthums Freising vom 16. März 1615 heißt es: „Also sollen die Geistlichen auch keine ausgespannte Raitzenpärt, als wie die Soldaten oder andere Layenpersonen, sondern abgekürtzt tragen." — ˋVrgl.: „Seiner ganzen Physiognomie gab es einen eigenen Ausdruck, daß er ein Räzel ˋ(„σύνοφρυς;" Jac. Grimm)ˊ war, d. h. daß seine Augenbrauen über der Nase zusammenstießen, welches bei einem schönen Gesichte immer einen angenehmen Ausdruck von Sinnlichkeit hervorbringt;" Goethe: „Aus meinem Leben" II, 351. Sanders, Wbch. II, 642^a,2: das „Räthsel, die in der Mitte zusammengewachsenen Augbrauen;" — vielleicht wegen der Ähnlichkeit zu Räzel, (Koburg) Schaukel, gehörig; räzeln, schaukeln. cf. ritzen, 3.ˊ „Aus dem Bärenkeller kamen die Rätsl (?) in das Haus der Moie, wo das Rätslloch," (bey Penting in d. O.Pfalz); Panzer, Beitr. z. Mythol. I, 106. Die Rätsllöcher bei Roding (in d. O.Pf.), unterirdische Gänge, wo die Rätseln aus- und eingiengen und Hausarbeiten verrichteten; das. 111. ˋ(Also Hausgeister, Kobolde).ˊ

ratzen, (Zweybr.) kratzen, kritzen. BM. II, 584^a.

Die Rätzen, (Nordfranken) große Bierkanne von Holz, unten weit, oben enge, mit einem Rohr. Vilmar, kurhess. Idiot. 318. cf. oben, Sp. 190: Rätschen.

ˋRazzo, Rasso, Name, s. oben, Sp. 169: Graf-Rath.

raitzen (raətz'n, opf. ràitz'n), wie hchd. reizen; (Graff II, 558. BM. II, 674: reizen und reizen. Weigand, Wbch. II, 486. ahd. reizzan, Notk. 77,58; gl. i. 646: ndrd. „raton," irritare; isl. reita, carpere, vellere, irritare; nach Gramm. 956, VI. wol zu reißen gehörig. Cf. lat. ir-rito, pro-rito) „Rixa, raitzen;" And. 48, f. 143^a. „Rixa ... raicen est verbo vel facto ad discordiam provocare;" Clm. 9537, (sec. XIII), f. 178. „Wer mich raisset auf unpreise, daz lob ich nit;" Balkn. f. 91, Str. 103; (cf. Str. 83. 129. 182: immer mit ss). Bey v. Delling steht die Form „rätzen." Üblicher als das Primitiv sind indeß die Composita anraitzen, verraitzen; anraitzig, verführerisch. Das hchd. reizend wird aus Büchern gelernt. „rayzunde fraw" im Cgm. 638, f. 110, noch sehr eigentlich eine zur Sünde verführende. Das Raitzgeld, (ä. Canzl.-Spr.) das Handgeld für geworbene Soldaten ꝛc. „Ir sult nicht einez zuo dem andern gên, unde sagen bæsiu dinc unde gereizen unde gewere machen;" Br. Berht. 126. (Pfeiffer, 56,26). Gl. o. 26r5: gereizi, concitatio, seditio; o. 62. Notk. 67,8: reizzari, lacessitor, amaricans. ˋDer Raizel, BM. II, 675: reizel, die in dem Vogelkloben angebrachte Lockspeise); fig. Reizung, Lockung.ˊ „Der vogel ûf den reizel mit süezer stimme wirt betrogen;" Haupt's Engelhard p. 63,1926 und Anmerk. auf p. 253. „Ir sult wizzen daz mirzekeit aller sünden reizzel treit;" Renner 3099. „Raizt sie mit dem rayzel der minn vnd unkeusch." „Solchs kussen und halsen sind raizel der lieb;" Cgm. 241, f. 69^b. 93^b.

ˋDie Retzen (?).ˊ „Dica, raytholcz vel reczen;" Clm. 5877 (XV. sec., 1449), f. 111. ˋCf. ritzen.ˊ

Der Rętzel, 1) Brey aus zerkochtem Obste, mit Brodschnitten bereitet. „Apfelrötzel, mala elixa incocto pane;" Voc. v. 1618. Hollerrętzel, aus Hollunderbeeren. Kerschen-R., Weichsel-R., artopemma cerasinum, duracinum; Voc. v. 1618. Zwetschgen-R. 2) (O.L.) Art Mehlspeise, die sonst Schmarren heißt. Semmel-Rętzel, gestochener R., getræufter oder Træuf- (Trâf-) Rętzel, Zwur-Rętzel, gequirlter R. Das Rętzelschmalz, Bodensatz, der bleibt, wenn Butter zu Schmalz zerlassen wird, und welcher zur Bereitung des 175
Zwur-Rętzels dient. *Rëtzel*, Schaum von zerfloßner

Butter; (Kitzbühel). „Als oft die pawfraw smaltz auslaßt, gibt sy den diernen das erst abgeschöpff, daraus die diernen ain essen machen mit brot, genant armen man oder Rezel;" Scheirer Dienst-Ord. v. 1500, Cgm. 698, f. 43. (Vrgl. Röster, Rossknecht, Rütscher, Gerösch, Ruschi, Rödel).

Rez, Röz, Ortsname im b. Wald, s. Th. I, Sp. 170.

ritzen, 1) wie hchd.; (ahd. rizzan; mhd. ritzen; Graff II, 557. BM. II, 756. Weigand, Wbch. II, 502). cf. reißen. „Wie mich dorne rizen," (Variante: reissen, im Druck: rîzen); Labr. 93. 2) im Herbste nur halb pflügen, so daß ein Wasen auf den andern kommt; die Brache umreißen; 3) schaukeln; Voc. v. 1735. Der Ritzer, einmaliges Ritzen. Der Ritz, die Ritzen, hchd. Ritze; (rizzi, notae, sulci, lues; gl. a. 369. i. 545. 555). cf. oben, Sp. 194.148: die Retzen und die Ritzen. „Verbena waßer ist gut für den ritten oder ricz... gut für den herczricz;" Clm. 5931 (4^0 sec. XV.), f. 196.

ritzen, (Zips) brünstig, geil seyn. 'Vgl. holl. ridsig, brünstig, ridsen, reizen, und Vilmar, kurhess. Idiot. 322: *reisch.*'

Die Ritzen, plur., (B. v. Moll, Zillerthal) Kühe, die von dunkelrother Farbe und nach der Länge des Unterleibs, zwischen den Hinterfüßen durch, bis an den Rückgrat hinauf mit einer weißen Binde gezeichnet sind.

„ritzeröt," (Aschaff.) blutroth. Vilmar, kurhess. Idiot. 329. Zeitschr. V, 170,161. 188. Wetterau: reatzeruth, brennend roth. Schon bey E. Alberus v. 1540: „ritzrot, ardentissimi coloris. „Dazu ist er rüsennocht (?) rot;" Clm. 5640 (XIV. sec.), f. 86. 'Cf. Graff II, 559: rezza, reizza, coccum, coccinum. Diefenbach 129[a].'

Riezler. Sollte die Münchner Familie Riezler aus dem walserischen Pfarrorte Riezlern in Vorarlberg, nächst Oberstdorf, stammen? Bergmann, Walser 78. 82.

„Der Ritzling," junges (Ziegen- oder Schaf-)Vieh, das nicht wachsen will, sondern klein und mager bleibt; (b. W.) Vielleicht eigentlich Rützling; vrgl. d. folg. Wort und Vilmar, kurhess. Idiot. 329.

Der Rotz (Róz), wie hchd.; (Graff II, 559. BM. II, 779: daz roz, rotz. Weigand, Wbch. II, 514. gl. a. 46: roz, mucus; i. 90: hroz, reuma; o. 203: hroz, mucca. cf. agſ. hrot, sordes, spuma, recrementum); vgl. Birlinger 376. „I wain oft däss 's *Rotz* dävon rinnt;" Lindermayr 170. „Gertelenwasser verzört das rotz in dem magen oder in dem gedärm auß dem der schleim wöchst;" Cgm. 4570, f. 43. „Perchtram ist gůt vur daz roz, ez suuentit daz unte ist gůt vur ander sichtům des mundes unte der chelen;" Clm. 536 (XII. sec.), f. 86[b]. „Rainigt dy Augen und treibt daz rocz aus;" Monac. Francisc. 184, f. 137. „Zitwar ... nimpt im di rüczen umb prust;" das. „Grotzen, rotzen, rützen, spirtzen" (beym Essen); Furstenzell 55, f. 51. Poll. 668, f. 165. „Grotzen, rochczen, růczen;" Cgm. 3985, f. 3. Vgl. Vilmar, kurhess. Idiot. 332: Rotzköber, Rotzlöffel, Rotzmaul, Rotznase. Zeitschr. VI, 173. 517. rotzig, wie hchd.; rützig, von Pferden: mit dem Rotz behaftet. BM. II, 779. Birlinger 379. Das „augenriczig, lippidus" des Voc. v. 1445 („augenriczig, lippidus;" Clm. 5387, f. XVII. Diefenbach 432[b] und vgl. 332[c]: „lippus, ruczengich," lies: „ruczeugich") wird vielleicht als rützig oder rietzig zu nehmen seyn; s. d. folg. Wort.

rotzen, Thränen vergießen, weinen. a) mit verächtlichem Nebenbegriff. Muəst d' denn àllawál *rötz'n*, du *rotzə~dé* Dingin!? b) auch ohne verächtlichen Nebenbegriff. Birlinger 376. Zeitschr. VI, 180. 342. Diese Form scheint nach Gramm. 957, VII zum mhd. Ablautverb riezen, ahd. riozan (riuzu, rôz, ruzzun, rozzan, lacrimari), agſ. reotan (Andr. 3421) zu gehören, wovon es ein roz (a. 362: hroz), ploratus, und rozag, lachrimabundus, tristis, gab. Graff II, 560. BM. II, 755: riezen, eigentlich: rinnen, fließen. „Daz du (Wunde) dein riezen und dein fliessen lazt ... Hr. Jesu Chr. dein hailig wunden die enswuren noch enrozzen noch enfluzzen;" Clm. 5920 (sec. XV.), f. 137. „O du geiegenter Herr Jesu Xpē dein wunden eruzzen noch erfluzzen, si ersaurten noch erfaulten;" Wundsegen, Clm. 5857 (XV. sec.), fol. ult.

Rozbeer (Weihers, Dr. K. Roth) Brombeere.

rötzen, 1) (U. Donau) abzehren, welken, faulen, verwesen; (ahd. rozjan, mhd. rozzen, faulen; Graff II, 560. BM. II, 779. Weigand, Wbch. II, 510 u. 513. 2) faulen machen, in Verwesung bringen. Har rötzen, Flachs rösten, welches entweder durch Versenkung desselben in das Wasser, oder, besonders im b. Oberland, durch Ausbreitung desselben auf Wiesen und Stoppelfelder zur Einwirkung des Thaues und Wetters geschieht. Die Rötz, Har-Rötz, Flachsröste; Vilmar, kurhess. Idiot. 330 f. Zeitschr. VI, 18: *Riz.* 194. „harroetz," MB. V, 451. S. rößen und rotten.

'Die Rützen, (Koburg) verächtlich: Mund; vgl. hchd. Rüssel; (Weigand, Wbch. II, 524).' „Wolst du die Rützen (Augen?) nicht aufthan das du sechst wen du führest 'rein," sagt die Frau zur Magd; H. Sachs 1560: IV, III, 4[a].

S.

(Über die Aussprach-Verhältnisse vrgl. Gramm. 638—667, auch 630.)

---

s, ß, a) am Ende, verkürzte Aussprache von eß (vos), s. Th. I, 160. Zeitschr. II, 90,3. 338,8. III, 322. IV, 501,1. V, 410,10. VI, 253, III. 272, IV. 510; von eß (id), s. das. 160 f.; von sie, s. d. W.; von daß (το) und des (τοῦ), s. Gramm. 751. b) am Anfang, (mhd. Sp.) swer, swie, swaz, swes, swem ꝛc. swelher, sweder, swanne, swenne, swâ ꝛc., verkürzt aus so uuer ꝛc. der ahd. Sp.; s. so. Eines andern, vielleicht im Grunde auch nur prosthetischen und aus irgend einer für sich bedeutenden Form verkürzten s (resp. sch) wegen, vrgl. man Artikel wie schlecken, schmal, schmätzen, schmelzen, Schmollen, Schnabel, schnullen, schwelken, specken, sprächten, spraiten u. s. w.

Fünf und dreyßigste oder Sa- ꝛc. Abtheilung.

Wörter, deren Stammsylbe mit S ohne unmittelbar darauffolgenden Consonanten anfängt.

(Zu vergleichen die Reihen Sah, Saj und Saw.)

176 sâ (mhd. Sp., apocopiert aus dem sâr der ahd. Sp.) alsbald, sogleich. Graff VI, 22. BM. II, II, 1. Passim: sâ ze hant, sâ ze stunt, auf der Stelle. „So ist der man sa genesen.“ „Daz wir sâ ersturben.“ Sâ si nider nîcte.“ Diut, III, 38. 50. 51. 60. „Diu houbtsucht zerget sa ... siu geniset sa;“ Clm. 4595, f. 39b. Vor dem Vocal hat das r länger gehaftet: sâr ie, Diut. III, 52. 49; (ahd. sâr io, sâr eo). Das umgekehrte iesâ (BM. II, II, 2. Walther 68,1 altd. W. III, 199. 201) scheint wenigstens zum Theil im o.pf. uəsə (s. Th. I, Sp. 165; etwa ur-sâ?) fortzuleben. Zu vergleichen allenfalls das sá in der Munterkeits-Formel, hei-sá, hei-sásá, hòpsásá! (— ᴗ —), womit zusammenhangen mag das scherzhafte Appellativ: der Sásá (ᴗ —), von Aufmunterungsmitteln, wie Stock, Säbel, Peitsche und drgl. gebräuchlich.

177 Nemts dé klaə˜ Geigng
und dé Brádsch·ngeigng,
vəʻgésəts məʻ nét 'ən gross·n *Sásá*,
(die Baßgeige).

Der Tausendsásá, scherzhaftes Scheltwort, auch gegen Personen.

sæen, (sá·n, sá˜, sá˜n, o.pf. sèiə˜), a) wie hchd.; mhd. sæjen, ahd. sâan, sâuuan, sâhan: ih sâuuiu, ih sâta, bim gasât oder gasâit, isl. sâ, ek sâdi, während das agſ. sâvan noch in seov, wie das goth. saian in saisô, ablautete; bis jetzt entspricht ein engl. Partic. sown dem agſ. saven. Graff VI, 54. BM. II, II, 24 f. Weigand, Wbch. II, 530. b) in allgemeinerer Bedeutung: streuen überhaupt. *vəʻsa·n*, verstreuen, z. B. Geld aus der zerrissenen Tasche. Den Weg (vom Hause eines Mädchens zu dem seines entdeckten oder treulosen Liebhabers, um sie oder ihn zum Mährchen der Nachbarn zu machen, in der Nacht mit Sägespänen oder Spreu) *sá·n*, bestreuen; (HchE.) Zwischen Dillingen und Lauingen soll dieses Wegsäen zum Hause einer Schönen in ihrer Brautnacht sogar von Seite ihrer früher abgewiesenen Freyer selbst geschehen. Je mehr solcher gutmüthig gesäeten Wege, so größer die Ehre. v. Heß, Durchflüge V, S. 123. Einem (scil. Schläge, Hiebe) *auf-sá·n*, *ei-sá·n*. Der Sä-Mann, den übrigens der gemeine Mann nur aus dem Evangelium kennt, heißt gl. a. 337: saari, i. 285: sahari, a. 151: noch einfacher saio; mhd. sæjære, BM. II, II, 25. „Sator sagær syderis des gestirnes;“ Cgm. 17, f. 134b. Der Säeman, (Calender v. 1477) der September. Vrgl. Sâ-t und Sâ-men. Die Identität des lat. sĕ-ro, sêv-i, sătum, und selbst sêmen, mit unsern Formen ist unverkennbar.

Die Sau, pl. Säu und Sau, a) wie hchd. (ahd. sû, scrofa, gen., dat. sing. und nom., acc. plur. sûi, sûuui, gl. i. 53. 332; mhd. sû, gen. dat. siuwe und sû, — welcher Form nach Gramm. 808 noch das beumlautete o. pf. Säu der Composita entspricht: — „Man soll der seu spuloch vnd cleu zusamenmachen,“ Cgm. 291, f. 37a. Cf. agſ. sûgu, ndrd. sæge. Graff VI, 63. BM. II, II, 718. Weigand, Wbch. II, 543. Birlinger 384. Zeitschr. II, 401,2. III, 360. V, 61,1. 193. VI, 429,11 468. 487). Das Säulein (Säu-l, Sauə-l; gl. a. 20. o. 382. 416: sûili, sucula. Die Sauerei, Säuerei, s. Zeitschr. VI, 272,20. Um Aschaffenburg heißt das Kinderspiel, in welchem ein durch eine Schweinsklaue (Sau-klo) repräsentiertes Schweinchen figuriert, und wobey der Spruch vorkommt:

Wir wollə˜ das *Säuchə˜* mästə˜
mit lauter Zwibel und Kästə˜ — und das vom Rufe: Es klingelt! auch Klingelorem benamst wird — das *Säuchə˜*. Cf. Zeitschr. VI, 157. Bey Pferderennen findet sich in früherer Zeit als letzter Preis gewöhnlich eine Sau ausgesetzt; (vrgl. Th. II, Sp. 1516: Lôs und oben Sp. 111: Rennsau). Daher sagt das Voc. v. 1618: „D· Saw davontragen, posteriores ferre, ex infimatibus esse.“ „Wirst kaum die saw hinden erlangen“ (im Nasentanz); H. Sachs 1612: III, III, 32. „Solche kunst sei bei dir nit new gwinst almal das nechst nach der sew“, sagt die Frau zum Mann, der nichts getroffen; das 1560: V, 361 (1612: V, III, 48). b) bey den Schuhmachern: eine am Samstag nicht fertig gewordene Arbeit, die für die künftige Woche zur Vollendung übrig bleibt. c) das Aß im Kartenspiel. „So seynd ja in der Karten vier Saü: Aichelsau, Schellensau, Herzsau, Grassau, und weilen die Saü mehrer gelten als ein König, so ist ja das ein saüisch Spiel;“ P. Abrah. d) der Klecks in Geschriebenem.
178 R.AA., in welchen die Sau ihre Rolle hat: ə˜ Sau aufheben, (Nürnb.) ə˜ Sau einlegen, wider Willen und Absicht etwas Ungeeignetes, Unanständiges, Anstößiges begehen, oder, wie das Voc. v. 1618 erklärt: labi imprudentiâ, das Gegentheil von der R.A.: ən Êr aufheben. Zeitschr. V, 517, II, 23. Bekannt ist das Weilheimer Stücklein, wo dieser Ausdruck im Munde des Herrn Bürgermeisters zu einer sehr bedenklichen Zweydeutigkeit wird. Von der Donau sagt P. Abraham in seiner Art, Witz zu machen, daß sie nach ihrem stattlichen Lauf durch die österreichischen Staaten doch zuletzt bey Belgrad noch eine Sau aufhebe. Einen, dessen rücksichtlos-zudringliches Benehmen man abschneiden will, begrüßt man wol mit dem Vermerken, daß man noch nie mit ihm *Sau g·hüət·t* habe. Gar zu schlecht Gemachtes, Geschriebenes, Gesagtes kà˜ kaə˜ *Sau* brauchə˜, lés·n, wiss·n, də'ràd·n. Im b. W. braucht man, etwas Verlorenes suchend, die mystische Formel: Saubeə', tou's Gəld, hèə', Saudrék, tou d· Hent wék! — sie erklärt sich vielleicht durch eine andre, nach welcher von einem Verstorbenen, an dessen Seligkeit man zweifeln zu müssen glaubt, gesagt wird, er sey der alten Sau in den A— gefahren. Vgl. Th. II, Sp. 1291: Kerl und Grimm, Mythol.² p. 963. s. auch unten und Th. IV: Säu-Zagel. Die Nersau, Ursau, Rennsau, s. unter Ner, Th. II. Sp. 1754, und Rennen, oben Sp. 111. Der Sau-Ber, s. Ber, Th. I, Sp. 263. Der Sau-Bayer, s. Th. I. Sp. 220. Birlinger 384: Bàjersau. (Ein Schuster zu Landshut) „der war ein rechter Egelmayer, ey gar ein spitziger Säwbayer;“ H. Sachs 1560: IV, III, 82 (1612: IV, III, 177). Der Freyhart hieß (den Bauer zu Landshut) einen Sewbayrn und Rutendunst; H. Sachs 1560: IV, III, 69 (1612: IV, III, 151). „Wilhelmus dux Bauariae dixit ad suos aulicos: saufft, frest, huret: werdet nur nicht Lauterisch: Sic enim dixit pro Lutherisch, denn er war ein Sewbair;“ Clm. 940, f. 687ᵇ. `Saubohnenstrô, saugrob, s. Zeitschr. III, 356. 360. Sauglück, s. das. III, 360 und IV, 4. Die Sauglocke, s. Th. I, Sp. 115 und Zeitschr. V, 436. Vilmar, kurhess. Idiot. 14.´ Der Sau-Hammen, s. H. `Der Säuhirt, subulcus; BM. I, 670. Diefenbach 562ᶜ: sûhirte, sauhirte, seuhirte.´ „Marcam enim silvae (dedit illi) quae dicitur Wasego in loco qui nunc vocatur Pirmini ſeuſna, idcirco quia in illo tempore. subulcorum sancti Pirminii ibi erant electae mansiunculae;“ Vita S. Pirminii, Windb. 44, f. 120. Mone, `Quellensamml. der bad. Landesgesch. I, 34´: Pirminiseusna `(Pirmasens), mit der Anmerkung: „für eusna ist ensna zu lesen … ensna kann ich nicht erklären.“´ Das goth. asneis gehört hieher. Die Sau-Lachen, (gl. a. 529. 575: sû-lacha, porcaria, porcaricia. Graff II, 101. Diefenbach 447ᶜ). Saumagen, s. Zeitschr. IV, 158. Der Sau-Nickel, der Verlierende in einem gewissen Kartenspiel. Das Säu-Ôr (Sai-Ouə´, Nürnb.), Schweinsohr. Der Säusack, (Nürnb., O.Pf.) Schweinsmagen, mit Blut und Speck gefüllt. Zeitschr. VI, 329,210. Die in der O.Pf. übliche Sitte, sich nachbarlich einander zum Verzehren des Säusacks zu laden, wird schon in einer Note zu den Reimen v. 1562 bey Gelegenheit des hebräischen Schafschur-Bankets bemerkt. Der Sauschneider, der Schweine castriert. Viele kommen aus dem salzb. Lungau, besonders dem Landg. St. Michael, in welchem fast auf jedem Gute auch die Kunst des Sauschneidens und das Vorrecht, sie in einem von den Zunftgenossen ihm überlassenen Gau des heil. römischen Reichs wandernd auszuüben, vom Vater auf den Sohn forterbt. Säusenger, „Merodebrüder, welche Bursch man zuvor Säusenger und Immenschneider geheißen;“ Simpliciss. v. 1669, p. 431. Die Säusucht. „Schlag her, und hab dir die sewsucht!“ H. Sachs 1560: II, IV, 14. Sautanz, s. Tanz. Der Sautreiber, Säutreiber, Schweinhändler (vom Treiben ganzer Heerden zum Verkauf außer Landes). R.A.: Geld haben, wie ə˜ Sautreiber, d. h. viel. Die R.A. allein schon bezeichnet das Vortheilhafte, welches dieser Activhandel für das Land hat, oder doch gehabt hat. Daß er schon alt ist, zeigt eine Priamel des XV. Jahrh. in Eschenburgs Denkmälern p. 417: „In Baiern zeucht man vil der schwein, der treibt man vil hinab an Rein.“ (Bavaria) „sues glandibus silveſtribusve pomis credo tanta copia nutrit ut, veluti Hungaria boves, ita haec sues ceteris Europae nationibus large ſuppeditet. Est gens adeo suillis et ipsa moribus …“ (s. Th. I, 220); Joa. Boemus, de omn. gentium ritibus, 1520, f. LXIV. Von der Klostereiche „faber elegit truncum pro incude, Sawtreiber glandes, piſcator curvos hakken quibus combinantur inferius naves, cellarius ut taufel faciat“ etc.; Predigt-Exempl. v. 1460, Monac. Augustin. 84, f. 197ᵇ. Dieselbe Geschichte metrisch im Prolog zum Speculum humanae salvationis; Monac. Francisc. 253, f. 1ᵃ. 323, f. II, 5. „Beyerland ist so voller eycheln vnd holzops, das sy allen nachbauren vnd Anstössern Saw genug ziehen und möſten;“ Seb. Frank, Weltbuch v. 1534, fol. 15ᵇ. Später ist im Keferloher und andern Wäldern der Bestand an Eichen und Buchen durch Nadelholz ersetzt worden. Auf den Keferloher `sind einst´ Tausende von Schweinen gekommen, jetzt keins mehr. (Director v. Dillis; 10. Aug. 1835). Der Säuzagel, (Rhön) die Windsbraut. Grimm, Mythol.² p. 599. Vilmar, kurhess. Idiot. 338: Sauschwanz. Zeitschr. VI, 343. Der Sau-zand (Sau-zan'), verächt- 179
liche Benennung eines Säbels. „Wo ist euer rostiger Sauzahn, damit ihr dem Malcho das Ohr abgehackt;“ Abele. (Beym Kegelspiel) jeder der beyden äußersten Seitenkegel.

Der Sê (o.pf. Sèi, schwäb. Sái, Sèə), plur. Sê, Dim. Sêlein, wie hchd.; (mhd. sê, genit. sêwes, ahd. sêo, sê, gen. sêuues, plur. nom., acc. sêa, sê, dat. seum, seom, seon, stagnum, lacus und mare; gl. a. 187. 201 steht „seuui, mare,“ 339: „inmittem seuuim, in medio mare,“ also wol nom. und dat. plur., wozu a. 272, MM. 38 ein Instr. sing. seuuiu, entsprechend dem isl. sae-r, gen. saevar, dat. saevi, m., ags. sae, f., goth. saiv-s, m. Graff VI, 56. BM. II, II, 232. Weigand, Wbch. II, 671). Im Cgm. 152, f. 10ᵃ (Baumburger Zinsbuch, sec. XV.) steht fol. 10ᵃ: „Über den Sewn fueren,“ was auf die Declin. der Sewe, des Sewen deutete. Der Chiemsê (Keə˜psê; ahd. Chieminseo, z. B. Meichelb H. Fr. I, 104), Tegernsê (ahd. Tegarinsêo, ibid. 278. 302. 315), beide wol nach Personnamen Chiemo, Tegaro, (gen. Chiemin, Tegarin: „Te Tegrin somno suscitat ipse seo;“ Froumund in Cod. Teg. 1412, p. 64. „G. Tegerinseonsis Monasterii abbas;“ ibid. p. 65. „abbas de Tegrinseo; ibid. p. 137. cfr. Tegarin auua, Tegern-Au, Tegarin uuac ꝛc. Ein Kimo in Eckehard's Waltharius, Vers 687. Vgl. Förstemann II, 875. 1362), Würmsê (UUirmseo, ibid. I, II, 205. Förstemann II, 1554). Im Hchd. ist das Wort

in der Bed. mare, wie im Agſ., ein Fem.; dagegen kommt es als Masc. in unſerm O.L. auch für jedes ſtehende, perennierende Waſſer, wenn es bey einiger Tiefe auch nur den Umfang einer Lache hat, vor. So z. B. verſchiedene Egel-ſê, ein Delbſê, Haſelſê, Hollenſê, Koſtſê, Sunnə'- (wol Sunder-)ſê u. ſ. f. Verſchiedene an, in oder zwiſchen dergleichen, jetzt zum Theil ausgetrockneten Waſſern, Sêen, Sêwen (ahd. Seum, Seom, Seun, Seon), gelegene Ortſchaften ſcheinen in ihrem Namen (nach Gramm 878. 258) jene alte Dativform bis auf unſre Tage herabgebracht zu haben. Förſtemann II, 1254. So das ehemalige Kloſter Seon (Ried 146, ad 1026: Seon. MB. II, 130: in Seuum; 136 ff.: in Sewen, Sewn; 140: ze Sewen. Hund, St.B. I, 343: Soyn, in gemeiner Ausſpr. Soi˜), Seun bey Kloſter Garß, Kirchſeon, Oſterſeon im L.G. Ebersberg (Hazzi, Stat. III, 440), die Veſte Seon im Wallis (Samml. eidgenöſſ. Abſchiede I, p. 98, ad 1417), Soien zwiſchen zwey ſogenannten Sêen, wovon der eine in den Staffelſee abfließt, Soien bey Schongau, Kaſtenſojen, L.G. Ebersberg (Hazzi, Stat. III, 449; in dem Bennomirakelbuch v. 1697, S. 157: Caſtenſeon). Familien Soier, Seuer, Sewer von Sewen; Freyb. Samml. III, 646. Der Berner Oberländer ſpricht noch jetzt die Ortsnamen Unterſeen (Inter lacus) Untərſewən aus. Die Sê-Birn, (Bergamotten?). „Seepirn und nuß;“ Münchn. Stdtb., Art 445. Das Sê-Blatt, das ſchöne, auf dem Waſſer ſchwimmende, eyrunde Blatt der Nymphaea, und dieſe ſelbſt. Nemnich II, 737. Grimm, Mythol.[2] p. 620. 1147. „Sein (des Kloſters zu Tegernſee) Wappen zwei Seebletter ſind, die ſint entſpringen aus Nenufar, die da bringt ſüſſen ſchlaf und iſt verſtellen des blutes gang, den man heißt haemorragiam;“ Münchn. Ms. v. 1470. „Seecrenich, ſeeplat, ſeewurtz, nenufar;“ gl. o. 490 und Voc. v. 1428. Dieſenbach 378[b]. „Nenufar haizt ſêwurz oder ſêkraut;“ Konr. v. Megenberg f. 242 (Pfeiffer 410,28). „Nenufar, cacatus Veneris, papaver silvestre, Seblumen;“ Clm. 16487, f. 99. „Nenuffer gruntwurcz;“ Cgm. 170, f. 10. Das auch im Spaniſchen, Franzöſiſchen, Engliſchen übliche Nenufar ſcheint arabiſchen Urſprungs. „Hier (in Bruſſa) ruhet auch die ſchöne griechiſche, von Osman für Orchan geraubte Prinzeſſin Nilufar (Lotosblume, gleichnamig mit dem Fluſſe, der das Thal zwiſchen dem Olymp und dem Argathonios durchſtrömt);“ Allgem. Ztg. v. 20. Dec. 1842, Beil. p. 2825. „Sêpleter, ſweben“ in Herwigs von Sêlande „Fanen;“ Gudrun 1373,1. BM. I, 202. Grimm, Mythol.[2] p. 1221. Das Sê-
180 Veigə-l, eine Spielart der Levkoje, die, ſtatt beſtäubter, grüne Blätter hat. Der Sêer, (am Bartholomäusſee) berechtigter Schiffer und Fiſcher. Die ahd. Sp. hatte ein Verb ſêuuan, Notk. 106,35, ſêuuazan, gl. i. 571, Prudent. c. Symm. II, 921: stagnare, unter Waſſer ſetzen.

Sè! ſè-də'! nimm hin, ſè-r-ə', nehme er, ſè-ſ', nehme ſie, ſè-ts oder ſèttə', ſèttəd, nehmt, ſè-nſ', nehmen Sie hin! (vrgl. Gramm. 723). Birlinger 384. Zeitſchr. III, 20. 260,25. IV, 252,51. *Sè*, dà hättə's, nimm hin, da habe dirs! Voc. v. 1618: „ſeehin, accipe, verbum pulsantis, verberantis“ freylich auch. *Sè*, Moſchə-l, Lámpə-l, Hòdə-l etc. *ſe!* lockt man das Kalb, Lamm, die Ziege, indem man etwas zum Naſchen darbietet. So heißt es bey Walther v. d. V. 90,18: „Sô wolt ich ſchrîen: ſê, gelücke, ſê! Gelücke daz enhœret niht;“ und daſ. 10,26: „Sô ſpreche ir hant dem armen zuo: ſê, daz iſt dîn!“ Cf. Staufenberg 452. 1144. „Sê hin, geſelle!“ (zum Hund); Labr. 120. „Nu ſe hin dir daz hemd!“ Cgm. 54, f. 44[b]. „Se hin, hab dir den leck!“ Cgm. 379, f. 158. „Se hin ain pfant!“ Auer, Münch. St.R. p. 25. „Se hin das fingerlin, ſe hin min trüw ze pfand;“ Cgm. 568, f. 266. Cgm. 27, Artikel 57. „Nun ſe, hab dir die tochter min;“ Cgm. 568, f. 245. „So oft jhm einer gab ein haw ſo ſprach er zu dem narren, ſchaw ſe ſe ſe das iſt die warheit ... Das iſt die warheit ſe ſe ſe;“ H. Sachs 1560: II, IV, 124. „Ich ſchmeiß dirn rocken ubern kopf ſe ſe ſe ſe Heb dich an galgen;“ daſ. 1560: III, III, 8. Und ſo lebt dieſe Interjectionsform ſowohl in der Schweiz: *ſè*, tiens! *ſè-it*, *ſe-nd*, tenez! als in Dalekarlien, wo, nach Ihre, ſä, ad plures directo sermone ſän, formula donantis est. Auch ſchon in der ahd. und mhd. Sp. und im Gothiſchen iſt die Form ſê, ſai, und zwar vom Imperativ ſih, goth. ſaihv, (ſieh, vide, ἴδε) unterſchieden, mit der Bedeutung ecce, ἰδού vorhanden. (Nach Vollmer, in der Recenſion der Gabelentz'ſchen Ausgabe des Ulfilas, Marc. 16,6, iſt ſai die dritte Perſon im Präterit. Sing. des ungebrauchten Verbs ſijan, ſeyn, deſſen Sing. ſai, ſait, ſai verloren ſey. Er weiſt dabey auf griech. ἤν, ecce. Graff VI, 113. BM. II, II, 275. Wackern. Wbch. Cf. čeſk. ſahati, angreifen, nach etwas langen, greifen). Iſidor III, IV, IX: ſee; Kero 87. 88: ſe, az pim, ecce, adsum; Tat. ſe-nu, ſe-no (neben ſih-no, ſi-no), ecce; Ulfilas Marc. 14,41. Matth. 8,2. 11,8: ſai, ἰδού! Menage kennt ſogar ein languedociſches ſec, voyez! S. ſehen.

ſei-n (ſei˜, o.pf. ſá˜), ſeyn; (ahd. und mhd. ſî-n; Graff II, 482. BM. II, II, 293. Weigand, Wbch. II, 677 ff.): mir, ſi ſeind (miər, ſi ſánd, ſán' und hánd, hán'), eß ſeitß (és ſeits, ſáts und heits, háts); Conj. ich, er ſey, du ſeyſt ꝛc.; Partic. praet. ſchwäb. geſein (gſei˜). Die übrigen Formen der Conjugation werden aus ganz andern Stämmen ergänzt. S. Gramm. 951. Wrtb. II, 1028 und weſen und vgl. Grimm, Geſch. d. d. Spr. 306. 312. 430. 487. ən allaə˜ *seinər*, ein lediger Mann, der keine Geliebte hat; (Garmiſch, Rath Her. In Lengries: Selbstler). nicht ſeyn, nicht enſein, (ä. Sp.) euphemiſtiſch: mit Tode abgehen, ſterben. „Wer auch under Uns oder unſern Nachkommen furbas nit ſol ſein, wenn das iſt in dem Jar;“ MB. XV, 463. Vrgl. I. Th., Sp. 91. nicht ſeyn, (ä. Sp.) nicht an dem, nicht der Fall ſeyn. So ſagt noch der Schweizer blos: es iſt, oder: es iſt net (es iſt wahr oder nicht wahr). „Das Seine Gnad ſollte ein fremdes Volk ins Land gebracht haben, das wäre nicht.“ „Daß alle Kinder erbten, das wäre nicht.“ „Daß ein Fürſt nicht mehr Macht ſollte haben, dann ein Edelmann im Lehen, wäre nicht;“ Kr. Lhdl. XIV, 260. 266 415. Vrgl. wâr. „Dem rehte iſt alſo,“ mit dieſem Rechte verhält es ſich alſo; Augsb. Stdtb. bey Freyberg p. 103. 107. 112. „Wie iſt diſem mære? Im iſt alſo;“ Triſtan 12495. (cf. das hchd. Dem iſt alſo). I will éppes (sc. ə˜ Spitzbuə', Liəgər etc.) *ſei˜*, wenn's nét ſo is. *Is's*, dás's ſchö˜ 181
bleibt, so fàr I, *is's* nét, so gê-n-I. *Kà˜ sá˜*, *kà˜ sá˜* nét á', kann ſein, kann auch nicht ſein.

ſeuen, ſeuwen, ſiuwen, (ä. Sp.) nähen, lat. suere (ahd. ſiuuan, Praet. ſiuuita, ſuta; mhd. ſiuwen; Graff VI, 61. BM. II, II, 362. Firmenich I, 3,36: ſiien. Zeitſchr. III, 28. 30). „Sam man ein gezartez tuoch wider zeſamine ſiuwe ... ſwie wol ez werde gebuozet, den ſiut (die Naht) man da chiuſet“, (bemerkt); Diut. III, 53. „So verſüt und bueßet ſin hoſen ſelb ain arme man, was gat das graf Engen an;“ Cgm. 717, f. 105.

Die Seuel, Seul, Dim. das Seullein (Sèilə˜), (Allgäu, Bodenſee; Weihers, Dr. Roth) die Ahle; (mhd. ſiule, ahd. ſiula, gl. a. 19. 849. i. 218. 662. o. 83. 326: subula, ohne Zweifel vom alten ſiuuan, ſiuuuan, suere, gerade wie ſelbſt das lat. Wort, als suvula, vom Verbum abgeleitet ſein wird; vrgl. mobilis von movere, nobilis von novisse. Graff VI, 61. 876. BM. II, II, 363. Weigand, Wbch. II, 545. Vilmar, kurheſſ. Idiot. 339: *Saul*, *Sauwel*. Firmenich I, 442: *Süll*, subula. Zeitſchr. VI, 487: *Subbel*, *Suwwel*, *Süwwel*). „Ascia halseyſen oder ein ſewlachs“; Clm. 16180, Vorderdeckel. „Ascia, halſeyſſen oder ein ſœwlachs est bisacutus“; dann wieder: „ascia, ſewlachs est securis carpentarii cum quo facit foramen et scindit“; Clm. 5877 (XV. sec., 1449), f. 102. „Ascia, ſewlachſ, securis scindens ex utraque parte;" Semansh. 34, f. 199, „seyl achs, ascia;" Cgm. 690, f. 109ᵇ. cf. Diefenbach 53ᵇ. S. auch Suter.

1) si, suffigiert: sə, s·, wie hchd. sie, d. h. a) illa, f., ahd. siu, si, goth. si, b) illam, ahd. sia, c) illi, ahd. sie, d) illae, illas, ahd. sio, e) illa, n., ahd. siu; `mhd. selten noch siu, sîe (nom., acc. fem.), meist sie, sî, si und tonloses se.´ (Rudolf von Ems, nach Pfeiffer's Wahrnehmung: si, ea; sî, eam; sie, ii, eae, eos, eas. Der Ring hat vorherrschend sey, elle; seu, ils, elles, eux. Ald. 253, f. 53: sew, illi, illae, illa, illos, illas, illa, wie VII Com. seu, XIII Com. sau — also das Neutr. für alle drei Geschlechter gebraucht). „Do der chaiser (Domitianus) sew ansach do erschain sew im gar iwnchleich"; Gesta Romanor., Cgm. 54, f. 79ᵇ, Keller p. 156. „So dicker mawer sint nindert drey ich gedencken durch sey, Tam spissi muri tres nunquam comperirentur Quin a mente mea, cui nil obstat, penetrentur"; Fridancus (v. H. Schedel geschrieben), Clm. 237, f. 232ᵃ; `cf. W. Grimm's Vrîdanc p. 115,19 (drî: sî). Graff VI, 3. BM. II, II, 263. Weigand Wbch. II, 699.´ Merkwürdig hat sich in schwäbischer Volkssprache noch ein, nach Gramm. 260, der alten Form a) entsprechendes, aber auch für b) geltendes sui erhalten, womit das nach dem Salzachkreisblatt v. 1813 um Werfen übliche „sei" (wol seu) zu vergleichen sein wird. Cf. mittelland-appenzell. seu (Plur.); Tobler p. XXX u. 423. Um Kitzbühel nennen die Dienstboten eines Bauernhauses die Hausfrau κατ' ἐξοχήν die Seu (d· Sái). „Unter dem Bauernvolke heißt main Sai mein Weib;" Castelli, Wbch. 225. „Wer is denn aft Schuld dran, bin i's odaᶜ *sö?* Wer wird's seyn, wos dö Sickárá Sáckárá dö!" Stelzhamer 99. Auch noch Suchenwirt setzt dem nom. si einen acc. seu, sei gegenüber. Ebenso hält es das Rechtsb. Ms. v. 1433, auch Cgm. 632, f. 41 ff. Das MB. IV, p. 464. 465. 479. 481 vorkommende sen für sie verdient, eh die Echtheit der Lesart erprobt ist, keine Rücksicht. Sonderbar aber soll nach obiger Autorität um Werfen söän (sien?) für ihnen vorkommen. Lienz: soi, sie, soien, ihnen; Unter-Vintschgau: sui, sie, imenen, ihnen; Staffler I, 116. Anderwärts habe ich das Höflichkeits-Sie von Halbgebildeten als dat. plur. gehört, ohngefähr wie man in A.B. umgekehrt das Ihnen als acc. braucht. S. Gramm. 719. 737. „Und alles trinkt und alles schreit, dáᶜ Buá *mid sö*," (mit ihnen); Seidl, Flins. IV, 94. „Da bin i' aufsi grennt *zu sö*," (zu ihnen); Klesheim p. 46. Ich jeb *Sie*, ich gebe Ihnen; (Halle, Berlin). Dieses sonderbare Plural-Sie als höfliches Anredewort an eine Person (im Dialekt decliniert: Si, Eənəᶜ, Eənə˜, Eənə˜) wird ursprünglich wol nur auf den ausdrücklich gesetzten Plural Ew. Gnaden (cf. Ew. Liebden, niederd. Leevd, auch mit Plural. Auch Hochwürden ist solch ein Plural.) Bezug gehabt haben, und in der Folge auch unter allmähliger Weglassung dieses Subst. fortgebraucht worden seyn. (Grimm's Zweifel, Gramm. IV, 309, scheint mir wenig Grund zu haben.) Im Schreiben eines Beamten v. 1667 (Meichelb. Chr. B. II, 267) an den Churfürsten heißt es: ... „so E. Gnaden ich hiemit communicieren wollen, damit Sy hierauf verfiegen lassen." Die Gnaden (s. Th. II, Sp. 1725) stiegen nach und nach von den fürstlichen auf die adelichen Personen, und endlich, wenigstens elliptisch, auf jedes städtische Kleid herab. Um 1700 müssen sie, wenn auch nicht ausgesprochen, noch bestimmt zum Pronom. und Verb. plur. gedacht worden seyn. (Ob also zu deuten die Weglassung auch des Sie unter Deutschsprechenden Böhmen, die mir im September 1842 von Klentsch bis Prag und von da bis Budweis — auch von Gebildeten, z. B. Dr. Legis Glückselig — aufgefallen: Werden zu Nacht speisen? Wenn nach Hause kommen... Belieben Platz zu nehmen. Deutschenzende Cechen, wie Tham, setzen im Cechischen oni = Sie, echte Cechen brauchen wy.) Heutzutage aber ist diese reservatio mentalis ganz verraucht, und manche Gnaden und Excellenzen de droit fangen an, das nackte Sie von Seite Untergebener etwas allzu laconisch zu finden, ein Vergehen, das nur durch Opfer eines wirklich grammatischen Constructionsbockes: Der Herr N.. sind, haben ꝛc., gesühnt werden kann. Den Berliner Wehrmännern wird am 15. October 1843 bedeutet, daß sie nicht Anspruch darauf hätten, im Dienste durch Sie angeredet zu werden. Um die Landwehr mit dem stehenden Heere gleichzustellen, sey Befehl an die Vorgesetzten der Landwehr ergangen, die Landwehrmänner im Dienste, wenn sie im Waffenrock erscheinen und überhaupt sich unter Waffen befinden, mit dem vertraulichen Du anzureden. Man hege das Vertrauen zu den Landwehrmännern, daß sie dieses Du nicht als eine Geringschätzung ansehen, sondern im Gegentheil diese Vertraulichkeit von Seite ihrer Vorgesetzten recht zu würdigen wissen würden. Allgem. Ztg. v. 1843, S. 2374. 2414. (Dürfen auch die Niedern die Höhern mit dem vertraulichen Du beehren? Ich habe mir dieses Du nie erlaubt.) Jac. Vernet, lettres sur la coutume moderne d'employer le Vous au lieu du tu. A la Haye, 1752.
Beyspiele des suffigierten si. Is *ſ·*, hàt *ſ·*?, sán' *ſ·* oder 182
hán' *ſ·*?, hàbm *ſ·* oder ham *ſ·*? ist sie, hat sie, sind sie, haben sie? Há˜ *S·*, wiə *S·*, gə̣l *S·*! Há˜ n*S·*, wiə n*S·*, gə̣l n*S·*! *ſə*'si', sie sich, *ſi ſ·*, sie sie. S. Gramm. 723. 727. Schon in der ahd. Sp. gehen die verschiedenen Formen siu, sia als Suffixa in tonlose sa, se über; z. B. Otfr. I, 20, 4. IV, 28,10.11.16 ꝛc. Si, substantivierter Ausdruck für ein Wesen weiblichen, wie Er männlichen Geschlechts. `„Gramm. III, 312;" Jac. Grimm.´ Schon Diut. III, 26. 27: Sî, Er. Ortolph sagt: „Unter dem Kraut (Aristologia, Holwurtz) ist eins sy, das ander ere." So auch Konr. v. Megenberg: „von den ern zuo der sien, (Pfeiffer 216,9; cf. Th. I, Sp. 121) und passim. „Sepus die fisch sich paren thund das Sielein empfecht durch den Mund;" H. Sachs 1560: II, II, 111. Der Si-má˜, Simo˜, das Si-mánl, scherzhafte Benennung sowohl eines Ehemannes, der unter dem Pantoffel steht, als auch seiner Ehehälfte; (cf. česk. onapanj). Beide zusammen stellen St. Simon und Erwei' (Sie-Mann und Er-Weib) vor. „Er heißt Siman, der guete Gspan, sie thuet oft mit jhm rauffen;" ein newes Gsang, 1637. „Mein weib aber die heißt Sieman," H. Sachs 1612: I, 1049. „Den Siman werd jr nicht vertreiben;" das. I, 52. Vrgl. Gramm. S. 524: das Lied vom Sie-Männlein. „Uxorem quare locupletem ducere nolim, quaeritis, uxori nubere nolo meae. Ich will kain Symon haben;" Aventin, Gramm. An St. Simons Tag soll ja kein Mann seinem Weiblein widersprechen. Ein Hökerichter heißt wol: ə˜ bugkləts *Simánl*, (Anspielung auf Symon von Cyrene in der Passionsgeschichte).

2) ſi, (Lgrcht. Tölz, Miesbach, Weilheim) es. Si is, si ist, es ist: *si* is deᶜ Hér, es ist der Herr; *si* rengk', es regnet; *si* wiəᶜd schoi˜, es wird schön; *si* kimp' ə˜ Wédəᶜ, es kommt ein Wetter. *Si* gi'tt mèrəᶜ guədé Leud, wàs schlimmé, es gibt mehr gute als schlimme Leute. *Si* bédeut't nicks, es bedeutet nichts, hat nichts auf sich. Miəch frá't *ſi*, mich freuet es. Umgekehrt sagt der Unterländer is, əs für si (sie). Siehe I. Th., Sp. 163 f. Allgemein: *ſi ſ·*, es sie: Wenn *ſi ſ·* friərt, wenn es sie friert. *ſi ſ·*, es es: Iətz tuet *ſi ſ·*. *ſə ſi'*, es sich: Dà hàt *ſə ſi* g'ändəᶜt, da hat es sich geändert. Iətz kà˜ *ſə ſi* bélləᶜn, jetzt kann es sich bessern.

so (só, hie und da sou, o.pf. suə, tonlos sə; Zeitschr. II, 171, 50. 190,8. IV, 252,51. V, 267,6. VI, 503,1 515,6), wie hchd., ahd. mhd. sô, so, agſ. sva, isl. svâ, svo, so, goth sva, wornach so eine Contraction scheint. Gewöhnlich wird ə vorgesetzt, welches, wenn es nicht etwa aus einem unbetonten al entspringt, schwer zu deuten ist. Als verstärkende Afformantia werden nachgesetzt: -tl, -dl, -l; -sl, -sn; — all dieses in der Bedeutung sic, ita. Die Formen *ſoſſl*, *ſoſſn* erinnern an das ahd. sus, ita, etwa aus soso. Das nachgesetzte -də und das zärtlichere -dələ gibt meist den Begriff: so recht, so wohl, *əſodə, əſodələ.* Cgm. 3805, f. 153: äsodl wol! Zeitschr. IV, 456. Wahrscheinlich gehört diese Form zu dem alsod, sodleich,

das im 15. Jahrh. ganz gewöhnlich ist statt also, soleich (solch). S. unten sod. so, als meist überflüssige Constructionspartikel, wie: der, die, das, da; manchmal statt aber. Kaə˜ Mensch so will mə' nicks gèbm, wie man sonst auch sagt: kein Mensch, der will mir nichts geben. Alls wàs əᶜ gsegn hàd, so (das) hàd əᶜ hàbm wəlln. Vor àlln und so mérkts auf enk səlbə' schö˜ auf! I wár gern aus'gangə˜, so hàts àbəᶜ rengə˜
188 müəssn. Hàt àlls auf eəm gwart't, no˜ so is ər àbeᶜ nét 'kemə˜. „Alles das man uns noch her wirt tragen es sei braten oder gesotten so gesegnen uns dy heiligen zwelfboten;" altes Benedicite. „Die Keyserischen meynten, er (der von ihnen in der Engelsburg belagerte Pabst Clemens) schicke aus, Geld zu sammeln (damit er ihnen das Lösegeld zahlen könne), so bewarb er sich umb hülff und kriegsvolk;" Hist. der von Frundsberg. *so wiə* (⏑ —) gê, fang an! nun denn... so, əsó, ohnehin, ohne dieß. Aus diər wird *əso* nicks. Schlàg's zsam, əs is *əso* nicks nutz. Gê glei' mit miər, I gê *əso* den nemlingə˜ Wég. Dés derf mə˜ nét káffə˜, mə˜ kriegts *əso* gnuə'. so, als Relativum für alle Genera und Zahlen, ist im Dialekt unüblich, und wird durch wo ersetzt. Es mahnt an das englische: the man I saw, wo man sich das so ausgelassen denken kann: Der Mann, so ich sah. BM. II, 461[a], C. so, əso, als hinweisendes Adv., ist in der lebendigen Rede des gemeinen Mannes, dem sein Gefühl sagt, wo er beym Hörer ohnehin dieselbe innere Anschauung voraussetzen dürfe, ein kurzer, prägnanter Repräsentant für Vieles, was der Gebildetere durch eigene bestimmte Worte und Sätze ausführen zu müssen glaubt. so, əso, einem Verbum, Subst. oder Adj. vorgesetzt, und mehr betont als dieses, zeichnet in gutem oder schlimmem Sinne aus. Zeitschr. III, 215,3,13. 229,10. 282,98. IV, 223. 251. V, 505. Dà hàb I *əso* g'lacht, gwaə˜t etc., d. h. so sehr, *So* ə˜ Mensch, *əso* ə˜ Spitzbuə', plur.: *so* Leut, *so* Spitzbuebm, mit *so* Leuten etc.; *so* guot, *əso* schlècht. Die Verbindung sovil (sof'l, séf'l) nimmt im östl. O.L. selbst die Bedeutung dieses einfachen so an: *sof'l* gued, *sof'l* schlecht, *sof'l* grous, *sof'l* klaə˜. Zeitschr. III, 324. V, 339. Vrgl. vil. Nét *so* vil, (indem der Sprechende den Nagel des Daumens zwischen die Zähne setzt, als bisse er etwas davon weg). so — so, mit Comparativen verbunden: je — desto. BM. II, II, 456[a], 1, 1. „So der man ie mer gewinnet, so er daz guet ie serer minnet; Fridancus 237, f. 225[b]. „Der palmpaum hat auch die art, sô er ie hœher wirt, sô er sich ie vester preitet;" Konr. v. Megenberg f. 198[b] (Pfeiffer 337,2). „So der wein ie elter ist, sô er ie hitziger ist;" das. 206[b] (Pf. 351,18). sogenannt, sic dictus, schon im XI. Jahrh.: „Vice sicdicti (scdi) Heinrici aug. ecclae. epi." ... „petitione venerandi praesidis scdi Sigimari; Clm. 4601, f. 79. sogetan, sotan (sottə˜, séttə˜, sétlə, ə˜ séttənə'), als Adj. für solch; (vrgl. I. Th., Sp. 606 und Zeitschr. II, 85,31. 238. III, 98. 329. 332. 452. 526,6. IV, 253,97. 456. Söl'ch, ain sölch ainer, e, es (ə˜ səl'ənəᶜ, ə˜ səl'əné, ə˜ sələ˜s — ə˜ sé'chənəᶜ, ə˜ sé'chəné, ə sé'chə˜s), wie hchd. solch, (ahd. so-lih, su-lih, isl. salîk-r, s-lîkr, goth. sva-leik-s, agſ. versetzt sv-ilc, engl. auf bayr. Manier mit ausgeworfnem l: such, schott. sic, aber auch noch sa-lik; vrgl. II. Th., Sp 1426. Graff VI, 18. BM. II, II, 465. Weigand, Wbch. II, 722). 'söltáná', söltáni, söltánás, solcher, solche, solches; Castelli, Wbch. 257.' In *söltáná'* Lustboa'kait;" Castelli (1828) p. 201, (1847, p. 257). „ə˜ Herz voll Dəᶜ barmə˜ ə˜ *söltás* is echt... und *söltani* Herzen san biklem;" Seidl, Flins. [3], p. 228. sonika, verstärktes so; (vgl. Th. II, Sp. 1225: godiká), ganz und gar. Castelli, Wbch. 257: Ea' woáᶜ *soniká* aloán, ganz allein.

Also (àlso, àiso, àisə), wie hchd., s. I. Th. Sp. 68. Sonderbar aber, daß in der Formel also ganzer, also töter u. drgl. an vielen Orten *ā˜sə*, in der O.Pf. regelmäßig *aə˜se* gehört wird, was eher auf anso denn auf also führt. Am Regen sagt man sogar *nā˜sə* ganzə'.

Vrgl. holl. al doende, en faisant, al zegende, en disant, al slapende, en dormant. s. auch unten: sich. Für unser als (abgekürztes also) hat die ahd. Sp. blos so, oder soso, sosa, sose. so osto so, so oft als, gl. a. 478. soso, als (wie), gl. a. 159. 327 et passim. So uuer, so uuaz, so uues, so uueme ꝛc., so uueliher, so uuedar, so uuar, so uuanne mit und ohne noch darauffolgendes so, heißt: wer, was, wessen ꝛc. immer. Dieses vorgesetzte so, in s verkürzt, geht auch durch die mittlere Zeit herab. Noch im 14., selbst 15. Jahrh. finden sich häufige swer, swaz, swie ꝛc. Grimm III, 43 ff. Graff IV, 1190 ff. BM. III, 568. 570. 573 ꝛc. „Swer so ubel tût der hazzet daz lieht;" Cgm. 66, f. 38. Ein so (wenn nicht sam, w. m. s.) scheint auch einzuleiten den ältern Betheurungsspruch: semirgot, samirgot, semmirgot, sammirgot! (welchen der bayerische Herzog Heinrich X., der nach im Benannte, gerne im Munde geführt haben muß). Man möchte sie ergänzen: so mir got helfe! (BM. II, II, 460,1). Gl. i. 244 ist nach den verschiedenen Quellen das per salutem tuam (II. Reg. 11, 11) gegeben durch: „so helfe mir din huldi," und durch: „so mir din huldi," gl. i. 215 das per salutem Pharaonis (Gen. 42, 15) durch „selmir, slemmir, so 184
mir, semmir des chuninges huldi;" das. 245 das per salutem animae tuae (II. Reg. 14, 19) durch „slemmir din lip." „Semmir got! vivit dominus!" Griesh. Pred. I, 9. Diut. III, 63 heißt es: „selstir din lip," wo die eigentlichen Bestandtheile versteckt genug sind (so lieb mir, dir?). „So mer goz plut!" „So mir die funf Wunden!" Reimchron. des Appenzell. Krieges 8. 26. „Sammer botz jammer! sammer botz leiden! samer botz Törper! samer Sanct Quirin!" H. Sachs 1612: IV, III, 20. 44. V, III, 5. „In bona fe questo faro io volontiera, samergot daz wil ich gern tun!" Voc. veneziano-todesco, Ms. v. 1424, f. 99[b]. „Sam mir got vnd der tewfel helf, also hab ich sein nit getan;" Cgm. 632, f. 14[b]. „Es ist war, sammer unser herr got:" Cgm. 714, f. 26. „Sam mir aber elliu miniu ere!" betheuert der Hahn in der Fabel; altd. Wldr. III, 231. „Sam mir daz heilige lieht;" Grimm, RA. 279; cf. 895 und dessen Gramm. III, 243; s. auch Blommaert, oudvl. Gedicht I, p. 125; vgl. sam u. schelten.

Der Säbel (Sábl), a) wie hchd.; (ein neuerer, in der ä. Sp. meines Wissens nicht vorkommender technischer Ausdruck, ital. sciabla, sciabola, span. sable, franz. sabre, slaw. sabla, ungar. szablya, und vermuthlich in umgekehrter Richtung durch Europa gewandert. Diez, Wbch. 309. Weigand, Wbch. II, 528. Der Scherif Busif, Vater des Säbels, in Algier getödtet. Allgem. Ztg. 1849, p. 4559). „Qui (archidux Albertus) spatam 'i' zabel vulgariter illico abjecit;" Aug. Jes. 16, f. 32 (sec. XV.). „Mit swerten sabeln wauffen" (den Grafen von Cilly zu ermorden); Mich. Beham, Cgm. 291, f. 282[b]: König Ladislaus zu Belgrad, 1456. „Ain scharpfen sabel er da an seiner seiten het hangen, ainen praiten und langen"... „in den sabel so graiff er;" Mich. Beham, Wiener 251,3. 13. cf. Pez, scriptor. rer. Austr. II, 454. „Das die Türcken getriben wurn von jren waschen (Baschas) mit gewalt mit saybeln, brügeln jung und alt aus jren hütten und gezelten;" H. Sachs 1612: I, 420 (1558, f. 209). s. Seibel. „Da schicken s' Einem das Dekret, daß man Dechant ist, biethen Einem beym Sabel auf, nix von juribus episcopalibus zu übersehen;" Bucher, s. W. IV, 249. b) im Scherz: Betrunkenheit, Rausch, („wobey man geht, als hätte man einen Säbel zwischen den Beinen;") Seidl, Flins. III, 120.

besäbeln, beschmutzen; 'jüd.-deutsch und Gaunerspr.,' v. hebr. sebel, Koth, Schmutz). Weigand, oberhess. Intellbl. 1847, Nr. 70. Zeitschr. III, 135: besappen, besappeln. Grimm, Wbch. I, 1539. 1609: besudeln, betriegen, (vgl. bescheißen). Vgl. Vilmar, kurhess. Idiot. 335 und 381: der Sabber, Säbber, Seiber, Speichel, Geifer; sich besabbern, besabbeln, seibern, sebbern; s. unten: Saifer und Zeitschr. IV, 358,10. VI, 197. 477.

Der Saben, (ä. Sp.) Art feiner, ungefärbter Leinwand; weibliches Kleidungsstück daraus. „Er versnait ir den saben, daz hemde und den baltikein;" Kaiser-Chr. „Daz ir waschet die sabene und ander wât;" Gudrun 1189,2. Mhd. saben, ahd. saban, sabon, sabun, sindon, bissus, theristrum, linteolum, mit dem Adj. sabenîn, byssinus, bey Otfr., Tat., gl. passim; goth. saban, σινδών. Graff VI, 64. 67. BM. II, II, 2. Die span. sábana (Leintuch, Altartuch) mit dem Dim. sabanilla (jedes kleine Stück Linnen) wird wol nicht so fast ein gothisches Überbleisel seyn, als sammt den deutschen Formen zu dem sabānum einiger späterer Römer (s. Scheller, h. v.) gehören, welches der Gothe Isidor selbst für ein griechisches Wort hält. Im Neugr. gilt σάβανον für Todtenhemd. Zu weit liegt ab der bayrische Schábə', w. m. s.

Sabein (Sawei˜ – ᴗ), Sabina; (HchE.; vrgl. Gramm. 262). Anderwärts ist die Verkürzung Winə, Winə-l beliebt.

sauber, adj., a) wie hchd.; (ahd. sûbari, sûbri, Tat. 46. 155 — das negative unsupar, gl. a. 354, i. 412, — mhd. sûber, ndrs. sûver, ags. syfer, schweiz. sûfer. Graff VI, 70. BM. II, II, 718. Weigand, Wbch. II, 543). b) von menschlicher Leibesgestalt: wohlgebildet, hübsch, schön. Zeitschr. I, 296,7. VI, 342. e˜ *saubərə'* Bue', ə˜ *saubə's* Deənl, ə *saubə's* Leut. „So einen jungen saubern knaben." „Daz der gast ain sauberer man was und darzu auch starkh was und flætig." „Hie ist ein sawberer ritter begraben;" Gesta Romanor., Cgm. 54, f. 33b. 46a. 75b, (Keller p. 63. 88. 149). „Die scuberlich," im Sinne von La Belle, in einem Minnelied des Herzogs Ludwig von Bayern; Cgm. 810, f 37. Das oft ironisch gebrauchte Adj. sauber wird im Scherz, als ob es aus Sau und Ber (s. d. W.) zusammengesetzt wäre, ausgesprochen. Als Adv. entspricht es in diesem Sinn den ebenso verwendeten nett hübsch, bráv. Zeitschr. VI, 266,31. Dà wird *saubə'* nicks draus. Håst mi' *schö˜ saubə'* sitz'n lassn. Ietzə bin I *sauber* und glatt firti', (am Hund; ObrM.). „Wie
186 ist daz so ain cluger geselle, wie hat er den so sauber gelaicht;" Cgm. 523, f. 207. Die Säubere, Säubern, a) die Sauberkeit, b) die körperliche Schönheit. D' *Säubəré* tuət iər weidər ét vil, sie ist eben nicht besonders schön; (cfr. gl. i. 101: supri, venustas). c) die Nachgeburt. Zeitschr. V, 485: die *Süberi*. Gl. a. 274. 294 steht auf dem Subst. sordes die bloße Form unsupar (statt, wie a. 110, i. 101: unsubri). säubern, a) wie hchd. (gl. i. 454: suparan, tergere; Tat.: subiren, mundare), b) sich säubern, vom Vieh: die Nachgeburt ablegen; ehm. auch vom Menschen. Cgm. 592, f. 35b. s. Th. II, Sp. 1281: erkeren. Unsäubern, (Av. Chr. 261) verunreinigen; gl. i. 42: unsubran, foedare. Der Säuberer in der Mühle, Art Sieb für die Kleyen, die aus dem Beutel in den Vorkasten fallen.

`seben, gewöhnlich als Compositum: entseben, (ä. Sp.; Prät. entsuop, Ptc. entsaben), mit den Sinnen wahrnehmen, inne werden, sentire, intelligere; Graff VI, 168. BM. II, II, 233.' „Der des smercen der wunden nicht ensebet, der en sucht niht die arzethre `(arzetîe)' des heiles;" Cgm. 94, f. 25b. „Ich han entsebet der minne sin;" das. f. 45b. „Ein vischer der swer reusen hebt daran er wol gewyn entzebt", (f. 10: anzelt); Cgm. 713, f. 160. 10. „Min selbs ich doch enzabt und richt mich uff zu hant;" Altsw. 246,24. „Der freude han ich entsoben;" Diut. III, 11.

seber. Der Beichtvater frage: „utrum bibat magnos haustus qui dicuntur ein slunt, vel parvos multos qui dicuntur seber, vel magnos et multos qui dicuntur swelher;" Rebd. 25, f. 209. Clm. 9537, f. 180. cf. And. 48, f. 143 circa.

St. Sebald, ehmaliger Hauptheiliger und Nothhelfer der Nürnberger, dessen Wunderthaten aus einer nicht sehr alten Handschrift der dortigen Sebaldikirche, in welcher er rastet, abgedruckt sind in J. Christoph Wagenseils Civitas Norimbergensis v. 1697, S. 37–54. Er heißt nach der gemeinen örtlichen Aussprache Seibəl. Daher das scherzhafte Verb seibəln, in gemein Nürnberger Mundart sprechen. Eine Wiederherstellung dieses vermuthlich latinisierten Namens ist um so mislicher, als die Hagiographen nicht einmal über das Vaterland des Apostels einig sind. Nach der Nürnb. Aussprache scheinen zu berücksichtigen der sonst vorkommende Name Seibold („Seibelstorf," Seiboltdorf wol Sigeboltesdorf, in v. Langs Reg. ad 1149) oder auch der alte Name Sigi-walt, isl. Sig-valdi. Förstemann I, 1038 f. 1087 f.

Sebastiân, gewöhnlich in Wastl umbequemt, schwäb. Bastiau˜, Basti. Es wurden in Regensburg am Fabian und Sebastian-tag „8 Köpf neuen Frankenwein ab St. Sebastians Pfeyl getrunken;" Gem. Reg. Chr. IV, 382, ad 1520. „Aus Bäyern werden Pfeil geführt, da deine Hirnschal mit berührt; die solche Pfeiler tragen, nichts nach der Peste fragen;" Bamb. Gesangb. v. 1707, Lied auf St. Sebastian. Gebet zu St. Sebastian in der Pestzeit im Clm. 5637 (XV. sec.), f. 65. Pestgebete, Clm. 749, f. 37. cf. Grimm, Mythol.[2] p. 1134. In der Münchner Hausrechnung der Jesuiten v. 1630 (Cgm. 3942, f. 45) werden „vergulde, silberne, zinene St. Sebastianspfeil" verrechnet. St. Sebastians Hirnschale zu Ebersberg, s. Grimm, Gesch. d. d. Spr. 144.

Seibel, Säbel; H. Sachs 1560: V, 409 (1612: V, III, 14). s. d. W.

seibəln, s. St. Sebald.

Seiberpueben, Jungen in Bergwerken, „die allenthalben im gepirg perg und ärzt mit der truhen bringen und seibern;" abgebildet im Cgm. 1203, f. 121b. 122.

Das Sib, wie hchd. Sieb; (ahd. mhd. sip, ags. sife, ndrs. sef, seve; Graff VI, 65. BM. II, II, 318. Weigand, Wbch. II, 700. Es ist, als feiner, von der Reitern, w. m. s., unterschieden. Das Hârsib, gl. a. 829. o. 143: harseph, o. 313: „sedacium" (span. cedazo), „capisterium", kommt noch öfter unter der Form hâsib, hasib, Voc. v. 1419: hâjib vor. Diefenbach 97a. 524a. BM. II, II, 318. Über das abergläubische Sib treiben, jagen, laufen s. Grimm's Mythol.[2] p. 1062. 1065. Der Siber, Siberer, Sibler, wirzb. Sibner, Siebmacher. siben, verb., gerne durch sæen und reitern ersetzt. Ob das allgäuische sib-seltsam (äußerst unlittig, unerträglich) hieher, oder zum Zahlwort siben gehöre, steh ich an.

Die Sib-ber, (Inn) die Heidelbeere, (Nemnich II, 1538); bey Höfer III, 141: Set-ber.

siben (sibm, simm), adv., wie hchd. sieben; (mhd. siben, ahd. sibun, goth. sibun, ags seofon, isl. siö. Graff VI, 68. BM. II, II, 257. Weigand, Wbch. II, 700. Zeitschr. V, 329,280). Josue hiez die arche süben tage tragen ... an dem sübenden tage ...; Griesh. Pred. I, 5. „An der sübenston stunde;" das. 136. `Die siben Sachen, siben Zwetschgen, Habseligkeiten; Zeitschr. VI, 330,433. Weigand, Wbch. II, 701.' Adj. n. sibene (simé, o.pf. simə; s. Gramm. 231). „Er kan wol sîne sibeniu", er ist schlau; v. d. Hagen, Ges. Abent. XLIX, 784. Weigand, Wbch. II, 701. R.A.: Über siben werffen, vomitare. „Bei den Gasterehen füllen sich die Töchter und Jungfräwlin dermaßen an, daß sie über siben werffen (das heißt aber ein jungfrawtrüncklein!) und sambt der Mutter auf offner Gassen und Plätzen blitzblatz voll herumstörklen;" Alber- 186
tin's Gusman 475. „Alles über sibene werffen, was

im Leib ist;" desselben übersetzter Guevara. Der Si·bent· (Sibmt, Sibə˜t), der siebente, namentlich der siebente Tag nach der Beysetzung einer verstorbenen Person, an welchem ehmals der zweite Gottesdienst für sie gehalten zu werden pflegte; dieser zweite Seelengottesdienst überhaupt, wenn er auch (wie meistens) nicht eben am siebenten Tag statt hat; (vrgl. Dreißigst). „Sant Paul und sant Augustîn, die rieten fleisch und guoten wîn, grôziu brôt zem alter tragen; zem sibenden, zen jârtagen und ze der bevilde solt man wesen milde mit opfer und mit sêlgeræt;" S. Helbling VII, 76. „Ich wollt jr opfer und sibend lassen halten;" H. Sachs 1612: I, 1063. ‚Die böse Siben, s. Zeitschr. III, 357. Meiner Siben! das. V, 91.‘ „Sibender huott, gerum;" Voc. v. 1419. cf. Diefenbach 261ᶜ: „Gerum, senideir (aus semdein) hut." Der Sibner (Sibmə'), a) die Sieben, das Zahlzeichen. a) Münzstück von circa a⁰. 1506, 7 (schwarze) Pfenninge oder 2 (damalige) Kreuzer geltend. Man nannte dieses Stück auch Gröschlein. Lori, Mz.R. I, 112. 121. c) (Frank.) einer der gewöhnlich in der Zahl sieben aufgestellten geschwornen Sachverständigen in Bau-, Flur-, Grenz- ꝛc. Besichtigungsgegenständen einer Gemeinde. BM. II, 259. Birlinger 387. „Die Gemeind-Sibner eines Orts versteinen und marken die Güter ab;" Wirzb. Verord. v. 1753. Vrgl. MB. XXII, 348, ad 1367. Die Sibnerey, das Collegium der Sibner, z. B. in Neustadt an der Aisch (1745). Der Sibnergang, jährliche Besichtigung sämmtlicher Marken einer Flur durch die Sibener in corpore. Im b.W. nennt man einen, der sich gar klug dünkt, sibengescheid (simgscheid). Zeitschr. III, 354. 359. V, 181. VI, 467. Einen übersagen mit siben oder ihn übersibenen, (ä. Rechtssp.) ihn mit sieben Zeugen überweisen; MB. III, 212. Cadolzbach. Verord. v. 1438. o˜ Sibmfràs, Vielfraß; (ObrM.). Siben Nacht, (ä. Sp.) wie wir jetzt sagen acht Tag; s. Nacht. „Sibenzeit, lotus sativa, trifolium odoratum;" Voc. v. 1618. In einem Volkslied (Schnitterlied), Insbruck 1640: „die Sibengezeiten, trifolium odoratum." Es ist das trifolium melilotus caerulea L., welches in der Schweiz mit zur Bereitung des Schabzigers verwendet wird. Nemnich II, 1478. „Sibenzeit, foenum graecum;" Clm. 16487, f. 98. siebenzehen (sibə˜ze˜hhə˜). Der Sibenzehner (Sibə˜zenə'), Münzstück im Nennwerth von 17 Kreuzern, von circa a⁰. 1660 an üblich, (Lori, Mz.R. III, 306); jetzt nur mehr als Rarität oder Schatzgeld vorkommend. „Der Sibzehnfuß," (B. v. Moll) Erdvielfuß, Julus terrestris L. Sibenzig (sibə˜z'g).

Die Sibylla weiß, s. Th. IV: weiß.

Das Sibilit. „Der Schiffer (in der Noth) blies ins Sibilit," (Reim auf „nit") B. Waldis, Fab. IV, 13 bey Lessing, Schriften XI, 2,272.

(Vrgl. Sah, seh, ꝛc.)

Die Sach, pl. Sachen (Sachən, Sachə˜, o.pf. Sachng), wie hchd. Sache, nemlich: a) causa, Angelegenheit, affaire, Handel, Streitsache, Ursache — (ein mehr auf das Reden und Denken gehender Begriff). b) res, Ding, (in allgemeinerer und materieller sowohl, als geistiger Beziehung).

Die Bedeutung a, ohne Zweifel die frühere, ist die gewöhnlichste des ahd. sahha, pl. sahha, (Otfr., Tat., gl. pass.) causa, verbum, (gl. i. 274. 283. 284. 306.
187 308); lis, querela; agſ. sacu, engl. sake, isl. sök, schwed. sak, ndrd. sake; Firmenich I, 47,3: *Saak*, causa. Graff VI, 76. BM. II, II, 4 f. Weigand, Wbch. II, 528. Neben sahha besteht in der ahd. Sp. eine Form sechea, schia, secha, lis, rixa, querela, wie im Agſ. neben sacu, lis, ein secce, rixa, proelium, bellum. Die Hofmarksherren maßten sich an, zu richten „umb all sach, ân umb die drey sach, die an den leib gên," (Notnunft, Raub und Todtschlag). Ich find kein sach (Schuld) an disem menschen," sagt Pilatus; Cgm. 138, f. 68. „Umb dis sach," (dieser vorgenannten Sachen, Vergehen wegen; „dis" steht für „dise," plur). „Umb die vorgeschrieben sach tet der baubst den kaiser Fridrich (II.) ze bann; Kaiserchron., XIV. sec., Msc. des german. Mus. 2733. „Die sach (Grund) der sachen ist funferlai; d. Ring 44ᵈ,23. „Wesst du die sach zu sagen der plintbait und ein ertzney darzů ze geben;" Gesta Romanor., Cgm. 54, f. 64ᵃ, (Keller p. 124). Der Sohn zur Mutter: „sey daz (daz) ich dein sun pin, aber mein vatter ist der maist sach meiner geburt;" das. f. 1, (Keller p. 1) „Es sind aindleff sach (Ursachen) darumb man nicht (zur Ader) lazzen scholl;" Cgm. 317, f. 64. „Es geschicht nichtz auf der erd ân sach;" Cgm. 607, fol. 174. „Von sach wegen," wie das franz. pour cause; Cgm. 632, f. 40. R.A: Dés hàt sei˜ *Sach*, das hat seine Besonderheiten, Hindernisse, Schwierigkeiten, Vortheile. Dés hàt kaə˜ *Sach*, das hindert nicht, hat nichts auf sich. Dés is ə˜ *Sach*, das ist ein verdrießlicher Umstand, Handel. Oder noch mehr exclamativ: Is dés ə˜ *Sach*! Sán' dés *Sachən*! No˜ èitz wellmə' gscheidə' Weis *aus də' Sach* rédn; (Obr.M.). „Daz sprâchen si niht ân sache;" Griesh. Pred. I, 161. „On sachhaftig Sach, ohne triftigen Grund;" salzb.-bayr. Proceßschr. „Ist Sach, daß ... si, quod si;" Avent. Gramm. Hist. Fris. II, II, 312. *Is Sach*, dás d· nét mágst, (im Falle, daß du nicht willst). Es sey Sach, es wär denn Sach, (b. W.) ésach, me˜sach, es sey denn, es wäre denn der Fall, daß .. *ésach*, er kám nét, (im Fall er nicht käme). Da ist nicht mehr zu helfen, *me-sach*, əs wur˜ glê' dər Arm à'gnummə˜, (außer, es würde gleich der Arm abgenommen). „Vil sprechent das die hunt nit mügen beleiben on die menschen und das sy töbig werden, sey es sach, das sy komen aus der lewt wonung;" Konr. v. Megenberg f. 77ᵃ, (vgl. Pfeiffer 126,1). Die Ursach, causa, wofür ursprünglich das einfache sahha galt. Zeitschr. V, 291. Adverbialisch sagt man: ursach, ursachen, daß ..., ursach dessen, weil ..., deswegen, weil; cfr. engl. „for this sake." Sollte etwa das blos als Präposition stehende ur (aus) mit sahha zusammengwachsen seyn? Doch steht schon MM. 45 ursach als Subst. ursachen, verb., veranlassen. „Wir haben sie auch dazu nicht geursachet." Die endliche Ursache hörte nicht auf, wiewohl die ursachende Sache möchte aufhören;" Kr. Lhdl. X, 214. XI, 312.

In der Bedeutung b) steht schon gl. a. 308. 315: „sahha, res, tenuht sahhono, abundantia rerum;" cfr. MM. 22. 43—45. 105. So ist ja auch das ebenso materielle span., ital., franz. cosa, chose aus causa geflossen. Diez, Wbch. 113. „Adalleoz scripsit hanc *causam*," diese Sache, dieses; Clm. 6300 (2⁰. IX. sec.), f. 42. „De *causis* (Christiano) necessariis; Clm. 6342 (4⁰. IX.—X. sec.), f. 11. 16. Zeitschr. III, 271,10: *Sach*·, Besitztum. IV, 224. V, 111,62. 407,6. Im Salzburgischen nennt man jene Holztheile in den Hoch- und Schwarzwäldern, welche durch Vertrag von den an Bayern überlassenen Waldungen den anliegenden Inländern zu ihrer Nothdurft zugetheilt sind — Hofsachen. (Hbn. 929). MB. IV, 288, ad ann. 1073 und 291, ad 1075 kommt, neben curtis und mansus, hofsacha vor; XXIII, 25. 100. 108 steht: „hus, hofstatt, hofsache".... „stozzet an N. des Schusters hofsache." (Vrgl. Grimm, R.A. 519, Note). „Chirihsahha scti. Kilianes," s. unten: Kirchsatz. Merkwürdig gilt in A.B. beym gemeinen Mann Sach, wenn es Güter, Haus und Hof, Geld und Gut bezeichnet, als Neutr. Zeitschr. IV, 224. Wenn də' Vàdeᶜ stirbt, übə'nimt de' Su˜ *dés ganz Sach*. Dieses Neutr. hat indessen auch sonst statt, wo es gewissermaßen den Sinn eines Collectivums erhält. Rám (räume) *dés Sach* zsam, *dés* dà aufm Bod'n leit, (liegt). Dà hàst *dei˜ Sach* 188
(deinen Theil), làs me' *dés* mei˜. I bètt (bete), arbət (arbeite) *mei Sach* (so viel mir zusteht), tuə ən anderə' *dés sei˜*! Man hört auch wol *dés Sachən*, *dés Sachə˜s*. (Wäre Sach hier als Genitiv zu denken? id rei). Im Feuerbuch, Ms. v. 1591, heißt es: „So ist all Sachen vergebens — es wäre dann Sachen," wo man sich Sachen als alten Gen., gleichsam id rerum, denken möchte. *Sach* gnue'! haben herkömmlich die Hochzeitgäste zu ru-

sen auf die Ceremonienfrage des Wirthes, ob genug zu essen und zu trinken aufgesetzt worden sey. ə˜ ganz's *Sach* oder ə˜ ganzé *Sach*! (mit dem Ton auf Sach) eine ganze Menge. ən U˜lach, (Allgäu) eine Kleinigkeit. D· Sach ist dem b. Oberländer, wie de Sacha dem Hirtenvolk der Sette-Comuni, sein Vieh. Auf ähnliche Weise heißt es dem Schweizerhirten Waar, dem Spanier res, ganado; (Diez, Wbch. 494. 528. Cf. česk. dobytek, Vieh, ganado, und dobyti, Gewinner, von do-byti, do-butu. Nach Sousa v. arab. ganao, riquezas, bens, portug. gado.) Vrgl. auch das agſ. ceáp, pecus, und æht, possessio, pecora. „Oder (der zwei Söhne Adams) æhte heold," hütete das Vieh; Cædmon 59,31; „ætha end âgend (Vieh und Menschen) eall acquellan" (durch die Sündflut); das. 81,30. „of enge ût æhta lædan" (aus der Arche); das. 86,24.

sachen, „causare", Voc. v. 1445, wol als causari (streiten, klagen, litigare) zu verstehen; (mhd. sachen, ahd. sahhan, praet. suoh, partic. gasachan, litigare, objurgare, queri, increpare, gl. a. 181. 189. 326. 406. 469. i. 897. 943. Kero 23; agſ. sacan, rixare, isl. saka, arguere, goth. sakan, praet. sôk, partic. sakan-s, arguere, increpare. Graff VI, 71. BM. II, II, 4. 6.) Vgl. unten: sacken, secken. „Kan dez klain lufftes taw perlein swanger sachen so mag auch got der tugenden aw ein magt perhaft machen;" Emm. D. 58, f. 94. Der (Übel) will ich dir keins zusachen; Cgm. 713, f. 193. „Ob si (Judith) gesmet da (bey Holofernes) wurde daz got der sunden burde ir nicht zu en sachete;" Eustachius-Fragment, (Dr. K. Roth). „Nichts mehr ich dir zusachen (Schuld geben, zeihen) will; H. Sachs 1560: II, IV, 22. Der Sacher, Sächer, Selbsacher, Hauptsacher, litigans, besonders der Selbst- oder Hauptbetheiligte in einem Streithandel, den Bürgen, Anwälten, Vorsprechen gegenüber. BM. II, II, 7. „Wir, die Werburgen mit sampt dem Secher;" MB. XXV, 374. Ref.-Ger.-Ord. v. 1588, Art. IV. Kr. Lhdl. XI, 284. „Die Römer erwürgten die Hauptsacher", (die Hauptschuldigen, die Rädelsführer); Av. Chr. 166. „Der almechtig got, als er der erst ursprung und sacher ist aller einflüsse in diser welt;" Cgm. 276, fol. 66ᵃ. Der Widersacher, Widersächer; im Voc. Melber und im Buch der Weisen v. 1485 noch: der Widersach, das Widersachen, der Gegner, adversarius; (MM. 56: uuidarsacho; cf. in der lex sal. 53: gasachio, gleichsam conlitigans). „Actor, sacher; reus, widersacher; Cod. Aug. civ. 63, f. ... Dazu gab es ein Verb uuidarsahhan, recusare, officere, (gl. a. 135. 426. 479, i. 872) und unser liturgisches: „ich widersage dem bösen Feind" .... ist wol daraus entstellt. Dieselbe Abrenuntiation heißt Diut. II, 281: ih fersache den tiufel; in der liptinischen Formel v. 743 (MM. 66): „ec forsacho diobolae." von dem bey Kero, Otfr., Tat., gl. a. 171. 387 vorkommenden farsahhan, forsahhan, (verläugnen, abläugnen); gl. i. 1112: „furisahhu mih, abrenuntio." BM. II, II, 7. „Hyr kanstu sein (sehen), wat de leive God dait, wän men ... den Kristenloven *forsäket*, (verläßt, verläugnet); Firmenich I, 180,11, (Wolfenbüttel). „Düsse *forsäkede* (verläugnete) dat franske Blôd;" Dönekenbôk 8. 218. „Wir müssen uns versachen und sicher vor dir machen;" Mich. Beham, Wiener 201,16.

besachen, (ä. Sp.) unterhalten, pflegen, besorgen. BM. II, II, 6. „Mit dem halben Pfd. dn. sol der chuster daz liecht ze Sant Afren capell besachen;" MB. XXII, 314, ad 1350. „Sich mit (einem Gut) besachen und besorgen; MB. XXIII, 185, ad 1356. „Sich (bey der Salzarbeit) besachen," dabey ernähren, fortbringen; Urk. v. 1314 bey Kurz, Österreich unter Fridrich d. Sch. 461. „Der sein haus wol wolle besachen;" Cgm. 713, f. 25. 158. Cgm. 270, f. 79. „Daz sich ein ieglicher mit fleischkaufe wol besachen mag nach sinem willen;" Wirzb. Sätze v. 1343, § 70. „Ich bin den vieren (rihten, Speisen) gerne bî, got sî gelobt, und hân ich drî, der wil ich mich besachen;" S. Helbling II, 477. „Er heizet wol der arme, der sich mit irem wandel müz besachen"; Labr. 193. „Ob sie mit Mäze wæren nicht besachet;" das. 323. „Unrichtig, unbesachet bistu;" das. 420. cf. Walkn. 89. zuesachen, ä. Sp., verursachen. „Dy den wienern den schnöden schelken swachen vil schaden zu warn sachen;" Mich. Beham, Wiener 307,26. In der Kaiserchronik bis 1250 steht: „ir sult ez anders sachen 189
(anordnen, disponere) und khainen heirat machen."

`Die Sâchər, Ährenspitze, Grashalm; s. Saher und Zeitschr. IV, 59 f.´

saichen (saachə˜, o.pf. sàichng), das volksüblichere Wort für pissen; (gl. a. 524. 569: seicho; i. 657: seihu, mingo; i. 1162: seichinden mingentem, sc. ad parietem, I. Reg. 25. Graff VI, 134. BM. II, II, 42. Weigand, Wbch. II, 673. Birlinger 383. Vilmar, kurhess. Idiot. 381. Zeitschr. II, 238. III, 526,31. V, 455). Im O.L. ist, ich zweifle, ob in Bezug auf obige Bibelstelle, Saachər ein verächtlicher Ausdruck für Mannsperson überhaupt, wie, allgemein, Saəhh-Tasch·n für Weibsperson. e˜ houchfertigə' *Saəchə'*, *Houhhsaəchə'*, ein hochmüthiger Mensch. Fei˜ lustigé Tánz·, sunst *saəhh* I enk nidə'! ruft bey M. Sturm ein übermüthigfröhlicher Tänzer den Musicanten zu. „So der harm von dem pauch saicht, das tewt das der mensch aller gesunt ist;" Ald. 253, f. 102ᵇ. „Si iter faciens mingere voluerit praeputium a dextera parte ex bracchis seu tibialibus deducere;" ital. Superstit., Monac. Paulan. 13, f. 46ᵇ. Fig. es *saəcht*, hàt *g'saecht*, es regnet in Strömen. *saəhhnàs*, tropfnaß. Zeitschr. VI, 468. 's Bluət *saəcht* raus, is raus *gsaəcht*, strömt mit Heftigkeit hervor. ansaichen, bepissen; Grimm, Wbch. I, 459. Figürlich: ins Verderben bringen. „Na, leich·s mi' denn heut gen schan wieder ansaicht, had mi' 'n Sundá' dázogn und 'n Frauntag erst g'laicht," sagt der Spieler: Stelzh. 122. 173. besaichen, s. unter seihen. „Wer von ratten beseicht wer˜; Cgm. 4877, f. 8. Der Saich (Saəhh), die Pisse, der Urin; schlechtes, nicht hinlänglich frisches Getränk. Zeitschr. III, 13. „Welcher frawen ir stund vergangen ist, die sol trincken den saich von ainer gais;" Cgm. 249, fol. 256ᵇ. „Ein öl für den eyttersaich;" Cgm. 4535, f. 10. Der Kalt-Saich, dysuria, Harnwinde; Voc. v. 1618. „Dgs new Bier gern Harnwindt und kalten Saich verursacht"; Dr. Minderer. Der Sau-Saich, (scherzweise) geschlängelte Linie. Das Gesaichach, Urin. „Nim spangrün vnd gesaichach; Cgm. 246, f. 174. „Harmstain der sich anlegt in dem scherm von dem gesaichach;" Ind. 418, f. 95. Das Saichet, dsgl. „Harm oder Saichet;" Voc. v. 1482. Das Saich-blüemlein (Saəhh-bleəml), leontodon taraxacum. Nemnich II, 365. Die Saich-Kachel, Nachttopf. saich-warm, (von Getränken) fehlerhaft warm. saicheln (sèəchəln), nach Pisse riechen. Der Bettsaicher, a) eigentlich; b) die Seele im Federkiel; c) was von der weißen Rübe sammt dem Kraut weggeschnitten wird. Die Heusaicherinnen, Margareth und Magdalena, 20. und 22. Juli. Muchar, Gastein 136.

Saich, (O.Pf.) Schilf, Sumpfgras, carex. Nemnich I, 181. II, 1018: Segge. Auf *Saəhh* oder Schloten im Weiher haben die Geier (Möven) ihre Nester. Vrgl., wenn ja meine Auffassung richtig, Saher (Sàhhərə', Obr.M.) und das agſ. seic, gl. i. 192, sonst secg engl. sedge, carex, gladiolus. „Fur daz spat (am Pferde) nim ein messer und schnid daz spat auf cräuczwais und leg ein krut darauf crauzweize daz haißt seuch (sench?) vnd swimmet ob dem wazzer;" Furstenf. 139, f. 219ᵇ.

`sé'chən, á sé'ohənə', ein solcher, s. oben so: sölch und vrgl. Zeitschr. VI, 714. 429, I, 1.´

Der Sechel, (wetterau. Juden) Einsicht, Verstand; v. hebr. sechel.

sich (si', sé'), wie hchd.; s. Gramm 738. 739. Graff VI, 5. BM. II, II, 91. Weigand, Wbch. II, 697). Meist in Verbindung mit Neutralverben, sagt man auf ital. Weise

z. B.: Kárt·lt *si'* nicks? wird nicht Karte gespielt? Hei˜t tanzt *si'* nicks, heute wird nicht getanzt. Dà kreuzə't *si'* nicks, da wird nicht nach Kreuzern gehandelt. In den Ingolst. Reimen v. 1562, wie in frühern Dichtungen, haben die Verba neutra ebenfalls gerne dieses sich zum Gefolge: „Er sprach sich, sie starb sich, er antwort sich, er eilet sich, er kam sich" u. s. f. Ganz entsprechend ist das „gēng imu, sat imu" ꝛc. im Altsächsischen diesem „gieng sich, saß sich" ꝛc., welches sich demnach als Dat. zu fassen. Sonderbar ist Tatian's sih-uuer, sih-uues ꝛc., sih-uuaz aliquis, aliquid, sih-uuanne, aliquando, sih-uueliher, sihh-iu-ueliher, irgend ein(er). Graff VI, 53. „Al die wile daz ich sichein swert mac geregen." „Swa man der sichei-nen vunde;" Grave Rudolf, 2. Ausg., p. 13,11. 21,22. (Dobrowsky, Gramm. § 143. 244 erklärt česk. kdos, irgend wer, aus kdo und si, dem verkürzten Reciprocum, cos, irgend was, aus cosi, gakys, qualiscumque, aus gakysi, kterys, quicumque, aus kterysi, kdes, irgendwo, aus kdesi, kdys, irgend wann, aus kdysi.). ao˜sə' ganzə' = an sich g.? s. oben, Sp. 205, so: also, und Th. I, Sp. 68: also, und Sp. 82: an so. Über den Gebrauch dieses Reflexivums im Accus. auch beim Pronomen der ersten Person im Plural, (z. B. Mir bedanken sich, fürchten sich; mir machen sich auf den Weg ꝛc.) s. Gramm. p. 196, § 739, und vrgl. Vilmar, kurhess. Idiot. 383. Fürsich (– ◡), hintersich (– ◡◡) (fürschi', hintə'schi), vorwärts, rückwärts. I gê, du gêst, er gêt, miər gengə˜ etc. *fürsché*, *hintə'sché*. I kà˜'s Aə˜màlaə˜s *fürsché* und *hintərsché*. „Pedem referre, hinderschi dretten;" Clm. 571 (XVI. sec., 1514), f. 28. „Das ich weder hindersich noch fürsich kunt gan;" Cgm. 714, f. 18. „Also trat ich hinter mich;" das. f. 21. Übersich, untersich (übə'sché,
190 untə'sché), nach oben, nach unten gekehrt. „Die Lieb geht undersich (von Höhern zu Niedern), nicht übersich."

sichen (oder sichten?), ä. Sp., antreiben (?); vrgl. Th. IV: zichten, cichten. „Itweder halp sein (Christi) wart ein man erhangen durch gerichte; dem einem sein sælde sichte daz er in genaden bat;" Urstende, hg. v. Hahn, p. 112,6.

Die Sichel, wie hchd.; (mhd. sichel, ahd. sihhila, gen.-un, Tat. 76; agſ. sicel. Graff VI, 89. BM. II, II, 234. Weigand, Wbch. II, 698. (cf. Sech, Pflugmesser; BM. II, II, 234. Weigand II, 669. Zeitschr. V, 269,5,22. 292. VI, 198.). Der Sichelling, ä. Sp., so viel man mit der Sichel auf einmal abschneidet; gl. o. sicheling, manipulus. Graff VI, 90. BM. II, II, 234. Weigand, Wbch. II, 689. Vilmar, kurhess. Idiot. 383. „Der hinden ehert, swenn sie vorn sichlinge hin trugen oder garben; Renner 15884. Vrgl. Nætling, welches nach dieser Analogie eher als Nædelling von Nâdel zu nehmen. Die Sichelhenke, das Sichelhenkend, Schmaus nach vollendeter Ärnte. „So der mist eingefalgt ist, so vertrinken die diern die gabel, desgleichen die Sichel, so man abgeschnitten hat;" Scheirer Dienstord. v. 1500, Cgm. 698, f. 45.

(sicher, adj. und adv., wie hchd.; (Graff VI, 149. BM. II, II, 258. Weigand, Wbch. II, 698). Die Sicherheit, ä. Sp., Sicherung, Schutz; Versicherung, Verpflichtung. BM. II, II, 259.) „Mit mîner sicherheit sie wolden horden;" Labr. 403. „Neidecker, ich wil dir angloben beim aid und feldes sicherheit, das in welche stat und zeit du wilt, ich dir wil stellen mich;" H. Sachs 1560: II, III, 22. Der Sicherstecken. Stützen oder Sicherstecken, womit die Satl und Übersatl der Hauptrisen befestigt sind; (Pseud.-Jir.).

sicher, lippus (?). „Mit den ougen was si (Lea) sicher;" Diemer, Ged. 25,16 und Anm. p. 13. (s. saur.)

siech (siəch, o.pf. sēich), wie hchd., d. h. mit einer langwierigen, unheilbaren Krankheit oder Kränklichkeit behaftet; (mhd. siech, ahd. siuh, sioh, agſ. seoc, engl. seek, isl. siuk, schwed. sjuk, goth. siuk-s, krank überhaupt. Graff VI, 137. BM. II, II, 356. Weigand, Wbch. II, 702). bèttsioch, bettlägerig; (pettisiuh-her, paralyticus; Tat. 22. gl. i. 171). feldsiech und sundersiech, ä. Sp., mit einem unheilbaren, sich mittheilenden Uebel behaftet, und in abgesonderten Krankenanstalten unterhalten; Voc. 1618: leprosus. BM. II, II, 357. Die Aussiechen im Gem. Reg. Chr. 462, ad 1306 werden wol ebenso, und nicht als außer der Stadt wohnhafte Kranke, zu nehmen seyn, falls nicht das alte ûzsuhti (gl. i. 133. 388. 462: dysenteria) zu bedenken ist. Desgleichen die „armen Landsiechen" der Hofrechn. v. 1558 in Wstr. Btr. III, 102. So hatte die ahd. Sp. die Adjectiva: mânodsioh, lunaticus, Tat. 22; uuazzarsioh, hydropicus, Tat. 110. gl. a. 41. i. 494. Figürlich braucht Selhamer Adjective wie bluetsiech, blutgierig, êrensiech, ambitiosus, gallsiech, geldsiech, spilsiech, sonst gall-, geld-, spiel-süchtig. Nach Gramm. 830. 834 wird der Siech, mit dem Fem. die Siechin, auch als Subst. genommen. „Die Mannen-Siechen, die Frauen-Siechen", männlichen, weiblichen Siechen; Amberg. Akt. v. 1380. Statt: die Sieche, (ahd. siuhhi. Otfr. V, 20,76.106. 23,251.) hat sich die mehr hchd. Form Seuche erhalten. Vrgl. Gramm. 921, γ; auch sochen und Sucht. siechig, valetudinarius; Voc. v. 1618. Der Siech-Batzen, (b. W.) Schimpfbenennung eines Kränklichen. Das Siechbett. Das Siechhaus, Siechenhaus, gewöhnlicher Leprosenhaus, und sehr verschieden vom Krankenhaus; (sîhhus, nosocomium, gl. o. 133; Graff IV, 1056. BM. I, 739). Die Siechenklippe, Zeitschr. V, 371. Der Siechkobel, s. II. Th., Sp., 1216; auch zu Straubing ad 1392 vorkommend; Freyb. Samml. II, 111. 118. Der Siechmaister, Siechprobst, Aufseher einer Siechenstube, eines Siechenhauses. Der Siechtag, des Siechtagen, Krankheit. BM. III, 7. „Den fallenden Siechtag haben, mit dem hinfallenden Siechtag behaftet seyn. Mirakelbüchlein von Aufkirchen, Alt-Ötting und drgl. Zeitschr. VI. 4. „Bekerung des Siechtagen," crisis; Voc. v. 1429. siechtagig, valetudinarius; Voc. v. 1618. Der, das Siechtuem, die Siechheit, namentlich lepra; Voc. v. 1735. BM. II, II, 357. „Ein wip, di den roten siechtum (Blutfluß) hat gehabt zwelf iar;" Cgm. 64, f. 50. Der hohe Siechtuem, Frais (?). „Für den hohen siechtum ... Wenn ain kindlein den hochen siechtung hat;" Clm. 5905 (XV, sec.), f. 52. 53. 55.

siechen, vrb. n., kränklich sein, werden; (mhd. sie- 191
chen, ahd. siuhhên, irsiuhhên, gl. a. 317, i. 339. 859. 1008, Otfr.: languêre, languescere; Graff II, BM. II, 356. 358. Weigand, Wbch. II, 702. Vilmar, kurhess. Idiot. 384; siecheln, 386; üblicher ist sochen). à'gseicht, àsgsêicht, durch Siechthum ab-, ausgezehrt; (ObrM.). Grimm, Wbch. I, 120. 972. s. absochen. besiechen, ä. Sp., krank werden. „Das gibt ain solchen bösen ungesunden Rauch und Dunst, das in Niemands erleiden mag, und in wem es khombt, der mueß besiehhen." „In wem diser geschmakh khombt, der muß besiechen, vnnd khan nimmer genesen ohne schwere khrannkhaitt;" Forbuch, Ms. v. 1591. „Übersiechen, morbo affligi, morbo luere intemperantiam;" Voc. v. 1618. „Der sich vast versiecht het, und lang krancher gelegen was;" Freyb. Samml. II, 123, ad 1392. „Du seist darnach außsetzig worn und habst versichet als (all) dein gut;" H. Sachs 1560: III, III, 47ᵇ.

sochen, vrb. n., siech oder kränklich seyn. BM. II, II, 358. Vilmar kurhess. Idiot. 386. Zeitschr. III, 226,16: sochern. „Von gotes drein nehten wil er sochen, dem teufel wachte er dri wochen;" Renner 6651. „Des wirt manic man gestochen, daz er lange darnach muz sochen;" das. 11483. „Davon muz nu sochen zuht und alle reinikeit von gemeiner freidikeit;" das. 14749. „Sô dem vuoze wê ist, sô söchent állii lider mit im unde bleichent;" Pfeiffer's Mystiker I, 340,1 und 541. „Also socht er immer mer, unz daz er starp;" Cgm. 99, f. 36. „Ja halt', si (die Braut) prinnet und überwalt und socht vor lieb;" Cgm. 817, f. 213. „Etlich werdent ferben und sochen in in selber vnd sterbent." „Die Nacht der dunit lag mit sorgen, mit sochung piz an den morgen;" Cgm. 11. Das Sochen, das Siechtuem, Kränklichkeit. „Steht's no' an söchs Wochä, so kriegst ä langs *Sochä* und läft där 's Vergift gar in Magn;" Lindermayr 173. „Dâ sind ich lieb an herzeleides sochen;" Labr. 265. „Ist der harm ..., daz bedewt ain sochen in der stirn von uberfluzigem plut; ... ist der harm ... daz bedewt ain sochen in der rechten seiten des haubtes von hizz und von durr;" Ind. 344, f. 72. fort-, herum-sochen, sich absochen. Grimm, Wbch. I, 120. Der Socher, Mensch, der immer kränkelt. Sprichwort: der Socher überlebt den Pocher, ein Kränkelnder, der sich zu halten weiß, lebt oft länger als Mancher, der sich auf seine feste Gesundheit zuviel herausnimmt. sochend (sóchə'd), kränklich, kränkelnd; langsam. Du bist hält ə˜ *sochəda*' Ding, bey diər gèt nicks fürsi hi!

sochern. „Altes Unschlitt, dessen Flamme nur sochert;" Salzb. Zeitung v. 1830.

'Das Soch, Such, der Saft; wol das lat. succus. „Ob er cheruelen sohc trinchet." „Scelle wurze soch ist gût den tunchelen ógen." „Ebom ist wr ('our?)' den trofpen ob er daz sôc trinchet;" Clm. 536 (XII. sec.), f. 82. 86[b]. „Nim sin (des Geiers) gallen, mische die mit venkels such und mit balsme; Clm. 4595, f. 39[b]. 'Vgl. Sof.'

„Sochen pletter ... da wachsen rothe per an, das laub über jar grün;" Cgm. 439, f. 82.

sochezen, was bocezen, (Baader); s. Th. I, Sp. 489.

suechen, (suəchə˜, o pf. souchng), wie hchd. suchen (mhd. suochen, ahd. suohhan, agf. sêcan, engl. seek, isl. sœkia, schwed. söka, goth. sôkjan. Graff VI, 78. BM. II, II, 8. Weigand, Wbch. II, 840. Zeitschr. IV, 269,12. VI, 108. 1k, 3. 345). Ä. Sp. suochen etwas, wie lat. petere, adire. „Wun und Waid, Waid und Waßer suechen," (das Vieh) auf die (Gemein-) Weide treiben; MB. XIII, 432. Kr. Lhdl. VII, 504. „Ains tages, ains rechten suochen," vor Gericht, zu einer Gerichtssitzung kommen; Heumann, opusc. 138. 157. „Dia chirihhun suahhan," in die Kirche gehen; MM. 20. „Die pfarrkirchen suechen, haimsuechen;" Cgm. 3941, f. 92. „Jorg Suechentrunckh," Asp. 49, f. 156; wie Suechenwirt. Suchenschatz, (Autor); Aug. civ. 90. 'ansuechen Einen, ihn angehen, ersuchen; Grimm, Wbch. I, 494 f.' „Da sitzi' und sitzt's Treindl bey än Tanz in Kiritag, da kimmt ainä, *suecht* mi' *an*, frait, zu was i' 's Treindl han;" Lindermayr 142. „Ex istis surgunt pravae voluptates et consequenter follicitationes vulgariter ansuechung ad turpitudinem;" Sanzenon. 69, f. 14. BM. II, II, 12. 'besuechen, (feindlich) angreifen; BM. II, II, 10,1. Birlinger 388.' besuechen das Almosen, (nach Almosen gehen), Kr. Lhdl. VIII, 393; den Blumen, (das Vieh auf die Weide treiben); „ein Gebirg mit dem Holzschlag," (darauf Holz schlagen); die Landstraßen, (darauf Verkehr treiben); ein Fischwasser, (darin fischen); L.R. v. 1616. „Habitum et habendum, besûchts und unbesûchts;" Cod. Aug. civ. 63, f. ... Der Suech, gewöhnlicher: Besuech, Gesuech, das Gehen nach einer Sache, um sie zu nehmen, zu sammeln oder zu genießen; das Recht hiezu; der Platz, wo zu solchem Ende hingegangen wird, namentlich ein Weideplatz. Graff VI, 85. BM. II, II, 7 f. „Gesuech zu den büchern einer librei haben;" MB. XXI, 136. „Der gesuch zu einem prunnen;" MB. XX, 44, ad 1387. „Daz wir Purger von Trostperch und die Purger von Altenmarkht den Gesuch an der Awe, die da leit enhalb der Trawn, mit einander getailt." „Die Rechelpewnt sol ligen also ungefridet ze ainem gemainem Gesuech;" MB. II, 233, ad 1342. „An Egolfinger veld, darein die von Tauting ꝛc. ir Psuch haben;" MB. X, 178. „Wie ich
192 sie irre an ihrem Besuch, daß sie den nach ihrer Notdurft nicht besuchen mögen;" Kr. Lhdl. I, 230. „Einen Gesûoch (Grasplatz) mäen und hegen;" Hellersb. 119. „Die Waldungen sind in 4 Besuche (Reviere) eingetheilt;" Hübn. Salzb. 170. „Fürbaz ûf den gedingen an den gesûch ich kêrte;" Labr. 25. „Einen forstmeister klûgen fand ich an dem gesuche;" das. 30. Cf. ausladen, (Jir.). Der Berlbesuech, das Sammeln der Perlen in den Perlbächen, ein Staatsregal; Instruct. f. d. churf. Hofkammer, 1640. Der Bluembesuech (Blaəmbsuech), der Viehtrieb, das Weide-Recht; Kr. Lhdl. XI, 457. „Die wayd und bluemb besuech des westerholtz besuechen;" Meichelb. Chron. B. II, p. 217; cf. 205. 189. Der Waidsuech; L.R. v. 1616. Der Gesuech, zuweilen Besuech, (ä. Sp.) der Nutzen oder Zins von geliehenem Geld, (BM. II, II, 8); Rechtb. v. 1332. Wstr. Btr. VII, 87. 150 ff. Noch das reformierte Land-Recht v. 1588 sagt Tit. XXXIII, Art. 8: „Sich sol ain yeder an der bezallung des werdts, den er hingelihen hat, benüegen lassen, und niemand von dem andern aynichen auffschatz, gesuech oder wuecher nemen." A. 1445 muß dem Juden Seligmann, wenn eine von ihm entlehnte Summe nach einer bestimmten Frist nicht zurück bezahlt ist, „alle wochen wochentlichen auf ainen yeden gulden besunder ain pfenning zu gesuoch" gegeben werden; MB. XXIV, 674. Ebenso steht der Judenzins in Amberger Akten v. 1381. „Gesuoch, usura;" Voc. v. 1429. „Ir silbers volle kisten, die ab ir ebenkristen gevüllet sint mit gesuoch;" S. Helbling VIII, 995. „Usura, gesuech; de fenore, vrgesuech; Clm. 9537, f. 179. „Ad usuram, ze gesuoche;" Cgm. 17, f. 24[b]. „Der scaz sinen nihne gab ze gesuoche, qui pecuniam suam non dedit ad usuram; Psalt. Windb. Kasuah, commodum; gl. a. 73. „Der gesuochrär, usurarius;" Cgm. 619, fol. 353. 357. „Owê, waz ir in dem lande ist, die wuochernt mit listen und kunnen sich wol vristen, daz mans nicht offenbær nennet gesuochær ... ez næme der jude Smoyêl den gewin wol vür vol, der offenlîche gesuochet wol;" Helbl. VIII, 980. 984. BM. II, II, 12. Cf. čest. gjiskatj, suchen; zjiskati = wzjiskati, gewinnen, (wz = auf-). eingesuchte Werke, (wirzb. Stadtbau-Ord. v. 1767) an des Nachbars ganz eigene Mauer widerrechtlich angelegte Sparren, eingesetzte Bögen ꝛc. ersuechen, (ä. Sp.): a) suchen, fordern, eintreiben: „eine Schuld bey dem Selbschuldner oder seinen Güetern;" L.R. v. 1616, 264. (gl. a. 76: ersuahhan, exigere); b) „die Ärzt bey ihren Hauswohnungen," zu den Ärzten ins Haus gehen; L.R. v. 1616, f. 588; c) untersuchen: „die Cammern zu dem Feldtgeschoß;" Fewrbuch v. 1591. „Examinare, ersuchen;" Furstenf. 163, f. 172. (mhd. ersuochen, ahd. ar-, ir-, ur-suohhan, examinare, scrutari, probare; Graff VI, 82. BM. II, II, 10. s. d. f. W.).

haimsuechen, a) wie hchd. heimsuchen, b) ä. Sp., cf. II. Th., Sp. 1108. BM. II, II, 11. „Swer den andern haimsuocht vor seiner haustür nahent denne siben schuoch langt, da er wesenleichen inne ist, mit worten oder mit werchen, der geit dem richter V Pfd. vnd LX dn., vnd dem, den er gehaimsuocht hat, als vil;" Münchner Verord. v. 1333. Cgm. 284, fol. 57[b]. Heumann, opusc. 100. Grimm, R.A. 639. Vgl. S. Helbling XV, 234: „Gesell, wær dû ze Wienen, dô die vînde vür die stat suochten?" und das. 492: „Ez wæren bürge oder stet, dâ die vînde suochten hin." versuechen, d. W., (nach dem gothischen sôkjan, wie das isl. sœkia, agf. sêcan, beumlautet:) versüechen (vɔ'léichə˜), wie hchd.; cf. Grimm I[3] p. 200. zuesuechen. „Daz würd mir zûgesûcht, mihi imputatur;" Cg. 54, f. 2. Die Suech, a) wie hchd. Suche, Jägerausdruck für den Geruch, die Nase des Hundes. (Ob auf solche Weise das alte suuech, suech, „suoch," odor, gl. a. 257, umgedeutet und entstellt sein könnte?). b) 'das Suchen, die Untersuchung; (ahd. suohha, mhd. suoche; Graff VI, 86. BM. II, II, 8). Wo is 's Suəch? Antwort: auf də' *Suəch*, (such's); ObrM. Auf də' *Suəhh* sei˜, etwas suchen, im Suchen begriffen seyn; gesucht werden, nicht vorhanden seyn. „Ich weiß,

daz man in vindet, swer niht der suoche erwindet;" Ulr. Tristan 2447. 3) (schwäb.) Ackerfurche oder Beet; Schmid 519. cf. Graff VI, 143: suoha, suohili. „Aaron suche," (Pflanze?); Cbm. 13057 (sec. XIV.), f. 105. (Etwa such, Saft, der Pflanze Arum macu-
193 latum?). gesüech (gsiəhh, o.pf. gsêihh), adj., was stark gesucht wird, rar, selten; auch bey Stalder II, 417: gesüech, gesüechig. Huir is 's Obəs gſiəhh. Mit Leudn, dé schreibm künnə˜, då is 's gſiəhh.

Das Sachs, eigentlich Sahs, culter, semispathium, der ahd. und mhd. Sp. (agſ. seax, isl. sax; Graff VI, 90. BM. II, II, 24. Weigand, Wbch. II, 528. Nach Grimm III, 378 das latein. saxum, wie hamar das slaw. kamen, Stein; Mythol.² 338 f. Sháviz, slowenisch bey Murko: der Sachse) ist so ziemlich aus dem Leben verschwunden. Das mittelrheinische Sesel (Rebmesser) wird indessen wol noch dem sehselin, sahselin, biduvium (gl. o. 82. i. 1254), entsprechen. Auch das ahd. scara-sahs, novacula, hat sich als Schersachs, Schersach, Scharsach (s. d. W.) bis ins 15. und 16. Jahrh. erhalten. Daß sich unser Meßer aus mezzi-sahs zugeschliffen habe, ist Th. II, Sp. 1670 vermuthet. (Damit will Dr. K. Roth 29. Jan. 1852 den Namen eines mainzischen Adelsgeschlechtes, Barone von Schleiffras in Zusammenhang bringen. Er findet im 14. Jahrh. die Form Sleifrahs. Einer war Abt zu Fulda, † 1714, unter dem Namen Adelbert.) Dafür will ich hier noch das ndrd. schermes vel scars, schaers, novacula, (Diut. II, 225; Kilian) sprechen lassen, wo in beyden Formen das sas (st. sahs, wie ses st. sehs) in ein bloßes s zusammengezogen ist. Das ndrd. mes kann füglich aus met-sas entstanden, und selbst in meſt versetzt worden seyn. Daß ein deutsches Volk, wie das Annolied 21 erzählt, von einer ihm eigenthümlichen Waffe durch die Ableitung Sahso, gen. Sahsin, (woraus das Saxo, Saxŏnis der spätern Römer, zuerst Ptolom. Geogr. II, c. 11. Förstemann II, 1207) habe können benannt werden (agſ. Seaxa, gen. Seaxan, isl. Saxi, gen. Saxa), bleibt plausibel genug; und aus Sate (vrgl. unten seß) würde nie ein niederdeutsches Sasse entstanden seyn. Grimm, Gesch. d. d. Spr. 609 ff. 624 ff. Weigand, Wbch. II, 528. Ob das Kloster Waldsassen von seinem Stifter, dem a. 1133 vom Niederrhein gekommenen Gerwig v. Wolmundstein und seinen Gefährten, als Sassen, den Namen erhalten habe, weiß ich nicht; die Anwohner nennen den Ort auf hochdeutsche Weise Waldsachsen. (Immerhin bleibt der „pagus Uualtsazzi," MM. 37, zu erwägen. cf. Förstemann II, 1468). Waldsassen, Reimchron. sec. XIV., Cbm. 91, f. 16. „Von eime fleckelin winwas (Weinwachs) in den Waltsachsen;" Urk. v. Vessra in Thüringen 192 (v. J. 1336) bey Höfer p. 308. „Monasterium in Waldsachsen ord. S. Benedicti," (anno Xmo Martini Papae, circa 1427); ZZ. 783, f. 18. „Ein mönnich groß und fest gewachssen aus dem abtkloster zu Waltsachssen;" H. Sachs 1560: IV, III, 58 (1612: IV, III, 129). „Heim gen Waltsachssen;" das. Waltsachsen schreibt Andr. Masius, der sich als Rath des Churfürsten von der Pfalz 1541—43 und 1554—55 hier aufhielt; ZZ. 736, n⁰ 7. 8. 101. 102. 106. 117. 124. 129. 131. 132. 165—67; Valsaxea schreibt man aus Rom, n⁰ 124. („Das falsche waltsachssen fand ich zuerst im J. 1219, dann wiederholt 1224, 1242, 1244, 1247; auch Waltsaxen 1249 und waltssachssen 1225 aus Straubing. Erstes Auftreten 1133 (?): „in loco, qui Waltsassen dicitur; dann 1138: super cenobium in waltsaſſo." Dr. K. Roth, 8. des Ostermon. 1849.) Andere Ortsnamen, wie Sachsenhaim, Sächsenkam (zwar im Cod. Virgilii aus Tegernsee fol. 33: Sassincheim), Sachsenried, Sachsensteten, werden wol von einzelnen, etwa aus Sachsen gekommenen Ansiedlern benannt seyn. Förstemann II, 1207 ff. Die zwanzigtausend Sachsen, die nach Paul Diac. II, 6 mit den Longobarden nach Italien gezogen, waren (III, 5. 6) durch Frankreich wieder heimgekehrt. Im Maier Helmbrecht und bey Seifr. Helbling werden unter Sachsen immer Niederdeutsche (datter und watter) verstanden. „Vater, einen Sachsen züget ir lîhter danne mich" (als mich), sagt der trotzige Maier Helmbrecht (Vers 422). Bey seiner Wiederheimkunft grüßte er mit „kindekîn," und spricht von „gebürckîn, gegripen, wîf, lîf (Vers 717. 747. 764—68. 1696. 1717), worüber der frîman („frey man") bemerkt: „Er mac wol ein Sahse sîn" (V. 748). Im 13. Jahrh. dachte man sich unter Sachsen wol nur Niedersachsen. Hans Sachs über sich selbst: Ausg. v. 1612 II, IV, 217. 229. 240. III, I, 530. 532. Baiersachs, s. Th. I, Sp. 221 und unten: schmatzen. Gau˜sachs, in Franken Spottbenennung für Schwabe; (Rath Her). Saxlein. „Sprach siben stund die wort: saxlein saxlein über ein schein des monen der hinein schain und wolt sitzen auf den monschein des vensters und viel hinab und prach ab ein pain;" Cgm. 54. f. 20ᵃ. s. unten Schein.

Sáchs'n! Tausə˜d Sáchs'n! Həll-Sáchs'n! ein für unschuldig geltender Ausruf, sicher ein verkapptes Sákrá!, wobey jedoch irgend eine dunkle Beziehung auf das vorige Sachs denkbar bleibt. Im b. W. hört man: *Sáchſ'n di' hol einé á'!* Bey Höfer heißt es: „Gott hols Sachs." versáchsnen, (U.Don.) verschwenden, durch lustiges Leben durchbringen (sein Geld ꝛc.). Im Isl. wäre saxa klein hauen. Vrgl. d. folg. Wort.

sechs (sécks), wie hchd.; (mhd., ahd., altſ. sehs. agſ. six, isl. sex, goth. saihs. Graff VI, 152. BM. II, II, 241. Weigand, Wbch. II, 669). Sèchzə˜hə˜, sèchz·g wie hchd. sechzehn und sechzig, wo das s von chs ins z verflossen, während das x im agſ. sixtene, sixtig, sextan, sextygir unangetastet bleiben konnte; (vrgl. indessen auch Sechter). Der Sechser, a) die Sechse, das Zahlzeichen. b) Münzstück, das 6 Kreuzer ausmacht, 194
kommt schon um 1481 (Kr. Lhdl. XII, 327. XIII, 10. 34. 162) vor. „Item ein Sexer, sten die II jungen fürstlein auf", (darauf); Cgm. 697, f. 147, ad 1512. c) das Sechserlein, jeder der 6 kleinen aneinander gebackenen Küechel, die in München vom Küechelbacher zusammen für einen Kreuzer verkauft werden. Der Sechsling, der sechste Theil eines (Passauer) Schaffs; alte Instruction, Ms. Ain Sechsling chorn, sexling waitz ꝛc.; z. B. MB. XXI, 453, ad 1409.

Meiner, bei meiner Sechs oder Sichs! Betheuerungsformel, zu deren Erklärung freylich obiges Sachs als Fem. bequem und alterthümlich genug wäre. Birlinger 384. Zeitschr. I, 298,2,5. II, 506. 563,10. V, 91. Vgl. Sáchſn.

---

sechteln, sechtnen (sècht'ln, sè'dln, sèl'n, sèdnə˜, sè'nə˜) die Wäsche, sie laugen, heiße Lauge über sie gießen und absitzen lassen; (auch VII Com. sechten, far lisciva; sechta, cenerata, cenere ed acqua, bucato. Wenn auch wol noch, und früher meist, Urin, Saich, zur Lauge gebraucht wurde, könnte nicht eine Ableitung von saichen statt haben? cf. zeideln, slaw., česk. cediti, seihen). Abə' du *sechtelst*! zu Einem, der im Bette stark schwitzt; (ObrM.). Die Sechtel, obige Arbeit und die Vorrichtung dazu, namentlich aus einem Sechtelzuber (der am Boden eine Öffnung hat, die durch einen bis über den obern Rand reichenden Stab oder Zapfen verschlossen und geöffnet werden kann), einer Sechtelbank, worauf er steht, einem Sechtel- oder Sechtkeßel, unter dem das Sechtelfeuer brennt, und einem Sechteltuech, durch welches das heiße Wasser über die Asche abgeseiht wird, bestehend. Das Voc. v. 1618 hat: „Sechten, lixivium vel lixivia; ein sechten Wäsch, lavatio lixivia." „Die kelchtuechl gibt man zu waschen in dy sechten;" Tegernſ. Ceremon. v. 1505—19, Cgm. 1148, f. 46ᵃ. Das schweizerische Verb sechten kommt schon bey Pictorius 378 vor. „Sauber waschen und sechtnen, ansechtnen." „Von ainem Sechtenzuber XXX dn." Cgm. 698, f. 19. 39. 41. „Den Sechtelaschen hat man verkauft I metzen pei 3 dn.;" Cgm. 697, f. 196. Im Hohenlohischen ist die Sechtelboding eine Kufe mit durchschnittenem Boden, und durch die Sechtelwanne werden die Trauben ausgetreten, so daß hier das Durchlassen, Abseihen der Flüssigkeit ein wesentlicher Begriff zu seyn scheint. Qualus, sechtzeinna. Nosco sis qualis qui botros fers mihi qualis;" Voc. optim. p. 28. Diefenbach 477ᵃ. Das ndrs. Sichter (Vorrichtung aus Bohlen, durch die unter Wegen das Wasser abfließen kann) hat viele Ähnlichkeit, wenn allenfalls sichten, schwed. sicta (sieben) auf den Begriff seihen unanwendbar scheinen sollte. Zeitschr. V, 165,103. VI, 44. Selbst der in Bayern geschriebene Cgm. 592 hat fol. 28ᵇ. 29ᵃ. 38ᵃ sechten für sieben, sichten. „Die brüe darab gesechnet," statt geseihet, (1538); Cgm. 4126, f. 36. Unserm secheln entspricht ein spanisches colar, hacer la colada (also seihen), ein ital. far la bucata (wol ebenfalls auf die Durchlaßlöcher bezüglich; Diez, Wbch. 74), womit das franz. buquer, buer, und selbst das hchd. beuchen, ndrs. büken, schweiz. bûchə˜ (gewiß nicht von der Buchenasche; Th. I, Sp. 195) gleiche Bedeutung hat. (Das engl. soak, einweichen, gehört eher zu saichen. cf. Müller, etymol. Wbch. d. engl. Sp. II, 362.) Von einem starken Trinker sagt man, daß er gern sechtle. Vrgl. säfteln.

Der Sechter (Séchtə'), (O.L.) Böttchergefäß kleinerer Art mit einer Handhabe, während das Schaff deren zwey hat. Der Melk-Sechter dient beym Melken. 'Cf. niederd. die Sette, Zeitschr. VI, 483.' (U.L.) Böttcherge-
195 fäß mit zwey Handhaben, während das Schaff deren eine hat. „Padschäffer oder Padzechtter;" Wstr. Btr. III, 144, ad 1476. Anderwärts, z. B. in Franken, ist der Sechter ein bestimmtes Trockenmaß, ¼ Maß, $^1/_{32}$ Malter. Gl. o. 190: sehtari, sestar; das. 152: sehtere, sextarius; gl. i. 227: sehtr, situla. Es scheint das s ausgefallen, da gl. o. 152 auch sehstere und Otfr. II, 8,31 sextari für sextarius (ital. sestiere, franz. setier als Flüssigkeitsmaß) vorkommt. „Ain sechter wein den gesellen, zu vertrincken;" Raitenhaslacher Urbar v. 1438, Cbm. 1517, f. 241. 294. Graff VI, 151. 153. BM. II, II, 241 f. Weigand, Wbch. II, 669 und 696. Vilmar, kurhess. Idiot. 380. Zeitschr. V, 407,27. VI, 91. 344.

'séchten, söchten: ə˜ söchtənər, ein sogetaner; Zeitschr. II, 85,31. 238. s. oben so: sogetan, ə˜ séttə'.'

seicht, wie hchd.; (mhd. sîhte; BM. II, II, 269. Weigand, Wbch. II, 674. Zeitschr. II, 512). Im übersetzten Puterbey liest man: „wie seicht (wenig) keusch ist das Ehebett, wo..." „Ich bin leichnam seicht gelehrt," sagt der Schottenpfaff; H. Sachs 1560: V, 350 (1612: V, III, 26). S. seift, und vrgl. seig, adj.

Seucht, morbus, lues; „gmaine Seucht," Voc. v. 1618. s. siech und Sucht.

Sicht, Gesicht, sichtig rc., s. unter sehen.

Die Sucht, 1) ohne nähere Bestimmung durch ein vorgesetztes Adj. oder Subst.: a) eine vorübergehende, sich zu gleicher Zeit mehrern Individuen mittheilende, krankhafte Erscheinung, wie z. B. Augen-Entzündung, Halsweh, Schnupfen, Katarrh und drgl. Zeitschr. IV, 1. əs gêt ə˜ *Sucht* 'rum untə'n Kində'n. In diesem Sinn auch: das Gesücht. „Fus-, hant-, hüff-gesücht, podagra, chiragra, sciatica;" Cgm. 649, f. 581. b) eine sich ohnehin aus der Rede ergebende bestimmte Art von Krankhaftigkeit. Der Hund hat die Sucht." „So ein Frau jr Sucht (die Menstruation) zu wenig oder zu vil hat," sagt Ortolph. 2) mit vorangehender nähern Bestimmung, wie hchd.; z. B. fallende S., Gelb-S., Waßer-S., Wind-S. Grimm, Mythol.² p. 1110—12. BM. II, II, 359. Zeitschr. VI, 10. Im Dialekt auch: Haimsucht (Heimweh), Sterbsucht (Pest), Wundsucht (bleibendes Übel von einer Wunde) und drgl. süchtig, adj., ansteckend, (in welchem Sinn die ahd. Sp. auch suhtluomi gebrauchte; gl. i. 249. 286. „Pestilentiae dere suhtluome; Cgm. 17, f. 9ᵃ. Graff II, 212. VI, 142). „Die nit deen (verdauen) mögen und darmsichtig sind;" Cgm. 4570, f. 47. BM. II, II, 360. Suht, gen., dat. suhti, pl. suhti, (auch im Dial. noch mitunter Sücht), eine schon uralte, zu siech (w. m. s.) gehörige Ableitung, galt sowol für tabes, pestis, aër corruptus, als, wie ags. suht, goth. sauhts, isl. sôtt, f., schwed. sot, m., für Krankheit überhaupt. Grimm, Mythol.² p. 1105 ff. Unter andern Zusammensetzungen hatte man (Voc. v. 1429) auch eine bluotsuht haemorrhois, miselsuht morphea, tobsuht mania (gl. a. 528. gl. i. 431), fuozsuht podagra, (gl. a. 528) sitesuht pleuresis, (gl. i. 388. 462) uzsuht dysenteria. Statt suht findet sich gl. a. 29. 53. 542. 682 suth, sôth geschrieben. Dieses möge nun bloßes Versehen seyn, oder nicht, so scheint doch für das unten vorkommende Sutten, Sudn, in nürnb., o.pf. Aussprache ein Sutt, Sud erwartet werden zu dürfen; (vrgl Gramm. 433, und oben die isl., schwed. Form sôtt, sot). Sucht, als moralische Krankheit, besonders in Zusammensetzungen, wie hchd., und wol mit dem vorigen ein Element. „Psî, gîtiger, dîner siuchede (Suchte) wil niemer rât werden noch buoz;" Br. Berhtolt 82 (Pfeiffer 280,7). BM. II, II, 358. suchten, siech seyn: ə˜ *fuchtə˜ds* Lébm; (b. W.)

Die Sucht, falsche Aussprache von Zucht, w. m. s. 196
Des is ə˜ liədə'liché *Sucht* (Passau), d. h. ein liederliches Gezücht. Die Lebsucht, Lebensunterhalt, bremisch-niederſ. liefstucht, holl. lijftocht.

Der Sack (Sàk, pl. Séck, Dim. Sáckl), wie hchd.; (ahd. sacch, sach, pl. secchi, mhd. sac, goth. sakkus; Graff VI, 73. BM. II, II, 2. Weigand, Wbch. II, 527. Zeitschr. II, 415,139. III, 142. 360,7. 401,14. Von Grimm, über Diphthonge p. 25, zu siuwan und soum gestellt und für unerborgt erklärt). „Quidquid dicatis, zu deutsch, macht ihr rechts oder links um, so hab ich euch im Sack," (bin Meister über euch). Bucher, Kinderlehr 23. R.A.: Den Sack geben Einem, afferre cui repulsam, renunciare amicitiam. In 'n Sack schieben Einen, irretire, implicare; Voc. v. 1618. s. schieben. „Der sack ze wapen kleide ~~arme~~ mir, darinne wol ein gæhez trenken;" Labr. 366. 'cf. Grimm, R.A. 696 ff.' Kaə˜ lárə' *Sàk* ftêt nét, anschaulicher Grund, wodurch man scherzhaft zum Essen und Trinken aufmuntert. Die Bergleute „wagen den Sack an die Ruben," sie wagen das äußerste; H. Sachs 1560: IV, III, 89 (1612: IV, III, 192). „Ei ja mach es dick, es gehört zu dem sack," spricht die spröde Frau auf die übertriebenen Schmeicheleien des Anbeters; Cgm. 270, f. 82 (379, f. 42). 'Als Scheltwort, s. BM. II, II, 3,2. Vilmar, kurhess. Idiot. 335. Dazu: sacken, einen Sack schelten.' Eine huren und sacken, sie also betiteln; H. Sachs 1612: IV, III, 22. „Die Frau: Sich, Bubensack, bist du noch innen heb dich nur du unflat du gelber. Die Magd: Was dörft jr mich sacken und palgen? Der Mann: Jetzt so jhr an einander seckt;" H. Sachs 1612: I, 965. 967. cf. oben: sachen. 'ansacken, hart anfahren; Vilmar, kurhess. Idiot. 336.' Der Bodensack, (Bo'nsàk), der Blinddarm. „*Posök* auf'n Kraut;" Lindermayr 119. s. Th. I, Sp. 211. Der Pippsack, Bippsack, Wanst; (ObrM.). s. Th. I, Sp. 399. Rötsack, s. oben: rôt und vgl. oben: Sausack. Der Sackmann, (ä. Sp.) Räuber. „Du wärest ein sachman, der mord und main het getan;" Cgm. 717, f. 34, v. 3.

1347. Cgm. 577, 168: ſackhman, (ſchwerlich nur verſchrieben ſtatt Schâchman). „Ze payden taylen komen dar von ſakman und preganten ſchar;" Ring 48^d,31. „Sich ſtieß dar an (an der Dornſchutzwehr) vil oft ein bloßer ſakman;" daſ. 57,17. „Die ſackman wurden rauben und nemen unſer hab;" Altſw. 241,32. „Ein ſackman oder troſſer der unſer klaider füerte;" Georg v. Ehingen, S. 16. „Daz vervangen werden czehen ros oder rint in aines mannes gewalt er ſei ein diep oder ein rawber oder ein ſakchfüller chlainnêt und gewant...;" Wiener StdtR., Cgm. 1113, f. 52^a; (bey Rauch III, 170: „oder ein ſackh voller clainat"). „Erucae sunt armorum capitanei, lucustae sunt viri armorum, bruci ſunt saccomanni;" Pred. sec. XV., Monac. August. 195, f. 288^b. Diez, Wbch. 300. Dem Sackmann rueſen, oder blos: Sackmann machen, rueſen, (ä. Sp.; z. B. Freyb. Samml. I, 94. 164) plündern, ital. mettere a saccomanno, saccomannare. Birlinger 383. Vrgl. holl. ſacken und packen (plündern), ſpan. saquear, franz. saccager, mettre à sac. Das einfache ſpan. sacar heißt herausnehmen, und mahnt an das ital. pigliare neben dem franz piller. Die von München „rvtvnd auf Augſpurger gut bey Hurlach ſackrab in friden" (1388); Cgm. 344, f. 136^b, (Sackraub reiten?). Sackſemper, ſ. Th. I, Sp. 270 unten. Der Sacktrager, (Ingolſt., Nürnb. ꝛc.) Art zünftiger Arbeiter bey Getreidmärkten oder Schrannen. „ſacken den Wein, saccis vina castrare;" Voc. 1618. „beſacken ſich, collocupletare se;" ibid. daherſacken, ſchlapp, plump einhergehen. 'cf. ſappen, und Grimm, Wbch. II, 682.' einſacken, feſt einſtoßen in einen Sack, z. B. Getreide ꝛc.; in ein Behältniß feſt einpacken; (ObrM.). Grimm, Wbch. III, 261. aufſacken, einſacken, Vilmar, kurheſſ. Idiot. 336. anſäckeln (â~ſäckln), füllen die Taſche, den Bauch. Grimm, Wbch. I, 432. Sich *â~-* oder *ei~ſäckln*, voll eßen. ausſäckeln, leeren. Grimm, Wbch. I, 942. „aufſäckeln, evacuare, exhaurire; Voc. v. 1618. '(Wol ausſäckeln? Birlinger 381. Grimm, Wbch. I, 942).' S. Seckel.

Der Säcker, Secker, (Schwaben und Franken) ein Quantum Weinbeeren, das auf einmal in die Kelter gethan, und nach dem Auspreſſen zum Treſterklumpen wird. Cf. nach einer ſchriftlichen Mittheilung das „Sackerl, Überreſt." Der ſachâri, Scheiterhaufen, der ahd. Sp. iſt wohl auch ein Collectivganzes, aber kaum hieher zu bannen. Graff VI, 148.

'Der Sackers, ä. Sp., 1) eine geringere Falkenart, Sackerfalk; ital. sagro, frnz., ſpan., portug. sacre; BM. II, II, 12. Diez, Wbch. 301. Nemnich II, 1585.' „Unum de genere falkonum vulgariter ſacers nuncupatum" ſchickt N. an den Teutſchmeiſter in Preußen; Chiem. ep. 13, f. 148^b. „Er fleugt für ander falken recht als ein bilgram tut für ein ſackers;" Valkn. 11. „Ich will geſwigen ſackers und blaufüzzen;" daſ. 25. „Durch recht ſo ſullend ſackers noch plaufüez nit mit edeln valken nieſſen;" daſ. 82. 83. '2) Sakerfalk, Name eines Feldgeſchützes.'

Sáckrəment! (ᵕ ᵕ —) ſehr gangbarer Ausruf des Unwillens, Zorns, auch wol der Verwunderung u. ſ. f. Weigand, Wbch. II, 530. „Die landsknecht fiengen an zu fluchen (potz) marter, leiden und ſacrament;" H. Sachs 1612: I, 995. Vrgl. Leichnam, ital. corpo di Christo, ſpan. cuerpo de Dios, wo überall bey dem Heiligſten des Cultus betheuert, geſchworen, gedroht wird. Uebrigens wird in der Praxis auf dieſe eigentliche Bedeutung ſo gut als nicht mehr gedacht, und es gibt neben dem Kreuz-, Himmel-, auch ein Hell-, ein Tauſend-, ein Zenten-, ein Jeſuwiten- ꝛc. Sakra-
197 ment. Um dem Wort um ſo ſicherer alle ſündliche Beziehung auf das Heilige zu benehmen, wird weislich das -ment weggelaſſen, und blos das im Deutſchen ſinnloſe Sáckrə, Sickərə, Sáckərdi (vrgl. Sáchſen und franz. sacre dieu), Sackrəméch, Sáckrəwàlt gebraucht. 'ſ. die Verglimpfungen bei Birlinger 383 und Zeitſchr. II, 280,23. 502. 504. 506. 563,2. III, 185,32. 465,5. 523,47. IV, 244,17. 548,9. V, 126,34. 114,2. VI, 197.' Allé *Sáckrə* ſchəlt'n, recht fluchen.

„Dà wirft mə~ hàlt (ſollt á' nét ſei~)
i~n Zorn gàr oft ə~n *Sakrə* drei~,
und's *Ment* wiſcht á' mit nei~;"
Bauern Reu und Leid.

„Dáſs má sö' hárbt, dáſs má ſchilt duriaus und kain Acht had áf's *Ment*;" Stelzhamer 125. „Brichst in än *Sakrä* aus, dä'halt do' gleiwel 's *Ment*;" Lindermayr 35. (Der Beichtvater frägt): „Haſt gſcholten Hans?" — „Ja, Sakra, aber ment hab ich nicht dazu gſagt." — „Mit ment oder ohne ment, Hans, gſcholten is gſcholten. Iſt grad als wennſt Einem eine Watſchen gäbſt, hätt'ſt aber keinen Votzring;" Bucher's Kinderlehr. „Es gibt Eltern, die ihren Kindern eh 1000 Sacra vortragen, als ſie die 7 aus dem heil. Catechiſmo erlernen." „Das Galaniſieren tringt dem Kreuzmachen weit vor, und hört man oft von jungen Herrlein vil hurtiger tauſend Sacrament als ſieben;" Selhamer. ſakramentieren, Zeitſchr. V, 461; saggern, VI, 198. Vgl. Th. II, S. 1631: menten, mentieren, ſchelten, fluchen, lärmen. „Veit dəar *mentet* 's iſcht á Wuet;" (Biberach), Firmenich II, 427,46. „Bètt'n kàn oᶜ (də' Bou') no~ nét, abəᶜ füəᶜſchi aus ſchelt'n wəi ə~ Hàid; (ObM.) Der Sáckrə, auch wol der Sáckrəment, als Appellat., auf eine Perſon oder Sache bezogen. „I mecht wain'n wiə-r-á Kind z'wögn den *sickárá sáckárá* Weiberleutgsind! Wer is denn aft Schuld dran, wos dö *Sickárá Sáckárá* dö!" Stelzhamer 99. ſáckeriſch, ſáckriſch, tauſendſáckriſch, ſickriſch, Adj. und Adv., eben ſo oft in der Verwunderung, Bewunderung, als im Zorne gebraucht, δεινός. Zeitſchr. IV, 501,7. V., 103,1. 252,8. VI, 197. 510.

Du *ſáckeriſchs* Deənàl, biſt *ſáckeriſch* ſchö~,
kà~ſt *ſáckeriſch* tanz'n, kà~ſt *ſáckeriſch* gē~.
ə~ Bißl *ſickriſch*, ə~ Bißl *ſáckriſch*, ə~ Bißl houbh-
g'ſēgng muə' mə~ taə~,
baəriſch Tàlə' muə' mə~-r-eənə~ ſēgng laſſn, àfəᶜ
gébm mue' mə~-r-eənə~ kaə~!

Der Seckel (Séckl), wie hchd.; (ahd. ſecchil, mhd. ſeckel; Graff VI, 73. BM. II, II, 4. Weigand, Wbch. II, 670. Vilmar, kurheſſ. Idiot. 382); jedoch nicht eben volksüblich. Nach dem Werdenfelſer Ehaftbüchl. v. 1431 (Cbm. 1533) darf der Richter keinen Angeſeſſenen gefangen ſetzen. Kann dieſer eine Buße nicht bezahlen, ſo ſoll man ihm beiten, oder „ainen Seckel an den hals hengen, huntz das er ſie derarbait," indem er von verdienten 3 dn. immer einen in den Seckel legt. Auf dem Säckl hucken Einem, ihm Schaden bringen; von Kürſinger's Ober-Pinzgau (1841), S. 173. 174. Der Seckler, Handwerker, der in ſteiferem Leder als der Taſchner und Beutler arbeitet, Ranzen, Felleiſen, Coffer- und Stuhl-Ueberzüge und drgl. macht. „Sekler, bursarius;" Voc. v. 1429. Bey Otfr. IV, 2, 29. 12, 47 iſt von Judas als ſekilari (Seckelmeiſter) die Rede. Graff VI, 71. BM. II, II, 4. Vrgl Sack.

ſeckieren Einen, ihm beſchwerlich fallen durch Bitten, Fragen, Späße ꝛc., ital. seccare. Zeitſchr. III, 393, 9. Die Seckatur. Das italieniſche mahnt an das altdeutſche unter Sach erwähnte ſecchia, rixa.

ſicken, ſickern, (Nürnb., Hſl.) was zicken, ſäuerlicht werden. Cfr. ſänkerlich und zänkerlich.

ſicknen, ſickern, (ſchwäb.) ſintern, abrinnen; (agſ. ſicerian. Weigand, Wbch. II, 699). Vilmar, kurheſſ. Idiot. 385: sêkern, 387: sockern.

ſocken, (vom Salz, beym Sieden in der Salzpfanne) zu Boden ſinken.

Der Söckel (Séckl), die Socke, soccus; (gl. i. 146. 198
430: ſochili, callicula, Dieſenbach 90^b). „Die Prieſter trugen Söckel oder Pantoffel und Peßl;" Av. Chr. 31.

Die mhd. Sp. sagte, dem lat. entsprechender: der Sock, pl. Socke; (ahd. soch, soccus, Diut. III, 151; socha, pl., gl. a. 656; i. 696; o. 75: sicones, udones, pedules. Graff VI, 134. BM. II, II, 465 f. Weigand, Wbch. II, 719). „Alle iar zwen Sokhe;" MB. XII, 167, ad 1325 „Deme herren wart sîn sok niht naz" (beym Reiten durch ein tiefes Wasser); St. Ulrich's Leben, Cgm. 94, f. 61, Vers 1120. „Niht nazzer wart sîn sok noch sîn chleit, swie er ûf dem wazzer reit;" das. f. 62, Vers 1138. „Verhaiß ainer mentel und röck, sie nem ze iungst gerne zwen söck;" des Teufels Segi. „Dei bein ne bedechent in (den Himmelsbewohnern) hosen noch die linsoche;" Clm. 9513, Vers 264. söckeln, ansöckeln die Strümpfe, Socken an sie nähen oder stricken.

Suck, Suck! Ruf, womit man dem Schweine lockt, (vgl. Vilmar, kurhess. Idiot. 384: sick!); Schwein. Die Suckel, Sucken, succula. Das Suckə-l, junges Schwein überhaupt. Vilmar, a. a. O.: Sickel. Zeitschr. IV, 313. V, 187. suckeln, (Eichstdt.) unrein, schmutzig seyn; Kleckse machen im Schreiben.

suckeln, saugen; (agſ. sycan). Vilmar, kurhess. Idiot. 407. Zeitschr. II, 553,112. IV, 307. VI, 487.

'Die Suckenîe, Suggenîe, ä. Sp., ein Kleidungsstück, das über dem Rocke und unter dem Mantel getragen wird; BM. II, II, 719 f. „Ein roc ân suckenîe;" S. Helbling XV, 71. „Geb die suckenî dâ zuo; das. 75. „Schœn suggenige und rok;" Griesh. Pred. I, 70. „Toga, suggene;" Aug. S. Ulr. 50, f. I. (Clm. 4350, XIV. sec., f. I). „Toga, suggnay;" Clm. 5685 (XV. sec., 1412), f. 94.

Seckten, (HhE.) Grillen, Sonderbarkeiten. Dès sán' *Sékta*! Er hàt àllə'hand *Sékta*. Zeitschr. V, 407,10.

(Vrgl. Sat, set, ꝛc.)

Sàd, ein Subst. m., aus den nord-o.pf. Redensarten: im (i˜'n) *Sàd* seyn, zugegen oder vorhanden seyn; in den (i˜'n) *Sàd* kumə˜, auch i˜ d· *Sà'* kumə˜, zum Vorschein kommen, — jedoch nicht ganz sicher — zu schließen. Vrgl. Sod.

'Sadrach, ein aus Satan und Drache gemischtes Schimpfwort für ein böses Weib, unter Anlehnung an den biblischen Namen Sadrach (Dan. 1, 7).' „Die Base, der alte Sadrach;" Tiroler Bauernspiel p. 107.

Der Said (Saəd), das Gesaid (Gsaəd), (verächtlich das Reden, das Gerede, (eine Bildung von sagen wie der Traid, das Getraid von tragen; s. sagen und vgl. ahd. antsegida, Entschuldigung; Graff VI, 108. „Daz antseidiga i. e. daz para, quod assumit defensionem antsegida"... „antseida"... mit ántseido, âne ántseida;" Clm. 4621, f. 58b. 59. 60b). 'Allwə' dər àld *Saəd*; ə˜ *Saəd*, der kaə˜ Haəmad hàd; ə˜ langwáli's *Gsaəd*. ə˜n *Saəd* ve'bringə˜, dumm ꝛc. daherreden.

„sedeln, ansednen," s. sechteln, (bauchen).

Der Sedel (Sêdl, Sê'l), a) in der Bedeutung Sitz, sedes, überhaupt veraltet. Das Sedal der ahd. Sp., sedes, thronus, war ein Neutr. Graff VI, 308. BM. II, II, 234. Weigand, Wbch. II, 671. Das Untergehen der Sonne, der Sterne nannte man (gl. i. 282. 1214. Diut. II, 319) in sedal gen, worauf vielleicht noch das dialektische ein gên (s. I. Th., Sp. 93. Grimm, Mythol.[2] p. 700 f.) beruht. S. weiter unten sedeln, Nacht-Sedel und Sidel, und vgl. Vilmar über Rudolf von Ems p. 26. „Zwar so wär ich nit geflogen auf der höner (hünr) sedel hot," (Reim auf „not"); Cgm. 270, f. 63a, (379, f. 25); s. Th. II, Sp. 1189. b) Sitz auf dem Lande, Landsitz, besonders einer ehmals sogenannten gefreyten oder adelichen Person; „domus et habitatio privilegiata absque territorio;" Weizer. Gebesedeln, Gebsattel; RB. III, 93, ad 1257. Förstemann II, 542. Der adeliche Besitzer eines, in die Landtafel eingetragenen, gefreyten Sedels hatte ehmals, „so weit der Dachtropfen gieng," die Gerichtsbarkeit, war den gewöhnlichen Scharwerken nicht unterworfen, und zahlte keine andre, als die sogenannte Rittersteuer. „Das von Alter Sedel sind, die sollt ihr nicht steuern, welcher aber einen Sedel haben und machen wolle, das doch von Alter kein Sedel ist, den sollt ihr steuern;" Instruct. an die Steuersammler
v. 1453. Kr. Lhdl. I, 246; cfr. XVI, 247 und X, 116. 199
MB. XVIII, 386. Gefreyte Sedel, die in den Besitz von Unadelichen kamen, verloren ihre Vorrechte. Kr. Lhdl. XVI, 151, ad 1506. Der Sedel zu Erlach; Mederer's Ingolst. p. 68. „Meinen Sedl und Sitz ze Muspliening;" MB. II, 56, ad 1404; cfr. 81. „Zwen Sedel zu Hartpenning, drey Sedel zu Sachsenkaim, ain halben Sedel zu Hartpenning;" MB. VI, 350 ff., ad 1358. „Unsern halben Sedel zu N.;" MB. XIX, 53. „Unsern Sedel und unsern paw ze Durgenveldt;" Meichelb. Bened. II, 60, ad 1328. In neuerer Zeit, z. B. in Wening's Topographia, steht nach Gramm. S. 170 das tautologisch-erklärende „adelicher Sitz und Sedel." Der Sedelhof, Bauernhof, der ursprünglich ein adelicher Sitz war, oder noch ist. „Wie denselben Sedelhof jetz Ulrich Sedlmayr zu Affalterbach besitzt, und Leibrecht darauf hat;" MB. X, 586, ad 1526. „Do worht er (Cäsar) bî dem Rine sedilhove sine;" Annolied, hg. v. Bezzenberger, 502. Pertz, Monum. II, 199,19: „Sathulcurtis," heute Saucourt. Der Sedelbaur oder Sedelmaier (Sê'lmaər), Zeit-, Leib- oder Erbpächter auf einem Sedelhof, villicus. „Bey den klösternn, pfarrhöfen, zehenndern und Sedlmairn;" Wstr. Btr. II, 155, ad 1475. (cfr. Wstr. Btr. VII, 323: Sölmair, Sylmə', welches zu Seld gehören wird). sedelhaft, sedelhaftig, seßhaft, ansäßig; BM. II, II, 235. „Auf der Gotzhaus urbarn sedelhaft werden oder sein;" MB. IX, 143. XXII, 333. „Daß sie sedelhafft werden in der Stadt;" Wagenseil's Nürnb. 320. „Solten si zwen priester darzue sedelhafftig gemacht haben;" MB. XV, 55. sedeln, besedeln, a) v. a., seßhaft machen. Auf Jemands Urbar besedelt seyn; MB. VII, 304. (s. sideln, besideln). (In der ahd. Sp. ist sedalo habitator, ainsedalo coelebs, umbisedalon finitimi; gl. a. 210. 265. 304. Graff VI, 309: „Nach meins vorsädl' chunrat des grafen sälegen tod," sagt Pfarrer Fridr. Peterlehner zu Bischoffdorf im Innviertel, ungefähr im J. 1420; Cgm. 3941, f. 104b). b) (Zillerthal, B. v. M.) v. n., mit der Schafheerde auf einem Platz im Freyen übernachten; (Tir.) die Schafe auf der Alpe auf dem Platz versammeln, wo sie übernachten. Sedal, Sedeln, Sedelplätze, pl., (Tir.) schöne, geräumige Weideplätze auf Alpen. Söerll, (? Pseud. Tir.) der Ruheplatz des Viehs bey Tag und Nacht auf den Alpen. c) (ibid.) v. a., einen Platz sedeln, absedeln, ihn durch die Heerde auf obige Weise düngen. Die Bergmähder werden wechselweise gesedelt und abgemäht. Ein Stück das heuer zum Sedelplatz bestimmt ist, wird so abgesedelt, daß die Heerde jede Nacht auf einen andern Fleck zu stehen kommt, und Alles gleichförmig gedüngt wird. Dieses Verbum ruht augenscheinlich zunächst auf Sedel, Nachtsedel, insoferne dieses in der ä. Sp. auch für Herberg, Nachtherberg, Nachtlager (s. Nachtselde) galt. BM. II, II, 35. „Nahtsedel nemen;" H. Fr. II, I, 129, ad 1318. „Min und hern Tristandes nahtsedel werdent nindert gelîch," klagt der verlassene Kaedîn in Heinrich's Tristan 4831.

Das Seidlein (Seidl, Sei'l), a) die Hälfte der landüblichen (Getränk- und Flüssigkeits-) Māß. Weigand, Wbch. II, 674. Städter sagen lieber die Halbe. ə˜ *Sei'l* Biər und um ə˜n Kreuzə' Brod á'! genügsame

same Bestellung manches ländlichen Gastes beym Eintritt ins Wirthshaus, die man anderswo gerne als Sitte und Dialekt bezeichnendes Necksprüchlein gegen Altbayern überhaupt aufs Tapet bringt. „Wer seinen Durst mit Seideln labt, fang' lieber gar nicht an.“
200 „Lass uns heur 'ən Brandwei˜ ſchméckhə˜,
ə˜ *Seidl* is ə˜ Schluckh — dås waəst ja von é,“
singen die wallfahrtenden Pinzgauer. Das Seidel = $^1/_2$ Köpfl im b. W., = $^1/_4$ Maß (Passau); das Köpfl = $^3/_4$ Maß bayrisch. verseideln. „Verseidelst daheimen mehr wedr ich vertrinck in dem wirthshaus,“ sagt Er zu Ihr; H. Sachs 1560: V, 361. Ein Seitel, dodrans, dimidia mensura; Voc. v. 1618. „Ein trinken, ein sidlin; Augsb. Stdtb. „In liquidis pharmacopolae atque villicae seidly vocant communem mensuram;“ Av. Gramm. v. 1517. „De vino carrad. I. id est situlas XXX,“ heißt es ad 889 bey Ried. „Unum sydlinum,“ Dintenrecept sec. XIV., Ald. 178, Hinterdeckel. Diese Situla wird also ein größeres Maß gewesen seyn. b) (O.Pf., Flurl) Maß für Erz. Das Amberger Seidel ist lang 2 Schuh $5^1/_8$ Zoll, weit 1 Schuh $5^5/_8$ Zoll, tief 1 Schuh $2^5/_8$ Zoll; das zu Bodenwöhr ist lang 2 Schuh $7^6/_8$ Zoll, weit 1 Schuh $10^3/_8$ Zoll, tief 1 Schuh $3^7/_8$ Zoll. Das am Fichtelberg hält 12 Napf oder beynahe 6 Kubikschuh. c) (Rothenburg an der Tauber, Herrieden und an andern fränkischen Orten) Getreidmaß, geringer als der Metzen und das Viertel. Das Herriedener Seidlein (Korn) ist nach dem Reg.Blatt v. 1811, St. XL. gleich 0,529100 Münchner Metzen.

ausseideln, die Milch; s. seihen.

Die Seiden (Seidn, Sei'n), Seide; (ahd., mhd. sîde; Diut. III, 151. gl. o. 278. 262. 253, sec. XII. Graff VI, 203. BM. II, II, 262. Weigand, Wbch. II, 674). „Nimmer des gemûten, daz im ein sîden breit sin wirde krenke;“ Labr. 358. Der Seidensitzer, ein Handwerker; H. Sachs 1560: II, II, 114. Der Seidennater, Seidenader, (ä. Sp.) Seidensticker. „El rechamador, der seiden nater;“ Voc. venez.-todesco, Ms. v. 1424, f. 24. Sie bildeten ehmals in München eine eigne Zunft. In der Fronleichnamsprocession v. 1580 hatten die Glaser (Glasmaler?), Maler, Seidenader und Bildhauer zusammen eine Figur zu tragen. Wstr. Btr. V, 173; cfr. p. 105. 121. Auf der Hochzeit des Königs Matthias von Ungarn a. 1476 haben „ain maler und ain Seydennatter (ritterlich) gestochen;“ Wstr. Btr. III, 144. Zur Hochzeit Georg des Reichen in Landshut wurden 20 Seydennatter auf 6 Wochen in Arbeit genommen. Ihr Lohn betrug 398 rhein. Gulden, ihre Kost 120 fl. Im Nibelungenlied wird solche Arbeit „von schönen vrowen“ gethan, die auch in unsern Tagen ihr altes Geschäft größtentheils wieder übernommen haben. Der Seidenspinnerin Tag. A. 1391 „des Ertags nach der Seidenspinnerinn Tag;“ Gem. Reg. Chr. II, 277. Er fiel, wie aus der a. Stelle sich ergiebt, nach Philippi und Jacobi, und war der Weihetag der Ahkirche zu Regensburg. Gemeiner räth (III, 400) auf den Sophientag im May. Der Seidenstricker oder Knopfmacher. „Seidenwasser (d. h. gebrautes Wasser aus einem Kraut) das in dem Flax wöchst;“ Cgm. 4570, f. 46. 'Die Seidenwat, seidene Kleidung; s. Wat.' „Kleidung von sammet, seitenwat;“ H. Sachs 1612: I, 203. Der Seidenweter. „Einer hieß paul, der auch da stund, und schmelcz, drei seiden weter, und erngras, der verreter;“ Mich. Beham, Wiener 10,5. Der Seidenwurm. „Des haimischen maulperpaums pleter ezzent diu seidenwürmel, aber man gibt in auch lactukenkraut ze ezzen, iedoch wirt diu seid nicht sô guot, als wenn si maulperpleter ezzent,“ sagt im Jahr 1349 Conrad v. Megenberg, Domherr zu Regensburg, f. 194; (Pfeiffer 330,32; cf. 297). Also die heutige Seiden-Erzwingerey doch nicht ohne allen Vorgang.

seid, sid, sider, sîder (Vilmar, kurhess. Idiot. 383. Zeitschr. II, 180. 556,41. III, 90. 214,21. IV, 271,85. V, 117,35), ex quo; s. seit, sit und sint.

Die, das Sidel (Sidl, Si'l, o.pf. nach Gramm. 440: Sigl), a) Bank, die zugleich Sitz und Behältniß für Wäsche, Kleider, Flachs rc., und wenn sie mehr in letzterer Beziehung gemeint ist, Sidel-Truhen genannt wird; (ahd. sidila, mhd. sidele, sidel; Graff VI, 309. BM. II, II, 236. Weigand, Wbch. II, 702. Birlinger 387. Vilmar, kurhess. Idiot. 383. Vgl. oben: der Sedel). „In die kamer füert sie jn zu ainer schönen sideln hin; Cgm. 270, f. 289. „Ein sidel ist ein banc,“ heißt es Diut. I, 315. „Sideln und Laden, die nicht angenagelt sind;“ Rchtb. Ms. v. 1453. Als Hubgericht (Abgabe, s. Th. II, Sp. 1039) geben „ain sideln da XII man auf mugen gesitzen;“ Heidenheimer Salbuch 1400, Cbm. 1524, f. 8. 11. „Ein pank ist ain sidel und ain sidel ist ein pank;“ S. Nicol. 226, f. 298. Fueßsidel, O.L., Kiste oder Truhe, die vor einem Bett und drgl. als Schemel dient. „Sein legerstat, sein rûsidel Clm. 4755 (XIV. sec. 4°), f. 140. b) (ä. Sp.) Bet-Bank in der Kirche. „In der Sydl im Kor, da die 201
briester innstend;“ Münch. Urk. v. 1493. c) (salzb. Lungau) Beichtstuhl. d) (ä. Sp.) Sitz, Wohnsitz, Aufenthalt. Der Sidl, Sitz, (Rotthal). „Der unkäusch sidel ist den mannen in den nieren sam den frawen in dem nabeln;“ Konr. v. Megenberg f. 21ᵇ, '(Pfeiffer 35,6; cf. 11,9.27. 12,3. 19,5).' Das Ansidel. „Und ist ein Ansidel, do der Vater auffaß, und lât er ainen sun besitzen daz ansidel; Rchtb. Ms. v. 1453. Laßberg, schwäb. LR. §. 148. „Mit kainem Nachtsidel (Nachtherberge) auf das Closter komen;“ MB. V, 434, ad 1359. In diesem Sinn wird auch das Städtchen Wunsidel (Wau˜ſigl) benannt seyn. Jac. Grimm (d. Grenz-Alterthümer, im 43. Bnd. der Berliner Abhandl., S. 130) scheint dabey an Woden (Wuotan) zu denken. Er frägt, wie es in alten Urkunden heiße. „Castrum Wuonsidel“; RB. IV, 273, ad 1285. Wie hieß Mittersill in früherer Zeit? Das Gesidel (Gſidl), (Ilz) Sitz. BM. II, II, 236. Nemts enk ə˜ *Gſi'l*! nehmt Platz! Vrgl. sidel, thalamum, gl. bibl. v. 1418; sidila, thoral, gl. a. 535; seggesta, gl. a. 579; sidilla, sedile, gl. o. 139; — gisidili, sessio, consessus, gl. i. 287. 963.

'Die Sidelkuchen; cf. unten: Sudelkoch.' „Zwo Sidelkhuchen (immer mit i, nie mit u) auff der Brugkhen zu Salzburg“ und noch mehrere an gelegenen Orten aufzurichten, befohlen in Statut Ordnung und Policey für die Stadt Salzburg v. 1524, Cod. C. E. v. Moll-Oldenbourg, f. 75.

Der Sidel, nach Gramm. 1031 renoviert Sidler, der da wohnt, ansäßig ist. Der Ainsidel (Aə˜si'l, Aə˜ſigl), der Einsiedler, (ahd. einsidilo, anachoreta, gl. o. 40; cfr. a. 344. BM. II, II, 237. Grimm, Wbch. III, 295).
ən *Aə˜ſi'l*, ən *Aə˜ſi'l*, dés gêt mə' nét ei˜, —
will liəbə', ſchö˜s Schàtzál, ə˜ *Zwaəſi'l* sei˜.
(Die in der Regula Benedicti I. gebrandmarkten Sarabaitae heißen gl. a. 166, i. 1111 chamarsidilun). „Swer wil gien ze den ainsidel da unser fraw rastet,“ (Reute); Aug. S. Ulr. 50, f. 35. „Albrecht von Bonstetten Dechan des l. gotshus U. l. Frauen zu den Einsideln,“ (loci Eremitarum, Mariä-Einsideln) . . . „geben zu den Einsideln“ (1485); Aug. Jes. 6, f. 1. 16. 17. Der Erbsidel, der mit Erbrecht auf einem Lehengut sitzt. Cgm. 613, fol. 84. Der Landsidel, (Kr. Lhdl. I, 212. II, 178), (adelicher) Landsaß; (gl. a. 126. 193; i. 47. 543. 906. 1114: sidilo, lantsidilo, indigena, inquilinus, colonus, agricola. Graff VI, 310. BM. II, II, 237. Weigand, Wbch. II, 703). Vgl. unter der Sedel: Vorsädl. sideln, a) vrb. n., angesessen seyn; sich häuslich niederlassen. „Mit einem sideln,

ſteuern ꝛc.; Kr. Lhdl. I, 256. **umſideln**, ſich anderwärts niederlaſſen. b) vrb. act., anſäßig machen. **anſideln** ſich oder **andere**. Die **Anſidlung**, Colonie. **beſideln** Einen auf ein Gut, ihn als Pächter darauf ſetzen; MB. II, 36. VI, 596. (ahd. ſih **ſidolon**, Otfr. I, 25,24. Graff VI, 311. BM. II, II, 237). Vrgl. oben **Sedel**.

„**Sidergrün**," (B. v. Moll, Zillerthal) Sinngrün, vinca minor L. Nemnich II, 1567. S. **Sin-grüen**.

ſieden (ſiədn, ſiə'n, o.pf. ſêi'n), U.L. **ſeuden** (ſoi'n, ſui'n), Praet. **ſiedet**'· und **ſutt**· (ſud), Partic. pract. **geſotten** (g·ſo'n), wie hchd.; (ahd. **ſiodan**: **ſôd**, **ſutun**, **giſotan**; mhd. **ſieden**: **ſiude**, **ſôt**, **ſuten**, **geſoten**; agſ. **ſeodhan**, isl. **ſioða**. Graff VI, 164. BM. II, II, 360. Weigand, Wbch. II, 703 Zeitſchr. II, 225. VI, 345). Bier, Kaffê, Met, Salz ſieden. Der **Kaffê-ſieder**, **Metſieder**, der Kaffê, Met bereitet und ausſchenkt. Die **Siedwurſt** neben der **Brâtwurſt**.

Aə˜ Knédl *ſoidt*, dər andə' fangt 's *Siədn* à˜,
schaugt aə˜ Knédl 'ən andə'n à˜, wiə ə' gràd ə'ſo
ſiədn kà˜!

Unter einem Bilde von Altmann, einen wohlunterſetzten Knödel von Käſer (Alpenhirten) vorſtellend, der in Betrachtung vertieft vor dem kochenden Topf ſitzt. Der **Leimſieder**, a) ein hie und da unter die Weißgerber zählender Gewerbsmann; b) fig. Menſch, der mit nichts fertig wird. Das **Sieden**, (im Salzweſen) Zeit, ſo lange auf einmal fortgeſotten wird, Sud; abgeſonderte Einrichtung zum Salzſieden, Salzpfannhaus. „Von einem Sie-
202 den, das 14 Tage fortdauert, werden 15 bis 17 hundert Fäſſer zu 5 Zentnern geſtoßen;" Flurl, Beſchrbg. d. Gbrg. Vier von den Sudpfannen in Reichenhall heißen das **Carl-Theodors-Sieden**, zwey das **Landſieden**. „Das Maximilian-, das Wilhelmi-, das Ferdinandi-, das **Alberti-Sieden**" zu Traunſtein. „Das **Sieden**, genannt der Hochburger ſammt Wäldern, Salzbrunnantheil und Pfannhaus, mehr 4 **Sieden**, genannt Taching, Zyfer, zum Schnauder und im Loch" ꝛc.; Kr. Lhdl. XIV, 380, ad 1503. „Die drey **Sieden**: Schreiberin, Nutzenlacker und Gäkind" ꝛc. **Geſottene** Wochen, (Lori, Brg. R. 14) Wochen, in welchen Salz geſotten wird; (vrgl. Gramm. 994). **Geſotten ſeyn**, (im fig. Scherz) zubebereitet, beſchaffen, moraliſch disponiert ſeyn. Só bin I *gſö'n*. Ahá˜ biſt du ſó *gſön*'!? Vrgl. indeſſen ſod ſtatt ſo. **Verſieden**, ä. Sp., ſt. ſieden. „Swaz ich **verſieden** wil, daz wil ſi brâten;" Labr. 509. „Nim geizin milch, **verſiut** di mit hanfe, Clm. 4595, f. 39. „**Verſottene** huener;" Münch. heil. Geiſtſpital-Pfründregiſter, Ms. v. 1519, passim. Wer durch den Gebrauch eines entwendeten Inſigels über 12 dn. gewinnt, „den ſol man **verſieden**;" Rechtb. v. 1332. Auch nach dem Regensburger peinlichen Rechte wurden Münzfälſcher in Oel geſotten. Wſtr. Btr. VIII, 88. **ſiedig**, adj. und adv., fervens, ferventer. Zeitſchr. V, 408,17; **süttig**, V, 181. 404,163. Zu Augsburg fällt 25. Jan. 1646 „ein Prewjung in einen **ſiedigen** Keſſel;" Cgm. 4906, f. 1. — (ſchwäb., Schmid p. 494) ſehr: **ſiedig** kalt, **ſiedig** lang. Der **Siedig** (der Angſtſchweiß) get mir aus. ə˜ **ſiedige** Maulſchelle. Im Voc. Melber. sec. XV.: **ſidenig** haiß, **ſiedenige** liebe, fervor. 'Das **Sôd**, Waſſer, worin etwas geſotten wird, Abſud, Brühe; BM. II, II, 362,1. Weigand, Wbch. II, 720.' „Friſch lembrein und kitzen flaiſch mit ainem ſawren **ſod** (Brühe) oder in wein wol gewürzt iſt nuzlich ze ezzen" (im Mai); Scheftl. 296, f. 79. „Sewd im ein altes hun mit gumi arabicum und gumi tragantis und ſumack und gib im daz **ſod** yegleichs gleich zu trincken;" Ind. 344, f. 67. „Diz male mit ezzige und mit guteme **ſode**." „Mals (miſche es?) mit ezzige und mit hüner **ſode**;" Kochbuch des Wirzb. Cod. unter Nr. 21. 26, '(Biblioth. des Stuttg. lit. Ver. IX, p. 9. 10).' **In Sod kommen**, wie: in die Brühe. cf. unten: **Sod**, Raſen, und das **Sot**.

Der **Sôd** (o.pf. Sàd, Sàud), arsura, **fervor** stomachi, ardeur de gorge. BM. II, II, 362: der **ſôdem**. Weigand, Wbch. II, 719 f.). „Swer ſich dick überezzen wil, dem wirt des **ſôten** ſelten rât;" Haupt's Zeitſchr. VI, 493. Der **Saath**, ebullitio flavae bilis;" Nomencl. 1629, p. 205. „Es brennt mich der **Sat**, vexat me stomachi rosio, plethora dolet mihi;" Voc. v. 1618 und 1735. „Wer den **ſotten** hab oder ſtechen;" Cgm. 4543, f. 79. 80b. „Wen der **ſöd** oder das Stechen ankumpt;" Cgm. 384, f. 48. Clm. 174, f. 165 describitur **soda**. „Er kauft' ir ein půſen ſueßes prot und der zimetrind ein lot er gabs der lieben fur den **ſot**;" Heſeloher (?), Cgm. 379, f. 158. „Dolor capitis communi nomine ab Avicenna **soda** dicitur;" (arab.) ZZ. 821, f. 12. Das **Sàudbrennə˜**, Sodbrennen. Vrgl. **Sutt**.

„Das **Sod-brod**, Boxhörnl, ceratium;" Heumann, opusc. 694. 'Weigand, Wbch. II, 720. Nemnich I, 947 f.: ceratonia, **Sodbrodbaum**, **Sodſchoten**, Bockshorn-, Johannisbrodbaum.' Etwa gegen das Sodbrennen gut?

Der **Sôd**, **Sodbrunn**, das **Sodwaßer**, puteus, aqua puteana, Voc. v. 1618 und 1735, ſonſt nicht eben volksüblich; (ahd. mhd. **ſôt**, agſ. **ſeadh**, cisterna, puteus. Graff VI, 166. BM. II, II, 362,2. Grimm, Mythol.2 550. Weigand, Wbch. II, 720. Firmenich I, 284,81: Saut. Zeitſchr. III, 31. IV, 422,29. V, 135,12. VI, 477.) Etwa vom lebendigen Nachquellen, ebullitio, **fervor** aquae? „Als ouch einem fuchſe beſchach, der ſîn ſelbes ſchaten ſach in einem **ſôde** nâhen;" Grimm, Reinh. Fuchs p. 357,1759 und p. 377. Vgl. **Sutt**.

„**geſöd**," adj. (bey Heniſch), gut oder leicht zu ſieden. „**Geſöd** Köſtinen, coctivae castaneae." Vgl. Zeitſchr. IV, 330,38.

Soden, Ortsname; vgl. Weigand, Wbch. II, 720: Sode. **Söder**, Salzſieder; Cgm. 1245: Salzwerk bey Allendorf an der Werra (v. J. 1731). Förſtemann II, 1286.

Sod, der Raſen; (kommt wol beym Augsburger Techniker Boch vor, wird aber doch ein niederd. Fremdling ſeyn: holl. **ſode**, f., engl **ſod**, altfrieſ. **ſatha**. Müller, etymol. Wbch. d. engl. Spr. 363. Weigand, Wbch. II, 720). Vrgl. „in **Sod** kommen," gleichſam: auf den Plan kommen? '(ſ. oben **ſieden**: das **Sôd**.)' Womit auch Adelung's R.A.: „Die Hände mit im **Sode** (mit im Spiele) haben," ſich einigermaßen berührt, das agſ. **ſeod**, sacculus, aber vocaliſch nicht zuſammenſtimmt. Vrgl. allenfalls auch das dunkle brem.-niederſächſiſche: Einem **up** der **Sund** liegen, van der **Sund** bleiben, ſowie das čeſk. na **ſnadu**, vorhanden; mjti wšecko na ſnadu, alles vorhanden, alles im Griffe haben. „Die dienſtman, die gênt **enzat** (vereinzelt, einzeln, meint Haupt; ſ. BM. III, 873: **zetten**), breite ſtîge ſint ûf der ſât, ſi gênt nâch einander niht; dâ von der ſchade almeiſt geſchiht;" S. Helbling VIII, 555.

alſod, **ſodleich**, **ſödleich**, (Cgm. 514 v. 1457; 540 v. 1468; 605 v. 1454; 632, f. 10. 23. 31 37; 858 faſt immer; 1119, f. 11b) alſo, ſolch. „Zu **ſotleicher** frag gehört **ſotleich** antburt;" Voc. venez.-todesco. v. 1424, f. 14. cf. *əſödə*, *əſodələ* unter ſo, und: ſo bin I gſó'n, unter **ſieden**. „Swer iſt ſô ganz und ſô guot und ſô mit ſtæte enſamt **gewallen** (geſotten?) daz du üz im niht maht gevallen, den ſoltu bezzern mit dîner lêr;" d. w. Gaſt 14743 und Anm. auf S. 612. Adelung und Haas (deutſch-franz. Wrtbch.) haben die R.A.: In 203
ſeinem **Sod** aufwachſen, suivre les inclinations naturelles. Einen in ſeinem **Sod** oder **Södgen** aufwachſen laſſen, abandonner quelqu'un à lui-même. In ſeinem eigenen Sod dahinleben, ne suivre que sa fantaisie. Sollte hier daſſelbe **Sod**, und gar als Subſt., anzunehmen ſeyn, gleichſam das So, das Esse? Cf. **Sott**, Sud? 'und **Sod**, Brühe.'

Das G·sodel, Gesindel. Für Gottes Wohlthat „wird von'n Leuten, dem *Gsodel*, ná' g·haust und g·rebellt; Kaltenbrunner 178. 'Vgl. das Gesott.'

Der, auch wol die Sud, wie hchd.; vrgl. Sutt, Sütt.

sudeln (su'ln), vrb. n., a) wie hchd.; b) kochen, (meist in verächtlichem Sinn). Der Sudelkoch oder Sudler, der Kaldaunen, Würste und dergl. auskocht, Garkoch. Weigand, Wbch. II, 841. „Zwangsverkauf der realen Sudler-Gerechtsame der Benz'schen Metzgers-Eheleute zu Eichstätt;" 5. July 1849.
Gestə'n bin I aufm Heumark bey'n *Sudlkoch* gsésn, hàb I zwəlf Duzə˜d Siədwürst zo'n Fruəstuck gfrésn. „Die Sudler und Sudlerin, so im Lager kochen, sollen sich alle Monat mit dem Profoßen vertragen," (ihm etwas Bestimmtes entrichten); Fronsperger v. 1555, f. 63. „Gaisspuler (Gaisspuler?) sudrich, supen schmit, wampen wascher waren auch damit;" Mich Beham, Wiener 312,. Nach dieser Bed. b) ist Beziehung auf Sud, sieden unabweislich. c) besudelt (bsu'lt, O.L.), wie man nach Gramm. 994 auch sagt beschissen, betrogen, d. h. betriegerisch. Dà gêt ·s *bsudlt* her. Er is *bsudlt*. Vrgl. auch sulen und sutteln.

Süd, die hchd. Bezeichnung der Weltgegend (Weigand, Wbch. II, 841), in Altb. unvolksüblich. Um Aschaffenburg hört man Saud. S. Sund.

Die Süd, Süden s. Sutt, Sütt. Zeitschr. IV, 185. VI, 476.

---

saffezen, (b. W.) von nassem Boden, Leder ꝛc.: unter dem Tritt oder Druck auf hörbare Weise Flüssigkeit ausquellen lassen. Moorgrund *saffəzt*; durchnäßte Schuhe *saffəz·n*; fig. ein Mensch *saffəzt* vor Faulheit. Es scheint hier noch das alte saf, saffes, n. (s. Saft) zu Grunde zu liegen. Oder steht es etwa statt seifezen, (sîfezen, s. unten: sifern)? Cf. der Sîfe, (altwetterauisch; jetzt: die Sáfe), Naßgalle im Boden, vom niederd. sîpen; (Weigand, oberhess. Intellbl. 1846, S. 292. Vilmar, kurhess. Idiot. 381: der Seif, Wiese. Zeitschr. V, 477. VI, 19. Weinhold, schles. Wbch. 89: der Seifen, (Bergwasser?) Bach, aus Flußnamen geschlossen: der Elbseifen und der krumme Seifen (bilden die Elbe); auch Ortsnamen, mit -seifen zusammengesetzt: Steinseifen Görisseifen ꝛc. Cf. Wilh. Grimm zu Wernher vom Niederrhein S. 84 und in Haupt's Zeitschr. I, 426. Firmenich I, 418,78: *sipen*, triefen; 426,23: *Siepe*, feuchtes Thal; 472,36: „Wann et Marja-*sief* (an einem Marientage) ränt, dann ränt et ve'zig Dâg hingerenein." 's. auch BM. II, II, 263 f.: sîfen, tröpfeln, und der sîfe, wässerige Bergschlucht, Bächlein'). Noch Suchenwirt hat saffig statt saftig. „Sît fröuden bluent ûz der minne saffe;" Labr. 330. „Saffes bar ... Jâ kan ez fröuden-saffes mich entsaffen;" das. 375. „Daz herze in mîner brüste vor lüste swal, daz ez diu ougen saffet;" das. 23. „Den frawen ir augen safften (Präterit.) recht als der mai der wortzel tut;" Cgm. 713, f. 83. BM. II, II, 13: saffen, seffen. Vrgl. sappen.

Der Saffran (Saffərə˜), wie hchd.; (BM. II, II, 14. Weigand, Wbch. II, 531. Zeitschr. VI, 197). saffern, mit Saffran bestreuen. „gesaffert, croceatus;" Voc. v. 1618.

Die Saiffen (Saəffə˜), die Seife; (ahd. seifa, mhd. seife; gl. a. 18. 531. 676: seiffa, seipha, sabona; isl. sâpa. Graff VI, 172. BM. II, II, 242. Weigand, Wbch. II, 675. Grimm in Haupt's Zeitschr. VII, 460. Zeitschr. III, 105: tirol. Soəft).

Der Saifer, Saiferer (Saəfə', Saəfərə'), der Geifer, Speichel, Schaum aus dem Mund; (Graff VI, 172. BM. II, II, 244. Weigand, Wbch. II, 675; Zeitschr. VI, 197). „Sein Saifer ließ er rinnen über den ganzen bart;" Reime v. 1562. Saiffer, sanies, Avent. Gramm. saifer, osoedo, Voc. v. 1445; gl. i. 545. 989: seiuara, pl., spumae; saiffer, saliva, Clm. 4394, f. 175. saifern, a) (Nürnbg.) langsam herab-, durch-'sickern' und fließen. „Es saifert nur." b) geifern. cf. sulfern. „Du saiferest mehr als ein Laithund;" Dr. Minderer 1620, p. 37. c) verächtlich: sprechen. „Wie ein wilder Büffel allerley Gottlosigkeiten heraussaiffern. Lugengesaiffer;" Parnass. boic. II, 139. IV, 37. d) nach Wackius: eifersüchtig seyn, thun. Ich habe nur 204
im Scherze *Saəfə'sucht* für Eifersucht gehört. cf. saffezen.

sauffen (sauffə˜, b. W. sáffə˜, O.Pf. sáffm, Praet. sauffet und suff, Partic. gesoffen und gesuffen). 1) wie hchd. mit aller Härte der Bedeutung. Die Rotthaler pflegen einander zuzutrinken mit den Formalien: Michl, Hans ꝛc., I *sauf* di' *à˜*. Veitl, I *sáf* di *à˜*! (bring dir's). Antwort: *Sáf* her *áf* mi', Hans! (Unter d. Ens; Obr.M.). „Ein person saufft alltag ½ Maß, lesert 1 Maß, lurczt 1½ Maß;" Weinrechnungen (tirol., v. 1541), Cgm. 159, f. 6. Der Prediger Selhamer, wie der deutsche Simplicissimus 1669, f. 432, nennt im Unwillen das Tabakrauchen Tabaksaufen; (vrgl. trinken). der-, ver-sauffen, ersaufen, ertrinken. In der ahd. Sp. heißt das einfache sûfan sogar von Schiffen mergi, untergehen (Tat. 19,7), scefsufte naufragium, gl. o. 265; (s. säufen). „Demersit, besoufte;" Ps. 68,3, Cgm. 17, f. 99^a. Sich versaufen, sich über dem Trunk verspäten, das Weggehen vergessen. „Fräßig und säuffig," adj.; Av. Chr. 333. 2) ä. Sp., schlürfen, (ahd. sûfan: souf, suffun, gisoffan, mhd. sûfen: souf, suffen, gesoffen, ags. sûpan, isl. sypa, sorbillare, sorbere, haurire; Graff VI, 170. BM. II, II, 720. Weigand, Wbch. II, 544), in welchem Sinn jetzt die Form supfen üblicher. „sauffen, sorbere;" Av. Gramm. Semansh. 34, f. 211. Der Arzt Ortolph ordiniert „ain Saft in ainem waichen Ay zu sauffen; einer Eßlin Milch zu sauffen" und drgl. „Er sauff ein ay dreu ald viereu oder zway mit einem glaß von guotem wein," (der in den Streit ziehende, zum Frühstück); Ring 49^b, 2. Noch unterscheidet der Berner Oberländer das förmliche trinken vom bloßen sauffen (sufə˜), welches aus dem Löffel statt hat. Seine Kuh tri'hlt, trêihlt, (trinkt), er selbst *sûft* (ißt) seine Milch, Schotten, Suppe ꝛc. mit dem Löffel. „Niemant selbander sauffen sol mit einem löffel;" alte Tischzucht, Rauch, scr. rer. Al. I, 198. „Kein edeler man selbander sol mit einem leffel sûfen niht;" des Tanhauser's Hofzucht, Haupt's Zeitschr. VI, 489,34. „Mit schüzzeln sûfen niemen ziemt;" das. 489,37 u. VII, 175,23.25. „Ain supplin sauffen und etwas subtils essen;" Cod. Aug. civ. 62, hinten. In diesem Sinn heißt auch im b. O.L. jede Flüssigkeit (Milch, Brühe, Suppe), die zu trocknen Speisen (z. B. Nudeln), wenn auch mit dem Löffel, gegessen wird, das Zuesauffen, der Zuesauf. Vilmar, kurhess. Idiot. 338. 380. „Darumb macht man sauffen aus der Kichern melw;" Cgm. 592, f. 43^b. „Puls valveln vel ein sawffen;" Clm. 5008 (XV. sec.), f. 170. „So sol man im lind speiz geben und sawffen von ayren und wein gemacht;" Ind. 344, f. 69. Weinsawf, vinum et panis;" Voc. v. 1419. „Weinsaufen und pirnsaufen mit eyern gemacht, daz mag man wol essen; Cgm. 722, f. 52. Sûfen, gl. a. 675. 682. gl. i. 179. gl. o. 148. 318; sufili, pisufili, gl. a. 97. gl. i. 245. 609; sûfmuosili, gl. i. 245, sorbitiuncula, sorbellum, pulmentum. S. Suppen. 'Saufaus, Trinker; Zeitschr. III, 142. V, 467. Saufbrüderl, rother Fleck im Gesicht; IV, 212.'

dersäuffen (vom alten Prät. sing. des vorigen), ersäufen, (ahd. bisoufan, farsaufan, demergere, scefsauffi, naufragus; mhd. soufen, be-, er-, vers., ertränken; Graff VI, 170. BM. II, II, 721). „David der was einsmalen inbesöfet in der stilheit des gotlichen schawens," (absorptus); Suso, Cgm. 819, f. 202.

Doch ist dertrenken volksüblicher. Zu dieser Abl.-Form gehört übrigens das alte souf, (gl. i. 14) jus, isl. saup. S. auch die Ableitung Suff.

Der Seff, des Seffen, (O.Pf.) Joseph. Zeitschr. IV, 156: Seffe, Seffile, Josephine. S. Sèpp.

Der Sefelbaum, Sefler, der Säbenbaum, juniperus Sabina L.; (ahd. sevina, sevin, sevinboum; mhd. seve, seven, sevenboum, Graff VI, 283. BM. I, 229. II, II, 257. Weigand, Wbch. II, 669. 697. Nemnich II, 270 f.). „Gibst du dem Vieh zu trinken, so leg geweihte Palm-Pelzl und Sevelholz ins Wasser;" Portiunc.-Büchl.

seufezen (suifez'n), seufzen und seufzgen, wie hchd. seufzen; auch im Barlaam 34: siuffizen, BM. II, II, 723: siufzen; Weigand, Wbch. II, 697), als Ableit. zu dem im Voc. v. 1419 vorkommenden säwfen, suspirare, ags. seofian, stimmend, — wornach unser Wort der Form nach nicht geradezu aus dem siuften, sûftôn
205 der mhd. und ahd. Sp. entstanden wäre; (Graff VI, 173. BM. II, II, 722). Der Seufczer, Seufzger, Seufze; (mhd. siufze, neben sûft und siufte, ahd. sûftôd; Graff VI, 173. BM. II, II, 721. 722). „Ein seuftze daz wort underſtiez, daz er in kume reden liez;" Altd. Wälder I, 63. „Ein seufzen tief er senken thet;" H. Sachs 1612: I, 632. „Der ritter einen seufzen senket;" das. 633. „Ich ser vil tiefer seufzen senket;" das. 634. S. seuften.

sifern, sifə'ln, langsam, dünn durch- oder herausfließen; (Frank., O.Pf., b. W.) sanft regnen, fein regnen. Zeitschr. II, 238. V, 462. VI, 171. Vgl. unter säffezen.

Sifrei˜, Sanct Sifrei˜ (◡ –), Severin; (Passau).

Das Sof, ä. Sp., Brühe, Saft (? vgl. oben Soch, und unten Saft). „Alles sof von kraut ist besser den daz kraut;" Scheftl. 296, f. 110. Cf. VII Com.: Sof, Würze, condimento, soffen, würzen, condire, wie ahd. sofôn, goth. supôn; Graff VI, 172.

Der Suff (Suf), a) der Schluck, haustus, amystis; isl. sopi, ahd. mhd. sûf; Graff VI, 171. BM. II, II, 720. Weigand, Wbch. II, 721): ə˜ *Hundsſuf*, *Kuəſuf*, kleinerer, größerer Schluck. ə˜n *Suf* taə˜, i˜ 'n *Suf* kemə˜. Dèr muəs àllé Tàg fei˜n *Suf* hàbm. b) der Säufer. Du bist ə˜ rèchte' *Suf*, du *Suf* du! Der Süfling, der Säufer. Zeitschr. V, 463. Weigand, a. a. O. Das Gesüff (Gsif), (verächtlich) Getränk, Gesäufe. Zeitschr. III, 13. Weigand, a. a. O. Der Zuesuf, was Zuesauf, gewöhnlich aus Molken bestehend. süffig (siffi'), adj., „angenehm zu trinken: dea' Wain is nöd schdàrk, àwa' *siffi*;" Castelli, Wbch. 255. Weigand, a. a. O. 'süffig, zum Trunk geneigt; Vilmar, kurhess. Idiot. 407.' süfeln, schlürfen; '(vgl. unten: süffeln).' S. saufen, supfen.

Suffenstier. In Balde's Lob der Magern heißt es: „Freu dich, freu dich, du mageres Thier, man wirdt an dir nit zechen, aber aber dem Suffenstier, da will ich nichts versprechen; lateinisch:

at qui torosus integrum — distenditur per arvum
immugiens velocius — raptatur ad macellum."

Cfr. bey Stalder, Dialektol. 294, V. 23: Sûffistier, Mastkalb, etwa insofern es mit Süffen, Süffi, Nachmolken, '(Stalder, Idiot. II, 304. Tobler 427 f. Zeitschr. V, 487)' gefüttert worden?

süffeln, 'mhd. siffeln, 1) gleiten, aufftreifen mit den Füßen im Gehen; BM. II, II, 264.' „Ich süffel mit meinen Füssen," sagt im Cgm. 461, f. 212 der Alte, der über seine Gebrechen klagt; — im Cgm. 811, f. 66: „Ich siffel auf der erden." „Daz ich ûf der erde niene siffel mit den zehen," sagt die Tanzlustige bey Nîthart XXIII, 4, (Haupt p. 18,27 u. p. 116). „Zwen groz soffel er an hett," heißt es Diut. II, 81; '(Pantoffel, Schlarfen. BM. II, II, 466)'. besiffeln etwas, darüber hin gleiten, es streifen; BM. II, II, 264.' „Diu (angezogene, der Frau geltende) snuor gie über daz ein sîn bein; er wolte besehen, waz im den lîp besiffelt;" v. d. Hagen, Ges. Abent. II, 339. '2) flüstern; vgl. franz. siffler, (sifilare, sibilare; Diez, Wbch. 725).' Der herren râtgeben, die siflent in zuo den ôren und machent si ze tôren; Stricker, Wiener Hs. 428, f. 154^d. Grimm, Mythol.² p. 1001. Vrgl. serfeln, 'und süfeln, schlürfen; (s. auch schlarfen).'

Der Saft (Sàft), wie hchd.; (ä. Sp. das Saft, ahd. mhd. daz saf, gen. saffes — vrgl. Th. II, Sp. 1063: die Hüff und Gramm. 681 — ags. säp, was sich mit saufen, wie das alte Neutr. saug, sou mit saugen berührt; isl. Saft, f., succus, neben Safi, m., intimus et tenerrimus cortex pinus. Graff VI, 63. 169. BM. II, II, 13. Weigand, Wbch. II, 532. cf. franz. sève; Diez, Wbch. 725. Vgl. oben: Soch und Sof). „Sint dir di seurn in den henden so bestrich si mit dem saffe daz uz der minze oder uz den welschen nuzzen rinnet;" Fragm. (s. unter Seurlein). Der rôt Saft, (wegwerfend) das Blut. Das Säftlein (Sàftl), Einsud von Früchten, Syrup. „Nim das gisafft von Endivia;" Cgm. 144, f. 6^a. saftig, a) wie hchd.; b) derb, grob, lasciv, liederlich. säfteln, a) Feuchtigkeit von sich lassen, b) (scherzh.) gerne trinken. Der Säftler, der gerne trinkt. S. saffezen.

'saft, sanft, sachte; s. sôft.'

'Das Saftenheu, Schaftheu, eine Pflanze, asparilla; BM. I, 723. Diefenbach 54^b.' „Da guot gras oder safftenhew(?) inn wächst;" Cgm. 340, f. 147^a. Kaum Schefzgenheu (schwäb.; bayr. Schachtelhalm, das zum Fegen von Geschirr dient), wie in Menzel's Literaturblatt 1837, p. 471 behauptet wird. 'Schmid, schwäb. Wbch. 451: Schäfzenheu. Stalder II, 306: Schaftelehcu, Schachtelheu, equisetum vulgare. Durheim, schweiz. Pflanzen-Idiot. 31: Schafheu, Schaftelen ꝛc. Nemnich I, 1500. 1502. Weigand, Wbch. II, 551. 555. S. Schachtelhalm.'

seift, adj., adv., seicht; (mhd. sîhte; BM. II, II, 269. Weigand, Wbch. II, 674. s. seicht). „Seifte ort, brevia, vadum;" Voc. v. 1618. Die Seiften, Seichtigkeit, Untiefe. (Ich kann nicht entscheiden, ob seift oder seicht ursprünglicher; jedenfalls verhält sich dieses zu jenem, wie das mehr nord. sachte zu soft (w. m. s.), Nichte zu Niftel und die nord. Kracht, Lucht ꝛc. zu Kraft, Luft. So scheint umgekehrt gl. i 647 das nord. Sufte, pestilentia, für suhte und 642 gesifte, visione, fur gesihte zu stehen).

„seuften, entsewften, ersäwften", Voc. v. 1445 206
und 1419, Cgm. 64, f. 55: ingemiscere, suspirare; VII Comuni: sauften, (mhd. siuften. Iwein 3099. 6408. Labr. 472. „So wainot und sûmftot diu tube"; Griesh. Pred. I, 32. gl. a. 282. 605; i. 13. 242 und Otfr.: sûftôn). „Der sufte lie mich nicht sprechen;" Cgm. 107, f. 10. (mhd. der sûft, siufte, ahd. sûftôd; Graff VI, 173. BM. II, II, 721 f.). „Suofte e denne er furebraht werde", gemitum prius quam proferatur; Cgm. 17, f. 13^b. „in sufte minem," das. f. 14^a; „den suftod," gemitum, das. 14^b; „in suftungen," in gemitibus, das. 47^a) 'siuftec, ersiuftec, mhd. adj., mit Seufzern verbunden; BM. II, II, 722.' „Vellich ersiuftig riuwe;" Labr. 3.

sôft, adv., Dim. sôftələt, (O.L.) wohl, behaglich, leicht, sanft, (woraus jene Form, und das schweizerische souft, wie Koft aus Kanft ꝛc. entstellt ist. Stalder II, 304: sauft. Vgl. Zeitschr. II, 170,11: henneb. sâft; 511,6. VI, 401,1: sieft, sauft). Cf. VII Com.: süfteg, artig, angenehm. Dés tuət me' *soft*, thut mir wohl. Iatz tàts (dem Kranken) ganz *softələt*, (es wäre ihm ganz leicht, wohl), wenns nà˜ ə'so blib. S. samft und sanft.

„softunge wirtschaft“ (?); S. Helbling II, 424.

seufzen, Seufzer, s. oben: seuf-ezen und vrgl. seuften.

(Vrgl. Sah, seh, rc.)

sagen (sàgng — I sàg, du sagst, saə'st, sèst, er sagt, saə'd, sé'd — I sàgət und siəg — I hà' gsagt, gsaə'd, gséd, s. Gramm. 153. 945. Du siagescht, sagtest; Firmenich II, 429,28: Biberach. „So er sieg er hett ein feindt, so red im das selbig auß;“ Cgm. 4570, f. 2), wie hchd.; (ahd. sagên und segian, isl. segia, ags. secgan aus segian — ndrd. seggen, schweiz. sëggə˜, schwed. säga, dän. sige. Graff VI, 91. BM. II, II, 15. Weigand, Wbch. II, 632. Zeitschr. II, 113. III, 207,21). Beliebte Einleitungsformel: Las də' *sàgng*! Lassts enk *sàgng*! Si, lassn S· ènə˜ *sàgng*! Im erzählenden Bericht über Gesprochenes wird die Rede gerne durch reichlich wiederholte Formen von sagen durchflochten. *Sàg I* zó'n Hiəsl, wàs dás d· denn nácht·n nét kemə˜ bist? Mei˜, *sagt ə'*, I hà' sovəl z·taə˜ ghàd, *sagt ə'*, I hêd u˜mügli künnə˜ à'də'kemə˜, *sagt ə'*. Gəl', *sàg I*, əs hàd di' hàlt ét gfreut, *hàb I gsagt*. Ná˜, *sagt ə'*, gwis Nánl, *sagt ə'*, wennst dés glábst, so bist à˜gfüərt, *hàd ə' gsagt*. Gê, *hàb I gsagt, sàg I*, I kenn mi' scho˜ aus. I sàg glei', *sàg I*, miər zwaə hàbm·s dé lengst Zeit mitənandə' ghabt, *hàb I gsagt, sàg I* zó'n gscheid·n Hiəsl. — Dés *sàg* I à'! das will ich meinen! Cf. ags. sehst thu für das lat. an (ain = aisne?); Luc. 11,12 und öfter. sagen, ä. Sp., (von Zeugen) aussagen. „Wie Zeugen sagen sollen. Sie sollen von ihrem selbsteigen wahren Wissen, und nicht von fremden Hören sagen;“ Car. poen. Die Sag, Zeugensag, Aussage der Zeugen, Depositio. „Von ainem yeden Zeugen zu verhören und sein Sag auffzeschreiben XII dn.“ „Beschreibung, Eröffnung der Zeugensag;“ L.O. v. 1553, f. 29. „Swen di geziug ir sag gesagt habent;“ Wstr. Btr. VII, 159. „Worauf die gestelten Zeugen ir sag getan;“ MB. VII, 307. (Saga, assertio, relatio; gl. i. 156. 413. 449). Der Sager, die Sagerin, Zeuge; Wemdinger Hexenprozeß v. 1630. wan sagen, leere, nichtige Dinge sagen; Grimm, Reinh. p. 83,1680 und 112. absagen oder entsagen Einem, (ä. Sp.) ihm förmlich durch einen „Absagbrief“ den Frieden oder die Freundschaft aufkündigen, ihm den Krieg erklären; romanisch diffidare, disfidare, sfidare, défier. Grimm, Wbch. I, 93. cf. Th. I, Sp. 124. Kr. Lhdl. IV, 66. 64. 67. X, 466 470. „Bellum indicere, absagen;“ Clm. 571 (XVI. sec., 1514), f. 8. Wie der Prior Erasmus Zott dem Abte Peter Wagner zu Thierhaupten absagt, ao. 1510, s. Thierh. 110, f. 7ᵇ. 23ᵇ. 25ᵇ. 27. Formular „Absag“, Raitenb. 166, f. 138. „Sie hetten gleich erst abgesagt, so die bericht solt ausgehen;“ Chron., Cgm. 994, f. 236; im Latein des Arnpeck, col. 459: „quia cum concordia debuit componi, diffidabant Duci.“ Ein abgesagter Feind, sowohl wer Einem durch einen Fehdebrief abgesagt hat, als wem also abgesagt worden ist. Grimm, Wbch. I, 47. „Des Stifts zu Salz-
207 burg abgesagter Feind;“ Hund, St.B. I, 373. Dieses noble, eigenmächtige Absagen, besonders gegen Fürsten und Obrigkeiten, muß manchmal auch von Andern als eben Adelichen beliebt worden seyn. In der Tyroler L.O. noch v. 1603 ist eine „Straff derer, so die Absager, die dem Landesfürsten oder andern sondern Personen oder Gerichten abgesagt haben, behausen,“ angesetzt. Vrgl. austreten, I. Th., Sp. 680. ansagen Einen, (nach einer Stelle im alten Rechtb. bey Heumann, opusc. 71) ihn fälschlich beschuldigen. aussagen sich, (Nürnb., Hsl.; O.Pf., v. Strbr.) vom Zugvieh: den Dienst versagen, nicht mehr ziehen, gehen können oder wollen. Mein Pferd ist schon lang ganz matt dahergegangen, am Berg hat es sich endlich ganz ausgesagt. Der Ochs wird sich wohl gar aussagen. Sein Gaul hat sich ausgesagt, ist vor Mattigkeit liegen geblieben. Vermuthlich ist diese Bedeutung eine figürliche, zweyte von einer etwaigen ersten, auf Personen bezüglichen. Vgl. des Teufels Segi (Barack p. 408,12820): „Zem iungsten tuot es sich gesagen mit jamer und mit clagen;“ und (p. 413,12952): „Ain elen umb ain guldin tragen tůt sich armen lüten bald gesagen;“ (cf. das. p. 27,791. 107,3309. 415,13027). Cfr. sich Einem entsagen, dem Hieb desselben entziehen; Wigalois 6688. BM. II,II, 20ᵇ. besagen Einen, (ä. Sp.) ihn beschuldigen, anklagen; Voc. v. 1477. BM. II, II, 19,2. Grimm, Wbch. I, 1540. „Wye er (Christus) mit vil falscher zeucknuß besaget ist;“ Wstr. Btr. V, 71. „So ein Missethäter seinen Helfer in der Gefängniß besagt ... so wäre dem Sager solche Sag wider den Besagten nicht zu glauben;“ Carolina poen. „Do der richter daz hort der sprach zů den die in (den ritter) besagt heten: Ich enfind chain sah des todes an im;“ Gesta Romanor., Cgm. 54, f. 76ᵃ, (Keller p. 149). „Als dem ritter geschach der seinen haushunt tœtet durch daz besagen (beschuldigen) seins weibs“ ... „Welt ir ewern sun tœten durch die besagnüzz ewrer hausfrawn?“ das. 56ᵃ, (Keller p. 108). „Susurrium .i. besagen est per internuncia discordiam seminare;“ Clm. 17188, f. 52. „Susurrium, pesagung;“ And. 48, f. 143. Clm. 9537, f. 179. Accusatio, besagung;“ Poll. 668, f. 165. Cf. ags. sakjan, alts. sakan. sich besagen, (ä. Sp.) seine Adhäsion bezeugen? „Und dessen zur Urkund haben Wir Unser Insiegel an den Brief thun hängen, uns damit zu besagen;“ Kr. Lhdl. V, 161. 162. 164. „Mich aller obgemeldeten puncten zu besagen,“ (verbindlich zu machen?); Roth, Obermoschler Urk. X, S. 29. 30. XI. ersagen, (Canzl.-Sp.) erwähnen, benennen. Grimm, Wbch. III, 948. „Ersagte Punkten,“ erwähnte Punkte. einsagen Einem zu etwas, ihn laden, z. B. zu einem Leichenbegängniß, zu einer Handlung vor Gericht und drgl. übersagen Einen, (ä. Sp.) in überweisen mit Zeugen, mit Eiden, besonders ihn eidlich als einen „Land und Leuten schädlichen Mann“ erklären. BM. II, II, 21. „So sullen wir mit siben übersait sein, als des Landz recht ist;“ MB. III, 212, ad 1362. „Do pin ich ain übersaitter man;“ MB. X, 123. „So sol ich ain vbersaiter man haißen;“ MB. X, 238. 254. Die sonderbare Art, wie das Uebersagen mit Siben zu geschehen hatte, ist angegeben in einer Urkunde v. 1349. S. Hund's histor. Anmerk., voce Wissend. (ubersegian, confutare, convincere, gl. i. 20. 421. Graff VI, 102). untersagen, zu wissen thun, mittheilen; s. Th. I, Sp. 115. BM. II, II, 21. versagen Einen, denuncieren, verschreyen, verläumden. BM. II, II, 22,1. Er kà˜ nində't mer untə'kemə˜, is weid und braəd *vó'sagt*, (verschrien). „Tristant wurd versagt gen fraw Isalden;“ H. Sachs 1612: III, III, 8. Ainen bey dem landfürsten versagen; Ldtg. v. 1669, f. 331. „Von versagens wegen ließ er die fraw enthaupten;“ Oefele I, 305. cfr. Kr. Lhdl. XII, 280. widersagen, abrenuntiare. BM. II, II, 22. „Ich widersage dem bösen Feind und allen seinen Eingebungen, Rath und That.“ S. widersachen. zuesagen, (vom Geschütz:) losgehen, das Gegentheil von versagen. „Damit es gleich zuesag und auf einander gannge;“ Fwrbch. Ms. v. 1591.

Der Sage, des Sagen, ä. Sp., der da sagt, ansagt, 208
aussagt; (vrgl. das sajo der lex Visigothor. Grimm, d. RA. 665). Der Ansage, der etwas zuerst gesagt hat, Gewährsmann. Sagt jemand von Einem etwas Ehrenrühriges, „des sol er seinen Ansagen stellen, wer ims gesait hab. Ez sol nieman von dem andern sagen, er hab den guot ansagen, di ims gesait haben;“ Rupr. v. Fr. Rechtb. Wstr. Btr. VII, 190. Cfr. ahd. ê-sago, juridicus, gl. a. 520. 629, altfries. a-sega; forasago, praedicator, propheta, a. 475, Isid., Kero; uuarsago, uuarsegge, divinus, gl. o. 61. 271. 279. 283. Graff VI, 107 f. BM. II, II, 15. Die Sag, was gesagt wird oder ist; s. oben Sp. 233: Zeugensag. Graff

VI, 105 f. BM. II, II, 14. Nach des Buechs Sag, wie das Rechtbuch (Kaiser Ludwigs) lautet; (ä. Rechtsspr. passim). Die Tiroler LO. v. 1573 (IX, 29) und 1603 (fol. 95) soll nicht binden die drey Herrschaften Rattemberg, Kueffstain und Kitzpühel, „die nach Buchs sag handeln:“ (in der Vorrede: „die bishero nach ihrer Buchs Sag gehandlet haben“). s. Th. I, Sp. 198: Buechsager und die Buechsag, das Buch (Landrecht) selbst. „Ich hab sundern Gefallen in deiner Sag,“ (Erzählung); Buch der Weisheit. Das Gesag (Gsâ'), (ObrM.) Gerede. Is dés nét àllǝwál ǝ~ *Gsà'*, und waǝs niǝmd ni~ks. Das Sagen (Sàgng), das Reden, das Gerede. Zeitschr. III, 427,68. Dà nutzt kaǝ~ *Sàgng* nicks. Wenn I nà~ dés *Sàgng* nét àllǝwál hö'n müǝ't! Mit dei~n *Sàgng*, dei~n laǝdingǝ~! Vrgl. Said. Die Sag-Mär (Sà'mâ'), Dim. das Sagmärlein (Sà'mâ'l), das Gerücht, Mährchen; s. Th. II, Sp. 1635. Dés glàb I nét, is schêd ǝ~ *Sà'mâ'*. „Schnell kam die Sagmehr in alles Holland;“ Chron. bey Freyb. I, 124. Das Saken des dunklen Compositum stapfsaken, stapsaken im Decretum Thassilonis (Graff VI, 105. 618) kann unser sagen seyn, vielleicht aber schlägt es als idolatrisch in die eben nicht klarere Bedeutung des in gl. a. 238. 459 vorkommenden „insakem, delibor“ und „insaket vel plózit, litat“ ein. S. stab-sagen.

Die Sag (Sàg, Sàhh) und Seg (Ség), wie hchd. Säge; (mhd. sage, ahd. saga, gl. i. 177. 200. 267; sega, gl. o. 81. i. 130; agf. saga, isl. sög. Graff VI, 88. BM. II, II, 14. Grimm I³, p. 103. Weigand, Wbch. II, 236. Zeitschr. VI, 342). Wolfs-, Wiegen-, Bogen-Sag, (von der Form der Zähne). Spannsag (Spà~-sàg), Handsäge, deren Blatt mittelst eines Strickes in einem hölzernen Gestelle ausgespannt ist. Stainsag, Stein, besonders Marmor, zu sägen. Der Sagbâum (Sà'bám), Baum, der zu Brettern gesägt werden kann oder soll. Sagklotz, Sägeblock. Die Sag-Kleiwen (Sà'kleiwm) oder Sag-Schaiten, Sägespäne. Birlinger 385: Seges. Der Sagschneider, Arbeiter an einer Sägemühle (Sàgmül oder blos Sàg). sägen (ságng), gewöhnlicher segen, sägen; (ahd. sagôn und segôn. Graff VI, 88. BM. II, II, 14). Vrgl. Grimm II, 346.

sagezen, was saffezen.

Der Sagerer, Sagrer (Sàgǝrǝ', Sàgrǝ), die Sakristey, sacrarium; (ahd. sagarâri, mhd. sagerære; gl. o. 189. 263: sagarâri, sageraere; Diut. I, 307: sagirere, sacrarium; gl. bibl. v. 1418: sagrer, gazophylacium. „Sanctuarium, hailtumsagrer;“ Semansh. 34, f. 193. Graff VI, 151. BM. II, II, 23 f. Birlinger 385). „Maria ein tempel gottes, ain sagrer des heiligen gaistes;“ Ind. 122, f. 26. „Ich klag iu über die predigær, die habent des silbers sagrær, den lantschriber, an sich gezogen;“ S. Helbling V, 50. „Ditz puechel gehort in den sagrær unser frawn zu Bogen;“ Clm. 9569 (2. XIII—XIV. sec.), f. 156. „Es haben die Domherrn ein Capitel in dem Sagerer gehabt;“ Kr. Lhdl. X, 156, ad 1488. „Die Schlüssel zu dem Sager;“ ibid. XI, 114. „Ehe die Pfarr Hainspach dem Sagrär-Amt (Custoderie) zu St. Emmeram incorporirt worden;“ Zirngibl, Probst. Hainspach p. 159. „Tragt jhn int kirchen in den chor da ist ein grab gehauen vor beim Sagra in ein Merbelstein;“ H. Sachs 1560: III, III, 61. „Der Sagerer;“ MB. XXV, 485; an der Pegniz: die Sàgǝrǝ. In Siber's gemma gemmarum ist sacrist sacrarium. Im Tegernf. Cerem. v. 1505, Cgm. 1148, f. 11ᵇ: sacrist; f. 13ᵃ. 16ᵇ. 27ᵇ: vom sacristen; f. 27ᵇ. 46ᵃ: „Die erst mess list der sämler nach dem fruemesser get der sacrist mess zu lesen darnach der kelner;“ (also Priester). Vgl. Graff VI, 151. Diefenbach 506ᵇ: sacrarius. Vrgl. Sigrist.

209 Der Sagran, Chor, Emporkirche (?). „In dem ersten stand, da man heraufgeht bei dem Sagran in der Kirche zu Freysing, da stund der König.“ „St. Arsacius hinaufgetragen in den Chor und Sagran der Kirche zu Illmünster;“ Chron. in Freyb. Samml. I, 184. 189. „Der Vater Prior legt sich an in dem gemainen sagran“ (Sacristey?); Tegernf. Cerem., Cgm. 1148, f. 8ᵇ. 12ᵃ. 14ᵇ. 15ᵃ. „Geet der abt aus dem sagran;“ das. f. 16ᵇ. Casel insel und stab die tregt man in den sagran;“ das. f. 17ᵃ. „Tregt man die ornat an die sunnen aus paiden sagran;“ das. 46ᵃ. Der Sagran-Maister; Scheirer Dienst-Ordn. v. 1500, fol. 14.

'Saggra, saggrisch ꝛc., s. Sácre ꝛc.'

Der Sagerer, Segerer, sieh Zecker. (b. W.) „'s Zédlkraut is so grous ei~gschnidn wêi ǝ~ *Sàgrǝ'*,“ wenn es (das Sauerkraut) grob geschnitten. Vrgl. allenfalls auch Säcker.

„Saig, sagum;“ Voc. Zeninger v. 1482. Cf. Sait und das dort mit angeführte sei.

'Die Saig, ä. Sp., Senkung, insbesondere:' die Waßersaig, (Bergbau) die Grundfläche des Stollens, worauf das Wasser abfließt; (Graff VI, 131. BM. II, II, 14. 268. Weigand, Wbch. II, 675. Zeitschr. VI, 197). Sy hielten sy (die Pfeile) in solcher naig daz sy geleich nach rechter saig von den lüften herwider in dy purg fielen nider;“ M. Beham, Wiener 85,1. „Derselbig (Reißenstain) hab auch gegen Kößen die Säg und Flüch das Stainwalzen und Wasserrinnen;“ Schreiben des Erzherzogs Ferdinand v. Österreich, v. 14. Jänner 1578. „Die Hauptstollen sollen, der rechten Wassersaig nach, gestaigt werden.“ „Von der Waßersaig über sich bis in die Firſt;“ Lori, Berg-R. 206. 249. Sega, Söga, (tirol.) Senkung, Sumpf; Zeitschr. III, 328. In den gl. i. 540. 543. 550 zu Prudentius kommen mehrere Formen mit seig ... vor: de liquidulis '(in Schmeller's Handschr. Glossensammlung: „languidulis;“ cf. Graff VI, 131)' natatibus (ad incens. lucern. 143) vonna seiglichen gisuummftin, mit nidarseigan; clivosa (jejunant. 53) die talaseigun; infestis (eindringenden sc. stimulis, Hyppolit. 108) anaseigin; gl. i. 1147: non traducem, nalles seiganta, — alle auf ein zum Ablautverb sîgan (s. seigen) gehöriges Verb sîgan weisend. „Der Saiger, alveus fluvii;“ Voc. v. 1618. „saiger, adj., oder verschalt, pendulus, pendulum sc. vinum;“ Voc. v. 1419 und 1429. BM. II, II, 267 und 269: seige, seiger; Graff VI, 131. Weigand, Wbch. II, 675. „Der wîn wirt seiger;“ Diut II, 159. „Guot wîn mac ie sô lange ligen, daz man in seiger siht;“ Walther v. d. V. 106,23. „Ist der harm seyger (saiger) und sind straimlein darin;“ Cgm. 4543, f. 111, (5931, f. 198). „Tinea haizt ain schab, daz ist ain gewantwurm und wechset von faulem luft und von saiger fäuhten in der gewantwollen;“ Konr. v. Megenberg f. 181, (Pfeiffer 309,16). Dazu gl. i. 305: irseigren, vb. n.; irseigreta, elanguit, (oleum). Graff VI, 131; cf. 134. 135. saigen, ersaigen, ersaigern, versiegen machen, erschöpfen, verschwenden. BM. II, II, 268. „Die Bergwerch ersaigt und unausträgig worden;“ Salzb. Replic. gegen B. Blg. 69. Das Holtz ersaigern; L.R. v. 1616, f. 742. 760. 769. „Der hochwald ... git och zechenden wenn es (wol dieses Stück) gerütet oder geseiget wird;“ Wartenseer (Lucern.) Urk. v. 1471, Geschfr. III, 269. „Dadurch der kaiserliche Seckel gar ersaigert worden.“ „So ich ein großen theil meiner jugend, väterlichs Erbs, gesundheit des leibs ersaigert;“ Av. Chr. I, 223. „In was eisserisie ersaigerung und erschöpfung der standt der Prelaten gesetzt worden;“ landständische Gravamina v. 1579, Ms. „Das aus solcher freyer zulassung des viechkauffs in unserm land ein mercklich Ersaigerung ervolgt;“ L.O. v. 1553, fol. 60. „Als jedermann an der Krankheit der Blattern ganz erarmt und ersaigert sey;“ Kr. Lhdl. IX, 453, ad 1500. „Von den armen ersaigerten Bauersleuten;“ Kr. Lhdl. XVIII, 60. „Dieweil das reinisch Gold alles außer dem Landt gefüert, und hingegen der Münß destomer darein gepracht, und also teutsche Nation an reinischen Gulden so gar ersaigert;“

ad 1533, Lori Mz.-R. 1166. 'saigen, ä. Sp., sinken (sîgen, s. unten: seigen) machen, senken, (besonders die Wagschale): wägen, prüfen; eine Richtung nehmen. Graff VI, 131. BM. II, II, 268.' „Ane unreht lief ich unde seigete, rihtete ich, sine iniquitate cucurri et direxi;" Cgm. 17, f. 87ᵃ, Ps. 58,₅. 'Der Saiger, mhd. seigære, die Wage, besonders zur Prüfung des Werthes der Münzsorten. BM. II, II, 269.' „Daz ist von deme seigere („scigere" ?) des munzmeisters. Ez ensal ôch nieman haben dekeinen seigere („scigere" ?) danne der muntzemeister;" Erfurter Sätze v. 1289, Höfer's Auswahl p. 44. Pfenning oder Münz saigen, ersaigen, saigern, ersaigern. „Umb pfennig saigen." „Das fürbas niemant chainenn pfennig weder alten noch newen, noch chainerlay munzz ersaigen noch ersuchen sol;" Wasserburg. Stadtrecht, Cgm. 302, f. 117. „Das nyemant haller verprennen und aussaigen sol noch wegen .. und wer da haller vnd ander münß beschneid, den vertigt man für einen velscher. Auch haben die goltschmid
210 geswor̄n, das sy dhain münß saigen noch prennen sollen;" Münchner Zunftsätze, Cgm. 544, f. 53. „Es soll kain unser Münßmaister oder ander niemand, wie der gegenannt ist, unser Pfenning ainen aus den andern nicht suechen noch saigern, damit unser Pfenning geerchert oder gehindert werden;" ad 1391, Lori, Mz.-R. I, 22. „Die new Münß soll geleich geslagen und gezaint werden, das man s' nit ersaigern müg;" ad 1406, ibid. f. 29. „Daß Nyemand kain allte Münß aufkaufft, auf Maynung, die fürter in Münß zu fürn, noch die ersaige mit Schnelbag noch sunst in kain Weise;" ad 1460, ibid. f. 83. „Daß die alt guet Münß zerprochen, gesaigert, kürmweis verkaufft, und an derselben stat ain ergere Münß gemacht worden ist;" ad 1533, ibid. f. 166. „Daß man keine Regenspurger aussaigern noch brennen soll." „Es soll niemand Geld aussaigen noch aussuchen;" Gem. Regensp. Chr. II, 279. 311. „Si graviores denarios separaverit a levioribus;" (Interrogat. confessarii), Asp. 31, f. 12ᵃ. Cf. ahd. saiga, denarius; Legg. Alam., Baiuv. s. Grimm I,³ p. 103. Graff VI, 143. Es scheint dieses Saigern oder Ersaigern der Münze, welches, in ältern Zeiten, wo man noch nicht alle Stücke einer Münzsorte am Gehalt vollkommen einander gleich zu machen wußte, von den Regierenden wiederholt, also ohne Erfolg verboten worden ist, darin bestanden zu haben, daß man die an Gehalt bessern Stücke einer cursierenden Münzsorte mit Hilfe der Wage aussuchte und dem Umlauf entzog, wodurch die in Curs bleibende Masse an Werth und Kredit verlor. Kr. Lhdl. V, 71. 76. VII, 32. 35. VIII, 511. XVI, 281. Ldtg. v. 1516, p. 495. Herzog Ludwig der Reiche ist a. 1457 Willens, ain saigerte durchzogne Münz zu slahen, die da gleich wær, ain Pfenning als guot als der ander" ... Darüber sind seine Räthe der Meinung, „das man (zwar) ain gesaigerte Münß slahen mug," aber sie geben zu bedenken, „das yeder Pfenning zu dreyen oder vieren Malen gewegen muß werden, dadurch die Münß des ringer sein, wan vill costung darauf geen würde;" ibid. I, 43. 44. Der reiche Herr wollte, scheint es, diesen Industriezweig gleich auf eigne Rechnung vorgenommen wissen. Ich sehe übrigens nicht klar, ob und wie dieses ersaigern mit dem bergmännischen, auch hchd. saigern (sëigern, das Silber durch einen gewissen Schmelzproceß vom Kupfer reinigen) zusammenhangen mag. Gl. i. 1039 finde ich ein der Form nach freylich nicht hieher und eher zum folgenden sæugen passendes „arsôgan, improbare (quasi bonus nummularius"). Vrgl. saigen.

saugen, wie hchd.; (ahd. sûgan, mhd. sûgen: souc, gesogen; Graff VI, 135. BM. II, II, 723. Weigand, Wbch. II, 544). „ersaugen, exhaurire; ersogner Grund;" Voc. v. 1618. Der Sauger, noch saugendes, junges Schaf. „Ein Sauger soll aufs höchste 9 Pfund schwer seyn, schwerer, wird er unter die Lämmer gezählt;" Wiltm. 565. 574. Vilmar, kurhess. Idiot. 386. Der Sogərə', Säugling; (b. W.). sæugen, wie hchd.; (ahd. sougan, soughian, mhd. sougen, söugen; Graff VI, 136. BM. II, II, 724). Der Säugling, Maschine, die Wasser zur Feuerspritze treibt; (Dr. Sepp).

Der „Segel, Sigel," (O.Pf., Zps. Ms.) Geschwulst, Beule, Geschwür.

Der Segelsan, (Cgm. 572, f. 38) velum. Der Segelstain, magnes, Voc. v. 1618; (isl. seglstein-n, holl. zeilsteen). Diefenbach 343ᵇ. BM. II, II, 616: sigestein, sigelstein, ein Sieg verleihender Stein. Grimm, Mythol.² p. 1170. Altd. Bltr. II, 12. Weigand, Wbch. II, 705. „Dô wir ze den viuren gâzen, zesamen sie dô sâzen sam sie einen sigstein bliesen;" S. Helbling IV, 125. (Die Wiener) „gar taugenlichen vor den rat zusamen giengen fru und spat pis sy gussen ain sigelstain sy wurden all zu rat mit ain als wider kunig Daviten dy zwen (Absolon und Achitofel) valschlichen rieten;" Mich. Beham, Wiener 22,₁₃. „Hüt dich (o Jungfrau) vor den alten weiben die plosen tond den sigelstain und alle poßhait treiben vil offt ain maid nun kumpt zu laid von alter weibe klaffen;" Muscatplut, Cgm. 811, f. 56 (49). Im 14. Jahrh. (1345) kommt in England die Magnetnadel, heute loadstone genannt, unter dem Namen sailstone, sailingpiere oder adamante vor. Blätter f. lit. Unterh. 1848, p. 344. „Sô die schiffläut auf dem mer niht gesehen mügen vor den dicken nebeln wâ si varn .... sô nement si ain nâdeln und reibent die mit der spitz an den adamanten ... sô kêrt si sich geleichs gegen dem merstern;" Konr. v. Megenberg f. 256 (Pfeiffer 433,₂₆). Segel, 211
velum, ist noch in einem Voc. von circa 1500, wie das ahd. segal, mhd. segel, ein Masc. Graff VI, 144. BM. II, II, 237. Weigand, Wbch. II, 672. Diefenbach 609ᶜ.

Der Segen- oder Segel-Bâum, der Säbenbaum, juniperus Sabina L. „Wie oft ist der Ehstand ein Wald, in welchem alles Holz wachset, ausser der Segenbaum nit;" P. Abraham. s. Sefelbaum.

Der Segen (Ségng), wie hchd.; (ahd. segan, segin, benedictio, dedicatio, ja gl. i. 189, wie ags. segen, noch signum, nicht blos crucis, sondern überhaupt, nemlich vexillum, insigne; mhd. segen. Graff VI, 146. BM. II, II, 238. Weigand, Wbch. II, 672. Zeitschr. VI, 280,₁₃: Sägen, das Kreuzeszeichen). Von dem Segen (signum crucis), mit der Monstranz gegeben (beschrieben), heißt beym gemeinen Mann diese selbst der Segen. Castelli, Wbch. 256: der *Sögn*, die Vesper; nach 'n *Sögn*, zu Vesperzeit. Haussegen, gedruckter Zettel mit heil. Zeichen und Gebeten, an mancher ländlichen Hausthür sichtbar. Feuer-, Waffen-, Wund-, Wetter- rc. Segen, überall, wo es nichtdenkende Katholiken und auch wol derley Protestanten gibt, vorkommend. „Dein Spru' auf d' Thomäs-Nacht is nur ä Spaib dägögn (gegen des Gevatterbitters langen Spruch), I han schan wärlä gmaint, ä' bet än *Haltä'sögn*." Lindermayr 63; (s. Th. II, Sp. 1100.) „Hat d' Gärten abrochä 'n *Fiebä'sögn* g'sprochä und lang öppas brumt in än Krais;" das. 174. Deutsche Segen des XIII.—XIV. Jahrh. s. Clm. 4595, f. 39ᵃ. Cgm. 4855, f. 1. 2. 3, 24. 46. 61—63. Cgm. 4667, f. 22. 31 rc. Grimm, Mythol., Anhang CXXVI und 2. Ausg. p. 1173—97. Joh. Nider über Segen: Cgm. 3891, f. 22. 23. Joh. Herold: Monac. Franc. 142, f. 40 ff. Im Clm. 4721, f. 198: deutsche Verantwortung des Augustinerlectors Wernher von Friburg, der 1455 wegen Segen vor den Bischof v. Speier nach Heidelberg citiert worden. „Segen für wachsung der Buchl auf den schuldern" (s. Th. I, Sp. 206) im Cgm. 3721, f. 85. Segen, einen Pfeil auszuziehen: „Longinus rc.; das. f. 198. Waffensegen, Cgm. 824, f. 70ᵃ. Wassersegen, für die Wunden, Cgm. 3723, f. 183. Wassersegen, Fris. 307, f. 109. Segen für Zahnweh und anderes in Thomas v. Haselpach: Exemplarium decalogi (Ald. 228, f. 231), wo viel über Aberglauben; z. B. „Incantatio contra opilationem vulgariter ungnat (s. Th. II, Sp. 1747) ubi dicitur: Ungenat was der schonst man als in die werlt nie gewan" … „Din vater was ain stier und din mutter was ain ku wirt dir das so haustu das derzu." „Si clericus ferrum candens benedixit debet excommunicari;" Monac. Francisc. 135, f. 243ᵇ. Cod. Mon. Fr. 142, f. 42. „Qui, gladio evaginato benedicunt mulieres in puerperio et exsufflant candelam accensam in faciem ejus. Item qui ponunt puerum infra scampnum et scopam infra lectum mulieris;" Scheftl. 285. Latein. Segen „ad partum": Cgm. 54, f. 106; das. auch deutsche gereimte Segen (sec. XIV.). Ind. 400, f. 57: Wegsegen, deutsch (s. Th. II, Sp. 1763: genoßlos), ad partum, ad auram tonitruum. Wundsegen des Augustiners Br. Wernher von Friburg: „Cristus wart geborn Cristus wart verlorn Cristus wart wider funden der gesegne dise wunden im Namen des V. u. d. S. u. d. h. G. Amen." „Gâwân die wunden verbant mit der frouwen houbtgewant, er sprach zer wunden wunden segn;" Parcival 507,23. Formel, den Wundsegen aufzuthun, bey H. Sachs 1612: V, III, 19. Dem Voc. v. 1618 gilt Segen als Zauberey; Wundsegen gibt es durch carmen vulnerarium, und dazu die R.A.: Wundsegen aufthuen, maleficium intervertere, detegere fraudem, facta, furta. Cf. Dr. Minderer (1620) p. 14. Birlinger 385. Vilmar, kurheff. Idiot. 380. Im Schwed. bezeichnet signerie Zauberei; 'dän. signe Zaubersegen sprechen, signekone Segensprecherin.' Sanct Johannes Segen, s. Minn und Johanns, Th. II, 1206. 1617. „Laß die jungen der liebe pflegen, und trinck du (Alter!) Sant Johannes segen und Sant Gerbruten minn;" Cgm. 270, f. 68ᵃ.

segnen, gesegnen (segngə˜, sengə˜, gsengə˜), wie hchd. segnen; (mhd. segenen, ahd. seganôn, isl. signa, agf. segnian, schott. to segn, zunächst facere signum crucis); die Form gesegenen bey Walther v. d. V. 115,6. Diut. II, 293 f. *Gseng* Gód! *Gseng* də's (enk's, Esnə˜'s) God! (Gott gebe seinen Segen dazu); mit diesem Spruch erwidert der Geber den Dank (das Gelt's Gód!) des Empfängers, reicht der Wirth dem Gast, oder dieser einem Bekannten den Krug dar. Vilmar, a. a. O. „Der heil. Bischoff Martinus war bey der Tafel des Kaysers als ein lieber und werther Gast, man reicht ihme dar einen Becher mit Wein; der Kayser gedacht gleichwol, Martinus werde so höflich seyn, und ihme den Becher zustellen: aber der heil. Bischoff gibt selben seinem Capellan: trunken, Geseng Gott! darburch zu zeigen, daß ein Priester eines so hohen und vornehmen Stands sey, daß er auch den gecrönten Häuptern soll vorgezogen werden;" P. Abrah. „Gseng dirs Gott ins Herz hinein, bibe salutem medullitus. Gseng dich Gott, bene vale;" Voc. v. 1618. „Got geseng dich, vale;" Avent Gramm. „O Violante, gesegn dich Gott! von deintwegen geh ich in tod;" H. Sachs 1612: II, III, 192 und so immer beym Abschied. 'Daher: Einen gesegnen, sich von ihm verabschieden.' „Der ritter gesegent sy (die Braut) und rait da mit da hin;" Gesta Romanor., Cgm. 54, f. 67ᵇ, (Keller p. 131). „Und da mit gesegent er sie all und fur da hin;" das. 82ᵇ, (Keller p. 163). Auch: „den guldein apfel schaf ich dir ze letz und ich gesegen mich da mit von dir nach meinem tod;" das. 51ᵃ, (Keller p. 98). Aber auch die Schadenfreude hat ihr ironisches: *Gseng* də's, eem 's ꝛc. Gód! Dés *gseng* də' də' Teufel! Wohin wol zunächst die R.A. gehört: es Einem *ei˜-gsengə˜*, es Einen fühlen lassen. „Man hat jms gsengt, mala re magna multatus est; Voc. v. 1618. sich aufgesegnen, beym Aufstehen das Zeichen des Kreuzes über sich machen, und sich mit Weihwasser besprengen. „Am Fronleichnamstag mueß der Direktor (der Procession) umb halbe zway aufs lengst auffteen, vnd sich wol aufgesegnen, auch andech-
212 tig betten;" Wstr. Btr. V, 141, ad 1580. „aufsegnen, cubitu surgentibus benedicere; nidergsegnen, cubitum euntibus bene precari;" Voc. v. 1618. eingesegnen (ei˜-gsengə˜), einsegnen, z. B. ein Brautpaar. Einem Sterbenden „d' Səl *ausgsengə˜*." Einen Todten (vor dem Forttragen zum Begraben) *ausgsengə˜*. Es geschieht gewöhnlich in der Flur des Hauses, worin er gestorben. „Der prechen was so groß, so ein mensch nur nyest so vil er hin und starb, und dy menschen lieffen zue und sprachen nuer: helff dir got und nicht mer und also ist es noch in gewohnhait, so ains nyest so sprechen dy andern helff dir got;" San-Zenon. 115, f. 269ᵇ. herfürgesegnen (fürə'gsengə˜) eine Wöchnerin, die nach vollendeten Sechswochen zum ersten Mal wieder zur Kirche kommt, wobey sie auf dem Lande ein Stück von einem Wachsstock mit dareingestecktem Sechser oder Zwölfer auf den Altar zu legen pflegt. Manche lassen sich nach 8 oder 14 Tagen, wenn sie aus dem Zimmer gehen und Geschäfte im Haus besorgen wollen, den „Haussegen" geben: „Puerperam sacro carmine lustrare;" Voc. v. 1618. Das Fürə'gsengə˜d, 1) die Hervorsegnung, 2) das Opfer der Hervorgesegneten. Das Gesegnet, (schwäb.) der Rothlauf, erisipela, (Euphemismus, wie: das Guet, das Sälig, w. m. s.?). „A. 1649 ist Rosina N. an dem Gesegnet so schwerlich erkrancht, daß ihr oberer Leib nit anders gewesen, als ob er gebraten;" Lechfeld. Mirakel. Wo nicht schon etwas von Glochfewr, Rothlauff oder Gesegnet vorhanden;" Dr. Minderer 1620, p. 205. „Für das gesegnet;" Cgm. 303, f. 233. „Wilt du das Gesegnet aus ainem alten schaden ziehen;" Msc. sec. XV. „Das Gesegnet kumpt in Kindern, so die natur austreibt das überhiczig plut;" Cgm. 601, f. 112. In A.B. nennt man dasselbe Uebel grob weg das Ungesegnet (U˜gsengt). „Mə˜ mues gschwollné Glidə' truckə˜ hàltn, dámit dás's *U˜gsengt* nét dəzuə kimt." „Und da hat sich die Kindbetterin erkältigt, und hat ein Ungsegnts kriegt;" Eipeldauer Brief. Cgm. 725, f. 205: „Für den affel oder wuntsucht oder das Versegent."

Die Segen (Ségng), Segens (Sengs), großes Zugnetz, welches aus zwey starken Wänden, es daran zu ziehen, und einem Sack (Bern) in der Mitte besteht; (ahd segina, sagena, gl. i. 1016, o. 165. 225; mhd. sageine, sagene, segene, sege, segen. Graff VI, 147. BM. II, II, 23. 237); das Recht, mit einer Segen zu fischen, Fischer-Gerechtsame. Im Wallersteinischen Codex (Pap., in Folio) folgt auf Boner's Fabeln ein langes Gedicht: „Diß püch haißet des tüfels Segi," ein gereimtes Gespräch zwischen dem Ainsidel und dem Tüfel, '(herausgegeben v. Barack in der LXX. Publication des litterar. Vereins in Stuttgart, 1863).' Dort heißt es in der Vorrede (Barack p. 2,13—51): „Er (der Teufel) hat gemacht ain segin, die tut er durch alle die welt legin (Barack: legin; Th. II, Sp. 1026); vom aufgang bis zum nidergang der sunnen so ist im selten kainer entrunnen, denne der lutzel ist yetz ze dieser frist, wan er hat gedinget siben knecht, die ziehent im die segy recht: das sind die siben houptsünd;" (Mittheilung des Baron Löffelholz, 3. Febr. 1844). „Darzu sollen alle vischer kain gevaer mit den Sengsen und Laitter-Nezen brauchen;" Meichelb. Chron. Bened. II, p. 215, ad 1529. „Wer (im Würmsee) eine ganze Segen (ein ziemlich kostbares Geräthe) und das Recht mit einer solchen zu fischen hat, darf bis 100 Krebsen-Reise oder Körbe von Georgi bis Galli legen;" Wstr. Würmsee p. 135. „Auf dem Würmsee mit zweyen Segens fahren;" MB. VIII, 353, ad 1520. „Jus Sagene super lacu Aterse;" MB. V, 165, ad 1276. „Gerechtigkait mit ainer Segen an dem Walhensee;" MB. VII, 218, ad 1514. MB. VII, 248, ad 1341 verkauft Berchtold v. Seefeld „die Segen," die er gehabt „in dem Staffelsee mit allen den Nutzen, Rechten und Gewohnhait und dazu gehört Holz, Veld, Wis, Acker, Wördt und Waßer" an Kaiser Ludwig. „Septem Sege quod retia sunt vel piscature secundum ydioma terre illius in piscina Amirse;" MB. VIII, 218
183, ad 1244. „Inferiores autem piscaturas, que similiter appellantur tractus Sagene et Wurf habebunt solummodo piscatores Ecclesie;" MB. XI, 246,

ad 1271. „Ain yede Hochsegen und Laichsegen soll drey schilling (3 × 30) und zehen Mäschen haben;“ Chiemseefischord. v. 1507. Die Krautsegng (Würmsee) dient, um an seichten Stellen längs des Ufers zu fischen. Vrgl. Th. II, Sp. 1387. Segenfischer, der das Recht hat, mit Segen zu fischen, im Gegensatz der Klainfischer. Die Form Segens scheint aus Vermengung mit dem. f. Segens (falx; s. unten) hervorgegangen, wie auch das niedersächs. Seisse für falx sowol, als auch für sagena vorkommt.

Der Segener, Segner, (Lex. v. Schwab. I, 312) kleinere Art Schiffes auf dem Bodensee. Cf. d. v. W.

Die Segensen (Sége˜ʃʃ'n, Sengſſn), Segens (Ségə˜ʃʃ, Ségnſſ, Sengſſ, Sengst, Senst, Sá˜st; Gramm. 580. 680), die Sense; (mhd. segense, ahd. segansa, segensa, gl. passim; wol versetzt: segesna, segisna, gl. i. 696. o. 82. 427; isl. mit anderer Ableitform: sig-dh, agſ. sidhe, wol aus sig-dhe; — ndrd. seesse, seisse. Vrgl. oben: die Segen, welche Form im Voc. v. 1419 hinwieder für falx gilt. Graff VI, 89. BM. II, II, 241. Birlinger 385. Firmenich I, 174,55: Seiſſe; 327,21. und 329,9: Seitze; 541,210: Séſſ'l. Zeitschr. II, 568,62: Sägese. III, 91. 531,18. 462: Segnes (ein Sternbild). Zeitschr. II, 43,23. 123. V, 292. VI, 483; cf. VI, 344: *Sei.* „Do lieffend dis mit iren segen den haiden auf das veld engegen und hubend an ze mäyen do der hayden payn sam häw und stro;“ Ring 54c,44). Das Voc. v. 1618 hat Sageisen, wol nur eine, auch anderwärts vorkommende, etymologische Verdeutlichung des an sich dunkel gewordenen Wortes; (cf. Th. I, Sp. 407: Parteisen). „Vor und nach der Segensen,“ vor und nach der Heumahd; MB. IX, 306. XXII, 623. Meichelb. Chr. B. N⁰. 310. Lori, Lech-R. 161. Der Sengstmaər (d. W.) der Stab, an den die Sense befestigt ist; (Obr.M.). Der Segensschmid (Ségə˜ʃʃ-Schmid), MB. XXI, 297. In des Teufels Segi handelt ein eigner Artikel „von den Segenssmiden;“ Barack, p. 346,10927—964). Die Segens-Warb, Sensenstiel. Der Sá˜st'nwétzəc, scherzh. der (als Kronos vorgestellte) Tod. Vrgl. Grimm II, 346 und Wagensun.

Der Segerer, was Zecker.

seigen, vrb. n., sinken, (dem sehr gangbaren mhd. sigen: seic, sigen, gesigen und ahd. sîgan entsprechend; Graff VI, 130. BM. II, II, 266. Weigand, Wbch. II, 675 f. Grimm. Mythol.² p. 700. 712. 'cf. oben: die Saig, saiger, saigen, saigern'), ist mir in der neuern Sprache nicht aufgestoßen. Noch Cgm. 775, f. 193: „Die erchömen prawt swaig, und saig nider in amacht.“ „Werhafter mût wil von hœhe sîgen;“ Labr. 146. 467. „Von höher wird herab mîn fröude sîget;“ das. 169. „Des mûz mîn herze sîgen;“ das. 371. „Davon mir fröude sîge;“ das. 379. „Swâ mût von minne seiget, owê der leiden minne!“ das. 386. „Wer beginnet seigen dem ist etwas prosten;“ Cgm. 270, f. 74b (379, f. 37). Dieses ältere sîgen berührt sich in Form und Bedeutung mit sîhen (unserm seihen; cf. VII Com.: saigen, seihen und sinken: *saigen hin* vo Hungare, von Slafe), und bleibt bey den hier vorkommenden verschiedenen Formen Saig, seig, Gesig mit in Anschlag zu bringen. Namentlich würde sich das ersaigern der Münze (s. oben) als ein sinken machen und auslesen der schwerern Stücke aus dem alten Factitiv sêigen leidlich erklären.

seig, adj., (Avent. Chr. 136) seicht; 'vgl. d. W. und niederd. sîge, sîde, niedrig; Zeitschr. VI, 487: *suige,* (Suik, Sîk, Niederung); II, 180. 229. 511,10: *sîd;* VI, 371: *sîden*, erniedrigen.' Firmenich I, 283,30: *sîge;* 349,47: *suige;* 73,5: *sied;* 324,50: *soide.* (Es scheint die jetzt gangbare Form seicht nach Gramm. 680 — vrgl. auch Huff und Saft — aus jener erwachsen).

'Der Seiger, die Uhr; BM. II, II, 269. Weigand Wbch. II, 675. Zeitschr. VI, 175.'

Die Seigen (Seigng), vertiefte Stelle auf dem Felde, wo sich das Regenwasser zu sammeln und später als anderswo zu versiegen pflegt; jede Vertiefung im Terrän; '(cf. ahd. seiga, mhd. seige; Graff VI, 131. BM. II, II, 258).' „Anderhalb Tagwerch in der Seygen;“ Thumstaufer Salbuch v. 1385. Vrgl. Saig und Gesig. Seichrinnen heißen Dachtraufen, die das Wasser von zwei zusammenlaufenden Dachseiten aufnehmen; seichrinnig sind Schindeln, welche an der Oberfläche rinnenförmige Vertiefungen haben; (Jir.). Vgl. seihen.

Das Abgeseiger. „Damit alles Pier, wie auch 214
zuletzt das Abgeseiger fleißig in der Herrschaft Vaß gebracht wird;“ Chlingensberg, jus hosm. 236.

Das Gesig (Gſig), Bergrinne, wohin die Gewässer ablaufen. Koch-Sternfeld, S. und B. II, 364. Vrgl. gl. i. 269. 736. 740: gisig, stagna, paludes, (Graff VI, 131), wenn diese Form nicht etwa als gisîg zu Seigen, w. m. s., gehört.

Der G'sig, Sohottags'ig, Sig, aus dem Schotten durch Sieden gewonnene gelblichte, dichte Substanz; (Bergmann, Walser p. 93. Zeitschr. V, 488). s. Ursigl.

Der Sig, wie hchd. Sieg; (mhd. sige, ahd. sigu sigo, agſ. sige, und mit einer Ableitung sig-or, isl. sig-ur, sig-r, goth. sigis. Graff VI, 131. BM. II, II, 264. Weigand, Wbch. II, 703). Das Sig-klaid, Sig-opfer, Sig-zaichen (Voc. v. 1618), den alten Compositen noch entsprechender, als die modernen Sieges-Kleid ꝛc. Das Sig-kreuz: „Hengt der convers das klain fändl an das sigcreuz des salvator;“ Tegernſ. Cerem. v. 1505, Cgm. 1148, f. 19a. 'Die Sig-nunft, ä. Sp., der Sieg, Triumph; Graff II, 1078. BM. II, 372. s. Th. II, Sp. 1785.' „Mit der sigenünfte gesigete er (der Scherge) den zehen an;“ M. Helmbrecht 1614. Triumphatorem, signumftære;“ Cgm. 17, f. 99a. Eine Menge alter Mannsnamen gehören hieher, (s. Förstemann I, 1085—1101): Sigibolt (wol unser Seibold, und etwa auch Sebald), Sigideo (etwa unser Seidl), Sigifrid (unser Seifrid, Sefrid), Sigimâri (wol schon das Segimêrus des Tacitus, wird gl. i. 642 noch appellative für victor gesetzt). Sigmund, (HchE., Avent. Chr. 52: Sigl; Jir. Sigerl, Sigl.; vrgl. Grimm II, 475. Der Unsig, 'Verlust des Sieges, Niederlage; BM. II, II, 864. „Der König von Frankreich hett oder gewann großen Unsig,“ (war unglücklich im Krieg); 'Chr. bey Freyb. I, 131. Das Verb sigen minder volksmäßig als obsigen, wovon der Obsiger, obsiglich, Obsig; (agſ. sigrian, isl. sigra, vincere).

Sigaun, älterer Weibername, (z. B. Hund, St.B. I, 163. 175. 295. II, 38. 132. Gem. Reg. Chr. III, 361), ist vermuthlich die Sigûne der alten poetischen Romane von Parcifal, vom Gral ꝛc.; (vrgl. Wigalois, Iwain ꝛc.). BM. II, II, 271. Förstemann I, 1087.

Sigost, älterer Mannsname, (z. B. Hund II, 9); Sigi-gast? — Vrgl. etwa gar den Tacitus'schen Segestes, Vater des Segimundus. Graff VI, 132. Förstemann I, 1092.

Sigel, Hundssigel, Insigel, Linsigel (Berchtesgaden, v. Schrank), Siglander (Lex. v. B.), daphne mezereum L., Seidelbast. Nemnich I, 1375. Graff VI, 145. BM. II, II, 271.

Der Ursigl, der Abfaum von Butter beym Schmalzmachen; (Ammergau, Rath Her). s. oben: der G'sig.

Das Sigel, Insigel, 1) das Siegel; (mhd. sigel, insigel, ahd. sigil, insigili. Graff VI, 144. BM. II, II, 269. Weigand, Wbch. II, 705). „Daz ingesigel stæter minne;“ Labr. 36. Cgm. 4547 (XVIII, sec.) handelt „von den 7 Metallen als astrologisch-wirksamen Sigillen (Talismanen). Item von der edel-

ſtein (myſtiſchen) Kräften." ſigeln, verſigeln, Labr. 204. 206. 2) auch das, was anderwärts Stempel (timbre) heißt, wird in Bayern Sigel genannt: Sigel-Papier, Sigel-Amt, ſigeln, (Stempel-Papier, Amt, wo Papiere geſtempelt werden, ſtempeln). ſigelmäßig, adj., im Genuſſe des in Bayern für gewiſſe Klaſſen herkömmlichen, jetzt namentlich auf Adeliche und Beamte mit und über dem Rathsrange beſchränkten Vorrechts, Briefe und Inſtrumente, bey welchen Andre an gerichtliche oder notariſche Ausfertigung gebunden ſind, mit bloßer eigner Unterſchrift und unter bloßem eignen Siegel rechtsgültig zu fertigen. Unſigelmäßig war unter freyen Leuten urſprünglich wol niemand, außer wer eben in der That keine eigen Inſigel hatte. „Ein iglich man (ſagt Rupr. v. Fr. Rechtbuch, Wſtr. Btr. VII, 93), ſwie er genant iſt, hat wol ein Inſigel, daz hat chraft, ſwo er es anlait um ſein ſelbes ſache," (wo er es in eigner Sache anlegt). Es konnte (ſ. a. a. O.) ein jeder, der ein Sigel
215 hatte, ohne eben eine Gerichtsperſon zu ſeyn, daſſelbe mit ausdrücklicher Verwahrung, daß es ihm und ſeinen Erben ohne Schaden ſey, an Urkunden Anderer legen, die keines beſaßen („aigens inſigels nit enhetten"), und ihn in Gegenwart von zween Zeugen darum baten. Dieſe Zeugen der Bet um das Inſigel oder der Sigel-bet, (das Siglbett, Auer, StR. 244) mußten aber im Inſtrument namentlich angeführt werden, und es kam zuletzt auf ihre Ausſage an, wenn gegen die Gültigkeit der Urkunde Einwendungen gemacht wurden. „Andre Hulger hat unſer wirdigen muter priorin zu erung geben IX kreutzer umb daz ſy ir ambtes inſigel hat furgedruckt auf den prief, den er ſeym ſun Jörgen hat geben von wegen ſeiner kind farent hab;" Altenhohenauer Rechn. v. 1500, Cgm. 697, f. 61. Aehnliches fol. 67. Cfr. MB. VI, 597. Heumann, opusc. 135. L.R. v. 1616, f. 213. 74. 75. Zirngibl, Hſpach 414. 464. Formulare: Gepet um Inſigel an Pfleger, an Grafen von Prälaten, an ain ſtat von Prälaten" im Cod. Raitenb. 166, f. 86 —87. Das Rechtbuch Cgm. 507 (cf. Cgm. 553, f. 84) hat einen eignen Artikel über Inſigel, Gebrauch und Misbrauch deſſelben. Im reform. L.Recht v. 1518, Tit. V., Art. 6 iſt nach Bemerkungen über die bekannten Inſigel der Städte und Märkte und derer vom Adel oder Amt und Würde die Rede von „ſondern ſchlechten perſonen, die ſyglmäſſig ſein. Derſelben Sigel ſollen an jeder Urkunde zwey ſeyn, damit eins das andere befeſtige." Man ſehe die verſchiedenen Beſtimmungen hierüber in der L.O. v. 1553, 2. Buch. Da ehmals die Beamten als Pfleger und Richter ſowohl die Verträge unter den Unterthanen ꝛc., als auch die Berichte an die höhere Obrigkeit unter ihrem eignen Inſiegel zu fertigen hatten, ſo wurde von den Landſtänden für ſehr nothwendig erachtet, und oft erinnert, dieſe Stellen nur mit ſolchen Perſonen zu beſetzen, die ein angebornes oder ein vom Kaiſer oder Pfalzgrafen ertheiltes Inſigel hätten, d. h. von Adel oder ſigelmäßig wären. Der Gebrauch eigner Amtsſiegel läßt heutzutage nicht leicht mehr eine Verlegenheit dieſer Art zu. Dreyſigler, Vierſigler. „Sollen unſre Tuchmacher Kerntücher und Drey- und Vierſiegler verfertigen, ſo müſſen ſie böhmiſche Wolle haben; (wol von einer Art Stempel). Verfall des Lodenhandels p. 71. „Ain Gemains Farbtuech oder Ainſigler ſoll mit gemainer Statt zaichen, als ainem Münch bezaichnet werden;" (auf die Vierſigler kommen vier Münch); Beſchauordn. v. 1592, Cbm. 1536, f. 3. 4. „Von ainem Dreiſigler oder Vierſigler gibt der weber 2 dn. zu geſchawen;" daſ. f. 5. „Item Mechliſch (tuch) das peſt nennt man von der roſſn, hat V ſigel, das leichter IV ſigel, das ſlecht III ſigel, hat in leng XXX elln;" Tegernſeer Ms. v. 1500. (Vrgl. „Es ſol niemant dhain tuch nit ſchneyden, es ſei dann gepetſchaft;" Cgm. 544, f. 54ᵃ). Im Cgm. 259, f. 45, auch 514, f. 156 ſteht ein paar Mal ſidel für ſigel, und ſideln für ſigeln; cfr. Gramm. §. 440.

Sigel, Sigelſtain, ſ. Segel.

Die Sigmünz. „Marrubium, andorn oder ſigmüntz;" Clm. 16487, f. 96, Dieſenbach 350ᵃ.

'Der Siglat, ä. Sp., ein koſtbarer Seidenſtoff, mit Gold durchwebt; BM. II, II, 271.' „Da wurden bette in getragen mit phellein ziechen ſo gut, daz nie von Chriechen dehain bezzer chom vor d' hit (zît?) ſigelat und ſamit ſtriut man da nider für ſtro;" Kindh. Jeſu, hg. v. Hahn p. 94,72. „Sehzic rîcher pfelle und vierzic ſigelâte;" Gudrun 301,2.

Der Sigərə', das Singrün, vinca major et minor. Eine bloße Entſtellung aus Sin-gruen? (ſ. ſin).

Der „Sigriſt aedituus;" Voc. v. 1618; ſonſt iſt Meſner, w. m. ſ., üblich; (Graff, VI, 144. 148. 151. BM. II, II, 271. Weigand, Wbch. II, 706). Schon gl. i. 678. 1219. o. 39: ſigiriſto, ſigerſto, aedituus, secretarius — neben i. 586. 678: ſigindri, ſigindir, secretarius, aedilis; i. 697: ſigitari, sacrarium. Das Voc. v. 1429 hat ſacriſt, sacristanus. Vrgl. Sagerer.

Suggenîe, ſ. Suckenîe.

(Vrgl. Sach, ſech, ꝛc.; Sag, ſeg, ꝛc.)

Der Saher, öfter mit dem Umlaut: Säher (Sáhə', 216
Ságə'), contrahiert: Sahr (Sàr), collective: die ſcharfen und ſpitzen Blätter gewiſſer Sumpfgräſer (Carices), wie auch des Roggens und Waizens. Wenn dieſe Getreidarten, eh ſie in den Halm ſchießen, zu üppig wachſen, wird der Saher abgeſchnitten und als Viehfutter verbraucht. Graff VI, 148. BM. II, II, 24. Dieſenbach 101ᵃ. Zeitſchr. VI, 198. „Carex, ſaher;" Mallerst. 32, f. 300ᵃ. „Carix, ſair;" Clm. 4583, f. 47. „Carex est gramen asperum quod tangentes se incidit, ſaher;" Clm. 5008, XV. sec., f. 150. „Ulva ſacher, ſchliff, gramen ſcindens;" Clm. 5877, XV. sec., f. 150. „Sahrach, carectum; Clm. 6028, f. 45, sec. XII. Ob mit ſcar-ſahs zu vergleichen? Vgl. agſ. gârſecg in Haupt's Zeitſchr. I, 578 und Grimm's Geſch. d. d. Spr. 673. ſ. auch Aufrecht's Zeitſchr. (1851) I, 206, wo p. 209 ſogar Zucker griech. σάκχαρ, lat. saccharum auf ein Rohr bedeutendes etwaiges ſanſkr. Wort zurückgeführt wird. Dieſes Abſchneiden heißt ſähern (ſáhə'n, ſágə'n). verſachern, (Jir.) von jungen Schlägen, wo das hohe Gras überhand nimmt und den Nachwuchs unterdrückt. Das Sacherach, Sacherich (Sáhərə', Ságərə'), Collectivum. „Sagerig oder ſauers Heu;" Hazzi, Stat. II, 131. „Seegräſer, als Primß-, Sachrang-, Rohr- und Katzenzagel-Kraut;" Materialien v. 1782, p. 76. „Nim Säherling und ſied den in waſſer; Clm. 5879, f. 207. Man hört auch, der Sáhərə'. Der Sagarar, Komplex hoher Pflanzen am Ufer; (Rath Her, Oberammergau). *Sacher* ſchneiden, das hohe Gras in den abgetriebenen Schlägen oder auf Waldblößen, auch in den Erl-auen, mit Sicheln ſchneiden; (Jir.). (Gl. passim: ſahar carex; ſaharahi, ſarahi, carectum.)

ſehen (ſêgng, ſêhhə˜, o.pf. ſèə˜ — I ſihh, du ſigſt, ſihhſt, er ſihht, d. W. du ſègſt, er ſègt, o.pf. I ſiə, du ſiəſt, er ſiət — Praet. I ſàhh oder ſêhhət — hàb gſêgng, gſêhhə˜, o.pf. gſèə˜) und geſehen, a) wie hchd. ſehen; (ahd. ſehan, agſ. ſeon ſt. ſeoſan, iſl. ſiâ ſt. ſiha, goth. ſaihvan — von welchem goth. hv ſich das h, das in g überſpielt — gſêgng, „geſegen" auch Wſtr. Btr. VII, 81, ad 1332, agſ. geſegen — erhalten hat, mitunter aber auch noch das v hervortaucht — Mittelfranken gəſáwə˜, ahd. giſeuuan, agſ. geſeven. *Sáwəsə?* ſehen Sie? Weihers, Dr. K. Roth. — Graff VI, 110. BM. II, II, 271 ff. Weigand, Wbch. II, 673. Zeitſchr. II, 113. III, 200,73. Cf. lat. sequi, ceſk. ſahu, ſehu, ſjci, ſaham, ſahnu, reichen, langen. Grimm, Geſch. d. d. Spr. 348. Das Sehen iſt ein Erreichen, Faſſen oder vielmehr ein Erreicht-, Afficiert-werden. cf. Jul. Moſer, über das Licht; Königsb. 1843. Außerord. Beil. z. Allgem. Ztg. 1843, Nr. 242. Myopodiorthoticon: Allgem. Ztg. 1840, 7. May. Götting. gel. Anzeigen 1840, S. 649. Turnbull in London will blinde, weit- und kurzſichtige Augen durch vorgehaltene Blauſäure heilen. Landbote. 1842, 13. Auguſt. H. v. Lang (Memoiren I, 248) lernte in Göttingen bei Reus-Glasſchleifen, und ſagt davon: „ſo iſt mir wenigſtens der Vortheil geblieben, daß ich für meine eigenen kurzſichtigen Augen die tauglichſten Gläſer habe wählen können, und daß ich mein Geſicht nicht nur bis ins Alter bewahrt, ſondern vielleicht um die doppelte Sehweite gebeſſert habe.“ „Theodos verlos ſein geſehen,“ (Geſicht); Cgm. 54, f. 36a, (Keller, gesta Romanor. p. 68). b) anzuſehen ſeyn, ausſehen, (alſo paſſiv; cf. haißen).

Schwarzkopfət brau~-augət, schö~ röslət i~n Gsicht,
und mei~n Schàz kàn I nét laſſn, wál əᶜ gáᶜ ſo ſchö~ *ſihht.*

„Meiner l. Muetter Geſtallt, wie ſie im Agoſto 1542 geſehen hat, an einer Tafel, die Chriſtoph Amberger gemalt;“ Bruder Schwarz v. Augsb., Trachtbuch. „Du ſichſt ſam ſeiſt du halber todt;“ H. Sachs 1612: II, IV, 13. Die Sech, acies (oculi); Cgm. 659, f. 322; ahd. ſeha, pupilla, mhd. diu ſehe; Graff VI, 123. BM. II, II, 281. „So die ſehen beginnent ſtarren und die roten ſchedel zarren an den augen;“ Renner 23146. „Den ſehen des ougen,“ pupillam oculi; Cgm. 17, f. 26b. (cf. Haupt's Zeitſchr. VIII, 131). ſichtig, adj., adv., ä. Sp. ſichtbar; Graff VI, 124. BM. II, II, 285. „ſichtiger Schaden, ſichtige Wunden, ſichtiger Gebreſten“ L.R. v. 1616, Tit. 48. MB. XV, 472. „Dieß iſt ſichtig falſch, und ſtreitet wider alle Erfahrung;“ Wagner, Civ. und Pol.-Beamt. II, 292. Die Kalben, die Kuh wird ſichtig, (sc. daß ſie trächtig ſey; O.L.). „Swaz ſich doch ſichticlîchen wil verlieſen;“ Labr. 290. unſichtig, adj., unſichtbar; BM. II, II, 285. „Daz ſelb feur iſt unſichtich reht als der luft unſichtich iſt;“ Konr. v. Megenberg f. 42, (Pfeiffer 68,31; cf. 83,21. 429,18. 446,3; adv. unſichticleich, 267,24). „Die unſichtige nacket haus magd; H. Sachs 1612: II, IV, 238. „Die ſtein darmit man ſich unſichtig macht;“ daſ. V, III, 86 (1560: V, 379). ſehenu, ecce; Cgm. 17, f. 15b. anſehen Einen, ihm ſcheinen, das Anſehen haben, vorkommen. Grimm, Wbch. I, 456,12. „Es ſicht mich für Not, für guet zc an;“ Av. Chr. Dietr. v. Pl. Ld.R. v. 1616. „Als uns die Sache anſicht;“ Kr. Lhdl. XIV, 47. „Schriftlicher Abſchied, der uns in mehr Stücken beſchwerlich anſicht;“ Kr. Lhdl. XI, 38. „Und daß auch etliche mitgeſchickt werden, will uns nicht unnoth anſehen; ibid. 491. „Will uns unfüglich anſehen, hinter ihnen Aenderung fürzunehmen;“ ibid. 493, ad 1497. anſehen, Einen mit einer Strâfe, damit belegen. „Die leichtfertige Weibsperſon ſoll im Wiederholungsfall mit doppelter Geld- und Geigenſtraff angeſehen werden;“ Criminal-Cod. v. 1751, I. Th., 4. Cap., § 2. „anſechlich, adj., spectabilis; Voc. v. 1618,
217 anſehnlich, (welches aus anſehnlich zuſammengezogen). Grimm, Wbch. I, 458. „Anſechliche Jungkfrauen vom Adl oder den Geſchlechtern.“ „Die dapfereſten, anſechlichiſten und reſierigiſten aus der Au;“ Anord. zur Fronleichn.-Proceſſ. v. 1580. „aufſehen, suspicere. Ein Auffſehen haben, animum attendere;“ Voc. v. 1618. Grimm, Wbch. I, 734. Birlinger 385. beſehen, (ä. Sp.) beſuchen, beſorgen, pflegen, warten, (gl. i. 362. 600. 776. 785. 1210. Otfr. V, 15,22 et alibi: piſehan, tueri, pascere, colere, tergere, honorare. Graff VI, 119. BM. II, II, 275 f. Grimm, Wbch. I, 1612,8). „Den nakaten klaiden, den kranken weſechen, den toten wegraben; Cgm. 639, f. 21. „Swenne diu frouwe die dirne heizet ein ezzen machen und diu kint beſehen oder ein vihe;“ Br. Berht. 64, (Pfeiffer 268,21). „Si (die Magd) ſolt das haus ſchon haben beſechen,“ (beſorgt); Cgm. 270, f. 207a. „Es iſt guot, ſwer ſih enzît beſiht;“ Grimm, Reinh. 346,1512 und p. 376. „Darzuo beſach er ſie der wât,“ (verſah ſie mit Kleidern); St. Ulrich's Leben 399. „Er rait dahin und chom auf ein veſt. do was ein ritter auf geſezzen der in gütlichen empfieng und miltichleichen beſach;“ Cgm. 54, f. 41b, (Keller, gesta Romanor. p. 79). „Es was ein chaiſer zu rom. der pei im hiet ſiben weis maiſter mit den er daz gantz reich beſach;“ daſ. f. 63b, Keller 123). „Wan es gar leidenlich zu leiden ſtat, was man vor beſorget und beſehen hat;“ Cato, Cgm. 72, f. 10. „Hat ain man vail eſſen und trinken, und hat ain hausfrawen und ain diern, die helfent im ſein ding beſehen;“ Schwabenſp. c. 359, Schilter. cfr. II. Th, Sp. 1535. „Er wolde ſelbe ſpehen, wie daz kint wære beſehen;“ Gregor v. d. St. 982. „Das kind ich wickelt mit mein henden hab darnach an denſelben enden im kindbeth oft das weib beſehen,“ ſagt die Hebamme bey H. Sachs 1612: I, 231. bsehh·n das Vieh, es warten, füttern; der Bsehhər, die Bsehhərin; die Bsicht, (Heu zc., Fourage); Sterzing. Die Unbeſehenheit (U~blêgngət, O.L.), Sorgloſigkeit, Unachtſamkeit. Die Beſeh-Amm, „Beſechamm, Bſechnerin, Bſennerin,“ Frau, welche einer Wöchnerin beyſteht, und die erſten 4 oder 6 Wochen hindurch die Warte des Kindes beſorgt, „Schopperin.“ Grimm, Wbch. I, 1612. „Beſeherinnen der Kindlbetterinnen;“ Gem. Reg. Chr. III, 509, ad 1477. Cgm. 601, fol. 98a. Nach der L.O. v. 1553, fol. 160 gebührt „einer Beſechammen zu Lon ain halb pfund pfenning.“ „So man ain kind verprennt mit haiſſem waſſerbad als dann oft beſchicht von den unordenlichen beſeherin;“ Cgm. 3721, f. 119. „Beſehenheit, prudentia;“ Cgm. 17, f. 75a. Die Beſicht, a) Beſichtigung; b) Aufſicht, Beſorgung, Pflege. BM. II, II, 282. „So beleibt die ſel. daz iſt daz chint allain in der wiegen ân hût und ân beſicht des hertzen;“ Cgm. 54, f. 40b. (Keller, gesta Roman. p. 77). „Mit genugſamer Beſicht.“ „Mit gueter, fleißiger Beſicht;“ Lori, Brg.-R. 25. 208. „Mit getrewer Huete und Beſichte;“ Kurz, Oeſterr. u. Fr. d. Sch. 455. 464. c) die pflegende, wartende Perſon ſelbſt, d. h. was Beſeherin. Nach einem Generale v. 1746 gebührt einer ſogenannten Schopperin oder Beſicht nebſt Koſt und Trunk wochentlich 24—30 Kr. Zaupſer (Ms.) gibt in dieſem Sinn als paſſaueriſch die „Bſich.“ Die Unbeſicht, nach b) Sorgloſigkeit. BM. II, II, 282. „Von Unbeſicht,“ per incuriam; Wſtr. Btr. VII, 171. beſichtig, adj., ſorgfältig, accurat. Ein beſichtiger Schütz; Ortolph. Die Beſichtigkait, Beſorgung, Verwahrung, Einfriedigung. „Circumspectio beſichtichait, improvidentia unbeſichtichait;“ Clm. 9537, f. 182. 183. „Circumspectio beſichtikait, improvidentia unbeſichtikait; And. 48, f. 146. „Providentia pſichtichait, providus pſichtig; Em. q. 12, f. 103a. „Inprovidentia, incircumspectio, unbeſichtichait;“ Ind. 192, f. 25a. Clm. 5945 (sec. XV., 1443), f. 301. „Mit ainer beſihtekait und beſorgunge der undertan;“ Griesh. Pred. I, 121. „Mit Zäunen und mit anderer Beſichtigkait;“ Regensb. Urk. v. 1366. „Unbeſichtigkait (Sorgloſigkeit) ains manns, der da haws hat, iſt nit anders, dann ain starcks fewr in dem haws, das da print vnd niemant leſchet;“ Ms. sec. XV. derſehen (dəᶜſêgng), a) wie hchd. erſehen, b) ſich, (von Schwangern) wie hchd. ſich verſehen an Etwas. Grimm, Wbch. III, 981,10. BM. II, II, 277. entſehen, bezaubern (durch den Blick); Grimm, Mythol.^{2} p. 430. 987. 1053; cf. Wbch. III, 619. fürſehen, prospicere. BM. II, II, 280, IV, 2. „Dem gmainennutz für ſehen; Gott hats fürſehen;“ Voc. v. 1618. fürſehenlich, unfürſehenlich, vorhergeſehen, vorherzuſehen, oder nicht. „Von Haus zu Haus unfürſehenliche Inquiſition nach verbottnen Büechern haben;“ Mandat v. 1580. „für- 218
ſichtig und wolweiſ·,“ ä. Courtoiſie gegen Rathsperſo-

nen von Städten und Märkten. Fürsichtigkait, Vorsicht. s. versehen und vorsehen. gesehen (O.L. gsêhhe˜, o.pf. gsêə), gerne statt des einfachen sehen. BM. II, II, 277. gesehend (gsêhhe˜d, gsêə˜d), sehend, d. h. nicht blind. Die Gesicht, (ä. Sp.) das Sehen, die Besichtigung, die Aufsicht; (ahd. diu gisiht, mhd. diu gesiht; Graff VI, 123. BM. II, II, 283). Hat ein Badender „daz gewant der hueterinne empholhen ze irer gesicht;“ Wstr. Btr. VII, 73. Die Gesicht (der Braut), Brautschau; Augsb. Stdtb. Das Gesicht, wie hchd. Das Gesichtl, a) Gesichtchen, b) Larve, Maske. Auf mein, dein ꝛc. Gesicht, unter meinem, deinem Namen; auf bloße Treu und Glauben. Aufs Gesicht arbaiten ꝛc., auf den Schein. Ins Gesicht kaufen, Gegensatz von: ins Gewicht kaufen. „Almosen geben zu rum und zu gesicht;“ Cgm. 713, f. 21. „Almosen geben zu gesicht ꝛc. die werch sind got als lieb und genäm als wenn ain sau in ain Judenschul käm;“ Clm. 4774, f. 210. Des Raths Mandat wider das Zutrinken — zu München „auf der Trinkhstuben zu offnen Gesicht aufzeschlahen“ befohlen, (1532). gesichtig, blos anscheinend, ins Gesicht fallend. „Was da gesichtig, aber nit gewichtig;“ P. Abrah. „Gesicht der Augen,“ (adverbialiter) augenblicklich, auf der Stelle. „Angesicht der Augen er einen betreugt;“ H. Sachs 1612: II, IV, 10. Gesichts oder Angesichts meiner, deiner ꝛc., in meiner, deiner Gegenwart. Angesichts dises (Briefes ꝛc.), a vista, gleich, sobald er zu Gesicht kommt. Angesichts seiner Jugend, in Ansehung seiner Jugend. Dés Ding hàt iətz ən andə'ʳs *Gsicht*, (Ansehen). Das „Gesihen, Gesichen, Cgm. 724, f. 181: visus, Gesicht. BM. II, II, 281; (cf. das alte gisiuni; das. 282. Graff VI, 127. „Visibili, mit dem gesiunlichen; invisibiliter, ungesiunlichen;“ Cgm. 17, f. 67ᵇ. Zeitschr. V, 279,1). gleichsehen einer Sache, den Anschein derselben haben. Iətz *ſihht's* ja 'ən Kirdə' soho˜ um əd um *gleich*. Dà *ſihht's* 'ən Z·grundgê˜ *gleich*. hersehen, aussehen. Das *ſihht* lumpət *her*. Dèr Mensch hàt iətz ə˜ scheuzsams *Hersegng*, hàt sunſt ſo gued *hergſegng*. höchgesehen, adj., (HchS.) stolz, hochmüthig. sehen in eine Sache, oder: darein sehen, oder: ein Einsehen haben, tuen, Rücksicht nehmen, sich als Vermittler, Schiedrichter eines Handels oder einer Sache annehmen, Mittel schaffen. „Es hat Dr. N. die Landschaft ermahnt, damit sie in den Handel sehen;“ Kr. Lhdl. XIV, 59. „Darein wollten wir alsdann gnädiglich sehen;“ das. IX, 331. „Nach Billigkait in die Sache sehen;“ L.R. v. 1616, f. 411. R.A.: „Hineinsehen in eine Person, wie in einen Spiegel,“ sie überaus werth halten, lieben. übersehen, a) wie hchd. Die Uebersehenheit, das Uebersehen, Versehen. b) (b.W.) durch Anschauen bezaubern. Ein Kind, das, ohne daß man errathen kann, warum, sehr schreit, mueß übersehen worden seyn. Vrgl. ersehen und überluegen. übersichtig, sorglos, nachläßig; Wagenseil, Nürnb. 558. übersenig, paetus; „übersennig, luscus;“ Clm. 5685 (XV. sec., 1412), f. 38. Diefenbach 340ᵇ. s. unter sen. sich untersehen, einander sehen; s. Th. I, Sp. 115 f. versehen, a) wie hchd. b) vorsehen, fürsehen, anordnen; BM. II, II, 279. (s. I. Th., Sp. 747). „In Bayerland ist durch ein Decret v. 1674 ausdrücklich versehen, daß wer mit einer Büxen im Wald betreten wird, vor einen überwisenen Wildschützen zu halten;“ Ertl, pr. a. I, 408. Mir ist versehen, (vorherbestimmt). Die göttlich Versehung, (Vorsehung); Druck v. 1485. „Von der ewigen Versehung Gottes;“ Cgm. 4429. c) versorgen, besorgen. „Sol die priorin versehen, wie der todde leichenam ingewickelt werd;“ Alt. Hoh. 11, f. 79. „Die custerin sol versehen rauchuaß und kerczen und die fingerin sol versehen wer dz rauchuaß ꝛc. tragen sul;“ das. f. 80. „Darnach sprach Jesus (am Kreuze) zu dem junger: nym war das ist dein muter. Und auf der stund nam sy der junger in sein versehung;“ Clm. 4757 (XV. sec.), f. 183. Ebenso ist wol das auch hchd. versehen Einen mit Etwas, providere, zu nehmen. Namentlich heißt Einen versehen (d. h. mit 219
der geistlichen Wegzehrung) ihm die Sterbsacramente reichen. Birlinger 385. d) versehen sich eines Dinges zu Einem, ä. Sp., es bestimmt von ihm erwarten, sich deshalb auf ihn verlassen. „Wir versahen uns des daz er erlösen solte Israhel;“ Luc. 24,21, Cgm. 66, f. 32. „Hinz den du dich der diube versehest,“ die du des Diebstahls in Verdacht habest; Clm. 536, f. 89. „Sam ich mich versich;“ d. Ring 28,2. Daher: die Versicht, ä. Sp., und hchd. die Zueversicht, die Erwartung. „Nach meiner versicht;“ d. Ring 19ᵇ,2. 20ᵃ,19. 21ᶜ,33. 41ᶜ,32. „Haben uns aller der Rechte, Vordrung, Ansprach und Zuversicht, die wir daran hetten, verzigen;“ MB. VII, 192. „Unde versehen sich an dich, et sperent in te;“ Windb. Psalter. In der ältern Canzleysprache war statt Zuversicht auch blos Versehen gebräuchlich: „Im gnädigsten Versehen.“ „Die versichtikait,“ Vorsicht; d. Ring 28ᵇ,42. versehlich, adj., voraussichtlich, muthmaßlich, wahrscheinlich. BM. II, II, 280. „Arbitri die ein ding aussprechen als jn versechlich ist;“ Monac. Francisc. 134, f. 130. versehentlich, adj. und adv., ä. Sp., zuversichtlich, zuverläſſig, allem Anschein nach, vermuthlich. „Denen unser Vetter geschriben hat, oder versehentlich noch thun wird;“ „Das, als ich achte, nun versehentlich geschehen seyn mag; Kr. Lhdl. IX, 377. 387. „So wäre nicht unversehentlich, daß dann alles... seyn würde;“ ibid. X, 201. „Es nimt mich versehenlich, ich vermuthe;“ Lori, Lech-R. 122.

seihen (seihhə˜), praet. gesihen, gesigen (gſihhə˜, gſigng), 1) verb. act., wie hchd. seihen, geseiht; (mhd. sîhen: Präs. ich sihe, Prät. ich sêch, wir sigen, Partic. gesigen; sîhan, gl. i. 99. 453. 656. Tat. 141; gl. i. 1021: sîhon, liquare, colare, ags. seon, engl. to sew, isl. sîa. Graff VI, 133 f. BM. II, II, 286. Weigand, Wbch. II, 675).

'Kuə dé wá' gmoichə˜, d'Milch dé wá' *gſigng*,
und dà is dés sohô˜ Rêsál ei˜s Bétt eini gſtigng.

„Gesigen roshoning, melus rosarum colati;“ Cgm. 591, f. 118ᵇ. a *gsichas* Gold; Reitzenbeck II, 105. „Wann ain pöser sleim chumbt gesigen aus dem ruck und in das gelenkch;“ Clm. 5931, f. 219. (Nessel-pflaster) truckhent dy seigunden geswer;“ das. f. 226. Die Milch ausseihen, wofür auch ausseideln, (vermuthlich ohngefähr wie sedeln st. sechteln, w. m. s.) gehört wird. 2) verb. n., von Flüssigkeiten: absintern, durchsitzen; d· Milch *ſeihht* à', durch etc. beseihen (bſeihhə˜), versiegen, vertrocknen, mhd. besîhen, ahd. bisîhan; gl. i. 571: piseh, aruit sc. fons, pisiganero sc. aha, sicco sc. flumine, 369: pisihhaniu sc. puzza, siccus sc. puteus. „Exsiccatum est, iz beseh, wart truchen;“ Cgm. 17, f. 157ᵃ, Ps. 105). Də' Brunnə˜ *bſei't*, is *bſi'ə˜*. Dəʳ Kuə *bſeihht*, *bſei't* d· Milch, is d· Milch *b·ſihhə˜*, oder metonymisch: di Kuə *bſeihht*, *bſei't*. Grimm, Wbch. I, 1613,3.

Z· Albm hàt ·s ə˜ Schnêwál gschniwm, *bſeihhə˜t* di Küə,
dəhaəm hàt dəʳ Schauəʳ g'schlàgng; guət gêts məʳ niə.

Das Beseichkraut (Mondsraute, osmunda lunaria) bey Hübner (Salzb. 959), macht das Melkvieh, wenn es die obern Theile vom Stengel dieser Pflanze abweidet, beseihen. Grimm, Wbch. 1613. Nemnich II, 803. (Ein Dialektverb „beseichen,“ das ich für betrügen angegeben finde, weiß ich hier nicht gut unterzubringen. Sollte darin noch das alte vielgebrauchte bisuîchan spuken? Schwerlich. Vielmehr scheint diese Form blos das nach der Aussprache — Gramm. § 523—525 — aufgefaßte besäligen, s. unten: sälig. Oder ist es blos Begriffsanalogie von bescheißen? s. d. W. und saichen). erseihen, ä. Sp., abfließen, ausfließen; BM. II, II, 286. „Dz dz selbe wazzer do ersêh und dz ez truchen wart;“ Griesh. Pred. II, 113. „Das er (der Salpeter) wol ersyhe und ertrucne;“ Cgm. 4902, f. 5 (v. 1429).

„Von dem blut bist du ersigen," sagt Maria zu dem vom Kreuze genommenen Sohne; Cgm. 568, f. 252. verseihen, versitzen, versiegen, vertrocknen. „Der See verseihet nimer mee;" Cgm. 714, f. 4. Der Brunnen, das ausgetretene Wasser ꝛc. verseiht, ist versihen. „Bayrisch
220 Bluet ist noch nicht versigen;" Wstr. Briefe bayr. Denka. und S. 1778. „Thet im ein Kuh verseihen, so thet ers alls die Truten zeihen;" H. Sachs. [Gl. i. 317: irsiuuaniu sc. aha, vacuefactus sc. fluvius, Jak. 14,11, nach welcher Form, um sie mit dem Partic. pisihan zu vereinigen, auf ein früheres goth. seihvan zurückgeschlossen werden muß. Graff VI, 133. 134). Die Seih (Seihh), O.L., der Seiher (Seihhə'), U.L., wie hchd. Seihe und Seiher; (mhd. sîhe, ahd. sîha, gl. a. 6. 34 ꝛc., colum, colatorium. Graff VI, 134. BM. II, II, 286). Der Seih-Hadern, Seih-Ridel, Lumpen oder Büschel Haare, wodurch Aermere die Milch seihen. Die Seihen (Seihhə˜, Seigng), Einsenkung, tiefere Stelle im Terrän, wo das Wasser zusammensitzt, der Dächer, wo wegen Zusammenfluß des Wassers größere Hohlziegel (Seihenhägken, „Seuchenhägen," gl., Mandat v. 1769; s. Th. II, Sp. 1070: Hägken) gebraucht werden. Diese Hohlziegel selber heißen in der Scheirer Dienst-Ord. v. 1500, f. 36: Seyhen. Vgl. unter die Seigen: Seichrinnen, seichrinnig. (Ich finde gl. i. 394 ein sich, stagnum, im Isl. ein sîki, n., agſ. sich, lacuna aquosa, die hieher gehören können, wenn nicht etwa das sichan, sidere, der gl. a. 533 ein ganz anderer Stamm ist). S. auch Saig, seigen und Gesig.

Der Sal, wie hchd. Saal; (ahd. mhd. sal; Graff VI, 176. BM. II, II, 27. Weigand, Wbch. II, 527. „sal vel ausgehüs von stainen," menianum, Voc. v. 1429; sal, exsolium, gl. a. 79; salihus, selihus, atrium, gl. a. 175; sal, domata, coenaculum, gl. o. 132. 258; sal, templum, Diut. III, 128. 130 als neutr.; Wernh. Maria 50. 51. gl. o. 349. cf. isl. sal-r, atrium, altſ. seli, m., domus, welche Bedeutung auch im selisuochan, salisuochan der leg. Baiuu. statt haben wird. Das agſ. sal, domus, aula, scheint ein Neutr.; im Schott. ist sal auch ein Platz). Vrgl. v. d. Hagen's Nibelungen S. 366, Benecke's Wigalois S. 693. In einem Druck v. 1485 (Buch der Weish. f. 26) steht Nachtzal für Nachtherberge — welches als Nacht-sal auf einen allgemeinern Begriff und auf das goth. salian (divertere, einkehren) führen würde. (cf. a-gasalhar, span. gasajar, agasajar, recipere in domum hospitem, bewirthen). „Also diu glihnusside des sales, ut similitudo templi;" Cgm. 17, f. 200ᵃ, Ps. 143,12. „Man hiez in wesen meister der vierzic türne guot und sehs sale wîter, die stuonden bî der vluot, und drîer palase rîcher;" Gudrun 1542. „Gênde von des kuniges sal," (Episcopus) a curte regia revertens; St. Ulrich's Leben 548. „Schöner sal ane obedach ist gut und ere ane husgemach;" Renner 12548. „Der selb zymmermann wart geladen für den chayser, daz er im solt pawen eynen sal;" Cgm. 54, f. 44ᵇ, 45ᵃ, (Keller, gesta Romanor. p. 85 f.). Dieser sal wird in der Folge (fol. 45ᵇ, Keller p. 87) als „palast" verstanden. „Der selb herr (Valerius der chaiser) hiet auch in seinem sal einen hunt. der dez tags an einem pand lag. dez nachtz liezz man in ab dem pant. daz er dez salez hutæt;" das. 82ᵇ, (Keller p. 163). „Der kieser sol ... pfenden mit des gerichtes boten ez si unter den brittern oder usm sal ... sol die pfant für den rat uf den sal bringen;" Wirzb. Sätze v. 1343, § 55. 56. „Ist er (der nach der wînglocke ân lieht gêt) ein unversprochen man den sol man füren uf den sal, wirt aber ein versprochen man begriffen den sol man uf daz stockhus legen;" das. § 69. „Episcopatus Herbipolensis habet quinque palatia episcopalia quorum quodlibet sale vulgariter nuncupatur, primum in civitate sua Herbip. et IV in dioecesi: in Lütersdorf, in Buntdorf, in Eltmein et in Frickenhausen; Boehmer, fontes rer. germ. I, 455. — „*Sähle*" heißen in Hamburg die ganzen oder theilweisen Stockwerke der Häuser, welche, für sich abgeschlossen, durch Treppen einen directen Eingang von der Straße, dem Hofe oder dem Gange her haben. Allgem. Ztg. 1842, S. 1206, (31. May, zum Plan von Hamburg nach dem Brande). 'Vgl. Richey, Idiot. Hamburg. 220.' Vrgl. Gesell und Selden. In den romanischen Sprachen ist das Wort ein Femin., wie schon in den legg. Alam., Tit. 82: „domum seu et salam;" edict. Rothar., Tit. 48: „de sala propria" exire. Diez, Wbch. 302. Ob die alten Ausdrücke: selehof, curtis (gl. a. 34. 650), selilant, sellant, terra salica, trassilicus, (Meichelb. H. Fr. I, 244. 294. gl. i. 124. 572, o. 341. 380. 412. 417. Diut. III, 150) zu diesem sal, seli, mansio (cfr. bezimmert), oder zu sal, traditio, sellan, tradere, gehören, lasse ich unberührt. „Im Cod. dipl. Ratisbon. kommen auch „servi salici" und „feminae salicae" vor. Vielleicht hat selbst das salici (Franci) auf ein anders als ein örtliches Verhältniß Bezug. In der lex salica wenigstens finde ich nirgends ein salius, sondern immer (homo) salicus, salecus, (Francus) salecus etc. Herm. Müller, lex salica p. 147. Anderwärts sind Franci nobiles von Franci feroces unterschieden. (cfr. Franken). Vrgl. auch sälig.

Die Sal, Saale, Flußname; (ahd. Sala; Graff VI, 182. Förstemann I, 1009 ff.). „Dilatatis terminis a flumine Anaso usque ad fluvium qui dicitur Runtsala addito etiam comitatu Pagen;" aus Chronic. ducis Leupoldi, citiert im Cgm. 1204 (Strein, annales historici) p. 92. „Wo der Bach der Rundsel sey hab ich nicht können erfahren möcht vielleicht die Rott sala seyn." „Ueber das gebürg gegen der rotten Sala darnach auff der rotten Sala auff uber den Kaßler Wald gegen Jochamstetten zu dem Jochamstain uber die Donau;" das. f. 117—119. „Ab Anaso usque ad silvam prope Pataviam quae dicitur Rotensala;" ZZ. 751, f. 206. Ueber Salât, rothen Sala, Salader Comitat: Kopitar's Desideria, October 1839. Cf. Schönleben Carn. Pillwein. „Priwinae civitas, munimen, castrum in nemore et palude Salae" (von 840) des Salzburger Chronisten, gefunden von Kollar (Ausland 1843, S. 663) in dem Sala-war der Madyaren (dem Mosburg der Deutschen) an der in den Plattensee schleichenden Sala. Kollar, Cestopis p. 10—18. Vgl. Th. II, Sp. 1673: Mos.

Die Sal, sale, sala, salunge, salunga, (mhd. 221
und ahd. Sp.) rechtskräftigförmliche oder obrigkeitliche Uebergabe eines Gutes, delegatio; (sala, traditio, MM. 44. 45; cfr. sala, missa, gl. a. 678. Graff VI, 176. BM. II, II, 33. S. unten das Verb selen, sellen, tradere). N. N. „tradidit predium suum ad altare ... quod postmodo confirmatione, que vulgo sale nuncupatur, in manum B., comitis de G. delegavit;" MB. XXII, 201. 203. „Ein guet dem N. N. mit salmans hand des N. N. auffallen, an den dy sal von recht gehört;" MB. XXI, 440. „Ich sol auch den herren zu einem salmanne geben den N., ob der nicht wer, so sult ich jn die salung mit einem andern freyen herren geben;" MB. III, 357. „Hujus praedii delegator fuit nobilis de Hals, qui eandem delegationem nobis resignavit, quod vulgariter Sil (wol Sal) vocatur;" MB. V, 329. „Cujus proprietatem vel jus quod dicitur vulgariter sal Conradus R. resignavit nostro monasterio; MB. XI, 381. „Wir N. N. verjehen, daz wir di sal, di wir haben uf dem hof ze W., der des P. rechtez aigen was, und den er nu dem B. ze aigen gegeben hat, dem B. aufgesant und aufgegeben habn, und uns derselben sal zu durchsläht verzeihen und verzigen haben;" Ried 715, ad 1298. „Cuonrat salte solih eigin, so er ze Haldeshusin hate, mit finis wibis hante, ze Ougistburch dar ze niuuuin munestere gote unde sco.

Mauricio unde den bruoderin, die da dienont, ze phruonte, unde (tete daz) ce urgifte den bischoffe Embriconi († 1077) unde den uogite Adelgozze unden prouiste (Anselme) unden bruodernen da dionontin unde der sale was lere Isanger uone Winterbach unde sint urchunder Otgoz von Hegirbuoch ...". (Hairenbuch, Heiderbuch im Burgau; Lexicon v. Schwaben); MM. 152. Cod. episc. Augustan. 14, fol. 1. Das Salbuech, Verzeichniß aller an eine Corporation gemachten Schankungen und der daraus fließenden Renten. BM. I, 279. Weigand, Wbch. II, 532. „Iste liber (der Codex traditionum des Klosters Geisenfeld) renovatus est et conscriptus propter inidoneitatem veteris libri dicti salpuoh a. D. MCCLXXXI;" MB. XIV, 179. Ried 292. „Salbuech oder Traditionbuech," bey Hund I, 46. 74. 94. 265. 287. Der edle Doktor konnte noch ein im J. 1150 oder 1160 geschriebenes, dem lat. Cod. Falckensteinensis der MB. VII, 433 entsprechendes, deutsches Salbuech benutzen, das sich im königl. Reichsarchiv nicht mehr findet. Der Salmann (plur. Salleut), (ä. Sp.) achtbarer, freyer oder adelicher Mann, der als dritte Hand die Einantwortung (Sal, Salung) eines geschenkten oder verkauften rc. Gutes aus der Hand des Gebers in die des Empfängers rechtskräftig und feyerlich vollzog, delegator; auch Gewährer, Schutzherr, auctor, confirmator, conservator, advocatus. BM. II, 45. Ein Gut „mit Salmans hant" übergeben, konnte nach Jahr und Tag dem Empfänger nicht mehr bestritten werden. Die Gewähr des Salmanns war zureichend. Cfr. MB. XII, 163, ad 1320. XV, 402, ad 1354. V, 39, ad 1294. III, 194, ad 1305 und 178, ad 1291. Heumann, opusc. 289. „Einer Sache nutz und gewer weisen (beweisen) mit Salman und andern Biderleuten; MB. IV, 494, ad 1410. salmannisch, adj., mit Salmanns
222 Hand eingeantwortet, und unter diesem Titel bevorrechtet: salmannisch aigen, MB. IV, 188, ad 1444; salmannisch lehen, MB. IV, 200, ad 1488. „Das gut, das von Herzog Jörgen salmannsch aigen ist;" Urk. v. 1484, Cgm. 216, f. 22. „Daz selb guet wär rechtz freyz salmonisch aygen vnd möcht darzu seinen freyen salmonn wol gehaben ... also nennat er sein freyen salmann und stellat den ...;" Innviertel, 1400, Cgm. 3941, f. 54ff. 103—4. Eine unter Herzog Hainrich 1442 von vielen unterschriebenen Salleuten (Adelichen, Bürgern und Bauern) erlassene „Kundschaft" (abgedruckt in Neumann's Antwortschreiben an Hrn. v. Herkomman p. 248) besagt, „salmanisch lehen aigen sey ain solch guett, das besser sey, denn anders freys aigen, wan man habs vor ye vnd ye gesalt von einem pauren, der dan salman gewesen seye als zu ainer bestättung der gewerschaft, und wan ainer ain salmanisch aigen in der gewer gehabt hab jar vnd tag, vnd das mit dem salman erzeugen hab mögen, so hab er sein gewer durchsessen, vnd weder ander brieff noch sigill darumb bedurfft." Der Salpfenning, Geld, das bey einer Sal oder Salung, oder Uebergabe von Seite des Empfängers, dem vermittelnden Uebergeber (Salman) und dessen Familie (zum Andenken?) gereicht wurde; wenigstens also MB. IV, 441, ad 1233. Salgericht, Salrichter, des Bischofs zu Bamberg; MB. XXV, 292, ad 1469. Vielleicht zu „der Sal" gehörig.

sal, säl, adj., (ä. Sp.). „Ob ain man kawffet an sein wißen dewbigs oder rawbigs gut, und hat das in saller gewer lenger dan drew jar;" Rechtb. Ms. v. 1453. „Es sein auch sein Vorfarn und er des guts in säler nutzlicher gewere gesessen lenger dan Landsrecht ist;" MB. X, 162, ad 1433. „Daß er sein Gut in rechter Salernutz (im Original: saler nutz?) besitze." „Daß sie ihr Gut in rechter Salnutze besäßen;" Zirngibl, Hainsp. p. 40 und 175, ad 1424, 1430. „Die N. N. werden sälig gesprochen," (quittiert). „Der N. spricht den B. sälig;" Oefele II, 304. 307, ad 1414—1427. Diese mir noch unklaren Formen werden wol zu Sal, traditio, confirmatio, gehören, und bilden vielleicht den Bedeutungsübergang zu sâlig, ruhig besitzend.

sælig (sáli', sǝli'), wie hchd. selig; (mhd. sælec, ahd. sâlig, noch Voc. v. 1618: „sälig, beatus, felix;" isl. sæl-l, ags. gesälig; vielleicht gehört auch das ags. sel, bonus, als eigentlich sæl, wie das goth. sêl .. bonus, hieher. Graff VI, 179. BM. II, II, 38. Weigand, Wbch. II, 687). Avent. Chr. 67. 105. 112. 173. 190 verbindet: „selig und reich, reich und selig, reichselig," ὄλβιος. „Do wars manig edler reich und sälig" (von den aufgelesenen Stücken Smaragds); Cgm. 735, f. 43. „Sich bezzerte vaste ir dinc aller tägleich si wurden sælic unde reich;" Kindh. Jesu, hg. v. Hahn p. 94,26. „Reich und sälig werden" (durch Geschenke). „Swer nie kint gewan, der ist unsælic sæliclîchen;" d. w. Gast 7100. Die sälig Reichenaw;" Lirer. „Einen seligen und gesunden Ort auswölen, loci salubritatem eligere;" Vegetius v. 1529. „Warumb ist der heil. Paulus nicht erhört worden? weil es jme nicht selig (heilsam) war;" Albertin's Guevara. „N. daz salig kind," felix puer, ein in Freysinger und Münchner Urkunden seit 1180 vorkommender Name von Gliedern einer vielleicht jüdischen Familie; (vrgl. Seligman, Süeßkind und Wagenseil's Nürnberg 452. Hund III, 608. Der Minnesinger Süeßkind von Trimberg (ein Jude). „Säliger mensch," „saligen chind," redet der Prediger seine Zuhö- 223
rer oder Zuhörerinnen an; Cgm. 305, 306 und 632. „Ir säligen, sprecht mir nach ewr offnew schuld;" Predigt in Cgm. 690, f. 273. „Ir lieben und säligen, als ihr euch heut her gesämelt habt," so beginnt der Pfarrer die pronuntiatio festorum der nächsten Woche im Clm. 4757, f. 220. „We bekennen allen salighen luden;" Höfer, Urk. v. 1319, S. 130. Wan en anger (andrer man) satt es, da gläuft men alle Selige (Armen) sönd satt; Firmenich I, 494,161. „Säliger gedächtnuss, felicis memoriae;" Voc. v. 1618. Aber auch elliptisch und so, daß das Adj. auf die Person selbst bezogen scheint. Meĩ Vádǝ', meĩ Muǝdǝ' *sǝligǝ'*, und *sǝli'*, und: meĩ Vádǝ' *sǝligǝ'*, meĩ Muǝdǝ' *sǝli'*. „Unser vorvordern saliger;" Mederer, Ing. 41. „Der alt Part säliger; die Pärt sälig; des Krugs säligen; von Conrats saligen wegen; Els Streberin selige;" MB. XIX, 74. 84. XX, 493. XXV, 312. Vrgl. Gramm. 880.

sälig sprechen Einen, ihn quittieren; s. oben: sal, adj. Das Selig, (Euphemismus der ä. Sp.) die Apoplexie. „Das Selig hett jn geschlagen und getroffen;" Av. Chr. 263. Die Bürger verfälschten den Landwein auf eine so unleidentliche Weise, daß mehrere Leute das Selige berührt hätte;" Gem. Reg. Chr. III, 541. „Des Fraunbergers Hausfraw Benigna ist a. 1572 zu München durch das Selig, Gott behüt uns alle, unfürsehen hingenommen; Hund, St.B. II, 85. „Wie Hrn. Canzler auf dem linksen Arm dz Seelig, darvor uns Gott gnedig behüet, berüert;" Cbm. 3245, f. 52, ad 1609. „Der stein (Jaspis) ist och gut wider die saligen suht;" Clm. 536 (XII. sec.), f. 82. Vrgl. das Guet, und ital. il benedetto. Auch das Adj. scheint zuweilen per antiphrasin genommen worden zu seyn. „Ich bin untze her gewesen hie smæhe unt sælich ie", sagt der Esel, der in der Fremde besseres Loos suchen will; altd. Wälder III, 189. „Er ist selic, dem des geslechts icht wirt, daz sin kint so schier gebirt;" Renner 1708. S. d. f. besäligen. sæligen, besæligen (bsálingǝ'), beseligen, glücklich machen; Graff VI, 181. BM. II, II, 41. Birlinger 385. „saligen, beare; Voc. v. 1445; gl. a. 506: saligon, beatifico. Man braucht das Wort gewöhnlich ironisch (s. oben): Dà hàb ǝ' mi' rècht *bsáli't* domit, Dèǝ' Mã hàd si' *bsáli't*, is schõ so àld, und nimmt nõ ǝ' so ẽjungs Wei'. Cf. unter solen: besolen, besolgen. Die Sælde, (ä. Sp.) was Seligkeit, salus, beatitudo, felicitas; (ahd. sâlda, zusammengezogen aus sâlida, sâlitha, isl. einfacher sæla, ags. sæl und gesældh, mhd. sælde. Graff VI, 181. BM. II, II, 35). „Hêl unde sâlda," bona fortuna; s. Th. II, Sp. 1734. „Zu unser Selen hail und salde;" Mederer, Ing. 41.

„Durch hail und säld mein und meiner vodern sel;“ MB. X, 383. XVIII, 236. Ried 744. „Daz ist sælde unde heil;“ Helmbr. 601. Diu sælde mîn; das. 612. „Ich gesich doch und erkenne, das in fraw Sælde hat in solicher hûte, das sein volkumenhait niemant kan vol schreiben;“ Valkn. 153. Grimm, Mythol.² p. 822 ff. „Daz ich ez gote klagen wil, daz ich ie ze der werlt quam: wan mir ist diu Sælde gram,“ klagt die Frau-Schwester nach der furchtbaren Entdeckung; Gregor v. d. St. 2365. „Vallis felix vel Saeldental (monasterium) situm prope Landeshut;“ MB. XV, 549, (später Seligenthal). „Wie selten yemand sein arg leben, dieweil er in Selden stat, enderet;“ Druck v. 1485. „Alii radicibus nomina diversa imponunt ut seldewrz vel weywurz et homines sic deludunt;“ Ald. 184, f. 75. „Unsælde hât ûf mich gesworn;“ Gregor v. d. St. 2394. „Du tämische Unsäld!“ Schimpfwort des XV. Jahrh.; Cgm. 632, f. 35. „seelbar,“ adj., heilsam (P. Abraham), wenn es nicht aus sældenbære zusammengezogen, würde noch auf das Primitiv von sâl-ig weisen. „Onsälich, miser,“ Dietr. v. Plieningen; (das hchd. unselig?). „Owê, herre, wie hâst dû mich sô gar unsælic erschaffen, daz dû dem sô vil gibst, und mir sô wênic;“ Br. Berht. 68, (Pfeiffer 271,4). Auffallend ist indessen durch Betonung und Zusammenziehung das schwäb. ânselig, ônselig (au˜səli – ◡◡) und das fränk. unslich, u˜slich, unstlich, erbärmlich, schlecht. Die schwäb. Form gilt auch für wunderlich, unsinnig, sowie
224 der Au˜sel für Unmuth, Zorn, Verwirrung. („Wein wird getrunken von Ladschafts-, von Schmarotz-, von Anseligkeit, und nicht von Durst wegen;“ Mart. Schrotten Spruch von dem Wein). Gl. i. 704 ist hartsalig, wie ags. heardsälig, infelix. „Unhardy is unsely,“ Chaucer, the reves tale 1102. Cf. ags. sel, bonus, selra, melior, selest, optimus, und das goth. sêl-s, ἀγαθός, unsels, πονηρός, unselei, πονηρία. „Di *seilign* Fräueler,“ die säligen Fräulein, d. i. Feen; Firmenich II, 668,1. cf. das. p. 830: Ghiazza und cimbr. Wbch. p. 168: „*selege* Baiblen.“

Die, das -sal (sel, sál), die End sylbe, (nach Grimm II, 105 aus den zweyen: is-al entstanden), wie hchd; Graff II, 22. Weigand, Wbch. II, 533). -sälig, (-sáli', səli'), adj.; arm*sáli'*, trüəb*sáli'*, ꝛc. hartselig, die Hartsel; H. Sachs 1612: I, 1081. „Thet sich seiner hartsel nit erbarmen;“ das. V, 373. s. Th. II, Sp. 1168. armutselig: „der Mensch ist das armutseligst thier;“ das. 1560: II, II, 77. Bey mehrern Adj. mit dieser Endung ist schwierig zu entscheiden, ob sie hieher, oder zu sælig gehören. Fei˜d*sáli'*, liəb*sáli'*, leut*sáli'*, (liutselich, acceptus hominibus; Cgm. 92, f. 18). „Arbeitselig, miser,“ mühselig; Druck v. 1485. „Ich pin arbaitsälig ich enwais wes ich mich peichten sol, wan ich han vil chind und han wenig gûts und muz gar vil arbaiten;“ Br. Berhtold, Cgm. 5858, f. 111. „Den tobsäligen veint leviathan;“ Cgm. 87, fol. 117.

sal, adj., (schwäb.) von abgeschossener Farbe, matt, schmutzig, schwarz, dunkel; (mhd. sal, gen. salwes, ahd. salo, gen. saluues; Graff VI, 183. BM. II, II, 34. Castelli, Wbch. 225: sål, unrein, schmutzig; Sälwain, der Bodensatz des Weins. Firmenich I, 139,27: soal, schal, blaß, fahl. cf. it. salavo, frnz. sale; Diez, Wbch. 302). „Der Spiegel glitz was worden sal;“ Suchenwirt III, 154. „Swie salwer varwe er (der aus Morlande) wære ze sehene an sînem lîbe; Gudrun 583,3. „Bî dem sach si salwen stên manegen ritter lobelîchen;“ das. 1663,1. „Beide truogen si an niwan zwei salwiu hemede;“ das. 1194,3. „Daz hemd hat an im die tugent, daz ez sich nymmer gesleizzt noch gezerrt noch sal oder swaizzig wirt;“ Cgm. 54, f. 44ᵇ, (Keller, gesta Romanor. p. 86). „Sie fragten mich von meinem hembd. worumb daz nicht maylig und sal würd;“ das. 45ᵇ, (Keller p. 87). „Ih bin salo, nigra sum,“ sagt die Braut in Willeram's hohem Lied. besaligen, besäligen, (O.Pf., b. W.) abfärbig machen, beschmutzen; (mhd. selwen, verselwen, ahd. salauuan; gl. i. 164. 287. 568. Graff VI, 183. BM. II, II, 34; daneben; salwen, vb. act., schmutzig sein oder werden). „Das sie hat brûnes har vast gebacket ân gesar oben wol umbwelbet, innen rotvar, unverselbet als si besetzet sei mit lösch weder ze lang noch ze rösch, weder ze wit noch ze eng;“ Cgm. 379, f. 87. „Ob dâ an schœnen vrouwen salwet iht guoter wæte;“ Gudrun 1669,3. „Auch was der anger und der walt in newen claidern unversolt;“ Cgm. 714, f. 174. In der Bedeutung betrügen spielt das Wort mit dem unter sælig angeführten besæligen zusammen. Ma' wölln ins nit *bsäling* (aufhalten, streiten?), sänd lautä' bräv Heling;“ Lindermayr 93. Castelli, Wbch. 97: *bsalinga*, besudeln, fig. auch begatten.' Vgl. oben, Sp. 212: beseichen.

'Die Salweide, Sahlweide, s. unten: Salchen.'

Der Salwürch, (ehmals) Handwerker, der Panzer ꝛc. verfertigte. BM. III, 749. Sieh Sarwürch, woraus Sal-würch (nach Gramm § 624) schon früh entstellt scheint, wozu auch beygetragen haben kann, daß man sich etwa den Panzer (das Eisenringhemd) als sale, salwe (matte) Arbeit im Gegensatz der liechten (Helm, Schild ꝛc.) dachte.

Der Salât (Sålåd, Sàlåd, schwäb., O.Pf. Salaud), wie hchd.; Weigand, Wbch. II, 533. „Blüemlesalat sambt der wurzl und den blüemlen“ zu einem medicinischen Recept; Clm. ZZ. 2072, p. 448. 449.

Der Salniter (Voc. v. 1648), assimiliert: Salliter (schon im Feuerbuch v. 1591), sal nitrum, Salpeter, sal petrae. Diefenbach 508ᶜ. Weigand, Wbch. II, 534. Zeitschr. VI, 198. „Salpeter, wenne er gelutert ist, so haißet er nit mer Salpeter, er haiset Salniter;“ Cgm. 4902 (v. 1429), f. 2. „Sallitter ist geleutterter Salbetter;“ obiges Feurbch. Der Sallitergraber, S.-sieder, Salliterer, ein gefürchteter Gast für den Landmann, in dessen Wohnstube er den Bretterboden aufreißt, um „für den Landsherrn“ die darunter befindliche Erde auszulangen. salittersüchtig, adj., Salpeter ansetzend, (wie Mauern, Gewölbe).

'Der Salamander, wie hchd.; Weigand, Wbch. II, 533. Konr. v. Megenberg: diu salamander; Pfeiffer p. 274,29. 276,28 ff. 280,19.20.' Sam der salamander schon in fewre sich nert und anders nit mag genesen;“ Valkn. 70.

Salarmoniac, sal ammoniacus, (Voc. v. 1618), Salmiak.

Das Sail (Saəl), wie hchd. Seil; (mhd., ahd. seil, ags. sâl, isl. seil, f.; Graff VI, 187. BM. II, II, 287. Weigand, Wbch. II, 676). „Doch jagt ez (daz hundel) nicht an seil noch ze den netzen;“ Labr. 126. „Sô hetzt er rüden dran und fâchtz (das Wild) in seilen;“ das. 213. „Dieselben hetzent dran von mangem seile;“ das. 273. „Sô hân ich in (den Hund) unwizzent an dem seile; das. 318. „Ich wolt der imz mit einem seile werte!“ das. 320. „Ein seil warf ich im (dem Hund) dô an sînen kragen;“ das. 345. Das Laitsail (BM. II, 288), „Ressail“ (?), Schlandersail“ (?); Scheyrer Dienst-Ord. v. 1500. Span-sail (Spâ˜saəl), kurzer Spannstrick, Weidevieh zu hemmen. BM. II, II, 288. Der Sailgang, Weg am Ufer der Donau für die schiffziehenden Pferde, Leinpfad. „Sailgänger, funambulus;“ Voc. v. 1618. Diefenbach 252ᵃ. „Ich bin euch gangen auf dem seyl und hab euch Paulina erworben,“ sagt die Kupplerin zum Galan;“ H. Sachs 1560: IV, III, 31. „Ueber das Sail werfen Einen (im Kauf), ihn übervortheilen;“ Av. Chr. 514. Das Sailrecht, Lohn, für die Besorgung eines Jagdhunds vom Jagddiener angesprochen; Freyb. Samml. II. 111, ad 1392. Der Sailer, funifex; BM. II II, 289. Ueber das Lienlschutzen der Seiler s. unter schutzen. sailen, a) mittels des Seiles vom Ufer aus 225 lenken; einen Floß, ein Schiff fort, raus, 'rei˜ *saəln*. „Handwerch (antwerc) sailen,“ Wurfmaschinen aufrichten; Gudrun 1385,1. Holzer ward verurtheilt, „daz man in failet und im den leib vertailet," (mit Seilen aus einander reißen?); Mich. Beham, Wiener 256,20. b) feylen, jugare; Voc. v. 1455. anfailen, anbinden an einen Strick. auffailen Einem etwas, es ihm auf den Hals laden, aufbürden (eine Zahlung, Arbeit, überhaupt etwas Unangenehmes. fellen, als im Lehen, — ironisch?). BM. II, II, 289. Schwerlich in Bezug auf das alte tradere per funis signum, MB. VIII, 363 — und wie es noch in Diut. II, 279 heißt: „Die gebruodire teilent ir erbe etteuuenne mit seilen. Da denne daz seil hine gevellit, da muoz ez der nemin." Cfr. der biblische funiculus haereditatis. „Diß Mensch soll solche Noth, soll solche große Pein mir feylen auf den Hals," singt Opitz von seiner spröden Flavia.

'Die Saul, Seul, Ahle, s. seuen.'

Die Saulen, Seulen (Sauln, Sáln), seltner Saul, Seul, wie hchd. Säule; (ahd., mhd. sûl, gen., dat. und pl., sûli, siule; agſ. ſyl, isl. súla, goth. sauls; Graff VI, 186. BM. II, II, 724. Weigand, Wbch. II, 545. 'Vgl. niederd. Süll, Schwelle. Vilmar, kurheſſ. Idiot. 407: der Süll. Zeitschr. II, 43,1. III, 30. 263,89. 562 (das Süll). IV, 63 (das Säulele). 219 (die Sôl). IV, 30. V, 297. VI, 487). Die Marterſaul, pila, stela viatoria, Voc. v. 1618; (ſcherzh.) *Maə'tə'sáln* ein müßig ſtehender Menſch; ObrM. 'Die Ortſaulen, ä. Sp., Eckbalken; BM. II, II, 725.' „Des huſes ortſûl;" Augsb. Urk. v. 146., ſ. Th. I, Sp. 151. Die Türſáln, Thürpfoſte; die Zauſáln, Ständer im Zaun. „Die auſſer Felter-Seul, (Ständer am Fallthor); MB. II, 99. „Der Ort Eiting iſt allein zwiſchen denen zweyen Saulen Hofmarch;" Landtafel. Cfr. Etter.

ſel, ſ. ſelb.

ſellen, ich ſalte, hân geſalt und geſelt, (ä. Sp.) rechtsförmlich hingeben, tradere; (mhd. ſellen, ſeln, ahd. ſellan ſt. ſelian, und dieß ſtatt ſalian, Otfr., Tat., gl. passim., noch a. 196. 229: ſalit, ſallent, tradit, tradunt, isl. ſelia, ſchwed. ſälja, agſ. ſellan, engl. to ſell, hingeben, beſonders durch Verkauf, goth. ſaljan; Graff VI, 174. BM. II, II, 33). „So ſchüllen wir dazſelb gut unſern Frauen (datz Vorenpach) ſelen;" MB. IV, 166, ad 1345. „Daz ich mein mül datz Odaltzhauſen gegeben han dem kloſter ze Malherſtorf und auf Sand Johanns altar, der herr und hawswirt daſelb iſt, lautterleich geſelt und geopfert;" MB. XV, 387, ad 1337. „Daz wir das (Gut) geaigent und geſelt habent auf Sand Johanns altar;" ibid. 402, ad 1354. „Daz Gut was uns mit Salmans hant auf Sant Peters altar geſelt;" MB. XII, 163, ad 1320. „Wir haben dem Gotzhaus das wismat geaignet und geſelt mit unſers lieben und genadigen Herren Kaiſer Ludwigs von Rome hant;" MB. XII, 184; cfr. III, 185. 186. 187. 193. „Haben vof Sand Salvators alter oufgeſelt allen den chrieg und alle di anſprach, di wir heten hinz demſelben gotzhaus;" MB. XXI, 397, ad 1317. In MB. V, 179 iſt ſtatt aufgeſalt zu leſen aufgezallt. verſellen, übergeben, hingeben; BM. II, II, 34. „Ze gote hât er ſich verſalt, ſleht er dich an dem roube," (er glaubt ein Gott gefällig Werk zu thun, wenn er dich ſchlägt ob des Bischen Futters, das du ihm genommen); M. Helmbrecht 356. Niederd. verſellen, verkaufen; Firmenich I, 73,18. *Klatterſeller*, Lumpenverkäufer; daſ. 202. Zeitſchr. V, 293. Dieſes Verb gehört zur Form die Sal, Salung, w. m. ſ.; vrgl. auch Grimm's Gramm. I, 869. II, 54, b. Rechtsalterth. 555.

Der Selknecht, (im ehm. Biſthum Augsburg) der Amtsdiener, der dem Strafvogt bey Unterſuchung der Verbrechen an die Hand gieng. Das Sellêhen, Gut, das dem Selknecht für ſeine Arbeit zur Benutzung eingethan war; Ertl, Prax. aur. I, 580. Ob zu ſellen oder zu Sêl gehörig? Am wahrſcheinlichſten zu Seld, w. m. ſ.

Der Seltrager, ſ. Th. I, Sp. 653. BM. III, 76. 'Vgl. d. vor. Wort.'

Die Sêl (Səl, Nürnb., o.pf. Sèil, ſchwäb. Seəl, Sáil), a) wie hchd. Seele; (mhd. ſêle, ahd. ſêla, ſeula, isl. ſál, agſ. ſâvl, engl. ſoul, goth. ſaivala. Graff VI, 183. BM. II, II, 244. Weigand, Wbch. II, 672. Zeitſchr. V, 267,20. Grimm, Mythol.[2] p. 786 ff. 1225. Vgl. Th. II, 955: gaiſten; Th. I, 456: plaudern, plodern und Th. II, 1352: Knopf). „Ein eeman und ſein weib, zwue ſele — zwu ſel — und ein leib;" Cgm. 270, f. 302. 713, f. 28. „Sind wir zwo ſeel im fegfewer allein? Nein, es ſind etlich tauſend ſeel hinnen;" H. Sachs 1560: III, III, 62 (1612: III, III, 121). R.A.: Kaə~ Hund und kaə *Səl*, kein lebendes Weſen, gar niemand. Es ſtêt mir die Sêl auf ein Ding, ich wünſche es ſehnlichſt zu beſitzen. Ietz hàd di arm *Səl* ə~ Ruə, jetzt iſt endlich das ſehnliche Verlangen geſtillt. Sè! dás di arm *Səl* ə~ Ruə hàd! nimm hin, weil du dich einmal nicht anders zufrieden gibſt. Dem nacklt d' *Səl* ſcho~, henkt d' *Səl* ſcho~ 'raus, er iſt dem Tode nahe. Dèr hàd d' *Səl* nà' də' Zwerhh drin, wie man ſagt: er hat ein zähes Leben. Schon im Cgm. 809, f. 42 heißt es: „Zu ainem trunck ſpricht maniger: Du arme ſeel, duck dich, du mueſt ſchwimmen." S. Th. I, S. 489: ducken. „Gebt her, daz ir ſælic ſît, liebiu lîtgebinne! Vrou ſêle, ſît ir dinne? Jch rât iu, ſô ich beſte kan, tretet ûf ein rippe, welt ir niht ertrinken," ſagt der Knappe, im Begriff einen rechten Zug am Krug zu thun; S. Helbling I, 350. Dazu gibt Haupt aus Minneſ. II, 105b Steinmar's: „Mîn ſêle ûf eime rippe ſtât, diu von dem wîne drûf gehüppet hât." Meiner Sêl, mei~ Səl! Betheurung. Sei~ *Sèlé*, bei Gott! wahrlich! (Sterzing; Pfitſch). Zeitſchr. V, 422,50. b) das Innerſte eines Dings, (eine nicht völlig durchgebackene Mehlſpeiſe hat noch eine teigartige Sêl, iſt ſêlig); das was den Kern eines darüber zu wickelnden Knauls bildet. Nim ə~ *Nufsſchəln zə-n-ərə'* *Səl*. (Nett iſt das böhmiſche duſka: Brief, der in einem andern eingeſchloſſen, Einſchluß.) Jn der Küche: Eiſen oder Hölzchen, das ein Loch hat, den Bratſpieß aufzunehmen, und in ein Stück Geflügel geſteckt wird. Etwas der Art wird Sêl wol auch vorſtellen in: „Die peken mugen pachn prezn von nachmel oder von ſtaub vmb j dn., und die ſullen dhain ſel haben. Sy ſullen oben einen flechten pogen haben an der ſel ſtat;" Münch. Bäcker-Ord. Cgm. 544, f. 44b. Die Seel in Rueben, nervi, tilamenta, crines; Voc. v. 1618. „Hilus, fedderle oder phaff;" Cgm. 649, f. 556. Cgm. 685. „Recipe Herings ſelen abgedortt zu pulver;" Clm. 5036 (XV. sec.), f. 146. Die Schneiderſêl, (Zillerthal, B. v. Moll) Dämmerungsvogel, Sphynx L. Vgl. unter Schratt: das Schretele. Nach Gramm. 808 hat Sêl als erſter Theil von Zuſammenſetzungen noch die Form Sêl-, und nicht, wie im Hchd., Seelen-. Das Sêlbad, Bad, das Jemand, zum Heil ſeiner Seele, für Arme geſtiftet, entweder ein einzelnes am Jahrestag ſeines Todes zu beſtreitendes, oder eine fortwährende Anſtalt. Noch jetzt geben einige Zünfte in München zu Quatember- oder andern Zeiten für die Seelen ihrer Abgeſchiedenen ſolche Bäder zum Beſten. „Morgen läßt das ehrſame Handwerk der bürgerlichen Loderer dahier beym Bader am Radlſteg ein Sêlbad halten;" kirchliche Verkündigung. Der Sêldienſt, Sêlgottesdienſt für einen Verſtorbenen, in Sêlmeß oder Sêlambt beſtehend. Es wird dabey, beſonders am ſogenannten Dreißigſt, hie und da der Sêlnapf, Schüſſel mit Mehl und Eyern, nebſt einem Brodlaib als Opfer auf die Bahre gelegt, zu Hauſe auch wol ein Sêlmâl gehalten. ſelfrumm, adj.; ə~ *ſəlfrums* Ros, lammfrommes Pferd. Vrgl. Zeitſchr. V, 25. Das Sêl-Gerœt, legatum (pro remedio animae) ad pias causas; S. oben Sp. 165: beraten, 2. Das Sêlhaus, Haus oder Wohnung, von Jemand in remedium animae suae für ärmere, unverehelichte Perſonen des andern Geſchlechtes geſtiftet, die, unter dem Namen Sêlnunnen, Sêlſchweſtern, Sêlfrâuen, Sêlweiber in Gemeinſchaft darin lebend, für die Abgeſchiedenen zu beten hatten. „Ein allte ſel nün zu im ſprach 226

getraw nür got wol vnd schick dich so fersiu in das himelrich; Haupt's Zeitschr. VIII, 536,162. Heutzutage pflegen
227 sie in München die Todten (auch männliche, — wogegen sich a. 1737 im Cod. it. Monac. 329, f. 16. 25 der Castrat Filippo Balatri feyerlich verwahrt —) zu reinigen und anzukleiden, die Leichenbegängnisse und den Seelendienst zu besorgen. Bey ersterem Geschäfte machten sie früher Anspruch auf das Betttuch, über welchem der Todte verschieden war, sowie auf die Ohr- und Fingerringe, die er anhatte. So gibt es in Nürnberg ein Ebnerisches, ein Tucherisches rc. Sëlhaus, ehmals für arme andächtige Weibspersonen gestiftet, die den Sterbenden vorzubeten, die Seelmessen zu besuchen hatten und drgl. Heutzutage nähren sich die Nürnb. Sêlnunnen mit weiblichen Arbeiten und Pflege von Kranken, und haben in den Sêlhäusern freye Wohnung, Holz und Licht. Nopitsch, Wegweis. 158. So werden auch im Regensburger Sêlhaus alte und unvermögliche weibliche Personen versorgt. Auch die von den Schludern, Ridlern und Pütrichen in München zu ihrem und aller christglaubigen Seelen Heil gestifteten geistlichen Institute wurden, eh sie in förmliche Nonnenklöster übergiengen, Sêlhäuser, und ihre Mitglieder Sêlfrauen, Sêlschwestern genannt. MB. XIX, 246. 258. 261. 376. 382. XXI, 320. Vrgl. Gem. Reg. Chr. I, 459. II, 186. Mederer's Ingolst. 75. Wstr. München 266. 296. L.R. v. 1616, f. 577. Cgm. 4849: Documente, das Pienzenauerische Seelhaus in der Schäfflergasse zu München betreffend, 1520—1753. (Dasselbe wurde am 5. April 1852 für 7700 fl. vom Buchbinder Schmidlein erstanden). A. 1587 wurde an der Praners- (auch Pronners-, Prunners-) gassen zum Seelhaus abgebrochen. In dem neuen Seelhaus ist auch ein Pad- und Abzüechstübl gemacht worden; Cbm. 2095. Im J. 1851 bestanden zu München 3 gestiftete Seelhäuser: das Schlutt-Kaiß'sche Hofseelenhaus, das Pienzenauer'sche und das Barth'sche; (dieses gestiftet 1598 von einem Canonicus bei U.L.Fr. Joh. Gabr. Barth). Ueber Münchens Seelhäuser berichtet MR. Maurer in der XXX. öffentlichen Magistratssitzung, 25. April 1851; (Landb. Neueste Nachr.). „Bächin Selhaus," „Rüeffin Selhaus" in Augsburg, 1648 (1624 evangelisch); Cgm. 4906, f. 380. Das Sêlhäuslein, Sêlkärkerlein, Vorgebäude an ländlichen Kirchen, zur Aufbewahrung von Schädeln und Knochen Verstorbener bestimmt. Im Cgm. 3919, f. 66 ist eine Seelfrau des Nürnberger Seelhauses am Ponersberg gemalt. „Manic leben wandelt sinen orden, selleute sint salute worden, als manige Leute die der sal der fürsten erzeuhet, der treuwe ist smal; Renner 20406. sêllôs, a) „inanimus" Voc. v. 1618; (ä. Sp. unsêli, ursêli). b) ruchlos, gottlos; Dr. Eck. Av. Chr. „Ir selosen bubn secht an mein groß ellend, seid jr euch vberhueben wie ich so junger gnent"...; Lied, Cbm. 1585, f. 324. Sêl-Recht, s. Sel-Gerät. Auffallend weicht von der Aussprache unsers Worts in den bisher angeführten Compositis die in folgenden ab, wo nicht Sęl, sondern Sęlə gehört wird. Ob dieses ə, nach Gramm. 585, anomalisch einem en (Sêlen) entspreche, oder noch das e der ä. Sp. sey (cf. Sunnewenden), will ich unentschieden lassen. Der Sęlətàg, der Allerseelentag nebst dem aller Heiligen. Grimm, Mythol.[2] p. 865. „An aller sele tag;" Cgm. 85, f. 142. „Aller gelaubigen sele tag;" MB. XXIII, 391. Cgm. 700, f. 82. Dy lampen prinnt bis auf den seelertag nach der proceß;" Tegerns. Cerem. v. 1508 circa, Cgm. 1148, f. 37ᵃ. An diesen Tagen gehen ärmere Erwachsene und besonders Kinder, die sonst nicht betteln — die Sęlə-leut — an den Häusern der Wohlhabendern ihrer Gegenden herum, wo ihnen von eigens auf diese Tage gebackenem Brode (Sęləbroud, Sęlə-Weckng, Sęlə-Zęltn; s. unten: Spitzl) mitgetheilt wird. Sp. W.: Wàs d' Sęləleut für ə˜ Wédə' hàbm, kriəgng d' Schlenklər (s. d. W.) á'. Besseren Stoffes ist der geflochtene Sęləzópf, den Kinder jährlich von ihrem Pathen empfangen, und (im O.L.) sobald sie verheiratet sind, ihrerseits diesem zusenden. Nach MB. XXIV, 177 werden fromme Stiftungen in des Klosters (Ensdorf) Selebuch (wol hieher und nicht zu sellen, Sal gehörig) geschrieben, und XXV, 46 ist von einem Selepriester zu Sündelbach die Rede. Die Sêltruhen, das Gerüst, welches bey Todtenämtern die Bahre vorstellt, Katafalk. Vrgl. über den Urbegriff des Wortes Seele Grimm II, 99. 260. sêlen, verb., animare. BM. II, II, 244 f. „Sobald die Frucht geselt ist," soll sich eine Schwangere des Beyschlafs, des Tanzens rc. enthalten. Cgm. 234, f. 131. Cgm. 523, f. 228.

selig, unselig, s. oben, Sp. 251 f., unter sal. 228

Der Gesell (G'sęll), wie hchd. Geselle; (ahd. gasello, gisello, gl. a. 32. 621: contubernalis, o. 64: syncellita, also sehr wahrscheinlich, nach Grimm II, 736, aus früherem gasalio von sal, mansio, domus, wie gistallo, socius, von stal und viele andre derley Bildungen. Graff VI, 178. BM. II, II, 29. Weigand, Wbch. I, 425. Zeitschr. V, 136, a: *Sell*). Labr. 278—283. Im O.L. gilt Gesell für Bursche, besonders für den Liebhaber eines Mädchens; das Fem. Gesellin für erwachsenes Mädchen, Geliebte: ən u˜gheité *Gséllin*, ən afftəré *Gséllin*, widerwärtige weibliche Person. Diut. III, 52 will Adam die „sulde (Schuld) wellen uf sine Gesellen," (die Eva). BM. II, II, 30ᵃ. 'Derjenige oder dasjenige, das einem andern an Eigenschaft, Beschaffenheit rc. gleicht; (vgl. mhd. genôz, BM. II, 395).' Dər aə˜ Strumpf is dà, wo wiə'd denn sá˜ *Gsəll* sá˜? é˜ də' Raupərei hàt ə'gaə' kaə˜n *Gsəlln* (Gfiərt'n), keinen, der ihm gleichkäme; (ObrM.). Vgl. BM. II, II, 29ᵇ f. Der Gesellherr (O.L.), (ä. Sp. blos Gesell, Zuegesell, Pfarrgesell) Geistlicher, welcher bey einem Pfarrer als dessen Gehilfe wohnt, angestellt ist. „Warum schielst du, Venusschwester, vielleicht gar auf Geistliche, gar auf meinen Gesellherrn, gar auf mich;" Bucher's Kinderlehre 1781, p. 18. „Einen Pfarrer und einen Gesellen;" Urk. v. 1336. „N. N. Gesell zu sand Peter;" MB. XXI, 50. „Der pfarrer noch sein gesellen," (1411); Herzog Heinrich's Spruch rc., Cgm. 3941 (s. unter sämen). „N., N. und N. die zeit all drey gesellen und chaplan zu Bischoffdorf, (1413); das. 4. 82. 83. „Des Techantz Caplan, die zwen Gesellen und der Techant in sand Peters kirchen" in München; Urk. v. 1418. Als Schreiber des Cgm. 654 nennt sich Mathias Forster, tunc temporis socius in Hohenwart. „Meinhart der pfarrer von Staubing und auch Caplan, Wolfhart der Geselle, Ulrich der Schulmeister;" MB. XIII, 391, ad 1328. „Her Michel Greul, Gesell der pfar zu Abensperg;" MB. XIII, 455, ad 1446. „Der lewtige Priester N. N., jetzo Gesell zu Rain;" MB. XVI, 457. „Unser lieber in Gott Herr Andre, Gesell der pfarr ze Bürckhausen; MB. X, 304, ad 1447. „Item Herrn Hansen N. etwen Vicari zu Pörkirchen und jetzo Zugesell zu Lauff;" Kr. Lhdl. VII, 212. „Die Pfarrgesellen und andre dienend Priester;" Ldtg. v. 1543, p. 169. Der Aidgeselle, BM. II, II, 30. „Ir valschen eitgesellen;" S. Helbling IV, 370. „Wir sîn eitgesellen;" das. XIII, 155. Der Rât-Gesell, (ä. Sp.) Rathsgenosse, Rathsherr. „Die von Ingolstadt haben geschickt ihren Rathgesellen Görgen Fuchs;" Kr. Lhdl. III, 260. „Gesellen, Kammerer, Rath und Gemeinde der Stadt Schärding;" das. 272, ad 1447. „Der Kamrer und die Ratgesellen N. und N...;" Gem. Reg. Chr. III, 81, ad 1437. Das Gesellenbuch, Stammbuch, Album; Cod. iconogr. 313, f. 98. Blttr. f. lit. Unterh. 1839, Nr. 114—115. Der Gesellenfisch, Fisch, der bey einer Fischerey von dem Inhaber derselben den Geistlichen, Schulbedienten, Forstleuten rc. des Orts oder der Revier herkömmlich gereicht wird. Gesellengeld, Gesellenkreuzer, was ein Maurer- oder Zimmermeister, wenn er auch selbst nicht mit arbeitet, vom Taglohn eines jeden seiner Gesellen bezieht, wofür er jedoch verbunden ist, täglich wenigstens zweymal nachzusehen, und den Werkzeug der Gesellen und Handlanger zu besorgen. Mand. v. 1746 und 1752. „Daß die Meister von denen Bau-

herren das Gesellengeld eingefordert, ungeachtet selbige denen Gesellen weder Werk noch Rüstzeug verreichet;" Wiltm. 571. Heute (1850) wollen Handwerks-Gesellen nicht mehr also, sondern Gehülfen betitelt seyn. Vgl. Th. I, Sp. 1149: Herberge. Der Gesellenhof, Zusammenkunft zu ritterlichen Spielen. Freyberg, Samml. II, 109. 110. 111, ad 1392. Vrgl. Th. II, 1059. Das gesellen mal essen, (Br. Joh. Pauli: Dreierlei Bulen außer der Ehe), heutzutage Zweckessen, Diner mit Toasten. Das Gesellen-Recken, ehmaliger hochnothpeinlicher Ge-
229 richtsterminus; s. Reck. So gab der rädernde Scharfrichter, nach „2 Stößen auf jeden Arm, den Gesellenstoß auf das Herzblatt;" Salzburger Druck v. 1663. Das Gesellenschießen. „Nur zu öffentlich und ehrlich angestellten Gesellenschießen werden lange Ziel- oder Scheibenrohr zu tragen erlaubt;" wirzb. Verord. v. 1620. Das Gesellenstechen (Turnier, s. stechen) zu Nürnberg 1538, beschrieben von H. Sachs 1560: II, III, 190. „An disem gesellen gestech (1491) ist des rumischen kunigs Maximilian hofgesind gewesen;" Cod. iconogr. 398, f. 22. gesellíclích, adj., ä. Sp., nach Gesellen Art; BM. II, II, 31. Labr. 52. geselleclîcher orden, das. 281; in geselleclîcher füre, das. 283; geselleclîchen, adv., das. 508. Die Gesellschaft, wie hchd.; (ahd. gisellíscaf, gisellascaft, mhd. geselleschaft; Graff VI, 179. BM. II, II, 32). Labr. 211. 396. weidgeselleschaft; das. 202. „Ich wil dir in geselleschefte jehen," im Vertrauen sagen; das. 259. „Anno 1375 zoch gar ain groz geselschaft von welschen landen heruz an den Rin ... und namten sich Engellender. aber ez warent der minst tail von Engelland, ez waren Brittûn und ander volk;" Ettmüller, zwei Züricher Chroniken p. 91. In der Geschichte der v. Frundsberg heißt es noch: „Aufruren zu verhüten, musten täglich drey teutsche und drey hispanische Hauptleut mit jren Gesellschaften in der Stadt (Rom) umbreiten." Heutzutage haben alle europäischen Heere in diesem Sinne das romanische Compagnie, compagnia; Diez, Wbch. 108 f. La companya catalana; Muntaner) angenommen. Handwerker brauchen in ihrem Ceremonial dieses Collectiv auch für einzelne Personen; (vrgl. Bursch, Frauenzimmer und Gramm. 882). Wiə, *G'səll'schaft*, bring də's! auf dein Wohl, Kamerad! Bey Gem. Reg. Chr. III, 101, ad 1440 ist die silberne Gesellschaft ein silberner Tafel-Aufsatz adelicher Familien, auf welchem alle Glieder derselben in rittermäßigem Costüm mit auf ihre Schilde emaillierten Wappen abgebildet sind. In Kr. Lhdl. X, 174, ad 1489 stiftet der Löwlerbund eine solche „Gesellschaft," die um den Hals zu tragen, und an welcher, wie billig, der Löwe eine Hauptfigur ist. „Aldo (zu Brüssel) gab der Herzog von Cleff meinem herrn (Leb v. Rosmital), herrn Jan Serobsky Kollebrat und Achatzen Frodner, Gabriel Tetzel sein gesellschaft," (Ordenszeichen); Gabr. Tetzel's Beschreibung von Lewen v. Rosmital's Ritter- und Pilgerreise, Cgm. 1279, f. 133, (Biblioth. des literar. Ver. in Stuttg. VII). „Zu Lund gibt der kunig von Engellant (Lewen und seinen erbern gesellen) sein gesellschaft — den rittern gülden, den andern silbern, und theil jn (ihnen) selbs an hals;" das. f. 137. Zu Antis (Nantes) gibt sie ihm der Herzog v. Britanien. „Er gibts gar ungern auß und (er?) ist hart zu wagen von dan zu bringen;" das. f. 142^{b}. So gibt sie auch der König von Cecylia (Anjou? das. f. 142^{b}); so der von Hispanien (das. f. 153^{b}) und der von Aragon (das. 171^{b}). Ordengesellschaft bey Georg von Ehingen, S. 27. gesellen, vb., ä. Sp.; BM. II, II, 32 f. „Ich und ellend haben gesellet;" Stoßseufzer des Schreibers, Aug. S. Ulr. 94, f. 52^{b}. Der Ungeselle, böser Geselle, παιδεραστής; Grimm II, 776. BM. II, II, 30 f.

seller, e, es, jener, e, es; — nicht blos in Altb., sondern auch in Schwaben, in der Schweiz und in Franken bis Aschaffenburg, und wol noch weiter, was fast auf mehr als bloße Entstellung aus selber, e, es (w. m. s.) rathen ließe. Zeitschr. I, 135,13. 285, II, 1,6. 292,14. II, 115. 137. 276,23. 353. III, 98. 216,39. 531,12.46. 545,14. IV, 221. 253,120. 329,21. 547,2. V, 396, III, 17 (selbst). 408,59. VI, 120,50. 120,81. 257. 503,1.

„sellig," (Ober-Schwab.) sehr groß, (Schmid, schwäb. Wbch. 492); sehr. „Dass mi' der Durscht so *sell* übernumme;" Firmenich II, 414,13. „Am Fasnet Möntig gohts no *söllicher* (ärger) zua;" das. II, 490,36. „Drum isch sie (die Sonne) iez so *sölli* müed;" Hebel, der Sommerabend. Vilmar, kurhess. Idiot. 407: *süllig, sillig, sellig*, viel, groß, ansehnlich, bedeutend. Zeitschr. II, 562,18. Wol eher δεικτικῶς statt solich, sölich, solch —, als dem ags. sellic, sillic, (st. sildlic, altf. seldlic, goth. sildaleiks, s. selt), mirabilis, stupendus, vergleichbar. Schweiz: sölli vil, sehr viel, und dergl.

Die Seul, (Ahle); sieh seuen. Seulachs, Seilachs, s. Seuel.

Der Sil, des Silen, oder das Sill, auch die Sil, Riemen, Riemenwerk, Geschirr für Zugvieh; (ahd. silo, mhd. sil; Graff VI, 185. BM. II, II, 289. Weigand, Wbch. II, 705. Vilmar, kurhess. Idiot. 385. Cf. schwed. sele, m., Geschirr, sela, vb., anschirren; česk. šle, Pferdegeschirr, Hosenträger). „Si zwu (vurkauf und symonie) sint gespilen und zihent auch in des teufels silen;" Renner 7633. „Die engel (sie darstellende Knaben) in silen gemacht schwungen sich und schwebten in den lüften auf und ab;" Clm. 9503, f. 343, ad 1252. „Reda dicitur a rodo quod rodit collum equi vulgariter sil vel ruggwid et inpropere sumitur pro curru;" Clm. 5685 (XV. sec., 1412), f. 59. „So wenig als ein junger und alter Ochs, an einem sylen zusammengekoppelt, ziehen;" Seb. Frank. „Kein Sillen thut sie dir zerreissen;" Hans Sachs 1612: I, 1060. „Der faul Fritz (von Landshut) der keinen Sielen nicht zuriß sich nur der großen brocken fliß;" das. 1560: IV, III, 67 (1612: IV, III, 147). „Pferde mit Siln;" Kr. Lhdl. VII, 77. „Von ainer sil;" Scheirer Dienstord. v. 1500. „Zugblätter, Aftersillen (Hintergeschirr?), Steigleder ꝛc.;" Mandat v. 1754. Das Silsail, (Zugstrang, Leitriemen?). „Und sullen die (Mül-)läuff nicht weiter sein, dann daz ein ungevärlichs neus strengs Sillsail dazwischen geen mög. Auch soll in jedem Gericht der Sillsail ains sein;" Rechtb. v. 1346, 1553, 1588, 1616. „Das die eich des stranges zwischen dem stein und lauff eingehen mag;" Culmb. Mühlordn. v. 1516, Cgm. 3903. Vrgl. über diese Probe Grimm's d. Rechts-A. S. 833. Das Silscheit; Fronsperger v. 1555, f. 15. 20. 35. Vilmar, a. a. O. Das Voc. v. 1445 hat: „trahale, sil," das v. 1419: „riga, ein sil," aber auch „reda, ein sil, ein slit, ein karr;" gl. o. 142. 316 ist traheria, epiredia, a. 515. 655 esseda durch silo verdeutscht, und a. 318 steht bey obstaculis uuitharsili; bey Grimm I, 625. 682 (1^{3} 143. 145) ist silo und das spätere sil durch funis erklärt; im Isl. ist sili, m., 230
ansa restis am Saumsattel; bey Stalder endlich ist der Sell sowol Sattel als Pferdegeschirr, und sellen satteln und anschirren. Das bey Reinwald aufgeführte wirzburgische „Sile," Hosenträger, wird wol als Sil gleichfalls hieher gehören. Sele und Sile (Bregenzer Wald), „der Silla" (um Pludenz), Hosenträger; Bergmann, Walser p. 96. Cf. kärnt. silnik, Zwangherr; im Deutsch-Kärnt. ist Silling, Sillink die Kolik; Jarnik p. 122. Vrgl. (nach Grimm II, 44) auch Sail.

Die Sillich- oder Silling-Wurz, (Obrg.) lilium martagon L.

sollen, wie hchd.; (goth. skal, pl. skulum, ahd. scal, sculumês, mhd. ich schol, sol, wir schuln, suln; Graff VI, 461. BM. II, II, 178. Weigand, Wbch. II, 725. Schon im Tatian kommt sal für scal, sulut für sculut vor, und bey Notker gilt sulen mit ausgeworfenem c regelmäßig für das ältere sculan, das noch im o.pf. schollen, w. m. s., erhalten ist. Auch der Schotte sagt I sall, wo der Engländer I shall, der Holländer ik zal, wo der östlichere Niederdeutsche ik schäll. Vrgl. auch sark st. scharf, wie denn in den alten Glossen mehrere andere Wörter mit anfangendem bloßen s statt sc wenigstens geschrieben vorkommen. Zeitschr. II, 395,1. III, 41,19. IV, 106,29). „sullen Einem etwas," es ihm schulden, schuldig seyn; Münchner St.Rchtb., Ms. v. 1423. „Die Pfenninge sullen mir," (man ist sie mir schuldig); Rchtb., Ms. v. 1453. „Ich lie dir alles daz gelt, das du mir solt;" Cgm. 64, f. 59. „Der Pfaffen Register ist nur sol mi(r), (ich) sol gehört den Bawern zu;" Seb. Frank. So findet sich in der ä. Sp. die Suld st. Schuld; (Diut. III, 52. 54). Daß die ältere Form versolt (verschuldet, verdient: „Welich herre umb mich daz versolt ..." „daz het er wol an sy versolt," Horneck, Pitrolf) dem Sinn nach, als von versoln, hieher, und nicht zu versolden gehöre, erhellt aus dem eben so verwendeten verscholn. „Soll nichts, hoc mihi cum vanum tum delirum esse videtur, inutile est." „nichtsollig vel eitel;" Voc. v. 1618. „So sollend wir prediger nüt mee, und seynd weder zu broten noch zu syeden." Wenn man ein Jesusknäblin in die Nonnenklöster gibt, hat es kein Zeserlein, so sol es nüt;" Geiler v. Kaisersberg. „Zweu (wozu) sol er (der unfruchtbare Baum) auf der erde?" Cgm. 64, p. 57, (vgl. Th. IV: weu). „Zweu schol ein man dem trawren sauren wanet pei!? pald var hindan daz dhaine raine fraw im werd ze tail. daz sei! Windb. 105, f. 65. Cf. Heliand 121,8. Beovulf 134. Caedmon 16,23. Wörterbuch zum Iwein p. 404.

Der Soler (Solǝʻ, Solǝrǝʻ, Soldǝʻ), (O.L.) offner Gang oder Altane um das obere Stockwerk eines Bauernhauses; Vorplatz oder Flur im obern Stockwerk, besonders der ländlichen Wirthshäuser, wo sie gewöhnlich zum Tanzplatze dient, und daher ziemlich geräumig ist.
Mei˜ Schàz is ǝ˜ Jágǝʻ, hàt auf ǝ˜n grèǝ˜n Huǝt;
und er tanzt übǝʻ 'n *Solǝʻ*, dás 's Gǝld ſcheppǝʻn tuǝt.
„1561 lernet ich im Schwert fechten auf des Hanns Behams Wirtts Tanzsoler vor unser Frawen Thor;" B. Conr. Schwarz v. Augsp. Birlinger 388. „Solium, ein soler oder ein sal;" ZZ. 1803, f. 191. „Archa Noe ist gewesen CCC elen lang, L elen prait, XXX elen hoch und hat solder und stiegen gehabt;" Clm. 11742 (XV. sec.), f. 274. Der Solder (Sterzing, wie Stälder für Ställe, Tälder für Thäler): Gèǝ˜ aufm klaǝ˜n, aufm graǝs'n *Solder*, wie spanisch: hacer aguas menores, aguas mayores, (Sancho Panza). VII Com.: *Soldar*, Boden der Stube, oberer oder unterer, Stubendecke, *solajo*. Vilmar, kurhess. Idiot. 387: der Solder, Decke des unteren, Fußboden des oberen Stockwerkes. Zeitschr. V, 414,6. V, 44. 504. S. Adelung's Söller, (mhd. solre, ahd. solari, solarium, coenaculum; Otfr., Tat., gl. i. 232. 676. o. 258. Graff VI, 190. BM. II, II, 467. Weigand, Wbch. II, 726). Zolre, Hohen Zolre, Zollern, ist wol dasselbe Wort? Diefenbach 540ᵇ.

Die „Solle," bey Hübner, Salzb. 979 als Köhler- oder Holzhauerhütte, (etwa Sölle zu lesen, und dieses Auffassung der gemeinen Aussprache von Selden, w. m. s.): die „Kraut-Solln," ibid. 969 als Behältniß für Sauerkraut erklärt.

231 Die „Sol-Erden," (Rottm.) rothsandige Erde. Sole, Boden der Erzgrube, (gewöhnlich Granit?); čes̃k. žola, žůla, Granit. „Argilla vulgariter laym oder soler;" Cod. ZZ. 1550, f. 61. Vrgl. BM. II, II, 467ᵃ: diu sol, c, u. s. das folg. Wort. solerdig, adj., rothsandig. (cf oben, Sp. 263, das alte salo, fuscus).

Die Solen (Sóln, Sóin), wie hchd. Sohle; (mhd. sol, ahd. sola, gen. solun, solea, planta, basis, goth. sulja. Graff VI, 185. BM. II, II, 466. Weigand, Wbch. II, 721). solen, solnen Schuhe, Strümpfe, sie besohlen; ˋ(fig.) Einen solen (solnǝ˜), versolen, durchprügeln; Zeitschr. IV, 47,33 (vgl. 28: fisólnǝ˜). III, 368,3.ˊ Die Solen am Pflug (Pfluǝgsóln, Wàgsóln), Eisenschiene, womit die untere Fläche des Pfluges beschlagen, auch wol die Pflugschar selbst. (Ob damit das agſ., für sich einen Pflug bedeutende sulh, sul einen nähern Zusammenhang haben könnte?). Vrgl. Wagensun. Der Solbâum. „Der Müller soll (im Mühlwasser, damit die Fischerey des Klosters Michelfeld keinen Schaden leide) den vale nicht vernewen, kainen Solpawm undterzihen noch legen on wißen eines prelaten;" MB. XXV, 178: Senkbaum, Schwellbaum? Das sol ysen (?), zur Ritterschaft gehörig; Liedersaal, Nr. CXXV, Vers 183; ˋ(hieher?).ˊ ˋDas Solstück, s. Adelung: Sohle, Sohlstück.ˊ „Tufften Stürz-, Sol- und Pogenstuckh zu fenstern;" „stürz, gwenger und solstuckh" (als Steinhauer-Arbeiten); Cbm. 2224, f. 186 ff. und 2225, f. 71 ff. ebensölig, s. Th. I, Sp. 14. gesoelet (hieher?) „Niwer man (neuer Mond)... du bist wol gesolet;" Clm. 4595, f. 39, (s. Th. I, Sp. 1607).

Solenhofen, Suolenhofen (Cgm. 213, f. 189ᵇ. Cgm. 570, f. 80). Solonis curia vel cella," der Fundort des bewährtesten Materials zur Ausübung der von unserm Aloys Senefelder erfundenen Kunst des Steindrucks, nach einem Angelsachsen Sôla († 3. Dec. 790), gen. Sôlan — (oder nach altd. Dialekt Suolo, Sualo, gen. Soulin, in Erminrichi vita S. Soli, Clm. 4608, f. 221—231 immer: Solus, Soli, Solum, Solo und das. f. 226: „in pago Svalafeldonio habens orientali ex parte flumen quod Altmona nuncupatur," mit einer weitern Beschreibung. ˋVgl. dagegen Förstemann II, 1344ˊ) — benannt, der um 758 ˋ(740)ˊ mit Wilibald und Wunibald und des erstern Schwester Walburg in die Gegend gekommen. S. Canis. ant. lect. IV, 541 ff. und 735. ˋFörstemann II, 1284. Sax, Gesch. v. Eichstädt, p. 14.ˊ

solen sich, (vom Hirsch ꝛc.) sich zur Abkühlung in einer Lache wälzen; (mhd. soln, solgen, auch süln, sülgen, ahd. solon, solagon, gl. i. 31. 99. 392. 571. Heliand: sulian, suiliuuan. Graff VI, 186. BM. II, II, 466. Zeitschr. VI, 19: *süllen*, den Speichel fließen laßen; die *Süllen*, fließender Speichel). „Du thust dich in den (dem) unlust süln gleich wie die sew in den misthüln;" H. Sachs 1612: I, 615. Grimm, Wbch. I, 1691: besülen. „Das swein sich oft in lacken solget so tut uncheusch wer ir folget;" Asp. 49, f. 127. „Ein man de besule (?) sich also sere als ein wip;" Cgm. 19, Hinterdeckel. besolgen, defoedare, Voc. v. 1445. s. sulgen. Ob Sol, Kothlache, auch im Dialekt, wie bey Adelung, ein Femin., weiß ich nicht; in der alten Sprache (gl. a. 538. 582. 630. 735) galt sol, gesol, volutabrum, als Neutr. „Daz haganina sol, daz grimen sol" in der wirzb. Markbeschreib., MM. 35. 38, wird wol so zu verstehen seyn. Im Cgm. 289, fol. 103ᵇ ist söl ein Masc. „Du solt auch suchen zu dem söl, vnd wa du den söl wißest, da ist alles wild gerne hirſan und hindan." „Du solt (den Hirsch) auch suchen zu dem sol und wa du sol wissest;" Clm. 4373 (v. 1437), f. 116. „Hiete ich mine sele in das gisol aller laster nieht versenchit;" Heinrich, Litanei, Hofmann's Fundgr. II, 225,1. Cf. Solen, Soln, Dorf bey München, ohne Zweifel weiland Wald. Spures sol (?), Trad. Fuld. II, 49. Grimm: eine Urk. ꝛc. p. 17. Solingen, (Solagunge?); Förstemann II, 456 und 1327. Graff VI, 186. BM. II, II, 466: der und daz sol. Weigand, Wbch. II, 842 f. Vilmar, kurhess. Idiot. 387.

Die Sul, Salzbrühe; s. Sulch.

Vrsul haizzet ein perswein;" Schwabenspiegel, Cgm. 53, f. 75ᵇ, (sonst: urgul, bey Laßberg, Art. 204: urful; sieh Th. I, 710. 891).

„Sul," (Salzb., Werfen) Leim-Salbey, salvia glutinosa L.

Die Salben (Sàlbm), 1) Salbe (mhd. salbe, ahd. salba; Graff VI, 191. BM. II, II, 41. Weigand, Wbch. II, 534). „Salm, Wagensalm;" Freyb. Samml. II, 115. 117. 119, ad 1392. Handsalb, Schmieralie. Cgm. 713, f. 23. 179. 2) verächtlich: ein Gemenge von Sachen, Reden ꝛc. (Vrgl. das unklare selfsalba, gl. a. 45: migma, commixtum vel mixtura). salben, salbenen (sàlbm, sàlbmə˜), salben, schmieren, (ahd. salbôn); (fig.) schlagen, züchtigen; Seidl, Flins. Zeitschr. IV, 46,46. (vgl. schmiə'n; III, 368,25. IV, 47,19). Das Gesalb, Geschmiere; Geschwätz. Vrgl. salfern.

Der Sälbling (Sálbling, Sáibling, „Saülbling"), Salmo salvelinus (Bloch), kleine Art Salmes der bayrischen Seen und Flüsse. Die aus dem Bartholomä- oder Königs-See werden, wenn sie geraüchert sind, Schwarzreuter genannt, und erfreuen sich einer großen Celebrität. „In dem Meer dieser Welt gibts Sälbling,
232 die haben Geld im Maul, die Sälbling sind die gesalbten König und Priester; P. Abrah. Die Form Sälbling scheint gleichsam aus einem erklärbarern Salmling, als wenn dieses, wie das *Salbm* des vorigen Artikels, entstellt wäre, verhochdeutscht. Hängt etwa auch der Beysatz salvelinus mit dem Dialektworte zusammen? Nemnich II, 1210.

selb (sə̀ll, schwäb. sêoll), a) (indeclinabel) ipse, a, um. Auch in folgenden Formen: selbt (sə̀llt, sə̀ld, b. W.), — selber (sə̀lbə'), — selbert (Franken. H. Sachs 1612: I, 12. 75; auch selbst, I, 12. „Ir selbert fräude machen;" Cgm. 270, f. 31), — selberst („die purger selberst," Münchner Verord., Cgm. 544, f. 47. 49), — selben (sə̀lbm: I, du, er, si ꝛc. sə̀lbm; — cf. bremisch sulven; Zeitschr. III, 186,55. 268,17. 279,28. IV, 144,209. V, 138,16. VI, 143,79), — selbes, selbs (ä. Sp., besonders in Verbindung mit einem vorangehenden Possessiv-Pronomen und folgendem Subst. „Auf mein selbs laib" ... „mit ir selbs pflug" ... „in sein selbs seele" .. „mit sein selbs getraid;" MB. XII, 176. L.R. v. 1588. „Aventin in seiner selbs verteutschung der Chronik;" Hund, St.B. I, 136. Im Verlauf des XVI. und XVII. Jahrh. wird dieses selbs, niederd. selfs, sulfs, zu selbst, ndrs. sulvest, sulfst. „selbst, selbest statt selbs, selbes kommt schon im 16. Jahrh. vor. Im Seligenstadter Gültbuch, Handschrift v. J. 1508, begegnet „ym selbest." Luther in der deutschen Bibel, Ausg. v. 1541, hat selbs, mitunter aber auch selbst, z. B. Hohel. 3,5." (Mittheil. v. Weigand). „Irer selbst Verdamnuß ꝛc." Albertin's Guevara II, 11. 147. Und dieses selbst verdrängt in der Schriftsprache gänzlich das einfache selb. Das Voc. v. 1618 hat noch „er, sie, es selb," aber: „bey, von jm selbs, auf sich selbs" und drgl.). I, du, er, mier, és, si *sə̀ll'* oder *sə̀lbm*, oder *sə̀lbə'*, oder *sə̀ld*. *Sèəl'* tau˜, *fèəl'* háu˜, (schwäb.) was man sich selbst zugezogen, muß man auch selbst tragen. I kà˜ mi' *sál* hàbə˜ („hoba"), sagt der erwachsene Sohn zum Vater, dessen Brod er noch ißt; (Ammergau, Rath Her). Hà˜ scho˜ 'glábt, əs wiə'fft mi' (macht mich bettlägerig), əso hát sə si' àbə' dennəst widə'vo *selbm* və'zogng; (ObrM.). Zeitschr. VI, 186,55: *selm*. VI, 38,24. 344.

b) (declinabel), in Schwaben öfter nach erster Declin.-Art (seller, e, es), in A.B. lieber nach zweiter (der, die, das sə̀ll, den sə̀lln, di sə̀lln ꝛc.) gebraucht, statt des hchd. jener, e, es, welches unvolksüblich ist. Zeitschr. V, 408,59. VI, 120,50. 257. 503,1. (Für der, die, das selbe im hchd. Sinn, d. h. idem, eadem, idem, braucht die Mundart der, die, das nemliche). *sə̀lles* màl, dés *sə̀ll* màl, *sə̀ll*màls, jenes Mal. Zeitschr. VI, 38,24. 344. *sə̀llə'* Zeit, zu jener Zeit. *'sfə̀llə˜t*-halbm oder -wégng, des(jenigen) wegen.

c) Adv., dort, damals. Auch unter den Formen: selben (sə̀lbm), und selbt (sə̀lt, sə̀ld). Weigand, Wbch. II, 687. *Sə̀ll* bin I *sə̀ll sə̀ll* gwé'n, damals bin ich selbst dort gewesen. „Dannoch spendirt (spendete) er durch iren willen armen läuten da selben, (daselbst, d. h. zu Köln); Gesta Romanor., Cgm. 54, f. 22ª (Keller p. 43; vgl. unter spenden). „Da selben erslahen wir in", (den Kaiser); das. f. 79ª (Keller p. 156). *dſelm, zſelm, zſelmad*, dort, damals; Kartsch II, 125. 143. 161.

Ueber das Verhalten des selb in der mhd. und ahd. Sp. cf. Grimm's Gramm. III, 646 ff. IV, 352 ff. 519. Graff VI, 193. BM. II, II, 245 ff. Grimm, Reinhart F. p. 247. Benecke's Iwein, Wrtb. 368. Weigand, Wbch. II, 683. 684. 685. Es wird in der Regel adjectivisch behandelt. In dem auf Plurale oder auf Feminine bezogenen selbes, iues selbes (Otfr. ad Sal. 12. II, 17,20. Epil. 152), ir selbes ist es wol als Substantiv genommen, obschon sich dieses selbes und das spätere selber auch als Comparative, wie selbt, selbert, selberst nach Gramm. p. 148. 258. 274 als Superlative denken ließen. „Do Moyses gestarp do leget got in selbselbe mit siner handen;" Griesh. Pred. II, 86.

selb-ander oder selb-zwait oder selb-zwaiter, selb-dritt oder selb-dritter, (Cgm. 44, f. 74: selbe dritte, dritter) ꝛc., selbst als der zweite, dritte ꝛc.; (wie griech. τρίτος αὐτός, Thucid. bell. pel. III, 3. Ἐγὼ δ' ἐπ' ἄνδρας ἓξ, ἐμοὶ σὺν ἑβδόμῳ, Aeschyl. sept. 282, oder wie es in den alten Gesetzen heißt: sibi tertius, sibi septimus. Cf. „Li quens de Vlandres ottroia que li Emperes (Henry de Constantinoble) entrast lendemain en la cite (de Salenike) lui quarantisme de chevaliers;" Chronique de Constantinople, Cod. gall. ..., f. 64; (cf. Ducange, H. de CP. liv. II, c. 7: qu'il n'eût à sa suite que quarante chevaliers). „Ansiel lui trentisme;" ibid. f. 66. Vgl. česk. sám: sám druh, s. třetj, s. čtwrtý, s. desát ꝛc., selbander, dritt, viert, zehnt, ipse alter, tertius, quartus, decimus. „samodruha, gravida;" Dobrowsky, Gramm. 78. Grimm II, 950 f. IV, 458. BM. II, II, 245ª,2. Weigand, Wbch. II, 682). „Der Ausferg soll (zum Schiff) sechs Mann 233 haben, und hierauf soll er selbs der sibend sein;" Lori, Brg.-R. 42. „Ein Ding berechten mit drein ayden, oder sein hand selb dritten," statt: seine (schwörende) Hand soll die dritte seyn. Heumann, opusc. 111. 112. 118. 125. Cgm. 27, Artikel 71. 75 und 110. („Daz seine hand deu dritt sey;" Münch. RB., Art. 76). „Der sol sein unschuld weweisen mit im selb dritten erbern weisen mannen, suam probet innocentiam semet tercio idoneorum virorum;" Enser Stdt.-R. v. 1212. „Daß du uns Hannsen Haider selb achten Zimmerman schickest;" Kr. Lhdl. VII, 242. 243. „War das nit ein sehnliche und jämmerliche Klag, ich starb aus meinem Haus selb dreyzehend auf einen Tag. 1427;" Grabstein auf dem St. Joh.-Gottesacker bey Nürnberg. „Periit pater familias cum XIII domesticis eadem die," sagt Wagenseil p 141; soll wol heißen: cum XII domesticis. „selbzwelffter finer man," er mit 11 seiner Mannen; Pitrolf 458. selbmerd, er mit mehrern andern. „Da hatt gehaltten Herczog Cristoff selbmerd vnd da scharpf gerenntt"... „Item an der heiligen drey kunig tag hatt der kunig selbmerder gerenntt;" Wstr. Btr. III, 123. 141, ad 1476. Dazu liefern die Vocab. v. 1419 und 1428 sogar die Form „selbainer, selballain, metenus, metronus," wie selbander, met secundus, ꝛc. „Metunus selb allain, metsecundus selb ander;" Clm. 5877 (XV. sec., 1449), f. 126. Diefenbach 359ᵇ. Weizman III, 129 sagt (minder gut) selbbaid: „sealboit (zu zweyen) ist koiner Herr alloi."

Der Selb-bâum, (ä. Sp.) Baumstamm; von der Wurzel anhebender Baum-Ast, jeder von zweyen oder mehreren Stämmen aus einer Wurzel. „Auß der wurcz des bawmes wachssend vier czwey, daz haissend selbaum" ... „der erst selbpaum, von dem wachsent drey est" ... der vierde selbepam ...;" Cgm. 523, f. 201 und Cgm. 531, f 91. „Hastile ejus (candelabri) selpoum;" Clm. 4606 (XI. sec.), f. 98. Gl. a. 112. i. 704. 1130: selppaum, stipes, stirps.

Selbunt = Selb-biunt? s. Th. I, Sp. 396.

Das Selb-dach, die Spitzbogen-Kuppel auf dem Thurm. „Das steynyn selypdach“ (1494). s. Hoffstadt, gothisches ABCbuch. 'Anzeiger f. Kunde d. d. Vorzeit, 1871, Sp. 167.'

Das Selb-end, (U.Mayn) das Zettel-Ende an Geweben (ital. l'orlo naturale), wofür im Schriftdeutschen die entstellte und darum misverstandene Form Sahlband üblich ist, nieders. sulf-egge, bey Kilian selfende, self-egghe, self-kant, extremitates, ora lintei. Lütter: dė *Sallweng*, (Eng = End, vermuthlich Plural; Dr. K. Roth). Vilmar, kurhess. Idiot. 382: das *Selbende*, *Silbende*. Weigand, Wbch. II, 683: Selbende. Zeitschr. VI, 19.

Der Sәlbeә'n, (Ilz) von selbst geronnene oder sauer gewordene Milch, Schlottermilch. Ob in selb-ern oder selb-bern zu zerlegen, weiß ich nicht, und das engl. earning, geronnene Milch, wol vom ags. irnan st. rinnan, liegt etwas entfernt. Gewisser ist der Bestandtheil selb, welcher auch in dem an der Alz geltenden gleichbedeutenden Sәl'stuz, sәl'-g'standné Milch vorkommt. „Selpart, lac concretum quale aestate fit;“ Popowitsch, Ms. (Wien 9541). cf. Höfer's Selbörn III, 137.

'selb-far, Adj., ä. Sp., von natürlicher Farbe, natürlichem Aussehen. BM. III, 239.' „Liutsælic („leutselch“) was si selpvar; doch bezzert si hals unde kel: kecsilber, gaffer, weizmel mit altem smerwe streich si an;“ S. Helbling I, 1145.

Das Selb-geschoß, ä. Sp., (gl. a. 831. i. 366. 506: selbscoz) balista. „A. 1593 hat sich N. mit einem Selgeschoß an einem Schenkel verletzt, und das Geäder mit einem Pfeil entzwey geschossen;“ Aufkirch. Mir. 31. So nennt die tyr. L.-Ord. v. 1603 Büchsen, die nicht mehr nach älterer Art mit der Lunte abgefeuert zu werden brauchen, „selbzündende Pixen.“

234 Selb-haft zu Wunden, (Heftpflaster?); Cgm. 731, f. 42.

selb-herr (sèәl'her, schwäb.), eigenwillig; ә~ *sәlherer* Mensch; — vermuthlich auch Subst. BM. I, 664. 667. „Von disem selbheren gemurte und willen;“ Br. Berhtolt 326, (Pfeiffer 531,35). „Und sol auch nieman selbherlich (proterve) mit sinem abte striten;“ Mss. „Swâ noch selpherrischiu kint bî vater und bî muoter sint, die sîn gewarnet hie mite;“ M. Helmbrecht 1913. (Cf. bey Stalder: Selb-kopf).

Das Selb-leger, Leger, Liegestätte der Aelpler in ihren Hütten; (Zir.).

selb-rôh, adj. „Salvay also selbroch genuczt,“ (roh genossen); Clm. 5931, f. 223.

'Selb-lache, Name einer Pflanze, (zu mhd. lâchen, BM. I, 925. s. Th. I, 1418 und vgl. selb-heile, BM. I, 651. Diefenbach 526c: senecium).' „Selplacha, sennetion;“ Clm. 4583, f. 47.

Der Selb-sacher, (ä. Sp.) Person, welche selbst Partey ist, im Gegensatz des Anwalts oder Vorsprechen.

Selb-schol, Selbschuld, Selbgelter, Selbstschuldner, im Gegensatz des Bürgen; ref. L.R., f. 93. Selbschol, Selbstthäter, ipse reus; Augsb. Stdtb. BM. II, II, 583. s. schollen.

Der Selb-steg, natürlicher Steg. *Selb-stäg* (Gressoney am Monte Rosa); Schott p. 243.

„Selbsterer.“ „Die Selbsterer, ledige Bursche, welche auf ihre eigne Faust in Herbergen lebten und arbeiteten, wurden (a. 1714 in Berchtesgaden) auf immer abgeschafft;“ v. Koch-Sternfeld, Berchtesgaden III, 48. S. Stör, Störer; — oder sollte Selbst-erer anzunehmen seyn, obgleich die Form selbst dem Dialekt ungeläufig ist?

Der Selbstler, (Lengries) lediger Bursche der keine Geliebte hat; (Rath Her).

Der Selb-stuz, s. oben Sәlbeә'n, Selb-ern.

Der Selb-waibel des Augsb. Stadtbuchs, wol Gegensatz des Waibelknechtes.

selb-wachsen, adj., ä. Sp., wie etwas von selbst gewachsen, geworden ist, sowol ungekünstelt, nativus, naïf, als auch roh, ungebildet; ndrs. sulfwassen. BM. III, 462. „Uf dem sinem nacke er treit ein gollier, daz ist selbwahsen,“ (die bloße Haut?); S. Helbling I, 279. „Nâch mînem muote wil ich selbe wahsen,“ sagt M. Helmbrecht 420. s. Th. IV: wachsen.

'selb-warm, adj., von Natur warm.' „Den heiligen St. Primus und Felician als Patronum des selbwarmen wildtpadt alhie in Gastein;“ Altarblatt von 1662 zu Gastein in der Capelle des alten Straubinger Hauses.

Das Selb-waßer, (Gebirg) Bach, der von sich selbst fließt, im Gegensatz der künstlichen Klaus-wasser, deren man sich zum Holzflößen bedient; tyrol. Wald-Ord. v. 1719. Selbst-waßer, (Zir.) Bach, der nicht von Regen oder Schnee gebildet werden muß und im Sommer nicht versiegt. Im Halleiner Salzberge (Dürnberg): Wasser, das im Innern des Berges entspringt, verschieden von eingeleitetem Süßwasser.

„Selbwesen, substantia;“ Clm. 5877 (XV. sec., 1449), f. 145. BM. III, 769.

selb-zogen, adj.; ein Selbzogner (ә~ Sálzogngәr), Eingeborner (in Ober- und Unter-Ammergau), entgegengesetzt dem 'Rei~ghockt'n, daselbst niedergelassenen Fremden; (Rath Her).

„Selbzwng, prenkraut, apiostellum;“ Ind. 418, f. 150. Diefenbach 40a.

selblich, adj. und adv., eigenmächtig. „Gegen den 24 Verordneten als selblich neuerhebten unfürstlichen Regiment;“ Kr. Lhdl. XV, 60. 61, ad 1505.

selbst, dem gemeinen Mann in A.B. nur aus der Büchersprache bekannt; s. oben: selb. selbstig, adj., selbsteigen, eigen; wirzb. Verordd.: „Zum selbstigen Gebrauch“... „mit Vermeidung selbstiger Ansteckung 2c.“

Die Silben (Sılbm), Sylbe; (cf. Gramm. § 576; ahd. sillaba, mhd. sillebe, silbe. Graff VI, 189. BM. II, II, 289. Weigand, Wbch. II, 706). „Mein silmenczal die sein doch wol geseczet mit silmen reimen also gancz;“ Mich. Beham, Cgm. 291, f. 365b. 366a.

Die Salchen, Salhen, (O.L.) die Sahlweide, salix caprea L.; (mhd. salhe, ahd. salaha, salha, ags. sealh, seal, engl. sallow, Westmoreland: seal, isl. selia, schwed. sälg, alle wol mit dem lat. identisch. Graff VI, 189. BM. II, II, 42; vgl. 725: süle. Weigand, Wbch. II, 533. Vilmar, kurhess. Idiot. 336. Zeitschr. III, 461. IV, 68). „An den salhen, in salicibus;“ Cgm. 17, f. 192b, Ps. 136,2. „Sol nemen einer salichen die under rinden;“ Arzneibuch, Ms. Progel's, f. 116b. Ein Salchenbaum (Lori, Lech-R. 314) als Grenzmarke. Das Salchach, Salhach, Salach, Weidengebüsch; Name verschiedner Örtlichkeiten. Salhach, Burgsalach, bey Weißenburg am Sand; Lang, Regesta IV, 191. Das Salach, ibid. V, 89. Cf. das Salet; Kopitar, Glagolita Cloz. p. LXX.

selchen (sәlchә~), vrb. n., a) trocken, dürr werden; aus-, ein-, ver- 2c. selchen. Dà mècht mә~ glatt *vó'sәlhә~* vó' lautә' Hèәll'n. Der Mensch *sәlcht* sauber 235 aus, is ganz *ausgsәlcht*. „Weil er dermaßen ausgeselcht, daß ihne die strenge Krandheit zu einem Durchleuchtig machet; P. Abrah. „A. 1578 ist im Salzberg

Türnberg 6300 Schuh tief im ganzen Berg ein Mann 9 Spannen lang mit Haar, Bart und Kleidung ganz unverwesen, jedoch am Fleisch ganz geselcht, gelb und hart wie ein Stockfisch, ausgehaut worden;" Dukher's salzb. Chron. 263. b) vrb. act., trocken, dürr machen, besonders Fleisch, Fische, Würste u. drgl. im Rauch; räuchern. *Gsəlchts* Fleisch, *gsəlchté* Schunkng, *gsəlchté* Würst, *gsəlchté* Renkng ꝛc., geräuchert Fleisch ꝛc. „Gesälchte Zungen, Pachen;" tyr. L.O. v. 1603. „Weilen sich die Patres maistens mit geselchten und gesalznen vischen betragen;" Wstr. Btr. VI, 343, ad 1627. „Im Juny etliche khroten anspüssen, selbe an der sonnen selchen und aufbehalten, selbe yber die best zaichen gelegt, ziehen das güfft aus;" Probst Valentin's zu Weiarn Hauscalender, Cgm. 3720, f. 6. Um Müldorf, links des Inn's, werden viele Gänse in der Luft geselcht, — bemerkte Medic.-Rath Weißbrod am 19. Januar 1839, dem Geburtstag des einjährigen Karl Martius, als eine vom alten Banquier Pappenheimer regalierte derley Pommersche aufgetischt wurde. Cf. span. portug. xarque, (in Südbrasilien) geselchtes Fleisch, enchercar, selchen. Fleisch-Selcher sind in Wien, was in München die Köche; sie verkaufen Würste und geräuchert Fleisch. Im letzten Concert des Virtuosen Liszt zu Pest (4. Jan. 1840) rief ein exaltierter Mann: „Ich bin ganz Liszt!" (d. h. von ihm bezaubert). „Sie sind gewiß auch ganz Liszt?" sagte er zum Nachbar, der unausgesetzt applaudierte. „Sie verzeihe, antwortete dieser, ich bin Fleischselcher aus der Josephstadt und kein Canzlist." „Schnee selchen, mare exurere;" Sutor v. Kaufbeuern. Die Selch, Räucherung; Anstalt dazu. ə˜ Fleisch ei˜ d' *Səlch* taə˜. Das *Səlch-Kämme'l*. Daß das Wort kein eingewandertes (etwa, wie v. Hammer, Wiener Lit.-Zeitg. 1816, Nro. 82, auf das türksche Selchahna, Fleischbank, räth), sondern echt deutsch sey, beweist die über passos (racemos, Georgic. IV, 269) stehende Glosse (i. 745): arselchen, (wol kaum Partic. praet.). Graff VI, 216. BM. II, II, 289. Cf. agſ. asealcan, flaccescere, Cædm. 130,30; Partic. asolcen, flaccus, iners; (Lye). „Sina (die Sehnen) asocene," (wol asolcene); Cooper's append. p. 96,216. asolcæn, iners; ibid. 158. Glossar zu Epinal.

ain solcher, ain sölcher (ə˜ səl'ə'), ain sölchainer (ə˜ sé'chənə', ə˜ səl'ənə'), vrgl. Gramm. 831. 769), wie hchd. solch, ein solcher ꝛc.; (mhd. solich, solch, auch sölch, selch, ahd. so-lìh, su-lìh, goth. svaleiks. Graff VI, 18. BM. II, II, 465. Weigand, Wbch. II, 722. Zeitschr. II, 196. III, 16. 452. IV, 501,8. 478. VI, 108, V, 16. vgl. sellig); s. oben, Sp. 205, unter so.

Der Sulch, ä. Sp., ein Vogel (?); Haupt's Zeitschr. VIII, 558.

sulchen, sulhen, sulen, vrb. act. und ntr., in Salzwasser baizen oder gebaizt werden; (vgl. mhd. selken: ich silke, Prät. salc, wir sulken, Ptc. gesolken, stillare, cadere; Grimm I, 939. BM. II, II, 289. „Die trüeben wolken (sind) nider gesolken," oder etwas der Art im welschen Gast; Dr. Frommann, 29. Octob. 1837. — Irrig; es war die Stelle im Herbort 17087: die swarzen wolken nider zu der erden solken," die ich Schmeller bei einem Besuche in München gesprächsweise mittheilte). Fleisch sulchen; das Fleisch sulcht. Die Sulch, Sulh, Sul', Wasser, das von eingesalznem Fleisch, Kraut und drgl. zusammensitzt, Salzbrühe, salsugo, saumure, Sohle. Weigand, Wbch. II, 843. e˜ Fleisch ei˜ d' *Sulch* légng, (es einsalzen). Sulfleisch, Fleisch, das geselcht (geräuchert) werden soll, wird vorher etliche Wochen in die Sulch gelegt. „Sul, heringsul, vischsul, salsugo;" Voc. v. 1482. Diefenbach 509ª. Vrgl. Sur.

Die Sæld, sieh sälig, oben, Sp. 251 f.

„Salde," (Hübner, Salzb. 977; B. v. Moll, Zillerthal) Kuh mit wagerecht liegenden, flachen Hörnern.

seld, adv., a) (b. W.) selbst; b) (Nürnb.) damals, dort; Zeitschr. II, 276,23. III, 419,619. 547,13. IV, 546, IV, 25. Vilmar, kurheß. Idiot. 382. sieh selb.

Die Seld, a) (ä. Sp.) die Einkehr, Herberge, die man nimmt; (mhd. selde, ahd. selida, selitha, goth. salithva, mansio, diversorium, eine Ableitung vom gothischen, unter der Sal angeführten saljan, divertere. Graff VI, 176 f. BM. II, II, 28. Weigand, Wbch. II, 724). Die Nachtseld, ä. Sp., Einkehr über Nacht, Nachtherberge. Im Cgm. 697 v. 1506 kommen öfters Nachtselden der Schiffer und andrer Leute im Kloster Altenhohenau, die dafür bezahlen, vor. „Item ein edelman hat für ein Nachtselden geben LIII dn." „Er gab in gar gut Nachsält;" Cgm. 270, f. 236. „Hie wil ich di nacht seld han gar zu einem piderman;" Cbm. 91, f. 12ᵇ. „Dem wirt, der uns gar umb klaines gelt hat geben gute nachtseld;" Cgm. 1119, f. 99ᵇ. „Do er dan essen wil oder nachtsel haben;" Cgm. 1279, f. 152. „Doch war er fro, das an der stet er eine sichere nachtsel het;" H. Sachs 1560: V, 383 (1612: V, III, 94). Cf. Wstr. Btr. II, 118. Gudrun 554,1. Nibelungen 2822. 5167, (Lachm. 647,2. 1228,3). Besonders blieb 236
dieser Ausdruck für solche unentgeltliche Beherbergungen, wie sie die Fürsten mit ihrem Jagd- oder raisigen Zeug in Klöstern, und nach ihrem Beyspiel wol auch ihre Beamten (Richter, Schreiber, Kastner und Schergen) bey den Unterthanen zu nehmen pflegten; späterhin eine Geldabgabe statt der Bestreitung wirklicher Nachtquartiere der Art, jus fodri et albergariae. Nachtziel (die Nachtzil, Dr. Roth; — wol aus jenem Wort entstellt); MB. IV, 467. V, 221. XV, 483. Weixer, Diss. VI, P. III. cfr. Lhdl. V, 328; r.f. L.O. v. 1518, Tit. 1, Art. 7. In MB. XV, 484 und 488, ad 1301 findet sich auch noch das vrb. neutr. nachtselden, über Nacht einkehren. „Das ir auf des gotzhaus gut icht herbergt noch nachtseldet." Vgl. ahd. selidon, gl. i. 981, hospitari. Seldetuem, ä. Sp.; „ah mir, mich wande seldetuom, ellentuom min gelenget ist, heu mihi, qnia incolatus (in-colatus?) meus prolongatus est;" Cgm. 17, f. 182ª. Ps. 119,5. b) die Seld, gewöhnlicher die Selden (Səld'n, und nach dieser Aussprache, Gramm. 72. 326, geschrieben „Sölden, Sölde," auch zusammengezogen Səln, Səln), tautologisch das Seldhaus (Səlhaus, „Sölhaus"), Wohngebäude von der geringsten Art (in der ä. Sp. auch von der prächtigsten — „Hilden selde," Pallast der Königin Hilde, Gudrun 938,1; cf. 795,3. 902,4. 936,1. 972,1. 1058,1. 1070,4. 1192,1; ahd. Sp. salida, selida, gl. passim, gewöhnlich für domicilium, mansio, habitatio, Tat. 91. 104, auch für Hütte). Die Selden (Səln, „Söllen") für die Arbeiter in Gebirgswaldungen ist mehr nicht, als eine Hütte aus Baumstämmen. Die Selden (Sölln) der Holzknechte: Maiß-, Winter-, Bach-, Trift-, Klaus-*Sölln*; (Jir.). Namentlich gilt die Selden als Wohnhaus eines ärmeren Landmannes, der dazu keinen oder nur wenig Grund und Boden besitzt, und sich in größeren Bauernwirthschaften als Taglöhner brauchen läßt. „Cum seldis curiae adjacentibus;" MB. I, 109, ad 1293. „Ein selden;" MB. XXV, 446, ad 1487. „Sedelhof samt den dreyen selden darzu gehörig;" MB. X, 586, ad 1526. Ursprünglich waren diese Selden wol bloße Herbergen, die der Besitzer eines größern Gutes auf seinem Grund und Boden seinen Arbeitsleuten, die er sich darauf verheiraten lassen wollte, zur Wohnung anwies. Nach und nach kam in diesen precären Besitz eine gewisse, wenigstens der des Lehenverhältnisses ähnliche, Stätigkeit, oder er gieng in völliges Eigenthum über, wo sich denn zu dem bloßen Wohnhause bald auch ein Gärtchen, ein Aeckerchen u. s. f. gesellen konnte. So wurde denn manche anfängliche lære Selden (vrgl. lær Häuslein) allmählich zur gueten oder Bau-Selden, deren nach dem ehmaligen

Hoffuß 8 auf den ganzen Hof gerechnet wurden, während er der erstern 16 enthielt. Man unterschied jedoch die læren Selden von den Lär-häuslein, deren 32 auf den Hof giengen. Weixer, Dissert. XXXIX, P. II. Hübner, Salzb. 64. 147. Allein dieses Verhältniß hatte so wenig Bleibendes und Bestimmtes als der Hoffuß selbst. A. 1445 (Kr. Lhdl. IV, 125) gibt eine Selden 12 dn. Steuer, während der Hof 9 ßl. dn. gibt. A. 1501 (Kr. Lhdl. XI, 542) findet man von einer Abgabe auf einen Hof 28, auf eine Hueb 15, auf eine Selden 10 Kreuzer gelegt. In Akten v. 1595 wird ein Hof mit 100, ein Hueb mit 50, ein Sölden mit 25 fl. besteuert. Schon auf dem Landtag v. 1605 wird bemerkt: „Ain Hof, ain
237 Hueb, ain Söldt ist dem andern in dißem Landt ganz ungleich." Im J. 1682 gibt der Hof 5 fl., der halbe 3, der Drittelshof 2 fl. 30 kr., das Lehen oder Viertelshof 2 fl., ein Bausölden, dabei man etwas anbauen und Vich unterhalten kann, 1 fl. 30 kr., ein einfache Sölden, dabey nichts als ein Gärtl oder auch sovil nit ist, 1 fl. als Landsdefensions-Beytrag. Chlingensberg, de jure hofmarch. 101, nennt die Selden nach der falschen Orthographie Sölden, praedia mercenaria, und ihre Besitzer die „Söldner," mercenarii. Bausölden sind ihm solche „praedia, quae agris, pratis et fundis, sed paucioribus quam quartarius (der Viertelhofbesitzer) sunt instructa, ut aliquibus in locis 8 Bausölden, alibi 14 uni integro manso (Hof) aequiparent, schlechte oder läre Sölden aber, so kain Bau haben, und deren zuweilen 16, zuweilen 20, 24 einem ganzen Hofe gleich." Die alte Policey-Ord. bestimmt das Seelgeräth für den Besitzer eines ganzen Hofes auf 12, für den einer Hub auf 6, und für den einer Sölden auf 3 ßl. dn. Nach derselben Ordnung darf ein Hof 24, eine Hub 12, eine Bausölden 8, ein Söldner, der nichts zu bauen hat, nur 4 Stück Schafe halten. Ein bleibenderes Merkmal einer Bau-Selden dürfte wol dieses seyn, daß ihr Besitzer im U.L. in der Regel nur ein paar Ochsen, im O.L. auch wol ein oder zwey Pferdchen hat, um seinen Feldbau zu versehen. cfr. Zirngibl, Hspch. 243. 244. Die heutzutägige, etwas freyere Beweglichkeit des Grundbesitzes hat diesem, sowie manchem andern Begriff die ältere Basis entzogen. Die ältere, der Vermehrung besitzloser Population abholde Gesetzgebung hatte wiederholt auf „Abschaffung der neuen Söldenhäußl oder Ingehäuß" (s. unter Haus) gedrungen; anders verfährt die neuere. Der spätern Bauselden (bey welcher nemlich einiger Grund und Boden ist) scheint das „Seldengüetlein, unser eigen sellgüetlein" (MB. XXIV, 516. 547) und das sellehen („zway sellehen, di in denselben hof gehören," ibid. 338. 356. 528) zu entsprechen. Vrgl. übrigens die Sal, sellen und Sêl.

Der Seldner (Səldnəʳ, Səlnəʳ, „Söldner"), Selderer, Seldhäusler (Səl'häusləʳ, Səlmà~, Səl'leut), der Bewohner, Besitzer einer Selden, oder eines Sechzehntels- bis Achtelshofes. Lär-seldner, Bauseldner. Der *Söllner*, a) Holzknecht, der die Wache hat in der Selden; b) Leerhäusler, auch *Söll*häusler geschrieben; (Zir.). „Söldner am Filz" (L.G. Weilheim), Ansiedler, Colonist am Moor. „Den Söldnern und Taglöhnern soll kain Roß und Vieh zu halten verstattet seyn;" Mandat v. 1660. Wstr. (Betrachtungen über den XVIII. B. der MB. p. 48) spricht von Leibsöldnern (Pächtern auf Lebenszeit), im Gegensatz der Bausöldner, welche nach ihm jährliche Pächter seyn konnten, jedoch ohne Anführung urkundlicher Stellen. „Swelcher arm man auf dem lande gesetzen ist, er sey pawr oder seldnär;" L.Rcht. Ms. v. 1453, cap. XII. Auer, StR. p. 73. „Alle gepurn und all seldner ze Erringen. Ain seldener git halb als vil (als ein gebûr), ain dienender knecht halb als vil, als ain seldener;" MB. XXIII, 227, ad 1378. Inquilinus, „der eigen hûs ne habet, unde er anderes man-
238 nes seldare ist;" Notk. 118,19. Gl. a. 166. 523: selidari, sarabaita, mansionarius. „De illis qui dicuntur *Seldenærii*," (ad 1302); Clm. 9557, f. 161.

„Söldner, stipendiarius agrestis qui praeter casam et equum nihil habet," sagt nach jener beliebten Orthographie und Etymologie das Voc. v. 1618.

„Seldner" (?). Fremde und einheimische Knappen durften keine Messer tragen, sondern nur abgebrochene Seldner. Fink's Geschichte des Vizdomamts Nabburg p. 115.

Söld, Söldner, s. Seld, Seldner.

Solder, s. Soler.

Der Sold, wie hchd.; (mhd. solt, soldes —; aus der ahd. Sp. ist mir das Wort nicht erinnerlich, während es doch die romanischen Sprachen haben, wo es, wenigstens in der ital., span. Form soldo, sueldo, für solidus sowol, als für Lohn steht. Catalon. del ou al *sou*, del *sou* al bou, del bou a la forca, vor kleinen Anfängen (zu stehlen) warnend. „Ne volien *sou* negu," wollten keinen Sold;" Muntaner, cap. 48. Grimm, Gesch. d. d. Sp. 134 f. geht zurück auf goth. skula, ahd. scolo, sculdô und die schon früh das c abwerfende Form sol, sold. BM. II, II, 467. Weigand, Wbch. II, 723). Diut. II, 279 heißt es: „Eines solichin herrin soldat (darüber steht lon) mugin sine ellinde rechin (darüber steht milites) gerne inphahin." Ad 1499 Kr. Lhdl. XIII, 31 wird Sold vom Lohn der Bauernknechte und Mägde gebraucht. Um 1555 war der (monatliche) Sold eines Landsknechts 4 Gulden rheinisch; (s. Gulden). Die Waibel, Füerer, Furiere, Trommelschläger und Pfeifer, Feldscherer, Trabanten, Capläne ꝛc. hatten jeder zween Söld oder Doppelsold, der Musterschreiber 3, der Feldwaibel 4, der Fändrich 6, der Hauptmann eines Fänleins 10 Söld (also 40 Gulden). Man pflegte auf jedes Fänlein fünfhundert Söld zu geben, darunter vierhundert Knechte lagen; die übrigen hundert Söld wurden unter die Aemter, Doppelsöldner und andere gute ehrliche Gesellen ausgetheilt. Der (einfache) Sold eines Pferdes (d. h. Reiters) war monatlich 12 Gulden. Mit jeder gewonnenen Schlacht war ein Sold fällig, und fieng ein neuer Monat an. Fronsperger.

soldenen, versolden, (ä. Sp.) besolden. BM. II, 468. „Als unser gesoldenter diener;" Gem. Reg. Chr. III, 506. „Reisige und Fußknechte, die nicht Herren haben, die sie versprechen und versolden;" Kr. Lhdl. IX, 15, ad 1490. „Item der Pfarrer zu Burghausen soll versolden 2 Gereisige und 4 Trabanten;" Lhdl. VII, 78, ad 1460. Nach der Reichsordnung v. 1500 hatten allweg 400 Unterthanen einen Fußknecht zu versolden, d. i. 50 fl. rhein. zu geben, oder einen Mann zu schicken; Lhdl. IX, 463. 476. „Den Nachrichter versolden; das. 443, ad 1474. „Das hofgesindt, welches alles versölt;" Meichelbeck, Chr. B. II, 222, ad 1548. „Ich weiß vil wol, wie ich den held versolden (belohnen) sol;" Pitrolf 1366. Sollte als Entstellung hieher gehören die ironische R.A.: Einen versollen, ähnlich der R.A.: Einen auszahlen, (ihn zu Schaden bringen)? s. oben: die Solen, Sohle.

Der Soldner, Söldner, (ä. Sp.) besoldeter Kriegsknecht; (mhd. soldier, soldenier, soldenære; BM. II. II, 468. Weigand, Wbch. II, 724. VII Com.: *Soldenar*, *Sollenar*). Noch vor ein paar Jahrzehenden waren beym Münchner Magistrat 4 *Stàdsəl'nəʳ* angestellt. Sie erscheinen bey Fronleichnams-Processionen in der ehem. Stadtlivree, schwarz und gelb, und waren mit Hellebarten bewaffnet. Birlinger 388. Die Söldnerey, die Soldatesca, besoldete Truppe. „Doch müsse er seine 239
Söldnerey zertrennen;" Kr. Lhdl. XIV, 519, ad 1504. Doppelsöldner, (s. oben). „Und welcher ist so unverzagt an eim tag thut all becher lärn der mag ein doppelsöldner wern;" H. Sachs 1612: I, 1092. „Die Rhaisigen und Doppelsöldtner, die am besten mit harnisch bewaffnet und bedeckhet seindt;" Fwrbch. Ms. v. 1591. „Hauptleut und Doppelsöldner." „Viel namhafter Edelleut und Doppelsöldner;" Hist. der v. Frundsberg. „Es hat yeder haubtman macht, vnder sei-

nen Soldaten die ſtellen und luckhen zu verwechßlen, alßo daß er aus einem darzue tauglichen Doppelſöldner einen Schützen, oder auß einem Schützen ein Doppelſöldner machen darff;" Ldtg. v. 1605, p. 284. „R. R. wurde aus einem Schreiner ein Doppelſöldner;" Bogenberg. Mirakel v. 1619. „Auf 700 Mann ungefähr 21 Doppelſöldner;" Truchſeſſ. v. Waldburg Chron., v. Lang b. Geſch. III, 291. Gl. o. 52 ſteht bey miles gregarius ſcoldiner; (Graff VI, 490). Wenn dieß nicht verſchrieben iſt ſtatt ſoldiner oder ſtatt ſcildiner (einſcildic ritter), wäre eine Rückſicht auf den Stamm ſollen ſt. ſchollen (ſchuldig ſeyn) zuläſſig. „Geruochet es diu vrowe mîn, ich wil gerne ir ſoldenier ſîn"; Gregor v. d. St. 1704.

Soldel, Sultan, (Hundsname).

ſalfern (ſâlfə'n), ſchnell, unverſtändlich, mit Ausſpritzen des Speichels ſprechen; (b. W.) sàifə'n, ſ. oben: Saifer. Das Geſalfer, Geſalf, Geſchwätz. Vrgl. Salben.

ſelfer, (sǫlfə', Kitzbühel) launig, mürriſch.

ſulfern, (ſchwäb.) ſchlürfen. 'beſulfern, beſulwern, beſulbern, was beſülen (ſ. ſolen); Grimm, Wbch. I, 1691. BM. II, II, 467.'

ſulgen, ſolgen ä. Sp.; vgl. oben: ſolen. „Linere clänen vel ſulgen;" Clm. 16165, f. 114.

Der Salm, wie hchd.; (mhd. ſalme, ſalm, ahd. ſalmo, esox, gamarus, salmo. Graff VI, 218. BM. II, II, 42. Weigand, Wbch. II, 534). S. Sälbling.

Der Salm, Geſchwätz; — vielleicht noch vom alten ſalm, psalmus, (Graff III, 370. BM. II, II, 42. Weigand, Wbch. II, 430), in Ald. 111 (v. 1250) passim. Ald. 184 (sec. XIV.), f. 55 heißt es von den Leonistae (Ketzern, Waldenſern), ſie vermäßen ſich, die Bibel zu überſetzen, und zwar falſch: Increpa feras arundinis durch „reffe diu tier der ſwalwen — hirundinis pro arundinis. Psalmis etiam imponunt titulos: Eructavit der Maide ſalme, Exurgat der rache ſalme, De profundis der re ſalm et sic de ceteris."

Die Salmi, (Küch.-Spr.) Brühe oder Sauce, aus im Saft gebratenem und dann im Mörſer zerſtoßnem Geflügel, beſonders wildem, mit Wein ausgekocht.

'Der Salniter, ſ. oben, Sp. 254.'

Die Salſen, eingekochter Saft; (mhd. ſalſe, BM. II, II, 42. Weigand, Wbch. II, 535. ſalſn, Voc. v. 1419; ſalſa, Dr, Eck; ſalſe, Zwein 3279), ital. salsa; ſ. die Salzen. „Wenn man Cinamomum pulvert und ez an ſalſen ſtat gibt mit ezzen;" Konr. v. Megenberg f. 213, (Pfeiffer 362,3).

Der Saltner, (tirol.) Feld-, Weinbergs-, Holzwächter, Flurſchütz, ital. saltaro, romanſch il salter, der Waibel, barblat. saltuarius. „Qualiter camparii seu saltarii juramenta servaverunt;" San-Zenon. 112, f. n. 5. Dal Pozzo p. 301. Samml. f. Tirol v. 1807, III, 98. Tirol. Polic.-Ord. v. 1603, p. 24. Steub, drei Sommer in Tirol, p. 325. Saltnerey-Wein; tirol. LOrd. v. 1603, f. 73.

'ſelt (salt), dort; ſieh ſeld.'

ſelten, wie hchd., a) Adv.; (ahd. ſeltan, agſ. ſeldan, isl. ſialdan — merkwürdig der Comp. ſeltanôr, gl. i. 553, agſ. ſeldnor — während zu einem mir unbeleglichen Adv. ſeltana ein Comp. ſeltor, wie ferrôr, rûmôr, ſîdôr zu ferrana, rûmana, ſîdana, erwartet werden dürfte; vrgl. Grimm II, 654. Graff VI, 216. BM. II, II, 248. Weigand, Wbch. II, 688). b) Adj.

ſeltſam, a) wie hchd., d. h. auffallend, wunderlich; ſibſeltſam, (ſchwäb.) ſehr wunderlich, unerträglich. b) ſelten, rarus. Zeitſchr. III, 214,2,6. IV, 461. Ei, dés is éppəs *ſǫldſəms*, dás Si á' ə~màl bey miər ei~kêr'n. Guədé kam! dés sán' *sǫltsame* (ſeltene) Gést; (ObrM.). Die Seltſamé, Seltſamkeit. Zur Seltſamé daß er mich grüeßt. Zə'nə' *Sǫldsamé* isst mə' bey-n-üns ə~ Fleisch, (ſelten). In der mhd. Sp. heißt dieſes componierte Adj. ſeltſæne, in der ahd. ſeldſâni, ſeltſâni, Otfr., gl. i. 237. 450. 549. Graff VI, 216. BM. II, II, 26. Es hat die Bed. a), und gilt auch als Subst. neutr., (miraculum). „Ita mirabile et inconswetum, ſo ſeltſein vnd ſo itnew;" Clm.
4755 (XIV. sec. 4?), f. 148. Darneben kommt ein 240
dunkles ſeltkalouf (i. 897: ſeltkalouffer, rarus; Kero VI, 2: ſeltkaluoffo, raro; i. 1112: ſeltcloffo, rarum; i. 475: ſeltclafer) rarus vor. Daß das ſchwäbiſche „ſellig" (w. m. ſ.) aus ſeltlich, entſprechend dem agſ. ſellic, ſeldlic, goth. ſildaleik, gebildet ſey, bezweifle ich.

Das Salator-, Salvater-Bier, (in München) ſtarkes Doppelbier, weiland von den Paulaner oder Franz von Paula-Mönchen zu St. Salvator in der Vorſtadt Au (jetzt Strafarbeitshaus), nun von den Beſitzern ihres Brauhauſes (Zachə'l) jährlich in der Octava vom 2. April (Franz von Paula) gebraut und groß berufen. (Nach Beneficiat Geiß: von einem aus England gebürtigen Paulaner P. Salvator, der das Bier gebraut habe, benannt.) Marggraff's München (1846), S. 553 f. Am 20. Novbr. 1845, da ich zufällig zu den Xylographen Braun und Schneider komme, klagen ſie, eben ſey ihnen Nr. 26 ihrer „Fliegenden Blätter" unter Beſchlag gelegt worden, in welcher Nummer die verſchiedenen Bierarten perſonificiert und ſo die obbenannte durch eine männliche, freilich etwas mönchliche und mit einem △ über dem Kopf verdeutlichte Geſtalt dargeſtellt ſeyen.

Die Salvaterwurſt, cervellato.

Der Salver, Salverer, die Salbey, Salvia L. BM. II, II, 43. Weigand, Wbch. II, 534. 'Der ſalvei, neben die ſalbay bei Konr. v. Megenberg, Pfeiffer p. 701.' „Von dem ſaluan ain pebärt Waſſer;" Cgm. 4543, f. 222.

Das Salvêt (◡ –), ital. la salvietta, das Tellertuch. Vilmar, kurheſſ. Idiot. 336. Schneuz-Salvet, Schnupftuch; Guggenberger Proc. 141.

Mit Salveni (◡ – ◡), salvâ veniâ. Mit *Sâlveni* z' mǫld'n, z' réd'n...

Die Sàlveguárdi, ital., ſpan. salva guardia, franz. sauve-garde.

Das Salz, wie hchd.; (mhd., ahd. ſalz, agſ. ſealt, isl., goth. ſalt. Graff VI, 218. BM. II, II, 43. Weigand, Wbch. II, 535. Grimm, Mythol.^{2} p. 998. 1030. 1072). Arm Salz, reich Salz, ſ. Th. I, 143. III, 19. Leb-Salz, ſ. Th. II, 1409. Lön-Salz, ſ. Th. II, 1482. Mueß-Salz, ſ. Th. II, 1676.

Schar-Salz, s. unter Schar. Weich-Salz, s. unter weih, und vgl. Th. II, Sp. 1693: Miet. Sal sacerdotale in Medicinen; Ind. 355, f. 70. 81[b]. 101. 139[a]. und öfter. „Doch mügt jhr für all sorg und schrecken, eh jhr ausgeht, ein gweicht salz lecken;“ H. Sachs 1612: IV, III, 74. Vgl. unten: Salzlecken. Aus 'n Salz, adv., tüchtig, — z. B. Einen abprügeln und drgl. Im Salz liegen, (im Wochenbett); ins Salz (der Köchin) schenken; s. Birlinger 383. Das Salzach. „Zu der Zeitt St. Ruprechten ward widerumb gefunden das Salzach (die Salzquelle) zu Reichenhall; Chron. in v. Freyberg's Samml. I, 44. (Vrgl. ach, I. Th., Sp. 21). Die Salzach, der bekannte Fluß; (ahd. Salz-aha; s. I. Th., Sp. 21 f.). Förstemann II, 1218. Hübner, Salzb. 599. Salzburg (Salzburuc, Salzburc, gl. o. 127. 391 Förstemann II, 1218 f.), die bekannte, schöne Stadt. Salzburger Birn des pyrus sylvestris; (Jr.). Salzburger Stierwascher, ein Spott-Epitheton. Eine Art Kegelspiel mit drey in einer Linie weit auseinander stehenden Kegeln heißt sowohl Salzburger, als auch Stier-Scheibət oder Keglət. Vgl. Th. I, Sp. 382: Pudel. Die Salzburg, oder die Burg Salz, bey Neustadt a. d. Saale; s. Lex. v. Franken V, 18. Förstemann, a. a. O. Moenia magna palatinae sedis Salt nomine dicta nascenti vicina Salae; Leibnitz, script. rer. Brunsvic. I, 139. Gemeinschaftliches Salzlecken, ein Verbrüderungssymbol salzburgischer Landleute, z. B. noch derjenigen, die im J. 1731 des Glaubens wegen auswanderten, sowie derer, die im J. 1525 sich mit Gewalt der Hauptstadt bemächtigten. Abgemalt auf einer Tischplatte im Wirthshaus zu Schwarzach. Reise durch Ober-Deutschl. I, 130. „Muß recht lachen ihres Fundts (der evangelisch Gewordenen, nachdem sie zu einander geschworen), thuen drauf ein Knolln Salz aufheben und äm jeden z'lecken geben war ä Zaichen ihres Bundts, das ist ja ein Narrenwesen mueß ein Afel-Glaubm seyn gewesen khrat so mein hat mit Respect ainer gschwind den andern gleckt;“ Spottlied auf die ausgewanderten Salzburger (1. Jan. 1732) im Band Hist. Ref. 2⁰ 10[m]. Der Salzmaier, ehmals der oberste Beamte einer bayrischen Saline; s. II. Th., Sp. 1553. Salzlader, Salzsender, die gewisse Salzspeditionsgeschäfte besorgten. Burgholzer, München 100. Finauer, Bibl. II, 221. Salzmeste, s. Th. II, Sp. 1684: Mêste und Zeitschr. VI, 175. Salzstœßler, der Salz im Kleinen zu verkaufen berechtigt ist. S. stößen. Die Salzstraß bey München, wie die Via salaria in Rom. Der Salzer, was Hohenauer (s. Th. II, Sp. 1043), Salzschiffer stromaufwärts.

salzen (I sàlzət, hàb gsàlz'n und gsàlzt), wie hchd.; (mhd. salzen: Prät. sielz, Ptc. gesalzen; ahd. salzan: sialz, gisalzan, verschieden von salzôn, saltare. Graff VI, 219. BM. II, II, 43. Weigand, Wbch. II, 535). „Wenn si den maden gewonnen so sielz er sie ein;“ der Bauer von Schrobenhausen mit den Kalbsköpfen, bey H. Sachs 1560: II, IV, 61. „Da priet Tobias ein stucke des visches, das ander tail das sielzen sy;“ Cgm. 633, f. 167. Salzen und schmalzen ein Kind (im Scherz), es nach katholischem Ritus taufen. (Vrgl. Grimm's RA. 457). Sp.W.: Jacobi (25. Juli) tuət's Obəs sàlz'n, Bártlmê (24. Aug.) schmàlzn, (macht es vollends reif). Es Einem salzen, einsalzen, versalzen, es ihm schwer, sauer machen. Einem (Streiche) aufsalzen, ihn schlagen, prügeln. gesalzen, übertrieben theuer. Zeitschr. V, 63,33. (Auch im Schottischen gilt salt, adj., in diesem Sinn). Ge-
241 salzne oder Salz-Fischer, (in Nürnberg) Verkäufer von Häringen, Stockfischen und drgl. Der „Saltzer, der eingesaltzne speiß verkauft;“ Voc. v. 1618. besalzen (einen Bezirk, ein Land), mit Salz versehen, Salz dahin verführen, verkaufen. „Bayern hat früher ganz Schwaben und die Schweiz besalzen.“ „Der kuchensoldt der tregt mirs nit ich kondt mich nicht besalzen mit;“ H. Sachs 1560: II, III, 74.

Die Salzen (Sàlzn), Selzen (Sə̄lzn), Saft von verschiedenen Früchten, zur Dicke eines Syrups eingesotten, Rob. Rueben- oder Kraut-Salzen, vom Saft, der beym Kleinhacken (Schrœten) der weißen Rüben abfließt. Hagebutzen-Selz oder Hetschepetsch-Salzen, von Hagebutten. Kran-ber- oder Krànəwétt-Salzen, von Wacholderbeeren. Himber-Salzen, Hollə'-Salzen (von Hohlunderbeeren), Zwetschgen-Salzen, Agres-Salzen, Attich- (Archə‿) Salzen ꝛc. „Ein saltze, condimentum, embamma;“ Voc. v. 1618. Vrgl. Salsen. R.A.: ə‿ rechté *Sàlz'n*, ein rechter Possen. „Es were eine rechte Saltzen für churpfalz, wenn ...;“ Nachbarn am Isarstr. V, 83.

Die Sulz, a) Salzbrühe, Salzsoole; (mhd. sulze, sülze, ahd. sulza; gl. a. 54. 531. 577. i. 244. 326: salsugo, murium, salina. Graff VI, 220. BM. II, II, 726. Weigand, Wbch. II, 844. Vilmar, kurhess. Idiot. 407 f. Zeitschr. VI, 345. „In salsuginem, in die sulce;“ Cgm. 17, f. 161[a], Pf. 106. „Garum, sulci;“ Clm. 15965, f. 12[b]. Cod. Sal. S. P. 15. Diefenbach 372[b]. 508[b]. 509[a]) „Nu ist daz mer ein Sultz, und dazu grundlos;“ Cgm. 719, f. 48. Eine Bergpfannen-Sulz, im Hallein ein Idealmaß für soviel Soole, als in einer Woche versotten wird. Lori, Brg.-R. 299. 391. Salzb. Repl.-Schr. Blg. 94. b) Salzlecke für Vieh, Wild. Schafe, Tauben, Hirsche, Rehe sulzen, sie durch gestreutes ꝛc. Salz locken; (bey v. Moll auch: Schafe selzen). (Sollte „ein Fischwasser besolzen“ — in ältern Friedberg. Akten bey Hellersberg 109 ebenfalls hieher, oder zu c) gehören?) c) (Küchen-Sp.) gallertartiger Aussud aus thierischen Theilen, Gallert; thierische Theile, die besonders geeignet sind, mit oder zu solcher Gallertbrühe bereitet zu werden. Birlinger 388. „Ihr Geistlichen seyd ein Salz der Erden, spricht der Herr, ein Salz, kein Sulz, kein schweinene gar nit;“ P. Abraham. „Das acht Essen (bey Herzog Albrechts Gedächtnißfeyer a. 1509) was ein durchsichtig hohe Sultz mit vischen.“ „Zittert das Herz im Leib, als wie ein Faßnacht-Sulzen;“ P. Gansler. Sulcz, exta, titillicus, gelu; Voc. v. 1429, 1445 und 1550; (sulza, frigdaria, fridarium, gl. a. 40. 518). Firmenich I, 40,250: *Sült.* „Die Sulzen, als da seynd Kopffleisch, der Wanst, Herz, Mülz, Lungen, Leber, klein und große Därm;“ O.Pf. L.-Ord. v. 1657, p. 543. „Sawre ding sind guet (in der Pestzeit) ausgenomen sultz rueben vnd poting chrawt,“ (1463); Ind. 355, f. 229[b]. „Die bosen mist bûben der sie wurff mit sultz rûben!“ des Teufels Segi („von den Schützen und Schintfesseln;“ Barack p. 261,8296) Die Sulzer, ehmals in Augsburg, was jetzt die Kuttler und Wämstler; P. v. Stetten, K.- und G.-Gesch. Birlinger 388. sulzen, vrb. n. und act., zur Gallert stocken, gerinnen; zur Sulze machen. (Im Himmel) „ne bedarf me durch zuomuose fleisc unde viske sieden noh sulcen;“ Clm. 9513, Vers 269, (Haupt's Zeitschr. VIII, 152). Ein Gesulztes, Speise der Art. Eine große Wunde versulzt sich, wenn sie sich, unter Ansetzung gallertartigen jungen Fleisches, schließt.

Der Sultzer, (Augsb. St.-Rcht., Cgm. 277, f. 91 und 559, f. 103 Hüter oder Wärter von Gefangenen. Birlinger 389.

Die Sulz, Flüßchen im Nordgau; bey Ried 900: Solanza. Förstemann II, 1284; vgl. 1327 f. Sulzbach, Sulzbürg, Sulzgau (pagus Solanzgouui, Urk. in Aretin's Beytr. IX, 1054 ff., den Stammvater 242
des Hauses Wittelsbach Luitpolt als Grafen des Solanzgaus betreffend).

---

sam, „samb,“ indecl., a) wie, als, als wie, als ob, als wenn, (also was das hchd., nach Gramm. S. 170 tautologische: gleichsam als); cf. zem unter zemen.

Sam ə' 'n nét kennət, als ob er ihn nicht kenne. *Sam* géstə'n, als gestern. *Sam* nét gscheid, wie nicht gescheid. Der tout ə'*ſo ſam*, thut dergleichen, stellt sich so ..; *ſam gókə*, *ſo ſan gókə*, so zu sagen. (s. keden, Th. II, Sp. 1225). „*á samsing*, dem Scheine nach, dem Ansehen nach, gleichsam; wie àlles *á sámsing* an Trost oam macht;" Seidl, Flins. III, 79. 121. Vgl. unten: der Sinn. „Die erste Maria soll sein zichtig hereingeen, nit vil umbsehen, und die hendt aufheben, sam si bettet, doch khainen Pater noster haben;" Anord. zur Fronleichnams-Process. v. 1580. „Noch war die Ketten also leicht, daß ihn in seinem Sinn gedeicht, sam wers aus lauter Holz und Stro;" kath. Gesangbuch v. 1660. „Sich wider den A. beklagen, sambt er subreptitie das Officium impetrirt hätte;" Weizer, dissert. IV, 22. „Julianus tet sam er ein guter Christ wer" ...; „stellet sich sam wollt er ...;" „tet sam ob er nichts drum wüßt;" Av. Chr. 258. 393. 519. „Sam ist," als da ist; Maurer, Ruprecht v. Freys. p. 362. „Am ersten erzeigt er sich, samb wollt er fliehen, darnach sprengt er in die Feind;" Chr. in Freyb. Samml. I, 61. „Gleich sam er fallen wollt," s. Th. II, Sp. 1423. Mhd. Spr. sam, ahd. sama; Graff VI, 27. BM. II, II, 44. „Stelle ich mich danne swîgend sam ich trûre;" Labr. 480. „Ich zerre in alsô kleine sam daz in der sunnen vert," (zum Sonnenstäubchen; cf. S. Helbling XV, 247: „als daz in der sunne vert"); M. Helmbrecht 1837. „Podagra der da sam stäcztigs (stätigs) an fuessen wil verprinnen;" Semansh. 33, f. 279. „Sam wole ich sam du," sowohl ich, als du; Diut. III, 108. Sama, aeque, gl. i. 344; so sama (ags. sva same), similiter, itidem; sama so, quasi, veluti, ahd. passim. (Etwa ein adjectivisches daz sama wie goth. thata samo zum Indeclinabile versteint, und solchenfalls ein und dasselbe Wort mit dem folgenden, nur mehr in der Composition lebenden, adjectivischen -sam). b) (o.pf.) Zwischenwort, welches sagen will: wie verlautet, wie man sagt, wie man hört, — und vermuthlich aus einem ganzen derley Satze elliptisch übrig geblieben ist. Er is *ſam* rèəd i˜n Iəlent drinnə˜ gstéckt, er ist, wie verlautet, recht im Elend gesteckt. Vrgl. auch oben Sp. 206 die Betheuerungsformel sam mir... BM. II, II, 44ᵇ. Vilmar, kurhess. Idiot. 336. Sunt multi qui dicunt: sam mir der tewfel es ist also, hoc est: sicut diabolus est ita est, vel: per diabolum ita est;" Thomas de Haselbach, decalogus, 2. praecept., Aug. eccl. 61, f. 21ᵈ. „Sam mir Krist!" Haupt's Zeitschr. VII, 125,543. „Sam mir sant Jôhans!" S. Helbling I, 295. „Sam mir toufe unde chresem!" das. III, 172. „Sam mir diu heilige zît!" das. VIII, 892. „Sam mir sele und leip!" Renner 14732. „Sam mir mein graber part!" sagt Petrus im Sterzinger Passionsspiel von 1500. „Es ist war, samer unser Herr got;" Cgm. 714, f. 62. cf. Aug. eccl. 71, f. 65. „Ich gib euch lere samer crist die euch gar nutzlich ist;" Cgm. 270, f. 91. „Ja sy, samer mein leib! es ist das selbig werd weib;" Cgm. 379, f. 50 und 270, f. 90. Cf. Se dex me salt (Conjunctiv), so Gott mich behüte; Diez II, 193.

-sam, adj., doch nur mehr in der Zusammensetzung, wie hchd.; (ahd. -sam, isl. auch als selbstständiges adj. sam-r, goth. sa sama, so samo, thata samo, ganz wie noch das engl. the same, idem, eadem — wol, wie der Schweizer sagt, der, die, das gleiche, wornach die Composita auf sam mit denen auf lich — s. leich — auf einerley Grundbegriffe ruhen. Vgl unten samelîch. Graff VI, 26 f. BM. II, II, 43 f. Weigand, Wbch. II, 535 f.). 'Ob auch ein Comparativ: samer?' Ez hât geschaffet diu gotes kraft ein missemüete gesellesehaft, diu doch samer belibe (die doch besser unterbleibe?), under sêle und under lîbe," (denn die beiden vertragen sich nicht, was dem einen nützt, schadet dem andern); Gregor v. d. St. 2459, '(bei Lachmann und Bech 2485: „diu doch samet belîbe." Vgl. oben samer aus sam mir und unten: sâmer).' grausam, handsam, mitsam, ruesam, scheuzsam, taugsam ꝛc. Dankchsam, geluchsam, mitsam; ZZ. 1803, f. 192. Einige solcher Adjective lauten substantiviert der -sam, wie hchd.; mehrere aber die -samé, (ahd. Sp. -sami, -semi).

sam, samen, sament, samet, sant, als Nachsatz zu dem Adj. aller, e, s, noch den alten Partikeln sama, 243
saman, samant, goth. sama, samana, samath, isl. sam, saman, ags. samod entsprechend. Der Wein allersam, die Milch allesam, das Waßer all·ssam, die Leut allesam, allsam, -samen ꝛc. beysam, beysamen, wie hchd. beysammen, doch minder volksüblich, und durch miteinander ersetzt. mitsam, mitsamen, adv., miteinander, (gl. i. 601 mit saman iu, vobiscum, also Präpos.); mitsamt, Präpos., mit. zesam, zesamen (z'sam, z'sám, z'sámə˜, z'semə˜), zusammen, (ahd. Sp. zisamane, zisemine). zesam-schlagen, fallen ꝛc. zesam-eßen, vollends aufessen. zesamgên, fig. abnehmen. àll'sam z'sam, alle mit einander. Kaltenbrunner: àllsant, alle zusammen, àllssant, alles zusammen.

'samlich, sämlich, semlich, ä. Sp., eben solch, dergleichen; (ahd. sama-lîh, mhd. samelîch; Graff VI, 32 f. BM. II, II, 45. Birlinger 386.).' „Non ea quaerant in monasterio quae nec foris habere potuerunt, die sullen sämlich ding in dem kloster nit suchen der sy da voren nicht gehaben mochten;" Regula Augustini, Clm. 5130, f. 199. 204. „Acker buwen, sægen (säen) und waz semliches (desgleichen) ist;" Diesſ. 140, f. 85ᵇ. Furstenf. 138, f. 281. s. unten samt und sander.

sämen (sámə˜), zusammentragen, lesen, schöpfen ꝛc., doch nur in gewissen technischen Acceptionen. Die vom Schnitter in einer Linie hingelegten Getreidbüschel *ſámə˜*, *aufſámə˜*, sie auflesen und in Garben binden. Das so zu sammelnde Getreid heißt in Franken die Sammete, in Schwaben das Sämmlet, im Voc. v. 1429 steht sam, Cgm. 649, fol. 565 sämnat, manipulus. Den Rahm von, den Topfen aus der Milch *ſámə˜*. *Sámige* Milch, die viel dergleichen ansetzt. sämeln (sámln), ganz- oder halbfreywillige Gaben einsammeln, Collecte machen, — ein vornehmerer Ausdruck für: betteln. Mönche, Klausner, Kloster-Candidaten ꝛc. betteln nicht, sie gehen nur sämeln. Der Sämler, ein geistliches Klosteramt zu Tegernsee; Cgm. 1148, f. 27ᵇ. 35: „Die erst meß list der sämler." „Vmb korn und fueter sammen ist gesprochen das ein gesell (Caplan) korn vnd fueter in der pfarr sammen sol als in andern pfarren sitleich und gewöndleich ist, damit der gotzdienst dester pas gefuedert werde ... es sol auch der pfarrer noch sein gesellen von der sammung wegen den pfarrläwten ob in einer nach irm willen und benüegen nicht gäb in dhainen sachen dest unwilliger und unfuederlicher nicht sein;" Herzog Hainrichs Spruch in dem Chrieg zwischen Pfarrer Peterlehner zu Bischolfsdorf im Innviertel und seinen Pfarrleuten (1411), Cgm. 3941, f. 92. 172. 178ᵃ. Von Abgebrannten (Abbrändlern) und Verunglückten anderer Art, wenn sie auf den Grund eines schriftlichen Zeugnisses mildthätige Beyträge ansprechen, wird ebenfalls gesagt, daß sie *ſámeln*. „Wenn 's *Sámmeln* nit aufkemə˜ wár, müə't I bèdln." „Das Betteln und Samblen;" L.R. v. 1616, f. 684. „Gart- oder herrenloser Knecht, so dem Samblen oder Bettlen nachlaufft;" O.Pf. L.Ord. v. 1657. In einigen Gegenden ist es herkömmlich, daß die Kapläne in ihrer Pfarrgemeinde Flachs sämeln. (cfr. Weselgeld, Grolles ꝛc.). Häufig genug sind die Beschwerden, welche in den ältern Landtagshandlungen vorkommen, gegen Sammeln von sogenanntem Gerichtsfutter (als Garben Korn, Haber, Flachs, Brein, Kraut, Eyer, Heu), mit welchem sowohl die landesfürstlichen Pfleger, Richter, Gerichtschreiber, Thurner, Thorwartel, Gerichtsdiener und Knechte, Jäger, Ueberreiter, als auch die Edelleute und Prälaten die armen Unterthanen heimzusuchen nicht unter ihrer Würde hielten. Was durch das älteste Landbuch bestimmt verboten worden war, wußte man in der Folge dennoch zum Theil in ein so-

genanntes Recht umzuschaffen. Cfr. Kr. Lhdl. I, 164. 165. 239. V, 337. VI, 59. VII, 265. 284. 369. 406. 490. XVI, 297. Ref. L.Rcht. v. 1518, Tit. 1, Art. 7. Bemerk. über Laudem.-Rechte in B. p. 196. Scharwerk in B. p. 122. Hazzi, Statist. II, 204. III, 1169. Der Schönpart zu Nürnberg gieng ursprünglich aufs Sammeln von Häringen und grünen Fischen, auch Geld aus. s. unten: Schem-bart. Das Sámelgeld, das im Kirchenbeutel gesammelte Geld. Sámel-Har, -Schmälz
214 rc. besamlich, adv. und adj., eingezogen, sittsam. „Weil er bey geistlichen Leuten ist, sol er sich besamlich halten;“ Scheirer Dienst-Ord. v. 1500, f. 15. In der ä. Sp. heißt auch dieses sámeln nur samen, z. B. L.R. v. 1616, f. 430, und letztere Form ist sogar hie und da saumen geschrieben; („Getreid aufsaumen,“ Spring. Zehend-Recht 188. „Sich êlich miteinander samen, sämen und saumen,“ verbinden, Bergmann 134. MB. IX, 264. XVIII, 178), wo das au vielleicht nur (nach Gramm 159. 171) ein falsch verhochdeutschtes á ist. S. unten Samkauf, Samkost. In der ahd. Sp. heißt sammeln samanon, zuweilen auch seminon, mhd. samenen; (Graff VI, 38. BM. II, II, 48. Weigand, Wbch. II, 536. Vgl. unten Senn = Sennet, Sent, Send). Das mm der hchd. Form mag aus mn (samnen st. samenen) entstanden seyn, denn auch gesammt setzt ein einfaches sammen statt sammeln voraus. Die Samnung, Sammung, ä. Sp., Verein, Corporation von Mehrern; (ahd. samanunga neben gisemini, mhd. samenunge; Graff VI, 40. BM. II, II, 49). „Wie gemainichleich alle sämmung des Spitals“ (zu München); Urk. v. 1418. Gaistliche Samnung, Körperschaft von Klostergeistlichen, Convent; z. B. MB. II, 5. V, 482. 525.

Der Sámkâuf, Kauf oder Verkauf im Großen, Ganzen, nicht im Detail. BM. I, 867. Im L.R. v. 1553, f. 140 steht Samkauf, im Münchner Recht v. 1333 (Auer, M. StR. p. 161), Cgm. 284, f. 62ª: samenchauf, in Kr. Lhdl. I, 168. 176 (Augsb. Stdt.B. rc.): Sammtkauf, anderwärts aber Saum-, Saumbkauf, wo eigentlich ein Handel nach dem Säum, säumweise, zu verstehen seyn wird. Vrgl. auch das eben hinter sámeln Bemerkte.

Die Samkost, bey Bergbauten: die (von sämmtlichen Gewerken solidarisch zu tragenden?) Ausbeutungs- oder Exploitationskosten; BM. I, 865. „Gewinn über die Samkost.“ „Ein Gruben, sy trag die Samkost oder nit;“ Lori, Berg-R. p. 93; (cfr. 92. 105). versamkosten einen Bergthail, die Baukosten dafür bestreiten; (das. f. 122). „Notdürftige Sambkost des Salzes;“ bayr. Dupl. gegen Salzb. Beyl. 79. „Alles gelt und uncosten so uber die grueben und gebew außerhalben der lehenheyer oder arzlosung auflaufft das die gwercken bezalen muessen das haist man samcost;“ Cgm. 1203, f. 134. Auch hier heißt es: „Als lang er bey einem Bergwerk die Saumkosten bezahlt; tyrol. L.O. v. 1603, f. 101.

Der Sam-tregel, die Collecte; s. I. Th., Sp. 658. Im Pfründenbuch (Ms. v. 1519) des heil. Geistspitals zu München heißt es fol. 32ᵇ: „in den feirtagen (den 27. May, Pfingstmontag) gibt der schwaiger von Heselloch gen Pulach und gen Solen in jedlichs dorf ainen ganzen knollen schmalz von ainem rurat und ainen laib brot zu ainem Santtrugel, und gen Ober-Sentling ainen halben puter und ainen halben laib prot von der waid wegen, die man in (ihnen) abetzt.“ „Daz samentragele dere boten, symbolum apostolorum;“ Cgm. 17, f. 219ª. „Sxmbola, sametregil;“ Clm. 4606, f. 122.

Der Sâmen, Sâm, plur. Sæmen (*Sámə̃*), 1) wie hchd. Same; (mhd. sâme, ahd. sâmo, gen. sâmin; Graff VI, 54. BM. II, II, 25. Weigand, Wbch. II, 536.) Das Korn, der Waiz rc. hat 4, 5 rc. *Sámə̃* gegeben, d. h. es ist 4, 5 rc. Mal soviel geärntet als ausgesät worden. 2) die Saat, d. h. das grüne Getreide, eh es noch in Halme geschossen; (der sam, seges, Av. Gramm.; samin, sationes, gl. i. 1179). Zeitschr. IV, 258,2,18. „Dorne rîzen, daz ist mir linder sâmen;“ Labr. 93. Einem den Samen abhüeten, das Vieh in 245
dessen Saatfeld kommen lassen. D' *Sámə̃ sten'ə̃ schö̃.* „Samen oder Wisen schedigen;“ Sammler f. Tyr. IV, 247. Durch den Sâmen gên rc., durch das Saatfeld. Cf. „Einen uf den sâmen vellen,“ in Benecke's Iwein 7086 und Anmerkung. Ecken Uzvart, Laßberg XXXIX. cf. „ûf dem acker ligen,“ Parcifal 382,5. Das Sämchen, (im Ruckgau) der Reps. Das Sâmfeld, angesäetes Brachfeld im Herbst, das dann im Frühjahr Winterfeld heißt. besæmen (*bsámə̃*) sich, (von der Saat) dicht aufgehen; fig. (von Kindern, Thieren rc.) sich vermehren. Der Plodersam, (bey Hübner, Salzb. 394. 684) Stoff zum Plaudern? Redseligkeit, Beredsamkeit? ə̃n Plodersam haben, z'samklauben, richten rc.

„Das Dienaj in'n Gang
klaubt'n Plodersam zsam,
hat ə̃ Kropferl an'n Hals,
drum plodert sie alls.“ cf. auch Sâum.

Das Gesæm (Gsám), a) wie hchd.; b) (O.L.) Abfall beym Reinigen des Getreides, (Unkrautgesäme?). Der Sæmling, junges, aus dem Samen gezogenes Baumstämmchen.

sâm (saum schwäb., in gewissen Compositis), halb; (Graff VI, 44). *saum-truckə̃*, halb trocken. „Die Wäsch ist saum-trucken;“ Aurbacher. (Vrgl. gl. a. 339. i. 610: sami-heil, debilis; o. 451. Tat. 128: sami quec, semivivus; a. 112: sami uuiz, subrufum, inter album et rufum. So gibt es im Agſ. ein sam-boren seminatus, abortivus, sam-cuce semivivus, sam-grêne semiviridis, sam-visa semisapiens, insipiens rc. „Thæt geweorc wæs samworht,“ that fort was hastily wrought; Sax. chron., Ingram 114. Da dieses sami oder sam Gegensatz des ful, voll, und Ausdruck eines Mangels ist, — so kann auch der alte sächsische, schwed. Comparativ sämra, semre, deterior (mittelmäßig), damit im Verhältniß stehen — wo dann selbst das alte adj. samrart, corrupte, barbarice loquens, Rücksicht verdient. Graff II, 536. VI, 44. „Corrupta i. samerartiu ut est cyrographum pro chirographum; Clm. 4621, f. 71. Vrgl. d. folg. Wort.

'sâmer, Comparativ, besser (?). „Geselleschaft, diu doch sâmer belibe;“ Gregor v. d. St. 2459, (s. oben, unter sam). Vgl. Grimm III, 607: isl. sæmri, decentior; auch wangerogisch: saum, schön, Comparativ: sommer.

„sámi',“ (vom Boden) naß; (Kolbeck). Vrgl. oben: sâm.

sämig. „Kleine Kartoffeln und gemeines Gras geben eine geschmacklose, aber sähmige Milch,“ Ingolst. Calender 1830; — wol: viel Rahm ansetzende. Zeitschr. VI, 483. Sieh oben: sämen, und vgl. das folg. Wort.

Der Saim, (Honig-) Seim, bey Adelung: dickliche Brühe, Flüssigkeit überhaupt; (mhd. ahd. der seim; Graff VI, 221. BM. II, II, 242. Weigand, Wbch. II, 676. Zeitschr. VI, 44. Von seihen, Haupt's Zeitschr. VI, 271. gl. a. 49. 525, i. 140: seim nectar, i. 553: mit seim-fuorigun olun flavis oleis, isl. seim-r ductile quid).

saəmət, langsam, unbehilflich; — das Adj. saimicht (von Saim) fig. genommen? Die ä. Sp. sagte lanc-seim statt langsam; (mhd. lanceime, lanceine; BM. II, II, 243. Weigand, Wbch. II, 10). Vrgl. auch sain.

säumen (*sámə̃*), versäumen, wie hchd.; (ahd. farsûman, mhd. sûmen; Graff VI, 221. BM. II, II, 727. Weigand, Wbch. II, 546). Wie-r-ə' daher *sámt*, wie er so langsam daher kommt! Sich oder Einen säumen. Sich versäumen, sich bey etwas verspäten. säumeln,

herumſäumeln, verb., zaudern; (Zeitſchr. VI, 19: *semplen*); ebenſo zu sámə˜ das diminut. sâmsəln. *Sâmsəlst* dénnə-r-əmol haəm, du Sâmsslərén, du Sâmstəmantl; (ſ. unten: Sambßtag). ſimſámə˜ (– – ᴗ), zaudern. Der Sámə', der Simſám, Zauderer. Sollte hier mehr als bloßes Alliterationsſpiel, und ein
246 ſims=ſaumen nach dem isl. ſems, tardatio, ſemſa, tardare, anzunehmen ſeyn? Die Saumung, die Saum= ſal, Saumſalung, der Saumtag, (ä. Sp.) Ver= ſäumung, Verſäumniß. ſ. Th. I, Sp. 594 f.: Saum= tag. „Die vinſtri der trachait und der ſûmeſeli;" Griesh. Pred. I, 53. BM. II, II, 730. 'Samſim, ſ. unten: Sinn.' Vrgl. ſain und ſauneln.

Der Sâum (Sám), wie hchd., 1) genähter, umge= ſchlagener Rand an Geweben; Rand überhaupt; (mhd. ſoum, ahd. ſaum, ſoum, gl a. 43: lacinia, ora vestimenti; 72: crepido. Graff VI, 61 f. BM. II, II, 363: von ſiuwen, ſ. oben: ſeuen. Weigand, Wbch. II, 545). Der Fürſâum (Fürſám) an einem Acker, Rand, der als nothwendiger Spielraum für das Umkehren des pflü= genden Geſpanns entweder zu Gras liegen bleibt, oder zum Schluß in einer den eigentlichen Beeten entgegenge= ſetzten Richtung umgepflügt wird; auch wol ein mit den Beeten parallel laufender, ungepflügt bleibender Rand. „15 Piſang ſambt ainem langen Fürſcham und ainem nach zwerch;" Meichelbeck, Hist. Fris. II, II, 360. ſäumen, einſäumen (ſámə˜), durch Nähen mit einem Saum verſehen. Der Zimmermann *ſámt* ein Brett, in= dem er die Kanten deſſelben nach der Schnur behaut. M.A. Dem Kind die Orwäschel einſaumen, (die mit einem Kinde Schwangere beſchlafen). 2) a) Laſt, beſonders in= ſoferne ſie zum Fortſchaffen auf dem Rücken eines Thieres eingerichtet, Pack, Gepäck; (ahd., mhd. ſoum, aus mit= tellat. sagma; Graff VI, 62. BM. II, II, 473. Diez, Wbch. 363. Weigand, Wbch. II, 546. Zeitſchr. VI, 198. gl. i. 169: ſaum, sarcinula; i. 240. 374: giſoumi, sarcina, apparatus; a. 19: ſtuolſoum, sagma, feltrum). b) größere Gewichts= oder auch Maß=Einheit. Ein Sâum Eiſen iſt auf den Eiſenwerken 250 Pfund; Flurl p. 124. Hübner, Salzb. 428. „Eiſenwaaren nicht in minuto, ſondern in grosso, d. h. ſam= oder buſchweis abgeben;" Burgholzer, München 489. Der „Sam Nägel" iſt nach Größe und Qualität derſelben nicht blos in der Zahl der Stücke (von 2000 bis 50,000), ſondern auch im Gewicht verſchieden. Generale v. 1769. Nach einer tyrol. Rott= ordnung v. 1530 werden 3 Centner Landgewicht auf einen Wagenſaum, 4 Wagenſäum auf eine Wagenſchwær gerechnet. Der Saum Tuches, nemlich 22 Stücke zu 32 Ellen. „22 tůch iſt ain ſam gwantz;" ſ. Th. I, Sp. 582: Tuech. „Daz geſt dheinerley gewant ſuln verchauffen hinder einen halben Saim, außer dunnes gewant, daz nicht ſaumek iſt;" Wſtr. Btr. VI, 114. Auer, Münch. StR. p. 125 f. Kein Ausländer ſoll (Tuch) nach der Elle ausſchneiden, ſondern allein Stückweis und im Saumb= kauf hingeben; (Lodenhandlung 36). „Daß ſich die Metz= ger mit den Irhern, Kürßnern und Lederern keines Sam= noch Jarkauffs vergleichen ſollen;" L.O. v. 1553, f. 140. „Nach Sammtkauf oder zu einzigen," (en gros oder en détail); Kr. Lhdl. I, 168. 176. „Es ſcheinen ſich hier Formen und Begriffe Sâum, ſam, ſammt ver= mengt zu haben. Vrgl. a. das dunkle „Juchert ſau= men" in Kr. Lhdl. XIII, 337. Die Sâumfart. „Zu= gang von Lebensmitteln durch kleine Samfarten, das verſtehn wir über Ruck oder auf Samroſſen, und nicht auf Wägen oder Schiffen;" Kr. Lhdl. XV, 66, ad 1505. Das Sâumroſs (Sámrós), Packpferd. Das Sâumſalz, Sámſalz: a) Salz, das auf Pferden ver= ſendet wird; vrgl. unten Saumer. b) Salz, das, auf der Salzach vom Hallein kommend, wegen zu großen oder zu kleinen Waſſers, bey den Hütten zu Salzburg ausge= laden und zurück gelaſſen werden muß. Die Schiffe, auf welchen man ſelbes nachführt, heißen Saumſchiffe;
247 (etwa inſoferne ſie ein ſonſt übliches Fortſchaffen zu Pferde erſetzen?). Lori, Bergrecht. Der Sâumſteig, Sâum= weg, nicht für Fuhrwerk, ſondern nur für Packpferde geeignet. ſâumen, ſâumeln (ſámə˜, ſáməln), vrb. act., durch laſttragende Thiere fortſchaffen. Zeitſchr. VI, 198: *sâmin*; vgl. *sampern*, *sempern*, ſchwer tragen. Wenn in frühern Jahrhunderten Ritter und Knechte, Herren und Frauen, Fürſten und Könige über Land zo= gen, ſo ſaßen ſie nicht etwa auf Wägen, ſondern auf ihren Roſſen und Mören, und „ließen ſich ſaumen Waffen und Gewand." Dieſe uralte, in eſel=, maulthier= und kameelreichen Ländern noch jetzt ſehr übliche Art des Reiſens und Trans= portierens hat ſeit der allgemeinern Herſtellung breiter, bequemer Fahrwege und Straßen bey uns auf dem flachen Lande dem ergibigern Wagenfahren weichen müſſen, und hat faſt nur mehr zwiſchen den Dörfern und ihren Alpen= wirthſchaften ſtatt. Am längſten dauerte das Sæumen von Salzſtöcken in die Orte des Gebirgs, nach Aurburg, Tölz, Aibling, Wolfratshauſen ꝛc. und das Zurückſæu= men von Getreide und drgl. Der Sâumer (Sámə'), laſttragendes Thier, (hierzulande Pferd, Sámros, in Italien, Ungarn Eſel, somaro, szamar; cfr. Wiener Litterat.=Ztg. v. 1816, Nr. 82). Dextrarius (equus), ſawmer, Voc. v. 1445; burdo, ſoumari, gl. i. 252. o. 6. 2) Perſon, die ein ſolches Thier hält und damit arbeitet; zuweilen wol ſelbſt deſſen Stelle vertritt. „Sä= mer und Rotten," Bergmann's Geſch. v. München, Urk= Nr. C, p. 96. „Als die Sämer allerlay Getraid allent= halben im Land außwechſeln, kaufen und verkaufen, die= ſelben wöllen wir, wie bisher, bleiben laſſen;" L.O. v. 1553, f. 58. Die Gewerbsnachkommen der ehmaligen Salz=Sâumer (es gibt deren beſonders am ſogenann= ten Säumerberg bey Traunſtein) führen noch heutzu= tage unter dieſem Namen, aber auf Wägen und in ſoge= nannten Plachen, ihr Salz im Oberland herum. cfr. Wſtr. Btr. V, 288. Kohlbr. Material. v. 1782, p. 52. Vrgl. nach Grimm II, 145 das alte Ablautverb ſiuuan, suere, oben Sp. 202: ſeuen. Das unſerm Sâum ent= ſprechende agſ. ſeam gilt für sutura, sacculus und sarcina, und das dem Sâumer entſprechende ſeamere für sartor, sutor und equus onerarius, burdo. Isl. iſt ſaum=r sutura, ſaumari sator, ſeyma consuere. Indeſſen liegt in Bed. 2) auch das griech. σάγμα von σάττω nahe genug.

Die Semel, a) (Bäckerſpr.) weißes Weizenmehl, Semmelmehl; (mhd. ſemele, ſimile, ahd. ſemala, ſimila, polenta, simila, similago, isl. ſimilia; Graff VI, 222. BM. II, II, 248 f. Weigand, Wbch. II, 689. Birlinger 385.). „Simila, ſemile; Clm. 4606 (XI. sec.), f. 101. Dieſenbach 534ᶜ. „Daz erſt brot ſol ſin luteriu ſemel;" Augsb. Stdtb. „Der frône tiſch, darûf diu lebende ſimele (Oblate, Hoſtie) geſendet wart von himele;" gold. Schmiede, Vers 551. Altd. Wälder II, 238. ſemlein, (ä. Sp.) adj., von Semmelmehl, gleichſam ſemeln; (mhd. ſemelîn, ſemlîn; BM. II, II, 249). „Semlein prot, rödein prot;" Münchn. Ver= ord. v. 1468. Wſtr. Btr. VI, 148. „Ein ſemlein prot;" MB. XXIV, 677. „Brätzen daz die recht ſem= lin ſin;" Augsb. St.B. b) (um Nürnberg) jedes weiße Brod; (cfr. MB. XXIV, 709). „Auf die Semel komen, 248
dazu kommen, wenn jemand zu Gevattern gebeten wird, weil man da weißes Brod vorſetzt;" (Hſl.). Der 24 Loth wiegende Semelrockhen des alten Paſſauer Stadtbuchs wird wol aus einem Gemiſch von Waizen= und Rocken= mehl beſtanden haben. ſemmelfalb, Zeitſchr. VI, 344. c) (die gewöhnlichſte Bed.) kleines, weißes Bäckerbrödchen. Vgl. Zeitſchr. V. 404,172: Simmering. Schon Chron. Ben. II, 79, ad 1365: „una simula panis valens denarium." „Abraham hiz pachen ſemelon;" Diemer, Ged. 16,26. „Daz was diu ſemele diu gebahchen iſt mit dem honige;" daſ. 78,21. 'Der Semler, Weiß= brodbäcker.' „Die ſemler ſullen loſe wecke backen und mugeln;" Wirzb. Sätze v. 1343, §. 77. Vgl. Th. II, Sp. 1515 f.: das Lößlein.

Die Semete (Semətə), (Aſchaff.) einfaches Gericht aus Meyl oder geriebenen Kartoffeln, die mit etwas Waſ=

ser oder Milch und mit etwas Butter zur Form von Kügelchen geröstet: Mel-Semete, Kartoffel-Semete; `„Auch Hanau, an der thür. Saale: *Zemmede*, (v. Börner);" Jac. Grimm. Koburg: *Zämət, Zämət.*' Vgl. oben sämen: die Sammete.

`semmern (sα̊mərn), wimmern, winseln; Zeitschr. II, 458. IV, 182. VI, 469, III, 15.'

sim! Interjection, ei! Grimm III, 303. 779. BM. II, II, 289. „Sim, dû böswiht, sag mir reht, was der von Kuonringe dâ?" S. Helbling XV, 168. „Sym, hör auf, lieber, sein ist gnuog;" d. Ring 13ᵃ,3. „Sym, was wil dicz beteuten? das. 13ᵈ,14. „Sim siha durch ein zweck! das. 18c,29. Sim so, mich dunkt;" das. 18ᵈ,15. „Sym, was er chan der schymlig zan!" das. 21ᵈ,13. „Sym, siha durch ein horn!" das. 45ᵇ,2. „Sim, daz wär joch uns ein gnad;" das. 46ᵃ,1. „Sym, was schol uns der schebig hund?" das. 48ᶜ,16.

Das Simeß, Simß, Simeßt, Simßt, auch wol die Simßen, Simßten, der Sims, das Gesimse; (ahd., mhd. der simez; Graff VI, 224. BM. II, II, 290. Weigand, Wbch. II, 709. gl. a. 645: simez, basis. cf. Grimm II, 264). „Basis est fultura columpnae, ein simet;" Clm. 5008 (XV. sec.), f. 148. Der Simßenlaufer, (schwäb.) Schmeichler; Birlinger 387. „Die Feuerwerker kommen in das Nobishaus, da die Öpfel auf dem Simbsen gebraten werden," (sc. in die Hölle); Cgm. 957, f. 3.

Das Simmer, Simmern, Simra, s. Sumber.

`Sîmá, (fränk.) 1) ein tölpischer, beschränkter Mensch; vgl. oben, si: Si-mà˜, Si-mo˜; 2) Simon; Zeitschr. III, 357. IV, 156. 195. VI, 461. Simjûdi, Simməjüd, der Festtag Simonis und Judä (28. October); Zeitschr. II, 458.'

`Das Simmətsfeur, s. unten die Sunnen: Sunnwendfeur. Birlinger 387. Zeitschr. VI, 345.'

simulieren, nachdenken, nachsinnen, in Gedanken vertieft seyn. Weigand, Wbch. II, 709. Vilmar, kurhess. Idiot. 385. Firmenich I, 101,18: *sömmelæren*, (Königsberg i. Pr.). Zeitschr. IV, 276,5. V, 126,36: *simələren, semeleiren, simmelieren, simbelieren*, (österreich.) *summiniern*. das. V, 126,36. Castelli, Wbch. 257. Vgl. H. Sachs 1560: II, III, 1: „Ich sag das sie jetz für uns kummen jr begeren da übersummen." Zeitschr. I, 261 f. Stalder II, 419, (zu Summe; BM. II, II, 732. Weigand, Wbch. II, 844.)

sumlich, sumleich, adj., (ä. Sp.) quidam, aliquis, nonnullus; (mhd. sumelich, sümelich, simelich, ahd. sumalîh, sumelîh, sumilîh, neben dem einfachen, auch agſ., isl., goth. sum, das noch im Berner Oberland fortdauert, engl. some. Graff VI, 44. BM. II, II, 726. Zeitschr. VI, 483: sömmig, sommig, summig). „An sümlichen steten," (an einigen Orten); 2. Freyh. Brief. „Sümlich unser burger," (einige von unsern Bürgern); Gem. Reg. Chron. 349. „Ze ergetzung sumleicher saumichait;" MB. XV, 458. „Sumleich maister, sumleich leut, sumleich ziug (etliche Zeugen), sumleicheu pfant (gewisse Pfänder)" ꝛc. L.R. v. 1339, Wstr. Btr. VII, 19. 63. 69 ꝛc. „Simlich schlugen im sein poten zu tod, simlich viengen sie;" Cgm. 631, f. 115. Otfr. IV, 29,57. gl. a. 165 kommt dazu ein adv. sumenes, interdum, vor. Vgl. Zeitschr. IV, 437,1.

Der Sumer, Summer (Sumə'), der Sommer (mhd. sumer, ahd. sumar, agſ. sumer, isl. sumar, n. Graff VI, 223. BM. II, II, 731. Weigand, Wbch. II, 727). Der sumerlange Tag. Die Sumerfrischen, (O.L.) ländlicher Sommeraufenthalt procul negotiis. Sumer und Winter spilen oder singen. Solvitur acris hiems, milde Frühlingslüfte wehn, und alle Herzen werden milder. Diese Stimmung zu benutzen, und das allerfreuliche Ereigniß recht anschaulich zu feyern, finden sich wol hie und da ein paar arme Teufel zusammen, die, der eine als Winter in Pelz eingehüllt, der andre als Sommer einen grünen Zweig in der Hand führend, in den Haüsern der Wohlhabenden herumgehen, einen gereimten Wettstreit über ihre Vorzüge absingen, und damit enden, daß der Sommer den Winter zur Thür hinauswirft, wofür ihm dann, natürlich, eine kleine Gabe nicht versagt werden darf. cf. Rösensuntag. Aehnliche dramatische Wettstreite gab es früher zwischen Lieb und Schön, Waßer und Wein ꝛc. Vrgl. Büsching's wöchentl. Nachrichten I, 185. 225. III, 166. Sebast. Franck, Weltbuch p. 133ᵃ. Grimm, Mythol.² p. 722 ff. Panzer, Beitr. z. d. Mythol. I, 253. G. Julius im (Berlinischen) Magazin f. d. Literatur des Auslands, 1841, Nr. 5—9: über Sitten und Gebräuche in der Romagna, Cf. Ovidii (?), Bedae (?), Milonis Elnonensis (?), Alcuini (?) Cuculum, seu eclogam de conflictu veris et hyemis; Em. 28, f. 114—115. „Conveniunt subito cuncti de montibus altis;" Sanftl p. 1662. „Inter Ver et Hiemem disputatio metrica" in Clm. 17562 (sec. XV. 4⁰), f. 149. Ver: Opto meus veniat cuculus carissimus ales." H. Sachs, Gespräch zwischen Sommer und Winter 1612: I, 846—849. `Tobler, Sprachsch. 425 f.' Das Summergras, das ohne Regen eingebrachte Heu; (Pseud. Jir.). Das Summermerl, die Sommersprosse; s. Th. II, Sp. 1652 f. sumerig, adj. und adv.; Vilmar, kurhess. Idiot. 388: sömmerisch. Das sumerig Feld, auf dem die Sommerfrüchte stehen. Ein sumeriger Tag, ein sommerlicher, besonders in käl- 240
terer Jahrszeit. sumerig angezogen, gekleidet seyn. sümern, wie hchd., sömmern. Geschlagenes Holz sümern oder sumerauen, es in Blöcken liegen und den Sommer durch austrocknen lassen; Lori, Brg.R. 135. Forst-Ord. v. 1616, Art. 60. salzb. Wald-Ord. v. 1524, p. 8. Vgl. Zeitschr. V, 484: *sümmera.* „Das schöne Gewand sümern, sich darin sehen lassen;" Notata des v. Bodman 1709. Salatpflänzchen sümmern, (Wirzb., Reinwald) sie versetzen. „Winterbier soll nicht mit dem Merzenbier eingesümert werden;" Land- und Polic.-Ord. Der Sumerer, im Zillerthal und Pinzgau einer der Knechte einer Bauernwirthschaft, von gewissen Sommerbeschäftigungen. Der Soməlár, (Allgäu) Schmetterling; Zeitschr. VI, 77: Sommervogel.

Das Sümmer, s. Sumber.

Der Samb, Sambd, (Ilm) Sand; sámbig, adj., sandig. Diese Form, wäre sie nicht bloße Entstellung, paßte zu Grimm II, 232. III, 379, wo Sand, alt sant, als aus sam-at entstanden vermuthet wird. „Für den sambt oder gries;" Cgm. 4543, f. 187. „Das pulver zermischt (zermüscht) und vertreibt den sambt," (Sand in der Blase, Gries). „Das wasser ist gut zu trincken für den sambt;" das. f. 93ᵃ. Der Sambeiß, Flußbarsch, (Hübn., Salzb.), wol als Sandbeiß zu nehmen. Indessen heißt er auch Anbeiß und Appeiß; (Th. I, Sp. 83. 118. 291). Sieh Sand.

Der Sambßtag (Sampstə', Samstə', Sanstə', Sá˜stə', Sanztə'), der Samstag; (mhd. sameztac, samztac, ahd. sambaztac; Graff V, 361. BM. III, 7. Grimm, Mythol.² p. 112 ff. Weigand, Wbch. II, 537. Zeitschr. III, 216,4,2. VI, 342. Voc. v. 1419: Sameztag; Ried 651, Augsb. Stdtb., Wstr. Btr. VI. 154: Samztag, Sampztag; Otfr., Tat.: Sambaztag, wo mb dem bb im goth. sabbatodag-s entspricht. Das agſ. Sätern-däg, engl. Satur-day ist das lat. dies Saturni. Firmenich I, 301,9: Sotərdag, (Rietberg bei Münster); 495,8: Sorreschdeg, (Eupen). Im Isl., Schwed., Dän. heißt dieser Tag laugurdag-r, Lördag, Löverdag, d. h. Badetag; — ungarisch: szombat. Im Schriftdeutschen ist Sonnabend (Zeitschr. II,

238. VI, 174: *Simnômt, Sumit, Simt*; III, 224,5) üblicher, wo es denn wol auch einen Sonnabend-Abend gibt. Der ſchmalzig Sambſtag vor Quinquageſima, der Judas-S. vor Oſtern, die drey gulden Sambſtäg nach Michaelis. Die drei guldenen Samſtagnächte, ſ. Th. II, Sp. 698. „Zu den drey guten ſambeztag nächten;“ Cgm. 3941, f. 110^{b} (ad 1387). „Quare ſabbatum est Mariae dedicatum;“ Ben. 526, f. 163. Der Sambſtagmantel, (b. W.) langweiliger Menſch, der alles auf den Samſtag verſpart; ſambſtagmanteln, (Hſr.) müßig umhergehen. Vrgl. oben: ſäumen.

ſemben, ſ. oben: ſeniwen unter Sen.

Das Sumber, Sümber (Sumpəʿ, Summəʿ, Sümmər), a) Korb, beſonders ein dichter, aus Stroh geflochtener; (mhd. der und daz ſumber, ahd. ſumbir, ſumbrî. gl. a. 546: ſumber, calathus; a. 18: ſumbir, riscus; a. 531: ſumber, rusca, das franz. ruche? Graff VI, 224; cf. III, 148. 149, wo es als ſum-bar mit ein-bar, zui-bar zuſammengeſtellt wird. BM. II, II, 730 f. Diefenbach 88^{c} 499^{a}. Weigand, Wbch. II, 708). Das Bach- (Back-), Brôd-, Mel-*Sumpəʿ*, beym Brodbacken zu gebrauchen. Das *Bĩ-* oder *Impſumpəʿ*, Franken: *Bĩſümməʿlə*, der Bienenkorb. Caſtelli, Wbch. 236. 237: „der *Sumpaʿ*. ein großes Geſchirr zum Waſſertragen; das *Simpaʿl*, ein Brotkorb; *Bàchsimpaʿl* heißt man einen dummen Menſchen.“ Klein, Provinzial-Wörterbuch: Bachſimperl, Bachlienl; (ſ. Th. I, Sp. 194; II, 1481). Vgl. Th. I, Sp. 61: Öl. b) (O.Pf., Franken, Schwab.) ein gewiſſes Getreidmaß, gewöhnlich nach örtlicher Ausſprache „Sümmer, Simmer, Simmern,“ hie und da auch „Simri, Simra“ geſchrieben, (welches letztere aus der alten Form Sumberî, Sumberîn, ſumbrî, ſumbrîn, gl. a. 507. i. 283. 790. o. 153. 259 entſtellt ſeyn wird. Vrgl. v. Lang, b. Jahrb. 370. Anton, Geſch. d. d. Landw. III, 226.) „I Canistrum id est I Sumpir frumenti cujus canistri sunt IIII metrete;“ MB. XI, 44. „Duorum sumerinorum siliginis;“ RB. IV, 639, ad 1297. „Du gæbeſt
250 dînen kouf mit mâze, oder mit wâge, oder mit ſimmerin, oder mit eln, daz ſol allez gewis und gewære ſîn;“ Br. Berhtolt (Pfeiffer 148,28; cf. 30). „Daz ieglich man daz korn ſol mit der metzen enphahen und mit dem ſumerin wider uz geben ez ſi ze mule oder anders wo;“ Wirzb. Sätze v. 1343. „Daz man ie uz dem malter kornes mit dem ſumerin vf den kauf backen ſol aht und vierzig waſtel;“ daſ. § 75. „Ein Summeren Korns und ein Summeren Haberns, alles Nürmbergermaß;“ MB. XXV, 276, ad 1466. „Aus ein Viertel eins Sömmereins ſoll der Müller einen Mülmeczen (deren acht in ein geſtrichen Meßlein geen) und nit mer nemen;“ beyreuth. Mühl.-Ord. v. 1514. „Modius eyn Mutt oder Summerey; Voc. sec. XV. „Niemant zünt ein licht an, und ſetzet es under einen Summer,“ (sub modium); Cgm. 58, f. 195. Das Bamberger Sümmer hält 4 Vierling oder „Metz,“ und iſt in hartem Getreid (Korn, Weizen und Gerſte) gleich 2 Metzen $3^{3}/_{4}$ Mäßlein Münchneriſch, in Haber 2 Metzen $3^{5}/_{6}$ Mäßlein Münch. Das Nürnberger Sümmer oder Simra hält 16 Metzen, und iſt in glatter Frucht gleich 1 Schäffel 3 Metzen $6^{1}/$ Mäßl. M.; in rauher Frucht hält es 16 große oder 32 kleine Metzen, und beträgt 2 Schäffel 1 Viertel M. In Schneitach geben 16 Sümmer (in Korn und Weizen) 147 Münchner Metzen. In Schwabach beträgt das Simra in Korn: 8,895833, in Haber, Gerſte: 16,425786 Münchner Metzen. Reg.-Bl. v. 1811, St. XL. Vrgl. Lexicon v. Franken I, 290. „Simmer, mensura continens XXIV libras;“ Voc. v. 1618. c) (b. W.) Krug mit großem Bauch. Daher etwa der Sumperer, Rauſch, (Zſp. Ms.), und ſchwerlich in Zuſammenhang mit dem isl. ſumbl, agſ. ſymbel, compotatio, ſumbla, compotare, ſumblaz, ſich betrinken. d) (ä. Sp.) Pauke. „Tympanum, ſumpper;“ gl. sec. XV. Sumber = tamburin = tympanum; Mone's Anzeiger VIII, 612. „Lobt jn mit dem ſumber; Cgm. 87, f. 19^{b}. Cgm. 136, f. 163. 210. Pſalm 149,3. 150,4. „Von trumben und puſûnen hôrte man manegen krach, floiten unde blâſen, ûf ſumber ſêre bôzen;“ Gudrun 1572,3. „So man aine brut hainlaitet ſo ſleht man den ſumer vor unde gigot unde ſweglot;“ der Seele Spiegel, Cod. Carlsruh. (sec. XIII.), Mone's Anzeiger IV, 369. „Darnâch ein holrblâſer ſluoc einen ſumber meiſterlîch genuoc;“ Frauendienſt fol. 37^{b}, (Lachm. 165,26). „Er hiez im blaſen grozziv horn, vnd ſlahen die herſumber;“ Enenkel, Cgm. 11, fol. 35. „Si ſchrieren und ſluegen in dy her ſumer;“ Peter Retz: Schlacht bey Schiltarn, Cgm. 1113, f. 76^{b}. Ramonſch oder romanſch: il sumber (s = ſch) die Trommel, sunar schumber, trommeln. e) (wetterauiſch) der *Sömber*, der dicke, hervorſtehende Leib; (Weigand, oberheſſ. Intellbl. 1846, p. 103). „Die bawernknecht warffen einander auf den Semper (Popô?) das manchem im leib kracht der gemper;“ H. Sachs 1618: I, 1066. Zeitſchr. I, 36. 38. 96. „Tag und nacht ſitz ich beim wein würſt, ſemel in mein ſemper (Wanſt) faß;“ daſ. II, II, 13. „Darmit ich ſpeis den ſemper mein,“ ſagt der Wolf; daſ. II, IV, 122 (1560: II, IV, 45). ſumbern, ſumpern, (ä. Sp.) pauken; BM. II, II, 731. Docen, Miſ. II, 294. „Der wil ſummern, der wil geigen, der wil trummen, der wil ſweigen;“ Renner 16172. (b. W.) einen dumpfen Ton von ſich geben. (Noch jetzt gilt um Appenzell ſomern für trommeln. Stalder II, 377). „Summerer tympanator;“ Aug. S. Ulr. 50, f. 1^{b} (Clm. 4350, sec. XIV.). „Schalmeier, ſumerer, ſwegler;“ Renner 23735. ahe *sumpern*, deorsum properare, currere; Popowitſch, Wiener Ms. 9541.

Der Sumber, Sumper: Déʿ *Sumpəʿ* (dieſes Benehmen, Humor) gfàllt· məʿ; (Gaſtein, Weinberger). Vgl. Th. I, Sp. 256: Bar und vgl. daſ. Sp. 79: Amberlaur.

Die „Semd, biblus,“ Voc. v. 1419; (ahd. ſemida, mhd. ſemede, ſemde, ſemet; Graff VI, 221. BM. II, II, 248. Grimm, Geſch. d. d. Sp. 213. Weigand, Wbch. II, 688. Diefenbach 21^{c}. Zeitſchr. IV, 185. „ſemida papyrus vel juncus,“ gl. o. 95; davon i. 217. 545: ſemidahi, carices, carectum). „Alga, ſemit; Clm. 4583, f. 47. „Carectum, ſemidach;“ Clm. 6028 (XII. sec.), f. 45. „Scirpus haizt ain pinz oder in anderr däutſch ain ſemd;“ Konr. v. Megenberg f. 231, (Pfeiffer 390,22). 'Vgl. auch Weigand, Wbch. II, 689: die Simſe, Semſe; Nemnich II, 1243 f.' Ob Sempt, der Name eines Ortes und Flüßchens, etwa hiernach zu erklären, müßte ſich aus ältern Urkunden ergeben. Vrgl. die Senden.

ſamft, ſampft, wie hchd. ſanft; (mhd. ſenfte, ſemfte adv., ſenfte, ſemfte adj., ahd, ſamfto adv., ſamfti, ſemfti adj., agſ. ſofte, engl. ſoft, holl. ſaft, ſacht, ndrd. ſagt; Graff VI, 224. BM. II, II, 50 f. Weigand, Wbch. II, 538). ſ. auch ſôft und ſanft.

Der Semft, Senf; ſ. Senef.

Der Sumft, Sumpft, der Sumpf; (ahd. ſumft, ſunft; Otfr. V, 23,110: ſunft. Graff VI, 266. 879. BM. II, II, 732. Weigand, Wbch. II, 845. Cf. engl. ſwamp). „Infernus est ym̃ (immus?) ſumph des ertreichs;“ Monac. Augustin. 84, f. 67. ſümftig, adj., ſumpfig.

Die Sampinn, (Journal v. u. f. D.; Hübner, Salzb.) garstige Weibsperson; Hure.

Der Semper, (b. W., Obrm.) Knecht Ruprecht, Kobold; (etwa aus Schembart, oder St. Simpert, Simpertus 13. October, wie Lutz, Bercht, Pfinz? s. Th. I, Sp. 269 und vgl. Schimmel). Der Semper kommt, und schneidet bösen Kindern den Bauch auf; cfr. Zemper und Rauchnacht. „Wet der tiefel mag dicz wesen, dich müs der semper machen gsunt! (fututor ad insatiatam), d. Ring 14ᵈ,5. „Ich vil armer Semper," (semperfrey? BM. III, 402), nennt sich Jacob Pütrich v. Reichertshausen, Ehrenbrief 86. „Ahn S. Sempers tagke advenerunt molitores nach Wursten saltantes ibi respondet (Dr. Luther) lieben gesellen seidt frum, hald euch still und seid frolich und halt über ewr gewonheit;" Clm. 937, f. 160ᵇ. Der Sacksemper, s. Th. I, Sp. 269: bercht.

semperig, (Kitzbühel) unpäßlich.

simpel, s. unten: sinewel.

Sümpel (?). „Die (Säu) meines nachbarn ain sümpl die mein ain grumpl;" Grimm, Mythol. p. L,16.

---

251 Samstag, s. Sambßtag.

Semse, Simse, s. Semd. Zeitschr. IV, 185. VI, 18.

Simß, s. Simeß.

---

samt, sant, a) wie hchd. b) zusammen, miteinander; BM. II, II, 46 f. Zeitschr. II, 51. s. sam. Allsamt, alle zusammen. Baidsam, baidsamt, alle beide. „Wir müssen baide sampt leiden;" Cgm. 714, f. 247. samtwander, a) selbander, d. h. mit noch Einem. b) (von zweyen) miteinander. „Die rothe Ruhr und ungerische Krankheit haben sambtwander Mariam N. angestoßen;" Bogenberg. Mirakel 272. „Ist einer ärger als der ander, sie kreuzigen mich alle sambtwander." „Drey Stockwerk baust drein aufeinander, daß Vieh und Mensch kann wohn'n samtwander." Bucher's Charfreyt.-Processs. 116. 144. „Parcifal, sant Wilhalms buech das ander und Lohengrein mit alle die drei gemacht glaub ich zesamen pander" (zes. b'ander) hat Wolfram von Eschenbach (?); Pütrich v. Reichertshausen, Ehrenbrief 101, (Haupt's Zeitschr. VI, 50). s. Th. I, Sp. 100: ander. samtdritt, samtdritter, a) selbdritt, d. h. mit noch zwey andern. „Da kam Hr. Prior samtdritt nach H.;" Zirngibl, Hainspach 107. „Bin ihm sambtdritter entgegengeritten;" Abt v. St. Zeno, 1670. b) zu dreyen. Si sán', ſi drésch'n *samtdritter*. So: samtviert, samt vierter u. s. f. Es scheint dieses samt nach Gramm. 681 bloße Entstellung aus sam, insoferne dieses (wenn auch nicht dem slaw. sam, ipse, doch dem Sinn nach) unserm selb (s. oben Sp. 264) entspricht. Ob aber das sonderbare samtwander nach Gramm. 409. 410 aus samb (st. sam) ander oder aus sam b'ander erklärt werden dürfe, will ich unentschieden lassen. (Vrgl. ain-sam, ohne einen andern. Im Schottischen ist threesum selbdritt. Hêliand 68,11: „hie fahora sum," er mit wenigen andern. Caedmon. 48,10: feovera sum, selbviert; Grimm II, 951; cf. III, 258: samt mir, (ä. Sp.) sam mir, mecum. BM. II, II, 45. 47.

Sanikel, (v. Schrank, Berchtesgaden) dentaria enneaphyllos L.; (salzb., Abtenau) lathraea squamaria L.; auch saxifraga rotundifolia; primula auricula Dan. Nemnich II, 1221: sanicula. Vilmar, kurhess. Idiot. 337.

Der *Sónigl* wird zu Wundpflastern verwendet; (b. W., ObrM.).

Der Saniklas, (Klbk., Eberf.), St. Nicolaus; s. unten sant.

Die San'l, Susanna. Zeitschr. IV, 156.

sain (saə˜), 1) (Rttm.) langsam, spät, träge, traurig, kränklich; (ahd., mhd. seine, adv., ags. sæne, isl. sein-n, schwed. sen; cf. latein. segnis. Graff VI, 239. BM. II, II, 242 f. Weigand, Wbch. II, 10). „Dər aə˜ (Ochs) wá' wol toll, aə˜ vil ghürntə-r-und lang, oᶜ wa' houchgálli' gnuə' àbə' *saə˜* (langsam) hàlt i˜'n Gang;" Schlosser 68. 153. „Auch was da nicht sain Herr Ott v. Liechtenstain." .. „Der wagen (mit dem Kranken) gieng sanft und sain;" Horneck. „Nit ze sain, nit ze snel;" Laßb. Liedersf. I, 382. „Gistu mir klain so dank ich dir sain, Qui minimum mihi dat tarde sua præmia portat;" Windb. 204, f. 170ᵇ. „Man wert iuch gar ze seine;" S. Helbling XV, 508. „Ez (das verschüchterte Kind) enweiz, ob ez sol snel sîn oder sein;" Haupt's Zeitschr. VIII, 585. „Harre (der Hund) ist ze manigem bîle komen, swie sîn jagen ist doch seine;" Labr. 18. „Daz hundel Mûten begund ich an ez hetzen seinen und nicht ze gûten;" das. 126. „Seiner hunt ze jagen wenig touget;" das. 157. „Waz ist daz seine? Noch ferr ichz jagen hôre;" das. 415. „Vil herren hunde, der seine, iener balde;" das. 424. „Sein und ze snellez burren; das. 486. „Dîn seinez jagen;" das. 555. „Ist ouch leider seine der alte hund;" das. 560. „Nu loufet si, nu gêt si seine;" d. w. Gast 1864. „Daz sie fuoren seine;" Wernher, Maria. „Die schenken kômen seine;" Nibelungen 3860 (Lachm. 905,1). „Des wæne ouch sich vil seine des kunges sorge gelege;" das. 4796 (Lachm. 1135,1). „Si wuoschen deste seiner;" Gudrun 1187,1. „Daz ir seine waschet die sabene ... mîne wîze pfelle die bleichet ir vil seine;" das. 1189,2.3. cf. 291,:. „Vil seine wart er angerant;" Pitrolf 1030. „sänig, wercklos und verdrießlich;" Druck v. 1586. Vrgl. sinnlich, c). sainken (saə˜kə˜), sich träge daherschleppen; (isl. seinka, tardescere; goth. sainjan, tardare, I. Timoth. 3,15; mhd. seinen, BM. II, II, 243. „Ich loset nâch den meinen, ob sich der indert einez der verte wolte seinen;" Labr. 425). sainlen (saə˜ln), langsam seyn im Thun und Sprechen; die Sainel (Saə˜l), unausrichtsame Person. Vgl. zaineln, die Zainel, (b. W. zoi˜ln, Zoi˜l; zaə˜ln, Zaə˜l). O du mei˜ *Zoi˜l*, hú˜, wou *zoi˜lst* und troi˜**lst** àllawál ummə? (ObrM.). säinzeln (seə˜zln), langsam sein im Sprechen; der Seə˜zləᶜ, die Sèə˜zl. 2) In einigen ältern Stellen 252 scheint sain gerade das Gegentheil von langsam, nemlich eifrig, begierig zu bedeuten. „Ich main auch die von Höchenrain, die aller Ehren seind sain. Darzu die von Schönstetten, sein zu dem Thurnier jetten;" Turnier-Reim bey Hund, St.B. I, 3. 8. Sollte hier blos die Negation ellipsiert seyn, und etwa ein Ideenverhältniß, wie zwischen lang und: es be- oder verlangt mich, zwischen tard und il me tarde statt haben? Oder ist Verwechselung mit dem alten san (illico) eingetreten? Das in Heumann's opusc. 435 erwähnte verseinen scheint hieher zu gehören: „Mardochai eine bittre reu der verseinten;" ..... „den verseinten herzen." Vrgl. senen.

sauneln (sau˜ln, sau˜dln), zögern, (hie und da statt saineln; vrgl. auch säumeln, nach Gramm. § 556. 557). „Ihr wißt, daß mich nichts so gift't als das Maundln *Saundln* und Laundln;" Hammer-Purgstall, Gallerinn III, 192.

sen, (s'n), (östl. O.L.) Affix an das Demonstrativ der, die, daß, wenn es in der Bedeutung jener, e, es auf etwas Entfernteres weisen soll; (etwa von sehen, ecce? cf. Th. II, Sp. 1399: l). *Dèrs'n, deə's'n*, z. B. Berg, *dés'n*, z. B. Brugk, *dàss'n* z. B. Feld, *dens'n*, jenem oder jenen. „Bei dersen Fack, der bösen;" Tiroler Kirchtag p. 46; cf. 57. Anstatt des Fragewortes was sprechen die Pusterthaler meistens wessen und anstatt dieß dessen oder auch dess; (Staffler I, 115). Das enclitische sun der ahd. Sp. (in huuarasun quorsum, herasun huc, tharasun illuc, heimortsun heimwärts, uzuuertsun auswärts; Graff VI, 47 f. Grimm III, 212) hat entfernte Ähnlichkeit. „Thaz muat ist in io tharasun, ni mugun sih freuuen herasun;" Otfr. V, 23,46. Vgl. unten das alte sein (mhd. sîn; ital. ne, frnz. en): „Credemelo, glaub mirsen," (crede me ne?); Voc. venez.-todesco, Ms. v. 1424, f. 98. Also dersen = der davon, der darunter. Zeitschr. III, 250,48. 418,27. VI, 185 ff. (Der salzb. Lungauer sagt seə˜ st. eə˜, ihnen. Im Kuhländchen kommt sen, sn, s' als Füllpartikel vor). Vrgl. -en Th. I, Sp. 91 und jener, Th. II, Sp. 1207.

'sən, s'n, sein, dessen, partitiver Genitiv von er und es; Zeitschr. III, 250,48. 418,127. 452. 476 ff. VI, 185 ff.'

Der Senef (Senéff), (O.L.) der Senf; (mhd. senef, senf, ahd. senaf, goth. sinaps, griech. σίναπι. Graff VI, 246. BM. II, II, 252. Weigand, Wbch. II, 691. gl. i. 631: senaph. 686: sinaf). Sehr gewöhnlich ist die Entstellung in Senft, Semft, Sempft.

über-senig, übersänig, (Voc. v. 1648) paetus, leniter declinatus oculis; lusciosus, luscitiosus. Voc. v. 1429: „übersüniger, limus." übersinnig; Cgm. 558, f. 183. Im Cod. Monac. Franciso. 319 heißt es auf einem, durch Versehen leer gebliebenen Blatte: „Hic nullus est defectus fed supervisio." Dabei steht von andrer Hand: Quod scriptor erat quod dicitur übersauinig (überseunig?) vel strabo quod idem est." Vrgl. das alte -siunig: arsiunic prospicuus, durhsiunig perspicuus, ougsiunic evidens von siuni, einer seltsamen Ableitung von sehan. Graff VI, 127. BM. II, II, 282. S. auch überscheinig.

Die Sen, Senn, früher Senib oder (Gramm. § 486. 504) Senig, aus dem senewe, senwe der mhd., dem seniuua, senauua der ahd. Spr., agſ. sinu, isl. sin (vrgl. Grimm II, 554. Graff VI, 266. BM. II, II, 252. Weigand, Wbch. II, 673), die Sehne, nervus. „Der Hanf wurde zu Senigen für die Pfeile gebraucht, und von den Schuhmachern hiezu gesponnen;" Gem. Reg. Chron. II, 249, ad 1388. „Senibe," Bogensehne, bey Suchenwirt. „Zoch den Bogen und liez die senben snellen;" Cgm. 54, f. 81ᵇ. „Senne, neruus;" Voc. v. 1618. „Karbatschstreiche mit der Senne, Ochsensenne;" Ansbach. Zuchthaus-Instruct. v. 1763. Auch das isl. sin gilt für das membrum genitale maris cujuscumque animantis. Die Sen-âder, nervus; Voc. v. 1618. Dr. Minderer 1620. senoadra, senadra, nervus, gl. i. 38. 877. 908. 913; arteria, i. 617. Vgl. Ader.

263 seniwen, seniben, semben, senigen, sennen (einen Bogen, eine Armbrust), mit der Sehne beziehen, in Bereitschaft setzen. „Gesembdew (gesenibdew?) armbrust" zu tragen bey Aufläufen oder Feuerlärm, in Münchner Magistrats-Verordnungen v. 1370 und 1429 (Wstr. Btr. VI, 95. 118) schwer verpönt. „Zwey angesempte Armbst mit einem zugerichteten pöcklen und 100 eingeschnitten pfeilen;" Gem. Reg. Chr. III, 241, ad 1455. A. 1373 wurden 16,000 Pfeile angeschifft, 4000 gevidert (es steht geädert), die Armbrusten gesenigt (es steht gesenkt), Burger, aus den Büchsen zu schießen, verordnet; das. II, 166. „Er hat seinen bogen gesennet und gespannen," arcum suum tetendit et paravit illum: Cgm. 87, f. 63. Bey Tschudi ad 1429: sennden, die Armbrust spannen, fig. das Wettschießen anfangen, wovon noch jetzt in der Schweiz absenden, (aufhören auf die Scheibe zu schießen, es sey mit Armbrust oder Feuergewehr). Tobler 13: *absènda*, die Entfernung der Schüsse vom Centrum ausmessen. Schmid, schwäb. Wbch. 492: senden, schießen. „Met in chorda, senn an;" Voc. venez.-todesco, Ms. v. 1424, f. 24ᵇ.

sennen, (Breyer, Allgäu) Käse bereiten. Zeitschr. VI, 329,9. Der Senn, des Senden, gewöhnlicher: der Senner, Sender, (bayr. O.L.) derjenige Knecht einer Bauernwirthschaft, der auf einer Alpenweide den Sommer hindurch das Geschäft der Butter- und Käsebereitung versieht, welches indessen in Gegenden, besonders zwischen Isar und Salzach, obschon es bey der Abgeschiedenheit von der untern Welt und ihren Hülfen viele Selbstständigkeit erfordert, lieber einer Dirne übertragen wird, die dann Sennin, Sendin, Sennerin, Senderin heißt. (Gl. Sletst. IV, 65: „Oppilio senno vel scafhirte;" Haupt's Zeitschr. V, 326. Grimm, das. VII, 489. Weigand, Wbch. II, 692. Zeitschr. II, 567,63. IV, 61. V, 103, II). Es ist klar, daß in den Liedern und Romanzen der Gegend, neben den Holzknechten, Wildschützen und Jägern, die schönen Sennerinnen (es werden deren, aus Grundsatz, genug häßliche auf die Alpen gesendet) eine Hauptrolle spielen müssen. L. v. Pyrker's Lieder (1846) der Sehnsucht nach den Alpen geben einen Traum des Sennt und der Senntin, einen verschneiten Sennt, ein Abendlied der Senntin u. drgl. „Der Birgsöhner im Schweizerland;" Dr. Minderer's Kriegsarzney, Augsb. 1620, p. 54. Die Senn-Alben, Bergweide oder Alpe für Melkvieh. Der Sénn-Hof. Im J. 1437 verleiht der Abt Gregor zu Benedictbeuern einem Peter Strobel den Sennhof, gelegen zu Tercʒns an dem Ellepogen; Clm. 4577, Vorsetzbl. Die Sennhütten, Hütte bey einer Alpenweide, als Stall und Küche zur Käsebereitung dienend. „Der Seneschalk (oder Kuhhirt), dessen Herr 12 Kühe innerhalb seiner Behausung besitzt," — citiert Rudhart p. 495 aus den Legg. Alamannor. (Pertz, monum. Germ. legg. III, 73. Weigand, Wbch. II, 690 f.). Das Senn-Vieh, das zu solchem Zweck auf die Alpe getrieben wird. „Viehereý, Sennet, Sennte, pecuaria;" Voc. v. 1735. Vrgl. Stalder II, 371. Pictorius 370. Weigand, Wbch. II, 693. Die frühere Form und Geschichte des Wortes liegt im Dunkeln. (Von sänen, die Sahne abnehmen? wie bey Firmenich I, 493: schmännen von Smand, Sahne, Rahm; das. 314,55. Grimm, Gesch. d. d. Spr. p. 1002. 1014. Weigand, Wbch. II, 692). Vielleicht ist es nur eine Entstellung von sinnen in der Bedeutung des isl. sinna, sorgfältig behandeln, besorgen, curare; cf. franz. soigner, soin (aus Deutschem? Diez, Wbch. 321). Das romanische (bündtnerische) segniun ist wol selbst aus dem Deutschen genommen. (Im Traum vom 10. auf 11. März 1838: von saminon samnon, seminon — semnida, semnet, sennet, senta, sente; Herde also der ursprüngliche Begriff). Tobler, Sprachsch. 422: ein senten, Hausen Vieh's, (Frisius); später: das Senten. „Daz si (die von Lucern) daz sinntuem und daz hirttentuem selbe besetzen sullen ... auch ... daz si in den welden wunne und waid haben sullen," Urk. v. 1330 in J. E. Kopp's Urkunden p. 155; (nach Kopp p. 158 nicht Bergweide, wie Joh. v. Müller II, 87 (68) meine, sondern die Aufsicht über das Maß). K. H. v. Lang (im Jahresbericht des histor. Ver. f. d. Rezatkreis, 1831, p. 32) denkt an slaw. seno, Heu, senný, Heuer. Vgl. unten: das Sün-Heu. Jarnik p. 121: „Séne, v' Sénah, topographische Benennung eines Alpenantheils; im Altslaw. eine Hütte; vgl. das deutsche Senne (Senner-Hütte, Alpenhütte).

senen sich, wie hchd. sehnen; Graff VI, 239. BM. II, II, 250. Weigand, Wbch. II, 673. Grimm, Reinh. p. 104,19. Cf. isl. safna; Grimm, über d. Liebesgott p. 9. sene, marceo, langueo, gl. o. 275). Margng *sen* ə mi haəm, morgen hoffe ich daheim zu seyn. „Gute Arzeney für die Eifersucht und das Sehnen;" der Marktschreyer bey H. Sachs 1612: 1, 1065. „Origanum tost oder wollgemut hilft für alles weis senen und wenen;" Clm. 5931, f. 219. „Ein affe und ein narre was er, der ie gesente sînen lîp für guoten wîn umbe ein

wîp;“ M. Helmbrecht 1005. „Ob ſenen ſie bekrenket,“ Labr. 228; cf. daſ. 373. 374. 375. 376; auch als Name eines Hundes: 367. 370. 371. 405. (mhd. Sp.) Particip: ſende für ſenende; BM. a. a. O. ſender muot, ein ſendez herze, ſende nôt ꝛc. „Wie ich doch von im lîde ſenden ſmerzen;“ Labr. 105. „Waz iſt ein rât, ein tröſt, ein helfe, ein ſtiure den ſenden für verzagen?“ daſ. 136. „Waz mir nû ſendem werre, ... daz hât mit ſenec-lîchem ſenen pflihte;“ daſ. 299. „Weſt ich ſie, diu mich ſenden ſolt begraben;“ daſ. 369. „Ach ach und owê ſenen, wes wiltu mich vil ſenden ziehen unde wenen?“ daſ. 372. ſenlich, ſendlich, adj., (in der Ausſpr. meiſt sinnlə', sindlə'), ſehnſüchtig, ſchmachtend, betrübt; (mhd. ſenelîch, ſenlîch, ſendelîch, ſenec-lîch; BM. II, II, 249. 251. Vgl. ſinnlich und ſündlich). Dà ſihh I aə˜n bei də' Kapelln, dé dórt stêt, ganz *sinnli'* laənə˜ und so rècht vo˜n Herzən waənə˜;“ Seidl, Flinſ. (1844) 135. „Wie *sindlä* wier' i seyn, wie wird mä' 's Herz nöt bröchä,“ (ſagt die Mutter, die die Tochter durch Heirat verlieren wird); Lindermayr 123. „Hàm *sündli'* auf dös Kastl gschaut, aber anzrührn hat si' deant koans 'traut;“ Kartſch II, 105. „Nach dem Nachtmal gieng der Herr traurig und betrübt auff den ölperg, und redt unttewegen ſendliche wort zu ſeinen jüngern und ſprach: Heint auff dy nacht wert
254 ir all von mir flüchtig;“ Wſtr. Btr. V, 69. ad 1438. „Unangeſehen ich mich, als ſie am Tiſche ſaſſen, gerade gegen ihnen über auff einen block ſetzte vnd jhnen ſünd-lich zuſchawte;“ Albertin's Gußman de Alfarache p. 50. „Under andern lag ein ſilberne Schüſſel auf der Erden, die ſahe mich gar ſündtlich an, und bate mich gleich-ſamb, daß ich mich über ſie erbarmen und ſie zu mir nehmen wollte;“ daſ. p. 61. Vrgl. Die Braut ſitzt zu-vörderſt an, ſie ſchaut mich ganz ſchuldig und traurig an ...; (Abdankſpruch bey Hochzeiten im b. W.; Hazzi, Statiſt. IV, 267. Hier iſt ſchuldig doch wol nur eine gutmeinende Erſetzung des mißverſtandenen ſündlich, ſendlich). „So man dem andern ein vbel zuezeucht mit zawbrey, als ſo man einem die Senſucht tut, das er nit geſlaffen mag.“ „Die die Senſucht haben, den enget oft ir vernüft.“ „Der den ſiechtum hat von der ſenſuchte, der ſol reden mit den, die im lieb ſint, und ſchol horen ſchoneu mære, der in geluſte ze horen;“ Cgm. 632, f. 31. 43. 724, f. 129.

„ſennern,“ (Salzb. Journ. v. u. f. D.) den Spei-chel vom Munde rinnen laſſen. anſennern Einen, ihn mit Speichel beſudeln. ſennerig, adj. „Wenn ə˜ Waſſə' lang stêt, wo voll Unkraut də' Teicht, dà və'ſchwindt də' schö˜ Spiogl, wird *sennərè'* leicht;“ Reizenbeck I, 98. Vrgl. das kärntniſche ſendern (Lexer, kärnt. Wbch. Sp. 231)', ungeſtüm fordern. Etwa figür-lich, falls nicht gar zum ältern Partic. ſend für ſenend (ſich ſehnend) gehörig.

ſein (ſei˜, o.pf. ſá˜), Pronom., wie hchd.; (ahd. mhd. ſîn), Genit. von er oder von es; (Graff VI, 4. 6. BM. II, II, 290. Weigand, Wbch. II, 676 f. Vrgl. Gramm. § 729. 742; Wrtbch. Th. II, Sp. 1718 f.) „Ich wil euch ſein danken;“ Boner. „Hör auf, ſein iſt genug;“ Cgm. 4883, fol. ult. „Wie möcht wir ſein bechomen,“ (ihn abkommen, aus dem Weg räumen? wol blos: ihn bekommen); Gesta Romanor., Cgm. 54, f. 79ᵃ. (Keller p. 156). „So wirt man ſein (es) nicht ynn;“ daſ. „Sein iſt lanch daz ſi auf geſtanden ſint;“ daſ. f. 79ᵇ, (Keller p. 157). „Ich waiz ſein nicht,“ (je n'en sais rien); daſ. f. 46ᵃ, (Keller p. 88). Cgm. 583, f. 1. 584, f. 3. Vgl. oben ſən, ſ·n.' „Ich pin ſein nicht,“ (ich bin es nicht); Cgm. 714, f. 217 und Cgm. 66, f. 29. „Er ſüll im ſein nicht,“ (er ſey ihm nichts der Art ſchuldig); Münch. StR. Art. 12. „Lieber thu ſein nit;“ H. Sachs 1612: IV, III, 18 (1560: V, 347). „Und das liecht leuchtet in der vinſternus und die vinſternus begreifft ſein nicht;“ Clm. 4757 (XV. sec.), f. 184. Der alte Spruch: „Tritt mich nicht, ich leid ſein nicht“ (ich leid es nicht) iſt in der Münch-ner Hofgarten-Poeſie zu: T. m. n., ich leids ſein nicht modernisiert. 'Auch auf ein Femininum oder einen Plural kann dieſes ſein bezogen werden.' „Das Oechslein und das Eſelein erkhanten Gott den Her-ren ſein;“ Cgm. 4611, f. 20. „Daſs án jede ſán Liecht (jede ihr L.) brennt;“ Stelzhamer 137. Er, ſie iſt ſein ſelber, d. h. nicht im Dienſt, lebt von eige-nen Mitteln, ſelbſtſtändig; (Jir.).

ſeineln (ſei˜ln), (O.Pf.) ſchnurren, einen Laut von ſich geben wie die Katze, wenn ſie ſich gütlich thut, oder ſchmeichelnd um etwas herumſtreicht; ſchmeicheln, σαίνειν. Sich *ſei˜ln*, ſich gütlich thun. Die Sei˜l, die Katze. Im Titurel kommt ſich geſînen (sociare? BM. II, II, 293) vor. „Der hunt hât ſich der ferte wol geſînet („ge-ſeinet“), er wil dâbî belîben;“ Labr. 117. Vrgl. allenfalls auch ſüenen und ſinnlich.

'Sinau, Sindau, eine Pflanze; Zeitſchr. IV, 185. Weigand, Wbch. II, 709. Nemnich I, 161 f.' „Alchi-milla vel pes leonis, Sinaw;“ Clm. 16487 (2ᴰ XVI. sec.), f. 95.

Die Sin-fluot, (ahd. und mhd. Sp.; Graff III, 754. VI, 25. BM. II, II, 290. III, 356. Dieſenbach 105ᶜ. 182ᵇ. Weigand, Wbch. II, 846. Grimm, Mythol.² p. 541—547), cataclysmus, diluvium universale; Chron. bis 1250, gl. i. 354, a. 653, o. 117 ꝛc., und noch bey Michael Beham im 16. Jahrh. „Diluvium, ſintflů(t);“ Voc. optim. p. 56. Daraus entſtellt (gl. bibl. v. 1418, Voc. v. 1445): ſinflucht. In gleichem Sinne ſteht auch das mhd. ſintwâc, msc., ſintwæge, ſintgewæge, ntr., (ſ. Th. IV: der Wâg. BM. III, 646.): „Vor dem ſintwæge;“ Anegenge, hgg. v. Hahn, 23,51. Cf. Sind-fluot, Sündfluß.

„Singoßel, tintinnabulum;“ Hübner's Voc. v. 1445. Cgm. 662, f. 107. Singoz, tintinnabulum; gl. a. 580, o. 414. „Tintinnabulum, ſingoz;“ Clm. 4350 (sec. XIV.), f. 2ᵇ, (bey Kirche). „Tintinnabulum, ſingöſſel“ (in der Kirche); Clm. 5387, f. II, ad 1450. Semansh. 34, f. 193. (Graff VI, 250. BM. II, II, 305. cf. Th. II, Sp. 949: Gôß und vgl. Graff IV, 285. BM. I, 541 f. Barlaam 320,10: „Dîn got iſt, ſwie dû macheſt in, ein gôz, ân allerſlahte ſin.“ Tungdalus, hgg. v. Hahn, 63,19: „Ein zimbel und ein glökelin diu waren ge-goſſen bleide von guldeinem geſmeide“); b. W. Zin-gleiſsl: 'ən Ros henkt mə˜-r-ə˜ *Zingleiſsl* à˜, 'n Ochs'n ə˜ Rolln, de' Kou ə˜ Schəlln und 'n Kaibl e˜ Rəllál; (ObrM.). „Mit *Zinklaiſsln* (Glöcklein) und silbaran Hrillaln“ (Röllchen); Firmenich II, 380,33.36 (Böhmerwald). Singôsa, (Bregenzerwald) Glöcklein, das man auf der Alpe dem Vieh anhängt; (Bergmann, Walſer). Zeitſchr. II, 568,62. V, 489: *Singessa.* ſ. un-ten: ſingen und vgl. čeſk. cinkati, klingen, cink, cinkot, Geklingel; daher auch Zinke, ein Inſtrument. BM. III, 900: zint. Weigand, Wbch. II, 1146. In Foza (einem der VII Comuni): Singoz, campanello. „Sô man den ſingôz anziech zuo dem tuome reich, ſo wekke du mich“ ... „man lautet den ſingôz,“ v. d. Hagen, Geſ. Abent. II, S. 627,301.319; (es ſcheint eine Frühglocke zu ſeyn; denn Vers 431 ſteht: „die glokken leuten“). „Ze metten wakte in der ſinegôz; ſîn angeſt wart dô vil grôz, wer in ûz dem münſter hiete brâht;“ Bonus in Haupt's Zeitſchr. II, 214,226. „Alſo hab auch ein iegliche ſel einen ſingozz der ſich læwt und wegth die feind;“ Gesta Romanor., Cgm. 54, f. 62ᵃ, (Keller p. 120). „Si ſchuln auch nicht gloken haben auf den hoven, ſi wellen danne chlainev ſinegozzel haben do man die prueder mit ʒ· dem ezzen lade;“ Laienregel, Hoffmann, Fundgr. I, 390. 'Auch als Name einer Art Feldgeſchütze.' Der Herzog ſolle rüſten ein „gut Geſchuz von ganzen ſchlangen, etlichen ſingozen und halbſchlangen,“ Brief des Kanzlers Eck an Herzog Wilhelm, 18. Febr 1525, in den Bauernkriegsakten, tom. IV, lit. B, f. 28; (Edmund Jörg, 14. März 1850). cf. goßern: II. Th. Sp. 949.

Das Sin-grüen (Si˜grə, Sigərə, Sidəgreə˜), semperviva; bey Ortolph Siggrün. BM. II, II, 580. Weigand, Wbch. II, 710. Diefenbach 431ᵃ. 526ᵃ. Nemnich II, 1567. Zaubersegen über das Sinngrün (pervinca), daß es Einer Liebe mache; Furstenf. 121, f. 162.

255 sinewel, sinwell (simwel, simbel, simpel, simmel), (ä. Sp.) rund, teres, was sich wälzen läßt; (Graff I, 840. 845. BM. II, II, 673 f. Weigand, Wbch. II, 711. 714. cf. ahd. sin-huerbal, Graff IV, 1238); Kitzbühel: si˜wál, veränderlich. „Der guldein apfel der bezaichnet vns die sinweln scheiblichen werlt;" Gesta Romanor., Cgm. 54, f. 51ᵇ, (Keller p. 100). „Wie wol die welt simpel ist das man just uber all mit schiffen faren und gehen mag;" Martin Behaim auf seinem Weltapfel oder Globus von 1492 im Behaim'schen Archiv zu Nürnberg. „Mit iren sinbeln armen weiß ward ich do umb slossen;" Cgm. 713, f. 141. 217. „Ein verglest sinwäl trügelin oder ein nepfflin." „Ein tayg der sinwel sey als ein kugel;" Anhang zum Vegetius v. 1529. „Zwey senewel Stück Wachs;" Wagenseil, Nürnb. 251. „Einen sibellen laib pachen;" Cgm. 544, f. 44ᵇ. „Swer zu rocgen gersten mischet, der sol sinbelis brot bachen, daz man ez erchent;" v. Sutner in den hist. Abh. d. Ak. v. 1813, p. 486. cfr. semlein. „Es solle auch der Zuschlager von einem harten Holz und halbet simwell gemacht sein;" Lori, Brg.R. 394, ad 1614. „Cylindrus ein langer seinwaller stain damit man tennen oder esterich ebnet;" Nomencl. v. 1629, p. 134. „Auch wöllen Wir slagen lassen Haller, die sullen simel werden ... Die Pfenning und Haller werden simpel sein von Erkennens wegen der andern Münß;" Lori, Mz.R. I, 33. 45, ad 1434 und 1457. „Der pfenning ist simpel und rund und laufft davon in kurzer stund," H. Sachs 1612: V, III, 107 (1560: V, 389). Noch im Berner Oberland simel; Wyß, Reise p. 611. Der Sinwel-Thurn (Thurm am Vestnerthor in Nürnberg, der, vor den übrigen Thorthürmen, in runder Form erbaut worden war) heißt dem gemeinen Mann gewöhnlich der Simpelthurn Nopitsch, Wegweiser 161. Der Sinwel-turn bey Schwangau; Lori, Lechrain 115. 129. Kärnt. „okrògliza, Synabelkirche, die, wie die Ruine es zeigt, rund (okrogla) war;" Jarnik p. 239, (eine Kirche in Klagenfurt, oder in Mosburg, dem Wohnort Jarnik's?). „Simbel Seulen." „Das Glück ist sinbel;" Avent. Chr. 53. 73. 342. „Darum so wäre das Glück sinwill;" Kr. Lhdl. XV, 97, ad 1505. „Die weil das recht so sinbel ist und grundlos der juristen list;" H. Sachs 1612: II, II, 78. „Die weil das recht gar sinwel ist das oft der grecht durch hinderlist mit rechter warheit underliget;" H. Sachs 1612: I, 1095. „Ein friunt sinewel (volubilis) an sîner stæte" (Treue); Walther v. d. Vogelw. 70,30. „Daß dieses zu thun sinbell (schwer) sey;" Gem. Reg. Chr. IV, 438, ad 1521. (Vrgl. die R.A.: „dieß oder jenes ist mir zu rund.") Die am Abend verschloßene Rose „was sinwel und sinhol" für den Käfer, der in ihr saß; altd. Wälder p. 219, XV. Die sinewellin, rotunditas, Convexität; gl. i. 612. a. 531. „Von der sinewellin des meres;" Cgm. 328, f. 101ᵇ. sinauuelli, globi; gl. i. 1048. 1052. Walther v. d. V. 79,35 hat das Verbum sinewellen, volvi: „Swer mich ûf hebt in balles wîs, sinewell ich dem in sînen handen, daz sol z·unstæte nieman an mir anden." S. das einfache Verb wellen. Der erste Bestandtheil wird wol aus der Intensivitäts-Bedeutung, die das deutsche sin in mehrern hier und bey Grimm II, 554 aufgeführten Compositen hat, und nicht erst aus Shaw's gaelischem sin (rund) zu erklären seyn.

'Sinawaf, ein Kleidungsstoff.' Niederländische Leinwath und Sinawaff sind der dritten Classe verboten in K. Leopolds österreich. Policeyordn. v. 1671, p. 12. „Der babst und alle cardinal und alle bischoff gar kostlich angeleit in ir kormanteln vnd infelen von weißem Synowaffen mit weyssen Stalen," (1452); Clm. 9503, f. 345ᵇ. Cf. ahd. gotowebbi, cotawebbi, Graff I, 647 f.

'Sine, Kürzung des Namens Rosine. Zeitschr. VI, 461.' (Zir.) *Sidl.*

sinnen ein Faß, es ohmen, visieren; (U.Mayn). „Die Faß sollen gesinnet seyn;" Hanau'sche Ohmgelds-Ordn. v. 1688. Auch bey Stalder; in Alt-B. unüblich. Cf. allenfalls gl. a. 354: kisinit, finitum.

sinnen, Condit. sunn und sänn und sinnet, Partic. gesunnen und gesinnt, a) wie hchd.; (Graff VI, 227: tendere, ire; BM. II, II, 307. Weigand, Wbch. II, 712). „Da hab ich gesinnet und etwa dicke überschlagen daz da selbs gar wol ain vesti læge;" Ettmüller, zwei Zürcher Chroniken 54. əso wá'ts Es *gso'n*!? (gesotten? gesonnen? s. oben: sieden); ObrM. „Swaz ich erdenken möchte, daz sunn ich (meditarer) understunden;" Labr. 376. „Wan wir nâch ir gesinnet nû lange zîte hân, wie wir si widerbræhten von Ludewîges lande;" Gudrun 1340,2. b) sinnen, gesinnen an Einen, etwas zu thun oder zu lassen, ihn darum angehen, (vornehmer als bitten, höflicher als befehlen). „Also gesinnen wir an Euch ...;" Schreiben der Churfürsten an die Landschaft a. 1669. Einem und an Einen etwas gesinnen; Wrzb. Verordnungen v. 1685, 1693. Einem etwas ansinnen, zuesinnen. Behörden glei- 256
chen Ranges pflegen an einander nicht die Bitte oder das Begehren, sondern die Ansinnung, das Ansinnen, das Gesinnen zu stellen, daß irgend etwas gethan oder gelassen werde. Vrgl. sinnlich. c) In der Bedeutung ist mit dem vorigen verwandt der ä. Ausdruck: ein Lêhen sinnen, es suchen, verlangen, petere; (cf. mueten). Vrgl. das wahrscheinlich mit Sinn, animus, verwandte alte sinnan, sowol ire, proficisci (Otfrid II, 2,17. 7,39. III, 14,63. IV, 4,1. Epil. 69), als tendere, trachten (IV, 12,49. V, 8,22). „Do er von Chärlingen wider begunde sinnen ze romischer haimût;" Tungdalus, hgg. v. Hahn, 41,41. 'besinnen, vb. intrans. und trans., überlegen, erkennen; BM. II, II, 308.' „Daz muoz er besinnen;" Labr. 7. „Wie ich daz besinne;" das. 165. „Ach owê, hiet ich daz besunnen lange;" das. 269. „Ich kund nit besinnen, was mir ze thun wære;" Balkn. 113. „Bæs klaffet bæs, so kan gûtz gût besinnen;" das. 134. besunnen seyn (von besinnen), einen Einfall haben, gefaßt seyn. Glei' bin I *b'sunnə˜* g'wé'n, und hàb əm sei˜ Orfeigng haəmgébm. Wenn I nà˜ glei' so *b'sunnə˜* g'wé'n wár, (wenn ich nur gleich an das gedacht hätte). unbesunnen, 1) (Av. Chr. 74) Gegentheil von sinnreich. 2) wie hchd. unbesonnen. „besinter Mensch, consideratus, cordatus; besintlich, cogitate, perspicienter;" Voc. v. 1618. „unbesinnt ligen," vom Verstand gekommen, wahnsinnig seyn; Aufkirch. Mirakel 67. „Herzog Ludwig zu Kelhaim erstochen von seinem sprecher, ezlich setzen von einem unbesinnten (wahnsinnigen?) und unerkhandten man;" Chron. in Freyb. Samml. I, 54. Sich hintersinnen, verrückt werden, (besonders vor Nachsinnen, Studieren). hintersinnig, adj. Vgl. unter Sinn: Sámsinn und Zeitschr. VI, 548,19. versinnen, (ä. Sp.) bemerken, gewahr werden. BM. II, II, 309,II. „Do er die güte daran (am Schwert) versan;" Pitrolf 2175. Sich versinnen, (ä. Sp.) '1) sich in Gedanken verlieren, von Sinnen kommen, irren, fehlen; BM. II, II, 309, I. 311.' „Swen siu (die Liebe) ze recht begrîfet, der ist versinnet (amens) hie und dort verirret;" Labr. 192. 2) sich besinnen; empfinden, gewahr werden. „Die fraw sich schier des versan, das es nicht was ir lieber man;" Cgm. 270, f. 275ᵇ. „Avisato, versinn dich, avisado, versunnen;" Voc. venez.-todesco, Ms. v. 1424, f. 67ᵇ. „Als sich mîn sin versinnet;" Labr. 427. „Dâ sie sich tief der leckerîe versinnent;" das. 438. „Ein hund, der sich ze jagen weidenlich versinnet;" das. 506. „Swer vor alter sich nicht wol versinne;" das. 524.

„Daz der tot uns zucket von hinnen ê wir verſinnen uns beginnen, waz ewige pein oder freude ſei; Renner 20951. „Got gab der (ſel) leben mit den pavmben, verſynnen mit den tiern, vnd verſten mit den engeln;“ Gesta Romanor., Cgm. 54, f. 36^{a}, (Keller 68). „Do ſie ſich virſan daz ſie was geſunt;“ St. Ulrichs Leben, Cgm. 94, f. 64, Vers 1193. „Contra insaniam capitis, wenn ſich der menſch nicht verſun, der neme ...;“ Cgm. 4667, f. 26. „Do ich ward verſunnen,“ (wieder zu Bewußtſeyn kam); Valkn. 139. (ſ. unten Verſinnlichkeit). unverſunnen, (ä. Sp.) beſinnungslos; ʹunbeſonnnen, unverſtändig; BM. II, II, 311.ʹ „Des fiel er (Ludwig der Bayer bey Bruck) unverſunnen von dem pferd;“ Cgm. 316, f. 51. „Swo gar unverſunnen leute ſo getaner ampt pflegen heute;“ Renner 3341. ſinnieren, nachdenken, nachſinnen. Zeitſchr. III, 239,57.

Der Sinn (Sin, Si˜), im Ganzen wie hchd.; (Graff VI, 229. BM. II, II, 311 f. Weigand, Wbch. II, 712). a) sensus. Im Cgm. 478, f. 10 ein Femininum, (vgl. BM. II, II, 317): „Die erſt ſin iſt daz ſehen, die ander hörn ꝛc.“ „Die Sinne tailen,“ aufmerkſam ſeyn; Cgm. 234, f. 124. 523, f. 209. Hübner, Salzb. 682. Die Sinn antailen, aufmerkſam machen. Bey Labrer 543 f. heißt einer der Hunde Sin. b) innerer Sinn, Bewußtſeyn, Erinnerung, Vermögen des Erkennens und Begehrens, mens, animus, ital. senno. Diez, Wbch. 314. Zeitſchr. III, 173,171. „Do vergieng ir der ſin,“ das Bewußtſeyn;“ Cgm. 99, f. 48. 67. Du hàſt kaə˜n *Sin* und kriəgſt kaə˜n *Sin*, und bleibſt hàlt ə˜ dummé Gans. So hatte Iwein (Vers 3399. 3406) „den ſin (Verſtand) verlorn;“ „er lief nû nacket beider, der ſinne und der cleider,“ Vers 3359. „Sie kerten alle jre ſinn an, wie ſie ...;“ Avent. Chr. 187. Aus dem Sinn ſingen, d. h. aus dem Gedächtniß, auswendig, (ital. a mente); Wagenſeil, Noriberga 531. Im Sinn haben, in animo habere, Willens ſeyn. I hàb i˜'n *Sin* dés und dés z' taə˜. I hà' dés und dés
257 i˜'n *Sin*. I há's ſtark i˜'n *Sin*. Morgng hàb I i˜n *Sin* haəm, (ich bin Willens, morgen heim zu gehen). Einen Sinn haben zu etwas, es Willens ſeyn; den Anſchein dazu haben. Af dés han I gaəʿ kaə˜n *Sinn* (Gedanken) ghàt; ObrM. Der Kaffee hat noch keinen Sinn zum Sieden. „Daz er des ſin gehabt auf der herren chaſten ze dienen,“ daß er es hab dienen wollen; Barampts Ordn., oberbayr. Archiv, 1841, p. 307. Etwas in den Sinn faßen, nemen, ſich es vornehmen, vorſetzen. Es ligt mir in dem Sinn. Es kommt mir in den Sinn, das und das zu thun. Das her Jörg wider gen Wien ſolt reiten hin und ſleht machen den ſelben ſin;“ Mich. Beham, Wiener 237,1. „Ob er (Herzog Albrecht v. Oeſterreich) zu im (dem Herzog Ludwig v. Bayern) auff den ſin (deshalb) ſolt reiten pis gen Landzhut hin;“ daſ. 322,30. „Daz er in ainen auff ſolchen ſin aus ſeinen reten ſchicket hin, daz ..;“ daſ. 226,19. „Des wirtes betteziehen ziuht er abe durch den ſin, daz kleine vazzt er allez drin,“ (in der Abſicht, das Kleine darein zu faſſen); S. Helbling I, 666. „Durch den ſin an mich leit ich ander gwant, daz mîn der kneht niht kant;“ daſ. IV, 542. „Daz behalt ich umb den ſin (deshalb), wand ez iſt ſô ſmalzhaft;“ daſ. I, 955. In ſeinem Sinn (i˜ ſei˜m Sin, i˜ ſámſin, ſámſing), adv., R.A. ſoviel als: in der Abſicht. Dà hàd aə˜r ſá˜n Sàk áfgmàcht, i˜ *ſamſén* e˜ Traəd für ſá˜n Éſ·l auſseʿ z·nemə˜; Hsrlm. „Wie àlles *a sámsing* an Trost oam macht;“ Seidl, Flinſerln III, 79. 121. „E hat *a sámsing* 'dàn (gethan) àls wan eam di ganzi Histori nit auffàlln dád;“ daſ. 86. 266. Zum Sinn bringen, auf gehörige Weiſe thun, zu Stande bringen. „Wollten mit Meſſern an der Mauer abreißen ein Mariäbild, weil ſie aber der Malerkunſt nit erfahren, konnten ſie es nicht zum Sinn bringen;“ Hieber's Predigten 176. Zu Sinn gên, vonſtatten, nach Wunſche gehn. „Die gute neuwe welt des alten kunigs Saturni, darbey alle ding recht zu ſinn gangen;“ Av. Chr. 250. (Cf. ſinns, zu ſinns, Unter=Rhein: recht, auf gehörige Weiſe). widerſinns, Av. Chr. 34. 43: auf verkehrte Weiſe; per antiphrasim. „Daſſelbig unwirthlich Meer ward widerſinns genannt Pontus Euxinus, da gut Herberg an ſey.“ „Accipenser ... ſein ſchuppen ſind widerſinns rauch;“ H. Sachs 1612: II, II, 229. widerſins gân, rückwärts gehen; altd. Wldr. II, 55. c) Akt des innern Sinns, (ä. Sp.) sententia. Vil Köpf vil Sinn. „Einen ſin den merke;“ Labr. 270. „Wer geborn wirt in dem erſten herbſt dez natur iſt alſo: er iſt hoher ſinne und redlich;“ Dieſs. 140, f. 87^{b}. „Von ſchönen getichten vnd hohen ſynnen;“ Cgm. 252, f. 163^{b}. „Doch ſchreibt Paulus mit hohen ſinnen beßer ſei heiraten denn brinnen;“ H. Sachs 1612: I, 884. „In dem buch der hohen ſinn,“ in libro sententiarum; Cgm. 263, f. 118^{a}. Meiſter der ſinnen, magister sententiarum, (St. Gregorius); Cgm. 271, f. 15^{a}. Maiſter von hohen ſinnen, magister sententiarum, (Petrus Lombardus, Verfaſſer der IV libri sententiarum, eines Syſtems der Theologie); Cgm. 46. „Petrus der Maiſter Lampardus, der die ſentencias machet, das iſt das puch von hochen ſynnen zu teutſch genant;“ Cgm. 213, f. 194. Etwas ganz anders iſt (Cgm. 276, f. 3. 568, f. 214. 702, f. 65; Benecke's Minnelieder p. 292) ze der hohen Sin, die hohe Siene, alta Siena (nomen urbis). „Lugg, die hohe Syen und Peys,“ (Lucca, Siena, Piſa); d. Ring 46^{b},30. „Der biſchoff von der Hohen ſien; Clm. 9503, f. 343, ad 1252. „Ad civitatem Senarum volgariter zum hohen ſinn;“ Clm. 903, f. 237. Katharina virgo von dem hochen ſyn, von der ſtat hochen ſin,“ Catharina de Senis; ZZ. 846, die 60. Vita. d) Idee, Anſchlag, Kunſtgriff, Liſt im böſen, wie im guten Sinne. „Auf einen andern, auf einen neuen Sinn“ (z. B. ein Inſtrument verfertigen); Cgm. 739, f. 148. 740, f. 61. Einen Sinn finden. „Die funden einen ſinn;“ Av. Chr. 87. „So hat er nichts mer dan das lant der grafſchaft Tirol, da findet man etwo Sinn, das er davon auch khumb;“ Sammler f. Tyrol II, 235, ad 1487. „Hierüber vant Triſtan einen ſin;“ Triſtan und Iſolt 17407. „Joſeph der fant einen ſin, er trant ein hoſen von dem bain, da want Maria den furſten ein;“ Cgm. 778, f. 143. „Ich kund mir ſelber vinden kein ſin das ich daraus richtet mich;“ Cgm. 439, f. 74^{b}. „Aller neuen ſin vinder acht er (Albrecht IV. v. Bayern) nicht;“ Mich. Beham, Cgm. 291, f. 21^{b}. Einen Sinn erdenken. „Einsmals erdacht er im ein ſinn, er gieng zu einem cloſter hin ...“ „Der prior het ein ſyn erdacht...;“ Volksl. v 1520 in Adelung's Magazin II, 152. 153. „Do theten ſy eins und erdochtend einen ſynn, und 258
ſtigen uff daz tach;“ Lucas V, 19, Geiler v. Kaiſersb. Poſtille 93. „Endlich erdacht ſy (die Frau) auch ein ſinn;“ H. Sachs 1560: II, IV, 107. IV, III, 64. 65 (1612: II, IV, 214. IV, III, 141. 143). „Der ſchneider jhm ein ſinn erdacht“ ... „indem erdacht er jm ein ſinn;“ daſ. 1560: II, IV, 65. 67. Die Stein=Inſchrift v. 1485 auf dem Keſſelberg bei Cochel ſagt vom Herzog Albrecht: „Durch den keſlperg alſo genant, hat er den beg (Weg) und auch dy ſtraßn von ſeiner koſtumb machn laßn. Von Mvnichn hainrich part erdacht den Sin, dadurch er bard (ward) gemacht.“ Vrgl. Schrank's bair. Reiſ. p. 96. „Auch giengen etlich hine und erdachten den ſine und machten muln in puchſenſtain;“ Mich. Beham, Wiener 126,31. „Er hat ainen newen ſin troffen, im ſtet das maul ainer ſpann weit offen;“ Bauernhoffart, Cgm. 714, f. 230. ʹDer Unſinn, wie hchd., bewußtloſer Zuſtand; Thorheit; BM. II, II, 316.ʹ „Du habſt mich ertrencket unſinn,“ (im Unſinn?); H. Sachs 1560: II, IV, 24^{b}.

ʹſinnig, ſeines Verſtandes mächtig; (mhd. ſinnec; BM. II, II, 317. Graff VI, 231. Vilmar, kurheſſ. Idiot. 385: ſanft, gutmüthig; Zeitſchr. IV, 270,36: beſonnen, ſachte; ſ. ſinnlich). „Was unſinnig man jm bracht, er wider frey ſinnig macht;“ H. Sachs 1612: I, 1078.

falschsinnig, (Miesb.) heimtückisch. geringsinnig, (HchE.) leichtsinnig. nachsinnig, (vom Holz) zum Spalten tauglich; dagegen: widersinnig, dazu untauglich, an dem Drehen der Holzfaser von West nach Süd und Ost erkennbar; dieses (das widersinnige) zu Schneidwaaren, jenes zu Spaltwaaren vorzuziehen; (Jir.). rechtsinnig, (Av. Chr. I, 28. 52. 67. 247) verständig, vernünftig; rechtschaffen. Wiə gi'st denn dáné Auchs-n *rechtsiné*? (aufs genaueste); ObrM. richtsinnig (richtseni'), rechtschaffen, wacker, tüchtig, von Bedeutung: éppe^c *richtſenigə'*, neəmt *richtſenigə'*, eine, keine Person von Ehre, von Bedeutung; *richtſenigé* Strick'n, tüchtige Streiche, Schläge. Er hàt üus *richtſeni'* (tüchtig) aufg'wart't. unsinnig, verrückt. „Die drei unsinnigen Tag" (vor der Fasten). Der unsinnig Montag (in der Faßnacht); Av. Chr. 314. S. Franck, Weltbuch 50[b]. übersinnig, s. übersenig. zweifelsinnig, ambiguus; Voc. v. 1445.

sinnlich (sinli', sinlə', sindlə'), a) in der gewöhnlichen hchd. Bedeutung unvolksüblich; (BM. II, II, 316). b) sinnlich drein sehen, Einen ansehen, d. i. still und mit ausdrucksvoll verlangendem oder klagendem Blicke. „Hàst gar so *sinsli'* hergschaut;" Schlosser 27. c) „Wann es still und sinnlich, leis und langsam hergeht;" Selhamer. „Ein Fünckel in der Aschen gar sinnlich glunsen thut, Stroh möcht es gern erhaschen oder Holz dürr und gut;" P. Procopius, Catechismale, 23. Sonntag nach Pfingsten, p. 426. Vrgl. senen, senlich. „Und fieng gantz sehnlich an zu weinen;" H. Sachs 1560: II, III, 121. Die Sinnlichkeit, Gefühl, Empfindung. „Daß man kein einzige Sinnlichkeit bey jhme mehr gespurt, von maniglich gar für todt gehalten worden;" Alt-Oetting. Historie. „On alle Versinnlichkeit," ohne Gefühl, Wahrnehmung. Druck v. 1485. „Die Vernunft hengt der Sindlichait nach." „So er nachhengt der Sindlichait und luntzt in dem pet," (im jetzigen Sinn des Wortes); Cgm. 632. f. 24.

versönen, s. suenen. Weigand, Wbch. II, 722. Dr. Minderer (Kriegsarzney 1620, p. 190) sagt: „Daß nicht etwan Ayterung erfolge, sondern die zarte Rippenfehl (pleurae) wiederumb versöhnet und ergänzt werden." Cfr. sin (ganz) und gesund.

sonika, sogleich; Hammer-Purgstall, Wiener Jahrb. 120. Bnd., p. 122. Cf. engl. soon, goth. suns. Grimm III, 89. 197.

'ansunnen (? = ansiunen? vgl. mhd. daz siune, ansiune, gesiune, Gesicht, Anblick, Angesicht). „Drauf hàt ə' mi' *à͂gsunnt* (freundlich angesehn), hàt 'deutt dəzuə: ja!" Reizenbeck I, 57.

Der Sun (Su͂, pl. Sü͂, Dimin. Sü͂l), wie hchd. Sohn, (mhd. sun, ahd. sunu, goth. sunus; Graff VI, 59. BM. II, II, 732. Weigand, Wbch. II, 722. Zeitschr. V, 254,52.); auch Schwiegersohn. MB. XIV, 333, ad 1422 nennt sich „Johanns (pfalnzgrafe bey Rein, herzog in Beyrn) sun oder son von Henigaw, von Hollant vnd Selant." (Vrgl. fils, enfant de France, infante de Espan͂a). Vgl. unter die Sunnen: Suhnbue', Sohn. Die Sünin, Sünerin, (Allgäu) des Sohns Gattin, die Schnur. In Berth. Auerbach's Schwarzw. Geschichten (1843), S. 240: Söhnerin.

-sun: Pflueg-sun, Wagensun (in Schmidrechnungen manchmal geschrieben Wagensohn, Wagensonne; VII Communi: der Waghenson, pl. Waghensöne), Pflugschar, vomer; (ahd. waganso, mhd. wagense; Graff I, 667. BM. II, II, 645; cf. I, 757: wegîsen). In einer Regensb. Rechnung v. 1345 (Wstr. Btr. VIII, 129) werden „6 Wagensün" (das dabey
259 stehende 6 Pflugsün ist wol nur Zirngibl's Erklärung) zu 22 ßl. dn. aufgeführt. Gramm. S. 272. 273. S. Th. IV: Wagensun.

Das „Sün-heu," (Hübner's Salzb. Land p. 363) Heu, welches im Winter um heil. 3 König von den Bauern als Abgabe zu dem erzbischöflichen Gestüte im Blühenbach-Thal geliefert werden mußte, bey welchem sich auch, und wol von weit früherer Zeit her, ein großes Wildschwein- oder Rothwildpret-Gehege befand. Sinheu, slaw., česk. kärnt. seno, Heu; Sinlehen, ein Gut, das Heu dient; (Jir.). Vgl. oben: der Senn und Tobler p. 422: Sentum, Senttum, Alpenherde. („Die am Spessart gefangenen wilden Schweine werden im Saumfang zu Waldaschaf gefüttert;" Septemb. 1791; Neueste Nachrichten 1852, p. 43). Vielleicht wird ein Ort- und Sachkundiger von diesem Ausdruck eine ganz nahe liegende Erklärung finden; (zu sû, suîn? cf. Wackernagel, Wbch.: swan). Mir aber sey verziehen, wenn ich dabey bis zu einem uralten germanischen, sonst etwas dunklen Wort aushole, nemlich zu dem son in den leges Anglorum, Tit. VIII, § 2 („scrofas sex cum verre quod dicunt son") und zu dem sunor, suner in angelsächsischer Bibel-Uebersetzung (Matth. 8,32. Luc. 8,32. Soundre dez porks, sonder of hogges; Hides, gramm. anglosax. et m. goth. 154. Soundre des porks et estaruyz, d. h. Collectivwort für Schweine. Reiffenberg, Einleitung zur Chronique rimée de Phil. Mousques I. p. XCV. Leo, rectitudines p. 40. Friesisch: son, Herde), grex porcorum, womit der sonorpair, verres, des longobardischen Edictum Rotharis Tit. CV, § 33 (Graff III, 202; cf. I, 100: sundirebor, Notker, Ps. 79,14. Grimm, Gesch. d. d. Spr. 695) nicht übel stimmt, anderntheils aber zu der Malberggloſſe (Leg. salic. Tit. LI, § 5: „admissarium cum grege." cf. Leo, Malb. Gl. I, p. 92. Grimm, Gesch. d. d. Spr. 550) sonistha, und zu dem sonestis (id est XII equas cum admissario) der Leg. Rip. Tit. XVIII, welches gl. i. 683 bestimmt durch stuat (Gestüte) erklärt wird, und, wie das alte euu-ist (Isid. 9,28, Kero I, 21, gl. a. 69. 214, i. 127. 895: mandra, caula) aus au (genit. auui, euui, ovis) und ist, aus son und ist gebildet seyn kann. Dazu noch Notkers (Psalm 79,14) „der einluzzo wilde ber (s. Th. IV: wild), der mit dem suaneringe ne gat, singularis," fr. le sanglier, (Diez, Wbch. 102. Cf. Wilh. Grimm's Zeugnisse f. d. Heldensage p. 30. 388, wo ein Zauberring, Schwan-ring angenommen; Grimm, Mythol.[2] p. 399. 745. Mone, Untersuchungen z. Gesch. d. t. Heldensage p. 77), endlich „stuot unde stuotwaide, swaner und swaige," in dem alten schwäbischen Heiratsverkomniß des Münchn. Cod. lat. 2, fol. 28[b]. Sollte ein sich hieraus etwa ergebendes altes suon symbolisch mit dem vorhergehenden suonian, conciliare, pacisci (cf. icere foedus, ferire foedus, cf. hoedus) zusammenhangen, (wie das isl. saudr, vervex, ovis, mit dem gothischen sauþ, hostia, sacrificium)? Nicht zu erwähnen den wirklichen sônar-göltr (aper piaculus) des heidnischen Nordens, den aus Teig gebackenen jule-galt (Weihnachts-Eber) des christlichen, oder gar den immer wieder ganzen und bratbaren Sährimnir, Eber, den sich die Helden Walhalla's, nachdem sie sich den Tag über weidlich bekämpft, verwundet und getödtet, in seliger Eintracht schmecken lassen. Grimm, Mythol.[2] p. 45. 1188. Das Voc. v. 1482 gibt, merkwürdig, sun mit durch pignus.

Die Sunnen (Sunnə͂, Sunə͂, Sunn, Sun), wie hchd. Sonne; (mhd. sunne, gen. sunnen, ahd. sunna, gen. sunnun, goth. sunno, fem., neben sunna, masc. — auch in der mhd. Sp. zuweilen als masc., z. B. Walther v. d. V. 46,15. Br. Berhtolt 286. 288, Pfeiffer 392,9. 393,1. Cgm. 303, f. 22—25. Clm. 9513, Vers 289. 291: der sunne, diu mâne, maninne; s. Th. II, Sp. 1606. Mentelinische Bibel v. 1467. Jac. Pflaums Calender für 1447—1552, Incun. s. a., Ulm: des sunnen, der mon, genit. Graff VI, 240. BM. II, II, 743. Weigand, Wbch. II, 730 f.) „Daz die waibel eim ieglichem man mugen für gebieten bi der sunnen (so lang die Sonne am Himmel) so aber die sunne ze reste komt, so hat ir gebot kain kraft;" Augsb. Stdt.R.

Zusatz v. 1388. „Von ainer sunn zur andern;" Albachinger Ehaft, Obmkl. 177, p. 176. „Si rîtent alsô dicke als daz in der sunne vert," (Sonnenstäubchen) S. Helbling XV, 247. „Jch zerre in alsô kleine sam daz in der sunne vert; Helmbrecht 1837. Cf. česk. slunce sloni, die Sonne leuchtet; (slonim, sloniti, nur von der Sonne?). Sonn-abend, in Alt-B. unvolksüblich. Vilmar, kurheſſ. Idiot. 388. Zeitschr. II, 238: Simt. III, 216,₁₂ 224,₅. VI, 174. s. oben, Sp. 282: Sambßtag. Der Sunnǝ˜-baur, dessen Gründe auf sonnigen Abhängen liegen, — also auf südwärts stehenden, was eine Verwechselung des erstenWorttheiles mit
260 dem in der Aussprache ebenfalls Sun'ǝ', Sunnǝ' lautenden, sonst veraltenden sunder vermuthen läßt. (Der rusticus apricans, baur an der sonnen, des Voc. v. 1618 wird wol etwas sehr Persönliches figürlich genommen seyn). Sunnǝbruck, Sunnǝham, Sunnǝhof, sieh Sunderbrugg, Sunderhaim, Sunderhof. sunnenhalb, sunnhalb, adv., der Sonne zugewendet; cf. sunderhalb. Der Sunnenring, (HchE.) Regenbogen; tragbare Sonnenuhr. s. oben, Sp. 120: Ring. Die Sunnenseiten, Sunnseiten, der Sonne zugewendete Seite. Der Sunntag (Suntǝ'; mhd. sunnentac, suntac, ahd. sunnun-tag, wornach man sagen sollte sunnentag, Sonnentag. Graff V, 361. BM. III, 7. Grimm, Mythol.² 112 ff. Vilmar, kurhess. Idiot. 388. Zeitschr. III, 224,₅.). „Prima sabbati an der ersten des samztages daz ist des sunnentages;" Cgm. 17, f. 38ᵇ. „Dies dominica vocatur svnetag eo quod tali die debet homo reconciliari deo;" Amb. 3, f. 181. D's *Suntǝ's*, des Sonntags, d. h. am Sonntag. Der faiste (fette) Sunntag, Castelli, Wbch. 257: „der *fasta Sundåh*, der Sonntag vor Aschermittwoch; da' *schwoarzi Sundåh*, der 5. in der Fasten, weil die Altäre schwarz verhüllt sind; da' *waissi Sundåh*, der erste S. nach Ostern." Der Bock-Sunntag, (im Scherz) der zweite Sonntag nach Ostern, bis an welchen Sündenböcke die österliche Beicht verschieben. Der Freuden-Sunntag, der weiße oder erste Sonntag nach Ostern, an welchem seit Fasnacht das erste Mal wieder getanzt werden darf, und die Bursche ihre Mädchen zum Meth führen, um ihnen „die Schön und die Sterk zu zalen." Der Funken-Sunntag, s. Th. I, Sp. 732. Ben. 207, f. 21ᵇ: ignes montani. Der güldene Sunntag, s. Th. II, 896 und vgl. Vilmar, kurhess. Idiot. 388. Der Hutzelsonntag (auf der Rhön), s. Th. II, Sp. 1196. Vilmar, kurhess. Idiot. 389: der Sonntag vor Fasten. Der Mônatsunntag, der erste oder zweite ꝛc. Sonntag jedes Monats, an dem geistliche Bruderschaften zu ihrer besondern Andacht zusammenkommen, wo z. B. auch die Monathailigen ausgetheilt werden. Der Neu-Sunntag, (Zillerthal) Sonntag im Neumond. Der Sunntag-Knecht (Suntǝ'knecht, Obrm.), Arbeitscheuer, Faulenzer. In Wien a. 1353 verboten, daß kein Burger ꝛc. „ir gewant chainem Diener nicht geben sol die da haizzent suntag chnecht;" Cgm. 1113, f. 33ᵇ. Rauch III, 77: de servis in diem conductis. Das Sunntagkind, güldene Sunntagskind, an einem der vier (güldenen) Sonntage nach dem Quatember geboren; Vilmar, kurhess. Idiot. 389. Weigand. Wbch. II, 732. Zaupser p. 72: „ein glücklicher Mensch; ein Mensch, der Geister sieht, Schätze findet, und was dergleichen Dinge mehr sind." Die Sunntag-Suppen, Mahl am Sonntag nach der Vermählung bey den Eltern der Braut oder des Bräutigams. Das Sunnenwend (scil. Kraut), heliotropium.

Die Sunne-wenden, Sun-wenden, Sun-wend (Sunnǝwentn — cf. Selǝtåg —, Su˜-wentn, Su˜-went, Sü-went, Simmǝt, mitunter wol gar in Summerwend umgedeutet. Cf. Su˜buǝ, Sohn; Kaltenbrunner 70. 72. 142: Suhnbuǝ), wie hchd. Sonnenwende (mhd., außer dem Nom. sing., sunnewenden; in den Nibelungen nur im Plural vorkommend. BM. III, 688. Grimm, Mythol.² p. 584 ff. Vgl. schweiz. Sunngicht, mhd. sunnegiht, sungiht; BM. I, 518; s. Th. II, Sp. 870. „S. Johans tag ze sunegicht, ze sungichten, Kopp, Abschiede I, p. 3. 10. 12. 17. 86. 100. X. XI, ad 1336, 1378, 1418. 1419. Lucerner Urk. v. 1397. Gesch. Fr. II, 190. III, 83 und öfter. „Sehs hochzit der abint man vasten sol: Wihe naht, pfingsten, sunegiht, Laurentii, U. Frowen messe der erren und s. Markes tag;" Meinauer Naturl. 9). Ä. Sp. Sant Johans tag zen sunnewenden, Tag Johanns des Täufers, der 24. Juny; (zum Unterschied von „S. Johans tag zen weihen nächten"). „Grundel-Sängl sollen vor St. Johannstag zu Sunbenden nit gefangen werden;" L.O. v. 1553, f. 50. Seit, bis auf, zu den, ze'n Sunnwenden. „Der hat Frist auf die Sunnewenden;" Münchner Stdtb., Ms. v. 1453. So wird in der ältern Zeit manche Frist auf die Sunnwenden bestimmt. Im Nibelungelied gewinnt Sigfrid ze einen sunnewenden ritters namen, ze einen sunnewenden werden Sigfrid und Chriemhild nach Worms, die Burgunden zu den Heunen geladen. „Acht tage nach der sunnewenden do sol daz järzil enden; Jwein 2941. „Ze nechsten sunnewenden;" Bitrolf 4669. „Pagani credunt in solem qui nunquam quiescit;" Amb. 3, f. 180. „Sic unam vetulam novi quae credidit solem esse quasi deam vocans eam secundam dnetz˜" etc.; And. 41, f. 193ᵇ. Der Sunnwend-Âbend, St. Johannis-Abend; Wstr. Btr. V, 203, ad 1468. „An dem subentabent;" Cgm. 64.

Das Sunnwend-feur, (b. W., Furt) Sunnwendliecht, das Feuer im Freyen, über welches an Johann des Täufers Tag gesprungen wird. Daß dieses Feuer
und dieses Springen gerade zur Zeit der Sommersonnen- 261
wende irgend einen über die deutsch-christliche Zeit zurückreichenden traditionellen Grund haben, und den eigenen Gebräuchen der Wintersonnenwende (cf. Rauchnacht, Letzeln, Klöpfelsnacht) entsprechen werde, scheint so ziemlich einleuchtend, wenn man auch nicht eben auf die alte Sprachbrüderschaft der Deutschen mit den Sonne und Feuer verehrenden Persern und Indiern zurückgehen will. Die Ceremonie des Springens über ein Strohfeuer gehörte ja auch zu der altrömischen Pales-Feyer (cf. Scheller, voc. Pales, palilis), welche schon Ovid. (Fast. IV, 775 sq.) auf seine Weise zu erklären und zu deuten sucht. Vgl. Zeitschr. VI, 345. Grimm, Mythol.² 583 ff. Panzer, Beitr. z. d. Mythol. I, 1. 38. 39. 75. 84. 210. 213. 240. cf. Lehmann's Magazin f. d. Lit. d. Ausl. 1840, p. 601. (Boul, les Turques d'Europe, II, 500). „Sunnwend, krainisch krés, (Notfeuer? krésati heißt excitare ignem);" Kopitar, im October 1839. Jarnik p. 239: kärnt. kres, das Johannisfest, die Sonnenwende; kresniza, das Johanneswürmchen, kresati, Feuer schlagen, (wol nicht zu kerst, Taufe, kerstiti, taufen; cf. kremen, Feuerstein). Die Cičowe zwischen Fiume und Triest nennen kres Swatojansky oheň, Wájanek; Česta Kollára p. 47. Den 23. Juny (Vorabend) in Polen das Johannisfeuer; Lehmann's Magazin, 1851, p. 377. Am Vorabend des Johannestages feiern sie (die von ihren Stammgenossen örtlich ganz getrennten Slawen in Friaul) das Feuerfest (krjes). Ausland, 1843, S. 1016. Dobrowsky's Slawin (1834) p. 269. Die Koledwanie der Uskoken von Pfingsten bis Johannes, beschrieben im Ausland 1843, S. 366. Ägypten: Alexandria, 6. Juli 1844... „Man hat hier eine Ceremonie am Vorabend des Johannisfestes, wo die Pest verbrannt wird; heuer hat die Ceremonie das Uebel nicht zu bannen vermocht; Allgem. Ztg., Beil. S. 1653. In Rußland am 22. Juny brannten ehmals heilige Feuer, Kupalnitzy genannt, einer Göttin zu Ehren. In der Johannisnacht verwahrt der russische Bauer die Fenster mit Nesseln, deckt die Speisen in Töpfen mit Nesseln, bringt die Kälber zu den Kühen ꝛc. Ausland, 1835, S. 1301. Johannisfeuer in Frankreich, s. Grimm, Mythol. p. CXIX. Martens, Italien II, 572—73: falò, pirola; (cf. Diez, Wbch. 138). „Vulgariter ignis solstitialis;" Ben. 207, f. 21. De

ignibus qui fiunt in vigilia Johannis Bapt., de ignibus montanis (auch ignes solstitiales), de igne in epiphania domini; Ben. 205, f. 1. 21. 21^b. Antonius archiepiscopus Florentinus: de igne S. Johannis; ZZ. 1826, f. 31. Nicol. de Dinkelspüel, Altm. 13, f. 93^b. Asp. 57, f. 177 (49). Unter den Exercitien des bayerischen Prinzen Philipp, vom 23. Juny 1592, wo er 16 Jahre alt und postulierter Bischof von Regensburg war, findet sich (Cod. bav. 813 f, fol. 88) ein zu Mainz sub M. Curtio verfaßter und (wol von diesem) corrigierter Aufsatz: „Causae cur in vigilia S. Joannis ignes laetitiae extruantur." Darin werden diese Freudensprünge unter anderm auf die des Kindes Johannes im Mutterleibe zurückgeführt.

Mögen diese Sunnwend-Feuer unter den Superstitionen und Paganien der fränkischen Capitularien von 742 und 743 mit gemeint seyn, oder nicht, sicher ist es, daß sie seit Jahrhunderten, früher als unchristlich, in neuester Zeit als feuergefährlich oder als holzvergeudend, verboten werden, — und noch immer, wenn auch nicht mehr an allen Orten, zu ihrer Zeit auflodern. „Conjuratores solis vel lunae in nativitate, circumcisione, epiphania, solstitio etc. sunt accusandi in placitis christianitatis," (Ruggericht?); ZZ. 964, f. 27^b, (sec. XIV.). Früher wurde das Sunnwendfeur selbst im Innern größerer Städte aufgezündet. So tanzte, nach D. Schilling p. 58, auf dem Reichstage zu Regensburg a. 1471 König Friedrich mit schönen Frauen um das auf offenem Markt angezündete Feuer, und in Paul v. Stetten's erläuterten Kupfern zur Geschichte von Augsburg, Nr. 18, p. 87 ist ergetzlich zu sehen und zu lesen, wie im J. 1496 Prinz Philipp (von welchem doch als Könige sein Minister Antonio Perez sagt: Su risa no distaba un dedo del cuchillo) im Fronhof zu Augsburg mit der schönen Susanna Neidhardtin um das Simetsfeuer getanzt. „Umbe wein, umb holz, umb j ostervaz, umb graß und knechten, die dy pänk ab dem (Rath-)haws auf den margt trugen an der sunbentnacht, da (der 72jährige) herzog Stephan und sein (neu) gemahel und daz frawel (wol Stephan's Schwester, die schöne Els, nachher Gemahlin Friedrichs des ersten Churfürsten von Brandenburg) auf dem margt tanzten mit den purgerinen bei dem sunbentfeur;" Münchner Stadtcammer-Rechn. v. 1401. Für Aehnliches und darüber noch „Schäbe zu den Sonwendfeuer, da herzog Stephan die burgerinnen hat zum Tanz gebeten;" ibid. a. 1402. Aber 1428 verbot der Rath das Sonnwendfeuer in der Stadt. Sutner's Rede: Berichtigung der Unruhen ꝛc. 1797, p. 35. Eos v. 1832, p. 560. 741. Noch durch die Münchner Feuerordnung v. 1751 wird „das sogenannte Johannes- oder Sommerwendfeuer in denen Heusern und auf denen Gassen der Stadt" ernstlich verboten. „In nocte sancti Joannis bapt. in omnibus fere per latam Germaniam vicis et oppidis publici ignes parantur ad quem utriusque sexus juvenes et senes convenientes choreas cum cantu agunt: multas etiam superstitiones observant, artemisia et verbena in manibus flores, qui a similitudine calcaris militaria calcaria dicuntur, gestantes, ignem, nisi per eos, non aspiciunt oculos id per totum annum a languoribus conservare credunt. Qui abire intendit ille herbas, quibus, ut dixi, praecinctus fuit, igni injicit dicens: abeat et comburatur cum his omne infortunium meum;" Joan. Boëmus, de omnium gentium ritibus (1520), f. LIX. Vgl. unter die Scheiben. „An St. Johans tag machen sie (in Franken) ein Sinetfewer, tragen auch sondere kränz auf, von Beyfuß und Eisenkraut gemacht, und hat schier ein jeder ein blaw kraut, Rittersporn genannt, in der Hand. Welcher dardurch ins Fewr sihet, dem thut das ganz Jar kein Aug weh. Wer vom Fewer heim zu hauß hinweggehen wil, der wirft diß sein kraut in das Fewer, sprechend: Es gehe hinweg und werd verbrennt mit disem kraut all mein Unglück. Das bischöflich Hofgesind wirfft auf disen tag bey jren Freudenfewr auff den berg hindern schloß feurige Kugeln in den Fluß Moganum, so meisterlich zugericht, als ob es fliegende trachen wären." S. Frank, Weltbuch p. 51; cf. p. 134. Ein Nürnberger Verbot v. 1653 besagt: „Demnach bishero die Erfahrung bezeugt, daß alter heydnischer böser Gewohnheit nach jährlichen an dem Johannes tag auf dem Land, so wol in den Städten als in den Dörffern, von jungen Leuten Geld und Holz gesammlet, und darauf das sogenannt Sonnenwendt- oder Zimmetsfeur angezündet, dabey gezecht und getrunken, um solch Feur gedanzet, darüber gesprungen, mit Anzündung gewisser Kräuter und Blumen und Steckung der Brandt aus solchem Feur in die Felder, und sonsten in vielerley Weeg allerhand aberglaubische Werk getrieben worden — als hat ein E. E. Rath ....." Neu. lit. Anz. II, 318. „1608, Joh. Bapt. 24. Juny Abend haben Ardr. Dötter's, Malers, lutherische gesellen ein freudenfeuer wöllen aufrichten und in summitate desselben ein nackhendt entblößt Venusbildt mit ihrem endeckhten weibsglidt gemalt aufgesteckht;" Barth. Lutz, Pfarrer und Altdechant zu Kelheim, Tagebuch v. 1608, Cbm. 3245, f. 25. — (Heute, den längsten Tag von 1843, zünden wir das Sunnwendfeur im Stubenofen an. Der Thermometer weist 13° Réaum., und noch wenige Tage dieser mindern Zahl hat er mehr gewiesen.)

Nach Reynitzsch (über Truhten p. 157) wurde (wird?) in fränkischen Dörfern beym Einsammeln des Holzes zum 262
Johannesfeuer von den Jungen unter Vortragung eines geputzten Baumes gesungen:

Da kommen drey Herren gegangen
mit Spießen und mit Stangen.
Florian, Florian, Florian,
zünd dem Mädle den Rocken an,
daß sie nimmer spinnen kann!
Ist ein guter Herr im Haus,
lang ein Scheitlein Holz heraus!
Ey du lieber Six,
gib uns fein ein dicks;
Ey du lieber Hans,
gib uns fein ein langs!
Ey du lieber Thuma,
laß ein Scheitlein kumma!
Wir hören drey Schlüsselein klingen,
und uns ein Scheitlein bringen,
Thür und Thor ist aufgegangen. ꝛc.

(Nach empfangenem Holz bedanken sie sich mit dem Versprechen:)

Wenn wir übers Jahr wieder rumsingen,
wollen wir der Frau ein Pelz mitbringen.

In Altbayern singen die Jungen:

Háligə' sankt Veit,
schick uns ə̃ Scheit,
háligə' sankt Wendl,
schick uns ə̃n Bengl,
háligə' sankt Florià̃,
kent uns dés Fuiər ẫ!

Was machts és da? frage ich am Abend des Johannistags 1847, vom Walde beim Fasanengarten (Perlach) zurückkommend, einen Haufen Auer Jungen, die am Wege zwischen Feldern um einen Stoß gesammelter Holzstücke sitzen. ə̃ *Sumə'feuə'*! heißt es. Sie singen mir im Chor den Spruch, womit sie die Holzstücke von Haus zu Hause gesammelt:

Auf auf Ráppəi
ə̃ Tuəhh is ə̃ Kappəi,
ə̃ Kappəi is ə̃ Tuəhh,
ən `Aldər is ə̃ Ruəch,
ə̃ Ruəch is ən `Alder,
ə̃ Staə̃ is ə̃ Kàldə',
ə̃ Kàldər is ə̃ Staə̃,
ə̃ Rippm is ə̃ Baə̃,
ə̃ Baə̃ is ə̃ Rippm,
schnəll muə' mə' stippm,
stippm muə' mə' schnell,

de' Kürschne' hàt ə˜ Fəll,
ə˜ Fəll hàt də' Kürschnə',
d· Sau sen' dé Bürschtnə',
Bürschtnə' sen' dé Sau,
də' Müllə' hàt ə˜ Frau,
ə˜ Frau hàt də' Müllə',
dé Hundt dé ſen dé Billə',
Billə' sen' dé Hundt,
də' Wàgng dəe' gêt z·Grund,
z·Grund gêt də' Wàgng,
mit Eis·n is ə' bschlàgng,
bſchlàgng is ə' mit Eis·n,
dé Blindt·n muə' mə' weis·n,
weis·n muə' mə' dé Blindt·n,
'Küəchəin muə' mə' schindt·n,
schindt·n muə' mə' 'Küəchəin
'ən Schmarrn muə' me' murfəin,
murfəin muə' mə' 'n Schmarrn,
und wer·s ét glàbt, dé sen' Narrn.
Hálige' Sankt Veit,
schick uns ə˜ Scheit!
Háligə' Sankt Fix,
ə˜ langs und ə˜ dicks!
Háligə' Sankt Tasch·ndéck'l,
schick uns ə˜ Batz·nwéckl!
Háligə' Sankt Florià˜,
zent də' Frau 'ən Kröpf ét à˜!
Háligə' Sankt Jacob,
schick uns ə˜n Hackstock!
Aus is·s!

Hupf auf Ráppəl,
's Tuəch ist ə˜ Káppəl,
's Káppəl ist ə˜ Tuəch,
dər Müller braucht Schuəch,
Schuəch braucht dər Müller,
d· Hundt sen' di Biller,
di Biller sen' d· Hundt,
der Wàgng geət z· Grund,
z· Grund geət də' Wàgng,
mit Eis·n ist ər bschlàgng,
bschlàgng ist ər mit Eis·n,
di Blind·n tuət mər weis·n
weis·n tuət mə' de Blind·n,
d·Ros tuət mər schindt·n
schindt·n tuət mə' d·Ros,
də' Kast·n hàt ə˜ Gschlos,
ə˜ Gschlos hàt dər Kast·n,
auf'n Berg tuət mər rast·n ꝛc.

ſo ſangen noch vor wenigen Jahren an ſchönen Sommerabenden die Kinder, von Haus zu Haus gehend und mit Stöcken den Tact zum Geſange ſchlagend, und mit der Bitte um ein Scheit Holz zum Sonnenwendfeuer ſchließend. (Baader).

Das Büchlein v. 1679 über die Mirakel der Mutter Gottes von Bogen erzählt, daß man in der Gegend „das Sonnenwend=Fewer nit bälder anzindet, untz ſelbes auf dem Bogenberg flammen geſehen wird, wo denn die gebenedeiete Muetter Gottes von der Jugent mit von Sonnenwendgürtlen (ſ. d. W.) geflochtenen Kränzen gegrüeßet wird, und der jungen Mägdlein Chor und Flor viler Orten umb das Sonnenfewr einen Reyen mit Geſang oder Dantz ſchließet." Ueberhaupt ſoll es nach Verſicherung eines Augenzeugen ein ganz eigener Anblick ſeyn, den an einem heitern Abend des 24. Juny die unzähligen Sonnwendfeuer der Berge des bayriſchen Waldes gewähren. Harmloſe Freude, zwar nicht eben durch die Religion des Landes, aber gewiſſermaßen durch die der Welt und ein unfürdenkliches Herkommen geheiligt, unverabredet und ungeboten, und darum auch alle engherzigen Verbote von heute und morgen überlebend. Manches Abergläubiſche, was mit vorkommt, und nicht ernſter genommen wird, als das blos Luſtige, z. B. die ausgeſtopfte Menſchenfigur (simulacrum de pannis factum des Capitulare v. 742, wenn man etwa will), die dabey functioniert, der poſſierliche Sprung einer Alten und drgl., dieſes Abergläubiſche, wie das Stecken der noch glühenden Brände in ein Flachsfeld, die Hoffnung, daß 263
dem ungeſengten Springer das Jahr hindurch kein Fieber beykommen werde ꝛc., iſt wenigſtens eben ſo unſchädlich als hundert andre Dinge, die der gemeine Mann zu glauben hat. Iſt doch, ganz abgeſehen von ſolchem Feuer, dieſer ſtellariſch=bedeutſame Zeitpunkt überhaupt, und wie es ſcheint ohne Beziehung auf den Kirchenheiligen, die Grundlage zu einer Menge von wunderſamen Meinungen und Sagen des Volkes. In der St. Johannisnacht öffnet ſich die von Gold und Edelſteinen ſtrotzende Halle im Schooße des Ochſenkopfs am Fichtelgebirg (Helfrecht I, 79), überfließt von gediegenem Golde die ſilberne Schale auf dem Pechhorn der Reuter=Alben im Salzburgiſchen (Hübner 653), und es haben Kräuter, an dieſem Tage geleſen, ihre ganz beſondern Wunderkräfte (Eiſengrein, Beichtbuch 634). „Item zu dem weinachttag ſo man gen metten get, ſo ſlecht ainer ain holcz ab und traitz mit im haim und zu dem ſunbentabent legt ers an das fewr, ſo choment all znaubln zu dem fewr, dew in der ganczen pfarr ſint;" Chmel in Grimm's Mythol. p. L, 48. „Auch ſchürn die buben ſimentfewer, regnt es dran, ſo wern die nüß thewer;" H. Sachs 1612: I, 854 (1558: 423). „Ne ullus in festivitate S. Joannis aut in fontibus aut in fluminibus nocturnis aut matutinis horis lavare praesumat;" Freiſinger Homil. sec. VIII. Abhandl. der b. Akad. d. W., Bnd. II, p. 355. Lauſitziſches Magazin v. 1840, p. 403. Vgl. Grimm Mythol.² p. 556.

Der Sunnwend=gürtel, ſonſt Johannesgürtel, Beyfuß, Artemisia L. Dieſenbach 51ᵇ. „Von Beyfueß. Subentgürtl oder Norbuckhen Waſſer;" Cgm. 4570, f. 40. „Qui herbis sc. ſunbentgürtel vel hujusmodi se cingunt credentes aliquid valere vel invenire;" Ald. 228, f. 339. „Cingentes mit ſunnbentgürtel;" Rogg. 28, f. 144ᵇ. Nemnich I, 472. Cf. Grimm, Mythol. CLX und S.=feuer. Das Sunnwend=vögelein (Süwentvégál, O.L.; Sunwentgà˜l, Chiemgau), das Johanniskäferchen im Sommer, da es leuchtend umherfliegt; im Spätherbſt, da es im Graſe leuchtet, wird es Sunnwendkeferlein (Süwentkéfál) genannt. Zeitſchr. II, 55. V, 277,16. VI, 114,10. 345. 346. Nemnich I, 1086. Der Sunnwend=tag (Süwent-, Suməts-, Siməts-T.), der 24. Juny oder Johannistag. „Geſchehen am pfinztag vor dem heiligen Sunbentag," a. 1437; MB. II, 78. „Geben am Erchtag vor dem Sunawentag," 1390; Mederer, Ingolſt. 75. „Sunnwendel solsequium;" Clm. 5387, f. XIIIᵇ. Dieſenbach 118ᵃ 51ᵃ. 541ᶜ. Der Sunnenwind, (Klbck.) Südwind, (vermuthlich aus Sunderwind entſtanden; ſ. d. W.). Der „Sunnenwirbel, cicorea," (cichoreum!); Clm. 16487, f. 98. Dieſenbach 118ᵃ. 541ᵃ. Nemnich I, 1038. III, 549. Weigand, Wbch. II, 731. Zeitſchr. IV, 185: Mehlthau.

ſünnen, ſünnern, verb., wie hchd. ſonnen. Zeitſchr. II, 566,16: sünneln.

ſunnechtig, ſonnechtig, (Voc. v. 1618) ſonnig. ſunnig, adj., wie hchd., ſonnig. Zeitſchr. III, 185,36: sunnscheinig, heiter. B.W. R.A.: Auf der ſunnigen Welt nichts, ganz und gar nichts, — wie man daſelbſt auch ſagt: Auf der gottigen Welt nichts. hinterſünnig oder auch überſünnig iſt (im b. W.) eine Stube oder eine Leiten (Bergſeite), die keine Sonne hat. nachſünnig iſt (im Chiemgau) ein Waldbaum, wenn er links oder nach dem Sonnenlauf, widerſünnig, wenn er rechts gewunden iſt.

Die Sunnə˜, (b. W.) die Capitalſumme. 'Zinſ·n zə də' *Sunnə˜* schlàgng. Wol blos entſtellt aus Summe. — Schon gl. a. 408 wird compendium durch ſummi gegeben.

ſuenen, ſüenen, ſunen, ſonen, ſonnen, (A. Sp.) wie das gleichfalls veraltende hchd. ſühnen, woraus

das neuere aussöhnen, versöhnen; (mhd. süenen, ahd. suonian, suanian, suonan, suonnan, conciliare, reconciliare; judicare. Graff VI, 343. BM. II, II, 750. Weigand, Wbch. II, 722. 843. Cf. holl. zoen, Kuß; zoenen, küssen; oft bey Conscience, Geschiedenis van Graef Hugo van Craenhove en van zynen vriend Abulfaragus (1845). Auch Firmenich I, 380,26 (Cleve): *Suun*, Kuß; Zeitschr. 288,451. 359,20. V, 275,3). „Es soll sich kein verbündeter Theil friden, setzen oder sienen mit dem Feind, ohne des Anderen Willen;" 19. Freybrief. „Si sollen gen dem N. umb alle zusprüche, schäden ꝛc. gantz gerichte, gesunte, und veraint sein und bleiben; MB. IX, 280, ad 1452. „Des suntags wurden wir versuendt umb adams missetat;" Rechtb. v. 1453. „Versuonen leit und sendiu herz entbinden;" Labr. 653. „Sanfte zürnen, sêre süenen deis der minne reht;" Walther 70,6. Die Suen, Suene,
264 Sun, Sone, auch wol Sonne, (ä. Sp.) Sühne, Aussöhnung, Ausgleichung, Friede (mhd. suone, ahd. suana, suona, conciliatio; judicium; Graff VI, 242. BM. II, II, 749). „Frid und suen;" MB. XI, 481. „Er helt mit im nimmer son (suen)," ist immer böse auf ihn; Cgm. 439,76. „Der erst maister hûb an ze taiding(en) mit dem chünich umb einen suon;" Gesta Romanor., Cgm. 54, f. 62[b], (Keller p. 122). In suon und ouch mit zorne;" Labr. 446. „Daz wær ein suon, ob ich noch horte Triuwen;" das. 586. „Die sune zerbrechen; die sune und verrichtunge;" Oefele II, 105, ad 1287. Zu Frid und sünn geneigt seyn, bey Frid und Sun (es steht Sinn) bleiben; Kr. Lhdl. III, 144. 213. „Umb Frid und sonne zu machen;" 30. Freybrief. Die Holsune, (Enser Stdtb. v. 1212 bey Kurz) heimliche Ausgleichung, occulta compositio; BM. II, II, 749: hâlsuone. Die Unsune. „Daz wir die Unsönne, so zwischen N. und N. gewesen ist, gesöndt haben:" Ried 513, ad 1269. süenlich, adj., BM. II, II, 750. „Sünlichen (es steht seinlichen) tag gen München ansetzen," (Zusammenkunft zur Einigung, Aussöhnung;" Kr. Lhdl. IX, 44, ad 1490. Der Suentag, Suntag, (ä. Sp.) Tag der Sühne, des Gerichts: der jüngste Tag; der letzte Tag, das Ende; „Von ir (der Krähe) schrîen ich erschrac, wan daz dâ niht steines lac, so wær ez ir suontac," (ihr letztes Ende); Walther 95,7. Vrgl. stuatago im Muspilli 60. Dieses Wort mit Sunn-Tag (Dies solis) verwechselnd, sagt das Rechtb. v. 1453: „des suntags wurden wir versuendt umb adams missetat." „In der sibenten welt (aetas) sol die welt (mundus) gar zergên, und sol der suntag komen;" Rupr. v. Freys. Rechtb. v. 1332; Wstr. Btr. VII, 52. (mhd. suontac, ahd. suono-tago, gen. s.-tagin, dies judicii. Graff VI, 361. BM. III, 7).

Sench (oder: Seuch?), ein Kraut (?). „Fur daz spat (am Pferde) nim ein messer und schnid daz spat auf cräuczweis und leg ein krut darauf cräuzweize daz haißt sench (seuch?) vnd swimmet ob dem wazzer;" Furstenf. 138, f. 219[b].

Der Sand, wie hchd.; (mhd., ahd. der auch daz sant, Dr. Eck, Dietr. v. Plieningen — Notker p. 60: daz sand; Graff VI, 256. BM. II, II, 54. Weigand, Wbch. II, 537. Zeitschr. III, 462: die Sand, Sandgrund). Auf dem Sand, Benennung einer sandigen Gegend zwischen Nürnberg, Weißenburg und Neumarkt. „Neumarkt auf dem Sand bey Nürnberg;" Kr. Lhdl. VII, 28, ad 1458. Nach 1337 „dô kâmen sô vil häuschrecken geflogen von Ungern durch Oesterreich und durch Bayern auf über den Sant den Main ab gegen dem Rein;" Konr. v. Megenberg f. 46[b], (Pfeiffer p. 75,35). Vgl. česk. Pisek (Sand), Name einer Stadt. (Wenn die armen Schullehrer Irlands, bey ihren armen Schulkindern herumwandernd, die Kirchhöfe zur Schule und die Grabinschriften zu den Schulbüchern machen, so könnte man auch über dem slawischen psáti, pjši, schreiben, pjsmo, Schrift, an pisek, Sand, denken. In Lancaster's Lesefabriken war oft Sand das Schreibmaterial.). Daz Sand, (ä. Sp.) Gestade; cf. Grieß. „Unz auf Regenspurger sand sein boten er da fur sand;" Ottocar v. Horneck Reimchr. 89. „Würde genomen ein turnei von den ôsterherren ûf daz sant;" Wigalois 8447. „Do trat K. Alexander aus dem (Taucher-) Glas in das sant," (an das Ufer); Cgm. 520, f. 231. Die Fischer ziehen Fische „zi stade ioh zi sante;" Otfrid. „Dux Ernestus et comes Wezilo in sabulo (an dem grieze) stantes," (am Ufer des Meeres) ... „barcas ad sabulum emissas;" Cgm. 572,10.15. Clm. 850, f. 106. Der Sandhas (Sandhâs), in Nürnberg eine Art Schimpfwort, das, wenn es nicht etwa ursprünglich Einen aus der Gegend Auf dem Sand bedeuten sollte, vielleicht mit dem Folgenden zusammenhängt. Die Sandhosen, (im Scherz) die schmutzgrauen Beinkleider, die unter der Verwaltung des Grafen Rumford zur Ordonnanz des bayrischen Militärs gehörten, und, so wohlfeil und zweckmäßig sie sonst seyn mochten, doch nicht eben ein elegantes Aussehen gaben. „Boten die nit gern liegen, Nürnberger die nit Sandthosen sein wellen, Köch die hungers nott leiden;" Cgm. 3635, f. 56[b]. „Die Nurnberger werden genennt die sandhaien weil sie bawen all Mess und straßen; H. Sachs 1560: IV, III, 92 (1612: IV, III, 197). „Recia nostra ab oriente Baioariam ac Noricorum fines habens ... ad septentrionem hos qui nulli provinciae se jungunt nec tamen suae norunt, Francis tamen orientalibus contigui, (übergeschrieben: sandhosen); ZZ. 877, f. 106. Weigand, Wbch. II, 538. Zeitschr. III, 483. IV, 315. Vilmar, kurhess. Idiot. 337: „Sandhaas, ein Fehler beim Kegelspiel, wenn die Kugel, ohne das Laufbrett der Bahn zu berühren, auf dem Sande derselben lauft." Der Sandmann, 1) der in der Stadt Fegsand verkauft. Der weiße oder rote Sandmann, je nachdem er weißen oder nicht weißen Sand führt. 2) fig. der Schlaf. Zeitschr. III, 286. Der Sand-Rigel, 1) Strohwisch; s. Rigel. 2) sieh Sam-tregel, Sp. 666. sandtruden, ganz trocken; 265
Av. Chr. 394. sandig, adj., a) wie hchd. b) (Zillerthal, von sauern Käsen) unter dem Messer in kleine Stücke zerfallend. „Sandizell hat man vor Jaren geschriben Sandigen Zell, wie in den alten Briefen zu finden;" Hund II, 274. 275: „Arnoldus de sandigen celle; ad 1233. Doch Cbm. 57, f. 48: Sandizelle, Clm. 17420, f. 59[a]: „de Santin zell." Cf. Rorigen Mos. versanden, übersanden, mit Sand bedecken. s. Samb.

Sandel, Rohzucker, Puderzucker; „mit Sandel überzuckert;" Firmenich I, 135,6.

Sandel, ein Fisch; Nemnich II, 907: Sander, Sandart, Sandbarsch, perca lucioperca. Weigand, Wbch. II, 538. „Sandel und policken sind schlecht;" H. Sachs 1560: II, II, 111 (von gesalzenen Fischen).

Sandel, Susanna, (Taufname). Zeitschr. IV, 156. s. oben: Sân-l.

sander, s. oben Sp. 275: -sam, und Sp. 285: samt; vgl. auch sant. „alle sand, alle sander, vor disen leuten allen sanden; H. Sachs 1612: II, II, 49. beid sander, beide sander; das. I, 616. 959. 999.

saundeln (sau~dln), zögern; s. oben, Sp. 286: sauneln und Zeitschr. VI, 198.

send, sendlich, sieh senen.

Der Send, s. Senn.

Die Send, synodus; Weigand, Wbch. II, 690. s. Sent.

senden, wie hchd., doch wenig volksüblich; (mhd. senden, ahd. sendian, sandian; cf. Gesind. Graff VI, 234. BM. II, II, 296 f. Weigand, Wbch. II, 690). In Gem. Reg. Chr. 1, p. 515, ad 1320 scheint es zu bedeuten: verehren, schenken. Einem senden (ein Geschenk?). „Es sol ze weinachten niemen dem andern senten niur seinem pfarrer und seinem richter;" Auer, Münch. StB. p. 289. senden, aufsenden ein Lêhen; Rechtb. v. 1332, Wstr. Btr. VII, 134. 135. absenden. 's Tuifls sá˜ *`A'gsandtə'* (⏑ – ⏑) oder Vaə'reitə', boshafter Mensch; ObrM. besenden Einen, nach ihm senden, daß er erscheine; BM. II, II, 298. Kr. Lhdl. I, 39. 45. 153. Der Sendbot. Der Sendbrief, Santbrief, ä. Sp., epistola, litterae. Der Salzsender, ehmals ein eigenes, neben dem der Salzstößel bestehendes Gewerbe zu München, Salzspeditor. MB. XX, 7, ad 1366. Nach dem Privilegium, das a. 1332 der Stadt München von Kaiser Ludwig ertheilt wurde, durfte das Salz auf der ganzen Strecke von Landshut bis nach Tyrol nur bey dieser Stadt über die Isar gehen, „und swelche (heißt es darin) dasselb Salz kauffent zu München, es sein gest oder burger, die mugen und sullen es dann fürbas gen Schwaben fürn und senden. ..." „Senter oder Sämer;" Lori, Brg.R. f. 8. 37. S. auch sennen. Die Salzsendtner hielten jährlich am weißen Sonntag auf dem Rathhause eine Zusammenkunft, worauf ein Mahl folgte, um die Fasten mit gutem Essen und Trinken anzufangen. Alte Münch. Stadtkammerrechnung. Eos 1832, p. 428. „Der Versandt (Versendung) meiner englischen Biere beginnt im März;" A. Dietrich, Brauer zu Donauwörth, Allg. Zeitg. v. 1832, 18. Febr. „Der Unterzeichnete hat den Versandt (des Νέος λόγιος Ἑρμῆς, einer Zeitschrift von Anselm) fürs Ausland übernommen. Athen, 31. May 1839. Adolph Naft." Allgem. Ztg. v. 12. May 1839.

Das Sendel-Eisen, (Schiffsbau, Aschaff.) flaches Eisen, das durch Einnietung seiner beiden Seitenflügel als eine Art Klammer die Fugen der Schiffe zusammenhält.

Die Senden, (salzb., Hbn. 979) Haidekraut, erica carnea et vulgaris; (Pseud. Jir.) Sendach, Haidekraut, erica vulgaris. Es werden Besen daraus gemacht. Gambß-Sendach, Gambß-Haidach (Gámsseunə'), der niederliegende Felsenstrauch, azalea procumbens L. Bey Höfer III, 139 ist Senderich oder Sennerich Wasserlinse, Entenkraut, Lemna L. Vrgl. Semd und Sentrich, (auch Zeitschr. V, 477.)

sindlich, s. sinnlich.

Das Gesind, a) wie hchd. Gesinde, nemlich Hausgesinde; b) (ä. Sp.) auch in andern Beziehungen üblich, ohngefähr wie man jetzt sagt Personal; (ahd. gasindi, mhd. gesinde; Graff VI, 533. BM. II, II, 295. Weigand, Wbch. II, 425 f.). „Deus ordinavit unam familiam ·i· gesind in coelo videlicet IX choros angelorum;" Monac. Augustin. 34, f. 68ᵃ (v. 1460). Das kluog gesinde, gesindlach, s. Th. II, Sp. 1329. „Senescallus proditor esset et infidelis qui bona domini sui sibi commissa ad dispensandum fideliter filiis et familiae domini sui non distribueret;" Clm. 10157 (sec. XIII.—XIV. 8⁰), f. 118. s. oben, Sp. 288 und Weigand, Wbch. II, 690. Das Hammer-, Kol-, Salz-, Schiffs-Gesind, (Lori, Brg.R.) sämmtliche Personen, die bey einem Hammerwerk, bey den Kohlenbrennereyen eines Werkes, einem Salzwerk, auf einem Schiffe ihre angewiesenen Verrichtungen haben. „Handwerk- und Knappen-Gesind zu Kitzpüchl;" Dukher,
266 salzb. Chr. 240. Das Mess-Gesind, Messe lesende Personen; (bayreut. Kirchen-Agende). Das Keßel- (Késtl-) Gesind, (b. W.) herumziehendes Gesindel. Zeitschr. III, 552,28. Hier, und vielleicht auch im vorhergehenden, ist Gesind im übeln Sinne genommen, wie im Gegentheil bey Lori, B.R. 336, ad 1587 das Berggesindel im guten, statt Berggesind. „(Christ) lag vor esel und vor ochsen, über in so was gedochsen das hew vor kaltem winde demselben stallgesinde" (Stallgenossenschaft); Cgm. 714, f. 200. c) einzelne Person. „Ûf eine burc kam er (Maier Helmbrecht) geriten .... dâ wart der knappe gesinde;" M. Helmbrecht 659. (Ich) „eins treuen Fürsten Hofgesind;" Turnier-Reim bey Hund 1. „Daß wir den Abt N. zu unserm Capellan und Hofgesindt genommen;" Lori, Lech-R. 93. „Dieweil ihrer etliche unser Hofgesind gewesen;" Kr. Lhdl. X, 398. Das Ingesind, Hausgesind, (Ingolst. Stdt.R. 73. Heumann, opusc. 262), der Miethwohner. Cgm. 27, Artikel 80. Münchn. StR. Art. 81. cf. Gesinde, Nibelungen, v. d. Hagen 1657. 5146, (Lachm. 394,1. 1223,2). Dieses Gesind als einzelne Person schließt sich zunächst an das alte Masc. I. der gesint (Diut. III, 111: gasint, comes, Gefährte; gl. a. 74. 412, i. 35, und Masc. II. gisindo (Otfr. IV, 12, 42), wie in der gewöhnlichern Bedeutung an das alte Collectivum gasindi, comitatus, Begleitschaft, Gefolge, Anhang, von sind, via, iter (Graff VI, 231. BM. II, II, 294. „Do stalte er Lien unde ir kint ze aller vorderst an den sint, Rachelen hiz er nachgen;" Diemer, Ged. 28,28. „Nu rit du bruder an den sint;" das. 29,20), wozu man das Verb. sindon, ire, proficisci — vermuthlich alles vom Ablautverb sinnan, tendere, ire — hatte. Dahin gehören wol auch sindmanni, die a. 903 neben den parscalchi und hengistfuotri mit einer Curtis zu Veringa hingegeben werden. Meichelb. H. Fr. I, 151.

Sindau, s. Sinau.

Sindel (Sində-l), Rosina oder Euphrosine.

Der Sindel (? vgl. ahd. sindar, sintar, mhd. sinder, sinter, Hammerschlag, Metallschlacke; Graff VI, 265. BM. II, II, 298 f. Weigand, Wbch. II, 713). „Morter zu machen nim lebenden kalk und geribne ziegel und gestoßen Sindel und sand und leinöl und wasser;" Clm. 4394, f. 192ᵇ.

Die Sünd (Sint; Weihers: Söng), plur. Sünd und Sünden, wie hchd. Sünde; (mhd. sünde, ahd. sundia, suntea, sunta, plur. ebenso; s. Gramm. § 790. Graff VI, 261. BM. II, II, 733 f. Weigand, Wbch. II, 845. Zeitschr. V, 28. 121,25). R.A.: Es ist Sünd und Schad, (es ist sehr Schade). Sich Sünden förchten, als sündhaft und strafbar ansehen und scheuen. I tát *mi' Sint'n fercht'n*, dés z' taə˜. *Firchst di'* nét *Sint'n*, ə˜ Sach so tuiə' z' biədn? „Wie darfftu gesalbten gottes mit deiner hand erschlagen, firchstu dir denn nicht sünden;" Reime v. 1562. Er forhte suntône (Diut. III, 102), woraus erhellt, daß dieses Sünden noch der alte Gen. plur. suntôno ist. „Daz ain schuler mit einer tagsund erwint daz ist aim pfaffen ain todsünd;" des Teufels Segi, Ms. (cf. Barack p. 130,4077). sünd, adj. Ob in der R.A.: Das ist, oder ist nicht sünd ein Adj. anzunehmen? Jedenfalls steht im Schwabenspiegel (Cgm. 553, f. 82ᵇ), wo von geschlechtlichen Vergehen mit Blutsverwandten die Rede ist: „so ye näher, so ye sünder vnd auch schantlicher." BM. II, II, 733: sünde, adj., sündlich. Wenn 's Luigng scho˜ *sünt* is, so mou' á 's Stəln no˜ *süntə'* sá˜; (ObrM.). sünden, peccare, Voc. v. 1445; (mhd. sünden, ahd. sundôn, suntôn; Graff VI, 264. BM. II, II, 735). „Was die herren sünden, das büßen die Armen;" Seb. Frank. BM. II, II, 736. „Wil siu sich an mir sünden; Labr. 204. versünden, verschulden; „Mein volck das hat versundet groß laid." Sich versünden, sich versündigen. *Vo'sint di'* nét mit dei˜n Schəlt'n. Ueblicher ist, wie im hchd., sündigen (sindingə˜) — wol nicht erst vom Adj. sündig, sondern noch vom alten sundion, sunteon, wie reinigen aus reinian und 267
drgl. Der Sündfluß, diluvium (1618); s. Sintflut und oben, Sp. 290: Sin-flut. Das Sündgeld, auf unbillige Weise erworbenes oder verlangtes. Der Sündenbock, s. Th. I, Sp. 205. Der Sündenmacher, Uneinigkeitsstifter. sündig, sündlich, adj.,

wie hchd.; BM. II, II, 735. (Wegen des letztern vrgl. auch ſenen, ſendlich).

geſund, 1) adj., wie hchd.; (mhd. und ahd. geſunt, gaſunt, gaſunti: nicht blos sanus, ſondern salvus, incolumis, sospes überhaupt. Graff VI, 259. BM. II, II, 746. Weigand, Wbch. I, 429. Zeitſchr. V, 191). Münchn. R.A.: Ein geſunder Ghalt, eine rüſtige, hübſche Magd, (nicht ohne ſcherzhafte Anſpielung auf den Hausvater, bey dem ſie dient). 2) adv. gerade, recht, à propos (?). „No, so thue's, thue's *gsund* dem noiä Göden; Lindermayr 97. Der Geſund, (O.L.) die Geſundheit; (Graff VI, 260. BM. II, II, 747. Zeitſchr. III, 111. IV, 2. VI, 503,III). 'ən *G'fund* və'liərn. „Und seit I bey dir bi˜ g'lěgng, hàn I kaə˜n *G'fund* ..." „Ä' kimt (er kommt) mit *Gsund* und Freud no' ainmal aus'n Feld;" Lindermayr 34. „Das der menſch bei ſeinem Geſund beleib;" Ortolph. „Alters und Geſunds halb;" L.R. v. 1616, f. 687. „Daß des Fürſten unſers gn. Hrn. ſach geſundt ſeins leibs ſorglich ſtee;" Ldtg. v. 1514, p. 320. „Was ihr Herzog Ludwig gegeben hätte bey ſeinem Geſund." „Daß ſie nicht wiſſen, in was Geſund ihr Herr ſey;" Kr. Lhdl. III, 194. 238, ad 1447. „Sinen Geſunt verwurchen," das Leben verwirken; Schwabenſpiegel. „Der geſunt des lichamen;" Notk. 26,7. 35,6. „Bi des kuniges Geſunte," per salutem regis; Diut. III, 102. „Verleich uns den ewigen Geſunt des leibs und des muts;" Cgm. 136, f. 248. Der Ungeſund (U˜gſund), Krankheitsſtoff; die Nachgeburt; unreife Geburt, abortus. BM. II, II, 748. Dés Kind is vollər *U˜gsund*, U˜wégl und Ausschläg; ObrM. Si het ə˜n *U˜gſund* ghett, ſie hat eine Fehlgeburt gethan. „Stephans Hausfraw die hat ein Ungeſund tragen, und derhalben heftig krank geweſen;" Inchenhofer Mirakel v. 1605.

ſunder, ſonder, 1) (ä. Sp.) adv., abgeſondert, seorsum, separatim, (mhd. ſunder, ahd. ſuntar, Otf. I, 20,29. III, 1,2 ꝛc. Graff VI, 48. BM. II, II, 737. Weigand, Wbch. II, 728). „In Gemain oder ſonder;" L.R. v. 1616, f. 406. „Er ſaz ſunter, ſunter ſine brudere;" Diut. III, 107. ſammt und ſonders; Weigand, Wbch. II, 729. BM. II, II, 740. 2) (ä. Sp.) beſonders, vorzüglich, adv. 3) (ä. Sp.) Conjunction: ſondern, (ahd. ſuntar, Otf. I, 20,29. V, 4,28. gl.i. 703; ſuntir, Diut. III, 136. 138). L.R. v. 1616, f. 313. 437. „ſunder, verum, sed; Voc. v. 1618. Der Slawendichter Kollár, im Jahr 1841 oder 1842 aus Peſth in München anweſend und eines Abends mein Gaſt, fieng ſeine Sätze, ſtatt mit aber, immer mit ſondern an. Ich hielt dieſes für einen perſönlichen Fehler; aber nun leſe ich auch in Kohl's Hundert Tagen II, 256: „Das Wort ſondern iſt in gewiſſen Verbindungen in ganz Ungarn, d. h. bei den gebildeten Ungarn und den in Ungarn wohnenden Deutſchen, allgemein für unſer aber in Gebrauch. Er iſt ein Grobian, ſondern ſein Bruder, das iſt ein feines Männchen. Sondern ſagen Sie mir doch, woher kommt denn das?" 4) (ä. Sp.) adj., beſonder, peculiaris, specialis. BM. II, II, 736. Zeitſchr. V, 302. „So der Diebſtahl mit ſonderen Sperr- oder Brechzeugen geſchehen wäre; Carolina p. „Zween Zöllner ſollen eine gemeine Truhen und dazu jeder einen ſondern Schlüſſel haben, daß ihrer einer ohne dem andern die Truhen nicht aufſchließen möge;" Kr. Lhdl. V, 172, ad 1466. „Daran beweiſet ihr uns ſondern danknehmigen Gefallen;" daſ. 242, ad 1467. „Von unſers Gotzhaus ſunder Notturft wegen;" Urk. v. 1487. Schon das ſuntar bey Otfr. IV, 15,49. V, 1,10. 23,253. neigt ſich zum Adj. beſunder, 1) adv., abgeſondert, beſonders, seorsum. Tuə's *b'ſundə'*. Si lignt *b'ſundə'*. 2) beſonders, vorzüglich, adv. 3) (ä. Sp.) Conjunction: ſondern. „Dy ſtim iſt nit kömen von meinen wegen,
268 beſunder von ewen wegen." „Nit allain ze kirchen, beſunder auch zu tiſch;" Wſtr. Btr. V, 60. 63. „Nit beſchrei die Maſen, ſo andre weib an jn haben, beſunder verhol die du an dir haſt;" Buch d. W. v. 1485, 72. cf. Cgm. 350, f. 2ᵃ. 4) adj., wie hchd. beſonder. R.A.: „Einem ein Bſunders machen, tractare aliquem peculiariter, singulariter." „Er hab dir ein bſunders gmacht, te illi unum eximium fuisse;" Voc. v. 1618. Meiſt ironiſch: Wart, dir wird man was oder ein Beſunders machen! beſundern, beſündern, verb., beſonders thun, abſondern. BM. II, II, 743. „Nichts davon beſundert noch ausgenommen;" MB. XXV, 85. Cgm. 544, f. 44. „Thäteſt dich von gemeiner Landſchaft in dem und andern nicht beſondern;" Kr. Lhdl. IX, 496, ad 1501. R.A.: Wart, dir wird mə˜s *b'ſün-nə'n*! ironiſch: dir wird man beſonders aufwarten. ſunderbar, 1) adv., a) „an eim ſundern Ort, seorsum" Voc. v. 1618. BM. II, II, 741. „Nach ir altere ſi ſâzen, ſunterbâr azzen;" Diut. III, 107; b) particulariter, beſonders, vorzüglich. Von Allen gefallt mir ſonderbar der da. „Ward fluchtig on Ehr ſunder war;" Cgm. 714, f. 191. „Allererſt begonde ich trewten die zarten ſunder war;" Cgm. 713, f. 142 (Cgm. 379, f. 19ᵇ. 74: ſunderbar, Reim: „ir lang goldvarbes har"). „Doch was mein maiſtew ſwar das mir da nicht en ſolt die faig unrain unholt ze taile werden ſunder war das ich ir zerzüg ir grawes har; Cgm. 379, f. 68 und 270, f. 106; (daſelbſt oft „ſunderwan," gereimt auf „hân"). — 2) Adj. abeſondert, particularis, eigen. „Sonderbaren Rauch halten" ... „Zur Verhütung gemainer und des hofmarksherrn ſonderbarer Gefahr" ... „Zubaw- oder ſonderbare Gründ;" L.R. v. 1616, f. 19. 298. 304. 306. Vgl. BM. I, 87ᵇ f. und II, II, 738ᵇ: ſunder bar. Cgm. 714 öfter, z. B. f. 191, neben offenpar, f. 220. Cgm. 713, f. 142: ſunderwar. „ſunderlich, ſonderlich, adj., peculiaris;" Voc. v. 1618. BM. II, II, 741. Ein ſunderlicher, quidam, (ein gewiſſer); Voc. Melber. ſunderlich, adv., beſonders. „ſunderlich träg" ꝛc.; Voc. v. 1618. Jetzt faſt nur mehr in der Verneinung üblich. Der Sundereid, das Sundergelübde; vgl. BM. II, II, 737ᵃ. „Daz wir Heinrich von Rota und Ruodolf ſin ſwager Burger ze Luzerren in der Capelle mit nüwen und alten Rate und mit einer Menge ze Luzerren geſchworn hein von allen ſunder eiden und von allen ſunder gelübben zu laſſenne ob wir deheine getan hetten ... die der ſtat oder den eitgenoſſen ſchädlich wæren;" Lucerner Urk. v. 1344, Geſch. Fr. III, 251. Was thut (1847) der jeſuitiſche Sonderbund? ſunderſiech, ſonderſiech, (ä. Sp.) mit einer anſteckenden oder unheilbaren Krankheit, namentlich der Lepra, behaftet, und zu ſeinesgleichen in abgeſonderte Häuſer verwieſen. „Nun müß wir jhm aufs feld hinaus laſſen bauen ein ſonder haus damit wir ſeiner krankheit müßig gen;" H. Sachs 1612: II, III, 82. Vgl. Th. II, Sp. 1337: das Kläpflein, und oben, Sp. 214: ſiech. In Rudolf's v. Hohen-Ems Reimchron. (Cgm. 578, fol. 106, bey Schütze p. 40) wird (in Bezug auf Numeri, Cap. V, Vers 2) geſagt: „Auch hiez got ſundern von der ſchar die miſelſuchtigen gar, als noch her an diſe friſt der ſit wol behalten iſt, daz man von den geſunden ſi ſundert ze allen ſtunden." Für die Münchner Sunderſiechen gab es eine ſolche Anſtalt auf dem Gaſtag und ze Swäbingen (Urk. v. 1425), welche jetzt unter dem Namen Leproſenhäuſer bekannter ſind. Noch zu Ende des 18. Jahrhunderts ſah man in München an den Quatembern die Sunderſiechen in ſchwarzen Mänteln und ſpitzen Hüten Almoſen ſammeln, indem ſie mit einem hölzernen Kläpperchen klapperten und in ſingendem Ton ihren gewöhnlichen Spruch ſagten: Gébts, gébts! weilts lébts! wennts nimmə' lébts, künnts nimmə' gébm — gébts, gébts, weilts lébts. In dem Büchlein über die Mirakel des Bogenberges v. 1679 heißt es S. 33: „Die Sunderſiechen haben in dieſem Gottshaus ihr Zunft und Bruederſchaft, in welcher alle, ſo in ganz Bayrn 269
ſeynd, einverleibet; dahero gewiſſe aus allen vier Rent-Ambtern in Octava Corporis Christi auf dem Bogenberg mit jhren Fannen und Stangen bey der Proceſſion erſcheinen müſſen." In Nürnberg nennt man Sonder-

siechen die alten, gebrechlichen Leute, die in den vier Siechköbeln vor der Stadt aufgenommen sind, weil diese ursprünglich für Aussätzige gestiftet waren. s. Th. II, Sp. 1216: der Kobel. „Si ist laider sundersiech, si ist laider malatz worden; Cgm. 270, f. 161ª. Cgm. 713, f. 91.

Sunder=, in ältern Zusammensetzungen dem Norder=, wie Öster= dem Wester= entgegenstehend, aber, wie diese, der gemeinen Sprache fremd geworden, und in ältern Namen, wo es sich erhalten hat, gewöhnlich als Sunnə~ genommen, womit es durch die Aussprache (Sun'ə', Sunnə') und zum Theil durch den Sinn zusammentrifft. Graff VI, 258. BM. II, II, 746. Weigand, Wbch. II, 845. Birlinger 389. Cf. isl. sunna, sol; sunnan, a meridie, das aber für sundan steht). Sunderhalb (sunnə'hàl'), südwärts, (sunder-halba pars australis, gl. a. 392, i. 882), s. sunnenhalb. Der Sunderwind (Sunnəwind), Südwind, („sundroniuuint, auster, *francisce*"; Clm. 15825, X. sec., f. 12ª. sundar=uuint, africus, gl. a. 65; Eurus, o. 114), s. Sunnenwind. Ortsnamen: Sunder-Reut, Sunder-Tilching, Sunder=Wiechs (neben Norderwiechs) in Hazzi, Statist. I, 216. 217. III, 180. 187. Förstemann II, 1331 ff. vgl. Zeitschr. VI, 487. Sunder-Weichs, Meichelb. H. Fr. II, II, 330. Von den zwey Schwaigen des ehm. Klosters Dietramszell heißt die südliche Sunnəhof, die nördliche No'də'hof. Und so wird Sunnəham im L.G. Wolfratshausen in ältern Urkunden als Sunderhaim zu suchen seyn. Auch die Sunder-Ach, (cf. Sundern-ohe, Ort in Mittelfranken), ein Flüßchen südlich von Ingolstadt, weiland ein Arm der Donau, ja vielleicht ihr Hauptrinnsal, über welches die wol ebenfalls aus Sunder=brugk entstandene Sunnəbrugg (schriftlich Sonnenbrücke) führt, wird wol von diesem Sunder-, und schwerlich von sunder (separatim) oder sundern (separare) den Namen haben. Herzog Heinrich von Landshut übernahm „bey Ingelstatt bey der Sunderbrücken" den gefangenen Herzog Ludwig den Gebarteten; Avent. Chr. 524ᵇ. „Stift und Capellen unsers Herren leichnamb („zu Unserm Herrn") gelegen in dem prugg-werd (also Insel zwischen Donauarmen und deren Brücken) zwischen unser statt zw Inglstatt nachent bey der Sunderbrugg der grossen Tunaw doselbs;" Urk. v. 1376. Mederer's Ingolst. 14. 43. 65. Diese Sunderbrugk führt in und auf den alten, von der Donau bis in die Alpen reichenden Sundergau, zu welchem die histor. Belege (sec. IX.—XII.) gesammelt stehen in Pallhausen's Nachtrag zur Urgeschichte der B. S. 293. 305. Förstemann II, 1334. Der Name, vielleicht ursprünglich ein Collectivgegensatz zum Nordgau (w. m. s.), kommt, jedoch, wie es scheint, gerade wie dieser, mit eingeschränkterer Bedeutung, noch später vor; z. B. MB. VI, 348, ad 1358. „Die Herzogen in obern Bayren habent zu lehen (vom Kloster Tegernsee) den wiltpan in dem Sundergau." In einer Münchner Floßleutord. (Cgm. 544, f. 48) heißt es: „Wir verbyeten auch allen unsern purgern, die gen Sundergä varen, das dhainer mer kauff
270 dann VI holtzer vnd die herab füren vnd sy hin geben, vnd dann aber VI holtzer... Wer under den floßlewten gen Sundergä (bis Mittenwald) get, der sol nur ainen gesellen haben, der das hantwerch selbs mit der hand wurcken kan, und der sol von der stat sein. ... Wer spelten oder pöm in die stat tret, der sy nicht von Sunderga gefürt hat, der geit dem richter. .. Wie der bodem oben in dem Sunderga wirt angeslagen, also sol man in hie kauffen. ..." Cf. Sutner in den hist. Abhandl. d. Akad. 1813, II. B., p. 492. Die ahd. Sp. hat in der Zusammensetzung außer sundar auch sundroni (s. oben) und das einfachere sund (vrgl. den elsaß. Sundgau). Sonst bedeutet ihr sundar nach Süden, sundan von Süden. Nur bey Notk. p. 261ª finde ich das unbekleidete Substantivum „ze sunde." Das ags. sud (engl. south), sowie das isl. Neutr. sudr neben sunnr, obschon alle selbst wol aus sünd, sundar entstellt, sind die Veranlassung unsers neuen Süd, franz. sud; (Weigand, Wbch. II, 841. 845. Müller, etymol. Wbch. d. engl. Spr. II, 371. Diez, Wbch. 728). Im Wallersteiner Cod. 4⁰ Nr. 8 des Boethius de consol. philos., von Froumundus für Tegernsee in Cöln geschrieben, steht fol. 1: „ostan sudan westan nord."

---

sanft (O.L. sà~ft, sàft), wie hchd.; (mhd. adj. senfte, semfte, adv. sanfte; ahd. adj. samfti, semfti, adv. samfto, wie herti, harto; vgl. Sp. 155: rasch.' Graff VI, 224. BM. II, II, 50 f. Weigand, Wbch. II, 538 f.; cf. samft). a) wie hchd. „Swem daz geschicht, daz er senfte und dultic ist, der volget got zaller vrist;" d. w. Gast 6985. „Swer sich verlât an tugent, der hât an alter und an jugent senfte leben unde reine;" das. 7127. „Pfaffen, die mit künsten nach tugenden trachtent, uf schatz und senftleben lützel achtent;" Renner 17543. b) Compar. sanfter, leichter, wöhler. „Sollst dich sänfter (lieber, eher) in den Finger beißen, als einen ärgerlichen Gedanken schöpfen;" A. Bucher's s. W. IV, 67. „Thet jn der Überfluß aller Notdurft sänfter denn der Sturm;" Av. Chr. 63. „Ez ist sänfter ze glauben;" Konr. v. Megenberg f.177ᵇ, (Pfeiffer p. 303,22; cf. p. 702 f.). sänftig (sä~fti'), adj. und adv., sachte, gemach, langsam. BM. II, II, 53: senftec. Lîchtsenftekeit, mhd. Sp., Gelindigkeit, Nachsicht; Br. Bertholt 422, (Pfeiffer p. 217,22). unsenfte, adj., schwer, drückend. unsanfte, adv., nicht leicht, schwerlich. BM. II, II, 51. 52. „Vil leicht felt si (die Hochfahrt) nider, unsanft chumt si dann wider;" Gesta Romanor., Cgm. 54, f. 6, (Keller p. 11).

Das Gesang (Gsang), plur. Gesäng und Gesänger (Gsängə'), wie hchd. der Gesang. (In der ahd. und mhd. Sp. ist selbst das einfache sang, sanc ein Neutr. Graff VI, 250. BM. II, II, 303. Weigand, Wbch. II, 539. I, 421). Das Aufgesang, Abgesang sind meistersingerische Kunstausdrücke; altd. Museum I, 93. Wagenseil, Nürnb. 521. Das Gesänglein (Gsängl), Lied überhaupt, vorzüglich aber ein kürzeres der Art, die man auch Stücklein, Schnitterhüpflein und drgl. nennt. `sangen, ä. Sp., singen; (ahd. sangon, mhd. sangen; Graff VI, 252. BM. II, II, 305.' Cf. goth. siggvan, recitare, ahd. siuwan, suere, und s. unten: schaugen). sängeln. „Do sängelt junker Triefnas: ich gehöret nie gesingen bas;" Ring 22ᵇ,1. Der Sänger, aus der Büchersprache in einigen Fällen für das volksmäßigere Singer gebraucht; (ahd. sangari, mhd. sengære; BM. II, 305). Sieh singen.

sängeln (sängln), (Baur, U.L.) Ähren lesen; (dän. sanke, sammeln). Si hàt iər scho~ zwe~ Mètz'n də'sänglt. Der Sängel-büschel, Ährenbüschel, also zusammengelesen. I hà~ hei~t scho~ 'ən viərt'n *Sänglbüschl* fiərti'. Im Schottischen ist nach Jamieson „a single a handful of gleaned corn", (schwerlich vom lat. singulus). Dieses Verb ist augenscheinlich abgeleitet aus dem ältern Subst. fem. Sange, manipulus; gl. o. 314: „gelima;" „sangen, (manipulum) primitiarum;" gl. bibl. v. 1418. Graff VI, 247. 254. BM. II, II, 54. Birlinger 384. Weigand, Wbch. II, 539. s. unten: sing. „Primitias, dy ersten sangen oder frucht; ZZ. 1803, f. 199. Sangen, Zangen, (Lechrain, Baron Leoprechting) Kräuterbüschel, an Mariä Himmelfahrt geweiht, dann in der Christnacht geräuchert und zerbröckelt später aufs Feld gestreut. Birlinger 384: Weisang. „Bulle Kruken und Sangen," ndrs.; Gräter's Bragur,

2. B., 24. 27, wornach Sange ein Büschel, nicht blos von Ähren, sondern auch von Blumen und bestielten Kirschen, Erdbeeren ꝛc. seyn kann. In den Reimen v. 1562 wird sogar, vermuthlich in Bezug auf das biblische
271 Rösten und Malen solcher Ähren (Levit. 2,14), das Polenta der Stelle I. Reg. 25,18 durch gribn sangen, das v. II. Reg. 17,28 durch waitzen sangen gegeben. „Sangen, tostae spicae;“ Gemma gemm. 49. Noch Luther braucht das Wort: III. Moses 2,14. 23,14. Jos. 5,11. Ruth 2,14. I. Sam. 17,17.

Der Sengel, Mase, Zeichen: „ə˜n *Sengel* áfm Hirn hån I ållwål schiər ghabt, bei'n Fålln bin I allmål áfs Hirn nide' 'tappt;“ Luber's Napfezer in Kaltenbrunner's oberösterr. Jahrb. 1844, S. 154.

Die Sangen, Sänglein (d' Sångl, d' Sängl, „Züngel“), plur., junge, noch kleine Fischchen gewisser Arten, Grühe; (BM. II, II, 54. cf. Nemnich I, 1362: Sange, Sangle, Sengle, cyprinus gobio). „Erliz, sengel und steinbeiß wärn den pauren zu ein suptile speis;“ H. Sachs 1560: II, II, 111. „Vmb 1 Viertl Sengl 12 kr.;“ Cgm. 3942, f. 10 (v. 1630). „Der gemain Man, so kain Fischer ist, mag die Pruet und Sängl der Bärbl nit wol under einander erkennen; L.O. v. 1553, f. 148. ... „mag die Sangl der Barben nicht erkennen;“ Kr. Lhdl. VIII, 400. „Sangl. Parben und behemische Sangel sollen beym Scherren in der Donau nicht gefangen werden;“ L.R. v. 1616, f. 643. Kr. Lhdl. XIII, 143. Grundel-Sängl sollen vor St. Johannstag zu Sunbenden nit gefangen werden; L.O. v. 1553, f. 50. „Mit Renckhen-Sangen und anderer klainer Brut die Forellen speisen.“ „Die Renckensangen für die Säu schütten;“ Meichelb. Chr. Bened. II, 213—215. cf. Wstr. Beschr. des Würmsees 132. 136. „Senglen, fundulus, pisciculus;“ Voc. v. 1618. „Callariae, aselli minores, Senglen;“ H. Junii Nomencl. (Augsb. 1629) p. 37.

sängerlich (Nürnb., Erlangen), säuerlich, z. B. von Milch; sieh auch zängerlich.

'sengeln, singeln, s. sungen, sungeln.'

sengen, wie hchd.; (mhd. sengen, ahd. sengjan; Graff VI, 257. BM. II, II, 299. Weigand, Wbch. II, 691). besengen etwas, es sengen, anbrennen, (ahd. bisengan, praet. bisancta; BM. II, II, 299. Grimm, Wbch. I, 1616); sich besengen, sich die Haare verbrennen. Bey Heppe sagt der wohlredende Jäger: „Die Vögel haben sich versenget,“ vermauset. „Merodebrüder, welche Bursch man zuvor Säusenger und Immenschneider geheißen;“ Simpliciss. v. 1669, p. 431. 'Der Äsanc, ahd. mhd. Spr., das Anbrennen; (BM. II, II, 299. Grimm, Wbch. I, 433: Ansang. Birlinger 384. Vilmar, kurheff. Idiot. 382; das Seng. s. Th. I, Sp. 1: â — und Sp. 155: Asank).' „Gahmuretes herze ouch ... getwenget was von der minn ir hitze: ir äsanc im hete under wîln besenget sîn lûter vel;“ Titurel 90,2; Lachmann p. 405. „Von äsange oder sust unbankes verbrinnen;“ Urkunde v. 1308, Kopp p. 90. Territorium quoddam dictum Asank prope Beurfeld lignis inde resectis in novale convertere,“ 1302, 24. Juli; Reg. Boic. V, 30. cf. Th. I, Sp. 360 u. 362: Brand, Brunst. — singen. „Leg ez zu dem viure ... biz daz ez singe und rot werde;“ Kochbuch des Wirzb. Cod. '(Biblioth. des Stuttg. lit. Ver. IX, p. 11),' 27. Recept. Cf. Wangerog: song, versengt, angebrannt. BM. II, II, 299ª. sengeln, brennen (von der Nessel); Sengesel, Singesel, Brennnessel; Zeitschr. IV, 483.'

Die Sengsen, sieh Segen und Segensen.

sing, sing! Lockruf an junge Hühner. Das Singelein (Singə-l, Singål, Singái), Küchelchen, so lange es noch mit der Bruthenne läuft. Ich kann mich hier eines flüchtigen Zusammendenkens dieses Wortes mit Sange, junges Fischchen, und Sange, Ährenbüschel, (alle mit dem Begriff einer Sammlung) unter das gothische sinġan („siggvan“), legere, nicht erwehren. Vrgl. Grimm II, 36.

„Singel, androga˜is,“ (herba); ZZ. 912, f. 97ª. Cf. Diefenbach 14ª: adragis. Nemnich I, 289.

singen (Condit. Ich sung, sáng und singət, Partic. gesungen), a) wie hchd.; (mhd. singen, ahd. singan, praet. ind. ich sang, wir sungen, conj. ich sunge; goth. siggvan. Graff VI, 247. BM. II, II, 299. Weigand, Wbch. II, 710). Wie die Alten sungen, so zwitschern die Jungen; (ä. Sp. W.). Dèr Vogl *singt* i˜ mei˜n Holz, dazu habe ich Hoffnung. „Daß si chom die messe gestant ein kurzu weil, so sitzen si allen tag, das si ainen plenden oder ainen leirer ain lugenlichs mer sagen oder singen horent;“ Cgm. 631, f. 108. „Ich hab lieber gehort suntlich und eytel ding, als (nemlich) singen und sagen, dann göttlich ding;“ Beichtformel, Cgm. 638, f. 69. „Und peteten alle die zungen, die ye gesagten oder gesungen, die gewendten nimer mein clag;“ Cgm. 714, f. 118. „Von der menschwerdung singt und sagt man: Levate capita vestra;“ Cgm. 749, f. 1. „Singen und sagen und kalbes heute nerent noch vil tummer und wiser leute;“ Renner 4309. „Singen, sagen und seiten spil tuet frumen und schaden vil;“ das. 5888. „Her Nîthart, unde solte er leben, dem hete got den sin gegeben, der kunde ez iu gesingen baz dann ich gesagen, nû wizzet daz,“ sagt Wernher der Gartenære im Maier Helmbrecht, Vers 216—220. „Owê hôrt ieman sagen oder singen; Labr. 377. 523. „Mit sprechen und mit singen;“ das. 527. „Vol sprechen noch vol singen;“ das. 558. „Mîn sprechen und mîn singen;“ das. 688. „Davon man thut sagen und singen;“ H. Sachs 1612: II, III, 51. 155. Um den Huet singen oder blos Huetsingen, Art Spiel, wobey es darauf ankommt, in Reimen, die 272
aus dem Stegreif gemacht und gesungen werden, ein Thema zu berühren, auf dessen Errathung ein Hut als Preis ausgesetzt ist; (v. Kropf in Buchner's Neuen Beyträgen v. 1832, I. B., S. 253). Schlegelsingen, s. Gramm. S. 526 und Schlegel. singen, b) (ä. Sp.) namentlich: das Evangelium, die Messe singen, feyerlichen Gottesdienst halten, im Gegensatz der stillen Messe. „Wan das Singen gemainklich verslagen ist,“ zur Zeit eines kirchlichen Interdicts; Cgm. 258, f. 151. „Auf dem nägsten Erchtag nach dem Sontag so man singet: Domine ne longe ...,“ d. h. nach dem Palmsonntag; Urk. v. 1385. „Und waren auch darum kommen in offen pan und in unsern land ward der Gotzdienst und das Singen verboten;“ Meichelb. Chr. B. II, p. 117, ad 1431. „Ich han zu gotisdieneste dicke gesungen und gelesen me durch minen rûm dan durch gotes lob;“ Beichtformel sec. XIII, Clm. 213, f. 187. „Das Verkünden soll durch den Fronboten geschehen an dreyen Sonntagen unter Singen vor der Kirchmaning in der Pfarre;“ Kr. Lhdl. XII, 88, ad 1487. „Am Freytag sullen die Fischer nit Haingarten haben, bis man gesingt;“ Scheirer Dienstord. v. 1700. Cf. dänisch: „Lad mig først læse mit Fadervor,“ laß mich erst mein Vaterunser beten; S. S. Blicher, Hjortetyveren. Die Singzeit (Sin'zeit, Hrslm.), die Zeit des feyerlichen, pfarrlichen Gottesdienstes. Untə' də' *Sin'zeit* gåmə˜, (während des Gottesdienstes das Haus hüten). Die Münchner Augustiner beurkunden 1447 (MB. XVIII, 450) eine Stiftung, vermöge welcher sie „järlich an des h. Johan Ev. Tag ze trincken geben sulen St. Johanswein allen den menschen, die umb singzeit ir gotshaws haimsuchent und aus andacht des von jn begerent.“ „Mer so haben die Herren von (Rorbach) auf der Pfarr zu (Waal) die gerechtigkhait, daß ain yeder pfarrer daselbst am pfingstag in der Karwochen, den man nennt den Andlestag, zum fruemal nach der Singzeit den Herren v. R., auch jren Hausfrawen ꝛc. das Mal geben sollen;“ Rorbacher Ehehaft, Cbm. 2157. „Fruestucken an dem feirtag vor singens zeit“ (als Sünde); Cgm. 632,

f. 37. „Unter Singenszeit soll niemand im Wirthshaus seyn;" Amberg. St.R. 32. ansingen Einen, ihm zu Ehren, oder um eine milde Gabe zu erhalten, ihm etwas vorsingen. Es geschieht dieses noch hie und da auf dem Lande, besonders in der Adventzeit, am heil. 3 Königtag u. s. f., wo ärmere Personen als Singer, Ansinger oder Ansingerinnen „ins Ansingen" gehen, d. h. vor den Häusern zwey- und mehrstimmig geistliche Lieder singen, besonders aber das Neujahr ansingen. Schon durch den Art. 5 des 6. B. der L.O. v. 1553 wird verboten „die leut anzesingen," weil es gewöhnlich „mit solcher leichtfertigkait und ungeschickten groben reimen und gsängen gschicht, das mer ergernuß und gespött, dann Gottes ehr darauß eruolgt." Doch werden von diesem Verbot „die jenen, so erbar unergerlich und niemand verletzliche Maistergsang singen," ausgenommen. In den Münchner Policeyverordnungen aus dem 15. Jahrh. (Wstr. Btr. VI, 154) heißt es, daß weder „phencknechtt, mesner, omrer, un-
273 derkæfl, pader, noch ir volckh, noch vronboten, niempt nichts anvordern noch ansingen sollen weder ze weinnachten noch ze sand jacobstag." Die Münchner Hochzeitordnung v. 1531 verbietet „furder die Hochzeitpad und den Ansingwein (also wol eine Mahlzeit) zu halten." A. 1392 gibt Herzog Albrecht zu Straubing an Weihnachten den Schulen zu Ansingen XII dn., in das Spital den Ansingern 60 dn., den gemainen Fräulein zu ansingen 12 dn.; Freyb. Samml. II, 107. 132. Ein Muster der Töne und Worte, die bey solchem Ansingen (zum Neujahr, Abends, vor der Thür besonders schöner Jungfrauen) zu Ende des 15. Jah^h. gebräuchlich, s. im Cod. Ben. 523, f. 44 ff., Handschrift des „Joh. Greis rector scolarium in Benedictenpeuren 1495." Cf. daselbst f. 18. 34. 36. 310 die Weihnachtslieder: „Ein kind geporn ze Bethlehem, ze Bethlehem des freuet sich Jerusalem, Jerusalem" rc. Von diesem Gebrauch hieß (nach Spieß, arch. Neb.-A. II, 90) auch der Advent die Singzeit; (vrgl. oben). In Schottland heißt der Neujahrabend singin-een, `(in der Schweiz: Sing-ôbə͂d).´ Scherzh. R.A: Einen ansingen um, wegen, von etwas, ihn darum ansprechen, ersuchen; ihn darüber sprechen. Beym Tanz *singt* aə͂ Buə' den andə'n *ä͂*, singt Liedchen auf ihn, die dieser gehörig zu erwiedern hat, wenn er nicht abgesungen, zur Belustigung der Hörenden mit Spottliedchen überhäuft werden will. Chiemgau. „Ansinger, columbarii;" Ald. 228, f. 343. besingen einen Altar, (ä. Sp.) Messe darauf halten; MB. XV, 469, ad 1337. Meichelb. H. Fr. II, II, 171. ə͂ *b'sungené* Més, ObrM. besingen einen Verstorbenen, oder: die Besingnuß halten für einen Verstorbenen, nemlich: a) die Obsequierung praesente cadavere („ob Erden, ob Grab," Selhamer I, 208) und Bestattung zur Erde unter Choralpsalmen, b) die Begehung des Grabes oder Trauergerüstes unter Absingung des Libera nach vollendetem Gottesdienst. „Besingnuß halten, justa exequiarum facere;" Voc. v. 1618. Durch die Land- und Polic.-Ord. Buch 3, Tit. 9, Art. 7 ist bestimmt, wie viel dem Pfarrer und dem Gesellpriester für die Besingnuß, dann für „den Sibenten" und für „den Dreyssigsten" gegeben werden müsse. „Etlich halten die drey tag besingknuß auf einander, wie auch bey uns ist der gebrauch inn besingknuß der Bischove, etlich siben tag aneinander, etlich besingt man neun tag aneinander, wie das geschicht dem Babst und den Cardinälen" rc.; Dr. Eck, Predigt am aller Seelentag 1553. Der Singer, die Singerin, Ansinger, Maistersinger, Schlegelsinger, Vorsinger rc. Singerin, Name einer Canone a. 1552; Wolff, histor. Volkslieder p. 704. Verschiedne Kunstausdrücke der alten Maistersinger, z. B.: Freysingen, Hauptsingen, Kranzsingen, übersingen, versingen rc., sieh in Wagenseil's Norimberga und J. Grimm, über Meistergesang. „Meines alters . . im zweinzigsten jar" fieng ich zu dichten an „mein erst bar im langen Marner: Gloria patri, lob und ehr, zu Münnichen als man zelt zwar funfzehundert viertzehen jar half auch daselb die schul verwalten," sagt H. Sachs (1567: V, 413. 1612: V, III, 154), wo er seinen Lebenslauf und seine Gedichte aufführt.

`singern, vb. impers., es singert mich, ich habe Lust zu singen; Zeitschr. II, 460.´

Singold, alter Mannsname. Daher (nach Th. I, Sp. 108) Singold-ing (Singlding), Name eines Weilers bey Erding, bekannt durch einen am 3. Sonntag im August gehaltenen Viehmarkt und den dabey statthabenden Ärntetanz, welcher gewöhnlich blos der Singeldinger genannt wird.

Der Singoß, s. oben, Sp. 290: Sin-goß. Zeitschr. II, 568,62.

sunggeln, `sunkeln wird gesagt, wenn in einem Wohnzimmer oder in einer Badstube wohl eingeheitzet worden ist, so daß man die angenehm wallende Hitze vom weiten empfindet, z. B. es sunkelt, ist sunkelwarm;" Höfer III, 203.´ „Bâl thuət wàs (von Speisen) brándln, bàl wàs *sunggeln*, bedank' mi' für dés ummə' munggeln;" J. Th. Fischer in Kaltenbrunner's oberöstr. Jahrb. 1844, S. 254. BM. II, II, 299: sungen, sunken, sungeln, sunkeln, anbrennen; knistern, zischen. Weigand, Wbch. II, 846: süngeln, prickelnd brennen. Vilmar, kurhess. Idiot. 470.

---

senken, wie hchd.; (mhd. senken, ahd. sanchjan, goth. saggqjan. Graff VI, 255. BM. II, II, 306. Weigand, Wbch. II, 692). „Unruh, sewfzen sencken und leiden;" „ein seufzen tief er senken thet;" „der ritter einen seufzen senket;" „ich ser vil tiefer seufzen senket;" H. Sachs 1612: I, 621. 632. 633. 634. „Ach wie manchen seufzen ich senck!" das. 1612: III, III, 34. Der Senk-baum, Balken, quer über einen Fluß eingesenkt, um das Wasser zum Ablassen in einen Nebenrinnsal oder Mühlbach aufzustauen. Vrgl. Solbaum. Senkwerke, (Pseud. Jir.) bey Triftwerken die eingelegten Boschen. Senklingholz, (das.) welches versandet wird. Der Senkel für Riemen, ist in A.B. unerhört. Es steht aber schon in einem Voc. v. 1419: „ein senkl oder hosnestl, liga." „Et rendam i. e. caput balthei quo cingebatur in volutam," am Rand von neuerer Hand: „renda dicitur senckel an der gürtel;" Vita S. Martini, Cod. Wallerst.-Maihingen. (sec. X.—XI.), f. 90. BM. II, II, 252. Diefenbach 492ᵃ. Weigand, Wbch. II, 691. `Der Senkler, Nestler, Riemer; Zeitschr. III, 401,17´.

sinken, (Praet. cond. ich sunk und sinket), wie 274
hchd.; (mhd. sinken, ahd. sinchan, goth. siggqvan; Graff VI, 255. BM. II, II, 305. Weigand, Wbch. II, 711). Die Sinken, Sink, Sunk, Vertiefung in einer Fläche, besonders im Terrän. Zeitschr. V, 293.

sunkeln, s. sunggeln.

Die Säns', Sänst (Sä͂st), Sense; (BM. II, II, 241. Weigand, Wbch. II, 693. Zeitschr. III, 531,18: Sengss, Sengst.). „Sans, falx;" Voc. v. 1419. „Mit zwain Saensen, (ad 1332); Wstr. Btr. VII, 80. Vrgl. Segensen. „Ein Sänslehen," Urk. v. 1423, Clm. 5900, Hinterdeckel. Der Sänstmantel, (Bys. Ms.) s. oben, Sp. 283: Sambßtag-Mantel.

sunst, sünst, sunsten, sonsten, a) wie hchd. sonst; (BM. II, II, 758. Weigand, Wbch. II, 732. Zeitschr. V, 132,2. 517,1,17. VI, 119,36. 528,12). b) (ä. Sp.) so. Alt-Oetting. Historie III, 154. „Sunst sint alle kunn von disem stammen;" Lancelot vom sê. „Man sol weder sunst noch so nicht sprechen, denn also: Ich tauffe dich" ꝛc.; Cgm. 632, f. 77³/₄. „Wildu sünst, so wil ich so," sagt die zänkische Frau zum Manne; Cgm. 757, f. 8. „Die unchæuschen sint stætiges unstæt und wanchel alle zeit in werltlicher begir. nu sust nu so;" Gesta Romanor., Cgm. 54, f. 75ᵃ, (Keller p. 147), 'umbesunst, umbsunst, ä. Spr., wie hchd. umsonst; (mhd. umbe sus, umbe sust; BM. II, II, 758. Weigand, Wbch. II, 942).' „Du darffst es umb ein sunst nit thon;" H. Sachs 1569: II, III, 44. s. Th. I, Sp. 77. S. sust.

Sant, Sand, vor Heiligennamen in der ä. Sp., was in der jetzigen das nicht leicht ohne sein c oder k ausgesprochene Sanct; (BM. II, II, 55. Weigand, Wbch. II, 537). Bring dǝ's *Sant* Johannes Segng; *Sant* Veit; dǝ' háli' *Sant* Neff; *Sant* Su'lpǝlz (Sulpitius); ObrM. „Miner frowen santen Marien;" Grieshaber, Pred. II, 8. „In Sand Benedicten paw~rn;" Ben. 287, hinten. Es scheint in jener sogar, wie nie in der jetzigen, mit als Subst. gegolten zu haben. „Von dem heiligen Sannd Kaiser Heinrich;" MB. XXV, 40. „Here sinte Jan Baptiste, helich sant;" niederl. Gebetbuch, Cgm. 135, f. 38. Bey Kilian: „santen ende santinnen, sancti et sanctae." Ja schon bey Otfrid II, 4,15 möchte ich in „tho ni uuard imo (diabolo) ther sand" (scil. Christus) dieses Subst. finden, wo man dann von dem scheinbar so nahe liegenden lateinischen sanctus gar auf Identität unsers Wortes mit dem schwed. sand, isl. sann-r, ags. sôth (verus) verfallen könnte, wozu gl. i. 839 das Verb sandon, testari, vorkommt. Die Begriffe testari, sancire, sanctus, certus, verus liegen sich nahe genug. Vrgl. hailig in Th. II, Sp. 1078; auch niederd. sünte, sünder, Zeitschr. V, 144,2. 274,3. Aus Sant Marien chirchen (MB. XVI, 141. 142, ad 1205) ist durch Zusammenziehung Samarienkirchen (Hund, St.B. I, 250. 256), Samareinkirch (Finck), und endlich, mit gänzlichem Misverstehen der ersten Bestandtheile, Semerskirchen geworden. Es hat sich hinwieder manchmal blos das t von sant oder sanct dem mit einem Vocal beginnenden Heiligen-Namen, als wäre es ein Bestandtheil desselben, angehängt (vrgl. Gramm. 545. 610. 636). Tannǝ~brunn st. St. Annen-Brunn. „An sant Turbans tag;" MB. XXIII, 139, ad 1345. „Uf Sand Dylgen (Ilgen, Egidien)tag; MB. XX, 14. 'Der Dilinghof, die Dilinggasse (San-d-Iling = Ilgen, nach Gramm. § 472. 473), Egidienhof (Kirchhof um St. Egidien sc. Kirche; vgl. Th. II, Sp. 902: Gilg = Ilg), Egidiengasse, jetzt Theresienstraße, in Nürnberg.' So heißt in Basel die Vorstadt St. Alban schlechthin die Talbǝ~vorstadt. (Nach einem feinen Gefühle erlaubt die spanische Sprache, um ähnliche Verunreinigungen zu vermeiden, die sonst vor Heiligennamen übliche Verkürzung san vor den mit to oder do anfangenden Tomas, Domingo, Toribio nicht, und sagt hier ausdrücklich santo Tomas, santo Domingo, santo Toribio).

sant statt samt, s. oben Sp. 285. Schon in der mhd. Sp. sant mir (mecum). Walther 30,26. „Ein gotheit diu ist sant und ie mer ungescheiden;" Wigalois 8197. „Werstu sant zwelf in harnasch starck." „Do ritens hin sant wander," (der vater mit dem sun); Dresdener Cod. Nr. 103. sander, beidsander, s. oben Sp. 304. Santrügel, s. oben Sam-trügel,
275 und Th. I, Sp. 658: Tregel. ? Gehört dazu (aus dem Renner 4915. 4927): „Santrocke ist der kauf genant, der immer wære billich unerkant allen cristen."...... Santracke, gesuch, vürkauf." (Cf. 5213: „furkauf, satzung und gesuch"). BM. II, II, 55. Santerling, s. Sauterling und vergl. Zenterling.

Der Santbrief (MB. XXV, 243), Sendbrief; s. senden. In einer Urk. v. 1404 bey Zirngibl (Probstey Hainspach p. 465) wird aufgeführt als Vermittler oder Taidinger: „Erhard der Maushaimer zu Mausheim, d. Z. Sant Richter zu Kirchberg."

Santi, Santl, Chrysanthus, (Taufname).

Die (? 'der') Sent (gl. o. synodus; seneth, idem, a. 678; sened, idem, a. 534; senet, senatus, a. 816. Graff VI, 245. BM. II, II, 252: Versammlung der Geistlichen, geistliches Gericht; Gerichtsversammlung, auch Gericht, Versammlung überhaupt. Birlinger 386. Diefenbach 526ᵇ. 537ᵃ. Weigand, Wbch. II, 690.) ist zwar in bayr. Urkunden mir nicht vorgekommen, außer in St. Ulrich's Leben, Cgm. 94 f. 45. 64. 65, '(Vers 667. 1197. 1230): „Dô funden sie sente Petrum dâ mit bischoffen und mit heiligen vil, als dâ man einen sent haben wil." „Ze einer zît solte er ze sente varn hin ze Gelenheim." „Sie (die bischofe) macheten einen sent." Indessen hat Hübner's Voc. v. 1445: Sentgesell, collega;" Fürstenzell 44, f. 22ᵇ: „sentgesel, collega;" Clm. 5387, f. III: „sendt gesel, collega." 'sentmäßig, für den Sent geeignet; BM. II, II, 253.' „Dar zuo in niemen lîhen siht sentmæzigen liuten lêhen;" S. Helbling VIII, 477. „Daz ein igleich burger sentmezzig sey daz si sich vrowen sentmezziges rehtes und sent mässiger gestalt ze pringen bezeugnuzze, chlage ze tun, lehen ze nemen und ze haben und lehen ze leichen und an andern isleichen hefftigen geschefften ze tun;" Wiener StdtR., Cgm. 1113, f. 15ᵇ.

„Sentrich, Sevenbaum, sabina;" Clm. 16487, f. 100. Diefenbach 505ᶜ: Sadenbaum, Sandenbaum; Nemnich II, 279. Cf. Senden, Sendrich.

sint, seint, (ä. Sp.) späterhin, postea, (schottisch send); seit. Sint ich nâch hilfe schrîe;" Labr. 463. „Sint dem mal, seint dem mal, seit dem mal, ex quo;" Voc. v. 1445. seind lank das, (quando quidem, sintemalen daß); MB. XXV, 210. sinter, (Franken) später, seither, seit. Zeitschr. II, 180. Dieses sint, nicht ungewöhnlich in Schriften des 13., 14. Jahrhunderts, ist es jedoch in frühern. (BM. II, II, 322. Weigand, Wbch. II, 713. Zeitschr. IV, 281,5. 284,132. 271,85). Ob die ags. Formen sid, sithor, siddan und die isl. sîd, sîdar, sîdan nach sonstiger Regel auf ein früheres sind zurückzuführen, wird sehr zweifelhaft durch das goth. adj. n. oder adv. seithu, sero, zu welchem das neuere seit, seider (w. m. s.) und, obgleich weniger, das für den b. Dialekt auffallende sit, sider (w. m. s.) stimmt.

Die „Sintflut, (ä. Sp. und schon Notker 101,25), was Sinflut (w. m. s.), d. h. diluvium, und die nächste Quelle des jetzigen Sündflut, Sündfluß. Cgm. 269, fol. 23ᵃ, Cgm. 520, f. 10 haben: die sintfluß; Cgm. 509: sintflucht. BM. III, 356. Diefenbach 182ᵇ. Weigand, Wbch. II, 846. „Die periodisch wiederkehrenden Eiszeiten und Sindfluthen," v. Bruchhausen; Allgem. Ztng. 1847, Beil. S. 1725. (Wegen der Bewegung der Erdachse) hat 10,500 Jahre hindurch die eine Erdhälfte einen längern Sommer oder Winter als die andre. Unsre nördliche ist seit 4000 Jahren vor Christi Geburt in ersterem Fall. Also in 4653 Jahren (von 1847 an) wird das Eis im Polarmeere und auf den Gebirgen der Südhälfte ein solches Anziehungs-Uebergewicht erlangt haben, daß das (ohnehin 2/3 der Erdfläche bedeckende Meer) eine Niveauveränderung von 1000--3000 Fuß machen wird. Eine solche war die Noachitische.

'Der Sinter, wie hchd.; (Weigand, Wbch. II, 713)'. „So daz wazzer als ein sinter von grozzer kelte wird gebert;" Renner 23855. Vgl. oben: Sinder.

---

säinzeln (sèǝ~z'ln), langsam und dabei unverständlich sprechen; s. sain. 'Höfer III, 58, unter sain: „*sjenzeln*, träge, langsam und nicht recht aufrichtig daher reden."' Castelli, Wbch. 254: *seanzln*, beim Reden mit der Zunge anstoßen." „Wann a' (der Schreiber) mein Wei' so schmeichelt, so *scanzelt* und so heuchelt;" Kartsch II, 52.

---

sappen, a) mit einem gewissen Laut in Schmutz herumgreifen, herumtreten, schwerfällig gehen; scherzhaft oder verächtlich: gehen überhaupt. BM. II, II, 55. „Im Koth umbsappen, lapsare per lutum; Voc. v. 1618. „Lafft den jungen im koth hersappen." „Zur Zeit die Schergen in erschnappen, darnach mit im gen loch einsappen;" H. Sachs. „Ich bin ein narr und ein lapp und ein esel und ein trapp und dar zû ein rechte flack wo ich in dem land umbsapp so hat man mein genug;" Heseloher (?), Cgm. 379, f. 159. b) erhaschen, ergreifen. „Daz in ein ber sappe!" S. Helbling VIII, 868. „Sô iuch die bern sappen!" daß euch der Teufel hole! das. XIII, 162. „Bis das er (der Fuchs) sie (die Gänse) gancz vol was sappen;" Mich. Beham, Cgm. 291, f. 33. „Den schilt thet Isung zu im sappen." cf. soppen, supfen, saipfen, 'auch Vilmar, kurhess. Idiot. 385: sippern und unten: suppen.'

Der Sappel, Schuh; cf. span. zapato, frnz. sabot; Diez, Wbch. 722. 'Cimbr. Wbch. 181: zappéja, Pantoffel.' „Ain schuech ist ain sappel und ain sappel ist ein schuech;" San. Nicol. 226, f. 298. Clm. 16226.

Die Sáppi (⏑ –), Dim. das Sáppəl (– ⏑), (O.L) Spitzhacke an einem langen Stiele, mit welcher der
276 Trift- oder Flößholz-Arbeiter in die Blöcke eingreift, die er im Wasser fortschaffen will. To τζαπί ist im Neugriech. ein Grabscheit, la zappa ital. eine Haue, auch Schaufel. Diez, Wbch. 376. Weigand, Wbch. II, 540. cf. česk. sápě, plur. fem., eine spitze Waffe der alten Böhmen; 'jetzt: Kohlenkrücke.'

Sáppra, Sápprament, Sápprəmaudi! verkappte Formen für das Betheurungswort Sacrament. Weigand, Wbch. II, 540. Zeitschr. II, 280,23. 506. 563,2. IV, 244,17.

Der Sèpp, des Sèppen, Joseph, Dim. der und die Sèppəl, der, die und das Sèppə-l, Joseph und Josepha. Zeitschr. III, 316. IV, 155. V, 135. 471. VI, 197. 272. cf. Seff. Die alte Sprache sagte wol Joseph, aber in cas. obliq. Josebes, Josebe, Joseben; (Tat., Diut. III, 93 ꝛc.)

Die Sipp, Sippt, Sippschaft, Sipptschaft, Gesipptschaft, Verwandtschaft im weitesten Sinn; (mhd. sippe, ahd. sibba, sibbia, zunächst Freundschaft, wie Freund zu Verwandter; Friede; Tatian: far in sibbu, vade in pace, sibba si iu, pax vobis. Graff VI, 65. BM. II, II, 318 f. Grimm, Mythol.² p. 286; ders., über den Liebesgott p. 6—7. Weigand, Wbch. II, 714). „Ir sippe unz an den eilsten spân; Parcifal, Lachm. 128,30. „Heimlich (subst.) lestert sippe teil;" Renner 20659. „Nach sipp vnd blut;" MB. II, 168. Einem mit sipp und freundschaft gewont sein, ihm verwandt seyn; Wstr. Btr. II, 109. „Sipp- oder Schwagerschaft, affinitas;" Voc. v. 1735. Gesiptschaft; Voc. v. 1618. Die Sippt; Cgm. 151, f. 1. L.R. v. 1568, f. 151, (isl. sift). „Die reichsten von deinem Gesippe," (also: das Gesippe); Cgm. 312, f. 44. gesippt, adj., verwandt. „Affines, Schwägeren oder Gesippte;" Voc. v. 1735, 1618. „Wan ein man ein weib nimpt so werden all freund desselben weib gesipt mit irm man;" A. lat. b. 2⁰ 738, Beiband, Ms. f. 174. In der mhd. und ahd. Sp. galt das einfache sibe, sippe, sibbi, sipbi als Adj.. von welchem wol erst das Subst. abgeleitet. Graff VI, 66. BM. II, II, 318. „Wie sibe imo daz wib ware;" Diut. III, 72; (cf. schottisch: sib, cognatus). Sipper, adfinis, gl. a. 64; consanguineus, gl. a. 72. „Mit sippemo huore," incestu; MM. 94. „Ein unsippiu magt;" Iw. 6576; cf. 2704. „unsipbi uuip, subintroductam mulierem, gl. i. 578. „Min nahsippa, proxima mea;" Notk. 47,10. „Ofte gar nach gesippez blut vergozzen wirt umb irdisch gut;" Renner 21102. „Oda arcebiscop totwæmde Eadwi cyning and Aelfgive for thæm the hi wæron to gesybbe;" Saxon. chron., a⁰. 958, Ingram p. 150. Gisibbo, Gesibbo, subst., consanguineus, o. 22, Otf. V, 20,45; isl. sifi. 'Der Sippebrecher, ä. Spr., Blutschänder; BM. I, 243.' „Sprecher, sipprecher;" Br. Berchtolt, Ebersb. 58, f. 111ᵇ. Die Sippzal, Siptzal, Sippsal, Aufzählung der Verwandtschaft oder ihrer Glieder, Genealogie. „Deu erste Sippe heft sich an den achseln an, daz sint geswistreit, deu ander sippe ist an dem ellenpogen, daz sint geswistreitkind" ꝛc., s. I. Th. Sp. 111 und 822. L.R. v. 1553, f. 51. 53, v. 1588, f. 151, v. 1616, Tit. 42. Grimm, d. RA. 467. „Es soll beyder (erben wollenden) Parteyen Sipsal rechtlich gehört werden;" Tyr. L.O. v. 1603, f. 87.

sippeln, (Zips) langsam und jedesmal wenig trinken. cf. Th. IV: zippeln.

soppen, schleppend einhergehen: s. sappen.

'Der Soppel, (Schuh, Pantoffel? vgl. oben: Sappel und sappen, soppen)'. „Ein soppel mit einem silbern besleg," als mnemonisches Zeichen für 83; Cgm. 4413, f. 167.

G'supən, (Zir.) Gesünke.

Die Suppen (Suppm), Dim. das Süpplein (Süppl), a) wie hchd. (oder vielmehr niederdeutsch) Suppe; (denn dem niederd. soppe, engl. sop, schwed. soppa, ital., span., franz. soppa, sopa, soupe würde als hochdeutsch gemäßer seyn die Form Sauf, Suf oder Supfe -- s. saufen und supfen — wie denn die ahd. Sp. in diesem Sinne nur souf, suf, sufili bietet. Doch hat bereits das Voc. v. 1419: „brodium, ein supp oder brüe," das v. 1429: „ipa, wassersupp," das v. 1445: „sorbicium, suppen. Graff VI, 172. BM. II, II, 721. Weigand, Wbch. II, 847. Castelli, 1828, p. 94. 103 schreibt *Suppa*. Firmenich I, 333,13: „De Tuchtmester könne dü woel et *Säupen* (könnte dir wol das Saufen, d. h. Suppe) fetter maken. Zeitschr. VI, 483). „Der frum verlos sein leben im wart ain suplin (Gift) geben;" Mich. Beham, Wiener 15,23. Minder gewöhnliche Suppen-Namen von der Art der Bereitung: Brenn-s., Brütt-s., Farfel-s., Holz-s. (mit gekochten Pilzen), Trauf-s., Waßer-s., Zwurl-s. ꝛc. „Ayer in der vasten smeckent ot pas dan ein geolte suppen;" Cgm. 632, f. 37. s. Th. I, Sp. 773. „Karpffen, forhen, hecht 277
und ruppen, die iß ich lieber denn ölsuppen;" Cgm. 714. Die Schmalzsuppen. K.A. Jətz, kimt's èəm wiə 'n Taman (Tamə-l) d'*Schmàlzsuppm*, sieht ers endlich ein; (ObrM.) 'Die rothe Suppen, rothe Brüh, (wegwerfend) Blut; Zeitschr. IV, 207. s. Saft.' b) Als bey uns nothwendiges caput et principium jedes Mahles wird Suppe für (warme) Mahlzeit überhaupt genommen. Sprichwörtlicher Calembourg, (da Küm sowohl Kümmel als komm bedeutet): ə~ *Suppm* und bráv Küm drauf, eine gute Mahlzeit. In diesem Sinne hat der Landmann seine Morgen-, Mittag- und Nachtsuppen, wovon auch die erstere nicht immer eine bloße Suppe ist. Namentlich wird über die Morgensuppen, die im Hause einer Braut und dem des Bräutigams beym Abholen derselben zur Trauung eingenommen wird, schon durch ein Mandat v. 1587 geklagt, daß sich bey ihr die Hochzeitgäste also gütlich thun, „daß sy toller und voller Weiß wol erst umb eilf oder zwelff Uhr mit poldern und schreyen und ander ungepür in die Khirche khomen, und, wie laider aus übermäßigem Trunck almalen beschicht, die khirchen unehren." Der Name Morgensuppen, Morgensüpplein ist übrigens auch in den obern Ständen erst in neuer Zeit durch den materiellern „Fruestuck" verdrängt. „Umb acht Uhr ist die Zeit ein Morgensüppl ze nemen;" Prinzen-Instruct. v. 1584. Die Suntag-Suppen (U.L.), was im O.L die Jung-

Hochzeit; (s. II. Th., Sp. 1208). Die Tôten-suppen, Todtenmahl, welches nach dem Gottesdienst für einen Verstorbenen gehalten wird. Hie und da, z. B. im L.G. Wasserburg, hatten die Hinterbliebenen nach dem Trauergottesdienst alle und jede, die ihm beygewohnt, im Wirthshaus zu tractieren. Suppfleisch. Birlinger 389: Fleischsuppe. „Zum Untern gebührt den Schnittern ein Suppfleisch und Mülich;“ Scheirer Dienst-Ord. v. 1500, f. 46. `Suppenesser, Suppenfresser, Sykophant; Birlinger 389.´ Das Suppen-schnittlein oder -schnitzlein. Brodpartikel, wie sie in die Suppe geschnitten wird. Zeitschr. IV, 473. Suppenschnitzlein-Freundschaft, (Schwab.) weitläufige Verwandtschaft. `Bei Hebel (Geisterbesuch auf dem Feldberg): *vo˜ siebe Suppe ne Tünkli.*´ „Wir sullen gên kurzwîlen in die stat (Wien) zuo dem Kuonringære. Vil billîch ez wære, daz wir baz heiten den: des alten Hadmâres en was unser anen basen veter;“ (viele Hadmar; — über Suppenschnittelverwandtschaft spottend); S. Helbling VIII, 508. Der Suppen-tanz, der bey Hochzeiten gleich nach dem Eintritt ins Wirthshaus und vor dem Auftragen der Suppe üblich ist. `Die Suppen, fig. schlimme Lage, Verlegenheit. Castelli, Wbch. 258: Hiazd bin ih recht in dá' *Supp'n!*´ No˜, diə' g'seng God d' *Suppm!* schlimme Prophezeiung; (Tir.). R.A.: Einem die Suppen versalzen, oder ellipt.: eəm s' və'sàlz'n, ihm Schlimmes bereiten, da wo ers eben nicht besorgt. Die Suppen verschütten, collectam gratiam effundere; Voc. v. 1618. Ellipt.: Der hàt s' bey mir *verschütt't*, er hat meine Gunst verscherzt. I bi˜ á' nét auf də' Wassə'suppm dəher g'schwummə˜, ich bin nicht gar so sehr zu verachten. Brennsuppen-Lenz, Mensch, der schlecht, aber viel ißt. Suppen-Lalli, verächtlicher, kraftloser Mensch. Cf. Firmenich I, 536,76: *Suppes*, guter Tropf. `suppen, vb. a) Suppe essen; Zeitschr. IV, 188. b) triefen; suppeln, ein wenig regnen; suppelig, regnig, feucht; Suppelwetter, regnige, feuchte, neblige Witterung. Vgl. sippern, ein wenig Feuchtigkeit von sich geben;“ Vilmar, kurhess. Idiot. 408. 385. Zeitschr. VI, 477: sabbeln, sawweln, befeuchten; das. 197: Säber, Säfer, Geifer. s. Saifer.´ suppig, suppi, suppet, adj., dünn wie Suppe, Brühe; fig. von Menschen ohne Festigkeit, schwächlich. Gê, *Suppigə'!* Supperkeit. „... chäs, sweinen flaisch daz bringet dem menschen ein supperkeit daz ist vil ze trinken;“ Scheftl. 296, f. 79.

Die Supplication, Bittschrift, Supplik; Voc. v. 1618.

Der Suppresse, der bey dem Collegiatstift Tittmoning statt des dritten Incuratcanonicus, der seit 1778 unersetzt (suppressus) zu bleiben pflegt, in der Seelsorge und Kirche aushelfende Geistliche; (Hübn. 81).

---

278 saipfen, saipfezen, was saffezen; s. oben, Sp. 229. Nassé Schuəhh *saəpfə˜*. Mosbod'n *saəpfəzt*.

supfen, supfeln, supfezen, schlürfen, sorbere, sorbillare. „Misch das, und supfe die arczney;“ Cgm. 443, f. 104. „Wer der (stainbrech) wurzeln pulver in einem waichen eye in sich supfet;“ Konr. v. Megenberg f. 248, (Pfeiffer 421,1: säuft). Sieh sauffen, süfeln und Suppen.

versüpfen. „Die häner (? 1560: hüner) versüpfen, küe versehen“ (im Winter); H. Sachs 1612: I, 848 (1560: I, 420b). `Vgl. Th. IV: der Zipf.´

Der Sar, (Nürnb., Hsl.) breitblättriges Gras, das auf sumpfigen Wiesen wächst. Vermuthlich aus Saher (w. m. s.) zusammengezogen. (Schon gl. i. 731 steht: sarahi, carice). „Binsen, Kannenkraut, Sahr, Schilf“ ꝛc.; Simon Strüf p. 489. s. unten: Särb.

„Sar-baum, populus arbor;“ Voc. v. 1618; wol Stalder's Sarrbaum, Sarbache, populus nigra L. „Populus alber vel sarbach;“ Voc. optimus p. 48. Diefenbach 447c. BM. II, II, 56.

Der Sarwürch, Salwurch, „Salburch,“ Salwürcher, ehmals eine Art der Kaltschmiede, die, wie die Plattenschlaher oder Plattner, Theile der damaligen Rüstung verfertigten, und wol auch mit dieser in Abgang gekommen sind. „1392 dem Herzog Albr. zu Straubing für VI Pfd. ein Pantzer kauft von dem Sarburchen zu Kelheim;“ Freyb. Samml. II, 140. „Item dem Kainz Salburch umb panzir, das er meinem gn. hern gemacht, VIIII gld. rh. XXXII, dn.“; Rechnung v. 1468, Wstr. Btr. V, 204. Sawürch, Münch. StR., Auer p. 284. Schon ao. 1477 hörte in München die Zunft der Salwurchen auf, für sich zu bestehen, und wurde den Hafnern und Zinngießern zugetheilt. v. Sutner's Gewerbs-Polizey von München p. 481. 530. 544. Salwürch kommt übrigens noch als Familienname vor. Saro (gen. saruues), gisaruui, gesarwe, ahd. Sp., Harnisch, Panzer. Graff VI, 277. BM. II, II, 55. III, 595. „Armatura, gesarwe;“ Clm. 4606, f. 156. Si namen ir wichgesarwe;“ Diemer, Ged. 151,22. Daher Sar-balg, lederner Behälter für den Harnisch; Sar-ring, Panzerring; Sar-roch, Sar-wât, Panzerkleid. (Nach der Scheirer Dienst-Ord. v. 1500 gebührt dem Schneider von einem Sarrock zu machen III dn. Dieser ist ohne Zweifel ganz anders zu deuten). Vrgl. oben, Sp. 254: Sal-würch, und Th. IV: wirchen, würchen.

Der Sárəſs, (– ᴗ), im Scherz: Degen, Säbel. „Gladio quem vulgariter Sarsan appellant evaginato“, (es ist von Böhmen die Rede); Aug. Jes. 16 (sec. XV.), f. 32. S. auch bey Adelung Saraß und Weigand, Wbch. II, 541.

saur, (sauə', mhd. und ahd. Sp. sûr; Graff VI, 272. BM. II, II, 754. Mone's Anzeiger VIII, 544. Weigand, Wbch. II, 544.). a) wie hchd. sauer, b) salzig, gesalzen. R.A.: Es gêt Einem saur über süeß, es stoßen ihm die Speisen aus dem Magen auf. Von jemand, der finster, sauer darein sieht, sagt man wol scherzend: Der kunnt d' Milch *sauə'* machə. Zeitschr. V, 279,1. „Stelle ich mich (tratzlich) danne swîgend sam ich trûre, ze hant vil manger sprichet: seht an, ze wâr, er dunket sich gar sûre;“ Labr. 480. „Ain roter schalk, der daucht sich saur, der nant sich Niclas Lichtenauer;“ Mich. Beham, Wiener 18,2. „Vil saur warn sy sich stellen; das. 54,22. „Sy stalten sich tratzlich und saur;“ das. 55,5. 242,11. kren-saur, kirr-saur, kitt-saur, sehr sauer. Zeitschr. VI, 193. c) feucht, naß. saurer Boden, der an Naßgallen oder „Hidlwassern“ leidet, sumpfiger. saures Gras, saure Fuetterey, auf Sumpfboden gewachsen; cf. sürig. saures Holz, Pinzg. Hübner 977; unausgetrocknet, (Tir.). sawraugig, (Hübn., Voc. v. 1445) lippidus. BM. II, 452. „saurägk, lippus;“ Cgm. 668, f. 9. „Ist vns die warhait noch trobe, so ist vns der latern notdurft, als dem savravken for daz lieht; Mss. Docen. B. a. 470. Semansh. 34, f. 109. „saurauge leute;“ Renner 11171. Ahd. Sp. sûr- 279
ougi, lippus (Graff I, 123), schwed. syr-ögd; cfr. Grimm II, 655. Der Saur, Sauren, (Wllr.) Molken von saurer Milch; Sauerteig. Zeitschr. V, 487. „Comedat glycerium in theutonico sawr tenue extractum de furfuribus tritici, vel siliginis, vel avenae;“ Ind. 355, f. 88a. Vgl. Vilmar, kurhess. Idiot. 408: Sûr, Essig. Zeitschr. II, 207. V, 65,65. 527,608. Ä. Sp. Saur-Brôd, Brod mit Sauerteig gebacken, Schwarzbrod. „Wer sust von purgern sawr prot pacht;“ Münchner Magistr.-Verordn. v. 1443, Wstr. Btr. VI, 119. „Chainerlay prot, weder saurs noch suess;“ Cgm. 544, f. 44a. Der Saur-beck, ein solcher, der saur Brod buk, im Gegen-

satz des Süeßbecken, der Brod mit Hefen, Weißbrod, bereitete. „Di sawrpeckhen suln ain laip nit tewrer pachen den vmb 2 dn." „Daz kayn peck, wedr sawrpeckh noch suzzpeckh, vor pfarrmettn nicht underkönten sol;" Münchner Mag.-Verord. v. 1427, Wstr. Btr. VI, 147. Noch jetzt nennt der Bäcker die Hitze des zu Schwarzbrod geheitzten Ofens die Saurhitz. Der Sauerdämpfl, (Wien) Sauerteig. Das Saurschmalz oder das Saure, was beym Schmelzen der Butter als Unreinigkeit (Schmalzdreck) zu Boden sinkt. Die Säur, Säuer, Seuer (Sáiə^c, Soiə^c, Suiə^c), die Säure; (O.L.) Sauermolken, d. h. alte, saure Molken, welche dienen, den Schotten von der Molke abzusondern; Sauerteig; (mhd. siure, ahd. sûrî; Graff VI, 272. BM. II, II, 756). 'Höfer III, 63: „die Säuer- oder sauere Suppe, gewöhnliche Morgensuppe des Landvolkes, welche aus sauerer Milch (Selbörn), Mehl und Essig zubereitet wird, und woran man sich so wenig, als andere bey dem Rindfleisch, abzuessen pflegt. Um Wien wird sie Stoßsuppe genennet."' „Weil ä Soldat kain'n Streichkös auf'n Abnd, kain *Seur* zum Fruehstuck hat;" Lindermayr 28. „Mir is nur um mein Löbn, um d' *Früehseur* und um d' Jausen," sagt Hännsel, der nicht Soldat werden will; das. 31. Du denkst auf d' *Sibmiseur*;" das. 31. „Ja wohl *Seur* und schwarzi Brockä! — bähti Semmel muess i' habn;" das. 177. säuern, sauer machen, z. B. eine Brühe. BM. II, II, 756. Zeitschr. V, 481. „Kan mîn frouwe süeze siuren;" Walther 69,19. ansäuern, mit Sauerteig versetzen. Grimm, Wbch. I, 434. einsäuern, in Essig legen, wie z. B. Gurken. 'sauern, sauer sein oder werden, auch figürlich; (BM. II, II, 756).' „Diu fart an dem anfange sich leidet unde sûret mit mangem widergange;" Labr. 266. 'ansauern, anfangen, sauer zu werden; Grimm, Wbch. I, 434.' dersauern, versauern, (von Gras, Getreid und drgl.) durch Nässe des Feldes leiden. dersäuern, versäuern, desgl. und auch transitiv. sauräßig (saurássi), widerlich sauer; auch figürlich. säurlen, säureinen (sáiə'ln, sáirei~n), ein wenig sauer seyn. sáiə'lə~d, sáireinə~d, part. oder adj. à~säu'lət, (ObrM.) ein wenig sauer (z. B. Milch, Apfel). 'Grimm, Wbch. I, 434: ansauer, ansäuerlich.' Der Säurling, (O.Pf.) Sauerbrunnen, Sauerwasser, wie z. B. zu Wiesau, Kondrau, Ecklasgrün. „Saurling, acidula, acidus fons;" Voc. v. 1618. Der Säurling (Sei'ling), Teig aus Mehl und Käse, rund oder zizenförmig, in Schmalz gebacken oder in Rahm gedünstet. Diese Säuerling vertheilt bei der Abfahrt die Sennerin an die Begegnenden. Schosser 24. 150. Der Saurach, Sauerdorn, Berberisstaude. Nemnich I, 591. Weigand, Wbch. II, 546. „Saurach, crispinus, frutex nobilis, spina appendix Plinii;" Voc. v. 1618. Saurauch, Clm. 16487, f. 103. „Saurauch oder Erbsich;" Dr. Minderer 1620, p. 115. Saurlach, Surgloch (?), Urk. v. 1116, Clm. 4604, f. 146.

sêr (sèr, o.pf. sèiə', schwäb. seìr), adj., a) von einer wunden Stelle: schmerzhaft, empfindlich, („Die dei et recht *sehr*, denen that es recht weh;" Firmenich I, 396,70); (ä. Sp.) wund überhaupt; (mhd. ahd. sêr; Graff VI, 269. BM. II, II, 253. Weigand, Wbch. II, 673. Birlinger 386. Zeitschr. IV, 142,335. VI, 288,763). „Da vlauch gêr wider gêr, da wart manich helt sêr;" Reimchron. bis 1250. b) aufgebracht, verdrüßlich. „Sehr seyn;" (Schongau ꝛc.), Schrank, b. R. 147. c) wie hchd. als Intensionsadverb, doch mehr im o.pf. als im bayrischen Dialekt, welcher lieber sein gar, recht ꝛc. verwendet. (Otfr. III, 1,33. III, 23,38. V, 25,85. sêro, vehementer, valde). Dieses Adv. ward in der ä. Sp. auch im Comparat. und Superl. gebraucht. „Solches verdroß noch sehrer die Juden;" Av. Chr. 185. „Do erschrack er noch vil serer und merer;" Cgm. 523, f. 239. „Daz feur, enprant in grüenem Holz, prennet vester wann in dürrem, wan ez muoz serer arbaiten in grüenez wann in dürrez;" Konr. v. Megenberg f. 44^a (Pfeiffer 71,31). „Si tout sam si dich sêrre vürhte denne mich;" v. d. Hagen, Ges. Abent. LXI, 210, (Bnd. III, 154). „Man vorcht' in sêrer danne got;" das. Bnd. II, 573,42. „Der (ochs) arbeit serer denn ein man;" Cgm. 1119, f. 78^b. „Die fraw aber noch sehrer wemmert; H. Sachs 1560: III, I, 16. Um Aschaffenb. serner. Zeitschr. III, 419,601. „Des ich aller sêrest ger;" Walther v. d. V. 117,20. „Prenne den (Hunds-)piz, als du aller serest maht;" Ms. mihi. Das Sêr, auch die Sere und der Sêr, ä. Sp., das Weh, der Schmerz, der Schaden am Leib; (mhd. ahd. sêr, msc. und ntr., goth sair, und sêre, fem.; Graff VI, 267. BM. II, II, 254). „Dolorem, daz ser;" Cgm. 17, f. 15^b. „Daz sêr (mit dem Pflaster) beslachen;" Cgm. 592, f. 3^a. „Von der sere morphea... leg es auf die sere der augen... von der nasen sere;" Cgm. 317, f. 2. 5. „Da soltu unser frawen pitten durch den sere, do ir hercz mit versert was, do sie ir kint an dem krütz sach;" Cgm. 80, f. 60^b. „Ein man, der mir meinen seren vertreiben kund;" Cgm. 379, f. 148. sêren, ä. Sp., verwunden; verletzen, affligere; (mhd. sêren, ahd. sêrôn, sêran; Graff VI, 271. BM. II, II, 255. Weigand, Wbch. II, 981. Birlinger 386. Zeitschr. VI, 143,111. Otfr. III, 1,39. III, 24,22. V, 7,18). „Daz ich dâ von lîde an mînem herzen sôgetânez sêren;" Labr. 702. serend, ptc. Adj. Hàt ə~ *sèərə~dé* Krankət, stèit nimmər áf; (ObrM.). „seregenter, dolens;" Cgm. 17, f. 101^a. Graff VI, 270: sêragôn. Vgl. serben. sich abseren (à'sèə'n, àbisèə^{c}n), sich durch Sorgen und Kummer zu Grunde richten; (vrgl. indessen serwen). beséren, (Voc. v. 1487) pejorare. versêren, wie hchd. versehren. sêrig, (ä. Sp.) wund, schmerzvoll, leidend, traurig. Graff VI, 270: sêrag; BM. II, II, 255: sêrec. „Ist der mensch serig auf dem haupt (das es ausgebrochen ist);" Ortolph. „sêreg kân," dolorem habere; Notk. 12,3. S. sirig. Die Sêrigkeit, BM. II, II, 255. „Aloe paticum haylet dy löcher des manlichen gelids on alle serikayt;" Clm. 4395, f. 201. 'sêrigen, mhd. Spr., versehren, verwunden; Zeitschr. VI, 143,111. BM. II, II, 255. Hieher sörgga, umsörgga, unwohl herumsitzen, (Zeitschr. VI, 483); oder zu sorgen?'

Das Seurlein (Soi'l, Sui'l, Soiə'l, Suiə'l, schwäb. Suirlé), Hitzbläschen, Eiterbläschen auf der Haut. „Seurle, teredo, beissende bletterle;" Voc. v. 1618. Dà is mər ə~ *Suiə'l* aufg'fà'n. Minder üblich ist jetzt das einfache: die Seur, (mhd. siure, ahd. siura; Graff VI, 273. BM. II, II, 362. Birlinger 386), wodurch gewöhnlich eine Art Milbe, Krätzmilbe, (Nemnich I, 16 f.: acarus, exulcerans; schweiz., niedersächs. Süre. Firmenich I, 20,82: „*Sier* heißt eigentlich die sogenannte Reitliese, ein kleines Insekt, holl. zier, ziertje;" ostfries. gien *Sier*, auch nicht das Allergeringste, auch kein Haar. 'Stürenburg, ostfries. Wbch. 246; Zeitschr. VI, 178.' franz. ciron) verstanden wird, die man in vielen Fällen für die Ursache dieser Blätterchen hält. „Wie getar der gespehen nach gotes taugen, der der minsten seuren augen nichte könde gemachen von sinen witzen;" Renner 18621. „Wer solde dem nicht wunders iehen, der einer cleinen seuren sehen so wunderlich erleuchtet hat;" das. 18721. „Rauden, Jucken, Beißen, Seuren" .... „Jucken, Beitzen, Syrey;" Beschreibung des Adelholzer Bades p. 48. 61. „Krätzen, Aussatz, Syr;" Beschreibung des Hailbrunner Bades v. 1636, p. 77. „Wann man an den Händen Seyern oder Reidlieser (Reitläuse?) hat, soll man dieselben ausgraben;" Dr. Agricola Ambergensis. „Ain pflaster über die sirey das ist ain krankheit wan ains ain Maus besaicht;" Poll. 185, f. 14^b. Noli me tangere haist sirei;" ZZ. 1816, f. 89. „Fur die syrein haiß dir gewinnen die grüen frösch," brat sie und streich das abtriefende „smalz dem siechen aussen umb den ungesunt;" ZZ. 1816, f. 89. „Wenn dy sewrn in den henden seyn;" Cgm. 4543, f. 124. „Für dy syrey oder feul; das. f. 96. „Salvawaßer vertreibt die siray und die filteln (?) und die masen;" Clm. 5931, f. 224. „Kunst für die syrey. Ob die Syrey am Mund wär und gar durchl bis auf die zenn, so leg

ein dünn geschlagen bley zwischen den zenen und den Schaden..." „schneid die sier aus dem pain;" Cgm. 3721, f. 120. „Die Schaden unter den Augen, die hart rufen haben und weiter fressen als die zirey oder frantzosen..." „Cost das Recept mein swestern Sigmundin v. Thuen X Gl. rh.;" Cgm. 3723, f. 50. „Ein frau von Aitling hett die Syr an ihren henden da sie aber mit disem (Hailsbrunnen) Wasser gewaschen war, ist sie in kurzer Zeit ganz gesunt worden;" Clm. 5037 (XVI. sec., 1504), f. 155. „Unguentum violarum ist gut wer dye Syrey .i. noli me tangere hat al dy weil si in dem fleisch ist und ist auch gut wem an seiner haimleichen stat we ist;" Cgm. 170, f. 3ª. 10ª. „... ist gut zu der Syerey und zu der fistel und fur den chrewssen und zu aller fäul;" das. f. 4ª. „Dem die säurren in den augen sein, der sol nemen gundreben;" Cgm. 529, f. 40ª. „Sy habent ettliche rotte körner als die suiren vnder dem antlütt;" Cgm. 328, f. 150ᵇ. „Si habent auch etlichiv rotiv körner als die siuren under dem antlücz;" Diess. 140, f. 84. Furstenf. 138, f. 280. „Sint dir di sevrn in den henden so bestreich si mit dem saffe daz uz der minze oder uz den welschen nuzzen rinnet, so sterbent si;" Fragm., vom Deckel des Cod. Ind. 128 abgelöst. „Hast du sewrn an den henden, so streich daran myncʒensaft oder
280 walscher nuz saft, so sterben sy;" Ms. v. 1455. Ald. 253, f. 108. „Surigo, sewär;" ZZ. 796, f. 171ᵇ. „Ad pedicellos vulgariter sewrn;" Ind. 355, f. 92. „Teredo, ein Seur;" H. Junii Nomencl. 1629, p. 42. „Surio, seyrin, cirilus, handseyrin;" Voc. Arch. f. 51. „Surio, siur;" Voc. optim. p. 45. Surigo, siro, pustulae manuum, pedum;" D. 538. Gl. o. 105. 303 steht suira, svirra, siurra, surigo, o. 421: siuro, surio, i. 114: siuro, saturassis, Diut. III, 144: siure, cantareda. Kilian hat: „siere, acarus." Am Ende ist unser Wort eben das hier als lat. gebrauchte surio, surigo; (cf. ruſſ. tſchirei, m., Geschwür, Eiterbeule. Polnisch, böhmisch nichts Entsprechendes. Vgl. schwäb. Bettzaierle, Trude; Th. I, Sp. 303). Diefenbach 538ᵇ. seurlicht (soiəˡlet, suiəˡlet), adj., voll Hitzblätterchen.

sirig (ſiri', ſiəri'), (wol nur das obige ältere sêrig; Zeitschr. IV, 277,30): a) (o.pf.) schmerzhaft, empfindlich, schwürig. „Die haut ist sirig, kratt und sirig, verletzt und sirig;" Dr. Minderer 1620, p. 115. 123. 152. b) von Gemüthsart: empfindlich, aufgebracht, unwillig. sirig sein, werden; Einen sirig machen. „So sind die laüff, als Ew. Gn. wissen, jetzt allenthalben also geschickt, sollte sich etwas erheben, so ist der gemaine Mann syrig;" Kr. Lhdl. X, 172, ad 1489. aißel-sirig, adj., empfindlich wie ein Aiß (eine Eiterbeule), sehr empfindlich, eigentl. und fig. c) heftig, begierig. Sirig sein auf etwas, mit Begierde darnach trachten; (Nürnb.). Der Sirəwitz, das Sirəwitzl', (Obrm.) leicht aufzubringender, zornmüthiger Mensch.

Der Siropel, (Ortolph) Sirup. BM. II, II, 320. Haupt's Zeitschr. VI, 276 f.

sôren, vertrocknen, dürr werden; (BM. II, II, 469: sôr, adj., trocken, dürr; sôren, trocken sein oder werden; versôren, vertrocknen). ſ. Th. IV: zoren, abzoren und Vilmar, kurheſſ. Idiot. 386 f. Zeitschr. II, 210,7. 280,42. 423,12. sôren, act. „Am Hungertuch muß nagen, liegt ausgesöhrt auf bloßer Erd;" Balde's Lob der Magern. „Sohrholz, Stämme, welche sich unter
281 andre Bäume eingipfeln und endlich abdorren." „Sohr, Sohrung, wenn ein Baum anfängt dürr zu werden, und eine Fäule von oben herein bekommt;" Heppe, wohlr. Jäger. Sohrlingholz, (Zips) abgestorbenes, wurmstichiges Holz. Sohrwasser, (Dr. Apel's Neustadt am Kulm p. 86) Quellwasser, das abwechselnd fließt und vertrocknet. Ein solches ist wol auch das in die Schweßnitz fallende Sahrbächlein. Helfrecht, Beschreib. d. Fichtelgeb. II, 82. Vgl. Vilmar, kurheſſ. Idiot. 386: Söhre. Zeitschr. VI, 19: der Sûr, Sumpfboden. Gl. i. 934: arsoret, emarcescit; gl. a. 605: unsaorentlich, immarcescibilis, (Graff VI, 272); agſ. searian, arefacere; ustulare, (engl. to sear), forsearian, arescere; niedersächſ. soor, dürr, trocken, soren, vertrocknen; (Firmenich I, 226,12: *versooren.* Dönekenbök 15). Vrgl. Stalder II, 372.

Die Sur, a) Salzwasser, Salzbrühe, Salzlake. (Das angelsächſ. Glossar zu Epinal, Cooper's Appendix B., p. 163 hat: „salsa, suræ. „Surberc in Salzburg. Urk."; Jac. Grimm.') „Muria, ein Sur, garum;" Avent. Gramm. „Sur, sulsura;" Prasch. Namentlich: die Flüssigkeit, die aus eingesalzenem Kraut, Fleisch und dgl. zusammensitzt, oder vielmehr mittels Beschwerung durch Gewichter daraus gepreßt wird. Daher: Kraut, Fleisch ꝛc. in die Sur legen, oder ein-suren (vrb. act.; Zir.); Surfleisch, eingesalzenes Fleisch. In den Salzwerken zu Hällein, Berchtesgaden, zu Hall im Tyrol die Soole, nemlich süßes Wasser, welches durch Leitung in Kammern von salzhaltigen Thonlagern mit Salz geschwängert worden; Salzsur, Sur-Bereitung, Sur-Leitung. S. Sammler f. Tyrol III, 207. 208. 220. Schrank's und v. Moll's nat.-hist. Br. I, 232. Dukher's salzb. Chr. 12. b) (Waller) Mistwasser, Düngwasser; jede andre sehr unreine Flüssigkeit; (nach dem Sammler für Tyrol III, 34:) ausgepreßter Saft. suren, a) in Salzwasser legen; ſ. oben. b) Mistwasser auf das Land bringen. S. das vorige Wort und vrgl. Sul, sulch.

sürig, (Baur) vom Boden: kalt und naß. Cf. schlesisch: das Gesürich, Quellen im Boden. Vrgl. saur c), sirig und Sur.

surren, summen, sausen, schwirren. Zeitschr. III, 100: surwᵉn. 301. 400, III, 10. Der Kräusel surrt. Die Fliege, der Käfer, die Flintenkugel surrt vorüber. Es surrt mir der Kopf von einer Maulschelle, vor Schmerz. Es surrt mir im Ohr. Zufällig trifft überein das schwedische surra (statt svirra), schwirren. 'surren. abprügeln; Zeitschr. IV, 47,56.' Der Surrer, das einmalige Sausen, Sumsen. Das Gesurr, das Gesumse, öfter: das Gesurm. S. surmen.

'surrig, adj., mürrisch. Zeitschr. III, 400, III, 10. IV, 330,38. Schmid 521. Birlinger 389. vgl. sirig.'

Das Gesurr (?). „Squinancia ist gesurr das wärt underweilen in der chell, underweilen aus der chell;" Cgm. 107, f. 6ª. '(Es ist wol „geswür" zu lesen; vgl. Diefenbach 535: „synanche, squinancia etc. eyn geswere vnder chelen.")'

Die Särb (Sárb, Sár), collectiv für die scharfen, spitzen Blätter des jungen Getreides, des Schilfes und drgl.; (engl sorrage). särben (sárm, sárməⁿ), die Blätter des noch wenig behalmten Getreides, besonders des Waizens, zu Viehfutter abschneiden; bey Schmid p. 128: dinkeln. Cf. česky: pſſenice ſeče ſe ſrpami (mit Sicheln) drjw než ſe ſtébla ukázali. Vrgl. Saher, Sar, und Zeitschr. II, 287: Sernmetze; V, 477.

„Hüener-Serben, serpillum;" Schnitterlied, Insbruck 1640. Diefenbach 530ᵇ. Zeitschr. V, 147.

serben (ſerbm), innerlich abnehmen, ableben, entkräftet werden, dahinwelken; (mhd. und ahd. Sp. serwen, serauuen, tabescere, elanguescere, marcere. Graff VI, 271. 280. BM. II, II, 256. Grimm, Wbch. I, 116. Birlinger 386. Zeitschr. VI, 344. Er tuət glatt əso nàhh und nàhh *à'ſerbm.* Sp.W.: Auf's Serben kümt's Sterben. Eine serbende Krankhait (ſerwəⁿdé Krankət). „Sie hat eine solche Krankheit gehabt, daß sie am ganzen Leib abgeserbt;" Aufkirch. Mirakel v. 1597. „Etlich werdent serben und sochen in jn selber;" 282
Cgm. „Geseribt hat mein sel in deim hayl," defecit anima mea in salutare tuum; Psalm 118,81. Cgm. 114, f. 31. „Er mag wol fröuden siechen und uz dem herzen höchgemüete serwen;" Labr. 445. „Müz ich niuwen iâmer tichten in herzen und auch immer mêre serwen?"

das. 464. verserbt; Castelli, Wbch. 125: „*fa'sea'fd* sain, kein Mark in den Knochen haben, von Ausschweifungen kränklich seyn." 'Vgl. sêren.'

'surbeln, sürbeln, sirbeln, sirweln, schwirren; Zeitschr. III, 459. 462.' 'Vgl. surren.'

Die und der Sarch, auch Sarg und Sark, a) die Einfassung, z. B. an einer Trommel, einem Sieb, einem Tischgestell. Vgl. Adelung: Zarge. Weigand, Wbch. II, 1123. Zeitschr. V, 291. „Das Holz mache jährlich zwey Ringe, Zirkel oder Sarchen, einen beym Aufsteigen und einen beym Zurücktreten des Baumsaftes;" Heppe. Die Regensarch (oder = sarck), Cisterne; Krämer's Nomenclator. „Daz sin sel solt schaiden von dem sarch sins hertzen;" Cgm. 138, f. 174. Ob wol die „Sern" für Sibler und Buchbinder (Hazzi, Statist. IV, 134, wenn kein Druckfehler) als dünne Holzlamellen hieher gehören? Cf. gl. a. 765. 798: pettzier, pettzerung, fultura, zomentum. Diefenbach 587[a]). Vrgl. auch Zarch. b) der Sarg; (mhd. sarch, sarc, ahd. sarch, saruh, loculus, sarcophagus, plur. serchi. Graff VI, 273. BM. II, II, 56. Weigand, Wbch. II, II, 540). „A *Sarch* is an umkehrdi' Wiagn und a Wiagn is an umkehrd*i Sarch*;" Seidl, Flins. IV, 6. „Man lege den Heiligen in eine Todtensarge;" Portiunc.-büchl., Kohlbrenner's Material. v. 1782, f. 26. 28. 29. Av. Chr. 297. „Den körper versarken in ainen stain." Cgm. 717, f. 32. BM. II, II, 56: versarken, beserken.

Der Sürch, Mohrenhirse, Sorg-gras, holcus L., sorgum Halebense und Caffrorum; (ital. sorgo; niederländ., Kilian: sorgh-saed; Nemnich II, 844). „Rocken, Gersten, Sürch, Fänich, Hirsch oder Prey;" tyrol. L.O. v. 1603, p. 143. „Barbarica, surich;" Clm. 4583, f. 47. VII Comuni: Sürk. Im Cod. Falckenstein. MB. VII., in welchem allerdings auch von milium die Rede, heißt es p. 427: „duo jugera qui vocantur Sergiuch." (Serg-iuch oder Ser-giuch, oder gar Druckfehler?).

---

serden, s. serten.

---

sarf, s. unten: scharf und vrgl. BM. II, II, 57.

serfeln, (*sárfln, serfln*), gehen, indem man die Füsse nicht gehörig aufhebt, oder die Schuhe, zumal die Pantoffel, auf dem Boden fortschleift. Der Serfling, alter Pantoffel, hinten abgetretener Schuh. „Fuß für fuß in mein kammer sörfeln mit leisen tritten zu mir schörffeln;" H. Sachs 1560: II, II, 54 (Cf. česk. střewj, Schuhe, sing. střewic, wie střebati zu sürfen, sorbere, střibro zu srebro, Silber, středa zu sreda; u. s. d. folg. Wort). Vgl. süffeln.

sürfen, sürpfen, sürfeln, sürpfeln, schlürfen, sorbere. BM. II, II, 756.

Die, der Sarg, s. Sarch.

„Serg, stragulum, storea, auß binzen;" Voc. v. 1618. „Cortina, serg;" Monac. Francisc. 248, f. 225. „Gausapo, grobe deck, serg, Nomencl. v. 1629, p. 126. 'BM. II, II, 256. Weigand, Wbch. II, 541. Diefenbach 153[b]. 258[b]. 554[b]. Zeitschr. VI, 44. Vgl. Vilmar, kurhess. Idiot. 337: Sarock, und Birlinger 384: Sarroc. Cf. Ducange VI, 68. 71: sarcotium, sarrotus, vestis ecclesiasticae species, tunica linea.' cf. Sarch.

Sorg, holcus, sorgum, s. Sürch.

Die Sorg (*Sarg, Saərg, Sórg, Suərg, Sar', Saər', Suər'*), wie hchd. Sorge; (mhd. sorge, ahd. soraga, sorga, Otfr., Tat.: suorga, goth. saurga; Graff VI, 274 f. BM. II, II, 469. Weigand, Wbch. II, 733). Ich hab Sorg (*I hà' Sar'*), ich besorge, d. h. fürchte, auch wol: ich vermuthe, ich hoffe. *I hà' Sar'*, du *və'liərst əs. Margng is Steuə'tàg, hàn I Suərg. Hei˜t, hàn I Sar' krie' mər ə˜ schö˜s Wédə'. Hàb* oder *hàſt kaə˜ Sar'*, sey unbesorgt. „Sorg haben auf ein Ding, angi futuris, sollicitum esse, praemetuere. Der auf d Gfar sorg hat; Voc. v. 1618. „Hatt Sorg auf die teutschen tropfen. Hat Sorg auf ein große straff;" Av. Chr. 258. 368. 417. 488. „K. M. hätt Sorg auf die Schweizer;" Kr. Lhdl. XV, 41. „Das ich nicht mehr auf jhn darf sorgen," (besorgt seyn, daß er mich verrathe); H. Sachs 1612: II, IV, 157. „Ob die peken auf die puz nit sorg wolten haben;" Cgm. 544, f. 44. *Auf dés Ding hàn I rècht Sar'*, es ist mir recht bange darauf. Hab Sorg! gib Acht, sieh dich vor! R.A.: Der steckt in Sorgen wie der Hund in Flöhen, (ist 283
über die Maßen bekümmert, ängstlich). sorgen, wie hchd.; (ahd. sorgên, suorgên). R.A.: Laß den Hund sorgen, der braucht vier Schueh, (Trost im Sinn von Matth. VI, 25. 26). Der gemeine Mann braucht gerne: sich sorgen. *Sorg di' nét*, sey unbesorgt. *I sorg mi' scho˜ ins Bétt*, (habe schon Angst vor dem, was mir im Bett begegnen wird); tir. Kirchtag 45. „Ich hab Euch wohl verstanden, sorgt Euch nicht," sagt Fludeysen zu Ulrich Schwarz von Augsburg in Dazenberger's („Carl Fernau's") Drama, 1841, S. 23. „Laß dich's nicht sorgen;" das. S. 41. Sich absorgen (*abisaərgng*), sich abhärmen. aufsorgen, aufwecken; (Zir., Zillerthal). „Die Baudiern muß im Winter die Leute zur Arbeit wecken und aufsorgen;" (Zillerthal, B. v. Moll). versorgen, besorgen; BM. II, II, 473. „Die kusterin sol versorgen und bestellen was darzuo notturft ist;" Alt. Hoh. 15, f. 1. „Item von des Spiels wegen, wie das vor verboten ist gewesen und mit Strafe versorgt," (verpönt?); 'Kr. Lhdl. I, 163, ad 1444. „Damit er sich nicht versorgen bedärfe," (besorgt seyn?); Kr. Lhdl. I, 146. 'sörgga, s. unter sêr.' sorgfältig, a) wie hchd.; b) bekümmert, besorgt; bedenklich, gefährlich. „Welcher unrüwig und sorgfältig ist, zeitlich gut und gelt zu bekommen; Eisengrein, Bchtb. 682. Bis sorgfältig, fac cogites; Dietr. v. Plieningen. Sorgfältige Händel, schwere und sorgfältige Läufe, (Begebenheiten); Kr. Lhdl. V, 275. IX, 58. Die Sorgfältigkeit, bedenklicher Vorfall. Kr. Lhdl. XIV, 54. sorglich, schwierig, bedenklich, gefährlich. BM. II, II, 470. Sorgliche Weltläufe, Zeiten. „Einen sorglichen Mann im Gefängniß bewahren." Sorgliche Waffen. Mit unsorglichen Dingen, (auf nicht gefährliche Weise); Carolina poen. „Zudem und es der Zeit für den Wald zu reiten sorglich ist;" Kr. Lhdl. X, 206. sörgeln (?). *Muəst scho˜ no' e˜ Jàr so surt sárgln* (oder *zárgln*?, sich abmühen, plagen), war der Trost des Schwagers *Pêdə'* an meinen fußlahmen Bruder Joseph mit den 4 Kindern, als ich 30. May 1841 zu Nimberg. Der Sörgler (O.Pf., Zps.), langsamer, aber fleißiger Kopf. In der Schweiz hört man comparativisch: sörger (haben), mehr Sorge (haben); auch bey dem Niederländer Kilian steht ein Adj. sorigh, curiosus, molestus, dolosus, was freylich zunächst aus sooren, verb., ulcerare, dolere, dat soort my, und auf das engl. sore weiset; — vergl. sêr und schweren, ulcerare, mit Rücksicht auf die alte Form suorga st. sorga.

„Sürg, scurgio," (ein Fisch); Voc. optim. p. 46. Diefenbach 522[a].

---

surkeln, klecksen, schlecht schreiben. cf. Suck: suckeln.

---

surmen, s. surren, 'surbeln.' Das Gesurm, Gesumse. Man hört nichts vor lauter Gesurm. Der Surmer, (B. v. Moll, Zillerthal) die Mauerschwalbe, hirundo apus L. 'Der Surm, Haufen, Schwarm.' „I hàb au'm Tisch ə˜n *Surm* zun Biəgng", Seidl, Flinserln (1839) II, 47. 104: „Ueberfluß, eine solche Masse, besonders von Speisen, daß man darüber fast erschrickt." „Dö Kindá' hàm dö Kindá' gern, wenn's á' á˜ ganza' *Surm*;" Kartsch II, 131. „Dy da warn an dem sturme mit aisticlicher surme; Mich. Beham, Wiener 176,29; (314,15 steht: „nach wilder, aistiglicher surm").

„Sern," für Sibler und Buchbinder; Hazzi, Statist. IV, 134, (dünne Holzblätter?). Cf. Sarch.

„Die Səa'p·n, das Krummholz, pinus mughus;" Castelli, Wbch. 254. Nemnich II, 980: Serpe, pinus montana.

Die Sorsenburg, moles Hadriani, später turris Crescentii, jetzt Engelsburg, in Rom. „Dô wart ein engel gesehen ûffe der Sorsenburg mit eime blutigen swerte;" Herm. v. Fritzlar, Pfeiffer's Mystiker I, 103,15 und Anmerk. p. 432.

---

serten, (praes. ich sirt, praet. ich sart, part. gesorten. BM. II, II, 320. Wilh. Grimm, altd. Gespräche p. 18 f.: serten, futire). Im alten Rechtbuch, um 1332 gesammelt von dem Fürsprechen Ruprecht von Freysing (Lehenrecht §. 99, nach Westenrieder's Ausgabe, Beyträge VII, p. 189; — Cgm. 236, fol. 75, Cgm. 266, fol. 40, Cgm. 320, fol. 182, Cgm. 513, f. 319), wo vom Schelten aus der Christenheit oder viehlichen Scheltworten die Rede ist, steht: „Swer den andern einen zohensun haizzet, oder er hab einen hunt gesorten (gesorttenn, gesartten), oder ein ros oder ein kue, oder er sey einer kuesorten (ainer kueserterinn, ein chusertinne) sun ..." Der allerdings bestialische Sinn des einen Satzes scheint auf ein inire, stuprare canem, equam, vaccam zu gehen. Und wirklich kommt für inire im Angelsächs. serdan, im Isländ. und Altschwed. serda als
284 Ablautverb vor. Nialssaga p. 15, cap. VIII, und Glossar dazu, voce sordit. In der lateinischen Uebersetzung p. 28 heißt es: „uxorem denuntiabo amittendam id crimini tibi vertens quod eam non inieris. Andere Lesarten für sordit sind: knafat (dän. kneppe), legit hana, sofit vel med henni. „Jak sah at mader sardh thik, vidi quod vir tecum rem habuerit;" westgoth. Gesetz Rättl. B. c. 10. cf. Björn serda und sarda, polire, contrectare (scilicet cutem villosam, svörd, Schwarte). In demselben Betreff sagt das etwas spätere Rechtbuch Kaiser Ludwigs (Heumann, opusc. p. 70, Titel V; Cgm. 15, f. 13; 223, f. 346; 240, f. 12; 245, f. 10: 284, f. 14; 304, f. 10; 314, f. 15; 325, f. 24; 333, f. 22): „spricht einer den andern an, er hab in gehaissen einen kusertinn (kueserterin, einer chuesertin) sun oder einen huntsertinne (huntserterin) sun oder einen merchensun oder was sogetaner viechleicher scheltwort ist ..." Dieses huntsertin, kuesertin, ja sogar -sertinne und serterin ist weniger erklärlich. Die Annahme, daß es ein schon im XIV. Jahrh. nicht mehr verstandener und also entstellter alter Gen. sertin etwa von einem Masc. serdo, serto, stuprator, sey, könnte vielleicht bey einem, wie es scheint, so altherkömmlichen Schimpfwort entschuldigt werden. Cf. „Einer der Ainem sein eeweib versert;" Rosenplut, Cgm. 714, f. 402. „Hör, pruder pibelicz, du kümpst mir nit in meinen schlitz mit deinen grossen worten; davon so laß mich ungesorten;" Cgm. 714, f. 328, '(Keller, Fastnachtsp. III, 616,25).' In einem Schwank des Hans Rosenplut: Der Knecht im Garten, Cgm. 713, f. 123^{a}, bemerkt ein loser Vogel der Ehefrau eines Andern, die ihm durch schöne Worte zu Willen geworden: „es wäre keine so frum, daß man sie nicht überkäm mit Worten," und setzt bey: „damit warst du mit mir versorten." „Si quis de alterius uxore filium genuerit id est adulterium comiserit; Aug. 209, f. 78. „Du lügest du versarten hôre, swig und laß din falsche fôre;" der ander Morolf 858. „Er spricht: du versorteniu hur, ich sag alle din scheis fur;" Altswert 54,24, (andre Codices lesen: verhite, verhitü). Es ist gedruckt „verforteniu." Am 11. Merz 1851 lese ich in der Vorrede zu Bechstein's Ring von H. Wittenweiler, wie auch Jac. Grimm also verbessere. In diesem Ring kommt serten nicht weniger als 25 mal vor: a) in seiner materiellsten Bedeutung, franz. foutre. „Er (Triefnas) wart ir (Mäczlein) also holt, das er nach ihr zuo serten wolt," (in materieller Bedeutung?); Ring 2^{b}, 12. „Seht, do wart do yeder schreien: Ich syrt dirs weib mit sampt der gsweigen;" das. 36^{a},29. „Ich siert dir noch die muoter dein mit sampt der niftel" ... „und siertst du mir die muoter mein, ich siert dich selb und als dein gschlecht;" das. 39^{d},12.16.17; (wie das slavonische „Je pem ti maika! oder gar: He pem ti duschi! s. Th. II, Sp. 1028). „Seu viengen pey den henden die mäczen ellenden ze sertenn und ze schendenn; das. 40^{d},41. b) in der Bedeutung belästigen, plagen, 'verderben ꝛc.': „Ir teuscherin, so sprach der man, wes siertst mich heint die langen nacht?" das. 9^{d},16. „Du vinst noch wol, daz dich da sirt, so dich daz alter reitent wirt;" das. 15^{c},22. „Ein böses weib, die dich sirtet durch daz jar;" das. 18,39. „Merke und höre, waz seyn wirt, daz uns armen leute syrt;" das. 18^{d},14. „Schönes har die frawen irt, an dem gevett die man es siert;" das. 22,21. „Da ein böser wirt die geste auf und nider syrt;" das. 23^{b},11. „Der alleu dink dergrunden wil, der siert sich selb und schafft nit vil;" das. 23^{c},7. „Grosseu armut siert in ser;" das. 24^{d},21. „Es ist gesorten (steht schlecht) umb und umb ze allen orten;" das. 37,21. „Der turst seu stätes sart;" das. 37^{d},13. „Chayn chrieg das lant so siert dann der zwüchschen freunden gpirt; das. 50^{d},17. „Wer ist der, der uns da syert so ferr da her;" das. 53^{b},1. c) hauen: „Darumb so schüllen wir nu reyten auf den schalk mit plossen swerten und in von ein ander serten;" das. 5^{d},1. „Mit unsern aygnen swerten wollen wir seu all zerserten; das. 46^{a},36. „Dar nâch die mit den swerten, daz seu die helm zerserten;" das. 50^{c},31. „Man hiet den Eggharten zersorten umb und umb ze allen orten;" das. 55^{c},8. d) locken, verführen. „Noch wolten sin mit linden worten aus dem nest do han gesorten;" das. 57^{b},10. — Im Kochbuch des Wirzburger Codex '(Biblioth. des lit. Vereins in Stuttgart, IX, p. 3,5^{a})' schließt (nach Maurer's v. Constant Abschrift, Jan. 1844) das Recept: „heidenische Kuchen zu machen," also: „back daz und gib ez hin und versirt ez niht;" sonst schließen solche Recepte öfter: „und versalz ez niht." „So er (der Gebawr) sie (die zu weiche Segens) tût herten (mit Tengeln und Wetzen) darumb so muoz si zerserten;" des Teufels Segi: „von den Segenssmiden," (Barack p. 347,10916). „In übermut und hochvart sein sy (die Pfaffen) ganz entwicht, snöd, üppig und versorten; Mich. Beham, Cgm. 291, f. 172. Öfter kommt versarten, auf râten (rautten) reimend, vor in der Reimchronik vom Appenzellerkrieg (in welcher sonst, p. 76. 130, auch worten auf râten reimt); z. B. p. 40: „Do wurden sy gar versartten" (vor Freude); p. 7. 26. 87: „Wir syen vast versartten, sy wurden vast versartten, si waren vast versauten" (vor Leid, Angst). Ich weiß nicht, ob hier einer der derbfigürlichen Ausdrücke der Volksrede anzunehmen seyn wird, auf welche auch im II. Th., Sp. 1026 ff. angespielt ist. Im Cgm. 811, f. 42 (auch Clm. 4611, f. 54) ist zu lesen: „Seit man macht ritter on part, vnd plüet füd sart, und pfaffen ungelart, seider hat sich die welt fast verkart," womit zu vergleichen aus Seb. Brand: „Sit blutte maid=

lin wurden wert." „Vil anders falschen leip ſartt, würkt, werken kann" (Cgm. 714, f. 187) heißt wol „hart". In obiger Appenzeller Chr. p. 10 heißt es im Reim auf Bart: „Sy gebint vmb nyeman nit ein ſartt," (nicht das Mindeſte, ne vilissimum quidem). „Mancher nimmt ſich ſingens und ſagens an der ain vorheiten ſurt nichs kann;" Cgm. 713, f. 127ᵃ. „Sym, ſo (ſam) mir ein ſurt, ich han ſey gſehen;" d. Ring 10ᵇ,21. „Wan ſeu verſtend es auch einn ſart;" daſ. 38ᵇ,17. 'v. d. Hagen's Germania IX, 200,7. 201,38.55. 203. Vgl. BM. II, II, 320: ſart und ſurt; ebendaſ. auch verſortenlich, adv.,' im Liederſaal III, 619: „Wie hanckt er (penis) ſo verſortenlich." Endlich, um zu der Geſchichte auch dieſes alten, trotz ſeiner Bedeutung, als Ab-
285 lautverb intereſſanten Wortes möglichſt beyzutragen, führe ich noch eine dunkle Gloſſe keſrita an, die auf einer Hrn. Prof. Bernhard Stark gehörigen *) Membrane des IX. Jahrh., welche Marculfs Formel einer „Cartola hereditoria" (Bignon Nr. XLVI, p. 273) enthält, in dem Satz: in ancilla mea tibi ingeneraui" über dem letzten Worte ſteht. Kilian hat: „gheſoort foetura, genimen." Cf. Kreitmayr, Anm. zum Cod. crim. v. 1751, p. 118. Das Geſerte, ä. Sp.; Cod. Argentin. (Graff's Diut. I, 323 ff.) „Alter der tiufel mus din walten aim pfärt nimeſt ſinen zug, ainem falken ſinen flug, ainem hunt ſin geſerti und ainem zagel ſini herti;" (W. Grimm, über Freidank p. 24 f. will leſen „geverte").

ſerwen, ſ. ſerben.

(Bey den Formen Saß, ſeß ꝛc. auch die Reihe Saz, ſez ꝛc. zu vergleichen).

Die Sâß, (Jäger-Sp.) das Lager des Haſen. Sich ſäßen, ſich lagern, niederthun; im Scherz auch vom Menſchen. „Af'n Stok hàt dɘ' Jágɘ' nét Acht, hàt gàr ɘmal d·*Sas* auf ɘɘm g·macht;" Kaltenbrunner, oberöſterr. Jahrb. 1844, S. 222. „Mein Arácht (Arbeit) is 'than, d·Ochsen ham *sö* schan *g·sast*, und á d·Ross senkán d·Köpf und höbn d·Füɘs áf in d·Rast;" Stelzhamer p. 111 und 177: „*Sas*, siesta; *sass·n*, in gänzlicher Ruhe ſich befinden." In der mhd. Sp. waren wol beide Formen von allgemeinerer Bedeutung; BM. II, II, 339: diu ſâze; cf. Graff VI, 304. „Untriuwe iſt in der ſâze, gewalt vert ûf der ſträze," ſagt Walther v. d. V. 8,21. „Ân geluppte ſtrâl ein liechte ſâze erloub ich einem herrn;" Labr. 46. „Nû wil man ez (das Wild) mit birſen ſô durchwalken und manig ſazze rîten, davon daz wilt von nœten muoz verſchalken;" daſ. 510. Daher vielleicht auch der Name des ehmals nürnbergiſchen Dorfes Odenſoß (? Otunusſaz bey Ried 36, ad 903. Förſtemann II, 1111). Vrgl. hiſaz, mansus, gl. a. 13. 849; (wol hîw-ſâz, Graff VI, 303). „Civitas vel domus, hus ſazza;" Mone's Anzeiger 1835, Sp. 84. „Bona et mansionem in castro Spiesheim burgſaze dictam;" RB. IV, 239, ad 1284. „Domicilium suum quod vulgo dicitur der burgſeze in castro quondam Spiezesheim;" ibid. 595, ad 1295. ſ. unten: -ſeß, ſäß. 'Eliſaza, ahd. (aus Ali-ſaza), unſer Elſaß; ſ. Th. I, Sp. 60 und vgl. Förſtemann II, 34 ff.' Eliſazâri, Alsatius; Graff I, 242. VI, 303. Soßau wol Sazô im Cgm. 17, f. 3ᵃ. „Wa ain frow ſtirbet, die ſol geben ir aller beſtes gewannd, iſt daz ſy nit leibes erben laut, und iſt daz ſy beſonnder geſaßet (wohnhaft, anſäßig) iſt; MB. XXIII, 263, ad 1387. BM. II, II, 342 f.

Das Geſæß, 1) (ä. Sp.) Wohnſitz, Wohnhaus, residentia; (mhd. geſæze, ahd. giſâzi; Graff VI, 304. BM. II, II, 340. Weigand, Wbch. II, 421). „In meinem hus und Geſäß an dem Weinmarkt gelegen;" Augsb. Stdtb. „Hus, hofraiti und Geſäß;" Urk. v. 1421, Cgm. 615. Hofſtatt ſamt garten und aller Zugehörde, das zu dem Geſäße gehört, das Haintz Donmair inne gehabt;" Meichelbeck, Chron. Bened. II, 110, ad 1425. „Geſäße der Prälaten, Edelleute und ehrbaren Burger;" Kr. Lhdl. XVI, 130, ad 1507. Ldtg. v. 1605, p. 332. „Daß unſer jedem ein fürſtliches Geſäß gegeben mit ſamt der Obrigkeit würde;" Kr. Lhdl. IX, 203, ad 1493. „Das Geſäß zu Aue ob Newenmarckht;" Sammler f. Tyrol II, 266. „Unſer Landſäßen mögen jhr Oel bey jhren Geſäſſen verkauffen;" L.R. v. 1616, f. 523. cf. Av. Chr. 159. 316. 321. „Daß unſer amptleut auf den fürreuten keinerley Geſeß noch hofraith haben, noch bauen ſollen;" Urk. v. 1332, (Wagenſeil, Norimberga, p. 321). Geſäzze, sedes; Notk. 46,9. 77,5. 77,51. „In ſeim Geſäzze des palaſts, in consistorio palatii;" Eſther V. Cgm. 520, f. 239 und 521, f. 140. „Curia geſeze in villa Ruth;" RB. III, 137, ad 1259. „Silva Gunderams geſeze;" ibid. 333, ad 1269. Huntesgeſeze, Hundshof (Landger. Ebrach); ibid. 449. Cf. die Ortsnamen „uan uelt-ſeton, uan holon-ſeton" in der Freckenhorſter Rolle 16. 18. 2) Alpenweideplatz mit Obdach für Menſchen und Vieh, (in der Schweiz: Säß. Grimm, Berlin. Jahrb. 1842, p. 792. Leo, rectitudines p. 49. norweg. Säter, Alpenweide-Niederlaſſung: Säter-hütte, Säter-mädchen; Lehmann, Magazin f. d. Lit. des Ausl. 1841, p. 248. 262). Hôchgeſäß, Hochalpe. Eine beſtimmte Alpe bey Schwangau heißt: das Vorgeſäß; (Schrank, b. R. 154). Vrgl. Stalder's Vorſaß, Vorſatz, Frühlingsbergweide. 3) wie hchd. der Theil, auf, oder beſſer, mit dem man ſitzt. „Von des Geſäzzes adern;" Cgm. 317, f. 71. (cf. gl. a. 95: ſezzun, nates). Geſäß-hoſen (Gſäs-hosn, O.L.). „Geſäßhoſen, femorale;" Voc. v. 1618. „Hatten Hoſen ohne Geſäß, 286
bunden ſolche an die Hemder;" Paullini zeitk. Luſt II, 678. S. Hoſen. 4) die Bekleidung jenes Theiles. 's *Gſäſſ* zreissn, flickɘ˜. (Der Bauer) „zog ab ſein bruch ſampt dem geſeß bald zu bruten darüber ſaß; H. Sachs 1560: II, IV, 68. „Ain ſametes Geſäß;" Signalement v. 1593. Schon der Nomenclator v. 1530 unterſcheidet „tibialia hoſen" von „femoralia geſeß."

Der -ſâß, -ſæß, in mehreren Compoſitis, sieh ſeß, indem beide Formen neben und für einander vorkommen. Bey Suchenwirt iſt der Sazze ein Dienſtmann.

ſauſen, wie hchd.; (mhd. ſûſen, ahd. ſûſôn, ſûſan, stridere). Lasts ɘs *saus·n*! laßt's gehen, wie's eben will! ObrM. *sâſsn* und bråſsn, in Saus und Braus leben. Alls *vo'sauſ·n* und vo'braus·n. „Nu lebet in dem ſauſe ir ſeit itzunt wirt im hauſe;" Cgm. 713, f. 113. „Prae confusione sonitus, von wegen des ſauß;" Clm. 9728, f. 195. 'ſeuſen, ä. Sp., wie hchd. ſauſen; (ahd. ſûſjan, mhd. ſiuſen; Graff VI, 282. BM. II, II, 759. Weigand, Wbch. II, 547).' „So ſeudet mein keſſel und ſeuſet mein pfannen;" Volkn. 108. „Wem dy orn ſeuſen;" Cgm. 4543, f. 54. 57. „Dem dy oren ſeyſen," Ind. 344, f. 83. „ſeiſen und ſumpſen," Lindermayr 29. 'Vgl. Vilmar, kurheſſ. Idiot. 339: ſauſen, ä. Sp. ſûſen (BM. II, II, 759ᵇ,3), ſummen, leiſe ſingen, wie beim Einſchläfern (einſûſen) der Kinder; daher: die Sauſe, ein an Stricken aufgehängter Korb als Wiege, und die Interjection ſûſa! ſûſe! nebſt Luther's Suſaninne. Zeitſchr. V, 70,61. VI, 429, I, 3. Vgl. ſîſen, ſiſſen, ziſchen; Vilmar, a. a. O. 386. Zeitſchr. IV, 35.' Der Saus. „Ein groſſer Wint und Saus;" Cgm. 753, f. 123. „Do hort er ein iamerlichen ſauſs der böſen geiſt und nattern wiſpeln; Cgm. 619, f. 370. Das G·säus, G·sais, Geſauſe, Lärm, Aufſehen, ganz dem franzöſiſchen bruit entſprechend; Seidl, Flinſ. (1839) II, 96. „ä Pläráment und *G·sais*," (Gerede, Lärm); daſ. III, 91. „Mi'n *G·sais* hàt·s ă˜-n-End und mit'n G·stanz dà is·s aus;" Widmung des letzten (IV.) Heftes von Seidl's Flinserln. Der Sau-

*) Dieſe Membrane dermalen (1841, Novbr.) in der Sammlung des hiſtoriſchen Vereins von Oberbayern; (Stark's handſchriftlicher Nachlaß, Bnd. VIII, fol. 532). Nach dem Ausleihebuch der k. Bibliothek CbmC. 96a wurden 4 Blätter mit derlei Formeln am 1. Januar 1825 an Bernh. Stark verliehen, ſind aber am 4. März 1829 zurückgegeben.

ser, Schlemmer. Der Suser, (Bodensee) gährender Weinmost. cf. Stalder: susen, gähren. „In chamo et freno maxillas eorum constringe an dem chambrittele unde susbrittele;" Cgm. 17. f. 49b, Ps. 31,14. „Suoset, criscrammet mit zanen, stridebit dentibus; ibid. f. 57b, Ps. 36,17; (uo = û; cf. suoste pro suste, Cgm. 17, f. 14a).

=seß, =sæß, säß, gen. =seßen, adj. und subst., in verschiednen Compositis: seßhaft, wohnhaft, inquilinus; BM. II, II, 342 f. 340 ff. 338 f. Weigand, Wbch. II, 542. (s. oben: =säß, =sæß). altsez. adj., schon lange seßhaft. „Mit altsezen erbern läutten;" Meichelb. Chr. B. II, 64 ad 1341. Der Burgseß, Burgsäz, Castellan; (Hund's Stb. II, 102. 107). Mathews der Ekker nennt sich MB. XXI, p. 453 (ad 1408) „dy zeit purkchhuter," p. 469 (ad 1423): „dy zeit purkchsäzz zw Griesbach." Kr. Lhdl. IV, p. 110, ad 1443 kommt als Burgseß (zu Burghausen) ein Tattenbeck und Andere vor. Das Burcses, (Burgsitz? BM. II, II, 337); Höfer, Urk. p. 38. „einseß, inquilinus;" Voc. Archonium; (niederdeutsch: insete, contrahiert inste). Der Freyseß, Freysäß, Freysaß, ä. Sp. Freysäzze, a) incola precarius, der auf eines Andern Gut sitzt, von welchem dieser von Frist zu Frist die Freyheit hat, ihn zu entfernen, „Freystifter." BM. II, II, 342. Heumann, opusc. 91. 212. MB. IV, 487. X, 519. XI, 53 (ad 1257). XIII, 373 (ad 1277). XV, 378. Kr. Lhdl. VII, 460. LR. v. 1616, f. 268. Freysaßen, Ludeigen besitzende; (Zir.). b) Einwohner einer Stadt oder eines Marktes, der nicht nur nicht Burger, sondern auch von den, dem bloßen Insaßen (Nichtburger) obliegenden Schutzgebühren frey ist. Auf dem Landtag v. 1612 (p. 381) wollte den Gerichtsprocuratoren nicht gestattet werden, Freyseßen zu seyn. hausseß, adj. „Kein lediger Knecht, der nicht hausseß und beweibt sey;" Kr. Lhdl. IX, 21, ad 1491. hinterseß, hintersaß, adj. und subst., hinter, d. h. unter einem Andern, z. B. unter einem Gutsherrn als dessen Grundhold (Zeit=, Leib= oder Erbpächter), oder unter einem Bauern als dessen Taglöhner ansäßig; (um Nürnb.) bey einem Bauern zur Miethe wohnend. BM. II, II, 341. s. Kr. Lhdl. XII, 314 ff.; cf. II, 219. Hinder Einem sitzen, ad 1490. Cbm. Kl. 345, p. 70. „Es mag in ainem yeden dorff ain Hof zwen hindtersässen und ain hueb ainen hindtersässen haben;" Ref. L.R. v. 1588, fol. 125. (Der Holzsæze, mhd. Sp., Bewohner des heutigen Holstein; Förstemann II, 797: Holtsati.) „Er bringet vil der Friesen und ouch der Holzsæzen," („Holtzsässen"); Gudrun 1374,3. Mit der Holzsæzen liute manegen ersluoc Fruote der küene;" das. 1415,1. „In Holzsâne lant; das. 1089,1. Vgl. nachher Holste.

„Sie sollen es nicht haben
das Schleswig=Holstenland;
wir wollen keine Gaben
von jenem Nachbarstrand.
(Str. 6) Dem König=Herzog halten
den Bund wir treu und stark;
doch unser Herz zu spalten,
gib auf, o Dänemark;" Allgem. Ztg. 1842,

S. 638. insetz, insaß, s. einseß, und BM. II, II, 341. landseß, landsaß, adj. und subst., im Lande ansäßig, (BM. II, II, 341: lantsäze, lantsæze); niederd. Landsete, contrahiert Lanste, wie Droste aus Drosete, Holste aus Holtsete, Inste, aus Insete, (schleswig. Inste noch an den Leibeigenen erinnernd; Allgem. Ztg. 1852, Beil. S. 2346. (cf. Hennig, preuß. Wbch. 109: Instmann), Koste, Kotze aus Kotsete (Firmenich I, 141,21. Grimm, Wbch. V, 1898: Kothsaß), Wurste aus Wursete, auch Broxte aus Bröcsete (Grimm, eine Urkunde des 12.—13. Jahrh., S. 8). Cf. Stôlesaz und Truhtsaß (Th. I, 643). „Ob jemands
287 fremdes, der nicht landseß wär, im Lande halten oder streifen wollt;" Kr. Lhdl. V, 190, ad 1466. „Sechzehen von Adel, sechs und zwainzig burger und sechszig der eltisten und pesten landsäßen aus der paurschaft;" Kundschaft von 1442; (cf. Salman). Später legten sich das Prädicat Landseßen, Landsaßen ausschließend die im Land begüterten Adelichen zu, mancherley den Fürsten und das Volk beengende Ansprüche daran knüpfend. Zur „vollen Landsesserey" wollte auch die Ausübung der niedern Gerichtsbarkeit gerechnet werden. Cf. Ldtg. v. 1669, f. 184. Umseß, Umsäß, adj. und subst., umsäßig, adj., in derselben Gegend, herum ansäßig. BM. II, II, 342. „Nach der umbseßen Rat;" MB. X, 499, ad 1343. L.R. v. 1616, f. 640. 417. 770. Im Werdenfelsischen wurden ehmals die den Hauptorten Garmisch, Partenkirch und Mittenwald zugetheilten Dörfer, Weiler und Einöden Umsassen genannt; (HhE.).

=seß in Ortsnamen, (cf. česk. seč, Gehau, Holzbeschlag). Weigand, Wbch. II, 696.

Der Beseß, possessio; s. besitzen. Das Beseß, obsidium, (Freyb. Samml. II, 131. 144); sieh besitzen, obsidere. „Die in (ihn) besessen und belegert hand, daß sy von dem gesäße (obsidio) gewist werden; Cgm. 4902, f. 22. Beseß, Beysäß, Bisez, sterilitas annonae, Miswachs; sieh: besitzen, sterilem esse. Der Verseß, Rückstand in Prästationen; sieh versitzen.

Die Sess, (auf Flußschiffen) die hölzerne Handschaufel, mit welcher das Wasser aus dem Raum geschöpft wird, schweiz. Sasse, ital. sessola. Lori, B.R. 314. 317. „Von der sess des scheffs, damit man das wasser auswürft;" Cgm. 46, f. 8. Das angelsächs. Glossar zu Epinal, Cooper's Appendix B. p. 163, hat „transtrum (?) ses." Cf. Diefenbach 593c. Der Sesstall (vermuthlich Sess=stall — sieh stall — schwerlich Sess=tail, und noch unwahrscheinlicher Sess=tal), mittelste, breiteste und bis auf den Boden hinab offen gelassene Stelle des Schiffes, wo das eingedrungene Wasser ausgeschöpft wird. „Das Hohenau= oder Hauptschiff bey einem Salzzug ist vom Kränzl aus durch den Seßthall bis zu der Steuer 24 Klafter lang." „Wenn die Zülln im Seßthal 10 Schuh weit, so ist sie mit 11 Personen zu besetzen;" Lori, B.R. 500. 322. 398. Den Cod. Benedictobur. 225 (sec. XV.) schrieb „Georg. Wenigl de Scstal," (also auch ein Ort des Namens). Der Seßstaller, Seestaler, Sestaler, Schiffmann, der auf der Mitte des Schiffes steht und es regiert. Der Seßstaller auf dem Hauptschiff eines Salzzuges befehligt den ganzen Zug. „Die Sestaller müssen die Schiff regieren und nauckern, auch dieselben fassen und abzählen;" Lori, Brg.=R. f. 495. 320. 317. „Kein Schiffknecht, er sey Sesstaler, Steurer, Vorreüter, Sayltrager oder wie er genent wirdet;" L.Ord. v. 1553, fol. 86, v. 1616, f. 540. „Marxen Auer v. Peyern, von daß er auf der Isar für ainen Seßtaler gebraucht worden 8 fl.;" Hof=Rechn. v. 1590. Wstr. Btr. III, 104.

Das Sess (ä. Sp.), le six, das Sechs (im Würfelspiel); (Graff VI, 152. BM. II, II, 256 f.) „Ess, Dauss, Drey, Quatuor, Zinck, Sess;" Sebast. Frank 199. „Daz ses;" Walther v. d. V. 80,3. „Senio, ses. Venus alle ses spielt wenn man mit dreien würffel spilt;" Nomencl. v. 1629, p. 146. „Mit Spielen keiner übr in ist er wirfft ses eß wie dick er wil;" Acolastus (Zürch. Drama) v. 1535, (vgl. I. Th., Sp. 410, unter Poß). „Ir ses mueß sich in drein verwandeln auf ir zabel spil;" Cgm. 714, f. 89. „Sie hub zwen wurfel auf und warf ein ⚃ und ein ⚅ die Furbitz sprach ja ist es des ... und warf ein ⚃ und ein ⚂ die stät, die schön, die wandel frey;" Cgm. 439, f. 45; (vgl. Hätzlerin, Liederbuch p. 142,320). Vgl. Th. I, Sp. 155: die Äß.

Seßa Ridlerin † 1308, Irngart Ridlerin;" Ridler's Chronik (vgl. oben, Sp. 59), f. 14.

Der Seßel (Sèßl, Sètzl), a) gepolsterter Sitz mit Rücken=, auch wol Handlehne, und als vornehmeres Möbel dem ungepolsterten Stuhl als gemeinerem entgegen= 288
gesetzt; (ahd. sezzal, cathedra, sponda; mhd. sezzel.

Graff VI, 303. BM. II, II, 338. Weigand, Wbch. II, 696. Zeitschr. IV, 182). *Laə⁀seſſl, Schlafseſſl* etc. b) Seßel, Tragseßel, Sänfte. Seßelträger, Sänftenträger.

Sieß, Süß, Dorf von 39 Häusern im Landger. Vilseck. Matzensieße, MB. VI, 503. 508. VIII, 43. Matzensies, Cgm. 4207. Thannsüß, Dorf im Landger. Weiden (Ober-Pfalz). „Praedia, siozza;" (Dronke's) Glossae Fuldenses (1843) p. 17. Vilmar, heſſ. Wbch. 45; kurheſſ. Idiot. 384. Grimm, in Haupt's Zeitschr. II, 5 f. ders., über eine Urkunde ꝛc. p. 16. Graff VI, 307 f. 311.

sus, adv., (mhd. und ahd. Sp.) so, ita, sic; s. sust und sunst.

süeß (siəs, o.pf. sèils), wie hchd. süß; (mhd. suoze, süeze, ahd. suozi, suuozssi. Graff VI, 311. BM. II, II, 751. Weigand, Wbch. II, 848 f.. Grimm, Gesch. d. d. Spr. 303. 411: sanskr. svâdus, griech. ἡδύς, goth. sutis aus svôtis, agſ. svête, engl. sweet; lat. *suavis*, aus suadvis: „Inclinat Bacchi latices et munera verni lactis et Ambraeos imbres suadumque cruorem;" Statius, Theb. IV, 452, Döderlein. Grimm, über Diphth. p. 38). Süeß Brod, Gegensatz von saur Brod; s. saur. juden-süeß, (vom Brode) nicht genug gesäuert. metsüeß, sehr süß. Zeitschr. V, 194. 256,109. „Sie (die Hunde) lânt sich hæren suoze;" Labr. 337. „Ir (der Hunde) süezer don ze jungest ez (das Wild) betæret;" das. 389. „Dîn süezez klaffen ist ein truglich mære;" das. 451. Die Süeße, Süeßen, Süßheit. aussüeßen, (von Milchgeschirren, die saure Milch enthielten) in der Luft und Sonne austrocknen, act. und neutr. süeßeln, (Franken) susseln, suseln, süßlich schmecken. süəssələ⁀d, part. oder adj.

Der Sester, modius, sesquimodius; Voc. v. 1618. Graff VI, 153: sextâri, v. lat. sextarius, sestere; BM. II, II, 241: sehster, sehter, sester. Weigand, Wbch. II, 696. Zeitschr. V, 407,27. Cf. kärnt. seshen, die Klafter, der Seschen; Jarnik p. 130. Vrgl. Sechter.

sust, süst, 1) sonst. Zeitschr. II, 77,26. 95,21. 277,18. 407,16. III, 18. 214,2.4 268,28. 406,49. IV, 105,22. V, 407,28. VI, 272,40. 276,16. 344. 516,2,4. umsust, umsüst (ummesüscht, ummeschüscht), umsonst; (ä. Sp. umbesust. H. Sachs 1560: II, III, 48: „umb ein sunst"). 2) (ä. Sp.) so, (wofür sich in der ahd. Sp., und schon bei Isidor, das einfachere sus findet). „Weder sust noch so," weder so noch so, d. h. auf keine Weise; MB. XVIII, 133, ad 1333. „Swie er mohte, sus und so." „Sus und so wart von in getrutet vil;" Frauendienst, Cgm. 44, f. 100²/₄. 113³/₄. „Si wil iuch sus wan (sonst) gern sehen;" das. f. 74. cf. sunst.

Der Susterer, Sonderling; (Wäging, Lehrer Beiner).

(Vrgl. Sad, sed, ꝛc.)

Die Sât, wie hchd. Saat; (mhd. sât, gen. und plur. sæte, ahd. sât, plur. sâti und seti, goth. sêds, sêths; Graff VI, 55. BM. II, II, 27. Weigand, Wbch. II, 527. Zeitschr. III, 281,64). Das Voc. v. 1618 sagt: der Saat, sementes, seges. Der gemeine Mann braucht in diesem Sinne lieber der Sâmen. „Do kêre den næchsten für sich über die sæte;" Valkn. 76. „Es sollen die von Entlibuch, so ob Äntlen sitzen, uf frytag nach der Uffart mit krütz gan umb die sæyet;" Schüpfener Kirchrecht v. 1584, Gesch. Fr. III, 193. Wer auf seinem Felde zwischen dem Getreide eine Furche brach liegen läßt, oder mit Klee bebaut, verliert in demselben Jahr noch eine Familienglied durch den Tod. Man nennt den Fall d'Intə'sat (Zwischensaat). Rank, aus dem Böhmerwald p. 274. Der Sât-Han. In der Scheirer Dienst-Ord. v. 1500 (Cgm. 698, f. 45) heißt es: „So man gesäet hat den traid, korn und fesen, so gibt man den knechten vnd diernen den Sathan, ye vieren ain gans und yedem ain trincken wein kelhamer aus gnaden." Ursprünglich mußte wahrscheinlich ein Hahn (der zur Arbeit weckende? cf. Th. II, Sp. 1114: Schnitthan) aufgetischt werden. Heutzutage laden die Münchner Brauer ihre Hauptkunden auf den Sathan, d. h. zum festlichen Vertrinken des letzten Bieres vom jährigen Vorrath ein. (Rotthal.)

satt, adj., 1) wie hchd., d. h. gesättigt; 2) sättigend, ergiebig, gediegen; Graff VI, 153. BM. II, II, 57. Weigand, Wbch. II, 542. Zeitschr. V, 73,105. 193. „satt, solidus; satt reden, dicere presse, ohn Ueberfluß; satte, dicke, volle Farb, saturatior color;" Voc. v. 1618. satplaw oder blos sat, dem liehtplaw oder blos liecht entgegengesetzt in der Rechn. v. 1392, Freyb. Samml. II, 127 ff. „sats und lichts VIII ellen." „Etwas zu reiffen und satten Rath ziehen;" Ldtg. v. 1612, p. 4. „Nicht möglich, daß man so ein steiff und satt Gesatz mache, das ohn Exception zu allen Fällen dien;" Seb. Frank. Auch das engl. sad kommt bey Chaucer für fest, solidus, gravis, vor, (You are sadly mistaken, ihr irrt euch gewaltig), woraus erst die jetzige Bedeutung (traurig) geflossen seyn wird. (Müller, etymol. Wbch. d. engl. Spr. 284). Der Satthals, Dickhals, Hals mit 289
angeschwollenem Zellgewebe, der leicht in einen Kropf ausartet. „Der den Recruten visitierende Wundarzt soll sehen, ob er keinen großen Sodhals habe, welches wegen Tragen einer Halsbinde hindern könnte;" Wirzb. Verord. v. 1793. satten, ä. Sp., wie hchd. sättigen; (mhd. satten, ersatten, ahd. satôn und satjan; Graff VI, 154. BM. II, II, 58. Weigand, Wbch. II, 543). „Hach mich an einen galgen daz die vogel chomen und sätten sich meines hirns;" Cgm. 54, f. 83ᵃ, (Keller, gesta Romanor. p. 164). sättig, adj., wie satt, 2). unsättig, adv., (Pinzgau, Hübner 982), sehr.

Der Sattel (Sàdl, Sà'l), 1) wie hchd.; (mhd. satel, ahd. satul, satal, satil; Graff VI, 166. BM. II, II, 58. Weigand, Wbch. II, 543). „Den satel manger trenket, der fürte dar an süchet," (an dem Wasser im Schalkeswalde); Labr. 429. „Swaz in (den Hunden) kumt in die ræme, daz wird gefüeret auf dem satel sider;" Labr. 215. „Ob er (der Jäger) ez (das Wild) heim füer an dem satelgeren;" das. 423. Der Sattelgaul oder blos: der Sattel, auch der Sattelochs, Sattelstier, Sattelkuh, Pferd, Ochs, Stier, Kuh zur linken Seite; Zeitschr. V, 450; vgl. das. 447 und VI, 229. 2) Bergrücken. satteln (sà'ln), vrb. „Mit Ueberfluß und Uebersattlung der bey Ladschaften erlaubten 20 Gerichte oder Speisen soll kain Gefahr gebraucht werden;" L.R. v. 1616, f. 573. Vielleicht Anspielung auf das was sonst ein (durch daraufgelegte Würste ꝛc.) gesatteltes Gemüse heißt.

Bisat, Biset (MB. XVIII, 220. XIX, 106. 108. 137. XX, 29. 119) statt Bisez, Biseß, Miswachs. s. unter besitzen. Auf gleiche Weise brauchte die ä. Sp. ich satte, ich hân gesat statt ich satzte (setzte), gesatzt (gesetzt), als ob noch, ohne Entstellung des t in z, aus der urspr. Form setian herrührend. BM. II, II, 347. „Er satte einz her, daz ander dar;" Ulr. Trist. 3548. „Do Salomon an sein stat ein ieglich ding het gesat;" Cgm. 578, f. 218. 224. „Die vüeze hâte er gesat an eine wunderenge stat;" Barlaam und Jos. 117,1. „Biz daz wir in derselben stat ze künege werden gesat;" das. 130,28. „Er sitzet, swar er wirt gesat;" das. 210,35. „Unseriu gesatten mære." „Ich weiz, daz nieman sterben sol wan ze sînem gesatten zil;" Ulr. Trist. 2178. 2309. „Daz si ir stete und ir stat wîslichen heten besat;“ Gotfr. Trist. 12586. „Diu houbetstat was ouch alsô besat mit tägelîcher huote;“ Gregor v. d. St. 746. „Ich han versat ein liebez pfant;“ Ulr. Trist. 1002. „Foragasatemo, praemissa; Doc. A, b, 98.

„Satin, cilicium;“ Voc. v. 1618. Vrgl. das folgende Sait.

„Das Satit, Setit (Campfers, Arsenicums ꝛc.), d. h. ain Viertail oder ain Quintat;“ Anhang zum Vegetius, Augsb. 1529. Vrgl. Sattijn, Settin, (bey Kilian) ein halb Loth, drachmae duae. (Wol nicht zu denken an česk. setnj, centesimus, a, um; frnz. centime!). „Daz wort settit daz betüttet nit anders denne ain viertail ains lottes ains ieglichen gewichtes;“ Cgm. 4902 (v. J. 1429), f. 17. ʿCf. Ducange VI, 65: satum, genus mensurae juxta morem provinciae Palaestinae unum dimidium modium capiens.ʾ „In aridis mensura quae dicitur satum;“ gleich darauf aber kommt batus: „duo bati metretam faciunt;“ ZZ. 632 (v. 809), f. 129. Diefenbach 514ᵃ: satum und 70ᵃ: batus. Im Illuminierbuch Cgm. 821, f. 19—28 kommt abwechselnd settin, settit, settich, setling, sechtis vor. „Die pfenning sullen also weiz sein, daz von der march nicht engê wann ein setin. Kein herre hat gewalt, daz er die pfenninge an der weizze icht anders machen sull, wan das ein setin von der march gee, so man si ze silber brennet;“ Schwab.-Sp., Cgm. 553, f. 89; Wackernagel § 343; Laßberg p. 154, § 363. „Quod nisi unum sethin deficiat in combustione;“ Mallerst. 33, f. 133. BM. II, II, 237. Weigand, Wbch. II, 542 f. Graff VI, 155.

Der oder das Sait, (ä. Sp.) eine Art Gewebes oder Zeuges, — vermuthlich was in neuerer Zeit Sayet, d. h. dünner, leichter Wollenzeug; (Gatterer, ökon. Magazin I, 522. Graff VI, 66. BM. II, II, 242: sei, seit, m.). MB. III, 187, ad 1302 gibt der Abt v. Raitenhaslach drey Unsigelmäßigen (also wol Bauern) beym Abschluß einer Schankung und Sühnung „drey saitt röckh.“ (Vrgl. allenfalls satt.) Im Wigalois (Vers 1425; cf. p. 701) heißt es von einem Garzun (Fußboten, Knappen) des Kuniges von Britanie: „Des rôten seites von der gran truoc er einen rok an.“ Im Iwein (Vers 3454; cf. p. 355) werden dem nackt an der Landstraße liegenden Ritter „vrischiu kleider, seit von gran und cleine lînwât, zwei, schuohe und hosen von sei,“ in Tandarios und Flordibel (Cgm. 577, f. 215) „zwo hosen von sein“ — vrgl. Frisch II, 143: saian — gebracht. Ouch gap im diu muoter, daz nie seit so guoter versniten wart mit schære von keinem snîdære;“ M. Helmbrecht 140. „Topel arras 1 Stuck hat XXXVIII (Ellen). Im Niderland haist man jne ainen sayt, heroben arras. ain gueten topel per LXX dn. 1 ellen.“ Tegernſ. Notat (1500—1510), CbmC. 22, f. III. „Von engel sait schetter, gugler;“ Liederſ. Nr. CXXV, Vers 221. In der Straßburger
290 Handschrift der Herrad von Landsperg, S. 185 heißt es: „Saga cilicina.. de pilis caprarum facta... de quibus et cilicia fiunt..., unde et quosdam pannos asperos sagias (deutsche Glosse: saiat) dicimus.“ Gl. o. 254. Nach einer Urk. v. 1246 (Grimm, RA. 379. Weber, de Feud. ludicr. p. 57) belehnt G. v. H. den Otto Bogenäre mit einer Area zu Augsburg pro censu annuo duabus caligis videlicet de sageto. Freysing 1316: „Decem paria caligarum de sageto;“ Freyſ. Salbuch f. 19ᵃ. Es ist wahrscheinlich dieses sagetum einestheils mit dem ital. sajetta, altfranz. saiette, andrerseits mit obigem saiat, sait, seit dasselbe Wort. Dem Diminutiv sajetta, saiette entspricht der Positiv ital. saia, span. saya, franz. saie, holl. saai, fem., welche durch sargia, sarge, Sarsche, erklärt werden, und vielleicht mit dem sei in der obigen, aus Iwein angeführten Stelle übereinkommen; (cf. Saig). Uebrigens gelten die romanischen Wörter in masc. Form ital. sajo, sajetto, span. sago, sayuelo, alt.-franz. saie für ein gemachtes Kleid (dichten Mantel, Rock) selbst; (Diez, Wbch. 302). Vrgl. das lat. sagum, welches in alten Vocabularien, aus deren einem die Jungfrau Herrad ihre Noten zusammengetragen haben muß, wenn deutsche Glossen dabey stehen (z. B. gl. a. 531. 681. o. 254), gewöhnlich durch filz verdeutscht wird. Ein dunkles saga peta findet sich gl. a. 531. 577 durch uilzuulle, filzfulle gegeben. Rücksicht verdient auch das aus dem Voc. v. 1618 angezogene seltsame Satin, cilicium. (Etwa adjectivisch: saiatin, d. h. von Saiat, wie eben daselbst noch guldin, härin. Das ebenfalls noch unerklärte franz. satin wird der Sache nach kaum damit zu vereinbaren seyn. Diez, Wbch. 317: it. setino, frnz. satin, v. seta, soie, Seide). Vgl. Schmid, schwäb. Wbch. 445: „Saiten, m., eine Art grober Zeuch.“ Im Hermes v. 1826, p. 328 werden aus Fr. Kurz's östr. Handelsgesch. S. 312, angeführt „die falschen Sait,“ welche in die Zeuge zu wirken verboten gewesen sey. „Von den sait chawffern. Swer unter dem saitchawffern valschen sait wurchet der sol dem richter darumb nicht schuldig sein, aber die purger die darzue geschafft sein von dem rat, die schullen daz sait haizzen verprennen;“ Wiener Sdtbch., Cgm. 1113, f. 12ᵇ. Rauch III, 55—56. Kurz, österreich. Handelsgesch. 312, Note. „Item alles wolleins gewanndt ausgenommen passawer sayt, da gibt man von yeden sait in der mautt iiij dn. gleich zu tailln auf baid tail; Wasser Maut samt der Purkmaut außerlands beym Rotenturm zu Wien;“ Hormayr's Wien, 5. Bnd., 2. u. 3. Heft, Urkundenbuch p. CLII. „Tuchprayter und lodwürcher ze Wienn sullen anderswo nindert vail haben denn auf dem Saithaws an der stat;“ Saẞ v. 1357, Cgm. 1113, f. 34. Cf. unten, Th. IV: Würch.

Die Saiten (Saətn), die Saite, Darmsaite, (mhd. seite, ahd. seita, fem., neben seite, seito, masc. Graff VI, 159. BM. II, II, 243. Weigand, Wbch. II, 533). „Hei, welch ein süezer seite, der klinget durch den himel;“ Br. Berchtold 83, (Pfeiffer 280,20). „Es enwart nie kain saitte so suzze, der in richtet auf ein dürrez scheit, er erstumbet; Cgm. 746, f. 129. Der Saitling (Saətlin'), feinhäutiger, zur Saite brauchbarer Darm, besonders vom Schöps; auch wol jeder gereinigte und getrocknete Darm, der zu Würsten aufbewahrt wird. „Nach Tölz kamen dieß Jahr (1776) die Saitlinge für die Köche aus dem Salzburgischen;“ Wstr. Btr. V, 283.

Der Sauterling: nach der Scheirer Dienstord. v. 1500 (Cgm. 698, f. 45) gebührt dem Schergen an dem heil. Pfingsttag „ain Zenten ayr zu ainem Sauterling.“ Sollte zu lesen seyn Santerling?“ Cf. Th. IV: Zenterling.

Sèttə, Sèttələ, (Pegniz) Elisabeth. Zeitschr. VI, 461: Lisette.

Setit, s. Satit.

séttər, ə~séttər, ein solcher; s. oben, Sp. 205.

Die Seiten (Seitn), wie hchd. Seite; (mhd. sîte, gen. sîten, ahd. sîta, gen. sîta und sîtun; Graff VI, 158. BM. II, II, 326. Weigand, Wbch. II, 681 f.) R.A.: Eine Person, ein Thier, eine Sache ist von oder auf der frummen, rären, faulen, magern, falschen, muntern, grüenen ꝛc. ꝛc. Seiten, d. h. ist fromm, vortrefflich, faul ꝛc. Elliptisch: dés is vo~ də~ rár'n, vo~ de' bést'n etc. (ObrM.) Auf der Seit seyn, (Jr.) verrückt, närrisch. Auf die Seiten (auf d' Seit'n), beyseite, weg (gehen, legen, stoßen ꝛc.). rechter, linker Seiten, rechts, links. ab Seiten (meiner, deiner ꝛc.), von Seite. 291
Die Abseiten, a): (`A'seitn), abgelegener Ort, secessus, franz. écart, (BM. II, II, 328); auf dər `A'seitn, abgelegen, einsam, adv., à l'écart. Wart, I də'wisch di' scho~ əmàl au' dər `A'seitn! abseitig, abseitlich, adj. Grimm, Wbch. I, 116. „An abseitigen Orten;“ Cod. crim. v. 1751, p. 11. „abseitliche Zusammenrottung und conventicula.“ „abseitliche inquisitiones;“ Ldtg. v. 1669, f. 106. 331. abseits (meiner, deiner ꝛc.),

absente me, te etc.; auch: weg von mir, dir ꝛc. abseits, beyseite, weg (z. B. gehen, besonders eines natürlichen Bedürfnisses wegen). Die Abseiten, b): absis, absidis, ἀψίς, ἀψῖδος; (BM. I, 5. Grimm, Wbch. I, 116). „Die Plutei werden zugleich einer abseiten (ad similitudinem absidis) gemacht;" Vegetius IV, 15, (Druck v. 1529). Gang oder Nebenschiff einer Kirche zur Seite des Hauptschiffs. „In der linken Abseiten des Chors zu Weihenstephan;" Hund, St.B. II, 70. „Altar in dem gotshaus zu Weihensteven in der Abseiten der gerechten hant; MB. IX, 517, ad 1405. „In unser frawen pfarr in der Abseiten; MB. XX, 63. „Ut nullus presbyter infra Sancta sanctorum quae vulgo *absida* cognominatur introitum in ecclesiam habeat;" Cod. Aug. eccl. 151 (sec. IX.), f. 65ᵇ. Gl. a. 556, i. 284: absida, absita, exedra; o. 43: absitun, exedras. 'ainseit, anderseit, adv., auf oder von der einen, auf (von) der andern Seite; (BM. II, II, 327: einsît, andersît).' „Daz unser fleischlehter hie in der stat einsit sullen sten an dem markte bi ein ander und die geste andersit bi ein ander;" Wirzb. Sätze v. 1343, §. 71. ainseitet (aə˜seitət), auf der einen Seite niedriger als auf der andern. Mari *Aə˜seit'n* (in scherzh. Anspielung auf Maria Ainsideln), Person, welcher die eine Schulter höher steht. Amtsseits, gerichtsseits, (Canzl.-Sp.) von Seite des Amtes ꝛc. beyseits (meiner, deiner ꝛc.), presente me, te etc. beseits, (Puterbey) beyseite, abgesondert, weg. BM. II, II, 327: besît, besîte, besîten, zur Seite, auf oder von der Seite, auf die Seite. „Si ne sazzen niht besite (zur Seite, an der Seite, daneben), eine mazleich wîte liezen si;" Kindh. Jesu, Hahn 95,47. „Ist (Hans v. Huniad) mit seinem geraftem volck besetzt in die Turken chomen und hat die Türcken hin wider aus der stat (Griech. Weißenburg) geschlagen," 1456; Clm. 5141, f. 133. beseitigen, vrb., bey Seite, weg legen, thun. beyseitigen, (ä. Canzl.-Sp.) übergehen, weglassen. hie-seit, gen-seit (héss'n, hést, hést'n, géss'n, gést, gést'n); diesseit, jenseit; *hest ə gest*, zu beiden Seiten. s. Th. II, 948. 955. 1179. 1186. „Do sicht man nicht anders essethin nüber dan hymel und wasser ... man wiss auch nit was do gesesset sey, als man uns saget so hetten etlich wollen erfarn was doch genssseit wer;" Cgm. 2279, f. 185ᵇ. Cf. Th. III, Stern: Finsterstern. Himmelseiten! unschuldiger Fluchausruf. seithalb, seithalben, adv., seitwärts. Der Seitling, (Cgm. 151, f. 1ᵇ) Seitenverwandter; (bey Höfer: cancer pulex). seitlingen (Voc. v. 1618), obliquò, obliquus nach der Seite, Alt. H. 1, f. 2, v. 1333.

seit (seid), Praep. und Adv., wie hchd.; (mhd. sît, ahd. sîd; vgl. goth. seithu, seiths. Graff VI, 155. 158. BM. II, II, 320 f. Weigand, Wbch. II, 681). „Sît mâles (nachher, einstmals) wolte er ze Regenspurc sîn;" St. Ulrich's Leben, Vers 1142. seit daß, seit dem mal, seittenmal, seitmal, ex quo; quando quidem. sittəm, (Passau) seitdem. seider, Präpos., seit; (mhd. sîder, ahd. sidor; Graff VI, 157. BM. II, II, 322. Weigand, Wbch. II, 681. Zeitschr. II, 180. 556,11. III, 90. 241,21). „Sider anegenge mines libes unze an dise wile;" Benedictbeurer offne Schuld (sec. XI.), Clm. 4552, f. 150. dəseidə', seidə'her, adv., seither, späterhin. Bey Ulphilas kommt seithu, adj. neutr. oder adv., für sero vor; (cf. gl. a. 89: sito, laxè). Bey Notker 80,6 gilt der Comp. sidero, wie im Isl. sîdhari neben Superl. sîdast-r, agſ. sîdra neben Superl. sidest, als Adj. für serior, posterior. Hiernach ist seider (bey Otfr. IV, 5,66. V, 12,62.63 sidor, agſ. sîdor, isl. sîdar) wol als Comp. adv. für serius, posterius zu nehmen. Dieser Comp. adv. wird schon bey Otfrid IV, 16,2 '(?)', wie II, 14,1. II, 15,1.2. das einfache sîd, mit als Präposition verwendet, und gestattet die Vermuthung, daß eben auch jenes einfache sid nur, wie baz melius, êr prius, leng diutius, min minus (cf. halt, haldo), eine apocopierte Comparativform sey. (Bei Grimm III, 590. 591. 594 findet sich, was für mich nur Vermuthung gewesen, wol ganz als Factum nachgewiesen). Vrgl. sit und sint.

sit (sid), sider (sidə'), Adv. und Praep., was seit, seider, w. m. s. Sid oder sider 'n Franzosenkrieg. „Sider des Kriegs;" Kr. Lhdl. VII, 171. sidə' dèn, 292
seitdem, daß; sintemal; Castelli (1828) p. 100. Sider fru; altd. Wälder II, 57. də'sidə', i˜sidə', siderher, seither, seitdem, (auch Avent. Chr. 63. 66). Daß das i statt ei als nach Gramm. 244 archaisch forterhaltenes î zu nehmen, oder gar daß sid, sider nach Gramm. 547 als si˜d, si˜der zum ältern sint gehöre, wird zweifelhaft durch das auf nider reimende, also kein î führende sider. (Wigalois 9172. Nibelungen, Lachm. 1269,4. Frauendienst, Cgm. 44, f. 76). Vrgl. seit und sint.

Der Sitten oder der Sitt, des, dem, den Sitten (im XVI. Jahrh.), die Sitte; (mhd. der site, ahd. situ, goth. sidus; Graff VI, 159. BM. II, II, 322 ff. Weigand, Wbch. II, 715). „Nach deinem stetten gebrauch und deinem alten Sitten" ... „Si haben auch mit Zauber ainen bösen sitten;" Reime v. 1562. „Zu derselben Zeit habent unser Voralten den kriechischen siten geübt" ... „Da lebt ain jeder seinem siten nach;" Dietr. v. Plieningen. Im XV. Jahrh., z. B. bey Suchenwirt, galt noch der, dem, den sit, plur. die sit statt des früheren der, dem, den site, plur. die site, welche Form aus der alten: der demo, den situ, plur. dia siti entstanden war. „Von sechslay siten wie man pelzen sol ... der erst pelz sit, der ander, der dritt ꝛc.; Ald. 206, f. 141 ff. Clm. 4373, f. 108 ff. „Ob Cristen gelaube niht heilic wær, er solte doch niemant sin unmær von mangem tugentlichen site, der unserm gelauben volget mite;" Renner 21837. Obige ältere dialektische Form verhält sich zur echten, alten Form, wie Frid, Friden zum alten fridu. Das jetzige deutsche Fem. Sitte scheint der ehmalige, nach und nach als Sing. genommene Plur. site (mores) zu seyn. Vrgl. Gramm. §. 832. sittig, adj. und adv., unübereilt, langsam, sachte. „Sittige betrachtung;" Druck v. 1455. „sittich, gemach, civilis;" Voc. v. 1618. 'unsittig, ä. Sp., ungestüm; (BM. II, II, 326: unsitec).' „Her Witege der küene und der unsitege;" M. Helmbrecht, V. 80. „sittlich, adv. und adj., (Franken) gemach, nach und nach, sachte, gemäßigt. „sittlich, moderate;" Voc. v. 1618. „sitlich, paulatim;" Gl. bibl. v. 1418. „Und darnach vahend an ze lesend sitlichen vnd nit ze vil;" Tauler an Marg. Ebnerin. „sittlich kochen" und drgl.; Vegetius v. 1529. „sittlich umrüeren", „in ainer sittlich warmen Stuben;" Feuerbuch v. 1591. „Der Babst Hildebrand schribe allen Teutschen ganz sittlich;" Av. Chr. 427. sittsam, a) wie hchd.; b) sachte. „Röst es fein sittsamb auf ainem sittsamen kholfeuer;" Feuerbuch.

Der Sittich, (ä. Sp.) der Papagey, psittacus; (mhd. sitech, sitich, ahd. psitich, sitich; Graff III, 370. BM. II, II, 328. Weigand, Wbch. II, 715). „Das er (Christus) mir lawter peicht send mein grüner Sittich das volend .. (!?); Rot 113, f. 323. „Die Preising von Wolnzach fuhren im Schildt einen Sittich;" Hund II, 246. cf. Gemeiner Reg. Chr. III, 95. (Gl. o. 108. 170: pisitech, psitich, sitich). „Die Sterner und Sitticher zu Basel" als Novelle in Varnhagen's Denkwürdigk. und vermischten Schr. (1840), 5. Bnd., S. 383—434. sittichgrüen, papageygrün; Wstr. Btr. V, 170, ad 1580.

Sitvarbe (?). „Nim sit varbe, binde si und wenich goldes in ein tuche; Clm. 4595, f. 39. '(Zum vorigen Wort? oder zu sit, seit, nachher?)'.

„Das Sot (den Absud?) von Rotkol sol man ofte trinken;" Cgm. 722, f. 21. BM. II, II, 362. s. Gesott.

„Sott, orexis; sottung, orexia oder speyung;" Voc. v. 1482. „Wer den sotten hab oder stechen;"

Cgm. 4543, f. 79. 80b. Vrgl. Söd, Sutt und Sutten.

'Der Söt, Ziehbrunnen, s. oben, Sp. 228: Sod.'

Das Gesott (Gśód, Gśó'), Gesött (Gśéd), Gesütt (Gśid), a) (O.Pf., Franken) zum Absieden, Abbrühen (um als Futter für das Vieh zu dienen) bestimmter Abfall von ausgedroschnem und gereinigtem Getreide, Spreu; (Graff VI, 165. BM. II, II, 362. Weigand, Wbch. II, 849. cf. schwed. sådorna, Kleyen; potatoes-sådorna als Gährstoff zum Brodbacken, dem König von Bayern empfohlen im April 1842 vom Bäcker A. Stenberg zu Borås in Schweden. s. m. Tagebuch, 4. Juli 1842). „Gesot, sprewer, paleae;“ Av. Gramm. Söde, palea, furfur;“ Voc. v. 1432, (Cgm. 685). „Den Malzhausen rühren, daß dem Maltz nit alle Cräften genommen und es zu
293 einem Gesott oder lehren palg wird;“ Chlingensperg, Hofmarch. 233. „Nesselgesot“, als Mittel gegen das „Getwang“, (Stuhlzwang); Cgm. 4543, f. 142. b) (in A.B.) gewöhnlicher: zu demselben Zweck auf dem Gesottstuel mit dem Gesottmeßer kleingeschnittenes ausgedroschenes Stroh, hchd. Häckel, Häckerling, — o.pf., Franken: Hälm. S. Sütt. „Der Gesotthacker,“ Scheirer Dienstord. v. 1500, f. 29, wornach damals die Schneidmaschine noch nicht üblich gewesen scheint. Der Gesotthabern (Gśó'hàbe'n), (Ilm) abgebrühte Waizen- und Roggenkörner, gedörrt und zu Grütze gemalen. „Das Viertel Gsothaber“ kostete zu Augsburg (während der Blockierung 1634—35) 2 fl. 12 kr.; Cgm. 4905, f. 311. G'fodwaſsə' tràgng, ein verblümter Ausdruck des weiblichen Geschlechtes im Chiemgau für das, was nach Sterne die Engländerinnen etwas zarter: to pluck your rose nennen. Gesötten, gesütten, angesütten, Gesott für das Vieh anbrühen, oder auch schon angebrühtes und von Futterzeit zu Futterzeit in einer Brenten aufbewahrtes dem Vieh vorgeben. „Wärbl, gesitt dem Viech, ich bin kranck;“ Criminalverhör v. 1523. „Dem Vih gesütten soll die Diern;“ Scheirer Dienstord. v. 1500, f. 40. „Das Wasser haut mir dä Bauch gsitt (gesüttet, angeschwemmt? cf. Sutt, Pfütze), äs kund ä Gans drin badä;“ Cbm. 1206, f. 13, Comödie v. 1687. Vrgl. Sutt.

'sottər, söttər, solcher; s. oben, Sp. 205: sogetan, sotan, und Zeitschr. II, 85,31. 238. III, 98. 329. 332. 452. 526,6. IV, 253,97. 456. VI, 170,73. 174. 323. 276,53.'

sottern, s. suttern, b).

Die Sutt oder Sutten, (Nürnberg) die Lache, Pfütze; (BM. II, II, 362. Weigand, Wbch. II, 849). ə *Sutt'n* Bloud, eine Lache Blutes. Vilmar, kurhess. Idiot. 389: Sotte, Sutte, Mistsotte, Mistsote (Thüringen). Castelli, Wbch. 258; die *Sutt'n*, ein kleiner sumpfiger Platz. Zeitschr. V, 517, II, 32: *Südere*, *Süderete*. „Ich hätte nicht gemeint, daß die Saala eine solche Sodt machen könnte, daß sie über Steinwege und alles so rumpeln sollte;“ Luther an Käthe, 25. Jan. 1546, de Wette p. 780. Vrgl. Söd, sudeln, Sott, sütten, suttern, 'u. s. unter Sutten.' Quidam paterfamilias stabilivit curtem novam quadrangulam in qua posuit scrofam quae peperit porcellos VII in media sode. Qui unâ cum matre quae octava est pepererunt unusquisque in omni angulo VII. et ipsa iterum in media sode cum omnibus generaliter peperit VII. Dicat qui vult una cum matribus quot porci fuerunt;“ Em. LXXIII, f. 14b. 'Cf. Ducange, ed. Henschel, V, 277c. 424a und Adelung's glossar. manuale: sodis et sudis, porcorum stabulum, (cf. franz. sou vel seu à pourceaux, Schweinstall). „Do zoch der erbære gast den schalchaften wirt ze unterst in die sutten hin“, (Hölle, Höllenpfuhl); Urstende, hg. v. Hahn, p. 127,20. „Der tiufel hât si hergesant ûz sîner helle sutten und heizent diupkutten;“ S. Helbling I, 205.

„Sutt.“ „Benichel nimmt dem Magen sein Wülen, sein Sutt;“ Ortolph. BM. II, II, 362. Weigand, Wbch. II, 841. Vrgl. Söd und Sott.

Die Sütt (Süd, Sid), (Franken) zum Absieden oder Abbrühen als Viehfutter geeigneter Getreideabfall oder Spreu, was anderwärts Gesott, Gesütt; (BM. II, II, 362); s. d. W. und Vilmar, kurhess. Idiot. 408. Zeitschr. VI, 476: die Süde. „Was täglich ausgedroschen, davon an Körnern, Strohe, Aefterig und Süd aufgehoben worden;“ Wirzb. Verord. v. 1746. „Das Äfterig und Sied;“ Ansp. Verord. v. 1706. „Ich wil unser kue die süd geben;“ H. Sachs 1560: III, III, 27b. Dieses Fem. Sütt scheint mit dem alten suti in salzsuti salinae, gl. i. 244. 283. 296. 326. 1094 (Graff VI, 166) eine, zu sieden gehörige, Form zu seyn. 'sütten, vb., was sieden.' „Quod longe coquitur minus assatis soccatur, ye lenger gesüt ye minder gebratt;“ Aug. S. Ulr. 108, f.... 'Vgl. süttig, siedend; Zeitschr. V, 181. 404,163. und VI, 344: Sitten, Sitting.' übersüttig (ibə'sidi'), adj., von Schmelzbutter, die zu lange am Feuer gestanden und zu braun geworden. ən *ibə'sidi's* Schmàlz taugt nét zó'n Kiəchəlbachə˜.

suttern, sottern, a) (Unter-Mayn) im Kochen wallen und überfließen. Weigand, Wbch. II, 849. süttern, sickern, hervorquellen; (Dr. Roth, Weihers. Vilmar, kurhess. Idiot. 408). b) figürlich, wie hchd. kochen: (O.Pf., Franken) mit schlecht verbissenem Unwillen reden, brummen, keifen. „Es sottert zu dieser unserer Zeit überaus; wenn's einmal kracht, welch große, wichtige Dinge können in kurzer Zeit geschehen;“ G. A. Bürger's Leben S. 564 (Aurb.) c) (schwäb.) aus einem enghalsigen Gefäß langsam und mit einem gewissen Geräusch ausfließen. Der Sutterkrueg, enghalsiger, steinerner Krug. d) figürlich: „Langsame Hand, so da truckt und sottert,“ (nur ungern und wenig gibt); Seb. Frank. 'Zeitschr. III, 332: sottern, langsam thun; vgl. IV, 188: sudern, sachte regnen, und II, 238: suzen, zögern. „Der Sutter, ablaufende, durchtropfende unsaubere Flüssigkeit, insbesondere Ablauf des gerauchten Tabaks;“ Vilmar, a. a. O.' Das Sutterich, Sütterich (Sidərə'), (Ries) das Gallertartige (Sulzige) von eingesottenem oder gebratnem Fleisch; (Allgäu) was beym Schmelzen der Butter zu Boden fällt, (Schmalzdreck).

Die Sutten-stuben, oder blos: die Sutten (Sud'n), die Krankenstube im Spital zu Amberg, sowie zu Nürnberg. „Den Pfriendnern in der Suden- 10, und denen 294
in der Gesunden-Stuben 5 fl.“ „So müssen auch die Haus- und Suden-köchinnen die Gesund- und Sudenstuben haizen;“ Wiltmaister, Amberg. Chron. 592. Die Sutten- oder Krankenstube des (im J. 1487) neuen Spitals zum heil. Geist in Nürnberg wird schon im latein. Stiftungsbrief „Sutta (seu infirmorum stuba)“ genannt. Der Geistliche, der den Kranken in diesem Spital zu predigen verpflichtet ist, heißt Prediger in der Sutten oder Suttenprediger. Was Wagenseil (de Norimbergae reb. not. p. 93) und anderswo Häslein zur Erklärung des Wortes von der nach Süden gestellten Kanzel oder von einer ehmaligen Aufschrift S. V. D. (Sancto Vito dicatum) vorbringen, auch Frisch's Vermuthung, daß das Spital zum Theil in eine vormalige Pfütze (Sutten) gebaut, wird wol auf sich beruhen müssen. (Ao. 1489 abbas S. Egidii Joh. Radenecker posuit primum lapidem in novo hospitali in medio fluentis aquae propter infirmos ut mundiori forma praeservari possint;“ Hartm. Schedel, Clm. 716, f. 295b). Wenigstens kommt die suten im Reim auf kuten (Kutte) als ein Ort, wo gepredigt wird, schon in einer Fabel Mich. Beham's, eines Nürnberger Dichters des XV. Jahrh., Cgm. 291, fol. 33a vor, wo vom hungrigen Fuchs, der als frommer Prediger das gute Federvolk zu erbauen gedenkt, gesagt wird: „Das er die kuten slauffet an, und gie hindan zu einer suten, da er vil gens vnd enten wist, die warn da gan.“ Wenn hier der

Dichter eben auch solch eine Betstube der Kranken eines Spitales im Auge gehabt haben sollte, `(s. jedoch oben: die Sutt, Sutten, Lache, Pfütze.´ Gänse und Enten waren wol auch am ersten in einer Pfütze zu treffen), so wäre freylich der Begriff krank oder Krankheit ziemlich nahe gelegt, zumal da nach Gramm. §. 433 Su't statt Sucht dem Dialekte nicht ganz ungemäß ist, und die in der ahd. Sp. oft genug vorkommende Schreibung suth statt suht vielleicht nicht blos lapsus pennae, sondern ebenfalls schon in der Aussprache begründet seyn konnte. Vrgl. Sucht. Uebrigens kommt 1525 auch zu Bamberg eine Sutte unter St. Theodor (Kloster der Carmeliten) vor. Bamb. Calender 1833. „S pro H scriptum monet Eccardus in Notis ad pactum Leg. Sal. p. 15. Hinc Germani Sutte vel Sude dicunt a Saxonico Hudde;" Adelung in Glossario manuali, tom. VI, p. L.

Der Sûter (mhd. Sp., und in der jetzigen nur mehr als Geschlechtsname Seuter, Sauter, archaisch: Suter, Sutter, Suttner vorkommend), der Schuhmacher; (ahd. sûtâri, mhd. sûtære, sûter, siuter; gl. i. 696: sutari, o. 57: sutare, o. 347: sutere, sartor, sutor, und, wie dieses von suere, so, nach Analogie von Nâter aus nähen, nâhan, vom alten Verb siuuan, suere, praet. siuuita, suta, gebildet und echt deutsch. Graff VI, 61. BM. II, II, 363. Weigand, Wbch. II, 649. Sieh oben S. 181 seuen und Seuel). Da Sutære demnach eigentlich Näher bedeutete, so heißt bey Br. Berhtold (39. 61. 68. 91, `Pfeiffer's Ausg. p. 146,1. 266,20. 271,16. 285,9; cf. 14,5. 112,11´), Jac. v. Königshofen (304. 305) und Andern der Schuhmacher bestimmter Schuohsutære, Schuhsutere, Schuhsuter, welches sich allmählich zu Schuohstäre, Schuechstær, bereits in einer Urk. v. 1297 (Bergmann's München 8), Schuechstere, Schuechster, Schuester, hchd. Schuster verkürzt hat. S. Schueh und vrgl. oben, Sp. 331, unter =seß, das niedersf., aus sete entstandene =ste. Schuchsutergazze (in Speier 1362, 1378); Zeuß, Speier 14. 21. Der Rintsuter, Runtsuter, (ehmals zu Straßburg) bey Jac. v. Königshofen, ed. Schilter, p. 272. 289. 404, Cgm. 337, f. 170. 235, Cgm. 569, f. 163. 171, ist wol schwerlich als Rinds=hûter, Rindshäuter, d. h. Gerber, zu nehmen, da im Augsb. Stadtbuch auch Rintschuhster vorkommt; s. oben, Sp. 118: Rind.

---

295 (Reihe Saw, sew sieh Sa, se, rc.)

`Six, blinder Six; s. Zeitschr. III, 355. 359.

`Six! mein Six! mein Sixchen! s. oben, Sp. 218 und Weigand, Wbch. II, 716.´

(Vgl. die Formen Saz, seß, rc. in der Reihe Sas, ses, rc.)

Der Sátzel, Servatius, (Taufname).

Der Satz (Sàz, plur. Sátz und Sétz), im Allgemeinen wie hchd. (BM. II, II, 343. Weigand, Wbch. II, 543. cf. Graff VI, 303 f.), und den verschiedenen Bedeutungen von setzen entsprechend, welches nachzusehen. Der Satz, Ursatz, (ä. Sp.) die Hypothek, das Unterpfand. „Eə' hàt ə˜n *Sàz* auf mei˜ Mül. I káf enk sei˜n *Sàz* à' auf enkə' Mül;" Castelli (1828) p. 208. Wien: Ein Capital auf den ersten Satz geben. RB. IV, 13: „zum Ursatze," und das. „sub nomine vadimonii teutonice Versaze." s. unten: Vorsatz. Satz ablösen; (Klein). „Die da lechent auf sat; als auf hewser, agker rc."; Cgm. 632, f. 46. Der Satzbrief, (Wien) Schuldbrief, wodurch ein Grundstück als Hypothek verpfändet wird. Kr. Lhdl. I, 220. 221. S. versetzen. `Der Auffatz, Satzung, Auflage, impositio, statutum, traditio; Grimm, Wbch. I, 718. BM. II, II, 343 f.´ „Auffatz des ungelts," (wie Aufschlag, Impost); Schlehd. 13, f. 213b. „De supertaxatione ·i· übersatz quando vendit ad futurum tempus pro XXX quod nunc libenter dant pro XX;" Clm. 17188, f. 53. „De supertaxatione ·i· forsatz;" Ind. 392, f. 22b.

Der Kirchsatz, Kirchensatz, die Kirchvogtey, das jus patronatus, Kirchlehen; (BM. II, II, 343. Grimm, Wbch. V, 809). „Wann ein Pfleger in einer hofmarch von alters her den Kirchsatz hat, so wollen sie alsdan gleich weiter greiffen, und die Prehen vor den Kirchen aussetzen;" 15. Adelsgravamen am Ldtg. v. 1605. MB. VII, 159. 184. VIII, 91. 226 wird das Wort von gewissen liegenden Gütern und Gefällen gebraucht. Das „chirichsazza (plur?) Sancti Kilianes" neben „frôno ioh friero Francono erbi" in der wirzb. Markbeschreib. MM. 38 `schien´ ebenfalls liegende Kirchengüter zu bedeuten; `allein´ der Codex (Ms. Theolog. in 2° 66, folio ultimo verso, linea 19) hat „chirisahha;" (ex autopsia 13. Septemb. 1836). Graff VI, 304. Grimm, RA. 562.

Der Truchsätz (Truckſátz), was Truchsäß; s. I. Th., Sp. 643.

Das Gesatz (Gſaz, Gſàz), a) das Gesetz; (BM. II, II, 345. 356. Weigand, Wbch. II, 425) RA.: *Gſaz Gſaz* sei˜ laſſ'n. Hàd kaə˜ *Gſaz*, nach Belieben. Nôt hât kain Gesatz. b) gewöhnlich im Diminutiv: Gesätzlein (Gſátzl, Gſétzl), Absatz in Geschriebenem oder Gedrucktem, Alinea; Strophe eines Gedichtes oder Gesanges; jede der 5—6 Abtheilungen zu 10 kleinern Ringelchen im Rosenkranz (Paternoster); fig. ə˜ *Gſátzl* leſ'n, singə˜, bèt'n, schlaffə˜, trinkə˜, waə˜n etc., wie man sagt: Eins lesen, schlafen, trinken rc. Das *G'sétzl* des Auer- und Schildhahns, (Jägerspr.) das Falzen. B. Landbote 1847, S. 535.

Die Setz (ä. Sp.), Art oder Maß eines Grundstückes (?). „LXXX reg. dn. iärlichs geltes und zwei huner aus einer setz, gelegen vor des N. weingarten." „LX. dn. iärlichs gelts aus einer setz, die itzt innhat der Peckh;" Ried p. 949, 950, ad an. 1398. Etwas ganz anders wird seyn die „Vinea quae vocatur Ainsetz," ibid. p. 514; und alles dieses wieder verschieden von Einsetz, welches man unten sehe.

Der Setzel, (Pegniz rc.) was Seßel.

Der Setzling, a) wie hchd., b) träger oder halsstarriger oder auch gern beym Bierkrug sitzender Mensch; (cf. Setzer).

setzen, (Cond. ich setzet, hab gesetzt — ä. Sp. Praet. ich satzte, han gesatzt), im Allgem. wie hchd.; (mhd. setzen, ahd. sazjan, sezjan, sezzan, goth. satjan; Graff VI, 290. BM. II, II, 347. Weigand, Wbch. II, 696. Zeitschr. IV, 406,1). Der Schneider, Schuhmacher rc. setzt so und so viel Gesellen, (stellt 296 sie an). Klöster sollen in ihren Kellern keinen Wein ausgeben und Manns- oder Weibspersonen darinnen setzen. „Die Wirthe sollen außer der erlaubten Zeit keine Zechleut, Trinker oder Spieler setzen noch behalten;" L.O. v. 1553, f. 93. 182, v. 1616, f. 50. 538. 548. 698. Garben abladen und setzen (im Getreidstock). „Einem Getraidsetzer Taglohn 5 kr.;" Wstr. Btr. IX, 312. „Urhab setzen," (b. W.) anhefeln, Sauerteig bereiten. Die Reden, die Füeß setzen, affectiert sprechen, gehen. Sätz, affectierte Gebärden, Ziererey. setzen, einem Wirt rc. das Bier, den Wein rc., bestimmen, wie hoch er sie verkaufen dürfe, taxieren. Der Setzer, a) Taxator.

Vilmar, kurheſſ. Idiot. 230: **Landſetzer.** b) vermuthlich in natürlicher Conſequenz des vielen Verkoſtens: Säufer. „Es ſol kain wirt kain Trincken ſchenken, noch auftun, man hab jms dann **geſetzt** ...“ „Als oft die **ſetzer** verſawmen ainen ſchenken und jm ſein trincken nit **ſetzen**;“ MB. XXIV, 235. L.R. v. 1616, f. 531. 544. Welſch, Reichertshofen 206. Der **Satz**, feſtgeſetzter Preis, Tarif: **Bierſatz, Brodſatz, Flaiſchſatz.** *Dés hàt ſcho˜ ſei˜n Sàz*, da wird nicht weiter gemarktet. Die **Satzung**, Taxierung. „So auch durch euern **Satzmeiſter** und euch die gemeldte **Satzung** begriffen iſt, ſchickt uns deren eine Copie;“ Kr. Lhdl. V, 78. Die **Satzunger**, die Br. Berhtold 123 (Pfeiffer 55,2; cf. 20,17. 3,21. 40,18.) neben den Wucherern und **Fürkeufern** apoſtrophiert, laſſen glauben, daß Zwiſchenhändler ſchon damals, hohe, ihnen vortheilhafte Preiſe zu veranlaſſen, ſich miteinander verſtanden. „**Satzungen**, ſantrocke und geſuch ſchuhent ſich in einen ſchuch;“ Renner 7634. „Furkauffer und **ſatzunger** bekert man e denn wucherer;“ daſ. 17291. „Mit unrecht, mit wucher, mit geſuch, mit furchawffen, mit uberchawffen mit **ſatzung**, mit untrewen chawffen;“ Ebersb. 167, f. 346. Heint **ſetzt's** Regen, Schnê, Wind ꝛc. (mit oder ohne Beyſatz: im Calender). Es **ſetzt** Schleg. Auf Mittag **ſetzt's** Küechel ꝛc., es wird Regen, Schläge, Kuchen ꝛc. geben. In dieſer Bedeutung auch: **abſetzen.** Grimm, Wbch. I, 117. „Du ſpileſt als auf einer Orgel, es **ſetzt** keinen falſchen Griff **ab**;“ Bogenberg. Mirakel 115. 150. ˋ**ſetzen**, intranſitiv, laufen, ſpringen (in Sätzen); BM. II, II, 350ᵇ, II.ˊ „Daz (die Hunde) Harre, Triuwe, Stæte und Wille zû einander **ſetzen**;“ Labr. 129. „Ze den hôrt ich dô alle hunde **ſetzen**;“ daſ. 343. „Ende (der Hund) zû mir **ſatzte**, ich enweiz niht wannen;“ daſ. 345 **ſich ſetzen auf etwas**, oder den, **ſeinen Kopf aufſetzen**, hartnäckig auf ſeiner Meinung oder ſeinem Entſchluß darüber beharren, obstinare se. „Ich mag mich dir ainigen nicht **geſetzen**, non possum opponere me tibi;“ Cgm. 690. **ſetzig**, adi., halsſtärrig, verſtockt. Der **Setzling, Setzkopf.** „Ich will ihn **ſetzen**, mactabo, tractabo, ut meruit.“ „**Auff Einen ſetzen**, unum petere, in unum conspirare;“ Voc. v. 1618. Grimm, Wbch. I, 738,8. ˋ**anſetzen**, wie hchd.; Grimm, Wbch. I, 460.ˊ Der Mais **ſetzt** wieder **an**, der Schlag iſt mit Wiederwuchs verſehen; (Jir.). **anſetzen Einen**, ihn zu etwas verleiten und dann im Schaden oder in der Verlegenheit ſitzen laſſen, betrügen, hintergehen. Grimm, Wbch. I, 460. cf. „**darſetzer** und valſch ratgeben;“ Ms. v. 1449. Grimm, Wbch. II, 790. *Abəˈ ſétz mi' nét à˜, I ſàg də's!* „Sich vor unredlichen Schuldenmachen und **Anſetzen** der Leüt hüten;“ L.O. v. 1553, f. 114. „Es ſoll kain frömder zawer hie burger werden noch ſein, er verpörg dann vor dem rat, ee er burger oder zawer wirt, VI Pfd. pfenig darumb, daz di lewt von jm icht gelaicht oder **angeſeczt** werden;“ Münchner Policey-Ord. v. 1450 circa. Wſtr. Btr. VI, 160. „**An Einen ſetzen** mit einer Forderung, und mit Gant und pfant wider ihn verfaren;“ Ldtg. v. 1669, f. 376. cf. unten **zu Einem ſetzen.** Sich **anſetzen**,
297 ſich befleißen, (Klein). „Kaufleut, **Anſetzer** (Negocianten?) und Schweintreiber;“ tyr. L.O v. 1603, f. 35. **aufſetzen Einen**, irritare. „Der ſich bald **aufſetzen** laßt, irritabilis;“ Voc. v. 1618. **aufſetzen Einem etwas**; Grimm, Wbch. I, 737. Was dem Menſchen **aufgeſetzt** (fatatum) iſt, dem kan er nicht entgehen; (Nürnb. Hſl.) es ihm weiß machen Grimm, Wbch. I, 738. **Aufſatz** (ä. Sp.), a) hinterliſtige Beredung, Betrug; (BM. II, II, 343 f. Grimm, Wbch. II, 718,8). „Das ging alles mit **Aufſätzen** zu;“ Freyberg, ſ. h. Schr. I, 129. 172. „Sie ſein gar letz auf bos **aufſetz**;“ Michel Beham, Cgm. 291, f. 33ᵇ. „Interrogationes de virginibus in confessione: Attemptastine aliquem illicita herbis aut alio modo cum aliqua superstitione **aufſatz**; Raitenb. 192, f. 1. „Ungewonlich chäuff, die mit **aufſätzen** geſchehent zu unredlicher zeit und in truncken-hait;“ Ingolſt. Verord. v. 1390, Cgm. 240, f. 70. Welcher boßliſtiglich und mit **aufffatz** zu einer Aufrhue Urſach gibt;“ Tyrol. L.O. v. 1603, f. 28. „Mit vorteiligem **Auffſatz** guter[wort mit Einem handeln;“ Buch der Weisheit v. 1485, f. 98. 129. 185. b) Haß, Groll. c) Empörung. Dietr. v. Plieningen. **aufſetzig**, a) liſtig, ſchlau; BM. II, II, 346. „Vernünftig vnd **aufſeczig**;“ Druck v. 1485, f. 110. „Astutus, **aufſeczìger**;“ Voc. Melber. b) (*auffäzi'*) was aufſäßig, feindlich geſinnt. Eim **aufſſetzig ſein**, adversari, insidiari; Voc. v. 1618. **ausſetzen** (scil. das Venerabile in katholiſchen Kirchen), öffentlich ausſtellen. Bey Unſəˈ Frau wird für ə˜n ied·n Sterbə˜d·n *ausgſetzt*, wenn mə˜ ·s vəˈlangt und ə˜n *Ausſétz*-Zédl ſchreibm laſst. Bey der Kunde von den Pariſer Juliustagen 1830 ſoll der in ſolchen Dingen anzugehende Mesner der Münchner Metropolitankirche von einem Mauvais plaisant durch das Begehren des **Ausſetzens** für Dame **Congregation** (in der Ständeverſammlung von 1831 weiter beſprochen) myſtificiert worden ſeyn. **ausſetzen Einen**, deſſen Stelle vertreten. „**ausgeſetzt des**,“ ausgenommen das; Amberg. Act. v. 1379. **ausſetzen** etwas an Einem, wie hchd. Der **Ausſatz**, (Nptſch.) Tadel. *I hà kà˜n Ausſatz an in.* Der **Ausſetzel**, (ä. Sp.) der Ausſätzige, (Wſtr. Btr. VII, 183); der **Uzſetze**, (Cgm. 44, f. 74); BM. II, II, 346: der **ûzſetze, ûzſetzel.** „Do wolter als **ferſmêhte** ſin als ain **uzezil** ... die **uzzecil** die fuoret man och für die ſtat“; Griesh. Pred. I, 115. Konr. v. Megenberg, Pfeiffer 219,1. Der **Ausſetzel**, die Lepra ſelbſt; Cgm. 592, f. 11ᵇ. Konr. v. Megenberg. Pfeiffer 160,30. 273,19. 403,25. 411,28. 474,13. 491,5. Grimm, Wbch. I, 943. 944. Das **Beſetz** (*Bſétz, Bſétzət*, plur. *Bſétzətəˈ*), Straßenpflaſter; Einfaſſung eines Kleides, namentlich des Hemdes am Hals- und Handtheil; angenähte Unterlage, beſonders am Schuh. N.A.: *Vo˜ 'n Huəd bis aufs Bſétz.* **entſetzen**, BM. II, II, 353. „N. N. iſt lange Zeit ſeiner Sinne **entſetzt** (außer ſich) geweſen;“ Inchenhof. Mirakel 1605. „Ich bin nicht fröhlich worden ſider ſo gar thet mich die forcht **entſetzen**;“ H. Sachs 1612: IV, III, 11. (Vrgl. **ſich entſetzen** und das ahd. **antſizan**, mhd. **entſitzen**; BM. II, II, 334. Grimm, Wbch. III, 621. 626). **einſetzen**, ein Gut, es übergeben, abtreten; (Allgäu, Schrank, b. R.; Ammergau, Rath Her) Die **Einſetz** (*Ei˜ſétz*, plur. ebenſo), Maß von Feldern und Grundſtücken: halbes Tagwerk, halbes Juchart, ein Morgen, 20,000 b. □ Schuhe haltend. Eigentlich wol, ſoviel in **einem** Vormittag oder Nachmittag oder in einer **Einſpann** (falls man früher neben **vorſetzen** ſt. vorſpannen auch **einſetzen** für einſpannen geſagt) mit einem Paar Ochſen gepflügt werden mag. Derſelbe Sinn ergibt ſich auch, wenn man **Einſetz** lieber als **Ausſpannen, Einſetzen** des Geſpanns in den Stall nehmen wollte; (vrgl. **Raſt, Rue**). Wirklich ſagt der Prediger Selhamer: b) „Bey der Trunkenheit haben alle andere Laſter ihr Einkehr, ihr 298
Niderlag, ihr **Einſetz.**“ c) Behälter für gefangene Fiſche; Weiher, in welchen Fiſche **geſetzt** werden; Behältniß für Gartengewächſe im Winter. **fürſetzen, vorſetzen** a) vorſetzen; b) (Werdenfels) vorſpannen Pferde zu denen, die ſchon eingeſpannt ſind; (Jir.). Die **Vorſetz**, Vorſpann; (Jir. Cfr. **Einſetz** und im brem.-niederſächſ. Wörtb. IV. B., S. 758: „dat peerd vor den wagen ſetten“). ˋc) voraus jagen, hetzen (den Hund). cf. BM. II, II, 355,3: **verſetzen.**ˊ „Gelücken (den Hund) ich **fürſatzte** hin gen dem Schalkes walde;“ Labr. 11. „Swer Wägen (den Hund) wol kan hetzen und kan ouch in verhalten und weidenlich **fürſetzen**, ſo mag des hundes wol gelücke walten;“ daſ. 288. ˋDer **Fürſetzer**, ä. Sp.; cf. die **Satzung.**ˊ „Quando acquirit per fraudem ut mercatores **fürſetzer**, **fürkofer**;“ Clm. 13126 (XIV. sec. 8º), f. 129ᵇ. Cf. Th. II, Sp. 1227: **fürkauffen. haimſetzen Einem etwas**, es ſeiner Willkür überlaſſen, heimſtellen; Voc. v. 1618. **hinſetzen** (b. W., von Thieren), abortieren. *'Kou, d' Lous hàd hi˜gſetzt.* **überſetzen**, ˋübermäßig beſetzen; fig. überlaſten, bedrängen; BM. II, II, 354.ˊ „Si (die Closterfrauen) ſullen mich (die Pfründnerin) in dem benanten gemach (Logis) mit niemant **überſetzen**, noch darein

laßen aun mein gunst und willen; MB. XVIII, 495. 497. 527. „Sô ist von mangem munde vil manig gůt wîb und man übersetzet;" Labr. 134. „E ich sî mit den dingen übersetzet;" das. 146. „Mit den (wolfen) ich was sêre übersetzet; das. 287. 'untersetzen, unter (zwischen) etwas setzen, stellen, legen; fig. unterwerfen. BM. II, II, 355.' „Swer eʒ (das Wild) wol undersetzet;" Labr. 430. 'versetzen, hindernd besetzen, versperren; festhalten, bedrängen; fig. (in Gedanken) feststellen. BM. II, II, 355.' versetzen einen Hau, einen Stich, (ä. Fechtkunst) ihm einen abwehrenden entgegensetzen. Versatzung; Cgm. 558, f. 129b. „Wer newr versetzet, mit allen künsten wirt er geletzet;" Leckũchner, Cgm. 582, f. 1. „So betrachte und fersezze gar wol waz du wert sigest," (seist); Griesh. Pred. I, 157. Die Versetzerin, Unterhändlerin in Leihhausgeschäften. Der Versatz (Vəˢsàz), das Pfand, Unterpfand, die Hypothek. s. oben: der Satz. Etwas in Versatz geben, nemen, haben. Das Versatzhaus, Leihhaus, monte pio. „Und hat auch im darzu gesatzt ze Ursatze sein gut ..." MB. XXIV, 364, ad 1324. Spruch, Klag setzen zu Einem, ihn gerichtlich belangen, „arcessere, accusare;" Av. Gramm. „Setzt sein klag zu dem benanten Hannsen;" MB. III, 579. Daraus vermuthlich elliptisch das neuere: Einem zuesetzen. Der Zuesatz, (Zillerthal) Zugemüse. Die Zuesätz, auxilia, auxiliares (copiae). D. Vegetius v. 1529. Von den streitenden Parteyen gewählter Beysitzer eines freywilligen Schiedsgerichtes, insofern deren von jeder Partey eine gleiche Zahl zum gemeinschaftlich ernannten Obmann gesetzt wurde. Kr. Lhdl. I, p. 184. 185, ad 1446. „N. N. erkiester Obmann uud 8 Zusätze;" ibid. IX, 437. 438, ad 1493. Meichelb. Chron. Bened. II, 188, ad 1498.

Seiz, (ahd. Sp.) Sîzo, wol entstellt aus Sigfrid oder Sighart oder Sigbert und drgl. cf. Th. I, Sp. 109. „Seizen und Veiten den Torringern;" Kr. Lhdl. IX, 488, ad 1500. „Seiz Schwarzmayr von Hopfenau;" Urk. v. 1467. „Seitz Marschalk von Oberndorf; MB. XXIII, 313, ad 1409. Clm. 5662 (XV. sec., 1474), f. 1. 206 steht: „Conr. Seicz Müller," f. 192: „Conradus Seufridi de Petenis."

sitzen, Condit. praet. sitzət und sáß und sátz, Partic. praet. geseßen und gesetzen, im Allgem. wie hchd.; (mhd. sitzen: ich saz, wir sâzen, gesezzen; ahd. sizzan, goth. sitan. Graff VI, 284. BM. II, II, 328. Weigand, Wbch. II, 716). Am Untermayn hört man setzə˜, bin gesotzə˜. Zeitschr. IV, 406,1. Zuweilen wird sitzen reciprok gebraucht, besonders in Phrasen, wie: *siz di'* nidəˁ, *sitz di'* zu miəˁ her. Ob oder auf etwas sitzen, darauf dringen. „Daß du darob sitzest, daß dem Eid genug geschehe;" Kr. Lhdl. IV, 104. „Man sitzt auf mich, invidia premor, infestor;" Voc. v. 1618. (Vrgl. auffitzen Einem, Einem auffäßig
299 seyn). Auf sich selber sitzen, „ob jhm selb sitzen, labore et cura canescere hominum vestigia vitans;" Voc. v. 1618. Gê Altəˁl, *sitz* nét so *auf dir selbəˁ*, gê untəˁ d· Leut, trink ə˜ Máßl Biər! sagt wol die verständige Hausmutter zum allzu trübsinnigen Gemahl. Eines Gutes bey Nutz und Gewer sitzen, in vollem, rechtlich anerkanntem Besitz desselben seyn. „..Lehenmann, der des Lehenguts bey nutz und gewer gesessen ist .." „Wer umb Aigenleüt angesprochen wirt, der er bey nutz und gewer sitzt.."; Ref. L.Rcht. v. 1588, f. 90 u. 126. Eines Gutes Nutz und Gewer ersitzen oder durchsitzen, so lange in wirklichem, unangefochtenem Besitz desselben sein, daß es Einem von Rechts wegen nicht mehr entzogen werden kann. BM. II, II, 334. Vrgl. Birlinger 387: ersitzen. „Unz sy nutz und gewer des obgemellten kauffs durchseßen haben;" MB. X, 573, ad 1490. Der Sitz, Haus, Hof, Schloß eines adelichen Landsaßen; LR. v. 1616, f. 756. Viele dermalige bloße Bauernhöfe, besonders an der Vils und Rott, kommen in ältern Akten als dergleichen Sitze vor. Birlinger 387.

„Ein Sitzlein, genant Teinswangk;" MB. XXV, 77. Der Sitzer, das Sitzerlein (Sitzə'l), (HhE.) Stuhl („Hockerlein"). „Der Sitzling, sedentarius homo," Voc. v. 1618; besonders ein solcher, der gerne im Wirthshause sitzen bleibt. Das Sitzhaus, (ä. Spr.) der Abtritt; Cgm. 690, f. 85a. Die Sitzweil (Sitzwál), die Abendzeit, wo man sich von den Arbeiten in Feld, Stall und Scheune zu Arbeiten oder Unterhaltungen beym Stubenlicht zurückzieht. Dér sauft in aənəˁ *Sitzwál* seiné séchs Másln, wie man sonst auch sagt auf aə˜n *Sitz*. ansitzen, '1) festsitzen, angesessen sein. Grimm, Wbch. I, 463.' Is məˁ nét làid drum (daß ich bezahlt werde), bist məˁ *à˜g·seſſ·n* (hausgesessen, ansäßig) gnuə' dəfüəˁ; (ObrM.). *à˜sitz·n* (durch seine Gegenwart lästig werden) wêi ə˜ Fịlzlaus. 2) zu Schiff sitzen, sich einschiffen; Av. Chr. 286. Der Ansitz, Wohnsitz, besonders ein adelicher, Residenz. Grimm, Wbch. I, 463. „Die Schürfseisen haben ihrn Ansitz umb den Ampersee;" Hund I, 331. „In der weltberühmten kayserl. Ansitzstadt Wien;" Reiner's Tandelmarkt v. 1734. Der Ansitzer, Anwohner; LR. v. 1616, f. 540. 756. aufsitzen, a) ä. Sp. (von den Unterthanen, die zu Pferd oder zu Wagen Kriegsdienste zu thun hatten), sich rüsten. Der Landaufsitz, diese Rüstung. b) sich vom Sitze erheben, damit dieser für einen Augenblick frey werde. *Sitz* ə˜ weng *auf!* c) (Allgäu, vom Winde) sich legen. „Endlich ist der Wind auffgeseßen." d) Einem aufsitzen: 1) sich durch dessen Worte (wie ein Vogel auf der Leimruthe) fangen lassen, ihm in die Falle gehen. 2) ihn hart, feindselig behandeln. Einem auffäzig, aufféßig seyn. Die Aussitzfrist, das jährliche zu bezahlen ausgesetzte Ratum von einer Summe, die sich bey einem ad onus successorum geführten Bau erlaufen. Hat ein Successor den Bauschilling abgelöst, so sitzt er seine jährliche Frist ab, wo nicht, so bezahlt er sie jährlich an die betreffende Behörde. besitzen eine Sache, auf, bey, zu, an, über ꝛc. einer Sachen sitzen. BM. II, II, 332 f. Grimm, Wbch. I, 1626. „Wie er am abentessen das er mit seinen iüngern hat beseßen verkauft und auch verraten ist;" Clm. 4423, f. 40 (v. 1481). „Bey Tisch das beste Ort besitzen;" P. Abrah. „Das Gericht, das heimlich Malefiz-Recht ꝛc. besitzen;" Land-Rcht. v. 1616. „Adeliche, denen es zukomt, sollen das peinlich Gericht als Richter und Urtheiler in eigner Person besitzen;" Carolina poenalis. Die Gant besitzen, bey einer Gantverhandlung sitzen; Gantord. v. 1571. „Aus päbstlichem Gewalt besaß er das Erzpistumb zu Salzburg;" 300
Öfele, rer. Boic. scr. I, 584. 'besitzen, bleiben an einem Orte, wohnen; BM. II, II, 333. Grimm, Wbch. I, 1625.' „Über eine zît besaz sie der valant;" St. Ulrichs Mirakel. (Noch sagt man: besessen seyn; BM. II, II, 334. Grimm, Wbch. I, 1617.) Der Beseß, Besitz. BM. II, II, 338. Grimm, Wbch. I, 1618. Einer Sache außer Beseß kommen; Kr. Lhdl. IX, 115. „Wo er der Sach im Beseß bliben wär;" LR. v. 1588, f. 85. pisez, possessio; Notk. 103,24. 104,15. „Possessionem tuam, die besizede dine;" Cgm. 17, f. 10a. Einen Feind, eine Burg, Stat besitzen, (ä. Sp.) ihn, sie belagern. BM. II, II, 333, III. Grimm, Wbch. I, 1626,3. Von iemand besessen werden; Lori, Lech-R 113. „Und ward Zamri besessen von Amri," Reg. III, 23; Dr. Eck. „Die besezzen stat daz ist die werlt die lang zeit besezzen was von dem teufel;" Gesta Romanor., Cgm. 54, f. 76a (Keller p. 150). „Wan wir sigen besezzen," (obsidiati); Griesh. Pred. I, 147. „Küng Philippus volgt dem bischof von Köllen vnd besaß in vf dem hus ze Waſſerburg, daz gewan er vnd vieng den bischof;" Kaiserchron., Ms. sec. XIV., german. Mus. 2733. Der Besaß (Lori, Lech-R. 114), sonst gewöhnlich: das Beseß, (ä. Sp.) die Belagerung. „Daß Herzog Ludwig das Besäß für Neuburg gelängert;" Kr. Lhdl. III, 50, ad 1439. „Auf ain feld oder in ain Beseß ziechen;" MB. XIV, ad 1392. Brief gegeben (von K. Ludwig 1316) an dem pfintztag vor dem palmtag in dem bésez ze Harryr;" MB. XV, 447. „Zogen die Ungern aus

dem Päßeß Augsburg dem König entgegen;" Freyberg, s. hist. Schr. I, 31. „Wer beligers und besesses wartend ist;" Anhang zum Vegetius 1529. „Daz bisezze;" Br. Berhtolt 411.

besitzen, vb. intrans., 1) sitzen bleiben; BM. II, II, 336b. Grimm, Wbch. I, 1628,7. „Der schmid noch an dem tisch besaß," H. Sachs 1560: II, IV, 82b; namentlich: vom Gegner beim Stechen oder Rennen nicht aus dem Sattel gehoben werden, nicht vom Pferd herabfallen, (cf. bestên, beruhen). „Trafen baid, aber es haftet kains eisen, darumb besassen sy;" Cbm. 2800, p. 32. 36. 2) 'figürlich: zurückbleiben, ausbleiben,' versiegen. „Des fröud ist hie besezzen;" Labr. 380. 3) besizzen, bisizzen, a. Sp., (vom Boden) unergiebig, unfruchtbar seyn, nachlassen, subsidere. BM. II, II, 334, IV. „Do besaz diu erda (heißt es in der poetischen Bearbeitung der Genesis, einer Wiener H.S. des XII. Jahrh., Cod. D. I, 137, Diut. III, S. 63), da ne wolt nicht ane werden, Abraham duanch der hunger, do suoht er stat andere;" und das. S. 101: „Du furewurtin dei (7) guten iâr, du bisaz diu erde, da ne wolte nicht ane werden." Auf ähnliche Weise heißt es in Hoffmann's Fundgr. I, 193: „So besitzet div erde, dane sol nih ane werden." Gl. i. 46 wird occumberet, i. 805 subsedit durch pisaz gegeben. 'Im gleichen Sinne steht zuweilen auch: versitzen; vgl. BM. II, II, 336 f. s. auch unten.' „Wan daz daz selbe gût versezze (versæze) von ungewitere oder von unfride daz ez den hailigen siechen nicht vollaist mechte gegeben;" Clm. 4620, f. 79. „Ist cauda draconis in dem virden hus so man frucht set, das korn sol versiczen oder luczel frucht bringen; Nürnb. Calender auf 1477 et sequ. ann., (Inc. s. a. 8⁰ 4⁰, 427), f. 70. „Octo dies ante Mich. so brich ain aichäpfel auff, vnd ist daz du darin finst ain spinen so wirt koren vnd wein wersizen. finst du aber ain fliegen so wirt ain mittel jar vnd wil windz. Ist aber ain mad so wirt ain fruchtberz jar." (von anderer Schrift:) „das ist derlogen;" Clm. 4366, Vorsetzblatt. Daher: Bisezze, Bisez, Bisaz, Biset, Bisat, Biseß, Bisaß, Besäß, Beysäß, (ä. Sp.) Miswachs, der nebst anderm ehaften Schaden, besonders Hagelschlag, dann Krieg, Brand ꝛc., als von jährlichen Prästationen entbindend oder nicht entbindend, in Urkunden häufig bedungen wird. BM. II, II, 338. In einigen Fällen mag auch die Bedeutung Belagerung oder Feldlagerung überhaupt zu nehmen seyn, wie denn das Wort, ähnlich manchem andern solcher stehen bleibenden Formeln, aus den verschiednen Entstellungen zu schließen, schon früher nicht mehr recht scheint verstanden worden zu seyn. „Annuatim persolvant modium kern, modium siguli, modium hordei, nisi sterilitas terrae quae dicitur pisice, vel grandinis incommoditas hoc intervertere videatur;" MB. VIII, ad 1258. (cf. „Si grando, sterilitas, rapinae vel incendia villam aut provinciam vastaverint;" MB. VII, 128, ad 1255. „Si autem praenominata curia aliquo grandine, sive annorum vel terrarum sterilitate depravabitur;" MB. XIII, 371, ad 1267). „Des gîtigen (Wucherers) gewinne gent alle zît für sich, so krum
301 so sleht, ez witter übel oder wol, ez sî besezze oder niht, so get sîn pflug doch alle zît gelîh;" Br. Berhtolt († 1272) p. 273, (Pfeiffer p. 244,35). „Es schlage dan schawr oder piseß;" MB. XVIII, 26, ad 1297; XVI, 314, ad 1303; XII, 495, ad 1460. „Ez wär danne, daz schawer vnd pises oder lantz urleug wär;" ibid. II, 223, ad 1328. „Swelchs iar schaur ist oder pisezz auf den drien guten oder offens urlug;" ibid. IX, 166, ad 1331. „Bisazz, hagel oder lantznot;" ib. XXIII, 136, ad 1345. „Von schaur, von pisaz, von urleug;" ib. II, 292, ad 1353. „Schawer, pyseis oder gemainer lantprest;" ib. V, 485, ad 1355. „Von kriegs, unfrides, schawer, pyses und übriger Gastung wegen;" ib. III, 371, ad 1373. „Schawer, pises, urlewg und lantsbresten;" ib. V, 190, ad ad 1380. „Schuwer, pisez, landprest oder ehaftiger schad;" ib. X, 283, ad 1380. „Schawr oder piset;" ib. XVIII, 220, ad 1381; XX, 29, ad 1385. „Schawr und piset dulden und leiden;" ib. XX, 119, ad 1407. „Schawr, piseß, urleug, prant;" ib. XIII, 433, ad 1418. „Weder schawr noch piset noch dhainerlay gewalt;" ib. XIX, 106. 108, ad 1420. „Pises und schawr;" ib. XVIII, 393, ad 1434. „Schawr, hitz, pisat;" ib. XIX, 137, ad 1439. „Schauer, pises, prant, urleug, krieg;" Ried 1014, ad 1440. „Weder schawer noch piß;" MB. XIII, 446, ad 1441. „Schur, hagel oder pysazz;" ib. XXIII, 445, ad 1443. „Schawr, Pisas ꝛc." ib. VIII, 348, ad 1459. „Es wær von prünst, schawr oder von piset urleugs oder landes geprechens wegen;" Scheftlar. Urk. v. 1410, Vorderdeckel des Clm. 17139. „Ez slach schawer oder pises; Clm. 17420, f. 50b. „Schawr, bysaß oder gemainer landsgebrech," (1452); Ben. 212, Deckel. „Schauer und pisis und anderer schaden;" Münch. StR., Auer p. 295. „Schawr, hagel, bysas;" Cgm. v. 1499, f. 51. „Wo durch Besäß oder in ander weg der Traid Schaden genomen;" Ldtg. v. 1543, p. 119. „Welches Jahrs ein Bawman geprESten leydt von Beysäß oder andern solchen Sachen und gepreſten;" Tyrol. LO. v. 1603, p. 143. 'einsitzen, seßhaft werden, wohnen; BM. II, II, 332. Grimm, Wbch. III, 297. Der Einsitz, die Besitznahme.' Die Erbfolge nach dem Rechte der Jüngstgeburt gilt fast überall in Bayern; (ObrM.). Nach altbayer. Gewohnheitsrecht gehört die Heimat dem jüngern Sohne, und wenn hindernder Umstände halber der Nestscheißer nicht Gutsübernehmer seyn kann, und ein älteres Geschwister ihn verdrängt — ihm *eine g'séss'n* ist — so gebührt ihm von Rechts wegen für den Einsitz eine Entschädigung. Weil mein Vater zu früh gestorben ist, so hat mein älterer Bruder übernehmen müssen, und der jüngste hat für den Einsitz um den 4. Theil des Erbtheils mehr bekommen. einsitzen, in fraudem incedere. „Daß ich nicht einsitz, ne res mihi sit fraudi; Voc. v. 1618. 'Vgl. Grimm, Wbch. III, 298,6, Birlinger 387 und das heutige eingên, (cf. Grimm, Wbch. IV, 187,6).' S. oben aufsitzen. entsitzen, (ä. Sp.) fürchten, befürchten; BM. II, II, 334,3. Grimm, Wbch. III, 626,1.5. „Ich entsitze ein getwerc harter dan iuwern grôzen lîp;" Iwein 5010; cf. 1421. „Ich got niht en vorht vnd den menschen niht entsitze," Luc. 18,4; Cgm. 66, f. 57. „Das der unkuscher gotes rach entsäß;" Cgm. 630, f. 67. insizzan, metuere; gl. i. 285. Graff VI, 288 f. ersitzen, 'was entsitzen, vgl. Grimm, Wbch. III, 986,3.' In der Forcht ersessen, metu perculsus; Dietr. v. Plien. versitzen, a) im Sitzen einnehmen, zum Sitzen in Beschlag nehmen (einen Platz). Is der Plàz scho~ *vä'séss'n? Vä'sitz* me' mei~n Plàz nét. „War alles schon versessen beym Wirth;" Portiunculabüchl. 70. b) sitzen, wo und wann man nicht sollte. BM. II, II, 336 f. „Owê, wie sin wir versezzen zwischen fröiden nider an die iâmerlîchen stat;" Walther v. d. V. 13,19. „Parsperg versitzt selten, wo man Turnierhöf thut melden;" Reim bey Hund. versitzen ein Bot, (auf eine Citation nicht erscheinen, die Frist verstreichen lassen), MB. II, 103; einen Dienst, Zins, eine Gült, Stift ꝛc. versitzen, sie nicht zur gehörigen Zeit abtragen, damit im Ausstand bleiben. Der Verseß, der Ausstand; Kr. Lhdl. XVIII, 249, ad 1509. BM. II, II, 338. „Also gab er den Verseß und das new miteinander;" Joh. Pauli 269a. versitzen laßen eine Rechtssache an sich selber, sie nicht vornehmen, sie liegen lassen, bis sie sich etwa von selbst erledigt. c) versitzen, (von Mädchen) sitzen bleiben, nicht an Mann kommen; Cgm. 714, f. 29. widersitzen Einem, (ä. Sp.) sich ihm widersetzen. BM. II, II, 337,1. „Wir vernehmen, wie du uns in unserm Umgeld widersessen seyest und uns den nicht folgen lassen wollest;" 302
Kr. Lhdl. I, 142, ad 1442. „Da von solt du dem teufel widersitzen;" Gesta Romanor., Cgm. 54, f. 44a, (Keller p. 84). „Da von ist gût, daz ich ez lazz sein, vnd widersitz dem pösen willen;" das. 79a, (Keller 156). widersezig, adj.; BM. II, II, 342: widersæze, widersæzec, und 347: widersetzec. „Die Widersezigen pfänden;" Kr. Lhdl. I, 105, ad 1488. wider-

sitzen Einen, (ä. Sp.) ihn scheuen, fürchten. BM. II, II, 337,2.

Sozi. ə˜grober *Sozi*; — etwa v. socius divinorum, Gesell des Kirchherrn? oder aus der Zeit der Jesuiten, von denen nach den Ordensvorschriften, wo möglich, keiner allein, sondern immer mit einem Socius wohnen, reisen, agieren sollte?

Die Sutz, (O.Pf.) das Mutterschwein.

sutzeln, saugen. Der, die Sutzel, Ding, woran man saugt, (in der Sprache der Kinder) Schnuller, Tabakpfeife; Kräuter, die sie aufsuchen, um daran zu saugen, z. B. Bocksbart, Salbey, Taubnessel. „In's Gástl bin i' gangá ná wuzl, wuzl, is má' d' Pfoád aussághangá án langá *Suzl*;" Wagner, salzb. Ges. 111, hinten p. 139 erklärt als „Stück."

Sechs und dreyßigste oder Scha- ꝛc. Abtheilung.

Wörter, deren Stammsylbe mit sch ohne unmittelbar darauffolgenden Consonanten anfängt.

(Vrgl. Schah, scheh, ꝛc., Schaw, schew, ꝛc.)

sch. Ein Fragment (sec. XII.—XIII.) aus Barlaam und Josaphat schreibt sh für sch; (Dr. K. Roth).

gschá! Ausruf beym Verscheuchen von Geflügel, auch wol von Fliegen. *gscháwə*-r-eini! *gscháwə*-r-aussi! *gscháwə*-furt! ObrM. Firmenich I, 482,30 (Düren): *schüü!* VII Com. *schua!* (zu Hühnern). Etwa zum schwäb. Verb schächen, fugare, „fluigen schächen, flabellare," des Voc. v. 1449 gehörig. Vrgl. auch scheuhen und schächen, schoch.

schauen (schauə˜, schau˜, schau˜n), wie hchd.; (doch als Akt des Willens vom mehr passiven sehen im Dialekt eben so getrennt gehalten, als es im Griechischen θεᾶσθαι von ἰδεῖν, ὁρᾷν, im Latein. tueri von videre, im Ital., Span. mirare, mirar von vedere, ver im Franz. regarder von voir, im Engl. to look von to see ist; ahd. Sp. scauuon, scouuon, mhd. schouwen, womit nach Gramm. §§. 486. 504. 686 die jetzige dialektische Form schaugen sichtlich zusammenhängt; cf. Firmenich II, 412, im Ries: du *g'schobbscht*, schaust, und isl., schwed. mit wieder einem andern Assonanten skoda. Grimm I³, 504. „Schöge wol holer;" s. Th. II, Sp. 1086 und unten: Schueh. Graff VI, 552. BM. II, II, 197. Weigand, Wbch. II, 565). I *schau* àllәwál und *sihh* dó' nicks, (wie man auch horchen kann, ohne zu hören). *Schau, schau!* (– ∪), auch wol: Dà *schau* her! dà *schau* me' her! dà *schauts* her! Ausrufe der Verwunderung. Gros und klaə˜ *schauə˜*, gromächti' *schauə˜*, sich sehr verwundern. Dà is leicht *gschaut* (scil. um Abhülfe), da ist leicht geholfen. Sich um etwas schauen, es sich zu verschaffen suchen, sich darnach umsehen. Dèn màg I nimə', I *schau* mər iətz *um* ə˜n andə'n. Mit dem reciproken Pronomen kommt schauen in derselben factitiven Bedeutung vor, die das ags. sceavian im englischen shew
303 und show erhalten hat, nemlich: schauen lassen, zeigen. 's Traəd *schaut si'* guəd huiə', das Getreid läßt sich heuer gut an, verspricht eine gute Ärnte. əs *schaut si'* bàl ə'so, es hat den Anschein dazu. Sich schön schauen bey Einem, sich ihm von der guten Seite zeigen, heucheln. In Gem. Reg. Chr. I, 525 heißt es (in eben diesem factitiven Sinn): „Niemand sol seine jungfrau geschauen (zur Schau stellen?) mit kleinoden oder sonsten." Der Schau. 'ən *Schau* hàbm, begafft werden. Die Schau, Geschau, 1) mit gewissen Förmlichkeiten vorgenommene Besichtigung; 2) ä. Sp., das, was gesehen wird, Anblick, Aussehen, Gestalt; (mhd. diu schouwe; BM. II, II, 200; cf. Graff VI, 556. Weigand, Wbch. II, 565). „In ritterlicher schow recht als ain kranchu frow er auf die ban gezogen kumpt;" Cgm. 379, f. 75 und 270, f. 310. „In dieser reichen schawe stund ich vor der güten;" Valkn. 26. „O wê der leiden schawe!" das. 112. „Ach frouwe, diu schouwe gelichet der rôsen im touwe;" Ulr. v. Winterstetten. Bauschau (die Bräutigam oder Braut im Anwesen vornimmt, das erheiratet wird), Feldschau, Kornschau ꝛc. Birlinger 190 f. 392. schaumäßiges Tuech, Bier, Brod ꝛc., bey obrigkeitlicher Besichtigung richtig erfunden. anschauen. R.A.: Dà muəs mə˜ ə˜ pàr Güldə-ln nét *à˜schau˜n*, sie sich nicht reuen lassen. Bue', dés wird di' *à˜schau˜n*, das wird dir schwer, sauer vorkommen. Aə˜n um éppəs *à˜schauə˜*, es ihm zutrauen, innerlich zeihen. I las mi drum *à˜schau˜n*, ich sage, thue es ohne Scheu. *Schau* mə˜ dèn *à˜*! ey, was der sich einbildet, herausnimmt! aufschauen, Acht haben. *Aufschaut! Schauts auf!* franz. garde à vous! Grimm, Wbch. I, 720. aufschauen auf Einen, Sorge tragen für ihn; ihn erwarten, hoffen, daß er komme. ausschauen sich etwas, sich auserseh en, auslesen. *Ausschauə˜* wiə ə˜ brinnə˜də' Lêw, oder: wiə ə˜ fuirigə' Mà˜, im Gesichte sehr roth seyn. *Ausschauə˜* wiə 's Mudl untə'n Schwaəf, oder noch derber: wiə ə˜ gspibms Épflmuəs, sehr blaß seyn. beschauen. Die Beschau (Bschau), Besichtigung, besonders obrigkeitliche. Grimm, Wbch. I, 1547. Bier-, Wein-, Keller-Beschau. Fleisch-, Tuech-Beschau, Feur-Beschau, (obrigkeitliche Hausbesichtigung in Absicht auf Feuersgefahr). Eine Beschau halten. Beschau-Leute, Beschau-Guet, Beschau-Ermäßigung ꝛc. „Münchner Beschawordnung auf die schmalen Parchet," v. 1592; Cbm. 1536. Das Beschau-Eßen, an einigen Orten statt Beschaid-Eßen. BM. II, II, 200: diu beschouwede, beschöude, Anschauung, Anblick. „In conspectu tuo, in bescowede diner;" Cgm. 17, f. 13ᵃ. beschaumäßig, adj., probehaltig. sich derschauen, sich mit Schauen anstrengen, angreifen, kaum genug schauen können. Bue', der muəs si' *də'schau˜n*. I hà mi' schiər *də'schaut*. einschauen, dreinschauen, (ä. Sp.) Vorsorge treffen. „Da wollen Ew. Gnad selb einschauen;" Akt v. 1480. „Die Römer haben fleißig darein geschauwet, wie sie das Volck bey gueter Gesundheit behalten ...;" Av. Chr. 75. 143. Grous und klaə˜ *drei˜schau˜n*, sehr verwundert sein. *drei˜schau n* wiə ə˜ Denglhamə', wiə ə˜ à'gstochənə' Gaəsbok, wiə d' Schâf untə' Mittàg, d. h. stier, gedankenlos, wiə 's Stoffsls Gaəs, d. h. verwirrt. hineinschauen in Einen oder Eine, mit oder ohne den Beysatz: wiə in ə˜n Spiegl, gleichsam wie in ein anderes Selbst, d. h. für ihn, sie sehr eingenommen seyn. geschauen, a) oft statt des einfachen Verbs; b) Verkaufsgegenstände obrigkeitlich besichtigen, untersuchen. L.S. v. 1616, f. 621. 613. Die und das Geschau, a) das Aussehen, die Miene. Der 304
Kerl hat ə wilds Gschau. ə˜ finstə's, ə˜ trutzi's, ə˜ scharfs *Gschau*, (Blick); ObrM. „Hâst so á liabs Gfriserl, hâst so á guats *Gschau*;" Seidl, Flins. IV, 10. „Də' Káser (Franz) hàt enk ə˜ Gsicht, guət und do' əə'nsthaft dábey, bláwe, freundliché Augng und ə˜ *Gschau*, mə˜ kunt eəm nèt fei˜d sey˜;" das., 3. Ausg., S. 177. s. oben: die Schau, 2. b) die Besichtigung. Das Geschau haben, kriegen, Gegenstand der Begaffung, Verwunderung, Neugierde seyn. Dés Mádl hàt

's *Gſchau.* „Auf die Geschaw führen, constituere ante oculos;" Voc. v. 1618. Die Baugeschau, Feldgeschau, was B.-, F.-Schau; (ä. Sp.) Harnaschgeschau, (Musterung). „Zeichen der tuech so sie an der weißen Geschaw bekhomen; Cbm. 1536, f. 3. „Es sollen die Weißgeschawer ..."; das. f. 4. „Wan sichs erfundt das ain geschawer bey allen geschawen nit mit ernst geschawen wurd ...;" das. f. 10. Auf die Geschau (auf 'Gſchau) arbeiten, d. h. ohne Bestellung, blos für auswählende Käufer, oder aber indem man mehr den äußern Schein als die innere Güte bezweckt. scharschauen, schateschauen, s. unten: die Schar. umschauen. Braucht nét *umſchau˜n*, das ist ausgemacht, ohne allen Zweifel. 'verschauen, ä. Sp., übersehen, verachten. BM. II, II, 199.' „Unde uber uiante mine uerschowete uersmahte ouge min et super inimicos meos despexit oculus meus;" Cgm. 17, f. 82, Ps. 53,7. sich verschauen (vo'ſchau˜n), im Schauen irre werden; durch Schauen außer sich kommen, und entweder gar nicht mehr, oder sehen wie Einer, welcher stupet obtutuque haeret defixus in uno. Buə', dés wenn st fáhhſt, dà wur'ſt di' *və'ſchau˜n!* I hà mi' ſchiər *və'ſchaut.* So gehört auch das latein. mirari zur Form mirare, die in den romanischen Sprachen schauen bedeutet, wie das griech. θάω, θάομαι beyde Bedeutungen (schauen und verwundern) umfaßt. Cf. česk. djwam se, sehen, zusehen; djwjm se, sich wundern; djw, Wunder. Das Psalter. Windb. Ms. saec. XI. übersetzt auch das lat. despicis mit „du verscowes." „Von Kemenate her Albrecht der kunst getet witerschöwe her Heinrich von Linowe hat auch vil sirsse arbeit an den waller geleit;" Rudolf v. Montfort, Alexander, Cgm. 203, f. 30. zesamenschauen, zusammenpassen; mit einander verstanden seyn, ein heimliches Liebesverständniß unterhalten.

Scheie, (Bregenzer Wald) Brettchen, besonders um Käse einzupacken, zum Versäumen auf Pferden.

scheuen, s. scheuhen.

(Vrgl. Schaf, schef, ꝛc., und Schap, schep ꝛc.)

schaben (ſchàbm, I ſchàbət, hà' g'ſchàbm, und wol auch g'ſchabt), wie hchd.; (mhd. und ahd. Sp. schaben, schuop, geschaben; scaban, scuob, giscaban. Graff VI, 405. BM. II, II, 59. Weigand, Wbch. II, 549). „Ein abgeschaben tafel, tabula rasa;" Cgm. 601, f. 116. „Schinden und schaben," kniderisch wirthschaften. R.A., b. W.: Kà˜ſt mi' *ſchàbm!* ich frage nichts nach dir. Der Schaber, a) Geizhals, (Schabhals im d. Simplicissimus); (Grabfeld) Schinder. b) Werkzeug zum Schaben. c) das Geschabte. Ruəbm-*ſchàbə'*, was aus einer süßen Weißrübe zum Essen geschabt worden. Zeitschr. VI, 198: das *Schàberle*, das letzte Kind einer Ehe. „Der Schab, Antheil an Etwas, moitié; z. B. In Schbül hàn ma *Schàb* mitanànda;" Castelli, Wbch. 226; (etwa zu Schaub?). Das Schabet, das Geschatte, Schabsel. „Gib im das Schabet (von Rueben) in den mund;" Dr. Minderer, 1620. cf. Scheben, Schuebet und Schueppen. Abschab, (A'gſchàbət). Grimm, Wbch. I, 94: das Abschab, die Abschabete. „Recipe 14 lot abschab vom wechalterpaum;" Cgm. 821, f. 114. „Das Abgeschaben, ramentum;" Voc. v. 1618. Grimm, Wbch. I, 94. sich schaben, seinen Weg schaben, ä. Sp., sich fort scheeren, sich packen; BM. II, II, 60ᵃ,1. Zeitschr. IV, 182. „Er hiez in sinen wech scaben;" Diut. III, 50. Fundgr. 18,23. schab ab (ſchàw à' ⏑ –)! so rufen in gellendem Concert die Maurerjungen und Bauhandlanger, wenn die Glocke das Ende ihrer Arbeitszeit ankündigt. Vielleicht soll dieser Ruf nichts anders seyn, als eine Aufforderung, die Maurerkellen abzuschaben und bey Seite zu legen. (cf. Grimm, Reinh. 283,2814: „scaven, proterve, petulanter, ignominiose abire." Jac. v. Maerlant, Alexander's geesten, Cgm. 41, f. 57ᵇ: te lande weder scaven, reverti). b) als Adv. figürlich: am Ende, zu Ende, zu 306
Grunde. „Ein Tuech ins Grab, damit schab ab." „Ihr liegt im Grab, und seyd schab ab;" Münchner Kirchenlied v. 1660. Es gêt schab ab mit Einem. „Far hin, schab ab!" (etwa wie: kratz ab!), apage! Cgm. 379, f. 12. BM. II, II, 60ᵃ,1. „Wel pulen wol der gedencke daran das er ain volle taschen hab, er ist anders darumb schabab;" Rosenplut: der Edelmann mit dem Hasgeyer, Gießner Hs. (Weigand, 'Haupt's Zeitschr. IX, 171'). „... das er nicht vast ausgab darumb er gen ir was schabab;" das. „'Da ich nit mer het, was ich schabab;" Keller, Fastnachtspiele 321,27. „Wer das nicht kan, der ist schabab;" das. 742,29. „Darumb geh du narr schabbab;" das. 1025,13.' c) Nomen. „Das Schabab, peripsema;" Voc. v. 1618. Nach Avent. Chr. f. 54 Achilleskraut (Achillea millefolium, Nemnich I, 36), nach Baur im O.L. die Euphrasia officinalis L. (Nemnich I, 1548: Spöttlich, im Zillerthal). bey deren Blüthe es mit dem Sommer schon schabab zu gehen pflegt; anderwärts Adonis autumnalis L. „Plana, ain paumschab vel hobel;" Mallerst. 32, f. 296. Diefenbach 440ᵃ. BM. II, II, 60ᵇ. Weigand, Wbch. II, 549. Die Schab-Rueben, Steckrübe, brassica napus. (s. Fäslein-Rueben). Sie wird zum Kochen geschabt.

schäbbeln, (Nürnb.) wiederholt kratzen, besonders auf dem Kopf. cf. Schippel.

schabeyen, (Nordfranken) auf dem Eise stehend fortglitschen. Vilmar, kurheſſ. Idiot. 371: *schüben*, *schabeiten.* Zeitschr. VI, 342. Cfr. Diut. III, 50: „sinen wech schaben," sich fortmachen, trollen.

Die Schabellen, (Aschaffenb.) der Schemel, scabellum. Vilmar, kurheſſ. Idiot. 343.

Der Schaben (Schàbm), (Ilm) Kuchen von Brodtaig, der, mit Topfen, zerbröckelten Kartoffeln und drgl. bestreut, auf dem Lande mit dem Brode im Backofen oder als Pfannschaben in der Pfanne gebacken wird. Vgl. unten: der Schwab, Schwaben 3, c, und Schuppen. Ob die Schabenblätter des b. Waldes hieher gehören? „Milch, Erdäpfel ..., Schabenblätter und Brod;" Hazzi, Statist. IV, 221. Sieh auch: Schaidenblätter und Schaden.

Die Schaben (Schàbm), wie hchd. Schabe; (BM. II, II, 60,2. Weigand, Wbch. II, 548.) „Jst auch daz sein (des Rosmarins) plumen gelegt werden in ain schrein oder anderswar, da tucher oder pucher inn ligent, den mugent die schaben nicht geschaden." Cgm. 592 (sec. XIV.), f. 45. Bey Höfer III, 64: der Schab.

Der Schäber (Schàwə'), Tuch, gewöhnlich von weißer Leinwand, das die Köchin, der Koch, der Keller, die Kellerin, der Maurer ꝛc. zur Arbeit, um die Kleider zu schonen, als Schürze um sich bindet; (schweiz. der Schäbert, Schäppert, Tschappert). Im b. W. machen sich die Wäscherinnen Fürtücher von Stroh; (ObrM.). cf. Schaub.

„Də' ſchnêweiſsé *Schàbə',*' dèr hàt mi' vo'füə't,
ſunſt häd I mei˜ Lébtə' kaə˜ Kəllərin gliabt."

S. unten Schäpper.

„Schabrisch zenn, papyrus;" Semansh. 34, f 205. Diefenbach 411ᵃ; cf. 369ᶜ: schaffris, u. 312ᵃ: risch.

Der Schabernack, 1) ä. Sp., grober, den Nacken reibender, d. i. bedeckender, Winterhut; (cf. ahd. scabarôn, schaben, Graff VI, 407). BM. II, 283. „Nû treit man den schavernac für die bluomenhüete;" Nithart, Minnes. II, 81ᵃ; 'v. d. Hagen's Ausg. II, p. 216ᵃ,213; bei Haupt p. XLVII, 12.' 2) ä. Sp, eine Art starken Weins. „De qualibet lagena vini Bozanici, Ryvolo et *Schawernach* II hal.;" de theloneo in ponte Pragensi dando, 1348. „Item de quolibet vase vini quod *scha-*

wernak (zawernak) dicitur II gros," (verschieden von Botzner, Rivoli, Elsasensis, Franconicensis, Australicus, Luthmiricensis); Rößler, Altprager Stadtrecht (1845) p. 7 und Vorrede v. Jac. Grimm p. VII. „Claret und schafernakch;" Ottokar v. Horneck cap. 350, Petz III, 310a. 3) hchd., ein schadenfroher, neckischer Streich; Weigand, Wbch. II, 549. Nach Beigel und v. Hammer-Purgstall vom arabischen Chawernak: Noomann, König von Hira, Erbauer des berühmten Palastes von Chawrnak, ließ den Baumeister desselben, Senamar, von den Zinnen herabstürzen, ein schnöder Undank, der sprichwörtlich geworden und ins Deutsche als das Wort Schabernak übergegangen. Jos. v. Hammer-Purgstall in der östreich. Zeitschr. für Geschichts- und Staatskunde, 1836, Nr. 19. Er citiert dazu Beigel, Sprachstrahlen, in Vater's Magazin und Ferhengi-Schuuri, Bnd. I, 368.

Der Schábəs, Sabbath der Juden. Weigand, Wbch. II, 548. Schábəsdeckel, (im Scherz) der Hut. Vilmar, kurhess. Idiot. 343. Zeitschr. V, 469. VI, 370.

Die Schabrake, eine zierende (türkische) Pferdedecke, vom türkischen čaprak (tschâprâk); Jungmann. Weigand, Wbch. II, 550.

Der Schâub, plur. Schäub (Schâb, Schá'), der Bund oder Bündel, Büschel Stroh; (mhd. der schoup, ahd. scoub, ndrs. scôf; Graff VI, 410, BM. II, II, 167. Weigand, Wbch. II, 566. Vilmar, kurhess. Idiot. 343. Zeitschr. II, 196: niederd. Schôf; 239. III, 92. V, 460. 476. VI, 18. 198. 280,11. 409,33. 475). e~ rogkənə', ə~ waatzənə' *Schâb*; ə~ Schobə' waəzəné *Schâb*. „Ich saz nider ûf eine banc under einer louben. Was sie gedaht mit schouben, des nâm wir vil kleine war;" S. Helbling VIII, 848. „Schäbe zu dem Sunwendfeur in München (1402); Eos 1832, p. 560. „Das Schâub-band (Schá'band), Strohband." Schâubbôßen, in unaufgebundnen Garben bedreschen; figürlich: mishandeln. Vgl. Castelli, Wbch. 42: „à'schaba'n, wenn die Schab (Garben) eingebracht sind, schnell das bessere Getreide, welches leicht geht, ausdreschen." Sollte fig. zu Schaub-boßen gehören das in schweizerischen (Lucerner) Urkunden häufige Acker- oder vielmehr Hof-Maß Scopoza und Scuopoza (statt Scouppôza)? BM. II, II, 227: schuopoze. „II quartalia tritici de bonis dictis schuopoʒ;" „die schûposse ab dem Gütze" rc.; „duas *scoposas* sitas in villa N..." zwo Schuoposse;" Geschichtsfr. I, 165. 167. 192. 240. 309. Im Buch „Engelberg im XII. und XIII. Jahrh. ist p. 9 vom Verfasser Schouposse, wie auch Bouches statt Buoches, geschrieben; p. 12. 19 steht schuoppoß. „Salicae terrae et mansorum et *scopoza*," (ad 1185); Schöpflin, Alsatia illustrata I, 281. II, 803. Der Hof (curia) N. war in den Kellhof und 17 Schupissen abgetheilt; v. Arx, Gesch. v. St. Gallen p. 156 f. 474. Schmid, schwäb. Wbch. 481: Schuppesen, Schuppesgut, Schuppeslehen. Frisch II, 234. Zeerleder, Wunn und Weid p. 29. 76: Schuppus, Schuppisen. Pfeiffer, habsb. österr. Urbarbuch 358. Grimm, Rechtsalterth. 493; in Haupt's Zeitschr. VIII, 394. Kopp, Urkunden S. 94. Eichhorn, Rechtsgesch. I, §. 84. BM. II, II, 227. Der Schopposſere, Schuoposſere, der auf einer Schuoposse sitzt; Geschichtsfr. I, 241. 253. Vgl. den Familiennamen Schobser, Schobßer, (Buchdrucker in München 1497—1531). Das Schâub-dach, Dach aus Stroh (-Schäuben), Strohdach. „In der auzern stat (München) sol man furbaz weder hawser noch städel mit schâben decken;" Cgm. 27, fol. 49. einschæubeln die Hägken, die hakenförmigen Dachziegel mit Stroh unterlegen. Der Schâubhuet (Schá'huəd), Strohhut. Zeitschr. VI, 370. 475. Der Bannschâub, s. Pfandschaub. Zeitschr. VI, 198. „Ich gelaub an ainen ponschaub und an ainen arbaiswisch;" frevelhaftes Credo des XV. Jahrh., Cgm. 632, f. 15. Schaubreisten s.
306 Birlinger 391. Der Pfandschâub, Strohbüschel, als ein verbietendes oder warnendes Zeichen aufgesteckt. Auf Jahr- oder Wochenmärkten war es, nach der Policeyord. v. 1616, B. II, Tit. V, Art. 1, Auswärtigen und Ausländern erst nach Abwerfung des Schaubs vergönnt einzukaufen. verschâuben, (Nürnb., Hsl.) durch Aufstellung eines Pfandschaubs verbieten. Vrgl. Schübel.

Die, auch der Schauben (Schaubm), (Göschl, Hübner 338) Rock oder sogenannter Kittel der Weibspersonen, gewöhnlich von schwarzer Wolle; (BM. II, II, 221: schûbe. Weigand, Wbch. II, 566. Birlinger 391. 392. Zeitschr. II, 422,47. cf. kärnt. shuba, shavba, Weiberpelz, Weiberjacke; Jarnik p. 132). (Zu ihr:) „Aft gwändst di' stöderisch, aſt traist än Schoderan und lögst anstatt dä' *Schaubn* än weiten Raifrock an;" Lindermayr. Zwo nagelnoyi *Schaubmä*," das. 116. Aus einer eingekleideten Nürnbergerin „swarzen arlassen schawben, die mit weiß Feh unterfutert und mit Samet verpremt gewesen," lösen die Nonnen zu Altenhohenau 4 fl. rhein.; Rechn. v. 1520, Cgm. 697, f. 205. „Schaub, palla, stola;" Voc. v. 1618. „Frauenschaub oder langer Ehrenrock, robba;" Krämer's Nomenclator 1679. b) die Schauben, (ä. Sp.) eine Art Überkleid der Mannspersonen, besonders ein Talar, tunica talaris, oder auch ein mit Rauchwerk gefütterter und verbrämter Kaftan. So nannte man die moorenen Habite der Senatoren in Nürnberg noch bis auf die neueste Zeit Schauben, und die Findelknaben trugen daselbst bey Processionen rothe Schauben, die bis an den Fersen reichten. Truckenbrod p. 402. „Ein Pferd am parn, gut zöblen schaubn, kleinot, silbergschir und mardre haubn;" H. Sachs. Die Schauben seyen mit Rauchwerk gefüttert, die Kürsen mit Rauchwerk überzogen gewesen, sagt Koch, (Gierth's) Denkwürdigk. der Herzogin Dorothea Sibylla v. Liegnitz und Brieg († 1615) p. 15, Anhang. „Caspar H. Kürsner hat meinem gn. herrn zbo füchssen schauben gemacht;" Hofrechnung v. 1468, Wstr. Btr. V, 204. „Item so trueg der preitgam (Herzog Jörig von Landshut) ein köstlich silbreine Schawben an;" Wstr. Btr. II, 142, ad 1475. „Ir (der Königin von Ungarn) wagenknecht hatt angehabt ein samateine schawben;" Wstr. Btr. III, 122, ad 1476. „Wie man dem Kindlein Jesu ain purperschäublein sol machen;" Cgm. 853, f. 370. Nach oben benannter Nomenclatur (Nürnb. 1679, p. 58) ist la giubba ein türkischer langer Rock. Pez in Script. austr. sagt: „persicum habitum quam vocant Schubam." Dieses Schuba, ital. giubba, franz. juppe, ist ohne Zweifel der nächste Grund unsrer Schaube. Das Diminut. giubbone, franz. jupon, stimmt zu unserm Schäppel, Scheppel und zu unsrer Joppen. Diez, Wbch. 175. s. Schoppen.

Die Scheben (Schébm), a) die Räude. Zeitschr. III, 522,53. IV, 2: der Schab. schebig, (schébi'), adj., räudig, bey Notker 77,19 (Graff VI, 406 f.): schebedig; armselig, schlecht, meist mit dem Nebenbegriff schmutziger Knauserey. Birlinger 389. b) wie hchd. Schäbe, Abfall beym Flachsbrechen, niederſ. Scheve. BM. II, II, 60. Weigand, Wbch. II, 549. 568. Sieh schaben.

schebern, scheppern, schlottern, klappern, tönen wie Steinchen, die in einem Gefäß gerüttelt werden, wie zersprungenes Töpfergeschirr und drgl. „Herr, seynd wir doch deine Geschirr, und wann du an uns klopfst, wollen wir nit scheppern, sondern ein guten Klang geben;" P. Abrah. Der Scheber-Apfel, dessen Kerne schlottern, Schlotterapfel, calville coussinotte. Der Scheberer, einmaliges Geräusch der Art. Die Schepper. e~ zsambrochné *Scheppə'n* (von Sachen); ən àldé *Scheppə'n*, ən àldə' *Scheppərə'*, alte Weibs-, Mannsperson; ObrM. Das Scheberlein, Schepperlein (Schêbə'l), Kinder- 307
klapper. „Schepperlmacher und Dreher" in Berchtesgaden. S. auch schebeln und schappeln.

1) scheiben, (ich scheibet und schib, hab geschiben; mhd. schîben: Prät. ich scheib, wir schiben, Ptc. geschiben, ahd. schîban; Graff VI, 407. BM. II, II, 95): 1) fort rollen machen, namentlich die Spielkugel auf die (als Ziel ausgestellten) Kegel, ellipt. Kegel

scheiben, hchd. (mit einem übrigens unverwandten Wort) Kegel schieben; (H. Sachs sagt: Kegel schieben). s. Th. I., Sp. 382. Kugel scheiben, Adelholz. Badbeschr. p. 79. „In die Kegel scheiben;" Cgm. 632, fol. 21¹/₄. anscheiben, zuerst scheiben; ausscheiben, durch ein Kegelspiel ausspielen; einscheiben, die Kugel nach dem Standort der Spieler zurückrollen; umscheiben, durch die rollende Kugel umwerfen. R.A.: Es hàt dᵊ' lésst no˜ nét *gſchibm*, das Spiel ist noch nicht aus, es kann Gutes oder Schlimmes erfolgen. Wer Kegel scheiben will, mueß auffetzen âuch, wer mit Andern spaßen will, muß auch seinerseits Spaß verstehen. Du tàtst no˜ *Kégl scheibm* mit miər! (behandeltest mich wie eine Kugel). Das Kegelscheiben oder blos das Scheiben, Scheibend (Scheibed), Kegelspiel. „Bain *Keglſchaibn schaib* ih àlawal schibs iwri àn d' Wànd;" Castelli, Wbch. 241. Das Stierscheiben, auf blos drey, in einer Reihe und weit von einander stehende Kegel. S. Salzburger. Die Scheib-Kugel, Kegelkugel. Wol von der Ähnlichkeit wird auch das Eisschießen (s. I. Th., Sp. 162), Eisscheiben genannt. Ströscheiben, s. Strö. In dem Lied von lauter Unmöglichkeiten, Gramm. S. 557, heißt es: „so mußt du mir zehntausend Apfel um den Rhein 'num scheiben." „Der hat wirden mer, der turnieren, stechen treibt, denn der wirfft und scheibt," sagt der Teichner. Ad 1378 ist (Gemeiner, Reg. Chron.) die Rede von „bozzen oder scheiben mit den chugeln." „Die man siht spiln, scheiben, pozzen;" Renner 6641. „Der einlist wil scheiben und bozzen;" das. 10260. Das „scheiben zu einem zil" lebendig gemalt, ebendaselbst 11360 ff. Haupt's Zeitschr. VI, 147. „So schîb ich als ein spiler;" Gedicht: der fahrende Schüler, Vers 232. Avent. Gramm.: „volvere scheiben;" Voc. v. 1482: „scheiben, kugeln, rotare." „Do vand ich ein zerprochen sib, daz hefft ich zu mit einer nat und scheibt ez von mir auf ein wis;" Suchenwirt XLIII, 8. „Daz münechlîn gedâhte wider sich: Ich wil den öpfel, ob ich kan, niht ze verr von mir hin dan schîben wider dem kinde" (Jesus) ... „Daz münechlîn den rôten öpfel scheib mit listen, so daz er beleib mitten in der zelle;" das zwölfjährige Mönchlein, herausgeg. v. Maurer von Constant, (nach Franz Pfeiffer's Recens. in den Münch. Gel. Anz. 1843, S. 219). „Mit rossen gar zerfüren hiez man ir (der Märtyrer) vil, etlich vlacht man in ain rat und lie si schîben hin ze tal ab hohen bergen in diu tal;" Cgm. 717, f. 17. I bi˜ *àhhi gschibbm*, hinabgefallen, (gerollt?); Sterzing. 2) drehen, wenden; kehren überhaupt, eigentlich und figürlich. „Das Glücksrad wirds wol scheiben, daß es wird alles gut;" Lied v. 1525. Haupt's Zeitschr. VI, 134 ff. „Die Platt (Schüssel) er auf dem Tisch umbscheibt, damit das best komm vor hin dar;" Narrenschiff 390. „Das Schwein, das sich im Kot umbscheibt;" Cgm. 312, f. 150. Einen Wagen scheiben (umwenden), nach Chr. Schmid (schwäb. Wbch.) im Schwarzwald. „Man sol dem kind die füß zu dem haupt scheiben;" Cgm. 601, f. 97. „Ein Kind (in Mutterleib) scheiben." „So das Kind geschiben sei oder nit;" Cgm. 728, f. 150. 151. „Er hett die Schiff versenkt und so vertriben, geworffen und geschiben hin von den leuten;"
308 Mich. Beham, Cgm. 291. „Wenn ich der untrew enpfinde, so schîb ich den mantel auch gen dem winde;" Cgm. 1020, f. 48. „Wenn er das (hinter sich getribene) recht wider für sich scheibt;" Cgm. 713, f. 27. 176. „Das das gotshus us der freyen hant nit wurt geschiben." „Wir wellen üch hilff dazu schîben." „Hett er an zît dazu geschiben zwen oder dry biderman;" Appenzell. Chr. 6. 29. 37. „Die Begeinen sind der barfußen kellnerin, si scheibend in zu, was si wend;" Cgm. 568, f. 203. „Wer das gespächt war, das sich her gen mir schaib," (sich mir näherte), Cgm. 270, f. 93 (379, f. 53). „Sich zu Einem schyben und mit jm gemeinschaft haben;" Pictorius. „Das laß ich ietz alda beleiben, und wil mich zu anderem scheiben;" Cgm. 808, f. 17. „Er mocht sich nicht gescheiben," (wehden, rühren); Ring 10ᵈ,33. „Welchen weg du dich wilt scheiben;" das. 17ᵈ,32. „Jr kainer gern sicht noch hort was sich zu guthait scheibt;" Cgm. 291, f. 174. „Er mocht sunst zu poshait scheiben;" Cgm. 808, f. 18. „Lug nu das du es schibest das sein nieman werd gewar so du last ainen andern dar;" Cgm. 379, f. 71. „Das sy kunsch by im belib, und das ims got zum besten schib;" Cgm. 568, f. 266. „So kunt mir das zu unbild manger scheiben;" Pütrich v. Reichertshausen, Ehrenbrief 71. „Von dem wil ich mich wenden und auch scheiben;" Mich. Beham, Cgm. 291, f. 25. „Ain ieglich narr, so er daran gedâcht, waz im we solte tun, er schib sich doch ain klain davon;" Zobel, Cgm. 568, f. 254. „Er dacht, ich wil hie nit me belîben, also gund er sich davon schîben;" ibid. 267. „Das es daby blib und sich nieman davon schib;" Appenzell. Chr. 23. „Du warst aber also alber und meinest nit, das dises weib sich wol konte scheib, das si iren man betorte;" Cgm. 713, f. 62. „Sid es sich hat also geschiben, so wil ich unerkant beliben;" Cgm. 568, f. 254. „Ob si fröide mir beschibe (zuwendete, bereitete), und die swere mir vertribe mit ir liechten mündel rot;" Ulrich von Wintersteten. „Des bin ich dar zu beschiben (bestimmt) daz ich si daz fierde rat; Herbort 76 und S. 219. „Daz sie dara zuo beskîpte sîn," dispositi; Org. Graff VI, 407. Cf. isl. skipa, ordinare, und unten: scheiben. „Als er (Christus) ainest die juden aus dem tempel traib und man (Barack: inan) benck und schragen umbschaib;" des Teufels Segi, (Barack 310,9791). „Die gewalt er allezeit zutraib, und dich mit ler dennocht furschaib," (promovit); Cgm. 353, f. 203. „Villeicht tût sich das wetter verscheiben so ain starcker wind kumpt." (Die arztatin tût) „kupplan und zemen scheiben man und jung weibe;" des Teufels Segi, (Barack p. 327,10325). Das Voc. v. 1618 gibt scheiben sehr allgemein durch permovere. Der Schib im Kegelspiel, der Akt des Fortwerfens der Kugel. Dés is ə˜ guodə' *Schib* gwé'n. Auf dèn *Schib* will I fétz'n.

Die Scheiben (Scheibm), 1) wie hchd. Scheibe, unter dem Begriff einer runden Fläche mit nur geringer oder selbst ohne alle körperliche Dicke. „Das scheibel ○," Zirkel; Alt. H. 1 (v. 1333), fol. 2. Die Fensterscheiben, dän. vinduesrude, rude; (im Norden scheinen demnach Rauten früher als Scheiben üblich gewesen zu seyn). Zeitschr. II, 98. III, 551,13. IV, 27 f. Schießscheiben. Scheibenrôr, Büchse zum Scheibenschießen. R.A.: D· *Scheibm*, dé ganz *Scheibm* və'fáln, sich irren. Eine Scheiben einsetzen bey Einem, (Selhamer) ihm einen Gefallen thun, (wol von dem Gebrauch, dem Nachbar oder Verwandten, der ein neues Haus baut, eine Fensterscheibe zum Besten zu geben). Scheiben treiben, Abschnitte von hölzernen Brunnröhren, die man glühend gemacht, mittels Stecken in die Luft schleudern; ein Spaß, welcher auf den Bergen von Werdenfels in den Osternächten von jungen Leuten vorgenommen wird unter dem Sprüchlein: „Diese Scheiben will ich treiben" Dem und 309
Dem oder Der und Der. s. Th. I, Sp. 732: Funkensonntag, u. Th. II, Sp. 1196: Hutzelsonntag; auch Grimm, Mythol.² 583 ff. 594. Panzer, Beitr. zur Mythologie I, 233 f. Zeitschr. VI, 200. Das Scheibenschlagen in Lienz am St. Johannistag, s. das Land Tirol (Innsbr. 1839) und Menzel's Lit. Bl. 1839, p. 408. „In quadragesima talis mos (in Franconia) observatur. Intexitur stramine vetus una lignea rota atque a magno juvenum coetu in editiorem montem gestata post varios lusus, quos in illius vertice illi toto die, nisi frigus impediat, celebrant, circiter vesperam incenditur et ita flammans in subjectam vallem ab alto rotatur, stupendum certe spectaculum praebet ut plerique qui prius non viderint solem putant aut lunam coelo decidere;" Joa. Boemus, de omnium gentium ritibus (1520), f. LIX. Weiter heißt es daselbst, nach dem Johannisfeuer, (s. oben, Sp. 298: Sunnewenden): „ante arcem in monte qui urbi Herbipoli su-

pereminet ab episcopi aulicis etiam ignis fit cui orbiculi quidam lignei perforati imponuntur qui cum inflammantur flexilibus virgis praefixi arte et vi in aerem supra Moganum amnem excutiuntur, draconem igneum volare putant qui prius non viderunt.“ Weiter: „Fiunt eodem tempore figulino opere ollae quaedam ita multis foraminibus discissae perforataeque ut partes vix sibi cohaereant: puellae illas emunt et purpurearum rosarum foliis obductas imposito lumine ex domorum culminibus pro lucerna suspendunt.“ Weiter: „Tunc temporis (also nicht schon am 1. May) adolescentes pagis totas pinos inferunt: quarum inferioribus ramis absectis superiores speculis, vitris, sertis, bracteolisque splendicantibus exornant, arborem terrae infixam per totam aestatem ita stare sinunt.“ Im Cgm. 311, f. 34^b werden die runden, hölzernen Marken („Steine“) im Brettspiel Schewblach (Schewblein, plur., Gramm. §. 802) genannt. BM. II, II, 97. Die Scheiben Heu, Haufe, der zum Aufladen zusammengeschlagen ist. Die Kötscheiben, Hof um den Mond, halo. Die Salz-Scheiben, a) compacte Salzmasse in Form einer Scheibe, für das daran leckende Vieh aufgehängt; b) (ä. Sp.) größere Salzmasse von ohngefähr anderthalb Centnern Gewichts, welches durch Einstoßen in eine cylindrische hölzerne Einfassung die compacte Form einer mehr oder minder dicken, resp. hohen Scheibe erhalten, (cfr. Fueder); c) metonymisch: die Einfassung, das Gefäß, das hiezu diente, und sammt dem Inhalt verführt wurde. „De cuppa, quae dicitur Scheibe;“ Lori, B.R. XIV, ad 1296. „Schäfler und Scheibenmacher.“ Buchner, Charfr.-Proc. 25. Das Ketterlin von Ulm ein Stuck (Geschütz), so a^o 1504 vor Bretten „ein steinene Kugel so groß als ein arme scheiben saltz geschossen;“ CMh. 408, f. 122. cf. Th. I, Sp. 143: arm. „Ob ainer saltz herfürt umb lon und er dem ein schwebn oder mer zerbrech;“ Rechtb., Heumann, opusc. p. 161. „Funf scheiben für ain putschen;“ Cgm. 544, f. 56^a. „Ain pfund scheiben“ 240 Stücke; Cgm. 544, f. 55^b. In der Schiffersprache sagte man statt 1, 2, 3 ꝛc. tausend Scheiben, blos 1, 2, 3 Scheiben, wozu sich das Tausend von selbst verstund. Ein Zug Salz hielt 11 Scheiben, d. h. 11000 Stücke von ohngefähr 16800 Centnern Gewichtes. Die Scheibfart, (ä. Sp.) Salztransport oder Quantum „von 231 Stuck oder 6 Schilling und 17 Kuffen.“ Die Scheibenstrâß, die alte Salzstraße über Rosenheim hinaus; (Dr. Sepp). Scheibler, Fuhrleute, die das Salz in Scheiben ausführten; Lori, B.R. „Traw niemand, du habst denn ein Salzscheiben mit jhm gessen;“ Seb. Frank. I~ dèn Die~st oder Haull· wirst du á kae~ *Sàlzscheibm* éss'n, d. h. nicht lange bleiben. In der ä. Sp. ist neben flachen oder cylindrischen Scheiben, Radscheiben, auch von sphärischen oder Kugelscheiben die Rede. Vgl. Haupt's Zeitschr. VI, 147. „Diser zeit war ain kunig in Hispania mit namen Atlas, der des Gestirns lauff erfunden, auch die Werchzeug zu sollicher Sach deuglich am ersten gethräet hat, als ein Kuglscheiben, Rädlscheibl, so griechisch Sfera, Astrolabion, Cylindros haissen;“ Avent. Chr. Ms. Tom. I, f. 134^b. Druck v. 1566, f. 38. 73. In ahd. Gl., z. B. i. 27. 135, steht sciba für sphaera, i. 9. 80. 433 für globus; a. 358. 490 wird trochus durch scipa, radscipa gegeben. Aber gl. i. 365. 293 (zu I. Maccab. 4,57 und Ezechiel 27,16) steht scibun auch für scutula, und scipohtiu gotauueppi oder scibiloth uueppi für scutulata, das etwa ein rautenförmig verziertes Gewebe bedeuten soll. Auch das unten vorkommende geschewbt, obliquus, berührt einigermaßen die Bedeutung wenden, kehren. Die Scheib-Truhen, (U. Inn) Schubkarren, — von Scheibe (cf. Rädlein-Truhen) oder vom Verb scheiben. „Wiə fei~ àls ə' 's mérkt und wiə gschwind àls ə' 's gwårt, wenn mər eəm übə's Gsicht mit də' *Scheibtruhə~* fårt,“ Kaltenbrunner 143. Die Scheibenfrau. Nonne, „welche die altere schiben vrowe ist;“ Urk. v. 1392 des Conventus monialium ordinis S. Clarae in Curia Regnitziana. (Hof). Die Scheibwurz. „Alii de briona quae dicitur scheibwurz imaginem sculpunt quam mandragoram esse dicunt;“ Ald. 184, f. 75^b. Vgl. scheibi' oder gscheibté Ruəbm und Nemnich I, 688: bryonia alba, Scheißwurz, Scheißrüben. scheib, scheibs, gescheibweis, gscheib 310
(gschei'), rundscheib, radscheib, adv., rund, rings. scheib um, gescheib umher (gschei' umə'), ringsherum. „Krank will kein Mensch seyn, aber allegro solls immer gehn, hübsch scheibhinum, scheibherum;“ Bucher's Kinderlehre 29. Hei~t thüəts widər àllwál um d' Arbət *gschei' umnə'* ge~, fèrchts gwis, əs beisst enk! sagt der Bauer zu den trägen Dienstboten, die nicht recht zugreifen wollen. „In dem Gerör in dem Rinksee (Riegsee?) gar scheibumb;“ MB. III, 280, ad 1441. A. 1583 den 23. April „ist sonderlich zu Hall im Inthall die Sonn am Morgens Frue gar Rott aufgangen und mit Stramen Umbgeben, hernach ein guet weil scheib umb und umb gloffen;“ Wstr. Btr. I, 150. „Ein dryfache Kron scheibs herum mit einem runten Zirkhl geziert;“ das. V, 165. „Radscheib umb das Ysermoß;“ das. VII, 327. „Er verderbt scheibs herumb die frucht der äcker;“ Chron. in Freyb. Samml. I, 44. „Erstöreten alles das scheibumb was;“ das. 45. „Kommen die Schiff in einen Wirbel, gehen gescheibweis herumb;“ Av. Chr. 396. „All Weil der Brunnen mit einem Umbgescheib nicht recht verwahrt;“ Bogenberg-Mirakel 1679, p. 162. scheibig, scheibecht (scheibət, gscheibət), scheiblich, scheiblecht (scheiblət), adj., rund, flach- und cylindrischrund sowohl, als kugelrund. Birlinger 392. Zeitschr. VI, 197. *Scheibi'* Ruəbm, (runde) weiße Rüben. s. oben, Sp. 11: gescheibte Rueben. „Terres, schewblich, simbel;“ Voc. v. 1445. „Ein scheubligs väßlin;“ Andex. Chr. „Der appfel bezaichent die sinweln scheibligen werlt;“ Gesta Romanor., Cgm. 54, f. 51^b, (Keller p. 100). „Wenn ain reyff ist am karfreytag so schutt kain reyff darnach daz ganz scheyblig jar;“ Poll. 442, Deckel. Clm. 11742. „schäwblot machen, rotundare;“ Voc. v. 1419. radscheiblich; Avent. Chron. 73. rundscheibət.

1) scheiben (partic. gescheibt) und scheibeln, in runde, scheibenähnliche Form bringen. Ein Sail scheiben, es rollen, kreisförmig in sich selbst zusammenlegen. Sich scheiben, sich ründen. Də' Sêberg *scheibt si'* weid, zieht sich weit in der Runde herum; Bayrisch Zell. gescheibt, geründet, rund. *Gscheibté* Ruəbm, runde Rüben, im Gegensatz den langen. 'Kiəheln sán' braəd, d' Arbeʃs sán' *gscheibt*, (kugelrund). „Als die khugel hoch, lang vnd gescheibet ist;“ Feuerb. Ms. v. 1591, p. 347. Das Voc. v. 1445 gibt auch obliquus durch geschewbt. Cf. scheiben, 2), und s. Scheuben, schief.

2) scheiben (ich hab gescheibt), (Reichenhall) spalten, klieben (das Holz); isl., schwed. skifa, skifva. Scheibholz, Holz, das gespalten werden soll; Lori, B.R. 137. Vrgl. Scheiben (insoferne es eine Lamelle bedeutet), auch Scheifelein und Schifer, und Th. IV: wenden (das Salinenholz).

Die Scheuben statt Scheiben — z. B. Salzscheuben in anspach. und wirzb. Verordnungen v. 1769, 1777, — ja auch schon in zum Theil unter scheiben angeführten Stellen des XV. und XIV. Jahrh. Ist dieß blos orthographische Inconsequenz, oder deutet es auf eine Berührung und Vermengung der Ablautverbe scheiben und schieben? Das fränkische Scheuben ist wie (wirzburg, bamberg.) pfeufen, Pfeufer statt pfeifen, Pfeifer (ài st. ái) zu nehmen.

Scheublein. Die Juden mußten um a. 1452 in Regensburg an ihren Kleidern, Mänteln und Röcken gelbe Scheublein tragen. Gem. Reg. Chr. III, 206. Ohne Zweifel sind auch hier Scheiblein zu verstehen. In der tirol. Polic. Ord. v. 1603, f. 15 ist sogar so ein gelber Ring abgebildet.

Der Schib, s. scheiben.

311 scheuben (schoibm, schuibm), s. schieben, (nach Gramm. 931—935).

schibes, schips. (Castelli, Wbch. 241) nach der Seite, nach der Quere; z. B. Bai'n Kegelschaib'n schaib ih àlawal *schibs* iwri àn d' Wànd. schibes gehn, (wetterau. Juden) verloren, zu Grunde gehn, v. hebr. schabat, aufhören; Weigand, oberhess. Intellbl. 1846, p. 296.

Die Schiblpfeiffen, s. Schwegel. Vielleicht Schüblein-Pfeiffen.

schieben, (schiəbm, opf. schêibm, I schiəb, scheub, schoib, schuib; Condit. I schiəbet und schub, Partic. geschoben; s. Gramm. §. 926, VII. 931—942), im Allgem. wie hchd.; (ahd. skioban: ich skiubu, ich scoup, uuir scubun, giscoban; mhd. schieben: ich schiube, ich schoup, wir schuben, geschoben; Graff VI, 409. BM. II, II, 166. Weigand, Wbch. II, 579. „Unrehtichait uerpilet, uerschiubet munt ire, iniquitas oppilabit os suum;" Windb. Ps. 106,42). Folgen einige dialektische oder veraltete Bedeutungen und Ableitungen. a) Die Rise *schoibt*, hat starken Fall und schiebt das Holz nach. H. Sachs 1612: 1041 f., auch Ausg. v. 1558), hat „Kegel schieben, nicht scheiben; vgl. oben, Sp. 356. „Der Fremd wird einen kurzen (1612: III, III, 77: einen lurzen; s. Th. II, Sp. 1503) schieben," zu kurz kommen; H. Sachs 1560: III, III, 39. Einen schieben, auch: Einem schieben, (ä. Sp.) ihn heimlich begünstigen, ihm Vorschub thun. „Der Scharwerch halben werden wir auch berichtet, daß die gar ungleich angelegt, und einer für den andern darinn geschont und geschoben..." .. „Daß die Amtleute und Obleute einem schüben und dem andern Scharwerch bieten;" Kr. Lhdl. VII, 407. 490. „Daß die Schergen jemand der Arbeit freyen, oder einen für den andern vor Gunst (Vergunst), Mieth oder Gabe willen umgehen und schieben..;" Kr. Lhdl. XVIII, 339. L.R. 1616, f. 426. Verbrecher, Landesfeinde ꝛc. schieben, hinschieben, fürschieben. „Wo man auch erführe, daß solche in dem Lande geschoben, gehaußt, gehoft, geätzt oder getränkt würden... die sie also dazu wissentlich und gefährlich schieben (schüben), haußten, ätzten und tränkten, sollen darum gestraft werden;" Kr. Lhdl. I, 173; cfr. II, 98. 121. X, 446. XVII, 270. L.Ord. v. 1553, fol. 193. „Daß sie uns darin getreulich nachschieben und beholfen sein sollen;" Lori, Lech-R. 92. Das Schiebtuech(?). „Binden mit schiebtüchern ... mit schwibtuch;" Wundarzneibuch, Cgm. 4535, f. 93. 90. s. unten: Schwebtuech. Der Schub, die Hinschiebung, Fürschiebung, Vorschub, heimliche Begünstigung. „Einem Räuber, Mordbrenner Schub thun; Kr. Lhdl. II, 33. nachschübig seyn Einem, ihm Hilfe und Nachschub leisten. (München, St. Peter Urk. v. 1449). b) Etwas (einen augenscheinlichen Umstand, ein körperliches Indicium delicti) auf Einen schieben, (ä. Sp.) ihn damit gerichtlich überweisen. „Wer jmp stilt, werdent die nicht in seiner gewalt begriffen unt; daz er si ausspricht, man mag die peykar wol auf jn schieben, da die jmb inn gewesen sinnt." Der Schub, Beweis durch den Augenschein, durch ein körperliches Indicium delicti. BM. II, II, 168. „Ist das er (der Räuber) sein (es) lauget, man soll jn des raubs vberchemen mit dem Schub; hat man des Schubs nicht, man soll jn vberzeugen mit siben mannen;" Wstr. Btr. VII, p. 61. Rupr. v. Freys. Rechtb. Eben daselbst kommen mehrere R.A. vor: „Umb deub und raub Schub schieben, bey dem Schub bleiben, dem Schub entweichen, den Schub füren, den Widerschub versorgen;" Wstr. Btr. VII, p. 61. 62. 63. 74. 87. Im Augsb. Stdtb. (Freyberg p. 60. 61) scheint Schub sogar die Personen selbst anzudeuten, an welche, als jeweilige Besitzer eines entwendeten Stück Viehes, der Bestolene sich hält, bis er, von einem zum andern, auf den eigentlichen Dieb kommt. c) schieben,
312 verschieben, zurückschieben. Mathä *schiəbt* 'n N—ə' Kirdo', wenn der Matthäustag auf den Sonntag fällt, so schiebt er das Kirchweihfest zu N. auf den folgenden Sonntag zurück. „Ich scheub die urteil sechs Wochen;" Cgm. 714, f. 333. Der Bueßschieber, Verschieber des Bußethuns; Selhamer. Einen Schub machen, eine Sache verschieben; Gem. Reg. Chr. II, 334. Der Schub, Aufschub, gerichtliche Fristverlängerung. BM. II, II, 168. Vilmar, kurhess. Idiot. 371. „Einem, der Zeugen füeret, sollen nit mer, dann drey Aufschüb verhengt, aber der viert schub soll jm nit geben werden;" Ref. L.R., Tit. 9, Art. 5. MB. XXV, 197. 198. 243. „Da hab das Recht zwischen N. und N. ainen Schub gewonnen;" MB. IX, 287. „Man schol disem rechten ein schub geben;" Cgm. 714, f. 333. d) (ä. Sp.) einen Verbrecher oder eine Gerichtssache von einer incompetenten oder untern obrigkeitlichen Stelle vor eine andere competente oder höhere schieben. .. „Was man in der Stifft in der Wildschonawe nicht gerichten und zu End pringen mag, das sol man schieben gen Ratfelden.." „Item was man zu Ratfelden nicht gerichten mag, das scheubt sich gein Aegg ...;" MB. II, 164—166. L.R. 1616, f. 416. MB. XXII, 361. cfr. Kr. Lhdl. II, 29. „Ein Recht (einen Rechtshandel) von einem (blossen) Dorf- oder Hofmarkgericht auf die Landschrannen schieben," (d. h. vor das Landgericht); Krenner, Land-, Hofm.- und Dorfgerichte I, p. 72, ad 1467. Schubgerichte sind in Tyrol solche, welche wohl Polizeyübertretungen zu untersuchen und zu bestrafen, bey Verbrechen aber nur die Verhaftung und ein summarisches Verhör vorzunehmen und dann den Verbrecher an das zuständige Criminalgericht auszuliefern (zu schieben oder verschieben) haben. Sammler f. Tyrol I, III, p. 267. 261. Hiezu bey Heumann, opusc. 702: das Schubamt und der Schubschreiber, expeditor appellationum in regimine. Der Schub, die Lieferung der Delinquenten von einer Gerichtsstelle zur andern, welches gewöhnlich zu Wagen geschieht; besonders nennt man heutzutage also die Policeyfuhr, auf welcher verdächtige oder berufslose Leute in ihre Heimat oder außer Landes geschafft werden. Der Schübling, Person, welche dergestalt weiter geschafft wird. Am 29. May 1848 verfügt Policeydirector Baron Pechmann gegen 165 widerspenstige Schuhmachergesellen die Aufgreifung und „Verschubung in ihre Heimat." Die Schüb in Abele's Gerichtsh. I, 320 sind wol die appellierenden Parteyen selbst. Der Schubkarren, s. Zeitschr. V, 269,23. Die Schubkuh, das. IV, 308. e) schieben etwas ins Maul. Der Schub, das Schüblein, was mit einem Mal in den Mund genommen wird, Löffelvoll, Gabelvoll. Vrgl. Zeitschr. V, 275,5. „Kann keinen haißen Schub Suppen leiden;" Dr. Minderer p. 111. „In aim schub, uno haustu;" Voc. v. 1618. „Will ein Richter sein Pflicht recht in Acht nehmen, so kann er für Sorgen oft keinen Schub Suppen mit Ruhe essen;" Selhamer. Fig.: ə˜ ganzə' *Schub* Leute etc., ein ganzer Haufen. Vrgl. das vorherige Schub und auch Schübel. schieben etwas in den Sack, in die Taschen, oder blos: es einschieben, es einstecken. Eine Grobheit, eine Beleidigung einschieben, sie geduldig hinnehmen. Figürlich: (bey Disputationen) Einen in den Sack schieben, oder blos: ihn schieben, ihn confutieren, confundieren. A. v. Buchner, s. W. III, 12. „Cornus ein alter Philosophus hat 313
sich gar zu Tod geschämbt, da er öffentlich hören mußte, wie ihn ein junger unbarteter Frischling in Sack geschoben, daß er weder vor sich noch hinder sich kunnt;" Selhamer. „Es wird (bey gelehrten Disputationen) freylich nichts ausgemacht, wie ichs auch dem nicht rathen wollte, der sich schieben ließ;" Stephanspredigt-Bericht p. 41. „Gott Sohn hat auf der Kanzel droben, war kaum zwölf Jährla alt, die ältsten Professores gschoben, mich ihnen warm und kalt;" Lied: das Neue Testament. In Lecküchner's v. Nürnberg Fechtkunst (Cgm. 582, f. 90—92) wird ein köstliches Stuck (der Ungenandt) dargestellt und beschrieben, durch welches ein Fechter seinen Gegner förmlich in einen Sack schiebt. Vgl. Vulpius Curiositäten I, 169. eingeschoben (ei˜gschòbm), im Scherz: eingezogen, sittsam, modest. f) Wider haimschieben Einem eine Schmach (Verbalinjurie), sie auf

ihn retorquieren. L.R. v. 1616, f. 396. g) nachschieben, helfen, Beihülfe leisten.´ „Valida juvamenta ·i· nachschüb;“ Monac. August. 84, f. 69ᵇ. h) verschieben (ein Loch, die Ohren ꝛc.), verstopfen, obturare. Vor weltlicher wollustikeit die oren verschieben; Cgm. 514, f. 140. „Wer den himel verschieben wolt, daz es nimer regnen solt, der must gar vil zapfen haben;“ Cgm. 579, f. 6. ferscīuben, Notk. 57,5. Vergl. schweiz.: bescheuben (bschübə͂), der Bescheuber (Bschübər), Propf. verschieben etwas, es verstecken, verbergen. i) Der Schieber, Ding, das vor-, zu-, ein- ꝛc. geschoben wird, Vorrichtung, etwas hinein zu schieben, Art Futteral; krankhafte Laune eines Pferdes, vermöge der es zur unrechten Zeit aus Leibeskräften vor- oder rückwärts schiebt; (Ob. Isar) Schubkarren. Der Schub, Ding, das auf- und zugeschoben werden kann. Zeitschr. IV, 182: Schiebel, Riegel; Schiebling, Schublade. Der Schuw, Spaß, Unterhaltung. Gesta'n in Wia'tshaus wàr's á Moa'dschuw; Castelli, Wbch. 252. Der Schuber, Vorrichtung, in welche etwas geschoben wird, Art Futteral; auch zum Sperren einer Röhre. Die Schubfische in den Wiener Fleischhackersätzen erklärt Rauch (scriptores rer. Austr. III, 67) für Schuppenfische. „Mit schübvischen (d. h. schuebvischen) oder mit andern gesaltzen vischen;“ Cgm. 1113 (Wien, sec. XIV.), f. 83. „Got gebot in der alten .ê. daz die Juden kainen visch ëzen wan die schůppvische“... „die vische die aber ân schueb sind“... „davon sint si uns bezaichent bi den schüpvischen und da von stât da gescriben: Pinnati pisces quos pinna levat super undas. Ille sunt anime que cor ad alta levant;“ Griesh. Pred. I, 146. Haupt's Zeitschr. IV, 557. BM. III, 328.´ k) Der Schübling, (Bodensee) Art Wurst aus gehacktem Rind- und Schweinefleisch, (wol vom Schieben in den Darm). Graff VI, 410. BM. II, II, 169. Gl. a. 42, i. 130. 147, o. 308. 440: scubilinc, inductilis; — aber a. 521: scipilinga, inductiles. Cgm. 649, fol. 568: „hilla schübelwurst, salsucium schübling vel pratwurst;“ Voc. Arch. 44: schibling, hilla, salsucium; (cfr. schuber, fartago; Voc. 1429). Die Schübelpfeiffen, s. Schwegel. l) schieben, als vb. neutr. (im verächtlichen Scherz, und vermuthlich mit Anspielung auf den eingejochten Ochsen), gehen. Wo *schiəbst* denn widər àni? Er is oder hàt *weg* oder *furt* oder *à* (ab) *gschobm*, ist fortgegangen. Firmenich I, 63 (Hamburg): Do *schæf* he *af*, gieng. Cf. goth. skêvjan (Marc. 2, 23), agſ. ic scio, gehe; Grimm I³, p. 374. Gesch. d. d. Spr. 890.

Der Schober, plur. Schöber, Schüber, der Haufen, (congeries, cf. schieben und Schübel. Graff VI, 411. BM. II, II, 168. Weigand, Wbch. II, 626): ə͂ Koud-*Schóbe*ᶜ, Kothhaufen, (Eichstätt). „Wo ganze Schober Leut beysammen stehen; Selhamer. „Scober, huffe, acervus;“ gl. m. Das Heu, Getreide u. drgl. in Schöber bringen, (in Haufen oder Häufchen zusammenrechen oder legen). Birlinger 401. Zeitschr. IV, 184. „De minore vero (mita) quod scopar appellant...;“
314 Lex Baiuu. tit. X, c. 2. (Das Heu) „an den Schöberen geleich;“ MB. IX, 268. „Ein hauffen oder schober, pro acervo meritorum;“ Monac. Francisc. 134, f. 144. Das Kreuz-Schöberlein, Getreidehaufen, an einem sogenannten Hüfel (w. m. s.) aufgerichtet. In einer Kärntnischen Zehendord. a. 1577 wird der Feld-Schober von dem Zal-Schober unterschieden: „... Wann ein Baumann einen Acker abzuschneiden anfähet, soll er den Trayd in grosse Feldschüber von der Sichel her schlagen ... an welchen Orten aber die Feldschöber zu machen nicht gebräuchlich, sondern das Getrayd in Zahlschöber gelegt und geschöbert wird, sollen als oft in ein Zahlschober sechzig Garben geschöbert werden.“ Vom Zillerthal bemerkt B. v. Moll: „Die Schöber haben hier keine bestimmte Zahl von Garben, sondern sind bald größer, bald kleiner.“ Also Feldschöber? Da der Schober schon im Codex Falckenstein. (MB. VII, 434) als bestimmtes Maß vorkommt („XI Scoberes avene,“ heißt es daselbst, so war es wol schon damals gewöhnlich, Haufen von gerade 60 Garben zu machen. Heutzutage bezeichnet der Ausdruck Schober eine Zahl von 60 Büscheln oder Bündeln, auch ohne alle Rücksicht auf das Beysammenseyn derselben in einem Haufen. Ein Schober Buechenwellen, (60 Reisigbündel). „An unausgedroschnem Getreide machen 60 Garben, an ausgedroschnem 60 Schütten, wovon jede gewöhnlich anderthalb Garben faßt, einen Schober.“ Wagner's Civil- und Cam.-Beamt. I, 217. In den Reimen v. 1562 heißt es: „Er (Absalon) trug auf seinem haubte ain großen schober har,“ (Büschel). Das Schöberlein (Schéwəˤl), a) kleiner Schober, in Nürnberg der sechste Theil vom Schober (Stroh), also 10 Büschel. b) Küchen-Sp., ein Gebäcke von Mehl oder Semmeln, Butter und Eyern. Castelli, Wbch. 249. „Supp mit einem Schöberl.“ Heumann gibt (opusc. 701) das östr. Sp.W.: „Heb dich Schöberl, pack dich Schmarn,“ und bemerkt dazu: „duae ciborum species, quae in adagium contemtum innuens abiere.“ Castelli, a. a. O.: höb di', *Schöba'l*, hebe dich von dannen. So wird jedes der Erwartung nicht entsprechende Ding verächtlich a͂ *Schéwə'l* genannt; (cf. Schmarren). Castelli Wbch., 249: *Schöba'l*, eine mißgestaltete, schlechte Weiberhaube. schobern, schöbern, schubern, schübern, vrb. n. und rec., häufen, aufhäufen. BM. II, II, 168: schöberen, schuberen. Castelli, Wbch. 249. Das Heu, Getraid schöbern; (Hübn. 735). „Das Öl, das aus den Brustbeinen der heiligen Jungfrau Walpurga tropft, wird in einer goldnen Schale aufgefangen, und läuft in derselben nie über, sondern es schobert sich;“ (Versicherung eines ehrlichen Eichstätters). geschobert, geschubert, gehäuft; *gschóbə't voll*. Zeitschr. IV, 184: schöberlich. „Jr wart des cumers fueder geschubert und gehawfft;“ Horneck. Frucht schöbern, (Zillerthal) Getreide in hohen Haufen an der Luft trocknen.

Schub, Schübling, s. unter schieben die verschiedenen Bedeutungen.

„Der schub, la schaia, (ein Fisch);“ Voc. veneziano-todesco v. 1424, f. 34.

Der Schübel, Büschel (Haare, Wolle, Heu, Stroh und drgl.); fig. Haufen, Menge. Graff VI, 409: scubil; BM. II, II, 169. Weihers: Schüppel, Stück, z. B. Brod, Erdäpfel; Dr. Roth. Zeitschr. VI, 266,41. 409,33. ə͂n ganz'n *Schübl* Hàr hát əˤ mər ausgrissn. Wart, I nim di' bey'n *Schübl*! Dà stêt nó͂ ə͂ ganzəˤ *Schübl* Gràs. ə͂ ganzəˤ *Schübl* Leut, Ochs'n, Küə... „Mich reit des ganzen unglücks schübel.“ „Des ist gesellschaft ein ganzer schübel zusam gebunden aller übel.“ „Der mensch in summa ist ein schübel zusammenbunden aller übel;“ H. Sachs 1612: I, 642. 647. 650. „Rew ist ein zuschopffender (zuschoppender) schübel des weiten gruntlosen hellischen loches;“ Cgm. 713, f. 136. „Sô wir daz venster der gehügede verrünen mit irdischen schübelen üzers geschefteſ;“ Pfeiffer, Mystiker I, 323,21. u. p. 518. Der *Eisschiwel*, (Aschaff.) Stück Treibeis. ´schübeln, (ä. Sp.) stopfen, häufen; BM. II, II, 169.´ „Swer tag und naht nach gute grübelt und ein pfunt uf daz ander schübelt;“ Renner 21758. schübeln Einen, ihn am Haar ziehen, reißen. Zeitschr. II, 92,40. VI, 409,33. 315
Wart, I *schübl* di' glei'! (Vrgl. schieben, Schaub, Schober, und sieh unten Schüppel).

´Der Schubjack, bettelhafter Kerl, Lump; Weigand, Wbch. II, 642. Zeitschrift V, 292. IV, 129,25: Schubbert.´

Die Schucbet, Schuepet, (O.-Schwab.) das Angebackene von Speisen, das man als besonders schmackhaft vom Tiegel, von der Pfanne schabt, isl. skôfir. S. schaben. „Aber's Kraut ist's rärest Fressa, wenn's a reachte Schuepet hot,“ sagt (bei Weizmann III, 150) König Herodes. Birlinger 403: Schuben.

(Vgl. Schack, scheck ꝛc. und schah, scheh ꝛc.)

Der Schâch, (ä. Sp.) Raub; (mhd. schâch, ahd. scâh, praeda, latrocinium, gl. a. 101, i. 14; plur. scâcha, latrocinia, a. 90, i. 856. „Ceteri omnes de furto et schaco, Longobardus de solo schaco juret;" Leges Ottonis II. Graff VI, 411. BM. II, II, 61. Weigand, Wbch, II, 550. Birlinger 389). „Mortschâch, homicidium;" Voc. v. 1455. Schâchbrand; Öfele, Script. II, 119. Schachmann, (Räuber); Cgm. 577, fol. 168. Schâchraub als latrocinium im Voc. v. 1429 unterschieden von strâzraub, rapina. „Swer umbe den nahtschach in die ahte kumt;" Augsb. Stdt.R., Freyberg, p. 64. Der Schächer, Schæcherer (Schácherəᶜ), Räuber, doch, außer der Anwendung auf die beiden mit Christo gekreuzigten, veraltet; (mhd. schâchære, ahd. scâhhâri, barb. lat. schacator, latro); Schaucher, Cgm. 140, XV. „hausschacher, praedo;" Voc. v. 1428. „mortschacher, homicida;" Voc. v. 1455. . . „Kam in einen großen wald, und wurd eines schachers knecht;" Cgm. 514, f. 155. „Der gesell des schachers, der dem herrn an der tenndenn seitten hieng;" Cgm. 71, f. 9. R.A.: Drei˜ schaugng wiə dəᶜ tenk· oder link· *Schácherər* à˜ 'n Kreuz. „Das ist wunderlich, daß Gott erst 3 tag nach seinem absterben die altvetter aus der vorhöll erlesset, zum schäher aber am Xz gesagt: hodie mecum eris in paradiso, daher dis der erst hailige im himel, und ihne die agonizantes anrueffen;" Notata des Freyh. v. Bodmann, Ms. v. 1709. „Latrocinium, schacherey;" Cgm. 3985, f. 5. „Latrocinium, schachernuß vel schachraub;" Aug. eccl. 112, f. 7ᵇ. „Mein hauß ist ein petthauß aber yr habtz gemacht zu einer schacher höl;" San-Zenon. 115, f. 143. „Jr habt darauß gemacht ein hol der schacher; Clm. 9728, f. 189. schachen, vb., (ä. Sp.), Schach bieten: BM. II, II, 62. „Er chæmpfleich vacht dem sathan ward da geschacht;" Gesta Romanor., Cgm. 54, f. 4ᵃ. (Keller p. 7).

Der Schâchzabel, Schâchzagel, (ä. Sp.) das Schachbrett, das Schachspiel; (Graff V, 579. BM. III, 832. W. Wackernagel in Kurz' u. Weißenbach's argau. Beiträgen 1, I, 36 antec. et sequ. Haupt's Zeitschr. VI, 495,217. „Den Schachzagel ziehen;" Wstr. Btr. VI, 181, ad 1433. „Ein hübschen Schachzagl zu machen;" Kochbuch v. 1560, Cgm. 997, f. 48. „Das acht Essen was ain Schachzagl von mandlmilch prawn und weiß, di Roch und all stain waren von zucker;" Wstr. Btr. III, 139, ad 1476. S. auch Schafzagel.

Der Schachen (Schachə˜), das Schächlein, Schächelein (Scháchə-l), Stück Waldes, das einzeln steht, Waldrest. „Und dausten in *Schácherl* steht d·Hex áf dá Páss;" Stelzhamer 70. „Von schachen (??schaten) hin ze schaten;" Labr. 87. s. unten: der Schatt. Feldschachen, Waldschachen, isoliert stehende kleine Waldparcellen; (Jr.). Buech-schachen, Buchenwäldchen. Feld- oder Haim-schachen, (Salzb. Hbn. 372. 436) Gehölz immer Band und Stecken, umringt von den Feldern des Besitzers. „Sie sollen die Stämb oder Schächen, welche in jrem anwesen, unserm holzhayen fürzaigen;" Berchtesgadner Waldord. Cbm. Kl. 196, p. 28. Schachenholz, (Eichstätt) Holz, das an die Forstrechtler abgegeben
316 zu werden pflegte, vermuthlich von den zu diesem Zwecke eingetheilten Waldpartien oder Schachen. Mejer's Forstzeitschr. In der Schweiz werden Landzungen oder Auen und Niederungen am Wasser, ob mit Gehölz bestanden oder nicht, Schachen genannt. Alpenrosen v. 1817, p. 314. Birlinger 389. Scahho ist gl. a. 529 promontorium, scahho meres i. 268. 13: lingua maris. Vermuthlich gehört hierher auch der Ortsname Schächä (Scháchə˜); Hazzi, Statist. IIIᵇ, 491. 519. S. auch Schacht.

schachelen, schechelen, s. unter der Stahel: stäheln.

schächen, (schwäb.) verjagen, verscheuchen; s. oben, Sp. 349: gʃohá. Zeitschr. II, 278,51. (?) „Caninula, schauchhunt qi fugᵗ; Ebersb. 130, f. 162ᵇ.

„schachern, kleinhandelnd umherziehen; v. hebr. sachar, umherziehen; Kleinhandel, Erwerb;" Weigand. s. dessen Wbch. II, 550.

scheuch, scheuchen, schiech, Schuech, s. scheuh, scheuhen, schieh, Schueh.

`schiechen, schieggen, latschend gehen; Birlinger 394. s. schiecken.´

Der Schiech, ein Fisch; s. unten: der Schiet.

schoch! Interjection; BM. II, II, 178; vgl. 221: schû! u. 223: schuo! „Jch schrai laute nach dem valcken: iu schoch! iu schoho! Valkn. 79. Mein lůder warff ich umbe uud schrai laute: iu schoho!" das. 96. „Ju schaho! wart nit verswigen;" das. 120. s. schuch!

Der Schochen, (um Füßen) Haufe Waldheus, im Freyen aufgeschichtet, um im Winter auf Schlitten heimgeführt zu werden. BM. II, II, 178. Weigand, Wbch. II, 627. „Triefnas saß auf einem birlinch höch. Secht, do huob sich ein gezöch gen dem höschochen," (Heuschober); d. Ring f. 57ᵃ, 1. „Von iren brüsten ich euch sagen wil, die waren wol als ein schoche, mit dirre red ich mache das man wenet es sei ein luge; Cgm. 231, f. 191ᶜ. schochen, vb., (schwäb.); ə˜ *gschochətəᶜ* Wagə˜, ein ganzer Heuwagen voll. cf. Schock.

`Schochen, plur., Beine, (rheinfränk. Spr.) s. Schack u. Zeitschr. II, 552,56. III, 48,18. IV, 139,6. VI, 280,59.´

schuch! Interjection; BM. II, II, 221: schû! 223: schuo! s. oben: schoch! „Schuch! clamat nudus in frigore;" Clm. 4660, f. 87. `Weigand, Wbch. II, 643: schuck! „Schoch, schocheli, Ausdruck des Gefühls der Kälte beim Schauern;" (Hebel).´

„schechsen, česk. patham, humpend den Fuß schleppen, krumm gehen, latschen; pathaun, schechsiger Mensch, Schechsfuß;" (Jungmann, böhm. Wbch.). `Weißenburg: schägen, der Schäger. s. schäken.´

`Das Schichsel, Judenmädchen.´ „*Schickschə˜*, *Schicksl* nennt der Jude das Christen-, der Christ das Judenmädchen; hebr. schekez, Abscheu, v. schikkaz, verabscheuen. Ein Christenmädchen war vor Zeiten dem Juden ein Abscheu." Weigand, oberhess. Intellbl. 1847, Nr. 70.

Die Schuchsel, a) (Nürnb.) Schüssel. Vrgl. Gramm. §. 434. b) flatterhaft geschäftiges Mädchen. schuchseln, verb. a) Du *Schucksl*, du *schuckslst* 'ən ganz'n Tag ə˜so 'rum. b) mit der Achsel zucken.

Der Schuchsen, auch Schuchten, a) länglichter, zungenförmiger, in Schmalz gebackener, hohl aufgetriebener Kuchen aus Roggen- oder Waizen-Teig. „An dem sambztag vor herren vaßnacht, den man nent den smaltzigen sambztag, pacht man den Ehalten einzognew grossew küchel, genennt schuchssen, vnd gibt yedem Ehalten XXI. Davon essent sy dy vaßnacht, vnd werden gepachen aus sweinen smaltz, dy sullen sy am sambztag nicht essen, aber am Suntag, Montag, Erichtag;" Scheirer Dienstordnung v. 1500, fol. 45. b) Person, die sich in allem übereilt, Eck.

Der Schacht, das Schächtlein (o.pf. Scheətlə) Holz, ein Stück Waldes; (ahd. scahho, mhd. schache, msc.; BM. II, II, 62. Weigand, Wbch. II, 551.) „Hinder jedem Schlag gegen Nidergang der Sonnen soll man ein Schächtel Holz stehen lassen; Forst-Ord. v. 1616, Art. 19. Lori, B.R. 559. „Ainen Schachten an dem Aichach;" MB. XIII, 432, ad 1418. Vrgl. der Schachen.

Schacht im Bergwerk, wie hchd.; (mhd. schaht; BM. II, II, 62. Weigand, Wbch. II, 551). In Entscheidungen des Iglauer Berggerichts v. 1500 heißt es: „So sint dy selben scheppen furpaß gefaren an dem stolln ort, vnd haben gemessen VII lochter richtschachtes vnd ein vierteil.“ „Das derselbe stollen hat XXIIII lochtern vnd ein vierteil eins lochters richtschachten;“ Cgm. 561, fol. 8. 10. Die Schacht-richt ist im Hallein, was anderwärts Schaft-richt. S. Schaft und Zeitschr. IV, 182: Schacht, Abtritt; VI, 477: Ast.

Die Schachtel, a) wie hchd.; (Weigand, Wbch. 551). b) Hirschkuh. *ə͂ Schachtl* is's, kaə͂ Hou'nə'. Schachtl, cerva;“ Voc. v. 1618. c) (im Scherz) magere Kuh, ältere Weibsperson. Weigand, a. a. O. Zeitschr. II, 84, 24.

817 schachteln, a) (Nürnb., Truckenbrod) abreiben, glätten; derb ausfilzen. b) (Ob. Schwaben) umherlaufen. Die Schachtel- oder Schaftelhälme, plur. von equisetum hyemale L., s. Sp. 232: Saftenhau und unten: Schaftenheu.

`schächten, (jüd. Metzgerspr.) s. Birlinger 389.´

Der Schächterling, (schwäb.) lautes Auflachen, cachinnus.

Die Schicht, wie hchd., in der gewöhnlichen sowohl, als in der bergmännischen Bedeutung, — und in beiden wol eines Stammes mit schicken, ordinare, disponere; (ahd. skiht, mhd. schiht. BM. II, II, 115,3. Weigand, Wbch. II, 578. Cf. isl. skipta, schwed. skifta, theilen, wechseln). Der Bergknapp, Hütten-, Salinenarbeiter, Holzknecht in den Salinenwaldungen, auch wol der gewöhnliche Maurer und drgl. gèt auf d' *Schicht*, macht sei͂ *Schicht*. (Vrgl. Th. I, Sp. 411 Pois). Aə͂, zwuə, drey etc. *Schicht*, (gewöhnlich von 8 Stunden); Lori, B.R. 108. 260. „Die kurze Schicht ist 8 stundt lang, die lange oder Küeschicht ist 12 stund lang;“ Cgm. 4915, f. 76. „Ad omnes *shichtas* in montanis in Triesh;“ Iglawer Urk. v. 1342 im Clm. 9553. In der O.Pf. wird Schicht machen auch figürlich gebraucht für Ordnung machen, Ruhe herstellen. Der Vater macht Schicht unter den Kindern. Zeitschr. IV, 259,13. Schicht lâßen oder machen, aufräumen, fertig machen, aufhören zu arbeiten; (Hbn., Salzb.) „Ik kan nig forder, *Schigt* ik make,“ (höre auf, ruhe aus); Firmenich I, 178,42 (Braunschweig). „Daz ir ietweder ainen Miet-schichter an seiner stat und für sich selber in dem Perch haben mag und sol;“ Urk. v. 1346 bey Kurz, Östr. unter Frid. d. Sch. p. 464. Wol, was Arner (Th. I, Sp. 147): Arbeiter um Lohn. Die Ainschicht, (b. W.) die Einzelheit, Einsamkeit, solitudo. A'f der *Aə͂schicht*, abgesondert, einzeln, einsam liegend, stehend. „Oné Wàldhó'n is's trauri', oné Büchsə-l is's lá', und oné Schàz wird aə͂n 's Herz i͂ dər *Aə͂schicht* so schwá';“ Seidl, Flins. (1839) II, 20. ainschichtig, einzeln. ən *aə͂schichtigər* Ochs, Hándschə', Stumpf. Si sánd *aə͂schichti'* 'gangə͂, nicht paarweis oder zu mehrern. ən *aə͂, zwoə-schiftige* Schnuər, Strick, Strang. Ein adelicher Grund- und Gerichtsherr nannte früherhin ainschichtig diejenigen ihm angehörigen Güter, die nicht in seiner eignen Hofmarch, sondern in andrer Herren Gebieten zerstreut lagen. Die (niedere) Gerichtsbarkeit über solche ainschichtige Güter, deren vorzüglich der geringe Adel viele besaß, wurde erst im Jahr 1557 durch den 60sten Freyheitsbrief zugestanden. Diese Freyheit der Edelleute (d. h. dieses Vorrecht vor nichtadelichen Mitbürgern) nannten sie die Edelmannsfreyheit.

`schichten, theilen, abtheilen, eintheilen; BM. II, II, 117: schichten. sich ausschichten, absondern.´ „Do schicht (schickte?) er (Placidus) sich auz von der andern gesellschaft, da er mit iayd und chert dem hirsen nach;“ Gesta Romanor., Cgm. 54, f. 84ᵃ, (Keller p. 167).

Die Geschicht, s. geschehen.

schuchteln, übereilt verfahren. Die Schuchtel, übereilte Person. Der Schuchten, (Schrobenhausen) was Schuchsen.

schüchtet, adj., (a. Sp.). „Weil sie (die Kinder) schluchtisch gehn daher, hogricht, schüchtet, zotet und kusig, zapfet, zerrissen, beschlept und rusig,“ sagt Eva bey H. Sachs 1560: III, I, 245 (1612: III, I, 292: schütet statt schüchtet).

(Reihe: Schack, scheck, 2c. unter welchen auch die allenfallsigen Schagk, schegk, 2c. aufgeführt sind. Vrgl. auch Schach, schech, 2c. und Schah, scheh, 2c.)

„Schack,“ (Nürnb.) „altes, schlechtes Buch.“ Auf dem Harz ist Schake ein alter Schuh; Vilmar, kurheff. Idiot. 365: *Schôken*, plumpe, unförmliche Schuhe. Bey Firmenich I, 421,99. 422,129: *Schoken*, Knochen; 175,14: *Schaken*, Glieder; 278,20: *Sguaken*, Schenkel; (vrgl. Schenkel). Zeitschr. II, 552,56. III, 48,18. IV, 139,6. VI, 280,59,

Schack, s. Schecken.

schák, (Inn) schägg (Dr. Unger), adj., ranzig, (von Butter und drgl.). Wol aus schlack, wie sched aus schlecht entstellt, und schwerlich verwandt dem agſ. sceac, schweiz. tschaagg, piger.

schäcken (?). Vallabat abyssos, schäcket die tief;“ Cgm. 689, f. 192.

schackieren, `gewürfelt machen, wie ein Schachbrett, 818 schedig, bunt machen; BM. II, II, 62.´ „verschaggirn, permutare, distrahere;“ Voc. v. 1618.

schackeln.

„Solche Mädchen gibts nicht vil,
wie ich gerne haben will,
die nicht häggeln, wenn sie gehen,
oder schackeln, wo sie stehen.

Cf. schiecken, schocken, oder etwa das schweiz. tschaggen.

schäken, schägen, (Rheinpfalz: schäke) hinken; Nadler 287.`´Vrgl. oben: schachsen u. unten: schiecken.´

Der Schaucken, (Ob.-Isar) Horst von dichter stehendem Gras, Schilf und drgl.; cfr. Schock.

Der Scheck, eigentlich Schègk, der Schègkel, a) Pferd, Rind, Wildschwein u. drgl., welches auf farbigem Grunde weiße Flecken, oder auf weißem Grunde farbige Flecken hat, nach Adelung die Schecke. (Weigand, Wbch. II, 568. Vilmar, kurheff. Idiot. 340. Zeitschr. IV, 160. V, 450. VI, 469,82). b) im Scherz: ein Stecken zum Abprügeln. Castelli, Wbch. 240: der *Schek'l*, ein von Leder geflochtenes Insttument zum Prügeln. c) (Nürnb., Hsl.) „die Scheckel, die Katze.“ schègket, geschègket (gschègkət), adj., scheckig. Zeitschr. V, 255,85. VI, 469,82. „Gegatromeus ist ain stain scheckot sam ain rêchgaiz;“ Konrad v. Megenberg f. 264, Pfeiffer p. 448,14; cf. 484,17. „geschegget Kleid, versicolor cultus;“ Voc. v. 1618. R.A.: Sich ze geschegket lachen, übermäßig lachen. „Mit den gescheckten Schafen, ob welchen sich der Jacob zu geschecket gelacht;“ P. Abrah. Die Schegkenblaich, (Burgholzer's München p. 353) auf welcher das Weißbleibende bedruckter Kattunzeuge (Perse) gebleicht wird, Persbleiche. geschäckert, (Aschaff.) gefleckt. „Von weißem, schwarzgetzschäkkertem Fellwerk, wie die Kurfürsten zu tragen pflegen ...“ „Krone mit edlen Steinen durchtschäkkert...“ „Jacobs buntgetzschäkkerte Stäbe;“ Philipp v. Zesen.

Die Schecken, Schegken, plur.; (ahd. schecho, mhd. schecke, schegge; Graff VI, 416; BM. II, II, 92: eng anschließender, durchsteppter Leibrock, auch als Panzer gebraucht. cf. ital. giaco, Diez, Wbch. 172). Im Bregenzer

Wald haben die Saumknechte Schäcken aus buntem Leder. „Sie all (die Schwaben, Sarmaten und Gothländer ꝛc.) füren lange spieß, hetten all lang schegken vnd lidere Panzer an, waren von schueppen aus glatten haren gemacht und in einander geflochten wie die federn;“ Avent. Chr., Ms., 2. Buch, 2. Band, fol. 173. In den Ausgaben (1566, f. 256; 1580, f. 233; 1622, f. 463) steht Schacken. Das Lateinische der Annales (Edit. 1615, f. 113) ist: „Arma his omnibus erant hastae longiores, lorica ex cornibus rasis et levigatis plumarum in speciem linteis innexis.“ „Daz man lange cleider und scheggen truog;“ Ettmüller, zwei Zürcher Chron. p. 90. In Jacob's v. Königshofen Chronik kommt unter dem 103ten Kaiser (ums Jahr 1365) ein Capitel „umb lang scheggen“ vor. „Der engellender kleider, heißt es, worent lang vnd kostber, und hettend guten harnesch und beingewant, davon kam der sitte us zu strosburg, das man lange kleider vnd scheken vnd beingewant vnd spitze huben geriet machen;“ Edit. Schilter, c. II, p. 137; Cgm. 330, f. 198: lang scheggen; 337, f. 90: scheken; 367, f. 141: schegen, 568, f. 101: scheggen; 569, f. 88: scheken. Nach Schilter identisch mit der altfranzösischen jacque — „(petite casaque que les cavaliers portoient autrefois sur leurs armes et cuirasses, faite de coton ou de soie contrepointée entre deux étoffes legères.“ Fure-
319 tière). Ein Kleid, das hieß Jegke, gemacht von doppelem Barchent mit Baumwollen gefüllt und durchsteppt, sehr dick, daß nicht leicht ein Pfeil durchschießen konnte, — ehmals zu Kreuzburg an der Werra üblich. Paulini, zeitk. Lust II, 679. Vgl. das ital., span. farsetto, farseto, gesteppts, mit Baumwolle ausgestopftes Wamms, von farsa; Diez, Wbch. 139. „Abstineat se byrris schichinon;“ Cod. Fris. B. E. 1, f. 38ᵇ. Cf. engl. shag, shaggy, Zotte, zottig.

Scheker, (wetterau. Juden) scherzhafte Lüge, v. hebr. scheker, Lüge. Weigand, oberheff. Intell.-Bl. 1846, 301.

Scheuckel, Schäuckel, s. unter scheuhen.

scheucken, s. scheuh.

schicken, wie hchd. mit dem noch deutlich hervorstechenden Grundbegriff: machen, daß etwas geschehe, werde, komme ꝛc., also anordnen, verfügen (isl., schwed. skicka, ordinare), und auch thun, machen; (Graff VI, 416. BM. II, II, 118. Weigand, Wbch. II, 579. Vilmar, kurheff. Idiot. 348). „Swenne got unser leben schicket und schepfet (Alliteration; cf. skika ok skapa) nach sinem leben;“ Cgm. 100, f. 64ᵇ. „Diu vart was wol geschichet;“ Wigalois 8857. „Wan wirs nur kunten geschicken, das uns nichts böses geschech;“ Reime v. 1562. „Der Herzog mag darüber schicken,“ (darüber verfügen, Befehle geben); Kr. Lhdl. I, 198. „Welches zu Gott stehet, zu unser seelen seligkait zu schicken;“ Meichelbeck, Hist. Fris. II, II 335. nachschicken, in Gemäßheit verfahren, handeln; Cgm. 929, f. 52. Einem, oder zu Einem etwas schicken, es ihm vermachen, legieren.“ „Item so schick ich zu den Cartheusern mein pests buch...“ „Was ich vor nicht verschickt han, daz sullen meine geswistreid gleich tailen; MB. XXV, 61. 74, ad 1450. Vil zu schicken gewinnen, viel zu thun bekommen. Kr. Lhdl. I, 80. Mit Einer zu schicken haben, wie: mit Einer zu thun haben, coire. Avent. Chron. 187. Cgm. 592, f. 37. Birlinger 394. Schicketanz, Schickentanz, ä. Sp., ein Beiname des Teufels. Vgl. Grimm II, 961. Diabolus in medio choreae q (qui?) vocabatur Schickentanz;“ Br. Berchtold, Monac. Augustin., Clm. 8384, f. 6ᵇ. „Est iste diabolus vulgariter vocatus Schickhendantz. hic diabolus recipit te in potestatem suam cum accedis ad choream;“ Christiani Sprang Sanzenonensis sermo de chorea, Clm. 16501 (XV sec., 1492. 4°), f. 428. anschicken ein Ding, es anordnen. Grimm, Wbch. I, 438. əs gêt scho~, wen me~ 's *à~zschickə~* waəs. Dés Táppe-l waəs nicks *à~zschickə~*. Der Anschicker, (Nürnb.) Mitglied des ehmaligen Bauamtes, das nebst dem Baumeister die hie und da zu treffenden Verfügungen ins Werk setzte. beschicken (bschickə~) Einen, ihn kommen lassen. Grimm, Wbch. 1, 1565 f. Die Landschaft beschicken, die Landstände einberufen. Kr. Lhdl. I, 149. Der Beschicksmann, s. Vilmar, kurheff. Idiot. 349. entschicken, aus der Fassung, Ruhe bringen. Grimm, Wbch. III, 598. „Da ward sein antlüt davon entschicket, und fieng an ze wainen;“ Buch der Weisheit, Druck v. 1485, f. 73. „Als ich die werden (eam) aneblickt mein varb sich do entschickt gar in mengerlai gestalt;“ Cgm. 713, f. 139ᵇ u. 379, f. 17ᵇ. ainschick, adj., einzeln. ən *aə~schicks* Haus, ən *aə~schickər* Ochs. Ze ainschicker (sc. Weis), oder blos: ze ainschick (z' aə~schick), adv., einzelweise, singulatim. „Die Ainschick, solitudo;“ Voc. v. 1474. Cgm. 689, f. 188. 189. „Solitudo, dy ainschickt;“ Mett. 36, fol. ultimo. cf. Ainschicht. Die Schickung, ä. Sp., Gestaltung, Einrichtung, Ordnung; Anweisung, Manier (?). BM. II, II, 120. „Ain schickung ze betrachten das leiden unsers herrn.“ „Von dem heiligen fronleichnam ein andechtigeu schickung;“ Cgm. 4597, f. 35. 59: Vgl. der Schick. Der Schick, der Geschick, 1) (ä. Sp.) das Benehmen, Thun und Lassen. Zeitschr. II, 224. III, 554,8. „Daß man in Städten aufmerken habe, ob jemand argwöniger darein käme, den zu handhaben, bis man erfährt, wie sein Geschick stehe oder bis man sich seines Wesens erkundet;“ Kr. Lhdl. XVII, 142. 143. 2) Gelegenheit in Kauf oder Verkauf. Ein gueter Schick. 3) Manier, Schicklichkeit, Geschicklichkeit. A'lls wàs ər à~greift, hàd ə~n *Gschig* und ə~n Furm. Dés hàd kaə~n *Gschig.* Er hàd kaə~n *Gschig* dəzuə. Der „Unschick, infacetiae. Ein unschick begehen, turpiter offendere, labi imprudentia;“ Voc. v. 1618. „Von ungeschicken, ab importunis;“ Cgm. 689, f. 191. geschickt, adj., a) wie hchd.; Caleinbourg: Du bist *gschickt,* bàl'st bod·nweis gêst. b) bereit, fertig. Bist *gschickt,* so ge~ mə'. c) gestaltet, beschaffen. BM. II, II, 119. „Also wirt der mensch geschickt als er hat ain geselschafft; Clm. 4474, f. 210. d) artig; Vilmar, kurheff. Idiot. 349. Vgl. sich schickern. ungeschickt, a) wie hchd. R.A.: Hat dich der Ungeschickt grüeßen lâßen? hast du eine Ungeschicklichkeit be- 320
gangen. b) (ä. Sp.) unschicklich, ungebührlich. BM. II, II, 120. „Sind die Knecht erzürnt und ganz ungeschickt worden;“ Hist. d. v. Frundsp. „Sich einem Andern drölich und fast ungeschickt halten;“ Ref. LRcht., Tit. 34, Art. 13. „Wan ein Stifftischer sich zu Imenstatt ungeschückt hielte weder umb gepott, frid und nichs geben...“ „Die ungeschückten lewt fenglich annemen;“ der Herrschaft und Tigew Röttenberg Ordnungen (s. Th. II, Sp. 856), S. 3. Ldtg. v. 1515, p. 110 klagt die Herzogin Sabina von Würtemberg über „Sr. Lieb“, ihres Gemahls Herzog Ulrichs „ungeschicktes Wesen, ungeschickte Weis, grausame ungeschickte Handlung (Behandlung), die Wir, sagt sie, aus fräulicher Zucht dießmals uneröffnet wollen lassen, und die zwischen Ehgemaheln und sonderlich fürstl. Personen unerhört ist.“

schickern, sich, sich zurückhaltend benehmen; Vilmar, kurheff. Idiot. 349.

Schicksel, s. Schichsel.

schiecken, eigentlich schiegken (schieggə~), schiegkeln, a) mit schiefen, einwärts oder auswärts gesetzten Füßen gehen, varicari; (verächtlich) gehen überhaupt. Vgl. mhd. schiec, schief, verkehrt, BM, II, II, 108, u. s. oben schäken, schiechen u. schechsen. Der Schiegfuß, valgus; Voc. v. 1618. b) mit schiefem, seitwärts gedrehtem Auge blicken, schielen; von Farben: schillern. Zeitschr. II, 432,106. V, 466. VI, 252, I, 419,43. schiegkənd, schiegklənd (schieggət, schiegklət), adj., in beiden Bedeutungen. „Dà schmeich·lt s· ə~n Städherrn àls wár s· leicht sei~ Wei' und *scheangelt* auf mi' z·ruck und hearnzt mi' dəbei;“ Seidl, Flins., 3. Ausg., p. 47. „Sei~ Muədər is *scheanglád,* sei~

Vàdər is blind;" das. p. 70. „Dö *scheangln* anander freundli ins Gsicht;" Kartsch 9. „Hæt nur oan Aeugl mit den f' *scheangeln* thuat;" das. II, 135. „Enká' *gschiengadö* Weis han i' glernt, und á Ruech bin i' worn, áz wi-r-ös, und han's b'schriebn in án Buech;" Stelzhamer p. 169, (hinten p. 177 erklärt durch „ungeschlacht"). Der Schiəggltaffəd, Schillertaft. Das einfache Adj. schiegk, entsprechend dem niedersf. schük, wird seltner gehört. Vilmar, kurhess. Idiot. 348. 349: schich, schicks. Damit scheint schief in Zusammenhang. Cf. engl. skue, askew; isl. skack, obliquus, skekia, obliquare. Müller, etymol. Wbch. d. engl. Spr. I, 31. II, 340. Die Formen „schengeln", schillern, und „schienzeln", schielen, die österreichisch seyn sollen, gehören wol gleichfalls hieher.

schocken, a) in schwingender Bewegung seyn; den sogenannten Dreher tanzen. „Sie (die Bauern) gonden frölich schocken vor den dorfdocken die ers man in sêr wagen sach," heißt es schon Diut. II, 87. „Manch hertz das was in freuden schocken;" H. Sachs 1560: II, II, 101. (BM. II, II, 178. Weigand, Wbch. II, 567. 643. scocga, oscillae, gl. i. 203; schock, oscillum; schocken, oscillare, ossa movere, Voc. v. 1419). b) (Wirzb.) mit kurzem Schwunge werfen. S. schucken. schockeln, (schwäb.) schwingend bewegen; (Nürnb.) unvorsichtig laufen, übereilt handeln; (b. OL.) actum venereum exercere. (Vrgl. isl. skeika, vacillare, nutare; čeik. skočiti, springen; skok, Sprung; skočna, ein in Hüpfen und Springen bestehender böhm. Tanz). Zeitschr. III, 132. IV, 238,6,5. Der, die (?) Schockel, (Nürnb.) übereilt verfahrende Person. s. schucken und schackeln.

Das Schock, Schuck, Geschock, Geschuck, (Frank., O.Pf.) 1) wie hchd. Schock, — vielleicht ursprünglich von Münzen gebraucht und mit dem unten folgenden Schuck (Wurf) identisch, also Schuß beym Darzählen. Doch möchte die Zahl von 60 Stücken für diese Deutung zu groß seyn, und Nr. 2 den früheren Begriff enthalten. (BM. II, II, 178. Weigand, Wbch II, 626 f.). „500 Schock großer Prager Pfennig," ad 1415. 800 Schock dergleichen, ad 1380. Hund, St.B. I, 87. II, 120. 12,000 Schock dergleichen, ad 1353; Gem. Reg. Chr. II, 71. „Ein Geschock Ayr;" MB. XXV, 521. (Nürnb. e˜ Gschuck). Der landsknecht in dem stro, der leus etlich geschock ausprut;" H. Sachs 1560: II, IV, 57. „Ein Schock Dachlatten;" Ansp. Verord. Namentlich ist O.Pf. das Schock, Geschock, was in Alt-B. der Schober (von Garben, 60 Stück. Vgl. engl. a shock: a shock of sheaves). Ein Geschock Stroh, Wellen rc.; wirzb. Verordd. 2) Haufen, Menge überhaupt. Zeitschr. V,
321 254,10. „Bey Josepho findet man ain schock des dings," (viel dergl.); Dr. Eck, 1542. „Do der ritter aus dem Schock (Haufen der Ritter) rant;" Horneck cap. 276. „Da fur schicket der herczogk vil großer hauffen und geschock mit starker kraft und heresmacht;" Mich. Beham, Wiener p. 220,3. schockweis, haufenweise. Im Schwedischen ist skocka sig sich in Haufen sammeln, wie bey Horneck geschockt gehäuft. cf. Schaucken und Schochen. Schockwerke, einzeln zerstreute Alpswaldschachen; (Pseud. Jir.).

Der Schockənagel, Tapezierer-Nägelchen.

schucken, mit kurzem Schwunge in Bewegung setzen, werfen; (cf. schocken). BM. II, II, 222. Weigand, Wbch. II, 643. Pátə'ln *schuckng*, (b. W.) Glaskügelchen in ein Grübchen werfen; (Kinderspiel). „schocken, ins Grüblein spillen;" Voc. v. 1735. „Praecipitare, niderwerfen, schupfen, schucken;" Clm. 15327, f. 214. Die Achsel schucken, sie zucken. „D'Reuter, die hand gschukt und gschleglat;" Weizmann III, 67. 'Vgl. die Schucke, Pumpe; Zeitschr. V, 292.' Die Schuggel, (Bregenz. Wald) die Schulter, besonders gebeugte. schuckeln, meist wie das vorige und schockeln. Der Schuckeler, (schwäb.) Vagabund; Vorkäufler. schuckern, (U. Mayn): es schuckert mich, es überläuft mich ein Schauder. Weigand, Wbch. II, 643. Der Schuck, (U. Mayn) der Schwung, Wurf. Cf. oben Schock.

(Vrgl. Schat, schet, rc.)

Der Schad (Schàd) — wie hchd. Schade, (mhd. schade, genit. schaden, ahd. scado, genit. scadin; Graff VI, 421. BM. II, II, 62. Weigand, Wbch. II, 552. Zeitschr. IV, 2. V, 193. Dietrich in Haupt's Zeitschr. VII, 181: Schaden, Scheide, Schuh aus dem Lappischen skâdes, membrana, cuticula). — in R.AA. wie es is *Schàd*, oder es is nét *Schàd*, kaə˜ *Schàd* um éppəs, für éppəs; 'zugleich in der ä. Spr. als adj., Schaden bringend, schädlich, Comparativ: scheder, wie zorner; BM. II, II, 63)': Dés is dir *schàd*, nét *schàd*, es schadet dir, schadet dir nicht. „Von disen fürsten tuon ich dir kunt, daz si dir schade wellent sîn;" Wigalois 10104. „Der donr ist im (dem Drachen) scheder denn kaim andern tier;" Konr. v. Megenberg f. 157b. (Pfeiffer 270,8). „Si (die maulper) sint niht sô guoter narung sam die veigen und sint dem magen scheder;" das. f. 194b. (Pfeiffer 331,2). Sonst ist nach Gramm. §. 839 die Form der Schaden vorherrschend. R.A.: Aus ə˜n *Schádl* (kleinem Uebel) wird ə˜ *Schàdn* (großes). R.A.: Ze Schäden gên, kommen, (z' Schá'n ge˜, kemə˜), zu Schaden kommen. Vrgl. Schuld. „schadlos, sospes; Schadlose, indemnitas;" Voc. v. 1618. schädigen (schádingə˜, schédingə˜), auch geschädigen, beschädigen. BM. II, II, 65. schadhaft, wie hchd.; (BM. II, II, 63). „Daß niemant schadhaft werd (in Schaden gebracht, betrogen werde) von den chäuffeln;" Münchn. St.R., Cgm. 302, f. 117. „unscadehafte, innoxios;" Cgm. 17, f. 140a. BM. II, II, 64.

Schaden. Der Mag-schaden, (Hübn. 731. 734) Semmelschnitte in Milch gekocht, mit Honig übergossen und mit Mohnsamen (s. Th. II, Sp. 1575: der Mägen) bestreut. Schon Bischof (v. Freysing) Erchanbert schreibt den Seinigen in einem Fastengebot vor „ut abstineatis vos a vino et carne et medo et *melscada* ceruisa et de lacte;" Cod. Fris. 182, f. 44. Pez, thes. anecd. VI, col. 76. Ducange IV, 251a. Umb ein schaden 48 khr.," (Merz 1630); „umb pretz und schaden 4 fl. 46 khr.;" Münchn. Jesuiten-Rechn. v. 1630, Cgm. 3942, f. 2. Eine ähnliche Bedeutung muß auch in folgendem Compositum statt haben: „Du (Mundbeck) hast gewiß vor lauter Schaden-bettlen (Blettlen?) bachen nit Zeit gehabt, indeme du ein ganze Wochen fein sauber verkartet hast;" P. Gansler 111. Vrgl. Schaitenblättlein und Schaben.

'Der Schädel, wie hchd., (BM. II, II, 92: schedel); verächtlich: der Kopf. Zeitschr. III, 240,2,5. V, 505.'

Der Schaden, s. Schatten.

schaiden (schaədn, o.pf. schàidn), Praet. Condit. ich schaidet und schied (schiəd, o.pf. schéid), Partic. geschaiden (gschaədn), gewöhnlicher geschaidet (gschaədt), wie hchd. scheiden, welches in Folge der das 322
ai (ei) mit dem ei (î) vermengenden Aussprache nach und nach dahin gelangt ist, wie meiden conjugiert zu werden, und dessen falsches Praet. schid und Part. geschiden auch mit in die Volkssprache geflossen sind; (mhd. scheiden: ich schiet, hân gescheiden, ahd. sceidan: sciad, scied, gisceidan neben einem abgeleiteten sceidôn. Graff VI, 428. BM. II, II, 97. Weigand, Wbch. II, 570). Dé zwaə hàbm si *schaə'n* lassn, — si sán' scho˜ übə' s Jàr *gschaə'n* oder *gschaədt*. „Wo ein Fraw von jhrem Ehewirth mit dem Rechten geschaiden wird;" L.R. v. 1616, f. 204. „Bös geschaids (schlecht geschiedenes) Ertzt;" Lori, B.R. 262. geschaiden für bescheiden, discretus. BM. II, II, 99. „Einen mit bösen ungeschaiden wortten erzürnen;" Münchn. R.A. v. 1453. „Ich wær ungeschaiden, wurde gesprochen;" Valln. 132. „Dîu hâr was dir bestroubet: dô strelte

dir dîn houbet zeswenhalb der rabe dâ, winsterhalp schiet (discriminavit, kämmte? 'scheitelte, BM. II, II, 98ᵇ.') dirz diu krâ;" M. Helmbrecht 628. Der Schaid, Schait, die Entscheidung, (Graff VI, 437. BM. II, II, 105); Urk. v. 1240 bey Freyberg. MB. VII, 151. Chr. Bened. II, 48. Augsb. Stdtb. bey Freyb. p. 114. abschaiden, discedere, decedere. Grimm, Wbch. I, 97. „Alde ich scheid mit wissen ab;" H. Sachs 1560: IV, III, 46 (1612: IV, III, 103). cf. wißen. Das Abschaiden, der Abschaid, Abschied; L.R. v. 1616, f. 657. „Abschaid der seel vnd leib;" Voc. v. 1618. ausschaiden. „Geverd und arglist genczlich ausgeschaiden;" Urk. beschaiden, im Allgem. wie hchd. bescheiden; Grimm, Wbch. I, 1553. 1556. „Als dir mit worten beschaiden (gesagt) ist;" b. L.R., Heumann S. 59. Einen beschaiden für Gericht, fürbeschaiden (fürbschaə'n), vor Gericht citieren. Der Fürbeschaid, die Citation. „Auf unsern Fürbeschaid;" MB. X, 364. verbeschaiden (vo'bschaə'n, O.Pf. və'bschài'n), durch richterlichen Ausspruch erledigen, beschließen, beenden; ein Person, eine Sache, ein Geschäft abfertigen. „Wärs nicht für manche die härteste Pein, reizende Blicke verbschaiden mit nein!" (Kreill). beschaiden (part. pass.), ä. Sp., discretus, distinctus, vernünftig. BM. II, II, 101. Grimm, Wbch. I, 1556. „Rasonevole, beschaiden;" Voc. veneziano-todesco v. 1424, Ms. f. 22. „Zu seinen beschaidenen Jären kommen," mündig, majorenn werden; Kr. Lhdl. I, 118. 123. „Die alte königin Brunhild ein listig bescheiden weib;" Av. Chr. 310. „Wie sol ein unbescheiden man bescheiden des er niht enkan;" Walther v. d. V. 83,18. „Der êrbar und beschaiden N. N." „Der bescheiden man," vir discretus, in älteren Urkunden, für Einen, der weder Freiherr, noch Ritter, aber dennoch kein ganz gemeiner Mann war. Zeerleder, „Wunn und Weid" (1845), S. 89. beschaidenlich, ä.Sp. adv.; BM. II, II, 103. Daz ez ûz der kemenâte bescheidenlichen '(bestimmt, deutlich)' nieman hœren kunde;" Gudrun 1330,4. Die Beschaiden. a) „Ewr Beschaiden" werden Bürgermeister und Rath zu Regensburg von den Nürnbergern im Context angeredet; Gem. Reg. Chr. II, 81, ad 1354. b) Rücksichtnahme, Bedingung. „Also mit der beschaiden, daß..;" Urk. v. 1336. „Die Beschaiden wolle man jm jedoch thun, daß ...; Gem. Reg. Chr. II, 315. „Die Beschaidenheit, wie das vorige a) und b). „Kinder unter 14 Jahren soll man anderst nit peinlich fragen, dann durch die Ruethen mit Beschaidenheit;" Opf. Malefiz-O. v. 1657. (Ä. Sp.) Verstand, Verständigkeit, richtiges Urtheil, discernement; BM. II, II, 102. „Man siht oft, daz ein man sein beschaidenhait verleust, wenn er gewundet oder hart geslagen wirt vorn an das haupt;" Konr. v. Megenberg, 3. Capitel, Pfeiffer 5,10. „Tu an das pulfer ain beschaidenhait des vorgenanten gebranten weines;" Clm. 4373 (v. 1437), f. 112. Frîdankes Bescheidenheit ist der Titel eines poetisch eingekleideten Systems von Erfahrungen, Ansichten und Regeln des Lebens, an dem sich schon das 13. Jahrh.
823 erbaute, und dessen Werth aus dem Umstand zu ermessen ist, daß es von W. Grimm, dem verdienstvollen Herausgeber, für ein Werk Walther's von der Vogelweide gehalten wird. W. Grimm selbst denkt p. CXII an „Bescheid ertheilen." Bescheidenheit, Bescheidenunge, Intelligenz, Verstand, im welschen Gast 8514 ff. 8584. 8588. „Dâ von hân ich iu geseit, daz man sin und bescheidenheit niene wend ze bœsen dingen;" das. 9844. Wise bescheidenheit gibet allen dugden underscheit;" Monac. Francisc. 303, f. 102. Bonum est sal, Lucae XIII. Sal discretionem significat;" Nicolaus de Argentina de religiosorum profectibus, Ben. 228. „Ich bin dicke von uberigeme ezzenne und drinkenne worden unrehte geil ... und daz ich dicke davon mine bescheidenheit han verlorn;" Beichtformel (sec. XIII.), Clm. 213, f. 187. 'Vrgl. unten: bescheid.' Der Beschaid, wie hchd. Bescheid. Das Beschaid-Eßen (Bschaədéssn), was von einem für das Haus geschlachteten Schweine und drgl. den Nachbarn, damit sie gleichsam Bescheid thun, zugeschickt wird, oder was die Gäste bey einem Hochzeit-, Kirchweih- und drgl. Schmause üblicher Maßen von ihren Portionen bey Seite legen, und in einem Korb, auf einem Teller ꝛc. zu demselben Zweck den Ihrigen nach Hause schicken oder bringen. „Der rothe Löw oder reiche Bergknapp ist weit bekannt, als welcher die hohe Schul zu Prag soll erbaut haben, und seinem König ein ganze Tonnen Geld gelyhen, und nachmals den Schuldbrief in einer verdeckten guldenen Schüssel dem König für ein Beschaidessen aufgesetzt und ihn damit verehret;" P. Abrah. „Herzog Ludwig ehret seine Ambtleut und priester offt mit beschaideßen und willpreth; Chr. in Freyb. Samml. I, 149. Die Beschaidspunkten, plur., die von einer obern einer untern Behörde zur Verantwortung zurückgeschlossenen Bemerkungen zu einem eingesendeten amtlichen Product. beschaid, adj., s. unten: bescheid, neben und mit welchem es vorkommt entschaiden, „dijudicare." BM. II, II, 103. Grimm, Wbch III, 596. Das böse und gute von einander entschaiden;" Dr. Minderer p. 120. Zwey einer irrung entschaiden, Schiedsrichter über sie seyn. Hund, St.B. I, 7. (Es steht schon: sie wurden entschieden). Der Entschaid. Ref.L.R. Tit. XIV, Art. 3 ff. „unterschaiden, intersepire, discernere;" Voc. v. 1618. Der Unterschaid, differentia. BM. II, II, 105 f. „Daß du uns underschaid (Rechenschaft) gebest, warum du die (grobe, unbillige) red gethan habest;" Chr. in Freyb. Samml. I, 91. verschaiden, sterben; (ä. Sp.) einen Handel verschaiden, dirimere caussam, entscheiden. BM. II, II, 104 f. „Was die schergen verschaiden, das hat nicht chrafft;" Münch. St.R., Cgm. 543, f. 143. Cgm. 302, f. 104. „Ain sach, die verricht und verschaiden ist", (res judicata); Cgm 27, f. 2. verschaiden, adj. (eigentl. partic. pass.), verschieden; Wiltmaister, Getraidreduction, Vorrede. unverschaidentlich, a) indivisum; b) ohne Unterschied; BM. II, II, 105. L.R. Tit. I, Art. 10. Ertl, pr. aur. 242. Die Halbschaid, Hälfte. Die Schäffleinschaid („Schaffelscheide"), Ausscheidung der Schafe bey Heimkunft von der Alpweide nach den Eigenthümern in abgezäunte Raumfächer, zugleich ein Fest; (v. Kürsinger's Ober-Pinzgau, 1841, p. 170 f.) Die Wegschaid, der Scheideweg, wo zwey oder mehr Wege auseinander laufen, sich kreuzen. BM. II, II, 107. Zeitschr. VI, 198. „Wegschaid, compitum;" Voc. v. 1419. „Wegesceidele, bivium;" gl. o. 342. „Und gleich einer wegscheid, die den fürgehenden den Weg zaigt, aber die seil bleibt steiff an jrem Orth ist allain ain Zaiger und nutzt jr selber nit," Abt Quirin v. Tegernsee; Cgm. 3848, f. 3 Superstitiones magicae, Clm. 940. f. 250. „Wen man hinfür enthaupten will, den sol man enthaupten auf der wegschaid (al. wegschaiden), da man die erschlagenen hin begrebt; Augsb. Stdtb., Walch p. 119. „An der wegschaid;" Cgm. 559, f. 34. Cgm. 560, f. 24. „Ich weiz . daz dû iht lange hangest, si slahe dich mit ir hant abe und ziehe dich zuo dem grabe ûf die wegscheide;" M. Helmbrecht 1305. Der Schaidmann, arbiter, Schiedsrichter; Voc. v. 1618. BM. II, 46. Weigand, Wbch. II, 579. „Der Schaidmann bekomt gewoniglich die bösten Stöß;" Bogenberg 1679 p. 215. Das Schaidwaßer, Scheidewasser. Weigand, Wbch. II, 570.

„Schaidel- und Winkelrocken," s. oben, Sp. 47: Rocken.

Das Geschaid, (Jäger-Spr.) a) Eingeweide des Wildes. b) Ende am Hirschgeweih. „Es sol für einen jagbarn Hirsch gehalten werden, der an dem Gewicht acht Geschaiden hat;" Gejaids-Ord. v. 1616, 3. Cap. c) (Rhein) Maß von 1/64 Malter.

Der Schaid, der Schaiden, Schaidfisch, (U. 824
Donau) hchd. Scheide, Wels, Waller, Silurus Glanis L. Castelli, Wbch. 227: der Schad'n. Weigand, Wbch. II, 569. „Schaid, gramarus;" Voc. v. 1445. Gl. a. 28.

642, i. 136, a. 86. 196 ist sceida asella. H. Sachs 1558, f. 424: Schaiden, (1612, f. 855 in derselben Stelle: Schiden). „Der scheiden auch kein schuppen hat;" H. Sachs 1560: II, II, 111. Calembour, mit Anspielung auf schaiden (sich trennen): Schaiden ist kain gueter, oder: ist ein grätiger Fisch. Und mit Anspielung auf Schaid (theca) sagt Abele, seltſ. Ger.H. II, 380: „Weil die Fatten uns eine andere Mascaradi, nemlich Bricken ohne Brucken, dicke Brätzen ohne Rucken und Schaiden ohne Messer vorweiset."

Die Schaid und die Schaiden, wie hchd. Scheide; (mhd. scheide, ahd. sceida, genit. sceidun). „Die Weiber führen's Schwerd im Maul, werden drum auf d' Schaid gschlagen;" Seb. Frank. Arbes-Schaə'ln, Schoten;" ObrM.

Der Schadl (Schaidel?), Keil mit eiserner Spitze, um Holz zu klieben; Castelli, Wbch. 227.

schaidnen (schaə'nə˜), was schaiden. Dà ráəffə˜t aə˜, muəs mə˜ *schaə'nə˜*, (dazwischen treten); ObrM.

schaudeln, (schwäb.) übereilt verfahren.

schaudern, wie hchd.; Weigand, Wbch. II, 566. 567. cf. schudern, schuttern. Zeitschr. V, 292. VI, 20). „Des Brantweins kannst du dich bedienen zu der Kälte der Nacht und bey schauderächtem Morgen; Dr. Minderer, Kriegsarzneyk. 1620, p. 26.

schêd, sieh schlecht, adv.

schedlen, küfern; der Schedler, Küfer; (Lingenau im Vorder-Bregenzerwald). Bergmann, die Walser, p. 85.

„schederwenket, obliquus. Est et in conviciis;" Prasch, (Heumann, opusc. 687). Vrgl. schlechts, adv.

schedern: „zerledert und zerschedert;" (Dr. Sepp, Tölz). cf. schotter.

„b'schedern, besudeln;" Prasch, (Heumann, opusc. 675). cf. schledern.

scheiden, ich schid, hab oder bin geschiden, wie hchd., und erst vom 14. Jahrh. an aus dem Ablautverb. schêiden (schaiden), wol nicht ohne Mitwirkung einer schon alten unablautenden Form scîdon (Notk. Ps. 47,12, nicht scîdon), entwickelt. Graff VI, 435. BM. II, II, 97. Weigand, Wbch. II, 570. Vgl. Birlinger 394: schiden, loßen. Cfr. Schait und Scheit. „Si werden dann mit einander verschiden;" Cgm. 27 (v. 1396), fol. 5. „Sach, die verricht vnd verschiden ist;" Cgm. 431 (v. 1390), f. 6. „entschiden oder verschiden sach", (causa judicata); Ref. L.R. Tit. 14, Art. 3 ff. „Der N. kam auf den kamfplatz, wie es jhm verschiden (angesagt) was;" Chron. in Freyb. Samml. I, 160. verschiden, (schwäb.) zerschiden, diversus. Die nicht participialen Formen Schidung, Schidmann, schidlich sieh unten.

bescheid, adj., bey P. Abraham was gescheid, (w. m. s.): „bescheid und weislich." „Ein bescheides und beschaidnes Uebersehen steht den Ehemännern oft nit übel an." „Sie hat aber gar bald beschaid und bescheid geantwortet, wie daß es ungereimet scheine, bey solcher Zeit ein Mannsbild in das Haus zu lassen." „bescheyde oder listig, astutus;" Voc. v. 1477. BM. II, II, 97. Há˜, Narr, bist sünst so *bscheid* und blert (b'lehrt) und håst və' dèn, wås gschiəht, no niə nix bràchtn ghört? Lindermayr 126. Bescheidigkeit, Klugheit; Buch der Weisheit v. 1485. BM. II, II, 97. Cf. oben: Beschaidenheit.

gescheid (gscheid, gschei'), adj. und adv., gesunden Menschenverstand habend (was im gemeinen Leben Norddeutschlands klug), dem gesunden Menschenverstand entsprechend; besonders verständig; vortrefflich; sehr; (schweiz. gschid; geschider, versutus, Voc. v. 1429). BM. II, II, 97. Weigand, Wbch. I, 422. „Geselle, hüete dîn! die merker sint geschîde; Labr. 72. „Ein kundig vohe sich dunket sô geschîde;" das. 432. Was gescheider list sie pflag;" Cgm. 713, f. 90. „Der gescheid han mit dem listigen fuchs;" H. Sachs 1560: II, IV, 37. R.A.: I bi˜ mə' nimmə' *gſcheid* gnuə', weiß mir nicht mehr zu rathen und zu helfen. Dés is *gſcheid*, das versteht sich; natürlich! Bist *gſcheid!?* bist du bey Trost? 825
Gê, sei *gſcheid!* Wiə nét *gſcheid* hàd ə' gschriən, gfluecht, is ə' gloffə˜, gfälln ꝛc., (sehr stark). Du bist, du wárst gàr *gſcheid!* (mit dem Ton auf gàr), oft mit dem Beysatz: Bist gwis hei˜t Nàcht bei'n Gógkl glégng; ironische Abfertigung auf eine naseweise Rede oder Zumuthung. Bist nét *gſcheid!* sey *gſcheid*! was du sagst, kann ich kaum glauben. Er is nét rècht *gſcheid*, etwas verrückt im Kopf. *Gſcheidə'* Weis, auf vernünftige Art, im Ernst. Wàs gei'st denn, *gſchei'*, her? im Ernst, wie viel gibst du? ə˜ *gſcheids* Biər, ə˜ *gſcheidé* Orfeigng, ə˜ *gſcheids* Feuə' ein großes, tüchtiges. Hàd nét ə˜màl mer ə˜ *gſcheids* Hemət zu'n à˜légng. „Ene Gäck kan mih (mehr) froge, als *selbe Geschehde* antworde könne;" Firmenich I, 483,14 (Düren). siebengescheid (sibmgscheid), (b. W.) überaus klug, überklug; s. oben, Sp. 209. gescheid-lôs (gscheid-lous, Nürnb.), dass. ungescheid, unklug, unvernünftig; über die Maßen. Das Gescheid, (Ruckgau) ein Maß. Das Hauptgescheid, vertigo; s. unten: scheinen: das Hauptgeschein und Grimm I³ p. 176; Mythol.² p. 111. Renner 12180. Ayrer 148. 149. Das Gescheidelein, ironisch: Person, die sich gar klug dünkt. Jetz schau mə' widə' dés *Gſcheidə-l* à˜! In der Schweiz hat man das Verb etwas vergescheideln (vərgschîdələ˜), es aus lauter Klugheit, Feinheit schlecht machen. gescheidig, adj.; Buch der Weisheit v. 1485, f. 114. Die Gescheiden (mhd. geschîde), Gescheidheit, Gescheidighait. BM. II, II, 97. Astutia, gescheidicheit;" Asp. 17, f. 18. „Als noch mänig fraw wol kan auffreden ain ainfältigen man mit mangerlay hand gscheidikait." „Das das kind schalklich kan gebaren, das es ist gscheidkaitt voll;" Cgm. 270, f. 364ᵃ. 371ᵃ. „Mit gescheidigkeit vnd ordnung tut ein man das der ander mit sterck nit getun mag;" Buch der Weisheit v. 1485.

schidlich (schidlə', Allgäu), verträglich, friedfertig, billig. „Mit der Gesellschaft fridlich und schidlich leben;" Wagenseil, de Norimb. 547. schidliche Räthe (beordert zur Ausscheidung und Vertheilung einer Verlassenschaft). Kr. Lhdl. XVII, 226. 227. Der Schidmann, die Schidleut, Schiedrichter. Unter Schidleut gên, ä. Sp. Der Schidzaun; Cbm. 3238, f. 29. Die Schid, Theil einer Gemeinde, Rotte; Castelli, Wbch. 241. Die Schidung, a) (ä. Sp.) schiedrichterliche Entscheidung. BM. II, II, 108,3. Ein ding an ein schidung lassen, es ihr unterstellen; aus der schidung gên, sich dem Ausspruch nicht unterwerfen; MB. IX, 213. L.R. v. 1453. Cgm. 302, f. 104. Cgm. 543, f. 143. b) das Scheiden, die Trennung, Abschied. „Der schidung was ich unfro;" Cgm. 379, f. 86 und 270, f. 119. „Mein schidung (Entfernung) was ein sache deines smerzen;" Gesta Romanor., Cgm. 54, f. 2ᵃ, (Keller p. 13). c) das Hinscheiden, Sterben. „Ob das Selgerät auf den Tach unser Schidunge begangen nicht mochte werden;" MB. VII, 169 ad 1334. Die Schidung (Schidum) läuten, die Sterbeglocke läuten; auch das seit 1418 eingeführte Läuten am Freytag um 11 Uhr (in Nürnb. nach Hsl. um 9 Uhr) Morgens zur Erinnerung an „die Schidung" Christi, wobey ein Gebet gesprochen wird, welches anfängt: Tenebrae factae sunt, nach einer alten Uebersetzung: „Es sind Finsternuß worden." BM. II, II, 108,2. Birlinger 394. „In der eren unser lieben frawen schidung als sy gen hymel gefarn ist;" alte Ettaler Chronik. „Am mittwochen nach unser lieben frauentag irer Schidung," d. i. Mariä Himmelfahrt. Kr. Lhdl. V, 66. Der Abschid (Apschid), wie hchd. Abschied; Grimm, Wbch. I, 99. Der Abschider, verabschiedeter Soldat. Das Abschidgeld, der Abschidwein, den Beamten und Amtsdienern zu reichen. L.R.

326 v. 1616, f. 444. verabschiden eine Sache, einen Rechtshandel. Die Beschidung, das Legat; Wirzb. Verord. v. 1618. Der Entschid, die Entscheidung; Ref. L.R. Tit. 14. Art. 3. Wagenseil, Norimberg. 311. Der „Feldschieder, Schiedstein;" Wirzb. Verord. v. 1761. Der Unterschid, wie hchd. (BM. II, II, 107. Weigand, Wbch. II, 952). unterschidlich, a) diversus, b) specificiert. „Nit im busch, sonder underschidlich;" L.R. v. 1616, f. 65. Die Güter unterschiedlich beschreiben. Gute unterschiedliche Rechnung thun; Wirzb. L.G.Ord. v. 1618. Gl. a. 653: unterschid, distinctio, unterschidunga, differentia; untirskidunga, Diut. III, 132, ohne Zweifel mit kurzem i, wie untarscidon, discernere, gl. i. 814, und „scidon," separare, Notk. 42,12 (Graff VI, 435. 436), so daß all die hier aufgeführten Schid-Formen eine ältere Quelle als die des abnormen Ablautverbs scheiden (schid, geschiden) haben.

„Der Schid·l, ein Name für den Satan, bei Leuten, welche sich fürchten, das Wort Teufel auszusprechen; z. B. Geh· zu'n *Schid·l!*" Castelli, Wbch. 241.

Der Schied, a) ein Fisch, sieh Schiet und Schierling. „Schiden und fredpiln sind auch gut;" H. Sachs 1612: I, 854. cf. Schaiden. b) in Cgm. 585, f. 99[b] spricht ein Domherr zu Freysing um 1479 von einem Vogel Schied.

'Der Schöbe, Schaube, jüd.-deutsch, geringer, niedrig denkender Mensch. Vilmar, kurhess. Idiot. 365.'

Schoder, s. Schotter u. Scholder. Vgl. Zeitschr. III, 133 (Henneberg): Schadərer, Büttel.

'Der Schoberer, ein Kleidungsstück; vgl. unten: Schuldə'.' (Zu ihr:) „Aft gwändst di' stöderisch, aft traist än *Schoderar* und lögst anstatt dä' Schaubn än weiten Raifrock an;" Lindermayr.

schudern, s. schuttern.

Das Schaff (Schåf), Dim. Schäfflein (Schåffl, Schåffəl), Schäffel, a) Gefäß von Böttcherarbeit, nach oben offen, für welches nach Umständen und Gegenden auch die Benennungen Sechter, Zuber, Stande, Bottich und drgl. vorkommen; (ahd. scaf, scaph, mhd. schaf, schapf; Graff VI, 441. 449. BM. II, II, 65. Weigand, Wbch. II, 553. 569. Vilmar, kurhess. Idiot. 343. Zeitschr. III, 15. 463). „scaf, tina;" Diut. III, 149. „Und trůch diu (iunchfrowe) ain schaf ûf ier achsel und woltiu ŏch wazzer holon .. daz si im ze trinchende gêb ûz ier schafe;" Grieshaber, Pred. I, 132. 133. „Ein schaff mit wazzer;" Cgm. 632, f. 94. „Droß und Plunder, Schaff und Geschirr;" Av. Chr. 39. „Sîne segelwinde buzzen und sîniu schaf ze heile fluzzen;" M. Helmbrecht 686. s. Schiff. „Badschäffer oder Badsechter." „Vor der Credenz sein gestanden VI protschaff, neben den protscheffern ain silbreins giesbecky;" Wstr. Btr. III, 144, ad 1476. Im b. Flachland, wo Schaff minder üblich als im O.L. und in der O.Pf., ist dafür das Diminutiv *Schäffl* um so gebräuchlicher: *Bådschäffl, Fuəsschäffl, Sudlschäffl, Wassə'schäffl* rc. „Ein schäffl, diota, scaphinum;" Voc. v. 1618. b) Getreidmaß. An einigen Orten ist das Schaff, an andern (z. B. München, Augsburg, Donauwörth, Pfaffenhofen) das Schäffel üblich. Doch ist gesetzlich im ganzen Lande das Münchner Schäffel eingeführt, welches 6 Münchner Metzen, jeden zu 2 Vierteln oder Strich oder 8 Sechzehnteln (Mäßlein), enthält. Kohlbrenner, Beiträge 1783. Das Schaff (salzburg. Getreidmaß) hält 8 Metzen in Weizen und Korn, 16 Metzen in Gerste und Haber; der Metzen hat 16 Mäßl, das Mäßl 4 Viertel; (Jir.). Seit dem Jahr 1810 ist auch das Maß für den Haber dem der übrigen Getreidsorten gleichgestellt, da bis dahin das Haberschäffel 7 Metzen, also 1/7 mehr als das Weizen-, Korn- und Gerstenschäffel hielt. Nach Wstr. Beschreib. v. München p. 115. 120 ist der kubische Inhalt eines Münchner-Schäffels 208 1/2 bayrischen Getränkmaßen gleich, und enthält 6 1/2 Decimal- 327
kubikschuhe und 2 9/10 dergleichen Cubikzolle nach dem Pied du Roi. Allgem. Zeitung von 1847, S. 160: Bericht über die Münchner Schranne vom 9. Januar, an welchem Samstage (als Markttage) 16,217 Scheffel auf dem Platze gewesen; dabey wird gesagt:

1	bayr.	Scheffel	=	2 Mainzer Maltern,
	„	„	=	4 Berliner Scheffeln,
	„	„	=	3 1/2 Wiener Metzen,
45	„	„	=	100 Hektolitern.

Es wurden verkauft 13,349 Scheffel, Umsatz 243,840 fl. Durchschnittspreis: Weizen 25 fl. 7 kr., Korn 20 fl. 37 kr., Gerste 16 fl. 20 kr. Haber 7 fl. 54 kr. Den Samstag drauf (16. Januar) waren 15,534 Scheffel auf dem Platz. Die hchd. Form der Scheffel, der man das bayrische Neutr. Schäfflein durch die Schreibweise Schäffel (in der Aussprache immer Schåffl, nie Scheffl) genähert hat, besteht übrigens seinerseits schon über tausend Jahre; denn bereits in gl. a. 337 wird (sata) dimidium modium tenens gegeben durch „halp mutti edo scefil fol." In der Lex Saxonum, Titel XVIII. (additio bey Lindenbrog) werden an Roggen sceffila XXX, nach dem Capitulare v. 794 aber, in noch reinsächsischer Form, scapilos XL auf einen sächsischen Schilling (solidus Saxonum) angeschlagen. Daß die bayrische Form das Schäffel (Schåffl) nichts anders seyn werde, als das Diminutiv von Schaff, ist schon daraus wahrscheinlich, daß, wie verschieden auch der Inhalt des Schaffes an verschiedenen Orten sey, das Schäffel immer nur ein größerer oder kleinerer Theil desselben ist. „Man sol dem messer (Kornmesser) von ainem mutt zu lon geben 11 dn., von ainem schaff 1 dn., von ainem schäflein 1 haller;" Cgm. 544, f. 50. So z. B. hält das Ingolstädter, Regensburger, Straubinger Schaff (Korn) über 2 Münchner Schäffel, das Abensberger, Kelheimer, Vohburger, Geisenfelder Schaff hält deren über 3, das Passauer über 5, das Schärdinger über 7. Uebrigens findet sich das Schaff nach den verschiedenen Orten auch in 9, 16, 20, 24, 28, 42 und mehr Metzen abgetheilt. Im blockierten Augsburg galt (Februar 1635) der Metzen Korn 9 fl., „daß also das Schaff auf 72 fl. kam," (wornach 8 Metzen auf das Schaff); Cgm. 4905, f. 281. Vrgl. Wagner's Civil- und Cameralbeamte I, p. 194 ff. Wstr. Bschr. v München p. 114 ff. Münchner Handcalender auf 1803, p. 57 ff. S. auch Mutt, Metzen, Mäß im II. Th., Sp. 1660. 1694. 1704; Viertel im I. Th., Sp. 845, und unten: Strich. c) Durch die alte Land- und Polic.-Ord., Bch. 4, Tit. 9, Art. 2 sind den Fischern die Legschäffel verboten. cfr. Kr. Lhdl. I, 222. VII, 439. XIII, 141. „Mit Tribscheffen und Horscheffen vischen;" MB. VIII, 280, (wol keine Schiffe). (Schaff gehört überhaupt wol zum alten scaffan, sceffan, haurire, schaffen, Schapfen, Schueffen und schöpfen). Der Schäffler (Schåfflə'), der Böttcher oder Faßbinder, Chavrarius, MB. XI, 44, saec. XIII. BM. II, II, 65: scheffelære. Birlinger 390. „Tinulator, scheffeller;" Clm. 4350 (saec. XIV.), f. 1[b]. Der Schäfflertanz, Tanzspiel, welches die Münchner Böttchergesellen [im ersten Regierungsjahre eines neu angetretenen Landesfürsten und dann*)] alle 7 Jahre in der Faßnachtzeit vor den Häusern gewisser Herrschaften und vor denen ihrer Hauptkunden, der Bräuer, Bier- und Kaffeewirthe, und zwar, vermöge eines kaiserlichen

---

*) Dieses wird in Abrede gestellt. Nur zufällig habe dieser Tanz beym Antritt Max Joseph's, als etwas ihm Neues, aus gleichem Grunde auch einmal bey Anwesenheit Napoleon's statt gehabt. Vor etwa 50 Jahren sey die Tracht eine ganz andre, minder theatralische und mehr schäfflerische gewesen; die Musik habe blos aus einem Trommler und einem Pfeifer bestanden; auch der Hanswurst und die Grêtl in der Butten haben dabey figuriert. Vgl. Landbote v. 1837, Nr. 36.

Privilegiums, in der ehmaligen Tracht der Edelknaben, nach der Melodie eines eignen Liedes, welches anfängt: Grêdl in də' Butt'n, wiə geist du deiné (oder: w. g. denn du di) Aər? Um ə~n Batz'n achtê, und umb ə~n Kreuzə' zwaə ꝛc., aufzuführen pflegen. Es ist dieß eine Art Contretanz, der große Achter genannt, wobey sie große, mit Buchs und Bändern gezierte Reife in den Händen halten und damit verschiedene Figuren bilden Vor dem feyerlichen Gesundheittrinken werden die vollen Gläser, womit sich vor jedem Hause der Auftritt schließt, auf die innere Fläche der Reifbogen gestellt, mit
328 diesen im Kreise herumgeschwungen. Cfr. Burgholzer Beschr. v. München p. 118. Wstr. Beschr. p. 287. Ant. Baumgartner's „Faschingsmontag, an welchem die Metzger in den Brunnen springen" (München, 1826). Panzer, Beiträge zur Mythologie I, 230. Nach Abzug der Kosten auf Kleider ꝛc. ꝛc. traf 1844 auf jeden Theilnehmer 70 fl. (Ob ich ihn noch einmal sehe?). Schäfflertanz und Metzgersprung (s. Th. II, Sp. 1703) sind auch außer München im Oberland gebräuchlich; (Dr. Sepp). Auch in Salzburg pflegen die Küfer und Kleuzer alle sieben Jahre ihren Raiffleintanz zum Besten zu geben. Der Schäffler, alberner Mensch. S. unter schaffen

'Die Schaffen, auch Schapfen und Schueffen (w. m. f.), ein Schöpfgefäß, gewöhnlich mit einem langen Stiele. Zeitschr. III, 10.' „Er bott ir da ze stett den schaffenstil in jr hant;" Laßberg, Liedersaal I, 514. 515; v. d. Hagen, Ges. Abent. LVII, Bnd. III, p. 102,201, (obscön; es ist sonst von einer Wassergelte die Rede).

Das Schâff (Schâf; O.Pf., schwäb. Schâuf, sing. und plur.), wie hchd. Schaf; (ahd. Sp. Isidor noch scaap, sonst scâf, mhd. schâf; Graff VI, 441. BM. II, II, 66. Grimm, Gesch. d. d. Spr. I, 33. Weigand, Wbch. II, 552). „Ich wil fırn meine schäüffel, ego pascam oves meas;" Clm. 4776 (XV. sec., 1412), f. 62. Der Schâfbók, Widder; Schâf-baur, Schâf-hof, wo eine Schafheerde gehalten wird. Schâf-berg, höherer Berg, dessen Alpenweide nur für Schafe ꝛc. zugänglich. Schafbirg, Alpe für die Schafe, hoch oben, manche für 300—400 Stück; (Zir.). Der Schæffer (Schäffə', Schäffərə', Schäffələ', Schäfflə'), Schäfer. „Schaffer;" geöffnete Archive I, 370. 374. VII Com. *Schaafar*. Schafler, der die Schafe auf der Weide hütet; (Zir). Zeitschr. III, 398,1.

„Es trib ein guət *Schäffələr* über den Sê,
seine Schäflein wurden weisser als der Schnê;
də' *Schäffələr* hond ə~ Hüətələ-r-auf,
um tausend Guldə~ Bándələ~ drauf;" Eichstettisches Tanzliedchen mit eigener Melodie. schæffen (schäffə~; schäfin, Voc. v. 1618, ä. Sp. scheffein, mhd. schæfîn, ahd. scâfîn), adj., ovinus, ovillus. ə~ *schäffə~s*, *schäffərəs* Brá'l, (Schafsbraten); ə~ *schäffənə'*, *schäffərə'* Schwaəs, (Schafsblut). 'sich schäfeln (vom Himmel), Lämmerwolken bilden; Zeitschr. III, 485 (Elsaß). schæffern, vb., nach dem Schaf schmecken; Zeitschr. II, 459.'

Das Schafeytlin, eine Art Eule, im Cgm. 312, f. 39a mit dieser Beyschrift abgebildet; bey Adelung: Schufut, Schaufaut, Schuhu; gl. a. 832: schofut, bubo. Nemnich II, 1377: Schuhu, Schubut, Schuffut, Schaffut, Schaufaut. Weigand, Wbch. II, 643: Schufut. Diefenbach 83a. BM. II, II, 75. 178. Grimm zu Reinh. p. 282,2593: niederl. scuvut. „Ende de schuyfuyt ende de rave sal daer in woonen;" Isaias 34,11. Vgl. franz. la chouette, ital. civetta, Kauz; (Diez, Wbch. 594: choe ꝛc.). Castelli, Wbch. 250: das *Schofittl*; VII. Com.: *schavita*. Im Vogelgespräch (vgl Pfeiffer's Germania VI, 90)': das Schafittl. Wurde etwa daraus der Familienname Schafhäutl (s. Th. II, Sp. 1188)? Unser Professor also ein zweiter Euler! (Ja! Er sagt mir eben, von Neapel zurückgekommen, seine Familie stamme aus Thüngen an der Zürcher'schen Cantonsgrenze und führe die Eule im Wappen. 23. Novbr. 1844). Vgl. unter scheuhen: Scheukel.

„Schafkopf, ein gewisses Kartenspiel, auch schwarzer Peter genannt, wobei der Kreuzbube von einem Mitspieler zum andern geschoben wird. Wer ihn zuletzt behält, nachdem alle vorhandenen gleichen Paare von Karten abgeworfen sind, ist Schafkopf." Vilmar, kurhess. Idiot. 340. (Anders in Bayern, wo Schafkopf und schwarzer Peter ganz verschiedene Kartenspiele sind).' schafkopfen, vrb. (b. W.), eine gewisse Art Karten zu spielen.

Schâfhusten, ein trockner Husten; Zeitschr. III, 252,267. Schâfmäulchen (Koburg: Schôfmällâ), Rapunzeln, valeriana locusta, Nemnich II, 1542; auch wilder Salat, lactuca scariola; das. II, 312. Zeitschr. V, 133, II, 5.'

schaffen (schaffə~, O.Pf. schaffm; Condit. I schaffət, hab geschafft; ahd. scaffôn, disponere, condere, formare, ih scaffôta, partic giscaffôt, Graff VI, 445. BM. II, II, 72. Weigand, Wbch. II, 553), in Formen und Bedeutungen vermengt mit dem, im Dialekt meist nur mehr als Archaismus vorkommenden, Ablautverb schaffen, ich schuef (Condit. schüəf), hab geschaffen; (ahd. scaffan, haurire, creare, condere: scuof, giscaffan — „irscaffen, exhaustus;" Grimm, Sendschr. an Lachmann p. 58,955. „unerschaffen, inexhaustus;" Cgm. 17, f. 102—; mhd. schaffen: schuof, geschaffen. Graff VI, 441. 442. BM. II, II, 67. Weigand, o. a. O.), im Allgem. wie hchd. Folgen einige mehr dialektische oder veraltete Anwendungen: 1) „Mit ə~n Guld'n *schaf* I scho~," mit einem Gulden komm ich schon zurecht, komme ich aus; (HhE.) „Da gschafft man mit kain Gmen," da richtet man mit Zugvieh nichts aus. Es guet schaffen, sein Geschäft, den Verkauf gut treiben; (Dr. Sepp). „*Schaf* 's wol! (plur.) *schafts* 's wol! lebe wohl, lebt wohl!" Salzachkreisblatt v. 1814. Hübner 682. *G'schaff* 's wol! Kürsinger's Oberpinzgau, S. 177. „Waz du tûn wilt so hab stæt rat von den pflegern der fümf Ritter und schaffest du ez wol...," sagt der scheidende Kaiser zur Tochter; Gesta Romanor., Cgm. 54, f. 82b, (Keller p. 163). „Der knab lernt ertznei und schûfs so wol. daz er der pest pûch artzt ward. daz haizzt ein phisicus naturleich(er) kunst;" das. f. 2a, (Keller p. 3). Einen muessig schaffen, ihn ledig, frey machen; Kr. Lhdl. VII, 149. 2) geschaffen, in einigen Compos. noch blos schaffen, partic. oder adj., beschaffen, gestaltet, engl. shapen. „Die Sach ist geschaffen wie ich angezeigt hab;" Av. Chr 43. „So wird das obs geschaffen nach der varbe;" Belzbuch, Clm. 4373 (v. 1437), f. 111. „Ich will priester werden, ist es mir geschaffen," si fata concedunt; Cgm. 690, f. 41. Sieh beschaffen. altgeschaffen, adj., (Nptsch.) ältlich, bejahrt. Bogenbergmirakel 1679, p. 23. junggeschaffen, jugendlich; Av. Chr. 23. „Recept, das angesicht junggeschaffen ze machen;" Cgm. 3725, f. 34. rechtgeschaffen, gerechtgeschaffen, rechtschaffen, gerechtschaffen (rêchtschaffə~), adj., wie hchd. rechtschaffen; recht, richtig, tüchtig; (ndrs. recht-
schapen). „Ein rechtgeschaffner Fürst;" Av. Chr. 329
174. .. „Damit die Beicht fleissiger und rechtgeschaffner verricht werde....;" Beichtbuch v. 1529. „Etliche fromme Prediger und rechtgeschaffne Theologi ...;" Putherbey, v. Verbot der Bücher f. 87. „Wenn man das Eisen auf dem Amboß nit wacker knilt, so wird nichts rechtschaffenes draus;" P. Abraham. „Kholen gar woll khlain gestoßen, gemennget und rechtgeschaffen gearbaitt ..;" Feuerbuch, Ms. v. 1591. „Rechtgeschaffen, egregie, fortiter;" Voc. v. 1618. ungeschaffen, ungestalt, häßlich. BM. II, II, 69. „Margareth Maultasch, darumb also genannt, daß sie also ein ungeschaffen weib war." „M., dy man von irer Unbeschaffenheit wegen heißt Maultasch;" Chr. in Freyb. Samml. I, 113. II, 437. „Ludwig hieß der buckhlet herzog, wann er war ein ungeschaffen mensch;" das. 141. „Lea was älter, ungeschaffener, hett ein bös Gesicht;" Av. Chr. 36. Heutzutage mehr in figürlicher Anwendung: *u~gschaffənê* Rédn. Kaən *u~gschaffə~s* Wártl hân I dəm

'gébm. Dé hàd ən u~g'schaffə~s Mál. wolgeschaffen, wohlgestalt; (engl. wellshapen). „Ein so schöner und wolgeschaffner Herr;" P. Abrah. Baur gedenkt sogar einer, wie es scheint ganz modernen, Bildung buttlschaffen, adv., nach Art einer Butte (z. B. etwas tragen). Die Geschaffenheit, Beschaffenheit; Voc. v. 1618. BM. II, II, 69: Schöpfung. 3) Die Geschefd, Geschefft, (ä. Sp.) creatura. BM. II, II, 72: daz gescheffede, geschepfede, Schöpfung, Geschöpf; Geschäft. 4) Die, das Geschäfft. (ä. Sp.) membrum genitale. „So dem manne daz geschäfft we tu, daz da haizet der zagel;" Cgm. 92, f. 3 und 591, f. 242. „Ob dem manne sein geschest nit ste daz er dem weibe niht getůn mag;" Fürstenf. 121, f. 177^b. „Mit abgeschnittenn geschefft," amputato veretro; Deuteron. 23,1. Cgm. 502, f. 81. „Daz er sich hieze besnidin an siner geschäft;" Gl. Winnerl. „So ain fraw ze lang ân man ist... das ir die adern all dönt unter dem antlitz und geswilt ir daz geschäft;" Cgm. 720, f. 85. Cgm. 824, f. 37. Cgm. 4206, f. 16. 26: „von dem gescheffte." Clm. 5931, f. 42. Clm. 5879, f. 204. Ebersb. 79, f. 204. Ald. 253, f. 124. Ald. 8° 23, f. 124: scham. „Ouh geswillet ir diu geschäft;" Cgm. 92, f. 3. cf. Schaft. 'Das Geschäftnis, ä. Sp., was Geschäft; BM. II, II, 71. 74: daz geschefnisse, gescheftnisse.' „So dem man daz gescheftniss geschwillet; Clm. 5931, f. 243. „Geswillet den frawen daz gescheftnisse;" das. f. 240. 5) 'schaffen, thun, verrichten, arbeiten; BM. II, II, 67,1. Zeitschr. I, 134,1. V, 521, II, 5. VI, 118,6. 119,21.' Das Geschäfft (G'scháft, Gschéft), negotium. BM. II, II, 74. Weigand, Wbch. II, 421. Das Metzgergeschäft, lästige Geschäftigkeit, Gefälligkeit. Der Geschäfftleinhueber (Gscháfftlhuəbə'), Geschäfftleinmacher, der sich in kleinlichen, unnützen Geschäften gefällt, sich dabey andern aufdringt. geschäfftig (gscháffti'), umthuerisch, emsig: ə~ gscháftigé Martha. Das Gscháfftə-l, lebhafte, umthuerische Person, besonders Kind. Dés is àbər ə~ nètts, ə~ dántschi's Gscháfftə-l! g'schäfft'ln, sich zu thun geben, sich wichtig machen. 'n ganz'n lêilangə~ Tàg gschäfft'lst ummə', und wenn's umədumə kumt, so glangəté nét e~n Arsch drum hinteré, wàs d' ausgschäfft häst, nét ə~n Hàllə' werts; (ObrM.). Vgl. unten: schäffeln. 6) a) schaffen seinen Willen mit Einem, b) elliptisch: schaffen mit Einem, früher wol ein umschreibender, glimpflicher Ausdruck, dann: c) noch kürzer und derber, blos: schaffen Einem, ihm befehlen, gebieten. Birlinger 389. Zeitschr. IV, 182. a) „Schaff mit mir deinen Willen, gebiete mir;" Buch der Weisheit, Druck v. 1485, fol. 115. „So mugt ir wol mit mir schaffen ewern willen," sagt die schöne Ludmilla v. Bogen zu Herzog Ludwig, Cgm. 43, fol. 285. b) „Also schuff mein herr mit mir vnd gepot mir;" Chron. Benedictob. II, 80, ad 1372. „Arnolf
330 gab die Antwort: Er hette gewohnt, mit andern Leuten zu schaffen, nicht, under andern zu seyn..;" Av. Chr. 366. „Den Weibern wollt ich rathen, daß sie sich keineswegs unterstehn sollen, mit jren Männern zu schaffen, viel weniger, daß die Männer sich von den Weibern sollen putzen und meistern lassen;" Albertin's Guevara. „Da hat man geschafft miteinem Schnizer, mit einem Müller," (man hat sie aufgeboten, ihnen Auftrag gegeben); Chr. in Freyb. Samml. I, 189. „Jr habt das mit mir geschafft, illud me jussistis;" Cgm. 690, f. 35^a. „Jch schueff mit meiner diern, das si daheim belib;" Cgm. 632, f. 13^a. „Daß mit uns geschafft ist, zu steuern," (daß wir aufgeboten sind zu steuern);" Kr. Lhdl. I, 245. „Mit der Landschaft zu schaffen, daß sie..;" das. IV, 182. „Also schaffen wir mit dir, daß du...;" das. VII, 105. 106. „Das haben wir mit den Unsern von München geschafft;" das. 114. „Nicht daß ich euch erkenne, daß ihr mit mir zu schaffen noch zu bieten habt;" das. XI, 143. „Dawider kan siu schaffen mit vil manigen affen;" Labr. 193. Auch verschaffen kommt in solcher Anwendung vor. „Mit Herzog Ruprechten verschaffen, des Landes abzutreten;" Kr. Lhdl. IV, 182. „Si solten thun was er mit jnen verschuff;" Av. Chr. 440. Noch hört man die Dankbarkeits- und Höflichkeitsformel: I dank də' gàr schö~, schaff mit miər á' ə~màl! Schaffə~ S' mit meinə' Wenikeit! Und das meist unwillige: Etwas oder nichts zu schaffen haben mit Einem. c) „Schaff, daß...;" er schueff zu fasten;" „daz schueff er;" Freyb. Samml. I, 12. 13. „Wir befehlen Euch schaffend, daß ihr...;" Kr. Lhdl. V, 312. VI, 135. „Schaf dir umbe ein andern kneht," sagt Maier Helmbrecht zum Vater, B. 614. BM. II, II, 68^a,5,b. „Also hats der pfleger geschafft; H. Sachs 1560: II, IV, 13. Wàs schaffə~ S'? was befehlen Sie? Wer hat dir das geschafft? Er hat mir geschafft, daß ich... „Nit bitten, nur schaffen, steht alles zu Diensten!" P. Abrah. Du hast den Bettelleuten zu schaffen, oder: Du hàst z' schaffə~-r-, und I hà' z' taən und z' lass'n, Verwahrung, die man gegen einen unbefugten Befehl einlegt. Einem ə~n Arbeit schaffen, im derben Scherz: ihn auf Lex mihi Mars (Th. II, Sp. 1433) verweisen. Der Schaffer, derjenige Angestellte, welcher über ein untergeordnetes Personal zunächst zu befehligen und Anordnungen zu treffen hat; (BM. II, II, 73 Weigand, Wbch. II, 558). So die Schaffer bey dem Personal eines Hüttenwerkes rc. In Nürnberg hießen Schaffer die ältesten Diaconi der beyden Hauptkirchen, welche alle gottesdienstlichen Verrichtungen anzuordnen hatten. — Die Schaffer in den beyden Zwölfbrüder-Klöstern daselbst. — Der Schaffer im Frauen-Spital zu Regensburg; Gem. Chr. II, 106, ad 1358. Schaffer, Schafferin in Nonnenklöstern; Fris. 287, f. 26. Schaffer, (Jir.) Fracht-Fuhrmann. Sein Knecht heißt Stangenreiter, und wenn er blos aushülfsweise bey ihm dient, Praxer. Tanzschaffer; Beschreib. des Ob.Pinzgaus (1786) p. 112. „Schaffär, negotiator;" Voc. v. 1419. Hieher gehört auch das bekanntere Schaffner (s. Adelung). BM. II, II, 73. „Procuratrix, scheffenerinne, Clm. 16029 (sec. XIV.), f. 76^b. „Schaffner, architriclinus;" Voc. Arch. Das Geschäfft (ä. Sp.), der Befehl, die Anordnung. BM. II, II, 74^b,3. Weigand, a. a. O. .. „Wann die Bezahlung auf des Richters Geschäft inner vierzehen Tägen nicht geschicht...;" Summar. Proceß, Tit. 11, Art. 5. „Das ist gennzlich ir fürstl. gnaden Haizzen unnd gescheft;" Wstr. Btr. VI, 190. „Dazu ist sonnderlich unnser Ernst- 331
lich geschest unnd bevelich, daß...;" das. V, 183. „Ein Geschäfft thun," einen Befehl geben; Kr. Lthld. III, 262. „Nach Geschäfft des Rentmeisters," auf Befehl des R.; das. 279. „Auß Geschäfft des Keisers;" Avent. Chr. „Auf geschäfft unser frawen;" Cgm. 308, Urk. v. 1456. əs is gràd sei~ Gschäft əso, er dringt so sehr darauf; ObrM. Der Geschäfftsbrief, schriftlicher Befehl, Ordre; Kr. Lhdl. I, 210. Die zu Hall a°. 1487 versammelte Tyroler Landschaft führt Klage, „es seyen aus des Fürsten Canzlei Geschäfft ausgangen, das niemandt von seiner Gnaden Regiment, noch von denen die das Regimendt fiern und verwallten, und umb sein Gnad wonend sein, gar nichts reden soll, des sich dan ain Lanndtschaft hoch beschwert hat, angesehen, daß solliches bej hochen und schwären ungnaden verpoten ist, über das, das solliches auf Erden nimmer erhört ist, wann doch der allmechtig Gott, Pabst, Kayser, Fürsten und Herrn das guet und das pöß von Jnen haben reden lassen." Sammler f. Tyrol II, 223. Cgm. 1196, f. 192^b. Ueber dergleichen Geschäfte wundert man sich heutzutage in manchem Lande weniger, als es damals bey den guten Tyrolern der Fall war. „Wenig Metzen-Geschäfft hat man gern," mit wenig Gesatz regiert man wohl; S. Frank. Cfr. Metzgergeschäft. geschäfftig, adj., befehlerisch, anmaßend. Du bist námə gàr gschäffti'! Dèr macht si' gàr gschäffti'! „Mach dich geschäfftig in der sach, sis sollicitus in hac causa;" Windb. 204, f. 166. „Wenn er sich dunckt schön starck und kreftig gesund kunstreich und meistergscheftig;" H. Sachs 1560: II, II, 75^b. schaffen Einen vor Gericht, ihn

citieren, fordern. Der Schaffbatzen, die Vorladungsgebühr. S. unten ab-, an-, aus-, ein- und verschaffen. 7) schaffen Einem etwas, es ihm bestimmen, mittels einer Urkunde zusichern, durch Testament vermachen. „... Ordnen, schaffen und machen wir derselben unsrer Tochter zu rechter Ehesteuer 32,000 fl. rhein...;" Kr. Lhdl. XIV, 69. „... Dieselbe hofstat hiet er an seinem Totpet dem Gotzhaus ze Furstenvelt geschaffet..." MB. IX, 197, ad 1363. „Er derstarb und schûf nicht," intestatus decessit;" Windb. 204, f. 165ᵇ. „Sîner Sêle rat schaffen;" s. Th. III, Sp. 165 f.: Rât. Das Geschäft, (ä. Sp.) das Vermächtniß, Testament, Mandat. BM. II, II, 74ᵇ,5. „Das wolt er beweisen, als er solt ein Totgeschæft beweisen nach meins Herrn Puchs Sag;" MB. IX, 197, ad 1363. „Ist der vater ân geschæft (ohne Testament) tot, daz er nicht geschaft hat von dem varenden gut;" Wstr. Btr. VII, 109, ad 1320. „Die Weiber mögen auch nit Zeugen sein in lesten Geschäften, das ist .. in Testamenten ...;" Ref. L.Recht., Tit. 9, Art. 8. „Stirbt jemand, und verlasset seines letzten Willen Geschäfft;" L.Rcht. Tit. 44, Art. 1. Ein Gescheffst thun, ein Testament machen; Av. Chr. 24. Das neuw Geschäfft, Novum Testamentum; Av. Chr. 169. Der Gescheffther, testamentarius, executor testamenti; Cgm. 632, f. 46. MB. XXIII, 574. „Die Erzbischöffe waren Geschäftherren, und mußten das Geschäft ausrichten;" Av. Chr. 338. „Swelch kind geschäftherren enpholhen werdent mit Geschäftbriefen;" Gem. Reg. Chr. II, 83, ad 1355. Der Geschäfftiger idem; L.R. Tit. 44. (Daher auch im Böhmischen: kšafft, das Testament). 8) schaffen,
332 verb. n., (schwäb.) arbeiten, sich beschäftigen. schäffeln, geschäffeln, (von Kindern) spielen. Vgl. oben: g'schäfft'ln. Der Schäffler, (München) ironische Benennung eines albernen, ungeschickten Menschen. Si *Schäffləᶜ* Si, wàs hàbm S' denn dà wideᶜ 'thà˜? Gehört wol kaum zu Schäffler, (Böttcher). Schäffolt, wol Nomen proprium. Hans Walther Schäffolt (zu Augsburg); Hans Walther Schäffoldt, Holzschreiber; Holzausgeber, Hans Walther Schäffoldt, (1649); Cgm. 4906, f. 175. 303. 636.

Composita von schaffen in den verschiedenen Bedeutungen dieses Verbs.

abschaffen (à'schaffə˜), durch einen Befehl aufhören machen, schließen. Grimm, Wbch. I, 94 f. Im Jahr 1772 und wiederholt im Jahr 1802 wurden die überflüssigen Feyertage abgeschafft; aber noch immer wird an diesen abgeschafften Feyertagen auf dem Lande in der Regel wenig gearbeitet. Die Patrouille schafft Abends in den Wirthshäusern ab, kündigt den Zechern an, daß es Zeit sey, nach Hause zu gehen, und wen sie nach der Policeystunde noch darin findet, führt sie auf die Hauptwache. „Daß man niemanden kein Recht abschaffe, sondern einem jeglichen Recht ergehen und widerfahren lasse nach Landsrecht und des Buchs Sag;" Kr. Lhdl. V, 326. anschaffen (à˜schaffə˜), anordnen, Befehl geben, befehlen, bestellen. Grimm, Wbch. I, 434. *A˜schaffə˜*-r-is leichtər àls Taə˜. D' Frau hàds *à˜gschafft*. Hàbm S' scho˜ *à˜gschafft?* frägt wol die aufwartende Person im Wirthshause den noch unbedienten Gast. Der Anschaffer; s. oben Schaffer. R.A.: ə˜ guədər *A˜schaffər* is bèssər àls ə˜ schleəchtər Arbətəᶜ. Anschaffer, diejenigen bayrischen Beamten im Hällein, welche zu Wald, zu Berg, zu Pfann, auf den Pfisel- und Stoßstätten nachzusehen, Ordnung zu thun und das Salz von Bayern wegen zu übernehmen hatten. Oberanschaffer, Oberanschaffer-Amt, Nebenanschaffer. Lori, Brg.R. Hübner 305. Die Anschaffung, Anordnung, Befehl; bey Lori (B.R.) die Anschaff, das Angeschäff, Anordnung, Befehl des Oberanschaffers im Hällein, in welchen Häusern die Nebenanschaffer Salz werfen lassen sollten. Holzangeschäfft, (Jr.) Ausstecktung der jährlich anzulegenden Salinen-Holzschläge und Anweisung des Brennholzes darin. ausschaffen 1) etwas: ausrichten, ausarbeiten, vollenden. Grimm, Wbch. I, 945. Hà˜ hun'ə't Gul'n ausé glihho˜, und zipflweis krèig I s' widəᶜ, das I gàᶜ ni˜ks *ausschäffə˜* kà˜ dəmit; (ObrM.). s. oben, unter *g'schäfft'ln.* 2) Einen, ihm befehlen, aus dem Hause, aus der Stadt, aus dem Land zu gehen. Grimm, Wbch. a. a. O. Thomas Röhrers Warnung, Lehr und Trost an die ausgeschafften und vertriebenen Christen des Herzogthums Bayern; 1571. beschaffen, a) (ä. Sp.), erschaffen, creare. BM. II, II, 69. Grimm, Wbch. I, 1543. „Ich gelaub an Got vater almächtigen, der himel und erden beschaffen hat;" Cgm. 753, f. 117. „Got, der all dinc beschaffen hât;" Br. Berhtolt 69, (Pfeiffer 271,21). „Unbeschaffen ist (Got) der vater...;" Cgm. 136, f. 37. „Als man zält von beschaffung der welt tausend &c. jar;" Av. Chr. 15. In den Reimen v. 1562 betet die unfruchtbare Anna zu Gott: „Du hast mit deiner gnaden beschaffen auf der erden Leut, die gewinnen kinder, möcht ich auch also werden." „Von Got unserm beschaffer;" MB. XX, 569, ad 1462. Grimm, Wbch. I, 1544. b) (vom Schicksal) vorausbestimmen. Grimm, Mythol.² p. 818. 821. „beschaffen, fatatum;" Voc. v. 1429. „Waz ist beschaffen, daz kan doch nieman wenden; Labr. 70. „Es ist mir lîcht beschaffen; das. 260. 261. „So peichten etleich: o we her, mir hatz got beschaffen. Daz ist ein lug daz got ye chaym sunder sein sunde beschaffen hab;" Br. Berhtolt, Ebersb. 58, f. 40. „Interrogationes in confessione ... Si credidit fatum vulgariter daz ist dem beschaffen;" Cod. Poll. 440. Clm. 11740 (4⁰ XV. sec.), f. 280. „Fatum in vulgari dicitur: das ist mir beschaffen;" ZZ. 758, f.... „Tue waz du wild, ist dir daz himelreich beschaffen, so mag dirs niemant genemen;" Clm. 12726 (sec XV., 1445), f. 124. „Ein fürwitzigs Mensch, welche kurzumb wissen wollt, was ihr für ein Mann beschaffen sey, hat sich am Thomasabend in ihre Kammer ganz ohne Kleidung, doch zurückwerts 333
ausgekeret, ist jhr der Teufel erschienen wie ein Schmidt;" P. Abrah. I denk məᶜ hàlt, wál I's nét kriəgt hà', əs is məᶜ nét *bschaffə˜* gwé'n. Kreuz und Nôt, sunst ist für mi' nicks *bschaffə˜*.

„Zwaə schnèweissé Täubáln fliəgngt übəᶜ mei˜ Haus,
der Schàtz, der məᶜ *bschaffə˜*-r-is, bleibt məᶜ nét aus."

„Da heißts immer, Der, Die ist mir beschaffen;" Selhamer. „Beschaffen Glück ist unversäumt;" Seb. Frank. „Seind ihr wohl etlich Heurat angetragen worden, aber villeicht keiner beschaffen gewesen;" Hund, St.B. 66. „Ist jme das Bistumb von Gott beschaffen;" ad 1597. „Now is me shape to dwell in hell;" Chaucer, the Knight's tale 1230. Die Beschaft, Beischaft, mhd. bîschaft, BM. II, II, 73); s. Th. I, Sp. 226. derschaffen (dəᶜschaffə˜), erschaffen. Wie 'n' unsə' Hergod *dəᶜschaffə˜* hàd, d. h. völlig nackt. Mit àlləᶜ Müə kàn I nicks *dəᶜschaffə˜*-r- und də'machə˜, erwirken, zu Stande bringen. einschaffen, durch einen Befehl zuweisen, einweisen. Grimm, Wbch. III, 266. Einen Ehalten einschaffen lâßen, ihm von Obrigkeits wegen befehlen lassen, in den unbefugt aufgegebenen Dienst zurückzukehren. „Die Obrigkeiten sollen, auf Ersuchen der Tuchmacher, alle müßige und bettelnde Leute aufsuchen und zur Arbeit einschaffen lassen;" Gen. Mandat vom 29. Aug. 1689. „Fürs funfzehendt findt bisher den Clestern von hof auß solich personen in die pfrienndt unnd underhaltunng eingeschafft worden, die..." „..Wierdet unnderthenig gebetenn die Clesster forthin mit einschaffung der pfriendt genediglich zuvorschonnen;" Gravamina v. 1579. Heimatlose, arbeitsunfähige Personen, die von Obrigkeits wegen der Gemeinde, in der sie geboren sind, zur Abnährung zugewiesen worden, sind dahin auf die Einschaff gekommen, leben daselbst auf der Einschaff oder Einschaffung (Ei˜schaff, Ei˜schaffəm). unterschaffen, vrb. act., untersagen, verbieten. ...„Daß solches unterschafft werde;" Kr. Ltghdl. II, 77. verschaffen, misschaffen, verzaubern. „Die Affen sind verschaffene Menschen." Der Engel sprach: „ez sint die

verschaffen (die Verdammten in der Hölle) munich unde pfaffen;" Tungdalus, hgg. v. Hahn, p. 53,30. verschaffen mit Einem, ihm befehlen; s. oben schaffen, 6). verschaffen etwas, es anordnen, befehlen. „Das soll durch die Obrigkeit ohn Verzug verschafft werden;" L.R. v. 1616, f. 296. verschaffen Einem etwas, es ihm zutheilen, bestimmen, besonders als Legat. „Die römischen Kaiser pflegten der Liebe ꝛc., und verschuffen andern Leuten die Geschäfft;" Av. Chr. Si hàt vil *və'schafft* ei˜ 'Kirchə-r- und für di Armə˜. Gel' du *və'schcffft* mər eppəs, bàl'st stirbst? „Für dieselben pfenning verschaffen wir jm und sinen erben die purch ze Wildenrod;" MB. IX, 124, ad 1311. „Mein Silbergeschirr das mag ich verschaffen nach meiner Seel heil wem mich verlust;" MB. II, 97. ad 1475. Der Verschaffer, der Legator, Testierer; L.R. Tit. 44, Art 3. 8. verschaffen Einen, ihn citieren, vor Gericht laden. Einen Delinquenten verschaffen, ihn durch ein „Com-
384 paß oder Verschaff-Schreiben," oder durch einen Amtszettel („Verschaff-Zettel") vor Gericht laden; oder auch denselben an eine andere, mehr competente Gerichtsstelle, besonders ad locum delicti, ausliefern (remittere). Einen Gerichtsuntergebenen in die (von einem andern Gericht dictierte) Strafe verschaffen; L.R. v. 1616, f. 773. Die Verschaffung eines Delinquenten, remissio, Stellung, Auslieferung. Der Richter, von welchem die Verschaffung eines Delinquenten mit Recht begehrt werden kann, soll „die Verschaffung thun." Der Verschaffbatzen, (Baur) Vorladungsgebühr.

Die Anschaff, das Angeschäff, die Einschaff; sieh an-, einschaffen. Mit diesen Formen vrgl. gl. a. 241: cascaf, editio, 127: kiscaf, alimentum, 345: unscaf, superstitio, die alte Endsylbe -scaf (sieh -schaft) und das Adj. gescheffig, geschäftig, thätig, bey Br. Berhtold 47, (Pfeiffer p. 150,11). BM. II, II, 72. schiffeln, mit flachen Steinen auf dem Wasser ricochetieren; (Passau). Schmid, schwäb. Wbch. p. 50.

Die Schàfən (Schàfə'n?), Stellbrett, zur Aufbewahrung von Werkzeugen und drgl., auch wol von Büchern, in der Höhe von 5—6 Schuhen an einer Wand der ländlichen Stube angebracht. In der Schweiz und Vorarlberg (Feldkirch: Schafratə) ist die Schafreiti ein Küchenschrank. Vgl. holl. schaprade, schapraai, Küchenschrank, Eßschrank. „In de Ste. Anna schappraei zyn," s. Th. II, Sp. 868: Geibitz. Ital. scaffale und scanzia (cf. gl. o. 133: scanc u. s. unten: Schank); Diez, Wbch. p. 430. In den gl. a. 21. 504. 541, i. 138. 207. 1248 heißt scafraida, scafraita, scafarcita, scafreiti, toreuma (Prudentius psychom. dem fulcrum parallel), armatria (fr. armoire?), o. 133: „scanc vel scafreida, toreuma, und o. 322 (niederd.): „scapreida, incitella, quasi tabulatum quoddam superponendis utensilibus aptatum quod quidam appellant scaph." (Graff II, 481. VI, 449. BM. II, 673. Diefenbach 588ª. Zeitschr. IV, 326). „(Vasa) lavit, post in toreuma reponit;" Ruodlieb IV, 48, p. 161. Wie ein nicht mehr verstandenes raiten, als unbetontes Anhängsel, zu rədn, endlich -e'n hätte werden können, wird aus Gramm. §. 122. 156. 208. 377. 384 ꝛc. einigermaßen begreiflich.

Der Schafzagel, Schafzaigel, das Schafzaigelgespil, (b. U.L., Nürnb.) das Mühlenspiel. schafzageln (schafzaəgln, schàfzàln), es spielen. In diesem Wort ist so Form wie Bedeutung seltsam verschoben. Das alte, nicht mehr klare Schach-zabel (scaccorum tabula, Schachbrett; BM. III, 832) ist in Schaf-zagel, -zaigel umgedeutet, und aus dem edlen Schach- das gemeinere Mühlenspiel entstanden. „Die Form schafzagl schon im Voc. v. 1419 für scacabulum, ludus tessalorum. Von dem Regensburgischen Verbot der Spiele de aº. 1393 war das Schafzaln und Spielbrett ausgenommen;" Gem. Chr. II, 301. Schafzagel spiln; Ring 50,14. „Bi minem lieb was ich nit lanck, ich zoch schaufzagel uf der banck" ꝛc.; Lied vom Schachzagel (erotisch parodiert), Cgm. 3898, Hinterdeckel. Ein schaffzabelstain abgebildet im Cgm. 4413, f. 166. Auch im schwed. skafttafel ist der erste Bestandtheil auf dieselbe Art entstellt. S. oben, Sp. 363: Schâch und Th. IV: Zabel.

Die Schaufel, das Schäuflein, Schäufelein (Schàifə-l), a) wie hchd.; (mhd. schûfel, ahd. scûfala, scûvela, scûfla, pala. Graff VI, 459. BM. II, II, 222. Weigand, Wbch. II, 567. Birlinger 392. Zeitschr. II, 179,32. III, 303. VI, 481.) Das Schaufel Reis, Eiche, zu Schaufeln am Wasserrade dienlich oder bestimmt (?); Baumgartner, Neust. 75. 76. Das Geschäufel, die Schaufeln am Wasserrad; alt. Mühlord. Das Tatzenschäufelein, s. Tatzenbrettlein; I. Th., Sp. 634. b) figürlich: die Fueßschaufel, planta pedis, der Un- 385
terfuß; (Göschl). Schaufel, (Pinzgau, Zir.) Vorderfuß. Das Schäufelein, (Nürnb., Erlangen) Täfelchen aus Apothekermaterialien: Huesten-Sch., Pfeffermünz-Sch., Zucker-Sch. S. auch Schifflein. schäufeln, hchd. schaufeln. Figürlich: „Daz geslerf vnd gescheufel" der Schleppkleider; Mich. Beham, Cgm. 291, f. 72. Der Schäuffler, (schwäb.) der auf Saumpferden Handel treibt.

Das Tritt-schäufelein, a) Thürschwelle; s. I. Th., Sp. 680. Grimm III, 431. b) (Rptsch.) der Tritt am Tisch, Tischschemel.

Der Scheffel, in Alt-B. unvolksüblich; s. das Schaff.

Scheflin, Wappen-scheflin (Av. Chr. 33), vermuthlich die franz. javeline, Wurfspeer, Jagdspieß; (Diez, Wbch. 173. BM. I, 453. II, II, 89); im Feuerbuch v. 1591: Scheftlin. „Du führst ein freyes Schefel, des hab ich ein Verdrieß;" Heseloher. „Aclides, tragula, ein schafelin oder wurfbeyel mit einem riemen den man nach dem wurf wider an sich ziehen kann." Hasta velitaris, levis, ein ring schafelin;" Nomencl. v. 1629, p. 139. Diefenbach 591ᶜ.

Die Schefen, (schwäb.) a) die Schote, Hülse von Bohnen, Erbsen und drgl., Zeitschr. III, 146; vgl. V, 291: Schebe, VI, 478). b) diese Hülsenfrucht selbst, besonders Zuckererbse. R.A.: Einem in die Schefen gên, ihm ins Gehege kommen. schêfə-ln, ausschêfə-ln, (b. W.) enthülsen. Ich finde in der ahd. Sp. blos das ähnliche cheva, siliqua, gl. a. 20, i. 978; cheva vel hulse, o. 249. Vrgl. Kif-Erbeß, II. Th., Sp. 1229, und Schelfen.

scheffen, haurire, noch im Voc. Archonic. v. 1487, f. 69; (mhd. scheffen, ahd. sceffan, scuof, giscaffan. Graff VI, 447. BM. II, II, 71). S. schaffen, Schaff, Schuefen und schepfen.

Das Scheff (Schéf, Schêf, sing. und plur.), wie hchd. Schiff; (mhd. schef, ahd. scef. Graff VI, 455. BM. II, II, 410. Birlinger 395. Zeitschr. VI, 174). Die gemeine Sprache hält neben Schiff immer noch die ältere Form fest, die übrigens selbst aus einem noch ältern goth., isl. skip entstanden ist, dessen i in den Bildungen Schifflein, schiffen ꝛc. wieder hervortaucht. Daənə-*Schéf*, Sàlz-*Schéf*, ꝛc. Das „Gewandschöff, Eisenschöff, Weinschöff, Obsschöff, Stainschöff ꝛc." Alte Staufische Mauttabelle. „Bei dem großen Scheff hat man klaine lenndt schefflein;" Dr. Joh. v. Eck. „Scheff der Rew;" Cgm. 46. „Groz scheff, phaselus, clain scheff, barca; Voc. v. 1445. „Zwei scheffel stent pi dem mer," Cgm. 66, fol. 52; (auch sonst immer scheff). R.A.: „Sie müezen ab dem scheffe, die verzagen;" Labr. 185. Die Schöffart" (Schiffsladung) Oberweins auf der Donau und Inn; Kr. Lhdl. V, 10. 38. Das (?) Schefgriht (MB. XI, 44), Schiffer-Ausrüstung und Ration (?). Das Scheffhäuslein, „Schefhewsel;" Dr. Eck. Der Scheffmann, nauclerus;

Voc. v. 1445. „Wäre, das ain Schefman ain Schef überlüede;“ Ref. L.R. Tit. 42, Art. 6.

Das Schiff (Schif), a) wie hchd.; s. Scheff, wovon gleichfalls das Diminutivum gewöhnlich Schifflein (Schiffl, Schiffə-l) lautet; (Graff VI, 457. BM. II, II, 111). Schlachtschiff, s. unten: Schlacht. b) Das Schifflé, (schwäb.) kupfernes, in der Ofenwand angebrachtes Gefäß, Wasser zu kochen und warm zu halten. Auch ein kirchliches Weihrauchgefäß heißt von der Form das Schifflein. Birlinger 395. c) Das Schifflein, Schiffelein, kleinere Lebkuchen, Pfefferkuchen, von etwa einem Quadratzoll, wie man sie gewöhnlich zum Meth ißt. Auch Purgierkuchen in solcher Form. schiffen, auch wol schifften, (Gem. Reg. Chr. III, 234, ad 1455) navigare. Der Schiffter, der die großen Hallein-Salzschiffe lenkt, und auf dem Hintertheile steht; (Jir.). s.
386 schiften und Zeitschr. IV, 414,29. Die Schiffung, Schifftung, Schiff, insofern auf eine bestimmte Art oder Größe gesehen wird: BM. II, II, 111. Die Schopper in Laufen sind alle neue und alte Schiffungen nach dem gesetzten Maß recht und gewerlich zu machen verbunden..;“ Lori, Brg.Rcht. 188. Die Schiffsnägel werden nach dem Verhalt der unterschiedlichen Schifftungen zu 8, 9, 10, 11 und mehr Zoll durch die Schopper und Schiffmacher bey denen Schlossern, Hammer- und Nagelschmidten bestellt;“ Wagner's Civil- und Cameralbeamter II, 184. „Bleibt die Schifftung ungeladen. „Burger, die dan alle Schifftung varn und daz waßer pawen;“ Regensb. Hausbuch v. 1425. Geöffn. Archive I, 220. „Und waz wir Haimburger Schiffung ze Wienne chaufen;“ Urk. v. 1351, Senckenb. vision. p. 282. Der Schiffwart, Schiftwart. „Quod (qui) volge et schefwart (scheftwart) vulgariter nuncupatur,“ dem Bischof von Freising zum Zweck der Jagd bewilligt in Österreich, (1266—1280); Meichelbeck, hist. Fris. II, Nr. 83, 143, 176, p. 53, 86, 105. (Frage Lauk's durch Stölzl, 14. Sept. 1843). `Vgl. d. folg. Wort.´ Das Schi-wánnl, s. Th. IV: die Wannen.

Das Geschiff und Geschirr, sonst auch Schiff und Geschirr, Scheff und Geschirr, Schaff und Geschirr, alle zur Landwirthschaft oder irgend einem Gewerbe erforderlichen Werkmittel und Geräthschaften. Zeitschr. II, 568,69. IV, 105,27. V, 269,5,21. Der Ausdruck wird schwerlich erst von der Schifffahrt hergenommen seyn; er scheint vielmehr noch deutlich auf den Benennungsgrund des Scheffes, Schiffes selbst zurückzuweisen, als nemlich, mittels agf. scipan, isl. skepia, skipa, ordinare, parare, auf das Hauptgeräthe eines seefahrenden Volkes, das Fahrzeug. Vrgl. auch schaffen, Schaff ꝛc.

Der Schifern, Schifer (Schifə'n, Schifə'), a) der Splitter von Stein, besonders aber von Holz; (mhd. schever, schiver, ahd. scivaro, gl. i. 561: scivero. Graff VI, 460. BM. II, II, 94. Weigand, Wbch. II, 580. Zeitschr. II, 78,18. IV, 195. 414,29. V, 364. VI, 201. 478). „Es kann ein Steinhauer in seinem Hofplatz wohl Steine aushauen, doch so, daß die Schifern nicht einem andern in seinen Grund springen;“ Pegius, de servitutibus 95. „Ein chever saz uf einem steinschever;“ Altd. W. III, 224. „Die schefte brachen sie zu stucken vnd zu schifern;“ Conr. v. Wirzburg. „Soll uns das Leiden Jesu Christi nit schamroth machen, wann wir wollen so haicklich seyn, und sogar nit den geringsten Schifer tragen von seinem schweren Kreuzbaum?“ P. Abrah. Sich einen Schifern einziehen oder eintreten, der gewöhnlich erst durch Ausschwären heilt. „Ne ira crescat et trabem faciat de festuca, damit aus ainem clain schiferl nit ain gantz scheit werde;“ Cgm. 148, v. 1577, fol. 34. b) Figürlich: innerer Unwille, Haß, Groll. Zeitschr. VI, 201. Einen Schifer haben auf Einen. Der Schifer sticht mich, der Haß will losbrechen. Sich aufschifern, in Splitter zertheilen, ablösen. schiferig, adj., a) voller Splitter; (skivaroht, scaber, gl. i. 545, Prudent. peristeph. 446. Graff VI, 460). b) reizbar, unmuthig. Hei~t bist gàr *schiferi'*. ə~ *schiferi's* Ros. Der Schifer-Nickel, Schifer-Wastel, unmuthiger Mensch.

schief (schiəf), wie hchd.; (mhd. schief; isl. skeifr; BM. II, II, 109. Weigand, Wbch. II, 579). `schief geladen haben, betrunken sein; Zeitschr. IV, 360,29. V, 136,a. 193.´ Vgl. schepp und schiech.

schôfel, adj., (besonders von Kleidungsstoffen) verwerflich, verlegen, unbrauchbar; (hebr. schafal, niedrig, gering, v. schafêl, niedrig werden. Weigand, oberhess. Intellbl. 1846, p. 296 und Wbch. II, 627. Vilmar, kurhess. Idiot. 365). abschôfeln, verschôfeln, unnütz werden, verliegen.

Der Schöff, scabinus; s. Schepf. BM. II, II, 70. Weigand, Wbch. II, 627.

Der Schufut, s. oben: Schafeytlin.

Der Schuffel, ä. Sp., stimulus; `(vgl. BM. II, II, 170: schupfen, und 222: schûften).´ „Der schuffel der gewißen;“ Cgm. 353, f. 207.

`Die Schuffel, auch Schûbe, Eisbahn zum Gleiten; Vilmar, kurhess. Idiot. 371. Vgl. Zeitschr. V, 526,560: *Schövel*, Schlittschuhe, (niederdeutsch); VI, 481: *schöfeln*, die Füße schleppen, Schlittschuhe laufen.´

Die Schuffel, hölzerne Schaufel; (Weihers; Dr. K. Roth). Vgl. Schaufel.

Die Schuefen, (Franken) Schöpfgelte an einem langen 387
Stiele, in Altbayern die Schapfen; (s. d. W. u. oben, Sp. 377: die Schaffen). „Schuff, alveolus; Cgm. 649, f. 545. „Schueffe, alveolus;“ Voc. optim. p. 31. Diefenbach. 27ᵃ. BM. II, II, 66: schuofe. Stimmt zum alten Präterit. scuof von scaffan, haurire.

Der Schufeler (?), ä. Sp. „Swo auch schufeler win kauffen;“ Wirzb. Sätze v. 1343, §. II. „Dazu sollen besten die setze uber schufeler winschinthutten und winmezzer;“ das. §. LXVII.

Der Schaft, wie hchd. in den verschiednen Bedeutungen; (mhd. schaft, ahd. scaft, pl. scefti, meist hasta, hastile, telum, ä. Sp. auch penis ꝛc. Graff VI, 421. 460. BM. II, II, 75. Weigand, Wbch. II, 554. cf. holl. schicht, Pfeil, Wurfspieß). `Zu der Bedeutung Schrank vgl. oben, Sp. 383: die *Schàfən*.´ Firmenich I, 8,66: *Skapp* (Helgoland); 473,57 (Köln): *Schaaf*; 511,79 (Bonn): Schaaf; 512,18. 543,73. Zeitschr. II, 120. III, 30. 552,37. VI, 429. IV, 6. Scæftesbyrig, Shaftesbury; Saxon. chron. ad a. 980. scheften, schiften ein Feuergewehr, einen Stiefel. BM. II, II, 75: scheften, schiften; Weigand, Wbch. II, 554. Zeitschr. IV, 252,14. Abgebildet in Hector Mair's Fechtbuch: „scuta quae Germani geschiffte Dartschen vocant;“ Cod. iconogr. 393, II, f. 97. „Cataphracta quam Germani den geschifften küriss vocant;“ ibid. f. 106. 110. „Cum trochleis quas Germani die geschifften scheuben vocant;“ ibid. f. 111. langschäftig, langschiftig, (vom Hausvieh wie vom Wild) einen langen, schlanken Körper habend. s. oben, Sp. 365, die Schicht: schichtig und Birlinger 395. Vgl. schaffen.

Die -schaft, Endsylbe, wie hchd.; (ahd. scaf, plur. scaffi, sceffi; allmählich: scaft. Graff VI, 450. 452). Die Bräutschaft, Brautstand; Ladschaft, Gasterey, und so mehrere eigene Anwendungen dieser Endsylbe, von denen ich hier noch anführen will: die Irlschaft. „Sie besteht in gewissen ainschichtigen Unterthanen, so theils in dem Dorf Irl an der Rott, theils in unterschiedlichen Örtern herum im Gericht Neumarkt entlegen sind, und insgesammt eine Gemeinde oder Corpus ausmachen, so die Irlschaft genennt, und als eine uralte

Regensburg. domcapitelische Propstei consideriert wird;" Proceßacten v. 1733, Beylage zu Mgr. Neumann's Antwortschr. an Freih. v. Herkomman p. 221. Cf. altſ. erl, erlscepi (Heliand). Vgl. Grimm II, 520.

`Der Schafthalm, das Schaftheu, s. oben, Sp. 365: Schachtelhälme. Nemnich I, 1500 ff. II, 155. s. oben, Sp. 232: Saftenheu und BM. I, 723. Weigand, Wbch. II, 555.´ Scaftenhowe, gremium; gl. Argentin.

Die Schaftricht, (Berchtesgaden) „eine unten etwas breite Strecke in den Salzbergen, worin von dem Stollen zu einem Sinkwerk, oder von einem Sinkwerk zum andern mit Karren kann gefahren werden." „Unam Schaftricht excolemus;" Lori, Brg.R. 644 und XVII. ad 1271. Im Hallein Schachtricht; s. Schacht.

Das Geschäfft, sieh Sp. 378—381 unter schaffen, 3. 4. 5. 6. 7.

Scheft=larn, ahd. Sceftilàri, `ehmalige Abtei in Oberbayern, II, 1229.´ Cf. der Scheft=wald, Cod. Pal. 360, f. 91ᶜ. Grimm IV, 408.

Scheft=wart, s. unter Schiff: Schiffwart.

scheften: à'scheft'n, abgehen, entlaufen, entfliehen; *scheft à'*, dö Gwedsch kumd, entflieh, die Polizei kommt." Castelli, Wbch. 43. `(Gaunersprache: scheften, gehen, wandern, v. hebr. schafat. Anton, Wbch. der Gauner- und Diebesspr. p. 60; v. Train p. 213; v. Grolman p. 59: scheft schibes! mach dich aus dem Staube! Rochlitz, d. Wesen und Treiben der Gauner ꝛc. p. 167: blede scheften, durchgehen, entlaufen. Vgl. hchd. abschieben, sich zurückziehen, entfernen).´

schiften, s. oben Schaft; s. schiffen, Sp. 385. Schlachtschiff, das ehedem der Naufahrt- oder Klobzüllen zur Aushülfe gegeben war, um wegen Untiefen einen Theil der Salzladung zu übernehmen oder zu schiften, wie man jetzt sagt; (Jir.). Morgenschiften, Morgens, wenn vor dem Abfahren des Meistersalzes wegen Seichtigkeit der Stromrinne einiges Salz ausgeladen und auf neue Schiffe umgelegt werden muß. (Cf. schwed. skifta, dän. skifte, engl. to shift, theilen, vertheilen, wechseln?). Das Voc. v. 1618 verweist unter Schifftung auf „falsch Haar, coma adoptiva."

`Schûft, mhd. Sp., Galopp; schûften, schiuften, galoppieren; BM. II, II, 222.´ „Ir ros giengen en schufte," (im Galopp); K. Ortnit, Ettmüller 72 (93). „Zwer meidem gie nie enzelt, er dravete unde schûfte;" M. Helmbrecht 1781.

---

schaugen (schaugng), s. schauen, wofür diese Form, außer den substantivischen, in allen Bildungen sehr gewöhnlich ist: I schaug, du schaugst, er schaugt, mier schaugng, és schaugts, ſi schaugngt, I schaugət, hà' gschaugt. (Cf. isl. skyggia, speculum; in der goth. Skeireins: skuggva, εἴσοπτρον, — wol von skiggv ..., ahd. scouwan, schauen; wie: bliggvan, blagv, bluggvun, ahd. pliuwan, bleuen, engl. to blow; triggvs, triuwi, treu; glaggvs, versutus, klauwer; siggvan, recitare, siuwan, suere, singan, canere; cf. Ῥαψῳδοί. Holzmann in den Heidelb. Jahrbüchern 1835, p. 862.) „Allen schönen Augen, die freundlich anschaugen!" Trinkspruch v. 1709. „Schaug, das die raumbnadel nit schelch sey. Schaug umb ain hanndlannger;" Feurbuch v. 1591. Auch VII Com. schaughen. Vrgl. das kuhländische schuckə˜.

Schagk, Schegk ꝛc., sieh Schack, Scheck.

(Vrgl. Schach, schech, ꝛc.)

geschehen (gschêhhə˜, gschêgng — əs gschihht, 388
gschiət, gschiəgt — Condit. əs gschähh und gschêhhət — Partic. gschêhhə˜, gschêgng), wie hchd.; (mhd. geschehen: geschihe, geschach, geschehen; ahd. giscehan — bey Notk. Ps. 9,2: gescêhen, 36,20: daz gesciehet; Graff VI, 413. BM. II, II, 112. Weigand, Wbch. I, 421. Queich: gəschit, Herbort: geschiet; Grimm I, 938). əs *gschihht* nicks! ellipt. statt: Es geschieht dir nichts zu Leide, sey unbesorgt! Dà *gschicht* məᶜ rècht! sagte Walli Engel aus Hemmau, unsre Magd (1850, erstes Vierteljahr), wenn ihr eine ihr unliebe Arbeit aufgetragen werden wollte. Es geschicht mir (dieß und jenes) zu thun, ä. Sp., es begegnet mir, ich komme in den Fall, es zu thun. BM. II, II, 113,c. „mach scehen," forsitan, (dän. maaskee, schwed. kanskje, vielleicht); Cgm. 17, f. 82ᵇ. „Das im zu sterben geschach;" Cgm. 714, f. 154. beschechen, (ä. Sp.) was geschehen. BM. II, II, 112. „Zu welchem mal das beschäch; Urk. 1425 u. passim. „Unlängst beschehene Musterung der landlerischen Bauern;" 1704. Die Geschicht, sing., `a) Eigenschaft, Art, Weise; BM. II, II, 115,1.´ „In aller der geschicht und weise;" Urk. v. 1349 (Speier), Freyheitsbrief für die Stadt Moschel; (Dr. K. Roth, Urkunden der Statt Obermoschel). „Sie lac doch in der geschiht, als ob sie slâfen solde;" Heinrich's Tristan 2712. b) Begebenheit, Ereigniß; (Graff VI, 415. BM. II, II, 115). „Eventus, zufellig ding, ein geschicht;" Voc. Melber. Von geschicht, oder auch von ungeschicht, ä. Sp., zufälliger Weise, von ungefähr; MB. VIII, 228. „Daz iht vone geschichte, ne forte;" Cgm. 17, f. 119ᵃ. „Jedoch nement si (die Bienen) kainen küng von geschicht oder ân fürsichtichait;" Konr. v. Megenberg f. 170ᵃ, (Pfeiffer 290,24). Frage: „Geschicht ichtz von geschicht? Antw.: Nichtz nicht, sunder alle ding geschechent von der ordnung gottes;" Cgm. 607, f. 174. Firmenich I, 180,16: *fan Unschigt*, von ohngefähr. c) In der ältern Rechtssprache: das Factum, der Thatbestand. L.R. v. 1616. f. 28. 37. 60. 723. „Wenn ein Legat auf ein Geding oder Geschicht, die in einer benannten Zeit vollbracht, oder erfüllt werden soll, gerichtet ist." Wirzb. L.G.O. v. 1618. d) Die Sache, das Ding überhaupt, selbst ein ganz materieller Gegenstand, den man nicht näher zu bezeichnen für nöthig hält. e) historia, wie hchd. Geschichte. Diese hchd. Form verhält sich übrigens zu Geschicht (so schreibt noch Denis in seiner Bücherkunde) gerade wie (nach Gramm. §. 808, p. 244) Stätte zu Statt, Fährte zu Fahrt ꝛc.; sie ist nemlich die ältere Form des Genit., Dat. sing. und des Nom., Acc. plur. geschihte, gisciht vom alten Nom. sing. geschiht, gisciht, eventus. Nicht unwahrscheinlich ist Geschichte in diesem Sinn — nemlich acta, gesta — wirklich der ältere, nach und nach als Sing. genommene Plur. des Wortes; (wie: die Beere, sing., von mhd. daz ber, ahd. daz peri, die Ecke von daz ecke, die Mære von daz mære, die Trümmer, sing., von das Trumm, s. Th. I, 263. 663. II, 1633). Dem latein. Gesta ist dasselbe begegnet. „*La geste* d'Alexandre. Pour faire recognoistre aux vaillans gens de *la geste* des Roys;" Chronique de St. Denis, Cod. Gall. 4, f. 1. Vgl. die Bibel, la bible, aus biblia, orum; die Chronik, chronica, sing. fem., aus chronica, orum; die Incunabel, aus dem plur. von incunabulum; die Legende, legenda, f. sing., aus: quae sunt legenda (per annum); ebenso: die Agende aus agenda; die Studie, une étude, aus studia, ntr. plur.; so wol auch sequentia, ae, von sequentia, orum: „Sequentia S. Evangelii secundum Johannem." Cf. ZZ. 856, f. 2. Vitas patrum, nom. indeclin.; Ducange VI, 858ᶜ. Vgl. auch die Zeitung, f. sing., les nouvelles, (relationes) novellae. Die ahd. Sp. hatte auch die Ableitung gisciida, casus, gl. i. 965, und andere, z. B. piscihtiares, circulus anni, gl. a. 72; anasciht, eventus, gl. a. 253; niusciht, prodigium, Notk. 104,5.

ſcheuh (ſcheihh, ſchei', ſchoihh, ſchuihh; vrgl. ſchieh), adj., a) wie hchd. ſcheu. Weigand, Wbch. II, 577. b) mitunter auch furchtbar, häßlich, garſtig. Birlinger 394. „ſcheuch außſehen," adspectu formidabili esse; Voc. v. 1618. abſcheu, adj., ſcheu. „Eine Perſon abſcheu machen;" Ldtg. v. 1543, f. 133.

ſcheuhen (ſcheihhə˜, ſchoihhə˜, ſchuihhə˜, ſcheigng, ſchoigng, ſchuigng — Praet. cond. ſcheihhət, aber nach Gramm. 950 auch ſchich; — Partic. gſcheihht, gewöhnlicher gſchihhə˜; vrgl. ſchieh), wie hchd. ſcheuen und ſcheuchen; (mhd. ſchiuhen, ahd. ſciuhen eines dinges; Zeitſchr. VI, 417. BM. II, II, 109. Weigand,
339 Wbch. II, 578. ſciuhita, veritus est, giſciuhit, territus, Notk. ſciehen). Man hört das Verb wie in der ahd. Sp. noch zuweilen als unreciprokes Neutrum: das Roß ſcheucht, es iſt, wird ſcheu. Ich ſcheuch (befürchte), də' Vàdə' lébt nimmə' lang. I hà ſcho˜ lang *gſchihhə˜*, əs gêt əſo. „Was er dort ſchich, das findt er da zwifach;" H. Sachs 1560: IV, III, 72 (1612: IV, III, 156). Auch: Es ſcheucht mir, hat mir geſchochen an einer Perſon oder Sache. Gewöhnlicher aber activ oder reciprok: „Ich fürchte mir vor dem Tod, den ich mein Lebtag nie hab geſchichen;" P. Abraham. Dés Ding, dèn Menſchen ſcheuch ich, ſcheu ich. Scheuchenpflug (d. h. ſcheu den Pflug), ein Familienname, wie anderwärts Haſſenpflug. Vgl. Cunz Schonenpflug bey H. Sachs 1612: 1, 1067. „abſcheuchen, abhorrere ab aliquo;" Voc. v. 1618. Der Scheuhel, Scheuel, Schaul, ä. Sp., der Abſcheu, Graus. Weigand, Wbch. II, 578. „Mein freud und luſt verkeret ward in großen ſchaul, der rukken was ir faul;" Mich. Beham, Cgm. 291, f. 180ª. Der Scheuhen, Abſcheuen (Scheihhə˜, Apſcheihhə˜, vermuthlich aus früherem Scheuchem), wie hchd. die Scheu, der Abſcheu. Er was gar ſîn ſchiuhe;" M. Helmbrecht 1799. I hà ə˜n *Scheihhə˜* 'kriegt. `ſcheulich (scheuli', scheili'), adj., abſchreckend; (BM. II, II, 109: ſchiuhlich).´ ən iədə' hàt sei˜ əəgngé Aə't, sei˜ Zartli'keit ze zəəgng; dó' weər ə˜ Heə'z hàt staənə˜hart, dem is dé *scheulichst* əəgng;" Pangkofer 229. „'s hat *scheuli'* gschneibt und gwát;" daſ. 298. „Dés *ſcheuli'* Gschlècht de Flédə'mäus·;" daſ. 307. „Do hort er ein großen doner vnd ſchawchlichen;" Gesta Romanor. Cgm. 54, f. 66ª, (Keller p. 128). abſcheuhig, a) ſcheu. „Hat die Witwen ſich anderweid zu zu verheiraten abſcheuhig gemacht;" Amberg. Stat. 45. Lori, B.R. 455. b) abſchreckend. „Ein abſcheuhig Exempel;" Mandat v. 1580. abſcheuhlich, abſcheulich (abſcheili)', wie hchd. abſcheulich; abſchreckend. „Abſcheuliches Exempel für andere;" Anm. z. Cod. Crim. v. 1756, p. 17. `Die Scheuch, wie hchd. Scheuche; Weigand, Wbch. II, 577.´ „Hortulani aliquando faciunt imagines stramineas consutas ex viliſſimis pannis cum arco extento in manibus ad instar sagittarii et vocantur tales imagines formidines aut avifvge fogelſchewch;" Rebdorf 34, f. 215, ad 1435; (6. Auguſt 1840). Die Breinſcheuche, ſ. Grimm, Mythol.². p. 445. Die Scheuhen (Scheihhə˜), Scheuche für Vögel oder andere Thiere. Der Scheuher (Scheihhə˜), a) daſſelbe. Zerlumpt wie ən àldə' *Brei˜ſcheihhə'*. b) In Gemeiner's Regensburger Chronik III, 527. 616: eine Art Feld- oder Forſthüter. ſcheuhezen, ſcheuchzen, gewöhnlich ſcheuzen Einem, ihm grauen, ihm bange ſeyn, werden;" BM. II, II, 109: mir ſchiuzet. Zeitſchr. IV, 10). Es ſcheuzt mir vor etwas; hat mir davor geſcheuzt. „Mir ſchœwtzt ab dem pet und den tyern;" Gesta Romanor., Cgm. 54, f. 46ª, (Keller p. 88). „Ich wân, dem winter ſchewtz die heilige vaſt;" Mr. Hanns v. Salzburg, Cgm. 628, f. 252. Der Scheuz, Scheuzen, Scheuzer, Abſcheu, Ekel; (mhd. ſchiuhz, ſchiuz; BM. II, II, 109). Mi' is ə˜ *Scheuz'n* à˜kemə˜. „Du wirſt ein ſpeiß der wurm vnd ein ſcheutz den menſchen;" Wſtr. Btr. V, 63, ad 1438. „Er (Chriſtus) hieng drei ganz ſtundt an dem kreutz iedem man was er ein ſcheiz;" San-Zenon. 84, (1506, 1512). ſcheuzig, ſcheuzlich, ſcheuzſam, a) ſcheu, furchtſam; (BM. II, II, 109: ſchiuzec, ſchiuzlich). Weigand, Wbch. II, 578. Zeitſchr. IV, 10. Der im J. 842 zum Pabſt erwählte „Viso de porco gedeucht, dieſer ſcheuzlich Name würd ſich zu ſeiner Dignität gar nicht wol fuegen, er ließ ſich Sergium nennen;" Chrph. Eckius (1593), Cgm. 3804, f. 54ᵇ. „Bücher und Federn machen nur faule ſcheuzliche Stubenſtenker;" Avent. Chr. 307. „Ein unſcheußlich (ſcheuloſes), unnatürlich leben; daſ. 305. b) Scheu, Abſcheu, Furcht erregend, häßlich, ſcheußlich. „Alter ſcheuziger vnd verſchlißner rock;" Voc. v. 1618. „ſchäwtzig, horrorosus;" Voc. v. 1419. „Quisquis amat ranam, ranam putat esse Dianam, man findt kein ſcheutzliche bulſchaft: es geht mehr liebs gen kirchen denn ſchöns;" S. Frank. `Das Scheuſel, ä. Sp., wie hchd. Scheuſal; BM. II, II, 109. Weigand, Wbch. II, 578). Dieſenbach 458ª: „eyn ſchuſel in der ſaht aber in dem garten."´ „Dic lignum priäpum, dic membrum esse priäpum In pratis priäpum, sed in hortis quaere priäpum;" Clm. 5877, f. 135. „ſcheuken, ſchrecken. Das ſcheukt mi. Das Roß hat ſi gſcheukt. ſcheukli, adj., häßlich, ſchreckhaft;" (v. Delling). Scheukel. „Nocticorax vulgariter ſchewkel" (?); Ind. 414, f. 110. ſ. oben, Sp. 377: Schafeytlin.

ſchieh (ſchiəhh, o.pf. ſchêihh), adj., 1) ſcheu, ſich fürchtend, bange; (mhd. ſchiech; BM. II, II, 108; cf. 76: ſchœhe. Vilmar, kurheſſ. Idiot. 348: schich, ſchielend. Zeitſchr. V, 216. 254,41. 511,5. VI, 39,71). Thuə nét gàr əſo *ſchiehh!* Is mə' weidə' nèt *ſchiəhh*, iſt mir gar nicht bange. Si is *ſchèihh* və'n Kin'ə'wártn, ſie liebt nicht, Kinder zu warten. I bin *ſchêihh* və''n 340
Schauə', ich fürchte mich vor dem Hagel, befürchte Hagel. kopfſchieh, ſchwindlicht. (Vrgl. die Frau ſoll nit immer ſchelten, „ſonſt wird das Geſind hauptſcheuhe, und achtet ſein nit;" Seb. Frank). „Ich fand ouch ſchiehe (im Druck: irre) hinden, verbirſet wild ze mâle;" Labr. 426. „Durch tagalt wolt ich gerne mit einer ſchiehen hinden ſchalklich rîten lerne;" daſ. 491. 2) geizig. Vermuthlich, wie man auch ſagt ſchmutzig, zur folgenden Bedeutung gehörig. 3) (O.L.) unſchön, garſtig. ə˜ *ſchiəhhs* Wédə', häßlich Wetter. *Schiəhhé* Händl, garſtige Händel. ə˜ *ſchiəhhs* Mensch.

Hàd əənər ə˜ ſchöné, ſo hàd ə' drà˜ ə˜ Freud,
hàd əənər ə˜ *ſchiəhhé*, ſo hàd ə' ſ· oné Neid.

auſchieh, ſehr häßlich: (ſ. Th. I, Sp. 3). ſchiehlich (ſchiə'li', ſchiə'lə'), adj., (U.L.) garſtig, häßlich, wie ſchieh, 3. `Die Schiəhh, Scheu, Furcht, Bangigkeit.´ „Dà fasst den Màn á *Schiach*, dà macht´ á' gschwindi' 's Kreuz;" Kartſch II, 145. — Anmerk. Dieſes ſchieh verhält ſich zum ſecundärern ſcheuh, ſcheu' wie tief zu teuf (Gramm. §. 294 ff. 921) — und aus dem Praeterit. ich ſchohh. ſchuhh, Partic. gſchohhə˜ läßt ſich vielleicht auch auf ein früheres Ablautverb ſchiehen ſchließen, zu welchem ſich das jetzt übliche ſcheuhen, ſcheuen wie beugen zu biegen verhalten würde.

Der Schueh (Schuəhh, opf. Schouhh; Diminut. Schüəhhə-l, Schüəhhál), wie hchd. Schuh; (mhd ſchuoch, ahd. ſcuoh, goth. ſkôhs; Graff VI, 418. BM. II, II, 223. Grimm, Geſch. d. d. Spr. 890: goth. ſkêvjan, ὁδὸν ποιεῖν, Marc. 2,23; agſ. ſcead ſcio, proficiscor, Caedm. 67,20. Haupt's Zeitſchr. VIII, 396: ahd. ſcuohbuozo. Weigand, Wbch. II, 643. Birlinger 403. Vilmar, kurheſſ. Idiot. 371 f.). Den Schueh bergen, oder blos ſchuəhhbèrgng, Geſellſchaftsſpiel, beſonders ländlicher Gunkel- oder Rockenſtuben, wobey die im Kreiſe ſitzenden Perſonen einen Schuh unter den Füßen herumgeben, welchen, wo er neckend emporgehoben wird, zu haſchen, die Aufgabe einer außer dem Kreiſe ſtehenden iſt. Den Schuch werfen, in der Chriſt-, Thomas- oder 3 Könignacht einen Schuh rückwärts über den Kopf werfen, um aus der Lage, in die er auffällt, auf gewiſſe Dinge in der Zukunft zu ſchließen; einer der abergläubiſchen Gebräuche, die in den ſogenannten Rauchnächten ſtatt

haben, schon im Cgm. 632, f. 8a gerügt. „Schöge (Schuh oder schau?) wol holer daz du man wir (als du Mensch warst?) du slöge dinen vater du gienge hinz gedinge met blötenden dinen handen da gesigstoz du als mözze ich hiut gesigen an allen den die mich ansprechen;" Segen im Clm. 4595, f. 39. Vgl. Th. II, Sp. 1084. R.A.: əs fált um ə˜n ganzn *Bauə'nſchuəhh*, es ist weit, əs fált um kaə˜n *Bauə'nſchuəhh*, es ist nicht viel gefehlt. *Ei˜ d' Schuəhh kemə˜*, heißt bey oberländischen Landmädchen die Menstrua bekommen, in welchem Zustand sie sich hüten, barfuß zu gehen, wie sie es wohl sonst zu thun pflegen. Vrgl. unten Schuehster. *Ei d' Schuəhh ſtê˜* Einem, in den Dienst, in die Functionen treten, den, die er verläßt. *Ei˜ d' Schuəhh ſcheiff'n* Einem, noch vor dessen Austritt als Nachfolger ins Haus kommen. „Die rauber mich anblatzten, beraubten und dazu schatzten, das jagt mich in die schuch;" H. Sachs 1612: II, II, 115. Die spitzigst-möglichen Schuhe trägt Francoys de Kerbotier, Miniatur im Cod. c. pict. 100, f. 36. „Sutores facientes longa rostra in calceis non possunt excusari a peccatis quia talia rostra ad nullum usum sunt utilia;" Clm. 4695 (XV. sec.), f. 40. In den Codd. icon. 341 und 342 (sec. XVI. ineunt.) stehen die Schuhe der Frauen meist auf einer Art Holzblöcken, und 342 f. 65 geht eine Barceloneserin mit „aufgeschnitnen Schuhen." schüehig, adj., einen Schuh messend, hàlb-. zwaə-, drey- rc. *schüəhhi'*. „schiechig, anderthalbschiechig, zwoschiechig" (Platten), 1613; Cbm. 2224, f. 196. BM. II, II, 225. Der Bundschueh, sieh I. Th., Sp. 249. Cf. česk. punčocha, Strumpf, u. s. Th. I, Sp. 249. Ich will dich beschühen, sagt Avent. in seiner Chronik, f. 437, sey bey den Hochdeutschen ein noch vom alten Feldzeichen, dem Bundschuh, herkommendes Sprichwort, und bedeute: „ich will dir treulich Beystand thun." „Ich trug enge vnd spitze schuch an, und itzund mus ich gros buntschuch han," klagt der Alte; Cgm. 461, f. 212. „Pero, bund- oder baurnschuch;" Voc. v. 1618. „Amentatae soleae, bundschuch;" das. „Plamper dich puntschüch sprach ain alt weib da schaiß (sie) in ain essichkrug lieben kinder es ist nicht ein kindesspil wen der zerstewsel ins loch kümpt und herauß nicht wil;" und dann: „sancti spiritus assit nobis gratia," am Ende des Märe vom Fischer, Cgm. 379, f. 27. In früherer Zeit scheint es ein üblicher Scherz gewesen zu seyn, statt
341 et cetera zu sagen: „et cetera puntschuch (vermuthlich in Anspielung auf die Abbreviaturform rc.); wenigstens findet sich dieser wunderliche Beysatz öfters förmlich ausgeschrieben in den Cgm. 254, f. 3b, 312 (häufig, f. 97b, 101; statt puntschuch steht oft „amerel," z. B. f. 106b. 107a.b. 110a; auch amen, f. 109b); 317, f. 140b; 745, f. 61, v. 1397; 811, f. 33; 379, f. 27. 172a, an letzterm Orte mit der Reimzuthat: „Alter weiber sind sunst genug;" Poll. 44, f. 71. Diess. 140, f. 87. 94. 161, Scheftl. 229 (v. 1380), Poll. 44, f 71, Monac. Francisc. 186, fol. ult., Monac. Augustin. 141, f. 288, Teg. 1438, Ald. 286, fol. ult., Emm. 643, f. 205, Clm. 4378 (v. 1343), f. 66, Cod. Aug. S. Ulr. 78, f...., ad 1343: puntschůch, Clm. 11344 (XIV. sec. 8o), f. 71: rc. puntschuh amen. Cgm. 1242a, f. 36: rc. buntschoch. Cgm. 3967, Cgm. 4964, f. 194, Clm. 4776 (v. 1415), f. 110, Clm. 5950 (XIV. sec., 1398), f. 40: rc. buntschuch. Cgm. 4883, f. 85. Clm. 16487 (2o, XVI. sec., 1526), f. 92: Puthschuech. Cod. Sanzeno. 87 (v. 1525), f....: puthschuech. Clm. 13420 (2o, XV. sec., 1451), f. 137: „sub anno dni. MCCCCLi rc. &." Cgm. 1242, f. 319b: „Das hat ein end rc. Buntschuh. ZZ. 1103, f. 67: „rc. büntschuch knebbel but, holczschüch." Semansh. 43: „rc. puntschuch habern daz sint fuez-tuech. S. Nicola 186, Cbm. 16186, f. 114: „rc. puntschůch habern sint füßtuch." Cbm. 4389, f. 2b: buntschuch habern." San Nicola im Tractatus de III partibus poenitentiae: „rc. häberlein. Rot 52, Clm. 15552, fol. ultimo: „Papa Pater Patrum peperit papissa papellum rc. Puntschu." „Wer affen vahen wil und jagen der scholl sich warrnen (undeutlich) puntschuch;" Cgm. 714, f. 76. Cod. iconograph. 312, f. 7, beym Wappen der Schenken von Limpurg: „reim dich pundtschuech." 'Die Bundschueher. Büchlein von dem Fürnemen der Bundschuher;" Keller, Fastnachtsp. III, 1324.' Filzschueh. Ironische R.A.: I hör di' scho˜ gê, håst *Filzſchuəhh* à˜, ich merke, wo du hinaus willst, wie leise du auch auftretest. 'Der Frauenschueh, s. unten bei Niderschueh, u. BM. II, II, 225.' Das Geschüeh, (mhd. geschuohe, geschüehe, giscuohi, calceamentum; Graff VI, 419. BM. II, II, 225), Fußbekleidung. Das Hintergeschüeh, der hintere, das Uebergeschüeh, der obere Theil am Schuh, das Oberleder, „aluta calcei;" Voc. v. 1618. Der Handschuech (Hántschə'), s. II. Th., S. 1124. Über den Namen von drei Orten in Deutschland Handschuchsheim (vom aufgesteckten Handschuh als Marktzeichen? 'Grimm, RA. p. 155'), s. Jac. Grimm, Berliner Jahrb. 1842, p. 794 und vgl. agf. Andscöhesham. Der Knieschuech. „Die roten hosen (wol Strümpfe des wohlhabenden ledigen Bursches) die werden (wenn er geheiratet hat und ins Elend gekommen ist) zu knyeschühen;" Diess. 184, Deckel. Knieschuch werden nach der Scheirer Dienst-Ord. v. 1500, f. 18. 22. 24. 32 dem Herter, dem Hausknecht rc. verabreicht. Sie kosten wie die Stiual X dn., während die Niderschuch nur IV dn. Macherlohn kosten. Noch müssen die oben weich anliegenden Stiefel unsrer Landleute namentlich die Knie mit umfassen. „Ein par geschnürter Niderschuch;" Cgm. 550, f. 65. Zum Meisterstück soll der angehende Meister „schneiden ain haut, daraus sol er machen ain par halsstiffel und ain par fraunschuoch knäuffelt, aus ainem kalbfel ain par geschnürter fraunschuoch und ain par geschnürter niderschuoch;" Münchner St Buch, Auer p. 170. Peyschuch (MB. VIII, 267, ad 1399), deren sich ein Pfründner nebst andern Kleidungsstücken jährlich zwey Paar ausbedingt, könnten allenfalls mislesen seyn, statt Preyschuch, d. h. Preis-, Brîs- oder Schnürschuhe. „Sotular ein preyschuch;" Voc. v. 1419. Vgl. I, Th., Sp. 472. „Von den pellizzen, von den polsterschuw;" Regel des Spitals zu Jerusalem, Clm. 4620, f. 83. 86. s. Thl. I, Sp. 294: der Boß, und Sp. 717: der Filz. Birlinger 403. Der Todtenschueh, (Henneberg) die dem Verstorbenen erwiesene letzte Ehre; 'Reinwald, henneberg. Idiot. 166.' Grimm, Mythol.[2] p. 795. Der Todtenschueh an den zu Tuttlingen ausgegrabenen Gerippen; s. bayer. Landbote 1846, S. 942. 'schuehen, geschuehen, ä. Sp., beschuhen, die Füße bekleiden; BM. II, II, 225 f.' „Diu naht gie hin, der morgen zů, di geste schuhten sich vrü und beraiten sich an die vart;" Kindh. Jesu, Hahn p. 96,25. 'geschueh, adj., ä. Sp., mit Schuhen bekleidet; BM. II, II, 225: geschuoch, ungeschuoch.' „Mit baren füezen ungeschuoch streich er walt unde bruoch;" Gregor v. d. St. 2595.

Der Schuehster, Schuechster, Schuester, a) wie hchd. Schuster; (s. oben, S. 341: Suter, und Weigand, Wbch. II, 649). Də' gêə˜d *Schueſtə'*, der ewige Jude; Wie der *gêə˜d Schuəstə'*, unstät, rastlos. „Mit den schuchstærn;" Münchn. Urk. v. 1297 bey Bergmann p. 8. Schuchster, MB. XIX, 535. XXII, 229. b) Die Menstruation. Den Schuehster haben, den Sch. auf der Stör haben. Vrgl. oben die R.A.: in die Schueh kemen. Bey ältern Weibspersonen macht də' *Schuəſtə'*'s Lädl zuə. Der Handschuchster, ä. Sp., Handschuhmacher (?); MB. XIX, 136. 531. XXI, 475. 551. „Calopifex, holtzschucster;" Semansh. 34, f. 198. Der Rindschuhster, Augsb. Stadtb. (nach P. v. Stetten), Rothgerber. cf. indessen Rindsuter unter Suter, oben, Sp. 341. Daß Schuehster aus Schuoh-suter, welches bey Br. Berhtolt vorkommt (s. Suter), zusammengezogen sey, ist mehr als wahrscheinlich. Weigand, Wbch. II, 649. Vrgl. niederd. -ste aus -sete, oben Sp. 331: -seß). In einem alten Vocabular, zu Ingolstadt geschrieben, finde ich für sutor auch Schuwert, in einem andern

Schuchwürk (s. Th. IV: wirchen, würchen. Vilmar, kurhess. Idiot. 372) und Schuchter. Schuochter noch Familienname im Dörfli des Thales Davos in Graubündten; (Bergmann, Walser p. 84). Der Schuesterstuel, im Kegelspiel der vorderste sammt den zweyen vor dem hintersten Kegel. Der Schuestervogel (Schuəstə'-vogl), Indian; Castelli, Wbch. 251. Die Schuesterweil, das halbe Stündchen, welches der Schuhmacher und andre Handwerker, wenn sie auf der Stör sind, ausruhen, sobald das Tageslicht zu ihrer Arbeit nicht mehr hinreicht, bis Licht in die Stube gebracht wird. Hintə' də' *Schuəstə'wál*, zwischen Lichtzeiten, in der Dämmerung. schuestern (schuəstə'n), beschlafen; Castelli, Wbch. 251. ˋeinschustern 1) einbüßen, zusetzen; Zeitschr. V, 291. 2) einarbeiten, einüben; sich einschustern, sich einfügen, eingewöhnen; Grimm, Wbch. III, 287. Zeitschr. VI, 329,351. Vilmar, kurhess. Idiot. 375. Vgl. einschießen, eingeschossen; Grimm, Wbch. III, 269.ˊ verschuestern, schlecht machen, was man gut machen wollte. ˋzuschustern, zubüßen, zuwenden; Vilmar, a. a. O.ˊ

---

342 (Manche schall, schell rc. mögen Aussprache von schald, scheld — schalt, schelt seyn, weswegen auch diese Reihen zu berücksichtigen.)

schal, adj., wie hchd.; doch in A.B. unvolksüblich. schäle Milch, (Aschaff.) welche dick geworden, ohne jedoch Rahm abzuscheiden. Vilmar, kurhess. Idiot. 340. R.A.: „Schall anlauffen, incurrere, offendere; Voc. v. 1618. (cf. schellen, isl. skella, impingi).

schalbausen, (salzb. Journ. von und für D.) kalmausen.

schalanzen, schallatzen, schlendern, müssig gehen; „vagari liberius," (Frisch). Birlinger 390. „Wo geht er heut schallatzen vmb, was weis ich, wo er noch umbstreunt;" H. Sachs. „Schalazen fahren und spacieren;" ders. 1612: I, 847. „Spacieren, mayirn schalazen reiten und fahrn;" das. 1072. „Mit schalazen die zeit verlieren;" das. 1560: II, IV, 47. Der Schallare, (schwäb.) Mensch mit schlenderndem Gang; Spaßmacher. Im brem.-ndrs. Wörterbuch IV, 598 f. ist der Schale, Schaler, Schaller, Schaloen ein Bänkelsänger und wird mit dem nordischen skálld, poeta, verglichen. Ist vermuthlich von Kilian's Scherluyn, Scharluyn, scurra, nur in der Aussprache verschieden. Vrgl. Scholder ˋund Schambach, niederd. Wbch. 180: Schâlender, Landschädiger.ˊ

Die (?) Schalaun, (Bettgewand-Verzeichniß des Klosters Polling auf einer tabula cerata v. 1432 — jetzt in der Münchner Bibliothek), feinere, leichtere wollene Bettdecke, (etwa von Schalûn, bey Pictorius, Chalons, als ursprüngl. Fabrikort. „A Barcelonne il se fait des couvertures que l'on connoit en France sous le nom de Castelognes;" Colmenar, délices d'Espagne, 1715, III, 603. Castelogne, couverture de lit faite de laine très fine; on les appelle quelquesfois mantes;" Furetière. „Las mantas de Palencia son las mas renomadas en Madrid." „Catalogna, catalogne, couverture de Catalogne;" Duez, diction. ital.-franç. Zwischen Catalauni, Catalonia, Catalogne, möchte ich Chalons und das letztere festhalten. ˋDucange, ed. Henschel, tom. II, p. 303b: „chalo, chalonus, pars supellectilis, straguli species." BM. II, II, 80.ˊ VII Com. Zalûne, Teppich, Bettdecke; ital. celone. Cf. česk. čalaun, Teppich, tapes, tapetum, auch koperec; čalaunjk, Tapezierer. „Lûže mé owssem rozlične gsem ozdobila, a čalauny Egyptskymi obestřela;" Proverb. Salom. 7,15). „In der gastkamer auf dem mußhaws III pett, III polster, VII kuss, III rawch deck, X schalaun ... item auf dem torhaws I pett, II wirchanew leylach, I rawch deck, I schalaun." „Ain rauhe degk von fuchs swantzen die der alt abt gehebt hat, ain rauhe schurene swarze degk, ain alte schallawn mit ainem weißen underrugk;" Thierhaupten 67 (ad 1456), f. 47. „And in his own chambir he made a bedd with scetis and with shalons faire ysp̄redd;" Chaucer, the reve's tale, wo ein Ms. chalounis hat. Müller, etymol. Wbch. d. engl. Spr. 315: shallon. Auch in niedersächsischen Bettgewand-Verzeichnissen kommt die Schalune, Schalaune vor. Grimm, RA. p. 579. Adelung hat die Schalaune als kurzen Mantel der Schüler der Fürstenschule in Meißen aus Scholana (vestis) erklärt. Im Spanischen ist chalon ein dem Rasch ähnlicher Wollenzeug. Ein Logogryph des Nürnberger Correspondenten vom 23. Febr. 1848 lautet: Das ganze Wort — ein fliegendes Gewand, bezeichnend hohen Schülerstand; ein Silbchen weg: der Hang zu grämeln und zu spotten; den Schweif hinweg, ein Zeichen an die Spitze, so wirds gegraben und gesotten; den Kopf hinweg: ein Autor, wohl bekannt; nochmals den Schweif, — hat's Kälte nicht, noch Hitze." (Schalaune, Laune, Alaun, Laun, lau).

Die Schalen, (Schàln, Schàin, Dim. Schálə-l), a) wie hchd. Schale; (mhd. schal, ahd. scala. Graff VI, 474. BM. II, II, 120. Weigand, Wbch. II, 556). „Ain schal bier," als bestimmtes Maß in der Scheirer Dienst-Ord. v. 1500, f. 44. Für Aepfel-, Birn- rc. schale ist übrigens die Schel, Schelen (w. m. s.) weit üblicher. Doch hört man im O.L. Nußschalen, plur. Schàlnə̃, und das Verb. ausschalnen, aushülsen. Cf. Zeitschr. III, 271,7: *Schalá*, Tasse, Untertasse. b) (Metzger-Spr.) Die Hüft-Schalen, Schwaif-Schalen, ein gewisser Fleischtheil an den Hüften, am Schweif. Die Oberschalen am Kalbsschlägel. „Ez schullen dy flaischhakcher dy gærbschal, di mitterschal und den furslag mit einander hingeben, daz ander sol er alz pfenwert geben;" Traunsteiner Stdt.Ord. v. 1375. Castelli, Wbch. 228: die Schål, Benennung eines Fleischtheiles vom Ochsen, welcher durch Spaltung des sogenannten Knöpfls (wie dieses durch Spaltung des Rückgrats) gewonnen wird; sie besteht nur aus der Endschål'n. c) Einfassung von Brettern und drgl. Die Barm-schál, (Jachnau) niedere Scheidewand zwischen der Dreschtenne und dem Getreidelager. Ueblicher: das Beschäl oder Geschäl (Bschál, Gschál). 343
Die Schäle, (Bregenzerwald) Ofenbank. Das Brunnen-Geschäl. „Margo umbgeschäl eins prunnens; Clm. 5387, f. Ib. „Ain tuffstaines Prungeschäll" (1613); Cbm. 2224, f. 3. Das Ofen-Geschäl, Stangenwerk um den ländlichen Ofen. Das Geschäl, darein der Bodenstain (in der Mühle) eingefaßt. d) die *Schaln*, ein abgebrochner Salzstock, der bey der Abgabe für 1/2 Zentner angenommen wird; (Jr.). e) Art Schiff oder Fähre. S. Schalten. schalen ein Dach, es mit Brettern bedecken, auf welche die Schindeln genagelt werden. „Den Zimmerleuten wegen rüssten, schallen und andre Arbait;" Cbm. 2224, f. 221. einschalen ein Dach, sogenannte Dachspäne unter die Ziegel legen, damit der Wind den Regen oder Schnee nicht dazwischen hineinwehen könne. verschalen eine Wand, sie mit Brettern benageln. Das Schalbrett, Brett zum Dachschalen. Ob wohl Ulphilas Luc. 5,19 durch das Wort skaljos Ziegel, oder aber solche Bretter bezeichnen will? ˋDas Schôlhólz, Schalholz; Vilmar, kurhess. Idiot. 365.ˊ Vrgl. schellen, 2) und Geschär.

„Der Schalbart, faciale, gemacht Antlitz;" Voc. v. Melber. Vrgl. das vorige und Schem-bart.

ˋDie Schalmeie, wie hchd., Rohrpfeife, v. mittellat. calamellus, frnz. chalumeau. Weigand, Wbch. II, 557. Zeitschrift V, 509,55.ˊ

schalmeukeln, scharmünkeln, (schwäb.) liebäugeln, schalkhaft blicken, schielen; (schelm-äugeln?). Vgl. das vorige und Schemeigen (Larve, bey Altenstaig).

schallen, wie hchd.; (Franken) herumplaudern, ausplaudern; ä. Sp., ˋlärmen, jubeln;ˊ singen, musicieren; (BM. II, II, 126. Weigand, Wbch. II, 556). „Hetet irz nicht verkallet, noch sô vil ûf uns geschallet;" M. Helmbrecht 1278. „Es was im aus dem schallen," er war schachmatt, es war aus mit ihm, Ring 14^{d},11; (vgl. aus dem schimpf). „Ich rum mich, das ich weder gewd noch schall;" Rosenplut, Cgm. 714, f. 302. Cf. Cgm. 3898, Hinterdeckel: schallen, groß thun. „Gloriari, schallen;" Clm. 16439, f. 231. Der vrîschallære, mhd. Spr.; BM. II, II, 126. „Gæbe er vrîschallæren („vrej schallern") und valschen lobsingæren, daz wære nâch des tiuvels rât;" S. Helbling VIII, 803. Der Schall, wie hchd.; (BM. II, II, 124 auch: Jubel, Freude; Prahlerei, Uebermuth). Landschall, Rumor;" v. Lang, nach einem Eichstätt. Diplom. v. 1412. „So wirt diu schön Isot überal der liute muntschal;" Heinrichs Tristan 2734. „So werde wir alle ze spotte vnd ze schalle;" Gottfr. Tristan 12632. „Non venictis (ihr Gemeinen) cum schall (Pracht) sicut domini ... principes possunt reilicher schallen;" Monac. Augustin. 84, f. 67^{b}. „Gestet der ebenweichtag an dem freytag, der lancz wirt gut, der sumer trukchen, der herbst wirt naz. chorns und weins und honigez wird der schal. swaz auch in den gärten wächset des wirt vil und guet;" Clm. 5512 (XIV. sec.), f. 37. S. schellen.

Der Schaul, s. oben, Sp. 389, scheuhen: Scheuhel.

Der Schel, s. Schelch.

schelen, schellen (schəlln; Weihers: schéln, Dr. K. Roth; mhd. scheln, spalten, trennen, ahd. scelian, scelita, giscelit, gl. a. 79. 427. 591, Tat. 68,1, wol derivirt von einem primitiven Ablautverb, zu welchem selbst auch Schale, das zu Trennende, gehört; — vrgl. Grimm II, 54. Graff VI, 474. BM. II, II, 120. 121. Weigand, Wbch. II, 556. Cf. Firmenich I, 9: *scheelen*, verschieden sein; 36,70: *Verschel*, Verschiedenheit, Unterschied; 239,2: *scheelen*, fehlen; 299,8: *schiälen*, fehlen; 242,10: *Scheel*, Unterschied, Fehler. Wangerog: *schäl*, Prät. *schül*, Partic. *schulen*, fehlen. Zeitschr. IV, 131,72. 477), von der Schale, Haut trennen, schälen, schinden; im Scherz: entkleiden. „schellen, glubere;" Pictorius. „Der tôt liep von liebe schelt;" Nibel. Klage 117,21.22. (Lachm. 3581). Freidank 177,21 und W. Grimm, über Freidank p. 9. Vgl. Schalen, Schelen, Schelfen und Schelm, auch schalten.

Die Schel und Schelen, Schellen (Schəl, Schəln, plur. Schəlnə˜; Weihers: Schèll, Dr. K. Roth), Ueberzug von Aepfeln, Birnen, Pflaumen, Rüben, Eyern ꝛc., Schale, Haut, Hülse, engl. the shelly; weichere Rinde von Pflanzen und Baumästen. Zeitschr. III, 10. Vgl. Schelfen. „Schel, Rinde, cortex;" Avent. Gramm. Das Aepfel-Schelelein (-Schələ-l, Schəlái, Ob.-Isar), getrocknetes Aepfelspältchen. „O der guldene Reichsapfel, was für ein bitterhärbe Schölen hat er;" Predigt v. 1678. „Die zwelffte Maria soll .. zu zeiten recht wainen, do Sy aber nit wainen khan, aufs wenigist die augen ein wenig reiben oder mit einer pomeranzenschell sprizen, das Sy sech als ob Sy wainte;" Anord. zur Fronleichn.-Procession v. 1580, Wstr. Btr. V, 123. Die, das Schələt, Gschələt, Schələ', Gschələ', das Abgeschälte, putamina.

beschelen, beschälen, beschellen (bschäln, bschəln), wie hchd., inire equam; Grimm, Wbch. I, 1544. Der Beschel, Beschälerer (Bschálərə'), Beschellhengst, (mhd. schele, schel, ahd. scelo, admissarius; Graff VI, 475. BM. II, II, 93. Grimm, a. a. O.). „Emissarius, Schel
344 vel lauffer;" Cgm. 649, f. 581. „Emissarius, schel;" Clm. 5685 (sec. XV., 1412), f. 66. „Schele, emissarius;" Gl. Augiens, Mone's Anzeiger VIII, 398. „So wöllen Wir aus Gnaden auff unsere clöster etlich Bschöl verordnen lassen;" L.O. v. 1553, f. 66; v. 1616, f. 511. `cf. Schelch.'

`schell, adj., hell, glänzend; Zeitschr. VI, 200. Vgl. unten und BM. II, II, 123.'

1) schellen (ich schill, ich schall, wir schullen, ich bin, hab geschollen, ä. Sp.), ertönen, erschallen, sonare, resonare; (mhd. schellen: ich schille, ich schal, wir schullen, geschollen, ahd. scellan, isl. skella, quati; Graff VI, 475. BM. II, II, 122. Weigand, Wbch. II, 572. 556). „Daz ez möhte in den himmel schellen;" Griesh. Pred. I, 152. „Mir was, wie ich ein schellen (Klingeln, s. unten) het vernummen;" Valkn. 110. „Wie man in den Wald schreit, so schillt es wieder heraus;" Seb. Frank. „Es schilt uß, ist ußgeschollen, daz ... fama volat ...;" Voc. Melber. `Das Geschelle, ä. Sp., das Schallen, Getöse, Lärm; BM. II, II, 125.' „Ich kêrt von sîner verte swîgend ân geschelle;" Labr. 29. „So iung unrichtig hunde wilt mit geschelle möchten wol vertrîben;" das. 166. „Der selben hunde geschelle daz wilt gên hecke trîbet;" das. 215.

2) schellen (ich schelle, ich schalte, hab geschalt), a) (ä. Sp.) ertönen machen; (mhd. schellen, Prät. schälte; ahd. scellian, scalta, giscalt; Graff VI, 476. BM. II, II, 126. Weigand, Wbch. II, 572). „Er erschält sein Horn;" Dr. Eck, 1542. „Angeli scalton daz horn;" Notk. 46,6. „skellent seiten, psallite;" das. 56,9. „Josuê hiez die êwarten an deme tragenne harten die arcken mit busûnen schellen, daz liut mit schrîenne hellen;" St. Ulrich's Leben, Cgm. 94, f. 56, V. 949. Für schellen (an der Thürglocke ziehen, klingeln) ist läuten volksüblicher. erschellen, ä. Sp., was schellen. „Vil manig püchs wart da erschelt;" Mich. Beham, Wiener 378,2. „Der Leybinger erschiel sein horn;" Ring 51^{c},30; `(starkes Prät. zu erschallen).' „Die ander zung (der kristenheit) sint kriechen, die ... gent on geläut ze kirchen, sie erschellent nwr ein horn;" Cgm. 521, f. 149^{b}, (vgl. Thl. II, Sp. 985: Griechen). „Erschellet, increpabit," Cgm. 17, f. 196^{a}; erschellunge increpationes;" das. 205^{a}, Ps. 149,7. `schell, schellig, adj., laut tönend; BM. II, II, 123.' „Daz diezzen von den oren uns kundet vor daz schelle horn, mit dem die toten erwecket werden;" Renner 23739. „Pompa, hochschal, pomposus, hochschellig; Clm. 5387, f. XVII. „Vil weitschellig wart dy geschrifft es wart alles lant vole; Mich. Beham, Wiener 222,26. s. unten: schellig. b) (der isl. und vermuthlich ursprünglichern Bedeutung des Ablautverbs, nemlich dem quati, impingi, entsprechend) quatere, impingere, schlagen, anschlagen, verrücken, trennen, brechen. Zeitschr. IV, 131,72. Aicheln vom Baum schellen, abschlagen; Ulmer Landpolicey v. 1721. (cf. „daz in daz leit nider schalt;" Klage 4249). erschellen eine Mauer mit Kanonenkugeln (Feuerb. v. 1591), sie zerschellen, spalten. BM. II, II, 127. Cf. „Den helm er ime schalte;" Fragm. de bello sarac. bey Schilter, Vers 3116. Lachmann, über den Eingang des Parzivals p. 9. 10. Von den Schüssen „erschelt und erwegt sich der turn;" Cgm. 4902 (v. 1429), f. 19. Vrgl. oben, Sp. 394: schalen, und schalten. `schüllern; cf. BM. II, II, 127: „erschüllen.' „Wenn s' z'Alhaming läuten, so *schüllert's* i˜n Tuo˜n: und I wünsch də' vil Glück zu dei˜n itneuə˜ Buəbm;" Ant. v. Spaun's östr. Volksweisen 53. verschellen das Bein, die Rippen, (Aschaffenb.) sie prellen, verrenken. Cfr. „irscaltes, attoniti, (cerebri);" Prudent. Hamartig. 125, gl. i. 564. „Verschellen und versetzen den wassergraben, das das wasser seinen gang nicht haben muge;" MB. XXIII, 609, ad 1482. `(Gehört zu verschalen, Sp. 394; cf. BM. II, II, 121.)'

Die Schellen (Schəln, plur. Schəlnə˜, Diminut. Schəllə-l), a) wie hchd. Schelle; (gl. a. 48, o. 44: scella, nola; a. 117, i. 22. 439: scellili, tintinabulum. Graff VI, 476: scella, scilla. BM. II, II, 123. Weigand, Wbch. II, 572. Zeitschr. V, 104,5. 105,5.). „Darzû treit er (der Falke) zwu schellen;" Valkn. 46. „Gedenke mich darzu bringent, das stete des valken schellen in meinen oren klingent;" das. 179; cf. 110. „Capella in qua pendebat vas fusile unum quod nostra lingua *skellam* vocamus iocundum habens sonum;" Vita S.

Pirminii, Cod. Windb. 44, f. 120ᵇ. „Der Schellkranz, Schlittengeläute," das den Pferden umgehängt wird. Der Schellenrüerer, (HhE.) der mit Schellen behängte Zugführer beym Faßnachtlaufen. b) figürlich: (schwäb., Rath Her) das scrotum. c) Figur in der polnischen (deutschen) Spielkarte, dem carreau, Eckstein, der französischen entsprechend; (in Danzig Schollen). Der Schellenkönig. Von Max Emanuel heißt es in Melisantes geographia novissima (1713) I, 741: „Zum Herzenkönig hat Venus dich längst gezehlt, zum grünen könig hat dich Ludwig erwehlt, zum Eichelkönig hat dich Bayern schon gemacht, bis dich der Schellenberg zum Schellenkönig macht." R.A.: Dasitzen wie der Schellenkünig, steif, affectiert. R.A.: Einen über den Schellenkünig loben, erheben, d. h. ganz gewaltig, überaus. Zeitschr. III, 394,10. V, 407,18. d) Eisenband, das einem Gefangenen um den Arm oder das Bein gelegt wird, vermuthlich insoferne ehmals diese Bande für die zu öffentlichen Arbeiten, Straßenkehren ꝛc., angehaltenen mit Schellen behängt waren. Handschellen, Fueßschellen. Graff VI, 474: „fuozscal, pessulum;" Rb. Der Schellenbueb, (Nürnb., Wagenseil 137) zu öffentlicher Arbeit oder Schellenwerk verdammter junger Mensch. e) (Nürnb.) Maulschelle, (welcher Ausdruck noch sprechend genug auf die Bedeutung schellen, b weiset). Zeitschr. II, 190,7.

Der Schelen (Butter), s. Schielen.

schellig, (O.L.) 1) nicht zusammenhangend, unglatt, uneben; — in der Zusammensetzung griesschellig, (von Aeckern) steinicht, griesicht. BM. II, II, 123: schellec. Weigand, Wbch. II, 573. Birlinger 393. Zeitschr. II, 48. III, 131. IV, 259, III, 3. Lachmann, über den Eingang des Parzivals p. 10. Grimm, Reinh. p. CCXXXV). s. oben schellig. „Du solt auch (für?) schelig wunden, die painschrotig sein oder ander todlich wunden machen ain solche salben ...;" Cgm. 4543, f. 178. „Sum feoll ofer stan-scyligean;" Marc. 4,5. 2) aufgebracht, zornig, toll, unsinnig; (schèlk, schêlk, zornig; Weihers,
345 Dr. K. Roth). „Schelig seyn über Einen;" Selhamer. „Das ist der schellig, zornig narr:" H. Sachs. „Kom ich zum weib heim von dem wein, so ist s' vom waßer vil schelliger worn;" ders. „Dem daz herz sei nicht ze hellig, noch daz houbet gar ze schellig;" Ring 23ᵇ,29. „Das die meuroß nit schöllig (wild) werden;" Scheirer Dienstord. v. 1500, f. 31. (Er) „rait vil schelligleich da hin, und schiket sein absag zu in;" Mich. Beham, Wiener 109,32. bierschellig, „cerevisiā appotus," Voc. v. 1618. „Versoffener, wein- und bierschelliger Mörder;" Selhamer. 'fürschellig, scheu vorwärts springend; BM. II, II, 123.' Gelücke und Lust (die Hunde) machent ez (das Wild) fürschellig;" Labr. 186; (cf. dän. skille, scheiden. Zeitschr. IV, 131,72.) (Fasnacht) „du machst fürschell weib und man;" Rosenplut. Cgm. 714, f. 336. s. oben schell. härbschellig, hirnschellig. Das Geschelle, Uneinigkeit, Parteywuth, bey Königshofen (Cgm. 330, f. 215ᵃ). „Ains sah daz ander an mit schell; reht als dy teufel in der hell gingen sy gen ain ander, ye ains verriet daz ander:" Mich. Beham, Wiener p. 281,9.

'Der Schiller, Schillerwein, ein bleicher, in andre Farbe spielender Wein. Weigand, Wbch. II, 583.' „Vinum Helnolum, schiller;" H. Junii Nomencl. 1629, p. 51. Diefenbach 620ᶜ. 'Vgl. schilchen.'

Der Schilling (mhd. schillinc, ahd. scilling, skilleng; Graff VI, 477. BM. II, II, 127. Weigand, Wbch. II, 583), in allen germanischen Sprachen und schon in den beiden gothischen Urkunden vorkommend, dem lateinischen solidus, also dem soldo, sueldo, sol, sou der romanischen Idiome entsprechend und (wie dieser dem denarius, denaro, dinero, denier) dem Pfenning (ahd. pfending, panthing; s. Th. I, Sp. 428 ff.) als aliquotem Theile entgegenstehend. Daß dieser Ausdruck ursprünglich eine klingende Münze angedeutet habe (cf. schellen), geht schon aus der alten Alliterationsformel scat ende scilling, sceat ende scilling (Caedmon p. 47, Vers 2139), scaz unde schillinch (Cod. lat. Monac. 2, fol. 38ᵇ; vrgl. Schatz) hervor. Sie konnte golden seyn („aureos sex, scillinga sehsi," gl. a. 350) oder von Silber. „Quintillus satzt auf für ein ê. daz ein yeglicher plinter solt haben hundert schilling," (in der Capitelüberschrift steht: „hundert guldein"); Gesta Romanor., Cgm. 54, f. 50ᵇ, (Keller p. 97). Der solidus zu 40 denarii der Lex Salica Art. 1 und der der Leges Francicae lib. IV, cap. CVI scheint, als aureus, von dem sonst in dem fränkischen und alamannischen Gesetz vorkommenden zu 12 denarii, als einem argenteus, zu unterscheiden. Diesem letztern entspricht noch der ital. soldo zu 12 danari, der catalanische sueldo (sou) zu 12 dineros (dinés), der französische sol zu 12 deniers. Auf die libra, lira, livre gehen 20 solidi, soldi, sueldos, sols. (Das Abkürzungszeichen für den deutschen Ausdruck Schilling selbst, nemlich ß., ist ohne Zweifel vom latein. solidus entlehnt. Vrgl. Th. I, Sp. 488: Pfenning). Und so läßt sich denn allerdings a) auch ein Schilling zu 12 Pfennigen bis auf die neueste Zeit herab nachweisen; aber schon sehr frühe kommt nebenbey b) einer zu 30 Pfenningen vor. Der Anlaß hiezu ist wol nur in der Ausmünzung von schlechtern, schwarzen Pfenningen (Augsburgern, Münchnern, Wienern ꝛc.) zu suchen, deren Anfangs 30 auf 12, d. h. deren 5 auf 2 der früher allein üblichen bessern, Regensburger Pfenninge giengen. Der Schilling zu 12 Pf. mochte insoferne von dem zu 30 Pf. ursprünglich an Werth nicht verschieden gewesen seyn; doch in der Folge mag sich dieß anders gestaltet haben, und man findet jenen oft ausdrücklich als einen kurzen, diesen als einen langen bezeichnet. Auch ist dem Worte Schilling in dem einen Falle c) der Begriff einer Zahl von 12, wie in dem andern d) der einer Zahl von 30, und wie dem Pfund der einer Zahl von 240 inwohnend geworden.

a) Schilling zu 12 Pfenningen, oder kurzer Schilling, 20 auf 1 Pfund. „Pei swem man valsche phening vindet, der nicht ein münzær ist, ist der über fünf schilling der churzen, und ist nicht guter phening darunder, so sol man jhn hahen;" Rchtb. Ms. v. 1332, Wstr. Btr. VII, 96. „Der aigen man geit ze morgengab nicht denne bin schaff oder ain gais oder funf schilling der churzen;" Wiener StR., Cgm. 1113, f. 64ᵇ. Rauch III, 205. Auf dem Münchner Landtag v. 1424 346
(Öfele II, 208) find 3 Pfd. zu 60 ßl., also wol ebenfalls kurzen gerechnet. In Iglauer Statuten v. 1500 (Cgm. 561, f. 5; cf. 20. 36. 69) wird ein kleiner Frevel mit 72 Hellern, ein großer mit 60 schilling der kortzen verbüßt. In den St. Ulrichischen Urkunden der MB. XXII. und XXIII. sind, wie die Berechnung ergiebt, unter Schillingen, wo sie nicht ausdrücklich als lange bezeichnet sind, und obschon nur einmal (XXII, p. 251, ad 1323) „aht schilling der churzen augspurger pfenning" steht, gewöhnlich Schillinge zu 12 dn. oder Hallern, d. h. kurze, gemeint;" z. B. XXII, p. 126, ad annum 1225, p. 389, ad 1456, p. 466, ad 1437, p. 471. 483. XXIII, p. 44. 148. 306. 319. 666. Obschon im Augsb. Stdtbuch v. 1276 (Freyberg p. 73) der Schilling ausdrücklich zu 30 Pfenningen bestimmt wird, so scheint er in einigen Fällen dennoch zu 12 dn. gemeint zu seyn. „Vier und zweinzic pfenninge oder zwên schillinge;" Haupt's Zeitschr. VIII, 585. Zu der Stelle bey Freyberg p. 58, wo von einem Diebstahl über 60 Pfenning werth die Rede ist, macht im Cgm. 559, fol. 45 eine Hand des XVI. Jahrh. die Anmerkung: „Alhie vermerck den unverstandt des statrechtsetzers mit den sechzig pfenningen. War ist, das 60 dn. fünf schilling ausmachen, vnd so im lehenrecht de pace tuenda §. 51 quinque solidos geschrieben stat, hat ers für alt Augsburger Schilling verstanden, der zemal 12 dn. ain schilling gethan haben, so doch solidus in Rechten nit schilling dn., sonder solidus macht ain alten Goldgulden, der etwan LXXII bis

in LXXV auf ein Pfund, in Latein libra auri gangen sein 2c." Eine Anmerk., deren Richtigkeit, was den Schluß betrifft, ich dahingestellt lasse. Vrgl. engl. shilling Sterling zu 12 pence (d. h. pennies); Schilling vlämisch zu 12 Groot; Schilling lübisch zu 12 Pfenning; Schilling schwedisch zu 12 Oere; Schilling zürchisch zu 12 Haller; Schilling würtembergisch zu 12 Haller; Schilling nürnbergisch, anspachisch (oder Kaisergrosch) zu 12 Pfenningen. „Schilling, solidus, ein grosch;" Voc. v. 1618. Sieh unten Schillinger. Der E-Schilling, s. Th. I, Sp. 6. „Swem haut und har vertailt wirt, der mach die ledigen mit funfe schillinge;" Cgm. 21, f. 82. Dagegen Cgm. 23, f. 59: „mit fumf ee schillingen." Cf. 335, f. 128: „mit funf eeschillingen." Cf. Schwabenspiegel, Laßb. 174, Wackern. 149.

b) Schilling zu 30 Pfenningen oder langer Schilling, 8 auf das Pfund dn. In einer dichterischen Bearbeitung des alten Testaments aus dem 12. Jahrh. (Diut III, p. 111) wird die Stelle (Genesis 45,22): Benjamin vero dedit (Josephus) trecentos argenteos gegeben durch: „Beniamin gab er zehen skillinge, silberin si waren...;" also wol schon Schillinge zu 30 dn. „Duodecim solidos quorum summa facit talentum et dimidium;" MB. V, 334, ad 1160. „Tres solidos longos et sex nummos;" MB. XXV, 112, ad 1227. MB. XXIV, 328, ad 1231 hat der solidus 30 dn. „II porcos valentes IX sol. longos et XVIII dn."; Lori, Lechrain p. 20, ad 1275. Im Augsb. Stadtb. v. 1276 (Freyberg p. 73) „ist ie des schillinges drizzik phenninge. „Und soll die deuff sein sechs schilling der langen;" K. Otts erster Freyheitbrief v. 1311. „Tres solidos longorum cum dimidio denariorum Ratisponensium;" MB. XXIV, 353, ad 1321. „Drei schilling der langen Müncher pfenning;" MB. XX, 248, ad 1323; 266, ad 1330; 316, ad 1351. „Mit dreyn schillingen hallern der langen und mit
347 als vil (d. h. 90) ayren;" MB. XXIV, 442, ad 1368. „Fünf schilling" (zu 30 dn.) MB. XXIV, 126. 127, ad 1374. „Drei schilling der langen vnd vier pfenning allez Regensp. pf.;" MB. XXIV, 136. 465, ad 1380 und 1377. „Fünf schilling der langen Münicher vnd achtzehen Münicher;" MB. XXI, 43, ad 1388; 60, ad 1407; 63, ad 1409; XXII, 367, ad 1391. „Je dreissig pfenning für ain schilling;" MB. XXV, 176, ad 1410; 244, ad 1451; 277, ad 1466; 306, ad 1469; XXIII, 596, ad 1479. Im Münchner Stadtbuch (Cgm. 27, Art. 127) steht auf Raufen und Schlagen die Buße von zechen schilling pfenning der langen an den Kläger, und eben so viel an das Gericht; (cf. Heumann, opusc. p. 98). „Anno 1356 triginta denarios valuisse unum schilling et octo schilling confecisse unam libram denariorum ex calculo coaevo patet;" MB. II, 11. „XXX denarii faciunt solidum qui usuali sermone longus appellatur:" MB. XII, 91, sec. XIV. „So ist XXX dn. ein Wiener schilling pfenning;" Cgm. 524, fol. 67, ad 1481. Im Theurungsjahr 1491 „hat man das Korn geben ein Müncher Scheffel vmb VI gulden, ye siben schilling für ein gulden vnd sind XXX dn. ein schilling;" Cgm. 27, f. 54b. Unter Herzog Albrecht a°. 1506 werden in silberner Münze Pfenninge geschlagen, deren 7 Schillinge, und Haller, deren 14 Schillinge (also lange oder zu 30 Stücken) auf den rheinischen Gulden gehen. Kr. Lhdl. XV, 405. Hiernach wird heutzutage bey Aemtern der Schilling Pfenning schwarzer Münze älterer Documente zu 8 Kreuzer 2 2/7 Pf., der Schilling Regensp. Pfenninge zu 21 Kreuzer 1 5/7 Pf. berechnet. S. Pfenning. Hie und da, namentlich im Salzburgischen, versteht man unter einem Schilling Pfenning 30 gegenwärtige Pfenninge oder 7 1/2 Kreuzer. So der Aufruerschilling bey Hübner 419. Auch in Oberösterreich heißen 30 Pfenninge dem Volke (nach Höfer) ein Schilling, 8 Schillinge ein Pfund oder Gulden von 60 Kreuzern oder 240 Pfenningen. „Ein mancher Schilling (s. Schilling weiter unten) ist mehr werth als achthalbe Kreuzer;" P. Abrah. Im Cgm. 739, f. 12 steht: „12 haller ist 1 Schilling," und gleich darauf: „30 dn. ist 1 schilling." Im Worte Kaufschilling (Grimm, Wbch. V, II, 344) ist Schilling für Pfenning, d. h. Geld oder Geldsumme überhaupt genommen.

c) Schilling als Zahl von 12. „Schilling significat duodenam rei cujusque; dyodecas vel dodecas ovorum etc." „Einen Schilling geben, virgis caedere;" Voc. v. 1618. Nimmt man Rücksicht auf einen Satz des schwäbischen Landrechtes, das, wie bekannt, nicht gerade nur in Schwaben galt, welcher (bey Schilter cap. 179, bey Senckenberg cap. 184 und cap. 157) lautet: „Nieman sol sinem lêrchinde mêr slege tuon, danne zwelfe vnd âne gevêrde," so wird man so gnädig seyn, für diesen in der Kinderwelt so berüchtigten Schilling eine Zahl von höchstens 12 Ruthenstreichen gelten zu lassen. Im Poenitentiale, Cod. Aug. eccl. 151 (sec. IX.) f. 51b: „...XII plagas vel percussiones." Was für die Zahl von 30 aufgebracht werden kann, sieh weiter unten.

d) Schilling, Zahl von 30. Im Cgm. 58 (sec. XIV.), fol. 101b zu Ende der darin enthaltenen Evangelien steht: „Hie hant ein ende elliv dev ewangelia, dev man liset vber al daz iar, und der ist an der zal VII schilling der langen." Desgleichen heißt es im Cgm. 66, fol. 61: „Expliciunt ewangelia per circulum anni. 348
Summa ewangeliorum VII sol. long. et IIII evangelia." Cgm. 66, f. 61: „Hie habent die ewangelia ein ende vber al daz iar di auzgenomen VII sol˜. Expliciunt ewa per circulum anni deo grās. summa ewa VII sol.˜lon˜g et 111jor ewangelia et etiam 111jor passiones dni nri J. Xpi." „Da drewczehen hundert jar hiet krist und auch drey schilling an drey jar," (drei Schilling weniger drey, also 87?); Hoffmann's Fundgr. I, 337. Cf. Clm. 801, f. 36a: „...ter seno carmine scripsi Et numero nostrum complent simul addita soldum"..(?). Drey schilling Reinanken (90 Renken); Cgm. 152, f. 9b. 55a 2c. Sechs schilling Börchen (180 Forellen); Chron. Benedictob. II, 215. Ein schilling Khrebs; Kohlbrenner, Materialien v. 1782, p. 84. Ein schilling Ayer (ə˜ Schillin' Aər); MB. XXIV, 115, ad 1362. Ein Schilling Prügel, 30 einzelne Holzblöcke, die geflötzt werden. Zu einer halben Trift aus dem tölzischen Gebirg werden 2666 2/3 Schilling oder 80,000 Stücke Klafterprügel und 80 Arbeiter 3/4 Jahr lang erfordert. 30 Schilling Fichtenprügel geben 45 Klafter, wozu vom Buchenholz 38 1/3 Schilling nöthig sind. Wstr. Btr. V, 272. Ein Schilling Kohlholz nach der salzämterischen Mäßerey hat 30 Rachen zu 18 Daumeln, und ist der 8. Theil eines Pfundes;" Flurl, Beschr. d. Geb. p. 141. „Ein Schilling Rauhholz oder sogenannte Stutzbürdl," (30 Reiserbündel); Rumford. Suppenanstalt für Seelsorger p. 144. Ein Schilling Lein, (Nürnb.) 30 Büschel. Ein Schilling Salz, 30 Fueder; (s. d. W.) Ein Schilling Schin (30 Eisenschienen); Kr. Ldtgshdl. II, 228. Ein Schilling Bifang, oder schlechtweg: ein Schilling Feld, 30 Ackerbeete. MB. XVIII, 472, ad 1453. Zirngibl, Hainspach p. 219. 347. Wagner, Civil- und Cam.-Beamt. I, 283. 285. Ein Schilling Maschen im Fischnetz; (Cochelsee). „Es sol ain yede Schepfen in der Sunnen vierthalben Schilling Maschen und ain yede Hochsegen drey Schilling und zehn Mäschen haben;" Chiemsee-Fischord. v. 1507. Der Schilling Ellen oder blos der Schilling Loden (30 Ellen groben Tuches); Hist. Abh. d. Akad. v. 1813, II, p. 494. „Das Hauptschiffsail bey einem Salzzug ist 22, der Kloben und das Auffstricksail ist 8 Schilling (so oft mal 30 Fäden?) dick;" Baumgartner's Policeyübersicht v. München. Der Schilling, Ruthenstreiche auf entblößten Hintertheil, über deren Normalzahl ich nirgends eine authentische Declaration finde. Zeitschr. IV, 50,6. Sie mag ursprünglich zwischen 12

und 30 inne gestanden haben. An jene Zahl ist vielleicht die strafende Privathand des Erziehers, Lehrers, Principals als an ein Maximum gebunden gewesen. S. oben Schilling, c). „Quando se percutit cum corrigia cum est nudus vel nuda viginti vel triginta vicibus et plus vel minus prout qualitas peccati exigit;“ San-Zenon. 112, f. . . . : de poenitentiis in confessione injungendis. „Es hat mirs auch mein Präceptor nit erlaiden künden, hab offt ein Schilling darumb müssen einnemben;“ Putherbey v. 1581. „Ein mancher Schilling ist mehr werth als achthalbe Kreuzer,“ sagt P. Abraham zu allzuzärtlichen Eltern. Hingegen zur größern Zahl scheint sich der weiland von Amts wegen mitunter dictirte Gerichts-, Markt-, Stadt- ꝛc. Schilling geneigt zu haben. Er mußte wohl, da z. B. in Guggenberger's Processen p. 100. 226 von ganzen und halben derley Schillingen die Rede ist, eine bestimmte commensurable Größe seyn. „Dieweil dergleichen Beutelschneidern ihr Facit mit lauter Stattschilling muß gewechslet werden;“ P. Gansler 14. „Einem einen Stadtschilling zu geben,“ dafür gebührte dem Amtsknecht zwey Schilling Pfenninge. Wagner, Civ.- und Cam.-Beamter I, 170. Nach dem Bettler- und Landstreicher-Mandat v. 1726 wurde den Amtleuten „von Versetzung
349 30 Carbatschstraichen ain schilling Pfenning, und von mehr als 50 Straichen 2 schilling Pfenning passiert.“ „Du sollest ihn mit einem Stockschillinge belegen und 24 Streiche zuzählen;“ Bayreuth. Rescript v. 1717. Der Lochschilling, zu Nürnberg im Lochgefängniß gegeben, war daselbst infamierend.

Der Schillinger, ehmaliges anspachisches Münzstück à 12 dn. oder 3 Kr., jetzt noch zu 11 Pfenn. cursierend. Nach Cl. Baader's Reisen II, 137 war a⁰. 1792 in Franken der Schillinger 6 dn. oder der 5. Theil des Pfundes, und 7 Schillinger machten einen Ortsgulden. Ao. 1765 werden in Würzburg alle auf 3 Kreuzer im gemeinen Lauf gestandenen Schillinger auf 3 Dreyer, d. h. 9 Pfenn. herabgesetzt. „Um 16 Schillinger und nicht höher sollen die Goldschmiede das Loth Silber nehmen;“ Wirzb. Verord. v. 1572. „Umb ein schilling“ . . . ; darauf: „der schillinger wirdt nutzer sein und besser dann der zoll am Rhein;“ H. Sachs 1612: II, II, 67. Der wirzburgische Bischof Adolph v. Ehrenberg läßt um 1623, etwa von seinem Wappen sogenannte, Knacken-Schillinger schlagen. Noch jetzt soll in Meiningen ein Knackenschilling zu 4½ dn. vorkommen. Um 1500 kommt in B. ein fränkischer und oberpfälzischer Schillinger zu 10 dn., der klain Schillinger zu 5 dn. vor. Der große Meichsner oder Schreckenberger Schillinger gilt a⁰. 1507 in B. 29 dn. Lori, Münz-R. I, 98. 142. 126. Cf. Avent. Chr., fol. 65, wo der römische Denar einem Meichsner Schilling oder 30 Pfenningen oder 8 Kreuzern verglichen wird. Diese Schillinger sind also ursprünglich als Schillinge, theils zu 12, theils zu 30 Pfenningen, gemünzt. „Quadruplator qui defert aliquem ut quarta bonorum ejus parte potiri queat, sechsschillinger vocant;“ Voc. v. 1618, voce rathen. Vrgl. unten scholdern.

Der Schiel, ein Fisch, perca lucioperca; cf. Schiet.

Der Schielen, Schiel (Schiəln, Schiəl), die Scholle, der Klumpen; (mhd. schiel; BM. II, II, 110. Zeitschr. IV, 467,11). Eisschielen (Eisscholle), Kôtschielen (Erdscholle). Dà hàd ə˜ Wịldsau ganzé *Schiəln* Koud au'gwarffə˜. Wennst 'ən Advocat'n nét ə˜n *Schelln* Buttəʿ odər ə˜ Rehh odər ə˜ pàr Tàləʿ vorhinei˜ scho˜ bringst, so hèəʿt əʿ di' gàʿ nét à˜, („das ganze Ausrühret“); ObrM. cf. Th. IV: Zeling. „Wo an ainem Fueder (compactem Salzstock) ain Schiel abgieng, so soll derselbig widerum erstatt werden;“ Salzakten. „Von des schwertes ort wart die stains want durchbort; nu lie sich (von der durchbohrten Wand) ain schiel herdan. . . der was so groß . . . tausent wagen mochten inn nindert haben getragen; St. Oswald, Cgm. 719, f. 48ᵇ, (Ettmüller, Vers 2995: ein scholl). „Dar nach schoß er aber hinaus . . . auff den scherm . . . von disem (zerschossenen) scherm slug in ain schiel, daz er nur toter nider viel;“ Mich. Beham, Wiener 96,31. „Daz der altan ain grosser schiel, derzu daz zimer gancz ab viel; das. 122,12. „Die Knollen oder Schillen, so von den Fudern, eh mans auf die Stoßstatt bringet, fallen;“ Lori, Brg.R. 299. Vrgl. Schollen.

Der Schollen, Scholl, die Scholle; (mhd. der scholle, ahd. scollo und scolla, gleba, scrobs; Graff VI, 478. BM. II, II, 127. Weigand, Wbch. II, 628. Zeitschr. IV, 184. cf. Schrollen und Grimm, Gesch. d. d. Spr. I, 314 und Mythol.² p. 609 f.) Auf den Pinzgauer Alpen wird der Dünger in Schollen (Form von Backsteinen) gebracht, und mittels Schlitten auf die Felder herabgeführt, was man Schollenziehen nennt. Hbn. 666. „Gefrorner scholl, stiria;“ Voc. Arch. Im Hohenlohischen sagt man: der Maulwurf schollt, (wirft auf). Zeitschr. VI, 120,50: Scholle, Torf. Vrgl. Schiel.

schollen (ich scholl, ich schollt, schöllt, hab geschollt und hab schollen, O.Pfalz, noch treu dem ahd. sculan, scolan: ih scal, uuir sculun, ih scolta; goth. skal, skulun, skulda. Graff VI, 461. BM. II, II, 178 Weigand, Wbch. II, 725. Zeitschr. III, 41,19. Nach Grimm, Gesch. d. d. Spr. 903 ist skal das Prät. von skilan, tödten, verwunden: occidi, vulneravi), was anderwärts und hchd. sollen, w. m. s. (Ueber das unverrückt gebliebene t an der II. Pers. Sing der Verba in thu scalt, canst, darft, maht, toht, weist, muost s. Grimm, Gesch. d. d. Spr. 485.) Indessen kommen selbst in altbayrischen Urkunden noch des XIV. Jahrh. nicht eben selten die Formen schol, scholl, schuln, 350
schullen ꝛc. für sol, suln, sullen vor; z. B. im b. Landrecht (Heumann 79): „als vil er im seins lons schol,“ (schuldig ist). „Absit, scholl nicht seyn,“ (Hallstatt, 1462); ZZ. 1803, f. 200. Zeitschr. II, 395,1. Der Schol, Geschol, Scholman, ä. Sp., der Schuldner; (Graff VI, 467. BM. II, II, 182). „Er wär ir rechter schol;“ Lori, LechR. 138, ad 1435. „Des sol der richter des gotzhaus geschol sein;“ MB. VI, 377, ad 1380. „Kumbt ain man seinen geschol an;“ Pass. Stdt.R. „Hinz seinem scholman oder hinz seinem porgen;“ Münchn. Stdt.R., Cgm. 27, Art. 91; Heumann p. 160. „Man verseit baz mit grœzern êrn mit minnern haz, ê man werde von geheize schol; d. w. Gast 2099. „Ich wolt niht wesen sin schol;“ das. 14517. „Du pist gotes geschol quia abstulisti ei et occidisti ei dilectiorem creaturam . . . du bist geschol omnium angelorum warumb wann du sie gelaidiget hast“ ꝛc.; Sermo de extremo judicio, Monac. Francisc. 214, f. 11. Der Selbschol, Selbgeschol, Selbstschuldner. BM. II, II, 183. „Es sol nieman kainen andern gewern stellen dan den rechten selbscholn; b. L.R., Heumann p. 135. Cf. MB. II, 60. V, 258. „Da solt man nemen ainen sack und solt in mit im füllen und solt denselben schüllen (Treulosen) in ain tieff wasser schließen“ (schießen); Cgm. 270, f. 117. verscholn, (ä. Sp.) verdienen, im guten Sinne: verschulden. „(Jesu) hilf mir, daz ich daz verschol, daz mir geschehe als dem junger dein;“ Cgm. 73, f. 55. S. versoln unter sollen.

Die Schuld, wie hchd.; (mhd. schuld, plur. schulde, ahd. sculd, plur. sculdi; Graff VI, 467–69. BM. II, II, 183. Weigand, Wbch. II, 644). Auf dem Lande beten ungeschulte Personen noch immer: Vergib uns unser Schuld; (Cgm. 101, f. 22: unser schulde; Tatian: unsara sculdi). S. Gramm. 808. Vgl. ahd. sculd, mhd. schult als Adjectiv; Graff VI, 470. BM. II, II, 183. Weigand, Wbch. II, 644. „Wenn ein Meister einem schlechten Knecht sein Vieh anvertraut, und das Vieh verdirbt, so gibt kein Mensch den lieben Gott schuld, son-

dern den schlechten Meister;" Bauernspiegel oder Lebensgeschichte des Jeremias Gotthelf, (Burgdorf, 1839) p. 109. Zu Schulden kommen, ä. Sp., statt haben, der Fall seyn. „Ob eʒ ʒe schulden kumpt," wenn es dazu kommen sollte. „Als oft daʒ zu vällen oder zu schulden kompt;" MB. XXIII, 223. 473, ad 1377. „Als oft es schulden kommet;" MB. XX, 346, ad 1446. „Ob daʒ ʒe schulden chöm;" b. L.Recht, Heumann, opusc. 94. „So kann auch, was sechstens ist angezogen worden, nicht wohl hier zu Schulden kommen ...." „Wenn die Sache selbst, welche man erhandelt, und, wie bey dem Silber zu Schulden kommt, einen valorem intrinsecum hat;" Lori, Mz.R. III, 91. 324. „Da kam oft zu schulden das wir auf dem feld unter eim pawm unser herberg mußten haben" (in Portugal, sec. XV.); Cgm. 1279, f. 156. Häslein in seinem handschriftl. Idioticon sagt: „torkeln, verb., taumeln, wie es vor einem Fall und bey betrunkenen Personen zu schulden kommt." „Anwande, der äußerste Theil eines Felds, dessen Furchen überzwerch lauffen. Es kommt zu schulden, wo der Feldbesitzer die Befugniß nicht hat, auf seines Nachbarn daranstoßendes Feld zu wenden ꝛc." Zu Schaden kommen (Gemeiner, Regensb. Chr. III, 326) statt: zu Schulden kommen, ist vielleicht ein Druckfehler. Von Schulden, ä. Sp., mit Recht; BM. II, II, 185ᵇ. (Notk. be sculden, Isid. bi sculdim, merito; Graff VI, 469). „Sollt er dann umb unschulden leiden alhie den todt;" Reime v. 1562. „pi unsculdin, indebite;" gl. i. 463. (Sie:) „Wie wolst du mich umb unschuld schlagen!? (Er:) Ich schlag dich gar umb kein unschuld;" H. Sachs 1560: V, 361. Graff VI, 471. BM. II, II, 186ᵇ. 'unschuldig, wie hchd.; (ä. Sp.) improprius, unverdient, ungeeignet. Graff VI, 471. BM. II, II, 188.' „Inpropria ·i· diu unsculdigun (ungehörigen Ausdrücke) quas grammatici achirologias graece dicunt ut sperare pro timere;" Clm. 4621, f. 71. Landschuld, s. Th. II, Sp. 1485. schulden, schuldig sein; (mhd. schulden, ahd. sculdon, mereri, exigere. Graff VI, 472. BM. II, II, 189). Der Selbschuld, Selbstschuldner, (im Gegensatz des Bürgen); MB. XXV, 319. 357. 377. beschulden, verschulden, a) verdienen (etwas Gutes, Lohn, Dank ꝛc.). Wagenseil, Nürnb. 231. b) Etwas gegen Einem oder um Einen freundlich beschulden, es ihm vergelten, ihm dafür erkenntlich seyn. Chron. Benedictob. II, 220. 236. Wstr. Btr. II, 112. BM. II, II, 189. „Das ist dienstfreundlich und nachbarlich hinwider zu verschulden;" Hochzeitspruch, Hazzi's Statist. I, 416. „Er wolle
351 das um ihn und seine Kinder gern verschulden;" Sammler f. Tyrol IV, 270. Es steht zu verschulden, (zu vergelten). 'Der Schulder, ä. Sp., Schuldiger; (BM. II, II, 190).' „Du solt uns varen lan unser schuld als wir tuen unser schulderen, her, deiner gnaden wir begeren;" Cgm. 379, f. 9ᵇ. schuldigen Einen eines Dings, (ä. Sp.) beschuldigen; (mhd. schuldigen, ahd. sculdigôn; Graff VI, 472. BM. II, II, 188. Ein Verb schuldigen (schuldig seyn) müßte gedacht werden, um das Substantiv Schuldiger, debitor, im Vaterunser zu erklären, wenn dieses nicht nach Gramm. 828 zu beurtheilen. BM. II, II, 189. „Virgo maria non fuit debitor ein schuldigerin poenae sy hat sich nye verschult;" Monac. Francisc. 148, f. 39ᵇ.

Der Schuldhaiß (Schultheiſs, Schultes, Schults, Schulz), (in Alt-B. unvolksüblich; im ehm. Neuburgischen aber, wie in Franken) Vorsteher einer Dorfsgemeinde, Ortsvorsteher; (in Alt-B. Füerer, s. Th. I, Sp. 844; anderwärts Baurmeister, Burgermeister). Graff IV, 1090. BM. II, 660. Weigand, Wbch. II, 645. s. Th. II, 1177. Sieh: Unterricht für Dorf-Schuldheißen v. G. J. Stein, Landshut 1801. Einen Schuldheißen küren, (wählen); Wirzb. Verord. v. 1797. Die Amtsschuldheißen, Dorfschuldheißen sind von der Wacht, Botengehen und Handfrohn befreyt. Wirzb. Verord. v. 1746. „Zentschuldheißen und Zentschöpfen;" Wirzb. Verord. v. 1794. Der Hofschuldheiß, der Oberschuldheiß zu Wirzburg. Wirzb. Verordd. v. 1648. 1761. Der Regimentsschuldhaiß, Regimentsschulz, Regimentsauditor. Artikelbrief der Reichsvölker v. 1672, Art. 95. 96. Simpliciss. v. 1683, p. 396. Erlaß des Grafen Tserclaes von Tilly, aus Rotenburg im Stift Verden, 16. Octob. 1626: „Instruction vor die Regimentsschultheißen." Schuldhaiß (im Kriegswesen), praefectus rerum capitalium; Voc. v. 1618. Fronsperger v. 1555, f. 59. 73. Cgm. 3664, f. 266 ff. Cgm. 3665, f. 125 ff. Cgm. 3671, f. 184 ff. Nach Kr. Lhdl. VIII, 514 und X, 353 kommen in der Stadt Regensburg Schultheißen in der Kategorie von Richtern und Pflegern vor, und bis auf die neueste Zeit gab es daselbst einen Stadtschuldheißen. In der o.pf. Stadt Neumarkt bestand ein Reichsschuldheiß, welcher zur Reichsvogtey in Nürnberg gewisse Gefälle einzuliefern, übrigens aber über Grund und Boden keine Gerichtsbarkeit hatte. „N. N. Schultheiʒʒ und die schepfen der stat ʒe Nüremberg;" MB. XXV, 15, ad 1402. „Marchuuardus sculthaiʒʒe, cum judicibus (sceppheu);" MB. XXII, 61. „Erkanfrid Sculdhaiʒo;" Meichelb. H. Fr. I, II, 394. „Contra Attonem Sculthaʒum" (?); ibid. p. 391. N. N. Schulthaiʒʒ zu Cham (1377); MB. XXVI, 195. 203. In den Glossen a. 106, i. 75. 217. 408, o. 198. 260. 336 steht sculdheiʒeo, sculdheiʒo für exactor, procurator, tribunus, quinquagenarius, bey Otfrid für centurio, im Tatian cap. 108 für villicus (Luc. XVI, 1. 3). Beym Longobarden Paulus Diaconus 6,24 wird ein rector loci Sculdhais genannt, — also wol zumeist und ursprünglich ein Aufseher, der zur Pflicht anhält, die Schuldigkeit zu leisten heißt. Gl. a. 77, i. 488 kommt für creditor, exactor sculdsuohho vor. Graff VI, 86 f. Bey H. Sachs ist Schultheiß der Viehhirt; so sagt die Bäurin 1560: III, III, 20. 42 (1612: III, III, 39. 83. 84): „Botz Mist, ich hör den Schulthes blasen, ich mus gehn bald mein Sew auslassen." „Der Schultheiß hat austriben." „Ich hör gleich (eben) den Schultheis blasen;" das. 1560: V, 348 (1612: V, III, 20). Das Schulzenspiel oder Häufeln, als Hazardspiel auf dem Lande verboten durch eine wirzb. Verord. v. 1782.

Der Scholler, (Franken) Vorrichtung und Veranstaltung zu Glücksspielen; s. Scholier, Schollier unter Scholder. schollern, (Franken) mit Nüssen oder Steinen spielen; Kegel spielen; Vrgl. scholdern und schalanzen. „Schollerbott, veredarius;" Voc. v. 1429. cf. Scholderwagen.

'Der Schülle, Schulle, ä. Sp., ein Scheltwort, wie Schroll (s. d. W.) grober Mensch. BM. II, II, 127. „Ich haiß sie aber fullen die unrechten schullen;" des Teufels Segi, Barack p. 52,1562 C.' „Wenn sich die leut thünt uberfullen tag und nacht als die schullen" (und davon erkranken); das. p. 315,9945, (Barack: aker schüllen). „Daʒ kumet nu von uberfullen daʒ da thünt die bosen schulen;" das. p. 318,10051, (Bar. akerschüllen). '„Die unrainen verfluchten schüllen;" das. p. 362,11407.'

Die Schuel (Schual, o.pf. Schəl), die Schule; (mhd. 352
schuole, ahd. scuola; v. lat. schola. Graff VI, 478. BM. II II, 226. Weigand, Wbch. II, 644. Vrgl. Th. I, Sp. 10: O-J; Sp. 179: Yxeland; Th. II, Sp. 853: G; Sp. 1399: L; Sp. 1740: Nämenbüechlein); ehmals jede der 6 Klassen, in die ein Gymnasium eingetheilt war: die erste, zwaite ꝛc. Schuel (Principi, Rudiment, Grammatik, Syntax, Poesie, Rhetorik), zusammen als untere Schulen den obern auf der hohen Schuel (Universität) oder dem Lyceum gegenüber stehend. Er hat 2, 3 ꝛc. Schuel oder Schuelen studiert. „Der was ze schul daʒ Pareis;" Cgm. 91, f. 11ᵇ. „Raphael Ridler mein pruder stund ze Padaw ze schul starb an einem augenarzt zu Ferrer (Ferrara) in Lamparten;" Gabr. Ridler's Familienchronik (s. oben, Sp. 59), f. 16. „Jac. Ridler starb ze Wien (1410)

und stund da ze schul;" das. f. 16^b. „Von der schuele ze Wienn" und des „Schuelmaisters reht uber die schueler, die unter dem pesem sint," sieh Wiener Stdtbch., Cgm. 1113, f. 14. Wol der schulmeisterinne, diu êren schûl ûfhaltet. Ir besem ist diu minne, damit sie schande von den êren schaltet;" Labr. 251. Birlinger 403. Die Leberschuel, s. Th. II, Sp. 1410. Wiener StR., Cgm. 335, f. 76—77. Hormayr's Wien II, Urkundenbuch p. XLII. Der Schueler, (O.Isar) was anderwärts Schuelbueb, Schulknab, nemlich Schüler einer deutschen Schule; denn die der lateinischen, von der untersten Klasse an, werden insgemein Studenten genannt, welcher Titel daher natürlich von Studierenden der Universität verschmäht wird. Solche nennen sich Akademiker. Cf. Zeitschr. IV, 415,53: *Schiller*, Schüler und Schulmeister. V, 291. „Prohibemus quoque ne denumeratio scolarium fiat in ecclesiis nec per sacerdotem erota;" Aug. civ. 23, f. 260^b. Die an farend schueler glauben haben und sprich oder seng von jn gelert haben oder brief von jn genomen," sind von der Communion ausgeschlossen; ZZ. 3135, f. 65. Ein Spruch der scolares vagantes im Cod. Rot 113, f. 319. De vagis scholaribus (1310); Hegelwerd I, p. 77. Joh. von Nürnberg, de vita vagantium: Nu horet ein frömdez mære; altd. Wldr. II, 49. Der fahrend Schueler bey H. Sachs 1559: II, IV, 13—16; 1560: II, IV, 63; 1612: II, IV, 129. Cgm. 619, f. 364. Biographia Burckardi Zenggii bey Oefele, script. I, 245. Die Schuelblueme, colchicum autumnale, Vilmar, kurhess. Idiot. 372.'

---

schelb, adj., limus, obliquus, tortus, schälb;" Pictorius. „Lauter hinkende Claudiani, lauter schelbe und einaugige Cäcilii;" Zeller Augsb. 1778, S. 296. „Mit worten schelben," (obliquis); Ring 22^c,16. Cf. gl. i. 188: „fornice (fornicae) scelp vel drep;" gl. i. 685: „biscilbit, inclida; „ad camaram pastorum ·i· scelf;" Rx. Graff VI, 469 f. 'Vrgl. schelch 'und BM. II, II, 92: schilwen = schilhen (s. unten).'

Das, der Schelch, (Franken) Flußfahrzeug, Kahn; s. Schaltich unter schalten und vgl. Weigand, Wbch. II, 572.

Der Schelch, ä. Sp., Bockhirsch, Riesenhirsch; (ahd. scelo; Graff VI, 475. BM. II, II, 93). „Tragelaphus, schel; ZZ. 796, f. 170^a. Diefenbach 591^c. 'Abgebildet und beschrieben in Pfeiffer's Germania VI, 325 ff. Vgl. das folg. Wort.'

schelch, schelh (schəlhh), schief, nicht gerade; (mhd. schelch, ahd. scelah, sceleh, obliquus, strabus; Graff VI, 461. 479. BM. II, II, 92. Weigand, Wbch. II, 571. Zeitschr. III, 17. 45, III, 2. 110. VI, 200); figürlich: arglistig, betrügerisch: e˜ *schəlhhé* Lini, e˜ *schəlhhə'* Fuəs. *schêlhh* dəherge˜; Einen schelch oder schelchs anschauen. „Besser schilch als blind;" Clm. 859, f. 502. windschelch: windschelche Füeß; cf. Wind. schelchbugklet, schelch-hächset, schelch-maulet, einen krummen, schiefen Rücken, Mund, krumme Beine habend. D' Menschə' sán' *schəlhh-drát* und ésti' wiə 's Unbergə' Holz, (d. h. verdreht, arglistig); Oberl. Lied. schelchen, schief, krumm einhergehen. abschelchen (die Schuhe, Stiefel), sie durch einen solchen Gang krumm treten. Sich einschelchen, vom Zugvieh, sich durch einen Quertritt im Strick verwickeln. Vrgl. schelket.

schilchen (schılhhə˜), schielen; (mhd. schilhen, ahd. scilahan; Graff VI, 479. BM. II, II, 92, auch schilwen. Weigand, Wbch. II, 580. Zeitschr. III, 110. VI, 18: schilchsen, schilken). Der Schilcher, der da schielt; ä. Sp., Art Zeuges, (Schillertaffet?). Ao. 1478 gilt die Ellen Schilcher ain Ort aines gulden. schilchend (schılhhəd), schielend. Voc. v. 1419: schilchen, lippare; schilcher, lippus; gl. a. 533: schilcher, strabus; i. 824: scilch, strabo; o. 35: scilehenter, strabus. Ein Kind das schielt „sol oft sechen in ein stecheln spiegel aus einer capuci, auf die unschilchenden seiten gericht, das es nit anders sechen müge dan in den spiegel;" Cgm. 601, f. 107^b.

Schilchen, plur., Springe und Risse in der Baumrinde; (Zir).

„Die schelde, scraboritas," (unter den Krankheiten); And. 73, f. 205. (Wol Ausschlag, Grind; vgl. Diefenbach 520^c: scrabera = scabera, gryndt, rawde. Zu schelen?)'

Der Schild, wie hchd.; (mhd. schilt, ahd. scilt, goth. skildus; Graff VI, 489. BM. II, II, 128. Weigand, Wbch. II, 582. Grimm, Gesch. d. d. Spr. 222 glaubt scildus aus skidilus, skidlus umgesetzt und vergleicht griech. σκῦτος, lat. scutum). R.A. Im Schild führen. Der welsche Gast sagt Vers 10443 ff.: „Ich wil iu sagen, swelich man mit vrümekeite vüegen kan, daz man sîn baz war tuot dan sîns gewæxens, daz ist guot. swaz er vüeret amme schilde, ist ot er vrum ûfme gevilde, ich vertragez deste baz." 'Cf. das. V. 10425 ff.' Der Setzschild. Katzmair (Cgm. 929, f. 53) erzählt, wie man im J. 1403 den 26. Febr. den Münchnern bey einem Ausfall, den sie machten, „vier gemalt Setzschilt" aus den Thoren genommen. Bey Schmid, schwäb. Wrtb. p. 493, wird von Beyschlag so ein Schild als ein größerer, aus Brettern zusammengefügter, mit Eisenblech und Leder überzogener erklärt, der wie ein Schanzkorb gebraucht worden sey. „Pelta, clypeus magnus in obsidione castrorum, setzschilt;" Clm. 5685 (XV. sec., 1412), f. 107. „Der sturmschilt, el pa- 358
vese;" Voc. veneziano-todesco, Ms. v. 1424, f. 26. Schilde auf den Achseln geputzter Mädchen; s. Grimm in Haupt's Zeitschr. VIII, 20 f. „Trügen si (die Mädchen) mentel an, wie scholten denn die iungen man auf den achseln die schilt sehen;" Cgm. 714, f. 31, '(Renner 427).' Schild als Geldstück, Schildthaler; (ital. scudo, span. escudo, frnz. escu, écu; BM. II, II, 130. Diez, Wbch. 613). 15, 40, 50, Schild bezahlen; Kopp, Sammlung eidgenöss. Abschiede (1839) p. 89, ad 1419. „Den Guillelmus scilt, den halben Guillelmus scilt, den Johannes scilt, den Philippus scilt;" (Brabant) Munz Valuatie v. 1490; Willems, belg. Mus. III, 89. „Der Schildbueb, scutigerulus, armiger, Troßbueb;" Voc. v. 1618. „Ruffian schiltbuoben alle bübisch man;" des Teufels Segi, Barack p. 425,13312. Schilthaw, d. i. Schiltarn, Nicopolis. Vgl. Förstemann II, 1241. „Nicopolis vel Schilthaw urbs Moesiae ubi Sigismundus parentum nostrorum memoria maxima clade a Turcis adfectus;" Aventin, Gramm. (am Ende). Ueber den Unfall der Deutschen (unter K. Sigismund v. Ungarn) und Franzosen unter Jean Sans-Peur duc de Bourgogne gegen Bayazet bey Schiltarn (Nicopolis, 1396) s. ein Gedicht von Peter v. Retz im Cgm. 1113, f. 76—77. Der Schildhan, (O.L.) Spielhahn, tetrao tetrix L. Zeitschr. III, 393,13. *Schıldhā˜-fédə'n* und ə˜n Gámss-bart steckt der Gebirgsjäger oder Bravo auf seinen Hut. Der Schildherr (Zir.) Grundherr. BM. I, 667. 'Der Schildknecht, Diener, der Roß und Rüstung besorgt Marstaller; Kriegsmann, dem spätern Landsknecht synonym; BM. I, 852.' „Schildknecht, cliens, est servus nobilis; Voc. v. 1419. „Daz ist schildknehte orden, die siht man rauben, morden, ludern, vehten und streben, on allez gemach mit engsten leben;" Renner 7460. schildwachen, (ä. Sp.) ursprünglich wol mit dem Schilde, also vollständig gerüstet, wachen, während die Uebrigen ihn abgelegt haben und ruhen. Das excubitum faciant bey Vegetius III, 8 ist in der Version v. 1529 gegeben durch: „müeßen (die nacht vier reuter und vier fueßknechte) schiltwachen." Im großen Rosengar-

ten (von der Hagen, cap. 8) heißt es: „Der tag nam ein ende, die nacht den sig gewan, do waffent sich so schiere Sigstap der junge man; den schilt begunt er vazen, den helm er ufgebant, ein sper groz als ein arm nam er in die hant ... Ir zelt und ir hütten waren wunneclich gemacht. Sigstab der iunge pflag do der schiltwacht. Also Sigstab der junge ab der warte kam." „Dô nam ir ietwedere (Hagene und Volker) den schild an sîne hant unde giengen ûz dem hûse für die tür stân; dô phlâgen si der geste;" Nibelungen, Lachm. 1770. „Ich sihe den videlære an der schildwache stân;" das. 1778. „Nu was diu schiltwache al umb daz her mit krache, mit manger sunderstorje grôz;" Wolfram's Willeh., Lachm. 105,19, p. 471. „Ir held, legt euch slafen; ich wil der schiltwacht pflegen;" Wolfdietrich 302, Haupt's Zeitschr. IV, 436. „Dy in dem gsloß dy selben naht pflagen der zirk und auch schiltwacht;" Mich. Beham, Wiener 90,11. „Wan wir der zirk und auch schildwaht gar emssiglichen pflagen;" das. 184,30. „... sullen gereit sein bei der nacht in irm wappen vmb zgeen und die schiltwach als recht ist halden;" Rößler, altprag. Stadtrecht 87. „Die coning (Alexander) sciltwachte sciere bi nahte iegen die diere," (Elephanten); Jac. v. Maerlant 98[d]. „Bidun undar iro bordon;" Heliand 171,4. „Es was dismals großer krig in den landen (Kathalonia) und (wir) mussten stetz mit gefasten schilt sitzen;" Cgm. 1279, f. 172. „Dîn wiplich güete neme mîn war und sî mîn schilthüetete," Minnes. I, 147; (? v. d. Hagen I, 286: mîn schilt hiute"). Maßmann's Eraclius 615. Schildes Rand, s. Rand, Sp. 117. Der Schildwirth, öffentlich berechtigter Gastwirth. Die steten oder Schildwirthe sind den Heckenwirthen entgegen gesetzt. Verord. v. 1784. Im Cgm. 702, f. 113 liest man: „So der herre zu hofe varen wil, so sendet er ainen botten für, in die herberge, und tut im ainen schilt malen (läßt sich einen Schild malen). So denne die andern herren da für varent, so sehent si des herren schilt, vnd varent für sich in ain ander herberge." Wol kaum wäre hienach der Ursprung der Schilde an Gasthäusern überhaupt zu erklären. Der „ainschildig Ritter, miles gregarius," (gl. i. 52. Diut III, 145) d. h. wol ein gemeiner Edelmann oder Ritter; Schilter zu Jac. v. Königshofen p. 204. 208. 262. Cgm. 567, f. 186. Cgm. 569, f. 124. Lex. v. Franken IV, Anh. p. 15. Hauenschild, imperativischer Familienname; vgl. Talleyrand; s. oben, Sp. 117 und Grimm II, 691. Rothschild, Schwarzschild Söhne (in Frankfurt a. M., Staatspapierhändler; 1847). Also Rothschild nicht das dänische Rœskilde (= Rösquelle), und die Namen etwa übersetzte aus hebräischen. schildern, a) wachen, warten, in Bereitschaft oder auf der Passe stehen. Der Schilderer, (Nürnb., Hsl.) derjenige von den Canzleybeamten, an dem eben die Reihe ist, sich für alle Vorkommenheiten bereit und verfügbar zu halten. Das Schilderglöcklein. „In den Festungen Werfen und Hohen-Salzburg, da vorher nur Wächter gewesen, welche die Nachtstunden ausgeschrien, hat Erzh. Wolf Dietrich Schilderglöckl verordnet; Duckher, salzb. Chr. 168. Das Schilderhäuslein (Schịltəˈháisl). Weigand, Wbch. II, 582. b) wie hchd., d. h. mit lebhaften Farben malen, (nur mehr figürlich); ursprünglich wol Wappenschilde illuminieren, malen, da bey Wappen die Farben eine Hauptsache. Weigand, Wbch. II, 582. Schilderâz, (Kiel) Gemälde, Bild; Firmenich I, 42,2.

354 Der (mitunter auch die) Scholder (Scholtəˈ, Schodəˈ, Franken Scholler), Vorrichtung und Veranstaltung zu Glücks- oder Hazardspielen; Ertrag aus derselben; Recht zu derselben; das Spielen selbst. Cf. Neuer literar. Anzeiger, 1806, p. 191. „Es soll auch der Scholder als mit allerley Würfflen in den Brendten und Trachter, item Trädlen und drgl. auf das blosse Glück gestellten Spil abgestellt und verboten seyn." „Gleichfalls soll auf den Kirchtägen und Jahrmärkten unsern Ambtleuten (Gerichtsdienern) und mäniglich, öffne Plätz zum Spil zu halten und darumb den Scholder einzunehmen und zu verlassen, verboten, doch hierunder die Kugelplätz nicht gemaint seyn;" L.O. v. 1616, fol. 570. 698. L.O. v. 1553, VI. Buch, Art. 7. (Sünde) „so er scholder nymbt oder den scholder ainem andern verkauft;" Cod. Fürstenzell 55, f. 49. „So er scholler nymt oder den scholder ainem andern verkauft;" Beichtbüchl. Cgm. 866, f. 8. Weixer (II. dissert. 2) führt es als das 55. Vorrecht der Hofmarksherren auf, einen Scholder halten und Kugelstatt aufrichten zu lassen. „Der Ambtmann von Meniching hat, außerhalb der Stimmer Duld, auf allen Kirchtagen den Scholder, und mag jn verlassen als hoch er will;" Welsch, Reichertshofen p. 181. 186. Wirzb. Verord. v. 1774: wie lang der Scholler dauern soll. „Die öffentlichen und den Scholler abwerfenden Spiele sollen nicht länger als vom Sonntag vor bis zu dem nach der Kirchweih dauern." „Eine policeyliche Verordnung (München, 15. May 1835), verbotene Spiele betreffend, articuliert: „Soldenspiele mit Reitern, Drehbrett, blinden und andern Paschen." „Welcher priester sich des vermäß, der ain jar ob dem scholler säß ....;" Cgm. 713, f. 20. 163. (Lessing's Schriften, hg. v. Maltzahn, B. XI, 2,310). „So will ich ain spilplatz haben und dazu eitel willetzknaben, den wil ich legen würffel und karten, und redlich auf den scholder warten;" Cgm. 714, f. 383. „Ruffian puben ane zal die hetten da mangerlay spill mit scholder und ander unfur vil;" Cgm. 1119 (v. 1467), f. 98[b]. „Wurfel leger, zuleger und brett leiher scholder leiher und gewinsnemer; des Teufels Segi, cf. Barack p. 435,13325. scholdern, (schon vom Niederländer Kilian im Dictionarium teutonico-lat. v. 1588 erklärt: ludum aleatorium exercere; aleatoribus et lusoribus ludendi copiam dare instrumentaque suppeditare certa mercede aut parte lucri. Scholderer, exercitor alearum, susceptor aleatorum. „Jeder (Spiel-) Tisch hatte einen Scholderer; dieser Amt war, daß sie Richter seyn und zusehen sollten, daß keinem Unrecht geschehe, und mußten deswegen ihr Gebühr vom Gewinn einzunehmen;" Simplicissimus v. 1669, p. 233. „Ein scholdrer und sein knecht;" Cgm. 379, f. 142[b]. Heutzutage wird scholdern auch vom Kegelspielen, besonders vom Wetten auf eine Zahl zu machender Kegel verstanden. In Franken und Schwaben nennt man Scholderer den, der die Kegel auffsetzt, in Tirol den Marqueur bey dem sogenannten Kleinod, einer Art Würfelspiel auf Kirchweihen und Märkten. „Scholderer, sortilegus; Voc. Archon. „Scholder, quadruplator, scholderer, apparitor ludentium;" Voc. v. 1618. „Scholderer, quadruplator, Kalthans, Verschwätzer, darmit vnd jm der vierteil des verfallnen guts werde;" Frisius p. 506. 921. cf. Sechsschillinger unter Schilling, Sp. 401. „Scholder, Schergen, quadruplatores, carnifices, tortores;" Victorius. Cf. Zeitschr. III, 133: *Schaderer*, Büttel. Im J. 1433 erwirkten die Bürger von München, daß den 4 Richtersknechten und dem Züchtiger (Scharfrichter) eine bestimmte Besoldung gegeben würde, statt des bis dahin allein genossenen Vorrechts, in der Stadt Spil- und Scholderplätze zu halten, nachdem den Herzogen Ernst und Wilhalm ans Herz gelegt worden, was durch solche „spil und schol- 355
derey" und puberey der „Hanndtspiler, Scholderer und Lotter" für geistliches und leibliches Unheil zu entstehen pflege. Wstr. Btr. VI, 178. „Lusores perniciosi ·i· scholdrey;" ZZ. 1804, f. 149[b]. Beichtfrage: „Si habeat aliquid in lucro vel de sorte sicut scoldrer quos ipse super usura in tabernis ponit vel permittit;" Clm. 11740 (XV. sec.), f. 285. „Etlich (v. Adel) verhengen auch von zeitlichs nutz wegen manigerlay übels in iren tafern, als spiln, tantzen, scholdern;" Cgm. 514, f. 17, v. 1457. „Allen furkeuffern, allen spilern, scholdrärn;" Cgm. 473, f. 31[b]. „Scholdrar, placzmaister;" Cgm. 771, f. 22. cf. Th. I, Sp. 464. „Omnes scholdrer, placzmaister omnes instituentes pläcz et foventes ipsum;" Clm. 4428 (XV. sec.), f. 123.

„Superiores qui admittunt tales ludos et quemquam magistrum ludentium constituunt alio nomine vulgariter scholdermaister ... et recipiunt a magistro ludentium certum solarium omni anno ... graviter peccant;" Clm. 4695 (XV. sec.), f. 40. „Handspiler, zuetrager, raichär, scholdrär, platzmaister, raitter, gedenkcher, würffelleiher, Pueben und Puebin, Rüffigan vnd auffmacher, zuetreiber (sc. qui conducant uni mulierem meretricem), pfeiffer, sprecher, fidlär und singär, lautnär, sneller, loterpfaffen, gärndler vnd speckhlötter, pürczlär, gaugklär, springer, et omnes tales plebanus absolvit;" Ald. 228, f. 342ᵇ. In der Recension des alten Münchner Stadtbuches, in welcher die verschiednen Artikel nach dem Muster des Landrechtes unter 26 Titel redigiert sind, heißt es unter dem Titulus ludentium (Cgm. 22, Art. 342. Cgm. 290, Art. 341. Cgm. 544, Art. 338. Cgm. 546, Art. 339): „Wer scholder leicht auf porgen, auf pfant oder auf pit, oder gelichen hat, der geit dem richter LX. dn., der stat ain halb Pfd., als oft er daz getan hat, vnd wer darüber für den rat ze chlag chümpt, so muz der Scholderer daz pfant widergeben vnd die puz;" Auer, StBch. p. 134. Cgm. 546 liest man scholler statt scholder und scholdrer. Auch in andern, zum Theil ältern, ungeordneten Sammlungen der Stadtrecht-Artikel — z. B. (nach ihrem Alter v. 1396 bis 1470 folgend) Cgm. 27, Art. 343, Cgm. 314, Art. 136, Cgm. 551, Art. 139, Cgm. 325, Art. 156, Cgm. 550 f. 156, Cgm. 302, Art. 205, Cgm. 223, Art. 206, Cgm. 549, Art. 209, Cgm. 543, Art. 145, Cgm. 216, Art. 133, Cgm. 304, Art. 133, Cgm. 30, Art. 132 — steht anstatt scholder blos scholier, scholir, scholler, und statt scholdrer liest man schollirär, scholierer, scholirer, scholrär, scholrer, schollerer — und nur Cgm. 550 schollder und scholldrär. cfr. Wstr. Btr. VI, 106. „Ulrich der Vogel genant der Schollir;" (Innviertel 1404), Cgm. 3941, f. 219ᵇ. „Allen schollyer'n vnd luedr'n;" San-Zeno 109. Clm. 16509, f. 162. Cf. Schuller als Familienname, verschieden von Schueler, scolaris. Hienach scheint nicht Scholder, sondern scholier oder schollier die frühere, echtere, zugleich aber auf nicht deutschen Ursprung weisende Form. Dieser will sich indessen weder im picardischen cheoller, choller, (Ménage, dict. etym., cheollare bey Lambertus Ardensis p. 142) Ballon spielen, noch im flandrischen souller, oder jeu de la solle ou soulette (Kugel, die mit dem Fuß gestoßen wird), noch im ital. giullaro (Possenreißer, auch Taschenspielerart, giullè, Art Kartenspiel) recht finden lassen. Cf. franz. joie, ital. gioja, span. joia, dann franz. joyau, jouaille, jouailler, it. giojello, sp. joyel, engl. jewel, hchd. Juwel, (wol zu fr. jouer, sp. jugar, spielen, v. lat. jocus. Nach Diez, Wbch. 177 von lat. gaudium, gaudia: gaudiale, wofür mittellat. jocale). Sollte das Aussetzen eines Kleinods (in ält. Bedeutung als Preis), das durch irgend ein Spiel zu gewinnen, gemeint seyn? Vgl. noch jetzt das Baur und Jäger spielen. Das poln. szuler, der Spieler, Doppler, szulerstwo, Spielerhandwerk, wird eines Ursprungs seyn. „Ludere, spilen, scherczen, scholl'n;" Inderst. 110, f. 148. „Si ad ludum cū vst' mutuavit oder gescholdert;" Interrogationes in confess. de 7mo. praecepto, Polling 440, f.... Am liebsten möchte ich, in Erwägung des Thuns und Treibens der ehmaligen fahrenden Schüler, beym niederländischen scholier, engl. scholar (scholaris) stehen bleiben, (cf. span. escolar, Vagabund, Schwarzkünstler, portugies. gar Werwolf; Ausland 1836, p. 1416), obgleich bereits Kilian scholderen schreibt. Er hat das Wort, wie er bey Scholderer für Scharfrichter (s. oben) selbst gesteht, wol erst aus dem Hochdeutschen genommen. Aventin sagt einmal (Chron. p. 18ᵃ): „Wir scholdern, poldern, drucken, schinden die Armen." Der Scholderwagen, (schwäb.) der Beywagen eines fahrenden Boten; cfr. Scholler, oben Sp. 404.

Schuld, sieh schollen.

Der Schuldəˊ, (Jachnau) Jacke; cf. Schalk, unten Sp. 412.

Die Schelfen (Schəlfə˜, Schəlfən), die häutige Schale von Hülsenfrüchten, von Obst rc., auch wol die Rinde von Holz; (mhd. schelve, ahd. sceliva, scelvia; Graff VI, 491. BM. II, II, 121. Weigand, Wbch. II, 572. Birlinger 393. Vilmar, kurhess. Idiot. 345. Firmenich I, 529,88: Schilwe). „Das bereits eingetrocknete und von den Schelfen entblößte Brennholz; Wirzb. Verord. v. 1740. „Panicula, schölf; talia, zwifel 356
schölf;" Clm. 16487, f. 96. sceliua, sceluia, siliqua; gl. i. 55. 535. skelua, scrafia; gl. a. 532. 577. Diefenbach 520ᶜ. 409ᵇ. (VII Com. scherfa; vrgl. Schefen und Schell). Schelf- oder Schilf-Erbsen, (Augsb.) Zuckererbsen. schelfen, schälen. „Kern zu schelfen," (enthäuten); ZZ. 912, f. 291. Sich schelfen, sich abschälen. Zeitschr. V, 292: schelfern, schulfern. „Biß daß sich die Zungen feuchtet und schölfen will;" Dr. Minderer p. 118. Abschilferung der Masern (der Kaiserin zu Ischl); Bülletin vom 3. Aug. 1837.

Schalh, schelh, s. schalch, schelch.

---

1) Der Schalk, mhd. schalc, ahd. scalc, scalch, goth. skalks (Graff VI, 480. BM. II, II, 76. Weigand, Wbch. II, 556. Birlinger 390. Zeitschr. IV, 198. cf. slaw. sluga), bey Isidor, Otfrid, Tatian, Notker rc. dem lat. servus entsprechend. Noch in einem Gedicht des 12. Jahrh. (Diut. III, 62) heißt es von Noe (Genes. IX, 25—27): „er hiez si scalche sin, dienen sinen bruoderen. Vone Chames sculde wurden aller erist scalche, ê waren si alle eben vrî unde edele." Ja, auch in Denkmälern des 13. Jahrh. gilt mitunter noch diese Bedeutung des einfachen Wortes. „Als ain gechaufter aigner schalk arebaiten;" Cgm. 578, fol. 56. Im Italienischen ist scalco bis heute ein Haus- oder Speisemeister, (Diez, Wbch. 430); und in Schwaben wird, sicher noch von dieser Bedeutung, der Pfannenknecht oder der Feuerhund Schalk genannt. Im Cgm. 719, f. 52. 54 erscheinen die Hofschelk in Gesellschaft der Buoben und Schintfessel. Schelchin, ancilla; Diut. III, 156. scalchian, mancipare, zum Knecht machen; gl. i. 1213. verschelken, ä. Sp., zum Knechte machen; BM. II, II, 78. „Virscelchet was der edele man (Adam), widere gefrigete in der newe Adam; Diemer, Ged. 10, 1. 45, 20. Die alte, gute Bedeutung von Schalk noch in verschiednen Compositis, theils Person- und Ortsnamen, z. B. Engelschalk, Engelschalking, Gottschalk, Gundeschalk, Odeschalk; Schalkdorf, Schalkham, Schalkhofen rc. (vgl. Förstemann I, 1077. II, 1230 f.), theils in mehr oder minder dunkel gewordenen Appellativen: Barschalk, s. I. Th., Sp. 254 (vrgl. Parservus, XXVIII, 1. 246); Hiltiscalch, s. II. Th., Sp. 1102; Marschalk, entstellt Marschall, s. II. Th., Sp. 1649; die vollere Form noch im L.R. v. 1616, f. 726. Der Feldmarschalk, im Voc. v. 1618: praefectus equitum, wird im Feuerbuch v. 1591 nach dem Feldherrn (dem kriegführenden Souverain) aufgeführt. „Der Hofmarschalk, praefectus aulae;" ibid. „Marschalk oder Hofrichter;" Kr. Lhdl. VII, 433. XIII, 159. „Marschalck der werkleut, praefectus fabrorum;" Vegetius v. 1529, II, 11. Erbliche Marschälke („Marschelck") von Bocksperg, Oberndorf, Pappenheim rc. z. B. MB. XXIII, 311—313. Kr. Lhdl. XII, 470. Der Seneschal (ahd. senescalh, sini-scalh, ältester Diener,

mittellat. seniscalcus, ital. siniscalco, franz. sénéchal; Graff VI, 483. BM. II, II, 93. Weigand, Wbch II, 690 f. Ducange VI, 179—183. Diez, Wbch. 319), senior famulorum, Altknecht (?); Oberhofmeister. Grimm, RA. 302; Gesch. d. d. Spr. 303. s. oben, Sp. 305: Gesind. Als adj. (wol in der 2. Bedeutung) begegnet dieses Wort in Olde Cron. Vers 221 (citiert in den Gesta Frisonum, Anm. p. 180): „Daar na sende uut een coninghynne die schalkeste von heren gesynne.“

2) Der Schalk, a) wie hchd.; (des, den schalken, Valkn. 64. 116; schalkes, Labr. 93. 96. 431. 491. plur. schalke, schälke, das. 314. 317. cf. 214). „Wizzet, daz der ein schalc ist, der ungerne tuot z' aller vrist, swaz er in der werlde tuot: sîn lîp ist eigen und sîn muot;“ d. w. Gast 7853. „Drî schälke für das netze gehœrent, ê man einen dar în bringe;“ Labr. 189. 230. „Wenkenwal und Schalken;“ das. 214. „Der Schalkes wald;“ das. 11. 311. 313. 428. 443. Schalksberg, wie Affenberg, Gauchberg u. a. m.; s. Wilh. Grimm zu Freidank 82,9, p. 355 f. BM. I, 105 und Grimm, Mythol.[2] p. 645. „Solt wir aber so grob im Schalksberg hawen so verlür mir glauben und trawen;“ H. Sachs 1560: III, III, 39. „Ich forcht sie thu in Schalksberg hawen;“ das. III, III, 76. „O die thet gar in Schalksberg hauen;“ das. IV, III, 20. „Het selber gar ein schöne Ehefrawen noch wolt er in den Schalksberg hawen mit seins nechsten Nachbawren weib;“ das. 1560: V, 396. Cf. Schalksberg (scalkesberc), Reg. Bav. II, 41, ad 1209; 249 ad 1235; 299 — eine Weinlage bey Wirzburg. „Harfen- und Schalksberg 807 Eimer.“ Birlinger 390. Das Schalkskind, was Schalk. „Der abbt von Admundt dasselbe schalkschind;“ Cgm. 1134, f. 211, ad 1398. schalklich, schelklich, adj., knechtisch; arglistig, bösartig; BM. II, II, 78. „Ob ez schälclich fliehen kunde;“ Labr. 20. 287. 431. 491. „Heldet siech (sich) ainer under den (pruedern) schelclichen ubel lebende;“ Regel des Spitals zu Jerusalem, Clm. 4620, f. 78. Der Dietschalk, ä. Sp., Erzschelm; s. Th. I, Sp. 553. Der Hofschalk, ä. Sp., BM. II, II, 77. Haupt's Zeitschr. VIII, p. 575—577. b) Verstellung, Schein. „Etwas auf den Schalck thun;“ Puterbey, München 1581, fol. 28. schalken, heimlich, hinterlistig handeln, hintergehen. BM. II, II, 78[b]. „Mit trewen sunder schalken;“ Valkn. 9. Zollschalkung, Zolldefraudation; Ansp. Verord. v. 1696, 1759. Ertl, Prax. aurea, I, 44. 49. 205. beschalken, hintergehen, berücken; BM. II, II, 78. „Seit der esel den lewen wil beschalken;“ Mich. Beham. Vrgl. Schalk, 1). „Swâ ein schalke wirt beschalket, ich wæn daz sî ân sünde;“ Labr. 431. „Wie er ez und ez in beschalken wolte;“ das. 492. überschalken Einen, an Schalkheit übertreffen, überlisten; BM. II, II, 78. „Sô müget ir iuch des iemer wol schamen, daz iuch dirre getoufte kristenmensche überschalket und übermeinsamet an sünden hât;“ Br. Berchtold 88, (Pfeiffer p. 283,19). verschalken, zum Schalk werden; BM. II, II, 78. „Davon daz wilt von narten muoz verschalken;“ Labr. 510. verschalkt, Partic. als Adj. „Er nahme Bogen und Pfeil, und wußte selbe so verschalkt unter dem Kleid zu verbergen, daß es kein Mensch sogleich konnte wahrnehmen;“ Lang und Blondeau, hist. Nachr. I, 192. „Die alte verschalkte Schlang im Paradeis;“ Gelas. Hieber, Catechismus in Predigten (1732), Anfang. „Sie sind verschalket in den mauern (sind zu klug in der Stadt), muß auf ein unverschalkten grund mich richten an die ainfeltign bawren,“ sagt Eulenspiegel, welcher Dupes zu machen sucht;“ H. Sachs 1560: V, 350. Der feiste Narrenfresser sagt zum magern, der sich von nicht unter'm Pantoffel stehenden Männern nährt: „Es wär dir weger du schlügest etwan dein geliger auf einem unverschalckten grund,“ (Einöd, Weiler, Mülen, Kolenmeiler, Hirten, Waldbruder rc.); H. Sachs 1612: I, 1077. verschelken, zum Schalk machen; BM. II, II, 78. „Du verschelkest mich wan ich mich nicht kunet weren, nequitiose me superares si nescirem tibi obviare;“ Windb. 204, f. 164[a]. Die Schalkhait (Schalkəd), Hinterlist; 357
hinterlistiger Streich; (BM. II, II, 77: schalcheit, schalkeit). „Tepiditas schalchait est animi torpor ...;“ Ind. 192, f. 25, (soll wol heißen „nequitia;“ cf. Ober-Alt. 37, f. 176. Diefenbach 379[a]; — oder eher: lawheit, laßheit). Einem ə̃ *Schalkəd* anthun.

3) Der Schalk (Schàik, Schàig), plur. Schälk (Scháik), Dim. Schälklein (Scháikál, Scháiggái), kurzes Kamisol, das von Mannspersonen unter dem Rock getragen wird. Zeitschr. IV, 198. Auch das weibliche Geschlecht hat seinen Schalk oder sein Schälklein. Scharlachrothe Schälke tragen um Tegernsee zum Sonntagsstaat die Buben, seidene Schälke und Halstücher um Miesbach die Mädchen. Hazzi, Statistik. „Wer no' aufziegt in än *Schalk*, is an Ösel oder Talk;“ Lindermayr 160. Ob Schalk 1, 2, 3 ursprünglich ein Wort und blos Figuren von einander seyen, oder nicht, vermag ich nicht zu bestimmen. S. auch Schärkl und vgl. bey 2) das folgende schelket. Schaltjâr findet sich öfters (z. B. Cgm. 317, f. 93[b]) geschrieben Schalkiar, wie denn Pictorius sogar schelken für schelten hat. „1744 als da war ein schalckhsjahr;“ Cgm. 3805. S. d. folg. Wort.

schalken (HhE.), in Schalken (Scheite) hauen; sich schalken, in Schalken springen, entzweygehen. S. schalten und vrgl. Scherk.

schelkət, (Nürnb.) schief, verbogen. Vrgl. schelch.

---

schalmeukeln, s. schal-, oben, Sp. 394, und scharmünkeln. Vgl. auch Vilmar, kurhess. Idiot. 340: Schalmüßer. Etwa schelm-äuggeln.

schalmützen, s. scharm-ützen.

Der Schelm, dem, den Schelm, zuweilen auch noch des, dem, den Schelmen, a) gefallenes Stück Vieh, Aas überhaupt, — (vielleicht, mit ursprünglicher Rücksicht auf das Abziehen der Haut, eine Bildung von dem Ablautverb, zu welchem auch schellen, 2), w. m. s., gehört); BM. II, II, 93,2. Weigand, Wbch. II, 573. „Schelmen ausziehen;“ Dr. Eck. „Dem Viech auf dem Felde will ich dein Schelm geben,“ sagt David zu Goliath in den Reimen v. 1562. „Verpranten die schelmen,“ (die in der Schlacht Getödteten); Cgm. 570, f. 138. R.A.: (b. W.) schreyen wie ein Vieh-Schelm (wêi ə̃ Vêischəlm). schelmen, schinden, deglubere, figürlich bey Frisch. „Ain teufelischen schragen mit ainem langen kragen do mit man ful und schelmen groß und vil der stinkendigen off ... in den taber schleudert;“ Mich. Beham, Wiener 377,23. „Cadaver, schelm;“ Monac. Francisc. 248, f. 225. Die Schelmengruebe. „Schelmengrůb locus in quem cadavera animantium, quibus pelles sunt detractae projecta relinquntur;“ Nomencl. v. 1629, p. 104. Der Schelmschinder. „Du pist ain schelm schinder;“ Clm. 5684 (XV. sec.), f. 121. Schelmengrub, Schelmenschinder, Schelmschinder; H. Sachs 1560: IV, III, 91. V, 382. 399. (1612: IV, III, 196. 197. V, III, 92). b) Die Seuche, Viehseuche, (mhd. schelme, schalme, ahd. scelmo, scalmo, pestilentia; Graff VI, 491. BM. II, II, 93. Weigand, Wbch. II, 573. Grimm, Gesch. d. d. Spr. 235 f. 903. Birlinger 393). Der Bluet-Schelm, Milch-Schelm rc. „Ign. Niederhuber, Abhandlung vom Gelben Schelm, (Milzbrand);“ München, 1790. „Schlachtete der Metzger den Schelm am Vieh, weg, hieß es, auf den Schindanger!“ Nagel's Abschnitzeln a. d. L. e. Sch. (Gott), „du hast ain gemeinen schelmen widerruft;“ Cgm. 140, f. 98. „Do schlug der schelm als sin vech:“ Cgm. 568, f. 248. „Ob dein viech an dem schelm lig so stos haslwurz und misch sy mit wasser und geus ins in den mund so sterben sy nit;“ Cgm. 4543, f. 123. „Im andern Jar kam der Schelm unter das

Vieh, und starben die Kue in aller Welt;" Ensdorfer Chronik, Öfele I, 585. „Ao. 1376 kam ein großer schelm unter das wild überall in dem land .. das gar gar vil wild tod lag;" Öfele I, 257. „Swaz vichs an dem Schelm stirbt;" Wstr. Btr. VI, 105. „Ez sul auch khain fleischhakher vich kawffen in kheinem dorff, darinn der Schelm ist;" das. 152. „K. Fridrich ein verderblicher schelm des kunigreichs Sicilie;" Cgm. 213, f. 200ᵇ. „Erdpidem und hunger und schelm;" Gesta Romanor., Cgm. 54, f. 50ᵇ, (Keller p. 97). „Mist' ich einem sînen stal, der schalm sluege über al;" Meister Irregang, v. d. Hagen, Ges. Abent. LVI, 126. „Geschäch im (dem Vieh) von kaym schalmen laid;" Ring 19,26. schelmig, adj., pestilens, pestiferus. Birlinger 393. „schelmigs schâff, schelmig lufft, schelmig lêre;" Voc. Melber. „Wie man sich halten sol in schelmigen zeiten als dy menschen an den druesen und platern sterben;" ZZ. 908, f. 26. „Da chom ein schelmiger tod und nam hin alle sein chneht und dirn;" Gesta Romanor. Cgm. 54, f. 85ᵃ, (Keller p. 168). „Der per ist sô gar schelmig, daz kain tier die speis berüert, die er berüert hât;" Konr. v. Megenberg f. 97, (Pfeiffer p. 163,1). „Der beer meint er wär schelmig todt;" H. Sachs 1560: II, IV,
358 42. schöllmásí', krank, (besonders von Geflügel); Schoster 152. c) verborgenes körperliches Gebrechen oder Übel. Er hat einen alten Schelm. Fig.: Er hat einen Schelm im Leib, heimliche, tückische Absicht. d) wie hchd. Nach den alten Militärreglementen, z. B. für die Reichsvölker 1672, hieß: Einen zum Schelmen machen oder verurtheilen, ihn für unehrlich und meist zugleich auch für vogelfrey erklären. Es bedurfte einer eigenen, im Wirzb. Dienstreglement v. 1772 beschriebenen, militärischen Ceremonie, namentlich des Schürfens mit der Fahnstange, um so einen armen Schelm wieder ehrlich zu machen. e) (Nürnb., O.Pf., b. W.) Einem verführten Mädchen gegenüber: der Verführer, Schwängerer. Zeitschr. IV, 548,16. Sie sucht ihren Schelm zu bekommen, daß er sie (als Ehmann) wieder zu Ehren bringe. „Wir (früher schon Entjungferte) wollen etzwan einen schelm essen, derselb muß schandendecker sein;" Cgm. 713, fol. 245. f) am oberen Lech ist der Viehschelm ein Gespenst, halb Stier ꝛc.; (Baron Leoprechting, 3. April 1851). Schelmen-Ay, Schelmenluech, Schelmenpfifferling, (nach Popowitsch um Regensburg) Gichtmorchel, Hirschbrunft, ein stinkender, nachdem er sich aus dem Ey erhoben, phallusförmiger Schwamm, phallus impudicus; Nemnich II, 931. Man glaubt, er wachse aus Samen, der dem Hirsch entfallen, und gibt ihn den Kühen ein, damit sie brünstig werden. Schelmkraut, Schierling; ObrM. Nemnich II, 37: gentiana asclepiadea. Das Schelmenliedlein (schwäb.), s. Schnitterhüpflein. schelmen, (Gbrg.) beym Raufen unerlaubte Kunstgriffe brauchen, als Beißen, Zwicken, Augenstechen. Einen schelmen, ihn zum Schelm erklären. Birlinger 393. cf. Zeitschr. III, 531,41. Du kā̃st mi' nét *schəlmə̃!* Du bist gar der Mann nicht, der mich einen Schelm nennen dürfte. Cf. hueren, sacken. Sich schelmen, (Wirzb.) sich verschlimmern. schelmen, schinden; (vielleicht die ursprüngliche Bedeutung, s. oben a).

---

schalnen, (Jäger-Spr.) von der Hirschkuh: schreyen, ihren Jungen rufen. Nach Heppe auch schalten, schelten.

'schelpern, zerschellen; Zeitschr. IV, 453.'

Schülpen (?). „Wenn der walt denn stat türre, so kompt es schülpen und gemürre;" Altswert p. 70,16. 'Vgl. schelb, schilben, schilwen, schielen; s. oben, Sp. 405).' Die Schulpe, Erdscholle; Vilmar, kurhess. Idiot. 362.'

---

schalten (schaltn, schaldə̃, schaln, schalə̃; mhd. Prät. schielt, Partic. geschalten; Graff VI, 484. BM. II, II, 78. Weigand, Wbch. II, 557), Verb, dessen urspr. sinnliche Bedeutung nicht eben sehr klar zu Tage liegt. Mehrere Data sprechen für spalten, scheiden; (cf. scheln und schwed. skilja). Holz schalten, es spalten; (die oben angeführte Form schalken ist wol nur Entstellung daraus, wie Schalkjâr aus Schaltjahr, schelken aus schelten). S. unten: die Schalten, a) und vrgl. die scald-eiche, ilex, gl. o. 356, etwa weil sie sich leicht zu Werkholz spalten läßt. Sie heißt gl. i. 276 uuereh-eih. O.Pf.: „Der Pflueg mueß die Erden ausainander schalten." „Die witwen und die alten sind von rechter min geschalten;" d. Ring 11ᵈ,34. „Vier gepott, die scholt du behalten, von in nimer dich geschalten;" das. 28ᵇ,29. „So sint wir von Gelücke ferre und vil geschalten;" Labr. 168. „Ir besem ist diu minne, damit sie schande von den êren schaltet;" das. 251. Sollte die Schelde (lat. Scaldis, franz. Escaut) von ihrer Theilung in Oster- und Wester-Schelde unter Antwerpen den Namen haben? Schon Cäsar, Plinius u. A. nennen sie. Vrgl. Dwina, Zusam, Dreisam u. drgl. 'schalten, stoßen, schieben. Zeitschr. III, 103,15.' „Sie tūnd die märckt auf die veirtag schalten," (ansetzen, verschieben); des Teufels Segi. Einschalten etwas in ein Ding, indem dieses getrennt, durchschnitten wird. Grimm, Wbch. III, 266. Das Schaltjâr. „Annus bisextus daz man haißet schalpjar;" Alt. H. 1, f. 2 (v. 1333). Das Schiff schaltet (schal't), es durchschneidet den Strom, aufwärts, gerade und schnell. (Untermayn, Prof. Kittel.) schalten (schallə̃), gegen den Strom fahren. „Als ein schif in dem vliezzenden wazzer ze tal gat daz ez nicht uf enschaltet;" Mone's Anzeiger, 1834, Sp. 368. Transitiv: Ein Schiff schalten, es gegen den Strom führen, fortstoßen, mittels des Schaltbaums (Schal'bom), der Schaltstange oder der Schalten, (s. unten); ein Schiff führen; dirigieren, disponieren überhaupt: schalten und walten. „Mit einem aste schielt er in 359
über daz breite wazzer hin;" Wigalois 6534. „Den gotes minne ruoder ab dem tobenden sewe schielt;" Hugo v. Langenstein, Diut II, 165. „scalt daz skef in tiufi, duc navem in altum;" Tat. 19,6. „apaschieltun, detrudunt (navem): gl. i. 751, Aeneid. I, 149. „anascaltan, deducere, solvere" (navem), i. 816 (Georgic. I, 255), i. 1054; bey Pictorius: anschalten, vom Land stoßen. „Siê schiêlten ufen dih diâ leîd," declinaverunt in te mala; „Du scaltest si ze rukke, pones eos deorsum; Notk. 20,12.13. 'verschalten, verstoßen, zerstoßen, zu Grunde richten; BM. II, II, 79.' Got wird sie verschalten von seim reich ewiglich;" des Teufels Segi, (vgl. Barack Vers 562. 2483. 2718. 3662. 6453. 9091. 9828). „Dy mit den Wienern hielten und den kaiser verschielten," (renuebant); Mich. Beham, Wiener 221,5. „Daz er mich nur die nacht pehielt und mich so schmehlich nit verschielt;" das. 412,17. „Wann het er mich verschalten und die nacht nit pehalten, so must ich leichtern pei dem swein in ainem mist gelegen sein;" das. 413,4. „Sy waren gancz verschalten und verlassen auff alle ort;" das. 413,23. „Ruotliep wart daz swert nie verschalten;" Eggenlied LXXXII. „Fone got er ist únferschálten," von Gott nicht verstoßen; Notk. 36,33; bey Geiler v. Kaisersberg: Einen von sich schalten, ihn von sich entfernen. „Honor et prosperitas wendt sich von uns schalten;" Flacius, poemata de corrupto ecclesiae statu, ed. 1754, p. 409. „All biderb leut wend si verschalten. Man sol gut hoptlüt nit verschalten;" Reimchronik des Appenzeller Kriegs 68. 123. „Got wolte daz uuocher (den Apfel der Unsterblichkeit) uffscalten, ze bezzereme zite gehalten;" Diut. III, 55.

a) Die Schalten, das Scheit, besonders ein solches, welches dem Böttcher als Werkholz dient, und flacher, dünner, und meist auch länger ist, als das Brennholzscheit; „Holz zu Schalten oder Scheiter aufgekloben oder geschnittenes Werkholz — von jedem Schuh der Schaltenlänge;“ Mauth-Ord. v. 1765. Die Felder ohne Spitzen oder Schalten zu verzäunen ist erlaubt, mit Spitzen aber verboten; Ansp. Forst-Verord. v. 1645. S. Schalken. Die Barn-Schalten (Bà'nschàl'n), die 2—3 Schuh hohe Holzwand, die die Dreschtenne von dem übrigen Raum der Scheuer trennt, und beym Dreschen kein Korn wegspringen läßt. b) Die Schalten (Schal'n), auch der Schaltbaum (Schal'bom), die Schaltstange, Stange, mit welcher der Schiffer auf den Grund greift, um sein Fahrzeug fortzustoßen, zu lenken, festzuhalten, oder um die Tiefe des Wassers zu messen und drgl.; (mhd. schalte, ahd. scalta; Graff VI, 485. BM. II, II, 80. Weigand, Wbch. II, 557. Cf. engl. a scull). Die Marchschalten (oder Standschal'n), Stange mit darauf verzeichneten Marchen zum Messen des Fahrwassers, welche auf der Salzach der Nauferg zum Wasserschen gebraucht, oder mit welcher auf der Donau der sogenannte Stänglreidə' einem Salzzug vorreitet. Seßthaler-Schalten ꝛc. „Sîfrit dô bald eine schalten gewan, von stade er schieben vaste began;“ Nibelungen, Lachm. 361,1. „Staechil und Schalten;“ MB. XI, 44, ad 1200 circa. „scalta, trudes, contus;“ gl. a. 510, i. 772, o. 402. scelbel, repagulum, o. 132. scheldech, vectis; Hoffmann's Fundgr. 388. c) Die Schalten, das Fahrzeug, der Kahn selbst, — wenn nemlich Schalle bey Klein und Schale in Krämer's ital. Nomenclator v. 1679: Fähre, Plätte, traghetto, als Aussprache von Schalte zu nehmen, worauf auch gl. o. 161: scaltschif, scelbel, pontonium, navigium fluminale, deutet. Vergleiche auch engl. scull, Ruder und Fahrzeug, und holl. schouw, fem., Fahrnachen, Pramschiff, (wie oud, alt, houw, hold, ergeben, vouw, Falte, mouw für moud, Mulde, neben mouwe, Muff, aus ahd. malaha. schweiz. Malə, frnz. malle; s. Th. II, Sp. 1593. Aber Grimm (über Diphth. p. 5) kennt auch ein mhd. mouwe, manica. Ziemann hält das für niederdeutsch. BM. II, 225). Cf. franz. chalans, bateaux sur la Loire et sur le Cher; mittellat. chalandrae (Mathaeus Paris 1228). Buchon, collect. III, p. 85. 86. Ducange II, 321 f. chelandium. Diez, Wbch. 588. S. das folgende Wort.

Der und das Schältich (Scheldich, Schel'ich, Schellich, Schelch, am Mayn; Zeitschr. II, 431,16), der Kahn, Nachen, der durch ein unbefestigtes Steuerruder regiert wird; Flußfahrzeug überhaupt. Weigand, Wbch.
360 II, 572. Ankerschelch, Hümpelschelch, Nachtschelch, Ruederschelch, Streichschelch, Waidschelch. Gl. o. scaltich, dromones. Graff VI, 485. BM. II, II, 80. Diefenbach 191ᵇ.

Der Schalter, das Schälterlein, Thürchen zum Verschließen einer Wandöffnung, durch welche mit Hand und Mund verkehrt, gegeben, genommen, gefragt, geantwortet wird. Vilmar, kurhess. Idiot. 340. Schalter auf der Briefpost; Schalter zwischen Küche und Speisezimmer. Weigand, Wbch. II, 557. Wetterau: die Schalte (Schalte; Weihers: Schalle, Dr. K. Roth), Fensterladen; Vilmar, kurhess. Idiot. 340. Zeitschr. VI, 198: Schleuse. „Ich nahm eine Spalte gewahr, die das Kuchenschälterlein hatte;“ Simpliciss. v. 1669, p. 214. Der Schäller (Grobian 216ᵇ, etwa Aussprache statt Schälder, Schälter), Riegel, (wol der urspr. Begriff). Weigand, Wbch. II, 572: Scheller. Zeitschr. VI, 18. Cfr. oben scelbel (gl. o. 132), repagulum, scheldech, vectis.

schelten (ich schilt, du schiltst, er schilt, Condit. schult und scheltet, Partic. gescholten). a) wie hchd.; (mhd. schelten: ich schilte, schalt, wir schulten, gescholten; ahd. sceltan: ih sciltu, ih scalt, uuir scultun, giscoltan. Graff VI, 486. BM. II, II, 131. Grimm, Gesch. d. d. Spr. 903. Weigand, Wbch. II, 574). „Zwei wip sich mit einander schulten;“ Renner 4149. 'Schelter, ä. Sp., herumziehende Sänger und Spielleute; BM. II, II, 132,6 und 133.' „Daz gebent si spillüten und scheltern daz si si loben;“ Griesh. Pred. I, 73. b) nennen, declarare, Einen einen Herrn ꝛc. schelten, ihm dieses oder sonst ein sowohl ehrenhaftes als unehrenhaftes Prädicat beylegen. „Wen man Einen vberlang vnd groß wolt schelten, sprach man: der bundschuch Maximini;“ Av. Chr. 218. „Qui aure pluviali et tempestati regū wint schelten;“ ZZ. 1804, f. 143. Daß schelten, wenn es ohne Beylegung eines bestimmten Prädicats gebraucht wird, nur ein schlimmes voraussetzt, wäre dieß aus der innern Naturgeschichte des Menschen zu erklären, oder sollte es wirklich, wie freylich die alte Sprache vermuthen läßt, im Wort selbst liegen? (Vrgl. gl. a. 220: „scaldo, sgalto, sacer,“ fehlerhaft für acer. Graff VI, 483. Grimm II, 997; Mythol.² p. 83). 'beschelten, wie schelten; Graff VI, 487. BM. II, II, 132. Grimm, Wbch. I, 1562. Vilmar, kurhess. Idiot. 345 f. — bescholten, unbescholten.' c) In Bayern gilt schelten (nach einer Ellipse statt Gott schelten) vorzugsweise für fluchen. „Blasphemare, Got schelten, ei attribuere quod non est in eo, vel auferre ei quod est in eo;“ Voc. Melber. „Blucher und schelder;“ Amb. 3, f. 181ᵃ·ᵇ. Die unsern herren und unser vrowen und die heiligen scheltent;“ Wiener StadtR., Cgm. 1113, f. 9. „Etwen nent man die gelider gottes darzue, als pochs leber, pochks grint, oder sein leiden, als pochs jamer;“ Cgm. 632, f. 14. 35. „Wie manig unrainer mund das (ander) gebot so schamlich übergot und hebt auf Got sein raines plût, sein hailiges haupt, sein stirn, sein nas muz alz in schwerens weis herfür;“ Cgm. 379, f. 5. 6. „Ey ey botz krös und auch botz milz,“ H. Sachs 1612: 1, 466; „botz angst,“ das. I, 468. II, IV, 26; „botz dreck, botz mist,“ das. II, II, 18. „samr potz dreck,“ das. III, III, 32; so mir potz aber,“ das. II, IV, 25; „potsch leichnam, II, IV, 27; „botz tropf,“ das. II, IV, 36; potz lung, potz leber;“ III, III, 61ᵇ. „Extirpanda est haeresis vetularum quae jurant per partes Dei;“ Beda in Boethium de trinit. „Sündigen mit Gotschelten;“ Sündenregister v. 1495. gotscelta, blasphemia, gotscelto, blasphemus; Notk. X, 6. XXXIV, 11. 's *Schəlt'n* lernt mə‾-r-ìetz früərər àls 's Bètt'n. ə‾ schlèchtər Offiziər, dèr nét *schəlt'n* kà‾, Axiom aus der militärischen Prügelzeit. Das möcht einen Kapuziner scheltend machen, oder: da möcht ein Kapuziner scheltend werden, das ist doch gar zu ärgerlich. „Da möcht ich gleich Halbbatzen fluchen und Groschen schelten;“ Bucher's Mönchsbriefe 221. Alle Sákrə schelten. Durchaus schelten, zum Sákrə auch das Ment nicht fehlen lassen; s. oben, Sp. 222. „Han *gscholten* duri aus;“ Stelzhamer 71. 179. 'Der Schelter, Scheltrer, die Schelte (Weigand, Wbch. II, 574. Zeitschr. III, 33. V, 275,4. 292), Ausruf des Scheltens, Fluchens.' ə‾n *Schəltə'* oder *Scheltrə'* tao‾, einen Fluch ausstoßen.

Die Schulter oder Schultern (Schuldə', Schuldə'n, Schultə'n; Weihers: Schäller, Dr. K. Roth). a) wie hchd.; (mhd. schulter, ahd. scultirra, sculterra, scultarra, scultra, sculdra; Graff VI, 490. BM. II, II, 222. Weigand, Wbch. II, 645.) b) (ä. Sp.) Schulter vom geräucherten Schwein (polnisch Szoldra). „Auch giltet der hof sechs schultern;“ MB. VII, 168, ad 1334. „Unser taferner sol geben von ainem swein ain schultern, die von Pain und fläschs gut sei;“ MB. X, 369. „Perna, schulter, forder schweine hame sampt dem füß; petaso, schinke, der hinder hame;“ H. Junii Nomencl. 1629, p. 48. Gl. i. 115 steht „Copadium, interna viscera animalium vel sculterra.“ Schulter, daraus wahrsagen, s. Dr. Hartlieb in Grimm's Mythol. 361
LXVI und 2. Ausg. p. 1067. Das Schulterlein, ein Theil der ehmaligen Bepanzerung. Bey der Musterung v. 1507 sollte jeder zum Kriegsdienst Ausgeschossene mit

einem Hut und kurzen Rock in gleicher Farbe bekleidet seyn, auch einen Krebs, ein Schulterl, Armschin, Goller und ein gutes förmliches Hirnhäubel haben. Kr. Lhdl. XVIII, 433.

Der Schultheiß, Schulz, sieh Schuldhaiß unter schollen und vgl. Vilmar, kurheſſ. Idiot. 372 f. Zeitschr. III, 259,3. IV, 101,5.

Die Scham (Schamm), wie hchd.; (mhd. scham, ahd. scama, Graff VI, 492. BM. II, II, 134. Weigand, Wbch. II, 557 f.). „Kafurnia, die den kunig die hinder schamme lie sehen;" Schwabenspiegel, Laßb. §. 245. Der Schamə˜, die Schamhaftigkeit. „Gà' kaə˜n *Schamə˜* hamt iətz d· Leut meə'; (ObrM.). Das Scham-Gewand. „Ein weber ... der sitzet stæte ân schamgewant;" S. Helbling VII, 793. Der Herrgott ohne Scham an der Martinskirche zu Landshut, ein Crucifix ohne Schamtuch mit halb umgewendetem Leibe. Die Scham-Lem, Scham-Wunden, entstellende Lähmung, Wunde; Bayreuth. Bußord. v. 1586, (cf. schemlich). BM. III, 824. Sich schamen und schämen, (schammə˜ und schámmə˜), wie hchd. schämen; (mhd. sich schamen, schemen, ahd. sih scamên, scamôn, goth. skaman; Graff VI, 495. BM. II, II, 133. 135. Weigand, Wbch. II, 558. Zeitschr. II, 226). Sich schamen wie ein Bettbrunzer; sich in sein Herz hinein schamen, sich recht sehr schämen. Sich in die Augen hinein schamen, wird genommen für: sich nicht schämen. I *schám mi'* hált *ei˜ d· Augng*, gêt fei˜ nét vịl 'nei˜. Sich ausschamen, aufhören sich zu schämen. Grimm, Wbch. I, 946. Dé hàt si' scho˜ *ausgschamt*, is ən *ausgschamte* Perscho˜. schämig, geschämig (gschámi), wie hchd.; (mhd. schamec, schemec, ahd. scamig; Graff VI, 493. BM. II, II, 135. Weigand, Wbch. II, 558): Das schämig gelit, pudenda. „Vnd ist auch ein ander üppichait dar ynn die man geuallen sint, daz si daz schæmig gelit enttekchent vor dem hindern;" Gesta Romanor., Cgm. 54, f. 80^a, (Keller p. 158; s. Th. II, 886: gugken). `schámerig, zum Schämen geneigt; Zeitschr. II. 461.´ sich verschamen, ä. Sp., 1) aufhören sich zu schämen. BM. II, II, 136. „Die sich verschemen und ofte irn nebenchristen nemen mit lügen sin ere, mit dübe sin gut;" Renner 21897. „Verschempt und ungezogen;" das. 17424. „Gar verschemte diet, die man von frummen leuten schiet, schamloses Volk; das. 13682, (cf. Th. I, Sp. 553: Diet). „Wann rew dein herz hat auffentleunt, so scholtu dich ains priesters remen, und ganz und gar vor im verschemen," (dich nicht vor ihm schämen); Cgm. 714, f. 258. „Dicere quod sit indulgentia a poena et a culpa est haeresis, quia dum sic esset, quis tunc vellet confiteri vnd sich verschemen coram sacerdote;" Monac. Francisc. 148, f. 43^b. 2) in Scham versinken. „Hi verscament si sich in dem paradiso," — unter einem Bild, wo Adam und Eva sich mit Blättern bedecken, im Clm. 935 (sec. XII.—XIII.), f. 5^b. unverschamt, unverschämt. BM. II, II, 133: ungeschemt. Vo˜ dèn gungə˜ Burschət hèə't mə˜ nicks àls *ungschampənė* Rédn; (ObrM.) `Vgl. unten schamper, geschamper.´ schambar, „schampar," adj., a) verschämt, schamhaft. „Daß der Sünder in unzüchtigen Sachen züchtig und schambar rede ... " „Daß die gehaimen und unschambaren laßter nicht sollen in die gemain gebracht werden;" Ingolstädter Beichtbuch v. 1579, p. 207. 322. unschampare Lügen; Avent. Chr. 115. b) Scham erweckend, unzüchtig. BM. II, II, 134: schambære. Zeitschr. VI, 18. 477. „Daß an den hochzeithaltungen vil Unzucht mit schamparen Reden, geschray, singen ꝛc. getriben werde;" L.Ord. v. 1553, f. 100, v. 1616, f. 566. „Der in den Kirchen thut ungampper, und vor Jungkfrauen redt geschamper;" Cgm. 713, f. 26. 154. Vrgl. das niederd. scamp; Grimm, Reinh. 275. „schampperen, exprobrare; Voc. Melber. schamelîche, schemelîche, adv., ä. Sp., mit Scham; auf schimpfliche Weise. unschamelîche, ohne Scham; BM. II, II, 135.´ „Waz an daz liecht unschämlich tar getreten, bî dem belîbe;" Labr. 41. Die schemd, weibliche Scham; Cgm. 592, f. 36 et passim. BM. II, II, 136: schamede, schemede.

Der Schamelot, Schamlot, Camelot; BM II, II, 80: schamblât, ein Seidenstoff. Das Kind Jesus lag „bedeckit niht mit buggeram noch mit dekeinem schamblat;" Diut. II, 130.

Der Schamel, Schämel (Schamməl, Schámməl, Diminut. Schámmə'l), wie hchd.; (mhd. schamel, schemel, ahd. scamal; Graff VI, 496. BM. II, II, 80. Weigand, Wbch. II, 558. Vilmar, kurheſſ. Idiot. 346). *Béttschamməl*, *Fuəsschamməl*. Der Dri-schamel, jeder mit drey Fußtritten am Webstuhle gewirkte Zeug. s. Th. I, Sp. 563. Der Fünfschamel, Art Wollenzeug. Vgl. Grimm, Wbch. IV, 570: Fünfschacht. Der Drischschamel, Drischscheimel, (b. W.) Thürschwelle, 362
Tritt am Tisch ꝛc. S. I. Th., Sp. 570: Drischäufel.

`schamerieren, (Elsaß) bunt verzieren, ausschmücken; Diez, Wbch. 547. sich verschamerieren, verlieben; Zeitschr. V, 116,11.´

Der Schaim, s. Schaum.

Der Schaum (Schám), wie hchd.; (mhd. schûm, ahd. scûm; Graff VI, 496. BM. II, II, 222. Weigand, Wbch. II, 567 f. Cf. ital. schiuma, franz. écume, wol aus ahd. scûm und nicht unmittelbar aus lat. spuma. Vgl. écrevisse = krebez. Diez, Wbch. 309); doch ist Faim weit mehr volksüblich. Die Voc. v. 1419 und 1429 haben Schaim und schaimen für schaumen. „Der Unterkoch soll das Flaisch verschaimen;" Scheirer Dienstord. v. 1500, f. 11.

Die Schem, Scheme, (schwäb.) Maske, Larve; (mhd. scheme, schem, ahd. scema; Graff VI, 495. BM. II, II, 137. Weigand, Wbch. II, 574. Vgl. kärnt. shema, Larve, Maske, abgetragener Hut; obshemati, verlarven; Jarnik p. 24. Holl. schim, manes, Schatten; engl. sham, Täuschung, sham-negro gemachter Neger. Grimm, Gesch. d. d. Spr. 695: scamara und darauf walapauz); `Schmid, schwäb. Wbch. 458: die Scheme, Larve, Maske.´ Firmenich II, 490,21 (um Donaueschingen): „*Schemma* uf 'em Gsicht — Larven von Holz und hübsch lakirt." „Schiem oder putz oder Scheuche, larva;" Voc. v. 1482. „Larva, schem vel schuich;" Cgm. 649, f. 556^a. „Larva, schem, Clm. 12658 (8⁰ XIII. sec.), f. 229^a. „Quia homines ejus claritatem ferre non poterant, sub larva (Schæme vel hagebart) apparuit;" gl. Herrad 189. „Mentitumque gravis personae (scemun) inducere pondus;" gl. i. 570. Gl. i. 1261: „Ut tragicus cantor ligno tegit ora cavato (quod vulgo scema, schema, dicitur);" Prudent. contr. Symmach. II, 645. 646. Gl. i. 722: „Oraque corticibus sumunt horrenda cavatis (scemun);" Georgic. II, 387. Diefenbach 319^b. „Ich wil mich machen als ain schem gevar;" v. d. Hagen, Ges. Abent. II, 598,131. „Ez ist gestalt als ain schem;" das. 605,373. „Wie nennt irz dem, der grôzez guot hat in der schem, daz er dâ mit begêt kein êre? wan wie er sîn gemach mêre, dar an kêrt er sînen vlîz;" S. Helbling I, 44. Der Schembart, Schembert, (Nürnb.) die Gesichts-Larve, Maske. BM. I, 90. Weigand, Wbch. II, 629. 574. „Schönpart;" Voc. v. 1618. Wstr. Btr. I, 151. V, 164. „Schömpart, un masque, Larve wider die Sonne;" Menuidier, nomencl. 1667. „Schemper;" (Selhamer). Schembart lauffen, (ä. Sp.) larvatum incedere, Faßnachtspossen treiben. cf. Wagenseil, Norimb. 162. Cbm. 2062. 2082. 2083. „Der schönpart spruch, ankunft und desselben bedeutung" bey H. Sachs 1612: I,

820—824 erzählt: „Bald sich gesammelt hat der schönpart und lauft aus, lauft er für das rahthaus ... zunechst fürs frauenhaus; da hat er einen tanz ... nach dem der schönpart loff allmal in teutschen hoff ... znacht laufft er rottweis aus in manches burgers haus ... Das samblen gelt und fisch deut die aufrührer frisch ...“ (Anfangs sammelten sie „häring und grüne fisch,“ desgleichen „sammelte der schönpart erstlich gelt,“ bis die Geschlechter den Schönpart kauften). „Was deut die art das keiner hat kein bart?“ — (daß die Aufrührer lauter junge Leute gewesen, — unter Carl IV., wo nur die Metzger dem Rathe treu geblieben, denen daher auch zum Andenken dieser Faßnacht-Spaß bewilligt worden). s. unten: springen und vrgl. Zeitschr. VI, 157: Schemenspringer. Die Ausgabe des H. Sachs von 1558, f. 406—408 hat Scheinpart und Schönpart. „Der man sprach: du unflat find ich wein bei dir! und gab eins in den schönpart jhr;“ H. Sachs I, 1056. „Wilent was ich den leuten zart nu sitze ich als ein schempart traurich, als ein unfletich hauwe mir selber und andern leuten ein grauwe;“ Renner 17991. „Swie sere wir nu dem leibe zarten, doch werde wir gelich den schembarten;“ Renner 23145. Das Schemenlaufen zu Imbst, ein großer Maskenaufzug mit Vorstellungen aus der Menschen- und Thierwelt. Das Land Tirol, (Innsbruck bey Wagner, 1839); Menzel's Lit. Bl. 1839, p. 408. Das Schem-häupt. „Die alten Weib sind Larfen und schemhawpt geleich, da sich der tewfel vnder birget;“ Cgm. 269, f. 25. Cgm. 4591, f. 72. „Larva, schiemhawpt;“ Semansh. 34, f. 200. „Etiam sicut dicunt (die Pfarrleute) me de altari processisse. Verum coactus non altari sed irae furori, clamoribus et insultibus eorum quibus divinum officium et devotionem christi fidelium saepius in ecclesia impediunt et perturbant compulsus abii et recessi nec aliquem eorum diebus vitae meae unquam Schyemshawbt vel wolfschopf nominavi(t);“ Plebanus in Bischofdorf (Innviertel) contra plebisanorum gravamina (1408), Cgm. 3941, f. 178—170. Vgl. Th. I, Sp. 49, unter Aug. cf. Schalbart, Schimmel.

Der Schemen, Schiem (ä. Sp.), eine Art Augenübel. BM. II, II, 137: der schime, schim. „Wider den schemen der augen sol man nemen daz saff von venchel vnd rosen also vil und rauten vnd die gallen von dem geir.“ „Vnd wenn du die swalm allererst gesäudest, so solt du sprechen: ich pitte dich, swale, daz mir meine augen nymer we tun, noch icht schemen oder icht starren;“ Cgm. 592, f. 9. 10. 12. 34ᵃ. ‚Vgl. Th. I, Sp. 50: Augengestell.‘ „Ruten saft wert den zäher und der schemmen;“ Clm. 5931, f. 222. „Latich vertribet den schiemen;“ das. 245. „Jr (der vipern) vaizten benimt den augenschimel und macht dunkel augen clâr;“ caligo oculorum, Konr. v. Megenberg f. 166, (Pfeiffer 285,29). BM. II, II, 137ᵇ. „Für den schiem vor den augen. Nim ainer frauen gespun, und thue das in dy augen. Das nimt den schiem, und zertailt das plut von den augen.“ „Dem dy augen schiemig sein;“ Cgm. 720, f. 45. cf. Scheim.

„Schemmer“ (Jirasek p. 48), colchicum autumnale, Herbstzeitlose, auch nackətè Huər genannt. Etwa zu schämen?

„schemlich.“ Eine „schemliche Kuh“ gekauft zu haben,“ kam ein Metzger in die Strafe; Gemeiner Regensb. Chr. II, 235, ad 1387. Im Cgm. 210, f. 96 steht unter Mirakeln: „ein schämler wart gesund.“ Bey Eccard, script. m. aet. II, col. 1471 kommt vor: „ein schemler der lam ist vnd crump.“ „Der schemler,“ Einer, „der was an baiden vuezen krump;“ v. d. Hagen, Ges. Abent, Bnd. II, 580,63.51. „Des was der schemler wol gemuot;“ das. 581,66. cf. Scham-lem und Schelm.

Der Scheim. Diese Form würde dem schîm des Windb. Psalters (des manen schim, Mondschein, fol. 3), sunneschim, Sonnenschein (gl. i. 249), „sunneschim, radii“ (rotae); Clm. 4606, IX. sec, f. 112), sowie dem scîmo der ahd. Sp. (das zuweilen auch für Schatten steht, z. B. gl. o. 425) gemäß seyn;“ (Graff VI, 511. BM. II, II, 137: der schîme, schîm, scheim, auch schime, schim. Firmenich I, 7,36, Helgoland: *Sköhm*, Schatten; 75,45, Mecklenburg: schummerig, dämmerig; Uckermark: 127,10. 142,12). Sie ist mir aber nicht vorgekommen, und mag sich nach Gramm. 556—558 in die Form Schein mit verloren haben. cf. Schem ‚und hchd. Schemen, Weigand, Wbch. II, 574.‘

Der Schimmel (weißes Pferd), wie hchd.; (BM. II, 363
II, 137. Weigand, Wbch. II, 584). R.A.: Wer waiß, wem der Vater den Schimmel schenkt, man kann nicht wissen, wer's Glück haben werde. Wer waəs·s wem unsə᾽ Herrgod 'ən *Schimməl* schenkt, wie es noch ausgehen werde für diese oder die andre Partei; (Dr. Sepp, 12. Merz 1847). An den Faßnachttagen reitet ein Bursche auf einer ausgestopften Figur, die einen Schimmel vorstellt, oder einem bloßen Steckenpferd mit mehrern Kameraden vermummt vor die ländlichen Wohnhäuser, wo sie dann in kurzen Scenen allerley lächerliche Begebenheiten, die sich das Jahr hindurch an dem Orte zugetragen haben, vorzustellen suchen. Den Hauptacteur dieser Comödie (die ein wahres κωμάζειν ist) nennen sie den Faßnachtschimmel. (Cf. Th. II, Sp. 946: Gaißtaiding, u. Sp. 1033 f.: Haberfeld). „Der Faßnachtschimmel ist euch ja auch bekannt. Alle wißt ihr, daß er wohl ein Narr, aber kein Schimmel, ja nicht einmal ein Esel sei;“ A. v. Bucher's s. W. IV, 100. Möglich, daß Schem-bart (s. oben) in Wort und Vorstellung nach und nach zu Schimmel geworden wäre. Der Routschimmel, Person mit ungewöhnlich rothem Gesicht; (ObrM.). „Jch trauwet sin niht, daz hungeriar mir solten machen schimel har,“ Renner 24091 (und früher) — scheint Adjectiv. Der Schimmel, mucor, s. unten: Schimpel.

Das Schimələ, (Bayreuth) Maß für Flüssigkeiten, 1½ Seidel.

beschimeren. „..Vermainet jr schöne Breutigam der kirchen, jr seit darumben zu den bistumben berueffen, daß jhr ewar Braut beschimeret und runzelicht machet;“ Puterbey (München 1581), f. 62.

„Schom der boomen, bryon, muscus in corticibus; schommen, muscum adimere;“ (Kilian).

Die Schummel, (verächtlich) Weibsperson; (vrgl. Schumpel). Das Schumə'l, pl. die Schumə·ln, die weiblichen Brüste. (Zps. Ms., um Passau). schummeln, vb. neutr., (verächtlich), hin und her laufen. Weigand, Wbch. II, 646. Zeitschr. IV, 184. V, 460: schummeln, auf den Armen wiegen, hin und her schieben.

„D· Sendinnə˜ fán' lautə᾽ Trümmə᾽,
wers nét gfęgng hàd, der glábts nimmə᾽.
i˜ 'n Schatt·n fitz·n und maultrummeln,
áft bey'n Buəbmən ummə᾽ *schummeln*...“

Das Maul(thier) schlug den Wolf an seine Stirn, „daß er umbschümmelt wie ein dopf;“ H. Sachs 1560: II, IV, 34. schummeln Einen, ihn antreiben, jagen, plagen; Einen fort=, weg=, hinausschummeln. Cf. Kilian: „schommelen, culinaria opera facere, lavare scutellas etc.; schommel-kock, lixa, servulus coquinarius;“ holl. schuimen, schäumen, schmarotzen; schuimer, schuimtafel, Schmarotzer. beschummeln, betrügen verkürzen. Wenn in der O.Pf. ein vermögliches Paar Hochzeit hält, so pflegt es in einem benachbarten Hause bey freyem Trunk und Tanz auch den nicht zur eigentlichen Hochzeit geladenen Theil der lebenslustigen Gemeindeglieder am Feste Theil nehmen zu lassen. Dieses Nebenfest, sowie die Stube, worin es statt hat, führt den Namen Schummelstuben.

ſchummerig, dämmerig; Zeitſchr. V, 292. ſ. Scheim. ſchummern, dämmern; Zeitſchr. III, 375.

---

scampada, (v. ital. scampare, scappare, frnz. échapper, entſchlüpfen, entrinnen; Diez, Wbch. 305). „Offen ſtehen jhm (dem Landsknecht) alle daſern ſo lang er auszugeben hab dan wird er ſcampada hin ſchabab;" H. Sachs 1560: II, IV, 57^b.

„Der Schamper, das Schamperl, ein kurzes Kleid mit Ärmeln, deſſen ſich ſowohl Jünglinge und Männer unter dem Landvolk bedienen, als auch gemeine Bürger, wenn ſie den Rock ablegen; in anderen Orten das Wamms;" Höfer III, 68, (welcher ital. scampolo, Stück vom übrigen Tuch, Reſt, vergleicht). „Sei˜ Joppm, dé nárrisch, I waəs nét wiə ſ· haəſst, is kaə˜ *Schámpə'* kaə˜ Rock, hàt ə˜n extrigng Laəst;" Kaltenbrunner, Lieder p. 103. „Dà sitzt ər i˜'n Laə˜ſtuəl braetmächti', ə˜sammətné Haubm auf də' Glatz·n, də' *Schámpə'* və˜ 'n Vàdə'n no˜ he', grossé und ſcheibləté Knöpf·;" der Bauerdoctor von Reitzenbeck, in Kaltenbrunner's oberöſterreich. Jahrb. 1844, S. 147. „Kaə˜ Sorg· is mit miər grennt, is weit və˜ miər gflogng, á's héd I ſ· so leicht wiə mei˜ *Schámpə'l* auszogng;" daſ. p. 244. Reitzenbeck I, 160. II, 36. 37. Firmenich II, 730,74: *Schamper*, kurzer Mannsrock.

ſchamper, ſ. ſcham-bar und ſchandbar. Zeitſchr. VI, 18. 477.

Der Schimpel, Schimmel, wie hchd. Schimmel, mucor; (mhd. ſchimel, ahd. ſcimbal; Graff VI, 498. BM. II, II, 137. Weigand, Wbch. II, 583). „Gab dem ſchimbele wucher ire," dedit aerugini fructus eorum; Ps. Windb., Pſ. 77,51. ſchimpeln, ſchimmeln; (mhd. ſchimmelen, ahd. ſcimpalon; Graff VI, 498. BM. II, II, 137), geſchimpelt. „Dort ſchimpelt die Redlichkeit. Es gſchimpelte, es betagte Schelmen. Altes Müetterl mit geſchimpelter Barocka;" P. Abraham.

ſchimper, ä. Sp., d. i. ſchînbære, leuchtend, glänzend; ſichtbar, offenbar. BM. II, II, 146. „Schamhafft, demutig, meſſig, ſenftmutig, ſchimper und clare" war Clara von Augsburg, Pfalzgrafs Fridrichs Concubine, die Stammmutter der Grafen von Lewenſtein. Matthias v. Kemnat, Cbm. 1642, f. 147.

Die Schumpel, a) feminal; b) (verächtlich) Weibsperſon; (cf. čeſk. zumpa, Pumpe, Waſſerbehältniß). „Daz dîn aneblikke einre ſchumpfen wâren bî," ſagt die Frau zum Manne; v. d. Hagen, Geſ. Abent., Bnd. II, 269,149. BM. II, II, 139. Vrgl. oben Schummel.

---

364 Der Schimpf, a) wie hchd.; b) (ä. Sp.) Scherz, Spaß; (ahd. ſcimph; Graff VI, 497. BM. II, II, 137 f. Weigand, Wbch. II, 584). Schimpf und Ernſt, Ernſt und Scherz. „In Ernſt aufnemmen, das in Schimpf geredt. Außm ernſt einn ſchimpff machen. In Schimpf joco. Ohn allen ſchimpf, abjectis nugis;" Voc. v. 1618. „Wenn der Schimpf am beſten iſt, ſo ſoll man aufhören," S. Frank; (... „ſo ſol man davon laußen;" Clm. 4404, XV. sec., f. 219). „Bœs ernſt kumt von bœſen ſchimphe: man ſol ſchimphen, daz ez glimphe;" d. w. Gaſt 661. „Do war es gar aus dem Schimpf," (da wars kein Scherz); Horneck c. 532. „Erſt war dem ſchimf der boden aus," (nun galt es Ernſt); H. Sachs 1612: II, IV, 139. „So iſt dem ſchimpf der boden aus;" daſ. 190. „Erſt iſt dem ſchimpf der boden aus; daſ. III, III, 84. „Dem ſchimpf dem was der boden aus;" Schlacht bei Hoſlach (1422), Monac. Aug. 181, f. 106. „Dem ſchimph dem iſt der poden aus;" Ring 9^a,11. „Das khnollen Pulſer iſt, wo man etwas außrichten ſoll, am nutzlichſten, aber zuem Schimpf unnd Feuuerwerkhenn iſt das geſäede Pulſer guett genueg;" Artilleriebuch, Ms. v. 1591. „Leichtfertige ketzeriſche Reden, welche mehr aus Schimpf als Ernſt ausgeſtoßen werden, ſind mit willkürlicher Strafe anzuſehen;" Crim.-Codex v. 1751, I. Th., 7. cap., §. 5. „Des gieng Paris vnd hector in einen krayß, vnd ſchirmten mit einander in ſchimpfweiß, do triben ſy es lang, pis ain ernſt darauß wart;" Cgm. 570, f. 99^a. „Zu einem Thurnier und ritterlichem Schimpff" lädt der bayr. Adel nach Ingolſtadt ein a°. 1483. Hund, Stammbuch. „Tornayſchimpf, torneamentum;" Voc. v. 1428. „So bin ich ain jung Diern, vnd hab nicht Gefallen in der Alten Schimpff;" Cgm. 241, f. 8. „Vaſennacht-ſchimpp;" Münch v. Salzburg, Cgm. 628, f. 252^a. Der Wendenſchimpf, der jeden Spaß verderbt, Griesgram; H. Sachs 1612: I, 1085. II, ... „Schimpffmacher, histrio;" Voc. v. 1618. Gl. o. 59: „ſkimphare, histrio." „ſchimpffig, jocosus, facetus; gar oder faſt ſchimpffig, ludicrus, salsus;" Voc. v. 1618. BM. II, II, 139. ſchimpflich, (ä. Sp.) ſcherzhaft, ſpaßhaft. BM. II, II, 138. „Item Herzog Albrecht (III.) iſt geweſen gar ein ſchimpflicher kurzweiliger Herr. Item er was auch gar ein ernſtlicher herr," (alſo wie Cato M. bey Plutarch φιλοσκώμμων καὶ αὐστηρὸς, ἀποφθεγματικὸς καὶ ἀγωνιστικός); Wſtr. Btr. IV, 208. „Seyt ſchimpfleich und froleich ſo ir maiſt mügt und gedenckt nicht vil an den ſterben;" Peſtregeln, S. Nicol. 226, f. 185. „Facetus, ſchimfflich; facetiae, ſchimpfred;" Voc. Archon. unſchimpfflich, infacetus;" Voc. v. 1618. ſchimpfen, a) wie hchd.; b) (ä. Sp.) ſpielen, ſcherzen; „jocari, ludere, alludere cui," Voc. v. 1618. Graff VI, 497. BM. II, II, 137. Zeitſchr. III, 100. „Tanzen, reien, ſpringen, ſchinphen mit dem balle;" Doc. Misc., ad 1250. MB. III, 360, ad 1296 läßt der Probſt von Ranshofen ein Schimpfhus bauen. ſchimpfeln wird in Ob.Schwaben noch jetzt vom Spielen der Kinder gebraucht. ſchimpfelen, (von Kindern) ſpielen; (Meran; Staffler I, 117). „Schimpflen glimpflich und zuchtiklich wer das tut tugentlich da kumpt man mit in das himelreich und iſt des leibes ercznei;" Cgm. 811, f. 40. „Swer ſchimpfen wil der ſchimpfe alſo, daz ſin geſellen mit im ſint fro; wanne der ſchimpf wirt ſchier unwert, der diſen hie den da beſwert;" Renner 5501. „Es iſt mir aus dem ſchimpfen," (nicht Scherz); d. Ring 39^d,5. ſchimpfen mit Einer oder Einem; Joh. Pauli 162^a. 166^b. 170: „Der keiſer het die keiſerin in argwon wie daß ſie ſchimpfe mit einem ritter." „Ob dein lieb mit eim andern ſchimpff mit züchten und mit gutem gelimpff; Cgm. 714, f. 11. „Im Wider iſt gut mit Frawen ſchimpfen vnd baden;" Calender v. 1483. Cgm. 120, f. 16. 17. 18. „Wann ein knab und ein töchterlein zeitig ſindt zu dem ſchimpff;" Cgm. 4876, f. 194. (Noch gilt im nördlichen Franken ſchimpfen für galant thun mit Mädchen und Weibern, Schimpfer für Galan, Schimpferin für Geliebte. „Reinwald I, 148;" Jac. Grimm. Vilmar, kurheſſ. Idiot. 343: Schäumpfer, Schäumpfere, Geliebter, Geliebte, Bräutigam, Braut. schäumpfen, vb., ſchön thun, verliebt thun. Zeitſchr. III, 133. VI, 528,16.) Einen ſchimpfen mit Etwas, ihn damit zum Beſten haben, aufziehen. P. Abraham. „Grob mit eim ſchimffen, asperis facetiis illudere cui;" Voc. v. 1618. „Zwâr ich hân mich verſündet, daz ich ir hân geſchimphet (geſpottet?), diu mir ſint ê gekündet für ſenen;" Labr. 374. „Owê ſpotlîchez ſchimpfen, wie biſtu dâ ſô genge; daſ. 459; cf. 116. Schon bey Tatian heißt es in einer der heutigen nächſtkommenden Anwendung: ſkimphitun inan, deridebant eum, in iſt giſcinfit, illudetur; Luc. VIII, 53. XVI, 14. XVIII, 32. „ſchimpfende, illudentes;" gl. o. 250. ſchimpfieren, noch etwas milder als (das jetzige) ſchimpfen. Zeitſchr. II, 226. verſchimpfen; BM. II, II, 129. „Ehrliche Leut verſchimpfen und verkleinern;" Puterbey v. 1581. „Hat der König einem jeden den 365

Bart halbenthail lassen abscheren, und also verschimpfter wider zuruckgeschicket;" P. Abraham.

Die Schimpfentur. „Mit was falsch und lug und schimpfentur der Christenhait er das thue;" Dr. Eck. Schimpfenteur, (bey Horneck) Unfall, scomfitura. 'Vgl. das folg. Wort.'

schumpfieren, zuweilen statt schimpfieren; (cf. stumpfieren und stimmen). 'BM. II, II, 223: schumphieren, zur Niederlage bringen, besiegen, beschimpfen, ital. sconfiggere, frnz. déconfire, Diez, Wbch. 433); schumpfentiure, Besiegung, Niederlage.'

Das Schámfə-l, (b. W.) Junge, der müßig herumlauft, umme'-*schámfə-lt.*

---

erschainen, (ä. Sp.) schw. Verbum, (Factitiv von scheinen) zeigen, darthun, erklären, auslegen; (mhd. scheinen, bescheinen, erscheinen, ahd. sceinan, bisceinan, irsceinan: sceinda, gisceinit. Graff VI, 506. BM. II, II, 147. 148). „Einem ainen Traum erschainen. Erschainer der Treum," Traumdeuter; Buch der Weisheit v. 1485. „Wir warn in dem gesloß also pis in dy neunden wochen do, und niemen het uns erschaint, noch geschetzet oder gemaint, daz ez in unsern handen drei tag moht sein gestanden;" Mich. Beham, Wiener 136,1. „Du hâst solîche tugende und solîche stætichеit mir erscheinet;" Labr. 695. Noch heißt in den VII Communi schainen (schaənen, schònən) in der Kleidung die Trauer um einen Verstorbenen zeigen.

scheinen, (schei˜n und scheinə˜), Praet. cond. schin und scheinet, Partic. geschinen und gescheint, wie hchd.; (mhd. schînen: ez schein, schain, si schinen, geschinen; ahd. scînan: iz scein, si scinun, giscinan; gl. i. 560: scinta, refulserat; goth. skeinan. Graff VI, 499. BM. II, II, 141. Weigand, Wbch. II, 570). D' Sunnə˜ hàd *gschinə˜* oder *gschei˜t.* „Də˜ Mà˜schei˜ hàt glöcklhell *gschunə˜* und miə' hàt mei˜ Heə'z wiə-r-ə˜ Strofenə' brunnə˜;" Seidl, Flins. (3. Ausg.) p. 224. Birlinger 392: *scheina*, blitzen; der *Schînar*, Blitz. Vgl. Zeitschrift V, 292: *schînen*, vor Hitze sprühen. Von einem blaßgelben Gesicht sagt man: es scheint; (s. unten schin-gelb.). „Daz ihc danne ersten scol ze demo jungesten tage an demo selben libe da ihc heute ane schine ... daz sie mir des urchunde sin zemo iungesten tage daz ich hutto hi scint in waren tuün in rehtero bechantnusse minero suntone;" Clm. 4636 (XII. sec.), f. 108. abscheinen, (von der Zeit) vergehen. „Im erst abgescheinten Hornungsmonat;" Isargesellschaft v. 1704. bescheinen, a) wie hchd.; b) darthun, erweisen. Grimm, Wbch. I, 1559. „So der Bezüchtigte seine Unschuld nicht beschinen hätte;" Wirzb. Ldsgerichts Ord. v. 1618. verscheinen, (von der Zeit) vergehen. „Verschinener Tagen, verschiner Täg, verschiner Jar, verschiner Zeit;" MB. IX, 324. Wstr. Btr. VII, 258. „Ich geh und eh die nacht verscheint wil ich sie all probieren heint;" H. Sachs 1612: II, II, 82. schein, adj., offenbar, sichtbar, klar; (mhd. schîn, ahd. scîn; Graff VI, 510. BM. II, II, 143). „Es ist wol schein, daß ...;" P. Abrah. Mhd. schîn sîn, schîn werden, schîn tuon, offenbar seyn, werden, machen. Grimm, IV, 625. „Kanst wol auswarten deinem maul, ist an deim großen arsch wol schein;" H. Sachs 1612: IV, III, 95 (1560: IV, III, 43). „Die welt die wil betrogen sein, ist an den bawrinnen wol schein;" das. 1612: V, III, 64 (1560: V, 368). „Mensch wildu gaistlich sein, so tue es mit den werchen schein;" Cgm. 638, f. 119. Cgm. 746, f. 249. Cgm. 3900, f. 169. Cgm. 4374, fol. ult. (am besten). „Wâ ellen und adel entsament sîn, dâ tůt daz adel selden schîn mit ruomworten sîne tât;" Heinrichs Tristan 2158. Ahd. scîn, manifestus;" Otfr. I, 17,18. III, 20,12. IV, 2,8. V, 15,36. — Cf. das folg. Wort.

Der Schein (Schei˜), wie hchd.; (mhd. schîn; — ob scîn bey Otfr. I, 18,15. II, 6,32. IV, 1,46. IV, 31,33 ein Subst.? Graff VI, 510. BM. II, II, 144. Weigand, Wbch. II, 570). Es hàd ə˜n *Schei˜*, es hat den Anschein, es scheint. Für Mond wird gerne gesagt: der Mà˜schei˜, Manədschei˜, oder blos 366
der Schein; (vrgl. το φεγγάρι der Neugriechen. Grimm III, 391. Mythol.[2] p. 664, u. s. oben, Th. II, Sp. 1607). „Mer ain hilzen versilberten Monnschein an ainer Stangen;" Wstr. Btr. V, 165, ad 1580. Der neue, alte, volle Schein; besonders das Novilunium jedes Monats. Grimm, Mythol.[2] p. 672 ff.

Bey'n Laſſ'n giəng ſunſt 's Raət'n à˜,
mə˜ ſchauət auf 'n *Schei˜*.

„Nach der heiligen epiphaney scheinn ganczer man drey der negst suntag darnach ist der heilig ostertag;" Ind. 355, ante fol. 1. Vgl. Th. II, Sp. 1607. „Im Vollschein;" Cgm. 4218, f. 163. „Der dieb auf dem dach ... sprach siben stund die wort (Saxlein, Saxlein) über ein schein dez monen, der hin ein schain ... und wolt sitzen auf den monschein des vensters und vil hinab und prach ab ein pain;" Gesta Romanor., Cgm. 54, f. 20[a], (Keller p. 40). Das Mà˜schei˜gsicht, (im Scherz) rundes, volles Gesicht. Der Schein um einen abgebildeten Heiligenkopf. „Item den Schein von der heiligen Barbara zu vergolden." Spottsprüchlein: Der, dé is scho˜ háli', get eəm, iər nicks à', àls də' *Schei˜*. Geschichte des Nimbus in der „Literary gazette" mit Stahlstichen; daraus in Brockhaus' Blltr. f. lit. Unterh. 1844, p. 132. Der Schein, das Augenlicht, die Sehekraft. Der Schein, (ä. Sp.) Augenschein, Besichtigung. Etwas bezeugen, „mit plickendem Schein;" Cgm. 475, f. 4. (Faim-gericht). Cgm. 713, f. 39. 167 ist die Rede von einem Segen „für den Pultzen und das Haubtgeschein," — entstellt aus houbtgeschîde, vertigo, Schwindel; s. oben, Sp. 374). Grimm I[3] p. 176; Mythol.[2] p. 1113. Renner 12180. Ayrer 148. 149, '(Keller's Ausg., Bnd. V, 3073,29. 3074,8: Hauptgeschein). Keller, Fastnachtsp. III, 1463.' scheinbar, in die Augen fallend, offenbar. BM. II, II, 146: schînbære. „Scheinbare Wunderzeichen." Gem. Reg. Chr. IV, 383. Zeitschr. VI, 94: scheinbarlich, ansehnlich, köstlich: (H. Sachs). Der Scheinbot, bevollmächtigter Stellvertreter, Mandatar, (jetzige und ältere Rechtssprache, wo man auch sagte: gewisser bot). BM. I, 183. Birlinger 392. „Ist Einem ein Tag angesetzt, hindert ihn aber, solchem nachzukommen, ehehafte Noth, so soll er einen Scheinboten schicken;" Gerichts-Ord., Tit. III, Art. 17. „Scheubote" (Scheinbot), Hochzeitbitter; (Scherer?). Die siben scheinboten des bösen gaistes," (die sieben Hauptsünden), Cgm. 1121, f. 226; „apparitores," im lateinischen Text des Cod. Em. D. 58, f. 71 (mit Bildern, wie im Cod. Teg. 939, f. 96 blos beschrieben). „Eine ehafte Not verscheinboten;" MB. XXV, 566. „Ist mir dise Schrift durch Ew. Scheinbotschaft alher gen Runting zugekommen" ... „Bey eigener und Selbstbotschaft Antwort wissen lassen ...;" Kr. Lhdl. XI, 427. 477. Die Scheinstatt, Ort und Stelle, auf deren Beaugenscheinigung es ankommt;" MB. XXV, 443. 445. 446. „Auf der scheinstatt, in loco controverso;" Wagenseil, de Norimb. 379. scheinig, ins Gesicht fallend, ansehnlich; BM. II, II, 147: schînec. „Wasser zum Walken muß etwas faul und matt seyn, wo dann die Tücher viel dicker, greifiger und scheiniger werden." fadenscheinig, (von Tüchern) abgerieben, so daß der bloße Faden zum Vorschein kommt. Grimm, Wbch. III, 1235. mondscheinig: əs is *mà˜ſcheini'*, es scheint der Mond; (Salzb.). offenscheinig, öffentlich. „Offenscheinige

Bueß;" MB. VII, 238. überscheinig, nur mit aufwärts gerichteten Augen gut sehend. Kində'n muəs mə˜-r-obə's Kopfs nicks auffitaə˜, wàs ſ· gern à˜ſchaugng, dás ſ· nét *übə'ſcheini'* wer'n. ſcheinlich, (ä. Sp.) a) sichtbar, augenscheinlich; BM. II, II, 147: schînlîch. „Alles Gehörte gieng ihm jetzo viel scheinlicher zu Herzen;" Druck v. 1697. b) scheinbar, mehr schön als gut. „Wer sich auffs Meer begibt, soll sich gute starcke wehrhafftige und nicht scheinliche Kleider machen lassen;" Albertin's Guevara. „Eine lange Rede mit scheinlichen und gezierten Worten;" Kr. Lhdl. XIV, 262. verscheinlich, wahrscheinlich. „... Und ist verscheinlich, sobald sein Gnad komme, daß dann viele Fürsten und Herren zureiten werden;" Kr. Lthdl. I, 80. Der Scheinling, das Auge; (Isar; L. Aurbacher).

367 Die Scheune, in Alt-B. unvolksüblich; — gl. o. 376: scuginna, o. 436: scugin, scuria; „tugurium, skugina," Clm. 4606, XI. sec., f. 133; mhd. schiune, Grimm, Reinh. 296: schûhen. Diefenbach 522ᵃ. Graff VI, 420. BM. II, II, 170. Weigand, Wbch. II, 578.

schin-gelb (ſchi˜gəl'), adj., von Gesichtsfarbe und andern Dingen, die nichts Gelbes haben sollten. Vrgl. scheinen nach Gramm. §. 244. schin-hærig (ſchi˜hári'), adj., (von Pferden ꝛc.) dünnbehaart, so daß die Haut durchscheint. ə˜ *ſchi˜hári's* Luədə'! „Wie ist dein schwanz so mager, dürr, schinherig, schewig und hager;" H. Sachs 1612: I, 1075. s. Zeitschr. IV, 409,₁₁: *schîn*, (siebenb.) fein, dünn. Vrgl. scheinen und auch schindhärig. Der Schinhuet (Schi˜huəd'), Strohhut, — gegen den Sonnenschein. „Was murrt nur der alte schinhut," sagt der Fürwitz, den treuen Ekhart meinend, bey H. Sachs 1560: II, II, 49.

Die Schin (Schi˜, plur. Schi˜, Schinə˜, Schi˜n), die Schiene, dünne und schmale Lamelle, wie sie der Korbmacher, Siebmacher ꝛc. durch Spalten seines Werkholzes zum Flechten der Körbe, Siebe ꝛc. bereitet; (ahd. scina, mhd. schin; Graff VI, 499. BM. II, II, 139. Weigand, Wbch. II, 580). Eisen-schin, Radschin, Schinnagel; cf. Nagel und Birlinger 395. Schi˜ln, (Salzburg, Tittmoning ꝛc.) Semmelbrod, das nicht zu einem Paar zusammen, sondern zu einer längeren Reihe an einander geschossen; (ObrM.). Vgl. unten Schi˜baə˜l. schinecht, adj. und adv. „Dünne schineht gesniten;" Kochbuch im Wirzb. Cod., '(IX. Publ. des lit. Ver. zu Stuttgart).'

Die Schin, (Avent. Gramm.) cortex; (cf. Schinden).

Schin, (Lori, Bergrecht) Vermessung der Bergwerksgruben — etwa von einem dabey gebrauchten Werkzeug, — Schiene? Zwischen zweyen, die um die Gränze streiten, „mit Minn und Schin handeln," „Minn und Schin thun;" Lori, a. a. O. p. 202. 210. 236. schinen, (Lori, Bergrecht) markscheiden; das. p. 43. 61. 202. 212. Mit Einem schinen, die Berggränzen mit ihm berichtigen. Schiner oder Schinmeister, Bergschiner, Markscheider; Schin-Jünger, Lehrling der Markscheidekunst; Schin-Zug, Gruben-Abriß; das. p. 464. In einer Hofrechnung v. 1581 (Wstr. Btr. III, 89) heißt es: „Görgen Esterl maler von Rosenhaimb von wegen, daß er in der böhmischen Grenizbeschau als Schiner gebraucht worden, an die 260 fl., Peter Kutten von Salzburg desgleichen als Schiner zu diesen Gränzen gebraucht." „Ein schiner," „der schinen geschickht und verstendig," abgebildet im Cgm. 1203, f. 92. 140. „Schyners ayd;" Cgm. 4917, f. 10. In Berchtesgaden nennt man jedes geometrische Vermessen schinieren, abschinieren, wozu wol das fremde Inschinierə' (Ingénieur, Génie) mit Anlaß hätte geben können. Eine zu scheinen, Schein (inspectio ocularis) gehörige Ableitung ist kaum annehmbar.

Das Schin-bain (Schi˜baə˜), Schienbein; (gl. o. 392: sciena, tibia; gl. o. 203: scena, crus; Graff VI, 499. BM. I, 101. Weigand, Wbch. II, 580. Vilmar, kurhess. Idiot. 349. Zeitschr. VI, 360,₂₇. Cgm. 720, f. 66: schintbain. Das Schi˜baə˜l, (Erding) Semmelbrödchen von länglicht gekrümmter Form. In's *Schi˜* nei˜ verderben, verfahren, d. i. ganz und gar; (Wetterau; Weigand, oberhess. Intellbl. 1846, p. 248).

Der Schinbecher. „Neun silberne große Schinbecher oben zuhöchst reifweise vergoldet, deren einer eine Maß ungefarlich hält;" Kr. Lhdl. XV, 372. Auch unter Aventin's Nachlaß findet sich (Eos v. 1819, Beylage Nr. 26) „ein Schinpecher" verzeichnet. „XXVI in und auswendig verguldte schinbecher" in des Nußberger's Nachlaß zu Prenberg, 1568; Cgm. 889, f. 482. Aussteuer v. 1490: „ain silberner Kopf, ain schinpecher und halber hausrat;" Cbm. Kl. 1.

'Die Schingabel, s. Vilmar, kurhess. Idiot. 350.'

Der Schinhammer, (zum Einschlagen „der Schinnägel in die Radschinen?)." „... Wasmaßen die Baursleuth, wan sie über Land gehen, gemeiniglich gar große Stecken, lange Messer und Schinnhamber bey sich tragen, so seynd selbe abgeschafft;" Mandate v. 1653 368
bis 1668. Der Schinnagel, im Pinzgau einer der geringern Knechte in einer Bauernwirthschaft; Hübner 670. *Schinagl, Schünagl*, wie der Birscher, (s. Th. I, Sp. 281), Einer, namentlich ein Salinenarbeiter in Hallein, der das Fuhrwesen besorgt; *Schinaglîn*, Dienstperson, die nach Umständen zu allen Arbeiten verwendet wird, (Jir.).

Die Schinackel, Nachen, schlechter Kahn; Ainbaum. „Dà steigns· in ə˜ *Schinackl* ei˜;" Castelli, (1828) p. 108.

schôn (ſchó˜; Inn-Salzach, schwäb., o.pf. ſchâu˜, ostfränk. ſchont; Zeitschr. II, 286,₅₂. 432,₉₀. III, 250,₆. V, 411,₁₁: schunter. VI, 280,₂₇. 516,₁₃. cf. dän. skjönt, ntr. und adv. von skjön; a) adv., bellè, ritè, purè, benè, wol; (mhd. schône, ahd. scôno; Graff VI, 512. BM. II, II, 192. Weigand, Wbch. II, 628). Es verhält sich schôn, scôno, adv., zu schœn, ahd. scôni, adj., wie fast, ahd. fasto, adv., zu fest, ahd. festi, adj., wie harto, adv., zu herti, adj., spato, adv., zu spati, adj. ꝛc. schôn tuen (ſchó˜ taə˜; b. W., ObrM.), schön thun, schonend verfahren, Einem, ihn liebkosen; (während das Adj. schön sche˜i, scheî˜ lautet). „schon halten, liberaliter, amanter tractare;" Voc. v. 1618. Zeitschr. VI, 204. S. unten schônen. Grüəſs di', dank də' gà' fei˜lə *ſchâu˜*, (Inn-Salzach) ich grüße dich, danke dir gar sehr schön. Nibelungen 432, Lachm. 104,₁: so rehte schône. Otfr. I, 11,₄₂. „scono nan insuebita." Am üblichsten ist schôn als Versicherungs- oder Concessionspartikel. Auch schôn (á' ſchó˜, — ◡), Concessionsformel im Gespräch, meist etwas kurz angebunden. no˜ ſcho˜ (— ◡), schon noch, noch wohl. Auch als Versicherungspartikel bey gewöhnlich vorausgesetzter Verneinung oder Bezweifelung ist schôn meist etwas kräftiger als wol. Das ist schôn wâr. Das ist schôn ein rechter Spitzbueb. Es wird schôn werden. Wir wollen schôn sehen. (C'est bien vrai, cela se fera bien, nous verrons bien). — (cf. Otfr. V, 6,₃₀: „thaz herza iudeono giloubit kriste scono"). Ob schon, wenn schon ..., (VII Comm.) blos schon, sebbene. Als Versicherung von Geschehenem hat schon die Bedeutung des iu, giu der ahd. Sprache, lat. jam., franz. déjà, erhalten. Bey Geiler v. Kaisersb. schôn und gar, ganz und gar, womit in der Idee das niederſ. al, engl. already, unser allbereits, bereits zusammenstimmt. „De Harten (Herzen) sünd *all* (schon) alle din;" Firmenich I, 228,₁₅ (Oldenburg); cf. das. 516,₂₈: *att*, 521,₁₂: *alt*, schon, wohl. Augsb. Stadtb. v. 1276 (Freyb. p. 103): „Jch enlaugen des niht, er enphulhe mir daz gut, daz han ich im schone wider geben." b) als Adj. kommt schôn noch bis ins siebzehnte Jahrhundert, aber wol immer nur außer Verbindung mit dem Substantiv, oder, des Reims wegen, demselben gar nachgesetzt vor, vermuthlich eine archaische Erinnerung an das alte, abhängig oder schwach declinierte scôno, masc., scôna, fem. und neutr., „Maria schon, du hast die Cron in Ewigkeit empfangen."

„Maria du edle jungkfraw schon, bitt dich, du wollest nit verlon uns sunder vnd sunderin." „Das Öchslein ließ sein Athem gon wol auf das edle Kindlein schon;" Münchner Gesangb. v. 1660 und 1685. Zweifelhaft ist, ob hieher gehöre: Schon-ripp, welches man weiter unten sehe.

schônen, a) (Schweiz) schon, d. h. hell, schön werden, (vom Wetter); ä. Sp., schön machen, zieren. Stal-
369 der II, 347. b) was schon handeln: sauber halten, sorgsam behandeln; (ahd. scônôn; Graff VI, 517. BM. II, II, 195. Weigand, Wbch. II, 629). Ob.Isar: 's Gwand schau~n oder schaunə~, schaənə~. „Schôn, aber schôn!" laß ab! Labr. 89. „Schôna, geselle lieber, bite! das. 60; cf. 62. 98. Vgl. verschônen. c) schônen (Eines), parcere, ignoscere (illi). „Herre, schôn mein;" Brevier v. 1498. „Der tod niemants schont." „Ich will der frawen nimer geschonen, das si mich also betrogen hat;" Chron. bey Freyb. I, 34. d) (ä. Sp.) was schon tuen Einem, ihm schmeicheln, nachgeben, folgen. BM. II, II, 195b,4. „Lewe noch einhurne scone sinemo zorne," (weder Löwe noch Einhorn lasse seinem Zorne freyen Lauf); Diut. III, 47. So ist wol auch zu nehmen die Lesart Nibelungen 2000: „er schônte sîner zühte", (that was ihm sein Edelsinn gebot), wo eine andre nach Lachmann (465,1): sîner liute. „beschônen, delinire, excusare, fucare;" Voc. Melber. Grimm, Wbch. I, 1590. BM. II, II, 195. `Vgl. beschönen.´ verschônen (vo'schau~n, Ob.Isar), a) wie hchd. schonen. BM. II, II, 195. Du tuəst deiné Hendt ganz fei~zə vo'schau~n, du greifst nicht sehr zu beym Arbeiten. b) revereri, scheuen. D' Jugə~d vo'schau~n, in Gegenwart junger Personen nicht unzüchtige Reden führen. „So habt ihr etliche Knechte der Frau v. Freyberg am Fronleichnamstag von dem hochw. Sacrament aus der Pfarrkirchen ohne alles Verschonen desselbigen hochw. Sacraments gewaltlich nehmen lassen;" Kr. Lhdl. IX, 36. Der einen Flüchtigen aus der Kirche nimmt und „gotes nüt enschonet (deum inhonorans) ... „daz man gotes an der kilchen schonen sol;" Schwabensp., Laßb. 329, Mallerst. 53, f. 128. verschonen Eines, ihn schonen. „Der Kaiser wär noch jung, man müßt sein verschonen;" Avent. Chr. 408. 417. c) zu gut halten, als gut auslegen. „Ein wenig wollst verschonen was ich freundlich vermahn;" altes Lied v. 16. Jahrh. in Hoffmann's Gesellschaftsliedern p. 17,3. verschonen Einem. „Verschon ihm;" Selhamer. „Er wölle in Allegationibus disem meinem Compendio verschonen;" Khraisser, Vorrede. Die Freyverschonung, s. Th. II, Sp. 814 und 1432.

Die Schœn, a) (vom Vieh) die Nachgeburt; (vrgl. Säubern). b) die Schönheit; (mhd. schœne, ahd. scôni, goth. skaunei; Graff VI, 516. BM. II, II, 193. Weigand, Wbch. II, 629); auch bey neuern Dichtern wieder: die Schœne.

„O Deənál, dei~ *Sche~*
dé werd á' bål' vəˊge~."

„Die achtzehn Schöne einer Jungfrau" bey H. Sachs 1612, I, 1021: „Der schön sind wol achtzehen die naturlichen meister jehen:" (3 kurz, 3 lang, 3 lind, 3 weiß, 3 rot, 3 schwarz). Am weißen Sonntag (dem ersten nach Ostern) pflegen die Bursche ihre Mädchen zum Meth zu führen, damit sie das Jahr über schön und stark bleiben. Sie nennen diese Galanterie: D' *Sche~* und d' Stérk zàln. Im Böhmerwald (Rank p. 136) hat „'s *Schei-* und Stirk*tringn* am Gehôistô' (St. Martin)" statt; (nicht vielmehr Gəhànistà', Gəhài~stàə?). Die Schön und d' Stärk ist auch ein gewisser Theil der Eingeweide einer Gans. Jus quod vulgariter Schœn dicitur in montanis in Triesh," Iglauer Bergurthel v. 1342, Clm. 9553, Vorsetzbl. (So wie species, speciosus mit spicere, so mag scôni mit scouuon, schauen, zusammenhangen).

schœn (schèə~, Inn-Salz. schaə~, Ob.Isar schoi', O.Pf. schèi~. Im Sterzinger Osterspiel von 1526, Ms. reimt schain (schaə~), schön, auf thain, thun. Zeitschr. VI, 342), adj. und adv., wie hchd.; (mhd. schœne, ahd. scôni, gl. a. 391. 440: scaoni, Isid. scuoni, Graff VI, 512. BM. II, II, 191. Weigand, Wbch. II, 628. s. oben schôn). Oft zunächst: rein, sauber. Zeitschr. IV, 130,54; (verstärkt, das. V, 193. 197). „Thu schönen lauttern Essig in einen schönen Kessel. Nimm ein schönes Schaff;" Vegetius v. 1529. „In einer schönen phannen wellen, durch ein schones tüch sihen in ein schön püchsen; Fürstenf. 121, f. 175. „Nim ain schones wasser in ain schone schussel;" Cgm. 4543, f. 51. „Ein A gar schöns regenwasser;" Ind. 355, f. 256b. „Ich beken mich got dem almechtigen und der schonen Junkfrawen Marie, dem seligen Francisco;" confiteor deo omnipotenti, beatae M. V. . . . ; Monac. Francisc. 385, fol. ult. „Bei schonem tage," clara die; Schwabensp., Laßb. 261, Mallerst. 33, f. 211. „Pey schönem tag," am hellen Tage; WienerStdtR., Cgm. 1113, f. 50a. 55b. Rauch III, 180. sich schœn machen; sich entschuldigen. Sich schœn schauen, den Wohldiener, den Scheinheiligen spielen. Hàt mi' *fei~*, *schœ~*, *saubə'* nét 'zàlt. Der Schönbart, sieh Schem-bart. Birlinger 401. „Schöne Leut, wohlgekleidete, Honoratiores; schön mel, amolum, farina subtilissima; schöns leder, Corduan, aluta;" Cgm. 649, f. 567. 569. Birlinger 401. Vrgl. Vilmar, kurhess. Idiot. 55: schön Brod, weißes Brod. Das Schön-thierlein (Schoi~tiə'l), (Nürnb.) 's *Schêi~ Dinglə*, das Wiesel. (Die seltsame Benennung scheint irgend einen abergläubischen Grund zu haben. Cf. dä-
nisch: kiön, 1) kühn, 2) schön. Euphemistisk kalde Bonderne Beslen af Overtro den kiönne.) s. Wisel. Das schö~ Wei' bey Lindermayr 113: „Drei Schwágə' vo~ mei~n Mà~ (God tröst'n!) und 's *schö~ Wei'*," (etwa wie das franz. belle mère, belle sœur? oder blos ein Hausname?). „Verbum excusatorium, schönwort;" Clm. 5684, f. 31. unschön, ungeziemend. BM. II, II, 192. 193. Kaə~ *u~scheə~s* Wártl hàb I iər 'gébm. `beschönen, rein und schön machen, verschönen; fig. entschuldigen; BM. II, II, 194. Grimm, Wbch. I, 1590.´ sich beschönen: „Ich han mich dicke beschœnet mit andern liuten der dinge die ich selbe hete getan und mine missetat han ich dicke uf ander liute geleit;" Beichtformel, sec. XIII., Clm. 213, f. 187. 370

Die Scho~ripp (Schon-ripp oder Schor-ripp ꝛc.?), jener Theil der Rippen sammt dem daran befindlichen Fleisch, welcher von jeder Hälfte eines am Rückgrat auseinander gehackten Rindes übrig bleibt, nachdem der vordere, aufs Brustbein zulaufende Theil derselben (die Zwerchrippen) weggehauen worden. Die Schonrippen, Zeichnung im b. Intell. Blatt 1804, p. 618. Cfr. oben, Sp. 9: Rieb-stuck. Etwas anders ist wol, was bey Höfer III, 84 Schjemrippe, im bremisch-ndrs. Wörterbuch IV, 604 Schamribbe heißt.

Die Schand (Schant), wie hchd.; (mhd. schande, ahd. scanda, scanta; goth. skanda. Graff VI, 520. BM. II, II, 82. Weigand, Wbch. II, 558). In den Reimen v. 1562 ist Schand so viel als Scham: „Er ließ jn auch abschneiden jr langes schön gewandt, wol hinten über abe, und fornen vber d schandt." So Diut. III, 65: „Abram lerte in die site, daz er sih an siner scante besnite." „Hinten sîner schanden gewant, daz ist von mir ungenant;" S. Helbling I, 241. Im Cgm. 649, f. 537; Cgm. 653, f. 336, Cgm. 655, f. 347 ist meretrix, scortum hur vel schant. Schand halben, oder Schanden halber etwas thun oder lassen, d. h. blos weil man sich sonst gar zu sehr schämen müßte, nicht aus innerm Antrieb. Zeitschr. IV, 259,29. Auf ähnliche Weise sagt man: Mit hundsschanden, daß er mich gegrüeßt ꝛc. Mit Schanden, ze Schanden (zschantn), wie hchd., schon bey Notk. VIII, 3. XXI, 6: ze scanton, also wol Dat. plur., nicht sing., obschon ibid. IV, 10: liût scántun, populus Babyloniae, i. e. confusionis. „Si kam zu mir mit schanden, ad me pudico accessu pervenit;" Windb. 204, f. 166ª. „Es ist ein Schand zu reden, dictu pudenda." „Ein Schandhaben, turbare. Was habts für ein Schand?, quae illic turba est?" Voc. v. 1618. Die Unschande, ä. Sp. „Non in inpudicitiis, nicht in unschanden," Epist. Pauli ad Rom. XIII, 13; ZZ. 1803, f. 190. schandbar, schampar, adj., schändlich; cf. schambar und Stámpəᶜ-liedl.

schänden, schenden (schentn), wie hchd.; (mhd. schenden, Prät. schante, Ptc. geschant; ahd. scendan: scanta, giscant oder scant, confundere; Graff VI, 521. BM. II, II, 83. Weigand, Wbch. II, 558). Oft im mildern Sinne blos so viel als schelten. Vilmar, kurhess. Idiot. 341. Zeitschr. IV, 182. 414,31. V, 138,30.33. 167,134. VI, 200 f. 323,327. 469,78. Dəᶜ Vadeᶜ hàt gschendt, hàt mi' gschendt, ausgschendt, (auch wol noch geschant). ən Ausschendəts, ein Verweis; (Nürnb.). Ja sogar statt nennen, betiteln: Dəᶜ Herr Landrichtəᶜ lasst si Iər Gnad'n schent'n. Dᵉ Solda'n muəs mə˜ Herr'n schent'n. Vrgl. schelten. schandtieren, schentieren, schimpfen, schelten. „schandtieren und liederliche Possen treiben;" Bayreuth. Hof-Ord. v. 1698. beschändeln, verschändeln (bschántln, vóᶜschántln), beschämen, verunstalten. Grimm, Wbch. I, 1546: beschänden. Si bschánt'ln mi', Sie beschämen mich. Wár ə˜ sche˜s Deənl, àbəᶜ Sumeᶜmioᶜln bschánt'ln's. geschändig (gschánti'), wählerisch, unverschämt im Begehren, (Ir.); ekel, meisterlos. Prasch gibt dabey als elegantere Form geschont an, wol das gleichbedeutende geschandt bey Stalder. gottschändig, adj. und adv., überaus schändlich, schlecht, böse ꝛc. S. Gott, Th. II, Sp. 960.

371 schinden (schintn, I schindət, auch wol schunt, schánt, hab gschunt'n), wie hchd.; (mhd. schinden: ich schinde, ich schant, wir schunden, geschunden; ahd. scindan: ich scund, uuir scundun, giscundan. Graff VI, 522. BM. II, II, 140. Weigand, Wbch. II, 584 f. Vilmar, kurhess. Idiot. 349. Zeitschr. IV, 414,31; cf. VI, 200 f.). Die Bäum· schinden, (O.L.) von den gefällten Bäumen zur geeigneten Zeit die Rinde schälen. Von einem Knicker sagt man: Der schindt d' Laus um den Balg. Schinden und schaben, knickern. „Trajanus seim Richter die Haut abschandt;" Wagenseil, de Norimb. 113. „Das roſs (das 100 fl gekostet) erschlüg man es hand das man es togenlichen schand das die fraw darumb nicht west," (es wird ihr ein kostbar (!) Kleid aus der Haut gemacht); Cgm. 270, f. 65 und 379, f. 28. „Wie Morolf ein Juden schand, vnd in die haut sich wand;" Cgm. 270, f. 85ᵇ und 379, f. 45. Das Schindaas, Schindleich, Schindluder, Schimpfwörter; s. Vilmar, kurhess. Idiot. 349. Der Ausschindling, (Abele, s. Ger.-H. I, 614) der aus Mutterleib Geschnittene, Caesar. Grimm, Wbch. I, 950. Der „Schindenhengst, aquilo, boreas;" Voc. v. 1618. Die Schinden, Schind, das Schindlein (Schintl), (b. W.) die Haut, häutige Schale von Rüben, Birnen und drgl. „schint, testa;" Voc. v. 1445; cf. Schin, cortex, Av. Gramm. schindeln (schintln, à'schintln, b. W.) schälen, abschälen. Der Schund, (eigentl. Abfall beym Schinden, Schälen), Ding, das man verwirft, Mist, res nauci. Weigand, Wbch. II, 646. schundig, karg, knickerisch, abgenutzt, schmutzig, erbärmlich. Birlinger 395. Zeitschr. V, 292. ausschundeln, (Augsb.) auswühlen. (Vrgl. indeß schünden). Der Schinder (Schintəᶜ), wie hchd. Birlinger 395. Der fliegende Schinder, la goutte volante. 'In Redensarten verstärkend: wie der Schinder. Zeitschr. V, 310.' Der Schinderlohn: Dés mècht I nét um's Schintəᶜlo˜; (ObrM.). Der Schindfeßel, (ä. Sp.) Troßbube, Lotterbube; ('als Schimpfwort aus mhd. schiltvezzel, Band zum Umhängen des Schildes, entstellt; BM. III, 284 f.' Vgl. mittellat. vassus, vassallus, ital. vassallo, frnz., engl. vassal; ferner altfrnz. vassallet, vaslet, woraus, valet, Knabe, Diener. „Not as a vassal over whom you have a wanton and a despotic power, but as a subject, which you are bound to govern with a tempered and restrained authority;" Cumberland, the Westindian, Act I, Scene 5. Diez, Wbch. 366. Vgl. auch Th. I, Sp. 767: fessenen einen Diener, ihn in Dienst nehmen, conducere. S. Scherz, Glossarium, s. v. Schintfessel und Renner). „Heillos Heut, faul Freßling, arge Schindfessel, die weder Gott noch der Welt nutz seind;" Av. Chr. 32. „Wer kauft von den webern garn vnd knäul, und von den schindfesseln gereisig zeug ... die ding mögen wol alle gestolen sein;" Priamel in Eschenburg's Denkm. 422. „Die armen bawren fronen müssen das die starcken schindfessel (Pfaffen) feyren;" H. Sachs 1612: II, I, 170. „Ein frummer man dem ein kunig geb das er zu narung kem und yms ein schintvessel wider nem und im ein wirt gůt herberg zu seit und in der hausknecht wider auszeit;" Cgm. 713, f. 178. „Die diener der erwarten vnd die schintfessel;" ä. Passionsgeschichte, Cgm. 826, f. 160. „Die schintfezzel und die puoben sengent die vaizten dünst, die durch ir niderhemdel fliehent;" Konr. v. Megenberg (von dem fewr in den lüften), Pfeiffer 77,16. „Die buoben und die schiltvezzel;" Ettmüller's Oswald, Vers 3225, mit Anmerkung; cf. 3285 und 3296. „Die persen puoben und die verræter und die ungetrewen schintvezzel, die habent knodocht swänz, wan sy machent knoden an die gugeln und an die röck und umb und umb;" K. v. Megenb., Pf. das. 235,10. „Oswalt schlug ainem schintfessel zu den orn. Puoben und schintfessel. Schintfessel und chamrer;" Cgm. 719, f. 52. 53. „Milites de cuspide sive lancearii quos vulgariter appellamus Schintfessel vel Fůßknecht," diese — nicht die milites de auro oder die milites de caballo — vertheilten die Kleider Christi unter sich; Diess. 130, f. 540, ad 1467. In des Teufels Segi ist nach den Knechten die „von den schützen und schintfesseln" (Wallersteiner Pap.-Cod. v. 1449: „schinckfesseln"): „Renner und och schindfessel tuond sich gar lützel bessren; darzuo och der schützer ist bor vil anders und nützer; marstaller und och sattelknecht tuond allsamend unrecht;" Barack's Ausg. p. 261,8280. „Zu Reittlingen waren gar vill schiltfessel die jr herren suchten;" Augsb. Chronik v. B. Zinck, Cbm. 2028, f. 26ᵇ, ad 1377. (Im Cbm. 2035, f. 66 steht „schenndfessel.") „Schindfessel, Quäler, Schrapper;" Mone's Anzeiger, Jhg. 1839, Sp. 498. „Li regazi, die schintfessel;" Vocab. veneziano-thodesco v. 1424, f. 45. Vgl. oben, Sp. 111: der Renner. schindhärig, schintherig. „Der schintherige Ehrgeiz. schindthöriger Wucher. Um ein schintherigen Halbbatzen. Du schinderigs Raflscheit;" Selhamer. „schundhári," schlecht, elend;" Castelli, Wbch. 252. schinderhärig, (b. W.) schindermäßig. Zeitschr. VI, 336. Is hàlt dés ə˜ zàfriohti's schindəᶜhári's Vèihh! (von abgemagertem Vieh) Vrgl. schin-harig und auch Har, Th. II, Sp. 1146.

Die Schindel (Schintl), wie hchd.; (mhd. schindel, ahd. scindala, scintila; Graff VI, 522. BM. II, II, 141. Weigand, Wbch. II, 584): Legschindel, Nutschindel, Scharschindel ꝛc. R. A.: Es sind Schindeln auf'm Dach, es sind Leute zugegen, die das, was geredet wird, nicht hören, oder doch nicht verstehen sollen. „Wenn der Prediger von der Unzucht reden will, muß ers verblümeln wegen den Schindeln, die auf dem Dache sind;" A. v. Bucher's Mönchsbriefe 220. Der Schindelbaum, ein großer, geschleißiger Waldbaum. Wenn eine reiche Person stirbt, heißt es: Is 'n Pfärrər und 'n Toudngràbər á' widər ə˜ Schindlbám gfälln; (ObrM.). schindellær, schindelhellig, adj., sehr ausgehungert und leer. Der Schindler, Schindelmacher. Cbm. Kl. 360, p. 99. 372

schindern, schinnern, (Hsr., Obrm.) glänzen; klingen wie Metall, klirren, rauschen. Schindergold,

Rauschgold. „Mer an einer stangen ain Sonnen von Schindergold auf Holz gemacht;" Wstr. Btr. V, 165, ad 1580. Die Schinderlätschen, (Ob.Inn) Rhododendron. cf. Alb-rausch, oben Sp. 155 f. Die Schinderling, geringe Art Pfenninge, die a°. 1457 Kaiser Friederich schlagen ließ, so daß ihm dabey der 7. Theil zu Nutzen kam. Die Bischöfe und Fürsten bequemten sich gerne, statt der früheren und bessern schwarzen ebenfalls schlechtere, weiße Münzen zu schlagen. Herzog Ludwig in Landshut nahm gar den 5. Theil zu Gewinn. Diese Schinderlinge fielen so gering aus, daß man bald ihrer 6 für einen alten Pfenning gab, und endlich ihrer 12 nicht für einen solchen nehmen wollte. Als Herzog Ludwig seine böhmischen Söldner mit seinen Schinderlingen bezahlte, warfen sie sie vor seinen Augen ins Feuer. Ao. 1469 waren die Schinderlinge wieder außer Curs gesetzt. Av. Chr. 529. Dufher, salzb. Chr. 207. Lori, Mz.R. I, 85. 87. 97. Gem. Reg. Chr. III, 288. „Die selben pfenning wurden geheißen hebrenko (etwa russ. srebrenko, Silberling) und darnach schinderling;" Hist. rer. Austr. p. 45. Kurz, Oesterreich unter Friedrich IV., Bnd. II, 5. Noch jetzt hört man wol die R.A.: Das ist kainen Schinderling wert.

Der Schund, s. schinden.

schünden, schwäb.) antreiben; (mhd. schünden, ahd. scundan, scuntan, scunton, incitare, instigare; Graff VI, 523. BM. II, II, 141. Vilmar, kurhess. Idiot. 373. Zeitschr. III, 280,53). „Daz ist der teufel und schündet dich zů sünden;" Gesta Romanor., Cgm. 54, f. 70ᵃ, (Keller p. 136). „La dich den tivel nicht schunden zu sus getanen sunden;" Cgm. 57, f. 5. „Raten und schünden;" das. 632, f. 95. „Swa mich nu hab gezogen nider der last meiner sünden, da geruch mich wider ze schünden daz ich darvon chere vnd tu ez nimer mêre;" Gebet im Cgm. 73, f. 55. „... Larson zu schunden, daß er sich zu J. kön. Mt. begebe;" CMh. 406, no. 6, ad 1631. 'Die Schündung, Antreibung, Reizung; BM. II, II, 141. Vilmar, kurhess. Idiot. 373.' „Durch irer schünttung willen," (auf ihr Anstiften); Gesta Romanor., Cgm. 54, f. 2, (Keller p. 3). „Daz ist die schüntung deß teufels;" das. f. 21ᵃ, (Keller p. 42). 'Der Schünder, mhd. schündære; BM. II, II, 141.' „So haizet der hailige gaist alles gůtes schuntære und vollaist;" Anegenge, Hahn p. 5,70; cf. p. 10,52. „Schüntsalung, incitamenta;" Cgm. 74, p. 175.

Der Schänker, (b.W.) was Janker, Joppe, Jacke.

Der Schank, (Mayn, Rhein) der Schrank; (BM. II, II, 81. Weigand, Wbch. II, 559. Vilmar, kurhess. Idiot. 341. Vgl. ital. scancia, scansia, scanzia, scancello; u. s. oben, Sp. 383: die Schäfen); Wirzb. Verord. v. 1691. „Spintrum, ein schank;" Voc. v. 1419 und 1482. „scanc vel scafreida, toreuma;" gl. o. 133. Vielleicht ursprünglich zur Aufbewahrung von Geschirr bestimmt. S. d. folgende Wort. 'schänkern, schängern, nach dem Schranke und der darin eingeschloßnen dumpfen Luft schmecken; Zeitschr. II, 459.'

Der Schank, Ausschank, Verkauf in kleinen Maßen; Ort dazu: Bierschank, Weinschank, Salzschank. „Ein Weinschank, popina;" Voc. v. 1419. Erdäpfel wurden bis 1. Oktbr. 1847 zu Bamberg nicht nach Metzen oder andern bestimmten Gemäßen, sondern in sogenannten Schönkchen und Butten verkauft. 'Vgl. unten: die Schenk.' Das Schankmâl, Mahl, bey dem die Gäste schenken; Kr. Lhdl. XIII, 328. Die Schankung (Schankum), das Geschenk. S. schenken.

„'schank, schenk, tschenk, links; ital. zanco;" cimbr. Wbch. p. 165. Cf. Th. I, Sp. 524: denk, tenk. Diez, Wbch. 448.' Voc. venez.-tod.: schenke Hand, man zanca.

schenken (schenggə, sche‿hhə, schenkng; — ich schenket, hab geschenkt), wie hchd.; (mhd. schenken, schancte, geschanct, ahd. scenhan, scanhta, giscanht, nur erst in der Bedeutung: infundere, miscere, propinare; Graff VI, 518. BM. II, II, 81. Weigand, Wbch. II, 575). „Man schankt jnen was sie verzarten;" Feer's Lucerner Chronik, Gesch. Fr. II, 133. Vgl. Zeitschr. IV, 129,25: *schunk'n* als Particip. Einem etwas *z'schenggə* gébm, etwas *z'schenggə* kriəgng, 873
zum Geschenk geben, bekommen. z'schenk, s. unten das Substantiv. gschenktə', adv., als Geschenk. Dés mècht I nét *gschenktə'*. Etwas herschenken, wegschenken, verschenken. Die Mutter schenkt ihr Kind, gibt ihm das Geschenk, säugt es. R.A.: Eine Person oder Sache schenkt der andern nicht vil (an Größe, Alter, Werth, Schönheit 2c.), d. h. gibt ihr nicht viel nach. Bey Hochzeitmahlen, Kindtaufen und drgl. haben die Gäste zu schenken;" — daß nicht zu viel geschenkt werde, ist oft durch ältere Verordnungen vorgesehen worden. (cf. Kr. Lhdl. XIII, 328). Die Einschenkung, erste, zweite, bey der Messe. „Ist die erst Einschenkung vorbey gewesen;" Bucher's Kinderlehr p. 30. Der Schenk, des Schenken, wie hchd.; (mhd. schenke, ahd. scenho, pincerna; Graff VI, 519. BM. II, II, 81. Weigand, Wbch. II, 574). Bier-, Kaffee-, Meth-, Wein-Schenk. Die Schenke, im hchd. Sinn als caupona, Wirthshaus, in Altb. unvolksüblich; doch wird in bierbrauenden Schlössern und den ehmaligen Klöstern die Stube, wo das Bier maßweise zu haben, die Schenk genannt, auch schreibt und spricht man in München von einer realen 2c. Kaffee-, Meth-, Wein-Schenk. Die Hofschenk, s. Th. II, Sp. 1060. Die Schenk, das Schenkmaß. „Auf die Maß Landwein, darnach auch andere Maß, als Schenk, Köpff 2c. zu berechnen, 6 Pfenning Gewinn den Wirthen;" Land- und Polic.-Ord., 3. B., 1. Tit., 3. Art. „Man sol über ein Maß, Kopff, oder halbs Viertel, wie die Schenk jedes Ortes gebräuchig, nit aufsetzen;" L.O. v. 1616, fol. 569. „Calicis, cheliches, scenche, bechæres;" Cgm. 17, f. 21, Ps. 10,7. Die Schenk, 1) Gabe, Geschenk; BM. II, II, 81. „So wird dir ein ehrliche schenck; H. Sachs 1612: II, III, 194. „Ein gute schenck wil ich dir thon;" das. 207. „Thu zu liebung mir ein schenck;" das. II, IV, 69. „Und gab fünf patzen mir zu schenck;" das. 248 (II, IV, 125). „Und (er) thete sie zu schenck begaben mit einem schön schneeweißen raben;" das. 1612: IV, III, 217 (1560: IV, III, 101). 'Vgl. Vilmar, kurhess. Idiot. 346: *Schenkäsche*, französisch gebildet, wie Spendäsche, (Koburg).' 2) Schmauß oder Mahl, das bey gewissen Anläßen gehalten wird, und wobey die Gäste zu schenken pflegen, namentlich: Heirât-Schenk, Verlobungsmahl; s. Stuelfest, Plumpf. R.A.: Vor də *Schenk* d' Hou'zəd hàbm, vor der Ehe Beylager halten. Die Kinds-Schenk, Mahl nach der Taufe eines Kindes; (Nürnb.). Das Schenk-Kar (?), s. Th. II, Sp. 1276. „Da ein prelate zeimal saz und mit seinen gesten az, ein schenkar dz warde im gesant mit (60) birn; do sprach er zehant: wer beheltet mir daz schenkar mit disen birn;" Renner 10890.

Der Schenkel, Schinkel (Schi‿hhel), wie hchd. Schenkel; (mhd. schenkel, ahd. scinkal; Graff VI, 519. BM. II, II, 148. Weigand, Wbch. II, 575. Cf. Firmenich I, 543,65: *Schanken*, Knochen und oben, Sp. 366: Schack); gl. o. 292: scinkel, crus.; fig. jede der beiden Reihen, in welche das Getreide zum Dreschen aufgestreut wird; (o.pf. Schwenkel). barschinkel, barschenklet, adj., bloßschenkelig, barfüßig. „Gieng parschenkel, het kein hosen an;" H. Sachs 1560: II, IV, 79 (1612: II, IV, 161). „Die Wagenknecht hetten ruessig Peltz an, und ettlich (waren) parschinkel;" Wstr. Btr. III, 121. 'Vgl. d. folg. Wort.'

scheankeln, scheangeln, s. oben, Sp. 368: schiecken, schieckeln und Zeitschr. VI, 252, I.

Der Schinken, Schunken (Schinggə˜, Schunggə˜, Schi˜hhə˜, Schu˜hhə˜; Weihers: Schonkə˜, Dr. Roth), a) verächtlich: der Schenkel, das Bein; Zeitschr. VI, 343. b) (Metzger- und Küchensprache) wie hchd. Schinken. (Die ahd. Spr. hatte als Fem. scinca, scinha, basis, crus, tibia, neben dem Msc. scinco, scinho, perna, mhd. der schinke; Graff VI, 519. BM. II, II, 148. Weigand, Wbch. II, 585). „Wer zwen weg welle gan der mus lang schinkchen han;" San-Nicola 232, f. 69ᵇ. „Damit erdruckt er sam ein huon mit seinen schinggen Aeschenzelten," (den Zwerg); Ring 53ᵈ,40. „Weib gib mir her zu trinken, ich bin so müed auf meinen schinken," sagt Christus zur Samaritin am Brunnen im Sterzinger Osterspiel v. 1526, Ms. „Perna schulter, forder schweine hame sampt dem füß, petaso, schinke, der hinder hame; H. Junii Nomencl. 1629, p. 48. Schienke (?), Lang, R.B. V, II, 19. Der Wadschinken oder Wadschinkel, der untere Theil vom Bein eines Rindes, Unterschenkel. barschinke, ä. Sp., adj., mit bloßen Schenkeln; BM. II, II, 148. „Ein rîter sol niht vor vrouwen gên parschinc;" d. w. Gast 458. 'c) Schunken, (verächtlich) altes Buch; Zeitschr. I, 131,2.'

---

schunst, schünst, schist, sieh sunst, sust, sonst; (ob zu schon? Vgl. Firmenich I, 109,8: *schonst*, schon; 292,32: *offschonst*, obschon; 479,31: *schöns*, schon, gleichwohl; 534,7: *schonns*, schon). Schon MB. X, 191, ad 1472: „Und sol schunst nichts daraus prechen."

---

schuntieren, das ital. scontare, franz. escompter: „schuntieren und abziehen;" Intrade zu Venedig, (XV. sec.) Cgm. 4032, f. 19.

---

374 Die Schanz, a) wie hchd. Schanze, (vallum, munitio); Birlinger 360. b) (schwäb.) Stellbrett, (ital. scancia, scansia; cf. Schank). c) Stange auf jeder Seite des Wagens, die von einem Kipfholz zum andern geht, und zum Festhalten der Lasten dient. Wstr. Btr. II, 410. (BM. II, II, 85. Weigand, Wbch. II, 559). Der Schanzwagen der Fuhrleute, Brauer, Müller ꝛc. (Man möchte dabey auf die Kanzwagen im Nibelungenlied 378. 4502 (Lachm. 93,2. 1062,2) und Tristan 9219 denken. Doch vgl. kant und česk konec. BM. III, 644. Grimm, Wbch. V, 181). S. Wagen. Der Schanzkorb (Schanzkar'), Korb oder Geflecht für einen solchen Wagen; s. Fuerkretzen, Wagenflechte. d) (Nordfranken) grob geflochtener Weidenkorb, Erde, Steine ꝛc. zu tragen. Vilmar, kurhess. Idiot. 341. In wirzburgischen Holzgegenden werden verfertigt Besen, Körbe, Schänzen, Wurfschaufeln, Kochlöffel; Wirzb. Verord. v. 1793. Der Schanzenkäs, schlechter Käse, der in solchen Körben verkauft wird. (Am Niederrhein gilt Schanze für Reiserbündel. Firmenich I, 459,83: der *Schanz*, Reiserbündel; 505,165: *schänzen*, Reiswellen binden). schanzen, Erdwälle aufwerfen ꝛc., wie hchd.; fig. streng arbeiten; (in Straßburg: Kindern Privatunterricht geben; die Schanz, Privatlection). Die Arbeitszimmer heißen im Münchner Zuchthaus Schanzen: 1. 2. 3. ꝛc. Schanz; (Aurb.). Der Schanzmaister hatte vorkommenden Falls das Geschütz und die Büchsenmaister zu beschanzen und zu besorgen. Fronsperger (1555) f. XXIX. Unter ihm (an 400) Schanzbauern, wie andere Kriegsknechte gehalten und „besöldt."

Die Schanz (ä. Sp.), Wurf mit Würfeln, franz. la chance, (von cheoir, cadere, ital. cadenza. Diez, Wbch. 589. BM. II, II, 84. Weigand, Wbch. II, 559), Glücksfall; Vortheil. Cgm. 312, f. 150. „Auf sein schantz sehen, rem suam agere;" Voc. v. 1618. „Dâ si ir friunde wesse, den warf sie lîht zwei esse: der andern schanze wær ze vil;" S. Helbling I, 1123. „Ihr habt die schanz lengst übersehen;" H. Sachs I, 52. „Wenn nur das glück scheint mit seim glantz zeuch ein schanz nach der andern schanz," sagt der Spieler bey H. Sachs 1612: I, 459. „Es liegt am Glück: wems wohl will, thut man sagen, der zeucht die Schanz, das heißt, man muß es wagen;" Lied v. 1594, Hoffmann, Gesellschaftslieder p. 113. „Es schauwet jeder nur auf sein Schanz .. Sie sahen und warteten jrer Schanz, lugten nur was jnen Nutz und gut war. Es wehre ein jeglicher Ochs seiner Haut, schauw ein jeder auf sein Schanz gar eben;" Av. Chr. 30. 369. 408. „Die weil jr nun der elter seit so schaut auff (d') schantz es ist hoch zeit;" H. Sachs 1560: II, III, 13. Vgl. Birlinger 390. „Die Schanz gerath jm;" Erhard 20. „Lîb und gût, diu sêle, diu êre, daz leben, daz gê und lige ze schanze, der (wenn einer) sich der minne rechte wil ergeben;" Labr. 253. „Gesellеclîcher lâge ûf allen schanzen warten nœm ich für alle mâge;" das. 397. „Ob im die schantz vervelt, das er sich verstelt", (wenn er ungestalt wird); Cgm. 714, f. 9. „In d' Schantz schlagen sein gut und blut, periculum fortunarum et capitis negligere," es auf's Spiel setzen; Voc. v. 1618. Birlinger 390. Der verspilte Knecht „wider zu sein spitzbuben kam und ein schanz nach der andern schanz verlor bis er verlemmert ganz;" H. Sachs 1560: II, IV, 111ᵇ. Klas Schellendauß, der Spieler, will seinem Herrn „Rock, Hosen, Wames hintragen (davontragen), sein hut und wehr in d' schantz auch schlagen," (im Spiel einsetzen); das. V, 359. „Er muoz noch dicke bâgen, und sölhe schanze wâgen;" Parcifal 4473 (Lachm. 150,20). Castelli, Wbch. 228: „die Schanz, auch Schnur, nennt man beim Kegelspiel das zusammengelegte Geld, welches dann derjenige einzieht, welcher die meisten Kegel schiebt;" (Wien, Salzb.) in die Schanz legen; schanzeln. „Frau, si suchent pubenschanz, in ist ie mit laster wol;" Fundgr. I, 335. 'Die (der) Mumschanz, Mumenschanz; Weigand, Wbch. II, 209. 559.' „Seh hin, ich bring dir ein mumschanz welcher heut dem ander zalt das gloch ... Setz es! deine schanz ist gut. Ja sechse das ist gleich mein schanz. Die schanz ist gwunnen;" Dialog Würfelnder, H. Sachs 1612: I, 464. „Ein hader sich bei jhn anfieng von wegen einer umbschanz;" das. 995. Die brachten einander umbschanz;" das. 998. „Die mumschanz auch gar manchen felt, das jm kein pfenning im beutel blieb;" das. 1018. „Ohn was die umbschanz euch abtrag die karten und das würfelspil;" das. 1035. „Da geht er an, als sey er blind, mit karten spiln und dem umbschanzen;" das. 1051. Drey bratten gäns und sieben hannen und darzu neun gleser mit wein, das kund jr rechte umbschanz sein;" das. 1091. „Mummschanz schlagen, personatum aleatorios nummos ponere, iis positis lacessere collusorem; Voc. v. 1618. „Herzog Albrecht von B. hat 1557 am Faßnachtabend um 9 Uhr den Erzbischof vermummt besucht, und ein Mummschanz geschlagen;" Duckher, salzb. Chron. 260. Selhamer in einer seiner Predigten sagt: „Nach der Tafel gieng das Spilen, das Umbschanzschlagen, das Tanzen und Springen allenthalben an." „Es seyen einem der Vermummten im Umschanzschlagen die Würfel entfallen." Der Aiblinger Prediger Schober schlagt seinen Zuhörern „ein Umbschanz," Cgm. 4577, f. 391—423, wo der Ausdruck reichlich variiert wird. Die Mummenschanz, durch Hans v. Schweinichen I, 216 einer Aebtissin gebracht, war eine bloße einfache Maskerade. Das englische mum-chance! ist eine Interjection, tiefes Stillschweigen zu gebieten, 'auch eine Art Karten- und Würfelspiel. Vgl. Müller, etymol. Wbch. d. engl. Spr. II, 114.' schanzen, 1) (ä. Sp.) mit Würfeln spielen, Hazard spielen; einsetzen, wagen; vb. ntr. und sich schanzen, nach einer oder der andern Seite zum Ausschlag kommen, sich

wenden, ereignen; BM. II, II, 85.' 2) viel und angestrengt arbeiten, (s. oben: die Schanz)'; (v. Studenten) betteln. Cgm. 311, f. 38—45. Birlinger 390. „Das hatt ihn dahin geschanzt," (geworfen?); Scherer, 'Verantwortung der Reformation in Franken' gegen Utzinger, 1589, p. 160. „Lûg uf schalkes widergenge schanze;" Labr. 96. „So merk, wie an dem rîse sîn rûren sich zu hôhen wirden schanze;" das. 38. „O erst thut sich das spil recht schanzen: ich wil dir auf dem schinbein tanzen," sagt der Henker bey H. Sachs 1560: II, III, 19. „Wie wol es sich schanzt (evenit) anderst vil wie ich mit kürz erzelen wil;" das. II, IV, 93. Und wer wir in gefengknuß kommen so het es sich nit wol geschanzt, man het uns auf dem schinbein tanzt," sagt der Mörder; das. III, I, 261. umschanzen, s. oben: Umschanz. „Da sind würffel und karten das wir umbschanzen, flössen und bocken bis das man leut die fewrglocken; das. III, III, 70a. Hieher wol die R.A.: Einem etwas zuschanzen, gleichsam: es ihm zu- oder in die Hände
375 spielen. Der Schanzer, a) Schanzarbeiter; b) schlechter Schnupftabak. Schenzerlein, der Spielteufel, Teufel; Nördlinger Hexenprocesse 46.

'Der Schanz, Dimin. das Schenzlein, ä. Sp., ein Kleidungsstück. „Si leitent zwilchne seck oder schäntze an," Kaysersberg bey Oberlin 1376: „vestis vilioris sive rusticae species." „So wêre er komen und hete ein schenzelîn, ein giplîn, an geleit;" Niclaus v. Straßburg, Pfeiffer's Mystiker I, 262,33 und Anmerk. p. 474.

„schintz, trama," (vom Weber); Cgm. 690, f. 108a. Cf. Diefenbach p. 592b: trama, schieß, schutz rc.

(Vrgl. Schab, scheb, rc. und Schaf, schef, rc.)

Das Schappel, (Mayn, Rhein) Kranz von Myrthen oder Blumen, mit Goldflittern durchflochten, der bey Hochzeiten, Kindtaufen und andern kirchlich-feyerlichen Gelegenheiten von ländlichen Jungfrauen zur Auszeichnung auf dem Kopfe getragen wird; (mhd. schapel, schappel, port. capella de flores, ital. capello, altfrnz. chapelet, jetzt chapeau; BM. II, II, 85. Weigand, Wbch. II, 560. Diez, Wbch. 87). Sieh Th. II, Sp. 1269: Käpplein und Sp. 1372: Krænlein. Im Bregenzerwald: die Schapel, der Brautkranz. Bey Hacquet p. 36: Shapel, schwarz-sammtne Kopfbinde krainischer Mädchen. Kopitar bemerkt mir zum Artikel Krönlein (Th. II, Sp. 1372): „Unsere (krainerischen) ledigen nubilen Mädchen tragen täglich einen Shapel nach Ihrer Beschreibung, Frauen einen Puntik (Bund), — beides deutsche Sitte und Namen — nur geziert die Kite (Zöpfe) bei hohen Festen." „Vefele als Gespielin der Braut hatte die Schappel (eine Krone von flimmernden Silberflittern) auf dem Haupte;" Auerbach's Schwarzwälder Dorfgeschichten (1843), S. 61. „Sertum est de diversis floribus compositum vr. Schappel;" Clm. 5685 (XV. sec., 1412), f. 53. Diefenbach 152b. 530c. Zeitschr. II, 468. IV, 108,36.38. 321. VI, 370. „Als zu Swaben in seinem (des Sûsen) lant an etlichen steten gewonheit ist an dem eingenden jar, so gant die jungling auz des nachtes in unwissenheit und bittent des gemeiten, daz ist sie fingent lieder und sprechent schône geticht, und bringent ez zu wie sie mugent mit höflicher weis, daz jn irew liep schapelin gebent;" Suso's Leben, cap. IX (X), Cgm. 819, f. 21. Dieser jungfräuliche Kopfputz war ehmals dem weiblichen Gebende (s. I. Th., Sp. 247), wie jetzt der Hauben entgegengesetzt. Weigand hörte noch vor 20 Jahren von alten wetterauischen Weibern die Redensart „mit Schappel und Gebände" (meatt Schappel ean Gebeann), mit Allem, was er oder sie hat. Oberhess. Intellbl. 1845, S. 34. Vilmar, kurhess. Idiot. 346. Uebrigens müssen Kränze der Art vor Zeiten auch von verheirateten Frauen und von Männern getragen worden sein. Ein seinem Freunde Kädin vom Wind abgewehtes Schapel schlägt zu Tristans und Isotes Verderben aus. Im Augsb. Stadtrecht (Cgm. 277, f. 90b) heißt es: „Wer ain schapel ufftrait von Salbay, von rauten oder von yspen oder von boly, und der selb nit garten hat, da ers innen ziech, es sei wirt oder hausfraw oder ehalt ...., das sol der vogt oder sein boten brechen, wo sie es vinden vnd sullen V schilling zu geltnusse nemen vom dem der es da trægt." Bey Oelling: Der Schapel, Rosenkranz, d. h. Paternoster, franz. chapelet. 'scheppeln, aufscheppeln, kränzen; Vilmar, kurhess. Idiot. 346.'

„Schappeler (?) und Worfeler (? 'würfeler, Pf.') und die diu langen messer slahent" und "die dâ geschütze machent," sind bey Br. Berchtolt 311 (Pfeiffer 14,35) unter den unrechten und verdammlichen Aemtern aufgeführt.

schappeln, scheppeln, s. scheppern. „Das Kindlein schappelt am Beutel voll Geld;" Lied: Die heil. 3 Könige.

schäppeln, (Ansp.) auf dem Kopf kratzen; cf. schaben, Scheben.

Das Schápó'l (◡–◡), die Einfassung von Spitzen am Brustschlitz eines städtischen Mannshemdes, Busenkrause, vom franz. le jabot, eigentlich Kropf des Federviehes; (Diez, Wbch. 667).

Das (?) Schappler, scheppler, ä. Sp., scapulare, Scapulier, „armoclusa," der Mönche und Nonnen. Heumann, opusc. 392. 462. BM. II, II, 97: schapelære, schepelære. Weigand, Wbch. II, 547. „Welche (Nonne) des nachts on schepler ligt oder ungegurt on sache, der sol der peichtiger ein septen (zur Buße) geben;" Fris. 287, f. 25. Vrgl. d. folg. Wort.

Der Schaper (was Schaprân? oder was Schapler?). (Mönche) „truegen an schwarz Mäntel, darunter weiß röckh und schwarz Schaper mit einem creuz am herzen;" Chronik in Freyb. Samml. I, 84. „Münch die sunst nicht vil geistlichs an sich haben, als den Rock, als das Schäperl;" Selhamer. „Schäperle für die Kinder, fascia, fasciola pectoralis;" Voc. 376
v. 1618. Der *Schoapar*, Spenser, Janter; (Rath Her, Oberammergau). s. Schepper. Im Ries ist das *Schäpperlé* ein Tuch, das man Kindern beym Essen umbindet. Ohne Zweifel gehört (trotz des b, eigentlich w in der Aussprache) hieher auch der altb. Schäber, oben Sp. 352. Vrgl. auch Schepper.

Der Schaprân, Schaperûn, (ä. Sp.) Stück des Mönchshabites, franz. le chaperon. BM. II, II, 87. MB. XVIII, 98. 150. 162. „Do der Marterer Petrus (ein Mönch) nit mer redn mocht, do graiff er mit dem vinger in sein plüt, vnd schreib den glauben an den schapran;" Cgm. 531, f. 92, ad 1420. S. d. vorhergehende Wort.

Der Schaupen, (O.Pf.) Schopf, dichter Busch von Haaren, Gras, Schilf und drgl. schaupecht, adj.; ə˜ *schaupə'tə'* Buschn, dicht belaubter Busch. ə˜ *gschäupté* Taubm, Taube mit einem Schopf. 's Kaə'n stêit *schauppət*. Də' Rok is *schauppət* und trauppet, das ər ålln stêit, (voll Falten); ObrM.

Die Schaupen, s. Schauben. (Art Rock).

schepp, adj., schepps, adv., (Untermayn, Nürnb.; Weihers, Dr. Roth) schief. „Du schepper Kerl!" „Du schepp Oos." schep-beinig, schep-hälsig rc. Weigand, Wbch. II, 579. Castelli, Wbch. 241: *schibs*, nach der Seite, nach der Quere. s. scheiben.

Der Schepper, a) (schwäb.) Schafs-Fließ, vellus; (mhd. schâpære, schæper, ahd. scapâri. Graff VI, 411. BM. II, II, 85. Birlinger 390). „Die Wolle schepper-weis zusammenbinden;" Wirzb. Verordn. v. 1749.

„In vellus, in den scapære;“ Cgm. 17, f. 104ᵇ, Ps. 71,6. „In dem schêper;“ Griesh. Pred. I, 137. d) (Augsb.) Art Kleidungsstück, Kittel, Janker. Bauchschepper, Weste, Gilet. (cf. Voc. v. 1419: Schepp, joppa). Der *Schoapar*, Spenser, Janker; (Oberammergau, Rath Her). Vgl. Schoppen.

scheppern, s. schebern. Zeitschr. VI, 181.

scheippen, (Passeir) fallen; Staffler I, 117.

Die Schippe, Hirtenstecken mit einem Schäufelchen; Meier, schwäb. Märchen p. 2. Birlinger 395. s. Schüppen und vgl. BM. II, II, 149: schipfe. Vilmar, kurhess. Idiot. 350.

Die (?) Schoppel, (Franken) leichtsinnige Weibsperson. Vrgl. Schüppel.

schoppen, stecken (etwas Wulstiges, Weiches), — z. B. Wolle in's Ohr; (mhd. schoppen, schopfen; Graff VI, 408. BM. II II, 169. Zeitschr. V, 517. III). Metonym.: Koppen, Stücklein (Kapaunen, indian. Hühner) schoppen, ihnen zur Mast fingerlange Teignudeln (Schopper) in den Kragen stecken. Ein Schiff schoppen, die Fugen zwischen den Hölzern wasserdicht machen. S. unten Schopper. Schwemmholz im Wasser, eine dahinziehende Menge Menschen ɛc. schoppt sich da, wo eine Enge, ein Hinderniß im Wege steht. Fig.: die Arbeit schoppt sich, häuft sich an. geschoppt voll, dicht angefüllt, gepfropft voll. anschoppen, Grimm, Wbch. I, 449. Einen wanzenvoll anschoppen, ihn mit Speise vollstopfen. ausschoppen todte Vögel ɛc.; Grimm, Wbch. I, 959. ən *ausg'schoppt's* Herz, *ausg'schoppte* Wád'ln. verschoppen, zueschoppen ein Loch. BM. II, II, 169. Die verschoppet Sucht der Frauen, suffocatio matricis;“ Cgm. 317, f. 52. „Nauta cum in aqua non potest parare navim so verschopt er doch dy locher und so er doch ein loch verschoppt so dringt das wasser den andern schuppel fuder;“ SanZenon. 115, f. 218ᵇ. Der Schopper, (von der wichtigen Arbeit des Schoppens) der Schiffszimmermann, Schiffmacher. „Wie jene Schiffmacher zu Salzburg, so von Frühe an biß auf die Nacht allzeit schoppen, und darumb die Schopper genennt werden;“ P. Abrah. ..„Der Schopper sollen in der Stadt Lauffen sechs Meister seyn..“; Lori, Brg.R. 188. „Zillen-Schopper“ in Regensburg; Paritius 96. 134. Das Schopperholz, Holz zum Schiffbau. Die Schopperstatt, Platz oder Stätte, wo Schiffe gebaut werden. „Die Ziehlen oder Schiffe werden (nach Rosenheim) aus dem Tyrol geschwärzt, weil die innländischen Schopperstädte beynahe alle eingegangen sind;“ v. Hazzi, Statist. p. 335.
377 Im Pinzgau ist (nach B. v. Moll) der Schopper derjenige Bauernknecht, der bey der Heuärnte das Heu auf dem Heuboden niederzutreten hat, damit es, wie man dort sagt, abbrennen könne. Zeitschr. VI, 120,15 (allemann.): *Schopper*, Todtengräber. Der Wandschopper, (salzb.) Mauerspecht, Certhia muraria L. Nemnich I, 957 (Zillerthal). Die Schopperin, a) Magd, welcher das Mästen des Geflügels obliegt, b) Weib, welches einer Wöchnerin abwartet. „Einer sogenannten Schopperinn oder Bsicht gebührt nebst der Kost und Trunk wöchentlich 24 bis 30 kr. zu Lohn;“ Generale der Regierung von Burghausen de 20. Aug. 1746. Heutzutage erhält sie in München 1 fl. „Einer Schopper- oder Krankenwärterinn die Woche von 24 in 36 kr.“ ... „einer Kranckenwärtherin, hingegen nur 12 in 14 kr.“; Ehalten-Ord. der Regierung v. Straubing v. 15. Decbr. 1654, Mandat v. 16. May 1666. Im J. 1796 gab es in München 15 Schopperinnen und Krankenwärterinnen außer den Spitälern und Krankenhäusern; (Burgholzer 114). Der Ausdruck ist vermuthlich von einer besonderen Verrichtung dieser Weiber hergenommen, womit wol auch die sogenannten Schopphadern zusammenhangen. Vrgl. Birlinger 401: Schopper, Schnuller. Vgl. Cgm. 4543, f. 118: „So dy weib lang an man seind, so geswilt in die matrix ... nim rosenöl und ein weibgespunn die ein kneblein sauge und nim wollen und pere die darein und schope die an die stat.“

Der Schoppen, (O.Pf.) Wulst, Horst, dichter Busch von Moorgras oder Schilf im Sumpf. VII Com. *Schuppela*, fem., Büschel (Kirschen ɛc.), ciocca. Zeitschr. II, 286,36: *Schoppe*, Schopf. Cf. Schaupen.

schoppen, foppen; Castelli, Ged. (1828) p. 85 und 247: „D'Menschə' dé *schoppət* I fiə'chtə'li'.“

Der Schoppen, das Schöpplein, (O.L.) Art Bekleidung des Oberleibs beider Geschlechter, Jacke, Janker, Joppe, Camisol, Corset, ital. giubba, giuppa, frnz. jupe, jupon; (BM. II, II, 195: der und diu schope, schôpe; Diez, Wbch. 175. Zeitschr. II, 422,17. VI, 119,31). „Er het geswanzt daz im der swaiß durch seinen dicken schoppen ran;“ d. Ring 38ᵇ.

Der Schüppel, a) was Schübel, w. m. s.; Vilmar, kurhess. Idiot. 350: die Schippel, Scholle; *isschippel*. Zeitschr. II, 237. b) verächtliches Appellativ für Personen. Grind-schüppel, Lugen-schüppel. Cf. česk. šibal, Schalk, Gauner, (v. šibam se, schwanken? wie Schall — Schelm); auch Birlinger 395: Schippel, Kopf.

Die Schüppen (Schippə˜), 1) (Rhein, Mayn) die Schaufel: Grab-, Mist-Sch. Weihers: Schöpp, eiserne, Schuffel, hölzerne Schaufel, Schöppebrêt, Küchenschaufel; Dr. K. Roth. Zeitschr. II, 179,32. V, 292. 2) im Kartenspiel, was anderwärts Laub, Gras. s. Schippe und Weigand, Wbch. II, 646.

Schuppen. „Den schulern vmb schuppen XII dn.“ (Suppen? oder Brode? cf. oben, Sp. 352: Schaben) werden zu Burghausen aº. 1409 bey einem Jahrtag gestiftet; Cgm. 3941, f. 242.

schuppen, schuppfen, (Koburg) was schupfen, stoßen; Einem einen Schupp, Schupps geben, einen Stoß versetzen. Zeitschr. III, 134. V, 275,5. 460. 461. Vgl. schieben und Schub. Vilmar, kurhess. Idiot. 350: schüppeln, schippeln, fortrollen laßen, (Zeischr. II, 237), und 373: sich schuppern vor etwas, einen gelinden Schauder vor etwas haben, ungern daran gehen, z. B. an eine Arbeit.

Die Schueppen (Schuəppm, pl. Schüeppm), a) die Schuppe; (mhd. schuope, schuobe, schuppe, ahd. scuoba, scuopa, scupa; Graff VI, 410. BM. II, II, 227. Weigand, Wbch. II, 646. gl. i. scuobba, squama. Clm. 16165, f. 110: Schieppen). Schuppfische, d. Sp., s. oben, Sp. 361 unter schieben. b) Die furfures am Kopf. schueppen, schüeppen, vrb., ab-, entschuppen. „Der schiept den visch, ille resolvit squamas de pisce;“ Windb. 204, f. 167ᵃ. schueppet, gschuəppət, gschüeppət, adj., schuppicht. BM. II, II, 227: schuopeht. „Dem aussetzigen vallen dy wintpran aus dy augen werden ym schüppelocht in dem haubt;“ Ind. 344, f. 85ᵇ.

Schuppesen, Schuppisen, s. oben, Sp. 353: Schaub-boßen.

---

schapfen, schöpfen, (besonders wenn es mit der folgenden Schapffen geschieht. Vgl. BM. II, II, 65. Graff VI, 448. 450). Das Abschapfət, das Abgeschöpfte. außschapfen, z. B. das Wasser aus dem Schiff. Der und die Schapffen (Schapfə˜), Schöpfgefäß von Böttcherarbeit, gewöhnlich an einem langen Stiele befestigt, anderwärts Schueffen. Weigand, Wbch. II, 630. Birlinger 390. Zeitschr. III, 10. „Hat sich ein solcher Platzreng erhebt, als der mit schapfen guß;“

Wstr. Btr. V, 156. „Wer mit schapffen prewt;" MB. X, 371. s. oben, Sp. 377: Schaffen, Schaffenstiel.

schepfen, schöpfen (schépfə˜; Weihers: schepp, Dr. Roth), a) wie hchd. schöpfen, (ö statt e wie in schwören, Hölle, wölben, zwölf, Löwe ꝛc. — mhd. schepfen, ahd. scephian, sceffan, Praet. scafta, giscaft, als Ableitung von scaffan; s. oben schaffen. Graff VI, 448. BM. II, II, 65. 71. Weigand, Wbch. II, 630). „Do die diener nu geschůfen des wazzers ... daz wazzer heten geschephet;" Griesh. Pred. II, 16. „Waz ir da geschepfen muget ... sie habent den ewigen lip da geschapfen ... swie sie alle gescafen haben iedoch fliuzet ienoch div selbe gnade;" Amb. 2, f. 45ᵇ. cf. Schîr. 103: de IV fontibus salvatoris. Das Abgeschepf oder A'gschépfət, das abgeschöpfte Fett ꝛc. „Als oft die pawfraw smaltz auslaßt, gibt sy den diernen das erst abgeschöpff, daraus die diernen ain essen machen, genant armen man oder retzel;" Scheirer Dienst-Ord. v.
378 1500. b) (von Pflanzen, oder vielmehr deren Blütheteilen) befruchtet werden, Frucht ansetzen. Bey dèn schö˜n Wédə' kà˜s Traəd guəd *schépfə˜*. I gláb nét, dás huiər on aə˜zigé Apfəlblüə' *'gschépft* hàd. („Obe nah themo bluothe thaz wocher sih gescaphe;" Willeram, Hoffm. 66). Einschepfen (geschwängert werden) wird im Scherz auch von weiblichen Personen und wol blos figürlich gebraucht. c) Einen Imben schepfen, einen abgestoßnen Bienenschwarm in einen Korb schütteln. d) Jemanden einen Unterhalt, eine Besoldung schöpfen, bestimmen, zuerkennen; Wirzb. Verord. v. 1618. „Eine Antwort schöpfen;" Kr. Lhdl. XIV, 95. Ein Urtail schöpfen; passim. „Peinliche Fälle an den Hofrath einberichten, und alldort die Straff schöpfen lassen;" Wagner, C.- und C.-Beamt. II, 9.

Der Schepf, Schöpf, hchd. (nach dem niedersächsischen) Schöppe, (Weihers: Schepp, Dr. Roth), d. h. beysitzender Urtheilsprecher, (s. oben: Urtail schepfen; mhd. der scheffe, schepfe, ahd. scafino, scefino, mittellat. scabinus, neben scafeo, scephio, creator. Graff VI, 453. BM. II, II, 70. Weigand, Wbch. II, 627) — scheint in Franken und anderwärts minder als in Altbayern verschollen zu seyn; z. B. Gerichtsschöppen in Fürth, (Lexic. von Franken II, 254), Zentschöpfen in spätern wirzburgischen Verordnungen. „Ich N. N. richter und wir die schöpffen des rechten zu Genadenberg, (O.Pf.). „Rat und schöpffen der stat Newmarckt," 1480; MB. XXV, 76. „Man sol den schöppfen der lesten urtail fragen.. Es sol auch der schöpff nicht aigen sein, er sol frey seyn;" Rupr. v. Freys., Wstr. Btr. VII, 182. „N. N. et alii nobiles viri, scefen scilicet et dincliute;" MB. VII, 434, ad 1180. „Audientibus viris qui dicuntur scheffen;" ibid. 471. „Praesentibus judicibus illius comitatus qui vulgo scephhen vocantur;" MB. XXII, 61. In Straßburg: der Schöffel; Cgm. 1220, f. 82. „Scabinus, scheful;" Voc. optim. p. 39. Der frühere Nominativ war wol Scheffen. Gl. a. 403 steht sceffin, questor, judex, 408 scephin, concionator, dazu würde stimmen der plur. sceffina, i. 585 judices, a. 324 arbitros; euua-sceffina (Matth. XXIII, 24, Endlicher), scribae; skefinan, institores, Clm. 4606, XI. sec., f. 134. Aber wieder älter mag seyn der Nominativ sceffino o. 51, sceffeno 336, schefno 683, scabinus, (welches lat. Wort wol selbst entsprungen aus dem niedersf. scepeno, i. 646, judex), acc. pl. scephenen, scabinios, i. 820ᵇ. S. Grimm, d. RA. 775. „Wo schöpfen sind, di sullen urteyl sprechen vmb ein yeglich dingk, vnd niemen anders. Die richter vnd die schöpfen sullen weder hauben noch hut auf haben, noch kappen noch hantschuhe an haben. Mantel sullen sy auf der achseln haben. On waffen sullen sy sein. Urteil sullen sy vastende finden über yegliches menschen leip;" Cgm. 553, f. 33. „Die schöpfen sullen haben sunder bencke, da sy auf sitzend, vnd sullen sitzende urteyl finden, vnd stende verwerffen;" Cgm. 553, f. 64ᵇ. Cf. ahd. scof, poeta; Graff VI, 454. 457. scophelich, poeticus; Kaiserchron. 31. BM. II, II, 75: schôf. Vgl. Rechtsprecher, Schrannen.

Die Schepf, Schepfen, a) (O.Isar) was Schapfen; b) eine große Art Fischnetzes; das Fischen mit demselben. BM. II, II, 65: diu scheffe, schepfe. „Es soll ain yede Schepfen in der Suner (in der Sunnə˜, im Lichten) vierthalben Schilling (3¹/₂ Mal 30) Mäschen
haben." „Wir wellen khain Jar über drey Schepfen 379
auf dem See nit geen lassen." „Wir wellen selbs mit unsern Schepfen Nachtail haben, biß der See wiederumben zu einem Aufnemen des Vischwerchs khombt." „So man die Schepfen in trueben Wasser zeucht." „Der Schepfen halben, so sich unser Brobst im Khiemsee brauchen will, ist unser Mainung, daß er darumben zaig, dann wo kein ware Urkhundt verhanden, so soll Ime der schepfen nit mer gestatt, wär aber deßhalb ain anzaigen vorhanden, so soll doch Schepfen das khünfftig Jar ruen." Vischordn. am Khiemsee v. 1507. S. Materialien v. 1782, p. 80. Auf dem Würmsee nennt man „in die Schöpf oder Panzenschöpf fahren" eine Art zu fischen, bey welcher aus zweyen Schiffen durch vier Personen die Segen ausgeworfen und gezogen werden. Wstr., Beschr. 136.

Das Geschepf, Geschöpf (Gschépf), a) wie hchd. Geschöpf; (mhd. gescheffede, geschepfede; BM. II, II, 72. Weigand, Wbch. I, 424. Cgm. 140 meist geschöpft; cf. schaffen). b) „Also verließ Abraham aus Befehl und Geschöpf (Anordnung, cf. schaffen) Gottes seine Heimat;" Av. Chr. 26. c) „Die auf dem Wasser fahren, dünckt, das Erdtreich lauff, und das Geschöpf (Fahrzeug? cf. Scheff) stehe still;" Av. Chr. 53.

schipfeln. Holz schipfeln, auch schrefeln, sagt man, wenn die Scheiter klein gespalten werden; (Ir.)

schopffen, mitunter für schoppen, (stecken). BM. II, II, 169. Weigand, Wbch. II, 646. geschopfft voll, gesteckt voll.

Der Schopf, Fürschopf, bedeckter Gang, pergula, porticus, ambulacrum, (Voc. v. 1618); Wetterdach, Remise für Geräthschaften ꝛc.; bei Adelung der Schoppen; (leg. Baiuu. X, 2: scoph, scof). Graff VI, 457. BM. II, II, 169. Weigand, Wbch. II, II, 630 f. Zeitschr. IV, 184. Schopf-dächlein, projectum, Vordach. S. Schupfe.

Der Schopf, wie hchd.; (Graff VI, 410. 457. 461. Grimm, Gesch. d. d. Spr. 822. BM. II, II, 169. Weigand, Wbch. II, 629 f. Birlinger 401); Baumgruppe auf einem freyen Platz. „Ich bin grâ in dem schopfe worden von den winden; Labr. 158. „Er hat einen schopf, bene potus domum rediit;" Voc. v. 1618. Die Schopfhauben (im Mund des Landmanns und etwas verächtlich) Haube über einen frisierten Damenkopf; Stadtdame. schopfen Einen, ihn beym Schopf, bey den Haaren fassen, ziehen; schopfbeuteln, s. Th. I, Sp. 305. Zeitschr. VI, 409,33.

„Rengə˜, rengə˜ Tropfə˜,
'Buəbmə˜ muə' mə˜ *schópfə˜*!"

Gschopfət, adj., einen Schopf habend. ə˜ *Gschópfəté*, frisierte Stadtdame. Der geschepht stern haist zu latin Cometa;" Cgm. 1134, f. 271. „Der geschopft stern;" Konr. v. Megenberg, Pfeiffer 75,2.18, cf. 74,21. 75,22. „Ach got, wie wol geschopfet!" (ist der Falke); Valkn. 124. „An geschopffte (subst.), an farw, an fůß und an gebaren ... ward nie gesehen sein (des Falken) geleich;" das. 9. „Harschyppel, tricae;" Av. Gramm.

schöpfen, s. schepfen. „Das Schöpffbret, assula sutoria, in qua corium conciditur;" Voc. v. 1618.

schupfen, mit einem kurzen Schwung aus dem Gleichgewicht und in Bewegung bringen; Graff VI, 458. BM. II, II, 170. Weigand, Wbch. II, 646. Cf. ags. scufian,

trudere, Luc. IV, 29). „Zwer meiden gie nie enzelt, er dravete unde schûfte," („schaufte, schuftzte"); M. Helmbrecht 1781. Sich schupfen, schaukeln. Die Rutschupfen, Schaukel; (Dr. Sepp). Voc. v. 1618. „ritschupf, oscillum;" Cgm. 690, f. 111. ritiscupha, gl. a. 572; ritascopha, gl. i. 722, oscilla. „Oscillum est ludus puellarum quo se funi imponunt alligato tignis, ut ipso volatu quandam illiciant delectationem ein ritschupf;" Gutolfus, Clm. 5008 (XV. sec.), f. 168. Diefenbach 402ᵇ. s. auch unten: schutzen. schupfen Einen auf die Seiten, weg ꝛc. Birlinger 403. Einen von der Bruck ins Waßer schupfen. Bäcker, die sich in ihrem Gewerb gegen die Gemeinde vergangen, pflegte man zur Strafe zu schupfen, d. h. von einem eignen Gerüst, die Schupfen genannt, ins Wasser zu schleudern. Auch Ruffiane wurden in Regensburg „ab der Schupfen
380 geworfen in die Patzenhüll;" Gem. Reg. Chr. 375, ad 1306 und 519, ad 1320. s. Th. II, Sp. 1084 f.: Hül und vgl. unten: schutzen. Nach der „Müllner- und Pecken-Ordnung" zu Wien von 1553 wird ein Bäcker, der zum dritten Mal verfälschten Gewichtes überführt worden, bestraft „mit der Schuphen," oder für die Schupfen, nach eines ehrsamen Raths Willen, „umb 10 tausend Maurziegeln zu gemainer Stat gepaw." „Der selb (straffällige) messer ist dem vogt schuldig einen schilling pfenning, als dick er es tut, vnd auch das man in als dick schupfe in der schupfen;" Augsb. Stdtb., Cgm. 559, f. 20¹/₄, Walch p. 81. Freyberg p. 121. Birlinger 403. Cf. Ducange, ed. Henschel, t. VI, p. 581ᵃ: „thew, thewe, caveae, vel scabelli genus quo mulieres rixosas et in lacessendo procaces in aquam mergunt apud Anglos." Ibid. p. 695ᵇ: „tumbrellum (gallice tombereau), instrumentum ad castigandas mulieres, quae in aquam dejiciuntur, immerguntur et inde madidae et potae extrahuntur." „Swanne du ie mer tanzzest und huphest so du dich ie tiefer in die helle schuphest;" (Br. Berhtolt?), Clm. 12654 (XIV. sec.), f. 25. „schupfen, praecipitare;" Voc. v. 1445. „Haben im Wasser das Knäblein an den Füssen ergriffen und über sich geschupfft und bey den Haaren herausgezogen;" Lechfeld. Mirakel 93. Einen vom Lehengut schupfen. In Schwaben heißt ein Gut, das der Nutznießer nur auf seinen Leib (seine Lebenszeit) besitzt, und von welchem seine Erben geschupfft (entfernt) werden, wenn nicht einer derselben es wiederum auf Lebenszeit kauft, — ein Schupflêhen. Einen Dienstboten, einen Beamten ꝛc. schupfen (sc. aus dem Dienst, vom Amt), entfernen, abdanken. (Daher vielleicht werden in Nürnberg herrnlose Bäckerknechte Freyschupper genannt). „Der mulner soll dem mair malen vor andern leuten und wenn das ist ob dem — stab, so mag der mair das herab schoppfen;" Cbm. 1524, f. 31. Einen unterscuphen, ä. Sp., supplantare, ihn mit List verdrängen, an dessen Platz treten. „Subplanta, underscuphe, uberwirf;" Cgm. 17, f. 27ᵃ, Psalm 16,₁₃. „Jacob, daz chiut unterscuphäre, daz ist der den anderen über houbet wirfet. Esau sprach, er hat mich nu be dem anderen male unterscuphet;" Cgm. 17, f. 117ᵇ. BM. II, II, 170. Schupfen Einen, (schwäb., Nürnb.) ihn zum Besten haben, ihn übertölpeln. Schupfen Einen, ihn anstoßen, in Bewegung setzen, anreizen, instigare; Br. Berht. 210. 211. 213, Pfeiffer p. 31,₁₉.₂₆. 33,₁₃.₁₄; (neben stüpfen, s. d. W.; 32,₁₃). Die Achsel schupfen, die Achsel zucken. Birlinger 403. „Sie schupfen die Achsel und hengen die Leffzen;" P. Gansler 224. „Die Eheleut müssen gute Achseln haben, denn sie müssen dieselben oft über ein Sach schupfen;" P. Abraham. Frische Würste schüpfen, sie brühen; (Hauser). „Nach dem der koch die handschuch sein im heissen wasser schüpfen thet; H. Sachs 1560: II, IV, 129ᵃ. Geschupfte Amarellen, gequollene. Dər Nèbəl *schupft sich*, steigt in die Höhe; (Sonthofen). geschupft, erschupft, verschupft, a) (vom Brod) durch zu große Backhitze aufgedunsen, unter der obern Rinde hohl geworden. „Panis spongiosus, luck, erschupft brot; H. Junii Nomencl. v. 1629, p. 47. „Wan daz brot wirt erschupfft und erhaben;" des Teufels Segi, Artikel „von den brotbecken," Barack p. 296,₉₃₁₅; cf. p. 302,₉₅₅₉. „So ainer hinden an den verschen erfroren und die erschupfft sind;" Cgm. 3721, f. 122. „So ainer hinden an den ferschen erfrorn ist vnd erschupffen;" Cgm. 3723, f. 57. b) fig. (von Personen): albern, fatuus. Dés is iətz ə̃ *gschupftə'* Ding, ə̃ *gschupfté* Dingin! ə̃ *gschupfté* Réd. „Eine verschupffte Antwort;" Selhamer. „Du bist ein wenig verschupfft, non tibi sanum est sinciput;" Voc. v. 1618. Der Schupf, der Schupfer, das Schüpferlein, Moment des Schupfens. Gib əəm ə̃n *Schupfə'*, dás ə' dàni fàllt. „Die drey letzten Schüpfferl" (eines Sterbenden); Benno-Mirakel. Die Schupfnudel, (schwäb., Birlinger 403) wozu der Teig mit den Händen länglichtrund gewälzt wird, was in Altbayern geschutzte Nudeln, wovon die Bauchstecherlein eine dünnere und spitzigere Art sind.

Die Schupfen, Wetterdach, Remise für Wagen- und Ackergeräthschaften ꝛc.; Graff VI, 410. 457. BM. II, II, 170. Weigand, Wbch. II, 630 f. Vilmar, kurhess. Idiot. 366. Zeitschr. III, 463. s. oben der Schopf. „Bey disem Schwemmteich war ein Gebäu mit fünf porticus oder Schupfen; P. Abraham. „Unser herr geborn in ainer gemainen schnöden vberschupf oder stall; Cgm. 515, f. 131¹/₁.

Der Schöpß, a) wie hchd. Schöps; (mhd. schopez, schopz; BM. II, II, 195. Weigand, Wbch. II, 631). Slawisch skopiti, castrieren, skopetz, Castrat überhaupt; Jarnik p. 147. Die Skobzi in Rußland, eine eigene Sekte, deren Männer, nachdem sie geheiratet und einen Sohn gezeugt, sich selbst entmannen. Im Gouvernement Orell gebe es ganze Dorfgemeinden der Art. Aug. Freih. v. Haxthausen, Studien über die innern Zustände, das Volksleben ꝛc. Rußlands, 1847. b) Eine Art Nachbier, Covent, Hainzel. „De cerevisia Scheps dicta in Silesia. Scheps caput ascendit, scalis non indiget ullis, Sessitat in stirnis, mirabilis intus in hirnis;" Furstenf. 185 (sec. XVII.), f. 99ᵇ.

---

1) a) Die Schar, plur. Scharen, mitunter noch Schar, Schär, die Abtheilung. (Vrgl. 2, scheren); 381
(mhd. und ahd. Sp.) Heeresabtheilung, Heerhaufe, Trupp; (mhd. schar, ahd. scara, sing. und plur., cohors, legio, phalanx, agmen, acies; gl. i. 178. 240. 372. 719. 733. 794. 1242 ꝛc. Graff VI, 530. BM. II, II, 151. Weigand, Wbch. II, 560.) „Die schar zuosamen sich da wurren..." „zwo schar;" Cgm. 579, f. 46; Turnei von Nantheiz 124. „Ze päyden taylen komen dar von sakman und preganten schar," (Scharen von briganti); d. Ring 48ᵈ,₃₁. „Fünf, sechs schar;" das. 49ᶜ,₁₃.₁₉. „Vil schär, plurima turba; San-Zeno 115, f. 79. ə̃ Schar Vögel, Änten, Gäns' ꝛc., ein Trupp, Haufen. „Wenn si (die kranch) auz vliegent, sô schickent si ir schar, sam ain gepalierte ritterschaft tuot gegen den veinden;" Konr. v. Megenberg, Pfeiffer 190,₂₅. „Der êrst an der schar füert die andern;" das. 185,₁₀. Bey jeder der Reichenhallischen Salzpfannen sind 30 Mann angestellt, welche in drey Schär oder Sudpartenen abgetheilt sind, die sich einander ablösen; Lori, B.R. Zweinzec Schar (Gänse) sind in der Fabel bey Grimm, Reinh. S. 318. 373 gerade zweyhundert. Die Trift- oder Holzflötzknechte sind in Schär von 12—24 Mann eingetheilt. Vrgl. Schärler. `Die Hälschar, ä. Sp., verborgene, in den Hinterhalt gelegte Schaar, Nachstellung, Falle. BM. II, II, 152.´ „Ein brait gevilde ... das heten mit ir hals scharn besezzen zwen schachman;" Kindh. Jesu, Hahn, p. 84,₇₈. `Der Scharmeister, ä. Sp., Anführer einer kleineren Heeresabtheilung; BM. II, II,

122.´ „Zorn ist vaner, scharmeister ist diu nerrischeit;“ d. w. Gast 7391. `Die Scharschau, ä. Sp., Musterung der Schaar, Revüe; BM. II, II, 201.´ „Ich var mit disem büchlein von dem Meyn biz an den Rein, von der Elbe biz an die Tunauwe durch kurzwile und scharschauwe;“ Renner 9359. „Schate schauwen und umb sich kaffen;“ das. 11701. `scharen, vb. act., abtheilen, scheiden; in Haufen stellen, ordnen; (ahd. scarôn, mhd. scharn; Graff VI, 531. BM. II, II, 154).´ „Er solt (sich) von der welte schorn (scharn) und solt in ain kloster faren;“ Cgm. 379, f. 74ᵇ u. 270, f. 110, `Suchenchenwirt XXVIII, 89,105.´ `scharet, adv., ä. Sp., in Haufen, schaarenweise; (mhd. schareht, schereht, scharot, BM. II, II, 154).´ „Locustae ambulant ordinarie sicut grues volant, gent scharot in einer hert;“ Ebersb. 130, f. 163ᵃ. „Diu tier (locustae) gênt scharot in ainer hert;“ Konr. v. Megenberg, f. 90, Pfeiffer 150,18.21. „Die tauben fliegent scharot;“ das. f. 107ᵃ, Pf. 180,3. „Die vogel fliegent scharot sam die kränch;“ das. 109ᵇ, Pf. 185,9. „Sie (die starn) fliegent scharot mit ainander;“ das. 130ᵇ, Pf. 224,33. „Cleine vogellin selten kriegent, die scharet mit einander fliegent; Renner 21177.

b) Die Schar, (Rotthal) die Reihe, Zeile. „Hordeum hexastichon, sechsschärige Gersten, weil die Körner in sechs gleichlangen Zeilen oder Scharen wachsen;“ Höfer I, 286.

c) Die Schar, die Reihe oder, mit einem deutsch-französischen Ausdruck, die Tour (le tour), nach welcher Mehrere, sich einander ablösend, irgend etwas vornehmen (cfr. Schicht), im Oberland namentlich die Tanztour, der Raihen. ə˜ Schar, zwu, drey ꝛc. Schar tanzen. ə˜ Schar aufmachen, zu einer Tanztour aufspielen. Es gilt daselbst die schöne Sitte, daß bey jeder Schar, nachdem sie an die Musikanten (gewöhnlich zu 12 kr.) bezahlt ist, in der Regel nicht über vier Paare tanzen dürfen. Ist die Schar zu Ende, so zahlen und tanzen andre vier oder auch nur drey, zwey, ein Pärchen. Und so mögen die genügsamen Tänzer alle nach einander an die Reihe kommen. Für Ungenügsame, in welchen jede Schar nur neue Lust nach einer gleich nachfolgenden zweyten, dritten u. s. f. entzündet, ist, und zwar mit Recht, bey steigender Taxe das Nachzahlen Rechtens. Auf solche Art recht viele Schar, während welchen Andre die ungeduldigen, neidischen Zuschauer spielen müssen, mit seinem Deənál allein zu tanzen, gehört mit unter die heftigsten Wünsche des ländlichen Ehrgeizes. Wàs ə˜ steiffə' Buə' is, schwingt sei˜ Beudə-l i˜ də' Luft, und schnéllt ə˜ pàr Vierə'-zwaənzgə'l, wenn ˙s á' Tàlə' wá'n, untə' dé durstingə˜ Geigə', dás ˙s ə˜ Freud is. Dann beginnt das Drehen und Takttreten, Händeklatschen und Jauchzen und Singen, dás d˙ Leud i˜ vierzé˜ Tàgng no˜ z˙ vo'zélln habm, wiə də' Krei˜l si' au'gfüərt hàd á'm Gmundə' Kir'də'!

d) Die Schar, Verrichtung oder Arbeit, zu welcher, unter Mehrern, jeder nach seiner Tour verbunden ist; (nur noch in Zusammensetzungen). Graff VI, 528. Cf. englisch: each did his share. Angaria (id est in equis vel in aliis servitiis), scara; gl. i. 430 (Constitutio Zachariae). „scaram facere, scaram cum pedibus facere;“ MB. VII, 86. Caesarius Heisterbac. 669. 686. „Nec pro uuacta nec de scara nec de uuarda;“ Leges Caroli M. bey Georgisch CXXVIII. „Alle die nütze und alle die schare die gevallent von dem hove ...;“ Urkunde v. 1341 bey Höfer p. 347. 348. „Das Haselbacher Lehen hat den
382 von Metzenhausen eine Weinschaar oder Fahrt Wein auf 3 Meil Wegs leisten müssen, 1650;“ Horstmann, Ms. Cf. „scaram facit ad vinum ducendum;“ MB. VII, 86. (Die harmscara der ahd. Sp. etwa als eine zur Strafe oder Beschämung auferlegte Verrichtung, Plage zu erklären. Graff VI, 529. BM. II, II, 153. Cf. Cod. Wessobrunn. fol. 58ᵇ: „Actum quadratum (von 120 Mal 120 Quadratschuhen) Boetici Hrindirarae, arapentem Scaramez dicunt, ab arando scilicet“). Die Schar-Arbait (Schàr-Arwət), Frohn-Arbeit; MB. XX, 375. Baumgartner, Neustadt p. 176. Der Schar-Dienst, Frohndienst; Lori, Lech-R. 522. Der Landherr „bietet umb vert, vmb schardienst in eine hofmarch,“ ad 1442; Krenner, Land-, Hofm.- und Dorfgerichte I, 64. Die Schar-Wacht, in älterer Zeit von den Bürgern der Reihe nach zu thun; BM. III, 451. cf. Zirken, Wachten. „Uebergült, steuer .., scharbach, gesellendienst, maut ꝛc.“ Avent. Chr. 272. „Das man durch die gantz statt Rom scharwacht halten solt;“ idem 127. „Die Priester durften weder raisen noch steuern, weder wachen noch scharwachen;“ ibid. 30. 35. „Excubiae, φρουρά, scharwacht; vigiliae, nachtwacht;“ Nomencl. 1629, p. 142. „Circuitor, scharwachter;“ Monac. Francisc. 248, f. 225. Münchner Scharwachter-Ordnung v. 1532, 15. Novbr. Das Schar-werch, plur. die Scharwerch, (ä. Sp.) und daher, nach Gramm. 882, endlich auch der jetzige Singular die Scharwerk (Schàrwə'', Schà'wə''), vergleichbar dem lat., ital. Femin. opera (operas tres in den Leges Liutprandi LIX, 2. 3), Frohnarbeit. „Allew scharberch (plur. neutr.) und all vert ..;“ MB. XVIII, p. 331, ad 1418. „Die scharwerch, die meins Herren gnaden zugehörten;“ MB. XIII, 449, ad 1444. „Me in meis traxistis ad judices, afflixistis (mit) scharberchen et wagenfart;“ Monac. Augustin. 84, f. 197ᵇ, (Predigten v. 1460). „An unsern scharberchen, ferten und ander oberkait;“ MB. VII, 301, ad 1476. „Kainer scharwerch vmb die obgemelten scharwerch anmuten, ausgenomen die gemainen scharwerch;“ MB. VI, 317. IX, 301. X, 563, ad 1482. „Der scharwerchs halben;“ Urk. v. 1480. „Mit der scharwerch;“ MB. XV, 226, ad 1499. „Wegen einer scharwerch;“ MB. V, 571, ad 1661. „Es haben auch heute früh die Oesterreicher in U. L. F. Stiftskirche um ihre Bezahlung ein Hochamt zu halten begehrt, welches auch geschehen ist. Als man Abends fragen ließ, wer es bezahle, erhielt man keine Antwort. Auf diese Art mußte also das Hochamt eine Scharrwerch seyn;“ Relation über die Begebenheiten des zweyten östr. Einfalls im J. 1742, p. 31. Ei˜ d˙ *Schà'wə''* biəd˙n, ei˜ságng, zur Frohne aufbieten. Ainem d˙ *Schà'wə''* biəd˙n, ihm das A—l—n antragen. Ei˜ d˙ *Scharwə''* ei˜spannə˜, fàrn etc. I˜ də' *Schà'wə''* (frohnweise), z. B. Weg machen, Holz, Salz, Mist führen, mähen, schneiden, dreschen, Hopfen zopfen, Flachs brechen, spinnen, Holz hacken, Abtritt räumen, dem gnädigen Herrn das Wild in den Schuß jagen, und nach Pfeffel — endlich auch im Himmel noch allerunterthänigst donnern. „Wei sik imm *Scharwerke* daud arwedet (todt arbeitet), demme lüt (läutet) de Äsel;“ Firmenich I, 326,62 (Waldeck). Einem ze Scharwerch sitzen, ihm sie zu leisten schuldig seyn; MB. X, 560, ad 1476. Von selbst erklären sich die Zusammensetzungen: die Handscharwerk, Menat-Scharwerk, Jagdscharwerk, Gerichtsscharwerk, die ich dem, der über mich Gerichtsherr ist, leisten muß, der 383
Scharwerkbaur, das Scharwerkgeld (das statt der zu leistenden Frohndienste bezahlt wird), Scharwerkholz ꝛc. ꝛc. scharwerchen, scharwerken, frohnen. Vilmar, kurhess. Idiot. 342. „Die Juden in Aegypten mußten vil scharberchen,“ (Aventin Chron. 38); mitunter wissen auch gute Christen davon zu sagen. Durch die bayrische Verfassungsurkunde ist einstweilen denn doch geboten, daß alle ungemessene Scharwerk in gemessene umgewandelt werden soll. cf. Scherg. Im Halberstädtischen kommt schaarwarken nach Zahn in der harmlosen Bedeutung: „mit viel unnützem Geräusch und Getöse arbeiten“ vor.

Das Beischerl (?). „Ir ezzet wol vier eiger ê und trinket den ein beischerl („paischerl“). Zwiu sol in der wan daz verl?“ S. Helbling I, 1014.

Die Ueberschar in Bergwerken, was zwischen zwey Fundgruben, die mit einander rainen, übrig bleibt, und ihre Zwischenwand bildet. Frisch. BM. II, II, 153. Lori, Brg.R. 210. 211. „Was da zwischen den gemessen pergen überbleibt, das teilewir zu einer überschar;" Cgm. 561, f. 14.

Die Wat-schar, Antheil an einem Grundstück. BM. II, II, 153. S. Wat. Cf. niederd. Holtscara, Antheil im Wald an Eichelmast; Leibnitz, scr. rer. Brunsvic. I, 111. 'Vgl. unter schorren: die Schâr.'

2) Die Schar (Schàr, Schà'), aneinander gefügte, mit Schindeln benagelte Bretter, die den untern Rand oder Vorschuß eines Ziegeldaches bilden; dieser Vorschuß überhaupt, auch wenn er, nach neuerer Bauart, aus Kupferblech besteht; Dachtrause. Cf. česk. šar, Reihe Schindeln am Dach; Jungmann. „Mit Schindeln zu decken ist durchaus und selbst bey den Vorschüssen der Dächer oder den sogenannten Scharren verboten;" Münch. Feuer.-Ord. v. 1819. „Dach mit kupferner Schar." Die Schar gêt, die Dachtrause geht.

„Wie brumǝln dé Glóckng, wiǝ tropfǝ⁻t dé *Schà'n!* ǝs juhhǝzt dǝ' Buǝ' zo dǝ' Hütt'n herzuǝ."

Kreuzzain oder Scharr, auch Fürhaupt, der Anfang oder das Ende des Holzzains; (Pseud. Jir.). Vrgl. mit dieser und den folgenden Formen das isl. skara, asseres reciproce coaptare, skör, f., commissura asserum reciproca (in navicula), îss-skör, Eisrand am Ufer, skar-nagli, clavus tabulati naviculae.

Der Scharboden, (b. W.) was anderwärts Schrötboden, Bretter, zu einer Art Behälter zusammengefügt, in welchem Rüben klein geschroten werden. (Vrgl. auch scharben).

Das Schar-Dach, Dach, welches ganz mit Scharschindeln benagelt ist, („auf dem die Schindeln, welche Scharschindeln seyn müssen, mit Nägeln befestigt sind;" Jir.), unterschieden von dem im Oberlande gewöhnlichern Legdach, dessen gröbere Schindeln blos durch darüber gelegte Stangen, Bretter und Steine befestigt sind, und welches darum minder abschüssig seyn kann. „Spitzig Schartach, tectum pectinatum displuviatum;" Voc. v. 1618. „Die mul zu Pugenhausen (bey München) besorgen mit ainem schardach, und die sagmul mit ainem legdach;" MB. XVIII, 401, ad 1437. „Ain hülczin schardach gesetzt;" Passau (1459), Cgm. 308, Vorschußblatt. Der Schar-Nagel, Nagel zu Schindeln. Der Scharnagel soll 2 Zoll lang sein, der Säm zwey Lägel, jedes Lägel 25,000 Stück, und ein Gewicht von 51 Pfund halten. Verord. v. 1769. „Scharnägl, clavi tegularii;" Voc. v. 1618. Die Schar-Schindel, Schin-
384 del, zu einer Schar bestimmt, und, insoferne man sie mit Nägeln, Scharnägeln, befestigt, von der massivern Legschindel, welche nicht angenagelt wird, unterschieden. „Die kurz lerchene oder ferchene Schindel haben in der Länge 14—15 Zoll, die lang feuchtene Scharschindel sollen bestehen in 1 Schuh 6 Zoll;" Wagner, Civ.- und Cam.-Beamt. II, 182. Die Scharschindel ist 18—20 Zoll lang, 3—4 Zoll breit, die Rohrschindel 30—34 Zoll lang und über 4 Zoll breit; (Jir.). Die Schar-Träupfen (Schàrtràpfm, Schàrtràpf), das vom Rand des Daches abfallende Regenwasser, es möge in eine Schar-Rinnen (Dachrinne) gehen, oder nicht. Im letztern, auf dem Lande gewöhnlichsten Falle wird es durch den um das Gebäude gezogenen Schar-Graben aufgenommen und abgeleitet, im erstern manchmal, besonders an Orten, wo es an Quellbrunnen fehlt, in sogenannte Schar-Brunnen (Cisternen) geführt.

Die Geschär. „N. N. ist in einem Stadel von der obern Geschär herabgefallen;" Inchenhofer Mirakel v. 1605, — (wol der oberste Bretterboden in der Scheune).

Das Geschär (Gschár, Gschá'), hölzerne Einfassung, in die eine Thüre, ein Fenster eingesetzt wird, des Bodensteins in der Mühle, eines Brunnens, einer Braupfanne ꝛc. „Der mit Stein ausgesetzte Ziehbrunnen mit Holzgeschär;" gerichtl. Ausschreibung. „Wie bald er auf das brunngeschirr saß und seiner roten äpfel aß ... klopft mit seinen fußen er unden an das brunnengescher;" H. Sachs 1560: II, IV, 126^b. „Margo, gscher vmb ein ding, das außen umbher get, ut in puteis;" Avent. Gramm. (Cf. „Geschertnagel, clavus lacunaris;" Voc. v. 1618). Cf. oben, Sp. 394: das Geschäl. Die Geschäre, in welchen das aus dem Gebirg kommende Triftholz, wol an die tausend Klafter auf einmal, durch den Ammersee gefludert wird, um auf der Ammer vollends bis Dachau geflötzt zu werden, bestehen aus zwey oder vier in einigem Abstand von einander parallel gehenden Baumunterlagen, auf welche das Holz geschlichtet wird, und an deren Enden Flöße mit Masten und Segeln befestigt sind. Das Ganze schließt ein langes Wasserviereck ein, und treibt bey gehörigem Winde wie ein ungeheures Linienschiff dahin. Flurl, Beschr. d. b. Geb. p. 50. N. philos. Abh. d. Akad. VI, p. 181.

beschären (bschárn) einen Brunnen, ihn mit einer hölzernen Einfassung versehen.

überschären, überschütten, überdecken (?) „Ist der Fuhrmann von dem ganzen (umfallenden) Fueder (Ziegel) überschärt worden;" P. Abraham, Gagaga p. 122. 'Vgl. oben: die Ueberschar und BM. II, II, 153, auch 150: überscher.'

3) Die Schar, Pfluegschar, wie hchd., doch meistens durch Wagensen ersetzt; (mhd. schar, ahd. scar und scaro, vomer; Graff VI, 527. BM. II, II, 151. Weigand, Wbch. II, 560). „Ein schar oder ein wek, cuneus; Voc. v. 1419. Vrgl. Schorr.

Die Schær (Schár), wie hchd. Scheere; (mhd. schære, schêre, ahd. scâri; Graff VI, 526. 527. BM. II, II, 158. Weigand, Wbch. II, 569). Scâri, forcipes, forpices, gl. a. 518. gl. o. 380. 405; novacula, gl. i. 10. scheint plur. von einem sing. scâr, so daß auch unser jetziges Wort ein urspr. Plural seyn dürfte, wie die gleichbedeutenden franz., ital., span., engl., isl. Ausdrücke. — Eine andere Form scâra, forpex, forfex, kommt vor gl. a. 518. gl. i. 697. 1171. gl. o. 83. 402; schêra, forfices, gl. o. 81; snîden âne schêre, Diut. II, 122;
eysenschar, ferripex, Voc. v. 1429). Schneide' leihh 385
me' d' *Schár*, eine Art Gesellschaftsspiel. Einem d' *Schár* aufheben, einem Schneider, und fig. jedem andern Handwerker, die Ausübung des Gewerbes untersagen. „Ao. 757 Eadberht Nordhymbra cyning feng to scære," received the tonsure, wurde Priester; Saxon. chron., Ingr. p. 72. Die *Béttschár*, Vorrichtung am Bett, das Herausfallen verhindernd. Die *Putzschár*, Lichtputze, Lichtputzscheere; Schimpfname für eine Weibsperson; (Jir.) Die *Schár* am Schlitten, der bergab fährt, Vorrichtung, ihn zu hemmen.

'schæren, schâren, die Federn verlieren, sich maußern; BM. II, II, 158 f.' „Do die maget beginnet schâren und entwerfen sich die brüstel; Cgm. 42, f. 76. s. Th. IV: werffen, 2: entwerffen.

4) Die Schar (?). Den Siechen an der Schar im Catharinenspital wurde das Abendessen an den Pfinztagen um 4 dn. gebessert; Gem. Reg. Chr. II, 449, ad 1423. Cf. unten: Schar-tuech.

Der „Scharbaum oder Schermbaum, den man stehen läßt, damit die Schläge und Maße beysammen bleiben und junger Wald wachsen könne;" Lori, Berg-R. Scharbäume, Saamenbäume; Jir.

Das Scharblatt, (Ropitsch) Huflattich.

Das Schareisen (der Holzknechte), Fußeisen mit Gliedern; Tazzen, Fußeisen ohne Glieder; (Jir.).

'Der Scharcutié, (Nürnb.) das franz. charcutier, Händler mit Fleisch, Speck, Würsten ꝛc.; Zeitschr. V. 404,123.'

„Scharlach, Wundscharlach," wol statt Schierling, Wutschierling. Nemnich I, 1158. „Nimb ain thaill Pilsenkhrautt, ain thaill wundtscharlach, vegliches mit Wurtzel und all;" Feurb. v. 1591. Der Schierling, cicuta, heißt in der ahd. Sp. sceriling und scerning, mhd. scherlinc, also jetzt richtiger Scherling; (Graff VI, 533. 550. BM. II, II, 156. Weigand, Wbch. II, 581). „Butschürling, ebenus, herba;" Voc. v. 1419. Diefenbach 193b. BM. a. a. O: wuotscherlinc. „Wie pistu so vermessen? weder hast du bilsamen gessen ader der posen wirtscherling? Got der pesser dir dein ding;" Rosenplut (?), Gießner Hs. f. 17a. s. unten: Schierling.

Der Schärler (Schá'lə'), Art Taglöhner bey der Salzschifffahrt und Salzarbeit;" (Zir.) Schiffer, welcher rudert und zur Bewegung des Schiffes aufgestellt ist. „Die Schärler sollen den Genossen das Schiff helfen zurichten, zu morgens, sobald nur das Thor geöffnet wird, bey dem Schef seyn, ein Schalten mit sich bringen, die Plachen an das Schef tragen, und wann sie zum Hallein ankommen, das Geschirr zu Haus tragen und das Schef auswaschen, auch bis gen Laufen an die Lend helfen nauziehen, auswässern, und alles das thun, was ihnen von den Sestallern, Steurer oder Genossen geheißen wird;" Lori, bayr. Brg.Recht 317. 393. 496. 505. 645. Die Schärler von Laufen pflegten in Zeiten, wo die Schifffahrt nicht geht, in Salzburg und auf dem Lande Comödien aufzuführen; (1843 in Vilshofen, wo man sie Schá'lə' nannte; ObrM.). Der Afterschärler, Schiffer, der am Hintertheil rudert, zum Unterschied vom Steuerschärler, der dieß vorne thut; (Zir.) Vgl. Schar, 1, a.

Der Schärling (Schá'lin'), (O.L.) Heracleum sphondylium L., Bärenklau. Nemnich II, 134. *schá'lin-waəhh*, sehr weich. Der Wein-Schärling (Wei~schá'lin', Wei~schə'lin'), berberis, Berberiz-Strauch und Beere. *Wei~schárl*, (ObrM.) Kreuzdorn. Nemnich I, 591. Vrgl. Scharten, wornach die richtige Form Schärtling zu schreiben wäre. Doch ist auch scharlein (gl. o. 491) scariola, (gl. o. 489) borrago, sowie scaraleia, (gl. o. 180. 210. 433) slareia, eupatorium; „scharley, borrago," Cgm. 4667, f. 114b 2c. „borago boriß, scharlen; Clm. 16487, f. 97 zu erwägen. BM. II, II, 87. Graff VI, 540. Diefenbach 79b. 213a. 517a. Weigand, Wbch. II, 562. Nemnich II, 1216.

Scharln, (Wien) Schoten; *Arbesscherln*, Erbsenschoten.

scharmünkeln, (schwäb.) schalkhaft blicken, schielen. S. schalmeukeln, oben Sp. 412.

Der, das Scharsach, Schermesser, novacula, culter tonsorius, Voc. v. 1618; „el rasoro, der scharsach," Voc. veneziano-todesco, Ms. v. 1424, f. 14; (mhd. scharsahs, ahd. scarasahs, scarsahs, schersahs; Graff VI, 91. BM. II, II, 24). „Dem kind mit dem scharsach abschneiden die keln ... den scharsach dan werfen hindan;" H. Sachs 1560: II, III, 38. Deu stat was wol der scharffen scharsach und unter den scharsachen lief ez vollez natern;" Gesta Romanor., Cgm. 54, f. 46a, (Keller p. 88). „Daz kain scharsach üf min höpt niemmer sol komen;" Griesh. Pred. I, 125. „Daz scharsah, novacula;" Cgm. 17, f. 80a. sieh oben, Sp. 217: Sachs, und scheren und vgl. Birlinger 391.

Das Scharsalz. „Ad oves. recipe haniff amed cum sale vel scharsalcz;" Ind. 355, f. 53.

886 Das Schar-tuech. „Ain loden grabs schartuech" (zum Austheilen an arme Leute); MB. XX, 427, ad 1453. BM. III, 132. Etwa, wenigstens dem Benennungsgrund nach, zu vergleichen mit den köstlichern scarlachen, gl. o. 75: rasilis, Scharlach? BM. I, 924. II, II, 87: Weigand, Wbch. II, 561). „Involucre, schärtüch," (neben concha, pelvis tonsoria, schärbecken); Nomencl. 1629, p. 133. S. scheren, radere.

Der Scháriwári, Mensch, buntscheckig in Kleidung und Gesinnung, Springinsfeld; — wol mit dem franz. charivari zusammenhangend. *Schárivári*hosen, langes, bis an die Knöchel reichendes Beinkleid, Pantalons; (česk. šarawára, šarywára, plur. šarawáry, weite Pumphosen). In Bucher's Mönchsbriefen 138—146 ist geschildert die gerechte Entrüstung eines Seminar-Regenten über die lange, graue Schariwarihosen, in der ein Seminarist vor ihm zu erscheinen gewagt. Im Illyrischen sind Scharawari Schifferhosen. „In Tatar Schalwars und Stiefeln kommt Fraser nach Constantinopel;" Ausland, 1839, S. 259. „Meinen türkischen Schalwars hatte ich einen Theil ihrer ungeheuern Weite genommen und sie nebst baumwollenen und gemsledernen Unterhosen sollten meine Beine vor Kälte schützen;" das. 260. „Schalwars oder Reithosen;" das. 276. Weite constantinopolitanische Schalware [Σαρβαρίδες]; Hammer-P., Wiener Jahrb. 89. Bnd. (1840), S. 15—16. Ueber charivari hat Professor Phillips (15. Juni 1849) 15 Varianten zusammengebracht: carivari, caribary, charivarit, charavarit, charavarium, charavaricum, charavallum („Krawall?"), charivalet („Haberfeld?"), carneval, chalivary, chalvaricum, chalivaly, calivaly, chelivalit, capramaritum; (sieh dessen Druckschrift „Ueber den Ursprung der Katzenmusiken." Freiburg, 1849, und „Vermischte Schriften," Wien, 1860, III, 83 ff. 30 Varianten). Schon Furetière versucht, das Wort zu erklären. Sollte es nicht im Grund ein (spottender) Gruß zur Ankunft oder zum Scheiden seyn, der wol (im schlimmen Sinn) als Ständchen beygebracht werden konnte? Aus dem Aufenthalt während der Kreuzzüge im griechischen Reiche konnte das dort allgemein (wie bey uns Addio, Adieu) übliche χαῖρε (salve sowohl, als vale) mitgebracht seyn, dem man noch das romanische vale beygefügt haben mochte. (Vgl. Th. I, Sp. 217: Bougre und die Redensart: Einem den Marsch machen.) Clm. 19413 (sec. X.), f. 114b, Froumundus ad Philomelam: „Psittacus humanas depromit voce loquelas atque suo domino kere sonat vel ave." (Aus „care, vale!" würde wol eher geworden seyn; engl. acheer). Diez, Wbch. 590. „Capte lyrâ (Orphei) nescis, psittache, chere tuum;" Clm. 17142 (XII. sec. 4°), f. 133b. In des macaronischen französischen Poeten Antonius Arena (Clm. 10737) Aufzählung der Musikinstrumente und ihrer Spieler (fol. 7b) kommt vor ein carlamuarus, carlamuare (Verbum), carlamusa clara et sourda, chalamia, calamela, (Schalmei, chalumet? s. oben, Sp. 394). Ducange ed. Henschel, t. II, 180b: caria, 185c: carivarium, 302c: chalvaricum, chalvaritum, charavallium, charavaritium, 309b: charivarium.

Der Scharwenzel, Scherwenzel, a) Mensch, der sich, seines Vortheils wegen, zu Allem hergibt, Allerweltsdiener. b) Der Untere im Kartenspiel. c) In den Kartenspielen Trischaken und Färbeln, was Scherer, (s. d. W.). scharwenzeln, sich zu Allem gebrauchen lassen, bald da, bald dort geschäftig seyn. Weigand, Wbch. II, 564 und vgl. das. 562: scharlenzen. Zeitschr. II, 277, III, 11: scherwenzeln.

Die Schärwolle. „Culcitra lanea, tomenticia, cento, bett mit schärwoll eingefüllt;" Nomencl. v. 1629, p. 125.

scharren, a) wie hchd.; (BM. II, II, 164. Weigand, Wbch. II, 563. s. scherren). Rueben scharren, sie schaben. Stræu, Holzmist scharren, rechen, harken. Pech scharren von den Bäumen. scharen, (Zir.) mit eisernen Rechen das aufgeschwemmte Sandgeschiebe auf die Seite ziehen. b) (ä. Sp.) schnarchen; (ahd. scerôn; Graff VI, 534). „Scharren als ein voll vaß vieng der bawr wider an;" Salomon u. Marculf, Cgm. 579, f. 17a. „Ein glanzer pfaffe ... der von übermüete scharret, recht als ein fol gebunden an der hefte;" Labr. 456. Der Scharrer, der da scharrt, z. B. Pech-Scharrer; womit man scharrt; das Gescharrte, durch Scharren Gesammelte, (Ruebenscharrer eßen); das einmalige Scharren. Die Schurrá (Lesachthal), Schəarn (tirol.), Schärrət (schwäb.), was sich beim Backen oder Kochen an die Pfanne ansetzt und dann abgescharrt wird. Zeitschr. VI, 205.′ Das Gscharrət, das Gescharrte, durch Scharren Erlangte, Gesammelte. Das *Z'samgscharrət*, (im Scherz) das letzte Kind eines ältern Paares. scharrezen, wiederholt scharren, kratzen, wetzen, z. B. mit dem Fuß auf dem Boden.

„Hàd də' Schlüssel *gscharrəzt*,
hàd das Türl 'garrəzt.“

„Af də' Grêd lát də' Hund dà-l und *scharəzt* ám Baə~;“ Stelzhamer 111. Der Scharrezer, das einmalige Scharren, Wetzen mit dem Fuß auf dem Boden; Kratzfuß. Der Scharrfueß, der Schárrəs, Kratzfuß, Compliment. *Schárrəs* machə~, Complimente, Umstände machen. Vgl. Zeitschr. IV, 498. VI, 205: *Schuria* aus signoria. ′Der Scharrhans, Maulheld; Weigand, Wbch. II, 563.′ Den Hauptmann nennt die Welt Scharrhans;“ H. Sachs 1560: IV, III, 57.

′Der Scharren, die Scherne (niederſ.), der Scharn, die Schirn (heſſ.), was Schranne; ſ. d. W. u. vgl. Vilmar, kurheſſ. Idiot. 350. Weigand, Wbch. II, 562.′

Der Schaur (Schauə'), der Hagel, nie, wie im Hchd., auch ein bloßer Regenschauer; (mhd. schûr, ahd. scûr, tempestas und grando; Graff VI, 535. BM. II, II, 227. Weigand, Wbch. II, 567. Zeitschr. III, 462. V, 521, II, 2. 527,575. „Grando hagel, schiur;“ Cgm. 17, f. 28ᵃ). „Mir hât der schûr erslagen den besten bû, den ich hân;“ Iwein 2832. „Schour oder pisez,“ (Hagelschlag oder Miswachs); MB. X, 65, ad 1298. „Schaur vert,“ (Hagel im vorigen Jahr); MB. VIII, 563. Konr. v. Megenberg decliniert: des, dem, den Schaurn. „Der schaur haizt in anderr däutsch der hagel;“ das. f. 52ᵃ, Pfeiffer 86,5. „Ez kümt auch oft, daz regentropfen vallent mit dem schaurn;“ das. 86,16. „Vil erger denne ein hagelschaur;“ Renner 1807. „Mir ist nie so we geschehen als die selben nacht, also daz ich nahen tod was, wann der schaur (Hagel von „griez und stain“) und der doner die gantzen nacht auf mich gieng;“ Gesta Romanor., Cgm. 54, f. 59ᵃ, Keller p. 115. Es was meiner freud ain grimmer schauer;“ Valkn. 17. „Sorgen schaur;“ das. 28. „Der blick vom Himmel blitzte, der schûr-meziclîchen mir mîn fröude werte;“ Labr. 497. „Groß wurfstain, puchsenklotz und pfeil sah man fliegen an ainer zeil als wann der schaur von himmel vell;“ Mich. Beham, Wiener p. 399,4. Cf. San-Marte, Arthursage p. 154—155. „Ao. 1432 gie ein schawr vber Eching die stat, da warn stein unter als dye poschugel, vnd ein eisschnoll viel aus den wolcken, der was als groz als ein scheiben saltz;“ Cgm. 259, f. 126ᵃ. „Ao. 1240 ist zu Cremona in dem Closter des heil. Gabriel ein Schauer gefallen mit einem Creuz, worauf das An-
387 gesicht Christi sambt dem Namen J. Nazarenus. Wie man mit dem Wasser dieses zergangenen Schauers das Gesicht eines Blinden bestrichen, hat er alsobalden klar gesehen;“ P. Abraham. An einem andern Ort erzählt er, wie der Schauer von Zauberern und bösen Menschen gemacht werde, indem sie eine Handvoll Arbes aus einem schwarzen Hafen aussträhen oder Steinl von einer gewissen Maur in die Höhe werfen, und wie sie „den Schaur in Körben, im Zecker, in Säcken, im Wändl und andern Geschirren führen, aussträhen,“ und wie Vögel vor den Schaurwettern herfliegen. Mehrere solche Leute, welche verdientermaßen im Feuer aufgeopfert worden, haben selbst bekannt, daß sie den a⁰. 1688 für das Herzogthum Steyer so erschrecklichen Schaur gemacht. „Foeminae quae dicuntur grandinem excitare posse;“ Cod. Fris. 142 (sec. IX.), f. 18ᵇ. „Affirmant syricas („siricas“ — strigas?) esse“ ꝛc.; Mett. 57, f. 122. Thierh. 53, f. 95. Joh. Zinccius, de potestate daemonum (quorum secundum Trithemium VI indicat genera, f. 14); Aug. eccl. 57. „Cur incantationibus grando et pluviae eliciuntur;“ die 31. unter des Pseudo-Justinus philos. et m. quaestiones ad orthodoxos, (der übrigens diese Sage über die νεφοδιώκται nicht gelten läßt). P. gr. 2⁰ 319, p. 453. Grimm's Mythol.² p. 602 ff. 1040 ff. Dr. Hartlieb's Erfahrung, das. (1. Ausgabe) p. LIX. Bei də' Nàcht schlagt kaə~ *Schauə'*. Vieles der Art in Hammer Purgstall's Gallerie, besonders III. Theil. Mone's Anzeiger VIII, Sp. 129. Dr. Luther, Clm. 940, f. 439. Ben. 207, f. 16ᵃ. Bey so bewandten Umständen war das Wetter-Benedicieren der Herren P.P. und das Wetter-Anschießen mit geweihtem Pulver allerdings an seinem Platz. (Hierauf bezieht sich die Exhibitio VII. und VIII. v. Bucher's Passions-Vorspiel; cfr. auch dessen sämmtl. Schriften II, 362). „Von unholden, wie das die machen reiff und sne, schauer und regens gießen, wie seu mit porsten schießen vnd den leuten ir milch versteln;“ Mich. Beham, Cgm. 291, f. 141. Unter verschiedenen Wettersegen, die in Handschriften vorgeschrieben werden, sagt einer aus Cgm. 734, f. 208: „Ich peut dir Fasolt, daß du das Wetter verfüerst mir und meinen Nachpauren ân schaden.“ Anderswo, Cod. Teg. 372 (sec. XI.—XII.), fol. ultimo, kommt Mermeut im lateinischen Context als Name solch eines Unholds vor. „Adjuro te Mermeut cum sociis tuis, qui positus es super tempestatem.“ (Cod. Fris. 226, Clm. IV, 6, fol. 60—61: adjuro te mermeunt, 3mal. Vgl. Th. II, 1653: Mermel). „Adjuro vos, jubeo, ut in istum terminum lapidem tempestatis non jactetis;“ ibid. Ordo benedictionum contra auram levatam contra aereas potestates, Aug. eccl. 211, f. 6—7. Cf. Henricus Institor, malleus maleficarum, 1519, f. LXXXV. Alter Exorcismus (sec. XI.—XII.) am Deckel des Cod. Scheftl. 254. „Alii utuntur remediis nugatoriis, ut alteres tangere, ut tempestas pellatur;“ Ald. 184, f. 75. „Emissores tempestatum VII annis poeniteant;“ Poenitentiale Ecberti, Clm. 12673 (X. sec. 8⁰), f. 9ᵇ. „Los proviceros o los que facem caer la pedra en las viñas o en las miesses; Fuero Juzgo, lib. VI., Cod. Hisp. 6, f. 45. Das Schaur-Amt, Schaueramt, gesungene Messe mit der Bitte um Abwendung von Hagelwetter. „Die heil. St. Margreth breitet ihren Reifrock aus. Das Schaueramt thut auch per se was der Brief vermag;“ Bucher, s. W. IV, 39. Der Schaur-Freytag, Freytag nach Christi Himmelfahrt, zu Processionen durch die Flur und Bitte um Abwendung des Hagels bestimmt. Die Schauerkerzen, s. Th. I, Sp. 171: Osterkerzen. Das Schaurkreuz, hölzernes, auf Feldern errichtetes Kreuz, als frommer Hagelableiter. schaurschlächtig, vom Hagel zerschlagen. Schaur, fig. calamitas; Vilmar, kurheſſ. Idiot. 873: *Schûr*, Krankheitsanfall. „Caligula ist ein Schauwer gewesen der Menschen.“ „Das Geld, welches zu mennigliche Schauwer und Verderben ist;“ Av. Chr. 172. 325. ə~ bös's Wei' is ə~ *Schauər* i~n Hauſſ. Cfr. Parcifal 678,22: „Er schûr der ritterschefte.“ Niedersächs. en *Schûer*, eine Weile; Firmenich I, 182,11. schauren, schauern, scheuern, hageln. BM. II, II, 228. „Wenn die Pumpermetten leyert, glaubt der Bauer schon es scheuert;“ A. Nagel's Lied: die Stolgebühren. Nach Peter und Paul schäuerts nicht mehr. „Der schaurend vnd Wetter schlagend hauffen;“ Av. Chr. 206. Vrgl. scheuren, schieren.

Der Schaur, Schauer, Obdach, bedeckter Ort, Schutz und Schirm vor Wind und Wetter; (mhd. schûr, ahd. scûr; Graff VI, 536. BM. II, II, 228. Weigand, Wbch. II, 566. Zeitschr. IV, 27. V, 292. VI, 430,22); in A.B. unvolksüblich, Lex. v. Franken II, 144; niederſ. Schuur. Gl. i. 60: skur-guta, Lares, (wol nicht die isl. skurdgod; skurd von skera, sculpere; Grimm, Mythol.² p. 102 f. 1204); scura, horreum. ′schûren, schiuren, mhd. Spr., schützen, schirmen; auch beschûren, beschiuren. BM. II, II, 228 f. Vilmar, kurheſſ. Idiot. 373. Zeitschr. IV, 430,22. „schuren und schirmen;“ Gemeiner, Reg. Chron. III, 176, ad 1449. „Bei unsern friheiten schuren, schutzen, schirmen;“ K. Roth, Obermoscheler Urk. III, 22. 24. „Halten für, beschûren;“ Labr. 401. „Ob dich ieman welle beschûren vor giftiger zungen schalle;“ das. 403. Vrgl. scheuren.

388 1) scheren (ich scher, scherət, hab geschert — selten noch: ich schir, wir scheren, ich schur, hab geschoren), wie hchd.; (mhd. schern: ich schir, wir schern, ich schar, wir schären, geschorn; ahd. sceran: ih sciru, uuir scerun, ih scar, uuir scurun und scarun, giscoran, tondere. Graff VI, 525. BM. II, II, 149. Weigand, Wbch. II, 576). „Der abt des nicht verbar, als ainen münch er in beschar;" Cgm. 231, f. 211. „Und ir weiplichen schame sy ir peschurn alsame; Mich. Beham, Wiener 273,31. „Der trewlos wicht Schonberger ret, wie sy czaber in dem har het, dar umb ließ man irs schneiden ab ... darumb wart es ir kale ab geschorn uber ale;" das. 274,11. „Etlich sind nit toren geboren und hant sich doch umb daz houpt beschorn;" des Teufels Segi, Barack p. 371,11685. „Ee ich wolt dem valken ain veder scheren;" Valkn. 103. Seit wie lange, weiß ich nicht, schwerlich noch vom altbesungenen Herzog Adelger her („Und swelich daz verbären, daz si daz har iht vor uz schären, di hieten alle den leip verloren;" Kaiserchronik, Cgm. 37, f. 3. Cod. palat. 361, f. 39) scheren unsre Bauern die Haare am ganzen Kopf, mit Ausnahme einer dünnen Schicht, die in mäßiger Länge hinten über den Nacken zu fallen kommt, ab. Wol auf eine vornehmere ehemalige Haarmode bezüglich, heißt hochgeschorn im Voc. v. 1618 (cf. Narrenschiff f. 170) superbiâ elatus. BM. II, II, 150: hôchbeschorn. „Über 'n Kampl abscheren, attondere strictim;" ibid. „Umb zwo haarscheren in die scherereу ... umb zwen khamb in die scherereу; Rechnung des Münchner Jesuiten-Colleg. v. 1630, Cgm. 3942, f. 20b. Das Schervich, Schafe. 'Der Schërmər, (tirol.) Schermaier; Zeitschr. III, 460.' Für scheren den Bart ist jetzt üblicher balbieren. „Dem bader, so er badt und schirt;" Scheirer Dienst-Ord. v. 1500. „Judicium Clementis. Si quis in dominica per negligentiam opera facit, aut se balneat, aut se tondit, aut lavat caput VII dies poeniteat;" (kann sogar als Jude excommuniciert werden); Aug. eccl. 153 (X. sec.) f. 143. Scherbecken, Schermeßer, Scherstuben, Schertuech ꝛc. (vgl. oben: Schar-tuech). 'trucken scheren, ä. Sp.; Zeitschr. I, 260. II, 250. IV, 225. 288. Der Scharfschir, Birlinger 391.' Von scheren mit der Sichel oder Sense ist noch üblich: Das Einscherlein (Ei˜scherl, U.L.), Grasfleck am Acker zum Eingrasen mit der Sichel. S. Schur.

2) scheren, als ein zu Schar (Abtheilung, Reihe) gehöriges Ableitverb mit der Bedeutung: theilen, vertheilen, discernere, separare, ist wol anzunehmen in bescheren, zutheilen, zu Theil werden lassen; (mhd. schern, schw. Verb., ahd. scerian deputare, recensere, numerare; — cf. isl. skora, wozu das engl. a score, certus numerus —; aber biscerian wie biteilan privare, fraudare, frustrare. Graff VI, 532. BM. II, II, 155. Weigand, Wbch. II, 138.) „Got hat gewirdigt und gereicht fürsten und auch herren das si land und leut sönd (sullent) bescheren;" Cgm. 379, f. 90 und Cgm. 270, f. 124. „beschert, fatatus;" Voc. v. 1429. „Fatum, beschyert; fatalis dies, ein bescherter tag;" Semansh. 33. f. 283. „In vulgari dicitur das ist mir beschert. Ego autem addo das bescherlin und das werlin löffen miteinander, si unus non furaretur non suspenderetur;" Joh. Herold (Discipulus), de eruditione christi fidelium, Monac. Francisc. 142, f. 42. Clm. 4700, f. 6. „Das beschererlein und das werberlyn lauffen mit einander;" Clm. 11430, f. 14. „Ein Weib ist eitel beschert ding, connubia sunt fatalia;" S. Frank. Der Holländer sagt auch in diesem Sinn beschoren für beschert. „Er rit in (illis) mit gewalt hin, aber si schereten in", (den, der ihnen entritten war; — sie holten ihn ein, oder umringten ihn? v. Schar? oder: sie ließen ihn laufen; s. unten: einen scheren, absondern; — oder ist zu lesen: si sicherten in?); Katzmair, Cgm. 929, f. 51b. „Einen umbschären," umringen. Cgm. 994, f. 197. Cf. „Do sich begonde die schar werren, grazzieren unde scherren;" Maßmann, Denkm. I, 145. Verschiedne andre, auch hchd. Anwendungen von scheren werden wol kaum bloße Figuren von scheren, tondere, radere, seyn, wenn gleich das Wort auch in diesen Anwendungen jetzt also abgelautet werden sollte; z. B. sich nichts scheren um ein Ding, sich nicht darum bekümmern, (nicht Theil daran nehmen). Zeitschr. IV, 234,1. 414,23. VI, 276,12. 418,31. 466,83. I måg mi' nét schè'n mit dir, du bist mə' z' schlècht. Sich scheren und köten, sich abmühen. Der Scherer, (Zir.) Arbeiter im Siedhaus zu Hallein, der wechselsweise schüren, Salz ziehen und Fuder tragen muß. „á Gscherát (Schererei) und Müeh häi dá Muedar angmacht;" Stelzhamer 142. Vrgl. scheeren (bey Frisch stuprare) und geheien. Einem scheren; cf. zwahen. „Auch hat die jungfraw mich mit zorn gehandelt und mir ausgeschorn;" H. Sachs 1612: I, 226. „Das vor jm wer im wandel vorn auch manchem mann zu gnaw geschorn;" das. II, II, 216 (1560: II, II, 106). 'Cf. mhd. schernen, BM. II, II, 94.' „Er kund wol alten weibern schern ihr kisten und die beuttel lern;" H. Sachs 1612: II, II, 47. Einen scheren, (ä. Sp.) absondern, ausschließen. Sich scheren, davongehen ꝛc. Zeitschr. IV, 251,38. (cf. isl. skiar-r, fugax; ahd. skeri, skero, sagax, velox; Graff IV, 533. 535. Grimm, Reinh. 283,2814). „Meridiati sunt, rasteton vel scheroton;" Clm. 4606 (XI. sec.), f. 128. Graff VI, 534. S. unten Schur und scherren.

Der Scherer oder Scherwenzel im Färbeln, einer Art Kartenspieles: die VII, VIII, IX und X zusammen der klaə˜ Scherə', Unter, Ober, König und Äß zusam- 389
men der grofs Scherə'. Də' klaə˜ Schèrə' sticht 'n grouss'n Schèrə'. Zu welcher Bedeutung von scheren? S. Scharwenzel.

Das Gescher (Gscher), Geschrey, Lärm. Es gibt in der ahd. Sp. ein Verb scerôn, vociferare, lascivire; Graff VI, 534; cf. 549 f.: scern, scernôn.

scherren (ich scherret, hab gescherrt), schaben, scharren, kratzen. (mhd. scherren: ich schirre, wir scherren, ich schar, wir schurren, geschorren; ahd. scerran, Otfr. V, 25,38. Kero 64; ablautend: schirrit, radit, gl. i. 9; scar, rasi, a. 237. 424; arscurri, eraserit, i. 610; kiscorrini, rasura, a. 108. Graff VI, 538. BM. II, II, 163. Weigand, Wbch. II, 563). „Wenn der per ist nicht gesunt, so schirret er ameizen in den munt; swenn er die gizzet, so wirt im paz; Renner 19317. „Er schar die unrainikait mit ainem scherben;" Hiob II, 8, gl. v. 1418. cf. scerra, strigilis. „Adnixi torquent spumas et caerula verrunt, scherent;" Kaisersh. 142, f. 82a. „Min fiur ist gar beschorren, wol bedeckt on schaden;" Altswert 125,28. „Der luchs verscherret seinen harm mit sant;" Konr. v. Megenberg, Pfeiffer 451,8. Einen Serves (servus) scherren, einen Kratzfuß machen; Weizmann III, 95. Das Flußbett (der Isar) scherren, die allzu seichten Stellen zum Behuf der Floßfahrt mittels einer von Pferden gezogenen Vorrichtung — der Kisscherren — durch welche der Kies bey Seite geschafft wird, vertiefen.

scherren, vrb. n., eine Art zu fischen. „Es soll auch fürbas dem gemainen Mann in der Tunaw ze scherren nit mer gestatt werden, auf ursachen das der gemain Man, so kain Vischer ist, die Prüt und Sängl der Pärbl nit wol underainander erkennen, daraus dan ain große erödung des klainen Vischwerchs bisher ervolgt ist, aber die Vischer mögen wol scherren;" L.Ord. v. 1553, 5. B., 2. Art; v. 1616, f. 643. Cfr. Kr. Lhdl. VIII, p. 400. XIII, 143. Wagners Civ.- und Cam.-Beamte II, 268. Dazu dient etwa der Fischzeug, genannt Zaun-Scher. „Item Zaunschern sollen nit lenger dann von Lichtmeß bis auf St. Jörgentag gebraucht werden;" L.O. v. 1553, 5. B., 2. Art. Land- und Polic.-O. 4. B., 9. Tit., 2. Art. Kr. Ldhl. VIII, 398. XIII, 141 setzt, wol unrichtig, Zaunscherm, Zaunschirm.

Einen Apfel scherren, eine Rübe ausscherren. Die gekochten Dampfnudeln ausscherren, sie mit dem Scherrer, Nudelscherrer aus der Pfanne heben. Die Scherr-Rueben, die sonst sogenannte bayrische Rübe (brassica napus), weil sie zum Verkochen nur abgeschabt wird. Das und die Scherrət, Gscherrət, was von einem Apfel, aus einer Rübe und drgl. oder aus einem Geschirr, an welches sich beym Kochen etwas von der Speise angesetzt hat, geschabt oder gescharrt wird. Im Scherz wird das letzte Kind eines kein weiteres hoffenden Ehepaares Zsamgscherrət (Zips: Schertröglein) genannt. Vrgl. scharren und scheren.

Der Schəar, der Geliebte; da' Michl is main *Schəa'*, mon cher, mein Amant. Castelli, Wbch. 240.

Der Scher, des Scheren (Schêr, Schèr), auch die Schermaus, der Maulwurf; (mhd. scher, ahd. scero, talpa; Graff VI, 534. BM. II, II, 150. Nemnich II, 1417. Weigand, Wbch. II, 577. Zeitschr. IV, 467,11. VI, 343). „Talpa haizt ain scher oder ain maulwerf ... wenne man den schern prennet ze pulver ...;" Konr. v. Megenberg f. 96, Pfeiffer 160,21.28. Der Merscher, salpa; das. f. 150, Pfeiffer 258,9.15. „Der scher in erde hat wesen;" Valkn. 70. „Es was ein scher blint und plöd;" d. Ring 20c,16. Eins tages ein scher nach sîner art gieng ûf sîner spîse vart;" Boner. Em. D. 58, f. 154; `Benecke XXIX, 1. „Ze jungest kam ein schermûs;" das. XXIX, 15.´ Der Scherbatzen, Scherhausen, Scherenschroppen, Maulwurfshügel. „Dy hicz pues (heile) mit erdrucksant das haist scherhausen;" Cgm. 4543, f. 136. s. oben, Sp. 48. Das Scher-Eisen, Maulwurfsfalle. Der Scherenfanger, Maulwurfsfänger.´ Das Scherenschwaiflein (Schèrnschwäaffl, O.Js.), phleum montanum L. Scherl-glatt, scherl-hál, adj., von der Haut wohlgenährten Viehes.

390 „Scherband." „Ligaminibus faciendis, für Scheerbänder machen;" Wstr. Btr. VIII, 131. Es sind Stroh- oder Schâub- (Schá'-) bänder gemeint, und vielleicht falsch verhochdeutscht; es müßte denn scheren (ausspannen oder aufziehen, wie der Weber die Fäden) gemeint seyn.

Der Scherhammer. Nach dem L.R. v. 1616, f. 692, und der ältern Land- und Polic.-O., Buch V, Tit. 6, Art. 5 ist den Bauersleuten verboten, unziemliche Wehren und Waffen, als Büchsen, lange Spieß, Helmparten, Scherhammer, Wurfhacken rc. auf Hochzeiten, Kirchweihen, Jahrmärkten rc. zu tragen. Mit einem „Scheerhammer" zerschmettert Adam Gayring, Schäfer in Gussenstadt bei Heidenheim, seiner leidenden Gattin auf ihr Verlangen (nach dem 4. Capitel im Buch der Richter) die Hirnschale. Ulmer Chronik, 1846. cf. Schinhammer und Schergenhammer. Haas (deutsch-franz Wrtb.) gibt Schierhammer durch marteau à unir. Das ist aber wol keine Waffe.

Die Scheranz, (Hund, b. St.B. II, 328) Scarantia, s. Scharnitz, wo auch Scherenwald erwähnt wird.

`Die Scher, (Metzgerspr., Augsb., Nürnb.) beim Klein- und Großvieh das Stück mit den beiden Schlegeln, nach Wegnahme aller übrigen Körpertheile. Birlinger 392. Etwa zu Schär (s. d. W.) oder von scheren, ausscheren, absondern.´

scheir, scheier, unter dieser Ausprachform müßte, wenn es in Hochdeutschland nicht ausgestorben ist, das ältere Adjectiv schîr (lauter, rein, hell, glatt, glänzend, mhd. schîr, goth. skeirs; BM. II, II, 159. Weigand, Wbch. II, 580; vgl. das. der Schier, Schiertuch, klare, durchsichtige, feine Leinwand, und Birlinger 392: Scheir) vorkommen. „Ein Drache von schîrem golde;" König Rother 223. „Er is so schyr, iz ist ein edele saphir;" Alexander des Pr. Lamprecht in Maßmann's Denkmälern I, 73, Vers 6707, (dessen deutsche Gedichte des 12. Jahrh., p. 142,7057). Im Altsächs., Angelsächs., Isländischen begegnet skîr, adj., und isl. skîra, reinigen, auch bapzitare; (Leifr heppni var skirdr," a°. 1001, Leivus fortunatus fuit baptizatus; Antiquit. Americanae 15). Vgl. Schmidt's westerwäld. Idiot. p. 179: *scheier*, *scheijer*, bloß, allein, unvermischt, merus. Er ißt die Butter, den Käse, das Fleisch *scheier*, d. h. ohne Brod dazu zu nehmen. Er hatte *scheier* Gold (lauter, blos Gold) im Beutel. Vilmar, kurhess. Idiot. 350. Zeitschr. VI, 482. Das schiren (genau betrachten, unterscheiden, mustern) des brem.-ndrs. Wrtbchs. IV, 660 wird vermuthlich zu diesem schîr gehören. Das dort angeführte verschiren (durch den Blick bezaubern) kommt auch Diut. II, 214 also vor. scieri, lucidus, gl. i. 647, steht wol für sciri.

Scheiren (Scheiə'n), „Scheirn, Scheiern, Scheurn, Scheuern" (so sogar auf der neuen großen topographischen Karte misschrieben), Ortsname; im XIII. und XII. Jahrh. Schyren, MB. X, p. 392: „mons et castrum Schyren;" p. 397, ad 1140: „Comes Ekkardus de Schyren;" Clm. Schyr. f. 11: „Villa Mitterschyren;" MB. X, p. 460, ad 1206: „Schyrere Vorst" (Scheirer Forst); im XI. und X. Jahrh. (Nagel, Notitiae p. 21): ad Schirun, (p. 31) Schirin. In einer Urkunde v. 1142: „apud Skyren;" in einer Bulle des Pabstes Calixtus von 1123: „Monasterium ... quod in loco qui Schira dicitur ... in Schirum transferre." Cf. Cod. bav. Monac. 52 multa Schyrensia. Angenommen mit Conrad. Schyrens., Avent., Hund rc., daß die Burg Scheiern erst um 938 von Arnulf, dem Sohn, oder von Arnulf, dem Enkel des Markgrafen Liutpolt, dieses erweislich ältesten Anherrn des bayrischen Regentenhauses, erbaut sey („Arnulphus montem Schyrensem moenibus clausit"), so entsteht die Frage: hatte, wie zu vermuthen, der Ort vorher schon Bewohner und Namen, vielleicht von historisch ganz gleichgültigen Dingen oder Personen entlehnt, oder aber steht der Name mit Liutpolts Familie selbst in näherer, älterer Beziehung? (In einer Urkunde des Reichsarchivs, Amt Groß-Aitingen, v. 1495 heißt einer der Zeugen Jorg Scheyr). Man hat unter Annahme des letztern Falles bis auf die Scyri des Jornandes, cap. 46. 50—53, Paul. Diac. cap. 20. 54, die Σκίρροι des Procopius (Goth. 1), das heißt sehr ins Blaue, zurückvisiert. Grimm, Gesch. d. d. Spr. 465—467. Einer der geistreichsten Darsteller bayerischer Geschichten glaubt beide Fälle zu vereinen, indem er I, 249 die Liutpoldinge nach ihrem Stammhause im Huosigau Schyren genannt werden läßt, und so zu der seitdem 391
auch von Andern beyfällig angenommenen, stattlich und alterthümlich lautenden Form: der Schyre, des Schyren, den Anstoß gegeben hat. Allein diese Form setzt dennoch blos den zweiten Fall voraus; denn im ersten würde ein älteres Schîrære, jetzt Scheirer, regelmäßig seyn, wie Aventin in den Annales Schyrenses ad ann. 508 sogar die Sciri nennt. Allerdings kann der Ort nach einem ersten Ansiedler, der Scîro, oder mehrern seines Geschlechts, die Scîrun hießen, zi them Scîrin, zi then Scîron, Scîrun s. Gramm. 834. 878) genannt worden seyn; daß aber Liutpolt selbst zu diesem Geschlecht gehört habe, ist weiter nichts, als möglich, wie ehrenhaft und passend auch das Denominativ ther scîro (lucidus, purus, der lautere, aufrichtige) erscheinen möchte. Bey Wied p. 304 kommt ad 1212 ein Ort Schyr im Unterlande vor, vielleicht derselbe, der früher (Pez, thes. I, III, 67. 88. 94. 97. 98. 140) Sciri, dativisch Scirin heißt, und vermuthlich das jetzige, bey Abensberg liegende Scheiern oder Scheuern. Bey andern (eines bey Bachl, ein anderes bey Mangolding) sowie in den Ortsnamen Scheiring, Scheuring („Schiringen," Clm. 4355, XIV. sec., f. 53. 102. „Regenhard presbiter de *Schiringen*," MB. X, 11), die unweit Landsberg, Dingolfing und Passau vorkommen, dann in Scheuerberg, Scheueregg bliebe zu ermitteln, ob ihnen in der ahd. Sp. nicht vielmehr skiura (horreum) als dieses unser

Skîr, oder das allenfallsige Nom. pr. Skîro (cf. I. Th., Sp. 107 f.) zu Grunde liegt. `(„Vielmehr Scheirn, calix, wie bei Staufen;“ Jac. Grimm. s. unten: die Scheur.)´ In Bezug auf die Grafen von Scheiern, die Grafschaft Scheiern haben Einige das angelsächsische scire (Geschäft, Verwaltung, Verwaltungsbezirk, territorium, dioecesis, comitatus), das auch hochdeutsch gewesen seyn muß (scira habat procurat, gl. a. 190, scirono negotiorum, a. 363; cf. sich scheren, curare, bekümmern), mit in Frage gebracht; allein, abgesehen davon, daß das i in diesem Wort wahrscheinlich ein kurzes, nicht dem neuern ei entsprechendes war, so hätte ein einzelner Ort, wenn auch Hauptort, nur durch einen seltsamen Tropus den Namen einer Verwaltung oder eines ganzen verwalteten Bezirkes erhalten können. Vrgl. II, Th., Sp. 988 den Artikel Grafschaft `und namentlich die´ bedeutsame Stelle aus den formulae veteres, und zwar der 7. nach denen des Marculf bey Bignon: „Illa terra quae est in pago illo, in grafia illa, in loco qui vocatur ille,“ (grafia als Verwaltungsunterabtheilung eines Gaues, also ohngefähr was Grafschaft). Cod. Inderst. 439, f. 109 und Clm. 1003, f. 95, Otto Frisingensis lib. VI, cap. XIX. (Der gute Prinz und Bischof Otto ist auf seinen Namensbruder, den Scheirer, und sein ganzes Geschlecht sehr übel zu sprechen.) Im Jahr 1108 räumten die Grafen von Scheiern dem von ihren Vorfahren im J. 1079 zuerst nach der (bayrischen) Zell gestifteten, dann nach Fischbachau, hierauf nach Usenhofen (Ûsinhovun, Äusenhofen, Eisenhofen) gezogenen Benedictinerverein endlich ihr („quia multa contra Deum mala commiserant“) von den frommen Bischöfen Uodalrich und Wolfgang ohnehin mit dem geistlichen Bann belegtes eigenes Stammschloß ein, indem sie andere ihrer Burgen, namentlich Dachau und 1113 die auf einer Höhe am Witilinesbach neu erbaute zum Aufenthalt wählten. Conrad von Dachau, Herzog zu Dalmatien, wußte im Jahr 1156 von einem Heraclitus, Patriarchen zu Jerusalem, ein Stück Holz von dem Kreuze Christi zu erwerben, womit er dem Gotteshaus zu Scheiern ein Geschenk machte. Nach dem im Clm. 17403, f. 235ᵃ von Conradus philosophus abgeschriebenen Brief des Patriarchen zu Jerusalem E. (Eraclytus?) an C. (Conradum?), ducem de Dachawe, scheint unter dieses Conrad's Vater das Kreuz einem Jerusalemischen Canonicus Conradus, der auf Anordnung des dortigen Patriarchen damit herum gewandert war, um auch Aermern, die nicht nach Jerusalem selbst kommen konnten, die Gnaden dieser Reliquie zutheil werden zu lassen, mit Gewalt abgenommen worden zu seyn. Ueber dieses Scheirer Kreuz
892 und seine Wunder hat Jac. Gretserus einen Hortus Crucis Schirensis, und Conr. Demmelmayr sein „Creuz im Creuz“ geschrieben. Um auch entfernte Fromme seiner Wunderkraft, besonders gegen Bliz und Hagel, theilhaftig zu machen, wurden in der Form der Partikelmonstranze, nemlich der eines Kreuzes mit zwey übereinanderstehenden, ungleich langen Querbalken, kleine Scheirer-Kreuzlein von Messing und Silber gegossen, und nach gehöriger Berührung mit dem Original, wie P. Demmelmayr sagt, manches Jahr zu mehr als 40,000 Stücken auf dem Handelswege ausgesendet über alle Lande. Am Eingang zum Hof vor der Kirche ist eine Kreuzigung in Relief von 1514. Am Kreuzgang des Klosters, dessen Bauart sonst auf neuere Zeit weiset, („Bonam edificiorum partem inprimis templum restauravit Georgius Neubeck de Wolnzach abbas, 1558;“ Cbm. 52, f. 7), besteht noch eine Kapelle in weit älterm Styl, die sogenannte Otto-Capelle, unter deren Estrich die Gebeine von Mehrern des so groß und berühmt gewordenen Geschlechtes ruhen sollen. Unter Abt Stephan (1623) soll nach der Gruft gegraben worden, aber nur ein Behältniß mit Gebeinen gefunden worden seyn, die nachher in der Fürstenkapelle begraben worden seyen. Neben der Fürstenkapelle die alte Burgkapelle, in welcher der Ungarn-König Stephan mit K. Heinrich's II. Schwester Gisela getraut worden sey. (K. A. Röckl in der Landbötin v. 1837, p. 109. Harfner auf Wittelsbach, 1837, p. 57). Ich erinnere mich aus den Tagen, wo es mir von Martin, dem letzten der Aebte, hier mein mensa und amo zu lernen vergönnt war, oft mit heiligem Schauer die Stufen `zur Otto-Capelle´ hinangestiegen zu seyn, zu diesem alterthümlichen Gewölbe, dessen Erhaltung ohne Zweifel allen seitherigen Privatbesitzern der ehmaligen Klostergebäude im Interesse kommender Generationen zur Pflicht gemacht worden ist. Je mehr die Nation erstarkt seyn wird in echter, alle Verhältnisse durchdringender Freyheit und Bildung, desto ungeheuchelter wird sie Theil nehmen an Allem, was das Geschlecht betrifft, an dessen Hand sie aus der Unmündigkeit finsterer Jahrhunderte wird groß gezogen worden seyn. Und dieses Scheiern mit seinen weitläufigen Räumen schiene darum wol vor andern geeignet, wieder ein öffentliches, jetzigen Bedürfnissen der Gesellschaft entsprechendes, zugleich erinnerndes und nützendes Denkmal zu werden. Den 15. Juny 1838 finde ich am Klosterthor zwischen Blumengewinden die Aufschrift: SChIrI oVantes Vos Intra MVros BeneDICtInos noVIter sVsCIpIVnt; an der wiederhergestellten Abtey: QVoD Otto qVartVs pIe fVnDaVIt LVDoVICVs I. BaVarIæ reX æqVe pIe aC perseVeranter restaVraVIt; an der Fürstencapelle: DeVs sVa LargItate aC bonItate Det et aVreas nVptIas. Der Thurm der Kirche ist bis auf die Glockenräume abgebrochen, um (auf König Ludwig's Kosten: 54,000 fl.) höher und in anderm (gothischen?) Styl gebaut zu werden. — Den 16. Juni weckten mich 2 oder 3 Benedictiner da, wo ich auch Ao. 1796 oft geschlafen, mit ihrer Matutin. Soll das jetzigen Bedürfnissen entsprechen?

scheuren, scheuern, fegen, reiben, putzen, an Rhein und Mayn (Zeitschr. III, 552, II, 7), nicht aber in A.B. volksüblich; (Weigand, Wbch. II, 578); Hamburg: schören, Bremen: schüren; (zu einem st. Verb. skiuran, Prät. skaur, wozu auch Schaur, Grimm II, 48. Feußner, d. ältesten allit. Dichtungsreste, 1845, p. 53; engl. to scour, schwed., dän. skûre, frnz. écurer, altfrnz. escurer, ital. sgurare, mittellat. scurare = excurare. Diez, Wbch. 317. Müller etym. Wbch. d. engl. Spr. 300). Zeitschr. V, 451. Vrgl. schoren, polieren. Im großen Manchester-Hospital waschen sie seit 15 die Treppen und Corridors gar nicht mehr, sondern sie haben große, starke Bürsten, mit denen sie und mit Sand den Boden blos abscheuern. Der Sand thut eben so gute Dienste wie das Wasser. Allgem. Ztg. vom 25. Aug. 1843, Beilage S. 1850. `Der Schûrtag, ä. Sp., Aschermittwoch; BM. III, 7.´ „Die ander fronvaste ist die mittewoche nach dem schurtage in der vasten;“ Meinauer Naturlehre p. 8. `Scherz-Oberlin II, 1383. 1454.´

Der, die Scheur, Scheuren, Schewrn, Scheirn, (ä. Sp.) Pokal, Becher, niedersächs. Schauer, Schouwer; (BM. II, II, 170. Weigand, Wbch. II, 566 f. Vilmar, kurhess. Idiot. 344). „Emit abbas (Conrad V. von Tegernsee) vas argenteum deauratum cum pede et operculo proprie ain Scheyren;“ Pez I, p. 547. „Calix, Scheirn, pecher; Aventin. Gramm. Bey der Hochzeit Georg des R. v. Landshut aᵒ. 1475 bestunden die Schankungen an die polnischen Begleiter der Braut in silbernen und vergoldeten theils „Schewrn,“ theils „Köpffen,“ theils „Pechern.“ Wstr. Btr. I, 199. 200. In H. Sachsen Tragödie Concreti (Ausg. v. 1612: I, 243) bringt der Ernhold das Herz Guiscardi „in einem gulden kopff“ und spricht zu Gismunda: „Gnädige fraw, es schickt die schewer zu trösten euch ewr vatter thewer“ ... „Gismunde deckt die schewren auf, schaut hinein und spricht“ ... Ao. 1541 schenken die Nürnberger dem Kaiser „einen gulden Scheuren;“ Wagenseil, de Norimb. 83. `(„Goldscheur, Simpl. K. 886;“ Jac. Grimm. „In dem Dorff Goldscheuer,“ Simplicis., Ausg. v. Keller p. 886.)´ „Die Landshuter verehren der Braut des Herzogs Philipp von Amberg eine vergoldete (einen vergoldeten?) Scheuer;“ Lex. v. B. I, 547. Birlinger 394. Die aᵒ. 1565 zu Prag ausgeschossene „vergulte Scheurn“

ist abgebildet im Cgm. 944, f. 23. „So der breutigam des nachts ehelich beigelegen ist, so mag er oder jemand anders von seintwegen des morgens die Braut begaben mit einer zwifachen silbern verguldten Scheuern oder andern cleinaten;" Nürnb. Hochzeit-Ord. v. 1567, Ms., f. 4ᵇ. Mone's Anzeiger, 1838, Sp. 179 ff.

Die Scheuren, Scheuern, wie hchd. Scheuer, doch weit minder üblich als Stadel; (mhd. schiure, ahd. sciura und scûra. Graff VI, 536. BM. II, II, 228. Weigand, Wbch. II, 578). „Ein narr nymbt ein
393 hewschewren für ein purck;" Cgm. 579, f. 51. Vrgl. Scheune. „Scheurenmair, horrearius;" Voc. v. 1618.

Überscheurung. „Wan ain uberscheurung auf unserm Moß wuchse, und wür mit unserm Viech, Rossen, Khuen und andern nicht abetzen mochten ...;" Langen-Preysinger Ehaft, Wstr. Btr. VII, 324. Cfr. Schur, (Abzuscherendes oder Abzumähendes).

Das Geschirr (Gschir, Gschiər), wie hchd.; (mhd. geschirre, ahd. giscirri; Graff VI, 539. BM. II, II, 164), Gefäße, Geräthschaften jeder Art, — selbst Wagen und Wasserfahrzeug; (Bamberg, Erlangen) Fuhrwerk, Wagen, Chaise. `R.A. Schiff und Geschirr; Vilmar, kurhess. Idiot. 351.´ „Laitergeschirr, Deichsel ꝛc.;" Scheirer Dienst-Ord. v. 1500, f. 20. Mit Roß und Geschirr versehen seyn; L.O. v. 1553, f. 59. Salzwagen oder Salzgeschirr auf der Landstraß haben; MB. IX, 318. „Jeder Zinser soll auf ein Tag nur ein Fueder Holz führen und mit einem Geschirr fahren;" Forst-Ord. v. 1616, Art. 15. Größte Art Fahrzeug auf dem Mayn, das von Pferden gezogen wird. ə˜ Gschirál, Gschi'ál, Gschidál Milch, (O.L.) kleiner Weitling oder Topf voll Milch. Meßergeschirr, Messer und Gabel, als Tischzeug. „Der jurist mit seinem buoch, der jud mit seinem gsuoch, das unter der frau furtuoch, die drei geschirr machen die ganzen welt irr;" Aufschrift an einem alten Hause zu Wasserburg. „Ain mäuslein (musculus, Muskel) ist ain geschirr der willicleichen wegung an den glidern; Konr. v. Megenberg f. 12ᵇ, Pfeiffer 20,12. Im Buch der Weisheit, Druck v. 1485, wird das Membrum des Affen sein Geschirr genannt. `Ebenso vom Menschen:´ „Habt zerrissne Bruech und hecht euch das Geschirr dardurch;" Cgm. 810, f. 170. „Sîn vil lang geschirre daz hieng im in die eschen;" von der bir, Vers 257, Myller's Samml. III, p. XLI, `v. d. Hagen's Ges. Abent. I, p. 218.´ „Zuleczt grayff er im an das geschyrr; Hans Folz in Haupt's Zeitschr. VIII, 527,114. „Etlich stelen aus der prûch dem man sein geschirr gar;" Hans Vintler, Grimm's Mythol.[1] p. LVIII. „Do sach er dem probst an sein geschier hawsfraw wie hengt es so jahgir" (? jag-irr?); der Maler zu Wirzburg, ein Schwank, Cgm. 713, f. 126, `(Keller, Fastnachtsp. III, p. 1182).´ „Dein geschirrlich in ein badhut henck der am bauch wie ein euter schwenck;" H. Sachs 1560: IV, III, 77 (1612: IV, III, 167). „Wer daz pulver (aphrodisiacum) nutzt, der gewinnt solchen gelust, daz im sein geschirr albeg froleich ist .. Daz geschirr must albeg an unterlez berait sein ... Daz daz geschirr nit mag auf gestên;" Progel's Arzneibuch, Ms., f. 84ᵇ. 85ᵃ. „Dem sine geschirre geswollen ist ... uf daz geschirre legen;" Clm. 5931, f. 225. Das Ohrgeschirr, (Ohrläppchen?). „Wurd aynem das orgeschier oder wang oder naß verseret;" Cgm. 170, f. 3. beygeschirrig, s. I. Th., Sp. 225. Der Geschirrer, (Freyb. Samml. II, 131, ad 1392) wol ein Appellativ. Der Geschirrmaister, Officier über das Artilleriefuhrwesen; Fronsperger 1555, f. XXXII.

Geschirr, in einigen ältern R.A., wo es schwerlich mit dem vorangehenden eins ist. Vilmar, kurhess. Idiot. 351. Aus dem Geschirr schlagen, aus der Art schlagen. „Wie ihre Kinder aus dem Geschirr schlagen, und nur zu Spott und Schand der Freundschaft erwachsen;" Selhamer. Guet Geschirr machen Einem, ihn wohl bewirthen. Auf dem Titelblatt zum II. Theil des verdeutschten Guevara v. 1607 sagt Aegid. Albertin: „Hiemit kombt der ander Theil, wirdt jederman zu kauffen feil, vil gut Geschirr thut er uns machen von geistlich und weltlichen Sachen." „Man soll die Gefangenen wohl halten, ihnen gut Geschirr machen;" Fronsperg von Kriegs-R. „Schlampampen und gut Geschirr machen;" Simplicissimus v. 1669, p. 251. „Det yme groß tschier vnd freuden; Pontus und Sidonia, Cgm. 577, f. 98. Aehnlich ist das flämische „goede ciere maecken, curare cutem, genio carpere dulcia," (Kilian), vermuthlich entsprechend dem franz. faire grand' chère oder bonne chère, engl. bey Chaucer: to make fest and chere, in gleichem Sinne. Dieses engl. cheer, franz. chère und fläm. ciere an sich aber galt für: Gesicht, Miene, Aussehen, worin wieder das ital. ciera, span. cara, selbst poln. cera stimmt. Diez, Wbch. 88. Müller, etymol. Wbch. d. engl. Spr. I, 194. Cf. Wackernagel's Wbch. u. BM. III, 124: tschieren „Ein student wolt predigen, solchs thet im schlecht von statten gehn, und macht gar wunderlich Geschirr;" Bragur III, 344. Das heutige engl. cheer heißt unter anderm 394
Belustigung. Ob etwa das im I. Th., Sp. 225 und 415 berührte: packschirrig, patschirlich (possierlich) hieher gehört? „Fresser, Sauffer, Spieler, Schwetzer, Packschirrer und Ehrenschänder;" Albertin's Guevara II, 209. Das Sprichwort: „Ein rother Bart schlechter Art" wird bei Abele (seltſ. Ger.-Händel II, 326) ein packschieriges genannt. Vrgl. Stalder's (I, S. 142) batschierig. abgschirren Einen, ihn mit seinem Begehren oder Bitten abweisen; (ObrM.).

Die „Schier," (nach Höfer III, 84: in Bayern) Schar. Eine Schier Gänse.

Die Schiər (Scher, Schir, Schür?), (O.Pf.) Haare am Kamm des Pferdes, Mähne; Haarbüschel am Kopf des Stiers. Sshneid mər ə˜ Hàr vo˜ de *Schiər* 'raus.

schier (schiər, o.pf. schêiə'), schiere, adv., 1) ä. Sp., bald; (mhd. schiere, ahd. scioro, skiero, cito, ocius; Graff VI, 536. BM. II, II, 110. Weigand, Wbch. II, 580. Zeitschr. IV, 103,12. Cf. slaw. skoro, bald, schnell; Zeitschr. VI, 251. niederd. und holl. schier, heute: schier of morgen. Zeitschr. VI, 18. Vilmar, kurhess. Idiot. 344: *scheier*, in der nächstkommenden Nacht. „Cito, illico, schier; quam cito, wie schier;" Avent. Gramm. „Wir fürchten uns so sehr davor, daß wir nicht schier wissen wo aus;" Kr. Lhdl. IX, 394. „Zu richten wird er komen schier, mit großer Macht und höchster Zier;" Himmelsglöckl. v. 1685. „Maria hilf mir schier, das ich kum zu dir!" Cgm. 622. „Ich wil dich schier derains sehen," ego te propediem videbo; Cgm. 690, f. 31. „Ich sprach, es war noch zu schier;" Cgm. 714, f. 22. „Schlach schleg drey oder vier si vis habere pacem schier;" Ben. 252, Vorderdeckel. „Unrecht gewunnen ist schier zerunnen;" Cgm. 811, f. 41. „Wie gern sung ein man, ir wisset wol wer lützel chan, der hat gesungen schier;" Cgm. 270, f. 75 und 379, f. 38. Geist du schier, so geist du zwier;" d. Ring 29ᵇ,15. „Obe schierer (citius) unsih du erhores;" Cgm. 17, f. 147, oratio ad Ps. 100. Der arme kumt ze sîner zil schierer, ob erz tuon wil; d. w. Gast 2844. „Kumt aver im schierer der tôt, sô ist er schierer ûz der nôt;" das. 5405. „Man geloubet zaller vrist daz bœse schierre dan daz guot;" das. 11257. „Er mac schierer komen dar dan hie belîben; das. 11601. „Auf schieristen Erchtag," (auf den nächstkommenden Dienstag); Ldtg. v. 1516, f. 341. „Zu schieristen Wettertagen," in den nächsten Tagen, wo es das Wetter zuläßt; Kr. Lhdl. IX, 20. Duchker, Chr. 250. Allerschierist (noch jetzt àllə'schiərist), so bald als möglich. ə˜Schiər: ə˜*Schiər* kimədə'! ə˜*Schiər* hılfədə'! drohend: ich hätte Lust, dich zu züchtigen. Dásə də's éppə-r-ə˜ *Schiər* lèə'n! (ObrM.); — wahrscheinlich das Adv. schier (alsbald, gleich) mit einer Präposition (in, e˜,ə˜?); cf. ə˜ drá˜, drein; s. oben, Sp. 102: Rá˜. 2) heutzutage: bald, in der Bedeutung: fast, beynahe, fere, ferme. Zeitschr. IV, 103,12. 427,66. I bi˜ *ſchiər* voʻhungəʻt. I waəs meʻ *ſchiər* nimməʻ z· hęlfə˜. I hà' mi' *ſchiər* vəʻschaugt. Oft mit tautologisch beygesetztem bald: əs is *ſchiər bàl'* ə'so. *Schiər* gàr. In den „Liedern in der Mundart des Salzburger Flachlandes" (1845) begegnet öfter *schiəʻgə* („schiəga"). In der ahd. Sp. scheint ein Verb sciaran, scieran, parare, expedire, exsequi, bestanden zu haben, (Graff VI, 537); so Otfrid I, 23,22: „thia heristraza in skiere," viam illis parct; IV, 12,44: „thaz thu in muate fuaris, sliumo so gisciariz" — quod facere vis, fac ocius. Eine andre Form scheint das alte Adj. sceri, sagax, acer ad investigandum, gl. a. 338; skeero, argudum (argutum?), gl. o. 192; (Graff VI, 533). Doch steht gl. a. 244: scero, ocior.

„schieren," s. schüren.

Der „Schierling," eigentlich Scherling, cicuta; sieh oben, Sp. 446 f.: Schar-lach. „Apollonaria, schirling;" Clm. 16487 (sec. XVI., 1526. 2⁰), f. 95. Diefenbach 41ᵃ, nov. glossar. 28ᵃ. „Cicuta haist wiltscherling," (wutschirling? s. oben, a. a. O.); Clm. 5931, f. 112.

Der „Schierling," Art Chiemsee-Fisch. Vrgl. Schiet.

schoren (O.L. schouʻn), 1) (O.L.) mit der Schaufel, dem Spaten arbeiten, z. B. um einen Weg durch den Schnee zu bahnen; (mhd. schorn, BM. II, II, 195 f. cf. Graff VI, 535. Vilmar, hess. Wbch. p. 40: schôren). „Den Mist im Hof zamschoren;" Freyb. Samml. II, 109, ad 1392. „Swer uf dem marcte lat schormist oder andern mist oder holtz ligen;" Auer, Münchn. StdtR. S. 286. „Bekenne dich selber ist ein wort, daz sünde und schande von uns schort;" Renner 10343. „Seit hort wort gar warf über bort, seit hat der geitigen herz durchbort her Ziterort, daz uz geschort und auch gesatzte ist an ein ort maniges wisen mannes lere; das. 17690, (s. Th. I, Sp. 152: Ort, 5). Dieß ist wol nur
395 eine specielle Bedeutung von der in Franken und weiter hinab gemeinüblichen 2) des Grabens, Umgrabens mit dem Spaten. Schorfeld, (Feld, das umgegraben, nicht gepflügt wird?). „Ein Nebenhaus mit Grasgärtlein, eine Scheuer nebst 2 Stück Schorfeld und 10 Ruthen;" Ausschreib. v. Rothenburg a. T. Schorgärtlein. „Haus, Scheuer, Schorrgärtlein, Peunt;" Ansbacher Ausschreib. Vilmar, kurhess. Idiot. 341: die Schâr, Schârland. Weigand, Wbch. II, 631: die Schor, der Weg um den Wallgraben. Der Schoren, (wirzb., Reinw.) der Spaten, die Schaufel; (mhd. diu schor, ahd. scora; Graff und BM., a. a. O.). „Ackerpflug nebst Schorr, Sage und Karren;" Augsb. Ausschreib. Ist hier ein hieher gehöriges Schor oder etwa Pflugschar zu verstehen? Cgm. 649, f. 555: fossorium, schorr; gl. a. 23. 850. 690, o. 82: scora, schora, wanga, (d. i. Haue, Schaufel). In einem Münchner Ms. v. 1500, CbmC. 22, fol. 265 aus Tegernsee steht die Regel: „Paw das Korn in die Schorn (id est: in die molten), und den waitzen in das kot, so helfen sy dir aus not." Der Schorn, (Zips) Kothklumpen. Vilmar, kurhess. Idiot. 366: Scholle. cf. ahd. scorn, glebula; Graff VI, 551 und unten schorren. In der Schweiz gilt schoren vom Wegschaffen des Düngers. Vielleicht ist auch das niederd. schoren, lacerare, gl. a. 838, isl. skora, kerben, nicht unverwandt. „Dese verloste vrouw heeft een fissura perinaei en een scheur in de endel-darm gehadt;" Bruyery, Elk zijn gelt weer ꝛc. (Harlem, 1677) p. 5. Vrgl. Vilmar, kurhess. Idiot. 342: schâren, Tabak kauen; Schârtabak, Schærchen.

schoren, (in den Nadelfabriken zu Schwabach ꝛc.) polieren. Die Schor- (oder Polier-) Mühle mit 14 Schorbänken zu Schwabach. Vrgl. scheuren.

Die Schor-ripp, sieh Scho˜ripp unter Schon, oben, Sp. 428.

Der Schorstein, Schornstein (Spessart: Schürnstá˜), in A.B. nicht volksüblich, und durch Rauchfang, Kamin, Kemich, o.pf. Schlôt ersetzt; (BM. II, II, 616. Weigand, Wbch. II, 631. Zeitschr. III, 41,25. V, 276,8). Jenes Wort scheint, aus dem Niederdeutschen ins Hochdeutsche gekommen, die ursprüngliche Bedeutung verändert zu haben. Bey Kilian ist schoor-sten, schooren-steen contramurus foci. Er erklärt es aber aus schoore, fulcrum, schooren, fulcire, als fulcrum sive sustentaculum ollarum, lapidea structura sive ferrea lamina foci, Herdplatte. Diese Ableitung, wornach das isl. skordusteinar, lapides proceres, Strebesteine, von skorda, fulcrum, und Voc. optim. p. 16: „proceres, kepfer ald schorstein" (Diefenbach 461ᵇ) zu vergleichen käme, dahingestellt, bleibt wahrscheinlich, daß der Schorstein als Unterlage für das Feuer oder als Schutz der (hölzernen) Wand gegen dasselbe jedenfalls dem Schorstein als Ableiter des Rauches vorangegangen seyn wird. Noch jetzt, und selbst in Süddeutschland, finden sich ländliche Wohnhäuser ohne Rauchfang. Es scheint demnach das isl. skara, das mit unserm schüren ähnliche Bedeutung und vielleicht auch einen Ablautstamm hat, zu Grunde zu liegen. Altschwedisch hieß die Herdplatte Skarstên, (gleichsam Schürstein). `Der Schorit, Schorrit, Schoritefeger, (rheinfränk.) der Schornsteinfeger; Zeitschr. II, 552,74. III, 557,78.´

schorren, mhd. Sp., scorrên, ahd. Sp., (besonders von schroffen Felsen) ragen, empor-, hervorragen, (Graff VI, 539. BM. II, II, 164); gl. i. 803: scorret, prodit (rupes); gl. i. 226: scorretun, nascebantur (e calamis); gl. i. 16. 85. 248 ꝛc.: scorrendi (partic.) prominens, praeruptus, praecisus; subst. scorro oder scorra, praeruptum montis, scopulus; gl. a. 113. gl. i. 609. Graff und BM. a. a. O. und II, II, 159. Etwas der Art meint wol der Nürnberger Michael Beham, wenn er von Norwegen sagt: „Es ist ganz alles 396
sant, sust niht wan steingemorre, von felsen schroffen schorre, hoch berg vnd tiefe tal;" v. d. Hagen, Samml. f. altd. Lit. I, 59.

b·schórəs machen sich etwas, es auf nicht ganz ehrliche Weise für sich behalten, wie z. B. der Schneider ein Stück vom Tuch, das er zu verarbeiten bekommen. Etwas *b·ſchorəs* haben, es für sich, in geheim, als Geheimniß haben. Dé zwaə habmt àllwə éppəs *b·ſchórəs* mitənand. In diesen Redensarten scheint das Wort ein Adv. Es kommt aber auch als Subst.: der Bſchorəs, vor. In der rotwelschen Grammatik (Frkf. 1755) wird bschora machen (einen Vergleich stiften) als jüdisch aufgeführt. Weigand, oberhess. Intellbl. 1847, Nr. 70: chald. pschar, ausdeuten, hebr.-rabbin. pischêr, vermitteln, jüdisch: pschôre machen, einen Vergleich stiften. `Stern, Lexicon d. jüd. Geschäfts- und Umgangs-Spr. p. 11: „Bschores, Gewinn, gewunne; Bschores machen, ze Nutzen machen, prefetieren." Thiele, d. jüd. Gauner p. 294: „Pschore, f., Vergleich, Ausgleichung, Abkommen; Pschore machen, sich vergleichen, einen Vergleich stiften." v. Train, Chochemer Loschen p. 205: Pschore malochnen, Contract, Vergleich abschließen. Zeitschr. III, 418,467.´ In Obersachsen heißt buschkur machen, einen heimlichen und unerlaubten Gewinnst machen.

Die Schur, Militärterminus, seltsam verdeutscht aus dem französischen: du jour. Der Offizier ꝛc. von der Schur, l'officier etc. du jour. Die Schur haben, être (officier etc.) du jour, d. h. nach dem Turnus an irgend einem Tage den Dienst haben. Vrgl. unten Schur, Schererey, Plage.

Die Schur, a) wie hchd. das Scheren, (mhd. schuor; BM. II, II, 154. cf. Graff VI, 526. Weigand, Wbch. II, 647): Schâfschur. — Unschürig (wenn unschirig nach Gramm. §. 372 ſo zu nehmen; Rhein, Mayn, von Knaben und Mädchen), impubis. b) Das Abmähen eines Grasplatzes und was abgemäht wird. „Einen Holzgrund auf eine Schur reuten. Die Schur verkaufen;“ Salzb. Wald-Ord. 23. 29. 90. Ain-, zwai-, dreyſchürige Wismäder. c) Die Schur, Abſchur, Abtrieb eines Waldes und das dabey gewonnene Holz; (Jir.) Schür, Schier, einmaliger Abtrieb eines Waldes. Hazzi, Stat. II. B., 2. Abth., p. 18. „Ain ſchur holtz;“ MB. XXIV, 704. d) Ärnte jeder Art, es ſey an Gras oder Getreide, Holz ꝛc. „Einen hof mit ſchur, ränten vnd fanten, gulten ꝛc. verkaufen;“ MB. XVIII, 619, ad 1488. e) (ſalzb.) Abtheilung einer Gemeindeflur, Zelge. Die ſämmtlichen Felder einer Dorfflur ſind in mehrere Schüren getheilt, welche abwechslungsweiſe mit Winter- oder Sommerfrüchten bebaut, oder zu Gras liegen gelaſſen werden. Hübner 144. (Vrgl. auch Schur und Schier). f) Plage, Schererey. Caſtelli, Wbch. 253: „der *Schuar*, ein Poſſen, z. B. ea' hàd má'·s zun *Schua'* dàn.“ „Də' Teucksl tuət aə˜n ə˜n *Schuə'*; Caſtelli, Ged. (1828) p. 228. „Schau, d' 'Abmdſunn á' zuəgt si' no˜ und lacht 'en Gwülk zum *Schur*;“ Seidl, Flinſ. (1844) p. 124. Zeitſchr. II, 287,109. 541,145. VI, 205. Es ſcheint jedoch in dieſer Bedeutung eine urſprünglich andere Form anzunehmen. In Albert's h. Ulrich Cgm. 94 (sec. XII.), fol. 52^a `(Schmeller's Ausg. p. 34, Vers 813)´ heißt es: „Der wuterich ſâ vur Augeſpurc fuer, mit roube tet grôzen ſchuer,“ alſo ein Masc. Auch in Thüringen ſagt man, nach Verſicherung eines jungen Freundes, Dr. Emil Braun, der Schur, Einem einen Schur anthun, ihm zum Schur leben. `BM. II, II, 151^a. Vrgl. Schauer.´

`ſchurigeln, ärgern, plagen; (Koburg). Zeitſchr. V, 477. Weigand, Wbch. II, 648.´ Vgl. ſchürgen unter ſchüren. „De'twégng hált maən I: tràgmə'·s! und *schiərigelt's* uns z'vil, so denkmə': 's is nét andə'st, ən iəds Ding hàt sei˜ Zịl,“ Seidl, Flinſ. (1844) p. 121.

Das Schürling-fell, Schaffell, das nach der Schur noch keine rechte Wolle hat; (Friſch). Vilmar, kurheſſ. Idiot. 366: Schorling, Schirling. Zeitſchr. VI, 18: Schirling, ein zweijähriges Pferd. „Dem Kürſner von ainem ſchürling- und flämiſchen Fell zu wurchen IV, dn.;“ Scheirer Dienſt-Ord. v. 1500.

Der Schurliz, (Gemeiner, Regenſp. Chr. IV, 167, ad 1510): „Weiber-Camiſol von Schafspelz.“ BM. II, II, 229. Graff VI, 545. Diefenbach 408^a. 562^c. Friſch II, 235^a. Birlinger 404. Scurliz, gl. o. 47. 254,
397 subucula; ſcorlez, o. 332, paludamentum. „3^a. vestis quam habuit b. Margareta fuit succotium (vr. ſchurlicz) quod surcotum tegit camisiam et tunicam;“ Dieſs. 184, f. 111. Cf. Ducange VI, 446^b: superpelicium, *scorlicium*. Bey Pictorius: „Der Schürletz, Barchet und alles ſo baumwullin iſt.“ Aus dem „Schurczlicz“ einer bey ihnen eingekleideten Nürnbergerin löſen die Nonnen zu Altenhohenau XVIII Kreuzer; Cgm. 697, f. 205, ad 1520.

ſchuren, (Ammer-Lech) ſchaukeln.

Der Schurimuri, gäh auffahrende Perſon, „turbulentus, homo inquies, turbator; Voc. v. 1618. „Schurimuri hat Leuß im Beltz;“ R.A. bey Wackius. „Der Schuarimuri, Spottname für einen Menſchen, der überall an iſt und nirgends aus weiß;“ Caſtelli, Wbch. 251. „Sei stad, *Schuari Muari*, und schlaf recht süaſs: haidl, bubaidl, bubölla. Wiegenlied, Seidl, Flinſ. III, 53, und 1844, p. 331 erklärt: „*Schuri-Muri*, Sprudelköpfchen, kleiner Polterer, ein Scherzausdruck zur Bezeichnung eines lebhaften Kindes.“ Birlinger 404: *Schuria*. Vgl. Zeitſchr. IV, 498. VI, 205. Cf. Stalder's ſchuren, ſprudeln, und ſchwäb. der Schuri, Adj. ſchurig, übereilt. Kärnt. (Jarnik p. 64) Otróſhka jigra (Kinderſpiel): zhuri muri pojdi ven“ (zh = ceſl. č), unter muri, ſchwarzer Ochs, mur, ſchwarze Erdgrille.

ſchüren (ſchi'n, ſchiə'n), wie hchd.; (Weigand, Wbch. 647). R.A.: Einem ein Brändlein ſchüren, ihm Unheil bereiten, ſchon Cgm. 632, f. 35. `(„Schürbrant, Parz. 588,19;“ Jac. Grimm. ſ. BM. I, 253.)´ Das Voc. v. 1429 hat „liecht ſchüren, mungere, Schurysen, munctorius.“ Cgm. 649, f. 556: „emunctorium, ſchürysen.“ Zeitſchr. VI, 114,12: *Schürerl.* „Emungo purgare; emunctorium, ſchürholcz;“ Clm. 11482 (v. 1418), f. 170^b. an-, ein-, nâch-, zue- ꝛc. ſchüren. Die Schür, Einſchür, der Platz, von welchem aus ein Ofen geheizt und das Feuer geſchürt wird. Raum vor dem Ofenloch; Schürloch. Der Schüringer (? unſicher zu leſen), der erſte Knecht im Siedhauſe zu Hallein; (Jir.). Der Schürigánkə-l, im Scherz: der Teufel. Der Schür-hägkel, Schürhaken; (fig.) Perſon, die durch Einflüſterungen Haß und Feindſchaft zu nähren ſucht. ausſchüren, ausſtoßen, verwerfen, ausſcheiden, ausmerzen. „Die Berghauer ſollen alles Ärzt zum ſäuberſten machen, Sannt, Feld und Letten fleißig ausſchieren und nicht darunter hauen;“ Lori, B.R. 358. „Beym Holzhieb das Nußholz (Nutzholz?) beſonders ausſuchen, wird auch genennt aushalten oder ausſchieren das Holz;“ Heppe, wohlred. Jäger 48. Vgl. unter ſchürzen: ausſchürzen, und unter Schrôt: ausſchröten. Hupf ám Bám, *schir* ám Bám! ſagen die Kinder, wenn ſie ſpielend auf aufgeſchichteten Zimmerbäumen herumſpringen; (ObrM.). Im Bergweſen iſt ausſchüren: die Schlacken aus dem Ofen werfen. „Kheller gemilb (Kohlenpulver, Kohlenſtaub; ſ. Th. II, Sp. 1587) ſo bey dem bachofen oder kholhauffen ausgeſchiert wurdet auf die pflanzbetlein nach der ſath geſträet verwördt die Erdtflech;“ Cgm. 3720, f. 2. „Die Marckhſcheider oder Schierer ſo die Perg und Gäng vormeſſen und entſchaiden mit einer Schnur;“ Cgm. 4915, f. 61. Der älteſte Beleg für die Form ſchüren, den ich kenne, iſt v. 1340: ſchürn (Hofm. Fundgr. I, 389); allein ſie ſelbſt iſt wol nichts anders als das ſcurgan (ſtatt ſcurian), trudere, impingere, impellere, propellere, der ahd. Sp. (Weigand, Wbch. II, 647), um ſo mehr als das furcifer in Prudent. Peristeph. Hymn. II, Vers 318, nach einer Gloſſe des Iſo: succensor ignis, Diut. II, 320 durch fuirſcurigi (gl. i. 548 wol minder gut firſcurgo) gegeben iſt, und für farſkurgida, gl. a. 140, gl. i. 899, auch farſcurida, gl. i. 909. 938, vorkommt. S. ſchürgen. Möglich, daß auch das isl. ſkara, focum administrare, emungere lumen, mit unſerm Wort in irgend einem frühern Ablautverhältniß ſtehe. Vrgl. Schorſtein. `ſchurren, auf dem Eis gleiten; Vilmar, kurheſſ. Idiot. 374. Zeitſchr. V, 292.´

Der „Scharb, catarractes, carbo aquaticus, mergus magnus;“ Voc. v. 1618. H. Junii nomencl. v. 1629. Mhd. Sp. ſcharbe, m. u. f., ahd. ſcarbo und ſcarba, ſcaruo und ſcarua, ſcariba; gl. o. 204: agſ. ſcreb, mergus, merga, ibis; mergus, ſcharbe, gl. Augiens., Mone's Anz. VIII, 399; ebenſo Voc. optim. p. 42. Hchd. die Scharbe, pelecanus carbo L. Graff VI, 541. 566. BM. II II, 87. Weigand, Wbch. 560. Diefenbach 99^c. 358^a. Nemnich II, 561. 894. „Mergulus, tucher vel ſcharbe;“ Ald. 176, f. 37^a. Der Waſſervogel, der Scherb; Cgm. 312, f. 43. 116. Scherbvogel im Wappen der v Raming. Scharmvogel, Görres, Hausbuch I, 96.

ſchärben (ſchárbm, ſchárbmə˜), 1) wie hchd, d. h. zotticht klein ſchneiden; (Graff VI, 541. BM. II, II, 159. Friſch II, 162. Weigand, Wbch. II, 560. 575. Vilmar, kurheſſ. Idiot. 342. Firmenich I, 138,14: *scharwen*, Kohl klein ſchneiden; vgl. daſ. 535,61: *scherbsen*, ſchaben. VII Com. ſcherben, tagliazzare, preparare i

capuzzi). „Sy saß zum herd und scharbet rüb;“ Melch. Zobel, ad 1455, Cgm. 568, f. 246. „Krawt scharben;“ Scheirer Dienst=Ord. 1500, f. 47. „Weil die fünf ain schnit krawt hacken, sol der sechst aine scharben;“ CbmC. 22, fol. 265. „Schele sur epfele, scharbe sie grober denne spec uf hirnre ... scharbe gesoten spec darzu;“ Kochbuch im Wirzb. Cod., 43. und 44. Recept, (Bibl. des Stuttg. lit. Ver. IX, p. 16).' Das Geschärb.
398 „Nimb ain gescharb von piern und öpffl;“ Cgm. 349, f. 118. „Der Teufel wird dir das Geschärblein gesegnen;“ P. Abraham. Krautscharb, culter holitorius; Siber, gemma 91. cf. Kilian: „scherven, concidere minutatim;“ gl. i. 252: scarbon, concidere, (Reg. IV, 24,13 '= II. Bch. d. Kön. 24,13'). cf. Scherben. Der 115jährige Hans Trenbeck sagt in Wstr. hist. Calender v. 1687, p. 285: „Ich was hübsch und wolgefarb, ietzt geh ich an die todten scharb,“ (welcher Ausdruck, falls er echt ist, zu Bedeutung 1 oder 2 gehören mag; 'doch ist wol beßer zu lesen': wolgefar ... schar, 'und damit zu vergleichen': in des Todes schar varn, Wilh. v. Orl. 2113. Grimm, Mythol.² p. 807). 2) (b. W.) das junge, noch nicht in Halme geschossene Getreid beschneiden; (cf. oben, Sp. 324: särben). Am Rhein heißt scherben das überflüssige Laub und Nebengewächs der Weinreben ausbrechen. 3) (O.Isar) einschneiden, einhauen, einen Einschnitt, eine Kerbe machen, z. B. in ein Floß- oder Bauholz. Die Schärb, die Kerbe im Floßbaum, welche den verbindenden Querbaum (die Spange) aufnimmt. „Des (Säg-)baumes mer danne diu scherv abhacken;“ Cod. civ. Monac. VI, Art. 4. „Swelcher sagmülner des paumes den er ze pretern sagen wil abhakchet mer danne diu scherv der geit dem richter XXIIII dn., civitati tantum;“ Münch. St.R., Auer 270. „Gefällte Bäume sollen ohne den Scharm, mithin als ganzes Holz, so und so lang seyn;“ Wagner, Civ.- und Cam.-Beamt. II, 181. Lipowski, Urgesch. v. München 588. (Wol eigentlich der Scharben, und so viel als Schrot, Spranz, w. m. s.) „Es sollen die Schärmstöckh an ainem Floß über zween Schuech nit lang seyn;“ Münchn. Lend=Ord. v. 1727, §. 17. Cbm. Kl. 167, p. 43.

Der Scherben (Schèrbm, Schárbm; Weihers: Schirwe, Dr. K. Roth): 1) wie hchd. die Scherbe; fig. aufgearbeitete, gebrechliche Sache oder Person. ən àldə' *Schèrbm*, (Kuh, Weibsperson). *Güllschirwe*, schlechter Gaul, Mähre; (Weihers, Dr. K. Roth). Vgl. Vilmar, kurhess. Idiot. 347: die *Schirm*, *Schirn*, (Scherbe?), Gesichtszüge. 2) irdenes Gefäß schlechterer Art; (mhd. der schirbe, scherbe, ahd. scirbî; Graff VI, 540. BM. II, II, 159. Weigand, Wbch. II, 575). „Ain neuen hafen oder scherm;“ Cgm. 4543, f. 170 (v. 1500). ə˜ Kout*scherbm*, (b. W.) Töpfergeschirr. Der Garten=Scherben, Bluemen=Scherben, Garten= oder Blumentopf. (Der gluetscherb, Diut. II, 90. Laßscherb, angistrum; Voc. v. 1429. Merscherpli, conca; Voc. optim. p. 46). '„Laukscheərbm, IV, 85;“ Jac. Grimm. s. unter Wenigling.' Der Liecht-Scherben, Lampe; vgl. Th. II, Sp. 1431: Liechtstain. „Auf einem Stadtthor zu Grätz ist beym Einzug der bayrischen Braut des Erzh. Carl a⁰. 1571 ein Liechtscherben gemalt gewest, darunter gestanden: nescit mori;“ Ztschr. f. B., 1816, IV, 57. Milch-Scherben, sonst Weitling. Nacht=Scherben, Nachttopf. scherben, zerscherben, zertrümmern, brechen. „Der Dieb hat das Fenster g'scherbt und ist dann eingestiegen“; Allgäuer Zeugen beim Schwurgericht zu München, im Mai 1850. „Neben dem herd sie auch vernam kraut samt dem hafen gar zuscherbet;“ H. Sachs 1560: II, IV, 68. „Die edle irdin geschir, die man aus India gebracht, haben die deutschen Kriegsknecht in Rom a⁰. 1526 auf die Erden geworfen und zerscherbet;“ Hist. der v. Frundsberg. S. d. folg. Wort.

„Schirbel, catillus,“ Voc. v. 1618; schirben, testula, gl. a. 687; schirbe, gl. o. 259; scirbi, scirpi, gl. i. 139. 272. 316. 537: testa, testula. Firmenich I, 505,191 (Eifel): *Schirbel*, Kopf; cf. ital. testa, franz. tête. Dazu gehörig wol das Verb farskirbinon, discrepare, gl. a. 195. Graff VI, 540. Diefenbach 581ᵃ.

---

scharf, scharpf, a) wie hchd.; (mhd. scharf, scharpf, ahd. scarf, und weit öfter sarf; Graff VI, 278. 544. BM. II, II, 57. 159. Weigand, Wbch. II, 561.) „Die serphen und die herten wege;“ Griesh. Pred. I, 166. „Austerus, serpher;“ Clm. 17403, f. 22. cf. Diefenbach 63ᵃ. Firmenich I, 142,14 (Brandenburg): „Doch schmeckt de Honnig goar to *sarp* (herbe), as wier hä (wäre er) recht värsolten (versalzen) *scharp*.“ b) schön, prächtig, kostbar. Scharfe Klaider. Scharf bauen. Sich scharf aufflüeren, schön gekleidet seyn, ein kostbares Leben führen. Die Scherff, Scherpf, Scherpfen (Schérff, Schiərff, Schiərpf), die Schärfe. Vrgl. schürfen, schürpfen, screpfen. Die Scharpfmetzen (ital. mazzicana, 'mezzicana, aus mezzo 399
und canna'), größte Art des mauerbrechenden Geschützes, eine Zentnerkugel schießend. Fronsperger 1555, f. XII. 's. Th. II, Sp. 1705: Metze. Vgl. unten: Scharpfentin.' „Scharfwurcz, sabiosa;“ Ind. 418, f. 158. 'Wol für Schorfwurz; cf. Diefenbach 515ᵃ: scorfwurtz, grintkrut.'

'Der Scherf, das Scherflein, eine kleine Münze, halber Heller; (mhd. scherf, ahd. scerf, Graff VI, 541. 544. 545. BM. II, II, 93. Weigand, Wbch. II, 576. Vilmar, kurhess. Idiot. 347).' „War ik ôk in der kerken finde armen, ik geve em allêne ên scharf;“ Claws Bür, V. 815, 'Ausg. v. Höfer p. 54 und 102.' Zeitschr. II, 451. s. unten: Scherpf.

scherfeln, (b. W.) im Gehen die Füße auf dem Boden fortziehen, scharren. „Mit leisen tritten zu mir schörffeln;“ H. Sachs 1560: II, II, 54. Der Scherfling, Pantoffel. S. serfeln und schurpfen.

Das Scherflier, ein Stück der ältern Rüstung, das der Haubenschmid verfertigt für XII ßl. oder für 1 Pfd.; Rechnung v. 1392 in Freyb. Samml. II, 121. 144. 'Cf. ital. cervelleria, mittellat. „cervellarium, cervellaria, cassidis species quae superiorem capitis partem operit;“ Ducange, ed Henschel, tom. II, p. 295ᵃ. „Schulz (San=Marte), zur Waffenkunde des ält. deutschen Mittelalters (1867) p. 74: „der oberste, rund zulaufende Theil des Helms,“ sonst mhd. kopf, schedelkopf; (BM. I, 861). Diefenbach 115ᵇ.'

schurffen, schürffen, schürpffen, scherpffen, ritzen, von der Oberhaut oder Oberfläche entblößen; (mhd. schürfen, schürpfen, ahd. scurfjan; Graff VI, 544. BM II, II, 161. Weigand, Wbch II, 647; vgl. Grimm, Wbch. I, 720: aufschärfen. cf. screpfen). Die Henne schürpft das Ey, wenn sie es legt, eh noch die Oberhaut hart geworden. R.A.: Umgehen mit Einem wiə mit ə˜n *gschürpfft'n* Aər, d. h. zärtlich, sorgsam. „Mit schürpfen und mit kreczen kond er die veinde leczen;“ d. Ring 40ᶜ,1. „Er schürpfets durch, er stach in seu;“ das. 52ᶜ,21. „Sich scherpffen, summam cutis stringere;“ Voc. v. 1618. Die Haut aufschurpfen. Den Bauch aufschürpfen, aufschneiden. „Schürf Schwalben auf, so vindestu darinne ein roten stain;“ Cgm. 824, f. 39. „Daß sie Einer die Schienbein aufgeschurft, und mit der Marter 60 fl. abgenöthigt;“ Kr. Lhdl. X, 363. Auf Erz schürfen. Der fleißige Wäldler gräbt Stöcke, schürft Steine aus; Hazzi, Stat. Grimm, Wbch. I, 962. En əə˜n *Schurf* is ər é˜s Zimmə' gstürzt, in größter Hast; (ObrM.). Der Schürfling, unzeitig geborenes oder ausgeschnittenes Kalb, — auch wol Kind; die Haut von einem unzeitigen Kalb. In der ahd. Sp. ist scurfan, scurphan rescindere, exenterare, eviscerare, fiur scurfan, excudere scintillas. Das Schurfeisen im Wappen einer bayr. Familie dieses Namens (Hund I, 331) ist ein Stahl zum Feuerschlagen. Vrgl. VII Com. schriffen: schrifen veur, schrifaisen, schriffe-stoan, etwa statt schürfen, schürfeisen, schürfe-stain.

„schärgen," (gehört vielleicht zu schorgen, schörgen, w. m. s.): „Das Bodenholz (zu den Salzfässern) schärgen oder zu der Hand hacken;" Lori, B.R. 396. Vrgl. Scherk.

Der Scherg (Schérg, Sohirg, Schiərg, Schér'), der Gerichtsdiener, auf dem platten Lande zum Theil noch mit nicht ganz so gehässigen Nebenbegriffen, als sich diesem Ausdruck sonst beygesellt haben. Birlinger 393. Die älteste Form scario (d. h. scarjo, genit. scarjin, scargin, scergin) ist gl. a. 185 gesetzt für das lat. dispensator, gl. o. 198 für centurius (centurio), wird also eine Ableitung von scara (s. oben Schar, 1) a, b, c, d) seyn; davon latinisiert: scario, scerio, scerionis. (Graff VI, 531. BM. II, II, 156: scherge, scherje, scher. Weigand, Wbch. II, 576. Ducange VI, 99). „De familia qui scheriones dicuntur;" Urk. v. 1138, Clm. 12633, Hinterdeckel. Noch ist im übrigens romanisch redenden tirolischen Fleimserthal Scario der jährlich vom ganzen Thal gewählte Gemeindevorsteher. Samml. f. Tir. 1807, III, 96. „Dixit episcopus ad ostiarium (huissier) vel scarionem suum;" De gestis Caroli M. in Canisii ant. lect. I, 376. „Non habebit advocatus exactorem vel nachvoit, sed villici et scoriones episcopi et fratrum exigent ei jus suum et indicent placitum." „Si fur extraneus in villa captus fuerit, scerioni comitis tradetur extra villam sicut cingulo tenus vestitus est." MB. V, 133. 136. XII, 346. 347, ad 1172. „Scherin huobe, praeconali manso; Hayberger, Ichnogr. 104, ad 1014, (Scherin als Genitiv?). „Der scerge des Tages, praeco diei." In altd. Predigten des XII. Jahrh. wird Johann der Täufer „ein scherige des heiligen Cristis" (Vorläufer, Ankündiger) genannt. „O wie vil ist, die den Scherigen für den hochen kunig nemen;" Cgm. 775, f. 172. Wogegen es nicht viel später, auf eine andre Function deutend, im Parcifal Vers 13277 (Lachm. 445,3) heißt: „daz er sich âne schergen hienc. Der Potestat „und sîne schergen" wollen Isôt verbrennen; Heinrich's Tristan 3285. 3307. Der Schwabenspiegel c. 93 sagt: „Der rihter sol ein rihter sîn und nit ein scherig." „Daz sage ich iu für wâre, ein rehter diep, swie küene er sî, slüege er eines tages drî, daz er sich vor dem scherjen nimmer mac erwerjen; M. Helmbr. 1625. „Gebunden von des schergen handen;" das. 1630. „Slüege ein diep aleine ein her, gein dem schergen hât er keine wer;" das. 1641. „Der scherge im ûz diu ougen stach;" das. 1688. In K. Ludwig's Rechtbuch kommt im Titel XX: de officiis praeconis, Artikel 1 (Heum. opusc. p. 122) Scherg neben Frônbot und, wie es scheint, als diesem untergeordnet vor; in andern Artikeln, z. B. pag. 88. 98. 99. 122. 123. 124 steht (unterscheidend?) blos Scherg, p. 89. 90 blos Frônbot. MB. XI, 392, ad 1332 findet sich unter den Zeugen ein „Heinrich der lantscherg." Auf dem Münchner Landtag v. 1468 wurde beantragt, „daß die Gerichte mit frommen geleumden Schergen, und zwar nach Rath der Aeltesten und Besten der Gerichtsleute besetzt werden möchten, und daß der Fürst kein Schergenamt um Geld verlassen wolle;" Kr. Lhdl. V, 327. Münch. StR. Art. 245. „Ich finde, sagt Aventin Chr. 24 (vermuthlich in den bey Schilter Gloss. p. 713 voce Schärige citierten Quellen), daß unsre Vorfahren ire Geistliche Schergen haben genennt, und Scherg ist vor Zeiten ein ehrlicher Name (Ehrentitel) gewesen, und man hat dazu nur ehrbare, reiche, wohlgesessene Leut erwehlt." Dabey beruft er sich auf die von der bayr. Ritterschaft 27 Jahre vorher an Herzog Georg zu Landshut überreichten landständischen Gravamina. Auf dem Landtag v. 1474 wird nur dem Richter und dem Obristen Schergen das Futtersammeln zugestanden. Kr. Lhdl. VII, 406. Dieses Futtersammeln bey den Unterthanen und andere eigenmächtige Exactionen (cf. oben, Sp. 276: sammeln, Th. I, 348: Brodbaur, und MB. XV, 488) wol mehr, als ihre eigentliche Verrichtung, machte die Schergen verhaßt. Im J. 1712 wird die damalige österreichische Administration in Bayern bevollmächtigt, „die herumgehenden Gerichtsdiener, Schörgen und dergleichen Leut ehrlich zu machen." Cbm. Kl. 169, p. 378. In den Siebziger Jahren erschien eine eigene Verordnung gegen den Kleiderluxus derselben, und durch ein Generale v. 1779 endlich wurden sie alle bis auf die sogenannten Bluet- oder Malefiz-Schergen (zur peinlichen Frage und Execution von Malefizpersonen bestimmt und für unehrlich gehalten) abgedankt, und ihre Pflichten und Geschäfte den Dorfs-Vierern („Führern;" s. Th. I, Sp. 843), welche den Namen Obmänner erhielten, übertragen. Eine Verfügung indessen, die schon im J. 1784 zurückgenommen wurde. In diese Zwischenzeit fällt vermuthlich das Schergenlied, welches anfängt:

„I tát gern ə˜s singə˜ und tát gern ə˜s ságng,
wàs d· Viərər und d· *Schiərgng* für ən Untə'schid
hàbm.
D· *Schiərgng* dé sán' ránti' und d· Viərə' sán stólz;
zə-n-ə˜n Hólzschlég·l braucht mə˜ s̄əlt·n ə˜ guedsHólz."

S. auch Bucher's Kinderlehre 1781, p. 58. Cf. sgherro, röm. statt sbirro; Diez, Wbch. 435. „Schergerey, satellitium;" Cgm. 3985, f. 5 (unter den Sünden). Der Deubscherg, ä. Sp.; vgl. Th. I, 479: die Deub. „Wie man den dewpschergen sol fragen, wie man richten schul;" Wiener St.R., Cgm. 1113, f. 41ᵇ. 51ᵃ. Der Sackscherg. *Sàkschiərg, Sàkschiərg!* ruft man im Scherz oder im Unwillen Einem zu, der uns im Scherz oder Ernst die Tasche durchsucht. Das Schergen-Fäßlein. R.A.: Vo˜ 'n *Schiərgngfássl*, vom bessern 401
Getränk. Der Schergenhammer; (cf. Scherhammer). „Wie ihme aº. 1614 von 5 Mannspersonen sein Kopf dermaßen mit Fäusten und einem Schörgenhammer zerschlagen worden, daß er 8 Monat nichts hören und reden können;" Benno-Mirakel. Die Schergenstuben, das Schergenstüblein, a) Stube des Gefängnißmeisters. Nach der Malefiz-Proc.-Ord. v. 1616 soll einem Gefolterten oder Verurtheilten sein Bekenntniß nochmal in der Schergenstuben vorgelesen werden. L.R. f. 813. 820. Auer, Münch. StR. p. 82. 93. b) heutzutage ist die Schergenstuben zu München das Gefängniß für die Bürger der Stadt. cf. Cgm. 27, f. 30. c) für die Honoratioren bestimmtes Stübchen oder doch Verschlag neben der allgemeinen Wirthsstube; (Rath Her).

schergen, aufschergen eine Person oder Sache (b. W., verächtlich), sie anzeigen, anklagen, verklagen; Andere verschergen (və'schiərgng); Salzb. „Der Schergant, lictor;" Siber, gemma. „Jüdische Schergan-ten und Henkersknechte;" P. Abraham. „Schaeriaent, satelles;" Kilian. Diese Form, an welche sich gewissermaßen auch die gemeine Aussprache Scherschant für den militärischen Sergeant (ital. sergente, span. sargento) anlehnt, spricht für die Annahme, daß auch das ä. romanische Sariandus (mhd. sarjant; BM. II, II, 57) nicht etwa von servire (nach Diez, Gramm. I, 302; Wbch. 316 cf. Ducange VI, 209—214: sarjans, serjans, sarjantus, sargantus ꝛc.), sondern aus deutscher Quelle abzuleiten sey. Grimm, RA. 766. „Shol auzwelen drei pruder, ainen prister und ainen rietter und ainen sarientpruder;" Regel des Spitals zu Jerusalem, Clm. 4620, f. 89. „Weilent het der maister vier ros mit den er reit und mit ainem sariant mit zwen rossen;" das. 92. 103. In Gustav Adolf's Capitulationsbrief für Johan Grothen (Cgm. 3954, f. 14), als obristen Leitenamten yber ein (zu werbendes) Regiment von 4 Compagnien gueter deütscher Soldaten (Schloß Stockholm, 24. Januar 1629), soll jede Compagnie zwen Schergianten ... sechs Corporalen, ... haben.

schorgen, schörgen, schurgen, schürgen schargng, schurgng; Weihers: schüärg, Dr. K. Roth), schieben, stoßen; (mhd. schürgen, schurgen, ahd. scurgan, trudere, impingere, impellere. Graff VI, 542. BM. II, II, 196. Weigand, Wbch. II, 647. Firmenich I, 445,52: schürgen, auf dem Schubkarren führen. Vilmar, kurhess. Idiot. 347). „Swenn der teufel dazu schürget, daz manger wirt gewürget; Renner 11552. Den Mist mit der Schorg-kruck (Schar'kruok) aus-, fortschorgen. Das Schorgicht (Schargəd), zusammengeschobener Dünger. Der Schürger (in Salzsiedereyen), Gehülfe des Berers (s. I. Th., Sp. 258). Auf der Rhön heißt Schürger (Schürhhər) derjenige, der bey Bereitung der Lichtspäne den Hobel, den Andre von vorne her ziehen, von hinten nachschiebt. Lex. v Franken IV, 509. Vrgl. schärgen. *Scharger*, (Zir.) der Boden im Kaser; *Schargerloch*, (auf der Alphütte) die Öffnung, durch welche der Mist hinausgeworfen wird. ə˜*Schergar*, der schiefe (schelch? s. d. W.) oder krumme Beine hat: dés ist ə˜ *Schergar*; (Oberammergau, Rath Her). ə˜n *scherggat'n* Gang haben; (Bader).

Entə'n Báchl, entə'n Raə˜
Griəsər Buəbm màg I kaə˜:
dər aə˜ ischt kurz, dər aə˜ ischt lang,
dər aə˜ hàt ə˜n *scherggat'n* Gang;
's wár dər Gang á' schaə˜ rècht,
àbə' mit 'n Geld steəts schlècht.

Das Gries ist einer der drei Theile, aus denen der Markt Mittenwald besteht. (Baader). S. auch 'scharen' und schüren, welches von diesem schürgen nur, wie z. B. verheren von verhergen (s. II. Th., Sp. 1150. 1161), darin verschieden scheint, daß in der einen Form das Ableitungs-i oder j ausgefallen, in der andern in g verdichtet ist. Ja, in der Schweiz wird schürggə˜ selbst noch für schüren gebraucht.

„Schärkl." „Geprämte Röck und Schärckl der Bauernweiber;" Kleider-Ord. v. 1626, Wstr. Btr. IX, 293. 294. Wol nur unrichtig gehörtes oder orthographiertes Schälklein.

„Scherck." „Zwickel, Keil und Scherken zu Salzfässern;" Lori, B.R. 301. Bayr. Dupl. gegen Salzb., Beylage 47. Vrgl. schärgen und schorgen, auch schalken.

Scharlach, s. Schar-lach. Schärler, s. Schärler. Schärling, Scharlein, Scharlei, s. Schärling. Schurliz, s. Schur-liz.

Der Scharm an gefällten Bäumen, — s. schärben, Sp. 462.

Der Scharmvogel, s. der Scharb.

scharmünkeln, s. schar-münkeln, Sp. 447.

402 Der '(das)' Scharmützel, wie hchd., ital. scaramuccia und schermuccio, frnz. escarmouche, engl. skirmish, (BM. II, II, 87. Diez, Wbch. 306. Müller, etymol. Wbch. d. engl. Spr. II, 341. Weigand, Wbch. II, 562. Ducange VI, 97ᶜ: scaramutia); s. schermen. Das Voc. v. 1429 gibt seltsamer Weise anterium vel anteurbium durch Scharmützel. Diefenbach 38ᵃ; nov. glossar. 25: antarium. „In pugna concurrere, scharmützeln;" Clm. 5685 (XV. sec., 1412), f. 47. „Excursiones, scharmützlen; proelio lacescere, scharmützlen; Clm. 571 (XVI. sec., 1514), f. 13. 28. „Da hueb sich ain scharmützen (scharmiczeln) als in aim wilden her;" Heselloher, 1470. „Mit scharmitzen erlangen wir kein Ehr; H. Sachs 1612: IV, III, 114; aber in der Ausg. v. 1560 (IV, III, 52): „Mit schirmen erlangen wir kein Ehr." „In diesem scharmücz;" Mich. Beham, Wiener 180,21. „An dem scharmuczeln und gevecht;" das. 379,11. „Ze slahen und ze prennen ze rauben und z' schalmüczen;" d. Ring 41ᵇ,13.

Das Scharmützlein (Schármizl), (Franken) die Papierdüte, Papierrolle für Geld. „Er fand in manchem scharmützel oft drey oder vier würff zu lützel;" H. Sachs. S. auch das richtigere Scharnützlein, ital. scarnuzzo.

Der Scherm und Schirm, wie hchd. Schirm; (mhd. schirm, scherm, ahd. scirm und scerm, zunächst clypeus. Graff VI, 548. BM. II, II, 161. Weigand, Wbch. II, 585). „Mîn levesse habe in der scherme dîn," pone ostium circumstantiae labiis meis; St. Ulrich's Leben, Vers 429. Schutz vor der Witterung, Obdach: i˜ 'n *Scherm*, i˜ 'n *Schermə˜*, à l'abri, unter Dach; Viehstall auf der Alpe. Kolscherm, Obdach, Schuppe für Kohlen; Lori, B.R. 630. Scherm für die Schützen auf Treibjagden, eine Art Laube aus Reiserwerk. Der Scherm oder Schirm oberländischer Legdächer besteht aus den Brettern, welche, zum Schutz der Schindel vor dem Winde, den Rand der beiden schiefen Enden bilden, und oben, wo sie zusammenstoßen, als Drachenköpfe ꝛc. gestaltet emporragen. Scherm, ein Stück des ältern Kriegsapparats. „Zu Büchsen, Pulfer, Stein, Scherm, Handwerchen und andern Zeug 100 Wagen;" Kr. Lhdl. IIII, 33 ad 1434. „Arbeiter, die sich zu Büchsen und Scherm verstehen;" Kr. Lhdl. VII, 243, ad 1468. Der Schirm, (ä. Rechtsspr.) Vertheidigung, Gegenbeweis; Schirmartikel. Selhamer sagt von einer thörichten Weibsperson: „Da hat diser Schirm ein Hauskirchel aufgericht." Etwa zum unten folgenden schirmen, vagari, gehörig, oder gar nur Aussprache von Scherben (w. m. s.)? „Der Scherm- oder Schirmbau, der Schermgang in Bergwerken, so neben der Fundgrube pflegt verliehen zu werden;" Lori, Brg.R. 645. Das Schermfell, Arbeitsschürze von Leder, Schurzfell.

schermen, schirmen, a) wie hchd. schirmen (mhd. schirmen, schermen, ahd. scirmian, tueri, protegere; Graff VI, 540. BM. II, II, 162. Birlinger 395). b) (ä. Sp.) mit dem Schilde die Hiebe des Gegners auffangen, parieren, fechten. „Seu wurden schirment her von tach mit iren swingen ungemach;" d. Ring 40,13. „Ez droet mit worten mancher man der doch wenig schirmen kan;" Boner, Em.D. 58, f. 154, (Benecke XXIX, 24). „schermen unter schilden;" Gudrun 1413. 1424. 1429, '(353,3. 356,2. 357,3); cf. Nibelungen 307,3.' schirmen in schimpfweis, zur Kurzweil fechten. „Der Schirmmaister M. Paulus hatte mit seinem Gesellen M. Hans auf dem Rathhaus zur Kurzweil geschirmt;" Gem. Reg. Chr. III, 280, ad 1458. Gudrun 1439. '(360,1): schirmmeister. BM. II, 122.' Schirmknabe; Gudrun 1446 '(361,4). BM. I, 850.' „Schirmel, dimicator, schironomon; Voc. opt. p. 31. „Saltantem spectas et schironomonta volantem cultello;" Juvenal. BM. II, II, 163. Diefenbach 182ᶜ. 122ᵇ: chironomus. 'Der Schirmschlag, Fechterstreich; BM. II, II, 383.' „Vorsichtiglich er mit jhm ficht, fecht (= fähet, fängt) jm auf sein falsche schirmschleg;" H. Sachs 1560: II, IV, 37. Noch heißt im Böhmischen der Fechtmeister šermjř, (spr. schermir). Cfr. ital. sowohl schermare, schermire, als das versetzte sorimiare, span. esgrimar, fr. escrimer, fechten; engl. scrimer, agſ. scrimbre, Fechter. Diez, Wbch. 307. Müller, etymol. Wbch. d. engl. Spr. 303. Selbst gl. i. 364 steht biscriman

(Graff IV, 326 f.), und ebenso hat Schilter bey Otfrid I, 23,16 dennoch, wie es nach Graff den Anschein hat, unrichtig gelesen.

schirmen, „herumbschirmen, vagari, errare licentius;" Voc. v. 1618. Wahrscheinlich von den Fechtern hergenommen, und zum vorigen gehörig. Vrgl. fechten, Th. I, Sp. 688.

Der Scharn, Verkaufsplatz, Bank; s. oben: der Scharren.

403 Die Scharnier (Schá'niər), la charnière (Diez, Wbch. 602), das Gewinde. Figürlich: Aus der Scharnier seyn, kommen, gebracht werden, d. h. aus der Ordnung, Ruhe, Fassung.

Die Schärnitz, der bekannte Bergpaß an der Ober-Isar; einer der Vier Wäld, über welche hinaus gewöhnlich die bayerischen Verbannungsurtheile lauteten. S. Wald. „Die dem gotshaus Polling angehörigen leut zu Prichsen die vor der Schernitse gesessen sint;" Reg. Boica V, 65: 1304,29. Mai. „In descensu regalis saltus, qui Scharniza dicitur;" MB. VII, 363, ad 1176. Desertum, solitudo Scarantiae, Scaritiae, locus Scaraza; MB. IX, 7—11, ad 763—772. Förstemann II, 1233. Nach Steub (Rätien p. 67—68) das Scarbia der Peutingerischen Tafel, aus rasenischem Caranasa, als Ableitung von car; (s. Th. II, Sp. 1277: Kar). In einem Renten-Verzeichniß der Probstey Lucern von 1293 (Gesch. Fr. I, 168) kommt vor ein Arnoldus Scernisze. Scaranto ist in den ital. Dialekten der venedischen Alpen ein Appellativ für nackten Fels- oder unfruchtbaren Boden. Die Scheranz; Hund, b. St.B. II, 328. Das unter Herzog Thassilo a^0. 763 in der Scharnitz gestiftete Kloster im J. 772 nach Schlehdorf verpflanzt; MB. IX, 7—11. (Schon in einer Urkunde von 772 steht monasterium Slehdorf.) In den Vorreden der MB. VII, 225 und IX, 3 wird die ganze Gebirgswald-Gegend an der Ober-Isar und Ammer sylva Scherorum, nemus Scyrorum genannt. Das Ulmer Lexicon v. Bayern sagt: Der Scherenlaich, sylva Scherica, fängt am Fuß des Kofels auf der östlichen Seite an, und verbreitet sich gegen den Graswang. Auf dem Ldtg. v. 1612, p. 361 heißt es: „Traid umb Aschau und den Enden durch den Schernwaldt ins Tyrol schlaichen." `Vgl. d. folg. Wort und Diefenbach 160^c: cucullа, cucullus, kogel, kugel, gugel; (s. Th. II, 1231).´

Das Scharnützlein (Schárnizl, Stá'nizl, Scharmüzl), Papierdüte oder Rolle, ital. scarnuzzo. Weigand, Wbch. II, 562. „Mein herr, gebt uns ein klein scharnützel des geltz zu marck wer sonst zu lützel;" H. Sachs 1560: III, III, 38^b. „Er wirft den scharnützel in den Malsack;" das. V, 350. „Mache ain klain guetts Schießpulfer in wollgeheebe Scharnützelein oder Rhagettlein;" Feurb. Ms. v. 1591. „Papierne scharnützl, cucullus, involucrum chartaceum;" Voc. v. 1618. „Cucullus, scharnützlin, stettelin;" Nomencl. v. 1629, p. 131. s. oben: Scharmützel, Scharmützlein.

`Die Schern, Schirn, (hess.) Verkaufsplatz für Brod, Fleisch ꝛc. s. oben: der Scharren und vgl. Vilmar, kurhess. Idiot. 350.´

tschernen, (b. W.) was schlarfen, schlerfeln, serfeln, schleppend einhergehen.

`Der Schorn, (hess.) 1) Erdscholle; 2) ein eigenthümliches Waizengebäck. Vilmar, kurhess. Idiot. 366. Vgl. oben, Sp. 459: schoren.´

`Der Scherper, fixorium, cultellus; Diefenbach 237^b. BM. II, II, 94. Cf. franz. serpe, Gartenmesser; Diez, Wbch. 724.´ „Den Scherpern, Schmiden und Andern, welche sich des Kolens gebrauchen, soll das Holz um ein gebürlichen Pfenning abgegeben werden;" Forst-Ord. v. 1616, Art. 53, f. 757. Die Ausgabe v. 1568, f. 32 hat Scherper-schmid (im Gericht Aurburg). Das Ehehaftbuch des Gerichts Aurburg v. 1653, Cbm. Kl. 332, f. 135: „Waffen- und Scherpenschmid."

Der Schorp, des Schorpen, (ä. Sp.) Scorpion; (mhd. schorpe, ahd. scorpa; Graff VI, 541. BM. II, II, 198). Cgm. 32, f. 17. 18. Cgm. 249, f. 120. 234. Konr. v. Megenberg, f. 164, (Pfeiffer 282,8 ff.: der scorp, des scorpen, die scorpen). „Ir veigen schorpen!" Labr. 345. „Würm, schurpinn und spin;" Cgm. 444, f. 6. 2) Schildkröte; BM. a. a. O. „Tartuca, schorp," (zwischen tarmus und testudo); Voc. optim. p. 46. Diefenbach 574^a; nov. glossar. 359.

---

scharpf, s. scharf.

Die Schärpfen (Schárpfə̃), wie hchd. Schärpe, ital. sciarpa, ciarpa, span. charpa, fr. écharpe, ndrs. Scherf. Diez, Wbch. 310. Weigand, Wbch. II, 562 f. L'escherpe (et le bourdon, Stab, des Pélerin), eine um die Schulter zu hängende Tasche, ist abgebildet im Cod. gall. 30, f. 26.

Das Scharpfentin oder die Bocksbüchsen, (im 16. Jahrh.) Art kleinern Feldgeschützes auf Rädern, ein halb Pfund Bley zu schießen. L. Fronsperger 1555, f. XIII^b. XVI^b. Scharpfentintl, Cgm. 1182, f. 3. (Serpentin? `cf. Ducange, ed. Henschel, VI, 204^c: serpentina´).

`Der Scherpf, ä. Sp., was Scherf, sowohl Gewicht, als Münze; s. d. W., Sp. 464. Diefenbach 53^a. 891^b.´ „As, scherphf, est libra habens 13 uncias;" Clm. 16180, Vorderdeckel. „Dipondium, zway scherpff," Semansh. 33, f. 282. „Zu scherpf (sollen) werden ire pfunt und unnutzlich verdeichen;" Cgm. 714, f. 89. „Ich bin dahaim ain waise der scherpf und auch der marken," (d. h. arm); Cgm. 717, f. 112^b. „Ob ich verlüre ein halbez scherpf oder ein ort, waz hülfe mir frummer leute wort;" Renner 4577. „Biz ein scherpf in den falten nirgent wirt behalten;" das. 9826. „Tausend marke muz der darben der ze drein scherpffen ist geborn;" das. 15887.

schurpfen, s. schurffen.

„schurpffen mit den Füeßen, als wann man auf dorn gieng," pedibus terram potius attingere quam calcare (ut atta);" Voc. v. 1618. cf. scherfeln u. d. vorige Wort.

Der, das Schart, (Nürnb., Hsl.) kupferner Tiegel 404
auf Füßen mit einem Deckel, welcher mit Glut belegt wird, um „Gogelhopfen," Pasteten ꝛc. darin zu backen. BM. II, II, 157. Weigand, Wbch. II, 563. „Schart, frixorium;" Voc. v. 1482. „Craticula, rosta vel scarta;" Clm. 4606 (XI. sec.), f. 101. Cf. Gl. i. 323, o. 83: scart-isarn, scart-isan, clibanus, craticula. Graff VI, 528. cf. BM. I, 757. Diefenbach 248^b und Th. II, Sp. 1732: Gschertnagel.

`Schart, serratula tinctoria; Weigand, Wbch. II, 563. Nemnich II, 1288.´ „Herba quae vocatur schart aut verberchrawt;" Ind. 355, f. 197^b.

Die Schart, Scart (ä. Sp.), die Wache (vermuthlich das ital. scorta, franz. escorte, von scortare, scorgere; (cf. ascolta, écoute, Wache, Schildwache. Diez, Wbch. 29. 396 f.). „Caligula blieb die Nacht unter der Scart der Knecht. Kaiser Galba erlaubt und zertrennt der Teutschen Scart, (Leibwache). Wacht und Scart halten, excubias agere; Feur und Schart halten im Lager; auf der Schart und kundschaft seyn;" Av. Chr. 173. 189. 253. 357. 389. 483. „Und daß aufs wenigst euer drey scart und wach halten bey jm;" Sterzinger Passionsspiel v. 1500. „Die Gewappneten hielten unter des Fuchssteiners Fenstern Scartt;" Gem. Reg. Chr. III, 689 ad 1485. (Bey Christ. Schmid: Schgart, Start und Stargt; Fronsperger v. 1555, fol. 39^b: Starrdt). „Des nahtes pflagen sy der waht, zu dem tag warn sy an der gsart;" Mich. Beham, Wiener 100,3. Wann dy unsern gegen in schussen aus der sgart; das. 102,5. „Dy pauren under der gemain in der gsart pei dem gsaß hy vor namen dy speiß vor diesem tor," (ließen sie nicht hinein); das. 130,16. „Des nachtes pflagen sy der wacht und des tages der starte (scarte?), sy hielten wol ir warte; das. 376,21. Ir arbeit die was tag und nacht: des nachtes pflagen sy der wacht, ir wol der britail oder mer, umb und umb dem her hin und her, des tages an der scarte, daz her wart wol bewarte;" das. 402,2. Ich meine, Schart auch für Schar, Tour im Tanzen, gehört zu haben.

Die Scharten (Schart'n, O.L. Schouscht'n), wie hchd. Scharte; (mhd. scharte; BM. II, II, 157. Weigand, Wbch. II, 563); scharfe Vertiefung in einem Bergrücken, und nach diesem Sinn im Namen einzelner Berge vorkommend; z. B. „die Scharten" auf den Gersperger Alpen," MB. (Chiemsee) II, 42, ad 1385; der Schartenkopf (Schouscht'nkopf) ꝛc. Die Scharten, Hasenscharten, Heracleum sphondylium L.; cf. Schärling. schartət, gescharteɫ, adj., schartig. Eine Kornähre mit vielen Lücken ist *gschartət*. In der mhd. und ahd. Sp. ist scart, schart ein Adj. für unganz, verletzt, verstümmelt, schartig, isl. skerd-r, diminutus; (Graff VI, 527 f. BM. II, II, 156 f.). „Ir liechten schilde preit von den schwerten waren schart. Sie fuerten durchel schilde schart;" Pitrolf 997. 1149. „Der die (ê) von sünden machet schart;" S. Helbling II, 954. liba-scart, murous; gl. i. 415. 1027. 1198. BM. II, II, 157. scartlidi bey Notk. 944 als circumcisio der kanzlidi, praeputium, entgegengestellt. Davon scarti als Substantivum: orscardi, Abhauung des halben Ohres; Lex Alamann. LXI, §. 3. In der Lex. Baiuu. IV, 14 allgemeiner lidiscarti. aranscarti, (Leg. Baiuu. XIII, 8) der sogenannte Durchschnitt im Getreide. cf. Arn und Bilwiz, I. Th., Sp. 146. 230; s. auch Schnitt. Dazu das mhd. Verb scherten, verscherten, schartig machen, fig.: verletzen, verderben, ahd. scartjan, scertan, isl. skerda und skarda, minuere. Graff VI, 528. BM. II, II, 157. „giscartit uuerden, laceramur;" gl. i. 559. „Ein bosch der bran, ... beleip sîn glanz vor fiures flamme unverschart;" Walther v. d. V. 4,19. „Das vasennacht schimpp uns nit verschart;" Mr. Hans v. Salzburg, Cgm. 628, f. 252^a.

Die Scharteken, (verächtlich) Buch, Schrift; (ital. scartabello, scartafaccio, verworfene Blätter, Wisch, auch scarto, scartata, von scartare, Karten (Blätter) wegwerfen, frnz. écarter. Diez, Wbch. 307. Weigand, Wbch. II, 564): ən åldě *Schartěckng*. Das Scartecel, summarischer Rechnungsauszug oder Conspect. „Es sollen über alle Rechnungen die ordentliche Scartecl und Prothocolla gehalten werden;" Hofcammer-Ord. v. 1640. „Scartecl" der churfürstlichen Landschreiberey Neuburg, Ao. 1789.

Scartelle (?). „Silber und golt verbiete wir an mezzern an swerten und an gurteln und an scartellen;" Regel des Spitals zu Jerusalem, Clm. 4620, f. 102. 'Vielleicht für scarcelle, Bügeltasche, Geldtäschchen, ital. scarsella, span. escarcela, frnz. escarcella; Diez, Wbch. 310. Ducange, ed. Henschel, t. VI, 98^b: pera coriacea peregrinorum.'

Der Scherter, s. Schätter.

'Schirwiz, Schirbiz (?). „Als aber darneben Augustin Gebeßhaupt gepetten hat, mit Pinfliessen zu verschaffen, ime ains Schirbitzkauffs halben XXVI^c guldin antreffend, caucion und versicherung zethun ... ains Schirbitzkauffs halben umb sechsundzwainzig hundert guldin;" Nürnb. Gerichtsbücher, 1524, (Rector Dr. Lochner). Cf. Ducange, ed. Henschel, tom. VI, 108^c: Schirewyte, praestatio quae quotannis ad schiram exsolvebatur; (schira, scyra, provincia, comitatus)?'

Der Scherz, scherzen, wie hchd.; (mhd. scherz, 405
ital. scherzo, scherzare, böhm., nicht aber in den übrigen slaw. Dialekten, žert (sprich: schert), jocus, žertowati, jocari, žerty. BM. II, II, 94. Diez, Wbch. 432. Weigand, Wbch. II, 577). əs is kaə˜ *Scherz* wenn mə˜-r-ə˜n Laəb frißt; Wortspiel, 's. unten: der Scherz, a'. (ObrM.). „Und gienge dem ouch ab an sînem scherze;" Labr. 398. „Daz brâcht mir al mîn schimpfen ûz dem scherze;" das. 497. „Nun dunkt mich, es sey dir aus dem scherze;" Valkn. 146. In der ahd. Sp. scheint das Wort zu fehlen. Eine Bildung aus sceron, (gl. i. 307: lascivire) ist unwahrscheinlich. Im isl. bedeutet skritileg-r, skritin-n jocosus. skrit-yrdi, skritni, facetiae. Ich möchte lieber darauf, als etwa gar auf das gr. σκιρτᾶν zurücksehen. Wenigstens hat Cgm. 299, f. 21^a schreczen statt scherzen, spielen. (Vrgl. schermare und scrimiare unter schirmen). „Si grînent sam die hunde, und scherzent (blöken? 'unter lautem Schreien fröhlich hüpfen und springen; BM. II, II, 94') sam die kelber;" Br. Berhtolt 233, (Pfeiffer 46,9). Auch bey Grimm Reinh. Fuchs 383,8 und 387 heißt es: schreyen wie der Esel, wiehern wie das Pferd. Konrad v. Megenberg unter Gallina (Pfeiffer 194,2) sagt a^0. 1349: „Diu henn arbait vast in dem airsetzen, und singet doch nâch der gepurt, alsô nâch dem smerzen gêt di frawe scherzen." „Ob sich ouch überdenket ein wild, und wænet scherzen;" Labr. 460. „Davon so lâ dîn scherzen;" das. 696. „Er (der Falke) scherzet unde gailet;" Valkn. 146. „Das ich offentlich mit meiner hausfrawen gescherʒt (und dadurch in den Zuschauenden böse Begierden erregt) hab;" Beichtform., Cgm. 683, f. 71³/₄. gescherzig, adj., ludibundus; Voc. v. 1618. ə˜ schlěchtě Kǫllərin, dé nét *gʃcherzi'* is. „Und wenn du wilt gescherzig sein;" H. Sachs 1612: I, 884.

Der Scherzelgeiger, der um schlechten Lohn oder Almosen aufspielt. „Man soll nirgends weder Scherzlgeiger noch Hausierer leiden;" Wstr. Btr. VIII, 346, ad 1695. „Wie molest ist es, einem Spillmann zuzulosen, der kain Saiten zu der anderen stimbt. Ein solches Scharizen thuet einem nicht nur in den Ohren, sonder auch im Herzen wehe, einem solchen Scherʒelgeiger zeiget man bald den Weg;" alte Predigt. „Der spielman konig David der kein Scheergeigerlohn nimt;" Cgm. 3806, f. 25.

Scherz, (Zips) Rinde am Baum, ital. scorza;" (vgl. Diez, Wbch. 311). „Schörch, cortex;" Cgm. 665, f. 2. 'Cf. Diefenbach 153^b: scorse, scorze.'

Der Scherz, das Scherzlein, a) Stück Brod, besonders das vom Laib zuerst abgeschnittene und das zuletzt übrig bleibende; (cf. engl. scarce, holl. schaars, ital. scarso, span. escaso, altfrnz. escars, eschars, échars, knapp, spärlich, aus mittellat. excarpsus, scarpsus für excerptus. Diez, Wbch. 306 f. Müller, etymol. Wbch. d. engl. Spr. II, 295'). 's erst *Scherzl* von ə˜n Laəb, wo mə˜ nét 's Kreuz drübə' gmacht, kimt aə˜n nét z' Nutz'n. „Thomas Aquinas hat Schertzl Brod in Rosen verkehrt." „Nicht nur allein wurden von den fünf Gerstenbroden zwölf Körb voll Scherzl geübrigt, sondern die mehrsten Männer nahmen ein Stuck Brod mit sich in Sack;" P. Abraham. R.A.: Sich ə˜ *Scherzl* Brod verdienen, Einem auf die Ferse treten. Das Anscherzl, der Anschnitt des Brodes; (Tir.). b) (O.Pf.) ein Stück Weges, eine Weile Zeit. I mou' mər e˜n *Schèrz* gêi˜, ich muß ein Stückchen voraus gehen. Dèi haud ərə' ə˜n *Schèrz* 'gangə˜, die ist schon ein Stück voraus. (Vrgl. belg. schaersch, schaarsch, ein Scherzel Brod, ein Stück, ein Vorsprung; engl. to have, to get the start of one. „Die Hauptsache beim Wettlauf ist der richtige Anfang, „the fair starting" ... oft kommen die Läufer erst nach einer Menge von „false starts" wirklich in Gang;" Ausland, 1844, S. 181: Englische Sports. `Vgl. unten: der Starz, Sterz).´ e˜n *Scherz* aslau'ə˜, ein Weilchen ablassen (von der Arbeit). Vrgl. d. folg. Wort und schürzen; auch BM. II, II, 164.

Die „Scherzə˜, (o.schwäb.), rother Fleck am Körper." „Bonenblüewasser ist guet für die narben oder schertzen unter den augen, so man sich darmit schmirbt;" Cgm. 4570, f. 48. „Für alt böß Rauden und Schertzen auch für wilden Neris ... Für Masen und schertzen was Dörrens bedarf ... Reibs in die schertzen und Rauden;" Cgm. 3726, f. 26. 27. Das Scherzlein, (Münchner Metzger-Spr.) ein gewisser Theil vom Schweifstück eines Rindes. Vrgl. das vorhergehende Wort. „Geometria, der erden bruferin, scherczerin und messerin;" Cgm. 579, f. 50ᵃ (des Wittwers Klage). Etwa nur statt schetzerin verschrieben? `(s. BM. II, II, 164ᵇ: „Abtheilerin, Theilerin").´

„Schirtzer (?), sarissatus eques;" Clm. 571 (XVI. sec., 1514), f. 36.

Der Schurz, das Schürzlein, a) wie hchd. die Schürze; (Weihers: des Schüätz, Schürz, wofür in Franken: der Schürzer; Dr. K. Roth. BM. II, II, 164. Weigand, Wbch. II, 648); üblicher ist jedoch in A.B. das Fürtuech; (vrgl. Fürfleck, Fetzen). b) (Nürnb., Hsl.) Weiberrock, stola cingulo adsuta dependens usque ad pedes. Birlinger 404. „Juppenschurz, lineum
406 indusium quo superinduunt se feminae ad talos usque demissum;" Voc. v. 1618. Als Frauenkleidungsstücke kommen vor: Schurzliz (sieh oben, Sp. 461: Schurliz), Schürzhemde; Cgm. 714, f. 146. Die Frau opfert zuerst den Mantel, dann ihr Schürzhemde, dann den Rock: — „in irem hemd si bestund." Das Schürzlein des meßelesenden Priesters umschließt in Form eines Weiberrockes die untere, wie das Chorhemde die obere Hälfte des Körpers. c) (nach Adelung in Franken) Bauernkittel. „Der Schurzfleck, ventrale, supparus; das Schurztuech, semicinctium, succinctorium;" Voc. v. 1618. Der Schurzgeren, (Franken) zusammengefaßte Schürze; s. II. Th., Sp. 931. (Vrgl. das alte Adj. scurz, curtus, brevis, gl. a. 225, scurziu kauuati, curta vestimenta, Kero 55, und etwa auch das isl. skyrta, engl. skirt und shirt. Graff VI, 551. Müller, etymol. Wbch. d. engl. Spr. p. 325. 342).

schürzen, scherzen, (Nordfranken) von Knechten und Mägden: aus dem Dienst abziehen; in A.B. schlenkeln. Vilmar, kurhess. Idiot. 374: schürzen, scherzen; Scherztage. Scherzböndel, Wanderbündel; (Weihers, Dr. K. Roth). (Cf. ä. Sp. schürzen, aufschürzen, niederſ. schorten, holl. schorssen, ablassen von der Arbeit oder sie verschieben. Grimm, Wbch. I, 731. BM. II, II, 164 f. Graff VI, 551). Vrgl. d. obige alte Adj. scurz, brevis, gl. a. 225, agſ. sceort, engl. short. „Die Rede schurzen," abkürzen;" Diut. II, 138. 144. BM. II, II, 165.

schürzen, auslesen, absondern. „Die Koler sollen alles Holz, wie es ihnen verwiesen, gutes und böses, ohne ausgeschürtzt, aufarbeiten und abkolen;" Neuburg. Forst-Ord. v. 1690. Vrgl. bey Adelung: Schurz, 2. S. auch schüren, ausschüren, und unten, der Schröt: unausgeschrött. Um Schaffhausen ist schorzen ausjäten.

(Vrgl. Schatz, schetz, ꝛc.)

schassen, schássen, schaəssen Einen, ihn fortjagen, derb abfertigen. Vermuthlich das fr. chasser; (Diez, Wbch. 79. Weigand, Wbch. II, 564).

Der Schaiß (Schaəs; rhein. Schês, niederd. Schêt, Firmenich I, 382,36; s. Th. I, Sp. 681: tritscheln), crepitus ventris. Zeitschr. VI, 114,5. ə˜n *Schaəs* taə˜. „Der Herren Schaiß stinkt nicht;" Seb. Frank.

„Ain Fischer vnd ain Ferg,
ain Büttel vnd ain Scherg,
ain Zig vnd ain Gaiß,
ain Fist vnd ain Schaiß,
ain Ochs vnd ain Rind,
die sind all Geschwisterkind."

„E der hunt geschiffet einen scheiß, so hat der wolf in dem büche die geiß;" Morolf p. 51,561. Grimm IV, 645. „Einez lat einen grozen scheiz;" Altsw. 54,12. In Großarl heißt auch ein Büchsenschuß in der Christnacht „Mettenschoaß." Hübner, Salzb. 387. schaißeln (schaəſſln), nach Fisten riechen. *ă˜schoaſseln* Einen, ihn mit Spott abfertigen; Kaltenbrunner 129. umherschaißeln, (verächtlich) umhergehen, umhertreten, geschäftig seyn (ohne Zweck und Erfolg). Das Geschaißel, (verächtlich) Geschäftigkeit; bey Prasch: Kurzweil. Die Schaiß· (Schàiſſ·, b. W.), cacatio? 407
R.A.: Einen e˜ d· Schàiſſ treiben, ihn in die Enge treiben, ängstigen. „Als sie (die Gaiß) einmal der pfleger sach das er so übel hielt die gais jagt er dem schneider ein ein schais und jhn umb zehen kreuzer straft;" H. Sachs 1560: II, IV, 65. `Vgl. scheißangst, Zeitschr. I, 235ᵃ. S. das folg. Wort, nach Gramm. 1037, VI. Die Schaißmelde, s. Th. II, Sp. 1595 und Weigand, Wbch. II, 571.

scheißen, Cond. schiß oder scheißet, Partic. geschißen, (mhd. Sp. schîzen: Praet. ich schaiz, scheiz, wir schizzen, Partic. geschizzen; ahd. Sp. scîzan; Graff VI, 559. BM. II, II, 177. Weigand, Wbch. II, 571), cacare; crepitum ventris edere. „Aus schalkhaftigen mut schaiß jm ain aff in seinen hut;" H. Sachs 1560: II, IV, 40 (1612: II, IV, 84). `R.A.: scheißen wie ein Reiher, Koburg: wie á Rächər), wie ein Jagdhund, s. Vilmar, kurhess. Idiot. 344 f.; vgl. auch Zeitschr. V, 291.´ Von den vielen gemeinen R.A., die auf diese Natürlichkeit weisen, nur ein Pröbchen. In den Bach scheißen, ausscheißen, ausgeschissen haben bey Einem, sein Vertrauen, seine Gunst verlieren. Ietz hàbmer *ausgſchiſſ·n*, nun isits vorbey, ich will nicht weiter davon hören. Ietz stêt *Scheiſſn* i˜'n Calendə', das sind schlimme Aspecten, nun steht es schlimm. Sie sagten: „Iz hœret niemen dan wir vier;" der Belauschende: „Jâ schiz!" gedâht ich mier;" S. Helbling IV, 308 und p. 265. „Stant schîz bricht den satel niht!" das. V, 82. „Der tiufel schîze iu in den kragen! das. 107. `Die Scheißgasse, s. Th. II, Sp. 945 und Zeitschr. V, 408,72.´ `Scheißkerl, s. Vilmar, kurhess. Idiot. 335. Scheißwurz, s. oben, Sp. 358.´ Der, die Scheiß, cacatio. Der (die) Le˜scheis, s. Th. II, Sp. 1478: Len. `scheißnöthig, sehr nothwendig, gleichsam wie Einer, den es zum Sch. drängt.´ Du hàs·s àbə' widə' *scheisnédi'* heu˜t. Die Scheißen, cacatio; der Durchfall. Weigand, Wbch. II, 571. BM. II, II, 177. Auf d· *Scheiſs·n* gə˜, auf də' *Scheiſs·n* sei˜; d· *Scheiſs·n* häbm. Auf d· *Scheiſs·n*! auf die Seite! (ObrM.). Die Scheißet, dsgl. „Von der schijjet,“ Cgm. 591, f. 156; scizzata, proluvies, gl. i. Graff VI, 560. scheißerisch, cacaturiens. Der Scheißer, unansehnlicher, kraftloser Mensch. Das Scheiſſə'l, kleines Persönchen oder Ding. ´Vgl. Zeitschr. II, 237. Der Klugscheißer, überkluger Kleinigkeitskrämer; Vilmar, kurheſſ. Idiot. 345. Grimm, Wbch. V, 1288. Zeitschr. III, 8. VI, 475; vgl. V, 375.´ Der Schiß; Weigand, Wbch. II, 585. Fliegenschiß ꝛc. Die Dienstboten auf dem Lande nennen die 1 – 3 Tage, welche sie im Hause, das sie zu verlassen gedenken, noch über den Termin Lichtmessen, gleichsam um die durch Sch. verlorne Zeit hereinzubringen, bleiben müssen, — die Scheißtage oder den *Schis*. ´Ja, ən *Schiſs!* (Nürnberg: ə·n Drêk!) oder: ich will dir was scheißen! derbe Abweisung einer unwillkommenen Bitte oder Zumuthung. Vilmar, kurheſſ. Idiot. 345.´ Der Schiſſer, (Rhein) was Scheißer. bescheißen, a) ä. Sp., beschmutzen; (BM. II, II, 177. Grimm, Wbch. I. 1559 ff.) „Auſſen schön und innen beschiſſen; Cgm. 713, f. 13. 161. Beschiſſene (mit Schlamm überzogene) Wieſen, (Nürnb.). In der Schweiz ´(auch in Koburg)´ kommt wol noch ein *bſchiſſənər* Tèllər ꝛc. vor. piscizzan, oblitus; gl. i. 548. b) Jetzt gewöhnlicher figürlich als milderer Ausdruck für betrügen. Grimm, Wbch. a. a. O. Vilmar, kurheſſ. Idiot. 345. ſ. unten: beschwadern. „Die römischen Hauptleut beschiſſen jre Knecht hübschlich mit Finanzen;“ Avent. Chr. 272. „Darumb leg ich allen meinen fleiß wie ich die gaistlichen bescheiß wan tun ich den obligen so lat im das gebofel leicht angesigen“, sagt der Teufel in des Teufels Segi; ´(Barack p. 94,2858; vgl. 10168ª. 10661. 10788. 10865. 11122. 11504. 12636. 12939. 13128).´ Ein beschiſſener Mensch, der gerne betrügt. ´Des Teufels Segi, Barack p. 335,10596.´ Das Bescheißerlein (Bſcheiſſə'l, Lech), Vorhemdchen der Landmädchen. Der Beschiß, Betrug. ´BM. II, II, 177. Des Teufels Segi 10884.´ „Beschiß tregt nicht für;“ Seb. Frank. Auf den Beschiß (au'm Bſchis), um zu täuschen, betrügerischer Weise. Um Aschaffenburg nennt man einen Regen unter Sonnenschein einen Beschißregen; Beschiß aber die von solchem Regen entstehenden, aufgeworfenen Brandstellen an Baumblättern und die darin vorkommenden Insekten, Blattläuse ꝛc. Der Beschiſſer, (ebendaſ.) Betrüger.

scheißern, impers., impetus cacandi esse alicui; es scheißert mich. Zeitschr. II, 461.´

Scheuß (? = Schooß). „Grabatum est lectum sani hominis vel schewſſ. Pro gremio grabātum pro lecto pone grabătum;“ Clm. 5867 (XV. sec.), f. 118. Vgl. Diefenbach 467ᵇ.

scheußen (ſchoiſſ·n, ſchuiſſ·n), ſ. schießen. „schewſſen, sagittare;“ Voc. v. 1419. Die Scheuſs (Schois), Büchse; (Ober-Audorf).

schießen (ſchiəſſ·n, opf. ſchêiſſ·n), ich schieß, scheuß (ſchois, ſchuis), Cond. ich schuß (ſchuſſ) und schießet, Partic. geschoßen, als Verb. act. und neutr. wie hchd.; (mhd. schiezen: ich schiuze, wir schiezen; Praet. ich schôz, wir schuzzen, Part. geschozzen; ahd. sciozan: ih sciuzu, Praet. ih scôz, uuir scuzzun, Partic. giscozzan. Graff VI, 560. BM. II, II, 171. Weigand, Wbch. II, 581): 1) wie hchd.; (ä. Sp.) ze'm blatt (auf die Scheibe?) schiezen; Ulrich's Tristan 550. ´Grimm, Wbch. II, 75,7: Blatt, Zielblatt der Schützen, die Scheibe.´ „So zu dem ziel schießen die gäſt, der weitſt vom blat gewint das beſt“ (im Schlauraffenland); H. Sachs 1612: I, 1093. Das Voc. v. 1618 sagt: Platten schießen, petere scopum jaciendis lapidibus. S. I. Th., Sp. 462. Boppen schießen, Unwahres vorbringen; ſ. Th. I, Sp. 400. „Was der ver-
408 logen Historischreiber für Boppen geschoſſen;“ Dr. Eck über Lenh. Käser. ´2) schnell nach einem Ziele bewegen: schwingen, werfen, stoßen, schieben ꝛc.; BM. II, II, 171ᵇ,2. Zeitschr. VI, 343. 510.´ „Jonas hiez sich schiezen in daz mer“ ... „hiez (diu kint) schiezen in den aitoven;“ Griesh. Pred. I, 117. 120. „Da schos ich im (dem Falken) das luder;“ Mich. Beham, Cgm. 291, f. 287. 288. „Ich schos es (das Herz) für den valken; Valkn. 122. „Eis schießen, auf der Eisbahn sogenannte Eisstöcke nach einem Ziele gleiten machen. S. I. Th., Sp. 162. Holz schießen, (Gebirg) Holz von den Höhen in Bergbäche oder auf fahrbare Wege herabgleiten laſſen, um es dann vollends herauszuschaffen. Den Rigel schießen, fürschießen, den Riegel vorschieben; fig.: ein Hinderniß bereiten. „Den rigel schoz sie vaste für;“ Colocz. Cod. 236. Sand schießen, d. h. durch eine Art von Sieb werfen, so daß das Gröbere davon zurückbleibt. Die Erde zum Ziegelbrennen schießen oder beschießen; Wſtr. Btr. VI, 144. Scheirer Dienſt-Ord. v. 1500, f. 29. Schnellkügelchen schießen, sie werfen, damit spielen. S. Schießer, Schußer. schießen mit der silbernen Büchs, bestechen; S. Frank. „Zu leſten sy sy da von dem selben taber ließen mit guldin puchſen schießen. Vir tauſend guldin gaben sy . . .;“ Mich. Beham, Wiener 302,21. „schießend Gſicht, faciles oculi, emissitii, oculi;“ Voc. v. 1618. Es schießt mir was in den Leib. Vrgl. unten Schuß, Geschoß. R.A.: Dà kunnt Aə˜n ə˜ Glück i˜ d· Haut *ſchiəſſ·n!* ironisch: das wäre ein Glück. ´schießen, zuschießen, beiſteuern; BM. II II, 171ᵇ,3.´ Unter den Sünden: „Qui contrahit societatem mercandi impari sorte. Ich schüß zu dir XX gulden vnd gib mir halben gewin aber kain verluſt sol ich haben an dem haubtguet;“ Clm. 11724 (XV. sec., 1461), f. 37. Das Gesellenschießen, ſ. oben, Sp. 259. „Auf Gesellenschießen (mit Armbrüſten) zu schreiben,“ (einzuladen); Formular, Raitenb. 166, f. 160. Das Schießend (Schiəſſə˜d, Schiəſſət), das Wett-Schießen nach dem Ziele. Der Schießgraben, dazu bestimmt, wie in Augsburg, Nürnberg (Wagenseil 161) ꝛc. ´Der Schießprügel, Gewehr; Zeitschr. V, 467.´ Die Schießſtatt, (München). Ladschreiben auf Sonntag nach St. Joh. zu Sunwenden 1404 zu einem Schießen nach Kelheim, abgedruckt in den b. Annalen v. 1833, S. 415. „In dem Jar 1425 schoß man hie zu augſpurg umb ain aubenture: Ochs, schal, zway armbroſt, ain par hosen, vnd ain ring;“ Cgm. 213, f. 252. Vgl. Th. I, Sp. 11. Noch jetzt findet das alte Schießen mit dem Armbruſt, Stahelschießen, seine Liebhaber. Der Schießer, a) der da schießt, gewöhnlicher: Schütz. Schiezzer, sagittarius; Cgm. 32, f. 18. b) Schießer, Scheußer (Schiəſſəʿ, Schoiſſəʿ, Schuiſſəʿ), was Schuſſer, Schnellkügelchen. *Schoiſſəʿ* rick·ln, mit Schuſſern spielen. c) Schießer, Beckenschießer, der erſte Bäckerknecht, der das Einschießen des Brodes zu besorgen hat. ausschießen, wie hchd.; (ä. Sp.) zum Kriegsdienſt auswählen. Nach der Instruction für die Musterung und Rüſtung des Landvolks v. 1512 hatten die hiezu Verordneten in jedem Bezirk „den zwanzigſten Mann auszuschießen und zu erwählen,“ und „so der Ausschuß (die Auswahl) gemacht,“ von den Ausgeschoßenen oder Erwählten allweg unter zehn Mann fünf mit langen Spießen, zween mit Büchſen und drey mit Helmparten zu versehen. Jeder Ausgeschoßene mußte seinen Degen oder langes Meſſer selbſt haben. Dann sollten sie mit der Zeit mit einem Hut und kurzen Rock in gleicher Farb bekleidet werden, auch ihrer jeder einen Krebs, ein Schulterl, Armschinen, ein Goller und ein gutes förmliches Hirnhäubel haben, über ihrer zehn sollte ein Zehner, über hundert ein Rottmeiſter und über tauſend ein Hauptmann gesetzt werden. Kr. Lthdl. XVIII, 428 ff. XVI, 103. Durch ein Mandat v. 1663 wurden dem Landausschuß verschiedne Privilegien ertheilt, z. B. daß 1) ein ausgewählter oder ausgeschoßner Bürger (außer des Weinhan-
dels und der Wirthschaft) auf eigne Fauſt alle andre 408
offnen Gewerbe treiben dürfe, in allen Pfennwerthen, die er zur Hausnothdurft braucht, gegen In- und Ausländer den Einſtand habe, und vor andern Burgern in den Rath zu ziehen sey. Ein ausgeschoßener Bauer durfte, nach dieſem Mandat, vor und nach aufgeworfenem

Schaub den Inländern verkaufen, er konnte zu seiner und seiner Kinder Hochzeit bis auf 100 Personen laden, hatte bis in den fünften Grad den Einstand in liegenden Stücken und, als beklagter Schuldner, einen 8 Tag längern Termin zur Bezahlung ꝛc. Bey wirklichem Kriegsdienst, den er machte, sollten, nach der Instruction v. 1512, seine Mitgemeiner seine Haus- und Feldwirthschaft, wie ihre eigne besorgen. In der That eine Wehrverfassung, nicht minder deutsch und wahrhaft national, als die frühere Gerichtsverfassung. Es mußten zwey peinliche Jahrhunderte französischer und preußischer Soldaterey und römischer Juristerey dazwischentreten, um wieder einigermaßen auf den Gedanken an das Alte, Deutsche zurückzukommen. Cf. schwedisches Militär- und Conscriptionssystem, z. B. Allgem. Ztng. 1836, 22. October, außerordentl. Beylage. beschießen, ergiebig seyn, hinreichen. BM. II, II, 172. Grimm, Wbch. I, 1567,6. Sand, Erden beschießen, fichten; s. oben schießen, 2). beschoßen (geladen, gefaßt, gerüstet, fertig) seyn mit etwas, auf etwas. Grimm, a. a. O. 4. „Da war ich geschwindt mit einer andern Lugen beschossen;" Albertin's Gusman p. 152. beschießen, einbeschießen, einschießen ein Gewehr, es durch Probeschüsse kennen lernen; (schon Cgm. 600, f. 6, sec. $XV^{1/3}$). Grimm, Wbch. a. a. O., 3 und III, 269,5. einbeschossen und eingeschoßen seyn in einem Geschäft, es kennen, darin orientiert und geübt seyn. beschießen (den Kohlenmeiler), was angraßen (Th. II, Sp. 1008 f.). Der B'schuss, Fichtenreisig, Stroh, Laub ꝛc., womit der Meiler bedeckt (b'schossen) wird. derschießen (dəˈschiəssˈn), a) erschießen, b) in Schrecken gerathen. I bi~ ganz *dəˈschossˈn.* c) zulänglich seyn. S. d. folg. Wort. erschießen, aufschießen, ersprießen; fig. zureichen, zureichende Wirkung haben, zu Statten oder zu Hilfe kommen, nützen. BM. II, II, 173. Grimm, Wbch. III, 961,1,b. „So das korn recht hat ergossen und gar wol erschossen daz allez daz aufgehauffet stat .... so spricht er (der Müller) es sey ubel erschossen;" des Teufels Segi, (Barack p. 297,9383 und 298,9401). „So hat doch solches Verbieten ꝛc. nit erschießen wöllen;" L.-Ord. v. 1553, f. 70. „Mit bitterlicher Anrufung, ihm deshalben zu erschießen," (behilflich zu seyn); Kr. Lhdl. IX, 313. „Ir sond mir mit aim gelt erschießen;" M. Zobel, Cgm. 568, f. 255. „Wessen Wir unsers Theils zu demselben gedienen oder erschießen (behilflich seyn) könnten;" Kr. Lhdl. IX, 347. „Aber ihre Bett hätte nicht mögen erschießen;" das. XI, 308. „Wie solichs zu vil guten erschossen ist;" Ldtg. v. 1514, p. 125. „Swie übel diu gâbe erschieze;" Diut. II, 154. „Waz erschiuzet daz under so vil liute;" Griesh. Pred. II, 107. „Als klain und als lützel ain ainegiu felwesche erschiuzi enmitten in dem grôzen mêre;" das. I, 28. „Reht als lützel ain ainegiu felwesche erschiuzet enmiten in dem mêr;" das. II, 73. Cf. Th. II, Sp. 1649: Murg. erschießlich, adj., erklecklich wirksam. Grimm, Wbch. III, 962. „Eine tapfere und erschießliche Landsteuer;" Kr. Lhdl. XVIII, 25. „Wie am sichersten und erschießlichsten dagegen fürzunehmen sey;" das. X, 202. erschießen die Wolle(?). „Und die loden von der allten woll sol man wurchen unerschossen .. Es sol auch kain ledrer noch kain Ircher dhain woll nicht erschießen;" Passauer Stdt.-Rechtbuch, Ms. „verschießen wie ein wasser, so gefreurt, concrescere. Das Überschießen oder blueten der Nasen, profluvium narium. Das Überschießen vnd Unwillen, redundatio stomachi;" Voc. v. 1618. verschießen, weit weg, tief herab schleudern, stürzen; BM. II, II, 174,5. „Wie man sie (die Bauern) bannet umb die gult und sie mit liechten thut verschießen;" H. Sachs 1612: II, I, 170. „Ihn bringen in den schweren bann und mit wachsliechten ihn verschießen;" das. 1612: V, III, 150. Die Formel lautet deutsch: „die... tun ich in des pabst pan und verschews sew mit den prinnunden chertzen ...;" Cod. Ald. 228, f. 348. „Debent XII sacerdotes circumstare et lucernas ardentes in manibus tenere quas in conclusione anathematis vel excommunicationis projicere debent in terram et conculcare pedibus, dein epistolas per parochias mittant continentes excommunicatorum nomina et causam excommunicationis;" Aug. civ. 23, f. 260^b; cf. Kaisersh. 160, f. 281. „Debent XII sacerdotes episcopum circumstare et candelas ardentes in manibus tenere, quas in conclusione anathematis vel excommunicationis in terram projicere debent et conculcare pedibus ... Hic extinguantur lumina ...;" Aug. eccl. 209 (sec. XII.), f. 143. 252. verschießen sich, allen Vorrath von Pfeilen oder von Pulver und Blei verbrauchen. verschießen sich, aus Übereilung vom rechten Weg abkommen, sich verirren, eigentlich und figürlich. „Hatte sich des Weges verschossen;" Cgm. 4905, p. 192. sich verschießen in eine Person, sich in sie verlieben. sich 410
verschießen eines Dings, (ä. Sp.) darauf verzichten. BM. II, II, 173. „Han aufgeben mein gütlein zu R., und verscheuße mich des mit hant und halm;" MB. XXIV, 553, ad 1411. Cf. Grimm, R.A. 125. verschießen, verriechen; verschoßen, exoletus; Av. Gramm.

Der Schieß (Schiəs), auch der Schießen, der Schießer, die Schießen, das Geschieß und der Schuß, Seite eines Gebäudes, die vom Grund bis zur Firste eine stätige senkrechte, ein Viereck mit darauf gesetztem Dreyeck vorstellende Fläche bildet, Giebelseite als Gegensatz der Dachseite; (Graff VI, 562. BM. II, II, 174. Birlinger 394. gl.i. 552: scioz, frons, absida subadversa; Prudent. Peristeph. 225. VII Com.: schiza, quella parte più alta della teza su cui si pone la paglia," (Costa); fenile, (Dalpozzo). XII Com.: de schiesse, zertrümmerte Gebäude. Cf. česk. świsle, plur., Giebelseite). „Paries medianus, ein schidwand so das ganze haus in der mitten schaidet, ein schiessen;" Nomencl. 1629, p. 109. „Frontispicium, der forder schießen;" ibid. 110. „Grund-Haubt-Schidtmäur, Schießen" (1613); Cbm. 2224, f. 204. „Da fiel der schieß darnider, und erslug wol XXIV man." „Bischof Heinrich zu Augsb. vernüwet unser lieben frawen kirchen vast, vnd machet die schönen porten oder geschieß ob der kirchen eingang;" Augsb. Chron. Cgm. 213, f. 174. 251. Cgm. 570, f. 74. „Der umbgeende orzaiger, den wir vorn an den schießen (der Ulrichskirche zu Augsburg) gemacht;" MB. XXIII, 527, ad 1459. „Der Kirchenthurn zu Sandau sey im Grund gesunckhen, und derselb von oben herabgefallen, der vorder Schiessen zumal damit eingegangen, — müesse man einen neuen Schiessen aufmauren, und oben im Gipffel des Schiessens ain khlain Thürelein auffüren;" Meichelb. Chron. Ben. II, 242. „Steinene Bilder am Schießer der Domkirche zu Salzburg;" Ducher, Chr. 276. „Ûf sînem houpte sach man schînen ein imfel mit zwein schiezen," (Seitenflächen); Servatius 581, Haupt's Zeitschr. V, 95. Schießbretter, an einem Bauernhause solche Bretter, durch welche die untern gemauerten oder gezimmerten Wände am Schieß bis zu den schiefen Dachrändern fortgesetzt werden.

Die Schieß, (Rhein) Auslegetisch im Kaufladen, Budel. Die Schießen, Schütze des Webers. Die Sternschießen, Sternschnuppen; 2136,80 mihi. BM. II, II, 174.

Der, das Schoß, ndrs. Schot, census, tributum, (mlat. scotum, ital. scotto, fr. écot; Diez, Wbch. 311) — jetzt in A.B. unüblich. Vilmar, kurhess. Idiot. 367: Beckerschoß, Bierschoß, Eidgeschoß. Vrgl. indessen Schußzettel. Auch hat das Voc. v. 1419: beschossen, exactionare; schosser, exactor. Vrgl. oben schießen zu einem, und verschießen sich eines Dings.

Der Schosser (Pinzgau, Hbn. 669; Gastein, Muchar) Knecht, welcher auf der Alpe den Dünger besorgt. Die Schoßdirn, (nach Hbn. 671) Vertreterin des Schossers; (nach v. Moll) Gehilfin des Melkers und im Winter Aufseherin über die Schafe; Geschoßdirn, (Gastein, Muchar 130. 131. 132). Der Gschossner, (Pinzg.)

Helfer des Melkers; die Gschosſnerin, die das Geflügel füttern und minder bedeutende Arbeiten thun muß; (Jir).

Der Schoß, ä. Sp., Geschoß; (mhd. schôz, schoz, ahd. scoz, telum, jaculum; Graff VI, 562. BM. II, II, 175. Weigand, Wbch. II, 632). „Sagittis, schozzen;" Cgm. 17, f. 21ª. „Alpschoß, belemnites, lapis cinereus aut candicans, figura sagittae;" Voc. v. 1618. Blickschoß, fulmen, Donnerkeil; (mhd. daz blicschôz, ahd. blicscuz; Graff VI, 563. BM. II, II, 175. Grimm, Wbch. II, 118). „Den dunre und diu blicschôz lât dîn kraft;" Barlaam, herausg. v. Pfeiffer 2,26. „Ein Plickschos in ze jungist slug;" Cgm. 273, f. 83. Feurschoz, Feuergeschoß, Feuerpfeil. „Saulpeter zu den fuirschozzen;" Augsb. Rechn. v. 1372 in Stettens Kunstgesch. 108. Der Rôtschoß, (Lech) fig.: Mensch der immer antreibt. cf. II. Th., Sp. 1773. Selbschoß, ä. Sp., balista, catapulta; (mhd. selbschôz, ahd. selbscoz; Graff VI, 562. BM. II, II, 175). „Umb ainen birnbaum zu den selbschosen, vmb dry senen an die selbschoz, vmb 1000 clafter heriner sail zu den selbschozzen;" Augsb. Rechn. v. 1372. „Sternschoß, stella volans;" Voc. v. 1428. s. oben: Sternschießen. 'Der Schoßgatter, s. Schußgatter.' „Sullum (fullum?) schoßgatern;" Clm. 5387, f. IIᵇ. Diefenbach 106ᵇ. 'Das Schoßbrett; s. Diefenbach 111ᶜ: cenocitatorium, tenocitatorium ꝛc. schoßprett.' „Cenacitatorium, schözprot," (undeutlich); Clm. 5877 (XV. sec., 1449), f. 105. Die Schoßnater (Cgm. 54, f. 15), s. Schußâtern u. vgl. mhd. schôzslang, jaculus, bey Konr. v. Megenberg (Pfeiffer 273,33.31) neben schôzpühs (das. 274,1). Diefenbach 282ᶜ f. Der Schoßtenn ist derjenige, der sich bey der Mündung einer Klause befindet und zur Überwerfung des Wassers aufgezimmert werden muß; (Pseud. Jir.). s. Th. I, Sp. 608: Tenn.
411 Das Schoßtôr (Cgm. 569, f. 179), s. Schußgatter. BM. III, 49. 'Schoßwage, Schnellwage; Vilmar, kurhess. Idiot. 367. Diefenbach 327ᵇ.' Das Geschoß, a) wie hchd.; BM. II, II, 175. b) eine Art heftigen Kopfwehs, das besonders an der Scheitel seinen Sitz hat. Der Landmann vertreibt es, indem er ein mit Wasser gefülltes irdenes Geschirr auf den Kopf nimmt, und eine geschossene Bleykugel geschmolzen darein gießt. Hie und da wird ein heftiger, schnell kommender und vergehender Anfall von Zahnweh so genannt. (Jir.) *Gschoſs*, heftiges Reißen im Kopfe. Cf. Grimm, Mythol.² p. 1192: „êsa gescot, ylfa gescot, hägtessan gescot" in einem angelsächs. Segen gegen Stichschmerzen. c) In Nürnb. ist das Geschuß eine Krankheit der Katzen, in welcher sie wie toll und zum Kopfeinrennen hin und her schießen. Zeitschr. VI, 205. „N.N. der het dy rinnetten schoß des haupts funf jar das ym nymet gehelffen mocht;" St. Leonh.-Mirakel v. 1459 in Clm. 4322, Vorsetzblatt. „Dy schüß geen jm in daz gehirne;" Ald. 253, f. 104. „Wem dy augen schossen ... gut für den augenschuß;" Cgm. 753, f. 114. „Wem die großen Schüss geend under die Augen oder under die Zän. Wem die Augen roth seynd, und jhm die Schüss in die Augen geend, der hab die Augen in kaltes Wasser, so geligent jm die Schüss;" Ortolph. Cgm. 4543, f. 129. „Wem die grozzen schüzze in die augen gen;" Cgm. 824, f. 36. „Wer dy großen Schüß in den zenden hab;" Cgm. 720, f. 51. „Fur all schuß nim schuschrawt;" ZZ. 2072, p. 369. „Wilt du das Geschos (aus einem Schaden?) vertreiben;" Cgm. 303, f. 233. „Ich kan unter das Gschwell Eim graben, daß er darnach das Gschoß mus haben ..." „die Gschoß kan ich segnen und heilen;" H. Sachs 1560: V, 354 (1612: V, III, 33). 'schoßen, keimen, sprießen; BM. II, II, 176. Weigand, Wbch. II, 631.' „Calor est spiritus sanctus qui ausschoost ex lumine solis 'i' patris;" Monac. Augustin. 84, f. 65ª.

Die Schoßel, Geschoßel (Gschóſl, Gschuſl), a) allzu lebhafte und dabey gedankenlose Person. b) *'s Gſchósl*, die weiblichen Theile; cf. franz. chose, ital. cosa (Diefenbach II, 337ᶜ) und Th. I, Sp. 520: das Ding.' Castelli, Wbch. 280 gibt: „das *Gschos*, die weibliche Scham," cunnus, als jenischen Ausdruck. 'Ebenso das Wörterbuch der Diebs-, Gauner- und Kochemersprache v. dem Central-Evidenz-Bureau der k. k. Polizei-Direktion in Wien (1854) p. 29 und: die gefährlichen Klassen Wiens (v. Rud. Fröhlich, 1851) p. 149.' schoßeln (schósln, schusln), gedankenlos hin und her rennen.

Das Schößlein, Schössel, der Hänfling, linaria; canapellus; (von seiner Art schußweise zu fliegen?). Diefenbach 94ª. 'Nemnich II, 1658 und 1663: fringilla cannabina und linaria: Schößlein, Schößerlein, Schößling. Zeitschr. IV, 189: *Schöſserlə.*' „Sing Grienling, Schössel, Emmerling, Citrinel frölich sing;" der alte Schütz, Lied v. 1644.

Die Schöß (Sohous, Schonſſ-, Lech: Schaos), 1) der Schooß; (mhd. der schôz, diu schôz, schôze und daz schôz, ahd. scôz, scaoz, fem., und scôzza, scaoza, sinus, gremium; goth. skauts. Graff VI, 563. BM. II, II, 174. Weigand, Wbch. II, 632. Es scheint der Winkel gemeint, den der sitzende Körper macht; drîscôz, feorscôz heißt triangularis, quadrangularis). Muədəᶜ, Vàdə', nim mi' au' d' *Schouſſ*, bittet das Kind. Zeitschr. VI, 389. „Kaiser Ludwig IV verschid in einer Schoß eines pauren;" Chron. in Freyb. Samml. I, 112. „Hatt ein kleines Mistwäglin auff der schos;" Avent. Chr. 359. „Do der frosch in die schoß kompt so welt er gern in den pûsen;" Aug. S. Ulr. 108, f. ... „Ze liebem kinde gehœrent beseme grôze, ez ist nicht wol her lunzen in der schôze;" Labr. 253. „Johannes, der auf unsers herren schais enschlief;" Cgm. 631, f. 9²/₁. Vgl. oben, Sp. 475: Scheuß. 'Der Schoßaid (?); vgl. Grimm, RA. 159. 899.' „Mit main sweren, mit schos aiden;" Cgm. 1119, f. 10ª. '2) ein Theil der Kleidung oder Rüstung, ein Kleidungsstück; vgl. BM. II, II, 175. „Duo schozz, tres schozz et unam slappen, item duo grœusenier ... una schoss slappe;" Freys. Salbuch, f. 20ª. 's. Th. II, Sp. 1011: Grœusenier. Die Schöß, das Schößtuech, Schürze; Zeitschr. VI, 119,26.' Das Schœßlein (Scheſſl), breiter, faltig vom Leib abstehender Saum unten um ein Weibercorset, hchd. der Schoß; (ahd. Sp. scôzza, lacinia). Zeitschr. II, 288,117. III, 406. schœßeln, im Gehen diese Schöße in Bewegung setzen.

Der Schuß, wie hchd.; (mhd. schuz, ahd. scuz, plur. scuzzi, jactus und jaculum. Graff VI, 562. BM. II, II, 176. Weigand, Wbch. II, 649). „Doner und auch plitz schüss;" Cgm. 213, f. 198. S. Schoß. „Einem in den Schuß reden," sein Vorhaben vereiteln; Selhamer I, 91. 'Figürl. R.A.: einen Schuß haben, auch: geschossen sein (mit der Pelzkappe), albern, verkehrt, verrückt sich benehmen. Vilmar, kurhess. Idiot. 374. Vgl. verschossen für verliebt.' Der Kreidenschuß, Kreuzschuß, Signalschuß; cf. II. Th., Sp. 1364. „Waßerschuz, cataracta;" Semansb. 34, f. 191. 'Diefenbach 106ᵇ. Vgl. unten: der Schuß.' Der Schuß-Bártel, auch wol blos Schuß, lebhafter, übereilt handelnder Mensch. Weigand, Wbch. II, 649. Vilmar, kurhess. Idiot. 374. Zeitschr. V, 460. Vgl. schastern.' Vgl. Schoßel, Schößlein und Schußel. Die Schuß-Âdern, a) jaculus; s. oben Schoßnatter und vgl. Th. I, Sp. 36 und 171: die Âder, Ätter, Ättern, Schlange, Natter, auch Diefenbach 282ᶜ f. u. nov. glossar. 207: schußwurm (BM. III, 826), schozslang, schießschlang.' s. Schlange. b) fig.: lebhafte, übereilt ver- 412
fahrende Person. Das Schußgatter, Schleuße, cataracta; Fallgatter über einem Thor; Birlinger 404. cf. Schoßtor. Das Schußgebet, Stoßgebet. Die Schuß-Rinnen, Rinne, durch die das Überwasser aus einem Teich abfließt. Schußzettel, wodurch unter den Einwohnern des Gerichts Aurburg nach dem Vermögen eines jeden das Verhältniß des ganzen Steuerquantums vertheilt, und so von den Hauptleuten und Ausschüssen zu

Gericht eingebracht wird. v. Hazzi, Statist. p. 198. Vgl. oben, Sp. 478: Schoß, tributum. Der Ausschuß, wie hchd. Grimm, Wbch. I, 962. (vgl. Ober-Pinzgau: bössa'n *Schu/s*, besserer Art; s. unter schmeißen). Der Land-Ausschuß (ehmals in Bayern, Franken ꝛc.), die Landwehr, Landmiliz. Der Ausschüßer, Landwehrmann. Vrgl. oben: ausschießen. Im b. O.L., Salzb. ꝛc. nannte man Ausschuß, pl. Ausschüsse, die gewählten Dorf- oder Gemeinde-Beamten, sowohl im Ganzen als jeden für sich. „Ein Bürgermeister und 6 Ausschüsse oder Räthe;“ Hübner 900. Vrgl. Vorstand. Außschuß, Fürschuß an einem Gebäude, ein Erker. Nullus aedificia lignea domorum, vulgariter Überschuß, fabricare debet;“ Hund, Metrop. Salisb. (1620) II, p. 452. Der Vorschuß, wie hchd.; der erste Branntwein, das erste Mehl bey der Bereitung, Vorlauf; Vorstoß am Kleid ꝛc. Die Schußel (Schusl, Gschusl), übereilt handelnde Person. S. Schoßel und Schuß-Bartel. schußig, schußlig, voreilig; übereilt. fürschüßig, fürgeschüßig, vorgeschüßig, voreilig, unüberlegt. Der Schüß, junges Bäumchen. „12 dn. für einen Wagen Schüß von 14 bis 17 Schuhe lang;“ Wirzb. Verzollung des Holländerholzes v. 1784. Der Schußling, Schüßling, der Schößling; fig.: junger Mensch. „Als der scuzzellinc vur sich sciuzzit und sich nicht chrumbet, quomodo surculus recte crescit;“ altd. Predigten. „Weil nieman mit einem schusling, der in einem Jar gewachsen ist, den menschen wol ze tot geslahen mach;“ Rupr. v. Fr. Rechtbuch. „Daz du mir auch gebest ettlichen schüzzlinch und zwei dez selben paubmez;“ Gesta Roman., Cgm. 54, f. 13ᵃ (Keller p. 26). „Palmites, scuzlinge;“ Cgm. 17, f. 120ᵃ. „Schisling, adultus, adolescens;“ Avent. Gramm. Weigand, Wbch. II, 649.

Der Schußer, Schnellkügelchen; s. Schießer. schußern, damit spielen. Schußer-Mül, wo dergleichen gemacht werden, z. B. am Untersberg.

schußen die Achsel, (schwäb.) was schutzen, (w. m. s.). R.A.: die Achsel läßt das Schußen nicht.

Die Schüßel, a) wie hchd.; (mhd. schüzzel; ahd. scuzzila, lat. scutula, scutella, ital. scodella, franz. écuelle. Graff VI, 564. BM. II, II, 231. Diez, Wbch. II, 613. Weigand, Wbch. II, 648). R.A. „Auff d' Schüßl schlagen, liberius tractare;“ Voc. v. 1618. Einen auf der Schüßel haben, ihn verköstigen; etwas auf der Schüßel haben, es sich vorgeworfen sehen (hören) müssen; (ObrM.). Zeitschr. III, 330. Gə, gê, hât aə˜ns 's *Schüſsə-l* brochə-r- und 's andeᶜ 's *Háfə-l* (oder: 's Rei˜l). *Schüſsəlé und Háfəlé* machə˜, ein gewisses Kinderspiel: „Man häkelt sich mit den Fingerspitzen ein, stellt die Fußspitzen an einander und dreht sich so im Kreise herum;“ (Aurb., Füssen). 'b) eine Münze: Hohlpfennig, Bracteat; Regenbogenschüsselchen. Vilmar, kurheß. Idiot. 375.' c) Werkzeug, womit der Bäcker das Brod in den Ofen schießt; (ahd. scuzil, ovenscuzil, pala, exes, misellus). Zeitschr. VI, 205. 482: der Schüßler, die Schüßel. „Daß yeder peck zu Weilheim, der mit der weyssen Schüssel scheuſt, dem richter alle jar ze pau sol geben XXIV dn.“ (ad 1524); Cgm. 27, f. 54. „In meiner Heimat ist nachstehender Hochzeit-Brauch. Sowie die Brautleute die Kirche verlassen haben, wirft die Braut kleine Münzen zum Rappen aus. Dann hält der Zug still, weil einige gute Freunde des Hochzeiters einen Wettlauf anstellen, und dieser Lauf heißt: *Ofə˜-Schüſsl läffə˜*. Der Erstl von den Laufern hat das Recht, die Braut in das Haus zu führen, wo das Mahl gehalten wird. Dort angekommen, muß der Hochzeiter die Braut beim Obsieger durch ein Geschenk auslösen. Kann man da nicht sagen: Wer das Glück hat, führt die Braut haim? Soll die Ofenschüssel das Sinnbild der häuslichen Beschäftigung der Braut sein, oder soll man sie auf das gar andere Einschießen hinüberdeuteln? Dahier, selbst in der Stadt noch, wird die Hochzeiterin während des Mahles von guten Freunden entführt, und der Hochzeiter muß sie dann aufsuchen, und wenn er sie gefunden hat, durch ein Geschenk vom Entführer einlösen. Wie hölzern sind wir gegen die gemüthlichen Voreltern! Eine Sitte um die andere laßen wir abkommen!“ 'Vgl. Schönwerth, aus der Oberpfalz I, 93.'

'schastern, (hessisch) eilfertig, unbesonnen in etwas hineingehen, hineintappen. Der Schasterer, Schasterbartel, was Schuß, Schußbartel. schasterig, Adj., eilfertig, unruhig mit Unbesonnenheit. Vilmar, kurheß. Idiot. 342.'

schust, schüst, sieh sust, Sp. 333.

Schuester, s. Schueh, Sp. 392.

(Vrgl. Schad, sched, ꝛc.)

Der Schatt (Schàd), (mhd. schate, genit. scha- 413
tes, Cgm. 89, f. 127: sam ein schatawe, sicut umbra; ahd. scato, genit. scatawes, scatuwes, goth. skadus; Graff VI, 405. 423. BM. II, II, 88. Weigand, Wbch. II, 564 f.), der Schatten, noch hie und da in der Zusammensetzung: schatthalb (schàdhàl'), adv., auf der Schattenseite; schattlauchen, abwechselnd sonnig und umwölkt sein; schàdlauched, adj., (b. W.): ə˜ *ſchàdlauchədə*ᶜ Tàg; „schattlechtig,“ Bogenberg p. 252; 'schatlüm, ä. Sp., opacus; Graff VI, 424. scataluomi.' Opaca loca, schatlüm,“ ZZ. 796, f. 180ᵃ. Die Schattseite, (Jir.) Nordseite; der Schattseiter, Bauer, dessen Gut auf der Nordseite liegt. „Des Drates Schad;“ Calender v. 1475, Cgm. 75. „So weit der schad (schadwe?) davon geet;“ MB. XIII, 357. „Nim des schads von dem kirichknopf,“ (1463); Ind. 855, f. 230ᵇ. Weit gewöhnlicher ist die auch im Hchd. eingerissene Form, welche in der Dialektaussprache ganz mit Schaden zusammenfällt, und daher oft zu Wortspielen Anlaß gibt. Dei˜ Bám macht ə˜n *Schà'n* i˜ mei˜n Gart'n. ə˜ Vihh onə Hüetəᶜ gêt ge'n i˜n *Schà'n*. Wird ein Spilman oder Einer, der Gut für Ehre nimmt, beleidigt, so soll er zu seiner Genugthuung des Beleidigers „schaden an der went an den hals slahen;“ Rchtb. Ms. v. 1453. „Von schaten (schachen??) hin ze schaten, von stüden hin ze boume grîf ich;“ Labr. 87. schettigen, schattieren; Cgm. 821, f. 29. 30.

Scatt. In 'n Scatt legen, franz. mettre à l'écart, (ital. scarto von scartare, écarter im Kartenspiel; Weigand, Wbch. II, 547 f. Diez, Wbch. 307. vgl. oben: Scharteke), beseitigen, verdunkeln, abdanken, quiescieren.

Die Scatel, (ä. Sp.) ital. la scatola, mittellat. scatula, die Schachtel. Ducange VI, 102ᶜ. Diez, Wbch. 431. Weigand, Wbch. II, 551 und 566: Schatulle. Birlinger 391: Schattel. „Die Scatl, darinn die Freyhait ligen ...;“ Ldtg. v. 1514, p. 7. Gemeine Aussprachformen hievon sind: *Gſtatl* und *Gſpatl*, w. m. s.

Schätter. Schetter, Steifschetter, lockere, undichte Leinwand, wie die, welche durch Überziehen mit Leim oder Kleister steif gemacht wird, ital. bucherame, (von bucherare, durchlöchern? Diez, Wbch. 75), franz. bougran. BM. II, II, 166. Weigand, Wbch. II, 577. Birlinger 393. „Schettertuch oder sogenannte Siebleinwand;“ Mauth-Ord. v. 1763. „Ain weiße von schäter leimbat gemachte pünden;“ Wstr. Btr. V, 167, ad 1580. „Rotschäter; rubilinum;“ Hbn. Voc. v. 1445. (Schweiz: der Schertel und Scherter. „Ein

Rock gefüttert mit fynen, wyssen, zarten Scherter;" Geiler v. Kaisersperg. „XII fänli den schuelern zu tragen vs blawen vnd wyssem schärter;" Kirchenbuch zu Zug, 1491; Gesch. Fr. II, 102). „Zendal, baldikin, Esschätr;" Augsb. Stadtb. „Fritschal, prunat (cf. Pez, scr. rer. Austr., gloss. III, 's. Th. I, 360'), vehe feder, darunder zwo der yetweder mit schatlar ist bedecket;" M. Helmbrecht 1354; '(bei Haupt, Zeitschr. IV, 366,1347: mit scharlât).' Cf. schitter.

schättern (schädə'n), laut auf lachen, schäkern, schwatzen, schreyen wie die Elster; klingen wie ein gespaltner Topf. Zeitschr. III, 10,2. IV, 3. „schettern, olla sonat vitium;" Voc. v. 1618. „Thut auch schaltern (wie eine Gans, — nicht: schnattern) mit armen samb mit flugel flattern;" H. Sachs 1560: III, III, 44 (1612: III, III, 86). „Er schebelunbez blâsehorn, daz den wintvanc hât verlorn;" Haupt, Zeitschr. VIII, 577,913. Das Gschädə', lautes, verworrenes Geschwätz. „Die Schätterhätz oder Alster, pica," P. Gansler 214. 215; (OPf. Schederhex; s. Th. II, Sp. 1193).

Der (?) Schait (Schaəd), (Chiemgau) Keil zum Holzspalten. Cf. Graff VI, 437. 439. Vrgl. die folgenden Formen, wie auch Scheit und scheiten neben schaiden und scheiden.

414 Die Schaitel (Schaədl, Schaə'l), Hârschaitel, wie hchd. Scheitel; (mhd. scheitel, ahd. sceitila, vertex; Graff VI, 439. BM. II, II, 165. Weigand, Wbch. II, 571). schaiteln (schaə'ln), wie hchd. scheiteln; (zisceitilon, discriminare; gl. i. 514).

Die Schaiten (Schaəttn; kärnt. treſſa, „Spann" vom Holze, Schätte; Jarnik p. 195), der Span oder Abfall beym Hauen, Hobeln, auch wohl Sägen des Holzes;" (mhd. scheite; BM. II, II, 165. Graff VI, 439). In München werden die Abfälle von Zimmerholz von den Schaiten-Weibern büschelweise in die Häuser verkauft, wo man dieses leicht entzündliche Material zum Heizen der Öfen und zum Kochen benutzt. „Der selige Fridericus zu Regenspurg hat das Brod in Holzschaitten verkehrt;" P. Abraham. „Hew, Stroh, Schaiten und drgl. sollen so weit als müglich von den Fewrstätten hindangelegt werden;" L.Ord. v. 1616, f. 592. „Die Einnamb an gelt umb verkhaufft groß und clain Schaitten diß Jar 1613 bei den fürstl. Zimmerstädlen gehackt 67 fl.;" Cbm. 2224, f. 2. „Man laßt Zimmerleute Zimmerholz „umb die Schaitten aushacken und gibt jnen auf den Paumb noch 3 Kr. aber sonsten khain taglon; das. f. 221. „Nimb dann dürr Schaitten oder Spänn als die Pinder oder Schäffler haben;" Feurbuch v. 1591. „Hastula, ain span oder schaytten;" Clm. 5877 (XV. sec., 1449), f. 118. „Man sol furbaz dhain haus in der innern stat mit schaitteln decken, noch pezzern swaz itzunt mit schaiten gedeckt ist, aber mit schindeln mag yederman decken, ob er will;" Münch. St.B. Ms. v. 1423, f. 102. Wstr. Btr. VI, 104. Auer, St.R. p. 137. „Kaiser Hainrich gieng für ain zimerman, als er arbait, vnd do was bei im ain kindlein, das spilt mit den schaitten vnd legt mit denselben schaitten disen vers: Dominabor a mari usque ad mare;" Cgm. 43, f. 268. '(„Von pabst Hildebrand;" Jac. Grimm).' Hackschaiten, die unter der Holz- oder Zimmermannsaxt entstehen. Hobelschaiten, 1) Abfall unterm Hobel, 2) Art Mehlspeise. Sagschaiten (Sägschaəttn, Chiemgau), Sägspäne, sonst Sagkleiwen. R.A.: Wo mə˜ Holz hackt, gibts *Schaəttn*. Jesuitische Lüstlinge halten sich lieber zu verheiratheten als zu ledigen Personen, damit d' *Schaəttn* bey'n Stok bleibm. ə˜n Drék au' zwaə *Schaəttn*! derbe Verweigerungsformel. Auf ə˜n *Schaəttl* geben, kriegen, in spärlicher Portion. „Mußten (statt des Vielen, was ihnen gebührte) eins auf einem Scheitlin nemen," (sich mit Unbedeutendem abfinden lassen); Avent. Chron. 339. Das Schaitenblättlein (Schaəttnblá'l, Schaə'nblá'l, Blatt ungesäuerten Taiges, nach dem Abbacken des Brodes gebacken, um, zerdrückt, in der Suppe gegessen zu werden; (Straubing, b. W.). Vrgl. Magschaben. Die Schaitenfrais. R.A.: Dà mécht aənə' glei' d' *Schaəttnfraəs* kriəgng, das ist erbärmlich, nicht mit anzusehen. D' *Schaət'nfraəs* kriegng und parockə˜winni' und hàrbeudlnárrsch weə˜n; (ObrM.). Das Schaitenhäublein (Schaə'nháibl), b. W., Haube mit Lappen, die über die Ohren herabhangen. Wenn es in einer wirzb. Verordn. v. 1787 heißt: „Die Ausfuhr des Brennholzes in Schaiten ist verboten," so ist hier wol zu lesen Scheiten. Das Voc. v. 1482 hat schayt, spon, carpenta, gl. i. 142. 572: scheita, sarmenta, gl. o. 86: span vel sceida, astula.

Das Scheit (Scheid), plur. Scheiter (Scheidə'), Dimin. Scheitlein (Schei'l), 1) jedes der Stücke, in die ein Baumkloz gespalten ist, — vom Spân-Scheitlein (Spà˜schei'l), welches noch weiter in Späne gespalten wird, an bis zum Bach-Scheit, mit welchem der Backofen geheizt wird; (schweiz. Schît, wie mhd. schît, ahd. scît; Graff IV, 439. BM. II, II, 165. Weigand, Wbch. II, 571). Das Brugkscheit, das für andre als Feuerhund dient; (ObrM.). Das Kastenscheit, s. Th. II, Sp. 1305: der Kasten. 2) (Nptsch.) collectiv für gespaltenes Brennholz überhaupt. Herrenscheit, 415
herrschaftliches Besoldungsholz. Herrenscheit fahren. 3) Stück Holz, zu irgend einem, in der Wortcomposition näher bezeichneten Zwecke dienend. „Hant visch gelert auf scheittern gan;" Cgm. 270, f. 61ᵇ und 379, f. 24, '(Keller, Erzähl. p. 353,28).' „Cylindrum, schit;" Clm. 4350 (XIV. sec.), f. 1ᵇ. BM. II, II, 165: berschît, slageschît. Diefenbach 118ᶜ. Das Dechsscheit, die Flachsschwinge; BM. II, II, 165. „Daz swert lieht unde lanc, ze beiden sîten vil gereht: valze unde eke im wâren sleht, daz gehilze starc unde wît. Ze Nördeling kein dehsschît (alias: desseschit, dechscheit, deck schit) hât dâ niemen alsô breit;" Wolfram's Willehalm, Lachm. p. 560,295,16. s. Th. I, Sp. 484. Das Grabscheit, mhd. grabeschît, BM. II, II, 165. Diefenbach 244ᶜ. Weigand, Wbch. I, 451. Zeitschr. II, 43,6. VI, 482. Das Raitelscheit, zum Raiteln dienend. Das Richtscheit, Lineal der Werkleute. Das Reibscheit, Wägscheit, Ziehscheitlein (Zi˜schei'l), bewegliches Stück Holz, wie ein solches zu beiden Seiten der Wage eines Fuhrwerks mit den Zugsträngen eingehängt wird. Das Silscheit, Fronsperger v. 1555, f. 15. 20. 35. Das Trumscheit, Monochord; s. Th. I, Sp. 665. „Testudo etiam est instrumentum musicale dispositum ad modum arcus secundum quosdam rubeblin (s. oben, Sp. 11), cythara vulgariter dicitur herpf, chelys vulgariter dicitur scheit instrumentum musicale solam habens chordam;" Comment. ad Joh. de Garlandia, Clm. 5685 (XV. sec., 1412), f. 59. „Zugscheit, einspännige Wage;" Rottm. Dr. Minderer (Kriegsarzney v. 1620. p. 27) nennt die Muskete Schnöllscheidt, (s. schnellen). Im Voc. Arch. ist drum-scheit monochordium, im Voc. v. 1429 Schlach-scheit oder Berscheit, cylindrus. 4) ein Scheit, ein paar Scheiter Stockfisch. Bucher's s. W. III, 60. 81. Die Scheiter-beig, (Lech) Scheiterhaufen. Der Scheiterhaufen, 1) wie hchd., 2) Art Eyerspeise mit aufeinander geschichteten Semmelschnitten. Die Scheiterläng, gesetzliche Länge des Brennholzscheites, in München 3¼ Schuh. Der Scheiterling, (Hbnr. Lungau) Zaun aus Holz.

scheiten, spalten. Holz scheiten; Voc. v. 1618. Amberg. Stdtb. 20. (Schwäb.) Spr. W.: „Ist ein gueter Mensch, läßt Holz auf sich scheiten." BM. II, II, 165. Birlinger 393. farschiton, concidere, gl. i. 641. gesciton, caedere (taedas), gl. i 1256, Prud. c. Symm. I, 263. 'scheitern, zerscheitern, wie hchd.; Weigand, Wbch. II, 571). scheitern gên, Birlinger 397.' „Im strubel nicht weit von Grein zerscheittert der floß an eim stein;" H. Sachs 1560: II, IV, 62.

ſcheiteln, haimſcheiteln Einen, (OL.) ihn mit Buchenſcheitchen werfen. Wer einem Amanten ins Gehege geht, wird beym Rückkehren nächtlicher Weile von dieſem und deſſen lauernden Gehülfen, manchmal furchtbar, *gscheì'lt.*

ſchitter (*schide'*), adj. und adv., dünn, lückenhaft, nicht dicht oder gedrängt genug, beſonders von Leinwand und andern Zeugen, aber auch von Haar, Getreid, Gehölzen; (mhd. ſchitere; BM. II, II, 165. Graff VI, 440: ſketerez, rarum; Org. „Durh ſkétero getâna ſpizzun, hiante robore valli; Bo. 5). Zeitſchr. III, 11,13. IV, 3. V, 462. VI, 505. Kärnt. rédek, ſchütter, ſeltſam, ſparſam, redko, adv., ſelten; narédek, adj., anſchütter, auf die ſparſame Seite, narédko, adv., anſchütter; prerédek, prerédko, ſehr ſchütter. VII. Com.: *ſchittar*, undicht; *ſchittar* part, dünner Bart; *schitare* verte, ſelten; an groza virtù da sighet sich *schitare*, eine große Tugend die man ſelten ſieht. (Cf. čeſk. řjdky, nicht dicht, dünn, rarus). (Jir.) ſchider, von licht beſtandenen Waldungen. „Natürliche Haarlocken, die vom Scheitel bis zur Hohlhaut ſchütter ſind," — heißt es in einem öſterreichiſchen (Windiſchgrätziſchen?) Steckbrief gegen Koſſuth, (einen Löwen, deſſen Haut man übrigens noch nicht hat; Januar, 1849. — 'Späterer Zuſatz': jetzt triumphirend in England; 6. October 1851). „Da muß das Haar ſchitter ſeyn, wie das Trayd der armen Leuthen." „Als er nun beſagten kleinen Wald und ſchütteres Holz erreicht;" P. Abraham. „Vor Jahren, als noch die Holzwaren bey weitten ſo ſchitter nit geweſen;" Hofcammer-Ord. v. 1640. „Unfleiß macht das Haus baufellig und ſchitter;" H. Sachs 1612: I, 1084. „In einem haus welliches war unden und oben ganz ſchitter durckel und zerkloben; daſ. 1560: III, III, 37. „Vulcanus ſchmidet ein guldin gitter durchſichtig, rein und ſchitter;" daſ. V, 335 (1612: V, II, 256). Von den in den gedrängten Feind fallenden Rittern „ez in der enge wart ſchiter, recht als in eim pflur tut ein ſtarc ungewiter, ſus wart der heidentum von in beſchouret;" Lohengrin p. 116. „Der tac lûhte ſchitere;" Servatius 3237, Haupt's Zeitſchr. V, p. 172. „Ein michel ungewitere, da was nicht ſchitere diu menige der wrme;" Tungdalus, Hahn p. 49,65. Vgl. Schetter.

Der Schiet, Art Fiſch, Rappe, Raubalet, cyprinus rapax L. Nemnich I, 1355. In der ſchietten und präxen laich in der Ammer;" MB. VIII, 279, ad 1441. „Schitt" in der Altmühl; Lexic. v. Franken I, 62. Im Chiemſee kommen Fiſche unter der Benennung „Rothſchiedeln, Rohrſchiedeln" vor. Den 4. Mai 1849 tiſcht die Frau einen bedeutend körperhaften Chiemſee-Fiſch als einen „*Schiəch*" auf; desgleichen am 19. April 1850, wo der Fiſch auch als Amaul präſentiert wird. 'ſ. oben, S. 364.' Vrgl. auch Schierling und den bey Popowitſch p. 537 und Höfer III, 83 angeführten Schiel (Schiədl, Schiə'l?), perca lucioperca L. Nemnich II, 907: Schiel, Schiele, Schill.

Der Schôte, (wetterau. Juden) der Spaßvogel, Narr, (rabbiniſch: ſchatah, ein Narr werden); Weigand im oberheſſ. Intellbl. 1846, p. 300; deſſen Wbch. II, 632. Vilmar, kurheſſ. Idiot. 365: *Schôde*, *Schaude*, ſchlechter, geringer, niedrig denkender Menſch (v. hebr. Schat, Verachtung). Firmenich II, 13,171: die *Schohde*, pl., Poſſenmacher, Narren. Anton, Wbch. d. Gauner- und Diebsſpr. 62: *Schode*. Train p. 220 ꝛc.

Der Schott, wie hchd. Schotte, (BM. II, II, 197. Graff VI, 425); namentlich: 1) Mönch eines Schottenkloſters, wie es deren bis auf die neueſte Zeit in Regensburg, Würzburg, früher auch zu Eichſtätt, Nürnberg ꝛc. gegeben. Daß der Name Schotten, Schottland urſprünglich auf Irland gegangen, iſt bekannt. Scottono land, Hibernia, gl. o. 389. „König in Schotten;" H. Sachs 1612: II, III, 285. „Regula fratrum Hibernensium," (sec. XV.); Cod. Em. w. 6. Noch Aventin in ſeiner Chronik unterſcheidet die Wildſchotten, d. h. Iren oder Irländer, von welchen die immer noch gaeliſch redenden Hochſchotten ſtammen, von den jetzt ſogenannten (engliſch redenden) Schotten. (So vielleicht Th. I, Sp. 823 die „Franci feroces" galliſch oder vielmehr romaniſch redende.) Clm. 903, f. 261 unterſcheidet ein ſpäterer Irländer wol die beiderley Schotten: 416

„Dum rapiunt sanctos caecat scotomia Scotos,
Nullus sanctorum Scotobritannus erat.
Iste liber testis: regum diplomata testis
Insula sanctorum Scotia major erat."

Schottenklöſter, von ſchottiſchen (d. h. wol meiſt iriſchen) Benedictinern vom 12. Jahrh. an mit als Herbergen für ihre nach dem heil. Lande wallenden Landsleute errichtet, (wie denn die frühern Miſſionäre Gallus, Kilian, Columban ꝛc. ebenfalls Schotten, d. h. Irländer, geweſen), gab es aº. 1215 in Deutſchland nicht weniger als 15, die eine Congregation bildeten, von welcher der jeweilige Abt des Regensburgiſchen Kloſters Präſes war. „Scotti" haben ſich als Pſeudobiſchöfe nach der Additio III, §. 65 zu den Capitularien des Anſegiſus im VIII. und IX. Jahrh. auf dem Continent herumgetrieben. Vgl. Clm. 903, f. 73—169 über dieſe Schotten in Regensburg: Weih St. Peter extra muros, St. Jacob intra muros, St. Jacob in Wirzburg, St. Nicolaus in „Mamingen;" Cod. ZZ. 877, f. 192: St. Ägidien in Nürnberg; Cgm. 4908, f. 110: Schotten in Erfurt, 1036. „Embrico Episcopus Wirceburgensis in suburbio pro peregrinantibus Scotis hospitale erigi concedit aº. 1140;" Lang, Reg. B. I, 157. „Epigramma ex libro veterrimo apud S. Egidium Norimbergae quae fuit primum Scotorum 1284: Ad S. Egidium apud Hibernicos;" Clm. 716, f. 296. Ao. 1417 Wiennae in monasterio Scotorum et Nurembergae ad S. Aegidium Scoti ejiciuntur et Alemani instituuntur;" Clm. 476, fol. ult. — Birlinger 401. 2) (ä. Sp.) herumziehender Krämer (aus Schottland?). „Die ſchuler und die ſchotten die bleiben ſelten reich;" Cgm. 714, f. 75. Der Schottenpfaff, ſchöttiſch Pfaff bey H. Sachs 1560: V, 350 (1612: V, III, 26. 27. 30. 31) kommt mit ſeinem Häcklein, iſt Quackſalber, Hauſierer, frommer Betrüger. In Regensburg durfte 1501 kein Schott mehr „zu Bürgern" aufgenommen werden, fremde Schotten durften nicht bey eingebürgerten Schotten abſteigen. Sie mußten zu andern Wirthen und Gaſtgebern und nicht zu den Schotten einziehen und ihr Geld zehren. Gem. Reg. Chr. IV, 57. 320. In der Lands-Ord. v. 1553, Tit. V, Art. 2 werden von einem Verbot gegen „Landfarer, Cramer und Hauſierer" ausgenommen „die Schotn, auch ander, die mit guter und gerechter whar, Nemlichen Gold, Silber, Samat und Seyden die Clöſter und Edlmansſitz beſuchen." „Schotten, Wallonen und dergleichen Hauſierer;" Wunſidler Stadtrecht v. 1668. Im Tyrol heißt man (nach Nicolai's öſtr. Idiotikon) noch heutzutag jeden Hauſierer einen Schotten. In Preußen ſagt man: „Warte bis die Schotten kommen," d. h. bis es Gelegenheit gibt. Cfr. das ſchwed. ſkottdag. „Meiſter Jacob Schott us Schotten bürtig;" Kirchenbuch zu Zug v. 1491, Geſch. Fr. II, 92.

Der Schotten, Quark, der aus den Molken von ſüßer Milch (aus der Juten) abgeſondert und erhalten wird, in Gegenhalt des Quarks aus ſaurer Milch, welcher Topfen heißt; (mhd. ſchotte, ahd. ſcotta, v. ital. scotta, breſc. scota, Molken, il siero non rappreso che avanza alla ricotta; aus s-cotta v. cuocere, excoquere. Graff VI, 425. BM. II, II, 197. Diez, Wbch. 434. Weigand, Wbch. II, 633. Cf. Krain: ſkuta, (Kopitar); kärnt. ſkuta, Schotten von der Milch, Jarnik 211. Grimm, Geſch. d. d. Spr. 1007 f.). Schotten, Topfen; *Schodſuppn*, Suppe davon; (Gaſtein, Mesnil). Der Schotten, Art trockenen, bröſeligen Käſes; (Schoffer 152). „á Sunnbergá' *Schotten*," Sonnenberger Molken, Sonnenmolken, d. h. nichts; (Salzb., Firmenich II, 718). Zeitſchr. V, 106,17. 254,59. 487: Rennſchotten. Nach

B. v. Moll ist im Zillerthal der auffer (obere) Schotten jener, der beym Absieden des Käsewassers aufwärts steigt und süß ist, Bodenschotten aber der dabei zu Boden fallende, saure. Aus beiden zusammen wird der Schottenziger oder eigentliche Sauerschotten bereitet. Etwas anders ist die schweizerische *Schottə˜*, worunter die vom Ziger abgesonderten wässerigen Theile oder die Nachmolken verstanden werden. Dahin vielleicht auch: „Der Schotten macht im in seim pauch gerümpel groß;“ Cgm. 714, f. 290. Gl. a. 540, i. 120. 1082: „scotto vel slegilmelo, snegilmel, battudo;“ Diut. III, 151: scotte, barbuta. Diefenbach 70ᵃ.

Das Schöttelein oder Schötterlein (Schéttə-l), (Küchen-Spr.) quarkähnliche Masse, die aus zerschnittnem Braten, zerstoßnen Krebsen ꝛc. mit beygesetzten Eyern ꝛc. gekocht wird. Bräten-, Hennen-, Krebs-, Leber-, Spinat- ꝛc. Schötterlein. Vrgl. Schotten, Schött, Schotter. Es zeigt sich übrigens eine seltsame Zusammenstimmung in der Bedeutung durch die Formen Schober, Schock und Schött, und so mahnt selbst dieses
417 Schöttelein an Schöberlein. schottig, (Hübn. 418. 979) abgeschmackt. Cf. Der Weinschenk „soll kainen schotten (?) Wein anstechen, weil er ungesund und man davon den raisenden stain gewinnt;“ Cgm. 714, f. 280. ´Cf. BM. II, II, 197: schotte, adv., unrein, schmutzig.´

Das, die Schœtt, (Schêd, Schiəd, b. W. Schêid), Bündel Flachs, im U.L. und bayr. W. gewöhnlich 60, anderswo auch weniger, und wol nur 24, 20, 12 Handvoll (Boßen, Reisten, Kauten, Knocken) haltend; (mhd. diu schote, ahd. scota; Graff VI, 425. BM. II, II, 197. „Vgl. goth. skaud;“ Jac. Grimm).´ „Ain schot horbs;“ MB. XXI, 453, ad 1409. „Ain schöt harbes;“ Meichelb. H. F. II, II, 224, ad 1418. „Haar zwai schött oder dafür achtzig dn.;“ ibid. 340. 341, ad 1530. „II schot haribs;“ Cgm. 3941, f. 212ᵃ. „Lini septem scoti;“ Gl. o. 224, v. 1023. „C. scotas lini non purgati;“ MB. I, 41, circa 1166. „II. scotae foeni;“ MB. XXII, 15, ad 1126. Vrgl. Schütt. anschœtteln (à˜schêidln, b. W.), in „Schœtte“ binden. Das Schett, (tirol.; Dr. Haselwant, 31. Oct. 1844) als älteres Maß für Getreide (Roggen, Gerste, Haber), und für jede Getreideart von andrer Größe.

schotteln (schódln, schó'ln), 1) schütteln, hin und her bewegen, concutere, quatere. 'Köchin muəs 's haəss' Schmàlz ə˜ dəᶜ Pfann fleissi' *schóttln*, dás 'Brandnudln nét à˜brennə˜. In der Maneß. Samml. II, 57 ´(v. d. Hagen II, p. 80,3)´ sagt der Goeli: „Den achselrotten chan er wol ze prise, meisterlich den houbetschotten,“ (Art von Tänzen oder Tanzweisen?). 2) geschüttelt, erschüttert werden, sich hin und her bewegen. Dà *schóttlt* éppəs ə˜ dəᶜ Schachtl, əs muəs nét fést 'paokt sey˜. Auf holperichtem Wege schottelt das Fuhrwerk und wer darauf sitzt. Er lacht, daß ihm der Bauch schottelt. „Daz ander pidem (Erdbeben) ist, daz diu erd schottelt snell, sam dâ ainr den andern mit den henden schüttelt;“ Konr. v. Megenberg, f. 65, (Pfeiffer 108,13). „Der lewe fürcht der reder schoteln und ir kerren an dem wagen;“ ders., Cgm. 38, f. 64ᵇ, (Pfeiffer 143,16). Schottlend (schottlə˜d), partic., adj., beweglich, locker. „Schottlend roß, das hoch und hart trabt, equus succussator;“ Voc. v. 1618.

schottern, vrgl. d. vor. Wort. Zeitschr. IV, 184. „Wie muß ihm das Herz geschotttert haben“ (vor Angst); Selhamer.

Der Schotter (Schódə'), Collectiv-Name für das mehr oder weniger zerbröckelte oder zerriebene Gestein, welches sich am Ufer von Bergbächen und Flüssen abgesetzt findet: Gries, Grant, Kies, glarea, χεράς; (Obrm.) Schutt. Vgl. Vilmar, kurhess. Idiot. 342. „Einzelne auf ebenem Feld vorkommende Granitblöcke — (Fündlinge, blocs erratiques; von Eis umgeben, schwimmend fortgetragen: cf. Leop. v. Buch's Werk darüber. Charpentier aus Bex bey der Freyburger Naturforscher-Versammlung, 1838. Baer, über einen neulichst vom Eis auf die finnische Insel Hochland getragenen Felsblock, in d. Allgem. Ztg. vom 10. März 1839) — sieht Flurl, Beschreib. der Gbrg. p. 211, für Geschiebe von außerordentlicher Größe an, die zu jener Flutzeit, die unser halbes Vaterland mit Schotter bedeckte, unter dem übrigen Steingewühle mit fortgetragen, und erst in jenen niederen Gegenden abgesetzt worden sind. Kärnt. abora, der Schoberfels; Jarnik p. 157. verschettern, wol: mit Schotter bedecken; Allgem. Ztng. 1851, Beil. vom 25. Novbr.: die Ueberschwemmung in Kärnten betreffend. „Zerledert und zerschedert;“ (Tölz, Dr. Sepp).

´Die Schutt (?) eine Krankheit; vgl. schütten.´ „Wasser von velerplued (s. Th. I, Sp. 710: Felber) ist gut zu der Schut;“ Clm. 5931 (XV. sec.) f. 197ᵇ.

Die Schütt (Schid, sing. und plur.), Bündel ausgedroschnen, nicht zerrütteten Strohes, auf welchen in der Regel anderthalb Garben vom ungedroschenen Getreide gehen. Wagner, Civ.- und Cam.-Beamt. I, p. 217. Zeitschr. VI, 469,96. Weigand, Wbch. II, 649. Vilmar, kurhess. Idiot. 375: der Schüttling; Zeitschr. III, 132. Das *Schüd-* oder *Schüder*-strö wird als langes vom Wirr- oder Rütt- oder Krumm-strö unterschieden. Vrgl. Schœtt.

schütten (schidn, schi'n, O.Pf.), a) was das, im Hchd. in diesem Sinn üblichere, abgeleitete schütteln; (mhd. schütten, ahd. scutian, scuttan; quatere, concutere. Graff VI, 425. BM. II, II, 229. Weigand, Wbch. II, 650). Den Kopf, einen Baum, Birn, Äpfel 418
schütten. Es schüttet (schitt) mich vor Frost. „Schüttendes Fieber“, Gegensatz des hitzigen, glostenden; Dr. Minderer 1620, f. 138. „Er (Maier Helmbrecht) schutte daz houbet unde sach ûf iedweder ahselbein;“ M. Helmbrecht V. 406. „Excutite schütt folia et fructus;“ Monac. August. 84, f. 69ᵃ. ´Die Schüttgabel, Heugabel; Birlinger 405.´ Vrgl. Vilmar, kurhess. Idiot. 375. Der Schütter, einmaliges Schütteln. Ein Bannzaun muß so fest seyn, „daß wenn der Amtmann auf demselben steet und drey Schütter thut, jm derselb Bannzaun ohne alle Mittel erhalten möge;“ Wildshuter Ehehaft, Cbm. 3238, f. 7. 123. ´Schüttensam, Hans, Name eines fränkischen Edelmannes, der mit den Nürnbergern in Fehde stand und am 13. Sept. 1471 mit drei Knechten in Nürnberg verbrannt wurde. s. Städtechroniken II, 435,25 und Liliencron, histor. Volkslieder II, p. 9 ff.´ „Wie schön wil ich empfangen ihn wie man empfieng den Schüttensamen,“ sagt die Frau, die den Mann recht arg empfangen will, bey H. Sachs 1560: V, 361 (1612: V, III, 48). entschütten sich oder einen andern eines Dings, ä. Sp., sich oder ihn davon los machen, befreyen, gleichsam es abschütteln; (BM. II, II, 230. Grimm, Wbch. III, 613. Birlinger 405. Will sehen wie ich mich dessen entschütte, extricabor aliqua;“ „Der schuld entschüttet werden, eximi noxa; Voc. v. 1618. „Darum, so könnten sie sich abermal nicht entschütten, sie wären gefallen in die Pön des zehnjährigen Friedens.“ „Daß Gegentheil sich ohne Grund zu beschönen und entschütten vermeint; Kr. Lhdl. XI, p. 186. 370. „Daß einer sollte seyn unter einem Fürsten, und wann demselben Fürsten Noth angienge, daß er nicht schuldig seyn sollte, ihn zu entschütten;“ Kr. Lhdl. XI, 348. „Die Bürger in der Statt wußten kein hülff noch Entschüttung;“ Avent. Chron. 392. „Georg v. Lichtenstein, der zuvor Pressa entschüttet und erledigt hatte.“ „Seinen Sohn Caspar und andere, die zu Pasia umblägert waren, zu entschütten;“ Histor. der v. Frundsberg. „Diese funff waren pei irm hern und heten in entschutet gern; ir was aber ze wenig gein einer solchen menig;“ Mich. Beham, Wiener p. 53,28. ´unterschütten, ä. Sp., dazwischen schütten, untermengen; BM. II, II, 231.´ „Dô was underschüttet diu Herwiges schar

mit zehen tûsend mannen, die kômen zornic dar;" Gudrun 1412,1.

b) in Bewegung setzen, nicht blos trockne, in ihren Theilen bewegliche Massen, sondern auch jede Art von Flüssigkeiten, und vom gemeinen Sprachgebrauch häufigst statt gießen verwendet. Heut˜ müəss'n 'Bauə'n widə' *schüdn*, Dienstgetreide entrichten; (ObrM.). Es schüttet (schitt), regnet stark. Der Schütter (Schidə'), starker Regenguß. 'Korn schütten, das ausgedroschene Getreide auf dem Fruchtboden verwahren;" Vilmar, kurhess. Idiot. 375. Den Hirten verschütten, ihm seinen Lohn (an Getreide ꝛc.) geben; das. schütten, ausschütten, Junge werfen (v. Katzen u. dgl.); Zeitschr. IV, 308.' Gib acht, dás d' nét schidst, daß du nichts verschüttest. Es verschütten, oder: die Suppen verschütten bey Einem, dessen Gunst oder Zutrauen verscherzen. „Wegen seines stäten Fressens hat der reiche Prasser bey unserm Herrn die Suppen verschütt;" P. Abraham. Die Anschütt, Aufbewahrungsort für Getreide, wo es nemlich an-, aufgeschüttet wird; L.R. v. 1616, f. 303. anschütten. Der Maiß schüttet sich an, der Schlag besamt sich selbst; die Beschüttung, der Anflug; (Tir.). ausschütten das Gewand, ä. Sp., abziehen. Grimm, Wbch. I, 963. Haupt's Zeitschr. VIII, 527. Die Einschütt (Ei˜schid), Ort, wo Unrath und drgl. ins Wasser geschüttet zu werden pflegt. So heißt ein Platz in München: Auf der Einschütt. Die (?) Hirtenschutt, (Grabfeld) Zeit, wo der Hirt seinen Lohn an Getreide erhält. 'Die Kornschütte, Getreideboden, Birlinger 404. Zeitschr. IV, 182: der Schüttboden.'

c) (von Flüssen) schütten, anschütten, Erdreich anschwemmen, aufschwemmen. Grimm, Wbch. I, 451. „Wo aber das Wasser jemand in grießweis gibt unnd anschüt, solches soll dem es geben unnd angeschütt hat, zusteen;" L.Ord. v. 1553, fol. CXX. „Swa daz Wazzer schütt vberall in vnserm land mitten in dem Wazzer oder auf eines andern Aygen, diselb Schüt ist von Recht unser. Nu hat die Tunaw geschütt mitten in dem Wazzer ein Werd;" MB. XIII, 252, ad 1335.
419 Cfr. MB. VIII, 280: „ob auch die Amber verrer in der Schütten (nider schütten?) wurd ...;" Cfr. MB. XII, 202.

d) Erdreich anhäufen, aufhäufen überhaupt, eindämmen, aufdämmen. „Da durch Schüttung und Machung der neuen Weyer bisweilen den anstoßenden großer Schade erfolgt, so soll niemand ohne Erlaubniß einigen Weyer schütten oder machen lassen. „Newe Weyerstätt schütten;" O.Pf. L.Ord. v. 1657, p. 494. „Das ich einen anfangk eines weyers und ein thamm gemacht und habe schutten lassen." „Meinen Weyer am Reichen Moß sambt einem verwachsen ungeschütten morgen, dobey gelegen .. den ich für newn morgen sambt dem ungeschutten morgen verzinst habe;" MB. XXV, 403. 468. „Vallum eyn aufgeschitte were;" Voc. Arch. 25.

e) fig. umdämmen, bewahren, schützen. „Der Hofmeister wolt seine Diener schütten; Avent. Chron. 413. „Emphahen euch in unsern schirmen und beschütung;" MB. XXII, 311, ad 1349. „Do beschutten ine die sînen;" Tandarios, Cgm. 577, f. 234ᵇ.

Die Schütt, 1) (Franken) der Schutt. „Die Bauherrn sollen die Schütt von der Gassen wegschaffen;" Bayreuth. Feuer-Ord. Der Schütt-knecht (Wirzb.).

2) Die Schütt (Schid), Anschütt (A˜schid), Erdreich, das ein Fluß innerhalb des Wassers oder am Ufer angeschwemmt und aufgehäuft hat: Fluß-Insel oder Werd; Anschwemmung, alluvio. BM II, II, 229. Grimm, Wbch. I, 451. Birlinger 405. „Schütt oder Werd;" MB. XI, 305. „Anschütt oder Gries;" Urk. Landshut v. 1509, (bayr. Landeshoheit über die Herrschaft Donaustauf). „Werth und Anschütten;" Kr. Lhdl. II, 215. Die Schütt zwischen zwey Pegnizarmen in Nürnberg. „Einen see bei Egern ich da fand, darnach wird Tegernsee genant. Tegernsee die wirdig stift auf einen fels gebauet ist, der fels hat oben einen schüt, er selbs unter dem wasser ist;" Spruch von Tegernsee, Cgm. 858, f. 121. Birlinger 404.

3) Künstlicher Erdwall. „Den zeug mit pasteyen, gräben und schütten beschließen, aggere, fossa valloque circumdare exercitum;" Veget. v. 1529. „Ein schutten machen, aggerem facere;" das. III, 10. „Brustwöre und schütten haben;" das. IV, 6. „Daß die geworffne Mawer verpollwerkt und mit Schütten verpauet war." „Daß er in Eil weder Schütten noch Schanzgräben konnt machen;" Historie der v. Frundsberg.

Der, die, das Beschütt (Bschid), a) der Schutt. Beschütt füeren; mit Beschütt ausfüllen. b) „Agger, beschyt;" Avent. Gramm. Grimm, Wbch. I, 1598. an- 420
beschütten (à˜bschi'n), mit Schutt, Sand ꝛc. ausfüllen, aufbeschütten (au'bschi'n), durch Schutt ꝛc. erhöhen.

schütteln (schidln, schi'ln), wie hchd.; (mhd. schütelen, ahd. scutilôn; Graff VI, 427. BM. II, II, 231. Weigand, Wbch. II, 649 f.). Cf. Th. I, Sp. 653, trüftern: aufschudeln. Der Schüttler, das kalte Fieber; Avent. Gramm: Schittel, d. h. Schüttel; (BM. II, II, 231: der schütel). Dafs dich der *Schüttəl*! (alt: daß dich der ritt schütt! s. oben, Sp. 183) Lindermayr 129. „Znächst hat dä' *Schidel* 'n Pinzgä' hergführt, hat mä' mein'n Saubeern auf ewi' kuriert;" das. 166. „Aft'n hat's dä' *Schidel* wökä gführt;" das. 175. 'Der Mülschüttel, Mehlbeutel (in der Mühle). BM. II, II, 231.' „Taratantara, mulischiutele vel rennele;" Diut. III, 153. Diefenbach 573ᵇ. s. oben, Sp. 111. Schüttelköpf, (Aschaffenburg) Art Klöße, im Sauerkraut gekocht.

schuttern (schudə'n), a) in Bewegung setzen, antreiben, stoßen. Weigand, Wbch. II, 650. Vilmar, kurhess. Idiot. 375. Er *schudə't* sèiə', er treibt sehr an; (O.Pf.). Einen à˜schudə'n, anreizen, hetzen. Einen wég-, aussi- ꝛc. schudə'n weg-, hinaus- ꝛc. stoßen, treiben. b) sich schütteln, schaudern. Zeitschr. IV, 184. VI, 44. Es *schudə't* mə' d' Haud. Cf. Graff VI, 427: scutisôn, horrere, horrescere.

Der Schewe, Tschewe (◡ –), Wechseljodler (Lied); Schosser 116.

(Vrgl. Schaz, schez, ꝛc.)

Der Schatz (Schàtz), wie hchd. (mhd. schaz, ahd. scaz, goth. skatts, ags. sceat, Geld, bestimmtes Geldstück, as, quadrans, denarius — scaz unde scillinch, s. Schilling — vielleicht, nach Analogie von pecunia und fihu, mit dem fries. sket, slaw. skot, Vieh, zusammenhangend. Graff VI, 557. BM. II, II, 89. Weigand, Wbch. II, 565. Zeitschr. VI, 199. Grimm, Gesch. d. d. Spr. 28. Cf. Safařjk, Starož. 889, welcher Ansiedlungen von Slawen, besonders Weleti, in den Niederlanden im 6.—8. Jahrhundert und früher annimmt. Beda, hist. eccl. V, 12: Wiltaburg i. e. oppidum Wiltorum, lingua autem gallica Trajectum, Utrecht. Das Wasco des Venantius Fortunatus, cap. IX, vers. 73: „Quem Geta, Wasco tremunt, Danus, Euthio [al. Estio] Saxo, Britannus," liest Safařjk Walco. — „Ne sceattes wiht to mete gemearcod" (Lye), nec portionis (?) quid in escam designatum, scheint verschieden von sceát, Schöß, lacinia); besonders auch aufbewahrter Vorrath oder Reichthum an Geld und überhaupt vorzüglich Werthvollem.' Grimm, Mythol. 922. Der schatz cham ainsmals an ains armen mans tür und clopft an ... Ich pins der schatz ...;" Exempel von Br. Berhtolt, Ebersb. 58, f. 115. „Schatze suchen mit pfeilen;" Cgm. 478, f. 2. Schatzgraber-büchlein, Cbm. Kl. 606. Kaufschatz, ä. Sp., (Augsb. St.B. 17) Waare, Kaufmannsgut. BM. II, II, 90. Kramschatz, Waare;

H. Sachs 1612: I, 1069. Mahelschatz, Malschatz, arrha, bey Eheverlöbnissen; Wirzb. Verordn. BM. II, II, 90. Schlagschatz, ä. Sp., Gewinnst-Rate des Münze Schlagenden. BM. II, II, 90: slege-schaz. „Sparschatz, depositum;" Semansh. 34, f. 195. Der Überschatz, ä. Sp. Mehrwerth, supertaxatio; Voc. v. 1429. Meichelb. Chron. Ben. II, 196. Der Schàz, das Schàzə-l, Schàzál, der, die Geliebte, das Liebchen. Zeitschr. II, 404,6. VI, 199. Der Schàzhausə', (im Scherz) desgl. Der Schàzhauffə˜ (in etwas spottendem Scherz mit Anspielung auf Geld), desgleichen 'schätz'ln, liebeln, tändeln; Zeitschr. VI, 199.'

schätzen (schätz'n), a) wie hchd., d. h. zu Geld anschlagen, taxieren. BM. II, II, 91,3. Weigand, Wbch. II, 565. Zeitschr. VI, 199. ausschätzen Einen, sein Hab und Gut gerichtlich versteigern, verganten: fig.: Böses von ihm reden. Grimm, Wbch. I, 946. Die Ausschatzung.

b) schätzen Etwas, es zu Geld machen, Geld dafür gewinnen; metonymisch: Geld schätzen, Geld lösen; (mhd. schatzen, schetzen, ahd. scazôn; Graff VI, 559. BM. II, II, 91,1. Lat. cap. 150, gl. i. 390. 1089: scazzon, lucrari. Cgm. 17, f. 62b: „thesaurizat, er schazcet"). „Schätzt mä' nix, so hat mä' nix, hat mä' nix, so is mä' nix;" Lindermayr 122. 's Haus voll Dienstboten hat der Bauer, und kann doch nichts ausschätzen! (b. W.). „Ulrich Schwarz (Burgermeister zu Augsb.) het vil unainigkait gemacht, daraus er gros gelt schätzt;" Cgm. 567, f. 213. „Wie die gebundene Zeit (die 70 Tage auf Septuagesima, an welchen keine Hochzeit gehalten werden soll) erdacht worden sey, um den Bräutigamen das Geld abzuschatzen;" Gemein. Reg. Chron. IV, 407. „Sô ist der fröuden hort mir abgeschatzet;" Labr. 514. schatzen, schätzen, beschatzen Einen um so und so vil Geld, (ä. Sp.) ihm so und so viel als Contribution, Lösegeld ꝛc. auferlegen. BM. II, II, 91a,2 und 91b. „Depactare verdingen, sit talliare beschäczen;" Ben. 293, f. 65. „Exactor beschätzer, exactionare beschäczen;" Clm. 5877 (sec. XV.), f. 113. Man machte in der goldnen Zeit des rit-
421 terlichen Faustrechts Wehrhafte und Wehrlose zu Gefangenen, hauptsächlich in der Absicht, sie zu schatzen, zu beschatzen. (Noch sagt man in ähnlichem Sinne Einen brandschatzen). Landtag v. 1516, p. 586. Freyb. hist. Samml. I, 100. Maier Helmbrecht sagt V. 413: „Ich bizze wol durch einen stein; ich bin sô muotes ræze; hey waz ich îsens fræze! ez næme der keiser für gewin, vieng ich in niht und züge in hin und beschatzte in unz an den slouch;" (cf. Vers 1201). Ludwig der Bayer ließ den Gefangenen Friedrich bringen „gein Truwesnicht alda beschatzte er in um daz heilige rich und daz er sich des must verzihen;" Cgm. 327, f. 154. „Damit so ist der streit ergangen, und werdent etlich gefangen und werdent geschatzet umb ir groß gut, daz in und iren kinden imer we tut; des Teufels Segi, (vgl. Barack p. 229,7280; cf. 7599 und 13286). „Dâ von ich an mînen fröuden bin geschatzet (beschatzet);" Labr. 58. „Der schatz ist allen kunigen unbeschatzte;" das. 416. BM. II, II, 91b: nicht nach seinem Werthe geschätzt. 'Der Bannschatz, ä. Sp., Strafe für Übertretung eines Gesetzes. BM. II, II, 90.' „Wo auch lütt miteinandern würden die ledig sind das kinder davon geboren werden, die sollent einem kilchherren davon geben zu banschatz ein faß mit wyn das mit zweyen reiffen bunden ist, da ein maß wyn yngath;" Kilchenrecht zu Schüpfen (Entlibuch), 1584, Gesch. Fr. III, 191. „De jure bannalium vulgariter banschatz nominatorum. Si quis prolem extra thorum legitimum progenuerit pro pena rectori exsolvere debebit III libr. Hallenses et unum Hallensem monete Thuricensis. aut si quis aliud nephas, nomine illo videlicet banschatzig dignum commiserit . . . ;" Jurisdictio ecclesiae Swarzenbach (sec. XV.), das. III, 208. 'Der Erschatz, laudemium, Abgabe vom Lehngut bei eintretendem Wechsel des Belehnten oder Belehnenden. Grimm, Wbch. I, 72. 954. BM. II, II, 90.' „Velle (Fälle, 's. Th. I, Sp. 704') und erschatz;" Gesch. Fr. I, 169. „Depactare verdingen, sit talliare beschätzen;" Ben. 293, f. 65. Diefenbach 572b. „Exactor beschätzer, exactionare beschäczen;" Clm. 5877 (XV. sec.), f. 113. 'Das Geschätze, Werthschätzung.' Weər is denn dé Miəzl, auf dé ə' gaər ə so ə˜ Gschätz hàt?" (die er so rühmt); Seidl, Flins. (3. Ausg.) p. 223. Die Schatzung, (Franken) auferlegte Abgabe; BM. II, II, 91): Schatzung und Steuer. „Ne clerici exactiones (schätzung) persolvant;" Concil. Frisingense (1438), Clm. 5893, f. 4. verschatzen sein Gewerbe ꝛc., Auflagen davon entrichten. BM. II, II, 91.

c) schätzen, (fig.) dafür halten, meinen. Zeitschr. VI, 199. „Kám schätz I's ('s Wêlaəd) gstillt und raət's z'tiəfst àhé 'druckt, — ən Schnéblár und umdrát's und auffə' kimt's gruckt;" Wagner, salzb. Ges. 17. „Durch sie er in das grap sich leyt das seinr gesellen keynr nit schaczt," (vermuthet); H. Folz. Adverbiale Formel: 'schätz' i', glaub ich, wie halt' ich, mê 'ch, glê 'ch, (Zeitschr. III, 532,71. IV, 330,18)'; schätz wol (◡ –) das glaub ich, das will ich meinen, freylich, allerdings. Sich oder einem andern etwas schätzen, es für sich oder für ihn hoffen, erwarten. Zeitschr. IV, 537,15. Huiə' schätzt mə' si' vo˜ 'n Kou'n fimf Sámə˜. I hàb eəms (dem Kranken) nimə' gschätzt, dás ə' bellə' wur'. verschätzen Etwas, es für verloren geben.

d) schätzen kommt im Chiemgau auch für: reden, sprechen vor, — und ist in dieser Bedeutung vielleicht mehr als blos weitere Figur des vorigen. „schätzen, sich unterreden," (Kitzbühel); Staffler I, 114. ausschätzen, austragen, besprechen, bedingen; (Gastein, Mesnil).

abschätz, adj., a) „Daß die Waldungen nicht letzer und nicht abschätz werden;" Salzb. Replikschr. gegen Bayern, Beyl. f. 43. abschatz und nidergelegt werden, (von Bergwerken); Cgm. 1203, f. 77b (v. 1556). b) à'schätz, (Kitzb.) vergeßlich. 'abschätzig, adj., abjectus, herabgeschätzt; Grimm, Wbch. I, 96.' „Daz die abschätzig widerzämikait nicht geschech in dem kloster;" Augustini regul., Clm. 5130, f. 200. 205b. hochschätzig, ringschätzig. „Ringschätziger bayrischer Wein . ." „Landwein gar selten wohl gerathen, gut, noch hochschätzig . . ;" Ldtg. v. 1543, p. 61. 77.

Schatzelpfenning, (Lori, Bg.R.) Lohn, der vom Salzfuhrmann dem Beschlager für Aufbrennung des Zeichens auf die Scheibe bezahlt wird.

'schatzgir, adj., geldgierig, gewinnsüchtig. BM. I, 530.' „Da vant der schatzgire den slüzzel in sînem (des Fisches) magen;" Gregor v. d. St. 3122.

Schatzsteuer (Steuer von Kaufmannsgut?). „Vierzehn Tag nachdem die Schatzsteuer in Regensburg ausgeschrieben war, mußte Jedermann verschatzsteuern, oder er durfte keine Gewinnung in der Stadt mehr haben. Bis die Steuer bezahlt war, war das Vermögen der Stadt Unterpfand;" Gem. Chr. II, 102, ad 1357.

scheuzen, s. oben, Sp. 389: scheuhen, scheuhezen, scheuchzen. Birlinger 393: Scheizung, scheizig. Zeitschr. III, 10,7. VI, 174. VI, 200: scheizelet, kränklich.

Der Schöz (Schéz, U.L.; Schüz, Schiz, Schiəz, O.Pf., Franken), verschnittener Schafbock — vermuthlich, wie Schöpß, vom slaw. skopetz, česk. skop, scopec, nur mehr entstellt; — schon Cgm. 659, f. 265: muto, schotz. Diefenbach 374b. schözen (schézə˜, schizə˜, schiəzə˜), adj.; schiəzə˜s Flaisch. „schötzen fleysch;" Ind. 344, f. 65. Zeitschr. VI, 266,41.

Der Schutz, schützen, wie hchd.; (mhd. schuz, schützen; BM. II, II, 231. Weigand, Wbch. II, 650. 651). „Schutzte in mit dem swerte;" Heinrich's Tristan 6273. Aus der ahd. Sp. weiß ich für diese Bedeutung keinen Beleg; — vrgl. oben schütten und unten schutzen, umdämmen, bewahren. „Collegia armatorum civium in Belgio confoederato vulgo de Schutteryen, a defendendo.“ „Eyde van den schutters. Dat swart ghy dat ghy schütter wesen sold deser stæde ...;“ Collectio Camerariana, no. 76, f. 14. 15, (ad 1622). Cf. schwed. sköta, verb. irr., pflegen, warten, besorgen, (zu sköte, Schooß, oder zu unserm schützen ?); engl. to shut, sperren, schützen (? `Müller, etymol. Wbch. d. engl. Spr. II, 331´). „Sköta små sysslor;“ Kolarflickan 67. Der Schutzhalter, (ä. Sp.) Vorsteher einer Fechtschule.

Der Schutz, (schwäb.) der Schuß; (mhd. schuz, ahd. scuz, jactus; Graff VI, 562. BM. II, II, 176. Weigand, Wbch. II, 650. Zeitschr. VI, 402,6: Anlauf, Hast; kleine Weile. cf. schießen). „Man sagt vil von den verzweivelten buben, die drey Schütz than haben (auf ein Crucifix), das sie darnach nit fälen künden: wie der Juncher von Rorbach vor Lendenbrun than hat, da
422 Pfalzgraff Ludwig im bart dz gewunnen hat 1424.“ Dr. Eck 1542. Der Schutzer (ibid.), der Schütz.

Der Schütz, wie hchd.; (mhd. schütze, ahd. scuzzo, sagittarius; Graff VI, 563. BM. II, II, 157. Weigand, Wbch. II, 650); im O.L. gilt das einfache Wort für Wildschütz. „Schütz zu Roß, hippotoxota; Voc. v. 1618. „Die Schützen oder berittenen Söldner;“ Gem. Reg. Chr. III, 117, ad 1441. Aus Schützen Doppelsöldner, und umgekehrt, machen; Landtag v. 1605, f. 284. „N., N., N., dy drei waren pestellet und pehafft daz sy heten dy hauptmannschafft aller verlornen schüczen;“ Mich. Beham, Wiener p. 172,3. „Liechtschützen (und Landsknecht),“ Kr. Lhdl. XIV, 662; (scheinen Schützen mit Feuergewehren). „Schützenpfert, Schützenreuter oder Corbiner, welche schwarz wullene Sametverpremte Leibrökh mit langen ermlen und schürzen anhaben, auch jre lange Ror und jre Seitenwöhren an praiten über die axlen angehengten Girtlen füeren;“ cf. L.R. v. 1616, f. 510. In dem Ausschreiben zu dem Augsburgischen Schießen v. 1470 werden diejenigen, die in die Wette laufen, springen und Stein stoßen, gemein Schützen genannt; Gem. Reg. Chr. III, 473.

Der Schütz, (Nürnberg) Policeyaufseher; was anderwärts Amtsknecht, Büttel, Häscher. BM. II, II, 177,c. Weigand, Wbch. II, 650. Vgl. unter Schindfeßel. (Nürnb. Sp.W.): „Ein Schütz und ein Genannter (d. h. ein Hoher und ein Niederer) ißt einer wie der ander.“*) „Ein junge Hur, im Alter ein Schutz;“ Cgm. 713, f. 14. Schützenhof, Wohnort der Büttel. cf. Flurschütz. „Der Rumormeister, Schützenhauptmann, il barigello;“ Kramer's Nomenclator. Zu schützen (hüten, bewachen)?

Der Abc-Schütz, spottende Benennung für Kinder, die anfangen, lesen zu lernen. Grimm, Wbch. I, 18. *ABC-Schütz*, gèst i˜ d· Schuəl und lernst nicks! Schützen hießen zur Zeit der fahrenden Schüler die jüngern, welche von den ältern (den Bachanten) unterrichtet wurden. In einem Ms. biblischer Glossen v. 1418 steht: „tyrones, schützen.“ Sollte man sich das altlateinische tyro durch das romanische tirare, tirer zu erklären gesucht haben? Hackenschützen, (Th. Mjr.) die Letzten in einer Schule. (Schossen vielleicht die alten Hakenschützen aus ihren Hakenbüchsen gewöhnlich aus der weitesten Entfernung auf den Feind?). Der Furier-Schütz, heutzutage ein Soldat, der einem Officier zur persönlichen Bedienung zugegeben ist. In der b. Infanterie-Ordnung v. 1754 heißt es noch: „Die Fourier-Schützen, deren zwey bey jeder Compagnie seynd, müssen alle gute Schützen seyn, derowegen die Jägerbursch die beste abgeben; sie müssen danebens Lesens und Schreibens kündig, muntere, geschickte und ausrichtsame Leute seyn. Weilen sie meistens bey und um den Officieren seynd, und dadurch viel lernen und erfahren, pflegen sie die beste Unterofficiers abzugeben, und seynd besonders weit besser wie die Gefreyten zu Ordennanzen bey den Stabsofficieren geschickt. Ihre Verrichtung ist einestheils, dem Hauptmann in allem was einem Soldaten zusteht zu Diensten zu sein; derowegen sie sich zu keiner unanständigen Arbeit, noch zu Laquayen, Dienst der Weiber oder Kinder gebrauchen lassen, noch hinter ihnen hergehen sollen, und im Fall sie es freywillig thäten, seynd sie vom 423
Commandanten des Regiments zu straffen oder abzusetzen. Sie tragen nicht anders als Herren-Montur, und, wann sie auf Ordonanz seynd, Degen. Anderentheils besteht ihre Verrichtung darinnen, daß sie mit den Fouriers auf den Marchen Quartier machen, im Feld das Lager abstecken, Brod, Fourage und drgl. empfangen helfen, und in allem den Fouriers und dem Regimentsquartiermeister zur Hand gehen.“ Dieß auch ein jüngeres Beyspiel im Kleinen, wie sehr die Dinge sich ändern können, während die Namen bleiben; (vrgl. Tuld Th. I, Sp. 502, Diern Th. I, Sp. 541, Grâf Th. II, Sp. 987, Knecht Th. II, Sp. 1345, Magd Th. II, Sp. 1578. Der Leib-Schütz, Trabant; Zinkgräf, Apophth. I, 62. (bey Lessing, Schr. XI, II, 268).

Das Geschütz, (ä. Sp.) jedes Schießwerkzeug, Bogen und Pfeil; BM. II, II, 177. Cgm. 578, f. 34. `Über das Alter der Feuerrohre s. Th. I, Sp. 198 f.: die Büchsen.´

schutzen, durch einen Schwung oder Stoß in schnelle, kurze Bewegung, besonders nach oben, setzen, werfen, schleudern, — ein Intensiv von schießen; cf. farscuzzan, pellere (cymbae impositos in altum mare, Prudent. Peristeph. 70), gl. i. 549. Graff VI, 563. BM. II, II, 177. Weigand, Wbch. II, 650. Zeitschr. III, 19. V, 381. VI, 206. Den Huet, die Kappen, beym Tanzen 's Dèənə-l i˜ d· Hêhh *schutz·n*. Durch eine Verordn. v. 1760 werden die „walzenden und schutzenden Tänz“ auf dem Land verboten. Sich auf's Roß schutzen. Nudel schutzen, vom Teige, den man zu einer fingerdicken Rolle gewalgt, mit der flachen Hand kleine Stückchen drehend abschutzen, welche dann geschutzte oder Schutznudeln, auch gedrähte Nudeln heißen. „Solls seyn, so seys, wie mein Gott will, er machs nach seinem gfallen, es gilt mir gleich, wie er mich trill, und schutz mich wie ein·n Ballen;“ Münchner geistliches Lied v. 1637. „Den Feind getrutzt, in·n Fluß sich gschutzt, schwimmend sein Schwert auszogen;“ Balde. „Das Meer schutzet die Schiff bald hoch bald nider;“ P. Abraham. Becken schutzen, eine alte Policeystrafe, welche darin bestand, daß man den strafbaren Bäcker, welcher das Publicum betrogen hatte, an einem Balken mit vorreichendem Querholz in die Höhe zog, und so ins Wasser schleuderte, aus welchem er aber gleich wieder gezogen und nach Hause gebracht wurde. s. Th. II, Sp. 1084 f.: die Hül und vgl. oben: schupfen. Lipowski (Urgeschichte von München p. 545) glaubt, daß diese Strafe den Römern abgelernt sey, indem bey denselben die Köche (ehmals seyen sie die Bäcker, pistores, gewesen), wenn sie zu schlechtes Brod gebacken hatten, in einem Korb in einen Brunnen gehangen worden seyen. Den Jäckel schutzen, s. II. Th., Sp. 1204. Den Lienel schutzen, s. II. Th., Sp. 1481. Noch in einer

*) `Anders gibt und versteht dieses Sprichwort die „Unpartheyisch-treu-meynende Erläuterung einer, unter dem Titul: Acten-mäßige und wahrhaffte Humillima Informatio ꝛc. ꝛc. in Sachen Nürnberg contrà Nürnberg Anno 1733 gedruckt- und zum Lesen ausgegebenen Schrift“ ꝛc., wo es heißt: „Es ist mit Ihnen (den Herren Genannten zu Nürnberg) eine gleich so große Veränderung allgemächlich vorgenommen worden, daß die Burgerschafft, so diesen Verfall gemercket, bereits bey langer Zeit her ein zwey-deutig Sprüch-Wort aus ihnen gemacht, zu sagen pfleget: Ein Schütz und ein Genannter, ist einer wie der ander. Die Zwey-Deutigkeit hafftet daran, daß sowol die, so auf dem Schieß-Haus nach der Scheibe schießen, und brave, ansehliche, tapffere Leute, auch von allerley Stand und Würden sind, als auch solche Personen, so unter die Thore bestellet werden, und die Aufsicht auf sich haben, daß von fremden Orten kein Brod, Bier, Wein, Brand-Wein, keine Handwerks-Waaren, als: Peruquen, Schuh, Strümpffe, Papier, und dergleichen in die Stadt geschleichet werde, mit einerley Namen Schützen heißen, womit sich dann dieses spöttische Sprüch-Wort allezeit vertheidigen lässet, weil gar viele von den Herren Schützen auf dem Schieß-Haus Genannte sind“.´

Hofrechnung v. 1592 (Wstr. Btr. III, 108) heißt es: „Item den Saillergesöllen, welche den Liendl in der Faßtnacht in der neuen Vöst geschutzt und allerlai narrets Springen und hupffen verbracht, 1 fl." „Wer frembder daselbst hinkam, den schutzet man auf ainer Bernhaut hoch auf in die höhe;" Cgm. 991, f. 225^b. Sich
424 oder einen andern schutzen, schutzeln, schaukeln. Die Schutzen, Schaukel. „Oscillum, ritschupf vel schutzen;" Semansh. 34, f. 200. Diefenbach 402^b. Vgl. oben. Einen schutzen, schutzeln, ihn zum Besten haben, aufziehen mit Scherz oder Satire, ludificare; Voc. v. 1618. Die Achsel schutzen (schwäb. schußen), sie zucken. Einen in Verwunderung schutzen. „Was mich aber in Verwunderung schutzet;" 6. Benno-Predigt v. 1723. „Die Gebott Gottes über's Dach schutzen, als wann sie für nichts wären;" P. Procopius. g'schutzt, kindisch, läppisch. „Wann i' frag, was i' schuldi' bin, (sagt die Kellerin:) Sey nöt so *gschutzt*! Sey nöt so gschmerzt (wunderlich) und dein Geldl stöck ein;" Stelzhamer 103. 177. Der Schutzer, Schwungstoß. Deə'fst əəm gràd ə͂n *Schutzəᶜ* gébm, so is ər obm. für- oder vorschutzen, hchd., vorschützen. Auch das Schützlein, die Schütze der Weber, könnte hieher gehören. ˋCf. engl. shoot, shuttle; Müller, etym. Wbch. II, 331. Vrgl. auch der Schutz, ä. Sp., wie hchd. Schuß (des Webers) Diefenbach 592^{b}ˊ: „Trama schucz, stamen wepf, substamen wefel," Aug. eccl. 10, f. 35. ˋDie Schözwage, (hess.), Schnellwage; Vilmar, kurhess. Idiot. 367. Vgl. oben: Schoßwage.ˊ

Der Schutz, (schwäb.) Damm, Deich. schutzen, aufschutzen ein fließendes Wasser, es in seinem Lauf hemmen, aufstauen; (hchd. schützen. cf. engl. to shut, agſ. scyttan, obserare, scyttel, obex. Vilmar, kurhess. Idiot. 375: schützen, zu-, aufschützen, das Schützbret). MB. XXV, 491. fürschutzen, zueschutzen ein Mühl-, ein Hammerwerk, demselben durch Aufstauung das Wasser entziehen. MB. XXV, 406. 451. 471.

schutzen, (Franken, o.pf.) ergibig seyn, ergeben, ausgeben, nachhalten, andauern; Zeitschr. VI, 469,60. VI, 18: rasch von Statten gehen. (cfr. erschießen, beschießen). schutzig, (Nptsch., Schllr.) reichlich, anhaltig, ergibig, schnell zunehmend, gedeihend. VI, 18: *schötzig*, rasch, schnell. Des Licht brennt *schitzi'* (nachhaltig), die Seffə (Seife) is *schitzi'*, wird nicht so schnell abgenutzt; (Weihers, Dr. K. Roth). unschützig, nicht ergibig, nicht dauerhaft; verschwenderisch. unschützig umgehen mit dem Holz. Wirzb. Verord.

lang-geschützig, adj., (vom Vieh) einen langen Leib habend; (Baur).

Sieben und dreißigste oder Schla- ꝛc. Abtheilung.

425 Die Schlâ, ä. Sp., Fährte, Spur, vestigium. „So ir doch niendert auf der Schla seit, die die valsche treibt;" Cgm. 714, f. 89. Im Parcifal, Tristan, Iwein ꝛc. slâ. Vollständigere Form ist wol mhd. slage, ahd. slaga: Parcifal 379,20. Tristan 18860. (Graff VI, 773. BM. II, II, 385. Cf. provenzal. esclau, altfrnz. esclo, Hufschlag. Diez I, 296; Wbch. 620 f.). „Daz der woldan wizze nâch iu komen ûf die slâ und iuch benamen vinde dâ;" S. Helbling XV, 751. S. Schlag, h) und schlagen, h), ire, ferri, falls nicht etwa gar, dem slâge in Wolfram's Titurel, Str. 95 gemäß, ein von schlagen weiter abliegendes Wort anzunehmen. Vrgl. auch Schlag, i) u. d. folgende Wort.

Die Schlau. Von einer Schlau, Schlaw ist mehrmals die Rede in einer Jagdgrenzberichtigung zwischen Schwabeck und Angelberg v. 1562 in Lori's Lech-R. 357: „Die Schlaw oder Wismäder zwischen dem Pergerholz und Paſtbüchel." „Wie der alt Weeg von der Schlaw durch das Weyerholz geet." „Ein ander fuzpfad smal drug mich durch süssen daw (Thau) nach einer niuwen slaw;" Altswert 131,21. „Das (Wasser) ging ich ab durch schawen nach einer niuwen schlawen;" das. 204,38. „Got wis uns (nos) vil cleyne rot dahin die rechten schlaw" ˋ(: dâ, — wol das vorige Wort: Spur)ˊ; das. 237,8. Früher (um 1351, MB. XXIII, 174) heißt das Wort slawe, (sing. und plur.): „N. hette inn zwo slawe, der ainiu gelegen ist oberthalb des dorffs ze Verchain und hat acht tagwerch; so stozzet diu ander slawe uf Annhuser weg, der sint zwai tagwerch. Diselben zwo slawe solten an dem dritten iar gemainiu vihewaid sin." Also: 1) soviel als Mâd, Wismâd (s. Th. II, Sp. 1567); und augenscheinlich entspricht diesem Mâd (als Schwaden, Jahn) 2) auch das in Schmid's schwäb. Wörterbuch 464 (zwar als masc.) aufgeführte Schlau, Schloh: „Haufen (Reihe) abgehauenen, noch nicht in Büschel gebundenen Reisholzes." Vrgl. Schlag, i) u. d. vorige Wort. „Ein Schlat rustici vocant Anger vel Raine und Fürhäupter, die nicht gemäht, sondern abgeweidet werden;" Popowitsch, Ms. (Wien 9541). Vgl. auch engl. slough, Schlauch, Kothlache, Morast ˋ(agſ. slôg, locus concavus)ˊ und česk. zlab, m., etwas der Länge nach Ausgehöhltes, Wasserrinne; (Tuček, 6. März 1842). ˋBei Birlinger 397: Schlau, tobelartiger, kleiner Thaleinschnitt mit Wasserbächen nebst Wiesgründen.ˊ

schlau, adj., s. schlauh.

Der Schlau-drach. R.A.: Freßen wie ein Schlaudrach, d. h. unersättlich. Etwa eigentlich Schlauch-Drach? Das ahd. slûh, mhd. slûch, (BM. II, II, 415) galt namentlich auch für die Haut der Schlange: Diut. II, 134. Vgl. slouchprâte (s. unten: Schlâug und Th. I, Sp. 369: Brât, auch BM. I, 234). Bey Gießen heißt der Schlaraff Schlauder-aff (aus Schlûri, nachlässiger Mensch, mhd. slûr, von slûren; s. schlaudern).

Schlayer, s. Schlaijer.

ˋschlê, adj., s. schlêh und schlêw.ˊ

schle-bauchen, (von Thieren und Menschen; Weihers: schlebûchen, vom Jagdhund; Dr. K. Roth) nach starkem Lauf oder sonstiger Anstrengung mit sichtbarer Bewegung des Unterleibs Athem holen, span. hijadear. ˋschlebäuchig, adj.; Zeitschr. V, 431,183. VI, 201.ˊ Schlemilch, (Nordfranken) Buttermilch; „schlemillich, oxygalium;" Voc. v. 1419. Diefenbach 404^b. Vgl. unten: Schleg-.

Der Sleie? Nach einer Regensb. Tuch-Ord. v. 1529 in Gem. Chr. I, 381 soll „dehein slaher (Wollschläger) dehein rinderhar und dehein streich-har und dehein walchhar und dehein scherhar und dheinen sleien slahen," auch kein Waidfärber ihn färben.

Der Schleien (Fisch), s. Schleijen.

---

schlaichen (schlaəchə͂, schwäb. schlàichə͂, Partic. geschlaicht, nach Gramm. §. 956 transitive Form vom Ablautverb schleichen), auf schleichende, heimliche 426
Weise (etwas irgendwohin) thun, bringen, geben ꝛc. (mhd. sleichen, ahd. sleihhen; Graff VI, 785. BM. II, II, 398). „Daz swert begund er sleichen under sînem schilde hin;" Wigalois 7166. „Knecht schaw, sobald ich dir thu wincken, so schleich jm d' Handzwel umb den Hals;"

H. Sachs 1612: I, 941 (1558: I, 467 ſchlaich). „Der munnich ſchlaicht das (geſtohlene gebratene Huhn) in die zellen ſein;“ daſ. 1560: II, IV, 93ᵃ. Verbotne Waaren über die Gränitz ſchlaichen, ſie durchſchlaichen, aus-, einſchlaichen; Mandat v. 1598, 1640. Landtag v. 1612, p. 361. 383; v. 1669, p. 333. ˋſ. auch oben, Sp. 493, unter Schütz.ˊ Sich einſchlaichen; L.R. v. 1616, f. 564. 679. 684. Einem etwas darſchlaichen, zueſchlaichen, es ihm heimlich zuſtecken; (zuəschloachen; Jir.). „So man jm (dem Herzog Heinrich von Landshut) dann Gelt darſchlaichet, ſo namb ers und lieſz's in den Erbel fallen; Cgm. 994, f. 176. Chron. in Freyb. Samml. I, 146. Koch-Sternf., Salzb. und Berchtesg. II, 370. „Ein fremdes Kind underſchlaichen,“ unterſchieben; L.R. v. 1616, f. 801. Etwas verſchlaichen, verbergen, (Ries). „Einen Buchſtaben im Wang verſchlaichen,“ wie man ſagt verſchlucken; Av. Chr. 4. „ſtulingun ingiſleihtaz, subintroductam; gl. i. 398. untarſleihtes, subcisivi (quid);“ gl. i. 417. 1027. Die Schleiche, ä. Sp., Schleife, Schlitten; mhd. ſleiche, ahd. ſleihha, traha; Graff VI, 786. BM. II, II, 398. In der ä. Sp. gilt ſlaichen auch für palpare, blandiri, ſchwed. ſlêka. cf. ſchlecken. S. das auch im Conſonanten verſtärkte ſchlaicken und das folgende Primitiv ſchleichen.

ˋDer Schlauch, wie hchd. Schlauch, Röhre, (mhd. ſlûch, ahd. ſlûh; Graff VI, 783. BM. II, II, 415. Weigand, Wbch. II, 590); beſonders (ä. Sp.): die Haut der Schlange, (ſ. oben: Schlau-drach);ˊ der Rüſſel des Elephanten, (Konr. v. Megenberg f. 82ᵇ, Pfeiffer 136,12); ˋmännliches Glied (beſonders des Pferdes): „Jch beſchatzte in unz an den ſlouch;“ M. Helmbrecht V. 413, (vgl. V. 1201 u. ſ. oben: beſchatzen); der Schlinger, Schlucker, Säufer (BM. a. a. O.) daher: ſchlauchen, ſaufen (? vgl. mhd. ſlûchen, ſchlingen, verſlûchen, verſchlingen; BM., a. a. O).ˊ „Von erſt war ich ein gute diern da ich dir kundt die blindten führen das du ſtets heimlich hetſt zu ſchlauchen und dir vermärkelt goller und ſtauchen,“ ſagt die Magd zur Frau bey H. Sachs 1612: I, 966.

ſchleichen (Praet. ſchleichet und ſchlich, ä. Sp. Praet. ſchlaich, Partic. geſchlichen), wie hchd.; mhd. ſlîchen: Praet. ich ſleich, wir ſlichen, Partic. geſlichen; ahd. ſlîhhan, Praet. ih ſleih, uuir ſlihhun, Partic. giſlihhan. Graff VI, 784. BM. II, II, 397. Weigand, Wbch. II, 591). Labr. 21. 73. 77. ˋbeſchleichen, durch Schleichen unvermerkt an Einen kommen; BM. II, II, 398. Figürlich:ˊ „Ein weier beſchleicht vnd überget ein wismad, hat es beſchlichen;“ MB. XXIII, 503, ad 1456. derſchleichen oder zeſchleichen (dəˈschleichəˉ, zˈschleichəˉ), zerfließen, zergehen, ſchmelzen. BM. II, II, 398. Butter, Schmalz ꝛc. in der Pfannen, Zucker im Maul zeſchlaichen lâßen. Dà hàb I əˉn ganz neubachəˉn Profèſſeᶜ (ſagt die Zuckerbäckerin in C. Müller's Jacobidult p. 18), dèr *zˈschléicht* Eənəˉ-r- iˉn Mál. „Do zerkein und zerſleich daz glas;“ Altd. Wälder II, 92. „Laß ez zeſchleichen ob ainem fewr;“ Cgm. 3724, f. 17ᵇ. ˋDer Schleicher, leichter Hausſchuh; Zeitſchr. VI, 419,2. ſ. unten: Schlaicken.ˊ Die Blindſchleiche, wie hchd. (mhd. der blintſlîche, ahd. blintſlîhho, BM. II, II, 398. Graff VI, 785. Grimm, Wbch. II, 126).

Der Schleich, (Aſchaff.) zarter Teichſchlamm; (mhd. ſlich, ahd. ſlih; Graff VI, 786. BM. II, II, 397. Zeitſchr. II, 452. gl. a. 803: ſlic, holländ. ſlijck, coenum. Diefenbach 113ᵇ).

Die Schleichen. „Nachdem bisweiln die ungetrewen ſpinnerin allerlai falſch brauchen, die ſchlaichen über die hälhafen oder in ſiber legen und waſſer darundter ſetzen, dardurch die ſchleichen dann ſchwerer werden, und alſo den armen weber betrügen;“ Münchner Beſchaw-Ordn. v. 1592, Cbm. 1536, f. 12. 13.

Die Schleichen. Ao. 1517 verkaufen die Nonnen zu Altenhohenau „ein allte roßmuter oder Schleichen um VI fl.;“ Cgm. 697, f. 179ᵇ.

Schlich, (Salzb.) was beim Garn durch Waſchen abfällt.

Der Schlich, wie hchd., (Graff VI, 786. BM. II, II, 398 f.); (ä. Sp.) lapsus serpentum; (Voc. v. 1618); das Dahinrieſeln der Quelle, (Triſtan 17164); ˋflatus ventriˊ: „Und wie dem Narren ſeine Nothdurft iſt ſo noth worden, daß ihm ein Schlich iſt unten aus entfahren; Joh. Pauli (bey Leſſing, Schriften, hg. v. Maltzahn, Bnd. XI, II, 271 f.). „Der giftigen Suchten haimlichen Einſchlich verwehren; Dr. Minderer 1620, p. 76.

---

1) Die Schlacht, Subst. von ſchlagen, w. m. ſ.; (mhd. ſlaht, ſlahte, ahd. Nom. ſlaht. Genit. ſlahti, ſlehti, auch Nom. ſlahta, Gen. ſlahta; Graff VI, 776. 778. BM. II, II, 388. Weigand, Wbch. II, 585 f.). a) wie hchd., (cf. frnz. bataille von battre); in der ä. Sp. lieber das Schlagen. b) ä. Sp., occisio. Manſchlacht, Menſchenmord, homicidium; BM. II, II, 389. „Als zwitracht, als lamhawen und auch menſchſchlacht; H. Sachs 1560: II, IV, 123. Todſchlacht, Todſchlag. Viehſchlacht (Mandat v. 1760), oder, nach Gramm. 427
§. 808, die Schlächt (Schlácht). „Die Metzger ſchlachten auf ain ſchlächt XII—XIV Saw.“ „Zu der andern und dritten Schlächt.“ „An St. Narciſſentag hat man ain Kueſchlächt.“ „Die Sauſchlächt hat man nach dem neuen jar;“ Cgm. 2086, f. 63. 81. manſchlächtig, adj., eines Todſchlags ſchuldig; BM. II II, 391. Der Todſchlächter, (ä. Sp.) Manſchlächter (BM. II, II, 391; cf. 386), der einen Todſchlag begangen. Ref. L.R., Tit. 19. 20. Die Schlachtung, ä. Sp., was Schlacht 1): Schlägerey, bataille; was Schlacht 2): Todſchlag. BM. II, II, 391. „Item, ob ſich Zweytracht, Auflauf oder Schlachtung in der Stadt oder in Eines Hauſes machen würden;“ Münchberg. Privilegg. v. 1527. „So einer in einer Aufruhr oder Schlachtung entleibt würde;“ Bayreuth. reform. peinl. Hals-G.O. ſchlachten, wie hchd.; (mhd. ſlahten, ahd. ſlahtôn). ſchlächteln (schlácht·ln), Schlachtvieh zum Hausgebrauch tödten. Bei'n N. *schlácht·ln* ſ· margng: ſi ſchlägng əˉ Kuə und ſtéchəˉ-r- əˉ Sau ꝛc. „Der Kirchenprobſt iſt aber da gelegen aufm Rüſſel, wie en Ox, den man auf d· Kirchweih ſchlachtelt; Portiuncula-Büchl. 77. c) Uferbefeſtigung, Waſſerdamm, aus Pfählen gebaut, die mit Hülſe der Ramme oder des Zugſchlägels eingeſchlagen werden. Weigand, Wbch. II, 586. „Ein Schlacht tun,“ eine Waſſerwehr bauen; Salzb. Repl.-Schrift v. 1761. „Trinkhgelt ſo die Schlacht bei dem Holtz gemacht;“ Cgm. 3942, f. 18ᵇ. „Zu den Waſſerwerchen, Schlachten und Archen ſoll kein ˋgeſchlachtes Holz verbraucht werden;“ Forſt-Ord. v. 1616. „Waſſer- und Schlachtgepeu; Ldtg. v. 1612, p. 399. „Das Salzſchiff, welches zu Burghauſen an der Schlacht ausgeladen wird, heißt das Schlachtſchiff;“ Lori, Berg-R. 315. Schlachtſchiff, das ehedem der Naufahrt oder Klobzüllen zur Aushülfe beygegeben war, um wegen Untiefen einen Theil der Salzladung zu übernehmen, oder zu ſchiften (ſ. d. W.), wie man jetzt ſagt; (Jir.). Das Beſchlächt (Bschlácht, pl. Bschláchtəᶜ); Grimm, Wbch. I, 1570. „Das Beſchlächt um den Schloßweiher;“ Zirngibl, Hainſp. 99. „Machung ainer pruggen und pürſten bei der bſchlacht zenegſt an der Kheglmüll“ (1613); Cbm. 2224, f. 210. Die Gärtner nennen ihr mit Brettern verſchlagenes Miſtbett ein Beſchlächt. Es heißt wol auch jedes Beſchläge überhaupt əˉ Bschlácht. beſchlächten, mit Pfählen verdämmen, mit Dielen einfaſſen. Das Geſchlächt um einen Brunnen, hölzerne Einfaſſung. Birlinger 191 f.: Geſchlacht, und 396: Schlacht.

„Ausschlächt des Kinns, mentagra, morbus ovium;" Voc. v. 1618. Grimm, Wbch. I, 955; cf. 950: Ausschlag.

Die Durchschlacht. R.A. der mhd. und ahd. Spr.: zi thuruhslahti, ze durchslahte, ze durchslechte, omnino, ohne Ausnahme, durchaus, ganz und gar. Graff VI, 777. BM. II, II, 388,2. In Verkaufs- und Übergabs-Formeln späterer Zeit findet sich der adverbial gebrauchte anomale Genitiv durchschlächtes, durchschlechts, MB. XXII, 344, ad 1359; VIII, 87, ad 1415; zu durchschlechts, MB. XXV, 55, ad 1447. Kr. Lhdl. VIII, 496, ad 1485; durchschlecht, Meichelb. Chr. B. 199, ad 1521. Vgl. unter Urschlächt.

Das Ingeschlächt, Eingeschlächt, (schwäb.) die Eingeweide von Geflügel nebst Kopf und Gliedmaßen; vrgl. das Junge: II. Th., Sp. 1207. „Es sind ze myden alle Ingeschlächt von allen Tieren on Hünerlebern und Hanenklölin;" Steinhöwel, Regim. pestilentiae. Inslahti, ingislahti, minutal; gl. a. 521. gl. o. 406. Graff VI, 778. Diefenbach 362ᵇ. BM. II, II, 390.

Die Unterschlacht, Fach in einer Kiste, loculus; Voc. v. 1618. „Loculamentum, das underschlecht oder die Datten (s. Th. I, Sp. 630) darin der samen underschaiden;" H. Junii nomencl. 1629, p. 65. 'Vgl. BM. II, II, 384: underslac.'

'Das (die) Ungeschlächt, ä. Sp., Ausartung, Bösartigkeit; (mhd. diu ungeslahte, BM. II, II, 388; cf. 391: daz ungeslähte). „Ist im in der nacht ain ungeschlechte und unrath zu dem (wunden) füß geschlagen; Harder's Kreuterbuch, Cod. iconogr. 3, f. 38. „Ist (auf den angewandten Überschlag) alle ungeschlechte hinweg gewesen und in 8 tagen sauber hail worden" ... „das kain unschlechte oder ander übel darzu kom"; das. f. 66.

428 Die Urschlächt, gewöhnlicher im plur. Urschlächten (Urschlächt'n, oft mit anklebendem Artikel: D'urschlächtn), a) Kindsmasern, Rötheln, Purpeln, variolae. „Urslaht, urslahti, varix;" gl. i. 133. 1132. „Berpel oder dy rotin oder dy urslacht, variola;" Voc. v. 1482. b) die Pocken, Kinderblattern; (Weihers: Oèschel, plur; Oèschelstäppe, Blatternarbe; öeschèlstäppet, adj. Dr. K. Roth). Zeitschr. III, 137. IV, 2. „Zu Arta fiel Carl VIII. von Frankreich in die Krankheit, so man Kindsblattern und Urschlechten nennt;" Frundsp. Historie. Vrgl. I. Th., Sp. 134. Zu bemerken, daß es schon 'im 15. Jahrh. die Durchslacht, gewöhnlicher im plur.: die Durchschlechten heißt; so' Clm. 5685 (XV. sec., 1412), f. 110: „Pustula ain geswoll blater vel durchslacht;" Clm. 11482 (11485), f. 356 (v. 1418): „Papula est parvissima cutis erectio cum rubedine circumscripta ·i· ulcus minutissimum rubedine circumscriptum et ideo dicta papula quasi papilla ·i· durchschlacht;" Clm. 4394, f. 177: „variolae, durchschlächt;" und bey Dr. Barthol. Metlinger v. Augsburg um 1470: „Die Durchschlechten und platern;" Cgm. 601, f. 104ᵃ. 113ᵃ. Grimm, Wbch. II, 1667.

2) Die Schlacht, mhd. slahte, ahd. slahta, genus, generatio, Gattung, Art; ital. schiatta. Graff VI, 779. BM. II, II, 389. Diez, Wbch. 308. Weigand, Wbch. II, 586. Maniger, aller slahte, mancherley, allerley. „Do kam dar vil maniger schlacht der tewfel gar ain michel schar;" Cgm. 714, f. 131. „Daz si aller slahter '(Karajan: allerslahtær; BM. II, II, 390)' fint mit ir gewanden ûz ander fürsten landen; S. Helbling VIII, 780. „Die h. messe singet man in vier slachte der sprach;" Cgm. 632, f. 79. „Mit chainer slaht sach;" MB. XXIII, 160. Keiner schlacht weis, auf keinerley Weise. MB. VII, 303. 304, ad 1488. Sogar mit lai und hand verbunden: „mit keinerley slacht puntnuß;" MB. V, 506, ad 1431. „Aller slaht hand leut;" Mich. Beham, Wiener 394,16. In den wendischen, böhmischen und den polnischen Dialekt des Slawischen ist

slahta mit der Bedeutung genus κατ' ἐξοχήν, d. h. nobile, nobilitas, übernommen worden, (poln. ẑlachta, böhm. šlechta, und davon poln. ẑlachcic, böhm. šlechtic Edelmann). Sieh weiter unten das Geschlächt, und vgl. Schlag, e.

geschlacht, adj., wie hchd.; (mhd. geslaht, ahd. gislaht, congener, homogeneus; Graff VI, 781. BM. II, II, 387. Weigand, Wbch. II, 423), von derselben (namentlich guten) Art, gleichartig, gerade, glatt, fein, artig. Zeitschr. V, 464. „Es wird ein gschlachte heyrat wern; man spricht, gleich und gleich gesell sich gern," sagt der Teufel, der sich ein altes Weib wählt; H. Sachs 1560: V, 343 (1612: V, III, 10). „Ich wil von wîzen semeln ezzen brôt, haber ist dir geslaht;" sagt Maier Helmbrecht zum Vater, V. 479. „Ich laß füren welschen wein geslachts gewant und specerey das ist alles vor mein frey," sagt der Wolf (mit Anspielung auf die Raubritter); Cgm. 379, f. 98. Geschlachtes wullen Gewand, (ä. Sp.) feines, gutes Wollentuch, im Gegensatz von Loden oder grobem, zottichtem Tuche. „Der chunig von Engelland ist der allerreichest, wann die woll zu allem geschlachten gewand chompt aus seinem land;" Cgm. 570, f. 201ᵇ. Der Geschlacht-gewandner, Schlachtgewanter, Feintuch-weber; Sutner, Gew. v. M. 519. Kr. Lhdl. XVI, 105, ad 1507. Wstr. Btr. V, 173, ad 1580. Benno-Mirakel v. 1697. Ob die Gewandschlachter in Gem. Reg. Chr. IV, 229, ad 1513 ebenfalls für Weber oder etwa blos für Appretierer zu nehmen seyen, weiß ich nicht. cf. Gewand. ungeschlacht (mhd. ungeslaht, ahd. ungislaht, degener; Graff VI, 782. BM. II, II, 388), 'nicht von derselben guten Art, niedrig, bösartig, roh.' „Zu deheinem ungeslahten wibe," zu keinem Weibe von anderm Geschlecht, Genes. 28,1; Diut. III, 75. 'Vergl. das niederd. Verb: Einem schlachte oder schlächte, ihm nacharten, nachgerathen, gleichen (wie hchd. nachschlagen, s. unten).' Firmenich I, 103,8: „däm seelge Professer Kant *schlachte*;" das. 469,456 (Köln): „ov de uns wål *schlæchte*;" 477, nr. 261: „Dä Nicksnotz schleit ûs dem A't, hä *schlæch* singem Vå' (Vater) un singer Mô' (Mutter) nit."

Das Geschlächt (Gschlächt), wie hchd. Geschlecht; (mhd. geslehte, ahd. gislahti, genus, progenies, generatio, stemma; gewöhnlicher war jedoch mhd. künne, ahd. chunni, s. II. Th., Sp. 1258. Graff VI, 781. BM. II, II, 390. Weigand, Wbch. I, 423). MB. XXII, 503, ad 1446 verkauft U. v. E. „ir aigen lüt an mannen und an frowen, mit namen ain Geschlacht, genant Ulrich Zürn, Lorenz Zürn, Anna Zürnin ꝛc., item aber ein Geschlacht mit Namen N. N. N. Guldin ꝛc. „Daz geslahte, diu geslahte;" Cgm. 578 passim. „Diu geslaht der Bayern die chomen von Armenye," Cgm. 37, f. 3. R.A.: In ain Geschlächt sehen, ein gewisses Familien-Gepräge in seinen Zügen tragen. Geboren, und von irgend einem Adel (s. I. Th., Sp. 34), irgend einem Geschlecht waren und werden wol alle Menschenkinder seyn; aber nicht alle haben sich auf solches Verdienst gleich viel zu Gute zu thun. Daher hat in früherer Zeit das einfache Prädicat geboren κατ' ἐξοχήν so viel bedeutet als: von vornehmen Leuten herkommend, und ist ein ähnliches Privilegium der Bedeutung auch dem Ausdruck Geschlecht, plur. Geschlecht und Geschlechter zugewachsen, indem man ihn ausschließungsweise für die vornehmern in einer Stadt verbürgerten oder Patricier-Familien in Anspruch genommen hat. „Die von den Geschlechtern in den Hauptstätten, die des Geschlechts der vier Hauptstätten" und ihre Frauen genossen nach dem L.R. v. 1616, f. 208. 216. 217. 563. 573. 703. 704 mancherley Vortheile. Eine einzelne Person, so eines Geschlechts par excellence, hieß: der Geschlechter, die Geschlechterin — namentlich in Regensburg, Nürnberg, Augsburg. In einem ziemlich entgegengesetzten Sinn sagt man scheltend: „Du Geschlecht du, du nichtsnutzigs!" (v. Dell.) „Beym Wirth saufts

Brantwein wie Johannesſegen, nicht wahr, ihr Schelmengeſchlachter, ehe ihr herkommt;" Bucher's Kinderlehr 1781, p. 18.

-ſchlächtig (ſchláchti'), adjectiviſches Zuſammenſetzungswort von meiſt übler Bedeutung: „aberſchlechtig, vietus;" Clm. 571 (XVI. sec.), f. 39. bauchſchlächtig, was herzſchlächtig (ſ. unten); vgl. ſchlegbauchen. Zeitſchr. VI, 201. dunnerſchlächtig, vom Blitz getroffen oder zu treffen. Grimm, Wbch. II, 1250. Zeitſchr. IV, 441. Dés *dundə'ſchláchti'* Guəd! Ausruf des Unwillens. Aəné vo~ dé neu~ *dundə'ſchláchtigə~*, eine überaus liſtige Perſon. faulſchlächtig (von Holz), von Fäulniß angegriffen. Lori, Lech-R. 417. herzſchlächtig, a) von Pferden, wie hchd.; BM. II, II, 391. Grimm, Wbch. IV, II, 518. Zeitſchr. V, 81. 431,483. b) von Menſchen (im Scherz), der Ohnmacht nahe, ſich übel befindend. ſ. Th. II, Sp. 1171 und 1167. Mir wird *herzſchláchti'*. herzſchlächtig, Cgm. 170, f. 1ᵃ. „herttſchlechtig (roß);" Cgm. 289, f. 132. 133. hartſchlechtig, herzſchlechtig, bauchſchlechtig oder attmich. diſe vier Krankheiten iſt alls ein ding, walſch pulsivo;" Cgm. 964, f. 15. mannſchlächtig, mannsſüchtig. ſchaurſchlächtig, vom Hagel getroffen oder ihm ausgeſetzt. ſchelmenſchlächtig, ſchelmiſch. tâuſchlächtige (Spur), im Thau zu erkennen. 'toudſchláchti', matt, abgeſchlagen.' „Wenn I no~ so və'droſſ'n und *toudschláchti'* bi~, so kimt mə' bei 'n Mà~schei~ ən andə'nə' Si~;" Wagner, ſalzb. Geſ. 5. waßerſchlächtig, nach Waſſer riechend oder ſchmeckend. wetterſchlächtig, vom Wetter verdorben, (z. B. Beeren); Zeitſchr. VI, 201: ſich übel befindend.

ſchlecht, geſchlecht (ſchlècht, gſchlècht, ſchlêd, o.pf. ſchlèə'd), adj., a) in der jüngſten, abgewürdigtſten Bedeutung: verächtlich; nichtswerth, niederträchtig, vilis, wie hchd.; (mhd. ahd. ſleht, goth. ſlaihts; Graff VI, 786. BM. II, II, 393. Weigand, Wbch. II, 590). *Schlèchtə'* Kèrl, *ſchlèchts* Mensch ꝛc. ſind injuriöſe Ausdrücke. Birlinger 397. Vilmar, kurheſſ. Idiot. 353; (auch: verrückt, blödſinnig. unſchlecht, übel). Einen ſchlècht machen, ihn herabſetzen. Du kà~st Aə~n nét *ſchlècht* machə~, biſt ſɐl' *ſchlècht* gnuə', du Peitſch'n, du *ſchlèchté!* e~ *ſchlèchts* Stuck, ə~ *Schlèchtikait*. 'Schlechtling (Schlèdling), ſchlechter Menſch; Zeitſchr. VI, 343.' b) unausgezeichnet, nicht vornehm, gewöhnlich, gemein, ſchlicht. Zeitſchr. III, 229,2. Die ſchlechten, geſchlechten Leut, gemeine Leute, der gemeine Mann. Die ſchlechte Diern, die noch weder Ober- noch Mitterdiern iſt. Weixer, diss. p. 115. Ein ſchlechter burger, (ä. Sp.) im Gegenſatz des gewappneten Burgers. Ein ſchlechter Edelmann, ein ſchlechter Knecht. Kr. Lhdl. XIII, 184. „Sondere ſchlechte Perſonen, die ſigelmäßig
430 ſein; Ref. L.R., Tit. V, Art. 5. Ein ſchlechter Gräf (der nicht Mark-, Land- ꝛc. Graf), ein ſchlechter Engel (der nicht Erzengel ꝛc. iſt); Cgm. 523, f. 212. Ein ſchlechter Schaden, kein großer. Ein ſchlechter Feiertag, von der Art derjenigen, die in neuerer Zeit aufgehoben worden ſind. „Von ſlehten arzeneyen," de medicinis simplicibus; Cgm. 415, f. 98. Mit ſchlechten Worten, (ä. Sp.) nudis verbis, d. h. ohne eidliche oder andere Bekräftigung. „Man ſol jren ſlechten (bloßen) Worten gelauben;" MB. XXV, 214. Amb. Akten v. 1382. Kr. Lhdl. XVII, 299. Meich. Chr. B. II, 80. 93. „Hannibal iſt ſchlecht dahergangen," (ohne Kleider- ꝛc. Prunk); Av. Chr. Schlecht und recht. „Gute ſchlechte Freundſchaft" einer Urfede v. 1348 wird ſchon bey Hund II, 119 durch „gute aufrichtige" erklärt. (Vgl. c). „Die ſchwarze Wagenſchmier, ſo von den Rädern fallt, gibt in Zeit der Noth auch ein gute Wundſalben, iſt allain um ihrer Schlächtigkeit willen verachtet;" Dr. Minderer 1620, p. 183. c) (ä. Sp.) gerade, eben, glatt. Wen mə~ grêd und *gſchlê'd* is (ſeine geraden Glieder hat), kà~ mə~ ſáné Wèg und Stég ge~; (b. W.). „Schlecht darm, intestinum rectum;" Clm. 4394, f. 175. „Slechter darm, intestinum rectum; Cgm. 649, f. 532. „Per vias rectas, durch die ſchlechten Wege;" Voc. Melber. „Über rauhe ſleht (rauh und ſleht?), über ſtein, über ſtöcke;" Renner 12483. „Er vert über ſleht und über krump;" daſ. 13792. „Ueber gruben und graben, über rauch und ſleht;" daſ. 13872. „Unſers herren recht iſt ſlecht," justitiae domini rectae; Cgm. 136, f. 150. „Planus, ſleht;" Voc. v. 1445. „Waiſtu niht daz min brůder Eſau rühe iſt und daz ich ſcleht bin?;" Griesh. Pred. I, 158. „Slecht machen, hobeln, laevigare;" Voc. v. 1419. Der ſchlechte Kulm bey Neuſtadt, der unbewaldete, in Gegenſatz des rauhen oder bewaldeten. Apel's Neuſtadt p. 98. Lori, Münz-R. I, 146, ad 1511. „Der boum iſt hoch unde ſleht (glatt) daz ih mih noch dehein chneht dar ze ſtigen chere;" Kindh. Jeſu, hgg. v. Hahn, 84,13. „Ez ſi ruh oder ſleht;" Barlaam 18. 21. „Der ein was rûh, der ander ſleht," (von Eſau und Jacob);" Diut. III, 71. „Wär der magen ſleht und glat;" Konrad v. Megenberg, Pfeiffer 32,12. Fig.: recht, ausgeglichen, geſchlichtet. „Da munera summis, es wirt wol ſchlecht das krump iſt; munera si non das, es wirt wol krump das ſchlecht was; qui caret nummis, hilft nit das er frum iſt;" Poll. 662, f. 138. Clm. 11962. „Qui caret nummis den hilft nit daz er from iſt; sed qui dat summis, der machet ſleht daz kromm iſt;" Staing. 27. „Got mache dir din kumers '(krummes?)' ſuchen ſlechte;" Balkn. 78. „Unreht ſleht machen;" Diut. II, 161. „Abigail macht mit irer weishait all ir ſachen ſchlecht;" Reime v. 1562. „Schlecht zu machen die irrungen zwiſchen N. und N.;" Kr. Lhdl. V, 6. „Bis dieſelb ſach ganz ſchlecht wird;" Kr. Lhdl. II, 58. „Swes die ainträchtig wurden, daz ſol ſleht ſein;" Sutner, Gew. v. M. p. 526. „Die ſach war ſchlecht (die Verabredung, Wette, der Handel war richtig, abgethan, gut) der teufel fuor in' thumherrn;" H. Sachs 1560: II, IV, 67. 78. 80 und öfter. „Der tauſch der war gemachet ſchlecht," (richtig); daſ. 114ᵇ. d) (ahd. Sp.) ſleht, lenis, blandus, tranquillus. 'bîſleht, (mhd. Spr.) adj., voll bis an den Rand, ſchlicht voll; (BM. II, II, 394)' — aus bi-ſlicht, beſchlichtet? oder für bi-z ſleht (cf. biz = bi daz), bis eben: etwa ein (eben) geſtrichenes (Maß), während die übrigen in der Regel gehäuft (gegupft) ſeyn mußten. (Cf. zi duruhſlahti, omnino; Ammonius, Matth. 5,34. einſlihit, amfora. Graff VI, 777. 783.) „Implete hydrias aqua ... alſo fulton ſi die züber hinz ſi biſcleht (eben voll) wurden;" Griesh. Pred. II, 16. N. N. giltet II vierteil und eis biſelichs ... quartalia V et I biſlichs ... ez biſligs viertail ... 1 biſelichs vierteil;" Lucerner Zinsrodel v. 1293, Geſchr. Fr. I, 164. 166. 169. Vgl. Jac. Grimm in Haupt's Zeitſchr. VI, 189 f. Schmid, ſchwäb. Wbch. p. 54: beinſchlecht (bei~ſchlecht). Pfeiffer, Habsburg. Urbarbuch 348. Firmenich I, *schleek* voll, geſtrichen voll.

ſchlecht (ſchlêhht, ſchlê'd), adv., a) gerade, geradezu. *Schlê'd* furt, *ſchlê'd* auffi, àbi, eini, auſſi, àni, ummi ꝛc. Af'n Himmel wann i' denk, wir i' *schlechtá* nöt bráv (werde ich gerade nicht brav) ... áf d' Höll wann i' denk, ja d' Höll macht mi' bráv;" Stelzhamer 116. 118. „In directum, ſlecht anhin;" Clm. 4432 (XV. sec.), f. 66. „Schlecht ohne Anfang," (ganz ohne Eingang oder Präambel); Kr. Lhdl. XI, 2. 80. „Der Bapſt nam ſie ſchlecht alle an," (ohne Anſtand); Av. Chr. 226. „Dabey (in der Schlacht bey Wien 1685) iſt ä gwöſn dà pullackhiſche Kini, dä hät ſchlet drei ghackt, os wenn å wä wini." Gedrucktes gleichzeitiges Bauernlied. Schnurſchlecht, ſchnurgerade. b) ſchlechthin, blos, nur. „Schlecht durch die ſtimm," voce solâ; Vegetius v. 1529. „Schlet eine Bockshaut war ſein Kleid;" Balde's Lob der Magern. „Die Wiedertauffer halten jre Vermanungen ſchlecht in einer Stuben, da ſie zu eſſen pflegen;" Erhard p. 7. In dieſen beiden adverbialiſchen Bedeutungen kommt auch die Ausſprachform ſchêd vor: *schêd* ə~ wenkál, nur ein wenig; *schêd* aə~s, nur eines; 431
I hà's *ſchêd* à~grüərt, ſo is's umgfälln. *Schêd* gnuə'

(◡ –), gerade genug, so viel man nur wünschen mag. *Schêd* is ə' dà gwé'n, gerade ist er da gewesen, (Nffdrfr.). *Schêd* hör áf! gleich höre auf! (Straubing). *Schêd* ən iədə' Bauə' muəs d' Speis káffə˜, (klagte man im Sommer 1817). Diese schon bey Prasch (Heumann, opusc. 686) angemerkte, ans italienische schietto mahnende Aussprachform ist namentlich vom Lech an beiden Seiten der Donau hinab bis in den bayrischen Wald zu Hause, und man pflegt anderwärts zu Einem, in dessen Rede sie auffällt, mit scherzhafter Anspielung auf einen andern Idiotismus dieser Gegend zu sagen: Bist du vo˜ *Schêd*, so bistu vo˜ Dà-l á'. Vrgl. schák aus schlack. schlechts (o.pf. schlèə'ds), adv., wie schlecht, adv., a) gerade; geradezu, schlechterdings. „Das Holz schlechts, nicht twerhes in die Schiff legen;" Gem. Reg. Chr., ad 1820. „Daß der gantz Hauff schlechts hat wöllen bezahlt sein; Frundsperg, Historie. „E wolde ich verliesen slechtes allez daz ich han;" Nithart XXIV, 4. I hà *schlèəds* greinə˜ mêi'n, ich habe geradezu weinen müssen; (Nptsch.). b) blos, nur; *schlèə'ds dés*, nur dieses. „Daß ich jtzund spreche nicht schlechts zu einem Solon, sondern zu einem Salomon selbsten;" Phil. v. Zesen. c) Im deutschen Vegetius v. 1529 liest man lib. IV, 30: „do die sonne schlechts steet," cum sol obliquus ... Vrgl. oben, Sp. 373: schederwenket. schlechtlich (schlêdle), adv., (Chiemgau) gerade, genau, nur. „Getrewlich und slechtlich (aufrichtig) und als on geverde;" MB. XVII, 64, ad 1404. Hist. Fris. II, II, 228. geschlecht (g'schlèəcht, gschlêhhed, g'schlê'd), 1) adj., wie schlecht. a) „Und mier, mier sollten gschlechter seyn als unsre braven Alten;" Tyrolerlied v. 1796. b) „geschlechte, rittermäßige Leut;" alte Chr. c) „Die geradesten und geschlechtesten Reiher;" Neuburg. Forst-Ord. v. 1690, p. IV. 2) adv., schnuərgschlêhhəd, schnuərgschlêd furt, gschlêd ummi; gschlèəds, gschlêdlə. Vrgl. geschlehen.

schlichten, wie hchd., (und sich zu schlecht (o. d.) gerade so wie richten zu recht verhaltend; mhd. slihten, ahd. slihtan, Praet. slihta, mulcere, blandiri, polire, rectum reddere. Graff VI, 789. BM. II, II, 395 f. Weigand, Wbch. II, 595). „Glas biegen und wider schlichten wie Bley;" Av. Chr. 169. „Krumb widerlöufe slihten;" Labr. 406. „Dîn krümbe nieman slechter kan geslichten;" das. 419. „Von erst sich krummet dicke das sich slichtet zu lesten;" Valkn. 44. „Guete geainte gerichte vnd geschlichte freunde;" MB. XXI, 206. ʻverschlichten, ä. Sp., ausgleichen, beilegen; BM. II, II, 396.ʼ „Daz manic urleug nicht wirt verrichtet, daz manigem armen niht wirt verslihtet;" Renner 4824. „Liebe Muter (Maria), uns mit im (Christo) verslichte," (söhne aus)! Maister Hans v. Salzburg, Cgm. 628, f. 250. ʻschlichten, ordnen, geordnet häufen (z. B. gespaltenes Holz); Zeitschr. I, 298,9.ʼ Der ältesten Bedeutung von schlecht, d) entspricht noch das schlichten (schmieren) des Webers. „Delinivit, slitha" in Docen's Misc., Nachtrag v. 1809, f. 31 (Pl. Braun) steht wohl für slihta. In Clamorgans Wolfsjagd heißt es: „Wie man den Wolff ludern oder wie etlich Jäger aus Beyern davon reden, schliechten, anayßen soll." Dieses schliechten (wol schlichten) scheint noch die alte Bedeutung locken zu haben. Die Schlicht, a) Schmiere (des Webers). Vilmar, kurhess. Idiot. 355. Weigand, Wbch. II, 595. *Dés Ess'n is ə˜ lautə'né Schlicht, dés wá' də' Sau z'schlèəcht*; (ObrM.). Schwerlich gehört hieher auch Unschlitt (Th. I, Sp. 113. BM. II, II, 405), da
432 es mir in der ahd. Sp. nur gl. i. 129 als unsliht, sonst immer als unslit vorkommt. schlichtig, adj., schmierig. Die Nudeln sollen nicht schlichtig werden; — (vrgl. sleht, d). b) Die Schlichte, ä. Sp., Geradheit, Ebene; ʻfigürlich: Aufrichtigkeit, Recht und Billigkeitʼ; (mhd. slihte, ahd. slihti, planities; uparslihti, superficies. Graff VI, 788. BM. II, II, 395). „Die richte rait er in den tan ... er rait fur sich die schlichten;" Cgm. 714, f. 110. „Als er die slihte riuhen sach;" Cgm. 63, f. 3. „Ich wîse dich die slichte;" Labr. 241. „Wann ich iag ie die slichte;" das. 261. „Ir gûten, ir solt wîsen mich der slichte; das. 519. „Geluck mûs wisen mich die slichte;" Valkn. 49. „Weise mich und zaig mir nach im die slichte;" das. 75. „Jemer dar die slichte volg ich im nach;" das. 185, (cf. 183). „Got lobe ich nâch der rehten slihte;" S. Helbling II, 7. „Sag ich durch liep oder durch leit iht ân die wâren slihte;" das. 44. „Hülf man dem fürsten rihten nâch den rehten slihten;" das. 138. „Sîn lant lac ûf den slihten, daz im niemen kam ze klage;" das. 676. ʻDie Unschlichte, ä. Sp., Ungeradheit, Unebenheit; fig. Ungerechtigkeitʼ. „In allem diesem lant gemeine rihtet niur der herzog eine; diu sînen nâchgerihte sint ûf die unslihte;" S. Helbling II, 132. schlichtig, adj. und adv., recte atque ordine;" Voc. v. 1618. c) Die Holzschlicht, Platz, wo Holz aufgeschlichtet wird. d) Die Schlichten, die beiden Schamseiten, Leisten, Weichen am menschlichen Leibe; Dr. Minderer 1620, p. 81. 96. Anmerkung. schlicht als adj. statt schlecht ist im Dialekt und auch in der ä. Sp. so wenig üblich, als richt statt recht. Wol gilt im Niedersächsischen sligt statt schlecht, und daraus scheint auch das hchd. schlicht, erst seit schlecht zweydeutig geworden ist, aufgenommen zu seyn. Das Sinken des urspr. i vor h in e ist schon im gothischen slaihts entschieden.

Die Schlucht, a) (nach Höfer) Abzugsgraben, wol mit dem hchd. Wort ein und dasselbe; (ahd. mhd. sluht, neben sluft von sliefen; Graff VI, 792. BM. II II, 408. Grimm, Mythol.[2] p. 423. Weigand, Wbch. II, 600. 601). Der Ort bey Amberg, welcher früher (Geöffn. Archive I, 10) Sluht hieß, wird nun Schlicht (etwa nach Gramm. §. 808. 372 eigentlich Schlücht) genannt. Denselben Namen führt (Hazzi, Statist. III, 536) eine Sumpfgegend bey Wasserburg. Vrgl. auch die Schlicht um das Schloß Hainspach; (Zirngibl, Hainsp. p. 99). b) Die Schlucht, die Schlüchtin, unreinliche, faule Person. „Ich wol die schlüchten strafen;" H. Sachs 1612: I, 1025; cf. 965. schlüchtisch, adj. „Si ist schlüchtisch, faul und träg;" H. Sachs 1612: I, 1025. „Wie daß du haltst so schliechtisch Haus;" Hans Mayr. Vrgl. Schlutt.

ʻschluchzen, wie hchd.; (Weigand, Wbch. II, 600). erschluchzen, in Verlegenheit kommen, betroffen sein, consterni, percelli; Grimm, Wbch. III, 966.ʼ „Sag was gebrichet dir, das du erschluchtzet bist?" H. Sachs 1560: II, II, 55. „Des war die burgerschaft erschluchzt, ich hört kein mensch das frölich juchtzt;" das. 101 und öfter. ʻdərschluəhzt, (Nürnb.) verlegen, verzagt, schüchtern; (Weikert's Ged. p. 247).ʼ

---

schlack, adj., a) (O.Pf.) schlaff, nachläßig, träge; (mhd. slach, ahd. slah, isl. slak=r, ags. sleac, alts. slac, engl. slack, laxus, remissus. Graff VI, 783. BM. II, II, 363. Weigand, Wbch. II, 599). Der, die Schlack, träge Person. Birlinger 396: Schlaches, schlampig gekleideter Mensch. schlacken, verb. b) schlàgk (Sammler f. Tyrol III, 33 von Schmalz), ranzig, bitter. Am Inn hört man die Entstellung schágk; (vrgl. sched aus schlecht).

ʻschlacken, schlackern, schlickern, schlaff und schwankend sich bewegen; (Weigand, Wbch. II, 599: schlockern); (impers.) regnen und schneien zugleich: es schlackert, (zu Schlick, msc., Schlamm, Koth, Morast; Weigand, Wbch. II, 595. s. oben: Schleich). Vilmar, kurhess. Idiot. 352. Zeitschr. III, 133; V, 293. cf. VI, 201. 342. Vgl. Schlott. Schlickerwetter, Schlackerwetter, Schnee mit Regen. schlickerig, schlackerig, glatt, schmutzig und naß; Vilmar, a. a. O. Zeitschr. III, 131. V, 293.´

Der Schlákərə! Schlákərə-maudi, Schl.-michl, Schl.-miə'l, Schl.-wàld, Schl.-wurst, Tausendschláckərə, unschuldige, in Unwillen, Verwunderung ꝛc. ausgestoßene Benennung einer Person oder Sache: bey'm *Schl.!* zum *Schl.!* Etwa ein verkapptes Sákrá? (s. oben, Sp. 221 f.)

schlaicken (schlaəckə˜), (verstärkte Form von schlaichen, w. m. s., wie blaicken von blaichen, waicken von waichen), schleichend bewegen sich oder Etwas, schleppen; (vrgl. schleicken bey Stalder). Der, die Schlaick, langsame, unreinliche Person. Die Schlaicken, Schlitten, Schleife, etwas darauf fortzuziehen, (gl. i. 704: sleicha); (Ob. Schwab.) auch was Schlarfe, Hausschuh; (Aurb.). Vrgl. d. folg. Wort `u. s. Schleicher.´

schlecken (schlèckə˜), 1) naschen; 2) lecken, (isl. sleikia, lambere, schwed. slèka neben slicka, also mit dem ä. slaichen, wie ohngefähr schleppen mit schlaipfen, nicht minder, als mit dem scheinbar nähern lecken selbst zu vergleichen). BM. II, II, 397. Zeitschr. IV, 117,2. 358,10. abschlecken, ausschlecken, z'sam- ꝛc. schlecken. Grimm, Wbch. I, 103. *G'schlèckt, z'sam-*
433 *gschlèckt*, (im Scherz) sauber, geputzt. *schlèck, schlèck!* ruft der, welcher Einen trätzen will, indem er den Zeigefinger der einen Hand mit dem der andern streicht oder „ein Rüeblein schabt." Zeitschr. VI, 202. 111,21. schlèckət, gschlèckət, gschlècki', adj., naschhaft, leckerhaft. Zeitschr. VI, 406,17. Der Schleck, das Geschleck, Leckerbissen. BM. II, II, 397. Muest all'n *Schlèg* hàbm!? Das Schlèckə-l, kleiner Lebkuchen. Der Schleckbißen, Schleckkoch, Schleckmarkt. Das Schleck- oder Geschleckmaul. Zeitschr. V, 403,133. schleckmaulen, verb. schleck- oder gschleckmaulet, adj. Der Muesschlecker, (im Scherz) der Zeigefinger, als womit die ländliche Mutter dem Kinde das Mues einstreicht.

schlicken, essend oder trinkend in die Speiseröhre aufnehmen, schlucken, schlingen; (mhd. ebenfalls slicken, ahd. slickan; Graff VI, 786. BM. II, II, 396. Weigand, Wbch. II, 590. Firmenich I, 458,38: schlecke; 79,56: äöwe' slaken, übergeschluckt. Birlinger 398). „So er ze geitleich ißt und slichts in sich;" Cgm. 632, f. 37. „Sein chörder (Köder) dich betriuget, daz du den angel slichest;" Urstende, hg. v. Hahn, p. 124,25. „Dô Adam und Eve daz obez âzen durch des slangen rât, dâmite slikten sie allez daz eiter, daz in dem slangen was;" „So ir verslicket und fresset alles das ir habet." Br. Berhtolt 51, (Pfeiffer 153,7). Cgm. 632, f. 89. „Dei vollen eher verslickten diu slachen;" Genes. 41,21: Diut. III, 98. „Den Verdruß verschlicken, sorbere odia; Voc. v. 1618. „Daz si daz ertrich verslichte daz man ir niht vant so tiwer als vmb ein har;" Cgm. 176, f. 71. „Verslihte, devoravit;" Cgm. 17, f. 209^{b}. Der Schlick, ä. Sp., Bissen, Trunk, Schluck; (BM. II, II, 396: slic. Weigand, Wbch. II, 600 f.). „Susser slick hat sawern smack;" Clm. 12296 (XV. sec., 1446), f. 200. `Vgl. Renner 752.´ Gl. o. 62: slich, slic, gluto, ambro. Die Schlick, Versinterungsgrube. schlick, schlick! Lockruf an die Enten. Birlinger 398. Das Schlickelein (Schlickə-l, Schlickál), die Ente.

Der Schlickəwitzə', (U.L.) Branntwein, Schnapps; — eigentlich wol eine doppeldeutige Travestierung des in Österreich gangbaren Sliwowitzer (s. d. W.), Zwetschgenbranntwein `(česk. sliwowice)´, vom slawischen sliwa, Zwetschge. Vrgl. Zeitschr. V, 293.

Der Schlick, (schwäb.) Zopf Haares, Büschel Flachses.

schlucken, wie hchd., und neben schlicken üblich; (Graff VI, 786. BM. II, II, 415. Weigand, Wbch. II, 601. Zeitschr. V, 169,158. 464. 472. VI, 479). „Swâ übric rîcheit zühte slucket;" Walther v. d. V. 81,28. „Sluhho, sluko, consumptor;" gl. a. 245. Scherzh. R.A.: Dés is ə˜ guədə' *Schlucka*', hàd Haus und Hof 'nuntə' 'bràcht, von Einem, der sein Vermögen verschwelgt hat. „Mein lieber schlucker!" nennen die Schmiedegesellen den jungen „bossen," (s. Th. I, Sp. 410); H. Sachs 1560: II, IV, 82^{b}.

`Der Schluck, die Schlucken, ein gefälteltes Kleid; BM. II, II, 415. Diefenb. 371^{a}. 579^{c}. Zeitschr. VI, 202.´ „Theristrum velamentum mulieris vocatur umbpintl vel vestis aestivalis de tenui lino vocatur slucken;" Mallerst. 32, f. 298^{b}. (Unter dem Meßgewand zu Thierhaupten:) „etlich gelbe stuck slugkn zu ainer alben zu machen;" Thierh. 67, f. 53^{b}. „Mit hopttüchelin die waren wiß und linin die end ane slücke (es steht im Druck: flücke) slecht als man clagen sol von recht; Liedersaal Nr. CXXV, Vers 113. „Leg ab die alten slukken," (schlechten Kleider, Fetzen); v. d. Hagen, Ges. Abent. XLIX, 962.

---

schlaudern und schläudern, a) wie hchd. schleudern; Weigand, Wbch. II, 594. Zeitschr. III, 495,35). b) (von Dingen, die fest seyn sollten) lose hin und her fahren; c) (von Personen) aus Übereilung oder Nachlässigkeit nicht gehörig verfahren; der Schlauderer, schlauderisch, die Schlauderey; d) unter dem Preise weggeben oder verkaufen; verschlaudern etwas, sich dessen unvorsichtig entäußern. (Vgl. ä. Sp. und niedersächs. slûren, sludderen, nachläßig verfahren; also schlaudern statt schlauren, wie haudern aus hûren, miethen. Vilmar, kurhess. Idiot. 353. Zeitschr. IV, 135,136. 365. V, 294. VI, 288,718. 480). e) (eine Mauer) durch Anker oder Strebehölzer befestigen. „Das ist auch zum Einfallen hergerichtet, ist schon auf allen Seiten gebölzt und geschlaudert," hieß es zu München im Frühjahr 1830, als eines der während des strengen Winters gebauten Häuser mehrere Arbeiter lebendig begraben hatte, von mancher der damaligen zahlreichen Neubauten. Einschlaudern, einschleudern, durch eiserne Zapfen oder Keile in der Mauer befestigen. „Diese drey Helme sind so fest eingeschleudert, als wolle sich die Stadt 434
Landshut noch am jüngsten Tag hiemit ausrüsten;" Nagel's Bürgeraufruhr von Landshut p. 99. Die Schlaudern, Schlauder, a) Person, welche übereilt verfährt, schlaudert. Zeitschr. IV, 182. b) wie hchd. Schleuder, funda. c) großes Handrad zum Wollespinnen; (Baur). d) locker gehaspelter Faden; (Baur). e) (b. W.) eine Art Sumpfpflanze. Vrgl. Schlöten. f) (in der Baukunst) Strebeholz, Schließe, Schließanker, pignon ancré, Mauerstange, Mauerband, Vorpasse. Birlinger 397. „Der baufällige Turn zu Vinkofen so undterschidlich mit Schlaudern zusammengefasset;" Bogenbergmirakel 1679, p. 248. .. „Das die eisene Stanngen am andern Ortt ain Loch habe, das man den (?) Schlauder darein schlagt oder den Kheill" ... „Schlag ain Schleuder oder eysenen Kheil durch die eysene Stanngen;" Feurbuch v. 1591. Auch die ungeheuren, im Dachstuhl des großen Theaters zu München von einer Hauptmauer zur andern wagrecht liegenden Bänder, aus mehrern durch Einschnitte ineinander gefugten und mit starken eisernen Schrauben verbundenen Balken bestehend, habe ich Schlaudern nennen hören. „Archzangen oder Holzschlaudern" (im Uferbau). Lori, Lech-R. 414. Der Schlauder-Strick, kurzer, etwa klafterlanger, im Haus- und Fuhrwesen zu mancherley Gebrauch vorräthiger Strick.

schledern, im Wasser hin und her schwenken, als Wäsche. Sieh unten: schlöttern.

schlodern, s. schlottern. „Alles ist schlimpschlampschlodi, doch ist es nach der Modi;" Reiner's Tandelmarkt 242.

Die Schlöd, ä. Sp., (?). „Er (der Schwertfeger) machet den spon (span) und die slæd so unversandlich und so æd, wie leicht mans tůt bucken so snellets und tůt hinflucken;" des Teufels Segi, (Barack p. 356,11229).

Der Schluder, (v. Delliug) Schutt, Schlamm. S. Schlotter.

schludern, a) übereilt oder nachlässig arbeiten; s. schlaudern. schluderet, adj., „D·Köchin, dös *schludärät* Drum;" Stelzhamer 103. b) schlottern; Zeitschr. III, 260,27. ʼc) plaudern; Zeitschr. III, 552, II, 15.ʼ

---

schlâff, adj., im Dialekt unüblich — und lieber durch schlapp gegeben; (mhd. slaf, ahd. slaf, slaph — mit dem Verb slaffen, ahd. slafên, torpere. Graff VI, 802. BM. II, II, 363. Weigand, Wbch. II, 587). ʼDer Schlaffdarm (? vgl. Schlackdarm = Mastdarm)ʼ. „Omentum, slafdarm;" ZZ. 1539, f. 1.

schlâffen (schlaffə˜, o.pf. schlauffm, schwäb. schlàffə˜, schlauffə˜: du schlaffst, er schlafft; Condit. schliəff und schlaffət), wie hchd. schlafen; (mhd. slâfen: slief, geslâfen; ahd. slâfan: sliaf, gislâfan. Graff VI, 799. BM. II, II, 364. Weigand, Wbch. II, 586. Cf. venetianisch: andar a *slofer*, andar a dormire). Mein **Schlâff**, sagt der Soldat für: mein Bettgenosse; — in der mhd. und ahd. Spr. richtiger: geslaff (Voc. v. 1419), geslâfe, gislâfo. Graff VI, 802. BM. II, II, 366. ʼschläfern: es schläfert mich; Zeitschr. II, 461. schläferig, adj., Zeitschr. II, 461. Birlinger 396.ʼ Die Schlâff-frâu, das Schlâff-weib, (ä. Sp.) Beyschläferin, z. B. Gem. Reg. Chr. III, 11; mhd. diu bîslâfe, zuoslâfe (BM. II, II, 366). „Der ein (einen?) Beyschlaf bei sich behält;" newer Beichtform., München 1664; (Aurb.). „Da er (Adanias) derwerben wolde mit bete sins vaters zůslaffen Abysaac, die durch wermunge bi im lac;" Renner 20315. ʼDer Mitschlæfel, ä. Sp., Beischläfer; BM. II, II, 365.ʼ „Nu geschach daz sew eine ains nachtz auz gieng zů irem mitslæffel vnd nicht lang dar nach erwacht ir man;" Gesta Romanor., Cgm. 54, f. 58ᵃ, (Keller p. 112). ʼDer Schlaffohn, der mit einem Schlâff-weib Erzeugte.ʼ „11. Jul. 1634 kam Gustaw ʼ(Gustav v. Wasaborg, Sohn Gustav Adolfs und der Ebba Brahe)ʼ des Königs von Schweden Schlaffsohn" (nach Augsburg); Cgm. 4905, p. 138. ʼDer Schlaf (am Kopf), gewöhnlich im Plur. Schläfe, tempora; Graff VI, 804. BM. II, II, 366. Diefenbach 577ᵃ. Weigand, Wbch. II, 586.ʼ „Bind im (ein Magen-, d. i. Mohn-, Präparat) an die baid slaff (tempora), er wird slaffen;" Clm. 5931, f. 222. Sollten die Tünnen (s. Th. I, Sp. 609) von dieser schlafbringenden Bestreichung selbst erst den Namen Schläfe bekommen haben? ʼDer Schlaf, ä. Sp., Schlafapfel.ʼ „Bedevart (?) ... fungus qui nascitur in arbore rosae vulgariter schlaff;" Clm. 5873 (XV. sec.), f. 236. Th. II, Sp. 1267: Schlâffkuenz; (Zeitschr. IV, 182). Diefenbach 70ᶜ: bedegar ꝛc.

schlaiffen (schlaəffə˜), (Factitivum von schleifen, labi), gleiten machen, gleiten lassen, mit gleitender Bewegung irgendwohin thun, bringen; (mhd. sleifen, ahd. sleifan; Graff VI, 809. BM. II, II, 401. Weigand, Wbch. II, 591). „Der spar slaifft sein haubt under sein fettig," (steckt es unter die Flügel); Buch der Weish. p. 181. „Ich sleiffen mich in die stahelringe mîn;" Konr. v. Wirzburg, Schwanenritter 828; ʼ(Franz Roth: ich slaufe mich)ʼ. (S. schlauffen und einschlaipffen) Verurtheilte ließ man weiland mitunter auf einer Kühhaut zur Richtstatt schlaiffen. Den Pflueg schlaiffen.
435 „In mîner hant ich Riuwen hân gesleifet;" Labr. 296. ʼDie Schlaiff-Lepp, s. Th. II, Sp. 1497. Weigand, Wbch. II, 592 und Vilmar, kurhess. Idiot. 354: Schleifkanne.ʼ abschlaiffen ein Landgut, ein Kleid ꝛc., es abnutzen, zu Grunde richten. ʼeinschlaiffen, einkleiden; s. unten: einschlaipfen.ʼ „Ein briester der da leben wil nach seinem stat, der sol eingescleift sein mit allen tugenden;" Cgm. 1125, f. 6. verschlaiffen ein Gebäude, eine Stadt, zerstören, schleifen. „Auf dem verschlaifften Tempel zu Jerusalem;" Predigt. Die Schlaiffen (Schlaəffə˜), a) Vorrichtung, etwas darauf fortgleiten zu machen, Art Schlitten. Graff VI, 810. BM. II, II, 401. Weigand, Wbch. II, 591. Die Pfueg-Schlaiffen für die „vomerem inversum boves collo trahentes." „Den pflug schleifen und sein Vieh der schleifen nachtreiben;" Grimm, d. RA. 518. MB. XXV, 288 findet sich die gerichtliche R.A.: der sleyffen nachfaren, sich bey einem Anspruch an die dem Grade nach je nächste Person oder Sache halten. Vrgl. in Grimm's d. RA. 368: der sleufin nachfolgen. Sieh ebendas. S. 517, wo sleife eigentlich und als Spur zu verstehen scheint. b) Schleife, Schlinge. Weigand, Wbch. II, 591. „Orbiculus, ein schlaff" (zwischen fibula und uncinulus); H. Junii nomencl. 1629, f. 93. ʼs. unten Schlauff.ʼ Im Eichstättischen sind nach Majer's Forstztschr. die Schlaiffen oder Schlauffen namentlich Schlingen von Pferdehaaren und ausgeglühtem Draht. c) liederliche Weibsperson, salope. Birlinger 396. Vilmar, kurhess. Idiot. 354. Der Abschlaiff, Abnutzung. Der Aufschlaiff. „Proceßweitläufigkeit durch der mehresten Beamten um ihres Sportular-Interesse willen verhängende Aufschleife;" Bayreuth. Verord. v. 1743. Das Geschlaiff, (Ries) Geschlepp v. Personen, Begleitung, Gesellschaft. Der Unterschlaiff, wie hchd. Unterschleif. Sieh schlaipfen und das Primitiv schleifen und, da dieses mit schliefen und dessen Ableitungen Schlauf, Schluf, Schlupf nicht selten vermengt wird, auch diese letztern.

schlaiff, adj., (schwäb., Nordfrank.), von Fleisch: der Fäulniß, Verwesung nahe; isl. sleip-r, lubricus.

schlâuffen, (mhd. sloufen, ahd. sloufan; Graff VI, 805. BM. II, II, 406 f. Birlinger 398); schliefen machen, bringen, thun in etwas. „Hete erbe unde scatz in den munt gesloufet, comedit," Genesis 31,15; Diut. III, 81. „Darnach bot er im das halsberg, darein schlauffte sich der werde;" Parcifal c. 9. „Wa weyplich raine gelezz (raimt auf „mezz") sich schlewffet in die stetigkait; Cgm. 714, f. 84. „Sich auß einem handel schlöuffen, expedire se de re aliqua; Pictorius. anschlâuffen ein Kleidungsstück, (ä. Sp.) es anziehen, anthun, induere. „anesloufe, indue; anesloufte, induit;" Cgm. 17, f. 163. 189. „Das er die kuten do slaffet (nach Gramm. 171 wol statt slâuffet) an;" Mich. Beham, Cgm. 291, f. 33ᵃ. „Ir habt (ein Kleid) an iuch geslouft;" Walther v. d. V. 62,37. Vor laid sie das har ausrawfft und sie ain hemde anschlaifft (anschlaufft);" Cgm. 714, f. 144. „Si sclöfton secke an sich; Grieshaber, Pred. II, 84. „Der wart ingesclöfet in purper und in semit, induebatur purpura et bisso;" das. I, 38. „Da zů sclöfte si in in herren Esaus gůtez gewant;" das. 159. „Daz du den nackenden insclöfest," (kleidest); das. II, 55. „Si (die Juden) sclöfton in (Christum) in aine rôte vêli alder in ainen rôten mantel;" das. 62. „Zuene pellize phellin da schufte (wol zu lesen: sloufte oder scloufte) man si in;" Diemer, Ged. 9,25, Anmerk. 7. „Als einen münch er in beschar, und slaufft in sa in münches clait;" Cgm. 231, f. 211ᶜ. S. auch anschlefen. ausschlâuffen, ä. Sp., ausziehen, auskleiden. „Der kunec (Antiochus) wart zornich uf Andronico. Er hiez in vahen und hiez in uz sinem phelle sloufen und hiez in durch die stet slahen;" Cod. Wallerstein-Maihingen. Der Schlâuff, worein man schlieft, was man anthut. Der Einschlâuff, (schwäb.) der Anzug; (ahd. insłouf, indumentum, gl. a. 182; anaslouf, übersloufe; urslouf, exuviae, gl. i. 736. 761. Graff VI, 806. BM. II, II, 406: der slouf und diu sloufe. „Als man die erwiß drischet aus halmen vnd aus

schlouffen," (Schoten); Titurel. „Ansula quâ tenentur noduli ain slawff;" Mallerst. 32, f. 303. Vgl. unter schlaiffen: schlaff, orbiculus. Diefenbach 37^{a}. „An den tuechern waren sclöfa und ringga daz man si mit saillin möchte zement geziehen;" Griesh. Pred. II,
436 116. Der Unterschläuff, Schlupfwinkel, Zufluchtsort; (cf. a. 293: kisloof, lustra ferarum). BM. II, II, 407.

schlèffen, an-, aus-, be-schlèffen, (Allgäu) sich oder einen Andern an-, aus-, be-kleiden. Birlinger 396. „Die waren nacket, die beschleffet ich von fuß auf;" Öfele, scr. rer. Boic. I, 254. „Maria du byst ain kunigein Jesus derselben Junckfrawen fein mit guldiner watt gesleffet ein;" Cod. Wallerstein-Maihingen. Falls hier nicht (nach Gramm. 177) è für âu, oder etwa für ö, also (nach Gramm. 956, VII) schlauffen vom alten Praet. slouf, oder schlöffen vom Partic. geschloffen des Verb. schlieffen anzunehmen, so ist das agſ. slepanon und slefan, induere, zu erwägen. „Beslepen hi on hy bismor and gegyrion hy med sceame, induantur confusione et reverentia;" Psalm 34,24. (35,26). „Si sclöfton secke an sich; „Griesh. Pred. II, 84. Vrgl. auch schlieffen, Schläuff, Schluff.

Der Schlèfer und Schlèfern, (O.Pf., B.) Gericht von weißen Rüben, die gekocht und mit dem Kochlöffel zerrührt worden. Etwa gar noch eine o.pf. Erinnerung an die niedersächsische Sleef, einen großen hölzernen Kochlöffel, schwed. slef, isl. sleif; BM. II, II, 401^{a}. Vgl. unter Schlüssel. Eher wol statt Schlörfer, Schlärfer (s. d. W.) zu schlürfen. Cf. VII Com. slörvarn, slörbarn, incannare; (Bonomo). Vrgl. auch Schlüfer.

schleiffen (schleiffə̃, Cond. ich schleiffet und schliff, Praet. geschliffen), a) gleiten, labi; (mhd. slîfen: Praet. ich sleif, wir sliffen, Partic. gesliffen; ahd. slîfan, slîphan, slîffan: Praet. slaif, slêif; Partic. gislifan. Cf. isl. slæva, sliofa, mitigare, slefa, saliva. Graff IV, 807. BM. II, II, 399. Weigand, Wbch. II, 591). Die ä. Sp. verwendete das Wort in dem Sinn einer gleitenden Bewegung auf fruchtbare Weise. „Laß den Campher nicht gähling in den wein fallen, sondern nur gemachsamb hinein schleiffen;" Dr. Minderer p. 79. „Die boume begunden bresten, dâ der wurm hin sleif;" Wigalois 5008. „Wan ir die hant ze tal slaif;" Docen, Misc. II, 170. „Die hant im in den bürtel schlaiff das er den pfenning do begraiff;" Cgm. 370, f. 42 (270, f. 86). „Wär der magen sleht vnd glat, sô sliff daz ezzen ê der zeit ze tal und belib ungekocht;" Konr. v. Megenberg, (Pfeiffer 32,12). Gott fügte den Hebammen, „do sie sîn muoter griffen, daz si niderslîffen ze der erde für tôt;" Wernher's Maria p. 180. „Er und wird von dir schleiffet als dich dye geytichait umgreiffet;" Asp. 49, f. 127^{b}. „Diu kraft gunde von mir slîfen; Labr. 347. „Sinne und kraft begund mir entsleifen;" Walkn. 112. „Der schimpf ist mir entschliffen und all mein frewd erloschen," der Spaß ist mir vergangen; Cgm. 714, f. 233. „Biz im was gar entsliffen diu swære von dem herzen sîn;" Wigalois 8481; cf. 7144. „Daz in (den Hunden) ir keinez sî entsliffen;" Labr. 360. „Daz ez in doch entsliffe;" das. 422. „Swer vil dinges wil begriffen, dem muz etswenn ir einz entsliffen;" Renner 17751. BM. II, II, 400. `beschleiffen, gleiten, weichen, fallen, sinken; BM. II, II, 400.´ W. Grimm, gold. Schmiede p. 151,452 f. „Gott well daz der feinde macht müeß vor Euch zersleiffen als an hêißer sunn der reiffen;" Ulr. Füetrer, Cgm. 247, f. 181^{b}. BM. II, II, 400 f. In Schwaben sagt man noch ausschleiffen für ausgleiten, ausglitschen. Auch eine Art zu tanzen heißt schleiffen. „Als sie (Herodias vor Herodes) geschliffen tanzt', hats ihm ans Herz gegriffen;" Buchner, Charfr.-Proceff. 40. Hauptsächlich aber gilt schleiffen vom Glitschen (glandern, kascheln, fliddern ꝛc.) auf dem Eise. Weigand, Wbch. II, 591. Zeitschr. VI, 202. 342. „Labi, häliczen oder schlewffen auf dem eys;" Clm. 5877 (XV. sec., 1449), f. 122. Diefenbach 314^{a}. Einen hinschleiffen, weiter glitschen als dieser. Einen einschleiffen, ihm nachglitschend zwischen die Beine fahren, damit er zu Fall komme. b) wie hchd., glatt, eben, (und dadurch schneidende Werkzeuge) scharf machen, wetzen. „Lapsare schleiffen vel wetzen;" Voc. v. 1429. Hauben (Helme) sleiffen (polieren); Freyb. Samml. II, 144. R.A.: schleiffen gên, zu Grunde gehn; (ob zu a oder b?). D' Leut mècht'n àlls nèttə *gschliffə̃* hàbm, möchten alles genau nach ihrem Sinn haben. Die Schleiffen, Glitschbahn. Vilmar, kurheſſ. Idiot. 354. Zeitschr. VI, 202. Der Schleiffer, a) Art Tanzes. schleiferisch tanzen; vgl. oben: geschliffen tanzen. Gèts, machts mər ə'n *schleiffərisch'n* auf! Schleiferlied- 437
lein, s. Schnitterhüpflein. b) der Werkzeuge schleift. Herumziehende Schleiferleut. Das Geschleif. „Wo 's Fuchs*gschleif* is," (Höhle?); Seidl (1844), S. 278.

schlifezen, glitschen, gleiten. S. schlipfen.

Der Schliff, a) (Feuerb. v. 1591) scharf geschliffene Spitze, Schneide. b) (Hsl.) Facette von Gläsern und Juwelen. c) der an der geschliffenen Schneide beym Schleifen entstandene Faden. d) was sich beym Gebrauch vom Schleifstein abwetzt. Das Geschliff, „Gschlüf" (Hallein; Lori, Brg.R.), öde Bergmasse ohne Erzgehalt, Schlamm oder Koth, so durch das Wasser von den gesalznen Wänden ꝛc. zu Boden gesenkt wird. e) speckig, fest und glatt ausgefallene Stelle in Mehlspeisen oder Gebäcken. schliffig, geschliffig, adj., glatt, schlüpfrig. (cf. Schlüfer). f) „Ulva, sacher, schliff, gramen scindens;" Clm. 5877 (XV. sec., 1445), f. 152. `Ob für Schilf? s. Diefenbach 625^{c}.´ Der Schliffstain (Schlifstaə̃), Schleifstein, welchen das Voc. v. 1429 lapsorium (von lapsus, labi oder von lapis?) nennt. Auch schliff, lapsidium, wird daselbst in diesem Sinn von schleiffen genommen seyn. Diefenbach 318^{c}. cfr. schlaifen, schlaipfen und schleppen.

Der Schliffel, s. Schlüffel.

schlieffen (schliəffə̃, schloiffə̃, schluiffə̃, o.pf. schlèiffm) — Cond. ich schluff und schlieffet, Partic. geschloffen, wie hchd. schliefen; (mhd. sliefen: ich sliufe, wir sliefen, Praet. ich slouf, wir sluffen, Partic. gesloffen; sliofan: ih sliufu, Praet. ih slouf, uuir sluffun, Cond. ih sluffi, Part. gislofan. Graff VI, 804 f. BM. II, II, 405. Weigand, Wbch. II, 508. Zeitschr. VI, 120,81.). *Schluif* dschwink dəwẽ! versteck dich! (ObrM.) Im Hochdeutschen ist statt dieses Primitivs üblicher das Intensivum schlüpfen, (nach dem Dialekt schlupffə̃). Da aber das Intensivum wesentlich den Begriff der Schnelligkeit mit dem der kriechenden Bewegung verbindet, welche durch das einfache schlieffen überhaupt angedeutet wird, so thut die Schriftsprache sich selbst Abbruch, wenn sie den letztern Ausdruck als gemein und unedel vermeidet. „Nu ging er zuo dem schober her, und sliuf darîn! sprach er." Fabel: Der Wolf und der Gebûre. „Swaz vinster hecken sliufet;" Labr. 41. Im Münchner Stadtbuch Cgm. 30, f. 104; 216, f. 72; 304, f. 66; 314, f. 73; 325, f. 63; 543, f. 146; 544, f. 51; 550, f. 64; 551, f. 20 heißt es: „Ez sol niemant hawe (Heu) vailen noch kawfen vor dem tor, oder dem richter LX dn., der stat ein halb pfunt (zur Strafe geben), und durch swelhes fuder hawes ein chnecht geslieffen mag, daz sol man prennen," (verbrennen). Ist etwa ein zu locker gefaßtes Fuder gemeint? schlieffen in ein, aus einem Klaid, einschlieffen, ausschlieffen, es anziehen, ausziehen; schwäb. auch wol sich oder einen Andern ein-, aus-schlieffen, sich oder ihn an-, ausziehen. I˜ 'n Rók, i˜ d' Hos'n *schliəffə̃*. I hau˜ mi' *ei˜gschloffə̃*. „In ein kuten must du slieffen;" Cgm. 252, f. 134^{b}. „Sie slouf in wiplich gewant;" Ulr. Trist. 312. „Sie slouf in ein hemede;" Cod. palat. 361, f. 94^{c}. „Er sclôf in ainen sac;" Griesh. Pred. II, 84. „Fleizichlichen si ir bant und sluch in ir gewant;" Kindh. Jesu, Hahn 88,8. „Er furt in an die slafstat, do er in ausslieffen bat;" Parcif. c. 10 „Besloffen und enbissen was die frauwe," (sie war angekleidet und hatte gefrühstückt); ibid. cap. 2. S. schlâuffen, schlèffen (schlöffen?) und schlupfen. Durchschlieffen, durchdringen. „Dem ie lieb daz herze hât durchsloffen;" Labr. 482. Das Gschlieff bei Bregenz droht, die Stadt (31. Aug. 1851, wie schon 1846) zu überrennen. Cf. Bergschlipf.

438 abschlieffen, (Pinzg.) abziehen vom Schlafkämmerchen der Geliebten, ohne eingelassen worden zu seyn; (Tir.). Hei~t bin I 's èrst mål i~ mei~n Buəbmə~gwändl då, Sàppraments-Weibə'leut, *schliəf* I hei~t wol á' no~ *à'*? ausschlieffen, wie das Küchelchen aus dem Ey, wie die Rose aus der Knospe. Sich verschlieffen, verkriechen, verbergen. Die Schlief-Winkel, Schlupfwinkel. Der Schlieffer (Schliəffə), 1) der Muff, in den man mit den Händen „schliəfft," um sie warm zu halten. Birlinger 398. `Vgl. Schlupfer.´ 2) „sliefer, canis sagax qui insequitur praedam ex lustris et in aquis;" Clm. 5685 (XV. sec. 1412), f. 51.

Der Schluff, Platz zum Durchschliefen; Handlung des Schliefens; Muff, Ärmel, worein man schlieft. BM. II, II, 407. Der Hennenschluff, durch welchen die Hühner an der Steige aus- und einkriechen. Der Unterschluff (Intə'schluf), Unterschleif, sicherer und geheimer Aufenthalt; (BM. a. a. O.). Liederlichen Leuten einen Unterschluff geben. „Daß wir unserm alten Bürgermeister endlich wieder einen Unterschluf und einen warmen Bissen gönnen;" Nagel's Bürgeraufruhr zu Landshut 27. In der Schweiz ist der Schlufi ein Oberkleid, Kittel. cf. Schlauff, schlèffen, Schlupf.

Der Schlüffel (Schliffl; Weihers: Schlöffl; Dr. K. Roth), sehr beliebter Ausdruck der Geringschätzung von übrigens eben so unschuldiger als unbestimmter Bedeutung, mit welchem besonders ältere Personen junge Leute zu belegen pflegen; ohngefähr was Schlingel. Weigand, Wbch. II, 601. Zeitschr. VI, 96. 373. In der Regel wird dadurch weniger ein dummer, träger, schläfriger, als ein fähiger, aufgeweckter, aber sich auf unnützen oder gar heimlichen und nicht ganz erlaubten Wegen herumtreibender junger Mensch verstanden. Den Grundbegriff dieses Ausdrucks aufzufinden, ist um so weniger leicht, als die Aussprache (nach Gramm. 372) sogar unentschieden läßt, ob der Vocal der Stammsylbe wirklich ü oder blos i, ob demnach etwa auf schliefen, Schluff, oder aber auf schleiffen, Schliff zurückzugehen sey. `(Vgl. Vilmar, kurhess. Idiot. 42: Schleifenblauel; auch Zeitschr. VI, 373: große Gartenmaus.´) Mehr für ü spricht übrigens auch das ähnlich-bedeutende niederrheinische Schlüffel und schweizerische Schluffi. „Der faul schliffel, lecker und bub" ... „der endlichen mayd henk ich den schliffel an, die mayd den schliffel mus ernern," (den Faulen); H. Sachs 1612: I, 993. 994. „Wolst du auch ein solcher schlüffel sein;" das. 469. „Die ander tochter fromb jr selbr ein schlüffel nomb verbübet und verthan;" das. 1560: II, II, 67^{a}. Ich wil solch loser schlüffel müssig gehn;" das. III, II, 30. „Du unverstandner grober püffel, du fauler störczer und du schlüffel," sagt die Bäurin zum fahrenden Schüler; das. IV, 143. Das Voc. v. 1618 hat „Schliffel, homo nauci, dormitator, murcidus homo." „Es gibt nirgends mehr Schliffeln als auf hohen Schulen, sagt der Prediger Selhamer v. 1694. „Und hieß mich Einer einen Schliffl — außer per raillerie einen geistlichen Schliffl, weil ich immer für den heil. Orden das Land ums heil. Almosen ausschliffeln muß — so leidete ich es auch nicht;" Bucher's Charfr.-Process. 154. In desselben Mönchsbriefen p. 224 und Kinderlehre 1781, p. 9 ist die Rede von einem sogenannten Schliffel- oder Reise-Brevier. Die Schlüfflerey. „Då stéckt ə~ *Schlifflerey* də'hintə', (geheime, böse Absicht, loser Streich). schlüffeln, herumschlüffeln, sich herumtreiben, ohne plausibeln Zweck; ab-, aus-, durchschlüffeln das Haus, Dorf, Land und drgl., indem man darin herumläuft, sucht, stöbert. (Bey Stalder wird schluffen, schlüffeln erklärt durch: gedankenlos in den Tag hineinleben, sich unachtsam, schläfrig benehmen. Dieselbe Bedeutung wird dem niedersächsischen verb. sluffen, sluffern und dem adj. sluf beygelegt). In die edle Ver- 439
wandtschaft könnte schlagen das alte slophari, slophezari, wodurch gl. i. 411. 1026 circumcellio (herumschwärmender Mönch; Diefenbach 122^{a}) gegeben wird. Vgl. niederd. Sleif, Sleef, Löffel, auch Lümmel, Tölpel. Firmenich I, 51,34. 289,1. 296,78. 340,21. Vgl. oben: Schlèfer. Vilmar, kurhess. Idiot. 354. Zeitschr. III, 42,29. IV, 129,31. V, 277,14. 293. VI, 478.

„Schlüfer," (Nürnb.; Nicolai, Jd.) Schleim. schlüfrig, schleimig, unflätig. Vrgl. Schlèfer.

schlufern, (wol nach Gramm. 632 blos Aussprache statt schlurfern), schlürfen. Der Schlufərər, einmaliges Schlürfen. Vgl. Schlipfelein.

`Die Schluft, was Schlucht (s. d. W.). Weigand, Wbch. II, 601.´

---

schlagen (schlàgng, schlàhhə~, o.pf. schla'ə~ — I schlàg, schlàhh, schlà'; du schlagst, schlà'st, schlaə'st, schléhhst, schlé'st; er schlagt, schlaə'd, schléhht, schlé'd — Cond. I schlàgəd, schlàhhəd und schluəg, schlüeg — Partic. geschlagen; Weihers: schloa, Dr. K. Roth. Zeitschr. II, 113. 274. 419,3. III, 208,43. 260,18. 365 f. IV, 41. 46. 325 f. V, 172,113. VI, 276,18), wie hchd.; (mhd. slahen, slachen, slân, ahd. slahan, Praet. sluoc, sluoch, Partic. gislagan. Darneben bestand auch ein abgeleitetes Verb slagôn, Praet. slagota, Part. gislagot. Graff VI, 762. BM. II, II, 366. Weigand, Wbch. II, 588.) `Stain schlagen, hageln; Birlinger 396.´ Hier von den zahlreichen Beziehungen und Formen dieses Wortes nur einige, die der Schriftsprache vielleicht minder geläufig sind.

a) Das Schlagen (a. Sp.), pugna, proelium. „Es ward ein Schlagen daraus, res ad pugnam veniebant;" Voc. v. 1618. „Da ward ein rösch Schlagen." „Der Pfalzgraf Ruprecht behueb an den Herzog von Sachsen an einem Tag zwey Schlagen;" Chron. in Freyb. Samml. I, 70. 80. Aventin, passim. Sieh Schlacht, Sp. 498. „Den püben der (gegen das Verbot) den wein auzgerüfft hat, den wil man slachen in den pranger;" Wiener Verordn. v. 1375, Cgm. 1113, f. 79^{b}. Vgl. unten: Schraiat. b) schlagen ein Rind, es schlachten. Vilmar, kurhess. Idiot. 352. Hei~t tuəd də' Wirt *schlàgng*. In der Scheirer Dienst-Ord. v. 1500 werden auch Schweine geschlagen, — nicht gestochen: „So man swein slecht." So im Bilde Clm. 10103, f. 7. In die Küche (auch: zu Herd) schlagen: „Kuchenbub. Herr marschalck, der kuchenmeister läßt fragen ob er heint soll in t' kuchen schlagen auf das herrlich und groß pancket. Marschalck. Sag jm das morgen erst anget das er in d' kuchen schlag das best;" H. Sachs 1560: II, III, 74. Sieh Schlacht. -schlag als letzter Bestandtheil von Ortsnamen kommt an der Grenze von Böhmen und Österreich häufig vor. Sommer's Budweiser ꝛc. Kreis p. 163: Darmschlag, slaw. Drmišlaw. `Ettenschlag, Etterschlag, Ort im Landger. Starnberg. Förstemann II, 460.´ „Cunradus de Ettenschloch;" Clm. 5509^{b} (XV. sec.), f. 16. „Cunradus in Ettinsloch (Ettinsloh);" Clm. 5509^{c} (XIII. sec.), f. 24^{b}. 25. c) schlagen Vieh, es treiben, namentlich auf die Weide. „Die Ros für den hueter oder wächter slahen, und das Vich für den herter;" Münchn. Verord. v. 1370, Wstr. Btr. VI, 105. Lori, Lech-R. 349. „Wie vil Vichs Einer auff die gemain Waid schlagen mög? So vil er über Winter von seinem Gut füeren

(füttern) kann;“ L.R. v. 1616. Schweine an den Techel (die Waldmast) schlagen, ellipt.: sie anschlagen; Forst-Ord. Art. 9. Figürlich: auf die Haberwaid schlagen, s. Th. II, Sp. 1034. Der Viehschlag, soviel als Viehhuth; (Jir.). „Ein guten muth hinn anzuschlagen“ ... „Wir wollten hierinnen anschlagen unser häfelein zusammen tragen;“ H. Sachs 1560: II, IV, 6. „Man soll kainen ungepleuten oder ungeschnürten (uncastrierten) Stier in die Albmen aufschlagen;“ Sachranger Alben-Ord. v. 1558. Vieh ausschlagen, austreiben. Grimm, Reinhart p. 370. „Diu ros liefen ledec dâ, als ein stuot (Gestüte) wær ûzgeslagen;“ Wigalois 485. Der Ausschlag. beschlagen mit Vieh eine Waide, mit Schweinen die Waldmast (das Ackeram, Geäcker, den Techel). beyschlagen. Der Beyschlag. schlagen das Vieh in die Waid, Waldmast, oder in die abgeärnteten Felder, ellipt.: es einschlagen. Kr. Lhdl. V, 200. L.R. v. 1616. Der Einschlag. „Einschlag auf das Mos, Inschlag in den Anger;“ MB. I, 307. 309. Für den Herder schlagen, fürschlagen. Eine Dorfs-Ehaft von Norbach an der Ilm (Cbm. 2157, sec.
440 XVI.) bestimmt: „Es soll kainer hinten oder neben aus seiner herberg und hofraith kainen trib oder farth haben, sonder ain yeder sein vieh den hüetern auß seiner innaw (gl. i. 1078: innouua, habitaculum) vorn heraus auf freye strassen fürschlagen.“ schlagen das Vieh zu Hausen oder zu der Herde, es zueschlagen. Kr. Lhdl. I, 161. Ehmals pflegten die Gerichtsherren und ihre Diener auf dem Lande Vieh zu halten, indem sie es den Unterthanen zueschluegen. Dieses wird wiederholt verboten Kr. Lhdl. XIII, 208. 291. L.R. v. 1616. Überschlagen eine Waide, eine Alpe, zu viel Vieh darauf treiben. d) ə˜ geschlagene Stund (Zeitschr. III, 216,34), geschlagene Nacht, ə˜ geschlagener Tag, völlig, voll. Zeitschr. V, 287,8. 310. „Rem ad mediam noctem perducere, die sach in die geschlagen nacht aufziehen;“ Clm. 571 (XVI. sec., 1514), f. 32. „Sich schlagen bis in die geschlagen nacht;“ Av. Chr. 114. c) „Es schlecht nicht lær, non abest quin..;“ Voc. v. 1618. f) schlagen das Clavier, die Orgel, Harpfen, Cither, Lauten. „Ductilibus tubis, an trumben den slagenen;“ Cgm. 17, f. 142b, Ps. 97,6. Graff VI, 765. (cf. leodslaho, bardus, gl. a. 206). g) Auf den Marktkorb schlagen in München die Mägde, wenn sie für das Eingekaufte der Herrschaft mehr, als der Wahrheit gemäß ist, verrechnen. „O ihr zu geduldige Marktkörbe, daß ihr so oft auf euch schlagen laßt. In feurigen Flammen werdet ihr einst umgehen müssen, bis ihr auf das Mooß hinaus verschworen werdet. Da werden in euch braten ganz bezahlte Kälber, wovon ihr nur ein Viertheil nach Hause gebracht habt; da werden in euch sieden lauter todte Fische, die man für lebendige bluttheuer eingeschrieben hat ꝛc.“; Fastenexempel. In ähnlichem Sinn schlagen Krämer auf ihre Waare, Handwerker auf ihre Arbeit. h) schlagen, vrb. n. mit seyn, den Ort ändern, (entweder willkürlich) sich begeben, (oder unwillkürlich) gerathen. herumschlagen, verächtlich: herumlaufen, herumziehen, der Liederlichkeit nachgehen. (Die Schlagerin, Priesterin der Vulgivaga). „Der chaiser slüg auf die gemainen strazzen,“ (er schlug die Landstraße ein, nahm sie); Gesta Romanor., Cgm. 54, f. 79a, (Keller p. 156). „Sluog ich gen einem orte;“ Labr. 119. „Nu slahent sie die hecke;“ das. 321. „Slah hin;“ das. 209. „Nû slûg ich her;“ das. 449. „Slach ich dar oder danne;“ das. 561. Slûg ich für zû dem loufe;“ Labr. 124. „Ich hân da für geslagen;“ das. 203; cf. 318. 320. 546. „Ich slûg hin für;“ das. 322. „Ob ein keiser iagen wolte nâch spur der wirde zeichen, daz er die vart verslahen nimmer solte;“ das. 64. Vgl. beren, bliuwen, dreschen. Aus dem Weg schlagen (Kr. Lhdl. I, 257), den Weg verlassen. Hievon ist ein nothwendiger Gegensatz die N.A.: in den Weg schlagen, woher unsre metonymische Phrase: einen Weg einschlagen. in sich schlagen, in sich gehen, bedenken. „Nachdem der bruder in sich schlug;“ H. Sachs 1612: II, IV, 142. Von Einem an Einen oder zu Einem schlagen, von Einem oder dessen Partey zu einer andern übertreten. Kr. Lhdl. I, 132. Daher als vrb. recipr. sich zu Einem schlagen. umschlagen, (vom Wild) schnell umkehren; figürlich: von einer Seite auf die andre, besonders vom Guten zum Schlimmen sich wenden. Vrgl. Schlag, h und i. Die Bedeutung gerathen, werden tritt unverkennbar hervor in Ausdrücken wie ausschlagen (von Bäumen); anschlagen; einschlagen (Huiə' hàt 's Kaə'n, 's Obst, d' Fêirəreid und allszsam ei˜gschlàgng; ObrM.); fehlschlagen; Einem nachschlagen (ähnlich werden, nacharten: „daz si nah im wen sclahen;“ Griesh. Pred. I, 108. Zeitschr. IV, 477); aus der Art schlagen ꝛc. Vrgl. Schlag, Schlacht, 2 und Geschlächt.

abschlagen, durch einen Schlag tödten, z. B. einen Fisch; überhaupt tödten ein Stück Vieh, das krank, oder nicht weiter zu brauchen ist. 's Wassər *à'schlàgng.* Grimm, Wbch. I, 103. abschlagen „dem Feind Proviant, commeatum inimicis intercludere;“ Voc. v. 1618. abslahen Einem etwas, (ä. Sp.) es ihm erstatten, ersetzen, vergüten. „Hat er jm an ichte geschadt, daz sol er jm abslahen zwispilt;“ Ms. „So will ich dir abslahen den pan;“ Cgm. 714, f. 214. Ganz abgeschlagene Glider, (fig.) matte und kraftlose. anschlagen, 441
a) an die Glocke schlagen, oder so läuten, daß der Schwengel immer nur die eine Wand derselben berührt, — bey Feuersbrünsten und andern Gefahren üblich. S. klenken. Kr. Lhdl. XVIII, 399, ad 1512. b) beym Dreschen den ersten Streich führen. c) das gemähte, in Schlägen liegende Gras auseinanderstreuen. S. Schlag, i. d) ein Klaid anschlagen, es anmessen, aptare corpori. Voc. v. 1618. e) „anschlagen ainen bodem,“ Holzstämme zu einem Floß zusammenfügen, (s. oben, Sp. 309 und 517: Anschlag). f) sieh oben unter schlagen, c. auf- oder abschlagen im Preis; schon in den Wirzb. Sätzen von 1343, §. 86: „nach dem daz der haber uf oder abe sleht.“ aufschlagen ein Recht, (ä. Sp.) eine Rechtsverhandlung, Gerichtssitzung verschieben, vertagen. Kr. Lhdl. VII, 310. 434. 502. „Der Kayser erwarb aufschlahen oder anstall des gerichts zehen tag;“ Cgm. 213, f. 169a. „Suspendere, aufschlahen, verziehen;“ Semansh. 34, f. 211. ufslagôn, differre; gl. i. 299. 649. 806. 979. Notk. 87,15. giufslagota, retulit; gl. i. 805. Vieh aufschlagen, sieh oben, Sp. 513. Heu aufschlagen (schlâgen?), aufschlagenen, s. Schlag, i. beschlagen, a) ä. Sp., occupare, eigentlich und figürlich. BM. II, II, 374. Grimm, Wbch. I, 1574. „Wir sind ungezweifelt, Ew. Lieb sey gründlich bericht der Widerwillen und Handlung, darin wir gegen Euch beschlagen und vertiefft sind;“ Kr. Lhdl. IX, 49, ad 1490. b) versehen, einrichten mit dem Nöthigen, bestellen, betreiben, bestreiten. Als Hubgericht hat ein Hof unter anderm zu stellen ainen beschlagen wagen der ain fuder mistes mag tragen an den dritten veltrain;“ Heidenheimer Salbuch v. 1400, Cbm. 1524, f. 8. 11. beschlagen den angesetzten Kohlenmeiler; s. Th. I, Sp. 1008: angraßen. „Die Ammertrift wird ganz von Ettalischem Holz beschlagen;“ Hazzi, Stat. II, 93. Guet, übel beschlagen seyn, wohl, übel versehen, gerüstet seyn. „Das Fleisch, so er zu Beschlagung seiner Wirthschaft bedürftig ist, kann der Wirth selbst schlachten; Wagner's Civ.- und Cam.-Beamt. II, p. 44. „Fragner ꝛc. sollen mehr nicht, als zu Beschlagung ihres Ladens vonnöthen ist, vorkaufen;“ das. p. 33. .. „Schmalz, dessen Einer zu eigner Hausnothdurft und Beschlagung seines Gewerbs benöthiget ..;“ das. p. 30. „Schiffmeister und Fuhrleute, welche zu Beschlagung deren Schranen sich wollen gebrauchen lassen“; das. p. 17. „Der zu Beschlagung eines Guts erforderliche Viehstand;“ Bemerk. über Laudem.-Rechte in B. 78. Sich beschlagen, sich behelfen, begnügen. I *bſchlàg mi'* mit ə˜n Leicht'n. Wenn I auf Mittàg ə˜ pàr Knédl hà', bin I scho˜ *bſchlàgng.* „Ein guter Patscher muß sich mit

einem vom Kuchelmenschen zusammengesudeltem Schmarn beschlagen;" Portiunculabüchl. 79. „Sich lassen beschlagen mit eim schlechten, parvo contentum esse;" Voc. v. 1618. „Ein Ochs läßt sich mit weniger Waid beschlagen;" Balde im Agathyrsus, ep. 60. „Weil sich die Soldaten und deren Offiziers mit einem wenigen nicht beschlagen noch begnügen lassen;" bayr. Alterthümer p. 180. „..Derowegen sich die Wittib mit dem dritten Theil des Werths beschlagen lassen will;" Weixer, dissertat. XIII. partis II. Beschlagenes Salz, welches in die Fuedergeschirre oder Kufen eingeschlagen wird; (Jir.). Beschlagenes Guet, Salz in Kufen, Scheiben oder Fässern. Lori, Berg.-R. Der
442 Beschlager hackt und legt in die vollgestoßenen Salzkufen den obern Boden ein; das. beschlagen mit Vieh; s. oben, Sp. 513. 'barschlagen, durch Handschlag zusagen, versprechen, versichern. Grimm, Wbch. II, 789,2.' „Ich habs noch nechten unserm knecht geschlagen dar," sagt die Magd bey H. Sachs 1612: I, 1023. „Es reut mich, das ichs jm nit hab dargeschlagen," (ihn zu heiraten); das. „Ach, schöne Junckfraw, schlagt mirs her;" das. 1037. „Wilt du den tausch mit mir wagen, so thu mirs in die hend her schlagen;" das. 1059. „Wilt dus thun, so schlag mirs her;" das. 1060. „Fro war der bawer, schlug jhms dar;" das. 1612: III, IV, 69. V, III, 28. derschlagen (dəʳschlàgng), erschlagen, zerschlagen. 'einschlagen, z. B. Eier &c.; Grimm, Wbch. III, 275,16.' Aər, Knédl *eiⁿschlàgng* (ins Schmalz, siedende Wasser); (ObrM.). Die Treiber sollen zu den (Salzzug-) Schiffen reiten und einschlagen, (einspannen); Lori, BR. 497. Cf. oben unter schlagen, c. entschlagen sich eines Gutes (das man in Beschlag genommen), oder: ein Gut dem Eigenthümer, es wieder frey geben. Kr. Lhdl. I, 146. XI, 42. 43. 44. 46. „Entschlachbrief, litterae relaxationis;" Voc. Archon., Cgm. 649, fol. 574. einschlagen. erschlagen, wie hchd.; (a. Sp.) zu Tod erschlagen. „An swelcher stete ein burger den andern ze tode erslat;" Lucerner Urk. v. 1252, Gesch. Fr. I, 180. s. Th. I, 8: êlos. „erschlagen oder verzagt seyn, fracto animo esse;" Voc. v. 1618. „Wie bist du ietzund so gar erschlagen," (still, todt, traurig); H. Sachs 1612: III, III, 130 (1560: III, III, 266). Grimm, Wbch. III, 964,4. halsslagen, (mhd. Sp., ahd. halsslagôn, colaphizare. Graff VI, 774. BM. II, II, 386. Grimm, Wbch. IV, II, 266). „Si halsslagten in an das Or." „Verspeit und verhalsslaget bist;" Cgm. 64 und 140. So sagte man auch wangslagen. „Wan du wanggeslaget wurde;" Cgm. 101, f. 23. hinterschlagen, unterschlagen, betrüglich vorenthalten, defraudare. BM. II, II, 376. „Den Fleischaufschlag hinterschlagen;" Mandat v. 1760. umschlagen, in allen Gassen die Trommel schlagen, besonders damit das Kriegsvolk sich sammle, battre la générale, conclamare vasa; Voc. v. 1618. „Gott ist unser Kriegsoberster, zur Zeit der Krankheit rüret er die Trummel, schlegt umb zur Musterung..;" Predigt.

„Rumpəti pum pum,
dəʳ Kaisəʳ *schlagt um* ....;" s. Gramm., S. 544. verschlagen, a) (schwäb.) erschlagen, zerschlagen; BM. II, II, 377,1. b) Pfennige verslahen, sie unrecht oder absichtlich anders prägen, umprägen; (Augsb. Stdtb., Freyb. 12. 13. Cgm. 507, f. 324. Samml. f. altd. Lit. I, 46. Cgm. 291, f. 158). c) verschlagen, (schwäb.) was sonst überschlagen (leiblich lau werden) laßen; — (ob čechl. teplim, calefio, und teply, warm, lau, auch zu tepu, tepati, schlagen, gehören mag? cf. lat. tepidus und griech. τύπτω); d) die Schlüssel verschlagen, claves per errorem includere, claudere clave intus relicta;" Voc. v. 1618; c) verschlagen, (a. Sp.) sperren, versagen, untersagen. BM. II, II, 378,10. L.R. 1616, f. 322. Gem. Reg. Chr. II, 117. III, 45. 352. „Die phaffen in (ihnen, den schädlichen Leuten) verslahent die kirchen;" Ring 44c,25. „Wann das Singen gemainklich verslagen ist (zur Zeit eines kirchlichen Interdicts);" Cgm. 258, f. 151. Singens Verslachung, interdictum; Voc. v. 1429. „Verschlachbrief, litterae interdicti;" Voc. Archon., Cgm. 649, fol. 574. S. singen. f) der Wahrnehmung entziehen, verstecken, verbergen. Birlinger 396. „Zwölf Fänlein Knecht verschlugen sich verstolen under dem Berg.." „Domitianus verschlug sich unter den Pfaffen dermaßen, daß ihn niemand weder spüren noch finden kundt, wa er hinkommen war." „Eu ist den Francken ein Silben, die Bayern verschlagen im Wang das e, Österreicher u, ist uns gleichsam ein Silben euch, eych, oich;" Av. Chr. 4. 103. 190. (Vrgl. verschlaichen). 'g) ausschlagen, zurückweisen. BM. II, II, 378,7.' „Bei meinen Tagen hab ich der heirat vil verschlagen, die mich wolten die woll ich nicht;" S. Sachs 1612: I, 1023. „Suppressio suggestionis bonae, verslahung geistlichs einsprechens; Cgm. 3985, f. 5. 'h) einschließen, einsperren; BM. II, II, 378,11.' „Verschlagenes Schiff, beladenes und vollkommen zugerichtetes Schiff; (Jir.). zuegeschlagen (vom Himmel), umwölkt, sonnenlos, trüb. əⁿ *zuegschlàgngəʳ* Tàg. zesammschlagen (scil. die Glocken, oder: mit den Glocken), das letzte Zeichen mit mehreren Glocken zugleich geben. „Doch kamen schiedleut genug, do man die glocken zu- 443
samenslug;" Diut. II, 90. „Die Herren Lutheraner haben vielleicht läuten und jedoch nicht zusambschlagen gehört," (wissen wol etwas, aber nicht Alles oder nicht das Rechte); Nachbarn am Isarstrom IV, 17. „Die drei Reckung zesammenschlagen." Cf. Sp. 43.

Der Schlag, Dim. das Schläglein (Schlàgl), plur. Schleg (Schlég, Schlé'), a) im Allgem. wie hchd.; (ahd. mhd. slac, plur. slegi, slege. Graff VI, 771. BM. II, II, 380). *Schlég* kriegng, Schläge bekommen; auch von Armeen: geschlagen werden. b) Vom Schlag, (öfters) Schlàgl, getroffen werden. Zeitschr. I, 296,11: mich trifft dər *Schlôg!* „Diasatyrion ist gut allen dy da (nit) gewynnen mügen und dy da lentsüchtig sind und den slag under der gürtel hieten;" Cgm. 170, f. 1. „Opopria ist gut wer den slag der orn, oder der zungen ... hat;" das. f. 1b. c) „Metzger, an welchem der Schlag (die Reihe zu schlachten) ist;" Bayreuth. Verord. v. 1732. S. unten Schlegel. d) Auf den cölnischen &c. Schlag, d. h. Münzschlag, Gepräge, (BM. II, II, 381,9); — figürlich: e) auf den Schlag, auf diese Manier oder Art und Weise. Auf aəⁿ *Schlàg*, auf einerley Manier. I bin halt noch auf den alten *Schlàg*, lebe, halte es nach der alten Weise. ės wå'ts schoⁿ ám rècht'n *Schlàg*, ihr hättet schon das rechte Verfahren zu euerm Vortheil; (ObrM.). Zeitschr. VI, 477. V, 431,48,3. Vrgl. Schlacht, 2. f) Tiefe des Berges, in welcher der Eisenwerker arbeitet, oder das Ort in den Salzberggruben. g) (Fewrbuch v. 1691) spitzes, eisernes, mit Pulver und Bleykugeln geladenes Röhrchen, deren mehrere an eine größere Zünd- oder Wurfkugel befestigt werden. h) Die Fährte, Spur, vestigium. BM. II, II, 381,7. Zeitschr. IV, 477. „Die tiefen schleg (Geleise?) die sind mir bitter", sagt der Karrenmann; H. Sachs 1560: II, IV, 3b. S. Säumschlag, Tâu-schlag, (auch hchd. Hufschlag). Sich schlagen, h und das gleich folgende: i) Reihe, in welche das Gras unter der Sense hinfällt, und später wiederholt zusammengerecht wird, hchd. Schwaden, Jahn. Da das Verb, wodurch dieses Zusammenrechen ausgedrückt wird, in der Aussprache, neben schlàgng, auffchlàgln, bestimmt auch schlougngəⁿ lautet, so ist hier vielleicht eine Form Schlâg, schlâgen, schlâgenen anzunehmen. Vrgl. das isl. slægia, pratum, demessa pars prati, schwed. slag, und dazu oben Sp. 495: die Schlau und die Schlâ, womit denn auch das dort erwähnte alte Fem. slâge und unser Wort in der vorigen Bedeutung h, in der es vielleicht wirklich aus einem Fem. Schlâg entstellt ist, zusammenhängen mag. k) Fallthüre, Schlagbaum. s. Taubenschlag, Vogelschlag. Vilmar, kurhess. Idiot. 352. Weigand, Wbch. II, 587.

„Der Abschlag an eim bühel, recessus collis;" Voc. v. 1618. „Prasinus, porraceus, lauchfarb, abschlag grün," (aschlauch grün? s. Th. II, Sp. 1420); Nomencl. v. 1629, p. 98. Diefenbach 451ᵃ. Der Anschlag (A~schlåg, pl. A~schlág, Isar), Platz am Ufer des Flusses, wo das Holz zum Verflößen zugerichtet, in Flöße zusammengefügt wird. Im Salzburgischen theilen sich die in Rotten oder Rügate abgetheilten Landgemeinden wieder in Anschläge oder Vierteläcker. Hübner p. 901. 1000. „In verberibus, in den villaten, anslahten;" Cgm. 17, f. 131ᵇ, Psalm 88,37. Graff VI, 773. 776. Der Aufschlag (des Gerichts), Verschiebung auf einen spätern Termin. Lirer p. 78. BM. II, II, 384. Grimm, Wbch. I, 722,8. S. aufschlagen, Sp. 514. Der Aufschlag, was von Obrigkeits wegen zur Bestreitung von Staats- oder Gemeindebedürfnissen auf den natürlichen Preis gewisser Lebensmittel geschlagen wird, Accise. Grimm, Wbch. I, 722,7. Fleischaufschlag seit 1634. Der Bier-Aufschlag, heutzutage, da er vom Malz erhoben wird, auch Malzaufschlag genannt, Wein-, Branntwein- und Methaufschlag existiren in Bayern seit 1543, wo auf dem Landtag ein „gemainer Aufschlag" auf alles Getränk — unter anderm auf den
444 Eimer Bier 2 Kreuzer — bewilligt wurde, und zwar bis eine drückende Landschuld von 600,000 fl. rhein. abbezahlt seyn würde. S. 56. Freyheitsbrief. Da aber die Schulden nie abnahmen und sich immer lieber vermehrten, so hörte auch der Aufschlag nicht auf, sondern stieg immerdar, so daß heutzutage z. B. vom Bier jede Maß 1 Kreuzer bezahlt. veraufschlagen etwas, den Aufschlag davon bezahlen oder einnehmen. Vieh stück- oder pfundweis veraufschlagen. Der Aufschläger, Ober-, Unteraufschläger, Beamter, der die Einnahme des Aufschlags zu besorgen hat. Der Beyschlag, (in Danzig) umfriedeter Platz vor der Wohnung; (Johanna Schopenhauer); 'steinerne Sitzbänke vor dem Hause auf einem erhöheten und umschlossenen Platze. Richey, hamburg. Idiot. 257. Brem.-niedersächs. Wbch. IV, 809. Schütze, holstein. Idiot. 101.' Der Drischlag, s. I. Th., Sp. 563. Der Einschlag, a) Zuthat, um Bier, Wein zu bessern, „sulphuratus peniculus vino commendando vel emendando;" Voc. v. 1618. Grimm, Wbch. III, 272,5. „Leicht denn dä Wirth ietzt ä zum Most än *Einschlag* nimmt .... Was kann i für 'n Wirth, der 'n Most än *Einschlag* gäd? ... Nöt 's Trinkä, 's Trinkä nöt, der *Einschlag* schlagt mi' nidä' ... Der *Einschlag* macht mä' d' Reusch';" Lindermayr 57. 60. b) „Furche, lange Grube, Weinreben oder Bäume zu pflanzen;" Voc. v. 1618. Grimm, Wbch. III, 273,11. c) „cataplasma fimarium equorum ungulis curandis;" Voc. v. 1618. Grimm, Wbch. III, 272,6. d) Rath, Auskunftsmittel. Grimm, Wbch. III, 272,10. Der Fürschlag, a) Vorschlag; b) Kaiser Maximilian schreibt vom Hauptquartier Abach an die von Regensburg, er sey willens, einen Fürschlag zu thun und habe an Roßhütten Mangel; man solle ihm zur Stunde sechs dergleichen nachschicken. Gem. Reg. Chr. IV, 84, ad 1504. Der Geierschlag, s. II. Th., Sp. 932. Der Hinterschlag, die Unterschlagung, defraudatio. Scherzh. R.A.: Aus dem Vorschlag ist ein Hinterschlag worden, die Sache ist verkehrt oder anders ausgefallen, als man erwartete. Der Såumschlag, (v. Lang, b. Jahrb. 350) Saumpfad. Der Tâu-schlag, Spur, Fährte im Thau. Einen Hirschen tauschlächtig haben, dessen Fährte, Geschlecht, Alter im Thau erkennen. cf. schlächtig und oben, Sp. 516: Schlag, b). Der Umschlag, 1) (HchE.) Umsatz, Wiederverkauf. Vieh ꝛc. auf den Umschlag kaufen. In Niedersachsen wird dieser Ausdruck auch für Handel, Jahrmarkt gebraucht. 2) Umsturz. „Daß unsre Kastner darob seyen, damit all unser Getreid auf den Kästen, ihnen von uns befohlen, bey einander sey, wann wir von einem jeden Umschlag begehren und haben wollen, daß wir alsdann unsern Treid in ganzer Anzahl bey ihnen finden;" Kr. Lhdl. VII, 248. Der Verschlag wie hchd.; Kiste aus rauhen Brettern ohne Schloß; (Baur). „Vogelschlag, decipulum, transenna;" Nomencl. v. 1629, p. 124. Diefenbach 168ᵃ. So ist wol auch Taubenschlag gemeint. Weigand, Wbch. II, 587. Der Vorschlag, 1) (U.L.) das Ortscheit am Wagen; (Wien) das Ortscheit, woran ein Pferd mit Strängen vor einen Wagen gespannt wird. 2) (Metzgerspr.) der über dem Stich liegende Theil am Nacken eines Ochsen; b. Intell. Bl. 1804, p. 618. cfr. Th. I, Sp. 564: (Wagen-)Drittel. Der Wasserschlag, s. oben: das Beschlächt (Bschlácht). „Cautio voraginis quae wazzerslage dicitur; Mallerst. 33, f. 115. BM. II, II, 388. Cf. Fürslag, Schwabensp., Laßb. §. 215. Der Zueschlag, Zuwachs an Personen oder Sachen. „Wann auch fremde Herrschaft, deren Gesandten oder sonsten ein Zuschlag vorhanden, daß man auf mehrere Tische als sonsten anrichten müste ...;" Bayreuth. Hof-Ord. v. 1698. Etwa vom zueschlagen (auf die Waid, Sp. 513) hergenommen?

'Die Schlag-Brucken, Zugbrücke. BM. I, 266. „Von glockenspeis het iegkliches thor ein schlachbrucken für alle feind bald aufzuzucken;" H. Sachs 1560: II, III, 178. Der Schlag-Fittich, Schla'fittig, (Reinwald, Nordfranken, Henneb.): Einen beym Schlafittich kriegen, wie (Alt-B.): ihn am Flügel erwischen; langer Schooß oder Zipfel von Kleidern. Vilmar, kurhess. Idiot. 351. Zeitschr. III, 192,104. 218,12. Weigand, Wbch. II, 587. Vrgl. gl. a. 179: slagifedherom, pinnatis; o. 448: slegifedera, pinna. Vrgl. schlegbauchen, Schleg-brâ ꝛc. 'Die Schlag-Thür, das Schlag-Thor, ä. Sp., das Fallthor; (mhd. slegetür, slege-tor; BM. III, 49. 50).' „Do was die kaiserinn an der slegtür des turns;" Gesta Romanor., Cgm. 54, f. 41ᵃ, (Keller p. 78).

Das Sláfel (d. i. Schlagsel) gibt Weigand im oberhess. Intellbl. 1829, S. 219 als altwetterauischen Ausdruck für Ölfrucht (zum Schlagen in der Ölmühle). Vilmar, kurhess. Idiot. 352.

Die Ableitungen Schlacht, schlachten sieh oben, 445
Sp. 498.

Die Schlagen (Schloann; Weihers, Dr. K. Roth); Werkzeug zum Schlagen, Holzschlägel; (BM. II, II, 385: slage). Vilmar, kurhess. Idiot. 351. Weigand, Wbch. II, 587.

(Schlâug), so müßte wol jetzt der erste Bestandtheil des im I. Th., Sp. 369 besprochenen alten slouc-prato lauten. Ich setze hier noch bey aus Gl. o. 147: „slovbrato vel scubilinc, induotilis;" gl. o. 308: „slorbrade (slov oder sloc?), farcilio;" Clm. 4394, f. 175: „lumbus, schlawbrât;" (das aw—ow undeutlich); bey Kilian „Sloo-brade, faliscus venter, ventriculus fartus," (Fleischwurst, mit Schweinfüllsel gestopfter Thiermagen). Also slouc-prato so viel als Wurstfleisch, Wurstbræt? Ähnlichkeit hat das angels. slog, engl. slough, Schlauch, hohle Haut, die die Schlange abstreift; (s. oben, Sp. 497: Schlauch). Indessen führt Frisch II, 188: „porci schlagbradales" auf. „Hochrucken Schlachpratte und das Abprät umb 3 dn.;" Münchn. Fleischordn. v. 1529. Schwarzwald: Schlachtbråten.

schleg-bauchen, schle'bauchen, heftig athmen, so daß der Bauch schlegelt, zuckt. Vgl. oben, Sp. 496: schlê-b. Zeitschr. V, 431,483. VI, 201. Die Schlegbrâ, (mhd. ahd. slegebrâ, sleibrâ, slegibrâuua, slagibrâuua; Graff III, 316. VI, 772. BM. I, 231. s. Th. I, Sp. 335), palpebra. (Vrgl. Schlag-Fittich). „Schlegbrat vel lendbrat, lumbus;" Cgm. 653, f. 327. Diefenbach 338. Die Schleg-Milch, Schle'milch, Buttermilch; s. unten: Schlegelmilch. Der Schleg-Regen, Platzregen; Cgm. 138, f. 35. Das Schleg-Rind, Schlachtrind; (Graff IV, 1171. BM II, 723). „Ein iteniuwez slegerint ezzen;" M. Helmbrecht 1291. Das Schlegtor, s. unter Schlag-. Das Geschleg, wiederholtes Schlagen, Zucken; Schlägerey.

Der Schlegel (Schlégl), a) wie hchd. Schlägel; (mhd. slegel, ahd. slegil. Graff VI, 782. BM. II, II, 386. Weigand, Wbch. II, 587. 590). „Er sprach: wirff nach den slegel, wünsch haile meiner ferte!" (gib mir Abschied?); Valkn. 78. 'Vgl. über den symbolischen Schlägelwurf: Grimm, RA. 55 ff.; Mythol.^{2}p. 125 und 1205. BM. II, II, 387.' Kelberner, schäffener Schlegel, Kalbs-, Hammelkeule. Zeitschr. IV, 245,78. Holzschlegel. Zugschlegel, Schlägel zum Einrammen der Pfähle, der an einem Flaschenzug bewegt wird. 'fig. Schlegel, hartnäckiger Kopf; Zeitschr. IV, 245,78.' Schlegel-Reime, Schlegel-singen, wodurch den Arbeitern das Tempo zum Aufziehen angegeben wird; s. Th. II, Sp. 1021: die Haien, und Gramm. S. 526; Gräter's Bragur 3. B., S. 215. Die Schlegelwalz oder Schlegelwälzi, der Grat einer Waldhöhe, von welchem aus ein Schlägel links oder rechts niederrollt, als Waldgrenze. Lori, Lech-R. 142. 256. 306. 322. 426. 556. Vrgl. Kugelwälzi. b) (O.L.) Werkzeug, Flachs vorzubrechen; (cf. Rollen). „Schlegel, pavicula, malleus stuparius;" Voc. v. 1618. c) (ä. Sp.) Werkzeug oder Ort zum Schlachten. Diefenbach 425^a. „Percussorium, schlachhûs, schlegel;" Voc. v. 1429. Diefenb. 425^a. „Gibt die Kuh kein Milch mehr, er verkauft s' unter den Schlegel;" Seb. Frank. „Vich gein Augspurg an den schlegel füeren;" Lori, Lech-R. 204. „Vich zum Schlegel kaufen oder treiben;" L.O. v. 1553, f. 61. 63. L.R. v. 1616, f. 505. 508. Kr. Lhdl. VII, 498. Hier scheint ein älteres, in den Compositis slegi-rind, gl. i. 603 (s. unter schleg-), slechmeßig, adj., (Cgm. 544, f. 47) und Stalder's Schleg-kue enthaltenes, einfacheres sleg zu Grunde zu liegen. Vrgl. Schlegelmilch. d) Gefangenwärter. „Eisenmeister, Schlegel oder Scherg;" L.R. v. 1616, f. 802. „Stockmeister oder Schlegel;" Voc. v. 1618. „Kerkermeister, Schlögl oder Eisenschörg;" Weixer, dissert. p. 501. e) (Prasch) „Schlegl, Vornschlegel, Nachtkönig, Abdecker." Vielleicht liegt bey d und e nach I. Th., Sp. 85: An, und Gramm. S. 121. 122 das ahd. slago, slekko, percussor, (Graff VI, 775. BM. II, II, 386: manslegge, manslecke) zu Grunde. f) umzuschlagender Rand, Umschlag, besonders am Hintertheil einer ge-
446 wissen Art von Mannshauben, welche davon Schlegelhauben oder ebenfalls blos Schlegel benannt werden. Die Geistlichen tragen schwarze Schlegel. „Der Augustinermönch rüttelte seinen Schlegel;" österliche Beicht p. 21. Der Sammetschlegel war ein charakteristischer Kopfputz der regierenden Benedictiner-Prälaten. Briefe über die Lobrede auf St. Benedict, p. 38. Unter Wirthen, Bräuknechten rc. ist es Herkommen, grünsammtene Schlegelhauben zu tragen. g) (Salzb.) was anderwärts Gogelhopf (s. II. Th., Sp. 880), wol ebenfalls auf die Gestalt des vorigen anspielend. h) fehlerhaft dicke flüssige Speise. D' Suppm is ə˜ lautərə' *Schlégl*, is *schlégldick*; (b. W.). S. Schlegelmilch. i) kothig gewordener Rand am Rock oder Kleid. k) (bey Selhamer, fig.) Gebrechen, Laster, Schmach, Schande. schlegelfest, adj., sehr fest. „I und insä' Muədä' habn zum tëglinga Fuedä' *schlögelfösti* Knodn;" Lindermayr 62. 150. „Dafs mə' so *schléglfést* dastehn;" das. 130.

Die Schlegelmilch, (ä. Sp.) Buttermilch. Zeitschr. V, 488. „Ruermilch oder Slegelmilch," (als Gegensatz von süßer); Cgm. 698, f. 43. Cbm. 2086, f. 24. „Schlegelmilch, balbuca;" Voc. v. 1429. „Slegilmilo, battudo;" gl. i. 120. „Tenucla vel battudo lactis;" Cod. Fris. 43, f. 220^b. Diefenbach 70^a. Darneben kommt ein einfacheres slegimelo (gl. a. 644. 847), bey Stalder Schlegmilch, Voc. v. 1419: Slemillich, oxyalium, Nordfr. Schlemilch vor. Graff VI, 772. Das Schlegelfaß, Rührkübel. 'schlegeln, Butter rühren; Zeitschr. III, 520,18.'

schlegeln, sich schnell hin und her bewegen, zappeln, zucken, pochen Zeitschr. V, 431,183. I bi˜ gloffə˜, dás me' 's Herz *schléglt* wiə-r-ə˜ Kəlbə'schwèəfəl. Mit Händen und Füeßen schlegeln. (Ein lahmgeschoßner Hirsch schlegelt, und ein Jäger hat stark geschlegelt, wenn er sich sehr verfehlt hat. Heppe). Zeitschr. IV, 182. schlegelmüed, äußerst ermattet. (Vrgl. schlegbauchen).

---

schlahen, s. schlagen, oben Sp. 512 f.

schlauh (schlauhh, schlauch), a) wie hchd. schlau; (aus der ahd. und mhd. Sp. mir unerinnerlich; in der Bedeutung stimmt das niedersächsische slou, engl. sly, dän. slu, schwed. slug, isl. slæg-r. Graff VI, 761. Haupt, Zeitschr. VII, 192. Weigand, Wbch. II, 590. Um Saarwerden gilt schlau für schief. Vrgl. schlimm). b) ironisch: von Personen oder Sachen, die ihrem Namen oder dem, was sie vorstellen oder leisten sollen, nicht sonderlich entsprechen. ə˜ *schlauhhə'* Student, ə˜ *schlauhhé* Köchin, ə˜ *schlauhhs* Méssə', ə˜ *schlauhhs* Bier rc. Vielleicht in Bezug auf die R.A.: Dès is mə' z' *schlauhh*, das begreife ich nicht. Das Schlauhhə'l, schlaues Persönchen. Auf ähnliche Weise nennt der Niedersachse ein kleines, verschmitztes Mädchen êne lütje Slouke. Herr von Schlauchheim, Münchner Scherztitel.

schlêh, adj., (Höfer III, 93) stumpf. Zeitschr. V, 473. VI, 478. „Die Zähne werden schleh." „slech, tabidus." Voc. v. 1445. „Hebes, tardus vel obtusus slech;" Clm. 5008 (sec. XV.), f. 159, (wo f. 156 auch geschrieben ist vachel statt fackel; (cf. schlack). Diese Form scheint nach Gramm. §. 501 zum ahd. sleo, mhd. slê (genit. slêuues), hebes, bey Kilian sleeuw, obtusus, zu gehören. Graff VI, 811. BM. II, II, 392. Haupt's Zeitschr. VII, 192. Zeitschr. VI, 202. „Es geht schlê" (übel), soll man im Bayreutischen sagen. Cf. česk. zle, übel, schlimm; (Tucek, 6. März 1842). s. unten schlew.

Die Schlêh (Schlêhh, sing. und plur.; auch Schlêhhə˜, sing. und plur.), wie hchd. Schlehe; (mhd. slêhe, ahd. slêha, einmal auch slêhi. Graff VI, 783. BM. II, II, 393. Haupt's Zeitschr. VII, 192. Weigand, Wbch. II, 591). *Schlêhh bröckə˜*, Schlehen lesen. Zeitschr. 447
V, 268,3,3. „Von den swarzen kriechen, die etwaz hert sint, die wir die wälhischen oder die grôzen slêhen heizen;" Konr. v. Megenberg, Clm. 5036 (XV. sec.), f. 156. (Pfeiffer 341,29). „De beguta que confitebatur quomodo comedisset in una feria sexta tres slehen;" Aug. eccl. 84, f. 362^b. Im Renner, Vers 4666—710 beichtet eine, sie habe an einem Freytag drei Schlehen gegessen, und bekennt daneben, daß sie vom Pfarrer acht Kinder empfangen. Die Dornschlêh von der Prunus spinosa; Haberschlêh von der Prunus insititia mit saurer Frucht. Dreißigst-Schleh, s. I. Th., Sp. 563. Die Schlêh-blüe, Schlehen-blüe; schlê-blüe-weiß, schlê-blüə-l-weiß, sehr weiß. Der Schlêh- oder Schlêhen-Branntwein. „Schlehenpix, handbüchs, sclopus, πυρόβολος;" Nomencl. 1629, p. 140. '(Vgl. „bleierne Schlehen", Kugeln, in H. Rosenplüts Spruch „Von Nurmberger raytz;" s. Zeitschr. I, 260.)' Schlechenwasser wird im Ring f. 37^a,35 neben „piermost und öpfelgtranch" angeführt. dornschlêhen, adj., von Schlehenholz.

g'schlêhə˜, gschlêhhə˜ (als ob es Particip. praeterit. von einem nach sehen oder geschehen conjugierenden Ablautverb wäre), adv., gerade. (S. schlecht und vrgl. oben, Sp. 18, als ähnliche Form g'rêhhə˜).

Der Schlaijer, Schlair (Schlaər), wie hchd. Schleyer; (mhd. der sleiger, daz slôir, slôgir, slôjer, ndrſ. sloger, sliger, slijer, bey Kilian sluger, ſowol rica, peplum, als loramentum, ligamen, ſchwed. sloga, slöja, česk. šlojiř, šlogjř; cf. isl. slya. Graff VI, 761. BM. II, II, 415. Haupt's Zeitſchr. VII, 190 f. Weigand, Wbch. II, 591. Zeitſchr. VI, 108, V, 7). Des Bauern Marculf häßliche Frau kannte nicht „der rechten ſchönen frawen pundt, den die werden frawen pinden mit jrn ſchlairn vornen und hinden; ain handtuch was ir pundt;“ Cgm. 579, f. 2. „Ain slayr den ein fraw tragen ſol, iſt ein warczaychen der undertänichayt. ein fraw trät darumb gepennt auf yerm hawpte, daz man da pey erchennet daz ſy dem mann undertänig ſol ſein“ ꝛc.; Cgm. 3900, f. 103. „Saech ich den sloir von kuſſes wange hangen und nicht faerlîch gezucket;“ Labr. 326. „Ob mir diu ſchœne gunde mit ir ze reden tougen, ein sloyr vor ir munde hangen müeſt und vor ir ſpilnden ougen;“ daſ. 649. „Ein altes weib, daz er derkant, die chond waſchen und auch reyben, chauffmanſchaft mit ſchloern treiben, da mit jungen mägetyn helfen von den eren ſein;“ Ring 17ᵃ,18. „Ain mantel, ain pfaitten und ain slair;“ Cgm. 632, f. 86. „Pet und petgwant slair und pent;“ Salzb. Urk. v. 1474, Clm. 4756. „Wie die ermel wol geſtênt oder der sleiger oder daz gebende;“ Br. Berhtolt 359, (Pfeiffer 415,9; cf. 54,4. 319,30. 414,19). „Sam tunt die weip, die legent an daz haubt allen irn fleiz, nu sloir gel, nu haubttuch weiz;“ Renner 12559. „Von hochvart der sloir, die die frawen gilbent und verbent;“ Cgm. 765, f. 82, (cf. Br. Berhtolt, Pfeiffer 115,1). „Von slayern dye dy frawn gilben;“ Cgm. 3900, f. 103. „Jr frawen mit den gelben ſchlairen ſecht euch für;“ Br. Berhtolt, Cgm. 1119, f. 36ᵇ. (Wittwen) „die mit ierenn gelbenn ſchlaigern und claideren den eefrawenn ſich gantz oder binacht gelichenn;“ Cgm. 3891, f. 137. Cf. Th. II, Sp. 895: gelb. „Lich mir her den sloygir din;“ Cgm. 441, f. 218. „Die hennen haben ain ſolche freyhait: die päurin ſoll grittlich auf den firſt des ſtadeldachs ſteen, und ain ay in ainen ſchlayr (in den ſchlair oder ſtauchen) legen, denſelben hinter ſich durch die bain hinauswerffen; ſo weit ſich das wirft, alſo weit haben die hennen zu geen recht;“ Wildshuter Ehaft v. 1614 im Cbm. 3238; f. 145. cf. 14 und 128. ſ. Th. II, Sp. 1116. Nach der Scheirer Dienſt-Ord. v. 1500 (Cgm. 698, f. 37—41) erhalten alle weiblichen Dienſtboten oder Dirnen Schlair, die Baufrau (Vorſteherin derſelben) aber ainen zwifachen ſchlair oder III Ellen ſchlairtuech. In Krain iſt der byſſusartige ſhlár die feinſte Hausleinwand; (Kopitar). „Gelber Hochzeitſchlair, linteum tegmen, quo novae nuptae velabantur;“ Voc. v. 1618. cf. gelb. „Galatina est peplum album vulgariter regenſchlaer;“ Clm. 5685 (XV. sec., 1412), f. 95. Die Schlaierlein-Ev (Schlaəˡl-Êf), im Scherz: ungeſchickte Weibsperſon. Die Schlairhauben, (Eos v. 1823, Nr. 9) was Rigelhauben, (w. m. ſ.). `Der Schlaier, (in Niederheſſen) die aus Kattun verfertigte und gefältelte Mütze der Bäuerinnen;“ Vilmar, kurheſſ. Idiot. 354. Zeitſchr. V, 509, III, 34.´ ſchlairen (ſchlaərə˜), adj., von Schleyertuch, Kammertuch, (feinſter Art Linnen). Ao. 1502 ſoll man in Regensburg nicht „zuvil Schlayerinnen und Nähterinnen aufnehmen, damit man Dirn und Maid bekomme;“ Gem. Chr. IV, 62. Cf. Th. IV: der Weil, Weiller.

Der Schleijen, Schleien, Schlei·n (Schleiə˜, Schlei˜; ſ. Gramm. §. 839), die Schleye; (mhd. der slîe, slîge, des slîgen, ahd. ther slîo, thes slîin slîgin, cyprinus tinca. Graff VI, 761. BM. II, II, 399. Weigand, Wbch. II, 592). Sieh oben, Sp. 496.

Der und das Schlámáſſel, die Schlámáſſen, 448
böſer, verdrießlicher Handel oder Zuſtand, in den man geräth; (wol das ital. schiamazzo von schiamare aus exclamare mit Anſpielung auf das folgende Wort. Weigand, Wbch. II, 588. `Anton, Wbch. der Gauner- und Diebſpr. 61. v. Train, Chochemer Loſchen 216. Thiele, die jüd. Gauner 307. v. Grolmann, Spitzbuben-Sprache 60. Vilmar, kurheſſ. Idiot. 1352 f. Zeitſchr. I, 295,2. VI, 221). Da lig I iətz e˜ dəˡ *Schlámáſſ·n.*

Der Schlamm, a) wie hchd.; (BM. II, II, 391). b) Voc. v. 1618: comessatio. S. Schlamp und Schlemm.

Der Schlemiel, im jüdiſchen Jargon das, was die Studenten einen Pechvogel zu nennen pflegen, dem — man weiß nicht, ob aus eigner Ungeſchicklichkeit oder aus Tücke des Schickſals — alles übel ausſchlägt. Bltr. f. lit. Unterhalt. 1851, S. 951. `Weigand, Wbch. II, 592: gleichgültig nachläſſiger, viel ertragender Menſch; Menſch, der viel Mißgeſchick, Unglück hat. Anton 61: ſchlimiel, einfältig, ungeſchickt. v. Train 216. Thiele 307: Schlemihl, ein Menſch, der viel Unglück hat, Unglücksvogel. Grolman: Schlimül, Ungeſchickter, Schlingel.´ `Mit Anlehnung an das hochd. ſchlimm wird dieſes Wort auch für einen verſchmitzten Menſchen gebraucht, dem nicht zu trauen iſt.´ Der Zettelträger Joh. Nauerz in Kaiſerslautern „des is e *Schlemiehl,* der harrem (hat einen) zum Beschte;“ Firmenich II, 7,4.

Die Schlemm, (Bayreuth) Schmauſerey bey Kindbetten und ähnlichen Anläſſen. Auf die Schlemm gehen. (Kilian hat ſlem, ſlemp, comessatio; ſ. Schlamp, woraus die Formen Schlamm, Schlemm, ſchlemmen verkürzt ſcheinen. Weigand, Wbch. II, 593).

Schlemm, (Schlamm?): „Löcher (im felſigen Flußgrund) mit Schlemm und Moos angefüllt;“ Lex. v. Franken I, 38.

`ſchlemig, (ſchleimig?):´ „Des hirſſen gloſe das iſt ze der faiſſe ſchlemig;“ Clm. 4373 (v. 1437), f. 118.

Die „Schlemrigkeit (das Schleimichte?) von leinſamen, von einem geweichten küttenkern;“ Cgm. 601, fol. 108ᵇ. 115ᵃ.

Die Schlemm und Schlenn, (B. v. Moll, Zillerth., Samml. f. Tyr.) die Liegerſtätte des Senners oder Melkers in der Alpenhütte.

„Und luſtig is·s aənəˡwég zˑ Albm,
wenn dˑ Läuf in dər *Schlemm* umərwálgng.“

(Etwa zu ſchlemm, ſchräg? cf. Schragen. Kärnt. ſléme, auch ſlemen, Dachfirſt, der oberſte Theil eines Dinges; auch Tragbaum, Merkmal und Ofengupf. Jarnik p. 201).

„ſchlemm, adj., varus, distortus cruribus;“ Voc. v. 1618. ſchlemmig, adj., ſchlems, adv., (O.Pf.) ſchief, ſchräg; abhängig, declivis. (Weihers: schlémm, schleimb, ſchief oder krumm; ſchlimm: hə hätt *schlemm* geläde, er iſt betrunken; Dr. K. Roth. Zeitſchr. IV, 285,112. V, 179,211. 329,262. VI, 413,71. 389). „Der has loff in dem garten rümb vnd ſchlug vil hacken ſchlemm und krümb das jhn keiner ergreiſen kund;“ H. Sachs 1560: IV, III, 86 (1612: IV, III, 187). Man ſagt auch, als ob dieſe Form ein Subst. fem. wäre: nách der Schlems (ná' dəˡ Schlems). „Anlangend die ſtadt Krems geht alles nach der ſchlems;“ P. Joa. Werlin Seonensis, Cgm. 3636, p. 576 (ad 1646 circa). Bey Stalder II, 328: ſchlemmen, in ſchräger Richtung ein- oder abwärts laufen. „Wer einem rawber zu theil wirt, der in vmbſchlempt (torquiert?), und in eim ſtock vmb gelt clempt;“ Cgm. 713, f. 178. Vrgl. ſchlimm und ſchremm.

Schlemelin. „So der kheren gilt 6 β (zu 8 Kr. 4 hl.) ſoll wägen ein pfenning ſemel 21¹/₂ Loth, ein pfenningbretzen 19 1/2 Loth, ein Schlemelin brezen 27 1/2 Loth;" Wertinger Satz, Cgm. 3256 (v. 1568), f. 44—47.

Der Schleim, a) wie hchd.; (mhd. slîme, slîm, ahd. slîm; Graff VI, 793. BM. II, II, 402. Weigand, Wbch. II, 592. Wenn slihmo, viscus, gl. i. 1119, hieher gehört, so ist, nach Grimm II, 147, eine M-Ableitung von slîhhan, schleichen, anzunehmen). b) fig.: Galle, Ärger. Zeitschr. II, 246. 248,4. VI, 466,81. Einem einen Schleim machen, movere stomachum. Einen Schleim kriegen. schleimen, zürnen, zornig machen; dås *schlaimt* mi'. Castelli, Wbch. 243. Sich schleimen, zornig seyn. Ist hier wirklich eine bloße Figur von Schleim, a, oder ein ganz anderes Wort, etwa zusammenhangend mit sliman (in Otfrid's I, 23,52: „ist thiu akus harto gislimit themo then siu rinit)," oder aber, da die Aussprache es zuläßt, mit schleumen, (w. m. s.)? schleimig, adj., a) wie hchd. b) Als nach der Schlacht (bey Müldorf) K. Ludwigs Volk „schleimig, hungerig und hellig was;" Avent. Chr., 8. Buch, nach den Handschriften; im Druck fol. 487 steht schlemig. Das hannoverische slünne, hungerig, verdient hier wol keine Erwägung. schleimeln, (Herwig) naschen.

schleumen (schleimə˜, schlámə˜), beeilen, beschleunigen; schleunig von statten gehen. *Schleim* di'! Las də's *schleimə˜*. Es *schleimt* si' nicks. S. schlaunen. Die ahd. Spr. hatte das adv. sliumo, sliëmo, cito, velociter; mhd. sliume, sliune, Graff VI, 793. 848. BM. II, II, 408; cf. alts. sniumo, niederd. snieme; Grimm, Reinh. p. 286,3376.

449 schlimm, adj., a) (ä. Sp.) schief, schräg; (mhd. slimp, slim, ahd. slimb, holl. slim; Graff VI, 793. BM. II, II, 402. Weigand, Wbch. II, 596. cf. span. soslayo). „slym, obliquus;" Voc. v. 1432. Cgm. 685. Noch hat das Voc. v. 1618: „Einen nach der Schlimm ansehen." S. schlemm. b) wie hchd. (Zeitschr. III, 231,10. VI, 413,71) figürlich: nicht gerade, nicht richtig, perversus, praeposterus.

Der Schliem, des Schliemen, (ä. Sp.) Netzhaut. „Praecordia, slyem, netzl vor der brust;" Avent. Gramm. „Schliem von der prust;" Cod. ZZ. 1548, f. 20. „Der sliem zerret sich in dem bauch oder in dem gemechten, so man swer hebet;" „von dem zebrosten sliemen;" Cgm. 723, f. 203. „Schlem vel pirmithaut vel phlaster, membrana;" Voc. v. 1429. „Sliem, membrana oder heutlein;" Voc. v. 1482. „Membrana est cuticula vulgariter ain sliem;" Mallerst. 32, f. 298. Monac. Francisc. 173, f. 197. „Ut corpore meo ad modum pellis tympani ein sliem uber ein ram distento;" Monac. Francisc. 134, f. 136. „Umb sliem in die stuben nam der Torwertel 84 dn."; Rechn. v. 1392, Freyb. Samml. II, 126. Etwa eine Art dünngegerbter Haut in die Fenster; denn noch 1458 wunderte sich Aeneas Sylvius, an den meisten Häusern Wien's Glas in den Fenstern zu sehen. Über den schon im 4. Jahrh. vorkommenden Gebrauch des Glases zu Fenstern s. Kaltenbäck, österreich. Zeitschr. f. Geschichts- und Staatskunde, 1836, Nr. 15—18, (wo auch über Glasmalerey). „Irdisch gut und irdisch ere stent gen der heiligen schrift lere als der durch einen slimen siht;" Renner 17014, '(bei BM. II, II, 402 unter slîm, Schleim).'

Schlummer, schlummern, (mhd. slummen, slummern; BM. II, II, 416. Weigand, Wbch. II, 601), in A.B. nicht eben volksüblich. Sieh launeln, naffezen, natzen, nauneln ꝛc. schlummerig, (Aschaffenburg) schlaff, schlotterig von Kleidern, Hosen ꝛc. cf. isl. sluma, tacere, animum demittere.

---

schlampen, wie hchd.; vom Hund: etwas Flüssiges mit der Zunge und mit einem gewissen Geräusch einschöpfen; vom Menschen: gierig und unreinlich essen; von Sachen: schlapp und nachlässig herabhangen; von Personen: hinlässig seyn, besonders was den Anzug betrifft. Weigand, Wbch. II, 588. Zeitschr. II, 285,7. III, 11,17. 176. 315. 459. VI, 169. 413,71. D' Milch, d' Suppm *ausschlampm, einischlampm; ummə'schlampm.* „Edite quae apponuntur, d. i. was man euch aufsetzt, schlampts zsam; Charfreyt.-Proc. 183. „Die backen schlampen jhm wie ein schredbeutel; Cgm. 4504, f. 10. „Dise vir mit ainander sie da ließen in dem hauß, dy andern slampten (schleiften, schleppten) sie herauß;" Mich. Beham, Wiener 251,25. „Den pfarrer zu Sant Ulreich den slampten sy vil schandigleich hin in die schergenstuben;" das. 269,21. verschlampen, durch Nachlässigkeit zu Grunde gehen lassen; Vilmar, kurhess. Idiot. 353. schlampend (schlampə˜d, schlampət), Partic. und Adj., Zeitschr. V, 460. R.A.: *Schlampət* macht wampet. ə˜ *schlampətə'* Kerl. Schlampete Augustiner, (ehm. in München) Mönche, im Gegensatz der Chorherren oder Canonici dieses Ordens. Schlampete Schnecken, (Küchenspr.) zubereitet, ohne von den Schweifchen ꝛc. gereinigt zu seyn. Das Geschlámp. Der Schlamp, a) comessatio; Voc. v. 1618. „Zu eim Schlamp laden, esum vel comissatum vocare; ibid. „Frir aus zum süplein und zum wein in allem schlamp so wil er sein;" H. Sachs 1560: IV, III, 35 (1612: IV, III, 78). „Vil Magere übertreffen uns im Schlamp, und bleiben doch dürrer als ein alte Bonen;" Balde, Lob der Magern. „Das Gflüglwerk zum Schlamp angeordnet hält man zum Schoppen in finstern Winkeln auf." b) hinlässiger, unreinlicher Mensch. Weigand, a. a. O. Das Schlámplá, Vortheil, Gewinn; Zeitschr. VI, 169,4. c) der Schlampen, Lappen, Lumpen. Bauchschlampen, Fleisch vom untern Bauch, Dünnfleisch; b. Intell. Bl. 1804, f. 618. Die Schlampe, Schlempe, ä. Sp., Schleppe. Weigand, Wbch. II, 588. Die Weiber „treiben vil hoffart mit den schlempen;" Joh. Pauli, fol. 72 (bey Lessing, Schriften XI, II, 271). Schlamp-Wunden, Wunde, die man heften muß, Gegensatz von Fleischwunden. Dr. Minderer, p. 191. Die Schlamp, a) nachlässige, unreinliche Weibsperson. Vilmar, kurhess. Idiot. 353. Zeitschr. V, 40,83. b) solche Kleidung. Weigand, a. a. O. Zeitschr. II, 469; vgl. V, 293. Der (das?) Schlampel (Gansler 341), Tellerschlecker. Der Schlampamp, (Siber, G. g.) comessatio. Schlampampen, Schlaraffenland. Mir kömə˜ vo˜ *Schlampampm*, und habm (zum Beispiel) ə˜ B. i˜ də' Wampm, sagen die, die bey einem gewissen Gesellschaftsspiele ein Handwerk (z. B. das der Bäcker) mimisch darstellen und errathen lassen sollen. schlampampen, essen, schmausen. 450
Weigand, a. a. O. Zeitschr. V, 91. VI, 134,38. Vrgl. niederländ. slemp, slempen, hchd. schlemmen (Weigand, Wbch. II, 593), und oben Schlamm, Schlemm.

schlumpen, 1) (Hsr.) unreinlich seyn. Zeitschr. III, 176: lose, locker sein, lüderlich leben; IV, 183. „Thet wider umb her schlumpen in seinen alten lumpen;" H. Sachs 1560: V, 385 (1612: V, III, 98). 2) einen Nachlässigkeitsfehler begehen. „Der Abschreiber hat hier geschlumpt;" (Pfarrer Haas, 20. May 1837). Die Schlump, unreinliche Weibsperson. Weigand, Wbch. II, 601. Vilmar, kurhess. Idiot. 353.

schlumpsweis, adv., (Nordfrank.) zufälliger Weise. Weigand, Wbch. II, 601: schlumps, von Ungefähr, wider Verhoffen, plötzlich. Vilmar, kurhess. Idiot. 357. Niedersー., dän., schwed. slump, (glücklicher) Zufall. Firmenich I, 231,61: *Slump*, Zufall; 179,6: *slumperwys*, zufällig; Vilmar, kurhess. Idiot. 357. Zeitschr. VI, 479. cf. isl. slumpaz, slembaz, inopino jactu ferri. Man möchte dabey an das alte Ablautverb limphan (II. Th., Sp. 1475) denken, um so mehr, als das daselbst vorgemerkte Glimpf, pendix, mit dem würtemb. Schlemp (Vorlage an der Thür, durch deren Öhr der Kloben geht; bey Frisch: Schlem, Ende vom Gürtel, das man einschnallend durch den Ring steckt) auffallende Ähnlichkeit hat. Das Schlumperliedlein, s. Schnitterhüpflein und Zeitschr. III, 159. 171. 176. IV, 73. Der Wollschlumper, (im Arbeitshaus zu München) Art Arbeiter (Wollkratzer?). Gatterer, ökonom. Magazin I, 522.

---

schlaunen, schleunen (schlaunə˜, schlau˜n, schlau˜, schleunə˜, schleu˜n), wohl und rasch von statten, von der Hand, an ein Ende gehen; (mhd. sliunen, slûnen, ahd. sniumôn, goth. sniwan, sniumjan; Graff VI, 848. BM. II, II, 408. Weigand, Wbch. II, 595. Zeitschr. I, 290,5. II, 185,1. 237. 288,111. 534. III, 99. VI, 202). əs *schlau˜t* eəm. Las də' 's *schlau˜n!* Hei˜t will mə' gà' nicks *schlau˜n*. Wie *schlau˜ts* denn? sagt Rosel zum Mathies; Seidl, Ged. (3. Ausg.) 233. Den Vorbeifahrenden ruft der Wirth an: „N., wiə *schlau˜ts*? Wie'd hei˜t nét g'wässə't bei miə'? Castelli (1828) p. 159. „Gelts, Deandeln, dös *schlaunt* enk, dös gfreut enk? Kartsch II, 48. „Gunst deim Bruaderl nix, wia kán's eam *schlauna?* (einschlagen, gedeihen); das. II, 64. „Wie süssiglich hat sich bey disen Leuthen die Glück-Mülch anfänglich angelassen! wie wol hat ihnen ihr Anfang geschlaunet;“ Predigt. „Daselbst woldt man die schöne Veronica gedödt haben, do das aber nicht möcht geschlaun, do ward sy in einer Potungen im Wasser ertränkt; Cilleyer Chron. „Das spinnen wil dir gar nit schlaunen;“ H. Sachs 1612: I, 1029. „Wilt dir lassen schlaunen;“ das. 1560: II, IV, 118ᵇ. „Der auf einem waichen mos wil stelczen und auf einen rocken flachs wil pelzen ꝛc. der arbeit keyne schlaunt im wol;“ Cgm. 713, f. 155. „Guot friunt, lâz sliunen dir, und tuo ez sô du schierste maht;“ Heinrich's Tristan 6000. „Soumære, die tragent also swære daz in niht geslounen mac;“ Kindh. Jesu, Hahn p. 85,57. Bey dier *schlau˜t si* widə' gà' nicks. *Schläu˜ di'!* (beeile dich!) I muəs mi' ə'só *də'schläu˜n!* (wie ich mich vor Eile zerarbeiten muß!). ˋDie Schlaune, ä. Sp., Eile; (mhd. slûne, sliune; BM. II, II, 408)ˊ. „Daz geschah mit slûne,“ (reimt: gerûne); Haupt's Zeitschr. VII, 255,62. Der Schlaun, Schläum, Eile, Eifer; Zeitschr. VI, 202. schleunig, adj. und adv., und daher beschleunigen, wie hchd. Gl. Doc. A. b. 73: sluna, fortuna; gl. i. 47. 461: slunic, prosperus; gl. a. 499: slunigen, accelerare. Vrgl. schleumen.

Die Schlenn, was Schlemm, (Liegerstätte). Vielleicht aber ist jenes die bessere Form. Cf. isl. slen, torpor, Faulheit; slanni, slinni, homo piger, enervis. Schlemme, (kann auch gelesen werden Schlemm), Bett des Melkers im Zillerthal; (Tir.). Vrgl. unten schlenzen.

„schleinings,“ adv., (Spessart) langsam, allmählich; sanft abhängig (vom Terrän).

Der Schlein, s. der Schlei-jen (Fisch), Sp. 521.

---

schlendern, wie hchd.; (Weigand, Wbch. II, 593. Vgl. mhd. slindern, serpere; BM. II, II, 403. Zeitschr. IV, 268,7. VI, 342. vrgl. Schlenn, schlengen, schlenkern, schlenzen). „Hinlässige Schländereyen der verrechnenden Beamten,“ gerügt in einer wirzb. Verordn. v. 1731. Der Schlender, Art Frauenzimmerkleides früherer Mode; (Weigand, Wbch. II, 593): „ə˜ taffetə' *Schlendə'*, ə˜ seidenə' Kantusch.“ Im Niedersl. ist der slender ein langes, gemächliches Frauenkleid; fig.: herkömmliche Art und Weise. Der Schlenderer (?). „Armensünderakte ausarbeiten, Schlendrer copieren;“
451 Stephanspredigt p. 9. Der Schlenderling. Rotz-Schlenderling, stiria e naso pendens.

schlinden (schlint'n; Condit. ich schlund und schlindet, Partic. geschlunden), schlucken, glutire; (mhd. slinden: ich slinde, ich slant, wir slunden, geslunden; ahd. slintan: Praet. Ind. slant, Conj. slunti, Partic. gislunten. Graff VI, 797. BM. II, II, 402. Weigand, Wbch. II, 597). Dér *schlindt* ə˜n ganz'n Ochsn! „Geschwült dir das Maul wie einer Gartenkrotten, kannst kaum einen Löffel voll warmer Brühe schlinden;“ Dr. Minderer. verschlinden, verschlingen. BM. II, II, 402. „Allwo ein Spiler lebendig verschlunden worden;“ P. Abraham. „Ein Kind, so Geld verschlunden;“ Lechfeld-Mirakel 204. „Er verschlundt die nadel;“ Legende von St. Sebald, Wagenseil 41. 49. „Ee die abgrunt in verschlunt,“ (verschlänge); Cgm. 628, f. 254. „Do chom ein visch, der wolt ihn haben verslunten;“ Cgm. 632, f. 63. Vrgl. schlingen. Der Schlund, a) ä. Sp., das einmalige Schlinden, der Schluck, haustus. „Von ûren und von elchen wart solher slunt nie getan;“ altd. Wldr. III, 13. Der Beichtvater frage „utrum bibat magnos haustus qui dicuntur ainslunt, vel parvos multos qui dicuntur seber, vel magnos et multos qui dicuntur swelher;“ Rcbd. 25, f. 209. Clm. 9537, f. 180. cf. And. 48, f. 143 circa. b) wie hchd. faux; (Graff VI, 795. BM. II, II, 403. Weigand, Wbch. II, 601). Die Schlundrören, ä. Sp., Speiseröhre. c) Cgm. 649, f. 570: ardelio, homo vorax. schlündig, schluckend. waßerschlündig, Wasser einsaugend; ə˜ *wassə'schlinti's* Bréd, *wassə'schlintigé* Nudeln. „Du loser dreckschlündiger man;“ H. Sachs 1560: II, IV, 33. kelschlündig. „Die speis kewen, daz si chelslundig werde;“ Cgm. 851, f. 148. unschlündig (u˜schlinti'), adj., ungeduldig, unwillig, mürrisch, verdrießlich; schon bey Prasch und Voc. v. 1618. Das Voc. v. 1445 giebt ignavus durch unsluntiger. (Etwa entstellt aus schlingig, flexibilis?).

Die Schlinden (Schlint'n), der Schlingbaum, viburnum lantana L. s. die Schlingen. schlindbäumen (schlintbáme˜), schlinden (schlintə˜), adj., vom Schlingbaum. Mit ə˜n *schlintə˜n* Stèckə˜ sol mə˜ kaə˜ Vich nét auffischlàgng. S. Schlingen. Bey Konr. v. Megenberg (Artikel fraxinus und cantharides, Cgm. 721, f. 67; Pfeiffer 324,13 f. 299,29) ist der slintpaum fraxinus. Cgm. 668, f. 8 setzt: „Schlindbaum, trumus.“

Die Schlangen und Schlang, wie hchd. Schlange; (mhd. der slange, des slangen, ahd. slango. Graff VI, 795. BM. II, II, 404. Weigand, Wbch. II, 588). ˋDie Schoßschlange, ä. Sp., jaculus; Konrad v. Megenberg, Pfeiffer 273,33 ff. Vgl. oben, Sp. 480: Schußädern.ˊ In der Bedeutung einer Kanone hat z. B. das Feuerbuch v. 1591: Quartierschlangen, die 10 Pfd. Eisen schießt, Feldschlangen, halbe zu 15 Pfd., ganze zu 20 Pfd., Nötschlangen, halbe zu 25 Pfd., ganze zu 30 Pfd. Die Widmännische Chronik v. Regensburg erwähnt ad 1515 „ganzer und halber Schlangen, die, aufs größt, Kugeln als die Tauben-Eyer schußen.“ S. schlengen und schlingen.

schlengen, schwingen, schwenken; in schwankende, schwingende, kreisende Bewegung setzen, werfen, schleudern; (isl., schwed. slengia, als Factitiv vom Ablautv. schlingen. BM. II, II, 405. Weigand, Wbch. II, 598. Zeitschr. VI, 121,91. cf. gl. a. 285: slangenti, jactatus). Zähen Nasenschleim, einen Wurm, der an der Hand hangt und drgl. dàni- oder wégk-*schlengə˜*. Einen Strang Garnes, Wäsche ꝛc. ausschlengen, durch Schwingen in der Luft zurechte bringen. Grimm, Wbch. I, 955: ausschlenkern, (s. unten: schlenkern). Einen 452
Becken zur Strafe ins Wasser schlengen. Im J. 1783 war nach Wstr. Beschr. v. München p. 276 bey der sogenannten Roßschwemm daselbst als ein Denkmal früherer Zeit noch die Beckenschleng vorhanden, eine Art Schnellgalgens, mittels dessen straffällige Bäcker aus einem Korb

ins Wasser geschlengt und wieder herausgezogen wurden. (S. schupfen und schutzen). Die Schleng, Schleuder; s. unten: die Schlenger. Der Schlenger. einmaliges Schlengen, Schwingen, Schleudern. Aᵊ̃n ᵊ̃n *Schlengᵊ'* gébm; (ahd. slengiri, fundibularius; Graff VI, 796. BM. II, II, 405). Die Schlenger, (slengere, slengura, slengira, mhd. und ahd. Sp., funda, balista) die Schleuder; Graff VI, 796. BM. II, II, 405. Slengirari, fundibularius. S. schlingen und schlenken.

schlengs, adv., was schlemms, d. h. schief, schräg.

schlingen (Cond. schlinget, schlung, schláng, Part. geschlungen), a) schwingen, schwenken, werfen, schleudern; (isl. slöngva, agſ. slingan). Zeitschr. III, 30. V, 275,3. VI, 121,91. Wäsch ausschlingen (in der Luft). Sich den Arm ausschlingen (ans dem Gelenke). S. schlengen. hinschlingen (von der Kuh), abortieren, verwerfen, misgebären; engl. to slink. Hinschlingerin, arges Schimpfwort gegen Weibspersonen. „Daz einr ein offen glas mit wein sô snell umbslinget mit einer slingen oder in der hant, daz nichts herauz fliuzt; Konr. v. Megenberg, Pfeiffer 94,11. b) ä. Sp., schleichen, sich wie die Schlange fortbewegen, serpere; Voc. v. 1445. „Serpere, slingen;“ Semansh. 34, f. 22. Clm. 5387, f. XIX. zuo-slingan, zuschleichen; Notk. Boeth. 203. 221. „Waz vliege, loufe, swimme, krieche, slinge, wimme;“ Jeroschin, Vers 13, (Pfeiffer p. 3). „Des slangen slingen auf dem herten stein;“ Cgm. 819, f. 206. „Die slingenden würm, die vergiftich sint;“ Konr. v. Megenberg f. 40ᵇ, (Pfeiffer 66,1). „Von aller tier natur, si gên oder slingen sich auf der erd;“ das. 32ᵇ. „Die würm slingent auf der erd von ainer stat ze der andern;“ das. „So du den visch (æl) ie vester druckest zwischen den henden, sô er ie leichticleicher durch die hant slingt;“ das. f. 143ᵃ (Pfeiffer 244,18). „Diu slang Cerastes mag paz geslingen denn die andern;“ das. f. 155ᵇ, (Pfeiffer 266,26). (Die schlang) „schlung sich hinauf auf den herd;“ H. Sachs 1560: II, IV, 55ᵇ. „Daz der tot als ein diep kumpt eingeslungen zu dem alten und zu dem jungen;“ Renner 20946. „Ich vorcht sein vor dem arn, daz ern (er ihn der Aar den Falken) erslinge (umschlinge, BM. II, II, 404) und in unsanffte krumme;“ Valtn. 111. Gl. o. 497: blintslinggo, caecula. cf. agſ. slincan, serpere. c) schlucken, glutire. Weigand, Wbch. II, 597. ein-, hinab- ꝛc. schlingen, wie hchd. „Für die Schwere Krankheit sol man eine lebendige Fliegen oder Mucken in einem brosen brod, so fein weich ist, eingemacht, einschlingen so ganz; Cgm. 591, f. 1. Sollte hier im Dialekt, wie im Hchd., eine Entstellung aus schlinden eingerissen seyn? Die Schling oder Schlingen, a) wie hchd. Schlinge, b) Schleuder; (mhd. slinge, ahd. slinga. Graff VI, 795. BM. II, II, 404. Weigand, Wbch. II, 597. Cf. ital. slinga, span. port. eslingua, eslinga, frnz. élingue; Diez, Wbch. 319). „David mit der schlingen;“ Cgm. 628, f. 254. „Der selben zwen kamen in not mit der hellischen slingen;“ Mich. Beham, Wiener 379,14, (s. Th. II, Sp. 932: Girregar). 'Stabschlinge, Schleudermaschine; BM. II, II, 404.' „Ainer schoß und der ander warff mit stabschlingen und stainen scharff;“ das. 84,14. Conrad von Ehingen vor Tunis „mit einer stabschlingen am Schienbein verwundet;“ (p. 27). „Der Schlinger, funditor,“ Schleuderer, Voc. v. 1618; mhd. slingære, ahd. slingâri; Graff VI, 796. BM. II, II, 404. 405: slengerære). Die Schlingen, Kôt-schlingen, der Schlingenbeutel, Schlingbaum, viburnum lantana L. Nemnich II, 1561 f. Weigand, Wbch. II, 596. S. schlinden. schlingig, geschlingig, geschling, adj., schlank, 'sich schwingend, schwenkend.' „Blâwaugət, gəlhaarət und aadáchsl-*gſchling*“ ist 's Müllᵊʳ Agᵊʳ-l; Pangkofer, Ged. 179. „Dᵊ' Buᵊ' is á' so *gſchling* àls wann ᵊ' 'dráchslt wáʳ;“ das. 249. „Bon Dengeln geduldi', schen *g'schlingi* bon Máhn, aft schen zugsam bon Schnitt sollt á guetá Knecht sán;“ Stelzhamer 154. Das Geschling, (O.Pf., Nürnb.) die Gurgel mit den daran hängenden Eingeweiden eßbarer Thiere; — (im Isl. gilt slang, n., für intestina pecorum). Vrgl. Geschlünkel. „Die tauben ist (ißt) nur gesling und das chorn das ob der erd ligt;“ Clm. 5987 (XV. sec.), f. 220. Der Schlung, der Schlund. 's Lédᵊ', waəst wol, derf dᵊʳ z'truckᵊ̃ niə wer'n, und dᵊ' *Schlung*, sågng dé Bâdᵊʳ, is ᵊ̃ lédᵊ'né Rern;“ Wagner, salzb. Ges. 35.

schlungezen, 1) beben, zappeln.

„Mei˜ Herzál i˜n Leib fangt mᵊ̃ z' *ſchlungəz'n* â˜, bâl' I drauf denkᵊ̃ tuə, wâs I für ᵊ̃n Schâz hâ˜.“

'2) schlucken, schlingen.' „Wie i han *gſchlunkäzt* (angesetzt zum Trinken?), käm's annästär auä, 's Gschirr wär dä Kachel (Nachttopf), i spib wie ä Hund;“ Lindermayr 180. s. Schlunk.

---

schlanken, auch wol schlinkenschlanken, schlinkschlanken, hangen und sich hin und her bewegen; müßig herum gehen. Weigand, Wbch. II, 597 f. Der Schlank 453 oder Schlanken, a) (Fichtelberg) Lappen, Fetzen, hangendes Ding, Stück. b) (P. Abraham) Faulenzer. Zeitschr. II, 186,19. V, 459. c) (Wien) *Germ-Schlank*, *Germ-Schlänkel*, eine Art Mehlspeise. s. Th. II, Sp. 935. Der Schlänkel (Schlánkl), geringschätzige, übrigens unbeleidigende Benennung eines Menschen, besonders eines jüngern, insofern er keinem ernstern Geschäft obliegt, ohngefähr was Schlingel (Zeitschr. V, 459); vrgl. Schlüffel. Gaßen-Schlänkel, Galgen-Schlänkel ꝛc. Tham erklärt čeſk. pobuda und tulák (Herumstreicher) auch durch „Schlankl.“ „Ain hunt ist ain schlampel (schlankel) und ain schländel ist ain hund;“ San.-Nikol. 226, f. 298. Ein „Johannes Schländl“ im Clm. 9807, f. 49. schlänkeln (schlánkln), Iterativ von schlanken. Die Füße, Arme schlänkeln lassen. Wo bist widᵊʳ 'n ganztn Tàg *ummᵊ'gſchlánkəlt*! du *Schlánklᵊ'*! „Mit schlenkeln und spazieren, mit leffeln und galanisiern, mit springen und tantzen, mit ligen und rantzen, mit Räppel und Schimmel, kombt man waiß Gott nit in Himmel;“ P. Abraham.

schlenkeln, schwäb. schlenkern (Birlinger 397), ist namentlich der technische, vermuthlich zuerst von den Herrschaften gebrauchte, Ausdruck für das Austreten der Dienstboten aus einem Dienst, welches, auf dem Lande, von Jahr zu Jahr am Lichtmeßtag statt zu haben pflegt. „Es is radla a Jah', dafs ma a Melz hoamla *gschlengascht* hat,“ („aus dem Dienst gegangen ist“); v. Kürsinger, Ober-Pinzgau (1841), S. 174. „schlencklen, mutare dominum;“ Voc. v. 1618. In einem „Verruef“ v. 1748 kommen auch „reisende und schlenklende Handwerckspursch“ vor. Im Scherz braucht man schlenkeln auch für sterben. Die Schlenkelweil, die Zeit zwischen dem Austreten aus einem Dienst und dem Wiedereintritt in einen neuen, welche der Dienstbot nach der Land- und Polic.-Ord. v. 1616, 4. B., 12. T., 1. Art. verwenden mag, um „etwan sein Gewandt zu bessern, oder sonsten anders zu seiner notturfft zu verrichten,“ und die aus nicht mehr als 4 Tagen, zweyen vor und zweyen nach Lichtmeß, bestehen soll, aber nicht selten, besonders auf dem Lande, eine größere Ausdehnung erhält. Wenn (nach Dtgr., Baur) sogar die ganze Zeit zwischen Lichtmeß und Faßnacht die Schlenkelweil genannt wird, so scheint sie wohl hie und da auch als solche benutzt zu werden oder worden zu seyn. Hujər is ᵊ̃ langé *Schlenklwâl*. Der Schlenkellaib, Laib Brod, der dem abtretenden Dienstboten gegeben zu werden pflegt, — wenn gleich die Policeyord. v. 1617 jede solche Gabe verbietet. — Überhaupt läßt sich keine Klasse, von der niedrigsten bis zur höchsten, herkömmliche Vortheile leicht und gerne verkümmern. Der Schlenkler, die Schlenklerin, austretender Dienstbote.

schlenkern, schwingen, schleudern; (vrgl. schlengen). BM. II, II, 405. Weigand, Wbch. II, 593. Vilmar, kurheſſ. Idiot. 355. Zeitschr. VI, 121,91. „Und slenkerten in und zugent in daz Wasser", (Cedron); Cgm. 826, f. 65. „Westen alle meide wie sanft in wær, manic tummer mut wær in ofte unmær gen dem sie slenkert ir gemuete mere durch tumpheit denne durch guete;" Renner 12628. Sich verschlenkern, verrenken. `Der Schlenker, was Schlänkel.´ „Der Dieb, Böswicht, Spitzbub und Schlenker;" H. Sachs 1612: I, 672. Die Schlenker, ä. Sp., Schleuder. „Funda vel fundibula, slinka; fundibulariis, slinkarn;" Clm. 4606, f. 109. 113. Graff VI, 796. BM. II, II, 405. Zeitschr. III, 133. 226,5. V, 293. Der Schlenckerlein, (Nürnb. Hsl.) spottweise: der Lob- oder Spruchsprecher, der bey den Handwerkszusammenkünften und Hochzeiten, den Gästen
454 zu Ehren, gereimte Sprüche declamiert, Improvisator. Wagenseil, de Norimberga p. 480. Zeitschr. II, 248,5. Der Schlenkerling, weggeschleuderter Nasenschleim.

schlinken, (b. W.) schlucken; (cf. schlingen, schlinden und schlicken). S. auch Schlunk und vgl. niederd. das Schlink, Brunneneinfassung, Zeitschr. V, 293; Hofthor, VI, 478; (cf. d. folg. Wort).´ „Verslink, verslunken, iniotire;" Voc. venez.-todesco, Ms. v. 1424, f. 67.

Die Schlinken, (Aschaffenb.) abnehmbare und als Schlüssel dienende Klinke an der Thür. Weigand, Wbch. II, 597. Schlinkenschlagen, (Aschaffenb.) müßig herumgehen, faulenzen. Zeitschr. VI, 479. Vgl. schlinkenschlanken unter schlanken.

Der Schlunk, (b. W.; Weihers: Schlonk; Dr. K. Roth) der Schlund. Zeitschr. V, 459. Vgl. Schlung. Das Geschlünkel, Gschlinklgschlänkl, (im Ries) Geschlunkel, Schlund mit daranhängenden Eingeweiden eßbarer Thiere. verschlunkezen, s. schlungezen. „Mein Hänsel hett si' nächts in Most *väschlungäzt;*" Lindermayr 72, (s. Th. II, 1627). S. oben schlinken und schlingen, Geschling.

---

schlenzen (schleə̃zn), a) was schlengen. Zeitschr. VI, 121,91. ə̃ Schlentz-Risen, um die Scheiter durch Schwung ins Freye zu schleudern, schießen, schlenzen; (Ettal). b) nachläßig, müßig herumgehen, schlendern; Weigand, Wbch. 594. Vilmar, kurheſſ. Idiot. 355. Zeitschr. V, 105,5. (schwed. slenta. Vrgl. Schlenn). „Habn hundert Jahr herumgeschlenzt, bis wir habn die Zeit verschlenzt;" Charfr.-Proc. 181. Das Geld, die edle Zeit verschlenzen, verschleudern, verschwenden. schlenzig, adj. „Wer bisher slenzig und träg ist gewesen der sol nu furbas sinen ougen kein ruo geben; Dr. Widman's Hs. v. heil. Bernhart 12, Bl. b, (nach Dr. Roth, 24. Oct. 1842). Der Schlanz, indulgence, vertrauende Gunst. So vil *Schlanz* bekommt er denger nimmer; (Lechrain, Baron Leoprechting). Birlinger 396. „Schlenzieren, müssiggehen;" Voc. v. 1618. Der Schlenzer, (Baur) Müssiggänger; Hirsch ohne beständigen Aufenthalt. c) (Werdenfels) schnalzen.

Der Schlinzger, Schlingenbaum; (Oberammergau, Rath Her). s. die Schlingen, Schlinden.

`schlunzen, (hessisch) nachlässig, müssig gehen. verschlunzen, verschleudern, verderben (die Kleider, die Zeit). Die Schlunze, träge, unordentliche Frauensperson. Vilmar, kurheſſ. Idiot. 357. Vgl. schlenzen und schlumpen und Zeitschr. V, 294: Slunschen, alte Pantoffeln.´

---

schlappen, die Schüssel, den Teller ausschlappen, (Nürnb., Hsl.) „ausessen, ler machen." Weigand, Wbch. II, 589. Zeitschr. III, 133. 176. VI, 479. „Daran wir teglich geren schlappen;" H. Sachs 1612: V, III, 144 (1560: V, 407). Die Schlapp-Suppen wird um Nürnberg am Morgen des Hochzeittages vorgesetzt. Vgl. Zeitschr. III, 373: Slip-Slap. Im Haus herumschlappen, schleppend gehen. schlappisch, unreinlich, schmutzig. Zeitschr. III, 285,7. schlapperig, naß, morastig. Der Schlappen, schlechter Hausschuh. Weigand, Wbch. II, 589. Birlinger 397. Der Schlöpper, Schlepper, Schlappschuh; (Weihers, Dr. K. Roth). Die Schlapp, (Weihers; Dr. K. Roth) nachlässige Weibsperson; (männl.) der Schlapphans. Zeitschr. II, 285,7.

`schlappern, klappern, schlottern; s. schleppern. BM. II, II, 392. Weigand, Wbch. 589. Zeitschr. III, 176.´ „Daz wazzer treip zwei reder krefticlich die slapperten mit einander gelich;" Renner 7887.

Die Schlappen, a) „Maulschelle, colaphus, alapa;" Voc. v. 1618. Weigand, Wbch. II, 589. Vilmar, kurheſſ. Idiot. 353: Schlappe, und 358: Schluppe. Ztschr. VI, 133,31. 202. figürlich: Schaden, Verlust. Birlinger 397,2. „Er gibt jr ein Öhrling (Ohrfeige) und spricht: Seh hab dir die schlappen an kopf;" H. Sachs 1560: V, 361. `VII Com., venezian. *slepa*, guanciata.´ b) (Nürnb., Hsl.) verächtlich: Haube, Kappe. BM. II, II, 392. Birlinger 396 f. „Schlapp, pileus depressus, latus;" Voc. v. 1618. „Setz das pflaster dem kind in einer schlappen weis auf" (den Kopf); Cgm. 601, f. 104b. „Dise Schlap mit guldi stöfft ist gwöst Hörzogs von Maylant;" zu Figur 66 in Matth. Schwarzen Trachtbuch v. 1524, die eine Art Hut vorstellt. „Thun sie (die Franzosen) von jrem haupt abschwingen zu einer reverentz versteht ihre schlappen oder bireth;" H. Sachs 1560: IV, III, 57. „Wenn gott der herre kumpt herein so ziecht ab ewre schleplein fein," sagt Eva zu den Kindern; H. Sachs 1560: III, I, 244. Darnach gieng es an die Reitkappen und an mein Brusttuch und mein schlappen zuletzt mein federn und mein hut," — alles habe ich verspielt, sagt Klas, der reisige Knecht; das. 1560: V, 358. cf. slaw. Schlapa, Hut; česk. šlepa, čapka. Das „atlas schlapheiblein" von Figur 105 hat Klappen, welche über die Ohren herabhängen. „Die verheirateten Landweiber in Tyrol flechten die Haare rückwärts, und stecken die Zöpfe in einen Beutel von Leinwand, welcher Schlappen heißt;" Nicolai. Schlepphaube, (Wien) Nationaltracht der weiblichen Dienstboten. Alte Schlappen, (Nürnb., fig.) altes Weib. Das Schläpplein (schwäb. Schlepplé), Art kleiner Mütze, gwöhnlich von Leder. Das Örenschläpplein ist an der Ilm eine Weiberhaube mit zwey Zipfeln, die über die Ohren gebunden werden. „Anna-Katterl, hast du deiner Seel das heilige Pelzschläppel des festen Vertrauens aufgesetzt?" Paragraphen an Bayerns Prediger I, 14. „Slappe, cerveliera;" Cod. it. M. 362, f. 21. Unter Waffen in Waidhofen: „*Slappa* nova per Dominum C. comparata et alia antiqua," (1316); Freysinger Salbuch, f. 29. Im Thurm zu Freysingen: „duo schlappen simpl̃ ... una schoß slappe et cervical;" das. f. 20a.

(Der) Schläppərə! unschuldige, in Verwunderung, 455
Unwillen ꝛc. ausgestoßene Benennung einer Person oder Sache, (wol ein verkapptes Säckərə; vrgl. Schläckərə). Bey'n *Schläppərə! Schlappərbenk, Schlappərdibicks, Schlappərbacks, Schlappərmänks, Schlappərmaudi, Schlappərmiəch* ꝛc.

Schlappertein, schlapperteinisch, (im Scherz) Latein, lateinisch. „Wan mir zu Zeiten ein Schlappertein eingefallen;" Abele, s. G. II, Vorrede.

schleppen (schleppm), wie hchd.; (scheint übrigens das niederdeutsche, dem hochländischen schlaifen, schlaipfen entsprechende slêpen zu seyn. BM. II, II, 401. Weigand, Wbch. II, 594. Zeitschr. III, 475: ə̃ Schleppət. V, 293. 297. Vrgl. Wäppen, Pippe, Lippe, Suppe ꝛc.). `beschleppen, im Koth herumschleifen, besudeln; Grimm, Wbch. I, 1576.´ „Zapfet, zerrissen, beschlept und rußig" gehn die Kinder daher; H. Sachs 1560: III, I, 245. Der Schleppsack, Schlippsack.

„ə˜ schö˜s Diənál wá'ſt, wennſts nét ſo gern tá'ſt, und nét ə˜n iədwédə'n ə˜n *Schlipſàk* à'gá'ſt."

„Der Schleppsack, adultera, pellex, succuba;" Voc. v. 1618. „Was die gottlosen vnverschambten Concubinen, die man in gemain köchin zu nennen pflegt, belangt.... so ist nit genuegsam zu clagen vnnd zu bewainen, das vast der merer thaill vnnder Euch oder schier alle, auch der Probst selber (das doch Gott zu erbarmen), hindangesetzt alle gottes forcht vnd menschliche Scham aller menigclichen zu ergernuß, euch mit solchen schäntlichen verworffnen Schleppseckhen behendht vnnd mit jnen auch kinder aus verdambter geburth erzeugt;" Cgm. 148, f. 46^{b}: Ordinationes ... Joannis Jacobi Archiepiscopi Salisb. pro Monasterio in Gars 1577.

schleppern, schlottern, schlotternd zittern, klappern; hchd. schlappern, BM. II, II, 392. əs fruist mi', dás me' 'Zen' *schleppə'nt*. schlepp-bauchen, s. schlebauchen. Das Schlepperlein, (Kinder-)Klapper; unvollständiges Wagenfuder Holz, Heu ꝛc.

Die Schlipp, (Schlépp, Weihers; Dr. K. Roth) Einschnitt; cunnus, vulva. `Cf. die Schlippe, der Schlippen, Rockschoß, Zipfel des Frackes oder Oberrockes; Vilmar, kurhess. Idiot. 355 f. Zeitschr. VI, 479. Der Schlipper, Zulegemesser ohne Feder, federlahmes Messer; das. 356. s. d. vorige Wort, u. vgl. unter schlupffen.´

`Die Schluppe, (hess.) 1) Bandschleife; s. Schlupffen. 2) Pantoffel; s. Schlappe. schluppen, schluppchen, schlürfend einhergehen; Vilmar, kurhess. Idiot. 358. Zeitschr. VI, 479.´

schluppern, (Nürnb., Hsl.) schlucken. Zeitschr. VI, 479. „Die geölten suppen musten dy pawren in sich schluppen;" Rot. 113, f. 324.

---

schlaipfen (schlaəpfə˜), was schlaiffen (und üblicher als dieses); also: gleiten machen, schleppen, ziehen; (cf. Graff VI, 809. BM. II, II, 401). Einen zur Richtstatt schlaipfen (weiland). Den Pflueg schlaipfen. „Solo aequata domus, Haus auff den boden geschlaipfft;" Voc. v. 1618; (wol, wie auch beym hchd. schleifen, mit Rücksicht auf das Auseinanderziehen des Gebälkes ꝛc.). „Federn schlaipffen," statt schlaißen; Cgm. 3720, f. 11. Die Schlaipff, Schlaipffen, Vorrichtung zum Schlaipffen; nachlässige Person. Niedrige R.A.: Ainen auf der Schlaipff ausfüeren, Einen (Bauchwind) streichen lassen. Cf. VII Com. *slofa* (Schlaipfe), bei den ital. Venetianern: vento che esci della parte d'abasso senza romore. Die Pfluegschlaipfen. Der Schlaipfschlitten. abschlaipfen ein Guet, ein Stück Waldes, ein Kleid ꝛc., es durch üble Wirthschaft oder Behandlung verschlechtern oder zu Grunde richten. Der Abschlaipf, subst.; L.R. v. 1616, f. 488. Frühere, den Lehnsmann oder Pächter gar sehr der Willkür des Grundbesitzers bloßstellende Bestimmungen, was als Abschlaipf zu gelten habe, finden sich unter dem Titel Baustiftsfragen in Cgm. 549, f. 55 ff. einschlaip-
456 fen eine Nonne, sie einkleiden, (anziehen); Ridler-Kloster p. 30. „Sacro flammeo initiare;" Voc. v. 1618. „Ein frommer priester sol eingeschlaipft sein mit allen tugenden;" (S. schlaiffen und Grimm, Wbch. III, 277: einschleifen, 2.). Das Gschlaipf, Geschleppe. Scherzh. R.A.: Einem 's *Gschlaəpf* (das Geleite) geben. Der Unterschlaipff, Unterschleif. ver-, zer-schlaipffen, zerstören. „Dörffer abgeprandt und zerschlaipfft;" Landtag v. 1605, p. 5.

schlipfen, gleiten, schlüpfen; (mhd. slipfen, ahd. sliphan, slipfan, Praet. slipfta. Graff VI, 809. BM. II, II, 402. Weigand, Wbch. II, 598).

„Deənál, wart, wart! und I gê ſo vəl hart, meiné Schüəhhál ſán' hál, und I *ſchlipf* àlləwál."

beschlipfen, ä. Sp., ausgleiten. „In dem (falschen) troste besclipheut si (die Sünder) dicke; Griesh. Pred. II, 80. Vgl. dän. slippe, slap, sluppen, loslassen. „Lubricum, haele, sliphich;" Cgm. 17, f. 33. Cf. Graff VI, 810: sleffar, lubricus. schlipffern (schlipfə'n), glitschen, ausgleiten; Vocc. v. 1618 und 1487. schlipferig, adj.; BM. II, II, 401: slipfec, slipferec. Weigand, Wbch. II, 598. schlipffezen, gleiten auf dem Eise; ausgleiten. Der Schlipffezer, einmaliges Ausglitschen, lapsus. S. schleiffen und Weigand, Wbch. II, 598: der Schlipf, Abrutsch. Das Schlipfelein (Schlipfə-l), kleiner Trunk, Nipfchen; Restchen im Trinkgeschirr.

Die Schlopf, (Augsb.) liederliche Weibsperson. „Bis das der schlepsack kom herwider von jr hurweis aus den schlopfecken;" H. Sachs 1560: II, IV, 23.

schlupffen, wie hchd. schlüpfen; (mhd. slüpfen, ahd. sluphan, slupfan. Graff VI, 806. BM. II, II, 407. Weigand, Wbch. II, 601. cfr. schlieffen). schlupfen in ein, aus einem Klaid, oder blos einschlupfen (Grimm, Wbch. III, 279), ausschlupfen, auch metonymisch: sich anschl., ausschl., sich anziehen, ausziehen. Der Schlupff, Ort, Ding, worein, worunter, wodurch man schliefft; Hennenschlupf, Unterschlupf. „Alle Schlüpff ersuechen, perscrutari. Ausschlupf, tergiversatio, detrectatio militiae;" Voc. v. 1618. Grimm, Wbch. I, 956. Die Schlupffen, das Schlüpfelein, Schleife, Schlinge am Band, Strick ꝛc. Cf. niederd. Slüppe, Slepp, Schürze; Firmenich I, 321,14. 398,31. Zeitschr. V, 293. VI, 479. s. Schlippe. Der Schlupfer, Muff; `(Memmingen) Schilling; Birlinger 393.´ Das Zaunschlupferlein, trochilus, regulus.

„schlárn, wegstibitzen, stehlen;" Castelli, Wbch. 244.

Die Schlaraffel (verächtlich), alte Weibsperson. Vielleicht als Schla- oder Schlar-Raffel zu nehmen, — wenn es nicht etwa zum bekannten Schlar-affen-land, (im Voc. v. 1618 „Schlaur-affen-land, insulae fortunatae, Utopia,"), wozu Hans Sachs Schlaweraffen, Pictorius „Schluraff, vast schlüfferig mensch," liefert, gehören sollte. Zeitschr. II, 394,61. Weigand, Wbch. II, 589. H. Sachs 1612: I, 1092f: Schlauraffenland. Vom Schlauraffenlande alte Lieder in Haupt's altd. Blttrn. I, 163—173. Mone's Anzeiger VIII, 615. s. oben. Sp. 496: Schlau-drach.

Der Schlair, s. Schlaijer, Sp. 521.

schlauren (schlauə'n, oder wäre dieß als Ausspr. von schlueren, isl. slóra zu nehmen? Firmenich I, 256. 259: *schlören*, schlendern), (O.Pf.) ausruhen, besonders bey Feldarbeiten. „Slürrikait, tepiditas," (als eine species acediae); Clm. 17296, f. 98. `Der Schlaur, mhd. slûr, faules Geschöpf; BM. II, II, 416.´ „Du bist sinne und witze ein slaur, worte und werke ein viltzgebaur," sagt die Frau zum dummen Mann; Renner 12194. Vrgl. Schlaraffel und schlaudern.

Die Schler, (Augsb., verächtl.) der Mund. Er henkt d' *Schler* 'runtər, fr. il fait la mine. schliren (schliərə˜), naschen, lecken; (ndrs. sliren). Schlerrmuil, (Weihers; Dr. K. Roth) fratzenhaft verzerrtes Gesicht. Der Schlirer; adj., schlirig, geschlirig. Der, das Geschlir, Leckerey, Nascherey, Naschhaftigkeit. „Auch nimmt jetzt (im Hornung) mancher für den Gschlier ein Fastenbretzen zu dem Bier. So fällt mir 457 jetzt (im October) ein der roth Figerner, den man jetzt trinkt vor Gschlier und Durst;" „das augsburgische 's Jahr ein Mal" v. 1764.

Der Schlier, Schwären am Leib, besonders an den Schamtheilen oder unter den Achseln, „bubo, panus inguinum, ulcus inguinarium;" Voc. v. 1618. (BM. II, II, 399. cf. holl. cliere, klier). „Apostema, geschwer vel schlir;" Monac. Francisc. 248, f. 225. „Wer apostem oder slier nach ausgefawlten trwssen hat;" Cgm. 170, f. 3ᵃ. „Ein zagel (zadel?) oder Schlier;" Arzney-Buch v. 1470, Cgm. 591, f. 276ᵇ. „Salb für den Schlier. Schlier und kalte schaden maisseln; Cgm. 731, f. 121. „Für den schlier und kolben; Cgm. 3721, f. 261. „Daß im cöllnischen Quartier (zu Regensb. beym Reichsconvent von 1613) alle hetten Franzosen, Kolben und den Schlier;" CMh. 395, f. 27. „Lingua resectam dilaniata gulam frustis (sclierrun) cum sanguine implet;" Prudent. psychomach. 425, gl. i. 566. Graff VI, 565. „Lumbus, slierbrat;" Voc. optim. p. 11.

Das, der Schlier, Lehm, Schlamm', (österr.) Mergel. schlieren, beschlieren, a) (Nürnb., Hsl.) mit Schlamm überziehen, verunreinigen: „Unsauber oder beschlürt Erzt," Lori, B.R. 358; (in Oberösterreich) absichtlich mit Mergel belegen, besonders Kleefelder. b) (Schwab., Franken) mit Lehm, worunter Stroh gemengt, ein Dach, eine Wand belegen, oder ein Fach-, ein Pfahlwerk damit ausfüllen. Im Münchner Stdt.B., Ms. v. 1396 (Cgm. 27, f. 49) heißt es: „Mit slierdach deckt man wol in der außern stat." „Verblendete geschlierte oder gar hölzerne Schlöte sollen abgebrochen und mit Backsteinen abgemauert werden;" Ansp. Verord. v. 1760. „Wohnhaus von Fachwerk mit Laimen verschliert;" Akten v. Herzogenaurach. Sollte auf eine Contraction aus Schluder, Schlotter, Schlott (Schlamm) zu rathen seyn?

schlueren, s. schlauren.

---

schlarfen, schlärfen, schlärfeln, schlerfen, schlarpfen, schleppend einhergehen; (mhd. slirfen, slerfen; BM. II, II, 405. cf. schwed. slarfva, nachlässig verfahren). Zeitschr. II, 393,61: schlarfen. Vilmar, kurhess. Idiot. 356; schlorpfen. Zeitschr. IV, 516,3. „schlarflen, pedes cum strepitu trahere;" Voc. v. 1618. Das Geschlärf, Geschlerf, schleppender Gang; Geschleppe; figürl. Anhang, Gesindel, Lumpenpack. „Daz ir verr auf der erd nach gat ditz geslerf," (Schleppe); Mich. Beham, Cgm. 291, f. 72. „Der, die Schlarfen, Schlarpfen, der Schlärfel, Schlärfling, abgetretner Schuh, Pantoffel. Weigand, Wbch. II, 589: Schlarfe, Schlarpe. Zeitschr. VI, 480. Vgl. oben: Schlêfer und niederd. *Slarr*, *Slurr*, Pantoffel. *slaren*, *sluren*, *slurren*, schleppend einhergehen; Zeitschr. II, 202. IV, 135,136. V, 294. VI, 288,748. 480.

schlurfeln, s. schlufern.

---

schlurken, a) (Ansp.) das r nicht recht aussprechen können; '(Koburg: schlorchen, schlurchen)'; stammeln; Birlinger 398 f. s. Th. II, Sp. 1501: lurken. Zeitschr. VI, 202. (Weihers, Dr. K. Roth) schluchzen, hetschen. BM. II, II, 416: slurken; cf. der slurc, Schlund. b) (Voc. Melber) ingurgitare; BM. a. a. O. c) (Cgm. 641, f. 112) palpare, palpitare. d) (schwäb.) schleppend einher gehen. Schlurker, Pantoffel. Menzel's Literaturbl. 1837, p. 471. Zeitschr. VI, 480: Schlarken. s. schlarfen.

'schlorpen, (Augsb. schloa'pə˜) was schlarfen. Der Schlorper, Mensch mit schleppendem Gang. Die Schlorpen (Schloarpə˜), plur., abgetretene Schuhe, Pantoffel; auch Schlarpen. ¡schlorpig, adj. Birlinger 398.'

---

schlâß, schlôß (schlâʃs, schwäb.), schlapp, schlaff, weich, remissus, flaccidus; bey Stalder II, 324 auch schlâßem, schlaßm. Weigand, Wbch. II, 599: schlôß, nachlässig, unthätig. zerschlâßen, zergehen. „Zuckercandel im mund halten, das mans gemächlich zerschlâßen lät;" Cgm. 601, f. 114. Bey Stalder schlâßmen, weich werden, aufthauen, wie Schnee. „Schloßigkeit," (Schmid, schwäb. Wbch. 468) Unthätigkeit. Cf. isl. slota, remittere; slot, relaxatio. Vrgl. auch schlaißen und schlotzen.

Die Schlais, öfter Schlaisen (Schlaəʃ'n), Reihe, ordo, series; Voc. v. 1618. „Des volks ein lange Schlais;" Av. Chron. 259. ə˜ ganzé *Schlaəʃ'n* Leut is vo' 'n Theatə' gstan'ə˜. Nach der Schlaisen, nach der Reihe. „Ist mir lieb, wenn ich die lang Schlaisen bei seinem (des Caplans) Beichtstuhl sieh;" Bucher's Kinderlehre (1781) p. 51. (S. a. Schnaisen, und vgl. allenfalls das ndrs. Verb slesen, Bretter einfügen). 458

schlaißen (schlaəʃʃ'n), (nach Gramm. 956, VI: Nebenform von schleißen, welcher das sleizan, vellicare, scindere, der ahd. Sp. entspricht; s. auch schlaizen. Graff VI, 817. BM. II, II, 414. Weigand, Wbch. II, 592). a) streifen, ab-, ausstreifen, z. B. einen Darm, indem man ihn zur Reinigung durch die pressenden Finger rc. zieht; ə˜ *gschlaəʃʃtə'* Darm. Das Darmschlaißend (Darmschlaəʃʃəd), Darmgeschlaiß, krankhafter Durchfall, wobey der Darmschleim mit abgeht. D' Hennə˜dárm sán' guəd für's *Darmgschlaəs*. (Vgl. in dieser Bed. nach Gramm. §. 118. 334 auch schlâß). Federn schlaißen, indem man die Fahne von der Rippe streift oder zupft. (In der Schweiz) Bäume, Hanfstengel, Thierleichen schlaißen oder schlaizen, sie schälen, enthäuten, schinden. „Excorticare, schlaissen;" Cgm. 665, f. 3. b) im Gehen den Boden streifen, schleppend einhergehen. Wiə ſ' widə' *dəherschlaəʃst*, dé faulé *Schlaəʃʃ*; (s. Schlaiß). c) zerreißen, spalten. Hàt 's Wédər ei˜gschlàgng und hàt 'n Bám mitt'n vonənandə' *gschlaəʃʃt*. „Scindes, sleizzes, zerres;" Cgm. 17, f. 211ᵃ. Wanner und Zainler, „die als (alles) ze unrechter zeit sneiden und slaiczen (Barack: schnaizen), daz tût ze wurmen und ze fulend raiczen;" des Teufels Segi, Wallerst. Hs.; (Barack 357,11213). s. schlaizen. „Weinpfähle schleißen;" Wirzb. L.G.O. v. 1618. „Daß die Bücher nicht zerrissen, zerschleißt und verderbt werden;" Ansp. Verord. v. 1698. d) verschlaißen Waaren, wie verschleißen. Die Schlaißen, a) unbrauchbare Rippe der Feder nach abgezogener Fahne. b) Span aus gespaltenem Kienholz, Leuchtspan, Brennspan. Weigand, Wbch. II, 592. „Das Helmschneiden bey Licht von Schlaißen ist verboten;" Ansp. Verord. „Hat uns gemacht ein buschel schleißen das darf ich jn gar nimmer heißen;" H. Sachs 1560: II, IV, 32. Die Schlaiß, träge, schleppende Person. cf. isl. sleita, torpor, sleitulegr, torpidus; aber auch schlâß. Der Verschlaiß, was Verschleiß. Die Schleißeiche. „Ilex, werieheih; quercus, hartira eih; esculus, sleizeih;" Bened. 106, f. 135ᵇ. Graff VI, 127.

schleißen, Cond. schleißet und schliß, Partic. geschlißen und geschleißt, wie hchd.; (mhd. slîzen: Praet. ich sleiz, wir slizzen; Partic. geslizzen; ahd. slîzan: Praet. slaiz oder sleiz, Partic. gislizzan, scindere, lacerare, disrumpere, vellicare rc. Graff VI, 815. BM. II, II, 413. Weigand, Wbch. II, 592. Zeitschr. VI, 479). a) 'intrans., sich abnutzen, zu Grunde gehen; trans. verbrauchen,' abnutzen, als Linnen, Tücher, Kleider. Das Hemed schleißt, der-, ver-, z'schleißt sich, —

wird ſchleißig, oder (nach einer ſcherzh. R.A.): gêt auf Schleißhaim. „Da das Weib in währender Ehe durch Arbeit ihre Kleider verſchliſſen hätte;" Wirzb. L.G.O. v. 1618. „Alte verſchlißene Tiſchtüecher." „Ain verſchlichſen tiſchlach;" Cgm. 4902, f. 9 (v. 1429). „Daz hemd hat an im die tugend daz ez ſich nymmer geſleizzt noch gezerrt;" Gesta Romanor. Cgm. 54, f. 44b, (Keller p. 86). „Mein zän ſind verſtumpt und verſchliſſen," ſagt der Jagdhund bey H. Sachs 1560: II, IV, 54. „Das es die kräfte hat verſchliſſen;" daſ. 54c. „Der reif vil früchte thut verſchleißen;" daſ. 1612: I, 849. b) (ä. Sp.) zubringen eine Zeit, zu Ende bringen. „Er hat ſein Zeit im lernen verſchliſſen;" Voc. v. 1618. „Erſt verſchleußt er vil edler zeit;" H. Sachs 1560: II, II, 74. „Wie Adam und Eva ir leben verſchliſſen;" H. Folz. „Es ſchleizzet mannig fraw und man ir leben und ir zeit;" Cgm. 379, f. 10. „Da Salomons tage verſchliſſen waren, da ſtarb er;" Cgm. 287, f. 27. „Sein Leben verzeren und ſchleißen;" Füetrer, Cgm. 565, f. 2. „Die Zeit nit umbſunſt verſchleißen;" Cgm. 1015, f. 4. „Wie ſi hie ir tage ſlizent;" Diut. II, 147. „Dat ik ydel eten dus hebbe verſleten mijn ionghe leven;" Cod. germ. membr. 8° 40, f. 15. Firmenich I, 433: et Läbe *verſchlieſse*. „Ja iſt mein not noch
459 nicht geſlizzen;" Kaiſerchron. c) abſtreifen, berupfen, als Federn. „Drey Pfund Gensfedern ſollen geſchliſſener ein Pfund ausmachen;" Notata des v. Bodmann. Burgholzer führt p. 113 in München 8 zünftige Bettſchleißerinnen auf. d) (ä. Sp.) verlaſſen. „Das land ſleißen," bey Ottocar v. Horneck. (cf. heri-ſliz, Capitulare II. anni 812: Deſertion). e) verſchleißen, ablaſſen an Kaufende, anbringen. f) abtragen. Nach dem Erbidem von 1601 hat man einen Thurn „uf den grund abſchliſſen und wider uffbawen müſſen; Geſch. Fr. III, 111. „Die kilch zu Beggenried hat widerum geſchliſſen und nüw erbuwen werden müſſen;" daſ. 113. „Do man daz hus anfieng ſchlîzen" ... „gewunnen die Schnabelburg und ſchlaiztend und brauchent ſi nider uf den herd;" Ettmüller, zwei Züricher Chroniken 70. 78. Die Schleißen, a) abgetragene Lumpen, Charpie oder Maiſel daraus zu zupfen. b) was Schlaißen, Leuchtſpan. Der Schliß. e feine, e grobe *Schlis* Féde'n; (ObrM.). ſchleißig, ſchleiß, adj., von Leinwand ꝛc., abgenutzt, den Zuſammenhang der Fäden verlierend. BM. II, II, 414. „Nimmſt eine Leinwand, oft weiß, oft ſchleiß;" Bucher's Kinderlehre 1781, p. 15. Die chlag iſt frewden ſchleizzig," (ſie zerſtört die Freude); Suchenwirt 19,2. ſchleißig Holz, das ſich ſchön ſpalten läßt. „Reptilia dy erſleiſſunden (erſleichunden?) tier;" ZZ. 1803, f. 198. Schleißheim = Sliwesheim, bey Cozroh 31a, ad 755 (vielmehr 775): „in villa quae dicitur Sliuuesheim. Dazu findet Dr. K. Roth daſelbſt 114b einen „Sliu presbiter;" Schenkung von 808; (5. Juli 1850). Förſtemann II, 1277. S. ſchlaißen und ſchlitzen.

ſchleußen (ſchloiſſ'n, ſchluiſſ'n), ſ. ſchließen.

ſchließen (ſchliəſſ'n ſchloiſſ'n, ſchluiſſ'n, o.pf. ſchlèiſſ'n; — Condit. ſchliəſſət und ſchluſſ', Partic. geſchloßen), wie hchd.; (mhd. ſliezen: ich ſliuze, wir ſliezen, Praet. ich ſlôz, wir ſluzzen, ich ſlüzze, Partic. geſlozzen; ahd. ſliozan: ih ſliuzu, Praet. ind. ſlôz, conj. ſluzi, Partic. giſlozan. Graff VI, 812. BM. II, II, 408. Weigand, Wbch. II, 596). Von Seite einer Behörde Einem einen Beſcheid zuſchließen, herausſchließen, ihn ihm ſchriftlich und verſiegelt zukommen laſſen, zuſenden. ſchließig werden, hchd. ſchlüſſig werden, einen Entſchluß faſſen. ſchließlich, (ä. Sp.) ſich als Schlußfolge ergebend. Die Schließen (Schliəssn), Knippſchloß an einer Bügeltaſche (Frauen-Geldtaſche), einem Halstuch, einem Buch ꝛc., Geſperre, Geſpänge. Das Geſchließwerk, (O.L.) vorſpringendes Balkengefüge an hölzernen Wänden. (Cf. „Contignationem, ſliezunge;" II. Paralipom. 34,11, Clm. 4606, f. 116. „Eins oder beede Gaden zu mawren ſol ehe vergunnt werden, als von geſchloßnen od. ungeſchloßnen Holtz zu zimmern;" Forſt-O. v. 1616, Art. 32). „Vorſchließender ſtain, antes. Vorſchließende balcken, proceres, capita quae extra aedificium protenduntur;" Voc. Archon.

Das Schloß, Geſchloß, a) wie hchd. Schloß; (ahd., mhd. ſloz, ſlôz (?); Graff VI, 814. BM. II, II, 412. Weigand, Wbch. II, 599). Mich. Beham (Wiener) ſchreibt in der Regel: gſloß, gſlaß. Figürlich: Die ſiben Schloß, ein gewiſſes Gebet. „So thuen viele Sünder kein Buße mehr, und bethen die heiligen 7 Schloß dafür, und der Teufel mag ihnen doch nicht zu;" Buchner, Charfr.-Proc. 145. Haupt's Zeitſchr. VII, 137 f. b) Hüftknochen, Schlußbein. „Geſchloß, coxa;" Cgm. 649, f. 535. Clm. 4394, f. 175. Inc. s. a°. 2°. 1239, f. 16. Das Schloßbrätlein, (Metzg.-Sp.) Fleiſchtheil, zwiſchen dem Nierenbraten und dem Schlegel eines Kalbes heraus gehauen. c) „Fräwlich ſchloß der geburt, vulva;" Voc. Melber. „Unverruckt und unverſert bliben Mariae Schloß." d) anſehnlicheres Gebäude nebſt Zubehör, zur Hofhaltung einer Familie abgeſchloſſen; — früher meiſt ein Complex von mehrern kleinern Gebäuden; (vrgl. Zaun, c., Kemenât und Zimmer. Cf. Nibelungen, v. d. H. 4421, Lachmann, Strophe 1042: „Ze Wormz bî dem münſter ein gezimber man ir ſlôz — der Wittwe Chriemhilt — wît und vil michel .... dâ ſi mit ir geſinde ſaz. Vgl. ceſk. zámek, ſtatt za-mk, von za-mknu, ſperren, ſchließen. Dobrowſky, Slovanka II, 4). Ao. 1397 bedingt ſich Herzog Ludwig, daß die Vorſtadt am Hof zu Regensburg „ſein offen Geſchloß ſeyn und bleiben ſoll;" Gem. Chr. II, 334. „Inwendig in dem ſchloß (zu Angers) iſt des kunigs pallaſt und daran ein kirchen;" Cgm. 1279, f. 143. (Vrgl. offen, I. Th., 460
Sp. 45). Jetzt wird in Alt-B. faſt jedes adeliche Landhaus e *Gſchlòs* oder doch *Gſchléſſl* genannt, während dieſer Ausdruck bey den königlichen Schlöſſern in Städten mit Reſidenz vertauſcht worden iſt. Das Höchſchloß Päl, Salzburg ꝛc. Auer, Münchner St.B. p. 287: „Oſterwein, Necherwein und Elleſlozzer," (Elſaßer).

Schloß, (eine Art Confect oder Gewürz?). „Paternoſter, lebzelten, ſchlos, margram, wildes gewurz und ander ding, das unſer kramer nit vail haben;" Münch. Stdt.-B., Cgm. 290, f. 83 und Cgm. 544, f. 52. (Auer, St.B. 165: ſlôz). (Etwa Confitur in Geſtalt von Hagelkörnern, hchd. Schloßen, welche Bedeutung ſonſt in Alt-B. unvolksüblich). Das Fellſchloß, Thürklinke, die das Schloß niederdrückt; Grimm, Wbch. III, 1499. BM. II, II, 412. Dieſenbach 431b, nov. gloſſar. 290. ſ. Th. I, Sp. 706. „Velſloz, pessula;" Cod. Inderst. 278, f. 257a. „Pessulum est sera lignea qua firmatur ostium proprie ein felſchloß;" Cod. Teg. X, 26,2, (Carmina: Popo, comedia de lepore). „Pessulum, rigel vel felſſchloz;" Cod. Furstenzell 44, f. 21. MB. VI, 149, ad 1200 kommt unter Zeugen nach den dispensatores curiae und dem cocus ein „Oudalricus velleſloz" vor; bey Hund, St.-B. II, 121 ein Geſchlecht: die Fellſchloß. In Kr. Lhdl. II, 186, ad 1458 wird gegen die ſich im U.L. und im Wald herumtreibenden Fürkäufer, die man heißt Vellſchloßer, ſchwere Klage geführt. (S. I. Th., Sp. 837). Sollten die Velſloßer ihre ihnen zur Beſtellung anvertrauten oder ihre eigenen verkäuflichen Sachen in verſchließbaren ledernen Behältern (budgets, malles) bewahrt haben? „Tibi frater amantissime Froumunde libelli residuum quod rogasti, per hunc pelliferum transmisi," ſchreibt Reginbaldus der Mönch (von St. Emeran?); Pez, thes. VI, I, col. 162. Glöt- oder Lötſchloß, (Nürnb.) Vorlegeſchloß. Der Schloß- oder Gſchloßladen, Bohle, 4 und mehr Zoll dick. Der Schloßer, wie hchd. Schlöſſer. Weigand, Wbch. II, 599. Schloſſerpoſſen, (Selhamer) unzüchtige Rede, Zote.

'ſchloßweiß, ſ. ſchlottəweiß.'

Der Schlüßel, a) wie hchd.; (mhd. ſlüzzel, ahd. ſluzil; Graff VI, 814. BM. II, II, 413. Weigand,

Wbch. II, 602. b) Werkzeug, womit der Bäcker das Brod in den Ofen schießt;" vrgl. Schüßel. c) rechtwinkliger Ausschnitt aus einem Stück Ackerfeld. d) „imago verendorum virilium, quam imaginem laici solito vocabulo clavem solent appellare — quae fit sive de vitro sive de medulla ... dicit vitrifex: clavis vitrea valet ad bibendum." Der Prediger (vermuthlich Joan. Gews, Wien) eifert gegen den Verkauf und Kauf derselben „in locis sacris et tempore dedicationum: Si non prohibebitur talis venditio et emptio, timendum est, quod in confusionem et poenam mulierum, quae jam longo tempore virorum virilia emerunt, adhuc vendentur publice verenda mulierum;" Polling 451, f. 3—4. Clm 11751, (XV. sec.). 'Der Himmelschlüßel, auch Schlüßelblume, primula veris. BM. II, II, 413,2. Weigand, Wbch. II, 602. Nemnich II, 1060.' D' *Himmǝlschlüssǝ-ln.* Spiǝrts auf, liǝbé *Schlüssǝ-ln* dés himlisché Taǝ', dǝr Auswärts will für'ǝ', nuǝ' 's Gwǝlk stêt no~ vaǝ';" Seidl, (3. Ausg.) p. 155. Der Kuchelschlüßel, (im Scherz) Rußflecken im Gesicht.

Der Schlât, s. Schlôt. „Ach mein schlat der fing an zu prinnen;" H. Sachs 1560: II, IV, 27^{b}.

Die Schlat, s. oben, Sp. 495: die Schlau, und vgl. die Schlott.

schlatt, 'was hchd. schlapp.' schlatt-ôret, adj., hang-ohrig. 'Die Schlatte, 1) breitrandiger Erntestrohhut; Birlinger 397. 2) herabhängende Unterlippe. Vilmar, kurhess. Idiot. 354: Schlette, Schlätte.' schlattern (schlàdǝ'n), (o.pf.) klappern. d' Mǝl *schlàdǝ't.* Die Schlattern (Schlàdǝ'n), die Klapper. S. schlottern, schluttern.

schlettern, (schwäb.) Feuchtes einzeln fallen lassen, verlieren, verschütten; naschen. Vrgl. schledern, schlötten und schlottern, allenfalls isl. slæda. R.A.: Einem einen Schletterling anhenken, ihm etwas Übles nachreden; (cf. schwed. sladdra, lästern).

Der Schlitten (Schli'n), a) wie hchd.; (mhd. slite, ahd. slito, gen. slitin; Graff VI, 792. BM. II, II, 405. Weigand, Wbch. II, 598. Cf. mittellat. sclodia; Ducange, t. VI, 119^{a} u. t. II, 304^{b}: chamulcus): Bennl-schlitten, Bockschlitten, Gaißschlitten ꝛc. Cgm. 94, f. 18^{b}. 19^{a}. 65^{b}. 66: slite für vehiculum, wagen für quadriga. Diefenbach 609^{a}. Birlinger 398. „Diu gewonheit machet, daz ez (mîn herz) ist worden ze einer slitereise;" Labr. 533. b) liederliche Weibsperson, prostibulum.

Das Unschlitt, s. I. Th., Sp. 113 und oben Sp. 503: Schlicht.

Die „Schlotten," Schlutten, (Allgäu, Breyer) „kurzes Oberkleid mit Ärmeln aus grober Leinwand oder Fehewerk;" (Stalder II, 330. Zeitschr. VI, 119,31. cf. dän. slöi, adj., weit, geräumig; slöikiole, weiter, los herabhängender Kinderrock). „Theristrum eyn kittel oder ein schlytlen;" Voc. Archon. Cf. „Harbant, Schlötterlein;" H. Sachs 1612: I, 1064; '(vgl. unter Schlotter).'

Der Schlôt, Schlât (Schloud), (O.Pf., Franken) Rauchfang; (ahd., mhd. slât, pl. slæte; Graff VI, 792. BM. II, II, 392. Weigand, Wbch. II, 599 f. Zeitschr. II, 392,43: Schlôt, Graben, Rauchfang; IV, 143,373. 288,398. V, 524,587. VI, 203. s. Schlôt). R.A.: Ein Ding in den Schlôt schreiben, wenig Sorgfalt haben, es im Gedächtniß zu behalten. Hölzerne Schlöte und Strohdächer werden verboten durch die wirzb. Feuer-Ord. v. 1721 und 1790. „Bey Erreichung der Schlot-Kappe
461 sollen die Schlotfeger einen lauten Ruf oder Schlotgeschrey thun;" Wirzb. Verord. v. 1750. S. d. folg. Wort.

Die Schlôten, Schlötten (Schloudn, Schlou'n), (O.Pf., Franken) Schilfrohr. BM. II, II, 392. Weigand, Wbch. II, 600. Zeitschr II, 392,13. 432,114; vgl. V, 520,2: Schlöt, Ast; vgl. VI, 479. Diefenbach 625^{c}. Hattemer: „novellum, slate." cf. schlatt. „Voller sleffen, voller slatten, ulvosus;" Voc. v. 1482. „In den Weihern sollen die Schlotten, ehe der Same ausfällt, mit der Grundsense unter dem Wasser abgemäht werden;" Anspach. Verord. v. 1673. „Alda legt ich mich ein den Schatten schwermutiglichen ein die schlatten;" H. Sachs 1612: I, 634. „Mit blümlein, klee und schlatten," (reimt auf „schatten"); das. II, II, 100. Zwibel-schlotten (Mayr: Schluten), hohles, röhrenförmiges Kraut der Zwiebel. Vilmar, kurhess. Idiot. 357. Bey Ortolph ist Schlattenkraut gladiolus. „Gladiolus haizet slatenkraut und haizet aigenleichen nâch der latein swertlinch oder swertelkraut;" Konr. v. Megenberg f. 238, (Pfeiffer 403,31). Nemnich II, 249 f.: Schluttenkraut, Iris pseudacorus. Vrgl. d. vorige Wort. 'schlüttig, schlank; Zeitschr. II, 393,13.'

Die Schlott, Schlött, Schlutt, das Geschlött, Geschlutt, Schlamm, Koth; Thauwetter. BM. II, II, 415. Vilmar, kurhess. Idiot. 351: *Schlâde*, 356: *Geschlutter*, *Geschlitter*. H. Meyer, Züricher Ortsnamen 6. Zeitschr. IV, 268,7: *Slâdǝ*, *Slâ'ǝ*. „Do bestreich (Got) in (den Adam) mit einer slote, diu selbe slote ward ze dere hute;" Diut. III, 46. Sp.-W.: Morgenrôt Abendschlott. Die Schlutt (das Geschlutt) vor Liechtmessen und vor Weihnächten, Thauwetter oder schmutziges Wetter, trifft fast alle Jahre ein. Im Jahr 1830 war nach dem gedruckten Neujahrsbericht der St. Peters-Thurmwächter zu München „keine Schlutt vor Weihnachten." „Das Gschleda, auch Gschlàda, jeder schlechte Trank, insonderheit ein schwaches, schlechtes Bier;" Castelli, Wbch. 156. „Der Schleda'ling, der weiche Unrath aus der Nase;" das. 244. Der Schlott-Hammel, unreinlicher Mensch. schlötten (schlètt'n, schlètt'n, was fast auf schlætten weiset), mit Schlamm, Koth, Lehm ꝛc. zu schaffen haben, werfen, spritzen ꝛc. *schleda'n*, schwemmen; *anschleda'n*, anklecksen; *ausschleda'n*, ausschwemmen, die Seifenwäsche in klarem Wasser reinigen; Castelli, Wbch. 244. 55. 67. Lehm, Koth, Mörtel an die Wand schlötten. Eine Wand, Hütte ꝛc. auf-, zesamschlötten, aus Lehm aufbauen. verschlötten, Nasses oder Feuchtes verwerfen, verstreuen, verspritzen. Vrgl. schlettern, schlottern, Schlotter, Schluett, (isl. slæda, slödr).

schlottern (schlódǝ'n, schludǝ'n), a) wie hchd., 'schlottern, schrecken, zittern; klappern, tönen; (BM. II, II, 415. Weigand, Wbch. II, 600. Birlinger 398. Vgl. Zeitschr. VI, 342.)' „Bald *schludert* und schlögelt mä' 's Hirn;" Lindermayr 172. b) was schlötten. 'c) viel reden, schwatzen; BM. II, II, 415,3. Cf. dän. sludre, niederd. *sladdern*; Zeitschr. III, 552,15. „Slotern, smetern, snarren, kallen, snappen, claffen, lellen, snallen heizet man hoflichez tichten; Renner 16202. Der Schlotterer, Schwätzer, Klatscher. „Sage ich in (ihnen) heimlichen mære, so bin ich ein sloterer; sweige ich mit zuhten ân gevære, so bin ich ein gleihsener; sprich ich die warheit nach der swære, so bin ich ein griffelere; Renner 16145.

Der Schlotter, a) (Werdenfels) der hintere, zum Packen bestimmte Theil des Wagens. Birlinger 398. b) Schlötterl, halber Wagen voll Getreides ꝛc. (Stocker). b) (Ansp.) saure Milch mit ihrem Rahm. cf. schlotterweiß. c) (Schlodǝ', Schludǝ'), Schlamm, Schmutz. Mit Seifenschlotter (breiartiger Seife, Seifen-Sulz oder Brei) waschen. Vrgl. etwa Schlier und Schlott. d) Schlötterlein, Klapper; H. Sachs 1612: I, 1064; '(vgl. oben: Schlotten).' 'Das Schlotterfaß, (hess.) was Kumpf; s. Th. II, Sp. 1552. Vilmar, kurhess. Idiot. 357. Weigand, Wbch. II, 599. 600.' Die Schlottermutter, (Lungau; Hbnr. 541) Brautmutter,

Brautführerin. Zeitschr. IV, 321. Cf. Stalder's schlottern, den Taufpathen begleiten, oder auch für ihn einstehen, was der Schlottergötti, die Schlottergotte thut. Von den ehmaligen weiten, schlotternden Festkleidern, meint Stalder II, 330 f.

'Der Schlotterkrug, thönerner Krug von cylindrischer Form mit engem Hals; (Koburg). Vgl. hess. die Schlutte; Vilmar, kurhess. Idiot. 358.'

schlottəweiß, (schnèi-schlottə˜-weis, schnèi-blêi-schlottə˜-weis; Nürnb.) schneeweiß. Anderwärts schloweiß, in Posen schlorweiß, bey G. v. Kaisersperg schloßweiß; (Zeitschr. VI, 469, IV). Vrgl. Schlotter, (Milch).

Die Schlutt, s. Schlott. Sollte davon, gegen sonstige Analogie, bloße Aussprachform seyn das folgende?

Die Schluett (Schluətt), a) Pfütze, Lache. Firmenich I, 18,38; *Schloot*, Graben; 20,89: Jiere-*sloot*, Mistjauchengrube. Zeitschr. VI, 203. Cf. česk. slota, schlechtes Wetter; Gesindel; s. Schlôt. b) unreinliche Person. schluetten, in oder mit nassen, unreinlichen Dingen zu thun haben. Das Gschluətt. Vrgl. (nach Gramm. §. 432. 433) Schlucht.

Die Slavenîe, 'ä. Sp., Decke oder Mantel von dickem Wollenzeug; BM. II, II, 392.' Graff VI, 812. Cf. VII Com. *tschavì*, *tschevì*; 'mittellat. sclavinia, slavina, ital. schiavina, frnz. esclavine; Diez, Wbch. 308.'

'schlawâken, (henneberg.) unverständlich reden, wie ein Slowake; Zeitschr. II, 466. Vgl. wälschen.'

schlêw, schlêwig (schlèi', schlèiwig), (schwäb.) lau, ungesalzen, kraftlos, matt, träg, langsam, stumpf; (ahd., mhd. slê, gen. slêuues, tepidus, hebes, — agſ. sleav, engl. slow; slêuuên, vrb. neutr., tabescere: sleweten, siechten, languerunt; slewete, tabescebat; sleuui,
462 slewe: languores, die sihtuome, slewe; slewechait, torpor; Cgm. 17, f. 62^{b}. 128^{b}. 151^{b}. 161^{a}. Cgm. 32, f. 18. 354, f. 127. 632, f. 90. Horneck c. 763. Graff VI, 811. BM. II, II, 392 f. Müller, etymol. Wbch. d. engl. Spr. II, 350. Cf. kärnt. slab, a, o, schwach; Jarnik p. 201). „Swa din herze sclewich und kalt ist;" Griesh. Pred. I, 34. „Die tregen und die sclewegin;" das. 45. „Uz dem sclâfe der trackait und der sclewechait; das. I, 165. Zeitschr. VI, 202: *schlawetzik*. S. schlêh.

'Der Schliwowitzer, Branntwein; s. oben, Sp. 505: Schlickowitzə'', und vgl. Jarnik p. 201: sliv, a, o, bläulich; sliva, Zwetschge; slivoviza, Zwetschgenbranntwein.

---

schlätzig (schlázi'), was schlötzig, s. schlotzen. Castelli, Wbch. 244. 245: *schlázi'*, *schlizi'*, schlüpfrig, klebrig, schleimig.

schlaitzen (Hsr.), was schlaißen und schleißen, (w. m. s.). „*schleizə˜*," den Hansbast abstreifen; (Vorarlberg; Bergmann, Walser 96). „Vermeinten di gantz eidgnoßschaft ganz ze schleizen und unter ir gewaltsamy ze bringen" ... „dan sy dasselbe gotzhus zu Roschach ganz zerstörten und zerschleizten;" Feer's Lucerner Chronik, Geschfr. II, 133. 138.

schlitzen, wie hchd.; (BM. II, II, 415. Weigand, Wbch. II, 599). 'entschlitzen, losmachen, ledigen.' „Kymel hat die art das er die wind geseczt in dem leib und entschliczt und verzert;" Konr. v. Megenberg f. 234, (Pfeiffer 326,20: entsleuzt). „Das kraut (nieswurz) ist heiß und trucken und entschliczt;" das. f. 236, (Pfeiffer 399,27: entlöst). „So man es (Roggenbrot) seudt mit öle so entschliczt es die herte aposteem in dem menschen;" das. f. 238, (Pf. 403,4: entsleuzt). „Das kraut (Nigella) entschliczt die wind und das pleen in dem leib;" das. f. 242, (Pf. 411,14: entsleuzt; cf. 418,31). zerschlitzen (z'schlitz'n) bersten. R.A. Dà müəst ə' mi' *zschlitz'n*. Dés wá' zen *zschlitz'n* heə'gricht. Der Schlitz, a) wie hchd.; (ahd., mhd. sliz, Schlitz, Spalte; Graff VI, 818. BM. II, II, 415 f. Weigand, Wbch. II, 599). b) (O.Pf.) Streifen Ackererde, vom Pflug umgewendet. c) vulva. Vgl. Cgm. 379, f. 70: „Ich wolt noch lieber juppen tragen und můſ essen als ander lüt das ich ain hett der mir zur hüt liegt do sy zerrissen wær und mir da selbs mein großiv swær und meinen kumer niderleit;" und das. f. 72: „Der ir in den nidern spalt weder rumen noch gesäen mag." Geischlitze, Geislitze, ä. Sp., s. Th. II, Sp. 952 'und vgl. Lexer, mhd. Hwbch. I, 1023. Pfeiffer's Germania, B. XVI, 82.' Cf. schleißen und Grimm III, 497.

schlotzen (schloz'n), a) mit Schmutz zu thun haben; nachlässig, träge seyn. Zeitschr. VI, 202: *schlátz'n*, *schlétz'n* umherschweifen; *schletsam*, adj., nachlässig. b) (schwäb.) von Kindern: am Saugläppchen saugen. „Laß jhn daran saugen und schlotzen;" Dr. Minderer 1620, f. 122. Die Schlotzen, Schlutzen, unreinliche Weibsperson. Der Schlotzer, Saugbeutel, Saugläppchen. Der Schlötz, a) (b. W.) Schmutz, Klebrigkeit. Zeitschr. VI, 202: *Schlátz*, *Schlutz*, Schleim; *schlátzik*, *schlutzik*, adj. b) (Fichtelb.) träger, fauler Mensch. schlötzig, schlützig, adj., klebrig, schmutzig, morastig, (Zeitschr. VI, 202); träge, langweilig; (schwäb. schlotzig); *schláze*, schläfrig; (Hrslm.). Vrgl. schlâtz, schlätzig und isl. slatta.

Acht und dreyßigste oder Schma- ꝛc. Abtheilung.

schmaueln, schmueln, (wenn etwa so die Aussprachformen schmau˜ln, schmu'ln, schwäb. schmulə˜, schmuələ˜, gefaßt werden müssen), schmeicheln, streicheln (wie die Katze; vrgl. II. Th., Sp. 1554. 1571); liebkosen. cf. schmuelen, schmudeln, schmauneln, schmunzeln, schmauzeln, schmotzen; schmutzen.

---

geschmach (g'schmàhh), schmackhaft, eigentl. und figürl.; (mhd. gesmac, ahd. gismah, sapidus, saporus, gl. i. 536. 1191. Graff VI, 825. BM. II, II, 417). ə˜ *gschmàhhs* Bród, ə˜ *gschmàhhé* Brüə, ə˜ *gschmàhhs* Gsichtl, ə˜ *gschmàhhé* Réd. „Si isst s' (die Birnen) so *gschmáchi'* untə' 'n Bám, dás mə' səlbə' d' Lust zu'n Essn kám;" Castelli (1828) p. 71. „Suavior, geschmacher;" gl. v. 1418. „Pism, gewürz und andrew wol gesmache (wohlriechende) ding;" Cgm. 543, f. 54. Das Geschmachelein (G'schmàhhə-l), Person, die sich auf ihre Gescheidheit, Artigkeit, Liebenswürdigkeit etwas einbildet, ohne es gerade Ursache zu haben. O Si *Gschmàhhə-l* Si! abgeschmach (à'g'schmàhh), abgeschmackt. ən *à'g'schmàhhə'* Mensch, ən *à'g'schmàhhé* Trácht, ən *à'gschmàhhs* Sprácht'n. „Und glaubt man schon, das Essen sey nit geschmach, wo man nit abgeschmach von Andern reden thut." „Mein Mann ist nicht da (sagt Potiphars Frau zum keuschen Joseph), mein, stell dich nicht so frembd; wie abgeschmach!" P. Abraham. ungeschmach (u˜g'schmàhh), unschmackhaft, widerlich. BM. II, II, 417. „Das Bier wird ungeschmach;" Ldtg. v. 1612. „Wann die sünd den engeln gar mißvelt und in ungesmach ist;" Cgm. 269, fol. 22ª. geschmächig
463 (gichmáhhi'), (O.L.) schmackhaft. Der Geschmach, öfter der Geschmachen (Gschmàhhə˜), der Geschmack, öfter der Geruch; (gl. a. 389, i. 718: gasmacho, sapor. Graff VI, 825. BM. II, II, 417). Abə' dà is ə˜ *G'schmàhhə˜*, dèr is nét zə'n Aushált'n. Bey de' Strauchə˜ hàd mə˜ kaə˜n *Gschmàhhə˜*. „Wer wil schätzen was geschmachens da lust sey und siessikait muscat negel zuckerpachens wär da ein recht bittrikait nichts wär da die Zimetrören, walsam da gestancke wär;" Andreas Schwäbl, Dechant zu St. Zeno, Lied (in 33 Strophen) von den ewigen Freuden, 1518; cod. SanZenon. 25, fol. penult. „Er verhueb sich vor dem gesmachen (Geruch der siechen Geliebten), sin lieb was im entswachen;" Cgm. 270, f. 163. Das Geschmächelein (Gschmàhhəl), Nebengeschmack, Beygeschmack, z. B. des des Bieres, Weines vom Faß. Der Ungeschmach oder Ungeschmachen, übler Geschmack oder (öfter) Geruch. „Den Ungeschmachen vertreiben;" Puterbey. „Macht einen grossen ungesmachen;" Cgm. 619, f. 361. S. geschmack.

Die Schmâch, verschmâchen, s. schmæhe.

schmaicheln (schmaəchln), wie hchd. schmeicheln; (mhd. smeichen und smeicken, doch schon im Voc. v. 1419: smayheln. Graff VI, 823. BM. II, II, 425. Weigand, Wbch. II, 605. cf. niederd. smeeken bitten, flehen). „Der hund smaicht sich seinem herrn zu. Der smaicht sich mir zu, blanditur." „Ich smaich nit, ego non adulor;" Cgm. 690, f. 25. 26. „Do empfieng in sein hausfraw vnd smaycht im sam ob si im nie nicht getan hiet vnpillichs;" Gesta Romanor., Cgm. 54, f. 81ᵇ, (Keller p. 161 f.). Der Schmaicher, das Schmaichwort, ä. Sp., Schmeichler, Schmeichelwort. BM. a. a. O.: smeichære. Der Schmaichel, Schmeicheley (?). „Aus angebornem Schmeichel;" Ertl, pr. aur. I, 486. „smaichen, blanditiis; gl. bibl. v. 1418. Wenn das bey Adelung angeführte schmeichen der Weber (mit Schlichte schmieren, schlichten; Weigand, Wbch. II, 606) als schmaichen (cf. isl. smeikr, lubricus) hieher gehört, so mag es wohl die sinnliche Veranlassung unsers ganz figürlich gewordenen Ausdrucks enthalten. Schlichten, slihtan selbst ward ja in der ahd. Spr. für blandiri gebraucht.

---

schmachten, verschmachten, schmächtig (schmachti') sind auch im Volksdialekt üblich, — also wol nicht etwa später aus dem ndrd. smagten, smagtig (Firmenich I, 174,43: *smagten*, hungern; 352,11: *Smacht*, Hunger; 290,8. 309,1: *smechtrig*, *smechterj*, hungerig) entlehnt. (Gl. a. 250 steht kismahteot, exolescit; — ist dabey an Gesmach, Geschmack, odor, oder an schmæhe, exilis, zu denken? Graff VI, 823. BM. II, II, 423. Weigand, Wbch. II, 602. 603. Zeitschr. II, 562,10. IV, 117, II, 5.

---

geschmack, adj., schmackhaft; (s. geschmach): „geschmacke speis, cibus grati saporis; geschmack machen, condire;" Voc. v. 1618. „Sueßes wol geschmackes himelbrod;" Cgm. 4593, f. 175. „Obz (Obst) sô gût unde wolgesmak;" Br. Berhtolt, Pfeiffer 49,17. „abgeschmacker mensch, bardus, sine genio; ungeschmack, ingrati saporis, fatuus;" Voc. v. 1618. BM. II, II, 416. Grimm, Wbch. I, 48. 105. „Macht uns dieses Leben so ungeschmack;" Bayreuth. Kirchen-Agende. Der Schmack, (mhd. ahd. smac, smah; Graff VI, 824. BM. II, II, 416. Weigand, Wbch. II, 603), der Geschmack, Cgm. 74, f. 136ª, Cgm. 307, f. 124ª, Cgm. 623, f. 124ᵇ; gewöhnlicher: der Geruch, Cgm. 356, f. 116ᵇ. Cgm. 591, f. 191ª. „Nasweis hund, die den feind im smack vernemen;" Cgm. 356, f. 116ᵇ. „Der geir (übertrifft den Menschen) mit dem smack, wan der smeckt daz âs gar verr;" Konr. v. Megenberg f. 72ᵇ, (Pfeiffer 118,17). „Corpora mortuorum inungebant ut conservarentur a foetore vor dem smack;" Clm. 4776 (XV. sec.), f. 58. Der Geschmack, dasselbe. „Gesmacken, fragrancia;" Voc. v. 1474. schmacken, geschmacken Einem, ihm schmecken; (gl. i. 467: gismachan, sapere). schmackezen, beym Essen mit dem

Mund schmatzen; ndrs. smakken, smakken. Zeitschr. III, 262,70. VI, 404,11. „Swer snaudet als ein wasser dachs, und smaciczt als ein lachs, als er izzt;" Tisch-
464 zucht bey Rauch, scr. rer. austr. I, 198. (Haupt's Zeitschr. VII, 175,11). s. unten schmatzen. „I leihh eəm (dem Erbrechenden) mei˜ Servett, dà tuat e' drei˜ sei˜ Gschmaəkl;" Pangkofer 151.

verschmacken, verschmachten. Vrgl. schmæhen.

Das Geschmaick (Gschmàick), (O.Pf., Schuller) Fliegen, Bremsen und derley lästig Ungeziefer.

geschmauckelet, (schwäb.) schmuck, nett. S. schmucken, schmaunkelet.

'Die Schmecke, Peitsche; s. unter Schmitze.'

schmecken (schmécke˜); a) wie hchd.; (mhd. smecken, Praet. smacte, ahd. smechan, Praet. smacta; Graff VI, 824. BM. II, II, 418. Weigand, Wbch. II, 605. Zeitschr. V, 270,28). b) gewöhnlicher: riechen, olere, olfacere, — eine Bedeutung, aus HSS. des XV., XIV., XIII. Jahrh. reichlich zu belegen. Unter den 5 Sinnen steht smecken (olfacere) neben dem choſten oder versuechen (gustare): Cgm. 80, f. 5, Cgm. 121, f. 320, Cgm. 458, f. 134, Cgm. 478, f. 20, Cgm. 543, f. 54. Zeitschr. IV, 183. VI, 174. 203. „Das ich gesundt han mit den fünf sinnen: mit hören, mit sehen, mit greiffen, mit versuchen, mit schmeckhen;" offene Schuld, Clm. 4757, f. 225. Cloaca: Hic locus despectus, si non vis credere smeckduz;" Clm. 5685 (XV. sec., 1412), f. 51[b]. „Utinam saperent, heia, wolte got wanne smahten si;" Cgm. 17, f. 214[a]. Vrgl. riechen. Schö˜, schiəch, laədi' etc. *schmécke˜*. 's Fleisch *schméckt*, is *schméck ə˜d* wor'n. Der schmeckende Bach (die Schwefelquelle) zu Eschenloh. Werdenfelser Ehaftbüchl. v. 1431. I *schméck* nicks. „An wemb laut das Schreiben? man kans nit schmöckhen," schreibt Churf. Maximilian I. auf den Rand eines eingelaufenen Papiers. Wstr. Btr. VIII, 155. R.A.: *Schméck's!* ich mag dir keine Antwort geben, bin dir keine schuldig. *Schméck's*, Krópfətə', Krópfətè, setzt man wol bey, nachdem man Jemandem etwas Unangenehmes zu verstehen gegeben, unter die Nase gerieben hat. *Schméckſt* éppəs!? merkst du was, geht dir ein Licht auf? *Schméckſt* ə˜ pàr Öchſln?! Ey, möchtest du mich wol fangen, belisten? Es soll dir nicht gelingen. S. Gramm. S. 500. Zeitschr. VI, 121,81. Hàt kàm i˜ d' Stàd *g'schméckt*, will scho˜ hóchdeudſch rédn. Zeitschr. V, 133,9. „Wetzſtaindl, die schon ein Schneid machen, wenn mans nur zu den Sensen schmecken läßt;" Portiunk.-Büchlein 64. anschmecken. Das schmeckt mich guet an, verursacht mir angenehme Geruchsempfindung. Da könnt ich schön anschmecken, (übel ankommen). Den kann ich nicht anschmecken oder schmecken, (nicht um mich leiden). Zu etwas schmecken, daran riechen. erschmecken, ä. Sp.; BM. II, II, 419. Grimm, Wbch. III, 966. „Conputuerunt iumenta in stercore suo: Das vich ist erstunchen in seinem mist. daz legt sant Gregorij also auz daz daz vich ersmecht in seinem mist. daz ist daz leben in der smechenden unchæusch vollenden;" Gesta Romanor., Cgm. 54, f. 5[a], (Keller p. 8). Der Schmecken-Büschel, der Schmecken-Scherben, Blumentopf. Der Schmeckenstengel. Kleinat der Herzogin Anna (1552) in Form „aines Schmeckenstengels," gemalt im Cod. iconogr. 429, f. 15[b]. Die Schmecken, (O.Pf., Nürnberg; Wagenseil p. 109. 110) wohlriechende Blume oder Pflanze, Riechstrauß. Die Herzschmecken, Blumenstrauß am Busen; (Nrnb., Rath Her). Die Rosmarin- rc. Schmecken. Die Steckeleins-Schmecken, Strauß von Blumen, an ein Stäbchen aufgebunden. „Blumen, Schmecken und fumo trocisco erfüllten die Zimmer mit Wohlgerüchen;" Gem. Regensb. Chr. IV, 264. Altweiberschmecke˜, Krausemünze; (schwäb.; Rath Her). Der Schmecker, a) (Alt.B.) riechende Pflanze, Riechstrauß. b) verächtlich: die Nase. Zeitschr. VI, 174. Vrgl. geschmach und Schmack.

1) schmucken, Intensiv. von schmiegen (w. m. s.); mhd. smücken, ahd. smucjan; Graff VI, 819. BM. II, II, 432. Weigand, Wbch. II, 611. Cf. mhd. smoc, Weiberhemd, ahd. smoccho, interula. Zeitschr. III, 29. 399,29.). schmuck dich, schmiege dich. Wer ſi' nét *schmucke˜*-r- und ducke˜ kà, kümt bey derə' Wəld nimmə' furt. Wiə, *schmuckts* enk zsam, nachə' habmər àll Plàz. „Der mineclich, der stolz, der bider schmuckt mich lieplich an sein brust; Cgm. 270, f. 140[a]. „Solt ich mich hin in luft zu irer pruſt trucken, früntlich 465
schmucken, warm zwischen ir arm planck mit umbevanck;" Michael Beham. „Den sweif smukken," ihn einziehen; Diut. II, 135. 143. „Daz gemute smucken nu in fröude, nu in süren; das. 152. 'versmücken, zusammenziehen, zurückziehen; klein machen. BM. II, II, 433.' „Mit vorhten versmukkit" (zusammengezogen) liegt der Drache; Diut. II, 146. „Daz sie (die Nonne) die selben zît nie sô manic ei zerklucte noch kæse versmucte," (verzehrte); M. Helmbrecht V. 130.

2) schmucken, wie hchd. schmücken, zieren. „Beicht, ob du den Mund gesmucket hast, das er eng oder rot wurde;" Cgm. 620, f. 118[b]. Geschmuckelet, (schwäb.) zierlich, nett. (Ob etwa mit dem vorhergehenden schmucken zu schmiegen gehörig, und der Begriff zierlich, niedlich, nett durch den des Kleinen vermittelt? vrgl. fein). „Warend ab der Etsch, nampt man die Schmücker und erzknaben, ertrunken all" (ad 1499); Feer's Lucerner Chronik, Geschfr. II, 144. Federschmücker, der Federschmuck bereitet, ehmaliges Gewerbe, z. B. in Nürnberg. Der Schmuck, wie hchd.; (Weigand, Wbch. II, 610). Das Voc. v. 1618 gibt es durch pigmentum. Der, öfter das Geschmuck. Das Geschmuck einer bürgerlichen Braut besteht in silbernen Hals- und Mieder- oder Schnürketten, Fingerringen rc. „Laß ihr Geschmuck und guldes stuck mit Perlin übersetzen;" Balde, Lied auf Maria. „Ließ seinen kaiserlichen Geschmuck alles hinder jm;" Av. Chr. 357. 'schmuck, adj., wie hchd., Zeitschr. III, 26; schlank, zart; Zeitschr. IV, 262, III, 4.'

schmuckeln, (Aschaffenburg) übel riechen (von Fleisch und dergl.). schmuckelig, adj.

g'schmuəcklə', adj. und adv., (Baur) mit Geschmack, mit Appetit. Scheint nicht eine bloße Entstellung, etwa aus geschmacklich.

---

schmädern (schmádə'n), a) schmettern. *də'schmádə'n*, zerschmettern. b) schwatzen, plaudern.

schmadden sich, (jüd.) Christ werden; (v. chaldäischen schmad, vertilgen, vernichten; Weigand). 'Stern, Lexicon der jüd. Geschäfts- und Umgangs-Spr. p. 51: „Schmatt, Vertilging, Ousrotting; der höchste jüdische Bann; die Taufe. schmatten, vertilgen, toufen."'

schmaudeln (schmau˜ln), schmeicheln, streicheln, liebkosen. cf. schmau-eln.

Das Geschmeid (Gschmei'), a) wie hchd., d. h. aus Metall geschmidete Arbeiten, Gold-, Silber-, Messing-, Eisen-Geschmeid, besonders Mieder und Halsketten und drgl.; (ahd., mhd. gesmîde; Graff VI, 827. BM. II, II, 426. Weigand, Wbch. II, 424). Der Geschmeidmacher, Verfertiger von feinern und künstlichern Schmid- und Schlosserarbeiten aus Messing, Stahl und Eisen, (anderwärts Zeugschmid, Zirkelschmid). Der Geschmeidler, Geschmeidhändler. In Österreich heißt auch der Geschmeidemacher Geschmeidler. b) (ä. Sp.) Metall. „Daz buch von den gesmeiden, de metallis;" Konr. v. Megenberg, Pfeiffer p. 474. „Silber vnd gold von dem andern geschmeid schaiden;" Vegetius (1529), Anhang. „Ander gesmîde enmac niht ze golde sîh genezen;" Wernh. Maria 189. „Arcz vel abreisung des

geschmeids, minera; geprents geschmeid, aes ustum;" Voc. v. 1429. „Geſmeidkünſtler, die alchimistae haizent;" Konr. v. Megenberg f. 279, (Pfeiffer p. 474,1.32). geschmeidig, adj., a) wie hchd.; vgl. unten: schmodig und Zeitschr. VI, 429, I, 5. b) mäßig, gering. „Den Unterthanen ein geschmeidige Anzahl Stämb zu Zimmer und Holz schlagen; Wald-Ord. für's Innthal v. 1719. „Und da je über die zum schmeidigsten gemachte Rechnung etwas überschießen würde; Wirzb. Zent-Ord. v. 1670. „Mit geschmeidigsten Kosten;" Ansp. Verordn. v. 1734. Ohne Zweifel hat es ein Ablautverb schmeiden (ahd. ſmîdan, Praet. ih ſmeid oder ſmaid, uuir ſmittun, Partic. giſmittan) gegeben, da neben
466 Geschmeid, Schmid, Schmitten auch ein altes ſmeidar, ſmaidar (gl. a. 231. 313: artifex; Graff VI, 828) vorkommt.

Der Schmid (Schmi'), wie hchd.; (ahd. ſmid: êr-, iſarn-, gold-, kalt-, ſilbar- ꝛc. ſmid, mhd. ſmit; Graff VI, 826 f. BM. II, II, 426 f. Weigand, Wbch. II, 608). Die Schlosser, Uhrmacher, Sporer und Büchsenmacher nennen sich in der Rosenheimer Zunft-Ord. v. 1726 Kleinschmide. Der Kaltschmid, s. Th. II, Sp. 1242 (und berichtige das Citat in: Diut. III, 65). „Wer unter sich saichet des nachtes der sol auf einen chaltsmid sehen wenn der den stecken in die erd schlecht da er den anpaß auf hat, so sol der selbig mensch in das selbing loch saichen;" Clm. 25072, p. 298. Der Schmidel. R.A.: Beßer zum Schmid als zum Schmidel, bey Höhern richtet man eher was aus als bey ihren Untergebenen, — obschon übrigens auch die Gunst der Kleinen nicht zu verachten seyn soll. Schmidel ist auch eine Benennung für den termes fatidicus L., Wandschmid, 'das Erdschmidle, (Vorarlb.) Schmidhämmerle, der Holzwurm, Zeitschr. III, 302. Nemnich II, 1432.' Der Schmidkefer, (Salzb., Hbnr. 978), Hirschkäfer, Lucanus cervus L. Nemnich II, 457. Das Schmidmensch, der Hammerschmidgeselle; s. Th. II, Sp. 1628 f. schmiden, wie hchd. schmieden; mhd. ſmiden, ahd. ſmidôn; Graff VI, 828. BM. II, II, 427. Weigand, Wbch. II, 608. S. Schmitten.

schmodig, schmudig, schmudrig, schwül, drückend heiß, gewitterhaft; Zeitschr. III, 486. schmodig, (Rhein-pf.) feuchtwarm (Luft). Weigand, Wbch. II, 611. Vilmar, kurheſſ. Idiot. 360: schmudelich. Cf. niederd. *smidig, smuidig, smöd, smœd*, geschmeidig, sanft, weich; Firmenich I, 54,4. 197,52. 238,37. 346,26. 361,14.

schmudeln, verliebt tändeln, scherzen. Die Schmudel, allzu verliebte Weibsperson. Das Geschmudel, feminal. S. schmau-eln.

anschmudeln. Kärnt. ſlin, der Speichel; oſliniti, angeifern, gemeiniglich: anschmudeln; Jarnik p. 202. 'Lexer, kärnt. Wbch., Sp. 222. Vgl. schmudig und Vilmar, kurheſſ. Idiot. 360: schmud-lich, unſauber. Zeitschr. V, 72,73. 294: *besmudeln*. VI, 480.'

Der Schmuder, (beym sogenannten Ayerwalgen, einem Spiele) das getroffene Ey; s. Th. IV: walgen.

Sich schmiegen (Cond. schmieget und schmug, Part. geschmiegt und geschmogen; doch außer dem Präsens lieber durch die Ableitung schmucken — cf. bucken, zucken von biegen, ziehen — ersetzt), wie hchd., d. h. sich zurück-, zusammen-, einziehen, klein machen; (mhd. ſmiegen, Praes. ich ſmiuge, wir ſmiegen, Praet. ich ſmouc, ſmôg, wir ſmugen, Partic. geſmogen; isl. ſmiuga, penetrare, repere, wohin das vom Praet. ſmaug gebildete Transit. ſmeygia, ſmegia und die gleichbedeutende niederſ. Ableitung ſmuggeln gehört. Graff VI, 819. BM. II, II, 431. Weigand, Wbch. II, 611. Birlinger 399). „Der pfaff sich in der reußen schmug sein angesicht gar nider schlug;" H. Sachs 1560: V, 404. „Liebleich er sich an dich smog, do er deine prüstlein sog;" Cgm. 715, f. 14. „Die münch da von der frawen flugen und in die winkel sie sich schmugen;" Cgm. 714, f. 278. „Daz tie lewin von imo vluhin, in einin winchil sich smugin;" Diut. II, 299. „Diu rose het sich ingesmogen und het diu bleter zuogezogen;" altd. Wälder III, 220. Das Partic. geschmogen (gschmógng) wird gern als bloßes Adj. für schmächtig, knapp, klein gebraucht. Nürnb.: Es geht ihm geschmogen. Er sieht geschmogen aus. „O da wird der glaub klein und geschmagen;" Seb. Frank. Von Hufeisen, die man auf der Ampfinger Walstatt ausgegraben, bemerkte mir der Mesner zu Wimpaßing, wie gar geschmogen sie aussähen, und daß die Rößlein der ehmaligen Ritter gar geschmogne Füeßlein gehabt haben müßten. (Auch die für Freund Mettingh bey Possenhofen am Wurmsee ausgegrabenen sind so klein. 1836, May.) „Daz bild daz stund gesmogen;" Cgm. 480, f. 116b. Junge Leute, „die den winter warn versmogen," zeigen sich wieder im frohen Lenz; Diut. II, 132. „Verporgen und versmogen;" Cgm. 714, f. 186. „Daz er unter dem gelückes rad ze niderst wart versmogen," (hinabgedrückt, verborgen); Mich. Beham, Samml. f. 467
altd. Lit. 42. Die Schmeug, 1) (bey Horneck) Spärlichkeit, Kümmerlichkeit; (mhd. diu ſmiuge; BM. II, II, 432). Mit der smeug zur Noth, mit genauer Noth, kärglich. „Mit viel grozer smiuge;" Nithart XIII, 4. (Im schwedischen Norland kommt die Ableitung ſmogna, klein werden, vor). '2) das Anschmiegen, Biegung, Krümmung.' „Ein stat, schloß oder berg mit allen seinen windl krümen und schmügen in grundt legen;" Cgm. 3786, f. 12. „Die schreg, krüm oder schmüg;" daſ. f. 25b. schmugelich, adj., (schwäb.) niedlich, nett. Vrgl. schmucken.

---

schmæhe, schmæch (mhd. Sp.), ſmâhi (ahd. Sp.), gering, unansehnlich, schlecht, verächtlich; isl. ſmâ-r, schwed. ſmâ, klein. Graff VI, 819. BM II, II, 419. Weigand, Wbch. II, 602. „Schätzt er mich so schned und schmäch, das ich nicht mans wert sei;" Cgm. 236, f. 205a. „Ein selide smæhe, vil ungroz". (schlechte Hütte). „Do Christ sine botschaft bescherte den hirten also smæhen;" Wernher's Maria 180. 186.

schmæhen (schmáhhə˜, O.L.), wie hchd., d. h. als smæhe, schlecht oder verächtlich, darstellen, ausschelten; ä. R.Sp. injuriieren. Graff VI, 822. BM. II, II, 421. Weigand, Wbch. II, 603. Der Schmäher, Injuriant. Der Geschmächte, der Injuriierte. Das Geschmäch (Gschmäch), Schimpf, Tadel; (Füßen; Aurb.). verschmæhen (vó'schmáhhə˜), wie hchd., d. h. als zu gering, zu schlecht erklären. Die Schmâch, Schmähung, Injurie. Schmâch-Handel, Smach-Sach, Smach-Klag, Smach-Red, Smach-Schrift, Schmach-Wort. L.R. v. 1616, f. 395. 'Das Schmach-Volk, ä. Sp., kleines, geringes Volk; BM. III, 365.' „Daz allîche nicht gewizzenlich ist den smahvolchen," (vulgo); Clm. 9513, Vers 126, 'Haupt's Zeitschr. VIII, 148).' Smahe in Hagen's östr. Chron. Ältere Belege für diese Substantivform fehlen mir, denn das ahd. Subst. ſmâhi, mhd. ſmæhe, wäre wol, nach der Regel, zu Schmæhe („Mit smehe begonde er sich swachin; Cgm. 94, f. 57a), Schmech (dieses in Cgm. 621, f. 3), nicht zu Schmâch geworden. Dieses scheint vielmehr durch Rückumlaut aus dem Verb entstanden, oder sich nebst den folgenden Schmâchhait und verschmâchen zu schmæhe, wie fast, hart, schôn zu fest, hert, schœn (w. m. s.) zu verhalten. Die Schmachhait, (ä. Sp.) was Schmâch; ebenso: die Schmechd, (mhd. ſmæhede, ſmâht); Cgm. 622, f. 15a. „Mit großem spot und schmahte wurden sy außgejahte;" Mich. Beham, Wiener 271,27. „Sus haben sie manch swanger fraun mit irem schrecken unde draun, wüster unczuht und grober schmaht aldo von iren fruhten braht;" das. 273,4. „Der groben lesterung und schmeht, verschampten schendung und durcheht, die sie den frolin teten an;" das. 273,10. „Ob sie der buberei und schmeht und schalkait wern gewesen reht;" das. 275,28. „Aber mir wider gieng von aim pauer ain schmecht, der im dorff saß;" das. 409,21. „Sol euch daz wesen sunder smaht;" das. 415,11. „Umb dises laster, schand und smaht, das sy zu Wien heten volbraht;" das. 416,15. „Die Versmähe (Verschmähung) eines armen freundes oder gueter manunge;" Cgm. 632, f. 90.

verschmähen Einem oder Einen, ihn schlecht, geringfügig, geringschätzig dünken; Graff VI, 822. BM. II, II, 422 f.: mir versmâhet. Grimm IV, 234). Die ursprüngliche, eigentliche Bedeutung scheint noch erhalten in der ob.l. R.A.: Er, sie verschmächt mir recht., kommt mir übel aussehend vor. (Vrgl. unten Verschmach, a). verschmachen, (Jir.) frappieren: Er hat mi recht *verschmacht*, sein Aussehen ist mir, als verschlechtert, aufgefallen. „Der neue Canzler verschmacht im Anfang manchen," (er schien manchem zu geringen Herkommens); Chron. im Cgm. 994, f. 175, in Freyberg's Samml. I, 160; im Latein des Arnpeck col. 418: „erat contemptui." „Sint ich nû versmâhe mînen kinden;" v. d. Hagen, Ges. Abent. XLIX, 350. „Wenn daz ebreiske livt (die schöne Judith) solde versmahen;" Diemer, Ged. 163,28. „Ich wolt mich in mein herz nein schemen, solt ein gut mal verschmahen mir;" H. Sachs 1612: II, II, 79. „Auch laß ich mir nit versmahen gut und pös, was ich mag vahen," (es ist mir nichts zu schlecht); Cgm. 714, f. 26. „Wem der kropf versmacht, dem wird die henne nicht; Clm. 12296, f. 197. „Thaz then thio buah nirsmahetin;" Otfr. I, 1,9. Ich habe Pferde im Stall, „und ob euch der eins nit versmâcht, das nempt;" Tandarios und Flordibel, Cgm. 577, f. 173. „Lieber sun, lâ dir mîn guot ûf die vart niht versmâhen;" Parcifal 11,13. „Der alten rât versmâhet nu den kinden;" Walther v. d. V. 'Spervogel, (v. d. Hagen, Minnes. II, 376,31).' „Ob ir (ei) sîn dienst versmâhet;" Labr. 122. „Darzû in (iis) alle missetât versmâhet;" das. 337. „Des tanzes ich beginnen sol, wil ez iu niht versmâhen;" Clm. 4460, f. 70b. „Swelich man hôhvertec ist, dem versmâhet z'aller vrist, swaz ein ander man getuot; d. w. Gast 11908. „Mir ist daz geseit, daz ich iu versmâhe durch mîn lîhtez künne ... Si sprach: wer wære diu vrouwe, der versmâhte daz, der ein helt sô diente, daz si dem trirge haz? Geloubet mir, sprach Gudrun, daz ez mir niht versmâhet;" Gudrun 656. 657. „Du verſmachst mir dazu," bist mir dazu zu gering; Cgm. 632, f. 34. Jetzt hat: *əs verschmàhht mə'* oder *mi'* gewöhnlich die Bedeutung: ich nehme es als eine Geringschätzung

468 oder übel auf. Vilmar, kurhess. Idiot. 358. əs tât mə' rècht *və'schmàhhə*, wennst mə' mei~ Gàb *və'schmàhhə~*, tá'st, ich nähme es übel, wenn du meine Gabe verschmähtest. Las də' s nét *və'schmàhhə~*, oder: əs dèrf də' nét *və'schmàhhə~*, wenn ə' də' d' Wàrət ság. Es hàt mi' rècht *və'schmàhht* vo~ diər, dásst mi' nét 'grüəßt hàst. Schon in Arnpeck's Deutsch (Cgm. 994, f. 175, Freyb. Samml. I, 144): „Das versmahet dem fürsten von den seinen vast," (im Latein, col. 397: „quod contemtui habuit princeps"). „Daß ihnen dergleichen Betadlungen verschmachen sollten;" Isargesellsch. v. 1702, B. III, Vorrede. cf. Av. Chr. 95. 125. „Wan man ainander auf ainen bakhen ein Busserl gibet, so mueß mans auf den andern auch begehren mit vermelden: den bakhen verschmacht es sonsten;" Lebensregeln des Bodman, Ms. v. 1700. „Kloster Scheyern wurds verschmagen, wann wir in vacanten Tagen solten nicht erscheinen dort vor der schönen Klosterpfort;" Studentenmarschroute v. Adam Antoni Ruprecht, 1741. Der Verschmach (Vó'schmàhh), a) körperliche Verunstaltung, besonders Höcker. Einen starken Verschmach haben, verwachsen, höckericht, bucklicht seyn. b) Empfindlichkeit wegen wahrer oder eingebildeter Nichtachtung, Zurücksetzung oder Beleidigung von Seite Anderer. Si hàt ə~n *Və'schmàhh* auf mi'. Mit etwas bey jemand einen Verschmach aufheben, (eine solche Empfindlichkeit veranlassen). Mə~ kà~ oft mit ə~n aə~zingə~ Wörtl bey 'n Leu'n 'ən gröstn *Və'schmàhh* aufhébm. „Kaiser Karl IV, der auf Baiern in specie einen Verschmach und groben Pick hatte;" Reindl's Tagbuch, Wstr. Btr. I, 180. „Endlich mein saubere Madame bekombt einen Verschmach, fangt an zu pfnotten, wirft ihm vor, daß er so gar keine Manier brauche, das Frauenzimmer zu bedienen;" P. Abraham. verschmâherisch, adj., geneigt, sich für geringgeschätzt, zurückgesetzt zu halten. Vilmar, kurhess. Idiot. 358: verschmâhsam, empfindlich.

„schmiehen," (Baur) langsam zu Asche werden, glimmen. Vrgl. ndrs. smelen, smellen, hchd. schmauchen, ags. smocian, smeogan, (cf. smeagan, meditari, figürlich?). Zeitschr. VI, 39,69.

---

schmal (schmàl), Compar. schmeler (schmələ', schməllə'), wie hchd., a) nicht breit, b) knapp, gering, schlecht in jedem Sinne; (mhd., ahd. smal, goth. smals, klein, nach jeder Dimension, — jetzt blos nach einer: engl. small; Graff VI, 829. BM. II, II, 423. Weigand, Wbch. II, 603. Cf. aus lat. largus, span. largo blos nach der Längendimension, aus lat. brevis, blos nach der Länge, span. ital. breve nach jeder Dimension). „Schmale Suppen, schmale Bissen, tenuis victus;" Voc. v. 1618. schmal, schmalbacket aussehen, hager, abgezehrt. Schmal-Tuech, nur 3/4 Ellen breite, gröbere Leinwat. Schmal-Gaiß, -Thier (Rind; Vilmar, kurhess. Idiot. 358), -Vich rc. „Geht der Spießbock mit der schmalen Goas;" Lied. 'Schmal-Sât, Saat kleinerer Feldfrüchte, wie Hirse, Linsen und dergl. BM. II, II, 27. Graff VI, 55.' „Weins wirt vil und smaler sat"... „smaleu sat und all garten sat geræt wol;" Clm. 5512 (XIV. sec.), f. 36. 37. 'schmalsichtig, adj., schmal, klein aussehend; BM. II, II, 285.' „Sô der môn des allerêrsten entzünt wirt und sô er smalsihtich ist, und an dem abnemen des mônn, wenn der môn allersmalsichtigist ist;" Konr. v. Megenberg, f. 261 (Pfeiffer p. 442,30.32. schmälen (schmáln, schmálln) eine Person oder Sache, sie als gering, schlecht darstellen, herabsetzen; schmälen über eine Person oder Sache, laut seine Unzufriedenheit darüber äußern, schelten, zanken. BM. II, II, 424: smelen, klein machen, schmälern. Weigand, Wbch. II, 603. „Die Christen begunden schmeln der haiden schar;" Cgm. 719, f. 45. „Status stat ad- 469
huc plenus vol vnd ist in nichte gesmelt ... papa habet auctoritatem inferioribus ligare cze pinden vnd cze smeln auctoritatem eorum; Monac. Francisc. 148, f. 48. Kilian: smalen op iemandes, detrahere alicui. Cf. Wangeroog: Wut *smælt* dait fiur? was dampft es, wills nicht brennen? „Ob im darinnen chainerlay irrung oder Smäll geschâh;" Urk. v. 1409 in Koch-Sternf. Salzb. und Berchtesg. II, 89. cf. Kilian: smalen, smallen, minuere. schmelern (schmələ'n), schmälern. „schmälerlich seyn Einem," abbrüchig; L.R. v. 1616, f. 539. „schmäligklich, tenuiter;" Voc. v. 1618. Die Schmälé, Schməln, Schmalheit, exilitas; 'BM. II, II, 424: diu smele (ahd. smalî, Graff VI, 829), Schmalheit; schlankste Stelle des menschlichen Körpers, taille.' „Der buosem was gerizzen wît gein der smele" („semehe") vor;" S. Helbling I, 1109. „Die ermeln enge, wol gerigen, die smele hin uf des gurtils „liegen", und vorbaz da di grœze angieng eyn rich gespenge vor bevieng;" Ulr. v. Türlin, Wilhelm 37b, (Pfeiffer in Haupt's Zeitschr. V, 471.)

schmellen, Partic. geschmollen (Th. I, Sp. 228, unter bellen), sieh schmälen unter schmal. Daß hier blos eine falsche Analogie eingeschlagen sey (vrgl. förchten: I. Th., Sp. 753, kömen: II. Th., Sp. 1246 f.;

Gramm. §. 950), ist wahrscheinlich genug. Indessen mahnt eines Theils das isl. Ablautverb smella, schwed. smalla, crepere, crepare, an die Bedeutung increpare, andern Theils klingt auch das entschiedene Ablautverb bellen in vielen Gegenden wie báln.

Die Schmellen; der, die, das Schmeller, s. Schmelchen.

Die Schmollen (Schmoln), a) die Krume, das Weiche vom Brod; (cf. isl. moli, m., schwed. smula, dän. smule; mhd. smol, mica (?); ich smol, tero micam, Kolocz. 178. Grimm I³ p. 149—150. III, 462. BM. II, II, 433). „Smolen, protsmolen;" Av. Gramm. Kärnt. srediza, die Brodschmole; Jarnik p. 204. Lexer, kärnt. Wbch. 222. Das neugeborne Kind „alz oi *Schmolla*" (ein Klumpen Fettes); Firmenich II, 415. Zeitschr. VI, 486. „schmollət, adj., feist;" Voc. v. 1618. S. II. Th., Sp. 1589.

schmollen, a) Voc. v. 1618, (schwäb.) lächeln; (bey Stalder II, 336: schmölleln, aus Wohlbehagen heimlich lächeln. Zeitschr. VI, 120,45. Cf. mhd. smielen, engl. to smile, u. s. unten: schmieren). „Antwortet schmollend;" Cgm. 213, f. 204ᵃ. „Ob der red iederman thet schmoln;" H. Sachs 1560: II, IV, 126. „Thet gleich sam wolt sie mich ansprechen und mich gantz freundlich schmöllet an; das. IV, III, 31. b) (Franken) spröde thun, sich zieren bey Tisch; das Maul hängen. Weigand, Wbch. II, 610. BM. II, II, 433. c) schmarotzen, gieren; BM., a. a. O. „Swer des guotes hat envollen und doch niht mak vermiden smollen, swenn er vor im ezzen siht, der hat mit grozzer untugent pfliht;" Renner 5306. „Mange leute sint doch so swinde, daz si irem teglichen gesinde des brotes etswenne niht geben wollen, des siht man ofte von hunger smollen;" das. 5286. d) (Nürnb., Hsl.) bey einem Hochzeit-, Kindtauf- ꝛc. Schmaus hospitieren. Die Schmolljungfer, Schmöllerin, Schmelerin, Schmälerin, (Anspach) Brautjungfer, Beyständerin der Braut am Hochzeittag. Birlinger, Volksthüml. aus Schwaben II, 387. Schmolles! sagt man beym Zubringen des (Branntwein-) Glases, worauf der Empfänger antwortet: Fiduzit: (Hsl.) Weigand, Wbch. II, 610. Kilian: smullen, curare genium mero, cupediis. Müller und Weitz, Aachener Mundart p. 216: *schmölle*, Kaffee trinken und Leckerbissen dazu essen; Schmöllerei, Kaffeeschmaus; Kaffeschmöl, Kaffeeschwester.

schmuelen, (Augsb.) tändeln, liebkosen. Vrgl. schmau-eln, oben, Sp. 541.

Die Schmelchen (Schmǝlhǝ˜, auch wol der Schmǝlhǝᶜ, Schmǝllǝᶜ), die Schmiele, aira, poa, agrostis; Gras überhaupt, das dünn und langhalmig ist; (mhd. smelehe, ahd. smaliha; Graff VI, 830. BM. II, II, 424. Weigand, Wbch. II, 609. Zeitschr. V, 167,144. VI, 203). Die westerwäldische *Schmälm*, *Schmölm* (Schmidt, westerw. Idiot p. 199), Grashalm, ist wol dasselbe Wort. s. unten Schmelme. „Einen Acker ain zeitlang nach der Schmelhen nutzen," ihn zu Gras liegen lassen; Heumann, opusc. 695. L.O. v. 1553, fol. 117; v. 1616, f. 327. Weid- (Waid-?) smelchen, das gelbe Ruchgras, anthoxanthum odoratum. L.; (Jir.). Schmelchen-Heu, das mehr aus Schmielen als nahrhaften andern Kräutern besteht. Schmelchen-Reusen zum Fischen sind in der L.O. v. 1553, f. 149. 150 und v. 1616, fol. 644 verboten. (Vrgl. Höfer unter Schmeler). Im Scherz werden dünne Beine Schmelchen genannt. „Smelhen, mirica;" Cgm. 668, f. 4. „Smelhenn, merica;" Windb. 170, f. 434ᵇ. „Mirica, smelehe vel haidah;" Clm. 19488, f. 121. „Mirica, smelhe;" Clm. 4350 (XIV. sec.), f. 2ᵇ. „Als die Schmelchach, quasi miricae in deserto;" Cgm. 690, f. 149ᵇ. Dazu stimmt gl. o. 175: „smelohe, mirica." Beide sind wol als Collective auf -ach, ahd. Sp. -ahi (s. Th. I, Sp. 21) zu nehmen. Und auf ein solches wird auch das in der O.Pf. als Eigenname von Wies- und Waldgründen gewöhnlich „Schmeller" geschriebene Subst. *Schmǝllǝᶜ* zurückzuführen seyn. (2 Rittergüter Schmellen im Bautzener Kreise der Oberlausitz; Kloster Schmöllen im Altenburgischen). In des Grafen Sternberg Geschichte des böhmischen Bergbaues soll Schmeller die Benennung eines Bergmannes gewisser Art seyn; (Jos. Bergmann, 12. Aug. 1845). „Guilelm. Schmell in Eichstett; Fris. 641 (sec. XV.), fol. antepenult. Hans Smaller, Steuerherr und Stadtschultheiß zu Regensburg, enthauptet 4. April 1519; (Tanner's Ms. f. 137). Smoler, der mit L. Haupt die lausitzischen Volkslieder herausgibt (1842), nennt sich im Deutschen Schmaler. Wáclaw Smiller Wedaucj, (Wenzel Schmiller, Geschäftsführer, scil. der Anstalt im Stögerischen Garten zu Prag; Oktober 1842). Ein Maler Schmeller in Weimar. Im Weimarer Staatshandbuch für 1843, S. 114 ein N. N. Schmeller als Gärtner in der Landes-Baumschule daselbst. Wien, 19. July 1836: passierte das nach Gallizien instradierte Chevau-legers-Regiment Schmeller hier durch. Allgem. Ztng. v. 26. Juny 1836. (Cf. slaw. čmel štmel, čmela, die Hummel). schmelchen, zesammenschmelchen, 1) zusammenschrumpfen; vrgl. 470
schmal und schwelchen; 2) ein gewisses Kinderspiel mit Schmielen treiben; Zeitschr. VI, 203.

---

schmalgen, Speisen durcheinander mengen, unreinlich kochen, unreinlich und mit vollen Backen essen. Zeitschr. VI, 183: schmalgern, beschmieren. Die Schmalgerey. Das Geschmalg.

Die Schmólhen, Schmélg, (Ob.Iller) das Mädchen; (Bregenzer Wald; Bergmann in den Beitr. z. Gesch. Tir. III, 299): Schmelg, Schmelge (v. schmielen, lächeln?); Dimin. das Schmelle. cf. česk. mladka? wie Melz van mladice. s. Th. II, Sp. 1597.

Die „Schmelme, Schmilme" (Aschaffenb.), Rohr oder Halm eines Grases; spitzes Beschläge an einem Stock. Zeitschr. II, 287,88. cf. Schmelch.

„versmalten, contumacia;" And. 48, f. 142ᵇ.

Die Schmalte, Schmolte, Bläue zum Färben. Weigand, Wbch. II, 603. „Einer die blauen Schmolten ins Gesicht streichen," sie blau schlagen; Zeller, Augsb. 1772, S. 253.

Das Schmalz, a) wie hchd., nemlich Butter oder sonstiges Fett, zur Aufbewahrung für den Gebrauch in der Küche ꝛc. ausgelaßen, d. h. geschmolzen und dabey gereinigt; (ahd., mhd. smalz, liquamen, adeps, sagimen. Graff VI, 832. BM. II, II, 429. Weigand, Wbch. II, 603. Zeitschr. IV, 499.) In der Scheirer Dienstord. v. 1500, Ms. ist fol. 46 für die Schnitter zu Morgen vorgeschrieben: „ain suppen nach ainem sweinen smaltz und ain speisbrod;" fol. 43: „ain wassersupp

nach ainem sweinen smaltz vnd ain rendelmuß;" das.: „ain wassersupp nach ainem sweinen smaltz genant ain rabl;" fol. 44: „So nit sweinen smaltz vorhanden ist, gibt man die supp nach rat ainer pawfrawen." Die Formel „nach ainem sweinen smalz" scheint also nur so viel zu bedeuten, als: bereitet oder geschmelzt mit Schweinfett, — und zusammenzuhängen mit: nach etwas schmecken oder riechen. „Das Gelt vom smaltz-essen der ehalten;" Altenhohenauer Rechn. v. 1510. S. Aijerinschmalz I. Th., Sp. 55; (Birlinger 399). Brandschmalz I. Th., Sp. 360. Das Glockenschmalz, Pfännleinschmalz, das alte Schmalz, Fett oder Öl, womit die Zapfen der Glocken oder die Pfännlein der Mühl-, besonders Kamm-Räder eingeschmiert worden sind, und welches vom gemeinen Mann für ein Specificum gegen verschiedene Zustände, besonders gegen die englische Krankheit der Kinder, gehalten wird. S. Pfännlein. Kasparschmalz, leere, nichtige Worte, Flausen, Täuschung. Dés is a˜ *Kaspə'schmälz.* Kasparschmalz anstreichen Einem, ihm schmeicheln. b) (O.L.) die Butter, auch so lange sie nicht zu obigem Zweck geschmolzen ist. Zeitschr. VI, 499. V, 488. „Ain Knollen smaltz bei 14 Pfd. in ainem rurat puttermilch;" Cbm. 208^{b}, f. 26. Die Benedictbeurer verkaufen a^{o}. 1449 an die Franciscaner zu München eine Gült von „drey zenten guetz schmaltz von milich gemacht; Ben. 225, Deckelblatt. „Butirum, luter smaltz;" Clm. 11730 (sec. XV.), f. 74. So ist auch zu nehmen: Mayenschmalz (Maybutter), Cgm. 579, f. 16; Birlinger 399. Milichsmalz, Augsb. Stdtb., Freyb. p. 37. 81. MB. XVIII, p. 515, ad 1464. Diut. III, 151. BM. II, II, 430. Regelschmalz, s. oben, Sp. 103: rain. 'Weidenschmalz als Abgabe; Birlinger 399.' Das Schmalz ə˜ (und?) Bròd, auch Bròd ə˜ Schmalz, Butterbrod. Schmalzbròd, Brodschnitten in Butter gesotten. s. Th. I, Sp. 348. „Ain czinschüssel vol gesmalzen prout also warm; Cgm. 2086, f. 33. 38. s. unten: schmalzen. Wo der Oberländer die ungeschmolzene, süße Butter ausdrücklich von der geschmolzenen unterscheiden will, nennt er jene Butterschmalz, oder Schmalzbuttern (s. I. Th., Sp. 311), diese aber gelaßenes, liechtes ꝛc. Schmalz. Die Schmalzbutten. Die Schmalzgrueben. „Das Land um Strau-
471 bing ist die Schmalzgrueben von Bayern, Strubinga sumen Boiorum," sagt das Voc. v. 1618. schmalzguet, adj., sehr gutmüthig. 'Das Schmalzkoch, ein Mus aus Gries, Milch und Schmalz; Castelli, Wbch. 245. Zeitschr. IV, 537, I, 15. 539.' Das Schmalzkraut (Schmalskruit, Weihers, Dr. K. Roth), Schafkraut, eine Art Salat; 'valeriana locusta, Schafmäuler, (Weigand, Wbch. II, 604); nach Nemnich II, 309 auch lactuca sativa. Vgl. Schmalzknollen, caltha palustris, auch Schmalzblume, Schmerblume, Butterblume, Schmergeln (Nemnich I, 764) und Schmalzpfann'l, ranunculus acris und repens, (Tirol), auch Schmalzblümchen, Butterbl. (Nemnich II, 1131); Zeitschr. III, 461. s. Schmirken.' schmalzig, adipatus; Voc. v. 1618. Der schmalzige Samstag, der vor Faßnacht, Sabbathum ante Esto mihi. Birlinger 399. „Am schmalzigen Sambstag 1491 kam König Maximilian gen München;" Chron. bey Freyb. I, 165. Cgm. 994, f. 200. Der Schmälzer, Schmalzhändler; Ansp. Verordd. v. 1760. Die Schmalzin, (HchE.) fette Weibsperson. Man sagt auch von einer wohl bebrüsteten Person, sie habe brav Schmalz. Das Schmälzl, der Liebling, Favorit; Castelli, Wbch. 245: Dö Nani is main *Schmälzl.* „So hupfst hált hübsch lüfti áls 's *Schmälzl* von Álln; Seidl, Flinserln (1839) II, 53. 102. schmälzeln (schmälzln), verb., einen fehlerhaften Geruch oder Geschmack von Schmalz an sich haben. Der Schmälzler, a) (b. W., O.Pf. und U.B.) die Tabaksorte, Bresil genannt, zu Pulver zerrieben und mit etwas Kalk und Schmalz vermengt, zum Schnupfen in eignen Glasfläschchen verwahrt. (Hazzi, Statist. IV, 105). b) Schmalzhändler. Der Schmälzling, Schmalz-apfel, Art

Landäpfel mit glänzender Oberhaut. Der Birg-schmälzlinger, (HchE.) Schmalzblümlein.

schmalzen (mit dem Partic. geschmalzen, welches aus geschmolzen von schmelzen eingerissen scheint), 1) wie hchd., 'auch schmälzen; Zeitschr. V, 488.' Das Kind ist gesalzen und geschmalzen, (getauft). Ein Ding ist geschmalzen, (theuer). „Eine wolgeschmalzne Maulschellen;" Isargesellsch. II, 37. „Das geschmalzen prot sabatinis noctibus wirt (dem armen Knecht, sobald er ein Weib genommen,) zů ainer wassersuppen oder zů ainer gersten noch ainem wasser;" Diess. 184, Deckel. Die Scheirer Dienst-Ord. will f. 44: Ainist im jar gibt man allen ehalten ain gesmaltzen brod, doch auf irem brot." Wäre das ein Butterbrod? 's. oben Schmalz: Schmalzbròd.' „Ein ungeschmalzen kraut und ein ungewanderter gsel sind nichtsen wert;" H. Sachs 1560: III, III, 49^{b}. 'beschmalzen, fettig machen, beschmieren, besudeln; vgl. BM. II, II, 430. Grimm, Wbch. I, 1581 f. 1584.' „E daz ir trinkt, so wischt den munt, daz du besmalzest nicht den tranc;" Haupt's Zeitschr. VI, 491,91. „Een swalwe smalt eem (dem Tobias) in fijn ogen;" Maerlant, Alex., Cgm. 41, f. 38^{b}. '2) buttern; Zeitschr. V, 488.'

schmelzen (schməlzn), Partic. geschmelzt, wie hchd.; (mhd. smelzen, ahd. smelzan, Praet. smalzta, Partic. gismalzit, liquefacere. Graff VI, 831. BM. II, II, 430^{b}. Weigand, Wbch. II, 606.) Das Schmelzet, was man in der Küche zum Schmelzen braucht, als Butter, Fett, Öl und drgl.

schmelzen (schməlz'n), Cond. schməlzet und schmulz, Partic. geschmolzen), wie hchd.; (mhd. smelzen: ich smilze, Praet. ich smalz, wir smulzen, Partic. gesmolzen; ahd. smelzan, Praet. sing. smalz, pl. smulzun, Partic. gismolzan, liquefieri. Graff VI, 830. BM. II, II, 429. Weigand, Wbch. II, 606. Zeitschr. V, 140,2c).

---

schmauneln (schmau˜ln), schmeicheln wie die Katze, streicheln, liebkosen. cf. schmaueln, oben Sp. 541.

Der Schmand, (Kaufb.) dicke Milch, Rahm. BM. II, II, 424. Weigand, Wbch. II, 604. Vilmar, kurhess. Idiot. 359. Zeitschr. II, 237. 212,13. IV, 183: der Schmete. VI, 431,87. 480.

Das Schmänkelein (Schmánkə-l), (Küchen-Spr.) was vom Brey oder Muß ans Geschirr anbrät, Kruste. Vrgl. Schmand. Das Schmänkelein-Koch (Schmánkə-lkóch), Art Gebäcke, aus lauter Krusten bestehend.

geschmaunkelet, was geschmuckelet; sieh schmucken.

'Die Schminke, wie hchd.; (BM. II, II, 430. Diefenbach 249^{c}: fucare; 360^{c}: migma; nov. glossar. p. 184: fucus; 348: stibium. Weigand, Wbch. II, 609).' „Smigma, stibium, smynck, smick;" Cgm. 685 (v. 1432).

'schmunzeln, wie hchd.; (BM. II, II, 434: smunzen. Weigand, Wbch. II, 611). s. unten: schmutzen, schmutzeln ꝛc.'

schmáräckeln, eine Art, Kegel zu schieben, wobey man dieselben mit einer großen Kugel (Schmarack- oder Schmarackel-Kugel) von verschiednen Seiten her fällt oder herausstoßt. „Zum Karten und Würflen, zum
472 Kegeln und Kluckern, zum Schmaräcklen und Pancketiren ... Das gefährliche Spielen und Schmäraglen .... Die Spielgurgeln, die Würfler, die Trischackler und Schmaräckler ...;" Selhamer. „D' Wǫld is rund, dás mə˜ dəmid *schmárákln* kunnt;" der Globus, Gramm. S. 517. „Kristallisierte Schmarackelkugeln;" Portiunkula-Büchl. 46. S. bey Adelung Kurzschub.

Die Schmàricks'n hàbm oder kriəgng, Diarrhöe; (ObrM.).

Der „Schmarall, smaragdus;" Voc. v. 1618; ital. smeraldo; (BM. II, II, 424: smâragdus, smârât; Diez, Wbch. 320. Weigand, Wbch. II, 718). „Item hannß Reiner goldtschmied, von wegen einem gantz guldenen Krug so mit köstlichen Schmarallen versetzt und gantz geschmelzt worden 2000 fl.;" alte Hof-Rechnung v. 1585, Wstr. Btr. III, 94.

`Schmarill, wol Schmergel, Smirgel aus lat. smericulus, ital. smeriglio. Weigand, Wbch. II, 607. „Si (die Schwertfeger) vegend die swert nit rain, si vegens mit smarilien, daz soltinds nit tuon;" des Teufels Segi, Barack 356, 11222.

Die Schmarren (Schmarn), a) Art trockner Mehlspeise, aus zerbröckelten Brod- oder Semmelkrumen, zerstoßnem Pfannkuchen, auch aus Mehl, Gries ꝛc. unter verschiednen sonstigen Zuthaten, mit Butter oder Schmalz geschmort oder geröstet; (span. migas). Brod- oder Semmel-Schmarren; Mel-, Grieß-Schmarren; Topfen-Schmarren; Kapaunen-, Lungen-, Nieren-Schmarren. „Mach von weißem brot vnd butter ein Schmärrlein oder Gerösch;" Dr. Minderer (1620) p. 149. Mandelschmarren, Art eines auf Obiaten gestrichenen Zuckergebäckes, worunter gestoßene Mandeln genommen sind; figürlich: von Natur kurzes oder durch zu große Trockene abgebrochenes Heu. In Schwaben wird Schmarren auch für Obstmuß, im Wirzburgischen für eine Art weichen Kuchens aus zerstoßnen Pflaumen gebraucht. b) (wirzb., Reinw.) Klumpen, Brocken; (Geiler v. Kaisersb.) Stück, Bissen. Eisschmarren, Eiszapfen; Grimm, Wbch. III, 380. Unter dieser Bedeutung scheint hieher zu gehören das schwäb. Schmarolen (leichte Mehlklöße; Birlinger 399), Schmarengeln (Überbleibsel von der Mahlzeit; Schmid p. 470), so wie man in B. statt Schmarren auch Schmarigel hört. `Vgl. böhm. Schmarunks, Schmodrunks, Pflaumenmus; Zeitschr. II, 237.´ c) figürlich: jedes Ding, das nicht groß, gut, schön genug, schlecht, erbärmlich ist: ə˜ *Schmarrn* von ə˜rə Haubm, von ə˜rə Schrift ꝛc. „Ein schöns Schmarngeld für eine ganze Gmain," (eine Kleinigkeit, ein Bettel); Bucher's Kinderlehre 58. S. Schöberlein; es wird dabey nicht an den Gothen Ulphilas zu appellieren seyn, welcher Ep. ad Philippens. III, 8 σκύβαλα, stercora durch smarnôs (vom Nominat. sing. smarn-s masc. oder smarna fem.) gibt. `Schmarren, Hautverletzung, Narbe; Zeitschr. II, 120: *Smarre*; IV, 277, 30.´ d) gar zu karger, häuslicher Mensch. Sey kaə˜ *Schmarn!* Mach kaə˜n *Schmarn!* Du bist mər á' dé' rècht *Schmarn!* „Patroclo sordidior, Euclione parcior, ein Erz-Schmarrn;" (Schreger). „In welchem Kloster hat man zu jeder Frist eine Mehlspeis? — Wo der Prälat ein Schmarrn ist;" Buchner, Vorspiel zur Charfreit. Procession. Man sagt auch: der Schmarhans, welches sich zu Schmalhans (Weigand, Wbch. II, 603) wie schmarotzen zu schmalotzen (Birlinger 399. Weigand, Wbch. II, 604) verhält. schmarren, verb., karg, geizig seyn und handeln. schmarrisch, adj. und adv., sparsam, karg, kärglich. Dà gets *schmarrisch* 'rà', dà is də' Sparmunkəs Hauswiərth! schmarmaulen, kärglich essen. S. Schmarben, und vrgl. Schmer und schmirben, auch schmorren.

Das Schmer, wie hchd.; (mhd. smer, ahd. smerw, 473
smero, genit. smerwes, agſ. smeru, smeruv, daher ä. Sp. Schmerb, d. h. Smerw, und die Ableitungen smerbig, schmirbig, schmirben. cf. Har, Hor, Mel: II. Th., Sp. 1144. 1157. 1587. Graff VI, 833. BM. II, II, 425. Weigand, Wbch. II, 605. Zeitschr. VI, 131, 13). „Neues reinpergein sweines smerb;" Cgm. 731, f. 117. In der Scheirer Dienst-Ord. v. 1500 erhält jeder Dienstbote als Theil seines Lohnes, ein, zwei ꝛc. pfunt smer. Das Schueh-Schmer, Wagen-Schmer, jetzt gewöhnlicher die -Schmirben, w. m. s. R.A.: Der Katz das Schmer abkâuffen, das, was man aus der ersten Hand wohlfeil haben könnte, von einem Dritten, dem man großen Gewinn läßt, kaufen. Der Schmerbaum, fruchttragende (Schweinmast gebende) Eiche, Buche oder sonstiger wilder Obstbaum; (Jir.) zahmes und wildes Obst, auch Buchen, Eichen. „Welche Underthanen in den gemeinhölzern des schönen jungen unerwachsnen, sonderlich des Aichen- vnd Buechenholtz, so noch fruchtbar, als der Schmerbäum, nit verschonen;" L.R. 1616, f. 770. „Wilde Obst- und Schmerpäumle, Schmerholz;" Cbm. 3238, f. 53. 67. Cbm. Kl. 167, f. 263. 277 und 427, f. 163. „Wann man Schmerbäum, das ist fruchtbare Bäum, und wilde Obst- und Eichbäum umhackt," Urbargebrauch v. 1750, p. 57. „Marchpawm vnd Smerpawm habent ir besunder puzz: wann von ainem Smerpawm nider ze schlahen ist die puzz, dem selbigen sein hand auf den stock ze legen vnd abschlahen oder sechczig vnd fünf pfundt pfenning. Des selbigen geleichen ist es von dem marckpawm;" 12. Artikel der Baustift im Cgm. 549, f. 56ª. Schmerbickeln, Spiel der Knaben auf lockerm Boden. Nachdem ein jeder an seinem Platze eine Grube in den Boden gemacht und die dabey ausgestochene Erde, die nun das Schmer heißt, darneben gelegt hat, suchen sie, der Reihe nach, jeder einen spitzen Stecken (Bickel) an einem bestimmten Punkte des weichen Bodens (dem Bickelplatze) durch einen Wurf einzusenken. Wessen Stecken nicht haftet, oder unter dem Wurf des Nachfolgers umfällt, wird von diesem so weit als möglich fortgeworfen. Während ihn nun der Eigenthümer wieder her holt, machen sich die Andern über dessen Grube her und nehmen ihm so viel Schmer, als sie können, um es sich selber zuzulegen; denn am Ende des Spieles kommt es darauf an, seine Grube wieder gehörig ausfüllen zu können, bey Stalder I, 141. II, 29. 383: Patschädern, Hecken, Spicken. `Rochholz, alemanisches Kinderlied und Kinderspiel, S. 451 f.´ Ernst Meier's Kinderreime p. 120, 395: Stöckles. Verschieden das catalon. jog de cana y bólit, juego de tala, puerorum ludus palo acuminato utrinque qui altero impellitur. Bey den Griechen: Κυνδαλισμός). Das Schmer-Käpplein (Schmèr-Käppl), rundes, nur die Scheitel deckendes Käppchen von schwarzem Leder, wie es z. B. von den Bauern um Eichstätt ꝛc. getragen wird. „Ich denk gar gut daran, daß David sein Schmerkappen mit der Kron vertauscht hat;" P. Abraham. Der Schmerstain, Speckstein, woraus ehmals zu Thiersheim am Fichtelgebirg Schußer (Schnellkügelchen), auch Kugeln für Kanonen gebrannt und fuderweise verhandelt wurden. Das Schmer-Weib, (München) Taglöhnerin, nach Umständen der Hausmagd zur Aushülfe beygegeben.

Das Schmerlin, Merlin oder Zwergfalke, Lerchenfalke, falco aesalon;" bey K. Fridrich II: smerilio. Graff VI, 834: smirl. BM. II, II, 430: smirl, smirlîn. Weigand, Wbch. II, 607. Nemnich I, 1563. Diez, Wbch. 320: *smerlo*. Diefenbach 22ᵇ: alietus. „Gerfalken, bilgram, spengel, stainfalken, smirlin im mugent nicht geleichen; Valkn. 25. „Ich wont von erst, es wer ein smierlein tertze;" das. 48.

Der Schmiràcks, Schmiràx, Knauser, eigennütziger Mensch. cf. Schmarren `und schmirben, Schmarben.´ 474

schmirben, schmiren (schmirbm, schmiə'n), a) wie hchd. schmieren; (agſ. smervian, mhd. smirwen, smiren. BM. II, II, 425; cf. Graff VI, 832. Weigand, Wbch. II, 609): „pismiruit, uncti; gl. a. 237. „Als ein gesmirweter wagen;“ Diut. I, 104. „Impinguatus, gesmireter;“ Notk. p. 263, Diut. III, 133. „Die schilt an den glocken schmirben;“ Scheirer Dienst-Ord. v. 1500. „Mit Dialthea schmirb.n;“ Ortolph. „Wolfel dem Schuster geben, der meinem Herrn (Herzog Albrecht) sein Stiual zu drinmoln hat gesmirbt,“ ad 1392; Freyb. Samml. II, 115. b) schmiren, schmirben mit Einer, auf eine etwas zudringliche Weise den Verliebten gegen sie spielen; (mhd. smieren? s. unten: schmieren). Cf. česk. mazati se někym, sich mit jemanden schmieren, z. B. mit einem Kinde, es verzärteln; (Tham). Vilmar, kurhess. Idiot. 359: schmieren, schmeicheln; sich einschmieren. Zeitschr. IV, 226. V, 69,30.

„Sötlə' Stàdleud hamt di gröſt Freud,
wenn ſ· mid ə⁻n Bauə'ndeə'nl künnə⁻ *ſchmirn.*“
„Wenn də' Metzgə' braucht ə⁻ Kàlbm,
gêt ər auffi auf di Albm;
d· Sendin tuəd juſt Buttə' rüə'n,
fangt ər à⁻ mid iər zə'n *Schmiə'n,*
dás ə' tuəd guəd Kálbmə⁻ kriəgng.“
„Wenn I furt gê vo⁻ Haus,
gibt ſ· mə' 's Glaət und ə⁻ Buſſə-l dəzuə,
sagt: Bitt di' gà' ſchö⁻ mei⁻ Buə',
schmirb di' fü'ſt nində'ſt *zuə.*“
„Um ə⁻ Mádl *ummə'ſchmirbm.*“

„Und wann ſ· á geə'n *gſchmiərt* hàt: 's sán' allé wiə si, hàst kaəné allaəné, hàlbs hott und hàlbs hi⁻“; Seidl, Flins. (3. Ausg.) p. 224. „Die wirtin sprach: ir künt wol schmirn, hapt ir im herczen und im hirn als ir mit worten an dut schlagen,“ so will ich euch gewähren; H. Folz. s. schmieren. „Geschmirbte Wort, blanditiae;“ Voc. Melber. „Waər's gaər ə⁻ *gschmiərdə'* Munggəzə', ein rasches, munteres Mucksen; Seidl, Flins. III, 50. 111. Der Schmirer, Schmirber, der mit jeder Schürze verliebt thut, auf dessen Treue wenig zu rechnen ist. Gengə⁻ S! Si fánd ə⁻ *Schmirbə'!* c) schmirben im Kartenspiel, bey den Stichen seines Parteygenossen zweckdienliche Blätter zuwerfen; ein Spiel, wobey die wenigsten Zehner gewinnen. d) Einen schmirben, oder (wie es in Aretin's Beytr. IX, 1100 voller heißt): Einem dy hant schmirben, fr. lui graisser la patte, ital. ugnergli le mani, ihn zu bestechen suchen. BM. II, II, 425,b. „Episcopus quidam vetulam sibi exhiberi justitiam postulantem noluit audire. tandem socius episcopi eius consuetudinem cognoscens dixit vetulae: non te exaudiet dominus episcopus, nisi prius unxeris manus ejus. Vetula autem hoc simpliciter intelligens comparavit sibi tres oblatas butiri, et veniens ad episcopum postulavit quod manus sibi extenderet. Qui credens aliquot aureos recipere manum sibi porrexit. Mulier manu porrecta ipsam butiro optime perunxit. Utinam tale obsequium omnibus cupidis exhiberetur. Verumtamen talium manus unguento ferventi in gehenna ungetur.“ Ind. 401 (XIV. sec.), f. 74. Sich abschmirben, sich durch Bestechung von einer Strafe, Verbindlichkeit frey machen. e) anschmirben Einen, ihn durch Täuschung oder Betrug zu Schaden bringen. Grimm, Wbch. I, 446. f) schmiren, anschmieren ein geistiges Getränk (Wein, Most rc.), es durch Zusätze scheinbar verbessern. Grimm, Wbch. I, 446. cf. česk. cmjrám, cmyrám, pantschen, mischen. „Man soll die Weine ohne einige Brauung und Anschmierung und ohne Verfälschung mit Brandenwein, Zucker, Gewürz oder sonstigen Specereyen in ihrer natürlichen Wesenheit ungebrauter, ungeschmierter und unverfälschter lassen;“ Wirzb. Verordn. v. 1727 u. 1747. g) abschmirben Einen, ihn durchprügeln. Grimm, Wbch. I, 106. Zeitschr. III, 368. IV, 47. 'Die Schmiere, fig. Verlegenheit; Zeitschr. I, 296,7.' Die Schmirben (Schmirbm), die Schmiere; verächtlich: Salbe; figürlich: Schlag, Streich, Wunde: Dem hàb e' ə⁻ *Schmirn* einé gébm, oder: umé gschmirt um's Gfris. Der Schmirbenkater (Schmirbmkàdə'), der gerne mit Mädchen tändelt. Schmirbenkittel, schmutziger Mensch. schmirbig, geschmirbig, schmirbet, gschmirbet, adj., 475
schmierig, schmutzig; bestechlich. 'Schmirakel, Schmirgel, Unreinigkeit; Zeitschr. III, 131.' Schmirbalien, (P. Gansler 9) wie sonst Schmieralien; (Weigand, Wbch. II, 609). 'schmirbeln, schmörbeln, ranzig sein;' (rheinpfälz.) schmörbslə⁻. s. schmirkeln.

schmerren, (schmerwen, schmerhen?), ein solches und zwar Ablautverb wäre zum gewöhnlichern schmorren zu vermuthen, wenn das bey Seb. Frank, d. Sp.-W., unter alt vorkommende Particip eingeschmorren echt seyn sollte. „Alt Leut alt Gut, also nennt man alt kalt eingeschmorren Leut.“ Es käme dann Schmarren wohl zu vergleichen.

schmieren, smieren, (ä. Sp.) lächeln; (mhd. smieren, neben smielen; BM. II, II, 428. Graff VI, 830. cf. schmollen, engl. to smile). „Wer sie mit seim angesicht seh lachen und schmiern;“ Cgm. 714, f. 186. „Gegen mengem lieplich schmier!“ räth die Alte der Jungen, Cgm. 379, f. 66, (Cgm. 270, f. 104). „Hüet dich vor ainem man, der in zorn schmieren kan;“ Boppo, Cgm. 523, f. 130ᵇ. „Ir spilnden ougen und ir trügenliches smieren;“ Br. Berhtolt 94, (Pfeiffer 286,38). „Du scholt oft und dick sey (eam) smieren an mit spilnden ougen;“ d. Ring 12,3. „Smierende er in ansach;“ Barl. und Jos. 277,31. Dagegen hat der viel ältere Cgm. 94, f. 40ᵇ (St. Ulrich's Leben, p. 20,475)': „Mit smiren die rede nam er wider,“ (daselbst aber auch sonst i für ie), so daß ie nach Gramm. §. 275 aus i blos entstellt scheinen könnte, wo dann die alten Verba bismaron, bismeron, irridere, illudere, (Graff VI, 833 f.) auf ein Ablautverhältniß rathen ließen. Cf. oben: schmirben, b. 'schmierlich, adj., (ä. Sp.), lächelnd; BM. II, II, 428.' „Ir schmierlich lachen';“ Valkn. 21.

schmorren (schmorhen?), dürr, trocken werden, eintrocknen, einschrumpfen, verdorren. Vilmar, kurhess. Idiot. 360. „Alt kalt eingeschmorren Leut;“ Seb. Frank, (s. oben schmerren). „Wenn sie sich des Sauffens maßen, so verschmorren sie;“ Seb. Frank, d. Sp.-W. 52. „Deshalb bin ich so gar verschmorret, verschmacht, verhungert und verdorret;“ H. Sachs. „...verdoret, schwarz, gerumpfen und verschmoret;“ das. 1612: I, 697. „Krusten, schniten und teller brot, dy do lagen und warn verschmort, auch gar schimelig und außdort;“ Mich. Beham, Wiener 126,22. „Nur swarcz brot außgedaret, gedigen flaisch verschmaret;“ das. 128,22. „Daz angesiht versmorret;“ Mich. Beham, Samml. f. altd. Lit. 45. S. schmorkeln 'und vgl. hchd. schmoren, (Weigand, Wbch. II, 610).'

Die Schmurre, ä. Sp., Maulschelle. „Wenn jtzt der pawr kem und setzet mir ein alte schmurrn ich mußt gleich dise schmurren tragen,“ sagt die ungetreue Bäurin bey H. Sachs 1560: II, IV, 18.

Der Smarben, Schmarwen (Schmarbm, Schmarm), was Schmarren, (und vielleicht die ursprünglichere Form). „Ein waizener Schmarm;“ Fürst's Bauernzeitung v. 1822, p. 53. schmarbisch, was schmarrisch, knauserig. Blos durch den Vocal und durch den zweiten Schlußconsonanten des Stammes verschieden sind das hennebergische schmorgen (ohne Noth im Essen und Trinken sparen), ndrs. smurken (zusammensparen), hohenloh. Schmorkel (was Schmarren, a).

Das Schmerb, schmerbig, schmirbig, schmirben, s. Schmer.

Die Schmirken, eine Art Schmalzblume, die früh an Bächen blüht; (ObrM.). Cf. ahd. smergela, Feigwarzenkraut, Schmergel; Haupt's Zeitschr. VI, 332,225. Nemnich I, 764: caltha palustris, Schmergeln, Schmerblume; I, 1129: ranunculus ficaria, Schmergel, Schmirgeln; I, 104: chenopodium bonus Henricus, Schmerbel, Schmergel. Weigand, Wbch. II, 607.

schmirkeln, nach Fett riechen; (von Fett und drgl.) ranzig sein; (BM. II, II, 426). Hàst ə˜ Fèttn ve'schütt, dás 's ə'so *ſchmirklt?* 's Schmàlz tuət *ſchmirkln.* „Damit der Butter nicht schmerkelt werde; Dr. Minderer (1620), f. 121. „Smirchund, rancidus; smirchait, rancor;" Voc. v. 1445 und Clm. 5387, f. XV. und vgl. Vilmar, kurheſſ. Idiot. 360: schmorgen. „Smirkund, rancidus; smirckhait, rancor;" Semansh. 34, f. 207. cf. Schmer, schmerren.

einschmorkeln, (schwäb.) eintrocknen, einschrumpfen. S. schmorren.

Der (die) Schmerle, Falke; s. oben: Schmerlin.

476 schmerzen, schmirzen, Partic. geschmerzt, geschmirzt, wie hchd.; (mhd. smerzen, ahd. smerzan: Praet. smarz, Partic. gesmorzen. Graff VI, 835. BM. II, II, 430. Weigand, Wbch. II, 607). „Schmirtzen, dolere;" Voc. v. 1618. „Hat jhn geschmirzt;" Dr. Eck. „Die straff sol sein maslich und wider versmirtzt;" Cgm. 632, f. 31. „Auch smartz jne sere sin wunde;" Tandarios und Flordibel, Cgm. 577, f. 222a. „Do iz sie smarz aller harteste;" Diut. III, 87. „Do kom ein fraw, die was swarcz, das mich ir angesicht smarcz;" Cgm. 713, f. 107. Fichard, Archiv II, 312. „Mein ougen habent mich gesmorzen," Psalm 87; Cgm. 101, f. 104. geschmerzt, verächtliches Adj. für a) empfindlich, wehleidig. ə˜ *gſchmerztə'* Ding, Mensch, der nichts ertragen kann, sich bey allem jämmerlich gebärdet. Raəs mid dei˜n *gſchmerzt'n* Taə˜! thue nicht so empfindlich! b) erbärmlich (aus Noth oder Knauserey), jämmerlich. Iətz gê mit deinə' *gſchmerzt'n* Hàlbé (Bieres); və'mägst də' kaə˜ Maſs mer? Gê mid deinó *gſchmerzt'n* drey Güldə-ln! „Wann i' frag, was i' schuldi' bin, (sagt die Kellerin:) sey nét so gschutzt, sey nét so *geſchmerzt* (wunderlich) und dein Geldl stéck ein! Stelzhamer 103. 177. (cf. das schwarzwäldische schmirzeln, geizig seyn, u. BM. II, II, 431). Der Schmerzen, selten Schmerz, wie hchd. Schmerz; (mhd. der smerze, des smerzen, ahd. thiu smerza, fem.; Graff VI, 835. BM. II, II, 431. Weigand, Wbch. II, 607. Grimm, Mythol.^{2} 801). Der Schmerzen-Freytag, schmerzhafte Freytag, Freytag vor Palmsonntag als Fest der sieben Schmerzen Mariä, an welchem die Münchener zur schmerzhaften Kapellen (südlich vom Gottesacker) wallfahrten. Der schmerzenreiche Rosenkranz, Art Gebetes, am Paternoster abgezählt. Der Schmerzenreich, Mensch, mit körperlichen Leiden behaftet; empfindlicher Mensch.

---

schmaißen (ſchmaəſſn), nach Gramm. §. 956, VI, zum Ablautverb schmeißen gehörig, (w. m. s.) Der Schmaiß, (Nürnb., Hsl., b.-W.) der Schlag. Die Schmaißen, (b. W.) Kolik, Durchfall. anschmaißen, besudeln, besonders wie Insekten, als Schmetterlinge, Fliegen, (Schmaißfliege, Schmaiße; Weigand, Wbch. II, 606. Zeitschr. IV, 183) ꝛc. mit ihren Excrementen oder ihrer Brut. Grimm, Wbch. I, 445. „Die Bäum und Hage sind mit Raupennestern häufig angeschmeißet;" Wirzb. Verord. v. 1702. beschmaißen, besudeln. Grimm, Wbch. I, 1582 f. Weigand, Wbch. II, 606. „Darmit nicht die Wheeren von meiß und Rhatzen beschmaisset werden;" Feurb. v. 1591. „Donatus hat ganz Africam mit seinem Gestanck beschmaißet;" Puterbey. „Pesmeizze er mih mit irdischen sundon;" Notk., Ps. 7,6. Das Geschmaiß (Gſchmaəs, b. W. Gſchmàiſs), Excrement; Brut, Gezücht. BM. II, II, 433. „Daz si azzen die toten tier vnd daz Gesmaiß von den Vögeln;" Cgm. 299, f. 150b. „Daz diu egdehs nicht prüet ob irn airn oder ob irm gesmaiz;" Konr. v. Megenberg f. 160, (Pfeiffer 274,16). „Meiß- und Rhatzen-Geschmaiß;" Feuerb. v. 1591. „Das von den Sommervögeln angesetzte Geschmeiß, Raupen-Geschmeiß;" Wirzb., Ansp. Verord. Diebs-, Bettel- ꝛc. Geschmaiß. geschmaißen, geschmaißig, adj., schmächtig, schlank; niederſ. smetſk. (Das erstere Wort sieht aus, als wäre es, was es doch nicht wol seyn kann, ein Partic. praet.; vielleicht ist es, wie Th. II, Sp. 1427 gelachsen aus gelagsam, aus geschmaißsam entstanden). Castelli, Wbch. 156: *g'schmaſs'n*, schlank und biegsam. „Sie (die junge Frau) ist mir (dem alten Mann) zu scharpff und geschmeißig, zu frech, zu hurtig und zu reißig;" H. Sachs 1612: I, 1059. „Streich jhn mit einer geschmeißigen ruten; das. 1560: V, 366.

schmeißen (Cond. schmeißet und schmiß, Partic. 477
geschmißen), wie hchd.; (mhd. smîzen: Praet. ich smeiz, wir smizzen, Partic. gesmizzen; ahd. smîzan, Praet. smêiz, smaiz, pl. smizun, Partic. gismizan; Graff VI, 835. BM. II, II, 433. Weigand, Wbch. II, 606. Cf. čeſk. metati, smitati, zmitati, werfen), in mancherley Bedeutungen, die alle etwas Verächtliches haben, aber schwer unter einen Hut zu bringen sind: a) werfen: (Weihers: schmiſs, werfen, fallen; Dr. K. Roth. Vilmar, kurheſſ. Idiot. 359. Zeitschr. IV, 34. 130,11. V,144,62. VII Com. smitzen). b) auswerfen die Excremente, cacare. c) linire, linère, schmieren. (Dieses die gewöhnliche der ahd. Sp., besonders in der Form bismîzan, maculare. d) schlagen; (U. Mayn). Zeitschr. III, 368,53. 259,12. „Er hat mich ein sewzagel geheißen darumb will ich aufs maul jn schmeißen;" H. Sachs 1560: V. 347 (1612: V, III, 18). VII. Com. smitzen. „Der Fuhrmann schmeißt mit der Geisel, und gibt ein Schmitzen;" Erhard 1588, f. 62. c) um München: Tabak schmeißen, statt rauchen. f) anschmeißen Einen, ihn anreden; (salzb. Gebirg; Hübner 957. Jir.). g) spazieren, gemächlich gehen, schlendern; Zeitschr. V, 107,54: rasch gehen; vgl. schmitzen. Auf's Gàſſl *ſchmeiſſ'n*, (Pinzgau: Reise durch O.-Deutschl. S. 298). „Wo schmeisst hin?" wo gehst du hin? „Sie sind übers Feld hinausgeschmissen," er ist übers Feld hingewandelt; (Zillerthal, Salzachkreisblatt). Unter der letzten, seltsamen Bedeutung sagt schon Otfried III, 17,10 (Joh. VIII, 9): „iagilih sar uzsmeiz," jeder, einer nach dem andern machte sich (aus dem Tempel) davon. „Aft ham s' (die Dienstboten) má' glei' 'n Kumpari (das Darangeld) *z'ruckg'schmiſſen* (zurückgegeben). I' afá' nit faul, und han glei' dö Garberin (zweite Dirne), dö áso allweil mit'n Baukuecht á wöck (ein wenig) *g'schmiſſ'n* (Umgang gehabt) hat, afá' sinst á fruatägö (rüstige) und á wachsö Menschin ist, zamt ihrn Narn 'n Bauknecht davo˜ gjagt. Dö anna'n warn sinst all bölsanschuſs (besserer Gattung), afá' daſs'n mags'n i' á' nit (dafür kann ich nicht), daſs s' so liedálá sant;" Kürsinger's Ober-Pinzgau (1841), S. 177. Eine gemeine Art Liebesverhältnisses das Schmeißen;" das. S. 272. XIII Com. smitzen, eilig gehen, laufen; i *smitze* oder pin *gesmitzet* ka Felie (nach Velo). Firmenich I, 439,26: „Do wor e alt e paar *Schmiet* Wegs fott." Der Schmeißer, Hieb; Verweis, gleichviel ob mündlich oder schriftlich. Vrgl. die Nebenformen schmaißen und schmitzen.

Der Schmiß, a) Wurf, Schlag, Streich. Du kriegst *Schmiſſ'*. Kärnt. švigati, peitschen, Schmisse geben; šverkez, ein Schmiß, (Ficker); Jarnik 213. Figürlich: Was hast denn aft in *Schmiſs?* was hast du vor? Lindermayr 21. b) im Scherz: Streich, Wunde vom Pfeile Amors. c) Verlegenheit. d) Handlungsweise, Manier.

Di herrischen Leut håbmt dècht ə˜n andə'n *Schmis* i˜ 'n Tanzn.

„Und aə˜ Büəbål liəbm is går nét mei˜ *Schmis*; muəs fimf vnd féchs håbm, wiə's iətz də' Brauch is."

Der Schneider hat ə˜n guten *Schmiſs*; g'schmiſſig gehn; (Zir., ohne Erklärung. ſ. oben ſchmeißen, g u. vgl. brem.-niederſ. Wbch. IV, 863: *smetsk*).

ſchmißig, adj., ſchlank, dünn. Vrgl. geſchmaißig.

Der Schmus, leeres Gerede; (wetterau. Juden; hebr. ſchmuoth, Nachrichten, vom Sing. ſchmuah, von ſchama, hören). Weigand, oberheſſ. Intellbl. 1846, p. 296; 'Weigand, Wbch. II, 611. Vgl. Vilmar, kurheſſ. Idiot. 360: der Schmut. Thiele, d. jüd. Gauner p. 309: der Schmuoß, die Erzählung, Unterhaltung; das Gerede, Geſpräch, Zwiegeſpräch; ſchmuſen, ſprechen, erzählen, unterhalten. v. Train, Chochemer Loſchen p. 218: ſchmuſen, plaudern, ſchwätzen; unterhandeln bei einem Kauf, Tauſch; Schmuſer, Schwätzer, Unterhändler; Schmuſerei, Geſpräch, Rede. Vgl. v. Grolmann p. 62. Anton p. 62. Zeitſchr. II, 466.' 2) (bey Adelung Schmu; Weigand, Wbch. II, 610. Firmenich I, 175,58), Gewinn, Vortheil bei einem Handel, beſonders als Lohn für die Unterhandlung, Vermittlung oder Mäklerey. Einen Schmus machen. Cf. BM. II, II, 434: daz geſmûſe. Der Schmuſer, Unterhändler, nach Goldfuß um das Fichtelgebirg auch der Wortführer bey Brautwerbungen. 'Stern, Lexicon der jüd. Geſchäfts- und Umgangs-Sprache p. 51: Schmus, Zurederlohn; ſchmuſen, reden, bereden, zureden; Schmuſer, Zureder.' ſchmuſeln, beym Handel jüdiſchen Übergewinn ſuchen; beym Kegelſpiel auf Fehlen oder Treffen wetten; Straubing: im Wirthshaus nach gemeinſchaftlichem Zechen Andre für ſich zahlen laſſen, (auch ſchmuzeln).

ſchmüſtern, ſ. ſchmutzen.

Der Schmetterling (Weigand, Wbch. II, 608. Zeitſchr. VI, 76) iſt dem Ohr und der Zunge unſers Volkes noch immer ein fremder, niederdeutſcher Vogel — den es wie Raupe, Lippe, Pocke, Talg, Tau, Theer, Tonne, Torf, Boot, Fett, Flotte ꝛc. erſt aus Büchern kennen lernt, während es ſich andre, wie Wäpen, Pipe, Suppe ꝛc. in ſpeciellerer Bedeutung angeeignet hat. Cf. kärnt. ſmetana, der Rahm, ſmedki, plur., Rührmilch, (Jarnik p. 66), 'und vgl. Th. II, Sp. 1591: Milchdieb. Zeitſchr. IV, 183: Schmete, Schmand, und daſ. 268,5: Smandlecker.' S. Milimaler, Falter, Summervogel.

Die Schmitten, wie hchd. Schmiede; (mhd. ſmitte, genit. ſmitten ahd. ſmitta und ſmitti, fabrica, officina. Graff VI, 827. BM. II, II, 428. Weigand, Wbch. II, 608). Die Goldſchmitten, eigentl. und fig. 's Bruiweſn is ə˜ rèchte *Goldſchmittn*, das Bierbrauen macht reich. Die Münzſchmitten. „Chain vlæſchechel ſol chein pfinniges vleiſch vail haben nivr vor der vlæhſpanch auf der vihſpanch vnd niht vor der münzſmit;" Münchn. Verord. sec. XIV., cod. civitatis, Artikel 81. Derſelbe Artikel unter Nr. 108 wiederholt; aber münzſmitte durchſtrichen und darüber geſchrieben: chappelen. „1338 brachen die von Augſpurg die Minzſchmitten auch des Dechant und Biſchofs Hewſer ab;" Cgm. 3989, f. 8. S. Schmid.

'Die Schmuttera, (Vorarlb.) Beule, Roßbeule, (zu hchd. ſchmettern); Zeitſchr. V, 483.'

---

478 ſchmatzen, a) wie hchd., d. h. mit Zunge oder Lippen einen gewiſſen Laut hervorbringen, (vielleicht aus ſchmackezen zuſammengezogen; ſ. d. W. BM. II, II, 424. Weigand, Wbch. II, 604. Zeitſchr. VI, 343). „Der (Münnich) fraß und ſchmätzet wie ein ſchwein;" H. Sachs 1560: II, IV, 62. „Wer ſnûbet als ein wazzerdahs, ſo er izzet, als etlîcher phliget, und ſmatzet als ein Beierſahs („payr ſachs"), wie gar der ſich der zuht verwiget;" des Tanhauſers Tiſchzucht, Haupt's Zeitſchr. VI, 490,63. (Sollte „Baier fark" zu leſen ſeyn? Vgl. dieſe Stelle, nach Rauch's scriptor. rer. Auſtr. I, 198, oben unter ſchmackezen). „Bey hünren lernt man gachzgen, bey ſweinen ſeuwiſch ſmaczgen;" Ring 30ᶜ,19. „Ich wol im ſicherlîch die zende ſchinden, daz mîn munt durch den ſînen ûf dem gebeine ſmatzend muoſt erwinden;" Labr. 94. „Alſo gieng es in dem ſaus, in dem ſmaczgen und dem jaus, bis die ſchüſſlen wurden wan;" Ring 36ᵃ,23. „Und ſtach ſie (die Läuſe) das es thet ſchmatzen;" H. Sachs 1560: IV, III, 80 (1612: IV, III, 173). Auch ſumpfiger Boden ſchmatzt unter dem Tritt. b) mit ſolchem Laut oder ſonſt küſſen. „Gelücke ſende ein treffen mir, daz ſmutzelîchen ſmatze;" Labr. 326. Der Schmatz, der Schmatzer, das Schmatzerlein, die Schmatzen, der Kuß; (BM. und Weigand, a. a. O. Vilmar, kurheſſ. Idiot. 359. Zeitſchr. I, 285,2,9. II, 84,15. VI, 512. 528,11.12.15). Das Schmatzhändlein, Kuß auf die Hand. 'Schmätzlein, ein gewiſſes ſüßes Backwerck; Zeitſchr. III, 172,10.' c) mit ſolchem Laut auffallen laſſen. „Do voller ſpaichel was ſein munt, die thet er ſament dar ſmatzen dem kalen manne auf ſein glatzen;" Marculf, Cgm. 579, f. 21. d) ſchlagen, hauen. anſchmatzen, (Heppe) mit dem Waldhammer bezeichnen. Stockſchmatzen, (Heppe) die unterm Schnee im Boden ſtehen gebliebenen längern Stöcke gefällter Bäume zu Klafterholz verarbeiten. „Der Stainſchmatzer, tinnunculus avis;" Voc. v. 1618. Dieſenbach 584ᶜ. Nemnich II, 1586. Cf. Heckenſchmatzer, motacilla curruca, Grasmücke; daſ. II, 610 und Vilmar, kurheſſ. Idiot. 359: die Schmetſche. Die Schmatzen, Schmätzen, was geſchlagen, gehauen werden ſoll, oder zum Hauen, Schlagen dient; Klotz, Zugſchlägel, Rammblock (Höfer III, 99. Weigand, Wbch. III, 604); im Boden ſtehen gebliebener Stock eines gefällten Baumes. Das Holz ligt noch auf der Schmätzen, es liegt noch unaufgeſcheitet, unaufgeklaftert. Holzſchmatz, (Pſeud. Zir.) der Holzhaufen auf dem vorgeſehenen Rückhaltsplatz, der auch Hauptſchmatz genannt. Nach Hübner 664 iſt im Pinzgau der Schmatz der Ort, wohin auf Holzriſſen Blöcke niedergelaſſen (geſchoßen) werden. cf. tyrol. Wald-Ord. v. 1719, p. 14. In München heißen Schmatzen die an Mauern, welche ſpäter der Breite nach fortgeſetzt werden ſollen, vorſtehenden Backſteine, Wartſteine, pierres d'attente, ital. le morse. Dazu einſchmatzen, verb., die Einſchmatzung. cf. Matzen.

ſchmätzen (ſchmätzn), verächtlich: ſchwätzen, reden; 'Zeitſchr. V, 381: ſchmatzen. (cf. ſchmänken, ſiebenb.-ſächſ. ſt. ſchwenken; Zeitſchr. IV, 409,62. V, 364).' „Verbooinare, ſmetzen vel chlaffen;" Voc. in Cod. Emm. E. 23, fol. 240ᵇ. „ſmäczer, garrulus;" Voc. v. 1455. „Garrulus, chlaffer vel ſchmäczer;" Clm. 5877 (XV. sec., 1499), f. 117. „N. ain poſer arßkreczer, arger klaffer und ſmeczer;" Mich. Beham, Wiener, 18,23. BM. II, II, 424. Einen bey Jemand *və'-ſchmätz'n*, (verſchwätzen.) Der Schmáz, das Gſchmätz, das Gerede, Geſchwätz. Dés is ə˜ *Schmáz*, der kaə˜ Haəmət hád, das iſt ein grund- und zweckloſes Gerede. „Dá' Kaiser is gstoribn! geht 's *Gschmätzát* und 's Gröd;" Stelzhamer 30. „Vo˜ dán saudummá *Gschmätzt* geht's nöt haiſs und nöt kald; wannst ás bleibn laſſen dádst, wurdst má' angnáhmá' bald;" daſ. 78. Das Geſchmätz (Gſchmätz, Gſchmétz), ſchmierige, klebrige Sache, Geſchmier, Gekleckſ, Gemengſel von Speiſen; (Vielleicht iſt dieß die eigentliche Bedeutung). Im Cgm. 411 ſteht f. 48 und 193 als müßige Federprobe des 13jährigen Schreibers: „Horend lieb fraw metz ditz geplez iſt ſus geſchmetz." S. Schmotz.

ſchmauzeln, a) (vrgl. ſchmau-eln und ſchmotzen). „Die Patres werden immer gegen die Wollüſte geeifert haben — aber wenn sie auf der Abseilen und einmutterslein mit einer Frau Mutter, einer schönen, jungen geschmauzelt ...;" Lob- und Ehrenrede auf den heil. Stephan p. 29. b) beym Kegelspiel auf Fehler oder Treffer wetten. S. schmuseln.

schmeizen, mitunter noch statt schmeißen in der Bedeutung: hauen. Der Schmeizer, Hieb.

schmitzen (zu schmeißen, wie ritzen zu reißen, schlitzen zu schleißen rc. gehörig; cf. Grimm III, 497. Graff VI, 837. BM. II, II, 433. Weigand, Wbch. II, 610):
479 a) werfen. „N. N. hat das Jungfräulein rücklings zu Boden geschmitzt;" Alt-Ötting. Historie. „Hat der Königin Maria in Schottland ein unverantwortliches Klämperl (Keuschheit betreffend) angeschmitzt;" Nachbarn am Isarstrom IV, 16, auch I, 190. Grimm, Wbch. I, 446. „Wenn ich's Trayd in die Erden schmitz mit hagel, schawer, donner und blitz;" H. Sachs. „Er schmitzt den hafen an die wendt;" das. 1560: II, IV, 68. Die Zueschmitzung, Verbal-Injurie; Akt v. 1657. b) schlagen, hauen mit der Ruthe, Peitsche; (BM. II, II, 433. cf. niederd. schmecken, peitschen, Schmeck, Peitsche; Firmenich I, 448,35. 477,220. 481,110. ck = t? s. unten: Schmitze und vgl. niederd. Smuck, Kuß, neben oberd. Schmutz). „Verberatus, der geschmitzt ist worden;" Avent. Gramm. „Wer Got nit dankt seins knyens und switzens, und an der seulen des pesems smitzens; Cgm. 713, f. 166. „Schaw wer thut an der thür anschmitzen," (klopfen); H. Sachs 1560: III, III, 39b. c) schmieren, beschmieren, färben, besonders Felle schwarz färben. Zeitschr. III, 19. VI, 480; fig. anschwärzen. IV, 183. Cf. engl. to smut. Hosen schmitzen. Der Fellschmitzer, Schwarzfärber. „Von einem Kalbfell licht zu schmitzen. Von einer Bockshaut grün zu schmitzen;" Bayreuther Tuchscheerer-Tax v. 1644. „pismizzit, delibutus;" gl. a. 230. `d) eilig gehen, laufen; s. oben: schmeißen, g.´ „So nim dein gwentlein, schmitz darvon ... und schmitz denn hinden aus dem haus; H. Sachs 1560: II, IV, 20. „Der pfaff schmitzt hinden hinaus ball;" das. II, IV, 65 (1612: II, IV, 134 fehlt dieser und noch ein Vers). „Knecht Heinz sprach: da thut durchher schmitzen, da ligt der baum; das. 1560: II. IV, 86 (1612: II, IV, 174). „Wil eilendt auf den Grama sitzen und und in das Paradeis nein schmitzen;" das. 1560: III, III, 20 (1612: III, III, 39). „Ich dörft wol einsmals davon schmitzen mein weib und kinder lassen sitzen;" das. 1560: V, 341 (1612: V, III, 5). „Die fischerin schmitzt hinden naus," (macht sich davon); das. 1560: V, 404 (1612: V, III, 137). Der Schmitz. „Da der von Bamkirch her Andre von Praug zoh, schicket er vor e ainen knaben auff schnellem schmicz (Pferd? Streich?), der selb hieß Mathis Nackawicz. Der rait von Beham hine in Österreich gen Wine und sprang in den purggraben tieff und eilet pald mit ainem brieff hin für den kaiser;" Mich. Beham, Wiener 161,14. `(Sollte dieses Schmitz nicht zum vorhergehenden Verbum schmitzen, d) gehören?). beschmitzen, leicht besprützen, bewerfen, beflecken, besudeln; auch figürlich. Grimm, Wbch. I, 1585. Vgl. beschmaitzen. schmitzlich, adj., ehrenrührig; Vilmar, kurhess. Idiot. 359 f.´ Der Schmitzen, das Schmitzə-l, Portiönchen, soviel z. B. die Mutter an Brey dem Kinde auf einmal in den Mund streicht. I gib 'ən Kind àllé Tàg um ə˜ *Schmitzə-l* Muəs mèrə'. Kain Schmitzen Heu, nicht das Geringste an Heu; (O.Pf.). Der Schmitzer, Hieb, Streich. Zeitschr. II, 238. Die Schmitzen, a) der Hieb, Streich. BM. II, II, 433. Weigand, Wbch. II, 610. Zeitschr. II, 238. Ainem ə˜ *Schmitz'n* à˜henkə˜. „Dapffere Schmitzen, so Se. Churf. Drcht. dem Generalen von Styrum versetzet;" Nachbarn am Isarstrom VI, 40. „Kein Land, kein Stand, wo man nicht der Wahrheit ein Schmitzen gibt," (ein Bischen lügt); P. Abraham. „Swie mange herte smizze der meister im in der schuole streich;" Marien Rosenkranz 42, v. d. Hagen's Ges. Abent. III, 600. „Als daz kint ein unzuht sprichet, sô sult ir im mit dem rüetelîn ein smitzelîn tuon an blôze hût;" Br. Berhtolt 216, (Pfeiffer 35,17). b) die Farbe. Grundschmitzen; (ahd. pismizzani, tinctio; smiz, naevus; pismiz, macula, contaminatio rc. Graff VI, 837). c) die Schmitzen (Weihers: der Schmétze; Dr. K. Roth), das mit Knötchen durchflochtene leinene Ende der Geiselschnur. Weigand, Wbch. II, 610; cf. 608: Schmicke. Vilmar, kurhess. Idiot. 359: die Schmicke neben der Schmitz. Zeitschr. II, 238. 552,56. III, 272,29. VI, 343.

Der Schmotz, (schwäb.) das Fett, die Schmiere, der Schmutz. Birlinger, Wrtrbchl. 82. schmotzig, schmötzig, schmierig, schmutzig; Voc. v. 1618. „Die Juden haben Chr. die heil. Augen mit einem schmötzigen Fueßhader verbunden;" Pred. v. 1678. schmotziger Donnerstag, Birlinger, a. a. O. Das Geschmötz (Gschméz), Geschmier, Schmutz. schmotzen; mhd. smotzen, schmutzig sein;" BM. II, II, 434. Zeitschr. VI, 343: Mörtel bereiten. S. schmätzen.

schmotzen (schmóz'n), schmötzeln (schmétzln), a) lächeln; s. schmutzen. Birlinger 399. „Ihr schmotzt wie ein Fleckfieder nach der Fasten;" P. Abraham. „smotzen, klein lachen, subridere;" Voc. v. 1482. „smötzeln, subridere;" Cgm. 685, Voc. v. 1432. b) (Jäger-Sp.) den Hasenruf nachmachen. c) beym Kegelspiel auf Fehler oder Treffer wetten. cf. schmuseln.

Der Schmutz, a) wie hchd.; Weigand, Wbch. II, 612. Clm. 12028 (XV. sec.), f. 180 roth zugeschrieben: Smucz Jekil. b) (schwäb. Fett, wie man es zum Kochen oder sonst braucht, Talg. S. Schmotz. c) der Kuß. BM. II, II, 434. Zeitschr. II, 401,11. Das Schmuzə-l, Schmüzə-l. Cf. niederd. Schmuck, Kuß, Firmenich I, 221,23; smucken, küssen, das. 220,17.

schmutzen, schmutzeln, schmutzmaulen (bey Nîthart XVI, 2: schmutzemunden), lächeln, innere Freude oder Behaglichkeit im Gesicht merkbar werden las- 480
sen:" Zeitschr. VI, 114,23. Cf. niederd. schmotzlächeln (Firmenich I, 542,222), smüüsterlachen (das. 21,143), schmûstern, (das. 103,14. Zeitschr. VI, 429, III, 3. 288,735: schmüstern), schmûschern (das. 177,63) für hchd. schmunzeln. S. auch schmotzen. „Der pfaff sprach jhm die absolutzen und thet des bawren einfalt schmutzen," (belächeln); H. Sachs 1560: V, 392 (1612: V, III, 113). „Wenn der prister spricht absolucen desselben all die engel dort lachen und smuczen;" Cgm. 713, f. 172. „Smutz der tiuvel, welch ein rât! S. Helbling V, 89. „Ein hundel Smutz genennet;" Labr. 356—358. „Des smuczt fraw Weishait," (lächelt darüber); Cgm. 775, f. 212. Lachə˜ tuət ə' nét, àbə' *schmutz'n*. „Də' Bàrt wird də' *schmutz'n*, wennst d' Engl dèrfst dutz'n;" Marc. Sturm.

„I˜ də' Frue stê-n-I auf, und tuə 's Rôssál putz'n,
schaut mei˜ Deənál zuə, tuət gàr fruindlə' *schmutzn*."
„Bàl' *schmuz* I, bàl' lach I, bàl' schau ə di' à˜,
bàl' ziəhbədi' zuə-w-ə', gern hàbədi' scho˜."

Der Schmutzer, das Schmutzə'l, das Lächeln. ə˜n *Schmutzə'* taə˜. So hàd ə' sich və'stəlln künnə˜, dás eəm nét ə˜ *Schmuzə'l* auskemə˜-r- is. `schmutzlich, ä. Sp., adv., kußlich;" BM. II, II, 434.´ „Gelücke sende ein treffen mir, daz smuzelichen smatze;" Labr. 326. „Von kus gen kusse bieten hân ich wol hœren sagen, und smuzerlîch vernieten;" das. 329.

Neun und dreyßigste oder Schna= ꝛc. Abtheilung.

(Vrgl. Schnab, schnaw, ꝛc.)

schnau-en, schnau'n, schnau˜n, (wahrscheinlich nach Gramm. §. 446 bloße Aussprachform von schnauden, w. m. s.): a) athmen, schwer, heftig athmen; (mhd. snâwen; BM. II, 436. Weihers: schnu; Dr. K. Roth. Zeitschr. IV, 245. Cf. VI, 18: der Schnau, das Gelüsten). Der Schnaunə', Athemzug. ausschnau˜n, ausathmen; ausruhen, um Athem zu holen. Vrgl. auch schnaufen. b) anschnâuen Einen, ihn anfahren. Grimm, Wbch. I, 447; cf. Zeitschr. VI, 44 144,16. Nahe läge das gothische snivan, Praet. snau, fahren, vadere, (mhd. sniuwen, snöuwen, schnauben; entsniuwen, entsnöuwen, schelten, anfahren, BM. II, II, 450. Grimm I[3], 196. „Daz die got an dem pflaster also ligent nider gestriut; si sint unsamfte entsniut;" Kindh. Jesu, Hahn 90,62. „Daz er nicht wurd entsnewt;" Horneck fol. 269, reimt auf „streit", strewt, streute? ent senewt? cf. sneben und schnöde); wenn nicht noch näher stünde das niedersl. snau, Schnauze, (Zeitschr. VI, 144,16; vgl. unten: anschnauzen), Kilian's snauwen, schnappen. „Sich rimpfen und snawen" wird Diut. II, 131 von clawen (Fingern, in der Kälte) gesagt. (cf. isl. snua, kehren, drehen).

Der Schnê (opf. Schnèi), Dimin. das Schnêwelein (Schnêwə-l), wie hchd.; (ahd. mhd. snê, genit. snêuues, snêwes, goth. snaivs; Graff VI, 851. BM. II, II, 451. Weigand, Wbch. II, 617). 'Schnee, sieben (der alten Jungfern); Zeitschr. V, 477.' schnêwig, schneeig; (mhd. snêwec, ahd. snêwac; Graff V, 852. BM. II, II, 452). schnêballen, schnêbalnen, verb., Schneeballen machen, sich damit werfen. Die Schnêblüed (Schnêblüə'), jene weißgrauen Wolken, die im Spätherbst nahes Schneyen verkünden. schnêblüə'-, schnêhagel=, schnêschloßen= ꝛc. weiß, sehr weiß. Zeitschr. V, 26. 'Der Schnêbrunzer, Feigling, alter Geck; s. Th. I, Sp. 360. Zeitschr. IV, 158.' Der Schnê-kater (Schnêkàdə', O.L.), a) die Schnarrdrossel, turdus viscivorus L. b) die Frühlings=Levkoje, leucoium vernum, (vgl. Zeitschr. IV, 183: Schnêgallen); beyde wol ihres frühen Erscheinens wegen. 'Höfer III, 104: Schneekatherl, leucojum vernum und galanthus nivalis.' Die Schnêflucht, niedrigerer Alpenplatz, wohin, wenn auf höhern Schnee fällt, das Vieh gebracht wird; (Jir.). cf. die Kueflucht bey Partenkirchen. Der Schnê-raif, Vorrichtung, die dem Fuß eine breite Fläche gibt, damit er auf dem Schnee nicht einsinke; (Gebirg). schneiwen, schneiben (schneibm;
481 Cond. schneiwet und schniw, Partic. geschneibt und geschniwen), hchd. schneyen; (mhd. snîwen, snîen; Praet. sing. snei, pl. sniwen, Partic. gesniwen; ahd. snîuuan; Praet. ind. snei', conj., sniuui, Partic. gisniuuan. Graff VI, 852. BM. II, II, 451. Weigand, Wbch. II, 617. Ztschr. III, 240,3,12. 392.3,25.30. IV, 538. V, 252,2.). Diər derft's 'ós Gəld *schneiwm*, du glangətst nét. „Zuelauffen wie das Schneiwen oder das Schneiwend," (haufenweise); Avent. Chr. 63. 216. Cf. mhd. diu snîe, das Schneyen, der Schneefall; BM. II, II, 451. „Von wolken wart nie snîe alsô dicke;" Georg 1234. „Man saget aus Vexation ungefär im Merz: heur wird es nach dem May noch schneyben;" Bodmann's Notata v. 1709. „Ningere, sneyben; Voc. v. 1445. schneiweln, ein wenig schneyen.

'schne-bauchen, s. oben, Sp. 496: schle-bauchen. Birlinger 400.'

Der Schnabel, a) wie hchd.; (mhd. snabel, ahd. snabul, snapul; Graff VI, 838. BM. II, II, 435. Weigand, Wbch. II, 612. cf. Schnappel). b) (Lex. v. B.) eiserne Maske, welche bösen Weibern vor das Gesicht gelegt wurde. c) (fig.) Mensch, der unüberlegt spricht. Birlinger 399. Vrgl. Zeitschr. III, 422. Schnäbel ziehen (Schnábəl ziəgng), sich schnäbeln, wie Tauben. 'schnabelieren, mit Appetit essen; Zeitschr. V, 460.' Der Schnebelitz, Schneblitz, Schneberitz (◡◡ –, U.L.), sogenannter Roßkopf, woraus sich der Frosch entwickelt. Ich weiß nicht, ob hieher paßt die dunkle (medicinische?) Glosse: snebeliz, surrones. Graff VI, 838. Diefenbach 117[c]. 569[a]. 584[b]; nov. glossar. p. 89. 231. Im Voc. v. 1429 heißen ciconides, homines rostrati schneblicz, Voc. optim. p. 40: tineae, snebeltzin vel milwin.

schnaben, ä. Sp. (mhd. snaben; BM. II, II, 434): a) „Swer sich über die schüzzel habt, und gar unseuberlichen snabt mit dem munde, recht als ein swein;" Tischzucht bey Rauch, Scr. rer. austr. I, 198; (cf. Haupt's Zeitschr. VI, 489,13). 's. oben schnauen und vgl. hchd. schnauben' und schnappen; (Weigand, Wbch. II, 616). b) eilen (? BM. II, II, 434,1. Zeitschr. V, 167,146). „Man sach sew hinsnaben, wol mit vier tausend mannen;" Horneck c. 8. c) labi, cespitare, deficere; (BM. II, II, 434,3. Cf. schwed. snafva, straucheln, stolpern; s. unten: schnappen). „Stand vaste bi im daz du niht snabest an worten, an werken, an siune, daz er dir iht angewinne din gut;" Renner 14377. „Er viel ... wolte aber er zetal niht snaben, so müste er sehs fuzze haben;" das. 15201. „Sie werdent darumb hohe erhaben, daz sie dest swinder snaben;" das. 16425. „Das er darüber icht besnabe;" Trist. 4662. „Daz ich darane nicht ensnebe;" Diut. II, 36. „Die do Gotes forchten haben an chainer stat sie nicht versnaben;" Waldsassener Reimchron., Cbm. 91, f. 9[b]. (Niederl.: „Laet mi niet sneven ... dat ik meer valle of sneve;" Cgm. 135, f. 18. 47. cf. Kilian: sneven, snovelen). d) Mangel leiden; (Figur von der vorigen Bedeutung?). „Ich kund nichts vinden me, des must ich armer lang zeit snaben; Mich. Beham, Cgm. 291, f. 157[b]. „Pis er selber het nummen mer; dar nach musten wir schnaben und mangel mit im haben;" ders., Wiener 133,22. „Waz man sol von essendem ding haben, des was kain zadel nach schnaben;" das. 384,8. „Das ir vertopelt was ir mugt haben, und laßt dahaim ewr frawen snaben;"

Cgm. 714, f. 352; cf. 132. Snab, Mangel. „Da begund ein grosser hunger sich zu hebend mit mangel und auch snab;" Cgm. 291, f. 368b. „Was man zu velt solt haben des heten wir nit snaben," (Substantiv?); Mich. Beham, Cgm. 291, f. 280b.

`schnebauchen, s. oben, Sp. 496: schle-bauchen. Birlinger 400. Zeitschr. V, 431,483. Vgl. auch schnepp-bäuchen.´

`„schnebeln, umherschnellen, um sich schlagen, sich sträuben;" Seidl, Ged. (1844) p. 330. „schnepeln, mit einer gewissen Schnellkraft sich bewegen: das Bret ist aufgeschnepelt, unvermuthet in die Höhe gekippet; der Fisch schnepelt im Wasser, wenn er schnell empor springt; mit Händen und Füßen schnepeln, selbe herumwerfen, um sich zu wehren; er hat verschnepelt, ist gestorben, rühret sich nicht mehr;" Höfer III, 106. Vrgl. oben schnaben, 2. Der Schnebler, eine rasche Bewegung, Schneller.´ „Dǝʳ Fisch hàt á˜'biss'n, aft tuǝt ǝr ǝ˜n *Schnéblǝʳ* und schwimmt mǝʳ dǝvo˜;" Ant. v. Spaun, österreich. Volksweisen 37. „Kám schátz I's ('s Wêlaǝd) gstillt und raǝt's z'tiǝfst àhé 'druckt — ǝn *Schnéblár* und umdrát's und auffǝʳ kimt's g'ruckt;" Wagner, salzb. Ges. 17.

schnebezen (schnéwǝzn, O.Inn), eilig, hastig verfahren. Sieh schnaben und `„vgl. entsnewt bei Ottocar;" Jac. Grimm. s. oben: schnau-en.´

schneiben, schneien; s. unter Schnê.

Die Schnüeb, s. „Schniep, Schnipp."

„schnechen," (Aschaffenb.) was schnaicken, w. m. s.

Der Schnâck, eigentl. Schnâgk, des Schnâgken, a) wie hchd. die Schnake, culex; (BM. II, II, 435. Weigand, Wbch. II, 612. Vilmar, kurhess. Idiot. 360: Mücke; Raupe. Cf. Firmenich I, 398,11: schnack, schlank; 42,10: Snaake, Schlange). „Cinifes haizent snâken;" Konr. v. Megenberg f. 175 („schnæcken"), Pfeiffer 298,31. „snâkl, cinomia;" Voc. v. 1419. Diefenbach 161c. b) (schwäb.) lange, hagere Person. Vgl. Zeitschr. II, 238: *Schnökel*, Stutzer; III, 560: niederd. *snak*, schlank. c) (in freundlichem Scherz) Person überhaupt: O du mei˜ *Schnack!* ǝ˜ nètts *Schnákǝ-l*. d) lustiger Einfall, Posse. Weigand, Wbch. II, 612. Zeitschr. II, 541,150: Rede, Geschwatz, Scherz; Schnickschnack. III, 280,46. 425,14. IV, 288,14. VI, 143,88. 286,650. 423. 480. 529,18.
482 Schnackenreißer, Voc. v. 1618. „Mach Faxen und *Schnäcksen;*" Wagner, salzb. Ges. 5. Bey Paullini II, 678 kommen an der Werra Holzschuhe mit Schnacken — Schnäbeln? — vor. Gl. o. 160 sind snaggun, snacgun naves rostratae, (Graff VI, 839. s. unten: die Schnarren) und VII Com. snako, m., Schnabel; snacken, schwatzen, plappern. `cf. BM. II, II, 435: der snatersnacke.´ schnägerä, mit dem Rüssel (mit der Schnägerä) wühlen; Bergmann, Walser 96. Zeitschr. IV, 325. Hiernach könnte man auf den Urbegriff Schnabel, Rüssel, Spitze rathen.) schnacket, adj. „Warumb er kem so elend her, und umb das maul so schnacket wer," (mager? oder isl. snöggr, glaber, depilis); H. Sachs 1612: I, 900. „Der heuschrecke, swie tief er in dem grase lît, so wirt er doch niemer veizter; er ist alle zît mager und lancbeinic und snâkelt;" Br. Berht. 22, (Pfeiffer 368,35). cf. oben b). `schnackisch, scherzhaft, trollig; Zeitschr. II, 541,150. IV, 263,23. VI, 423. verschnacken, vergeilen (étioler) oder, wie die Gärtner sagen, weiß werden (blanchir) laßen. „Die noch verschnackten (étiolées) jungen Triebe des Molopospermium cicutarium Decand. werden in Roussillon, wo man sie couscouils nennt, gegessen."

schnäckeln, auch schnäckezen, einen knallenden, schnalzenden Laut erheben, schnallen, schnellen, schnippen; `überhaupt: eine rasche Bewegung machen, schleudern. Zeitschr. III, 231,3. 368,51.´ Mit den Fingern, mit der Zunge schnäckeln. Dieses Schnäckeln mit Zunge und Fingern vertritt bey unsern ländlichen Tänzern, freylich sehr unvollkommen, die Stelle der Castañetas, bey deren Führung z. B. der spanische Tänzer, besonders im unnachahmlichen Volero, mit den Händen und Armen nicht weniger zierlich und beweglich, als mit den Füßen, tanzt. Dǝʳ Fà'n hàd'n *g'schnáck'lt*, sagen die Schiffleute von Einem, den das Seil ins Wasser geschnellt hat; s. I. Th., Sp. 690. abschnäckeln Einem, ihm keine Spottrede schuldig bleiben. abschnäckeln Eine, subigere feminam. verschnäckeln sich, im Reden verschnappen, übereilen, sagen, was man verschweigen sollte oder wollte. verschnäckeln, für Kleinigkeiten ausgeben, unnütz durchbringen. Vilmar, kurhess. Idiot. 362. verschnecken. Tuǝst dei˜ Gǝld àlls *vo'schnáckln.* (Am Rhein ist schnäcken naschen). Das Geschnäckel, Geschnäckelwerk, Collectiv für werthlose Kleinigkeiten, Abfälle. Vrgl. schneckeln. Der Schnäckler, Schnäckezer, der Schnall, der knallende Schneller mit der Zunge oder den Fingern, das Schnippchen; der unwillkürliche Laut, welchen man im Hochdeutschen den Schluchzen, franz. le hocquet, engl. the hickup, span. el hipo nennt, — in Wien der Schnáckǝ'l. Zeitschr. V, 472. 482. VI, 203; cf. V, 294: snicken, versnicken, den Athem verlieren. „D' Regǝ-l hàt 'druckt als wenn s' 'ǝn *Schnáckǝ-l* hätt';" Seidl, Ged. (1844), S. 266.

„Und 's Dienǝ-l hàt schwarzbrauné Äugǝlé,
und wie-r-ǝ˜ Taübǝ-l schauts her,
und wenn I vo'n Fenstǝr ǝ˜n *Schnácklǝʳ* tuǝ,
wurlt 's i˜ 'n Hemǝ'l daher."

'ǝn *Schnácklǝʳ* hàbm, kriegng, den Schluchzen haben, bekommen. Cf. bey Kilian snacken, captare hianti ore, singultire, latrare, garrire. `s. d. vor. Wort und vgl. Zeitschr. VI, 481: schnicken, schnucken, schnuckern, schnücken, schluchzend weinen; cf. VI, 479: Snuckup. Kärnt. kolzati, aufschnacken, rülpsen; Jarnik 235. Der Schnäckezer, (Wackius) singultus, (isl. snökt). Die Schnäckel-Hauben oder Kappen, alte, aus der Mode gekommene Art ländlicher Weiberhaube. Das Schnäckel-Meßer, das zuschnappt, Schnappmesser, Taschenmesser, (Zeitschr. II, 238: Schnâke); im obscönen Scherz: penis. cf. Schnickel. Die Schnäckel-Säulen, mechanische Vorrichtung, Lasten auf Wägen rc. zu heben, Hebelade.

schnaicken, (schwäb.) heimlich suchen, besonders um zu naschen. Wol mit dem gleichbedeutenden aschaffenburgischen schnechen (nach Gramm. §. 149 schnaichen?), 483
altmärk. *schnöakern* (Firmenich I, 137,10: schnuppern; cf. dän. snage, suchen, umherschnüffeln), ein Wort. Es steht neben dem isl. snîkia, catellare, parasitari, wie eine Ableitung (nach Gramm. §. 956, VI) aus. schnaickig, schnaicklich, adj., naschhaft, heikel. Vrgl. hier unten snachan, unter schnecken.

schnaickeln, (schwäb.) blaß werden.

Der Schnèck, eigentlich Schnegk, des Schnegken, a) wie hchd. die Schnecke; (mhd. der snecke, snegge, ahd. sneggo, snecco; Graff VI, 839. BM. II, II, 436. Weigand, Wbch. II, 616. Vilmar, kurhess. Idiot. 362: Schnegel, Schnaegel, Schnael, Schnêl, Schneil. Zeitschr. III, 262,60. V, 33,28. VI, 18. Firmenich I, 401,61, Meurs und 459,69, Köln: *Schleck, Schläck*; das. 306,30, Paderborn: *Sniel*, 356,75: *Snaal*). „Schnegg, conchile;" Voc. v. 1429. „Chochsnäkkel und allew speis dy zach in dem mund ist;" Ind. 344, f. 42. `schneckenfett; Zeitschr. V, 26.´ Das venez.-nürnb.

Wörterbuch, Ms. v. 1424, nennt fol. 32 „la bissa scudara die snecknater;“ (cf. engl., fläm. snake, isl. snâkr; Zeitschr. VI, 529,17). b) (in freundlichem Scherz) Person, besonders Kind: du liabə' *Schnèck*. Besonders in Diminutivform: *Schnèckə-l*, auch: *Schnèckə˜bètzl.* Du bist ja gàr ə˜ nètts Schnèckə˜bètzə-l heu˜t, há˜ sàg mə' no˜ gràd, wèə' dé' gàr əso schö˜ *zsamgschnèckə-lt* und áfglockə-lt hàt; (ObrM.) c) der Schnecken, die Schneckentreppe. „Die Gänge und Schnecken säubern;“ Bayreuth. Hof-Ord. v. 1698. „Es soll auch ein verborgener Schneekhen inwendigen des thurens hinaufgeen;“ Feuerbuch, Ms. v. 1591. d) (O.L.) der Schnecken, das Schnèckl', Armkörbchen, aus Schienen geflochten, mit Deckel und Tragbogen. e) das Schnèck'l, Schnèckə-l, Schnèckə˜bètzə-l, geringelte Haarlocke. f) der Heuschneck, die Heuschrecke. g) die (?) Schneck, (Rath Her, als bayr. ??) feminal. Schneckə˜deckel, (schwäb., fränk.) was Fotzenhuet (Th. I, Sp. 782), d. h. Mann. 'h) ein gewisses Backwerk; *Schnèckənud'l*, schneckenförmig gewickeltes Backwerk. Zeitschr. IV, 474.' R.A.: Ja Schnecken! oder: Schnecken in der Butterbrüe! schnöde Zurückweisungsformel. Schneckentänze, Possen, Schwänke. „Mach mir kaine *Schnèckə˜tänz!*“ Schnecken schlagen, müssig gehen; Voc. v. 1618. „Man hat die Predig aus der Acht gelassen, und statt deren zu Haus Schnecken geschlagen.“ .. „Dem Geistlichen wird sein Schmaußen, sein Schwätzen und Schneckenschlagen, sein Postbrevier, sein Jägermeß, sein Weiberspienzeln &c. verhebt.“.. „Solche Schneckenschlager“, (Pfarrer, die Andere für sich predigen lassen); Selhamer.

schnecken, schneckeln, a) langsam gehen, wol in scherzhafter Beziehung auf das Insekt. (Vrgl. übrigens das ahd. snahhan, repere, Praeterit. snuoh, Isid. 8, Graff VI, 839, und Stalder's schnäcken, kriechen). b) schneckeln, putzen, zierlich ankleiden, — etwa zunächst vom Haarputz hergenommen. 's. d. vor. Wort: e).'

schnecken, schneckern, (O.Pf., Nürnb.) hauen, klein hauen, wie „schnaiten.“ Strá *schnékə'n*, Nadelholz-Reisig zu Streu hacken. Im Thal Grüna, ob der Ens, werden Küchen- und Hausgeräthe aus Holz geschneckert, (geschnitzelt). Firmenich I, 472,41 (Köln): *schnicke*, schneiden. Im Schwedischen heißt snickra Tischlerarbeit machen, und snickare ein Tischler, „Schneckerer.“ Im Schottischen ist to sneck mit schnellem Streich eines Schneidewerkzeugs abhauen. Vrgl. das folg. Wort.

schnicken, (Aschaff.) eines fort, in die Höhe, hin, her schnicken, — schnell bewegen, schnellen. Zeitschr. III, 267,6. Vrgl. d. vor. Wort und niederd. snigger, schnicker, adj., frisch, munter, hübsch; Firmenich I, 204,14 (Hannover) und 212,9 (Stade). Zeitschr. V, 294: reinlich, nett; das. VI, 141,9. 480.

Der Schnickel, penis; in Schwaben auch für Rüssel und einen langen, hageren Menschen vorkommend. Zeitschr. III, 267,6. IV, 184: die Schnichse, (schles.) Schnauze des Hundes. Vrgl. Schnack und schnäckeln; auch holl. sneukelaar, unzüchtiger Mensch, sneukelen, Hurenhäuser besuchen.

schnuckeln, lecken, saugen, naschen; (ndrs. snökern, cf. schnuckern, schnucken, schnücken oben, unter schnäckeln.) Der Küchenschnuckel, der die Küche nach Eßwaaren durchsucht. Schnuckeleins-War, (Nürnb.)
484 Zuckerwaare. abschnuckeln Einen, Eine, zerküssen; cf. schnurkeln. Der Schnuckes, das Schnuckəschə˜, (Aschaffenb.) liebkosende Benennung einer Person, besonders eines Kindes.

schnabern, s. schnattern und Zeitschr. III, 299.

Das Schnàdə'hüpfl, der Schnàde'hàgng, s. Schnitterhüpflein und Zeitschr. III, 171.

schnauden (schnau'n, schnau˜n), Athem ziehen, besonders mit Anstrengung, Heftigkeit; eilen; (mhd. snûden; BM. II, II, 452. Graff VI, 845. Vgl. schnauen). „Oscito niesen, singulto heschaczen, sternuto snawden, nauseo bullen (wullen), sterto snarchen;“ Clm. 9806, f. 1. cf. Th. II, Sp. 911: gaimezen, gâmazen. „Snawden, sternutare, stertere;“ Voc. v. 1432, Cgm. 635. „Ein wolf der sprang mit großen schnauden, hin über stock und über stauden;“ H. Sachs. „Petrus mit ächtzen, blasen vnd schnauden must immer nachtrollen der gais;“ ders. „Swer snaudet als ein wasserdachs;“ Tischzucht, bey Rauch, Scr. rer. austr. I, 198, (Haupt's Zeitschr. VI, 490,61). „Ich lac in der stûben; zispizen unde snûden muost ich an mich twingen,“ (um nicht gehört zu werden); S. Helbling IV, 374. „Da grozten vns der siechen schar mit grozem snovden;“ Frauendienst f. 75$^{1}/_{4}$, (Lachmann 330,18: snûden). (Hiernach scheint Notker's snûden, subsannare, eine ganz andere Form). „Columbrima vertreibt dy huesten und dy snauden;“ Clm. 5931, f. 213. 'Der Schnauder, mhd. snûdære, Schnaufer, alberner, unverschämter Mensch, Thor; BM. II, II, 452.' „Nû pfui dich, dû snûdær“ („snauder“), sagt die Frau zum Knecht; S. Helbling I, 1208, cf. XV, 463. Vrgl. schnau-en und schnodeln.

Der Schnêdərəgeng, Schnêdərəgenks, gewisser Trompetenton; Schnörkel; Ziererey. Das Schnédə'gángl, Schnédə'hüpfl, was Schnitterhüpflein.

„schnebbig,“ (im Grabfeld) schlank; (etwa schnœdig? vrgl. schnœd, Anmerk. 's. unten schnetteln'). Zeitschr. II, 170,10: *schnettig.* Im Drucke des Tauler v. 1543 heißt es f. 309^{a}: „Deyne wort sollen sein kurz und wol beschneden, warhafftich und stille.“

schneiden (schnei'n, schnei˜n, — Cond. schneidet und schnitt, Partic. geschnitten, gschni'n), wie hchd.; (mhd. snîden: Praet. ich sneit, wir sniten, Partic. gesniten; ahd. snîdan, Praet. ind. sneit, snait, conj. sniti, Partic. gisnitan. Graff VI, 840. BM. II, II, 437. Weigand, Wbch. II, 617). Gschni'nu'ln, geschnittene Nudeln, dünner Teig, in Riemchen geschnitten; ə˜ *Gschni'nu'l-Suppm.* Sich schneiden, sich irren, und dadurch in Schaden kommen. Einen Kegel schneiden, ihn mit der Kugel blos an der Seite treffen. Raupen schneiden, Schwänke vorbringen, Zoten reißen; 's. oben, Sp. 129.' Wât, Gewand, Tuech und drgl. schneiden, hinschneiden, verschneiden, (ä. Sp.) davon, indem man vom ganzen Stück schneidet, verkaufen, heutzutage: Tuch, Leinwand &c. ausschneiden, oder bey der Elle verkaufen. „Es sol dhain gast wullein tuch schneiden;“ Münchner Stdt.R., Cgm. 544, f. 53^{b}. „Bringet ein burger gewant her, der weder ze gademe noch ze kälr stat, der sol des niht sniden, niwan bi gancem tuche hingeben. So ist der burger reht, die gewant snident, daz nieman kain gewant sniden sol bi der ellen mit in;“ Augsb. Stdtb., Freyb. p. 30. „Ez ist auch gewonhait, daz chain gewandhinsneider chain gewand hie versneiden sol, dan zu den rechten tullden und margten; samchaufs mag er es wol verchaufen;“ Freysinger Stdtb. v. 1359. Dieser Verkauf geschah wol auf den in der Münchner Bau-Ord. v. 1370 (Wstr. Btr. VI, 96. 97) erwähnten Sneit-tischen. Für solche Tuch- 485
verkäufer kommt im XV., XIV. Jahrh. der Ausdruck Schneider vor. Vielleicht war damals das Gewerbe des Kleidermachers noch nicht von dem des Tuchausschneiders strenge getrennt, wie sie sich ja noch jetzt in großen Städten mitunter vereint finden. In der Münchner Schneider-Ord., Cgm. 544 (v. 1465) f. 54 heißt es: „Es sol dhain schneyder noch dhain ander hantwerchsman, der ein watmanger wil sein, vnd der mit ellen

gewand wil kauffen, sein hantwerk nit wurken in dem wadgadem noch davor." „Es sol dhain schneider noch dhain tuchscherer kainerlai gewant nit mer bei der ellen schneiden noch verchauffen." „Die gesworn haben gesetzt, das all schneyder, die hie in der stat wellen wurcken, alles tuch, es sei hie oder anderthalben gefärbt oder geworcht, und das sy schneyden wellen, mit der wag und mit dem gelött enpfachen und wider antwurten sullen. Nur kiteltuch vnd parchant sol man ungewegen schneyden." „Doch ein gast mag sein gewant ungewegens schneiden ob er will. Das Tuch wurde also auch ausgewogen. Voc. v. 1429 hat: „fullo, gewantschneider," hingegen das v. 1418 „sartor, sneyder." „Ist daz ein man chauffet gewant wider (von) einen hantsneider vier ellen oder sehs ...;" Wiener StR., Cgm. 1113, f. 56ᵇ, Rauch III, 183. Im Münchner St.B., Cgm. 22, f. 67 steht: „De pannificis, von den tuechschneidern;" dagegen f. 68: „sartores et incisores pannorum, schneider." „Quidam rex habuit unum incisorem qui diversos diversis temporibus aptos ei incidebat pannos;" Petrus Alfonsus, Memm. 14, f. 156ᵇ. 157. Schwabenspiegel (Laßberg § 228, Wackernagel 189; Mallerst. 33, f. 116): snider, sartor. Diefenbach 513ᵇ. 409ᶜ. 519ᵃ. Auch in den Verord. v. 1441 (Wstr. Btr. VI, 162) wird sneyder zunächst von Kleidermachern verstanden. Man scheint allmählich die einen als Gewand- oder Tuchschneider von den andern als bloßen Schneidern unterschieden zu haben. In des Teufels Segi (Ms. v. 1449) sagt der Teufel „von den gewant sneydern: Er hencket ain dick blahen für (die Bank, den Laden) ist unfil dünner denn ain tür und machets so tunckel und so taugen und blendet ain (den Käufer) mit gesehende augen," (vgl. Barack p. 289, 9139. 9148 ff.). 'Ein späterer Abschnitt (Barack p. 332—335) handelt „von den schnidern," wo es (V. 10484) heißt: „Schnitt ain man ain ganz gewand, so stilt er ain halb eln zuo hand" u. s. w.' Im J. 1508 (Kr. Lhdl. XVI, 408) wird bestimmt, „daß hinfür kein Schneider, der das Handwerch arbeitet, keinerley Tuch, Barchet oder anderes dergleichen verkaufen soll." Gewandschneider, Tuchhändler, bey H. Sachs 1612: II, II, 71. III, III, 138. V, III, 27. Vrgl. Talierer, Tellrer (tailleur, détailleur), I. Th., Sp. 598. schneiden Einem ein Klaid, (ä. Sp.) es ihm zurecht machen oder machen lassen; (daneben auch mhd. schrôten, w. m. s., BM. II, II, 219, I, 1, d; cf. altf. screadan, engl. to shred; daher agf. scrud, engl. shroud. Vergl. Th. I, Sp. 781: Fetzen als Kleidung. Sollte das wangerogische 't Schûd, die Windeln, bey Ehrentraut, fries. Archiv I, 49, seyn = Schurd = Schrud? wie ban = bernen = brennen; das. 66. Das agf. scrydan: ic scrydde, gescryd, vestire, ist wol auch nur ahd. scrôtan, schroten, schneiden; aber wie stimmt u zu ô? — Schrötter, schwed. skräddare, Schneider). „Diu fraw im (dem kleinen Moses) snait ie über ain monat niwiu chlait;" Cgm. 11, f. 36ᵃ. „Got hat ir eine suggenien über den rock gesnitten;" Diut. II, 120. (Sieh unten: beschneiden Einen). schneiden an Einen ein Klaid, später: es ihm anschneiden. „Von golt ain pfellel vesten schnait man an das frawelein;" Parcifal c. 22, (Lachm. 375, 9). „Die seidein tüecher sneid er an sich nach ritterlichem sitten; Cgm. 537, f. 330. „Die drie hant an sich gesnitten ein gewant;" Diut. II, 126. „Nu schneid mir ein grawe kutten an, und ich wil in ein closter gan;" altes Lied. „Kleid anschneiden, commetiri vestem faciendam;" Voc. v. 1618. Schneiden ain Klaid zu Jemands Leib, jetzt abgekürzt: es ihm zueschneiden. „Alles ir gewant, daz zu ir leib gesniten ist;" Rechtb. v. 1332, Wstr. Btr. VIII, 123. beschneiden, (ä. Sp.) kleiden, bekleiden. BM. II, II, 439. „Knaben, die all in brawn Damaschgkh beschnitten warn;" Wstr. Btr. II, 143, ad 1475. „Darnach rytten ye zwen und zwen, und all in prawn mechlisch beschnitten;" das. III, 122. 127, ad 1476. „Wie er (Christus) in weißem klayd darein in küng Herodes beschnayd als ain narr verspottet ist;" Clm. 4423, f. 41 (v. 1481). Noch im L.R. v. 1616, f. 578 ist die Beschneidung die Bekleidung der Todtenbahre, das Bahrtuch. Sieh oben: schneiden Einem ein Klaid. Figürlich (BM. II, II, 439, 1): „Rethorica ich dich mit fleiß piten daz du mich (mit) hubschen siten lerest dy red also besneyden daz man sy nit mug beneyden;" Clm. 3941, f. 30. „Unbesniten wort;" Balkn. 183. BM. II, II, 439, 3. An, auf den Spân, das Holz (Kerbholz) schneiden, oder blos: anschneiden, aufschneiden, (ä. Sp.) zur Verrechnung vormerken. „Holz, Salz, Ungelt ꝛc. anschneiden;" Lori, B.R. 166. 170. 530. Welsch, Reichertsh. 205. Tuech, das zum Bleichen kommt anschneiden; Cbm. 1536, f. 8. „Nu spricht man: borgn und schneidn und kerben, des möcht ein reicher wirt verderben," sagt der Wirth bey H. Sachs 1560: V, 366. Ab dem Holz schneiden oder abschneiden an dem Holz (zur Abrechnung). aufschneiden, im Erzählen übertreiben, wie hchd.; (Grimm, Wbch. I, 728). aufschneiden über Einen, sich über ihn herauslassen in Dingen, die man besser verschwiege. Der Aufschnitt, Übertreibung. Anmerk. zum Cod. crim. v. 1751, p. 179. ausschneiden Einem, (ä. Sp.) ihn castrieren; (Grimm, Wbch. I, 958). „Wie ein engel dem h. Abt Equicius ausschnitt;" Cgm. 754, f. 13. And. 32, f. 93—94. „Ein jungling Sperum genant ließ er (Nero) ausschneiden zu schnöden sachen; H. Sachs 1560: II, III, 109. „Ich wolt, jm (dem Pfarrer) wer geschnitten auß," sagt der eifersüchtige Bauer; das. IV, III, 40 (1612: IV, III, 89). einschneiden, hineinschneiden, zu viel reden. „Er schneit tapffer hinein, nimius est in dicendo;" Voc. v. 1618. umschneiden, im Reden Umschweife machen, etwas mit gelindern Ausdrücken vortragen. ver- oder zerschneiden (nach Mode des XIV.—XVI. Jahr) die Ueberkleider, als Wämser, Röcke, Hosen, auch sogar Schuhe, um durch zierliche Schlitze und Öffnungen die farbigen Unterkleider spielen zu lassen. BM. II, II, 440. 442. „Que es ver tantas cuchilladas agora en un caballero, tanta pendenoiaen las calzas, y tanta paz en el dueño!" Quevedo. „Die Lumpenreuter, die jetzt in krieg ryten in zerhowenen röcken und wammesten, darumb daz man den harnesch und die wyßen Hembder dodurch sehen mög;" Geiler v. K. „Der Landsknecht zerhauen und zerschnitten nach adelichen Sitten;" Kn. Wunderhorn. „Spanisch Kappen, groß zerschnittne Hosen (span. cachondas) und lange Zoten dran;" altes Lied. „Sein Kleidung all zerflamt vnd zerschnitten;" H. Sachs. „Wie ist ewer kleid zerhackt, zerschnitten durchaus nach landsknechtischen sitten von den solen bis auf das haubet;" ders. 1612: I, 1036. 1041. „Im Marzo 1523: das wams was barchat, hat 4800 schnitz mit samatin wilschlen (Wülstchen?), alles weis" ... „Ult. octobris 1523: das wams dayhat mit samat underzogen —, scharlach brustduch; der dayhat am wams zerschnitten," (um das scharlachene Brusttuch hervorscheinen zu lassen). So beschreibt sich Matthäus Schwarz von Augsburg in seinem bekannten Trachtbuch. „Die Schuech wasen zerschnitten wie die Hosen;" V. Conr. Schwarz, ibid. ad fig. 33. Die aᵒ. 1511 im Winter verrätherischer Weise zum erzbischöflichen Gastmahl geladenen Salzburger waren mit „ringen Kleidern und aufgeschnittenen Schuhen angethan;" Dukher's salzb. Chr. 226. „O jungling das ist schand und sünd sich kleiden nach des fürwitz sitten also zerflammet und zerschnitten und so vil gutes tuchs verderbt;" H. Sachs 1612: II, II, 96. „Non possunt excusari a peccatis sartores qui saepe novas scissuras adinveniunt quae magis faciunt et deserviunt ad lasciviam et voluptatem quam ad ornatum et honestatem; Clm. 4695 (XV. sec.), f. 40. „Superbiâ peccat qui habet vestes longas scissas et ultra suum statum;" Clm. 11724 (XV. sec., 1461), f. 37. Schon nach einer HS. des XIV. Jahrh. versündigt man sich durch „versniten gewant, gesmeid, schapel, borten" ꝛc., und bis in Schweden sind um 1489 uthuggna kläder Mode, (Dalin II,

812). Für das schöne Geschlecht ist sie wol nie ausgegegangen. „Die Erbel (Ärmel) weit seind ausgebreit, zerschnitten unten und oben;“ Lied v. 1637. Die Verschneidung, ä. Sp. „Foedera pacta vulgariter versneidung . gesezte oder püntte“ (mit dem Teufel); Thomas a Haselbach, de X praeceptis, Poll. 165, f. 97. „Verschneidung, gesetzte oder punte;“ Ald. 229, f. 229.

487 Der Schneider, wie hchd.; s. oben: schneiden. BM. II, II, 442. Schneider werden, seyn, in einer Sache leer ausgehen, z. B. beym Kartenspiel keinen Stich machen, auf einer Jagd nichts schießen. `Figürlich: der Ehrenschneider, ä. Sp., was Ehrabschneider, (Grimm, Wbch. II, 53).´ „Omnes calumniatores, allen erensneidern;“ Asp. 31, f. 26^{b}. „All ern (?) schneyder vnd deren qui formam christi abstulerint,“ (Art Sünder); Rogg. 28, f. 145. Das Schneiderlein. a) eigentlich. b) Art kleiner, schlechter Fische, auch Schneiderfischlein genannt. Nemnich I, 1354 und 1365: cyprinus alburnus und nasus. c) Schneidəl˜n, pl., Art Mehlspeise aus kleinen, mit Topfen vermengten Partikeln bestehend. Schneidersêl, (Jir.) Dämmerungsvogel, sphinx. Nemnich II, 1341.

Der Schneid-Arzt, (ä. Sp.) Chirurg, welcher Brüche, Stein und Gries operierte. „Maister Peter Ernst der schneidarzt;“ MB. XX, 389, ad 1450. („So einer prosten ist [einen Bruch hat], vnd sich lat sneiden, der thuet posleich daran. Sodleich menschen die lassen sich oft sneiden, vnd chümpt käm der zechent davon; Cgm. 632, f. 38. „Verlof [magistratische Bewilligung] om van den steen gesneden te worden,“ Gent 1550; Belgisch Musum IV, 380—381). Das Schneid-Haus, ä. Sp. In Augsburg außer dem Blatter- und Franzosenhaus wurde Sec. XVI. „ein aignes schneidthaus am Roßmarkt daselbst aufgericht, darein allein die brechhaften leut an allerley Brüchen curiert auch die am Stain geschnitten worden“ — unter Doctor Stromair; Cgm. 3733, f. 22. 23. 24. (Später wurde da die Moy'sche Zeitung ausgegeben. Diese Handschrift rührt von Dr. Tob. Geiger in München her, der, 82 Jahr alt, im J. 1656 sich über den Verfall der echten Schneidkunst in die Hände von Pfuschern ausläßt. cf. CbmKl. 344. 351. f. 92. 354, f. 67). Der Schneidstuel (Schnei'ſtuəl), die Vorrichtung, Häcksel (Gesott) darauf zu schneiden, Häckselbank.

Die Schneid (Schnei'), a) wie hchd. Schneide, der schneidende Theil von Werkzeugen; was demselben ähnlich ist, Kante, Grat, z. B. an Felsen und ganzen Gebirgen. BM. II. II, 442. Zeitschr. V, 294. VI, 203. 480. `Vgl. unten: schnaiten.´ Die Zwi-schneid an einer Sichel, Sense ꝛc.; s. zwi. b) die Schärfe von Schneidewerkzeugen, acies; figürl.: das Vermögen, die Kraft; das Kraftgefühl, der Muth. Zeitschr. III, 174,$_{204}$. V, 410, II, 16. 460. VI, 203. Der Wein, Eßig ꝛc. hat ə˜ Schneid oder kaə˜ Schneid. Der Mülstain hat kain Schneid, ist abgerieben. Der Bachofen hat Schneid, hat nicht gnueg Schneid, braucht noch mer Schneid, (d. h. Hitze zum Brodbacken). „Də' Buə' hàt Guráſchi, und 's Büchſál ə˜ *Schneid*;“ Wildschützenlied. Gê her, wennſt ə˜ *Schneid* håſt, wenn du das Herz hast. Dés ſán' lautə' Letfeigng, hàt kaənə' kaə˜ *Schneid*.

„Wer ə˜ *Schneid* hàt, gei't Tänz à˜,
wer ə˜ Gə̣ld hàt, zàlt ſ· aus.“

ə˜ *Schneid* hàbm auf eine Person oder Sache, sich daran, darüber getrauen, darauf gespannt, begierig seyn. Auf di' hàb I ſcho˜ lang ə˜ *Schneid*, mit dir anzubinden, hab ich schon längst gewünscht. Auf dés Gártl hät I á' ə˜ klaəné *Schneid*, ich wünsche es auch zu haben. Besonders gilt Schneid für das Gegentheil der Impotenz: Schneid haben oder bey der Schneid seyn.

„Wiə 's éppə nàhhə' gêt, denk I oft drà˜,
bàl' mə''s Gə̣ld ə màl zrinnt und kaə˜ *Schneid*
nimə' hà˜.“

„Mocht sey (sie) es derleyden (was in der Brautnacht ihr widerfuhr) gevelts (gefällt sie?) dir an der sneiden?“ Ring 43^{c},17. Auch wol die Gunst, der Genuß selbst; (Gebirg). Schneid haben bey Ainer.

„I ſteig nét auffi, I fenſtə'l nét à˜,
afft magſt mə' nét ſàgng, dás I *Schneid* 'bêdlt hà˜.“
„Bàl' 's Deə'nl fàlſch is, afft is's 'n Buəbm z'taə˜,
dás ə''s Laətə'l wégtrégt und gêt oné *Schneid* haəm.“

Schneidel, Liebhaber; (Zips). „Wàn án 's Lebn no recht gfreut, is á Gsangl á *Schneid*;“ Kartsch II, 91. „Hàb auf án Tanz á *Schnaid*;“ das. 116. „Mir hàm schon à *Schnaid*;“ das. 122. „A Gwinst, wàn ma' 's Glück hat, dös is hàlt á *Schnaid*,“ (Lust); das. 141. Das Geschneid, Bohlen, Dielen, Bretter, Latten und drgl., auf der Sägemühle geschnitten. schneidig, adj., a) wie hchd.; (BM. II, II, 442: snîdec). b) ə˜ *ſchneidi's* Ros, Pferd mit scharfer Rückenkante. c) (Gebirg) muthig. Zeitschr. III, 174,$_{204}$. „Dés bést, wàs I 'kost hà˜, wo-r-I àlls liəſsət stê˜, is ə˜ Diə˜l ə˜ *schnidegs* und ən Aərſchmàlz rècht lê˜;“ Wagner, salzb. Ges. 14. „əs tuət eə˜ so *schnidi'*, so ránti' à˜ſtê˜; Reizenbeck I, 74. „Sei ə weng ránti' und *schnidi'*, richt 'n Huət nà' də' Seit'n;“ das. 97. Də' Franz vo˜ Piesenham (Stelzhamer) hàt ə˜ *schnidige* Weis ... is ə˜ schifrigə' Gsə̣ll ...;“ Kaltenbrunner, oberösterr. Jahrb. 1844, S. 240.

Die Schneide, s. Schnaisen und Schnaite.

schnieden, gemuthmaßtes Ablautverb, — sieh schnœd 488
und beschnotten.

schnœd (ſchnêd, o.pf. ſchnèid), wie hchd.; (mhd. snœde, ahd. wol snōdi; Haupt's Zeitschr. VII, 186. BM. II, II, 452. Weigand, Wbch. II, 622), aber neben der hchd., fast nur mehr moralischen Anwendung: verächtlich, turpis, — auch noch mitunter in physischer: ärmlich, gering. Schnödes Geld, (nach Hübner, im Lungau) klein Geld. Birlinger 401. Bey Stalder: schnöd leben, ärmlich, kärglich. Zeitschr. VI, 203. 404,$_{10}$. „Unser Herr vmb ain snöds gelt verchaufft;“ Cgm. 638, f. 60; „in ainer schnöden vberschüpf geborn;“ Cgm. 515, f. 131. „Daz weib sol nicht gepranchen alzu snöder chlaider, das man nicht wän, das sy versmächt sei von jrm man;“ Cgm. 638, f. 112$^{2}/_{4}$. „Marculfs klaid het ein snöde varbe und was von snödem tuoch;“ Cgm. 713, f. 4. „Snöder wein, villum;“ Voc. v. 1419 und 1445. Cgm. 649, f. 566: „villum, swacher oder saiger wein.“ „Snödes wort, verbulum;“ Voc. v. 1445. abschnöden. „Neu erdichtete und von denen Substantivis abgeschnödete bettelsüchtige verba activa wie klügeln ꝛc.;“ Parnass. boic. v. 1723. „versnöden, levipendere, depravare;“ Voc. v. 1419. Auch bey Kilian und noch im Holländ. ist snoode vilis, turpis, im Schwed. snœd, isl. snaudr inops, egenus; dagegen im Niedersächsischen snöde witzig, schlau, im Schottischen snod nett, artig; — lassen sich all diese Bedeutungen unter einen Hut, etwa den ursprünglichen Begriff des Kleinen, Knappen, Genauen bringen? (Vrgl. fein, klain, klueg, schlecht). Noch mehr: läßt die Participform beschnotten (karg, knapp), w. m. s., auf ein Ablautverb schnieden, ahd. sniodan (Praet. ind. snôd, conj. snuti, Partic. gisnotan) etwa mit der Bedeutung des davon abgeleiteten schottischen to snod, beschneiden, putzen, schließen? Cf. „entsniut sint,“ oben unter schnau-en. Vrgl. schneddig.

schnodeln, durch die (verstopfte) Nase Athem einziehen oder ausstoßen. Graff VI, 845. BM. II, II, 453. „Das der habich schnodlot, das jm die nase bestopfet. Dem schnodeln (schnodelnden) habich ist gut, das man im buttern (warme durch Federn) in die naslöcher blose;" Cgm. 289, f. 115ᵃ. S. Schnud und vgl. schnauden.

Die Schnud, auch die Schnudern (Schnudə'n), Nase und Maul der Thiere, (verächtlich) des Menschen; (isl. snudd und snudr, exploratio canina, neben snûdr, rostrum canis. Weigand, Wbch. II, 626. Zeitschr. II, 464. III, 29. 268,27. 283,105. IV, 132,85. 357,3. V, 295. VI, 285,641). ə˜ *Schnud* machə˜, das Maul verzerren, hängen; schnudern, (b. W.) mit dem Maul, Rüssel, Schnabel suchen. BM. II, II, 453.

schnudeln, (Rhein) eilfertig und obenhin verfahren, hudeln; Zeitschr. II, 464: hurtig sprechen; VI, 204: sich beim Essen besudeln. „Wenn man verläßige Krankenwärterinnen hätte, dürfte man sich nicht mehr auf Gerathewol jeder fremden Schnutlerinn anvertrauen, die nur auf Gewinn, nicht aber auf ihre Pflichten sieht;" Münchn. Volksfreund 1825, p. 454. „Die argen und die kargen und die snudel und die gudel und die snuffer und die juffer und die abreisser und unrecht zoller;" des Teufels Segi, Ms. v. 1449; (Barack 427,13340: schnüdel). Das Geschnudel, a) unbedeutende Abfälle, Kleinigkeiten; b) schlechtes Gesindel. Vrgl. schnæd, Anmerkung.

Der Schnuder, auch Schnudel, Nasenschleim, Rotz. Graff VI, 845. BM. II, II, 453. Weigand, Wbch. II, 623. Weihers: Schnuill, Dr. K. Roth. Vilmar, kurhess. Idiot. 365. Zeitschr. II, 551,16. IV, 184: Schnudelputz. V, 432,541. „Snuder, mucus, screatus, catarrhus;" Voc. v. 1419 und 1429. „Wer hat die schnuder, der sol wenig ezzen und sol sich vor kalten drüncken hütten, so vergat sy im schier;" Scheftl. 296, f. 115. Der
489 Schnüderling (Schnidə'lin', Schnédə'lin), Rotzklumpen. Sternschnüderling, Sternschnuppe. schnuderig, rotzig. schnudern, durch die verstopfte Nase Athem ziehen; BM. II, II, 453. Zeitschr. II, 551,16. III, 133. 283. V, 462. „Des neides gesinde siht man sleichen bei der strazzen, uf den steigen, snudern, smollen und sweigen;" Renner 14117. 'Cf. mhd. snûden, ahd. snûdan u. s. oben: schnau-en.' „So si den atum hart haben und schnudrent durch die nasen;" Cgm. 601, fol. 97ᵃ. cf. schnodeln.

---

schnaufen (schnaufə˜, schnau˜fə˜), a) wie hchd. schnaufen und schnauben, (welches letztere, sowie dessen Ablautung schnob, geschnoben, im Dialekt unüblich ist). d. h. mehr oder minder hörbar Athem ziehen; (mhd. snûfen: Praet. ich snouf, wir snuffen, und snûben: Praet. ich snoup, wir snuben, Partic. gesnoben. BM. II, II, 453. 452. Weigand, Wbch. II, 615. Zeitschr. III, 213,1. IV, 102,9. 245,36. V, 521, II, 1. VI, 439, III, 111. s. Schneller). b) (Nürnb., fig.) großsprechen. ausschnaufen, sich verschnaufen; Grimm, Wbch. I, 958. Der Schnaufer, das Schnauferlein, a) Person, die mit Mühe Athem holt, Schwächling. b) Athemzug. ə˜n *Schnaufə'*, ə˜ *Schnau˜fə'l tao˜*. Der Verschnauf, Pause, um Athem zu holen. S. schnofeln rc.

schniffen, (Augsb.) statt schnipfen, gelinder Ausdruck für entwenden, stehlen.

schnofeln, schnufeln, schnüfeln, schnofezen, schnufezen, 1) die Luft, den Rotz hörbar durch die Nase ziehen; Weigand, Wbch. II, 623. Zeitschr. III, 213,4. 554,2. '2) wühlen, durchwühlen, forschen, suchen; Zeitschr. III, 133. 303. IV, 158. 251,32. S. schnaufen. Die Schnufel, Nase und Maul des Hundes, Rindes, Pferdes rc. (verächtlich) des Menschen.

Schnag, schneg, vrgl. Schnack, schneck.

ab-schnegeln Einem etwas, es ihm ablocken durch Worte.

---

schnallen, a) knallen; (s. unten schnellen und schnalzen). BM. II, II, 447. Weigand, Wbch. II, 613. Zeitschr. VI, 422,32. 528,15: sich rasch bewegen, zappeln. beschnallen Einen, ihm über's Maul fahren, den Besserwissenden an ihm spielen. b) an-, zue-, rc. schnallen, schnalnen (schnàlnə˜), mit einer Schnalle befestigen. Der Schnall, a) Schneller mit dem Finger, Stüber, Schnippchen. „Talitrum, schnall;" Voc. v. 1618. s. unten: schnellen, d. b) plötzlicher, starker Laut, Knall. BM. II, II, 446. Weigand, Wbch. II, 613. „Läßt sich in dem Fuß hören ein harter Schnall;" Benno-Mirakel, 1697. Z'èrst hàbmt d' Häusə' g'nack'lt, und nachər èrst is də' *Schnàll* 'kemə˜, (hieß es am 16 May 1835, als Nachmittags das Pulvermagazin bey München in die Luft geflogen). 'c) der Schnellgalgen? BM. II, II, 446.' „Nû habt ûf dem snalle, gedâht ich, sunder snellen, ir valschen eitgesellen;" S. Helbling IV, 368. 'Die Schnallen, rascher, schnellender Schlag. 'Hirnschnallen, hirnerschütternder Schlag an den Kopf;" (Weihers, Dr. Roth) Fips. „Das von dem Maul (thier) dir wurd werden eine gute hirenschnallen; H. Sachs 1560: II, IV, 34. Die Schnallen (Schnàln, Schnàin, plur. Schnàlnə˜, Dim. Schnàlə-l), 1) wie hchd. Schnalle, fibula. 2) auf den Flößen: Keil von hartem Holz mit einer nasenförmigen Hervorragung, der in die Floßbäume eingeschlagen wird, um zur Verbindung derselben oder ganzer Flöße mittels daran zu legender Wieden oder Seile zu dienen. 3) Schnallen an der Thür, Klinke. Zeitschr. VI, 203. Der Schnallendrucker, im Scherz: Handwerksbursche, der nach dem Zehrpfennig umhergeht; das letzte frequentierende Magistratsglied, das zunächst an der Thür sitzt und den Pochenden Bescheid gibt. 4) verächtlich: Mund. „Ich gib dir ains auf dein Schnallen;" Hessellocher. Wenn jhm eines wird auf d schnallen;" H. Sachs 1560: II, IV, 35. 5) Partes sexus sequioris; prostibulum. 6) (O.Pf., Neubg.) Unwahrheit, schlaue Lüge. Einem eine Schnalle anbinden. 7) die Waßerschnallen, 490
Waßersuppe; (s. Schnalzen). „Nichts als eine blinde, stockblinde Wasserschnallen," (d. h. die ohne Fettaugen); Selhamer. „Für solchen Most, der so vil kost, wünscht ich ein Waßerschnallen;" Balde, de vanitate mundi. „Sie liebt mir mer denn die lauter Schnallen," (sagt ein Nürnberger von seiner Schönen); Cgm. 714, f. 340. '8) liederliche Weibsperson, feile Dirne; vgl. Th. II, Sp. 1679: Mäschin.'

schnalzen, wie hchd., d. h. knallen; Weigand, Wbch. II, 613. Zeitschr. IV, 47. Sp.W.: ə˜n àldn Fuərmà˜tuəd no˜ 's *Schnàlzn* wól, wer sich die Geschlechtsgenüsse vor Alter versagt sieht, spricht doch noch gerne davon. Einem in die Augen schnalzen, ihn durch List oder Betrug abtreiben. Einen anschnalzen, abschnalzen, grob anfahren oder abfertigen. Das Äper-schnalzen, feyerliche Begrüßung des schneeschmelzenden Frühlings auf den Voralpen durch Geißel-Geknall. cf. æber, die Äber, I. Th., Sp. 13. geschnalzig, maledicus, mordax; Voc. v. 1618. Der Schnal, Schnalzer, a) der Knall. Weigand, Wbch. II, 613. Figürl. R.A.: Den Schnalzer überhören, mit 40 Jahren noch nicht gescheid werden; '(wahrscheinlich von der Weise hergenommen; vgl. unter b).' „Da hab ich auf einmal, wie die Tyroler, den Schnalzer gehört," (bin gescheid geworden); Eipeld. Br. ('s Bußl) „dés is deə' *Schnàlzə'*, zimt mi' fast, den ən iədə' Mensch muəs heə'n, wann ər ə˜ rèchtə' Mà˜ will sei˜, und wann ə' gscheid will weə'n;" Castelli, Ged. (1828) p. 67. b) der Schnalz Garn hält eine bestimmte Zahl Haspelumgänge, und ist der zehnte Theil vom Stren. Nach Stelzhamer p. 181 besteht der Schnalz (Schnäiz) aus 100 Fadenumgängen um den Haspel, wo dann ein mechanisches Schnallen (Schnalzen) geschieht; „Mein Horbaintl (Flachsfeld) gát mà' hoi' schwerli án *Schnäiz*;" Stelzhamer p. 92. 'c) der Nachschnalz, die Nachred, Gerücht.' „Ut haud ex vitioso sociorum contubernio infamiae compares tibi notam, das du von der posen geselschaft ein nachschnalz oder nachret gewinst;" Clm. 16450 (XV. sec., 1484. 2^0), f. 227. Sieh Schneller, i. Die Schnalzen, Werkzeug zum Knallen. ə˜ papiərené *Schnàlz'n*. Die Waßerschnalzen, Wassersuppe, etwa vom Schall, den das heiße Schmalz, indem es darüber gegossen wird, verursacht. S. Schnallen. verschnalzeln (vo'schnálzln), vernaschen, verthun: 's Geltl, d' Sach *vo'schnálzln*. ə˜ *Gschnálzlət*, ə˜ *Gschnàlzl*werk, was ə˜ Gschnaətlet (ObrM.); s. unten: schnaiteln.

schnell (schnəl, auch gschnəl, gschnál), wie hchd.; (mhd. ahd. snel, gen. snelles. Graff VI, 846. BM. II, II, 445. Weigand, Wbch. II, 618. Zeitschr. V, 193). Die Schnellen (Schnəln), wie hchd. Schnelligkeit.

schnellen (schnəln, schnəln), a) wie hchd.; (ahd. snellan, Praet. snalta; mhd. snellen; Graff VI, 847. BM. II, II, 446. Weigand, Wbch. II, 618. Weihers, Dr. K. Roth: schnall; Branntwein *schnall*, schnell trinken; holperig gehen). Zeitschr. III, 196,8. VI, 422,32. 528,15. b) was schnallen, knallen, krachen. Də' Bələ' *schnəlt*. Si *schnəlt*, es donnert; O.L. c) schnellen (einen unredlichen Bäcker, auch wol „Flucher und Schwörer," von einem Schneller oder Schnellgalgen) ins Waßer. Policeystrafe des XVII., XVIII. Jahrh. Land- und Polic.-Ord. v. 1616, Buch V, Tit. VII, Art. 1. Mandat v. 1635. Vrgl. schupfen, schutzen. d) schnellen Einen, a) ihn übertölpeln, betrügen. Vilmar, kurheß. Idiot. 362: schnellen, auch schnallen. Zeitschr. VI, 276,14. Sieh oben Schnallen. b) repercutere ejus dicta; Voc. v. 1618. c) Finger schnellen, micare digitis, die Murre spielen; s. II. Th. Sp. 1641 f. Wenn es im Parcifal von zwey edlen Fräulein heißt, daß sie vingerlîn snalten, so ist wol kaum dieses mehr männliche Spiel, und eher eine Art Unterhaltung mit Fingerlein (Ringelchen) gemeint. Man vergleiche was Duckher in der salzb. Chron. 277 sagt. „In sanct Virgilii († 784) Grab fand man (a^0. 1599) unter anderm eine Betschnur von kleinen elfenbeinen Ringeln wie die Schnöllfingerl." In Bucher's s. W. IV, 234 dagegen kommt vor die K.A.: „So leicht wie das Schnellfingerl machen;" u. das. p. 56: „Maints, die Rosenkränz ꝛc. kosten Schnellfinger?" (Schnippchen, die man schlägt?) 'd) einen Schnall (Schneller, Schnippchen) hervorbringen; BM. II, II, 447.' „Nâch dem trunke er snellet ein hovelîchez snellîn," (Schnippchen; Diminutiv v. snal; s. oben); S. Helbling XIII, 102. „(Diu pös jung) snabel-snellet auf die besten daz pöst;" Reinmar v. Zweter, Samml. f. altd. Lit. 163. BM. II, II, 447. 'Die Schnellblueme, papaver rhoeas, Schnallen, Klapperrose, Klatschrose, Flitschrose ꝛc.; Nemnich II, 850.' „Clapper Rot Rosen oder Schnellblumen die in dem korn wachsen;" Cgm. 4570,
491 f. 36. derschnellen (də'schnəln), bersten, zerplatzen. „Ich möcht vor Lachen erschnellen, dissilio risu;" Voc. v. 1618. 'erschnellen, ereilen, erwischen; BM. II, II, 447. Grimm, Wbch. III, 969. Zeitschr. IV, 271,80. V, 168,151, sik snellen, eilen.' überschnellen etwas, es übereilen, obenhin verrichten. 'BM. II, II, 447: an Eile übertreffen, überholen; fig. übervortheilen, prellen.' verschnellen, 'durch unzeitiges Eilen verderben; BM. II, II, 447 f.'

„Deənál lafs Wál, dás d' nét schlipft, əs is hál,
dás d' nét schlipft und nét fəllst, und dei˜n Kranz
nét *və'schnéllst*."

zeschnellen, zersprengen; zerspringen, bersten, zerplatzen. Er hat es *z'schnəlt*. Es ist *z'schnəlt*. „Dà hört mə˜ d' Leut oft jámə'n, àls wolt'n sə si' *z'schnélln*;" Seidl, Flins. (1844) p. 121. Der Schneller, a) (O.L.) Bursche, der beym Fahren hinten auf dem Wagen steht, um ihn bey Gefahr des Umfallens auf die entgegengesetzte Seite zu schnellen. Auf dem Landtag v. 1605 verlangen die Prälaten, daß bey den fürstl. Scharwerken ihren (der Klöster) Fuhrknechten die Schneller zugelassen werden sollen; — (zu a oder b?). b) (Nürnb.) bestellte Person, die den Fuhrleuten die Güterwagen bepacken hilft. Mautschneller. c) im ältern Artilleriewesen: qui tormenta post usum recolligit reficitque, Voc. v. 1618; der die großen Stück Büchsen, die Munition ꝛc. auf- und abladet. Fronsperger 1555, f. 33. d) '„Pfeiffer, sprecher, fidlär und singär, lautnär, sneller, loterpfaffen, gärnbler vnd spekchlötter, pürczlär, gaugklär, springer et omnes tales plebanus absolvit;" Ald. 228, f. 342^b. s. unter Scholderer.' c) vectis portarum; Voc. v. 1618. f) (Nürnb.) Schlagbaum. Kr. Lhdl. VIII, 522. XVIII, 444. Gem. Reg. Chr. III, 371. 355. g) Schnellgalgen. h) Schnippchen, Streich mit dem Finger, talitrum. i) Haspel mit einer Vorrichtung von Räderwerk, die durch ein gewisses Einfallen (Einschnappen oder Schnellen) die Zahl der Umdrehungen oder der aufgewundenen Fäden (gewöhnlich 240) bemerklich macht; Gebinde von 240 Fäden, auch Schnalz genannt, deren 10 auf einen Stren gehen. 'Ein gesetzlich gültiger Augsburger Weberschneller mußte 700 Fäden haben. Birlinger 400. s. oben: Schnalz.' Hierauf bezieht sich wol folgende Stelle einer alten Instruction v. 1748: „Daß bey theils Städt und Märkten vor alters gewisse Wochen- und Schnellermärckt, auch Traidtschrannen gewesen, aber seit den Kriegszeiten von denen landsunterthanen nit mehr gebaut werden."

Die Schnell, (HchE.) Peitsche. Die Schnellbank, catapulta; Voc. v. 1618. Das Schnell-scheit, (Dr. Minderer 1620, p. 27) die Muskete. fürschnellig, vorschnell, (Selhamer); wol von einem Verb fürschnellen. BM. II, II, 446.

Die Schnèl, (Aschaffenb.) Schnecke ohne Haus; — vrgl. engl. snail, aus dem angls. snagl.

schnullen (schnuln), saugen, oder vielmehr, mit einem etwas verächtlichen Nebenbegriff: den Mund bewegen zum Saugen. Kleine Kinder schnullen am Sauglöppchen, welches im Dialekt gewöhlich der Schnuller genannt wird; an der Mutterbrust trinken oder saugen sie, so lange es ihnen Ernst ist, dann aber unterhalten sie sich wol auch mit bloßem Schnullen daran. Eine Person abschnullen, abküssen, zerküssen. Dés is ən *A'g'schnulté*, schon Andern zu Willen gewordene. 'Der Schnuller, 1) Saugläppchen; 2) (Vilmar, kurheß. Idiot. 364) penis.'

---

schnalzen (als contrahiert aus schnallezen), sieh unter schnallen.

---

schnappen, wie hchd., d. h. eine kurze, meist auch 492
klappende Bewegung machen — mit dem Schnabel, Mund; mit den Fingern schnalzen, (Zeitschr. II, 76,1,13); mit den Beinen straucheln; Weihers: hinken; Dr. K. Roth; (mhd. snaben; s. oben: schnaben und vgl. schwed. snafva, straucheln, neben snappa, schnappen, und snabb, schnell: cf. schnapps. BM. II, II, 448. Weigand, Wbch. II, 613. Vilmar, kurheß. Idiot. 360). Den Deckel am Bierkrug auf-, nider-, zueschnappen lassen.

„*Schnapp* auf und *schnapp* nidə',
sauf aus und klópf widə',
schnapp auf!"

schnappen, kurz abgebrochen reden; 'vgl. schneppern.' „Wie-st mainst! hat s' dráf *gschnappt;*" Stelzhamer 51. aufschnappen, figürlich: sterben, (Grimm, Wbch. I, 727); gantmäßig bankrott werden. überschnappen, figürlich: verrückt werden. Der ist übergeschnappt. Bey dem ists übergeschnappt. verschnappen, verrenken ein Glied. Der Schnapp, kurze Bewegung obiger Art. Birlinger 400. Fig: Einen Schnapp nemen im Krieg, eine Schlappe erhalten, geschlagen werden; Avent. Chron. 61. 69. „So mein Ehr hat ein schnapp genommen;" H. Sachs 1612: I, 643. schnapps, adv., (Wirzb.) knapp, kaum. 'Der Schnapphan, Wegelagerer; Weigand, Wbch. II, 614.' „Den Edlen heißt die welt einen schnaphanen;" H. Sachs 1560: IV, III, 57. 'Der Schnappsack, Reisesack. Zeitschr. VI, 142,48. 288,774.' geschnäppig (gschnáppi'), adj., naseweis, vorlaut; Weihers: *schneppet*; (Dr. K. Roth). Vilmar, kurhess. Idiot. 361. Der Schnappel, wie Schnabel; (s. Schnabel). Die Schnappen, a) Maul, Schnauze. b) (Nürnb., Hsl.) Breche ohne Zunge, Hanfbrechel; — cf. Rollen. O.pf. R.A.: Auf die Schnappen schlagen etwas, es entwenden. Das Maul auf die Schnappen schlagen, ihm manchen erlaubten Genuß versagen; (b. W.). c) die Kappe. „Er is eəm vịl z'guət, das ər à'nám sei~ *Schnappm* odə' ruckət 'n Huət;" Kaltenbrunner 144. 'd) äußerster Rand; e) fig. Verlust, Niederlage, was der Schnapp. Vilmar, kurhess. Idiot. 360.' Der Schnapper, a) einmaliges Schnappen. b) Maul. c) Ding, das ab-, ein-, zu- ꝛc. schnappt; — gewöhnlicher diminutivisch: das Schnäpperlein (Schnáppə'l), der Schnäpper, ehmals eine kleinere Art Armbrust, (Wagenseil, Norimb. 161. Paritius, Regensb. 143); Aderlaßinstrument; Theil am Thürschloß; Klapper; figürlich: vorlautes Mädchen, (Birlinger 400: Schnepperbäpp; s. unten: Schneppen); nicht voll geladenes Fuder Heu. Weigand, Wbch. II, 614. 'Schnepperle, (Augsb.) penis (bey Kindern); Birlinger 400.' Der Schnepperlesgraben, (Nürnb., Rath Her) 'ein Theil vom Nürnberger' Stadtgraben, 'zwischen dem Thiergärtner- und Vestner-Thor', wo 'von den Schnepperlesschützen' mit Schneppern geschossen wird. Der Schnäpperleinmacher (Schnáppə'lmachə'), Metallarbeiter, der Aderlaß-Schnäpper und 'drgl. macht, auch Schnäpperer. War etwa der Nürnberger Dichter Hans Rosenplut ein solcher? s. schneppern. Die Schnapperbüchsen, figürlich: vorlaute Person, ursprünglich wol eine Art Schießbüchse. Das Voc. v. 1419 hat „snapper, zunglos, elinguis;" das v. 1429: schnappen, altricari, contendo, schnapper, altercator." Diefenbach 198ᶜ; nov. glossar. 18. 147. Das Schnapperliedlein, s. Schnitterhüpflein und drgl. schneppern.

Die Schnauppen, a) der Schnabel; Schnauze, verächtlich: Mund. Zeitschr. VI, 74. Ziəg d' *Schnauppm* ei~, dà stinkts. b) (Nürnb.) der schnabelförmige Theil einer Kanne. Weigand, Wbch. II, 619: Schneppe. c) das unten spitz zulaufende Ende eines Schnürleibchens. d) (schwäb.) anzügliche Rede. Zeitschr. VI, 74. 'e) (schwäb.) was der Schnaiter (s. unten); Birlinger 400.' g'schnaupet, adj., erfroren oder sonst schlecht aussehend; (Ob.Inn).

schneppen (Franken), a) eine kurze Bewegung machen, ohngefähr wie schnappen, (w. m. s.); Vögel mit dem Fallkäfig fangen. Mit dem Bauche schneppen oder schnepp-bäuchen, s. schle-bäuchen. Der Schnepp-Galgen, 'die Schneppe; (Vilmar, kurhess. Idiot. 362)'; die Schnepp-Pumpen. Die Schneppen oder Schnepp, a) der Schnabel. b) schnabelförmiges Ding, z. B. Stirnläppchen an der weiblichen Trauerhaube, (cf. Schniep); spitz in die Stirn auslaufender Haarwuchs. Vilmar, kurhess. Idiot. 363: Schnippe.
493 Vgl. Schnauppen, b. c) das äußerste Ende oder der Rand, die Spitze eines Dinges. „Stelle das Glas nicht an die Schnepp." 's. oben: die Schnappe.' d) Plappermaul, (auch Schnepperer. Vgl. d. folg. Wort). S. Schnappen und schnipfen.

'Der Schnepper, Armbrust ꝛc., s. unter schnappen.'

schneppern, a) schwatzen, plaudern; vgl. schnappen, mhd. snappen: „Er snip und snappe;" Haupt's Zeitschr. VIII, 568,592 (die Hs. snippensnappe; cf. BM. II, II, 448: snipfensnapf). schniepern, (Schweinf. plaudern; Firmenich II, 408,45. Zeitschr. II, 463: schnippern.

b) „Deənál, wàs hàt də' də' *Schneppə'mà~* 'tà~?
Iətz hàt ə' di' *gschèppə't*, iətz is ə' dəvo~."

Vgl. Castelli, Wbch. 248: *schnebeba'ln* (schnèpèpə-ln), beschlafen. Schnepperer, Sneperer wird nicht blos Hans Rosenplut, sondern Cgm. 713, f. 200 auch ein anderer, ähnlicher Sotadiker geheißen, der in Cgm. 270, f. 43 u. 379, f. 99 hinter demselben Stücke Peter Schmieher genannt ist. Auch eine Art Gedichte (Priameln) selbst heißen in jener H.S. Schnepperer; f. 33 finden sich sogar geistliche Sneperer. S. unter schnappen.

schnippen, s. schneppen u. schnipfen. 'Schnipp-Schnapp-Schnorr-Bastelor (d. i. Apostolorum), ein im Anfang dieses Jahrhunderts, namentlich unter Kindern, sehr übliches Kartenspiel, dessen nähere Beschreibung bei Weigand (Wbch. II, 620) und Vilmar (kurhess. Idiot. 363) zu finden ist. S. auch Zeitschr. V, 294.' Die Schnipp, Schnippen, s. Schneppen und Schniep. Der Schnippel (U.Mayn), a) Abschnitzchen von Papier, Tuch ꝛc. Weigand, Wbch. II, 620. 'schnippeln, kleine Stückchen schneiden von etwas; (Weihers; Dr. Roth: schneppel). Weigand, Wbch. II, 620. Zeitschr. IV, 414,32. VI, 480. abschnippen, abschnippeln, Grimm, Wbch. I, 107. Schneppelmesser, (Weihers) Schnitzmesser. b) in der wirzb. Studentensprache: Frack, (Zeitschr. V, 75); figürlich: Stutzer, Elegant. „In einm Schnips," schnell; Voc. v. 1618. cf. schnapps.

Die „Schniep", (U.Mayn, Rhein) Stirnband, schmaler Streif; Rand. (Nach Gramm. §. 389 das alte snuaba, vitta? Graff VI, 838). Vrgl. Schneppen, Schnippen.

'schnoppern, schnuppern, herumriechen. Zeitschr. III, 283,105.'

Der Schnàpfen, das *Schnápfl*, der Stöpsel, z. B. auf ein Tabakgläslein. Der Haarschnopfen, ein solcher von zusammengebundenem Weiberhaar; (ObrM.).

Der Schnepf, des Schnepfen, wie hchd. die Schnepfe; (mhd. der und diu snepfe, ahd. der snepho und diu snepha; Graff VI, 851. BM. II, II, 448. Weigand, Wbch. II, 618). R.A.: Auf den Schnepfenstrich gên, den in der Dämmerung herumschwärmenden feilen Mädchen nachjagen. Guedé Nàhlt, *Schnèpf!* du bist irrig, bist verloren. schnepfen, schnepfeln, s. schnipfen.

schnipfen, schnipfeln, a) mit leichter, flinker Bewegung nehmen, entwenden Einem eine Kleinigkeit, (BM. II, II, 448); Vgl. *schnupp*, naschen; (Weihers; Dr. Roth).. b) kleine Stückchen schneiden von etwas; s. schnippeln; c) mit kurzen Zügen trinken; schluchzen. Weigand, Wbch. II, 620. 621. „Einem an seiner Ehre schnipfeln und schnepfeln;" Bucher's s. W. IV, 36. Der Schnipfer, a) (im Scherz) Dieb; b) kleiner Schluck im Trinken. Der Schnipf, das Schnipfelein (Schnipfə-l), Abschnipfelein, Rand, Spitze, von etwas abgeschnitten, Abfall, Kleinigkeit, Bischen, Schlückchen; (isl. snepill, praesegmen). Nét ə~n *Schnipf*, nét ə~ *Schnipfə-l* haben, geben ꝛc. „Nicht ein Schnipf vmb Einen geben," ihn wenig achten; Avent. Chron. 90. 124. Sieh unten schnippfen.

schnipffezen, schluchzen; „schnipffitzen, singultire, gemere;" Voc. Melber. S. schnopfezen.

schnopfen, (O.L. Weihers: schnopp; Dr. K. Roth. Vilmar, kurhess. Idiot. 364. Zeitschr. IV, 180: die Schnuppe, (schles.; Koburg: der Schnuppn), Schnupfen. Zeitschr. VI, 74): schnupfen; schnüffeln. Weigand, Wbch. II, 623. Zeitschr. VI, 276,46. schnopfad, schnüffelnd; Kaltenbrunner 189. Der Schnupfer, das Schnupferlein, einmaliger Athemzug durch Mund oder Nase. ə˜ *Schnupfə'l* taə˜. schnopfezen, schnupfezen, schluchzen, — besonders wie Kinder nach dem Weinen; mhd. snopfezen, ahd. snephezan, snophizan, singultire. Graff VI, 851. BM. II, II, 453. Weigand, Wbch. II, 621. 623. „Rotzen, wainen, seufzen, schnopfezen;" P. Abraham. „So ainem die speis oder trank aufreucht
494 im hals, so wirt ains gröppitzen vnd schnopffitzen;" Cgm. 817, f. 213. „St. Mathias der snopficzer ist allezeit vmb die (Faßnacht-)zeit, das wir nicht tanzen mögen," frevelt eine tanzlustige Jungfrau zu Cöln im Cgm. 514, f. 154b. (Scheltworte:) Narr, Effell, diltap, bosbicht, dieb, mörder, keczer, Schelm, Schacher, Schnopfficzer, das dich got schend;" Cod. Poll. 643, f. 14, (Predigt v. 1550). schnopfezen kommt auch vor für schnufeln, und schnupfezen für schnupfen: „Du bist ə˜ Schlánkl, machst mə' Gàll; *umschnopfəzn* willst überàll und nində'scht biokng bleibm," sagt der Vater zum Sohn, der eine Frau wählen soll; Castelli, Ged. (1828) p. 135. Təwak *schnupfəz'n*. `Der Schnupfə', Schnupfetzə', die Nase; (Zillerthal). Zeitschr. V, 106,8.´ aufgeschnüpfig (au'gschnipfi'), leicht zu beleidigen, empfindlich; vgl. *schnüppet*, heikel, verwöhnt; (Weihers; Dr. Roth). Im nördlichen Franken sagt man: es verschnupft mich, für: es verdrießt mich.

schnippsen, 1) (im Scherz:) entwenden, stehlen; 2) schluchzen; Weigand, Wbch. II, 621. S. schnipfen und schnipfezen.

schnarren, wie hchd. Zeitschr. V, 179,185. 167,146; (ä. Sp.) schwatzen, plappern, verläumden; BM. II, II, 449. Weigand, Wbch. II, 615. Zeitschr. II, 466. „Swenn er anders niht enmak, so get er snarren durch den tak von ienem hin, zu disem her;" Renner 14351; cf. 16202. s. schnerren. anschnarren Einen, ihn derb anfahren. Grimm, Wbch. I, 447. Der Schnarrer, die Schnarrdrossel. Weigand, Wbch. II, 615. Nemnich II, 1513. Zeitschr. IV, 183. Der Schnarrgauker; vgl. Th. II, 882 f. „Ain junger schnarrgauker der was geheißen Krauker;" Mich. Beham, Wiener 18,16. S. Schnerrer.

schnarr- oder schnerrmaulen, wenig zu essen haben, Hunger leiden, darben. (Vrgl. mhd. snarrenzen, schmarotzen, der snarrenzære, Walther v. d. V. 81,5, und das isl. snarandi, dolor intestinorum ex fame. BM. II, II, 449). s. auch Zeitschr. VI, 407,18.

Die Schnarren, Vordertheil am Schiff. „Man muß die Proram oder Gransen nit so schwär beladen, Puppim oder die Schnarren nit so lähr lassen;" P. Gansler 19. „Die Schnarren, puppis acroteria, tigna ad ornatum prorae puppisque eminentia," Voc. v. 1618, auch Pictorius; bey Geiler v. Kaisersberg: der Schnarf, prora; im Entlibuch: der Schnärf, die vorn in die Höhe gekrümmten Hölzer am Schlitten; (s. Th. II, Sp. 1222: die Kuechen). cf. gl. o. 312: snarcken, rostratae naves. Vgl. oben, Sp. 565, unter der Schnäck und Graff VI, 849.

schnauern (schnaurn), schnarchen. „Bein Öffen thuet s' knaunschn und liegender *schnaurn*;" Kaltenbrunner 120.

schnerren, a) was schnarren. b) schreyen wie gewisse Vögel. Der Schnerrer, die Schnarr- oder Misteldrossel, turdus viscivorus. Nemnich II, 1513: Schnerre, Schnärre, Schnerrer, Schnarrer. Weigand, Wbch. II, 615. Zeitschr. VI, 175. c) plappern; (mhd. snern und snerren, BM. II, II, 448. 449; cf. Graff VI, 850). „Sô hât uns got niwan eine zunge gegeben. Dâ mite sîn wir gemant, daz wir niht ze vil gesneren suln und gebrehten;" Br. Berht. 165, (Pfeiffer 159,13). „Sie spottent und snerent (in der Kirche) als sie ûf einem jârmarkte sîn;" das. 194, (Pfeiffer 102,13). Der Flucher „wil uns versuchen, waz wir reden zu den meren (mæren), daz er hin wider müge gesneren;" Renner 15057. Das Geschnerr, ä. Sp., Geschwätz. „Waz sol sogetan valsch gesner;" Renner 21159. „Ey was sol das unnütz geschnerr;" H. Sachs 1560: IV, III, 21 (1612: IV, III, 47). Der Schnerrer, (im Scherz) Kind. d) sich schnerren, sich irren, sich selbst fangen. (In dieser Bedeutung etwa noch ein Rest des ahd. Ablautverbs snerahan, innectere, inlaqueare; schwed. snärja, ndrs. snirren, wovon snaraha, laqueus, tendicula, ndrs. snirre. Graff VI, 849).

Der Schnerrbaum, (Wirzb.) Schnellbaum oder Hengst am Ziehbrunnen.

Die „Schnerschleiffe" soll jeder an der nach ihm abhängigen Seite von Höhen haben (?); altes Aktenstück, (mir gezeigt von Rector Beilhack, 24. July 1846).

schnurren, Franken schnorren, a) wie hchd.; BM II, II, 449. Weigand, Wbch. II, 626. Zeitschr. II, 19. III, 301: zornig reden. „Gelich zwein donderspfilen gesnurret komen sie do her;" Maßmann, Denkm. I, 140. `Besonders vom Jagdhunde: spürend hin und her laufen. BM. II, II, 450,c.´ „Dîn hunt ist unerfaren, sîn snurren unberichte;" Labr. 48. „Nâch mangen ferten snurren mîn herz alda begunde; das. 55. „Du snurrest fast;" das. 57. „Daz snurren ich dir nicht erlaube;" das. 80. „Dîn snurren mag müediu bein wol machen;" das. 89. „Nâch dem mîn herze snurret;" das. 98. „Man mag ez ouch versnurren ân allez widerbringen; das. 486. b) Stain schnurren, Steine schleudern. c) Fichtelgebirg: was anderwärts fensterlen; (Th. I, Sp. 733). d) mit Singen, Musicieren und andern brodlosen Künsten nach milden Gaben umherziehen, vulgo betteln; (Gaunerspr. oder Jenisch: `v. Train p. 219. Thiele p. 309. Stern p. 51.´ Cf. wangersch: snur, betteln; Ehrentraut, fries. Archiv I, 74. Weigand, Wbch. II, 626. Zeitschr. V, 295). „Des irret mich ein gurre, daz ich nicht ensnurre mit den andern über ecke," sagt Maier Helmbrecht 370. „Was bey Verheiratung einer Judentochter für sie zusammengebettelt und erschnurrt worden, ist nachsteuerfrey;" Ansp. Verord. Der Schnurrant, Schnurrjud ꝛc. Weigand, Wbch. II, 625: Schnurrant; Schnurre, Pedell. Zeitschr.
III, 352. Vrgl. „Offen schnurren und pueben;" Cgm. 495
236, f. 235. Cf. gl. i. 549: snurrinch, scurra. Graff VI, 850. BM. II, II, 450: snürrinc ein Theil des weiblichen Kopfputzes; Possenreißer, Narr, Thor. „Wes zücket sich der snürrinc an?" S. Helbling II, 390. „Riemen des enkelde, ân der sich ziehe den snürrinc an; der wart nie ein biderbe man;" das. III, 397. „Swer sich zieh den snürrinc an, der stêt in aller nôt niht gên eime halben lôt;" das. VIII, 917. Zeitschr. V, 295: schnurrig, seltsam, possierlich. e) sich zusammenziehen, einschrumpfen. Weigand, Wbch. II, 626. (S. schnerfen). `einschnurren, einschrumpfen; Grimm, Wbch. III, 283.´ `aufschnurren, in die Höhe schnurren; Grimm, Wbch. I, 729.´ „Nu schnurr auf und laß prellen (?), wer sich versaumpt der hab den schaden;" Rosenplut, Cgm. 714, f. 331, (Keller, Fastnachtsp. II, 620,18). `zerschnurren, mit Geräusch aus einander fahren; BM. II, II, 450.´ „Do zerbrasten unde zersnurroten die iseninen rigel;" Grieshaber, Pred. II, 145. Die Schnurr, Schnorr, 1) das Herumschnurren;

s. schnurren, d. „Wenn ein hur ist in der schnurr lang umbegloffen unter mönnich und pfaffen unter reuter und die landsknecht; H. Sachs 1560: IV, III, 61. „Und also in der schnurr umblauffen (die Narren) mit feyren, spilen, freßen und sauffen;" das. V, 406. „Bringen s in die schnurr; das. 1612: IV, III, 160. In die Schnurr gerathen, (Nürnb., Hsl.) liederlich werden. Vgl. Kilian: ghesnorre, la populace. 2) In die Schnurr faren bey den Fischern des obern Würmsees, was bey denen des untern: in die Roll faren. S. oben, Sp. 87: Roll. „Die Sendinn, welche vor ihrer Abreise von der Alpe noch den sogenannten Aufkässchotten verfertigt, theilt unter die Zuschauer (beym Heimzug) den Schnuraus (im Pinzgau: Kneisl; s. Th. II, Sp. 1349) aus;" Hübn. 390, (Pangau).

Die Schnurren, Schnorren, verächtlich: das Maul, Maul und Nase, Schnauze. Weigand, Wbch. II, 625. Vgl. Zeitschr. VI, 481.

Die Schnur, (O.Pf., b. W.) wie hchd., nemlich die Sohnsfrau, Schwiegertochter, nurus; (mhd. snur, snor, snuor, ahd. snur, snura, snora; Graff VI, 850. BM. II, II, 455. Weigand, Wbch. II, 624. Zeitschr. VI, 517,6). In A.B. unvolksüblich; am U.Mayn die Schnörch. Vilmar, kurhess. Idiot. 364. Zeitschr. V, 238. V, 368. IV, 184: Schnörcher, Schwiegersohn.

Die Schnuer (Schnuǝr, o.pf. Schnouǝ'), wie hchd. Schnur; mhd., ahd. snuor, goth. snôrja; Graff VI, 849. BM. II, II, 453. Weigand, Wbch. II, 624). Über die Schnuer hauen, R.A., von der geröthelten Richtschnur der Zimmerleute (cimbersnuor, rubrica, Diut. III, 149. BM. II, II, 455. Vilmar, kurhess. Idiot. 364) hergenommen. „Vor donnen möchte brechen mîner triuwen snûre;" Labr. 284. „Ân winkelmaz verhouwen bistu, siu würket nicht nâch dîner snüere;" das. 285. Zeitschr. V, 73,111. VI, 37,74. „Het ich mit worten .. den schnurschlag überhawen," heißt es Diut. II, 107. Neben Schnuergrad hört man im O.L. schnuerzengrad (schnuǝz'ngràd), eine seltsame, etwa dem „kerzengrad" nachgebildete, Entstellung. 'R.A.: wie am Schnürchen, ohne Anstoß. Zeitschr. V, 407,19.' Die Münchner Hochzeitordn. von 1531 besagt: „Die Braut soll hinfüro niemand, er sey Freund oder wer er wolle, kain Schnur mehr geben, dann allein ihrem Bräutigam und den zweien Brautfüerern, auch den zwaien Schwehern. Doch das fürstlich Hofgesind und die Gäst hierinnen ausgenommen." Castelli, Wbch. 228: die Schnur, auch die Schànz (s. d. W., Sp. 434), das zusammengelegte Geld beim Kegelspiel, welches dann derjenige einzieht, welcher die meisten Kegel schiebt. 'Vgl. die schon alte und noch fränkische R.A. „von der Schnur leben (zehren), vom Kapital, vom Grundstock des Vermögens. BM. II, II, 454ᵃ.' schnüeren (schniǝ'n, o.pf. schnêiǝ'n), a) wie hchd. schnüren. BM. II, II, 455. Weigand, Wbch. II, 624. „Geschnürte niderschuch;" Cgm. 550, f. 65. ein-, auf-, zue- ꝛc. schnüeren. b) bey den Zimmerleuten) die geröthelte Schnur auf ein Holz, Brett ꝛc. schlagen. „Snuor nâch ir winkelmâze!" Labr. 198. Fig.: „zwo, drey ... geschnürter Meil," (wohlgemeßner?); Av. Chr. 67 et passim. c) schnüeren Einen, ihn in die Enge treiben; ihn übervortheilen. „Gebûren ... von den wart veste umbe gesnuort; S. Helbling I, 631; (herumgestrichen? cf. isl. snua 'und oben schnurren, d'). BM. II, II, 455,c. d) im Range nachrücken. So schnüren die letzten Brauknechte, wenn der erste austritt. Das Geschnüer (Gschniǝr), Hauptschmuck einer bürgerlich Gekleideten, insofern es nicht aus bloßem Schnüerriemen, sondern aus einer silbernen, vor dem Brustplatz viele Gänge machenden Kette nebst dergleichen Schnüerstefften und Schnüerhagken besteht. „Der schnurer, zonarius;" Voc. Cgm. 644, f. 249. 'Schnurtuch, Schnurkrönle, Schnurneuner, Schnurvierer; Birlinger 401.'

---

schnarchen, wie hchd., (BM. II, II, 448. Weigand, Wbch. II, 614. cf. schnarren). Birlinger 400: Schnarcher und Tadler. Zeitschr. VI, 203: schnarfen. Der Grasschnarcher, (Nopitsch) die Grasschnepfe, der Schnarrvogel. Zeitschr. III, 32: *Snarker*, Misteldrossel.

Die Schnörch, s. Schnur (nurus).

schnurcheln, (U.M.) s. schnurkeln.

---

schnerfen, ä. Sp., zusammenziehen, 'einschnurren, biegen, krümmen.' 'Allé Glidǝ' sán' èǝm *ei˜gschnaǝrft.* Zǝ-n-ǝnǝ' Kugl is ǝ' *zsamgschnaǝrft*; (ObrM.). „Smiegen und snerffen vor vorchten sich begunden" (die Belagerten); Horneck c. 247. „Zisamine snirfit, contrahet" (os suum iniquitas, Job 5,16); gl. i. 316. „Firsnirfit, obcoecabit" (vultum nequitia, Ecclesiastic. 25,21); gl. i. 350. „Zwiro des tages iß, zwiro des nahtes piß, zwiro die wehha snarphe (coire), zwiro des jares zapfe (Blut laßen), so bilibis wola sundir lahhi," '(Arzt, s. Th. II, 1434)';" (sec. XI., v. Laßberg?) bey Eiselein, Sprichw. p. 662. (Mag, wenn die Formen schnarpfen, schnurfen, schnurpfen eines Stammes sind, ein 496
Ablautverb gewesen seyn, ahd. snerfan, mhd. snerfen: ich snirfe, Praet. ich snarf, wir snurfen, Partic. gesnorfen; Graff VI, 850 f. BM. II, II, 448 f.). Vgl. auch schnerren und schnurren.

schnurfen, schnurfeln, einschnurfen, sich einziehen, schrumpfen. Grimm, Wbch. III, 283. Zeitschr. VI, 203. „Will gleich der Magen einschnurfen;" P. Gansler. Der Schnurfling, unansehnliche Person. S. schnerfen und schnurpfen. schnurfeln, (U.Mayn) die Luft, den Rotz durch die Nase ziehen. S. schnurkeln. „Er wär, mit Laub, ein Schnorfezer;" Heselloher.

---

schnarkeln, schnarchen. Zeitschr. III, 279,21.

schnurkeln, schnürkeln, a) Luft, Rotz hörbar durch die Nase ziehen; schnarchen, (Zeitschr. III, 279,24. V, 143,3c); durch die Nase sprechen, (Vgl. Zeitschr. II, 466. „schnurkelnder Franzos"); schnufeln, umhersuchen. 'Die Schnurkel, der Schnupfen.' D' *Schnurkl* hàn I, das I kám schmàtz'n kà˜; (ObrM.). b) schrumpfen. „Dem künege werden sol bekannt umb daz kokanisch gewant, des man in disem lande pfligt ... daz er drî eln an die arm über ein ander snürket („snurchett"); damit er sich verwürket. der botich vierstunt ist so grôz; den liez er ê gewandes blôz, die ermel müezen vollîch sîn;" S. Helbling VIII, 743. BM. II, II, 448: schnüren, fälteln? Die Schnurkel, verächtlich: alte Weibsperson; isl. snorkinn, rugosus; (cf. snerkiur, rugae, also Ablautverhältniß. BM. II, II, 448: snerchen: ich snirche, Praet. ich snarch; cf. Graff VI, 849. 850). 'Der Schnörkel, Schnirkel, wie hchd., gewundene Linie; Weigand, Wbch. II, 622.' Das Bad hat dem Gestochenen das gestockt blût aus dem Stich gezogen, „das schnirkel bei jm im bad seind umbgeschwummen ij finger lang; Harder's Kräuterbuch, f. 270.

Der Schnarmer (?). „Ein eisenhut geschaffen als ein schnarmer;" abgebildet im Cgm. 4413, f. 166.

---

schnarpfen, schrumpfen. S. schnerfen und schnurpfen.

Der Schnerpf, (Heppe) der Wachtelkönig. BM. II, II, 449: der snerf. Nemnich II, 1117: rallus crex, Schnerf, Schnerz, Schnarrichen, Schnarker, Schnerker (Zeitschr. IV, 184), Schnarrwachtel ꝛc. Vgl. Schnarz.

schnurpfen, ein-, zesamschnurpfen, sich in engern Raum zusammenziehen, schrumpfen; (Zeitschr. II, 29: schnurpfen, schnurpsen. schwed. snärpa und snörpa). „20. Februar 1633 wurde (in dem blockierten Augsburg) ein erbärmliche Faßnacht gehalten, indem anstatt der Masqueraden die armen leuth zu 20 und 30 starkh vor den Häusern umbgangen wie eingeschnurpfet dürres Holz;" Cgm. 4905, f. 279. S. schnerfen. Das Schnürpflein, das an Säcken, Würsten und drgl. unterbundene Ende.

Der Schnarz, 1) der Wachtelkönig, rallus crex. 2) der Rotz. BM. II, II, 436: snarz. Zeitschr. VI, 204 (Lesachthal): der Schnorz. Vgl. schnerren und schnerzen, Zeitschr. VI, 256,6.

Der Schnorzen, s. unten: Schnotzen, welches vielleicht so zu ergänzen.

schnurzen-gerad, s. Schnuer.

---

schnäseln, (Zips) schälen; das Beste aussuchen.

Die Schnaisen (Schnaəs'n, plur. Schnaəsnə˜) a) Baumreis, Wiede, Stäbchen, Strohband, Schnur, Faden und drgl., woran mehrere gleichartige Dinge zum Verkauf oder Gebrauch befestigt oder aufgereiht sind; (isl. sneis, ramus arboris; paxillus, agſ. snâs, veru; Osnabrück: snêse, Stock, an welchem im Schornstein Fleisch zum Räuchern aufgehangen wird); „(austriace:) aliquid copiosum ex ordine pendens, ein snayssen (Schnässen) perl, ein snaissen trauben;" Schier, dissert. de Budensis biblioth. ortu p. 105. Am öftesten hört man bey uns: ə˜ *Schnaəs'n* Zwifel, — nemlich eine gewisse Zahl Zwiebel an einem Strohband. S. Gramm. S. 498. Bey Horneck, Chron. cap. 687, ist die Rede von „Snaisen von Perl." Es sind anderwärts wol viele andre Dinge auf ähnliche Weise zusammengefaßt worden, z. B. Fische: „VI snesas anguillarum;" Vogt, Monum. inedita II, 65. „LX snese anguillarum; Anton, Gesch. d. d. Landw. II, 361. „III escnasas nonougarum;" Kindlinger, Beytr. II, 113. 139. „Quinque sneise piscium recentium qui vocantur albelle," (aus Kloster Lucern, 1307); Geschfr. I, 380. cf. Dufresne, ed. Henschel, t. VI, 217ᶜ: snesa. Vermuthlich wurden gewöhnlich 20 Stücke also zusammengereiht, weswegen im Holländischen, Dänischen, Schwedischen snēs auch für eine Zahl von 20 (sonst im Deutschen Stiege genannt) üblich geworden. Fyra sneser (wie die Franzosen quatre-vingts) sagen schwedische Bauern für 80. Lagerbring I, 14, §. 11.
497 b) Reihe überhaupt. Zeitschr. VI, 203. ə˜ *Schnaəs'n* Leut, Rôss, Bám ꝛc. Bey Avent. Chr. 168 steht: „Sigengast trat auch in den (wol die) Schneiß und sigskirchfart des römischen volcks herein." Bey Reinwald ist die „Schneiß, Schnäs" eine zum Vogelfang ausgehauene Wald-Allee. Frisch II, 214ᵇ. Zeitschr. VI, 18. Weigand, Wbch. II, 618: Schlinge zum Vogelfang in einer Dohne, Waldweg mit Dohnen. s. unten Schnait. Durch passend angelegte Schneusen und Gräben werden dem Fichtenwaldbrand bei Arnoldshain im Nassauischen Grenzen gesetzt (1. April 1843); M. Polit. Ztg. p. 494. zwischnaisig, adj. und adv., in zwei neben einander laufenden Reihen. geschnaisig (gschnaəsi', gschnaəzi'), gerade, schlank, geschlacht. Vrgl. Schlais, etwa wie schon in der ahd. Sp. sliumo und sniumo für einander gebraucht worden.

'schnausen, schnauben; niederd. snüstern, schnüffeln, herumstöbern, (zu Snüsse, Schnauze; Zeitschr. II, 551,16. V, 520,9. VI, 481); Zeitschr. III, 283,105. IV, 245,36. VI, 288,735. Vgl. schweiz. schnausen (schnûsa): 1) mit dem Geruch untersuchen, schnoppern; 2) rasch und listig entwenden, naschen. Cf. niederd. Schnuiserügge, Snüsterîe, Kleinigkeit, Eßwaaren; Schnützerei, Näscherei. Zeitschr. VI, 481. 3) saugen. Stalder II, 340. Tobler 396. Weigand, Wbch. II, 616.'

'Die Schnate, Schnatte, Einschnitt, Wunde; Narbe; Frisch II, 212ᵃ. Diefenbach 117ᵃ; nov. glossar. 88. Zeitschr. VI, 203. Zeitschr. VI, 203; cf. IV, 182 und das folgende schnaiten.' „Cicatrix, schnat;" Clm. 4394, f. 177.

Das Geschnattel, Abfälle von Speisen oder andern Dingen, quisquiliae; (b. W.) Gschnaətlət, auch Gschnálzlwerk. S. Geschnottel und Geschnaitel.

schnattern (schnàdə'n), a) wie hchd., als die Gans. b) klappern, zittern. Birlinger 400. Mi' fruist, dás I àlln *schnàdə'*. Zeitschr. I, 468. III, 299. 303. c) figürlich: plappern, schwatzen. BM. II, II, 436. Weigand, Wbch. II, 615. Zeitschr. II, 464. III, 299. Die Schnattern, Plaudermaul, verächtlich: Maul überhaupt; plauderhafte Person. Du *Schnàdə'n* du, muəst überàl dei˜ *Schnàdə'n* drin hàbm! Die Schnatter-büchsen (Schnàdə'bicksn), schwatzhafte Person. Zeitschr IV, 158. V, 294. 'Die Schnattertafel am Karfreitag; Birlinger 400.'

schnaiten (schnaətt'n), nach Gramm. §. 956, VI vom Ablautverb schneiden, w. m. s.), a) behauen, beschneiden eine Hecke, einen Weinstock, einen Baum; (ahd. sneiton, mhd. sneiten; Graff VI, 844. BM. II, II, 443). „schnaitten, putare;" Voc. v. 1618 und 1429. „gisneitit uuirdit, putabitur;" gl. i. 265. „gisneitotes (oliboumes), tonsae (olivae);" Georgic. III, 21, gl. i. 726. „gisneitotero (gartun), rasae (virgae);" Georgic. II, 358, gl. i. 72. „Praescindite, schnaitt, dy est ab;" Monac. Augustin. 84, f. 69ᵃ, v. 1460). „Dz man die este ab den bömen snaitot;" Griesh. Pred. II, 129. Kärnt. „gladiti, schnatten, d. h. Nadelholzäste von den Bäumen abhacken. v. snjati;" Jarnik p. 220. Vrgl. Zeitschr. VI, 203. IV, 183: die Schnate, Pfropfreis; einschnatten, pfropfen, (s. Grimm III, 282); II, 170,10: schnettig, schlank, grad. b) klein, hacken oder hauen; (ih gesneiten, concidam; Notk. 88,21). Graßach oder Dächsen schnaiten, Tann- oder Fichtenäste zu Streu klein hacken. „Das kleine Reisachholz abhauen und schnaiten;" Kr. Lhdl. XVII, 95.

„Kaə˜ Dácksn derf I á nimə' *z'schnaətt'n*,
dà kám glei' də' Forstər ins Haus;" Lied.

Schnaət nét so 'rum e˜ 'n Es's'n, nimm's wêi's də' füə' 's Mál kimt; (ObrM.). schnaiteln (schnaətln und schnaədln), was schnaiten. Weigand, Wbch. II, 618. Grimm, Wbch. I, 728. 958: „aufschneiteln, putare, falsa et superflua a fertilibus resecare; ausschneiten, ausschneiteln, putare arbores fruticesque." Der Schnaiter, schwertförmiges Messer, Reisig klein zu hauen. Birlinger 400. „Schnaitysen vel schnaitmesser, falcastrum;" Cgm. 649, f. 555ᵇ. Schnaitbrax, krummes langes Messer, (Zir.); s. Th. I, Sp. 344. Das Schnait (Schnaətt, Vils), Reisig, zum Kleinhauen bestimmt, oder schon klein gehauen. Das Schnaithëu, (Zillerthal) schlechtes Heu im Winter für die Schafe; (Zir.). Der Schnaitling, geschnaitelter Baum; (Zir.). Das Geschnait, Geschnaitel (Gschnaədl), Geschnaitsel. (Gschnaədsl), Geschnaitelwerk, zerschnittenes, zerhacktes Ding, besonders Fleisch, Lungen und Eingeweide, zur Speise bereitet. Abfälle vom Schnaiten, Schneiden, und von jeder andern Art, quisquiliae; BM. II, II, 443. ʻDie Schnait (Koburg: Schnètt), Schnate, Schnat, niederd. Schnede, was Schneiß, (s. oben: die Schnaisen, b). BM. II, II, 442: diu sneite. Vilmar, kurhess. Idiot. 361: die Schnede (ä. Sp.), Schneise, „durch den dichten Mittel- und Niederwald gehauener Durchgang, Weg, welcher in früheren Zeiten zum Zweck des Aufhängens der Sprenkel (Dohnen) diente. Ohne Zweifel aber dienten diese Schneden ursprünglich zu Grenzwegen;" daher: 2) die Grenze; Weigand, Wbch. II, 615. 617. Vilmar, kurhess. Idiot. 361: die Sohnât. Zeitschr. VI, 480.ʼ Cf. Grimm, deutsche Grenzalterthümer (43. Bnd. der Berliner Abhandlungen) S. 114: Snaida als Grenze. Graff VI, 844. ʻVgl. oben: die Schneid, a.ʼ Das Geschnait, Reihe von Sprenkeln und Dohnen, zum Vogelfang aufgestellt, Dohnenstrich; ursprünglich wol die zu diesem Zweck ausgehauene Allee; (s. oben: die Schnaisen, b.). „'s *Gschnoatta*, Vogelgericht;" Pangkofer 60. 61. „Abschnaittach, vibex," Voc. v. 1429; ahd. Sp. asneita, sarmentum; Graff VI, 844. BM. II, II, 443.

geschnaittig, für den Bergmann leicht zu brechen, zu gewinnen. „Wo die Arbeiter ain geschnaittig geburg treffen oder ain feil erraichen;" Lori, Berg-Recht
498 p. 261. Im Cgm. 593, f. 115^b steht: „Machmet was ein schnaittiger (im Cgm. 329, f. 89: ein armär) man."

ʻschnetterweiß, (verstärkend); Zeitschr. V, 187.ʼ

Der Schnitt (Schnid), wie hchd., (mhd., ahd. snit; Graff VI, 843. BM. II, II, 443. Weigand, Wbch. II, 621); — namentlich die Getreidernte, Birlinger 401; ʻin dieser Bedeutung auch neutr.ʼ „Der acker lît ungarn, dâ bî ist ûf uns daz snit;" S. Helbling I, 828. „Swenne daz snit denne kumet;" Griesh. Pred. II, 38. 42). „Der schnid, ern, messis;" Avent. Gramm. „Sand Jacobstag im schnitt." „In dem rogkenschnid, in dem haberschnid und in dem hæmat;" MB. XXII, 461, ad 1434. „La si beidiv wahsen vnz hintz dem snite." Matth. XIII, 30; Cgm. 64, f. 58. ʻFigürlich: seinen Schnitt machen; Zeitschr. VI, 96.ʼ Schnittferien, Ferien der Gerichtsstellen zur Erntezeit. L.R. v. 1616, p. 20. S. unten Schnitter. Der Schnitthan, ländliches Abendfest nach der Schnitternte; (Lechrain; Baron Leoprechting). Vrgl. Th. II, Sp. 114, und oben, Sp. 334: Sat-han. ʻSchnittmeßer, Schnittbank; Zeitschr. VI, 517,3.ʼ Der Bilwißschnitt, Bockschnitt, Durchschnitt, ohngefähr 8 Zoll breiter, gerade fortlaufender Strich, in welchem man zuweilen die Halme des auf dem Felde stehenden Getreides beyläufig in ihrer Mitte wie abgeschnitten findet. Es rührt diese Erscheinung wol von den Rehen her, die auf ihrem Gang zu dem Platze, wo sie Junge setzen, die ihnen in die Augen stechenden Ähren abzubeißen pflegen; der gemeine Mann aber hält sie hie und da für ein Werk des Bösen oder neidischer, mit dem Satan und seinen Künsten vertrauter Nachbarn; S. I. Th., Sp. 204. 230. „Ein gewisser Zauber, ausgeübt über ein Saatfeld, bewirkt in Gestalt eines liegenden Kreuzes zwei schmale Bahnen im Getreide, wo die Ähren zum Theil brandig, zum Theil afterig erscheinen. Man weiß dann voraus, daß beim Dreschen dieses Getreides je das dritte Korn in die Scheuer desjenigen fliegen muß, der den Zauber übte. Der schadende Geist, der dabei dient, heißt dá' *Pilmásschnid*;" Rank, aus dem Böhmerwald (1843), p. 274. Mederer in den leg. Baiuvar. Tit. XIII, cap. VIII, Anmerk. b, glaubt, daß sich die Stelle: „Siquis messem alterius initiaverit apud maleficias artes et inventus fuerit cum XII sol. componat quod aranscarti dicunt" auf eine ähnliche Erscheinung beziehe. s. Th. I, Sp. 146. Der Ellenschnitt, Tuechschnitt, der Verkauf von Tuch und Leinwand ꝛc. im Kleinen. L.R. v. 1616, f. 616. 619. S. oben (Gewand) schneiden. Der und die Schnitten (Schnidn, Schni'n), Diminutiv: das Schnittlein (Schnidl, Schni'l), auch wol die Schnidl im Sing., die Schnitte; (ahd. snita, bucella: die sniten, buccellas, Cgm. 17, f. 203^b, Ps. 147,18; mhd. diu snite; Graff VI, 843. BM. II, II, 444). „Guldin Schnitten, Brotkuechle, artolaganus," Voc. v. 1618; nach Hazzi's Satist. VI, 259. 262 sind im b. Wald guldené *Schnidln* breite Semmelschnitten, die in abgeklopften, etwas gesalzenen Eyern getränkt und in Schmalz gebacken werden. Wen man sehr ehren will, pflege man mit guldenen *Schnidln* und Brantewein zu bewirthen. „Ein halbe Semelschnidl 10 kr.;" Komödie v. 1724. Das oder die Suppen-*Schnidl*. R.A.: Durch das neun ə˜ neunzgist *Suppmschnidl* befreundet seyn; ʻ(„vo siebe Suppe nə Tünkli;" Hebel, Geisterbesuch auf d. Feldberg)ʼ. Die Suppen*schnidl*-Freundschaft, weitläufige Verwandtschaft. Cf. S. Helbling VIII, 508 ff. schnitteln (schnidln, schni'ln), in dünne Schnittchen schneiden. 's Brod *aufschnidln* zur Suppe, auch wol metonym.: d' Suppm *aufschnidln*; ən *auf'gschnidlté* Brodsuppm. Der Schnitt-Arzt, (L.R. v. 1616, f. 587) Chirurg. der Stein und Bruch operiert. S. Schneid, Sp. 571. Der Schnitt-Floß, der aus Sägebäumen oder aus Brettern besteht. L.R. v. 1616, p. 764. Der Schnittlerer, Schnittling, junges männliches Pferd oder Rind, das nach dem Verschneiden noch nicht ganz heil ist. „Schnittling, juvencus;" Prasch. Das Schnitt-Rennend, Rennen mit derley Pferden. Der Schnittling (Schni'lin'), was der Schnitt-lâuch (Schni'lə'). Zeitschr. V, 463. In der ahd. Sp. sniting, sarmentum, palmes; Graff VI, 843. BM. II, II, 444. Diefenbach 407^b. 513^a. Weigand, Wbch. II, 621. Der Schnilləf, (Rhön) mentula eines Kindes, welche auch Zwüppel (Zwiebel) genannt wird.

Der Schnitter (Schnidə'), wie hchd.; (mhd. sni- 499
tære, sniter, ahd. snitari; Graff VI, 844. BM. II, II, 444). Auf die Zeit der Ernte, die erfreulichste für ein ackerbauendes, wie der Herbst für ein weinbauendes Land, war die große Mehrzahl der Bevölkerung früher, da noch nicht auch der Nährstand das ganze Jahr hindurch der Genußsucht statt gab, was die Freuden des Tanzes betrifft, *) hauptsächlich angewiesen; eine bedeutsame, wahrhaft nationale Feyer (s. oben, Sp. 314, Singold: Singeldinger und vgl. über Ernte-Kranz und Tanz zu Brieg in Schlesien die Denkwürdigkeiten der Herzogin Dorothea Sibylla von (Gierth) Koch p. 45), zu welcher sich (s. Schnittferien) gleichsam amtlich auch die höhern Stände eingeladen sahen, obschon freylich auch diese Volkslust manchmal von oben herab zu engherzig betrachtet wurde. Der Artikel 98 des Amberg. Gesatzbuchs v. 1554 will, „daß kein Burger seine Schnitter und Arbeiter mehr mit Drumeln, Pfeiffen und Seitenspiln herein in die Stat und darausfürn, und folgend Abendtänz mit ihnen anfangen und halten soll." So wird in einem bayreutischen Ausschreiben v. 1652, die Abschaffung der sogenannten Bitschnidter betreffend, durch deren Schwelgereyen der Sabbath entheiligt werde, gerügt, „daß an Sonn- und Feyertägen sowohl bey hellem Tag, als nächtlicher Weile und Mondenscheine Bitschnidter meistentheils von ledigem Gesinde angestellt werden, denen man nach vollbrachter Arbeit Essen und Trinken geben, und einen Tanz halten muß, bey welchem eine ganze Nacht ein Jauchzen und Geschrey verübt, und große Aergerniß gegeben wird." („Bitschnitter in Serbien môba, von molim, bitten;" Kopitar.). Vgl. Grimm's Mythol.^{2} p. 140—143. 231. Kern-supper oder churn-supper, Fest am Schluß der Ernte in Northumberland. Ausland 1837, p. 1276. In den verschiedenen Vocabulariis Ex quo des XV. Jahrh. wird celeuma erklärt als „canti-

*) Heutzutage wird auf dem Lande an jedem 1. und 3. Monatsonntag, am Anfang des Advents (Kathrein), zu Ende des Advents (am Neujahr), in der Faßnacht (zu Anfang der Fasten) 3 Tage, am ersten Maisonntag, in der Kirchweih (2 Tage) getanzt, — Hochzeiten und die manchen Orts üblichen Bauern- und Soldaten-Jahrtäge ungerechnet.

cum nautarum sive **messorum**, quum collectis frugibus fit eis convivium." Dufresne t. II, p. 265^{c}. Diefenbach 110^{c}; nov. glossar. 83. Du Méril, p. 96. 159:

Curvorum hinc chorus helciariorum
responsantibus aleluja ripis
ad Christum amicum levat **celeusma**.
Sidonius Apoll., epistol. II, 10^{a}.
Novitae laeti solitum **celeusma**
concinent versis modulis in hymnos
et piis ducent comites in aequor
vocibus auras.
Paulinus, de reditu Nicetae.
Cursu pergunt recto cum agmine collecto,
tria tranant maria, **celeumant** Christo gloria.
Hymnus in S. Gallum.

'(Cf. Grimm und Schmeller lat. Ged. des X. und XI. Jahrh. p. XXXI).' Auf die ehmals üblichen **Schnittertänze**, **Schnitterhupfe** (vrgl. Hupf, II. Th., Sp. 1142, **Langaus** Th. II, 1489 und unten: **Siben Sprüng**) bezieht sich denn, wie es scheint, auch der, weil er nicht mehr aus der Sache selbst ganz klar ist, durch ein gewisses Spielen mit den Lauten (vrgl. Milə'malə', Th. II, Sp. 1588) nach allen Vocalen variierte Ausdruck: das **Schnitterhüpflein** (Schnidə'-, Schnadə'-, Schnedə'-, Schneidə'-, Schnodə'-, Schnudə'-hipfl; bey Jir. Schnödähüpfl, also: Schnédə'-hüpfl), als metonymische Benennung für ein kurzes, aus einem oder zwey Reimpaaren, jedenfalls aus vier Abschnitten oder Zeilen bestehendes Liedchen, das nach gewissen landläufigen Tanzmelodien gesungen, und häufig vom Sänger oder Tänzer aus dem Stegreif gedichtet wird. (Cf. Cgm. 4663, f. 23 das **Schnitterlied**: „Es ist ein schnitter heißt der tod.") Sie kommen auch unter dem Namen **Stück'l**, **Schnàdə'-**, **Schnàdə'gángl**, **Schnàdə'hàgng**, **Schleifer-**, **Schlumper-**, **Schnapper-**, **Schelmen-**, **Schumper-liedlein** ꝛc. vor. Nach der Allgem. Ztg. v. 1845, Beil. S. 1915 heißen sie österreich. **Gsetzeln**, seltner **Gstánzeln**, steyrisch **Basseln**; Schnaderhupfel sey ursprünglich tirolisch und komme von schnattern. Die Ciċen zwischen Fiume und Triest nennen derley Liedchen bugary, vermuthlich bulhary, (also ketzerische); Kollára Cesta 47. Cf. Th. I, Sp. 217: **Buger**. Die meist sehr einfachen Tanzmelodien, auch welche diese Liedchen gemacht sind, kommen bey aller übrigen Abwechselung gewöhnlich darin überein, daß sich von jedem seiner beyden Theile (welchen die Verszeilen entsprechen) der erste Takt im Accord des Grundtons, der zweyte und dritte in dem der Dominante, und der vierte wieder in dem des Grundtons bewegt. Wo, dem sechsfüßigen Vers entsprechend, jeder Theil aus 6 Takten besteht, wiederholt sich gewöhnlich viermal die Reihe: Grundaccord, Dominantenaccord, Grundaccord. Doch gibt es auch weniger einfache Schnitterhüpfleinmelodien, die aber, mehr von der eigentlichen Kunstmusik ausgehend, öfter blos gewissen Gegenden und Zeiten eigen sind. Proben solcher Sing-
500 stückchen sind gegeben Gramm. S. 437, 454, 465, 468, 471, 492, 531, 547, 557. Im J. 1830 ist von einem Münchner Künstler (E. **Neureuther**) eine eigene Sammlung lithographierter Blätter, derley bayrische Gebirgsliedchen mit Noten in bildlichen Einfassungen enthaltend, erschienen. S. auch Hazzi, Statistik I, 402. die Münchner Zeitschr. Aurora v. 1828, Nr. 43, Mone's Quellen I, S. 163. Anton Ritter v. Spaun, die österreichischen Volksweisen im Obderennsischen Album (1843) und abermals Wien, 1845; (vgl. Allgem. Ztng. 1843, Beil. v. 14. April, p. 790 und Beil. v. 28. Aug. 1845, p. 1914—16). Derley Liedchen im Dialekt des Böhmer (und bayrischen) Waldes (zum Theil mit Melodien) bey Rank, „Aus dem Böhmerwalde" (Leipzig, 1843), S. 89. 92—100. 108. 121. 172. 214. 250. 260. 263. 287—296. Ganz in dieser Haltung sind Seidl's Flinserln (Wien, 1828—39; 2. Ausg. 1844). Diese Liedchen blos als letzte, abgebrochene Lebenszeichen einer weiland voller strömenden Volkslyrik betrachten, hieße wol ihre Natur und Bestimmung verkennen. Wenn die aus der mhd. Sp. als Reigen und Tanzweisen auf uns gekommenen Lieder in der Regel längern Athems sind, so ist daraus kaum etwas anders zu schließen, als daß man damals, wie jetzt, nur formelle Dichterschöpfungen, nicht aber auch die kurzen, formlosen, jedem Mund ex tempore entschlüpfenden, gereimten Einfälle des Aufschreibens werth gehalten. „(Die ritter) danzten und sprungen mit den frauwen, und **sungen zu danz** manich hübsche **liet**," heißt es in Tandarios und Flordibel (Cgm. 577, f. 145^{a}). Und falls auch diese Ritter, wie billig, etwas stattlicheres, vornehmeres hören ließen, so waren wol die gemeinen Leute mehr auf die unvorbereiteten Eingebungen ihres Hausverstandes angewiesen, welche ihnen, freylich andern, damaligen Tanzmelodien angepaßt, gewiß nicht gefehlt haben werden. Es sollte mich wundern, wenn nicht etwas der Art wäre der im Münchner Cod. Teg. 1008 (1411), fol. 114^{b} dem lateinischen Liebesbrief eines Mädchens eingefügte Spruch:

„Du bist min, ih bin din, des solt du gewis sin.
Du bist beslossen in minem herzen.
Verlorn ist daz sluzzellin, du muost och immer darinne sin."

Vgl. Iwein, 2. Ausg. (1843) p. 329 und ZZ. 2142, f. 8^{b}: „Usus loquendi in partibus Bavariae quo usu utuntur amatores et amatrices se invicem amare ... dw pist mein, ipsa respondente: Ich bin dein;" Causa matrimonialis (Eheversprechen betr., Salzb. 1486). 'Eine hieher passende Schilderung aus dem Leben gibt uns Wittenweiler in seinem Ring 38^{c},37—38^{d},14, wo Pertschi auffordert: „'So schullen wir eins singen, ze ring umb älleu springen," und es dann weiter heißt': „Der red warend sey vil fro. Des huob do Pertschi an also:

Daaz schaffet alz die minn, die minn,
Daaz schaffet alz die minn, die minn,
Daz wir leben ane synn,
Daz wir leben aneee synn.
Daz schaffet als der wein, der wein,
Daz wir müssen froleich sein.
Daz schaffet alz daz gold, daz gold,
Daz niemant ist dem andern holt.
Daz schaffet alz daz phand, daz phand,
Daz man porget so ze hand.
Daz schaffet alz daz spil, daz spil,
Daz ich nit mag behalten vil.

Et cetera, daz ward so lang, daz yeder auf ze lesten sprang mit einem fuss, dar umb daz, daz er geruwen mocht dester bas an dem andern, so er gelag an tretten, sam ein fauler mag." Ebenso später 39^{a},14 ff.: „Da mit der schreiber ane vieng und sprach: Stet auf, wir müssen springen, ich chan ein hübschs, daz wil ich singen. Seiner red der warens fro; da mit huob er an also: Wem sol ichs geben ze fröden seinem leben?" ꝛc.; ferner 39^{a},36 ff: „So gie daz lied, biz daz yeder seinen hiet, die da warent an dem tancz. Da mit so was die fröde gancz. Do sprungen plümlen durch den cle, von liebe schayden, daz tuot we, sungen sey da in dem gras;" — und 39^{c},17 ff.: „Do woltens gesessen sein da nider; des schre her Troll hinwider wider: Die weil es in der hicze sey, macht euch an den ring hie pey! Ich will euch sunderleichen singen eins, daz füget wol ze springen. Der red wurdens alle fro. Da mit so huob er an also:

Es aff mein vatter Eberhart
Und tranch in eyn ein rympart,
Es schlieff mein vetter Oll, her Oll, Hol, her
Oll, her Oll, her Oll, her Oll, her Oll, her Oll,
Es schlie ie ief her Oll Oll Oll Oll,
Es sang mein sun der Perchtold
Und sprang mein nef her Hylpold,
Es tanczt her Scholl, lo, lo, lo, loll, lo, lo,
Lo, lo, lo, lo, loll, lo, lo, lo, lo, lo, lo, loll,
Es swanczt her Scho o, o, o, o, o oll
Et cetera."

In der Beschreibung eines Bauerntanzes bey H. Sachs (1612: I, 1067) heißt es: „Füllhon von Pudensheim der wust mit Krenichen den reim." cf. Th. II, Sp. 1377, unter Kranz. Vgl. auch v. Liliencron „über Neidhart's höfische Dorfpoesie" in Haupt's Zeitschr. VI, 69—117; Carmina Burana 35. 36 und oben, Sp. 85 f.: der Raijen. Item pavo (mulier luxuriosa, domina Perchta) vocem diabolicam habet. sic luxuriosi in choreis et in rotis videntur habere vocem diaboli. Quidquid enim cantant diabolicum est totum: de luxuria et nunquam de deo nec de Sª Maria. matrimonium ibi vituperatur. fornicatio laudatur. maritus est zelotypus scabiosus fetidus, amasius pulcher et vernans floridus. Nonne iste sunt voces diaboli? Iste enim cantilene possunt evangelium diaboli nuncupari. Unde Henricus vel Perchta qui cantilenam incipiunt, diaconus vel diaconissa diaboli dici possunt. Omnes autem alii qui cantilene respondent clerici vel scolares diaboli sunt;" Clm. 9528 (sec. XIII.), p. 332. „Hic quaere (als Beichtvater) de antecantationibus in choreis de quaestionibus lascivis ...;" Weihensteph. 202, f. .... cf. Ben. 525, f. 108.

Das polnische Volkslied ist ein unendliches Lied, das aus zweizeiligen einzelnen Liedern besteht; im ersten Verse ist gewöhnlich ein Bild der Natur, im zweiten der eigentliche Gedanke ausgedrückt; der Zusammenhang der Verse oft sehr tief; z. B. Blättchen fällt vom Baume, Winter kommt gezogen: Mischt sich ein der Dritte, ist die Lieb entflogen. Solche Lieder heißen Krakowiaken (Krakauer Lieder) und werden beim Tanze gesungen. Gesammelt vom Wacław Zaleski unter dem Titel: Piesni polskie i ruskie, (Lemberg, 1833; deutsch: Leipzig, 1833). Convers.-Lexic., 8. Aufl., Bnd. VIII, 667. Das malaische Pantum besteht aus 4 Reimzeilen, deren zwei erste ein Bild, die beiden letzten die Anwendung desselben gewähren. Brockhaus, Bätter f. literar. Unterhaltung 1847, S. 1259. Wie sich, am Nord-Ende von Europa, der norwegische Bauer zur Ergetzung seine kurze Stäv oder Stavjevise dichtet (L. Hallager, Norsk Ordsamling), so ergießt sich, am Süd-Ende, der andalusische Majo nach immer wiederkehrenden, von der Guitarre begleiteten Weisen in seine kunstlosen, schlechtgereimten Coplas de repente, deren Inhalt und äußerer Bau mit unsern Schnitterhüpflein die unverkennbarste Aehnlichkeit hat. Es möge, da es ja doch zu Ehren der bayrischen geschieht, erlaubt seyn, hier ein paar spanische (estribillos) zu producieren.

Sie quieres que yo te quiera,
Has de olvidar a quien amas,
Que en un corazon tan chico
No pueden caber dos almas.

Encima de tu ventana
Tengo que pintar el sol,
Y mas abajo la luna,
Y en medio mi corazon.

Asómate a esa ventana,
Y echa una poca de lumbre
Para encender un cigarro,
Por no perder la costumbre.

Toma, niña, esa naranja,
Que la cogí de mi huerto,
No la partas con cuchillo,
Que va mi corazon dentro.

501 Mariquita, da me un beso,
Que me voy à confesar,
Y un besito no es pecado,
Si lo das con voluntad.

Ayer me fuì à capuchinos
A rezarle à Cristo un credo,
Y al decir: creo en Dios Padre,
Dixe: creo en la que quiero.

A tu puerta estamos quatro,
Todos quatro te queremos:
Dime niña el que tu quieres,
Y los demas nos iremos.

Quando quise, no quisiste,
Ahora que quieres, no quiero;
Tu no querrias creer,
Que mi corazon es de fierro. —

Mi caballo y mi muger
Se me perdieron a un tiempo;
Que muger ni que demonio!
Mi caballo es lo que siento.

---

beschnotten, limitatum, maß gegeben, vermessen," Voc. v. 1429; (cf. Graff VI, 845. `BM. II, II, 450; doch auch Diefenbach 330ᵇ: limitatus, geschroden'); (noch schwäbisch und schweizerisch) genau, kaum, spärlich. `Schmid, schwäb. Wbch. 475. Stalder, schweiz. Idiot. II, 344.' Grimm III, 153. „Ein geistlicher mensch soll beschnottener sein in zeitlichen gütern, denn ein weltlicher." „Thomas und Aristoteles schreibent gar gnaw und beschnotten davon;" Geiler v. Kaisersb., cf. Scherz-Oberlin. S. schnœd und schnieden und vgl. aus S. Helbling I, 288: „Welch tiuvel in des bit, daz er nâch vremdem lantsit sich so stæte briutet („prüetet")? Wie er sich des entsniutet („entsniettet"), daz er niht gereden kan!" `(nach BM. II, II, 451: briuwet — entsniuwen; s. unter schnau-en: entsniuwen)'. In Endlicher's und Hoffmann's Fragmenten p. 605 steht snottarlihho für utiliter, und in Westmoreland bedeutet nach Cleasby snod, was smooth: glatt. Müller, etymol. Wbch. d. engl. Spr. 360.

Das Geschnottel, (schwäb.) Gesindel. S. Geschnattel. Vrgl. schnœd.

Schnut, schnuteln 2c., s. Schnud, schnudeln. Zeitschr. V, 432,541.

schnueten (schnuətt'n), schnufeln, schnüffeln, riechen, suchen. Alles aus-, durch- 2c. *schnuətt'n*.

---

schnatzig, (Tir.) vorwitzig.

Das Schnätzlein (Schnázl), (M.Inn) Zweig, Reis, (vermuthlich in Bezug auf das Abschneiden). `schnatzen, schnätzeln, (Augsb.) die Baumwollabfälle aus den Fabriken zupfen und spinnen. Birlinger 400.' schnätzeln (schnázln), klein schneiden, schnitzeln. Das Geschnätzel (Gschnázl), Zerschnittenes, Zerhacktes, quisquiliae; (Aschaffenb.) Leckerey. `Vgl. Geschnattel und Geschnaitel, auch Gschnalzlət. aufschnatzen, aufputzen; Grimm, Wbch. I, 727.' `beschnatzen, beschneiden; das. 1587. Gehört hieher oder besser zum folg. Wort das österr. å'schnázəln, abküssen?' Seidl, Flins. IV, 127: ánander *åschnazeln*, und das. 133: *åschnäzeln*, im Glossar (1844): „aschnazeln, abschnatzeln, abküssen." Castelli, Wbch. 247: „*schnådln, åhschnådsln*, wiederholt, längere Zeit an vielen Punkten des Gesichts küssen." beschnätzeln (bschnázln), kleiner schneiden, verkürzen, verringern; fig. bekritteln. (cf. gl. o. 347: snetzere, sculptor; i. 1226: snezzunga, segmentum).

Die Schnauzen (Schnauzn, Schnau~zn), wie hchd. Schnauze;" (Weigand, Wbch. II, 616. Zeitschr. II, 551,16. Vgl. niederd. Snûte (Vilmar, kurhess. Idiot. 365), und siehe oben: Schnude). Der Schnauzbart, auch wol blos: der Schnauz (Schnau~z, Dim. Schnau~zə-l), Schnurrbart. „Der Schnautzhan, thraso, gloriosus miles;" Voc. v. 1618, P. Procopius. Birlinger 400. 502
schnauzen, 1) (Aschaffenb., von genossenen Speisen oder Getränken) durch die Nase heraufriechen; 2) zornig reden; Zeitschr. III, 301. IV, 251,18. anschnauzen Einen, ihn anfahren. Zeitschr. IV, 251,18. Grimm, Wbch. I, 447. `Einen abschnauzen, ihn mit Worten barsch abfer-

tigen. Weigand, Wbch. II, 616.' schnauzig, anfahrerisch, hastig. Zeitschr. III, 301. schnouzgallə˜, in die Höhe schnellen; (im Osten des Schwarzwaldes; Dr. Haring).

schneuzen (schneizn; ich schneuzet und hab geschneutzt, aber nach Gramm. 950 auch: ich schnitz, hab geschnitzen, — als ob ein Ablautverb schneitzen zu Grund läge), wie hchd.; (mhd. sniezen, ahd. snûzan und snûzon, isl. bey Björn: snîta st. snyta. Graff VI, 852. BM. II, II, 455 f. Weigand, Wbch. II, 619. Zeitschr. III, 545,3). „Ob der man sich selben vor dem gerihte wischet oder im snuzet ... oder heschet oder niuset;" Schwabensp., Lehenrecht, Laßb. §. 126. R.A.: schneuzen Einen, ihn hintergehen. Der Schneuzhadern, das Schnupftuch.

Der Schnitz, a) wie hchd.; Äpfel-, Birn-, Rueben- ꝛc. Schnitz. Rösen- oder Rösel-schnitz, Abschnitt von einer Blutwurst. `Schnitzbrod, (Elsaß) was Hutzelbrod; Zeitschr. IV, 473. schnitzweich, sehr weich; das. V, 186.' `b) (ä. Sp.) Riß, Spalte; Diefenbach 519^{a}; nov. glossar. 331.' „Pejor scissura (in utres ꝛc.), ein erger snitz;" ZZ. 1803, f. 199. c) fig. drolliger Einfall; schlaue Lüge. `d) (Lesachthal) Wallach; Zeitschr. IV, 160.' Der Schnitzen, was der Schnitten. schnitzen, schnitzeln, wie hchd.; (BM. II, II, 444. Weigand, Wbch. II, 621). Der Schnitzer, a) (ä. Sp.) Bildschnitzer, Bildhauer. Graff VI, 845. BM. II, II, 445. Weigand, Wbch. II, 622. „Ein Schnitzer, genannt Meister Asm von München;" Chron. bey Freyb. I, 189, ad 1493. b) Armbrustmacher; Freyb. Samml. II, 120, ad 1392. b. Annalen 1833, p. 413. Voc. v. 1429. Er hatte auch die Pfeile zu spitzen. Gem. Reg. Chr. II, 167, ad 1313. c) großes Messer, Späne zu spalten ꝛc. Vilmar, kurhess. Idiot. 364. Zeitschr. VI, 517,3. Das Abschnitzlein (A'schnitzl), Abfall unter Scheere, Messer ꝛc. gebschnitzig, (Aschaffenb.) freygebig.

Der Schnötzen, Schnuətzen, Wulst, besonders von fetterm Fleische am Körper der Thiere und Menschen, Fettstück. Er hàt ganzé *Schnózn* auf də' Brust. Ganzé *Schnóz'n* henkə˜t àbe'.

Vierzigste oder Schra- ꝛc. Abtheilung.

schräen (schrá˜n), (Passauer Wald) hageln; (BM. II, II, 201: schræjen, spritzen, stieben). əs hàt *gschrá˜t*. Schrá˜, Schlossen, pl. Vrgl. Wilh. Wackernagel in Haupt's Zeitschr. VI, 290—291, wo Scrâwung, nubus, (Vocab. S. Galli; Graff VI, 587) dem Fasolt und Mermeut (s. Th. I, 765 und II, 1653) gleichgestellt wird; dann Grimm's Mythol.^{2} p. 447 f.: Schrat, Schraz (s. unten) und Muchar's Schranel (Gastein p. 147), nach Gramm. §. 507 auch schränen.

Der Schrai (Schraə, Dimin. Schraə-l, Schrèə-l, wie hchd. Schrey; (mhd. schrei, schrê, ahd. screi, genit. screies, screiges; Graff VI, 566. BM. II, II, 215. Weigand, Wbch. II, 637). Das Geschrai (Gschraə), hchd. Geschrey. Das gemain Geschrai, Gerücht, rumor publicus. I˜s *Gschraə* kemə˜. Der Landschrai, das Landgeschrai ꝛc., Allarm durch Schreyen, Schießen, Läuten ꝛc. Gegen Räuber und Mordbrenner „ain Landgeschrai machen," „mit dem Landschrai auff sein tag und nacht;" Mandat. Das Katzengeschrai, Gericht, aus Resten zerschnittenen Fleisches, besonders Kalbsbratens, in einer Brühe bereitet. Das Schrai-Maul, Geschrai-Maul (Gschraə-Mál), Mensch, der viel oder auch stark schreit. schraə-málət, adj. geschraiig, adj.; mhd. schreiec, BM. II, II, 216. „So er aus Zorn geschraijg wirt." „Trunkene Gäste werden geschraig und komen zu Chriegen;" Cgm. 632, f. 35. 38. schraien, (veraltende Nebenform von schreien, s. Gramm. §. 956, VI.; cf. uuoft-screion, ululare, Notk. 65,2; Graff VI, 566. BM. II, II, 216).
503 In Schwaben und der Schweiz gilt noch das Factitiv geschraien Einen, ihn schreyen, weinen machen, wie bey S. Helbling II, 162: „Daz sie ir muoter ie getruoc die herren, die sie (die Straßenräuber) heient, daz sie die armen schreient". beschraien, a) Einen eines Dinges, ihn darum laut rügen, anklagen, in übeln Ruf bringen; — außer dem Partic. praet. nicht sicher zu belegen. Dé is scho˜ überàl *b'schraət*, (berüchtigt); b. W. „Das Würfeln, so dich beschrait macht, wo nicht gar infamiert;" Dr. Minderer, 1620, p. 36. „Auf den peinlichen Rechtstagen gebührt dem Knecht des Nachrichters, als Ankläger den Übelthäter zu beschreyen, ein Schreygulden;" Wirzb. Zent-Ord. v. 1670. Eben daselbst heißt es: „Auf Anschreyen sonderbarer klagender Personen soll niemand ohne deren Caution gefänglich angenommen werden." (Zweifelhaft, ob diese Fälle wirklich zur Form schrai gehören). b) beschraien ein Kind oder ein Stück Vieh, es bezaubern, incantare; *beschraət*, bezaubert. Das Beschrai-Kraut, Kraut, wider die Incantation zu gebrauchen, z. B. Stachys recta, Erigeron acre, Antirhinum alpinum, nach Jirasek auch Soldanella alpina. verschraien Einen, a) ihn in übeln Ruf bringen; — gewöhnlich nur im Partic. vorkommend: *vóschraət* sei˜, machə˜. BM. II, II, 216. b) was beschraien, b). zerschraien. „Schusselmacher und kopf dræyer, daz machents das alles tuot zerschrayen und kluben und zerbrechen;" des Teufels Segi, Ms. v. 1449, Artikel: „von den Zieglern," (Barack p. 354,11171). „Si (die edeln weib) tuond sich von hoffart blayen, si mochtent alle zerschrayen;" das.: „von edeln hohen weyben," `(Barack p. 383,12072: „zerschrægen", reimt auf „blägen." Cf. das. p. 346,10931: „So si (die Bauern) mit (den Sensen) tuond mægen, so tuonds recht zerschrægen und scharten drus springen").'

Die Schraiat (Schraiet, Schraieit, Schreiat, Schraut), ä. Sp., Vorrichtung, an welcher die „hinz Haut und Hâr" gehende Leibesstrafe, nemlich das Haarabschneiden und Peitschen, vollzogen zu werden pflegte (gl. i. 549. 556, Prudentii Peristeph. II, 400 und VI, 33: screiata catasta, screiatun catastâ), also wol so viel als heutzutage Schandsäule, Pranger, und in Beziehung stehend auf das Ausschreyen, Verrufen oder Infamieren. Graff VI, 566. BM. II, II, 216; cf. Diefenbach 106^{c}. „Catasta i. e. eculeus, screigat;" Clm. 4388, XV. sec., f. 151^{b}. „Es sey Stock, Schraiat oder Galge;" Augsb. Stdtb., Cgm. 277, f. 91 und Cgm. 559, f. 103. „Slahen Einen an der Schraiat, anslahen, abslahen bei der Schraiat" (Rupr. v. Freys. Rechtb., Wstr. Btr. VII, 55. 59. 65. 66. 70. 73. 77; b. L.R. Heumann, opusc. p. 63 und 227; Münchner Stdt.R., Cgm. 27, Art. 75, Cgm. 559, f. 71, Auer p. 32. 283;

Augsb. Stdtb., Freyb. 47. 66. 67. 76. 105—107; Pass. Stdtb.), parallel den Formeln: „Man schlegt sie mit Ruten an dem Pranger ...“ daß man ihn „bey der Fridsaul anschlug.“ Gem. Reg. Chr. III, 303, ad 1320. „Nota VI β XII dn. daz dräd den tod. p minus (per minus?) VI β und XII daz dräd den prand. p LXXII oder mynner daz pringt dv (die?) schray daz man in da sled an. p hynder dreyssigen da sled man ainem mit chnuttl auz der schrain“ (?); am Schluß des Wiener Stadtrechts, Cgm. 1113, f. 40ᵇ (v. späterer Hand). Cf. oben, Sp. 512, schlagen: slachen in den pranger. „Witzegen mit slegen an der sraiget;“ Schwabensp., Laßberg p. 161: §. 375, III; Wackernagel 337. 343. s. unten. (Cfr. „die Straf- oder Willkommens säule im Zuchthaus, woran die Züchtlinge bey der Annahme oder weiters zu Schulden bringenden Verbrechen mit in die Höhe gezogenen Händen angeschlossen und gebunden, und sodann mit Streichen gezüchtigt werden;“ Bayreuth. Zuchthaus-Ord. v. 1733). „Und als er uberwunden wirt in der schrannen so sol man in zu der schrayat fürn ee daz man in enthaup vnd sol in ein stuel setzen under die suezz und die zungen slahen oben an einen haken und den stuel darnach zuchen dacz die zung beleib an dem haken vnd puez den manayd den er gesworn hat, darnach sol man in allerst enthaupen vnd vber in rechten als vmb todsleg reht ist;“ Wiener Stadtrecht, Cgm. 1113, f. 74ᵇ und Cgm. 335, f. 48ᵇ. „Einem die schreiat erteilen,“ ihn dazu verurtheilen; Augsb. Stdtb., Freyb. S. 47. „Da der richter nicht ist, der vmb wunden richt, da mag man wol ainen kiesen, der ze hawt vnd ze har richtet, daz ist an der schraiat, es sey in steten oder in dörffern oder in marcken;“ (also ein Akt niederer Jurisdiction); Rchtb., Ms. v. 1453. In Ruprecht's v. Freys. Rechtbuch steht das Schlagen an der Schraiat auf einem Diebstahl unter 12 dn. bis auf einen von 3 dn. Werth, der auf offner
504 Straße, an einem Pflug auf dem Felde, an Salz in Plahen, oder an geweihter Stätte begangen worden. Die Zahl der Schläge geht bis 40. „Dem sol man slahen an der scraiat vierzec slege;“ Schwabensp. Laßb. p. 155, §. 363, II. „Debet flagellari in theatro XL plagis;“ Mallerst. 33, f. 134. Eine Schwangere jedoch „soll man an der Schraiat als gefüg slahen, das si des chindes davon nicht genes, wan da wurd ain schönew sel verlorn vnd ain leib.“ Ein handschriftliches L.R., welches für diese Strafe einen Diebstahl zwischen 32 und 62 dn. voraussetzt, läßt das slahen an der schraiat mit 65 Pfd. dn. abkaufen. Das reformierte L.R. v. 1518, indem es Tit. 19, Art. 7 auf einen Diebstahl von 80 dn. (schwarzer Münze, gleich obigen 32 dn. Regenspurger) dieselbe Buße von 65 Pfd. dn. oder das Schlagen mit Gerten oder Ruethen setzt, erwähnt dabey nicht weiter der Bestimmung an der Schraiat. Es hat zwar noch Heumann, opusc. p. 701 unter den von ihm gesammelten österreich-bayrischen Dialektwörtern „Schraet, Bühne, catasta,“ vielleicht aber auch nur aus Akten und nicht aus dem Leben. Wenigstens erscheint es schon früher unüblich, und deßhalb entstellt worden zu seyn. „Man sol vber jn richten mit den schrayat ...“ „Der vogt sol jn an dē schraigt schlachen;“ Cgm. 322, f. 36. 46. „Das si Christum bi der schrautt abschlügent als einen diep;“ Cgm. 6, f. 221. Das Abschlagen von Haut und Har scheint dadurch, daß es an der schraiat geschah, erst recht infamierend geworden zu seyn. Nach dem Stadtrecht von Ens de aº. 1212 (bey Kurz) sollte ein wegen gewaltthätiger Verletzung verurtheilter „geslagen werden, daz er verlies hawt vnd har, vor dem rechten, nicht da, wa man die dewpp slecht.“

schreien (schrei'n, schreiˉ, schreiˉn, schreiǝˉ — auch wol schroiǝˉ, schruiǝˉ, als ob von schreuen — Praet. cond. schreiet und schri, schriǝ; ä. Sp. schrai, pl. schriren, Partic. gschri'n, gschriǝ'n, ä. Sp. geschriren und geschreit), a) wie hchd.; (mhd. schrîen, schrîgen: Praet. sing. schrei, schrê, pl. schriren, schrirn, schriuwen, schrûwen, Part. geschrîen, geschrirn, geschriuwen, geschrît; ahd. scrîan, scrîgan: Praet. sing. screi, scrai, pl. scrigun, scrirun, scriuun, Part. giscrian, giscrigan, giscriran. Graff VI, 565. BM. II, II, 213. Weigand, Wbch. II, 637. Zeitschr. III, 288,15: schreg; IV,112,66: g'schraua, schraulen; V,415,33. 143,14. 286,8. Dr. K. v. Knoblauch in Tübingen nimmt in Aufrecht's Zeitschr. f. vergleich. Sprachforsch. I, 573—576 germanische (isl. und ahd.) Perfecte mit r statt der latein. mit s an, die sich nur in vocalisch auslautenden Verben und in deren Plural erhalten: screi, scrirun, grei, grirun, pi-r-umes, birn (Perfect mit Präsensbedeutung: wir sind geworden, πεφύκαμεν), glirn. isl. réri, snéri, pl. rérum, snérum. Grimm I, 859. 867). „Schaf daz mir Lemberslint werde gegeben ze manne; sô schrîet (bregelt?) mir mîn pfanne, sô ist gelesen mir der wîn und sint gefüllet mir diu schrîn, sô ist gebrouwen mir daz bier und ist wol gemalen mier,“ sagt zu Maier Helmbrecht seine Schwester Gotelinde, V. 1398. „Er schrier waffen und jagte mich hindann;“ Cgm. 713, f. 199. „Die schriren hintz got;“ Cgm. 54, f. 36ᵃ und öfter. „Die alt schrir das mord ...“ „Erst schrir das weib ...“ noch schrir und kar s laut uberaus; H. Sachs 1560: IV, III, 70 (1612: IV, III, 153). „Du (Weib) hast geschrirn als ain diep in ainem rostal,“ (als man dich, wie du vorgibst, mit Gewalt entehrte); Br. Berhtolt, Clm. 5858, f. 110ᵇ. anschreien Einem, oder bey Einem, im Vorbeygehen bey ihm zusprechen, ihn abholen. herschreien Einen, ihn herbeyrufen. Cgm. 632, f. 67³/₄ steht schreyren auch statt schreien (Infinitiv). „Ich man dich herr des schrayes den du schrir an dem chrautze;“ Cgm. 73, f. 12. „Ich han geschrieren hinz dir, clamavi ad te;“ Cgm. 101, f. 105. Cgm. 163, f. 63. „Er schrire schon von fern. Er hat geschriren“ noch in den Bogenbergmirakeln v. 1679, p. 73. 166. 209. Han i aft dárnach *gschrirn* und han gschold'n duri aus und han dimmelt án d' Thürn ázwanns brinnát in Haus;“ Stelzhamer p. 71. Auf derselben Seite reimt *gschrirn* auf Birn; indessen, da der obderennsische Dialekt die r gern wegläßt, wol blos als gschri'n zu fassen. „Wer ist nu herre Jonas der da hinz got hat gerueft oder gescriuwen do er in dem tiufen mêre waz;“ Griesh. Pred. II, 93. (cf. haben verschruben, verluwen st. verschriben, verlihen; Roth's Obermoschler Urk. III, 8). „Von ir gespilen wurd uff sie geschrewen;“ Valkn. 130. „Von minne liebe on herze ward do an in geschrewen;“ das. 139. „Vil geschallet und geschrît ward in des kunigs muoshus;“ Heinr. Tristan 2900. 3480. „Zeter sî über si geschrît;“ Turney v. Nantheiz 182. b) (Nordfranken, wie in der Schweiz und Holland) weinen; (Weihers: schrei, weinen, für hchd. schreien sagt man krisch. Vilmar, kurhess. Idiot. 368. Firmenich I, 247 f. 519,29.51: schregen. vgl. engl. to cry). „Er hat geschreit.“ beschreien, a) anreden, z. B. einen Bekannten auf der Gasse; b) anrufen in der Absicht, Lärm zu machen, z. B. einen Dieb oder verdächtigen Menschen. Grimm, Wbch. I, 1595,4. BM. II, II, 214,1. „Da beschray jhn Herzog Ludwig (am Tisch) vor dem König und andern Fürsten für einen Räuber; Chron. bey Freyb. I, 133. Ein 505
ausgekommenes Feuer beschreien, darüber Lärm machen. „Wo aber die Roßwächter den (vom Wolf an einem Pferd auf der Nachtwaid verübten) Schaden nit beschriren;“ Rorbacher Ehaft, Ms.; cf. b. L.R. Heumann, opusc. 77. c) ein Kind, ein Stück Vieh beschreien, durch Anrede verzaubern. Grimm, Wbch. I, 1596,5. Vilmar, kurhess. Idiot. 368: Beschreikraut, stachys recta und erigeron acre. „Nicolaus Orem Parisiensis de fascinatione vom pschrein;“ Teg. 225, f. 324. d) in übeln Ruf bringen. Grimm, Wbch. I, 1594,3. S. oben die Form beschraien. Der Schreier, praeco, Scherge; BM. II, II, 215. Grimm, Weisthümer III, 657: „curia schreiarii.“ Die jenseitigen Böhmerwaldgrenzler nennen das Fensterln oder Anschreien der Geliebten zu einem nächtlichen „Plausch“: 's Schrè. Rank, Böhmerwald p. 54.

schro, sieh unten: schrah.

---

schrabben, schrubben, s. schrappen, Schroppen.

schreiben (schreibm, Cond. schreibet und schrib, ä. Sp. schraib, Partic. geschriben), wie hchd.; (mhd. schrîben; ich schreip, wir schriben, geschriben, ahd. scrîban: screip, scribun, giscriban. Graff VI, 567. BM. II, II, 205. Weigand, Wbch. II, 637. Sollte dieses Ablautverb nicht dennoch aus dem Latein entlehnt seyn. Ulfila kennt es noch nicht. — Die Slawen haben ein eingebornes psati, pisi; pi-n-go, pic-tum? s. oben, Sp. 304: Sand, und Sp. 146: reißen) Er laßt sich Heckmair schreiben (O.L.), sonst: er schreibt sich H. Ein bestimmter Geschlechts- oder Schreibname erscheint manchem schlichten Landmann, besonders einem solchen, der nie schreiben gelernt (auch im J. 1835 gibt es deren noch genug), erst vor seinem Pfarrer oder Beamten als etwas nicht entbehrliches. „Dare nomen militiae vel ad militiam, sich schreiben lassen;" Nomencl. v. 1629, p. 144. „Miles causarius, valetudinarius, der auß ehaften redlichen ursachen geurlaubt, oder sich nit schreiben last;" das. 226. „Der ist nû abgeschriben; Labr. 295. angeschriben (Hübner, Salzb. 418; Zir., Goldeck: angschriebn), läppisch, albern. beschreiben, a) wie hchd.; b) gerichtlich niederschreiben, verzeichnen, eintragen; c) verschreiben eine Waare. BM. II, II, 207. Grimm, Wbch. I, 1593,1.5. überschreiben Einem etwas, es ihm schriftlich übermachen, senden; — Einen, ihn seinen Vorgesetzten schriftlich denuncieren. verschreiben, (ä. Sp.) niederschreiben, schriftlich aufsetzen; (cf. verlesen für ablesen). BM. II, II, 207,2.3. „Alles das an dem brief verschriben ist;" Urk. v. 1360 et passim. „Das wollet uns bey dem Boten verschriben wissen lassen ..." „Eure verschribene Antwort lasset uns wissen bey dem Boten;" Kr. Lhdl. I, 11. 45, ad 1431. „Was da (in der Kirche) gesambt wirt das sol man dem pfarrer zutragen, der sol es verschreiben;" Cgm. 3941, f. 93. 'Kärnten: varschrieb'n, d. i. protestantisch; Zeitschr. V, 256,119. Lexer, kärnt. Wbch. 226.' 'Das Schreibens, amtliches Schreiben; Zeitschr. II, 422,88.' Das Schreibholz, Holz, das aus Staatswaldungen gegen Erlegung der Taxe abgegeben wird. Majer, Forstzeitschr. Der Schreiber, wie hchd.; (mhd. schrîbære, ahd. scrîbâri. Graff VI, 573. BM. II, II, 208). Notarius, ein schreiber; Cgm. 379, f. 50 und 270, f. 90. 'Allerlei Schreiber, s. bei Birlinger 402.' Der Kanzelschreiber, (ä. Sp.) was heutzutage: Cancellist, Kanzleyschreiber. Kr. Lhdl. XII, 275, ad 1489. Der obrist Schreiber, (ä. Sp.) Kanzler? „Vor uns oder unserm obristen Schreiber;" MB. X, 486, ad 1315. Der offen Schreiber, (ä. Sp.) notarius publicus. Kr. Lhdl. I, 174. Der Stuelschreiber, Schreiber bey einem Advokaten; der für Rechtsparteyen Aufsätze macht oder abschreibt, ehmals auch Procurator, Memorialist, Supplicist genannt. Eine besondre, ziemlich zahlreiche Klasse von Honoratioren auf dem Lande wird durch die Schreiber-, Ober-, Mitter-, Drittel- und Achtel-Schreiber (wie sich Bucher's Fastenexempel ausdrückt) gebildet, die jedoch von den Landrichtern oder Rentbeamten nur privatim und nicht als Staatsdiener angestellt und bezahlt sind. Trippelschreiber oder ainfältige Nachschreiber nennen sich aus Bescheidenheit die Schreiber der Cgm. 224, f. 81 und 605, f. 132. „Zalschreiber der Arkeley," qui ballistariis persolvit stipendium; Voc. v. 1618. Manche frühere, gute deutsche Bildungen von schreiben haben einer vornehmen fran-
506 zösischen Form Platz gemacht; z. B. Gegenschreiber, jetzt Contrôleur (Kuntəlêr), Schreibstuben, jetzt Bureau (Biro, – ᵕ), ꝛc.' Der Schreiberling, (verächtlich) Schreiber. S. Schrift.

Der Schracken, 1) der Schrecken; s. auch Schricken und Schrocken. 2) hervorragender Felsen; Firmenich II, 694. „Wann übə' d' *Schrákn* funkeln d' Stern;" Kobell, Gamsjager-Lied. Cf. Schreckhorn. geschrackig, adj., leicht zu erschrecken. S. auch geschreckig und geschrickig.

schrackeln, (O.Pf.) im Gehen schränken, geschränkt gehen. (Vrgl. isl. skreika, labascare, divaricare; doch näher liegt wol schrägeln, w. m. s.; 'cf. niederd. schrick, schräg, Zeitschr. IV, 29 und VI, 18: schraken, ausschreiten').

schrecken, (ä. Sp.) springen; (mhd. schrecken, ahd. screchôn, Praet. screchôta; Cgm. 17, f. 10ᵇ, Ps. 2,11: „schrecht imo mit der bibenunge, exultate ei cum tremore." Graff VI, 576. BM. II, II, 211 f. Weigand, Wbch. II, 636. Zeitschr. V, 62,8.). „Hêrôdiânen tochter die schreckete und spielete daz iz wol gevil deme kunige und allen den gesten;" Herman v. Fritzlar, Pfeiffer 189,35. „Si trat, si schrecte, si spranc und hete michel schallen," fügt Pfeiffer p. 455 bey aus einem alten Passional 351,22. „Ein schreckender schuß;" Cgm. 734, f. 40. „Wie man einen schreckenden Schuß machen sol, wann der schuß von der büchsen fert, daz er über hundert spring thut;" Anhang zum Vegetius v. 1529. Cgm. 1409 (v. 1429), f. 19. „Die ziegler tünt den laim nit gnug beraiten, noch den ofen, und die ziegel aẏten, wenne man damit sol decken, so tünd sie snellen und zerschrecken;" des Teufels Segi, (Barack p. 353,11149 ff.). (Cf. der Heuschreck, ä. Sp. auch Haberschreck, Mattschreck, Heu-springer; Th. II, Sp. 1029. 1034. s. unten). Der Schrecken, a) wie hchd.; b) (Salzsudwesen) gröbere, erdige Theile, welche sich in der Wärmpfanne aus der Sole zu Boden setzen, Pfannenstein. Lori, Brg.R. 391. „Ein paar Schreckschueh, auf dem Eis zu laufen," in Christ. Peutinger's Nachlaß, 1592; Cbm. 2042, f. 85. Flamändisch: schricken, schreiten. 'Das Schreckenläuten, s. Birlinger 402. 447; dessen Wörterbüchl. zum Volksthüml. aus Schwaben p. 83. Schrecksteine, s. Vilmar, kurhess. Idiot. 369.' Der Schreckzaun, s. Th. IV: Zaun. Schreckdengast. Die Gänge bey Tirolergelagen seyen unter folgenden Namen vorgekommen: „Voressen, Suppe, Kraut, Gebratenes, Schröckdengast, Nachtrichten;" Höfler in den Gel. Anzeigen 1842, p. 412 aus Beda Weber's „Tirol und die Reformation," 1841.

derschrecken — (I də'schrick, bi᷉ də'schrockə᷉), wie hchd. erschrecken, verb. neutr.; (Graff VI, 574. BM. II, II, 210: ich erschricke, erschrac, wir erschräken, Ptc. erschrocken. Weigand, Wbch. I, 306). „Sân do sie von deme slâve irschrac;" St. Ulrich's Leben, Cgm. 94, f. 63ᵇ, Vers 1187. „Ich erschrack von („erschrackt vor") schrickenlîchem heschen;" Labr. 130. s. unten: derschricken. schreckbar, adj. und adv., schrecklich, furchtbar. geschreckig, adj., leicht erschreckend. S. geschrackig und geschrickig. schrecken Einen, a) wie hchd., — ursprünglich wol: ihn springen, auf-, fortspringen machen; — (mhd. schrecken: Praet. schrecte, schracte, auch schrahte, Ptc. geschrecket, geschract; ahd. screchan, — Praet. scractun, machten die Pferde springen; gl. i. 550. 807: Prudent. Peristeph. XI, 107. Aeneid. XI, 610. cf. Notk. 51,6. 54,10). „Wurden di hirter erschracht;" Cgm. 66, f. 32. „Halt's Maul und geh, sinst *schrick* i' di'! Lindermayr 61. Sich schrecken vor etwas, sich davor entsetzen, span. sobresaltarse. Die Nerven schrecken am Fuß, am Arm ꝛc., ihn ein wenig verstauchen, verrenken. „Ain ros das erschrocken ist auf allen vieren;" Cgm. 4543, f. 238. „Wem lung und leber von ainem kalten waßer erschrocken ist;" Cgm. 3721, f. 49 und 3723, f. 103. Sich zum armen Menschen schrecken, starr werden? Gê nét bə də' Nàcht, wenst ə᷉n fairengə᷉ Mà᷉ sägst, kuntst dé sə᷉n aarmə᷉ Me᷉sch'n *schréckə᷉*; b.W. b) schrecken durch Beygießung von kaltem die in kochendem Wasser befindlichen Erbsen (Arweís), damit sich die Hülsen leichter ablösen, — in gleichem Falle die Klöße (Knoden oder Knödel), damit sie locker werden. (Vgl.

Firmenich I, 491,184: Der E'zeschrecker, Erbsenschrecker). Dagegen hütet man sich, mit gar kaltem Wasser die Zähne zu schrecken; — wo überall der Begriff des Springenmachens zu Grunde zu liegen scheint. Metonymisch wird dann auch heißes Wasser, heiße Stubenluft für sich durch Beysetzung kältern Elements geschreckt. Der Schnee schreckt die Fische im Weiher, sie stehen davon ab; (Fischer in Böhmen; Kohl, hundert Tage I, 297) wol nach dem cechischen leknu, leknauti. geschreckt (gschréckt), adj., (wie: geschupft, gestraicht), nicht recht bey Trost, angeschossen, nicht richtig im Kopf. derschrecken, act., wie schrecken, a und b, hchd. erschrecken.

„'Der Schreckenberger, eine in Kursachsen, besonders in den ersten Jahren des 16. Jahrhunderts geprägte und nach dem Schreckenberg (nachher und noch jetzt: Annaberg) genannte Münze, deren Werth 3 oder 3 1/2 guten Groschen betrug;" Vilmar, kurhess. Idiot. 369.' 2 Schreckenberger machen 1510 60 dn., 11 Schreckenberger 10 ßl. 8 dn.; Alten-Hohenauer Rechn., Ms., 129. 155.

507 schricken, Partic. geschri'ckt (Hrslm.), springen wie ein Glas oder Töpfergeschirr; (mhd. schricken: Praet. schrac und schricte, schrihte, ahd. scricchan, Praet. scrichta, scricta, salire, springen überhaupt, auffahren. Graff VI, 573—75. BM. II, II, 209 f.). „Crepuit medium, zerschrick in der mitt;" Cgm. 689, f. 191. „Er schrichte ab dem geschraye;" Valkn. 126. Jarnik p. 60: napokniti, anschricken, einen Riß bekommen; napoknenje, das Anschricken; poknjen, geschrickt, geborsten; napokan, angeschrickt. Castelli, Wbch. 251: *schrick'n*, einen Riß bekommen. Der Schrick, Schricker, a) Der Sprung im Geschirr. Castelli, a. a. O.: der Schrick, Bruch in einem festen Körper, z. B. dö Dos'n håd án *Schrick*. Vilmar, kurhess. Idiot. 369. „Voll der offnen Schrück und Ritzen; P. Abrah. Gaga. 113. b) plötzlicher Knall, Donnerschlag. Graff VI, 575: scric; BM. II, II, 211: schric. Der Heuschrickel, (ä. Sp.) locusta, cicada. „Locustae, dem houschrichen;" Cgm. 17, f. 116a. „Houschrichel, locusta;" ibid., f. 155b. derschricken (Praet. dè'schrickət, dè'schráck und dè'schruck; Partic. dè'schrockə˜), in Schrecken gerathen, erschrecken. Graff VI, 574. BM. II, II, 210. „Erschricken, horrere;" Voc. v. 1618. Clm. 571 (v. 1514), f. 4. „Du bist das sigreich zaichen, daran die Feind erschricken, wann sie es nur anblicken;" Gesangb. v. 1660. „Ich fand ein fart besunder, davon ich gar erschricket;" Labr. 59. „Darab min Herz erschricket;" das. 60. „Mein herz schricklich erschricket;" Valkn. 17. „Sin herze so erschrihte;" Ulr. Tristan 3204. „Ich erschrihte von slâfe und îlte iu nâch; Gregor 3533. „Daz schâf sêre erschrihte;" Grimm, Reinh. 345. Außer dem sonst auffallenden erschrockeno, obstupefacti, Diut. II, 343, ist mir in der ahd. Sprache das Wort weder in dieser Bedeutung, noch als Ablautverb vorgekommen. „In Summä' da *zschrickän* mä' d'Häxen, kriegn d'Fingä' dick Schrammä und Klüft;" Lindermayr 172. Der Schricken, der Schrecken. „Sag euch diß nit zum Schricken, sonder zum hayl und nutz;" Khuen 1638. „Swer alle zit lebt in hertze schricken, der leit gevangen in des teufels stricken, ob er denselben schricken hat von lesterlicher missetat;" Renner 14402—4. „Ich stûnt aldâ verstummet vor schricken sunder sprechen;" Labr. 61. „Mit schricken;" das. 324. „Biz mîn herz in schricken wachet;" das. 371. 'Vgl. d. folg. Wort:' Der schrick, des schrickes, ä. Sp., der Schreck. BM. II, II, 211. Zeitschr. VI, 519,11. Cgm. 73, f. 67a. Cgm. 270, f. 142. „Vil herzenlîcher schricke (terrores) hân ich;" Labr. 286. „Die schricke mich aber tünt erwachen;" das. 517. 'schricklich, ä. Sp., adj., schrecklich. BM. II, II, 211.' „Ich han vernomen ein schriklich mære;" Renner 16934. „Ich han gar ein schriklich wort in der heiligen schrift gehort;" das. 21873. geschrickig, leicht erschreckend.

Der „Schrick, crex, avis," (Voc. v. 1618) Wachtelkönig; agſ. scric, turdus. cf. isl. skrîkia, minurire.

Schrickach, nardus stricta; (Jir.).

Der Schrocken, der Schrecken. S. oben Schracken. erschrockenlich, ä. Sp., erschrecklich. Im Cgm. 856, f. 50 liest man „in der heil. cristnacht, so man schrock will lüten," (Schrecken der Hirten?).

Schrad, schred ꝛc., sieh Schrat, schret ꝛc.

'schrudeln, erschrudeln, erschrüdeln, ä. Sp., durchforschen, scrutari. Graff VI, 580. BM. II, II, 221.' „Scrutati sunt, si ersuohten, erscrudelten ... scrutantes scrutinio, erscrudelente mit deme scrudele;" Cgm. 17, f. 92, Ps. 63,7.

---

schrafen, ritzen, kratzen, Einschnitte machen; (ndrs. schrapen). Üblicher die Ableitung schrefeln, w. m. s. schrafatzen für schröpfen; Cgm. 32, f. 14a. BM. II, II, 216: schraffitzen, schreffitzen, neben schreffen, schrepfen. Weigand, Wbch. II, 639. Schrofzän, (bey Pictorius) die Schneidezähne. BM. II, II, 217: verschroven, zerreißen. Vrgl. schrepfen.

„schraif'ln, verdrießen; „Castelli, Wbch. 250. „Ob I enk liəb hà'? Dés kà˜ mi' *schraif'ln*; künts és no˜ frágng, künts és no˜ zwaif'ln?" Castelli, Ged. (1828) p. 91, (1847) p. 250.

schraufen, wie hchd. schrauben; (mhd. schrûben, BM. II, II, 221. Weigand, Wbch. II, 635. Weihers: schru, Dr. Roth. Zeitschr. II, 553,131. IV, 244,4: verschrauft, verschroben; ndrs. schrûven, isl. skrûfa). Sich ab-, davon-, wegschraufen, sich unbemerkt von da, wo man eigentlich bleiben sollte, weg machen. „Hat sich des Nachts von der Seite seines Eheweibs weggeschrauft;" P. Abraham. Dà mág ən anderə' də' Katz d' Schəlln à˜henkə˜, I *schrauf* mi' *à'*, Weisheitsspruch modernen Bürgersinns. Der Schraufen, Dimin. das Schräufelein (Schráifə-l), die Schraube. schräufeln, schrauben.

schrefeln, nagen, kratzen, ritzen, Einschnitte machen; (mhd. schreffen, ahd. screfôn, agſ. scrifan; Graff VI, 580. BM. II, II, 216). Die Maus schrefelt an einer Brodrinde. Der Krautkopf wird geschrefelt (erhält Einschnitte), eh man ihn in den Stock des Kraut- 508
schneiders legt. (gl. a. 86: kiscrevot, incidit; i. 984: screfunga, incisionem). Holz schrefeln, auch schipfeln, sagt man, wenn die Scheiter klein gespalten werden. Jir. Zeitschr. VI, 204: Schrêfl, Schrêfile, Kleinholz. Figürlich: „mit lauta' *Schrefln* und Hoagaschtn," (Plaudern); v. Kürsinger's Ober-Pinzgau 1841, S. 174. f. Th. I, Sp. 541. S. schrafen und schrepfen; cf. Schroffen, Schroppen. Vielleicht gehört hieher auch ein älteres scruffen, spalten, theilen. BM. II, II, 216. „Fuoze in finfiu gescruffet;" Diut. III, 46. Vrgl. auch das agſ. scräf, antrum, spelunca, fovea.

Der Schroffen (Schrófm, Schrófən), rauher, zerklüfteter Fels, Felswand; '(BM. II, II, 216; cf. Graff VI, 580. Weigand, Wbch. II, 639. Birlinger 402. Zeitschr. IV, 500,1. V, 235. Mhd. auch: der schraf, Felskopf, zerklüfteter Fels; BM. II, II, 216': „ûf hertem schraffe" — Reim: pfaffe — Labr. 456). Schrofen, petra, scopulus, rupes; Voc. v. 1618. Lori, Lech-R. 165. 256. 363. 553. „Die Wand der Kaiserklausen ist in den Schroffen eingebaut;" Hazzi, Statist. I, 399. „Am nechsten besten Schrofen zerschmettern;" Selhamer. „Das sich St. Hieronymus mit blossem leib umbzog in schroffen vnd tornen und wächsen stain;" Cgm. 632, f. 41 1/4. „Er im birg auf eim schroffen groß mit dem armbrust ein rhebock schoß;" H. Sachs 1560: II, IV, 54. „Daz (gebirge) was von wilde ungehür von schroffen und von stain;" Liedersaal, Nr. CXXV, Vers 9. „Daz tier sprang durch frien mut uff ainen schroffen hoch und gut;" das. Nr. CXXVI, Vers 398. „Über mangen steinschroven sint si da her abe gevarn" (die Bayern ins Österreich); S. Helbling I, 448. „Schroffen heißen Mitterriedl oder Mitterfist" (?); (Pseud. Jir.). s. Th. I, Sp. 695 und oben, Sp. 59. Figürlich sagt Mich. Beham (Cgm. 291, fol. 146ª): „An dem hove was ein grober chern, ein vilz vnd raucher schrove." Das Geschröff (Collectiv.). Der höchste Punkt des Watzmann ist kein ebener Platz, sondern „is k'àd ə so ə˜ Gſchréf." „Am lockern Geschröffe hinklimmen;" Besteigung des Zugspitz, b. Annalen v. 1835, p. 35. schroffig, schrofferig, adj., rauh, zerklüftet; Selhamer. Av. Chr. 132. Vrgl. Schroppen.

Die Schrifft, Geschrifft, wie hchd. Schrift, (ä. Sp. Geschrifft; mhd. diu schrift, geschrift, ahd. neben scrift, giscrift noch meist giscrib, Tatian c. 129: giscribit, scriptura. Graff VI, 669—72. BM. II, II, 200. Weigand, Wbch. II, 638. Cf. Clm. 5508, sec. VIII—IX. 2⁰, f. 133: „Incipit lex lata Constantini Augusti de Arrii damnatione atque omni scripta ab eo igni tradenda." „Wir han daz von der scrivt, daz nieman sol eigen sin;" Schwabensp., Laßb. 68. cf. Ammonius). əs geid's də' Druck nét, əs geid's fchlêd 'Gſchrift, (es findet sich nicht gedruckt, sondern nur geschrieben). „In dä' Gschrift wird oft was zsammägschmiert afä' annäs is 's in Drug;" Lindermayr p. 22. „Kaə˜n Druk hàn I 'kennt, — maə˜ts ə˜ Gschrift? gà' kaə˜ Réd!" Luber's Napfezer in Kaltenbrunner's oberöstr. Jahrb. 1844, S. 156. „Brief und Geschrifften" ... „Alle Beschwerden nach Längs in Geschrift begreifen," (schriftlich verfassen) ... „Quirinus, Abt zu Tegernsee: Mein Handgeschrift," (manu propriâ); Kr. Lhdl. I, 131. VII, 371. XI, 439. „Maniger meiner geschrift lacht und doch selber kransüeß macht;" Raitenhasl. 13, f. 1. Clm. 12513. „Dabei schick ich eu ein abgeschrifft;" Cgm. 263, f. 136ª. geschrifftlich (gſchrifftlə'), schriftlich. Schrifft stellen, (ä. Sp.) Rechts-, Proceß-, Supplik- ꝛc. Schriften verfassen. Der Schrifftsteller, Schrifftensteller, Schrifftdichter, Verfasser von derley Schriften;" L.R. v. 1616, f. 51; ältere bayreuth. Polic.-Ord. Augsburger Anschlag (Mandat) von 1640, die Schriftenstöller (Procuratores, Notarii und schriftstöller) betreffend, Cgm. 4905, f. 557. Der Schriftling, (verächtlich) Schreiber.

Das Schrifftercal, Schrifterel, Schrifterelele, Schrifträl, Schrifterällel, das Federmesser, vom neu-latein. „scriptorale, Schreibmesser." „Mir enphiel ain scriptoral ... ich gedacht an daz scriptoral;" Erzählung eines Traumes, Cod. Teg. 1550, (a. 1425). „Illa debet habere frater in cella: ... darunter tabulam ceratam cum graphio, cultellum ... scripturale, calemale, cornu, plumbale, pennale ...;" And. 116ᵈ. fol. penult. „Sripturale;" Clm. 4382, f. 168. 'Ducange VI, 133ª: Scripturale, theca calamaria; dagegen Diefenbach 521ª: scripturale, schribmesser ꝛc.' „Schrifftersal, Schreibmesserle;" Voc. v. 1618, Voc. Archon. 38, wovon auch das böhmische škřiptorálek. „Schrifterällel, Federmesserl;" Praschius. „Darfst dich gar nicht entsetzen, diß Schrifftereleleｋann niemand stark verletzen." Quid expavescis spiculum amore delibutum? Arundines arundine defigo, non sarissa, sagt der Tod zum Magern in Balde's Agathyrsus. „Die Henker sind Notarii, welche anstatt der Feder des Menschen Leder, anstatt des Schrifftträls die Kehl, anstatt Dinten das Blut ꝛc. gebrauchen;" Abele, seltſ. Grchtshdl.

Der Schragen (Schràgng, plur. Schràgng, Dimin. Schràgəl), wie hchd., d. h. Gestell, aus einem Balken mit zwey Paar schräg eingefügten Beinen bestehend. BM. II, II, 201. Weigand, Wbch. II, 633. Birlinger 401. Vilmar, kurhess. Idiot. 367: Bahre. Zeitschr. IV, 283,95. V, 527,590. 139,29: die Schrôg'n. 461: Schrègl). „Er ligt auf den Schrägen, d. h. auf dem Todbett, est mox efferendus, paullo post decedet, vitâ concedet;" Voc. v. 1618. Er stêt auf den Schrägen, d. h. auf den mit Brettern belegten, als Bühne, besonders als Schandbühne dienenden; L.R. v. 1616, p. 398. „Einen Delinquenten auf die Schrägen zu stellen und sein Unrechtthun zu verweisen dem Amtmann, d. h. Schergen, 4 fl." Regulativ v. 1756. „Schrägen-stehen mit Schlägen;" Westenr. München 229. Ertl, prax. aur. 180. „Bacus. sustentamentum ignis, glutschrag;" Clm. 5685 (XV. sec., 1412), f. 41. Der Waldschragen, Bretterfloß, aus 3 bis 5 Bäumen bestehend, zwischen welchen die zu verführenden Bretter dachziegelförmig übereinander geladen und verschränkt sind. Wstr. Btr. V, 272. 509

schräg, schreg, wie hchd. schräge; Weigand, Wbch. II, 633. Die Schreg, Schregen, subst., 'die schräge, schiefe Richtung, Quere.' „Dem Steinmetz für hauung der Schrög bei den Fenstern," (1613); Cbm. 2224, f. 191. In die Schreg, in die Quere. „Neidisch glück, all mein sach setzt du in d' schreg;" H. Sachs 1560: III, III, 11ᵇ. „Wer trew und Ehr setzt in die schreg dem komt endlich vil ungemachs;" das. V, 404. Nach der Schreg oder Schregen, nach der Quere; (isl. â skrâ). „Wann etwan ain Bürenmaister schießen will nach der Schreeg;" Feurb. v. 1591. Bey Höfer III, 114 ist die Schreg eine Zaunstange, bey Hübner p. 979 und in der salzb. Wald.-Ord. 88. 104. 108 eine Art Einfriedigung aus Stangen, welche nach Belieben errichtet und wieder weggenommen wird. Schrögghag, Hag von Holz, blos über Sommer; (Pseud. Jir.). Der Schrägzaun, Eilzaun, Mittelzaun, Titularhag aus übers Kreuz geschlagenen Stecken; auch blos Schrög; (Jir.). Streulacken (Th. II, Sp. 1432) heißen die mit Schröck (Schräg?) abgetheilten Pinzgauer Möser. Sommer schrögg, welcher nur zur Sommerzeit errichtet und im Herbst abgerissen wird; (Pseud. Jir.). schrägeln, schregeln, mit geschränkten Beinen einhergehen; (vrgl. schrackeln). Vilmar, kurhess. Idiot. 367: schrägeln, unsicher gehen, wanken. Der den Narren spielende Tristan „begunde mit füezen schregen;" Heinr. Trist. 5168. Mich. Beham sagt einmal (Cgm. 291, f. 149ª): „Wer nicht mietet (den Richter bestícht), der mag fur gon, sein recht gewint nicht schregel," (Fortgang, Vorschub?). Dagegen Walther v. d. V. 80,12: „Swelch herre nieman nicht versaget, der ist an gebender Kunst verschraget", (versteht nicht zu geben). BM. II, II, 201.

---

schrâh, schroh, adj., (Nordfranken) mager, dürr, rauh, grob; (Weihers: schra, mager, dürr; schlecht, mismuthig, bös; Dr. Roth. niedersächs. schraag, schrade, schraë, niederrhein. schroh, mager, unansehnlich, ungestalt. Firmenich I, 503,32. 522,7. 527,50: schra, schrô, garstig, häßlich; das. 326,17: schrô, mager; 316,136. schriewwe, mager. Zeitschr. II, 314. 319,12. BM. II, II, 201. Vilmar, hess. Wbch. S. 41; kurhess. Idiot. 369. Weigand, Wbch. II, 639. Zeitschr. II, 288,125. III, 272,28. IV, 262,21. VI, 18. 481: schroll.

Das Schrähelein (Schràhhə-l), O.Pf., ein zauberisches Wesen, Wichtlein, dem man zum Beyspiel die seltsame Verwirrung, die sich in den Mähnen eines Pferdes findet, znschreibt. Zunächst stimmt das ndrs. Schräkel, Schrökel, menschliches, thierisches oder sonstiges im Wachsthum verkrüppeltes Wesen. S. Schratz und oben,

Sp. 591: schræen. Vrgl. aber auch, gl. a. 37: waltschrechel, fauni. Noch entfernter scheint isl. skrâveifa, phantasma, spectrum oblique apparens.

Der Schrollen, Schroll, a) Klumpen, Scholle; BM. II, II, 218. Weigand, Wbch. II, 628. Grimm, Gesch. d. d. Spr. 314. Birlinger 402. Zeitschr. VI, 170,96. Eis-, Erd-, Laim, Pech- ꝛc. Schrollen. „Chnoll oder schroll, gleba;“ Voc. v. 1445. „Gleba, frustum terrę, ein schrolle, Clm. 5008 (XV. sec.), f. 159; ein schroll, Clm. 5685, f. 33. „Gleba, schroll;“ Semansh. 33, f. 285. „Warffen zu mir mit steinen und schrollen;“ H. Sachs 1560: III, III, 25. „Soll der Gerichtsknecht ein klein Schrollen Ertreich aus dem verpfändeten Grund nemen;“ Amberg. Stdtb. 71. Vrgl. Grimm, RA. 113. 114. „Die Juden zu bedrangsalen, sie mit
510 Steinen, Erdschrollen, Unflat und dergl. zu werfen,“ ist verboten. Wirzb. Verord. v. 1700. Schrollkleyen, Gegensatz der Kurzkleyen. v. Sutner's Gewerbe v. M. (ad 1487) p. 534. b) Arbeiter in einer Brauerey, der kein eigentlicher Brauknecht ist. Mancher Maurer dient den Winter über als Schroll. Figürlich: handfester, grober Mensch. Zeitschr. III, 192,91. VI, 170,96. „So bündig wie ein paar Fäuste von einem Schrolln oder andern Lümel unter euch, auserwählte, in Christo hochansehnliche Zuhörer;“ Stephanspred. 62. ə˜ rèchtəᶜ Tiroləᶜ *Schrojn!* schrollhaft, schrollenhaft, schrollenmäßig, adj., grob, vierschrötig.

Die Schrulle, (niederd.) gewöhnlich im Plur. Schrullen, toller Einfall, Laune; Weigand, Wbch. II, 641. Zeitschr. II, 424,5.'

---

schräm, schrem, adj., schräge, schief; (ndrs. schrem). Zeitschr. V, 179,211. cf. schlemm, VI, 481. Gewöhnlicher ist die Adv.-Form: schräms, geschräms (gschräms), seitwärts; *gschräms*, über Quer, (Tir.). „Und Joseph gêt ə˜ weng *schrems* voni,“ avertit se parumper; Göschel, Genes. 42,24. „Dei˜ Handochs mit 'n Schwaəf schlägt, əs sticht 'n ə˜ Brems; gê, jàg eəmə˜ wéckə˜, sunst gêt əᶜ dəᶜ *schrems*;“ Pangkofer 57. Nach der Schräms, nach der Quere, schräge. Vrgl. schlem. schramen, schrämen, schremen, schräg machen, bauen, schneiden ꝛc.; '(hess.) die Spitzen des zu geil wachsenden Wintergetreides, namentlich des Weizens, im Frühjahr abschneiden; Vgl. Vilmar, kurhess. Idiot. 369.' „Will die N. herfür pauen, so sol si das egg abschramen;“ Wstr. Btr. VI, 99, ad 1370. BM. II, II, 202: schræmen. Grimm I^3, p. 132: schremen, obliquare. Konr. v. Wirzb. troj. Krieg 2980. 20138, (Keller p. 36. 242).

Der Schram, a) im Bergwerk, wie hchd., d. h. schmales Loch (Ort) im Gestein neben dem eigentlichen Gang, fossula ad latus venae acta. b) jedes Loch. „Ein schram, darin wont ein maus;“ Buch der Weisheit 1485, f. 126. verschremen, (Bergw.-Sp.) wie hchd.

Die Schramen (Schramə˜, Schraəmə˜), wie hchd. Schramme, lange Hant- oder Fleischwunde oder Narbe von ihr; (BM. II, II, 202: diu schrame. Weigand, Wbch. II, 633. Zeitschr. III, 15. IV, 26. 204. Cf. isl. skrâma). schramet, adj. „Die schrameten und die wunden; Hesselloher. 'sich schrammen, (hess.) sich durch Anstreichen an einen harten oder scharfen Gegenstand verwunden; Vilmar, kurhess. Idiot. 368. Zeitschr. IV, 26.'

schramen, (O.Pf.) festsetzen, schätzen, taxieren; (BM. II, II, 202: beschremen). „Das hätt ich mir höher geschramt.“ „Man hätt uff ein ander fest diß evangelium geschrämt.“ „Diese Stund ist allzeit dazu geschremt, daß ich das thun soll;“ Geiler v. Kaisersp. Wol nicht eine weitere, figürlich genommene Bildung des isl. skrâ, aufschreiben, skrâ, libellus, tabula, ndrs. Schraa, Skraa, Schrage, Statuten.

schremen statt schermen, (wie franz. esgrimer. Diez, Wbch. 307). „So schrem ich dich vor übel,“ Cgm. 746, f. 309; (falls nicht blos verschrieben).

Die „Schrumpel,“ Runzel; Vilmar, kurhess. Idiot. 370. Daher:' (Aschaffenb.) Person, deren Gesicht von Pockennarben entstellt ist. Weigand, Wbch. II, 641. 'schrumpelicht, adj.; Vilmar, a. a. O.'

'schrimpfen, ä. Sp., 1) ritzen, verwunden; 2) zusammenziehen, einschrumpfen.' „Die Rech haut (wenn gesotten) schrimpft sich zusamen;“ Rot. 132, f. 145^b. 'Die Schrimpf, ä. Sp., leichtere Wunde, Schramme. BM. II, II, 217.' „In diu antlütze enphiengen sie die schrimpfen, daz sie sie muosten rimpfen;“ S. Helbling XV, 517. „Gebrochen bein, knor, biul und schrimpfen wirt dicke gewegen ringe;“ Labr. 161.

Schrems-Papier, Fließpapier; Heumann, opusc. 701. Vgl. Schrenz-Deckel.

Die Schrannen (Schrannə˜, Schrann, schwäb. Schrand, Zeitschr. VI, 112,61), 1, a) der Getreidemarkt, eigentlich wol der zum Aufstellen, Abmessen ꝛc. des verkäuflichen Getreides bestimmte, mit Untersätzen und andern Einrichtungen versehene Platz. Weigand, Wbch. II, 635. 562. Auf dem Schrannenplatz der Hauptstadt, wo heutzutage dieser wichtige Handel*) alle Sonnabende bey Sonnenschein und Regen unter freyem Himmel gepflogen wird, sieht man sich freylich nach derley besondern Einrichtungen vergeblich um.**) Früher aber scheinen die sogenannten liechten Bögen mit eine darauf bezügliche 511
Bestimmung gehabt zu haben. Es mögen mehrere derselben als recht eigentliche Schrannen (Meßstätten) eingerichtet gewesen seyn, und zu ihrer Zeit noch hinlänglichen Raum geboten haben. In Münchn. Stadtb. (Cgm. 544, f. 50) heißt es: „Was korens an den marck kumbt ausserhalb der meßstat, das sol nur von der purger meßstat gemessen werden.“ (Es wird dabey auch vorgeschrieben, Korn nicht mehr in Plachen, in Schüsseln oder in Geren, sondern nur in Säcken zum Verkauf zu bringen. Vrgl. Sacktrager). Das noch jetzt unter dem Bilde eines Drachen die alte Aufschrift Wurmeckh führende Eckhaus wird a°. 1454 (MB. XIX, 168) als dem Rechthaus gegenüber und zunächst an H. Reisen-

*) Am 28. Febr. 1847 wurden auf der Münchner Schranne 14199 Scheffel verschiedenen Getreides verkauft: Weizen zu 29—30 fl., Korn zu 21 fl. 50 Kr., Gerste zu 17 fl. 34 Kr., Haber zu 8 fl. 31 Kr.; — den 6. März 1847: 16184 Scheffel.

**) Endlich macht ein Artikel der Allgem. Zeitung, S. 1131 Hoffnung, daß einige Münchner zusammenstehen werden, zwischen dem Einlaß und Angerthor eine eigene Getreidehalle aufzuführen. 23. May (Pfingstsonntag) 1847. — Endlich, nach vieljährigen Kämpfen, wird am 9. October 1851 der Grundstein zu einer Getreidehalle zwischen Angerthor und Einlaß (von König Max selbst) gelegt.

talers Haus „an der unttern Kornschrannen" gelegen — bezeichnet. Das Kloster Altenhohenau bezieht (1509—1519) jährlich von Urban und Hans Mändl „von jren haws, hofftatt und kornschrannen, gelegen zu München in U. L. Frauen Pfarr 5 fl. rh.;" Cgm. 697, f. 122—196. Nach der Münchner Feuer-Ord. v. 1751 sollten, wanns brennt, die Kornmesser bey ihren Schrannen mit ihren Seiten- und Obergewehren verbleiben und dabey Wacht halten. Ob diese mehr als eine Schrannen etwa in die privilegierten Einstellungslocale übergegangen sind, die, den betreffenden Hausbesitzern eine althergebrachte Rente abwerfend, bisher mit ein Hinderniß gewesen, den lärmenden Getreidemarkt aus dem Herzen der Stadt an einen passendern Ort und dabey auch unter Dach zu bringen? Nach der Schrannen-Ordnung, namentlich der vom 21. Merz 1771, „kann nemlich Getreid, das einmal zum Verkaufe gebracht ist, nicht wieder zurückgenommen werden. Was am ersten Schrannentag nicht verkauft ist, darf bis zum zweiten, und von diesem bis zum dritten eingestellt oder eingesetzt werden, dann aber wird es vom Schrannen-Maister im Namen des Besitzers dem Meistbietenden zugeschlagen. Etwas Ähnliches liegt schon in einer viel ältern, bey Sutner (hist. Abh. d. Acad. 1813, S. 478, woher?) citierten magistratischen Bestimmung. Wer Korn brachte, hatte es Dienstags für den Mittwoch (als Wochenmarkttag) auf den Markt zu setzen bis Donnerstags Mittag. Den nächsten Mittwoch mußte es bey Strafe von 4 ßl. dn. jedenfalls verkauft werden. Daß die, nur gewissen Städten und Märkten verliehene Schrannen-Freyheit, das heißt das Privilegium, einen Getreidmarkt zu halten, mit wesentlicher Benachtheiligung der umwohnenden Landleute verbunden sey, ist schon im J. 1800 im oberpfälzischen Wochenblatt, 11. Stück, im Münchner Intelligenzblatt, S. 647 und seitdem öfter behauptet worden. Eine der ältesten Freyheiten dieser Art, die ich kenne, ist die im J. 1397 dem Städtchen Rain ertheilte (Lori, Lechrain, S. 90), zugleich der älteste Beleg für den Gebrauch des Wortes Schranne in Verbindung mit Korn: „Herzog Stephan II. erlaubt den Burgern ain Kornschrann ze haben ze Rain in der stat, darin meniklich in dem gericht ze Rain kauffen vnd verkauffen soll zu freyem markt." Im Voc. v. 1618 wird schon das bloße Schrann (ohne den Beysatz Korn) als forum frumentarium erklärt. In
512 Anspach wurde durch Markgraf Carl Wilhelm Friedrich eine Schranne erbaut, allwo Fremde und Einheimische ihr Getreyd einstellen, aufschütten und nach Gefallen verkaufen können. Eine dergleichen Schranne war schon 1622 zu Crailsheim, 1699 zu Uffenheim vorhanden. „Das Getreid ist vor offener Schranne und nicht in denen Häusern abzugeben;" Ansp. Verord. v. 1692. Die Breijen-schrannen (Brei˜schrannə˜) in München fallen auf die Samstage vor den beiden Hauptpfarr-Kirchweihen. Sie sind vorzüglich besucht, und es wird an denselben auch Hirse verkauft; (s. Breij, I. Th., Sp. 353, und Münchner Intell.-Blatt v. 1794, p. 282). Der Schrannenbaur, der zur Schranne fährt. Schrannenknecht; Voc. v. 1618: „Schrannendiener, servus frumentarius." Figürlich: grober, vierschrötiger Mensch. schrannenmäßig, zum Verkauf auf der Schranne geeignet. Unreifes, ungeputztes, nasses oder gemischtes Getreid ist nicht schrannenmäßiges Gut. Das Schrannenmensch, gemeine Hure; (vrgl. auch Schrannen, c). Der Schrannentaffet, (im Scherz) grobe Sackleinwand.

1, b) (veraltend) Bank oder Tisch, (Zeitschr. III, 469), oder überhaupt Anstalt, Local, Gebäude, das zum Kauf und Verkauf gewisser Dinge, namentlich Brod oder Fleisch, bestimmt ist. „Die Laden in der Schrannen gemainer stat zugehörig sein den peckhen, darinnen jr brot auf den kauff vail zu haben, verlassen worden; „Salzb. St.Ordn. v. 1524, f. 55. 77. (Der Niedersachse, welcher, das r verschiebend, aus bresten, Brunn, brennen, Brust — bersten, Born, bernen, Borst macht, scheint Schrann in dieser Bedeutung in Scharn, Scharren verändert zu haben. s. oben, Sp. 449). Die Brodschrannen, ndrs. der Brodscharren, die Brotbank. Die Fleischschrannen, ndrs. Fleischscharren, die Fleischbank; schweiz. die Schâl, Schol. Noch Balde singt im Lob der Magern: „Geh hin bsich jetzt des Faisten Leich, wie sie ein thut anzannen, als wie ein Ochs vom letzten Streich, der gfallen in der Schrannen." „Es sollen die Metzger kein Fleisch unter der Schrannen, als ob es verkauft oder verredet wäre, hinder sich hengen, noch verhölen;" O.Pf. L.Ord. v. 1657, f. 545.

2, a) (veraltend) Bank des Richters und der Rechtsprecher; figürlich: Sitzungsplatz für ein versammeltes Gericht mit seinen Bänken, Schranken und andern Einrichtungen, wodurch er von dem Raum, der den als Zuhörer und Zuschauer Umstehenden überlassen, ausgezeichnet. BM. II, II, 203 f. „Do diß Pilatus vernam zu der schrangen er balde quam;" Urstende, hg. v. Hahn, p. 106,35. „Daz man sein hawt solt strecken auf die schrann, da ein iglicher richter ze Rom solt sitzen;" Gesta Romanor., Cgm. 54, f. 11ª, (Keller p. 22). „Do sprach er (der Richter) zû den, die an der schrann sazzen, ist daz wor daz er da redt?;" das. f. 26ª, (Keller p. 49). „Als er in die schrannen gesaz mit sînen mannen, er mohte lîhte gerihten;" S. Helbling II, 673. „Als geklagent hundert, sô sint dannoch tûsent, die umb die schrannen mûsent und klagten gerne, obz möhte sîn;" das. 708. „Got uns eines günne, dem diu schranne erschelle, swer dâ reden welle, daz er in betwre, unz uns der herzog hære;" das. 733. „Zum sechsten ob (im offen Malefizrecht) ain schrannen undter euch oder den Rechtsprechern eingieng, so mögt jr als Richter und die Rechtsprecher auffsteen, biß dieselb Schrannen wider gemacht wirdt, darnach mögt jr wider nidersitzen und richten wie zuvor;" Ms. sec. XVI. Oberbayr. Archiv, Bnd. VII, (1846), p. 449. „Verrner ob ain schrann nidergieng ob sich ain rumor erhüeb, ob ain feur auskumb, so mügt ir alls richter sambt den erbern rechtsprechern auffsteen, söllichs zum pesten helffen wenden, die vnnd annder innzicht kaine ausgenommen, wie die durch menschen synn erdacht möchten werden, die sollen dem rechten vnuergriffen sein vnd kain verhinderung auf disen tag nit pringen, sonnder verrer ergeen was malefiz rechtens recht ist;" das. p. 453. „Die Malefiz-Schrannen, wo es herkömlich, aufzurichten," — dafür hatte der Amtmann, d. h. Scherge, 4 ßl. zu beziehen. Instruction, Ms. cf. Malefiz-Recht. Nach der bayreuth. Criminaltax v. 1666 erhielt der Landknecht für die Aufrichtung der Schrannen bey Hegung eines Banngerichts 15 kr. Durch die Malefizproceß-Ord. v. 1616, Tit. 6, Art. 4 wurde die bis dahin hie und da als leere Förmlichkeit noch statt- 513
habende Uebung, „daß vor öffentlicher Gerichtsschrannen der (im Grunde bereits verurtheilte) arme Gefangene durch Mittel eines Redners von dem Kerkermaister, Schergen oder auch dem Rathknecht angeklagt, und dagegen auch durch einen bestellten Redner defendirt und verthätigt worden," vollends abgeschafft. „Die Verhörn und abhandlung der gerichtshändel sollen an Orten, wo keine sonderbare Gerichtshäuser oder Gerichtsschrannen, in den Pfleghäusern, in den Hofmarchen, in den Schlössern der Hofmarchsherren, oder in der Richter oder Gerichtschreiber Wohnung, und nur in derselben Ermanglung in einem Wirthshaus gehalten werden;" L.R. v. 1616, f. 19. Bey Abele in der „künstlichen Unordnung" I, 315, wo die Verbrennung des Buches: Memoria belli Ungaro-turcici, Authore Johanne Henrico Andler Argentoratensi, zu Wien im J. 1668 — erzählt wird, heißt es: „Das rothe Tuch, als ein Kennzeichen der Hinrichtung einer Malefizperson, wurde auf der Kaiserlichen Schrannen ausgebreitet. Aus dem Amtshaus gienge man aus, der Schörg mit einem Spießl, nach diesem ritte der Unterrichter, deme folgte der Hutstock oder Kerkermeister, truge das Büchl in der Hand und in der Höhe ..... Als sie nun zu der Schrannenstiege

angelangt, stiege der Unterrichter von dem Pferd ab, gienge ordentlich auf die Schrannen, alwo das löbl. kays. versamlete Stadtgericht mit blossem Schwert sasse. Das Verbrechen wurde von dem kays. Herrn Schrannenschreiber offentlich abgelesen, das Urthel gefällt, der Stab gebrochen und das Büchl dem Scharfrichter zum Verbrennen übergeben. Darauf gienge man mit dem Büchlein von der Schrannen herunter über den hohen Markt dem Pranger zu ....“ Noch jetzt heißt der Wiener das Haus, worin Criminalverbrecher inquiriert werden, die Schrannen. N. N. sitzt auf der Schrannen. Die Beysitzer dieses Gerichts nennt er Schrannisten. Aventin verdeutscht durch Schrannen die rostra auf dem Forum zu Rom p. 48: „der drey Sibyllen Bildnisse haben die Römer an jhr Schrannen („juxta rostra“ bey Plinius) gesetzt;“ p. 114: „Ciceronis Haupt ward zu Rom am offen Platz an der Schrannen aufgesteckt;“ p. 184: „Nero wollt in Schwarz hinfür an die offnen Schrannen und Markt gehen.“ „Geschicht der unzucht aine (Scheltworte der Parteyen ꝛc.) in der schrann oder hinder der schrann, oder wa sy vff dem hawß geschicht;“ Augsb. Stdtb., Cgm. 326, f. 114 und 559, f. 141. „So der Beklagte zum ersten Gericht nicht erscheint, so soll ihn der Richter auf des Klägers Begehren durch den Büttel also ruffen und fordern lassen: N. ich fordere dich zum ersten Mahl, daß du kommest zwischen die Schöpfen und die Schrannen (wol: inmitten der Schöpfen, die auf den in Hufeisenform gestellten Schrannen oder Bänken sitzen), und dich verantworteſt von des Mords wegen ꝛc.;“ Bayreuth. reform. peinl. Hals-G.-Ord., Art. 238. cf. Grimm, RA. 811. Vrgl. Cgm. 561, f. 24 (Gericht zu Iglau): „Wenn nu der rawber geseczt ist worden yn die vier penck (auf welchen die Richter und Scheppen sitzen) mit gebunden henden, so sol der clager ader der sachwalde schwern auff seinen kopp vnd auff seinen schopp, das er in auff freyer
514 strasse berawbet hat.“ „Für den vier pencken,“ (vor dem Gericht); ibid. f. 56. „Ein richter hies ein man yn die vier penck sitzen.“ „Die richter vnd scheppen sullen auß den vier pencken an keines mannes gesprechegen, sunder sy sollen sitzen, clag und antwort horen vnd recht urteil da zwischen finden;“ ibid. fol. 18¾. „Hab sein haimsteuer gevordert mit vorsprechen in der schrann zwischen den vier pencken;“ Wiener Gesetz v. 1351, Cgm. 1113, f. 33ᵃ; Rauch III, 72. „Des er lasterlichen muß stan in dem stock und in den schrannen;“ Teichner. „Nu vint man in den schrannen falsch gezeugen laider viel, hil du mir, als ich dir hil;“ Suochenwirt XXXIX, 158. Die oberländische ellipt. scherzh. R.A.: Schrannen stên, von tanzlustigen Mädchen: auf dem Tanzplatz gegenwärtig seyn, ohne von einer Mannsperson zum Tanze aufgezogen zu werden, — scheint eher hieher als auf Schrannen 1, a) zu beziehen.

2, b) figürlich: das Gericht. Die Êhaft-Schrannen, Ehehaftgericht, Dorfgericht. „Soll ain ieder Wirt sein Kandten, der Metzger sein Gewicht ꝛc. zum Rechten der Ehehaft-Schrannen bringen;“ Uttendorffer Ehhaftrechtsartikel. „Vom Kloster Mattsee ist man 2 Viertl Wein und etliche Pfennwerth Brod in die Ehehaft-Schrannen aufzusetzen schuldig;“ Freyheit im Rättenbach, Cbm. Kl. 167, p. 315. 472. Die Landschrannen, gleichbedeutend mit Landgericht, sowohl insoferne dieses die höhere oder die Gerichtsbarkeit über Grund und Boden und das Halsgericht, als insoferne es den Bezirk eines solchen Gerichts bezeichnet. Churb. Landeshoh. über Donaustauf p. 44. 45. Ueber die Beeinträchtigung der landesfürstlichen oder Landschrannen durch allmähliches Aufkommen von adelichen und geistlichen Jurisdictionen klagt im J. 1440 zum Schluß eines Verzeichnisses von Orten, wo vermeintliche Hofmarch- und Dorfgerichte seyen, der Richter zu Dachau seinem Herzog: „Gnädiger Herr, die all, die geschriben sind, geht kainer für die Schrannen zu Dachau nicht, und alle die hinder den Prälaten sitzen, der noch vill ist: dabey Ihr büdere Rät wol versteen werden daz der Nam gar vil größer ist, wenn der Nutz von der Schrannen. Dann seynd mein gnädiger herr Herzog Ernst sälig todt ist, ist die Schrann gar vil böser worden, und lugt jr nicht dazu, so wird sie noch öder;“ Krenner, Land-, Hofmarch- und Dorfgerichte I, p. 63. MB. III, 379, ad 1469 wird die Schrann zu Haselbach als dem Kloster Ranshofen zuständig aufgeführt. „Der Abt von Etal mag einen Richter setzen, der soll dann richten nach des Puchs Sag. Was aber das Puch nicht hiet, darumb sol der Richter an der Landschrannen fünf oder siben der pesten, die ain Recht erkhennen, und die in der Landschaft daselben gesessen sind, ungeuerlich nydersetzen, und sol die fragen auf jhr aid, und waz die dann erkhennent oder der merer Tail unter jn, dabey sol ez beleiben;“ Lori, Lech-R. 98, ad 1401. „Der ist tzwen und sibentzigk man, die darzu belechent sein, daß sie allew jar zwir auff die landschrannen gen Germischgew komen sullen .. und das Recht da besitzen.“ „Item mer ist ze wissen, das die drey schwaigen von Grüenaw die landschrannen mit den penckhen versorgen sollen;“ Ehaftbuch der bischöfl. Freysingischen Grasschaft Werdenfels v. 1431, Cbm. 1533. „Es ist ein Schrann zu Reichertshofen in der Herrschaft, die besitzt man was zu richten ist in 515
dem Margkt nach altem Brauch und Herkommen, und richtet nach dem Buech umb all Sach;“ Reichertshofer Salbuch v. 1501. „Daß kein Burger zu Amberg auf kein andere Landschrannen im Lande zu Bayern geladen noch zu Gericht gezogen werden soll, dann allein auf die Landschrann bey Amberg, genannt zur Eichenstauden, das ist bey dem Drathammer Newenmül unterhalb der Stat Amberg gelegen;“ Amberger Stdtb. v. 1554, Art. 119. Aventin, welcher p. 27 behauptet: „vom König Saro heißen wir noch, da man zusamen kompt, gibt und nimt Recht, die Sarannen, kurz, die Schrannen,“ sagt p. 12: „In Nidern Bayern, so sich des Rechtbuchs (Kaiser Ludwigs) nicht brauchen, sitzen die gemeinen Landleute auch an der Landschrannen und müssen Urtheil schepfen, auch über das blut richten.“ Ueber die Ausartung dieser Einrichtung vergleiche man eine ältere in Kr. Ldhdl. XVI, p. 379 mit abgedruckte Bemerkung. „Noch bis zum J. 1803 mußte sich der Landrichter von Wolfratshausen alle 7 Wochen nach dem Dorfe Perlach begeben, um daselbst Landschranne zu halten;“ Feßmair, Gesch. v. B. 633. Die Schrann zu Fraunhofen (Ld.Gr. Vilsbiburg) war bis 1807, wo diese Herrschaft die Reichsunmittelbarkeit verlor, in Uebung; (Bürgermeister Jac. Klar).

2, c) Der Gerichtssprengel. „Das si baid tail komen sollen in die lantschrann, dorinn der grunt und poden gelegen ist;“ MB. XIII, 451, ad 1444. Von salzb. Pfleggerichten war Neuhaus in 4, Mosheim im Lungau in 3, Tamswag in 2, Werfen in 5, Zell in 2 Schrannen abgetheilt. Hübn. 162. 443. 483. 511. 712. „Die Schranne oder Amt Petting im L.G. Waging;“ das. 50. 56.

Der Schrannen-Redner, Advokat. Der Schrannen-Schreiber, vrgl. Stuelschreiber. Der Schrannensitzer, Beysitzer am Dorf- oder Ehhaftgericht; (Thalgau, Hübner 246). Schrannenstab. Gerichtsbrief v. 1424: „Umb 9 Pfd. dn., so zu Kothendorf vnder dem Schrannenstab verabschidt worden.“

Hier ein paar auf 2, a. b) bezügliche ältere Formeln: „Als ich an offner Schrannen in der Hofmark Pillersee mit gewaltigem Stab saß zu rechten, da komen die 12 geschwornen Rechtsprecher, die zu der Schrannen Geswornn gesezt sein, und saßen daselben an die Schrannen nider ... desgleichen stunden auch die ganz gemaine nachpaurschaft des Pillersee daselbst. Nachdem ließ ich an der Schrannen ir alt gewondliche landrecht offenlichen verlesen ... fragt ich auch etlich aus der gemainen Nachpaurschaft, die für der Schrannen stunden .... Das recht hat sich ergangen in der Hofmark

zu Pillersee in dem Pfarrhofe," a°. 1466; MB. II, 102 ff. „Da fragt ich an die Schrannen, was recht war;" das. 77. „Einem ein gut über offne Schrannen mit dem Stab einantwurten," (s. Stab); das. 98. Hist. Fris. II, II, 325. „Bei der Schrannen sind gesessen die erbergen N. N.;" MB. II, 69. „Den Angeklagten berueffen laßen über die Schrannen, ob er das recht wolt verantworten;" MB. III, 579, ad 1464. „Von rechten ze rechten, von schrannen ze schrannen
616 klagen ...;" MB. VII, 179. „Als des kaisers puch sagt, und als der schrannen recht ist ...;" das. „Darüber ward im des Gerichts brief ertailt an der schrannen;" das. „An offner Schrannen und net in Winckeln" sollen Käufe von Grund und Boden geschehen; MB. VII, 215. „Wer erb und aigen ze pfant setzen wil, der sol daz tun vor gericht jn offner schrannen jn den vier wenden;" Münchn. Stdtb., Cgm. 27, Art. 32. Heumann, opusc. 150. Sieh oben, Sp. 24 f. 28 ꝛc. und überhaupt Maurer's Preisschrift p. 168. 169.

3) (Franken) Bank mit einer Rückenlehne, pleonastisch auch Schrannenbank. Diese Bedeutung scheint die älteste und die Grundlage der beiden vorhergehenden zu seyn. Gl. o. 137. 411. 434: scranna, scamnum; Kero VIII, 11: in scrannom, in scamnis; gl. i. 486: scrannun munizaro, mensas nummulariorum, Wechselbänke (Joh. II, 15), bey Otfr. II, 11,17: scrannon; gl. o. 35: fleiscranna (fleiscscranna), macellum; gl. a. 165: in scrannolon, in subselliis. Auch ins ältere Italienische hat sich das germanische Wort erhalten (Diez, Wbch. 434): Non sederà nella scranna di pestolenza (in cathedra pestilentiae, Psalm I, 1). Or tu chi se che vuoi sedere a scranna (sedere pro tribunali) per giudicar. Dante, Parad. 19. Für Schranne (als Aufbewahrungsanstalt), wie für Schrank, Schranke, gäbe ein weiter zurückführendes Licht das čech. s-chrana und s-chranka von chraním, chrániti, bewahren, hüten, behüten. Das schweizerische Schranne, Schränne, Riß im Felsen, Berglücke, wird wol kaum hieher, sondern, als Aussprache von Schrand, zu schrinden gehören. „Daz kam mim pfert zuo leide, ez viel den berg abe in den fran;" Altswert p. 17,3. Vrgl. auch die Formen Schrand und Schrange, welchen nebst Schrann ganz parallel gehen die Formen Rand, Rang und Rann (Runkelrübe). Schranpaum, obex, in einem Voc. v. 1419 ist vielleicht nur verschrieben für Schranckpaum. S. Schrank.

schränen (schrä˜n, Pass. Wald), schloßen, hageln. Vrgl. schrä-en.

Der Schrein (Schrei˜, Dimin. Schrei˜l), Schrank, Kasten, Kiste, Lade, — doch sind diese Worte allgemein-üblicher; (mhd. der und daz schrîn, ahd. scrîni, lat. scrinium. Graff VI, 581. BM. II, II, 217. Weigand, Wbch. II, 637 f.). „Ich hab daheim ein kleinen schrein den füll sand und kiselstein vol;" H. Sachs 1560: II, II, 105[b] (1612: II, II, 213). Fig.: Maria, der Gnaden, der Erbarmung Schrein; Schrein des Hails ꝛc. Hailig schrein, sacrarium; Cgm. 630, f. 101. „Das staub und regen nit mag darein reisen und vallen auf Gottes schrein," (Marias Grab); Cgm. 827, f. 92. Kirchen- oder Zechschrein, wo die Kirchengelder aufbewahrt werden. „Ob icht brief aus dem zechschrein komen wären die dem gotzhaws zugehörent, die selben brief süllen wieder in das zechschrein komen;" Cgm. 3941, f. 173[b] und schon früher. Lait-schrein, Säum-schrein, (ä. Sp.) der auf einen Wagen oder ein Saumthier geladen werden könnte. BM. II, II, 217. Hist. Fris. II, II, 148. Nibelungen 2094. 3129, (Lachm. 488,2. 722,1. ‚cf. 749,2. 1313,2‘). Das Schreinpfand, liegendes, bewegliches Pfand, dem eßenden (Vieh) entgegengesetzt. L.R. v. 1616, p. 211. Heumann, opusc. 116. Der Schreiner, Tischler Kistler. Weigand, Wbch. II, 638. Schreinerey, (Bamberg), Möbel vom Schreiner gefertigt, als Tische, Bänke ꝛc.

Die Schrand (schwäb.), was Schrann (vgl. auch die Form Rand neben Rann; Senn neben Send), also: 1) Getreidemarkt; Birlinger 401. 2) Bank; Zeitschr. II, 112,61. 3) Gerichtslocal. „Getraid darf in der Schrand nur an den Schrandtägen verkauft werden;" Augsb. Verruf v. 11. Oct. 1635, Cgm. 4905, f. 383 f. „Schrandtordnung v. 1642;" das. f. 654. „Ob die schrand bräch," (während der Sitzung); Cgm. 3898, f. 38. „Der Richter ließ sie für offene Schrand führen;" Dr. Eck. Schon im Schwabenspiegel bey Senckenberg 101 und 144 steht Schrande. Der Schrand-Rickel, öffentliche Hure.

schrinden (Cond. schrindet, schrund, schrand, 517 Partic. geschrunden), aufspringen, Spalten, Risse erhalten; bersten; (mhd. schrinden: ich schrant, wir schrunden, geschrunden; ahd. scrindan, scrintan: scrand, pl. scrundun, giscrundan; Graff VI, 585. BM. II, II, 217 f. Birlinger 402. Vilmar, kurheff. Idiot. 370. Zeitschr. V, 292: schrinnen, schmerzen; VI, 480); auch wol bersten machen. Die Hände, Lefzen *də'schrint'n sán' də'schrunt'n*. „So die puchler (das Zahnfleisch) anvachend zu schrinden;" Cgm. 601, f. 108. „So der kupfersmid tůt enpfinden, daz im der kessel tůt schrinden (Barack; well zerschrinden) ist blatrocht und hol;" des Teufels Segi, Ms. v. 1449, ‚(Barack p. 343,10819; cf. p. 412,12931: schrenzen und schrinden).‘ „Schrindent sich die naslöcher hent und fueß;" ZZ. 2062, f. 1. „Hiulca siti, aufschrinden, Kaisersh. 142, f. 310. cf. Diefenbach p. 279[a]. „Das Erdreich entschrunt;" Av. Chr. 39. „So beslechz (das Rad) denn der schmid mit finen bıısen schinen, die sind zerschrunden und tuond ginen;" des Teufels Segi ‚(Barack p. 342,10800. cf. 10830. 10949. 11111: „zerlechen und zerschrinden").‘ „Und wo sie etwann die khugel zerschrundt oder aufthett;" Feurb. v. 1591. Der Schrund und die Schrunden, der Spalt, Riß; (mhd. diu schrunde, ahd. scrunda, scrunta, scruntussa. Graff VI, 586. BM. II, II, 218. Weigand, Wbch. II, 642. Vilmar, kurheff. Idiot. 570). „Das Leder wird schrundächtig;" Dr. Minderer 1620, p. 121. Dieser hat auch das Verb schrunden: „Mueß vor hitz zerschrunden;" p. 111. Vrgl. Schranz.

Die Schrange, (ä. Sp.) für Schranne, w. m. s. Durch eine Urk. v. 1315 ertheilt K. Ludwig den Bischöfen von Freising und ihren Leuten das Privilegium, daß man sie nicht mehr auf seine Schrangen, Lantschrangen, ziehen und auf denselben ansprechen sollte; (Hist. Fris. II, I, 125). In Hamburg ist die Form Schrange für Fleischbank, Fleischmarkt üblich. ‚Richey 241. Brem. niederf. Wbch. IV, 691.‘ Vrgl. Grimm, RA 811. 812.

Der Schrank, ‚a) ä. Sp., Einfriedigung, Gitter, Zaun, wie der Schranken.‘ „Ein rûwe, ein hab, ein stiure, ein schrank, eine festiu werre, daz ist diu liebe gehiure für ungemůt;" Labr. 92. b) wie hchd., doch minder üblich als Behalter, Gehalter, Kasten ꝛc. (mhd. schranc, ahd. scranc; Graff VI, 583. BM. II, II, 202. Weigand, Wbch. II, 634). Das rheinische Schank (s. oben, Sp. 431) wird bey derselben Bedeutung doch ein ganz anderes Wort seyn. c) (O.L.) Stoß von verschränkt aufgeschichteten Holzscheiten. d) (Hoppe) Schritt des Hirsches, „weilen er jederzeit geschrenkt gehet." ‚e) Verschränkung, Windung; BM. II, II, 202,2.‘ „Alter nimt slangen und natern irn schrank, baumen und buchen iren swank;" Renner 23027. ‚Daher figürlich:‘ f) (ahd. Sp.) scranch, Hintergehung, Betrug, (isl. skrök, figmentum, skrökva, fingere). Graff, a. a. O. BM. II, II, 202,3. Die Schrank, ein ä. Fechter-Ausdruck. „Leg dein Messer in die Schrank; in der Schrank ligen; die Schrank-huet" ꝛc.; Cgm. 582, f. 14. 17. 20.

Der Schranken, (b. W. der Schrenken), wie hchd. die Schranke, d. h. Zaunstange, als Hinderniß gelegtes Querholz. Im Hochd. kommt dieses Wort fast nur im Plural, und auch da meist blos in figürlichem Verstande vor. ə˜ *Schrenkə˜zau˜*; ObrM. Die Schranken um die Räume, wo unsre Voraltern unter freyem Himmel Gericht, ritterliche Spiele, Kämpfe ꝛc. hielten, waren ursprünglich wol nur ganz einfache Stangenzäune. Zu dem merkwürdigen, im Sammler v. Tyrol II. B., 2. Heft urkundlich beschriebenen Zweykampf, welcher a°. 1487 bey Roveredo im Feld zwischen dem Grafen Hans v. Sonnenberg und Ant. Maria v. San Severino statt hatte, mußten durch 200 Bauern die Schranken gemacht werden. Sie wurden „gar köstlich geziert und allenthalben oberhalb umbwunden mit grünen Laub und Blumen, daß gar lustsam zu sechen was.“ „Ant. Marias pferd vertrug inn, und lieff den schrancken entzwei .. indem ersach Graf Hans den Balchen bey dem zerbrochnen schrancken liend;“ das. p. 212. „Außerhalb des Schrankens;“ Nürnb. Fechtschul. 1606.

518 schränken, schrenken, a) wie hchd., d. h. quer und übers Kreuz legen, setzen, stellen ꝛc.; (mhd. schrenken, ahd. screnchan, Praet. scranhta. Graff VI, 582. BM. II, II, 203. Weigand, Wbch. II, 634); mit Armen umfangen. Die Spieße schrenken zum Angriff. Av. Chr. 415. b) schränken den Mülstain, Querfugen in denselben hauen. „Wenn der Oberstein nicht geschränkt oder geremischt ist,“ also daß er kalt malen kann; Wagner, C.- und C.-B. II, 99. c) Stangen so übereinander legen, daß sie einen Zaun bilden. Birlinger 401. „Geschrenkte Zäune;“ Lori, Lech-R. 571. Einschrenken einen Platz. Holzschläge verschrenken, einzäunen; L.O. v. 1518. Figürlich: Einen Feind umschrenken, umringen. „Das Lager mit Wägen und Kärren umbschrenken;“ Avent. Chr. 219. 400. Schrenke heißt einer der Hunde beym Labrer, Str. 358. 359.

Der Schranz, Riß, Spalt; (Graff VI, 587. BM. II, II, 204. Weigand, Wbch. II, 635). Figürlich: „Mîns herzen höhster schranz!“ sagt sie liebend zu ihm; v. d. Hagen's Ges. Abent. Bnd. III, Nr. LXIV, 817. „Sie wânt', der mit dem kranze wær ires herzen schranze;“ das. 1096. „Bis wilkomen, mîn lieber schranz;“ das. 1550. „Ach, mir armen schrantz!“ seuszt ein Liebhaber Cgm. 439, f. 24. „Ach, der den selben schranzen (bösen Jägern?) die hût mit stäben berte! Sie trîbent alefanzen, gůt wilt wær von den selben unernerte;“ Labr. 316. Die Schranzen (beym Wolkenstainer) sieh oben, Sp. 127. schrenzen, durch einen Riß, Spalt trennen. Tuch auseinander schrenzen, die Rinde eines Baumes aufschrenzen. „In iegelichem stuckelin, was von dem spiegel geschrentzet wirt;“ Altd. Wälder II, 246. schranzlet, adj. und adv. „Den Mülstain sein clain und schranzlet hauen;“ Cgm. 3720, f. 76ᵃ. Vgl. d. vorige Wort: schränken, b.

Die Schrenzen, (Nürnb., Ansp.) a) flacher Korb zum Wegtragen des Mistes und drgl. b) Schlinge, im Winter Vögel zu fangen. „Er (der vermeinte Junker) wird gewiß in der schrenz behangen meiner frawen mit eim fuß, das er ſ zu der Eh haben muß. Sie wird des listles mit jhm spilen (Th. II, Sp. 1525), thet jhm vergebens nicht zu ihr zilen,“ sagt die Meyd bey H. Sachs 1560: IV, III, 3ᵇ. c) bey den Nürnberger Scheibenziehern (Klein-Messingdrahtziehern) ein Gesell, der, weil er eine Frau genommen, nicht mehr Meister werden kann. Vrgl. Th. II, Sp. 1287: Korb. S. auch Strenzen.

Der Schrenzdeckel, Pappendeckel aus zusammengepreßtem Fließpapier. „Nimb schrenzpapyr, vnd leim daz aufainander;“ Büchsenmaisterkunst, Druck v. 1529. Vrgl. Schrems.

---

schrappen, (Weihers; Rhein) schaben, scharren. Weigand, Wbch. II, 635. Firmenich I, 88,9. 118,4. 174,21. 372,7. Vilmar, kurheſſ. Idiot. 368. Zeitschr. III, 552,7. IV, 286,149 (tadeln). V, 416,63. Cf. česk. škrabatj.' Geld zusammenschrappen. „schrapen, strigilare;“ Voc. v. 1432, Cgm. 685. Der Schreppler, der Arme; Voc. v. 1618.

schrapatzen, (ä. Sp.) schröpfen. „So schrapacz an iedwedern fuoze; Cgm. 724, f. 176. S. schrepfen und schrafatzen.

Der Schroppen (Schróppm, aber auch Schrouppm, Schrueppm), Erhabenheit, besonders von festerer Consistenz auf sonst weichem Boden, Holper auf einem Wege, Erdhügelchen in einem Sumpfgrunde. Der Scherenschroppen, Maulwurfshügel. schroppet, geschroppet, adj., holpericht, voll von kleinen Erhabenheiten: *ſchróppət* und róppət, (b. W.); „schroppet, fragosus;“ Voc. v. 1618. cf. Schrofen.

Der Schropp, Schrupp, Schrupper, (Rhein) Art Besen mit kurzen Schweinsborsten, den Stubenboden zu scheuern. Vilmar, kurheſſ. Idiot. 371: Schrupper, schruppen. Zeitschr. II, 319,12. V, 432,531: Schrubber, Schrubbert, stumpfer Besen, Fegbürste; fig. habsüchtiger, geiziger Mensch. Vgl. BM. II, II, 221: der schrowel, auch schrappen und poln. skrzyp. schroppen, (Augsb.) grobe Arbeit verrichten.

---

schrepfen (schrèpfə˜; Weihers: schrepp), wie hchd. schröpfen; (mhd. schrephen, schrepfen; BM. II, II, 216; cf. schrafen). „Von lassen in dem pad, das man nennt schrephen;“ Cgm. 349, f. 90ᵇ. „Ein grozzer kopf auf den pauch gesetzt, der sol gesetzt werden oder sein ân schräpfen der flieden,“ (ohne Hacken mit der Fliete); Scheftl. 296, f. 82. „Der aderlasser schol mit dem fliedem gewis sein das er dy ader nicht durchel slach er schol nur über sich auff schriphen dy adern;“ Cgm. 170, f. 4ᵇ. „Dy adern sol man schürfflig nicht für sich slachen;“ das. Vgl. schürfen, schürpfen. „Das Schrepfhörnle, was Laßköpfle; Voc. v. 1618. 519
Man brauchte ehmals für schröpfen auch den Ausdruck ventausen, verstümmelt: deiseln, (Th. I, Sp. 546); Dr. Minderer 1620, p. 146. „Die Wisen schröpfen, sicilire pratum, falcibus consectari quae foenisecae praeterierunt;“ Voc. v. 1618. Die Räder am Wagen schrepfen, sie durch den Schrepfer, ein Stück Holz, das mittels Schrauben mehr oder minder dicht an sie gezogen wird, hemmen. „Der Unterkoch soll die Kröß (Krebse?) schrepfen (?) und brüen;“ Scheirer Dienst-Ord., Cgm. 698, f. 11. verschrepfen. „Uns zu verschrephen vor dem Papste mit einem gelehrten Manne und eigenlich die Sache zu erzählen;“ (Kopp) Sammlung eidgenöss. Abschiede I, 95, ad 1419. Cf. schrafen, schrappen, schrapazen und schürpfen.

Der Schratt, öfter der Schrättel (Schrádl), Waldteufel, Kobold, Poltergeist; (mhd. schrat, schrate, ahd. scrato, — dies steht gl. a. 663 bey larvae, lares mali; gl. i. 255. 269: scratun, pilosi, Isaias XIII, 21; gl. i. 571: scraton, larvas, Prudent. c. Symm. II, 839. — agſ. scritta, engl. scrat, isl. skratti, böhm. skřet, pl. skřetti, poln. skrzot. Graff VI, 577. Grimm, Mythol.² p. 447 ff. BM. II, II, 205. Weigand, Wbch. II, 638. Zeitschr. VI, 204. 343: Kobold; unbesonnener Mensch; Holzwurm; Wirbelwind ꝛc. Castelli, Wbch. II, 259: Schradl. Tobler, Sprachsch. 259. Bregrenzer Wald: das Schrättle, Poltergeist. Kärnt. schkrát, schkrátelj, Bergmännchen, bey Jarnik p. 214, der's für zweifelhaft slawisch hält. „Krainisch schkráteli, genit. schkráteljna, doch auch skrátlja sclavice magis. Das -na ist Zeichen einer deutschen Entlehnung." Kopitar, April 1841). „Die minne ist villeicht ain schrat, ain gaist von helle;" Titurel. „Etliche hechen, das schrättlen sy ain klaines kind und sy alz ring alz der wind vnd sy ain verzwifflotter gaist;" Hans Vintler, Blume der tugent, Grimm's Mythol. LIII. „Satyrus est deus aliquis silvestris, ein schretel;" Gutolfus, Clm. 5008 (XV. sec.), f. 175. Waldschrat, der Satyr; altd. W. III, 226. gl. o. 286. „Daz schretel und der wazzerbär," Haupt's Zeitschr. VI, 174—184; v. d. Hagen, Ges. Abent. LXV. „Schrettel, gespenst, lemures, larvae;" Avent. Gramm. „Nachtschretl, incubus, epialtes, Faunorum in quiete ludibrium, suppressio nocturna;" Voc. v. 1618. Das Schrötelin, Nachtmenlin, ephialtes, incubus;" Nomencl. v. 1629, p. 203. Diefenbach p. 293ᵇ. „Auch soll der gute Job bey nächtlicher Weil von denen Trudten und Schrättel seyn geplagt worden;" P. Abrah. „Schretlein oder wichtlein, penates;" Voc. v. 1482. „Penates, wichtel vel schratel;" Clm. 5877, f. 132. Diefenbach p. 422ᵃ. „Penates dii habitationem ducentes in domibus vulgariter schrätel;" Clm. 5685 (XV. sec., 1412), f. 114. („Abergläubische) die dem teufel etwas opfern und dem schrätlein, oder der trut rote schuhel;" Cgm. 632, f. 5. „Die am ersten jarmonden des abenz ein tisch mit guter speiß setzen, die nacht den schretelen;" Cgm. 234, f. 152ᵇ. „Idolatria quorundam qui de nocte apperiunt venientibus dominabus Habundiae et sociae (Satiao? Grimm, Mythol.² p. 263 ff.) cum suis ut omnia aperta inveniant ad cibum et potum seu epulationem pertinentia ꝛc.;" And. 41, f. 194ᵇ, (am Rand steht: de schrätlin). „El mazaruol, der schratel;" Voc. venez. todesc. v. 1424, Cod. it. M. 261, f. 52. Paduanisch: mazzarolo, der Alp (Alb, s. Th. I, Sp. 64), das Alpdrücken. In den VII Com. ist Schrata, Dim. Schretele, ein Schmetterling (Zeitschr. IV, 53), vielleicht mythisch aufgefaßt. Ist doch der Schmetterling ein Sinnbild der ψυχή. Vrgl. Grimm, Mythol.² p. 789. 831. 951. 1036. 1107. Cf. slowenisch: vesha, fem., eigentlich Irrlicht, auch der Schmetterling, die Hexe; (Murko). Hexen nehmen gerne die Gestalt des Schmetterlings an, wie der Serbe glaubt. Serbischer Aberglaube von Vuk Stefanovich in Kaltenbäck's österreich. Zeitschr. 1837, Nr. 18. Grimm, Mythol.² p. 869. 1028. 1031. Im Italienischen bezeichnet farfalla, farfalletta den Schmetterling (Diez, Wbch. 139), aber farfarello, was im Spanischen duende, trasgo, catalon. follero, den Poltergeist, Kobold. Cod. gall. 392, f. 34: über Antonio de Fuente la peña. Cf. Diez, Wbch. 485. 541. 149. Grimm, Mythol.² p. 475. „Quando entra nella sua mente apprensione s'oggetto tetrico de fantasmi che all' hora diventando per essa un moschino aereo un farfallone d'abisso, trema più che una fronde;" Alberto Garzadoro, vita della venerabile serva di Dio Giovanna Maria Bonhomi Vicentina (Padova, 1625), p. 212. Vgl. oben, Sp. 256: Schneidersêl. Vrgl. Schrähelein und Schratz.

Schrättel (Schrädl), Salzb., die Stechpalme, Ilex aquifolium; (Zir.) *Schradl*, *Schrödl*; Castelli, Wbch. 250: das *Schradllaub*.

Schratelse (?). „Und wan du wilt in dem jar so ge gen der schrat elsen mit der selchen" (solczen?); Recept „ain gut maysche solcz zu machen," Cgm. 811, f. 36.

'Schrat, ä. Sp., Tropfen; BM. II, II, 202.' „Daz wazzer er in seiner vælen trûc, daz nie behein schrat da durch quam;" Kindh. Jesu, Hahn p. 98,2.

Die Schrait, Schraut, s. Schrai-at.

schreiten, Praet. schreitet, schritt, ä. Sp. schrait, Partic. geschritten (gschridn), wie hchd.; (mhd. schrîten, ahd. scrîtan, gradi, labi; Graff VI, 577. BM II, II, 218. Weigand, Wbch. II, 638. Cf. *so*-rîtan — *g*-rîtan, ..gredi — rîtan). Noch im Buch der Weish. Augsb. 1485, p. 114ᵇ gilt schreiten vom Gleiten der Schlange, wie das isl. skrîða und skreidaz (serpere, repere). cf. Schrittschueh. Die ahd. Sp. hatte nach Gramm. §. 956, VI auch eine Ableitung screitan, d. i. scraitan, divaricare; gl. i. 58. 545: Partic. dat. pl. giscreitten, divaricatis (cruribus). cf. Graiteln und Gritt.

Der Schritt (Schrid, Schri'; Kartsch II, 24. 40. 55. 101 immer Schriat: „Si stellt si' hintr seinr etlá *Schriad*, damit s'n in Betn nit schenirt" — schenia't), wie hchd.; (mhd. schrit, ahd. scrit, pl. scriti; Graff VI, 578. BM. II, II, 218. Weigand, Wbch. II, 638 f.). schritten, Schritte machen, schreiten. abschritten, abschrittnen, ausschritten, mit Schritten ab-, ausmessen. schritteln (schridln), mit kleinen Schritten gehen, trippeln. Schrittelschuoch, petasum, Voc. v. 1429; ahd. Sp. scritescuoh; Graff VI, 419. Diefenbach 431.

schröten, schrœten (schroudn, schrêdn, Praet. 520
schrötet, schriet, Partic. geschröten und geschrötet, gschroutt), a) wie hchd. (mhd. schrôten: schriet, geschrôten, ahd. scrôtan; Graff VI, 578. BM II, II, 218. Weigand, Wbch. II, 640. Vilmar, kurhess. Idiot. 370. Zeitschr. VI, 205; cf. 481: niederd. schrôd, schrâd, schräg), schneiden, hauen, (doch nur mehr in gewissen technischen Beziehungen); grob malen; z. B. Rueben oder Kraut schröten, Rüben mit einer eignen Art Messer (Schrötmeßer), in einem zerlegbaren Bretterkasten (Schrötboden) zu sogenanntem Klainen Kraut (Rueben-Kraut, bayrischen Pulver) klein hacken. „Was dy vodern zenn nicht hingeschroten mugen, daz verzern dy huntszenn;" Semansh. 33, f. 282. „Brod schröten, große Stücke Brod schneiden;" Wackius. „Münz schröten, vom Rundstab oder Zain gehörig versetzten Silbers oder Goldes die einzelnen Stücke schneiden;" Lori, Mz.R. I, 11. 108. 114. 191. 275. abschröten ein Stück Eisen, Holz ꝛc. „Sarcire, schrötten;" Clm. 5877 (XV. sec., 1449), f. 141. „Daz er im hiez cleider uf die vüeze schroten nach der selben magt, (Kleider, wie dieselbe trug); d. Schüler von Paris, v. d. Hagen, Ges. Abent. I, 497. einschröten einen gefällten Baumstamm, Einschnitte in denselben hauen. „Das Stainwerch (in der Mühle) schröten oder graben;" Cgm. 3253, f. 14. 17. In einigen Steinbrüchen wird das Loshauen größerer Stücke schröten, das Behauen ins Feinere schrœteln (schrêdln) genannt. Jenes geschieht mit dem Schroud-, dieses mit dem Schrêdl-hame'. „Bis die Juden das loch in den fels geschrieten, darein si daz crewtz stackten;" Cgm. 845, f. 19. „Do verschriet er im die ringe (am Panzer), das sie dahin stoben;" Ingolst. Reime v. 1562. „Sin har vil hohe er furder schriet," (schnitt es ab); Barlaam und Josaphat. 'beschroten, behauen, beschneiden; BM. II, II, 219. Birlinger 402.' „Darnach sol man si (die einzukleidende Novizin) furen da man si beschrotet," (ihr die Haare abschneidet?); Cgm. 168, f. 45. „Wen sie (die Nonnen) an das redfenster mustend gan so tatens bi nichte lan sy beschriettend sich alle daz der welt icht tattend gevallen;" des Teufels Segi, Ms. 1449. Unverschrotten an euren eren;" Cgm. 270, f. 146. Cgm. 713, f. 97. „Ich wæn daz fröuden-ferch si im verschrôten;" Labr. 363. „Nû sind verschrôten mir gedenkes gefider; das. 378. „Geschraiten Nudeln," in einer gedruckten Speiseord. v. 1755 des Spitals zu Vilsbiburg, werden wol geschrötene, d. h. geschnittene, seyn. 'Die Schrötaxt, Birlinger 402 f.' Die Schrötfurch (Schroudfuer), b. W., Furche zur Ableitung des Wassers, quer durch einen Acker gezogen (geschröten). In den Voc. v. 1419, 1432 kommt schröten, wie noch in den VII Comuni schroaten, im Sinn

von Gewandschneiden, Schneiderarbeit machen, sarcire, vor. Vgl. agſ. ſcrydan, ſcrud, engl. ſhroud, oben, Sp. 569, unter ſchneiden. b) eine Art, Fiſche zu fangen. „Item es ſoll auch das Schrotten (Schröten, Schrätten) gearbeitet werden von Oſtern bis auf Sonnenwenden und darnach nimmer;“ L.O. v. 1553, f. 148. Kr. Lhdl. XIII, 140, ad 1500; cf. VIII, 399. Nach dem L.R. v. 1616, fol. 642 iſt es bis St. Gilgen Tag erlaubt. S. unten: Schrot, Schrotnetz. „Gewezzert howſen und gruen ſchrötviſch;“ Wiener Fiſchmarktordn. (sec. XIV.), Cgm. 1113, f. 83. c) (Paſſau) ſchröten (schroudn) beym Tanz, Ländlə' genannt, mit den Füßen ſtampfen, den ſogenannten Driſchlag machen. Der Schröt-Tanz.

Der Schröt (Schroud), plur. Schrœt (Schrêd), wie hchd. das Schrot, d. h. abgehauenes oder geſchnittenes Stück; (Graff VI, 579. BM. II, II, 221. Weigand, Wbch. II, 639 f. Zeitſchr. VI, 205. 481: Schrodel, Schnitzel, Streifen). Schrout, grob gemalner Haber ꝛc. (ObrM.) „Eiſene Schröt, die ſo groß ſeind als die Würfel;“ Feuerbuch v. 1591. Die Schröt zum Schießen werden jetzt gegoſſen, weiſen aber durch den Namen noch auf die ehmalige Methode, Bley oder Eiſen zu dieſem Zweck zu zerhacken. „In Ermangelung eiſerner Kugeln wurde Bley über eiſene Schröt gegoſſen, um ihnen Kugelform zu geben;“ Fronſperger v. 1555, f. 17. 21. Schröt kommt zwar für Abſchnitte jeder Art (z. B. Fleiſch, Brod, Tuch, Papier — ſchrode, cedula, gl. a. 832 —), aber inſonderheit für Abſchnitte von Holzſtämmen vor. Sagſchröt, (O.Pf.) Sägeklotz. Die groben Bauern-
521 ſchrötlein (Simpliciſſimus v. 1684, p. 44) ſind wol, wie Klötze, figürlich zu nehmen. Köſt und Schrott in die Bäume ſchlagen, um ihre Gutkliebigkeit zu erfahren; (Jir.). Der Schröt, Collectivum für mehrere Schrœte, d. h. rohe Baumſtücke, die zum Verzimmern eines Bergwerkſtollens ineinander gefügt werden, oder die die vier Wände einer Waldhütte bilden, oder die als hervorſtehende Balken die hölzerne Altane tragen, die um die obern Stockwerke oberländiſcher Bauernhäuſer läuft; dieſe Altane ſelbſt. Zeitſchr. VI, 38,18. Pegius, de servitut. 182. Hiezu ein nicht ablautendes Verb ſchröten, ſchrœten: 1) Wände ꝛc. von Holzſtämmen (roh oder gezimmert) bauen. „Zu keinem ganz geſchrötten Bau ſoll man Zimmerholz geben, ſondern die Unterthanen anhalten, daß ſie die Stöck und Füße mauren;“ Lori, B.R. 569. O.Pf. Kohlord. v. 1694. Ebendaſelbſt p. 574 heißt es: „die Kohler ſollen alles Holz, wie es ihnen verwieſen, guts und böſes, unausgeſchrött (ohne die Blöcke auszuſuchen? vgl. oben, Sp. 474: ſchürzen) aufarbeiten und abkohlen.“ 2) auf zwei, unten und oben durch eine Sproſſe verbundenen, ſtarken Leiterbäumen (Schrotleitern) wälzend oder ſchiebend fortbewegen; Weigand, Wbch. II, 640. Wein-, Bierfäſſer ſchroten, rotare. Der Schröter, der Fäſſer auf- und abladet; BM. II, II, 220,2. Die Schröttgaſſe, Schrottgaſſe in Paſſau hat den Namen von den Schrötern, einer Art von Faßziehern, welche ehmals in derſelben wohnten, wo die Schifflende am nächſten iſt. In der Jachenau wird Schröt namentlich auch von demjenigen Ende eines Baumſtammes gebraucht, an welchem er vom Erdſtock abgehauen iſt, (Spranz).

Der Schrot, das Schrotnetz. Die Aiblinger klagen a°. 1561 über ein Schrottnetz, das die drey Schwaiger von Pang in der Mangfalt brauchen, als über einen engen, verbotenen Fiſchzeug; die Panger behaupten: „daß ſolcher Schrott nicht verboten, auch ſo weit ſey, daß ein Fiſch von einem halben Pfund nicht darinnen bleibe;“ Cbm. Kl. 339, p. 135. Sieh oben: ſchröten, b.

Das Geſchröt. „Der pauch wirt groz als er geſwollen ſey vnd das geſchröt geſwillet auch, davon dem menſchen der harnſtain kumbt;“ Progel's Ms., fol. 67ᵇ.

Der Abſchröt, das Abſchrötlein, Abſchnitt, Abfall, Überbleibſel von Speiſen ꝛc.; (BM. II, II, 221. Grimm, Wbch. I, 210. gl. a. 338. 483. 610: aſcraot, plur. aſcraota, aſcrota, sarcolamina, rami, sarmenta). „Du ſtilſt die abſchroten die grünen und die roten“, ſagt die Jungfrau zu dem um ſie werbenden Schneider, bey Roſenplut; Cgm. 714, f. 329. „Der lerne ... gelichſenheit und ſimonie und ainen abſchroten (ein Stück) ribaldie;“ Renner 2065. „Fünde ich vaile ſolhe wat, in der der ſele würde rat, der müſte ein ellen gar teur ſein, ir müſte ein aſchrat min ſein;“ daſ. 20788, cf. 9955: „renftlein, ſpitzlein und abſchrötlin“. „A-ſchrot, Krätze beym Münzſchlagen;“ v. Lang, b. Jahrb. 373. Der Bainſchröt, a) (ä. Sp.) Verletzung eines Knochens. BM. II, II, 221. Grimm, Wbch. I, 1388. L.R. v. 1616, p. 403. „Gewonleich iſt, daz man für die painſchröt zwainzig ſchilling geit dem richter, und zwainzich dem chlager; Rupr. v. Freiſ. Rechtb. „Die bainſchröt;“ Cod. Bav. 1711, f. 131ᵇ. ſ. Th. I, Sp. 244. b) Stück von einem verletzten Knochen. „Die Natur leidet ſelbſt nicht, daß ein Schiſer oder Bainſchrot in der Wunde bleibt;“ Dr. Minderer 1620, p. 209. bainſchrœtig (bã'schrâdi'), adj.; ſ. Th. I, Sp. 244. „So die Hirnſchal (vom Hiebe) brüchig oder bainſchrötig iſt;“ Bayreuth. Bußord. 1586. Figürl.: bedenklich, gefährlich. Das Nächſchrœtlein, (Nürnb.) Überbleibſel von Speiſen. Der Umſchröt. „Es ſoll auch hinfüro zu keinem Blankenzaun noch Umſchrott einigs Holz aus unſern Wäldern nicht gegeben werden;“ O.Pf. Kohlord. Im Poſenſchen iſt (nach Bernd p. 329) der Umſchrot eines Grabhügels eine Einfaſſung deſſelben mit Brettern, die im Viereck zuſammengefügt ſind. Caſtelli, Wbch 156: gſchrad, eingeſchnitten, (geſchrötet); *gschradi* Sem'l, eine Semmel, welche mitten einen Einſchnitt hat. vierſchrœtig, (im Scherz) wie hchd.; im Voc. v. 1618: quadratus. BM. II, II, 221. Weigand, Wbch. II, 641. „Ein man vierſchroetic mit einer witen brüſte,“ Ritter Gotfrid v. Gane; Maßmann, Denkm. 139. „Ein ros vierſchrötic vnd vorne zu der bruſte wit;“ Altd. Wälder III, 81. „Einen vierſchrötigen Trunk trinken;“ daſ. 23.

Der Schroter, (ä. Sp.) Schneider, tailleur; BM. II, II, 220,1. Cgm. 685. Rechn. v. 1392, in Freyb. Samml. II, 133. 135. 145. In Konrad's von Ammenhauſen Schachzabel, Cgm. 1111, f. 108, ſteht ſchrötter und auch ſchnider. (Niederſächſ. Schrader, Schröder, Schröer, ſchwed. ſkräddare, auch VII Com. noch Schroatar. Brem.-niederſ. Wbch. IV, 688.) Der 522
Zueſchröter, (öſterr., Wien), Fleiſchhacker, Viehlieferant. Caſtelli, Wbch. 274: der *Zuaschrôda'*, der Hoffleiſchhauer; die *Zuaschrâd*, ſeine Fleiſchbank. „Die Zähn, dieſe helfenbeinene Zuſchrotter;“ P. Abraham. In Wien heißt die Fleiſchbank für den Hof die Zuəschrâd. Der Schröter (Schrêdə'), (b. W.) der Schröt, der Hirſchkäfer, lucanus cervus; Diefenbach 337ᵇ. Weigand, Wbch. II, 640. Nemnich II, 457: Schröter, Baum-, Feuer-, Hirſch-, Holz-, Kneip-, Wein-Schröter, Schrötel. Zeitſchr. IV, 471,31. „ſchrotell, ceraster;“ Cgm. 659, f. 265.

Der Schrätz, des Schrätzen (Schrâz), 1) ſcherzhafte Benennung: a) eines im Wachsthum zurückgebliebenen Menſchen; engl. ſcrat, hermaphroditus, Zwitter. b) eines Kindes.

„Schau mər ietzəd i˜ 'n Kålen'ə',
wie sol I wöl den *Schrâzn* nenə˜.“

In der Fabel (altd. Wälder III, 170) ſagt der Wolf zum Lamm: „Du vil unreiner Schraz.“ cf. BM. II, II, 205: ſchrat, und vgl. d. folg. Wort. Grimm, Sendſchr. über Reinh. F. p. 53 f. Cf. čeſk. žráč, helluo, von žeru, voro, žrati, wie žiwy = *vivus*; cf. Fratz. 2) Perca fluviatilis, Bürſtling, (Fiſch). Cf. Schrezveder, Renner 4113: „Si tunt als die ſchrezveder tut, die vorn hat ein freuntlich antlütz, jr zagel ist aber der gift ein sprütz." Die Schrätzenlöcher bey Arnschwang, (OPf.), s. Panzer, Beitr. I, 111. BM. III, 287: scherzevedere, Meerigel, ahd. scerdifedara, testudo; Graff III, 448.

Der Schretzel, das Schretzlein, Art Kobold, Wichtlein. „Auch ettlich glauben haben, iglich haus hab ein schreczlein, wer das ert, den geb es gut vnd er. (Auch vint man ettlichs, das an der pernacht seinen tisch richte. cf. Th. I, Sp. 270: Bercht). Auch wie die schreczlein so geswind auf vich reiten und varen;" Mich. Beham, Cgm. 291, f. 141ᵃ. „Schretzel, Schrettle, incubus, epialtes, faunorum in quiete ludibrium;" Voc. v. 1618. „Screz, plur. screzza, larvae, lares mali, quaedam monstra;" gl. a. 43. 663. Gl. a. 655 steht waltscaze (l. scraze), Fauni; gl. i. 268: scraaz, pilosus. Vgl. čess. skřet, skřítek, penas, idolum; altböhm. scret, daemon, screti, scretti, penates intimi et secretales, Hanka's Zbírka 6ᵇ. 16ᵇ; poln. skrzot, skrzitek; slowen. shkrát, shkrátiz, shkrátely, Bergmännchen. Grimm, Mythol.² p. 448. Im Isl. ist skratti ebenfalls eine Art Unhold. Davon wäre Schratz die hchd. Form, während Schratt, Schrättel (s. oben) ganz crud aus der niedern Sprache beybehalten wäre. Zu Schratz (Kind) würde nicht übel stimmen das schretzen des Cgm. 299, f. 21ᵃ: „Den brunnen machat unser her mit den füzzen do er schreczet mit kinden." Vrgl. scherzen. In der Gudrun, Vers 448 (Str. 112,3), liest man: „Ob ez schrawaz wæren oder wilde merwunder." Sollte in schraaz und vielleicht auch im isl. skratti irgend ein primitives scra, scrah, scraw von der Endbildung abzulösen seyn, so daß sogar auch die gleichbedeutenden Formen Schrättel und Schrähelein unter einen Hut gebracht werden könnten? Vrgl. oben, Sp. 591: schräen, schrá'n, hageln; auch schrah (mager, unansehnlich, ungestalt) und Wichtlein, Zwerglein.

schritzen, a) (Anspach) spritzen. b) (b. W.) schlitzen. Nach Grimm IV, 709 f. das skrîtan des Hildebrandsliedes 63: „askim skrîtan, scarpên scûrim;" doch später wieder, wie IV, 640. 641, unser schreiten. Maßmann, gel. Anz. 1850, Sp. 477. Cf. Ulphilas: disscreitan, scindere, Marc. 14,63; disscritnan, scindi, Matth. 27,51. Der Schritz, Schlitz. Hemed- oder Pfaəd-*schriz*, Hemdschlitz.

Ein und vierzigste oder Schwa- rc. Abtheilung.

523 Der, die Geschwei, des, der Geschweien, Person, mit der man verschwiegert ist — Blutsverwandter oder Verwandte des Gatten oder der Gattin — gewöhnlicher: Schwager, Schwägerin; (mhd. der, diu geswige, geswîe, ahd. gaswîo; Graff VI, 863. BM. II, II, 767. Vilmar, kurhess. Idiot. 376. Cf. slaw. swoi, svoj, suus, et vide Vuk s. v. svaka, v. socrus; Kopitar). „Socer, swecher; socrus, swiger; consobrinus, gswei; sororius, swager; Monac. Francisc. 184, f. 102. Der Geswie, (Schwiegervater); MB. XXIII, 88, ad 1333. „Meinem Geswein," (Schwestermann); MB. XXI, 17, ad 1363. „Sichem der gesuîo, (Sichem) den gesuien, (Schwestermann); Genes. 34, Diut. III, 87. „Liebu junffraw Els und geschwie;" Cgm. 4666, f. I. Die „geswein," (der Gattin Brüder); MB. III, 356, ad 1296. Der „geswige", (Frauenmutterbruder); Wigalois 1174. „Es heißen bey uns noch die Geschweyen (zweyer Brüder Eheweiber) Schwestern einander;" Av. Chr. 164. „Fraget nifteln vnd neven, geswien, swiger, sweher, swager;" Reinmar der Videler. Die Gevattergeschwey, Gevatterschwägerin; (Nptsch.). Das Femin. kommt auch in movierter Form Geschweyin vor. Vrgl. Schwager, Schwiger, Schweher.

Der Schwi-bogen, bey Adelung Schwib-bogen; (ob der erste Bestandtheil wirklich so zu ergänzen, bleibt zweifelhaft). Graff III, 40. VI, 853: suibogo; BM. II, II, 179: swiboge. Weigand, Wbch. I, 663. Diefenbach 244ᵃ). Das Voc. v. 1618 schreibt: schwi-bogen, eines von 1445: swin-bogen, andere, und z. B. auch Cgm. 690, f. 60: swig-bogen, Schwichbogen, Schwielbogen. „Fornix, snndpogñ," (smidbogen?); Clm. 5387, f. IIᵇ. „Testudo gwelb sit, sed fornix swibog tibi signat;" San-Zenon. 120, f. 100. Doch schon in den ältesten Glossen ist suipogo (fornix) die einzig vorkommende Form. Seltsam angewendet erscheint das Wort in: „Nu lag ein Zippfel (der Wiese) in ainem Swibugen, da hiet das waßer durch ainen ganzen wasen gwaschen;" MB. VI, 456. Im Isl. ist svig curvatura, sveigr arcus, sveigia curvare, flectere, svigna incurvescere, wonach ein allenfallsiges Swigbogen als Tautologie (nach Gramm. S. 169. 170) zu erklären käme. Vgl. auch Zeitschr. IV, 360,29: *swâjen.*

Der Schwâb (b. Schwàb, schwäb. O.Pf. Schwaub), gen. des Schwâben, pl. die Schwâben, wie hchd. Schwabe; (mhd. noch meist Swâb, genit. Swâbes, plur. Swâbe, ahd. Suâb, Alamannus, gl. i. 1262, plur. Suâba, Suevi, gl. o. 120, Suâpa, Cyauuari, o. 390; gen. pl. Suâbo (rîhhi), Otfr. ad Salom. 5. S. Helbling XIV, 53 steht „die Swâbe" im Reim auf „ich lobe;" das. I, 477: die Swâb (Haupt), Ms. „Schwaben." Graff VI, 854. 906. BM. II, II, 763. Weigand, Wbch. II, 651. Wackernagel in Haupt's Zeitschr. VI, 258 ff.). In Schwâb-Dießen, Schwâb-Dilingen, Schwâb-Menchingen, Schwâb-Mülhausen, Schwâb-Soyen (s. Th. I, 221. Sp. 219. 221) mag noch der ältere Genit. plur. Swâbe stecken. Vrgl. Swâbe ê, Swâbe reht (Suevorum lex, jus) in der alliterierenden deutschen Ehevertrags-Formel des Clm. 2, f. 38ᵇ. „Gen Swawenpaurun", (Kaufbeuren; Clm. 4350, f. 35, v. 1338). Ao. 1256 Maria duciſſa Bawarię apud Sweblhemswerde (Donauwörth; s. unten: schwäbisch) decollata est;" 2ᵒ maj. XIII, Clm. 17138, f. 84. s. Th. IV: Werd. „Uf etliche Stund umb die Stadt (Augsburg) sunderlich Schwabhalb;" Cgm. 4906, f. 66. Jornandes (um 540) braucht cap. 55 für ein nach der geographischen Länge zwischen den Franken und Bayern, nach der Breite zwischen den Burgundionen und Thüringern wohnendes Volk noch die Form Suevi, Paul Diaconus aber schon Suavi. Procop (Gothica, Edit.
v. 1607, p. 190) unterscheidet Σούαβοι, die den Franken 524
unterthan, von andern, die es nicht sind; fol. 184 hat er Σουαβῖται. „Propinqua ipsius Turingiae ascribitur patria Suavorum quae et Alamanorum patria, confinalis existit Italiae ...;" Geograph. Ravennas IV, c. 26. Das Annolied XIX erzählt von „Suaben, deri vordirin wilin mit herin dari cumin warin ubir meri, mit mislichemo volke. Si slugen iri gicelte ane dem

berge Suedo (Suevus nach Isidor, Orig. X, 2), dannin wurdin si geheizin Suabo." St. Gallen liegt für Otfrid im Swâbô rîchi. „Wir (Kaiser Sigmund, 1413) gebieten allen unsern und des Richs stetten, sunder den stetten in Obern Swaben und mit namen den stetten Czürch, Bern in Uchtland, Solottern, Lutzern und allen andern Waldstetten und eidgenossen in Swytz und auch unserm landvogt in Swaben ...;" Urk. in Chur, Gesch. Fr. III, 263. König Alfred nennt sowol die Suevi der Alten (Orosius, fol. 225, ad ann. ab urbe c. 1010), als das zu seiner Zeit im Süden der Eastfrancan bis zu den Alpen wohnende Volk Suǽfas, (Orosius p. 19. „Witta weóld Swæfum," Traveller's Song 43, hinter Kemble's Beowulf p. 228). Der Sachsenspiegel (Homeyer p. 13. 14. 28. 29. 38. 75) gibt Suaf, plur. Suavee. Unter diese werden daselbst, der Abstammung nach, genug der edlen Geschlechter Norddeutschlands gerechnet. Ueber den Schwâbengau, worin die heutige Grafschaft Mansfeld, sieh Adelung's Directorium p. LVII. Mancherley Fragen, z. B. über die im 4. Jahrh. mit den Vandalen nach Spanien gezogenen Suevi, besonders die große, ob die Schwaben, abgesehen vom Namen, auch thatsächlich mit den Suevi zusammenhangen, welche, den alten Römern zufolge, zwischen Elbe und Weichsel wohnten oder umherzogen, und die ein Neuerer gar für Slawen nimmt —, ob sie vom Haarputz, oder vom Herumziehen, oder von friedlichem Zusammenleben (Grimm II, 25), oder wol von einer bestimmten historischen Person, als Stammvater, so genannt —, müssen dem Scharfsinn Klügerer überlassen bleiben, sowie etwa auch, warum wol im Clm. 560, f. 145 von alter Hand bemerkt sey: Suevi non sunt nati sed seminati. („Suevi sunt seminati hab auch ich in den Codd. sec. VIII., X. gefunden. Seminati von semino, nicht etwa von seminascor, gibt 60, 100, 200 für eins, nati nur 1, selten 2. Copia eorum facit ut seminati videantur sicut Cadmi droconitae." Kopitar, April 1841). Cf. Cod. Vindobon. 690. Denis I, III, 2642: „de Sem nati fuerunt XXVII viri, de Japhet vero XXIII viri, de Cham XXII, insimul fuerunt LXXII." Vgl. Zeuß p. 55. Grimm, Mythol.² p. 336 f.: Suâp (Stammvater); Gesch. d. d. Spr. p. 321 ff. 489. 777. 824: Sueven = Slaven, Swoboda = Sloboda, Freyheit (vgl. Franci, Frisii, die Freyen), wie swâpan, swesan = slêpan (s. Anm. zu schweben); sanskr. svâdus, ἡδύς = (suadvis) suavis, česk. sladky. Hanka, altböhm. Gloss. 8^a: Zuoba = Suoba, Göttin ...... (das Weitere vom Buchbinder weggeschnitten)'. svoboda = sloboda, libertas. Slavia = Suavia; Kopitar, Glag. Cloz. LXXVII. In Syrmien sagte im Febr. 1849 der Craate: „Bog nek nas sačuva od Švabsko politike i madjarske slovode;" südslaw. (Agramer) Zeitung 1849, S. 99. Die Mannschaft des Freycorps der Serben trug Metallblättchen mit der Inschrift: „Za Slabodu y za Slavjanstvo", (für die Freyheit und das Slaventhum); Allgem. Ztg. 6. Januar 1849, p. 81. Die Deutschen hätten, wie von ihren keltischen Nachbarn im Westen den Namen Germani, so von denen im Osten den Suevi (die Freyen) angenommen, den diese unter der abgewichenen Form (sl statt su) sich selber beylegten. Schon M. P. Demidoff: Des Slaves et des Russes (Paris, 1845) hatte des Tacitus Suevi gleich Slavi genommen. Ein jüngeres, nicht eben feines Sprüchlein findet sich eingeschrieben in Sigmund Meisterlin's Augsb. Chronik, Cgm. 213, f. 41^b (nicht in Cgm. 570, f. 15^b, auch nicht im Druck v. 1522, fol. III.), wo es heißt: „Doch ist ain sprichwort, die Swaben seyen von hohem Stam, sie schaiß ain rayger ab ainem paum nider auf die erden, bey dem Reyn; davon die Schwaben komen sein. Und von der Swaben stanck findt komen die Frank, und aus der Francken ayr findt komen die unsaubern Payr." „In der Luft sah man einen Raben, der Rab verlor einen Schwaben; der Schwab der legt ein Ayr, daraus wurd ein Bayr; der Bayr schiß in die Hosen, daher kommen die Franzosen; der Franzos ließ einen Schleicher, daher kommen die Österreicher;" Xiana 13,1 (s. Schmeller, d. deutschen Handschriften der k. Hof- und Staatsbibl. zu München p. 576, Nr. 27).' Cf. im Cod. Vindobon. 390, bey Endlicher p. 277: „De origine Germanorum. Genti teutonicae mirabilis extat origo Ova tulit cygnus qua fuit alta palus Alnus et alta fuit; asinus piger ova recepit Lepus contra fovet, hoc genus inde fuit. Agnus candentes et asellus monstrat inertes, Molles alta palus, sed proceros exprimit alnus." Daselbst Ähnliches „de origine Francorum." Conrad von Ammenhusen (Cgm. 1111, f. 76) sagt von seinen Landsleuten: „In Swoben von Nordelingen der geslahte wachsset sere ich wil ir nennen mere die ouch in Swaben beginnent komen also ich die mer han vernomen: von Trugenecke und von Valschenberg in Spotnow sy sint nicht gewert (getwerg) jr stifte, sy sint große risen von verren Rotenburg horet wol ze disen von Lugenitz der ist ein michel diet her brich den eit sich nie geschiet von den die ich han vor genant." (cf. die Petersburger Hs. im D. Merkur, 1804, 3. Bnd., S. 55). Alte Sprüche über die Schwaben s. in Haupt's Zeitschr. VI, 258 und bey Eiselein, Sprichw. p. 558—560; Neckverse (v. 1646) im Cgm. 3636, p. 376. `Schwâbe als Spitzname s. Zeitschr. III, 482.' Über ihre Wanderlust:

„Quando Suevus nascitur vel cum in cribro ponitur
Dicit ei mater simul atque pater
Foramina quot cribro hoc ordine sunt miro
Tot terras circuire debes, sic vitam finire;"

Wiener Cod. Salisb. 396, Stälin, würtemb. Gesch. II, 781. „So sind die suppen der Schwaben schatz darzu die klapperey und schwatz;" H. Sachs 1560: IV, III, 92 (1612: IV, III, 197). „Mit gûtem gedinge (Hoffen) und hertem leben nimmet der Swab sein ende;" Valkn. f. 66, St. 73. „Won oft ein Swâb der nimpt sein end mit guotem trost, der smerczen went;" d. Ring 30^b,9. „Zwischen Griechen und der Barbarey ist ein größerer Unterschied, als zwischen einem Edelschwaben und einem groben Pommer;" P. Gansler 227. Adalswab, Mone's Anzgr. 1835, Sp. 389. Altswab; ebendas., Schannat 287. „Da wart (bei dem Dorfe Luca a°. 1301 zwischen König Albrecht und Landgrafen Fridrich v. Thüringen) also gros mordt, das die Schwaben die Roß uffschnitten und krochen dorin; und von denen wart ein sprichwort als: Es gehet dir nun als den Schwaben vor Luca:" Hofmann's Thüring. Chron., Cgm. 1012, f. 127. Cf. S. Helbling III, 145: „Slüff einr in einen rossebouch, den liezest sîn gewâfent ouch." „Sunt Suevi in Venerem supra modum proni, femineus sexus virili ad malum facile consentiens, immaturè uterque praevaricatur, sero resipiscit. Ego huic vitio maxime suffragari existimo quod quemadmodum in aliis Germaniae provinciis ecclesiastica censura publici illi fornicarii, adulteri, raptores minus insectentur. Proverbium ortum unam Sueviam latae Germaniae satis meretricum transfundere: quemadmodum Franconiam copiam dare raptorum et mendicantium, Boemiam haereticorum, Baioariam furum, Helvetiam carnificum et lenonum, Saxoniam potatorum, Frisiam atque Westvaliam perjurorum, Rhenum gulonum;" Joa. Boemus, de omn. gentium ritibus (1520) f. LXI^b. Die Schwabenhaide, die von Leutkirchen? „Er war so voll Läuse, daß man die ganze Schwabenhaide damit besetzen konnt;" Simpliciss. v. 1669, p. 478. Schwaben-Ruben, s. Sp. 11. „Ein Wagen mit Schwaben-Ruben;" Anspach. Tax-Ord. v. 1683—1736. Die Schwaben-Schüßel, ein steinernes Becken vor dem Dom zu Speyer. Jeder neueingeführte Bischof mußte es 525 mit Wein füllen, damit jeder Bürger der freyen Stadt seinem Bischof daraus Bescheid thun möchte. Der Schwâben-Weber, (Nürnb.) Barchentweber, deren seit 1488 viele aus Augsburg eingewandert.

Die Schwæbin. „Da ein frî Swebenne ewet ain swab" ꝛc. Clm. 2 (2° XII. sec.), fol. 38^b. Der gute Aventin verheiratet sich in seinem 64. Jahre noch „mit einer Schwäbinnen. Mit dieser bösen zänkischen

Schwäbinnen hat er einen Son Carolum und eine Tochter Gisela gezeuget;" Simon Schard's Ausgabe der Av. Chron. Warum wol der Dichter Heinrich von dem Türlin (Willen, Heidelb. H.SS. p. 454) seine achtzigjährige Hälfte gerade einem Swaben an den Hals wünschen mag? Scherzweise heißt wol auch eine Sie der Schwab.

schwabeln, schwábeln, s. schwaibeln.

schwæbeln, schwæbezen, im schwäbischen Dialekt sprechen, oder sich zu demselben hinneigen, wie die Bewohner der Gränzgegend vom Lech bis an die Ammer. Im Werdenfelsischen werden die schwäbelnden Tyroler des Ober-Innthals von diesem Umstande Schwäben genannt. So unterscheidet das Volk fast immer richtig genug das in der Natur Liegende, Bleibende von dem blos Künstlichen, Politischen. Schwäbisch reden, bey dem Elsaßer Bruder Johannes Pauli 41: vornehm. „Er ist ein Zunftmeister worden, er redet nit mer sein Sprach, er nimmt sich an Schwäbisch zu reden und ist nie recht für ein Thor kommen." Vgl. schwaibeln, b.

schwäbisch, adj. „Die Swaben zugen aus vil swäbischer gözenswür," schimpften auf die Steyrer (a°. 1286); Gregor Hagen's österreich. Chronik, Cgm. 1134, p. 154. Pez, scriptor. rer. Austr. I, col. 1099: Und zogen auz vil swebischer swür;" ebenso Cgm. 375, f. 134ᵇ: „und zugen aus vil swabischer swuer." Schwäbischer Hailand, scherzh. Benennung eines Schwaben. Kann noch übrig sein von den Spottsagen, womit in dem Kriege des endenden XV. Jahrh. Schwaben und Schweizer sich gegenseitig neckten, daß z. B. sogar ihre Kreuze und Cricifixe die Farbe der Partey hätten haben müssen, ja daß schwäbische Landsknechte ein altes Crucifix in den Ofenhafen gestoßen und anders getauft hätten, damit der alte Gott doch aufhöre, ein Schweizer, d. h. diesen günstig zu seyn. S. Rochholz, eidgenössische Liederchronik 260. 267. Vgl. auch H. Sachs 1560: V, 336 (1612: V, II, 258): „Der groß Gott zu Schafhausen und der Teufel zu Costentz daußen sind mein leiblich brüder all bed .... Mein vater hat gemacht diß marienbild auch zu Constentz den teuffel wild und den großen Gott zu Schaffhausen ... darzu hat er mich auch gemacht, darauß künt jr wol haben acht ... daß wir auch vier geschwistret sein," sagt der Sohn des Bildhauers (der sie gemacht) frevelhaft zu M. Einsideln. „Swabisch-Werd," Donau-Wörth. MB. XXVII, 139, ad 1402. cf. oben.

2) Der Schwab (Schwàb, Schwà'), Schwab- und Schwabenkefer (Schwà'kêfə', Schwàbmkêfə'), (bey Adelung) die Schwabe, die Bäckerschabe, blatta lacifuga oder orientalis; s. oben, Sp. 352: die Schaben.

3) Der Schwab, gewöhnlicher der Schwaben (Schwàbm), a) Einschiebsel, Stück schlechtern Leders, das der Schuhmacher zwischen die Brand- und die Doppelsohle legt; (Adelung) Stück Reif, das der Böttcher zwischen einen allzu lockern Reif schlägt; (Jir.) halbausgebrannte Kohlen: Schwaben. b) (Höfer) ausgedroschenes und dann in einen Bündel gebundenes Stroh. „Kain'n *Schwab'n* han i' nöt zum väkäfä, brauchs' allisant selbn hintä' 's Gsott;" Lindermayr 163. cfr. schwaibeln. c) Art Brodes, welches, gebacken, 26½ Loth schwer seyn mußte. Back-Ordnung der Fürstenschule zu Heilbronn v. 1581, Cgm. 998, f. 136. *Schwôwəbrêdlə*, (Straßb.) Zeitschr. IV, 474. d) Die Ackerfrösche heißen heute noch beym Volk im Breisgau Schwaben, etwa wegen der gelbledernen Beinkleider der schwäbischen Bauern. cf. Grieshaber, d. Sprechdenkmale, S. 9. „Suevus et rana sunt una persona" hat eine neuere Hand unter das Bild der Frösche in der Fabel geschrieben im Em. D. 58, f. 145. cf. Th. II, Sp. 1516: die Lös.

schwaiben (schwaəbm), (sich zu einem, noch im isl. svîfa vorhandenen Ablautverb schweiben, ferri, moveri, nach Gramm. §. 956, VI verhaltend; vgl. schweben): a) schwenken, schwemmen, spülen; mhd. sweiben, ahd. sweibôn; Graff VI, 855. BM. II, II, 777. Weigand, Wbch. II, 657. Höfer III, 123. Cf. ags. svâpan, engl. to sweep, schwed. sopa, fegen, verrere. Regengüsse schwaiben die gute Erde von abhängigen Ackerfeldern fort. Der Bergstrom schwaibt Felsen und Steine ins Thal herab. Die Wäsche schwaiben, (in Wasser ausschwenken). Gläser schwaiben, schwenken, rinoer. Den Stubenboden ausschwaiben, denselben fegen, 526
während man Wasser darauf gießt. „Wein, damit swayb den mund;" Ind. 355 (v. 1463), f. 228. „Tu es in ain vergulten pecher, und swaib das wasser darin umb; Cgm. 821, f. 35. „Auzswayben dy vas, emungere;" Voc. v. 1419. „Luo, schwaiben;" Av. Gramm. Vgl. ahd. asueif, purgamentum; Graff VI, 901. s. unten schwaissen. No ə̃ wengərl klaibeln und *schwaben*," (kläubeln und schwaəbm), essen und trinken; Seidl, Flins. 1. Ausg. III, 89. 112. 122; 3. Ausg. p. 331: *schwáb'n* (schwaib'n), schwänken, schwemmen; viel trinken. Vgl. schwaibeln. Abgeschwaibte (à'gschwaəbté) Nudeln, sogenannte geschnittene Nudeln, auf eine gewisse Art zubereitet. Das Geschwaibet, Geschwemme, Gespüle; *Agschwaəbət*, *Zsamgschwaəbət*. Dé Suppm màg I nét, is ə̃ glatts *Gschwaəbə'*; (ObrM.). Der Schwaəssand (Schwaəb-, Schwaə'-Sand?), sehr feiner Sand; s. unter Schwaiß. — In mehr niederdeutscher Form stimmt hiezu das posensche schweefen (Bernd p. 282), das böhmische schweifen. („Ein Faß mit Wasser ausschweifen;" Jebauzki, Brandw. brenn. Prag). — b) (neutr.) schwanken. Der kreuztragende Heiland „ward waiben uff den füssen und schwaiben hin und her, bis er nieder fiel; Cgm. 138, f. 112. „Der kuning lie den vanen waiben, al hine vnde here swaiben;" de bello Caroli M. 2908. Diese noch schweizerische Bedeutung ist bey uns hauptsächlich in der Iterativform schwaibezen (schwaəbəzn), hin und her schwanken (besonders von Flüssigkeiten), noch lebendig. Notk. Boeth. 215 gibt vibratio durch „der sueib." Eine ältere, ganz nahe liegende ist die des Schwebens. „Daz iuwer lop stiget unde sweibet hô;" Walther v. d. V. 85,3. „Gotes gheist sueiboda oba uuazsserum," (ferebatur super aquas); Isidor IV, 13. 14. (Vrgl. schweben, das sich zu schwaiben, wie kleben zu klaiben, leben zu laiben verhält).

schwaibeln, a) (b. W.) drehen, einen Strick durch Umdrehen straffer anziehen, raiteln; (isl. sveifla, agitare, sveifla î krîng, circumagere, gyrare). „Haben jhm die Schweden den Kopf dergestalt zusammengeraidelt und geschwaibelt, daß er Gehör und Gesicht verloren;" Bogenbergmirakel 279. Der Schwaibel-Stecken, der zum Umdrehen eines Strickes dient, Raitel. b) im Scherze lügen, Schwänke machen, (wol nach derselben Figur wie Schwank). „Sé *schwaib'ln*, falsch sán' s' allésant, wàs s' réd'n, is nét waə';" Castelli (1828) p. 138 und 247: „mit Worten hintergehen." Castelli, Wbch. 252: „Lügen schwätzen, auch flüstern, einreden." „Soll I leicht wàs *schwábəln* (á = ai) lang und brat?" Seidl, Flins. (3. Ausg.) p. IX. Überall *schwábeln* s' und red'n s', und woll'n á Sach', dö s' nit kenná," das. p. 179. „Da *schwábeln* s' von Mund und von Herz;" das. 201 und p. 331: „*schwáb'ln*, schwäbeln, im schwäbischen Dialekt und Sinne sprechen, albernes Zeug schwatzen;" cf. p. 305: „'s G'schwáb'l, Geschwäbel; leeres Hin- und Herreden, Geschwätze, mit Beziehung auf die Redseligkeit und (ungerechter Weise zum Sprichworte gemachte) Geistesbeschränktheit der Schwaben." „ə̃ tàlkəts *G'schwábəl*;" Seidl, Flins. (1839) II, 77. 103. Reitzenbeck II, 209. Zeitschr. III, 283,108. s. auch schweibeln.

Der Schwaiber, (O.Pf.) Heuschober. Vrgl. Schweiber und Schwaben 3.

schweben, a) wie hchd.; b) sich hin und her bewegen, schwanken; schweifen; (Graff VI, 856. BM. II, II, 777. Weigand, Wbch. II, 657). I maə̃ ét, dás I *um-*

schwébm kā˜ vo' lautə' Mattikeid. „Schweben und auch schwanken sicht man truncken lewt;" Cgm. 714, f. 82. „Denen Pauren seind die Roß, Rindvieh ꝛc. von denen herumbschwebenden Soldaten hinwegkgefiert worden;" Wstr. Btr. VII, 310. „Mit hindersich gedenken kan ich mîn swebend herze in jâmers pfûle senken; Labr. 229. „Auf bechen, do vil manig vogel auf swepte;" Valkn. 37. c) fluitare et fluctuari. „Auffm Wasser schweben, fluitare, jactari fluctibus;" Voc. v. 1618. „Das Schiff, das da schwebet in dem Mer;" Cgm. 312, f. 32. „Do daz schif was lades vol do swebete ez obe dem wazzer;" St. Ulrich's Leben, Cgm. 94, f. 62, Vers 1156. „Daz blüt so ez ain weil gestaut, ist ez rot und trucken, daz nit vil wazzers darauf swebt, daz betirt ain haizz und ain durr natur;" Aug. eccl. 76 (v. 1399), f. 117. „Seeblumen die da auf den seen oder weyern sweben;" Cgm. 4877, f. 22. Gl. a. 306 ist suepen, nare, i. 695: suebont, natant; (i. 539. 546. 556 auch suepa-ron, nare). (Vrgl. oben schwaiben). Der Schweb, in der Sprache der Schiffer und Fischer am Bodensee:
527 der mittlere Theil des Sees, dessen Grund zu keinem anliegenden Ort gehört, gleichsam der hohe See; die Schweb, (Donau) der ruhigere Theil neben dem strömendern im Fluß. Gl. a. 264 ist casuep fretum — welches sich zu suepen, nare, wie Sund (etwa statt swumb) zu suimman verhalten wird. Graff VI, 856. BM. II, II, 277. gschwibezt voll, gschwibelt voll, zum Überlaufen voll; (ObrM.). BM. II, II, 778: swibelen, schwanken. Weigand, Wbch. II, 658. Die Schweb, a) wie hchd. Schwebe. „Leib und guet en sweb setzen," (wagen); MB. VI, 247. b) die Schwebstange am Frachtwagen. Das Schwebtuch des Wundarztes; Dr. Minderer, 1620. „Swebeduch, swebepflaster;" Cgm. 731, f. 70; 170, f. 3b. Clm. 4395, f. 197. „Also solt ir das schwebdůch machen. Nempt ain klains newsleinis senffts důch ain halbe elen, dunckt es wol in die hernach geschriben stuck, nempt ain fierdung wachs, ain halben harcz, tenum grecum 1 lot, so ist es gerecht;" Clm. 4395, f. 198. Der Schwebwasen, der unter dem Fußtritt sich senkt und hebt, Moorgrund.

Anmerk. In der ahd. Sp. (wenigstens gl. a. 189. 242. 253) steht suep (dat. suepa) auch für aër, während a. 269 gurgibus durch suepim (Stalder II, 361: Geschweb) verdeutscht ist, (Graff VI, 856); — überall schlägt also die Idee der undulierenden oder kreisenden Bewegung hervor. Man möchte meinen, dieselbe Idee, und zwar die des Einwiegens, Einschläferns, liege dem alten intsuebian, sopire, zu Grund. Otfr. I, 11,12: „Maria scono 'nan insuebita;" gl. i. 871: „slaffe sint antsuebit, somno sopiuntur;" a. 410. 609, i. 618: „intsuebiter, sopitus;" i. 46. 917. 918: „suebida, sopor." Im Cgm. 17, f. 11a, 110b, Ps. 75: entsuebet was soporatus sum, entsuebeten dormitaverunt, Diut. III, 64 steht entsueben, insuebian (insuebita) für das neutrale dormire selbst. Graff VI, 854. (cf. VI, 168): antswebjan, BM. II, II, 777: entsweben, einschläfern; Nibelungen, Lachm. 1774,1: „Do entswebete er (Volker) an den betten vil manegen sorgenden man." Indessen ist im Angels. und Isländ. svefan, sofa, sefa (dormire) ein nach geben conjugierendes Ablautverb, entsprechend dem sanskrit. SVAP (Bopp, radices, p. 210), slaw. spati (s'pati), lat. sopior, somnus, griech. ὕπνος, und dieses als die, mit unserm vorliegenden swîfa, Praet. sweif, unverwandte, Quelle vom transitiven intsuebian zu betrachten. 'Vgl. oben, Sp. 230, unter dersauffen: inbesöfet, absorptus, bey Suso.' Cf. Grimm, Reinh. p. 112: „Der hase leit sich ûf daz grap, ze kurzen wîlen er entswap." Vgl. auch mhd. swiften, beswiften, geswiften, ahd. gisuifton (Graff VI, 861. 902. BM. II, II, 787): „Âne dih mag si (diu riche) niemen gesuiften noh gestillen .." „in semfte unde in suifte ist allez ire geverte;" Clm. 9513. 'Haupt's Zeitschr. VIII, p. 146. 153, Vers 42 u. 298.' — nhd. beschwichtigen, das kaum zu suîgan gehört; (Weigand, Wbch. I, 139). „Unze du die bechorunge suiftende gemazzest da wir in diesem ellente mit birn beswæret;" Clm. 9513, Vers 352.

Der Schwebel, wie hchd. Schwefel; (Schwebl, Voc. v. 1618; swebel als neutr., Voc. v. 1419; suebul, suepol, Isid. 3,18. gl. i. 1130. Graff VI, 857: swebal, goth. svibls; BM. II, II, 778: swebel, swevel, msc.; Weigand, Wbch. II, 658). swebelîn, swebelec, ä. Sp., adj., sulphureus; BM. II, II, 779. Graff VI, 857. „Darab (von dem Stege) musen si vallen in die ahe swebelîn, in chunde nicht wirs gesîn;" Tungdalus, hg. v. Hahn, 48,63. schwebeln, schwefeln; '(Koburg) schwifeln; Partic. geschwifelt, adj., sulphuratus.' „Überziech in mit geschwibloten zwilichen tuchern;" Cgm. 4902 (v. 1429), f. 28. BM. II, II, 779: swibeleht. anschwebeln, mit Schwefel oder mit einem Schwefelholz anzünden.

Der Schweiber, eine Vorrichtung, Fische zu fangen, (vermuthlich eine Garnreuße; bey Stalder II, 357: Schwäbnetz, Aschaff. Wadlef). „Auch die Köderkörbe, und kein Schweiber soll man vor St. Bartholomäustag auch nicht legen. Sie sollen auch nicht länger ligen, dann bis Ostern; so soll man sie darnach ans Gestatt legen;" Kr. Lhdl. VIII, 398. XIII, 141. „Schweiber oder Gleider mag man zu St. Bartholomäi einlegen .. und ein Fischer über sechs nicht legen;" L.R. v. 1616, fol. 642. Khraisser Comp. 507. Holz zu Schweybern tauglich sollen die Reichertshofer Fischer abhauen dürfen, also was einer mit einem Fuß in der Zillen und mit dem andern am Land stehend erreichen kann, also tief, damit anderes junges Holz wiederumb hernach wachsen mag;" Cod. bav. 1631, f. 102, auch fol. 69. (Etwa fluctuirende Reisigbüschel; II. Th., Sp. 971: Gleider). „verschweibern (?)." „Die Gerichtschreiber sollen schwören, seiner Gnaden Landgerichtsgerechtigkeit zu öffnen (in Aufnahme zu bringen), nicht zu verschweibern;" Kr. Lhdl. VII, 427. Diese Formen, deren letzterer aber vielleicht ai gebührt, scheinen auf ein zu schwaiben gehörendes Ablautverb schweiben (isl. svîfa, Praet. sveif), ferri, agſ. svifan, wovon wol das adj. svift, velox, zu deuten. Vielleicht gehört dahin auch gisuibida, colymbus, gl. i. 1237. Sieh oben, Sp. 619 f.: schwaiben und Sp. 620 f.: schweben.

„schweibeln," auf schmeichlerische Weise geschwätzig 528
seyn. Sich einschweibeln bey Einem, insinuieren. Doch wol nicht, nach Gramm. §. 523, bloße Aussprache von schwälbeln. s. schwaibeln, b.

Der Schwibbogen, s. Schwi-bogen.

„Der schwibel, der Griff am Ruder, remi manubrium;" Nomencl. v. 1629, p. 116.

schwibeln, schwibezen, schwanken; BM. II, II, 778. *g'schwibətzt* voll, zum Überlaufen voll; (ObrM.). s. schweben.

schwibeln (b. W.), pfeifen. Zeitschr. IV, 108,37: Schweabalpfeiffa'. Der Schwiblgeyə', Junge, der gerne pfeift. Vrgl. schwegeln.

---

schwach, a) wie hchd.; BM. II, II, 779; cf. Graff VI, 864. Weigand, Wbch. II, 651 f.). Der ahd. Sprache scheint dieses Adj. noch fremd gewesen zu seyn. Es findet sich auch weder im Angelsächsischen, noch im Isländischen. b) Die Bedeutung, in der es sich anfänglich findet, war: erbärmlich, schlecht, gering. „Do liezen sie das hoch adel (das Kind Jesus) ligen in dem schwachen stadel; Cgm. 714, f. 203. „Ein tail von gůtem tůch und ein tail von swachem tůch;" Gesta Romanor., Cgm. 54, f. 69b, (Keller p. 135). „Swache spîse; schwache kleider." „Daz dritte gesläht ist vil swah," (tertium monachorum genus deterrimum est). „Aller niderist vnd swachist," (omnibus inferior et vilior). „Ob du sunderst daz edel von dem swachen." „Nym der swachen frawen war," (agnosce meretricem); Codd. Monac. „Ein swachi person und unerwerig als ein ribald oder ein bůb;" Gesta Romanor., Cgm. 54, f. 11ᵇ, (Keller p. 23). „Tehein wip so swach," (ein so armes, niedriges Weib); Wigalois 5357. „Ein frumer man von swacher art und ein edel man, an dem nie wart weder zuht noch êre bekant, und koment die bêde in ein lant, dâ niemen weiz, wer si sint, man hât des swachen mannes kint für den edelen hôchgeborn, der für êre hât schande erkorn;" sagt der Vater zu seinem Sohne, M. Helmbrecht 495—502. „Und wart des swachen dinges (des Diebstahls) gezigen;" Suso's Leben, Cgm. 819, f. 68. c) krank. „Herzog Heinrich war schwach." „Von des Kaisers Schwachheit und Tod;" Avent. Chr. 360. 375. Die Schwéch, Schwéché, Schwéchen, Schwäche. Nach dem Fechtbuch Cgm. 582, f. 1 ist die Schwech des Messers der Theil der Klinge von der Spitze bis zur Mitte, der übrige aber die Sterck. Die Schwéchet, Schwachheit. Von aənə' *Schwéchət* e˜ dé an'ər is ə' gfälln; (ObrM.). schwachen, (ä. Sp.) gering, schlecht werden, abnehmen. BM. II, II, 780. „So kan verzagen mich an mûte swachen, so daz ich bin dort und hie geswachet;" Labr. 257. Im Cgm. 270, f. 163 heißt es von einem Galan: „Er verhueb sich vor dem gesmachen" (dem übeln Geruch der unheilbar krank gewordenen Geliebten), „sein lieb was im entswachen," (seine Liebe begann ihm zu vergehen). Hier könnte man an ein Verriechen und an Zusammenhang mit dem alten Ablautverb suehhan (suah, gisuohhan, ebullire, scatere, olere, foetere; Graff VI, 863. BM. II, II, 779) denken, und daß schwach etwa ursprünglich den sinnlichen Begriff des sich Auflösenden, Verwesenden angedeutet. Vgl. die Variante zu Iwein 208 (2. Ausg. p. 378): „Ouch ist reht daz der mist übel sî swecher," male sit olens. Grimm I³ p. 136. BM. II, II, 779. schwechen, schwächen; nach der ältern Acception von schwach: schlecht machen, erniedrigen, vitiare. Eine Jungfrau schwechen. Birlinger 405. „Messalina plach zo goen in die huys, da man die gemeyn vrouwen inne plach zo suecken," sagt eine niederrheinische Chronik; Cgm. 691, f. 37. „Herzog Ludwig gedacht, daß die Fraw hett mit dem Ritter die Ehe geschwöcht;" Chron., Freyb. Samml. I, 57.

Das alte Ablautverb gisuîhhan, cessare, deficere, lassescere, languere, würde zwar in der Bedeutung, nicht aber in der Form hieher passen. Graff VI, 864. BM. II, II, 782 f. Cf. holl. zwikken. (Zips) beschweigen, in Ohnmacht fallen. „Davon ir chraft vil gar besweich;" Cgm. 107, f. 15. Einem geswîchen, ihn sitzen lassen; Docen. Wackern., Wbch.: swîchen. Sonst galt in der ahd. Sp. die Form bisuîhhan für illaqueare, decipere, fallere. Dem dazu gehörigen Subst. asuih, scandalum, scheint noch Mich. Behaim's (Cgm. 291, f. 271) swich zu entsprechen: „Gotes namen, den
629 man mit arger swich da nennet upiglich." „Also worn etlich hern im land ... dy auch nit heten türste iren herren so offenlich also ankern mit solcher swich und also groblichen;" ders., Wiener 24,32. „Sy hielten in schantlichen mit argen, übeln swichen; das. 262,6. „Wol ains welt ich verwegen mich, daz ich lit in der schmeh und swich ain wunden, dy mit sere meim leben schedlich were;" das. 330,17. N. N., die freigekauften Leute (meist Bader und Scherer) zu Augsburg soll niemand ansprechen „weder von eigenschaft wegen noch von reht oder von gewonheit noch von nutze von gewer von awschwiche oder von erbschaft wegen;" Urk. v. 1365 am Clm. 5635. „Vertreibt dy geswicht;" Arzneibuch, Cgm. 3724, f. 57. (Im Voc. v. 1419 steht sweken, labare). Eine Form suihhôn nahm man für vagari; (Graff VI, 868. 870).

schweichen, Schwich (ä. S.), sieh den vorhergehenden Artikel.

Die Schwickenblüe, (Gebirg) Rispengras, Poa disticha. Schwickgras, (Hübn. 377) Nardus stricta L.

---

schwabig, s. schwattig.

schwabern, schwebern, schwidern, (zunächst von Flüssigkeiten) überschwanken, überfließen, plätschern; fig.: plaudern, schwatzen, schwadronieren. Zeitschr. V, 432,538. VI, 174. 482. „Mit deins geleichen schwaber=greden;" H. Sachs 1612: II, IV, 22. „Kom eil und laß uns nit lang schwedern," (schwatzen); das. 1612: V, III, 6 (1560: V, 341). beschwabern. „Und so du nymmer murzzest enpetzzen du mirzzt dich gar weswædern und gantz wescheizzen alz der churnikch von Babylon tet;" Jubenaid (sec. XIV.), Ind. 406, f. 154ᵇ. Geschwabert oder geschwidert voll, voll bis zum Überlaufen. Vrgl. schweben, schwappen; auch Vilmar, kurhess. Idiot. 376: schwacken. Zeitschr. VI, 206. Der Mensch, das Gras ꝛc. ist so fett, dass 's åll'n *schwàdə't*. S. Schwubel, schwatteln und schwatzen.

„Schwed," (Voc. v. 1482) Wundpflaster. „Suuebunga, fomenta (per lenia fomenta mollescant dura vulnera)," gl. Monac.; agſ. svebung. Gl. i. 924: „Suuebile, malagma;" agſ. svethil, fascia. Cf. gl. a. 134: suuetho, nidore; 251: suethan, cremare; Voc. v. 1419: swad, vapor, und das hchd. Schwadem; Graff VI, 871. BM. II, II, 784. Weigand, Wbch. II, 652. Zeitschr. V, 482. Vrgl. auch suehhan unter schwach.

Der Schwed (é Gramm. §. 194, Cf. Graff VI, 853. 871. Weigand, Wbch. II, 658), bey unserm Volke vom 30jährigen Kriege her noch in lebhafter Tradition: Das ist in des Schweden Zeiten geschehen. Das hat der Schwed gethân.

„Bêd Büəbli bêd,
morgə˜ kommt dər *Schwed*,
morgə˜ kommt dər Oxə˜steərə,
wurd dés Büəbli bêdə˜ leərə˜!" Rieser Kinderspruch. Hie und da heißt ein Acker, eine Wiese ꝛc. der Schweden=Acker, die Schweden=Wis ꝛc., etwa von da Begrabenen? Eine Reihe Bäume bey Ramersdorf nennt man, vielleicht von der Zeit, in der sie gepflanzt worden, die Schwedenbäume. In Augsburg: der schwedische Berg, Schwedenberg; Birlinger 406. Noch zeigt man am Münchner Marktplatz die drey Kronen am Hause, das Gustav Adolph bewohnte, im Ingolstädter Zeughaus den Schimmel, der dem Schweden (d. h. dem König) vor dieser Festung unterm Leib erschossen worden sey. Sogar die bey Ampfing ausgepflügten kleinen Hufeisen schreibt man daselbst wol den Schweden zu. Alter Schwed ist (vermuthlich auch anderwärts) eine trauliche Benennung, ohngefähr wie alter, ehrlicher Kerl, Danneman, (dânimadr, dânumadr; Björn. danimenska fides, candor), wie der Schwede selbst sagen würde; etwa im 18. Jahrh. aufgekommen, und einen Mann bezeichnend, der noch zu des Schweden Zeiten gelebt hat, also einer ältern Generation angehört. Vgl. Zeitschr. III, 484 und IV, 139,7. V, 69,45. Übrigens knüpfen sich auch minder ehrenhafte Sagen an den Namen Schwed. „Die speerreiterische Soldaten haußen in schwaben sehr tyrannisch, tracktieren die bauren mit köpff Reitlen, waßer eingießen, die Mäuler bis an die Ohren aufschneiden u. drgl.;" Augsb. Chron. (17. May 1634), Cgm. 4905, p. 120. Birlinger 406. Sieh schwedischer Trunk im I. Th., Sp. 670. Solche Gräuel sind aber wol eher dem Gesindel aus diesseitigen Landen, das dem siegreichen Heere zugelaufen, als den mit Gustav Adolph ausgezogenen schwedischen Männern selbst beyzumessen — (man erwäge die von Gustav Adolph den 30. Jul. 1632 an die deutschen Fürsten, Grafen, Herren und Officiere gehaltene scharfe Anrede, CMh. 86) — wie 630

denn auch die kaiserliche und bayrische Soldatesca, im eignen Lande, nicht besser gehauset. (Aretin's Beyträge 2. B., 3. Heft, S. 60 ff.).

„Seithero aber da seint khomen zu inß
die 3 Maiestetten begerten den zinß
nemblich schwedisch, khaiserisch vnd Spæniollen
die seint doch iber die maßen verstollen
dise haben so geschwinde und diebische datzen
daß sie auch haben gestollen die khatzen,
und alles was sie dreffen an
das lassens alls mit ihnen gan
man sagt wer belder kombt der millet ehe
also thetten auch die Schwedische;" Cbm. 1950, f. 97, Schluß eines Bauernliedes, welches anfängt: „Vor zeiten waren herren mir bauern." „In die Falten legen wie einen schwedischen Stifel;" P. Gansler 55. „Er fleugt auch adelliche und aus der mâzen hoch. Zu Sweden in dem riche nie zuchter als volkumen valcken zoch;" Valkn. 11.

Der Schwudel, (Allgäu) Überfluß. Vgl. schwadern.

---

schwaiffen (ſchwaəflə˜), ä. Sp. Praet. swieff, Partic. geswaiffen, a) wie hchd. schweifen; (mhd. sweifen: swief, gesweifen; ahd. suueifan. Graff VI, 901. BM. II, II, 785. Weigand, Wbch. II, 659). „Der Chiemsee, so bey acht Meilen umschweift;" Av. Chr. 10. b) (Weber-Sp.), das Garn auf den Weberbaum ziehen, den Zettel, die Kette, Werfte aufspannen, anzetteln. „Ordior, swaifen, anlegen, anfahen;" Avent. Gramm. „Ain golschen sol nicht ringer geswaiffen werden, dan (so und so vil) geng.. Ist vmb ain faden ze wenig geswaiffen;" Cgm. 308, f. 71. 72. „Mußte der Müller zu viel, schweiffte der Weber zu wenig, so bezwang die Kipper und Wipper der Galgenbau;" A. Nagel's Abschnitzeln. c) winden; (cf. dän. svöbe, wickeln, hüllen; svöb, Hülle, Gewand, Windel). Einem 'Dárm aus'n Leib *schwaəffə˜*; (b. W.). „Die porten er an den angel swief;" Cgm. 42, f. 155. „Ob daz hemde sich swif ober daz knie;" Scherz, aus Wilh. d. H. p. 111. „Ainen laitriemen er da pegraiff, an ainen pracken er in swaifft;" Cgm. 714, f. 109. „Das man dich eim pferd an seinen schwanz thut schweiffen;" H. Sachs 1560: II, III, 19. d) (ä. Sp.) umbeswaiffen, umfassen ꝛc. BM. II, II, 785. „Mit einem arme si in umbeswief;" Eraclius. „Wie er ir so lieplich engegen lief, vnde sie so früntlich vmbeswief; Heinrich's v. Friberg Tristan 3641. „Mit den armen si in umbeswief;" Maier Helmbrecht 720. „Den er vil balde umbeswief mit sinen armen beiden;" Cgm. 42, f. 28. „Den sleiger si umbeswief," (warf den Schleyer um); Rosengarten 2091.. „Umb sweift sie den mantel schon, und sazt auf ir haubt die kron:" St. Oswald, Cgm. 719, f. 39, (Ettmüller, V. 2439: „umb sich nam si den mantel schone"). „Der Ingratus umbswaift sich mit dem sail und der Gydo zoch in herauf auz der grûben," Gesta Romanor., Cgm. 54, f. 77ᵃ, (Keller p. 151). „Umbisuaiffan, amictum," (gl. a. 182) ist wol als Partic. verstanden. Dazu stimmt das isl. sveipa, involvere. Im Cgm. 601, f. 97ᵇ steht: „also herwider umbgeschweift" für: im Gegentheil. e) (ä. Sp. und noch schweizerisch) kehren, fegen, verrere volvendo, (agſ. svâpan, engl. to sweep). Vrgl. schwaiben. Gl. a. 82: „âsuueipha, purgamenta." f) „Der kappen zipfel sweifet lang nider zu der erd;" Ms. „Er swief den mantel nider auf die erd;" St. Oswald, Cgm. 719, f. 20, (Ettmüller, V. 1262: „warf den mantel nider ûf die erde). „Ein niwewaschen hemde (als Leintuch) sîn swester Gotelint dô swief über das bete dâ er slief;" Maier Helmbrecht 1045. „Dann schleichen sie fein geschweifft (ganz still und zahm) in das Wirthshaus." „Dan ziehen sie fein geschweifft dahin, wo sie seind herkommen;" P. Gansler 52. 99. „Die ander jungfraw mit gesweifften angesicht;" Oefele, script. rer. Boic.

I, 379. „Er geht also geschwaift her als wäre er sehr traurig und halb todt;" Wemdinger Hexenproceß (1630). schwaifferlich, adv. „Wie gehst du her so schweifferlich sag wie geht es dir in der Eh," spricht die Mutter zur übel verheirateten Tochter; H. Sachs 1560: IV, III, 13.

Der Schwaiff (Schwaəf, plur. Schwèəff, Dimin. Schwèəffl), a) wie hchd. Schweif; (Graff VI, 901. BM. II, II, 785. Weigand, Wbch. II, 659). Figürlich: 's Geld hàt ə˜n hál'n (glatten) *Schwaəf*, (ObrM.). Mei˜ Herz zidə't, schléglt wiə ə˜ Lámpl*schwèəffl*. (Kero 55, 9 nennt die pedules [fascias] suueif). schwaiffeln (ſchwèəffln), wedeln, schmeicheln. b) Garn, als Zettel auf den Webstuhl gespannt, damit der Eintrag (Wepfe) in selbes gewoben werde. „Ainich unausgeworchten Schwaiff oder Wepffen aus dem Land zu verfüeren," verboten im L.R. v. 1553, f. 72 und v. 1616, f. 521; Lori, Lech-R. 331. Im Passauer Stadtbuch: daz Geswaiff. 'c) (ä. Sp.) schwingende Bewegung, Schwung, Umschwung, Umkreis; BM., a. a. O.' „Cum ex obliquo concursu pugnare volunt quod germanicè der schwaiff dicitur;" Hect. Mair's Fechtbuch, Turnier, Cod. iconogr. 393 II, f. 115. abschwaiff, adj. Verehlichte 631
Person, „so sich von der andern abschwaiff gemacht;" Tyr. L.O. v. 1603, f. 34. 'ausschwaiffig, adj., ausläufisch, vagus; Grimm, Wbch. I, 965.' „Auch mit allen sitten, geberden nit außschweiffig, leichtfertig werden, sonder fein erbar sich einziehen;" H. Sachs 1560: V, 372. Der Umschwaiff, Umfang, Umkreis, Peripherie. BM. II, II, 786. „Das Cirkels umbswayff;" Cgm. 75, f. 31. „Jedes Glid (der Kette) mit einem viereckigten Umschweif;" Kr. Lhdl. X, 175. „Von des himels vmbswaif in wie vil jaren;" Cgm. 715, f. 5. weitschwaif, adj. und adv. BM. II, II, 786 f. „Ime mueß auch das Pluvial auf dem Mör weitschwaif herum aufgebrait werden;" Wstr. Btr. V, 113. (Notk. Ps. 72,2: uuîtsuueift, effusus; 24,17: ubersuueifig, abundans). Anm. Ob dieses schwaiffen, welches selbst ablautet (vrgl. Gramm. §. 945), nach Gramm. §. 956, VI in Zusammenhang zu bringen mit dem folgenden schweiffen?

schweiffen (Praet. swaif, Partic. geswiffen), (ä. Sp.) schwingen; (mhd. swîfen: sweif, geswifen; ahd. suuîfan. Graff VI, 901. BM. II, II, 785. Vgl. schwaiffen). „Ze velde sich da nider swaiff (vom Pferde) der herr ..." „Auf die rinckmawr er sich vil balde swaiff;" Cgm. 270, f. 274. 298. „Einen laitriemen er begraif an ainen bracken er in schwaif;" Cgm. 714, f. 109; '(vgl. oben, unter schwaiffen).'

Der G'schwuf, Modebengel, Stutzer. Castelli, Wbch. 157. „So á herrischá' *Gschwuf* mit án Schnauzbart;" Reitzenbeck II, 75.

'schwiften, beschwiften, geschwiften, hchd. beschwichtigen; s. oben, Sp. 621: schweben, Anmerk.'

Der Schwâger (Schwàgə', O.Pf. Schwaughə'), a) wie hchd.; (Graff VI, 863. BM. II, II, 767. Weigand, Wbch. II, 653. gl. o. 22: sororius, swager; 297: sweger, sororis maritus, swegerinne, fratris uxor; MB. XXV, 17: swoger). Den Kutscher nennt der Fahrende Schwager. Einige Handwerker (Metzger und Müller?) nennen sich gegenseitig Schwager. Zeitschr. VI, 276,27. III, 538,58: Mitbewerber, Liebhaber. Geswagerlich, geschwægerlich, adj., verwandt (durch Ehe oder Unehe); Br. Berhtolt 449, (Pfeiffer 312,31. 315,23). Vgl. Geschwei, Schwiger, Schweher und Schwester. b) (Nürnb., Hsl.) das Fleisch unter dem Kinn.

Die Schwaig (Schwaəg, Schwaə'), der Viehhof; (mhd. sweige, ahd. sweiga; Graff VI, 861 f. BM. II, II, 767. Grimm, Gesch. d. d. Spr. p. 1014. Zeitschr. III,

96. Es liegen diese Schwaigen oder Viehhöfe, besonders in den Gegenden vor dem Gebirge, wo mehr Viehzucht als Ackerbau getrieben wird, gewöhnlich einzeln und in Mitte gras- und holzreicher Umgebungen, wo für die mehr oder weniger zahlreichen Herden, welche da zum Verkauf als Zug- oder Schlachtvieh und zur Bereitung von Butter und Käse gehalten werden, hinlänglich Sommer- und Winterfutter wächst. Mit der Zeit ist indessen manche derselben aus einem Viehhof zum Ackerhof, ja wohl zum Dörfchen und Dorf geworden, so wie umgekehrt in früherer Zeit, nach dem Ausdruck einer alten Zehentordnung, „Etliche ihre Höf, Huben und Güter, die ehemals Ackerbau gewest, zu Schwaig und Vichhalt ligen gelassen.“ In der ahd. Sp. wird sueiga bald für formadia („formadias quas vulgus sweigas appellat,“ Urk. v. 1177 in Schultes' Reisen p. 78), bald für vaccaria, vaccaritia (gl. a. 6. 537, i. 820, o. 382. MB. II, 391), bald für armentum (gl. a. 62, i. 934. Cgm. 17, f. 211ᵇ. Diut III, 153), bald für bucula selbst (i. 112. 1238) gesetzt. „Armentum, rinterhert oder swaig;“ Poll. 801, f. 4. „Stuot und Stuotwaide, swaner unde swaige, scaz unde scillinch,“ im schwäbischen Heiratsvertrag des Clm. 2, f. 38. „Curiam Engilrammi in Bisinberc cum suaia, medius usus de Suaia in Ouwe de X vacois.“ MB. VII, 499, ad 1180. „Rin-
632 der vone dero sueigo;“ Notk. Ps. 50,21. „Von zwaien Swaigelinen;“ MB. VII, 157, ad 1303. „Sway vel hub, fundus; Voc. v. 1429. „Swaye oder Swayerey, armentum;“ Voc. v. 1482. MB. XXIII, p. 421, ad 1437 wird unter Sway auch der zu einer Schwaig (p. 408) gehörige Weideplatz verstanden. „Sueiglih hus, armentale, sueich-hus, vaccaritia;“ gl. i. 1233. „Curia swaigalis;“ Pass. Salbach v. 1322, Cod. Pass. 6, f. 4. 5. „Schwaighof, Schwaihof;“ MB. XVI, 50. „Sueich-rindir, pascuales;“ gl. i. 247. Schwaig, in der Bedeutung einer bloßen Rinder-Herde (Zeitschr. IV, 202), kommt noch in einer Ulmer Urk. v. 1418 bey Schmid p. 487, und in der Augsb. Bibel v. 1477 vor: „Dem warent schauff vnd schwaigen;“ ja, hier kann es, wenn dem fuerunt ei oves et boves der Vulgata Genes. 12,16 entsprechend, sogar das einzelne Rind (wie gl. i. 112. 1238) bedeuten. Dagegen sagt Avent. Chr. 250: „Constantinus ward getauft von Eusebio, Bischof zu Nicomedia, in einer Schwaig derselbigen Statt,“ (Landhaus bey derselben?). „Otto Graf von Dachau ward daselbs im wald erschlagen und ain hundt bracht sein handt mit ainem vingerlein gen hoff, da ließ die herzogin den wald abhauen und an dieselb stat das die mort geschach ain kirchen pauen, genant die Schwaig,“ (die rot Schwaig bey Dachau); Cod. bav. 2799, f. 33, schwaigen, Käse bereiten; MB. XVI, 53. 55. 58, ad 1444: „Das etlich Swaig in unserm Lande auch Käs schwaigen, und mit dem Kreuz zaichen ..“ „Wo des Gotshauses (zum heil. Kreuz in Donauwörth) Abt oder seine Vögte solhe Käse anderß geswaygt finden ...“ Schoßer: (steirisch) Alpe, Alm, Senn; schwoagen, Alpenwirthschaft treiben, auf die Alpen gehn, auch schwoagn gehn, schwoawerchn; Schwoagerin, Almerin, Sennerin. Der Schwaiger (Schwaəgə'), der Eigenthümer oder Pächter, der eine Schwaige bewirthschaftet. „Item Conr. Hintermair, Schwaiger zu Schleißheim, diese Schwaig an Herzog Wilhalmb verkauft umb 5000 fl.; alte Rechnung v. 1599, Wstr. Btr. III, 117. „Auch offen man euch, daß di Swayger auf sand Gallentag dienen sollen jr käsz;“ MB. II, 519, ad 1462; das. 107, ad 1466. „Vicesimo primo peccant armentarii i. e. sbayger vel sbaygerinn qui etiam dicuntur peculiatores qui his (13) diebus (in den 12 Tagen; s. Th. IV: zwelf) armentis dant speciales cibos vel potus;“ Thesaur. pauperum, Cod. Teg. 434, voce superstitio. Auf den Alpen des Berner Oberlandes heißt Schweiger derjenige erwachsene Senne, welcher die Käse verfertigt (Wyß, Reise p. 698), und wol in demselben Sinne werden auf den österreichischen Alpenwirthschaften die Sendinnen Schwaigerinnen genannt.

„Schwaəgerin, du bist mei˜ Freud,
wan mə' 's Küəál auf d' Albmə˜ treibt.“
„Und 's Vich áf dər Albm, dàs tuət schö˜ umməˊgràſn,
d' Schwaəgərin nimt iər Höə'nl, und tuət ſo liəbli blàſn;“

Alpenlied. „Schöné *Schwaəgrin*, schöne *Schwaəgrin*, sàg, hàst mi' no˜ geəˊn? — Grüənəˊ Jágəˊ, dei˜ *Schwaəgrin* is hárb, will nit hörn;“ Seidl, Flins. (3. Ausg.) p. 149. In Bayern wird der Ausdruck Schwaig von den Alpen-Hofhaltungen, die nur den Sommer über dauern, nicht gebraucht. Meidinger in seiner Beschrbg. von Landshut spricht p. 64 und 110 von 983 Schwaigern und Beysitzern, die diese Stadt neben 773 Bürgern zähle, und man sehe in deren Nähe große Wiesen, die sich mit zahlreichen Schwaigerhäusern und Gärten über eine Stunde weit ausdehnen. In der ahd. Sp. ist sueigari bubulcus, armentarius (gl. a. 504. 506. 541, i. 558, o. 382), was wieder zunächst auf Herde weiset. „Armentarius, swaigære:“ Ebersb. 228, f. 49ᵃ.

schwaigen, geschwaigen Einen, ihn schweigen machen; (mhd. sweigen, ahd. sueigan, Praet. sueigta; gl. i. 781. 1010. 1013. Notk. Ps. III, 8. VIII, 3. Graff VI, 860. BM. II, II, 790. Weigand, Wbch. II, 660. Birlinger 406. Zeitschr. III, 230,2. IV, 185). „Die hunde sint gesweiget;“ Labr. 360. „Fröude ist von im gesweiget;“ das. 563. „Wolt ir munt mir schwaigen den (Liebes-)jamer; Cgm. 714, f. 74. „Ich will jn damit schwaigen;“ Ingolst. Reime v. 1562. 633
„schwaigen, pacare, quietum reddere;“ Voc. v. 1618. „Virtutem primam puta compescere linguam. Geswaig dein zungen zu aller frist, wann sweigen die allererst tugend ist;“ Dionys. Catonis Disticha, Cgm. 72, f. 1. „Wenn man das Alleluja swaigt“ (alias hinlegt, niderlegt, claudit, deponit), d. h. Dominica Septuagesima; Cgm. 243, f. 131. Vrgl. (nach Gramm. §. 956, VI) schweigen.

Die Schwegel, Schwigel, Schwegel-pfeiffen, Querpfeife, kleinere und ältere Art der Flöte; Art Orgelpfeife; (mhd. swegele, ahd. suegala, suegela, suegila, in Glossen bald für fistula, bald für calamus, tibia, bald für chelys, barbyta, systrum gesetzt, wodurch sich der urspr. Begriff in den des angels., der Form nach freylich nicht damit vereinbaren, svêg, svôg, sonus, sonitus, musicum quodvis instrumentum, sveng, vibratio (Grimm I, 640), zu erweitern scheint. Graff VI, 857. BM. II, II, 766. Weigand, Wbch. II, 663. Zeitschr. III, 556,74. Zeitschr. IV, 108,37. VI, 206. Graff VI, 857. BM. II, II, 766. Weigand, Wbch. II, 663. Zeitschr. III, 556,74. Zeitschr. IV, 108,37. VI, 206). „Auch must mit schwegel und drometten zu nacht herumber gehn hofiern;“ H. Sachs 1560: II, II, 49. „Kan pfeifen auf der hülzen schwegel;“ das. IV, III, 62. Der Dichter der biblischen Paraphrase in Diut. III, 45 nennt auch die Speiseröhre eine suegelen (sieh Gramm. §. 853).

„Hà˜ 's *Schwégál* vóˊgélln, denk àlləwál drà˜,
tuət məˊ 's Deənál nét auf, bàl' I 's *Schwégál* nét hà˜.“

„El fiabuolo, die swegel;“ Voc. venez.-todecs. v. 1424. Cod. it. M. 261, f. 26. Das Windberger Psalter sec. XI. (Cgm. 17, f. 121ᵃ. 205ᵇ) gibt tympanum, Ps. 80,3, durch swegelbalch, und „in tympano,“ Ps. 149,3, durch „in der balchswegelen.“ 'swegelbein, Pfeife von Knochen; BM. I, 101.' „Mid trumbin ioch mid cymbilin mid phigilin und swegilbeinin, mid rottin und mid lyrin mid phiffin und mid sambuce;“ Diemer, Ged. 117,22. a) schwegeln, schwigeln, auf der Schwegel pfeifen (bey Ulphilas, Matth. XI, 17. Luc. VII, 32: svigljôn αὐλεῖν, ags. svêgan, svôgan (aus svang ...), sonare, tinnire überhaupt). „Sibilans, schwegelnt;“ Gloss. v. 1418. Bey Heppe: „schwigeln, den Hunden pfeifen." „swigeln, sibilare;" Cgm. 685. b) (im Scherz) einen guten Zug trinken. c) (von Kindern) pissen. Der Schwegler, Pfeifer; (ahd. suegalâri, nicht blos für tibicen, sondern auch für fidicen und spondealis). „Fistulator, swegeler;" Aug. S. Ulr. 50, f. 1^{b}. Vrgl. die Entstellungen schwibeln und schibeln.

schweigen (Praet. schweiget, schwig, — ä. Sp. swaig, conj. swige, — Partic. geschwigen), wie hchd., doch minder volksüblich; (mhd. swîgen: Praet. ich sweic, wir swigen, Partic. geswigen, — neben swîgete, geswîget; ahd. suigên, unablautend. Graff VI, 860 ff. BM. II, II, 787. 789. Weigand, Wbch. II, 659. Grimm, Gesch. d. d. Spr. 321: ahd. swîgên, ags. swigian = σιγᾶν, (σιFωπᾶν) σιωπᾶν. Dazu gab es ein subst. fem. suiga, silentium, taciturnitas, adj. suigal, taciturnus. „Das ich die heilig sweig nicht gehalten han;" Mett. 58, f. 66). ˋDas Geschweig: Geschweig geben; Vilmar, kurhess. Idiot. 377.ˊ geschweigens, adv., zu geschweigen, ne dicam. Der Schweig-Weck, (Wirzb.) Lohn für Verschwiegenheit. Zu der gewöhnlichen Tautologie stillschweigen findet sich Cgm. 717, f. 109 die dreyfache: „vil stille schwîgend gedage, und merke was man dir sage." Sieh schwaigen.

Die Schwiger, (O.Pf.) die Schwiegermutter, „uxoris mater, socrus," Voc. v. 1678, Avent. Gramm.; (mhd. swiger, ahd. suigar, suiger, suigir. Graff VI, 863. BM. II, II, 767. Weigand, Wbch. II, 664. 653. Vilmar, kurhess. Idiot. 379). „Deiner schwiger haus da zucht dich aus gar vast hindan ob du wilt han ped guten mut und eren" ꝛc.; Cgm. 379, f. 144. „Mit willen Conraden N. unsers schwehern und vaters, Tecle seiner eelichen hausfrawen unser swiger vnd mueter;" MB. X, 214.
534 215, ad 1509. „In der Stadt Leptin war ein Brauch, daß den ersten Tag, wann die Braut in jres Bräutigams Haus gieng, sie mußte einen Kessel oder Hafen von der Schwiger zu entlehnen begehren, aber daß die Schwiger jr solches abschlug. Dieß beschahe, damit sich das junge Weib jrer Schwiger Ungestümigkeit alsbald zu ertragen gewöhnen sollte;" Albertin's Guevara.

„I maə˜, I muəs mi henkə˜,
sagt di àldé Schwigo^{r}.
Sè, dà håst ə˜n Strik,
henk di au' dəmit,
sagt dé Jung glei' widə^{r}; altes Volkslied.

Castelli, Wbch. 253: die *Schwega^{r}*, Schwiegermutter; der *Schwiga^{r}*, Schwiegervater. Sieh Schweher, Schwâger, Geschwei.

Schwig-bogen, sieh Schwi-bogen.

schwigeln, sieh schwegeln.

Der Schweher, Schwehr, Schwêr, (O.Pf.) der Schwiegervater, „pater uxoris, socer," Voc. v. 1618; (mhd. sweher, ahd. suehur, suehor, sweher, goth. svaihra; Graff VI, 862. BM. II, II, 766 f. Weigand, Wbch. II, 653). „Für seinen Schwehr;" Amberg. Akten v. 1381. „Conraden unsers schwehern und vaters;" MB. X, 214. 215. „Swer, socer;" gl. o. 296. „Soliches swêres vnde solichero swiger;" Notk. Boeth. II, prosa 3. Sieh Schwiger, Schwager, Geschwei.

„Schwal, leuciscus, mugilis fluviatilis;" Voc. v. 1618.

schwál'n statt schwæren, sieh d. W.

Der Schwall, a) wie hchd., angeschwollene Flußmasse; figürlich: Menge. b) Neben-Canal, Rinnsal, das angeschwellt werden kann. „Sey ein todte Person den Schwal (in Augsburg) hinabgeschwummen, (1635, Decbr); Cgm. 4905, p. 262. ˋDer Überschwall, das Überströmen, der Überfluß; BM. II, II, 792.ˊ „Des hab wir als den uberschwal;" H. Sachs 1612: I, 203. Das Schwallbrett. „Cataracta ·i· obstaculum aquarum quod molitores vocant swalpret;" Windb. 170, f. 131^{a}. Sieh schwellen.

1) schwellen, geschwellen (gschwǫlln), Praet. schwellet, Part. geschwellt, a) wie hchd. (d. h. an-, aufschwellen machen, aufstauen, hemmen; mhd. swellen, ahd. suellan, Praet. sualta. Graff VI, 874. BM. II, II, 792. Weigand, Wbch. II, 661.). Mə˜ kunt d' Isə^{r} dəmit *gschwǫlln*, sagen die Münchner von einer großen Menge oder Masse. „Überschwellen, inundare, exundare," überschwemmen; Voc. v. 1618. ˋzerschwellen, ä. Sp., bersten machen, zertrümmern; BM. II, II, 793.ˊ „Homo vero qui ceciderat unda famulante ad navim defectus est, an daz schef zůswellot;" Abdiae Andreas apost., Em. d. 6, f. 35. b) Erdäpfel und drgl. schwellen, sie im kochenden Wasser aufschwellen machen, weich sieden. c) (Nürnb., Hsl.) fest schlafen und schnarchen.

2) schwellen, geschwellen, geschwillen (gschwǫlln, Praet. schwellet und schwul, Partic. geschwollen), wie hchd.; (mhd. swellen: ich swille, Praet. ich swal, wir swullen, Partic. geswollen; ahd. suellan: ih suillu, Praet. ind. sual, conj. swuli, Partic. gisuollan, turgere, intumescere. Graff VI, 873. BM. II, II, 791. Weigand, Wbch. II, 661). „Die Juden sluegen Chr. an sein wang, das im sein mund geswall;" Cgm. 121, f. 79. Sümleich geswellent ... salb sich damit, so entswillet sy;" Ebersb. 79, f. 204^{a}. „Verschwellen in der Kält. Verschwollene Thür, extumida janua;" Voc. v. 1618. Figürlich: g'schwoll'n, von Reden, welche unklug sind, z. B. I bitt di', red nöt so *g'schwolln* dahea^{r}; Castelli, Wbch. 157. „Wann d' Leut so *gschwolln* plauschen," ohne Halt und Gründe schwätzen; Seidl, Flins. (3. Ausg.) p. 223. 244. R.A.: „Den oder seinen Geschwollnen machen," sich blähen, brüsten. „Michel Veldthaler, so ein geschwollner und hochtragender Mann;" Erhard, v. Hüetterischen Wiedertäufern 1588, f. 60. Die Geschwulst, wie hchd.; (mhd. geswulst, ahd. gisuúlst. Graff VI, 875. BM. II, II, 793).
geschwulstig, (U.-Don.) von Brod und drgl., mürbe, 535
weich. Cgm. 17, f. 48: „tumorum, den suellen," also wol der swelle. Graff VI, 874. BM. II, II, 792. Vrgl. schwüllig.

Der Schwellkopf, (Aschaffenb.) eigensinniger Mensch; (Rheinpf.) Dummkopf. Vrgl. Schwollkopf.

Das Geschwell (Gschwǫll), die Schwelle, d. h. der Grundbalken oder das Zimmerholz, welches die Grundlage einer Wand, eines Thürgerüstes und drgl. bildet; (Graff VI, 874. BM. II, II, 792. Weigand, Wbch. II, 661). „Postis, geswelle;" Clm. 4350 (XIV. sec.), f. 1^{b}. „Limen, geswel;" Clm. 5387, f. II^{b}. Diefenbach 330^{a}. „(Als etwann geschach den wůchrern) wenn ainer gestarb in seinem haus so zoch man in under den schwellen naus und ward im der kirchhof verzigen;" Cgm. 379, f. 11^{b}. Birlinger 406: die Schwelle überschreiten. Das Thür-Geschwell, die Thür-Schwelle, sowohl der Grundbalken, über den man zu steigen hat, als derjenige, der die Wand über der Thüröffnung trägt. „Und empfangeten unter dem Thiergschwöll einander, und giengen nach zuegemachter Thier in das Zimmer;" Benedikt-Museum p. 180. „Das Übergeschwell, superliminare; Undergeschwell, hypothyrum;" Voc. v. 1618. In suuellim, in basibus;" gl. i. 899. „Basis, svalli;" Cod. Fris. 211, f. 34^{b}.

Das Vorgeschwell. „Wenn ein und anderer Unterhan von seinem zehendbaren Acker sogenannte Vorgeschwell liegen läßt und zu Wiesen genieset;" Ansp.

Zehend-Verord. v. 1747. Vrgl. d. vor. Wort. Jedoch ist auch ein blos figürlicher Zusammenhang nicht sehr einleuchtend. Daher etwa auch an das ahd. suole, suolinun, aratiunculae (? von suoha, aratiuncula, schwäb. Suech, Ackerbettl), gl. a. 526, i. 126. 250. 1075, zu denken. Graff VI, 143.

Der Schwell, (Schwefel?). „Man findet darauff (auf dem Fichtelberg) Schwell das man rhenisch golt nennet. Item daruff findet man lewt die do in bettlersweise daruff von Venedig gehn und dragen den schwell in schulsecken hinwegk ... dann allein die Venediger das rheinisch golt konnen recht schmelzen;" Matth. v. Kemnat, Cbm. 1642, f. 122^a.

Der Schwillen, das Geschwill, hchd. die Schwiele; (mhd. swil, ahd. suilo, gisuil, callus, cutis spissata; suillan, obcallescere. Graff VI, 872. BM. II, II, 790. Weigand, Wbch. II, 664). Obcalesco, ich swille; callum, swil; Gloss. Argentin., Haupt, altd. Bl. 352. „schwillig, callosus;" Voc. v. 1618.

Der Schwollkopf, Dickopf, Dummkopf. Mich dunckt er hab ein gschwoln kopf und sei zumal ein fauler dropf", (stehe nicht gern auf); H. Sachs 1560: III, III, 29^b. Cf. Schwellkopf.

schwul, (schwäb., Rhein) ängstlich, bange.

schwüllig, geschwüllig (gschwilli'), schwül. „Schwillig Wetter, coelum aestuosum;" Voc. v. 1618. „Das aufgeblasen schwüllige weltwesen;" Scherz. Sollte das Drückende, Erstickende gemeint, und Beziehung auf ein altes Ablautverb suellan, Praet. sual, plur. swullen, Diut. III, 95. 101 (sterben vor Durst oder Hunger; BM. II, II, 791^b,3), erlaubt seyn? Vgl. oben schwellen, aber auch das ags. svelan, urere, ustulare; Notk. Ps. 101,3. Muspilli 57: suilizon, arere. Graff VI, 872. Wackernagel's Wbch. Sieh auch schwilch.

Die, auch wol der Schwalben statt Schwalwen (Schwålbm, Schwålm — Dim. Schwälblein, Schwálwl, Schwáiwəl), 1) wie hchd. Schwalbe; (mhd. swalewe, swalwe, ahd. sualauua. Graff VI, 876. BM. II, II, 760. Weigand, Wbch. II, 653). Grimm, Mythol.² p. 637 f. Vgl. niederd. Swalk, Swolk; Zeitschr. III, 33. 432,269. IV, 276,13. V, 140,10. 276,10. 297. VI, 422. Schwale, sieh oben. Schwalbenlied:

Fèə't wiə mə' furt sán', wá'n ållé Kist'n und Kást'n voll;
huiə' wiə mə' kemə˜ sán', findmər ålls lár:
habt's ålls vo'titschlt und vo'tátschlt! (Repetatur.) ObrM.

'2) Ende des Strohdaches, Brettereinfassung; Birlinger 405.' Der Uttenschwalb, sieh I. Th., Sp. 177. schwälbeln (schwálwln, schwáiwln), zwitschern; plaudern; sich *ei˜schwáiwln*, einschmeicheln, (cf. oben, Sp. 622); „schwälblen, mendaciolo rem adspergere;" Voc. v. 1618, (etwa nach Tobias II, 11!). Birlinger 405.

Schwalch, sieh Schwalg.

schwilch, schwülch (gschwilh), schwül. „So es wirt vor hitz swilch;" Egen v. Bamberg, Cod. Palat. 455, f. 84. 'Cf. Vilmar, kurhess. Idiot. 380: der Schwulch, 1) drückend heißer Dunst; 2) stark hervortretendes Doppelkinn.' Sieh schwüllig.

---

636 Der Schwelfel (Schwəlfl), (O.Pf.) Schwefel, dem latein. sulphur ähnlicher, und doch wol blos Entstellung des schon gothischen swibls. „Sulphur, schwelig;" Clm. 4394, f. 143^b. s. oben: Schwell.

Der Schwalg, Schwalh, Öffnung des Schmelzofens; (ä. Sp.) Schlund; BM. II, II, 791: swalc, swalch. Weigand, Wbch. II, 653 f. Schwalk, (bey Phil. v. Zesen) Schwarm: „Mit einem großen Schwalk und Nachschweif von Edelen ... zog diser ganze Schwalk an den hof." schwelgen, schwelhen, wie hchd.; (ä. Sp.) schlucken, verschlingen; (mhd. swelhen: ich swilhe, Praet. ich swalch, wir swulhen, Partic. geswolhen; suelgan: suilgu, suilgis, suilgit, Praet. sualh, Partic. gisuolgan. Graff VI, 875. BM. II, II, 790. Weigand, Wbch. II, 661). „Die sel (animam) ez (das Ungeheuer) swalch und noz in sinem buche ez siv behilte;" Tungdalus, hg. v. Hahn p. 52,85. „Devoravimus, wir haben versuolhen;" Cgm. 17, f. 55. „Devorabit, frizzet, versuilhet;" das. f. 34^a. „Deglutivit, versualch;" das. f. 157^b. Der Swelch, des Swelhen und der Swelger, (ä. Sp.) der Schlucker, Trinker, Schwelger; (gl. a. 245: suelcho, suelko; 276: suelgari, gluto. Graff VI, 876. BM. II, II, 791). Der Beichtvater frage: „utrum bibat magnos haustus qui dicuntur ein slunt, vel parvos multos qui dicuntur seber, vel magnos et multos qui dicuntur swelher;" Rebd. 25, f. 209.

---

schwelk, schwelch, adj., welk; mürbe, gebeizt. Weigand, Wbch. II, 661. Zeitschr. V, 466. „Schwelck wird im meer was er (stella) rürt an;" H. Sachs 1560: II, II, 111 (von Meerwundern). „Swelk ruben, rapae exsiccatae, coctae, ano impositae contra haemorrhoides ... ruben die swelk sein gesoten;" Clm. 4119, f. 369. 499. schwelken, schwelchen, welken; (mhd. swelhen, ahd. suelchan, Praet. suelchta, und suelchon, chon, suelchota, marcere. Graff VI, 875). Das Malz „schwelken auf der schwelkbün;" Cgm. 3720, f. 71. „Also kitzeln sie das erschwelcht Fleisch;" Puterbey. à'schwəlhə˜, vo'schwəlhə˜ ꝛc. „Do was er (der veigenpaum) gar versbelt (= verswelt) vnd erdört;" (niederd. swelen, welk machen); Weigand in Haupt's Zeitschr. VI, 397. „Immarcescibiliter, unersuelchenlichen;" Cgm. 17, f. 137^a. Die Schwelk, Schwelch, Welkboden des Bierbrauers.

Der Schwalm, des -en, (schwäb.) die Schwalbe. Weigand, Wbch. II, 654. Vilmar, kurhess. Idiot. 377. Zeitschr. VI, 422,2. schwelmelen, schmeicheln mit Worten oder Gebärden, s. Schwalbe.

Der Schwalm, der Schwarm. Weigand, Wbch. II, 654. Dər Imp hàt ə˜n u˜g'heit'n *Schwålm* lass'n. Bey Phil. v. Zesen ist Schwalm Qualm: „Der neblichte Schwalm des elenden aus jenen wogen ausgedünstet," (cf. Vilmar, kurhess. Idiot. 377); im Voc. v. 1419: widerswalm vorago in aqua. Graff VI, 873. Diefenbach 629^a. Cf. Schwall.

schwalzen (?). „Die Huetterischen Brüder haben gute bratschete geschwalzene (geschmalzene?) Gesichter;" Erhard p. 48.

Der Schwammen, auch wol der Schwamm, wie hchd. Schwamm; (Diut III, 155: swamme, der ersten b. Form entsprechend; sonst in der mhd. und ahd. Sp. suam, auch suamb, suamp, fungus, tuber; dazu als adj. suammin, funginus. Graff VI, 878. BM. II, II, 760. Diefenbach 600^b. Weigand, Wbch. II, 654). „Tuber, molt-suuom;" Em. G. 121, f. 226. 'Für Pilz, boletus, ist gewöhnlicher: das Schwämmelein

(Schwámə-l), oder aber der Schwämmeling (Schwámə'ling). Cgm. 694, f. 129 steht „mit ainer padschwamen, also Femininum. Statt der Anrede „du Schwanz", brauchen manche zimpferlich: Du *Schwamə˜*, du *Schwámǝlin'*! Der Schwammerer, (b. W.) Geizhals. schwammezen, locker seyn, schwanken, einsinken, wie z. B. Moorgrund unter dem Fußtritt. Vrgl. aber auch schwaimen.

Der Schwaim, (b. W.) der schwebende Schatten; (mhd. sweime, motio, volatus, nach Gramm. §. 956, VI auf ein noch im holl. zwîmen bewahrtes Ablautverb schweimen weisend. BM. II, II, 793). „Ze sweime gân:" Nîth. II, 3. „Wan Spreyer oder Schweimes (??) gemahlen würdt;" Mühlord. Cgm. 4915, f. 47, (nachzusehen auch in Cbm. 3253). schweimen, a) (ä. Sp.) schweben; (mhd. sweimen, sweimete, neben swîmen: Praet. sweim, Partic. geswimen. Graff VI, 879. BM. II, II, 793. Weigand, Wbch. II, 660). „Der Vogel schwaimet in den luften;" Titurel, cap. XIX. Wernher's Maria 28. 85. Über Vater und Sohn „ain weiße taub schwaimet die emet und haimet;" Cgm. 714, f. 198. „Zu Wirtzpurgk was er da haymen was fliegen mocht oder schwaymen das kont er malen oder schnytzen;" Rosenblut, Domherr und Maler, Gießner Hs., V. 5—7; ʽ(Haupt's Zeitschr. IX, 174; vgl. Keller, Fastnachtsp. III. 1180).ʼ „Die sunne sweimet so wunniglich enbor;" altd. W. II, 214. III, 197. 236. „Daz ie kain ar so hohen flug erswainde;" Diut. II, 249. b) schweifen, wandern; (isl. sveima, circumferri.) Benecke's Nîth. p. 392. 419. „Ain umbschwaimender lediger Schneiderknecht. Hin und wider schwaimen;" Akten v. XVI. Jahrh. schwaimeln, schwaimezen, (O.Pf.) schwindeln, schwankend, schwindlicht oder matt einhergehen; (cf. dän. besvime, schwindeln, ohnmächtig werden). „Die Völker
537 am Rhein waren gleich im Schweimeln," (wollten abfallen); Av. Chr. 127. „Iətzt bleib I i˜ 'n Wirtshäusl und *schwámǝl* (schwaəmǝl) aft z' Haus; villeicht schlaf I d' Liəb mit'n Räuschəl z'gleich aus;" Seidl, Flins. I, 99; (3. Ausg.) p. 24. 331. Castelli, Wbch. 253: *schwámmeln*, etwas versehen, fehlen aus Schnelligkeit. Er kä˜ kám *schwaəməzn* vor Mattigkeit; Castelli, Wbch. 252 f. Der Schwaimel, Schwindel; (Zips); niederd. *Swimel*, Zeitschr. V, 70,60. Vilmar, kurheff. Idiot. 379. Firmenich I, 320,305; cf. 102,27: *schwiemschlächen*, ohnmächtig hin und her schwanken. schwimeln, schwindeln; Vilmar, a. a. O. „Wem vor den ougen schwimelt;" Clm. 5931, f. 241. ʽschwimelig, adj., schwindelig; Zeitschr. VI, 482.ʼ g'schwaəmi', adj. 's Beckə˜brod is *g'schwaəmi'*, 's Hausbrod is kirnigə'; (ObrM.). Cf. schwimmen, schwaifen, schweben.

schwemmen, wie hchd.; sieh schwimmen. Weigand, Wbch. II, 662. (ä. Sp.) über ein Wasser, darüber setzen, schwimmend, fahrend, (cf. rennen); Haupt's Zeitschr. III, 274. BM. II, II, 794. „N. ain wagen het, do warn vir roß gespannen an. ross, wagen und alle dise (funff und zwaincz) man er oberhalb der pruken zu ainander hieß ruken, und swampten über dy Tuna ...;" Mich. Beham, Wiener p. 142,14. „Der von Lihtenstain und der toß swampten über des waßers floß;" das. 301,24. „Auch swampten ir vil durch dy Mark;" das. 301,29. Der Schwemmer oder das Schwemmerschiff, eines der bey einem Saizzug vorkommenden.

schwimmen (Praet. cond. schwimmet, schwum und schwám, Partic. geschwummen), wie hchd.; (mhd. swimmen: Praet. ich swam, wir swummen, Partic. geswummen; ahd. suimman. Graff VI, 877. BM. II, II, 794. Weigand, Wbch. II, 665. Zeitschr. V, 410, II, 7). Castelli, Wbch. 254: *schwimmá*, im Verluste sein, besonders beym Spiel. ʽVgl. d. vor. Wort.ʼ Vgl. das abgeleitete schwemmen; ja auch schwaimen und schwaiben, und Grimm II, 71. Der Schwimmer, (Wien) eine in Federn hangende Kutsche. Wol vom obenauf Schwimmen heißt der Schaum in den VII Com. Schwima, im Canton Schafhausen der Schwumm.

---

schwánə'n, (Straubing) schwatzen. Gê, thaə˜ mər aə˜s *schwánə'n*. Vielleicht nach Gramm. §. 447 richtiger schwändern.

Der Schwan, des Schwanen, wie hchd.; (mhd. der swane, swan, gen. des swanen, ahd. suano, suan, suon, genit. suanes, neben dem üblichern albiz, isl. alft, böhm. labut; Graff VI, 879. BM. II, II, 761. Weigand, Wbch. II, 654); am Mayn und Rhein: die „Schwone," (gl. a. 72: suana). Cgm. 714, f. 2. 7: der Schwann, des Schwannen. Die Schwanenhütten „im Graben hinder der Neuvest" zu München, a°. 1593; Cbm. 2095. Grimm, Mythol.[2] p. 398 ff. Der Ortsname Schwangau, in der dortigen Ausspr. Schwaə˜gə, scheint nicht hieher zu gehören, außer es läge etwa Schwôngau zu Grunde. Gramm. §. 334. Vrgl. oben, Sp. 296: suanering, swaner. Über Hiltbolt von Swanegöw, den Minnesänger, sieh Laßberg, L.S. II. B., S. LXVI, altd. Museum I, 17. In dem Gedicht von der Ravennaschlacht kommt ein Sturmholt von Swangau vor, und RB. IV, 776, ad 1282: „Georius et Henricus fratres dicti de Swangowe." Noch weniger gehört hieher Schwandorf in der O.Pf., welches früher Swainkendorf, Swankendorf hieß. „In villa Suainicondorf juxta ceruleum fluentum Naba;" Pez, thesaur. I, III, 111, circa an. 1011. MB. XXIV, 48. 151, ad 1263. „Scripsit Conradus Schreibar de Swainkendorf;" Clm. 6338. 6488 2°, sec. XV., 1440. Swaingdorff, 1458; Clm. 14142, f. 132. „Statt Schwaingdorff, 1504; Cbm. 1933, f. 144. cf. Förstemann II, 1343), und an den altnordischen Eigennamen Sveinki (eigentl. puerulus, von isl. sveinn, puer, ahd. mhd. swein, Hirte, Knecht, wie noch im Lippischen Swein, Schweinhirt, (Greverus); Graff VI, 881. BM. II, II, 767 f. Grimm, Gesch. d. d. Spr. 1014. Haupt's Zeitschr. IX, 532. Vilmar, kurheff. Idiot. 378. Zeitschr. IV, 61: *Schwainer*. V, 297. Firmenich I, 46,20: *Swen*. Cf. engl. swain, junger Bursche; Müller, etymol. Wbch. d. engl. Spr. II, 428), wovon auch der Familienname Schweiniche, erinnert.

schwanen, (Nürnb.; Weihers: schwon, Dr. K. Roth): es schwant mir, ich habe ein Vorgefühl, ich ahne. Weigand, Wbch. II, 655. Birlinger 405. Vilmar, kurheff. Idiot. 377. Zeitschr. V, 91. „Wàs mə-r-à˜schaut, lasst aə˜n 's *schwanə˜*, heu˜t is gàr ə˜ bsundə's Fést;" Seidl, Flins. (3. Ausg.) p. 168. „Und wann ə' də' bschaffm bi˜, so wiə 's mə' *schwant*, so wer' me' hàlt dó' no˜ ə˜ Pàr mitənand;" das. 243. „Hat jn geschwant," ist ihnen angst geworden; Hieron. Harder v. Überkingen (1577), Cod. iconogr. 3, f. 169ᵇ. Niedersſ. swanen und swanden, welches wol die eigentliche zu Schwand (von schwinden, deficere) gehörige Form, und also mit dem gleichbedeutenden schwindeln eines Herkommens ist. Sieh diese Wörter.

schwainen, (schwäb.) schwinden machen, abnehmen machen, verzehren, verlieren; (mhd. sweinen, ahd. sueinan, Praet. sueinda, nach Gramm. §. 956, VI zum Ablautverb suînan, sieh schweinen, gehörig. Graff VI, 883. BM. II, II, 802. Birlinger 406). „Ze hant sind mir verswaint alle pîn;" Cod. Laßberg. „Alles des pluts, das ymmer verswaint und vergossen wirt..." „Chr. verswaint sein blut als gar, das jn die juden schatztent funfzig jar alt, da er nun dreissig jar alt was." „Blutverschwainer Christus; Cgm. 456, f. 52. Vgl. Vilmar, kurheff. Idiot. 378: Schwên.

schweinen, (schwäb.) schwinden, abnehmen, sich einziehen (durch Austrocknung, innere Auflösung, wie Holz, Glieder des Leibes 2c.; mhd. swinen: Praes. ich swîne,

Praet. ich swein, wir swinen, Partic. geswinen; ahd. suînan. Graff VI, 881. BM. II, II, 801. Weigand, Wbch. II, 665. Zeitschr. II, 393,62. Vrgl. schwin-
638 den und Grimm II, 71). „Attenuati sunt, erdunnet, versuinnen, verarmet, ermageret sint;" Cgm. 17, f. 206. „Alsus swein (verschwand) die gezierde;" Diut. II, 252. „Der mâne (Mond) wahsit unde swinet;" das. 164. „Obstupuerit, swein;" Clm. 4606 (XI. sec.), f. 91. „Daz blût ferswinet in gar;" Griesh. Pred. I, 116. „So ez (daz manna) die sunn beschain in dem taw, so verswain sein chraft vor ir angesicht daz man sein da vant nicht;" eine dem oberbayr. histor. Verein 1. März 1843 angebotene metrische Verdeutschung der 5 Bücher Mosis (sec. XV. 2°), fol. CCIIII. „Dem lîp und leben swînet;" Labr. 252. Nach dem Erdbeben von 1601 sind zu Lucern „etlich brunnen nach und nach hinweg geschwinnen und erst uber vil jar wider kommen;" Gesch. Fr. III, 110. „Die schweinend Ettich;" Nomencl. v. 1629, p. 211. „Ethica, schwinet siechtag;" Clm. 4394, f. 177. Die Schweiné, Abnahme. Im Augsburger Tagblatt wird (1851, October) gegen den Schneckenfraß in der Wintersaat empfohlen, „Gerstenspreu (im Provincialausdruck Gerstenschweines) auf den Acker zu streuen. '(Zu schweinen, schwinden? Vrgl. das folg. Wort.)' „Die Schweinsucht, ethica, Schwindsucht;" Voc. v. 1429. Sieh schweinen und schwinden.

Das Schwein, oft aber auch die Schwein, (was in der That an ein aus sû gebildetes ursprüngliches Adj. suîn, freylich schon goth. svein, etwa wie gum-ein, ἄρσεν, gvin-ein, θῆλυ, gait-ein, ἔριφον, mahnt; sieh oben, Sp. 198: Sau, und vrgl. Sp. 296. Graff VI, 63. 880. Grimm, III, 329. 338; Gesch. d. d. Spr. 340. BM. II, II, 795. Weigand, Wbch. II, 660. Zeitschr. IV, 312 f.: Namen des Schweins. V, 69,46.47. 73,114). „Von einer faist- oder abgedechleten Schwein." „Schindfleisch von der Schweinen;" Weixer, Pars III., diss. I, 34. „Ein wilde, eine stinkente, viechische, fleischliche ꝛc. Schwein. Die bratne Schwein ꝛc.;" Selhamer. Die Schweinin, Schimpfwort gegen Weibspersonen. In der Scheirer Dienstord. Cgm. 699 werden die Swein geschlagen, abgeschlagen, nicht gestochen, — ein Verfahren, das, wol mit Recht, durch unsers verdienten Hofrath Perner's Verein gegen Thierquälerey neuerdings empfohlen wird. schweinen, adj., vom Schweine; (mhd. swînîn; BM. II, II, 796): ə˜ *schweinə˜s* Brádl. Sünde: „dy sweinen fleisch außprennen vnd essen das an dem sampstag;" Rogg. 28 (sec. XV. exeunte), f. 143. „Die sweinin smaltz ausprennent und an essen machent" (sabbato); Asp. 31, f. 25b. „Duos uuantos hispidos sullinos aut fiberinos vel vulpinos" verlangt Br. Froumund im Cod. Teg. 1008, p. 62. '(Gehört nicht hieher; vgl. Diefenbach 566a: sullus, otor, otr, animal in flumine canini capitis et est inimicus crocodilo," also Fischotter).' Hàlb leinə˜, hàlb *schweinə˜*, von verschiedenen Stoffen; s. Th. II, Sp. 1480. Das Nerschwein, Gegensatz des Mästschweins. BM. II, II, 795. s. Th. II, Sp. 1757. Für den bey Grimm II, 12 und III, 332 vermutheten Zusammenhang mit suînan, tabescere, kann auch sprechen das ags. svind (arvina, Speck) neben svindan, tabescere. Die Schweinsfeder, (im ältern Kriegswesen vor Einführung der Bayonnette) Stecken, mit spitzem Eisen beschlagen, und vom Soldaten nebst der Flinte zu handhaben, um nach Gelegenheit in tragbare Balken gesteckt zu werden, die als spanische Reiter dienen sollten. Exercitium mit Schweinsfedern, abgebildet im Cbm. 3239, fol. 111—137. 'Schweinigel, Zeitschr. V, 69,46.47. VI, 157.' „Swînrüden wol genozzen;" Labr. 461. Die Schweinitz, so heißt bey einigen Münchner Brauern (Thorbräu, Duschl, Zacherl(?) eine Art Trinklocales; (Aurbacher, 18. Juni 1839).

Der, die Schwand, Abnahme, die irgend ein Material durch Eintrocknung und andere drgl. nicht zu berechnende Umstände erleidet; Graff VI, 885. BM. II, II, 799. Kastenschwand (des Getreides auf den Kornkästen), Kellerschwand, Buttenschwand (bey Weinen), Kassenschwand. Das schwanen, deficere, bey Stalder II, 360, wol blos Aussprache von schwanden. Sieh schwenden, schwinden und Schwund.

schwandern. „Wir variren und schwandern mit unser Sprach nit also wie Utzinger;" Scherer gegen Utzinger 1589, p. 32. Cfr. oben, Sp. 634: schwánərn, engl. to squander, verb. act., verschwenden. (Müller, etymol. Wbch. d. engl. Spr. II, 388) und česk. švanda: tam bude švanda, to bude švanda, da (das) wird ein Jucks, eine Lustbarkeit seyn; Sommer, Prachinerkreis p. 123.

schwenden (schwentn), schwinden oder abnehmen machen, verschwinden machen, zu Grunde richten, vernichten; (mhd. swenden, ahd. suentan, Praet. suanta, Partic. gisuentit, gisuant; Graff VI, 885. BM. II, II, 800. Weigand, Wbch. II, 980. sieh schwinden). „Ja hette sie (die Anna, acc.) daz Fasten ein tail geswendet;" Wernh. Maria p. 32. Laid, Frêud schwenden Einem, (ä. Sp.) es, sie ihm benehmen. Ein Gut, ein Holz abschwenden (àbischwentn), es durch üble Wirthschaft zu Grunde richten. Grimm. Wbch. I, 112. Birlinger 406. Im Cbm. C. 22, f. 265 steht in einer Tegernseer Notiz: „das die rinder auf dem berg abgeswennt oder gesigen sein." „Wie got die welt verswendet," (am Ende der Tage vernichtet); Diut II, 250. „Da slindet fleisc min suert, wande iz die fleisclichen suendit; das. III, 135. „Warte zu dir selber, ê dich die zeit verswende;" Valkn. 73. Coriander ist guet auff die scrophulas gelait, wan sy verswendet sew all fuder;" Clm. 5931, f. 216. In der Landwirthschaft des O.L. gilt 639
schwenden vorzugsweise vom Wegschaffen hinderlicher Bäume, Holzanflüge, Gesträuche, indem man sie (gewöhnlich bey krankem, d. h. abnehmendem, Mond) durch Anhauen, Anbohren, Abschälen und drgl. erst abstehen und verdorren macht, und dann wegräumt oder verbrennt. Zeitschr. VI, 206. schwenden, (Pseud. Jir.) den jungen Nachwuchs ausrotten, aber nur bis hiffelmäßig; '(s. Th. II, Sp. 1057).' Cf. Grimm, Gesch. d. d. Spr. 745 und den Namen Schweden, schwed. Swedie land. — Castelli, Wbch. 253: *schwendn*, schelten, schimpfen. Der Schwender (Schwentár; Pinzg., Hübn. 671), a) Knecht, der die Alpe von Staudengewächsen zu reinigen hat. Die mhd. Sp. hatte in diesem Sinne ein einfacheres der swende oder suant, namentlich das prägnante Waltswende für einen Speere verbrauchenden kühnen Recken. BM. II, II, 800. Vgl. auch volcswende in W. Grimm's Grave Rudolf, 2. Ausg., p. 14,26: „Ist ein rechte wilde diet und ne ruchen ummez leben niet und sizzen an des meres ende und heizent volc svende;" — und tugentswende bey S. Helbling VII, 1255: „Gên der helle brenden sul wir ninder lenden, dâ die tugentswenden trûren." BM. II, II, 800. b) Der üble Wirthschafter. Des is kao˜ Hausə', dés is ə˜ Schwentə'. Das Geschwand, Geschwend (Gschwant, Gschwent), auch wol die Schwend, Schwendé, a) die Handlung des Schwendens: I˜s *Gschwent* gê˜. Leutschwend (Lèd-schwent, b. W.) calamitas; s. Th. II, Sp. 1437. 1438. 1538. Sollt dés nét ə˜ *Leutschwendt* sá˜, we˜ ˜s 'n ganzzn Summə' réngt! b) der dadurch zu Weide, Graswuchs oder Acker gewonnene Platz; (ahd. Sp. in beiden Bedeut. suendi, suente, fem.; Graff VI, 886. BM. II, II, 800). Von solcher Behandlung haben manche Örtlichkeiten, besonders Bergwiesen und Berghänge, ihren Namen. Graff VI, 885. Förstemann II, 1346. Zeitschr. IV, 161. VI, 206. „Ein wismat ze Olstat gehaizzen des Chresen Geswent;" MB. IX, 31, ad 1368. Geswende, RB. II, 189. „Ein dem Geschwant;" Berchtesg. Urk. „In loco qui dicitur Suuant;" Cod. trad. Emmeram. bey Pez thes. I, III, 130. Koch-Sternf.

II, 54. „Villa *Suuantha*," (Schwand); Reg. Bav. I, 181, ad 1146. „In sylva nuncupante Archinsoventi;" Meichelb. Hist. Fris. I, II, 56. „(Zi) Argin suenti;" ibid. II, II, 318. 442, ad an. 924. 938. (Bey Notk. Ps. 9,1 figürlich: ze suéndi, ad damnationem; Graff VI, 886). Gschwent ein Dorf im L.G. Pfaffenhofen, ein anderes im L.G Mitterfels. Gschwendtner, Familienname. 'Der Schwendstrumpf, Schwendling, (Tirol) Strumpf ohne Fußtheil; Zeitschr. III, 332. VI, 206. Schwendtage, (Elsaß) Unglückstage; das. 14.'

schwinden (schwintn, Praet. cond. schwindet, schwund, schwänd, Partic. geschwunden), a) wie hchd.; (mhd. swinden: swinde, swant, swunden, geswunden; ahd. suintan, tabescere, deficere; [angels. svindan, verschieden von der zu geschwind gehörigen Form svith]; Graff VI, 883. BM. II, II, 798. Weigand, Wbch. II, 664. Birlinger 406 f. Vrgl. schweinen und Grimm II, 71). „Der Anna N. haben jre Arm geschwunden;" Inchenhof. Mirakel 1605. Die schwindende Sucht, Schwindsucht. Das Schwinden am Leibe, (tabes). Als Mittel dagegen scheinen folgende Dinge ihre Benennung zu haben. 'Die Schwind, (O.Pf.) pinguicula vulgaris L.; (Altb. Zitrachenkraut). Der Schwindbeutel, (Moll, Zillerthal) lederner Beutel, mit allerley Kräutern, Kirchhof-Erde, Ackermaus-Ohren ɩc. angefüllt, um Kühen, die die Schwindsucht haben, an die leidenden Theile gehängt zu werden. 'Die Schwindgrube, (Augsb.) Kloake; Birlinger 407.' Das Schwindholz, jährige Sprossen von der Esche (fraxinus excelsior); die Schwindwurz, Wurzel des großen Schellkrautes, Chelidonium majus; Nemnich I, 1010. Beide gehören in den obigen Schwindbeutel. b) geschwinden (gschwintn). Es geschwindet mir, hat mir geschwunden (scilic. die Macht, w. m. s., Th. II, Sp. 1563), es vergehen mir die Sinne, ich bin schwindlich oder ohnmächtig geworden. R.A.: Da möcht Einem geschwinden! das ist entsetzlich! „Syncopis geswindin est ablatio sensus et motus in corpore;"
540 Cgm. 649, f. 580. Der Schwinderling, a) (Prasch) Maulschelle, (wol eine gründliche, worüber Einem Hören und Sehen vergeht; vrgl. Stalder II, 360: Schwändte, Schwindte). b) (P. Gansler 61. 109. 279) verächtlich: der Kopf.

schwindeln, a) wie hchd.; (mhd. swindeln, ahd. swintilôn; Graff VI, 884. BM. II, II, 799. Weigand, Wbch. II, 664). b) Es schwindelt mir, es ahnt mir, ich befürchte; wol eigentlich: es schwindet mir die Zuversicht, die Hoffnung; sieh schwanen statt schwanden. əs *ſchwindlt* mər àllwə, I wer' mit də' langə~ Nàſn à'ziəgn.

„Wenn Essen und Trinken den Himmel soll geben,
darf ich wohl hoffen aufs ewige Leben;
steh doch in Sorgen und schwindelt mir schier,
es hab auf der Seiten ein andere Thür; Volkslied.

schwindlisch, adj., schwindlich.

geschwind (gschwind, gschwinn', gschwing, gschwink), a) wie hchd., als Adj. und Adv.; (BM. II, II, 798. Weigand, Wbch. I, 424. Zeitschr. V, 415,27). Als bloßes Adv. wird es im O.L. auch für: bald, gleich, allsogleich, illico, mox, gebraucht. *Gſchwind* dà óbm, gleich da oben. I küm *gschwind*, ich komme gleich. Oft werden in adverbialer Bedeutung die eigenen Formen: geschwindig (gschwindi), geschwinds (gschwinns, gschwints), sogar geschwinds-ig (gschwindſi') verwendet. In der ä. Sp.: b) gewandt, schlau, listig. „Abgefiert, listig und geschwinde Köpf." „Einen geschwinden Fund erdenken;" Voc. v. 1618. Av. Chr. 393. 435. „Der Juden wucherlich geschwind Handtierungen;" L.O. v. 1553, f. 167. „Mange leute sint so swinde '(karg; vgl. dieses Wort: Th. II, Sp. 1291)' daz si irem teglichen gesinde des brotes etswenne niht geben wollen;" Renner 5283. „Kärge leute ... die mit böser kündikeit bedecken wöllen ir swindikeit; das. 5468. Geschwinde Practica, (franz. des intrigues). Geschwinde Kriegslist, Kriegsgeschwindigkeit, (Stratagem); Frundsperg. „Geschwindigkeit, bonus dolus, astus;" Voc. v. 1618. c) unruhig, gefährlich. Geschwinde Läuff, (unruhige, bedenkliche Zeitläufe); in Schriften des XVI. Jahrh. passim. d) kräftig, stark, heftig. Ein swinder slac, swinder zuc ɩc. Nibelungen, Lachm. 459,2. 1864,1. 1987,4. 1504,1 ɩc. „Maria stuend in swindem smerzen bei dem krewz, und waint von herzen;" Stabat mater ..., Cgm. 715, f. 70. „Quia eum diabolus cum validis 'i' geswinden temptationibus cadere facit;" Monac. Augustin. 84, f. 69^{b} (v. 1460). „Von der red wird mein leid noch schwinder;" H.Sachs 1612: I, 220. In der eigentlich hochdeutschen alten Sprache habe ich außer den etwa hieher gehörigen weiblichen Namen (Förstemann I, 1135. Grimm, Reinh. p. CCXLV): Adalsuind, Amalsuind (gl. i. 1093), Irminsuuinda (Meichelb. Hist. Fris. II, II, 50) ɩc. dieses suind noch nirgends gefunden. Allein im Gothischen hat svinth, im Alt- und Angels. suith ebenfalls die Bedeutung kräftig, stark. Letzteres wird sogar zur Bezeichnung der rechten (als kräftigern) Hand gebraucht, sowie das Adv. suitho für valde, sehr, gilt, völlig entsprechend dem noch jetzt in Nordfranken also vorkommenden schwind (schwinn; Weihers: schweng, Dr. K. Roth). Zeitschr. I, 237. 285,1,7. II, 46. 277, III, 19. III, 404,15. IV, 239,7,14. V, 184. Im schweizerischen gschwidt (klug), schwidtig, heftig, rasch, mag auf alt- und angels. Weise, oder vielmehr nach Gramm. §. 566, 567 das n ausgefallen seyn.

Der Schwund, die Abnahme, das Schwinden. „Do stöckt dä' Hund, dä' Däm kan si nöt rührn, dä' Beutel hat 'n *Schwund*;" Lindermayr 123. Sieh Schwand und schwinden.

Der Schwang, wie hchd.; (Graff VI, 887. BM. II, 541
II, 805. Weigand, Wbch. II, 655). „Ein Werk in Gang und Schwang bringen;" Lori, Brg.R. 430. Weinpfähle sollen die „Probe durch den Schwung halten," — „schwung- oder schwänghaltig seyn;" Wirzb. Verord. v. 1766, 1776. Der Abschwang. In Abschwang kommen, das Gegentheil von: in Schwang kommen. „In Abschwang gekommene Quartalsberichte;" Hofr.-Ord. v. 1750. überschwänglich werden, das Gleichgewicht verlieren. Sieh Schwank.

schwanger, wie hchd.; (Graff VI, 887. BM. II, II, 805. Weigand, Wbch. II, 655. Cf. isl. svângr, jejunus. Für gravida heißt es bey Tat. 5,7.12.135: so scaffana, bey Jac. v. Maerlant, Cgm. 41, f. 2. 106: „si was besweert," und cesk. samodruhá, von sama druhá, selb ander; Dobrowsky, Gr. 78). Dafür steht im Voc. venez.-todesco, Ms. v. 1424, f. 50^{b}: „swangel, gravida." Cgm. 398, f. 101: „So das weib geswanger wirt;" ibid. f. 107: „Wan ein fraw geswangen wirt." „Sein peutel ist im swanger gar selten hat er beraits gelt," (also eher krank, als voll); Jacob Veter, im Cgm. 1113, f. 132. „Die junge fraw ward swangerhaft;" H. Sachs 1612: V, III, 100 (1560: V, 386). Die Schwangerhait; das. 1612: II, III, 243. 335. „Der jungfrau mutter auf die zeit die gieng mit großer swangerheit;" das. I, 231. „Er swangeret daz unreht, parturit injustitiam;" Cgm. 17, Ps. 7,15; „suangerenten, foetantibus," Ps. 77,76. Graff VI, 887. cfr. Grimm II, 37. 135.

schwingen (Praet. cond. schwinget, schwung, schwäng, Partic. geschwungen), wie hchd.; (mhd. swingen: ich swinge, ich swanc, wir swungen, geswungen; ahd. suingan. Graff VI, 886. BM. II, II, 802. Weigand, Wbch. II, 665). Die ursprünglichen Formen suingan und suinchan scheinen schon früh vermengt worden zu seyn, wie selbst das angels. svingan, caedere, verberare, und swincan, laborare; (Grimm, II, 36, nr. 403 und 37, nr. 416. BM. II, II, 805). Zu letzterem möchte unsere R.A.: „Etwas nicht erschwingen können," wenn sie nicht ganz figürlich zu nehmen ist, gehören. Dem swingan entsprechend, hat noch das Voc. v. 1618: „Einen/ schwingen, librata manu caedere, libratis ictibus afficere." Auch sagt man: den Flachs schwingen. Davon „Schwing, napta, purgamentum lini," (Monac. Francisc. 248, f. 226. Diefenbach 375ª) und (schwäb.) die Ä-schwingen, ausgeschwungene zerbröckelte Häute der Flachsstengel, ahd. Sp. â-suinga, sieh I. Th., Sp. 1: *â* —, Grimm Gramm. II, 706; bey Stalder: das Ausschwing, in der Wetterau: die Urschwinge, (wie Urschlechten, s. Th. I, Sp. 134, und oben, Sp. 499. BM. II, II, 804. In der Bedeutung: heftig bewegen, und (neutr.): sich heftig bewegen, scheint der Grund sowohl von laborare, als von caedere zu liegen. „Anasuanh, invergit;" gl. i. 776. (Im Kampfgewühl) „kam geswungen ein rotte her, die andere hin ... der wint durch kornes fluor so toebelichen nie geswanc;" Konr. v. Wirzb., Turnei von Nantes 129. „Darumb so must er jhn mit guten waichen und hartfölligen ruten den seinen leib gar wol durchschwingen;" H. Sachs 1560: II, IV, 66. „Bunden jhn an ein seul sein leib mit ruten jhm durchschwungen das jhm die striemen rot auffsprungen;" das. 124ᵇ. `„ungeschwungen heißt eigentlich, das nicht geschwungen ist, als unreines Futter, nasse Wäsche, non ventilatum;" Frisch II, 251ᵇ.´ „ungeschwungen, (Nürnb.) ungeschickt. Eine „ungeschwungene Lug", (derbe Lüge); Alberus. „Ungeschwungene Gotteslästerung;" Stöger, Sigl's Gesch. der Münch. Geißeln p. 179. „Die pewrin ungeschwungen aß; der pawr sie anreden was: mein alte, thu jhm nit zu vil;" H. Sachs 1560: II, IV, 122. „Bist krank an den pfifferling, welch du ungeschwungen hast gefressen und geitzig trunken aus dem bach;" das. V, 405. Cf. Th. II, Sp. 1351: knollet, z. B. trinken; H. Sachs I, 1067. Die Schwinge, wie hchd.; BM. II, II, 806. Weigand, Wbch. II, 665. Zeitschr. IV, 219: Schleuder zur Niederhaltung der Pflugruthe. ə˜ *Schwing* voll Holz. Im Ross*/schwingə-l* gibt der Knecht den Pferden für; (ObrM.). Das Geschwing, (Jäger-Sp.) die beiden Flügel größerer Vögel. Das Schwingmues, Art fetter Alpenmehlspeise. Sieh Schwang, Schwunk, Schwank und schwenken.

geschwing statt geschwind, — wol blos Aussprachform, obgleich schon Cgm. 582, f. 89ª geschbing zu lesen ist.

Der Schwung, wie hchd.; figürlich: Etwas im Schwung haben, einen Schwung kriegen zu etwas, (Fertigkeit); einer Person zu viel Schwung lassen, (Ungebundenheit); einen Schwung haben, (gut von statten gehen). BM. II, II, 805: swunc, swüngel. Weigand, Wbch. II, 667. „Maz diu swanc ein swüngel ûz dem kopfe," that einen Trunk aus dem Geschirr; S. Helbling I, 1004. `Vgl. mhd. der swanc und der swengel.´ „Auf der lilgen stengel da sitzt der frewden schwengel das ist der schwann;" Cgm. 714, f. 2. Sieh Schwang und schwingen.

Der Schwank, a) (figürlich) wie hchd.; doch fast nur in der Formel: Schwenk machen, mit Lügen umgehen; der Schwenkmacher, Mensch, auf dessen Wort man nicht bauen kann. „Hyet ich dy künigin zw einem weib und graff Hansen von Diernstain leib und der von Venedig gut und der von Ulm ubermut und der von Zürch tükg und des von Maylannt gelügk und der von kostnitz swangk so gäb ich umb all werlt nicht ainen stand;" Burgh. Jes. 6, f. 1. schwenklich, geschwenkig, adj., (ä. Sp.): „... war ein Doctor der Arczeney ein freundlich geschwendiger man;" H. Sachs 1560: IV, III, 94 (1612: IV, III, 202). „Der war auch gut schwencklicher art; das. 1560: V, 385. b) eigentlich (ä. Sp.): Streich, (Graff VI, 887. BM. II, II, 805. Weigand, Wbch. II, 655; Zeitschr. VI, 528,13) holl. zwenk, coup, tour, mouvement. „Swertes swanc;" Nibelungen, Lachm. 1887,2. 2313,2. „Drîe swanke," (Fechterstreiche); Gudrun 359,3. Der Überschwank, das Übertreffen, excellentia; Cgm. 653, f. 193. BM. II, 542
II, 806. „Hinasuanch, impetus;" gl. i. 567. c) „Slahe den teic daruf mit eime swanke;" Kochbuch im Wirzb. Cod., 20. und 38. Recept; `(Biblioth. d. lit. Ver. zu Stuttg. IX, p. 8 und 14).´ „Facitergium, swenkli;" Voc. optim. p. 28. BM. II, II, 807. Sieh d. f. Wort.

schwanken, wie hchd.; (BM. II, II, 808. Weigand, Wbch. II, 655 f.). schwankezen, schwenkezen, Iterativ zu schwanken. 'Krankət hàt mi' əso zsamgriff'n, das I kám mèəʳ *schwankeln* (é˜ dəʳ Stubm umeʳ *schwankeln*) kā˜: (ObrM.). `schwank, adj., 1) biegsam, schlank; BM. II, II, 807. Weigand, Wbch. II, 656.´ 2) (niederd.) schnell, flink; Firmenich I. 282,31: *schwanke* Föte," (Füße); das. 486,6: *schwonk*; adv., das. 272,10 (Bielefeld): „dann geht de Arbeed *swanke* vanner Hand;" schwankel, adj., schwankend, biegsam, schlank; BM. II, II, 808. „Das schwankel ror;" Heinrich v. Nördlingen. „Si was klain an dem leib, und schwankel als ain ruote." Cgm. 714, f. 98. „Er nem ein schwandle gerten;" Cgm. 379, f. 144ᵇ.

schwenken, wie hchd.; (Graff VI, 887. BM. II, II, 807. Weigand, Wbch. II, 662. Das Verb scheint zu einem ablautenden suinkan gehört zu haben; BM. II, II, 805. Weigand, Wbch. II, 662. sieh oben schwingen). „Ille bolcz schwenkat dicit qui male sagittat;" Schlußspruch des Schreibers des Cod. ZZ. 1575, f. 13 (v. 1385). Aventin's Gramm. gibt excello durch überswenden, percello durch umbswenden, etwa (nach gl. a. 360: suuenkhit, verberatur) noch in Beziehung auf suingan, percutere. „Kalt und auch heizez fieber iegliches überswenke," `(plur. v. überswanc, s. oben; oder: ieglichez überswenke, adj., BM. II, II, 807ª)´; Labr. 473. `überswenkig, adj., überschwänglich, groß, gewaltig; BM. II, II, 807.´ „Überswenkig leiden;" Valkn. 43. „Es ist zu überswenkig gar dir giegen;" das. 50. „Mein ainig leip laid smerzen, der leip und herz überswenkig wære;" das. 140. Der Schwenkel, a) was sich schwingt: Schwengel, Klöppel ꝛc. BM. II, II, 808. Weigand, Wbch. II, 662. 665. „Sein (des Falken) flügel blocze hoch und wit zu der bruste, sein swenkel sind wol hendebrait geschrenket; Valkn. 45. b) (O.Pf.) jede der beiden Lagen, in denen das Getreide auf der Tenne zum Dreschen ausgebreitet wird. Schwenkal, Schimpfname; (ObrM.). Das Voc. venez.-todesco, Ms. v. 1424, hat f. 67: „verswank, desparse" (statt verswant).

---

schwanzen, auch wol schwanzieren, müßig oder stutzerhaft einhergehen, spazieren, stolzieren; (eigentlich wol: den Leib auf nachläßige oder aber gezierte Weise schwanken lassen; sieh schwenzen, schwenken und Schwanz, a. b). BM. II, II, 762 f. Weigand, Wbch. II, 656. Zeitschr. III, 303: schwanza, schwänzla, wedeln.

„Tanz'n und schwanz'n, schöne Gsángl singə˜,
kaə˜n Gàdə'n nét auftaə˜, frisch überispringə˜."

„Stolzieren, schwanzen, lachen ꝛc.;" Av. Chr. 18. „Und het er sank und saitenspil, so wollt er frolich swanzen an reyen vnd an tanzen;" altd. Wldr. II, 189. „Er hiet gesprungen und getantzet dazu gsungen und geswanczet;" Ring 9ᵇ,28. „Swanczens chan uns nit behagen, also hart sein wir geschlagen;" das. 9ᶜ,2. „Er hiet geswanczt, daz ym der swäiß durch seinen dicken schoppen ran;" das. 38ᵇ. „Hie schwanzt Hamon auf und ab, sie neigen sich all;" in H. Sachsen Comödie Hester, 1612: I, 55. Des Sittigen „gang ist langsam, mit weiten tritten, slecht, on swanzen;" Cgm. 425, f. 45ᵇ. „Die engelein swanczen vor im in neun chören, und irn gesang erhörn;" Cgm. 714, f. 195. „Mit junchfrawen sol man reden von hübscher lieb schon und eben und von pfeyffen und von tanzen von stechen und von swanczen;" Innsbrucker Hs., Mone's Anz. 1838, Sp. 572. „Die Töchter Babyloniä tanzen und swanzen;" Cgm. 750, f. 103. „Dein tummer sin, dein swanzen und dein hoher gang;" Cgm. 775, f. 261. „So man uns sicht dat Tyrol bey den frawen tanzen, und in claidern schwanzen, die mit silber sein beschlagen;" Horneck. „Ir swanczen ist gar maniger lay, als ainer henn mit ainem Ay, die vil me geschray begat, dann ain chue mit dem chalb hat;" Teichner. Cf. Cgm. 714, f. 35. Heinr. Tristan 634. Renner 10256. „Der lieber auf der gaß schwanziert, denn das er in den büchern studiert;" eines Freiharts Predig, Eschenburg's Denkm. 400. Cgm. 713, f. 25. 163. um-, herum-, umher (ummə'-) schwanzen, müßig herumgehen. „Umbswantzen, divagari;" Cgm. 688, f. 31.

„'ən Feirtàg dà wøll i' nicks wàs tanz'n,
auf d' Nàcht gràd ə~'n Haə~gərt *umschwanz'n*;"

Spottlied auf die Mägde. „Wann i' voll Unmuefs bin und vollá' Trábikeit, *schwanzt* sie schén stád dahin
543 und lafst iəhm Zeit;" Stelzhamer 89. „Kaiser Gordianus beklagt sich, es sey kein ärmer Mann auf Erden, denn ein römischer Kaiser, dem man gar selten die Warheit fürtregt, dieweil er selbst nicht umbher schwanzen darff, alle sachen selbst zu sehen und hören ...;" Av. Chr. 222. „Guldene Stück, köstliche Insel und Stäb, darinnen man beym Gottesdienst umbher schwanzt und pranget;" das. 306. „Vierhundert (Juden) und noch vil mer sah man all Tag hin und her in der Stadt umschwanzen gan;" Lied auf die Regensburger Juden v. 1519. schwänzig (schwánzi'), adj., (O.L.) munter, schmuck, stattlich. ə~ *schwánzigə'* Buə', ə~ *schwánzigé* Menschin, ə~ *schwánzi's* Wei', flotter Bursche, flottes Mädchen, wackere Frau; ə~ *schwánzi's* Haus 2c.

Der Schwanz, (plur. Schwántz), a) (ä. Sp.) swanz, saltatio. BM. II, II, 761. Im Cgm. 750, f. 106 heißt es in einer Predigt, 1450 vor Nürnb. Nonnen gehalten: „Do komen studenten in ein frawencloster, da machten sie den schönpößten tanz mit ungeistlichem swantz, und vier singerin kunden so meisterlich den hymnum: Quem terra, pontus, aethera zum tanz singen, daz ez wunder was in arg." „Ir kurzwîle diu was ganz, si kunden beide wol den swanz;" v. d. Hagen, Ges. Abent. XLIX, V. 262. (Vrgl. das Verb schwanzen). b) (ä. Sp.) Schleppkleid, Tanzanzug der Frauen. BM., a. a. O. Birlinger 405. Jedoch scheinen mitunter auch Stücke des weiblichen Kopfputzes gemeint. „Ain Wälhin hat jr (der Braut des Königs Matthias von Ungarn) den Schwancz nachgetragen, als lang was der Rock, das sy genueg hett nachin zu tragen;" Wstr. Btr. III, 124. 132. 133. 138. 141. Er war anfänglich so tugendsam, „ob ein schon wip im bequam, daz er der ware niht fürbaz nam, danne als der swantz gie zu den füzzen, und si vil kaum getorst grüzzen;" Renner 3381. „Manik rîchlich swainz von schœnen frouwen ward gesehen an dem tanze;" Heinrich's v. München Tristan 624. „Sæhe ein münch an einem tantze ein meit mit einem gelben swantze und mit einem schonen rosenkrantze ...;" Renner 12367. „Dâ sach man swenze blicken" (beim Tanz). „Mit flîze wart daz kint bereit in sînem swanz gevalden;" Minnesinger I, 55, (II, 56ᵇ; v. d. Hagen II, p. 77ᵇ. 78ᵇ). „Der sælden swanz (Kranz?) dich hat al umbevangen;" Gotfr. v. Straßb., Minnel. II, 3. „Den Nonnen zu Bergen verbietet Bischof Johans zu Eichstett (1453) „alle werltliche eitelkait an den rocken ... desgleichen dy newickait an den slewren und swentzen;" Fris. 287, f. 24. „Der heilige sante Florentze der do kinden behutet ir swentze;" Calender des Konr. v. Dankrotsheim, Strobel p. 120. „Sermo de capillis et caudis mulierum;" Monac. Augustin. 84, f. 4ᵇ (1460). Exemplum, Ind. 420, f. 174ᵃ. Clm. 5937 (XV. sec.), f. 9. Clm. 11936, f. 231. „Stahte (steckte eine Blume) an der megde krenzil ze stiure an ir swenzil, den er ir gegebin hât âne snit vnd âne nât;" Diut. II, 130. Cfr. Grimm III, 448. „Ob yemant da sei, der jr ger oder ir geschwentz lob; ir manige vert als sie tob, so si das schwenczlein vor an sicht;" Cgm. 714, f. 31; cf. Renner 421. c) wie hchd., d. h. Schweif, latein. cauda; schon in der mhd. Sp. mitunter statt des damals gewöhnlichern zagel. Weigand, Wbch. II, 656. „Der trach zoch mit sime swantz dz dirteil der sterne nach ime;" Predigt, Haupt's Zeitschr. VII, 145. d) membrum virile, (nach einem Tropus, den auch das lat. cauda — Horat. Sat. I, 2,45. II, 7,49 —, das ital. coda — Boccaccio Nov. 21 —, das altfr. coue — Roman de la Rose 15073 — erlitten). „Der rock ist kurz, da pristet tuoch, des sicht man im die swarz bruoch ... da schouwet man den lieben swantz, der henget an dem rouch und ist gelich einem gouch;" Altswert 52,21. Was dem mhd. zagel, dem altlateinischen penis (Schweif, Festus, Cicero ad Divers. IX, 22), ist auch unserm ursprünglich ganz ehrbaren Worte begegnet: es ist aus einem, anfangs nur verblümten, hypokoristischen, in den niedern Klassen allmählich zum eigentlichen Ausdruck geworden, und wird deswegen in der Folge, wie das frühere zagel, auch in der unverfänglichen Bedeutung, wol ganz aus der Sprache verschwinden. „Dum tibi cauda riget, promittis munera ..." „Cauda tuum format animum, te cauda rigescens Tollere, te rigidum mollificata facit." „Haec duo: pruritus caudae, lusoria pestis Carpere sufficiunt Pigmalionis opes;" Clm. 19488, pag. 71. 84. Der Ausdruck Schwanz findet sich schon um 1455 bey Georg Zobel (Cgm. 568, f. 258); aber sicher 544
meint der ehrenfeste Ritter Dietrich v. Plieningen im gedeutschten Catilina, cap. 14 sich vor seinem Kaiser und Herzog durch Schwanz noch eben so ehrbar und „tecte," als einst Piso „ille frugi" durch penis auszudrücken. In dem äußerst züchtig gehaltenen Arzneybuch Progel's (sec. XV., Ms.) heißt f. 113ᵇ eine Rubrik: „Wem sein swantz wee tu von frawn oder sunst." Eine aus gefüllter Milz bestehende Speise habe ich einmal einen umgekehrten Bauernschwanz nennen hören von einer kochkundigen weiblichen Person, die wol noch so unschuldig als jung war. Heutzutage läßt man bereits einen unschuldigen Familiennamen Wagenschwanz in Wagenschwang umdecretieren, und statt Schwanz-schraube wird ganz ehrbarlich Schwan-schraube gedruckt. e) Die gemeine Volkssprache indessen scheint vor der Hand noch nicht auf derley Zimpferlichkeiten eingehen zu wollen. In ihr spielt Schwanz eine nicht minder bedeutende Rolle als carajo und cazzo in der des Spaniers und Italieners. Es ist zu einer zwar geringschätzigen, aber sonst unbeleidigenden Benennung alles dessen, was männlich ist, geworden. Birlinger 405. Zeitschr. IV, 158. VI, 206. In der bekannten Schwanz-Predig (einer treffenden Satire aus den 70r Jahren) heißt es (p. 9): „Vor allen ist es in dieser Gegend fast schon der Brauch, daß einer den andern einen Schwanz heißt: ja dieses Wort Schwanz (pfuy Teufel) ist unter euch so eingeschlichen, daß selbes im Wirthshaus, auf der Gasse, auf dem Feld, im Stadl und Stall, und kurzum aller Orten gehört wird. Ueberall fliegen die Schwänz herum. Die Buben in der Schul haben schon neulich ihren Schulmeister einen Schwanz geheissen, auch sogar in der Kirche oben auf der Bar hat einer am verwichenen Kirchweihtag laut aufgeschrien: Du Schwanz, was druckst a so? Es heißt jetzt insgemein, wenn ihr aneinander drohet: wart du Sauschwanz! oder wann ihr einen mit dem andern rauffen zusehet: wehr dich, du Biberschwanz! oder so ir einen verachten wollt: Schau, du Katzenschwanz! Aber nur Geduld, ich will euch heut schwänzen,

daß ihr an mich denken sollt!" In dem sprachverschwisterten Oesterreich scheint das fragliche Prädicat nicht so beliebt zu seyn, als bey uns. Sonst könnten die Eipeldauer Briefe v. 1805 nicht sagen: „Jtzt habn die Barn 's Griß. Die barischen Hausknecht werden ordentlich verstagert, und je öfter aner sein Herrn ain Sch—z haßt, je besser zahlt ern. So hat auch die barisch Sprach s Pre: man hört schon dort und da von Damen: s reißt mir in Wampel, heut thut mir der Schedel weh, und: tretens mir net aufs Haxel, Sie Sch—z." f) Sollte das Wort in den eben berührten Anwendungen wirklich etwas von dem obscönen Tropus haben, an den übrigens kein Mensch weiter denkt, so liegt wol der ursprüngliche von a, c) des Schwanzens noch in folgender R.A. zu Tag: Einen Schwanz machen, sein Wort nicht halten. *Abə' dás d' fei˜ kaə˜n Schwanz* machst! Dagegen, etwa nach b): Einem einen Schwanz machen, abgeben, ihm in allen Absichten und Launen zu Diensten seyn. *Diər màhh I kaə˜n Schwanz.* Auf den Schwanz schlagen die Wârhait, die Wahrheit verfälschen, lügen. Eine Sache auf den Schwanz schlagen, sie sich heimlich und widerrechtlich zueignen. Sieh schwänzen. schwanz aus (◡ –; Ob.=Isar), adv., fort, weg. *Iətz bin I férti'; iətz wer' I glei' ſchwanzaus gə˜.*

645 schwänzen (*ſchwánz'n*, nächste Ableitung von Schwanz) Einen, ihn Schwanz heißen, schelten, verächtlich behandeln; plagen, züchtigen; Etwas, es auf heimliche, unerlaubte Weise nehmen. schwänzen einen Hund, ihm den Schwanz abhauen. Zeitschr. IV, 309: der Schwenzer, Schaf mit gestutztem Schwanze. anschwänzen, fälschen, z. B. Bier mit Wasser. aufschwänzen ein Pferd, ihm den Schwanz aufbinden oder mit Bändern ꝛc. zieren; eine Person, sie aufputzen. BM. II, II, 762. Grimm, Wbch. I, 732. *Hei˜ bist rècht au'gſchwánzt.* Werden die Frauen alt, so üeben sie Hoffart an den Töchterlein und Großtöchterlein, „die zepfelnt sie, und swenzelnt sie ûf, sô sie dennoch kûme vier jâr alt sint;" Br. Berchtold 360, (Pfeiffer 416,14). Vrgl. Schwanz, b. ausschwänzen, ausschelten. 'schwänzen, schwänzeln, sich schwenkend einhergehen, stolzieren; BM. II, II, 762. s. oben schwanzen.' „Mit ablas lesen '(lösen)', kirchen swenzen '(zur Kirche schw., wie „Kirchen gehen;" — jetzt: um die Kirche gehen, sie versäumen)', mit pacem küssen, heiltumb schawen;" H. Sachs 1612: II, I, 169. (In der Gaunersprache ist schwänzen gehen, reiten, reisen. 'v. Grolman p. 56. Vgl. oben: schwanzen.)'

schwenzen, schwenken. Ein Glas ꝛc. ausschwenzen. Einen Weier ausschwenzen, ihn durch schnellen Abzug des Wassers vom Schlamm reinigen. Zeitschr. VI, 206. Sieh schwanzen. Der Schwenzel, (Popowitsch) der Schwindel. Sollte hier Berührung mit schwinden, wie in Schwanz, schwänzen (in der Bedeutung des Entwendens) mit Schwand statt haben?

---

schwappen, (von Flüssigkeiten) schwankend an oder über den Rand des Gefäßes schlagen; schwanken, unstät seyn. Weigand, Wbch. II, 656. Vgl. kärnt. hrebati, hrebetati, schweipeln (?), hrebanje, das Schweipeln, o-hrebel, o-hrabel, plump, ungeschickt; Jarnik 229. Lexer, kärnt. Wbch. 229: *schwépp'n.* schwappeln, a) dass.; b) auch von lockerem Fleisch, Fett am Leibe; c) gerne trinken, schwelgen. Vrgl. schwaiben und schweben.

schwepper, schwepfer. Sollte sich in dem berühmten Geschlechtsnamen Schwepper-, Schwepfermann, noch das alte Adj. suephar, astutus, solers (Graff VI, 902), erhalten haben? Sifrid Swepferman, RB. IV, 781, ad 1286. „Her Otte der Swepherman der schulmaister datz Eystet" (Domherr); das. 643, ad 1297. Eberhard Schwepferman, Landrichter zu Sulzbach (1397); Clm. 10450, f. 51. Sieh. II. Th., Sp. 1538.

schwipp, (niederd.) schnell, flink; Firmenich I, 176,31. Die Schwippe, (niederd.; Swiepe, Swöpe), Peitsche; das. 181,7. 292,26. 352,8. Weigand, Wbch. II, 666.

schwippen (O.Pf.), strotzen? Er ist so voll (von Speise oder Trank), daß er schwippt. Geschwippt voll. geschwibert, bey Prasch so viel als geschwabert voll. Vgl. d. W., schwappeln und schweben. Der Schwips, Ansatz zu einem Rausch. Castelli, Wbch. 254.

---

schwær (*ſchwâr, ſchwá'*), wie hchd. schwer; (mhd. swære, swâre, swâr, ahd. suâr statt suâri. Graff VI, 889. BM. II, II, 810. 811. Weigand, Wbch. II, 662. Zeitschr. III, 225,5). *ə˜ ſchwárər Ochs* (großer im Sinn des Metzgers), *ə˜ ſchwárə' Bauə', Brui* ꝛc., der großes Vermögen hat. Die *ſchwár Krankət*, Epilepsie; 'auch: die schwære Nôt; Zeitschr. I, 141,1. Vilmar, kurhess. Idiot. 378: der Schwerenæter, böser, widriger, listiger Mensch. Zeitschr. V, 469. Vgl. unter Schwerâck.' *ə˜ ſchwárs* Stuck lifern, städtische Ironie, statt: einen dummen Streich, eine Ungeschicklichkeit begehen. Für schwer, difficilis, ist übrigens gewöhnlicher hart, hert. „Die N. gelobt so schwer Wachs, als sie wäre, zu St. Sebalds Grab zu bringen;" Wagenseil, de Norimb. civ. 48. 53. „Nim ains guldein swâr triacers;" Cgm. 4543, f. 187. Ein Haus, eine Stube is *schwárələt*, etwas schwer, d. h. dumpf, düster; (Frau Posch aus Oberaudorf, 8. Decbr. 1850).

Ain Wagen=Schwær (neutr.?), (ä.Sp.) Ladung, Fuder, hielt nach der tyrol. Rottord. v. 1530 vier Wagensäume zu drei Zentnern. „Zwei Wagenschwer ainbeckisch Bier;" Lori, Brg.=Rcht. 149. Sieh I. Th., Sp. 205. Die Schwære, (ä.Sp.) mhd. swære, ahd. suâri und suârida, die Beschwerde; Graff VI, 891. BM. II, II, 812. „Ein swære mich in dem herzen swirt;" Ulrich's Tristan 2014. „Daz pringt mir täglich nüwe schwær." „Er wond, sie litte große swær von jren bösen zanen." „Da saß die Fraw in großer swâr;" Cgm. 270, f. 169. 276. 285. Jetzt gilt in diesem Sinne 646
das Geschwær (Gſchwár). R.A.: *I hàb ə˜ Gſchwár*, ich trage Bedenken. (Die Form geswâr, adj., schon Diut. III, 110). Die Schwæren (Schwárn, Schwá'n), die Schwere; (mhd. swære, ahd. suâri; Dat. pl. suârinon, ponderibus, gl. i. 461). Die Über*ſchwárn*, das Übergewicht.

schwæren (*ſchwárn, ſchwá'n, ſchwáln*), durch schwere Gewichte, Steine ꝛc. pressen, z. B. das zerschnittene Kohlkraut, das im Faß sauer werden soll; Wildbrát *ei˜ſchwá'n.* In der ahd. Spr. ist suârian, suâran, Praet. suârta, beschweren, verschieden vom Neutr. suârên, Praet. suârêta, schwer seyn oder werden; 'ebenso mhd. swæren von swâren. Graff VI, 892. BM. II, II, 813. 814.'

1) schweren, geschweren, schwiren (*ſchwé'n, ſchwiə'n*, Praet. schweret, schwiret, Partic. geschworen und geschwert), wie hchd. schwären, suppurare; (mhd. swern: ich swir, ich swar, wir swâren, gesworn; ahd. sueran. Graff VI, 888. BM. II, II, 808. Weigand, Wbch. II, 656. Zeitschr. IV, 239,7,5). Der Finger ꝛc. *gſchwirt*, ist *gſchworn.* Ohne Zweifel ist die Bedeutung nur eine vereinzelte des ehmaligen sweren, sueran, (Praet. ind. suar, conj. suâri, Partic. gisuoran), dolere, schmerzen. Noch bey Ortolph 27: die Zän schwerent (dich), schmerzen (dich). „Suirit mich min uuamba, ventrem meum doleo;" gl. i. 280. „Ein swære mich in dem herzen swirt;" Ulr. Tristan 2014. „Swenni dih daz houbit swer;" Diut. II, 271. Sie (Mariam) niht enswar, do sie Christum gebar;" Wernh. Maria p. 155. 175. „Jr swerende ser mit sere swirt;" Urstende, hg. v. Hahn, 116,23. „Also dem nie dehein

fûz geswar;" Kindh. Jesu, Hahn 98,19. „Sam ez ein bain geswære nie;" das. 98,81. „Ez jaget hin, als im nindert wunde swære; Labr. 125. „Ich trag ein swerend herze, daz ist von siuften wegen worden swerend;" Labr. 472. Mehr in der jetzigen Bedeutung heißt es Cgm. 577, f. 172: „Hie lag er mer dan ein halbes iar, bis ime sin schade gar verswar, den er het von der wunden." „Der minner wunden sweren auf von grunde." „Ee ich wolt, das ir ein vinger swere, ich wolt ee eins armes enpere;" Cgm. 714, f. 62.

Der Schwer, der Schweren (Schwe̍'n), auch der Geschweren und das Geschwer, wie hchd. der Schwären, das Geschwür. In der ahd. Sp. gilt der suero, des suerin, mhd. der swere, swer, des swern, für Schmerz, dolor. Graff VI, 888. BM. II, II, 809. Der Zanschwer (Ortolph), der zandswer, von dem zandswern; Cgm. 317, f. 6. „Ein haubtswer, haizzet emigrania;" das., fol. 2. „Lentisuere, pleuresis," gl. a. 528, Diefenbach 442ᵇ; „oucsuero, dolor oculorum; a. 49. „Fur den augswer pind holerswammen darüber;" Ind. 355, f. 98. „Obtalmia (ophtalmia) augenschwer;" Clm. 4394, f. 120. 153. Diefenbach 398ᶜ. „Wider leberswern, lendswern, wider den wetagen des haupts vnd den swern;" Cgm. 592, f. 38. „Von dem herzeswern, mageswern, siteswern, lancheswern;" Diut. II, 271. Daz gisuer kommt gl. a. 330 ebenfalls für dolor, sonst aber meist schon im heutigen Sinn für blos den Sitz des Schmerzes, ulcus, pustula, vor. BM. II, II, 810. „Geschwer, ulcus, apostema;" Voc. v. 1618. Für dolor steht auch ahd. suerado, suerdo, mhd. swerde; Graff VI, 889. BM. II, II, 809. schwirig, geschwirig (schwiri'), a) schmerzhaft, ulcerosus; schwirig werden, seyn, von leidenden Theilen des Körpers. b) figürlich: empfindlich, hchd. schwierig; Weigand, Wbch. II, 664. „Schwirig, ulcerosus, item irritabilis;" Voc. v. 1618. „Swirig, ulcerosus;" Voc. v. 1419.

547 2) schweren (schwérn, schwirn, schwiə'n, Praet. cond. schweret und schwur, Partic. geschworen), a) wie hchd. schwören; (mhd. swern: ich swer, ich swuor, gesworn; ahd. suarian, suerian, suerran, urspr. wie varan, also swuor, gisuaran, später wie sueran, dolere, also suar, gisuoran ablautend. Graff VI, 893. BM. II, II, 769. Weigand, Wbch. II, 666.). „Geloube mir als ich dir swüere;" Labr. 284. „Ach, wie manig frâgen mîn sendez herze tœtet, des mich dô mûz betrâgen, und manger rede der man mich dicke nœtet. Der für mich swüer, den wolt ich immer mieten;" Labr. 515, (noch das alte suaran, ansuaran, agſ. andsvarjan, antworten, engl. to answer?). „In den Artikelbrief schwören sollen die Kriegsknechte; Ldtg. v. 1543, p. 139. „In Eines Sêle schweren." R.A.: Stain und Bain schweren, d. h. wol auf alles Heilige, (Altar und Reliquien). cf. Grimm d. Rechtsalterth. 896—897; oben, Sp. 135: anrüeren, und s. staben. „Gelaub in ainen got, nicht swir bey seinem nam;" Cgm. 771, f. 23. Böse Buben der Vorzeit schwuren bey Bocks, Botz (verkappt statt Gotts) Lid (Glied), Schedel, Grind, Lung, Leber, Bluet ꝛc. Vgl. H. Sachs 1612: I, 93. Sieh Th. II, Sp. 1425 und oben, Sp. 416: schelten. Daher: b) (O.L.) fluchen, blasphemare. „Curia cujusdam comitis ut blasphemare adeo fuit consuetum, ut ... Quae corruptela puto gentem theotonicam intravit ex malo intellectu unius articuli haeresis Baldensium qui est quod in nullo casu jurare licet. In lingua autem theotonica quae in propriis vocabulis multum deficit idem et unum vocabulum ht̃ iurare et blasphemare. Et ut nullus notaretur esse Waldensis ex levitate ... evenit ut blasphema in verbis per christi membra vera vel ficta honesta vel verecunda nostris asueta sit;" Joannes Nider, formicarii lib. IV, cap. 3, And. 32, f. 69ᵇ. „Schweren als ein elssaser;" Cgm. 270, f. 150. Diese Landsleute müssen hierin besonders stark gewesen seyn. „Auch ist elsassen da wechst gut wein, den trincken sy geren und tunt dapei manigen grosen sbur;" Cgm. 521, f. 149ᵇ. „Eim den hals abschweren, alicui pestem exoptare, invocare furias alicui;" Voc. v. 1618. Ein der Form nach nicht recht hieher passendes, in der Lex Baiuuar. XV, 2, XVII, 2 (Mederer p. 234. 239) vorkommendes suiron, firmare, — farsuirotos, Cod. Paris. 4614 forsuueritos, injuste firmasti (ähnlich dem sonstigen fursuerian, perjurare) — ist in Grimms deutsch. Rechtsalterth. p. 115. 556 besprochen. cf. Graff VI, 893. Der meinswüere, mhd., der Meineidige; BM. II, II, 773. „Frumer knecht, hab in dâ füer (für), er ist ein rechter meinswüer des landvrides, den man swert, der sô schedelichen vert nâch friunde verderben;" S. Helbling I, 785. Vrgl. der Schwirren.

Der „Schwer, Geschwer, Gschwerr," (Hübn. 965, Göschl) Maulwurfsgrille, Erdgrille, Werre, Reitwurm, Grillo-talpa L.

Der Schwêr, (O.Pf.) Contraction aus Schweher, Schwieger. „Für seinen Schwehr;" Amb. Akten v. 1381. Schon Notk. Boeth. II, pros. 3: „sóliches suêres vnde sólichero suiger."

Der Schweráck (◡ –), mildes Schimpfwort ohne jetzt klare Bedeutung. Es wird meist gegen Kinder oder junge Bursche gebraucht; etwa das russische swerók," kleine Bestie, von swer', wildes Thier. `„Schwerhacke;" Jac. Grimm; — als Fluch, Ausruf des Unwillens, der Verwunderung: schwere Hacke! (Koburg). Vilmar, kurhess. Idiot. 378 hat: schwere Hacke, schwere Racke, Schwereback als hypokoristische Entstellungen des Fluchwortes schwere Nöt! (Epilepsie; Zeitschr. I, 141,4).´ Cf. česk. čtwerák (von čtyři, vier), a) schlauer, abgevierter Mensch, homo quadratus; b) Lustigmacher; c) Schurke. `s. Th. I, Sp. 749: absüeren.´ „Hieß ihn ein Scurram, ein Rauppen und gar einen Schliffel und Schweracken;" P. Abrah. Como Guzman (de Alfarache) se fué à Madrid y llegó hecho picaro übersetzt Albertinus „Gusmann kombt gen Madrid und wirdt ein picaro oder ein Schwarack." Nach A. v. Klein soll Schwerack in Österreich ein Possenreißer seyn; `auch bey Castelli, Wbch. 253: „*Schwerak*, possenhafter Mensch."´

schwerren (?). „Daz holz daz auf dem fewr leit, daz dorret vnd das fewr verswerret es;" Cgm. 619, f. 348ᵃ. Die Bedeutung ist klar; aber das Wort steht isoliert, falls es nicht identisch mit Konrads v. Wirzburg ersweswen: „Zu dines kindes zeswen erdorren und ersweswen laz unser herze wol;" goldene Schmiede, altd. Wldr. II, V. 1568 `(W. Grimm's Ausg. p. 47, V. 1576: erleswen; vgl. p. 155), oder aus versæren (s. oben, Sp. 323) entstellt.´ Vrgl. der Schwirren.

(Der) „Schwirren, fistuca;" Voc. v. 1618; „schwirn, tonsilla;" Uferpfal; Cgm. 649, f. 545. Diefenbach 237ᵃ. 587ᵇ. „Tonsilla, swirn; Voc. optim. p. 31. BM. II, II, 814. Pictorius schreibt: der Schwirren. „1345 uberfror der Zurichsê, daz man von Rapperswil gen Zürich uber den se zuo den schwirnen in reit und gieng;" Ettmüller, zwei Zürcher Chroniken p. 88. „Die minder stat (Lucern), die in sumpfigen boden und uf schwirren gebuwen;" Gesch. Fr. III, 110 (ad 1601). Vrgl. schwerren, (verdorren machen oder gegen Fäulniß anbrennen?). Andrerseits liegt das angelſ. svira, sviora, sveora, masc., columna, und etwa das alte, 548
unter schweren, jurare, berührte suiron, firmare.

schwirig, Geschwür, sieh schweren, 1): suppurare.

schwören, Schwur sieh schweren, 2): jurare.

schwirbeln, schwurbeln, wirbelnd, oder aber in verwirrter Menge sich bewegen, — wie z. B. Wasser im Strudel, Bienen im Schwarm; (mhd. swerben: ich swirbe, ich swarp, wir swurben, geswurben; ahd. swerban. Graff VI, 896. BM. II, II, 814 f. Zeitschr. V, 213. 215. 459). „Da die Feind allenthalben herumb schwürbleten;" Av. Chr. 262. Geschwirbelt voll, ganz, zum Überlaufen voll. „Die windes praut hoch gein den lusten swirbet;" Lohengrin p. 54. Im Niedersächs. ist swarven, holl. zwerven, schwärmen, vagari. Dieser Beleg läßt an das alte Ablautverb suerban denken, welches, zwar immer nur in der Bedeutung tergere (abwischen, abtrocknen) vorkommend, den Urbegriff des schnellen Hin- und Wiederfahrens nicht verläugnet. Jedenfalls paßt das alte Nominale suarp, gurges (gl. a. 269. Graff VI, 897), zu einem suerban, suerpan, wirbeln. Der Schwirbel, Schwurbel, das Geschwurbel, a) Wirbel, verworrene Menge, Schwarm, confuser Lärm. ə˜ *ganzəʳ Schwurbəl* Leut kümt auf aə˜màl aus dəʳ Kirchə˜. „In àllé Kafêhäuser is dés ə˜ *G·schwuə‘*, und doch, wenn ə˜ Leich wo wiə'd, gibt·s no˜ Leut g·nuə';" Seidl, Ged. (3. Ausg.), p. 207 und 305: „dumpfer, verworrener Lärm." b) Taumel. ´schwurwelig, adj., schwindelig; Zeitschr. VI, 174.´ Sieh Schwarm, Schwurm.

Die Schwarf, (rheinpfälz.) die sich mit Erfindung und Verbreitung übler Nachreden beschäftigt; Nadler 288.

---

schwarklet (?). „Fenix, der edel vogel werd, ... mit einem grün schwarckleten schwantz;" H. Sachs 1612: I, 155; (1558, f. 75: gr. schwartzleten).

Der Schwarm, 1) wie hchd.; (mhd. swarm, ahd. suarm, examen; Graff VI, 896. BM. II, II, 763. Weigand, Wbch. II, 656). ´2) Qualm; s. Schwalm und Schwall.´ Sind über 500 Bergleute „in einem schwarm oder bosen, vergiften wetter umbkommen;" Cgm. 1203 (v. 1556), f. 66ᵇ. schwermen, schwirmen, bacchari, grassari. „Schwermer, grassator, Schwermerey, bacchationes nocturnae;" Voc. v. 1618. „Die schwermerische Bursch," das herumschwärmende Gesindel; Mandat v. 1742. Das hchd. schwärmen ruhig sitzender Liebenden oder Phantasten kennt der gemeine Mann nur aus der Büchersprache. In Nordfranken gilt schwärmen auch für ausschelten, ausfilzen. Vrgl. Schwalm, Schwurm und schwirbeln.

Der Schwurm, das Geschwürm, a) das Gewirre, Gewimmel. b) Verwirrung, Taumel. Schwurm im Gehirn. „Es war ein lauterer Weinschwurm;" P. Abraham. Der Schwürmer, Schwurmerey, schwermerisch (von einem theologischen Grübler, Phantasten); H. Sachs 1560: IV, III, 63. 64 (1612: IV, III, 139. 140). Vrgl. Schwarm und schwurbeln.

Die Schwarten, a) wie hchd. Schwarte; (mhd. swarte, BM. II, II, 763. Weigand, Wbch. II, 657), cremium, Speckhäutlein, Speckrinde; aber ganz unverächtlich auch für die behaarte Haut des menschlichen Kopfes. Birlinger 405. Einen übə' d· *Schwart·n* 'nei˜ hauen. Einen hauen, dás eəm d· *Schwart·n* kracht. Vilmar, kurhess. Idiot. 377. Zeitschr. II, 278,27. III, 369,8. „Ich hân einen menschen gesehen, der seine ôren beweget und die swarten auf dem haubt;" Konr. v. Megenberg, (Pfeiffer 11,8.) Vrgl. I, Th., Sp. 703, unter gefallen. „Die Juden zugen Christum uff, daz im oft die schwart mit dem har ußgieng;" Cgm. 138, f. 50. „Dâ brach frou Sigûne ir langen zöpfe brûne vor jâmer ûz der swarten;" Parcival 138,17. „Jr gelbs geflochtens har 649
in reis (cadat illis) von ir swarten;" Cgm. 714, f. 88. b) begraste Ackerrinde, mit Gras überwachsenes Brachfeld; (isl. svördr, agſ. sveard, ndrd. Groen-sward). In der Schwarten ackern, das Brachfeld umpflügen. Magenschwarten oder Schwartenmagen, Magenhaut, mit zerschnittnem Speck und anderm Fleisch nebst Gewürz angefüllt. Der Schwärtling (Schwártlin'), das erste oder letzte von einem Klotz gesägte Brett, das auf der ganzen einen Seite die Rinde oder Schwarte behält, Schwartenbrett, Schalbrett. Vilmar, kurhess. Idiot. 377. Zeitschr. VI, 343. Geschwärtelt sind Bretter, solange an den langen Enden die treffenden Rindentheile vorhanden. ´c) altes Buch; Zeitschr. I, 131,2.´

schwarten Einen, ihn prügeln, peitschen.

abschwärten Einem etwas, (Nürnb.) es ihm durch gute Worte ablocken, abschwatzen. Eaʳ hàt ihm zwá Guld·n aufsá' *g·schwärtlt*; Castelli, Wbch. 253. Cf. swart, surdus; Haupt's Zeitschr. VII, 462.

´Das Schwert, wie hchd.; (mhd., ahd. swert; Graff VI, 897. BM. II, II, 773. Weigand, Wbch. II, 662).´ „Petrus (apostolus) magnum gladium i. e. cultellum habuit quo saepe indigent piscatores adfacientes paxillos pro retibus extendendis;" Raitenb. 62, f. 200. ´Schwert als Rechtssymbol, s. Birlinger 406.´ Der Schwertbrief. In des Joh. von Friburg Quaestiones casuales (Cod. Ald. 153, f. 16ᵇ), Register, unter sortilegium: „Nota etiam de litteris quas consueverunt quidam portare quae vulgariter dicuntur swertbrief." ´Schwerttanz; Vilmar, kurhess. Idiot. 378.´

---

schwarz (Comp. schwérzer), wie hchd.; (mhd., ahd. swarz; Graff VI, 899. BM. II, II, 764. Weigand, Wbch. II, 657. Zeitschr. V, 69, 36. VI, 529, 21, 10). pechschwarz, sehr schwarz; nach dem Voc v. 1618: fuscus. *kolráckə˜*-schwarz, wie kolrabenschwarz. Zeitschr. V, 193. „Swarz, ich erschricke, wenn ich dich höre nennen: ein leid anefâhen und ein fröuden ende bistu; swer dich ze rechte můz tragen, der mag wol heizen der ellende;" Labr. 248. R.A.: Da möcht ainer schwarz werden (vor Ärger, Zorn). Einen schwarz machen bey Einem, ihn verleumden, anschwärzen. Auf der schwarzen Erd werden a°. 1373 neunzig, a°. 1382 sechsundvierzig Mann Augsburger im Kriege gegen bayrische Edelleute erschlagen; Cgm. 344, fol. 136; Cgm. 567, fol. 211; Cgm. 3989, f. 7. (Muß wol die Benennung einer Gegend, nach Zschokke II, 265 bei Mühlhausen, sein. Wol nicht von wirklicher schwarzer Erde, wie die im Ausland v. 1842, p. 463 — s. Allgem. Ztg. v. 1847, Beil. p. 1245 — besprochene, mit Humus übersetzte, fruchtbare Tschoror (Tscherno) Sem, Schwarzerde, in den Centralgegenden Rußlands, Humusstrich, zäher, schwarzer Waizenboden, von Polen aus durchs südliche Rußland hinziehend. — Etwa auch ein ins Capitel der Rechtsalterthümer gehöriger Ausdruck? Vgl. rothe Erde, d. i. westfälische; Grimm, RA. p. 829 f. Haltaus 1558. „Auf rother Erde ist mir so was noch nicht geboten worden," sagt Dr. P. Wigand (Jenaer Litt. Ztg. 1836, Sp. 247) von einem Urtheil Bern. Thiersch's über sein (Wigand's) „Vehmgericht Westphalens." — Melanchthon, Schwarz-Erd, ist wol eigentlich Schwarzert, wie Grunert, Gilbert (oder Gil-bert?) und ähnliche Namen auf — ert. „Ein schwarze Hennen gab man um die Erlaubniß, zu verbotner Zeit Hochzeit zu halten." Seb. Frank's Weltbuch p. 136^a. „Vetulae gallinam nigram lecto (puerperae) conjungunt;" Joa. Nider, praeceptorium I, XI, quaestio 25, Cod. Ald. 255; cf. ejusd. formicarium lib. V, cap. 4, And. 32, f. 90 und Poll. 635, f. 121. Sieh hier II Th., Sp. 1116 und vgl. oben, Sp. 34 unter unrichtig und Sp. 183: der Ritt. Grimm, Mythol.^{2} p. 962. Schwarze Pfennige, sieh I. Th., Sp. 429. Der schwarze Sonntag, Sonntag Judica. „Nigri monachi;" Asp. 46. schwarz angeschrieben, schuldig, (eigentl. auf der schwarzen Wirthshaustafel angeschrieben); Stelzhamer 181 f. schwarz sein, oder auch: Schwarzenberg sein, (jenisch) kein Geld haben; dagegen: Liechtenstein sein, bei Geld sein; Castelli, Wbch. 253. 281. `Alls *schwarz* kemə˜ s· dəher, in großer Menge. cf. česk. tma, 1) caligo; 2) legio. Von Waaren sagt man: schwarz (d. h. gegen das Verbot, contre-bande) herein (über die Gränze) kommen. Daher: (Waaren) schwérzen, ein-, aus-, durchschwerzen, sie mit Umgehung des Aufschlags, Zolls rc. über die Gränze schaffen, ndrs. smuggeln. „Verschwärzung, Umgehung des Aufschlags;" Heumann, opusc. p. 703. „Getraid auf dem Wasser durchschwerzen;" Landtag v. 1612, p. 361. Der Schwerzer, (Tir.) Schwarzfahrer, Schmuggler, Contrebandier. Ob der sonderbare Ausdruck aus der Gaunersprache, wo die Schwärz für Nacht gebraucht wird (Achim v. Arnim, Wintergarten p. 147), oder von den angeschwärzten und unkenntlich gemachten Gesichtern, von denen dieses meist nächtliche Geschäft getrieben wird, entlehnt seyn mag? Das Schwärzlein (Schwärzl), das Schwarze einer kleinen Schießscheibe. Die Schwarzbeer, (Nürnb., auch in der Gastein) die Heidelbeere, welches hochd. Wort zu Nürnberg ungebräuchlich ist. Nemnich II, 1537: vaccinium myrtillus. Vilmar, kurhess. Idiot. 377. Das Schwarzreuterlein, salmo salvelinus. Sieh Sp. 185. erschwarzen, derschwarzen, schwarz werden; (ahd. suarzôn). schwerzen (schwérz'n, schwirz'n), schwarz machen, (ahd. suerzian); schmuggeln; sieh oben. Die Schwerz, Schwerzen, Schwärze.

---

550 Der Schwaiß (Schwaəs), a) wie hchd. Schweiß; (mhd. ahd. sweiz; Graff VI, 907. BM. II, II, 768. Weigand, Wbch. II, 660). Is àll mei˜ *Schwitz und Schwaəs* umsunst. „Wan er frue und spat gezabelt hat ze holz, ze velt, ze mad, vnd hat vil swaiz gereret;" Cgm. 632, f. 84. schwaißen (schwaəs'n), schwitzen. „Wie faumens nit, wie schaumens net, wie dämpfens nit, wie schwaisens net!" Balde's Lob der Magern. „Seel, die im Fegfeur schwaißt." schwaißeln (schwèəssln), nach Schweiß riechen. Zeitschr. III, 305. Der Schwaißsand, sehr feiner Sand; aus Schwaib-sand (der durch Hochwasser angeschwaibte? s. oben, Sp. 620), meint ObrM. Das Schwaißtuech, (Graff V, 366. BM. III, 132; auch sweizvane, ahd. sueizfano, sueizvanch, orarium, sudarium; Graff III, 522. BM. III, 236), nur mehr in Beziehung auf die Leidensgeschichte Christi vorkommend und durch Schnupftuch verdrängt. „Eine Gnad (von Gott) ins Schweißtuech legen," (unbenutzt lassen? `nach Luc. 19,20´); Zeitschr. für Bayern v. 1816, 10. 36, ad 1597. b) Blut, zunächst von Thieren; — gekochtes Blut, Blutwurst. Doch heißt es Cgm. 414, fol. 105 auch: „Der (Ader-)lasser slug in den arm (des Kranken) ain tieffen slag, daz der swais her gie mit unmassen;" Gesta Romanor., cf. Cgm. 54, f. 60^b, (Keller p. 118). „Mit dem heiligen kreuz dâ got seinen rôsenfarben swaiz (? `cf. Luc. 22,44´) an vergôz;" Konr. v. Magenberg f. 175^a, (Pfeiffer p. 298,2). Auch im Isl. steht sveiti, im Agſ. svât häufig für Blut (von Thieren und Menschen), natürlich, da der Grundbegriff sudor seyn wird. Eine Münchner Glosse (Graff VI, 908. Diefenbach 563^c) gibt succinus durch suaizige. (Bey Weizman III, 108. 111 steht das Schwaißlein, „Schwaisle" für Kind. Etwa wie man auch sagt: Junges Blut?) schwaißen, bluten, von Thieren und Menschen; BM. II, II, 768. „Gib den Kaunzen gschwind ä zwo recht safti´ Faunzen, dass ä' *gschwaifst* hat wie ä Sau;" Lindermayr 142. Aus der Nes oder Nàs'n *schwaəss'n*. „Das Töchterlein hat durch den Mund und Nasen geschwaist;" Alt-Ötting. Hist. „Daß allenthalben aus Christi Leib das hailig Blut geschwaist;" Selhamer. „Da ein Person, so verwundet, hefftig schwaißet oder blutet;" Dr. Minderer, a^0. 1620. „Dem swern und swelln und dem fawlen und swaizzen;" Wassersegen im Cod. Fris. 306, f. 109. „Daz chindel was gelaidigt an dem hirn, also daz ez swaizzet;" Gesta Romanor., Cgm. 54, f. 40^a, (Keller p. 76). „Hat der Todt Cörpel geschwaißt;" Dr. Eck. Lori, Lech-R. 458. Einem den letzten Tropfen Blut herausschwaißen; meist figürlich: Einem etwas abschwaißen, im Handel abnöthigen, abdrücken, abpressen. D· Herrschaft *schwaəsst* 'n Bauə˜n àlls à'. Had əəm 's Güədl *à'gschwaəsst*. Schon in Ansb. Verordd. v. 1680 und bey H. Sachs 1560: IV, III, 21 (1612: IV, III, 46): „Ich wolt jhm frey sein Gaul abschweisen." schwaißig, blutig; BM. II, II, 768. „Chom der hunt wider zu dem ritter gelaufen also swaizziger," (blutend); Gesta Roman., Cgm. 54, f. 20^b, (Keller p. 41). „Daz pain erschin swaizzig; das. f. 27^a, (Keller p. 52). „Umb die wiegen ist ez gar swaizzig auf dem fletz;" das. 56^b, (Keller p. 109). „Ir sît von bluote sweizic," sagt Gudrun zu Waten, B. 1514,3. „Wer auf der prugk slachtet oder sei swaißigt," (blutig macht); Pass. Rechtbuch, Ms. f. 53. c) (österreich.) *schwáss'n*, Wasser laßen: dàs Schâf *schwáſst*; Castelli, Wbch. 253. d) schwaißen, löthen. Galt etwa ursprünglich Blut mit als ein geheimnißvoll wirkendes Ingrediens dabey, (wie in mehrern alten derley Recepten)? „Der Nam Suantewiz ist zusamb geschwaisset aus zway sclavischen Worten swante heilig und witz Liecht;" Benno-Leben v. 1697, f. 45. Gl. a. 81. 82 ist sueizzan frigere, kisueizzit oder gasuezzit frixus. Graff VI, 907. Sieh schwitzen, wozu sich diese Form ganz nach Gramm. §. 956, VI verhält.

Die Schwester (dat. Schwester und Schwestern, plur. Schwestern), wie hchd.; (ahd. suestar, später swester, im Plural ebenso; Graff VI, 905. BM. II, II, 776. Weigand, Wbch. II, 663. „Lieben swester, pitt (bittet) got für mich;" gemalte Glasscheibe aus einem 551
ehmaligen Nürnberger Nonnenkloster, im Besitz des Freundes Karl v. Mettingh). Schon im Altindischen swasri; Bopp, radices p. 198. `(swastri ist nachträglich in swasri corrigiert und folgende Anmerkung beigefügt:)´ Möge Bopp, den ich heute durch Graff darum bitte, die Sünde verzeihen. Mir verderbt sie heute den ganzen Humor; 10. Merz 1836. — An sich selbst ließe sich str̥i, statt sr̥i vertheidigen; denn auch Pott, etymolog. Forschungen, 1833, p. 126. 214 nimmt swa-sr̥i als aus swastr̥i entstanden an: str̥i, aus su-tr̥i von der Wurzel su, gignere, zusammengezogen, femina; swastr̥i, cognata femina, wie swa-dshana, cognatus congenitus. — Cf. goth. swistar, slaw. sestra, poln. siostra, litth. sessû (gen. sesseres und sessers), lat. soror, gal. piuthar (p = s), pers. khâher, afg. chur. — Soror aus suoror, svoror, wie socer aus svocer, socius aus svocius; Grimm IV, 511. Soror = suesor, goth. svistar; s. Th. IV: die Wochen. Bequem sind die dänischen Formen faster = faders söster, moster = moders söster; cf. far = fader, mor = moder). Obscöner Scherz kennt ə˜ klaə˜s *Schwéſtə'l*, wie ə˜ klaə˜s Brüədə'l. Vgl. Clm. 5879, f. 207: „So einem man der sein geswollen sei ...;" d. Ring 39^b,44: „Hüdellein der ward so hayß, daz sey den kittel vor auf rayß; des sach man ir die iren da; und Th. I, Sp. 14, ebenalt: „Daz begund er erzöugen an sîme ebenalten, der vor lag gevalten;" die halbe bir, v. d. Hagen, Ges. Abent. I, p. 218,273. Ist auch so zu deuten Cgm. 439, f. 65: „Das redt mein pruder Kuttewein und mein schwester die hübsch strickerein"?

Geschwester, plur., die Schwestern eines Convents; BM. II, II, 776. MB. XXVI, 111. 185, ad 1333. Mederer, Ingolst. 74, ad 1390. „Thar stuantun dio gisuéster," (Martha und Maria); Otfr. III, 24,55. Verschieden von diesem Fem. und in weiterer Bedeutung genommen ist das Neutr. das Geschwister, männliche oder weibliche Person, mit einer andern von einer Mutter oder von einem Vater kommend. Diese auch hchd. Form selbst scheint minder alt, als die im Dialekt gewöhnlichern: a) Geschwistret, Geschwistert; (Vilmar, kurhess. Idiot. 379); b) Geschwistriget, Geschwistrigt, Geschwistricht; c) Geschwistrig, Geschwistrich. Weigand, Wbch. I, 425. Unsə' ganz's *Gschwistərt*, (Passau) die Gesammtheit der Geschwister; ObrM. Aeltere Belege zu a): „die geschwistret," plur.; Hund's St.B. I, 38. 311. 313. II, 330. „Liebs Geswistrat thu deinen Fleiß," schreibt Joh. Schedel (v. Nürnberg), der Mönch, an einen oder vielleicht an beide seine Brüder, Georg und den berühmten Hartman; Cgm. 484 (v. 1462), f. 212. „Geswistreit;" Cgm. 697, f. 98. „Geschwistreit, die erst sipp, Geschwistreitchint, die ander sipp, enickel die dritt sipp, urenickel die viert sipp;" Cgm. 757, f. 18. 19. „Swo Geswistreit sint;" Wstr. Btr. VII, 135. „Mit aynem seynem geswistreit; MB. XXV, 358, ad 1474. „Anefangs geswistreit ist das ende;" Cgm. 579, f. 47. Dâ bî sô hât uns Got erzöuget, daz wir alle geswistrîde sîn;" Bruder Berchtold 155, (Pfeiffer 545,7). „Mîner geswisterde, geswistrede, geswistreide zwei;" Parcifal (Müller) 14232, (Lachm. 477,1). „geswistert;" Parcifal, Cgm. 61, f. 70. „Die hânt noch geswistrede vil;" d. w. Gast 2033. „N. v. N. und sin geswistride ... N. und sin gesuestridchint;" MB. I, 38, ad 1160 circa. Geswisterîde; Wilhelm v. O. 3. Zu b): Geschwisterget, Geschwistriget; Lands-Ord. v. 1553, p. 109. 159. Geschwistergith; L.O. v. 1616, p. 242. 353. 374. „Unser Geswistriget, unter meinen Geswistrigedten;" MB. XXV, 485, ad 1491. „Geswistergot, co-uterini;" Voc. v. 1419. „Luitpold Geschwistergot Kind mit Herzog Heinrichen;" Avent. Chron. 378. „Meiner Anfrau Vater Bruder Geschwistergottskind Brüeder;" Comödie des Abts Ringsberger v. 1724. „Mit den drey Geschwistergütten;" Cgm. 839, f. 158. „Ob geswistergeut lehen mit einander haben;" Cgm. 236, f. 71. „Wan si (Lya und Rahel) geswistergeit waren;" Cgm. 851, f. 288. „Fratricidium, geswistergeytz mordt;" Cgm. 3985, f. 2. „Daz Geswistergeit;" Bayr. L.R., Heumann, opusc. 80. 84. 85. 149. MB. XV, 383, ad 1313. „Hinz allen seinen Geswistergeiten;" MB. X, 109, ad 1354. „Für sich und sein Geswistricheit." MB. XXV, 526, ad 1495. „Getrewes geswistrigeit;" Semansh. 34, f. 73ᵃ. „Ein ochs und ein rint, die sein geswisterheit kint;" Cgm. 713, f. 15. 160. Gesuistirgit, (reimend auf gesit, gesittet); Martina, Diut. II, 126. „Maria Magdalena und Martha und Lazarus diu wâren geswistirgit;" Griesh. Prcd. II, 98. „Sin geswistergit," (sororem suam); Cgm. 819, fol. 74. „Geswistergide;" Parcifal, Lachm. 477,1. Cgm. 18, f. 94¹/₄. Cgm. 19, f. 36⁵/₆. Geschwisterdig, Clm. 5686, Deckelbl. Prgm. Die Form a), parallel der in den Neutris Anat (für Aneit, s. Th. I, Sp. 175), Gevattreit (Th. I, 850 f.), Götteit (Th. II, 962 f.), Jungeid (Cgm. 724, f. 165), Gemechet (Th. II, 1558), (Zwinl-eid? s. Th. IV: Zwin-
552 leut; = zuini-lîdi?) auf der einen Seite, — auf der andern den alten Neutris jungidi (das Junge, pullus, gl. i. 461. 480; sieh Th. II, Sp. 1207 f.), gimahhidi (Ehemann oder Ehefrau), führt auf ein Neutr. gisuistridi oder (wenn aus dem neuern ei geschlossen werden darf) gisuistrîdi der ahd. Sprache. Cf. Th. I, Sp. 731: vingerîde; auch altſ. wihethi, sanctus et sancta. Vgl. Rask, kortf. Vejled. p. 23: isl. systkin, Bruder und Schwester; fedgin, Vater und Tochter; moedgin, Mutter und Sohn; fedgar, Vater und Sohn; moedgur, Mutter und Tochter. Von den Formen unter b) scheint gisuistirgide die älteste, unverdorbenste. Ob gid blos für id stehe, oder ob auch in der ahd. Sp. zu cumuliertem ig-id ein einfaches gisuistrig, gisuistrih, etwa dem goth. brôthr-aha entsprechend, vermuthet werden dürfe, bleibt zweifelhaft. Chr. Schmid p. 153 citiert aus Leipheimer Akten des XV. Jahrh. sogar: das eeleutergyt, (eines von zwey Eheleuten). Obige Dialektformen werden heutzutage auch als Adjectiva behandelt. Geschwistrigé oder geschwisterté Kinder, statt Geschwister-, Geschwistrig-, Geschwistert-Kinder. Auch hört man Geschwisterlay- (gschwistəˈlaə')- Kinder, Kinder von Geschwistern. Vrgl. lay in Th. II, Sp. 1468. Vergeschwistert (vo'gschwistə't), hchd. verschwistert.

---

schwatteln (schwäb., von Flüssigkeiten), überschwanken, plätschern. Sieh schwadern und BM. II, II, 766: swattgen. Zeitschr. VI, 174. 482. (Cf. bey Stalder: „schwetten," Pferde schwemmen, die Schwetti, Schwemme, Lache, Menge, und Swette im brem. Wörterbuch IV, 1118. ˋKoburg: schwétzeln, überschwanken; Zeitschr. III, 283,108.ˊ verschwaizen, ä. Sp., verschwenden, vergeuden. „Er (der Stubenhaizer) solt trulich den ofen haitzen so tůt er das holtz verswaitzen und tůt es so gar on sinnen ez mocht das haws verbrinnen;" des Teufels Segi, (Barack 277,8811: uswaizen!) schwattig (O.L. schwàdi'), schwäb. schwättig, schwankend, dem Druck nicht widerstehend vor Feuchtigkeit, Weichheit, wie Sumpfboden, Moorgrund, auch wol wie weichere Fleischtheile des Leibes. (Das bremische sweeg wol aus swedig contrahiert). ə⁻ *schwàdigé* Menschin, Weibsperson, mit reichlichem Brustwerk gesegnet. Schwattiges Holz, das von Wasser oder Pech durchdrungen. Schwadig ist Holz, das, in der Saftzeit gehauen, leicht fault; (Jir.). „So wird der mensch chalt und fäwcht und swattig;" Cgm. 867, f. 51ᵃ. „Swetig pawm, die nit gut sint zu einem zimmer;" MB. X, 371. „Die Schwättigkeit und mosächte Feuchte des Schadens am Leib;" Dr. Minderer 1620, p. 200. „Der Schwetterstain, enhydros, aquam in se continens;" Voc. v. 1618.

Schweitenkirchen, Ortsname in der Hallertau; cf. Saxon. chron. ad an. 861: „Her fordferde S. Swidun biscop." ˋFörstemann II, 1354: Swidmuotachiricha, (X., XI. sec.).ˊ

ˋSchwitt, das verderbte französ. suite in *tuttschwitt* (s. Th. I, Sp. 634) und *angeschwitt* (en suite), in Einem fort; Zeitschr. II, 278,14.ˊ

Schwitten, (Pseud. Jir.) das speere, schlechte Gras.

---

schwatzen, (O.Pf., vom Vieh) den Durchfall haben. Die Schwätzen, der Durchfall. „ˋWeinhold, schles. 89ᵃ: Schwutz, Ausgeschüttetes;" Jac. Grimm.ˊ

schwätzen (schwätz'n), wie hchd. schwatzen; (BM. II, II, 766. Weigand, Wbch. II, 657. Zeitschr. II, 460. 462. III, 298. Cf. česk. žwu, žwati, schwatzen; žwáč, žwaček, Schwätzer; žwawy, žwastawy, schwatzhaft). Ich finde keinen ältern Beleg als „schwätzen, garrire" im Voc. v. 1429. Diefenbach 257ᶜ. „Mit kallen und mit swätzen von Hainzen und von Mätzen; des Teufels Segi, (Barack p. 361,11385). Der Schwätz (Schwätz), das Geschwätz. „So sind die suppen der Schwaben schatz darzu die klapperey und schwatz;" H. Sachs 1560: IV, III, 92 (1612: IV, III, 197). „Mich irrt auch sehr der klaffer schwatz;" das. 1612: I, 643. „O cleffers art, du feiger swacz." „Du bist allain, die machen kan gancz lieplich fröd mit süeßem swacz." Cgm. 810, f. 108. 115. „Das lutzel Geswacz an dir sei;" Cgm. 767, f. 203. Das Schwätzerlein (Schwetzerlé, schwäb.), kleiner Rausch, der seinen Mann gesprächiger als gewöhnlich macht. Schwatzliesl, s. Zeitschr. VI, 206. Vrgl. allenfalls schwatt-eln und schmätzen.

schwetzeln, s. unter schwatteln.

'Die Schweiz, wie hchd.; (mhd. Swîz; Weigand, Wbch. II, 661.' Nach der Sage, daß die Schweizer aus dem Norden gekommen, etwa mit dem angels. sweot, turma, zu vergleichen. 'Ettmüller, angelsächs. Wbch. p. 760'). Die schweizerische Eidgenossenschaft heißt dem Dechan zu den Einsiedeln, Albrecht von Bonstetten im J. 1478—79 noch superioris Germaniae confoederatio" oder: „der Obertüttscheit Eidgnoßschafft;" Cod. Aug. Jes. 6, f. 1. 18. Der Schweizer. „Sweynczer und Armiäken", (1463—65); Ind. 355, f. 230[b]. Schweizer heißt auch Einer, der Milchwirthschaft (Schweizerey) in Städten bey uns treibt, nicht immer ein wirklicher Schweizer. Das Schweizgelein, (Tirol, Zillerthal) bellis perennis, gemeine Maßliebe. Oster-Schweizgelein, gentiana verna, deren Blume zum Färben der Ostereyer dient; (Jirasek, B. v. Moll; Höfer III, 120. Nemnich I, 589. II, 37).

schwitzen, wie hchd.; (mhd. switzen, ahd. suizzan; Graff VI, 907. BM. II, II, 769. Weigand, Wbch. II, 666). Augustinus, de civitate Dei XIV, 19 (cod. Aug. eccl. 131, f. 169[b]) sagt: „Ipse sum expertus suadere (wol nur verschrieben für sudare) hominem solere cum vellet." Sieh Schwaiß. Der Schwitz, a) Schweiß. „Dä' Hauer (Winzer) hett sein'n *Schwitz* und Schwaifs umfonst und nix vergossen;" Lindermayr 194. b) (ä. R.A.): Nicht ein Schwitz, nicht das Geringste. „Nit ein Schwitz vmb etwas wissen;" Av. Chr. 187.

„Het ich hertzuch Jorgen von Beigern († 1503) güd
vnd der von Vlm müd
vnd hertzuch Cristoffel von Mönchen († 1493) leip
vnd hertzoch Segemuntz von Österreich († 1496) weip
vnd der von Nornberch witz
ich gebe vmb alle Sachsen nicht ein switz;"

auf dem Deckel einer Dresdener Handschrift des Tristran, nach v. d. Hagen's Grundriß p. 127. Cf. Maßmann, über Herzog Christoph, bayr. Blätter, 182..

schwitzig, adj., voll Schweiß. schwitzeln, nach Schweiß riechen.

Zwei und vierzigste oder Spa= ꝛc. Abtheilung.

553 spa-i, sieh unten spæh.

spei=en, 1) spuere, sieh speiben. 2) ludificare, sieh spæhe.

Spei=er, sieh Speir.

spue-en würde dem ahd. spuo=an, mhd. spuon (proficere, vom Fleck, von Statten gehen; Graff VI, 317. BM. II, II, 554) entsprechen; allein es ist, so wie die alten Ableitungen spuod, Fortgang, spuotig, framspuotig, prosper (noch Cgm. 631, fol. 63. 99), „werdent geframsputiget, prosperabuntur" (Cgm. 17, f. 9[b]. cf. gspadig, betriebsam), im Dialekt ausgestorben, dem also auch das aus dem Niders. spôden in die Schriftsprache gekommene sputen (beeilen; Weigand, Wbch. II, 777. spüetig, adj.; Vilmar, kurheff. Idiot. 394) fremd geblieben.

speiben statt speiwen (Condit. speibet und spib, Partic. gespiben), wie hchd. speyen; (mhd. spîwen, spîben, Praet. sing: spei', spai', spaib, plur. spiwen, spiben, Partic. gespiwen, gespiben; — ahd. spîuuan, Praet. sing. spei, spê, plur. spiuuun, Partic. gispiuuan; doch kommt auch das abgekürzte spîan schon in der ahd. Sp. vor. Diut. III, 123 steht das Particip pespiren; — vrgl. geschriren von schreien. Graff VI, 364. BM. II, II, 513. Weigand, Wbch. II., 747 f. Rheinpfalz: *speiche*; Nadler 288. Zeitschr. V, 168, 148. 149). „Wildu das speiben verstellen, so nim ain newgelegts ay und seud das hert und iß es aus scharpfem essich;" Cgm. 720, f. 49. R.A.: *Speibm* wiə e˜ Houzəthund, sich in reichem Maße erbrechen. *Speiwə˜dé* Kində' bleibə˜dé Kində', Kinder die viel speyen, gedeihen. Cf. Firmenich I, 269,57 (Lippe): „*Spiggekinner*, Diggekinner;" das. 493,152 (Aachen): „*Speie Kenger*, gedeihe Kenger." I˜ d' Hendt *speiwm*, zugreifen, arbeiten. Mit Gód i˜ d' Hendt *speiwm*, in der Noth Gott anrufen, dabey aber auch selbst zugreifen, wie der Spanier sagt: a Dios rogando y con el mazo dando. „Wenn du baß speyest in die hendt mit arbeit;" H. Sachs 1560: IV, III, 93 (1612: IV, III, 201). Das Gespeib, Gespeibet, das Gespieene. Der Speibbatzen, Qualster. Der Speibteufel, a) Person, die Böses einflüstert; Ohrenbläser. b) feuchtes Pulver, das angezündet wird; in Walther Litzelmanns, Zeugwarts zu Ingoldstatt, Arkaley v. 1582 noch wirkliche feuersprühende Teufelsfiguren; Cgm. 969, f. 34. 35. Das Speibtrühelein, Spucknäpfchen. Die Speie, (ä. Sp.) vomitus; Cgm. 724, f. 185. 189. „Mit speie den magen furben." Das Gespaib (Gespötte, Wstr. Btr. V, 92) statt Gespai, sieh spæh.

spáchen, auch spachten, durch Austrocknung den Zusammenhang verlieren, bersten, wie Böttchergeschirr, allzu dürrer Boden, die Haut an der Hand ꝛc.; (niederd. spaken, holl. spaeken; s. unten: spacken. Vilmar, kurheff. Idiot. 389: spachern. Weigand, Wbch. II, 736: spach, dürr; spachen). Oft empfindet man ein Spachen, Spachten auch in den Adern, in den Muskeln, als ob sie reißen wollten. (Vrgl. sparken). spächig (*spáchi'*), trocken, spröde; figürlich: unergiebig, mühselig. əs gêt ganz *spáchi'* her, es geht armselig zu. spacherig, Weihers, Dr. K. Roth) aufgesprungen, dürr, (wie trocknes Brod). Vilmar, a. a. O.

Der, die Spachen, auch Spachten, (O.Pf.) Holzspan stärkerer Art, wie sie z. B. in Zäune geflochten werden, *Zau˜spahhə˜*. „Nun het dy stat vil schindeltach dy waren dürr als dy zaunspach;" Mich. Beham,
Wiener p. 100, 8. „Mit den zenen er dannen zoch ein 554
(einen) spachen;" Grimm, Reinh. F. p. 27. 104. „Si (die Boten Priester Johanns) hießen ein fewer machen da von darn spachen darin so wurfens ir gewant das was rain so ze hant;" Cgm. 1113, f. 85[b]. „Das wir nicht erkrachen in dem rachen des feurein trachen, als die durren spachen;" Maister Hans v. Salzburg, Cgm. 628, f. 254[b]. „Dem minnetôten wîbe begunde ir herze krachen recht, als ob tûsent spachen krachten von des fiuwers nôt;" Heinrich's Tristan 6580. Dieses ältere Spache wird nicht sowol Span, als dürres Reis überhaupt bedeutet haben, nach dem alten spahha, auch spacho, cremium, sarmentum, ramus, ags. späc; (cf.

holländ. bey Kilian: ſpaecke, pertica). Davon ſpahhahi (gl. i. 326) cremium, Reiſicht, ſpahhiner (gl. i. 785) virgeus. Graff VI, 321. Weigand, Wbch. II, 736. „Grüenſpach“ ſtatt Grüenſpan (ſ. d. W.); Clm. 5036 (sec. XVI.), f. 167 in einem Recept zu Zahnweh-Waſſer.

„Spachen,“ Funken, (Weſtenrieder's Gloſſar); ſieh Sparchen.

ſpaichen, ausſchreiten, mit dem einen Bein vortreten. ausſpaichen etwas, es mit Schritten oder den ausgeſpannten Fingern ausmeſſen. fürſpaəchə˜, vorſchreiten. „Z'Liəchtmeſſ'n endling, dà streckt ſi' dəˈ Tàg und da ſpaəcht eˈ so für, wàs ə˜ Hirsch springə mâg;“ Kaltenbrunner 171. Drauf käm's mär in d'Waichä, kunt käm mehr fürspaichä;“ Lindermayr 173. ei˜-ſpaəche˜, um den Wagen in Gang zu bringen, in die Speichen greifen; figürlich: muest èəm beſſər ei˜-ſpaəchə˜, ihn dringender angehen; (ObrM.). Die Spaichen, wie hchd. Speiche (am Rad), mhd. ſpeiche, ahd. ſpeihha; (Graff VI, 325. BM. II, II, 490. Weigand, Wbch. II, 747). „Daz die lieb nimmer der ſeel geſpeichet“ (?); Cgm. 778, f. 32.

Der Spaichel (Spaəchl), wie hchd. Speichel, (bey Ortolph und ſonſt in der ä. Sp. die Spaichel, mhd. diu ſpeichel, ahd. diu ſpeichela, ſpeichilla, auch wol ſpeicholtra, ſpeichaltra; Graff VI, 365. BM. II, II, 513. 514. Weigand, Wbch. II, 747). „Jeſus der machet ain hor von der ſpaichel, vnd beſtraich miniu augen;“ Cgm. 64, fol. 18. „Marcolfo (der nicht ausſpeyen durfte) not was nit klain, wan er vil red und antwort gab, von dem ich oft vernomen hab, ſich die ſpaichel meren thuet.“ „Nuchtarne ſpaichel iſt heilſam;“ Cgm. 579, fol. 21[b]. „Der gäuch ſpaichel pringet ackergrillen... dâ er die ſpaicheln lie;“ Konr. v. Megenberg, Pfeiffer 179,6.8. „Ambroſius ſpricht, daz ains nüehtarn menſchen ſpaichel die ſlangen ertœt, wan iſt daz diu ſlang der ſpaicheln ain klain berüert, ſô ſtirbt ſi zehant;“ daſ. 261,1. 5. „So dir chlain iſt dy ſpaichen, daz iſt wol ain gut czaichen,“ (daß du verdaut haſt); Clm. 25072, p. 260. „Slint die ſpaichel;“ Monac. Francisc. 184, f. 137[a]. „Slinde die ſpaichelen;“ Fragm. aus Ind. 128. „Hab daz in den munt ſo weichet dir die ſpeichotern;“ Clm. 5931, f. 241. ſpaicheln, vb., salivas emittere, ausſpucken. „Die Kranken ſpaichelnt vil;“ Cgm. 601, f. 115.

ſpech, ſieh ſpæh und ſpeh.

Der Speicher, in Altb. unvolksüblich und durch Stadel, Scheuren, Kaſten, Dillen, Boden, Stock ꝛc. erſetzt; mhd. ſpîchære, ahd. ſpîhhâri; Graff VI, 326. BM. II, II, 494. Weigand, Wbch. II, 747). MB. XXII, 334, ad 1359 ſteht in ſehr undeutſcher Form: „Mit haus, mit ſtadel, mit ſpicar ꝛc.“ Vgl. Vilmar, kurheſſ. Idiot. 393: Spiker. Zeitſchr. V, 295.

Spoichə˜, (Zillerthal) Ziege, die wider Gewohnheit ein Jahr unfruchtbar geblieben. Die Speuchen? obſchon Hübner p. 980 „Spaiche“ ſchreibt. Vrgl. Spuchtel.

ſpuchen oder ſpuchten, (O.Pf.) ſpuken; ſ. d. W. Es ſpucht, es ſpukt, geht um. Sieh Spuchten.

Die Spachtel, der Spatel (des Farbenreibers, Apothekers ꝛc.), lat. spatula, böhm. spachtle.

„ſpachten, ſpannen in den Adern;“ Praſch. Sieh oben ſpachen.

Die Spachten, Holzſpan, ſieh oben Spachen.

Der Spacht, (ä. Sp., Laßb. L.S.) das Sprechen, auch das Singen der Vögel; BM. II, II, 474 f. Cf. češſ. šplecht, Gewäſche, Geſchwätz; vb. šplechtam. „Die Vögel enphiengen den tag mit ſueßem ſpacht;“ L.S. I, 131. „Jch fürcht ſin valſchen rat und ſiner valſchen zungen ſpacht;“ daſ. I, 147. „Jeglichs het beſunder ze ſchaffent mit ſinem ſpacht;“ daſ. II, 224. „Gehorteſt ie ſo ſußen ſpacht, als ſi mit dir von minne rett;“ daſ. II, 264.

ſpächten (ſpácht'n), ſprechen, (ſehr oft mit einem 656
gewiſſen ironiſchen Nebenbegriff, wie etwa in perorieren). BM. II, II, 475: ſpehten. Graff VI, 369. Zeitſchr. VI, 528,7. D' Weibəˈ tüənt gern ſpácht'n. Wàs habts den és widəˈ z' ſpácht'n? I hà˜ scho˜ widər àlls z' vil g'ſpácht't. Ey, dèr (Pralhans ꝛc.) kà˜ ſpácht'n! „Mit mansbilden ſie nit vil ſpecht;“ H. Sachs. „Do ich ſi horte ſpechten mit zuchten ſunder brechten.“ „Er ſpecht, er brecht, er ſnip und ſnape;“ Haupt's Zeitſchr. VIII, 568. „Wie laut ſie ſpächt, wie ſer ſie pracht! Ring 20[b], 38. „Wie mit ſpächten ſcholt der man daz dinch den frauwen gewinnen an;“ daſ. 42[d], 15. „So ſie zu der kirchen koment ſo lazent ſi ſich an ain rûnon und an ain ſpehten und an ain ſclâfen;“ Griesh. Pred. II, 12. Das Geſpächt (Gſpácht), das Sprechen, (meiſt mißbilligend). BM. II, II, 475. Wàs is dés widəˈ für ə˜ Gſpácht!? „Und do ich ſaß in dem getrecht, do hort ich ferling ein Geſpächt..;“ Cgm. 270, f. 93[a] (379, f. 73). „Jr red und ir geſpechte;“ Laßb. L.S. II, 224. 243. 264. „Ein runen und ein geſpeht;“ Cod Pal. 54, Mone's Anzeiger VIII, 500. Der Spächter (Spáchtəˈ), der gern den Sprecher, Großſprecher macht. Cf. das überſpächtig (hoffärtige) Weib in Laßb. L.S. II, 613. In den halb niederdeutſchen Gloſſen zu St. Florian (Wien. Jahrb. d. L. v. 1824, Band XLI, S. 16—23, nach Fr. Kurz) ſteht anſpecken, concionari, ſpeckere, concionator, rhetor, auch gl. i. 512 (Eccard, Fr. or. I, 846): zoſpehhe, adloquatur. (Gl. a. 501 ſetzt geſpahe, affabilitas, neben geſprache, affamen, affabile). Dieſes ſtimmt, wenn nicht etwa durch bloße Schreib-Abbreviatur das r vermißt wird, zu der im Angelſächſiſchen entſchieden neben ſprecan beſtehenden Form ſpecan, engl. ſpeak; (Grimm, Geſch. d. d. Spr. 314. Cf. engl. ſpeck, ſpeckle, unſer Sprack, ſpreckeln, w. m. ſ.) Jſt ſpecan wirklich blos Entſtellung aus ſprecan, ſo kann es unſer ſpácht'n ebenſo aus dem gleichfalls üblichen ſprácht'n ſeyn. Jndeſſen hat die Annahme einer ſo alten Auswerfung eines ſo bedeutſamen Elements immer einige Bedenklichkeit. Wie λέγειν mit λόγος, reden und raisonner mit ratio, ſo kann ſpecan und ſpächten einerſeits mit isl. ſpekia, philosophari, neben ſpeki, sapientia, ſpak-r, sapiens, andrerſeits mit ſpæh, w. m. ſ., verglichen werden.

Der Specht, wie hchd.; (mhd. ahd. ſpeht; Graff VI, 324. BM. II, II, 490. Weigand, Wbch. II, 745). Vrgl. Speck. Der Spehteshart, Spehtshart, (ä. Sp.) der Speſſart. BM. II, II, 490. Lang, Regest. ad 1260. Nibelungen 3883, Lachm. 908,3. Parcifal 216,12. Wilhelm v. Or. II, p. 44, Lachm. 96,16. 377,25. Förſtemann II, 1287. „Von dreyen morgen weichſelgarten uff dem Spechſart;“ Cgm. 4854, f. 177. cf. Hart.

ſpechten (schbechtn), ſpähen, auflauern; Caſtelli, Wbch. 230.

ſpechten, laufen, große Schritte machen; Caſtelli, Wbch. 250.

Spuchten, plur., (b. W.) Trugbilder, Täuſchungen, pfiffige Einfälle, Vorwände, Ausflüchte. Gê, das ſind Spuchten! Der Menſch hat Spuchten in ſich! ſpuchtig, adj., bedenklich, gefährlich. Damit ſichts ſpuchtig aus. Caſtelli, Wbch. 232. Vrgl. Firmenich I, 20,58: Spucht, kleiner, ſchmächtiger Menſch; daſ. 176,48: spugtig, ſchmächtig, klein. „Ein dünlivig un spugtig Snider;“ Dönekenbok 198. Vrgl. ſpuchen.

Die Spuchtel, (O.L.) Weib, das nicht mehr ſchwanger wird. Sieh Spoichə˜ und Sputtel. (Vrgl. ndrſ. Spugt, abgezehrte Perſon. Zeitſchr. V, 296: Spucht).

spacken, spècken, mit der Spitze eines Eyes wider die eines andern stoßen, bis eines von beyden bricht, ein Spiel, das besonders mit Oster-Eyern getrieben wird, und wobey immer das gebrochne dem Eigenthümer des ganz-
556 gebliebenen heimfällt. (Bey Christoph Schmid spicken und spickeln. Vgl. Th. I, Sp. 202 f.: becken). Beym Plätteln, Schußern und drgl. Spielen wird ein schon ausgeworfenes Plättlein oder Schnellkügelchen von einem nachher geworfenen getroffen oder gespèckt. Kärntisch: die Hände sind ihm aufgespackt, aufgesprungen, slowenisch: spok, raspok, Öffnung von Kälte oder Hitze. (Jarnik p. 61 unter pokniti, knallen. `cf. Lexer, kärnt. Wbch. 235 und oben: spachen, spachten`). Ob das salzb. „Spagonerl," Schußer, aus Spack-an! entstanden? Der Spácker, das Spáckəʻl, Spèckəʻl, a) Stoß, Schneller mit einer spitzen Sache. *Hirnspáckəʻl*, Schneller mit dem Finger an die Stirn; Fips. b) Mal, Fleck von einem Stoß. Dʻ Épfəl sán' vóllə' *Spèckəʻln* vo˜ 'n Risln, dé habm sʻ əso *də'spèckt*.

Der Speck, (im Voc. v. 1445) picus, — wol statt Specht, (Zeitschr. IV, 55); (in einem Voc. v. 1455) passer, — wol statt Sperk.

Der Speck, wie hchd.; (mhd. spec, ahd. spech, lardum, ubarspichi, arvina. Graff VI, 324. BM. II, II, 490. Weigand, Wbch. II, 745. Birlinger 407). R.A.: Dèr is mə' grád ə˜ *Spék* aufs Kraut, mit dem werd ich, wenn ichs mit ihm aufnehme, leicht fertig. Das Speckkämmerlein, Arreststube. Speck- oder Reiberkäs, süßer Käs; (Jir.) `Vgl. oben, Sp. 8.` Der Speckwaizen, bromus secalinus L. Das Speckweib, (München) Taglöhnerin, die gewisser Dienstleistungen wegen in einem Hause ab und zu geht. speckig, allzu klebrigfest und consistent; kothig, z. B. Brod, Backwerk, Erdreich. specknaß.

„Speckchlötter" (?). „Gärndler und speckchlötter;" Ald. 228, f. 432ᵇ. s. oben, Sp. 409.

Die Speck, in Örtlichkeitsbenennungen vorkommend, z. B. Zell an der Speck, die Maut auf der Speck, die Speckmül im Eichstettischen, Specken an der Baunachsstraße — ist allem Anschein nach nichts anders als das in Schmid's schwäb. Wrtb. S. 500 aufgeführte und belegte: die Specke, Speckin, „mit Steinen gepflasterter Fahrweg." Birlinger 407. 408: Speckwisen, Spickwisen. Speck, Weiler, nahe am Moos oder der Filze, die von Pang bis in die Gegend von Aibling sich erstreckt. Oberbayr. Archiv, 1843, S. 378. Molendinum Spech apud fluvium Ilmina;" Clm. 17420, f. 58ᵇ. Cf. VII Com. *specka*, boschivo, Waldgrund, eine Örtlichkeitsbenennung. In Niedersachsen ist die Specke oder der Speck-damm ein kleiner, von Rasenstücken aufgeworfener Damm oder Knüppelweg in einer sumpfigen Gegend; specken, verb., heißt daselbst einen solchen Damm machen, oder einen sumpfigen Weg mit Rasen oder Busch erhöhen und ausbessern. Schon in alten Urkunden jener Gegenden kommt in solchem Sinne das Subst. speckia vor. Sieh Sastrow's Leben II, 670. III, 14. In der Wetterau: die *Speake*, Specke, Knüppelbrücke zur Überfahrt über einen Graben; (Weigand, oberhess. Intellbl. 1845, S. 208; Wbch. II, 745). Vilmar, kurhess. Idiot 391: „die Specke, leichte Brücke, Steg, welcher aus Pfählen besteht, die mit Hürden und diese etwa wieder mit Rasenstücken überdeckt werden."

Der Speick, (bey Adelung) die Spieke, ital. spigo, Lavendula spica (Zeitschr. VI, 108, I, 12); im Gebirg aber auch mitunter für Aretia alpina, Valeriana celtica, Primula glutinosa, Primula minima, Primula auricula, Senecio incanus, ja wol für jede schöne Blume üblich; (Jirasek, Hübner, Schrank). Weigand, Wbch. II, 754.

Spickar, sieh Speicher.

spicken, a) wie hchd. mit Speck bestecken; figürlich: bestechen (einen Beamten ꝛc.). b) gelinderer Ausdruck für lügen, aufschneiden. BM. II, II, 490. Weigand, Wbch. II, 753. „Du spickst gern, ich glaub dir nichts mer." anspicken Einen, ihn anlügen. „Wann einer gehlingen einen handtwerckhsmann sihet, so was versprochen zu machen, schon offt aber sein versprechen nit gehalten, sagt man: wann er einmal ausgespickht habe?" Notat. des v. Bodmann, Ms. „Manche seynd die gröste Lugner und aydbrüchige Gesellen worden, welche anfangs nur ein wenig gespickt; P. Abraham. „Glaub, Ehr, Treu, Lieb und 557
Redlichkeit gilt sauber nix bey dieser Zeit, der nicht kann liegn, spickn und lavirn, mag wol die ganze Welt quitirn;" Selhamer. c) heimlich schauen, blicken. Weigand, Wbch. II, 753. `Vgl. oben: spechten bey Castelli.` „Du *spickst* auf ə˜n andə'n, liebs Deə˜ál, bstè's ei˜;" Seidl, Flins.[3] p. 63. Ins Buch spicken, wenn man im Auswendigherſagen stecken bleibt. Einem Mitschüeler seinen Aufsatz abspicken, ihm denselben heimlich absehen. Einem einen Handwerksvortail abspicken. (Vrgl. Frisch, Wbch. II, 300). Birlinger 408: Spicker. d) (nach dem Voc. v. 1618) aufstechen, (angeben, verrathen). e) sich einspicken, heimlich eindrängen in eine Gesellschaft; (Schmid, schwäb. Wbch. 501). `unterspicken, ä. Sp., untermengen, vermischen; BM. II, II, 490.` „Die jungen (Hunde) underspicket mit alten;" Labr. 28. Spickpfähle, um die Faschinen zu benageln; (Jir.). `Vgl. die Speck und d. folg. Wort.`

Der Spickel, der Keil, (Birlinger 407, auch heraldisch); keilförmig zulaufendes oder gespitztes Ding, z. B. der Bickel oder Wurfstecken beym Schmerbickeln (s. oben, Sp. 554. `Vgl. spècken und becken)`, welches auch spickeln heißt. Ein Spickel Kuchen, ein Spickel Land, wie z. B. der vom Lech und einem Ableitungscanal gebildete, den Augsburgern als Belustigungsort wohl bekannte, im Osten ihrer Stadt. `Vrgl. niederd. Spîker, Nagel; Zeitschr. V, 528,638. Weigand, Wbch. II, 747: Speichernagel.`

spuken, wie hchd.; Weigand, Wbch. II, 775. Firmenich I, 343,42: *spoiken*, der *Spauk*; wangersch: *spauken*; das. I, 75,17.67: *spöken*, *Spauk*; 206,10.8: *Spauk*, *Spaikerie*. Zeitschr. V, 144,17. 431,490: *Spôk*, *Spœk*, *Gespœk*; V, 520,5. VI, 279,9. 280,42. 484: *spoken*, *spöken*, lärmen, toben.

Der Spádi, a) Haudegen, (ital. spada, span. espada, franz. épée. Diez, Wbch. 325 f. Weigand, Wbch. II, 744). b) Farbenbild im Kartenspiel, gewöhnlicher Grasen, Schüppen, Pique genannt, span. ebenfalls espada. Vgl. Spaten. Der Spádifánkəʻl, a) der Valet de pique im Kartenspiel. b) (im Scherz) böser Bube. c) Teufel. Vrgl. I. Th., Sp. 732.

Der Spádon (vermuthlich das ital. spadone, franz. espadon, großes Schwert für beide Hände) kommt (etwa mit Beziehung auf das Kreuz, das ein solcher mit seinem Querstück am Griff bildet) als scherzhafte Bezeichnung des Kreuzes vor, das der katholische Geistliche zu Ende der Messe und bey andern Gelegenheiten in die Luft zu schlagen pflegt. „Iətz sol so gschwind wiə's ABC ə˜ Méssl g'lés'n wer'n; dà spannt mə' wiə ə˜ Fuchs auf'n hálingə˜ Spádo˜. Drauf rennt denn Alls dəvo˜;" Marcell. Sturm. Den Spádon schlagen, ein Kreuz schlagen, den Segen geben, fig.: betteln oder fechten, (wie ein Handwerksbursche). „Pragerische Spadon Lectiones," (Fechtstücke); Cgm. 4504, f. 189—192; das. f. 192: das kleine kreuz, das große kreuz hauen. „Wenn man je nicht Spadon schlagen und Luftstreiche machen, sondern seinen Gegner auf die Haut legen will;" Ant. Khager aus Spalt an Probst Töpfl in Polling, 2. Aug. 1778, Cod. Poll. 793, (Clm. 11593).

gspadig, betriebsam. „Dein Vada' ist á *gspadiga*' Mensch gwesn, der sich frua und spat in d'Händ gspibn hat;" v. Kürsinger's Oberpinzgau (1841), S. 173.

cf. oben, Sp. 653: spuc=en und česk. spěgi, spěti, eilen, spěšny, eilig, flink.

Die Spadl, Spàdl, Gspádl, Dimin. das Spádál, die Schachtel; vrgl. Spattel und Gstattel, — alles wol entstellt aus ital. scatola.

Der Speidel (Spei'l, Spá'l), a) Spreißel, Splitter, Span; b) was Speigel: Zwickel, Keil; (BM. II, II, 494: der spidel, spedel; Graff VI, 329: spido. Haupt's Ztschr. V,240). „Da wart zerstochen manig sper daz si ze tusend spideln giengen;" Liedersaal II, 277, (Nr. CXXV, Vers 297). „Die pain seind des kranken (schwachen) fleysches aufenthaltung reht als die speydel (Pfeiffer: die pfæl) in einer gekleibten (Pf. klänten) want die den laym aufenthalten;" Konr. v. Megenberg f. 13ᵇ, (Pfeiffer 22,9). Werkzeug zum Steinsprengen: Neiger (s. Th. II, Sp. 1733), Hammer, Raumnadel und Spidel; (Zir.). „Die Bissen oder Speidel;" Anhang zum Vegetius 1529. speideln, in Spreißel spalten, mit Spreißeln befestigen; auf=, aus-speideln, auf-, aus-spannen mittels Spänen oder Spreißeln, z. B. Felle, Häute; verspeideln, mit Keilen oder Holzsplittern befestigen, verzwickeln, verkeilen. „Allos is in 'Kirchng g'eilt, 's Volk hàt untə'n Tor si' *gſpeilt* (festgekeilt?); denn heu˜t hàt ən iəds mögng geə'n 'Predi' bei də' Nàhhət hö'n;" Seidl, Flins.[3] p. 168. „Den nagel verspydelten sie (die Juden) ußwendig an dem crütz mit
658 holtz;" Cgm. 138, f. 124. Vrgl. Spetter, Spettel, Spittel — und Speigel, Spickel und Speil.

Die Spider, (im Bergbau) Stützbalken, Spreuze. verspidern, mit Spreuzen versehen.

Der Spaget (Spàgəd –◡), Bindfaden, wol aus dem ital. spaghetto, während die schwäb., schweiz. Form Spagə˜ von spago, lat. spacus. Diez, Wbch. 437. Weigand, Wbch. II, 737. „Ein Rüeblein, eines kleinen Spaget groß;" Bogenberg 1679, p. 161.

Der Speigel, (schwäb.) der Zwickel, Keil; (cf. ital. spígolo; Diez, Wbch. 438); keilförmiges Stück Leinwand, Brod ꝛc. Birlinger 407. verspeigeln, verkeilen. Sieh Spickel und Speidel.

Der Spiegel (Spiəgl, o.pf. Spêigl), 1) wie hchd.; (mhd. spiegel, ahd. spiegal; Graff VI, 326. BM. II, II, 494. Weigand, Wbch. II, 753). Judenmaß-Spiegel, Spiegelgläser von einer gewissen, wie es scheint, ehmals besonders von den Juden gesuchten, Größe, nemlich 11 Zoll hoch, 8 Zoll breit, oder zu doppeltem Judenmaß: 16 Zoll hoch, 10 Zoll breit. Der Augenspiegel, (O.L.) Brille. „Gleserne Augenspiegel, wie man in dem Feld braucht, für die Augen binden;" Feuerbuch v. 1591. In der Münchner Handschrift Cgm. 513 entschuldigt sich aᵒ. 1598 der 85jährige Caspar Rueland, Regimentsrath zu Landshut, wegen böser Handschrift, da ihm „die Augenspiegel nit dienstlich seyn wellen." „Specillum, conspicillum, εὐείδιον, brillen, augenspiegel;" Nomencl. v. 1629, p. 127. Pfâwenspiegel, Pfauenspiegel; BM. II, II, 495. s. Th. I, Sp. 446. „Si urina mulieris fuerit clara et alba vnd scheint als ein phafenspiegel oder als ein antrachhals und erscheint ein antluz in dem harm als in einem spiegel das wetewt das dy fraw ist swanger worden;" Cgm. 170, f. 9ᵃ; (es muß heißen pfabenspiegel; vgl. das. f. 11ᵃ). 2) figürlich für Bücher: Schwabenspiegel, Sachsenspiegel, Beichtspiegel; BM. II, II, 495. „Ex eadem curiositatis (Wahrsagerei) peste processit liber maledictus et execrabilis qui dicitur liber sacratus similiter et speculum;" Ben. 207, f. 16ᵇ: de superstitionibus (1460). 3) ä. Sp., Warte; wol aus speculum, vielleicht aus specula: Spigel = Spil in Spilberg. „Speculum, spiegel vel warte;" Glossen in Haupt's Zeitschr. III, 380. „Speculiern ist ein werk davon heiz ich von spiegelberk;" d. minnende Seele, Diut. III, 4. Vgl. Br. Berhtolt p. 366 (Pfeiffer 378,23.38). „Hermannus et Ramungus de Spileberc;" Lang, Reg. IV, 743. 4) ä. Sp., Darstellung, Abbild, namentlich des Elends, der Schlechtigkeit; noch als Schimpfwort. Vilmar, kurhess. Idiot. 392. Der Spiegler, Spiegelmacher. „Die spieglær, die spiegelglas hinten bedeckent mit plei und mit pech;" Konr. v. Megenberg f. 60ᵃ, (Pfeiffer 99,8). ausspiegeln, auslichten, einzelne Stämme ausziehen aus den geschlossenen Waldungen; (Zir.). spiegelhaiter, adj., glänzend hell. Zeitschr. V, 26.

„*Spiəg·lhaətə'*, *ſpiəg·lhaətə'*, wiə glanz·nt dé Stern! Wiə gə̣ I zə'n herzliəbſt·n Deənál so gern!"

Die „Spiəgle" (wol Spigle; Feldkirch), Nachlese im Weinberg; (v. spioare?).

---

spæh, gespæh (ſpê', ſpêch, g·ſpêch), a) (Franken) delicat, heikel, ekel, apprehensiv; (Vilmar, kurhess. Idiot. 390: speiisch, wählerisch, ekel im Essen. Weigand, Wbch. II, 736: späh.). Ärzte und Pfarrer dürfen nicht späh sein. „So spech ist er mit seinem Fressen;" H. Sachs. „Die späch bulerey;" das. 1560: III, III, 45ᵇ. „Die spähen Maid," (wählerischen Jungfrauen); Cgm. 714, f. 28. (Bey Stalder II, 378: spæg, schmächtig von Körperbau). b) (ä. Sp.) subtil (von Geist oder Kunst), scharfsinnig, witzig, verständig, kunstreich. BM. II, II, 498: spæhe; Graff VI, 322: spâhi. „Mit kurzweiligem Gespräch, desgleichen mit schönen Fragen spech conversierten wir mit einander;" H. Sachs. „Ez (das Wild) kan mit widergengen spæhe litze;" Labr. 87. „Ist er spæhe schône," (ist er schon listig); Valkn. 51; (cf. 58. 121: klug, schön?). „Ist nit spæhe das gedichte, noch clůg;" das. 183. „Wer sach ie so spæhen sin?" Teichner. „Spæhe koufliute;" Gudrun 1174 (293,4). „Volchêre der spæhe videlære;" Nibelungen 1697, 2. „Eine spæhe rede, ein spæher gürtel, pfellel; ein chleid vil harte spæhe gesniten;" Nibelungen 1946,4. 535,1. 741,2. 1119,4. „Daz werch, daz was spæhe;" Wigalois 779. spehlich, speleich, adv. (Das paternoster) „ist speleich überzogen mit Gestein"; Teichner. Ahd. spâhi, ingeniosus, artificiosus; gl. a. 231. 201. 420 ꝛc. spâhlihho, adv., ingeniose, artificiose. spâhî, spâhida, spâida, ingenium, ars, sapientia. „Tole sint Walha, spâhe sint Peigira, lucic ist spâhe in Walhum;" sieh I. Th., Sp. 219. c) (von Reden und Bemerkungen) scharf, spitzig, d. h. spöttisch. „Sein red die was spech," (spæhe, im Reim auf sech, d. h. 659
sæhe); Ottocar v. Horn. cap. 306. „Er wart gemartert mit mangem spehen worte;" sieh Scherz p. 1529. „Den spehisten man, sannionum maximum. Das Gespæhe, Gespai, „Gespey" (cf. Gramm. § 133), ä. Sp., α) Spitzfindigkeit, Subtilität. „Unnützes Gespey, von Bettelmönchen erdacht" (hat die wahre Dialektica verdunkelt); Avent. Chr. 72. „Darauf der Satan (gegen Wolfram v. Eschenbach auf der Wartburg) vil Gespeyes vorgegeben (perquisivit subtilius) von den himlischen Sphären;" Wagenseil, Norimberga p. 512. β) Gespötte. Wird auch in einer Ulmer Urk. v. 1531 (bey Schmid 498) richtiger Gespai geschrieben. „Was darfs vil gespey? Sie treiben mit uns jr gespey;" H. Sachs 1560: II, IV, 16. 18. „Ob der Neidhart wolt vil gespays darzu sagen;" das. IV, III, 49 (1612: IV, III, 109). „Weil er trieb vil spottigs gespeiß;" das. IV, III, 66 (1612: IV, III, 145). „Das gespaib treiben aus etwas;" Wstr. Btr. V, 92. „Spay-Vogl, Spötter;" Voc. v. 1618. Spæh-Wort, Spey-Wort. „De curiosis verbis spechworten und itwizz;" Ind. 392, f. 21. „Wir wollen, daß alle unser Hofgesinde sich aller unnützer Spey-worte, Stachelreden ꝛc. in unser Hofstuben enthalten;" Bayreuth. Hof-Ord. v. 1698. Zu der Bedeutung c) hat Pictorius das Verb speyen Einen, ludificare aliquem, (schwed. spea, isl. spea, spia; schwed. spee, isl. spie, Spott). Vgl. Zeitschr. IV, 270,43: (märkisch) spai, feindselig scheu, häßig. Im niedersächs. Reineke Vos I, 10

speye als adj., spöttisch, wozu Kilian's speeck, scurrilis, der Form nach freylich nicht sehr stimmt; doch hat selbst auch Pictorius speycherey, illusio, irrisio. Ob das anderwärts vorkommende Speiel= oder Speilzahn hieher gehören möchte?

spehen (spêhhə˜), wie hchd. spähen, schauen, betrachten; (mhd. spehen, ahd. spehôn, auch speohon, spiohon; Graff VI, 323. BM. II, II, 496 f. Weigand, Wbch. II, 737). „Swer wunder wolte spehen von klûgen widergengen;" Labr. 436. „Ich wil spehen dîn vermügen;" das. 462. Spehen auf eine Person oder Sache, ihr auflauern, nachforschen. „Got spehen, contemplari." „Daz spehund leben, vita contemplativa;" Cgm. 789 ꝛc. ˋverspehen, auskundschaften; BM. II, II, 497.ˊ „Dir ist licht unseld verspecht (geweißagt?) gen mir, die machtu vinden;" Cgm. 270, f. 82^{a}, (369, f. 42). Die Speh (Spêhh), das Spähen, Lauern, Forschen; (mhd. spehe, ahd. speha; Graff VI, 324. BM. II, II, 496). *Spêhh* stên, auf der Lauer stehen. Speh, Amtsspeh halten auf einen signalisierten Flüchtling. „Als er nun kam zu der stadt pforten der zolner het von jn (1615, V, III, 87: von ihm) sein spech thet auch als ob er jn nit sech;" H. Sachs 1560: V, 379. „Herzog Fridrich hat seine heimlich spech gehabt zu Wein und Bier in der statt (Amberg), welcher da wider jne redet, der wurd angeschriben," (— unfürstlich!); Chron. in Freyb. Samml. I, 79. „Die Buchhändler in heimliche Spähe nehmen; Wstr. Btr. VIII, 383. Auf dem Landtag v. 1605 bittet der Adel, ihn der „so unadelichen Spech auf die concubinischen Geistlichen und ihre Anhänge" zu entladen.

Spál, s. Speidel.

Die Spallen, (Voc. v. 1735) Schulter, Schulterstück von Rindern, Schafen ꝛc.; (auch schweizerisch, vom ital. spalla, span. espalda. Diez, Wbch. 326).

Der, die, das Spalier, Spallier, a) wie hchd. das Spalier; (ital. spalliera, spalliere, span. espaldar von spalla, espalda, Schulter, Rücken; Diez, Wbch. 326. Weigand, Wbch. II, 737); Tapete an der Wand, eigentlich bestimmt, den Rücken der daran Sitzenden vor dem Abfärben zu schützen. Bey manchen feyerlichen Zügen machen Hartschiere, Soldaten ꝛc. Spalier, halten mit ihrem Rücken von beiden Seiten das Volk ab. Ausspállieren eine Wand, ein Zimmer, eine Gartenmauer; tapezieren. ummə˜ spállie˜n, den großen Müßiggänger spielen. Wou bist denn *eitzə-r-ummə˜ gspalirt*; (ObrM.). b) (ä. Sp.) inneres Stück der Bekleidung Gewappneter; BM. II, II, 475: spaldenier, spalier, msc. u. ntr. „Daz im durch halsberg und
560 durch pladen daz swert biz uf den spalier trang;" Konr. v. Wirzb., altd. W. III, 55. 87. 95. „Man ließ dem degen nit me dan sin spaldenier an." „Tandarios der gegen fier hat nit an dann sin spaldenier;" Tandarios und Flordibel, Cgm. 577, f. 220. 231. „Ez het der edele fürste rîch an im niht wan ein spaldenier und einen schuoch, geloubet mir;" Ulr. v. Lichtenst., Vrouwendienest p. 528,17. „Sumelîche pflegent sô wunderlîcher spaldenier, an einem ermel hæten vier ze rehtem wâpenrocke genuoc;" S. Helbling I, 169. „Ez enfint niht spaldenier;" das. 201. „Waz wil du wîter spaldenier?" das. III, 144. „Ir dehein baz gewâfent was sam der nû hât ein spaldenier;" das. 161. „Ein spaldenir glantz sidin was im prislich da bereit;" Joh. v. Michelsperg, Ritterfahrt, v. d. Hagen's Germania II, 95. „Der treit sine harnaschhosen oder sein spaldnir;" Regel des Spitals zu Jerusalem, Clm. 4620, f. 95. „Ez shol dehein pruder gen noch (nach?) ezzen in reitstiualn wan als er sich entwauent so sol er sein spaldnir und seine grozen stiualn von im tun;" das. f. 101. Spoldener steht in Leibnitz' Script. rer. Brunsvic. III, 434.

Die Spelle (Cgm. 291, f. 177), sonst das Spel, genit. Spelles, (ä. Sp.) die Rede, Sage, Fabel; (mhd. ahd. spel, goth. spill; Graff VI, 333. BM. II, II, 490. Weigand, Wbch. I, 128: Beispiel). „Die wîle ir iuwer wîp ze spelle machet über hof unde über lant;" Tristan 18394. „Daz wart in dem her ain gemain spel;" Horneck cap. 311. „Ze mengem oden spelle," (unnützem Geplauder); Diut. II, 165. „Die wolten im niht gelöben und dûhte si ain spel;" Griesh. Pred. I, 24. „Si suln verlâzen gar diu spel diu niht wâr sint: dâ mit sîn gemüet diu kint;" d. w. Gast 1085. „Nach spellen und nach unnützen dingen beginnent si mit einander ringen;" Renner 22428. Im Hennebergischen heißt Spill noch heutzutage das, was in Alt-B. Haimgarten, d. h. nachbarliches Geplauder; zu Spill gehen oder blos Spill gehen, auf einen Schwatz ausgehen, in den Haimgarten gehen. Weihers: *spill géh*, (Dr. Roth); hess. spellen gehn, (Vilmar, kurhess. Idiot. 391). Villeicht ist Spell und spellen des sich anhängenden verachtenden Nebenbegriffs wegen nach und nach aufgegeben worden. ˋspellen, ä. Sp., erzählen, schwatzen; ahd. spellôn, goth. spillon. BM. II, II, 492. Graff VI, 334.ˊ Bait, ich han dᵉr z'*spellə˜*, warte, ich habe mit dir zu reden; 's *Gspeal*, die Sprache; (Rimella-Thal am Monte Rosa). „Und spelleten sus vnd so," (plauderten); Tristan 4059. „Diz mære spellet vnde seit," (verächtlich); das. 17566; cf. 8618. „Es ist ein spelmære," (eine Fabel, Sage, Lüge); altd. Wldr. II, 89. Denn in der ahd. Sp. gab es, dem Angels. und Isl. entsprechend, im allerbesten Sinn, außer bîspel, gen. bîspelles (BM. II, II, 491), aus welchem unser Beyspiel entstellt scheint, allerley Bildungen mit spel; z. B. ein foraspel (prophetia, Isid.), ein gotspel (Tat. 22,1. 145: verbum Dei, evangelium, isl. guds-spiall, angels. god-spell, engl. gospel), ein Verb gotspellon, evangelizare, Tat. 13,25. 18,2; ein uuârspello, propheta, gl. a. 254.

spellen, (ä. Sp.) spalten, trennen? BM. II, II, 492,2: sich sp., zum spel werden. Weigand, Wbch. II, 749. „Ein frummer münch, der den orden helt, und sich von allen sunden spellt; Cgm. 713, f. 18 und 181. „Weiz got hie spellet sich der leich vnde lispet daz mære;" Tristan 8618. „So spellent dise mære sich," (differieren?); Barlaam und Jos., Köpke p. 267,28. cf. spellig, unspellig (bey Stalder II, 379). Späll, (Zir.) nach Büscheln à 200 Stück zum Zusammenheften der Salzblachen. ˋDer Speller, Holzscheit, Splitter; s. Spelten, Spelter. Der Spällering, Holz, so viel auf einmal gespalten wird, Armvoll Holz; Vilmar, kurhess. Idiot. 389. Vgl. auch spalten.ˊ Vrgl. Spelle, und spillen.

„Speil, Schifer, Spreißel;" Voc. v. 1618. Wenn bloße Zusammenziehung von Speidel, so muß wol das niedersächsische Spile in ähnlichem Fall sein. ˋVilmar, kurhess. Idiot. 390 f.: die Speile, Spiele, was Schölholz, Stickholz, Stickstecken, Querhölzer, Spreizen in Decken, Wänden ꝛc. Zeitschr. VI, 484. speilen, vb., Speilen einziehen; Vilmar. Zeitschr. VI, 484: *spilen*. Weigand, Wbch. II, 748: Speiler.ˊ auf-speilen, ndrs. upspilen. „Ein Ester aufspeilen oder aufspreizen;" Cbm. 3238, f. 27. si' speiln, sich sperren, spannen, spalten. „'s Volk hàt zwischná Thör'n *si' gspeilt*;" Seidl, Flins. IV, 89. 147. *es speilt si'*, es stockt, geht nicht vorwärts. Sieh Speidel; vrgl. auch spilden.

spilen (spiln), wie hchd. spielen, mhd. spiln, ahd. spilôn; (Graff VI, 331. BM. II, II, 505. Weigand, Wbch. II, 754 f.), insonderheit a) ludere im gewöhnlichsten Sinn; z. B. Karten spilen. ˋIn der ahd. und mhd. Spr. auch mit dem Genitiv verbunden, wie noch mundartlich; Zeitschr. IV, 238,6,10. VI, 96.ˊ Grimm IV, 673. 962. Spilkarten kommen vor zu 1472 im Cgm. 311, fol. 46; — darin ein kunig von der rosen, einer von der kron, einer von dem pfenning und einer von dem

fingerlein. Zu jedem gehören 13 Blätter. „Ludens ad cartas ludum vocatum Imperatoris,“ (frnz. l'Impériale); Clm. 4695, f. 37, (Herbipoli circa 1440). „Die des künigs spilen oder ander böse spil;“ Fürstenf. 138, f. 101ᵃ. Cod. San-Zenon. 69: de V sensibus, f. 14ᵇ (ZZ. 781, f. 94ᵇ): „Incautum est ludere cum puellis viros adolescentes qui vocantur ludi regis, in quo positus pro rege mandat adolescentibus, ut se mutuò amplexentur aut deosculentur.“ Erlaubte Spiele: „adolescentes possunt currere militiam, currere post pilam; projectio globorum per circulum. Puellae inter se ad ludum lapillorum vulgariter kleublstain, ad pilam, ad dicam, q(uae) Ruffus vocatur vulgariter ratt. Qui deliberatè respicit representationes actuum impudicorum sicut gentiles olim faciebant in theatris et adhuc quidam joculatores exercent cum monachorum imaginibus et coquinariis et quod deterius est in ecclesiis per representationem medici et suae uxoris in die resurrectionis dominicae;“ ibid. (cf. f. 4ᵇ). Im Cod. Monac. Augustin. 84, f. 2 (v. 1460) gibt Br. Berchtold oder ein späterer Prediger in seinem Geiste die Messe, die die Spieler halten, zum Besten. Missa zörndel pliff, de Sto. Myualcto, de Sto. Curto, de Sto. Longo, de Sto. Rauschhardo, item von St. Kof'hart, item von St. Ganshart. Denarii in cartis ytalicorum significant avariciam, baculi stultitiam vel nolae fatuitatem sicut patet in cartis Alamannorum calices sive credentz significant ebrietatem, luxuriam. sic etiam aichel in cartis theotunicorum Enses significant iram, reges significant praevalentes in nequitiis. It. volo quod sint presbiteri presbyterae pueri mulieres pueri Et quanto quis nequior, tanto dignior … pols laudime er hat verloren. aindlefe oder sibne all' tewfel nam … daz alt wāmas dy jornea ytalica. Introitus: Venite n' umb ein hallerwert nwff! taus es. sibne oder taus es. es ist kotter taws. es ist zincktaws. ein schancz ein schock grossz. … Schachzabel ī kleyben vel löseln̄ (?). Die Terminologie im Würfelspiel s. Th. I, Sp. 156: ses, zinke, quatter, dri, dus, es. Sie war ursprünglich französisch, wie es noch die im Billard ist, — was ihren Ursprung nachweist. Missa lusorum Posl. 634, f. 225. Bened. 161, f. 93. Cod. c. pict. 13. De cartiludio Bilder und Reime deutsch im Cgm. 4413, f. 173—177. Martens' Italien II, p. 584: coppe Priesterstand, spado Kriegerstand, denari, Bürger und Kaufmann, bastoni, Landmann. „Man spilt der ritterschaft, agitur ludus militiae;“ Windb. 204, f. 165ᵃ. Brettspiel abgebildet im Cgm. 5, f. 195, Benedictb. 161, f. … „Per ludum aleae intelligitur omnis ludus qui fit ex cupiditate et causa lucri verbi gratia pretspil, kayrn̄spil, genſln ut habetur in jure canonico;“ Ind. 152, f. 35, (von Unkeuschheit die Rede). „Der meisten augen spilen,“ würfeln; Cgm. 439, f. 45. „Umb dich well wir der meisten augen spilen;“ Cgm. 713, f. 211. „Ausreißer musten umb den Galgen spillen und einer davon wurde gehangen,“ (Augsb. 1634); Cgm. 4905, p. 200. Des listles spilen mit Einem, (eine Art Würfelspiel?); s. Th. II, Sp. 1525. „Des rüpfleins spiln,“ (hadern, raufen); s. oben, Sp. 132. Ein Peter Breughel (von circa 1560) unter den deutschen Gemälden im kais. Belvedere zu Wien stellt alle damals übliche Kinderspiele dar. Clas Schellendaus bey H. Sachs 1612: V, III, 39 (1560: V, 357) zählt 15 Spil (mit Karten) auf, die er könne: rümpfen, flößen, bucken, bosen, in Thurn, der Schleck, das Butzen, losen, rauschen, ein und dreißig, eins und hundert, carnöffeln, die letzt les, des Stichs und der Bild, der Untreu; ferner: „Bretspil das kurz und das lang, Puff gegen Puff und Puff regal, Dickadack und die Lurtsch zumal auch umbschanzen und übern kreis blind würffel mir oft machen heiß.“ Handspiler, s. oben, Sp. 409. sich spilen für scherzen, bey Seidl, Flins. (1839) II, 60 und öfter; cf. Grimm IV, 35. „'s Glück is wie's Wasser oft, es *spilt si'* nur: dort reisst's was weg und dorten tragts es zua;“ das. IV, 57. „Zwoa Birnbám vur'n Pfarrhof, dà hàb-ə'-*mi' gspilt*;“ das. III, 41, (3. Ausg. p. 77: dà habmər *uns gspilt*). I *spil mi'*, du *spilst di'*; 'Kində' *spiln si'* rècht schö˜; (Passau, ObrM.). Spilen braucht der Landmann seit Einführung der Militärconscription auch 561
von dem jährlichen Loosen der pflichtigen Bursche um die Nummer, die zum Kriegsdienst ruft, oder davon freyspricht: sich *'nei˜spiln*, *'nausspiln*, *wégspiln* ꝛc. 'verspilen, wie hchd.; namentlich den Proceß vor Gericht verlieren. Vilmar, kurheß. Idiot. 392. Zeitschr. V, 295. verspilen wird (wie gewinnen) vom Volk auch auf das große Spiel mit Menschenblut und Menschenleben angewendet. Z' Jena hàt də' Preus *vo'spilt*. I˜n Russland, z' Leipzig hát də' Napoleon *vo'spilt*. verspilt, Ptc. als Adj., in die Leidenschaft des Spiels versunken, (wie versoffen). „Der herr mit dem verspilten knecht;“ H. Sachs 1560: II, IV, 111. „Der verspilt reuter;“ das. V, 357 (1612: V, III, 39). ausspilen Einen, ihn zum Scherz oder Spott nachäffen. An der Ilm ist besonders zur Faßnachtzeit üblich das Leut-ausspilen, wobey einzelne lächerliche Begebenheiten, die sich das Jahr über im Orte ereignet, im Costüme und mit den Gebärden derjenigen, die sich dabey bloßgegeben haben, zur Belustigung der Zuschauer scenisch vorgestellt werden. Eine ländliche Kunstleistung, die sich besonders die jüngern Bauernbursche angelegen seyn lassen, und die ganz an die erste Entstehung der Komödie überhaupt, namentlich an die derben Faßnachten oder Faßnachtspiele des Hans Rosenplut und Andrer (Cgm. 714) erinnert. Vgl. oben, Sp. 420: Schimmel und Th. I, Sp. 762 f.: Fasnacht. Aschermittwoch-Gericht der 12 Jungfrauen zu Burgebrach über eine ausgestopfte Figur; s. Haas, Höchstadt I, 18. Hofmann annal. 219. Vgl. auch Haberfeld spilen, Th. II, Sp. 1033 f. und Th. IV: Haberwaid. b) musicieren. aufspilen. *Spilts* mə' mei˜ Leibstückl *au'*! Fig.: aufspilen über Einen, ihn zum Gegenstand der Unterhaltung, gewöhnlich der boshaftern, nehmen. c) sich lebhaft bewegen, hüpfen ꝛc. „Ze hant erfrewet sich das kindlein (Johannes) in seiner muter leibe, vnd spilte gen unsern herren;“ Cgm. 631, fol. 31. Gl. i. 761 (Pyrhus) „exsultat, spilita;“ Aeneid. II, 470. Spilnde ougen Liebender, die in Minnedichtungen so oft vorkommen, sind wol mit lebhaften Wendungen anblickende, wenn nicht glänzende, da man noch jetzt im Dialekt von Sachen sagt, daß sie schœn spilen, wenn sie glänzen, schimmern oder überhaupt hübsch aussehen. BM. II, II, 506,4. (spilen, spiegeln; Spil = Spiegel; Spiegel aus speculum, specula? cf. Spiegel). „Ir ougen spilten, do sie in ansach.“ „Ir spilnde ougen hor ich jehen, man mocht sich drinn wol ersehen, als in eim claren, liechten glas; Cgm. 714, f. 66. 183. „Wenn die frawen die gift vail tragent do mit sie die sel tötten das sind die spilunden augen;“ Cgm. 1113, f. 120ᵃ. „Du scholt sie smieren an mit spilnden augen hin und dan;“ Ring 12ᵃ,3. „Vor ir spilnden ougen;“ Labr. 649. „Sein spilend brechend angesicht;“ Valkn. 13. d) lascivire, venerem exercere. Cf. Diut. III, 72: „Ysaac und Rebecca sament lagen, spileten zesamene mit chonlicheme gamine,“ und das. 79: „Do er (Jacob) mit ire gespilite des spiles des si gespilite Lia wart suanger.“ „Si (die Liebenden) spilten da ain solches spil da von ich nicht vil reden wil;“ Cgm. 714, f. 100. „Wann ein ochs abspillt,“ Köschinger Ehaft, MB. XVIII, 694 scheint etwas der Art zu bedeuten. Vgl. Renner 9783: „Vleischlich gelust kan uns zulocken und spilt als lange mit uns der tocken mit manger leye tranke und speise.“ Cf. Grimm, RA. p. 592 und etwa gar Tresbellio in der Lex salica, Tit. III, §. 9. Unter Wilhelm I. (1066—1087) „gif hwilc carlman hæmde wid wimman hire und ances sona he forleas tha limu the he mid pleagode,“ (he played with); Saxon. chron. p. 295. ə˜ g'spiligé Stuət'n, Stute, die nach dem Hengst verlangt.

Die Gespil, (O.Pf.) die Gespielin, Kamerädin (BM. II, II, 504), „compar, socia;“ Voc. v. 1618. „Die guten Gespil (Magdalenam) nennt er (Lucas) nicht;" Av. Chr. 182. „Si het ain gespiln," (sociam); Cgm. 99, f. 112. 170. „Ursula mit iren gespilen XI^m maid;" aber: „Beicht mit seinen gesellen;" Cgm. 1148, f. 27. 35. „Zwo gespil ir mære begunden sagen;" Nîthart LIV, 3. „Ein kra und ir gespile;" Valkn. 125.

Das Spil, Gespil (Gspil), wie hchd. Spiel; (mhd., ahd. spil; Graff VI, 329. 331. BM. II, II, 499. Weigand, Wbch. II, 754); insonderheit a) im gewöhnlichsten Verstande. R.A.: 's gwissə Spil spiln, die sicherere Partie ergreifen. Namen von Kartenspielen s. bey H. Sachs 1612: I, 1042 und V, III, 39 (s. oben: spilen); Spiele der Italiener bey Martens, Italien II, 578—585. b) Musik. „Denen von der Ritterschaft, auch den alten Geschlechten in den Hauptstetten soll bey Hochzeiten zwayerley Spil (als Pfeiffer und Geiger), aber dem ringern Stand mehr nicht dann ein Spil zugelassen seyn;" L.R. v. 1616, f. 564. Das Spil rüeren, Trommel (und Pfeiffen ꝛc.) rühren. Das Spil teilen, ä. Sp., Einem eine Wahl vorlegen, ihm die Wahl laßen; BM. III, 26. II, II, 501,5. „Ob aber ir muot also stat daz si êlicher hirat doch niht entwesen wil, so teil ich ir ein ander spil," (mache einen andern Vorschlag); Kindh. Jesu, hg. v. Hahn, p. 69,9, s. unten: ungeteilt Spil. Der
562 Spilmann, plur. die Spilleut, Musicant (ahd. spiliman und spiliwib; mhd. spileman, spilliute; Wigalois 1680. Graff II, 746. I, 653. BM. II, 46. III, 720. Weigand, Wbch. II, 755. Zeitschr. IV, 77). Spilleut haben, einen Tanz halten. Zu'n Spilleuten gên, zum Tanz gehen. Dà leit ə˜ Spilmà˜ begràbm, sagt man im Scherz von einem Platz, wo jemand stolpert. „Zwoho zwohe, stolp stölperlein, da wird ein pfeiffer begraben sein," sagt der stolpernde Bauer bey H. Sachs V, III, 20. Der Spilgrâf, das Spilgrâfenamt, so hieß ehmals eine Stelle am Hofe, welcher die Oberaufsicht über die Musicanten im ganzen Lande und das Musik- und Theaterwesen zukam. Cbm. Kl. 169, p. 237 ff. Dieses Amt eingesetzt, „die Spilleut in mehrer Zucht, und fremde Spilleut fern zu halten," durch die aufgerichte PoliceyOrdn. lib. V, tit. 4, art. 4 aber entbehrlich geworden. Mandat v. 24. April 1626, Cgm. 4916, f. 532. 1581 ist das heil. Abendmahl versagt „allen spilern, spilgrafen, würfeltragern zw unerlichen sachen;" Cgm. 4359, f. 38. Den 4. Nov. 1775 wurden die ehehin von den Spilgrafen den Spilleuten ertheilten Spilzettel abgeschafft, und verordnet, daß die Musikanten bey Strafe ein Musikpatent von der Ortsobrigkeit alle Jahre erholen und den Spilzettel mit 9 kr. lösen sollten. Hazzi, Statist. p. 224. In einer alten Hof-Rechnung v. 1467 (Wstr. Btr. V, 212) ist angesetzt, was an fremder Herren Hofierer und Spilleut ausgegeben worden, z. B. (an des) „Herzog(s) Sigmund von österreich Pfeiffer, trumetter und Paugker an sunbentag 8 fl. rhein., (an) des Kaisers Pfeiffer 3 fl. rhein. ... item ainem lautenschlager 1 fl. rhein., item einem Harpfer 1 fl." u. s. f. Für Trommler und Pfeiffer, ja auch die übrigen Subjecte einer militärischen Musik gilt noch immer der Plural Spil-leut. In weiterm Sinn, nemlich auch für Gaukler, Seiltänzer, kommt spilman, spilweib noch vor im Cgm. 719, f. 16^a. Das Spilhaus, (römisches) Theater; H. Sachs 1560: II, III, 163. BM. I, 739. Das Federspil, ä. Sp., 1) Jagd mit abgerichteten Vögeln; 2) zur Jagd abgerichteter Vogel; BM. II, II, 503. „All mein begird an vederspil sich kerten;" Valkn. 8. „Das loblich ist an federspil das mag man an im schawen;" das. 10. c) lebhafte Bewegung, Gedränge, Menge. Vilmar, kurhess. Idiot. 392. Das Volkspil, Volksmenge. cf. Firmenich I, 455,366: Minschespill, Menschenmenge. Weigand, Wbch. II, II, 754. Kirchspil, dem ältern Kirchmenge entsprechend, ist nicht volksüblich. BM. II, II, 502. In Lucerner Urkunden (1516; s. Geschfr. II, 203. III, 192. 264) steht immer Kilchspel. Vgl. oben: die Spelle, bîspel, gotspel ꝛc. und Weigand, Wbch. I, 585. d) Das Gespil, (b. W.) die Geschlechtstheile. BM. II, II, 501,7. Cgm. 5, f. 158^b. „Daz werd frawenspil;" Docen, Misc. II, 169. Vergleiche: „Dat (Cölibat) mochte ein sorchliche eyrsach sijn, overspil zo driven," (holl. overspel, Ehebruch); niederrhein. Chron., Cgm. 691, f. 86. cf. Uberhuor, Th. II, Sp. 1158 und d. fol. Bedeutung c) Geschäft, Sache überhaupt. Einem ein böses Spil machen. Ein ungetailt Spil, (ä. Sp.) ungleiche Theilung, Wette, Sache. „Das ist ein ungetailtes spil Got sölichs rechten nicht enwil;" Cgm. 379, f. 82 und 270, f. 116. BM. III, 25 f. s. oben: das Spil teilen. Das Bettespil, auch Minnespil, ä. Sp., lusus amoris; BM. II, II, 501. 502. „Er hât einer alten wol drîzec jâr den rucke gekêrt und hât ir selten gemêrt daz wir heizen bettespil;" S. Helbling I, 85; cf. 143. Das Endespil, ä. Sp.: „Daz erz âne der guoten danc brâht ûf ein endespil," (er genoß sie gegen ihren Willen); Gregor v. Stein 225. cf. Maßmann's Eraclius 568 f. Das Widerspil, Widergespil, das Entgegengesetzte; (cf. Th. II, Sp. 1419: Laich, 4). Der Spilhan, das Birkhuhn, tetrao tetrix L. Weigand, Wbch. II, 757. (Dem tetrao gleicht das česk. tetřew, russ. teterew, lett. tetteris, ehstn. tedder, fin. teeri, teuri, tetri. Nemnich II, 1445.) Seine glänzendschwarzen, gekrümmten Schwanzfedern sind ein beliebter Hutschmuck der Bauernbursche am Gebirge, eine wahre Cocarde, durch welche sich vorzugsweise die Raufhelden dieser Gegenden auszuzeichnen suchen.

„Vo˜n Spilhà˜ dé Fédə', vo˜n Hirschál dés Gwei',
vo˜n Gámsál dé Hörnə', vo˜n Deənál dé Treu."

R.A.: Sie Einem herabtuen (nemlich die Spilhahnfedern vom Hute), ihn bezwingen. Spiluncus, im Scherz wie Sparluncus, Haluncus. P. Gansler.

Der Spilberg, Spielberg, s. oben, unter Spiegel und vgl. Grimm in Panzer's Beiträgen z. Mythol. I, 376 ff. 113.

spillen, (Hauser) splittern; kostspillig, zwispill, — alles wol entstellt aus spilden, w. m. s. Vrgl. auch spellen.

Spilling, s. Spenling.

Der, auch die Spuelen (Spuəln, o.pf. Spǫln), a) wie hchd. die Spule des Webers; (mhd. spuole, ahd. spuolo und spuola, panus, qualus. Graff VI, 334. BM. II, II, 554. Weigand, Wbch. II, 775. Diefenbach 410^b). spuelen, spuelnen, spulen. „Die Spuelsêl, subtela;" Voc. Archon. b) (Nürnb.) Brod von fein- 563
stem Mehl in Form einer Spule. Spuelweck. c) Span von Fichten- oder anderm Holz zu groben Korbmacher-Arbeiten.

spüelen (spüəln, spiəln, o.pf. spǫln), wie hchd. spülen; (mhd. spüelen, ahd. spuoljan; Graff VI, 334. BM. II, II, 554. Weigand, Wbch. II, 775. Birlinger 409. „irspuolen," Notk. Ps. XCV, 6). „Der sorgen fluz mir spüelet mîn fröude hin;" Labr. 504. Das Gespüel, Spüelach, Gspüələd, A'gspüələd, das Spüllicht; (mhd. gespüele, spüelach; BM. II, II, 554. Weigand, Wbch. II, 776). „Squalor, gespuel;" Semansh. 34, f. 203. Diefenbach 549^b. Der Spüeler, Gehülfe des Sennen; Zeitschr. IV, 61. Die Radspüel, Zustand des Fahrweges, da die Geleise voll Wassers sind. Der Spüel-Hadern, eigentlich und figürlich. „Der mensch ist ein unlustiger spülczuber;" Cgm. 579, f. 49.

Spaldenier, steh oben, Sp. 661: Spalier.

spilden, dem ahd. spildan, Praet. spildita, effundere, expendere, (Graff VI, 337. BM. II, II, 508. ndrd. spillen, angels. spillan, isl. spilla) entsprechend anzunehmen. (Vrgl. Frisch unter spalten). spelden, schicken. „Haben den verwundten aufgehaben und nach dem hofbalbierer gespeldet jedoch haben sy in nit künden bekommen;" Hieron. Harder v. Überkingen (1577), Cod. iconogr. 3, f. 169ᵇ. Daher vermuthlich die Zwispild, sonst auch Zwigült, der doppelte Betrag; Landt. v. 1514, p. 20. L.R. v. 1616, fol. 319. 330. „Mit der zwispild zalen;" Amberg. Acten v. 1379. MB. V, 134. XIII, 408, ad 1369. XV, 292. XVII, 139. „Duplum, id est zwispilde;" MB. XII, 345, ad 1172. In der reform. peinl. Halsg.-Ord. „den Diebstahl mit der Zwiespalt bezahlen." In Gemein. Reg. Chron. III, 831 kommt auch vor: „mit dem (?) Drey- und Vierspild." „zwispildig, biformis;" gl. i. 1251, Prud. psychom. 571. drispeltig, dreifach. „Stellet sich ainfeltig het doch die bubensucht dryspeltig;" H. Sachs 1560: IV, III, 73 (1612: IV, III, 158). „Do galt er vierspelticlich swaz er gewunnen hat velschlich;" Renner 7772. zwispilden, ä. Sp., in zwey Theile theilen; doppelt nehmen, verdoppeln. BM. II, II, 508. „Und nach dem nun das gejaid zwispilt ist;" Kr. Lhdl. VII, 270. 291. „Zu dem ersten bot um VI dn., zu dem andern um XII dn., darnach alweg zispilt es sich bis auf XII ßl. dn.;" MB. V, 221. „So sull wirz zwispiln;" MB. XVII, 139, ad 1375. „Da ward das volck gezwispelt;" Chron. in Freyb. Samml. I, 80. „Swer die fäden zwispet" (wird gestraft); v. Sutner, Abh. d. Ak. 1813, f. 490. „Wer sich nit wol und erlich helt demselbigen gott auch zwispelt sein unglück;" H. Sachs II, III, 285. „kostspielig" ist wol als kostspilig — statt kostspildig — zu nehmen; (Weigand, Wbch. II, 627). Eine bayreuth. Verord. v. 1743 hat Kosten-spilterung statt Kostspieligkeit. „Spilder (gl. i. 742. 1006) und spildeger (gl. a. 674, gl. i. 1210), prodigus; spildi und spildigi, effusio." „Gespilderter Zaun," aus Holzspalten gemacht; Aschauer Holz-Ord. v. 1558, Cbm. Kl. 359, p. 114.

---

spulgen, (mhd. und ahd. Sp.) pflegen, gewohnt seyn; (Graff VI, 335. BM. II, II, 553). „Nunquam, consuevisti, nie ne spulgtes;" Cgm. 17, f. 20ᵇ. „Des sie spulgent;" Notk. Ps. 72,18. „Adam sin wib erchande, so man noch spulget hinnen und ennen;" Diut. III, 55. „Der hochvart spulgte sie nicht;" ibid. II, 119. Noch jetzt im Hennebergischen: sich spulgen, sich pflegen, gütlich thun.

---

spalten, (Praet. cond. spaltet und spielt, Partic. gespalten und gespalt·t), wie hchd.; (mhd. spalten: Praet. spielt, Ptc. gespalten; ahd. spaltan: spialt, spielt, gispaltan und gispalt, gl. a. 558. Graff VI, 336. BM. II, II, 475. Weigand, Wbch. II, 738). „Darnach kom ein plitzen, vnd spielt den ain turn von
664 einander;" Öfele, script. I, 585. „Jr liechte hend sie zu einander fielt, das herz ir in dem leib spielt," (zersprang); Cgm. 714, f. 160. „Ein jeder Gezeug soll sein Kundschafft nit gespalten geben, nit mehr oder minder, dann so vil jhme Wahres kund und wissen ist, sagen;" Tyr. L.O v. 1603, f. XV. zwispelt, drispeltig, s. oben: spilden. Der Spalt, Dimin. das Spältlein (Spáltl, Spáitl), wie hchd., besonders jeder schindel- oder spanähnliche Theil eines gespaltenen Holzblocks; (Nürnb.) Stück Holz, das zum Güterpacken dient; im Dimin. jedes Stück eines zum Dörren zerschnittnen Apfels. „Adam, Spältelschlicker;" P. Abraham. „Einer grisen grawe spalt lerten mich es auch verstan," (daß er 80 Jahr alt); Cgm. 717, f. 112. Der Spältling (Spáltlin', Spáitlin'), was Spältlein. spälteln (spáltln, spáitln), in Spältlein zerschneiden. Der, (ä. Sp.) die Spalt-Zettel, jeder von zwey oder mehrern gleichlautenden oder sonst zusammengehörenden, der Controle wegen aus einem Stück Pergament oder Papier geschweift oder im Zickzack von einander geschnittenen Zettel (franz. charte-partie, charta indentata, Zerte), für zwey oder mehrere contrahierende Theile als gegenseitiges Document geltend; doppelt ausgefertigter Vertrag überhaupt, besonders eines Gutsherrn mit seinem Verwalter, Pächter, Braumeister, Jäger ꝛc. L.R. v. 1616, f. 461. „Laut einer spaltzetl, von wegen bezalung des heuratguts auffgericht;" Hund, St.B. I, 199. 'Vgl. spellen.'

Die Spelten, das Spaltstück oder Scheit eines Holzblocks; Schindel; Splitter. Birlinger 407. „D' Füefs seind wie ä *Spelten*, dä' Bauch wie ä Zelten;" Lindermayr 174. „Wer spelten oder pöm in die stat (München) tret, der sie nicht von sunderga geföert hat;" Cgm. 544, f. 48. Spelten zu Zäunen, Zaunspelten. spelten-hellig, (von Thieren) dürr und mager wie Schindeln zu Zäunen. „Schifern und Spälten von einem gebrochenen Bein; Dr. Minderer (1620), p. 209. Der Spelter, (Franken) was das vorige; 'Holzscheit, Splitter; Zeitschr. II, 48: Spelter, Speller. BM. II, II, 509: der spelter, spilter, Splitter, besonders Lanzensplitter.' funkelspelternagelneu. Bey Rauch, script. rer. Austr. I, 391—464 und II, 1—113 kommen in österreichischen und steyrischen Gültbüchern Chinspalten, Einspalten, Zinspalten, Craspalten, Chraspalten vor; z. B. I, 397 ff.: ein, zwo, drei, vier ꝛc. zinspalten, „zwo schulter, zwai lamp, sehs Einspalten und ain huon;" ein paarmal: so und so viel ellen zinspalten, ein ellen zinspalten; ebenso II, 62 ff.: II, III, V ꝛc. Craspalten, abwechselnd mit Einspalten (Eynspalten, Chinspalten) vlnam vnam, vlnas II, III vlnas ꝛc. Etwa Zins-palten? '(Rauch, a. a. O. I, 409: „zwo zinsspalten"); s. Th. I, Sp. 388: Palte.'

Der Spelt und der Spelz, wie hchd., aber minder üblich als Fesen und Kern; (ahd. spelta, spelza, mhd. spelte, spelze, fem.; Graff VI, 337. BM. II, II, 492. Weigand, Wbch. II, 749. Diefenbch 13ᶜ. 225ᵇ. 546ᵃ). Gl. a. 209 wird spelta durch spica gegeben, sonst steht es, wie spelza und spelzo, für ador, far, spelta. Vilmar, kurhess. Idiot. 391: Spelzen, Zwiebelstengel, Schlutten.

Spampanaden, (österreich., siebenbürg.) Prahlereien, Großsprecherei, Aufschneiderei; ital. spampanata, v. spampanare, die Ranken abschneiden, abreben; aufschneiden, prahlen. Castelli, Wbch. 229. Zeitschr. IV, 415,60. Daß man die „klainwinziga Madl wie Pudln abricht und iehnen als a klaine *Spanpanaden* schon lernt," (Putzsachen?); Reitzenbeck I, 157. II, 232.

Die Spim (O.L.), die Spinne. Das Spim-láiái (– ᴗ ᴗ), das Spinngewebe, (Spinn-leilach?).

---

1) Der Spân, Spôn (Spâ˜, o.pf. Spau˜); plur. Spæn (Spâ˜), welcher nach Gramm. §. 882 oft auch als Sing. fem. gebraucht wird; Dimin. Spâ˜l, wie hchd., (ahd., mhd. spân; Graff VI, 338. BM. II, II, 477 f. Weigand, Wbch. II, 738 f.); jedoch a) in der Bedeutung eines beym Behauen, Behobeln, Sägen ꝛc. abfallenden Theilchens weit weniger üblich, als Schaiten und auch Kleiwen. Am geläufigsten b) ist es als Bezeichnung der dünnen, durch Spalten entstandenen Lamellen von Holz, besonders Föhren- oder Kienholz, welche auf dem Lande zur Beleuchtung gebraucht und sonst Spleißen genannt werden. „Sie (die Schwertfeger) machend den span und die sterb unverfangklich und so ed; wie licht man si tuot bucken, so snellends und tuond hin flucken;" des Teufels Segi, Barack p. 356,11229. „Desiliunt rari sine fisso robore *spani*," (soll das deutsch seyn?); Clm. 17172 (4⁰, XI.—XII. sec.), f. 108ᵃ. Der Spæn-brenner, Knauser, Knicker, (der statt Öls oder Talgs Späne brennt). Firmenich II, 401, 26 (Bamberg). Zeitschr. IV, 157. Spâ˜hächs·n, dünne Beine. spân-dünn, sehr dünn

und flach. spà˜nui, spà˜nàgl nui, ganz neu; Zeitschr. V, 21. 192; cf. V, 469. VI, 421,9. „Ganz andrè Leut scho˜ gengən iətz *spà˜neuché* hin und her;" Seidl, Flins. (1844) 133. Das Spæn-holz, zu Licht-
565 spänen dienliches oder Föhrenholz. Das Spæn-Scheit oder Scheitlein (Spà˜- oder Spá˜schei'l), Spaltstück eines Blockes, das weiter in Späne zertheilt wird. Von der Ähnlichkeit: das Spân-Eisen, (Ilm) Zain- oder Stab-Eisen. Spá˜küəchəl, Art Kuchen. Daß der Spân vorzugsweise als Kerbholz benutzt wurde und wird, ist sehr natürlich. „Die Forstknechte sollen eines jeden Klafter ordentlich abmessen, die mit eim jeden an ein Span oder Kerfholzlin anschneiden und folgends zur Zeit der Bezahlung solche Spän und Hölzer dem Forstmeister vorlegen. Die Köhler sollen vom Hammermeister Spen nemen, die Spen recht schneiden." Neuburg. Forst-Ord. v. 1690, fol. XII. und XXIV. Der Gegenspan, das controlierende Kerbholz. An den Gegenspan schneiden; Lori, Brg.-Rcht. 466. Vermuthlich gehören hieher die R.AA.: Auf ainem Spænlein geben, kärglich geben, (alles genau bemerken, was man gibt?). „Gib dem Vicario etwas wenigs auff dem Spändl;" Albertin's Gusman p. 651. „Auff eim spänl geben, maligne praebere, manu parca offerre;" Voc. v. 1618. „Ihr ding kauft sie jhr ein mit rath, mir langt sies auf eim spänlein her;" H. Sachs 1612: I, 1049. 'Späne, plur., (scherzh.) Geld; Zeitschr. V, 39,25.' Spän haben, Vermögen besitzen, reich seyn. c) Holzsplitter, Hölzchen überhaupt. „In manig rîs mîn herze beiz, daz spæne darûz sprungen; Labr. 99. Das Schwefelspá˜l, Schwefelhölzchen. Die Spá˜lkerzen, Unschlittlicht mit hölzernem Docht. Ein Spân, aus der Thür oder einem Balken eines verschuldeten Hauses gehauen, gilt als Symbol des dem Gläubiger darauf zustehenden Rechtes, — sowie, in Bezug auf liegende Gründe, ein Wasen daraus. MB. XVIII, 638, ad 1499. L.R. v. 1616, f. 82. 83. BM. II, II, 478. „Wan kein Fahrnus vorhanden, hat ein Rath einen Span aus der Behausung (des in eine Fraisstrafe verfallenen Entwichenen) schneiden lassen;" Wagenseil, de Norimberg. 347. „Wir haben auch ainen Spawn zu Warzaichen oder Urkunde aus dem Tor genumen;" Freyb. Samml. I, 336. Landsberg. Gant-Ord. v. 1428. Lori, Lech-R. 112. (Die Symbole Span und Wasen haben sich im Gantverfahren der Stadt München bis auf diesen Tag materiell in Übung erhalten. Auer, Münch. Stdtbuch p. CCXXI). Fig.: gerichtliche Ermächtigung zur Vornahme einer Gantexecution. „Darüber wird ein ordentliche Execution und Span ausgefertigt;" Heumann, opusc. 702. spänen, verb., „ansetzen zur Execution so viel als genug ist;" ibid. „N. N. hat gesaczt Johann dem chelner funf vuder wein ... und hat uns auch gespant diselben wein vor andern geltern und hab auch diselben span ynnen fur LXXIIII ℔;" Wiener Notat (sec. XIV.), Cgm. 1113, f. 82. Der Spanbrief, litterae executoriales. Weigand, Wbch. II, 739. Der, (ä. Sp.) die Span- oder Spon-Zettel, a) was Spanbrief. „Ain Span zettel," (Formular desselben); Raitenb. 166, f. 133. „Form ainer Spanzetel;" tirol. Bergw., Cgm. 1203, f. 132. b) was Spaltzettel. „Dises Spruchs geben wir geleicher Laut jetwederm Tail ain Sponzetel;" MB. X, 190—192. d) Die Schindeln werden auf den Span, d. i. nach der Fläche des Scheites, — die Taufeln aufs Brett, d. i. nach den Jahrringen, gemacht; (Jir.). spänen, spænen (spá˜n, Ilm), Späne oder Schleißen machen. Zeitschr. IV, 186. Dieß ist vielleicht ein ganz concret gewordener Rest einer ältern Bedeutung: spalten, trennen überhaupt. zerspænen, zersplittern. BM. II, II, 479. „Ze kleinen stucken mûz mîn sorg zespænen;" Labr. 342. Vrgl. Spân, 2) und unter Spän, lac, die Verba ab-, ent-spänen. spæneln (spá˜ln), z. B. einen Braten, einen zersplitterten Knochen, ihn mit Spreißeln auseinanderspannen. (Vrgl. Spenel). Der N. tragt 'n Kópf so steif, als wenn ə' *gspá˜lt* wár. Fig.: aufspá˜ln Einen, ihn hinhalten. ei˜spá˜ln Taschen (eine Art Dachziegel), sie mit Spänen, Schindelchen unterlegen.

2) Der Spân, Spon (ä. Sp.), Streitfrage, Uneinig- 566
keit, Zerwürfniß, Streitigkeit. BM. II, II, 478,2. Weigand, Wbch. II, 738 f. „Einen Spân haben, ambigere;" Avent. Gramm. „Einen Spân mit Recht entscheiden." „Spen und Irrungen." Auf die Spän reiten, sich an Ort und Stelle zur Schlichtung von Streitigkeiten, besonders um Gränzen, verfügen. „Hauptartikel eines spans, cardo litium;" Voc. v. 1618. spänig, streitig. „Spenige Legata;" Ref. L.R. Tit. 411, 2. widerspänig, widerspenstig, „contumax, refractarius;" Voc. v. 1618. BM. II, II, 478. „Rebellis und widerspäniger des heiligen reichs;" Kr. Lhdl. XV, 185. 322. „Widerspanikait, rebellio;" Voc. v. 1429. „Wer seinen knecht zu guettikeit went, der macht, das er im widerspeint," (widerspent); Gregor Haiden, Cgm. 579, f. 4. Vgl. spannen: widerspannen. Der Zwispan, Zwiespalt, Streit; s. Th. IV: zwi.

3) Der Spân, (bey Nîthart III, 4. XXVII, 6. XLVI, 3. Haupt's Ausgabe p. 54,31. 39,31. 102,10), Art Haarschnittes oder Frisur der Bauern; (BM. II, II, 478): „Sî zeriutent im den spân;" „Hie bevor dô stuont vil schone mîn hâr, umbe und umbe gie der spân." „Man tuot iuch des hâres âne neben den ôren, hinden ob dem spâne." „Künde ich iu daz mære, waz ûf der hûben wære: ... hinden von dem spâne nâch der scheitel, gegen dem schopfe, rehte enmitten ûf dem kopfe, der lîm mit vogelen was bezogen;" M. Helmbrecht 32. „Gestricket hûben mit snüeren ... si habent schopfes vil dâ vor; hinden kepfet im enbor ein spænel küme vingers breit;" S. Helbling I, 277. „Der hûben getwenge machet in (ihnen) kleiniu spænelîn;" das. III, 223. „Spatula, span vel schulterpain; pilus, ainhar; cesaries, spanhar;" Cgm. 4394, f. 143. 175. „Spanhar, caesaries, coma, vahs;" Voc. optim. p. 10, (W. Wackernagel). Diefenbach 116ª. 545ª. Vgl. česk. spánek, v. spjm, Schlaf, Schläfe. Kramerhus, zlaty knoflik (1831) p. 19: „Krásné umělecky kraucené kadeře zakrywaly prwé holé spanky." Vrgl. oben, Sp. 449: scheren. „Spanhareisen, calamistrum, kruseleisen" (zum Frisieren); Cgm. 649, f. 541. „Spanharhuba, calamistrum;" Graff IV, 754. Ob etwa hiezu noch das oberpf. Spangraf, Einer, der hochmüthig einhergeht, und gerne was rechtes vorstellen möchte.

„Die Spän," (Heumann, opusc. p. 702) die Milch. BM. II, II, 467 f. (Vrgl. Spinn und Spünn. Auch bey Kilian spenne, spinne und sponne). Das Das Span- und Spän-färkel (Spà˜- und Spá˜fá'kl), Milchferkel; (mhd. spanvarch; BM. III, 272. spene-varch, gl. a. 584). s. Th. I, Sp. 755: Färklein. *Spennfárl*, Seidl (1844) 259. Weigand, Wbch. II, 740. Die Span-Sau, Spän-Sau, was das vorige Wort. „Ain spinsaw die XV dn. wert ist;" Thierhaupter Urbar (v. 1456), Cod. Thierh. 67, f. 51, öfter (V, XI, VII, VIII; einmal: „ain spensaw"). Das Span-Kalb. „Sechs *Spennkaibl* habm wir;" Schoffer 120. Ab- oder entspänen, spenen, spennen, entwöhnen, abnehmen ein Kind, ein Junges von der Mutterbrust; nicht sehr volksüblich. Graff VI, 342. BM. II, II, 477. Grimm, Wbch. I, 123. III, 627. Weigand, Wbch. II, 793. Zeitschr. V, 38,11: *spênen*, säugen, *ôfspênen*, abgewöhnen; (Siebenbürgen). „So sy es (das Kind) wil abspen; San-Zenon. 115, f. 261ª. „Sicut ablactatus est super matre sua, also daz entspenete uf muoter siner," Ps. 131,4; Cgm. 17, f. 188. (Vrgl. indessen abspanen unter spanen, bereden). Da in der mhd. Sp., im Niederdeutschen, Holländ. spenen, spennen, ohne alle Vorsylbe, und in der ahd. Sp. pispenian (gl. i. 47. 327. 1080. cf. Grimm II, 806) die Bedeutung von intspenan, entspenen, ablactare, hat, und da spennen, entspennen, Cgm. 289, f. 112, Voc. v. 1429, so viel ist als: Hunger leiden machen, decibare überhaupt, so könnte diesem Verb ein allgemeinerer Begriff (trennen, separare, franz. sevrer) zustehen. (Cf. agſ. venian, vennan, engl. to wean, 1) entwöhnen, 2) ablactare. Beowulf: venede, muloebat). „So man daz chind ſpenet, legt man iem etwas hantigz auf die prüſtel;“ Cgm. 619, f. 364b. VII. Com. ſpinen, ſpenen, entwöhnen.

„Bin e˜ laedigé Sendrin, gê her vo˜ dər Alm,
,h scho˜ lang umandə' um ə˜ *gſpánəte* Kalm;“ Lied.

Spô, Gaißvieh, das zwar bockig, aber nie trächtig wird, unfruchtbare Ziege; (Bregenzer Wald).

Die Spân-hez, (Spá˜-hèoks), a) ſcherzhafte Benennung einer Weibsperson; b) die goldene Ader, haemorrhois; — bey Kilian ſpene, welches auch papilla und lac muliebre bedeutet.

Der „Spänwein,“ Wein, der vom Faß abtropft; Heumann, opusc. p. 702. „Beerwein, Kempwein und Spanwein;“ Wagenſeil, Norimb. p. 121. Sponwein, neuer, der noch nicht abgelaſſen; (Friſch.) Oberbayr. Archiv IX, 101.

567 ſpanen, ſpenen, ſpennen, (ä. Sp.) bereden, anlocken, anreizen; (ahd. ſpanan, Praet. ſpuon, Partic. giſpanan, auch ſpenan, ſpennan, Praet. ſpenita, Partic. giſpenit; mhd. ſpanen: ſpuon, geſpanen. Graff VI, 339. BM. II, II, 476). „Locken und ſpenen;“ Renner 11836. „Si begund in (den keuſchen Joſeph) ſpenen;“ Diut. III, 94. Hieher, wo nicht zu Spän, lac, ꝛc., gehört wol das noch übliche abſpanen, abſpennen Einem einen Dienſtboten, Arbeiter, eine Geliebte ꝛc., ſie ihm abwendig machen. Lori, B.R. 264. Grimm, Wbch. I, 121 f. Es ſol kein meiſter dem andern ſein knecht meyde oder ander ehalten abſpenen oder abdingen;“ Bamberg. Bader-Ord. v. 1481. entſpenen, ä. Sp., was abſpenen. BM. II, II, 477. „Die einem erbergen Man ireu chint, chnaben oder junchfrawen enpfürent oder entſpinent;“ Gem. Reg. Chr. II, 82, ad 1355. „Hans hot mir entſpent meinen diner, Zuane simia ingalia el mio famei;“ Voc. venez.-todesco v. 1460, Cod. it. Monac. 362, f. 56. widerſpenen, ä. Sp., widerſtreben. „Du macheſt aller fröuden widerſpenen;“ Labr. 451. (Vgl. nhd. widerſpenſtig, adj., neben abſpenſtig. Grimm, Wbch. I, 123. Weigand, Wbch. I, 8. II, 1075. Die, das Geſpänſt, Geſpenſt, mhd. geſpanſt, geſpenſt, ahd. giſpanſt, giſpenſt, plur. giſpenſti, die Beredung, Verlockung, Täuſchung, das Lockbild, Trugbild; (Graff VI, 342. BM. II, II, 477. Weigand, Wbch. I, 426. Grimm, Mythol.² p. 866. Birlinger 407: ſpenſt). „Mit meim liſting geſpenz und lügen;“ H. Sachs 1612: II, IV, ... „Ich widerſag dem pöſen geiſt und allen ſeinen teuffliſchen ippigkaiten und geſpenſten;“ And. 117, f. 137b. „Des Teufels Geſpenſt;“ Avent. Chr. 47. 186. „Den Feinden ein Geſpenſt oder Plarr machen vor den Augen, wo wenig Geſchütz iſt, das ſie vermainen, es ſey vill vorhanden;“ Feurb. v. 1591. „Der Calcedon vertreibt das Geſpenſte der böſen Geiſte;“ Cgm. 830, f. 136. „Des böſen Feindes Anſchlag und Geſpuns;“ Alt-Ötting. Hiſt. v. 1698, II, p. 186.

Der Geſpan (Gſpà˜), des Geſpanen, Dimin. Gſpà˜l (Obr.M.), ſchwäb. Gſpe˜lé, die Geſpänin, (Gſpánin), der Mitgeſpan, der Gefährte, Geſelle, compar, particeps; (mhd. geſpan, Milchbruder, dann: Gefährte, Genoſſe; BM. II, II, 476. cf. I, 271. ſpünnebruoder; Graff III, 301. Weigand, Wbch. II, 426). Die Holzknechte in den Alpen zwiſchen Iſar und Inn bilden ſich in Geſpanſchaften von 15—20 Mann, die das Hauen und Triften des Holzes im Gedinge übernehmen, und denen ein ſogenannter Bachmaiſter vorſteht. Ob die ungariſchen Geſpanſchaften, Comitatus (mad'ar. varmegye, Schloßbezirk) denn doch nicht von einem ſlawiſchen (?) Span = s-pan, con-dominus) kommen, ſondern echt deutſch eben dem latein. comes entſprechen, wie Kohl (Hundert Tage II, p. 212) nicht ohne Grund vermuthet? Dem Obergeſpan ſtehen zwey Vicegeſpane zur Seite. Im Mad'ariſchen wird eine Art Neben- oder Hülfsbeamten ebenfalls Iſpan genannt.

ſpannen, Praet. ſpannet, Partic. geſpannt und geſpannen, a) wie hchd.; (mhd. ſpannen: Praet. ſpien, plur. ſpienen, neben dem ſchw. Verb. ſpennen; ahd. ſpanen: Praet. ſpien, plur. ſpienun, Partic. giſpannan. Graff VI, 346. BM. II, II, 480 f. Grimm I³, p. 372. Weigand, Wbch. II, 741. Vilmar, kurheſſ. Idiot. 390. Vrgl. ſpengen). „Er ſpien ſein armbroſt, vnd leit darauf ſein ſtrâl, und belib ſein armbroſt alſo geſpannen;“ Buch der Weisheit v. 1485, f. 89. „Swanne er mit geſpannem ſwerte bî dem tanze gât;“ Nîthart MI, 5 (Haupt 54,31). „David ſpien ſein rotten, wan er darauf herpfen wolt;“ Cgm. 121, f. 88. „Sie ſpienen (ſtemmten) ſich mit irn fueßen wider daz creuz;“ daſ., fol. 87. „So ſi zuo hofe tæten varn, ſo ſpien ich für ſi ain garn,“ ſagt der Teufel in des Teufels Segi, Barack p. 244,7725. „Daz du dinen lîp ſolt ſpennen und ſpraiten ... wie din got ſinen lip für dich ſpien und ſpante;“ Griesh. Pred. II, 133. „Alſo wurden diu lider des zarten gotes uf dem altêr des hailigen cruces zerſpennet und zerdennet;“ daſ. I, 157. Geſpannener bogen, intentus arcus; Voc. v. 1618. „Behegte da ein gericht zu rechter gericht zeit des tags geſpannender blanken zu richtům (Richtung? zu richten?) uber lib und ere;“ Cgm. 705, f. 6. Sich ſpannen, (Nürnb.) ſich brüſten, etwas aus ſich machen. Cf. Sp. 670: Spangrâf. Pferde, Ochſen ꝛc. auf der Waide ſpannen, ihnen die Vorderfüße mit dem Spannſail (Spà˜ſaəl) ſo zuſammenbinden, daß ſie nur wenig vorſchreiten können. b) geſpannt ſeyn (eigentlich), und figürlich: lauern, merken, warten, erwarten; (vgl. aber ſchwed. ſpana, ſpähen, forſchen; dagegen: ſpänna, ſpannen). „All ir adern ſpienen;“ Hartwig v. dem Hage. ſpannen auf etwas. abſpannen Einem etwas, es ihm durch heimliches Beobachten ablernen. geſpannen, merken, ahnen. Seidl, Flinſ. (1839) I, 85. II, 50. „Und rutscht, ê mə˜'s *gspannt*, so wie 's is, in di' nei˜.“ „Drum brints, ê mə˜ *gspannt*, á' oft aussə' bei'n Dach;“ daſ. III, 18. „I hàb schon was *gspannt* an ihr;“ daſ. IV, 72. „*Gspannts* es iətz scho˜ wàs I maə˜? daſ. IV, 85. „Kunnt I á' lengə' lébm, hät I nét di' dənébm? Wàs I *gspann*, wàs I gspür, kummt ja von dir!“ „*I gspanns* á' 'wàs I irrgé˜ tuə: mei˜ Deə'nál gé-n-I irr;“ daſ., 3. Ausg. (1844), p. 15. 119. „I *gspanns*, dás ..., ich merke es, daß ...“ „Und dås *gspånt* dá Nani.“ „Dås håt a' schon *gspannt*.“ „Eh má 's *gspannt*;“ *gspannen* auf ...; Kartſch I, 4. 30. 139. 144. 171. II, 35. 144. Der Spanner, der auf Kaufhäuſern, Mauthhallen ꝛc. das Aufladen und Feſtpacken von Gütern zu beſorgen hat. „Spanner und Truckenlader.“ Das Spannbett, Spanbett, ä. Sp., „ein tragbarer, frei ſtehender Sitz, deſſen Küſſen in einem nach Art unſerer Jagd- und Feldſtühle geſpannten Geſtelle liegen;“ Weigand, Wbch. II, 739. BM. I, 111. „Leotica, ſpanbet;“ Clm. 5387, f. VII. Dieſenbach 322b. „Nu chom ein man von der ſtet und frumt ein ſpambet;“ Kindh. Jeſu, hg. v. Hahn, 97,35. „Daz ſpanbet dez kaiſers;“ Gesta Romanor., Cgm. 54, f. 64a (Keller p. 124). (Der Spannbogen, die Armbruſt. Zeitſchr. III, 285,131.) Die „Spanngürtel, el orocho,“ zum Spannen der Armbruſt gebraucht; Voc. ital.-todesco v. 1460, Cod. it Monac. 362, f. 21. Die Spannſag (Spà˜ſà'), Handſäge mit einem hölzernen Rahmen, in 568
den das Sägblatt geſpannt iſt. Spannſchichten, (Pſeud. Jir.) die mit Pferden geleiſtet werden. Der, die Anſpann (Franken), a) das Anſpannen von Zugvieh; b) Zugvieh, (in Alt-B. Menat). Ochſen und Stiere zum Anſpann kaufen. Einen Anſpann haben, halten. Ein Stuck Anſpann. Das Anſpann-geld, Abgabe vom Zugvieh. Der Anſpänner, Beſitzer von Zugvieh. Grimm, Wbch. I, 464. Pferd-, Ochſen-, Küh- ꝛc. An-

spänner; anspach., wirzb. Verordd. ainspännig, aingespännig (aə˜spánni') ist z. B. ein Wagen, vor den nur ein Stück Zugvieh gespannt, fig. aber auch ein Bett, das nur eine Person aufzunehmen geeignet ist, ein Fensterstock von nur einem Flügel und drgl. Die ainspännigen Knecht, die im XV. und XVI. Jahrh. als herrenlose Landstreicher (Kr. Lhdl. VII, 307. L.O. v. 1553, f. 14) signalisiert werden, sind wol, nach Pictorius, gemeine Kriegsknechte, und nicht, wie etwa die folgenden, Berittene. Grimm, Wbch. III, 301. Oberbayr. Archiv IX, 109. Der Ainspänniger (Gramm. §. 828), ehmals ein berittener Zoll-, Straßen- ꝛc. Aufseher; dann ohngefähr was jetzt Hartschier (w. m. s.). Grimm, a.a.O. „N.N. unser Vogt, Einspanniger und Zollbereiter;" Welsch, Reichertshofen 203. 205. „Unsere Heegereuter und Einspänniger;" Bayreuth. Policey-Ord. „Unter des Obristhofmarschallen Stab sind begriffen: Quartiermeister, Fourir, Einspänniger, Amtstrabanten ꝛc." Weizer's Dissertat. 13, qu. 4. „Dem Hans Zigl Einspäniger von wegen Futter- und Stallmüeth, als Herzog von Wirtemberg ausm lanndt beklaittet worden;" Rechn. v. 1568, Wstr. Btr. III, 78. „Dichtl zu Tuzing an°. 1562 H. Rhatt und der ainspeninger Haubtman;" Wstr. Würmsee p. 62. Nürnbergs Einspänniger waren nach Truckenbrod (p. 476) eine Art Magistratsbediente oder Stadtgardisten zu Pferd. In Wien nennt man *A˜spánniər* diejenigen Hofbedienten, welche den Hofwagen und Hofschlitten vorreiten, archer, sergeant à cheval; (A. v. Klein). In Schweden: Enspännare, Landreiter, archer. Mit diesem Ainspänniger ist wol das alte Ainrösser (w. m. s.) gleichbedeutend, und Hof- und Amtsdiener wurden vermuthlich immer nur einzeln gebraucht, wie etwa jetzt die Gendarmes. Die Ausspann, a) (Feldmaß) halbes Tagwerk, so viel an Ackerland, als man mit zwey Pferden vom Morgen bis zum Ausspannen am Mittag, oder vom Mittag bis zum Ausspannen am Abend bearbeiten kann; (Jir.) der dritte Theil eines Tagwerks, im flachen Land zwei Drittel. b) (Nürnb., Hsl.) Wirthshaus, wo Fuhrleute und Passagiers ausspannen und herbergen dürfen, — oder vielmehr die Befugniß hiezu. Der Ausgespannte, Büßer bey den ehmaligen Charfreytagsprocessionen, mit einer Art Bußrock angethan, durch dessen beyde Ärmel ein Stecken gezogen war, so daß er die Arme immer ausgestreckt halten mußte, während er mit andern Vermummten, die sich mit schweren Kreuzen schleppten, einhergieng. Wstr. Btr. I, 167. Zu vergleichen der spanische aspado. Flagellanten, Kreuzträger und Ausgespannte in der Charfreytagsprocession zu Augsburg, 1636; Cgm. 4905, f. 393. Einen Rosenkranz ausgespannter (scil. Weise), oder
569 metonymisch: einen ausgespannten Rosenkranz beten. Sieh auch Kreuzstall unter Stall. einspannen, speciell: Requisitionsfuhren thun, besonders in Kriegszeiten. Die Einspann, solche Fahrt: zu der Einspann einsagen; auf der Einspann seyn. Die Fürspann, Vorspann. 'sich widerspannen, widersetzen; vgl. oben, Sp. 670, Spân, 2.' „Do sich dis valsch volk (zu Wien) widerspien;" M. Beham, Wiener 137,4. „Dy Wiener, dy argen widerspiener;" das. 125,25 und oft (als Reim auf „Wiener"). zusammenspannen, sich vereinen, etwas zu thun. „Daß etliche vom Adel, sowol am Schweinhatz als andern Gejaidern, die Netz und Zeug einander leihen, auch mit Hunden zusammenspannen, derselben von 70 bis auf 80 bekommen, dadurch die abgebrunfte Hirsch geschwecht und zu Grundt abgejagt werden;" L.R.v. 1616, f. 787. Zwispann, (Lori, B.R.) Verdoppelung der Schiffsleute bey gefährlichem Wetter. zwispannen, an gefährlichen Stellen die Schiffer von zwey Salzschiffen auf eines sammeln, um wirksamer arbeiten zu können; (Jir.) s. Th. IV: zwi-. zwispännig, a) zu zwey Stücken Zugvieh (ein Wagen), b) figürlich: zu zwey Personen (ein Bett ꝛc.). c) Der Bergmann ladet zwispännig, wenn er mehr als ein halb Pfund Pulver braucht. Flurl, Beschr. d. G. p. 194.

Das Fürspan, das Gespan, (ä. Sp.) Haft, insbesondere zum Zusammenhalten des Brustgewandes, fibula, ligatorium. Grimm III, 454. Graff VI, 347. 348. BM. II, II, 482. Diefenbach 232c. 366c. „Monile, furspan;" Clm. 4350 (XIV. sec.), f. 1. „Monile wrspan;" Aug. S. Ulr. 50, f. 1. „Diu gûte hat als ihr gezam vor an ir brust ein furspan;" Diut. II, 123. „Lege er (der gebûre) rîters kleider an, sô werd im sîn vürspan gelîch einer eiden;" S. Helbling VIII, 320. „Ein köstlich Spenchen" wird zur Morgengabe verehrt auf Graf Hermanns v. Henneberg Hochzeit 1491 zu Aschaffenburg; Cgm. 699, f. 132. 'Das Rosenspan oder die Spanrose bei Luther Ps. 60,1 und 80,1: „von einem gülden Rosenspahn," „von den Spanrosen," mit den Glossen: „Das ist, Ein gehenge oder köstlich Kleinot in einer Rosen gestalt" ... „ein kleinod wie eine Rose." Weigand, Wbch. II, 741.'

'Das Herzspann, Herzgespann, ein Kraut, leonurus cardiaca; Nemnich II, 368. BM. II, II, 482. Weigand, Wbch. II, 501. Diefenbach 100b. 112c. 151a.' „Cardiaca, hertzgespan;" Clm. 16487 (XVI. sec., 1526), f. 95.

Die Spann, wie hchd. Spanne; (mhd. spanne, ahd. spanna; Graff VI, 347. BM. II, II, 482. Weigand, Wbch. II, 741). spännig (spánni'), eine Spann lang, dick ꝛc. ganz-, halb-, über- ꝛc. spännig.

Der Spániol (◡◡—), a) el Español der Spanier. BM. II, II, 480; cf. I, 757: der Ispân. Weigand, Wbch. II, 741. b) Art Schnupftabak, tabaco de Sevilla. c) (ehm. Schulmeisterterminus) Tracht ad posteriora, wobey nicht, wie beym Schilling, die Beinkleider beseitigt wurden. Vielleicht in Bezug auf b): der durch Karbatschen von Tabak durch Sträflinge bereitet wird, und unter dieser Operation in die Höhe fliegt und sich an Decke und Wänden ansetzt. Span-grüen, Spon-grüen, (ä. Sp.) viride hispanicum, Grün-span, grünes Kupfer-Oxyd; heißt im Cgm. 821, f. 119: „der Grünspach." Weigand, Wbch. II, 740. I, 462. s. Th. II, Sp. 1003. Cf. schwed. spansk gröna. „Ispanicum spricht ze tütsch spongrün," (1429); Cgm. 4902, f. 16b. Spanje, Spâne, Spangen, ä. Sp., Spanien; BM. II, II, 480; cf. I, 757: Ispanje, adj. ispanisch. „Urbanus macht do ain concili ze Spangen;" Chronik bis 1314, Cgm. 55, f. 54b. „Minne tuot dich varn gein Spangen, sie tuot dich nach ritterschaft langen;" Altsw. 63,31. „In Spangen;" Ring 46b,11. „Ein weib von Spangenland;" das. 18d,32. R.A.: Das kümt mir spanisch vor, — d. h. seltsam. Spanische Garde, Spottname, der a°. 1847 der Münchner Gendarmerie zutheil wurde, da sie bey den Unruhen vom 1. und 2. Merz zum Schutze der spanischen Tänzerin Lola Montez in Thätigkeit gesetzt war. Der spanisch Mantel, ehm. Strafe für leichtfertige Mannspersonen. In diesem Sinne gab es auch spanische Stifel und drgl. Modeartikel. Spanische Reiter, sieh Schweinsfeder.

spenen, entwöhnen, sieh Spän, oben Sp. 670; locken, sieh spanen, Sp. 671.

Spenvelden (?). „Pabenberg schol man da kiesen und Münster suochen pey den Friesen, in Spenvelden Nürenperg;" Ring 46c18, — was ist das? Sollte etwa Pleinvelden als Gegend genommen seyn?

Die Spenel, Spennel (Spe˜l, Spendl), die Kopfnadel, Stecknadel; (mhd. spenel, ahd. spenala, spenila, spenula; Graff VI, 348. BM. II, II, 492. Weigand, Wbch. II, 750. Vilmar, kurhess. Idiot. 391. Zeitschr. VI, 484: *Spendel*. Cf. lat. spinula, frnz. épingle, ital. spillo; Diez, Wbch. 328). Die Spen-Nadel, dasselbe. speneln (spe˜ln, spendln), mit Stecknadeln befestigen. Vrgl. Sperl.

Der Spenling (Spé˜lin'), a) hchd. Spilling, prunum domesticum praecox; auch prunum spinosum;

Graff VI, 439. BM. II, II, 492. Weigand, Wbch. II, 757. Nemnich II, 1072: prunus domestica, Spilling, Spindelpflaume, (cf. niederd. Spille = Spindel; Zeitschr. II, 542,178); dagegen das. II, 1076: prunus spinosa, Spinling. „Also macht du auch wol machen kyrsenmus oder spinling mus;" Wirzb. Kochbuch, (Biblioth. des Stuttg. lit. Ver. IX, p. 4). „Spenling, spilingium;" Voc. v. 1445. „Spenilinch, prunus;" Gl. Monac. Diefenbach 546c. b) schmächtiger, magerer Mensch; (cf. spindeldürr). „Die Maria soll nit faist oder proschet, sonder fein ein wenig gespendelet und wol gebildet sein;" Wstr. Btr. V, 111.

spinnen (Praet. cond. spinnet, spunn, spán, Partic. gespunnen), wie hchd.; (mhd. spinnen: Praet. ich span, wir spunnen, Partic. gespunnen; ahd. spinnan, Praet. ind. span, conj. spunni, Partic. gispunnan. Graff VI, 345. BM. II, II, 509. Weigand, Wbch. II, 759). „Der di gelsuht hab der nem ein
570 gespunnez golt lege uf di scheiteln;" Clm. 4595, f. 39. Nach einer scherzh. R.A. sagt man von einem stätigen Gaul, er wolle nicht spinnen, (wo freylich noch die allgemeinere Bedeutung ziehen zu Tag läge). Der Vater will nicht spinnen, will (dem Sohn) kein Geld geben. Der Redner rc. hat ausgespunnen, ist mit seinem Vortrag, Beweis rc. zu Ende. „Mein Rath ist nicht von mir ersunnen und erspunnen;" P. Procop. verspunnen, a) (Prasch, Heum. opusc. 689) klein, (wol eigentlich: im Spinnen mißrathen). b) nicht verspunnen seyn zu etwas, tauglich, fähig, im Stande seyn; nicht engbrüstig, nicht zu blöde oder zu ängstlich oder zu discret seyn. Er is nét *vo'spunnə˜*, und gibt dər aəné eini ei˜ d' Fréßn, dás d' ållé Engl i˜n Himmel singə˜ hörst. Die Unspunnen, (schweiz.) „das zuerst Abfallende des Hanfes bey der Hechel;" Stalder II, 388; (ahd. uspunna, stuppa, mhd. uspunne; Graff VI, 345. 347. 348. I, 15. 18). Das Spinnet, ein gewisses Quantum des Gesponnenen. Birlinger 408. Das Spinnhaus, Arbeitshaus; das.

Die Spinn (O.L.), Vorrichtung zum Spinnen, Spinnrad rc. Küm mit də' *Spinn*, (d. h. in die Kunkel). Der Spinnwickel, sieh Th. IV: Wickel. Die Spinn und die Spinnen (sing.), auch wol die Spinnerin, die Spinne; (mhd. spinne, gen. spinnen, ahd. spinna, gen. spinnun. Graff VI, 346. BM. II, II, 510. Weigand, Wbch. II, 759). Vgl. oben, Sp. 668: Spim. Das Spinnenkraut, 1) anthericum ramosum und liliastrum; 2) senecio jacobea. Nemnich I, 337. II, 1279. Zeitschr. III, 462. Die Spinn-weben, -weppen, -wett, -wetten, das Spinngewebe. s. Th. IV: Wepp, Wupp, Wât. Weigand, Wbch. II, 759 f. Zeitschr. IV, 55. R.A.: ə *Spinnə˜wétt'n* fangə˜, sich ein wenig betrinken. spinnleiche-feind, spinnenfeind, adj.; sieh Th. I, Sp. 724 und Th. II, Sp. 1421: -leiche.

Die Spinnel (Spinnl, Spindl), wie hchd. Spindel; (mhd. spinnel, spinele, spindel, spille; ahd. spinnila. Graff VI, 345. BM. II, II, 510. Weigand, Wbch. II, 758). spinneln, spindeln, (von der schweren Getreidsaat) in Halme zu schießen anfangen. „A°. 1787 spindelte den 18. Nov. das Winterkorn;" Hazzi, Statist. I, 107. Spindel am Triftholzrechen im Wasserbau. Vrgl. spillen im Brem.-niedersächs. Wbch. IV, 952 und das niederd. Spille, Spelle für Spindel und Stecknadel; Zeitschr. II, 542,178.

Der Anspin, Änspin, Enspin (*A˜spə*, *Aspə˜*, *E˜spə*), der Spinnwirtel, Ring oder Knopf, der die Spindel beim Umdrehen im Gleichgewicht erhält (mhd., ahd. anspin, vertigo, bombus. Graff I, 392. VI, 346. BM. II, II, 509. Grimm, Wbch. I, 465 f.) ən Aəs wie ən *Aspə˜*. Die reichen Frauen lassen den silbernen *Aschpə˜* spinnen, d. h. sie zahlen dafür. Der Glas-*Aschpə˜* wird an die Spindel gesteckt. Då håd də' silbərə *Anspə˜* brav gspunnen, das ist Lohngespunst. „Ainspe, Ainspin;" Voc. v. 1618. „Vergo -onis, ainspin; Mallerst. 32, f. 303. Diefenbach 78c. 615a. „Der enspin;" Diut. III, 409. „Mythol., Anh. p. LX;" Jac. Grimm. „Nim ein spinnelen da an ein enspin stech;" Clm. 536, f. 89. „Der Enspyn betewt die kron" (Christi); geistl. Lied vom Spinnen, womit Christi Leiden verglichen; Cgm. 4437, f. 49. „Rocken, spindel und eynspa gut;" H. Sachs 1612: I, 887. Enspin reimt in Maßm. Denkm. I, 112 auf lidrein, wornach es freylich nicht zu spinnen gehören könnte. Es ist sonst unklar genug — und vielleicht ursprünglich undeutsch. Im Cgm. 595, f. 2 (von Uhrwerken) ist der Enspin ein Getriebe. „Daz die enspin die reder schiebent." „Daz die enspin mit 5—7 zenen nit gut sind." „Die gespindelten enspin sind bezzer denn die gefeihelten." (Cf. ital. aspo, auch Häspe. Diez, Wbch. 29.)

Der Spinal, (Augsb.) fein gesponnener Faden.

Die Gespinst und Gespunst, a) das Gespinst; (mhd. gespunst; BM. II, II, 510). Aldé Weibə' machə˜ -r-ə˜ grobé *G'spun/t*. Unser lieben Frauen Gespunst, die fliegenden Fäden des Altenweibersommers. Das Gespunstgeld ließen sich gestrenge Hofmarkherren von ihren Taglöhnern als Ersatz für Spinnfrohne reichen. b) Muttermilch; sieh Spünne.

Die „Spinn," Gespinst, die Muttermilch; sieh Spünne.

Der Spon, sieh Spân, Sp. 670,2.

„Spon-zagel." A°. 1452 wurde in Regensburg alles Spielen ohne Ausnahme, die Würfel, Karten, Brett, Kugel, Kegel, Sponzagel und Kreisschießen verboten. Gemeiner, Regensb. Chron. III, 202. Vrgl. Spân, Zâbel und Zâgel.

Das, die Spunne, Spünne, Gespünn, Gespünst, „Spinn, Gespinst," a) die Muttermilch; (mhd. diu und daz spünne, spünn, ahd. spunni; Graff VI, 343. BM. II, II, 553: Mutterbrust, Muttermilch. Weigand, Wbch. II, 740. Birlinger 407. Zeitschr. VI, 19.). „So dem weib des gespunnes zerint;" 571
Ms. Progel's f. 116b. „Ob einer fraw das spunne fluß ...." „So kumpt ir das spunn wider." „Ob das weib nit spunnes hab;" Cgm. 464, f. 21. 31. 34. „Misch das mit weibes spünne;" Cgm. 824, f. 34. 35. „Hat ain fraw nit gespunn ...." „Tuet ainer frawen das gespunn we." „Nimb ainer frawen gespunn, und thue das in die augen, das nimt den schiem;" Cgm. 720, f. 45. 88. „Ist das harn trüb und val als daz weibes gespünne;" Clm. 17188, f. 100. Daz gespind, des gespindes; Konr. v. Megenb. f. 15b, (Pfeiffer p. 25,15.16: gespünn, gespüns; cf. p. 452,27). „Der Mueter Gespin trinken;" Cgm. 601, f. 102. „Nert er sich mit deiner spunn zu hail menschleichem chunn;" Suchenwirt 141. „Daz sey (matrem) ir tochter nert mit irer gespünn;" Gesta Romanor., Cgm. 54, f. 74a, (Keller p. 145). „Ein vater erzüge e von der spüne ze vollen tagen siben süne, e den neun süne irn vater wollten mit treuwen zihen, als sie solten; Renner 18298. „Die enwarn nicht recht erbe süne, swie got pei einer unsteten spüne mang iar si hab derzogen;" das. 24275. „Die kristen sein rehte erbe süne, die rehter gelaube von ir spüne hat mit reinikeit erzogen;" das. 24309. Die pinlein unter ir (der plümlein) scheelflein sich verkruchen die höngflüssigen spün (also Milch) zu suchen die sie aus iren werzlein sugen;" H. Folz. „Was mag die Ursach seyn, daß eine Kindsmutter eine reiche Spinn bekommt, die vorhero Mangel gelitten, wann sie ein Bissen Fleisch oder Brodt, so ein andere milchreiche Ammel im Maul zerbissen, hinunterisset?" „Es ist gefährlich, die Gspin zurückzutreiben." „Diese achzigjährige Matron vermerkte alsbald ein erwünschte Gspinn durch Hilf Mariä in ihrer Brust;" P. Abraham. „Spinn, lac mulierum, item alburnum an Bäumen;" Voc. v. 1618. „Wiltu

wissen, ob ain frau ain sun oder tochter trag, so haiß sey ir gespunn auf ain wasser zeideln. Swimt dy gespunn ob, so tregt sy ein knaben, velt es aber gein poden, so ist es ain maydel;“ Cgm. 720, f. 87. 88. Cgm. 3721, f. 236. Cgm. 3725, f. 178. 's Biər macht ə˜ guədé *G'spi˜'t*. „Weibsgespüns, Frawngespünst;“ Ortolph. Das „Spinfarlin, „das erst entwohnt ist, nefrens;“ Voc. v. 1618. Das „Spinkalb,“ (Obrg.) Saugkalb. s. oben, Sp. 670: Spän. Der „Spinner,“ (HchE) Stierkalb, das in den ersten 14 Tagen bis 6 Wochen, noch an der Mutter saugend, verschnitten worden. „Spinwidrin fleisch und bergins und huenr“ im Engelberger Hofrecht (s. Engelberg im XII. und XIII. Jahrh., S. 12, und Grimm's Weisthümer I, p. 1) ist wol Fleisch von einem Saug-Lamm; (cf. Th. IV: Widder und goth. vithrus, agnus). b) In ä. Sp. scheint Spunne, Gespunne auch die weiblichen Brüste selbst bedeutet zu haben. „Salig sint die prüstellein, die gesaugt hat daz chindelein auz junkfrawleichem Gespunne;“ Cod. Ebersb. 135, f. 214. Bey Willeram sind spunne, und zwar masc., bestimmt ubera; sonst bietet die ahd. Sp. spunni nur in Zusammensetzungen, wie: spunni-bruoder, spunni-farhili, spunni-runs. „Sumine, spunnirunse;“ Cod. Sal. 8. P. 15. Clm. 15965, f. 13ᵇ. Graff II, 521. Diefenbach 566ᵃ. Cf. niederſ. Spön, Kilian: Sponne, holl. speen. Vrgl. Spän, Spinn und Gramm. §. 372. 882.

Die Spend (Spent), das Gespend, wie hchd. Spende; (mhd. spende, ahd. spenta; Graff VI, 349. BM. II, II, 492. Weigand, Wbch. II, 750). „Agapes, spente;“ Ebersb. 228, f. 49ᵃ. Diefenbach 17ᵃ. An kirchlichen Jahrtagen für Verstorbene wird hie und da, auf Kosten der Verwandten, jeder Person, die mit zu Opfer geht, ein Spend-Wegken (Brod) gereicht. Das Spend-Röcklein (Spent-Réckl), kleiner, schlechter, abgetragener Mannsrock. Im heil. Geistspital zu München gab es eine eigene von Einem Namens Wadler gestiftete Brezen-Spent (sieh I. Th., Sp. 376), eine von einem Schrenk gestiftete Kerschspent u. s. f.; Pfründenmanual v. 1519, Cbm. 2086, fol. 25. 26. 42.

spenden (spentn; mhd. spenden, ahd. spentôn), spendieren (spentiə'n), ausgeben, mittheilen; aufwenden. Weigand, Wbch. II, 750. Zeitschr. IV, 31. „Ein chirnich von Tennemarch ... der chom gein Chöln und pracht (den heil. 3 Königen) drey chünichleich guldein chron und dannoch spendæcht (spendete) er durch iren willen armen leuten da selben;“ Gesta Romanor., Cgm. 54, f. 22ᵃ. (Keller p. 43). Wer *spentiərt*, der gwint, wer schmirwt, der fàrt. Wolln S'mer Eənə'n Namə˜ *spentiə'n?* Dàrf I Eənə'n Namə˜ *spentiə'n*, (Sie als Gewährsmann nennen)? ə˜n Herrn *spentiə'n*, vorstellen, spielen. spentábel, adj., mittheilsam, keinen Aufwand scheuend. Weigand, Wbch. II, 750: spendabel.

572 Die Spindel, sieh Spinnel.

Der Spind (Spint), a) ä. Sp. das Fett; (mhd., ahd. spint, gen. spindes und spintes, adeps, arvina, succimen. Graff VI, 352. BM. II, II, 510. Weigand, Wbch. II, 758). „Adipem, spint, ueizte;“ Cgm. 17, f. 26ᵇ. „A°. 1311 wurde in Regensburg der Satz gemacht, daß von Unschlitt, Schmeer, Spint ꝛc. das Pfund 9 Vierding haben sollte;“ Gem. Reg. Chron. I, p. 478. b) das Zähe, fehlerhaft Fette, Käsige, Speckige in Backwerk. c) der Mehlstoff im Korn; (spint dero chornuuiste, adeps frumenti; Notk. Ps. 80,17). Höfer III, 169. d) der Holzstoff, besonders der junge eines Baumes, im Gegensatz der Rinde und des Kerns. Höfer, Weigand a. a. O. Im Voc. v. 1618 ist „Spinn“ sowol lac mulieris (Gspint, Mone, Anz. 1834, Sp. 281), als laburnum. spindig, gespindig (spinti', gspinti), a) zähe, fehlerhaft-käsig, speckig. 's Bród, 'Kné'l, d· Nu'ln kán' *spinti'* wor'n. „Er ist ein filz ... er ist einer der spinting fladen;“ H. Sachs 1560: III, III, 56ᵃ. b) zähe, spärlich, nothdürftig, dürr, mager. Mir gêts *spinti'*. ə˜ *spintigé* Gaəs, dürre, magere Ziege. Sieh d. folg. Wort.

Der Spund (Spunt), 1) was Spind b, c, d, (— und damit wol im Ablautverhältniß stehend; Weigand, Wbch. II, 777). spundig, spündig, (Wirzb., Aschaffenburg.; Reinwald), käsartig (von Brod oder Backwerk); fehlerhaft-dicht oder fest, hager, lang. 2) (O.Pf.) dickes Brett, Spundbrett, in Bayern Falzbrett. Weigand, Wbch. II, 776: Fuge, Nuth. spünden, eine Stubendecke zusammenfügen, auch wol, sie mit Lehm unterfüllen. 3) wie hchd., der Schließzapfen oben am Faß; (Graff VI, 352. BM. II, II, 554. Weigand, Wbch. II, 767). „Spunten oder Faßplatten mit Rieten,“ zu haben bey Zeugschmid Adalb. Sedelmayer in der Westenriederstraße ('zu München'; 28. März 1852). 'verspünden, (mit einem Spund) verschließen; BM. II, II, 554.' „Als der wein sucht (sich Luft zu machen) aus einem veichten köpflin das do verspunden ist;“ Konr. v. Megenberg f. 66ᵃ, (Pfeiffer p. 108,28: „auz ainem viehteinne väzlein und daz dâ verspunt ist).“

'Die Spunde, Sponde, (niederd.) Bettlade; ital. sponda, holl. sponde; Diez, Wbch. 438. Weigand, Wbch. II, 763. Schambach, niederd. Wbch. 207: Spunje.' Firmenich I, 174,22: Spunding. Cf. niederd. Spinde, Sping, Speng, Schrank; Firmenich I, 443,9. 445,31. 481,126. „Almaria almarey, spintrum spint;“ Semansh. 34, f. 197. Diefenbach 547ᵇ. Weigand, Wbch. II, 758. Die Béttgspant·n, (Hrslm.) Bettlade.

Die Spangen (Spangə˜), a) wie hchd. Spange; (mhd. spange, ahd. spanga; Graff VI, 349. BM. II, II, 479. Weigand, Wbch. II, 740). 'Die Spange, Fürspange, ä. Sp., Spange, die zum Heften des Kleides oder zum Schmuck vorn auf der Brust getragen wird. BM. II, II, 479. Grimm, Wbch. IV, 828: die Fürspange, auch das Fürspan; (s. oben, Sp. 673). Diminutiv: daz spengelin, spengel (mhd.), kleine Spange; figürlich': Flecken von Speisen auf dem Kleide. „Ane zol '(Zahl)' gevielin im die spängli wol;“ d. Ring 36ᵃ,21. 'Der Fürspänger, ä. Sp., Mitglied einer gewissen fränkischen Adelsgesellschaft, „deren Schilde man, wann sie gestorben in der Frauen-Kirch zu Nürnberg aufgehänget und ist ihnen der Namen daher gekommen, daß sie auf der rechten Seite ihres Wappens eine güldene Gürtel-Spange geführet.“ Frisch, Wbch. II, 291ᵃ. Will, Versuch in Beyträgen zur deutschen Sprachlehre ꝛc. p. 50—80. Waldau, Beyträge zur Geschichte der Stadt Nürnberg I, 81—96. Journal von und für Franken IV, 665—708. Histor. Merkwürdigkeiten (v. Vulpius) II, 322. Archiv des histor. Vereins f. den Untermainkreis III, I, 118 ff.' „Unser Frauen Gesellschaft oder Brüderschaft die Fürsprenger genandt aus etlichen edlen Geschlechten in Franken aufgericht, zu Nürnberg;“ Cgm. 3919, f. 79. 'Das Gespäng, mhd. spenge, gespenge, Bänder, die den Schild zusammenhalten. BM. II, II, 479.' „Dar zuo sach man schînen daz gespenge ab liehten schilden;“ Gudrun 1397,1. „Luna (frustum ferri) vocatur gespeng;“ Clm. 5685 (v. 1412), f. 95. Diefenbach 339ᶜ: lunula. Spangen am Buch, Clausur. b) Querholz, an welches die Längenbäume eines Floßes befestigt werden; (cf. schwed. spång, Brücke, Steg). „Es sol ieder Flos in der Spangen haben die prait des verordneten Maßes;“ LR. v. 1616, fol. 764. Münchner Lend-Ord. v. 1727, §. 16. In der Lex Baiuu. X, 13 heißt ein verbindender Balken im Gebäude spanga. In Gl. kommt spanga für sera und für patena vor. Der Spänglkramer, (Voc. v. 1618) frivolarius; Diefenbach 248ᵃ. Der Spängler (Spánglə'), a) Blechschmid, Klempner, Blecharbeiter.

b) figürlich: Schläfrigkeit, die die Augen nicht mehr recht offen halten läßt — vorzüglich bey Kindern. *Dᵊ' Spánglᵊ' kümt dᵊ', gê ins Bétt.* spängeln, a) (ä. Spr.) mit Blech beschlagen (?); mhd. spengen, spengeln, mit Spangen versehen, verbinden, befestigen; figürlich: drücken, zwängen, drängen. BM. II, II, 479. 480. Baltheus (lib. Reg. II. cap. XVIII, 11) heißt in den Ingolst. Reimen v. 1562: „ein gespengelte gürtel;“ (isl. spengia, laminis confirmare). „Bald thuət mä' 's Herz zidern, bald *spengt·s* mi' in Glidern.“ „In Wintä' da *spengt·s* mi' in d· Flächsen, in Früəhling kumt·s auhi in d· Hüft;“ Lindermayr 172. cf. spannen. „Si spiengen cheten da für und isneine rigeln,“ '(wol für spienen v. spannen);' Urstende, hgg. v. Hahn 113,18. b) mit Stecknadeln befestigen, anklüfeln (s. d. W.); Firmenich I, 540,159. 's. oben, Sp. 674: Spenel, spenel n.' c) (von Flüssigkeiten) Blasen werfen, perlen. Ins Glas gegossener Wein spängelt. Bey Dasypodius ist Spang „Wasserblatter, bulla.“

„Spangeröl, Spangenröl“ kommen paarweise als Theile der Rüstung eines Sperreiters oder Kürissers vor in Wstr. Btr. V, 168. 171.

späng, speng, spengel, adj., (Franken: Weihers, Dr. K. Roth) selten, schwer zu bekommen; theuer. cf. oben: spenen. BM. II, II, 480. Vilmar, kurhess. Idiot. 391. Zeitschr. II, 275,1. III, 132. VI, 413,76. Das Geld ist speng. Eine spengle Zeit. „Die dermaligen geldspängen Zeiten;“ Wirzb. Verord. v. 1747. Die Spengigkeit. „Die dermalige Holzspengigkeit;“
573 Wirzb. Verordd. v. 1705, 1725, 1731. Bey vorfallender Spengigkeit des Mahlens. Brennholz-Spennigkeit. Cfr. griech. σπανός, σπάνις, σπανία. „Christus hat sinen lichamen gespenget mit vasten, mit waken“ ꝛc.; Wiggert's Scherflein p. 50. 'Vgl. BM. II, II, 479 f.: spengen, zwängen, drücken.'

'Der Spengel, ä. Sp., eine Falkenart. BM. II, II, 492.' „Gerfalken, bilgram, spengel, stainfalken, smirlin;“ Valkn. 25.

Der, die, das Gespons, Gespunz, der, die Verlobte, sponsus, sponsa, (franz. époux, épouse, ital. sposo, sposa, span. esposo, esposa; Diez, Wbch. 329. BM. II, II, 553. Zeitschr. IV, 321: *Spausa*); jetzt meist nur mehr scherzweise genommen, wie Gspu~si, Gspusi, mitunter für Mädchen überhaupt. „Da sach ich einen hannen scherzen mit sine~ gespuntzen;“ Renner 3575. Der Gespans, des Gespansen in den b. Nonnenbüchlein (sec. XV. XVI.), Cgm. 4473 u. 4475. „Ordnung und weis einzwlaiten ein spons Christi in den seligen orden sant Claren;“ Clm. 11353, f. 113. „Weil dᵊ' *Gspis* kaə~n Pass ghabt,“ Kamerad, Gesell, Bursche, (Gespuns?); Lieder des Salzb. Flachlandes (1845), p. 45. sponseln, sponzeln (spe~zln, speə~zln) mit Einer, den Freyer, Galan, Zärtlichen mit ihr spielen; (ä. Sp.) sponsieren, sponzieren; BM. II, II, 554. Weigand, Wbch. II, 763. Castelli, Wbch. 230: *schbeanz·ln.* „Mit'n *Spearnzeln*, Gucken, Schaun is·s bei dir (Altem) ê scho~ zuə;“ Seidl, Flins. (1844), p. 132.

Gespenst, sieh oben, Sp. 671: spanen.

Der Sponton, Spondon, (im älteren Kriegswesen) Art Spießes, den die Oberofficiere führten, (ital. spontone, spuntone, span. esponton, franz. sponton, esponton. Diez, Wbch. 329. Weigand, Wbch. II, 764). Im Cbm. 3239, fol. 65—79 findet sich das Exercitium mit dem Sponton abgebildet. Beym Gruß mit dem Sponton wurde gar höflich auch der Hut abgenommen. s. d. folg. Wort.

Der Spunz, Esponton eines Zunftabgeordneten bey der Fronleichnamsprocession. s. d. vor. Wort.

Der Spar, des Sparen, (Voc. v. 1618) passer; (mhd. sparwe, spar, gen. sparwen, sparn, ahd. sparo, gen. sparin, und, nach dem goth. sparva, ags. spearva zu schließen, sparwin. Graff VI, 360. BM. II, II, 483. Weigand, Wbch. II, 751. Zeitschr. II, 453ᵇ). Im Hchd. ist jetzt üblicher die Ableitung: Sperling, im Dialekt Sperk und Spatz; (s. diese Wörter). Von der Form sparo, gen. sparw-in ist (wie mûs-âri, larus, Mauser, von Mûs, Maus, die er fängt) abgeleitet: der sparw-ari, sparwer, Sperwer, Sperber, nisus, der sich von Spatzen und kleinem Gevögel nährt; (Graff VI, 363. BM. II, II, 483. Weigand, Wbch. II, 751). „Sporber;“ Freyb. Samml. II, 121, ad 1392. „Der sigsparber, der in kunig Artus hof auf einem guldin rick saß;“ Cgm. 236, fol. 262. Der Sper-Alster, lanius excubitor, collurio und spinitorquus (Höfer III, 156. Nemnich II, 323), wird ihren Namen von demselben Umstande haben. '(cf. Speir, Spieralster).' Nach B. v. Moll ist der Jochli-Sper ein kleiner Alpenvogel, der schnell und immer zwitschernd fliegt.

sparen (spå'n), wie hchd.; (mhd. sparn, ahd. sparên, Praet. sparêta. Graff VI, 353. BM. II, II, 484. Weigand, Wbch. II, 742). „Du darft vor mir nichts sparn,“ (verheimlichen im Reden); Valkn. 41, cf. 71. „Was sol ich lenger sparn?“ das. 115. Der Sparluncus, Sparmundus, Sparmunkəs ꝛc., scherzhafte Personification. „Wir werden müssen Sparmundus-halten und Hunger leiden.“ gespärig, spärlich, sparsam, knapp. gesparsam, gesparsamig, gespärlich (gspárlə'), sparsam. Die ahd. Sp. hatte ein Subst. spari, speri (parsimonia, abstinentia; Graff VI, 354). „Den ich gesucht sechs jar zu wasser, land ohn alle spar;“ H. Sachs 1612: II, II, 62. Vielleicht gehört dahin die alte adverbiale Versicherungsformel za spari, zi speri — welche in ihrer Bedeutung dem latein. quid multa, dem span., franz. enfin, unserm kurz, dem engl. in short verglichen werden kann, — gleichsam: zur Ersparung weiterer Worte.

'Spargalzen, Spargolzen, plur., (ä. Sp.) eine Beinbekleidung, Schuhe; s. Th. II, Sp. 910. BM. II, II, 858.' „Si (Helmbrecht's Mutter) verkoufte manic huon und ei, ê si im gewünne diu zwei, hosen und spargolzen;“ M. Helmbrecht 223. Dagegen Vers 321: „Swenne ich füeze unde bein hân gezieret mit den zwein, hosen und schuohen von korrun“ („Corraun“). Vgl. v. d. Hagen's Ges. Abent. Bnd. III, p. 649. „Und (Judith) vast ihre füß mit spargaltzen (spargelzen), induit sandalia pedibus suis.“ „Ir spargaltzen zuckten seine augen, sandalia ejus rapuerunt oculos ejus,“ Judith X, 3. XVI, 11; deutsche Bibeln des XV. Jahrh. (v. Mentelin in Augsburg). Cf. ital. calzo, calza, span. calza, frnz. chausse und caleçon aus lat. calceus; Diez, Wbch. 82. Spargaten? die espargatas der Catalanen?!

spären, spärren (spárn), (OL.) sperren; (mhd. sperren, ahd. sparian, sparran, neben sperran. Graff VI, 361. BM. II, II, 487. Weigand, Wbch. II, 752. Zeitschr. V, 168,18. 295. 484). „Ein den schrein spären;“ Wstr. Btr. VII, 170. Bey Hochzeiten werden die Brautleute von den Armen *gspárt*, d. h. es wird ihnen der

Weg vertreten, den sie sich durch eine Gabe wieder zu
574 öffnen haben. Wol nur zufällig ist in Wort und Sache ähnlich die Sbarra, eine Abgabe, welche in den VII Com. die Braut, welche in eine andere Gemeinde heiratete, entrichten mußte. „pisparida, obice, vecte;" gl. i. 541. `Der Sparren, wie hchd. Sparre, Stange, Balken; (mhd. sparre, ahd. sparro; Graff VI, 361. BM. II, II, 486. Weigand, Wbch. II, 743).´ „Dye sperr unser hewser seynd zedrein, dye tram sein cypressein, tigna domorum nostrarum cedrina, laquearia ejus sunt cypressina;" Clm. 12723, f. 76. Das Gespärr (Gspár, Ob.-Isar), a) Vorrichtung zum Versperren; b) die Geburtstheile, besonders der Kuh, (vrgl. Schloß); die Art, Race. Dés Káibl is von ə˜n guədn *Gspár.* Vergleiche: „Sie sind alle dises gesperbs und sundiger Art," aus Matthes. Sarepta, conc. 15 bey Frisch citiert. Sieh sperren.

`sparren, vb. ntr., angespannt sein, offen stehen; (Koburg). Vgl. d. folg. Wort.´

Die Spar-Ader, varix, Krampfader. Aventin, Gramm. BM. I, 10. „Disen henke ich in die wide bî den sparrâdern sîn;" M. Helmbrecht 1251. „Sparkalch, Gyps," Voc. v. 1618; „gipsum, sparchalch," Clm. 5877 (v. 1447), f. 117; (mhd. spar, spor; BM. II, II, 483. I, 780. Diefenbach 263[b]. Weigand, Wbch. II, 742), eigentlich Kalk aus Gyps gebrannt. Vrgl. Sperber und Spor-kalk.

Der Spárifánkə'l, sieh Sp. 658: Spádi.

„Sparigwasser" unter andern aus Kräutern gebrannten Wassern;" Cgm. 4570, f. 40.

sperren (spé'n, spi'n, spiə'n), wie hchd.; (mhd. sperren, ahd. sperran, Praet. sparta, sparte, Partic. gispart. Graff VI, 361. BM. II, II, 487. Weigand, Wbch. II, 752). „Sein spitzige scharpfe zen er über einander sparrt;" Reim. v. 1562. „Ain verspartew truchen; MB. XX, 201, ad 1420. „Wart die tür gespirret;" Cgm. 64, f. 48. Man läutet „die Sperr," (Thorsperre); Voc. v. 1618. Sánd mə' nèttə no˜ eini (aufsi) 'kemə˜ vaə' də' *Spèr,* zu rechter Zeit, ohne Hinderniß, ohne Schaden; (ObrM.). `Das Herzgesperr, a) eine Krankheit; b) ein Kraut. Grimm, Wbch. IV, II, 1246. Nemnich II, 368: leonurus cardiaca, Herzgespann, Herzgesperr. Diefenbach 100[b]. 151[a]: cordiaca, cordiana. „Tochterlein mit dem Herzgesperr (cardiaca, sonst auch Herzgespan?) behafftet, dazu auch die Fraiß geschlagen;" Benno-Mirakel 1697. „Für das Herzgespör jungen Kinden;" Cgm. 3721, f. 45. „Für das Hertzspor;" Cgm. 4667, f. 75. Das Fueßgesparrkraut, stachys recta L., (B. v. Moll) scheint als heilsam gegen ein ähnliches Übel zu gelten. Nemnich II, 1361: Fußgesparrkraut, Füßperlkraut. Das Maulgesperr (ObrM.), die Maulsperr, Mundsperre; Weikert, ausgew. Ged. in Nürnb. Mundart p. 121.´ sperrmäulern, (Aschaff.) gähnen. `Der Sperraffe, neugieriger Affe, Maulaffe (s. Th. I, Sp. 45 und II, 1586: Mauloff, Maulauf); Zeitschr. II, 32,8. Sieh spären und sper.

„Sperr, Bettbarchet;" Birlinger 407. Vgl. Speir-.´

Das Sper, hchd. der Speer; (mhd., ahd. daz sper, Dimin. spirilin, mit den Compositis sper-fuoter, sper-huot, sperascaft rc.; doch wenig volksüblich. Graff VI, 355. BM. II, II, 492. Weigand, Wbch. II, 747). „Sperreiter, eques hastatus;" Voc. v. 1618. „Mit sperreiten und mit turnieren;" Furstenf. 138, f. 97. 98. 112. „Ein Turneis- oder Sper-Ros," (Turnierpferd); Freyb. Samml. II, 94, ad 1392. Ich getraue mir kaum als Diminutiv hievon (und welch ein ungeheures!) zu betrachten das folgende Wort.

Der (das) Sperl (Spè'l), (b. W.) die Stecknadel; Tannen- oder Fichtennadel, Tangel. Höfer III, 158. „Große Sperl oder Stecknadeln;" Gem. Reg. Chr. IV. 384, ad 1520. „Sperle, acicula;" Voc. v. 1618. „Ein langes Sperl oder Glufen:" Alt-Ötting. Hist. v. 1696. „Sperl- oder Klufenfabrik;" Hübner, Salzb. p. 313. Vrgl. Spenel (Spe˜l) `und Spier.´ an-, auf-sperln.

sper, adj., trocken sieh spör.

`Das Speranz'l (◡–◡) „Liebling, ein hoffnungsvolles Kind," (Castelli, Wbch. 250); „Schelm, Schalk, Närrchen (v. ital. speranza); Oan'n zu sein'm *Speranz'l* mach'n, Einen betrügen, foppen, auf die Unvorsichtigkeit oder Dummheit eines Andern seine Hoffnung bauen," (Seidl, Ged., 1844, S. 333), duper. „Hàldábuá, Hàldábuá, hált's Diarndl á' dázuá, is á *Speranzl* dà, jàgt dá' 's sunst à';" Seidl, Flins. IV, 20. 148. Du bist ə˜ rechtə' *Spiránzə-l,* (Springinkel); ObrM. Cf. poln. speranz, Grübler, Forscher, von szperam, nachsuchen, nachgrübeln.

Der Speir (Speiə'), die Spierschwalbe, Uferschwalbe, hirundo apus, — bey Dasypodius Spîr. Weigand, Wbch. II, 755. (v. niederd. Spier, Spitze; Vilmar, kurhess. Idiot. 393: Spir, Spier, Spitze, Keim, Faser. Zeitschr. II, 539. III, 284,113. V, 295: spirlich, mager, dünn, zierlich. VI, 484. Nemnich II, 160. 164; holl. spiervogel). „Gegen Mitte des Maymonats lassen sich die Schwalben und die Speuer sehen;" Albin Schwaiger, Beschr. d. Peißenbergs. Die Spieralster, was Weißbalgl; (Isr.). s. Speralster.

Der Speirling, sorbum und sorbus; Voc. v. 1618. BM. II, II, 486: sparlinc. Der Spirboum in der wirzb. Markenbeschreibung (MM. 38) ist wol ebenfalls sorbus, — und verschieden von Sper-boum, gl. a. 10, gl. o. 174: sperebôm, gl. o. 87: esculus. Graff VI, 359. BM. I, 229. Vgl. Sporapfel. Esculae (die Früchte davon?) heißen gl. o. 90. 502 speruun (von speruua), wozu das bey Frisch II, 297 citierte Sperben stimmt. Diefenbach 210[b]. 543[a]. Nemnich II, 1237: sorbus domestica, Sperberbaum, Spierling, Speierling, Spierbirn, Sporbirn, Spierapfel, Spörling, Sperbel. Weigand II, 755: Spierling, Spierstaude. Zeitschr. VI, 83. Die Spira, Spiraha, der Spierbach, etwa vom Baum (wie Ascaha, Hasalaha) und vom Flüßchen der Ort: Spira, Speier. Zeuß, Speier p. 4. Förstemann II, 1289 f.

Speirtuch, Speirer Tuch: (Der Nonnen) Mentel von Speirtuch," (1453); Fris. 287, f. 16[b]. 18.

Speir-wat oder „Speyerwaden," Art Fischzeug 575
in der wirzb. Fischord. v. 1570. s. Th. IV: Wat.

spirig, (schwäb.) widerstrebend, muthwillig, eigensinnig. `Schmid 502. Stalder II, 382: sperrig. Tobler 378.´ Ich finde gl. a. 108 das Praet. uuidarspirun, recalcitraverunt, neben dem sonst gewöhnlichen spirdran, niti. Graff VI, 359. „Also der leb ist ob den tyren also sich hoffart dunckt verspiren; Asp. 49, f. 127. Der Spirifánkə'l, muthwilliger Junge; Teufel. `Spirigukes, Spirigunkes, (schwäb.) naseweiser, spitzfindiger Mensch; Schmid, schwäb. Wbch. 502. Zeitschr. VI, 68.´ Sieh Spádi. Vrgl. sperren.

`Spier, Spir, (niederd.) Spitze; s. unter Speir.´

Der Spôr, (schwäb. Frank.) der Schimmel. Weigand, Wbch. II, 764. sporig, (vom Brode) schimmlicht, (vom Holze) erstickt, (von Wäsche) verdumpft. sporen, schimmlicht seyn oder werden; (vrgl. bey Adelung sparen). versporen, (Amalie v. Stengel). Ob das in der ahd. Sp. vorkommende adj. spor — „rudia spóriu vel máriu" (quae propter infirmitatem audientium rudia et imperfecta fuerant in moralischem Sinn), gl. i. 95 — dasselbe Element, ist zweifelhaft. Graff VI, 360. Vrgl. spör und sper, adj.

Der Spor-apfel, sorbus. Voc. v. 1618. Nemnich II, 1237: sorbus domestica (s. Speirling) und I,

1267. 1272: crataegus aria und torminalis, Sporapfel, Spierapfel, Speierbaum, Sperberbaum. Weigand II, 748. 755. 764. Vielleicht, da er erst, wenn er teige ist, genossen werden kann, zu spor (mürbe) gehörig. cf. „Sind die weichsell spor, so tribent sy mit gutem wein durch ein tuch;" Cgm. 725, f. 140. Sieh spör 'und vgl. Speirling.'

„Spor-glas, nitrum;" Voc. v. 1419. BM. II, II, 483 und I, 546. Diefenbach 381[b].

Spor-gras, (a. Sp.) musa vel carectum, centinodia, sanguinaria. gl. o. 11. 17. 419. Diut. III, 155. „Centenodia, spurigras;" Clm. 5125 (sec. XIII.—XIV.), f. 244. Diefenbach 112[c]. 510[c].

Spor-kalk, gypsus; Vocc. v. 1419 und 1429. Sieh Spar-kalk.

Die, das Gespor (Gspór, Gspour, b. W. Gspaə'), die Spur; (ahd., mhd. daz spor, vestigium. Graff VI, 356. BM. II, II, 516. Weigand, Wbch. II, 776); H. Sachs passim, z. B. I, 207. 570. Dem Gespor nachgehen, nachschmecken; aufs Gespor kommen;" Voc. v. 1618. „Auf dem Gespor; Av. Chr. 53. 265. Auf də' *Gspaə'* sá˜, (b. W.) auf der Spur seyn. gesporen (b. W. gspaə'n), die Spur haben. ausgesporen, ausspüren. Sieh Spur.

Der Sporen, Gesporen (Sporn, Spourn, Spo'n, Spou'n, Gspou'n), Dim. das Spörlein (Spe'l), der Sporn; (mhd. spor, gen. sporn, ahd. sporo, gen. sporin; — sieh Gramm. §. 839. Graff VI, 357. BM. II, II, 517. Weigand, Wbch. II, 764). „Bi einem sporn koume ich an dem satel hange;" Labr. 402. „Mit baiden sporen ich mante;" Walkn. 111. „Die sporen ich veste bruchte;" das. 120. „Es ligt nit an den gelben (ritter guldin) sporn damit man frawen dienen sol," (man muß nicht eben Ritter seyn); Cgm. 713, f. 82 und 270, f. 131. Spore stagnate valeant duos solidos et medium, deaurate XII solidos", portug. Taxordn. v. 1253; Ribeiro IV, 71. Der Rockensporn, (O.Js.) Wiesenbocksbart, tragopogon pratense L. Das Spornrad. „Das er werd ân all widerhab gestochen aus dem satel ab das in ein sporrad nicht enirr;" Cgm. 379, f. 84 und 270, f. 118. sporen und spornen, wie hchd. spornen; (mhd. sporn, ahd. sporôn; Graff VI, 357. BM. II, II, 518. Vgl. Zeitschr. V, 125,17). Der Sporer, der Sporne und drgl. verfertigt. Das „Spornholz," Art Bauholz. (Sparren?). „Ein Spornholz 30 kr."; Baumgartner, Neust. 140. Der Blitz schlug in das Kirchendach, „zerriß die rechts und links parallel laufenden Spornhölzer;" Zirngibl, Hainsp. 440.

spör, gespör (spêr, spèr, speər, spèə'), fehlerhaft-trocken, rauh, hart vor Trockenheit; ärmlich, klemm; (Graff VI, 352. 360. BM. II, II, 516. Weigand, Wbch. II, 764. Zeitschr. IV, 501,10). Angeschnittenes Brod wird an der Luft spèr. „Ein Wind der macht eim 's Maul gar spehr;" P. Abraham. ə˜ *spèré,* Huəst'n, ə˜ *spèrər* Boden, Grund, ə˜ *spèré* Alben, Haid, Mâd, Trât, Waid, Wisen, worauf vor Trockenheit wenig wächst. Figürlich: ə˜ spèrs Jâr, wegen Trockenheit unfruchtbar. ə˜ spèrs Guct, Haimet, Hauswesen, kümmerliches. Oné Liəb is's (das Leben) zau˜*speər*, mid də' Liəb budə'maorb;" Seidl, Flins. (1838) III, 11. 126. Man componiert gerne: Spèr-boden, Spèr-mâd (O.L., einmädiger Grasplatz), Spèr-waid (Voc.
576 v. 1618), aridus, tenuis victus, Spèr-jâr. Westenrieder Gl. bringt sogar ein spères (durch Austrocknung seicht gewordenes) Wasser vor. Figürlich: ə˜ *spèrs* Gsichtl, hageres Gesichtchen. spèr ausschauen, hager seyn von Ansehen. spèr leben, kümmerlich leben. Es gêt mir spèr. Einen spèr reden, wie: Einen hart reden, d. h. anzüglich, stichelnd mit ihm reden. spermaulen Einen, auf ihn, als auf einen Kargen, sticheln. „sper käsen oder trocken käsen;" Beschrbg. des Pinzgaus. Sperkäs (Speə'kás); Hübn. 687. Cgm. 592, f. 31 heißt es: „Wen man den ingber zerstosst vnd pulvert mit sper und mit truckenn veigen." In einer andern Handschrift des XV. Jahrh. (Cgm. 270, f. 176) ist zu lesen: „Wirt, wie ist der wein so rech! Er ist mir in dem hals als sper (so trocken, rauh, herb), bring vns bald ain süssen her" Trotz dieser bereits ältern Schreibung sper und der bey Chr. Schmid, schwäb. Wbch. S. 499 vorkommenden: speir, scheint doch, nach Gramm. §. 325, der schweizerischen Ausspr. spör, gespöör zufolge (sieh Stalder II, 385; auch Dasypodius v. 1537 hat: „urens ventus, ein spörer wind"), als ursprünglich echte Form spör angenommen werden zu müssen, wozu ein mhd. spöre, ein ahd. spori fugen würde. „Von der augen frette. Diu augen sint rot und haiz und spöre." „Daz diu naslocher innen heiz sint und spore, als ein heizer ruche darinnen sei;" Cgm. 724, f. 180. 182. „Die stat Kayr ligt in Egypto in spören sandigen lande;" Cgm. 845, f. 49. „So chreuch ich armer unde gee auf spörem land ellende;" Suchenwirt p. 40. Sieh oben Sp. 682: Spör, Sporapfel, 'Sporgras,' und vrgl. sprö; vrgl. auch sparken. spören, spèren, trocken werden und machen. Ausgespèrtes Fleisch, Brod ꝛc. „Der Mülstaub thuet Einen aussper'n." Es spèren mich die Hände, Füße ꝛc., ich habe an diesen Theilen ein unangenehmes Gefühl von Trockenheit. Der Spèr'ndrüssel, (Oberm.) eine gewisse, sehr trocken zubereitete Mehlspeise. Mehl- oder Erdäpfel-*Spiərndrüßl* (Sperr den Drüssel; s. Th. I, Sp. 569: Drüßel). Der Spèrling, (Wstr. gl.) magerer, hagerer Mensch. Die Spèrmaisen, parus ater, kleine Holzmeise; Nemnich II, 866: Speermeise, Sperrmeise; — figürlich: hagerer Mensch.

Die Spur, die Gespur, 1) wie hchd. Spur; (singulares Femin. aus plur. Neutr., wie Mær, Th. II, Sp. 1633; ahd., mhd. daz spor, Graff VI, 356. BM. II, II, 516, seltener: daz spür, spur. Weigand, Wbch. II, 776. Zeitschr. V, 299. sieh Gespor). 2) (ä. Sp., daz spür, spur), das Spüren, Fühlen von Seite des Suchenden. „Ob ich darûf erchande mit spur ein fart;" Labr. 9. „Dô ich die fart erblicket und ouch mit spur erkante;" das. 60. „Nach spur der wirde zeichen;" das. 64. „Mit spur ein hirz;" das. 88. „Swie ungelückes herte und heizer sunnen brennen die spur mir sendem werte;" das. 90. „Mit spur ein fart bekande Sant Thomas;" das. 256. „Do begunde ich grîfen mit spur nâch mînem fuoze;" das. 340. spüren, gespüren, (spi'n, spiə'n), a) wie hchd.; (mhd. spürn, ahd. spurian, spurran. Graff VI, 356. BM. II, II, 517). „Swer ze holz get spüren so der sne zergat und sûchet sinen gûten vriunt do er cheinen hat und chaufet ungesehens vil unde haltet gar verlorniu spil und dienet einem bœsen man daz '(er)' an lon beleibet dem wirt wol afftertriwe '(afterriuwe; s. Th. III, Sp. 3)' chunt ob erz die lenge tribet;" Cgm. 4612 (XIII. sec.), f. 46. b) empfinden, in sehr ausgedehnter Anwendung, welche gesporen nicht leidet. „spürig, sagax, praesagus;" Voc. v. 1618.

Der Sparber, Sperber, sieh oben, Sp. 680: Spar, passer.

Sperber. „Rauf mit dem Mertel! Stein her! Zigeln her! Wo sind die Sperber und Merteltrager," rufen die Maurer bey Selhamer. „Den Zimmerleuten wegen rüfftens Dretten Mörtl trög und Sparber (Kalk-Bähre?) machens," (1614); Cbm. 2225, f. 185. Vrgl. etwa Spar-kalk und das Sparbret der Maurer, worauf sie beym Arbeiten Kalk und Mörtel in der Hand halten.

Sperben, Sperberbaum, sieh S. 682: Speirling.

---

577 Sparchen, — so sind wol die in Westenrieder's Glossar angesetzten Spachen, scintillae, (dem ndrs., holl. ꝛc. Sparke entsprechend) zu nehmen.

„Spurcha, juniperum;“ Clm. 4606 (XI, sec.), f. 113 (119?). „sporahpoum, juniperus;“ Graff VI, 362. III, 122.

Das Spargiment, a) die Ausstreuung, hingeworfene Behauptung. „Das Spargiment, als ob sich die Rebellen in Ungarn abermals zu moviren begunden.“ „Es wird diß lutherische Spargiment eine falsche Inzücht seyn;“ Isar-Gesellsch. v. 1702: I, 170. III, 64. Firmenich I, 422,120: „e˜ ganz eifäulig *Spergement.*“ b) Ceremonie, Umständlichkeit. Vilmar, kurhess. Idiot. 390. Nét vịl *Spargəmentə*ʻ g'macht! (Ital. spargimento). Castelli, Wbch. 230: *Schbargament'n* mach'n, groß thun.

Spergelzen, s. oben Sp. 680: Spar-galzen, Spargolzen.

---

spárken, spérken, (b. W.) (von zerschrundenen Händen, kothigen und trocken gewordenen Füßen ꝛc.) ein unangenehmes Gefühl verursachen. D' Hent, d' Fẽiss *spá'kə˜d, spérkə˜d* mi'. Vrgl. spachen, spacken und auch spèr, spör. „Als sie vom Spirgkheth haimb gegangen;“ Hexenproceßacten, (Schongau, Rath Her).

Der, die Sperk, des Sperken (Spérk, Spirk), (U.L., O.Pf., Frank.) der Sperling; (mhd. sperc, sperche. BM. II, II, 483). „Spircken, passeres;“ gl. 1418. „Sperckenflaisch ist haißer Natur und raizt die minn;“ Ortolph. „Die sperchn vand ir ein haus und die turteltauben ein nest;“ Cgm. 131, fol. 23. Im Rath der Vögel sagt der Sperkch: „Herr pizz unchewsch und unrain misvelt dir ainew so nim die gemain;“ Cod. S. Florian., Wiener Jahrb. XL, Anzeigebl. 15. Vrgl. Spar.

spurkezen, speyen, ausspeyen; sieh spirzen.

Sperl, sieh Sper; oben, Sp. 681.

Die Sparte, Antheil, Aufgabe σπάρτη: meine, deine Sparte — in keinem d. Wörterb. Ist es italienisch? französisch? Nein! (cf. ital. spartire, vertheilen: sparto, a?).

'Der Sporte, (mhd. Sp.) Schwanz, Schweif; BM. II, II, 518.' (Cf. isl. spordr, cauda piscium; spordormr, Skorpion; spyrda, cauda conjunctos suspendere pisces. Grimm, Mythol.[2] p. 694). „Bi dem sporten,“ (cauda, sc. serpentis); Griesh. Pred. I, 17. „Daz ander (ôr) daz ferschiubet er (der wurm) mit sinem sporten;“ das. 24. „Sampson bant ie zwain und zwain (fühsen) die sporten zesament;“ das. 125 und II, 42. „Nim einen rotten schlangen der wiß sige an buch slach im den sportten und das waidloch ab“ . . . (gegen Aussatz); Auffeß's Ms. (s. Th. II, Sp. 1564: Gemächten).

---

sich sperzen, spirzen, sich spreizen; groß thun; (cf. ahd. spirdran, niti, sperzibeinôn, spatiari; Graff VI, 363. s. spraiten, spreizen). Der Spirzer (Zps. Ms.), der Prahler, Windmacher. Gl. i. 565. 710 wird das spatiari der Vögel sperzipeinon genannt. Vrgl. spertelen, spertelbeenen bey Kilian, ndrs. spartelen, sperzen bey Stalder II, 382.

sperzen, spirzen, spürzen, spürzeln, spucken, speyen, 'spützen; Weigand, Wbch. II, 778. ausspurzen, ausspucken; Grimm, Wbch. I, 981. BM. II, II, 514: spirzen, spirzeln. Zeitschr. II, 237: sperzeln, spirzeln, sporzen. „Die Juden, die unsern Herrn verspeit haben, und all jhr Nachkommen seind plagt, das sie nit für sich aussperzen mögen;“ Dr. Eck 1542. „Man sagt von Kaiser Constantio, wie er nicht außgespürzt hab;“ Av. Chr. 259. „Et exspuens tetigit linguam ejus, vnd spirtzet auß vnd berurt sein zungen;“ Clm. 9728, f. 189. anspirczen; Cgm. 101, fol. 23. 'verspürzen, verspeien, durch Anspucken Spott und Verachtung an den Tag legen.' „Er wird gegayselt wern und verspüerczelt, flagellabitur et conspuetur; Sanzenon. 115, f. 100.

Der Spáss, Gspáss, Spaəs, Gspaəs, Dimin. Spássl, Gspèəssl, wie hchd. Spaß, (Weigand, Wbch. II, 743); *Spassettln*, kleine (schlechte) Späſſe. In ə˜n lautə˜n *Gspaəss* hàb eəm d' Wàret gscheid eini˜ gsagt; ObrM. „Kocht aus einem jeden ehrlichen Gespaiß einen Ehebruch;“ P. Abraham. spássen, spaəssen, g'spaəssen, Dim. spásseln, gspèəsseln, spaßen. spássig, spaəssig, gspaəssig, spaßhaft; sonderbar, wunderlich. 'Es spâßert mich, (Henneb.) reizt mich zum Scherze; spâßerig, adj., zum Scherz geneigt. Zeitschr. II, 461.' spásselig, mauvais plaisant. Im Simplicissimus v. 1683, p. 376 heißt es: „Sintemal ich nur spaßgeritten war,“ (nicht gerüstet als zu einer feindlichen Begegnung). Dieses paßt allerdings zum ital. spasso (passetemps, Zeitvertreib, dar spasso ad alcuuo, spassarsi, spassar un cavallo etc.), obgleich sonst die Bedeutungen etwas auseinander gewichen sind. Diez, Wbch. 437. Vgl. Th. I, Sp. 288: baißreiten.

Die Speis, a) wie hchd. Speise; (mhd. spîse, ahd. bey Otfr. III, 15,8: spîsa. Graff VI, 364. BM. II, II, 578
511. Weigand, Wbch. II, 748). b) allgemeiner: die Kost. „Um die Speis arbaiten,“ blos um die Kost, nicht um Lohn. c) der zur Verköstung der Familie und des Gesindes eines Landwirths erforderliche Vorrath an Getreide ꝛc. Manchə' Bauə' muəs d' *Speis* sęlbə' käffə˜, kà˜ si' nét ə˜màl d' *Speis* də'bauə˜. „Der nunnen ein genæmez rint gap si ze küchenspîse;“ M. Helmbrecht 119. d) Material überhaupt. Weigand, Wbch. II, 749. Glockspeis (Bronce; BM. II, II, 511), Mauerspeis (Mörtel); (daher: „Gräte und Firste von Dächern einspeisen“). „Aes campanum spisa vocatur,“ unter andern lat.-romanischen Glossen eines Cod. sec. XII., dem Herrn Dumortier zu Tournai gehörig, von Hoffmann v. F. gefunden; Willems, Elnonensia p. 21. e) Gemach oder Gewölbe, worin der Küchenvorrath aufbewahrt wird; (cf. schwed. spis, m., Herd und Speise). Speis in diesem Sinn ist sicher nicht blos abgekürzt aus Speisekammer ꝛc., vielmehr ist es ganz gleichbedeutend mit dem graubündtischen Spense, und scheint geradezu, nach Ausstoßung des n (vrgl. mesner II. Th., Sp. 1627. 1668, und Otfrids mias für mensa), aus dem barb.-latein. spensa (Capitulare II. anni 812,10) von expensa, dispensa entstanden, woraus sich denn auch die Anwendungen c, b, a, d ziemlich natürlich ergeben. (cf. česk. spiže, Mundvorrath, Proviant, und s. Th. I, Sp. 157: äßige speis). Noch im Voc. venet.-todesco (Ms. v. 1424) steht Speis ganz für das ital. spese: „E no guadagnerave niente desso in Alemagna e si haverave la briga e la spese per niente, ich gebunn nithz daran in deuczen landen und ich hiet die mue und die speiz vmbsust.“ „Senza ogn altra spese in fina qua, an all ander speiz hincz her.“ speisen, a) wie hchd. (nach Gramm. §. 950 das Particip mitunter gespisen; b) Einen, ihm Speise, namentlich das heil. Abendmahl, reichen, ihn mit Lebensmitteln und andern Vorräthen versehen, verproviantieren. „Den alten bettrisigen Vater hat man müssen speisen wie ein Kind;“ Benno-Mirakel 1697. „Man speiset die Stadt Rom aus Egypten und

Africa;" Avent. Chr. 273. „Speisung (zu dem Kriegszug v. 1434) mit Wein und Brod;" Kr. Lhdl. IV, 35. „Befestiget das Schloß, auch speiset das mit Getraid und Wein;" Kr. Lhdl. XIV, 96. „Das Schloß speiset er mit püchsen und guten gesellen, mit pulver und mit aller cost;" Öfele, script. I, 253. Der ursprüngliche Begriff liegt wol im alten spensare, dispensare, verabreichen. „Grobwaizenbrod, das man für das Gesinde speiset;" Henisch. „All mal ain pecher weins als wir gewöndlich speysen;" Scheirer Dienstboten-Ordnung. 'Der Speiser, mhd. spîsære, Speisemeister; BM. II, II, 512.' „Da ne dorfte nieman vragen wa der speisære oder der schenche wære;" Kindh. Jesu, hg. v. Hahn, 95,75; cf. 88,82. „N. N. Speiser" (König Ludwigs IV.); Hund, Stmb. II, 408. „Wermuot, spisaere" des Domstifts zu Passau um 1194; „spisar, dispensator," MB. XIV, 23; spisarius, MB. II, 395; spisær, granarius, Voc. v. 1419. Der Speisser im Kloster Osterhofen, cellerarius; Clm. 9902, f. 21. speisend (speisə͂d), speisig, speisen, (speisə͂), adj., (von Brod und andern Lebensmitteln) ordinär, so wie sie an das Gesinde verabreicht werden: ə͂ *speisəds* Braəd (Ob.-Ammer), schwarzes Hausbrod. „Ainen speisen laib knechtprots;" MB. XVIII, 497. 541. (Cf. „Ain saul, die was glokspeisen," adj.; Cgm. 414, fol. 130. „Aereas portas, glokspeysene tör;" ZZ. 1803, f. 191. BM. II, II, 511). Gewöhnlicher in der Zusammensetzung: Speis-brôd, Gegensatz des gueten oder weißen; Scheirer Dienstord. 31. 32. 46. Solche Speis-brode wurden seit 1659 von der Hofpfisterey in München ans Seminar und später an arme Schüler überhaupt gespendet. Speis-laib, (Gegensatz des „schönen frawenprots"); MB. XVIII, l. c. Speiskæs, schlechteste Sorte des Käsehändlers. Der Speisbeutel, Anhängetasche, worin das Abendmahl zu einem Kranken getragen wird. Das Speisglöcklein, womit man speisen läutet, d. h. das Zeichen gibt, daß ein Sterbender versehen wird. Der Speispfinztag, Gründonnerstag, an welchem man vorzugsweise zum Abendmahl geht oder speiset. Der Speiswein, der beym Abendmahl gereicht wird. Speisfische, kleinere, welche den größern zur Nahrung dienen. Forellen werden oft in eignen Speis-Gehaltern oder Speis-Weierlein aufbewahrt, indem sie mit Speisfischen ꝛc. gefüttert werden. Dagegen werden wol auch also gespeiste Fische selbst Speisförhen, Speiskarpfen ꝛc. genannt. Chiemsee, Fisch-Ord. v. 1507. Wstr. Würmsee p. 137. Wstr. Btr. IX, 309. „speismild, dapsilis;" Semansh. 34, f. 208. Clm. 5877 (XV. sec.), f. 109. BM. II, 171. Diefenbach 166ᵃ; nov. glossar. 126ᵇ. Die Zuespeis, Zugabe zu einem Gericht, z. B. geröstete Leber auf Kraut; jede Sattelung des Gemüses.

Der Spiß (Spis), a) veru; (ahd., mhd. spiz, auch im Dialekt noch häufig Spiz. Graff VI, 365 f. BM. II, II, 514. Weigand, Wbch. II, 755 f. ?? „Das ich nit dürft an die spiczen gan," bittet sich ein Ritter, miles, aus bey Rosenplut; Cgm. 714, f. 342. 'Keller, Fastnachtsp. II, 637,12. Vgl. BM. II, II, 514ᵇ f. und unten: Spitz, f).' Am *Spis* oder *Spiz* brådn. Um Nürnberg heißt das, was von einem geschlachteten Schweine guten Freunden ins Haus geschickt wird, der Spiß, vermuthlich insoferne es eben für den Spiß, d. h. zu einem Spiß- oder Spiz-braten (ahd. spizprâto, assatura; Graff IV, 285) geeignet ist. Ein solcher Spiz wird schon bey Walther v. der Vogelw. 17,17.24 verschnitten. „Nu hœrt, wie ich daz wizze; nie veizter gans an spizze bî fiure wart gebräten;" M. Helmbrecht 874. „Sam die hüner an eim spiss," (reimt auf „gewiss"); Ring 55ᵇ,12. „Der nem speck und hennensmer und prenn das an einem spiss auf ein wasser;" Clm. 5879, f. 209. „Guet spißvogel zu machen;" Kochbuch v. 1538, Cgm. 4126, f. 38. Cf. span. espeton, portug. espeto, Bratspieß, ital. spito, neben spiedo, span. espiedo, espedo. Diez, Wbch. 328. b) Stricknadel. c) Spreißel, Splitter, Spänchen, Gerte. Vgl. Vilmar, kurhess. Idiot. 392: Der *Spes*. „Sechs Spiß gebratener feigen, an ainem Spiß zehen oder zwölf;" heil. Geistspitalmanual v. 1519, fol. 16. Ein *Spiſſl* Vögel, Fische ꝛc., eine Anzahl kleinerer Stücke, die, an einem Spreißel, Rüthchen und wie immer zusammengefügt, mit einander hingegeben (oder allenfalls an einem Spiß gebraten) werden. Birlinger 408. Die Spiß- oder Spiz-Gärten oder -Rueten — „Spisgerten, virga"; Voc. v. 1618 — scheint nach Gramm. S. 170 bloße Tautologie zu seyn, da spiz in der ahd. Sp., gl. i. 257, selbst schon virgula, spizahi, gl. a. 537, virgultum besagt. Weigand, Wbch. II, 757. Am 14. Nov. 1634 zu Augsburg fünfe (wegen Raubes) „durch die spißgarten gejagt." Am 6. März 1634 daselbst ein Ausreißer „an einer saul nackhet aufgehengkt und mit 10 spißruethen gehauen;" Cgm. 4905, p. 36. 71. „Spißruthen currere" der Schweden in Olmütz, 1642—50; ZZ. 727, f. 158—163. „Ein starcke spißruten (welche Phoebus ein tortouere d. i. ein stab so sich biegen läßt heißt);" Fouilloux, Jagdbuch (1590), f. 46. d) (nach Frisch in Bayern) was hchd. Spießer, Spießbock. Gl. i. 339: „hinnulo flache vel spizin"; (Graff VI, 367). Juvenes hinnuli cervorum, spitzel;" Asp. 49, f. 8. spißen (spiſſn, spizn), stecken an die Gabel ꝛc., durchstechen mit der Gabel ꝛc., 'an den Bratspieß stecken, (BM. II, II, 514).' „Der has hinder sich zu holz gat, so man in spisset;" Cgm. 714, f. 80. spißig (spiſſi'), adj., dünn, dürr, mager, hager; (Weigand, Wbch. II, 757). „Plunder, das ist wol ein spissigs Traid," heißt es in Bucher's Charfreit.-Action bey Erscheinung der 7 mageren Kornähren. „Das Kindlein ward auf das rauhe spissige Heu gelegt;" P. Abraham. Eine Person sieht spissig (mager) aus. Es geht ihr spissig, (sie hat mit der Noth zu kämpfen). Bey Frisch ist spissig (von Metallen) gebrechlich, (von Leder) zu hart oder glasicht. Vrgl. Spitz und das häufig mit Spiß vermengte Spieß.

Der Spieß (Spiəs, o.pf. Spêis), a) wie hchd.; (mhd. spiez, ahd. spioz, spiez, cuspis; Graff VI, 368. BM. II, II, 495. Weigand, Wbch. II, 755 f.; — v. einem verb. spiutan, werfen?; Dietrich in Haupt's Zeitschr. VII, 182. Cf. Grimm, Gesch. d. d. Spr. 413: von spreot); — weiland Hauptwaffe der Kriegsleute. Vrgl. Alatspieß, Altspieß, Elspieß (Th. I, Sp. 56), Raisspieß, (Th. III, Sp. 139), Schweinspieß (Th. III, Sp. 635). 'Der Judenspieß, Spieß wandern-der Juden. BM. II, II, 496.' Noch die Aurburger Ehaft v. 1653 will, daß das Eschenholz zu Spießen gehayt werde;" Cbm. Kl. 332, fol. 112. Nach Kr. Lhdl. XVI, 104 sollte in Städten und Märkten ein Geschickter „zum Spieß verordnet werden," damit das gemeine Volk geübt werde und von ihm lerne. Noch jetzt kommt auf den Dörfern der Wachtspieß vor, welcher, tagweise von Haus zu Haus wandernd, dem Besitzer die Pflicht auferlegt, den Policey-Wächter zu agieren. „Auf das Bettelmandat wird nicht gehalten. Da stecken die Bauern einen Spieß hin ans Eck vom Dorf, und weil der Spieß nichts sagt, so gehen vacierende Schinder, bettelnde Patres, Deserteurs und alles Gesindel wie vor und eh;" Bucher's freyes Pferderennen ꝛc. Vgl. den „Knüppel (Botstock), welcher nach uralter Sitte in mehreren Lüneburgischen Dörfern noch jetzt von Haus zu Haus möglichst schnell getragen wird, um in erforderlichen Fällen die Einwohner des Dorfes auf einen bestimmten Platz oder nach dem Hause des Ortsvorstehers zusammen zu berufen." Firmenich I, 208,1. b) Gereimter Lobspruch, einem Schüler in das Buch geschrieben, das er als Preis seines Fortgangs oder Fleißes erhielt. In Cbm. Kl. 473, fol. 215—247 findet sich eine Reihe solcher lateinischer „Encomia praemiferorum" des Pollinger Seminars von 1738—1741. Ben. 545: Joannis Holonii (soc. Jes. circa 1622 monac.) gnomae solutae carminum legibus in Athlophoros. R.A.: Umgekert — wie die Bauern den Spieß tragen — scilicet ut longam retro fert rusticus hastam," d. h. im Gegentheil, im entgegengesetzten Sinne. Bucher's s. W. IV, 261. „Fremde Leut im Haus seind mir ain Spieß in'n Augen," d. h. mir höchst zuwider; Bucher's Kinderlehre 1781, p. 10. „Durch d' Spieß jagen, praepilatis hastis objicere;" Voc. v. 1618. „Die teutschen Knechte ließen den Mörder durch die Spieß lauffen;" Av. Chr. 213. „Dieses Recht, wie es die Kriegsknecht füeren mit den langen spießen," beschrieben bey Fronsperger 1555, f. 76—78. „Ich habe ihn mit keinem Spieß überloffen, (habe ihn nicht unglimpflich behandelt); Kr. Lhdl. XI, 143. „Sonst sind noch mer der kauderer im wechsel treiben sie gefer ich kann sie nit all nennen ja solch feinantz bringt gute schantz wann sie mit spiessen rennen;" der Fürkauf, fliegendes Blatt 1538—40, Kaltenbäck, österr. Zeitschr. 1837, 2. Decbr. 'Die (alt: der) Spieß hüten, auf einen Tänzer wartend dastehen.' „Von mayden ward ein groß zulauff; die stunden da, warten des mans, biß sie auff zug Fritz, Kuntz und Hans. Eins thails die hutten doch der spieß;" H. Sachs 1612: I, 1078. s. Th. II, Sp. 1191. spieß-ecket (spiəséckəd), adj., spitzwinklicht; figürlich: schlecht. „Mit dein'n Christenthum schauts währlä' *spießöckät* aus;" Lindermayr 149. Bey Stalder II, 383 ist der Spießeck ein stumpfer Winkel. Der Spießgesell, jetzt ganz zweideutig geworden. Weigand, Wbch. II, 756. — Noch 1641 nennt Oberst Frisch den Grafen v. Töring, neben welchem er Obristwachtmeister gewesen, mit aller Deferenz seinen alten bekannten Brueder und Spießgesellen. Wstr. Btr. IV, 175. BM. II, 400: spiezgenôz. „Spießjungen" (zu Pferd) auf einem alten Kupfer (im Cod. iconogr. 300, f. 111) mit den gedruckten Versen: „Ich wart der roß und dien zu tisch meim junkern thue ich aufblasen zu aller schalckheit bin ich frisch das mir oft blutt maul und nasen. Es schadt mir nichts ich pfeif jm dran zuweil mir wird das reiten sawr gut kost und kleid davon ich han doch hab ich's besser dan ein bawr." „Einem von adel so zwelf pfert unter seinem sattel hat, dem sollen dorunder ein spießbueb und ein schutzenbueb und desgleichen zwen schutzen gemustert werden;" Cgm. 3664, f. 66 (ad 1555). Cf. unten: Spitzbueb, bey Kilian spitsboeve, schwed. spetsbof, dän. spidsbube. Der Spießer, Spießträger; BM. II, II, 496. „Die schuczen vor und dar nach er auf einem esel mit seim sper und die spiesser all hin nach;" Ring 54ᵈ,32. „Ain peham und ain spiesser, der was ain schreiber, Jenka hieß er;" Mich. Beham 250,15. „Mich zimpt, der ain ain spiesser wer und der ander ain pauesner;" das. 315,12. „Dreihundert gueter gerüster pfertt, spießer in unsern dienst zu führen;" Cgm. 3664, f. 65 (ad 1555). Spießer und Schützen;" Chron. in Freyb. Samml. I, 85. „N. N. soll in seiner Jugend bey Georg dem Reichen Spießing gewesen seyn;" Lipowski, Urgesch. v. München II, 625. spießeln (spiəſſln), mit Worten sticheln. Vrgl. Spitz.

Der Spat, Geschwulst am Fußgelenk der Pferde, (BM. II, II, 480);' Lähmung. Grimm, Gedichte auf Friedrich den Staufer, S. 10. „Fur daz spat (am Pferde) nim ein messer und schnid daz spat auf cräuczweis und leg ein krut darauf crauzweize das haißt seuch (senck?) vnd swimmet ob dem wazzer;" Furstenf. 138, f. 219ᵇ. Spat, ungesundes Aussehen; (Jir.). 'Weigand, Wbch. II, 744. Vgl. unten: Spatz, d.'

Der Spat, ein blätterig brechendes Gestein; (BM. II, II, 480. Graff VI, 326: Alaun, alumen; gipsum; nitrum. Diefenbach 27ᵃ. 262ᵇ. 350ᵇ. Weigand, Wbch. II. 744).' „Nitrum, spat;" Cgm. 721, f. 39. „Nitrum haizt spat. der stain ist weizlot und durchsichtic nâhent sam ain glas, und dar umb macht man in für die venster an den häusern in etlichen landen, sam in Dürgen," (Thüringen); Konr. v. Megenberg f. 267, (Pfeiffer 453,6).

„Item ein Spat ze gießen, darein mag man Gold, silber oder pley gießen. Nim ain spat laß jn ein hafner in ein (unglasierten) hafen brennen reib in klain auf einem reibstain ... so nun der sand oder spat berait ist ...;" Wolfg. Sedelius, Cgm. 4117, f. 38. „Wann du (zum Gießen) ainen gueten sand machen wilt, so nimb ain saubern spat, zestoß den zu Mehl" ꝛc.; Cgm. 4119, f. 1. Grienspat, Progels Mscr. f. 102ᵇ. Cgm. 170, f. 2. 3 ꝛc. Cgm. 4543, f. 171. Cgm. 731, f. 128. spatig, adj., (mhd. spatec; BM. II, II, 489). „Spatig wasser, das rinnet uber spat;" Cgm. 724, f. 168.

Der Spaten, Grabscheit, Schaufel, in Alt-B. unvolksüblich; (gl. i. 668: spado, sarculum. Graff VI, 328. Diefenbach 512ᶜ. Weigand, Wbch. II, 744). Vrgl. *Spádi.*

Der Spätel, Spettel, Spittel, (Franken) Keil oder Zwickel von Leinwand, Tuch ꝛc. Vrgl. Speidel.

Der Spätter (Spádə' Spédə'), dreyfingerbreiter Span, in deren sieben jedes Salzfueder mit drey Reifen eingemacht wird; '(vgl. mhd. daz spat, Splitter, abgerissenes Stück; BM. II, II, 489).' „Umb Raiff und Späder." einspettern, „einspöttern" ein Salzfueder, es solchergestalt zurichten. Lori, B.R. 149. 393. 506. 643. Bey Chr. Schmid, S. 498 kommt das ein- 581
fache Spatt, masc., für Splitter, Span vor. 'Vgl. d. vor. Wort.'

Die Spattel, (Jachna) Schachtel; sieh Spadel.

spât (spâd, o.pf. spâud) und spæt (spád, o.pf. spèid), Compar. spédə', spédəst, wie hchd. spät; (mhd. spæte, adj., spâte, adv.; ahd. spâti, adj., spâto, adv., wornach — wie fest und fast Th. I, Sp. 772, hert und hart Th. II, Sp. 1167, schœn und schôn, Th. III, Sp. 426 — auch spæt als adj. von spât adv. zu unterscheiden, was indessen auch im Dialekt nicht immer geschieht. Graff VI, 327. BM. II, II, 489. Weigand, Wbch. II, 743). Wiə *spád* is 's? welche Zeit, wie viel Uhr ist es? Auf *Spàd*, (b. W. Vilshofen) Abends, auf den Abend, wie ital. alla sera. ə˜ *spàdé* Làg, wo es spät Sommer, oder überhaupt sonnig wird. Es spatet, vesperascit; Voc. v. 1618. Sich spæten (spá'n), säumen, zögern. Dà derf mə˜ si' nét *spá'n.* vo'spá'n, vo'spáttn, verspäten.

Das Spéttl, (Pinzg.), das Lamm; (mhd. daz spetel; BM. II, II, 494. Grimm, Gesch. d. d. Spr. 35; Weisthümer I, 5. III, 731). Die „Spetl," MB. II, 433. 434, ad 1440, erklärt Westenrieder, gloss., col. 547, für junge Ziegen. Vrgl. Sputtel.

Das, auch der Spitâl (Spidàl), auch Spittel, das Hospital; (Graff VI, 329. BM. II, II, 512. Weigand, Wbch. I, 518. Birlinger 408). R. A. Krank ligen in dem Spital, an diesem Uebel, Fehler ꝛc. leiden. „Alln guten gseln ... so krank ligen in dem Spital;" H. Sachs 1560: III, III, 34. „Gleich in dem spital lig ich krank," das eben fehlt mir, liegt mir an; H. Sachs 1612; IV, III, 17. „Der Spittlknecht, Spittlmaister;" Voc. v. 1618. Der Spitâler, ehemals auch Spittler, Bewohner eines Spitals. „Der spital ze Hierusalem; Regel für denselben, Clm. 4620, f. 73 ff. „So die römischen pilgram erst kömen für die heiligen stat Iherusalem, so werden sy da gezellet und beschriben von den haiden und geweiset in ain spital, da sy die nacht ruen ...;" Beschreibung des heil. Landes von Joh. Kettner v. Geisenfeld vom Jahr 1469, Cgm. 845, fol. 18. Hier noch die ursprüngl. Bedeutung Herberge, domus hospitalis. Cf. τὸ σπίτι, span. hostal, frnz. hôtel; niederd. gasthuis, gasthûs = Hospital; brem.-niedersſ. Wbch. II, 490.

Der Spott (Spód), das Gespott (Gspód, Nürnb. Gspud), wie hchd. Spott; (mhd., ahd. der und daz spot — und, was sonderbar ist, auch isl. spott, neutr., welchem eher das rheinische Sputze, ja selbst unser

Spaß entsprechen würde, neben einem wol nicht unverwandten spotti, masc., frustulum rei alicujus. Kleinigkeit. Graff VI, 327. BM. II, II, 518. Weigand, Wbch. II, 765 f. `Vgl. niederd. der *Spît*, Spott, Hohn; Verdruß, Kränkung; *spîtsk*, adj., spöttisch; brem.-niederſ. Wbch. IV, 954 f. Schambach 205. Zeitschr. III, 281,73. V, 295.´ Firmenich I, 180,9, Braunschweig: „to Schure un *Spite*,“ zum Ärger und Trotz; das. 181,6: in *Spite*, im Spott. cf. engl. to spite, in spite). R.A.: Dèr schlagt kaə˜n *Spód* aufs Essn und Trinkə˜, er läßt sichs schmecken. `spott-, verstärkend: spottschlecht ꝛc. Zeitschr. III, 45,27. 325. V, 26. 197. VI, 266,41.´ Der Spottfeler. „Finanzer, Alefanzer und Trügner, Schmeichler, Spotfeler und Lügner;“ H. Sachs. (Vrgl. das altſ. felgian, anthun: `felgian firin-spraca, firinuuord, imponere alicui convitia; Heliand 151,19.; glossar. p. 34´). Spothilt, als Eigenname. Vgl. Th. II, Sp. 1102. „O welt, dein nam heißt spothilt;“ Cgm. 713, f. 24. 157. spotten, wie hchd., (ahd. spottên und spottôn. Graff VI, 328. BM. II, II, 520). „Ein Loch in Einen spotten, proterve illudere alicui;“ Voc. v. 1618. Der Spötter, Spottvogel, Dim. Spötterlein (Spéttə'l), a) wie hchd., (BM. II, II, 520); b) Vogel, der die Stimme anderer nachäfft, namentlich eine Art Elster, lanius excubitor L. 's *Spötterl*; Pangkofer 232. spöttlich (spédlə'), schlecht, werthlos, verächtlich; BM. II, II, 519. 520. Weigand, Wbch. II, 766; verachtend, undienstfertig. Sá na˜ nét går so *spédlə'*, und hilf mər aus də' Noud. „Der wint im spotlich ünde slecht under ougen;“ Labr. 437. „O wê spotlîchez schimpfen!“ das. 459. „Spöttlich“, (Jirasek; Zillerthal) der Augentrost, Euphrasia officina-
582 lis L. Nemnich I, 1548. (Etwa weil diese Pflanze erst spät im Herbste blüht, eigentlich zu spæt gehörig?). spötteln Einen, a) ihn zum Besten haben, mit Stichel- oder Spottreden quälen; b) ihm zum Spott gereichen, ihn verunstalten. Də' Buckl schad·t 'ən Ros nicks, àbə' spéttln tuət ə' s. Der Spöttele, mhd., Spötter; BM. II, II, 521: „Vil hunde ist gemeine, die lûten unde rötlen (Variante: nu in manigen rotten). An iglîchem beine wünsch ich in lam, die man dâ nennet spötlen: (Variante: spotten). Den widerspot er selber an sich nennet;“ Labr. 306.

Die Sputtel, (Ob.-Iller) Mädchen; nemlich ein besonders geschäftiges und rühriges Mädchen `(s. d. folg. Wort)´; allgem. Ztg. v. 29. Juni 1843, Beilage: „Aus dem Bregenzer Wald,“ S. 1398. Vgl. ital. putta, puttella, und oben, Sp. 656: Spuchtel. Diez, Wbch. 275 f. (Vielleicht eigentlich: junge Ziege; vrgl. Spettl).

`sputen sich, eilen, (niederd.). Weigand, Wbch. II, 777. BM. II, II, 554 f. Vilmar, kurheſſ. Idiot. 394: spüetig, eifrig, eilig.´ spuetig, fransputig ꝛc., sieh spu-en, Sp. 653.

---

speiwen, speyen, sieh speiben, Sp. 653.

Der Spatz (Spàz, Dim. Spázl), a) wie hchd.; (vielleicht nach Gramm. §. 632 aus einer, der Ableitung Sperk aus dem alten Sparw, Spar entsprechenden, frühern Form Sparz entstellt; doch findet sich schon Cgm. 5, fol. 164: Spetzelin. BM. II, II, 483. Weigand, Wbch. II, 744). „Passer heißt ein spacz.“ „Die nachtgall unkeüschet etwan mit dem spaczen und laßt sich trucken von dem spaczen; Konr. v. Megenberg (1349), f. 127. 128^{b}, (vgl. Pfeiffer 220,3 und 221,14. 15: sperk, mit der spirken, von der spirken). „Gurteltauben und spaczen ... ein spacze; Br. Berchtolt, Cgm. 1119, f. 57^{b}. 58^{a}. „Passer, spatz;“ Ind. 418. (XV. sec.), f. 145. Diefenbach 415^{a}; nov. glossar. 282. In Mitte des vorigen Jahrhunderts waren die guten Thierchen öfters ein Gegenstand der Regierungssorgen. Es wurde jeder Haushaltung die jährliche Einlieferung von einer Anzahl Spatzenköpfe — wie das Volk sagt, eine Spatzensteuer — auferlegt. Nach einem wirzb. Landgebot v. 1746 mußten von jeder Haushaltung jährlich wenigstens 6 Spatzenköpfe an das Amt eingeliefert werden, welche Zahl jedoch a°. 1748 aus landesfürstväterlicher Milde gnädigst auf 3 Köpfe herabgesetzt wurde. Ähnliche Spatzenvertilgungsgebote ergiengen auch im Ansbachischen 1728, 1744, 1762. Der „Spaczner,“ der (in Gem. Reg. Chr. III, 125, a°. 1442) der Herzogin von einem Boten der Stadt Regensburg nachgetragen wird, ist wol in Bildung und Bedeutung was Sperb-er; (sieh Spar, Sp. 680). b) (U.L., b. W.) junges Huhn, Hühnchen, Hähnchen. *Spázl*-Aər, Eyer von Hünern, die erst anfangen zu legen. c) (Küchen-Sp.) Klümpchen von Mehl nebst verschiednen Ingredienzien, von den größern, den Knédeln, unterschieden, auch meist fester und minder verdaulich. Feuer-, Leber- ꝛc. *Spàzn* oder *Spáz'ln*. R.A.: ə˜ *Spázlſuppm* machə˜, *Spázln*, *Spàz·n* werffə˜, ein flaches Steinchen so auf eine Wasserfläche werfen, daß es darauf forthüpft, ricocheter, ἐποστρακίζειν; (vrgl. Schmid, schwäb. Wrtbch. p. 50). derspatzen (də'ſpaz·n), fest und speckig werden. Brod, Nudeln und drgl. derspazen, wenn sie, statt sich zu erheben und aufzugehen, zusammensinken. Man sagt auch von Thieren und Menschen, daß sie derspatzen, wenn sie im Wachsthum zurückbleiben. ə˜ *də'ſpaztə'* Mensch. Dé Fá'ln wachſnt nimmə', ſán' scho˜ ſaubə' *də'ſpatzt*. d) die Kniesucht, der Spath, eine Krankheit der Pferde. s. Spat. spätzig (spázi'), mit diesem Übel behaftet; (Nürnb.) kränklich überhaupt.

`spazieren, wie hchd.; (v. lat. spatiari; BM. II, II, 489 f. Diez, Wbch. 327. Weigand, Wbch. II, 744 f.)´ „Fürtretten oder spaciren“ (als Sünde); Cgm. 866, f. 34^{b}.

Der Spauzteufel, (rheinpfälz.) was Speiteufel, s. Th. I, Sp. 590 und oben, Sp. 654.

Der Spezi, (im vertraulichen Ton) Special-Freund, Busenfreund, Dutzbruder. Dés is mei˜ *Spêzi*, *Leibſpêzi*. Dés ſán' *Spêzi* zsam.

„Der Spezier oder Apotheker, el speziaro; die Speziarin, la speziera; die Spezarey, la spezaria;“ Voc. venet.-todesco, Ms. v. 1424. BM. II, II, 490: diu specie, der specier. „Speciarius, specier;“ Voc. optim. p. 79. Diefenbach 545^{b}; nov. glossar. 344. Weigand, Wbch. II, 752. „Die Spitzerey, Spezerey;“ Cgm. 696, f. 152. Der Spetzger, Specereyhändler; 583
Tyr. L.O. v. 1603, f. 79.

speuzen, speyen, spucken; (vgl. hchd. spützen, mhd. spiutzen, BM. II, II, 514. Weigand, Wbch. II, 752. 778. Birlinger 407. Vilmar, kurheſſ. Idiot. 394. s. auch oben, Sp. 685: sperzen ꝛc. Firmenich I, 284,104: *spüätern*. Zeitschr. IV, 31. V, 527,604. VI, 19: die *Spauz*, Speichel). „Der Jüngling biß im die Zung ab, und speuzt sie also lang blutig der Metzen under das Maul;“ Avent. Chron. 227. Cf. dieses Wort bei Stalder II, 382.

Der Spitz (Spiz, plur. Spitz·), a) wie hchd. die Spitze; (ahd., mhd. der spiz. Graff VI, 366. BM. II, II, 514 f. Weigand, Wbch. II, 761). Der Spitz an der Hauben und drgl., hchd. Spitzen. Birlinger 408. R.A.: Den Spitz bieten, adstringere necessitate; Voc. v. 1618. Einem Spitz und Knopf zugleich bieten, ihn möglichst drängen. Sigl, Münchner Geiseln p. 62. Der Zugspitz, der höchste der bayrischen Schneeberge im Gesichtskreis von München (10,125 Fuß). b) was Spitz (veru), w. m. s. Der Brätspitz, der Küechelspitz (Th. II, Sp. 1222). anspitzen was anspißen. Das Spitzvögelein (Spizvégə-l), gerolltes, mit Speck gespicktes, am Spieß gebratenes Kalbfleisch. „El trispide, der drispicz;“ Voc. venet.-todesco v. 1424, f. 12.

BM. II, II, 515. c) der Spitz, das Spitzl, (München) Weinbouteille, welche die Hälfte von einer Dreyquartbouteille, d. i. drey Achtel von einer Maß, hält. d) Eingang, Vorspiel der Betrunkenheit; glimpflicher Ausdruck für die letztere selbst. Zeitschr. V, 73,112. e) Art Brodes (von der Form); das Spitzwecklein. Birlinger 408. Kinder, die in die Selen-wegken gên, sagen den Spruch:

Sei 'S Kristəs (gelobt sei J. Chr.)! um ə˜ *Spitzl*.
Mâ˜ Vàdər is ə˜ Kitzl,
mâ˜ Moudər is ə˜ Hàbə'sàk;
gè'ts mə', wàs I tràgng màg,
gè'ts mə' fei˜ nét z'vil und z'weng,
dafs I mei˜ Sáckál nét zſpreng...
(ObrM., Cham).

f) die keilförmige Spitze des Heeres, Vorhut, Schlachtordnung. BM. II, II, 514,2. „Frons exercitus, die spitz einer schlachtordnung;" Nomencl. v. 1629, p. 142. Spitz für acies in den Waldsassener Reimen. s. oben: der Spiß. g) der Spitz, der Spitzel, eigne Race von Hunden mit langem Kopf und kurzem Haar. Der Spitzel, (verächtlich) Zuträger, heimlicher Denunciant. Vgl. Vilmar, kurhess. Idiot. 393: Spitzhut, ä. Sp., Zuträger, Ohrenbläser. Die Policey-Spitzel, die in Wien, leider auch in München unter Wallerstein und Abel allenthalben vermuthet; franz. mouchard. Die Spitz, (b. W.) Werkzeug zum Graben, Spitzhaue. Der Spitzbueb (Spitzbuə'), wie hchd. Weigand, Wbch. II, 761. Niederd. *Spitzbobe*, *Spitzbauwe*, *Spitsbiuwe*, *Spetzbôv*, Firmenich I, 68,69[b]. 304,6. 323,6. 367,58. 481,123. 501,36; dän. spidsbub, schwed. spetsbof (dabey spetsgård, Wache um einen Delinquenten), holl. spitsboef. Die ursprüngliche Bedeutung dunkel. Frisch gibt es durch Beutelschneider, das Voc. v. 1618 blos durch improbus, nequam. Spitzbuben, die im Spiel betrügen; H. Sachs 1560: IV, III, 43. 80 (1612: IV, III, 94. 174). „Clas Würfel, der Spitzbub," geht ein; das. 1560: V, 351 (1612: V, III, 26). „Ich wil hinab in ein dafern, die nennet man zum finstern stern da man allmal Spitzbuben findt," sagt Clas Schellendaus, der Spieler; das. 1560: V, 358. R.A.: Láffə˜, laugnə wiə ə˜ *Spitzbuə'*. In nicht besserem Sinn kommen früher auch Spitzbrüeder vor. s. oben: Spißbueb, Spißjunge. 'Die Spitzbirn, wol nur ein Seitenstück zum Spitzbueb.' Schaugts mə' no˜ dés *Spitzdeənl* â˜, wie 's so gscheid ré'n kà˜. Gê heə', làs dər ə˜ Bussál gébm; (Passau; ObrM.). Vrgl. noch die folgenden: Der Spitzknecht, thraso, miles gloriosus, qui Martem in linguâ gerit; Voc. v. 1618. s. Th. II, Sp. 1347 und Spißknecht. Der Spitzreiter (salzb. Lungau, Hübn. 538. 541), Vortreter mit Seitengewehr bey hochzeitlichem Kirchgang. Der Spitzwürfel, der Knecht oder Gehülfe des Henkers oder Scharfrichters, auch Schinders. 'Der Spitzfund, listiger Einfall, Rank, (Adelung); davon hchd. spitzfündig. Weigand, Wbch. II, 761.' „Mit gritz, neid, haß, fraß und spitzfünden;" H. Sachs 1560: II, II, 73. „Mit scharpfen spitzfünden ihm nach grunden;" das. IV, I, 252. Der Spitz-Ermel (Spiziərwəl) an Hemden, dem weiten Ärmel entgegengesetzt. Das Spitzgras, Triticum repens; Nardus stricta L. Nemnich II, 1491. Die Spitzhauben der Weibsleute um Mosburg. Die Spitzkürben, sieh II. Th., Sp. 1287. Der Spitzmader, s. Th. II, Sp. 1568. Die Spitzmaus (mhd. spitzemûs, ahd. spizimûs, spizmûs, aber auch spizzo, spizza und spiz ganz allein. Graff VI, 367. BM. II, 277. Weigand, Wbch. II, 762). 'Der Spitzname, Übername, Stichelname, Spottname. Vgl. unter Spott: niederd. Spît, spîtsk; Spîtsname. Schambach 205. Zeitschr. III, 482 ff. IV, 158 f. VI, 484.' Spitzvögelein, sie oben Spitz, b. Spitzweg. „Der heidnischen Maister List, Spitzweg und Theiderey;" Avent. Chr. 259. Der Spitzwegken, Brod von spitzer Form; s. oben: Spitz. spitzig, gespitzig (gspitzi'), wie spitzig, spitz, (eigentlich und figürlich). *Gspitzigé* Rédn, beißende Reden. spitzig aussehen, d. h. mager, abgezehrt. Ein spitziger (delicater, schwieriger) Handel. spitzen, a) wie hchd.; b) stechen mit etwas Spitzigem. cf. spißen. spitzen auf Etwas, darauf absehen, lauern. Sich spitzen auf Etwas, es mit Hoffnung und Sehnsucht erwarten. Zeitschr. III, 281,73. 538,36. Sich anspitzen, (Nürnb.) sich entfärben, als wollte man ohnmächtig werden; '(auch: sich zuespitzen).' „Bis sie sich thet entferben, sich anspitzet, sam wolt sie sterben;" H. Sachs. 1612: IV, III, 35. Der Anspitzer, Arbeiter beim Risenbau; (Jir.) gespitzt (gspitzt, gspitzəd), a) spitzig (ahd. Sp. gispizzit). *Gspitzté* Schuəh. ə˜ *gspitzts* Mäulə-l machə˜. b) mit Spitzen (dentelles) verziert. „Gespitzete Däzlein," Hemdmanschet- 684 ten. Bodman 1709. spitzeln, a) Ostereyer mit den Spitzen aneinander stoßen; sieh specken. b) beißende Reden führen, sticheln. („Sy spitzent all ab dir;" Rosengarten 205.) c) wenig essen, von allem nur kosten.

Abtheilung Spla ꝛc.

(enthält nur ein paar Wörter und mag ohne Nummer mitlaufen).

spleißen, cond. spleißet, spliß, Partic. gesplißen, spalten, sich spalten, abtrennen; (mhd. splîzen: ich splîze, Praet. ich spleiz, wir splizzen, Partic. gesplizzen, BM. II, II, 516. Graff VI, 368. Weigand, Wbch. II, 762; ndrd., holländ. spliten). Die Spleißen, der Lichtspan; (BM. II, II, 516: diu splîze). Zeitschr. VI, 484: die *Splette*, *Splête*, ein durch Spalten entstandenes größeres oder kleineres Holzstück. Vrgl. Schleißen.

Der Splitter, splittern, wie hchd. Vrgl. spilden.

Drey und vierzigste oder Spra= ꝛc. Abtheilung.

'ſpræen, niederd., wie hchd. ſprühen, ſpritzen; (mhd. ſpræjen, ſpræwen, BM. II, II, 521). ə˜ Spræ, m., Diminut. ə˜ Spræle˜, (Koburg) ein leichter Sprühregen, Regenſchauer. Schambach 206: der *Sprei.*' Die Sprähe, Sprehe, sturnus vulgaris; Landau, Geſch. d. Jagd, p. 322; (ahd. ſprâ, Graff VI, 368. Diefenbach 558^b. 602^b; nov. glossar. 352. 375. cf. holl. ſpreeuw): wol wegen des weiß geſprenkelten Gefieders. 'Weigand, Wbch. II, 767. Nemnich II, 1392. Vilmar, kurheſſ. Idiot. 394: die *Sprin*, *Sprên*, *Sprê*, *Sprêhe.* Zeitſchr. III, 32: *Sprin*; IV, 32: *Spräie.* Brem. niederſ. Wbch. IV, 973. Dähnert 454: *Spreen.* Schambach 206: *Sprëe*, *Spreie*, *Sprëje*, *Sprëne.* Vgl. ſpröweln u. d. folg. Wort.'

Das Geſpreu, Geſprie, oder plur. die Spreuer (Spráiə', Spraudə', Spraîdə'), Spreuel (Sprál), die Hülſen, die von der Gerſte beym Stampfen oder von dem Feſen (Spelt) beym Gerben in der Mühle abfallen, (ahd., mhd. das ſpriu, plur. diu ſpriu und ſpriuuer; Graff VI, 368. BM. II, II, 551. Weigand, Wbch. II, 770), hchd. die Spreu, (wol nach Gramm. §. 832 aus dem urſprünglichen Plur. neutr. zum Femin. sing. geworden; vrgl. die Ver, I. Th. Sp. 263). „Wann die Spreier abgemahlen, ſoll der Müllner ain Viertl Khorn nehmen;" Cgm. 3253, f. 16. „Miricae fuelbôm; siliquis po. ſp˜ehelon; encenia ...;" Ebersb. 228, f. 48^b. Diefenbach 534^a. Zeitſchr. VI, 484: *Sprugge*, niederd., Spreu und Fiſchgräte. Man braucht ſtatt Spreu verſchiedene andere Ausdrücke, z. B. G'äß, Fläen, Græten ꝛc. Sieh Geſprauder.

ſpræ, ſpræer, fehlerhaft-trocken, rauh; dürr, hager, ſpärlich; (vrgl. die unter faſt gleicher Bedeutung vorkommenden Formen: „ſprech" bey Chr. Schmid p. 503, ſprok im brem.-ndrſ. Wrtb. IV, 975, und hier ſpröde, ſpröweln und ſpör): ə˜ *ſprêre'* Tabak, ə˜ *ſprê's* Broud, ə˜ *ſprês* Maul. „Iſt gar ein ſprer lant;" Marco Polo, Cgm. 696, f. 278. ſpræ-en (ſprê'n, ſprêrn), trocken machen, durch das Gefühl der Trockenheit afficieren. Də' Tabak *ſprêt* mi'.

ſprebeln, ſieh ſpröweln.

Die Sprach (Sprahh, Sprâhh, o.pf. Sprâuch), a) wie hchd. Sprache; (mhd. ſprâche, ahd. ſprâhha, ſprâcha; Graff VI, 382. BM. II, II, 535. Weigand, Wbch. II, 760). Dés is jà á' mei˜ *Sprâch*, mein Reden; (ObrM.). b) Geſpräch, Beſprechung, Zuſammenkunft, Verhandlung, Parlament. „Sprâch halten mit Einem, colloqui;" Voc. v. 1618. „Conradus Rex duxit colloquium vulgariter dictum Sprach cum principibus apud Herbipolim;" Cgm. 227, fol. 191^b. Clm. 903, f. 80. c) Rede und Gegenrede vor Gericht. „So mues man offt an dy ſprach geen und vill taiding und tag haben;" San. Zenon. 115, f. 210. „Si waren ze Frankrich ze der ſprache al geliche;" die Biſchöfe alle waren gegangen „ad regale in Francia colloquium;" St. Ulrichs Leben, Cgm. 94, f. 23. 72. Im Münchner Stadtbuch (Cgm. 27) v. 1396, Artikel 56 iſt feſtgeſetzt: „Wen ainer 586
den andern anſpricht umb ain pfunt pfenning oder minner, daz ir yetweder nur ain ſprach haben ſoll, iſt aber mer, ſo ſol yetweder tail zwo ſprach haben, iſt es aber umb erb und aigen, ſol yetweder tail drey ſprach haben." „Vor dem gericht ſol nieman weiſen und leren, doch an der ſprach mag iederman weiſen und leren;" L.R., Heumann's opusc. 76. „Swelch lantman wol ſîn ſprâch vernimt (?), den ſol man nicht unwîſe nennen;" Labr. 407. In dieſem Sinn von Rede, Spruch: Die Anſprâch, Ausſprâch, Einſprâch, Fürſprâch, Zueſprâch; ehmals auch auarſpracha, deuteronomium; biſprahha, obtrectatio, offensio; foraſprahha, prologus; uuidarſprahha, contradictio, ꝛc. Graff VI, 383 ff. Das Sprâchhûs (Sprachhaus) galt in der ahd. Sp., wo ſich z. B. der ſprahman für orator, rhetor, vir togatus (Graff II, 746 ff.) geſetzt findet, für consistorium, secretarium, — wurde aber ſpäter ein hypokoriſtiſcher Ausdruck für das, was auch wir Secret, Privet, heimliches Gemach nennen. Graff IV, 1057. BM. I, 739. „So ſi ze ſprachhuſe (auf den Abtritt) gent;" Furstenf. 121, f. 172. „Daß er in ein Sprachhuß fiel oder in ein Prophey wie mans denn nennt;" Joh. Pauli 75 (247^b). „Der hurenſun, der henker ſol alliu ſprachhuſer furben," (Abtritte räumen); Augsb. Stdtb. (In der Peſtzeit) „iſt guet all tag zu gen uber ein ſprachheyſl, uber ein miſt vnd bald darnach wider in die chamer das man ſich des poſen lufts auch wen;" Ind. 355, f. 229^b. „Ir mund iſt gut zu küſſen er ſmecket als ein piſem in dem ſprachhaus;" Mich. Beham, Cgm. 291, f. 170. Noch das Voc. v. 1618 gibt latrina durch Sprachhaus. Cf. H. Sachs 1612: III, III, 29. ſprachen Einen, ihn anſprechen, zur Rede ſtellen, (namentlich einen Geiſt; Birlinger 408). Vilmar, kurheſſ. Idiot. 393. Zeitſchr. III, 298. IV, 15. V, 403,2;.' Er hat den Gaiſt, die Weiz geſpracht, (verſteht ſich mit den Formalien: Alle gueten Gaiſter loben Gott den Herrn, was iſt dein Begeren? Andere Formalien ſieh im Cgm. 1145, z. B. f. 23 u. a.). In der mhd. Sp. kommt ſprâchen, in der ahd. Sp. ſprâchôn auch ſonſt ſtatt ſprechen vor. Graff VI, 390. BM. II, II, 538. „Ein vrouwe, ſwenn ſi izzet, ſô ſol ſi ſprâchen niht, daz wizzet;" w. Gaſt 470. „Der engel, der ê mit ir ſprachte;" Wernh. Maria 105. „Die garzûne hânt mit Iſôt geſprâchet herte vil;" Ulrichs Triſtan 2441. „Waz mahte Joseph dawidere ſprachen," (im Reim auf „daz lachen," Tuch); Diut. III, 95. âſprâchen, mhd. Sp., thöricht reden; Grimm, Sendſchr. an Lachm. p. 54. BM. II, II, 538. beſprachen, beſprächen (bſpráchə˜) einen Beklagten oder Verdächtigen einer Sache halber, ihn examinieren. Grimm, Wbch. I, 1639 f. Vilmar, kurheſſ. Idiot. 393. Mit der Marter beſprachen, (ä. Sp.) unter der Folter inquirieren. Die Beſprachung, gerichtliche Examinirung, Inquiſition. Daß ich die mir „zugemuethe Beſprachung .... nicht andten, äfern noch rächen werde;" Juram. de non offendendo. anſprache, anſprach, adj., (ä. Sp.) einem rechtlichen Einſpruch unterworfen, anſprüchig. BM. II, II, 537. „Wurden die (gekauften) Lewt von yeman anſprach;" Ludw. Rechtb., Tit. 16. Heumann, opusc. p. 111. „Das die Hueb Chunraten dem Chronperger anſprach wurd von Ortolfen;" MB. X, 528, ad 1393, cf. p. 135;

VI, p. 568; XV, 482. „Ob das vorgenant gut von yemand ansprǣch wurdt mit dem rechten;" Meichelb. Chr. B. II, 73, ad 1358. unansprach, adj., unangefochten. BM. II, II, 537. Ein Gut für „ain freys lediges unverkummerts unansprachs rechts aigen verkaufen;" MB. IX, 294 und p. 265, ad 1466. „Ein gut aller ding unansprach machen," aller Ansprüche erledigen; MB. VI, 615. „Ledigiu unansprǣchiu und unverkummertiu Gut;" MB. XXIII, 244, ad 1382. (Die älteste Form dieses Adj. war wol anasprâhhi, wie es auch adj. gasprâhhi affabilis, filusprâhhi procax, guotsprâchi bene loquens ꝛc. gab. Graff VI, 386 f.). Das Gespräch (Gsprâhh), a) wie hchd.; BM. II, II, 537. Wàs habts denn widə' für ə˜ *Gsprâch*, (Geschwätze); ObrM. b) (ä. Sp.) Sprache,
586 Fähigkeit zu sprechen. „Stirbet der gast .. und geit im got gesprǣch, er schafft sein gut wol swo er hin wil;" Rechtb. in Wstr. Btr. VII, 148. (gisprahhi, ahd. Sp., loquela, eloquentia, affamen. Graff VI, 384 ff.). Das Angesprǣch, wie die Ansprâch. Kaə˜ *A˜gsprâhh* hàbm, niemand haben, mit dem man reden könnte. Das Zwigespräch. gesprech, adj. BM. II, II, 537. „N. was ain ainfeltig man und was übel gesprech;" Lirer 57. „gesprächlich, affabilis, lepidus;" Voc. v. 1618. redsprech (rédsprâch, Ilm), adj., gesprächig; s. oben, Sp. 55. Das Gespräch̆t (Gspràcht), (verächtlich) das Sprechen, Großsprechen, Geplauder. sprächten (sprâchtn), (verächtlich) sprechen, viel sprechen, großsprechen. Bàl' dèr i˜'s *Sprâcht·n* kümt, kàn ə' nimmər aufhörn. Gê, à'gschmàhhə' *Sprâchtə'*! s. oben, Sp. 656: spächten.

sprechen (sprèchə˜, Cond. sprèchət und sprâhh, Partic. gesprochen), wie hchd.; (ahd. sprehhan, Praet. sing. sprah, plur. sprâhhun, Partic. gisprohhan; mhd. sprechen: ich spriche, sprach, sprâchen, gesprochen. Graff VI, 369. BM. II. II, 521. Weigand, Wbch. II, 767). Jedoch hat die einfache Form im Munde des Volks fast durchgängig den Nebenbegriff des Großsprechens, affectierten Sprechens, indem für das gewöhnliche das Verb reden vorgezogen wird. Cf. im guten Sinn: VII Com. prechten; ital. parlar, frnz. parler; span. hablar, port. fallar; russ. govorisch; — dagegen in misbilligendem Sinn: bair. bràcht·n; portug. palrar; lat. fabulari, frnz. habler; böhm. howořiti. Vgl. Zeitschr. II, 462 ff. III, 297 ff. *Sprèchə˜* wie ə˜ Bruchschneidə', recht bramarbasieren. sprechen (niederd.), hochdeutsch, vornehm reden. „De Skomaker *spricket*;" Firmenich I, 314,56. 'sprechen von Instrumenten: tönen; BM. II, II, 525ᵇ, II, 1.' „Wenn der luft fäuht ist, sô sprechent die orgeln und die saitenspil nicht sô süezleich" ... „dar umb spricht ain rauheu videl niht so wol sam ain wol palierteu fidel;" Konr. v. Megenberg f. 10 (Pfeiffer 16,1.8). sprach sich statt sprach kommt, wie in der mhd. Sp., noch in den Ingolstädter Reimen v. 1562, im kathol. Gesangb. v. 1660 ꝛc. vor. Man spricht oder es ist ein gesprochen Wort (Sprichwort), (z. B. daß niemand seinen Feind verachten soll); Buch der Weisheit v. 1485, fol. 46ᵇ. Einem sprechen, ä. Sp., ihm einen Namen geben. „Der walt dem man sprichet daz banholz" (1275); Grimm, Reinh. p. 112,1521. BM. II, II, 524ᵃ, d. „Man spricht mir N. N.," (ä. Sp.) man nennt mich N. N. Gottsprich, gottwolsprich, gottmersprich, als gottensprich, als gottersprâch, das will sagen, gleichsam, nemlich; sieh II. Th., Sp. 1225.

sprechen Einem an ein Ding, (ä. Sp.) dasselbe in (gerichtliche) Frage ziehen. BM. II, II, 523ᵇ,5, b. Einem an den Aid, an seine Er, an seine Treu ꝛc. sprechen, behaupten, daß er falsch geschworen, seine Ehre, Treu und Glauben verletzt habe. Heumann, opusc. 59. Wstr. Btr. VI, 118. VII, 156. ansprechen Einen um ein Ding, (ä. Sp.), ihn deshalb gerichtlich belangen. BM. II, II, 526. Grimm, Wbch. I, 468,2. Wstr. Btr. VII, 114. ansprechen ein Ding mit dem Rechten, den Besitz desselben von Rechts wegen für sich streitig machen. MB. VI, 615. Die Ansprach, (ä. Sp.) gerichtliche Einsprache, Klage, Anspruch. BM. II, II, 636. „On all rechtleich ansprach;" MB. X, 264. „Benedictiones falsae quod dicitur ansprechen;" Ald. 184, f. 75. „Ansprecher, incantatores;" Ald. 228, f. 338ᵇ. „Mit allen zaubrern und zaubrerinne, mit allen worsagern und worsagerinne;" Monac. Francisc. 274, f. 11. sprechen für Einen vor dem Rechten, (ä. Sp.) ihn vor Gericht vertreten, für ihn advocieren. BM. II, II, 527ᵃ,7. Der Fürsprech, Vorsprech, Vorsprecher, (ä. Sp.) Advocat, Anwalt; Voc. v. 1618. L.R. v. 1616. BM. II, II, 534. „Gwinnet iu einen voresprechen;" Clm. 4636, f. 50. „Warum chein frouwe furspreche sol sîn;" Schwabenspiegel, Laßb. §. 245. „Des rechten ist Vorsprech gewesen Hans, Vorsprech zu Khamb und Mathes Wek Vorsprech zu Viechtach;" MB. XII, 219, ad 1416. „Es sol ein iglichär klager, wenn er für gericht kümt und ainen ansprechen wil, von erst ainen Vorsprechen nemen vnd vodern an den richter, welchen er wil oder wes er begert oder welcher an dem ringe oder an der schrannen stet oder sitzt oder dahinder, also daz man in errueffen mag;" L.Rcht. Ms. v. 1453. cf. Kr. Lhdl. XVI, 379. „Es söllen bey ainem yeden Ge- 587
richt zum wenigsten zwen geschworne Vorsprechen verordnet sein, auch ain yede parthey macht haben ir notturft selbs oder durch ainen Vorsprechen ir recht fürzebringen;" Gerichts-Ord. v. 1518: Tit. 6, Art. 1; v. 1616: Tit. 6, Art. 10. Sich verfürsprechen, einen Anwalt bestellen, nehmen; MB. XXIV, 281. 732. Verfürsprecht vor Gericht erscheinen, verfürsprecht reden, d. h. mittels eines Advocaten MB. XXIII, 669, ad 1499. (Ahd. furisprehho, orator, wie bisprehho, detractor, êono sprehho, legum lator, zuisprehho, bifarius, ꝛc. Graff VI, 389 f.). Sieh versprechen, d. haimsprechen Einem etwas, es ihm als eigen zusprechen. Av. Chr. 210. sprechen in eine Sache Einem, ihm Einspruch thun, einsprechen. L.R. v. 1616, f. 308. BM. II, II, 522ᵇ,1, a. sprechen nach der Ehe Einer, sie zur Ehe haben wollen (?). Amberg. Akten v. 1382. BM. II, II, 523ᵃ. versprechen, a) wie hchd.; b) sich versprechen, sich verloben, ein Gelübde thun. BM. II, II, 531,3.4. „Sich zu einem Heiligen mit einer Mess, Wallfart ꝛc. versprechen." c) versprechen etwas, (ä. Sp.) dagegen sprechen, es mißbilligen, verwerfen; BM. II, II, 531ᵇ,7. Bei gerichtlicher Stätigung eines Kaufes soll „der fronbot dreystunt rueffen, ob es ieman versprechen welle." „Will sich ain frey ze aigen geben, daz versprech sein mâg wol;" Münch. Stdt.R., Ms. v. 1453. „Ir hattent doch versprochen forsche und frage;" Konr. v. Wirzb. (Altd. W. III, 91). Sô will ich minnen, den ich versprochen (verredet, verworfen) hân;" Gudrun 5142 (1285,2). „Daz si den herzogen versprach;" Gregor v. d. St. 1728. „Daz si ze stæte die man versprochen hæte;" das. 1730. „Hast posew dinch gehört von ettewem und hast in nicht versprochen; ZZ. 604, f. 43; '(oder zur folg. Bedeutung d gehörig?).' „Nu versprich (verrede) ez nicht ze sêre;" Nibel. 16,1. „Ich bin, der im ez versprechen muoz;" Walther v. d. V. 111, 29. „Sant Elspet (Wittwe des Landgrafen von Thüringen) versprach den keiser (Friedrich II., der sie zur Ehe nehmen wollte) durch got, wan si kiusch wolt bleiben;" Kaiserchron. Ms. des XIV. sec. im german. Mus. 2733. versprechen Einen, d) (ä. Sp.) für Einen sprechen, ihn als Untergebenen, Schützling gegen Andere vertreten; (ahd. fersprechen, furisprechan, defendere; mhd. versprechen. Graff VI, 379. BM. II, II, 530 f.). „Lieb, so versprich (vertritt) dîn eigen! Labr. 172. „Sein leut vnd sein Gut zu versprechen und zu verantwurten;" MB. II, ad 1360. „Daß füro kein Pfleger keinen Mundmann mehr aufnehme, noch keinen armen Mann verspreche;" Kr. Lhdl. V, 104, ad 1464. „Darum wollen wir dein und aller deiner Helfer ... und aller der deinen, die dir dann zu versprechen

stehen, feind seyn;" Kr. Lhdl. IV, 66, ad 1436. „Gereisige und Fußknechte, die nicht Herren haben, die sie versprechen oder versolden;" Lhdl. IX, 15. „Wie der Herr Mariam Magdalenam gegen der Martha versprach." Geiler v. Kaisersperg. Der Versprechherr, advocatus. Geöffn. Archive VI, 108. 'e) versprechen Einen oder etwas, Schlechtes von ihm reden; (vgl. Bedeut. c). BM. II, II, 531b,5.' „Swelch silber ir versprechet dâ, ich gibe iu anderz iesâ;" Pf. Amîs 2163; 'cf. 400. 1082.' „Der herzog von Bayrn ließ den ritter genant Ötlinger entkopfen, wan mit jm was sein mueter versprochen," (verdächtigt? 'in üblem Rufe;' Gregor Hagen's Chronik, Cgm. 1134, f. 214, ad 1298; Cgm. 375, f. 187b; Pez, script. rer. Austr. I, 1133. „Der ein unendelich versprochene frauwen huset oder herberget;" Wirzb. Sätze v. 1343, §. 51. s. unten: unversprochen. Unversprochen, mag in einigen Fällen als selbstständig, sui juris, 'zu d', — in andern, als tadellos, zu c 'und e' gehören. BM. II, II, 532: unbescholten, von gutem Ruf. „Ist er (der nâch der wînglocke ân lieht gêt) ein unversprochen man, den sol man füren uf den sal, wirt aber ein versprochen man begriffen, den sol man uf daz stockhus legen;" Wirzb. Sätze v. 1343, §. 69. „Zwen erber unversprochen man" zu Zeugen nehmen; L.R. Ms. v. 1453. „Wir nemen in gemainlich alle diu recht, die semperlüt und unversprochen lüt ze recht haben suln;" Urtheil gegen die Mörder König Albrechts v. 1309 bei Kurz, Oestr. unter Fr. d. Sch. 419. „Ich bin ein unbesprochen kneht;" S. Helbling VIII, 721. Der Verspruch. „Seine Ehehalten oder andere, die in seinem Haus und in seinem Verspruch sind;" L.R. v. 1616, f. 826. „Wie wohl des N. gelassene Witwe, ihre Kinder und die
588 ihren in unserm Schutz, Schirm und Verspruch sind;" Kr. Lhdl. IX, 36, ad 1487. „Das Haus Österreich sollte die Stadt Regensburg in Verspruch und Schutz nehmen;" Gem. Chr. IV, 413. „Von Verspruch- und Mund-leuten soll jährlich ein Gulden und 12 Pfenning Verspruchgeld bezalt werden;" Ansp. Verord., die Hausgenossen betr. v. 1611. sprechen zu Einem, (ä. Sp.) ihn anfordern, ihn anklagen, sich über ihn beklagen, mit ihm zu Streit werden. „Wäre auch, daß wir ... etwas zu einander zu sprechen gewinnen von Sachen wegen, die ...;" Kr. Lhdl. I, 58. „Ob jemandt zu N. N. ichts zu sprechen hätte ...;" L.R. 1616, f. 410. zuesprechen Einem, zu Einem sprechen, ihn ansprechen, angehen. BM. II, II, 527a,8. „So der Zollner dem Salzfertiger zuspricht, er habe mehr (Salz) gehabt, dann er zugesagt," (angegeben); Kr. Lhdl. II, 227. „... das ich dem ambtman zusprech, ob er dem Hannsen zu Recht fürgeboten hab; dem ambtmann sprach ich zu; der bekant, er hiet jm poten;" MB. III, 579, ad 1464. „Unnd sol man dann furbas nur ainem freyen man zusprechen, was todes er (der Verbrecher) verdiennt habe;" Urk. v. 1371. Lipowski, Gesch. d. b. Crim.-Rechts p. 142. 150. 152. Is hàlt ə͂ Hirtikàit, wenn aə͂s gaə' ninətz kaə͂n Zouspruch (Zuflucht, Unterkunft) meə' hàt; (ObrM.). Der Sprecher (Sprécher, Dim. das Spréchə'l), a) Mensch, der gerne das große Wort führt. b) In den ältern Land- und Policeyverordn. werden neben den gemeinen Singern, Gauklern und Schalksnarren namentlich auch die Sprecher aufgeführt. L.R. v. 1616. Tir. L.O. v. 1603, f. 114: V. Buch, 4. Tit., 1. Art. L.O. v. 1553: VI. B., 4. Tit., 1. Art. Av. Chr. 216a. „Ein sprecher zu Straßburg keiner war sein geleich mit sprechen und mit singen sonst mit hoflichen dingen als mit geigen und mit schwegeln auch mit seltzamen egeln; H. Sachs 1560: V, 384 (1612: V, III, 97). „Sprecher, liedsprecher, gannio, histrio;" Voc. v. 1419, 1429, 1445, 1477. A°. 1231 ward Herzog Ludwig zu Kelheim erstochen von seinem Sprecher; (Chron. in Freyberg's Samml. I, 54. Cgm. 994, f. 69. Wstr. Btr. II, 95. Zschokke I, 452). A°. 1232. Ludovicus dux Baw. aput Kelhaim per nuncios Fredrici Imp. occiditur;" Clm. 17138 (2° maj., XIII. sec.), f. 84. In der Rechnung für den jungen Herzog Albrecht von Straubing v. 1392 (Freyb. Samml. II, 146. 149) kommt unter andern varenden Leuten vor ein Sprecher mit dem bezeichnenden Namen Lobdensrumen; ein andrer heißt Sorgnit, ein dritter Irrgang, ein vierter Wunnsam; der eine ist des von Liechtenstain, ein andrer des von Otting (also wol förmlich unterhaltener) Sprecher. Eines Metiers mit den ebengenannten waren wol die noch jetzt in Nürnberg ꝛc. bey Hochzeit-, Kindtauf- ꝛc. Mahlen nicht ganz verschollenen Spruchsprecher oder improvisierenden Gelegenheitsdichter und Declamatoren. cf. Wagenseil's Nürnberg 466. 480. 488. 492. BM. II, II, 533. Der Spruch, a) wie hchd.; b) kurzes oder langes, gereimtes oder ungereimtes Redestück, insoferne es auf mündliches Hersagen oder Declamiren berechnet ist, — Reimspruch, Lobspruch, Spottspruch ꝛc. der ehmaligen Maistersinger, Spruchsprecher, Herolde, Britschenmaister ꝛc. ꝛc. BM. II, II, 539. c) Anspruch, rechtliche Forderung oder Klage. Sprüche zu Einem haben um Etwas; Kr. Lhdl. I, 145, ad 1442. III, 291. Spruch zu Einem setzen, ihn anfordern, anklagen. Avent. Gramm. „Was Sprüche sind, die Grund und Boden, Erb und Eigen antreffen, 589
die sollen berechtet werden in den Gerichten, darinn solch Grund und Boden liegen;" Kr. Lhdl. II, 29. Heiratliche, weibliche, wittibliche Sprüch, Forderungen in Betreff des Heiratgutes, des Witwenaustrags ꝛc. „Sich der weiblichen Sprüch begeben;" Klausel in Contrakten. Persönliche Sprüch, Forderungen, welche auf die Person und nicht auf Geld und Gut gehen. Kr. Lhdl. XVI, 379. Dieser Ausdruck mußte jedoch im 7. Art. der erklärten Landsfreyheit, wo er auf die Prälaten und Adelichen bezogen ist, laut der Vorrede v. 1616, gleichsam per Privilegium, in letzterm Sinn genommen werden. d) der Ausspruch des Richters, der Schiedleute. BM. II, II, 539b,1. „Aus dem spruch gen," dem schiedrichterlichen Spruch nicht nachkommen; Cgm. 308, Urk. v. 1459.

Der (?) Sprack, eigentlich Spragk, gewöhnlicher das Spreglein (Sprègkl, Sprègkə-l, Sprigkel), der Flecken auf der Haut; (mhd. spreckel, ahd. sprehha; Graff VI, 391. BM. II, II, 521. Diefenbach 324a: lentigo. Cf. agſ. specca, engl. speck, speckle, macula, — wie specan, to speak zu sprecan, sprechen. Müller, etymol. Wbch. d. engl. Spr. II, 376). „Ein gespreckelter Drach, dessen Schweif voller Spracken allein drey Ellen lang war;" Selhamer. ə͂ Gsicht vollə' *Sprègkln.* „Lentigo, spreckl;" Semansh. 34, f. 203. „Wer merl oder sprechel under den augen hat;" Cgm. 170, f. 2b. „Für di sprechel: wer under den ougen flechat sei;" Fürstenf. 121, f. 177. „Ez benimt di sprecheln;" das. 185b. „Canalium vertreibt dy spregl von dem hals;" Cgm. 4543, f. 131. „So du Spræggeln oder Pedeckenmasen an jhme findest;" Dr. Minderer 1620, p. 102. „Das weiß Marobel- oder Sigmünzenkraut ist sam gesprengt mit Melb, das schwarz hat der Spreggenlach nit;" Ortolph. sprègkeln, sprenkeln; (schwed. spräckla, tacheter; ahd. irsprechila, werde gesprenkelt; Merigarto 176). gesprègkt, gesprègkelt, sprègklət, mit Flecken, Pünktchen gezeichnet, gesprenkelt; (mhd. sprecke-leht; ahd. sprehhiloht. Graff VI, 391. BM. II, II, 521. Weigand, Wbch. II, 769: sprenkelicht; 773: Sprickel. Vilmar, kurhess. Idiot. 394: sprickelicht, spreckelicht): „sprechilot, maculosus," gl. Doc. „Sprigeloht ... daz ist grun und gel;" Griesh. Pred. I, 10. „Sweliu (schafe) waren sprigelot;" das. II, 61. „Swarz unde sprickelehte was im (dem Drachen) der zagel und daz vel;" Konr. v. Wirzb., troj. Krieg 72b. (Keller p. 118,9815). Scherzhaft: ə͂ *gſprègklté* Larvə͂, ein Gesicht voll Sommersprossen. „sprekkhayt, lentigo;" Voc. v. 1419. Cf.: „Wider die sprinkeln vnder den augen nim rainvan;“ Cgm. 592, f. 39. „Daz benimpt dem Antlitz seine sprünkel;“ Konr. v. Megenb. f. 163^b (Pfeiffer 280,32: seineu sprinkelmail; cf. 321,11.12: „mit swarzen spreckeln oder sprinkeln.“ 409,4). BM. II, II, 548. Vrgl. gesprangt.

ˋsprackeln, splittern, springen, sprühen; vgl. spratzeln.ˊ Castelli, Wbch. 271: „*za'schbragln*, zersprengen, auseinander sprengen.“ Vgl. ahd. sprachulla, siliqua, mhd. sprachel; Graff VI, 391. BM. II, II, 521; ˋniederd. Sprick, Sprickel, Sprük, Sprok, dürres Reisholz; sprock, adj., spröde, zerbrechlich. Weigand, Wbch. II, 773. Zeitschr. II, 135. IV, 129,26. V, 330,1. VI, 228.ˊ

„anspradern,“ (Salzb. Kr.-Blatt 1813) anspritzen. aufspradern, (Tir.) aufspritzen. Cf. VII Com.: *spruden*, beschmutzen.

Das Gespraide, (ä. Sp.) Gesträuch, Strauch, arbusta; (ahd., mhd. diu spreide, daz gespreide, spreidahi, spreidehe, spreidach; Graff VI, 369. 393. BM. II, II, 521). Cgm. 17, fol. 120: gespreide, studahe, arbusta; Ps. 79,11. „Da sach er ein veur an aineme gespraide;“ Diemer, Ged. 35,29. „Zu in deme gespreidach Moyses ein fiur gesach;“ Cod. Mellicens., Pez, thesaur. I, I, 416. „Niclas der Nötleich aus der Spraid,“ (Innviertel, 1404); Cgm. 3941, f. 221^a.

Die Sprauder, Spreuder, plur., Spreuer; (vrgl. Spreu). „Palea, spreudern oder flewden;“ ZZ. 1803, f. 190. „Die sprüdern von der gersten;“ Clm. 5879, f. 205. Das Gespraudə', a) eben das; b) die Windsbraut; bey Avent. Gramm. Windsprew, turbo; im Cgm. 114, fol. 114: der wintsprauck, spiritus procellarum. Wintspraut, Windgsprauder, Windspraich, Windsprauk, vielleicht sämmtlich aus Windsbraut entstellt. Weigand, Wbch. II, 1087.

spreideln, sieh spreiteln ˋund vgl. spreiden, ä. Sp., sich ausbreiten, sich zerstreuen, zersplittern.ˊ „Wie es mir gee, will ich gerne leiden, und will davon nit lazzen, und solt mein herz zu tausent stucken spreiden;“ Valkn. 54. ˋDie Spreide, ä. Sp., Ausdehnung, Zerstreuung, Zersplitterung.ˊ „Want siu (diu tier) dannoch giengen uf der wilden haide in vil weiter spraide,“ (zerstreut); Anegenge, hg. v. Hahn, p. 23,62.

spröd, 1) wie hchd. spröde; (Weigand, Wbch. II, 773. Falls nicht das alte brödi, fragilis, in diese Form entstellt ist, wüßt ich sie nicht von früher her zu belegen; — vrgl. sprö, welches in obigem Fall bloße Aussprache von sprœd wäre, wie Bluə von Blüed, Th. I, Sp. 321). ˋ2) ä. Sp., hinfällig, schwach, gering, dürftig, schlecht; vgl. Th. I, Sp. 349: bröde. Zeitschr. VI, 65.ˊ „Von seines spröden (schlechten) nachtmals wegen;“ H. Sachs 1560: II, IV, 125. „Die wirtschaft wil werden spröd;“ das. III, III, 73. „Wär die losung all tag so spröt, so würd mein kram bald leer und öd;“ das. V, 350. „Es ist heut spröd der handel mein,“ sagt der Judenarzt zu dem kein Patient kommt; das. 354. „Jetzt ist es gar spröd überaus,“ sagt der Wirth; das. 357.

sprüdeln, quirlen.

---

590 sprägeln (sprágln), spreizen, sperren. D' Füeß ausenandə' *sprágln*. Vrgl. spreilen. Der Sprugel, (v. Streber) Art Schnellbogen, Sprenkel beym Vogelfang. Bey Frisch und Schmid ist der Spriegel ein Bogen, über die Wiege, den Wagen, den Kahn gespannt. Zeitschr. V, 177,216: *sich versprigeln*, sich ausbreiten (mit Worten).

---

spregkeln, sieh Sprack, oben Sp. 700.

Der Sprál, (wol statt Spreuel), die Spreu.

Der Spreil (Sprál), der Splitter, das Spänchen, (etwa zusammengezogen aus Spreitel). spreilen (spráln), splittern; ausspannen, spreizen.

ˋsprollen, ä. Sp., aufschneiden, lügen. Zeitschr. VI, 69.ˊ

ˋDie Sprîn, Sprên, (niederd.) der Staar; s. Sprähe.ˊ

Der Sprand, sieh Spranz.

---

sprengen (Praet. gesprengt, zuweilen noch gesprangt), wie hchd.; (mhd. sprengen, ahd. sprengian, sprengan, Praet. sprancta, Partic. gispranct. Graff VI, 399. BM. II, II, 544 f. Weigand, Wbch. II, 768). gesprangt, gefleckt, gesprenkelt. Einen Becken sprengen, ihn zur Strafe ins Wasser schleudern. Die Beckenspreng; Gem. Reg. Chr. I, 519. Sieh schupfen, schutzen, schlengen. einsprengen, wie hchd., b) das zu verbrauende Malz anfeuchten. Die Einspreng, die Malzkammer. c) einreden. Hofraths-Ord. v. 1624. d) sich einsprengen, sich einlaßen, einmischen. „Af á sölli (neumodische) Muntirung, Franz, *spreng di'* nöt ei~;“ Stelzhamer 149. ˋersprengen, ä. Sp., springen, aufspringen machen, aufjagen. BM. II, II, 546.ˊ „Swaz an dem Schalkeswalde mit jagen wirt ersprenget, daz wil ouch fliehen balde hin gen dem wazzer;“ Labr. 428. Die Spreng, (b. W.) das Äußerste, der Rand (z. B. eines Abgrunds). R.A.: „Es stêt auf der Spreng.“ „Stell das Glas nicht gerad auf die Spreng“ (des Tisches). Bey Stalder II, 387 ist die Spreng ein kurzer, jäher Abschuß an einer Straße. d) Sperrruthe des Webers, womit er die Leinwand ausspannt. Der Sprengprügel, das Sprengkettlein, zum Spannen, Engermachen mittels Umdrehens dienend. Das Gespreng, a) was nur vereinzelt (wie gespritzt, gesprengt) vorkommt. Huiə' geit's gràd ə~ *Gspreng* oder ə~ *Gsprenglwerk* (nur einzelne) Zwetschgen, Birnen ꝛc. „Wenn die Eichel gerathen und es entweder ein ganz oder halbes Geäckerig oder nur ein Gespreng gibt;“ Ansp. Forst-Verord. (Dem Maler) „von etlichen Rosen und gesprengen zu vergolden ... Rosen schnirckhl und gspreng;“ Cbm. 2225, f. 146. 147. „Von dem b. Wappen und dessen Gspreng oder Zirat zu gießen;“ das. 217. „Wie man das Gespreng obmen vmb die stäb machen sol zu den wädlen und zu gayslen mit acht remen oder mit zwelfen halb gulden und halb rot;“ Clm. 4763 (XV. sec.) f. 116. Das Ausgesprengte, das ausgestreute Gerücht: Es gêt das Gespreng, daß ... b) Ursprung. BM. II, II, 543: gesprinc. „Regen-Gespreng,“ Quelle des Regenflusses. s. Sprung. c) Geläufe. BM. II, II, 544. Wàs habts denn für ə~ *Gspreng*? Schaug dó', wàs dés für ə~ *Gspreng* is áf də' Gass'n; (ObrM.). Der Hund macht unter den Hennen ə~ *Gspreng*. Der Sprengel, fasciculus (gl. v. 1418: Exod. 12,22), Büschel, dessen sich der Pfarrer bedient, um nach altrömischer Lustrationssitte seine Gemeinde zu besprengen; (BM. II, II, 546. Weigand, Wbch. II, 768). „Aspersorium, sprengel;“ Fürstenzell 44, f. 21^b. „Krewser denn ein sprengel was ir har;“ Cgm. 714, fol. 97. Daher gilt in Bezug auf einen Pfarrer, Bischof ꝛc. der Sprengel, wie in Bezug auf einen König das Zepter, auf einen Richter der Stab, als figürlicher Ausdruck für dessen Amtsverrichtungen und deren Bezirk überhaupt.

Der Sprengling, schnell und hoch aufgewachsene junge Holzsprosse; (Isr.).

springen (Condit. springət, sprâng und sprung, Partic. gesprungen), wie hchd.; (mhd. springen: Praet. ich spranc, wir sprungen, Partic. gesprungen; ahd. springan: sprang, sprungun, gisprungan; Graff VI, 395. BM. II, II, 540. Weigand, Wbch. II, 772). Der Stier, Hengst springt (bespringt) die Kue, die Stueten. 'springen zu einem Stein, in einen Stein verwandelt werden. s. Grimm,
691 Mythol.[2] p. 519 und vergleiche Herbort 8362. 11372: „zu eime steine werden;" cf. 13334.' „Nit wunder wer das ich allein vor zoren sprüng zu einem stein;" H. Sachs 1560: III, III, 42 (1612: III, III, 83). „Nicht wunder wer als ich vermein das einer vor sorg sprung zu einem stein;" das. 1612: III, III, 145. Das Brunnenspringen der Münchner Metzger sieh II. Th., Sp. 1703. Auch in Rosenheim war bis 1793 beym Freysprechen der Metzgerlehrlinge das Wasserspringen üblich. Etwas Ähnliches kommt nach Weitzmann (Gedichte v. 1803, p. 136) auch in Munderkingen am Aschermittwoch vor. Die in meiner academischen Rede: „München 1397 —1403," S. 36 geäußerte Vermuthung hätte für sich, daß auch in Nürnberg Carl IV. der treugebliebenen Metzgerzunft die Freyheit des Schembartlaufens in der Faßnacht verliehen. Draud II, 60. Der Springer, a) wie hchd., (Weigand, Wbch. II, 772); 'ä. Sp. Tänzer; (BM. II, II, 543).' „Pürczlär, gauglär und springer;" Ald. 228, f. 432[b], s. oben Sp. 409. b) Art Fesseln, „compedes, pedicae;" (Voc. v. 1618); eiserne Stange mit vier Schellen. Cod. crim. Max. I, c. 4, §. 1. Graff VI, 397: springa. Der Marktschreiber zu Essing hat 8 Tag den Springer tragen müssen, (1645); Cgm. 4388, f. 126. c) Art Fischzeug. „Dieweil solch Fischen mit den Rollen und Springer dem See groß nachthaillig;" MB. VIII, 354, ad 1520. d) (Hsl.) das im ehmaligen Nürnberger Rugsamt befindliche, alle Handwerksordnungen enthaltende, über 30 Pfund schwere Buch. (Etwa zunächst vom Register zum Aufsuchen jedes einzelnen Punktes, und mit Renner vergleichbar?). In Siber's Gemma gemmarum ist Springer ein Weiberkleid, ciclas. springgiftig, adj., sehr entrüstet, zornig. Zeitschr. III, 141. 188,33. Der Spring-Ginkəs, Springinsfeld. s. Sprinz. einspringen müssen die schiffziehenden Pferde (in die Roßplätten, Th. I, Sp. 463), wenn sie wegen Hindernissen auf dem einen Ufer ans andere versetzt werden. entspringen. „Entsprungen warn im sein gran," er hatte schon einen Bart; Cgm. 714, f. 215. Die Zuespringerin, (Nürnb.) gedungene Aushelferin bey den Arbeiten einer gewöhnlichen bürgerlichen Haushaltung; (München: Zuə-gêerin, Ab- und Zuə-gêerin). Der Urspring, noch in fränkischen Ortsnamen statt Ursprung; mhd., ahd. ursprinc, urspring, fons, caput fluminis; (Graff VI, 397 f. BM. II, II, 543. Weigand, Wbch. II, 959.). „Lieber sun mîn, nû trinc den aller besten ursprinc, der ûz erden ie geflôz;" M. Helmbrecht 894. „Daz selbe ursprinc ist ein lebentigez ursprinc;" Amb. 2, f. 45. s. auch Ursrung. Der Sprung, a) wie hchd.; (mhd. ahd. sprunc, sprung. Graff VI, 398. BM. II, II, 546). Die siben Sprüng, eine Art Tanzes, der sich abwechselnd im 3/4 und im 2/4 Tact bewegt, (jedenfalls decenter als die französischen Tänze cancan, chicard, chaumière; s. allgem. Ztg. 1841, p. . . . und 589) nach der Weise:

„Machts mə' auf di *sîbm Sprüng*,
mir und meinə' Schwarz'n.
Hàt dé Nárrin 's Hemed vo'brennt
hint'n bey də' Farz'n."
„Drey lédə'né Strümpf,
und zwe˜ də'zuə geit fümf.
Mei˜ Vàdər is ə˜ Kart'nmachə',
macht nicks àls lautə' Trümpf."

In Bucher's Vorspiel zur Passionsaction tanzen die sieben Todsünden die sieben Sprüng. „Drum nim ich a jungs frisch Ding, und mach halt mit ihr die sieben Sprüng;" Marc. Sturm. „Am Hochzeitfeste da tanzt er drey ehrbare Tänz, der Sprünge dann sieben in goldgelber Weste;" Weitzmann's Lob des Munderkingers. „Do danzte meer de *Sibbesprüng*, morjüh! dat hatt' 'nen Aa't;" Firmenich I, 462,156 (Köln). Bey der jährlichen Springprocession von Echternach zum Grabe des heil. Willibrord werden immer drei Schritte vorwärts und zwei rückwärts gemacht; kämen vier der ersteren auf drei der letztern, so gälte es auch hier sieben Sprünge. Der Anfang des Liedes, das dabey gesungen wird: „Adam hatte sieben Söhn," paßt im Metrum völlig zu dem des wenig erbaulichen bayrischen. Allgem. Ztg. 1852, Beilage S. 2797. 'Vgl. Illustr. Ztng. 1856. Nr. 673. Korrespond. v. u. f. Deutschl. 1867, Nr. 339.' In der L.O. v. 1616, V. Bd., 4. Tit., 5. Art. „ist den Weibspersonen füran das springen verbotten. (Cf. mhd. Sp. einen reien springen statt tanzen. Vgl. Schniterhüpfel. Th. II, Sp. 1142). Sprüng machen, etwas gegen die Ordnung, Erwartung vornehmen. Einem Sprünge machen und Pfähle stecken bey Jemand, ihm Hindernisse bereiten, ihn verläumden (?); Sigl, Münch. Geiseln p. 98. b) Ursprung, Quell; (mhd., ahd. sprinc, spring; engl. spring. Graff VI, 397. BM. II, II, 543. Weigand, Wbch. II, 959. Firmenich I, 340,28: *Sprink*; 464: *Spröngken*, Quellchen. Zeitschr. III, 272,14: *Sprong*). Der Regen-Sprung, Ursprung des Regenflusses. s. oben: Gespreng. c) (Aschaffenb.) Reps, 692
Der Absprung, Grimm, Wbch. I, 125. Der Kranke, der Gantmäßige is áf'm *Sprung*, *Absprung*; (ObrM.). Der Ansprung, mentagra. Grimm, Wbch. I, 470. 472: der Anspring, Ansprung, mentagra, crusta lactea, Milchschorf, ein Ausschlag der Säuglinge. Vgl. d. folg. Wort. Der Aussprung, (Kolbeck) Ausschlag, Krätze. Das Voc. v. 1482 hat „esprig oder nerik, dürrer Grindt." Grimm, Wbch. III, 1158: der Espring, impetigo, Schorf, Grind. Diefenbach 289[a]. (Mein seliger Jugendfreund Desberger bedauert in seinem Tagebuch vom 26. Novbr. 1804, daß er, auf der Bibliothek für Aretin das Wort esprinc zu suchen, einen ganzen halben Tag vergebens verloren habe.) Im Cgm. 722, f. 63 ein Heilmittel „wider den ortsprung." Der Ursprung, a) wie hchd.; b) Quelle, Bach; BM. II, II, 547. „Nimb das wasser aus ainem fließenden prunn oder ursprung;" Cgm. 3723, f. 183. „Der Ursprung zu Newfarn, der aus dem Gotzhaus-aigen entspringt;" MB. III, 210. „Ursprung, amnis;" Voc. v. 1429.

'sprankezen, sprühen, spratzeln.' Das Spanliecht sprankezt, wirft Funken. Dà *sprankəzt's*, sieht es bedenklich aus; (ObrM.).

Die Sprinkel unter den Augen, (Sommersprossen?); Cgm. 720, fol. 48. BM. II, II, 548. g'sprankt, adj.; (Thiersee). Sieh Sprack (Sp. 700) u. Sprinzel.

Der Spranz, das splitterichte, keilförmige Ende eines Baumstammes, an welchem er von seinem Stocke abgehauen ist, (Schrot, Scharm; cf. oben: Sport, cauda serpentis, piscis). Salzb. Forst-Ord. 75. Mit Spitz und Spranz muß ein Scheit so und so viel Schuh lang seyn. Grimm II, 216 gibt ein älteres Spranz, fissura, wozu das schweiz. der Spränzel, Sprießel, (bey Grimm a. a. O. Sprinze) stimmt. BM. II, II, 549. 550: der spranz, sprenze, daz sprenzel. Sieh d. folg. Wort.

sprenzen, a) sprengen, (sowol disrumpere, als spargere adspergere; BM. II, II, 549: sprenzen, sprengen; spreizen; sich in die Brust werfen; zieren, schmücken). „Harpagium, gießkrûg, damit man die gärten sprenzt;"

Nomencl. v. 1629, p. 121. Zeitschr. VI, 19. „Auch ire (der Weiber) haubter sein gephlentzt, mit kräutern, laub und gras gekrentzt, als het ain kue darein gesprentzt;" Cgm. 291, f. 71. „Sprentzen oder regen, imber;" Cgm. 690, f. 100. b) spreizen. „Die Bretterverschallung darf nicht, wie bisher üblich, gespranzt, d. h. über einander greifend gelegt werden, sondern es muß ein Brett von dem andern wenigstens 2" entfernt bleiben;" Anton Onderka in Troppau, Bemerkungen über Zink und dessen Anwendung zur Dachdeckung — in d. Allgem. Ztng. 1842, Beil. S. 2829. 'Der Sprenz, die Sprinze, Bügel zum Vogelfangen, Sprenkel. Vilmar, kurhess. Idiot. 394.' Die *Spreinze*, (Weihers; Dr. K. Roth) die Vogelschlinge. c) aufputzen, zieren, schmücken. „Dise mâtêrien er hât gesprenzet in sô liehte wât;" Heinrich's Tristan 24. „Der künic und diu künegin die heten sich sô schône gesprenzet under krône;" das. 2536. „Gesprenzet und gezieret in ir bestes gewant;" das. 4478. „Gertlein mit hubschen plumlein gefloriert und so mancherlay gesprenczet, durchflochten und durchkrenzet." „Darnach man in (Christum) mörtlich außsprenczt mit ainem kranz mit scharfen dorn;" Cgm. 714, fol. 1. 283. „An iedem plat gesprentzet der plumen tolden glentzet;" Cgm. 270, f. 70 und 379, f. 32. 'cf. Sprinz, c.' „Die sich auf sprenczlierend und smucken also daz sie den lewten wol gevallen;" Furstenf. 138, f. 101. „Das die man nicht gestaten sollen iren frauwen alze reichleich sich zu zieren vnd aussprändzen mit preysen;" Cgm. 4873, f. 154. Bey Stalder II, 386 ist spranzen sich spreizen, einherstolzieren. BM. II, II, 549. „Eltern begnügen sich mit einer ungeschmachen Wassersuppen, damit sie ihren Kindern zu einem Spranzklaid etlich Gulden ersparen;" P. Gansler 53. Cf. Benecke's Nithart S. 310. 339. 350, (cf. Haupt's Ausg. 54,27. 58,3. 84,12): Dorfsprenz, Sprenzel, Sprenzeler. BM. II, II, 549. 550. Der sprenzinc; Grimm, Reinh. 112,1581.

Der Sprinz, a) schnell aufgeschossener junger Mensch; oder dergl. Pflanze. Der Sprinz-Ginkə-l. Springinsfeld. BM. II, II, 548: sprinze. Castelli, Wbch. 232: „der *Schbrenzling*, Sprößling, junges Holz, hervorgeschossenes junges Gewächs; auch ein junger Mensch." 'Vgl. oben Spranz und Sprenzel.' b) Sprinz, Sprinzel, kleine Art Falken, falco nisus. „muscetus," Voc. v. 1618; (mhd. diu sprinze, ahd. sprinza, Diminut. sprinzelîn, sprinzel; Graff VI, 400. BM. II, II, 548: Sperberweibchen. Diefenbach 373ᵃ. 381ᵃ. Nemnich II, 1581. Weigand, Wbch. II, 772). „Ein plawfuz oder sprintz;" Mich. Beham, Cgm. 291, f. 288. „Ein hag muzzer sprinzel;" Valtn. 23. „Dû hâst rehte verwollen als ein mûzersprinze;" S. Helbling I, 1074. Gesprinz, allgemeiner Name für Baizvögel; Landau, Gesch. d. Jagd p. 329. „Einem pawrn umb III Sprinztl 12 dn.": Rechnung v. 1392, Freyb. Samml. II, 119. c) Sommersprosse; (mhd. der sprinz, kleiner Flecken, auch Farbenschmelz; Dim. daz sprinzel, sprinzelîn. BM. II, II, 548. Weigand, Wbch. II, 772). Die Sprinzlein an dem antlicz;" Cgm. 753, f. 109. „Lentigo, sprinczel under den augen;" Clm. 5877 (XV. sec., 1449), f. 123. Firmenich I, 464215: *Sprohnz'le*, Sommersprossen; (Köln). Der Sprinzling wird im Voc. v. 1618 durch percus, fringillarius (also wol was Sprinz) erklärt. BM. II, II, 549. Bey Heumann, opusc. 694 ist der Sprinzling ein Fisch, wol Höfer's Sprenzling, junger Asch, salmo thymallus. Nemnich II, 1211.

---

sprör, sieh sprö.

sp r e i ß e n, a) (Franken) sprengen, in gestrecktem Galopp reiten. s. spreißeln. b) (ä. Sp. und schweiz.) sprengen, spritzen; (mhd. sprîzen: ich sprîze, Praet. ich spreiz, wir sprizzen, Partic. gesprizzen; ahd. sprîzan. Graff VI, 400. BM. II, II, 552. Weigand, Wbch. II, 767. Cf. schwed. spratta, sprätta, trennen, spreißeln, spritzen). „Daz ouge spreiz ûz imi verre," (spritzte, fuhr ihm aus dem Kopfe); Annolied XLVIII. (Vrgl. reißen und ritzen, schleißen und schlitzen, 593
schmeißen und schmitzen).

spreißeln, a) spalten, splittern; (Graff VI, 402. Weigand, Wbch. II, 767. Ueber incidere, inspicare faces, Virgil. Eclog. 8,29, Georg. I, 292 steht sprizalon). b) mittels Splitter ausspannen. c) (Franken) galoppieren; s. spreißen. Der Spreißel, der Spreißen, 1) Holz, welches dient, um etwas auseinander zu sperren; Sprosse an einer Leiter, Spänchen, womit Geflügel zum Braten ausgespannt wird. 2) Holz, welches gespalten ist, Scheitchen, Splitter; (BM. II, II, 552: der sprîze, sprîzel; Weigand, Wbch. II, 767. Birlinger 409. Zeitschr. VI, 44: der *Spréis*, Splitter. Spân-Spreißel, (Obrm.) Scheitchen zu Spänen, (sonst Spâ˜-Scheidl). „Kaufte Augustin Holz, stellten sich die Kinder in die Reihe und handlangten einander die Spreisseln;" A. Nagel. Sich einen Sprißel einziehen, einen Splitter einziehen. „Gürtelkraut übergelegt, zeucht die Spreußen aus;" Dr. Minderer. Vilmar, kurhess. Idiot. 394: Sprieß, Sprießlein, Spreißlein. 3) langer, magerer Mensch. Vrgl. d. folg. Wort.

Die Spreißelbeer, (Nürnb.) Preiselbeere, Kräuselbeere, (s. Th. II, Sp. 1381).

spreußen (Condit. spreußet und, wol nach Gramm. §. 950, spriß, Partic. gespreußt und gesprißen), was spreuzen. Sich spreußen gegen oder über etwas, sich sperren, entgegenstreben. „Wider dy groben zolker und rauchen hachen er sich sprieß und ainer Achacz Winkler hieß;" Mich. Beham, Wiener 62,23. „Derhalb theten sie sich all spreißen;" H. Sachs 1612: II, IV, 208. „Das glück thut sich nit gen mir sprewßen;" das. 1560: III, III, 24. „Darauf er sich an zwo Wurzlen, so aus dem Felsen giengen, eingehengt, mit den Knien angesprissen und in Anrueffung Gottes drey Stund daran gehangen." „Die Augen waren weit aufgesprissen." „Gaben jhme durch aufgesprissenen Mund einen schwedischen Trunk." Alt-Oettinger Historie v. 1718. 'Die Spreuß, Spreiß, Sprauß, Spreizholz am Wagen. Birlinger 408. Zeitschr. IV, 186: *Spreußsel, Sprißel*.' Sieh sprüßen und spreißeln.

sprießen (spriəss'n, Cond. spriəssəd und spruss, Partic. gesproßen), wie hchd.; mhd. spriezen: ich spriuze, wir spriezen, Praet. ich sprôz, wir spruzzen, Partic. gesprozzen; ein ahd. spriozan: sprôz, spruzun, gisprozan, darf wol vorausgesetzt werden. Graff VI, 400 f. BM. II, II, 551. 552. Weigand, Wbch. II, 771). Zeitschr. V, 483: *spriaßla*, (Vorarlb.). də'spriəss'n, entspringen; 'figürlich: gedeihen, frommen; (BM. II, II, 552. Grimm, Wbch. III, 988 f. Weigand, Wbch. II, 772).' Hintə'n Gâ'wendl *də'sprießt* d' Isə', hinter dem Karwendelgebirg entspringt die Isar. „Von wan die warm pad enspriezen;" Cgm. 733, f. 2. „Das sein lernung an der Frawen ersprossen het," (ersprießlich, fruchtbar gewesen); Cgm. 601, fol. 49. sprößen, wie hchd.; (Weigand, Wbch. II, 773). ersproßen (wol eigentlich ersprœßen, ersprießen machen. Grimm, Wbch. III, 990). „Gott ersproßt den Mangel in thewrer Zeit, daß wir auskommen;" Seb. Frank, Sp. W. 287. „Wil got, er mag mirs wol ersprößen;" H. Sachs 1612: I, 450. „Wann got kan es gar wol ersprößen;" das. II, IV, 6. Der Sproß, Sprüß, Sprüßel, Sprüßling, was Sprosse, Sprößling. Graff VI, 401. BM. II, II, 552. Weigand, Wbch. II, 771. 774. 775. Zeitschr. VI, 331. „Den jungling heißt die Welt einen sprüßel;" H. Sachs 1560: IV, III, 57. „Adolescens, sprüßling; Clm. 9728 (XV. sec., 1470), f. 75. Der sprüzzel (mhd. Spr.) als Springstecken,

Haupt's Zeitſchr. VIII, 567,566. Vrgl. ſpreuzen und ſprutzen.

ſprüßen, (Aſchaffenb.) ſtützen; (mhd. ſpriuzen, ſchw. Verbum, BM. II, II, 552; cf. Graff VI, 400 f. Weigand, Wbch. II, 771.). „Die Fäſſer im Keller ſprießen," ſtützen, (Rheingau); Allgem. Ztg. 1850, S. 5115. Die Sprüß, Stützbalken. Sieh ſpreußen und ſpreuzen.

Sprüßel, ſieh ſprießen und vrgl. Spreißel.

ſprätteln, ausſpreiten, ausſperren. Das Geſprättel, das Ausgeſpreitete, das, was ſich wulſtig auseinanderſperrt, ausdehnt.

ſpraiten (ſpraətt'n), wie hchd. ſpreiten; (mhd. ſpreiten, ahd. ſpreitan, Praet. ſpreitta. Graff VI, 394. BM. II, II, 550. Weigand, Wbch. II, 767 f. Zeitſchr. IV, 100. 409,48). Hàr *ſpraətt'n*, Flachs zum Röſten ausbreiten. Das Spraitgarn oder dicke Garn, Art Fiſchnetz, verboten in der L.O. v. 1616, f. 644. Dieſe Form gehört wol, nach Gramm. §. 956, VI, zu folgendem veralteten Ablautverb.

594 ſpreiten, d. h. ſprîten, (diffundere; gl. i. 752). BM. II, II, 550. „Sperlachen, diu meiſterliche warn gebriten, wol geworht vnd underſpriten:" Heinrich's Triſtan 884. Vrgl. ſpreiden, ſpreißen und ſpreizen.

Der Spreitel (Spreidl, Sprei'l, Sprál), der Splitter, das Spänchen. „Nim V oder VI ſprittel," (ſie um ein gebrochenes Bein zu binden); Cgm. 4543, f. 166. Birlinger 409: Spreidel. ſpreiteln, mittels Splitter auseinanderſperren, ſpannen oder zuſammenheften. ſ. ſpreiden.

ſpröweln, ſpröde thun im Eſſen, wenig oder langſam eſſen; in Form eines feinen Staubes regnen. Sieh Sp. 695: ſprœ und ſprœen.

ſpratzen, ſpratzeln, 1) ſprühen, ſpringen; ſpritzen; ‘2) knattern, krachen. BM. II, II, 521. Weigand, Wbch. II, 766. 3) ſich hochmüthig geberden. Zeitſchr. VI, 484.’ „Und theten Fewer von jn ſpratzen." „Möcht dir vor leid dein Hertz zerſpratzen;" H. Sachs. Der faul Fritz von Landshut „hort lieber ein kandel ſchmatzen den fewerſchlagend büchſen ſpratzen;" H. Sachs 1560: IV, III, 67 (1612: IV, III, 147). „Die eier im ſchmalz hört man ſpratzen;" daſ. 1612: I, 1091. „Ein krachen und laut ſpratzen" cacando); daſ. 1612: II, IV, 152. Die Feder ſpratzelt (im Schreiben). (cf. Gl. i. 1217: ſprazalon, ſonſt ſpratalon, palpitare. Graff VI, 392). Der Sprátzel, (Nptſch.) auffahrender, ungeſtümer, wunderlicher Menſch. Zeitſchr. VI, 484.

ſpreizen, (Franken) ſpreiten. Weigand, Wbch. II, 768. Vrgl. d. folg. Wort.

ſpreuzen (ſpreitz'n) ſteif machen, ragen machen, ſtämmen, ſtützen; (mhd. ſpriuzen, ahd. ſpriuzan, Praet. ſpriuzta, fulcire, stipare, niti. Graff VI, 401. BM. II, II, 552. Weigand, Wbch. II, 768. Zeitſchr. III, 45,17. vgl. ſpreußen) R.A.: „Sich ſpreuzen wie der Haſpel im Sack." Einen Baum, eine Mauer ſpreuzen, unterſtützen. Vgl. ſperzen. ‘anſpreizen, anſtämmen; ausſpreizen, ausſpreißen, ausbreiten. Grimm, Wbch. I, 470. 979.’ Sich einſpreuzen, die Hände in die Hüfte ſtämmen. Die Sach, die Arbeit ꝛc. ſpreuzt ſich, ſpreuzt ſich ein, koſtet Anſtrengung. geſpreuzt, ſpreutzə˜d, ſteif, affectiert, großthueriſch. Der Spreuzer, a) Prahler, Großthuer. b) was die Spreuzen. Die Spreuzen, die Stütze, das Strebeholz; (mhd. diu ſpriuze, ahd. ſpriuza Graff VI, 401. BM. II, II, 552. Zeitſchr. II, 238.). Der Spreuzbogen in der Baukunſt.

ſpritzen, wie hchd.; Weigand, Wbch. II, 772; vrgl. ſpratzen, ſprützen, ſpreißen, ſprenzen und ſprengen). Die Spritzen, hchd. Spritze; (ahd. ſprizza, aber Diut. III, 149 auch ſpruzze. BM. II, II, 552. „Er rent ir ûf die ſprützen;" S. Helbling VI, 194. ſ. Th. II, Sp. 1539: Lôt. W. Grimm, über Freidank p. 21). ‘Ein Mann bei der Spritzen, ein gewandter, tüchtiger, brauchbarer Mann. Zeitſchr. V, 38,17. Der Spritzer, Sprützer, leichter Regen; Zeitſchr. III, 485.’

ſprozen, (wol mit ſpreuzen verwandt). „Ja ſproz nur einer, Tuifelsboan, mier wölln dirs ſchon drahnen;" Tyrolerlied im Franzoſenrummel 1796.

ſprutzen, a) (ä. Sp.) ſproßen; Cgm. 289, fol. 122. 123. b) (Hſr.) was ſpritzen. BM. II, II, 552. Die Sprützen, junges, aufgeſchoſſenes Mädchen. c) (Hſr.) was ſpreuzen. ſprützen (ſpritzə, ſchwäb.), ſteif aufgerichtet ſeyn. Die Sprützbüchſen, ſteif einherſtolzierendes Mädchen. *Spritzbüchs*, junge Weibsperſon; (Tir.). ſprütz-hœl, (O.L.) ſchroff und glatt. „Bi˜ houh auffi gſtigng ən ə˜ *ſprizhálé* Wand," (Felswand). Der Sprutz, Nürnb. R.A. Einen Spruz haben, geſpruzt ſeyn, nicht recht bey Troſt ſein. Zeitſchr. III, 45,17.

Squalangus (?). „Squalangus nihil noxium operatur;" Benedictio vini in die Sti. Johannis, Cod. Aug. eccl. 211, f. 18. ſ. Th. II, Sp. 1206.

Vier und vierzigste oder Sta= ꝛc. Abtheilung.

595 stâ-n, sieh stê-n.

stâuen, stœuen, a) (wie hoch- und niederd.) stehen machen, inhibere, cohibere, zunächst in Bezug auf fließendes Wasser: es stauen, aufstauen. b) früher von allgemeinerer Bedeutung; (ahd. stauuan, stouuan, stouuôn, mhd. stöuwen; goth. stiggvan? Graff VI, 726. Grimm I³, 196. BM. II, II, 662. Weigand, Wbch. II, 793). „Abraham nam das swert und swang es auf in die luft, do was der engel gottes hie, und stauet im und wert im;" Cgm. 749, fol. 163. „Des begunden si im starche drôn und ungezogenlichen stǒn;" Kindh. Jesu, hg. v. Hahn, p. 98,67. „Den rihtœre si steuten ze dem chaiser si im dreuten;" das. 106,76. „Dem andern sol hie nieman dron noch mit scharphen worten stoun;" das. 109,5. „Daz tennen holcz von seiner luftigen natur gesteütes leibs ist und voll gar kleiner leiplöchlin;" Konr. v. Megenberg f. 184ᵇ, (wahrscheinlich „gestreutes," wie f. 189ᵃ unter ficus. Pfeiffer 314,22: „gesträutes leibes;" cf. 322,3). „Corripit, begripfet, stowet;" Cgm. 17, fol. 138. Ps. 93,10. „Stouta, increpavit" (ventum, sc. inhibuit); Mone's Anz. 1835, Sp. 87. c) stehen machen, stellen, stützen, stemmen. Den Arm auf den Tisch stœuen (stáiə˜). Sich á'm Tisch eini stáiə˜, mit aufgestützten Ellbogen hinsetzen. Sieh stauchen und vrgl. steuren.

stê-n (stè˜, o.pf. stêi˜, schwäb. stân, stau˜ und standə˜), Condit. stêet, stuend, stüend und stând, Partic. gestanden (sieh Gramm. §. 952), wie hchd. stehen; (mhd., ahd. stân, stên und standan, Praet. stuond, Partic. gistandan. Graff VI, 588. 595. BM. II, II, 567. Weigand, Wbch. II, 795 f. Zeitschr. II, 113. 92,51. III, 186,9. 207,17. 393,11. IV, 245,31. 325. 537,I,4). In neutraler Bedeutung wird dieses Verb im Dialekt immer nur mit seyn construiert. Es sind durchgehends die Ableitungsformen von standen zu vergleichen.

Ein gestandener Mann, gestandenes Alter, mittleres Alter, als Gegensatz des jugendlichern. „Adultus, bestentiger;" Semansh. 34, f. 193. Diefenbach 15ᵃ. „Es stet nicht vmb uns lewte als vmb das geflügel vnd vmb die tier, fisch und würm;" Cgm. 632, f. 77, (es verhält sich mit uns nicht wie mit den Thieren); vrgl. Umstand. „Waz im daz rint stee," für wie viel es ihm versetzt, verpfändet sey; Cgm. 27, Art. 111. „In wem (worin) der recht christlich glaub stehe," (bestehe); Avent Chr. 272. Elliptische R.A.: Bock stên, mit seinem Rücken einem Andern zum Emporsteigen dienen. Borg stên, gut stehen als Bürge. Kraiß stên, Art Kinderspiel mit dem Ball. Schragen stên, auf dem Schragen oder der Schandbühne; Speh stên, auf der Lauer stehen. So auch im Hchd.: Gevatter stehn, Rede stehn, Schildwach stehn ꝛc. grôß stên, zu Gevatter stehen; (Kösching; Beiner). stân, stên ze krâme, ze markte, ze tische ꝛc., (ä. Sp.) feil haben in einem Laden, an einer Bude, einem Tische ꝛc.; Augsb. Stdtb., Freyb. 32. Ze Schuel stên, die Schule besuchen; s. oben, Sp. 404: Schuel. „Jungfer Brigitta so der gnadigen Frauen zu Haare gestanden," (den Haarputz zu besorgen hatte); Denkw. d. Herzogin Dorothea Sibylla zu Liegnitz und Brieg († 1625), herausgeg. v. Koch, p. 70. stên zu Einem in das Recht, oder mit dem Rechten, (ä. Sp.) ihn vor Gericht vertreten, ihm beystehen; Heumann, opusc. 91. 92. 93. „Ez mag ein herr oder ein gewaltiger amptman wol zw seinem man sten in daz recht, und mag im des rechten helffen vnd sol der man still sweigen;" Cgm. 27, Art. 116 und 134. stên an ein Guet, es antreten, davon Besitz nehmen. Mandat v. 1651. stên Einem an oder in die Hand, (von Dingen, die man kaufen will), gelegen oder wie gerufen kommen, sehr wohlfeil seyn. „Das hab ich gekauft, nicht, weil ich es brauche, sondern weil es mir gerad in die Hand gestanden ist." „Fisch, so in der Güß in die Grueben (neben den Fischbächen) gestanden (gerathen) 596
seind;" L.O. v. 1553, fol. 151. stên von einem Guet, es verlassen, davon abtreten. stên von dem Pferd, dem Bett ꝛc., absteigen, aufstehen; Voc. v. 1618. Cgm. 581, f. 8. „Ich stund darvon und lies die gurren ligen;" Valkn. 120. „So stêt er von rozz;" Gesta Romanor., Cgm. 54, f. 31ᵃ, (Keller p. 58). „Ich stund hin in die baume;" das. 121. Vrgl. ab-, an-, auf-, aus-, einstên mit dem Begriff treten, gehen.

abstên (à'stè˜), wie hchd. „abstên vom Roß," absteigen. Grimm, Wbch. I, 128 f. „Quidam rex ubicumque ipse vidit crucem in terra vel calamos vel ligna jacere per modum crucis, so stuend er albeg ab vnd zewarff es;" San-Zenon. 115, f. 253ᵇ. „unabgestanden aus dem Stegreif," ex improviso. Hund, Stmb. III, 729. abstên vom Dienst. Der abgestandene Verwalter ꝛc., der aus dem Amt getretene. Die Hack stêt ab, (O.L.) die Axt verliert die Schneide. Dem stêt das Geblüet ab, sagt der gemeine Mann von Einem, der mit dem Scorbut behaftet. abstên Einem den Weg, ihn auf dem Weg, den er kommen soll, erwarten. anstên (à˜stè˜), wie hchd. Die Magd ist gestern angestanden, (in den Dienst getreten). „Wenn ein Fürst abgieng und ein neuer anstuend;" Av. Chr. 356. anstên Einen um etwas, ihn darum a) zur Rede stellen, b) angehen, bitten. Ich bin um Geld angestanden worden. anstên auf so und so vil (Geldes ꝛc.), deshalb in Verlegenheit seyn, ein Bedenken tragen. „An gote muose daz sêre stân, (es mußte Gott sehr angelegen seyn?); St. Ulrich's Leben, V. 1425. ansten, (von Mannsvolk) hypokoristisch, für pissen. Vrgl. stallen. aufstên, (Ob.-Isar) sich auf einen Floß begeben, um darauf zu fahren. aufstên auf so und so vil (Geldes), deshalb verlegen seyn, Schwierigkeiten machen. „Es solle auch kain handwerchsknecht seinem Maister on gegründt ursachen vnd wider handwerchsgwonhait auffsteen;" L.O. v. 1553, f. 129. „Insurgentibus, ufstennenten;" Cgm. 17, f. 136ᵇ. „Dem nie kain unglück aufstünd (aufstae˜d) sein sünd er nie beklagt noch bewaind;" Monac. Francisc. 158, f. 133. „Die die da par trûgen die stûnden auff höcher," (traten zurück); Matth., Clm. 12392 (XV. sec., 1478, f. 89). BM. II, II, 575ᵇ,6. ausstên, a) aus dem Dienst treten. b) sich öffentlich producieren, wie ehemals die Quacksalber auf Jahrmärkten und drgl. „Möchts aber sagen was ihr wollt, der Portiuncula ist nimmer 's Halb von dem, was er war, weil noch die Arzten haben ausstehen und Komödien agieren dörfen. Seitdem der Hanswurst nimmer aussteht, fallt der Portiuncula;" Portiunc.-Büchl. 66. „Selbst des Nachbars Gastwirths Müh, der vordem in fremden Landen als ein Doctor ausgestanden, war vergebens bey dem Vieh;" Gellert's Phylax. „Keinem Arzt, Oculisten, Bruchschneider, Waldmann wird außer den Jahrmärkten mit

oder ohne Gaukeley a u ß z u st e h e n gestattet;" Wirzb. Verord. v. 1745. Westenrieder (Briefe bayer. Denkart und Sitten p. 57) sagt von einem Prediger: „vor dem Volke a u s st e h e n und über das Leben eines Fürsten sprechen." besten (bstê˜), a) still stehen, stehen bleiben. BM. II, II, 576 ff. Grimm, Wbch. I, 1666 ff. Vilmar, kurheß. Idiot. 397. „Die Mül, die Ur, der Wagen bestêt; das Maul bestêt ihme nit; in der predig war er nie bestanden." „besten, haerere, zweifeln; Voc. v. 1618. b) (von fetten, ölig-flüssigen Dingen) stocken, dick, fest werden. c) (ä. Sp.) bleiben; bey Rechnungen übrig bleiben, restieren. BM. II, II, 577,3. Vgl. Vilmar, kurheß. Idiot. 396 f.: aufstehen, aufgehen, sich vergleichen. „So wil ich hie bestan." Pitrolf 3315. „Eines gegen dem andern aufgehebt und abgezogen, dannoch bestund der Steuer 97 Pfd. ꝛc.,"
597 (war an Steuer noch übrig); Kr. Lhdl. II, 149. „Einnehmen und ausgeben gegen einander aufgehebt, so besteht meinem Herrn noch übrig 4081 Gulden;" a. a. O. VII, 468. „Summa alles Steuergeldes, so unserm gn. Herrn über die obgemeldte Ausgab und Abzug bestanden ist;" das. 137. Daher das noch und auch im Hochd. übliche Subst. der Bestand, Rest, Überschuß nach Abzug dessen, was abzuziehen war. „Cassa-Bestand." 'Mich (auch mir) bestêt ein Ding, es gehört mir an, kommt mir zu, geht mich an. BM. II, II, 579ᵇ,1. Grimm, Wbch. I, 1671,8.' „Ein altherre guoter weiz als ein snê. Ob er die frôwen iht beste des enweiz ich ab noch an," ob er sie angehe, zu ihr gehört; Kindh. Jesu, Hahn p. 87,75. „Zwiu solt si (die Kirche) die Juden iht dwingen? Si bestênt ir nicht," gehören ihr nicht; „die keẞer si betwingen sol;" d. w. Gast 12672. d) gelten, in Werth stehen. „Wie die Nürnberger Marck zu Augspurg bestât;" Cgm. 178. In Gunst stehen oder bleiben. Dé tragt iərə' Frau àlls zuə, dás ſ· *bſtét* bey iər. e) besten ein Ding, urspr. eines Dinges, es gestehen, nicht abläugnen, gleichsam: dabey bleiben. BM. II, II, 577ᵇ, d. Grimm, Wbch. I, 1668,7. 1672,10. N. ist des nicht bestanden, (hat es nicht gestanden). Dr. Eck v. 1542. „Er hàd nicks *bſtan'ə˜*. *Bſtê* 's nà˜, I hilf də' nachə' laugngə˜." „Ohne seine Probe soll man dem Erbrechter weder Erbrecht noch taxirte Anleith, sondern allein Freystift auf seinem Gut bestehen," (zugestehen); Urbargebrauch p. 39. einbestên (ei˜bstê˜), eingestehen. f) bestên Einen, (ä. Sp.) ihn angehen, anfallen, excipere. BM. II, II, 578,3. Grimm, Wbch. I, 1670,2. „Der hunger bestuond jn;" Buch der Weish. fol. 42. „Ob liebe ouch sie bestât" ... „sô mich sende nôt bestât;" Walther 99,1. 116,35. „Swer ein hûs ûf ein bœse gruntfesten bûwet, daz nimt schiere ein ende, ob ez ein grôz wint bestêt oder ein regen oder ein güsse;" Br. Berhtolt 231, (Pfeiffer 44,31). „Die (nupta) solt in (maritum) mit dem leib bestan, so oft und dick in der lust ubertrait;" Frauenspiegel. Bey Ortolph heißt es: eine Sucht, Krankheit bestect mir (statt mich). BM. II, II, 578ᵇ,7. g) bestên ein Guet ꝛc., es als Miether, Pächter antreten, übernehmen. BM. II, II, 579, γ. Grimm, Wbch. I, 1672,9. „Kein Beamter soll seinen Zehenden bestehen;" Ansp. Verord. v. 1618. „Er hett das Guet von seinem Herrn bestanden auf etlich Jar;" L.R. v. 1616, f. 289. „Förster, so die Balgstuckh und Raisgejaid von unsern Amtleuten besteen;" Salzb. Forst-Ord. 57. „Das (Guet) haben wir von in pestanden;" Meichelb., Chron. Bened. I, II, 86, ad 1390. In einer Anspach. Handlohnverord. heißt es: „Wenn eine Wittwe inner Jahr und Tag wiederum heiratet, bestehet der neue Mann, wenn zuvor das Hauptrecht und Todfall-Handlohn entrichtet ist, nur mit einem Viertel Wein; wofern sie sich in dieser Zeit nicht verheiratet, muß sie das Gut nach dem Werth desselben in ihre Hand oder auf ihren Leib bestehen, und einen Lehenträger stellen — und ihr nachfolgender Mann hat solches gleich einem Käufer zu bestehen." Der Besteer, Pächter, Miether. Das Bestê-holz, (im ehem. Fürstenth. Salzb.) Stück Wald, zum Besten der Saline, an Bürger vom Hällein in Pacht gegeben. Diese Bürger wurden Bestehholzer genannt, und genossen auch gewisse Vorrechte beym Salzverschleiße. Sieh salzb. Forstordnungen p. 6. 7. 8. 9. 81. Lori, Brg.-Rcht. p. 640. Das Bestê-Recht, Bestêhandlôn, Laudemium, Anfahrt, Anlait. MB. V, 561. derstên, erstên, (ä. Sp.) wie hchd., (mit tautologischer 598
Nachhilfe): a) auferstehen (mhd. erstân, erstên, ahd. irstân, irstandan). BM. II, II, 582ᵃ,3. Grimm, Wbch. III, 1007,1. Die deutsch-katholische Liturgie, die sich, wie bekannt, aller dem profanen gläubigen Volke verständlichen Ausdrücke, so viel als möglich, enthält, legt dennoch ihrem Priester, der am Charsamstag vor dem Altar die Auferstehungsceremonie begeht, die laut zu intonierenden Worte in den Mund: „Christus ist erstanden!" Es sind diese, jetzt meist isoliert verhallenden deutschen Worte der Anfang eines weiland vermuthlich von der ganzen Gemeinde aufgenommenen und abgesungenen Kirchenliedes, wozu sich im Cgm. 716, fol. 29 und im Cod. lat. c. germ. 66, fol. 37 die im XV. Jahrh. übliche Melodie findet; (Melodie von 1596 im Cod. Au 62, nr. 60). Im erstgenannten Ms. lautet der Text:

„Crist ist derstanden, iudas ist derhangen,
des sol wir alle fro sein, Crist sol unser trost
sein; (vgl. Th. II, Sp. 1689);

in letzterem:

„Christ ist erstanden von der marter aller,
des schüll wir allew frô sein,
Christ schol vnser trost sein, kirioleis,
alleluia, alleluia, alleluia, des schüll wir allew
frô sein,
Christ scholl vnser trost sein, kirioleis."

Im Cod. Ben. 523 (v. 1495), f. 21 und 63 (mit Musiknoten):

„Cristus surrexit mala nostra texit
Crist ist erstanden von der marter alle
et quos hic dilexit hos ad coelos vexit
des sul wir alle fro sein. Crist sol unser trost sein."
Kyrie leyson.

„Surrexit Christus hodie humano pro solamine
Erstanden ist der hailig Crist, der aller welt
ain troster ist;"

das., f. 23 (ebenfalls mit Noten). Im Cod. Dieſs. 184, f. 164 (v. 1454) als Anfang eines Sermons: „Crist ist erstanden von der marter aller deß sullen wir alle fro sein ꝛc. Iste est cantus militantis ecclesiae quem in divinis frequentat ad gaudium resurrectionis invitans per ista verba et alia ut Alleluia, Kyrie eleison, Eß giengen drey frawen, Also hailig ist diser tag ꝛc." „Christ der ist erstanden wol von der marter aller" ꝛc., 8 Strophen, wie sie noch im XVII. Jahrh. gesungen wurden, Cgm. 4611, f. 11. ZZ. 3272, f. 92:

„Christ ist erstanden
wol von der Marter allen.
Des sollen wier alle froh seyn
Christ soll unser Trost seyn. Kyriel.
Es giengen aus trey frauen
sie wolten das grab beschauen
sie suchten den Herrn Jesus Christ
der aller welt ein troster ist. Kyriel."

„Sic nos una voce pariter cantantes: Christ ist erstanden, praedicator similiter bohemicum: Buoch wſſe mohuczi (deus omnipotens);" Sermo de resurrectione im Cod. San-Zenon. 72, Clm. 16472 (XIV. sec., 1389. 2⁰). „Dic nobis Maria, quid vidisti in via? Sepulcram Christi viventis et gloriam vidi resurgentis" etc.; Amb. Franciso. 12, f. 230. „Ordo visitandi sepulorum domini in die paſſhae ... Tunc rectores cantent: Dic nobis Maria: quid vidiſti in via ... Mulieres (cantent): Sepulcrum χρi ... Rectores: Dic

nobis Maria ... Mulieres: Angelicos testes, sudarium et vestes ... Rectores: Dic nobis M. ... Mulieres: Surrexit χρς. Chorus: Credendum est ... et Scimus Christum ... Sequitur antiph. Christus resurgens, qua finita populus cantet: Crist ist erstanden ... Es giengen drei frauen ... Sequitur: Te deum laudamus." Clm. 5681 (XV. sec.), f. 41 sagt der Prediger zur Gemeinde: „... darum so lobt got mit lauter stim vnd singt: Crist ist erstanden ... et post cantum praedicator iterum accipit thema ...." Unter den Fragen an die der Waldenser-Ketzerei Verdächtigen (Clm. 5641, f. 215ᵇ) heißt es: „Sois aliquam cantilenam de deo et de sca. matre sua? Cantasti etiam in die pasce: Crist ist erstanden?" In der Hanauischen Prädicanten-Confessio v. 1548 (H. ref. 2⁰. 25: Beiband, Ms. f. 3ᵇ) heißt es: „Zu dem so seint zur Zeit des keisers Caroli Magni viel christlicher psalmen gestelt worden, welche den ermeldten hauptartikeln unsers glaubens nit zuwider, als: ein Kindelein so lobelich ist uns geboren heutte wer uns das kindtlein nit geboren so weren wir alzumal verloren, das heil ist unser alle ꝛc. Item Got hat uns einen Mitler furgestelt, Item Christ ist erstanden des sollen wir alle fro sein, christ wil unser trost sein ꝛc. Inn diesenn psalmen hat keiser Carolus groß gefallen getragen." Cf. Wagenseil, de civitate Noriberg. p. 233. Im polnischen Gesangbuch (Lit. 8⁰ 190) v. 1653, p. 61. Schluß eines scherzhaften Oster-(Fasten-Ende-) Spruches: „Christ ist derstanden von der marter alle." Rot 113, f. 325. Parodiert: „Der Churfürst (Max. Emanuel) ist wieder erstanden ... Und wär er nit erstanden ... Es giengen fürwitzige frauen" ꝛc.; Xiana 11, b; (s. die deutschen Handschr. der k. Hof- und Staatsbibl. zu München, 1866, p. 577). Vrgl. Hoffmann: Das deutsche Kirchenlied; 2. Ausg. (1854), S. 64. 77. 179. 181—83. 185. 187—91. 193 f. 198. 202 f. Es wird jenes alte deutsche Kirchenlied, freilich nur mehr halb verstanden, noch jetzt von der größtentheils italisierten Gemeinde im Hauptort der Sette-Communi alljährlich angestimmt. S. Abhandl. d. philos.-philol. Classe der Münchner Akademie, Bnd. II (1837), S. 627 f. b) stehen bleiben. „Do erstünden si (die Hunde) und pullen den paumb an;" Gesta Romanor., Cgm. 54, f. 32ᵇ, (Keller p. 61). c) ausstehen, aushalten. Grimm, Wbch. III, 1000,5, a. „Nach erstandenem Arrest." d) käuflich an sich bringen. Grimm, a. a. O. 5, c. Sich entstên eines Dinges, (ä. Sp.) es wahrnehmen, merken, verstehen; (BM. II, II, 581ᵇ,5. Grimm, Wbch. III, 634,4. Otfrid: intstantan, intelligere). „Dô er von siecheite sich des tôdes entstuont; Gregor v. d. St. 23. „Dô sich diu vrowe des entstuont, daz si swanger wære;" das. 235. „Centurio, dem waren, als wir uns entstan (wissen), hundert reiter undertân;" Urstende, hg. v. Hahn 112,19. Vgl. unten: sich verstên. „An der wart al wîplich êre entstanden;" Tristan. Titurel, Strophe 19,3. „Intelligens, entstenter, vernementer;" Cgm. 17, f. 23ᵃ. „Intelligite insipientes, entstet, uernemet ir unwizcigen. Aliquando sapite, ettewenne wiset, uerstet;" das. f. 138, Ps. 93,8. „Des ir iuh lihte muget entsten;" das. f. 158ᵇ. fürstên, vor Gericht stehen. I bĩ schõ óft *fürgstan'ə̃*. (Cf. „Die für der Schrannen stunden;" MB. II, 107). „Die offenlichen erschinen vnd fürgestanden sein;" Gem. Reg. Chron. I, 349, ad 1244. cf. vorstên. gestên (gstễ, O.L.), 1) ä. Sp., stehen bleiben; (Graff VI, 598. BM. II, II, 583). „Cum constet ipsum esse omnium rerum principium so lanch in selben gestê wesen dinge allere ein anegenge;" Cgm. 17, f. 9. Die Milch gestêt, fängt an, dick zu werden; (Jir.). 2) Stand halten, ausdauern; BM. II, II, 584,5. „Gestanden swert;" W. Grimm, über Freidank p. 68. 3) zu stehen kommen, constare, kosten. „Es gestehet mich einen schilling;" Av. Chr. 336. „Das neue Rinsal der Donau bey Ober-Altach gestund mehr denn tausend Pfund Regenspurger;" Av. Chr. 198. 499. „Eh du erbulst ein Facilet, ein ganze Schaubn es dich wol gestehet;" H. Sachs. „Vindet man ein pfinnigs swein, das auf der penck ligtt, so mus im der ordner (Fleischbeschauer) das swein gelten vnd mus im das selb haben, und genem sein gelt geben, was si im gestett;" Passauer Stadt-Rechtb. Ms. „Ez sol auch der prukhay, swas in daz gestanden ist, daz er daz Holcz gewunnen hat ab der prukke, das sol er auf den holcze haben;" Rup. v. Fr. Rchtb., Wstr. Btr. VII, 103. „Was den tag die kost mag gesten das schol alles über seinen (des Verlierenden) pewtel gen;" Cgm. 714, f. 207. „Es hat XII dn. gestanden;" Urk. v. 1516. Ein Verkäufer bietet etwas um den Selbstgestehungspreis, d. h. 599
um so viel, als es ihn selbst gekostet. Beylage zur Münchn. polit. Zeitg. v. 19. Jun. 1820. 3) Einem gestên, ä. Sp., zu ihm halten, seine Partei ergreifen, ihm beistehen. BM. II, II, 584ᵃ, c. „Swer leuget, biz niemant im gestêt, und droet, biz niemant uf in ahtet, der hat sin ere niht wol betrachtet;" Renner 17591. innsten, a) im Gleichgewicht stehen, so nemlich, daß das Züngelchen genau in dem Gericht, der Scheere, dem Kloben der Wage steht. b) eingestellt, unterbrochen seyn. überstên, a) (von Speisen) durch Stehen erkalten. *Èppəs übə'stễ laſſ'n.* b) (vom Meßpriester) zum Altar treten, um mit dem Introibo die Messe anzufangen. c) Einen (der da kauft) oder Etwas (was er zu kaufen im Begriff ist) überstên, mehr als er, bieten. LR. v. 1616, II. B., 11. Tit., Art. 3. überstên eine Bruck, Straß ꝛc., die unmittelbare Aufsicht halten über die dabey angestellten Arbeiter. Der Übersteer, Bruck-, Straß-, Weg- ꝛc. Übersteer (jetzt lieber Unteraufseher, Palier). Lori, LR. 547. „Gschwind, Hofbauamts-Übersteher;" Landbote 1848, S. 1520. umstên Einem, ihm von der Stelle gehen, ausweichen. Dem *stê I á nét um,* dem weiche ich auch nicht aus, d. h. ich räume ihm den Vorrang nicht ein. „*Stehts um!* I bin vä' Zarn und Laid in vollä' Furi", geht weg! macht Platz! (cf. mhd. ûf hôher stên; s. oben); Lindermayr 33. Seinen Worten umstên, sein Versprechen nicht halten, manquer à sa parole. *ən èrligə' Mā̃ stet* seĩn *Wortn nét um.* „Die jhres Zusagens umbstehend, haben kein Glück;" Hund, StB. I, 19. Ein geistiges Getränk, als Bier, Wein und drgl. stêt um, wenn es verdirbt, sauer wird; (cfr. Adelung: abstehen). „Es ist noch lange nicht verhaus't, wenn Einem ein Bier umstehen will. Man braucht nur Leute, die es geschwind wegtrinken;" Portiunculabüchlein 106. Pflanzen, Thiere stên um, indem sie unbrauchbar werden, sterben. „Wenn ein alter Gaul umsteht, trägt niemand Leid;" Abele. „Wenn ein Stück Vieh umsteht;" Anspach. Verordn. v. 1746. Kärnt. zerkniti, abstehen, umstehen, verrecken; zerknenje, das Umstehen, Verzappeln; pozerkano, Umgestandenes; (Jarnik p. 216). unterstên ein Ding, auch: sich unterstên eines Dinges, es unternehmen, über sich nehmen. BM. II, II, 586ᵃ,3. (a: im guten Sinn). „Ob sich ein maister ainer arbait oder gepews understeet vnd annimbt;" L.O. v. 1553, f. 165. „Wir wellen uns mit allem Vleis understeen, den Friden zu suchen;" Akten v. 1504. (b: im übeln Sinn). „Strafe unterstandener Missethat." „So sich jemand einer Missethat mit etlichen scheinlichen Werken, die zur Vollbringung dienlich seyn mögen, understehet, doch an Vollbringung derselben verhindert wird;" Bayreuth. ref. peinl. Hals-G.-Ord., Art. 206. Sich unterstên, auch wol hinterstên, etwas zu thun, wie hchd. In der ahd. Sp. ist hintarstân subire, insumere, suscipere opus, laborem. Wind. 107, f. 3ᵇ. „So die Ostern kommen, so unterstehen sich die Schergen der Gemein (nehmen die Gemeinweide für sich in Anspruch), und verbieten alsdann den armen Leuten, daß sie auf dieselb Gemein nicht treiben;" Kr. Lhdl. VII, 441, ad 1474. unterstên ein Ding, (ä. Sp.) es verhindern, ihm zuvorkommen. „Ain starcks haus selt zu dem lesten so man dy klain prechen als trauff nit untersten und wenden wil;" Cgm. 4597, f. 71. Im J. 1433 ließ die Bürgerschaft von München „ein frawen-haws machen den gemainen Töchterlein," in Ansehung, „daz dardurch vil übls an frawen und iungkfrawen understannden

werde;" Wstr. Btr. VI, 185. „Damit Verderben der Landen und armen Leute underſtanden werde;" Kr.
600 Lhdl. IV, 59. „Unrecht ſtrafen und unterſtehen;" daſ. II, 121. „Damit Krieg und Unrath zwiſchen den Fürſten unterſtanden werden;" daſ. III, 277. „Da kamen es die Haiden, und woltens underſtan;" Reime v. 1562. verſtên (və'ſtê), a) (von Blut, das ſließt) aufhören zu fließen. Dr. Minderer p. 179. 180. „Mîn âder braſt ... diu iſt kûme iezuo verſtanden," ſagt Iſot; Triſtan 15221. „Do verſtuont des Jordanis fluz ... durch des heiligen Criſtes minna verſtant diu bluot rinna;" Segenſpruch in einem Wiener Codex, Denis, codd. theolog. II, III, 2026. ˋVgl. Konr. v. Megenberg, Pfeiffer p. 762 f.ˊ „Wildu das ſpeiben verſtellen, nim .... ſo verſtet es;" Cgm. 720, f. 49. „Wem die ſprach verſtet und nit gereden mag;" Cgm. 753, f. 99. b) verſtên eine Perſon oder Sache mit dem rechten, (ä. Sp.) ſie vertreten vor Gericht, vertheidigen, verantworten. Vilmar, kurheſſ. Idiot. 397. „Die Verkäufer verſprachen dem Käufer den Hof zu verſten und zu verantworten;" Zirngibl, Hainſp. 157. MB. XIII, 393. 413. 415. XV, 303. „Wenne diu ſunne under der erden iſt und der mône dar ob, ſo verſtêt der môn der ſunnen ſtat;" Konr. v. Megenberg f. 41^b, (Pfeiffer 67,18). Sieh der Fürſtand. c) verſtên Einem den Weg, ſich ihm in den Weg ſtellen; ihm Pfand verſtên, (ä. Sp.) ihn hindern, ein Pfand zu nehmen. „Wer dem richter die pfant frevenlichen verſtet oder wert." „Wenn dem fronpoten datz haws vnd datz hof pfant wirt gewert oder verſtanden;" Heumann, opusc. 157. Münchn. Stdtb., Cgm. 27, Art. 27. 29. 30. 38. 46. 58. 59. „Verſtanden Recht," (verſagtes); Augsb. Stdt.B. ˋd) ſich verſtên, durch Stehen verderben; BM. II, II, 586^b, II.ˊ „Diu ros, diu vil træge wâren und ſpringen niht enkunden, diu heten ſich verſtanden. Wate hiez ſi küelen an den ſtunden;" Gudrun 1149,1; (Handſchrift: „die ſich hetten erſtanden"). Verſtandener Wald, überſtändiger; (Jir.). ˋVerſtandenes (durch allzu langes Ausſtehen verfallenes) Pfand. BM. II, II, 586,2: verſtân, verfallen; ein Pfand verſtân laſſen, es nicht einlöſen.ˊ „Dem (Herman Winſchling) ſind verſtanden ſeine Pfand, dieſelben wöllen wir verkauffen;" H. Sachs 1612: V, III, 14. ˋe) verſtên, wie hchd.; BM. II, II, 587^b,5.ˊ Der hàt kaə˜n *Vo'ſtêmé* (verſteh mich! Verſtand), muə' mər èəm mi' 'n Holzſchlégl deut'n und mi' 'n Stàdltor winkə˜. ˋIn der mhd. Spr. gewöhnlich: ſich verſtên. BM. II, II, 588. cf. Graff VI, 602 ff.ˊ Sich verſtên eines Dinges, (ä. Sp.) es bemerken, merken, verſtehen. Lipowsky, Criminal-R. p. 144. Duckher, ſalzb. Chron. 119. Buch der Weish. v. 1485, fol. 99. „Ich verſtên michs wol;" Walther v. d. V. 117,18.19. „Sît ich mich begunde verſtan (ſeit ich zu meinem Verſtande gekommen) ſo han ich vil geſundet;" Beichtformel v. 1289, Clm. 213, f. 187. „Eins dinges ich mich verſtan (bemerke ich) und enwaiz waz ez bediute;" Kindh. Jeſu, hg. v. Hahn, p. 75,71. „Wes verſtet ir euch von chriſt, wes ſun iſt er, quid vobis videtur de chriſto," Matth. 22,42; Cgm. 66, f. 58. „Er verſtůnd ſich, daz ez wær da von, daz er der natern wider ſchůf ir neſt;" Gesta Romanor., Cgm. 54, f. 36^b, (Keller p. 69). „Man ſol ſich, als ich mich verſtan, beſorgen ſo man beſte kan" ... „als verr ich mich verſtan," ſo viel ich verſtehe, glaube; Cgm. 379, f. 57. 59. Cgm. 270, f. 96. I hà' *mi'* nét drauf *verſtanden,* (beſonnen); Sterzing. verſtanden, adj., verſtändig, vernünftig. „Ein verſtanden man;" Altd. W. III, 195. „Er iſt gar ain verſtanden man;" Cgm. 714, f. 112. „Einen weiſen verſtanden man;" Cgm. 236, f. 207. „Verſtanden hertzen iſt gut bredigen;" Cgm. 129, fol. 21. „Ein unverſtanden man," (unverſtändig); Grimm, Reinh. 341. „Unverſtanden tier," brutum; Cgm. 665, f. 8. „Die jung unverſtanden Fraw;" H. Sachs 1612: IV, III, 77. ən *u˜ve'ſtand'ns* Kind. Die Verſtandenheit, ä. Sp., Verſtändigkeit. Renner 939. 6398. 15644. BM. II, II, 589. ˋvollſtên Einem, bey ihm ſtehen, ausharren bis ans Ende; BM. II, II, 589.ˊ Alle fielen ab vom Kaiſer Ott, „do volſtůnd im allain herzog Albrecht, des herzogen Bernhardt ſun, bis an ſein end;" Kaiſerchron., Ms. des XIV. sec., im german. Muſ. Nr. 2733. vorſtên, vor Gericht ſtehen; ſieh fürſtên. bevorſten, unbenommen ſeyn; (alte Urk.; Jir.). zueſtên Einem, a) ihm gebühren; ˋihm angemeſſen, anſtändig ſeyn.ˊ Mei˜ Gvatter hàt mə's *zuəstê˜* laſſ'n, hat mir den Vorkauf überlaſſen. Wennst du's nét màgst, laſs's miər *zuəstê˜*, überlaß es mir, als wenn ich der Käufer geweſen wäre. Dés *stundt* nèttə miər *zuə*, wäre mir anſtändig; (ObrM.). b) ihm widerfahren, zuſtoßen. „Es ſtund den Römern ein Unglück über das ander zu;" Av. Chr. 80. „Nach ſovill Millionen zur Defenſion des Lands abgereichten Hilfsgeltern, und dadurch denen Stendt- und Unterthanen zuegeſtandtner euſſeriſter Armuth." „Wegen zuegeſtandtner Unpäßlichkeit;" Landtag v. 1669, p. 28. 218. „Iſt ihme ein Wehtag zuegeſtanden; Alt-Ötting. Hiſtorie. „Damit unter Wege kein Unehr dem Herrn Chriſto zuſtände;" Scherer gegen Utzinger 1589, p. 55. c) a°. 784 „ſtuend Carl Magnus zw dem reich (trat es an), auch ſtuenden im all fürſten zu (traten auf ſeine Seite), und ſtuenden ab dem kaiſer zu Conſtantinopel;" Cgm. 707, f. 232. ſtên zu einem andern Wald, (ä. Sp.) ihn mit der Axt angreifen. cf. abſtên von etwas.

Der Stab (Stàb, Stà˜), Dim. Stäblein (Stábl, Stábə-l), wie hchd.; (ahd., mhd. ſtap, ſtabes; Graff VI, 610. BM. II, II, 592. Weigand, Wbch. II, 779 f.). Der Stab an der Driſchel, an der Riedhau ꝛc., der
Stiel. In mehrern Gegenden iſt der Stab ein Maß 601
für Schnittwaaren; ja, die Elle ſelbſt, als Werkzeug, heißt der Ellenſtab, Ellſtab. An der Ob.-Iſar wird die nur $^{3}/_{4}$ bayer. Ellen breite Leinwand (das Schmaltuech) nach Stäben gemeſſen, wovon es denn auch *Stábltuəch* genannt wird. Zween ſolche Stäbe geben was daſelbſt ən Ell heißt. Zwo Ellen Stäbleintuech ſind alſo 4 gewöhnliche bayer. Ellen Leinwand von $^{3}/_{4}$ Breite. Der Stab, als Sinnbild richterlicher Gewalt, ſcheint noch im 15. Jahrh. von den Richtern, wenn ſie zu Gericht ſaßen, in natura geführt worden zu ſeyn. Vrgl. Grimm's Rechtsalterth. S. 761. Im ſtädtiſchen Muſeum zu Salzburg wird noch ein Landthäding-Stab der alten Pfleger zu Mitterſill aufbewahrt. Kaltenbäck's öſterreich. Zeitſchrift, 1837, Nr. 29, p. 116. „Hans Guſguſtatt Landſchreiber und pluttrichter füeret in ſeiner handt ain wechalterin zepterſtewdlin" (bey einer Verurtheilung zu Sonthofen, 1530); ſ. Th. II, Sp. 856. „Als ich an offner Schrannen mit gewaltigen Stab ſaß zu Rechten;" MB. II, p. 102, ad 1466; p. 96. 77. „Dieweil ich ſäß und Stab des Gerichts in der Hand hiet;" daſ., p. 68. 97, ad 1475. Ebendaſelbſt p. 97, ad 1475 fertigt und übergibt eine Ehefrau nach Ableſung eines Übergabsbriefes all ihr Hab und Gut ihrem Manne „mit Gerichtshand," indem ſie es ihm an dem Stab aufgibt, der Richter es an dem Stab aufnimt und es dem Manne „über offne Schrannen mit dem Stab einantwurtet." Die wirkliche Einantwortung nach dieſer ſinnbildlichen geſchah durch den Amtmann oder Gerichtsdiener. Cfr. MB. II, 78. V, 267. Auch die Gerichtsdiener führten ihren Stab. „Und die fronpoten ſollen der ſäcz pflegen, wer pußwirdig wirt, der geb dem fronpoten XII dn., und ob die fronboten das überſechen, ſo müſſen ſy den ſtab ligen laſſen hüntz an der burger hulde;" Münchner Kramer-Ord. (v. 1465), Cgm. 544, fol. 52 und Cgm. 290, fol. 83. „Swenn ſi (die Neider) freuntlich gen dir lachen, ſo ſolt du ſtap haben under lachen;" Renner 14093. In der Faßnacht-Comödie „der alt Hanentanz" von Roſenplut ſagt der Richter zu den ſich raufenden Bauern: „Ir herrn, ich wil ewch ſagen wie im iſt: ir wert nu all zu diſer friſt geloben ain ſicherhait an diſen ſtab das kainer

mit dem andern zu schicken hab ...;" Cgm. 714, f. 309. Ich wæne, der im mit tûsent steben werte, daz im diu fart doch nieman möcht erleiden;" Labr. 76. „Daz mich sîner stebe zal von den rüden liez belîben;" das. 47. Heutzutag wird unter Stab das, was er sinnbildlich bezeichnete, nemlich die Gerichtsbarkeit oder Jurisdiction selbst verstanden; (vrgl. Sprengel). So bey Hofe: der Oberst-Hofmeister-Stab, Oberst-Kämmerer-Stab, Oberst-Marschall-Stab, Oberst-Stallmeister-Stab. Der Stab einer Armee, eines Regiments ... Das salzburgische Pfleggericht Werfen war in 5 Stäbe oder Schrannen abgetheilt. Hübner 443. Das Stabgericht wird im Reichertshofer Salbuch v. 1541 zwischen der Schranne und dem Halsgericht aufgeführt; (vrgl. Haltaus). Der Stäbler, der bey Processionen den Stab vorträgt. BM. II, II, 595. Scherz-Oberlin p. 1548 f. Stäbler, mit Stangen beym Turnier zu Bamberg aufgestellt; Cgm. 961, fol. 121. Der Stäbelmaister. „Graf Ulreich was riter und do des kaiser furschneider, also was graff Haug stebelmaister;" Mich. Beham, Wiener 59,3. Freyberg's Samml. IV, 335. Scherz-Oberlin p. 1563. Die Stabe, (Dinkelsbühl, Nördlingen) jährliches Frühlingsfest der Schulkinder. Sieh I. Th., Sp. 848: Virgatum, II. Th., Sp. 956: Vergatterung, Sp. 992: Gregori, und Christoph Schmid, schwäb. Wrtbch. S. 441: Ruthenfest. Grimm, Mythol.², 726. 730. Vgl. auch was Joa. Boemus, de omnium gentium ritibus (1520) p. LIX^b von den ritus in majoribus supplicationibus, letaniis majoribus (Kreuzwoche) in Franken sagt. Auch da „puellae et adolescentes frondentibus sertis caput coronati et scipionibus salignis instructi." Der Stabəguckər, Art Zuckerwerk. Stabschlingen, s. oben, S. 527: Schlingen. Der Buechstaben (Buə'stàbm, Buə'stam, Buəstəm), wie hchd. Buchstabe; (mhd. und ahd. Sp. buochstap, buohstab, gen.-stabes, plur.-stabe; Cgm. 718, fol. 1: die buchsteb, plur.; doch mitunter auch der buochstabe, des buochstaben. Graff VI, 611. BM. II, II, 593. Grimm, Wbch. II, 479 ff. Weigand, Wbch. I, 189). „Umbe den ersten buchstap den man mir hiute fur gab;" Kindh. Jesu, hg. v. Hahn p. 102,23. „Wie der Puechstaben mit sich bringt;" Ldtg. v. 1612, p. 351. „Der suntagpuchstam;" Cgm. 738, f. 2. 9 (v. 1476). „Unum jota, ein puchstam;" ZZ. 1603, f. 200 (v. 1461). buechstaben, ä. Sp., buchstabieren. BM. II, II, 594. Grimm, Wbch. II, 481,3. „Wer Roma hintter sich puechstabt der vindet amor das bedeutt das Rom niemantz lieber hat dann sich selb;" Cgm. 425, f. 23. Es ist zu bemerken, daß in manchen
602 Compositis der ahd. Sp. stap eine ganz abstracte Bedeutung hat, z. B. ruogstap accusatio, uuidarstap controversia, altsächs. êdstaf jusjurandum. Cf. Ehrentraut, fries. Archiv I, 19 (Wangerog): dju túnstäf Faßdaube, dait baukstäf Buchstabe. Vrgl. staben einen Eid. „Jacobsstab, darin ein schwert verborgen, dolon;" Voc. v. 1618. Sonst ist swertstab in der ä. Sp. mucro, stabswert sica. Diefenbach 180^c. 532^b.

staben einen Aid, die Eidesformel articulieren, aussprechen, vorsprechen, was ursprünglich wol unter Berührung des richterlichen Stabes, eines Evangeliums, einer Reliquie ꝛc. geschah. Graff VI, 612. BM. II, II, 595. Weigand, Wbch. II, 780. „Die zeugen beyder parthey tretten herfür, den Apius das steblin reycht und spricht: Hie rüret an zu beyder seyt, zu sagen hie die gantz warheyt!" H. Sachs 1612: I, 230 (Virginia). „Sus stabt er selbe sînen eit;" Parcifal 8002 (Lachm. 269,3). „Ich swer mit beiden handen, ist ieman der mir stabe;" Walther v. d. V. 104,22. „So lât den eit in staben;" Ulr. Tristan 192. Gl. i. 820 (Diut. I, 342) wird adramire durch stabon, 578 und 582 arguere durch bistabon, 591 ad arguendum durch zi stabothe ausgedrückt. Diut. III, 100 stabit Pharao den Joseph zi deme gewalt, indem er seinen Ring an dessen Finger legt. stebelen Einen, ihn mit dem symbolischen Stabe berühren, sowohl bei der Eidesleistung, als bei der Lösung vom Banne u. a. m. BM. II, II, 595. „Do must wir uns all entbloßen; do steblet der Cardinal meinen herrn und all sein gesellen und las lang ob uns. Darnach musten wir all mit brinnenden kerzen gen in sant Jacobs kirchen. Also erbat mein herr, das sie den Frodner auch hinein ließen. Der mußt sich auch also steblen lassen;" Gabriel Tetzel, Cgm. 1279, f. 157, (Biblioth. des Stuttg. lit. Vereins, Bnd. IX, S. 176). „Anno gratiae 1451, in quo confessoribus etiam in casibus alias reservatis absolvendi data erat licentia papalis, secundum praescripta episcopi Augustani sacrilegi, raptores, incendiarii, confractores ecclesiarum, homicidae poenitentiam sumentes denudatis scapulis et capite usque ad nates procedant cum humilitate de sacristia loci usque ad collum ubi confessores sedebunt deputati ibidem ante quemlibet confessorem flectant genua et idem confessor dicat „misereatur" super eum tangendo scapulas illius peccatoris cum modico baculo albo. se humilient in signum obedientiae. eo autem t'verso ad illum confessorem qui eum audivit primo etc. ... circa mulieres ... (hae) ita nudentur ne muliebria aliqua membra videantur;" Polling 581, f. 53—54. cf. ZZ. 1878, f. 15. 18. Die Stabung, Bestabung, Eidesleistung, Beeidigung. Einen zur Stabung laßen, beruefen ꝛc. Man findet zuweilen stauben, Staubung geschrieben. Sieh Grimm, RA. 902. Vrg. Buechstaben.

staben, erstaben (mhd. Spr.), stapên, Praet. stapêta (ahd. Sp.), starr, steif, stumpf seyn, werden; (noch schweizerisch). Graff VI, 613. BM. II, II, 595. Grimm, Wbch. III, 994. „Dich êren, frowe, beten tuot verstabten munt, verzagten muot;" Gottfr. v. Straßburg, Haupt's Zeitschr. IV, 526,36 und 552. „Si erstabet, als si wär tot;" Cgm. 707, fol. 21. „Obriguerunt, erstabeten;" Cgm. 17, fol. 209. Alles gafft sich *verstawert* (verblüfft) ah;" Firmenich II, 11,69 (Rheinpfalz). Hieher gehört vielleicht das noch unerklärte stapsaken des Decretum Tassilonis (Graff VI, 105. 618. Rudhart, ält. Gesch. v. Bayern p. 596. 690. Clm. 5260, f. 29^b), eine Art Gottesurtheil, wobey jeder der streitenden Gegner seine rechte Hand zum Himmel ausstrecken mußte, und wo vermuthlich, wie im friesischen stef oder examen crucis bey Wiarda (Richthofen 1046), derjenige, dem sie zuerst erstarrte und herabsank, für verurtheilt galt. sakên wäre in diesem Fall nichts als die gewöhnliche alte Form für sagen. Vrgl. Grimm, Rechtsalterth. 926. 927.

Der Stâub (Stáb, Stòb), wie hchd.; (ahd., mhd. Sp. stoub, stoup; Graff VI, 616. BM. II, II, 648. Weigand, Wbch. II, 794. Zeitschr. V, 470.). „Es sol dhain peck staub (Mehlstaub oder Staubmehl) under semel pachen;" Cgm. 544, f. 44. „Benedici seh habern, Imbklaib und sumerkoren in den staib; H. Sachs 1612: I, 853 (1558: I, 423). s. unten steuben. stâubaus (stábaus ◡ –), adv., auf und davon. (Vrgl. stab-aus in Grimms Mythol.² p. 725. 726. Zeitschr. IV, 66. VI, 256,21). Der Stâub, Stâubbach, Gebirgsbach, der sich im Fall von großer Höhe momentan als Staub darstellt. sieh Steuben. Zu so einem Staub gelangt man z. B. auf dem Gebirgssteig, der von Traunstein und Rupolding durch das Miesenbachthal nach der salzburgischen Gegend von Unken führt. Der auf der Höhe des Sonntagshorns entspringende Bach (Staubbach) stürzt sich in 9 Absätzen über 800 Fuß hoch von der westlichen Wand des Sonntagshornzugs in den Fischbach nieder, der, ein wildes Trifftwasser, von den Unkener Heubergen nach mehrern Fällen in tiefere, ausgewühlte Wasserschalen durch allerlei Felsenthore und Eisbrücken in der Tiefe zwischen dem Sonntags- und dem Thumbachhornzug dahintost. In einer Höhe von vier hundert Schuh über dem Fischbach zieht der Miesenbacher Felsensteig fort, und 603
gerade unter dem Sturz des Staubbaches führt eine

hölzerne Treppe von einer am Abgrund vorspringenden Felsenschicht auf die andere, so daß der Wanderer in schwindelnder Höhe zwischen der abgebrochenen Felsenwand und dem tosenden Wasser des Falles durchgehen muß. Die größte unter den 9—10 Partien des Falles von dem Steig abwärts kann hundert Schuh Höhe betragen. Herrliches Perlenspiel in der Mittagsonne; einzelne wolkichte Draperien, die in stets wechselnder Gestalt unaufhörlich niederschweben zwischen umkränzenden Lerchenwipfeln; am grünen Moos des braunen Gesteins spielender Schatten der geisterischen Wassergebilde. cfr. Hübner, Beschrb. d. Fürst. Salzb. p. 648. Hazzi, Statist. III, p. 958. Die Stâubmül, Fegemühle; sieh II. Th., Sp. 1590. stâubig (ſtábi'). Wein, Bier ꝛc. ist stâubig, wenn es nicht ganz hell erscheint. Staubigs Wetter, (im Scherz) regnerisches. Staubige Docke, (Nürnb.) steife, hochmüthige Frauensperson. Nach Häslein von der in der Größe und Form eines Weibes mit untergestützten Armen aus Pappendeckel verfertigten und mit Sägespänen ausgefüllten Docke, die bei Ochsenhetzen auf einem Brettchen mit zwey Rädern mittels einer langen Stange dem Ochsen entgegen geschoben worden sey, der sie denn im Grimme angefahren und zugerichtet habe, daß der Staub davon geflogen. stâuben (ſtábm), Partic. gestâubt, a) wie hchd. stauben, Staub erregen oder von sich geben. Zeitschr. III, 240,3,23. IV, 228. „Wenn du zw himel firſt, so stob mir nicht in dy augen," (ironisch); Clm. 12296, f. 230. Wenn das Nibelungenlied von seinen Helden so gerne sagt, daß sie ritten, spielten, fochten ꝛc., daß es stob, daß die feuerrothen Fanken stoben ꝛc., so läßt der Bayer nicht blos rennen, tanzen und drgl., sondern auch essen, trinken, beten, lügen, *dás 's ſtábt, dafs 's àlln ſtábt.* b) Einen stâuben, wie hchd., ihn fliehen machen, wegjagen; (ahd. stoupan, turbare. Graff VI, 617. BM. II, II, 649). c) figürlich: trinken, wie man auch scherzweise sagt: den Staub hinunter schwemmen. „Eins nahtes hat er (der Mann) wol gestaubt, do sloz die frauwe leise uf die tür und gie zu irm ameise hin für;" Renner 12849. „So werdent aller leute haubet von neuwem mosten mer betaubet swenne der trinker wol gestaubet, denn von reinem virnem weine;" das. 17273. Vgl. unten: bestoben. Sieh stieben.

steuben (ſtoibm, ſtuibm), sieh stieben. Der Steuben, Stieben (Stoibm, Stuibm), Name verschiedener Wasserfälle und Bäche im Gebirg, deren Wasser beym Stürzen von den Höhen in Staub zerstiebet. Sieh Stâub. Der Steubenfist, Steuber (Stoibəʳ), Staubschwamm, Bofist. Nemnich II, 471. Weigand, Wbch. II, 792.

stieben (o.pf. ſtéibm), Cond. stiebet, Praet. gestiebt und gestoben, wie hchd., (mhd. stieben: ich stiube, ich stoup, wir stuben, gestoben; ahd. stioban, Praet. stoup, Partic. gistoban; Graff VI, 615. BM. II, II, 647. Weigand, Wbch. II, 806. Zeitschr. IV, 228. V, 416,57. 521, II, 12. VI, 286,682. Vrgl. die abgeleiteten Stâub, stâuben, steuben, Stöber und Stubb). „Groß fremd sich bald in jhm erhub Fleisch und auch Blut in jhm auffstub;" H. Sachs 1612: IV, III, 120. Grimm, Wbch. I, 750. „So ist kain stain so groß, er müz erstieben als ein mel;" Cgm. 717, f. 14. „Ein müller, der mit mel ist bestoben;" Cgm. 713, f. 22. Einen stieben, (o.pf.) ihn jagen. Sieh stâuben. „Fliegendes und stiebendes (sc. Wild) jagen;" Wasserburger Ehaft. gestoben, (Hübn., Salzb. 965) außer sich, wahnsinnig; (Zir.). bestoben, ebriolus; Voc. v. 1618. Rübis stübis, s. oben, Sp. 10 f. Zeitschr. V, 305. „Stiebel, pulvisculus;" Voc. v. 1618. Der Stieber, was Steuber, d. h. Lycoperdon bovista, Staubschwamm.

604 stöbern, a) stauben, stieben; (Nürnb., Rath Her) stibern, die ganze Wohnung lüften, abstäuben und von Grund aus reinigen. b) staubartig regnen oder schneien, Zeitschr. IV, 297. c) jagen; (cf. dän. stöve, suchen). Zeitschr. V, 522. BM. II, II, 649. Weigand, Wbch. II, 810. Der Stöber, a) der Staub. Mach kaəⁿn *Stébəʳ.* b) Art Jagdhund; Weigand, Wbch. II, 810. „Falconarius in equo sedens faciens evolare falconem aut accipitrem capit perdicem, aucam aut alaudam coram quo hinc inde canes vulgariter stöbrer currunt;" Clm. 3941, f. 35. „stöbrär, staubär, canis repertor;" Voc. v. 1419. Das Gestöber.

Das, auch wol der (b. W.) und die Stubb, Stupp, Dimin. Stüppl, Stüppə-l, das Pulver, d. h. staub- oder mehl-ähnliche Masse; (mhd. stüppe, ahd. stubbi, pulvis, Staub überhaupt: „Ich bin stuppe und erde;" Reimchron. bis 1250. Graff VI, 616. BM. II, 649); namentlich das Semen lycopodii, womit die Mutter dem Kinde die wundgeriebenen oder fratten Theile bestreut. „Neugeschriebene Blätter, auf welchen das Stupp noch befindlich," (Streusand); Gem. Reg. Chr. IV, 227, ad 1513. „Mul sy (die Eyerschalen) zu stuppe;" Cgm. 4543, f. 141. Aus der Apotheke ein Stupp, Gift-, Heb-, Nieß- ꝛc. Stupp holen. Lipowsky, Gesch. d. Crim.-R. 166. „Trank aus Christwurz oder schwarzem Nießstupp gemacht;" Av. Chr. 47. Mode-Stupp, Nägelein-Stupp, Pfeffer-Stupp, Rörl-Stupp, Piment-körner, Gewürznelken, Pfeffer, Zimmt pulverisiert. „Mancher first hat ein welschen koch lieb ein welscher koch ist ein verleimbter dieb welsche stuppen teitsche ruppen zusamen sich nicht reihmen woll, ein teitscher bauch teitsch fräſſen soll;" Teg. 1782, XIV, p. 211. Wurmstupp, a) Holzmehl, b) anthelminthisches Pulver aus der Apotheke. „La peverada, die starck stup; le spezie dolze, die suezz stupp;" Voc. venez.-todesco v. 1424, f. 21. „Stob (?) topenz (?) milich und allerlai suppen;" Cgm. 1142, f. 96ᵃ. s. Th. I, Sp. 614. Kolstupp, Kohlenstaub. Das Gestupp, Gestüpp, Gestüppel, (mhd. gestüppe; BM. II, II, 649). „Daz ist ein gestüppe vnd ein niht;" Br. Berhtolt; (cf. Pfeiffer 173,7. 224,1). „Wie der Doctor also das Gstüppl;" Cgm. 4504, f. 14. Der Stupp-huet in der Mühle, receptaculum pollinis avolantis. stubben, stuppen, (nürnb.) stippen, mit Pulver bestreuen; (vgl. Zeitschr. IV, 228). Die Speisen stuppen mit Pfeffer oder andern pulverisierten Gewürzen aus der Stuppbüchsen. „Suspect ist mir die hofsuppen thuets Machiavellus stuppen;" J. Alb. Poyßl, Canonicus zu Baumburg (1681), Cgm. 4055, f. 41. In einem alten Beichtbuch (Cgm. 632, f. 42) werden als sündhaft erwähnt Stuppüchsen in Form von menschlichen Schamtheilen. Ein frattes Kind einstuppen.

Die Stuben (Stubm, Stum, Dimin. das Stübəl, Stübə-l, Stübál; Rhein: Stubb), wie hchd. Stube; (mhd. stube, ahd. stuba, stupa; Graff VI, 615. BM. II, II, 705. Haupt's Zeitschr. VI, 329. Weigand, Wbch. II, 830. Zeitschr. III, 284,121. IV, 273,139. V, 521, II, 12. Safařjk, Staroz. I, 264 bringt Stube zusammen mit stobka, gornica, istba, izba, zba, serb. soba). Ehmals wurde nicht, wie heutzutage, Zimmer oder Saal für vornehmer gehalten. „Die im 15. Jahrh. erbaute neue Vest (Residenz) in München hatte nach damaliger Bauart eine Rundstube in der Mitte, dann eine Langstube, genannt in damaliger bey Hof und auf dem Land fast gleicher Sprache. Selbst die Kapelle dabey trug den Namen des „Kirchenstübels." Burgholzer's München p. 85. Cfr. Wstr. Btr. III, 90: „Dem Maler Christoff Schwarz per mehrlai Arbait in das Kirchenstübl der neuen Vest ..." „Meines gn. Herrn wappenstuben;" das. V, 206. Actum „in *stuba* minori nove domus curie nostre episcopalis ratispon. a°. d. M.CCCC.III;" MB. XIII, 421. Die Abteystuben zu Michelfeld; MB. XXV, 408. Die vornehmern Bürger thaten sich auf der „Burger- oder Trinkstuben" eins gütlich. Am Landtag von 1669 hielten Viele vom Adel auf der „Trinckhstuben" schismatische Conferenzen. In der Ritterstuben bey Hof wurde 1612 die Landschaft abgedankt. Verdächtiges Bier oder Brod wurde auf die Bueßstuben gebracht. Das Grafenstübl im alten Hof zu München war ein Gefängniß für Adeliche, das

605 Schottenstübl daselbst für Sigelmäßige, das Schergenstübl für Bürgerliche, das Priesterstübl im Zuchthaus für Geistliche. Für Schreibstube, Gerichtsstube, Rentstube, Zahlstube, Steuerstube, Lehenstube u. s. f. (Birlinger 413 f.) wurde nicht, wie jetzt allgemein, das französische Bureau oder Comptoir geradebrecht. In den Häusern auf dem Lande hat man gewöhnlich nur eine einzige Stube zu ebener Erde, neben welcher sich das sogenannte Stübəl für Kranke oder Austrags- oder Miethleute befindet. Nur in bessern Häusern, besonders des Oberlandes, gibt es außer der untern auch eine obere oder guete Stuben, die immer für etwas vornehmer gehalten wird. „A sodl hat dá' Bau' (Bauer) in dá' *Haohstubn* om gschrirn;" Stelzhamer 71. Die Ébmáſſtubm, (b. W.) Stube über eine Stiege. Die Éstubm, s. Th. I, Sp. 4. In Pfarrhäusern, Schlössern und drgl. ist die Baustuben diejenige, wo sich unter Tags das Gesinde aufhält. Was es mit dem Breustübəl in großen Brauereyen von Schlössern, Klöstern ꝛc. für eine Bewandtniß habe, wissen die Liebhaber eines auserlesenen Trunkes. Deutsche Sprüche in „*stuba* hospitum" des Klosters Benedictbeuren an den Wänden s. Clm 4774 (XV. sec.), f. 207—210, des Klosters Christgarten, f. 211—216. Wesentlich verbindet man mit der Stuben den Begriff der Heizbarkeit, und unterscheidet sie dadurch von der Kammer. Jenes scheint aber so wenig als dieses und als Kemināt ein eigentlich deutsches Wort; wenigstens gilt das barb.-lat. stuffa, stuba schon früh (z. B. lex Alam. 82,3) als Ausdruck für balneum, hypocaustum, sudatorium (Diefenbach 557^{b}), ist in diesem Sinne allen romanischen Idiomen geblieben (ital. stufa, span. portug. estufa, frnz. étuve, Ofen, — wol der ursprüngliche Begriff; Diez, Wbch. 336) und in die germanischen (angels., isl. stofa, engl. stove, ndrs. stave; cf. Zeitschr. IV, 273,139. V, 296) mit übergegangen. „Ließ ihm ein Bett bereiten bei einem Kemmit da man ein Fewr macht als in den Landen etwa kein Stuben seind;" Joh. Pauli 125^{b}. Die ursprünglichste Bedeutung hat sich erhalten in Badstuben, worüber man I. Th., Sp. 208 f. nachsehe. Eine solche Badstuben ist gewöhnlich ein für sich bestehendes, sein eigenes Dach führendes Gebäude; (vrgl. Gadem, Kemenat, Zimmer). So die Holzstuben oder Holzknechtstuben in Salinenwaldungen, die Stuben der Bergarbeiter und drgl.; Salzb. Waldord. p. 50. 76. 95. 115. 139. Lori, Brg.-R. 6. Auch für Wohnhaus in Dörfern und Städten hat Stube gegolten. „Bricht iemand Stuben ab, der sol nicht auf den alten Boden wider bauen;" Regensp. Statut. v. 1306. Gem. Reg. Chr. I, 465. „Von jeder Stuben 2 Fueder Mist;" „de qualibet *stuba* duos pullos;" Donaustaufer Salbuch v. 1385. „Acta sunt haec in burgo Inspruch in stuppa Udalrici Haller. A°. d. M. CC. XLVIII;" Meichelb., Chr. B. 120. Die Trinkstuben, gemainer Statt Trinkstuben oder Burgerstuben waren in der Regel eigene Häuser. Solche waren mitunter auch die Kaufleutstuben, die Geschlechter-Stuben (z. B. in Augsburg), die Zunftstuben mit ihrem Stubenmaister, Stubenknecht ꝛc. Birlinger 414^{a}. Über die Lichtstuben, auch Rockenstuben, Kunkelstuben, Maistuben (Elsaß), Gwèltstubb, Stubet, Stubete genannt, s. Zeitschr. IV, 11 f. 77. 252,76. 321. Das Kohlenstübchen, Feuerstübchen, niederd. Stövken, s. Zeitschr. III, 284,121. V, 526,547.

Das Stubich, Stübich, a) Faß zum Verpacken von trocknen Dingen, Packfaß; (BM. II, II, 706. Weigand, Wbch. II, 830). Stübicher-Waaren, die so verpackt auf die Märkte geführt werden, besonders Geschmeidmacher-Arbeiten, Klempner-Waaren. „Stibich, dolium;" Voc. v. 1618. „Jr sult zu vierzic metzen einen stübich setzen ze hove eneben an die stiege" ... „Noch sult ir einen stübich (stubch) haben ze Wiene an dem graben; dâ ist manger hande veil;" S. Helbling II, 322. 337. Vrgl. Steich und Stücht; auch Vilmar, kurhess. Idiot. 405: der Stubbe, Baumstumpf, und Stübchen als Maß. b) (Rottm.) Verschlag in einer Stube, Alcove.

Der Stachel, a) wie hchd.; (ahd. stachila, stachulla, stachil, Graff VI, 632. 637. cf. ahd. der stecchо, agſ. stac, stacca; das. 628. Weigand, Wbch. II, 780. s. unten Stäckel). „Wie die leute von hertzen stachen sochen und von andern sachen;" Renner 19078. b) sieh Stäckel; c) sieh Stahel.

Stachəs, Stachs, Stáchə-l, Eustachius; auch 606
als scherzhaftes Appellativ üblich. Vrgl. Gramm. S. 516. Weigand, Wbch. II, 781. Birlinger 409: dummer Mensch, Tölpel. Vilmar, kurhess. Idiot. 394. Zeitschr. VI, 461.

stauchen (stauchə~), a) wie hchd.; Weigand, Wbch. II, 793. Zeitschr. II, 171,68. Üeberstauchen den Fuß, die Hand, hchd. verstauchen; b) stauchen Einen, ihm Rippenstöße versetzen; figürlich: bedrücken; „Niemand mit gewalt thu stauchen und pucken;" H. Sachs 1612: II, IV, 96. „O thu sie ernstlich niderstauchen," bedrücken (die Unterthanen); das. II, II, 91. „Weist, wie ich dich oft niderstauch," sagt die Bäurin zum Mann; das. III, III, 85. c) sich auf's Bett hinstauchen, lehnen. Vilmar, kurhess. Idiot. 396: den Flachs stauchen. Dieses stauchen scheint (nach Gramm. §. 501) nur eine Verstärkung von stäuen, und unter dem Begriff stehen machen, mit einer gewissen Gewalt feststellen, mit stâ-n, stê-n nahe verwandt.

Die Stauchen, auch der Stauch, Stäuchel, (mhd. diu stûche, ahd. stucha; Graff VI, 638. BM. II, II, 706. Weigand, Wbch. II, 793. Birlinger 419. Vilmar, kurhess. Idiot. 396. Zeitschr. III, 530,9. IV, 5. VI, 120,81. 279,7). a) Kopfbinde, Kopftuch oder Schleyer der Weibspersonen, (nur noch hie und da, z. B. im Allgäu, um Nürnberg, üblich). A°. 1423 bitten die Frauen und Fräulein in München den Magistrat um Erlaubniß, Stauchel und Schleyer tragen zu dürfen, um damit auf der Straße (wegen der herrschenden Lizenz) das Angesicht verhüllen zu können; Eos 1832, p. 377. „Sichst du dann am gater hangen ain stuchen wis;" Cgm. 568, f. 258. Nach Ruprecht v. Fr. Rechtbuch v. 1332 (Wstr. Btr. VII, 92) soll man der Frau, welche gegen einen Mann, den sie der Nothzucht beschuldigt, in gerichtlichen Zweykampf tritt, „einen stain in ir stauchen geben, der ein pfunt hab," ....; nach dem Augsb. Stdtb. (Frb. 55) „soll sie in ir stuchen (Cgm. 559, f. 41: in irer stauchen) haben einen fûst grozzen stein." Nach der a°. 1500 vorgeschlagenen Kleiderordnung (sieh Kr. Lhdl. IX, 429. XIII, 320) sollten den Bauernweibern „Steichel oder Schleyer, darin Gold zu Leisten getragen ist," verboten werden. „Mitra ein stuch vmß haupt oder hube. Vitta, stuchen;" Voc. Melber. b) Ermel. W. Grimm, Athis und Prophilias p. 49. „In manicis, in ermelen, stuchen;" Cgm. 17, f. $205.^{a}$ „Ich und mîne meide tragen iu die steine in wîzen stûchen;" Gudrun 1385,4. „Supparus est manica laxa et longa in veste muliebri, ein stauche;" Gutolfus, Clm. 5008 (XV. sec.), f. 174. „Manigo, stuche;" Clm. 4350 (XIV. sec.), f. 1. Diefenbach 347^{a}; nov. glossar. 355. In Jacob's und Ukert's Beiträgen III, p. 125 steht durch Druckfehler öfter slauch statt stauch. Sieh das folg. Wort.

Der Staucher, Stäucher, a) Vorsteckärmel; b) der Muff, Schliefer; c) (wirzb.) halber, die Finger nicht deckender Handschuh. Sieh Stauch.

stechen (stéchə~ — ich stich, Cond. stechet und stách, Partic. gestochen), wie hchd.; (mhd. stechen, ahd. stehhan, stechan: Praet. sing. stach, plur. stâchun, Partic. gistochan, — zu welchem Ablautverb sich auch ein abgeleitetes stehhôn findet. Graff VI, 635.

BM. II, II, 622. Weigand, Wbch. II, 794). stechen, (ä. Sp.) ritterlich mit Lanzen kämpfen in Ernst oder in Schimpf. Das Stechen, Gestech, Turnier dieser Art. BM. II, II, 623. 625. „Sag kenst du dise edlen frawen die wirdt auch dem gestech zuschawen;" H. Sachs 1612: II, III, 54. Das Gesellenstechen. „Wir wölln ... gen hof zu eim gesellenstechen;" das. 53. „Die haben thun versprechen zusam ein gsellen stechen;" das. 377. 378. Krönlstechen, Kübelstechen; Cgm. 929, f. 60. 61. Sieh II. Th., Sp. 1218. Das Plattnergestech zu Nürnberg im XVI. Jahrh. Noch erinnert daran unser Fischerstechen, Bonzenstechen (I. Th., Sp. 397) und drgl., sowie verschiedene R.A.: z. B. stechen mit Einem um den streitigen Preis beym Kegelspiel, Scheibenschießen rc.; (vrgl. rittern). Einen herab-, heraus- rc. stechen. stechen Einem etwas, es ihn vorläufig und heimlich wissen lassen, ihm beybringen. „Sieh auch stecken und aufstechen. stechen einen Kegel, ihn durch unmittelbares Treffen mit der Kugel umwerfen. stechen Einen mit Miet, Gab, Gelt rc., (ä. Sp.) ihn bestechen. Av. Chr. 263. 417. 490. „Schaw das du niemand dise wochen mit eim helltüchlein habst gestochen;" H. Sachs 1612: II, II, 74. 'Polizeidiənə' sán' hält *gstochə˜* (abgeschmiert) wor'n; e˜ d' Seit'n sánſ' halt bráv *gstochə˜* wor'n; d' Augng hamtſ' əne˜ mit Tàlə'n *ausgstochə˜*, das ſ' nicks segnt; (ObrM.). stechen
607 auf Einen mit Worten (Voc. v. 1618), sticheln. „stechen waar vmb waar," permutare merce (Voc. v. 1618), Waare um Waare hingeben, Tauschhandel treiben. „Von Stichen auf kauffmanschatz als war umb war; der stich, schätzen am stich, im stich;" Teg. 1691, f. .... „Mit stechen, kauffen vnd verkauffen;" H. Sachs. „Vostu baratar comy, e torò a barato in fina 25 peze de valesio, billdu mit mir stechen, ich stich mit dir umb 25 stuck valesi." „Vaz habt ir zu verstechen" (da baratare); Voc. venet.-todesco, Ms. v. 1424, f. 102. „stechen, furtim excedere, se subducere; Voc. v. 1618. „Dapfer darauf stechen, instare operi; Voc. v. 1618. anstechen einen Baumstamm, (Zimmerm.-Sp.), Einschnitte in denselben hauen, um ihn dann desto leichter mit der Axt nach der Schnurlinie grob behauen zu können. „Zimmermann der abstechen kan mit der praiten axt;" Scheirer Dienst-Ord. f. 45. anstechen das Pferd mit dem Sporn, den Ochsen mit dem Stachel, antreiben; Grimm, Wbch. I, 477. „In dem stach er (der Bauer) sein merchen an," (kaum mit dem Sporn); H. Sachs 1560: II, IV, 74ᵇ. aufstechen. Die Kugel des Kegelschiebers sticht auf, wenn sie vor dem Brette, auf dem sie fortrollen soll, den Boden und das Vorderende des Brettes berührt. Ein Floß sticht auf, wenn er mit einer Ecke irgendwo anstoßt. Bier, Wein rc. sticht auf, wenn sie in die Essiggährung überzugehen anfangen, — einen Stich bekommen. Aufstechen Einen, ihn angehen, verklagen, verrathen; sieh oben: stechen Einem etwas. Vielleicht aber ist dieser Ausdruck von irgend einem materiellen Aufstechen, etwa dem Markieren auf einem Span beym forstmäßigen Abzählen von Holz hergenommen. „Am abmessen des Holzes bey jedem 16ten Rächl ainen schray thun mit disen worten: stich auf! und sol nach solchem Ruef zu stundt an durch den Waldmann und den Holzmaister aufgestochen, und wan das Fürgeben in dem Waldt ein Endt, die stück auf den Spänen abgezelt und auf ainen Span, davon der Holzmaister den Gegentheil hat, geschnitten werden;" Salzb. Forst-Ord. v. 1592. Der Stichauf, Angeber, Spion. ausstechen Wein, Bier, a) mittels des Stechhebers aus dem Fasse ziehen; b) (im Scherz) austrinken. Grimm, Wbch. I, 984,4. Ein ausgestochenes Bildlein, (fig.) scharfer Verweis. Ein ausgestochener Kopf, ein talentvoller. „Zum Bösen habt ihr Köpfe, ausgestochen wie David und Salomon, und zum Guten kommts wie der Fisch ohne Kopf;" A. Bucher's s. W. IV, 8. derstechen (də'stéchə˜), erstechen. niderstechen Einen, ihn im Ringen oder Raufen zu Boden schlagen; (HbE.). verstechen Einen, ihn um seinen Platz, sein Amt, um die Gunst eines Höhern bringen. Voc. v. 1618. zestechen (zſtéohə˜), zerstechen. Der Stechen (Stéchə˜, O.Isar), der Seitenstich. BM. II, II, 625. Cgm. 92, f. 6: „Sweme die site we tut oder den der steche mut." Cgm. 720, f. 51. 60. 248: „Wem die seiten oder der stechen wee tue." Cgm. 729, f. 146: „Für den Stechen, auch Stecher in der seiten." Cgm. 734, f. 170: „Für den Stechen." „Qui dicunt quod debeant bibere für den stechen de manibus quae pariunt simul duos pueros;" Ald. 228, f. 342. Cgm. 3723, f. 90 rc. Clm. 5879, f. 192. Das Voc. v. 1618 hat „der Stechend, pleuritis, dolor lateris acutus et pungens." „Stechedo in corde;" Hildegardis. Graff VI, 636. Der Stecher. a) der Mörder Herzog Ludwigs von Kelheim wird in den Handschriften bald ein Stecher (Freyb. Samml. II, 427. 608
Cgm. 316, f. 93), bald ein Sprecher genannt. Hund, St.B. p. 402 spricht von zween Stechern, die auf Kaiser Fridrichs Wink von einem Thurm gesprungen. „Assassinus, stecher;" Aug. S. Ulr. 50 (Clm. 4350, XIV. sec.), f. 1. b) sica, pugio; Voc. v. 1618. s. Th. II, Sp. 1671: Stichmeßer. c) das Stecherlein, Hündchen, das hauptsächlich des Belferns (Aufstechens) wegen gehalten wird. „Wenn sie schon in vera scientia nur kleine Stecherln, Stallpummerln sind;" A. Bucher, s. W. III, 65. d) Concavglas für Kurzsichtige, in Horn oder Metall gefaßt, Lorgnette. ə˜ aə˜fachs, ə˜ doppelts *Stéchə'l.* Bauchstecherln, (b.W.) gedrehte Nudeln, welche zuerst gesotten und abgeseihen, dann mit heißem Schmalz begossen oder auch in der Reine geröstet werden; (ObrM.). Finkenstecher, dreispitziger Hut; Zeitschr. VI, 519. Der Kæsstecher, Käsekrämer. Das Stechfach (Reichenhaller Risenbau), was im Salzburgischen Wechsel; (Pseud. Jir.). s. Th. I, Sp. 685 und vgl. Sp. 415: Patsch, 2. stechmäßig, stichmäßig, (ä. Sp.) ergrimmt, heftig. „Der gifftige mordische Neid, den die Juden tragen gegen all andern Völkern und zu dem stechmessigsten gegen ganzer Christenheit;" Dr. Eck 1542. „Wenn die nächsten Freund und Nachbaurn an einander gerathen, so seind sie vil stichmäßiger auff einander, denn ander Feind;" Av. Chr. 111. „Hessig und stegmessig auf einander werden;" Av. Chr. 111. 474. Sieh Stich.

„Steich," was Stübich, Stücht? „Item hat dann Einer Kramerey oder beschlagen Gut in Steichen geführt auf der Achse;" Kr. Lhdl. I, 214, ad 1453. „Item es sullen die Scheffknecht nicht mehr Steich an dem Scheff haben, denn die zwen Fahrer jeder ein Steich, der Vorreiter ein, der Seiltrager ein, der Marstaler ein;" Ipser Schiffmeister-Verein v. 1455. Gemeiner, Regensb. Chron. III, 235. Vrgl. die Steigen.

Der Stich, a) wie hchd.; (sieh stechen). Im Stich bleiben, (Selhamer) der Gefahr ausgesetzt bleiben, parallel der R.A.: im Stich laßen Einen. „Das ist auch im Stich gebliben," sagt man noch; (ObrM.). b) fig.: anzügliche Rede. Dés is ə˜ *Stich* der nét blüət't, ə˜ Mésnə'ſtich, (Redensart, wodurch man andeutet, daß man eine anzügliche Rede wol verstanden habe). c) abschüssige Stelle einer Straße; steile Anhöhe; BM. II, II, 625,3. (sieh Stick). „aufstichlich, acclivis; niderstichlich, declivis;" Voc. v. 1445. Sieh unten stichel, adj., steil. d) senkrecht herablaufender Sprung im Felsen. Schottky, Bilder 274. e) Metzgersp., ein gewisser Theil am Halse des Rindes. Baumgartner im b. Intell. Bl. 1804, p. 618. f) kainen Stich, (schwäb.) Stichen sehen; Zeitschr. III, 45, II, 16. vrgl. Stick. stichdunkel, (Aschaffenb.) stockdunkel. Der Stich oder Hanenstich, Frucht-Ansatz im Ey. Der Stich einer Rise, s. Th. I, Sp. 415: Patsch, 2. Der Abstich, Mül-Abstich, gerichtliche Bestimmung (Absteckung?) der Höhe, die das Wasser einer Mühle haben darf (?). Der Anstich, Künig Anstich, der Anfang, der Veranlasser, Urheber einer Unternehmung. „Kloster Schöfftlarn solle werden Königs Anstich uns Gefehr-

ten: dort ists erste Nachtquartier, ligt zwey Meilen nur von hier;" Studentenmarschroute v. A. A. Ruprecht, 1741. Das Stichəberle, (Nptsch.) die Stachelbeere. Zeitschr. V, 50: Stikbere. stichbrändeln (stihhbrántln), beliebte Art Kartenspieles. Vrgl. I. Th., Sp. 361. stichhägkeln, mit Worten sticheln. stichmäßig, sieh stechmäßig. 'Der Stichbraten, Metzelsuppe; Vilmar, kurhess. Idiot. 400. Der Stichhaufen, das Schlachtvieh unter den Schafen, (von stechen für schlachten); Zeitschr. IV, 310. stichsauer, stechsauer, sehr sauer; Zeitschr. V, 186.' Der Stichwein, der zur Probe aus dem Faß genommene, (gestochene). Nach der Infanterie-
609 Ord. v. 1754, p. 165 hatte der Oberstwachtmeister von jedem Faß Bier, das der Marketänter verzapfte, als Visitator die Stichmaß.

Der Stichel, 'ä. Sp., Stachel, wie hchd. Grabstichel; (ahd. stichil, mhd. stichel; Graff VI, 637. BM. II, II, 625. Weigand, Wbch. II, 805).' „Der viert Jud hat scharpff, spitzig und lang nadel oder stichel gehabt;" Dr. Eck ad 1542. Gl. o. 261. 279: stichel, aculeus. Das Voc. v. 1429 hat „stichel hastiger vel hastifer." Stichel, Regensb. Familenname; RB. IV, 760, ad 1265. stichelhärig sein, Haare von zwei Farben haben, deren ein Theil schon in's Graue fällt; Castelli, Wbch. 235. „Du aldə' *stichlhárigə'* Kropftaubə'," angehender Graukopf: ders., Gedichte (1828) p. 206. 247. Der Stichelschimmel. „Nicht reine Schimmel, sondern wie die schweren Stichelschimmel, die auf den Leinpfaden an der Traun und Ens die Schiffe ziehen müssen;" Allgem. Ztng. 1852, Beil. S. 2891. stichel, steil; sieh Stich und stickel. sticheln, a) wie hchd.; b) ein Kartenspiel spielen, welches sonst der letzte Stich genannt wird.

Der Stichling, Sticheling, ä. Sp., 1) aculeus, stimulus, Stachel. „Aculeus haizt ain stichling, dannen kümt culex;" Konr. v. Megenberg f. 175 (Pfeiffer 299,13). (Die Schnaken) „stechent mit stichlingen oder ängeln;" ebendas. (Pf. 299,1.). „Voller dorn und stichling," das. (Pf. 369,27; cf. 183,29. 252,1. 303,28. 357,16. 403,26). 2) ein stachelichter Fisch, BM. II, II, 625. Weigand, Wbch. 805. Nemnich II, 905: perca fluviatilis, Barsch im zweiten Jahre; s. Th. I, Sp. 280.

Der Stichsel, Sticksel, Mensch, der Andere gerne angibt, verräth, Stichauf.

stuchsen. „Wan ich ez selber han gesehen, daz man ain (einen Anbeter) an sins liebes (Liebchens) want des morgens umb stuchsen vant so wil ich mich hirten vor der wid und wil han bi dem win frid," sagt der Ludrære zu dem Minnære; Liedersaal, Nr. CXXIX, 154.

Der Stücht, Sticht, (Franken) hohe Tonne, Zuber, z. B. zu Sauerkraut, eingesalzenem Fleisch; Faß zu trocknen Victualien. Laugenstücht, Laugenzuber zur Wäsche. Sechtelzuber. Vrgl. Stübich und Steich.

Stack, ä. Sp., (?). Ins Wappen von Wien hat der Kaiser verliehen „ainen adler von topasion, der stund in stak (Stock?) mit hapten (Köpfen) zwain;" er hätte ihnen vielmehr sollen verleihen „ainen schilt von blut ... da mitten auf gewalgen in stak weis ainen galgen;" Mich. Beham, Wiener p. 205,28. ... 206,17.

Der Stäckel (Stáckl), Stange des Flößers, Schiffers, Fischers, mit einem eisernen Haken an dem einen Ende versehen; (Zeitschr. V, 296: niederd. Stâke. VI, 484. Weigand, Wbch. II, 783). Vrgl. Griesbeihel. „Stachel, der schiffleuth stang, contus;" Voc. v. 1618, bey Pictorius Stackel. MB. XI, 44: „securim et staechil," das. 45: „staechil et schalten." Clm. 17403, f. 42^{b}. „stachil, cuspis." Gl. a. 344: stachulle sudes. Graff VI, 632. Diefenbach 564^{b}. Der Stäckelstecken, Gehstock mit eiserner Spitze. „Tragt ein grossen Stäglstecken;" Signalement v. 1715. Der Stachál in den großen Gehstecken. stáchln, vrb. Wo *stáchálst* denn àlləwál ummə'? (ObrM.). à˜stáchln Einen, ihn antreiben. s. oben: anstechen. 'Vgl. Stickel, Stecken und Stachel.'

stecken (stéckə˜; Cond. stecket, Partic. gesteckt), a) figere wie hchd.; (mhd. stecken, Praet. stacte, stahte, Partic. gestact, gestaht; ahd. stecchan, Praet. stacta, Partic. gistact; Graff VI, 627. BM. II, II, 626. Weigand, Wbch. II, 794 f. vgl. stechen). Einem aine (sc. Ohrfeige) stecken, wie ital. ficcarla ad uno. Einem etwas stecken, es ihm vorläufig heimlich zu wissen thun; (sieh auch stechen und vrgl. Steckbrief). Die gesteckte Hauben oder Steckhauben, der gesteckte Huet, weiland (1780—1800) Frauenzimmerkopfputz der neuesten Mode, durch Stecknadeln in unzähtige Falten gesteckt. „Parocka, Schinion, gsteckte Haubn, nur die kriegng Compliment." „Stolze Stadt- und Bauerndirn tragn Kantusch und gsteckte Haubn, 's Hemmat mächt kain Hund aufklaubn." „Mancher mit ein gsteckten Hut, schmeckt auch der Syrup gut;" Marc. Sturm. gesteckt, gstéckət voll, voll angepfropft. aufstecken etwas bey einem Handel oder Geschäft, d. h. gewinnen. Grimm, Wbch. I, 746,6. És werds á' nét vil dabey *aufsteckng*. verstecket, verstopft. „Weilen das Töchterlein etliche Wochen her ziemlich verstecket ware;" Lechs. Mirakel 177. Das Steckerlein, Vorrichtung, worauf man Lichtstumpfen steckt, um sie vollends auszubrennen. Der Fürstecker, steifer Latz, der von Weibspersonen, die ein Mieder tragen, vor die Brust gesteckt und mit dem Schnüerriemen befestigt wird. Die Steck-Rueben. Im bayr. Oberland versteht man 610
unter der Steck- (Stég-, Stéhh-) Ruəbm eine Unterart der brassica napus von fleischigerer Wurzel, aber weniger pikantem, eigenem Napusgeschmack und weniger brauner Oberhaut, die also zwischen br. rapa und napus gleichsam das Mittel hält. Man baut sie daselbst neben der eigentlichen „baərischen Ruəbm." Baur.

stecken (stéckə˜, Cond. stéckət, Partic. gstóckt; in Schwaben stèckə˜; U.-Mayn stecken, sticken, Praet. stak, Partic. gestocken), b) fixum esse, haerere, wie hchd.; (mhd. stecken, ahd. stecchên, schw. Verb., neben stechen, st. V.; Graff VI, 628. BM. II, II, 627. Weigand, Wbch. II, 795). bestecken, stecken bleiben; ä. Sp. auch gestecken (BM. II, II, 627). „Er viel in daz pech und haftet dar inn und bstegket als ein vogel;" Gesta Romanor., Cgm. 54, f. 58^{b}, (Keller p. 113). „Eripe me de luto ne infigar, zuck mich aus dem dreck daz ich nit gesteck;" Clm. 17552, f. 228^{b}. Voc. v. 1618: „D' stimm bsteckt vor schmerz, includit vocem dolor." „Groß trauren wurd sie bestecken;" Cgm. 714, f. 114. steckicht, (wirzb.) gestockt, geronnen, käseartig. (Vrgl. Steck-nudel, II. Th., Sp. 1729, und stocken). derstecken, erstecken, ersticken machen, suffocare. BM. II, II, 628. Grimm, Wbch. III, 1005. „Der Sâmen ist ganz derstickt, die Feuchten hat in dersteckt." „Sie warfen die gefangenen Ungarn in ein tieffe grueben, erstöckhten sie;" Chron. in Freyb. Samml. I, 32. „Er nam das kussen und ersteckt das kindelein; Cgm. 270, fol. 235. „Guten sin er oft erstecket, swer urlaup gibt und ofte fride schulern;" Renner 17441. (Diese Form scheint erst aus dem, wenn auch falsch gebildeten, mit sticken näher verwandten stecken, stak, gestocken erwachsen). Die Gestecken (Gstéckng), steile Anhöhe. steckel, stechel, adj., (ä. Sp.) steil; (mhd. stechel, steckel, stickel, ahd. stechal; Graff VI, 633. BM. II, II, 625. Weigand, Wbch. II, 805. Weihers: stékkel; Dr. K. Roth.). „Der burcberc was so hôch, beidiu so stechel und so lanc;" Iwein 3772. Sieh Stick, stickel.

Der Stecken (Stèokə˜, Stèckng), Dim. Steckelein (Stèokə-l, Stèckál, a) wie hchd.; mhd. der stecke, des stecken, ahd. stecchо, genit. stecchin, fustis, sudes,

palus, paxillus, isl. ſtiki, agſ. sticca; Graff VI, 628. BM. II, II, 625. Weigand, Wbch. II, 794. vrgl. Geſtick); auch im Dialekt von vielfältigerem Gebrauch, und ſowohl Prügel, Stab, Stock, als Pfahl, Pflock erſetzend. Sp.W.: Den Stecken über die Aijer ſtellen, (einem Gegner) die Mittel zu ſchaden ſelbſt an die Hand geben. Gê-Stecken, Heb-Stecken, Stab, Stock zum Gehen. ſieh II. Th., Sp. 1037. Hüet-Stecken, Hirtenſtab. Driſchel-Stecken, Gaiſel-Stecken, Stiel. Bonen-Stecken, Reb-St., Zaun-St., Pfahl; BM. II, II, 626. Heft-Stecken, Lend-St., Uferpflock für Flöße, Schiffe; ſieh II. Th., Sp. 1066. „Einen flôz, den eine starchiu wîde flôz bî einem stechen ze dem stade;" Wigalois 6278. Am Stecken bleiben (von Schiffen); Gem. Reg. Chron. I, 281. marstecco, tonsilla; gl. o. 311. Graff VI, 629 March-Stecken, Gränzpfahl. „Durch ainen päſtecken," der vor einem Zaun ſtet;" Cgm. 3723, f. 153. Rüer-Stecken, womit die Milch im Kübel zu Butter gerührt wird. Stecken (Pfähle bey Damm- oder Brückenbauten) ſchlagen (einrammen). Der Schlag-Stecken, Aich-St., Pfahl, der, um das Mühlwaſſer abzumeſſen, eingeſchlagen wird. b) (am Unter-Mayn, im Würzburg., Aſchaffenburgiſchen) Benennung eines Scheitholz-Maßes. Der ältere Holzhof-Stecken, auch Maynzer oder Cameral-Stecken genannt, hielt in Höhe und Weite 4,35086′, in Tiefe oder Scheiterlänge 4,16293′ bayr. Oder 8 Stecken waren gleich 5 bayr. Klaftern; 13 Burgſtecken 5 bayr. Klaftern; 3 Waldſtecken 2 bayr. Klft.; 41 Waßerſtecken 20 bayr. Klft. Sieh Reg.-Blatt v. 1829, N°. 45. Der Steckenförſter, (Eichſt., Nürnb.) untergeordneter
611 Waldaufſeher, der nicht zugleich Jägersmann iſt, (ſein Amt ſtatt mit der Flinte mit dem Stock in der Hand verſieht?). Lex. v. Franken I, 29. Sieh Stockförſter. Das Steckhengelt, als jährliche Reichniß der Hirten und Schäfer. Hanbacher Ehaft in den Geöffn. Archiv. I. Der Steckenknecht, Gerichtsdiener; beym Militär: der Gehilfe des Profoßen, eine ehmals unehrlich gehaltene Perſon. Infanterie-Ord. v. 1754, p. 382. 386. 388. Beym Oberſthofmarſchallſtab wurden auch Hofſteckenknechte aufgeführt.

Der Stick; a) gewöhnlich diminutive das Stickl, ſteile Stelle; BM. II. II, 625ᵃ,3. Zeitſchr. VI, 39,77. (vrgl. Stich, Geſtecken und ſtickel, adj.). əⁿ guəts *Stickl*, beträchtliche Anhöhe. „Nach Gelegenheit der Sticken, Perg und Schneegefell; Lori, Brg.R. 190. b) mit der Verneinung in der R.A.: „Nicht ainen Stick, kainen Stick, kainen Sticken, kainen Geſtick ſehen, wie man auch ſagt kainen Stich, ganz und gar nichts ſehen." Voc. v. 1618. Alt-Öttinger Hiſtorie. Benno-, Bogenberg-, Inchenhofer-Mirakel. Reime v. 1562. ſ. Stich und Zeitſchr. III, 45, II, 16. 219,16. „Eh drey tag vergangen findt ſo wird dein Mann werden ſtockblindt, daß er kein ſtick mehr ſol geſehen;" H. Sachs 1612: IV, III. 105. Schon bey Br. Berhtolt 59. (Pfeiffer 265,28): „Er wirt gar blint, daz er niemer ſtic geſiht;" „Es half in laider nicht ein ſtick;" d. Ring 9ᵃ,35. ſtickdunkel, ſtickfinſter, ſtickbuzelfinſter, ſehr finſter. Zeitſchr. V, 63,34. 186. 296. „Die Höll iſt ein ſtickfinſtere Keuchen;" Selhamer. Voc. v. 1618. „Bey der nacht ſo iſt es ſtickfinſter;" H. Sachs 1560: II, II, 111. Die naht was ſtik und vinſter;" Mich. Beham, Wiener 412,8. Das niederd. Stikk, dem aber auch unſer Stich entſpricht, wird eben ſo gebraucht. „Vnd ſi er ein jar geweſen plint daz er nie ein ſtich geſehe;" Furstenf. 121, p. 172. Sollte die R.A. bedeuten: nicht das Geringſte, ſo mag man freylich an das goth. ſtik-s, punctum, denken, (Graff VI, 637. BM. II, II, 625ᵃ,?); ſie kann aber auch ſagen wollen: nicht einmal eine Berghöhe, Bergwand, an die man anzurennen Gefahr läuft. Vrgl. ſtockblind, ſtockfinſter; ſ. auch unter ſticken.

ſtickel, adj. ſteil (ei = ai? wol aus mhd. ſtickel, ſtichel; ahd. ſtecchal. Graff VI, 633. BM. II, II, 625. Weigand, Wbch. II, 805. Vilmar, kurheſſ. Idiot. 400. Zeitſchr. IV, 238,10. VI, 39,77. 485. vgl. ſteckel). əⁿ *ſticklé* Leit'n, əⁿ *ſtiklə'* Raəⁿ ꝛc. „Auf einer ſtickeln Steinwand;" Av. Chr. 148. „Ain ſtikle w halde; Cgm. 178, f. 221. ſtickel, ſtihel bey Br. Berhtolt 429. 436, Pfeiffer p. 66,20. 171,1. (ſtichili, ſtecchili, ahd. Sp., praerupta locorum, crepido, praecipitium. Graff VI, 634). Firmenich I, 177,17 (Wolfenbüttel): „Up jünnen hogen un *ſtikkeln* Barg;" p. 420,76 (Neviges): „*stekse* Fälschen," (Felſen). „Ardua sylva vulgo ſteigerwald;" Brusch, Germ. monast. chr. p. 143.

Das Geſtick (Ober-Iſar), Zaun von eichenen Pfählen, die an ihren oberen Enden durch ein Geflecht von Weiden- oder Fichtenäſten verbunden ſind, Steckenzaun (ſieh unten Stickelzaun); vrgl. Stecken und Vilmar, kurheſſ. Idiot. 400: ſticken und Stickſtecken, Stickgerten.

Der Stickl, a) Pflock, ſpitzer Pfahl; (mhd. ſtickel, ahd. ſtichil, vallus, paxillus; Graff VI, 632. BM. II, II, 627. Weigand, Wbch. II, 805. Weihers: Stekkel, Dr. K. Roth. Birlinger 411. Vilmar, kurheſſ. Idiot. 400. Vrgl. Stichel und Stecken). Der Eiſenſtickel, (O.L.) eiſerner Pflock oder Stößel, Löcher in den Boden zu ſtoßen. Der Zaunſtickel, (Franken). Die Stickel von den Zäunen ausreißen. Der Stickelzaun, Zaun aus oben durchflochtenen, eichenen Pflöcken. „Das Holz ſammt den Klafter-Stickeln abführen;" Anſp. Verord. v. 1746. Die Forſtbedienten ſollen ſich nicht die Unterleg-Stickel von den aufgeſetzten Reifen (Klaftermaßen) zueignen. Wirzb. Verordd. v. 1685 und 1741. b) fig.: dummer, unbehülflicher Menſch. Birlinger 411. ſtickelfitzen (gewöhnlich und ſchon nach Praſch ausgeſprochen: ſtiglfitzen), mit Worten auf einander ſticheln. Zeitſchr. III, 141. Dieſer figürlichen liegt ohne Zweifel 612
eine eigentliche Bedeutung zu Grunde. Vrgl. allenfalls Schmerbickeln, oben Sp. 554.

ſticken, a) wie hchd., d. h. acu pingere; (BM. II, II, 627. Weigand, Wbch. II, 806 Vrgl. gl. a. 351: ſtikhan, stipare). R.A.: Vil, wenig, nichts ſticken auf eine Perſon oder Sache, (bey Selhamer) auf ſie halten, achten, bauen: „Was Aventinus ſchreibt, iſt gar offt ein ungründliches Narrieren, darauf andere nicht vil ſticken wollen." b) (Franken) erſticken. „Der Rauch ſtickt mich;" (auch ndrſ. ſtikken). Sonſt unterſcheidet der Dialekt derſticken, suffocari, von derſtecken, suffocare. Eⁿ feucht'n Loch tuət Àlls *də'ſtickəⁿ*, də'gráwm und də'báməⁿ; (ObrM.). ſ. ſtickzen. (Gl. i. 378: irſticta, exspiravit). c) hie und da für ſtecken, figere, fixum esse, haerere, ſtrotzen. „Mit geſtickten augen an die erde," fixis in terram oculis. Cgm. 91. f. 11. Da ſtickt's geſticket (gſtickət) voll, ſtickəté wippəté voll, ſticken- und wicken-voll, geſtrotzt voll. „*g'stickata wickata;* Frommann IV, 95." Jac. Grimm. ſ. auch Zeitſchr. IV, 112,66.

„Sauffite vos socii ſtickete wippete pleni,
Ut possit lectum findere nemo suum."

ſtickzeitig (Nptſch., von Feld- und Gartenfrüchten), überreif. stickreár, ſ. oben, Sp. 18: gerechen, b. ſtickig, ſtarr, ſteif. „Oculi vestri etsi jaciuntur in aliquam feminarum, in nullam figantur: ob ewre augen ain frawen anplikken, ſullen ſy doch darin nicht ſtickig beharren" ... (nec putare debet) qui in feminam figit oculum et illius in se diligit fixum ..., der ſein geſicht gegen der frawen augenplikig und ſtickig halt ...;" Augustini regula, Clm. 5130, f. 200. 206. Der Pfeilſticker, ſ. Th. I, Sp. 425.

Stickling (?), was Stichling. „Ein klein leder köſtelin von ſtickelinges magen;" Wirzb. Kochbuch p. 18,53, (ſ. Th. II, Sp. 1501: die Lerch).

ſticker, adj., (adv.), grell tönend, übel tönend. „Das kloppert denn ſo wüſt und ſticker, als ob Kolſchmid und Pfannenflicker Schüſſel und Pfannen flicken theten;" H. Sachs 1612: IV, III, 176.

stickezen, stickzen, a) im Reden anstoßen, stottern. s. stigetzen. 'b) rülpsen, schluchzen; Zeitschr. VI, 345.' c) (Mayr) stickzen (von Mehl, Wäsche ꝛc.), in eingeschloßner Luft ersticken, verdumpfen, nach Moder oder Schimmel riechen. stickzig, adj., moderig. d) Stickſel, sieh Stichſel.

Der Stock (Stók, Stóg, plur. Stéck, Dimin. Stéckl), in den mannigfaltigen Bedeutungen, wie hchd.; (mhd. stoc, ahd. stoch, stoc; Graff VI, 630. BM. II, II, 654. Weigand, Wbch. II, 811. Zeitschr. V, 138,32. 297. 418.). 'Der Almosenstock, Opferstock (in der Kirche ꝛc.); BM., a. a. O., 3. Birlinger 412,1.' „Der baubst liez durch sein geitikait stôk setzen in die kirchen und daz crücz predigen auch durch sein geitikait, daz enpfiengen die lut in ainvältiger gut," (Güte); Kaiserchron., Ms. des XIV. Jahrh. (im german. Mus. Nr. 2733). 'Vgl. Walther v. d. V. 34,10.14.22: „her Stoc."' „Ihr habt am stock heut wol vernomen, wie ich offentlich an hab geschlagen wen ein heimlich kranckheit thet plagen, derselb zu mir herkommen solt," sagt der Arzt; H. Sachs 1612: III, III, 17. Der Stock (im Stadel oder in der Scheune), erhöhter Raum neben der Dreschtenne, auf welchem Getreide, Heu ꝛc. aufgeschichtet wird. „N. ist vom Stock gefallen;" Lechf.-Mirakel 233. 'Vgl. nhd. Stock, Stockwerk und BM. II, II, 654,5. Block, Werkzeug, womit die Füße der Gefangenen gefesselt werden, dann Gefängniß überhaupt; BM., a. a. O., 4. Birlinger 412,3. Grund und Boden, Platz von einer Gasse zur andern. BM., a. a. O., 5. Birlinger 412,1 und 6.' „Stock und Stain," (alliter.), Gränz- oder Markzeichen von Holz und von Stein; MB. XXIV, 564; (vrgl. understocken und understainen; MB. XXV, 247. Vilmar, kurhess. Idiot. 401: stocken und steinen, mit Grenzbezeichnungen versehen). Übə' *Stok und Stau'n* aus rennə˜; (ObrM.). Stock an (stókā˜! ᴗ–) ruft man im Blindekuhspiel dem blind Herumtappenden zu, wenn er in Gefahr ist, irgendwo anzurennen. R.A.: Da haißt's stock an! da geht es nicht weiter. Der Hackstock, Block zum Hacken; dummer, grober Mensch. Der Huetstock, s. Th. II, Sp. 1190. Der Kerzenstock, Liechtstock, Leuchter. Liechtstock heißt auch ein Stück von einem Föhrenstamm, das zu Lichtspänen bestimmt ist. 'Osterstock, geweihte Kerze; s. Th. I, Sp. 171. Birlinger 412,5.' 'Der Stockar, haliaëtos, halietus, alietus, Jochgeier; ahd. stoch-aro, stoc-aro. Graff I, 433. BM. II, II, 49. Diefenbach 22ᵇ. Nemnich I, 1583: falco palumbarius. Weigand, Wbch. II, 811.' „Alietus, stochar;" Ald. 176, f. 36. Der Stockförster, (Nürnb., Hsl.) Untergebener des Erbförsters; vrgl. Steckenförster. 'Das Stockrecht, Baumnutzungsrecht; Zeitschr. III, 461.' stockhærig (stokhári'), a) mit steifen, nicht krausen Haaren, ndrſ. stickelhärig (z. B. ein Hund). b) verstockt, hartnäckig; (oder wäre für diese Bedeutung stock-härrig anzunehmen?). stockhimmelfinster, verstärktes stockfinster, 'finster wie im Stock (Gefängniß); ebenso: stockdunkel. Weigand, Wbch. II, 811. 812. Verstärkend: stockblind, stockdumm, stockstille, stocktaub (wie ein Stock). Zeitschr. V, 27. stockgerieben, was stockfinster; Zeitschr. IV, 187.' stockmauset, tückisch, hinterhaltisch; 'vgl. stockig. stockrot, (von Holzstämmen) innerlich faul, kernfaul, rothfaul; (Jir.). stockstät (stokstát), stockstille. „Stehts *stockästät!*" Lindermayr 25. Das Stocksitzen armer Bauern, mit dem Lanzenwächter vor ihnen, bildlich dargestellt in Boner's Fabeln, Em. D. 58, f. 144 (cf. Clm. 4394, f. 64); auch in dem Incunabel „Brüder Claus" (Inc. s. aᵒ. 4ᵒ 524) auf einem Holzschnitt. BM. II, II, 654,1. Der Stock-Böhm, -Franzos ꝛc., der keine andere, als seine Sprache versteht. Weigand, Wbch. II, 812. Stockschlagen, Gesellschaftsspiel handfester Art. Der, welchen die Reihe getroffen hat, den Stock vorzustellen, hat sein Gesicht im Schooße eines andern zu
613 verstecken, damit er nicht sehen könne, welcher unter den Mitspielenden es sey, der ihm mit der flachen Hand Eins ad posteriora administriert. Erräth ers, so ist er frey, und der Errathene tritt an seine Stelle. „Inter omnes equestres ludos plurimum mihi semper placuit ferire truncum, vulgo daß Stockschlagen ... Ecce schedulam brevissimam qui traxerit hic truncus esto." Comödie v. Abt Wolfg. Ringsberger 1696: I, 200. Der Stock am Hemd, Hemdstock, Unterstock, der Rumpf daran ohne die Ärmel. Das Stöcklein, (schwäb.) das Stöckerlein, hoher Absatz an Schuhen, Pantoffeln nach ehmaliger Mode. Das Petschierstöcklein, Petschaft. Die Stöcklein, auch wol Stücklein, Würfel eines würfelförmig gewobenen oder gestöckelten Zeuges, z. B. Kölsches. Der Himmel ist gestöckelt, gestückelt, mit vielen kleinen, einzelnen Wolken bedeckt. Ob die „Stückeln" und die „gestückelten" Kleider von Kr. Lhdl. XIII, 322 hieher oder zu Stück gehören? Das Stockach, Gestockicht, Gestocket, Platz mit vielen Wurzelstöcken von gefällten Bäumen, Schlag. „XXX jugera lignorum quae vulgariter Stœchach nuncupantur;" RB. IV, 399, ad 1289. gestocket (gstóckət, von Menschen und Thieren), kurz und dabey wohl gebaut, dick und fett. Dés is gàr ə˜ *gstóckəts* Deənə-l, wiə ə˜ *Náglstók*, wàs hat s nét ə˜ *gstóckets* Pàr Füəßln! „Ich gib meinr Gredtn die schwartzn kuh stoß ihr die stecketen geiß darzu," sagt der Bauer Contz Tötsch (als Heiratsgut seiner Tochter), H. Sachs 1612: II, IV, 32. stockig, stockisch, adj., eigensinnig, aus Eigensinn sich nicht rührend, nicht sprechend. Weigand, Wbch. II, 812.

1) stocken, verb. act., a) in Holzstöße aufrichten. b) stocken und blocken, stöcken und blöcken, (ä. Sp.) in den Stock oder überhaupt ins Gefängniß setzen. BM. II, II, 655,2. Weigand, Wbch. II, 811. Av. Chr. 187. Werdenfelser Ehaftbuch v. 1431. s. oben Stocksitzen.

2) stocken, verb. neutr., a) wie hchd.; b) (von Tüchern ꝛc.) durch Feuchtigkeit leiden, verstocken; (Nürnb., in diesem Sinn) stockeinen, nach Verderbniß riechen. BM. II, II, 655. Weigand, Wbch. II, 811. stockig, adj.; das. 812. bestocken, gestocken, (von Blut, Milch ꝛc.) fest werden, gerinnen; hchd. stocken. „Die vaiste der suppen mochte in dem Bart verstocken;" Dr. Minderer 1620. derstocken, erstocken, (ä. Sp.) betroffen werden, in Verlegenheit gerathen. „Solcher weissagung erstocket der kunig und erschrack innerlichen;" Cgm. 213, fol. 199. „Als ein stein erstockt sie bei zweien stunden, das sie unredend bleib;" Cgm. 750, f. 148. erstockt statt verstockt; Av. Chr. 118. stockezen, im Reden stecken bleiben, stottern. 'Zeitschr. II, 466: stocken; IV, 187: (schles.) stockern. Vgl. stickezen.

stöckeln, gestöckeln, a) was stocken, gestocken, d. h. gerinnen. Die gestöckelte oder Stöckel-Milch. b) gestöckelter Zeug oder Himmel; sieh oben Stöcklein. c) was plätteln; sieh I. Th., Sp. 462.

Der Stocklitz. „Kärnt. klas, die Kornähre; stóklas, m., die Trespe, im kärnt. Deutsch auch Stocklitz genannt;" Jarnik 235. 'Lexer, kärnt. Wbch. 242: Stögglás.

Das Stuck, plur. die Stuck und Stücker, Dimin. das Stückl, Stickl, plur. Stickln), in den verschiedenen Bedeutungen, wie hchd. Stück; mhd. stücke, stucke, ahd. stucki, stucchi. Graff VI, 631. BM. II, II, 655. Weigand, Wbch. II, 830. Cf. ital. tocco; Diez, Wbch. 346). ə' *Stuck* ə' zwaə, drey, ... ohngefähr zwei, drey ꝛc. (Dinge, auch wol Personen). Gramm. §. 775, S. 223 ist diese R.A. erklärt als: ain Stuck oder drey; („ain jar oder drü;" Joh. Pauli 1522, fol. 43). Zeitschr. II, 353 ff. III, 128. 531,32. V, 407,11. VI, 272, III, 8. Dieses oder hat aber bey größern Zahlen — ə' *Stuck* ə' 614
dreisg etc. — ein sehr unlogisches Aussehen. Natürlicher dächte man sich: der Stuck, ir (ihrer) drey ꝛc. Niederdeutsch: ein *Pund er* fer (ə˜ Pfund ə' viər), en *Stük enər* fer Ortageln (ə˜ Stuckə' viər Orfeigng); Sassish Döneken-Bok p. 175. 179. Firmenich I, 25,1: 'n *Stück-of-wat* Deckers, einige Decker. Cf. italienisch: un dieci, un cinque cento, ohngefähr 10, 500. — R.A.:

Zu (in) Stücken fallen, niederkommen, (ä. Sp.); Zeitschr. VI, 71.' (Grund und Boden): Das Aigenstuck, (Nürnb.) ludeigenes und an keinen Complex gebundenes Grundstück. Er hat vil Aigenstücker. Das Gabisstuck, Krautstuck, worauf Kohl rc. gepflanzt wird. „Daß das Closter Fürstenfeld zur Verschanzung der Haubtstadt München etliche Krautstückher überlassen;" Ldtg. v. 1669, p. 386. „Drey Gabisstuck;" MB. XVIII, 193, ad 1469. „Dein Blaimstuck (Blumenbeet) o Maria floriert für und für;" Khuen. Häusliches oder Feld-Stuck, Lehen-Stuck, Zins-Stuck, Gült-Stuck; Wirzb. Verordd. — (Kleidung): Das Leibstuck, Leibstücklein, die Weste, das Gilet. Die besten drey Halsstuck Kleider des verstorbenen Mannes soll die Wittwe den Verwandten desselben auszantworten. Wagner, Civ.- und C.-B. I, 337; cf. II. Th., Sp. 1095. Das gulden Stuck, Goldstuck, „vestis attalica" (Voc. v. 1618), Goldstoff; silbern Stuck, Silberstuck, Silberstoff. Die von Adel sollen nicht goldene oder silberne Stuck tragen zu Kleidern, noch zu Brämen. Kr. Lhdl. IX, 514. XIII, 324. XIV, 406. Wstr. Btr. V, 165. 169. Duckher, salzb. Chr. 319. (Vrgl. Stöcklein). „Wenn man einer Saw gleich ein güldin Stuck anzöhe, legt sie sich doch in den Dreck;" Seb. Frank. „Hat ein silbers Stuck an, als auf der falten zerschnitten, darunter roth carmesin;" Erhard, v. münsterischen Wiedertäufern p. 2. Stücklzeug, Halbkamelot; ə˜ *stücklzeugənə'* Rock; (ObrM.). s. Stöcklein (Stöckl).— Stück Geld, Geldstück. Kopfstück, Münze mit einem Kopf im Bild, namentlich ein österreich. Zwanziger; (scherzweise:) Schlag auf den Kopf; Grimm, Wbch. V, 1780,3.5. Zeitschr. IV, 50,5.' Dà hàst ə˜ *Kopfstuck* (Maulschelle), wálst kaə˜n Frid gibst; (ObrM.). Das Stuck Wein, (Aschaffenb.) 7½ Ohm. — „180 stockfisch ist ain stuckh;" Cgm. 119, f. 8ᵇ (sec. XVI.) — Das Stuck Vieh; namentlich indianisches oder calecutsches Federvieh. „Am Spieß braten wie ein indianisch Stuck; P. Abraham. Gewöhnlicher heißt es in diesem Sinn: das Stückl, Pip-Stückl. „Stückeln, das Stück 1—3 fl." Hazzi, Statist. III, 261. — (Geschütz): So und so vil Stuck Büchsen. Historie der v. Frundsperg. Im Feuerbuch v. 1591 bald Stuck, bald Hauptstuck. „Balista, hauptstuck;" Av. Gramm. v. 1517. Der Stuckknecht, Fuhrknecht vom Artillerietrain. Der Stückjunker kommt in der wirzb. Artillerie-Ord. nach Ober- und Unterlieutenant und vor dem Ober- und Unterfeuerwerker. Joh. Stephan Koch, „Ober-Stuckhaubtman der churf. Feldartillerie," schreibt a°. 1695 ein großes Werk über Artilleriekunst, (Cgm. 903). Das Gestück, (ä. Sp.) sowohl Collectiv-, als auch Ausdruck für einzelne Kanone. Regensb. Übergabsaccord v. 1633. CMh. 406, N°. 193. 261. Das Stücklein, Musik- oder Gesangstückchen, besonders ein sogenanntes Schnitterhüpflein. Sieh oben, Sp. 587. In andrer Art sind sprichwörtlich die Hirschauer und die Weilheimer Stücklein, (dumme Streiche). Zeitschr. II, 401,2. Das Stuck, schlechthin statt Maisterstuck der Handwerker. Ironische R.A.: ein schwæres Stuck lifern, eine Dummheit begehen. stucken, a) das Meisterstück machen. gestuckte Meister, Stuckmeister, die ihr Meisterstück gemacht haben. „Besteht ein Meister
615 mit seinen Stücken nicht, so soll er zur weitern halbjährigen Wanderung und nochmaligen Stuckung angewiesen seyn;" Welsch, Reichertshofen p. 137. b) nach dem Stück arbeiten. Zeitschr. VI, 96. c) aus Verdruß nur kurze Antworten geben; wortwechseln. Einen abstucken, ihn zankend heruntermachen; (cf. gl. i. 647: stukian, irritare). Das Stück, (schles.) Morgen- und Abendbrot; vgl. hchd. Frühstück. Zeitschr. V, 297.' Das Gestück, (ä. Sp.) die Rente (?). „Mit allen Ern, Rechten, Nutzen vnd Gestücken: MB. V, 206, ad 1423 Vrgl. Frisch, Wrtrbch. „Stuckschelm, nefarius, conosceleratus;" Voc. v. 1618. Wol nach Kilian's stuckschelms, wie stuck boefs, stuckhoers (meretrix). Sieh oben, Sp. 730, 'stücket, stückelet, adv., ä. Sp.; (mhd. stückeht, stückeleht, stückelot; BM. II, II, 656), stückweise, in Stücken.' „Daz im die lung zu dem mund stücket außgeet;" Konr. v. Mgenberg f. 266, (Pfeiffer 453,1: stücklot). „Daz der dunst stückelot oder in stuckes weise beslozzen ist;" das., Pfeiffer 93,3.'

Das Stuckəwéckl (eigentl. Stugkə-wégkl, Kitzbühel), Geschenk der Pathen an Brod.

Der oder das Stad, (ä. Sp.) das Gestade, Ufer; (mhd. der, daz stat, ahd. stad, goth. staths; Graff VI, 643. BM. II, II, 598. Weigand, Wbch. II, 781. Otfr. V, 13,30 und 14,7: ther stad. Diut. III, 42, gl. i. 12. 748: daz stad). „Sân dô in daz stad entphienc, daz schif nâch in undergienc;" St. Ulrich's Leben, V. 1153, Cgm. 94, f. 62ᵇ. „Stille wasser fressen das stad;" Cgm. 579, f. 6. Von stad gên, varn rc.; Regensb. Hansbuch v. 1299. Der Staden (mhd. stade; gl. a. 677: stado), dasselbe. „Bei dem staden des mers;" Buch der Weisheit v. 1485, p. 126. Vilmar, kurhess. Idiot. 394. Das Gestad (Gstàd), wie hchd. Gestade. BM. II, II, 599. Weigand, Wbch. II, 427. Vrgl. die Gestetten. (Zu stad hatte die ahd. Sp. ein Verb stedian, landen, und ein weiter abgeleitetes Subst. n. stedi, portus).

Der Stadel (Stàdl, Stà'l), a) die Scheune, (welcher Ausdruck unvolksüblich ist; sieh Scheur); ahd. stadal, mhd. stadel. Graff VI, 653. BM. II, II, 555. Weigand, Wbch. II, 781. Birlinger 409. Zeitschr. IV, 104,17. Kornstadel, Traidstadel, Heustadel. Spr.W.: „Liechte Metten, finstre Städel; finstre Metten, liechte Städel," d. h. wenn die Christnacht mondhell ist, giebt es eine gute, wo nicht, eine schlechte Ärnte. „Er fürbet den tenne und sammet den waitzen in sinen stadel;" Cgm. 66, (XIII—XIV. sec.), f. 60. Der Vorstadel, sieh II. Th., Sp. 266. Der Erdstadel, Avent. Chr. 49, unterirdischer Getreidebehälter (?). b) scheunenähnliches Gebäude zur Niederlage von Vorräthen rc. „Geschütz zu Landshut in einen Stadel geführt;" Kr. Lhdl. XVI, 227, ad 1507. Baustadel, für Werkzeuge und Materialien zu Bauten. Figurenstadel, weiland im Alten Hof zu München, wo die Figuren zur Fronleichnamsprocession und andere Comödien-Requisite aufbewahrt wurden. Wstr. Btr. V, 138. 181, ad 1580. Grêdstadel (sieh II. Th., Sp. 986). Salzstadel, Weinstadel rc., Niederlage für Salz, Wein rc. Ziegelstadel, wo Backsteine verfertigt und bewahrt werden. Tanzstadel, in Passau (sec. XV.); s. Th. I, Sp. 612. Was jetzt in Augsburg Theater heißt, war und hieß weiland schlechtweg der Comödianten-Stadel; von 1630 bis zum Brand 1703: Maistersinger-Stadel. Für Herberge, stabulum, πανδοχεῖον (Luc. X, 34), steht stadel im Cgm. 64, fol. 55: „Der Samariter fürt in in sin stadel, und gab die zwen pfenning dem stadelmaister (stabularius)." „In curtibus stabulariis, quas vulgo stadelhof dicimus;" (ad 1073), B. v. Hormayr's Luitpolt, Anm. p. 30. In biblischen Gl. v. 1418 heißen suburbana purckstadel. In der ahd. Sp. findet sich stadal gesetzt für scuria, granarium, chornstadal area, hou- 616
stadal foenale, palile, — aber auch für statio, stabulum von stare überhaupt: in der hchd. Beichtformel (Diut. III, 167) klagt man sich an „unrehtes stadales" und „unrehtes sedales," in der altsächs. (Lacomblet, Arch. I, p. 7) „unrehtaro sethlo, unrehtaro stadlo." Selbst auf Personen geht die alte Form stadul (neben der ablautenden Form stuodal): „cumistadul, castaldus," gl. a. 508 (ital. castaldo, Pächter, Wirthschaftsführer; Diez, Wbch. 393 f.), „cumistadel, pastor," gl. i. 241 (I. Reg. 21,7), (Athis und Prophilias) „die notgistadlin beide." Lacomblet, Archiv I, 19: wie sonst, notgistallon.

„Mallius Anitius residet Boetius idem
threnon elegiacum Severinus personat istud
Υπατος (chumistuodal) et consul Rome tum prefuit iste
moribus aegregiis excelluit odis.

Ypos .g. vel equus unde ὄπατος chumistuodal." Froumundi cod. Boethii de consolatione philos. (in Wallerstein-Maihingen), fol. 3ᵇ. Also auf ἵππος bezüglich womit Dir. Gute ὄπατος zusammenbringt. „Si igitur miserię cuiuspiam bonum aliquod addatur, nonne felicior est eo cuius pura ac solitaria (einstuodiliu) sine cuiusquam boni admixtione miseria est?" ibid. fol. 40. Graff VI, 653. 654. Der Stadelbritscher, (Nürnb.) der die Dreschtennen aus Lehm ebnet. Das Stadeltor (Stà'ltour), Scheunenthor, das groß genug seyn muß, um einen geladenen Wagen mit Garben oder Heu aufzunehmen, und daher zu allerley Hyperbeln dient. Ein Maul, ein Gewissen wie ein Stadeltor. Einem mit dem Holzschlegel deuten und mit dem Stadeltor winken, einem etwas recht begreiflich machen. Eine Person oder Sache anschauen, wie die Kue ein neus Stadeltor, in dummer Verwunderung. Der Stadler, (Pinzg.) Knecht, der den Heuboden in Ordnung hält.

Die Gestadel, sieh Gestattel.

Die Stauden (Stau'ən, Stau'n, Ob.-Js. Staur, Dimin. das Staüdl, Staüdə-l, Staü'əl, Staü'l), die Staude (mhd. stûde, ahd. stûda; Graff VI, 651. BM. II, II, 707. Weigand, Wbch. II, 793. Birlinger 410.), der Strauch, (welches letzte Wort im bayr. Dialekt kaum vorkommt). Man braucht aber im Dialekt den Ausdruck Stauden nicht blos von perennierenden und holzigen Gewächsen (frutex et suffrutex), sondern auch als Collectiv von den Blättern, die an einem Saatkorn, einer Kartoffel, einem Kürbis, einem Salat- oder Kohlstrunke sitzen (Salàtstau'n, Krautstau'n). R.A.: Auf die Stauden schlagen, wie man sagt: an (auf) den Busch klopfen. „In d' Stauden hawen, scharpff reden;" Voc. v. 1618. Das Gestäud, das Staudach, Gestaudach (Staudə', Gstaudə'), Gesträuch; (studach, Wilh. v. Or. II, p. 27; ahd. stûdahi mhd. stûdach, stûdæhe; BM. II, II, 707ᵇ). „Prämäch, stawdach oder zaussach;" Monac. Francisc. 134, f. 136. „Durch das gestäudig ward ich eingehn;" H. Sachs 1612: I, 577. „staudechtig, fruticosus;" Voc. v. 1618.

Der Stéderling, (Dtgr.) länglichte, weiße Rübe; (sieh Ständerling).

Die Stud, (schweiz.) postis, Pfosten, Pfeiler; (mhd. stud; „BM. II, II, 706. Weigand, Wbch. II, 831). studfaul, sehr faul. Vgl. Zeitschr. VI, 461. „Ein pawrenknecht der nit mocht dienen der war stüdfaul und thet auch gyenen;" H. Sachs 1612: I, 993. „Wie man spricht, stüdfaul und gefressig ist sie," (die Hausmagd); das. 1025. studvoll, strotzend voll. „Im wirtshauß saufft er sich stüdvol das er kan weder stehn noch gehn;" das. 1612: I, 1003. Das Studschoß (?). „Als er also schlich her und hin, stieß er umb ein großes stud schoß," (gereimt auf „schlaff," muß „studschaff" gelesen werden, wie in den älteren Ausgaben steht); H. Sachs 1612: II, II, 134. Cgm. 713, f. 12. Das Verb studian, auch studnôn, galt in der ahd. Sp. für statuere, fundare, festsetzen. Graff VI, 652. Vrgl. d. f. W.

Die Studel, die Unterlage, der Pfosten, die Säule; (mhd. studel, stuodel, ahd. studal, stuodal; Graff VI, 653. 654. BM. II, II, 707. Weigand, Wbch. II, 831). „Poller oder Mörßner, der auf ainer Stuedel steet;" Feuerbuch v. 1591. „Den Zimmerleuten für bei den H. Capucinern an der Stuedl verrichte Arbait, (1613); Cbm. 2224, f. 221. Studl, ½ Schuh dickes, in die Vierung gehauenes Holz, welches im Wasserbau bei den Schlachten in die Wandbäume und Zangen wechselweis eingelassen und mit Nägeln von hartem Holz befestigt wird. Cgm. 2941, f. 123. „Dann soll man die Väng (im Bergwerk) studeln mit acht Studeln. Man soll unter jede Studel ein Gesperr setzen; es sollen auch die Studeln ob der Erde 6 Schuh lang seyn und unter der Erden 6;" Lori, B.R. 351. 352, (Amberg. Arzberg-Recht v. 1365). „Beistudel, Türstudel, postis;" Voc. v. 1445, Cgm. 351, f. 233.' BM. II, II, 707.

Dabey ist ungewiß das Genus, und ob eigentlich u oder uo statt habe. „Uf daz turstudel legte si daz wahs;" 617
Heinrich's Tristan 5912. Gl. a. 529, i. 1112. 1235 steht bestimmt turistuodal, turistodal (vermuthlich neutr.), postis, limen. „Fensterstüedel, subtellia;" Aug. eccl. 10, f. 38. Hauptstudel, ä. Sp., Kopfgestell des Pferdes. BM. II, II, 707. „Capistrum, halfter oder haubtgestudel;" Aug. S. Ulr. 50, f. 3ᵃ. Manstuedel, s. Th. II, Sp. 1603. Wancstodal, s. Th. IV: wanken. Die *Stüetlä*, (Vorarlberg) der Webstuhl; Bergmann, Walser 96. studeln, bestudeln, einen Verbrecher festhalten und vor Gericht ziehen, anzeigen. Vilmar, hess. Wbch. 44—45; kurhess. Idiot. 405. BM. II, II, 706 f.: stüden, bestüden, feststellen, anhalten; cf. Graff VI, 652. „Zwiu suln in geumerkten juden, ân daz si ir ketzerlîchez studen (Satzung, Gesetz?) den einvaltigen sagent vor?" S. Helbling II, 1094. Vrgl. Stud.

Die Studi, (beym gemeinen Volk) das Studieren auf einer lateinischen Schule; lateinische Schule; (wol von studia, orum; cf. oben, Sp. 388: Geschicht, d).

´Af Siman und Judi
gengənt d' *Studentn* e˜ d' *Studi*; (ObrM.).

So sagte man ehemals Studium Erfordense, Pragense, Viennense etc., indem man diese Universitäten meinte, engl. the study of Oxford ꝛc.). „Alma universitas studii Ertfordensis," (1415); Rogg. 27. „N. N. studens almae universitatis Studii Wiennensis," (1442); And. 66. „Est ibi (zu Orleans, 1495) studium universale in sola tamen juris civilis et pontificii facultate, 2000 scolarium; Clm. 431, f. 228ᵇ. „Conrado Celtis Ordinarien vnd lector des studiumbs zu Ingelstet"... Burgermeister vnd Rate zu Nurnberg, Erichtags nach Margarethe anno 1497; Clm. 951, f. 179. Der Student, Schüler einer lateinischen Anstalt schon von der Principi (sieh I. Th., Sp. 470) an. Besucher süddeutscher Universitäten finden daher dieses Prädicat unter ihrer Würde, und nennen sich Akademiker. BM. II, II, 707. „Ich möchte leid mit leide studenten lesen, des bin ich leider meister, ob sie durch schûle bî mir solten wesen;" Labr. 545. „Sand Pauls der himlisch student erwerb uns gots genad ân end;" San-Nicola 232, f. 51ᵇ (v. 1406). „Von der studenten lernung;" Wiener StdtR., Cgm. 1113, f. 19ᵇ. Dr. Minderer ordiniert (aᵒ. 1620) zur Luftreinigung „einen Studentenrauch mit Papier." studieren, a) wie hchd.; (Weigand, Wbch. II, 831). studieren lassen (ein Stück Kleidung, Hausrath ꝛc.), ins Leihhaus geben; (München. Das Leihhaus liegt in der Nähe des Gymnasiums). b) stier vor sich hinblicken. „studieren wie der Karpf im Vogelhäusl." c) (von Pferden) den Koller haben. Ein wirsliges Pferd (das den Koller hat; s. Th. IV: Wurf) wird von manchen Bauern ein Student geheißen. (Beiner).

„Studori, (Obrm.) Zwischenwand von Brettern."

---

staffen, sieh stapfen.

Der Staffel, a) wie hchd. die Staffel, d. h. Stufe; (mhd. der und diu staffel, ahd. staffal, stafal, staphal, msc., und staphala, fem., basis. Graff VI, 657. BM. II, II, 556. Weigand, Wbch. II, 782). R.A.: „Sich einen Staffel in den Himmel bauen," (sc. durch ein Werk der Barmherzigkeit). Der Betstaffel (Bèttstaffl), Betschemel. Wenn unverheirathete Weibspersonen in der Thomasnacht andächtiglich den Betstaffel treten, so muß sich am nächsten Morgen ohne anders der künftige Liebhaber zeigen. b) Stollen, Fuß an hölzernen Geräthschaften, als Bettladen, Tischen, Stühlen, Bänken ꝛc. c) (Nürnb.) Unterlager für abzustellende Waaren, Niederlage; niederd. Stapel. d) (Wien) eine Stolle, ein viereckig geschnittenes Holz, das sich von einer Latte dadurch unterscheidet, daß letztere zwei schmale

Seiten hat. e) (Pseud. Jir.) Staffl, die am Fuß eines Holzhaufens auf dem zunächst am Triftbach befindlichen Rückhaltsplatz zur Sicherung der Selbstanwässerung angebrachten Stützzäune. (Sieh Tappen, I. Th., Sp. 613, und Grêd, II. Th., Sp. 986).

Der, die Stâuff, Stouf, (ä. Sp.) Kelch, calix, „botholicula" (bouteille); (mhd., ahd. stouf, msc.; Graff VI, 660. Diefenbach 79c. 554b. BM. II, II, 662. Weigand, Wbch. II, 793). Cgm. 335, f. 212: „Dew stauff oder Maß," also Femininum, wozu gl. i. 465. 965 der Genit. stouphi, gl. a. 623 der Nom. stoupha vorkommt; sonst meist Masculinum: stouph, stouphes. „Communis *stoufus* fratrum ... quando propinatur *stoufus*. Nach dem liber culinae ecclesiae Argentoratensis (sec. XII.—XIII.): „XX amae claustralis mensurae faciunt carratam claustralem, et XXIV *stouphi* amam;" Mone's Anzeiger, 1838, Sp. 6. 7. „In vino cuilibet fratrum unum *stoufum* cottidie continentem duas mensuras terre et dimidiam," (Lucerner Kloster, 1307); Gesch. Fr. I, 380. „Das virtail, den stawff oder dy maß minner und klainer machen;" österreich. Ungeltordn. v. 1359, Clm. 17543, f. 212. Gebot von 1359, „daz man in allem dem land ze Osterreich daz viertail, dew stauff oder die mazz, do mit man von alter her geschankcht hat chlainer machen sol umb den zehenten tail — und doch daz chlain viertail die chlain stauff und die chlain mazz vmb als vil gelts geben sol." Der Fürst, Herzog Rudolf, nemlich nimmt „ze ungelt" den zehnten Pfenning. Cgm. 1113, f. 80. (Erster Preis der Rhetorijken:) „drie hamelen ende acht stade stoopen wijns, den tweeden twee hamelen ende ses stoopen," (Antwerpen, 1529); Willems, belg. Museum I, 156.

Der Stâuff, Stâuffen, jetzt Eigenname von bestimmten Bergen (z. B. der hôh Stauffen bey Reichenhall; Stauff, Berg mit ehmaliger Burg an der Donau, oder Donau-Stauff; Stauff, Berg mit ehmaliger Burg am Regen, oder Regen-Stauff ꝛc. cf. Ried ad 1065. 1205 ꝛc.), scheint ein früheres Appellativ. Graff VI, 660 f. Jac. Grimm (Gedichte auf Friedrich I. den Staufer, Note zu S. 5) glaubt Stouf als Namen der Burg und des Berges, wegen der kelchähnlichen Form, von stouf, calix, poculum, entlehnt. Vilmar, kurhess. Idiot. 396. Über den latein. Synonymen: „Cautes, rupes vel saxa ingentia" steht gl. a. 211 in der Pariser HS. „staina, staufe edo filise unmezze," nach der St. Galler: „staufe, steina eduo felisa ummaze." „Item Monasterium S. Egidii in Nurnberga construitur a Conrado Romanorum rege de Hochstaffen. It. Walse canonici reg. fundavit Fridericus primus de Hochstaue" (1481); Clm. 4423, f. 326. Angels. steáp, praeceps. „Væron steáp-hleodo bewrigen mid wætrum;" Caedm. 88,3 (Bouterwek p. 54, Vers 1454). Stepel, steopel, a steep, a perpendicular structure: spire-steeple, tower-steeple. In 1120 spires vere not yet invented. Ingram, Saxon. chronic. p. 342. Vrgl. isl. steppir, m., praecipitium; dän. stöbe, gießen, d. h. schmelzen.

Der Stéffel, Stephanus; (Jir.) Steff. Zeitschr. IV, 157. V, 472. VI, 344. 461. Der heilige Stephan gilt nebst St. Lienhard und Wendelin als Hauptpatron für das Vieh, besonders die Pferde. An seinem Feste läßt man diesen zur Ader, und reitet sie um die Kirchen herum, in welchen er verehrt wird, damit ihnen die Steine nicht an den Hufen schaden, hält Wettrennen ꝛc. (A. v.
618 Bucher, s. W. IV, 13. Mandat v. 1746 wider Zauberey, Aberglauben ꝛc.). „So blutig als eines Schmids Nothstall an St. Steffanstag, wo man den Pferden zur Ader läßt;" Simplicissimus v. 1669, p. 467. Der stainen Steffan, (Nürnb.) einfältiger, unbehülflicher Mensch, (wol von irgend einem Steinbilde). Der Steffel rueft, — sagt man in München, wenn das Geläute der dem heil. Stephan gewidmeten Kirche am Leichenacker gehört wird. Beym Steffel seyn, ligen. Zum Steffel hinausgehen. Der *Stéffl* nachi, (HchE.) Werktag nach zwey Feyertagen, der, wie der nach dem Christ- und Stephanstag, noch halb und halb gefeyert wird.

steiff, a) wie hchd., (und zwar vielleicht wie dieses später erst aus dem niederdeutschen stîf — cf. angels. stîf, isl. stýfr — entlehnt; mhd., ahd. stîf. Graff VI, 658. BM. II, II, 628. Weigand, Wbch. II, 797 f. Zeitschr. IV, 358,12. Cf. obstîpus, steif, krummhalsig, bey Sueton; auch stipes, stipare). Steiff Papier, Pappendeckel, Carton. b) fest, tüchtig, tapfer, adj. und adv.; Vilmar, kurhess. Idiot. 397. Zeitschr. V, 144,66. 193. 69,33. 169,155. 526,566. VI, 344. „steiff eßen vnd trinken;" P. Abraham. „steiff lieben;" Eisengrein. „steiff helfen;" Voc. v. 1618. „Die alte catholische Religion steuff und rain erhalten;" Inschrift auf dem Sarg Albrechts V. Ein steiffes Ersuechen, steiffer Fürsatz ꝛc. „Steiff weinen." „Einen steiff martern." „Eine steiffe Kinderlehr halten;" P. Procop. Den Feinden hat man aus dem belagerten Augsburg „mit Canonen steiff geantwortet," 30. September 1646; Cgm. 4906, f. 79. „Mä said olli Wundä, wie steiff ä (der General Stahrenberg) had ghaust."

„Dä Churfürst aus Bayrn, ä rechtschaffnä Mo,
ist lang nicht 30 Jahr, hat vill dabey do;
mä said ja, ä duet scho fein öndl nachpfeiffä,
vnd wenä nit aufhert, so würdä no gsteiffä;"

bayrisches Bauernlied über die Entsetzung von Wien 1685. Dés is ə˜ *steiffə'*, *gsteiffə'*, *gsteifftə'* Buə', Mã˜, oder blos ə˜ *Steiffə'*, Bursche, Mann, comme il faut. sich steifen auf Einen, sich auf ihn stützen, verlassen; Dé jungə Leut wöllnt går néd hausn, *steiffent se* mit Alləs áf dé Alt'n. *Steif dé'* no˜ áf mi', wennst gfrågt wiə'st.

Steuf- (Stoif-, Stuif-) Kind ꝛc.; sieh Stief-.

Der Stifel, wie hchd. Stiefel; mhd. stival, stivâl, ahd. stiful; ital. stivale, barb.-latein. stivale, estivale, aestivale, altfranz. estival, — demnach wol undeutsch. Graff VI, 662. BM. II, II, 653. Weigand, Wbch. II, 807. Diez, Wbch. 439. Zeitschr. III, 30. IV, 414,13 (scherzw. f. Stil). V, 170,163. VI, 281,69. 516,2,8). Lex Rip. 36,11: stiful; Scheirer Dienst-Ord.: stiual; Voc. v. 1419: „stifol oder ledrein hos;" Clm. 4350 (XIV. sec.), f. 1: „ocrea, lederhose oder stiual." Diefenbach 392c. „Arcetum (artetum?) ein leder hoz oder stiphal;" Clm. 16180, Vorderdeckel. „Ez shol dehein pruder gen noch (nach?) ezzen in reitstiualn wan als er sich entwauent (entwapent) so sol er sein spaldnjr und seine grozen stiualn von im tun;" Regel des Spitals zu Jerusalem, Clm. 4620, f. 101. „Man siht im doch die stivaln von des rockes kürze;" S. Helbling I, 234. „Niht daz ich in ahten kann als bî stivaln buntschuoch;" das. IV, 782. „Die puntschuch und die stifal helffen mir aus manchem fal," sagt der Schuster bey Rosenplut, Cgm. 714, f. 328. „Corium optimum praeparatum ad calceos et *stiffalettos*" findet Dr. Hieron. Monetarius von Nürnberg zu Zaragoza (1495). „Die Beyer seind gmeinlich in blaw gekleidet, sunderlich was auff dem land wont, tragen meer stiffel dan hosen," (d. h. Strümpfe); Seb. Frank, Weltbuch v. 1534, f. 15b. Dieses ist zum Theil noch jetzt, z. B. in der Gegend um München der Fall, wo die Bauernbursche zum Feyertagsstaat weit über die Knie heraufreichende Stiefel von weichem Leder (Kniestifel) tragen. b) Haufe von Flachs, Klee, Getreide ꝛc., der, um an der Luft zu trocknen, oder völlig zu reifen, an einem zackigen, in den Boden gesteckten Baumstämmchen cylindrisch aufgeschichtet ist. Daher stifeln, auf solche Weise aufsetzen, aufrichten; sich stifeln, sich fügen, passen; Vilmar, kurhess. Idiot. 400. Zeitschr. V, 177,217: eilen. Avent. Chr. 124 hat die R.A.: „sich wieder aufstifeln und erholen." „Niemant des sinnes ist so scharf mit listen understiffelt;" Cgm. 741, f. 240. „Fulcite me floribus, vnderstiuelt mich mit pluemen;" Clm. 12723, f. 77. „Apodium, apodiatio,

understiflung; apodiatus, understifelt;" Poll. 801, f. 4. Diefenbach, nov. glossar. 29. s. Grimm, über Diphthonge, S. 50; Schenken und Geben, S. 11. BM. II, II, 654: stivel, Stütze. Selbst das in einer Glosse vorkommende arstifulen, fulcire, scheint erst von stiful abgeleitet. anstifeln, aufstifeln Einen, ihn anreizen,
619 aufreizen (zu etwas Ungutem). Birlinger 411. Bregenzer Wald: *aufstifərə̃*. Grimm, Wbch. I, 750: aufstiefen. Zeitschr. IV, 262,15. Cf. Firmenich I, 469,149: *stivvele,* in Ordnung setzen, ausschmücken. Einen stifeln, übervortheilen, betrügen. Castelli, Wbch. 235: Einen stifern, ihn mit Gewalt forttreiben. 'Vgl. stibern.' Vrgl. stiften, stupfen. Der Halsstifel. „Ain par halsstifel" als Meisterstück; Münch. St.Bch., Auer p. 170. s. oben, Sp. 392. Der Nasenstifel oder Stifeler, Nasenstüber. 'Der Stifelfuchs, Stiefelwichser, Diener; Zeitschr. VI, 451.' Der Stifelhas, Stiefelzieher; s. Th. II, Sp. 1172. Der Stifelzieher, a) eigentlich; b) (München, im Spott oder Scherz) Haube einer bürgerlich gekleideten Weibsperson, von dem Ansehen der hinten auseinander stehenden Masche. Sieh Rigelhauben.

Stief= (Stiəf-, o.pf. Stêif-), Steuf- (Stoif-, Stuif-) Kind, Sun, Tochter, Vatter, Mueter rc., wie hchd. Stief=, (mhd. stiuf, stief, ahd. stiuf; Graff VI, 661. BM. II, II, 650. Weigand, Wbch. II, 806. Dänisch: stedfader neben stiffader; cf. stedholder, Statthalter, Stellvertreter. Kärntisch: pisana mati, Siefmutter, eigentl. die geschriebene; prischana mati, im gemeinen Deutsch: die gepriesene Mutter; Jarn. 59). „Mineo Stevfkint;" MB. XVIII, 681. „Steufbrueder;" Cbm. 2799, f. 46. Stieſändl, Stiefgroßmutter; Stieſänickel, Stief-Enkel; Hund, St.B. II, 76. Die Stiefmuedəᶜ, bey den Holzknechten in Salinen-Waldungen, das Brett am Feuerherd, worauf sie sitzen, ihre Kleider trocknen rc. Die ahd. Sp. hatte ein Verb stiuvan, Praet. stiufta, orbare, daher pistiufter, orbus, arstiufter, orbatus. „Werden chint siniu weisen, bestiuftiu, fiant filii ejus orphani;" Cgm. 17, f. 163ᵃ.

stief, steil, (steep? 's. oben: steif'). „Da der grab nur was des tieffest und dy wer aller stieffest, auch auf daz aller hohst dy zein, (Zäune); Mich. Beham, Wiener 172,28.

Der Stoffel, a) statt Christoffel, Christophorus; (Zir.) Stoff. b) ungeschickter, einfältiger Mensch. Zeitschr. III, 315. 372. IV, 155. VI, 451. 452. herumstoffeln, vagari. 'Vgl. staffeln, mhd. staffen, stapfen; BM. II, II, 555 f.'

stuf, (Wien, v. ital. stufo, stufare) überdrüßig. Ich bin der Greinerei stuf, (des Zankens überdrüßig).

Der Stueff, plur. die Stüeff und Stueffen, a) (Lori, Brg.R. p. 211. 217. 259) Zeichen, vom Berggeschwornen oder Markscheider ins Gestein gehauen; — (p. 220) einzelnes abgehauenes Stück Erz, Probestück, Musterstück, hchd. die Stufe; Graff VI, 658. BM. II, II, 556. Weigand, Wbch. II, 832. Zeitschr. II, 278,29). S. 142 wird Stueffärzt vom bloßen Halden- oder Klaub=ärzt unterschieden. b) (ebendas., S. 640) der sechste Theil der Berg=Elle, der dreißigste der Bergklafter im Hällein.

Der Steften (Stéfftn), O.Pf. Stefzgen, der Stift; (mhd. stift, steft, ahd. steft, gl. a. 262. Diut. III, 127. Graff VI, 613. BM. II, II, 628. Weigand, Wbch. II, 808). Der Nagel besteht aus dem Steften und dem Kopf. Mauer=Steften, Schnüer=St. rc. „Ey bey der Nestl (kenne ich den Rock), die hat kein stefft; H. Sachs 1612: IV, III, 59. Der Bleysteften, Bleystift, Bleyfeder. Der Steften, (b. W.) Stiften, kurzer Kiel, womit die noch zarte Feder im Leibe der Gans rc. steckt. Marchsteften, Gränzpflock. Der Zaunsteften, Zaunpfahl. Steften=Zaun. In München wird der mehr oder weniger dicke Wasserstral, der einem Röhrbrunnen von dem durch Röhren (Teichel) in die Stadt geleiteten Wasser zugetheilt ist, nach Steften gemessen. Der Steften gibt in jeder Minute zwey Maß Wasser. „Dieses Haus hat einen, anderthalb rc. Steften Wasser." „Concisura aquarum, Steften eins wassers;" Voc. v. 1618. steften, stifteln, a) in stiftförmige Stücke schneiden. Brod stifteln, einen Apfel stifteln; gestiftelte Mandeln. b) punktieren.

Der Stift, a) was Steften. b) (ä. Sp.) was jetzt das Stift; (mhd., ahd. stift; Graff VI, 614. BM. II, II, 628 f. Weigand, Wbch. II, 808). „Der hochwirdig Stift Salzburg;" Urk. v. 1516. „Der große herrliche Stift in der Statt Epheso;" Avent. Chron. Das Kloster Neustift bey Freising nennt er p. 451: den Neuwen Stift.

Die Stift, a) zuweilen (z. B. Gem. Reg. Chr. III, 340) statt das Stift. „Die Hochstift Eichstedt." „Tegernsee, die wirdig Stift;" Cgm. 858, f. 121. sieh oben, Sp. 490. „Manic hantveste wirt verlorn und verdirbet in manger stift;" Renner 3335. b) die Feststellung eines Verhältnisses, besonders eines Pachtver- 620
trages; figürlich: der anberaumte Tag, an welchem eine Grundherrschaft von ihren Pächtern die Pachtzinse einnimmt, die Pachtverhältnisse bestätigt, erneuert oder aufhebt. Die erst Stift; die Nachstift; MB. II, 517. Auf die Stift bieten; zu der Stift einsagen; auf die Stift kommen; bey der Stift erscheinen; „in die Stift reiten;" die Stift an diesen oder jenen Ort legen, (sie da oder dort abhalten). MB. IV, 392. „Das ist die Öfnung in der Stifft auf dem Werdt, und in der Stifft ze Sebrucke, ze Rimbsing, ze Graßaw rc.;" MB. II, 514 ff., ad 1462. MB. VIII, 112. Cgm. 697, f. 86. Bey dieser Gelegenheit wurde auf Kosten der „armen Leute" von der Grundherrschaft oder deren Beamten nicht selten ein sogenanntes Stiftmahl eingenommen. cfr. Zirngibl, Hainsp. 261. ..„Ist schon recht, sagt der Gestrenge im rothen Mantel, kommen sie (die Bauern) mir nur auf die Stift. Keinen Kreuzer will ich ihnen nachlassen, und sollten s abgebrunnen seyn, solls der Schauer totaliter geschlagen haben, und wäre ein Viehfall gewesen, und hätte ihnen alles Übel begegnet. Zahlen müssen sie bey Putzen und Stingel, und wenn das Blut in dem ersten Häller schon hangt ...;" Fasten-Exempel I, p. 22. In einer Münchner HS. v. 1454 (Cgm. 549, fol. 55. 56) sind die Fragen aufgeführt, die bey so einer Stift oder Baustift von oder im Namen der Grundherrschaft an die armen Leute gerichtet zu werden pflegten. „Incipiunt jura restitucionum. Item es ist zu mercken das gesäczt ainer yegleichen stifft der mairhoff, die ze vodern sind von ainem ygleichem, der abgeseczt wirt von ainem igleichem gut von dem herren, des dann derselb hof vnd gesäcz ist. Des ersten fragt der herr oder wer an seiner stat siczt, ob der mair sein genugen hab und der stift verieche." (Sieh jehen, verjehen, Th. II, Sp. 1205 f.). Der 19. (letzte) Artikel lautet: „Ain igleiche herschaft sol irem hindersässen drey tag vor der stifftzeit ze wissen tun, wenn si in die stifft wellent kömen. Geschäch des nicht, so mag der hindersäzz die stifft wol verziechen auf ain zeyt, die payden taylen geleich ist." 'stiftlich, vertragsmäßig.' „Ein gut stiftleich und pawleich legen ... das es stiftleich und pauleich allenthalben lig;" Cgm. 3941, f. 13ᵇ. 14. c) das Pachtverhältniß, der Pacht, die Miethe. In die Stift geben, nemen; in der Stift haben; die Stift aufkünden rc. „Zum Glück bekam er (Lucifer) d Höll in d Stift, die Cochem göttlich beschreibt; kein Fürst hat so ä Residenz, wie Se. Pestilenz;" Marcell Sturm. Die freye Stift, freye Jârstift, Freystift; sieh Herrengunst; cfr. Kr. Lhdl. XVIII, 220). Bloße oder unveranlaitete Freystift ist ein Pachtverhältniß, bey welchem sowohl

dem Eigenthümer, als dem Pächter die Freyheit bleibt, von Jahr zu Jahr ohne weiters aufzukünden; veranlaitete Freystift aber, die im Ld.Rcht. v. 1616, Tit. 21, Art. 4. 5 von jener unterschieden wird, ist ebenfalls kaum mehr als bloßer Pacht, indem der Pächter durch Verab-
621 reichung einer Anlait (eines Laudemiums) oder durch Übernahme des Gutes mit „nahmhafter Burde" (titulo oneroso) zwar eine gewisse Gerechtigkeit darauf erwirbt, aber nach vorgängiger Ablösung derselben oder Entschädigung hiefür vom Eigenthümer alle Jahre entfernt werden kann. Kr. Lhdl. XVIII, 222. „Der Geistlichen freye Stift auf ihren Gütern," Freyheit, dieselben nach Belieben in Pacht zu geben oder daraus zu nehmen. Kr. Lhdl. VII, 416. MB. II, 511. 514. Der Freystifter, ein Pächter, der nach Gutdünken des Eigenthümers jährlich entfernt werden kann. Kr. Lhdl. XI, 462. Freystiftsrecht; freystiftige Güeter ꝛc. d) die Gebühr, die vom Pächter zu entrichten ist. Birlinger 411. Die Neustift, was bey der ersten Übernahme eines Gutes zu erlegen ist, Laudemium, Anfall, Anlait. L.R. v. 1616, p. 294. Davon verschieden ist die Stift als jährlich wiederkehrendes Recognitionszeichen von minderem Geldbetrag. Heumann, opusc. 221. Bey dèn Güədl, dés I ə~ də' *Stift* (c) hà', hàb I auf də' *Stift* (b), dás I ei~s Gjaə' ſchickə~ muəs und dás I ſibm Kreuzə' *Stift* (d) zàl und dás I dé Andə'n zə də' *Stift* (b) ei~ſagng muəs. „Stift und Steuer," eine gewöhnliche, in manchem Munde traurig klingende Alliteration; (vgl. den engl. Reim: scot and lot). Muəs *Stift und Stuiə'* gébm. Stift und Gült von einem Guet. — Brgl. v. Delling, Idioticon I, 220. Ertl, Prax. aur. I, 15. 86. Urbarsgebrauch v. 1750, p. 19. In Ansbach wird nach dem Lex. v. Franken I, 153 der nachmittagliche Gottesdienst in der Stiftkirche die Abendstift (wol mit hinzugedachtem -Predigt) genannt.

Das Stift, wie hchd., (d. h. die Fundation, das Fundierte). „Der welte stift oder machunge," mundi machina; Meinauer Naturlehre 11. Das Gestift, (ä. Sp.); BM. II, II, 629. „Das Gestift Salzburg." (Gl. o. 349: gestifte, aedificium).

stiften, a) wie hchd.; (mhd. stiften, ahd. stiftan, Praet. stifta, fundare, condere, instituere. Graff VI, 614. Grimm IV, 597. BM. II, II, 629. Weigand, Wbch. II, 808). „Ein Spitâl, ein ewiges Liecht, Messen ꝛc. stiften." Böses stiften. R.A.: „Er hat vil gestift't, aber wenig in die Kirchen," oder: „wenig Guets." So in Diut. III, 56: „leit stiften," Böses begehen. „Seit daz diseu stat (München) gestift ward;" Cgm. 284, f. 60. („Sine schiff hiez her spitzen, bereiten unde stiften unde vil wol berichten;" Aeneis 1975). „Rom wart ains tags nicht gestifft, una dies Romam non construxit promam;" Windb. 204, f. 171ᵇ. „Wâton die wind und sturmdon an dis hus, und ez viel nut, wand ez was gestifft uffin den stein;" Abt Walther's v. Engelberg Übersetzung der Regel St. Benedicts, sec. XIII. Des menschen leib ist mit vier aigenschaften der vier elementen gestift;" Arzneibuch, Ms. Progel's, f. 64ᵇ. „Ein kröt ist kalt und gar vergifft tregt ein stein in dem kopff gestifft;" H. Sachs. 1612: II, II, 219. „Frankreich ist das aller pest gestifft lant;" Gabriel Tetzel, Cgm. 1279, f. 144. „Langedock und Prynnen das ist ein gut fruchtpar wol gestifft lant;" das. 174. „Portugal ein arms ungestifft land und volck;" das. f. 155ᵇ. Vgl. unter c. b) stiften Einen auf ein Guet, aufstiften auf einem Guet, ihn in Genuß desselben setzen, namentlich als Pächter, Miether. MB. II, 35. 511. Kr. Lhdl. VII, 416. Cgm. 697, f. 158. stiften Einen ab einem Guet, abstiften, ihn von dem Genusse desselben entfernen, ihm den Pacht abnehmen. c) (metonym.) stiften, bestiften Einen mit einem Ding. BM. II, II, 630. Grimm, Wbch. I, 1678. Ein Diplom Carls IV. v. 1353 betrifft die Stadt zu Nürnberg, die mit gewissen Wäldern von alter gestift ist worden. (Wagenseil 336). Milites stipendiati sind dem Aventin (Chron. 74) gestiffte Krieger. „Den zuomülnär sol der mulnär selbe bestiften," (ablohnen); Augsb. Stdtb. Fr. 37. stiften, bestiften ein Gut mit Personen, es ihnen in Nutzbesitz, in Pacht geben. MB. II, 513. 520. 524. „Das sie die wisen wol mugen alle jar stifften und stören und hinlassen wie sie verlust;" Salzburghofer Urk. v. 1409, Clm. 15981, f. 57. s. unten: stören. aufstiften Einem ein Guet, ihn darauf setzen. verstiften ein Gut, ein Gewerbsrecht, eine Wohnung ꝛc. Einem oder an Einen, verpachten, vermiethen. überstiften ein Gut, 622
es in zu hohen Pacht geben. Kr. Lhdl. XVIII, 330. d) Nach weiterer Metonymie: stiften ein Gut, eine Wohnung ꝛc., in Pacht, in Miethe nehmen. Ferner: stiften, die Pachtgebühr entrichten. „Stiften und enstiften hoher oder nyder;" Cgm. 3941, f. 14. aufstiften, vor Übernahme eines feudalen Grundes das Laudemium erlegen, (vielleicht statt sich aufstiften). I bi~ scho~ Maər, hà' scho~ *aufgſtift*. „Die Unterthanen der Herrschaft N. stiften jährlichen an allerhand schwer und ringem Getreid 120 Schäffel;" Ertl, Prax. aur. II, 727. e) (ä. Sp.) erdichten, fingieren, erlügen. „Gleich dem weib, das iren man betrog mit iren gestifften worten;" Buch der Weish. v. 1485, f. 55. „Poeto, dichter gestiffter ding;" Cgm. 649, fol. 572. „Ein rechtu waru rüwe (Reue), nit ain gestifte zipfelrüwe;" Cgm. 831, f. 37. „Caritas non ficta, ein gestifte lieb," (wol „nicht" voraus zu denken); Clm. 15613, f. 243. „Kein gestifft ding lang verporgen ligt, sonder es vellt hin wie ein plům;" Cgm. 1145, f. 27ᵃ. f) anstiften Einen zu etwas Bösem. Grimm, Wbch I, 485. aufstiften Einen, ihn zur Unzufriedenheit aufreizen. Grimm, Wbch. I, 750. Der Stifter, 1) wie hchd., der Setzer, Einsetzer. 2) der Pächter. 3) der Gründer, Urheber. Im Schwabenspiel v. 1425 (Cgm. 3944) am Ende steht die Rubrik: „Vom stifter dis bůchs Chůnrat ab dem Werde Tůmherre zu Lutenbach hiez dis bůch schriben." Stifter der Arnoldischen Schenkgerechtigkeit in München." Freystifter, sieh oben, Sp. 739. Neustifter, der mit Entrichtung des Laudemiums ein Gut antritt. Der Stiftbrief, Einsetzungsurkunde, nach erlegtem Laudemium dem Neustifter ertheilt. Das Stiftrecht, jus institutionis. MB. III, 568.

Der Stuften, was Steften. R.A.: Wenn die Gans kaine Federn hat, reißt man ir die Stuften aus, d. h. je weniger Einer hat, desto mehr wird er in Anspruch genommen.

Der Stefzgen, (O.Pf.) was Steften. Zeitschr. IV, 109,41: *Steaffza*, (schwäb.).

---

stageln (?). „Das ich an des pawmes ast pin vestiglich genagelt vnd auch ser verstagelt mit jamer und ungetröstet;" Cgm. 714, f. 195.

Die Staig (Staəg), a) die Steige in der Mühle (LO. v. 1553, f. 145; in andern Ausgaben und Codd. steht die Form Steig), Art Bühne ob dem Räderwerk, auf welcher die Mühlsteine mit ihren Vorrichtungen angebracht sind. b) steile Fahrstraße; (mhd. steige, ahd. steiga, goth. staiga; Graff VI, 625. BM. II, II, 632. Weigand, Wbch. II, 797. Zeitschr. IV, 113,6. VI, 39,77). „Das Abholz aus den Staigen und Holzwegen räumen;" L.R. v. 1616, p. 764. Die Pilgerstaig bey Schwangau; Lori, Lech-Rain 228. So in Schwaben die Geislinger Staig, Wisenstaig, (alt Wisuntesstaiga). Die großartig gebaute neue Staig bey Stuttgart ꝛc. „Ain stat diu haisset ze der Liechten staig" (unter Toggenburg); Aug. S. Ulr. 50, f. 35. „Clivus, ain staige an eim berg;" Voc. Melber. steiga, ascensus;" gl. i. 253. „Ein weintrinker vnd ain bodennaig, ain wagenman vnd ain hohe Staig" (stehen nicht gut zusammen); Cgm. 713, f. 13. Das Gestaig (Gstaəg), steile Anhöhe, insofern ein oder mehrere Wege über sie

führen; 's *Gſtaəg* bey Partə˜kirch, 's Ramſauer *Gſtaəg* bey Schongau. „Zu Mittenwald unter dem Geſtaig;“ MB. XIX, 143, ad 1445. (Mhd. geſteige, ahd. giſteigi, gaſteigi, ascensus, descensus. Es gab in der ahd. Sp. auch ein Adj. ſteigal, abruptus, noch bey Friſch II, 328 ſteigel, woraus wol das hchd. ſteil contrahiert iſt. Graff VI, 626. BM. II, II, 632. Vrgl.
623 ſtickel). Das merkwürdige Gaſtaig ſieh II. Th., Sp. 954 und vgl. Steig. ſtaigen, ſtaigern (ſtaəgng, ſtaəgə'n), (nach Gramm. §. 956, VI. zu ſteigen gehörig) ſteigen machen, erhöhen in der Zahl, im Werth, Preis; (BM. II, II, 632: ſteigen. Weigand, Wbch. II, 797). Das Vogtrecht, die Steuer ſtaigen; MB. VII, 171. X, 177. „Ein gut an den zinſen ſtaigen vnd höhern;“ MB. XXII, 595. „Wer die lon ſteiget, alſo daz er dem andern ſin gedingten arbeiter uzzer hant zühet;“ Wirzb. Sätze v. 1343, §. LX. „Den hönig höher ſtaigern;“ Voc. v. 1618. Im März 1635 „N. N. Burger und Hukcher zu Augsburg geſtrafft, weil er ſeines theils zur traydtſtaigung geholfen;“ Cgm. 4905, f. 283. Augsburger Verbot wegen Staigerung der Victualien, 9. Jan. 1635, (theureres Verkaufen), Cgm. 4905, p. 219. Den Preis einer Miethwohnung, (metonym.) den Miethmann ſtaigern. ſtaigen, derſtaigen, derſtaigern etwas, hchd. erſteigern, es durch Bietung höhern Preiſes erhalten. Dés Bétt hàb I *gſtaəgt.* verſtaigen, verſtaigern etwas, hchd. verſteigern. Die Staigerung, Verſtaigerung; L.R. v. 1616, f. 290. 540. 547.

Der Steg, wie hchd.; (mhd. ſtec, ſteges, ahd. ſteg; Graff VI, 625. BM. II, II, 632. Weigand, Wbch. II, 795. Am Niederrhein findet ſich dat Schomm für ſchmale Brücke, Steg: Firmenich I, 300,21.27. 366,7). „Pontes, ſtega;“ Canis. ant. lect. II, 494. VI, 1152. „Das holcz darauß man das heylig creucz gemachet hat iſt ain ſteg geweſen darüber die kunigin von Saba nicht geen wolt;“ Tucher's Beſchreib. v. Jeruſalem (Bach Cedron), Cgm. 24, f. 17. cf. San-Zenon. 115, f. 247ᵇ. ſtegen, (Tir.) Steg machen. BM. II, II, 633. Das Stegrecht, Abgabe von Getreide, das man anſchüttet, (etwa vom Steg am Getreidmaß?). Kr. Lhdl. I, 214. II, 185. VI, 41. Hund, St.B. I, 306. Der Stegraiff, a) wie hchd.; (mhd. ſtegereif, ahd. ſtegareif; Graff II, 496. BM. II, 657. Weigand, Wbch. II, 795. Zeitſchr. V, 39,28. 173,119. Cgm. 577, f. 204: ſtegeraiſf). Aus dem Stegraiff, ohne abzuſteigen, ex tempore. „Herzog Ludwig gewann das Dorf Nab mit gewalt aus dem ſtegreiff;“ Chr. d. Freyb. I, 151. Sich nähren in dem ſtegraif, d. h. mit Reuterey; (Sp. 177). „So leb ich forthin gar verwegen vnd will mich von dem ſtegreiff nehren;“ H. Sachs 1612: I, 47. „Soll ich mich denn im ſtegreiff nehrn, ſo wil es gar nicht ſein mit ehrn; H. Sachs 1612: IV, III, 139. b) (ä. Sp.) Vorrichtung von Riemen, in die man zum Spannen der Armbruſt trat. Paullini II, 678. c) ehmalige Art Überſtrümpfe oder Camaſchen, meiſt von grauer Wolle, die über das Knie bis an die Mitte des Schenkels reichten.

Die Stegen (Stegə˜, ſchwäb.), Stiege; (mhd. ſtege, ahd. ſtega, ascensus; „giridana ſtega, cochlea,“ Schneckenſtiege. Graff VI, 625. BM. II, II, 633. Zeitſchr. III, 401,17).

Steglaufe. „Steglöffen, vogel dyrnen und würckerin,“ (Arten von Mägden); des Teufels Segi, Ms. v. 1449, (Barack p. 388 f., V. 12221. 12234).

ſteigen, Cond. ſteiget und ſtig, Partic. geſtigen, wie hchd.; (mhd. ſtîgen: ich ſtîge, Praet. ich ſteic, wir ſtigen, Partic. geſtigen; ahd. ſtîgan: Praet. ind. ſteic, ſteig, ſtaig, conj. ſtigi, Partic. giſtigan. Graff VI, 613; cf. 634: ſtehig, ohne Zweifel ſtatt ſteig. BM. II, II, 630. Weigand, Wbch. II, 797). Vrgl. die Formen ſtaig ꝛc. ſteigen (oft mit dem Beyſatz: wie der Gogkel im Werch), ſtolz oder affectiert einhergehen. „Mit hannen=ſteigen bin ich gemait;“ H. Sachs. Der Steig auf d' Leut, (ſcherzh.) mulierosissimus; auch: der Steigauf, Steigbär (ſ. oben, Sp. 263,2). Das Bäumſteigət, Huet=ſteigət, Spiel, wobey die Jungen die Spitze eines aufgeſtellten glatten Baumes und den daran ausgeſteckten Preis (einen Hut ꝛc.) zu erklettern ſuchen, mât de cocagne. Der Steigbaum, Leiter in Form einer Stange, aus welcher zu beiden Seiten die Sproſſen hervorſtehen. abſteigen einen feſten Ort, (ä. Sp.) ihn überrumpeln. „Der het zu ainer nahte ainen anſlag gemahte, er wolt hin gen dem Scheuhenſtain und abſteigen das ſelbig haus;“ Mich. Beham, Wiener 387,18. „Möcht das (unbewachte) Schloß (Fridberg) leicht abgeſtigen werden und außgeprannt;“ Ldtg v. 1514, p. 209. „Wollten das Schloß abſteigen, blündern und verbrennen;“ Schmid's ſchwäb. Wrtb. 509. „Dieſelben haben in der nacht das ſchloß Degckh davon Wirttemberg ſchreibt, beſchlichen und abgeſtigen“ (1519); Cbm. 1585, f. 188. überſteigen. Am 4. Jan. 1647 überſtigen die Schwediſchen und Franzoſen die Stadt Bregenz am Bodenſee;“ Cgm. 4906, f. 139.

Der Steig, wie hchd.; (mhd. ſtîc, ahd. ſtîg, m., und ſtîga, f.; Graff VI, 623. 624. BM. II, II, 631. Weigand, Wbch. II, 797. Zeitſchr. IV, 128,11). Der goldene Steig, ſchon im X. Jahrh. vom Thüringer Fürſten Gunther, Stifter Rinchna's, (Gutwaſſer oder St. Günther, hier a°. 1045 als Einſiedler ſterbend von Herzog Bretiſlaw angetroffen. Sommer p. 261. 262) durch den Nordwald (aus Bayern nach Böhmen) gebahnt. MB. XI, 145. Wiener Jahrbchr. LII, 158. Hormayr, Luitpolt p. 52. Günthner I, 164. A°. 1366 bewilligte Carl IV. zur Betreibung des Handels die Führung einer Straße über den Böhmerwald, welche noch immer unter dem Namen goldner Steig bekannt iſt. Sommer, Prachiner Kreis p. 270. Der ehemals ſogenannte goldne Steig, aus Bayern über Buchwald und Außergefild nach Innergefild und Berg=Reichenſtein führend, ehmals Saumweg, jetzt Fahrſtraße; (daſ. p. 337 f. Iſt angegeben auf Karte, T. IX, 103). Der im Mittelalter berühmte goldne Steig, der von Prachatiz nach Wallern und von da wahrſcheinlich über die Schillerberge nach Kuſchwarda führte, wo er mit dem Winterberger goldnen Steig zuſammenkam, war nur für Saumpferde brauchbar, und heißt noch der Saumweg; (daſ. p. 360). Früher wurde auf dem goldnen Steig aus Prachatitz ꝛc. Malz nach Bayern, dagegen Salz aus Bayern auf Saumroſſen geführt; (daſ. p. 362). Auch der Weg von Innergfild über Moder nach Bayern heißt der goldne Steig; (daſ. p. 259). Der Gaißſteig = Gaſteig; ſ. Th. II, Sp. 954. Der Maisſteig = Maiſteig, zwiſchen München und Unterbruck, von der Maiſach hinauf. Der Rittſteig; Dorf im bayr. Wald „auf dem Rittſteig.“ Obermayr, Teuton 88. ſ. oben. Sp. 182: Ritten. Die Förſteig. „Mein guet das da haiſt die Spätinn gelegen auf der förſteig;“ Cgm. 3941, f. 30ᵃ. cf. Th. I, Sp. 96: —inn. Vgl. oben Staig. Der Steigbettler 624
(Stei'bê'lə'), öffentlicher Bettler von Profeſſion. „Unter einem jeden zerlumpten Steigbethler denk ich ſteck Chriſtus ſelbſt;“ Selhamer. Steifbettler; Seckendorf, ſpan. Wörterb., Art. guaya. Dr. Minderer in ſeinem Kriegsarzneybuch v. 1620, p. 38 nennt einen Theil des menſchlichen Knochenbaus Axelſteig.

Die Steig, a) in der Mühle; ſieh Staig. b) ſtatt Stieg, (Treppe); z. B. Cgm. 736, fol. 42. c) (Wien, Nürnb., Ulm) Zahl von 20 Stück (Hühner ꝛc. in der Steigen; ſ. d. folg. Wort). Zeitſchr. IV, 128,14. Vilmar, heſſ. Wbch. 43 und kurheſſ. Idiot. 397. „Vigena cujusque rei dicitur Stige;“ Voc. v. 1618, voce zwainczig. Busbek's Gothe: „viginti dicebat ſtega.“ Sollte im däniſchen halvtredieſindstyve 50, treſindstyve 60, halvfierdeſindstyve 70, firefindstyve 80, halvſemteſindstyve 90 — nicht tyve, ſondern ſtyve für vigena abzulöſen ſeyn, da tredive 30, fyrretyve 40 heißt. cf. goth. tê-hund, hund-têva, têvs; ſ. Th. IV, unter -zig. Vgl. auch Schock (oben, Sp. 369) und Schnaiſen.

Die Steigen (Steigng), a) Gitter aus Stäben oder Latten, womit z. B. der Hühnerstall von dem Futtertrog abgesondert oder der Aus- und Einfluß eines Weihers für die Fische versperrt wird; b) ganzer Verschlag, von dem irgend ein Theil blos mit Stäben oder Latten geschlossen ist. Zeitschr. V, 410,13. VI, 17. Hüener- oder Hennen-Steigen, Hühnerstall. Kälber-Steigen, (Zillerthal) Stall für Kälber. Tauben-Steigen, Steiglein, worin Ferkel zu Markte gebracht werden. Sweinsteig; Wstr. Btr. VI, 100 (Mhd. stîge, ahd. stîga, Stall für Kleinvieh, Schafe, Schweine; Graff VI, 624. BM. II, II, 630. Weigand, Wbch. II, 797. „Vone der scafftie, de ovili;" Cgm. 17, f. 21. Dazu das Verb stîgon. „Scaf in hello gestigotiu, oves in inferno positae;" Notk. Ps. 48,14. „Zwelf cleiniu verhlin, die lagen in einer kalten stigen, di horte ich iemerlichen schrien;" Renner 3531). Ehmals wurde (nach Lori, B.R. 315) das Knollensalz auf der Salzach „in großen Steigen" verführt, „darein gemeiniglich bey einem halben Pfund Fueder (140 Centner) giengen."... „Damit kein Salz oder Salzstein, ganz oder zerschlagen in Fässern, Steigen, Trühen, Schäfen oder Stöcken heimlicher Weis verführt werde;" das. p. 486. Die Steiglaus (?). „Daz zaichen scorpio het die schaim an frôwan vnd an mannen vnd die stiglus vnd die masgang;" Clm. 5640 (XIV. sec.), f. 85. s. Th. II, Sp. 1511. Vrgl. Steich, Sp. 724.

Die Stigel, Pflock, Baumstock, erhöhtes Brett und drgl., an einem Zaun angebracht, um dem Darübersteigenden zur Stufe zu dienen; (mhd. diu stigele, neben der stigel, ahd. stigilla, Otfr. II, 4,9; das traucum in den Leg. Rip. XLV: „de sepibus" wird gl. i. 684 durch stigillan gegeben; ags. stigel, engl. stile. Graff VI, 626. BM. II, II, 634. Müller, etymol. Wbch. d. engl. Spr. II, 404. Vilmar, kurhess. Idiot. 398: der Steigel). L.R. v. 1616, f. 715. Lori, Lech-R. 142. „Ueber stigeln, durch dorn slüff er;" S. Helbling VIII, 570. Sp.W.: Wo die Stigel nider ist, hupfen die Hund drüber; S. Frank. stigelhupfen, (im Scherz) auf dem Lande zu Fuß viel hin und her gehen, wird namentlich von den Hilfsgeistlichen gesagt, deren frischere Beine für die Cura animarum vorzüglich in Anspruch genommen werden. „Hüpft unser Herr Hansörg Jahr aus Jahr ein wohl über viel Stigel, und kann ihr doch nicht Herr werden, seiner bockhäutnen Hosen;" Portiunculabüchlein 64. Der Stiglhupfer, im Scherz: Kaplan; im Simplicissimus (1668): Musketier, im Gegensatz des Stiefelschmierers, (Reiters). cf. Th. IV: Weilhaim und Zeitschr. III, 482—84. VI, 158 f. Nach Höfer III, 182 f. werden die Österreicher ob der Ens, die das Glück haben, meist vereinödet zu wohnen, wegen ihrer vielen Zäune von den Andern gewöhnlich Stigelhupfer genannt, wogegen die Österreicher unter der Ens Fläschelträger, die Salzburger aber Stierwascher betitelt werden.

stigelfitzen, Stichelreden führen. Vrgl. stickelfitzen und Stalder's Stigel neben Stickel für Pflock. Bey Schmid ist stigelfitzig, adj., wunderlich. Der Stigelbitz statt Stiglitz, (Gansler 91). „stiglitz, carduelis;" Voc. v. 1419. Diefenbach 106ᶜ. BM. II, II, 634. Weigand, Wbch. II, 807.

„G'segn' uns Gott die Suppen
vor Fliegen und vor Mucken,
und vor *Stigelitz*
das uns keiner in d' Suppen sitzt;"

Tischgebet „enter der Welser Haid (Hád), Popowitsch, Ms. (Wien 9541). ˈIn Augsburg hießen scherzweise die Schar- und Nachtwächter, wegen ihrer bunten Amtstracht bei feierlichen Gelegenheiten, Stiglitze. Birlinger 411.ˊ

stigetzen (stigátz'n), stottern, in Absätzen singen. „'s Blomaiserl pfigätzt und 's Raothmandel *stigätzt* in dá' Leithen so schen;" Stelzhamer 24. s. *gigatzen*, Th. II, Sp. 884.

Stieg: Krautstiegen, die Krautstengel; (Pangau; Hübner 969).

Die Stiegen (Stiəgng, O.Pf. Stêigng), wie hchd. 625
Stiege, — und zwar beym gemeinen Mann mit Ausschluß des mehr niederdeutschen Treppe —; (mhd. stiege, ahd. stiega; Graff VI, 626. BM. II, II, 633. Weigand, Wbch. II, 807. gl. i. 245. 252. 295: stiega, cochlea, neben Kero's stiagil, gradus). Ubər aə˜ *Stiəgng*, zwaə, drei *Stiegng*, im ersten, zweiten, dritten Oberstockwerk eines Hauses. Die hailig Stiegen, Ganzes von Stufen, die auf eine Anhöhe zu einem Crucifix führen, und von Frommen unter eben so vielen Gebetlein auf den Knien zurückgelegt werden. Ein ehmaliges, an die Residenz gebautes Nonnenkloster in München, das jetzt der neuen großartigen mittägigen Fronte derselben Platz gemacht hat, hieß: Auf der Stiegen. Der Stiegbaum, Balken mit eingehauenen Stufen.

Der Stahel (Stàhhəl, Stàgl, pl. Stáhhəl), hchd., zusammengezogen: Stahl; (mhd. stahel, stâl ahd. stahal, stahel; Graff VI, 634. BM. II, II, 556 f. Grimm, Mythol.² p. 1056 f. Weigand, Wbch. II, 783). R.A.: Zesamhalten wie Stahel und Eisen. *Stàhhel*, plur. *Stáhhel*, heißen verschiedne, besonders stechende, Werkzeuge von Eisen beym Dreher und andern Handwerkern. Der Bauer nennt *Stàhhel* vorzugsweise das pfriemenförmige Eisen, das er neben Messer und Gabel in einer Scheide in der Hosentasche führt, und zum Wetzen und andern Verrichtungen braucht; (Wetzstahl, Feuerstahl). Auch der Keil oder Bolzen von Roh-Eisen, bestimmt, um glühend in das Bügeleisen gesteckt zu werden, heißt gemeiniglich nur dəˊ *Stàhhel*. „Sich mocht ein stahel von dem fuoze clieben;" Labr. 91. Noch kommt hie und da (z. B. in München, Augsburg, Nürnberg, wo es eigene Stahlschützengesellschaften gibt) der Stahel für Armbrust mit stählenem Bogen, (Stahlarmbrust, „balista chalybea;" Voc. v. 1618) vor. „Armbrust schießen in ganzem und halbem Stahl;" Paritius 142. „Wie zu Aichstett etliche Burger den letsten Osterfeyrtag 1607 zu dem Zihl mit dem Stahel geschossen, sey der Stahel unversehens los gangen;" Benno-Mirakel 247. Die Stahlschützen, der Stahlzwinger in Regensburg. Das Stahelschießen d. h. Schießen mit dem Stahl. Die geschmeidigen verborgenen Stähelin, die in der tir. L.O. v. 1603, f. 110 als „mörderische haimbliche Wöhren" verboten werden, sind wol eher wie oben Zeile 8—11 zu deuten. stählen (stàhhlə˜), adj., wie hchd.; (mhd. stähelîn, stehelîn; BM. II, II, 557). Noch in den Reimen v. 1562 gibt es, wie bey den frühern Heldendichtern, Ringe, Schwerter ꝛc. stehelein. „Jr stehelins gewande, das ward von bluet so rot..." stäheln (stàhhəln), verb., a) wie hchd. stählen; (mhd. stähelen, stehelen; BM. II, II, 557). „So man einen wagenysen oder segeysen tangeln oder stächeln (schärfen) sol;" Scheirer Dienstbuch fol. 31. anstäheln, Stahl anschmieden. b) stäheln das Wasser, den Wein ꝛc., indem man glühenden Stahl darin ablöscht. „Frische Kuhmilch mit haißen stainen gleichsam stählen; Dr. Minderer p. 136. 137. „Jr tranck sey ein gestechlots wasser;" Cgm. 601, fol. 110. „Wenn ein jung khind die ruer hat, so nim ein ducaten und schechelen (sthechelen) jm sein wasser und milch und stos jn ainmal oder 3 darein, und wan die ruer ab nimbt, so nim mit dem schachelen (sthachelen) auch ab;" Cgm. 4126, f. 71. Nach einer scherzhaften Anwendung wird auch Wein oder Bier gestähelt, angestähelt, wenn man Wasser beygießt.

stehen, steh stê-n, Sp. 709—716.

626 stállieren, vrb. n., seinen Unwillen lauter und mit viel mehr Worten, als nöthig oder schicklich ist, zu erkennen geben, schmälen, losziehen. „Daß die Procuratores die Fürträg mit heftigen Anzügen und Stalieren verlengern;“ Hofrathsord. v. 1624. „Der hat immer an'n Stuck was zstallieren ghabt;“ Eipeldauer Briefe. Buə', dé hàt *gstáliə't* übər enk! Etwa figürlich von dem bey Frisch erwähnten stallen, auskramen, auslegen, étaler? Oder, da man in der Schweiz in derselben Bedeutung skalieren sagt, vom italienischen scagliare, wo der Dialekt sc in st verändert hätte, wie in Starnizel, Gstattel. Vgl. auch poln. szkaluie, owal, owai, schimpfen, schmähen.

Der Stall (Stàl, plur. Stáll, Dimin. Stállə-l), a) wie hchd.; (ahd., mhd. stal, stalles. Graff VI, 673—76. BM. II, II, 557. Weigand, Wbch. II, 783 f.). Der Hofstall, Marstall ꝛc. Ein dabey Dienender heißt Hofstaller, Marstaller; („Osgod Clapa stallere,“ master of horse; Saxon. chron. ad 1046). b) (ä. Sp.) Stelle, Statt, Stätte überhaupt. In mînan, dînan, sînan stal, (ahd.) an meine ꝛc. Stelle; in stalle, an der Stelle, anstatt; in Herodeses stalle ꝛc.; stal geban, locum dare, weichen, nachlassen, ablassen. c) Stall (Harn, Pferdekoth), sieh unten stallen. Augstall, ebendas.

In einigen der folgenden, wegen der ganz speciell gewordenen Bedeutung a meist veralteten Composita ist Stall bald masc., bald neutr., und geht mitunter auch auf Vorrichtungen, in oder auf welchen irgend etwas Platz finden kann. (Vrgl. Stell). Betstall, Bettstelle; Gudrun 5133 (1283,1). Der Beystall, (schwäb.) Wetterdach über dem Antritt vor einer Hausthüre; menianum, appendix, Cgm. 649, f. 546. Diefenbach 356ᵃ; daz bistal, Augsb. St.B., Freyb. 72. „Die peistal“ der Thür am Tempel Salomonis, „haizt diu geschrift fulcra;“ Konr. v. Megenberg im Artikel Thymus, (Pfeiffer 348,32. 349,2). „Limen, peistal vel dristapfel;“ Clm. 5685 (XV. sec., 1412), f. 38. „Davon wirt ain büchel (in des Hirsches Spur) so sprechent dan samlich jäger es haiß das beystal das ist davon wan ain sibel (sinwel) büchel ist;“ Aug. S. Ulr. 73, fol. penult. (d. h. Clm. 4873, f. 118). Der Pachstall, Zaunpfahl; Hammer-Purgstall, Wiener Jahrb. 120. Bnd., p. 120; (wol Bástall). Bockstall, a) Art Gerüste bey einer Baute. Pegius, de servit. 85. b) (nach Heppe) Hauptjagen, wo das Wild auf den Lauf zum Abschießen ausgetrieben wird. „Liesz auch gen eim bogstal indert;“ Labr. 530. BM. II, II, 558: bogestal, Bogenschußweite; s. Th. I, Sp. 204. 217. Das Bremstall, sieh I. Th., Sp. 356. „Brenstal, pressura“ (?); Cgm. 644, f. 279. Das Burgstall, wo ein Schloß steht oder gestanden hat; (BM. II, II, 558. s. Th. I, Sp. 277). Avent. Chron. 154. 181. Hund, St.B. passim. Lori, Lech-R. 155. Kr. Lhdl. VIII, 496. XIV, 377. 578. Meichelb. Chr. B. II, 161. Das Lex. v. Franken I, 361. 497 ꝛc. schreibt der Burgstall. Das Etzstall, (Kr. Lhdl. IX, 21) Platz zum Abätzen, Weideplatz. „Garnstall, girgillus,“ Cgm. 649, f. 538; „mataxa,“ Voc. Archon 18. Diefenbach 263ᶜ. 351ᵃ; nov. gloss. 193. „Der Gatterstal zu Nidern Oed sol, so die Velder angepaut und in fridt ligen, nit weiter aufgehen, dann das ein priester mit dem hochw. Sacrament dardurch reiten oder gehen mag;“ Ehehaft v. Albaching v. 1550. Cbm. Kl. 177, p. 169. Das Hirnstal, die Stirne. „Wolgetan was daz hirnstal“ (Maria's); Docen, Misc. II, 73. Kernstal, (Ortolph) Kerngehäuse im Obst. Der, das Kerzstall, Kerzenstall, Leuchter, candelabrum; (mhd. kerzestal, ahd. cherzistal; Graff VI, 676. BM. II, II, 558). Cgm. 62, fol. 100. Cgm. 64, f. 48. Gem. Reg. Chron. II, 381. „Do nam er (künk Balthazar) war, daz bi dem kerzstal an der want schreib dreu wort ein fremde hant;“ Renner 5721. Der Kipfstall, gewöhnlicher Kipfstell, (b. W.) der Rungenstock am Wagen; sieh II. Th., Sp. 1273. Der Korbstall, Platz im Wasser, an welchen Fischreusen (Körbe) gelegt werden. Lori, Lech-R. 345. Kreuzstall, (ä. Sp., Gestalt eines Kreuzes; BM. II, II, 558: kriuzestal; in creuzestal, criuzestal, mit wagrecht ausgestreckten beiden 627 Armen, so daß der Körper ein Kreuz bildet (?). Vrgl. ausgespannt, oben Sp. 673. „Corruens in terram distento omni corpore in modum crucis;“ Poll. 25, f. 89. „Der N. N. hat sich verlobt, nackend, creuzstall unnd dreymal umb den Altar zu gehen“... „Der N. N. verlobt sich, nackendt und creuzstall hieher zu gehen;“ Inchenhofer Mirakelbuch v. 1603. „Gûdrûn diu edele viel ûf den griez ze tal, alsô si tet gên got ir venje in kriuzestal;“ Gudrun 4681 (1170,2). „Fraw Flordibel sich dick bot vor dem altar crutzestal, si tet mit weinen mengen val nider uf den estrich;“ Cgm. 577, fol. 162. „Leg die daumen krautzstal (kreuzweis) vber die trüsen,“ (über die Pestbeule) beim Segensprechen; Clm. 4350, f. 36. 82. Das Nonnenkloster heil. Kreuzthal in Schwaben heißt bey Lirer p. 2 und 38 heil. Kreuzstal. Das, der Nierstal, das Fett, worin die Nieren des Rindes sitzen. Münchn. Fleischhackersätze, Cgm. 544, f. 45. 46. Jetzt nürnbergisch in Niernstollen entstellt. Der Nötstall zum Beschlagen der Pferde; BM. II, II, 558. Das Richtstall im Jagdwesen, (Geräumte?). Lori, Lech-R. 317. s. oben, Sp. 40. Der Seßstall, s. oben, Sp. 332. Das Tropfstall, stillicidium; s. Th. I, Sp. 673. BM. II, II, 559. Wstr. Btr. VI, 133. MB. XIX, 66. XX, 7. Warstall, Guastalla. „Concilium apud Warstal,“ (1106); Aug. eccl. 39, f. 7ᵇ. cf. Heristal. Das Weierstall, Platz zu einem Weiher; MB XXIII, 339. Der Stallbrueder, (ä. Sp.) Kamerade; consors; (wol von Stall im weitern Sinne, ahd. stal, status, statio). BM. I, 271. „Die römischen Kriegsknechte schickten etliche jre Stallbrüeder gen Rom umb Sold;“ Av. Chr. 291. Vrgl. ahd. gistallo, nôtgistallo, mhd. nötgestalle, Gefährte, Genosse. Graff VI, 374. BM II, II, 559. „Die selben not gistallen,“ (die Seele und der Engel); Tungdalus, hg. v. Hahn, p. 51,3. Stallbog (?). „Hinricus *Stalbuc*;“ Lucht, Kieler Stadtbuch p. 42. 43. Stalbog ...? Widder, Rheinpfalz. (Oder zu Stahel?). Der Stallhas, Kaninchen; Zeitschr. IV, 314.

stallen, ältere Form für stellen, (welches zu vergleichen) Das Pferd stallt, stellt den Lauf, Gang ein, bleibt stehen, (urspr. wol hypokoristisch, später technisch) es harnt. (BM. II, II, 559. Weigand, Wbch. II, 784. Vrgl. anstên). „Ungelaidigt ewere gnaden, das ros hat gestalt, salva gratia equus urinam fecit;“ Cgm. 690, f. 24. „Welch ros nicht gestallen muge;“ Cgm. 824, f. 8. „Ein ros das plut stalt“ ... „das den laut'n (lautern?) Stallen hat,“ (Laufen); Cgm. 4543, f. 237. 243. 245. „Wa der hirß auf ainem schne gestallet hab, so seicht er neben auß außer der fart recht als ain hund so stallet die hind eben in den herd als ain zohenn;“ Clm. 4373 (v. 1437), f. 49. „Der knecht erschrack ob disem allen in dem war gleich sein grusel stallen;“ H. Sachs 1612: II, IV, 151. Der Stall (Pferdeharn), Cgm. 964, f. 78. (In nächster Beziehung auf Stall gilt stallen für stabulare, stabulari. Voc. v. 1618. BM. II, II, 559). Vilmar, kurhess. Idiot. 395: mit Einem stallen, mit ihm gut stehen, sich mit ihm vertragen. Vgl. stellig sein mit Einem, desgl. stallen den Lauf des Kriegs, Processes, ihn sistieren. „Der baubst Johannes machet ain stalltage (stall-tage Th. I, 595? Friedensverhandlung, Waffenstillstand) zwischen dem kunig von Littania (Litthauen) und den teutschen herrn;“ Cgm. 213, f. 225. Die Stallung, a) (ä. Sp.) Einstellung des Streites, Stillstand; Einleitung, Übereinkunft zum Frieden. Kr. Lhdl. II, 41. IV, 59. XV, 42. Gemeiner, Reg. Chr. II, 215. 232. b) bayreuth. Verordd. v. 1708—1746: Stellung, Sistierung vor Gericht. Die Stallung begehren, verweigern ꝛc.; (sieh Verschaffung). „Caution zur Widerstallung,“ daß man sich wiederum stellen werde. Lori, Lech-R. 354. Der Anstall des Rechten oder Gerichts, (ä. Sp.) die

Einstellung, Verschiebung, Vertagung. Grimm, Wbch. I, 472. Cgm. 213, fol. 169. „Institium, Anstall des Gerichts;“ Vocabelsammlung des nachherigen Churfürsten Max I., Cbm. 812, I, 20. Schmid's, schwäb. Wrtb. p. 505. Sieh Aufschlagung. Der Augstall (Cgm. 964, f. 123. S. Nicol. 731ᵃ, f. 46), eine Krankheit des Pferdes; (ahd. oucstal; Graff VI, 676. Grimm, Wbch. I, 815 f. vrgl. Th. I, Sp. 50: Augengestell
628 und oben unter Gestell). bestallen einen Diener, Beamten, anstellen. Grimm, Wbch. I, 1650. Die Bestallung (Besoldung) in Geld, Holz rc. Wolbestalt, bestbestalt, ehmaliges Ehrenprädicat in Briefüberschriften. N. N. bestbestalter Postmeister in N. s. bestellen. BM. II, II, 564. Grimm, Wbch. I, 1675. ˈbestallen, besetzen, belagern, einschließen; (mhd. bestellen, BM. II, II, 563,6. Grimm, Wbch. I, 1674,5).ˈ „Do er (Ludwig der Bayer) Straubingen bestallete“ (ll unsicher) schrieb man 1332 Montag vor St. Ulrichs tag, er lag davor bis St. Bartholomeus tag); Chronik, Cgm. 327, f. 158ᵇ.

Die Stell (Stǫll, *Stǫj*), wie hchd. Stelle; (Graff VI, 666. BM. II, II, 560. Weigand, Wbch. II, 800). Ja wol, das s' mar èppes gábm, nétəmàl d' *Stǫll* vo'gunnənt s' mə', (Dasein, Stand, Zustand); ObrM. Außerdem bezeichnet dieses Wort in der bayrischen Canzleysprache eine der höhern Justiz- oder Verwaltungsinstanzen, während die niederern blos Ämter oder Behörden genannt werden. „Bericht zur höchsten, zur allerhöchsten Stelle.“ Die Hinterstell, (Ob.-Isar) das Zurückbleiben, in einem Geld- oder andern Geschäft; sieh unten und Th. II, Sp. 1137. Ei˜ d *Hintə'stéll* kemə˜. ˈDie Nachtstell, das Nachtquartier; vgl. oben, Sp. 268: die Nachtseld, Nachtziel.ˈ „Die Nachtstell müß wir in (den Fürsten) gewern;“ H. Sachs 1612: IV, III, 117. Die Stellen (Stǫlln, Stǫjn), Vorrichtung, um etwas darein oder darauf zu stellen. Zeitschr III, 521,51. ə˜ *Büəchə'stǫlln*, Büchergestell. Ein Gerüst von größerer, zusammengesetzterer Art heißt eine Stellage, (ausgesprochen, als ob es ein französisches Wort wäre), holl. stellaadje, niederſ. Stellasie. Weigand, Wbch. II, 800.

Der Kipfstell, (b. W.) wol für Kipfstall; sieh Stall.

stellen (stǫlln), wie hchd.; (mhd. stellen, Praet. stalte, Partic. gestalt. Graff VI, 665. BM. II, II, 560. Weigand, Wbch. II, 800). stellen mit Worten, z. B. einen Aid, ihn vorsagen. „Gastalt aid, juramentum solemne;“ Cgm. 658, f. 211. „Gestalt monait, perjurium solenne;“ And. 48, f. 142. „De perjuriis solempnibus ·i· gestalt mainaid et privatis ·i· lazen aid;“ Clm. 9537 (sec. XIII. 2ᵈ), f. 177. „Non jures de perjuriis solempnibus ·i· gestalt manaide;“ Ind. 392, f. 20ᵇ. „Perjurium utrum fuerit solempne vel privatum gestalt aid vel fraevel aide;“ das. f. 22ᵇ. „Sich hüten vor gestalden aiden;“ 3. Regel St. Francisci, Cap. 8, Cgm. 807, f. 5. „Er kann wol stellen, bene eleganterque scribendi artifex;“ Voc. v. 1618. Eine Schrift einen Brief stellen, auffetzen, verfassen. „Den Parteyen Schriften zu stellen sollen sich die Hofräthe nicht unterfahen;“ Hofr. Ord. v. 1616. Der Briefsteller, der einen Brief schreibt. Der Schriftsteller, Schriftensteller, (ehmals) Verfertiger eines Aufsatzes, besonders eines gerichtlichen und drgl. „Der Schriftsteller des eingelangten Schreibens;“ Lori, Münz R. III, 294. „Advokaten und Schriftensteller.“ Dieser Ausdruck ist demnach einer der wenigern, die im Laufe der Zeit an Würde nicht ab-, sondern aufwärts gestiegen. ˈgestellet, gestalt, Partic. praet., gestaltet, aussehend, beschaffen, BM. II, II, 562ᵃ.ˈ „So gar zartlich gestellet;“ Labr. 468. „Ainer ûf ainem grôzzen rosse und was der eglich gestellet;“ Griesh. Pred. I, 143. „Daz der artzt gesehen müg, wie der harm gestellet sei;“ Ind. 344, f. 69. „Ist der schawm (auf dem Harn) als saffran gestellet;“ das. f. 72. Cf. Gestalt. stellen, stehen machen, stillstehen machen, (gl. i. 556: gistellan). Der Schreck, die Überraschung stellt mich, stellt mir die Spräch.

Einen flüchtigen Dieb (durch Zauber) stellen. Das Bluet stellen, stillen. ˈstellig, adj., stillstehend; (BM. II, II, 559ᵇ).ˈ „Aus ayr pfeffer vnd saffran magenpfeffer vnd salvan machet man ein czelten guet das wider stellig machet das pluet, haec faciunt tortam quae fluxum sanguinis aufert;“ ZZ. 2072 (Clm. 25072), f. 265. ˈstellig sein mit Einem, s. oben: stallen.ˈ Sich stellen, das Seinige thun, um eines Andern Gefälligkeiten, Dienste, Aufwand rc. zu erwidern. stellen eine Sache zu Frid, in einer Streitsache Frieden stiften, Chron. d. Freyb. I, 159; (eine R.A., die jetzt blos auf Personen angewendet wird). stellen eine Sache (Streitsache) auf Einen, in Eines Hand, sie dessen schiedsrichterlichem Ausspruch anheimstellen. Kr. Lhdl. VIII, 374. 376. XV, 41. anstellen, a) etwas und zwar nichts Gutes, veranlassen, sich zu Schulden kommen lassen, begehen. Grimm, Wbch. I, 482. (cf.: „Der gewalt, der mit dem armen wirt gestalt;“ Walther 16,13). b) anstehen lassen, aufschieben, procrastinare; Voc. v. 1618. Grimm, Wbch. I, 483. Vgl. agſ. astellan: vrohte onstealdeſt; Caedmon 56,12. 57,22. (Vers 908. 929).ˈ Sieh Sp. 747: Anstall des Gerichts. ausstellen Einem, auf der Straße aus dem Geleise weichen, um ihn vorbeyfahren zu lassen; (vrgl. wegstellen). ausstellen, (vom Pferde) ausspringen. cf. agſ. stellan, stealde, salire, saltare. bestelleu Einen, (ä. Sp.) gerichtlich erweisen, bestätigen, daß er unser Leibeigener sey. „Aigen 629
Leut mußten durch eidliche Aussage ihrer nächsten Verwandten von der Mutter Seite bestellt, bestalt werden;“ Ref. L.R. v. 1518, Tit. 38, Art. 2. „Wer die Mutter bestellen mag, dem folgen die Kinder alle nach;“ Kr. Lhdl. III, 385. VII, 269. 274. Bestallung tuen, diesen Beweis führen. Sieh auch unter stallen. Cf. ital. gastaldo, castaldo, Angestellter; (Diez, Wbch. 393. Grimm, Gesch. d. d. Spr. 693 f.ˈ). Gastaldi delle arte, Zunftmeister (in Florenz, Verona; sec. XIII.). Der Bestalt, (bayreuth. ref. Halsg.-Ord. Art. 180. 278) die Caution. Einen Bestalt thun, Caution leisten. derstellen, erstellen, ruckerstellen, ersetzen, erstatten, zurückerstatten. einstellen, scil. Pferde in eines Andern Stall. Grimm, Wbch. III, 310,1. Der N.er Bot stellt beym N.Breu ein. Im Würfel-, Kegel rc. Spiel stellt man das Spil, d. h. die Points, Kegel rc., die vorher das höchste waren, ein, indem man eben so viele macht. „Der herro die sinfluot in buwen, in stelle tuot, dominus diluvium inhabitare facit;“ Cgm. 17, f. 45ᵃ, Ps. 28,10. einstellig machen oder werden, ins Stocken bringen oder kommen. gestellen sich, simulari. „Wann sie Fablen dichten, lehren sie ehebrechen und kommt vom Gstöllen zu dem Wöllen, docent adulteria dum fingunt et simulatis erudiunt ad vera;“ P. Gansler 328. gestellen, angestellen sich zu Etwas, sich dazu anlassen, anschicken, — gewöhnlich mit unfreundlichen Adverbien als: dumm, gäbisch, denkisch, ungeschickt. Das Gestellen auch Gestell, Stellen, die Stellerey, ungeschickte oder gezierte Art des Benehmens. herstellen Einen, ihn schmähen, ihm das schändlichste Bild von ihm selbst entwerfen. Einen vo˜ 'n Kopf bis zu'n Fuəs *herstellen*, dás kaə˜ Hund kaə˜n Biſſ'n Bród mer von eəm nám. hinderstellen, deponere negotium, relinquere; hinderstellig seyn oder werden, impediri, rejici, differri; Voc. v. 1618. „Rosen, so von Blattern hinderstellig (zurück) gebliben;“ Dr. Agricola v. Amberg. In einer Wirthschaft, Verwaltung rc. hinterstellig werden, in Rückstand, in ein Deficit gerathen. BM. II, II, 559 f. „Was (an Geld) Seinen Gnaden hinderstellig wäre;“ Kr. Lhdl. IX, 370. Hinterstellige Gebühren, Renten rc., schuldig gebliebene, rückständige. MB. XXV, 288. 406. 411. 467. stellen nāch einem Ding, darnach trachten, streben. BM. II, II, 560ᵇ. Nach Frid, nach Er, nach dem Himmel, nach der Herrschaft, nach Guet stellen. Voc. v. 1618. Cgm. 632, f. 40. 48. Av. Chron. 24. 226. Gem. Reg. Chr. III, 52. „Den pæsen rewterssknaben die uns fir und selber hin treyben und die uns stellen nach unsern weyben;“ Rosenplut,

Cgm. 714, f. 323. „Da stalten sy vester nach hab (?) dan sy vor ie hetten getan;" Cgm. 1119, f. 99^{b}. „Noch kombt nit heym der heylloß Mann, sitzt dort bey seinen losen Gsellen die weder nach Gut noch Ehren stellen;" H. Sachs 1612: IV, III, 82. Jetzt nur mehr im schlimmen Sinn: Einem nachstellen (Voc. v. 1618 vollständiger: Einem nach Leib und Leben stellen). verstellen, a) wie hchd.; b) krampfhaft verdrehen, z. B. die Augen; c) falsch oder an den unrechten Platz stellen; d) stillen, z. B. das Blut, den Durchlauf. BM. II, II, 565. „Plut verstellen, glidwasser verstellen;" Cgm. 731, f. 210. „Regenwurm erstoßen in ainer schüssel valet zu verstellen das plut;" Clm. 4394, f. 135. e) verstellt seyn, schon für einen Andern bestimmt und nicht mehr disponibel seyn, wie z. B. ein Platz zum Sitzen. ʿstellen von Einem, sich von Einem wenden, von ihm ablassen.ʾ „Weil wir beyd haben unser leben, so werden wir von euch nicht stelln;" H. Sachs 1612: III, III. 103. „wegstellen, meditari abitum, fugam;" Voc. v. 1618. (Vrgl. ausstellen). zuestellen eine Mül, sie stehen machen. zesamgestellt (z'samgstəllt), wohlgestalt.

630 „'s Diə'nl ə˜ də' Nachbə'schaft, dés I nét luig,
hàt ə˜n schö˜n Kreuzə' Gəld und ə˜n z'samgstəltn Zuig.

Vrgl. stallen, Stall und Gestalt.

Das Gestell (G'stəll), a) wie hchd. Gestelle; (ahd. gastelli, mhd. gestelle; Graff VI, 666. BM. II, II, 559. Weigand, Wbch. I, 428). b) die in Reihe aufgestellten Tanzpaare und jede Tour, die sie tanzen. c) die Art etwas anzugreifen, das Benehmen, insonderheit ein geziertes, ungeschicktes. (In einer Urk. v. 1029 in Meichelb. H. Fr. I, 223 ist die Rede de stationibus id est gistellis piscium quos husones dicimus. Cf. ther uuagono gistelli, vom Wagen am Himmel bey Otfr. V, 17,29). Das Augengestell, eine Rinderkrankheit; cf. ahd. oucstal albugo. Sieh I. Th., Sp. 50, und oben Sp. 747: Augstall. Das Vorstelle, Verstelle, Fürgestelle, eine Krankheit, wogegen sich Cgm. 289, f. 133, 722, f. 12, 724, f. 147, 729, f. 146, 824, f. 8 und 4206 Mittel angegeben finden. cf. verstellen, b.

stelen (stəln, I stil, Cond. stələt und stál, Partic. g'stóln), wie hchd. stehlen; (mhd. steln: ich stil, Praet. ich stal, wir stâlen, conj. ich stæle, Partic. gestoln; ahd. stelan: Praes. stilu, Praet. ind. stal, conj. stâli, Partic. gistolan; — doch findet sich in der mhd. und ahd. Sp. statt des einfachen Verbs meist das Compositum verstelen, firstelan. Graff VI, 668. BM. II, II, 634. Weigand, Wbch. II, 796). „Verstellen, involare, verstill, involo;" Voc. venet.-todesco v. 1424, f. 25. „Die wurcz do von man ser geschwal er in die kandel bald verstal (verstohlens that) si pot im sant Johannes segen;" H. Folz. Womit nährt ihr euch? fragte ein Policeybeamter ein paar Vorgeführte. I mach Bés'n, sagte der erste, und I stil, setzte der andere bey; (sieh Stil) ʿR.A. Der (die, das) soll mir gestohlen werden, ich lege keinen Werth auf ihn, ich frage nichts nach ihm, will nichts von ihm wissen.ʾ „Dä Schnapps och ka˜m'r gestohlen genn;" (Trier) Firmenich I. 534,11. Sich verstelen, substrahere se; Voc. v. 1618. Gut, das verstolen ist; L.R. v. 1616. „Wem verstoln wirt," Zaubermittel, es wieder zu bekommen, im Cgm. 464, f. 24. „Ob ein mensch das ander verstilt;" Wstr. Btr. VII, 67. 68. 75. Verstolner weis, verstolens, adv., furtim. Der, die ist klaə˜ və'stoln, dem Stehlen sehr ergeben. Die Stal, Dieb-stal, (ä. Sp.) jetzt der Diebstal; (ahd. stâla, noch für sich allein, furtum; mhd. diu diupstâle, diepstâl; Graff VI, 669. Grimm, Wbch. II, 1097). „Das ist offne diebstal;" Cgm. 558, f. 52. „Wer die diebstal habe getan, der ist schuldig der diebstal;" Cgm. 289, f. 126. s. Th. I, Sp. 480: Dieb.

ʿsteil, hchd., (Weigand, Wbch. II, 797.ʾ cf. holl. steil = stail) ist im Dialekt unüblich und wol aus dessen stikel (s. oben, Sp. 727) zusammengezogen, wie Stahl, Stâl aus Stahel u. dergl.

Der Stil (Stıl), wie hchd. Stiel; (mhd. ahd. stil; Graff VI, 662. BM. II, II, 636. Weigand, Wbch. II, 807 f. gl. i. 203: stil). stilum (◡ —), adv., umgekehrt (sc. zu verstehen), wol von der R.A.: den Stil umkêren, das Entgegengesetzte ergreifen, vornehmen, thun.

Der Stiler (Stıləʿ), der Griffel, stylus; das Hölzchen, Beinchen, womit in Landschulen alten Schlages der Schüler auf den Buchstaben oder das Wort zeigt. „Der lugenhafftig Stiler der Geschriftgelerten;" Dr. Eck. „Mit einem eisnen stiler;" Cgm. 520, f. 224.

still (stıl), wie hchd. stille; (mhd. stille, adj. und adv., ahd. stilli, adj., stillo, adv.; Graff VI, 669. BM. II, II, 636. Weigand, Wbch. II, 809. Zeitschr. V, 193). Noch wird das adv. als stillə mitunter vom adj. unterschieden; (Gramm. §. 826).

„Du muəst di' àbəʿ stillə hàbm,
süst tát di' ja dəʿ Küəbuə' g'wà'n."

„Seyts stillä, ös werdts bald widäʿ än andern Vadäʿ khriegn;" Cgm. 3805, f. 152^{b}. „Stillä, ös derft weitäʿ meinä nöt lachä;" Lindermayr 138. Man könnte dieses bayr. ə für er nehmen („Du solt nit stiller stan," Cgm. 809, f. 63. „Der kaiser nit lang stiller lag;" Mich. Beham, Wiener p. 189,15. „Wir auch stiller gedagen;" Rot 113, f. 325. „stiller schweigen, seyn, stohn ꝛc.," H. Sachs. „Die Stimm auch stiller schwieg;" das. 1612: I, 168 (1558: I, 82). „Deß ich mich hoch verwundern kund und da geleich stockstiller stund;" das. 1021. II, II, 7. 112. II, III, 198. III, I, 483. V, III, 52. 137. Vgl. Grimm IV, 498), wenn es nicht auch 631
nach schwäbischer Aussprache vorkäme: „lətz gand se stille hài˜; Epple 13. „Stilla, ihr Moister und Gsella;" Weitzmann III, 15. 22. Der Ruf Stillo, Stillà! (bey feyerlichen Gelegenheiten oft mit dem Zusatz: Huəd à', Hut ab!), auch Stillio! ist wol nach I. Th., Sp. 10 zu erklären. Stilla do! ruft in Rixner's Abbildung des 30. Turniers CLXXVIII der Herold. „Lieber waidman, sag mir still und bald" beginnt der Waidmannsspruch in den altd. Wäldern II, 21, wobey Grimm an das engl. still (noch) denkt. Das alts. stillo stimmt nicht. Eine andere, präpositionale Adverbialform ist das oberländische von still (wenn die Aussprache və stıll nicht etwa anders zu nehmen; — vrgl. I. Th., Sp. 842 und 843: von und ver). Və laud und və stıl, laut und still; (Reut im Winkel). „Schau, was die Sappermentş Weiberleut lachen va still, abi hinter d' Hüll;" Hübner, Fürstenth. Salzb. p. 688. Im Cgm. 73, fol. 56 steht: „laut und überstillen", (ähnlich dem sonst üblichen überlaut). unstill (vom Wetter), stürmisch. ʿstillingen, ä. Sp., adv., im Stillen, heimlich. Vgl. niederd. stilken stilkens; Zeitschr. IV, 132,78. 276,8. VI, 280,53. 485.ʾ Die Stillmeß, canon missae (qui in 4 partes dividitur, sc. in secretam, praefationem, canonem et orationem dominicam). „Darnach vachet man die stillmess an ...;" Br. Berhtolt, Cgm. 1119, f. 17^{b}. „Von dem grewel der stillmesse, so man den canon nennt;" Luder v. Reventlo, Cgm. 930. „In dem Anfang der heiling stilmeß;" Cgm. 841, f. 106. „In der ersten stillmisse. Von dem vierden geraune oder stillmisse bis zu der Communion;" Cgm. 851, f. 127. „Nauch dem Sanctus in dem Canon wan er (der Priester) ist in der stillmess ston;" Mich. Beham, Wiener p. 264,6. „Als er (d. Pfaffe) nun in der stillmeß war;" H. Sachs 1612: II, IV, 186. s. unten: die Stille. „Die Wandelkerzen, die man vor der wandelunge aufe zündet, sol man bis zu Ende der Stillmesse brinnen lassen;" MB. XXIV, 432. Das Stillrecht (Cbm. Kl. 20, sec. XVI.), heimliche Malefizgerichtssitzung, im Gegensatz von Offenrecht; (sieh II. Th., Sp. 1584). „Im Stillrecht handeln." Der Freymann hat „was im Stilrechten beschlossen worden, an offnen Rechten"

eben so 'vorzubringen. „Daß die Rechtsprecher nun im Stilrechten aufsteen, und wie sie in demselben nach einander gesessen, sich an das Offenrecht in die Schrannen auch also setzen, bis daß es mit Recht und Urtl eröffnet wird." Vgl. Oberbayr. Archiv, Bnd. VII, 417. Das Stillwasser. In der Ober-Isarau bei München alle sogenannten Stillwasser eingefüllt und aufgebührt. December 1841. Die Still, Stillé und Stillen, Stille; (mhd. stille, ahd. stilli, stillina; Graff VI, 670. BM. II, II, 637,2). „Nach dem opher in der vorderon stilli" (in der Messe); Griesh. Pred. II, 142. Die Stilleteit, ä. Sp.; BM. II, II, 637. „Ein gepet in stillikeit sprechen;" Alt. Hoh. 11, f. 91. 92. stillen, a) wie hchd.; (mhd. stillen, gestillen, ahd. gistillian, gistillan, sedare, sistere; Graff VI, 672. BM. II, II, 637. 638ª. Weigand, Wbch. II, 809; Diut. III, 69: „Gottes willen stillen," impedire), 'still machen, zur Ruhe bringen; geheim halten, verhehlen.' „Jâ vrouwe, waz mac wesen daz, daz er vor iu so gar stilt, wan er iu niht anders hilt," (oder von stelen, steln, 'verhehlen, verstecken'?); Gregor v. d. Stein 2191. b) still werden, aufhören; (mhd. stillen, gestillen, ahd. gistillên und gistillôn, auch stillan, stilta. Graff VI, 671. BM. II, II, 638ᵇ). 'abstillen, sedare, pacare; Grimm, Wbch. I, 132.' „Hat in (ihnen) abgestillet," Ruhe hergestellt unter den Raufern; Cod. iconogr. 3, f. 169. Es verstillt, (Lech) es wird stille, man redet nicht mehr davon. „Bestille von deme zorne, desine ab ira;" Windb. Psalt. Graff VI, 673. „Si gestilte chinden," hörte auf zu gebären; Diut. III, 79.

Stillaby (?). Im Zinsbuch v. St. Ulrich in Augsburg v. 1499 (Cgm. 154, f. 37) kommen „II Mutt stylläby vor;" (wol eine Art Hülsenfrucht. Gl. i. 1170 steht: „stelaba offa valla;" Doc. A. c. 94: „balla stelaba offa," was vielleicht damit zusammenhängt). Graff VI, 677. Diefenbach 551ª.

Der Stollen, a) wie hchd., d. h. Gestell, Pfosten, Fuß; (mhd. stolle, ahd. stollo, genit. stollin, basis; Graff VI, 677. BM. II, II, 657. Weigand, Wbch. II, 813. Zeitschr. IV, 158. VI, 485. cf. schwed. stola, stützen). „Vom sessel zuckt er ihm ein stoln, das er fiel in dem augenblick zur erden und brach sein genick;" H. Sachs 1612: I, 216. Bettstollen, Geländerstollen, Tischstollen. Stollkachel, Stolltegel und dergleichen Geschirr mit Füßen. b) Art Werkholzes. „Stollen sollen 12 Schuh lang und 3 Quadratzoll dick seyn;"
632 Wirzb. Verord. v. 1776 das Maß der Pfähle, Bretter und Latten betreffend. c) (Wirzb., Aschaffenb.) Art feinen Brodes von länglichter Form. Milchstöllchen, Gemischt-Stöllchen. Firmenich I, 142,7: die Honig*stulle;* 147,1: Butter*stulle;* 465,313: die *Stulle*. Zeitschr. IV, 474. d) jeder der vorragenden Theile am Hufeisen. e) (in den Gedichten der Meistersinger) jeder der vier- oder mehrzeiligen Complexe, aus deren zweyen oder mehrern das Gesetz, dieses hinwieder als einzelner Theil des Ganzen oder Bares, besteht. Wagenseil 521. cf. Grimm, Meisterges. 44. Avent. in seiner Grammatik sagt: „In lectione periodus, plena sententia, dicitur ein satz, pas, cujus partes sunt commata stolel et cola setzl." „Wenn zway oder drey stolel aneinander hengen, quum dicola tricolaque ponuntur." f) figürlich: (Nürnb.) ein Schwank, Streich, Stück. Das war ein Stollen! 'No, Lena, wöi g'fällt dir der *Stoll'n?*" Grübel's Gedichte (1857) I, p. 172. 38.' stollen, a) wie hchd., z. B. die Hufeisen stollen. b) sich stollen, (vom Schnee) an den Hufeisen hängen bleiben. Das Pferd stollt oder stollnt auf, es bleibt ihm der Schnee am Hufeisen hangen. c) (schwäb.) fig. haesitare, Bedenklichkeiten haben; (ahd. stullan, subsistere, cessare, haerere. Graff VI, 676). d) (O.Pf., von der Saat) ansetzen, zunehmen. (Bey Notk. Ps. 101,25 ist stollôn fundare. Graff VI, 677).

Die Stolen, stola des Meßpriesters; (mhd. stôle; BM. II, II, 657). Das Voc. v. 1618 hat: „Stolbrueder, custodes templi." Vrgl. Stuelbrueder.

Der Stolvenze (? — wenn Pfeiffer recht gelesen. 's. Bnd. I, p. X: Gesta'): „Der torwærtel viel in (den Höckerichten, Grindigen, Einohrigen, Einäugigen, Einhändigen) an vnd furgklocht den stoluentzen hin vnd her;" Gesta Romanor., Cgm. 54, f. 70ᵇ, (Keller p. 137).

Der Stuel (Stuəl, o.pf. Stʒl), wie hchd. Stuhl; (mhd., ahd. stuol; Graff VI, 663. BM. II, II, 713. Weigand, Wbch. II, 832. Zeitschr. II, 77,5,3). Er wird im Dialekt als ungepolsterter Sitz unterschieden vom Seßel. R.A.: Einem auf'm *Stüələ-l* dåsitz'n, ihm auf jeden Wink bereit und zu Diensten seyn, (meist ironisch). „Die Häuser sollen steinerne Stühle oder Vierungen (also untere Hauptmauern) haben;" Bayreuth. Stdt.-Ord. Für Webstuhl hört man an der Ob.-Isar: die Stuel. Der Brautstuel, sieh Wittibstuel. Der Dingstuel, (ä. Sp.) Gerichtsstuhl, Richterstuhl. BM. II, II, 714. Grimm, Wbch. II, 1177. Sieh I. Th., Sp. 519 f. (Vrgl. Königs-Stuhl, Kaiser-Stuhl, mancher Localität, besonders Bergen, wo ehmals im Freyen öffentliche Gerichts- und andere Versammlungen im Namen des Königs gehalten worden, als Eigenname geblieben). Der Gemachstuel, (Dr. Minderer 1620) Leibstuhl. Eben derselbe sagt auch blos: an Stüelen offen sein, Leibesöffnung haben. Birlinger 414. „Herte der stul;" Cgm. 601, fol. 110. „Man sol (im Jenner) nicht stûl machen" (zum Laxieren eingeben) noch tranch nemen (einnehmen); Augl. eccl. 76, f. .. (v. 1399). Dazu im Cgm. 823, f. 5 auch ein Verb: „Wen du nit stuelen kanst. „Das ains immer zum stuellen dringt und kan doch nichts thain;" Cgm. 3721, f. 82. Der Gottvaterstuel, vgl. H. Sachs 1612: V, III, 90. Der Hauptstul, das Capital; Bayreuth. Acten v. 1722. BM. II, II, 714., Der Maisterstuel, Lehrstuhl eines Meisters (Magisters).' „Mein herr auff welcher hohen schul auff welchem alten meisterstul habt ihr das zerlegen gelehrt;" H. Sachs 1612: II, IV, 195. Der Pfeifferstuel, (L.R. v. 1616, f. 565) Podium oder Bühne für aufspielende Musicanten. Der Predigstuel, die Kanzel. Der Gesott- oder Schneidstuel, bankähnliche Vorrichtung, Häckerling zu schneiden. Der Wittibstuel, der Stand der Wittwe. BM. II, II, 714. Den Wittibstuel behalten, oder aber verkêren, verrucken, (d. h. sich wieder verheiraten). Ref. L.R. v. 1518, Tit. 51, Art. 2. L.R. v. 1616, Tit. 5, Art. 3. Av. Chr. 519. Kr. Lhdl. XII, 119. XIV, 76. Wstr. Btr. VII, 123. 127. Diu Sigebandes muoter den witwenstuol besaz;" Gudrun 6,1. Nach einer ähnlichen Figur, die vielleicht auf einem concreten 633
Gebrauch fußt, hieß der Stand der Verlobten oder Verehelichten der Brautstuel (gl. i. 364: prutestuol, thorus maritalis. Graff VI, 663 f. BM. II, II, 714. Grimm, Wbch. II, 338). — „Mit wie getâner êre im brûtstuole saz diu maget vil hêre;" Gudrun 549,1. „Dô der helt Lemberslent und sîn gemahel Gotelint den briutestuol („preutstul") besâzen. Swaz si trunkn und âzen, daz wart gesamnet wîten;" Helmbr. 1469. „Do man die hochzeit haben scholt und si den preutelstul saz, do lag er allen den tag ze pette; Cgm. 99, f. 36. „Der tiefel pringt sein praut zu dem preutstuel der helle;" Cgm. 775, f. 263. Vrgl. unten: Stuelfeste. Der Stuelbruder, a) „Pauperes devoti qui vulgariter dicuntur Stulbruder;" Urk. des Bisch. v. Augsb. v. 1383; (sieh Schmid's schwäb. Wrtb. 517. Nach Birlinger 414: Gehilfen der Meßner). Layenbrüder, die dem Küster in gewissen Verrichtungen an die Hand giengen. Placid. Braun's Domkirche zu Augsb. S. 261. „XII Stulbrüder" im Dom zu Bamberg; RB. III, 465 (v. 1275) und IV, 519 (v. 1292). Vielleicht, was „Stolbruder, custodes templi" des Voc. v. 1618. s. oben. b) „Die Pflege zu Hag versorgen mit etlichen geraisigen Knechten, Stuhlbrüdern, Wachter und Thurner, wie sich gebührt;" Kr. Lhdl. IX, 197, ad 1493. Die Stuel-

fertigkeit, exoneratio alvi, excrementa. Dr. Minderer (1620) p. 54. Die Stuelfeste (Stuəlfést), a) das feyerliche Eheverlöbniß, sponsalia; sieh I. Th., Sp. 776 und 1025. „Weiß und Formb zwo Personen zusamenzugeben so man Sponsalia oder Stuclueſt nennet, (in extenso); Cgm. 4611, f. 27. „Ich will euch fuchsen, wenn ihr mir bei der Stuhlföst in meine Klauen kommt;" Bucher's Kinderlehre 47. „Daß die Versprechen oder Stulfesten, sponsalia de futuro, und nit matrimonia de presenti;" Freyſ. biſch. Mandat v. 1615. Avent. Chron. 32. L.O. v. 1553, fol. 99; v. 1616, fol. 562. b) (ä. Sp.) etwa die Bestätigung der Befugniß, ein Gewerbe auszuüben, und die jährliche Recognition dafür? Augsb. Stadtb.; sieh I. Th., Sp. 776. Schmid, schwäb. Wrtb. S. 517. BM. III, 276. Stuelfest heißt auch jede Übernahme eines Gutes oder Gewerbes vor Gericht; (Ammergau, Rath Her). Das Stuelgeld. In Hazzi's Statist. II, p. 277 liest man unter der Einnahme der Friedberger Stadtkammer auch den Ansatz: „Dinzeltage, Hochzeittaxen," mit 146 fl., und darauf: „Stuhlgelder." Vrgl. Stuelfest. 'Das Stuellachen, mhd. Sp., Teppich, der über die Stühle gebreitet wird; BM. I, 925.' „In fürstenhöfen rilichiu stulachen;" Renner 17346. Der Stuelpfenning, Cathedraticum, von den Pfarrern an den bischöflichen Stuhl zu entrichten. Meichelb. Chron. Ben. II, 91, ad 1391. Der Stuelräuber. „Hospites qui proprie sunt stulrawber qui nimium computant suis hospitibus;" Beyh. 27, f. 142. 'Der Stuelsæß, ä. Sp., der auf einem (Richter-)Stuhle sitzt, (mhd. stuolsæze, stuolsâze, BM. II, II, 341. s. oben, Sp. 331).' „Stölesâz, architriclinus;" Grimm, Gesch. d. d. Spr. 693. „Der Abt ze Murbach sol richten ... so sun bi im sizzen zwelve die heissent Stulsezzen das wæren frie lüte die behaltent dem gozhus sin recht;" Lucerner Weisthum, Gesch. Fr. I, 160. Der Stuelschreiber, (ä. Sp.) der für Rechtspartеyen Schriften verfaßte. „Stulschreiber und Procuratores;" ad 1597. „Stuelschreiber und Suppliciſten;" Hofraths-Ord. v. 1724. Notarien, Stuel- und andre Schreiber. L.R. v. 1616, f. 474; cfr. Kr. Lhdl. XV, 201. Ldtg. v. 1605, p. 151. Diese Stulschreiber, wenigst die der geringern Classe, mochten den sogenannten Memorialisten nicht unähnlich seyn, die in Madrid auf offner Straße hinter einer spanischen Wand jedem, der sich nicht ganz wohl aufs Schreiben versteht, aus der Noth zu helfen bereit sind. „Wer die heutigen Stuhlschreiber der Advocaten, wie sie gewöhnlich sind, recht ins Auge faßt, wird so etwas affenartiges in denselben ohne Mühe entdecken;" A. v. Bucher, s. Schriften II, 413. Das Stuelzäpflein (Stuəlzápfl), ehmaliges Hauptremedium der Gäu-bader gegen Hartleibigkeit. „Das Gestüel, subsellium, exedra;" Voc. v. 1618; (mhd. gestüele, ahd. gastuoli; Graff VI, 665. BM. II, II, 715: geordnete Menge von Stühlen oder Sitzen). „In S. Peters pfarrkirchen im Chor zu beiden seiten im Gestiel zechen ständt ausgeprochen," (damit man die Seßl für Ihr Drchl. darein stellen könne); Cbm. 2224, f. 229 (v. 1613). „Wurden die gesidel erfüllet vnd gie der chünich dar in daz er gesehe das gestül," (Matth. XXII, 10. 11); Cgm. 66, f. 59. Augenscheinlich aus diesem der Cgm. 745, f. 36: „Do wurden die sidel erfüllet, do ging der chunig hinein, daz er säch daz gestüll." „Wer nun die müll und ir gestüll recht setzen will;" Cgm. 811, f. 61.

'stolpen, stölpen, ä. Sp., was hchd. stolpern; Weigand, Wbch. II, 813.' „Schaw dort thut er gleich einher stölpen," (im Reim auf „tölpen"); H. Sachs 1612: II, IV, 12. „Der Bawer stolpet (1579: stolpert), als wöll er fallen;" H. Sachs 1612: V, III, 20. „Da wird ein Pfeiffer begraben sein, wer drüber geht, muß stolper (1579: stolpern) dran;" ebendas. Der
634 Stolperer, einmaliges Stolpern; (Weigand, Wbch. II, 813). ə˜n *Stolpərə'* taə˜. „Zwoho, zwohe, stolp, stölperlin;" H. Sachs 1612: V, III, 20. Der Stolprian, ungeschickter Mensch. Vgl. Zeitschr. II, 466. „Es wird gewiß ein Stolprian sein;" H. Sachs 1612: V, III, 20.

Der Stulp, auch die Stülpen, wie hchd. die Stülpe; (Weigand, Wbch. II, 833). Grimm zu Marcellus Burdingal. p. 30 nimmt dessen stolpus für slaw. litth. stlp, columna, čech. slaup; mhd. sûl für stûl, cf. stollo, griech. στῦλος, στήλη. Birlinger 414. 'Vilmar, kurh. Idiot. 405: Kopfbedeckung des weiblichen Geschlechts auf dem Lande. Zeitschr. II, 540,105.' Dreigestülpter Huet. stülpen, verb., wie hchd. oder eigentl. niederd. Zeitschr. V, 175,159.

'stulp, stolp, ä. Sp., adj., stolpernd, tölpisch (?).' „Die pewrin sind mit worten reß, heißen mich einen faulen schlüffel, ein stulppen esel und groben püffel," sagt der Bettelmönch; H. Sachs 1612: II, IV, 8.

Der Bestalt, Caution; sieh bestellen. Die Gestalt, wie hchd.; (mhd. gestalt, ahd. gestalt, gistalt neben gistellida. Graff VI, 668. BM. II, II, 563. Weigand, Wbch. I, 427. Vgl. unter stellen). Gestalt der Sachen, Stellung, Stand, Lage, conditio. „Wie es ein gestalt darumb het;" Cgm. 736, f. 72. Mit der gestalt, ea conditione; Voc. v. 1618; der gestalt, der gestalten, (bey Notk. Ps. 37,7: dat. dien gestaltên), so, in solcher Weise. Grimm, Wbch. II, 1014 f. Nach gestalt, nach gestalten (der Sach). Was gestalten oder blos gestalten (Conjunction), indem, sintemalen. gestaltsam. „Vor das Wort dann (nam) wird zierlicher gebraucht gestaltsamb, anerwogen, allermaßen;" Parnass. boic. v. 1725: II, 299. Die Gestaltsame, — wie Gestalt (der Sachen). gestältig (gstälti'), wohlgestalt, schön, formosus. ə˜ *gſtälti's* Menschə-l. *G'ſtälti'* und g'furmt. Im Cgm. 379, f. 101 f. ist gesteltlich (specialis) dem gewonlich (generalis) gegenüber gesetzt. gestältigen eine Sache, sie beschönigen. „Solchen ihren unlöblichen Handel zu gestelltigen;" Kr. Lhdl. X, 399. Die Angestalt (A˜g'ſtält), Anstalt, Anordnung, Vorkehrung. Grimm, Wbch. I, 352. Mach *A˜gſtält!* entgestalten, entstalten, deformare; Voc. v. 1618. Grimm, Wbch. III, 544. 631. vergestalten, transformare, verunstalten, entstellen. Die Ungestalte, Ungestalten, Häßlichkeit. BM. II, II, 563. Sieh stellen.

---

stalzeln, (ä. Sp.) stottern; (Colloqu. v. 1530).

Die Stelzen (Stəlzn), a) die Stütze, fulcrum. b) wie hchd. Stelze; (mhd. stelze, ahd. stelza, calotibia; Graff VI, 678. BM. II, II, 619. Weigand, Wbch. II, 800. Vilmar, kurhess. Idiot. 399: ein hessisches Weinmaß. „Ambulare cum stelzia;" Leg. Alam. Addit.). Trotz den Franzosen in den Landes, die in ihren Geschäften häufig auf Stelzen gehen, besuchen, wegen öftern Austretens des Wassers im Itzgrunde, die Buttelstätter ihre Schule und Kirche auf Stelzen. Stelzen am Schiffseil; s. Zwisel. stelzen, a) stützen, unterstelzen; Feurb. v. 1591. b) auf Stelzen oder mit einem Stelzfuß gehen. BM. II, II, 619. c) affectiert einherschreiten. „Auf eim fueß stelzen, ascoliasmus, empusae ludus;" Voc. v. 1618. „Do legt er sein rechtes pain auf den hunt mit dem andern füzz stolzet er dahin. Also rait er vnd gieng vnd chom geriten vnd gegangen in den hof für den künich;" Gesta Romanor., Cgm. 54, f. 20ᵇ, (Keller p. 41). Der Stelzer, grallator, Voc. v. 1618; loripes, Voc. v. 1429; Bettler an der Krücke, Cgm. 270, fol. 196. Diefenbach 336ᶜ. BM. II, II, 619.

Der Hagestelz (CMh. 408, Nº. 9, Rheinpfalz), welche (sie sey nun verehlicht, oder unverehlicht) kinderlos stirbt und in gewissen Fällen den Landesfürsten zum Erben hat. Hagestelzerey, Hagestelzgerechtigkeit, Hagestelzfall. Zu vergleichen Aigenzimmer (im Artikel Zimmer) und das sonst übliche Hagestolz (Th. II, Sp. 1068. Grimm II, 527; Rechtsalterth. p. 313. 484. Herm. Müller, lex Salica 168. cf. amerik.-engl. squatter). altſ. hagastald, Mann überhaupt, hagastold, Diener, Knecht. cf. oben, unter stellen: gastaldo, Eingesetzter, Besitzer; also: ha-gestald. Beovulf 4731: an-haga, solitarius. „A^{o}. 722. S. Johannes Hagustaldensis episcopus obiit;“ Chronic. Hermanni Contr., Cod. Aug. S. Ulr. 52, f. 170^{b}. cf. auch Rumpelstilz, oben, Sp. 100, und Grimm, Mythol.^{2} p. 473. 515.

stolz, (stóiz), a) wie hchd.; (mhd., ahd. stolz; Graff VI, 678. BM. II, II, 657 f. Weigand, Wbch. II, 813 f.); b) hübsch, ansehnlich, stattlich, besonders von Thieren, (mhd.) auch von Personen; (Wigalois 8940; niedersächs.,
635 isl. stolt, holl. stout). `Vilmar, kurhess. Idiot. 402: schön gekleidet, geputzt.´ Stolzhirz, ein augsb. Geschlechtsname, wird MB. XXIII, 8 14. 16 ꝛc. durch curialis cervus latinisiert. Der stolz Mäntag. (MB. XX, 498) der Pfingstmontag. `Der Stolze, ä. Sp., was hchd. Stolz.´ „Wart das wir dir dein stoltzen schmieren;“ Sachs 1612: III, I, 9. Stoltzikait, arrogantia; Voc. archon. s. Hagestelz.

stolzen, s. stelzen. Cf. stülz: „Loripes. stülcz vel ainfûs; Clm. 4394, f. 175. s. Stelzer.

Der Stamm (Stam, plur. Stám, Dimin. Stáməl und Steiməl, Stáiməl), auch der Stamm, des Stammen, und schon im Nom. der Stammen (Stamə̃, plur. Stamə̃, Stámə̃), wie hchd. Stamm; (mhd., ahd. stam, stammes, altſ. stamn, angelſ. stämn, also nach Analogie von Stimm, w. m. s., auf Stab zurückführbar. Graff VI, 679. BM. II, II, 565 f. Weigand, Wbch. II, 784). „Ich sprach: got grüß dich iunckfraw stam was ist dein sendes klagen ich pit dich durch dein kewschen nam . . .;“ Muscatblut, Cgm. 811, f. 71, `(Grote's Ausg. p. 181,37 und p. 325 f.).´ Der Erd- (E-) stamm (sieh I. Th., Sp. 140), Unterstamm eines Baumes. Die, wie es scheint, jüngere Form Stammen regelmäßig schon im L.R. v. 1616, Voc. v. 1618 ꝛc. „Ains Stammens, beym Stammen, von schlechten Stammen“ ꝛc. Stammen-bâum, Stammen-buech, Stammen-wâppen. Stammen-hênig, (Wien) Honigseim. Kaə̃ *Stáməl* oder *Stáiməl* Holz, Hàr, Bàrt etc., nicht ein Bischen, nicht ein Härchen. Stemmer, (Jir.) alter, abgebrochner, abständiger Holzstamm, der noch auf der Wurzel steht. Das Gestemm, Geweih des Hirsches mit seinen Enden; s. unten: Gestäng. „Ein hirss . . . der het zwischen seinem horn oder gestemm vnsers herrn marter;“ Gesta Romanor., Cgm. 54, f. 10^{b}, (Keller p. 21). „Do sach er (Placidus) zwischen des hirsen gestemm ein chræutz;“ das. 84^{a}, (K. p. 167). stammen, ä. Sp., stammeln; (ahd. stammên und stammalôn, mhd. stammelen, stamelen; Graff VI, 680. BM. II, II, 566. Weigand, Wbch. II, 784 f. Zeitschr. II, 466). „Balbutire, stammen;“ Clm. 5685 (XV. sec., 1412), f. 41. Cf. ahd. stam, mhd. stammal, adj., balbus.

`Stämmēt, ein Stoff zu Kleidern, Wollenzeug; (mitellat. stameta, panni species, idem quod staminea; ital. stameto, stamigna, frnz. estamet, étamet, étamine; Ducange VI, 353^{a}. Diez, Wbch. 331.).´ „Von Schamlot und wüllem gewand Löndisch, Libisch, Mechlisch, Stammet,“ (gereimt auf „het“); H. Sachs 1612: V, III, 89.

stameln, (Voc. v. 1482) kitzeln.

stemmen, a) wie hchd. (sich anstemmen, d. h. mit Kraft lehnen; ein Wasser stemmen — auch hemmen. Grimm, Wbch. I, 484. BM. II, II, 639: stemmen, neben dem starken Verbum: ich gestim, Praet. ich gestam. Graff VI, 681. Grimm I^{3}, 136: gestemen, cohibere; Benecke, Beitr. 139). b) meißeln, (welches hchd. Wort im Dialekt ganz unbekannt ist). „Man muß die Bainer mit Eisen herauß stemmen;“ Dr. Minderer. Sich einen Finger, den Daumen abstemmen, sich zum pollice truncus (poltron; Dietz, Wbch. 269) machen. Das Stemm-Eisen, der Meißel.

steimig, adj.: „Ein Alter, noch kernfest und „*staimi*“;“ Seidl, Flins. IV, 116 (Ausg. v. 1844, p. 274), wird das. p. 148 (1844: p. 334) durch stämmig erklärt. Nach Seidl's Orthographie würde das Wort als steimig, steumig zu nehmen seyn.

Die Stimm (Dimin. Stimə-l), wie hchd. Stimme; (mhd. stimme, ahd. stimma, stimna, und dieses aus goth. stibna; angelſ. stefn, noch jetzt schottisch steven. Graff VI, 682. BM. II, II, 639. Weigand, Wbch. II, 809). „Sirene sint merwunder gar wol gestimmet . . . „Daz tier hât niht ain gestuckt (articulata) stimm als ain mensch, ez hât ain abwörtig stimm, sam die vogel habent;“ Konr. v. Megenberg f. 140, (Pfeiffer 240,20). Das Stimmlein, (O.Pf.) kleine Kuhschelle; stimmeln, damit schellen. Scherzh. R.A.: Eine guete Stimm haben zum Trinken. Der hat einen gueten Stimmstock, kann tüchtig, laut reden, schreyen. Es ist mir der Stimmstock umgefallen, ich bin heiser, kann nicht reden. `stimmlich, laut, vernehmlich; Zeitschr. VI, 260, II.´

stimmen, a) wie hchd., `eine Stimme von sich geben; (Graff VI, 684. BM. II, II, 639) wol gestimmet, mit guter Stimme begabt; s. unter Stimm uud unten, am Schlusse.´ stimmern, subsannare, von dem Lachen der Sara: „daz horte sie und stimerte so wie daz geschehen möcht also;“ Cod. Palat. 321, f. 41^{d} bey Vilmar, über Rudolf v. Ems p. 25. `s. unten stiemeln.´ b) (ä. Sp.) besprechen, benennen, bestimmen. „Buch, in dem aigenlich gestymbt ist wie man sundt;“ Cgm. 788, f. 40. „An den obgestimpten (oben benannten) Tagen;“ Scheirer Dienst-Ord. 44. Der bestimte, vorbestimte, d. h. besagte, erwähnte; Rettenberger Ms. v. 1529. „Mit ausgetruckten worten gestimbt in bemelten brief;“ Meichelb. Chr. B. II, 179. „Und was ainer (der vier Evangelisten) vnderwegen hat gelassen, das haben die andern bestimpt,“ (erwähnt); Cgm. 524, f. 1. c) stimmen Einen, ihm etwas weis machen, ihn zum Besten haben, foppen. Zeitschr. V, 381. Gê, du *stimmst* mi' gràd! du hast mich nur zum Besten. „Warts, és *stimts* mi'! I hà' schõ nõ aə̃s,“ sagte ein bayrischer Trompeter, als ihm a^{o}. 1812 eine matte Kugel der Russen das Mundstück beym Blasen wegschlug. Ironische R.A.: Du *stimmst* mi', háligeᶜ Pauli, (ich lasse mir nichts weis machen). „Raəs mit deĩn *Stimmə̃*, mit deinəᶜ *Stimmerei.*“ Du maə̃st I waəs's nét, àbəᶜdà bist *gstimmt*, du meinst, ich wisse es nicht, aber da betrügst du dich. In einem lat. Drama (Christus fabri filius) des Abtes von Michelfeld, Wolfg. Ringsberger, v. 1696 sagt der Eine: „Ich main, ihr stimmt uns nur; worauf ein Anderer noch weiter geht: Ja wohl stimmen, sie haben vns gar für Narren!“ Den bisher ältesten Beleg für diese
Bedeutung c, wenn nicht etwa blos für b, finde ich in 636
Gregor Hagen's Salomon und Marcolf (HS. v. 1450, Cgm. 579, fol. 28^{a}), wo die Weiber zu König Salomon sagen: „Sît wir die warhait mercken vnd die listigkait, die du falschlich fürnymbst, seyt du vns in gespotte stymst, das die ding war sind, an deinen worten wir verstiend, daz du wilt dise boshait thuen wider die gerechtigkait.“ anstimmen, spotten; (Thalgau; Jir.). „Anstimmung,“ beißende Spottrede; Hübner 248. „Du wirst am Hof sehen lauter Geiger, aber nur solche, die Einen zu stimmen suchen;“ P. Abrah. R.A.: Du *stimmst* àllwə' und hàst kaə̃ Geigng! In diesen letztern Redensarten wird stimmen, c als eine bloße Figur vom Stimmen eines Saitenspieles genommen, und

wäre als solche vergleichbar den Ausdrücken: Einen aufziehen, schrauben, ducere aliquem, und selbst dem unschuldigen hchd.: Einen stimmen, ihm eine gute oder üble Meinung beibringen über oder für etwas. „Alsolhes spotes wart dâ vil getriben über den palas. Der arme truhsæze was jr gîge und ir rotte; si triben in mit spotte umbe unde umbe als ein̄ bal; da wart von spote michel schal;“ Tristan 11362 ff. „Bitet hüeten sîn vor spotte, ern ist gîge noch diu rotte; si suln ein ander gampel nemen;“ Parcifal, Lachmann 143,26. Indessen ließen Wendungen, wie: Einen an einen Ort hin, her stimmen, ihn durch fälschliches Versprechen oder Vorgeben verleiten, dahin zu kommen, — auch einen Gedanken übrig an die nordische Bedeutung von stimmen (angels. stefnian, dän. stevne, schwedisch stämma) Einen, ihn bestellen, laden, citieren. (Cf. Saxon. chron., Ingram p. 306: „W. him steofnode to Glove-ceastre,“ W. cited him (den König v. Schottland) to Glocester. „Tha stevnede heom man to gemote,“ das. p. 230, ad 1051. „Ac hie hæfdon tha heora stemn (stemninge, steminge) gesetenne,“ but they had their time set; das. p. 116. „Tha se fyrd-stemn for ham, tha for other ut,“ when this division of the army went home; das. p. 137. Af heu͂t hánt mə͂ heə̈ b'stimmt, sind wir vorgeladen; (ObrM.). „Wann mə̈ 'tanzt ha'm und trunkə͂, wäi s' (wann ich sie) g'stimmt han in Grien,“ (in die Grüne); Stelzhamer p. 76 und 177, wo stimmen erklärt ist durch „bestellen.“ At unset steven, unerwartet; Chaucer. Dän. stævne, ntr., das Rendez-vous). Daß stimmen ein dialektisch ausgesprochenes stümmen sey, ist kaum zu denken. Vrgl.: „Wen wir daz chreuz ansehen, daz ez uns stum und man waz unser schepper doran hab erliten marter.“ Eccard, scriptores II, p. 1462. Sieh auch stumpen, stimpfen. Für consonus, σύμφωνος, hatte die ahd. Sp. ein bequemes, später sehr mit Unrecht aufgegebenes Adj. gistimmi. „Gihorta gistimmi-sang inti chor, (audivit symphoniam et chorum);“ Luc. XV, 26, bey Tatian cap. 97. gastimnaz (sc. sang), consonam (modulationem); Doc. A, b, 77. Subst. gistimmida, harmonia; Doc. A, c, 58.

'stimmieren, die Wolle stempfen; (Augsb.; Birlinger 411). Die Stimmier verrichten. Stimmierherren.'

638 „stiemeln,“ (Zip. Ms) lächeln. s. oben: stimmern und vrgl. etwa gestüem.

stumm, adj., wie hchd.; (mhd. stum, stump, ahd. stum; Graff VI, 680. BM. II, II, 708. Weigand, Wbch. II, 833. Zeitschr. V, 194). Nach Kr. Lhdl. I, 212, ad 1453 soll der von den Deggendorfern zu wählende Ritterknecht „ein stummer geleumder Gesell“ seyn. (Hier läuft wol ein Lese- oder Druckfehler mit. Vrgl. allenfalls gestüem). Gewöhnlicher ist die (nach Gramm. §. 716. 833. 834) substantivierte Form der oder ain Stumm (ahd. stummo), des oder aines Stummen (ahd. stummin), am üblichsten aber diminutivisch der, die, das Stummə-l. (Vgl. ein Greis, ain Blind. „Ain plind mag fallen in ein hol der sich einen plinden furen laß;“ Cgm. 270, f. 99.) Er, si is ə͂ Stumə-l. R.A.: Hàbm, sagt də' Stum oder də' Stumə'l! Ja, wenn ichs hätte! ich habe es nicht. „Habe nicht reden können, und sich mit einem Glöckle als ein Stumm angemeldet;“ Benno-Mirakel v. 1697. „Ein elender Stumm;“ P. Abraham. „Ein Stum, mutus;“ Voc. v. 1429. „Doch schwieg er darzu vmb und vmb stund da stilschweigend als ein stum;“ H. Sachs 1612: II, II, 195. „Ich bin pey ir si weiß nicht drum so ich heimlich zu ir kum so stand ich vor ir als ein stum in rechter lieb so han ich sy gefunden;“ Monac. Franciscō 251, Deckel, (mit Musiknoten). „Diu zung wirt ain stum (Pfeiffer: ain stummin) von zwairlai sachen;“ Konr. v. Megenberg f. 10, (Pfeiffer 15,2). „Daz zin ist ain stumm ... daz plei ist nicht allein ain stumm an im selber, ez verstummet auch ander gesmeid, dar zuo man ez mischt;“ das. f. 281, (Pfeiffer 480,5. 481,16). „Swelch mensch niht gotes minne hat, daz ist ein stumme swa ez gat;“ Renner 20821. „Die so Stummen sein, mögen zu Zeugen nit gebraucht werden;“ L.R. v. 1616, f. 339. „Unsinnig leut und plinten vnd toren vnd stumen;“ Rchtb. K. Ludwigs. Die Stummin, Stümmin, die Stumme. „Sie het ain stimin im Haus gehabt;“ Lipowsky, Gesch. d. b. Crim.-Rechts p. 176. „Se was ene stümmeke;“ Dönekenbok 238. stummend, (ä. Sp.) stumm. „Die stummenden Hund künnen nicht bellen;“ Av. Chr. 370. „Stummend sünd, sodomiticum peccatum;“ Cgm. 767, f. 190. Voc. Melber. „Ist auch der Stummend schuldig schriftlich zu beichten?“ Eisengrein's Beichtbuch 330. Surtum et mutum einen ungehornden und stummunden menschen;“ Clm. 9728, f. 189b. Ain laubfrosch so man in nimpt und wurft in ainem hundt in den hals, so kalt er nimmer und wird stummat;“ Clm. 17274, f. 1. verstummen, stumm machen. BM. II, II, 708. - s. oben. „Herzog Haunold ist seiner Untreu wegen verstummet worden;“ Av. Chr. 327. stummen, stummeln, 1) sieh unter stimmen. '2) (hess.) aufhalten, am Weitergehen, Fortarbeiten hindern. Vilmar, kurhess. Idiot. 405.'

Der Stümmel, (Franken) sieh Stumpen; sowie auch das folgende Verb nur eine leichtere Aussprache von stümpeln (mhd. stümbeln, ahd. stumbalôn; BM. II, II, 709. Graff VI, 685. Weigand, Wbch. II, 833 f. Zeitschr. II, 78,32. V, 297. VI, 344) ist. stümmeln einen Baum, ihn bis an den Gipfel der Äste berauben. L.R. v. 1616, f. 740. Zeitschr. III, 461. Grassach stümmeln, Tannenzweige abhauen. Der Stümmelplatz, (Hazzi, Statist.) Platz, wo, um Streu für das Vieh zu bekommen, die Bäume bis an den Gipfel entästet werden dürfen.

gestüem (gstèəm), gestüemig (gstèəmi'), sanft, stille, ruhig; (mhd. gestüeme, ahd. gistuomi; Graff VI, 681. BM. II, II, 708. Weigand, Wbch. II, 947. Nach Grimm, Mythol.[2], Vorrede p. XLVII vom goth. stôma, Grundlage, Stoff). ə͂ gstèəms, gstèəmi's Kind. „Die Kinder stehen jetzt so gstüem vor mir, wie die Maleficanten im Torturstübl;“ Bucher's Kinderlehre 6. Die Deutschen an der Val Sugana sagen: „stiəmisch kemen,“ sanft werden. „Jesus sprach zu dem Mör: biß still oder gestüm;“ Kaisersperg, Postille I, 28. „Der unkäusch mensch ist also lebendiger tod, und die eisnein gemüet macht die begier gestüem;“ Augustinus, Cgm. 677, f. 92. „Als pald ward daz (wirfig ros) gesunt und gestüm;“ Gesta Romanor., Cgm. 54, f. 47b, (Keller p. 91). „Gestumer, tranquillus; gestumen, tranquillare; gestumeheit, tranquillitas;“ Voc. v. 1482. „Malatia '(wol mollitia zu lesen? Diefenbach 366a)' gestiem,“ Clm. 571 (XVI. sec., 1514), f. 22. „Das weter gestume vnd das mer geruet;“ Herzog Ernst, Cgm. 572, f. 39. gistumo dir, animaequior esto; gl. i. 607 (Marc. X, 49). ungestüem (u͂gstèəm), wie hchd. ungestüm; (Graff VI, 681. BM. II, II, 708. Weigand, Wbch. II, 947). Die Ungestüemé (U͂gstèəmé), Ungestüemigkait, der Ungestüm. Graff, BM., a. a. O. „In aller Furi und Ungestümme;“ P. Abraham. „Mit großer Ungestüm;“ Eisengrein, Beichtb. 703. „Etlich fürsten mainen, wann groß ungestüm kämen, das dann gros verrätrei geschehen sullen;“ Dr. Hartlieb 638
in Grimm's Mythol. LXII.

---

stampen. Omnes obesos expulit castris Epaminondas, unter ihm mußten „die faißten Wampen aus dem Lager stampen,“ Balde, Lob der Magern — wol zusammenhangend mit dem üblichern stämpern: herumstämpern, hin und herstämpern, d. h. treten, laufen; Einen fort, weg stämpern, d. h. jagen. Zeitschr. V, 462. VI, 73. Das Stämpə'l-liedl, (Ob.-Inn) lustiges Singstück zur Tanzmusik, was Schnitterhüpflein. Kaum erst vom ital. stampita, stampinata, (Boccaccio, giorn. V. Zeitschr. IV, 71. Vgl. oben, Sp. 417: schambar, und Sp. 429: schandbar, schämper?) Doch kommen auch im Tristan 2293 und 8062 (v. d. Hagen's Ausgabe) ähnliche Singstücke unter dem Ausdruck stampenîe vor (BM. II, II, 566); in einer Sammlung von Meisterliedern v. 1561 heißen sie (nach Rector Beyschlag's Meistersingern p. 12) Stampeneyen, und in einer brabant. Reimchronik v. 1318 —1350 wird von Lodewyc van Vaelbeke, dem Videlaere, gesagt, daß „hy was d'eerste di vant von stampien die manieren." „Auff fabel, schwenck und stampaney;" H. Sachs 1612: II, II, 105. „Over Lodewyk von Vaelbeke, uitvinder der stampien, een soort van gedichten, heeft Andr. van Hasselt eene Verhandeling geschreeven;" Snellært p. 19. Vgl. Zeitschr. VI, 71. Im Straßburger Pfingstmontag (v. Arnold) sind Stembaneyen Erdichtungen, Vorwände, wozu bey Stalder II, 391 stämpeneyen sogar als Verb vorkommt. „In Portigâl, Grânâten, Yspaniâ, Barbarey, dorinn kom mir zu statten vil krumber stampaney," (Unfälle?); Oswald v. Wolkenstein, Denis, Codd. theolog. II, II, 1694, (Ausgabe v. Beda Weber II, 3,8; cf. XV, 3,5 und LXXV, 3,7). „Stampulanz," Stambulanz, (HchE.) Kinderschreckbild, Wauwau, Klaubauf. (Etwa mit der oder dem in Grimm's Mythologie[2] p. 255 f. 956 vorkommenden Stempen versippt? BM. II, II, 567).

Der Stempen (Stempm), kurzer, zwecklos stehen gebliebener Pflock, Pfahl, Stock; fig.: kurzer, dicker Mensch; fauler Kerl; altes Pferd. Cf. česk. štěp. Der Stempl, Ständer in der Verzimmerung eines Bergstollens; Cgm. 1203, f. 127. 128. 149. s. Stempfel und BM. II, II, 567. Weigand. Wbch. II, 801. „Betonica zewcht dy pain aus den wunten und dy stampen aus den fuessen;" Cgm. 170, f. 11[a]. 'Stampe, Stämpchen, (schles.) Trinkglas mit dickem Fuß. Zeitschr. IV, 186.' „Stamperl (Gläschen) mit Kerschengeist;" Firmenich II, 724,22 (Oberösterr.). ə˜ hálbs Stámpə'l Kümmel" (sc. Branntwein); Reizenbeck 1, 142. stempet, adj. ə˜ ſtempətə' Buə', ə˜ Buə wiə-r-ə˜ Stempm. Zeitschr. VI, 19: stamper, kräftig.

Der Stumpen (Stumpm, Dimin. Stümpl, Stümpə-l), das übrig gebliebene untere Ende eines in die Länge gedehnten Dinges, (Graff VI, 685: stumbal, BM. II, II, 709: stumbel. Weigand, Wbch. II, 834. Zeitschr. VI, 486. sieh Stümmel und Stumpf); fig.: kurzer, dicker Mensch; 'kurzes Glied, membrum virile. Birlinger 414.' Stumpen von ə˜n Bäum, Zand. ə˜ Stümpə-l Kerzen (Ende eines Talglichtes), ə˜ St. Traid, Mel (nur zum geringen Theil angefüllter Sack). Zeitschr. II, 78,32. V, 297. Schwäb. R.A.: An den Stumpen füeren Einen, (elliptisch) ihn anführen, hinterlistig in Gefahr bringen. In der Chronik des Appenzeller Kriegs heißt es 121: „Die rachen da jr Stumpen," (den erlittenen Schaden oder Schimpf). stumps aus (ist z. B. das Licht; Aschaffenb.), ganz und gar aus. 'stümpelingen, s. stumpflingen.'

stumpen, (Aschaffenb.) Einen, (mit dem Ellbogen, Knie, Fuß) stoßen. Einem einen Stumper geben. Vrgl. stumpfieren und stupfen. Sieh auch stimmen, Anmerk.

Die Stumpel. Ulr. Fütrer sagt (Cgm. 1, f. 150; 225, f. 13; 227, f. 2; 273, f. 4: „Ich hab mit ainer ainfeltigen stumpl ersamelt die gesta." „Mit grober Stumpl-teutsch" (beschreiben, reden ɪc.). „Als maister Hainrich de Hassia (das Paternoster) hat getiht in latein, so hat es N. ze tusch in stump gerett," (verdeutscht); Cgm.
639 353, f. 206. Von Alexander dem Großen: „Hât ouch nâch den alten siten, stumpflîch, niht wol besniten, ein Lamprecht getihtet, von welsche in tutsche berihtet;" Rudolf v. Montfort, Alexander, Cgm. 203, f. 142. BM. II, II, 709. Etwa figürliche Anspielung auf eine stumpfe oder eine unganze Feder? Vrgl. nhd. Stümper, stümpern und d. folg. Wort.

stümpeln, a) wie hchd. stümmeln; (mhd. stümbeln, ahd. stumbalôn, pistumplôn, truncare, von stumbal, adj., truncus; Graff VI, 685. BM. II, II, 709. Weigand, Wbch. II. 833). verstümpeln ɪc. b) stümpern. „Der gaistlichen Obrigkait in jrer Jurisdiction de facto vmbstimplen vnd eingreiffen;" Gravamina v. 1579. Der Stümpler, Stümper. Lés'n konə' nét rècht no˜, sched ə˜ wenk stümpln. Die jungen Vögel stümpln, was die alten pfeifen. stumpelich, ä. Sp. „Sagen die h. Schrift sei mutila und manca humpelich und stumpelich;" Cgm. 4109, f. .... Zeitschr. II, 229.

Der Stampf, plur. Stämpfe, a) der Stempel, Stempfel; (mhd. stampf, ahd. stamph, pilum. Graff VI, 684. BM. II, II, 567. Birlinger 410. Weigand, Wbch. II, 785). Cgm. 714, f. 15. „Preußische Groschen auf sächsischen Stampf geprägt;" Lori, Münz-R. III, 406. Der Karten-Stampf, Tabak-Stampf ɪc. Stampf-Geld, Stampf-Papier ɪc.; ansb., wirzb. Verordd. b) Einrichtung oder Maschinerie zum Stampfen. Amtsacten und Papiere durch den Stampf vernichten. Die Breinstampf, wo Hirse enthülset oder geneut wird. Die Ölstampf ɪc. c) die ganze Stampfmühle. „ən Ölstampf mit sechs Stämpf." (b. W.) die Stämpff, Stampfmühle. d) Vorrichtung des Weißgerbers zum Stampfen der Felle; (ObrM.). „Stämpfeln," Gegend an einem Flusse, wo die zur Ausfuhr bestimmten Floßbäume „aufgegantert" werden (HchE.), wol von den da eingeschlagenen Ländepflöcken. stampfen, a) wie hchd.; b) stempeln, z. B. das Zinn ɪc. BM. II, II, 567: stempfen. „Daß füron khain Paur dem andern umb ainige belonung oder Mueß (Preun oder Gersten) stempfen noch neuen soll;" Cgm. 3253, f. 12. Der Stampfer, das Stämpfə'l, a) Stempfel. Zeitschr. III, 30. b) (im Scherz) kleiner, netter Fuß (eines Kindes ɪc.). Zeitschr. III, 401,19. 'c) kurzer, dicker, plumper Mensch. Vilmar, kurhess. Idiot. 395: Stampes, Stampfes.' Der gestämpfte oder Stämpf-Nagel, Nagel mit hohl oder erhaben gestempeltem Kopf. Der Stampfweg, Fußsteig. stampfhart, adj., (gewalkt?). Der Stampfhart, ä. Sp. „Man erloubt im hûs loden grâ und des viretages blâ, von einem guoten stampfhart. Dehein varwe mêr erloubt wart im noch sînem wîbe;" S. Helbling II, 73.

stempfen, (Augsb. Stdtb., Frb. p. 16), stempeln; (Graff VI, 684. BM. II, II, 567). s. stampfen. 'Der Stempfel, wie hchd. Stempel. BM. II, II, 567.' „Durchgraben mit dem stempfel der (des) scharpfen minne ortes (minnenortes) ist mîner fröuden kempfel;" Labr. 539.

stimpfen, stümpfen, sticheln, kritteln, bekritteln, schmähen; „stümpfen, scalieren und schmähen über Einen;" P. Gansler 260. 282. „Der über diß die Nasen rimpft, mit Runzlen zieht sein Stirne, der waißt fürwar nicht was er stimpft, warumb er sich erzürne;" Balde, de vanitate mundi. „Schau Esel wie-st' jetz Gott anstimpfst; Marcell Sturm. „Etliche Höflinge bereten das Maul darüber, stümpften über die fromme Kaiserinn" (Placilla, die selbst in die Krankenstuben gieng). „König Ludovicus, der 200 Armen alle Feyerabend eigenhändig Almosen ertheilte, und noch drüber die Füß gewaschen, wurd darum von etlichen unvernünftigen Hofkatzen gestimpft." „Da ist des Stimpfen und Verstimpfen, des Stupfen und Stechen, des Schmähen und Übelnachreden kein End;" Selhamer. Vrgl. isl. stimp, lucta levis, Kampfspiel; stimpaz, spielend kämpfen. Sieh auch stumpen und stumpfieren. 640

stümpfig, adj.; „stümpfige nämel," Spottnamen; Cgm. 757, f. 7.

`stümpfen, stempeln, namentlich dem Tuche das Ellenzeichen aufdrücken; (Augsb.; Birlinger 415).´

stumpf, adj., wie hchd.; (mhd. stumpf, ahd. stumph, mancus; Graff VI, 685. BM. II, II, 709. Weigand, Wbch. II, 834); Castelli, Wbch. 239: hér auf, oder ih wia' *stumpf*, böse, verdrießlich. „Stumpf Wätter," (Av. Chr. 387) übles Wetter. „fürstumpfe, fiurstumpfe Nägel" (werden durch Christi Hände und Füße geschlagen). Cgm. 138, f. 124. 125; 419, f. 229. Im Cgm. 121, f. 87: „gestumpfte Nägel." `stümpfen, stumpfen, stumpf machen. BM. II, II, 710. Graff VI, 685.´ „Stumpft jm (dem Malchus) das recht or ab;" Monac. Francisc. 267, f. 1. `verstümpffen, abstumpfen.´ „Der (Hund) doch einsmals auff grünem wasen angriffe einen alten hasen mit sein verstümpfften zeenen arck;" H. Sachs 1612: II, IV, 106. `stumpfes, genitiv. Adv., stumpflingen, kurz weg, plötzlich, schnell; BM. II, II, 709.´ Grimm II, 367. III, 235. „Der hunger quam yme stümpelingen in den büch;" Morolf 703.

Der Stumpf, plur. Stümpfe, Dimin. das Stümpflein, a) wie hchd.; (mhd. stumpf, ahd. stumph; Graff VI, 685. BM. II, II, 709. Weigand, Wbch. II, 834. vrgl. Stumpen, Stempen und Stümmel); `ein verstümmeltes oder überhaupt kurzes Glied; penis. Vgl. Stumpen.´ „Mäczli Nürenzumph, dein nam gehorct wol zuo meinem stumph, so ghört mein stumph zuo deinem muot;" d. Ring 14ᵇ,30.31. „Der stumphe daz sein wurczen ein langeu mit zwayn kurczen;" das. 14ᶜ,10. „Er mocht es laider nicht gefügen, daz sei sich wölt des stumphes gnügen; das. 14ᶜ,39. R.A.: Das tuə I bey ə~n *Stümpfl* Liəcht oder Kérz'n, in kürzester Zeit. b) ein nicht ganz angefüllter Sack. ə~ Stümpfl Korn, Mel ꝛc. Birlinger 415. Daher: der Stümpfelkauf (Stümpflkáf); die Stümpfelschrannen: Getreideverkauf nicht nach ganzen Schäffeln, sondern nach einzelnen Metzen. (Nptsch., Hazzi, Statistik 337. 360). „Den Minuto- oder sogenannten Stümpfelkauf hat die Schrannenobrigkeit jedermann zu gestatten, und sonderbar den armen Leuten hiezu verhilflich zu seyn;" bayr. Reg.-Bl. v. 1807, S. 1790. c) der Strumpf, auf dem Lande allgemein; (Dr Roth, Lütters: Stoump, plur. Stäump, Strumpf; vgl. *stomp*, a) adj., stumpf; b) vb., stoßen; der *Stomp*, pl. *Stömp*, Stoß). Der Edelknab, der in der Fronleichnamsprocession zu Fuß paradierte, mußte nach Lic. Müller's Anordnung v. 1580 tragen: „ein weis halb seidenes par Stimpf;" Wstr. Btr. V, 169. Cod. iconogr. 3, f. 67. „Item D. L. dem Hosenstricker pro Ausbesserung der gestricklen Stimppff für unser gnädigste Frau fl. — 53 —;" Hofrechn. v. 1590, Wstr. Btr. III, 105. „Weiß gestrickht stimpf;" Signalement v. 1593. R.A.: Ziəhh d' *Stimpff* und d' Schuəhh aus und gê də' Həll zuə! du kannst (vom Beichtvater) nicht absolviert werden, bist verloren. Auch das hchd. Strumpf bedeutet eigentlich einen Strunk oder den untern Theil der ehmals üblichen, aus einem Stück bestehenden Bekleidung des Schenkels und Fußes. Man vrgl. das engl. stocking, das franz. bas (scil. de chausses, dem haut de chausses entgegengesetzt), das spanische media (scil. calza, Halbhose). Vor 200 Jahren hat noch nicht Einer unter tausend gewebte Strümpfe getragen, vor 100 Jahren noch nicht Einer unter fünfhundert. Jetzt ist kaum Einer unter tausend, der keine Strümpfe trägt; und doch konnte William Lea, der Erfinder des Strumpfrahmens, keinen Patron für seine Erfindung erhalten. Der arme Lea ist vor Gram gestorben. E. P. Der Stümpf-Würcher, Strumpfweber. d) (O.Pf., Frank.) Art schlechter Sichel, womit das Unkraut sammt der Wurzel ausgehoben wird, *Gràsstumpf*. „Mit Stumpfen, Sicheln u. s. w.;" Wirzb. Verord. v. 1720. e) (Nürnb.) Mensch, der in einem Handwerk, ohne es ordentlich gelernt zu haben, oder Gesell zu seyn, aushilft. Vrgl. stümpeln. f)? „Habern, Gersten, Stumpfen, Rueben, Haiden bauen; Cgm. 3238, f. 69. stumpfet, gestumpfet, gestumpft, adj., a) wie ein Strumpf gestaltet, kurz und dick, (von Sachen und Personen). b) was keine Spitze mehr hat. ə~ *stumpfəts* Messə', (das dabey vielleicht doch gut schneiden kann). ə~ *g'stumpfətə'* Bêsn etc. „Von dem hund kommen auff die stund noch her alle stumpffete hund;" H. Sachs 1612: II, IV, 146.

stumpfieren, spotten, kritteln; bespotten. Birlinger 415. Vilmar, kurhess. Idiot. 406: stumpieren, verschmähen, ausschlagen. „Des bilds vergiffter lindwurm schwantz bedeut, daß entlich gsellschafft ganz vergifft ist und sich selb vexiert mit stichwort, hon, spötlich stumpfiert mit nachred, lügen, neyd und haß;" H. Sachs 1612: I, 647. „Einander stumpfieren und ausrichten;" Hofrathsord. v. 1624. Cf. stimpfen.

---

stân, stên, sieh stâ-n, Sp. 709 ff. 641

Der Stanəs, Stanisl, Stanə-l, Stanislaus; (schles. Stenzel; Zeitschr. IV, 187: grober Mensch).

Der Stain (Staə~, plur. Staə~, Stèə~, Staənə', o.pf. Stài~), Dimin. Stainlein (Staə~l, O.Pf. Stài~l), wie hchd. Stein; (mhd., ahd. stein, stain, goth. stains; Graff VI, 686. BM. II, II, 612. Weigand, Wbch. II, 798 f. Zeitschr. IV, 326. V, 165,105). Mancher nackte Fels heißt in Gegenden, wo solche sonst seltner erscheinen, vorzugsweise der Stain. BM. II, II, 613,3. Daher das theils einfache, theils mit irgend einem andern Prädicat, besonders dem alten Genitiv von Personnamen (Gramm. §. 842), zusammengesetzte Stain in Benennungen von Ortschaften, besonders ältern Burgen, Kirchen ꝛc.; z. B. MB. XXIV, v. aᵒ. 1133—1360: N. N. bis Hilpolt von dem Stain, de Lapide." Aᵒ. 1412 und 1416 Gerichtsbriefe, gegeben „zu dem Stain." Der Index rerum am Ende des Bandes erklärt Stain durch judicium. Es ist wol nur ein Ort dieses Namens in der damaligen Grafschaft Hirschberg gemeint. Vrgl. Grimm, RA. 802. „Die traten an dez perges rain gen disem taber vnd auch stain," (Scheuhenstain) ... „Sie stigen vnd warn kumen nach an den uelsen vnd taber hach, aber die jnnern in dem stain stunden in auch keklich in gain;" Mich. Beham, Wiener 398,23.30. Cf. Jourdain de Blaivus 1177. „Lez une roche ez lez voz arrivez o' uns borjois ot de grant antiquite," les voilà arrivés à un château. Vgl. Stainhaus, Stainkammer. Stain als Gewicht. BM. II, II, 613,7. „Ein stein wollen;" Augsb. Stdtb., Freyb. 18. Stain als Krankheit BM. II, II, 613,6. „Item für den stain nim ein pokch der III jar alt ist und las in IIII (tag?) ungeessen und gib im XIIII tag epawm und hach in über ain stang auf den pauch IIII tag uber ain schaf, und der (den) harm der von jm get tue dem siechen in ain volpad;" Cgm. 4543, f. 140. Cf. Ruodlieb III, 102. 385, `lat. Ged. des X. und XI. Jahrh. p. XV und 144. 153: ligurius, lincurius, Ducange IV, 116ᵇ: Ligurius.´ `Stain als Wetzstein, Probierstein. BM. II, II, 613, f.´ „Hâstu dann gewinn ân flüste, an dînen stein dîn hant daz selbe strîche;" Labr. 241. `Stain als Edelstein. BM. II, II, 613,2. Das Gestaine, Edelgestein; das. 617 f.´ „Auch müeß ir kraft die groz verliesen ir (der ungetreuen Frauen) gestaine;" Cgm. 714, f. 89. `Cf. ags. stane, engl. stone, testiculus, Hode.´ „He six men spilde of here aegon and of here stanes," he despoiled six men of their eyes and of their testicles; Saxon. chron. ad 1124. „Thet man scolde beniman ealla tha munitere the wæron on Englelande heora liman thet wæs here elces right hand and heora stanen benedan," and their testicles beneath; ebendas., ad 1125. Das Stainlein, a) Schnellkügelchen,

Schusser. Nach dem Lex. v. Franken I, 280 heißen um Thiersheim die Schusser aus Speckstein Stainerten, (sing. wol der Stainert). b) Hagelkorn, Schloße. Zeitschr. III, 485. „Am 11. Juny 1511 war ein grausam Ungewitter von Regenstainln;“ Gem. Reg. Chr. IV, 172. Stain als Markstein. „Stein heben und setzen,“ (d. h. Marksteine). Wirzb. Verord. v. 1696. Stain setzen, Cgm. 4523, f. 18. Zum stain setzen müssen erfahrne Werkmaister sein; das. f. 59. 61. Die Gränzen understainen; das. f. 21. s. unten. Scherzh. R.A.: Stain heben, d. h. den Bierkrug, (gewöhnlich von Steingut). Dèr hàt si' in sei~n Lébm scho~ vil gschert mit *Staə~hébm*. Birlinger 410. Stain hölern. Der Stainsetzer (Stá~setzər, Aschaffenb.), Mensch, der beym Anschein der größten Gutmüthigkeit und Einfalt seine geheimen, eigennützigen Zwecke zu verfolgen weiß. Stain stößen. Bey dem Schießen in Augsburg v. 1470 ward auch ein gulden Ring für vier Gulden als Preis gesetzt, „darum, heißt es in der Ausschreibung, gemein Schützen ein Stein, der bey 45 Pfund schwer ist, ungefährlich jeder 3 Stöße mit einem Antritt nach Stoßens Recht stoßen werden;“ Gem. Reg. Chr. III, 473. „All kurtzweil, fechte und ringen, kempffen, steinstossen lauffn und springen; H. Sachs 1612: II, II, 231. „Genug in allen dingen stein stossen, springen, ringen, lag er mir alles ob;“ Altswert 245,20. In der Schweiz ist das Stainstößen bis auf den heutigen Tag üblich. Man vrgl. den Stein und die Inschrift über Herzog Christoph unter dem Bogen des königl. Schlosses in München. Stain täppeln, sieh I. Th., Sp. 613. Vgl. Zeitschr. IV, 9: Steinerlis. Den Stain tragen, sieh Lasterstain, II. Th., Sp. 1522. „Du alte falsche kuplerin du merckst wol was ich sagen bin, von jhenem, dem du kuppelt hast. Wo du mich nit mit friden last, wil ich dein frömbkeit alle sagen, das du auch noch den stein must tragen,“ sagt die Magd zur Kellnerin; H. Sachs 1612: I, 1034. „So thut man mich durch Backen brennen oder trag nur etwann den Schandstein;“ H. Sachs 1612: IV, III, 69. „Ainen umb den stain straffen;“ Ldtg. v. 1612, p. 367. Stain und Bain schweren. Zu Stain und Bain gefrieren. Vgl. česk. (Tham's Gespräche, 1811, p. 213): „Byla zyma ze kost a kamen w hromadu zmrzly, eine Kälte war, daß Stein und Bein zusammenfroren.“ cf. „Stain und Bein brennen;“ Wackernagel, Basler HSS. p. 23. Der Bachstain, s. Th. I, Sp. 193. Kernstaə~, Steinsalz; s. Th. II, Sp. 1293. Der Landstain, s. Th. II, Sp. 1485. Der Lasstain, s. Th. II, Sp. 1522. BM. II, II, 615. Der Liechtstain, Lampentiegel; s. Th. II, Sp. 1431 und vgl. oben, Sp. 463: Liechtscherben. stain- als Verstärkung von Adjectiven, wie hchd.; vgl. Zeitschr. I, 231. 232. V, 27. stain-gleim, (äußerst enge, fest), stain-grob, stain-herrt, stain-tôt rc. BM. I, 638. Das Stainblüemlein (Staə~blèəmál, O.L.), primula auricula L. Nemnich II, 61. 663: Stainblume, gnaphalium arenarium und parnassia palustris. Der Stainbogen; BM. I, 179. Mit Stainbogen in der Stadt zu schießen, wodurch den Ziegeldächern Schad geschehe, ist verboten im Augsb. St.B., Cgm. 559, f. 102²). Der Stainbrueder, gewöhnlich diminutiv das Staə~brüədeˡl, (scherzh.) vertrauter Freund; besonders Saufbruder. Vgl. Stain heben. Zur Zeit des Krieges
642 mit den Tyrolern hörte man diese, wol mit ironischem Bezug auf ihre Felsen, *Staə~brüədə'ln* nennen. Die Steinbüchse, s. Th. I, Sp. 199. BM. I, 277. „Ain stainbüchsen, groß, daß achtzehen hengst vorgiengen,“ aº. 1457 dem König Casimir von Polen abgewonnen. Cgm. 276, f. 234. Der Stainfelsen, gern statt Fels. Der Staingaden, Speisekeller; (Daalfelden; Zir.). s. Th. II, 871. Das Stainhaus. „Drinn in der statt in eim steinhaus da wohnen zween Jüden darinnen die sehr groß gut mit wucher gewinnen;“ (vgl. steinreich?), H. Sachs 1560: V, 345 (1612: V, III, 13). „Leonistae (Waldenser Ketzer) ecclesiam muratam reputant horreum et vocant eam stainhous; Ald. 184 (sec. XIV.), f. 55ᵇ. 60ᵃ; (f. 57 steht scamhaus). Die Stainkammer. „Den cheller und die stainchamer darauf zu Uttendorf in dem Marckht verchaufft N. N. 1380;“ Cgm. 3941, f. 35. Der Stainnebel, trockner Nebel, der sich an und um die kahlen Felsengebirge legt; (Zir.). Der Stainpfenning, auch Pfenningstain, Brattenburger Pfenning, d. h. pfenningähnliche Versteinerung. Der Stainridel, die Steindrossel; s. oben, Sp. 59. Der Staintritt, zu fester Tritt auf den Fußballen, woraus eine Geschwulst entsteht; eine solche Geschwulst; (b. W.). Der Stainwein. „Vineae in monte dicto lapis,“ (Wirzburg, 1290); R.B. IV, 431. Das Gestain (Gſtaə~), wie hchd. Gestein. R.A.: Das Gestain haben, (v. Delling) trotzig, mürrisch seyn. stainen (staənə~), adj., wie hchd. steinern; (mhd. ahd. steinîn Graff VI, 691. BM. II, II, 618). R.A.: Dà mècht mə~ *staənə~* wer'n, da möchte man zu Stein werden vor Verwunderung, Entsetzen rc. Vrgl. H. Sachs: zu einem Stein springen, vor Zorn, vor Leid rc. Grimm, Mythol.² p. 519. „Nit wunder wer, daß ich allein vor zoren sprüng zu einem stein;“ H. Sachs III, III, 83. „Nicht wunder wer, als ich vermein, das einr vor sorg sprüng zu eim stein;“ das. 144. „Derhalb ich ob so bösen dingen vor leid wol zu eim stein möcht springen;“ ders. 1612: IV, III, 210. Die Stainen, Stainn, — so müßte wol die zweite Hälfte der schon im I. Th., Sp. 784 erwähnten Fliəstaənə~, Fliəstaə~n gefaßt werden, falls sie etwa in figürlichem Bezug auf eine darauf vorkommende Küche, d. h. als Kuchelschiff, mit dem alten Femin. steinna. olla lapidea, olla, cacabus, lebes, zusammengehalten werden dürfte. Im Passauer Calender v. 1830 steht ein eigenes Aviso über die Fließsteinereyen. „Engelhardszell, 5 Fließsteine: kommt, wenn es das Wasser erlaubt, alle Freitag eine hier an und fährt auf der Donau am nämlichen Tage wieder zurück. Obernzell, 5 Fließsteine: kommen einige von ihnen fast alle Tage auf der Donau hier an und fahren am nämlichen Tage wieder ab. Passau, 5 Fließsteine: fahren, wie sie die Ordnung trifft, fast alle Tage von hier auf der Donau nach Vilshofen und am nämlichen Tage wieder zurück.“ stainen, verb., a) Marksteine setzen, einen Grund ausstainen, verstainen. „Verraint und verstaint. „Understockt und understainet;“ MB. XV, 45. 46. 247. b) stainen (staə~n) einen Acker (der wieder zur Egert, d. h. zu Graswuchs, liegen gelassen wird), ihn von Steinen reinigen; auch abstainen, ausstainen. c) (Ansb.) hageln. d) Steine abrollen laßen. „Iətz fangt si' 's *Staə~n* à~, fliəgt scho~ də' Stàb dəvo~;“ Schoffer 55. staineln (staə~ln): a) was Staintäppeln, sieh I. Th., Sp. 613. Der Staə~l-staə, Steinchen dazu. b) mit Schussern spielen. c) hageln; BM. II, II, 619. stainig, wie hchd. steinig; (o.pf., fig.) schwer zu lösen, zu entwickeln, zu thun. Dés is mə' z' *stàini'*, das kann ich nicht verstehen. verstainigen (vo'staəningə~), steinigen; (mhd. steinen, ahd. steinôn Graff VI, 692. BM. II, II, 818). Avent. Chron. 182. Dr. Eck 1542.

staunen (stau~n), a) (O.L., vom Schwein) nach dem Männchen verlangen. b) sich verstaunen über etwas, hchd. darüber erstaunen; (Weigand, Wbch. II, 793. Grimm, Wbch. III, 998). I hà' mi' *vo'stau~t*. In der Schweiz ist *stunə~* still, gedankenvoll oder gedankenlos, dastehen; — cf. angels. stunian, impingere, obtundere. Vgl. BM. II, II, 713: stunden, stoßen, anschlagen, und hchd. stöhnen, Grimm, Reinh. p. 272,871: stan (Praet.), niederd. stünen, auch engl. to stun, betäuben, und stound. Grimm I³, p. 320. Müller, etymol. Wbch. d. engl. Spr. II, 419. Schambach, Wbch. 216. Zeitschr. III, 374. V, 144,68: *stennen*, stöhnen. IV, 288,111: *stönnen, stœnen; Stön*, Stütze; das. 186: sich stœnen, stützen; 410,93: *stinnen*, stemmen; V, 144,168). Kärnt. skometi, sehr in Sorgen seyn; an Zähnen staunen; skomenje, Besorgniß, Bestürzung, Staunung der Zähne; skomina, Wässerung.

Staunung der Zähne; ſkominaſt, herb, unzeitig; (Jarnik p. 211).

Der Stinel (Sti˜l, Sti'l), Auguſtin; (Pinzgau, Jir.) Chriſtian. Die Stinel (Stinl, Stindl), Chriſtina. Zeitſchr. III, 552,5. IV, 156. VI, 461: (ſchweiz.) *Stini Stüdi.*

---

643 ſtanden (Praet. cond. ſtandet und ſtuend, Partic. geſtanden, ſchwäb.), ſtehen; (mhd. ſtanden, ahd. ſtandan; Graff VI, 595. Grimm, Geſch. d. d. Spr. 338. Weigand, Wbch. II, 796). Vrgl. ſtê-n, an deſſen Conjugation dieſe ältere Form noch weſentlichen Theil nimmt. geſtanden, partic. Adj.; ſ. oben, Sp. 709: ſtê-n. Ein geſtandener Mann. „Helde gernt geſtanden ſwert, ſie achten die niuwen bonen wert," (nichts werth). Ein geſtanden ſwert iſt goldes wert, ſo man der niuwen niht engert;" Meiſter Altſwert, p. 7,3.7. „Bewærter friunt, geſtanden ſwert, diu zwei ſint grôzes guotes wert;" W. Grimm, über Freidank p. 68. Der Stand, Dimin. Ständlein (Stäntl), a) wie hchd. (Graff VI, 607. BM. II, II, 590. Weigand, Wbch. II, 786). b) einzelnes Mitglied der ehmals das Volk oder vielmehr ſich ſelbſt vertretenden drey Stände (von Adelichen, Prälaten und Burgern). Der Landſtand, auch jetzt noch von einzelnen Abgeordneten zur allgemeinen Ständeverſammlung volksüblich. Der Brauſtand, (ehmals) landſtändiſches, zum Bierbrauen berechtigtes Mitglied. Es gab geiſtliche und weltliche Brauſtände. c) (mit verſchiedenen Vorſylben ſtatt des ſubſtantivierten Particips Stehend auf Perſonen angewendet und der Form nach gewiſſermaßen mit Feind, Freund zu vergleichen; ſ. unten): der Beyſtand, (Beyſtänder, Beyſteher; Grimm, Wbch. I, 1396); Fürſtand, (der eine Perſon oder Sache vor Gericht verſtêt oder vertritt; BM. II, II, 591); der Vorſtand, (der einer Anſtalt, Behörde oder Gemeinde vorſteht). „Herr Berg (Beeg), Vorſtand der teutſchen Schulen in Griechenland," am 8. May 1837 im goldnen Hirſch zu München angekommen. Münchn. polit. Ztg. 1837, p. 709. Der Vorſtand, bey uns monarchiſch, im Norden republicaniſch oder vielmehr conſtitutionell genommen. May 1849 nimmt auch Friedrich Wilhelm IV. (oder Brandenburg-Manteuffel-Radowitz) Reichsvorſtand äqual Kaiſer, den man von den unvornehmen Frankfurtern ſich geben zu laſſen, für unvornehm hielt. Vrgl. Vorgang (II. Th., Sp. 922), Ausſchuß (III. Th., Sp. 481) und le magiſtrat als einzelne Perſon. (In Norddeutſchland wird Vorſtand in dieſem Sinne nur collective genommen. Der Vorſtand einer Geſellſchaft beſteht aus mehrern in denſelben gewählten Mitgliedern, als dem Präſidenten, Vicepräſidenten, Secretär, Caſſier ꝛc. Vrgl. Umſtand, die ſämmtlichen Umſtehenden). bei ſtand (bə ſtand, Nopitſch), auf der Stelle, gleich. zu ſtänden, geradezu, ohne Vorbereitung. „Es ſollen die Inventaria auf ein Kreuzer Pappier zu Ständen geſchrieben werden;" Mandat v. 1750. ſtändling, adv., ſtehend, im Stehen, „ſtatim;" Voc. v. 1618. „Da Rom fiel ein, möchſt du der ſeyn, der ſtändling wollt verharren;" Balde, de vanitate mundi. „Was ſtändling aufrecht ſeine Füß kann ſehen ohn alles Bucken;" deſſ. Lob der Magern. ſtändig, ſtätiſch; Zeitſchr. IV, 186. „Da wurden die Roß ſtendig (ſteif?) vnd erkrumbten vnder jn;" Ettal. Chron. Sieh überſtändig. Der Abſtand, a) wie hchd.; Grimm, Wbch. I, 126. b) das Abtreten, Abziehen von einem Gut, einem Dienſt ꝛc. c) eine dem Abtretenden von einer Stelle, Pfründe ꝛc. hiefür bedungene Abfindung, Averſum, Deputat, Apanage. Hazzi, Statiſt. III, 1105. 1250. Gem. Reg. Chr. I, 498. Der Anſtand, a) wie hchd.; b) Antritt eines Gutes oder eines Dienſtes, Amtes; (Anſtellung). BM. II, II, 590. „Er hat einn Anſtand überkommen;" Voc. v. 1618; Verſorgung (einer Weibsperſon) durch Heirat. c) (ä. Sp.) Stillſtand, Einſtellung, Verſchiebung. Grimm, Wbch. I, 473. „Alba die ſtadt vnd das landt begert des krieges ein anſtand ob man möcht machen einen fried;" H. Sachs 1612: II, III, 13. „Keinen Friden, Anſtand, Suſpenſion der Waffen eingehen;" Receß v. 1647. „Einen Anſtand des Kriegs machen;" Av. Chr. 517. „Einen Anſtand eines Frides verwilligen;" Kr. Lhdl. IV, 60. XV, 41. „Anſtand der Rechten, juſtitium; Anſtand eins Regiments, interregnum;" Voc. v. 1618. d) Aufhalten durch Plauderey; (ObrM.). Mit einem Anſtandhemd als Geſchenk pflegt ſich eine Neuvermählte bey den nächſten Verwandten ihres Mannes einzuſtellen. Der Ausſtand, a) wie hchd.; Grimm, Wbch. I, 982 f. b) Austritt, Abſchied aus einem Dienſt; Mahl, bey ſolchem Anlaß gegeben. c) Ausſtellung, Tadel. d) (Ob.-Inn) uneheliches Kind, für welches der Vater die Alimentation tragen 644 (ausſtehen) muß. Der Beſtand, a) wie hchd.; b) Beſtand (der Fehde), Stillſtand, Einſtellung. BM. II, II, 590. Grimm, Wbch. I, 1652,9. Kr. Lhdl. XV, 32. c) die Sicherſtellung, Caution; Grimm, a. a. O., 5. „Ainen bſtand thun, oder: bſtand thun, daß ..," (Ref. L.R. und Gerichts-Ord. Kr. Lhdl. III, 143) Caution leiſten, daß ... Beſtand zum Rechten; L.R. v. 1616. f. 22. 128. 157. „So ainer anklagt, ſo ſoll der widertail von erſt ainen Beſtant tuen;" MB. V, 220. d) der Pacht, die Miethe; Grimm, a. a. O., 4. In Beſtand geben, nemen ꝛc. Der Afterbeſtand, Verpachtung oder Vermiethung von Seite des Miethers. Grimm, Wbch. I, 186. Erbbeſtand, Erb-Pacht. Beſtandbrief oder Beſtandscontract, Beſtandgeld, Beſtandguet (Grimm, Wbch. I, 1653). Beſtandmann (Grimm, Wbch. I. 1655), Beſtandjâr, Beſtandgejaid, Beſtandtafern. Die Beſtandnuß; Grimm, Wbch. I, 1655. beſtänden (bſtäntn) etwas, es in Beſtand oder Pacht nehmen. Der Bſtändner oder Bſtandmann oder Beſtandhaber, Pächter oder Miether; Grimm, Wbch. I, 1653. 1655. Afterbeſtandner. abbeſtänden (à'bſtántn), abpachten. verbeſtänden (vo'bſtántn), verpachten. Der Verbſtändner oder Beſtandverlaßer, der Vermiether. beſtändig (bſtánti'), adj., geſtändig, eingeſtehend. Grimm, Wbch. I, 1654,6. Einem einer Sache beſtändig ſeyn oder werden, ſie ihm ein- oder zugeſtehen. „Wie wol ich dem clager ſeiner clag nit beſtendig bin;" Ref. Grchts-Ord. Tit. V, §. 23. „Wöllen uns die Lanndtgericht die Abſtraffung der Frevel ... nit beſtenndtig ſeyn;" Ldtg. v. 1612, p. 341. „Der Landſeſſerey beſtändig," (ſich als Landſaſſen bekennend); Hund, St.B. II, 54. Der Beyſtand, a) wie hchd.; b) beyſtehender Mann, Beyſtänder, (beſonders einer weiblichen Perſon in Rechtsſachen). Grimm, Wbch. I, 1396,2. verbeybeſtänden eine Perſon, ihr auf dieſe Art bey Gericht zur Seite ſtehen. beyſtändig, beygeſtändig, beyſtehend. BM. II, II, 591. Grimm, Wbch. I, 1397. „Einem beygeſtändig und räthlich ſeyn;" Kr. Lhdl. III, 136. Der Fürſtand, der Vertreter, Gerant. BM. II, II, 591. Grimm, Wbch. IV, 851. „Wir ſullen auch ir recht gewerer und fürſtand ſein;" MB. XXII, 602, ad 1489. „Des wöllen Wir jr fürſtand ſeyn;" Gem. Reg. Chr. III, 267, ad 1457. Sieh verſtên und vrgl. ant-, I. Th., Sp. 114. fürſtändig, (ä. Sp.) vortheilhaft. Grimm, Wbch. IV, 852. „Obbemerkte Einſchränkungen ſind nichts weniger als dem Hauſe Bayern beſonders fürſtändig;" Salzproceßakten v. 1761. Sieh I. Th., Sp. 746. geſtändig, adj., gleichförmig, nicht veränderlich; BM. II, II, 591. „Wan wir nu geſtendich pfenning haben," (feſtgeſetzte, bleibende); Auer, Münch. StR., S. 286. hinterſtändig. „Eines Dinges ſäumig und hinterſtändig ſeyn;" Wirzb. L.G.Ord. v. 1618. Der Innſtand, Stillſtand, der Stand im Gleichgewicht. innſtändig, adj., a) im Gleichgewicht. b) (b. W.) beſtändig. c) unabläſſig, dringend. „Afä' das iſt halt ä langweiligs Wön, däls's ſo gar *inſtändi'* wittert und rögnt;" Lindermayr 137. Der Überſtand, das Treten des Meßprieſters an den Altar, der Introitus, Anfang der Meſſe. „Zum Überſtand läuten." überſtändig, durch Stehen verdorben (von Ge-

tränken, Speisen ꝛc.); (von Pferden) steif. cf. ständig. Der Umstand, a) wie hchd. b) Leute, die um etwas her stehen. Fr.: *Wàs gi'ts denn dà für ə̃n Umstand?* Antw.: ə̃ Kind is übə'ridn wordn. Bàl' ə̃ Pàr ná ə̃ Bissl grei'n an' də' Gass'n, kriəgng s' glei' ə̃n
645 *Umstand*, gleich sammelt sich Volk um sie her. Der Umstand bey Gericht, Gerichtsumstand, (ä. Sp.) das dabey als Zuschauer gegenwärtige Publicum. Maurer 169. 173. 260. „Sobald der Arme Sünder verschiden, soll der Beichtvater mit dem Umbstand ruefen: Jesu sey der armen sel gnedig, gnedig sey Jesu! Darauf soll der Beichtvater von dem Umbstand ein Vatter unser und englischen Grueß begehren;" Cgm. 4607, f. 98. c) das Abstehen von etwas, der Rücktritt, die Cession. Fü'n *Umstand* hàt ər eəm sei'n Wılln machə̃ müəss'n. Der Unterstand, Platz zum Unterstehen; (ObrM.). urständig, überständig, abgestanden, verdorben. „Urständiges Hiebholz und alte abgestandene Quarn;" Wirzb. Verord. v. 1730. Die Urständ, Urstend (Urstent), die Auferstehung; (mhd. urstende, ahd. urstendî, MM. 15, urstende, urstendida, urstant, Notk. 63,10. Graff VI, 607. BM. II, II, 591). „Ablauß der sünd, urständy des libs und daz ewig leben;" Ms. v. 1447. „Urstend des fleisch vnd das ewig leben. amen;" Eichstätter Credoformel v. 1461, Clm. 5439, f. 40. „Er (Wolfgang Holtzer) gelaubet, wann er sturb, daz leib vnd sel mit ain verdurb, er glaubet nit der urstend dort. in acht jarn wart er ny kain wort peichtig in kainen sachen;" Mich. Beham, Wiener 3,31. „Von der urstent Lazari;" Mich. Beham, Cgm. 291, f. 372ᵇ. „Urstende meines leibs;" Scheftl. 229, fol. ultimo. „Tag der allgemeinen Urstände." „Gott verleihe uns ein froliche Urständt." „Was gestalten besonders die ledigen Paurnpursch mit dem an den mehresten orthen alljehrlich hergekommenen sogenannten Judas oder Jaudesfeur auf dem heil. Osterabend bey der Urstendt Christi allerhand superstitiones zu verheben pflegen;" Mandat v. 1749. Cbm. Kl. 168, p. 157. Vrgl. erstên, oben Sp. 712. b) Bild, das den erstandenen Heiland mit dem Siegesfähnlein darstellt. Charsamstag Abends wird die Urstend ausgestellt. Der Verstand, wie hchd. Guten Verstand haben, in gutem Vernehmen stehen mit einander. verständlich, (O.L.) verständig. Dès Kind is gàr *vo'ſtántlə'*. Der Vorstand, a) das Stehen vor Gericht; b) der Vorsteher; sieh oben, Sp. 765. zesamständig, zusammengehörig, zusammenpassend. ə̃ *z'ſamſtándi's* Pàr Taubm. Der Zuestand, a) wie hchd.; b) das was Einem zusteht, die Gebühr, das Emolument. „Aines Richters, der Ambtleut ꝛc. Zuestend;" Welsch, Reichertshofen 180 ff. Als Zustand findet sich in der Steuerrechnung v. 1483 (Kr Lhdl. XII, 16. 19. 41) eine geringere, neben der Steuer erhobene landesfürstliche Abgabe aufgeführt. Im Jahr 1499 (Kr. Lhdl. XIII, 14) wird geklagt, daß man auch Leute von bösem Leumuth zu Schergen aufnehme und ihnen „die Leistung gebe, damit sie den Zustand ab den armen Leuten schätzen und den Rentmeistern geben mögen." Es soll kein Scherg oder Amtmann von den Unterthanen mehr oder andre Zustände erheben, als sein Bestandzettel ausweiset. Über die An- und Zustände (Naturalgebühren) der Schergen sieh das Decret für die Rentmeister v. 1664. cfr. Kr. Lhdl. VII, 246. 314. 440. XVIII, 318. 319. c) die Laudemialgebühr (Anlait, Anfall, Handlohn), die vom Antreter und Übernehmer eines Lehengutes dem Grundherrn (gewöhnlich zu 5 oder mehr Procent des geschätzten Werthes) zu entrichten ist. Wagner, Civ.- und C.-Beamt. I, 44. Nach dem „Urbarsgebrauch" ist der Zustand ein Contract, dardurch einem Leibgedinger seine Leibgedings Gerechtigkeit abgekauft wird. Der Zuständer habe, heißt es daselbst, bey dem Zustandgut eben das Recht, welches der verlaufende oder übergebende Leibgedinger besessen, auf so lange, als dieser am Leben sey. d) das was Einem zustoßt, zugestoßen ist, besonders ein Übel, eine Krankheit. „Weil durch das dreissig Jerige laidige Khriegswesen und andere widerwertige zuestendt das Land in Schulden gebracht worden ..." „Unverhoffte Zuestendte." „Mit viellen Leibszuständten 646 behaftet." „Weillen er wegen seines hochen unnd 72 Jährigen alters auch vill vnnterworffenen Leibszusteändten Persöhnlich nit erscheinen kann;" Ldtg. v. 1669, p. 8. 10. 21. 24. 58. „Ist sie, waiß nit, auß was für gählingem Zustand ganz erkrummt;" Alt Otting.-Historie. „Die Mutter ruft in zweyen großen Zuständen des Kindes Mariam an;" Lechfelder Mirakel 224. „A°. 1696 ward Se. Durchl. Joseph Ferdinand Churprinz in Bayern mit einem ganz unvorsehenen Zustand an dem rechten Fuß behaftet, daß er zu Bett ligen und sich stäts halten müssen, bis ihm Seine Obersthofmaisterin Frau Gräfin von Perousa mit einem silbernen Fuß zu St. Benno verlobt;" Benno Mirakel v. 1697. Dieses Kind wurde bekanntlich zwey Jahre später vom König Carl II. zu seinem Nachfolger auf dem Throne beider Indien bestimmt, starb aber in Brüssel am 6. Febr. 1699. (Menzel, Lit. Bltt. 1841, S. 164). Ein für jene Zeit ziemlich freysinniges „Klagliedl zwayer bayerischen Bauren" (Stöffel und Jodl) fängt an:

„O mey Jodl hast ghört blasen,
ain rennä gſecha wie en Hasen..."

Der Standen (Stant'n), Ständer, dicker Pfahl; Gatter-Standen, Zaun-Standen. Die Standen (Stantn, Dimin. das Stántl; Weihers: die Stanne, Dr. K. Roth), wie hchd., die Stande, Stellfaß; (mhd. stande, ahd. standa, cupella, gubella; Graff VI, 697. BM. II, II, 591. Weigand, Wbch. II, 786. Firmenich I, 191,16, Deistergebirg: *Stanne*, hohes Faß, unten weiter als oben. Vilmar, kurhess. Idiot. 395. Zeitschr. VI, 485). Die Spüel-Standen für das Spülicht. Der Ständlein Käs (Stántlkás. O.Pf.), Quark, in sogenannten Stántln zu kleinen Käseformen erhärtet. Standl, die Füße beim Vogelwild; (Jir.).

Der Ständer, Stender, a) dicker Pflock; b) Stellfaß. Weigand, Wbch. II, 786. Zeitschr. II, 46. VI, 479. Birlinger 410: Ständer, Stendel, Schießstand. Der Ständerling (Stántə'lin'), a) Gefäß zum Unterstellen, besonders an einem angezapften Bier-, Weinfaß; b) Getränk, das sich beym Abzapfen in solchem Untersatz gesammelt; c) jedes durch längeres Stehen in offenem Geschirr verrauchte oder verdorbene Getränk; d) weiße Rübe von länglichter Gestalt; (cf. Steckerling). e) Person, die allenthalben gerne stehen bleibt, nicht vorwärts kommt. f) das Stehenbleiben, Ständchen, besonders auf der Gasse, um zu plaudern. Weigand, Wbch. II, 786. Birlinger 410. Zeitschr. II, 277,72. „Sag, wie vil ständner hast du sider gehabt, vnd klappert hin vnd her bey diser gspilen vnd bey der vnd die Leut helffen richten auß," sagt der wunderlich Mann zur unheußlichen Fraw; H. Sachs 1612: IV, III, 70. ə̃n *Stántə'lin'* machə. „Ein Ständerling oder Schwätzmarkt aufrichten;" Predigt v. 1678. „Am Ständerling stehen, in statione esse;" Voc. v. 1618.

Der Ständling, statarius miles; ständling, ständlings, adv., statim, im Stehen; Voc. v. 1618. Sieh Sp. 765. Der Standner (Stantnə'), Stellfaß; („biota, zwiöriges väſſlin, ein Stantnær;" Voc. v. 1429. Cgm 656, f. 115).

Die Ständelwurz, eine Pflanze, orchis; BM. III, 830. II, II, 591: der stendel. „Satyrion, stendelwurcz;" Clm. 16487, f. 96. Diefenbach 513ᶜ, Weigand, Wbch. II, 801. Zeitschr. IV, 168.

Der Standár (◡ –), in der Sprache des gemeinen Landmanns, der Gendarme. Vrgl. Gramm. §. 693. „Do kôm enä *Stadarm*;" Firmenich I, 437,37 (Düsseldorf).

Die Standarte, hchd., Fahne; (mhd. der stanthart, aus frnz estand-ard, étendard, it. stendardo, von estandre, extendere, enthalten. Grimm II, 340. BM. II, II, 592. Diez, Wbch. 332. Weigand, Wbch. II, 786).

Die Stund (Stun'), plur. Stund, (Gramm. §. 790): a) wie hchd. Stunde; (mhd. stunt, stunde, ahd. stunt und stunta, jedoch mehr in den Bedeutungen b, c, d. Graff VI, 698. 699. BM. II, II, 710. Weigand, Wbch. II, 835. Vrgl. Weil und Or). ə˜ g'schlägngé *Stund*, ə˜ Glockng-*Stund*, volle Stunde. Das Stundgebet; der Stundzaiger; stundweis ꝛc. Vgl. dän., schwed. stund (Weile) neben time, timme, (Stunde), hchd. Stunde neben Uhr (alt Or, Ur, hora; s. Th. I,
647 Sp. 132 f.). s. Weile. b) Den Weg nach Meilen zu zählen, ist in Alt-B. ganz unvolksmäßig. Man rechnet ihn, und viel natürlicher, nach Stunden, d. h. so viel ein rüstiger Fußgänger in einer Stunde zurücklegt, was in der Regel eine halbe deutsche Meile ausmacht. Davon beträgt die ursprünglich wol für dieselbe Zeit nach dem Lastfuhrwerk berechnete und mehr amtliche als volksübliche Poststund nur drey Vierttheile. Die von der Verwaltung gesetzten Pfähle oder Steine (Stundsäulen) an den Landstraßen weisen die Poststunden nach. a˜ zwu, drey etc. *Stund*. ən *àldé Stund*, etwas mehr als eine gewöhnliche Wegstunde. cfr. I. Th., Sp. 626. c) der Moment (noch in den VII Comm. stunta, schott a stound): àllé *Stund*, auf d' *Stund* etc., (ä. Sp.) an der stund, an stund, von stund an, ze stund, zu stund ꝛc., auf der Stelle, sogleich. 'Eine geruhige oder geruhte Stund, einen ruhigen Augenblick.' „Ich kan und mag haben gar kein geruthe stund, so hefftig, gifftig ist ihr mund;" H. Sachs 1612: IV, III, 60. „Lat ewr wainen sein von stund hincz weile uncz daz chom der tag" (der Geburt); Hugdieterich, Haupt's Zeitschr. IV, p. 416,136.137. „Sô fleucht der leopard und beleibt ain stund niht (keinen Augenblick), wan er mag des knoblauches smack niht erleiden;" Konr. v. Megenberg f. 87, (Pfeiffer 145,11). „Der aff spilt auch gern mit den kinden, und wenne im die stund werden mag, sô würget er si; das. f. 95, (Pf. 158,32). Hieher wol die R.A.: ein Mensch wie die guet Stund, gutmüthig, verträglich, (schon Voc. v. 1618). BM. II, II, 710 f. Firmenich: (niederd.) *stünds*, *upstund*, jetzt. Zeitschr. IV, 478. „Dies habet XXIIII horas, hora habet punctos V, minuta X, partes XV, momenta XL, ostenta LX. Punctus habet minuta II, partes III etc. Ostentum habet atomos CCCLXXVI;" ZZ. 632 (von 809), f. 73; cf. 128ᵇ. d) (ä. Sp.) das Mal. BM. II, II, 710 ff. unter stunden, manchmal, zuweilen; Kr. Lhdl. I, 257. III, 315. Ortolph. „Waz ist dîn zît vertrîben, jagst du nicht under stunden;" Labr. 45. „Ob under stunden Triuwe mit kobern arbeit lîdet;" das. 51. zu stunden, zuweilen, mitunter; Cgm. 301, f. 338ᵇ. „Ain stunt, zwirnt, drey stunt ꝛc., una fiada, do fiada, tre fiada;" Voc. venet.-todesco v. 1424, f. 16. „Zwier in dem jar, ain stund zu dem gras und ain stund bei dem hew;" Cgm. 544, fol. 56. „Wer sich anderstund anklagen läßt;" Heumann, opusc. p. 145. „Ein speis, die man zwier oder drey stund gewermet hat;" Cgm. 632, f. 39; (cf. *driftə˜* in Stalder's Dialektol. 225. 226). „Bindet ain man gut auf strazze, der sol drei stunt ruffen, ob ieman da sei, der ez floren hab;" Wstr. Btr. VII, 85. „Drei stunt acht tag;" Rechtb. Ms. v. 1453. „Über zwo nacht oder auf dreistundig stunt;" Kaiserrecht im Cgm. 26, f. 27, wo es bei Senckenberg heißt: uf der stendigen stunt." „Das tu in einer ur zwir oder drey stund, so vergêt dy husten;" Arzneybuch, Ms. Progel's, f. 113ᵃ. „Für vier stund hunderttausent hungrischer gulden" verkauft am 30. April 1415 Kaiser Sigmund an Friderich von Zollern die Mark und Chur Brandenburg. Pergament-Urkunde auf einem Bücherdeckel der Münchner Bibliothek. „Vier stunt elliu jar;" MB. XXIV, 342. „Zehen tailt man in zehen stunt, und zwainzig in zehenstunt zwai;" Algorismus, Clm. 4162 (sec. XIV), f. 144. „Dem gotes lere ist kunt, der vergibt sibenzic stunt siben stunt;" Renner 18263. „Mit siuften ach gesprochen wirt dick von mînem munde nicht ein mal in der wochen, ich wæn, in einem tag wol tûsentstunde;" Labr. 496. 'stunden, gestunden, Frist geben, zuwarten.' „Wer von versagen wil verzagen dem mag wol nimer lieb betragen (betagen) man müß gestunden jeder zeit vergahen dick schaden geit;" Cgm. 270, f. 85. (379, f. 45). e) (ä. Sp.) die monatliche Periode des andern Geschlechts. „Welcher frawen ir stund vergangen ist, die sol trinken den saich von ainer gais;" Cgm. 249, f. 256. „Frawn, die ir stund nicht enhaben; Cgm. 592, f. 26. (Gl. i. 223: manotstuntigiu, menstrua, sc. mulier).

Die Stang, öfter die Stangen (Stangə˜, Dim. Stängl, Stángə-l), 1) wie hchd. Stange; (mhd. stange, ahd. stanga, contus, vectis; Graff VI, 692. BM. II, II, 640. Weigand, Wbch. II, 787. Zeitschr. VI, 344. Cf. schwed. stång, Stange, stänge, zuschließen, sperren). 2) (Salzkammergut) 20 Klafter Salinenbrennholz; die Stange enthält 8 *Rächl.* 3) membrum virile. Davon mag das feucht nicht von jm von der stangen hicz;" Cgm. 4543, f. 202,1. Die Deichsel-Stange, oder blos die Stang, Deichsel am Wagen. „Fechterstang, hastile; im Stängl fechten, hastilibus decertare;" Voc. v. 1618. Kaiserstangen, eiserne Stangen, 24 Fuß lang, einem Gebote K. Ludwigs v. 1315 zufolge angebracht an den Stadtmauern von München, zum Zeichen, daß man innerhalb dieser Entfernung nicht daran bauen dürfe. b. Annalen 1833, S. 413. R.A.: Mit kainer langen Stangen anrüeren eine Person oder Sache, mit ihr 648
nicht in die mindeste Berührung kommen. Die Stangen halten Einem, ihn protegieren, seine Partey nehmen, (Vilmar, kurhess. Idiot. 395); der Stangen begêren, (ä. Sp.) sich für überwunden bekennen, ergeben, von ehmaligem Gebrauche bey Zweikämpfen. „Ir ietwederm sol der richter einen man geben, der ein stange trage, die sol der über den haben, der da gevellet. Und gicht er, so ist er überwunden. Mag er auf, man sol in auflan. Weder der stange m'utet, dem sol man sie understozzen;" Schwäb. L.R., Cgm. 553, f. 86. „Waz man der stahel-stangen zwischent sy do schoz;" Rosengarten 2110. „Sy nümmer mer zu westen solch puberei zu treiben lang, und sy pegerten do der stang an unsern hern, den kaiser;" Mich. Beham, Wiener 351,14. „Vil manger do der stangen gert von stich und slegen waz er mat;" Schlacht bey Hoflach, 1422, Monac. Aug. 181, f. 106. „Nun beger ich erst der stang, sein freundschaft hat mir obgesigt," (sagt die früher Spröde); Cgm. 270, f. 147. „Ob si mich liebleich überrung, z' wär ich begert der stangen." Sie oben, Sp. 120. „Hör auf Demut, ich ger der stangen;" Cgm. 713, f. 56. „Mein frewd die gert der stangen, der hat trawren obgesigt;" Cgm. 714, f. 233. Das Stangenrecht, Stangenurtail. Nach Artikel 66 der tyr. L.O. v. 1603 soll der Richter dem, der bey der Licitation eines Pfandes am meisten „über die gepfändte Summa" darauf gelegt, auf sein Anruffen ein Stangenrecht innerhalb acht Tagen benennen, und demselben das gepfandt und fahlgeführt Pfandt mit einer Stangen-Urtheil mit dem Gerichtsstab einanworten. „Mit stangen urtln den gleubigern einantwurten;" Cgm. 1203, f. 68ᵃ. Der Stänglein-reiter (Stánglreidə'), auch der verlorne Mann, der einem stromaufwärts fahrenden Schiffzug mit der Sondierstange vorreitet; Knecht des Fuhrmannes, (Jir.). Das Gestäng, a) Collectiv für mehrere oder viele Stangen, z. B. Hopfengestäng. b) Platz im Walde, der mit Stangenholz bestellt ist. c) Stangenzaun; das *Gsteng*, Geländer an Stegen und Brücken, (Jir.). d) Stangenwerk um den ländlichen Stubenofen zum Aufhängen der Wäsche ꝛc. e) Hirschgeweih mit vielen Sprossen oder Enden. Cf. Gestemm, oben Sp. 755. stängeln (stángeln), mit einer Stange zu thun haben. Nuss', Zwéspm etc. *stángln*, àbə' etc. *stángln*.

stengen (Partic. gestengt), stecken, stoßen, z. B. den Faden durch das Nadelöhr. anstengen, z. B.

Papiere, Perlen ꝛc. an einen Faden, eine Schnur. „Wie die Befehl vom Circulieren zruk kommen, so sollst si wieder an einen Faden anstengen," sagt bey Bucher (s. W. IV, 252) der Herr Dechant zum Capitelboten. durchstengen, einen Faden ꝛc. durch etwas stecken, ziehen. einstengen den Faden, metonym. die Nadel, d. h. einfädeln. (Sollte ein altes Ablautverb zu Grunde liegen? Cf. isl. schwed. stinga, dän. stinge, ags. stingan, engl. to sting, stechen; goth. us stigg (augô thein), 'erue (oculum tuum).' Ulfila, Matth. 5,29. Graff VI, 692. BM. II, II, 640. Weigand, Wbch. II, 787. Gl. a. 691 steht: stingo, urgeo).

Der Stingel, a) wie hchd. Stengel; (mhd. stengel, ahd. stingil, stingel, stengil; Graff VI, 693. BM. II, II, 640. Weigand, Wbch. II, 801). Hanf-Stingel, Har-Stingel, Kraut-Stingel ꝛc. b) Stiel an Blumen, Blättern oder Früchten. Birn-Stingel, Kerschen-Stingel. c) penis. d) Mannsperson, insonderheit noch lediger Bursche. Der Hemedstingel, s. Th. II, Sp. 1110. Die Stingel-Aich, Eiche, deren Frucht an langen Stielen hängt. Das Stingelgläslein, Kelchgläschen. Die Stingelpfeiffen, einfache hölzerne Tabakpfeife aus einem Stück, deren kurzes Röhrchen
649 mit dem Köpfchen einen stumpfen Winkel bildet. „Die stengelsucht, saturiasis;" And. 73, f. 305. stingeln, herumstingeln, (von Mannspersonen) sich ohne alle oder doch ohne löbliche Beschäftigung herumtreiben. gestingelt, gestielt; langbeinig.

stungen (mhd. Sp.), stungan (ahd. Sp.), pungere, instigare, stimulare. Graff VI, 693. BM. II, II, 641. „Werdet gestunget, compungimini;" Cgm. 17, f. 12a. „Er habt den ruke ûf enriht, swie daz alter und daz giht in vil dicke stunge;" S. Helbling I, 72. 'Die Stunge, (mhd. Sp.) Stachel, Antrieb, Anreizung; BM. II, II, 641.' „Für dy Stung (wenn so zu lesen) oder für daz Stechund alia Pleolisis," (Pleuresis); Arzneybuch, Progel's Ms. f. 4a.

„Stank, Verdruß;" v. Wöhrnitz. Dahin wol das auch hchd. Stänkerey, Stenkerey, Verdrießlichkeit. Weigand, Wbch. II, 787. Zeitschr. III, 133.

Der Stank (ä. Sp.), das Gestank, hchd. der Gestank; (mhd. der stanc, ahd. ther stanch, odor, 'Wohlgeruch; Graff VI, 696. BM. II, II, 641. Weigand, Wbch. II, 787. I, 427'). „Ysopo ist gût vur den stenken unte hilfet och den den der mage swirt;" Clm. 536, f. 86; besonders: flatus ventri.

„Hyet ich dy künigin zw einem weib
und graff Hansen von Diernstain leib
und der von Venedig gut
und der von Ulm übermut
und der von Zürch tügk
und des von Maylanntz gelügck
und der von Kostnitz swangck
so gäb ich umb all werlt nicht ainen stanck;"

Burgh. Jes. 6, f. 1. „Wan das rechtbůch ist geworfen undern banck und gäb man drum mit aim urlaub nit ain stanck;" des Teufels Segi, (vgl. Barack p. 282,8939). Sieh stenken, stinken.

Der Stanker (O.L.), armsdicker, dürrer Fichtenstämmling, an dem die Äste nicht abgehauen, sondern ringsum nur zugestutzt sind, und der in den Boden gesteckt wird, um auf dem Felde Flachs, Getreide, Klee ꝛc. daran aufzuhängen und zu trocknen. (Bey Christoph Schmid 507 ist stänken, stecken). stänkern, a) Flachs ꝛc. auf diese Art in der Luft trocknen. b) herumstänkern, müßig herumgehen oder laufen; vrgl. stingeln, schliffeln; isl. stöckva, springen, sprengen). c) wie hchd. stänkern; (vrgl. stenken). Der Stánkəs, großer Mensch, der müssig geht. Topfen-stenken, plur., cylinderförmige, in Schmalz gesottene Kuchen von

Topfen; (Digr.). „Wann komt nun der Jacobitag, schüttl ich meine Äpfel und Birn herab; schüttelst du herab so klaub ich s auf, macht mir mein Gredl gut Stänger draus;" Lied v. Sommer und Winter in Nagel's von Hoheneicher gesammelten, nun (1845) Domprobst Deutinger'schen Papieren.

stenken, stinkend machen; (mhd. stenken, ahd. stenchan, Praet. stanchta, suffire. Graff VI, 596. BM. II, II, 642. Diefenbach 565a). „Das du hailig stet geunsaubert und gestencket hast;" Cgm. 482, f. 64. Der Stubenstenker, (Av. Chr. 255) kräftiger als Stubenhocker. derstenken, erstenken, verstenken, (im Voc. v. 1618) zerstenken, fœtore inficere; figürlich: betriegen, (vgl. bescheißen). (Die kürsener) tuont die lüt mit erstenken ... mit iren gaißhüten so erstenkends die lüte;" des Teufels Segi, Barack p. 351,11059. 11062.

Stenggen (Jir.), s. Zurken.

stinken (Cond. stinket und stunk, Partic. gestunken), wie hchd.; (mhd. stinken: Praet. ich stanc, wir stunken, Partic. gestunken; ahd. stinchan, Praet. ind. stanch, conj. stunchi, Partic. gistunchan, riechen überhaupt, sowohl gut, als übel; auch: den Geruch wahrnehmen. Graff VI, 695. BM. II, II, 641. Weigand, Wbch. II, 809). „Galgan machet den munt vil süeze stinkent;" Clm. 536, f. 86b. Noch sagt man, freylich mehr im Scherz: nicht übel stinken für gut riechen. R.A.: Dà *ſtinkts* (iətz *ſtinkts*) in dəᶜ Fèchtschuəl, da, jetzt sieht es mißlich aus. Das stinkt mir noch aus dem Magen, oder noch herauf, ich kann es nicht vergessen, verschmerzen; es verdrießt mich noch immer. 'Stinker, Schimpfname (der Juden); Zeitschr. III, 483. Der Stinkfüst, die Stinkfitzen, (niederd.); das. 7. Vgl. das. IV, 53.' derstinken, erstinken, anfangen zu stinken, durch Stinkendwerden oder Fäulniß verderben. BM. II, II, 641. „Auch schain an Lazaro wol sein genade wie der genas der in dem grab erstunchen was;" Urstende, hg. v. Hahn, p. 107,34. R.R.: Dés is *dəᶜſtunkə˜*-r- und də'lógng, ist platterdings erlogen. stinkfaul, äußerst träge. Zeitschr. V, 186. Sieh Stank, stenken.

---

stentieren oder sich stentieren, ital., lat. ostentare, den Großen, Klugen, Manierlichen spielen. stentierlich, adj.

Die Stánz, die Cour, der Hof, den man einer Person macht, Ständchen, nächtlicher Besuch am Kammerfenster. Auf die Stanz gên, auf der Stanz sein, stên. „Das G'stanz, Lärm, Ständchen, Gespräch, Abenteuer, überhaupt etwas Auffallendes, was Einen verweilen (stehen bleiben) macht;" Seidl, Flins. (1844), p. 305. „Hàllə, wie 's dà zuəgêt, dés *G'stánz* und dés G'schrá; das., (1839), II, 70, 81. 96. „Wann d' Sunna aufsᶜ schaut und sicht dés *Gstánz*, wiə'd ſ rot i˜ 'n ganz'n G'sicht." „Dé Buəbm wenn ſ' aus dəᶜ Kirchng (Kiəᶜchng) gengə˜ və'bringə˜-r ə˜ gwalti's *G'stánz*;" Castelli (1828) p. 76. 167. „Drauf kumt dáᶜ Hansl, will då håltn sein *Gstánzl*;" Kartsch II, 30. Firmenich II, 730: „Er singt a Poor *Gstanzel*, a Weis, dö eahm g'follt," (Stanze, Couplet. Weigand, Wbch. II, 788). Vgl. auch Stauz (Stanz?). gestänzig, adj., manierlich, hübsch, zierlich, nett. Sich gstánzi' machə˜, sich zieren, putzen; sich affectiert benehmen. Vrgl. stäzig.

„Kürbisstanzen im Mistbeet" (?); Marcellin Sturm p. 7.

Die Stánzel, Constantia. 'Zeitschr. VI, 461: (schweiz.) Stanze, Stenze; wie Stənz, Stunz, Stünzi, Stötze, Constantin.'

650 Die Stanz, (Hübner Salzb. 872) der Hüpfer, empis. cf. Stauz.

Der, die Staunz, sieh Stauz.

stenzen, a) (Heumann, opusc. 702) decurtare. b) (Nordfrank.) betrügen, anführen. c) scherzh. oder doch milder Ausdruck für entwenden, stehlen — ohngefähr wie schnipfen — wegpflücken. d) forttreiben, fortjagen; Vilmar, kurhess. Idiot. 399. Zeitschr. II, 238. V, 124,12. 464 (in Einen dringen).

stunz, adj. (ä. Sp.), stumpf. „Der hirczen fus ist fornen stuncz, und ist die schal gleich gewelbet als ein scharhak;" Cgm. 558, f. 138. „Das ober clo (des Hirsches) ist stuntz, das ober clo der hinden ist spitzig und clain;" Clm. 4373 (v. 1437), f. 118. Vgl. Zeitschr. VI, 490: up'n *Stunz*, sofort, sogleich; (Lippe). Im Angels. ist stunt hebes — zum Ablautverb stintan, engl. to stint und stunt, hebetare, gehörig; (Müller, etymol. Wbch. d. engl. Spr. II, 405. 419). 'Der Stunz, auch Stutz, gewöhnlich das Stünzchen, Stützchen, kleiner Zuber. Weigand, Wbch. II, 835. Vilmar, kurhess. Idiot. 406. Brem. niederſ. Wbch. IV, 1073: *Stünsken*. Schambach, Wbch. 216: *Stunz*. Zeitschr. V, 297.'

---

stápeln, a) (von ärmern lateinischen Schülern) auf Vacanzreisen um ein Viaticum zusprechen, — zunächst bey geistlichen und andern Studierten, mitunter aber auch bey Bürger- und Bauersleuten. abstápeln die Pfarrhöfe, die Klöster, ein Dorf, eine Stadt. derstápeln, durch Stápeln erhalten, sammeln. b) von Haus zu Haus ꝛc. gehen überhaupt. Alle Kirchen abstápeln. „Maister Hämerl stápelt mit Amuleten Pfarrhöfe und Abteyen ab;" Bucher's Mönchsbriefe, N°. II. Dieses stápeln wird wol ursprünglich aus der Sprache der Handels- und Fuhrleute entlehnt, und auf die häufigen, im Lande zerstreuten Klöster, als so viele Ablagerungs- und Etapen-Plätze wandernder Söhne Minervas, bezogen worden seyn. Weigand, Wbch. II, 788. Zeitschr. IV, 485. Sieh Staffel und I. Th., Sp. 613: Tappen.

stèppen, wie hchd., d. h. im Nähen gewisse, von außen ins Aug fallende Stiche machen, acu pingere, wie das Voc. v. 1618 sagt. BM. II, II, 619. Weigand, Wbch. II, 801. Birlinger 410. Zeitschr. II, 284,5. 318,5. Ein abgstepptes Mieder ꝛc. „Der stept sin alten golter noch;" Cgm. 270, f. 101. „Sin und sælde sint gesteppet wol darin;" Walther v. d. V. 63,2. Das Voc. v. 1429 nimmt steppen für opilor, also für stopfen. Im Niedersächsischen ist stippen, (welches sich zu steppen wie stikken zu stecken verhalten mag) Punkte machen, tüpfeln, und Stippe ein Punkt, Tupfen. (Vgl. niederſ. stippen, tunken; stecken, strecken, stützen, steifen; Firmenich I, 82,13. 454,313. 473,66. 487,3 (stiepen). 488,38. 515,12. Zeitschr. II, 284,5. 318,5). Diese Bedeutung tritt bey uns hervor in blätterstèppig, pockennarbig. Zeitschr. II, 284,5. Mit Anspielung auf das Vorige sagt man daher scherzweise: In dèm G'licht steckt on Arbet! Der Stoppe, (Weihers, Dr. K. Roth) a) die Narbe; b) der Stöpsel.

steupern, stüppern, (Franken) stützen; Wetterau: steipern; die Steiper, Stütze. Weigand, Wbch. II, 799. „Die Fässer im Keller steupern und verwahren;" Wirzb. Verordn. v. 1789. Sich steupern, stüppern, sich stemmen, sträuben, widersetzen; (Weihers) *stupper*, stolpern, (Vilmar, kurhess. Idiot. 406); *stüpp*, wegjagen, wegtreiben; *stüpper*, stützen; *sich stüpper*, sich widersetzen; der *Stüpper*, Stützpfahl, Stütze; (Dr. K. Roth). Vilmar, kurhess. Idiot. 401: stippern (niederhess.), steipern (oberhess.); der Stipper, Steiper. Der Steuper, Stüpper, Stütze, Pfeiler. (Hamburg Stiper, Bremen Stipel, Coblenz Stipe, Theutonista-stijpren, wornach sich die Form als eine crude niedersächsische, wie schepp, Wappen ꝛc. darstellt).

'stipitzen, Kleinigkeiten heimlich und listig entwenden; Weigand, Wbch. II, 810.' cf. česk. stipati, spalten, zwicken, kneipen, štipec, Zange, Lichtputze; russ. schtipat, kneipen, abpflücken, schtipzi, Feuerzange, Lichtputze.

'Die Stuppel, was hchd. Stoppel; s. unten Stupf und Stupfel.' „Quando hominem friget so sieht man stupl an der havt und stent har darin et vocantur pori swais löcher;" San-Zenon. 115, f. 230ᵇ. Vgl. Weigand, Wbch. II, 836: „Stüppchen, Stüpfchen, Punct, und unten Stüpfel.

stuppen, das Stupp, Gestupp, sieh Stubb. Zeitschr. III, 330. 459.

---

stapfen, staffen (ä. Sp.), treten, schreiten, gehen, im Schritt reiten; (mhd. staffen, stapfen, stepfen, ahd. stephan, Praet. staphta, altſ. stapan, stuop. Graff VI, 615. 655. BM. II, II, 555. 556. Weigand, Wbch. II, 788). „Er stapfet, im was niht ze gâch;" Wigalois 527. „Si stafften, in was nit zu gach;" Cgm. 714, f. 111. „Des ersten schol er stapfen her, darnach bald;" d. Ring 50ᵇ,1. Der Stapf, Stapfen (ä. Sp.), Fueß-stapfen, wie hchd.; (mhd. der stapfe, vuozstapfe und der stapf, ahd. stapheo, stapho und staph, passus, vestigium; Graff VI, 656. BM. II, II, 555 f.); 2) Stufe, Staffel. „Die stapfen vor allen crämen sollen nit verrer geraichen dann die strebpfeiler raichen;" Münch. Stadtbuch, Auer p. 208. „Daz sanch dere staphene, canticum graduum;" Cgm. 17, f. 182ᵃ. stapfes, (ä. Sp.) genitiv. Adv., im Schritt. „Lieber herr, mit iwerm zorn vart gên mir doch stapfes!" S. Helbling III, 363. Das Gestapf, einzelne Fußtritte, z. B. im Schnee. Der Stapfel, die Stufe; (mhd. stafſel, ahd. staphal, staphala; Graff VI, 657. BM. II, II, 556); s. Staffel. 651

Stepfel (?). „Die Adn (Th. I, Sp. 171) auf den Stepfel (Stopfel, Stapfel?) und den pflug auf die Schlaiffen setzen;" Cbm. 3238, f. 63. „Die Aden auf den Stapfen und den Pflug auf die Schlaipfen setzen;" Wasserburger Ehhaft, 'Cgm. 3243', f. 8.

stopfen, a) wie hchd.; b) nach Voc. v. 1618 was stupfen; (mhd. stopfen, ahd. stophôn, pungere; Graff VI, 658. BM. II, II, 658. Weigand, Wbch. II, 814). 'c) stoßen, aufstoßen.' „Lörl (der Blinde) stopffet mit seim stecken und spricht: Hoscha, hoscha, sitzt Hans wirt hinnen?" H. Sachs 1612: III, III, 145. 'Der Stopfen, Stöpfel, niederd. Stappen, Stöpsel; Zeitschr. IV, 414,37. V, 31,8. 73,113. Der Stopfer, a) (HchE.) eine gewisse Mehlspeise der Holzarbeiter im Gebirge; b) jede dick gekochte Speise, als Suppe, Brey ꝛc.; cf. Störz. Auf den Stopfer gên, (O.Pf.) erst den zweyten Tag auf die Hochzeit kommen; von Kindern: dahin gehen, wo die Eltern bey einem Gastmahle sitzen, um gelegenheitlich auch etwas abzukriegen.

Der Stupf, kurzer Stoß mit dem Ellbogen, Fingerknöchel oder auch sonst einem spitzen Dinge; (mhd. stupf, ahd. stuph, ictus pungentis, punctum; apex, centrum, stimulus. Graff VI, 659. BM. II, II, 659. Weigand, Wbch. II, 835 f.). 'stupf, urstupf, adv., plötzlich.' „Daz manig frum furst herre ritter und knechte vil und dick als gar urstupff bezogen und belegert worden sind als das si sich darvor nicht gewist hand ze besorgen;" Cgm. 4902 (v. 1429), f. 21. stupfen, 1) stoßen, oberflächlich stechen, stacheln, spornen, (eigentlich und figürlich). Zeitschr. II, 318,5. IV, 113,8. „So unser mut gestuphet wirt in ein bekennen unser missethat;" Cgm. 630, f. 108. '2) stempeln; Stupfmarkt, Stempel; Stupfgeld;

Birlinger 415.' Der Stupfer, der Stoß, oberflächliche Stich; Werkzeug dazu; Mensch, der stupft; Castelli, Wbch. 239: Steckling von Zweigen oder Pflanzen. Der Stüpfel, stimulus; Cgm. 789, f. 1. Birlinger 411 f.

Die Stupfel, a) wie hchd. Stoppel; (mhd. diu stupfe, stupfel, ahd. stuphila, stophila; Graff VI, 659. BM. II, II, 659. Weigand, Wbch. II, 814. Zeitschr. II, 284,5. IV, 188). b) (am Geflügel) Ansatz zum Kiele der Feder. Zeitschr. V, 297; stoppeln, Federn ansetzen stupfeln, nachstupfeln, nachlesen, als Ähren, Trauben, glaner. Wirzb. Verord. v. 1746. BM. II, II, 659. „Ich han gestuppfelt als ein man, der eigen pauvelt nie gewan und in reicher leute korn hinden ehernt, swenn sie vorn sichlinge hin trugen oder garben;" Renner 15880. zesamstupfeln, zusammenstoppeln. („stuphilare, stophilare, congerra." gl. o. 56). stüpfeln. „Im vierzehnten Jahr stüpfflet die erste Woll (lanugo) heraus um die Lefzen;" P. Abraham.

Der Stopfel, wie hchd. Stöpsel. Zeitschr. V, 73,113. stopfeln, verb. Weigand, Wbch. II, 814.

Der Star, des Staren, a) wie hchd. Staar, sturnus; (mhd. star, ahd. stara, f., und staro, m.; Graff VI, 701. BM. II, II, 595 f. Weigand, Wbch. II, 778. Grimm I³ p. 168: stâr; allerdings b. Dial. Star, Sta'nberg). „Min herze gert nicht touben, brâchvogel, gîwiz, stâren," (gereimt auf „fâren"); Labr. 528. „Sturnus heißt ein Staren;" Konr. v. Megenberg f. 130, (Pfeiffer 224,31: „ain star"). „Und da' Spatz und da' *Storn* (Stârn) sán so rödsäili worn;" Stelzhamer 19. 182 (Ston). „Im Merzen vil Starnhöll auf die heuser und baumb machen, so hat man alsdan oft Junge ze essen;" Probst Valentins von Weiarn Hauscalender, Cgm. 3720, f. 3. sieh auch Stärl und Starn. b) wie hchd. Staar (im Auge, suffusio); Weigand, Wbch. II, 779; sieh auch Starn. „Den Starn stechen; Voc. v. 1618. starblind, („stara=plinter, albios-oculus" — das franz. av-eugle? — gl. o. 192; „starablint, glaucoma," gl. i. 525. In dem alten synonymischen Vocabular gl. a. 272 steht bey dem lateinischen „hyaena, bestia cujus pupillae lapides sunt" das deutsche „stara=plint, des seha augono stain sint." „In cujus pupulis lapis invenitur;" Dicuil IV, §. 5). „Sine (des sterbenden Alexanders) ogen ghingen te stare staen;" Jac. v. Maerl. 106. „Starnblindte pferdt;" Cgm. 4855, f. 65. BM. II, II, 596. Vrgl. stärr.

stärr (stár), adj., wie hchd. starr, steif; (mhd. stär, stärr, sterr; Cgm. 755, f. 45. 766, f. 33. 768, f. 39. Graff VI, 701. BM. II, II, 644. Weigand, Wbch. II, 789). „Diu slang Cencris ist unpiegleich, wan si ist sô stärr, daz si sich niht gepiegen mag;" Konr. v. Megenberg f. 156, cf. 155ᵇ, (Pfeiffer 267,16; cf. 266,27). böckstár, adj. und adv., z. B. dreinschauen. prügelstár. Meinè Arm sán' *prüglstár*. Die Stärrè, Stärren, subst.; „die Halsstärre," Voc. v. 1618. stärrig, adj.; steif, starr; Zeitschr. IV, 107,31. *hàlsstári'*. 'Sterigkeit von einer geweichten Kütten Kern;" Birlinger 411.' stärren (stárn, stá'n), derstärren, aber auch starren, derstarren, erstarren. BM. II, II, 644. 645. gstárət, erstarrend, erstarrt. stärrezen (stárəz'n), stärzen, starr, steif seyn; strotzen. „Die Händ und Finger haben gerabauß wie ein Brett gestarzt;" Adelholzer Bad-Beschr. p. 81. Sich stärzen, sich brüsten, aufblasen. gestärzt, strotzend; steif, aufgeblasen. *gstárztvoll*.
653 Der Stärzer, Stärzerlein, aufgeblasener Stutzer. Vrgl. auch Starz, stärzen, Störz und stäzig. Ich finde wol auch in andern neuen Dialekten starr, starrig, starren ꝛc.; aber in der ahd. Sp. nur das, nebst Star, starblind vermuthlich auch hieher gehörige starên, fixis oculis tueri (Otfr. III, 17,42), anestaren, Alexanderlied in Maßmann's Denkm. I, 19, isl. stara, agſ. starian, ndrſ. staren, star-ögen. Vrg. stark und sieh Starn.

Der, das „Stär (Stár), sesquimodius," Voc. v. 1618; Maß für Erze, lang 1 Schuh 2¹/₂ Zoll, breit 1 Schuh 2¹/₄ Zoll, tief 11⁵/₈ Zoll, (Flurl); in Tyrol auch als Maß für Getreide üblich, gleich ¹/₇ bayr. Scheffel oder ¹/₂ Wiener Metzen; ital. staro, stajo aus sestajo für sextarius; (Diez, Wbch. 316: sestiere). Vgl. oben, Sp. 333: Sester. BM. II, II, 619 f.

Der „Starioth." In einer Rechnung v. 1786 über ein vom Hällein nach Obernberg geschifftes Maistersalz kommen unter den Schiffleuten vor: „vier Starioth vnd ain Plötenfiehrer, so den fünften Starioth vertritt." „Starrioten, Schiffer, die dem baierischen Amte verpflichtet sind und dem Fürfahren zur Ausmarkung der besten Stromrinne, vorzüglich aber zu der deshalb von Zeit zu Zeit nöthig werdenden Festhaltung des Fürfahrer=Zillerls in der Mitte der Naufahrt, behilflich sein müssen; (Zir.) (Doch wol kaum eine verkümmerte Anspielung auf die ehmaligen stradioti. Sieh Frisch II, 342. Cf. ital. stradare, den Weg zeigen. Vrgl. etwa auch Jodel, Th. II, Sp. 1199 u. 1201.) „Ich haiß Judas vpn Starioth; Sterzinger Passionsspiel v. 1500.

Der Ster, des Steren, das Männchen vom Schwein (salzb.), vom Schaf (schwäb.); — ahd. Sp. stero, aries, mhd. ster; (Graff VI, 701. BM. II, II, 619. Weigand, Wbch. II, 783. Zeitschr. II, 122. III, 340. IV, 186. 309. 310. „Wenn dy schaf zufahent gegen dem nordenwind so pringent sy stierlin, wenn ... gegen den sudenwind ... weiblin;" Konr. v. Megenberg f. 93ᵇ, (Pfeiffer 155,29: stärl). „Die Juden pranten wilent gern pöcke, rinder und stern;" Renner 6888. „Geizze, böcke, ster und scheflin;" das. 19420. Vrgl. Sterch.

Der Ster, sieh Stür.

steren, sieh steuren.

Der Steir, ein Vogel, (Cgm. 312, f. 39ᵇ abgebildet). So findet sich steir (Voc. v. 1419), stir (gl. o. 462), stur (gl. o. 11. 15) blitus, intiba, ein Kraut. Diefenbach 77ᵃ.

1) Die Steur (Stoir, Stuir, Stáiə', Stoiə', Stuiə'), a) (ä. Sp.) Stütze, Unterstützung; (mhd. stiure, ahd. stiura, baculum, fulcimen; Graff VI, 704. BM. II, II, 650. Weigand, Wbch. II, 804. cf. ahd. stiuri, adj., magnus, fortis; Graff VI, 702. 'cf. Zeitschr. IV, 135,110: stur (fries.) mühselig, peinlich; VI, 76. 485: steif; ernst, grimmig). „Maria, raich dein hant ze steuwer mir, zeuch und pringe mich auf zu dir;" Cgm. 73, f. 23ᵇ. R.A.: Der Wârhait zur Steur. Die Steur-leisten, (O.Pf.) die Stämm= oder Stützleiste am Wagen. b) Hülfe, Beyhülfe, Beystand. „Last meß lesen es kompt zu stewr den armen seeln im fegefewr;" H. Sachs 1612: II, I, 174. „Dem Fürsten mit einem Zerpfenning zu Steur kommen;" MB. III, 386. „Ân frawen stewre niemant mag mit sälden gestewret werden;" Cgm. 579, f. 51. „Awßwendig sorgen und bekummernuß die da ain sach und ain stewr sind zu zorn; Cgm. 4597, f. 103. „On mannes steur" (hat Maria geboren); Emm. D. 58, f. 102. „Wir spreḋen, wer niset: Got helfe dir! nellet aber aber er, so lache wir, — mit worten kome wir in zesteur, hilfe mit werken ist im von uns teur;" Renner 15192. „Helfe, Rât und Stiure" sind Hunde bey dem Labrer 110. „Waz ist ein rât, ein trôst, ein helfe, ein stiure den senden für verzagen;" das. 136. „Lâ an mir schauwen dîner helfe stiure;" das. 173. c) Beytrag, freywillige Gabe: Aus=, Bey=, Haim= (BM. II, II, 651), Haus= ꝛc. steuer, wie hchd. Bausteur, zur Erbauung eines Hauses, einer Kirche ꝛc.; L.R. v. 1616, f. 684. Brandsteur, die ein Abgebrannter, Brautsteur, die eine ärmere Braut in Begleitung eines ehr-

baren Weibes bittweise sammelt; (b. W.). Fartsteur. „Das ime die magt gehur gab, uf die fartstur, wapenrock und kursit;“ Cgm. 577, f. 229. cf. ahd. heristiura, stipendia; Graff VI, 705. BM. II, II, 651. Die Wegsteur, viaticum. R.A.: Die Wegsteur nicht haben, ein sieches, kränkliches Aussehen haben. d) Gabe, Abgabe an die Staatsregierung, die von Rechts wegen gefordert und beygetrieben wird, — (die jetzt landläufigste Bedeutung; vgl. Bet, I. Th., Sp. 301); May-, Herbst-, Kopf-, Kuchel-, Trank-, Herrengült-, Zehent-, Kune-, Ritter-, Schatz- (s. oben, Sp. 492)
653 ꝛc. ꝛc. Steuer. Die erste Landsteuer wurde (nach Conradus Schyrensis) in Bayern a°. 1215 gegeben, um den Herzog Ludwig aus der rheinischen Gefangenschaft loszukaufen. Die Übersteur, zu hohe, übermäßige Steuer. BM. II, II, 652. „Suplicantz umb vberstewr;“ Raitenb. 166, f. 90.

steuren (stáiə'n, stoiə'n, stuiə'n), a) stützen; (mhd. stiuren, ahd. stiurian, stiuran, Praet. stiurta, fulcire, suffulcire, sustentare, stipare; Graff VI, 705. BM. II, II, 652. Vilmar, kurhess. Idiot. 399). „Sich auf etwas steuren oder lainen;“ Voc. v. 1618. „Die Kirchthür wurde jhr allzeit von denen heiligen Engeln eröffnet, außer einsmals, weilen sie kothigen Wegs halber einen frembden Zaunsteckhen außgerissen, daran sie sich gesteurct;“ Sutor's Berg Andechs p. 19. „Sich zur linken an einen Stecken, zur rechten auf seines Jungen Achsel steurent macht er sich auf;“ Lechfeld. Mirakel 98. „An das Creuz können wir uns steuren;“ Predigt von 1678. „Ye mer sich einer auff den wunden Fueß steuret ze gan, ye mer sich sein siechtag meret;“ Buch der Weish. 1485, fol. 135. „Als er (der Pfaff) nun in der stillmeß war vnd stewret sich auff den altar mit dem elpogen in der rhu, da gingen ihm die augen zu;“ H. Sachs 1612: II, IV, 186. „Sobald der heil. Benno den kaiserlichen Befelch, welchen der pabstliche, das ist der höchste, steuerte, vernommen;“ Benno's Leben v. 1697, p. 34. „Waz stiuret baz ze lebenne danne ein werdez wîp?;“ Walther v. d. V. 93,19. „Ob ir ander menschen zu sulicher hochfart gestewert habt;“ Beichtspiegel, Ransh. 130, f. 284. „In Italia daz ist Walhen lant da ist ein prunn der daz gesicht der augen pessert und die chranchen augen steurt zu pesserm gesicht;“ Gesta Romanor., Cgm. 54, f. 73ᵃ (Keller p. 143). „Allew dy daz gotshaus gestewrt habent mit worten oder mit werchen ... daz sy unser lieber herrgot auch stewer an sel und leib;“ Ald. 253, f. 53. Sich nidersteuern, (Nürnb., Rath Her) sich in den Kleidern auf kurze Zeit zur Ruhe niederlegen. „Understiren, sustentare, understirt, suffultus;“ Voc. Melber. BM. II, II, 653. steuerbar, behilflich. „Pis mir hilflich und stewrper;“ Cgm. 714, f. 90. Vgl. niederd. *stüüren*, wehren, abwehren, wie hchd. (BM. II, II, 652,3): „He *stüüret* de Rüens,“ (Rüden, Hunde); Firmenich I, 359,19. forstüred, bedacht, erpicht auf etwas: „He was *forstüred* to driven de Tid wäg;“ das. 175,12. ballstürig, auffahrend, widerstrebend, störrig, unbändig; das. 128,14. Zeitschr. VI, 50. b) Steuer (in den verschiednen Bedeutungen) geben. c) metonymisch: steuren ein Guet, Steuer davon entrichten, es versteuern. „Erb und Aigen stewrn;“ Mederer's Ingolstadt p. 51. „Ein Gut inhaben, nutzen, nießen, stiften und steuren (es steht steren, wie bey Haltaus col. 1744), setzen und entsetzen;“ Meichelb. Chr. Benedictb. II, 162. d) (nach einer weitern Metonymie) steuren ein Gut oder dessen Besitzer, Steuer von ihm nehmen, ihn besteuern. „Ein Gericht, ein Dorf, eine Hofmarch, arme Leute oder Hintersassen anlegen und steuern;“ Kr. Lhdl. II, 153. IX, 249. 253. 254. 257. 531 ꝛc. „Item (klagt Ulrich Esenbeck a°. 1491, Kr. Lhdl. X, 371) seine Gnad hat mir durch seinen Amtmann einen Bauern zu N. gesteuert, der doch mir mit aller Obrigkeit zum Schloß Gütting gehört, auch Grund und Boden mein ist, und den zu stifften und zu steuern habe“ (c). c) die Steuer einsammeln. Wenn die weiland bayrischen Landstände dem Herzog eine „Hülfe“ oder Steuer bewilligt hatten, so nahmen sie selbst die Mühe über sich, dieselbe durch aus ihrem Mittel gewählte oberste Steurer oder Steuermaister, Landsteurer und zugeordnete Steurer, Ritter- oder Prälatensteurer erheben zu lassen. Jeder Prälat, Edelmann, Gerichts- oder Vogtherr hielt eifersüchtig auf das Recht, zu steuern, d. h. von seinen „armen Leuten“ und Unterthanen die betreffende Steuersumme selbst einzutreiben, indem er für seinen Theil wenig und nichts beitrug. Der Steurer, sieh oben. Der Steuer-Vorgêer, früher Steuer-Umgêer, der in einem Districte die Steuer zu sammeln oder einzunehmen hat, um sie höhern Orts abzuliefern. „Dem N. 7 ßl. für seine Mühe, von der Reichssteuer wegen umzugehen;“ Kr. Lhdl. IX, 531.

2) Die Steur (Stoir, Stuir, Stoiə', Stuiə'), a) der 654
Hintertheil des Schiffes; mhd stiure, ahd. stiura, puppis; (Graff VI, 704. BM. II, II, 650,2). „Puppis steur, prora grensel;“ Av. Gramm. „Vom Kränzl (Grensel) durch den Seßthal bis zu der Steuer.“ b) das Steur (statt Steur-Rueder), auf Flößen dem vordern Ruder, welches Rueder schlechthin heißt, entgegengesetzt; (mhd. daz stiure, stiur, stiurruoder, ahd. stiurnagal, stiurruodar; gl. i. 570 blos stiura, clavus, gubernaculum. Graff VI, 704. BM. II, II, 652).

steuren (stoiə'n, stuiə'n), wie hchd. steuern, durch das Steuerruder lenken; (mhd. stiuren, ahd. stiuran, dirigere, gubernare). „All die menschen die herkommen sein von gnaden und ablas wegen, die steur ich auf den weg der ewigen salikeit;“ Pfarrformel, Rebdorf. 36, f. 257. Der Floßmann am vordern Ort oder der Ferg tuət fàrn, der am Hintertheil oder der Steurer tuət *stoiə'n*. Də' *Stoirə'* muəs áf'm Férgng Acht gébm. Die ahd. Sp. hatte dem einfachen ferio (Ferg, von ferian) parallel und neben stiurâri ein einfacheres stiuro, gubernator. Graff VI, 705. BM. II, II, 652.

Der Stirling, ein Fisch. „Neßling u. Stirling auch der maß und prexen zimen den Bawren baß den Erlitz, Sengel und Steinpeiß;“ H. Sachs 1560: II, II, 111 (1612: II, II, 225). Vgl. unten: Stür.

Der Stier (Stiər), wie hchd., oder vielmehr: a) junges männliches Rind, gleichviel, ob verschnitten, oder nicht; (mhd. stier, ahd. stior, juvencus; Graff VI, 702. BM. II, II, 628. Weigand, Wbch. II, 808). Das *Stiər*-Kálbl, entgegengesetzt dem Kuə- oder Küəs-Kálbl. b) erwachsenes und zur Fortpflanzung bestimmtes männliches Rind. „Sechs nuczbar küe und ain schiper (?) stier;“ Urk. v. Dießen am Clm. 5654; ʻ(wol schiebbar, zum Schieben oder Ziehen am Joch geeignet).ʼ Die Kuh ist stierig oder stiert, wenn sie den Stier sucht. Des Gemain-Stiers Prärogative sind nicht vergessen in den Ehehaften; (z. B. Cbm. 3238, f. 12—14. 72, Cbm. Kl. 167, f. 264. 274. 295). c) im Kegelspiel besteht der Stier oder der Salzburger aus blos dreyen, in einer Linie weit von einander, oder manchmal auch, beym gewöhnlichen Spiel mit 9 Kegeln, aus den drey mittlern, hintereinander aufgestellten Kegeln. Das Stier-Scheibet, Keglet oder Kuglet, Spiel auf blos drey Kegel. d) der „Stir, des Stirn,“ eine Art der Hut im Fechten; Cgm. 582, f. 25 ꝛc. Vrgl. Stirner. Stierwascher, landsmannschaftlicher Neckname für einen aus Salzburg Gebürtigen. Vgl. oben, Sp. 743, unter Stigel, Th. IV, unter Weilhaim und Cgm. 3635, f. 56 (sec. XVI), wo verschiedener Landsmannschaften ihren Theil wegkriegen. H. Sachs 1560: IV, III, 92 (1612: IV, III, 197): Vexation der 24 Lender und Völker. Der Stiərax (– ᴗ), dummer Mensch; (vrgl. Schmieráx, Storáx und dergl.) Vgl. Zeitschr. IV, 157: Stier, grober Mensch, und IV, 4: stier-, verstärkend.

storren, ragen, hervorstehen; (Graff VI, 711. BM. II, II, 645. Weigand, Wbch. II, 815). „Disem hangent die packen als ein wadich, jenem sieht man die schultern storrn;" Cgm. 714, f. 30. „Das Kraut carectum nimpt dem milcʒ sein pläḣen und sein storren;" (cf. gl. i. 778: storrên, eminere).

Der Storren (Storn), Stock, Stumpf von einem Baum ꝛc. (mhd. storre, ahd. storro; BM. II, II, 645. Weigand, Wbch. II, 815 f.). „Saffes bar als einen dürren storren;" Labr. 375. „Der Esel in disem Wasser ertranck in einem Tümpffel zu grund sanck, darinn an eim storren behieng;" H. Sachs 1612: IV, III, 171. „Es soll kein Stock oder Storren über ein Schuh hoch gelassen werden;" Neuburg. Forst-Ord. v. 1690. „Abständige Storren vnd Quarn;" Wirzb. Waldverord.

storig, (Aschaffenb.) halsstärrig, widerspenstig. Der Storáx, unlenksamer, starrköpfiger Mensch. Zeitschr. IV, 157.

Die, der Stor, auch wol Storch (München), Blahe, Matte, Geflecht, zum Schutz gegen Sonne oder Regen vor einer Thür, einem Fenster angebracht, — ital. stora, stoja, frnz. store, latein. storea, (Diez, Wbch. 333). Cf. kärnt. storija, shtorija, Binsendecke, Wetterdach am Schiffe, Wagen; (Jarnik p. 208, unter streti, breiten). Storen, ital. Reise v. 1565 in Freyb. Samml. IV, 346.

'Die Stori, wol das ital. storia, Geschichte, Begebenheit.' „Du wirst ä *Stori* sehgn!" droht Hans seinem Weib für den Fall, daß sie ihm untreu werden sollte; Lindermayr 81. 'Vgl. das folg. Wort a) und das mhd. storîe, storje, (BM. II, II, 661). Zeitschr V, 296: *Stipp-störtje.*'

Die Stör, a) Strauß, den man zu bestehen hat, Mühseligkeit. BM. II, II, 661. Dés is ə˜ *Stèr* mit dèn Wasch'n, Ausziegng etc. Heirat'n mág I nét, hed aənə' s ganz Lébm sei˜ *Stèr.* I hà' àllewál ə˜
655 *Stèr* mid meiné Zend, (leide viel an den Zähnen). In einem Freysinger Hexenproceß v. 1717 sagt der Amtsknecht nach einem Verhör, in welchem er einem armen inquirierten Knaben mit geweihter Ruthe mehrere Streiche appliciert, zu diesem: „Gelt Lenzl, heunt hast ein harte Stehr gehabt!" Aretin's Beytr. v. 1805, p. 580. b) die Redensart: auf oder in die Stör gên, auf oder in der Stör sein, wird auf dem Lande von Näherinnen, Schneidern, Schuhmachern, Sattlern und drgl. Stubenarbeitern gebraucht, wenn sie in der Wohnung eines Bestellenden gegen Kost und Taglohn ihr Handwerk treiben. An der Ob.-Isar fart auch der Weber auf die Stör aus. Zeitschr. VI, 119,21. „Ich wurd zu eim meister einbracht, der sonst noch ein gesellen hett mit dem auff stör arbeiten thet;" H. Sachs II, IV, 242. Schon der Schweizer Pictorius a°. 1561 führt diese R.A. an. In figürlichem Scherz ladet man Einen auf die Stör, wenn man ihm eine gewisse äußerst schnöde Zumuthung macht. Weibliche Personen haben in der Regel alle Monate den Schuester auf der Stör. Vrgl. II. Th., Sp. 1289. Auf der Stör herumlaufen oder rennen, zur Erreichung irgend eines Zweckes von Einem zum Andern kommen. „Eine geübte Kleidermacherin wünscht noch einige Steeren anzunehmen;" Inserat, Münchner Landbötin 1843, p. 134. Anmerk.: Der Zusammenhang dieser Bedeutungen mit denen des hchd., im altbayr. Dialekt wenig volksüblichen und zum Theil durch stüren ersetzten stœren (o.pf. ſtèiə'n), ver-, zerstœren (mhd. stœren, ahd. störian, ar-, zi-störan; Graff VI, 707. BM. II, II, 659. Weigand, Wbch. II, 815) ist etwas dunkel, wenn man nicht etwa auf eine Störung der gewöhnlichen Bewohner einer Stube, in welcher sich der ambulierende Handwerker festsetzt, oder aber an eine Störung der Handwerksordnung durch dergleichen Nomaden, oder an die ä. Feudal-R.A. stiften und stören, anstellen und abdanken, instituere und destituere, denken wollte. („Das sie die wisen wol mugen alle jar stifften und stören und hinlassen wie sie verlust;" Salzburgofer Urk. v. 1409, Clm. 15981, f. 57. „Stiften, störn damit handeln tun und lassen;" Innviertel 1411, Cgm. 3941, f. 69). Vgl. auch niederd. stüren, holl. sturen, 1) steuern, 2) senden, (etwa gleichsam auf der Sendung seyn, wenn eigentlich der Meister nur Gesellen in die Häuser sendete. „He *stüret* de Husmad mit dem Wynkorv uut," er sendet sie aus; Firmenich I, 176,65, Braunschweig), und česk. wyštáram, wyštauram, ausstören, ausstöbern, aufstöbern. Wie, wenn hier (wie in Gart gehen, fechten, stapeln) irgend ein alter, jetzt zur Prosa vertrockneter Schwadronismus zu Grunde läge, wenn etwa die bey Stör, a angegebene Bedeutung auf das alte storie, f., Gefecht (Gedränge, Schar; Graff VI, 710. BM. II, II, 661. Benecke's Wigalois p. 713; Cgm. 577, f. 240; listor, pugna maritima, gl. a. 305. 306. „Quant commencier virent *lestor;* li romans de la charrette, Keller, Rombart 497,18) führend, die recht eigentliche wäre? Unserer R.A. auf der Stör entspricht im Schwedischen (Dalin's Hist. II, p. 722) på bondens golf (auf des Bauers Stubenboden), was freilich weit klarer ist. Dabey fällt das obige (Sp. 779) Stor, ital. stora, stoja, was sich hier etwa als Stubenboden-Matte denken ließe, ein. Aber es hieß wol nie Stör, und war am wenigsten bey Bauern zu Hause. stören (von Handwerkern), a) auf die Stör gehen; b) sich, gegen die Zunftordnung, Arbeit verschaffen durch Hausieren oder Herumziehen von Ort zu Ort; c) im Lande herumfahren überhaupt. Wirzb. Verordd. v. 1572. 1615. 1687. In wirzb. Fischerordnungen v. 1570, 1766 ist verboten, in nicht eigenen Altwassern zu „stören und zu kämpfen." Kohlen stören, die Kohlen aus dem Meiler ziehen; der Störer, schmale, lange eiserne Haue zum Auslangen der Kohlen aus dem abgebrannten Kohlenmeiler; (Jir.). 'Vgl. stüren.' Der Störer, die Störerey in obigen Bedeutungen. L.O. v. 1553, fol. 131. L.R. v. 1616, f. 616. Tyr. Polic.-Ord. v. 1603, f. 27. Der Volkswitz kennt auch Störer, die einem Ehmann ins Handwerk pfuschen. Vrgl. storgen, störzen und Selbsterer, Sp. 265.

'Der Stor (?).' „Die Scholteis, Landschreiber, Stattknecht, Storn, Weinschrotter und die portener" sollen auf die Landstreicher Achtung haben. Matth. v. Remnat, Cbm. 1642, f. 131ᵇ.

Der „Stür, Stör, Ster, accipenser, silurus, 656
sturio;" Voc. v. 1618. Bey Höfer III, 187,2 heißt er das „Störl, Stürl," womit wol P. Abraham's (Judas II, p. 525. 28) Stierl einstimmt. Nemnich I, 47. Das Voc. archon. hat sturio, steyr; (ahd. sturo, sturi, sturib, sturio, rhombus, purro. Graff VI, 712. BM. II, II, 659. Diefenbach 558ᵇ. Weigand, Wbch. II, 814 f.).

stüren (stirn, sti'n, stiə'n) an oder in einer Sache, stören, stöbern, stochern, als z. B. mit dem Finger in der Nase, mit etwas Spitzigem in den Zähnen, mit einem Stock im Koth ꝛc. Zeitschr. II, 413,11. ausstüren, aufstüren, durchstüren ꝛc. „Ir sült die zende stüren niht mit meʒʒern;" Haupt's Zeitschr. VI, 492. „So der karge bi der tür stet als er die zen stür;" Renner 4574. „Wer sein zen stürt mit einem scheit und hunden pratwürst ze behalten geit;" Cgm. 713, f. 153. „Gehe nicht vil in der Wunden umbstüren;" Dr. Minderer 1620, p 179. (Diut. III, 82: Er irsturte alle ire gewant. Gl. i. 1186: irsturian, concutere. Altengl. to stere, agf. styran, bewegen. „That she myght neyther stere hande nor fote." Eordstyrung, Erdbeben; Saxon. chron. ad 1048.) R.A.: Mit der Stangen im Nebel herumstüren. Den Dr—ck aufstüren, ähnlich der englischen R.A.: the more you stir the more it will stink. Der Zandstürer, Zahnstocher. Zeitschr. IV, 187. „Der Thurm in Landshut ist doch kein Zahnstiehrer;" Nagel's Bürgeraufruhr p. 64. Veit Conr. Schwarz von Augsburg trägt in der 23sten seiner tracht-beschreibenden Figuren ad ān. 1557 den ihm von einem Freund geschenkten „guldin Zanstirer" an einem schwarzen Bändchen über die Schultern vorn auf der Brust.

sterben (stèrbm, o.pf. stárbm), ich stirb, Cond. sterbet, sturb, Partic. gestorben (gstarbm), wie hchd.; (mhd. sterben: Praes. ich stirbe, Praet. ind. starp, conj. stürbe, Partic. gestorben; ahd. sterban: Praes. stirbu, Praet. ind. starb, conj. sturbi, Partic. gistorban. Graff VI, 713. BM. II, II, 642. Weigand, Wbch. II, 802). aufsterben Einem, ihm durch den Tod eines Andern zufallen; Grimm, Wbch. I, 749. Wirzb. L.G.O. v. 1618. anersterben, ansterben, desgl.; Grimm, Wbch. I, 320. 484. MB. XXIII, 272. R.A.: „Auf sein Sterben nemen," daß dieß und jenes so und so sey, d. h. betheuern. Gem. Reg. Chr. IV, 439. sterbenswâr, so wahr, daß man darauf sterben könnte; auch sterbensangst, sterbenskrank, sterbenslaid, sterbenswê. sterbig, sterblich wâr (stárbi', sterbli, stárbli' wàr), gewiß wahr, (sieh oben); sterblich krank und dergleichen. (Die ahd. Sp. hatte für mortalis, moribundus stirbig). Das Sterben, das, der Sterbend, Sterbet, eben so oft der Sterb (mhd. der sterbe, daz sterbet, ahd. sterbo; Graff VI, 715. BM. II, II, 643 f.), die Pest, ansteckende Krankheit, welche Viele wegrafft. Sterbens Läuff, Pestzeiten. „In dem sterben ist nichts pezzers wan die stet ze fliehen wo der sterb ist;" Scheftl. 296, f. 84. „Von dem siechtagen epidemie oder pestilentz daz ist ze tewsch der gemayn sterb an den trüsen oder platern;" Clm. 4395 (XV. sec.), f. 185. „Für den gemain leutsterben;" San.-Nicol. 226, f. 185, (s. Th. I, Sp. 487: Gedicht). „Ein grosser sterbot;" Cgm. 5, f. 164. „Adi 20 agosto 1535 als der Sterbent zw Augspurg anfieng;" M. Schwarz. Auf Teurum kümt der Sterb. Der Vichsterb (BM. II, II, 644), Holzsterb; Wagner Civ. und C.-Beamt. II, 252. Die Sterbe, Seuche, Pest; Zeitschr. IV, 187. Die mhd. und ahd. Sp. hatte ein factitives sterben, ersterben, sterbian, arsterbian, Praet. sterbete, starbte, starbta, mortificare, umbringen; (Graff VI, 714. BM. II, II, 644). „Daz si an dem iungsten tag iht chœme vnd mich sterbe," ne in novissimo veniens sugillet me; Luc. 18,5, Cgm. 66, f. 57. „Der tôt, der niemen verbirt, im (dem Ritter) sînen vater sterbet; S. Helbling VIII, 245. „Wellest tu vlohe sterben ...;" Clm. 4595, f. 39. „Der Hel und all ratmaister do solten enthauptet worden sein, dar nach dy andern all mit ain erseult, hungers gesterbet, ertrenket und verderbet;" Mich. Beham, Wiener 253,19. „Mein freud ist mir ersterbt, mein traurn lebendig worden;" Cgm. 439, f. 26. Zeitschr. IV, 187: sterben, tödten. storbisch, adj., einem Gestorbenen gehörig; Vilmar, kurhess. Idiot. 402.

---

657 Der Sterch, der Sterchen, was Ster, männliches Zuchtschaf oder Schwein; bey Stalder II, 392: der Sterchi, Zuchtstier; (agſ. stiorc, stirc, juvencus). Vgl. Weigand, Wbch. II, 789: die Stärke, junge Kuh. Zeitschr. III, 340. 496.

Der Storch (Starch), des Storchen, a) wie hchd.; (mhd., ahd. storch, storah; Graff VI, 721. BM. II, II, 659. Weigand, Wbch. II, 815). „Nim den stain den der storch in sein nest leg und reib sy und meng sy mit wasser und gib sy im (dem am Stein Leidenden) zu trincken;" Ind. 344, f. 8b. b) was Stor, w. m. s. c) „des mannes storch," (penis); Cgm. 317, f. 71. Sieh Stork. storchen, sieh d. folg. Wort. störcheln, stürcheln, straucheln. „Daß er (der Abt von St. Urban) von dem Stürchlen des pfärds einen bosen fall und schaden gelitten," (ad 1513); Gesch. Fr. III, 182. Vgl. störkeln.

---

storgen, (Nürnb.) im Lande herumfahren. Der Storger, Landfahrer, Hausierer, Quacksalber, Zahnarzt. Vilmar, kurhess. Idiot. 402: storgen, plaudern, schwatzen, austragen; unnütze Reden führen. Zeitschr. VI, 19: storren, mit einander sprechen. (Hieher? Vgl. oben, Sp. 779: die Stori). Sieh Stör, stören, Storch und störzen. Der Störgling, Mensch mit langen Beinen. Sieh Stork.

Das Stürg-Joch (?). „Wann eine Hauptguts-Veränderung vor sich gehet, haben Beamte auf die nebenbey besessenen sonderbare Urbarsstücke, als Stürg- und Haidjöcher, Äcker und Wiesen, Obacht zu tragen, damit diese sich nicht verlieren oder sonst in Vergessenheit kommen;" Casten-Instruction v. 1756.

---

stark, starch, Comp. stérker, a) wie hchd.; (mhd. starc, ahd. starh, starah; Graff VI, 716. BM. II, II, 596. Weigand, Wbch. II, 788 f. Zeitschr. V, 193). b) dick, fett vom Leibe, (franz., eben so verblümt, puissant). c) ä. Sp. als Beywort zu Aid: „Mit seinem starcken Aid;" Heumann, opusc. 94. sterklich, adv., wahrlich, gewißlich. *Stérkli,* I hàb's nét gsehə̃. Die Sterk, Sterken (Stérk, Stiərkng), Stärke. „Die Unterthanen sollen die völlige Stärke der Gebäude oder die vier Seitenwände mit Stein aufführen;" Ansp. Verord. v. 1718. sterken, stärken, (mhd. sterken, ahd. sterchan, Praet. starchta). halsstark für halsstarrig; Buch der Weish. v. 1485, f. 161. Vrgl. überhaupt stärr, stärrig.

Die Stärke, Kuh; s. Sterch. Zeitschr III, 496. IV, 309.

Der Sterken, (b. W.) Stengel, Strunk. Erdapfel-, Kraut- ꝛc. Sterken.

Der Stork (Stark), des Storken, was Storch; BM. II, II, 659. Birlinger 412. Zeitschr. IV, 113,60: der blaue Storch. Der Störkel (Stärkl), a) Mensch mit langen Beinen oder von überhaupt langem und hagerm Körper. b) Fischerstange, (vermuthlich corrupt aus Stäckel). storkeln, störkeln (starkln, stárkln), mit langen Beinen einherschreiten. Zeitschr. III, 341: *storgg'ln,* stolpern. „Der truncken starckelt auf den füssen, ebrius titubat pedibus;" Cgm. 690, f. 29. s. störcheln. g'stárklət, lang'stárklət, langbeinicht.

Der Stärl (Stá'l), der Staar, sturnus. (Diese jetzt volksüblichste Form ist vermuthlich nach Gramm. §. 569 Anm. auf die frühere Starn, Storn zu beziehen). Schwätz'n wie ə̃ *Stá'l,* plauderhaft seyn.

Der Sturm, a) wie hchd.; (mhd., ahd. sturm. Graff VI, 710. BM. II, II, 716. Weigand, Wbch. II, 836). „Her Hainrich von Pucheme pestellet was zu deme, daz er den sturm verhalten solt, welcher weichen und da von wolt oder die vlucht nemen von den (von dan), daz er den wider trib hinen" (hin an); Mich. Beham, Wiener 171,23; cf. 175,9—12: „aber als offt sie fluchen, so waren die selben hofleut do und triben sie hin wider gegen dem zaun hin nider." b) Heftigere Gemüthsstimmung. Er hat seinen Sturm wider. c) Zustand zwischen Schlaf und Wachseyn; (in dieser Bedeutung vielleicht zu „sturni, stupore," gl. i. 1220, „stornên, stupere," gl. i. 317. 334. 565. 739, gehörig). Den Sturm anschlagen, Sturm läuten. „Von Stund an schlueg man an den Sturm;" Chron. bey Freyb. I, 135. „Soll die Sturm uber den Armen (der zur Hinrichtung geführt wird) bis zum Thor geschlagen werden;" Wertinger Gerichtsord. v. 1568, Cgm. 3256, f. 67. Bir-

linger 415. Mit dem Sturm gewinnen, erstürmen.
658 sturmen, a) hchd. stürmen; b) in heftiger Bewegung handeln; c) Sturm läuten. Der Sturmian (Sturmiā̃), aufbrausende Person. Sturmi, ä. Sp., als Personname, (wol Genitiv, wie Jordanis, Gomez?) „S. Bonifacius misit in Cassinum montem Sturmi discipulum suum“ ... „Monachis Sturmi abbatem praetulit;“ Rodolfus de vita S. Leobae, Clm. 4608, f. 201.

Der Starn, Storn, (ä. Sp.) a) sturnus, Staar; (gl. i. 134: sternula, turdus; agſ. stearn sturnus). „Sturnus heißt ein Staren;“ Konr. v. Megenberg, (Pfeiffer 224,31: star). „storn, sturnus;“ Voc. v. 1419; bey Stalder II, 401 noch jetzt Storren. Es scheint aus dieser Form unser Stárl entstanden. b) auch statt starblind findet sich starnblind (Cgm. 725, f. 177), und das Voc. v. 1618 weiset unter Sternfell (Fell über den Augenstern) auf Starn. Es ist möglich, daß die Form Stern (pupilla, wofür in der ahd. und mhd. Sp. seha, sehe, im Dialekt Kindlein gilt) selbst aus Starn gemodelt ist, und nicht umgekehrt. cf. Star und stärr.

Das Stárnizl, Stá'nizl, Papierdüte, ital. scarnuzzo. Sie oben, Sp. 469: Scharnützlein.

Der Stern, dem. den, die Stern, wie hchd.; (mhd. stern, sterne, sterre, ahd. stern, plur. sterna, gl. a. 180. 142. 342, gewöhnlicher sterno oder, assimiliert, sterro, plur. sternun, sterrun, goth. stairnô. Cgm. 762, f. 65: der sterne, des sternen. Graff VI, 722. BM. II, II, 620. Weigand, Wbch. II, 802 f.). „Notstern, cometa;“ Semansh. 34, f. 191. BM. II, II, 621. Diefenbach 134c. Vgl. Th. I, Sp. 686: Fachs. „Azub, sternsawber oder raynung;“ Semansh. 34, f. 91. Diefenbach 57a: asub. Vgl. oben, Sp. 479 und BM. II, II, 174. 175: sterrenschieze, sternschôz; III, 447: sternvürbe, Sternschnuppe.' „A°. DCCXLIV steorran foran swyda scotienda,“ (Sternschnuppen); Saxon. chron., Ingram p. 67. A°. MXCV on sce Ambrosius mæsse niht thæt is II Non. Apr. wæs gesewen for neah ofer eall this land swilce for neah ealle tha niht swide mæni fealdlice steorran of heofenan feollan. naht be anan odde twam. ac swa thiclice thæt hit nan mann atealla ne mihte;“ das. p. 311. Cf. A. v. Humboldt's Kosmos (1845) I, 129 ff.: a) Sternschnuppenschwarm im November, 12.—14. Nov.; b) Strom des h. Laurentius, 9.—14. August. — Was man beim Fallen einer Sternschnuppe wünscht, geht in Erfüllung. Auerbach's Schwarzw. Geschichten (1843), S. 342. Das Sternlein (Stè'nl, Stèə'nl, Stèə'nál), Pferd oder Rind mit einem weißen Fleck (Stern) an der Stirne. „Zum Finsterstern, (Dasypodius) celticum promontorium,“ das Cabo Finisterre, caput finisterrae, in Gallicien. „Finis terrae qui Stella obscura dicitur.“ „Mons ille, qui Stella obscura dicitur, ab indigenis appellatur *Finis terrae;*“ Pawlowski p. 86. 89. Auch in Schaschko's böhmischem Original ist also wol Finster stern böhmisch gegeben gewesen. „Von sand Jacob reyt wir aus gein finstern stern als dan die pawrn nennen, es heißt aber finis terre. Do sicht man nichts anders effethin nüber dan hymel und wasser und sagen das das mer do so ungestüm sei das nymant müg hinuber farn, man wiss auch nit was do gesset sey, als man uns saget so hetten etlich wollen erfarn was doch gensseit wer, und warn mit galeyen und näffn gefarn, es wer aber nyment herwyder kumen;“ Gabr. Tetzel, Cgm. 1279, f. 158b, (Bibl. des Stuttg. lit. Ver. VII, p. 177). „Unterhalb dieser Kirche lag das große Dorf Finisterre, welches dazumal ebenfalls Stella obscura hieß, und für das äußerste Ende der Welt gehalten wurde;“ Horky, des böhm. Freih. Löw v. Rozmital Denkwürdigk. (1824) II, p. 11. Vgl. v. Humboldt, histoire de la géographie du nouv. continent I, 51. 78 (Edrisi, Petrus Alliacus). 137. 148. „Die Ritter St. Catharinen Perg und finstern Sterns die thewersten;“ Hund, St.B. II, 407, wol die von St. Jacob in Gallicien. Im Cgm. 809, f. 63 heißt es in Bezug auf die Wallfahrt nach St. Jacob: „XL Meil hastu noch zu gan wol in sand Jacobs Münster, XIV Meilen hinhinter paß zu einem stern heißt finster.“ „Den finstern stern wellen wir lan stan, und wellen zum Salvator eingan.“ — „Wir seind die König vom finstern Stern, und brechten dem Kindlein opffer gern,“ fängt ein altes Sternsinger-lied (cf. Gebnacht) an, deren es mancherley gab, und auf dem Lande noch heutzutage in den sogenannten Gebnächten oder Zwölfnächten von je drey Königen, die aber nicht geben, sondern empfangen wollen, unter Vortragung eines goldpapiernen Sterns oder auch ohne allen theatralischen Apparat vor den Thüren abgesungen werden. Cf. Hoffmann, horae Belgicae II, 69—73. Birlinger 411. sternvoll. a) sternvoll Läus ꝛc.; b) ganz und gar betrunken, blitzsternhagelvoll. Zeitschr. V, 27. 69,32. 194. „Han än *Stern* ... (wieder) *tribn* und 'n Wirth was z'lesen göbn,“ singt der Rauschige; Lindermayr 58. Der dich trinkt, „centum putat esse cernens duo luminaria,“ sagt das Wasser zum Wein; Ben. 160, f. 86—87. „Wie der, der in die Lache fiel, in der er den Himmel voll Sterne gesehen;“ Jerem. Gotthelf, Bauernspiegel (Burgd. 1839), p. 132. Der Bockstern. „Ein abscheuliches Geschwar am Armb, welches man für einen Bock-Stern gehalten;“ Benno-Mirakel 1697. Das Gestirn, a) wie hchd. (mhd. gestirne, ahd. gistirni, gistirri, constellatio; das Siebengestirn heißt blos sibunstirni. Graff VI, 723. BM. II, II, 622). b) Sterne überhaupt oder die sämmtlichen Sterne. Av. Chr. 38. 53. Voc. v. 1618. „Es mag der Himmel sampt allem seinem Gestirn einfallen;“ P. Procopius. „Von der sunnen biz an daz Gestirne;“ Cgm. 762, f. 65. „Do sahen si an daz gestirn, ob daz fürgleich wær und gelükhsælig,“ Gesta Romanor., Cgm. 54, f. 54b, (Keller p. 105). „Welcher thut darin (in dem Buch) studirn, der lehrt die kunst in dem gestirn der planeten und der zwölff zeichen;“ H. Sachs 1612: II, II, 67. So ist wol auch das alte gistirni, militia cœli, welcher lateinische Aus- 659
druck im Voc. v. 1429 durch engel vel gestirn erklärt wird, zu nehmen.

„Sterning alias scherrling, cicuta;“ Clm. 4374 (XV. sec.), f. 122. Diefenbach 117c f.: scerning.

Die Stirn, in der gemeinern Sprache ungebräuchlich und durch Hirn ersetzt; (sieh II. Th. Sp. 1163). „Sy hat ein hübsche stirnen dy ist smal als ein risterpret;“ Mich. Beham, Cgm. 291, f. 170a. Auch in der ahd. Sp. finde ich blos gl. o. 289 stirna, frons; sie hatte dafür das später, außer in den Sette-Communi, ganz verschollene andi, endi. Dagegen kommt im Dialekt, wie auch schon in der mhd. Sp., neben stirne zuweilen das Gestirn (Gsti'n) vor. Graff VI, 724. BM. II, II, 644. Weigand, Wbch. II, 810. „Do sach er an des chindes gestirn ein zaichen“ ... „erplikht an im daz zaichen an dem hirn;“ Gesta Romanor., Cgm. 54, f. 32a. 32b. „Salb daz gestirn;“ Clm. 5931, f. 223. „Beym Kreuzzeichen sagt man auf der gestirn: im Namen Gott des Vatters;“ Catechismus, Cgm. 4607, f. 1. „Der Verstand (hat seinen Sitz) im Gstirn, die Gedechtnus im Hirn, der Athem in der Lungl“ ꝛc.; ZZ. 912, f. 291. „So dem menschen not ist zu aber lassen, ist im we an dem gestiern;“ Calender v. 1415. Mit dem Schlair bedecken sie ihr haupt, das Gestirn, die Wänger, Hals ꝛc.; Kirchhueber's Kloster Anger p. 21. Schwäb. R. A. (bey Schmid) ein Gestirn machen, d. h. eine finstere Stirne, franz froncer, engl. to frown. „Des Himmels Hirn und Gestirn,“ beliebte Floskel in der Beschreibung des Bogenbergs 1679. (Man könnte sich versuchen lassen, bey Stirn an Stern (sieh Sternlein) und einen zunächst auf Thiere und erst nachgerade auch auf Menschen gehenden Gebrauch des erstern zu denken). Vrgl. Blassen I. Th., Sp. 330. Die vagierenden „stirner und stosser" bey Mich. Beham (Cgm. 291, f. 141) sind wol, was die bey Frisch p. 337, Scherz p. 1574, 1593 angeführten stirnstößel, stürnenstoßer. Vgl. unter Störzer und des Teufels Segi, Barack p. 201, Vers 6356: „Landstricher und stirnenstöffel sind tag und nacht vol," (wol stirnenstößel zu lesen). BM. II, II, 667ᵃ. Zarncke zu Brants Narrensch. 63,12, S. 401. Im Fechtbuch Cgm. 582, f. 25. 34. 36 ist der Stir, des Stirn eine Art der Hut im Fechten. Vrgl. allenfalls auch Sternsinger.

Der Starz (Stárz, Dimin. das Stárzl; vgl. Storz), a) Strunk an Kohlgewächsen; -- „caulis, stingel, starz;" Avent. Gramm. BM. II, II, 646 b) Stück Knochen, Stein, Holz ꝛc., das beym Plättelspiel (sieh I. Th., Sp. 462) zum Umwerfen aufrecht hingestellt wird, (span. tángano). c) Schwanz von Thieren, hchd. Sterz, (isl. stertr, agſ. steort. Graff VI, 725. BM. II, II, 646. Vilmar, kurhess. Idiot. 399. Weigand, Wbch. II, 803). d) das am Hinterwagen hinausstehende Stück der Langwied. Starz treiben, einem Wagen — besonders beym Transport von langen Bauhölzern, wobey das vordere Gestell vom hintern getrennt ist — auch wohl in ähnlichen Fällen einem Schlitten — mittels eines verlängerten oder eines pflugriesterförmigen Starzes die gehörige Richtung geben; figürlich: der letzte seyn in einer Reihe. e) das dem Kopf-Ende entgegengesetzte hintere einer Sache überhaupt. Der Starz am Halm oder Stroh.

„starzen" (b. W.), stürzen. „Den Zuber um-, hin-, auffi- ꝛc. starzen." Vielleicht nach Gramm. §. 332 Aussprache für storzen, und dieses für sturzen. Cgm. 17, f. 109 (Psalm 74,5) ist ufstarcen extollere cornu. BM. II, II, 646: sterzen, 1) aufrecht wenden, in die Höhe ziehen. Vilmar, kurhess. Idiot. 899: hervorragen laßen, hervorstrecken. „Das gie der kuo ze herczen, die hürner ward sie sterczen; d. Ring 10ᵇ,13. „Die zagel ûf sterzen; Grimm, Reinh. p. 374,930. „Man haist mich Merczen, den pflug wil ich auffsterczen, — Martius arva fodit, Aprilis florida prodit;" Calender v. 1466, Clm. 5439, f. 7. „Ich bin gehaißen Mertz den pflug wil ich auff stertz;" Clm. 17296, f. 78. So denne wurt im mertzen und man pflûg an sol stertzen (Barack: sol uf sterzen) und der erber baw man sol zu acker gan ... so gond si denn zum mertzler der hat denne die somen gar;" des Teufels Segi, (Barack p. 307,9702). s. Th. II, Sp. 1657: Merzler. s. oben, Sp. 775: stärr. 2) vb. ntr., aufrecht einhergehen, stolzieren. Zeitschr. II, 122. 280,29. Vgl. d. folg. Wort und störzen. sterzvoll, gänzlich betrunken; Vilmar, kurhess. Idiot. 399.

stärzen, a) (b. W.) ummə'stárzn, müssig herumgehen; s. störzen und vrgl. schwanzen. Wo *stárzst* denn állewál um, du *gstárztə'* Ding du? ObrM. b) des Schwanzes berauben, z. B. ein Pferd, es stutzen. c) was Starz treiben. Der Stärzer, der dieses thut; das Hintergestell eines Wagens oder Schlittens, woran ein Starz befindlich. Ein anderes stärzen sehe man hinter stärr.

660 Der Sterz, das Sterzlein, 1) was Starz, (hchd. Sterz, m, Sterze, f.; niederd. Stert. Graff VI, 725. BM. II, II, 645. Weigand, Wbch. II, 803. Zeitschr. II, 122. 280,29. 392,25. 541,153. V, 167,136. 275,3. 296. VI, 287,731. 485. 474. 475). „Nimb ain pesm, den lain hinder die thür, den stertz kheer uber sich;" Cgm. 3723, f. 152. R.A.: aufrecht-gerade stên wie ein Sterzlein. „Pflueg-gestertz, buris;" altes Vocabular. 2) (Eichst.) das Stèrzl, was sonst Schèrzl, d. h. das Endstückchen von einem Laib Brod, das zuerst weggeschnitten wird, oder zuletzt übrig bleibt. 3) Art dicken Breyes von Mehl, Kartoffeln und drgl. Sieh Störz. Zeitschr. IV, 537, IV. Kärnt. vaditi, 1) gewöhnen, 2) Sterz linden; vadenje, das Sterzlinden; (Jarnik p. 40). Vgl. Th. II, 1488: linden. (Unser Richter) „hat hált kaə⁻n Kopf und hát á' kaə⁻ Herz, stêt, wenn ə' rédn sol, wie 's Mándl bei'n *Stea'z* (*Sterz*), unbehilflich; Drescherlied, Castelli, Ged. (1828) p. 74. 246; Wbch. 233. s. Th. II, Sp. 1601. Der Sterzl (Steá'zl) 1) kleine Person, Knirps. Castelli, Wbch. 234. 2) Wallfahrer auf zwei Krücken, nach dem die Sterzinger (er ist auch ihr Wappen) ihre Stadt benannt glauben. — Leider haben sie auch mich 1847 zu so einem Sterzl werden lassen. „Sterzing, von ainem khrummen Bergmendel Sterczelen also genant." Rabus, 1575, Cgm. 1278, f. 212. BM. II, II, 645: sterzel. Vgl. unten: Störzer. „A°. 1381 da kam ain stertzel hies bruder Hans den brach das verjicht;" Clm. 2035, f. 79. Der Sterzling. „Ein gewachsner Rennckhen zu 4 Pfenning, ain Sterzling oder halber Renndkhenn zu zwayen Pfenning;" Chiemseer Fisch-Ord. v. 1507 in Kohlbrenner's Materialien v. 1782, p. 85. 81. Vermuthlich entsprechend dem isl. stirtla, Schwanzhälfte des Fisches.

sterzen, was stärzen — und, dem schwanzen (w. m. s.) parallel, den vielleicht mehr nach der Aussprache (stérz'n, stirz'n) entstellten ältern Schreibformen störzen, stürzen (vagieren) zu unterlegen. „Gewere mich des dräte, so will ich dann mit fröuden järlang sterzen," (gereimt auf „herzen"), sagt Sie; Labr. 719. BM. II, II, 645. 646.

Der Storz, mitunter für Starz, besonders a und c. Birlinger 412. Zeitschr. II, 280,29: Storzl. Der Störz, Mehl von verschiednen Getreidarten, besonders von Heidekorn, auch von Kartoffeln, geröstet und mit Schmalz zu einem dicken Brey gekocht; (cf. Stopfer): Haidenstörz, von Heidekorn; Grammelstörz, mit gerösteten Speckschnittchen; Erdäpfelstörz, aus Kartoffeln. Das ö ist unsicher. Stalder II, 401 hat storzen, in der Bedeutung dick, dicht seyn oder machen, stopfen. Vrgl. stärr.

Die Storzenär, (Nürnb. Storzenèiərlá), Schwarzwurzel, aus ital. scorza nera umgebildet. Birlinger 412.

störzen, stürzen (sieh sterzen), nicht bey der Stelle bleiben, müssig herumfahren, vagieren; (BM. II, II, 645. 646. cf. engl. to start). Der Hund stirzt, ist ein Stirzer, er bleibt nicht beym Hause. Kinder gehn stirzen, schwänzen die Schule. „Und wan aft d' Gredl *stiarzn* ganga," (die Schule absichtlich versäumt hat); Seidl, Flinserln (1839) I, 51. 92. „Hin und her storzen;" Av. Chr. 134. Der Störzer, Stürzer, Sterzer, der müßig umher zieht, Vagabund; (BM. II, II, 645: sterzære. Cf. česk. štercýř, Polterer, Rumorist, Stänker; štercuji, Getöse machen, poltern, rumoren). „Peregrini qui vocantur stercer." „Sectae hypocritarum qui vocantur sterzer, qui fingunt infirmitates diversas et fingunt subitam sanitatem;" Cod. Ald. 184, f. 1. 61ᵃ. 62ᵇ und 75, wo noch mehr Kunststücke derselben aufgezählt werden. s. oben Sterzl. „Der sterzer (Vagabund) wolt im (dem torwärtel) der (zwen pfenning) nicht geben, vnd wolt von im fliehen;" Gesta Romanor., Cgm. 54, f. 70ᵇ, (Keller p. 137). „Geiler, ziphler, sterzer, stirner und stosser," lauter Abarten von Vagabunden bey Mich. Beham, Cgm. 291, f. 141. s. die Genera und Species solcher Störzer bey Matthias v. Kemnat, Cbm. 1642, f. 129—132. Die achtzehnten heißen „Trebeser und cambisirer das seint die schellen schlan (? schlagen? schlaer?) mit dem genßbein stirnstoßer, Stationirer sant Anthoni, sant Velten heilig greber ꝛc. botschafft ...". „Hungerige Kuchensterzer und verloffene Burst;" Balde's Lob der Magern. Der Landstörzer oder -stürzer wird in den ältern Polizeyverordnungen dick und oft genug gedacht. Den Picaro Guzman de Alfarache gibt sein Verdeutscher durch Landstörzer. Vrgl. storgen, stören.

Der Sturz, a) im Allgem. wie hchd.; (mhd. ahd. sturz; Graff VI, 726. BM. II, II, 646. Weigand, Wbch. II, 836). Wesentlich ist dabey der Begriff des Um-

wendens, so daß das Untere (vrgl. Starz, Sterz, Storz) zu oberst kommt. Der Sturzbaum, (o.pf.) Burzelbaum; der Sturzgenaglar, (? Ammergau; Rath Her). Vgl. Th. II, Sp. 1721: nackeln. 'Einen Sturzelbaum schlagen.' „... der ir darvor auch ain Possen gerissen, und ir ain Sturtz geschlagen;" Werdenfelser Hexenproceß v. 1589, (Rath Her). Vrgl. Bürzel neben burzeln. b) der Cassa-Sturz, Kasten-Sturz, Darlegung und Berechnung des ganzen Bestandes einer Casse, eines Getreidkastens oder Getreidbodens, wobey das Behältniß gleichsam umgestürzt wird. Der Sturzmaister, (in Amberger Akten v. 1505) Kasten-Beamter. c) Deckel über ein Kochgeschirr, als welcher in der ersten Noth wol jede umgestürzte Schüssel ꝛc. dienen muß, hchd. die Stürze. „Sturz, havendeck, ollipetra, cacabus;" Voc. v. 1455 und Brack. „Bestürtze den hafen mit einer witen stürtzen;" Kochbuch im Wirzb. Codex. „Deck den hafen mit ainem stürtzel;" Clm. 5036, f. 161. 'Vilmar, kurhess. Idiot. 406: 1) die Stürze, Deckel eines Kochgefäßes; 2) gegitterter Behälter, oft ohne Boden, in welchem Hühner, Gänse, Enten eingesperrt gehalten werden: Hühnerstürze, Gänsestürze; (Nürnb.) *Zibəlstürz'n* für junge Hühner (s. Th. IV: zib, zib!); spottweise Benennung der Crinoline.' d) „Von ainschichtiger Schneidwaar (Sägeblöcken oder Brettern) ab jedem Sturz (gewisse Zahl Stücke?) 1 Kr. 2 dn. Ländgeld."
661 Verruf wegen des Holzhandels v. 1762, Lori, Lech. R. 559. „7 stürtz Ridl geben (haben) 91 Ridl, 1 sturtz Weinlatten = 93 Weinlatten; 1 sturtz leisten;" Cbm. 2224 (ad 1613), f. 141. „Einen loden von drizic stürzen;" M. Helmbrecht 390. s. Th. II, Sp. 1444: Loden. e) Weiberrock, der an das Mieder angenäht getragen wird; (vrgl. II. Th., Sp. 1708). f) (Franken, Schwab., ä. Sp.) Trauer-Schleyer des weiblichen Geschlechts. Birlinger 415. „Sturcz, flammeum. Voc. Brack; velamen mulieris, Voc. Melber; flammeolum, peplum muliebre;" Voc. v. 1429. Diefenbach 238ᵃ. 424ᵃ. 609ᵃ. „Die du dort sichst in dem Klagsturcz;" H. Sachs. „Fraw New und auch fraw Bekantnuß gemachsam beyde, auch fraw Buß, ihr jede het auch ein klagsturtz;" das. 1612: I, 222. Im J. 1518 vermochte Kaiser Maximilian die Frauen zu Augsburg, an einem Burgertanz ihm zu Gefallen die Stürz, die sie trugen, und die hohen Schlayr abzuthun. v. Hormayr's Taschenbuch 1834. „Die schwarzflorenen Schnippen und Trauerüberhang oder die sogenannten Stürze sind den Weibern zur Trauer zu tragen verboten;" Wirzb. Trauer-Ord. v. 1783. „Doppelte lange Stürzen sind nur den trauernden Frauen vom Adel ꝛc. erlaubt;" Bayreuth. Trauer-Ord. v. 1737. g) auch das Schürzlein des Meßpriesters wird mitunter *Stürzl* genannt. Das Voc. v. 1618 nimmt Sturz überhaupt für Schurz; — vrgl. Sterzlein und Scherzlein, Starnützlein und Scharnüzlein und drgl.

'Der Sturzel, was Starz, Sterz, Sterzel, Strunk; (s. oben).' „Ich glaub er hab heylsame wurtzel mit sampt dem kraut, stengel und sturtzel dem weib gehalten für die nasen und hab sie darzu schmecken lassen;" H. Sachs 1612: III, III, 130.

sturzen, wie hchd. stürzen; (mhd. stürzen, ahd. sturzan. Graff VI, 726. BM. II, II, 646. Weigand, Wbch. II, 836), besonders als verb. neutr. stürzen, wie hchd. Das Pferd stürzt die Ohren, legt sie so, daß es besser hört. bestürzen eine Sache, etwas darüber stürzen, sie bedecken; (ahd. bisturzan, obtegere, e-, per-, subvertere). „Mit erden sie es pesturczen;" Cgm. 291, f. 141. Unser figürliches bestürzen ist wol im concreten Sinn von obruere zu nehmen. Dafür kommt auch, z. B. bey Wagenseil, Norimb. 103, verstürzen vor. „Beuten, Brennen vnd Blutstürzen, versio sanguinis." Wagenseil, das. 280. „Umb fernere Bluetstürtzung im h. römischen Reich zu verhüeten;" Christian IV. aus Copenhagen, 1. October 1632; Cgm. 4844, f. 16. zwigestürzt (von Getreidgarben und andern verjüngt zulaufenden Dingen), so neben oder übereinander gelegt, daß immer spitzes mit dickem Ende wechselt. 'stürzling, adv., im Sturz; Birlinger 415.'

Der Steuß (Stois, Stuis), hchd. Steiß; (gl. i. 1132: stiuz, clunes; Graff VI, 737. BM. II, II, 653. Weigand, Wbch. II, 800. 839. Zeitschr. II, 510,2. III, 561,3. VI, 287,721: der *Stûten*, niederd., ein in der Mitte breiteres, oben und unten spitz zulaufendes Weißbrod; holl. stuyte, stiete, uropygium). Pangkofer 63, XXXVI hat *Stoa/s*, podex, Steiß. Der Weißsteuß, bey Höfer III, 272: Weißstois, die kleine Wasserschnepfe, tringa cinclus. Das hchd. Steiß statt Steuß mahnt an ähnliche Übergänge des ie oder eu in ei, und umgekehrt, in kriegen, grieffen, schieben, schließen ꝛc. Vrgl. Grimm II, 989.

Der Stôß (Stous), plur. Stœß (Stéiſſ, Stéiſſ, Stoiſſ), wie hchd.; (mhd., ahd. stôz, plur. stôzzi; Graff VI, 735. BM. II, II, 667. Weigand, Wbch. II, 816). Zu Stôß, strues, (Holz ꝛc. Stoß): zwigestößt, mit abwechselnd links und rechts stehenden Spitzen geschichtet; sieh zwigestürzt. Der Stôß am Hemd (Hemad- oder Pfaad-Stous), was Stock oder Unterstock. „Die wende (des Schiffes) zuo den stœzen (?) wurden mit silber wol gebunden;" Gudrun 264,1. Der Stoß und der Stößel am Pfluggrendel, Vorstecknagel, durch welchen der Pflug mehr oder minder tief gestellt wird. Der Stoß im Getreidmaß, was Gupf, (Th. II, Sp. 928); Jir. Der Stôß (an einer getünchten oder bemalten Wand), Partie, die sich von einer andern durch fehlerhaft hellere oder dunklere Farbe abgrenzt. Das Gestœß, das Ende mei- 662
nes Ackers da, wo dessen Beelen oder Furchen an die gleichlaufenden des deinigen unmittelbar, d. h. ohne dazwischen liegenden Rain, stoßen. „Groß gestöß und rumorn hette die frucht in meinem leib;" H. Sachs 1612: I, 39. Der Stôß, Stoz, (ä. Sp.) Zwist, Streit. BM. II, II, 668. A°. 1417 „als die Herzoge Heinrich und Ludwig von Bayren auf dem Concil zu Constanz mit einander Stöß heten und mit einander schlugen;" Ulr. v. Reichenthal, Concil v. Constanz. „Swâben und Etscher hetten stöz (bey Sembach), daz was umb daz vorvechten;" Suchenwirt p. 68. stoßig, stößig, stözig, adj., 'in Streit befangen, uneins; BM. II, II, 669.' Sieh Aufstoß. Der Stôß, dickgewordene, geronnene Milch; sieh Stotz und Stutz. Vrgl. die bey Höfer III, 63 angeführte Stoßsuppen. Der Stôß, Eisstôß, die Eisdecke über einem Fluß. Über den Stôß gên, faren, ziehen; Passau, Av. Chr. 124. 196. 238. „Bei Vilshofen fährt man noch mit den größten Lastwägen über den Stoß;" Landbote v. 1841, Nr. 32, (aus Passau v. 28. Januar). Der Stôß gêt, die Eisdecke löst sich ab und schwimmt fort, an beträchtlichen Strömen, besonders da, wo der gewaltigen Masse Brücken entgegenstehen, eine furchtbar große Naturerscheinung. „... gieng urbering der Stoß" „... gleich indem fiel ein Lein an, gieng der Stoß;" Av. Chr. 89. 238. Im strengen Winter 1490 kam „der Stoß der Iser gar gen Freysing;" Cgm. 391, f. 414. Cgm. 994, f. 200. 231. Chr. bey Freyb. I, 165. 183. „Congelatio, vulgariter Steus;" Arnpeck, Chr. Bajoar. col. 427. 455. „Den 4. bis 5. d. bildete sich ein sehr unverläßlicher Eisstoß... Soeben hat das Publicum den Übergang über den Eisstoß ertrotzt;" (Peith, 7. Januar 1838). Allgem. Ztng. Sp. 111. „Sie (N. N.) ist von einem schwimmenden Stuck Eis auf den festen Eisstoß und dann ans Land kommen, worauff der ganze Eisstoß zugleich auffgangen und mit großen Krachen gebrochen;" Alt-Ötting. Histor. v. 1698. Die Donau ergoß sich a°. 1172, den Eisstoß zu heben, zu einer so fürchterlichen Höhe, daß sie zu Chrems an einigen Orten über die Mauer weglief. Gem. Reg. Chr. I, 265. Andere Anwendungen sieh unter dem folgenden Verb.

stößen (stoušsn, schwäb. staəšsə~), öfter stœßen (stœšs'n, stœišs'n, stoišs'n, schwäb. stèəšsə~), cond. stœßet, stieß·, Partic. gestößen, gestœßen, a) im Allgemeinen wie hchd.; (mhd. stôzen: Praet. stiez, Partic. gestôzen, ahd. stôzan: Praet. stiaz, Partic. gistôzan. Graff VI, 728. BM. II, II, 662. Weigand, Wbch. II, 816). Früher gerne statt des einfachen thun, legen, mittere, franz. mettre. „Stoz dein hant in mein seiten," (sagt Christus zu Thomas). „Daz er stoz seinen minsten vinger in ein wazzer;" Cgm. 745, f. 22. 26. „Daz mächel-vingerlein er stiez an meinen vinger;" Cgm. 778, f. 145. „Ir ietweder dem andern daz golt stiez an die hant;" Gudrun 1650,2. „Jch hab dich in ein kutten gestoßen;" Cgm. 714, f. 51. Rueben stœßen, sie im Stößtrog oder Stößgrand mittels eines schneidigen, an einen mannshohen Stiel befestigten, zirkelförmigen Eisens (Stœßel oder Stœßer) zu Viehfutter klein stoßen. Stain stößen, s. oben, Sp. 763. Bäume, Hopfenstangen, Kohl- oder Salatpflanzen, Erdäpfel und drgl. stœßen, sie in die Erde pflanzen, setzen oder stecken, (O.Pf.). „Ob ich stecken ie gestiez;" M. Helmbrecht 318. Felber stoßen, Fahlweiden pflanzen. MB. XII, 261. 262. Einen Waldgrund mit Eicheln oder Bücheln bestoßen, bepflanzen. Lori, B.R. 50. sich in Schulden stœßen. Kaufmannsgut stößen, es abladen, niederlegen, unterbringen irgendwo. „Daß hinfüran die Schwaben allhie fail haben, und ihren Wein in den
663 Stadel stoßen können;" Gem. Reg. Chr. IV, 129, ad 1507. Sieh abstoßen und Salzstößel. *g'stouss'n* voll, *ei~gstoussn* voll Läuse, Flöhe rc. (Obr M.). Vgl. gestopft, gepfropft voll.' stößen Einem einen Halt, ä. Sp., insidias ponere alicui. Av. Gramm. stößen Einem einen Tag, ihm einen Tag oder Termin setzen, bestimmen. Chron. bey Freyb. I, 178. stoßen einen Frid, sieh anstoßen. Landfridstoßung, Landfriedensschluß. „Dew Seld im solhew zil stiez, daz er was volkomen leibs und muots;" Horneck cap. 171. stoßen zu Einem. „Daz ich gestozzen han mit heyrat zu N. N., der mir sein tochter Katrein geben hat, und die ich eleichen genommen han ...;" MB. XVIII, 681, ad 1358. (Vrgl. hchd. zu Einem stoßen mit Mannschaft). Eine Speise stoßt mich, oder ich stoße mich an ihr, wenn sie mir zu viel wird, widersteht. Ich stöße mich an oder ob einer Person oder Sache, wenn sie mir Ärger, Ekel oder Abscheu verursacht. „Wer dieß nicht glauben will, der stoß sich aber an dem was folgt;" Selhamer. „Damit sich andere daran zu stoßen wissen;" Av. Chr. 337. „Daß sich andere darob stoßen und ein Exempel nemmen sollen;" Lori, Lech-R. 462. Sich stößen, sich irren beym Zählen, Rechnen. Der Stöß, Verstoß. Es stößt mich beym Lachen, Schluchzen, beym Drang zum Erbrechen, das ich zu unterdrücken suche. „Daz vor lieb diu herzen beidiu stiezen und füeren in der brüste;" Labr. 357. Gflennt hàt er dennə'st, das's 'n *g'stouss'n* hàt. Sich stößen oder bloß stößen, sich erbrechen. „A hat angefangen zu stoßen;" Inchenhofer Mirakel. Das Wetter stoßt sich, es wird milde, thaut auf. b) (vom Wasser) gefrieren, zu Eis werden. 'Daəwə *stößst*, gefriert; (Passau, ObrM.). „Im Anfang des Winters, so das erst eys stoßt ... über daz gestoßen eis ..." MB. XII, 262. 263, ad 1466. „Da die Bastarner im Winter über die Donauw, so gestossen hett, wollten rucken ..." „Da fiel plötzlich ein Kelte ein, stieß das Wasser ..." „Alsbald die Donaw gestieß ..." „Wann die Wasserflüß im Winter stießen." Av. Chr 89. 98. 124. 136. „A°. 1462 gestieß die Donau bald nach Nicolai;" Gem. Reg. Chr. III, 371. (Von der Milch) gerinnen, coagulieren. „Man sol mit wine die milich verstozzen," (gerinnen machen?); Kochbuch des Wirzb. Codex, (Biblioth. des Stuttg. lit. Ver. IX, S. 1). Stößupp'n, eine Suppe, von geronnener Milch zubereitet; dö Mili *stéßst si'*, die Milch gerinnt. Castelli, Wbch. 237. Cf. česk. stydám, gerinnen, neben stydnu, kalt werden. Sieh Stöß. Die Idee des Dickseyns, Dickwerdens scheint auch zu liegen in Konrads v. Wirzburg (Schwanritter; Altd. W. III, 82):

ein ritter „gestozzen (untersetzt?) und nit ze lang." BM. II, II, 663, I, 4. abstößen, a) wie hchd.; b) abstößen von der Milch, ablactare, entwöhnen; Voc. Melber. Grimm, Wbch I, 132. c) abladen, ablegen, abnehmen, von einem größern Quantum weg, z. B. einen Ballen Kaufmannsgüter, ein Faß mit Wein, Salz rc. „Es soll kein Wagenmann keinen Wein in kein Wirthshaus oder andrer Enden nicht abstoßen, dann in die Grede und Keller, von einem Rath darzu verordnet;" Kr. Lhdl. XIII, 342. „Daß wir von kheinem Fuhrmann auf dem Land ainich vaß Wein sollen kauffen und abstoßen dörfen, sonder jedes väßl Wein von weitem sollen hollen müssen;" 36stes Gravamen des Adels auf dem Landtag v. 1605. „Geuwirthe, die mit Wein handeln, dürfen bey jhren Tafernen ein mehrers nit, dan so vil sie daselbs mit der Wirthschaft vertreiben künden, abstößen," L.R. v. 1616, p. 539. Der Abstoß, Ablage der Art. Salzabstoß, Salzabstoßstadel; Hazzi, Statist. III, 884. 664
Hieran ließe sich allenfalls knüpfen, da auch, wie oben belegt ist, in diesem Sinne das einfache stoßen vorkommt: der Salzstößel, als welcher Salz im Kleinen verkauft. d) Der Geier hat die Henne, Taube *à'g'stouss'n*; (ObrM.). e) metonym. und scherzhaft: abstoßen Einen, ihn um eine Gabe, einen Beytrag ansprechen. Er hàt mi' á' *à'g'stéss'n* um étli' Guld'n. Einem einen Abstoß thuen, machen, ihn beeinträchtigen im Gewerbe rc. f) intrans. „Wil er (der Hund) nàch allen verten balde abe stößen;" Labr. 48. anstößen, a) wie hchd.; b) (von Übeln) befallen, angreifen. Grimm, Wbch. I, 488,3. „Darzu auch beyde man vnd weib endlich durch hurerey anstossen die elend kranckheit der Frantzosen: H. Sachs 1612: I, 641. „Hat sie ein Forcht angestoßen." „Hab jhn ein Augenwehthumb angestoßen. Der fallend Siechthumb stoßt das Kind täglich an." Benno-Mirakel v. 1697. „Hat ihn ein Fieber angestoßen;" Lechfeld-Mirakel 168. c) 'anregen, Anstoß geben.' „Hans. was geits denn Nois von Zella' Markt hea'? Martin. *Stoss* mi' nur *an*," (gib mir ein Schlagwort); Kürsinger, Oberpinzgau (1841), S. 175. d) „anstößen ein Kleid, es anmessen, aptare, accomodare corpori, admetiri;" Voc. v. 1618. „Daß der schneider mir das Wammes anstoß, ut sartor mihi thoracem aptet;" Nomencl. 1629, p. 286. e) Frid oder einen Bund anstoßen mit Einem, schließen. Av. Chr. 106. Grimm, Wbch. I, 489,13. aufstößen, a) wie hchd.; b) häufige Anfälle von Krankheit haben, kränklich seyn. Er stœßt immer auf. Grimm, Wbch. I, 751,3. aufstœßig, adj., 'aegrotus, morbidus, zumal von Thieren; das. 752,1.' c) eine Schidung aufstößen, eine schiedrichterliche Entscheidung anfechten, umstoßen, nicht einhalten. Cgm. 27, f. 5. Heumann, opusc. 60. MB. IX, 198. Der Aufstoß, vorübergehender Zwist, Streit, Collision. Grimm, Wbch. I, 751. „Als unser gn. H. Herzog Ludwig in vergangener Faßnacht einen Aufstoß mit dem von Stauff im Schloß zu München auf dem Tanzhaus gehabt;" Landtag v. 1516, p. 335. Es hàt ə~ klaə~n *Aufstous* 'gébm, is scho~ widər àllš vo'bey. Aufstoßung, seditio; Voc. v. 1474. aufstößig, adj.; Grimm, Wbch. I, 752,1. „Die drey wurden aufstößig und uneins durcheinander;" Av. Chr. 114. Vrgl. Stoß. derstößen, wie der Geyer eine Henne, oder wol auch der Hund eine Katze. Grimm, Wbch. III, 1018,2. BM. II, II, 665. einstößen, a) wie hchd. b) Kraut einstößen, weiße Kohlköpfe durch den Krauthobel (der mehrere scharfschneidende Klingen hat) klein und in ein Gefäß schneiden. Grimm, Wbch. III, 314,7. c) Einem ein Herz einstoßen, ihm Muth einflößen. Grimm, Wbch. III, 314,1. Avent. Chr. 103. 107. umstoßen. „Der Eßig ist umbstößig worden," abgestanden. unterstößen, a) wie hchd.; b) (ä. Sp.) Einem unterstoßen, ihn in der Rede unterbrechen Cgm. 579, f. 52. c) im b. Rechtb. Heumann, opusc. p. 102. 105. 139 (substituieren, unterstützen?). BM. II, II, 666. „Ob der da erzeugen sol aigen leut hat, die im helfen wellent, die sol er unterstoßen ainen an den andern." „Ain pruder mit dem andern mag wol erzeugen, ob er

in underſtößzet mit ainem andern." verſtößen, a) wie hchd.; b) heimlich bey Seite thun, verbergen. BM. II, II, 666,1. „Die Gefangenen ... ohne etlichen, die ſich verſtoßen haben;" Kr. Lhdl. III, 79. (Der Flüchtige) „verſtieß ſich im Wald;" Av. Chr. 354. „Verſtoſt euch abweg in die Hecken neben der ſtraß thut euch verſtecken;" H. Sachs 1612: V, III, 2. „Auch fand er ganz Krüg mit Wein, ſo die hausmeyd verſtoßen theten, damit heimlich den meuchler hetten;" H. Sachs. Österreichiſche R.A.: In Verſtoß gerathen, abhanden kommen, verloren gehen. c) ſich verſtößen, eine andere Richtung nehmen, ſich ändern. BM. II, II, 666,1, b. „Wenn der man iſt new ſo mag ſich das welter verſtoßen;" Cgm. 270, f. 75 und 379, f. 38.

665 Stoßer (Cgm. 291, f. 141), eine Art Landſtreicher. Bey Friſch und Scherz Stirnſtoßer oder Stirnſtößel. Sieh Stirn und BM. II, II, 666 f. Der Salzſtößer, öfter der Salzſtößel, (ä. Sp.) heutzutage aber (nach Gramm. §. 569 Anm.) meiſt Salzſtößler, a) in altb. Städten und Märkten Bürger, der zum Verkauf des Salzes im Kleinen berechtigt iſt, und nebenbey gewiſſe andere Artikel, als Fegſand, Strohwiſche, Wagenſchmiere, Seife, Wetzſteine, Heugabeln ꝛc. führen darf. Sie verkaufen auch Holzſchuhe, Senſen, ſeit 1849 auch Zündhölzchen, Nachtlichter, Schwimmerlein, Stiefelwichſe, Repsöl. Des faiſten Agapus ſchwere Leiche läßt Balde (im Lob der Magern) durch die Weinzieher und Salzſtößel zu Grabe tragen. In der Fronleichnamsproceſſion v. 1580 war die Arche die Figur, welche durch die Salzſtößel producìert wurde. Wſtr. Btr. V, 138. 153. N. N. Salzſtößel a°. 1470; MB. XXI, 219. 224. U. W. Salzſtoßer a°. 1455; MB. XVIII, 486. In der zweiten Hälfte des XIV. Jahrh. findet v. Sutner (N. hiſtor. Abh. der Ak. v. 1813, p. 506) in München 29 Salzſtößel. Der Benennungsgrund liegt wol im materiellen Zerſtoßen der ehmals als conſiſtente Maſſen verführten Fueder und Scheiben (ſieh d. W.) zum Behuf des Kleinverkaufs, und eine Beziehung auf das oben vorkommende ſtoßen, abſtoßen (abladen) wäre jedenfalls minder ungezwungen. Nach pannifices, annonae venditores, piscatores, carnifices heißt es im Cod. Monac. Augustin. 79, f. 57ᵃ (Br. Berchtolt?): „isti qui dicuntur offtoßer, qui simplices decipiunt propter timorem illorum quorum sunt vina, ... illi qui vendunt equos ..." Cf. VII Communi: ſtoʒe, fattoria; ſtoʒ, fattore. Schmeller, cimbr. Wbch. p. 175ᵃ: *Stotz, Stootz*, Geſchäftsführer, Wirthſchaftsführer. b) Arbeiter, der bey den Sudwerken das Salz in die Verkuefen einſtoßt. Lori, B.R. 124. 152. 295. 394. Es iſt daſelbſt p. 41 unter anderm die Rede von „Burgern, die den Stoß haben und mit dem Salz arbeiten," p. 37 vom Scheibſtoß, Chrotelſtoß." „Geſchworne Stoßer;" bayr. Duplik gegen Salzb., Beilage 40; Quadruplik, Beilage f 33. „Die Perer und Stößſer" zu Reichenhall; Lhdlg. v. 1514, p. 528. c) Salzſtößel, Werkzeug, womit man das Salz in die Verkuefen ſtoßt. Lori, Brg.R. p. 644. BM. II, II, 667. d) Stößel, ſonſt Stoßvogel. „Und aft renn i' áf d' Kort (Karte) wia dá' *Ste/sl* áf d' Daubn;" Stelzhamer 123. Der Stößfánkə'l, (Teufel? ſieh I. Th., Sp. 732), vermuthlich nach Analogie von Stöß-Vogel. Der Stößring, Ring für den kleinen Finger mit maſſiver Platte, einer derben, ländlichen Fauſt zu Schmuck und Waffe dienend. „Vrgl. Fotzring, Th. I, Sp. 783.

Der Stuß, (Augsb.) Zwiſt, Zank, Streit; (am Rhein) Spaß, Scherz; (wetterau. Juden) der Stuſs, plur. die Stuſs, Spaß, Poſſe, Narrheit; (jüd.-rabbin. schtûth, Narrheit, v. schata, ein Narr werden). Weigand, oberheſſ. Intellbl. 1846, p. 300; Wbch. II, 642. 837. Firmenich II, 14,39. Vrgl. Stoß.

Der Stuſcher, (Ob.-Inn) plumper Menſch.

Der Stât (in der Ausſprache nach Gramm. S. 161. 162 meiſt Statt), hchd. Staat, in der ahd. Sp. unbekannt, und vor wol nicht vielen Jahrhunderten aus dem lat. status oder vielmehr ital. stato, franz. estat, état (vgl. ſiebenb. ſächſiſch: *Stât*, Pferdeherde; Zeitſchr. IV, 195) in die niedern ſowohl, als in die hohen deutſchen Mundarten, beſonders für die folgende zweite Bedeutung, gleich roh übergegangen; — (nbrd ſtaat, holl. ſtaet, ſchwed. ſtåt, isl. ſtât. BM. II, II, 607. Weigand, Wbch. II, 779): a) (ä. Sp.) Stand, Orden, Amt, Würde. „Empfieng von dem König hohen ſold und erſamen ſtat." „Gedacht nur ze bleiben in meinem ſtat." „Ein erlicher ſtat bei den leuten." „Wiß, das gar hart von dem nidern ſtat an den höchern ze gangen wird;" Buch der Weish. v. 1485, f. 7. 14. 17. 20. Jeder Menſch iſt 666
ſchuldig, daß er „Got alle tag einen Dienſt tue nach ſeinem ſtat und nach ſeiner Müglikeit;" Cgm. 366, f. 125. 509, f. 341. In dieſem Sinn die holländiſchen General-Staaten, d. h. Stände, (ſpan. Estamentos). „Der oberöſterreichiſchen Regierung- und Kammerweeſens Staat und Canzleyen ꝛc., Knecht und Jungen;" Tyr. Polic.-Ord. v. 1603, f. 4. b) der einen Stand auszeichnende äußere Aufwand, Prunk, beſonders an Kleidern, Bedienung, Gefolge. Zeitſchr. II, 180,69. 552,11. VI, 421,10: ſtaatiſch, ſtaziös, prachtvoll. III, 42,35. 47,7. 176,3: ſtaats mäßig. IV, 109,14: *stâtsen*, Staat machen. VI, 279,20. Vgl. ſtattlich. „En France, ſagt Furetière 1694, on ne connoist point l'estat des gens par leur train, par leurs habits. Un comedien, une courtisane portent autant d'estat que des seigneurs et des marquises." „Daß meine zwen Söhn nit ſo gar ſhinder mehr ſind, ſondern daß ſie nunmehr ein ordentlichen Stat halten müſſen," ſchreibt a°. 1597 Herzog Wilhelm. Zeitſchr. f. B. 1806,10.39. Hochd. Hofſtaat. c) aufzählende Vorſchrift, Norm, status, état. „Nach inhalt des ſtabts;" Hofkellerordn. v. 1540. „Einen ſtatt aufrichten," eine Norm verfügen; oberbayr. Archiv IX, p. 101. 102, 103. d) Anſchlag, Überſchlag, Rechnungsüberſicht über Ausgaben oder Einnahmen, wofür jetzt die neuere franzöſiſche Form Etat beliebt iſt. Die fig. ſonſt niederſächſ. R.A. Staat machen, d. h. Rechnung machen, hoffen auf etwas — kommt vor in der ſalzb. Replic gegen Bayern fol. 63. e) Geſammtheit der Stände und Einrichtungen einer für ſich beſtehenden bürgerlichen Geſellſchaft, res publica, jetzt geläufigſte Bedeutung des Wortes. Über den älteſten Gebrauch des Wortes Statiſt, Statiſtik ſ Moriz v. Stubenrauch in Kaltenbäck's öſterreich. Zeitſchr. 1837, N°. 1. Es kommt in Moſcheroſch's (hebr. für Kalbskopf) Philander v. Sittewald (1647 oder 1649) 6. Buch, 2. Cap., S. 155 vor: „Ihr ſeid nicht nur ein Wirth, ſondern auch ein Statiſt, der ihr das Intereſſe der Potentaten verſtehet." Vgl. Weigand, Wbch. II, 790.

1) Die Statt (Stád, plur. Stétt, Stéd, Dimin. das Stádl, Stá'l); (mhd. ſtat, gen., dat. ſtete, plur. ſtete; ahd. ſtat, gen., dat. ſteti, ſtati, plur. ſteti, ſtati. Graff VI, 638. BM. II, II, 599. Weigand, Wbch. II, 791.

a) im Allgemeinen wie hchd. Statt und Stätte (ſieh Gramm. §. 808), alſo Ort, Platz, Stelle, locus. „Die tougen ſtat des Weibes," loci secreti, genitales; Cgm. 824, f. 45. Statt geben dem Feind, ihm weichen. Av. Chr. 389. Kaᵃ bleibaᵃdé *Stád* habm, nirgends bleiben können oder wollen. ab ſtatt (á' Ståd, meiſt adverbial), von der Stelle, von ſtatten, vorwärts. Grimm, Wbch. 126. an der Statt bleiben, auf dem Platz bleiben, d. h. ums Leben kommen. Selhamer. an der Statt, an Statt, an Stett, (ä. Sp.) auf der Stelle, illico, ſogleich. BM. II, II, 600,1, e. Gemeiner, Reg. Chr. II, 25. Ulr. v. Reichenthal. „Geh bring jhn (den Karpfen) an der ſtet meiner köchin in pfarrhof heim;" H. Sachs 1612: V, III, 120. an Statt eines Dinges, wie hchd., d. h. an deſſen Stelle. Grimm, Wbch. I, 476. Zeitſchr. II, 555,6: ſtatts; III, 177,37. 191,77. auf der Statt oder Stett, (ä. Sp.)

auf der Stelle, sogleich. BM. a. a. O. „Soll mit im ze schikchen haben, so wirt si auf der stet mit ainem chind;" Cgm. 592, f. 37. „Aus der Statt oder Stett kommen" (von Gliedern), verrenkt werden; Cgm. 591, f. 81. Von Statt laßen einen Arrestierten, ihn frey lassen. L.R. v. 1616, f. 285. Von Statten, wie hchd., Voc. v. 1618: „von Statt." Ze stat, ze stete, (mhd.) auf der Stelle, sogleich; BM. II, II, 600,1,e. „Da ce stet;" Tungdalus, hg. v. Hahn, p. 43,62. Die Ackerstatt. „An Mädern zwanzig Jauch und dreißig Ackerstatt;" Tyroler Kirchtag p. 17. Die Archstatt, sieh I. Th., Sp. 138. „Loci piscationum qui diutisce Arichsteti vocantur; Dipl. v. 1199; Nachr. v. Juvav. 113. Canis. ant. lect. II, 500. Bach- oder Becken-Statt, zur Bäckerey bestimmte Baulichkeit; s. Th. I, Sp.
7 194. Wagner C.- und C.-Beamt. II, 89. Banstatt; s. Th. I, Sp. 243. L.R. v. 1616, f. 416. Bettstatt, Bettstelle; Grimm, Wbch. I, 1739. BM. II, II, 601. Bleibstatt. „Die auf den Frommen wartende ewige Bleibstatt im Himmel." 1697. Brandstatt; Grimm, Wbch. II, 301. Breustatt, wo Bier gebraut wird oder werden darf. Dorfstatt, wo ein Dorf steht oder gestanden hat. „Öde dorfstet;" MB. IV, 465. Frägstatt, Torturkammer; s. Th. I, Sp. 811. Gem. Reg. Chr. III, 725. Hallstatt, (ä. Sp.) wo Salz gesotten wird, (Kurz, Östr. unter Fridr. d. Sch. p. 455); später zum eigenen Ortsnamen geworden. „Salz verchauffen an der Halstat," d. h. am Erzeugungsorte selbst. Hamelstatt, s. Th. II, Sp. 1106. Grimm, Wbch. IV, II, 310,1. hamelstetig, adj., jäh, abschüssig. s. Th. II, Sp. 1106. Scherz-Oberlin I, 602: abruptus, abscissus, praeceps. „Durch seine Hemelstettig dück;" H. Sachs 1612: IV, III, 201. Vgl. stettig. Hammerstatt, wo ein Eisenhammer steht oder stehen darf; MB. XXIV, 618. Hâuptstatt, wo Verurtheilte enthauptet werden. s. Th. II, Sp. 1145. BM. II, II, 601. Grimm, Wbch. IV, II, 632,3. Hausstatt. „Fridrich sneider et caupo in Awerpach dient v ßl. dn. von seiner hawsstat;" Cgm. 3941, f. 211 (v. 1404). Herdstatt, häuslicher Herd, Wohnung mit Herd und Küche; s. Th. II, 1160. BM. II, II, 601. Grimm, Wbch. IV, II, 1082. Höchstatt, eigener Name verschiedener hochgelegener, meist umzäunter Gras- oder Ackerplätze zunächst um die Wirthschaftsgebäude. Hofstatt, Platz, auf welchem ein Landhof mit seinen Gebäuden nebst Garten steht, gestanden hat oder von Rechts wegen stehen darf; im Stiftungsbrief von Ettal (MB. VII, 237 ff.) die gesammten Gebäude und der Grundbezirk des Klosters; s. Th. II, Sp. 1060. BM. II, II, 601. „Ab, auf der hofstet." Kegel- oder Kugelstatt, Kegelbahn. Grimm, Wbch. V, 2545. Köpfstatt, Hochgericht. Lendstatt, Landeplatz, Ufer. L.R. v. 1616, f. 540. Ligerstatt, Lagerstätte, Ort zum Liegen oder Schlafen. Th. II, Sp. 1461. BM. II, II, 601. Lostatt, s. Th. II, Sp. 1509. Malstatt, Ort zu einer Zusammenkunft bestimmt. Th. II, Sp. 1581. BM. II, II, 601. Ldtg. v. 1612, p. 6; v. 1669, p. 58. Kr. Lhdl. IX, 373. X, 474. XVI, 206. Marktstatt, „mercatus;" Voc. v. 1429. Meßstatt, eigener Platz, wo ehmals das verkäufliche Getreide gemessen werden mußte. Münchner Stadtbuch, Cgm. 544, f. 50. cf. Schranne, oben, Sp. 602. Metzgstatt, Ort zum Schlachten. Erläut. Policey-Ord. v. 1557. Mietstatt, Platz, wo sich Taglöhner zu miethen fanden. Münchn. Stdtb., wie oben. BM. II, II, 602. Miststatt, Platz für den Mist. Mülstatt, wo eine Mühle steht oder stehen darf. Gem. Reg. Chron. I, 366. MB. XXIV, 611. Pfiselstatt in Salinen. Lori, Brg.R. Sieh I. Th., Sp. 442. Radstatt, (ä. Sp.) Handlungsplatz, wohin die Waaren blos zu Wagen, nicht auch zu Wasser gehen können. Nördlingen nennt sich in einer Urk. v. 1512 eine solche. s. oben, Sp. 51. Reusenstatt, zum Legen von Fischreusen. Gem. Reg. Chr. II, 308. Richtstatt, a) Hinrichtungsstätte. b) ausgehauener Gang im Forste, Geräumt. s. oben, Sp. 40. Riedstatt, ausgereuteter Platz. Generale v. 1762. s. oben, Sp. 61. Scheinstatt, Ort und Stelle, die zu beaugenscheinigen ist; s. oben, Sp. 424. Schenkstatt, wo Bier, Wein rc. ausgeschenkt wird. Ldtg. v. 1612, p. 213. Zirngibl, Hsp. 176. Schießstatt, wo auf die Scheibe geschossen wird; s. oben, Sp. 476. Schmidstatt, Schmiede. Zirngibl, Hsp. 16. Schopperstatt, Platz, wo Schiffe gebaut werden; s. oben, Sp. 437. Schuesterstatt. Ertl, pr. a. 34. Sitzstatt. BM. II, II, 602. Eine „sitzstat" in eine Mauer brechen. Alte Bau-Ord. v. München, Wstr. Btr. VI, 132. Spilstatt. BM. II, II, 602. „Spilstat, amphitheatrum;" Clm. 17403 (2° max., XIII. sec., 1241), f. 14a. Stößstatt in Salinen; s. I. Th., Sp. 258: Berstatt. Tanzstatt. L.R. v. 1616, f. 571. Wasenstatt, Abdeckerey. Mandat v. 1667. Weierstatt, Platz zu einem Weiher. MB. XXIV, 511. 611. 618. 680. Weinstatt, wo Wein geschenkt 668
wird; cf. Schenkstatt. Werchstatt, Werkstätte. Zaunstatt, Platz, wo ein Zaun steht, stehen soll oder darf. Wagner, C.- und C.-Beamt. II, 232. L.R. v. 1616, f. 760. Der Statt-halter, Stellvertreter, locum tenens, ital. luogo tenento, franz. lieutenant. BM. I, 623. Weigand, Wbch. II, 792. „N. N. statthalter des gemainen peichtigers" (im Nonnenkloster Gnadenberg)... „Elspet N. Stathalterin der Eptißin..." „Der Pfarrer oder sein statthalter;" MB. XXV, 46. 55. 528. statthaft und stattlich, sieh unter Statt, 2.

b) was hchd. Stadt, diese erst in der neuen Orthographie für eine ganz vereinzelte Anwendung üblich gewordene Form. (So Roth's Ober-Moschler Urkunden VII und XII, v. 1507, 1533, S. 40. Graff VI, 638. BM. II, II, 600b,2. Weigand, Wbch. II, 781.) In der alten Sprache, wo burg für urbs herkömmlich war, konnte stat vermöge des umfassendern Begriffs (locus, Ortschaft) allerdings auch dafür gelten, z. B. Otfr. I, 11,26; (im Annolied VII. heißt Cöln bald burg, bald stat). In dem Maße aber, als sich der alte Begriff des Wortes burg in den von Feste, arx, verengte, rückte, ursprünglich wol mit großer Rücksicht auf bürgerliche Gewerbe, Handel und Wandel (vrgl. Markt II. Th., Sp. 1652; gl. o. 342: choufstat, emporium, isl. kaup-stadt neben kaup-tûn, dän. kjöb-stad, ags. burh-sted, folc-sted neben tûn, engl. town), der Ausdruck stat, κατ' ἐξοχήν, vollends in dessen Stelle ein. (In Grieshabers Predigten hat stat bereits entschieden die Bedeutung urbs; z. B. II, 128: „Swie Jerusalem vor wêre gewesen ain hailigiu und ain künechlichiu stat, do sprach er (Jesus: Ite in castellum) ze ainer rechter fersmêhde si wêre ain kastel. und wolte si dez tages niht haizen ain stat." Wie ist im Französischen ville zum Begriffe urbs gekommen?) Die Einschließung durch Mauern oder Wälle ist dabey Zufälliges, das die Zeitläufte bringen und nehmen mochten. So konnte sich z. B. der Flecken Murnau noch in Urk. v. 1344, 1364 (Meichelb. Chr. Ben. 66. 78) ohne Anmaßung eine stat nennen, und im Cgm. 284 (sec. XIV.), fol. 49b heißt es: „Swer burger hie ze München ist, der mag gesten in dem markte ir gut vmb gelt verpieten," wo andere Handschriften sagen: „in der stat." Auer, Münch. St.R. p. XXVI. Der in so mancherley Namen von Orten (Dörfern, Flecken und Städten) vorkommende Bestandtheil statt (oft noch im stereotyp gewordenen alten dat. sing. stett, z. B. Aichstett, („Eichstet, rubilocus." „Eichstetti," Eichsteti?; Lang, regesta B. I, 29, ad 900), Höchstett — auch Höchst am Rhein, entstellt aus Hochstedi — oder dat. plur. -stetten) gibt Belege genug für diese Geschichte des Wortes. Über Alter von deutschen Städten (im 8.—10. Jahrh.) s. Mone's Anzeiger 1838, Sp. 325—39 (von Dr. Thomas in Frankfurt). Gemaine Statt, (ä. Sp.) Stadtgemeinde, res publica; gemainer Statt Haus, Statthaus, München: Stadt-haus, — —́, Ulm: Stadt-Mauer, — ́ ᵕ, (aus: gemainer Stadt Haus, Mauer). Gemainer Statt München, Rât-haus, Zeughaus rc. eⁿ Mâⁿ bei deʳ *Stâd*, angesehener Mann, (meist scherzhaft). Dᵉ Herrn voⁿ deʳ *Stâd*, Glieder des Magistrats. Der Stâdbatz'n, (im Munde von Landleuten verächtlich) Person aus der Stadt. stédisch, adj., städtisch, städtisch gekleidet.

2) Die Statt, der Ort, die Gelegenheit, das Vermögen; (ahd. Sp. stata, locus, status, opportunitas, facultas, sumptus; mhd. diu stat, state, sing. und plur.; Graff VI, 642. BM. II, II, 604. Weigand, Wbch. II, 791). „Alle Menschen, wo sie Ursach und Statt haben, so sündigen sie;“ Av. Chr. 185. „Wann ez (es) in allerschierist stat wirt; MB. VI, 566. „Heimelich fuogt dick liep. Stat macht den diep.“ „Bremede scheidet herzelieb, stat machet manigen dieb;“ Clm. 4660, f. 110. „Vasten über der nature stat,“ (übermäßig);
669 Griesh. Pred. II, 49. „Auch het er des vil guot stat, daz er si umb ir minne bat, beide fruo unde spât, jn mînes herren kemenât;“ Tandarios und Flordibel, Cgm. 577, f. 161. „Ir sult zuo den siechen gên . . . ob ir sîn state habet;“ Br. Berhtolt 66, (Pfeiffer 269,19). „Du solt ouch vatter unde muoter êren mit dem lîbe, daz dû in ir nôtdurft gebest, ob dû sîn state hâst;“ das. 75, (Pfeiffer 275,35). „Ouch mugen wir der liute die state niht gehân, daz in iht schade werde von unser vart getân;“ Gudrun 904. „E wir die state der liute mugen wol gehân;“ das. 942. „Ir sult den armen liuten lîhen, ob ir sîn state habet;“ Br. Berht. 83, (Pfeiffer 280,37). („Wir de stada habemes, nos divites;“ Lacomblet, Archiv I, 29). „Daz man den beichter nit ze lang aufenthalt, und daz die anderen och stat mügen han ze beichten;“ Cgm. 406, f. 49ᵇ. „Diu state enmohte in niht geschehen, daz si hæten besehen, waz in dem vazze wære;“ Gregor v. d. St. 795. „Die Wirt sollen niemand weiter weder Essens noch Trinkens stat thuen,“ (praebere bibendi etc. facultatem, gestatten). „Das sol ime der zehentman stat thuen;“ L.O. v. 1553, f. 102. 115. „Der Billichkait statt thun;“ L.R. v. 1616, f. 234. „Eine Widerlosung statt thun;“ L.O. v. 1588, f. VI. „Antlâz er von allen bat und tet ouch in des selben stat,“ Verzeihung erbat der Sterbende (St. Ulrich) von allen, und gewährte sie ihnen seinerseits; St. Ulrich's Leben, Cgm. 94, f. 73, Vers 1485. Hieher vielmehr, als zu Statt, 1, scheinen zu gehören die Plural-Dative Statten, Gestatten in Formeln, wie folgende: „Nach seinem stand und nach seinen statten;“ Cgm. 366, f. 125. „Fruestuck sol (den Zimmerleuten) yederman geben nach staten,“ (nach Vermögen oder nach Gelegenheit); Cgm. 544, f. 58. Nach Gestatten, allmählich, nach und nach, ital. ad agio. Nà' *Gstà'n* kimt mər á' weidəᶜ; (b. W.). Ze Statten (z' stà'n, d. h. gelegen) kommen, (ä. Sp.) zu Hülfe kommen, fürbitten. BM. II, II, 606. „Chüm uns zu staten, fraw;“ Bitt-Refrän einer Litaney, Cgm. 481, f. 3. „Hilff deinen Armen, chum in ze staten;“ Cgm. 87, f. 45. „Ei, der dem selben armen indert kæm ze staten;“ Labr. 507. „Der sel sol man ze staten chomen daz sew dem vlaische wider streben mug;“ Gesta Romanor., Cgm. 54, f. 71ᵇ, (Keller p. 139). „Ein rât der uns ze besten staten chumet;“ Urstende, hg. v. Hahn, p. 104,52. Zu Statten bringen, Voc. v. 1618, reficere, reconcinnare. Mit, zu Unstatten, d. h. Ungelegenheit, Nachtheil. BM. II, II, 606. „Mit großen Unkosten und Unstatten;“ Wirzb. L.G.R. Ord. v. 1618. Landtag v. 1542, p. 5. „Wie seine Hausfrau krank gelegen, so jhme zu großen Unstatten geraicht;“ Benno-Mirakel 1697. „Kam jm zu großen Unstatten;“ Av. Chr. 61. „Ein man der möcht der kristenheit mit einem worte mêr z' unstaten kumen dan er ir müge hin vür gevrumen;“ d. w. Gast 11217. überstatt schön, ziemlich schön; (Jir.). 'Vgl. BM. II, II, 606ᵃ: über state, mehr als die Lage verstattet.'

statthaft, a) (von mhd. stat, locus) was statt haben kann, wie hchd.; b) (mhd. statehaft von state, facultas; Graff VI, 647. BM. II, II, 606. Weigand, Wbch. II, 791. Hoffmann, Fundgr. I, 392), vermögend, wohlhabend, solid. „Statthafte Bürger.“ „Die Städte und Märkte je statthafter, je nützlicher, ehrlicher und tröstlicher sind sie dem Fürsten und dem Lande;“ Kr. Lhdl. XIII, 126. (Gl. a. 212: unstatahaft, instabiles. Cgm. 17, f 21ᵇ: „inopum, der unstatehaften,“ Ps. 11). stattlich, a) (von stat, locus) was an seinem Orte ist, gehörig. BM. II, II, 606. Haupt's Engelhard V. 2479 und S 256: bequemlich. Weigand, Wbch. II, 792. „Holderblüe ist stattlich hieher zu gebrauchen;“ Dr. Minderer 154. „Wie wohl die von der Prälatur nicht stattlich hier sind;“ Kr. Lhdl. XIII, 107. „Die Landstraßen, Brücken, Weg und Steg stattlich machen;“ L R. v. 1616, f. 594. „Etwas stattlich bedenken;“ Carolina poen. „Vicissim, statleich;“ Semansh. 34, f. 214. b) (von mhd. state, facultas) reichlich, ansehnlich, prächtig. „Die Stattlichkeit eines Medici stehet nicht in Zier der Klaider ꝛc., sondern in Gutthätigkeit, so er bei seinen Patienten übet;“ Dr. Minderer 1620, p. 43. Cf. niederd. städig, stödig (Firmenich I, 468,118. 504,123), aber noch öfter staats, staaz, adj. und adv., geputzt, prächtig; *staatse* Klêer.

Die Gestatten, (b. W.) a) sieh Gestetten Stillé Wàssəᶜ fréssn tiofè *Gstàttn;* (ObrM.). b) nach Gestatten (nà' Gstà'n), nach Bequemlichkeit. Sieh Statt, 2.

ausstatten, (vgl. Zeitschr. VI, 401,4), bestatten, 670
gestatten, wie hchd., und hie und da mit den Formen stæt vermengt. „Die es (das Sündigen mit unkeuschen Werken) bestatten in jrn häusern vnd in iren gemächen,“ dazu Statt oder Gelegenheit geben; Cgm. 767, f. 182. „Den hirsch zum gejaid bestäten;“ Wolfg. Sedelius, Cgm. 4304, f. 65. 67. „Ich sůche Triuwe, ob sie sich wolt bestæten, daz mir diu fart noch wider stüende niuwe;“ Labr. 512. Cf. niederd. *bestadden, sick bestadden,* holl. besteden, (sich) verheiraten; Firmenich I, 368,73. 430,32. 494,175. 541,171. Vilmar, kurhess. Idiot. 396. Grimm, Wbch. 1658,2. s. unter stæt und vgl. BM. II, II, 603 f. erstatten. „Von stûden hin ze boume grîf ich und wil erstatten;“ Labr. 87.

Die Stattel, Gestattel (Gstådl), a) die Schachtel; Voc. v. 1618. „Tragemarotheca (tragematotheca) ein Stattel zu einer Driet;“ H. Junii Nomencl. 1629, p. 50. (cf. Diefenbach 591ᶜ. Diez, Wbch. 354). „Für zwey Stateln gutes feines Confekt, das man der Herzogin auf das Rathhaus kauft, wo sie mit den Burgerinnen kartet;“ Münch. Stadtkammer-Rechnung aᵒ. 1433, Eos 1832, p. 560. „Item ausgeben um 2 Gstadel und Bundschnür 28 dn.;“ Kr. Lhdl. XV, 81, ad 1505. „Biß man einmal ein sonderbares stuck oder Gestadel mit Zucker-Rosat mengelte;“ Albertin's Gusman de Alfarache p. 120. „Bürgerliche Gstadl- oder Schachtelmacher in München.“ „Puechpinder, Pergamenter und Gstadelmacher;“ Wstr. Btr. V, 157. b) (Kaufb.) Papierdüte. „Cucullus, scharmützlin, stettelin;“ Nomencl. 1929, p. 131. s. oben, Sp. 469. Da man statt Gstattel an einigen Orten Spattel, Gspattel sagt, so scheint beyden Formen zunächst das italienische scatola zu Grunde zu liegen, dessen sc man bald in gst, bald in gsp verkehrte. Auch franz. chatouille gehört zu scatola.

Die Station, a) dem Volk namentlich von den Stationen des Kreuzweges geläufig; b) früher scheint es auch von aufgeschlagenen Buden oder Ständen herumziehender Krämer, Quacksalber ꝛc. gebraucht worden zu seyn (Muratori, A. it. II, 43). Bey Horneck ist die Statz eine Apotheke, Statzauner ein Apotheker. Das Voc. venet.-todesco v. 1424 gibt f. 99 das venez. la stazon (Bude, Kaufladen) durch die Statz. BM. II, II, 612. „Landkramerrn, Stationierern, Wurzengrabern und anderm vagierenden Gesindel sollen ihre Butten visitiert werden, ob sie nicht heimliches Gewehr haben.“ Mandat v. 1650. „Das Land voller stattionierter pettler;“ Ldtg. v. 1605, p. 224. 'c) Reliquienkrämer; BM. II, II, 612. Zarncke zu Brant's Narrensch. 63,12, S. 402.' „Kam ein parfußer mönnich, der war ein stationierer schalckhaft mit sant Anthonius botschaft;“ H. Sachs 1560:

IV, III, 83 (1612: IV, III, 180). „Eim pfaffen gleich sich kleidet er, gleich eim Stationirer reit mit seinem Heilthum;" das. 1612: V, III, 152.

stæt (stád), adj. und adv., a) stille, sachte, leise; Zeitschr. II, 92,18. III, 89. 192,85. 392,3,5. V, 254,61. Hált *stád!* héb di *stád! stád, stád!* sachte, sachte! Sei *stád!* (schweige); réd *stád!* Schö˜ *stád* ə'so furtmache˜, ge˜ etc. R.A.: Du derfst dər ə˜n *stád'n* aufmachə˜ lass'n, du darfst nicht laut schreyen, hast nicht Ursache, groß zu thun; cf. aufmachen, II. Th., Sp. 1557. „Wenn hocher wint in luften wæt, so mach das weter stæt;" Cgm. 628, f. 252. „Er reit stætelichen dan;" Wigalois 712. Obschon ihm ein „glüender kol" auf die hand fiel, „dennoch hub er das rauchfas stet;" Cgm. 696, f. 76. mauə'stát, ganz stille. „Herauss'n waə's dəwál *mauəstát;*" Reitzenbeck I, 198. stock- oder stöckelstät, stockstille. *stockə'stát*, Lindermayr 25. Die Stæt, Stille. ə˜ də' *Stád*, in der Stille. Unvolksüblich ist jetzt in A.B. die wol ursprünglichere und noch hochdeutsche Bedeutung: b) stet, d. h. bleibend, beständig, fest, stabilis; (mhd. stæte, ahd. stâti; Graff VI, 645. BM. II, II, 607. Weigand, Wbch. II, 803. Zeitschr. I, 292,28. II, 267,92). stäte Wirthe, Gegensatz von blos temporären oder Hecken-Wirthen; Wirzb. Verordd. „stæte sein, firmum stabileque esse." stæte oder stæt haben oder halten oder lâßen einen Vertrag, ihn gültig seyn lassen, ratum habere, ihn halten; b. L.R. passim. „Daz si ze stæte (für immer) die man versprochen (ausgeschlagen) hæte," (daß sie keinen Mann nehmen wolle); Gregor v. d. St. 1729. In dem (dem Cod. Asp. 49, f. 127 entsprechenden) Cod. Moll-Oldenbourg steht stät als
671 adv. für stäts. Die Stæthaltung, Ratification. Kr. Lhdl. XI, 415. „Der tochter Sophie pat ze steten dingen der grave von Kreglingen," (verlangte sie zur Ehe); Kastler Reimchron., Freyb. Samml. II, 480. Stæte, einer von des Labrers Hunden. unstät (u˜stád), a) unstill, stürmisch, besonders vom Wetter. „Habe am Schenckel, sonderlich wenn das Wetter unstät gewesen, großen Schmerzen gehabt;" Benno-Mirakel 1697. b) unbeständig. c) (mhd. Sp., von Eheleuten) untreu. BM. II, II, 608. „K. Otto III. der het ain unstet weib, die warb an ainen grafen, das er sie leiplich nüsse;" Cgm. 699, f. 91. 735, f. 34. „Ich wæn der stæten marter sî der unstæten truglîchez brechen;" Labr. 447. „Swer nie wart stæte, der wirt unstæte nimmer;" das. 500. „Perjurij et concubinarij sc. unstät;" Ebersb. 124, f. 171. Die Unstät, Unstäte, Untreue, Ehebruch. BM. II, II, 609. „Welches Weib begriffen wurd an der Unstät;" Cgm. 696, f. 76. „In unstät ein kind emphahen;" Cgm. 414, f. 127. „Wenn si (die Frauen) ir unstæt habent geliebt, sô tætt si der pæs gaist an der sêl;" Konr. v. Megenberg f. 155, (Pfeiffer 266,15). An der Unstäte sitzen mit einer Person, mit ihr leben, ohne ihr Ehegemahl zu seyn (Kr. Lhdl. XVI, 282. Gem. Reg. Chr. II, 303. III, 230), wol ein Gegensatz zu der ältern R.A.: ze stæte nemen, ein bleibendes Ehebündniß schließen; (Wigalois, Benecke p. 711). Vrgl. bestæten. stætig, beständig, fortwährend, continuus; „frequens," Voc. v. 1419. „Es strafft sie Gott mit stätigem ungewitter;" Av. Chr. 212. stætis, stætigs, adv., (ä. Sp.) wie jetzt das einfachere hchd. stets; BM. II, II, 608. 611. Wstr. Btr. V, 181. Av. Chr. 212. „stætis; dick und stætis;" Cgm. 592, f. 26. „Die syren (Sirenen) heten flügel als die vogel, daz bezeut daz die unchæuschen stætigez unstæt sint und wanchel alle zeit in wertlicher begir;" Gesta Roman., Cgm. 54, f. 75ᵃ (Keller p. 147). urstet, flüchtig. A°. 1437 klagen die Bürger von Furt, daß sie von den Böhmen angegriffen würden, und daß sie, wenn man ihnen nicht hülfe, „alle urstet werden und von dannen ziehen müßten;" Kr. Lhdl. II, 70. 71. stæten, gestæten, stætigen, mhd. vb., stæte, fest machen, bestätigen; ahd. stâtôn, gistâtôn, gistâtigôn. Graff VI, 650. 651. BM. II, II, 710. 611. „Constare, gestat sein;" Semansh. 34, f. 212. Vgl. gestatten. „Stabilitor, statigære;" Cgm. 17, f. 39ᵃ. Graff VI, 651. bestäten (ahd. stâtian), oft auch bestätten, und in Form und Begriff zwischen stæt und Statt schwankend; (Graff VI, 648 ff. BM. II, II, 610). a) bestätigen, firmare, stabilire. Də' Glaubm *b'stát't* allé Ding, bestätigt. Heu˜t hàbmə' 'n E'l (Ahnherrn) e˜ d' Kirchə' *b'stát't*, beerdigt; (ObrM.). „bestäten mit dem Aid den Frid" (Av. Chr. 392), die Morgengâb (Wstr. Btr. VII, 117. Heumann, opusc. 88. Mit dem Aid auf har und prust bestätten als rechtens recht ist;" Trosperger Ehaft v. 1614, Cbm. 3238, f. 34), seinen Schaden (das. 134), ein Aigen, ein Gut (Cgm. 27, Artikel 31. Gem. Reg. Chr. II, 81). „Einen bestæten und behalten in gar reinem leben;" Cgm. 4597, f. 131. b) bestäten einen Sohn oder eine Tochter in geistlichen oder Ehestand. Ref. L.R., Tit. 51, Art. 4. So auch: „N. N. bestätter caplan zu N." Wolfgang Kydrer, „bestätter münich ze Tegernse;" Cgm. 779. „Ob in (den Patron einer Kirche) des dunchet daz diu kirche an disem (um sie anhaltenden Priester) baz bestatet si danne an ienen ...;" Cod. in Wallerstein-Maihingen. c) „Der Richter konnte auf kain Pfand mehr bestätten (einräumen), als das Pfand werth war;" Gem. Reg. Chr. II, 112. d) (Kaufmanns-)Güter bestäten, ihre Versendung besorgen, sie spedieren. e) „Wie man die Mül bestätten soll: wann der Müller die stain (um sie zu billen oder zu behauen) aufhebt und den Lauf wider nidergelegt hat, so sol er die Mül mit sein selbs getrayd bemalen, also das der Lauf voll werd;" Mühlord. f) bestäten, einbestäten (bstáttn, ei˜bstáttn) einen Hirsch, ein Wildschwein ꝛc., d. i. sich von dessen Lager vergewissern, hchd. bestätigen. bestätigen, a) stillen, zufrieden stellen. BM. II, II, 611. „Man hat das Kind in der Wiegen nicht bestättigen können;" Benno-Mirakel v. 1697. „Und was sie hetten da verzert, das galt der 672
alte ritter wert ze einer bestättigung;" Cgm. 270, f. 279, (d. h. er zahlte die Zeche; cf. ital. pagamento, pagare vom latein. pacare). Vrgl. gl. i. 567: gistatian, componere (tumultum); gl. a. 152: stâtian, gl. i. 781: stâtigôn, sistere. b) fest, hart machen. BM. II, II, 612. cf. Graff VI, 651. „Diu vas des hafners bestætigt der haiz oven," vasa figuli probat fornax, Eccles.; Konr. v. Megenberg f. 43ᵃ, (Pfeiffer 69,33). c) wie hchd., d. h. ratum habere, sieh oben stæt haben. „Daz die brut mit irem brütigam wære bestetiget vnd gevestent in ewiges truwen;" Cgm. 818, f. 1.

Stett, ältere Dativform von Statt, in einigen Ortsnamen bewahrt; z. B. Aichstett, Dietrichstett, Ernstett, Grebenstett, Griestett, Hochstett, Höchstett, Hulstett, Kirchstett ꝛc., wo sie gewöhnlich ganz tonlos wie stəd gehört wird. s. oben, Sp. 794: Statt, b. Es kommen indessen auch einige der unter Statt aufgeführten Appellativa im Dativ hie und da noch lieber unter der Form stett vor (bey də' Képfstəd, auf də' Hou'stəd etc.), die dann natürlich auch mit in den Nominativ tritt, wie das hchd. Stätte selbst. Stetten (sté'n) in Ortsnamen (z. B. Leutstetten, Mittelstetten ꝛc.), Dat plur. von Statt. Edelstetten (Urk. Ötlisteten); Dr. Roth. Die Stetsteur (vom alten Genitiv, — wenn nicht blos Plural), Stadtsteuer. Freyb. Samml. II, 80. 87. 92. 93, ad 1392.

stettig, stettisch (stétti, stédisch, zunächst von Pferden, Ochsen ꝛc.), nicht vom Fleck zu bringen, hchd. stätig, restitator; (isl. stadr. BM. II, II, 603. Weigand, Wbch. II, 790). „Welich roß banstettig ist;" Cgm. 289, f. 133. hemelstettig, (H. Sachs 1578: IV, III, 93; 1612: IV, III, 201) s. oben, Sp. 793, unter Statt: Hammelstatt. (Ob vielleicht Anlehnung an Hammel: hammelstettig, störrisch wie ein Hammel?). reitstettig, reitstettisch. „hartestetig, stestetig;" Cgm. 824, f. 11.

Die Gestetten (Gstétt'n), Ufer, besonders ein künstlich befestigtes, Uferdamm, Damm überhaupt; (Isr.) die

Gstädten, des Gestade; Häuserreihe in Salzburg am Gestade. Gstädtenthor. „Trau keiner untergrabnen Gstetten, trau keinem Hund an der Ketten;" P. Abraham. Holz-, Mist- ꝛc. Gestetten.

„durchstuttern, (anspach.) genau durchsuchen."

'stottern, niederd. stöttern, wie hchd. stammeln; Zeitschr. II, 466. IV, 32.'

Das Gestüett, (tyrol.) der Lärm.

Die Stuet, öfter die Stueten (Stuedn, Stuə'n), auch die Gestuet und Gestueten (Gstuətt, Gstuə'n), a) wie hchd. Stute, (einzelnes Stück einer Stuet in der folgenden, ursprünglichen Bedeutung c.; vrgl. Gramm. S. 294. 295). Zeitschr. III, 493. IV, 307. VI, 485. b) (verächtlich) junge Weibsperson. ə~ faulé Stuə'n. Zeitschr. IV, 307. c) (ä. Sp.) was jetzt das Gestüte (Gstüətt, die Gstüətterey), d. h. Ansammlung oder Herde von Zucht-Pferden. „Wenn ein Studt zergehen soll, beißt ein Pferdt dem andern den Schwanz ab;" Seb. Frank, d. Sprichw. „Dietlaibs roß Belche was von derselben gestuete, als das herr Dietreich rait;" Pitrolf 2280. cf. Wigalois 485. „Stuot unde stuotwaide, swaner und swaige;" Cod. lat. Monac. 2, fol. 38. (mhd., ahd. stuot, equaritia, gl. i. 683 (lex rip.) sonestis; Dat. stuoti, gl. i. 549: grege; stuote, gl. i. 820 (lex alam.) tropo; dazu aber acc. pl. stuota, gl. i. 806 armenta equarum; agſ. stôd, engl. stud, isl. stôd als Neutrum. Graff VI, 652. BM. II, II, 715. Müller. etymol. Wbch. d. engl. Spr. II, 417. Weigand, Wbch. II, 837. Cf. holl. stoet, msc., Gefolge von Dienern, und aber stoe-
673 terij, Stuterey. Der Stuetgart, Gestüetgarten, (ä. Sp.) was wir jetzt Fohlenhof nennen, z. B. Schwaig-Anger ꝛc. — Aus einem solchen ist eine schöne Nachbarstadt (Stuə'gert, Stuəkərt) erwachsen. (Lirer 90, auch Cgm. 699, fol. 105 hat Stockgarten, Cgm. 994, fol. 98: Stutgarten; Arnpeck V, 34, col. 303 macht das latein. Stuedgardia daraus. In der That möchte eine mehr aufs älteste, wol das niedere, Deutsch zurückgeführte Form, etwa Stodgardum, assimiliert Stoggardum, lateinischen Augen und Ohren leicht besser zusagen, als das jetzt beliebte Stuttgartia). „Der Stuthengst, Herdhengst;" Voc. v. 1419. „Der stutknecht sol den stutrossen recht warten;" Scheirer Dienst-Ord., f. 28b. „stutros, equi feri, qui de agresti genere orti;" Voc. v. 1429, gl. o. 102. „Equas quae dicuntur stutpherit;" MB. IX, 45, ad 1233. „Mulionem, stabularium, stutare;" Ebersb. 228, f. 49a. Graff VI, 653. Diefenbach 370b.

Die Statz, der Statzionierer, sieh Station. (Frisch hat auch Stotzenierer).

statzen, sich brüsten, zieren, affectiert benehmen; Vilmar, kurheſſ. Idiot. 396: hart auftreten. gstázt, gstázig, adj. (Vrgl., nach Gramm. §. 632, stárzen, stárr — auch stánzig — und Stât). „Dös is a *gstátzta;*" Kartsch II, 30. (D' Və'waltərin) „wann s' *gstátzt* wiə-r-ən Essi'kruə' dàlaə~t vá'n Haus;" Seidl, Flinserln (1839) II, 43. 96. III, 70: gespreizt, hoffärtig. Castelli, Wbch. 154: steif, sich zierend, auch hochmüthig.

statzen, statzeln, statzgen, stammeln. Dr. Minderer p. 113. Voc. v. 1618. „Balbus, staczoter;" Clm. 5685 (XV. sec., 1412), f. 41. BM. II, II, 612. 718. Zeitschr. I, 96. III, 300. „Du gatzer, statzer, schaw dich an!" H. Sachs 1612: II, IV, 68.

Der Stauz (Stau~z), ledige männliche Person als erklärter Liebhaber einer weiblichen. Die Stauzen (Stau~z'n), a) ledige weibliche Person als Geliebte einer männlichen. Bey Bucher (s. W. IV, 122) beichtet ein Bauernbursche mit den Formalien: „Herr, I hab gscholten. Herr, I bi mit meiner Staunzen gangen. Herr, itz waiß I nicks mehr." b) Schnake, culex L. cf. Stanz. 'c) Staude.' Wo də' Gigkəwizn, wo də' Gàgkəwizn, wo də' *Hollə'stau~zn;* Anfang eines derben, obscönen Schnitterhüpfels; (ObrM.).

Der Stotz, gewöhnlich dem, den, die Stotzen, a) (schwäb.) Stamm, Klotz. „Sandbänke und Baumstotzen im Strom." „Ein Wurfbeichl in einen stotzen geschlagen;" Cgm. 4413. f. 164. s. Th. I, Sp. 218: Beihel. Weigand, Wbch. II, 816. Birlinger 412. b) (salzb. Bergw.) 3½ Zoll dickes Schwartbrett. (Jir.) Art Zimmerholzes im Salzberge zu Hallein. c) (Gebirg) rundes, weites Gefäß für Milch, Molken ꝛc. aus Linden- oder Ahornholz; (cf. stozza MB. XXII, 131). Bergmann, Walser 96. Cimbr. Wbch. 175. '„Ich wasch die Stötz schneriselweis;" Alpenlied. Zeitschr. III, 106. 463. V, 489: der *Stotz*, Wasserbehälter. IV, 158: die *Stotze*, auch unreinliche Person. s. auch Stütze. Jutenstözel, s. Th. II, Sp. 1212. d) Knecht, dem die Bereitung der Käse auf einer tyrolischen Alpe übertragen ist, und der zuweilen auch den Winter über mit seiner Herde und einem kleinen Knaben oben bleibt. So poetisch, wie eine reinliche bayrische Sendin, macht so ein Bursche, der seinem Geschirr mehr Ehre als seinem Leibe anthut, das Alpenleben freylich nicht. VII Com. Stotz, m., Stotza, f., Geschäftsführer, —in, fattore, castaldo, (Foza). Cf. ital. tozo, tozzo. e) der Stotzen, Hinterkeule des Kalbes, Schweines ꝛc. (Augsb., Rath Her): ə~ kelbərnər *Stotzə~*. „Das Kalb hat mächtige Stotzen," (Füße); Auerbach's schwarzw. Gesch. S. 173. 'Bei Hebel auch von Menschen: „starke Beine und Schenkel," in der Idylle „die Wiese:" „Mit der breite Brust und mit der chräftige *Stotze*, 's Gotthards grofse Bueb."' f) gefrierendes Wasser, geronnene Milch. Sieh Stoß und Stutz. g) Abhängigkeit im Terrän, mollis ascensus, declivitas. Voc. v. 1618. stotzen, sich anlehnen; Bergmann, Walser 96. 'cf. VII Com. stozen, stoazen, stoßen; mhd. stotzen, starren, strotzen; BM. II, II, 662. Vgl. d. folg. Wort.'

Der Stutz, a) (Franken) steile, abschüssige Stelle im Terrän. b) (U.L.) geronnene Milch. Selb-stuz (Səlstuz), die von selbst also geworden. Sieh Stotz und Stoß. c) Eigensinn, Widerspenstigkeit. „Stutz und Trutz." stützig, widerspenstig, widersetzlich. BM. II, II, 718. Grimm, Wbch. I, 756. Weigand, Wbch. II, 838. aufstützig, '(Grimm, Wbch. I. 756: 1) streitend, zankend, uneinig, widerspenstig; 2) unpäßlich, krank; Vilmar, kurhess. Idiot. 18 f. und 396: stätzig, stätzk);' leutstützig, abstoßend gegen jedermann; reitstützig, 674
wie reitstettig. Stützkopf, Trotzkopf; vrgl. Stotz. d) „Durch abgotterey und aigennutz hat gelitten Jherusalem ain stutz; Cgm. 756, f. 42. Weigand, Wbch. II, 837. Vilmar, kurhess. Idiot. 407: der Stutz, plötzlicher, kurzer Stoß an den Kopf, oder vielmehr mit dem Kopf an einen harten Gegenstand, zumal an den Kopf eines andern: Stutzkopf, Stutzebock. 'stutzen, stoßen, schnellen. Zeitschr. VI, 114,20. e) „Auf eim Stutz, momento, in procinctu (facere);" Voc. v. 1618. BM. II, II, 718. Vilmar, a. a. O. „stüzzelingen, temere (atque fortuito);" Nott. Ps. 9,2. Graff VI, 736. urstütz, plötzlich, unversehens. „Das menig stett als gar urstütz bezogen und belegert worden sind, also das sy sich darvor nit gewißt hand zu besorgen;" Anhang zum Vegetius v. 1529. Bey den alten Meistersingern war der Stutz oder Stutzen eine unrichtige Pause im Gesang; Wagenseil 529. 552. Hieher mag gehören das auch hchd. Verb stutzen, betroffen schweigen. Weigand, Wbch. II, 838. BM. II, II, 718. „Darob die Juden erstutzt;" Dr. Eck a°. 1542.

stutzen, wie hchd.; Weigand, Wbch. II, 838. Grimm, Wbch. I, 136: abstutzen; I, 755: aufstutzen. (isl. stytta von stuttr, kurz). Gestutzte Nudeln, Art Mehlspeise aus kurzen, gewalgten Teigmassen. R.A.: Wie die gestutzten Hund'; oder: mêr als gestutzte Hund', in großer Anzahl. Avent. Chron. 185: „Die Bettelmünch stürzen von einem Haus zum andern herumb wie die stoẓaten Hund;" deſſ. Gramm.: „Mer dan die stuẓaten Hund, Sardi venales." Ob hier eben gestutzte, oder etwa solche, die einer Läufigen nachjagen, gemeint seyn mögen? Das Stuẓ-Bürdlein, sieh I. Th., Sp. 273. Die Stuẓ-Joppen, Weiber-Corset ohne Schöße. Der Stuẓweck, s. Weigand, Wbch. II, 839 und vgl. oben, Sp. 788: Stûte unter Steuẓ.

Der Stuẓel, abgestutzter Schweif; Thier mit einem solchen, (vgl. Zeitschr. IV, 160. 318); scherzhaft und gewöhnlich im Diminutiv: kurze, dicke Person. O du *Stuzə-l* du! Zeitschr. VI, 114,12: Stuzerl.

„Mei˜ Schàz is kurz, bin á' nét gàr lang,
sán' gràd ə˜ rèchts Pàr *Stuzə-ln* zsam."

ə˜ stutzəts Dingə-l (von einem Kind). Dəʻ Hund stuzlt, wedelt mit dem gestutzten Schweif. Der Stüẓel, alter, astloser Baum; (Weihers, Dr. K. Roth).

Der Stüẓel, mhd. Sp., Ball oder Kreisel; BM. II, II, 718. „Vellet im sines gelückes stüẓel, so vindet er der freunde lüẓel;" Renner 18362. (Ob zum folg. Wort?).

Der Stüẓel, wie hchd. Stütze. stüẓeln, vb., stüẓen. Vilmar, kurheſſ. Idiot. 401: *Stitzel.*

Der Stuẓen, (Stuz'n, Dimin. das Stuzl, Stuzə-l), a) Trinkglas von der Form der ältern, aus Zinn oder Silber verfertigten Becher, auch Stuẓenglas. BM. II, II, 718. b) kurzes, gezogenes Feuerrohr, Stuẓbüchse. Weigand, Wbch. II, 837. c) gewöhnlich im Dimin. das Stüzl, Vorsteck-Ermel, (Zeitschr. VI, 115,26: Muff); Strumpf ohne Fußtheil — besonders von Pelz. Weigand, Wbch. a. a. O. „Bälg zu Stuzen und Schlieffern." „Armstuẓen." „Pulsstuẓen;" Hübner 675. Vgl. Zeitschr III, 131: Stützelich, kleine Haube. d) der Stuẓe, plur. die Stüẓen, (Paſſeir) der Fuß, die Füße. Staffler I, 117. s. oben: Stoẓ, e. e) Birg-Stuẓen, Schlange mit Vorderfüßen; sieh I. Th., Sp. 274.

Der Stuẓer, (O.Pf.) ungeladener Hochzeitgast.

Die Stüẓen (Stüzn, Dimin. das Stüzl), a) Gefäß von Böttcherarbeit, auch wol von Blech, in Form eines abgestutzten Kegels mit einer Seitenhandhabe. Bier-, Waßer-, Spreng- ꝛc. Stüẓen. „Da aßen sie ein waſſersuppen und theten der bierstüẓen luppen;" H. Sachs 1560: IV, III, 73 (1612: IV, III, 159). S. auch Stoẓ. b) wie hchd. Stütze, — vom Verb stüẓen, welches, aus gl. a. 683: stuzzeunga sustentaculum, unterstuzeter suffultus zu schließen, schon in der ahd. Sp. üblich war. Graff VI, 736. BM. II, II, 718. s. Stüẓel.

Fünf und vierzigste oder Stra- ꝛc. Abtheilung.

675 stræen, stræuen, strêuen, (strêə˜, strá'n, strá˜n, stránə˜, cond. stránət, strárət, Partic. gstrát; cf. Gramm. §. 609. 635), wie hchd. streuen; (mhd. strowen, strouwen, ströuwen, striuwen, strewen, sträwen; ahd. streuuian, strauuian: Praet. streuuita, strauuita, straita, Partic. gistreuuit, gistrauuit, gistrait, hie und da noch jetzt strêbm, gstrêbt. Graff VI, 758. BM. II, II, 700. Weigand, Wbch. II, 824). „Einen rinch straen mit stro;" Wstr. Btr. VII, 92, ad 1332. „niderstreen, sterno;" Av. Gramm. Häckerling, Sägespäne, Spreu ꝛc. streuen von dem Haus einer zweideutigen Liebschaft zu dem des Liebhabers; s. oben, Sp. 197 f.: säen. Birlinger 413. Vilmar, kurheſſ. Idiot. 403. R.A.: Jeẓ ist der Kaẓ gesträt, jetzt ist alles fertig, ist geholfen. besträen eine Brücke, sie mit Querhölzern belegen. „Die Berenrieder güeter sullen die ofenlainprugken besträen als offt das not ist;" Werdenfels, Ehaftbüchl. v. 1431, Ms. „Holz. daz man die Brugge beströu, oder die brukken ze bestrewen;" MB. XXII, 284. XXIII, 409. einsträen, frische Streu für das Vieh in den Stall bringen; *ei˜strewn* vor 's Vihh; (Boẓen). versträen (voʻstrá'n), verstreuen; leichtsinnig verlieren. Der Streu 's Güetl, Verschwender.

Die Stræ, Stræu, Strêu (Strá, Strê), wie hchd. Streu; (mhd. ströu, strowe; BM. II, II, 700. Weigand, Wbch. II, 824): 1) in der Landwirthschaft vorzugsweise die Viehstreu, die aus Wirrstroh, zuſammengerechten Baumnadeln, Laub, kleingehackten Fichtenzweigen, in Seegegenden auch aus Schilf bestehen kann; sich Dächſen, Graſſach, Laubach, Rœrach. In die Strä gên, in der Strä sein, d. h. im Walde mit Sammeln von Streu beschäftigt. 2) (scherzh.) Bett, Lager für Menschen. Der Faule ligt den ganz'n Tag auf der Strä. R.A.: Er ligt auf der Strä, ist krank, todt. „Mit zäheren minen strowe mine ih gesuchte, lacrimis meis stratum meum rigabo;" Windb. Psalt. Die Strä bey Pferderennen, das gewöhnlich mit Stroh gestreute Ziel. Auch bey andern Wettspielen, wo mehrere Gewinnste vertheilt werden, z. B. bey Scheibenschießen, sagt man von dem Theilhaber, der, obschon der nächste zu einem solchen, keinen mehr erhält: er kriegt die Strä, kümt auf die Strä. Die Strä auf hölzernen Jachbrücken besteht aus den schwachen Querhölzern (Sträbæumen), womit die Balken belegt werden (sternuntur). „Asser ad pontem et ligna quae vulgariter dicuntur stræu;" Paſſ. Salbuch v. 1322. „Drewhundert Stræ-Wellen (holtze) zu der brugk;" MB. XXIII, 495. Die Strä-büchsen zum Strä-sand des Schreibenden; die Streubüchsen (des Feuerbuchs v. 1571) schießt einen Hagel von Steinen oder Eisentrümmern, — nach jeẓiger Sprache: Kartätschen. „Kan Sua Signoria ein altes hirschhorn hergeben khan der schloſſer einige Strää daraus fällen," (feilen); Cod. Benedictobur. 530. Das Gesträ (Gstrá), Collectiv, (mhd. geströuwe, ahd. gistrauui, gistreuui, gistrouui, stratum, stramen; Graff VI, 759. BM. II, II, 700). Die Vorstrêu (Vouʻstrá), Vorspeise; (Kitzbühel).

Die Strei (?). „Wie man dy Strey sol vertreiben ee sy in das pain kumbt;" Cgm. 4543, f. 169.

Das Strô (Strôu, Strau, Straə), wie hchd. Stroh; 676
(mhd. strô, ahd. strao, strou, strô, goth. stravi; Graff VI, 759. BM. II, II, 699). „Feur und Stro eins des andern fro. Vidua nubilis in domo cujusdam cognati sui caste vivens quod quasi palea apud ignem esset heu nimis tarde advertit; Lacteus liquor, Clm. 5128 (sec. XIV.), f. 31. Ein Strô dreschen, eine Lage Getreides gänzlich (zu leerem Stroh) ausdreschen. Man drischt z. B. vor der Morgensuppe 2, 3, 4 ꝛc. Strô.

L.O. v. 1553, fol. 164. Auf dem Strö ligen, (in Kindsnöthen seyn), eine R.A., die noch heutzutage für manche, wie ehmals wol für die meisten, der ländlichen Mütter nicht blos figürlich zu nehmen. Erst vom Stroh erhob sich die Erledigte in's reinliche Kindbett. „Die N. ist 2 Tag auf dem Stro gelegen, hat nit können erledigt werden;“ Inchenhofer Mirakel. „Die N. lag drey Tag am Marterstroh;“ Alt-Öttinger Votivtafel. 'Strô in den Schuhen haben, Vilmar, kurh. Idiot. 404.' Der Strô-kirchtag (Stroukirdə'), Mahlzeit, am Sonntag nach der Kindstaufe im Hause der Wöchnerin gehalten, wobey denn auch sogenannte Strô-küechel Rechtens sind. Die Strô-jungfer, die schon einmal auf dem Stroh gelegen oder sonst anrüchig ist und den Strô-Kranz verdient. Brautleute, die sich vor der Zeit mit einander „verunkeuscht“ hatten, mußten bey der Copulation Strohkränze tragen, oder diese Strafe durch Geld (das Strohkranzgeld) redimieren. Bayreuther Verordnn. v. 1726 ꝛc. Nach eben diesen Verordd. v. 1727 sollten Holz-, Feld-, und Gartendiebe, mit Strohkränzen bekleidet, ins Drehhäuslein gesperrt werden. Gar zu lustigen Deə˜ln werden von den jungen Burschen Strohmänner vor's Kammerfenster gestellt. Wenn sie nicht vom Tanzboden wollen, macht man ihnen Stroh in die Stube, wie fremden Gästen; (b. W., ObrM.). 'Der Strô-maier, 1) ein ehmaliger Unterbedienter der Cameralverwaltung; 2) ein geringes Gebäck. Vilmar, kurhess. Idiot. 404.' Das Strô-scheiben, Kegelschieben, wobey die Gewinnste in Stroh eingehüllt sind, und den Gewinnern auf Gerathewohl zur Auswahl freystehen. Die Strô-truhen, (O.L.) Vorrichtung zum Häckerlingschneiden, (U.L.) Gesottstuel. strô-trucken, strô-dürr, sehr trocken oder dürr. Zeitschr. V, 28. 'Der Strô-vogel, (schwäb.) Emmerling. Birlinger 413.' Das Gestræ. „Roggen- oder waizens Gestræ.“ „Gestree nit allain für das Vich, sonder auch underhaltung der Strodächer;“ Ldtg. v. 1612, p. 216. 233. „Wo die Bauern wenig Geströ und vil Vichs haben, kan das Dachsenhauen nicht wol gar abgeschafft werden;“ L.R. v. 1616, p. 325. 740. „Kunt mər i˜ 'n *Gströ* unsré Feind iəz dà hàbm, Heə'god! wiə dréschətn, wiə dréschətn mə' s' zsam;“ Castelli, Ged. (1828) p. 73. stræen, strö̂wen (strê̂ə˜, strêwə˜), adj.; figürlich: Vilmar, kurhess. Idiot. 404. stræweln, nach Stroh riechen, z. B. wie lange gepackt gelegene Eyer.

---

strabeln, Hände und Füße regen, zappeln; BM. II, II, 678. 701. Zeitschr. III, 532,80. VI, 486: *strawölen, strawolen*. 'Die Strabelkatze ziehen, Zeitschr. V, 477; s. unter streben.' Sieh strappeln.

strauben, starren, rauh hervorstehen; (Weihers: strü, Dr. K. Roth; (mhd., ahd. strûben, strûpen, subrigere, inhorrere; Graff VI, 738. 759. BM. II, II, 702. Weigand, Wbch. II, 819 f. cf. strobeln); — meist nur im adj. straubend. ə˜ *strauba˜ds* Hàr. Auch gstraubət, gsträubət, straubi', ja blos straub, adj. „Dîn hâr was dir bestroubet: dô strelte dir dîn houbet der rabe;“ M. Helmbrecht V. 625. „Harte und straube Hände wie ein Reibeisen;“ Druck v. 1724. „In daz unreine hus (lupanar) in di tuvelhafte clus wart bracht di gotes tube (die heilige Theodora) do wart gein ir vil strube manic tuvels habech spil;“ Roth, Denkmähler p. 63,71. Diər überchömet *strûb* Wèttərl (Burgdorf, 13. Sept. 1837). Cf. niederl. struf; (Zeitschr. II, 423,58). Daher der Geschlechtsname Strûve, wie Krause, Kraus. „Scriblita, streblita, gebachens streüblin;“ H. Junii nomencl. v. 1629, p. 48. Die Strauben, Art krauser Mehlspeise, wozu der Teig durch einen Trichter in das heiße Schmalz gelassen wird. (cf. holl. struif). „Ey, er hat fleissig beten mich ich solt jm ein Biersuppen machen. Wil jm gleich Streublein darzu bachen;“ H. Sachs 1612: IV, III, 51. Spritz-Strauben, Zucker-Strauben. „Strauben (Voc. v. 1618), Straubenzen (Frischlin, nomenol.), Straubezen (Schmid), scriblita.“ Birlinger, Wörterbüchl. 87. entstrauben (?). „Mein selbs ich do entstrabet,“ ich erholte mich wieder (?); Cgm. 439, f. 26, '(Keller, Fastnachtsp. III, 1388. Grimm, Wbch. III, 636 vermuthet: entstraben = entstrebén: ich strebte auf, kam zu mir selbst). „Der (raide) Schlehel hat ein nissig 677
har, ist krump, gleich wie ein strauben, wenn er zu nacht wil schlaffen gen, so bindt ers in dy hauben;“ Cgm. 809, f. 73. „Die Straubgaiß, strepsiceros, oryx;“ Voc. v. 1618.

streben, wie hchd.; (mhd., ahd. streben, sich lebhaft bewegen, rasch regen; Graff VI, 737. BM. II, II, 678. Weigand, Wbch. II, 821. Zeitschr. II, 224. gl. o. 283: strepunga, obstinatio). „Du solt in grôzer vorhte streben,' agitari; Boner, Emm. D. 58, f. 136, '(Benecke XV, 56).' „Swer sin kost wil wol bewarn, der lazze alle sorge varn, die wile die geste bei im sin ... Swen man mit im selber siht streben, der verleuset die kost und die gunst;“ Renner 5492. widerstrebe, adj., mhd. Sp.; BM. II, II, 680. „Mein hausfraw ist mir stæt widerstreb vnd wil nvr irez aygen willen sein;“ Gesta Romanor., Cgm. 54, f. 24ᵇ, (Keller p. 48, und öfter). „Wenn sich dann ein lant vmb chert daz ez widerstreb was den Römærn;“ das. f. 61ᵃ, (Keller p. 118). Der Widerstrebe, mhd. Sp., Widersacher. „Wir schüllen wachen wenn unser widerstreb der sathan der da haizzt dyabolus der get vmb und sûcht wen er fresse;“ das. f. 8ᵃ, (Keller p. 15). bauchstrebig (von Pferden), mit einer Art Übels behaftet; Cgm. 824, f. 8. strebeln, wie strabeln. (cf. a. Sp. strepalen, stripelen, crepitare, strepitum edere, Graff VI, 738, und niederl. streven, schreiten. „So der hirß auf ainem strebenden schne gat;“ Clm. 4373, v. 1437, f. 118ᵇ). Birlinger 413. 'Der Katzenstrebel, die Strebekatze; ein Spiel, wobei einige an einem Seile ziehen, die andern dem Fortziehen widerstreben; BM. II, II, 680. s. Th. II, Sp. 1314. 1315.' „Darnach züch ich mit dir den katzenstrebel in der vinstri und in dem nebel,“ sagt der Teufel zum fetten Chorherrn in des Teufels Segi; (Barack p. 126,3918). Grimm, Wbch. V, 302. Zeitschr. V, 477.

Der „Strebherr, baro;“ Cgm. 649, f. 576. „Baro, strebherre;“ Voc. optim. p. 38. BM. I, 667. Schmid, schwäb. Wbch. p. 513. (Davon der Familienname Streber?). „Do sprachen die strebherrn zû dem chünig;“ Gesta Romanor., Cgm. 54, f. 23ᵃ, (Keller p. 45). „Do daz sahen die strebherrn vnd die Centurij,“ satrapi et nobiles imperii hoc videntes;“ das. f. 35ᵃ, (Keller p. 66). Semansh. 37. „Daz ersahen die strebherren, die freien vnd die grafen;“ das. f. 50ᵃ, (Keller p. 96). „Do sprachen zû im (dem Kaiser) die strebherrn;“ das. f. 55ᵇ, (Keller p. 107). „Strebherren, zwidorn und strebschuler machent ir leben in selber swer, swenne sie sich brechent nach den dingen der sie mügen noch künnen volbringen;“ Renner 16572. „Mit des himels freyen fürsten und mit strebherren;“ Cgm. 778, f. 17ᵇ.

strobeln, struppig seyn oder machen; (ahd. stropalôn, inhorrere; Graff VI, 738. BM. II, II, 702. Weigand, Wbch. II, 826. Vgl. strauben). gestrobelt, Partic. als Adj. und Adv.; *gstroblte* Hàr. „Die Haare hangen ihr seltsam gestrobelt um den Kopf herum;“ Simplicissi. 1669. „Des Hirses Äher hat zerstroblete pletter;“ Ortolph. „Des (hirses) eher hât zerstroblotеu pleter;“ Konr. v. Megenberg, (Pfeiffer p. 403,19). „Seineu (des Coriandrum) pleter sint zerstrobelt;“ das. f. 234, (Pfeiffer p. 395,15. cf. 468,23). Der Strobelkopf, mit verwirrt emporstehenden Haaren.

Strub, Name vieler vom Wasser durchbrochener Bergschluchten; (Zir.).

Der Straich (Straəhh, plur. Strèəch, o.pf. Stràich, vom Verb streichen, ält. Praet. straich), wie hchd.

Streich; (mhd. ahd. streich; Graff VI, 743. BM. II, II, 688. Weigand, Wbch. II, 822. Zeitschr. III, 50,10). In der Kinderzucht ist nach einer alten Hausregel kaə˜ *Straəhh* vo'lö'n, àls der də'nébm gêt. R.A.: Auf den Straich (au'm Straəhh), auf der Stelle, tout-à-coup. Alle Straich (àlé Straəhh oder Strèəhh), alle Mal, jedes Mal, à tous coups. Zeitschr. II, 423,76. Das Salz wurde vom Hällein auf drei Straich, d. h. zu dreyen Malen oder an drey Tagen, mit 27 Schiffen versendet, die in Laufen zusammen einen sogenannten Maister oder ein Maistersalz ausmachten. Sieh II. Th., Sp. 1683,2. Nét ə˜n *Straəhh*, kaə˜n *Straəhh*, kaə˜n *Handſtraəhh*, nicht das Mindeste — z. B. thun, arbeiten ꝛc.; nicht einen Augenblick, z. B. an etwas denken, schlafen ꝛc. ə˜n *Straəhh* drei˜ taə˜, wie hchd. seinen Senf dazu geben. Ze Straichen kommen, in den Fall kommen, thätig zu seyn; (b. W.) zurecht kommen, ausreichen. In diesem Sinne auch bey Weizmann III, 45: „z' Stroi komma." „Man verspricht dir alles Schöne und Gute, wenn's aber zu den Straichen kommbt, ist niemand dahaimb;" alte Predigt. ə˜n *Straəhh* haben, oft mit dem Beysatz: wiə ə˜ Haus, oder auch sogar: ə˜ *Straəhh* sein, wie hchd. einen Sparren zu viel haben im Kopf. Du bist àbər ə˜ *Straəhh! Stroach* haben, stolz seyn; (Baron Mesnil's Gasteiner Idiotikon, Ms. v. 1848). Den Glockenstraich thun, Sturm läuten; Scherdinger Ehaft, Cbm. 3238, f. 43. „Der Laidstraich, planctus, plangor;" Voc. v. 1618.

straichen (straəchə˜, o.pf. ſtràichng), schlagen, hauen, (vgl. BM. II, II, 687,6 und 688; s. streichen); alberne Streiche machen; Streiche, Schwänke vorbringen, erzählen. Einen recht ab-, aus-, durchstreichen, (O.Pf.) prügeln. Grimm, Wbch. I, 133. 993,1. II,
678 1696,2,d. gestraicht, albern, einen Sparren zu viel habend. Sieh Gramm. S. 500. Gê, du *gſtraəchtə'* Ding, du! „Geslagen und gehalsstraicht," colaphizatus; Cgm. 638, f. 103. „Ich darf ez wenig streichen (streicheln), noch mit sprüchen smeichen;" Labr. 76. BM. II, II, 688. straicheln, hchd. streicheln. Sieh streichen und Strich.

Der Strauch, das Gesträuch, weit minder volksüblich als Boschen, Busch, Gebüsch, Stauden, Strauß, Gesträuß. Das ndrſ. Strûk, verhochdeutscht Strauch, mag aus Strudd-ik contrahiert seyn, wobey das alte strudian, ausreuten, zu bedenken käme; (vgl. W. Grimm, Athis und Prophilias p. 61. BM. II, II, 702. Weigand, Wbch. II, 820). Sieh Strut. Doch ist auch im Illyrisch-slawischen struk ein Busch, Strauch.

strauchen (minder volksüblich als stolpern), wie hchd. straucheln; (mhd. strûchen, ahd. strûhhon, labare, cespitare, wozu ein adj. strûhlin sternax. Graff VI, 744. BM. II, II, 702. Weigand, Wbch. II, 820). „Darinne lât man dich mit willen strûchen;" Labr. 31. „Von müde es (das Pferd) da strûchte;" Balkn. 120. „Mit strûchen in den schollen (des Ackers) buozt er allen vollen," (büßte er hinlänglich); S. Helbling VIII, 565. Der Straucher, einmaliges Straucheln, Fehltritt. „Da thäte das blinde Pferd einen sehr großen Straucher;" Alt-Öttinger Historie. Im Theuerdank blos der Strauch.

Die Strauchen (Strauhhə˜, Straukə˜), bey gemeinen Leuten das, was bey Vornehmen der Schnupfen oder auch der Katarrh; (BM. II, II, 703 f. Weigand, Wbch. II, 820. česky: strauha, f., incile, Rinne; strauha wodni, Wasserrinne; strauha nečiſtoti, cloaca). Gnä-Frau, I hàb 'en Kátárr, klagt die Magd, worauf jene: Was, du Bauerntrumpf, du willst gar den Katarrh haben, daß etwa die Huesten und die Strauchen nicht guet genueg ist für dich! cf. Gramm. S. 195. „Coriza, daz ist swen div naslocher trieffent und im der mensche eins etlichen snäuzet und daz niht enhilfet, denselben siechtum heizzent die läute di strauchen;" Cgm. 724, f. 182. Auf fol. 183 und an andern Orten dieses schätzbaren, auch in Breslau (Hoffm. Fundgr. I, 317) vorkommenden, medicinischen Werkes des XIV. Jahrh. heißt das Übel nach älterer Form diu strûche. „Kanst du mir nit bedeuten, ob dein Bawer die strauchen hab?" H. Sachs 1612: V, III, 34. „Ez sind mer denn zehen tag, daz ich nicht smecken kan vor der strûchen, die ich han," sagt der schlaue Kammerherr Fuchs beym Teichner; Liederſ. I, 401. „Wenn der mensch die strauchen hât, sô smekt er nicht sô leicht sam ê;" Konr. v. Megenberg, Pfeiffer p. 12,7. Quatuor ex somno veniunt meridiano: febris, pigrities, capitis dolor atque catarrhus. Vier kchrancheit ich dir sag chomen aus dem schlaf zu mittem tag: das fieber, haubtgesücht und tragkait mit dem kchumbt auch dz straucken berait;" Clm. 25072, p. 265—266. „Ist gut ze lösen die strauchen;" Cgm. 444, f. 85ᵇ. Cgm. 170, f. 12 und öfter. ... „Sed sapienti pauca! die Nasen, die jetzt noch nichts schmeckt, potz Blitz, Bue, die hat d' Strauka;" Marcell. Sturm. „Für dye strauckchen," Recept im Arzneybuch, Ms. Progel's, f. 105ᵇ. (Fußwaschen) „treibt aus dy posen feucht dy da haist dy straucken;" Cgm. 4543, f. 202. „Wer dy nuß mit pfeffer ißt, das macht dy strauchen zeitig in dem haubt das sy wirt fließen;" daſ. f. 208. „Chölkraut vertreibt die straukchen hait geballtikleich;" Cgm. 5931, f. 216. „Gebraten Nuß, mit Pfeffer genossen, machen die Strauchen im Haupt zeitig, daß es wird fließen;" Ortolph. „Catarrus haizet ein fluz des haubtes und dy strawch;" Ind. 344, f. 80. „Strauch, catarrhus, humor ab aure vel ab oculo fluens," (was aber nur die Erklärung des latein. Wortes ist); Voc. v. 1429. „Catharrus, straukken; Voc. v. 1445. Das Voc. v. 1482 gibt auch ein Verb „strawchen, schnudern, rheumatisare."

streichen (cond. ſtreichet und strich; ä. Sp. Praet. straich, gestrichen), a) wie hchd. transit., streichen, glätten, (mhd. strîchen: Praes. ich strîche, Praet. ich streich, wir strichen, Partic. gestrichen; ahd. strihhan, Praet. ind. streih, conj. strihhi, Partic. gistrihhan; Graff VI, 742. BM. II, II, 683 ff. Weigand, Wbch. II, 822. Zeitschr. III, 190,66. 368,55. vrgl. oben: straichen). „Sam ein sprinzel daz sich nach eim regen hat gestrichen;" Balkn. 23. „1 scaffl. speltarum gestrichen, iiij scaff. avene et iiij mett˜. gestrichen," (das Gegentheil wol das čechische nadělaboh); Schir. 104, Deckel. Birlinger 413. abstreichen (einen Fisch), abschuppen; (Wien). b) schlagen, hauen; engl. to strike. „Wenn man das Kind will streichen, läßt sich ain Rueten vom nächsten Zaun brechen;" Predigt. Kinder um den Lebzelten streichen, sieh I. Th., Sp. 422, II. Th., Sp. 1262, und Th. IV: Zelten. „Weilent waren schuler pleich do man sie lerte und vaste streich;" Renner 17369. Noch vor nicht gar langem war es in Landschulen üblich, daß die Kinder entweder alle Quatember, oder doch 679
an der Faßnacht oder zu Ende des Schuljahres, „ausgestrichen wurden," indem sie nemlich, eins nach dem andern, dem Lehrer zwischen den Beinen durchkriechen, einen Streich ad posteriora in Empfang nehmen und zur Recognition dafür den sogenannten Ausstreichkreuzer entrichten mußten, der eine Hauptrubrik in der kümmerlichen Bestallung der Volkserzieher ausmachte. Schon in der Schulmeisterord. v. 1564 (Wstr. Btr. V, 233) heißt es: „Item alls von Allter heer ist khomen, das man die khinder gewondlich auf die dreu hohen Vesst: alls Ostern, Pfingsten und Weinechten, auch auf die Faßnacht und Tuldt Jacobi ausgestrichen, und von ainem khindt ain pfenning ausstreichgellt genommen, sol es noch dabey bleiben." „Kinder ausstreichen, feriae vapulares. Das streichgelt geben, vapulare mineval dare ludimagistro;" Voc. v. 1618. Bey J. Chr. Wagenseil, Norimberga 1697, p. 95 werden die Schulkinder mit einer derley Ceremonie vor den hohen Festen ausgetriben. Ein Bayreuther Consist.-Ausschreiben v. 1732 besagt: „Sintemahlen an manchen Orten auf dem Lande

ein der Christenheit ganz unanständiges Possenspiel in Gewohnheit seyn soll, daß der Schulmeister an der Fastnacht auf einem Stuhle oder Bank sitzend die Kinder unten durchkriechen lässet und solche mit etlichen Schlägen beleget — als soll dieses abgestellt, aber den Schulbedienten dadurch diejenige Gabe nicht abgesprochen seyn, welche ihnen von den Schulkindern um solche Zeit pfleget gebracht zu werden." bestreichen Einen mit einer heiligen Reliquie ꝛc. (mhd. Sp., BM. II, II, 686. Grimm, Wbch. I, 1682). Waller wallen gen Rom, daß sie sich bestreichen laßen mit dem hailtum —. „Die ain so zartes mundlein hat — der mich damit bestriche, al mein not mir entwiche;" Cgm. 714, f. 59. c) (schwäb., Franken) streichen auf etwas (das an den Meistbietenden aufgeworfen wird), darauf bieten, darauf schlagen. Der Streicher, der ein Gebot schlägt. (cf. auf-, er-, ver-streichen und Strich). 'd) streichen, vb. ntr., anfangen zu sieden. Das Wasser streicht. Vilmar, kurheff. Idiot. 403.' anstreichen es Einem (scil. das Casparschmalz), ihm schön thun mit leeren Worten. sich anstreichen, schminken. 'anstreichen (Farbe); BM. II, II, 685,2. Grimm, Wbch. I, 491,2.' „Man lchund in (ihnen) des pischolfs pann ... allen den frawn oder man dy sich da anstreychen;" San-Zenon., Clm. 16509 (2° XV. sec.), f. 161. „De gumis ·i· anstreichung," Ind. 392, f. 21^a; „de gumi ·i· anstreichen," das. f. 23^b, San-Zenon. 64, f. ...; „de gūmerinis ·i· anstreichen;" Rebd. 25, f. 209, (Cgm. 658, f. 209. 211; es ist von sündhaftem Putz die Rede); cf. And. 48, f. 143 circa, Clm. 9537, f. 181. Sünder: „all anstreicher oder anstreicherin, auffmacher oder auffmacherin;" Rogg. 28, f. 145—146. Clm. 903, f. 234^b: derbe Anecdote von Frauen, die einen Anstrich bereiten wollen; (lat. 1340). aufstreichen, ein Mehrgebot schlagen; die Aufstreichung, Versteigerung. Grimm, Wbch. I, 753. ausstreichen, 1) (ä. Sp.) Zeichnungen, Schriften ꝛc. mit Farben bestreichen, illuminieren, rubricieren, malen. Grimm, Wbch. I, 991,2. „Lieber Heinrich, so euch got gen Venedig hilft, wolt mir schicken die land getruckt on außgestrichen (unilluminiert?) Friaul, Lamparten, Venedig ... Item wolt erfaren was dise pucher auff das leicht (st?) geacht werden," Hartman Schedel, ZZ. 877, f. 181^b. „Die vier frawen behielt der Maler bey im, vnd ward recht entwerffen vnd ausstreichen mit roter varb von den vier frawen was allerschönst an in was;" Cgm. 543, fol. 48. 2) darstellen, schildern überhaupt. Av. Chr. 108. herausstreichen, herfürstreichen in diesem Sinne wird jetzt mehr ironisch gebraucht. ausstreichen mit der Ruthe, sieh oben. 'e) trans. und intrans. dahinziehen, sich rasch bewegen; BM. II, II, 685, II.' „Mit baren '(Bech: marwen)' füezen ungeschuoch streich er walt unde bruoch;" Gregor v. d. St. 2596. „Nû strîchent iuwer strâze;" Otte m. d. Barte, hg. v. Hahn, V. 356. „Wie getorstet ir ie gestrîchen her ze mir;" das. 682. So: das Land streichen (?), wovon: der Landstreicher. Vgl. Grimm IV, 641. „Er (der Falke) strîchet (fliegt) onverborgen;" Valln. 46. „Ich han gesehen in schnelle von mir gestrichen;" das. 47. „Wie doch der wolgetane striche von mir manig meile; das. 57. „Do kam er gestrichen;" das. 121. „Er straich hin gar verwildet;" das. 138. „Recht sam ein stricher valke der bei den leuten erst erfœrel wœre;" das. 30.

Die Streiche, (U.Mayn) Art Ruder, verschieden von der kürzern und schmälern Rige, sowie von dem eigentlichen oder Steuer-Ruder. Der Streichschel'ch, Schiff, das durch eine Streiche regiert wird.

680 Der Strich, a) wie hchd.; (mhd. strich, ahd. strih, isl. strik, nota, linea; Graff VI, 743. BM. II, II, 688. Weigand, Wbch. II, 824). 'Einen Strich haben, etwas angetrunken sein; Zeitschr. IV, 238,9. Auf dem Strich haben; das. III, 353.' Das Strichleinspil, sieh II. Th., Sp. 1177. b) Richtung, Weg, Lauf; Bezirk, der zu durchgehen oder zu durchstreichen ist. BM. II, II, 688,3. 689,5. „An mangen strich ich trabte" ... (Die Jäger,) „die an dem striche lagend;" Valln. 91. Der Strich eines sammelnden Bettelmönches. Nach Wstr. gl. hießen die a°. 1745 als eine Art Gendarmen aufgestellten, insgemein sogenannten Strickreiter eigentlich Strichreiter. Der Dächsenstrich, Waldbezirk, in welchem man Nadelzweige zur Streu sammeln darf. Stadtleute machen wol einen Ausstrich auf das Land. c) Strich, Aufstrich, (schwäb. Franken) das Mehrgbot bey einer Versteigerung; die Versteigerung. Den letzten Strich thun, erhalten ꝛc. Etwas dem öffentlichen Strich aussetzen, subhastare. d) (altb.) kleineres Getreidmaß, die Hälfte des Metzens, der zwölfte Theil des Schäffels. Ein Strich oder 5 Metzen Weißenburger Maßes im glatten Getreid sind gleich 15 Metzen 7 Ms. 4 Achtel Nürnb. Neun Strich im rauhen sind gleich 1 Simra Nürnb. e) der Strich und der Strichen (Strichə‾), die Zitze am Euter der Kuh, Ziege ꝛc. Zeitschr. III, 263,88. VI, 273,21. 345. ain-, zwai-, drey-gestrichelt, nur an einer, an zweyen, dreyen Zitzen melkbar. „Von ainer Zinsthue soll ain jar über 3 ßl. dn. nit, auch weder traid noch das kalb zu Zinse nit gegeben, noch auf kainen strich anstat der khue gelihen werden;" Ehaft-Ord. Ms. strichen, stricheln, mit Strichen, Farbstreifen versehen. „Mensalia nodosa sive gestricht," (in Freysing 1316); Freys. Salbuch, f. 19. '(Vielleicht = gestrickt?).'

„Struchel, sublinguium, guttur," steht unter lauter lateinischen Benennungen der Körpertheile im Clm. 13002 (2° max., sec. XII, 1158), f. 208^b. Diefenbach 560^c. Graff VI, 744.

---

strack, gestrack (mhd. Sp.), a) gestreckt, ausgestreckt. BM. II, II, 669. Graff VI, 740. Zeitschr. II, 552,43. IV, 139,6. V, 69,31. 169,158. „Man sol ain stracke venie tuon mit stracken Armen," (mit ausgestreckten Armen sich nach der Länge auf den Boden legen); Cgm. 702, fol. 113. cf. I. Th., Sp. 841. b) gerade, unmittelbar; (ahd. Sp. strah, agſ. strác. Vilmar, kurheff. Idiot. 402. 403. Zeitschr. IV, 139,6. VI, 486). „Den stracken Weg, den gestrackten Durchzug durch das Land nehmen;" LR. v. 1616, f. 672. 673. Dem Rechten seinen gestracken Lauf laßen. „Die gestracke Vollziehung;" das. f. 4. 6. „Frey stracke Sicherheit und Geleit;" Gem. Reg. Chr. IV, 300, ad 1516. stracks, gestracks, adv., geradezu, unverzüglich, alsogleich, (mhd. strackes, Tristr. 387. BM. II, II, 669); L.R. v. 1616, f. 545. 715. Av. Chr. 132. Zeitschr. IV, 132,78. 139,6. 478. strackait, rectitudo Stracks, recto modo, sine medio;" Voc. Melber. sträcklich, (adv.) stricte. „Ein Gesetz sträcklichst halten." Strakk-kob, (Weihers; Dr. K. Roth) Starrkopf. Sieh strecken.

Der Strackel, (b. W.) Knüttel, Stock, Prügel zum Stoßen, Schlagen; (Frwrbch. v. 1591) Stämpfel zum Feststoßen des Pulvers in Raketen. Zum Mandat am Gründonnerstag und Charfreitag: „Das große (Chor-)buch mit dem strackl;" Cgm. 1148, f. 14^a. 15^a. sträckeln (strákln, strágln, b. W.), schlagen, stoßen, übermäßig antreiben, abmatten, z. B. das Zugvieh. cf. ital. straccare. Zeitschr. III, 190,66.

Die Straucken, sieh Strauchen.

strecken (Cond. streckt, Partic. gestreckt), wie hchd.; (mhd. strecken: Praet. stracte, strahte, Partic. gestract, gestraht; ahd. strechan: stracta, gistract. Graff VI, 741. BM. II, II, 669. Weigand, Wbch. II, 821). „Recken und strecken." „Einen fangen, turnen, stöcken, blöcken, martern und strecken," (foltern); Urk. v. 681 1487, Sammler f. T. II, 229. „Als man streckt die galgenwachtel, bekennet er auch unverholn;" H. Sachs 1612: II, IV, 156. R.A.: „Ein Bißle streckt ein Äderle;" Voc. v. 1618. Sieh I. Th., Sp. 36. Eine gestreckte Stund, über eine Stunde. Einen gestreckten Trapp reiten, einen scharfen Trab. „Ob ich ihr solches ab möcht strecken das sie solch hurweiß nit mehr trib;" H. Sachs 1612: II, IV, 19. dar-, dran- oder fürstrecken Geld und Gut, es daran setzen, (Cgm. 652, f. 25); wie hchd. vorstrecken. „Sein Blut und Leben streckt er dran;" P. Procopius. „Die einzuweihende Nonne legt sich gestrackt nider auf die erde." „Sol sprechen an gestrachter venie fumfzich Paternoster und ste wider auf;" Cgm. 73, f. 37. „Denne sol sich der (Nonnen-) Convent strecken auf die forme der stul." „Darnach streck sich die priorin auf der priesterschaft grad und spreche alle in stillikeit pater noster;" Alt. Hoh. 11, f. 100. 101. „Die Furunculi unkauschent mit einander gestracht;" Cgm. 38, f. 63. „Die beren unkäuschent gestrack (Pfeiffer: gestrackt) als die menschen;" Konr. v. Megenberg f. 97, (Pfeiffer 139,6). Der Streckfuß, fig. der Tod; Zeitschr. V, 179,210.' Vrgl. oben strack.

Der Strick (Strik, Strig, plur. Strick), a) wie hchd.; b) (ä. Sp.) Schlinge, Fallstrick; (mhd. stric, ahd. strich, stric, laqueus, tendicula, decipula; Graff VI, 739. BM. II, II, 680 f. Weigand, Wbch. II, 825. Zeitschr. VI, 144,2). „Strick legen, laqueos vel insidias tendere. In d' Strick füeren, in transennam inducere;" Voc. v. 1618. „Abgedrät wie ein Kuestrick," sieh I. Th., Sp. 559. Birlinger 413. Der Zündstrick, die Lunte; Cgm. 909, f. 101. Der Zweifelstrick. „Ein ganzer zwiuel strick" stellt die Zahl 18 vor in der Mnemonik Cgm. 4413, f. 161. 164. 167; (cfr. halbe, anderthalbe). „Stricksbub, versutissimus puer;" Voc. v. 1618. Man sagt jetzt gewöhnlich blos Strick. Du *Strig* du! Birlinger 413. Zeitschr. VI, 144,2. „Waß für Strick waren nicht des heiligen Jobs seine Kinder?" P. Procopius. Der Strickreiter, sieh Reiter und Strich. Die Strickler in Regensburg (Gem. Reg. Chr. II, 143. 290) scheinen eine Art Lastzieher gewesen zu seyn.

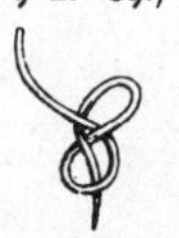

stricken, a) wie hchd., z. B. einen Strumpf. Das Gstrickend, Stricket, Gstrickəd, das was oder woran gestrickt wird, Strickzeug. Zeitschr. VI, 162. b) (ä. Sp.) in oder an einander schlingen, flechten, knüpfen überhaupt; (mhd. stricken ahd. strichan, nectere. Graff VI, 740. BM. II, II, 682. Weigand, Wbch. II, 825. Cf. frnz. etriquets, plur., Fischernetz. Diez, Wbch. 739). „Sie waren gewappent uf die just, die schilt gestrickt uf die brust;" Liedersaal, nr. CXXV, Vers 248. „Ich bin gestricket in der sorgen strangen;" Valkn. f. 63, Str. 42. Einzelne Bäume eines Floßes oder ganze Flöße an einander stricken, gestricken, angestricken, sie mit einander verbinden; — abgestricken, trennen. gestrickt faren, mit zwei oder mehrern verbundenen Flößen fahren. In einer Satzung der Münchner Floßleute (Cgm. 544, f. 48) heißt es: „Die wal sol des kauffmans sein, ob er die holtzer gestrickte wil oder nit." „Die floßlewt sullen von ainem gast nemen von ainem floß, der ze recht geladen ist, von ledigem holtz III ßl. dn., vnd von gestricktem holz, das ze recht geladen ist, X ßl. dn." Das Gestrick, Floß von ganzen Buchenstämmen, die nur vorne an einander befestigt sind; die Bäume, die, verbunden, einen Floß bilden, im Gegensatz des sonst darauf Geladenen (des Gefäßes); L.R. v. 1616, p. 755; zwey oder mehrere mit einander verbundene Flöße. abstricken Einem etwas, es ihm, besonders auf intrigante Weise, vorenthalten, entziehen, z. B. ein Recht, die Freyheit, Nahrung rc. Grimm, Wbch. I, 134. Ertl, Pr. aur. I, 159. 559. 570. Ldtg. v. 1515, p. 193. „Daß die Übermaß und hochverderblich Menig des Wildprets abgestrickht (abgestellt) werde;" Gravamina v. 1579. „Und jnen solchs unabgestrickt bevor steen (ohne Beschränkung frey stehen) möge;" L.O. v. 1588, fol. 141. Auffstrickseil, s. Th. II, Sp. 1323: der Kloben, b. bestricken, illaqueare, impedi-are, franz. empêcher; BM. II, II, 682 f. Grimm, Wbch. I, 1685. Im Capi-
682 tulare I. anni 802, Art. 8 steht stricare in der Bedeutung impedire. „Wittwen- und Waisenpensionen können nicht mit Arrest bestricket werden;" Wirzb. Verord. v. 1791. „Wer einen herausfordert, soll, wann er edel, mit Bestrickung (Arrest?), wann er unedel, mit Gefängniß bestraft werden; Bayreuth. Burgfriede v. 1698. verstricken, verbinden, verpflichten. „Von Recht wegen zu etwas verbunden und verstricket seyn;" Eisengrein. „Wie die Müller, solche Ordnung zu halten, verstrickt werden sollen;" L.O. v. 1553, fol. 145 Verstrickung, Verpflichtung, Bündniß; Arrest, Gefängniß. Hund, Stmb. I, 67. „Zustricken, stringo, claudere, comprimere, angustire;" Polling 182.

Die Struckel, (schwäb.) Art Mehlgebäckes; cf. Strudel. Lexer, kärnt. Wbch. 244. Eine Schüssel voll gerollter Mehlspeise (*Struckli*), mit Butter übergossen, Endtracht eines krainischen Hochzeitmahles. Hacquet, Abbild. und Beschreib. der Slawen rc. p. 27. „So heiser, als wann er ein ganzes Monat lang lauter kärntnerische Fuhrleut-Struckel gessen hette;" Abele, s. Gh. II, 266.

---

strickſen, strickſnen Einen, (niedrig-scherzh.) ihn peitschen, zur Strafe schlagen. Zeitschr. III, 190. IV, 47. (Ob etwa von Strick, Knotenstrick oder, als Ableitung, von streichen, lasse ich unentschieden). Die Strickſen, sing. und plur., der Streich, Schlag, Hieb mit dem Strick, der Ruthe, dem Stecken rc. Wart Schliffel, du kriəgst mə' widə' deiné richtingə~ *Strick·s'n!*

---

strodeln, a) (b. W.) strampen mit den Füßen. Das Kind strodelt sich aus den Windeln, strodelt die Decke herab. 'Vgl. niederd. *strîden, strî'en*, schreiten; Zeitschr. III, 266,8. VI, 431,113. „Strodel vel kolben, contus;" Cgm. 685, f. 35b. Birlinger 413.' b) beym Athemziehen rasseln, röcheln. (In der Hölle,) „wo's bridelt und brodelt, wo's lechätzt und *strodelt;*" Stelzhamer p. 117. Der kropfige Gevatterbitter hat „von kristlign Werk langmächti' öppas *gstrodelt;*" Lindermayr 63. „Muess Tag und Nacht *strodeln;*" das. 173, s. oben, Sp. 6: das Gereb. c) fervere; Voc. Melber. (ahd. stredan, wozu gl. i. 319 ablautend: erstradun, efferbuerunt). Zeitschr. III, 300. Vrgl. strotten.

Der Strudel, a) wie hchd.; (Weigand, Wbch. II, 828). b) Quirl, Werkzeug zum Quirlen. c) Mehlspeise aus dünn gewalztem Teig, der über ein Füllsel von Rosinen, Rahm rc. zusammengerollt und in dieser Wulstform in Butter gesotten worden.

„Auf die Knedl und Nudl
kümt ə~ guədə' Strudl;" Hochzeitlied.

strudeln, umdrehen, quirlen; übereilt verfahren. Vrgl. strütten.

Die Strâff (Straff, Strâf, schwäb. O.Pf. Strauff), wie hchd. Strafe; (ä. Sp.) Disciplin, Zucht; Verweis, Tadel; (mhd. strâfe; BM. II, II, 671. Weigand, Wbch. II, 817). „Daß sich die Hauptleut und Knecht gehorsamlich brauchen lassen und in guter Straff erhalten werden;" Landtag v. 1543, p. 140. „Ein straff der Frawen," als Gegensatz von Lob; Michael Beham, Cgm. 291. „Ain straff auf die fursten dy dy juden halten;" Mich. Beham, Cgm. 291, f. 138a.

sträffen (straffə~, o.pf. strauffm), a) wie hchd.; (mhd. strâfen; BM., Weigand, a. a. O.). b) behauen, beschneiden. Der Zimmermann sträfft das Holz, haut noch mehr davon weg. Ein Hungriger kommt gern in den Fall, einen Laib Brod recht zu straffen. c) corrigieren, zurechtweisen. Eine Abschrift nach dem Original straffen; Cgm. 623, fol. ult. „Sangar erschlug allein 683
mit einem Stecklein, damit man die Ochsen straffet,

sechshundert Mann;" (Judith III, 21), Av. Chr. 46. „Ob er etlich schrift nicht verstet, so sol er nicht ungedultig werden und die schrift straffen;" Cgm. 785, f. 2. „Das dy juden christenlichs glauben nit straffen mugen;" Mich. Beham, Cgm. 291, f. 127. Pfälzische Eltern werden in Absicht ihres Dialekts oft von ihren eigenen in A.B. gebornen Kindern „gestrafft." Vergleiche: „Die mich (Christum) strafften (verspotteten) und anspirzten;" Cgm. 101, f. 22. d) (ä. Sp.) schelten, corripere, increpare; Voc. Melber. „Daß ich Got hab gestrafft umb das Wetter;" Sündenregister v. 1495. „Ich tadle dich, du schiltest mich, selbs aber strafft keiner sich." „Der bischof sêre strâfete (schalt) si und machete si an deme lîbe vrî;" St. Ulrich's Leben, Cgm. 94, f. 64, Vers 1191. Ao˜ 's Lugng strâffə˜; (ObrM.). Ein Urtail sträffen, wie: es schelten, d. h. es nicht gelten lassen. Eine seltsame theatralische Form, wie die „fürsprechen ein urteil straffen" s. am Schluß des Iglauer Bergrechts, Cgm. 561, f. 71—72, v. J. 1500. „Widerstroffen, redarguere;" Voc. v. 1419. Der Straffer, Scheltlied. Wagenseil, Norimb. 555. 'Die Sträffherren, (Augsb.) auch Zuchtherren, die über Ehezwistigkeiten zu entscheiden hatten. Birlinger 412.' sträffeln (strâffln), freveln. Die Sträffel-Red, frevelhafte Rede. Anm. In der ahd. Sp. findet sich strâfen noch nicht. Nach Gramm. §. 110. 113. 330. 335. 336 kann das â dialektisch aus ô oder âu entstanden, und unser Wort mit sträuffen (stringere, woher auch districtio, Strafe, der a. Gesetze; cf. stroufe in v. d. Hagens Nibelungen 8096) und durch eine weitere dialektische Verwechslung mit straiffen in Zusammenhang seyn.

Der Straiff (Straəf, plur. Strèəff, Dimin. das Strèəffl), seltner der Straiffen, wie hchd. Streif, Streifen; (mhd. strîfe; BM. II, II, 689 Weigand, Wbch. II, 822). Die, auch der Straiff (Straəff), der Streifzug auf Räuber, Vaganten ꝛc.; (mhd. der streif; BM., a. a. O.). Auf die Straiff aufbieten, gên ꝛc. „Den Gaßenstraiff vornehmen;" Wirzb. Verordn. straiffen, wie hchd. streifen; (mhd. streifen). „Hasen und aichorn sol man neur ainen tag vail haben under den pælgen und fürbaz sol man sie gestraifft vail haben;" Münch. StR., Auer p. 168. 'anstraiffen, anstreichen, anziehen. Grimm, Wbch. I, 495.' „Darmit sie (die jung Metz) auch den (dem) alten lappen an halß streuffet die narrenkappen;" H. Sachs 1612: I, 1058. „Ich streifft dir an die narrenkappen;" das. I, 1060. „Darmit du fahest einen lappen und ihm anstreifst die narrenkappen;" das. I, 1080. ausstraifen, Grimm, Wbch. I, 993. D· Fâltn *ausſträffə˜*; ObrM. ausstraifen, die geflößten Bau- und Werkholzstämme aus dem Wasser ans Ufer ziehen. Landstraiffer, Vagabund; tyr. L.O. v. 1603, fol. 94. straiffeln (strèəffln), mit Streifen, Linien versehen. straiffet (straəffət), gestraiffet, gestraifft, gestraiffelt (gstrèəfflt), hchd. gestreift. „straiphot, stripaticus;" Voc. v. 1445. Der Straifdachs, Person, die faul und unbehülflich einhergeht. Der Straiffling, Art Camasche; wirzb. Landregiments-Instruction v. 1743; „soccus," Siber's Gemma p. 68. 'Vgl. Straufen, fem. pl., Strümpfe ohne Fußtheile; Zeitschr. V, 297.' Der Straiffstrumpf, so wurde mitunter auch der ehemalige Raiffstrumpf, den man über die Beinkleider weit über das Knie hinaufstreifte, genannt. Straiffteſche. „Armatura pro genibus quam Germani die stechlin straiffteschen vocant;" Hect. Mair's Fechtbuch, Turniere, Cod. iconogr. 393, II, f. 108. 116. Anmerkung. straiffen weiset nach Gramm. §. 956 auf ein primitiveres streifen, und dieses kann sich — wie scheiben zu schieben und dessen Ableitung Schâub ꝛc. — zu sträuffen verhalten, dessen Bedeutung es angenommen hat.

sträuffen (strâffə˜), mhd. und ahd. Sp. stroufen, hchd. streifen; (Graff VI, 751. BM. II, II, 697. Zeitschr. IV, 47). „strauffen, stringere;" Av. Gramm. ab-, hinab-, hinein- ꝛc. sträuffen. Laub (Lábə'), Ähren (Ejə'n) ꝛc. *ſträffə˜*, *à'ſträffə;* (b. W.). „Der æl (Aal) ist gar übel ze straufen ... Er hât gar ain swæren tôt, wan sô er schon gestrauft ist, dannoch lebt er;" Konr. v. Megenberg f. 143ᵃ, (Pfeiffer p. 244,21.24). „Si straufte von dem Gras in ein tuch des tawes trôr;" Suchenwirt p. 97. „Stroufet ab die rîsen;" Nithart LII, 4. „Do must ich in gedrenge har und haut 684
abstrauffen;" das. p. 77. Die Stroufe, (ä. Sp.) Verkürzung, Schaden, so man leidet. BM. II, II, 697. „Si stroufete ime (dem Kitzlein) abe seinen balch;" Diemer, Ged. 22,5. bestroufen ein Kalb, ein Kitzlein (BM. II, II, 697 f. „Do hiz der hêrre laufen ein rotez chalb bestroufen;" Diemer, Ged. 16,26. Diut. III, 65. 73), es tödten, damit es zur Speise diene, — ohne Zweifel in dem Sinn, wie heutzutage der Waidmann einen Hasen streift (strœufft), auszieht. Daher figürlich: bestroufen Einen eines Dinges, ihn dessen entkleiden, berauben. „Bestrouset aller sunden." Diut. III, 52. „Des Gutes, der Eren bestroufen;" Horneck 403. 409. „Die williclichen sich habent bestraufft grozes gutes, freunde und eren;" Renner 20837. erstriffeln, durchstreifen; BM. II, II, 689. „Swer bösen herren lange frist uf genaden lone dienet, dem ist als dem der ane frumen lange riffelt und landes vil on nuz erstriffelt;" das. 18829. Vrgl. strupfen, dann sträfen und straiffen.

strâgeln, sieh sträckeln und strängeln.

Der Strigel, a) wie hchd. Striegel; (mhd. strigel, ahd. strigil; Graff VI, 739. BM. II, II, 690. Weigand, Wbch. II, 825). b) Strich Landes, Feldes, Waldes. Dèn *Strigl* is 's Traəd dünn. „Ain strigel" (Holzes); MB. XVII, 484, ad 1531. 'strigeln, kämmen; schlagen. Zeitschr. III, 190,56.'

Der Strâl (Strâl, o.pf., schwäb. Straul), a) wie hchd. in Blitzstral, Sonnenstral; (mhd. diu strâle, ahd. strâla, fem.; noch bey Pictorius: die Stral. Weihers: də Strâle; Dr. Roth. Graff VI, 752. BM. II, II, 672. Weigand, Wbch. II, 817). b) (ä. Sp.) der Pfeil, (mhd. strâle, ahd. strâla, fem. sing. und plur.; agſ. strael, m., ital. lo strale, slaw. strela, fem., mit den Ableitungen strelati, schießen, streléz Schütze). „Scheflin, Wurfbeil, Stral und Schießpfeil;" Av. Chr. 33. „Da kamen Bauern mit geladenen Armsten und verschossen einen Stral auf die unsern;" Gem. Reg. Chr. II, 339, ad 1399. „Geschossen mit ainer stral;" Cgm. 619, fol. 343. „Strol und pogen;" Cgm. 714, fol. 181. Ein „strall" (Pfeil) gezeichnet in der Mnemonik, Cgm. 4413, f. 161. „An geluppte strâl;" Labr. 46. „Mit der (dem) strâle;" das. 426. „Jr strâle mangez snîdet, daz sie doch nicht eriagen;" das. 548. „Etlich (Pfeile) warn geschliffen hol, mit scharpfen eisin, als dy strol;" Mich. Beham, Wiener 84,24. (Der weidman) „ließ fallen, das armbrust zu stund gespant mit auffgelegtem stral;" H. Sachs 1612: II, IV, 108. Das Wappen der Ridler (s. oben, Sp. 59) ist ein fliegender Pfeil (Strâl). Martein Ridler († 1463) „ligt unter ainem stain mit dem strallwapen;" Gabr. Ridler f. 18ᵇ. 'c) der Donnerstral, Donnerkeil, Blitzstral; BM. II, II, 672ᵇ. Grimm, Mythol.[2] p. 163; Wbch. II, 1254 f.' „Attonitus, der nit waist wo er ist von schrecken des strals oder donnerschlags;" Nomencl. 1629, p. 212. „Deß himmels plitz leucht als carfunckel, die donnerstrâl die wurden klopffen;" H. Sachs 1612: I, 1080. „Ich dacht es muß Vulcanus sein der schmidt die donnerstrâl allein;" das. 1081. (O.Pf., Frank., schwäb.) Ausdruck der Bekräftigung, Verwunderung, des Unwillens: ui *Straul!* ui *Strâl* Dunə'! ui *Strâl* hint anə hi˜! *Strâlkerl, Strâlbou', Strâlmàidl, Strâlhècks* ꝛc. Cf.

českisch: kau střelu robiš? was zum Teufel machst du denn? Ká střela že je to? was Geier ist das? Jungmann, voce ký. 'Vgl. Grimm, Mythol.[2] p. 166. 965 f.' d) Wenn einem phärd die strallen (?) faulen," (am Fuß?); S. Nicol. 231[a], f. 47.

strâlen (strålə˜, straulə˜; ob.-schwäb.), umherschwärmen.

stralen, strallen (strâln, zunächst vom Pferd), den Urin lassen. Vgl. Zeitschr. IV, 130,15. V, 297: strullen.

strälen (strȧln, O.L.), strelen, (schwäb.) kämmen; (Weihers: strèl, Dr. Roth; mhd. strælen, ahd. stralian, strelian, Praet. stralta, Partic. gistralt. Graff VI, 753. BM. II, II, 672. Weigand, Wbch. II, 818. Doch wol aus strigeln, wie holl. streel). „Dô strelte dir dîn houbet zeswenhalp der rabe dâ, winsterhalp schiet dirz diu krâ;" M. Helmbrecht 626; cf. oben, Sp. 370 f. „Wiltu bursten oder strelen dein har;" Cgm. 784, f. 280. „Sie kan gar wol den katzen streln;" H. Sachs 1612: I, 1039. „Mit süeßen worten sie jm strelt;" das. 1058. „Gedenck an mich, sie wird noch dir deim beutel also dückisch strelen;" das. III, III, 41. Weibspersonen strelen erst mit der Strelbürsten die langen Haare, die sie kämmen wollen; (Nürnb., Hsl.). Der Sträler (Strålə˜, O.L.), der Strel (schwäb.), der Kamm; (mhd. der strælære; BM. II, II, 673). „Âne strælære unde bursten wirdit in (den Himmelsbewohnern) daz hâr geslihtit;" Clm. 9513, Vers 278, (Haupt's Zeitschr. VIII, 153).

Der Strälenstain, (O.Pf., Flurl, Beschr. d. Geb. 420) Bergkrystall.

'Der Strol, was Strolch; Zeitschr. VI, 118,6. strolen, vb.; s. oben: strâlen.'

strullen, s. stralen.

strüelen (striəln), eilfertig umherstöbern, suchen, naschen, lecken. herumstrüelen. Alle Winkel durchstrüelen. Birlinger 413. Der Lüsterne strüelt aus der Schüssel. Die Kue strüelt ihr Kalb um und um ab.

Der Strâm, a) was Strôm, Strömung; (mhd. strâm, strân, ahd. strâm, straum, stroum; Graff VI, 753. 754. Grimm I[3], p. 171. BM. II, II, 673. Vilmar, kurhess. Idiot. 402). „Der Waßerstram, die Waßerstram, an den Waßerstramen der Thonaw und Yhn;" L.R. v. 1616, f. 503. 528. 754. 765. *Wóssə˜straəm, Daənə˜straəm*, (b. W., ObrM.). Der Rheinstramer, Rheinbewohner, Rheinländer; Erhard 1588,
685 p. 51. gestramt, gestreift. Vgl. Zeitschr. V, 450: strâmig, gestreift. „Ez gieng ouch von der sunnen ein kleinez stræmelîn darîn, daz gleste ir ûf ir hiufelîn;" Tristan 17579. strameleht, stragulatus; gl. o. 334. Vrgl. d. folg. Wort.

Der Straim, der Straimen (Straəm, Straəmə˜, plur. Strèəm, Strèəmə˜, Dimin. Strèəml), der Streifen, die Reihe, die Strieme; (mhd. strîme, streim, streime, ahd. strîmo; Graff VI, 753. BM. II, II, 690. Weigand, Wbch. II, 826. Vlmar, kurhess. Idiot. 403: der Strâme, Stramel). ə˜ *Straəm* von zusammengerechtem Gras, Heu ꝛc. ə˜ *Straəm* auf der Haut (von Schlägen ꝛc.). „Straym, vibex;" Nomencl. „Weiß Straimel an dem himel," via lactea. „Liechtstraim, radius;" Voc. v. 1445. straimen, straimeln (straəmə˜, streəmeln), streifen, mit Streifen versehen. gestraimt, gestraimelt, gestreift. ə˜ *gstraəmté* Kuə'; ə˜ *gstrèəməlte'* Zuig. Zeitschr. VI, 345. Vrgl. d. folg. Wort.

Der Strâum, (ä. Sp.) sieh Strôm.

stremmen, bestremmen, bestrempen, (Aschaffenb.) zusammenziehen, einengen, beengen. „Der Dampf stremmt Einem auf der Brust." Es bestremmt mich auf der Brust. (Schweiz und Niedersf.) stramm, adj., straff, gespannt; strammen, spannen. Weigand, Wbch. II, 818. Zeitschr. I, 41. VI, 486. Cf. isl. stremba und Particip strembinn, und sieh unten strampeln.

streimeln, streicheln. Alle (Weibsbilder) habms gern fur ir Lebm, wenn mə' s' recht *streimelt* und lobt;" Reitzenbeck I, 95. „Dé Buəbm trampln einə'.. und *streiməln* si' d' Hàr;" Reitzenbeck's Bauerndoctor in Kaltenbrunner's oberösterreich. Jahrbuch, 1844, S. 147, (Reitzenbeck I, 18). „Dés Italienisch dés is hàlt nit Deutsch, əs is just, 's we˜ I di' *streiml* und aft widə' peitsch;" Stelzhamer in Kaltenbr. Jahrb. 1844, S. 260. Das Streimel, der Strich, Streifen; (mhd. strimel, streimel, ahd. strimulle, linea, strimilo, nota, tractus. Graff VI, 753. BM. II, II, 690). „Hat der harm streimlein als das har so ist der mensch an den lenden zebrochen. Ist der harm seyger und sind straimlein darin;" Cgm. 4543, f. 111. „streimolechtig, stripaticus;" Voc. v. 1419.

Der „Striem, Striemel, die Striemin," (Hübner, Salzb. p. 980) der, die Taubstumme. s. Strum.

Der Striem, Striemen, wie hchd. die Strieme, der Streifen; (BM. II, II, 690. Weigand, Wbch. II, 826. Vilmar, kurhess. Idiot. 403). „Darumbe was gestrechet ein strieme wîz hermîn;" Wigalois 3901. Sieh Straim. 'striemen, vb. mit Streifen versehen; gestriemt. Birlinger 413. s. straimen.'

Der Strôm, wie hchd. Strom; (mhd. stroum, ahd. stroum, straum, alveus, vadum, amnis. Graff VI, 754. BM. II, II, 702. Weigand, Wbch. II, 827. Notk., Mart. Capella p. 117: strûm; s. unten). Die Formen Strâum, Stroum, Strôm, Strâm und Striem einerseits, und Streim, Straim andrerseits weisen auf ein altes doppelförmiges Ablaut-Thema strioman und strîman, ohngefähr wie Strâf, strâuffen neben straiffen auf striufan und strîfan.

'strômen, herumlaufen. Strômer, Vagabund. Zeitschr. V, 477. Vgl. d. folg. Wort.'

strumen, stürmen? 'Vgl. BM. II, II, 704: der strûm, Strom.' „Wenne aber ainer von schul kumpt, der kumpt recht dort her gestrumpt als ers alle wolle niderstoßen;" des Teufels Segi, von Bettelorden, (Barack p. 172,5412: gestrompt). „So wib und man zesamen komen, so tuonds sich überainander stromen;" das. p. 203,6402. „Si (die Rebleute, Weinzurn) kummen her gestrumpt und sprechent: Herr, wir hand uns versompt, gend uns unsern taglon;" das. p. 360,11315.' „So mans sicht so varends (die Rebleute) strumen, so sie ainig sind, so ligends an der sumen;" das. p. 362,11398. 'Sie (die Schiffleute) komend an die lüt so gestrompt, (: versompt = versûmt) das ain biderman denn erschrickt;" das. p. 367,11566. „Die fromen sind nun versompt, die bœsen hand si überstrumpt;" das. 43,1277. „Goz dienst wirt da versumpt, die wil die raiß umb strumpt;" das. p. 231,7314.' „Wan ez wurt ain großes auffstrumen und wurt man vil mess versumen," (von den Helfern, die mit den Pfarrern in Streit um die „Kellerin"); das. p. 138,4306, Variante. „Min trost des soltu nit strumen (Variante: sturmen) die blüete ist mir zuo frucht kumen;" Altswert 67,18. „Daz ich an dem weg nit werd stumen" (Variante: nit strummen. Vgl. 77,18: „daran begund ich stummen; Variante: strommen).'

Der Strum, (?). Und halten 's Maul so föst als wie ä *Strumm*;" Lindermayr 91. 'Loritza, Idioticon Viennense 118: „der Strummerl, in den Alpen) ein Stummer oder Cretin." s. oben, Striem.'

---

strampeln, strampfeln, die Beine wechselsweise anspannen und einziehen, (was im Auftreten, aber auch im bloßen Sitzen und Liegen geschehen kann). Weigand,

Wbch. II, 818. Zeitſchr. II, 41. III, 32. 230,3. V, 461. Das Strampferlein, (im Scherz) Füßchen, (Vilmar, kurheſſ. Idiot. 403: die und der Strampel); Kind, das die Füße lebhaft in Bewegung ſetzt. Sieh oben ſtremmen, ſtrempeln. Der Strempfel, a) (Iſar-floßfahrt) Wiede, die nach der Länge angeſpannt und nicht als Ring gebraucht wird. Vrgl. oben ſtremmen, ſtrempen. b) (ſchwäb.) Stempfel. (Vilmar, kurheſſ. Idiot. 404: *Strempel, Strümpfer, Strümper*). Das Voc. v. 1419 gibt ſtrempfel für formarium. Birlinger 413.

686 Der Strumpf, a) wie hchd.; (vrgl. Stumpf). Sir John Cutler's Stockings, woran am Ende jeder Faden ein andrer, und doch immer derſelbe Strumpf, wie weiland Theſeus' Schiff. Tyroler Strumpf, Perſon, die, wie ein Strumpf ohne Fußtheil, nie zu füllen, d. h. nie zu ſättigen iſt. Küeſtrümpf, (Iir.) die langen Runſten (ſ. oben, Sp. 124) auf Alpen, welche von den weidenden Kühen ausgetreten werden. b) (ä. Sp.) Stumpf, Stümmel; (mhd. ſtrumpf; BM. II, II, 704. Grimm, Reinh. p. 113,1922). „Er leite den abgeſlagen fus zu dem ſtrumpfe;" Cgm. 5, fol. 216d. R.A.: Mit Strumpf und Stil, wie: mit Stumpf und Stil. c) (Iir.) dummer Menſch. 'Vgl. niederd. *Strümpel, strümpelik*, (betrübt, traurig); Zeitſchr. VI, 486.'

Der Strumſen, Strumpſen, das Stück, Trumm (Brodes ꝛc.). Sieh (nach Gramm. §. 562) Strunzen.

Der Strên, des, dem Strênen, wie hchd. die Strähne (Garns, Fadens); (ä. Sp.) Locke; Striemen, Streifen; (mhd. der ſtren, ahd. ſtreno; Graff VI, 755. BM. II, II, 680. Weigand, Wbch. II, 817). „In einemo vahsſtrenen dines halſes, in uno crine colli tui;" Willeram IV, 9. „Willtu denn ab dem rocken oder rad ſpinnen, die plutigen ſtrenen (Chriſti?) hab in den ſinnen;" Cgm. 784, f. 280. „Galaxia, ſant Jacobs ſtraſſ oder die weißen ſtrenen an dem himel;" Voc. v. 1429. Der Sulzſtre⁻, Röhrenleitung mit der Salzſohle vom Salzberg in die Pfannhäuſer. „Dås Wåſſə'l is säurə' als wiə də' *Sulzstre⁻*, wås I sieg, liəbə' Schåz' i⁻ dei⁻n Äugə-ln den sche⁻n;" Schoſſer 95. 155. Sieh Streng.

Die Strenkatz, „Fiſch in einem Altwaſſer der Salzach bey Titmoning, der Art der Zindeln oder Streberbarſchen gleich. Er vertreibt andere Fiſche;" v. Weſtenrieder's Geſchichte der Academie II, p. 198. Etwa Perca asper L., bey Höfer III, 193: Strichzagel, 'bey Nemnich II, 904: Streber, Strever (Regensb.), Streberbarſch.'

ſtreunen (ſtrei⁻n, ſtreinə⁻), nach guten Biſſen, kleinen Genüſſen und Vortheilen umherſuchen; (mhd. ſtriunen, ahd. giſtriunan, lucrari, einen Gewinn machen, gewinnen überhaupt, agſ. ſogar ſtrŷnan bearn, Kinder gewinnen, gignere. Graff VI, 755. BM. II, II, 698). Hätte einer der Nachts auf einander Stoßenden, die zu raufen kommen, geſagt: „es ſint freunt, — ſo wær fürbaz nimmer geſtreunt," (geforſcht); Renner 11477. „Ich hân hie wol niun (Hunde), einer heizet Striun;" S. Helbling IV, 456. herumſtreunen, in obiger Abſicht herumgehen, laufen, vagieren. „Sich auf das Umſtreunen und Betteln verlaſſen." Wirzb. Verord. aus-, der-, durch-ſtreunen etwas, wie aus-, er-, durchſtöbern. Die Streun (Strei⁻), Perſon, die alſo ſucht. (cf. ndrſ. Strüne, Gaſſendirne). Der Streuner. „Gaßenſtreuner, Reſträger und Streuner;" Anſp. Verord. v. 1604. ſtreunig, geſtreunig, adj. Das Geſtreun, das Herumſuchen, Laufen; das ſich dabey Ergebende (ä. Sp. giſtriuni, lucrum). '„Vgl. II, 340: Gſtraun;" Jac. Grimm.'

ſtrandeln, a) (ä. Sp.) wackeln, „vacillare;" Voc. v. 1432, Cgm. 685, f. 184. BM. II, II, 674. Weigand, Wbch. II, 818 f. b) (Augsb., Nürnb., Mittel-Rh.) ſtrandeln an einem Ding, darüber unſchlüſſig, im Zweifel ſeyn, Vermuthungen haben. I hâ' ſchou⁻ immə' drâ⁻ *gʃtrau⁻dlt*. Vilmar, kurheſſ. Idiot. 403: *straneln*. c) ſtottern, in der Rede ſtecken bleiben. BM., a. a. O.

'ſtrang, adv. zum adj. ſtreng (ſ. d. W.; ahd., mhd. ſtrange, Graff VI, 756. BM. II, II, 675), ſtrenge, ernſt.' „Töchter vnd eyden ſahen ſtrang weil er jhn leben wolt zu lang;" H. Sachs 1612: II, II, 212.

Der Strang (plur. Sträng, Streng, Dimin. Strängl), a) wie hchd.; (mhd. ſtranc, ahd. ſtrang, ſtranc; Graff VI, 755. BM. II, II, 674. Weigand, Wbch. II, 819), namentlich das Ziehſeil des Zugviehs. „Richten mit dem ſtrangen;" Cgm. 705, f. 1, alſo: der Strang, des Strangen. b) Reihe, Zeile, Linie; ſchmaler Streifen Feldes; einzelnes, zwiſchen zwey Furchen liegendes Ackerbeet; einzelner Ackerbalken, (cf. Bifang); jeder 687
Streifen Erde, den der Pflug beym Hin- oder Herfahren umſtürzt, und deren mehrere das Ackerbeet bilden. Birlinger 412. In dieſen Bedeutungen finde ich in Urkunden den Plural Strangen, welcher, wie oben, eine Form der Strange, des Strangen oder aber ein Femininum, '(mhd. diu ſtrange, ahd. ſtranga; Graff VI, 756. BM. II, II, 674': „Dô ich ez an die ſtrangen wolde vahen;" Labr. 1. „Nu was des ſeiles ſtrange an mich geworren;" daſ. 62) vorauszuſetzen ſcheint. „Wo hievor weder Furch noch Strang geſehen worden und hernach umbgeriſſen würde, das iſt ein Neubruch;" L.O. v. 1553, f. 116. Zehenord. §. 13. „So und ſo vil juchart und ſo vil ſtrangen ackers; MB. XXIII, 122. 438, ad 1343. „Achtzechen ſtranngen .. do formals der Abt den Zechent auff gehebt;" Meichelb. Chr. B. II, 210. Geſträngte Böden, Äcker; ungeſträngte Böden, Wieſen. Vgl. Strank. c) Strophe. „Ein ende diſer ſtrangen mit frâge nieman findet;" Labr. 568. „Gardiviaſſes ſtrangen haſtu (Wolfram v. Eſchenbach) ſo wol geblüemet;" Wilhelm v. Öſterreich in Aretin's Beyträgen IX, 1205. Cf. Strên, (Streng).

ſträngeln eine Perſon, (b. W.) ſie hart halten, quälen, plagen, zu ſeinen Zwecken benutzen. Wart, I will di' *ſträngln!* cf. ſträgeln, ſtrackeln 'und ſtrengen.'

ſtreng, geſtreng, a) wie hchd. ſtrenge; (mhd. ſtrange, ſtrenge, ahd. ſtrangi, ſtrengi, fortis; Graff VI, 756. BM. II, II, 674. Weigand, Wbch. II, 824. Zeitſchr. V, 193). b) ehmaliges Ehren-Prädicat des Adels. „Dem alten Adl iſt auf dem jüngſt gehaltenen Landtag gnädigſt verwilliget worden, daß denenſelben von denen Privatis Wohl-Edl und Geſtreng zugeſchrieben, auch ihre Töchter Fräulein tractiert werden ſollen;" Mandat v. 1669. Den Pflegsverwaltern, Caſtnern, Mautnern oder andern Beamten, die nicht Patritii, Doctores oder Licentiati, war durch Mandat v. 1651, obiges Prädicat von ihren Ehehalten anzuhören bey Strafe von 10—20 Reichsthalern, und den letztern, es freventlich auszuſprechen, unter öffentlicher Geigen- und Schandſäulenſtrafe verboten. Sonderbar, heutzutage ſind es gerade Beamte dieſer Art, die, gleichviel ob Doctoren oder nicht, von ihren Haus- und Amtsuntergebenen Streng oder Gſtreng tituliert werden. Es wird dann dieſes Prädicat dem höher ſtehenden Gnädig gewiſſermaßen entgegengeſtellt, und während z. B. ein adelicher Gerichtsherr der Gnädig Herr, iſt ſein Verwalter oder Gerichtshalter (die Benennung dürfte öfters aus einer currentern Bedeutung des adj. ſtreng erklärt werden) der Geſtreng oder Streng Herr und ſeine Frau die Strengfrau. „Die Knecht haben Seiner Streng (Chriſtoph Laiminger) ettlichs dinglich von Amrang gen Landshut gefürt;“ Altenhohenauer Rechn. v. 1514, Cgm. 697, f. 162. ‚strengen, vb. act., anstrengen, belästigen; (vgl. Graff VI, 757. BM. II, II, 675. Grimm, Wbch. I, 492 f. Zeitschr. II, 226: streng werden.).‘ „Zeuch in (den Leidenden) auß (entkleide ihn), daß in nichts streng oder irr von kheinen ding;“ ZZ. 3286, f. 31. ‚Vgl. strängeln.‘

Der Streng (Streng, Stren'), die Strähne (Garnes). Zeitschr. II, 266,8. Dә *Stren'* hat 10 Schnәllә', dә' Schnәllә' 240 Fádn. Vrgl. oben: Strên.

Die Streng, der Strengel, das Strengeln, a) die Kehlsucht. b) Der Strengel, (Aschaffenb.) Schnupfen, catarrhus nasalis.

Stranke. Kärnt. strȯk, Hülse, Hülsenfrucht, gemein. Stranke; Jarnik p. 210. ‚Vgl. Lexer, kärnt. Wbch. p. 243: „*Strängge*, f., Bohnenschote, gewöhnlich plur. *Stràngg'n*, eigentlich wohl die „Reihen“ oder „die reihenweise am Stiele befestigten.“ s. oben: Strang, b.‘

Sich stranzen, a) sich strecken, dehnen (aus Faulheit). Sich ranzen und stranzen. Sich auf die Bank, das Kanapee hin- oder nider-stranzen. b) Nach Schmid
688 wird stranzen in Schwaben gebraucht für großthun; müßig herumlaufen. ‚BM. II, II, 676: stranzen, strenzen; daz gestränze. Vilmar, kurhess. Idiot. 405: strunzen. Zeitschr. V, 477. VI, 19: strunzen, großsprechen, prahlen; VI, 42: sich strensen, erheben, empören. Vgl. stratzen und Strunz, Strunt. Der Strenzer, Faulenzer; Birlinger 413. Die Stranzen (Stranz'n, Strau͂z'n), faule Weibsperson. Vilmar, a. a. O.: die Strunze.‘

Der Strenzen, (Gräfenberg) Art Korbes; vrgl. Schrenzen.

Die Strenz, (wirzb.) stolze, faule Dirne; sieh Stranzen. BM. II, II, 676.

‚Die Strunz, s. Stranzen, Strenz.‘

Der Strunzen (Strunßn, Strumßn), das Stück, Trumm von einem Ganzen. BM. II, II, 704. Weigand, Wbch. II, 829. Zeitschr. VI, 486: hochtrabender Bengel. Cf. niederd. strunt: „Ich achte al juw citèrent nicht ènen strunt,“ (Dreck); Claws Bur, hg. v. Höfer, p. 14,179 und p. 86. Zeitschr. VI, 431,116. „Die Strunzel (vom gebrochenen Spieß) blieb ihm stecken im Bein;“ Cgm. 537, f. 463. „Der ain hieß Temisch Cuncze, ein wilder, wüster struncze;“ Mich. Beham, Wiener p. 93,6. „strunzere, detruncator;“ gl. o. 345.

---

strapeln, was strabeln, strebeln, w. m. s. Zeitschr. III, 532,80 „Wie i an dä Stöll so flink um d' Thür han *gstrapelt* und wie i aui grennt ...;“ Lindermayr 79. „Ietz losts, wos das Zifá had than, für mein *Stroppen* und Gehn wos i ghabt han dávan;“ sagt der abgewiesene Fensterler bey Stelzhamer 68. „Als lang wir in diesem sterblichen Leben herumstrapeln;“ Selhamer. Aus dem Enser Stdt.R. v. 1212 wird die Stelle: „in tali strepitu“ (Raufhandel) später übersetzt „in solichen gestrappl.“ BM. II, II, 701 f.: stropelen, ströpelen, zappeln; daz gestropel, geströpel, Gezappel, heftige Bewegung, Unruhe, Rauferei. cf. Graff VI, 738. „Doch hiet der hunt die natern erpizzen vnd von ir paider geströppel wart die wieg vmb gestozzen ... der hunt hiet die natern erpizzen vnd ir paider geströppel hiet die wiegen vmb gechert;“ Gesta Romanor., Cgm. 54, f. 56[b], (Keller p. 109).

‚streppen: bestreppen, besudeln. Grimm, Wbch. I, 1684.‘ (Das Thier) „durch Hül und Bach in (den Geist) schleppet mit Kot, Unlust bestreppet ward er scheußlich ungestalt;“ H. Sachs 1612: I, 652. „So wist ich khan ohn Laugn und Aschen die alten Beltz so sauber waschen, welche sind schwartz und gar besudelt, geschmutzt, bestrept, beschlept und zerhudelt;“ das. V, III, 63.

‚strippen (striәp'n), stripsen, schlagen, hauen. Zeitschr. III, 368,56.57. 562.‘

Der Struppel, a) statt Scrupel, Bedenklichkeit; (Bucher's s. W. II, 11). Der Struppelant, scrupulöser Mensch. b) (O.Pf., Franken) Disput, Zwist, Zank. struppeln, (O.Pf.) zürnen. Vrgl. strauben und strobeln.

---

strupfen, a) was sträuffen, stringere, (w. m. s.). BM. II, II, 698. Weigand, Wbch. II, 829. Vgl. Zeitschr. VI, 78. 215. Läub strupfen, es zwischen den Fingern vom Zweige ziehen. „Wiltu einen heilen dem der zagel we tut so er in gestrupfet het und die hut da hunden ist bliben;“ Recept in Aufseß' Handschr., ‚(german. Mus. 2733).‘ In Kramer's Nomencl. ist ströpfen strangulare, nemlich zusammenziehen, schnüren. b) ein-, zusammen-strupfen, sich ein-, zusammenziehen. schrumpfen. „Caustische Mittel, die die andern zusammenziehen und einstrupffen machen;“ Dr. Minderer (1620), p. 193. c) überstrupfen, (Ob.-Schwab.) unberührt lassen, auslassen, verschonen. Die Strupfen, a) Riemen- oder Bandschleife, die zum Anziehen, Anspannen dient; (bey Adelung Strippe, holländ. strop; franz. étrive, estrive. BM. II, II, 705. Weigand, Wbch. II, 826. Diez, Wbch. 184 f. Firmenich I, 406,244: *Ströpp*, Stricke). b) (Ob.-Schwab.) Pockennarbe. gestrupft, pockennarbig. c) ein Übel am Fuße des Pferdes. „Für die Strupfen;“ Cgm. 3726, f. 91. „So ein pferd Strupfen hat;“ Cgm. 4855, f. 12. „Es ist zu wissen, daß die Rappen, Mauken und Strupfen einerley sey;“ d. kluge und verst. Hauswirth. d) Castelli, Wbch. 238: die *Stripf'n*, die Egge. e) „Lumigo (?), struph, meatus quia per eam stercora discedunt;“ ZZ. 796, f. 169[b], (vor femora). Die Strupfwurz, Strupfenwurz, „lapatium, lapathum,“ (Clm. 16487, f. 96. Graff VI, 751. Diefenbach 318[a]), d. i. wol Rumex acutus L. ‚(Nemnich II, 1183: Streifwurz).‘ Höfer III, 197 hat „Ranunculus repens, Strupfen.“ „Nim stripfwurz;“ Cgm. 4543, f. 169. „Strepfenwurz,“ Clm. 5036, f. 125. „Herba mercurialis, striph;“ Clm. 17142, f. 84.

Die Strâß (Straſſ, o.pf., schwäb. Strauſſ), bisweilen auch die Strâßen, (plur. Stráſſ'n, Dimin. Stráſſ'l), wie hchd. Straße; (mhd. strâze, ahd. strâza nach I. und II. Declin.; Graff VI, 759. BM. II, II, 676. Weigand, Wbch. II, 819). Das Dimin. Stráſſl wird vorzugsweise von regelmäßig unterhaltenen Neben- oder Vicinalstraßen und als Gegensatz von Landstrâß, Hauptstrâß oder Chaussée gebraucht. „Es soll die Landstraßen 24 Schuh breit seyn, ob man führt todt Leich oder Bräut, daß die gegen einander weichen mögen;“ Uttend. Ehehaft, Cbm. Kl. 167, fol. 260. Während in Städten die zwischen ältern Häuserreihen liegenden Räume, sie mögen schmal oder breit, kurz oder lang seyn, vom Volk ausschließlich Gaßen genannt wer- 689
den, läßt es den, erst seit Menschengedenken mit Häusern besetzten, ehmals eigentlich bloßen Straßen die letztere Benennung. Die Höchstrâß (Houhhstraſſ), sieh II. Th., Sp. 1044. „Strata publica quae hohstrazza vulgo nuncupatur;“ MB. VI, 158, ad 1011. „Die alte römische Landstraß, jetzt (zu Aventins Zeit) Hochstraß genannt,“ (bey Scheftlarn); Av. Chr. 156. Die Spuren dieser, von Salzburg nach Augsburg ziehenden, Römerstraße werden auch noch gegenwärtig vom Volk nur mit diesem Namen bezeichnet. So heißt die alte Straße von Augsburg nach

Kaufbeuren vorzugsweise Höchstrâß. MB. XXII, 21. Reichs-straß, sieh oben, Sp. 19: Reich. Straßburg, (ahd. stratburc; wol nur das betonte Argentoratum mit gezischtem g. Cf. Wien aus Fabiana). Eccard, Francia or. II, 93. Gregor Turon. X, 36. X, 19. Grandidier, histoire d'Alsace, pièces justificatives, tit. 17. 25: „Actum Stratburgo civitate," anno 721. 727. „Argentaria quae modo Stratisburgo dicitur;" Geographus Ravennas, lib. IV, cap. 26. Stratoburga, Teg. 1413, f. 95[b]. „Van basel, straetborch, vorms en̄ spier;" Haupt's Zeitschr. I, 265. „Otto Imperator a. 938 Argentinam obtinens vocat eam Strasburgk quae prius Silbertal, vocabatur;" Windb. 180, f. 3[b]. Vgl. Förstemann II, 1318 f. Der „strazchragen." „Qui volunt concupisci ut juvenes tombingi vel strazchragen, qui ornant se vestimentis, mitris, calceis ... ut placeant mulieribus et sic faciunt mulieres;" Asp. 19, f. 100. Der Strâßmacher, Strâßrâuber, (Heanzen-Mundart: Straßfüeßler; Zeitschr. VI, 345), Strâßüberstêer, lieber als Strâßen-Macher &c. „Die heten gestraßraubt;" Cgm. 567, f. 212. „Equus ferus, sträzroz;" Clm. 5685 (sec. XV., 1412), f. 66. Der Strâßer, was Strâßmacher, d. h. Arbeiter, der die Straße besorgt. Der Straskə', (mähr.) Vagabund. Zeitschr. V, 465.

Der Strauß, dem, den, die Straußen, wie hchd. der Strauß, des Straußes; (mhd., ahd. strûz, I. und II., struthio, ital. struzzo; Graff VI, 760. BM. II, II, 705. Weigand, Wbch. II, 821. Diez, Wbch. 337).

Der Strauß und der Straußen (plur. Sträuß, Sträussə' und Strauss'n, Dimin. Sträussl), a) wie hchd., d. h. Büschel. b) der Busch; (Weigand, Wbch. II, 821. Zeitschr. II, 399,5). Das Gesträuß, Straussət, Gsträussət, das Gebüsch, Buschwerk, Gesträuch. „Damit ich leiß schleich nach dem spor in das gestreuß;" Sachs 1612: I, 570. „In wunn spacirt ich da tieffer in walt hinein zu einem hohen stein, verwachsen mit gestreuß;" das. I, 550. „Gesträuß, frutetum;" Voc. v. 1618. „Frutecta, ein gestrewß von zain̄;" Clm. 16439, f. 231. Diefenbach 249[c]: frutex. Vrgl. Stalder's sich sträußen, die Federn auseinander sträuben, sich groß, breit, krautig machen, niti, VII Com. strauzeg, sträuzeg, unbändig, wild; BM. II, II, 698: sich striuzen, sträuben, spreizen, („sich striuzen ûf sîne rîchheit," Walther v. d. V. 81,24), engl. to strut, ndrs. strutt, starr, strotzen, Strutzen und das folgende Wort.

Der Strauß, wie hchd. in der R.A.: Einen Strauß haben, ausstehen &c., von Autoren des XVI. Jahrh. für Angriff, Sturm, Streit gebraucht; (mhd. der strûz, daz gestriuze, Streit, Gefecht; BM. II, II, 698. Weigand, Wbch. II, 820. sieh Frisch). „Da ließens' die sechs wider auß, die der Holczer vor in dem strauß des erst gevangen hete;" Mich. Beham, Wiener 262,16. „Als disez gestreüß was zergan;" das. 262,13. Der Windsstrauß, Sturmwind; kathol. Gesangbuch v. 1560, p. 108. Vrgl. die Anmerkung zum vorhergehenden Wort, wo der Begriff niti als vermittelnd erscheinen könnte.

Die Stroß, (schwäb.) Kehle, Schlund, ndrs. strote (Vilmar, kurhess. Idiot. 404: Strotte. Zeitschr. V, 170,59. 279. VI, 486), bey Kilian strote und störte, jugulum; ital. strozza. BM. II, II, 698. Diez, Wbch. 440. Firmenich I, 304,4 (Paderborn): *Struot*, Kehle, und 477,208 (Köln): *Stross*, Kehle, Gurgel. cf. Strutzen.

Der „Strat, stratum, pett;" Cgm. 649, f. 549. „Ich sol feucht machen mein stratt mit meinen zehern;" Cgm. 827, f. 107. „Ich wird netzen mit minen trehen minen strat," (lacrymis stratum meum rigabo, Ps. VI, 7); Cgm. 852, f. 1. „Stratum, strat;" Voc. optim. p. 17. Vgl. oben die Strâß und Diefenbach 555[a]: strata.

verstrêten, (a. Sp.) hemmen, aufhalten, inhibere; (mhd. stræten. verstræten; BM. II, II, 676; cf. Graff VI, 744. 745). „Dar zuo kund er verstræten daz bluot dem armen wîbe;" Pantaleon, V. 228, Haupt's Zeitschr. VI, 201. „Der stein (Jaspis) ist ouch guot des daz er daz plût verstrettet;" Clm. 536 (XII. sec.), f. 82. „Wilt du den fluz verstreten;" Cgm. 129, f. 4. „farstredit wirdit, sistitur (rivus);" gl. i. 541. „So müeste dîner tugent zins die wunden mîner miselsuht verheilen und verstræten;" Engelhart, hg. v. Haupt, p. 190,6011 und Anm. p. 276. Vgl. auch Keller's Romvart p. 652,17: „Ein wazzer groz tief was daz und strete Gawan drin sach der stete darumbe lagen velse groz." „Stüppəln für dé *ausgʃträte* Gàll," (doch nicht von streuen?); Reitzenbeck's Bauerndoctor in Kaltenbrunner's oberösterr. Jahrbch. 1844, S. 147.

streiten (strei'n), Cond. streitet und stritt, Partic. gestritten (gstri'n), wie hchd.; (mhd. strîten: Praet. ind. streit, conj. stritte, Partic. gestritten; ahd. strîtan: Praet. ind. streit, strait, conj. striti, Partic. gistritan; Graff VI, 745 f. BM. II, II, 690 f. Weigand, Wbch. II, 823). Der gemeine Mann braucht das Wort vorzugsweise vom Proceßführen. Mancher streitet und hat Haus und Hof verstritten, ehe die Sache ausgestritten (entschieden) ist. Rudolf verlangt ein bequemes Pferd (Bonthart), das er leicht lenken, „deme er gestrîten" kann; W. Grimm, Grave Rudolf, 2. Ausg., Vorr. S. 26 und Text S. 25,3: „Ich mach noch nicht gestriten deme guten Farise." Der Streit, wie hchd.; (mhd., ahd. strît; Graff VI, 747. BM. II, II, 693. Weigand, Wbch. II, 823. Wackernagel's Wbch. und Grimm, Gesch. d. d. Spr. I, 319: ags. strid = altlat. stlis, stlitis = lis, litis). widerstreit, adv., (ä. Sp.) in die 690
Wette, à qui plus. BM. II, II, 695,d. streitig (streidi'), adj., a) wie hchd.; b) angestrengt, unabläßig. „Damit hab ich acht Tag streitig Arbait," (vollauf zu thun). c) hartnäckig, schwer zu beruhigen, zu lenken: ə̃ *streidi's* Kind. BM. II, II, 697. ainstreitig und hartstreitig, (ä. Sp.) hartnäckig, obstinatus, contumax, pertinax. Av. Chr. 318. gl. streitläuff (?). Der Abt von Staingaden soll (nach einem Revers v. 1594 in Lori's Lechrain p. 433) zum Jagen solche Hunde gebrauchen, „die nit streitleiff" und den herzoglichen daranliegenden Forsten schädlich seyen.

Der Stritt (Strid), der Streit, Proceß. I'n *Strid* seyn mit Einem. Damit hats kaə̃n *Strid*, das verschlägt nichts. Der Stritt-handel. Strittkopf (Händelmacher, Zänker). strittig (stridi'), streitig, in Streit begriffen; streitsüchtig. stritten, streiten, processieren. „Dé thuət nix àls *stritten;*" Lindermayr 114.

Der „Stritper," Art Fischernetz; L.O. v. 1553, f. 150. cf. Ber, I. Th., Sp. 261.

strotten, (U.Don.) eilen, übereilt verfahren. Sieh strütten, strodeln und strudeln. Zeitschr. VI, 408,25: (schweiz.) strüdle, strudle, eine Arbeit übereilen, verwirren; der Strüdel, der Zauber; verstrüdlet, verhext.

„strütten," sich eilfertig bemühen, übereilt verfahren, eilfertige Bewegungen machen, stören, stöbern, wühlen. „Die Drechsler, Scheffler &c. haben jhres gefallens in den Wälden umbgestridt;" Salzb. Waldord. v. 1592. „Ich hab allerlei alter Geschicht durchstrütt;" Av. Chr. 1. Es kommt gl. a. 472. 473 ein altes strutan für prodigere, fraudare, bey Isidor V, 6 und gl. a. 240. 340 zistrudian, ags. strudan für vastare, exterminare, sequestrare, spoliare vor. Graff VI, 745. BM. II, II, 704: strûten, rauben, plündern. „Als er den sac gestrûtet vol, er fremt in heim;" S. Helbling I, 672 f.

Die Strut, (ä. Sp.) Busch, Gebüsch, Gesträuch; (mhd. struot, strût, ahd. struot; Graff VI, 751. BM. II, II, 704. Weigand, Wbch. II, 829). „Nu dacht er sich in einer dichen strut;" Cgm. 19, fol. 73[a], (Wolfram's

Titurel, Str. 129). Den verschiedenen, bey Frisch, Haltaus, Chr. Schmid rc. gegebenen Stellen sind wol auch die fränkischen Ortsnamen Struth, Struthof rc. beyzufügen. Daraus Streitberg u. dergl. (d. h. û = au = äu = ai). Förstemann II, 1320. 2) Sturm (?). „Mir was unbekannt des wilden wassers flût. Wie grulich was die strůt und auch des meres freis;" Altsw. 226,12. Das alte strutan, strudan, exterminare (s. d. vor. Wort), würde auf einen dem von Reut, Gereut, Ried rc. analogen Begriff führen.

Die Struet (dé Strot), ein sumpfiger Grund bey Lütter, (Ldger. Weihers; Dr. K. Roth). Daz Ezelen velt, zwischen Binden und der Strut gelegen, (Ldger. Höchstadt); Reg. boica IV, 655. Eschenstruet, Lexicon v. Schwaben. In der wirzb. Gränzbeschreibung (Eccard, Fr. or. I, 675) geht die Marklinie durch „die huruuinun struot, diu dar heizit Giggimada." Ob auch hier ein (kothiger) Busch- oder Waldplatz zu verstehen, und dieses Wort mit dem vorigen eines seyn könne, weiß ich nicht. Uebrigens meine ich für strütten (w. m. s.) bestimmt auch struetten gehört zu haben.

---

strœwen, sieh oben, Sp. 802: Strô und strèuen.

Der Strázelreiter, (Goldfuß, Fichtelgeb.) Bauernbursche, der mit bloßem Säbel neben dem Kammerwagen der Braut herreitet. „Es müssen die sogenannten Strozzel-, Struzel- oder Strazel-reuter der in ein anderes Dorf heurathenden Braut entgegen reiten;" (von česk. stráž, Wache). Hentze, Gesch. des Fürstenth. Bayreuth (1788) p. 89. stratzig, (Stuttg.) großthuerisch; Firmenich II, 445,42. 453,68. Zeitschr. VI, 486: Stratzer.

stritzen, (schwäb.) spritzen. Vilmar, kurhess. Idiot. 404. Vgl. Stritzel unter Strutzen.

„strizeln, (Wstr. Gl.) eilfertig dahinlaufen."

strotzen, wie hchd. „Darunter (unter der Bettdecke) thet der Schuhknecht strotzen;" H. Sachs 1612: IV, III, 178.

'Die Strotze, Mistjauche. Vilmar, kurhess. Idiot. 404.'

Der Strutzen, gewöhnlicher das Strüzel, cylin- 691
der- oder wulstförmige Masse. Das Struzenbrod, (salzb.) länglichtes Brod von feinem Mehl. ə˜ *Strizl* Taig, Butter, Rauchtabak, Ocker und drgl., kleine cylindrische Portion. „Mach daraus (aus der Salbe) struczl;" Cgm. 4543, f. 151. Westpreußisch: Stritzel, Osterkuchen, poln. strucla. Kärnt. kersh der Brodstrutz, kerschizh das Strützel; (Jarnik 238). Lexer, kärnt. Wbch. 244: der Strutz, Dimin. Strützl, Brotlaib in elliptischer Form. Zeitschr. IV, 187. V, 461. „Tortillus, ein struczel oder ein chüechel;" Cgm. 656, f. 232. „Ein latwerge machen in struczel weis;" Cgm. 601, fol. 102. „Lolifa, strucel;" Diut. III, 151. „Stritzel, genus placentae;" Voc. v. 1618. „Daz fürbaz iemen duzel (dutze), ein semel, einen struzel næm ich dar umbe niht ze mir;" S. Helbling VIII, 440. BM. II, II, 698. 'Grimm in Haupt's Zeitschr. VIII, 419 f. Birlinger 413.' Magen-, Topfen- rc. Strüzel. Die österreichischen (Aller) Heiligen-Strizel werden in Heumann's opusc. 326 vorgeführt. Strützel auf der Haut, mit Blut unterlaufene Wulst von Schlägen. „*Strizl*, ein 30 Ellen langer Leinwandstreif;" Stelzhamer p. 182. Das Strüzelpflaster, Pflaster, das die Form eines $^1/_4$—$^3/_4$ Zoll dicken Cylinders erhält. „strizelgelb, ochergelb, weil die Erdart, welche diese Farbe gibt, in länglicht runde Formen (Stritzel) gepreßt wird;" Seidl, Flins. (3. Ausg.) p. 335. Hei˜t kumt unser Amtmann mit seinəʿ Madám! Màlts d˙ Hüttnə˜ mit *Stritzelgelb*, d˙ Fenstəʿ mit Lám;" das. p. 79. Nach B. v. Moll heißt im Zillerthal amaranthus caudatus Strüzel (plur. Strizelár). 'strützeln, in Strützelform bringen. „Habermel gepewtelt abgeprennt und gestruczelt gib dem kapawn eingeseczt und mit augen verpunden;" Ind. 355, f. 53. Das Wort scheint Eins mit Stroß (Sp. 819), niederd. strote (gl. a. 841), jugulum, Luftröhre, Gurgel, von deren Form eine Mehlspeise auch Ochsengurgel (Th. I, Sp. 25) heißt. „Manig grober dorfman wenn sein flasch vol ist des selben strutzel so vast er dannoch ein maß in den zutzel; Weinsegen in Haupt's altd. Blttrn. (1836) p. 409. Vrgl. hchd. strotzen (franz. regorger) und Strauß (Sp. 819). Der bregenzerwälderische Strutzer (Metzger) kann als jugulator aufgefaßt seyn. Vgl. stritzen, spritzen, und Spritzkuchen; auch česk. střikam, spritzen.

T.

Sieh I. Theil, Sp. 573—684.

U.

Sieh Vocal-Abtheilung im I. Theil, Sp. 1—182.

V.

Sieh I. Theil, Sp. 833—852.